Dörner/Luczak/Wildschütz
Handbuch des Fachanwalts Arbeitsrecht
8. Auflage

Dörner/Luczak/Wildschütz

Handbuch des Fachanwalts Arbeitsrecht

Herausgegeben von

Dr. Klemens Dörner
Vorsitzender Richter am Landesarbeitsgericht
Rheinland-Pfalz, Mainz

Dr. Stefan Luczak
Richter am Arbeitsgericht Kaiserslautern

Martin Wildschütz
Vorsitzender Richter am Landesarbeitsgericht
Rheinland-Pfalz, Mainz

8., überarbeitete und erweiterte Auflage

Luchterhand 2009

Bibliografische Information Der Deutschen Bibliothek
Die Deutsche Bibliothek verzeichnet diese Publikation in der Deutscher Nationalbibliografie; detaillierte bibliografische Daten sind im Internet iber http://dnb.ddb.de abrufbar.

ISBN 978-3-472-07518-9

Zitiervorschlag:
DLW/*Dörner* Kap. 1 Rn. 1 ff.

www.wolterskluwer.de
www.luchterhand-fachverlag.de

Umschlagkonzeption: Martina Busch, Grafikdesign, Fürstenfeldbruck
Satz: TypoScript GmbH, München
Druck: Bercker Grafischer Betrieb, Kevelaer

♾ Gedruckt auf säurefreiem, alterungsbeständigem und chlorfreien Papier.

Die Bearbeiter

Prof. Dr. Ulrich Baeck
Fachanwalt für Arbeitsrecht, Frankfurt/M., Honorarprofessor an der Universität Gießen

Dr. Martin Diller
Fachanwalt für Arbeitsrecht, Stuttgart

Dr. Klemens Dörner
Vorsitzender Richter am Landesarbeitsgericht Rheinland-Pfalz, Mainz

Dr. Katrin Haußmann
Fachanwältin für Arbeitsrecht, Stuttgart

Dr. Axel Hoß
Fachanwalt für Arbeitsrecht, Köln

Dr. Stefan Luczak
Richter am Arbeitsgericht Kaiserslautern

Gerhard Pfeiffer
Vorsitzender Richter am Landesarbeitsgericht Baden-Württemberg, Stuttgart

Ralph Stichler
Fachanwalt für Arbeitsrecht, Kaiserslautern

Martin Wildschütz
Vorsitzender Richter am Landesarbeitsgericht Rheinland-Pfalz, Mainz

Vorwort zur 8. Auflage

Seit Mai 2008 hat sich Einiges getan! Das Werk wurde in wesentlichen Teilen neu gegliedert, was einen noch effizienteren Umgang mit dem Werk ermöglichen soll, zudem wurde das Thema Mediation neu aufgenommen. Im Mittelpunkt der Neuerungen stehen jedoch die Rechtsprechungsänderungen. Hier einige Hinweise auf besonders wichtige aktuelle Entscheidungen:

Das BAG hat aufgrund der Neuregelung des § 5 KSchG – hoffentlich endgültig – der unsäglichen Rechtszersplitterung in deutschen Rechtsbezirken bei der praktisch wichtigen Frage ein Ende bereitet, ob ein Anwaltsverschulden bei der Erhebung einer Kündigungsschutzklage gem. § 85 Abs. 2 ZPO der Partei zuzurechnen ist; es hat dies ausdrücklich bejaht. Der langjährige und zum Teil mit fast missionarischem Eifer gepflegte Diskurs – nicht nur – zwischen dem BAG und dem LAG Düsseldorf seit den 80er Jahren zu der Frage, ob dem Arbeitnehmer, der krankheitsbedingt vor Beendigung des Arbeitsverhältnisses den verbliebenen Resturlaub nicht in Anspruch nehmen kann, ein Abgeltungsanspruch gem. § 7 Abs. 4 BUrlG zusteht, geht aufgrund einer Entscheidung des EuGH (20.1.2009 – C-350/06) zum Glück nicht in eine neue Runde. Ob die einstweilen frohlockende Entscheidung des LAG Düsseldorf (2.2.2009 – 12 Sa 486/06) im Rahmen des zugelassenen Revisionsverfahrens Bestand haben würde, war nur kurz völlig offen. Das BAG hat schon mit Urteil vom 24.3.2009 (9 AZR 983/07) seine bisherige Rechtsprechung ausdrücklich aufgegeben. Offen bleibt aber auch danach, ob und wo eine zeitliche Grenze für die fortgesetzte Urlaubsübertragung besteht. Deshalb wird einmal mehr der Ruf nach dem Gesetzgeber laut, dessen Aufgabe es in einem Rechtsstaat eigentlich und vordringlich ist, auch die Rechtsverhältnisse von Millionen Arbeitnehmern und Arbeitgebern nachvollziehbar und praktikabel zu regeln. Die im Hinblick auf den klaren – selbst gegebenen – umfassenden Gesetzgebungsauftrag im Einigungsvertrag für ein Arbeitsgesetzbuch – an ernstzunehmenden Regelungsentwürfen mangelt es seit vielen Jahren nicht – unverständliche und höchst kritikwürdige bewusste Verweigerungshaltung des Gesetzgebers stellt sich längst als eine beharrliche Arbeitsverweigerung, zu neudeutsch als Low Performance auf höchstem Niveau dar.

Doch auch Erfreuliches ist passiert: Das BSG hat die abenteuerliche Rechtsauffassung der Spitzenverbände der Sozialversicherungsträger v. 5./6.7.2005, wonach mit einer einvernehmlichen und unwiderruflichen Freistellung des Arbeitnehmers – trotz weiterer Entgeltzahlung (!) – die Sozialversicherungspflicht insgesamt endet, was insbesondere bei Verhandlungen über eine Beendigung von Arbeitsverhältnissen zu Problemen geführt hat, deutlich und unmissverständlich verworfen und ad acta gelegt.

Weiter entwickelt hat sich die Rechtsprechung insbesondere zur AGB-Kontrolle von Arbeitsverträgen, zur vertraglichen Bezugnahme auf Tarifverträge, zum Befristungsrecht, und zum Recht der betriebsbedingten Kündigung.

Weniger aufregend ist die Entwicklung der Gesetzgebung verlaufen:

- seit dem 1.4.2008 gilt mit § 48 Abs. 1a ArbGG ein neuer Gerichtsstand des Erfüllungsortes;
- §§ 106 ff. BetrVG wurden mit Wirkung ab dem 19.8.2008 im Hinblick auf die Mitwirkungsrechte bei feindlichen Übernahmen geändert,
- der Geltungsbereich des AEntG (Mindestlohn) wurde um einige Branchen erweitert.

Nicht weiter verfolgt wird dagegen ein Gesetzentwurf zum sog. Whistle-Blowing, der infolge des Gammelfleischskandals als § 612a BGB n. F. Klarheit zum Thema Anzeigerecht des Arbeitnehmers bei Gesetzesverstößen des Arbeitgebers schaffen sollte, dessen tiefere Sinnhaftigkeit aber im Hinblick auf die ausgewogene und zu Recht einzelfallorientierte Rechtsprechung füglich und grundsätzlich bezweifelt werden darf.

Besonderer Dank gilt Sarah Gersch und Marita Heinz von Verlagsseite sowie Herrn Dr. Houben, z.Zt. Richter beim ArbG Trier, der mit zahlreichen Hinweisen und Verbesserungsvorschlägen zu der Neuauflage beigetragen hat.

Für Anregungen und Kritik sind wir auch weiterhin verbunden.

Mainz, Kaiserslautern im April 2009 Die Herausgeber

Inhaltsübersicht

Übersicht: Mustertexte, Checklisten, Rechenbeispiele

Kapitel 13: Gerichtsorganisation und Zuständigkeit

Kapitel 14: Urteils- und Beschlussverfahren

Kapitel 15: Besondere Verfahrensarten

Kapitel 16: Die Vergütung des Rechtsanwalts in Arbeitssachen

Ialtsverzeichnis

Abkürzungsverzeichnis

a.A.	anderer Ansicht
AAG	Gesetz über den Ausgleich der Arbeitgeberaufwendungen für Entgeltfortzahlung
a.a.O.	am angegebenen Ort
ABA	Arbeit, Beruf und Arbeitslosenhilfe (Zeitschrift)
AbgG	Abgeordnetengesetz
AbK	Abkommen
ABlEG	Amtsblatt der Europäischen Gemeinschaften
abl.	ablehnend
ABl.	Amtsblatt
ABM	Arbeitsbeschaffungsmaßnahme
Abs.	Absatz
abw.	abweichend
AcP	Archiv für civilistische Praxis (Zeitschrift)
ÄArbVtrG	Gesetz über befristete Arbeitsverträge mit Ärzten in der Weiterbildung
Abschn.	Abschnitt
a.E.	am Ende
AEVO	Ausbilder-EignungsVO gewerbliche Wirtschaft
a.F.	alte Fassung
AFG	Arbeitsförderungsgesetz
AFG-ÄndG	Arbeitsförderungsgesetz-Änderungsgesetz
AFKG	Arbeitsförderungs-Konsolidierungsgesetz
AfNS	Amt für Nationale Sicherheit
AfP	Archiv für Presserecht (Zeitschrift)
AFRG	Arbeitsförderungs-Reformgesetz
AG	Die Aktiengesellschaft (Zeitschrift)
AG	Amtsgericht
AGB	Allgemeines Bürgerliches Gesetzbuch
AGB-DDR	Arbeitsgesetzbuch der Deutschen Demokratischen Republik
AGG	Allgemeines Gleichbehandlungsgesetz
AiB	Arbeitsrecht im Betrieb (Zeitschrift)
AK-GG	Alternativkommentar zum Grundgesetz
AktG	Aktiengesetz
ALB	Allgemeine Lieferbedingungen
allg.	allgemein(e)
Alt.	Alternative
a.M.	anderer Meinung
AMBl.	Amtsblatt des Bayerischen Staatsministeriums für Arbeit und Sozialordnung
amtl.	amtlich
Amtl. Begr.	Amtliche Begründung
ANBA	Amtliche Nachrichten der Bundesanstalt für Arbeit
Ändabk.	Änderungsabkommen
ÄnderungsVO	Änderungsverordnung
Änderungs-TV	Änderungstarifvertrag
ÄndG	Änderungsgesetz
ÄndVO	Änderungsverordnung
AngKSchG	Gesetz über die Fristen für die Kündigung von Angestellten
AngTV	Angestelltentarifvertrag
Anh.	Anhang
Anl.	Anlage
Anm.	Anmerkung
AnwBl	Anwaltsblatt (Zeitschrift)
AO	Abgabenordnung
AOG	Gesetz zur Ordnung der nationalen Arbeit
AöR/AOR	Archiv des öffentlichen Rechts
AP	Arbeitsrechtliche Praxis (Entscheidungssammlung)
AR-Blattei	Arbeitsrecht-Blattei (Loseblattausgabe)
Arbeitgeber	Der Arbeitgeber (Zeitschrift)
ArbG	Arbeitsgericht

ArbGeb	Der Arbeitgeber (Zeitschrift)
ArbGG	Arbeitsgerichtsgesetz
ArbKrankhG	Gesetz zur Verbesserung der wirtschaftlichen Sicherung im Krankheitsfalle
ArbNähnl.Pers.	Arbeitnehmerähnliche Personen
ArbNErfG	Gesetz über Arbeitnehmererfindungen
ArbPlSchG	Arbeitsplatzschutzgesetz
ArbR	Arbeitsrecht
ArbRB	Arbeitsrechts-Berater (Zeitschrift)
ArbRBGB	Das Arbeitsrecht im BGB
ArbRBereinigG	Arbeitsrechtsbereinigungsgesetz
ArbRdGgw	Das Arbeitsrecht der Gegenwart
ArbSchG	Arbeitsschutzgesetz
ArbstättV	Arbeitsstättenverordnung
ArbSichG	Arbeitssicherstellungsgesetz
ArbZG	Arbeitszeitgesetz
ArbuR, AuR	Arbeit und Recht (Zeitschrift)
ArbuSozPol	Arbeit und Sozialpolitik (Zeitschrift)
ArbuSozR	Arbeits- und Sozialrecht (Zeitschrift)
ArchöffR	Archiv für öffentliches Recht (Zeitschrift)
ArchPF	Archiv für das Post- und Fernmeldewesen (Zeitschrift)
ArEV	Arbeitsentgeltverordnung
ArGV	Arbeitsgenehmigungsverordnung
arg.	argumentum
ARS	Arbeitsrechtssammlung, Entscheidungen des Reichsarbeitsgerichts, der Landesarbeitsgerichte und Arbeitsgerichte (früher Bensheimer Sammlung)
ARsp	Arbeitsrechtsprechung
ARSt	Arbeitsrecht in Stichworten (Arbeitsrechtliche Entscheidungssammlung)
Art.	Artikel
ASiG	Arbeitssicherheitsgesetz
ASistG	Arbeitssicherstellungsgesetz
AT	Allgemeiner Teil
AT-Angestellte	außertarifliche Angestellte
ATG	Altersteilzeitgesetz
ATO	Allgemeine Tarifordnung für Arbeitnehmer des öffentlichen Dienstes
AuA	Arbeit und Arbeitsrecht (Zeitschrift)
AuB	Arbeit und Beruf (Zeitschrift)
Aufl.	Auflage
AÜG	Arbeitnehmerüberlassungsgesetz
AuR, ArbuR	Arbeit und Recht (Zeitschrift)
AuslG	Ausländergesetz
AVAVG	Gesetz über Arbeitsvermittlung und Arbeitslosenversicherung
AVG	Angestelltenversicherungsgesetz
AVO	Ausführungsverordnung
AVV	Allgemeine Verwaltungsvorschriften
AWD	Außenwirtschaftsdienst des Betriebsberaters (Zeitschrift)
ArbZG, AZG	Arbeitszeitgesetz
AZO	Arbeitszeitordnung
BA	Bundesagentur für Arbeit
BABl.	Bundesarbeitsblatt (Zeitschrift)
Bad.-Württ.LV	Landesverfassung Baden-Württemberg
BAG	Bundesarbeitsgericht
BAGE	Amtliche Sammlung der Entscheidungen des Bundesarbeitsgerichts
BAnz.	Bundesanzeiger
BArbBl.	Bundesarbeitsblatt
BAT	Bundes-Angestelltentarifvertrag
Bay.	Bayern
BayAmbl.	Bayerische Amtsblätter
BayGBl.	Bayerisches Gesetzblatt
BayPersVG	Bayrisches Personalvertretungsgesetz
BayVerwBl.	Bayerische Verwaltungsblätter
BayVGH	Bayerischer Verwaltungsgerichtshof

BB	Der Betriebsberater (Zeitschrift)
BBDK/Bearbeiter	Bader/Bram/Dörner/Kriebel
BBesG	Bundesbesoldungsgesetz
BBG	Bundesbeamtengesetz
BBiG	Berufsbildungsgesetz
Bd.	Band
BDA	Bundesverband Deutscher Arbeitgeberverbände
BDI	Bundesverband der Deutschen Industrie
BDO	Bundesdisziplinarordnung
BDSG	Bundesdatenschutzgesetz
bearb.	Bearbeitet
Bearb.	Bearbeiter(in)
BEEG	Bundeselterngeld- und Elternzeitgesetz
Begr.	Begründung
BehindR	Behindertenrecht (Zeitschrift)
Beil.	Beilage
Bek.	Bekanntmachung
Bem.	Bemerkung
ber.	berichtigt
BerHG	Beratungshilfegesetz
Bergmann-VersorgScheinG	Bergmannversorgungsscheingesetz
BErzGG	Bundeserziehungsgeldgesetz
bes.	besonders
BeschFG	Beschäftigungsförderungsgesetz
Beschl.	Beschluss
BeschSchG	Beschäftigtenschutzgesetz
betr.	betrifft
BetrAVG	Gesetz zur Verbesserung der betrieblichen Altersversorgung
BetrR	Der Betriebsrat (Zeitschrift)
BetrVerf	Die Betriebsverfassung (Zeitschrift)
BetrVG	Betriebsverfassungsgesetz
BezAbgWG	Gesetz über die Wahl der hamburgischen Bezirksabgeordneten zu den Bezirksversammlungen
BezirksG	Bezirksgericht
BfA	Deutsche Rentenversicherung Bund
BFH	Bundesfinanzhof
BFHE	Amtliche Sammlung der Entscheidungen des Bundesfinanzhofs
BGB	Bürgerliches Gesetzbuch
BGB-RGRK	Bürgerliches Gesetzbuch – Reichsgerichtsrätekommentar
BGBl.	Bundesgesetzblatt
BGH	Bundesgerichtshof
BGHZ	Amtliche Sammlung der Entscheidungen des Bundesgerichtshofs in Zivilsachen
BGremBG	Bundesgremienbesetzungsgesetz
BgSchWG	Gesetz über die Wahl zur hamburgischen Bürgerschaft
BGSG	Bundesgrenzschutzgesetz
BImSchG	Bundesimmissionsschutzgesetz
BKK	Die Betriebskrankenkasse (Zeitschrift)
Bl.	Blatt
Bln.	Berlin
Bln.-Bra.	Berlin-Brandenburg
BMA	Bundesminister(ium) für Arbeit und Soziales
BMI	Bundesminister(ium) des Innern
BMF	Bundesminister(ium) der Finanzen
BMT-G	Bundesmanteltarifvertrag für Arbeiter der Gemeinden
BMTV	Bundesmanteltarifvertrag
BMWi	Bundesminister(ium) für Wirtschaft und Technologie
BPersVG	Bundespersonalvertretungsgesetz
BPräsWG	Gesetz über die Wahl des Bundespräsidenten durch die Bundesversammlung
BR	Der Betriebsrat (Zeitschrift)
Bra.	Brandenburg
BRAO	Bundesrechtsanwaltsordnung
BRAGO	Bundesgebührenordnung für Rechtsanwälte

BRAK-Mitt.	»BRAK-Mitteilungen« (früher Mitteilungen der Bundesrechtsanwaltskammer)
BR-Drs.	Bundesrats-Drucksache
BReg.	Bundesregierung
Breithaupt	Breithaupt (Hrsg.), Sozialgerichtliche Urteilssammlung
Brem.	Bremen
BremPersVG	Bremisches Personalvertretungsgesetz
BRG	Betriebsrätegesetz
BR-Info	Informationsdienst für Betriebsräte (Zeitschrift)
BR-Prot.	Bundesratsprotokolle
BRRG	Beamtenrechtsrahmengesetz
BRT	Bundesrahmentarif
BRTV	Bundesrahmentarifvertrag
BSeuchG	Bundesseuchengesetz
BSG	Bundessozialgericht
BSGE	Amtliche Sammlung der Entscheidungen des Bundessozialgerichts
BSHG	Bundessozialhilfegesetz
Bsp.	Beispiel
BStBl	Bundessteuerblatt
BSVG	Bergmannsversorgungsscheingesetz
BT	Bundestag
BT-AbgG	Bundestag-Abgeordnetengesetz
BT-Drs.	Drucksache des Deutschen Bundestages
BT-Prot.	Bundestagsprotokolle
Buchst.	Buchstabe
BUKG	Bundesumzugskostengesetz
BundesbeamtenG	Bundesbeamtengesetz
BundesPersVG	Personalvertretungsgesetz des Bundes
BUrlG	Bundesurlaubsgesetz
BuW	Betrieb und Wirtschaft (Zeitschrift)
BVB	Besondere Vertragsbedingungen
BVerfG	Bundesverfassungsgericht
BVerfGE	Amtliche Sammlung der Entscheidungen des Bundesarbeitsgerichts
BVersG	Bundesversorgungsgesetz
BVerwG	Bundesverwaltungsgericht
BVwVfG	Verwaltungsverfahrensgesetz des Bundes
BW	Baden-Württemberg
bzgl.	bezüglich
BZRG	Bundeszentralregistergesetz
bzw.	beziehungsweise
CR	Computer und Recht (Zeitschrift)
DA	Durchführungsanweisungen der Bundesanstalt für Arbeit zum Kündigungsschutzgesetz
DAG	Deutsche Angestelltengewerkschaft
DAngVers	Die Angestelltenversicherung (Zeitschrift)
DArbR	Deutsches Arbeitsrecht
DArbRdGgw	Das Arbeitsrecht der Gegenwart
DAV	Deutscher Anwaltsverein
DB	Der Betrieb (Zeitschrift)
ders.	derselbe
DEVO	Datenerfassungs-Verordnung
DGB	Deutscher Gewerkschaftsbund
dgl.	desgleichen
d.h.	das heißt
dies.	dieselben
Diss.	Dissertation
DJT	Deutscher Juristentag
DJZ	Deutsche Juristenzeitung (1896–1936)
DKK	Däubler/Kittner/Klebe
DLW	Dörner/Luczak/Wildschütz
DM	Deutsche Mark
DÖD	Der öffentliche Dienst (Zeitschrift)

DOK	Die Ortskrankenkasse (Zeitschrift)
Dok.	Dokument
DÖV	Die Öffentliche Verwaltung (Zeitschrift)
DR	Deutsches Recht
DRdA	Das Recht der Arbeit (Österr. Zeitschrift)
DRiA	Das Recht im Amt (Zeitschrift)
DRiG	Deutsches Richtergesetz
Drs.	Drucksache
DStR	Deutsche Steuer-Rundschau (51–61) – Deutsches Steuerrecht (62 ff.)
DRiZ	Deutsche Richterzeitung (Zeitschrift)
DSB	Datenschutzbeauftragter (Zeitschrift)
DStZ	Deutsche Steuer-Zeitung
DtZ	Deutsch-Deutsche Rechtszeitschrift
DuD	Datenschutz und Datensicherung (Zeitschrift)
DuR	Demokratie und Recht (Zeitschrift)
DÜVO	Datenübermittlungs-Verordnung
DVBl.	Deutsches Verwaltungsblatt (Zeitschrift)
DVO	Durchführungsverordnung
DZWiR	Deutsche Zeitschrift für Wirtschaftsrecht (bis 1999)
DZWIR	Deutsche Zeitschrift für Wirtschafts- und Insolvenzrecht (ab 1999)
EArbGKomm.	Entwurf 1977 der Arbeitsgesetzbuch-Kommission
EDGB	Entwurf 1977 des Deutschen Gewerkschaftsbundes für ein Arbeitsverhältnisgesetz
EEK	Entscheidungssammlung zur Entgeltfortzahlung im Krankheitsfalle
EFG	Entscheidung der Finanzgerichte
EFTA	European Free Trade Association
EFZG	Entgeltfortzahlungsgesetz
EG	Europäische Gemeinschaft
EGBGB	Einführungsgesetz zum Bürgerlichen Gesetzbuch
EGInsO	Einführungsgesetz zur Insolvenzordnung
eGmbH	eingetragene Gesellschaft mit beschränkter Haftung
EG-EStRG	Einführungsgesetz zur Einkommensteuerreform
EGMR	Europäischer Gerichtshof für Menschenrechte
EGV	Vertrag zur Gründung der Europäischen Gemeinschaft
EhfG	Entwicklungshelfer-Gesetz
Einf.	Einführung
EinfG	Einführungsgesetz
einschl.	einschließlich
EInsO	Entwurf zur Insolvenzordnung
EKD	Evangelische Kirche Deutschlands
ENeuOG	Eisenbahnneuordnungsgesetz
EPÜ	Europäisches Patentübereinkommen
Entw.	Entwurf
Erg.	Ergänzung
Ergänzungsbd.	Ergänzungsband
Erl.	Erlass, Erläuterungen
EStDV	Einkommensteuer-Durchführungsverordnung
EStG	Einkommensteuergesetz
EsVGH	Entscheidungssammlung des Hessischen und des Württembergisch-Badischen Verwaltungsgerichtshofes
etc.	et cetera
EU	Europäische Union
EuAbgG	Europaabgeordnetengesetz
EuGVÜ	(Europ.) Übereinkommen v. 27.9.1968 über die Vollstreckung gerichtlicher Entscheidungen in Zivil- und Handelssachen
EuGVVO	EG-Verordnung Nr. 44/2001 über die gerichtliche Zuständigkeit und die Anerkennung und Vollstreckung von Entscheidungen in Zivil- und Handelssachen
EuroAS	Informationsdienst zum Europäischen Arbeits- und Sozialrecht
EuZW	Europäische Zeitschrift für Wirtschaftsrecht
EV	Einigungsvertrag
e.V.	eingetragener Verein
evtl.	eventuell

EVÜ	Römisches EWG-Übereinkommen über das auf vertragliche Schuldverhältnisse anzuwendende Recht
EWG	Europäische Wirtschaftsgemeinschaft
EWGV	Vertrag zur Gründung der Europäischen Wirtschaftsgemeinschaft
EWG-VO	Europäische Wirtschaftsgemeinschaft-Verordnung
EWiR	Entscheidungen zum Wirtschaftsrecht (Zeitschrift)
EzA	Entscheidungssammlung zum Arbeitsrecht (Loseblattausgabe)
EzA-SD	EzA Schnelldienst (Zeitschrift)
EzBAT	Entscheidungssammlung zum Bundesangestelltentarifvertrag (Loseblattausgabe)
f.	folgende
FA	Fachanwalt Arbeitsrecht (Zeitschrift)
FamRZ	Familienrechts-Zeitschrift
FAZ	Frankfurter Allgemeine Zeitung
FeiertagslohnzahlungsG	Gesetz zur Regelung der Lohnzahlung an Feiertagen
FEVS	Fürsorgerechtliche Entscheidungen der Verwaltungs- und Sozialgerichte
ff.	fortfolgende
FFVG	Gesetz über befristete Arbeitsverträge mit wissenschaftlichem Personal an Forschungseinrichtungen
FG	Finanzgericht
FGG	Gesetz über die freiwillige Gerichtsbarkeit
Fn.	Fußnote
FinMin	Finanzminister(ium)
FS	Festschrift
GBl.	Gesetzblatt
GbR	Gesellschaft bürgerlichen Rechts
GdB	Grad der Behinderung
GDBA	Genossenschaft Deutscher Bühnenangehöriger
GedS	Gedächtnisschrift
GefStoffV	Gefahrstoffverordnung
gem.	gemäß
GemeindeO	Gemeindeordnung
GenG	Gesetz betreffend die Erwerbs- und Wirtschaftsgenossenschaften
GesO	Gesamtvollstreckungsordnung
GewArch	Gewerbearchiv (Zeitschrift)
GewO	Gewerbeordnung
GG	Grundgesetz
ggf.	gegebenenfalls
GK-ArbGG	Gemeinschaftskommentar zum Arbeitsgerichtsgesetz (Loseblattausgabe)
GK-BetrVG	Gemeinschaftskommentar zum Betriebsverfassungsgesetz
GK-BUrlG	Gemeinschaftskommentar zum Bundesurlaubsgesetz
GKG	Gerichtskostengesetz
GK-TzA	Gemeinschaftskommentar zum Teilzeitarbeitsrecht
GmbH	Gesellschaft mit beschränkter Haftung
GmbHG	Gesetz betreffend die Gesellschaft mit beschränkter Haftung
GmbHRdSch.	GmbH-Rundschau (Zeitschrift)
GmBl.	Gemeinsames Ministerialblatt
GMPM-G	Germelmann/Matthes/Prütting/Müller-Glöge
GmS-OGB	Gemeinsamer Senat der obersten Gerichtshöfe des Bundes
GoA	Geschäftsführung ohne Auftrag
grds.	grundsätzlich
GrO	Grundordnung des kirchlichen Dienstes im Rahmen kirchlicher Arbeitsverhältnisse
Grunds.	Grundsatz, Grundsätze
GS	Großer Senat
GSG	Gesundheitsstrukturgesetz
GuG	Gesamtvollstreckungsunterbrechungsgesetz
GVBl.	Gesetz- und Verordnungsblatt
GVG	Gerichtsverfassungsgesetz
GVNW	Gesetz- und Verordnungsblatt Nordrhein-Westfalen
GWB	Gesetz gegen Wettbewerbsbeschränkungen (Kartellgesetz)

HAG	Heimarbeitsgesetz
HambPersVG	Hamburgisches Personalvertretungsgesetz
HandwO	Handwerksordnung
Hansa	Zentralorgan für Seeschifffahrt, Schiffbau und Hafen (Zeitschrift)
HAS/Bearbeiter	Handbuch des Arbeits- und Sozialrechts
HB	Handelsblatt
HBG	Hessisches Beamtengesetz
HessAbgG	Hessisches Abgeordnetengesetz
Hess. LAG	Hessisches Landesarbeitsgericht
HessLV	Landesverfassung Hessen
HessPersVG	Hessisches Personalvertretungsgesetz
HessVGH	Hessischer Verwaltungsgerichtshof
HFR	Höchstrichterliche Finanzrechtsprechung
HFVG	Gesetz über befristete Arbeitsverträge mit wissenschaftlichem Personal an Hochschulen und Forschungseinrichtungen
HGB	Handelsgesetzbuch
HGO	Hessische Gemeindeordnung
HHG	Häftlingshilfegesetz
HK	Heidelberger Kommentar zum Kündigungsschutzgesetz
h.L.	herrschende Lehre
h.M.	herrschende Meinung
Hmb.	Hamburg
HandwO	Handwerksordnung
HRG	Hochschulrahmengesetz
HRR	Höchstrichterliche Rechtsprechung
Hrsg.	Herausgeber
Hs.	Halbsatz
HSWGN/Bearbeiter	Hess/Schlochauer/Worzalla/Glock/Nicolai, BetrVG, Kommentar
HVwVFG	Hessisches Verwaltungsverfahrensgesetz
HWK/Bearbeiter	Henssler/Willemsen/Kalb, Arbeitsrechtskommentar
HzA	Handbuch zum Arbeitsrecht (Loseblattausgabe)
HzK/Bearbeiter	Mues/Eisenbeis/Legerlotz/Laber, Handbuch zum Kündigungsrecht
IAA	Internationales Arbeitsamt
IAO	Internationale Arbeitsorganisation
IAR	Internationales Arbeitsrecht
i.d.F.	in der Fassung
i.d.R.	in der Regel
i.E.	im Einzelnen
IG	Industriegewerkschaft
IHK	Industrie- und Handelskammer
info	also Information zum Arbeitslosengeld und zur Sozialhilfe (Zeitschrift)
insbes.	insbesondere
InsO	Insolvenzordnung
IRP	Internationales Privatrecht
IPrax, IPRax	Praxis des Internationalen Privat- und Verfahrensrechts (Zeitschrift)
IPR-Grunds.	Grundsätze des Internationalen Privatrechts
IPRspr.	Die deutsche Rechtsprechung auf dem Gebiete des internationalen Privatrechts
i.S.	im Sinne
i.S.d.	im Sinne des/der
ISR	Internationales Seeschifffahrtregister
i.S.v.	im Sinne von
i.Ü.	im Übrigen
i.V.m.	in Verbindung mit
IZPR	Internationales Zivilprozessrecht
JA	Juristische Arbeitsblätter
JArbSchG	Jugendarbeitsschutzgesetz
JAV	Jugend- und Auszubildendenvertretung
JbFfS	Jahrbuch der Fachanwälte für Steuerrecht

jPK	juris Praxiskommentar
JR	Juristische Rundschau (Zeitschrift)
Jura	Juristische Ausbildung (Zeitschrift)
JurA	Juristische Analysen
juris	Juristisches Informationssystem
jurisPR-ArbR	jurisPraxisReport Arbeitsrecht
JuS	Juristische Schulung (Zeitschrift)
JW	Juristische Wochenschrift (Zeitschrift)
JWG	Gesetz für Jugendwohlfahrt
JZ	Juristenzeitung (Zeitschrift)
Kap.	Kapitel
KapErhG	Kapitalerhöhungsgesetz
Kapitäns-MTV	Kapitäns-Manteltarifvertrag
KassArbR	Kasseler Handbuch zum Arbeitsrecht
KatSG	Katastrophenschutzgesetz
KAUG	Konkursausgleichsgeld
KBR	Konzernbetriebsrat
KFristG	Gesetz zur Vereinheitlichung der Kündigungsfristen
KG	Kammergericht, Kommanditgesellschaft
KG a.A.	Kommanditgesellschaft auf Aktien
KirchE	Entscheidungen in Kirchensachen
KJ	Kritische Justiz (Zeitschrift)
KO	Konkursordnung
KR/Bearbeiter	Gemeinschaftskommentar zum Kündigungsschutzgesetz und zu sonstigen kündigungsschutzrechtlichen Vorschriften
krit.	kritisch
KritV	Kritische Vierteljahresschrift für Gesetzgebung und Rechtswissenschaft
KrV	Die Krankenversicherung (Zeitschrift)
KSchG	Kündigungsschutzgesetz
KTS	Konkurs-, Treuhand- und Schiedsgerichtswesen (Zeitschrift)
KVLG	Gesetz über die Krankenversicherung der Landwirte
LAG	Landesarbeitsgericht
LAG BW	Landesarbeitsgericht Baden-Württemberg
LAG Bln.	Landesarbeitsgericht Berlin
LAG Bay.	Landesarbeitsgericht Bayern
LAG Bln.-Bra.	Landesarbeitsgericht Berlin-Brandenburg
LAG Bra.	Landesarbeitsgericht Brandenburg
LAG Brem.	Landesarbeitsgericht Bremen
LAG Düsseld.	Landesarbeitsgericht Düsseldorf
LAG Hmb.	Landesarbeitsgericht Hamburg
LAG MV	Landesarbeitsgericht Mecklenburg-Vorpommern
LAG Nbg.	Landesarbeitsgericht Nürnberg
LAG Nds.	Landesarbeitsgericht Niedersachsen
LAG RhPf	Landesarbeitsgericht Rheinland-Pfalz
LAG Saarl.	Landesarbeitsgericht Saarland
LAG SA	Landesarbeitsgericht Sachsen-Anhalt
LAG	SchlH Landesarbeitsgericht Schleswig-Holstein
LAbgG	Landesabgeordnetengesetz
LAGE	Entscheidungssammlung (Landesarbeitsgerichte)
LAGReport	Zeitschrift
LFZG	Gesetz über die Fortzahlung des Arbeitsentgelts im Krankheitsfalle (Lohnfortzahlungsgesetz)
LG	Landgericht
lit.	Litera, Buchstabe(n)
LM	Lindenmaier/Möhring, Nachschlagewerk des Bundesgerichtshofs
LöschG	Löschungsgesetz
Loseblattslg.	Loseblattsammlung
LPersVG	Landespersonalvertretungsgesetz
LPVG NW	Landespersonalvertretungsgesetz Nordrhein-Westfalen
LS	Leitsatz
LSG	Landessozialgericht
LStDV	Lohnsteuerdurchführungsverordnung

LTV	Lohntarifvertrag
LVwVfG	Landesverwaltungsverfahrensgesetz
m.	mit
MAVO	Mitarbeiterordnung
m.a.W.	mit anderen Worten
max.	maximal
MBG	Mitbestimmungsgesetz
MDR	Monatsschrift für Deutsches Recht (Zeitschrift)
m.E.	meines Erachtens
MfS	Ministerium für Staatssicherheit
Min.Bl.	Ministerialblatt
Min.Bl.Fin.	Ministerialblatt des Bundesministers der Finanzen
mind.	mindestens
Mio.	Million(en)
Mitbest.	Die Mitbestimmung (Zeitschrift)
MitbestG	Mitbestimmungsgesetz
MittHV	Mitteilungen des Hochschulverbandes (Zeitschrift) (ab 1996 Forschung und Lehre)
MK	Münchener Kommentar, Bürgerliches Gesetzbuch
m.N.	mit Nachweisen
MonMitbestG	Gesetz über die Mitbestimmung der Arbeitnehmer in den Aufsichtsräten und Vorständen der Unternehmen des Bergbaus und der Eisen und Stahl erzeugenden Industrie
Mrd.	Milliarde(n)
MRK	Menschenrechtskonvention
MTA-BA	Manteltarifvertrag für Arbeiter des Bundes
MTL	Manteltarifvertrag für Arbeiter der Länder
MTV	Manteltarifvertrag
MTV-See	Manteltarifvertrag für die deutsche Seeschifffahrt
MünchArbR/Bearbeiter	Münchener Handbuch zum Arbeitsrecht
MuSchG	Mutterschutzgesetz
MV	Mecklenburg-Vorpommern
m.w.N.	mit weiteren Nachweisen
m.z.N.	mit zahlreichen Nachweisen
Nachw.	Nachweise
NATO-ZusAbk., NATO-ZA	NATO-Zusatzabkommen
Nbg.	Nürnberg
Nds.	Niedersachsen
NdsPersVG	Niedersächsisches Personalvertretungsgesetz
NdsVBl	Niedersächsische Verwaltungsblätter (Monatszeitschrift)
n.F.	neue Fassung
Nds.	Niedersachsen
NJ	Neue Justiz (Zeitschrift)
NJW	Neue Juristische Wochenschrift (Zeitschrift)
NJW-RR	NJW Rechtsprechungs-Report
Not.	Notar
Nr.	Nummer
n.v.	nicht veröffentlicht
NVwZ	Neue Zeitschrift für Verwaltungsrecht
NW	Nordrhein-Westfalen
NWB	Neue Wirtschaftsbriefe (Zeitschrift)
NZA	Neue Zeitschrift für Arbeits- und Sozialrecht (Zeitschrift)
NZS	Neue Zeitschrift für Sozialrecht (Zeitschrift)
o.g.	oben genannte(n)
OGH	Oberster Gerichtshof
oHG	offene Handelsgesellschaft
OLG	Oberlandesgericht
ÖTV	Gewerkschaft Öffentliche Dienste, Transport und Verkehr
OVG	Oberverwaltungsgericht
OWiG	Gesetz über Ordnungswidrigkeiten

ParlKSch	Kündigungsschutz für Parlamentarier
PatG	Patentgesetz
PC	Personalcomputer
PersF	Personalführung (Zeitschrift)
PersonalR	Der Personalrat (Zeitschrift)
PersV	Die Personalvertretung (Zeitschrift)
PflegeZG	Gesetz über die Pflegezeit (Pflegezeitgesetz – PflegeZG)
pFV	positive Forderungsverletzung
PKH	Prozesskostenhilfe
PKHG	Prozesskostenhilfegesetz
PostG	Gesetz über das Postwesen
Prot.	Protokoll
PStG	Personenstandsgesetz
PStV	Personenstandsverordnung
PSV	Pensionssicherungsverein
RabelsZ	Zeitschrift für ausländisches und internationales Privatrecht, begründet von E. Rabel
RABl.	Reichsarbeitsblatt
RAG	Reichsarbeitsgericht
RAGE	Amtliche Sammlung der Entscheidungen des Reichsarbeitsgerichts
RAW	Rechtsarchiv der Wirtschaft
rd.	rund
RdA	Recht der Arbeit (Zeitschrift)
RdErl.	Runderlass
RDV	Recht der Datenverarbeitung (Zeitschrift)
RefE	Referentenentwurf
RegE	Regierungsentwurf
RG	Reichsgericht
RhPf	Rheinland-Pfalz
RiA	Das Recht im Amt (Zeitschrift)
Richtl.	Richtlinien
RIW	Recht der Internationalen Wirtschaft (Zeitschrift)
rkr.	rechtskräftig
RL	Richtlinie
Rn.	Randnummer
Rpfleger	Rechtspfleger (Zeitschrift)
RPflG	Rechtspflegergesetz
RRG	Rentenreformgesetz
Rspr.	Rechtsprechung
RsprDienst	Rechtsprechungs-Dienst
RTV	Rahmentarifvertrag
RVO	Reichsversicherungsordnung
Rz.	Randziffer
RzK	Rechtsprechung zum Kündigungsrecht (Entscheidungssammlung)
s.	siehe
S.	Seite/Satz
SA	Sachsen-Anhalt
s.a.	siehe auch
Saarl.	Saarland
SachbezugsVo	Sachbezugs-Verordnung
Sächs. LAG	Sächsisches Landesarbeitsgericht
SächsPersVG	Sächsisches Personalvertretungsgesetz
SAE	Sammlung arbeitsrechtlicher Entscheidungen (Zeitschrift)
Sb.	Sonderband
SchBV	Schiffsbesetzungs-Verordnung
SchlH	Schleswig-Holstein
SchlHA	Schleswig-Holsteinische Anzeigen
SchwBeschG	Schwerbeschädigtengesetz
SchwbG	Schwerbehindertengesetz
SchwbWV	Dritte Verordnung zur Durchführung des Schwerbehindertengesetzes (Werkstättenverordnung Schwerbehindertengesetz)
SED	Sozialistische Einheitspartei Deutschlands

SeeAE	Sammlung See-Arbeitsrechtlicher Entscheidungen
SeemG	Seemannsgesetz
SG, SozG	Sozialgericht
SGb	Die Sozialgerichtsbarkeit (Zeitschrift)
SGB I	Sozialgesetzbuch, I. Buch: Allgemeiner Teil
SGB III	Sozialgesetzbuch, III. Buch: Arbeitsförderung
SGB IV	Sozialgesetzbuch, IV. Buch: Gemeinsame Vorschriften für die Sozialversicherung
SGB V	Sozialgesetzbuch, V. Buch: Gesetzliche Krankenversicherung
SGB VI	Sozialgesetzbuch, VI. Buch: Gesetzliche Rentenversicherung
SGB VII	Sozialgesetzbuch, VII. Buch: Gesetzliche Unfallversicherung
SGB VIII	Sozialgesetzbuch, VIII. Buch: Kinder- und Jugendhilfe
SGB IX	Sozialgesetzbuch, IX. Buch: Rehabilitation und Teilhabe behinderter Menschen
SGB X	Sozialgesetzbuch, X. Buch: Verwaltungsverfahren
SGB XI	Sozialgesetzbuch, XI. Buch: Soziale Pflegeversicherung
SGG	Sozialgerichtsgesetz
SH AbgG	Schleswig-Holsteinisches Abgeordnetengesetz
Slg.	Sammlung der Rechtsprechung des Gerichtshofes der Europäischen Gemeinschaft
s.o.	siehe oben
sog.	so genannt(ẽ, ẽr, ẽs)
SoldG	Soldatengesetz
SozFort	Sozialer Fortschritt (Zeitschrift)
SozPlKonkG	Gesetz über den Sozialplan im Konkurs- und Vergleichsverfahren
SozR	Sozialrecht (Entscheidungssammlung), bearbeitet von Richtern des Bundessozialgerichts
SozSich	Soziale Sicherheit (Zeitschrift)
SozVers	Die Sozialversicherung (Zeitschrift)
Sp.	Spalte
SPersVG	Saarländisches Personalvertretungsgesetz
SprAuG	Sprecherausschussgesetz
SpTrUG	Gesetz über die Spaltung der von der Treuhandanstalt verwalteten Unternehmen
SPV/Bearbeiter	Stahlhacke/Preis/Vossen, Kündigung und Kündigungsschutz im Arbeitsverhältnis
SR	Sonderregelung
StilllegungsVO	Stilllegungs-Verordnung
StGB	Strafgesetzbuch
StPO	Strafprozessordnung
str.	streitig
st.Rspr.	ständige Rechtsprechung
StUG	Stasi-Unterlagen-Gesetz
StVollzG	Strafvollzugsgesetz
SVG	Soldatenversorgungsgesetz
teilw.	teilweise
Thür. LAG	Thüringer Landesarbeitsgericht
ThürAbgG	Thüringer Abgeordnetengesetz
ThüringerPersVG	Thüringer Personalvertretungsgesetz
TO	Tarifordnung
TOA	Tarifordnung A für Angestellte im Öffentlichen Dienst
TOB	Tarifordnung B für Arbeiter im Öffentlichen Dienst
TranspR	Transport- und Speditionsrecht
TSchG	Tarifschiedsgericht
TV	Tarifvertrag
TV Al II	Tarifvertrag für die Arbeitnehmer bei den Stationierungsstreitkräften im Gebiet der Bundesrepublik Deutschland
TVG	Tarifvertragsgesetz
TVöD	Tarifvertrag für den öffentlichen Dienst
TzA	Teilzeitarbeitsrecht
TzBfG	Gesetz über Teilzeitarbeit und befristete Arbeitsverträge (Teilzeit- und Befristungsgesetz)

u.	und
u.a.	und andere, unter anderem
u.Ä.	und Ähnliches
UFiTA	Archiv für Urheber-, Film-, Funk- und Theaterrecht (Zeitschrift)
UmwG	Umwandlungsgesetz
UmwRBerG	Umwandlungsrecht-Bereinigungsgesetz
unstr.	unstreitig
Unterabs.	Unterabsatz
u.v.	unveröffentlicht
UP	Unterzeichnungsprotokoll
UrhG	Urhebergesetz
UrlG	Urlaubsgesetz (eines Landes)
Urt.	Urteil
usw.	und so weiter
u.U.	unter Umständen
UWG	Gesetz gegen den unlauteren Wettbewerb
v.	von, vom
VAA	Veröffentlichungen der Arbeitsgemeinschaft Arbeitsrecht im Deutschen Anwaltsverein
VAG	Versicherungsaufsichtsgesetz
VBG	Unfallverhütungsvorschrift der Berufsgenossenschaft
VBL	Versorgungsanstalt des Bundes und der Länder
Verf.	Verfassung
VerglO	Vergleichsordnung
VerfNW	Verfassung des Landes Nordrhein-Westfalen
VergGr	Vergütungsgruppe
VermBG	Gesetz zur Förderung der Vermögensbildung der Arbeitnehmer
VermG	Gesetz zur Regelung offener Vermögensfragen
Veröff.	Veröffentlichung
VersR	Versicherungsrecht (Zeitschrift)
VG	Verwaltungsgericht
VGH	Verwaltungsgerichtshof
vgl.	vergleiche
VglO	Vergleichsordnung
v.H.	von Hundert
VO	Verordnung
VOBl.	Verordnungsblatt
Voraufl.	Vorauflage
Vorb., Vorbem.	Vorbemerkung
VRG	Vorruhestandsgesetz
VSSR	Vierteljahresschrift für Sozialrecht
VVG	Versicherungsvertragsgesetz
VwGO	Verwaltungsgerichtsordnung
VwVfG	Verwaltungsverfahrensgesetz
VwZG	Verwaltungszustellungsgesetz
WIB	Wirtschaftliche Beratung, Zeitschrift für Wirtschaftsanwälte und Unternehmensjuristen
WissR	Wissenschaftsrecht (Zeitschrift)
WissZeitVG	Gesetz über befristete Arbeitsverträge in der Wissenschaft (Wissenschaftszeitvertragsgesetz – WissZeitVG)
WM	Wertpapier-Mitteilungen (Zeitschrift)
w.N.	weitere Nachweise
WO	Wahlordnung
WO BPersVG	Wahlordnung zum Bundespersonalvertretungsgesetz
WoMitbestG	Wahlordnung zum Mitbestimmungsgesetz
WpflG	Wehrpflichtgesetz
WRV	Weimarer Reichsverfassung
WSI	Wirtschafts- und Sozialwissenschaftliches Institut des DGB
WSI-Mitteilung	Mitteilungen des WSI (Zeitschrift)
WZG	Warenzeichengesetz

ZA, ZusAbk.	Zusatzabkommen
ZA-NATO	Zusatzabkommen zu dem Abkommen zwischen den Parteien des Nordatlantikvertrages über die Rechtstellung ihrer Truppen hinsichtlich der in der Bundesrepublik Deutschland stationierten ausländischen Truppen
ZAP	Zeitschrift für die Anwaltspraxis
ZAP ERW	Zeitschrift für die Anwaltspraxis, Entscheidungsreport Wirtschaftsrecht
ZAR	Zeitschrift für Ausländerrecht und Ausländerpolitik
ZAS	Zeitschrift für Arbeitsrecht und Sozialrecht (österr. Zeitschrift)
z.B.	zum Beispiel
ZBR	Zeitschrift für Beamtenrecht
ZBVR	Zeitschrift für Betriebsverfassungsrecht
ZDG	Zivildienstgesetz, Gesetz über den Zivildienst der Kriegsdienstverweigerer
ZfA	Zeitschrift für Arbeitsrecht
ZfS	Zentralblatt für Sozialversicherung, Sozialhilfe und Versorgung (Zeitschrift)
ZfSH	Zeitschrift für Sozialhilfe
ZfSH/SGB	Zeitschrift für Sozialhilfe/Sozialgesetzbuch
ZfSH/SGb	Zeitschrift für Sozialhilfe/Sozialgerichtsbarkeit
ZGR	Zeitschrift für Unternehmens- und Gesellschaftsrecht
ZHR	Zeitschrift für das gesamte Handels- und Wirtschaftsrecht
ZIAS	Zeitschrift für ausländisches und internationales Arbeits- und Sozialrecht
Ziff.	Ziffer
ZIP	Zeitschrift für Wirtschaftsrecht und Insolvenzpraxis
zit.	zitiert
ZivilschutzG	Zivilschutzgesetz
ZMR	Zeitschrift für Miet- und Raumrecht
ZPO	Zivilprozessordnung
ZRP	Zeitschrift für Rechtspolitik
ZSR	Zeitschrift für Sozialreform; Zeitschrift für Schweizerisches Recht
z.T.	zum Teil
ZTR	Zeitschrift für Tarifrecht
ZUM	Zeitschrift für Urheber- und Medienrecht
zust.	zustimmend
zutr.	zutreffend
ZVG	Zwangsversteigerungsgesetz
ZVglRW, ZVglRWiss	Zeitschrift für vergleichende Rechtswissenschaft

Literaturverzeichnis

Andresen	(Hrsg.) Frühpensionierung in der Altersteilzeit, 3. Aufl. 2003
Ascheid	Urteils- und Beschlussverfahren im Arbeitsrecht, 2. Aufl. 1998
ders.	Kündigungsschutzrecht, 1993
Ascheid/Preis/Schmidt	(Hrsg.) Großkommentar zum Kündigungsrecht, 3. Aufl. 2007 (zit. APS/*Bearbeiter*)
Bader/Creutzfeldt/Friedrich	ArbGG, Kommentar zum Arbeitsgerichtsgesetz, 5. Aufl. 2008
Bader/Dörner/Mikosch/ Schütz/Vossen	Gemeinschaftskommentar zum Arbeitsgerichtsgesetz, Loseblattausgabe (zit. GK-ArbGG/*Bearbeiter*)
Baeck/Deutsch	Arbeitszeitgesetz, 2. Aufl. 2004
Bauer	Arbeitsrechtliche Aufhebungsverträge, 8. Aufl. 2007
Bauer/Baeck/Schuster	Scheinselbständigkeit, 2000
Bauer/Diller	Wettbewerbsverbote, 4. Aufl. 2006
Becker/Danne/Lang/Lipke/ Mikosch/Steinwedel	Gemeinschaftskommentar zum Teilzeitarbeitsrecht 1987 (zit. GK-TzA/*Bearbeiter*)
Berkowsky	Die personen- und verhaltensbedingte Kündigung, 4. Aufl. 2004
Brox/Rüthers/Schlüter/Jülicher	Arbeitskampfrecht, 2. Aufl. 1982
Bürger/Oehmann/Matthes/ Göhle-Sander/Kreizberg	(Hrsg.) Handwörterbuch des Arbeitsrechts, Loseblattausgabe (zit. HwB-AR/*Bearbeiter*)
Busemann	Die Haftung des Arbeitnehmers gegenüber dem Arbeitgeber und Dritten, 1999
Busemann/Schäfer	Kündigung und Kündigungsschutz im Arbeitsverhältnis, 5. Aufl. 2006
Däubler	(Hrsg.) Arbeitskampfrecht, 2. Aufl. 1987
ders.	(Hrsg.) Kommentar zum Tarifvertragsgesetz, 2. Aufl. 2006
Däubler/Dondorf/Bonin/ Deinert	AGB-Kontrolle im Arbeitsrecht, 2. Aufl. 2008 (zit. DDBD/ *Bearbeiter*)
Däubler/Kittner/Klebe	Betriebsverfassungsgesetz, Kommentar, 11. Aufl. 2008 (zit. DKK/ *Bearbeiter*)
Dersch/Neumann	Bundesurlaubsgesetz (BUrlG), 9. Aufl. 2003
Dehmer/Schmitt/Hörtnagel/ Stratz	Umwandlungsgesetz, Umwandlungssteuergesetz, 5. Aufl. 2009
Die Arbeitsgerichtsbarkeit:	Festschrift zum 100-jährigen Bestehen des Deutschen Arbeitsgerichtsverbandes (FS Arbeitsgerichtsbarkeit), 1994
Dieterich/Hanau/Schaub/ Müller-Glöge/Preis/Schmidt	(Hrsg.) Erfurter Kommentar zum Arbeitsrecht, 9. Aufl. 2009 (zit. ErfK/*Bearbeiter*)
Ensthaler	(Hrsg.) Gemeinschaftskommentar zum Handelsgesetzbuch, 7. Aufl. 2007 (zit. GK-HGB/*Bearbeiter*)
Etzel/Bader/Fischermeier/ Friedrich/Griebeling/Lipke/ Pfeiffer/Rost/Spilger/Vogt/ Weigand/Wolff	Gemeinschaftskommentar zum Kündigungsschutzgesetz und zu sonstigen kündigungsschutzrechtlichen Vorschriften, 8. Aufl. 2007 (zit. KR/*Bearbeiter*)
Fitting/Engels/Schmidt/ Trebinger/Linsenmeier	Betriebsverfassungsgesetz, 24. Aufl. 2008 (zit. *Fitting/Bearbeiter*)
Gagel	SGB III Arbeitsförderung, Loseblattwerk
Gagel/Vogt	Beendigung von Arbeitsverhältnissen, 5. Aufl. 1996
Germelmann/Matthes/ Prütting/Müller-Glöge	Arbeitsgerichtsgesetz, 6. Aufl. 2008 (zit. GMPM-G/*Bearbeiter*)
Gerold/Schmidt/v. Eicken/ Madert/Müller-Rabe	RVG, 18. Aufl. 2008
Gift/Baur	Das Urteilsverfahren im Arbeitsgerichtsprozeß, 1993

Griebeling/Griebeling	Betriebliche Altersversorgung, 2. Aufl. 2003
Grunsky	Arbeitsgerichtsgesetz, 7. Aufl. 1995
Hess	Insolvenzarbeitsrecht, 2. Aufl. 2000
Hess/Schlochauer/Worzalla/ Glock/Nicolai	Kommentar zum Betriebsverfassungsgesetz, 7. Aufl. 2008 (zit. HSWGNR/*Bearbeiter*)
Höfer	Gesetz zur Verbesserung der betrieblichen Altersversorgung (BetrAVG), Bd. 1 Arbeitsrecht, Loseblattausgabe
von Hoyningen-Huene/Linck	Kündigungsschutzgesetz (KSchG), 14. Aufl. 2007
Hueck/Nipperdey	Arbeitsrecht, 7. Auflage 1963–1970
Kempen/Zachert	Tarifvertragsgesetz, Kommentar für die Praxis, 4. Aufl. 2006
Kemper/Kisters-Kölkes	Arbeitsrechtliche Grundzüge der betrieblichen Altersversorgung, 5. Aufl. 2008
Kemper/Kisters-Kölkes/ Berenz/Bode/Pühler	BetrAVG, Kommentar zur Verbesserung der betrieblichen Altersversorgung, 3. Aufl. 2008
Kissel	Gerichtsverfassungsgesetz, 5. Aufl. 2008
Kittner/Däubler/Zwanziger	Kündigungsschutzrecht, 7. Aufl. 2007 (zit. KDZ/*Bearbeiter*)
Kraft/Wiese/Kreutz/Oetker/ Raab/Weber/Franzen	Gemeinschaftskommentar zum Betriebsverfassungsgesetz, 8. Aufl. 2005 (zit. GK-BetrVG/*Bearbeiter*)
Leinemann	(Hrsg.) Handbuch zum Arbeitsrecht (HzA), Loseblattausgabe
ders.	(Hrsg.) Kasseler Handbuch zum Arbeitsrecht, 2. Aufl. 2000 (zit. Kasseler Handbuch/*Bearbeiter*)
Lepke	Kündigung bei Krankheit, 12. Aufl. 2006
Löwisch/Rieble	Tarifvertragsrecht, 2. Aufl. 2004
Löwisch/Spinner	Kommentar zum Kündigungsschutzgesetz (KSchG), 9. Aufl. 2004
Lutter/Winter	(Hrsg.) UmwG, 3. Aufl. 2004
Meier	Lexikon der Streitwerte im Arbeitsrecht, 2. Aufl. 2000
Niesel	(Hrsg.) Sozialgesetzbuch Arbeitsförderung, 4. Aufl. 2007
Obermüller/Hess	InsO, 4. Aufl. 2003
Ostheimer/Hohmann	Die ehrenamtlichen Richterinnen und Richter beim Arbeits- und Sozialgericht, 11. Aufl. 2004
Palandt/(Bearbeiter)	Kommentar zum BGB, 68. Aufl. 2009
Preis	Prinzipien des Kündigungsrechts bei Arbeitsverhältnissen, 1987
ders.	Grundfragen der Vertragsgestaltung im Arbeitsrecht, 1992
Rebmann/Säcker	Münchener Kommentar zum Bürgerlichen Gesetzbuch, 4. Aufl. 2001 ff. (zit. MünchKomm/*Bearbeiter*)
Richardi	Betriebsverfassungsgesetz, 11. Aufl. 2007
Richardi/Wlotzke	(Hrsg.) Münchener Handbuch zum Arbeitsrecht, Band 1–3, 2. Aufl. 2000 mit Ergänzungsband Individualarbeitsrecht, 2001 (zit. MünchArbR/*Bearbeiter*)
Sahmer/Busemann	Arbeitsplatzschutzgesetz, 3. Aufl., Loseblattausgabe
Schäfer	Der einstweilige Rechtsschutz im Arbeitsrecht, 1996
ders.	Die Abwicklung des beendeten Arbeitsverhältnisses, 3. Aufl. 2002
Schäfer/Kiemstedt	Anwaltsgebühren im Arbeitsrecht, 2. Aufl. 2006
Schaub	Arbeitsrechts-Handbuch (ArbRHb), 12. Aufl. 2007
ders.	Handbuch Arbeitsgerichtsverfahren, 7. Aufl. 2001
Scherr/Krol-Dickob	Arbeitszeitrecht im öffentlichen Dienst von A–Z, Loseblattausgabe
Schimmel/Buhlmann	Frankfurter Handbuch zum neuen Schuldrecht, 2002

Schmidt/Koberski/Tiemann/Wascher	Heimarbeitsgesetz (HAG), 4. Aufl. 1998
Schmidt-Räntsch	Deutsches Richtergesetz (DRiG), 6. Aufl. 2009
Schrader/Schubert	Das AGG in der Beratungspraxis 2. Aufl. 2008 (1. Aufl. unter dem Titel: Das neue AGG)
Schwab	Die Berufung im Arbeitsgerichtsverfahren, Diss. 2005
Schwab/Weth	Arbeitsgerichtsgesetz, 2. Aufl. 2008
Sievers	TzBfG, Kommentar zum Teilzeit- und Befristungsgesetz, 2. Aufl. 2007
Stahlhacke/Bachmann/Bleistein/Berscheid	Gemeinschaftskommentar zum Bundesurlaubsgesetz, 5. Aufl. 1992 (zit. GK-BUrlG/*Bearbeiter*)
Stahlhacke/Preis/Vossen	Kündigung und Kündigungsschutz im Arbeitsverhältnis, 9. Aufl. 2005 (zit. SPV/*Bearbeiter*)
Staudinger	Kommentar zum Bürgerlichen Gesetzbuch (Staudinger/Bearbeiter), 13. Aufl. 1994 ff.
Stein/Jonas/Bork/Brehm/Grunsky/Leipold/Münzberg/Roth/Schlosser/Schumann	Zivilprozessordnung (ZPO), 22. Aufl. 2002 bis 2006 ff.
Treber	EFZG, Kommentar zum Entgeltfortzahlungsgesetz und zu den wesentlichen Nebengesetzen, 2. Aufl. 2007
Tschöpe	Anwalts-Handbuch Arbeitsrecht, 5. Aufl. 2007
Weber/Ehrich/Burmester	Handbuch der arbeitsrechtlichen Aufhebungsverträge, 4. Aufl. 2004
Wiedemann/Oetker/Wank	Tarifvertragsgesetz, 7. Aufl. 2007
Wimmer	(Hrsg.) Frankfurter Kommentar zur Insolvenzordnung, 5. Aufl. 2009 (zit. FK-InsO/*Bearbeiter*)
Wimmer/Dauernheim/Wagner/Weidekind	Handbuch des Fachanwalts Insolvenzrecht, 3. Aufl. 2008 (zit.: FA-InsR/*Bearbeiter* Kap. ... Rn. ...)
Zöller	Zivilprozessordnung, 27. Aufl. 2009

Erster Teil: Grundlagen

Kapitel 1
Grundbegriffe und Grundstrukturen des Arbeitsrechts

Übersicht

A. Begriff und Abgrenzung des Arbeitsrechts

> Arbeitsrecht ist das für die Rechtsbeziehungen zwischen Arbeitgeber und Arbeitnehmer geltende Recht. 1

Sein Grundtatbestand ist die abhängige Arbeit, d.h. die Erbringung einer Dienstleistung gegen Entgelt in einem Unterordnungsverhältnis zum Dienstherrn. Die damit verbundenen Regelungsprobleme begründen zwar eine Sonderstellung innerhalb der Rechtsordnung und machen das Arbeitsrecht zu einem selbstständigen Rechtsgebiet (s.u. Rn. 15 ff.), das das Recht der Arbeit insoweit erfasst, als es Arbeitnehmer betrifft. Gleichwohl beherrscht das Wertesystem der Rechtsordnung im Übrigen auch die Rechtsbeziehungen zwischen Arbeitgeber und Arbeitnehmer. Die Entstehung und Entwicklung des Arbeitsrechts basiert auf der Kollision einer dem Grundsatz der **Privatautonomie** verpflichteten rechtsgeschäftlichen Ordnung des Arbeitslebens mit der **tatsächlichen Ungleichgewichtigkeit** der Arbeitsvertragsparteien. Die soziale Schutzbedürftigkeit des Arbeitnehmers erforderte deshalb Prinzipien und Regeln, um einen gerechten Interessenausgleich zu erreichen. 2

> Das Arbeitsverhältnis ist ein Rechtsverhältnis der Privatautonomie; sein Gegenstand ist die Leistung von Arbeit auf der Grundlage eines Vertrages zwischen Arbeitgeber und Arbeitnehmer. 3

Die Sonderstellung des Arbeitsrechts ergibt sich zum einen aus dem Inhalt des Leistungsversprechens: Derjenige, der auf Grund eines rechtsgeschäftlichen Leistungsversprechens seine Arbeitskraft einem anderen zur Verfügung stellt, tritt zu ihm in ein Unterordnungsverhältnis. Die **fremdbestimmte Organisation der Arbeitsleistung** rechtfertigt materiell eine Abweichung von den Risikogrundsätzen, die sonst in einem schuldrechtlichen Austauschverhältnis gelten [z.B. Arbeitsentgeltrisiko bei auf Grund des Fixschuldcharakters eintretender Arbeitsunmöglichkeit wegen Betriebsstörungen (s.u. Kap. 3 Rn. 1594 ff.), § 615 BGB (s.u. 4

Kap. 3 Rn. 1452 ff.); eingeschränkte Beherrschbarkeit des Haftungsrisikos (s.u. Kap. 3 Rn. 607 ff.); Fürsorgepflicht für Person und Eigentum des Arbeitnehmers, z.B. gem. § 618 Abs. 1 BGB, § 62 Abs. 1 HGB, § 120a GewO; bzw. seit dem 8.8.1996 gem. §§ 1 ff. des Gesetzes zur Umsetzung der EG-Rahmenrichtlinie Arbeitsschutz und weiterer Arbeitsschutz-Richtlinien BGBl. I S. 1246 ff.].

5 Zum anderen ist die **Dauerbeziehung** in der Beschäftigung des Arbeitnehmers für Zwecke des Arbeitgebers Ursache für die begrenzte Beteiligung des Arbeitgebers an der Existenzsicherung des Arbeitnehmers durch die Pflicht zur Entgeltfortzahlung (§ 616 BGB, §§ 1 ff. EFZG; s.u. Kap. 3 Rn. 1621, 1683, 1750) und zur Gewährung von Erholungsurlaub (BUrlG; s.u. Kap. 3 Rn. 2100 ff.). Sie ist ferner Grundlage des Gesundheitsschutzes sowie des allgemeinen und besonderen Kündigungsschutzes, durch den für den Arbeitnehmer ein Bestands- und Inhaltsschutz seines Arbeitsverhältnisses verwirklicht wird (s.u. Kap. 4 Rn. 1 ff.).

6 Durch die **Koalitionsfreiheit** (Art. 9 Abs. 3 GG) wird den Tarifvertragsparteien die im öffentlichen Interesse liegende Aufgabe zugewiesen, im Wege sozialer Selbstverwaltung insbes. Löhne und sonstige materielle Arbeitsbedingungen in einem von staatlicher Rechtssetzung frei gelassenen Raum in eigener Verantwortung und ohne staatliche Einflussnahme durch unabdingbare Gesamtvereinbarungen sinnvoll zu ordnen (*BVerfG* 24.5.1977 EzA § 5 TVG Nr. 5). Die Tarifautonomie (s.u. Kap. 11 Rn. 7 ff.) ergänzt die individuelle Vertragsfreiheit und sichert die Privatautonomie für das Arbeitsverhältnis.

7 Das **Betriebsverfassungs- und Mitbestimmungsrecht** berücksichtigt, dass die Funktionsfähigkeit eines Betriebs und Unternehmens die Einheit der Planung, Organisation und Leitung voraussetzt. Daraus ergibt sich eine Abhängigkeit für die Beschäftigten, die durch eine kollektive, gleichberechtigte Beteiligung der Arbeitnehmer an der Gestaltung der Arbeitsbedingungen (Betriebsverfassungsrecht) sowie an der Auswahl und Kontrolle der Unternehmensleitung (Mitbestimmungsrecht) begrenzt werden kann (MünchArbR/*Richardi* § 1 Rz. 1–14, § 6 Rz. 1–35 m.w.N.; s.u. Kap. 12 Rn. 1 ff.).

B. Keine Kodifikation des Arbeitsvertragsrechts

8 Das BGB enthält keine Kodifikation des Arbeitsvertragsrechts, so dass im Arbeitsrecht die leitenden Grundsätze nicht im Gesetzesrecht formuliert sind.

9 Die zuvor bereits bestehenden Sonderregelungen (z.B. für Handlungsgehilfen, jetzt §§ 59 ff. HGB sowie für gewerbliche Arbeiter und Angestellte, §§ 105 ff. GewO a.F.; inzwischen gelten §§ 105 ff. GewO n.F. aber für alle Arbeitnehmer) blieben daneben bestehen.

10 Das BGB sollte nur allgemeine Bestimmungen, die sich für Dienstverhältnisse verschiedenster Art eigneten, aufnehmen. Dienstverhältnisse, die mit Rücksicht auf ihre soziale Bedeutung oder andere Besonderheiten einer Sonderregelung bedürfen, sollten dagegen in Spezialgesetzen geregelt werden.

11 Verbunden war dies allerdings mit der auch später trotz eines dahingehenden Versprechens in Art. 157 Abs. 2 WRV nicht erfüllten Forderung einer bald nachfolgenden einheitlichen gesetzlichen Regelung. Durch Art. 30 Abs. 1 hat der Einigungsvertrag nunmehr zwar im Zuge der Herstellung der Rechtseinheit nach dem Beitritt der DDR zur BRD mit Wirkung vom 3.10.1990 (Art. 23 S. 2 GG) dem gesamtdeutschen Gesetzgeber die Aufgabe zugewiesen, u.a. das **Arbeitsvertragsrecht möglichst bald einheitlich zu kodifizieren**. Anhaltspunkte dafür, dass der Gesetzgeber diesem Auftrag in absehbarer Zeit nachkommen wird, bestehen jedoch nicht.

12 Zwar berücksichtigen die §§ 611 ff. BGB nicht die tatsächliche Abhängigkeit des arbeitenden Menschen; **der Vertrag reicht deshalb nicht als Instrumentarium aus, um die Arbeitnehmer gleichberechtigt an der Gestaltung der Arbeitsbedingungen zu beteiligen**. Die

rudimentäre Regelung des Arbeitsrechts im BGB führt jedoch nicht dazu, dass das Arbeitsrecht als ein von der Anwendung des BGB völlig losgelöstes Rechtsgebiet verstanden werden kann.

Insbesondere wird auch durch den Dienstvertrag **kein persönliches Herrschaftsverhältnis** begründet, das zur Folge hätte, dass sich der Arbeitnehmer in die Gewalt des Arbeitgebers begibt. Eine Reduzierung des Dienstvertrages auf ein fremdbestimmtes rechtliches Gewaltverhältnis findet gerade nicht statt. 13

Vielmehr ist es Aufgabe des Arbeitsrechts, ausgehend vom Grundrecht der Berufsfreiheit (Art. 12 GG) und der Vertragsfreiheit als zivilrechtlicher Ausgestaltung dieses Grundrechts auf der Grundlage der Normen z.B. des BGB eine sozialverträgliche rechtsgeschäftliche Ordnung des Arbeitslebens herzustellen (MünchArbR/*Richardi* § 1 Rz. 15–30 m.w.N., § 6 Rz. 1 ff., § 8 Rz. 25 ff.). 14

C. Arbeitsrecht als selbstständiges Rechtsgebiet

Obwohl das Dienstvertragsrecht des BGB die Basis des Arbeitsvertragsrechts bildet, bezeichnet Art. 74 GG das bürgerliche Recht (Nr. 1) und das Arbeitsrecht (Nr. 12) als **verschiedene Regelungsmaterien** der konkurrierenden Gesetzgebung. Das Arbeitsrecht hat sich als Ganzes – einschließlich seiner Privatrechtsnormen – zu einem selbstständigen Rechtsgebiet entwickelt, das für die verfassungsrechtliche Festlegung der Gesetzgebungskompetenz neben dem bürgerlichen Recht steht (*BVerfG* 22.4.1958 E 7, 348). 15

Das Arbeitsrecht ist zwar Teil der Zivilrechtsordnung. Es kann ihr aber nicht im Ganzen zugeordnet werden, denn neben dem Arbeitsvertragsrecht steht das öffentlich-rechtliche Arbeitsschutzrecht. Zur Erhaltung einer rechtsgeschäftlichen Ordnung des Arbeitslebens ist zudem das kollektive Arbeitsrecht entstanden, dessen Prinzipien (z.B. der Vorrang der tariflichen Normen vor individuell ausgehandelten Regelungen, die Anerkennung des Arbeitskampfes, das Repräsentationsmandat des Betriebsrats [s.u. Rn. 19] und dessen Normmitsetzungsbefugnis ohne Rücksicht auf den Willen der betroffenen Arbeitnehmer) teilweise im Gegensatz zu Grunddogmen der traditionellen Zivilrechtsordnung stehen. 16

Andererseits stellt auch das kollektive Arbeitsrecht den Vertrag in den Mittelpunkt. Denn die Rechtsbeziehungen zwischen den Tarifvertragsparteien, den Betriebspartnern und letztlich zwischen Arbeitgeber und Arbeitnehmer werden auch insoweit nicht hoheitlich, sondern durch ein Regelungssystem vertraglicher Verhandlung und Einigung festgelegt, das zum Abschluss von Tarifverträgen und Betriebsvereinbarungen bzw. Regelungsabreden, also Verträgen, führt (MünchArbR/*Richardi* § 1 Rz. 31–33; zur Entstehung und geschichtlichen Entwicklung des Arbeitsrechts ebda. §§ 2–5 m.w.N.). 17

D. System des Arbeitsrechts

I. Grundzüge

Kernstück des Arbeitsrechts ist der **Arbeitsvertrag** als Begründungstatbestand des Arbeitsverhältnisses und Rechtsgrund für die Erbringung von Leistungen aus dem Arbeitsverhältnis. Daneben hat der Staat **öffentlich-rechtliche**, durch Straf- oder Bußgelddrohung gesicherte Pflichten **des Arbeitgebers** (und z. T. auch des Arbeitnehmers) gegenüber dem Staat zum Schutz des Arbeitnehmers geschaffen (Arbeitnehmerschutzrecht). 18

Hinzu kommt die durch das Prinzip der **Koalitionsfreiheit** ermöglichte Selbsthilfe der Beteiligten, die sich zu Koalitionen (Gewerkschaften, Arbeitgeberverbänden) zusammenge- 19 schlossen haben und Kollektivverträge (Tarifverträge) zur Regelung der Arbeits- und Wirtschaftsbedingungen abschließen. Im Rahmen des **Betriebsverfassungsrechts** schließlich vertritt der Betriebsrat die Interessen der Belegschaft als deren Repräsentant.

20 Dabei handelt es sich nicht um ein starres, sondern um ein bewegliches System. Denn die Teilgebiete des Arbeitsrechts stehen nicht isoliert voneinander, sondern die für sie maßgeblichen Grundwertungen kommen auch in den anderen Teilgebieten zur Geltung. Regelungen des öffentlich-rechtlichen Arbeitnehmerschutzrechts, in Tarifverträgen, Betriebsvereinbarungen (§§ 3, 4, 5 TVG, § 77 BetrVG) begrenzen nicht nur die Vertragsfreiheit, sondern gelten zugleich in den privatrechtlichen Beziehungen zwischen Arbeitgeber und Arbeitnehmer. Auch die Beteiligungsrechte des Betriebsrats im Übrigen beeinflussen und bestimmen die Rechtsstellung des Arbeitnehmers im Arbeitsverhältnis (vgl. z.B. §§ 102 Abs. 1 S. 3, Abs. 5, 113 Abs. 3 BetrVG, § 1 Abs. 2 S. 2 KSchG; MünchArbR/*Richardi* § 7 Rz. 1–14).

II. Überblick

1. Individualarbeitsrecht

21 Individualarbeitsrecht ist das Recht, das für die Rechtsbeziehungen zwischen dem Arbeitgeber und dem einzelnen Arbeitnehmer gilt.

a) Arbeitsvertragsrecht

22 Das Arbeitsvertragsrecht regelt die privatrechtlichen Beziehungen zwischen dem Arbeitgeber und dem einzelnen Arbeitnehmer von der Begründung des Arbeitsverhältnisses, den Pflichten von Arbeitgeber und Arbeitnehmer, über die Rechte am Arbeitsergebnis bis hin zur Beendigung des Arbeitsverhältnisses sowie dem Recht der betrieblichen Altersversorgung.

b) Arbeitnehmerschutzrecht

23 Durch das Arbeitnehmerschutzrecht soll der Arbeitnehmer **gegen mögliche Gefahren für Leben und Gesundheit sowie Vermögensrechte bei und durch die Arbeit** und gegen mögliche Beeinträchtigungen dieser Rechtsgüter geschützt werden.

24 Das privatrechtliche Arbeitsschutzrecht beschränkt zum Schutz des Arbeitnehmers die Gestaltungs- und Beendigungsfreiheit der Einzelarbeitsverträge und gibt dem Arbeitnehmer durch Gesetz, Tarifvertrag oder Betriebsvereinbarung unabdingbare Ansprüche gegen den Arbeitgeber (MünchArbR/*Wlotzke* § 206 Rz. 2 ff.).

25 Durch das öffentlich-rechtliche Arbeitnehmerschutzrecht i. e. S. werden dagegen öffentlich-rechtliche Pflichten gegenüber dem Staat oder dem jeweiligen gesetzlichen Unfallversicherungsträger normiert, um Rechtsnormen zum Schutz des Arbeitnehmers durchzusetzen.

26 Dazu gehören der Betriebs- oder Gefahrenschutz (Gesundheitsschutz), der Arbeitszeitschutz, der Frauenarbeits- und Mutterschutz, der Jugendarbeitsschutz, der Schwerbehindertenschutz sowie z. T. auch der Heimarbeiterschutz.

27 Arbeitsvertragsrecht und Arbeitnehmerschutzrecht bilden keine sich ausschließenden Gegensätze. Denn Pflichten, die nach dem Arbeitsschutzrecht dem Arbeitgeber obliegen, gelten zugleich auch als Pflichten des Arbeitgebers gegenüber dem Arbeitnehmer, soweit sie Gegenstand einer arbeitsvertraglichen Vereinbarung sein können (MünchArbR/*Richardi* § 7 Rz. 15–25; s.u. Kap. 3 Rn. 2716 ff.).

Ziele und Aufgaben des Arbeitsschutzrechts (vgl. MünchArbR/*Wlotzke* § 206 Rz. 9) sind insbesondere: 28
- die **Verhütung von Arbeitsunfällen** und von Berufskrankheiten,
- die **Verhütung von sonstigen arbeitsbedingten Gesundheitsbeeinträchtigungen,**
- die **Erhaltung der Arbeitskraft** bzw. Vermeidung frühzeitiger Verschleißerscheinungen, sowie
- die Einrichtung und Unterhaltung **gesundheitlich zuträglicher Arbeitsstätten.**

2. Kollektives Arbeitsrecht

Kollektives Arbeitsrecht bezieht sich auf die Regelungen, die sich mit der Existenz, Organisation und Funktion der arbeitsvertraglichen Kollektive befassen. 29

a) Überbetriebliches kollektives Arbeitsrecht

Das kollektive Arbeitsrecht des überbetrieblichen Bereichs umfasst das Recht der Koalitionen, das Tarifvertragsrecht sowie das Arbeitskampf- und Schlichtungsrecht. Diese Rechtsinstitute sind aus dem allgemeinen, privatrechtlich geordneten Organisations- und Verfahrenssystem hervorgegangen und auch heute noch weitgehend nicht durch Gesetzesrecht gestaltet (s.u. Kap. 12 Rn. 1 ff.). 30

b) Kollektives Arbeitsrecht auf Betriebs- und Unternehmensebene

Das kollektive Arbeitsrecht auf der Ebene des Betriebs und Unternehmens (Betriebsverfassungs-, Personalvertretungsrecht; s.u. Kap. 12 Rn. 1 ff.) beruht dagegen auf Eingriffen des Gesetzgebers in die gesellschaftliche und wirtschaftliche Ordnung. 31

Die unternehmensbezogene Mitbestimmung, die, soweit es um die Arbeitnehmerbeteiligung geht, zum kollektiven Arbeitsrecht gehört, ist rechtsformspezifisch ausgestaltet, weil nur Kapitalgesellschaften und Genossenschaften, nicht aber Einzelunternehmen und Personengesellschaften erfasst werden. Sie ist nicht kodifikatorisch geregelt und beschränkt sich auf Eingriffe in das Gesellschaftsrecht.

c) Regelungsbereich des kollektiven Arbeitsrechts

Das kollektive Arbeitsrecht legt vor allem fest, ob und unter welchen Voraussetzungen die Koalitionen und die Betriebspartner Regelungen für den Inhalt eines Arbeitsverhältnisses treffen können. Die durch sie geschaffenen Regelungen (insbes. Tarifverträge und Betriebsvereinbarungen) sind aber ebenso Teil des Individualarbeitsrechts wie die durch Gesetz oder Einzelarbeitsvertrag geschaffenen Bestimmungen (MünchArbR/*Richardi* § 7 Rz. 26–33). 32

3. Recht der Arbeitsgerichtsbarkeit

Für die Durchführung arbeitsrechtlicher Streitigkeiten bestehen besondere Gerichte (Arbeitsgerichte, Landesarbeitsgerichte, Bundesarbeitsgericht); für das Verfahren gelten nach Maßgabe des ArbGG besondere Vorschriften (Urteils-, Beschlussverfahren; s.u. Kap. 14 Rn. 1 ff.). 33

E. Rechtsnatur des Arbeitsverhältnisses

Grundlage des Arbeitsverhältnisses ist der Austausch einer zeitbestimmten Dienstleistung mit im Voraus nicht abgegrenzten Einzelleistungen – daher handelt es sich um ein Dauerschuldverhältnis – gegen Entgelt (MünchArbR/*Richardi* § 8 Rz. 1–17). 34

35 Das Arbeitsverhältnis beruht auf dem Arbeitsvertrag, den der Arbeitgeber mit dem einzelnen Arbeitnehmer abschließt. Dieser ist als **gegenseitiger Vertrag i.S.d. §§ 320 ff. BGB** (*BAG* [GS] 17.12.1959 AP Nr. 21 zu § 616 BGB) zwischen Arbeitgeber und Arbeitnehmer **Verpflichtungstatbestand und Rechtsgrund sowohl für die Erbringung der Arbeitsleistung als auch für die Zahlung des Arbeitsentgelts.** Von ihm hängt ab, ob überhaupt ein Arbeitsverhältnis vorliegt; er ist daher der Begründungstatbestand des Arbeitsverhältnisses, auch wenn der Inhalt des Arbeitsvertrages durch andere Gestaltungsfaktoren, insbes. durch Gesetz, Tarifvertrag oder Betriebsvereinbarung mitgeregelt wird.

36 **Der Arbeitnehmer hat seine Dienste in Person zu erbringen** (vgl. § 613 S. 1 BGB); deshalb wurde das Arbeitsverhältnis wegen der durch den Arbeitsvertrag begründeten persönlichen Abhängigkeit bis in die sechziger Jahre überwiegend als **personenrechtliches Gemeinschaftsverhältnis** verstanden (*BAG* 10.11.1955 EzA § 611 BGB Beschäftigungspflicht Nr. 1), der Arbeitsvertrag als ein gemeinschaftsbegründender Vertrag, der seine Parallele im Gesellschaftsrecht findet. Weitergehend wurde angenommen, Begründungstatbestand des Arbeitsverhältnisses sei nicht der Arbeitsvertrag, sondern die **tatsächliche Einstellung des Arbeitnehmers**, die Eingliederung in den Betrieb als tatsächlicher Akt. Andererseits wurde das personenrechtliche Gemeinschaftsverhältnis als Grundlage der Fürsorgepflicht des Arbeitgebers für die Person des Arbeitnehmers und der persönlichen Treueverpflichtung des Arbeitnehmers gegenüber dem Arbeitgeber verstanden (*Nikisch* Arbeitsrecht Bd. I, 2. Aufl. 1955, S. 40 ff.). Später wurde dies dahingehend eingeschränkt, dass zwar das Arbeitsverhältnis i.d.R. durch Arbeitsvertrag begründet, dieser allerdings erst mit der Eingliederung in den Betrieb in den Erfüllungszustand eintritt (*Nikisch* Bd. I, 3. Aufl. 1961, S. 158 ff.).

37 **Diese Auffassung ist abzulehnen**, weil die Abgrenzung zu den schuldrechtlichen Elementen des Arbeitsverhältnisses unklar ist und die mit der Zuordnung zum Personenrecht verbundene Verdrängung des Vertragsrechts dem geltenden Recht widerspricht. Zur Begründung von neben dem Austausch von Arbeit und Lohn bestehenden Treue- und Fürsorgepflichten bedarf es der Annahme eines personenrechtlichen Gemeinschaftsverhältnisses zudem nicht. Denn diese lassen sich seitens des Arbeitgebers auch als Korrelat der Einordnung des einzelnen Arbeitnehmers in ein hierarchisch gelenktes System der Arbeitsteilung und seitens des Arbeitnehmers als die nach allgemeinen Grundsätzen geschuldete Vertragstreue als Ergänzung des rechtsgeschäftlichen Leistungsversprechens (§ 242 BGB), also jeweils auf der rechtsgeschäftlichen Gestaltung zwischen Arbeitgeber und Arbeitnehmer beruhend, begründen (MünchArbR/*Richardi* § 8 Rz. 8 ff., auch zu weiteren Begründungsansätzen i.d. Lit.; zur Entwicklung des personalen Gehalts des Arbeitsverhältnisses vgl. *Wiese* ZfA 1996, 439 ff.).

F. Grundbegriffe des Arbeitsrechts

I. (Unselbstständige) Arbeitnehmer

38 Der Arbeitnehmerbegriff wird in zahlreichen arbeitsrechtlichen Normen verwandt, jedoch wie der des Arbeiters und Angestellten gesetzlich nicht definiert. Zur Begriffsbestimmung kann jedoch **§ 84 Abs. 1 S. 2 HGB** (*LAG RhPf* 2.5.2004 – 2 Ta 81/04 – ArbuR 2005, 161 LS; *LAG SchlH* 8.4.2005 NZA-RR 2005, 656) herangezogen werden, der eine Legaldefinition dazu enthält, wer selbstständig ist. Diese Norm gilt unmittelbar nur für die Abgrenzung des selbstständigen Handelsvertreters vom abhängig beschäftigten kaufmännischen Angestellten. Darüber hinaus enthält sie aber eine **allgemeine gesetzgeberische Wertung**, die bei der Abgrenzung des Dienstvertrages vom Arbeitsvertrag zu beachten ist (*BAG* 21.2.1990 EzA § 611 BGB Arbeitnehmerbegriff Nr. 32). Zu beachten ist auch **§ 121 GewO** (bis 31.12.2002; die Vorschrift ist zum 1.1.2003 aufgehoben und durch § 106 GewO n.F. ersetzt worden; vgl. dazu *Lakies* BB 2003, 364 ff.; *Bauer/Opolony* BB 2002, 1590 ff.), wonach Gesellen und Gehilfen verpflichtet sind, den Anordnungen der Arbeitgeber in Beziehung auf die ihnen übertragenen Arbeiten und auf die häuslichen Einrichtungen Folge zu leisten; zu häuslichen Arbeiten sind sie nicht verbunden. § 29 Abs. 1 SeemG enthält eine vergleichbare Regelung für Besatzungsmitglieder (vgl. *Reinecke* ZIP 1998, 582).

Die praktische Bedeutung des Arbeitnehmerbegriffs besteht darin, den Geltungsbereich des Arbeitsrechts, insbes. den Anwendungsbereich zahlreicher arbeitsrechtlicher Gesetze, zu bestimmen. 39

1. Begriff

Arbeitnehmer ist, wer auf Grund eines privatrechtlichen Vertrages (oder eines diesem gleichgestellten Rechtsverhältnisses) über entgeltliche Dienste für einen anderen in persönlicher Abhängigkeit tätig ist (z.B. *BAG* 15.3.1978 EzA § 611 BGB Arbeitnehmerbegriff Nr. 16, 17; 15.12.1999, 20.9.2000, 12.12. 2001 EzA § 611 BGB Arbeitnehmerbegriff Nr. 78, 80, 84, 87; 20.8.2003 – 5 AZR 610/02 – EzA-SD 24/2003, S. 8 LS = NZA 2004, 39; *LAG RhPf* 2.5.2004 – 2 Ta 81/04 – ArbuR 2005, 161 LS; *LAG SchlH* 8.4.2005 NZA-RR 2005, 656; vgl. ausf. *Griebeling* NZA 1998, 1137 ff.; *ders.* RdA 1998, 208 ff.; *Reinecke* NZA 1999, 729 ff. u. ZTR 2000, 535 ff.; *Bauer/Baeck/Schuster* Scheinselbstständigkeit Rz. 5 ff.; *Buchner* NZA 1998, 1145 ff.; *Hanau/Strick* DB 1998 Beil. Nr. 14, S. 1 ff.; *Boemke* ZfA 1998, 285 ff.; *Rieble* ZfA 1998, 327 ff.; *Hochrathner* NZA-RR 2001, 561 ff.; *Hoffmann* FA 2001, 69 ff.; *Maschmann* NZA 2001 Sonderbeilage zu Heft 24, S. 21 ff.; *Lampe* RdA 2002, 18 ff.; *Reiserer/Freckmann* NJW 2003, 180 ff.). 40

Für die Bestimmung der Arbeitnehmereigenschaft werden zahlreiche Einzelmerkmale verwendet, die zur Feststellung der **persönlichen Abhängigkeit** herangezogen werden, in der das wesentliche Merkmal des Arbeitsverhältnisses gesehen wird (*BAG* 13.1.1983 EzA § 611 BGB Arbeitnehmerbegriff Nr. 26; 3. 1991 EzA § 611 BGB Arbeitnehmerbegriff Nr. 27, 38; *LAG RhPf* 2.5.2004 – 2 Ta 81/04 – ArbuR 2005, 161 LS). 41

Dagegen gibt es für die Abgrenzung z.B. von Arbeitnehmern und »freien Mitarbeitern« kein Einzelmerkmal, das aus der Vielzahl möglicher Merkmale unverzichtbar vorliegen muss (*BAG* 23.4.1980 EzA § 611 BGB Arbeitnehmerbegriff Nr. 21; *LAG RhPf* 2.5.2004 – 2 Ta 81/04 – ArbuR 2005, 161 LS; vgl. dazu *Reinecke* ZIP 1998, 581 ff.; *Hopt* DB 1998, 863 ff.). 42

Die Abgrenzung insbes. zwischen dem Arbeitnehmer einerseits und dem Selbstständigen andererseits ist aus mehreren Gründen **problematisch**. Zum einen **fehlt eine abschließende gesetzliche Regelung**. Zum anderen sind die zugrunde liegenden Sachverhalte äußerst **unterschiedlich und vielfältig** (vgl. *Reinecke* ZIP 1998, 581). Zudem hat sich das Arbeitsleben stark verändert. 43

Das typische Arbeitsverhältnis, das von einem Arbeitnehmer ausgeht, der morgens nach dem Fabriktor die Stechuhr bedient und anschließend den ganzen Tag an einer bestimmten ihm zugewiesenen Maschine steht und nach Zeit bezahlt wird, gibt es in vielen Bereichen immer weniger. Der **technische Fortschritt** eröffnet für die Unternehmen und die Mitarbeiter immer größere Freiräume. So können z.B. bestimmte Arbeiten zwischenzeitlich zu Hause oder gar an einem x-beliebigen Ort erbracht werden. Die Arbeitszeiten werden immer freier und die Einteilung der Arbeitszeit wird immer stärker in den Verantwortungsbereich der Mitarbeiter verlagert. Parallel dazu geht der Trend weg von der rein zeitbezogenen bis zur **stärker ergebnisorientierten Vergütung**. Demgegenüber sehen sich die selbstständig Tätigen mit Entwicklungen konfrontiert, die zu vielfältigen Einschränkungen ihrer Freiheiten führen. So führt z.B. die immer stärker ausgeprägte Spezialisierung zu einem immer engeren und beschränkteren Tätigkeitsfeld (vgl. *Griebeling* RdA 1998, 208). Die Abhängigkeit von anderen, z.B. bei der Erstellung eines Gesamtgewerkes, nimmt damit zu. **Neue Produktionsmethoden** oder Qualitätsanforderungen führen in vielen Bereichen zu sehr strikten Vorgaben und weit reichenden Beschränkungen (*Bauer/Baeck/Schuster* Scheinselbstständigkeit, Rz. 3). 44

a) Arbeitnehmerbegriff: materielle Kriterien

45 Maßgeblich ist in materieller Hinsicht darauf abzustellen, inwieweit durch **Fremdbestimmung der Arbeit** in fachlicher, zeitlicher, örtlicher und organisatorischer Hinsicht eine **persönliche Abhängigkeit** des Dienstleistenden gegeben ist (*LAG RhPf* 12.5.2004 – 2 Ta 81/04 – ArbuR 2005, 161 LS; zum europäischen Arbeitnehmerbegriff gem. Art. 39 EGV s. *EuGH* 17.7.2008 – C-94/07 – NZA 2008, 995).

aa) Kriterien im Einzelnen

46 In Betracht kommen insbes. folgende Kriterien (vgl. ausf. *Bauer/Baeck/Schuster* Scheinselbstständigkeit, Rz. 9 ff.; *Reiserer/Freckmann* NJW 2003, 180 ff.):

- **Fachliche Weisungsgebundenheit** (Fremdbestimmung der Arbeit), die zu einer persönlichen Abhängigkeit führt. Sie muss allerdings nicht stets gegeben sein, sodass auch z.B. ein Chefarzt Arbeitnehmer sein kann (*BAG* 27.7.1961, 24.10.1963, AP Nr. 24, 26 zu § 611 BGB Ärzte, Gehaltsansprüche; abl. dazu deshalb *Reiserer* BB 1998, 1259; vgl. auch *Diringer* NZA 2003, 890 ff.; s. jetzt auch § 3 ProstG);

47 - **Örtliche und zeitliche Weisungsgebundenheit** (vgl. *BAG* 30.9.1998 EzA § 611 BGB Arbeitnehmerbegriff Nr. 74; 19.11.1997 EzA § 611 BGB Arbeitnehmerbegriff Nr. 63; 14.3.2007 EzA § 611 BGB 2002 Arbeitnehmerbegriff Nr. 9 = NZA-RR 2007, 424; *LAG Düsseld.* 4.9.1996 BB 1997, 891), d.h. Weisungsrecht des Auftraggebers hinsichtlich Ort und Zeit der Arbeitsleistung und Pflicht zum regelmäßigen Erscheinen am Arbeitsort;

48 - **Eingliederung in den Betrieb** (*BAG* 6.5.1998 EzA § 611 BGB Arbeitnehmerbegriff Nr. 66; *LAG Köln* 23.6.2004 LAG Report 2005, 191 LS). Deshalb ist z.B. das Vorliegen eines Arbeitsverhältnisses trotz der Bezeichnung des Vertrages als »Freier Mitarbeiter« dann zu bejahen, wenn die Mitarbeiterin Dienste schuldet, ihr die einzelnen Aufgaben zugewiesen werden, ihre **Zusammenarbeit mit anderen Mitarbeitern koordiniert wird** und sie an einem bestimmten Ort eingesetzt wird, wo sie die dort geltenden **Bürozeiten** zu beachten hat (*LAG SchlH* 19.9.2005 – 2 Ta 189/05 – EzA-SD 22/2005 S. 9 LS). Gleiches gilt, wenn der Kläger trotz eines Vertrages als freier Mitarbeiter nicht gleichsam als Subunternehmer eingesetzt wird, sondern vielmehr im Verbund und **arbeitsteilig mit anderen**, von der Arbeitgeberseite dafür ausgewählten Mitarbeitern und das Stundenkontingent dieser Arbeitsgemeinschaft vom Arbeitgeber **festgesetzt ist** (*LAG SchlH* 8.4.2005 – 2 Ta 56/05 – NZA-RR 2005, 656);

49 - **Angewiesensein auf fremdbestimmte Organisation**, d.h. Einbindung in eine fremdbestimmte Arbeitsorganisation und Benutzung der betrieblichen Einrichtungen (Arbeitsgeräte), Unterordnung bzw. Überordnung bezüglich anderer im Dienste des Auftraggebers stehender Personen, Pflicht zur Übernahme von Vertretungen. Das ist z.B. bei Mitarbeitern von Rundfunk und Fernsehen anzunehmen, wenn sie in ihrer Arbeit auf den Apparat der Anstalt und das Mitarbeiterteam angewiesen sind (*BAG* 15.3.1978, EzA § 611 BGB Arbeitnehmerbegriff Nr. 17). Problematisch ist die Anwendung dieses Merkmals aber dann, wenn keine arbeitsteilige Organisation geschaffen wird. Deshalb geht das *BAG* (30.11.1994 EzA § 611 BGB Arbeitnehmerbegriff Nr. 55, 19.1.2000 NZA 2000, 1102; vgl. dazu *Rüthers* RdA 2000, 364 ff.; vgl. auch *Dörr* ZTR 1994, 355 ff.) nunmehr davon aus, dass programmgestaltende Rundfunk- und Fernsehmitarbeiter nicht allein deshalb Arbeitnehmer sind, weil sie vom Apparat und Team des Senders abhängig sind;

50 - Andererseits begründen **Organisationsanweisungen**, die den Ablauf von dritter Seite getragener Veranstaltungen regeln, nicht die Annahme eines Arbeitsverhältnisses. Diese sind von arbeitsvertraglichen Weisungen zu unterscheiden. Dem selbständigen Tätigwerden steht auch nicht entgegen, dass bei der Bewirtung von Pausen- und Getränkeständen in einer Veranstaltungshalle die Ein- und Verkaufspreise für die von dem Betreiber der Stände bei den einzelnen Veranstaltungen angebotenen Speisen und Getränke vom Betreiber der Halle vorgegeben werden. Denn damit werden keine arbeitsvertraglichen Weisungen erteilt, sondern nur wirtschaftliche Rahmenbedingungen geschaffen (*BAG* 12.12.2001 EzA § 611 BGB Arbeitnehmerbegriff Nr. 87);

- **Leistungserbringung nur in eigener Person** (*BGH* 21.10.1998 EzA § 5 ArbGG 1979 Nr. 30 = NZA 1999, 110; *BAG* 12.12.2001 EzA § 611 BGB Arbeitnehmerbegriff Nr. 87; 19.11.1997 EzA § 611 BGB Arbeitnehmerbegriff Nr. 63; 16.7.1997 BAGE 86, 170); die **tatsächliche Beschäftigung Dritter** spricht regelmäßig gegen das Vorliegen der Arbeitnehmereigenschaft. Dies gilt grds. auch für die – nur vertraglich vereinbarte – Berechtigung, Dritte einzuschalten. Verzichtet dann der Vertragspartner auf den Einsatz Dritter, ist dies gerade **Ausdruck seiner unternehmerischen Entscheidung** und bestätigt seine Selbstständigkeit. Dies gilt nur dann nicht, wenn der Vertragspartner auf Grund sonstiger vertraglicher Absprachen und/oder tatsächlicher Umstände nicht in der Lage ist, Dritte tatsächlich einzuschalten (*Bauer/Baeck/Schuster* Scheinselbstständigkeit, Rz. 20);
  Andererseits spricht nach Auffassung des *LAG Hamm* (20.10.1999 NZA-RR 2000, 318; vgl. dazu *Kleefisch* BB 2000, 775 f.) die Befugnis, Mitarbeiter im eigenen Namen einzustellen und zu vergüten, **nicht zwingend** gegen die Arbeitnehmereigenschaft, wenn trotzdem persönliche Abhängigkeit und ein geringer Entscheidungsspielraum bestehen; 51
- **Verpflichtung, angebotene Aufträge anzunehmen**, bzw. Freiheit bei der Annahme von Aufträgen (*BAG* 16.6.1998 EzA § 611 BGB Arbeitnehmerbegriff Nr. 65); 52
- Ausübung weiterer Tätigkeiten (*BAG* 30.9.1998 EzA § 611 BGB Arbeitnehmerbegriff Nr. 74); 53
- **Aufnahme in einen Dienstplan**, der ohne vorherige Absprache mit dem Mitarbeiter erstellt wird (*BAG* 16.3.1994 EzA § 611 BGB Arbeitnehmerbegriff Nr. 53; 16.2.1994 EzA § 611 BGB Arbeitnehmerbegriff Nr. 52; *LAG RhPf* 12.5.2004 – 2 Ta 81/04 – ArbuR 2005, 161 LS; *LAG Köln* 23.6.2004 LAG Report 2005, 191 LS). Ist eine Rundfunkanstalt allerdings auf Grund eines **Bestandsschutztarifvertrages** für freie Mitarbeiter gehalten, einen Mindestbeschäftigungsanspruch des freien Mitarbeiters zu erfüllen, kommt allein der Aufnahme des Mitarbeiters in Dienstpläne nicht die Bedeutung eines die Annahme der Arbeitnehmerstellung auslösenden Umstandes zu. Die Aufnahme in Dienstpläne einer Rundfunkanstalt ist zwar ein starkes Indiz für das Vorliegen der Arbeitnehmereigenschaft, ist aber auch nur als solches bei der Gesamtbetrachtung zu berücksichtigen (*BAG* 20.9.2000 EzA § 611 BGB Arbeitnehmerbegriff Nr. 84); 54
- **Übernahme des Unternehmerrisikos** (z.B. durch Vorhandensein eigenen Betriebskapitals, einer eigenen Betriebsstätte, eines Kundenstammes, eigener Mitarbeiter, unternehmerischer Entscheidungsbefugnisse, der Marktorientierung, Gewinnerzielung und Haftung; *BAG* 13.8.1980 AP Nr. 37 zu § 611 BGB Abhängigkeit; krit. dazu *Romme* ZfA 1997, 251 ff.); **inzwischen** geht das *BAG* (25.5.2005 EzA § 611 BGB 2002 Arbeitnehmerbegriff Nr. 6 = BAG Report 2005, 361) **allerdings** davon aus, das das unternehmerische Risiko für den Arbeitnehmerstatus **unerheblich** ist, weil sich Arbeitnehmer und Selbstständige nach dem Grad der persönlichen Abhängigkeit unterscheiden; 55
- **Art der Vergütung** (*BAG* 16.7.1997 EzA § 611 BGB Arbeitnehmerbegriff Nr. 61; 30.10.1991 EzA § 611 BGB Arbeitnehmerbegriff Nr. 44); 56
- **einheitliche Behandlung von Arbeitnehmern, die mit gleichartigen Aufgaben betraut sind;** 57
- **Berichterstattungspflichten (Verhaltens- und Ordnungsregeln; Überwachung;** *BAG* 19.11.1997 EzA § 611 BGB Arbeitnehmerbegriff Nr. 74); 58
- **soziale Schutzbedürftigkeit;** 59
- **Fremdnützigkeit der Arbeitsleistung**, d.h. Arbeitnehmer z.B. von Rundfunk und Fernsehen können ihre Arbeitskraft nicht wie ein Unternehmer nach selbstgesetzten Zielen unter eigener Verantwortung und mit eigenem Risiko am Markt verwerten. Sie sind vielmehr darauf angewiesen, ihre Arbeitsleistung fremdnützig dem Arbeitgeber zur Verwertung in der Rundfunkanstalt nach dem Programmplan zu überlassen (*BAG* 15.3.1978, 23.4.1980 EzA § 611 BGB Arbeitnehmerbegriff Nr. 16, 17, 21). 60

bb) Haupt- oder nebenberufliche Tätigkeit

Grds. unerheblich ist, ob die Arbeit haupt- oder nebenberuflich ausgeübt wird (*BAG* 30.10.1991 EzA § 611 BGB Arbeitnehmerbegriff Nr. 44). 61

Allerdings wird es bei einer **nebenberuflichen Tätigkeit oft an der persönlichen Abhängigkeit fehlen**, sodass ein Dienstvertragsverhältnis als freier Mitarbeiter gegeben ist (*BAG* 25.8.1982 EzA § 611 BGB Arbeitnehmerbegriff Nr. 25 für nebenberufliche Lehrkräfte an weiterführenden Schulen und Dozenten an Volkshochschulen; anders dagegen für Lehrer, die im Rahmen von Lehraufträgen an allgemeinbildenden Schulen beschäftigt werden (*BAG* 30.4.1975, 14.1.1982 AP Nr. 12 zu § 611 BGB Lehrer/Dozenten, AP Nr. 64, 65 zu § 620 BGB Befristeter Arbeitsvertrag; s.u. Rn. 63, 82, 84).

62 Inzwischen geht das *BAG* (13.11.1991 EzA § 611 BGB Arbeitnehmerbegriff Nr. 45; 24.6.1992 EzA § 611 BGB Arbeitnehmerbegriff Nr. 46) etwas stärker differenzierend davon aus, dass **Lehrkräfte an allgemeinbildenden Schulen in aller Regel Arbeitnehmer** sind, auch wenn es sich um eine nebenberufliche Tätigkeit handelt. Auch Lehrer in staatlich anerkannten Ergänzungsschulen sind bei typisierender Betrachtung in aller Regel Arbeitnehmer (*LAG Nds.* 18.5.2001 – 10 Sa 1092/00).

63 Dagegen können **Volkshochschuldozenten**, die außerhalb schulischer Lehrgänge unterrichten, sowie **Musikschullehrer** auch als freie Mitarbeiter beschäftigt werden; sie sind **regelmäßig keine Arbeitnehmer** (*BAG* 17.1.2006 EzA § 2 BUrlG Nr. 6 = NZA-RR 2006, 616 LS). Sie sind aber dann Arbeitnehmer, wenn die Parteien dies vereinbart haben oder im Einzelfall festzustellende Umstände hinzutreten, aus denen sich ergibt, dass der für das Bestehen eines Arbeitsverhältnisses erforderliche Grad der **persönlichen Abhängigkeit** gegeben ist.

Solche Umstände können etwa das vom Schulträger beanspruchte Recht, die zeitliche Lage der Unterrichtsstunden einseitig zu bestimmen oder das Rechtsverhältnis umfassend durch (einseitig erlassene) »Dienstanweisung« zu regeln, sein.

64 Lehrkräfte, die an Volkshochschulen Kurse zur Erlangung des Haupt- und Realschulabschlusses leiten, sind jedenfalls dann Arbeitnehmer, wenn sie in den **Schulbetrieb eingegliedert werden und nicht nur stundenweise Unterricht erteilen** (*BAG* 26.7.1995 EzA § 611 BGB Arbeitnehmerbegriff Nr. 56; vgl. auch *BGH* 10.7.2003 NZA 2003, 1052 für einen nebenamtlichen Lehrbeauftragten an einer Betriebswirtschaftlichen Fachschule; *LAG Nds.* 30.1.2002 ZTR 2002, 391 zur Lehrbeauftragten an einer staatlich anerkannten Berufsfachschule; gleiches hat das *LAG BW* [4.7.1996 BB 1997, 683 m. Anm. *Kühn*; zur Rechtsstellung von Lehrbeauftragten insgesamt *Reinecke* ZTR 1996, 337 ff.] auch für einen Lehrbeauftragten an einer vom Land Baden-Württemberg getragenen Berufsakademie angenommen; ähnlich *LAG Düsseld.* 13.11.1996 BB 1997, 791 für Dozenten an Weiterbildungsinstituten; s.u. Rn. 82, 84; zum arbeitsrechtlichen Status von (Honorar-)Lehrkräften *Reinecke* ZTR 2000, 525 ff.; *Rohlfing* NZA 1999, 1027 ff.; **a.A.** *ArbG Bln.* 5.7.2001 NZA-RR 2002, 221 für **Lehrbeauftragte an Hochschulen** des Landes Berlin – öffentlich-rechtliches Dienstverhältnis eigener Art –). Das gilt erst recht, wenn einer Volkshochschuldozentin die **Aufgaben einer Studienleiterin** übertragen sind (*LAG Nds.* 28.1.2003 NZA 2004, 550 LS). Volkshochschuldozenten, die außerhalb schulischer Lehrgänge unterrichten, sind dagegen nur dann Arbeitnehmer, wenn die Parteien dies vereinbart haben oder im Einzelfall festzustellende Umstände vorliegen, aus denen sich ergibt, dass der für das Bestehen eines Arbeitsverhältnisses erforderliche Grad der persönlichen Abhängigkeit gegeben ist. Die stärkere Einbindung von Schülern in ein Schul- oder Ausbildungssystem bedeutet auch eine stärkere persönliche Abhängigkeit der Lehrkräfte vom Unterrichtsträger. Die **Volkshochschullehrer** müssen wie eine Lehrkraft an allgemeinbildenden Schulen in den Schulbetrieb eingegliedert sein. Entscheidend ist, wie intensiv die Lehrkraft in den Unterrichtsbetrieb eingebunden ist und in welchem Umfang sie den Unterrichtsinhalt, die Art und Weise seiner Erteilung, ihre Arbeitszeit und die sonstigen Umstände der Dienstleistung mitgestalten kann (*BAG* 29.5.2002 EzA § 611 BGB Arbeitnehmerbegriff Nr. 88) und inwieweit sie zu Nebenarbeiten herangezogen werden (*BAG* 9.3.2005 EzA § 611 BGB 2002 Arbeitnehmerbegriff Nr. 3); dieser Prüfungsmaßstab gilt für Lehrkräfte generell (*BAG* 9.7.2003 EzA § 256 ZPO 2002 Nr. 3 = NZA-RR 2004, 9). Eine auf Honorarbasis angestellte Lehrkraft, **die Fach- oder Förderunterricht in Schulabschlusslehrgängen** für den Hauptschulabschluss (u.a. Deutsch und Deutsch für Ausländer) unterrichtet, ist regelmäßig als Arbeitnehmerin anzusehen (*LAG Köln* 3.8.2000 ZTR 2001, 86 LS = ARST 2001, 41 LS). Liegt dem Zusatzunterricht an einer

allgemeinbildenden Ergänzungsschule dagegen **nicht das Ziel** der Vermittlung **eines förmlichen Abschlusses** zu Grunde, kommt die Beschäftigung der Lehrkraft als sog. freier Mitarbeiter in Betracht (*BAG* 9.3.2005 EzA § 611 BGB 2002 Arbeitnehmerbegriff Nr. 3 = NZA-RR 2005, 560 LS). Demgegenüber stehen Lehrbeauftragte an Hochschulen, die mit bestimmten Lehrverpflichtungen im Semester betraut werden, in einem öffentlich-rechtlichen Dienstverhältnis, wenn der Lehrauftrag durch eine einseitige Maßnahme der Hochschule erteilt wird (*BAG* 23.5.2001 ZTR 2002, 140).

Auch können nebenberuflich tätige Rundfunkreporter auch dann freie Mitarbeiter sein, 65
wenn sie **viele Jahre fortlaufend eingesetzt** werden (*BAG* 22.4.1998 EzA § 611 BGB Arbeitnehmerbegriff Nr. 69; s.a. *BAG* 14.3.2007 EzA § 611 BGB 2002 Arbeitnehmerbegriff Nr. 9 = NZA-RR 2007, 424).

cc) Teilzeitbeschäftigung

Teilzeitbeschäftigung liegt vor, wenn ein befristetes oder unbefristetes Arbeitsverhältnis sich 66
von anderen Arbeitsverhältnissen dadurch unterscheidet, dass die vereinbarte regelmäßige Arbeitszeit wesentlich kürzer ist als die regelmäßige betriebliche, branchenübliche oder allgemein übliche Arbeitszeit.

Auch insoweit ist davon auszugehen, dass die Dauer der regelmäßigen Arbeitszeit kein Kriterium für die Entscheidung über die Einordnung als Arbeitnehmer ist. **Maßgeblich ist vielmehr die Art der Tätigkeit** (MünchArbR/*Schüren* § 161 Rz. 18 ff.).

dd) Wirtschaftliche Abhängigkeit

Wirtschaftliche Abhängigkeit ist weder erforderlich noch ausreichend. Sie hat für die 67
Abgrenzung insbes. zwischen Arbeitnehmer und Selbstständigem **keine Bedeutung**. Erst wenn feststeht, dass mangels persönlicher Abhängigkeit kein Arbeitsverhältnis vorliegt, ist die wirtschaftliche Abhängigkeit für die Beantwortung der Frage von Interesse, ob es sich bei dem Selbstständigen u.U. um einen arbeitnehmerähnlichen Selbstständigen handelt (*BAG* 25.5.2005 EzA § 611 BGB 2002 Arbeitnehmerbegriff Nr. 6 = BAG Report 2005, 361; 11.4.1997 EzA § 5 ArbGG 1979 Nr. 20; *Buchner* NZA 1998, 1144; *Hromadka* NZA 1997, 569; *Bauer/Baeck/Schuster* Scheinselbstständigkeit, Rz. 27 f.).

ee) Besonderheiten bei Rundfunkanstalten?

Auch im Rundfunkbereich ist von den im Arbeitsrecht allgemein entwickelten Merkmalen abhängiger Arbeit auszugehen. Allerdings muss das durch Art. 5 Abs. 1 S. 2 GG geschützte Recht der Rundfunkanstalten, frei von fremder Einflussnahme über die Auswahl, Einstellung und Beschäftigung programmgestaltender Mitarbeiter zu bestimmen, **angemessen berücksichtigt werden**. Bei programmgestaltenden Mitarbeitern kann u.U. entgegen der ausdrücklich getroffenen Vereinbarung ein Arbeitsverhältnis vorliegen, wenn sie weitgehenden inhaltlichen Weisungen unterliegen, ihnen also nur ein geringes Maß an Gestaltungsfreiheit, Eigeninitiative und Selbständigkeit verbleibt und der Sender innerhalb eines zeitlichen Rahmens über ihre Arbeitsleistung verfügen kann. Durch die Prüfung der formalen und sachlichen Richtigkeit von Programmbeiträgen nimmt eine öffentlich-rechtliche Rundfunkanstalt andererseits nur die ihr obliegenden Pflichten und zugleich das ihr als Dienst- oder Auftraggeberin zustehende Rügerecht wahr. Diese Kontrolle verändert nicht den Status als **freier** Mitarbeiter (*BAG* 14.3.2007 EzA § 611 BGB 2002 Arbeitnehmerbegriff Nr. 9 = NZA-RR 2007, 424). 68

Bei **programmgestaltenden Mitarbeitern** ist insgesamt die Rundfunkfreiheit nicht stets schon bei der statusrechtlichen Zuordnung (Arbeitnehmerbegriff) des Mitarbeiters zu berücksichtigen. Dies kommt vielmehr nur insoweit in Betracht, als bereits mit der Einordnung des Beschäftigungsverhältnisses als Arbeitsverhältnis der **Schutz aus Art. 5 Abs. 1 S. 2 GG versperrt** wird (*BVerfG* 22.8.2000 NZA 2000, 1097).

b) Arbeitnehmerbegriff: formelle Kriterien

69 Für die Beurteilung der persönlichen Abhängigkeit des Dienstleistenden kommen auch formelle Kriterien in Betracht (vgl. *Reiserer* BB 1998, 1260; *Hopt* DB 1998, 865 f.), z.B.

- die **Modalitäten der Entgeltzahlung** (Festvergütung), insbes. das (über einen längeren Zeitraum) erfolgte Ausweisen von Mehrwertsteuer durch den Beschäftigten;
- das Abführen von **Lohnsteuer** und Sozialversicherungsbeiträgen;
- die **Weiterbezahlung des Entgelts** bei Krankheit und Urlaub;
- die Bezeichnung durch die Vertragsparteien;
- die **Führung von Personalakten;**
- die **Anmeldung eines Gewerbes.**

Zu beachten ist aber, dass derartigen formellen Kriterien nur eine **Hilfsfunktion** zukommt; vorrangig und entscheidend hat die Abgrenzung nach den materiellen Kriterien zu erfolgen (*BAG* 16.7.1997 EzA § 611 BGB Arbeitnehmerbegriff Nr. 61; *LAG RhPf* 12.5.2004 – 2 Ta 81/04 – ArbuR 2005, 161 LS; *Bauer/Baeck/Schuster* Scheinselbstständigkeit Rz. 13).

c) Maßgeblichkeit der praktischen Durchführung

70 Unerheblich ist die Bezeichnung als »Arbeiter« oder »Angestellter«.

Entscheidend für die Abgrenzung ist die praktische Durchführung des Rechtsverhältnisses (*BAG* 8.6.1967 AP § 611 BGB Abhängigkeit Nr. 6; *LAG SchlH* 19.9.2005 – 2 Ta 189/05 – EzA-SD 22/2005 S. 9 LS; 8.4.2005 NZA-RR 2005, 656), **wenn die Parteien ein Vertragsverhältnis nicht als Arbeitsverhältnis, sondern z.B. als freies Dienstverhältnis bezeichnen, der Beschäftigte jedoch tatsächlich weisungsgebundene Tätigkeiten verrichtet** (*BAG* 25.1.2007 EzA § 233 ZPO 2002 Nr. 6 = NZA 2007, 580).

71 Der Status eines Beschäftigten richtet sich also danach, wie die Vertragsbeziehung nach ihrem Geschäftsinhalt objektiv einzuordnen ist. Wird der Vertrag abweichend von der ausdrücklichen Vereinbarung vollzogen, so ist i.d.R. die tatsächliche Durchführung maßgebend (*BAG* 3.4.1990 EzA § 2 HAG Nr. 1; 20.7.1994 EzA § 611 BGB Arbeitnehmerbegriff Nr. 54; *LAG SchlH* 19.9.2005 – 2 Ta 189/05 – EzA-SD 22/2005 S. 9 LS; 8.4.2005 NZA-RR 2005, 656; **a.A.** offenbar *LAG Köln* 21.11.1997 NZA-RR 1998, 394; 18.12.2000 ARST 2001, 112 LS). Dies bedeutet allerdings nicht, dass der Wille der Vertragsschließenden unbeachtlich ist. Haben die Vertragsparteien deshalb ihr Rechtsverhältnis, das die Erbringung von Diensten gegen Entgelt zum Inhalt hat, **ausdrücklich als Arbeitsverhältnis** bezeichnet, so **genügt** es grundsätzlich, **wenn der Vertragsinhalt die für einen Arbeitsvertrag typischen Regelungen enthält.** Es müssen keine Umstände hinzutreten, aus denen sich ergibt, dass ein für das Bestehen eines Arbeitsverhältnisses erforderliches Maß an persönlicher Abhängigkeit gegeben ist (*LAG Nbg.* 12.1.2004 – 9 (2) Sa 653/02 – EzA-SD 7/2004, S. 7 LS = NZA-RR 2004, 400). **Denn die Parteien** können **auch unabhängig von der tatsächlichen Vertragsdurchführung ein Arbeitsverhältnis vereinbaren** (*BAG* 9.3.2005 EzA § 611 BGB 2002 Arbeitnehmerbegriff Nr. 3). **Unbeachtlich ist lediglich**, auf Grund fehlender Dispositionsmöglichkeiten über die Rechtsfolgen, **eine sog. Falschbezeichnung.** Eine solche liegt nur dann vor, wenn die Vertragsbezeichnung dem Vertragsinhalt oder der tatsächlichen Handhabung widerspricht, d.h. z.B. der Handhabung ein anderer Wille entnommen werden muss als er in der Vertragsbezeichnung seinen Niederschlag gefunden hat (*Bauer/Baeck/Schuster* Scheinselbstständigkeit, Rz. 23; s.u. Rn. 73 f.).

72 Es genügt auch eine Teilzeitbeschäftigung. Allerdings ist bei Teilzeitarbeit die Grenze zur selbstständigen Tätigkeit fließend (s.o. Rn. 61 ff.). Durch Tarifvertrag kann nicht geregelt werden, wer zu den Arbeitnehmern gehört (*BAG* 15.3.1978 EzA § 611 BGB Arbeitnehmerbegriff Nr. 17).

d) Rechtsformwahl; Rechtsformwechsel

Kommt nach den objektiven Gegebenheiten sowohl ein Arbeitsverhältnis als auch ein Rechtsverhältnis als freier Mitarbeiter (freier Dienstvertrag) oder die Beschäftigung im Rahmen eines Werkvertrages in Betracht, so entscheidet der im Geschäftsinhalt zum Ausdruck gekommene Wille der Vertragsparteien darüber, ob ein Arbeitsverhältnis oder ein Dienstvertragsverhältnis als freier Mitarbeiter besteht. **Haben die Parteien ein Rechtsverhältnis ausdrücklich als »Arbeitsverhältnis« vereinbart, so ist es dann in aller Regel auch als solches einzuordnen**; ob dies auch dann gilt, wenn die Dienstleistung nicht im Rahmen einer fremdbestimmten Arbeitsorganisation erbracht wird, hat das *BAG* (21.4.2005 EzA § 626 BGB 2002 Nr. 8) allerdings offen gelassen. Denn es ist in diesem Zusammenhang zu berücksichtigen, dass die Parteien auch unabhängig von der tatsächlichen Vertragsdurchführung ein Arbeitsverhältnis vereinbaren können (*BAG* 9.3.2005 EzA § 611 BGB 2002 Arbeitnehmerbegriff Nr. 3; s.o. Rn. 71). Nicht entscheidend ist die gewünschte Rechtsfolge oder eine Bezeichnung des Vertrages, die dem Geschäftsinhalt tatsächlich nicht entspricht (*BAG* 13.1.1983 EzA § 611 BGB Arbeitnehmerbegriff Nr. 26; zur Bedeutung von Statusvereinbarungen vgl. *Stoffels* NZA 2000, 690 ff.). Maßgeblich ist, ob das, was die Parteien **vertraglich vereinbart** haben, auch **tatsächlich** durchgeführt wurde. Bestehen zwischen Vertrag und Durchführung keine **Differenzen**, ist der aus dem Vertrag ermittelte Wille der Parteien maßgeblich. Bestehen Differenzen, ist der Wille primär anhand der **tatsächlichen Vertragsdurchführung** zu ermitteln. Ist dies **nicht möglich**, ist wieder auf den **Willen** abzustellen, der der **Vertragsurkunde** zu entnehmen ist. Dieser Grundsatz gilt allerdings nicht uneingeschränkt. So ist es z.B. nicht möglich, in den Vertrag weitgehende Pflichten und Kontrollrechte aufzunehmen und später zu argumentieren, diese seien tatsächlich nicht ausgeübt worden. Denn Kontrollrechte sind Rechte, die auch dann bestehen, wenn sie tatsächlich längere Zeit nicht ausgeübt werden; dies genügt (vgl. *BAG* 12.9.1996 EzA § 611 BGB Arbeitnehmerbegriff Nr. 58; *Bauer/Baeck/Schuster* Scheinselbstständigkeit, Rz. 24 ff.). 73

Allerdings kann die Wahl der Vertragsform als freier Mitarbeiter einen **Missbrauch der Vertragsfreiheit** darstellen, wenn sie nicht durch einen sachlichen Grund gerechtfertigt ist, sondern nur der Umgehung des Sozialschutzes dient. Der Dienstberechtigte muss sich dann so behandeln lassen, als habe er einen Arbeitsvertrag abgeschlossen (*BAG* 14.2.1974 EzA § 611 BGB Nr. 16; abl. hinsichtlich der Begründung MünchArbR/*Richardi* § 24 Rz. 55 ff.). 74

Hat sich ein Dienstvertragsverhältnis als freier Mitarbeiter durch eine Änderung der Umstände, unter denen die Dienstleistung zu erbringen ist, in ein Arbeitsverhältnis umgewandelt, so kann sich der Dienstberechtigte nicht darauf berufen, dass er arbeitsrechtliche Beziehungen zum Dienstleistenden nicht gewollt habe (*BAG* 3.10.1975 EzA § 611 BGB Arbeitnehmerbegriff Nr. 1). 75

Etwas anderes gilt dann, wenn dem Unternehmer das Verhalten des unmittelbar Handelnden nicht, auch nicht nach den Grundsätzen der **Duldungs- und Anscheinsvollmacht** zugerechnet werden kann. Entscheidend ist, ob der Vertretene die (abweichende) Vertragsdurchführung hätte erkennen und verhindern können, und ob der Beschäftigte nach Treu und Glauben annehmen konnte, der Vertretene wisse davon und billige dies (*BAG* 20.7.1994 EzA § 611 BGB Arbeitnehmerbegriff Nr. 54). 76

Ein Arbeitnehmer wird umgekehrt nicht allein dadurch zum freien Mitarbeiter, dass der Arbeitgeber sein **Weisungsrecht längere Zeit nicht ausübt** (*BAG* 25.1.2007 EzA § 233 ZPO 2002 Nr. 6 = NZA 2007, 580). 77

Soll ein Arbeitsverhältnis in ein freies Mitarbeiterverhältnis **umgewandelt** werden, so muss das **unzweideutig, hinreichend klar unter Beachtung von § 623 BGB vereinbart** werden; eine bloß andere Bezeichnung des Rechtsverhältnisses reicht nicht aus. Die Bedingungen, unter denen die Dienste erbracht werden, müssen so gestaltet werden, dass **eine Eingliederung in die fremde Arbeitsorganisation nicht mehr stattfindet** (*BAG* 12.9.1996 EzA § 611 BGB Arbeitnehmerbegriff Nr. 58; 25.1.2007 EzA § 233 ZPO 2002 Nr. 6 = NZA 2007, 580).

e) Entscheidung nach Einzelfallabwägung

78 Bei der notwendigen Entscheidung anhand der zahlreichen in Betracht kommenden Einzelmerkmale im konkreten Einzelfall ist zu beachten, dass es **kein Einzelmerkmal** gibt, das aus der Vielzahl möglicher Merkmale vorliegen muss (*BAG* 23.4.1980 EzA § 611 BGB Arbeitnehmerbegriff Nr. 21). Abstrakte, für alle Arbeitsverhältnisse geltende Kriterien lassen sich nicht aufstellen. Auch gibt es **keine einheitlichen**, festen **Merkmale, die in allen Fällen die gleiche Bedeutung haben**; Weisungen oder Absprachen, die in dem einen Fall noch unschädlich sind, können im nächsten die Arbeitnehmereigenschaft begründen (*Bauer/Baeck/Schuster* Scheinselbstständigkeit, Rz. 15).

79 **Entscheidend ist vielmehr die Eigenart der jeweiligen Tätigkeit** (*BAG* 15.3.1978 EzA § 611 BGB Arbeitnehmerbegriff Nr. 17). Die meisten Tätigkeiten können sowohl im Rahmen eines Arbeitsverhältnisses als auch im Rahmen eines freien Dienstverhältnisses ausgeübt werden. Umgekehrt gibt es Tätigkeiten, die regelmäßig nur im Rahmen eines Arbeitsverhältnisses ausgeübt werden können. Das Bestehen eines Arbeitsverhältnisses kann also auch aus Art oder Organisation der Tätigkeit folgen. Bei **Tätigkeiten**, die **sowohl im Rahmen eines Arbeitsverhältnisses als auch im Rahmen eines freien Dienstverhältnisses** erbracht werden können, gilt der **Grundsatz**, dass bei untergeordneten, **einfachen Arbeiten eher eine Eingliederung** in die fremde Arbeitsorganisation anzunehmen ist als bei gehobenen Tätigkeiten. Das entspricht auch der **Verkehrsanschauung**. Bei einfachen Tätigkeiten, insbes. manchen mechanischen Handarbeiten, bestehen von vornherein nur geringe Gestaltungsmöglichkeiten. Daher können schon wenige organisatorische Weisungen den Beschäftigten in der Ausübung der Arbeit so festlegen, dass von einer im Wesentlichen freien Gestaltung der Tätigkeit nicht mehr die Rede sein kann. In derartigen Fällen kann die Arbeitnehmereigenschaft auch nicht dadurch ausgeschlossen werden, dass der Dienstgeber die wenigen erforderlichen Weisungen bereits in den Vertrag aufnimmt (*BAG* 16.7.1997 EzA § 611 BGB Arbeitnehmerbegriff Nr. 61).

80 Bei der Abgrenzung abhängiger Beschäftigung von freier Mitarbeit sind somit die das jeweilige Rechtsverhältnis prägenden charakteristischen Merkmale gegeneinander abzuwägen, wie sie sich aus dem **Inhalt des** Beschäftigungsvertrages (vgl. instruktiv *LAG Nds.* 28.1.2000 NZA-RR 2000, 315) **sowie insbes. der praktischen Durchführung und Gestaltung der Vertragsbeziehungen** ergeben (*BAG* 9.5.1984 EzA § 611 BGB Arbeitnehmerbegriff Nr. 30).

81 **Beispiele:**

- Von einer (mit-)gestaltenden Tätigkeit im **kreativ-künstlerischen Bereich**, die einen außergewöhnlichen hohen Spezialisierungsgrad aufweist – die Tätigkeit als Notenkopist für den Komponisten Karl-Heinz Stockhausen, dessen Partituren ein »weltweit einzigartiger Charakter« zugeschrieben wird – kann nicht gesagt werden, dass sie »typischerweise von Arbeitnehmern verrichtet« würde. Haben die Parteien ihre vertraglichen Beziehungen, deren Gegenstand eine Tätigkeit war, die ihrer Art nach **ebenso gut von einem freien Mitarbeiter ausgeübt** werden kann, über mehr als zwei Jahrzehnte hinweg **rechtlich als freie Mitarbeit behandelt**, ohne dass ein Vertragspartner bis dahin daran Anstoß genommen hätte, so kommt eine nachträgliche »Umwidmung« in ein Arbeitsverhältnis nur dann in Betracht, wenn die sonstigen Umstände der gelebten Vertragswirklichkeit zweifelsfrei und eindeutig überwiegend nur als Arbeitsverhältnis charakterisiert werden können (*LAG Köln* 14.5.2003 ZTR 2004, 93 LS).
- Der Mitarbeiter einer **Pressestelle einer Rundfunk- und Fernsehanstalt** ist Arbeitnehmer, weil ihm unter dem Stichwort »**Berichtspflicht**« verbindlich vorgegeben ist, Pressekonferenzen und Pressemappen im Vorfeld abzusprechen und genehmigen zu lassen. Der Arbeitgeber macht damit vom arbeitnehmertypischen Direktionsrecht Gebrauch, indem eine Genehmigungspflicht statuiert wird, die dem Arbeitnehmer keinen Spielraum hinsichtlich der Art der Erbringung seiner Dienste belässt. Damit wird in den

Kern der Tätigkeit eingegriffen. Die persönliche Abhängigkeit zeigt sich auch in dem vorgesehenen Freigabeverfahren, das jede i.S.d. § 84 Abs. 1 S. 2 HGB »im Wesentlichen freie Gestaltungsbefugnis« der Tätigkeit abschneidet und die Tätigkeit an enge Vorgaben innerhalb einer Hierarchie knüpft. Auch die eigene **Zeithoheit fehlt**, weil dem Kläger unter dem Stichwort »Informationsfluss« verbindlich die Teilnahme an einer täglichen Lagebesprechung in der Dienststelle der Beklagten aufgegeben ist. Außerdem muss er »jegliche Abwesenheit« (Abwesenheit, Urlaub, Dienstreisen) mit dem Vorgesetzten abstimmen und Dienstreisen sich genehmigen lassen (*ArbG Karlsruhe* 1.2.2005 ArbuR 2005, 162 LS).

- Eine **Ärztin**, für die nach der Vereinbarung der Parteien keine Sozialversicherungsbeiträge abgeführt werden sollen, weil sie als freie Mitarbeiterin angesehen wird, hat i.d.R. den Status einer Arbeitnehmerin, wenn sie durch **Schichtpläne** von Montag bis Freitag durchgängig in den Schichtbetrieb eingegliedert ist und sie auch sonst im gleichen Umfang wie die anderen angestellten Ärzte die Bereitschaftsdienste incl. Wochenenddienste in der Hals-Nasen-Ohren-Praxis versieht (*LAG RhPf* 12.5.2004 – 2 Ta 81/04 – ArbuR 2005, 161 LS u. 239 LS).
- Werden **studentische Hilfskräfte** nach kurzer Schulung im Rahmen einer **vorgegebenen Einsatz- und Tourenplanung** als »Promoter« für eine bestimmte Produktgruppe in Warenhäusern eingesetzt, so sind sie als Arbeitnehmer anzusehen (*LAG Köln* 23.6.2004 LAG Report 2005, 191 LS). Haben die Parteien dagegen im Rahmen des sog. »Soester Modells« einen **Stipendienvertrag** abgeschlossen, wonach der Studierende im Rahmen eines kooperativen Studiums während der vorlesungsfreien Zeit in die Tätigkeit eines Unternehmens eingebunden ist, ist der Student während seines praktischen Einsatzes weder als Arbeitnehmer noch als Auszubildender oder als Praktikant i.S.d. BBiG anzusehen (*LAG Hamm* 13.10.2006 NZA-RR 2007, 97).

Die Vielzahl und Vielschichtigkeit der Abgrenzungskriterien zeigt insoweit deutlich, dass im Einzelfall ein **erheblicher Spielraum** für das zur Entscheidung berufene Gericht besteht. Es kann zum einen bereits durch die Auswahl der Einzelkriterien bzw. das Weglassen einzelner Gesichtspunkte eine Wertung vornehmen. Daneben besteht der eigentliche Spielraum in der notwendigen Gewichtung des einzelnen Merkmals (*Reiserer* BB 1998, 1260; *Hopt* DB 1998, 866).

f) Rechtsfolgen der Divergenz von gewählter Rechtsform und praktischer Vertragsdurchführung

aa) Arbeitsrecht

Die tariflichen Honorarsätze für freie Mitarbeiter im öffentlichen Dienst, z.B. an öffentlich- **82**
rechtlichen Rundfunkanstalten, liegen regelmäßig erheblich höher als die entsprechenden Tarifgehälter für Angestellte. Aus der bloßen Zahlung der Honorare für freie Mitarbeit ist aber nicht zu schließen, dass diese Honorarvergütung auch für den Fall vereinbart wird, dass der Mitarbeiter eine rechtskräftige gerichtliche Feststellung erreicht, der zufolge er nicht freier Mitarbeiter, sondern Arbeitnehmer ist (*BAG* 21.11.2001 EzA § 612 BGB Nr. 23; *Reinecke* RdA 2001, 357 ff.). Liegt ein Arbeitsverhältnis vor, ist für dessen gesamte Dauer die Höhe der Vergütung nicht bestimmt. Liegt eine **anwendbare tarifliche Vergütungsregelung** nicht vor, wird die **übliche Vergütung** geschuldet (*BAG* 21.11.2001 EzA § 612 BGB Nr. 23). Außerhalb des öffentlichen Dienstes wird sich demgegenüber abweichend von diesen Grundsätzen die vereinbarte Vergütung vielfach unabhängig von der rechtlichen Qualifizierung des Vertragsverhältnisses als für die Vergangenheit und sogar für die Zukunft maßgeblich erweisen (*BAG* 21.11.2001 EzA § 612 BGB Nr. 23).

Steht dem Mitarbeiter einer öffentlich-rechtlichen Rundfunkanstalt folglich in Anwen- **83**
dung dieser Grundsätze mangels einer besonderen Vereinbarung die **übliche Vergütung (§ 612 BGB)** zu, hängt deren Höhe vielmehr davon ab, ob die Tätigkeit in freier Mitarbeit oder im Arbeitsverhältnis geleistet wird (*BAG* 21.1.1998 EzA § 612 BGB Nr. 21;

ebenso *LAG Köln* 10.10.1996 LAGE § 611 BGB Nr. 7; *Reinecke* RdA 2001, 357 ff.; **a.A.** *LAG Bln.* 8.6.1993 NZA 1994, 512; vgl. dazu *Hochrathner* NZA 1999, 1016 ff. u. NZA 2000, 1083 ff.; *von Steinau-Steinrück* SAE 1999, 318 ff.; *Goretzki/Hohmeister* BB 1999, 635 ff.). Lässt sich aus Tarifrecht, Eingruppierungsrichtlinien oder sonstigen Umständen (z.B. bei Volkshochschuldozenten) eine übliche Vergütung nicht bestimmen, kommt ein Anspruch auf angemessene Vergütung nach den **§§ 316, 315 BGB** in Betracht (*BAG* 21.11.2001 EzA § 612 BGB Nr. 23). Handelt es sich um ein Arbeitsverhältnis, können dem Arbeitnehmer für die Vergangenheit Ansprüche auf **Arbeitsentgelt, Verzugslohn, Entgeltfortzahlung** usw. zustehen, **berechnet auf der Basis der für Arbeitnehmer üblichen Vergütung** (*Reinecke* RdA 2001, 357 ff.; *Bauer/Baeck/Schuster* Scheinselbstständigkeit, Rz. 301 ff.; *Niepalla/Dütemeyer* NZA 2002, 712 ff.).

Die **Veränderung des rechtlichen Status** eines Mitarbeiters vom Selbständigen zum Arbeitnehmer führt allerdings nicht ohne weiteres zur Unwirksamkeit einer bestehenden Vergütungsvereinbarung. Dies gilt vielmehr regelmäßig nur dann, wenn der Arbeitgeber – wie insbes. im öffentlichen Dienst – Selbständige und freie Mitarbeiter in unterschiedlicher Form (Stundenpauschale bzw. Tarifgehalt) vergütet; die für ein Dienstverhältnis getroffene Vergütungsabrede ist nicht allein deshalb unwirksam oder aus anderen Gründen unbeachtlich, weil das Rechtsverhältnis in Wahrheit ein Arbeitsverhältnis ist (*BAG* 12.12.2001 EzA § 612 BGB Nr. 24 = NZA 2002, 1338).

Insgesamt gelten insoweit zusammengefasst folgende Grundsätze (*BAG* 12.1.2005 EzA § 612 BGB 2002 Nr. 2 = NZA 2005, 1432 LS; vgl. dazu *Willemsen/Grau* NZA 2005, 1137 ff.; *Benecke* ArbuR 2006, 337 ff.; s.a. unten Kap. 3 Rn. 750 m.w.N.):

- Legen die Parteien ihrer Vergütungsvereinbarung eine **unrichtige rechtliche Beurteilung** darüber zugrunde, ob die Dienste abhängig oder selbständig erbracht werden, bedarf es einer (**ergänzenden**) **Auslegung**. Die Vergütung kann unabhängig von der rechtlichen Einordnung des bestehenden Vertrages gewollt oder gerade an diese geknüpft sein;
- Bestehen – etwa im öffentlichen Dienst – **unterschiedliche Vergütungsordnungen** für Arbeitnehmer und freie Mitarbeiter, so ist zwar regelmäßig anzunehmen, dass die Parteien die Vergütung der ihrer Auffassung nach zutreffenden Vergütungsordnung entnehmen wollten. Es fehlt dann an einer Vergütungsvereinbarung für das in Wahrheit vorliegende Rechtsverhältnis; die Vergütung richtet sich nach **§ 612 Abs. 2 BGB**;
- Dagegen ist aber andererseits anzunehmen, dass die jeweilige Parteivereinbarung gem. § 611 Abs. 1 BGB dann maßgebend **bleiben soll**, wenn der Arbeitgeber **Tagespauschalen nur der Höhe nach** abhängig von der rechtlichen Behandlung als Selbständiger oder Arbeitnehmer zahlt. Finden im Betrieb keine Tarifverträge Anwendung und trifft der Arbeitgeber **individuelle Vereinbarungen**, spricht dies dafür, dass eine Pauschalvergütung gerade auf die konkrete Arbeitsleistung des Verpflichteten abstellt und im Hinblick auf den angenommenen Status nur (teilweise) die »Ersparnis« der Arbeitgeberanteile berücksichtigt.

Zu beachten ist, dass Vergütungsansprüche eines freien Mitarbeiters, der gerichtlich seine Anerkennung als Arbeitnehmer durchgesetzt hat, auch im Falle der Anwendbarkeit eines Tarifvertrages einer **tariflichen Verfallfrist** unterliegen. Das gilt auch für die Ansprüche, die für Zeiträume entstanden sind, in denen sein Status noch streitig war. Die Berufung des Arbeitgebers auf diese Frist wird auch nicht treuwidrig dadurch, dass er dem Mitarbeiter den Arbeitnehmerstatus abgesprochen hat (*LAG Köln* 13.8.1999 NZA-RR 2000, 201 LS).

Tarifliche Ausschlussfristen für derartige Ansprüche beginnen – für beide Arbeitsvertragsparteien – dann aber erst mit dem **Zeitpunkt**, in dem das **Bestehen eines Arbeitsverhältnisses feststeht** (*BAG* 14.3.2001 EzA § 4 TVG Ausschlussfristen Nr. 143 = NZA 2002, 155; 29.5.2002 EzA § 4 TVG Ausschlussfristen Nr. 155; **a.A.** *Reinecke* RdA 2001, 364). **Erst ab diesem Zeitpunkt der rechtsbeständigen gerichtlichen oder außergerichtlichen Klärung kann erwartet werden, dass der Arbeitgeber seine Ansprüche wegen Überzahlung geltend macht** (*BAG* 9.2.2005 EzA § 818 BGB 2002 Nr. 1 = NZA

2005, 814). Haben die Tarifvertragsparteien speziell für den Fall der Beendigung des Arbeitsverhältnisses eine **kürzere Ausschlussfrist** geregelt, so ist diese auch dann maßgebend, wenn das Arbeitsverhältnis bei Fristbeginn bereits beendet war. Das gilt auch bei einer rückwirkenden Statusfeststellung (*BAG* 29.5.2002 EzA § 4 TVG Ausschlussfristen Nr. 155).

Dem **Arbeitgeber** können Ansprüche auf **Rückzahlung** der Differenz zwischen gezahlten Honoraren und der für Arbeitnehmer üblichen Vergütung zustehen, wenn der Arbeitnehmerstatus **rückwirkend festgestellt** wird (§§ 812 ff. BGB). Dafür genügt die Feststellung nach § 4 KSchG oder § 17 TzBfG zu Gunsten des Arbeitnehmers (*BAG* 8.11.2006 EzA § 611 BGB 2002 Arbeitnehmerbegriff Nr. 8 = NZA 2007, 321; vgl. *Bauer/Baeck/Schuster* Scheinselbstständigkeit, Rz. 308). Das kann der Fall sein, wenn der Arbeitnehmerstatus eines freien Mitarbeiters **rückwirkend festgestellt** wird. Denn mit dieser Feststellung steht zugleich fest, dass der Dienstverpflichtete **als Arbeitnehmer zu vergüten war** und ein Rechtsgrund für die Honorarzahlungen nicht bestand, wenn bei dem Dienstberechtigten unterschiedliche Vergütungsordnungen für freie Mitarbeiter und für Arbeitnehmer galten (*BAG* 9.2.2005 EzA § 818 BGB 2002 Nr. 1 = NZA 2005, 814; 8.11.2006 EzA § 611 BGB 2002 Arbeitnehmerbegriff Nr. 8 = NZA 2007, 321). Ein derartiger Anspruch umfasst die **Summendifferenz** zwischen sämtlichen Honorarzahlungen und sämtlichen Vergütungsansprüchen. In die vorzunehmende Verrechnung ist auch ein einmaliger tariflicher Abfindungsanspruch einzubeziehen (*BAG* 29.5.2002 EzA § 4 TVG Ausschlussfristen Nr. 155; zur Darlegungslast des Arbeitgebers insoweit instruktiv *LAG Köln* 9.4.2003 – 7 Sa 1213/02 – ARST 2004, 89 LS).

Derartige Rückzahlungsansprüche können aber **wegen Kenntnis** des Arbeitgebers vom Bestehen eines Arbeitsverhältnisses **ausgeschlossen sein.** § 814 BGB setzt allerdings **positive Kenntnis** der Rechtslage im Zeitpunkt der Leistung voraus. Nicht ausreichend ist die Kenntnis der Tatsachen, aus denen sich das Fehlen einer rechtlichen Verpflichtung ergibt. Der Leistende muss wissen, dass er nach der Rechtslage nichts schuldet. Er hat aus den ihm bekannten Tatsachen auch eine im Ergebnis zutreffende rechtliche Schlussfolgerung zu ziehen, wobei allerdings eine entsprechende »**Parallelwertung in der Laiensphäre**« genügt (*BAG* 9.2.2005 EzA § 818 BGB 2002 Nr. 1 = NZA 2005, 814). Das gilt auch dann, wenn diese Kenntnis nur in der Rechtsabteilung, nicht aber in der Leistungsabteilung vorhanden ist. Die Kenntnis vom Bestehen eines Arbeitsverhältnisses kann insbes. dann vorhanden sein, wenn bereits vergleichbare »freie Mitarbeiter« oder Subunternehmer, möglicherweise sogar desselben Unternehmens, die Arbeitnehmereigenschaft erfolgreich geltend gemacht haben. I. d. R. gibt zudem der Arbeitgeber den Vertragstext und damit auch die von ihm für richtig gehaltene oder auch nur gewünschte Rechtsform vor. In diesen Fällen ist es ihm deshalb gem. § 242 BGB verwehrt, Rückzahlungsansprüche auch für Zeiträume geltend zu machen, hinsichtlich derer sich der Arbeitnehmer nicht auf das Bestehen eines Arbeitsverhältnisses berufen hat (*Reinecke* RdA 2001, 357 ff.). Umgekehrt ist die **Rückforderung** des Arbeitgebers dann **nicht rechtsmissbräuchlich**, wenn sie sich auf den **Zeitraum beschränkt, für den der Arbeitnehmer das Bestehen des Arbeitsverhältnisses geltend gemacht hat.** Denn mit der Klageerhebung gibt der Arbeitnehmer zu erkennen, dass er das Rechtsverhältnis nicht nach den Regeln der freien Mitarbeit, sondern nach Arbeitsrecht behandelt wissen will (*BAG* 8.11.2006 EzA § 611 BGB 2002 Arbeitnehmerbegriff Nr. 8 = NZA 2007, 321).

Andererseits liegt die Kenntnis i.S.d. § 814 BGB nicht schon dann vor, wenn der Leistende mit dem Bestehen eines Arbeitsverhältnisses rechnen musste (*BAG* 29.5.2002 EzA § 4 TVG Ausschlussfristen Nr. 155).

Dem Anspruch kann u.U. auch **§ 818 Abs. 3 BGB entgegenstehen.** Diese Regelung dient dem Schutz des gutgläubig Bereicherten, der das rechtsgrundlos Empfangene im Vertrauen auf das (Fort-)Bestehen des Rechtsgrundes verbraucht hat und daher nicht über den Betrag einer wirklich bestehen gebliebenen Bereicherung hinaus zur Herausgabe oder zum Wertersatz verpflichtet werden soll. Es kommt deshalb darauf an, ob der Empfänger die Beträge **restlos für seine laufenden Lebensbedürfnisse verbraucht** oder sich

damit noch in seinem Vermögen vorhandene Werte oder Vorteile verschafft hat. Auch die infolge **Tilgung eigener Schulden** mittels des rechtsgrundlos erlangten Geldes eingetretene Befreiung von Verbindlichkeiten zählt zu den bestehen bleibenden Vermögensvorteilen, die einem Wegfall der Bereicherung grds. entgegenstehen (*BAG* 9.2.2005 EzA § 818 BGB 2002 Nr. 1 = NZA 2005, 814).
Beruft sich ein Arbeitnehmer, der neben seinem Vollzeitarbeitsverhältnis für seinen Arbeitgeber Nebentätigkeiten auf Honorarbasis als sog. freier Mitarbeiter verrichtet, auf ein Arbeitsverhältnis auch hinsichtlich der Nebentätigkeit, kann er Lohn in Höhe des Honorars auch nicht mit der Begründung verlangen, der Honorarsatz für freie Mitarbeit in Nebentätigkeit liege unter dem für »normale« freie Mitarbeiter seines Arbeitgebers, wenn im Betrieb eine Vergütungsordnung für Arbeitsverhältnisse besteht (*LAG Köln* 6.5.1999 ZTR 1999, 566).

84 Fraglich ist, wie die Entscheidung des *BAG* vom 21.1.1998 (EzA § 612 BGB Nr. 21) abzugrenzen ist zum Urteil vom 9.7.1986 (EzA § 242 BGB Geschäftsgrundlage Nr. 1). Denn danach richtet sich die Anpassung des Vertrages im Falle eines beiderseitigen Irrtums, d.h. wenn beide Parteien irrtümlich davon ausgegangen sind, dass ihr Rechtsverhältnis tatsächlich als freies Mitarbeiterverhältnis zu verstehen war, nach den Grundsätzen über den Wegfall der **(subjektiven) Geschäftsgrundlage** (jetzt § 313 BGB n.F.; vgl. Kap. 2 Rn. 544 ff.), d.h. eine **Anpassung des Vertrages** wird i.d.R. nur für noch nicht beendete Vertragsverhältnisse und **für die Zukunft** in Betracht kommen (ebenso *ArbG Düsseld.* 17.10.2000 NZA-RR 2001, 183: Keine Anpassung eines Franchising-Partnerschaftsvertrages für einen in der Vergangenheit liegenden Zeitraum).

85 **Im Übrigen kann sich der vermeintlich freie Dienstnehmer in vollem Umfang auf Arbeitsrechtsschutzbestimmungen berufen.** Er genießt Kündigungsschutz, eine u.U. bereits ausgesprochene Kündigung kann wegen unterlassener Anhörung des Betriebsrats gem. § 102 BetrVG unwirksam sei. Der Arbeitnehmer hat Anspruch auf Entgeltfortzahlung im Krankheitsfall, bezahlten Urlaub usw. (vgl. *Reiserer* BB 1998, 1262).

bb) Sozialversicherung

86 Der Arbeitgeber kann **rückwirkend ab Beginn des Beschäftigungsverhältnisses** in Anspruch genommen werden für die Nachleistung von Sozialversicherungsbeiträgen, denn er ist gem. § 28e Abs. 1 SGB IV Schuldner der Sozialversicherungsbeiträge. Dabei umfasst die Nachleistungspflicht sowohl Arbeitgeber- als auch Arbeitnehmeranteile. Ein **Regress** beim Arbeitnehmer **scheidet grds. aus** (vgl. § 28g SGB IV; *LAG RhPf* 26.8.1999 ZTR 2000, 184 LS; s.u. Kap. 3 Rn. 823, 532; vgl. dazu *Hochrathner* NZA 1999, 1016 ff. u. NZA 2000, 1083 ff.; *Goretzki/Hohmeister* BB 1999, 635 ff.; *Bauer/Baeck/Schuster* Scheinselbstständigkeit, Rz. 309 ff.).

87 Der Nachentrichtungsanspruch verjährt nach § 25 Abs. 1 SGB IV grds. in vier Jahren, bei Vorsatz in 30 Jahren nach Ablauf des Kalenderjahres, in dem er fällig geworden ist. Da der Arbeitgeber generell verpflichtet ist, sich bei Zweifelsfällen betreffend der Sozialversicherungspflicht bei der Einzugsstelle zu erkundigen, sieht sich der Unternehmer nicht selten der Problematik ausgesetzt, dass **bedingter Vorsatz** und damit die Verlängerung der Verjährungsfrist auf 30 Jahre angenommen wird (vgl. *Reiserer* BB 1998, 1262). In diesem Zusammenhang erscheint es – abgesehen von der Frage, ob eine derartige Regelung überhaupt mit § 32 SGB I vereinbar ist – bedenklich (**a.A.** *ArbG Köln* 21.6.1996 NZA-RR 1996, 324; *Bauer/Diller* BB 1992, 2287; *Bauer/Baeck/Schuster* Scheinselbstständigkeit, Rz. 320), in einem Aufhebungsvertrag mit einem Scheinselbstständigen, wie von *Diller/Schuster* (*FA 1998, 142*) vorgeschlagen, folgende Klausel aufzunehmen. »... zahlt ... als Entschädigung für entgangene bzw. entgehende Einnahmen eine Abfindung in Höhe von € 10.000,00, fällig sofort. Sollte die Y-GmbH auf Grund des beendeten Vertragsverhältnisses rechtskräftig zur Zahlung von Sozialversicherungsbeiträgen an Sozialversicherungsträ-

ger herangezogen werden, hat Herr/Frau X in entsprechendem Umfang die Abfindung unverzüglich … zurückzuzahlen.«

> Schließlich muss der Arbeitgeber auf den nachentrichteten Arbeitnehmeranteil auch noch die **Lohnsteuer** entrichten. **88**

Denn die Bezahlung der Arbeitnehmeranteile stellt einen geldwerten Vorteil dar, den der Arbeitgeber zugunsten des Arbeitnehmers leistet, der lohnsteuerpflichtig ist (*BFH* 21.2.1992 DB 1992, 2603). **89**

cc) Steuerrecht

Zur Besteuerung des Arbeitseinkommens s.u. Kap. 3 Rn. 773 ff. Der Arbeitgeber haftet für die einzubehaltende Lohnsteuer neben dem Arbeitnehmer als **Gesamtschuldner**; ihm steht im Falle der Inanspruchnahme allerdings ein **Erstattungsanspruch** gegen den Arbeitnehmer zu. Nicht selten ist dessen Durchsetzung allerdings mit erheblichen praktischen Problemen verbunden, insbes. wenn der Arbeitnehmer seiner Zahlungsverpflichtung nicht nachkommt (vgl. *Bauer/Baeck/Schuster* Scheinselbstständigkeit, Rz. 321 ff.; *Reiserer* BB 1998, 1263; *Goretzki/Hohmeister* BB 1999, 635 ff.). **90**

2. Beispiele aus der Praxis

- **Ein in der Behindertenfürsorge tätiger Psychologe**, der innerhalb eines mit dem Träger der Sozialhilfe vereinbarten zeitlichen Rahmens von 18 Betreuungsstunden pro Woche Zeit und Ort seiner Tätigkeit frei bestimmen kann, ist kein Arbeitnehmer (*BAG* 9.9.1981 AP Nr. 38 zu § 611 BGB Abhängigkeit). **91**
- Wer in einer Jugendfreizeitstätte während deren Öffnungszeiten in zeitlich festgelegtem Umfang Veranstaltungen für **Jugendliche betreut,** ist nicht Arbeitnehmer, wenn er über Art und zeitliche Lage seiner Tätigkeit entsprechend den Wünschen der Betreuten und seinen eigenen Neigungen mitbestimmen kann (*BAG* 9.5.1984 EzA § 611 BGB Arbeitnehmerbegriff Nr. 30).
- Eine **Telefonistin**, deren einzige Aufgabe darin besteht, Personen nach vorgegebenen Listen anzurufen und diesen Personen vorformulierte Fragen zu stellen und deren Arbeitszeit drei Stunden täglich – üblicherweise zwischen 15 und 18 Uhr – beträgt, ist keine Arbeitnehmerin (*LAG München* 22.1.2004 NZA-RR 2004, 365).
- Als Rechtsgrundlage für die Leistung von Diensten in persönlicher Abhängigkeit kommt neben einem Arbeitsverhältnis auch die **Mitgliedschaft in einem Verein** in Betracht (*BAG* 3.6.1975 BAGE 27, 163; 10.5.1990 AP BGB § 611 Abhängigkeit Nr. 51; 22.3.1995 BAGE 79, 319, 357 = EzA Art. 140 GG Nr. 26; 6.7. 1995 BAGE 80, 256). Der Mitgliedsbeitrag (§ 58 Nr. 2 BGB) kann in der Leistung von Diensten bestehen. Dies ergibt sich aus der Vereinsautonomie, die es dem Verein ermöglicht, Rechte und Pflichten der Vereinsmitglieder und des Vereins durch Satzung zu regeln (§ 25 BGB). Die Beitragsleistung erfolgt, um den Vereinszweck zu fördern. Die Begründung vereinsrechtlicher Arbeitspflichten darf allerdings nicht gegen § 134 BGB, § 138 BGB verstoßen und damit zwingende arbeitsrechtliche Schutzbestimmungen umgehen. Der dem Arbeitsverhältnis zugrunde liegende Arbeitsvertrag ist ein gegenseitiger Vertrag (§ 611 BGB). Wesen des Arbeitsverhältnisses ist der Austausch von Arbeit und Lohn. Fehlt die Erwerbsabsicht des Dienstverpflichteten, spricht dies gegen die Annahme eines Arbeitsverhältnisses (*BAG* 26.9.2002 EzA § 2 ArbGG 1979 Nr. 57 = NZA 2002, 1412).
- Auch ein **Au-pair-Verhältnis** kann bei entsprechender Ausgestaltung – so bei detaillierten Regelungen hinsichtlich der Verpflichtung zur Mithilfe im Haushalt und bei der Kinderbetreuung, der Dienstzeiten, der Freizeit und des Urlaubs – ein Arbeitsverhältnis sein (*ArbG Bamberg* 27.10.2003 – 1 Ca 1162/03 – EzA-SD 2/2004, S. 10 LS = FA 2004, 89 LS = ARST 2004, 144).

- Die für das Arbeitsverhältnis notwendige Abhängigkeit fehlt dann, wenn ein mit den Vorarbeiten für die **Herausgabe einer Buchreihe** beauftragter Mitarbeiter eines Verlages den wesentlichen Teil seiner Aufgaben in selbst bestimmter Arbeitszeit und an selbst gewähltem Arbeitsort verrichtet. Daran ändert sich auch dann nichts, wenn er auf Grund gelegentlich notwendiger Zusammenarbeit auf die Arbeitszeit der Verlagsangestellten Rücksicht nehmen muss (*BAG* 27.3.1991 EzA § 611 BGB Arbeitnehmerbegriff Nr. 38).
- **Ein Lektor in einer TV-Produktionsfirma** ohne fachliche Weisungsgebundenheit und Arbeitszeitkontrolle, dem eine komplette Arbeitsausstattung auf Kosten des Unternehmens zur Verfügung gestellt wird (Telefonanlage, Faxgerät, PC usw.) und der zur Erstellung von Tätigkeitsberichten (vgl. § 86 Abs. 2 HGB) verpflichtet ist, ist freier Mitarbeiter und nicht Arbeitnehmer (*ArbG Bln.* 8.1.2004 NZA-RR 2004, 546).
- Die **Lehrkraft in einer Bildungseinrichtung** steht dann nicht in einem Arbeitsverhältnis, wenn der Inhalt der Dienstleistung und die Arbeitszeiten im Einzelnen vertraglich geregelt und damit dem Weisungsrecht des Arbeitgebers entzogen werden. Die Bindung an einen Rahmenlehrplan ist unerheblich. Nur methodisch-didaktische Anweisungen des Arbeitgebers zur Gestaltung des Unterrichts können zu einer persönlichen Abhängigkeit führen (*BAG* 30.10.1991 EzA § 611 BGB Arbeitnehmerbegriff Nr. 44).
- Auf ein Arbeitsverhältnis deutet es hin, wenn der Arbeitgeber außerhalb der Unterrichtszeit einer **Volkshochschul-Dozentin** über ihre Arbeitskraft verfügen kann. Die Bedeutung dieser Indizes hängt vor allem auch vom zeitlichen Umfang der zusätzlichen Aufgaben ab. Je mehr die Volkshochschule den Inhalt der Arbeitsleistung bestimmen und der Dozentin weitere Aufgaben übertragen kann, desto mehr spricht für ein Arbeitsverhältnis (*BAG* 13.11.1991 EzA § 611 BGB Arbeitnehmerbegriff Nr. 45); im Übrigen sind Volkshochschuldozenten **regelmäßig keine Arbeitnehmer** (*BAG* 17.1.2006 EzA § 2 BUrlG Nr. 6 = NZA-RR 2006, 616 LS).
- Der notwendige Grad der persönlichen Abhängigkeit kann sich auch daraus ergeben, dass der Schulträger das Recht beansprucht, die **zeitliche Lage von Unterrichtsstunden einseitig zu bestimmen** oder das Rechtsverhältnis umfassend durch (einseitig erlassene) »Dienstanweisung« zu regeln (*BAG* 24.6.1992 EzA § 611 BGB Arbeitnehmerbegriff Nr. 46).
- **Lehrer an Abendgymnasien** sind regelmäßig Arbeitnehmer des Schulträgers (*BAG* 12.9.1996 EzA § 611 BGB Arbeitnehmerbegriff Nr. 60).
- **Dozenten in der beruflichen Bildung** sind Arbeitnehmer, wenn der Schulträger einseitig den Unterrichtsgegenstand sowie Ort und Zeit der Tätigkeit vorgibt (*BAG* 19.11.1997 EzA § 611 BGB Arbeitnehmerbegriff Nr. 62).
- Ein **Rundfunkgebührenermittler** des Hessischen Rundfunks ist kein Arbeitnehmer, sondern selbstständig Beliehener (*HessVGH* 17.3.1998 ZTR 1998, 422 LS); Rundfunkgebührenbeauftragte können jedoch je **nach Ausgestaltung der vertraglichen Beziehungen** freie Mitarbeiter, aber auch Arbeitnehmer (*BAG* 26.5.1999 EzA § 611 BGB Arbeitnehmerbegriff Nr. 75), u.U. auch arbeitnehmerähnliche Personen sein (*BAG* 30.8.2000 EzA § 2 ArbGG Nr. 51). Ein Rundfunkgebührenermittler, der im Auftrag einer Rundfunkanstalt Schwarzhörer aufspürt, ist andererseits jedenfalls dann kein Arbeitnehmer, sondern Gewerbetreibender, wenn die Höhe seiner Einnahmen weitgehend von seinem eigenen Arbeitseinsatz abhängt und er auch im Übrigen – insbes. bei Ausfallzeiten – ein **Unternehmerrisiko** in Gestalt des Entgeltrisikos trägt; dies gilt unabhängig davon, dass er nur für einen einzigen Vertragspartner tätig ist (*BFH* 2.12.1998 NZA-RR 1999, 376).
- **Co-Piloten von Verkehrsflugzeugen** sind in aller Regel Arbeitnehmer. Werden Piloten von Verkehrsflugzeugen in Dienstplänen aufgeführt, die ohne vorherige Absprache mit ihnen erstellt werden, so ist dies ein starkes Indiz für ihre Arbeitnehmereigenschaft (*BAG* 16.3.1994 EzA § 611 BGB Arbeitnehmerbegriff Nr. 53).
- Gleiches gilt für **Rundfunk- und Fernsehmitarbeiter** (*BAG* 16.2.1994 EzA § 611 BGB Arbeitnehmerbegriff Nr. 52; vgl. dazu ausf. *Bezani* NZA 1997, 856 ff.; *Wrede* NZA 1999, 1019 ff.).

- **Rundfunksprecher und Übersetzer**, die auf Grund von Dienstplänen eingesetzt werden, sind i.d.R. auch dann Arbeitnehmer, wenn ihnen zugestanden wird, einzelne Einsätze abzulehnen (*BAG* 30.11.1994 EzA § 611 BGB Arbeitnehmerbegriff Nr. 55).
- Ein **Hörfunk-Korrespondent**, dem die regelmäßige Berichterstattung über politische, wirtschaftliche und kulturelle Themen der Landespolitik aus einem abgegrenzten Bezirk übertragen ist und von dem die Rundfunkanstalt ständige Dienstbereitschaft erwartet, ist Arbeitnehmer (*BAG* 7.5.1980 EzA § 611 BGB Arbeitnehmerbegriff Nr. 22).
- Ein als freier Mitarbeiter im Rahmen von Radiosendungen beschäftigter **Reporter** ist kein Arbeitnehmer, auch wenn er im Laufe der mehrjährigen Vertragsbeziehungen regelmäßig am Wochenende eingesetzt wird, sofern der jeweilige Einsatz mit ihm abgesprochen ist (*LAG Köln* 30.1.1997 NZA-RR 1997, 283).
- Nebenberuflich tätige **Rundfunkreporter** können auch dann freie Mitarbeiter sein, wenn sie viele Jahre fortlaufend eingesetzt werden (*BAG* 22.4.1998 NZA 1998, 1275; vgl. auch *BVerwG* 22.4.1998 DB 1998, 2276).
- Regelmäßig eingesetzte **Sprecher und Übersetzer** von Nachrichten- und Kommentartexten im fremdsprachlichen Dienst von Rundfunkanstalten können auch dann Arbeitnehmer sein, wenn ihre wöchentliche Arbeitszeit nur vier Stunden beträgt (*BAG* 11.3.1998 EzA § 611 BGB Arbeitnehmerbegriff Nr. 64).
- Pauschal bezahlte **Bildberichterstatter**, die einer Zeitungsredaktion monatlich eine bestimmte Zahl von Bildern liefern, sind keine Arbeitnehmer, wenn sie in der Übernahme der Fototermine frei sind (*BAG* 29.1.1992 EzA § 5 BetrVG 1972 Nr. 52). Sie können aber dann Arbeitnehmer sein, wenn sie – u.a. durch Dienstpläne – derart in den Arbeitsablauf eingebunden sind, dass sie faktisch die Übernahme von Fototerminen nicht ablehnen können (*BAG* 16.6.1998 EzA § 611 BGB Arbeitnehmerbegriff Nr. 65).
- Die Tätigkeit eines **Redakteurs im engeren Sinne** ist typischerweise Arbeitnehmertätigkeit. Die regelmäßige Heranziehung eines Mitarbeiters zu Wochenenddiensten und der Umstand, dass die Absage solcher Einsätze zu nachteiligen Konsequenzen für den Mitarbeiter geführt hat, sind starke Indizien für das Bestehen eines Arbeitsverhältnisses (*LAG Köln* 13.8.1998 NZA-RR 1999, 119).
- **Orchestermusiker**, die ständig zu Orchesterdiensten herangezogen werden, sind Arbeitnehmer (*BAG* 7.5.1980 AP Nr. 36 zu § 611 BGB Abhängigkeit). Für den Arbeitnehmerstatus eines zur **Aushilfe** engagierten Orchestermusikers ist entscheidend, ob der Mitarbeiter auch im Rahmen des übernommenen Engagements seine Arbeitszeit noch im Wesentlichen frei gestalten kann oder insoweit einem umfassenden Weisungsrecht der Orchesterleitung unterliegt. Allein das Versprechen, eine Leistung zu einem bestimmten Zeitpunkt zu erbringen, macht demgegenüber den Leistenden im arbeitsrechtlichen Sinn noch nicht weisungsabhängig (*BAG* 22.8.2001 EzA § 611 BGB Arbeitnehmerbegriff Nr. 86; 9.10.2002 EzA § 611 BGB Arbeitnehmerbegriff Nr. 89; zum Gastvertrag s. *BAG* 7.2.2007 – 5 AZR 270/06 – NZA 2007, 1072 LS = ZTR 2007, 391).
- Bei **programmgestaltenden Mitarbeitern** ist ein Arbeitsverhältnis zu bejahen, wenn der Sender innerhalb eines bestimmten zeitlichen Rahmens über die Arbeitsleistung verfügen kann. Das ist z.B. dann der Fall, wenn ständige Dienstbereitschaft erwartet wird oder wenn der Mitarbeiter in nicht unerheblichem Umfang auch ohne entsprechende Vereinbarung herangezogen wird, ihm also die Arbeiten letztlich »zugewiesen« werden (*BAG* 7.5.1980 EzA § 611 BGB Arbeitnehmerbegriff Nr. 22; 9.6.1993 EzA § 611 BGB Arbeitnehmerbegriff Nr. 51; 20.7.1994 EzA § 611 BGB Arbeitnehmerbegriff Nr. 54). Ein programmgestaltender Rundfunkmitarbeiter ist aber nicht bereits deshalb Arbeitnehmer, weil er zur Herstellung seines Beitrags auf **technische Einrichtungen und Personal** der Rundfunkanstalt angewiesen ist und aus diesem Grunde in Dispositions- und Raumbelegungspläne aufgenommen wird (*BAG* 19.1.2000 NZA 2000, 1102).
- **Kameraassistenten** sind in aller Regel Arbeitnehmer (*BAG* 22.4.1998 EzA § 611 BGB Arbeitnehmerbegriff Nr. 71).
- **Bühnenkünstler** werden auch im Rahmen eines Tourneetheaters i.d.R. als Arbeitnehmer tätig (*LAG Bln.* 29.12.1989 AP Nr. 50 zu § 611 BGB Abhängigkeit; zum Gastvertrag s. *BAG* 7.2.2007 – 5 AZR 270/06 – NZA 2007, 1072 LS: Dienstvertrag, nicht Werkvertrag).

- Hauptamtliche (aktiv tätige) außerordentliche **Mitglieder von Scientology** können Arbeitnehmer (i.S.v. § 5 Abs. 1 S. 1 ArbGG) sein (*BAG* 22.3.1995 EzA Art. 140 GG Nr. 26). Sie können allerdings ihre Dienste für den Verein auch als **satzungsmäßigen Mitgliedsbeitrag** erbringen; dadurch wird dann kein Arbeitsverhältnis begründet (*BAG* 26.9.2002 EzA § 2 ArbGG 1979 Nr. 57 = NZA 2002, 1412).
- Leitende Krankenhausärzte **(Chefärzte)** sind, wenn sie auch in der Ausübung ihres ärztlichen Berufs eigenverantwortlich sind, Arbeitnehmer, wenn sie im Übrigen bei ihrer Tätigkeit im Wesentlichen vom Krankenhausträger persönlich abhängig sind (*BAG* 27.7.1961 AP Nr. 24 zu § 611 BGB Ärzte, Gehaltsansprüche). Gleiches gilt auch für nachgeordnete Ärzte (Oberärzte, Assistenzärzte; MünchArbR/*Richardi* § 204 Rz. 3).
- **Tankwarte** sind regelmäßig Arbeitnehmer; die Arbeitszeit kann auch in einem Dauerarbeitsverhältnis in der Weise festgelegt werden, dass sich die Arbeitnehmer in vom Arbeitgeber ausgelegte Listen eintragen. (*BAG* 12.6.1996 EzA § 2 BeschFG 1985 Nr. 49).
- **Mitglieder von Produktionsgenossenschaften** des Handwerks in den neuen Bundesländern sind weder nach dem alten Recht (vor dem Einigungsvertrag) Arbeitnehmer gewesen, noch sind sie es nach dem derzeit geltenden Recht (*BAG* 13.6.1996 EzA § 611 BGB Arbeitnehmerstatus – DDR Nr. 3).
- Ein **Subunternehmer eines Paketdienstsystems**, der mit 18 selbst ausgewählten Arbeitnehmern und eigenen Fahrzeugen in einem ihm überlassenen Bezirk den Zustellungsdienst organisiert und durchführt, ist nicht Arbeitnehmer (*LAG Köln* 5.3.1997 BB 1997, 1212 LS; zu Formulararbeitsverträgen mit Verkaufsfahrern vgl. *Schiek* BB 1997, 310 ff.).
- I. d. R. übt der **Frachtführer** i.S.d. § 425 HGB ein selbstständiges Gewerbe aus. Das gilt auch dann, wenn er als Einzelperson ohne weitere Mitarbeiter nur für einen Spediteur tätig ist und beim Transport ein mit den Farben und dem Firmenzeichen des Spediteurs ausgestattetes eigenes Fahrzeug einsetzt. Maßgeblich ist, dass er **allein entscheidet**, ob, wann und in welchem Umfang er tätig werden will und für ausgeführte Frachtaufträge das volle vom Auftraggeber zu leistende Entgelt erhält (*BAG* 27.6.2001 EzA § 611 BGB Arbeitnehmerbegriff Nr. 85 = NZA 2002, 742 m. Anm. *Linnenkohl* BB 2002, 622 ff.; s.a. *LAG Köln* 29.5.2006 BB 2006, 2312 LS). Wird allerdings die Tätigkeit des Transporteurs stärker eingeschränkt, als es auf Grund gesetzlicher Regelungen oder wegen versicherungsrechtlicher Obliegenheiten geboten ist, so kann das Rechtsverhältnis als ein Arbeitsverhältnis anzusehen sein (*BAG* 19.11.1997 EzA § 611 BGB Arbeitnehmerbegriff Nr. 63; abl. dazu *Misera* SAE 1998, 169 ff.; vgl. auch *BGH* 21.10.1998 EzA § 5 ArbGG 1979 Nr. 30: die Möglichkeit des Einsatzes von dritten Personen als Fahrer spricht gegen die Arbeitnehmereigenschaft). Ein Frachtführer, der nur für einen Auftraggeber fährt, ist nicht Arbeitnehmer, wenn **weder Dauer noch Beginn und Ende der täglichen Arbeitszeit vorgeschrieben** sind und er die – nicht nur theoretische – Möglichkeit hat, auch Transporte für eigene Kunden auf eigene Rechnung durchzuführen. Ob er diese Möglichkeit tatsächlich nutzt, ist nicht entscheidend (*BAG* 30.9.1998 EzA § 611 BGB Arbeitnehmerbegriff Nr. 74; zust. *Hromadka* SAE 1999, 166 f.; vgl. auch *Raab* RdA 1999, 339 ff.). Diese Möglichkeit spricht aber dann nicht gegen das Vorliegen eines Arbeitsverhältnisses, wenn der Einsatz Dritter zwar tatsächlich, aber nur für Zeiten erfolgt, in denen der Frachtführer wegen einer Erkrankung oder wegen Urlaubs nicht selbst fahren konnte oder wollte (*LAG Nds.* 26.1.1999 NZA 2000, 320 LS).
- **Zeitungszusteller** sind i.d.R. Arbeitnehmer (*BAG* 29.1.1992 AP Nr. 1 zu § 7 BetrVG 1972). Denn das Austragen von Zeitungen ist eine einfache Tätigkeit, die von vornherein nur geringe Gestaltungsmöglichkeiten zulässt. Die Weisungsgebundenheit ergibt sich i.d.R. daraus, dass dem Zusteller ein bestimmter Bezirk mit Kundenliste zugewiesen und ein zeitlicher Rahmen vorgegeben ist. Kann ein Zusteller demgegenüber das übernommene Arbeitsvolumen in der vorgegebenen Zeit nicht bewältigen, sodass er weitere Mitarbeiter einsetzen muss, so spricht das gegen die Annahme eines Arbeitsverhältnisses (*BAG* 16.7.1997 EzA § 611 BGB Arbeitnehmerbegriff Nr. 41). Insgesamt ist davon auszugehen, dass dann, wenn der zur Dienstleistung Verpflichtete nach den tatsächlichen Umständen nicht in der Lage ist, seine vertraglichen **Leistungspflichten alleine zu erfüllen**, sondern auf Hilfskräfte angewiesen und vertraglich berechtigt ist,

seine Leistungen durch Dritte erbringen zu lassen, regelmäßig kein Arbeitsverhältnis vorliegt (*BAG* 12.12.2001 EzA § 611 BGB Arbeitnehmerbegriff Nr. 87). Deshalb ist ein Betreiber einer Agentur für die Verteilung von Zeitschriften und Briefen, der selbst eine Vielzahl von Hilfskräften (200) nach eigener Entscheidung einstellt, bei der regelmäßigen Gesamtschau regelmäßig selbst dann nicht abhängig beschäftigter Arbeitnehmer, wenn er einer Vielzahl engmaschiger fachlicher Weisungen des Auftraggebers unterliegt (*LAG Hmb.* 27.2.2008 LAGE § 611 BGB 2002 Arbeitnehmerbegriff Nr. 3).

- Das *ArbG Oldenburg* (7.6.1996 NZA-RR 1997, 162) hat andererseits angenommen, dass die tatsächliche Inanspruchnahme einer Zustellerin einer Sonntagszeitung zu gering ist, als dass sich hieraus eine persönliche Abhängigkeit ergeben könnte. Wegen des geringen Umfangs der Tätigkeit und des geringen finanziellen Ertrags ist danach auch eine wirtschaftliche Abhängigkeit zu verneinen, sodass sie weder Arbeitnehmerin noch eine arbeitnehmerähnliche Person ist. Gleiches gilt für eine **Schülerin**, die nach einer Vertragsbestandteil gewordenen Verteileranweisung eine vorgegeben Stückzahl von 1000 Werbebroschüren in einer fest bestimmten Zeit zwischen Samstags 14.00 Uhr und Sonntags 24.00 Uhr zu verteilen hat, sich dabei auch von Familienangehörigen oder Dritten vertreten lassen kann.
- Ein **Sargträger**, der sich sechs Jahre lang jeden Morgen auf dem Hauptfriedhof einfindet, um dort die Terminsliste für den Folgetag in Empfang zu nehmen und anschließend die ihm zugeteilte Kolonne mit einem firmeneigenen Fahrzeug in firmeneigener Kleidung zur Verrichtung der Dienste zu den Beerdigungen auf den Vorortfriedhöfen zu fahren, ist unter diesen Voraussetzungen auch dann Arbeitnehmer, wenn er auf Betreiben der Arbeitgeberin ein entsprechendes Gewerbe angemeldet hat (*LAG Düsseld.* 9.9.1997 BB 1997, 2592).
- Die Arbeitnehmereigenschaft einer in einem Saunaclub tätigen **Prostituierten** hat das *Hessische LAG* (12.8.1997 NZA 1998, 221) verneint.
- **Familienhelferinnen** nach § 31 SGB VIII (Hilfe zur Erziehung z.B. in Form sozialpädagogischer Familienhilfe) sind regelmäßig Arbeitnehmer (*BAG* 6.5.1998 EzA § 611 BGB Arbeitnehmerbegriff Nr. 66; *LAG Köln* 22.9.2000 ZTR 2001, 86 LS); sie können bei entsprechender Ausgestaltung ihrer Beschäftigung aber auch freie Mitarbeiterinnen sein (*LAG Baden Württemberg* 20.2.2002 ZTR 2002, 390). Inzwischen hat das *BAG* (25.5.2005 EzA § 611 BGB 2002 Arbeitnehmerbegriff Nr. 6 = BAG Report 2005, 361 unter Aufgabe von *BAG* 6.5.1998 EzA § 611 BGB Arbeitnehmerbegriff Nr. 66 insoweit angenommen, dass die Pflicht, **öffentlich-rechtlichen Anordnungen** der Aufsichtsbehörde im Jugendhilferecht nachzukommen, jedermann trifft. Sie ist folglich **kein Merkmal arbeitsvertraglicher Weisungsgebundenheit**.
- **Rechtsanwälte**, die in den Versorgungsämtern der Landkreise der neuen Bundesländer an Aufgaben nach dem Vermögensgesetz mitwirken, können freie Mitarbeiter sein (*BAG* 3.6.1998 NZA 1998, 1165).
- Beschäftigte, die Kunden ihres Dienstherren in der Bedienung von Geräten gemäß den terminlichen Wünschen und in den Räumen dieser **Kunden nach inhaltlichen Vorgaben des Dienstherrn zu unterweisen** haben, sind regelmäßig Arbeitnehmer (*BAG* 6.5.1998 EzA § 611 BGB Arbeitnehmerbegriff Nr. 73).
- Eine **Vertragsärztin**, die in einer Justizvollzugsanstalt zu bestimmten Zeiten auf der Basis einer Rahmenvereinbarung zwischen dem Land und der Landeszahnärztekammer Zahnbehandlungen vornimmt, ist nicht Arbeitnehmerin des Landes. Denn die in diesem Zusammenhang ausgesprochenen Anweisungen bezüglich des Ortes und der Art und Weise der Behandlung stellen keine arbeitsrechtlichen Weisungen dar, sondern beruhen auf der besonderen Situation in einer JVA (*ArbG Ludwigshafen* 7.4.1998 NZA 1999, 154 LS).
- Ob ein **Versicherungsvertreter** (Einfirmenvertreter) Arbeitnehmer oder Selbstständiger ist, bestimmt sich nach § 84 Abs. 1 S. 2 HGB. Maßgeblich sind die **Umstände des Einzelfalls**. Vertragliche Pflichten des Versicherungsvertreters, die nicht die geschuldete Tätigkeit, sondern sein sonstiges Verhalten betreffen, sind zur Abgrenzung regelmäßig nicht geeignet (*BAG* 15.12.1999 EzA § 611 BGB Arbeitnehmerbegriff Nr. 80; *LAG Köln*

7.7.1998 ARST 1999, 17; vgl. dazu *Wasser* ArbuR 2001, 168 ff.; *Bolle* NJW 2001, 422 ff.; *Hoffmann* FA 2001, 69 ff.; vgl. auch *LG Hildesheim* 23.3.1999 NZA-RR 2000, 217). Gleiches gilt für vertragliche Pflichten, die lediglich **Konkretisierungen der Vorgaben** aus § 86 HGB oder aufsichts- und wettbewerbsrechtlichen Vorschriften sind (*BAG* 15.12.1999 EzA § 611 BGB Arbeitnehmerbegriff Nr. 82; vgl. dazu *Wasser* ArbuR 2001, 168 ff.). Auch aus dem tatsächlichen Fehlen einer vom Versicherungsvertreter geschaffenen Innen- und Außenorganisation seiner Generalvertretung kann nicht auf seine Arbeitnehmereigenschaft geschlossen werden. Denn aus § 84 Abs. 4 HGB folgt, dass §§ 84 ff. HGB auch dann Anwendung finden, wenn das Unternehmen des Handelsvertreters nach Art oder Umfang einen in kaufmännischer Weise eingerichteten Geschäftsbetrieb nicht erfordert (*BAG* 15.12.1999 EzA § 611 BGB Arbeitnehmerbegriff Nr. 78; vgl. dazu *Wasser* ArbuR 2001, 168 ff.). Macht ein Handelsvertreter geltend, er sei Arbeitnehmer, so ist er für den fehlenden Spielraum bei der Arbeitszeitgestaltung **darlegungs- und beweisbelastet** (*BAG* 20.8.2003 – 5 AZR 610/02 – EzA-SD 24/2003, S. 8 LS = NZA 2004, 39 = BAG Report 2004, 1).

- ▶ Ein im Anstellungsvertrag vereinbartes **Wettbewerbsverbot** stellt kein Indiz für oder gegen die Selbstständigkeit eines Bausparkassenvertreters dar (*BAG* 15.12.1999 EzA § 611 BGB Arbeitnehmerbegriff Nr. 79).
- ▶ Ein **Tankstellenpächter**, der alleiniger Gesellschafter und Geschäftsführer einer von ihm gegründeten GmbH ist, kann weder Arbeitnehmer noch arbeitnehmerähnliche Person sein, wenn er keinerlei Weisungen unterworfen ist (*ArbG Mönchengladbach* 19.1.2000 NZA-RR 2000, 412).
- ▶ Ob ein **Gesellschafter einer BGB-Gesellschaft**, der verpflichtet ist, persönliche Dienste zu erbringen (§ 706 Abs. 3 BGB), als Arbeitnehmer der Gesellschaft anzusehen ist, hängt von der Ausgestaltung der vertraglichen Abreden, insbes. davon ab, ob der Gesellschafter persönlich abhängig ist (*OLG Köln* 5.10.2000 – 12 U 62/00).
- ▶ Werden in eine von deutschen Gesellschaftern gegründete, einen **baugewerblichen Betrieb** enthaltende Gesellschaft bürgerlichen Rechts im Zeitraum von knapp drei Jahren 54 polnische Bauhandwerker, die für die Gesellschaft bauliche Arbeitsleistungen erbringen, jeweils für maximal drei Monate »als Gesellschafter« aufgenommen, so kann es sich tatsächlich um die Begründung von Arbeitsverhältnissen zwischen der Gesellschaft und den polnischen Bauhandwerkern handeln. In diesem Fall sind die deutschen Gesellschafter zur Zahlung von Beiträgen an die Sozialkassen des Baugewerbes verpflichtet (*Hess. LAG* 20.3.2000 LAGE § 611 BGB Arbeitnehmerbegriff Nr. 41).
- ▶ Eine **Motorradfahrerin** kann je nach den Umständen (enge zeitliche und organisatorische Einbindung in den Rennsportbetrieb) Arbeitnehmerin sein (*BAG* 7.3.2002 EzA § 626 BGB n.F. Nr. 196).

3. Abweichende Begründungsansätze

92 In Literatur (vgl. MünchArbR/*Richardi* § 24 Rz. 26, 34 m.w.N.) und Rechtsprechung (*LAG Köln* 30.6.1995 LAGE § 611 BGB Nr. 29) wird der Begriff der persönlichen Abhängigkeit z. T. als zu unbestimmt angesehen, um als maßgebliches Kriterium für die Abgrenzung der Arbeitnehmereigenschaft Verwendung zu finden. Danach bedeutet der Rückgriff auf den Grad der persönlichen Abhängigkeit letztlich nur eine Wiederholung der zu lösenden Fragestellung und damit den Verzicht auf eine allgemeine Erfassung. Auch wird auf die Herstellung eines Sinnzusammenhangs zwischen den Merkmalen des Arbeitnehmerbegriffs und der Rechtsfolge, der Anwendung des Arbeitsrechts verzichtet.

93 Stattdessen werden als charakteristische (z. T. als ergänzend heranzuziehend verstandene) Kriterien für die Abgrenzung zwischen Arbeitnehmern und Selbstständigen u.a. vorgeschlagen:

- ▶ ***Die freiwillige Übernahme des Unternehmerrisikos, Auftreten am Markt und Ausgewogenheit im Hinblick auf unternehmerische Chancen und Risiken*** (*Wank* Arbeitnehmer und Selbstständige, 1988, S. 391 ff. u. NZA 1999, 225 ff.; zust. *LAG Köln* 30.6.1995

LAGE § 611 BGB Arbeitnehmerbegriff Nr. 19; *LAG Nds.* 7.9.1990 LAGE § 611 BGB Arbeitnehmerbegriff Nr. 24; abl. *LAG Düsseld.* 4.9.1996 BB 1997, 891; *Reinecke* ZIP 1998, 585 ff.; *Hromadka* NZA 1997, 569; *Griebeling* RdA 1998, 208; *Bauer/Baeck/Schuster* Scheinselbstständigkeit, Rz. 36; krit. *Romme* ZfA 1997, 251 ff.). Der Arbeitnehmer ist danach nicht durch Weisungsabhängigkeit gekennzeichnet, sondern in erster Linie durch die auf Dauer angelegte Arbeit nur für einen Auftraggeber in eigener Person ohne Mitarbeiter, im Wesentlichen ohne eigenes Kapital und im Wesentlichen ohne eigene Organisation.

- ▶ Das **wirtschaftlich selbstständige Auftreten** als Subjekt am Wirtschaftsmarkt, gleichgültig, ob es freiwillig oder gezwungenermaßen erfolgt, und ohne dass es darauf ankommt, ob er nur die Risiken oder auch die Chancen hat. Anzustreben ist danach ein Mittelweg in Form einer differenzierten Lösung durch Aktivierung des Begriffs des Arbeitnehmerähnlichen. Abweichend von der bisherigen Diskussion um den Begriff des Arbeitnehmers soll es erforderlich sein, neue Kriterien zu entwickeln, die zu einem abgestuften Arbeitsrecht führen und damit der sozialen Wirklichkeit besser gerecht werden sollen, als ein Alles oder Nichts (*Hromadka* NZA 1997, 569 ff.; vgl. auch *ders.* DB 1998, 195 ff.; *Hümmerich* NJW 1998, 2625 ff.). 94
- ▶ **Ausgewogenheit zwischen unternehmerischen Chancen und Risiken** (*LG München* I 15.5.1997 NZA 1997, 943; ähnlich *ArbG Nbg.* 31.7.1996 NZA 1997, 37; bestätigt durch *LAG Nbg.* 25.2.1998 LAGE § 611 BGB Arbeitnehmerbegriff Nr. 34; aus formellen Gründen [Entscheidung ohne Gründe, § 551 Nr. 7 ZPO] aufgehoben und an eine andere Kammer des LAG zurückverwiesen, durch *BAG* 16.6.1998 BB 1998, 1954; vgl. dazu *Reiserer* BB 1998, 1955). Das *OLG Düsseld.* (5.12.1997 NZA-RR 1998, 145) hat z.B. für einen Handelsvertretervertrag Folgendes ausgeführt: Haben die Parteien einen »Handelsvertretervertrag« abgeschlossen, so kann sich gleichwohl ergeben, dass der hierdurch zur Dienstleistung Verpflichtete nicht als selbstständiger Handelsvertreter, sondern als unselbstständiger Angestellter tätig geworden ist. Auch wenn die einzelnen Regelungen im Vertrag für sich genommen in einem Handelsvertretervertrag zulässig und mit der Rechtsstellung eines Handelsvertreters vereinbar sein mögen, kann das nicht mehr gelten, wenn zu viele Einschränkungen der handelsvertretertypischen Selbstständigkeit zusammenkommen und dem Vertragspartner gleichsam sämtliche Vorteile genommen sind, die mit der Stellung eines selbstständigen Handelsvertreters verbunden sind und ihm letztlich nur die Nachteile verbleiben, nämlich die Übernahme des wirtschaftlichen Risikos. 95
- ▶ Das *ArbG Passau* (13.3.1998 BB 1998, 1266) hat bei einem Fleischzerleger auf die **Übernahme eines unternehmerischen Teilrisikos**, die **arbeitsmäßige Unabhängigkeit** sowie darauf abgestellt, dass sich der Dienstnehmer in freier und unbeeinflusster Weise für das selbstständige Rechtsverhältnis entschieden hat und er nach seinen Angaben nicht bereit war, dieselbe Arbeit zu den Bedingungen eines Arbeitsverhältnisses mit der branchen- oder tarifüblichen Vergütung zu verrichten. 96
- ▶ Rundfunk- und Fernsehmitarbeiter sind nach Auffassung von *Bezani* (NZA 1997, 856 ff.; vgl. auch *Wrede* NZA 1999, 1019 ff.) dann keine Arbeitnehmer, wenn sie tatsächlich die **Möglichkeit** haben, **Einsätze abzulehnen**. Denn dieses Recht verschafft ihnen die für ein freies Dienstverhältnis konstitutive Freiheit, selbstbestimmt über ihre Arbeitskraft zu entscheiden. Selbst der Umstand, dass ein Mitarbeiter von dieser Befugnis über längere Zeit keinen Gebrauch gemacht hat, soll daran nichts ändern. 97

Richardi (MünchArbR § 24 Rz. 36–81) schließlich geht davon aus, dass **der Arbeitnehmerbegriff von Gesetz zu Gesetz verschieden** sein kann. Es ist danach jeweils zu begründen, ob und inwieweit die tatbestandlichen Voraussetzungen gegeben sind, an die das Arbeitsrecht seine Rechtsfolgen knüpft. 98

Maßgeblich ist nach seiner Auffassung ausschließlich, ob der Normzweck der arbeitsrechtlichen Gesetze auch das fragliche Vertragsverhältnis vom Inhalt seines Leistungsversprechens her erfasst. Notwendig für die Anwendung arbeitsrechtlicher Vorschriften ist deshalb eine zeitbestimmte Arbeitsleistung mit im Voraus nicht abgegrenzten Einzelleistungen, aus der sich grds. eine Unterordnung unter den Empfänger der Dienstleistung ergibt, sowie dass der Empfänger der Dienstleistung das Arbeitsentgeltrisiko trägt, weil im Gegensatz zum Werkvertrag vertraglich kein Erfolg zugesagt wird. 99

4. Der Arbeitnehmerbegriff im Steuer- und Sozialversicherungsrecht

a) Steuerrecht

100 § 2 Abs. 1 EStG kann entnommen werden, dass das Einkommensteuerrecht zwischen **selbstständiger Tätigkeit und nichtselbstständiger Tätigkeit** differenziert. Nach § 18 Abs. 1 EStG sind Einkünfte aus selbstständiger Tätigkeit insbes. Einkünfte aus freiberuflichen und sonstigen selbstständigen Tätigkeiten. Was der Gesetzgeber als freiberufliche Tätigkeit ansieht, wird anhand von Beispielsfällen näher beschrieben. Nach § 19 Abs. 1 EStG gehören zu den Einkünften aus nichtselbstständiger Tätigkeit insbes. Gehälter, Löhne, Gratifikationen, Tantiemen oder andere Bezüge und Vorteile, die für eine Beschäftigung im öffentlichen oder privaten Dienst gewährt werden. Neben diesen Umschreibungen enthält das **EStG keine gesetzlichen Definitionen.**
Eine Definition der Arbeitnehmereigenschaft enthält allerdings § 1 LStDV. Danach sind Arbeitnehmer Personen, die im öffentlichen oder privaten Dienst angestellt oder beschäftigt sind oder waren und die aus diesem Dienstverhältnis oder einem früheren Dienstverhältnis Arbeitslohn beziehen. Ein **Dienstverhältnis** in diesem Sinn liegt vor, wenn der Angestellte (Beschäftigte) dem Arbeitgeber **seine Arbeitskraft schuldet.** Dies ist der Fall, wenn die tätige Person in der Betätigung ihres geschäftlichen Willens unter der Leitung des Arbeitgebers steht oder im geschäftlichen Organismus des Arbeitgebers dessen Weisungen zu folgen verpflichtet ist. Kein Arbeitnehmer ist, wer Lieferungen oder sonstige Leistungen innerhalb der von ihm selbstständig ausgeübten gewerblichen oder beruflichen Tätigkeit im Inland gegen Entgelt ausführt, soweit es sich um die Entgelte für diese Leistungen und sonstige Leistungen handelt (vgl. *Bauer/Baeck/Schuster* Scheinselbstständigkeit, Rz. 49 f.).

101 Maßgebliches Kriterium für das Vorliegen eines Arbeitsverhältnisses ist deshalb auch nach der Rechtsprechung des *BFH* (18.1.1991 AP Nr. 56 zu § 611 BGB Abhängigkeit; 29.5.2008 NZA-RR 2008, 531) im Hinblick auf das Lohnsteuerrecht, dass der **Angestellte (Beschäftigte) dem Arbeitgeber seine Arbeitskraft schuldet.** Das ist dann der Fall, wenn die Tätigkeit in **persönlicher Weisungsgebundenheit** und/oder unter **Eingliederung** in den betrieblichen Organismus erbracht wird. Insgesamt wird eine Würdigung nach dem **Gesamtbild der Verhältnisse** vorgenommen, indem die für bzw. gegen eine Nichtselbstständigkeit sprechenden Umstände gegeneinander abgewogen und die einzelnen Merkmale nach ihrer Bedeutung gewichtet werden. Zwar wird betont, dass die steuerrechtliche Beurteilung von der im Zivil- und Arbeitsrecht abweichen kann (*BFH* 24.7.1992 AP Nr. 63 zu § 611 BGB Abhängigkeit; 2.12.1998 BFHE 188, 201). Gleichwohl wird aber auch auf die Eigenart der jeweiligen Tätigkeit abgestellt. Die Art der Arbeit und die Anforderungen an die Weisungsbefugnis des Auftraggebers stehen danach in einem Wechselverhältnis. Bei einfachen Arbeiten legen schon organisatorische Dinge betreffende Weisungen den Auftragnehmer in der Ausübung der Arbeit fest und gliedern ihn in den Organismus des Betriebes ein (*BFH* 24.7.1992, 2.12.1998 a.a.O.; vgl. *Bauer/Baeck/Schuster* Scheinselbstständigkeit, Rz. 53).

102 Als ein eher für die Selbstständigkeit der eingesetzten Kräfte (und damit für das Vorliegen eines Werkvertrages und gegen das Vorliegen eines Arbeitsverhältnisses) sprechender Umstand kann zu berücksichtigen sein, dass die Mitarbeiter bei der Verrichtung ihrer Aufgaben möglicherweise aufeinander abgestimmte, eigenständige (in sich geschlossene, nur sie umfassende) Teile bildeten. Zu beachten ist ferner, ob und ggf. in welcher Weise die Mitarbeiter gegenüber dem Auftraggeber für eine etwaige Nicht- oder Schlechterfüllung ihrer Tätigkeit einzustehen hätten.

103 Sind die Rechtsbeziehungen zwischen dem Arbeitgeber/Auftragnehmer und seinen industriellen Auftraggebern hinsichtlich der Tätigkeit der betroffenen Personen weder als Werk-, noch als Dienstverträge zu qualifizieren, so kommt entweder **Arbeitnehmerüberlassung** (mit der Folge der Haftung des Auftragnehmers für die anfallende Lohnsteuer), oder die **Überlassung von selbstständigen** (unternehmerisch tätigen) **Mitarbeitern** in Betracht. Anhaltspunkte für das Vorliegen eines Arbeitnehmerüberlassungsvertrages sind (*BFH* a.a.O.):

- **Eingliederung** der eingesetzten Kräfte in die Betriebsorganisation des Auftraggebers ähnlich wie dessen Stammarbeitskräfte;
- Berechtigung des Auftraggebers, bestimmte Qualifikationen der eingesetzten Kräfte zu verlangen und bestimmte Mitarbeiter zurückzuweisen;
- **Weisungsgebundenheit** der eingesetzten Kräfte gegenüber dem Auftraggeber;
- Vergütung der Leistungen nach Zeiteinheiten;
- besondere Vergütung für geleistete Überstunden;
- Haftung des Auftragnehmers gegenüber dem Auftraggeber für ein etwaiges Verschulden bei der Auswahl der eingesetzten Kräfte;
- Pflicht des Auftraggebers, die vereinbarte Vergütung unabhängig von dem Ergebnis der von den eingesetzten Kräften erbrachten Leistungen zu zahlen.

Wenn ein Ehepartner im Unternehmen des anderen Ehepartners mitarbeitet, darf die steuerliche Anerkennung dieses Arbeitsverhältnisses nicht daran scheitern, dass das Gehalt auf ein gemeinsames Konto der Ehegatten (sog. Oder-Konto) überwiesen wird. Die entgegenstehende Auslegung von §§ 4 Abs. 4, 12 EStG verstößt gegen Art. 3 Abs. 1 GG (*BVerfG* 7.11.1995 EzA § 611 BGB Ehegattenarbeitsverhältnis Nr. 3). **104**

b) Sozialversicherungsrecht

aa) Rechtslage bis zum 31.12.1998; in Kraft wiederum weitgehend ab 1.1.1999

Im Sozialversicherungsrecht ist der zentrale Begriff der des **Beschäftigten**. Nach **§ 2 Abs. 2 Nr. 1 SGB IV** sind in allen Zweigen der Sozialversicherung nach Maßgabe der besonderen Vorschriften für die einzelnen Versicherungszweige die Personen, die gegen Arbeitsentgelt oder zu ihrer Berufsausbildung beschäftigt sind, versichert. Nach § 7 Abs. 1 SGB IV ist Beschäftigung die nichtselbstständige Arbeit, insbes. in einem Arbeitsverhältnis; diese Regelung ist trotz ihrer inhaltlichen Unbestimmtheit nicht verfassungswidrig (*BVerfG* 20.5.1996 AP Nr. 82 zu § 611 BGB Abhängigkeit). Sie wurde zwischenzeitlich ergänzt: Anhaltspunkte für eine Beschäftigung sind eine Tätigkeit nach Weisung und eine Eingliederung in die Arbeitsorganisation des Weisungsgebers (vgl. *Bauer/Baeck/Schuster* Scheinselbstständigkeit, Rz. 37 ff.). **105**

Maßgeblich wird auch insoweit auf die **persönliche Abhängigkeit** abgestellt. Persönliche Abhängigkeit erfordert Eingliederung in den Betrieb und Unterordnung unter das Weisungsrecht (s. jetzt aber ausdrücklich § 3 ProstG: Bei Prostituierten steht das eingeschränkte Weisungsrecht im Rahmen einer abhängigen Tätigkeit der Annahme einer Beschäftigung i.S.d. Sozialversicherungsrechts nicht entgegen) des Arbeitgebers in Bezug auf Zeit, Dauer, Ort und Art der Arbeitsausführung. Zwar kann das Weisungsrecht erheblich eingeschränkt sein, wie dies insbes. bei Diensten höherer Art der Fall ist, entfallen darf es jedoch nicht. Es muss eine fremdbestimmte Dienstleistung verbleiben, die Dienstleistung also zumindest in einer von anderer Seite vorgegebenen Ordnung des Betriebes aufgehen. Ist ein **Weisungsrecht** nicht vorhanden, kann der Betreffende seine Tätigkeit also wesentlich freier gestalten, insbes. über die eigene Arbeitskraft, über Arbeitsort und Arbeitszeit frei verfügen; fügt er sich dagegen nur in die von ihm selbst gegebene Ordnung des Betriebes ein, liegt keine abhängige, sondern selbstständige Tätigkeit vor, die zusätzlich durch ein Unternehmerrisiko gekennzeichnet zu sein pflegt (*BSG* 21.4.1993 EzA § 611 BGB Ehegattenarbeitsverhältnis Nr. 2; 23.6.1994 AP Nr. 4 zu § 611 BGB Ehegatten-Arbeitsverhältnis). Die Entscheidung über die persönliche Abhängigkeit wird anhand eines **Kataloges verschiedener Merkmale/Indizien** getroffen; sie werden im Rahmen einer Gesamtbewertung abschließend gewichtet und gegeneinander abgewogen (*BSG* 21.4.1993 EzA § 611 BGB Ehegattenarbeitsverhältnis Nr. 2); unerheblich ist wirtschaftliche Abhängigkeit (*BSG* 11.8.1966 AP Nr. 5, 11 zu § 611 BGB Abhängigkeit). Entscheidend ist auch nicht die von den Vertragsparteien gewählte Bezeichnung, sondern der **tatsächliche Wille der Parteien**, für den letztendlich die tatsächliche Gestaltung des Vertragsverhältnisses maßgeblich ist (*BSG* 31.10.1972 AP Nr. 5 zu § 539 RVO). Differieren Vertragsinhalt und tatsächliche Durchführung, ist die **Vertragsdurchführung** aus- **106** schlaggebend. Nur wenn die tatsächliche Ausgestaltung der Tätigkeit in etwa gleichermaßen für eine Selbstständigkeit und für eine Abhängigkeit sprechen, ist der Wille maßgeblich, der in den vertraglichen Vereinbarungen zum Ausdruck kommt (*BSG* 24.10.1978 AP Nr. 30 zu § 611 BGB Abhängigkeit; vgl. *Bauer/Baeck/Schuster* Scheinselbstständigkeit, Rz. 45 ff.)

107 Nach diesen Grundsätzen beurteilt sich auch, ob die Tätigkeit im Unternehmen eines **Ehegatten oder nichtehelichen Lebenspartners** ein abhängiges Beschäftigungsverhältnis darstellt oder nicht. Der Annahme eines Beschäftigungsverhältnisses steht dabei grds. nicht entgegen, dass die Abhängigkeit unter Ehegatten – wie im Übrigen auch unter nichtehelichen Lebenspartnern – im Allgemeinen weniger stark ausgeprägt und deshalb das Weisungsrecht möglicherweise mit gewissen Einschränkungen ausgeübt wird. Gleiches gilt für die Beschäftigung von Lebenspartnern einer **gleichgeschlechtlichen eingetragenen Lebenspartnerschaft** (vgl. *Powietzka* BB 2002, 146 ff.).

108 Im Rahmen der insoweit erforderlichen Gesamtwürdigung ist die Nichtauszahlung des vereinbarten Arbeitsentgelts ein gewichtiges Indiz gegen die Annahme eines beitragspflichtigen Beschäftigungsverhältnisses unter Ehegatten (*BSG* a.a.O.).

109 Erforderlich ist ferner, dass der Beschäftigte ein **Entgelt** erhält, das einen angemessenen Gegenwert für die geleistete Arbeit darstellt, mithin über einen freien Unterhalt, ein Taschengeld oder eine Anerkennung für Gefälligkeiten hinausgeht. Weitere Abgrenzungskriterien sind, ob ein schriftlicher Arbeitsvertrag abgeschlossen worden ist, ob das gezahlte Entgelt der **Lohnsteuerpflicht** unterliegt, als Betriebsausgabe verbucht und dem Angehörigen zur freien Verfügung ausgezahlt wird, und schließlich, ob der Angehörige eine fremde Arbeitskraft ersetzt. Sind diese Voraussetzungen erfüllt, so ist es nicht erforderlich, dass der Beschäftigte wirtschaftlich auf das Entgelt angewiesen ist.

bb) Die Zwischenphase: Rechtslage seit dem 1.1.1999: Die gesetzliche Definition des Beschäftigtenbegriffs für das Sozialversicherungsrecht (inzwischen weitgehend rückwirkend wieder aufgehoben)

110 War der Beschäftigtenbegriff gem. § 7 Abs. 1 SGB IV im Sozialversicherungsrecht – ebenso wie im Steuerrecht – bis zum 31.12.1998 nach den unter Rn. 105 ff. dargestellten Grundsätzen weitgehend entsprechend den Auslegungskriterien für die arbeitsrechtliche Abgrenzung zu bestimmen, so hatte sich dies durch die ab 1.1.1999 durch das sog. **KorrekturG** eingefügte gesetzliche **Neuregelung des § 7 Abs. 4 SGB IV** (Vermutungsregelung) sowie die **Neuregelung des § 2 Nr. 9 SGB VI zunächst geändert** (vgl. dazu *Buchner* DB 1999, 146 ff.; *Richardi* DB 1999, 957 ff.; s. ausf. 3. Aufl. A/Rz. 139 ff.).

111 Der Gesetzgeber hatte damit für das Sozialversicherungsrecht einen von den arbeitsrechtlich maßgeblichen Überprüfungskriterien insofern abweichenden legislatorischen Definitionsansatz gewählt, als für die Vermutungsregelung das Vorliegen von lediglich zwei der vier vorgegebenen Kriterien ausreichte, die ihrerseits **lediglich einen Teil der arbeitsrechtlich maßgeblichen** (s.o. Rn. 45 ff.) **Kriterien** darstellten.

112 Die gesetzliche Neuregelung des § 7 Abs. 4 SGB IV und des § 2 S. 1 Nr. 9 SGB VI zum 1.1.1999 hatte zu einer **heftigen Diskussion** geführt (vgl. *Hanau* ZIP 1999, 253; *Buchner* DB 1999, 633; *Reinecke* NZA 1999, 729; *Löwisch* BB 1999, 102; *Dörner/Baeck* NZA 1999, 1136) und den Gesetzgeber schließlich veranlasst, u.a. **§ 7 Abs. 1 und 4 SGB IV** – weitgehend rückwirkend zum 1.1.1999 – durch das Gesetz zur Förderung der Selbstständigkeit vom 20.12.1999 (BGBl. 2000 I S. 2 ff.) **neu zu fassen** (vgl. dazu *Gaul/Wisskirchen* DB 1999, 2466; *Buchner* DB 1999, 2514 ff.).

113 Gem. § 7 Abs. 1 S. 2 SGB IV sollten Anhaltspunkte für eine sozialversicherungsrechtliche Beschäftigung:
- eine Tätigkeit nach Weisungen und
- eine Eingliederung in die Arbeitsorganisation

sein.

Dabei sollte es sich nicht um abschließende Bewertungskriterien handeln, sondern **klargestellt** werden, dass es für die Abgrenzung zwischen einer versicherungspflichtigen Beschäftigung und einer selbstständigen Tätigkeit nach wie vor auf die persönliche Abhängigkeit ankommt (BT-Drs. 14/1855, S. 9, 10), die sich nach den unter Rn. 45 ff., 97 ff. dargestellten Kriterien bestimmt (s. *LSG Bln.-Bra.* 18.7.2007 NZA-RR 2008, 260). 114

Insgesamt neu geregelt hat der Gesetzgeber die Befreiungsmöglichkeiten. Nach der Altfassung gab es grds. keine Befreiungsmöglichkeit. Es galt nur die Sonderregel des § 231 Abs. 5 SGB VI für eine Übergangszeit bis zum 30.6.1999. 115

> Die Neufassung des § 231 Abs. 5 SGB VI sieht nunmehr eine geänderte Befreiungsmöglichkeit für Altfälle vor; die Befreiung muss bis zum 30.6.2000 beantragt werden. Daneben wird durch § 6 Abs. 1a SGB VI eine generelle Befreiungsmöglichkeit eingeführt, die nicht davon abhängig ist, dass die selbstständige Tätigkeit bereits am 1.1.1999 ausgeübt wurde (vgl. ausf. dazu *Bauer/Diller/Schuster* NZA 1999, 1302 ff.). 116

cc) Die Aufhebung der Vermutungsregelung (ab 1.1.2003)

Inzwischen hat der Gesetzgeber die Vermutungsregelung (§ 7 Abs. 1, 4 SGB IV) **ersatzlos gestrichen**. Es gelten daher ab dem 1.1.2003 wieder die allgemeinen Grundsätze (s.o. Rn. 105 ff.) hinsichtlich der Kriterien zur Bestimmung des Vorliegens/Nichtvorliegens eines Beschäftigungsverhältnisses; die Regelung der §§ 6, 231 Abs. 5 SGB VI gilt aber weiterhin. 117

5. Rechtsmissbräuchliche Berufung auf ein Arbeitsverhältnis; Verwirkung; Statusklagen

> Die Geltendmachung einer Arbeitnehmerstellung trotz Vereinbarung einer freien Mitarbeit kann nur für bestimmte Zeiträume erfolgen. Der Mitarbeiter muss auch im Rahmen einer Kündigungsschutzklage oder Befristungskontrollklage darlegen, für welche Zeit er von einem Arbeitsverhältnis ausgeht. Nicht erforderlich ist insoweit zwar eine auf Feststellung des Bestehens des Arbeitsverhältnisses gerichtete Klage. Es ist aber jedenfalls rechtsmissbräuchlich, im Anschluss an eine gerichtliche Entscheidung die Arbeitnehmerstellung für weitere zurückliegende Zeiten geltend zu machen (*BAG* 8.11.2006 EzA § 611 BGB 2002 Arbeitnehmerbegriff Nr. 8 = NZA 2007, 321). 118

Wer zunächst ein Urteil erstreitet, durch das rechtskräftig festgestellt wird, dass er nicht freier Mitarbeiter, sondern Arbeitnehmer ist, dann aber auf eigenen Wunsch mit dem Arbeitgeber einen Vertrag abschließt, durch den das Arbeitsverhältnis aufgehoben wird, um wieder als freier Mitarbeiter tätig zu werden, handelt rechtsmissbräuchlich, wenn er **später erneut die Feststellung verlangt**, ungeachtet des Aufhebungsvertrages habe ein **Arbeitsverhältnis** bestanden (*BAG* 11.12.1996 EzA § 242 BGB Rechtsmissbrauch Nr. 1). Nimmt eine **Lehrkraft** die jahrelange Vertragspraxis eines freien Mitarbeiterverhältnisses in den Fällen, in denen die rechtliche Einordnung der Rechtsbeziehung der Parteien zweifelhaft ist, unbeanstandet hin und **profitiert sie von dieser Vertragspraxis**, weil sie in erheblichem Umfang Nebentätigkeiten ausübt, so verhält auch sie sich **rechtsmissbräuchlich**, wenn sie **rückwirkend** die Feststellung der Arbeitnehmereigenschaft begehrt. Diese Feststellung kann nur ab dem Zeitpunkt erfolgen, in dem die bisherige Rechtsbeziehung dem Grunde oder dem Inhalt nach von einer oder von beiden Parteien in Frage gestellt wird (*LAG Nds.* 9.2.2001 LAGE § 242 BGB Unzulässige Rechtsausübung Nr. 2; 18.5.2001 ZTR 2001, 371 LS).

Die Geltendmachung des Arbeitsverhältnisses ist andererseits aber **nicht schon deshalb rechtsmissbräuchlich**, weil der Mitarbeiter nach der ausdrücklichen Vertragsformulierung **eine freie Mitarbeit gewünscht hatte** (BAG 8.11.2006 EzA § 611 BGB 2002 Arbeitnehmerbegriff Nr. 8 = NZA 2007, 321). Anders verhält es sich jedoch bei einem Dienstnehmer, der sich nachträglich darauf beruft, Arbeitnehmer gewesen zu sein, obwohl er als freier Mitarbeiter tätig sein wollte und sich jahrelang **allen Versuchen** des Dienstgebers **widersetzt** hat, zu ihm in ein Arbeitsverhältnis zu treten (*BAG* 11.12.1996 EzA § 242 BGB Rechtsmiss- 119 brauch Nr. 2). Nichts anderes gilt, wenn ein Tätiger sich über zehn Jahre in besonderer Weise als freier Mitarbeiter geriert und dadurch beim Vertragspartner das Vertrauen erweckt, der Tätige sei freier Mitarbeiter bzw. er werde einen etwaigen Arbeitnehmerstatus nicht geltend machen und dann gleichwohl die Arbeitnehmereigenschaft festgestellt haben will (*LAG Nbg.* 27.8.2001 ARST 2002, 25 = ZTR 2002, 45 LS).

120 Gleiches gilt i.d.R., wenn ein Rundfunkmitarbeiter eine **Statusklage zurücknimmt** und er sich später zur Begründung der Voraussetzungen tariflicher Unkündbarkeit darauf beruft, er sei durchgehend Arbeitnehmer gewesen (*BAG* 12.8.1999 EzA § 242 BGB Rechtsmissbrauch Nr. 4). Zudem kann das Recht, den Arbeitnehmerstatus geltend zu machen, **verwirkt** werden. Das ist nach Auffassung des *LAG Köln* (6.8.1999 ZTR 2000, 134) dann der Fall, wenn seit der Beendigung des als freie Mitarbeiterschaft behandelten Dauerschuldverhältnisses bis zur Erhebung der Statusklage über acht Monate vergangen sind. Gleiches gilt dann, wenn Zeiten im Streit sind, die der Dienstnehmer **vor 7–19 Jahren beim Rechtsvorgänger** des derzeitigen und beklagten Dienstgebers in freier Mitarbeiterschaft zurückgelegt hat, ohne den sieben Jahre zurückliegenden Betriebsübergang zum Anlass genommen zu haben, seinen Arbeitnehmerstatus zu reklamieren, sei es dem alten oder dem neuen Vertragspartner gegenüber (*LAG Köln* 6.7.2001 – 11 Sa 373/01 – EzA-SD 1/2002 S. 9 LS = NZA-RR 2002, 346). Andererseits ist die Berufung auf den Arbeitnehmerstatus regelmäßig nicht schon dann rechtsmissbräuchlich, wenn der Arbeitnehmer einen Vertrag über »freie Mitarbeit« abgeschlossen und seiner vergütungsmäßigen Behandlung als freier Mitarbeiter nicht widersprochen, sondern **deren Vorteile entgegengenommen hat** (*BAG* 4.12.2002 NZA 2003, 341).

121 Bei sog. Statusklagen, also bei Rechtsstreitigkeiten über die rechtliche Qualifizierung von Rechtsverhältnissen, die unstreitig bestanden haben und unstreitig abgeschlossen sind (**vergangenheitsbezogene Statusbeurteilung**), ist zwischen dem vergangenheitsbezogenen Streit um Bestand oder die vorzeitige ersatzlose Beendigung des Rechtsverhältnisses zu unterscheiden. Das Interesse an der Feststellung, ein vergangenes Rechtsverhältnis sei ein Arbeitsverhältnis gewesen, bedarf einer besonderen Begründung. Es ist nur dann gegeben, wenn sich **gerade aus dieser Feststellung Rechtsfolgen für Gegenwart oder Zukunft** ergeben; die bloße Möglichkeit des Eintritts solcher Folgen reicht nicht aus. Es ergibt sich nicht daraus, dass die Sozialversicherungsträger und Sozialgerichte an eine arbeitsgerichtliche Entscheidung über das Bestehen eines Arbeitsverhältnisses rechtlich gebunden wären. Denn eine solche präjudizielle Wirkung müsste gesetzlich vorgeschrieben sein; das ist aber nicht der Fall. Die Klärung des »Sozialstatus« oder der Kündigungsfrist für einen Folgeprozess der Parteien begründet deshalb regelmäßig kein Feststellungsinteresse. Das **Feststellungsinteresse** für eine Klage, mit der das Bestehen eines Arbeitsverhältnisses in einem bereits abgeschlossenen Zeitraum festgestellt werden soll, lässt sich schließlich auch nicht mit der Erklärung eines Sozialversicherungsträgers begründen, er werde das Ergebnis der arbeitsgerichtlichen Entscheidung bei der Prüfung der sozialrechtlichen Versicherungspflicht übernehmen (*BAG* 21.6.2000 EzA § 256 ZPO Nr. 53 = NZA 2002, 164; 17.4.2002 EzA § 256 ZPO Nr. 63; 6.11.2002 EzA § 256 ZPO Nr. 68). Gleiches gilt für **Stundungen des Finanzamts** und der Berufsgenossenschaft im Hinblick auf das arbeitsgerichtliche Verfahren (*LAG Nbg.* 28.5.2002 ARST 2003, 18 LS). Begehrt der Kläger allerdings die Feststellung, dass zwischen ihm und der beklagten Partei ein Arbeitsverhältnis besteht und erfolgt im Verlaufe des Rechtsstreits im zweiten Rechtszug ein **Betriebsübergang** nach § 613a BGB, kann der Kläger seinen Feststellungsantrag bis zu dem Zeitpunkt des Betriebsübergangs zeitlich begrenzen. Denn die Feststellung entfaltet dann nicht nur für die Vergangenheit Rechtswirkungen, sondern auch für die Gegenwart. Gem. § 613a BGB bestünde nämlich ein zum Zeitpunkt des Betriebsübergangs auf den Erwerber bestehendes Arbeitsverhältnis zum Veräußerer mit dem Erwerber fort. Der Erwerber müsste ein in dem anhängigen Statusverfahren ergehendes antragsgemäßes Feststellungsurteil analog **§ 325 Abs. 1 ZPO** gegen sich gelten lassen (*BAG* 9.7.2003 EzA § 256 ZPO 2002 Nr. 3 = NZA-RR 2004, 9).

122 Im Verhältnis zu einer erhobenen Kündigungsschutzklage gilt im hier maßgeblichen Zusammenhang Folgendes (*BAG* 28.11.2007 EzA § 626 BGB 2002 Verdacht strafbarer Handlung Nr. 4 = NZA-RR 2008, 344):

- Die Beurteilung des Rechtsverhältnisses als Arbeitsverhältnis oder sonstiges Dienstverhältnis ist nicht allein Vorfrage für die positive Entscheidung über den Bestandsschutzantrag einer Kündigungsschutzklage, sondern zugleich Gegenstand des Entscheidungsausspruchs.
- Ob die Auslegung des Entscheidungsausspruchs trotz eines dem § 4 KSchG entsprechenden Wortlauts etwas anderes ergeben kann, bleibt dahingestellt. Jedenfalls dann, wenn die Statusfrage von den Parteien zumindest konkludent zur Entscheidung gestellt wird, enthält die Kündigungsschutzklage auch eine sog. Statusklage.

6. Die Diskussion um »Scheinselbstständigkeit«

Die Diskussion um die Abgrenzung von Arbeitsverhältnissen und sonstigen Rechtsverhältnissen wurde lange vom Begriff der sog. »**Scheinselbstständigkeit**« beherrscht (vgl. z.B. *Schliemann* RdA 1997, 322 ff.; *Wank* DB 1992, 90; *Hromadka* NZA 1997, 569 ff.; *Kreuder* ArbuR 1996, 386 ff.; *Reiserer/Freckmann* NJW 2003, 180 ff.; auch in den USA wird eine ähnliche Diskussion geführt hinsichtlich der Abgrenzung zwischen Werk- und Arbeitsvertrag, vgl. *Hirte/Otte* NZA 1997, 1331; die Problematik ausländischer Scheinselbstständiger im internationalen Privatrecht erörtern *Mankowski* BB 1997, 465 ff. u. *Jacobs* NZA 1999, 23 ff.; vgl. auch *van Pejpe* RdA 1998, 200 ff. [betr. die Niederlande]). 123

Der Begriff ist ebenso schillernd wie unklar. Denn ein Vertragsverhältnis ist entweder Arbeitsverhältnis oder kein Arbeitsverhältnis. Eine **rechtliche Grauzone besteht nicht**, denn allein die Schwierigkeit der Zuordnung und Abgrenzung schafft keine solche (KHzA/*Worzalla* 1.1 Rz. 59 ff., 384 ff.; vgl. auch *Rieble* ZfA 1998, 327 ff.). 124

So bedarf es z.B. für die Einordnung der Entscheidung des *ArbG Nbg.* (31.7.1996 NZA 1997, 37), die einen Versicherungsvermittler im Außendienst betrifft, dieses Begriffes nicht, auch wenn der Veröffentlichung der Obersatz »Abgrenzung zwischen Arbeitnehmereigenschaft und Selbstständigkeit – Scheinselbstständigkeit« vorangestellt ist: 125

Danach ist Arbeitnehmer, wer in eigener Person ohne Mitarbeiter und im Wesentlichen ohne eigenes Kapital und ohne eigene Organisation tätig wird. Selbstständig ist dagegen, wer mit eigenem Kapitaleinsatz einen eigenen Apparat ggf. auch unter Einsatz von eigenen Mitarbeitern aufbaut und bei dem, dem Risiko der nur erfolgsbezogenen Vergütung, auch eine entsprechende unternehmerische Chance gegenübersteht. Allein das Risiko der erfolgsbezogenen Vergütung – ohne unternehmerische Chance – macht den Arbeitnehmer nicht zum Selbstständigen.

Denn dabei wird bei der Bejahung der Arbeitnehmereigenschaft ausgehend von den allgemeinen Kriterien lediglich der neue Gesichtspunkt der **Nutzung einer unternehmerischen Chance** (ebenso *LG München* I 15.5.1997 NZA 1997, 943; s.o. Rn. 93) in den Vordergrund gerückt; **ein Bezug zu einem spezifischen Phänomen der »Scheinselbstständigkeit« besteht ersichtlich nicht**.

Nach einer Studie des Instituts für Arbeitsmarkt- und Berufsforschung (Dezember 1993; z. T. abgedr. in NZA 1997, 590 ff.) sind »2,9 % der Erwerbstätigen hinsichtlich ihrer Haupterwerbstätigkeit der 'Grauzone' von selbstständiger und abhängiger Erwerbstätigkeit zuzuordnen; 0,6 % sind als eindeutig abhängig Beschäftigte anzusehen, obgleich ihnen die Arbeitnehmerschaft in der Praxis nicht zugestanden wird«. Auch diese Formulierungen zeigen, dass es nicht um ein neu entdecktes Phänomen, sondern um die **Bestimmung des Arbeitnehmerbegriffs** geht. 126

7. Möglichkeiten der Vertragsgestaltung zur Minimierung von Risiken

127 Angesichts der Vielgestaltigkeit der Kriterien zur Bestimmung des Arbeitnehmerbegriffs einerseits und der Maßgeblichkeit der u.U. von der Vertragsgestaltung abweichenden, dann aber entscheidenden Vertragsdurchführung andererseits stellt sich die Frage, inwieweit typische »Fehler« in der Praxis vermieden werden können. Denn es gibt zahlreiche Tätigkeiten, die **sowohl im Rahmen eines Arbeitsverhältnisses als auch im Rahmen eines freien Dienstverhältnisses** erbracht werden können, ohne dass es sich dabei notwendig um den Missbrauch der Vertragsfreiheit handeln muss.

a) Vertragsgestaltung

128 Für die Vertragsgestaltung haben *Reiserer* (BB 1998, 1263 f.) und *Hopt* (DB 1998, 866 ff.; vgl. auch die Formulierungsvorschläge von *Niezer/Hopfeniz* NZA 1999, 19 ff.; *Maschmann* NZA 2001 Sonderbeilage zu Heft 24, S. 21 ff.; *Bauer/Baeck/Schuster* Scheinselbstständigkeit, Rz. 340 ff.; *von Hoyningen-Huene* NJW 2000, 3233 ff.; *Reiserer/Biesinger* BB 1999, 1006 ff.) die maßgeblichen Gesichtspunkte – aus Unternehmersicht – zutreffend wie folgt zusammengefasst:

Zu prüfen ist zunächst, ob die zu vergebende Aufgabe überhaupt als freie Tätigkeit gewollt ist. **Kann sie sach- und unternehmensgerecht ausgeführt werden, ohne dass der Auftraggeber ein konkretes Weisungs- und Interventionsrecht hat?** Oder besteht aus Sicht des Auftraggebers eher die Notwendigkeit, auf die Tätigkeit des Auftragnehmers konkret Einfluss nehmen zu können, mit der Folge, dass ein freies Mitarbeiterverhältnis i.d.R. ausscheidet. Auch der konkret geäußerte Wunsch des Auftragnehmers, im Rahmen eines freien Mitarbeiterverhältnisses tätig werden zu wollen, kann daran nichts ändern.

129 Eignet sich die Aufgabe grds. zur freien selbstständigen Tätigkeit, sollten bei der Vertragsgestaltung – praktisch spiegelbildlich zu den Kriterien zur Bestimmung des Arbeitnehmerbegriffs (s.o. Rn. 45 ff.) – vor allem folgende Punkte **beachtet werden**:
- es darf keine örtliche und zeitliche **Weisungsgebundenheit** festgelegt werden;
- der Auftragnehmer darf zur Erfüllung seiner Aufgaben nicht auf die **Organisation** und insbes. auf die **Zusammenarbeit** mit Mitarbeitern der festen Belegschaft angewiesen sein, auch nicht als Vorgesetzter;
- der Auftragnehmer sollte die Freiheit haben, **Einzelaufträge abzulehnen**;
- es darf keine Pflicht für den Auftragnehmer normiert sein, Urlaub anzumelden; unschädlich ist allerdings die Verpflichtung des Auftragnehmers, Fehlzeiten anzuzeigen;
- die Art der **Vergütung** sollte unternehmerbezogen und möglichst ergebnisbezogen sein;
- Vorsicht gilt bei der Vereinbarung von **Kontrollmechanismen** und **Berichtspflichten**;
- dem Auftragnehmer sollte das Recht zustehen, seinerseits **Hilfspersonen** einzusetzen;
- **Einweisungen, Schulungen** oder **Fortbildungen** sollten möglichst nicht verbindlich vorgeschrieben oder, noch besser, gegen Vergütung angeboten werden, ohne dass allerdings die Nichtannahme des Angebots zur Vertragsauflösung führen darf.

b) Kongruenz zur praktischen Durchführung

130 Darüber hinaus ist für die Dauer der Vertragsdurchführung strikt darauf zu achten, dass die praktische Durchführung auch der vertraglichen Regelung entspricht, ggf. durch Einrichtung einer sog. **controlling-Funktion**, die die notwendige Kongruenz sicherstellt und auch dokumentiert (vgl. *Hopt* DB 1998, 868 f.).

c) Auskunft der Sozialversicherungsträger

131 Gem. **§ 15 SGB I** sind die Sozialversicherungsträger verpflichtet, auf Anfrage unter Vorlage des Vertrages eine verbindliche Auskunft über die Versicherungspflicht zu erteilen, an die sie

zu einem späteren Zeitpunkt auch gebunden sind. Da die Krankenkasse die Einzugsstelle für die Versicherungsbeiträge aller Versicherungszweige ist, ist sie zuständig (§ 28h Abs. 2 SGB IV). Nicht an eine derartige Auskunft gebunden ist allerdings die **Bundesagentur für Arbeit** (*BSG* 6.2.1992 BB 1992, 2437).

Um die Nachforderung von Beiträgen zur Arbeitslosenversicherung zu vermeiden, sollte die Anfrage deshalb bei **allen Versicherungsträgern**, insbes. auch bei der zuständigen Agentur für Arbeit sowie u.U. bei der zuständigen Berufsgenossenschaft veranlasst werden. Bei Meinungsverschiedenheiten zwischen den Sozialversicherungsträgern soll die Krankenkasse als Einzugsstelle auf eine Einigung hinwirken (vgl. *Reiserer* BB 1998, 1264). **132**

II. Arbeiter und Angestellte

1. Begriffe; Abgrenzungskriterien

Alle Arbeitnehmer sind entweder Arbeiter oder Angestellte. Angestellte haben auf Grund typischer Vertragsgestaltungen und zwingenden Gesetzesrechts eine Sonderstellung genossen, die zur Gruppenabgrenzung von den Arbeitern geführt hat. Deshalb ist ein Arbeitnehmer, der nicht Angestellter ist, Arbeiter. **133**

a) Gesetzliche Regelungsansätze

§ 133 Abs. 2 SGB VI enthält (wie zuvor §§ 2, 3 AVG) eine beispielhafte Aufzählung von acht Berufsgruppen, die »insbes. zu den Angestellten gehören«: Angestellte in leitender Stellung, technische Büroangestellte, soweit nicht ausschließlich mit Botengängen, Reinigung und ähnlichen Arbeiten beschäftigt, Handlungsgehilfen und andere Angestellte für kaufmännische Dienste, Bühnenmitglieder und Musiker, Angestellte in Berufen der Erziehung, des Unterrichts, der Fürsorge usw., Schiffsführer und andere Mitglieder der Schiffsbesatzung sowie Bordpersonal der Zivilluftfahrt. Die in § 133 Abs. 2 SGB VI enthaltene, mit den aufgehobenen §§ 2, 3 AVG wortgleiche Regelung wird, weil im Gegensatz zu §§ 2, 3 AVG ausdrücklich nicht aufgehoben, weiterhin ergänzt durch die Bestimmung der Berufsgruppen der Angestellten durch Rechtsverordnung vom 8.3.1924 (RGBl. I S. 274), durch die der Reichsarbeitsminister gem. § 3 Abs. 3 AVG die der Angestelltenversicherung unterfallenden Berufsgruppen näher bezeichnet hat. **134**

Diese Aufzählungen haben aber über das SGB VI hinaus nur dann für die Unterscheidung zwischen Arbeitern und Angestellten bindende Wirkung, wenn auf sie in anderen Gesetzen, z.B. dem inzwischen gleichfalls aufgehobenen § 616 Abs. 2 BGB oder in Tarifverträgen bindend verwiesen wird. **135**

b) Allgemeine materielle Abgrenzungskriterien

Im Übrigen ist für die Abgrenzung zwischen Arbeitern und Angestellten die vom Arbeitnehmer ausgeübte Tätigkeit entscheidend (materielle Unterscheidung). Unerheblich sind demgegenüber die Vorstellungen der Parteien, die im Arbeitsvertrag gewählte Bezeichnung, die Versicherung bei der DAK oder der AOK bzw. der BfA oder der jeweiligen LVA (vgl. *BAG* 29.11.1958 EzA § 59 HGB Nr. 12). Nach der Rechtsprechung des *BAG* (3.4.1986 – 2 AZR 269/85, n.v.) bestimmt sich die Zuordnung eines Arbeitnehmers zu der Gruppe der Angestellten oder der Arbeiter in erster Linie danach, wie seine Tätigkeit nach der Verkehrsanschauung, d.h. nach der Auffassung der im konkreten Fall beteiligten Berufskreise, bewertet wird. Ein entscheidendes Anzeichen für eine bestehende Verkehrsanschauung ist die Bewertung der Tätigkeit in einschlägigen Tarifverträgen als Arbeiter- oder Angestelltentätigkeit (vgl. ausf. *Hromadka* ZfA 1994, 251 ff.). **136**

Das gilt jedenfalls dann, wenn mehrere einschlägige Regelungen für einen bestimmten Wirtschaftsbereich in einem bestimmten Wirtschaftsgebiet im Ergebnis ihrer Regelungen eine **137** widerspruchslose Einheit bilden. Dabei ist es unerheblich, ob die Tarifvertragspartner den wesentlichen Teil der in dem betreffenden Wirtschaftsbereich und Wirtschaftsgebiet tätigen Arbeitnehmer und Arbeitgeber bei sich organisiert haben oder nicht.

138 Für die Verkaufstätigkeit z.B. hat das BAG in der zitierten Entscheidung aus den Gehalts- und Lohntarifverträgen des Einzelhandels in Niedersachsen entnommen, dass »Verkaufspersonal« mit einschlägiger Berufsbildung von den Tarifvertragsparteien ohne Rücksicht auf den Schwierigkeitsgrad der konkret ausgeübten Tätigkeit und der verkauften Warenart als Angestellte anzusehen ist, mit Ausnahme derjenigen Arbeitnehmer, die nur mit dem Verkauf von Esswaren und Getränken zum sofortigen Verzehr betraut sind.

139 Besteht in den in Betracht kommenden Kreisen dagegen keine feste Auffassung, so ist nach den allgemeinen Regeln grds. Angestellter, wer kaufmännische oder büromäßige Arbeit leistet oder überwiegend leitende, beaufsichtigende oder eine dem vergleichbare Tätigkeit ausübt.

140 Versagen diese Maßstäbe, so bleibt für die Annahme einer Angestelltentätigkeit entscheidend, ob nach dem Gesamtbild der verrichteten Tätigkeit die geistige Leistung im Vordergrund steht, wobei es allein auf die Art der Beschäftigung und die an die geistigen Fähigkeiten des Arbeitnehmers zu stellenden Anforderungen ankommt.

2. Beispiele

141
- ▶ Angestellte sind z.B. Krankenschwestern, Kassierer in Selbstbedienungsläden, Telefonisten, Mannequins, Texterfasserinnen, Schulhausmeister mit überwiegend überwachender und beaufsichtigender Tätigkeit, Chemielaboranten mit selbstständiger Analyseerstellung, Küchenchefs eines größeren Küchenbetriebes, Arzthelferinnen.
- ▶ Arbeiter sind dagegen Fahrer im Getränkeheimdienst mit nur geringfügiger Werbetätigkeit, Hilfskräfte in der Annahmestelle einer chemischen Reinigung, Strom-, Gas- und Wasserableser, Werkschutzangehörige, Werksfeuerwehrmänner, Portiers (vgl. ausf. MünchArbR/*Richardi* § 25 Rz. 22, 23 m.w.N. aus der Rspr.).

3. »Übernahme in ein Angestelltenverhältnis«

142 Die Arbeitsvertragsparteien haben es nicht in der Hand, über die Inhalte der Begriffe Arbeiter, Angestellter zu disponieren. Ein Arbeitnehmer, der nach seiner Tätigkeit als Arbeiter einzuordnen ist, wird deshalb durch die »Übernahme in ein Angestelltenverhältnis« bei gleich bleibender Beschäftigung nicht zum Angestellten im Rechtssinne (vgl. *BAG* 1.9.1982 AP Nr. 1 zu § 23 BAT I Hausmeister VergGr. VIII).

143 Diese arbeitsvertragliche oder kollektivrechtliche Vereinbarung räumt einem Arbeiter aber im Bereich des Arbeitsvertragsrechts, nicht dagegen im Betriebsverfassungsrecht sowie im Recht der Sozialversicherung, wirksam die Rechtsstellung eines Angestellten ein, soweit sie für ihn günstiger ist, z.B. bei längeren tariflichen Kündigungsfristen für Angestellte).

4. Praktische Bedeutung der Unterscheidung zwischen Arbeitern und Angestellten

144 Der Angestellte erhält ein monatlich ausgezahltes Gehalt, der Arbeiter dagegen einen Stundenlohn. Zunehmend wird allerdings durch Tarifverträge, z.B. den Bundesentgelttarifvertrag für die chemische Industrie (abgedruckt in NZA 1987, 768) die grds. Trennung zwischen Arbeitern und Angestellten insoweit aufgehoben.

145 Soweit im Einzelfall eine unterschiedliche rechtliche Ausgestaltung für Arbeiter und Angestellte vorliegt, ist stets zu prüfen, ob die jeweilige Ungleichbehandlung (regelmäßig zu Ungunsten der Arbeiter) verfassungsrechtlich im Hinblick auf Art. 3 Abs. 1 GG überhaupt zulässig ist. Normative Unterschiede insbes. im Rahmen des Lohnfortzahlungs-

> rechts (§ 1 Abs. 3 Nr. 1, 2, § 7 LFZG im Unterschied zu § 63 HGB, § 133c GewO, § 616 Abs. 2 BGB) sowie bei den Kündigungsfristen (§ 622 Abs. 2 BGB) hat der Gesetzgeber inzwischen durch das EFZG sowie § 622 BGB n.F. beseitigt und nunmehr Regelungen getroffen, die einheitlich in allen Bundesländern gelten.

Denn nachdem die Ungleichbehandlung der Arbeiter insoweit als verfassungswidrig angesehen worden war (*BVerfG* 30.5.1990 EzA § 622 BGB Nr. 27 [§ 622 Abs. 2 BGB a.F.]; *BAG* 5.8.1987 EzA § 1 LFZG Nr. 87 [§ 1 Abs. 3 Nr. 2 LFZG]; *ArbG Brem.* 10.7.1990 NZA 1991, 232 [§ 1 Abs. 3 Nr. 1 LFZG]) konnten diese Normen in den neuen Bundesländern durch den Einigungsvertrag nicht zur Anwendung kommen; es bedurfte vielmehr einer verfassungsrechtlich unbedenklichen gesetzlichen Neuregelung. 146

Nach wie vor bestehen allerdings in zahlreichen Tarifverträgen unterschiedliche Kündigungsfristen für Arbeiter und Angestellte, auf die sich die Entscheidung des *BVerfG* (30.5.1990 EzA § 622 BGB Nr. 27) nicht erstreckt. Insoweit ist folglich in jedem Einzelfall zu überprüfen, ob die Unterscheidung mit Art. 3 Abs. 1 GG vereinbar ist (s.u. Kap. 4 Rn. 258 ff.). 147

Beispiele aus der Praxis: 148

- Unvereinbar mit Art. 3 Abs. 1 GG war das **Nachtarbeitsverbot** für Arbeiterinnen (§ 19 AZO; *BVerfG* 28.1.1992 EzA Art. 3 GG Nr. 29).
- **§§ 74 ff. HGB** gelten zwar unmittelbar nur für Handlungsgehilfen, sind aber analog auch für Arbeiter und technische Angestellte anwendbar (*BAG* 16.5.1969 AP Nr. 23 zu § 133 f. GewO).
- Die Tarifvertragsparteien schließen **Tarifverträge** meist (noch) mit nach Arbeitern und Angestellten getrenntem Geltungsbereich ab.
- Betriebsverfassungsrechtlich werden bei der Wahl des und der Vertretung im Betriebsrat nach wie vor Arbeiter und Angestellte als **getrennte Gruppen** behandelt (§§ 10, 12, 14 Abs. 2, 26 ff. BetrVG).
- Die Rentenversicherung wird von **verschiedenen Rentenversicherungsträgern** durchgeführt (vgl. §§ 125 ff. SGB VI).

5. Dienstordnungsangestellte

Dienstordnungsangestellte waren/sind Angestellte bei den Trägern der gesetzlichen Sozialversicherung, die kraft gesetzlicher Ermächtigung Dienstordnungen erlassen dürfen, durch die die Arbeitsverhältnisse der Dienstordnungs-Angestellten gestaltet werden. 149

Sie stehen in einem **privatrechtlichen Arbeitsverhältnis zu dem jeweiligen Sozialversicherungsträger** (*BAG* 20.2.2008 – 10 AZR 440/07 – EzA-SD 8/2008 S. 16 LS = NZA 2008, 1096 LS), sodass für Streitigkeiten der Rechtsweg zu den Arbeitsgerichten gegeben ist. Durch Unterstellung des Arbeitsverhältnisses unter die Dienstordnung, bei der es sich um auf Grund der gesetzlichen Ermächtigung in der RVO erlassenes, autonomes Satzungsrecht handelt, wird die **Rechtsstellung** der Dienstordnungsangestellten **weitgehend derjenigen der Beamten angepasst** (*BAG* 20.2.2008 – 10 AZR 440/07 – EzA-SD 8/2008 S. 16 LS = NZA 2008, 1096 LS; MünchArbR/*Freitag* § 190 Rz. 27 f.). Seit dem 1.1.1993 dürfen die Krankenkassen keine neuen Dienstordnungsverträge mehr schließen (§ 358 RVO). Bei den Berufsgenossenschaften ist diese Möglichkeit dagegen erhalten geblieben (§ 144 SGB VII). Zu beachten ist, dass **nach Rücknahme der Berufung** in das Dienstordnungs-Verhältnis **ein Arbeitsverhältnis**, das zwischen dem Angestellten und der Berufsgenossenschaft vor der Berufung bestanden hat, **nicht wieder auflebt** (*BAG* 1.6.2006 NZA-RR 2007, 104). 150

> Die Bestimmung einer Dienstordnung, die wegen einer vorübergehenden Reduzierung der regelmäßigen wöchentlichen Arbeitszeit aus Gründen der **Beschäftigungssicherung** die Kürzung der Bezüge von Dienstordnungsangestellten vorsieht, verstößt gegen das nach den Vorschriften der RVO für diese Arbeitnehmer geltende **Alimentationsprinzip** und ist deshalb nichtig (*BAG* 15.11.2001 – 6 AZR 382/00 – EzA-SD 12/2002, S. 11 LS). 151

Allerdings sind im Recht der Dienstordnungsangestellten die außerordentliche **Kündigung aus wichtigem Grund** und die disziplinarische **fristlose Dienstentlassung** zwei voneinander zu trennende Rechtsinstitute, die nicht in einem Subsidiaritätsverhältnis stehen (*BAG* 25.2.1998 NZA 1998, 1182).

III. Leitende Angestellte

152 Für den Begriff des leitenden Angestellten gibt es keine allgemeingültige Definition.

1. Notwendigkeit einer Abgrenzung

153 Die Abgrenzung in den Gesetzen ist verschieden. Teilweise wird der Begriff nicht einmal genannt, um den Personenkreis festzulegen (§ 22 Abs. 2 Nr. 2 ArbGG); teilweise wird er ergänzend (§ 14 Abs. 2 KSchG) oder als Oberbegriff herangezogen, um den Personenkreis zu bestimmen (§ 16 Abs. 4 Nr. 4 SGG).

154 Leitende Angestellte sind zwar Arbeitnehmer, für sie ist allerdings z.B. die Anwendbarkeit des BetrVG (§ 5 Abs. 3 BetrVG; diese Norm hat für die Abgrenzung der leitenden Angestellten erhebliche praktische Bedeutung) und des ArbZG (§ 18 Abs. 1 Nr. 1 ArbZG) ausgeschlossen. Dahinter steht die Überlegung, dass leitende Angestellte wegen ihrer Stellung im Unternehmen sozial weniger schutzwürdig sind als die sonstigen Arbeitnehmer.

155 Weil aber bereits unter dem Gesichtspunkt der Gleichbehandlung der Sozialschutz nicht generell versagt bleiben kann, nur weil jemand als Führungskraft tätig ist, gilt z.B. das KSchG auch für leitende Angestellte.

156 Allerdings gilt gem. § 14 Abs. 2 KSchG bei der Kündigung eines leitenden Angestellten § 3 KSchG nicht; ein Auflösungsantrag des Arbeitgebers muss zudem entgegen § 9 Abs. 1 S. 2 KSchG nicht begründet werden (vgl. KR-*Rost* § 14 KSchG Rz. 5, 25).

2. Begriffsbestimmung

157 Für die Abgrenzung der leitenden Angestellten von der betriebsverfassungsrechtlich verfassten Belegschaft kommt es maßgeblich auf die Bedeutung der dem Angestellten obliegenden unternehmerischen Aufgaben und auf seine Gestaltungsfreiheit für deren Wahrnehmung an (vgl. § 5 Abs. 3 BetrVG).

158 Zwischen dem Begriff des leitenden Angestellten in § 14 Abs. 2 KSchG und § 5 Abs. 3 BetrVG besteht wegen der unterschiedlichen Normzwecke und des eindeutigen Wortlauts der Vorschriften keine Identität; andererseits können aber für § 14 Abs. 2 KSchG die zu § 5 Abs. 3 Nr. 3, Abs. 4 BetrVG entwickelten Grundsätze mit der Maßgabe herangezogen werden, dass der leitende Angestellte in der unternehmerischen Hierarchie vergleichbar hoch wie ein Betriebsleiter angesiedelt ist (*LAG Bln.* 18.8.1986 DB 1987, 179; KDZ/*Kittner* § 14 Rz. 16 ff.; KR-*Rost* § 14 KSchG Rz. 26 ff.).

159 Der **Leiter eines Zentralbereichs** eines Unternehmens, in dem mindestens 2000 Beschäftigte tätig sind, ist z.B. zumindest ein ähnlicher leitender Angestellter i.S.d. § 14 Abs. 2 S. 1 KSchG. Die Befugnis zur eigenverantwortlichen Einstellung oder Entlassung nach § 14 Abs. 2 S. 1 KSchG muss einen wesentlichen Teil der Tätigkeit des Angestellten ausmachen. Dabei hängt die erforderliche Personalbefugnis nicht allein von der Zahl der unterstellten Mitarbeiter ab. Entscheidend ist vielmehr, welche Bedeutung die Tätigkeit der Mitarbeiter, die er einstellt oder entlässt, für das Unternehmen hat. Deshalb können die Voraussetzungen des § 14 Abs. 2 S. 1 KSchG auch dann erfüllt sein, wenn sich die **per-**

sonellen Entscheidungskompetenzen des Angestellten zumindest auf eine abgeschlossene Gruppe von Mitarbeitern beziehen, die für das Unternehmen und den **unternehmerischen Erfolg** wesentlich ist. Deshalb ist es für § 14 Abs. 2 S. 1 KSchG ausreichend, wenn der Leiter eines Zentralbereichs die ihm nachgeordneten vier leitenden Angestellten, die ihrerseits zur selbständigen Einstellung oder Entlassung der ihnen nachgeordneten Mitarbeiter berechtigt sind, selbstständig einstellen oder entlassen kann (Kaskadenmodell; *BAG* 27.9.2001 EzA § 14 KSchG Nr. 6; vgl. auch *BAG* 6.12.2001 NZA 2002, 816 LS zu § 5 Abs. 3 S. 2 BetrVG).

Der Werkleiter eines Eigenbetriebes einer bayerischen Gemeinde ist Organ der Gemeinde mit eigener gesetzlicher Vertretungsbefugnis (Art. 88 BayGO) und daher leitender Angestellter i.S.d. § 14 KSchG. Die Einschränkung der gesetzlichen Vertretungsmacht auf den Eigenbetrieb und die laufenden Geschäfte steht dem nicht entgegen (*BAG* 17.1.2002 EzA § 14 KSchG Nr. 7).

Der zum **ständigen Vertreter des Hauptgeschäftsführers** bestellte Geschäftsführer einer Handwerkskammer ist Organvertreter i.S.d. § 14 Abs. 1 Nr. 1 KSchG (*BGH* 25.7.2002 NZA 2002, 1040).

Die Personalkompetenz i.S.d. § 14 Abs. 2 KSchG muss einen **wesentlichen Teil** der ausgeübten Tätigkeit des Angestellten ausmachen. Sie darf nicht nur »auf dem Papier stehen«. Anderenfalls könnte durch die Vertragsgestaltung die nach § 9 Abs. 1 S. 2 KSchG zwingend vorgeschriebene Begründungspflicht obsolet werden (*BAG* 10.10.2002 EzA § 1 KSchG Betriebsbedingte Kündigung Nr. 122).

3. Sonderfall: Die Grundsätze zur Abgrenzung in der chemischen Industrie

In der chemischen Industrie haben der Bundesarbeitgeberverband Chemie, die IG Chemie, der Verband der angestellten Akademiker und leitenden Angestellten in der chemischen Industrie sowie die DAG gemeinsame »Grundsätze zur Abgrenzung der leitenden Angestellten in der chemischen Industrie« festgeschrieben (s. www.vaa.de/pdf/verbleist/vereinbarung2.pdf, Stand Juli 2002). Ziel ist es, durch die in der gesetzlichen Neuregelung von § 5 Abs. 3, 4 BetrVG enthaltenen Auslegungsregeln mögliche Meinungsverschiedenheiten zu vermeiden. Derartige Rahmenregelungen können aber nicht vorgreiflich strittige Statusfälle regeln, weil §§ 18a, 5 Abs. 3, 4 BetrVG zwingende Vorschriften sind (GK-BetrVG/*Kreutz* § 18a Rz. 10). 160

IV. Handelsvertreter

Handelsvertreter sind gem. § 84 Abs. 1 HGB grds. keine Arbeitnehmer, sondern Selbstständige. Arbeitnehmer sind sie aber dann (§ 84 Abs. 2 HGB), wenn sie unselbstständig sind, d.h. wenn sie nicht im Wesentlichen ihre Tätigkeit frei gestalten und ihre Arbeitszeit bestimmen können (vgl. *Eckert* NZA 1990, 384). 161

Mit der Folge, dass die Arbeitsgerichte sachlich zuständig sind, gelten selbstständige Handelsvertreter (§ 5 Abs. 3 ArbGG i.V.m. § 92a HGB) dann als Arbeitnehmer i.S.d. ArbGG, wenn ihnen entweder untersagt ist, für weitere Unternehmen tätig zu sein, oder sie dies wegen Art und Umfang ihrer Tätigkeit nicht können und wenn sie in den letzten sechs Monaten des Vertragsverhältnisses vom Unternehmen durchschnittlich nicht mehr als 1000 € monatlich erhalten haben. Diese Verdienstgrenze ist auch dann maßgebend, wenn der Handelsvertreter in diesen Monaten nicht gearbeitet **und nichts verdient hat** (*BAG* 15.2.2005 EzA § 5 ArbGG 1979 Nr. 39 = NZA 2005, 487 m. Anm. *Paul* SAE 2007, 133 ff.). Bei der Berechnung der Vergütung sind **alle unbedingt entstandenen Vergütungsansprüche** des Handelsvertreters zu berücksichtigen, unabhängig davon, ob, auf welche Art und Weise und in welchem Umfang sie erfüllt sind (*BGH* 12.2.2008 – VIII ZB 3/07 – FA 2008, 141). **Vergütungsmindernd** ist zu berücksichtigen, wenn der Handelsvertreter nach den mit der Unter- 162 nehmerin getroffenen Vereinbarungen zwingend **Betriebsmittel** – z.B. ein Notebook – von dieser **zu übernehmen** und dafür **ein Entgelt zu entrichten hat** (*BGH* 12.2.2008 – VIII ZB 51/06 – FA 2008, 140; *OLG Frankf./M.* 19.10.2006 NZA-RR 2007, 256).

163 Daraus folgt aber keineswegs die Anwendbarkeit arbeitsrechtlicher Rechtsnormen auf das Rechtsverhältnis, es sei denn, dass dies ausdrücklich vorgesehen ist. Denn § 5 Abs. 3 S. 1 ArbGG stellt die von ihr erfassten selbstständigen Einfirmenvertreter Arbeitnehmern **lediglich prozessual** gleich. Die Anwendung arbeitsrechtlicher Vorschriften oder Grundsätze auf das Rechtsverhältnis eines selbstständigen Einfirmenvertreters regelt diese Vorschrift nicht (*BAG* 24.10.2002 EzA § 611 BGB 2002 Ausbildungsbeihilfe Nr. 3).

So stellt z.B. § 2 BUrlG nicht auf Selbstständigkeit/Unselbstständigkeit i.S.d. § 84 HGB, sondern allein auf die wirtschaftliche Abhängigkeit ab, die auch bei diesem Personenkreis gegeben sein kann (GK-BUrlG/*Bleistein* § 2 Rz. 59).

V. Arbeitnehmerähnliche Personen

1. Begriffsbestimmung

164 Von den Arbeitnehmern zu unterscheiden sind Personen, die für fremde Rechnung arbeiten, dabei aber nicht im Dienst eines anderen tätig sind. Insoweit kann allerdings eine **wirtschaftliche Abhängigkeit** bestehen, die dazu führt, dass dieser Personenkreis sozial der Stellung der Arbeitnehmer angenähert ist. So gelten insbes. gem. § 5 Abs. 1 S. 2 ArbGG als Arbeitnehmer i.S.d. ArbGG auch solche Personen, die wegen ihrer wirtschaftlichen Unselbstständigkeit als arbeitnehmerähnliche Personen anzusehen sind. Die arbeitnehmerähnliche Person erbringt **Leistungen gegen Vergütung** für den Vertragspartner. Die Vergütung kann in einer **Beteiligung an Umsätzen** oder **Gewinnen bestehen**; gewährt der Vertrag lediglich eine Verdienstmöglichkeit nach einer Gebühren- oder Vergütungsordnung, bestimmt sich die wirtschaftliche Existenz des Vertragspartners nicht nach der vertraglichen Gegenleistung (*BAG* 21.2.2007 EzA § 5 ArbGG 1979 Nr. 41 = NZA 2007, 699).

165 Die arbeitnehmerähnliche Person ist zwar wirtschaftlich, nicht aber persönlich abhängig. Die wirtschaftliche Abhängigkeit muss sich allein aus dem Verhältnis zum Dienstberechtigten ergeben. Nicht ausreichend ist es, dass jemand wirtschaftlich auf die Verwertung seiner Arbeitskraft angewiesen ist. Nach dem Sinn und Zweck des § 5 Abs. 1 S. 2 ArbGG und der sonstigen gesetzlichen Bestimmungen, die auf den Begriff der arbeitnehmerähnlichen Person abstellen, liegt eine **wirtschaftliche Unselbständigkeit nicht schon dann vor**, wenn eine Person für ihre Existenzsicherung **auf den Abschluss des Vertrags angewiesen ist** (*BAG* 21.2.2007 EzA § 5 ArbGG 1979 Nr. 41; krit. *Willemsen/Müntefering* NZA 2008, 193 ff.). Ohne die Aufträge des Dienstberechtigten muss vielmehr die wirtschaftliche Existenzgrundlage insgesamt entfallen (vgl. § 12a TVG; die Tarifvertragsparteien sind frei, den unbestimmten Rechtsbegriff der arbeitnehmerähnlichen Person i.S. dieser Vorschrift auszufüllen, wenn sie den Geltungsbereich von Tarifverträgen für diesen Personenkreis festlegen wollen (*BAG* 15.2.2005 EzA § 12a TVG Nr. 3 = NZA 2006, 223). Zusätzlich muss der wirtschaftlich Abhängige eine soziale Stellung haben, die der eines Arbeitnehmers vergleichbar ist. Soziale Schutzbedürftigkeit besteht, wenn das Maß an Abhängigkeit nach der Verkehrsanschauung einen solchen Grad erreicht, wie er im Allgemeinen nur in einem Arbeitsverhältnis vorkommt und die geleisteten Dienste nach ihrer sozialen Typik mit denen eines Arbeitnehmers vergleichbar sind (vgl. ausf. *Hromadka* NZA 1997, 1249 ff.). Dies setzt i.d.R. Tätigkeiten im Rahmen eines Dienst- oder Werkvertrages voraus (*LAG Nbg.* 7.11.2001 – 6 Ta 152/01 – ARST 2002, 161 LS).

166 **Beispiele: Arbeitnehmerähnliche Personen**

- Die notwendige **wirtschaftliche Abhängigkeit** ist z.B. nicht gegeben, wenn ein Dienstnehmer über den Umfang und Ablauf seines Arbeitseinsatzes selbst entscheidet, im Verlaufe eines Jahres 280.000 DM verdienen kann und über anderweitige Einnahmen

(Beamtenpension, Berufsunfähigkeitsrente) verfügt, die seine Existenz sichern (*BAG* 2.10.1990 EzA § 12a TVG Nr. 1).

- Als arbeitnehmerähnliche Personen kommen in Betracht Handels- und Versicherungsvertreter mit Geschäftsbetrieben von geringem Umfang, Journalisten, Schriftsteller, Künstler, sachverständige Mitarbeiter von Verlagen und Zeitschriften, Übersetzer, Dolmetscher, u.U. auch Architekten und Rechtsanwälte (vgl. MünchArbR/*Rüthers* § 201 Rz. 15 ff.).
- Ein GmbH-Gesellschafter mit einem **Gesellschaftsanteil von 15 %** kann arbeitnehmerähnliche Person sein. Die wirtschaftliche Abhängigkeit ist dann nicht schon deshalb zu verneinen, weil er keine laufenden Bezüge erhält. Denn die wirtschaftliche Gegenleistung für seine Tätigkeit kann auch darin zum Ausdruck kommen, dass er Geschäftsanteile deutlich unter ihrem Verkehrswert erhält (*LAG Köln* 29.9.2003 – 13 Ta 77/03 – ARST 2004, 186 LS = NZA-RR 2004, 553).
- Arbeitnehmerähnliche Person kann auch eine in einer Klinik als **Nachtwache** beschäftigte Klägerin sein, auch dann, wenn die Klinik den Nachtwachendienstplan nicht selbst erstellt, sondern den beschäftigten Nachtwachen überlässt. Denn die Beklagte hatte der Klägerin ohne zeitliche Beschränkung gestattet, sich in die monatlichen Dienstpläne einzutragen und ihr damit eine fortlaufende Beschäftigung ermöglicht. Die Klägerin hatte diese wahrgenommen und monatlich zwischen zehn Diensten und achtzehn Diensten (120–216 Stunden) gearbeitet. Sie war damit vergleichbar einem Arbeitnehmer tätig geworden und wirtschaftlich von der Beklagten abhängig (*BAG* 15.11.2005 EzA § 2 BUrlG Nr. 5).
- Eine **selbständige Hebamme**, die auf Grund eines Belegvertrags im Krankenhaus tätig wird, ist im Verhältnis zum Krankenhausträger keine arbeitnehmerähnliche Person (*BAG* 21.2.2007 EzA § 5 ArbGG 1979 Nr. 41 = NZA 2007, 699).
- Ein **Hilfsbedürftiger** im Rahmen einer Beschäftigung gegen Mehraufwandsentschädigung (»**Ein-Euro-Job**«, § 16 Abs. 3 S. 2 SGB II) soll nach z. T. vertretener Auffassung als arbeitnehmerähnliche Person anzusehen sein (*ArbG Bln.* 25.8.2005 NZA 2005, 1309; s.a. LAG RhPf 8.8.2006 ZTR 2007, 94: kein Arbeitsverhältnis; *BAG* 26.9.2007 – 5 AZR 857/06 – EzA-SD 24/2007 S. 16 LS = NZA 2007, 1422 u. 19.3.2008 EzA § 16 SGB II Nr. 3=NZA 2008, 760: ein von Rechtssätzen des öffentlichen Rechts geprägtes Rechtsverhältnis; auch keine arbeitnehmerähnliche Person; zum Rechtsweg – Sozialgerichtsbarkeit – *BAG* 8.11.2006 – 5 AZB 36/06 – EzA § 2 ArbGG 1979 Nr. 65 = SAE 2007, 212 m. Anm. *Joussen* SAE 2007, 207 ff.). Die **Prägung durch öffentliches Recht** besteht auch dann, wenn kein Eingliederungsvertrag nach § 15 SGB III abgeschlossen wird (*BAG* 19.3.2008 EzA § 16 SGB II Nr. 3 = NZA 2008, 760). Auch wenn die gesetzlichen Zulässigkeitsvoraussetzungen für Arbeitsangelegenheiten mit **Mehraufwandsentschädigung** (insbesondere Zulässigkeit der Arbeit und öffentliches Interesse) nicht eingehalten werden, entsteht allein daraus kein privatrechtliches Vertragsverhältnis. Das gilt auch für den Fall einer bewussten Missachtung des Gesetzes. Die Annahme eines Arbeitsverhältnisses setzt dann voraus, dass die beiderseitigen Erklärungen trotz der Heranziehung des Hilfsbedürftigen auf den Abschluss eines **privatrechtlichen Vertrages** i.S.d. § 611 BGB **gerichtet** sind. Das hat derjenige, der sich auf ein Arbeitsverhältnis beruft, darzulegen und im Streitfall zu beweisen. Der Vortrag des Hilfsbedürftigen, er werde nicht mit zusätzlichen, sondern mit »regulären« Arbeiten beschäftigt, reicht dafür nicht aus (*BAG* 20.2.2008 EzA § 611 BGB 2002 Arbeitnehmerbegriff Nr. 13 = NZA 2008, 1152 LS = NZA-RR 2008, 401).
- Ein Geschäftsführer einer Betriebskrankenkasse kann im Verhältnis zum Arbeitgeber, mit dem er einen Dienstvertrag geschlossen hat, arbeitnehmerähnliche Person sein (*BAG* 25.7.1996 EzA § 5 ArbGG 1979 Nr. 15).
- Auch ein Dozent für ein gewerbliches Weiterbildungsinstitut kann arbeitnehmerähnliche Person sein (*BAG* 11.4.1997 EzA § 5 ArbGG 1979 Nr. 20).
- Ein **Volkshochschuldozent** kann arbeitnehmerähnliche Person sein, wenn er auf die Einkünfte aus dieser Tätigkeit wirtschaftlich zur Sicherung seiner Lebensgrundlage angewiesen ist (*BAG* 17.1.2006 EzA § 2 BUrlG Nr. 6 = NZA-RR 2006, 616 LS).

- Dagegen ist ein Rechtsanwalt, der auf Grund eines § 705 BGB entsprechenden Gesellschaftsvertrages Partner einer Anwaltssozietät ist, keine arbeitnehmerähnliche Person, auch wenn er von der Sozietät wirtschaftlich abhängig ist (*BAG* 15.4.1993 EzA § 5 ArbGG Nr. 8); anders ist es bei einem als **freier Mitarbeiter tätigen Rechtsanwalt** jedenfalls dann, wenn er tatsächlich sein gesamtes Einkommen von der Kanzlei bezieht und dort dem geregelten Arbeitsablauf, der eine bestimmte Reihenfolge für die Erstellung der Schriftsätze vorsieht, unterworfen ist (*LAG Köln* 6.5.2004 – 4 Ta 40/04 – ArbuR 2006, 130 LS).
- Eine **Rechtsanwaltsgehilfin** hat i.d.R. Arbeitnehmereigenschaft, auch wenn die Parteien zur Vermeidung von Sozialabgaben »freie Mitarbeit« vereinbart haben (*LAG Köln* 10.11.2006 – 10 Ta 371/06 – ArbuR 2007, 142 LS).
- Ein **Kursleiter eines juristischen Repetitoriums** ist dann arbeitnehmerähnliche Person, wenn er den überwiegenden Teil seiner Einkünfte aus dieser Tätigkeit bezieht. Das gilt auch, wenn er gleichzeitig als selbstständiger Rechtsanwalt tätig ist (*LAG Bln.* 18.5.1998 NZA 1998, 943).
- Durch einen **Postagenturvertrag** für private Agenturpartner im Nebenberuf wird ein Kioskbetreiber i.d.R. nicht zur arbeitnehmerähnlichen Person (*OLG Karlsruhe* 22.7.1998 NZA 1998, 463).
- Die Übernahme einer **Service-Station für Schuhmacher- und Schlüsseldienstleistungen** im Lebensmittelmarkt kann selbst dann als »arbeitnehmerähnlich« i.S.d. § 5 Abs. 1 S. 2 ArbGG anzusehen sein, wenn der Betreiber die Preise seiner Dienstleistungen und Verkaufsprodukte selbst bestimmen kann (*LAG Nbg.* 20.8.2002 – 6 Ta 63/02 – EzA-SD 18/2002, S. 12 LS = ARST 2002, 265).
- Eine **Callcenteragentin** ist eine arbeitnehmerähnliche Person i.S.d. § 5 Abs. 1 S. 2 ArbGG, wenn sie ihr Entgelt im Auftragszeitraum ausschließlich von der Auftraggeberin erhält (*LAG Bln.* 6.5.2003 ARST 2003, 259 LS).
- Dagegen ist eine **Telefonistin**, deren einzige Aufgabe darin besteht, Personen nach vorgegebenen Listen anzurufen und diesen Personen vorformulierte Fragen zu stellen und deren Arbeitszeit drei Stunden täglich – üblicherweise zwischen 15 und 18 Uhr – beträgt, ist keine arbeitnehmerähnliche Person, selbst wenn sie geltend macht, dass sie nur einen Anspruch auf ein Gehalt von 1.000 € brutto hat (*LAG München* 22.1.2004 NZA-RR 2004, 365).
- Rundfunkgebührenbeauftragte können arbeitnehmerähnliche Personen (i.S.d. § 12a TVG) sein (*BAG* 15.2.2005 EzA § 12a TVG Nr. 3 = NZA 2006, 223 gegen *BAG* 2.10.1990 EzA § 12a TVG Nr. 1 = NZA 1991 239).

2. Rechtsfolgen der Einordnung

167 Die Rechtsfolge des § 5 Abs. 1 S. 2 ArbGG besteht darin, dass die Arbeitsgerichte für diese Personen ausschließlich zuständig sind (*Grunsky* § 5 Rz. 16). Materiell-arbeitsrechtliche Normen sind dagegen grds. nur dann und insoweit anwendbar, als dies gesetzlich ausdrücklich vorgesehen ist (vgl. z.B. § 2 BUrlG; *BAG* 15.11.2005 EzA § 2 BUrlG Nr. 5 = NZA 2007, 1320 LS; 17.1.2006 EzA § 2 BUrlG Nr. 6; *LAG Köln* 28.11.2005 – 2 Sa 238/05 – ArbuR 2006, 210 LS [zur Frage, ob arbeitnehmerähnlichen Personen ein Selbstbeurlaubungsrecht zusteht, vgl. *Hase/Lembke* BB 1997, 1095 ff.], 12 a TVG, 1 Abs. 2 BeschäftigtenschutzG; § 7 Abs. 1 Nr. 3 PflegezeitG – s. dazu *Schwerdle* ZTR 2007, 655 ff.; *Preis/Weber* NZA 2008, 82 ff.; *Preis/Nehring* NZA 2008, 729 ff.; *Düwell* FA 2008, 108 ff.; *Müller* BB 2008, 1058 ff.; *Freihube/Sasse* DB 2008, 1320 ff.; i.Ü. s.o. Rn. 164 ff.).

168 Im Übrigen bestimmen sich die Rechtsverhältnisse arbeitnehmerähnlicher Personen grds. nach den für den jeweils zugrunde liegenden Vertragstypus geltenden Vorschriften, also den Bestimmungen über den Dienstvertrag (**§§ 611 ff. BGB**), den Werkvertrag (**§§ 631 ff. BGB**) oder den Werklieferungsvertrag (**§ 651 BGB**). Insoweit sind die Arbeitsgerichte sachlich zuständig für Rechtsstreitigkeiten aus Dienst- oder Werkverträgen mit arbeitnehmerähnlichen Personen (*BAG* 17.10.1990 EzA § 5 ArbGG Nr. 7).

Allenfalls im Einzelfall kann die analoge Anwendung arbeitsrechtlicher Vorschriften auf Grund der vergleichbaren sozialen Lage der arbeitnehmerähnlichen Person gefordert und gerechtfertigt sein, wenn eine planwidrige Regelungslücke festgestellt wird (MünchArbR/*Wank* § 124 Rz. 27). 169

Nicht anwendbar sind insbes. das KSchG (vgl. ausf. *BAG* 20.1.2004 NZA 2004, 1058) sowie die Kündigungsschutzbestimmungen der einzelnen Sondergesetze für besonders schutzbedürftige Personen (§ 9 MuSchG, §§ 85 ff. SGB IX, § 2 ArbPlSchG), § 613a BGB, §§ 102, 103 BetrVG, **wohl aber** an sich das **LPersVG** RhPf, von dem nur solche Beschäftigte ausgenommen sind, die wesentlich an der Programmgestaltung einer Rundfunk- und Fernsehanstalt teilnehmen (*BAG* 20.1.2004 ZTR 2004, 632). Die Tarifvertragsparteien können die Rechtsverhältnisse arbeitnehmerähnlicher Personen in der Weise regeln, dass eine Beendigung durch Zugang einer Beendigungsmitteilung bewirkt wird. Auf eine solche **Beendigungsmitteilung** finden Bestandsschutzvorschriften, die vor einer Kündigung schützen, keine Anwendung. **Das gilt auch für den nachwirkenden Kündigungsschutz** von Mitgliedern des Personalrats und für das Mitbestimmungsrecht des Personalrats bei Kündigungen nach § 82 LPersVG (*BAG* 20.1.2004 ZTR 2004, 632). Weder unmittelbar noch analog sind auch die Kündigungsfristen für Arbeitnehmer **(§ 622 BGB)** und für die in Heimarbeit Beschäftigten anwendbar (§ 29 Abs. 3, 4 HAG; *BAG* 8.5.2007 – 9 AZR 777/06 – EzA-SD 21/2007 S. 6 LS). 170

Auch das für Arbeitsverhältnisse geltende Maßregelungsverbot (**§ 612a BGB**) ist – insbesondere auf die Beendigungsmitteilung des Auftraggebers gegenüber einer arbeitnehmerähnlichen Person – **nicht anwendbar**. Allerdings ist die Beendigung des Rechtsverhältnisses einer arbeitnehmerähnlichen Person allein deswegen, weil sie ihr zustehende Ansprüche geltend macht, sittenwidrig (§ 138 BGB; *BAG* 14.12.2004 EzA § 138 BGB 2002 Nr. 3 = NZA 2005, 637 = BAG Report 2005, 173). Eine derartige unerlaubte Maßregelung liegt nicht vor, wenn der Auftraggeber verhindern will, dass eine arbeitnehmerähnliche Person auch noch zukünftig Vergütungsansprüche erwirbt, obwohl sie nicht mehr in entsprechendem Umfang eingesetzt wird.

Es gilt insoweit eine abgestufte Darlegungs- und Beweislastverteilung (*BAG* 14.12.2004 EzA § 138 BGB 2002 Nr. 3 = NZA 2005, 637 = BAG Report 2005, 173): 171
- Die Beweislast für die Voraussetzungen der Sittenwidrigkeit trägt die arbeitnehmerähnliche Person;
- Sie hat Tatsachen vorzutragen und im Bestreitensfall zu beweisen, aus denen sich der Schluss auf die Maßregelung als sittenwidriges Motiv ergibt;
- Der Auftraggeber hat dann die tatsächlichen Gründe für die Beendigung des Beschäftigungsverhältnisses im Einzelnen darzulegen;
- Die arbeitnehmerähnliche Person hat diese zu widerlegen.

Anwendbar ist demgegenüber natürlich Art. 3 Abs. 1 GG für die Regelung der Arbeitsbedingungen durch Tarifverträge. So ist § 1 Abs. 3c RTV, der Studenten von der Anwendung der zu Gunsten arbeitnehmerähnlicher Personen geregelten Bestimmungen ausnimmt, willkürlich und nicht durch sachliche Gründe gerechtfertigt (*BAG* 20.1.2004 ZTR 2004, 632).

VI. Heimarbeiter; Telearbeit

Heimarbeiter sind Personen, die in selbst gewählter Arbeitsstätte, d.h. in eigener Wohnung oder einer anderen selbst gewählten Betriebsstätte, allein oder mit ihren Familienangehörigen im Auftrag von Gewerbemeistern oder Zwischenmeistern gewerblich (d.h., dass die Tätigkeit auf Dauer angelegt ist und das Entgelt zum Lebensunterhalt beitragen soll [*BAG* 12.7.1988 AP Nr. 10 zu § 2 HAG]) arbeiten, jedoch die Verwertung der Arbeitsergebnisse dem mittelbar oder unmittelbar Gewerbetreibenden überlassen (*Schmidt/Koberski/Tiemann/Wascher* HAG, 4. Aufl., § 2 Rz. 5). 172

173 In Heimarbeit Beschäftigte stehen rechtlich zwischen selbstständigen Unternehmern und unselbstständigen Arbeitnehmern. **Sie sind zwar von ihren Auftraggebern wirtschaftlich abhängig, aber im Unterschied zum Arbeitnehmer persönlich selbstständig** und hinsichtlich der Art und Weise der Erledigung der Arbeit und in der Einteilung der Arbeitszeit frei (MünchArbR/*Heenen* § 238 Rz. 8, 55).

Sie sind keine Arbeitnehmer, sondern werden auf Grund eines Dauerrechtsverhältnisses beschäftigt (§ 29 HAG). Gem. § 5 Abs. 1 S. 2 ArbGG gelten die in Heimarbeit Beschäftigten und die ihnen Gleichgestellten (vgl. § 1 HAG) wegen ihrer Schutzbedürftigkeit aber gleichwohl als Arbeitnehmer i.S.d. ArbGG.

174 Durch heimarbeiterähnliche Personen kann z.B. – ebenso wie je nach Vertragsgestaltung durch Arbeitnehmer (vgl. *Beuthien* ZTR 1996, 204 ff. sowie den Tarifvertrag zur Begleitung der Erprobung alternierender Teleheimarbeit bei der Deutschen Telekom AG, abgedruckt in ZTR 1996, 208 ff. und im Anschluss daran den TV Telearbeit vom Oktober 1998 in NZA 1998, 1214 ff.; vgl. dazu *Hohmeister/Küper* NZA 1998, 1206 ff.; *Körner* NZA 1999, 1190 ff.) oder Selbstständige – auch **Telearbeit** ausgeführt werden, wenn sie in eigener Wohnung allein eine sich in regelmäßigen Arbeitsvorgängen wiederholende Arbeit im Auftrag eines anderen gegen Entgelt verrichten, ohne dass dieser Auftraggeber Gewerbetreibender ist (vgl. HzA/*Fenski* Gruppe 17 Rz. 263 ff.; *Albrecht* NZA 1996, 1240 ff.; *Peter* DB 1998, 573 ff.; *Schaub* BB 1998, 2106 ff.; zu aktuellen Problemen der Telearbeit *Wank* NZA 1999, 225 ff.; *Boemke* BB 2000, 147 ff.; *Boemke/Ankersen* BB 2000, 1570 ff.; zur Vertragsgestaltung *Kramer* DB 2000, 1329 ff.; zur Europäischen Rahmenvereinbarung über Telearbeit *Prinz* NZA 2002, 1268 ff.).

175 Daraus folgt aber nur, dass bei Streitigkeiten aus dem Heimarbeitsverhältnis der Rechtsweg zu den Arbeitsgerichten eröffnet ist, **nicht aber die Anwendbarkeit materiellen Arbeitsrechts**.

176 Arbeitsrechtliche Normen sind vielmehr nur dann anwendbar, wenn dies in der jeweiligen Vorschrift **konkret angeordnet** ist. Im Übrigen bestimmen sich die Rechte und Pflichten nach Maßgabe der vertraglichen Vereinbarungen in den Grenzen des HAG.

177 So gilt z.B. für die Beendigung des Arbeitsverhältnisses nicht das KSchG, sondern die Sonderregelung der §§ 29, 29 a HAG. Nicht anwendbar ist auch § 613a BGB (*BAG* 24.3.1998 EzA § 613a BGB Nr. 168). Schwerbehinderte Menschen sind gem. § 127 SGB IX hinsichtlich der Beendigung des Arbeitsverhältnisses besonders geschützt; anwendbar sind im Übrigen § 9 MuSchG, §§ 18, 20 BEEG (MünchArbR/*Heenen* § 238 Rz. 88 ff.).

178 Der Heimarbeitsvertrag wird z. T. (*Schmidt/Koberski/Tiemann/Wascher* HAG, 4. Aufl., § 19 Anh. Rz. 11) als Vertrag sui generis angesehen. Überwiegend wird demgegenüber (MünchArbR/*Heenen* § 238 Rz. 90 m.w.N.) angenommen, dass Heimarbeit in Form von **Dienst-, Werk-, Werklieferungs- oder Kaufverträgen** erbracht wird. Steht der Erfolg im Vordergrund, liegt nach allgemeinen Grundsätzen ein Werkvertrag vor. Typischerweise wird der einzelne Dienst- oder Werkvertrag im Rahmen des Dauerrechtsverhältnisses erbracht, auf das das Arbeitsrecht teilweise analog anzuwenden ist, wenn eine planwidrige Regelungslücke festgestellt wird (s.o. Rn. 172 ff.).

VII. Organe juristischer Personen

179 Wer bei einer juristischen Person Mitglied des Organs ist, das zur gesetzlichen Vertretung berufen ist, repräsentiert diese unmittelbar als Arbeitgeber. Deshalb gelten gem. § 5 Abs. 1 S. 3 ArbGG die in Betrieben einer juristischen Person kraft Gesetzes, Satzung oder Gesellschaftsvertrag allein oder als Mitglieder des Vertretungsorgans zur Vertretung der juristischen Person oder der Personengesamtheit berufen sind, nicht als Arbeitnehmer; **dies gilt selbst dann, wenn im konkreten Einzelfall tatsächlich ein Arbeitsverhältnis gegeben ist** (*LAG Köln* 21.3.2006 – 7 Ta 14/06 – EzA-SD 13/2006 S. 15 LS; *LAG Nbg.* 2.4.2007 – 4 Ta 38/07 – EzA-SD 11/2007 S. 16 LS = NZA-RR 2007, 490).

Dazu gehören die Vorstandsmitglieder von Aktiengesellschaften, Genossenschaften, Versicherungsvereinen auf Gegenseitigkeit (§ 78 AktG, § 24 Abs. 1 GenG, § 34 Abs. 1 S. 2 VvaG; [s. *LAG Bln.-Bra.* 23.4.2008 – 15 Sa 193/08 – EzA-SD 13/2008 S. 9 LS]) sowie der Geschäftsführer der GmbH (§ 35 Abs. 1 GmbHG; *OLG München* 10.4.2003 NZA-RR 2003, 439; *Moll* RdA 2002, 226), auch der Komplementär-GmbH einer KG (*LAG Hessen* 31.8.2004 LAG Report 2005, 239); nichts anderes gilt auch für den Geschäftsführer der Vor-GmbH (*BAG* 13.5.1996 EzA § 5 ArbGG 1979 Nr. 14) sowie für den Geschäftsführer einer Kreishandwerkerschaft, wenn er diese kraft Satzung in den laufenden Geschäften vertritt; das gilt selbst dann, wenn die Parteien ausdrücklich einen Arbeitsvertrag abgeschlossen haben (*BAG* 11.4.1997 EzA § 5 ArbGG 1979 Nr. 23). Nicht erfasst ist dagegen der Geschäftsführer einer Betriebskrankenkasse, der einen Dienstvertrag mit dem Arbeitgeber abgeschlossen hat, für dessen Betrieb die Kasse errichtet worden ist (*BAG* 25.7.1996 EzA § 5 ArbGG 1979 Nr. 15); gleiches gilt für die nach § 53 Abs. 2 Nr. 1 KWG bestellten, zur Vertretung eines ausländischen Kreditinstitutes befugten Personen (*BAG* 15.10.1997 EzA § 5 ArbGG 1979 Nr. 26). Besondere Vertreter eines Vereins nach § 30 BGB gelten gem. § 5 Abs. 1 S. 3 ArbGG nur dann nicht als Arbeitnehmer i.S.d. ArbGG, wenn ihre Vertretungsmacht auf der Satzung beruht. Das ist nur der Fall, wenn die Satzung die Bestellung ausdrücklich zulässt (*BAG* 5.5.1997 EzA § 5 ArbGG 1979 Nr. 21). 180

Ein Dienstnehmer, der zum Geschäftsführer einer GmbH bestellt werden soll, wird im Übrigen nicht dadurch zum Arbeitnehmer, dass die Bestellung zum Geschäftsführer unterbleibt (*BAG* 25.6.1997 EzA § 2 ArbGG 1979 Nr. 37). Auch wandelt sich das als freies Dienstverhältnis begründete Anstellungsverhältnis des **Vorstandsmitglieds einer Sparkasse** nicht ohne weiteres mit dem Verlust der Organstellung in Folge einer Sparkassenfusion in ein Arbeitsverhältnis um (s. auch *LAG Bln.-Bra.* 23.4.2008 – 15 Sa 193/08 – EzA-SD 13/2008 S. 9 LS). Bleibt ein derartiges Anstellungsverhältnis als freies Dienstverhältnis bei Weiterbeschäftigung des ehemaligen Organmitglieds als stellvertretendes Vorstandsmitglied bestehen, so sind im Falle einer fristlosen Kündigung weder §§ 4, 13 KSchG, noch §§ 67, 68 BPersVG anwendbar (*BGH* 10.1.2000 NZA 2000, 376; vgl. auch *OLG Frankf. a.M.* 11.5.1999 NZA-RR 2000, 385). Ebenso wenig begründet die **Fortsetzung der bisherigen Tätigkeit** durch eine abberufene Geschäftsführerin einer GmbH notwendig ein Arbeitsverhältnis mit dieser (*LAG Hessen* 5.3.2007 – 19 Sa 686/06 EzA-SD 25/2007 S. 24 LS). Das **organschaftliche Anstellungsverhältnis** des GmbH-Geschäftsführers **mutiert** auch durch deren Umwandlung in eine GmbH & Co. KG und seine Bestellung zum Geschäftsführer der Komplementär-GmbH **nicht in ein** – u.a. dem KSchG unterliegendes – **Arbeitsverhältnis** (*BGH* 8.1.2007 NZA 2007, 1174; s. auch *LAG Bln.-Bra.* 23.4.2008 – 15 Sa 193/08 – EzA-SD 13/2008 S. 9 LS). Im Übrigen liegt **keine organschaftliche Vertretung** im hier maßgeblichen Sinne vor, wenn die Vertretung lediglich auf einem **Geschäftsführervertrag** beruht und der Geschäftsführer im Gesellschaftsvertrag nicht namentlich benannt ist (*LAG Hessen* 19.1.2007 NZA-RR 2007, 262). Der **Geschäftsführer eines Landesinnungsverbandes** (§ 79 HandwO) ist kein Arbeitnehmer i.S.d. § 5 Abs. 1 ArbGG, wenn er nach der Satzung gem. § 66 Abs. 3 i.V.m. § 83 Abs. 1 Nr. 3 HandwO zur Vertretung des Vorstands in Geschäften der laufenden Verwaltung berufen ist (*LAG Nds.* 4.2.2002 NZA-RR 2002, 491). Sieht allerdings ein Dienstvertrag für den Fall der **Abberufung des Dienstnehmers** aus seiner Stellung als Vorstandsvorsitzender vor, dass das durch diesen Vertrag geregelte Anstellungsverhältnis als Arbeitsverhältnis weitergeführt wird, so ist darin ein über die Abberufung hinausgehender Umstand zu sehen, aus dem sich ergibt, dass das Dienstverhältnis durch die Abberufung zum Arbeitsverhältnis geworden ist (*LAG Bln.* 21.2.2006 – 6 Ta 2215/05 – EzA-SD 7/2006 S. 12 LS).

§ 5 Abs. 1 S. 3 ArbGG hat allerdings lediglich zur Folge, dass die dieser Norm unterfallenden Personen bei Streitigkeiten zwischen ihnen und der Gesellschaft, dem Verein usw. nicht der Zuständigkeit der Arbeitsgerichte, sondern der der ordentlichen Gerichte unterfallen (*OLG München* 10.4.2003 NZA-RR 2003, 439). Ob für ihre Rechtsbeziehungen gleichwohl Arbeitsrecht gilt, ist damit keineswegs entschieden. 181

182 Insoweit ist das Anstellungsverhältnis des **GmbH-Geschäftsführers** zur GmbH i.d.R. nicht Arbeits-, sondern **freies Dienstverhältnis** (*BAG* 21.2.1994, EzA § 2 ArbGG 1979 Nr. 28; *OLG Jena* 14.3.2001 NZA-RR 2001, 468; *OLG München* 16.5.2007 NZA-RR 2007, 579, dort auch zur – nicht gegebenen – Anwendbarkeit des § 85 SGB IX; vgl. aber auch *BAG* 6.5.1999 EzA § 5 ArbGG 1979 Nr. 33, wo die Beantwortung dieser Frage keiner Entscheidung bedurfte; **a.A.** *ArbG Jena* 16.11.1998 NZA-RR 1999, 438 für den Geschäftsführer einer Komplementär-GmbH, der bei der GmbH & Co KG beschäftigt ist; zum Anstellungsvertrag des Geschäftsführers vgl. *Nägele* BB 2001, 305 ff.). Denn mit der Organstellung ist die Arbeitnehmereigenschaft von vornherein unvereinbar (*Jaeger* NZA 1998, 961 ff.; *Holthausen/Steinkraus* NZA-RR 2002, 281 ff.). Neben §§ 611 ff. BGB kommt aber ausnahmsweise eine analoge Anwendung einzelner arbeitsrechtlicher Vorschriften in Betracht, wenn dies im Einzelfall durch eine besondere soziale Schutzbedürftigkeit des GmbH-Geschäftsführers gefordert werden kann (*BGH* 11.7.1953, 9.3.1987 BGHZ 10, 191, NJW 1987, 2074; *Boemke* ZfA 1998, 209 ff. m.w.N.; **a.A.** *Schaub* Arbeitsrechtshandbuch, 10. Aufl., § 14 I 2 a: Arbeitnehmer, wenn er gegenüber der Gesellschaft unselbstständig tätig wird, also wie ein sonstiger Arbeitnehmer weisungsabhängig ist). Andererseits kann das Anstellungsverhältnis einer (stellvertretenden) GmbH-Geschäftsführerin im Einzelfall auch ein Arbeitsverhältnis sein (*LAG Köln* 21.3.2006 – 7 Ta 14/06 – EzA-SD 13/2006 S. 15 LS). Ob dies der Fall ist, hängt nicht vom Umfang der Vertretungsbefugnis im Innenverhältnis ab, sondern richtet sich nach den allgemeinen Kriterien zur Abgrenzung vom freien Dienstverhältnis (*BAG* 26.5.1999 EzA § 611 BGB Arbeitnehmerbegriff Nr. 76; vgl. dazu *Fischer* NJW 2003, 2417; *Schrader/Schubert* DB 2005, 1457 ff.; *LAG SchlH* 5.10.2001 NZA-RR 2002, 324; *LAG BW* 27.9.2001 NZA-RR 2002, 483; *OLG Jena* 14.3.2001 NZA-RR 2001, 468; **a.A.** BGHZ 10, 191; BGHZ 49, 31; BGHZ 91, 1 [217]; vgl. auch *BSG* 14.12.1999 EzA § 7 SGB IV Nr. 1 zur Frage, ob ein sozialversicherungsrechtliches Beschäftigungsverhältnis vorliegt; nach *BSG* 18.12.2001 NZA-RR 2003, 325 ist der Geschäftsführer einer GmbH, der am Stammkapital nicht beteiligt ist (**Fremdgeschäftsführer**), grds. abhängig Beschäftigter der GmbH und damit versicherungspflichtig).

183 Allerdings ist zu beachten, dass sich der Organvertreter daneben auch noch in einem Arbeitsverhältnis befinden kann. So können zwei Rechtsverhältnisse zu verschiedenen Gesellschaften bestehen (vgl. *Jaeger* NZA 1998, 961 ff.; *Holthausen/Steinkraus* NZA-RR 2002, 281 ff.).

184 Wenn z.B. ein Arbeitnehmer einer KG später Geschäftsführer der persönlich haftenden GmbH wird, so erlischt durch diese Bestellung zum Geschäftsführer nicht das Arbeitsverhältnis zur KG (**a.A.** *LAG Hessen* 31.8.2004 LAG Report 2005, 239: i. Zw. wird das bisherige Arbeitsverhältnis aufgehoben, das galt jedenfalls solange, wie § 623 BGB noch keine Wirkung entfaltet, gilt aber auch danach, s.u. Rn. 185); er wird dadurch aber auch nicht Organvertreter der KG i.S.v. § 5 Abs. 1 S. 3 ArbGG (*LAG Köln* 14.10.2002 NZA-RR 2003, 492; vgl. auch *Moll* RdA 2002, 226).

185 Auch zu einer juristischen Person können zwei Rechtsverhältnisse bestehen, von denen eines ein Arbeitsverhältnis ist. Voraussetzung dafür ist eine **klar unterscheidbare und trennbare Doppelstellung** als Arbeitnehmer und Organvertreter (*BAG* 17.1.1985, 27.10.1960 AP Nr. 2 zu § 5 ArbGG 1979, AP Nr. 14 zu § 5 ArbGG 1953; s. auch *BAG* 25.10.2007 EzA § 14 KSchG Nr. 8 = NZA 2008, 168 zur **Konzernobergesellschaft** und konzernabhängigen Gesellschaft; *BAG* 5.6.2008 – 2 AZR 754/06 – EzA-SD 19/2008 S. 15 = NZA 2008, 1002; dazu *Goll-Müller/Langenhan-Komus* NZA 2008, 687 ff.; *Bauer/Arnold* DB 2008, 350 ff.; vgl. zum ruhenden Arbeitsverhältnis im Aktienrecht *Kauffmann-Lauven* NZA 2000, 799 ff.). Wird ein Angestellter einer GmbH zum Geschäftsführer berufen, ohne dass sich an den Vertragsbedingungen im Übrigen etwas ändert, so kann im anzunehmen sein, dass das bisherige Arbeitsverhältnis nicht beendet, sondern nur **suspendiert** wird. Wird der Angestellte sodann als Geschäftsführer abberufen, so wird das Arbeitsverhältnis dadurch wieder auf seinen ursprünglichen Inhalt zurückgeführt (*BAG* 9.5.1985 EzA § 5 ArbGG Nr. 3; vgl. *LAG Bln.* 3.7.1998 NZA 1998, 1003; wendet sich der Angestellte gegen eine Kün-

digung mit der Begründung, sein ehemaliges Arbeitsverhältnis sei wieder aufgelebt, so ist dafür der **Rechtsweg zum ArbG** eröffnet *BAG* 18.12.1996 EzA § 2 ArbGG 1979 Nr. 35). Soll der Arbeitnehmer allerdings zwecks späterer Anstellung als GmbH-Geschäftsführer zunächst in einem Anstellungsverhältnis **erprobt** werden, so ist im Zweifel anzunehmen, dass mit Abschluss des Geschäftsführervertrages das ursprüngliche Arbeitsverhältnis beendet sein soll (*BAG* 7.10.1993 EzA § 5 ArbGG Nr. 9). Im Zweifel ist im Übrigen aber nicht anzunehmen, dass ein früheres Arbeitsverhältnis wieder auflebt, wenn der ehemalige Arbeitnehmer mit dem Arbeitgeber einen **neuen Vertrag** geschlossen hat, durch den sein Dienstverhältnis als Vertretungsorgan neu geregelt wird (*BAG* 18.12.1996 EzA § 2 ArbGG 1979 Nr. 35); auch mit dem **Verlust der Organstellung** als Geschäftsführer einer GmbH wandelt sich der zu Grunde liegende Anstellungsvertrag (Geschäftsführerdienstvertrag) **nicht** (wieder) – jedenfalls nicht ohne weiteres – **in einen Arbeitsvertrag** um (*BAG* 5.6.2008 – 2 AZR 754/06 – EzA-SD 19/2008 S. 15 = NZA 2008, 1002).

Deshalb liegt in dem Abschluss eines – schriftlichen – Geschäftsführer-Dienstvertrages durch einen angestellten Mitarbeiter im Zweifel die konkludente Aufhebung des bisherigen Dienstverhältnisses. Nach dem Willen der Vertragschließenden soll regelmäßig neben dem Dienstverhältnis nicht noch ein Arbeitsverhältnis bestehen. Eine andere Auslegung kommt nur in Ausnahmefällen in Betracht, für die zumindest deutliche Anhaltspunkte vorliegen müssen (*BAG* 14.6.2006 EzA § 5 ArbGG 1979 Nr. 40; 19.7.2007 EzA § 623 BGB 2002 Nr. 7 = NZA 2007, 1095; s. dazu *Sasse/Schnutger* BB 2007, 154 ff.), denn durch den Geschäftsführerdienstvertrag werden die **vertraglichen Beziehungen** der Parteien zueinander auf eine **neue Grundlage** gestellt, die bisherige Grundlage entfällt. Mit dem Abschluss des Geschäftsführerdienstvertrags und der damit einhergehenden Bestellung zum Geschäftsführer werden für den Beschäftigten schon von Gesetzes wegen **zahlreiche neue Rechte und Pflichten aus dem GmbHG** begründet. **Einem Arbeitnehmer muss deshalb klar sein, dass mit dem Abschluss des Geschäftsführerdienstvertrages und der Bestellung zum Geschäftsführer das vorherige Arbeitsverhältnis endet.** Aufgrund dieser Vermutung, die seit langem der Rechtsprechung des BAG entspricht, führt die in **§ 305c Abs. 2 BGB enthaltene Unklarheitenregel** bei vorformulierten Vertragsbedingungen nicht zu einer anderen Beurteilung; durch den schriftlichen Geschäftsführerdienstvertrag wird auch das **Schriftformerfordernis des § 623 BGB für den Auflösungsvertrag gewahrt**. Ist die Auflösung des Arbeitsverhältnisses nicht ausdrücklich vereinbart, so ist im Wege der Auslegung der getroffenen schriftlichen Vereinbarung festzustellen, ob der Wille, das Arbeitsverhältnis einvernehmlich zu beenden, in der schriftlichen Vereinbarung zum Ausdruck gekommen ist. Außerhalb der Urkunde liegende Umstände dürfen berücksichtigt werden, wenn der einschlägige rechtsgeschäftliche Wille der Parteien in der formgerechten Urkunde einen wenn auch nur unvollkommenen oder andeutungsweisen Ausdruck gefunden hat. Schließt ein Arbeitnehmer aber mit dem Arbeitgeber einen schriftlichen Dienstvertrag, der Grundlage der Bestellung zum Geschäftsführer ist, findet der Wille der Vertragsparteien, das zuvor begründete Arbeitsverhältnis zu beenden, in dem schriftlichen Geschäftsführerdienstvertrag **hinreichend deutlichen Anklang** (*BAG* 19.7.2007 EzA § 623 BGB 2002 Nr. 7 = NZA 2007, 1095; 5.6.2008 – 2 AZR 754/06 – EzA-SD 19/2008 S. 15 = NZA 2008, 1002). Anders ist es dagegen bei einem nur mündlich abgeschlossenen Geschäftsführervertrag (*LAG Nds.* 7.3.2007 NZA-RR 2007, 522). 186

Auch dann, wenn ein in **leitender Position** beschäftigter Arbeitnehmer zum Geschäftsführer einer neu gegründeten GmbH bestellt wird, die wesentliche Teilaufgaben des Betriebes seines bisherigen Arbeitgebers übernimmt (Ausgliederung einer Bauträger-GmbH aus einem Architekturbüro), wird im Zweifel mit Abschluss des Geschäftsführervertrages **das bisherige Arbeitsverhältnis aufgehoben** (*BAG* 8.6.2000 EzA § 5 ArbGG 1979 Nr. 35, 25.4.2002 EzA § 543 ZPO Nr. 11 = NZA 2003, 272 unter teilweiser Korrektur von *BAG* 9.5.1985 EzA § 5 ArbGG Nr. 3; *BAG* 24.11.2005 EzA § 1 KSchG Nr. 59 = NZA 2006, 366; *LAG BW* 16.11.2006 LAGE § 623 BGB 2002 Nr. 6; *LAG Nbg.* 2.4.2007 – 4 Ta 38/07 – EzA-SD 11/

2007 S. 16 LS = NZA-RR 2007, 490; vgl. dazu *Adam* SAE 2001, 109 ff.; *Niebler/Schmiedl* NZA-RR 2001, 281 ff.; *Wank/Maties* NZA 2007, 353 ff.; ebenso *ArbG Ulm* 4.11.2005 – 3 Ca 72/05 – EzA-SD 2/2006 S. 14 LS). Das gilt jedenfalls bis zum Inkrafttreten des § 623 BGB; ob für die Zeit danach daran festgehalten werden kann, war fraglich und vom *BAG* (25.4.2002 EzA § 543 ZPO Nr. 11 = NZA 2003, 272; zutr. verneint von *LAG Brem.* 2.3.2006 LAGE § 5 ArbGG 1979 Nr. 11 = NZA-RR 2006, 321 mit der Konsequenz der Zuständigkeit der Arbeitsgerichte für eine schriftliche Kündigung des »Anstellungsverhältnisses«; s. dazu *Pauli* ArbuR 2006, 285) zunächst offen gelassen worden, ist inzwischen aber zu bejahen (s.o.). Zu beachten ist, dass ohnehin stets die Möglichkeit besteht, einen bis dahin geltenden Arbeitsvertrag durch einen **schriftlichen Geschäftsführervertrag aufzuheben**; dies ist mit § 623 BGB vereinbar (*LAG Bln.* 15.2.2006 LAGE § 623 BGB 2002 Nr. 5; s. jetzt auch *BAG* 19.7.2007 EzA § 623 BGB 2002 Nr. 7 = NZA 2007, 1095) und grundsätzlich der Fall (*BAG* 5.6.2008 – 2 AZR 754/06 – EzA-SD 19/2008 S. 15 = NZA 2008, 1002). Insoweit genügt es, wenn der Geschäftsführervertrag den Formerfordernissen des § 623 BGB entspricht, sich **der Wille der Parteien zur Aufhebung des Arbeitsverhältnisses aus dem abgeschlossenen Vertrag ergibt** und ihm zumindest konkludent die Auflösung des Arbeitsverhältnisses entnommen werden kann (*LAG BW* 16.11.2006 LAGE § 623 BGB 2002 Nr. 6; s. jetzt auch *BAG* 19.7.2007 EzA § 623 BGB 2002 Nr. 7 = NZA 2007, 1095).

Behauptet der gekündigte Geschäftsführer, es hätten **zwei schuldrechtliche Rechtsverhältnisse** bestanden (Geschäftsführerdienstvertrag und ruhendes Arbeitsverhältnis), so hat er i.E. die Tatsachen darzulegen, aus denen sich dies ergeben soll (*BAG* 25.10.2007 EzA § 14 KSchG Nr. 8 = NZA 2008, 168; dazu *Goll-Müller/Langenhan-Komus* NZA 2008, 687 ff.).

187 Wenn die Organstellung eines GmbH-Geschäftsführers im Fall der **Verschmelzung** mit einer anderen GmbH erlischt und der Anstellungsvertrag gem. § 25 Abs. 2 S. 1 KapErhG (a.F.) auf die übernehmende GmbH übergeht, sind für den Rechtsstreit wegen der Kündigung des Anstellungsvertrages die Arbeitsgerichte (nur) dann zuständig, wenn neben dem Anstellungsverhältnis ein gleichzeitig übergegangenes Arbeitsverhältnis ruhend fortbestand (*BAG* 21.2.1994 EzA § 2 ArbGG Nr. 28; vgl. auch *BAG* 12.3.1987 EzA § 5 ArbGG Nr. 4 zur gegebenen sachlichen Zuständigkeit des ArbG bei gleichzeitiger Kündigung von ruhendem Arbeitsverhältnis und Abberufung als Geschäftsführer). Denn der **ehemalige Geschäftsführer** wird nicht automatisch zum Arbeitnehmer der aufnehmenden GmbH, wenn er seine frühere Tätigkeit mehr oder weniger unverändert fortsetzt. Es kann andererseits jedoch auch dem Willen der Beteiligten entsprechen, dass die Fortsetzung der Tätigkeit auf der Grundlage eines Arbeitsverhältnisses erfolgen soll, auch wenn die finanziellen Vertragsbedingungen im Wesentlichen unverändert bleiben (*LAG Köln* 15.8.2001 ARST 2002, 116 LS; vgl. auch *LAG Köln* 17.6.2003 NZA-RR 2004, 38).

188 Wird ein Arbeitnehmer zum Geschäftsführer einer **konzernabhängigen Gesellschaft** bestellt, so liegt allein darin noch keine (stillschweigende) Aufhebung des Arbeitsverhältnisses mit der Obergesellschaft (*BAG* 20.10.1995 EzA § 2 ArbGG 1979 Nr. 13).

189 Dagegen sind die Mitarbeiter eines Zimmererunternehmens dann keine Arbeitnehmer, wenn sie alle **Gesellschafter einer GmbH** und auch alle zu deren Geschäftsführern bestellt sind (*BAG* 10.4.1991 EzA § 611 BGB Arbeitnehmerbegriff Nr. 39). Der Gesellschafter einer GmbH, dem **mehr als 50% der Stimmen** zustehen, ist auch dann kein Arbeitnehmer der GmbH, wenn er nicht deren Geschäftsführer ist. Dabei ist es unerheblich, ob er seine Leitungsmacht tatsächlich ausübt (*BAG* 6.5.1998 EzA § 611 BGB Arbeitnehmerbegriff Nr. 68; vgl. dazu *Stück* FA 2007, 34 ff.).

Wer als **Gesamtprokurist für eine KG** (GmbH & Co. KG) tätig ist, ist regelmäßig deren Arbeitnehmer (vgl. *LAG Bln.* 11.12.2001 ARST 2002, 66 LS). Er wird zwar nicht allein dadurch zwingend freier Dienstnehmer, dass er zum Mitgeschäftsführer der Komplementär-GmbH bestellt wird; weil er dann aber kraft Gesetzes zur Vertretung dieser Personengesamtheit berufen ist, gilt er gem. § 5 Abs. 1 S. 3 ArbGG nicht als Arbeitnehmer i.S.d. ArbGG (*BAG* 20.8.2003 EzA § 5 ArbGG 1979 Nr. 38 = NZA 2003, 1108 gegen *BAG* 13.7.1995 EzA § 5 ArbGG Nr. 10).

190 Wird dagegen der Arbeitnehmer eines Vereins zum **Vorstandsmitglied** berufen und im Hinblick darauf ein Dienstvertrag mit höheren Bezügen abgeschlossen, so wird im Zweifel das bisherige Arbeitsverhältnis aufgehoben (*BAG* 28.9.1995 EzA § 5 ArbGG 1979 Nr. 12; vgl. dazu und zur Bedeutung von § 623 BGB in diesem Zusammenhang *Fischer* NJW 2003, 2417 ff.).

VIII. Beschäftigung außerhalb eines Arbeitsverhältnisses

Beamte sind gem. § 5 Abs. 2 ArbGG keine Arbeitnehmer. Wird ein Beamter von seinem öffentlichen Dienstherrn allerdings unter Fortzahlung des Gehalts »zur **Dienstleistung**« **bei einer privaten Einrichtung** beurlaubt, kann – je nach den Umständen des Einzelfalls – neben dem Beamtenverhältnis ein Arbeitsverhältnis mit der privaten Einrichtung zustande kommen. Denn dem Beamten ist dann kein amtsgemäßer Aufgabenbereich mehr übertragen. Die Begründung eines Arbeitsverhältnisses ist von den Beteiligten i.d.R. erst dann gewollt, wenn die Tätigkeit des beurlaubten Beamten beim privaten Arbeitgeber nicht mehr seiner beamtenrechtlichen Stellung entspricht und er zusätzlich zu seinen Beamtenbezügen eine Tätigkeitsvergütung enthält (*BAG* 27.6.2001 EzA § 4 EntgfzG Tarifvertrag Nr. 48). 191

Auch **Richter, Soldaten, Zivildienstleistende und Entwicklungshelfer** sind gem. § 5 Abs. 2 ArbGG keine Arbeitnehmer. Für Strafgefangene gilt das selbst dann, wenn sie außerhalb der Anstalt in einem privaten Betrieb beschäftigt werden (*BAG* 3.10.1978 EzA § 5 BetrVG Nr. 33). Zu Ein-Euro-Jobbern s.o. Rn. 166. Auch der **Eingliederungsvertrag** gem. §§ 229 ff. SGB III begründet kein Arbeitsverhältnis. Dies folgt bereits aus dem **Wortlaut des Gesetzes**. Denn der Gesetzgeber wollte das mit dem Eingliederungsvertrag zustande gekommene Beschäftigungsverhältnis i.S.v. § 7 SGB IV grds. nicht als Arbeitsverhältnis verstanden und behandelt wissen. § 229 SGB III spricht nicht etwa von Arbeitnehmern, sondern von »Arbeitslosen«, die »auf Grund eines Eingliederungsvertrages mit dem Ziel beschäftigt werden, sie nach erfolgreichem Abschluss der Eingliederung in ein Arbeitsverhältnis zu übernehmen«. Damit wird deutlich, dass die Beschäftigung vor der Übernahme nicht schon im Rahmen eines Arbeitsverhältnisses erfolgt. Ein deutlicher Hinweis auf den entsprechenden Willen des Gesetzgebers ist ferner die ansonsten überflüssige Anordnung der beschränkten Anwendung arbeitsrechtlicher Vorschriften und Grundsätze (§ 231 Abs. 2 S. 1 SGB III) sowie die Rechtswegzuweisung zu den Arbeitsgerichten, derer es nicht bedurft hätte, wenn der Eingliederungsvertrag ohnehin ein Arbeitsverhältnis i.S.v. § 2 Abs. 1 Nr. 3a ArbGG begründen würde. Auch bildet bei der Eingliederung nicht die entgeltliche, weisungsgebundene Tätigkeit den Schwerpunkt (*BAG* 17.5.2001 EzA § 1 KSchG Nr. 54). 192

Personen, die in **Arbeitsbeschaffungsmaßnahmen** beschäftigt werden (§§ 260 ff. SGB III), sind Arbeitnehmer. Für Personen, die Dienst im Rahmen des **freiwilligen sozialen Jahres** leisten, gelten arbeitsrechtliche Bestimmungen (nur) insoweit, als dies durch das Gesetz zur Förderung des freiwilligen sozialen Jahres (vom 17.8.1964 BGBl. I S. 640) angeordnet worden ist. Das ist insbes. für den Bereich der Mitbestimmung des Betriebsrats nicht der Fall. 193

Mitarbeit von **Ehegatten und Kindern** gem. § 1619 BGB begründet an sich kein Arbeitsverhältnis, schließt aber die gesonderte Begründung eines Arbeitsverhältnisses nicht aus. 194

> Maßgeblich ist eine wertende Betrachtungsweise. Haben die Parteien gerade neben den während der Ehe und der gemeinsamen Haushaltsführung immer anfallenden familienrechtlichen Leistungen ausdrücklich ein Arbeitsverhältnis gewollt und gelebt und nach außen hin auch konkrete Zahlungsbeträge als Vergütung deklariert, so kann dieses Verhältnis nicht nachträglich gerichtlich anders eingeordnet werden. Der mitarbeitende Ehegatte hat dann Anspruch auf Auszahlung einer gesonderten, vom Familienunterhalt unabhängigen und ihm frei zur Verfügung stehenden Vergütung; zur Erfüllung dieses Anspruchs kann sich der Arbeitgeber nicht darauf berufen, die Arbeitnehmerin habe ihren Lebensunterhalt vom gemeinsamen Konto bestritten (*LAG SchlH* 30.8.2006 LAGE § 611 BGB 2002 Ehegattenarbeitsverhältnis Nr. 1 = NZA-RR 2007, 9). 195

Auch z.B. die Mitarbeit eines Familienmitglieds in einer KG, an der nur die Eltern und der Ehemann als Gesellschafter beteiligt sind, kann Gegenstand eines Arbeitsvertrages sein. Aus dessen Anlass können auch Leistungen der betrieblichen Altersversorgung zugesagt werden. Um Missbrauch zu verhindern, verlangt das *BAG* (20.7.1993 AP Nr. 4 zu § 1 BetrAVG Unverfallbarkeit) allerdings den schriftlichen Abschluss und den tatsächlichen Vollzug eines Vertrages, der die üblichen Bestandteile eines Arbeitsverhältnisses regelt, sowie die Auszahlung des Entgelts an den Arbeitnehmer (vgl. zur Abgrenzung der Arbeitnehmer- oder Unternehmereigenschaft bei Tätigkeit im Betrieb des Ehegatten *BSG* 21.4.1993 EzA § 611 BGB Ehegattenarbeitsverhältnis Nr. 2). Die Darlegungs- und Beweislast für das Vorliegen eines Ehegatten-Arbeitsverhältnisses z.B. i.S.v. § 1 Abs. 1 KSchG trifft den Arbeitnehmer; sie trifft dagegen den Arbeitgeber, wenn er behauptet, es handle sich um ein Scheingeschäft i.S.d. § 117 Abs. 1 BGB (*BAG* 9.2.1995 EzA § 1 KSchG Personenbedingte Kündigung Nr. 12).

196 **Gesellschafter**, die auf Grund ihrer sich aus dem Gesellschaftsvertrag ergebenden Verpflichtung tätig werden, sind regelmäßig keine Arbeitnehmer; die Begründung eines Arbeitsverhältnisses ist aber möglich. So kann z.B. ein Kommanditist zugleich Arbeitnehmer der KG sein. Das ist z.B. dann der Fall, wenn der **Kommanditist**, der über **keine Sperrminorität** verfügt, dem im Gesellschaftsvertrag auch keine Vertretungs- und Geschäftsführungsbefugnis eingeräumt ist und dessen Entgelt sich lediglich als Vorwegnahme seines Gewinns nach seinem Gesellschaftsanteil bemisst und in keiner Beziehung zu seiner im Gesellschaftsvertrag nicht geregelten Tätigkeit steht, in einer Stellung als technischer Leiter des Betriebes arbeitet (*LAG Bln.* 26.3.2003 LAGE § 611 BGB Arbeitnehmerbegriff Nr. 46 = ZTR 2004, 41 LS). Dagegen ist der Gesellschafter einer GmbH, dem **mehr als 50% der Stimmen** zustehen, auch dann kein Arbeitnehmer – unabhängig davon, ob er seine Leitungsmacht tatsächlich ausübt – wenn er nicht Geschäftsführer ist (*BAG* 6.5.1998 NZA 1998, 939).

197 Keine Arbeitnehmer sind **freiberuflich Tätige** (z.B. Ärzte, Rechtsanwälte) und freie Mitarbeiter insbes. von Presse- und Verlagsunternehmen.

198 Wird eine Person im Bereich der **Krankenpflege** (z.B. eine Rote-Kreuz-Schwester) auf Grund eines Gestellungsvertrages zwischen dem DRK und dem Krankenhausträger mit der Verpflichtung, Pflegepersonal zur Verfügung zu stellen, tätig, so wird ein Arbeitsverhältnis zum Krankenhausträger dann begründet, wenn der Gestellungsvertrag nur wie ein Tarifvertrag die Rahmenbedingungen für die Beschäftigung festlegt. Geht die Verpflichtung dagegen dahin, die erforderlichen Personen zur Verfügung zu stellen, ohne dass mit dem Betriebsinhaber ein Arbeitsvertrag geschlossen wird, so ist die gestellte Person kein Arbeitnehmer. Die mitgliedschaftliche Bindung an die Schwesternschaft schließt dann ein Arbeitsverhältnis zum Gestellungsträger aus (vgl. MünchArbR/*Richardi* § 24 Rz. 84 ff., 111). **Rote-Kreuz-Schwestern** sind auch weder Arbeitnehmer der Schwesternschaft noch arbeitnehmerähnliche Personen i.S.v. § 5 Abs. 1 ArbGG (*BAG* 6.7.1995 EzA § 5 ArbGG 1979 Nr. 11).

199 Fraglich ist, ob ein sog. **subordinativer Franchisenehmer**, der zur Absatzförderung nach den Richtlinien und Anweisungen des Franchisegebers verpflichtet ist, die wirtschaftlichen Folgen seiner selbstbestimmten Tätigkeit jedoch selbst trägt, Arbeitnehmer sein kann.

200 Nach Auffassung des *LAG Düsseld.* (20.10.1987 NJW 1988, 725) hängt es vom Grad der Weisungsunterworfenheit ab, ob der Franchisenehmer Arbeitnehmer ist (ebenso *Wank* Arbeitnehmer und Selbstständige, S. 281 ff.; zu den mit Franchising verbundenen Rechtsfragen vgl. *Elsner* NZA 1996, 519 ff.). Das *LSG Bln.* (27.10.1993 NZA 1995, 139) hat angenommen, dass »Unterfrachtführer«, die vertraglich in ihrer Berufsausübung so stark eingeschränkt sind, dass sie weitgehend dem Berufsbild eines abhängig beschäftigten Kraftfahrers (vgl. dazu *LAG Köln* 6.3.2003 – 4 Ta 404/02 – EzA-SD 9/2003, S. 7 LS) entsprechen, sozialversicherungspflichtige Beschäftigte i.S.d. § 7 SGB IV sind.

201 Demgegenüber ist der Franchisenehmer nach Auffassung von *Richardi* (MünchArbR § 24 Rz. 118; ähnlich *Horn/Henssler* ZIP 1998, 589 ff.) selbstständiger Unternehmer, weil es für die Annahme eines Arbeitsverhältnisses nicht genügt, dass jemand sich verpflichtet, seinen Betrieb ganz oder in bestimmten Bereichen nach den Richtlinien und Anweisungen eines anderen einzurichten und zu führen. Erforderlich ist die beim Franchisenehmer nicht gegebene Erbringung von Diensten als Vertragsgegenstand. Auch nach dieser Auffassung kommt

allerdings eine partielle Anwendung arbeitsrechtlicher Vorschriften in Betracht. Voraussetzung dafür ist, dass deren Normzweck eine Einbeziehung sachlich rechtfertigt, weil der Franchisenehmer insoweit einem Arbeitnehmer gleichzustellen ist.

Das *LAG RhPf* (12.7.1996 LAGE § 611 BGB Arbeitnehmerbegriff Nr. 32) hat insoweit folgende **Grundsätze** aufgestellt: **202**

- Der Franchisenehmer bleibt auch dann selbstständiger freier Mitarbeiter, wenn der Vertrags ins Detail gehende Vorgaben bezüglich der Einsatztage und der Vorgehensweise beim Einsatz und welche Kriterien zu beachten sind, um die gewünschte Geschäftsentwicklung zu erreichen, enthält. Denn es werden keine verbindlichen zeitlichen Vorgaben gemacht und bei deren Nichteinhaltung drohen auch keine sofortigen Sanktionen. Diese vertragliche Vorgabe dient dazu, unerfahrene Franchisenehmer vor Fehlschlägen zu schützen und den beiderseitigen Erfolg zu ermöglichen.
- Ausschlaggebend für die Bejahung der Selbstständigkeit ist der Umstand, dass der Franchisenehmer selbst Arbeitnehmer einstellen darf und dies zur ordnungsgemäßen Erfüllung der übernommenen Tätigkeit tatsächlich auch tun muss. Nicht entscheidend ist eine vereinbarte Einflussnahme des Franchisegebers auf das Auswahlverfahren sowie die Verpflichtung des Franchisenehmers, diese ordnungsgemäß schulen zu lassen. **203**
- Auch eine wirtschaftliche Abhängigkeit liegt nicht vor, sodass der Franchisenehmer nicht als arbeitnehmerähnliche Person anzusehen ist. Denn auch bei geringem Gewinn bewegen sich Franchisenehmer in einem System der gleichberechtigten Partner, weil eine wirtschaftliche Unselbstständigkeit nicht gegeben ist. Der Franchisenehmer handelt nach außen hin und nach der Verkehrsauffassung als wirtschaftlich Selbstständiger. **204**

Das *BAG* (16.7.1997 EzA § 5 ArbGG 1979 Nr. 24; ebenso *BGH* 4.11.1998 EzA § 5 ArbGG 1979 Nr. 29; *OLG Düsseld.* 30.1.1998 16U 182/96; 18.3.1998 6W 2/97; vgl. dazu *Haager* NJW 1999, 2081 ff.; *Hänlein* DB 2000, 374 ff.; krit. *Horn/Henssler* ZIP 1998, 589 ff.; abl. *Beckmann/Zweckner* NJW 1999, 1614 ff.) hat sich dieser Argumentation **nicht angeschlossen**; dass ein Franchisenehmer den für ein solches Rechtsverhältnis typischen Bindungen unterliegt, schließt die Annahme eines Arbeitsverhältnisses nicht aus. Ob eine Partei Arbeitnehmer oder arbeitnehmerähnliche Person ist, richtet sich folglich **ausschließlich danach**, ob sie **persönlich abhängig oder zwar rechtlich selbstständig, aber wirtschaftlich abhängig und einem Arbeitnehmer vergleichbar schutzbedürftig** ist. Im konkret entschiedenen Einzelfall hat das *BAG* (16.7.1997 EzA § 5 ArbGG 1979 Nr. 24) angenommen, dass der Franchisenehmer jedenfalls wegen seiner wirtschaftlichen Abhängigkeit als **arbeitnehmerähnliche Person** anzusehen ist und damit die Zuständigkeit der Arbeitsgerichtsbarkeit bejaht; über die Frage der Arbeitnehmereigenschaft zu entscheiden, bestand kein Anlass. Für die wirtschaftliche Abhängigkeit spricht der Umstand, dass der Franchisenehmer neben dem Verdienst aus der Tätigkeit für den Franchisegeber über **keine anderweitigen Einkünfte** verfügt und der Vertrag darauf angelegt ist, die **Arbeitskraft voll in Anspruch** zu nehmen (ebenso *ArbG Düsseld.* 17.10.2000 NZA-RR 2001, 183). Dies gilt auch dann, wenn der Franchisenehmer sämtliche Geschäfte **im eigenen Namen** und **für eigene Rechnung** abschließt. Der Franchisenehmer hat dann die Stellung eines angestellten Verkaufsfahrers (*BGH* 4.11.1998 EzA § 5 ArbGG 1979 Nr. 29.; vgl. dazu *Wank* RdA 1999, 271 ff.). **205**

Das *OLG Düsseld.* (30.1.1998 ZIP 1998, 624; ebenso *Bumiller* NJW 1998, 2955; aufgehoben durch *BGH* 4.11.1998 EzA § 5 ArbGG 1979 Nr. 29) hat demgegenüber angenommen, dass die wirtschaftliche Abhängigkeit eines Franchisenehmers keinen arbeitnehmerähnlichen Status begründen kann, sodass die Zivilgerichte für Klagen aus dem Franchisevertrag jedenfalls mit der **Fa. Eismann**, der auch die Grundlage für die Entscheidung des *BAG* (16.7.1997 EzA § 5 ArbGG 1979 Nr. 24 sowie des *LAG RhPf* 12.7.1996 a.a.O.) war, zuständig sind. **206**

207 Eine als **Marktleiterin** tätige Franchisenehmerin war keine Arbeitnehmerin, wenn ihr vertraglich gestattet war
- einzelne Rechte und Pflichten aus dem Vertrag durch geeignete Dritte auszuüben,
- ihr weder Dauer noch Beginn und Ende der täglichen Arbeitszeit vorgegeben waren,
- sie den Markt in eigener Verantwortung leitete,
- sie in der Gestaltung ihrer Arbeitstätigkeit und ihrer Arbeitszeit für den Betrieb im Wesentlichen frei war,
- sie selbst Urlaub nehmen und in der Zeit ihrer sonstigen Abwesenheit andere Personen mit der Marktleitung betrauen konnte,
- ihr die Entscheidung überlassen war, wen und wie viele Personen sie als Mitarbeiter im Markt einsetzte, wobei sie Anstellungsverträge mit dem Personal im eigenen Namen schloss; geschuldet war jeweils nur der Einsatz qualifizierten Personals.

Damit stand ihr ein eigener **Gestaltungsspielraum** zu, der mit dem Status einer Arbeitnehmerin nicht zu vereinbaren war (*BGH* 27.1.2000 EzA § 2 ArbGG 1979 Nr. 50 = NZA 2000, 390). Der *BGH* (a.a.O.) hat auch die Eigenschaft als **arbeitnehmerähnliche Person** im konkreten Einzelfall **verneint**, weil sie **nicht** wie ein Arbeitnehmer **sozial schutzbedürftig** war. Denn sie hatte dafür Sorge zu tragen, dass im Markt genügend qualifiziertes Personal vorhanden war, sie schloss die Anstellungsvereinbarungen im eigenen Namen ab und war Arbeitgeber der im Markt Beschäftigten. Das sprach entscheidend für selbstständiges Unternehmertum, schloss also eine arbeitnehmerähnliche Stellung aus.

208 Auch der Abschluss eines **Kommissionsvertrages** schließt nicht aus, dass es sich bei dem »Kommissionär« um einen Arbeitnehmer oder eine arbeitnehmerähnliche Person handelt (*BAG* 8.9.1997 EzA § 5 ArbGG 1979 Nr. 25). Denn der Gesetzgeber hat den Kommissionär nach § 383 HGB als **selbständigen Gewerbetreibenden** und damit nicht als Arbeitnehmer eingeordnet. Die Selbständigkeit folgt dabei aus der Gewerbsmäßigkeit seines Tätigwerdens. Allerdings liegt ein Arbeitsverhältnis dann vor, wenn Vereinbarungen getroffen und praktiziert werden, die zur Folge haben, dass der betreffende Kommissionär nicht mehr im Wesentlichen frei seine Tätigkeit gestalten und seine Arbeitszeit bestimmen kann (*BAG* 4.12.2002 EzA § 611 BGB 2002 Arbeitnehmerbegriff Nr. 2 = NZA 2003, 1112 LS). Allein die **wirtschaftliche Abhängigkeit** eines Kommissionärs kann zwar die Rechtsstellung einer arbeitnehmerähnlichen Person begründen (*BAG* 8.9.1997 EzA § 5 ArbGG 1979 Nr. 25), nicht aber die Arbeitnehmereigenschaft. Ist der zur Dienstleistung Verpflichtete nach den tatsächlichen Umständen aber nicht in der Lage, seine vertraglichen Leistungspflichten **allein zu erfüllen**, sondern auf Hilfskräfte angewiesen und vertraglich berechtigt, seine Leistungen durch Dritte erbringen zu lassen, spricht dies regelmäßig gegen ein Arbeitsverhältnis (*BAG* 12.12.2001 EzA § 611 BGB Arbeitnehmerbegriff Nr. 87 = AP BGB § 611 Abhängigkeit Nr. 111; 4.12.2002 EzA § 611 BGB 2002 Arbeitnehmerbegriff Nr. 2 = NZA 2003, 1112 LS; ebenso *BGH* 21.10.1998 NZA 1999, 110).

IX. Arbeitgeber

1. Grundsätze

209 Arbeitsvertragspartner des Arbeitnehmers ist der Arbeitgeber, das ist derjenige, der die Dienstleistungen vom Arbeitnehmer kraft des Arbeitsvertrages verlangen kann und andererseits der Schuldner des Vergütungsanspruchs ist (*BAG* 9.9.1982 EzA § 611 BGB Arbeitgeberbegriff Nr. 1).

210 Verfassungsrechtliche Grundlagen für die Arbeitgeberstellung sind Art. 12 Abs. 1, 14 GG (s.u. Rn. 313).

Arbeitgeber kann eine natürliche oder juristische Person oder eine Gesamthandsgemeinschaft, insbes. eine BGB-Gesellschaft, oHG oder KG sein. Bei Streitigkeiten aus dem Arbeitsverhältnis ist der Arbeitgeber zu verklagen. **Insbesondere bei fristgebundenen Klagen (z.B. der Kündigungsschutzklage, §§ 4, 7 KSchG) muss der Arbeitnehmer innerhalb der gesetzlichen Frist (gem. § 4 KSchG von drei Wochen) die richtige Partei verklagen, weil nur dann die Klagefrist eingehalten ist.** Wer Arbeitgeber ist, ist aber nicht selten fraglich (vgl. ausf. KR-*Friedrich* § 4 KSchG Rz. 85 ff. m.w.N.), insbes. dann, wenn für den Arbeitnehmer nicht eindeutig erkennbar ist, ob es sich z.B. um eine **Einzelhandelsfirma**, oder um eine **GmbH** handelt, oder wenn mehrere Unternehmen mit ähnlichen Firmenbezeichnungen, gleichen Inhabern/Gesellschaftern/Geschäftsführern und Firmensitz, aber rechtlich unterschiedlicher Organisationsform tätig sind (zur Arbeitgeberstellung einer BGB-Gesellschaft vgl. *BAG* 6.7.1989 EzA § 611 BGB Arbeitgeberbegriff Nr. 3).

Das *LAG Hamm* (4.11.1996 NZA-RR 1997, 209) hat demgegenüber angenommen, dass **211**
bei der Auslegung der Parteibezeichnung unter Berücksichtigung der Zwecke des arbeitsgerichtlichen Verfahrens **kein strenger Maßstab** anzulegen sein soll. Bei unrichtiger äußerer Parteibezeichnung ist danach grds. derjenige als Partei anzusprechen, der durch die Parteibezeichnung erkennbar betroffen sein soll. Dies soll auch bei der irrtümlichen Verwendung oder Unterlassung von Zusätzen, die auf eine Gesellschaftsform hinweisen, gelten.

Das *BAG* (12.2.2004 EzA § 4 KSchG n.F. Nr. 66; 21.9.2006 EzA § 4 KSchG n.F. Nr. 75 = **212**
NZA 2007, 405; 1.3.2007 EzA § 4 KSchG n.F. Nr. 76 = NZA 2007, 1013; zu den Anforderungen an eine Kündigungsschutzklage: »großzügiger Maßstab« s. *BAG* 13.12.2007 EzA § 4 KSchG n.F. Nr. 82) hat inzwischen in diesem Zusammenhang folgende Grundsätze aufgestellt:

- Die Parteien eines Prozesses werden vom Kläger in der Klageschrift bezeichnet. Ist die Bezeichnung nicht eindeutig, so ist die Partei durch Auslegung zu ermitteln. Selbst bei äußerlich eindeutiger, aber offenkundig unrichtiger Bezeichnung ist grds. diejenige Person als Partei angesprochen, die erkennbar durch die Parteibezeichnung betroffen werden soll; eine ungenaue oder erkennbar falsche Parteibezeichnung ist unschädlich und kann jederzeit von Amts wegen richtig gestellt werden (*BAG* 21.9.2006 EzA § 4 KSchG n.F. Nr. 75 = NZA 2007, 405);
- Ergibt sich in einem Kündigungsschutzprozess etwa aus dem der Klageschrift beigefügten Kündigungsschreiben, wer als beklagte Partei gemeint ist, so liegt eine nach § 4 S. 1 KSchG rechtzeitige Klage auch dann vor, wenn bei Zugrundelegung des bloßen Wortlauts der Klageschrift eine andere Person als Partei in Betracht zu ziehen wäre;
- Die durch das Grundgesetz gewährleisteten Verfassungsgarantien verbieten es, den Zugang zu den Gerichten in einer aus Sachgründen nicht mehr zu rechtfertigenden Weise zu erschweren. Deshalb darf die Klageerhebung nicht an unvollständigen oder fehlerhaften Bezeichnungen der Parteien scheitern, wenn diese Mängel in Anbetracht der jeweiligen Umstände letztlich keine vernünftigen Zweifel an dem wirklich Gewollten aufkommen lassen;
- Das gilt auch dann, wenn statt der richtigen Bezeichnung irrtümlich die Bezeichnung einer tatsächlich existierenden (juristischen oder natürlichen) Person gewählt wird, solange nur aus dem Inhalt der Klageschrift und etwaigen Anlagen unzweifelhaft deutlich wird, welche Partei tatsächlich gemeint ist.

Nach Maßgabe dieser Grundsätze ist z.B. eine Berichtigung der Parteibezeichnung möglich, wenn sich die **Klage gegen die einzelnen Partner einer Partnerschaftsgesellschaft** nach dem PartGG richtet, letztere Arbeitgeber ist und die Kündigung auf dem Briefbogen der Gesellschaft gefertigt und von einem der Partner unterzeichnet worden und der Klageschrift beigefügt worden ist (*BAG* 1.3.2007 EzA § 4 KSchG n.F. Nr. 76 = NZA 2007, 1013).

Bei der **BGB-Gesellschaft** ist zu beachten, dass sie nicht unter einem Gesamtnamen Ver- **213**
bindlichkeiten eingehen kann. Zu verklagen sind deshalb an sich alle Gesellschafter als Gesamtschuldner (§ 427 BGB); die nur gegen einen Gesellschafter gerichtete Kündigungsschutzklage ist jedenfalls unzulässig (*LAG Bln.* 15.8.1997 NZA-RR 1998, 279). Daraus

wurde abgeleitet, dass Arbeitgeber die Gesellschafter sind (*BAG* 16.10.1974 EzA § 705 BGB Nr. 1; **a.A.** MünchArbR/*Richardi* § 43 Rz. 5, wonach es sich um eine kollektive Einheit handelt, die am rechtlichen Verkehr teilnimmt). Für die zuletzt zitierte Auffassung spricht, dass der *BGH* (19.1.2001 EzA § 50 ZPO Nr. 4; 18.2.2002 AP § 50 ZPO Nr. 11; 15.1.2003 NJW 2003, 1043; zust. *Diller* NZA 2003, 401 ff.) inzwischen davon ausgeht, dass die (Außen-)Gesellschaft bürgerlichen Rechts Rechtsfähigkeit besitzt, soweit sie durch Teilnahme am Rechtsverkehr eigene Rechte und Pflichten begründet. In diesem Rahmen ist sie zugleich im Zivilprozess aktiv und passiv parteifähig, **muss also auch als solche verklagt werden** (KR-*Friedrich* § 4 KSchG Rz. 94). Dem hat sich das *BAG* (1.12.2004 EzA § 50 ZPO 2002 Nr. 3) ausdrücklich angeschlossen. Will der Kläger erkennbar die Gesellschaft als solche verklagen, ist eine **Beklagtenbezeichnung**, die an Stelle der Gesellschaft die einzelnen Gesellschafter nennt, auch in der Revisionsinstanz **von Amts wegen richtig zu stellen** (*BAG* 17.7.2007 NZA 2008, 118).

214 **OHG** und **KG** können ohnehin unter ihrer Firma Verbindlichkeiten eingehen (§§ 124 Abs. 1, 161 Abs. 2 HGB).

215 In der Insolvenz des Arbeitgebers werden dessen Rechte und Pflichten vom **Insolvenzverwalter** wahrgenommen (§§ 56 ff. InsO). Ist zum Zeitpunkt der Klageerhebung ein **Insolvenzverwalter** bestellt, ist die Kündigungsschutzklage folglich **gegen diesen in seiner Eigenschaft als Partei kraft Amtes zu erheben**; eine Klage gegen die Schuldnerin wahrt nicht die Klagefrist des § 4 KSchG. Enthält die Klageschrift keinen Hinweis auf ein eröffnetes Insolvenzverfahren und die Bestellung des Insolvenzverwalters und wird vielmehr die Schuldnerin eindeutig als Beklagte bezeichnet, kann die Klageschrift nur dahin aufgefasst und ausgelegt werden, dass sich die Klage allein gegen die Schuldnerin richten soll (*BAG* 21.9.2006 EzA § 4 KSchG n.F. Nr. 75 = NZA 2007, 405).

216 Auf Arbeitgeberseite können auch **mehrere natürliche oder juristische Personen** bzw. mehrere rechtlich selbständige Gesellschaften an einem Arbeitsverhältnis beteiligt sein. Ausreichend, aber auch erforderlich dafür ist ein rechtlicher Zusammenhang zwischen den arbeitsvertraglichen Beziehungen des Arbeitnehmers zu den einzelnen Arbeitgebern, der es verbietet, diese Beziehungen rechtlich getrennt zu behandeln. Dieser rechtliche Zusammenhang kann sich aus einer Auslegung des Vertragswerks der Parteien, aber auch aus zwingenden rechtlichen Wertungen ergeben. Ein solcher Zusammenhang ergibt sich nicht aus § 613a BGB, wenn Unternehmen einzelne Betriebsmittel erwerben, denn danach geht ein Arbeitsverhältnis auf einen einzigen Betriebserwerber über, wenn die Identität eines übernommenen Betriebs gewahrt bleibt (*BAG* 16.2.2006 EzA § 613a BGB 2002 Nr. 47).

2. GmbH im Gründungsstadium

217 Für den Vertragsschluss eines Arbeitnehmers mit einer noch nicht im Handelsregister eingetragenen GmbH (vgl. § 11 GmbHG) können nach der Rechtsprechung (*BAG* 7.6.1973 AP Nr. 2 zu § 11 GmbHG; abl. MünchArbR/*Richardi* § 43 Rz. 6 ff.; danach ist die Gründungsgesellschaft keine Personenvereinigung eigener Art, sondern die werdende GmbH) vor allem folgende Gestaltungen gewählt werden:

- Der Vertrag wird im Namen der Gründungsgesellschaft, die als im Wesentlichen nach GmbH-Recht zu behandelndes Rechtsgebilde verstanden wird (*BAG* 8.11.1962 AP Nr. 1 zu § 11 GmbHG), abgeschlossen;
- der Vertrag wird erst für die künftig nach der Eintragung im Handelsregister als juristische Person entstehende GmbH abgeschlossen;
- der Vertrag wird namens der Gründungsgesellschaft und zugleich im Namen der künftigen GmbH abgeschlossen mit der Folge, dass die GmbH mit ihrer Entstehung an die Stelle der Gründungsgesellschaft tritt.

Sofern sich aus den Umständen bei den Vertragsverhandlungen nichts anderes ergibt, ist der Abschluss eines Arbeitsvertrages mit der Gründungsgesellschaft dann anzunehmen, wenn diese bereits werbend im Geschäftsverkehr tätig geworden ist, der Arbeitnehmer seine Beschäftigung schon vor Eintragung der GmbH aufnehmen soll und ihm nicht bekannt ist, dass die Eintragung noch nicht erfolgt ist (*LAG Köln* 17.3.2000 NZA-RR 2001, 129). **218**

Praktische Bedeutung hat die Wahl einer dieser möglichen Gestaltungen zum einen für die Beantwortung der Frage, wer als Arbeitgeber des Arbeitnehmers anzusehen ist, zum anderen für die Haftung für das geschuldete Arbeitsentgelt und schließlich dafür, wen der Arbeitnehmer im Streitfall vor dem Arbeitsgericht verklagen muss. **219**

Das *BAG* (23.8.1995 EzA § 13 GmbHG Nr. 1; ausf. dazu *Ensthaler* BB 1997, 257 ff.) hat dem Gemeinsamen Senat der obersten Gerichtshöfe des Bundes die Frage zur Entscheidung vorgelegt, ob die **Gesellschafter einer Vor-GmbH für nicht rechtsgeschäftlich begründete Verpflichtungen** (z.B. Beiträge zur ZVK des Baugewerbes) **der Vor-GmbH nur beschränkt haften**. **220**

Das *BAG* (23.8.1995 EzA § 13 GmbHG Nr. 1) ist der Auffassung, dass insoweit nur eine auf die Einlage beschränkte Haftung in Betracht kommt. § 11 Abs. 1 GmbH greift mangels Eintragung in das Handelsregister zwar an sich nicht ein; die Vor-GmbH untersteht aber einem Sonderrecht, das den gesetzlichen und vertraglichen Gründungsvorschriften und dem Recht der eingetragenen GmbH entspricht, soweit nicht die Eintragung im Handelsregister unverzichtbar ist. Diese Vor-GmbH kann Trägerin von Rechten und Pflichten sein, Rechte erwerben und Verbindlichkeiten eingehen. **221**

Die Haftung der Gesellschafter der Vor-GmbH für Verbindlichkeiten dieser Gesellschaft ist nach Auffassung des *BAG* (23.8.1995 EzA § 13 GmbHG Nr. 1) aber sowohl bei rechtsgeschäftlichen als auch z.B. bei durch einen allgemeinverbindlichen Tarifvertrag begründeten Verbindlichkeiten auf ihre Einlage (ggf. auf eine Differenzhaftung nach § 9 GmbHG oder eine Ausfallhaftung gem. § 24 GmbHG) beschränkt; sachliche Gründe, die eine unterschiedliche Behandlung der Rechtsfrage danach zulassen, ob die Verbindlichkeit durch Rechtsgeschäft einerseits, oder durch Gesetz oder allgemeinverbindlichen Tarifvertrag andererseits begründet worden ist, sind nicht ersichtlich. **222**

Demgegenüber hat das *BSG* (28.2.1986 ZIP 1986, 645) entschieden, dass die Gesellschafter einer Vor-GmbH für die von der Vor-GmbH geschuldeten Beiträge zum Träger der gesetzlichen Unfallversicherung **persönlich und unbeschränkt haften**. Denn die Beschränkung der Haftung betreffe nur den rechtsgeschäftlichen Verkehr, wenn im Namen der zukünftigen Gesellschaft gehandelt werde, dem Geschäftspartner damit die eintretende Haftungsbeschränkung bekannt oder zumindest erkennbar sei und er sich bei Abschluss des Rechtsgeschäfts darauf einrichten könne. **223**

Noch während des Verfahrens vor dem Gemeinsamen Senat hat der *BGH* (4.3.1996 NJW 1996, 1210) seinerseits dem Gemeinsamen Senat die Frage zur Entscheidung vorgelegt, ob die Gesellschafter einer Vor-GmbH für Verbindlichkeiten dieser Gesellschaft unbeschränkt und grds. nur im Verhältnis zur Vorgesellschaft haften. Der *BGH* (4.3.1996 a.a.O.) bejaht dies, sodass es sich um eine Innenhaftung gegenüber der Vorgesellschaft selbst handelt, nicht aber um eine unmittelbare Haftung gegenüber den Gesellschaftsgläubigern. Diese müssen sich vielmehr an die Vor-GmbH halten und können ggf. deren Ausgleichsansprüche gegen die Gesellschafter pfänden und sich zur Einziehung überweisen lassen.

Ausnahmsweise – im Hinblick auf die **praktischen Schwierigkeiten** eines Zugriffs nur auf die Vor-GmbH – kann aber dann, wenn die Vor-GmbH vermögenslos ist oder weitere Gläubiger nicht vorhanden sind, ebenso wie bei der Ein-Mann-Vor-GmbH (vgl. *LAG Köln* 9.4.1999 – 11 Sa 430/98: auch wenn sie erst durch Übernahme von Anteilen anderer Gesellschafter entstanden ist) dem Gläubiger der unmittelbare Zugriff gestattet werden (**a.A.** *LAG Köln* 21.3.1997 BB 1997, 1415 LS u. *LSG Stuttgart* 25.7.1997 BB 1997, 1852 LS: volle Außenhaftung; vgl. auch *LAG Hessen* 25.11.1997 NZA-RR 1998, 338). **224**

225 Dadurch hat sich das Vorlageverfahren nach einem Beschluss des *BAG* vom 10.7.1996 (NJW 1996, 3165) erledigt, weil sich das *BAG* ebenso wie das *BSG* (Beschluss v. 31.5.1996 – 2 S (U) 3/96) der Rspr. des *BGH* (4.3.1996 a.a.O.) angeschlossen haben.

226 Im Anschluss daran geht das *BAG* (22.1.1997 EzA § 11 GmbHG Nr. 2; ebenso *BAG* 27.5.1997 EzA § 11 GmbHG Nr. 3; 25.1.2006 NZA 2006, 673; vgl. dazu *Ensthaler* BB 1997, 1209 ff.) inzwischen davon aus, dass die Gesellschafter einer Vor-GmbH für deren Verbindlichkeiten u.a. dann unmittelbar haften, wenn die Vor-GmbH **vermögenslos** ist, was z.B. belegt wird durch die Einstellung des Gesamtvollstreckungs- (Insolvenz-) verfahrens (*LAG Bln.* 21.1.2005 LAGE § 11 GmbHG Nr. 3; bestätigt durch *BAG* 25.1.2006 NZA 2006, 673). Das gilt auch für Beitragsschulden gegenüber der ZVK des Baugewerbes (*BAG* 15.12.1999 EzA § 11 GmbHG Nr. 5). Die Haftung ist allerdings **entsprechend dem Anteil am Gesellschaftsvermögen begrenzt.** Eine weitergehende Haftung wird insoweit auch nicht durch § 11 Abs. 2 GmbHG begründet (*BAG* 4.4.2001 NZA 2001, 1247).
Werden die Geschäfte nach Aufgabe der Eintragungsabsicht jedoch fortgeführt, haften die Gesellschafter ebenfalls unmittelbar. Ihre Haftung ist auch nicht verhältnismäßig (pro rata) entsprechend ihrer Beteiligung am Gesellschaftsvermögen beschränkt (*BAG* 27.5.1997 EzA § 11 GmbHG Nr. 3; *BSG* 8.12.1999 NZA-RR 2000, 373; vgl. auch *LAG Hessen* 22.12.1997 NZA-RR 1998, 339).
Das **Fehlen eines ordnungsgemäßen Sitzes**, das zur Zurückweisung des Eintragungsantrags geführt hat, steht einer Vermögenslosigkeit der Vor-GmbH nicht gleich. Denn dadurch wird die gerichtliche Geltendmachung von Ansprüchen gegen die inzwischen im Abwicklungsstadium befindliche Vor-GmbH nicht vereitelt, weil sie nunmehr von den Gründungsgesellschaftern als Liquidatoren gem. § 730 Abs. 2 BGB vertreten wird (*LAG Bln.* 30.6.2000 NZA-RR 2000, 545). Der ausnahmsweise zugelassene Haftungsdurchgriff scheidet auch dann aus, wenn die an **Barmitteln vorhandene Einlage** den gegen die Gesellschafter gerichteten Verlustdeckungsanspruch übersteigt (*LAG Thüringen* 14.11.2000 NZA-RR 2001, 121).

3. Auflösung der GmbH; Parteifähigkeit

227 Die Eintragung der Auflösung einer GmbH nach § 1 Abs. 1 LöschG im Handelsregister führt nicht zum Verlust der Rechts- und Parteifähigkeit der GmbH (*BAG* 14.8.2002 EzA § 4 TVG Ausschlussfristen Nr. 156). Vielmehr muss zusätzlich Vermögenslosigkeit vorliegen, z.B. wegen Beendigung der Liquidation.

228 Wird während eines anhängigen Zahlungsrechtsstreits gegen eine GmbH ihre Löschung im Handelsregister eingetragen, so führt dies dann nicht zum Verlust der Rechts- und Parteifähigkeit der Gesellschaft, wenn sich aus den Behauptungen des Klägers ergibt, dass die Gesellschaft noch vermögenswerte Ansprüche gegen Dritte haben kann (*Hess. LAG* 28.6.1993 NZA 1994, 384 LS). Auch die während des **Revisionsverfahrens** kraft Gesetzes eingetretene Auflösung einer GmbH führt nicht zur Unzulässigkeit des von ihr eingelegten Rechtsmittels. Der vom Erfolg des Rechtsmittels abhängige Kostenerstattungsanspruch reicht als Anhaltspunkt vorhandenen Vermögens aus (*BAG* 14.8.2002 EzA § 4 TVG Ausschlussfristen Nr. 156 = NZA 2003, 59; *BGH* 6.2.1991 DB 1991, 1319; vgl. auch *BAG* 16.5.2002 EzA § 9 MuSchG n.F. Nr. 37).

229 Das *BAG* (19.3.2002 EzA § 50 ZPO Nr. 5; 4.6.2003 EzA § 50 ZPO 2002 Nr. 1 = NZA 2003, 1049; 25.9.2003 EzA § 50 ZPO 2002 Nr. 2 = NZA 2004, 1406 LS) hat insoweit folgende **Grundsätze** aufgestellt:
- Besteht zwischen den Parteien Streit über die Partei- und Prozessfähigkeit der klagenden Partei, ist sie im Rechtsstreit als partei- und prozessfähig zu behandeln;

- Eine GmbH bleibt auch im Passivprozess parteifähig, wenn sie wegen Vermögenslosigkeit oder nach vollzogener Liquidation im Handelsregister gelöscht worden ist und noch über vermögensrechtliche Ansprüche verfügt. Insoweit reicht grds. die substantiierte Behauptung des Klägers aus, die GmbH habe noch Aktivvermögen. Vermögen in diesem Sinne liegt auch dann vor, wenn die GmbH noch Ersatzansprüche gegen den Liquidator hat.
- Eine GmbH verliert ihre Parteifähigkeit noch nicht durch die Ablehnung des Antrags auf Konkurseröffnung mangels Masse. Die aufgelöste Gesellschaft ist abzuwickeln und deshalb solange parteifähig, als noch verteilungsfähiges Vermögen vorhanden ist und Abwicklungsbedarf besteht. Die aufgelöste GmbH wird von den bisherigen Geschäftsführern vertreten.
- Wird die GmbH im Handelsregister von Amts wegen auf Grund Vermögenslosigkeit nach § 141a Abs. 1 S. 2 FGG (früher: § 2 Abs. 1 S. 1 LöschG) gelöscht, gilt sie als voll beendet. Die Liquidatoren verlieren ihre Vertretungsbefugnis; ein Rechtsstreit wird wegen **Verlust der Parteifähigkeit** unterbrochen (*BAG* 19.9.2007 EzA § 241 ZPO 2002 Nr. 1 = NZA 2008, 1030). Die Handlungs- und Prozessfähigkeit (§ 51 ZPO) der Gesellschaft wird regelmäßig erst durch Anordnung der Nachtragsliquidation und die Bestellung von Nachtragsliquidatoren wiederhergestellt (analog § 273 Abs. 4 AktG bzw., soweit noch Vermögen vorhanden ist, die Durchsetzung der **Ernennung von Liquidatoren** als Beteiligte; s. dazu auch *BAG* 19.9.2007 EzA § 241 ZPO 2002 Nr. 1 = NZA 2008, 1030); in Betracht kommt aber auch die **Bestellung eines Prozesspflegers** analog § 57 ZPO (*BAG* 19.9.2007 EzA § 241 ZPO 2002 Nr. 1 = NZA 2008, 1030).
- Eine wegen Vermögenslosigkeit im Handelsregister gelöschte GmbH ist in einem Rechtsstreit über solche vermögensrechtlichen Ansprüche parteifähig (§ 50 ZPO), deren Bestehen sich nach der Löschung herausstellen. Das Vorhandensein von Vermögenswerten bestimmt sich sowohl nach kaufmännisch-wirtschaftlicher Betrachtung als auch nach rechtlichen Kriterien. Eine unanfechtbar sicherungshalber übertragene Forderung ist kein Vermögenswert, der die Parteifähigkeit begründet.
- Eine wegen Vermögenslosigkeit gelöschte GmbH hat in aller Regel kein eigenes schutzwürdiges Interesse, im Wege der Prozessstandsschaft Leistungsklage zu erheben.
- Andererseits bleibt eine GmbH im Passivprozess auch nach ihrer Löschung parteifähig, wenn sie möglicherweise noch einen Ersatzanspruch gegen den Liquidator gem. § 73 Abs. 3 GmbHG hat.

4. Die neue Entwicklung: Briefkastenfirmen, insbesondere »Limiteds« (private limited company) nach englischem Recht

Seit *EuGH* 14.3.2003 (NJW 2003, 1461) steht im Gegensatz zur früheren Rechtsprechung des *BGH* (z.B. GmbHR 2000, 715) fest, dass eine **in einem Mitgliedsstaat der EU gegründete Gesellschaft** als solche, also nach »Heimatrecht« anzuerkennen ist. Die Limited bleibt also auch dann Limited mit allen daraus folgenden Rechten nach englischem Recht, wenn sie ihren Verwaltungssitz z.B. nach Deutschland verlegt und ausschließlich dort tätig wird (so jetzt auch *BGH* 14.3.2005 NJW 2005, 1648). Zuvor wäre in einer derartigen Situation deutsches Recht angewandt und die Existenz der Limited praktisch negiert worden (vgl. ausf. *Römermann* NJW 2006, 2065 ff.). 230

Sie ist folglich als in Deutschland parteifähig anzusehen und kann als solche verklagt werden. Eine Durchgriffshaftung des »Directors« bestimmt sich nach englischem Recht, das anders als deutsches Recht nicht § 293 ZPO unterliegt; im Streitfall gehören auch die anspruchsbegründenden – englischen – Rechtsnormen (bzw. -quellen) und ihre Auslegung zum notwendigen Sachvortrag. Art. 43, 48 EGV (Niederlassungsfreiheit) steht es entgegen, den Geschäftsführer einer solchen Gesellschaft wegen fehlender Eintragung in einem deutschen Handelsregister der persönlichen Handelndenhaftung analog § 11 Abs. 2 GmbHG für deren rechtsgeschäftliche Verbindlichkeiten zu unterwerfen (*BGH* 14.3.2005 NJW 2005, 1648). 231

Nach *Römermann* (a.a.O.) ist das englische Gesellschaftsrecht im hier maßgeblichen Zusammenhang vor allem im Hinblick auf eine spätere Insolvenz strenger; andererseits existiert kaum verwertbare Rechtsprechung.

5. Alliierte Streitkräfte

a) Grundlagen

232 Für die zivilen Beschäftigten einer Truppe oder eines zivilen Gefolges der Truppe bei den Stationierungsstreitkräften (wozu auch Frankreich gehört); einschließlich bestimmter amerikanischer und französischer Verkaufsorganisationen (EES, AAFES, Economat) ist zu beachten, dass letztere Arbeitgeber mit allen entsprechenden Rechten und Pflichten sind.

233 Sie stellen die zivilen Arbeitnehmer ein, versetzen sie, kündigen ihnen, haben ihnen gegenüber ein Weisungsrecht, bestimmen Beginn und Ende der Arbeitszeit und stellen ihnen Zeugnisse aus. Lediglich die Lohnzahlung erfolgt durch deutsche Behörden anstelle der Stationierungsstreitkräfte.

234 Normative Grundlagen für die alten Bundesländer (ohne West-Berlin) sind das NATO-Truppenstatut, das ZA-NTS, das Unterzeichnungsprotokoll zum ZA-NTS (zur Rechtslage in West-Berlin und in den neuen Bundesländern vgl. MünchArbR/*Marschall* § 173 Rz. 10 f.).

235 In den alten Bundesländern gilt für die Begründung, den Inhalt und die Beendigung des Arbeitsverhältnisses im Übrigen der TVAL II, der zwischen den Gewerkschaften und der BRD vereinbart worden ist; in West-Berlin gelten inhaltlich entsprechende tarifliche Regelungen.

236 Nicht von diesen Normen erfasst sind die Mitglieder des sog. zivilen Gefolges. Nach dem NATO-Truppenstatut ist ziviles Gefolge das die Truppe eines NATO-Mitgliedsstaates begleitende Zivilpersonal. Es darf sich aber weder um Staatenlose handeln, noch um Staatsangehörige eines Staates, der nicht Partei des Nordatlantikvertrages ist. Auch Staatsangehörige des Staates, in dem die Truppe stationiert ist, oder Personen, die dort ihren gewöhnlichen Aufenthalt haben, können nicht Angehörige des zivilen Gefolges sein (MünchArbR/*Marschall* § 173 Rz. 25).

b) Prozessuale Besonderheiten

237 Gem. Art. 56 Abs. 8 ZA-NTS sind Klagen gegen den Arbeitgeber insoweit gegen die BRD, diese endvertreten durch die regional zuständige Aufsichts- und Dienstleistungsdirektion Verteidigungslastenverwaltung zu richten; dies gilt z.B. auch für eine Klage auf behinderungsgerechte Beschäftigung (*BAG* 10.5.2005 EzA § 81 SGB IX Nr. 7). Mit einer Klage gegen die Stationierungsstreitkräfte oder eine ihrer Dienststellen wird im Übrigen insbesondere die Drei-Wochen-Frist des § 4 KSchG nicht eingehalten.

238 Die Klage muss vielmehr innerhalb der Frist gegen den gesetzlichen Prozessstandschafter BRD erhoben werden. Die Umstellung der Klage auf den gesetzlichen Prozessstandschafter ist keine Berichtigung der Parteibezeichnung, die dazu führen würde, dass die Drei-Wochen-Frist gewahrt bleibt (*LAG RhPf* 27.4.1990 NZA 1991, 613; *LAG RhPf* – 10 Sa 738/05 – ZTR 2006, 675 LS; MünchArbR/*Marschall* § 166 Rz. 46; **a.A.** *LAG Köln* Beschluss v. 29.8.1986, 6 Ta 200/86, zitiert nach *Schlee* AnwBl. 1985, 551).

6. Gesamthafenbetrieb

a) Begriffsbestimmung; Funktion

239 Das Gesetz über die Schaffung eines besonderen Arbeitgebers für Hafenarbeiter (Gesamthafenbetrieb; G. v. 3.8.1950 BGBl. S. 352; vgl. dazu ausf. *Martens* NZA 2000, 449 ff.) ermöglicht es, durch schriftliche Vereinbarung zwischen zuständigen Arbeitgeberverbänden und Gewerkschaften oder zwischen einzelnen Arbeitgebern und Gewerkschaften von den Betrieben eines Hafens, in dem Hafenarbeiten (dies sind alle Hafenumschlagsarbeiten,

also das Be- und Entladen von Schiffen) geleistet werden, zur Schaffung stetiger Arbeitsverhältnisse für Hafenarbeiter einen besonderen Arbeitgeber, den sog. Gesamthafenbetrieb zu bilden.

Von dieser Möglichkeit ist in Bremen, Hamburg und Lübeck Gebrauch gemacht worden. 240
Der Gesamthafenbetrieb regelt durch Verwaltungsordnung seine Rechtsform (in Bremen wurde z.B. ein e.V., in Hamburg eine GmbH gegründet), seine Aufgaben, seine Organe und seine Geschäftsführung, insbes. auch die Grundsätze für die Erhebung, Verwaltung und Verwendung von Beiträgen und Umlagen. Er setzt auch den Begriff der Hafenarbeit bindend fest.

Weil er insoweit auch öffentlich-rechtliche Aufgaben erfüllt, bedarf die Verwaltungsordnung der Genehmigung durch die oberste Arbeitsbehörde des Landes. 241

Eine erwerbswirtschaftliche Tätigkeit des Gesamthafenbetriebes ist durch das Gesetz ausdrücklich ausgeschlossen.

b) Hafenarbeitnehmer

Bei den Hafenarbeitnehmern sind drei Gruppen zu unterscheiden. Eine Gruppe steht allein 242
in arbeitsrechtlichen Beziehungen zum **Hafeneinzelbetrieb**. Für sie gelten die allgemeinen arbeitsrechtlichen Bestimmungen. Gleichgültig ist es, ob der Hafeneinzelbetrieb Mitglied des Gesamthafenbetriebes ist.

Die zweite Gruppe ist beim **Gesamthafenbetrieb** eingestellt. Ihre Mitglieder haben einen 243
Arbeitsvertrag mit dem Gesamthafenbetrieb. Sie werden von ihm zur Arbeitsleistung dem Einzelhafenbetrieb zugewiesen. Nach dessen Weisungen verrichten sie ihre Arbeit.

Die dritte Gruppe sind die sog. **Aushilfsarbeiter**, die vom Gesamthafenbetrieb dem 244
Hafeneinzelbetrieb nur für jeweils eine Schicht zugewiesen werden und die zur Belegschaft des Hafeneinzelbetriebes gehören (MünchArbR/*Marschall* § 172 Rz. 56).

Ein Gesamthafenbetrieb kann von einer Reederei nicht verlangen, dass Ladungsbefestigungsarbeiten auf ihren Schiffen nur von Arbeitern ausgeführt werden, die im Besitz einer Hafenarbeitskarte sind (*BAG* 6.12.1995 EzA § 1004 BGB Nr. 5 gegen *BAG* 26.2.1992 AP Nr. 6 zu § 1 GesamthafenbetriebsG).

7. Besonderheiten in den neuen Bundesländern

Besondere Probleme hinsichtlich der Beantwortung der Frage nach der Arbeitgeberstel- 245
lung haben sich in den neuen Bundesländern insbes. durch die **Auflösung und Neubildung öffentlich-rechtlicher Körperschaften** ergeben. So sind z.B. die durch das Gesetz über die Selbstverwaltung der Gemeinden und Landkreise in der DDR (Kommunalverfassung) vom 17. Mai 1990 gebildeten Landkreise weder mit den früheren Räten der Kreise identisch, noch deren Rechtsnachfolger. In die Arbeitsrechtsverhältnisse des an den Schulhorten beschäftigten pädagogischen Personals trat anstelle des Rates des Kreises als Betrieb i.S.v. § 38 AGB-DDR 1977 die gem. § 94 Kommunalverfassung in Verbindung mit § 3 SchulamtsVO gebildete untere staatliche Verwaltungsbehörde ein. Die Pädagogen waren weiterhin als staatliches Personal an kommunalen Einrichtungen tätig. Mit dem Wirksamwerden des Beitritts am 3. Oktober 1990 gingen die Arbeitsverhältnisse der Horterzieher gem. § 22 des Ländereinführungsgesetzes sowie Art. 13 Abs. 2 EV auf die neu gebildeten Länder bzw. das Land Berlin über. Das Erste Schulreformgesetz des Landes Mecklenburg-Vorpommern vom 26. April 1991 schließlich hat keinen Übergang der Arbeitsverhältnisse von Horterziehern geregelt (*BAG* 22.2.1996 EzA Art. 13 EinigungsV Nr. 17).

X. Betrieb, Unternehmen

An den Rechtsbegriff des Betriebes knüpfen insbes. § 1 Abs. 1 KSchG, § 1BetrVG an. Das 246
KSchG enthält ebenso wenig wie das BetrVG eine eigenständige Definition des Betriebsbegriffs.

247 Nach allgemein anerkannter Auffassung ist unter dem Begriff des Betriebes die organisatorische Einheit zu verstehen, innerhalb derer ein Arbeitgeber allein oder mit seinen Arbeitnehmern mit Hilfe von technischen und immateriellen Mitteln einen oder mehrere arbeitstechnische Zwecke fortgesetzt verfolgt, die sich nicht in der Befriedigung von Eigenbedarf erschöpfen (KR/*Griebeling* § 1 KSchG Rz. 132 ff.).

248 Erforderlich ist ein einheitlicher Leitungsapparat (*BAG* 17.2.1983 AP Nr. 4 zu § 4 BetrVG 1972). Kein Betrieb ist der Haushalt.

249 Ein Unternehmen insbes. i.S.v. KSchG und BetrVG ist mangels gesetzlicher Definition die organisatorische Einheit, innerhalb derer ein Unternehmer allein oder in Gemeinschaft mit seinen Mitarbeitern mit Hilfe von sachlichen und immateriellen Mitteln bestimmte, hinter dem arbeitstechnischen Zweck des Betriebes liegende wirtschaftliche oder ideelle Ziele verfolgt (KR/*Griebeling* § 1 KSchG Rz. 141 ff.).

250 Das Unternehmen ist also die Organisations- und Wirkungseinheit, durch die eine unternehmerische Zweckbestimmung verwirklicht wird (MünchArbR/*Richardi* § 31 Rz. 20).

Der Unternehmensbegriff entspricht, soweit das HGB Anwendung findet, dem Begriff des Handelsgewerbes und dem des Handelsgeschäfts (§§ 1–3, 22–27 HGB).

251 Zwei oder mehrere Unternehmen können auch gemeinsam eine arbeitstechnische Organisation bilden (Gemeinschaftsbetrieb; vgl. jetzt § 1 Abs. 2 BetrVG n.F.; dazu unten Kap. 12 Rn. 115; *Schmädicke/Glaser/Altmüller* NZA-RR 2005, 397 ff.). Voraussetzung dafür ist aber, dass die beteiligten Unternehmen sich zu einer gemeinsamen Führung des Betriebes rechtlich verbunden haben, sodass eine einheitliche Leitung für die Erfüllung der arbeitstechnischen Aufgaben besteht (*BAG* 14.9.1988 EzA § 1 BetrVG Nr. 7, vgl. auch *BVerwG* 13.6.2001 NZA 2003, 115; *Rieble/Gistel* NZA 2005, 242 ff.).

252 Der Annahme einer konkludenten Leitungsvereinbarung zur Führung eines gemeinschaftlichen Betriebes mehrerer Unternehmen steht die formale Ausübung von Arbeitgeberbefugnissen durch den jeweiligen Vertragsarbeitgeber nicht entgegen. Ob eine einheitliche Leitung hinsichtlich wesentlicher Arbeitgeberfunktionen vorliegt, beurteilt sich nach der **innerbetrieblichen Entscheidungsfindung** und deren **Umsetzung** (*BAG* 24.1.1996 EzA § 1 BetrVG 1972 Nr. 10). Eine räumliche Trennung der Betriebsstätten schließt zwar das Vorliegen eines gemeinsamen Betriebes nicht aus. Es müssen dann aber an die Darlegung der übrigen für einen Gemeinschaftsbetrieb sprechenden Umstände erhöhte Anforderungen gestellt werden (*LAG Köln* 22.11.1996 NZA-RR 1997, 429; s. auch unten Kap. 4 Rn. 1823 ff. u. Kap. 12 Rn. 111 ff.).

253 Im **öffentlichen Dienst** ist die dem Betrieb entsprechende Organisationseinheit die Dienststelle. Soweit arbeitsrechtliche Normen die Zugehörigkeit zu einem Unternehmen als maßgeblich ansehen, ist nach dem Gesetzeszweck i.d.R. die Bindung zu einem bestimmten Arbeitgeber ausschlaggebend (vgl. aber für den Kündigungsschutz § 1 Abs. 2 S. 2 Nr. 2b) KSchG).

XI. Konzern

1. Grundlagen

254 Konzern ist die rechtliche Zusammenfassung rechtlich selbstständiger Unternehmen unter einheitlicher Leitung (§ 18 AktG). Möglich ist die Bildung eines Unterordnungs- oder eines Gleichordnungskonzerns.

255 Das Arbeitsrecht kennt keinen besonderen Konzernbegriff. Gehört der Arbeitnehmer zu einem konzernverbundenen Unternehmen, so ist Arbeitgeber nicht etwa der Konzern. Denn er ist eine Unternehmensverbindung, nicht selbst Rechtssubjekt. Bindungen des Arbeitge-

bers an andere Unternehmen haben deshalb unmittelbar keine Auswirkungen auf das Arbeitsverhältnis. Die Konzernleitungsmacht gibt der Konzernobergesellschaft insbes. kein arbeitsrechtliches Weisungsrecht gegenüber den Arbeitnehmern der konzernabhängigen Unternehmen.

Da das Arbeitsrecht den Arbeitgeber aber nicht nur als Vertragspartner des Arbeitnehmers, sondern auch als Inhaber der betrieblichen Organisationsgewalt erfasst, wird die Konzerneinheit in der Betriebsverfassung durch die Möglichkeit der Bildung eines Konzernbetriebsrats (§ 54 BetrVG) für einen Unterordnungskonzern (§ 18 Abs. 1 AktG) sowie im Recht der unternehmensbezogenen Mitbestimmung (§ 5 MitbestG) berücksichtigt. Individualrechtliche Normen berücksichtigen den Konzern als Organisationseinheit dagegen nicht. 256

Soweit es um den Konzern als Organisationseinheit des Arbeitsrechts geht, steht im Mittelpunkt der Tatbestand, dass die Konzernleitungsmacht auf der Grundlage eines Abhängigkeitsverhältnisses ausgeübt wird, d.h. dass der Außeneinfluss auf den Arbeitgeber durch dessen Abhängigkeit von dem herrschenden Unternehmen strukturell verfestigt ist (vgl. MünchArbR/*Richardi* § 32 Rz. 21–52). 257

2. Der Sonderfall: Ausfallhaftung im qualifiziert faktischen Konzern; neue Rechtsprechung

Eine natürliche Person kann Unternehmer im konzernrechtlichen Sinne sein, auch wenn sie ihre unternehmerischen Aktivitäten nur als Mehrheitsgesellschafter in anderen Gesellschaften ausübt. 258

Der eine GmbH beherrschende Unternehmensgesellschafter kann von den Arbeitnehmern der GmbH nach den Grundsätzen der Haftung im qualifiziert faktischen Konzern (weil er mit der GmbH i.S.d. §§ 17, 18 AktG einen Konzern bildet) **auf Zahlung rückständigen Arbeitsentgelts und auf Ausgleich von Sozialplanansprüchen in Anspruch genommen werden**. Voraussetzung ist, dass der Gesellschafter die **Konzernleitungsmacht ohne Rücksicht auf die abhängige Gesellschaft ausgeübt hat und die zugefügten Nachteile sich nicht kompensieren ließen** (*BAG* 8.3.1994 EzA § 303 AktG Nr. 5). 259

Auch der **alleinige Kommanditist und alleinige Gesellschafter der Komplementär-GmbH** einer KG ist Unternehmer im konzernrechtlichen Sinne, wenn er sich auch anderweitig unternehmerisch betätigt. 260

Der eine KG beherrschende Unternehmensgesellschafter kann von den Arbeitnehmern der KG nach den Grundsätzen der Ausfallhaftung im faktischen Konzern auf **Auskunft und Rechnungslegung** in Anspruch genommen werden, wenn diese Ansprüche die Durchsetzung von Zahlungsansprüchen im Rahmen einer Stufenklage vorbereiten (*BAG* 1.8.1995 EzA § 303 AktG Nr. 6; vgl. krit. dazu *Bitter/Bitter* BB 1996, 2153 ff.; *Schwab* SAE 1998, 25 ff.). 261

Die Regeln über die konzernrechtliche Durchgriffshaftung gelten auch im Falle einer **Unternehmensaufspaltung** in einem GmbH & Co.KG-Konzern, wenn die Betriebsgesellschaft von der Besitzgesellschaft **umfassend gesteuert** wird, die Betriebsgesellschaft nicht für ihre Liquidität vorsorgen kann und die Besitzgesellschaft nicht darzulegen vermag, dass sich eine unabhängige Gesellschaft auf eine derartige Verhaltensweise hätte einlassen können (*BAG* 8.9.1998 EzA § 303 AktG Nr. 8; vgl. dazu *Windbichler* RdA 2000, 238 ff.). 262

Bei einer Aufspaltung in eine Vertriebs- und eine Produktions-KG, die dieselbe Verwaltungs-GmbH als Komplementärin haben, kann neben der Verwaltungs-GmbH auch die Vertriebsgesellschaft wegen Verbindlichkeiten der Produktionsgesellschaft im Wege der Durchgriffshaftung in Anspruch genommen werden. Dies setzt voraus, dass sich die Verwaltungs-GmbH bei ihrer beherrschenden, auf die Interessen der Produktionsgesellschaft **unzureichend Rücksicht** nehmenden Leitung der Vertriebsgesellschaft bedient und bei ihr ihre unternehmerischen und ihre Vermögensinteressen konzentriert hat (*BAG* 8.9.1998 EzA § 303 AktG Nr. 8).

Nachdem der *BGH* (17.9.2001 BGHZ 149, 10 ff.) diesen Haftungsansatz allerdings **ausdrücklich aufgegeben hat**, folgt auch im Arbeitsrecht der Schutz der abhängigen GmbH gegenüber Eingriffen ihrer Gesellschafter nicht mehr aus dem Haftungssystem des Konzernrechts des AktG. **An dessen Stelle ist nunmehr die Ausfallhaftung wegen existenzvernichtenden Eingriffs gegeben** (*BAG* 28.7.2005 EzA § 16 BetrAVG Nr. 45 = NZA 2006, 1008 LS).

G. Rechtsquellen des Arbeitsrechts

I. Rangfolge und Übersicht

263 Die Vielzahl der Rechtsquellen und Gestaltungsfaktoren ist eine Besonderheit des Arbeitsrechts. Es ist derzeit zum einen in eine unübersehbare Zahl von Einzelgesetzen zersplittert. Zum anderen sind wesentliche Teilbereiche nicht gesetzlich geregelt (z.B. die Haftung des Arbeitnehmers, das Arbeitskampfrecht), sodass Rechtsprechung und Literatur eine besondere Bedeutung bei der Rechtsfindung und Rechtsfortbildung zukommt.

264 Für den Vertragsinhalt eines Arbeitsverhältnisses können Gesetze, Tarifverträge, Betriebsvereinbarungen, der Einzelarbeitsvertrag und Weisungen des Arbeitgebers Regelungen enthalten. Besteht jeweils eine entsprechende Regelungsbefugnis, kann eine Konkurrenz zwischen verschiedenen Regelungen auftreten. Nach der Rechtswirkung der Regelung richtet sich dann, welcher Gestaltungsfaktor den Vorrang hat.

265 Daraus ergibt sich eine Rangordnung der Rechtsquellen, für die neben dem Vorrang des Gesetzes vor allem wesentlich ist, dass der Tarifvertrag der Betriebsvereinbarung vorgeht (§ 77 Abs. 3 BetrVG) und dass Tarifvertrag und Betriebsvereinbarung wegen der unmittelbaren und zwingenden Geltung ihrer Normen (§ 4 Abs. 1 TVG, § 77 Abs. 4 BetrVG) Vorrang vor dem Arbeitsvertrag haben. Schwächster Gestaltungsfaktor ist die einseitige Weisung des Arbeitgebers, weil das Direktionsrecht nur in den Grenzen des Einzelarbeitsvertrages besteht.

266 Wegen der Funktionsschwäche der individuellen Vertragsfreiheit für einen Interessenausgleich sind anders als bei einem sonstigen rechtsgeschäftlich begründeten Schuldverhältnis die in einem Gesetz getroffenen Regelungen meist zwingend. Aus dem Normzweck ergibt sich aber, dass eine abweichende Gestaltung zugunsten des Arbeitnehmers im Allgemeinen zulässig ist (**Günstigkeitsprinzip**; vgl. z.B. *BAG* 11.5.2005 EzA § 613a BGB 2002 Nr. 34; *LAG Hamm* 6.2.2001 NZA-RR 2001, 540 für das Verhältnis Arbeitsvertrag/Betriebsvereinbarung; ausf. *Schliemann* NZA 2003, 122 ff.). Im Verhältnis des Tarifvertrags zur Betriebsvereinbarung ist das Günstigkeitsprinzip allerdings durch § 77 Abs. 3 BetrVG verdrängt.

267 Außerdem sind zahlreiche Arbeitsgesetze tarifdispositiv (z.B. § 13 Abs. 1, 2 BUrlG, § 622 Abs. 4 BGB, § 4 Abs. 4 EFZG, § 12 ArbZG, § 48 Abs. 2 ArbGG, § 17 Abs. 3 BetrAVG), weil das Tarifvertragssystem vom Verhandlungsgleichgewicht der Koalitionen ausgeht; dabei kann allerdings auch zuungunsten des Arbeitnehmers vom Gesetz abgewichen werden.

268 Vereinfacht lässt sich eine Normenhierarchie mit folgender Reihenfolge bilden:
- EG-Recht;
- GG;
- Bundes- oder Landesgesetze;
- Tarifverträge;
- Betriebsvereinbarungen;
- Arbeitsvertrag;
- Direktionsrecht.

Eine Rechtsnorm ist grds. dann unwirksam, wenn sie gegen höherrangiges Recht verstößt, es sei denn, die höherrangige Norm lässt Abweichungen ausdrücklich zu.

269

1. Individualarbeitsrecht

a) Grundgesetz (GG)

Von arbeitsrechtlicher Bedeutung sind insbes. (vgl. MünchArbR/*Richardi* § 10 Rz. 39–62): 270
- Art. 1 Abs. 1 (Menschenwürde),
- Art. 2 Abs. 1 (allgemeines Persönlichkeitsrecht, daraus folgend z.B. Privatautonomie, Recht auf informationelle Selbstbestimmung),
- 1 Abs. 1 i.V.m. 2 Abs. 1 (Beschäftigungs- und Weiterbeschäftigungsanspruch),
- Art. 3 Abs. 1 (Gleichheitssatz),
- Art. 3 Abs. 2 (Gleichberechtigung von Mann und Frau),
- Art. 3 Abs. 2, 3 (Lohngleichheit von Mann und Frau),
- Art. 4 Abs. 1 (Glaubens- und Gewissensfreiheit),
- Art. 5 Abs. 1 (Meinungsfreiheit),
- Art. 6 (Schutz von Ehe und Familie),
- Art. 9 Abs. 3 (Koalitionsfreiheit),
- Art. 12 Abs. 1 (Berufsfreiheit),
- Art. 14 Abs. 1 (Eigentumsgarantie),
- Art. 20 Abs. 1, 28 Abs. 1 (Sozialstaatsprinzip als Auslegungsgrundsatz),
- Art. 73 Nr. 8 (ausschließliche Gesetzgebungsbefugnis des Bundes für die Rechtsverhältnisse auch der Arbeiter und Angestellten des Bundes und der bundesunmittelbaren Körperschaften),
- Art. 74 Nr. 12 (konkurrierende Gesetzgebung des Bundes für das Arbeitsrecht),
- Art. 75 Nr. 1 (Rahmengesetzgebungsbefugnis des Bundes auch für die Arbeiter und Angestellten von Ländern und Kommunen),
- Art. 95 (*BAG* als oberster Gerichtshof in Arbeitssachen),
- 140 i.V.m. Art. 137 Abs. 3 WRV (Kirchenautonomie).

b) Gesetze

– *Privatrechtliche Gesetze*

Insoweit ist zu unterscheiden zwischen Regelungen für bestimmte Berufsgruppen: §§ 59 ff. HGB für kaufmännische Angestellte (Handlungsgehilfen), §§ 1 ff. BBiG (für Auszubildende), Normen für Schiffsbesatzungen (SeemG für die Seeschifffahrt, BinnSchG, FlößereiG für die Binnenschifffahrt und das Flößereiwesen sowie das Abkommen über die Arbeitsbedingungen der Rheinschiffer für die Rheinschifffahrt), Hausangestellte (§ 23 KSchG) und Regelungen für alle Arbeitnehmer (§§ 105 ff. GewO, Gesetz über Mindestarbeitsbedingungen, EFZG, KSchG, §§ 611 ff. BGB). Die §§ 611 ff. BGB stehen einer Zulässigkeit von Landesgesetzen nicht entgegen, weil diese Normen auch für das Arbeitsvertragsrecht keine Kodifikation enthalten (s.o. Rn. 8 ff.). Es handelt sich deshalb nur um die bundesgesetzliche Normierung von Teilbereichen. Deshalb sind die Länder z.B. befugt, arbeitsrechtliche Regelungen zur Arbeitnehmerweiterbildung zu treffen (*BVerfG* 15.12.1987 EzA § 7 AWbG NW Nr. 1). 271

– *Öffentlich-rechtliche Arbeitsschutzgesetze*

Z.B. ArbZG, MuSchG, BEEG, JArbSchG, HAG, SGB IX, ASiG. 272

c) Kollektivvereinbarungen

- Tarifvertrag, 273
- Betriebsvereinbarung.

d) Arbeitsvertrag

274 Rechtsgrund für die Erbringung der Arbeitsleistung und die Gewährung der Vergütung ist der individuelle Vertrag zwischen Arbeitgeber und Arbeitnehmer.

275 Die Entscheidung, ob überhaupt und gegebenenfalls mit wem ein Arbeitsvertrag abgeschlossen wird (Abschluss-, Auswahlfreiheit), ist grds. der freien Entscheidung der Beteiligten überlassen (Vertragsfreiheit), die durch Art. 12 Abs. 1 GG verfassungsrechtlich geschützt ist. Beschränkungen sowohl der Abschluss- als auch der Auswahlfreiheit ergeben sich aber insbes. aus betriebsverfassungsrechtlichen Normen, vor allem aus den Mitbestimmungsrechten des Betriebsrats (vgl. §§ 78a, 99, 100 BetrVG, §§ 75 Abs. 1, 77 Abs. 2, 99, 107 BPersVG für Personalräte); auch durch Tarifverträge können Abschlussge- und -verbote vereinbart werden.

276 Der Arbeitsvertrag wird ergänzt durch
- Allgemeine Arbeitsbedingungen,
- betriebliche Übung,
- Gleichbehandlung,
- Direktionsrecht.

2. Kollektives Arbeitsrecht

277
- Arbeitskampfrecht (Art. 9 Abs. 3 GG; im Übrigen Richterrecht),
- Tarifvertragsrecht (TVG),
- Betriebsverfassungs- und Personalvertretungsrecht (BetrVG, BPersVG, LPersVG),
- Recht der Unternehmensmitbestimmung (MitbestG).

II. Einzelfragen

1. Grundrechte im Arbeitsrecht

a) Die Begründung des Arbeitsverhältnisses

278 Gem. Art. 12 Abs. 1 GG steht dem Arbeitnehmer die uneingeschränkte **Vertragsabschlussfreiheit** insoweit zu, als er entscheiden kann, ob und mit wem er ein Arbeitsverhältnis begründen will.

Art. 12 Abs. 1 GG enthält auch für den Arbeitgeber eine Garantie individualarbeitsvertraglicher Vertragsfreiheit. Geschützt wird die **Privatautonomie in der Begründung, der inhaltlichen Ausgestaltung und der Beendigung des Arbeitsverhältnisses**. Einschränkungen erfährt diese Garantie auf Grund des **Sozialstaatsprinzips**. Daraus folgt die Pflicht des Staates, für eine gerechte Sozialordnung zu sorgen. Dem Gesetzgeber wird insoweit allerdings ein weiter Gestaltungsspielraum eingeräumt. Seine Grenzen ergeben sich unter dem Gesichtspunkt der Verhältnismäßigkeit durch Abwägung der sozialpolitischen Schutzanliegen mit den die Arbeitgeber treffenden Belastungen (*BVerfG* 23.1.1990 EzA § 128 AFG Nr. 1). Zum sozialen Schutzauftrag gehört der Arbeitnehmerschutz und der Schutz der Arbeitnehmer vor vertraglichen Vereinbarungen und Zugeständnissen, durch die sie in ihren elementaren gesundheitlichen, persönlichkeitsrechtlichen oder auch wirtschaftlichen Interessen verletzt werden (MünchArbR/*Buchner* § 39 Rz. 17 f.).

b) Grundrechte im Arbeitsverhältnis

279 Grundrechte sind in erster Linie Abwehrrechte des einzelnen gegen den Staat; sie binden Gesetzgebung, vollziehende Gewalt und die Rechtsprechung und sind unmittelbar geltendes Recht (Art. 1 Abs. 3 GG), um die von ihnen gesetzte Wertordnung zu verwirklichen.

Dadurch gewährleisten sie eine staatsunabhängige Freiheitssphäre zur Entfaltung der Persönlichkeit nach dem Prinzip individueller Selbstbestimmung. Deshalb verkörpert sich in ihnen eine objektive Wertordnung, die als verfassungsrechtliche Grundentscheidung für alle Bereiche des Rechts gilt (*BVerfG* 15.1.1958 E 7, 198). 280

Das *BAG* hat daher für gewisse wichtige Grundrechte zunächst angenommen, dass privatrechtliche Abmachungen sich nicht in Widerspruch zu dem setzen dürfen, was man das Ordnungsgefüge einer konkreten Staats- und Rechtsordnung nennen kann. Deshalb ist es zur Anerkennung einer unmittelbaren privatrechtlichen Wirkung (sog. **unmittelbare Drittwirkung** von Grundrechten) der Grundrechtsbestimmungen gekommen, **die für den Verkehr der Rechtsgenossen untereinander in einer freiheitlichen und sozialen Gemeinschaft unentbehrlich sind** (15.1.1955, 18.10.1961 AP Art. 3 GG Nr. 4, 69 [Lohngleichheitsgrundsatz, Art. 3], 10.11.1955 AP § 611 BGB Beschäftigungspflicht Nr. 2 [Beschäftigungsanspruch, Art. 1, 2 GG]). 281

Weil die Grundrechte sich aber auf das Über- und Unterordnungsverhältnis zwischen Bürger und Staat beziehen, im privatrechtlichen Verkehr sich demgegenüber Grundrechtsträger grds. gleichberechtigt gegenüberstehen, geht das *BVerfG* (15.1.1958, 23.4.1986, 7.2.1990 E 7, 198, E 73, 269, E 81, 254) dagegen davon aus, dass mit **Ausnahme des Art. 9 Abs. 3 GG** (Koalitionsfreiheit), für den sich die unmittelbare Drittwirkung bereits aus dem eindeutigen Wortlaut der Norm ergibt, **eine unmittelbare Drittwirkung nicht in Betracht kommt**. 282

> Das GG hat aber in seinem Grundrechtsabschnitt eine objektive Wertordnung geschaffen, ein Wertesystem, das seinen Mittelpunkt in der innerhalb der sozialen Gemeinschaft sich frei entfaltenden Persönlichkeit und in der Würde des einzelnen findet. Diese verfassungsrechtliche Grundentscheidung muss für alle Bereiche der Rechtsordnung gelten und beeinflusst folglich auch das Privatrecht mittelbar. Einbruchstellen für die mittelbare Drittwirkung der Grundrechte im Zivilrecht sind die wertausfüllungsfähigen und -bedürftigen Begriffe und Generalklauseln des Privatrechts (z.B. § 242 BGB). 283

Erforderlich ist in jedem Einzelfall der Versuch einer Harmonisierung der beiderseits betroffenen, verfassungsrechtlich grds. gleichwertigen schutzwerten Rechtsgüter, also eine Abwägung des unternehmerischen Arbeitgeberinteresses mit dem kollidierenden Interesse des Arbeitnehmers nach Maßgabe des Verhältnismäßigkeitsprinzips (Geeignetheit, Erforderlichkeit, Verhältnismäßigkeit i. e. S.). 284

Dem folgend hat das *BAG* (GS 27.2.1985 EzA § 53 BAT Beschäftigung Nr. 9) nunmehr die Rechtsgrundlage des Beschäftigungsanspruchs des Arbeitnehmers in §§ 611, 613 i.V.m. § 242 BGB gesehen mit der Maßgabe, dass die Generalklausel des § 242 BGB dabei ausgefüllt wird durch die Wertentscheidung der Art. 1 und 2 GG. 285

> Aus dem Charakter der Grundrechte als objektive Grundsatznormen ergeben sich darüber hinaus auch Schutzpflichten des Staates für die in ihnen gewährleisteten Rechtsgüter, z.B. die Vertragsfreiheit zur Gewährung individueller Selbstbestimmung. Der Grundrechtsträger hat ein Recht auf solche Maßnahmen, die zum Schutz eines grundrechtlich gesicherten Freiheitsrechts – auch gegenüber Grundrechtsbeeinträchtigungen durch Privatrechtssubjekte – unerlässlich sind (*BVerfG* 29.5.1973 E 35, 116). 286

Diese Pflicht ist dann verletzt, wenn eine Gesetzesbestimmung den gebotenen Schutz nicht ausreichend realisiert oder eine konkurrierende Grundrechtsposition unverhältnismäßig einschränkt. Auch die Untätigkeit des Gesetzgebers, z.B. dem sozialen und wirtschaftlichen Ungleichgewicht entgegenzuwirken, kann zu einer verfassungswidrigen Schutzlücke führen. 287

Bei der Entscheidung darüber, wann eine Ungleichgewichtslage so schwer wiegt, dass eine Begrenzung oder Ergänzung der Vertragsfreiheit zum Zwecke des Grundrechtsschutzes geboten ist, hat der Gesetzgeber allerdings einen **weiten Beurteilungs- und Gestaltungsspielraum** (*BVerfG* 7.2.1990 EzA § 90a HGB Nr. 1). 288

c) Kollektives Arbeitsrecht

289 Die Tarifvertragsparteien sind wie der staatliche Gesetzgeber an alle Grundrechte gebunden. Denn die Tarifnormen setzen kraft staatlicher Delegation bzw. kraft durch die Verfassung eingeräumter Normsetzungsbefugnis insbes. in ihren Regelungen der Arbeitsbedingungen objektives Recht für die Arbeitsverhältnisse (§ 4 Abs. 1 TVG). Folglich ergibt sich die unmittelbare Bindung der Tarifvertragsparteien an die Grundrechte aus Art. 1 Abs. 3 GG (*BAG* 15.1.1955, 2.3.1955, 6.4.1955 AP Nr. 4, 6, 7 zu Art. 3 GG; 4.2.1988 EzA § 4 TVG Rundfunk Nr. 16; 13.5.1997 EzA § 1 BetrAVG Gleichbehandlung Nr. 12; 4.4.2000 EzA § 1 BetrAVG Gleichbehandlung Nr. 19; ausdrücklich offen gelassen aber von *BAG* 5.10.1999 NZA 2000, 1302; vgl. dazu *Löwisch* RdA 2000, 312 ff.; vgl. auch *Söllner* NZA 1996, 901 ff.; **a.A.** *Singer* ZfA 1995, 611 ff.; krit. *Dieterich* RdA 2001, 112 ff.). Jedenfalls bei der Vereinbarung des **persönlichen Geltungsbereichs** unterliegen die Tarifvertragsparteien aber keiner unmittelbaren Bindung an Art. 3 Abs. 1 GG. Sie sind vielmehr wegen ihres insoweit vorrangigen Grundrechts der Koalitionsfreiheit (Art. 9 Abs. 3 GG) bis zur Grenze der Willkür frei, in eigener Selbstbestimmung den persönlichen Geltungsbereich ihrer Tarifregelungen festzulegen. Die Grenze der Willkür in diesem Sinne ist dann überschritten, wenn die Differenzierung im persönlichen Geltungsbereich unter **keinem Gesichtspunkt**, auch koalitionspolitischer Art, **plausibel erklärbar ist** (*BAG* 30.8.2000 EzA Art. 9 GG Nr. 74; **abl.** dazu *Löwisch* SAE 2001, 295 ff.).

290 Betriebsvereinbarungen schließlich erhalten zwar nicht dadurch, dass ihnen der Gesetzgeber normative Wirkung zuerkannt hat (§§ 112 Abs. 1 S. 3, 77 Abs. 4 BetrVG) den Charakter von Akten der öffentlichen Gewalt. Eine Grundrechtsbindung besteht jedoch i.S. einer Ausstrahlungs- bzw. mittelbaren Drittwirkung (s.o. Rn. 278). auf die Generalklauseln und sonstigen auslegungsfähigen und -bedürftigen Begriffe, die i.S.d. Rechtsgehalts der durch den Grundrechtsabschnitt des GG aufgerichteten objektiven Wertordnung ausgelegt werden müssen.

291 Die Ausstrahlungswirkung der Grundrechte entfaltet sich – so das BVerfG – z.B. im Rahmen der Auslegung eines **Sozialplans** bei der Auslegung und Anwendung der §§ 133, 157 BGB, in denen die Grundsätze für die Interpretation bürgerlich-rechtlicher Willenserklärungen normiert sind und die – wenn auch mit gewissen Modifizierungen – von den Arbeitsgerichten auch für die Interpretation von Sozialplänen herangezogen werden. Aus dem grundrechtlichen Bereich sind insbes. Art. 9 Abs. 3 und Art. 2 Abs. 1 GG (Koalitionsfreiheit, Privatautonomie, Vertragsfreiheit) in Betracht zu ziehen (*BVerfG* 23.4.1986 AP Nr. 28 zu Art. 2 GG; für eine Übertragbarkeit dieser Grundsätze auch auf Tarifverträge MünchArbR/*Hanau* § 62 Rz. 38m. Fn. 62; nach der st. Rspr. des *BAG* [11.6.1975 EzA § 77 BetrVG Nr. 1; 4.3.1982 EzA § 77 BetrVG Nr. 10; 9.2.1984 EzA § 77 BetrVG Nr. 13] sind demgegenüber Betriebsvereinbarungen unter Ausschluss der §§ 133, 157 BGB wie Gesetze auszulegen).

292 Hinsichtlich der Regelungsbefugnis der Betriebspartner verweist **§ 75 Abs. 2 BetrVG** im Übrigen auf die Freiheitsrechte des GG, insbes. Art. 1 Abs. 1, 2 Abs. 1 GG, die mittelbar auf das Arbeitsverhältnis einwirken. In einer Betriebsvereinbarung darf deshalb z.B. durch die Festlegung einer Altersgrenze für das Ausscheiden aus dem Betrieb den im Betrieb beschäftigten Arbeitnehmern nicht die Möglichkeit einer freien Entfaltung ihrer Persönlichkeit genommen oder mehr als sachlich geboten eingeschränkt werden (*BAG* [GS] 7.11.1989 EzA § 77 BetrVG Nr. 34).

Eine entsprechende Drittwirkung gilt auch für den Spruch der **Einigungsstelle** gem. § 76 Abs. 3 BetrVG (*BAG* 27.5.1986 EzA § 87 BetrVG Kontrolleinrichtung Nr. 16).

d) Arbeitsvertragsparteien

293 Die aus den Grundrechten abgeleiteten Schutzgebote, die Inhalt und Umfang der tarifvertraglichen Regelungsbefugnis begrenzen, sind auch vom Arbeitgeber zu beachten, wenn er Arbeitsverträge mit Arbeitnehmern abschließt (MünchArbR/*Richardi* § 10 Rz. 38).

e) Beispiele aus der Rechtsprechung

aa) Individualarbeitsrecht

(1) Allgemeines Persönlichkeitsrecht (Art. 1 Abs. 1 i.V.m. Art. 2 Abs. 1 GG)

Beispiele: 294

- Eine Verletzung des allgemeinen Persönlichkeitsrechts (§ 823 Abs. 1 BGB, Art. 2 Abs. 1 i.V.m. Art. 1 Abs. 1 GG) kann nicht nur vorliegen, wenn der Arbeitnehmer systematisch und ständig unbemerkt und unbemerkbar **überwacht** wird, sondern wegen des dadurch entstehenden Überwachungsdrucks (s.u. Kap. 3 Rn. 2875 ff.) auch dann, wenn der Arbeitgeber sich vorbehält, den Arbeitnehmer jederzeit ohne konkreten Verdacht am Arbeitsplatz durch versteckte Videokameras zu beobachten (*BAG* 7.10.1987 EzA § 611 BGB Persönlichkeitsrecht Nr. 6). Unbedenklich ist dagegen die gelegentliche Überwachung des Verhaltens am Arbeitsplatz z.B. durch Vorgesetzte.
- Die **heimliche Aufzeichnung** des nicht öffentlich gesprochenen Wortes verletzt i.d.R. das allgemeine Persönlichkeitsrecht des Betroffenen und ist deshalb prozessual nicht verwertbar (*LAG Bln.* 15.2.1988 DB 1988, 1024; s.u. Kap. 3 Rn. 2993 ff.).
- Hinsichtlich des **Abhörens eines telefonischen Dienstgesprächs** durch den Arbeitgeber ist davon auszugehen, dass der grundrechtliche Schutz des gesprochenen Wortes (Art. 2 Abs. 1 i.V.m. Art. 1 Abs. 1 GG) nicht durch die bloße Kenntnis von der Mithörmöglichkeit beseitigt wird (s.u. Kap. 3 Rn. 2883 ff.). Die Benutzung eines Diensttelefons allein rechtfertigt daher nicht den Schluss, damit sei dem Sprechenden eine Erweiterung des Adressatenkreises gerade um den Arbeitgeber oder dessen Stellvertreter gleichgültig. In der gerichtlichen Verwertung von Kenntnissen und Beweismitteln, die unter Verstoß gegen das Persönlichkeitsrecht erlangt sind, liegt i.d.R. ein Eingriff in das Grundrecht aus Art. 2 Abs. 1 i.V.m. Art. 1 Abs. 1 GG (*BVerfG* 19.12.1991 EzA § 611 BGB Persönlichkeitsrecht Nr. 10; s.u. Kap. 3 Rn. 2883, 2993).
- Bei der Ermittlung, Speicherung und Verwertung von Informationen über den Arbeitnehmer darf der Arbeitgeber nicht tiefer in die Privatsphäre des Arbeitnehmers eindringen, als dies der Zweck des Arbeitsverhältnisses erfordert; das BDSG gilt zudem auch für Arbeitsverhältnisse (vgl. *Heither* BB 1989, 1049; s.u. Kap. 3 Rn. 3031).

(2) Menschenwürde (Art. 1 Abs. 1 GG)

Zweifelhaft ist z.B. im Hinblick auf Art. 1 Abs. 1 GG, ob **genetische Analysen** in Reihenuntersuchungen grds. oder nur für arbeitsmedizinische Vorsorge unter bestimmten strengen Voraussetzungen zulässig sind und auch nach künftigem Recht sein sollen (für die zweite Alternative *Wiese* RdA 1988, 217, RdA 1986, 120; *Deutsch* NZA 1987, 657; vgl. auch *Wiese* Genetische Analysen und Rechtsordnung 1994, S. 36 ff.). 295

(3) Gleichheitsgrundsatz (Art. 3 GG)

Beispiele: 296

- Das **Nachtarbeitsverbot** gem. § 19 AZO benachteiligte Arbeiterinnen im Vergleich zu Arbeitern und weiblichen Angestellten. Es verstieß daher gegen Art. 3 Abs. 1, 3 GG. Eine Ungleichbehandlung, die an das Geschlecht anknüpft, ist mit Art. 3 GG nur vereinbar, soweit sie zur Lösung von Problemen, die ihrer Natur nach entweder bei Männern oder Frauen auftreten können, zwingend erforderlich ist (*BVerfG* 25.7.1991 § 19 AZO Nr. 5).
- §§ 2, 3 des Hamburgischen Ruhegeldgesetzes ist mit Art. 3 Abs. 1 GG unvereinbar, soweit **nichtvollbeschäftigte**, aber **rentenversicherungspflichtige Arbeitnehmer** kein Ruhegeld erhalten (*BVerfG* 27.11.1997 EzA § 1 BetrAVG Gleichberechtigung Nr. 11); wirksam ist es dagegen insoweit, als es für die Arbeitnehmer, deren Beschäftigungsverhältnis zur Stadt Hamburg vor dem 1.7.1983 begonnen hat und bis zum Ende des Versorgungsfalles fortbesteht, eine **nettolohnbezogene Gesamtversorgungsobergrenze** von 91,75% eingeführt hat und für neu eintretende Arbeitnehmer ab dem 1.4.1995

eine nicht vergleichbare, andersartige Altersversorgung vorsieht (*BAG* 12.3.1996 NZA-RR 1997, 99).

- Die Gleichbehandlung unterschiedlich hoher Versorgungszusagen desselben **öffentlichen Arbeitgebers** durch § 18 BetrAVG bei vorzeitiger Beendigung des Arbeitsverhältnisses ist mit Art. 3 Abs. 1 GG unvereinbar; Gleiches gilt für die Ungleichbehandlung von betrieblichen Altersrenten in der Privatwirtschaft und im öffentlichen Dienst durch das BetrAVG (*BVerfG* 17.5.1998 NZA 1999, 194).
- Werden bei der Berechnung der Versorgungsrente einer Teilzeitkraft in demselben Umfang Steuern und Sozialabgaben zugrunde gelegt wie bei einer Vollzeitkraft, verstößt diese Art der Berechnung gegen Art. 3 Abs. 1 GG. Diese Schlechterstellung lässt sich auch nicht mit Praktikabilitätserwägungen rechtfertigen (*BVerfG* 25.8.1999 NZA 1999, 1152).
- Art. 3 Abs. 1 GG bindet auch den Verordnungsgeber als untergesetzlichen Normgeber. Der **Ausschluss der Lehrkräfte in Altersteilzeit** aus der altersabhängigen Pflichtstundenermäßigung nach § 2 Abs. 4 ErmäßigungsVO ist damit unvereinbar. Denn für die sachliche Rechtfertigung ist auf den Zweck der Leistung und nicht auf die Zugehörigkeit zu einer Gruppe abzustellen. Mit der Pflichtstundenermäßigung nach dieser VO und der Reduzierung der Arbeitszeit nach dem TV ATZ werden unterschiedliche Zwecke verfolgt. Die Ermäßigung aus Altersgründen wird ausschließlich zur Milderung der besonderen altersbedingten Belastungen durch den Unterricht gewährt. Die Altersteilzeit soll Auszubildenden und Arbeitslosen Beschäftigungsmöglichkeiten eröffnen (*BAG* 13.12.2005 EzA Art. 3 GG Nr. 104); nichts anderes gilt für entsprechende Verwaltungsvorschriften (*BAG* 13.6.2006 EzA § 4 TVG Altersteilzeit Nr. 21 = NZA-RR 2007, 42).

(4) Gewissensfreiheit

297 **Beispiele:**

- Im Hinblick auf Art. 4 Abs. 1 GG kann eine Gewissensnot den Arbeitnehmer berechtigen, die Arbeit zu verweigern, z.B. wenn er an der Weiterentwicklung einer Substanz mitarbeiten soll, die im Falle eines **Nuklearkrieges** an Soldaten verabreicht werden könnte, um bei einer nuklearen Verstrahlung dem Erbrechen entgegenzuwirken. Der Arbeitgeber hat im Rahmen billigen Ermessens nach § 315 Abs. 1 BGB den Inhalt der geschuldeten Arbeitsleistung so zu konkretisieren, dass ein ihm offenbarter Gewissenskonflikt des Arbeitnehmers berücksichtigt wird. Maßgebend ist der subjektive Gewissensbegriff, sodass der Arbeitnehmer darlegen muss, dass ihm wegen seiner aus einer spezifischen Sachlage folgenden Gewissensnot nicht zuzumuten ist, die an sich vertraglich geschuldeten Leistung zu erbringen. Lässt sich aus den festgestellten Tatsachen im konkreten Fall ein Gewissenskonflikt ableiten, unterliegt die Relevanz und Gewichtigkeit der Gewissensbildung keiner gerichtlichen Kontrolle.
- Die Gewissensentscheidung des Arbeitnehmers schränkt die unternehmerische Freiheit, den Inhalt der Produktion zu bestimmen, nicht ein. Der Arbeitnehmer ist vielmehr gem. § 297 BGB außerstande, die geschuldete Leistung zu erbringen.
- Verbietet eine nach § 315 Abs. 1 BGB im Rahmen des billigen Ermessens erhebliche Gewissensentscheidung dem Arbeitgeber, dem Arbeitnehmer eine an sich von diesem geschuldete Arbeit zuzuweisen, kann allerdings ein in der Person des Arbeitnehmers liegender Grund gegeben sein, das **Arbeitsverhältnis zu kündigen**, wenn eine andere Beschäftigungsmöglichkeit für den Arbeitnehmer nicht besteht (*BAG* 24.5.1989 EzA § 315 BGB Nr. 36; vgl. dazu *Kohte* NZA 1989, 161; *Rüfner* RdA 1992, 1).
- Die Freiheit der Gewissensverwirklichung (Art. 4 Abs. 1 GG) verbietet es dem Arbeitgeber, den Arbeitnehmer in einen **vermeidbaren Gewissenskonflikt** zu stürzen, z.B. für eine Zeitschrift tätig zu werden, die den freiheitlich-demokratischen Rechtsstaat angreift oder das Gewalt- und Unrechtsregime des Nationalsozialismus verherrlicht oder verharmlost (*BAG* 20.12.1984 EzA Art. 4 GG Nr. 1; 24.5.1989 EzA Art. 4 GG Nr. 2).

(5) Meinungsfreiheit; politische Betätigung; Pressefreiheit

Umstritten sind die Auswirkungen von Art. 5 Abs. 1, 9 Abs. 3 GG auf das Arbeitsverhältnis beim **Tragen politischer Plaketten** im Betrieb, **Arbeitsniederlegungen aus politischen Gründen** oder sonstigen politischen Aktivitäten des Arbeitnehmers innerhalb oder außerhalb der Arbeitszeit (vgl. *LAG RhPf* 28.8.1986 – 5 Sa 240/86 n.v. – und *ArbG Mainz* 22.1.1986 – 2 Ca 1176/85 n.v. [Friedenstaube auf dem Aktenkoffer und dem PKW eines Zivilangestellten bei der Bundeswehr]; *von Hoyningen-Huene/Hofmann* BB 1984, 1050 [politische Plaketten im Betrieb]; *Kissel* NZA 1988, 145). 298

Beispiele: 299

- Ein Arbeitnehmer darf jedenfalls nicht durch das Tragen einer auffälligen Plakette (**»Stoppt Strauß«**), die bewusst den politischen Gegner provoziert, den Betrieb als Forum des Wahlkampfs nutzen (*BAG* 9.12.1982 EzA § 626 BGB Nr. 86; s.u. Kap. 4 Rn. 1272, 2136, 2229).
- Angestellte Lehrer im öffentlichen Dienst dürfen während ihres Schuldienstes keine **Anti-Atomkraft-Plaketten** tragen (*BAG* 2.3.1982 EzA Art. 5 GG Nr. 10).
- **Werkszeitungen** genießen Pressefreiheit (*BVerfG* 8.10.1996 EzA Art. 5 GG Nr. 23).
- Eine **kritische Berichterstattung** über den Kosovo-Krieg (»angebliches Massaker von Racak, Nato-Angriffskrieg«) ist vom Grundrecht auf freie Meinungsäußerung eines Rundfunkredakteurs geschützt. Die Feststellung, die Nato befinde sich (1999) mit Restjugoslawien in einem (Angriffs-)Krieg, ist objektiv zutreffend gewesen (*LAG BW* 2.8.2000 ArbuR 2001, 192).

(6) Spannungsverhältnis zwischen Grundrechten und kirchlichem Selbstbestimmungsrecht

Beispiele: 300

- Bei einer Beschäftigung im **kirchlichen Dienst** braucht ein Arbeitgeber es nicht hinzunehmen, dass ein Arbeitnehmer öffentlich fundamentale Grundsätze der kirchlichen Lehre in Frage stellt (*BVerfG* 4.6.1985 EzA § 611 BGB Kirchliche Arbeitnehmer Nr. 24; s.u. Kap. 4 Rn. 3149 ff.).
- **Fragen nach der Religionszugehörigkeit** sind bei Bewerbungen um einen Arbeitsplatz nur zulässig, wenn es sich um einen religiös bestimmten Tendenzbetrieb oder eine kirchliche Einrichtung handelt (MünchArbR/*Richardi* § 10 Rz. 47).
- Im Rahmen von Arbeitsverhältnissen mit einem Träger des kirchlichen Selbstbestimmungsrechts (Art. 140 GG i.V.m. Art. 137 Abs. 3 WRV), z.B. der Deutschen Caritas, ist zugunsten des Arbeitnehmers auch der grundrechtliche Schutz von Ehe und Familie (Art. 6 Abs. 5 GG) zu beachten. Deshalb ist selbst bei einem Verstoß gegen die katholische Glaubens- und Sittenlehre (z.B. bei erneuter standesamtlicher Eheschließung einer Altenpflegerin nach Scheidung der ersten Ehe) die Wirksamkeit einer ordentlichen personenbedingten Kündigung von einer **umfassenden Interessenabwägung** abhängig. Im Einzelfall kann Art. 6 Abs. 5 GG gegenüber dem kirchlichen Selbstbestimmungsrecht im Rahmen der Interessenabwägung den Vorrang haben (*LAG RhPf* NZA 1992, 648).

(7) Schutz von Ehe und Familie (Art. 6 GG); eingetragene Lebenspartnerschaft

Beispiele: 301

- Art. 6 GG verbietet es, verheiratete Arbeitnehmerinnen von einer **Ruhegeldregelung** auszuschließen, wenn sie mit einem ebenfalls ruhegeldanwartschaftsberechtigten Arbeitnehmer verheiratet sind (*BAG* 10.1.1989 EzA § 1 BetrAVG Gleichberechtigung Nr. 3).
- Zulässig im Rahmen der **Hinterbliebenenversorgung** sind sog. **Spätehenklauseln**, wonach der Anspruch bei Eingehung der Ehe nach einem bestimmten Höchstalter oder nach Eintritt des Versorgungsfalles entfällt. Voraussetzung kann auch sein, dass die **Ehe mindestens zehn Jahre bestanden** hat, wenn sie nach Vollendung des 50. Lebensjahres des verstorbenen Ehegatten geschlossen worden ist. Denn derartige Klauseln dienen einer sachlich gerechtfertigten **Risikobegrenzung** (*BAG* 28.7.2005 EzA § 1 BetrAVG

Hinterbliebenenversorgung Nr. 12 = NZA-RR 2006, 591: der hinterbliebene Ehegatte darf nicht mehr als 15 Jahre jünger sein als der verstorbene ehemalige Arbeitnehmer). Gleiches gilt für **Altersdifferenzklauseln**, wonach der Arbeitnehmer z.B. nicht 25 Jahre älter als seine Ehefrau sein darf (*LAG Düsseld.* 19.5.2005 – 5 Sa 509/05 – FA 2005, 318 LS = LAG Report 2005, 322; *ArbG Duisburg* 16.2.2000 NZA-RR 2001, 48: 15 Jahre; **a.A.**, weil die Witwen dann noch der gleichen Generation angehören *Hess. LAG* 12.3.1997 DB 1997, 2182), sowie für Getrenntlebensklauseln, die Leistungen ausschließen, wenn die Eheleute zum Zeitpunkt des Todes des Versorgungsempfängers getrennt leben. Allerdings sind Ausnahmeregelungen für Härtefälle vorzusehen. Zulässig sind auch **Scheidungsklauseln**, die die Existenz der Ehe im Todesfall voraussetzen, sodass Versorgungsansprüche entfallen, wenn die Ehe vor Einführung des Versorgungsausgleichs geschieden worden ist, sowie **Wiederverheiratungsklauseln**, die den Anspruch auf betriebliche Witwenrente für den Fall der Wiederverheiratung entfallen lassen (*BAG* 9.11.1978 EzA § 242 BGB Ruhegehalt Nr. 76; 6.9.1979 EzA § 242 BGB Ruhegehalt Nr. 81; *BGH* 29.1.1981 AP Nr. 4 zu 242 BGB Ruhegehalt-Lebensversicherung).

302 Fraglich ist allerdings, ob derartige Klauseln europarechtlich unbedenklich sind (s. *EuGH* 22.11.2005 EzA § 14 TzBfG Nr. 21). Das *BAG* (27.6.2006 EzA EG-Vertrag 1999 Richtlinie 2000/78 Nr. 2 = NZA 2006, 1276; s. dazu *Konzen* SAE 2007, 194 ff.) hat deshalb mit einem Vorlagebeschluss den EuGH angerufen, um festzustellen, ob eine Diskriminierung wegen des Alters gegeben ist.
Der *EuGH* (23.9.2008 – C-42/06 – NZA 2008, 1119; s. *dazu Preis/Temming* NZA 2008, 1209 ff.; *Bauer/Arnold* NJW 2008, 3377 ff.) hat dazu aber lediglich festgestellt, dass das Gemeinschaftsrecht kein Verbot der Diskriminierung aus Gründen des Alters, dessen Schutz die Gerichte der Mitgliedsstaaten zu gewährleisten haben, enthält, wenn die möglicherweise diskriminierende Behandlung keinen gemeinschaftsrechtlichen Bezug aufweist. Ein solcher Bezug folgt danach weder aus Art. 13 EGV, noch – unter Umständen wie denen des Ausgangsverfahrens – durch die RL 2000/78/EG vor Ablauf der dem betreffenden Mitgliedsstaat für die Umsetzung der RL gesetzten Frist.

Nicht von Art. 6 GG **erfasst** ist die **gleichgeschlechtliche eingetragene Lebenspartnerschaft**. Denn mit dem LPartG (vgl. dazu *Wellenhofer* NJW 2005, 705 ff.) wurde ein neues Rechtsinstitut eingeführt, das – mit jeweils eigenständig definierten Rechten und Pflichten – neben dem der Ehe steht und dazu ein aliud bildet. Auch nach der Eintragung der Lebenspartnerschaft sind die Beteiligten von Gesetzes wegen keine Ehegatten (*Powietzka* BB 2002, 146 ff.; s.a. *BAG* 26.10.2006 NZA 2007, 1179 zu einem Ortszuschlag in einer kirchlichen Einrichtung).

(8) Berufsfreiheit (Art. 12 Abs. 1 GG)

303 Art. 12 Abs. 1 S. 1 GG garantiert neben der freien Wahl des Berufs als weiteres Schutzgut auch die freie Wahl des Arbeitsplatzes. Gegenstand dieses Grundrechts ist der Entschluss des Einzelnen, eine konkrete Beschäftigungsmöglichkeit in dem gewählten Beruf zu ergreifen. Dazu zählt namentlich bei abhängig Beschäftigten auch die Wahl des Arbeitgebers. Kommt der gesetzliche Eingriff in die Freiheit der Arbeitsplatzwahl (z.B. durch die zwingend gesetzlich vorgesehene Überleitung von Arbeitsverhältnissen der bei den Opernhäusern in Berlin Beschäftigten auf eine neu gegründete »Stiftung Oper in Berlin« ohne Widerspruchsrecht) einer Regelung der Berufsausübungsfreiheit unter Aufrechterhaltung des Arbeitsverhältnisses gleich, so ist dieser verfassungsgemäß, wenn er durch vernünftige Gründe des Gemeinwohls gerechtfertigt und verhältnismäßig ist.

Dies hat das *BAG* (2.3.2006 EzA § 613a BGB 2002 Nr. 48 = NZA 2006, 848) im konkret entschiedenen Einzelfall bejaht; auch gegen die Verhältnismäßigkeit einer derartigen Maßnahme bestehen jedenfalls dann keine Bedenken, wenn sich die **Arbeitsbedingungen nicht wesent-**

lich verändern und dem Arbeitnehmer mit dem neuen Arbeitgeber ein vergleichbar potenter Schuldner gegenübersteht.

Art. 12 Abs. 1 GG schützt Arbeitnehmer andererseits vor einem **Verfall von betrieblichen Versorgungsanwartschaften**, soweit dadurch die freie Wahl eines anderen Arbeitsplatzes in unverhältnismäßiger Weise eingeschränkt wird (*BVerfG* 15.7.1998 NZA 1999, 194).

bb) Kollektives Arbeitsrecht

(1) Art. 1 Abs. 1, Art. 2 Abs. 1 GG

Beispiele: 304

- Eine Tarifnorm, die für einen Krankenhausarzt **Bereitschaftsdienst** im Anschluss an einen Tagesdienst anordnet, an den sich danach erneut ein Tagesdienst anschließt, ohne dass mindestens sechs Stunden Ruhezeit zur Verfügung stehen, verstößt gegen Art. 1 Abs. 1 GG (*BAG* 24.2.1982 AP Nr. 7 zu § 17 BAT).
- Gegen Art. 2 Abs. 1 GG verstoßen Tarifnormen, die beim Abschluss des Arbeitsvertrages jegliche Stellvertretung ausschließen (*BAG* 7.11.1958 AP Nr. 1 zu § 611 BGB Film) oder wenn sie ein **generelles Nebentätigkeitsverbot** ohne Erfordernis eines besonderen Grundes dafür vorsehen (*BAG* 13.6.1958 AP Nr. 6 zu Art. 12 GG).

(2) Art. 3 Abs. 1, 2 GG, Art. 119 Abs. 2 EGV (jetzt Art. 141 Abs. 2 EGV), RL 76/207 EG, § 2 BeschFG 1985, 1996, § 4 TzBfG

Beispiele Art. 141 EGV: 305

- Verstößt die Leistungsordnung einer Pensionskasse gegen Art. 141 EGV, muss die wegen des Geschlechts **benachteiligte Gruppe ebenso behandelt werden wie die begünstigte.** Die sich daraus ergebenden Ansprüche richten sich nicht nur gegen die Pensionskasse, sondern auch gegen den Arbeitgeber (*BAG* 7.9.2004 EzA Art. 141 EG-Vertrag 1999 Nr. 16 = NZA 2005, 1239 = BAG Report 2005, 262).
- Die Art. 2 Abs. 1 und 5 Abs. 1 der Richtlinie 76/207/EWG des Rates vom 9. Februar 1976 zur Verwirklichung des Grundsatzes der Gleichbehandlung von Männern und Frauen hinsichtlich des Zugangs zur Beschäftigung, zur Berufsbildung und zum beruflichen Aufstieg sowie in Bezug auf die Arbeitsbedingungen sind dahin auszulegen, dass sie einer tarifvertraglichen Regelung für den öffentlichen Dienst, die männlichen wie weiblichen Beschäftigten die Inanspruchnahme von **Altersteilzeitarbeit** erlaubt, entgegenstehen, wenn nach dieser Regelung die Berechtigung zur Altersteilzeitarbeit nur bis zu dem **Zeitpunkt** besteht, in dem **erstmals eine ungekürzte Rente** aus der gesetzlichen Altersversorgung in Anspruch genommen werden kann, und wenn die Gruppe der Personen, die eine solche Rente bereits mit Vollendung des 60. Lebensjahres beziehen können, fast ausschließlich aus Frauen besteht, während die Gruppe, die eine solche Rente erst mit Vollendung des 65. Lebensjahres beziehen kann, fast ausschließlich aus Männern besteht, es sei denn, diese Regelung ist durch objektive Faktoren gerechtfertigt, die nichts mit einer Diskriminierung auf Grund des Geschlechts zu tun haben.
- Die Dienstzeit teilzeitbeschäftigter Arbeitnehmer, die auf Grund ihres Geschlechts mittelbar diskriminiert worden sind, ist ab dem 8.4.1976 (Urteil des *EuGH* in der Rechtssache Defrenne, NJW 1976, 2068) für die Berechnung der ihnen zustehenden Zusatzleistungen zu berücksichtigen. Art. 119 EWGV (jetzt Art. 141 EGV) verbietet es, bei einem Anspruch auf Beitritt zu einem **beruflichen Altersversorgungssystem** eine nationale Vorschrift anzuwenden, nach der der Anspruch im Falle des Obsiegens nur für einen Zeitraum von zwei Jahren vor Klageerhebung zuerkannt werden kann (*EuGH* 11.12.1997 NZA 1998, 361).
- Art. 141 EGV schließt unterschiedliche **kinderbezogene Leistungen** für Angestellte und Beamte mit mehr als zwei Kindern nicht aus (*BAG* 3.4.2003 EzA § 242 BGB 2002 Gleichbehandlung Nr. 1).
- Eine tarifvertragliche Bestimmung, die den Anspruch von Arbeitnehmern auf Gewährung von **zusätzlich bezahlter Freistellung** ab Vollendung des 60. Lebensjahres aus-

schließt, sofern der Arbeitnehmer vorgezogenes Altersruhegeld in Anspruch nehmen kann, kann Frauen mittelbar diskriminieren. Dass die Frauen im Verhältnis zu Männern begünstigende Altersgrenze von 60 Jahren verfassungsrechtlich (noch) unbedenklich ist, rechtfertigt ihren Ausschluss nicht (*BAG* 20.8.2002 EzA Art. 141 EG-Vertrag 1999 Nr. 13 = NZA 2003, 862 m. Anm. *Mummenhoff* SAE 2004, 73 ff. gegen *BAG* 6.2.1985 EzA Art. 3 GG Nr. 17). § 612 Abs. 3 S. 1 und S. 2 BGB begründen für eine Arbeitnehmerin, die wegen ihres Geschlechts geringer vergütet wird als ein männlicher Arbeitnehmer, Anspruch auf die höhere Vergütung. Als Vergütung gilt auch eine vom Arbeitgeber gewährte bezahlte Freistellung, die ältere Arbeitnehmer ab Vollendung des 60. Lebensjahres beanspruchen können. Endet der Anspruchszeitraum, wenn der Arbeitnehmer/die Arbeitnehmerin Anspruch auf vorgezogenes Altersruhegeld hat, so benachteiligt diese Regelung wegen des unterschiedlichen Rentenzugangsalters regelmäßig Frauen. Der Ausschluss von Frauen im fortbestehenden Arbeitsverhältnis ist nicht deshalb objektiv gerechtfertigt, weil die im Sozialrecht liegende Begünstigung von Frauen für eine Übergangsphase als verfassungsrechtlich unbedenklich beurteilt worden ist (*BAG* 20.8.2002 EzA Art. 141 EG-Vertrag 1999 Nr. 13).

Die erfolgreiche Geltendmachung eines Anspruchs aus § 612 Abs. 3 BGB setzt voraus, dass detailliert **vorgetragen** wird, dass **nicht identische Arbeiten gleichwertig sind.** Dabei ist im Einzelnen anhand von Tatsachen im Wege wertenden Vergleichs darzulegen, dass und warum die auszuübenden Tätigkeiten nach objektiven Maßstäben der Arbeitsbewertung denselben Arbeitswert haben. Bei unterstellt gleichwertiger Arbeit werden deshalb durch die Einführung der Berufsgruppeneinteilung W durch die Anlagen 18 und 1 d zu den Arbeitsvertragsrichtlinien des Diakonischen Werkes der Evangelischen Kirche in Deutschland (AVR DW) die betreffenden Mitarbeiterinnen nicht mittelbar diskriminiert. Denn andere als gruppenspezifische Gründe rechtfertigen eine Entgeltdifferenzierung (*BAG* 26.1.2005 EzA § 611 BGB 2002 Kirchliche Arbeitnehmer Nr. 5 = NZA 2005, 1059).

- Eine mittelbare **Entgeltdiskriminierung von Sozialarbeitern** durch die Vergütungsordnung zum BAT kann andererseits nicht aus dem Vergleich der für ihre Eingruppierung geltenden speziellen Eingruppierungsmerkmale mit denjenigen für technische Angestellte abgeleitet werden. Vergleichend zu betrachten sind vielmehr auch alle übrigen Tätigkeitsmerkmale für Angestellte anderer Berufe mit Fachhochschulabschluss und entsprechender Tätigkeit. Rügt der Kläger den Verstoß gegen das Lohngleichheitsgebot ohne substantiierte Begründung, so kann sich die gerichtliche Prüfung darauf beschränken, ob für die Berechtigung des gerügten Verstoßes greifbare Anhaltspunkte bestehen. Das ist hinsichtlich der Sozialarbeiter nicht der Fall (*BAG* 10.12.1997 EzA Art. 119 EWG-Vertrag Nr. 52; vgl. dazu *Thüsing* SAE 1999, 28 ff.; krit. *Feldhoff* ZTR 1999, 207 ff.).
- Wenn aussagekräftige Statistiken einen merklichen Unterschied im Entgelt zweier gleichwertiger Tätigkeiten erkennen lassen, von denen die eine fast ausschließlich von Frauen und die andere hauptsächlich von Männern ausgeübt wird, hat der **Arbeitgeber kraft Art. 119 EGV** (jetzt Art. 141 EGV) **den Nachweis zu erbringen, dass dieser Unterschied durch Faktoren sachlich gerechtfertigt ist, die nichts mit einer Diskriminierung des Geschlechts zu tun haben** (s. jetzt *EuGH* 3.10.2006 NZA 2006, 1205 zum **Dienstalter bei der Entlohnung** von männlichen und weiblichen Arbeitnehmern). Als sachlicher Grund genügt es nicht, dass die Entgelte für diese beiden Tätigkeiten in Tarifverhandlungen festgelegt wurden, die zwar von denselben Parteien, aber unabhängig voneinander geführt wurden, und die, je für sich betrachtet, keine diskriminierende Wirkung haben.
- Es ist Sache des nationalen Gerichts, nötigenfalls unter Anwendung des Grundsatzes der Verhältnismäßigkeit festzustellen, ob und inwieweit der Mangel an Bewerbern für eine Tätigkeit und die Notwendigkeit, ihnen durch ein höheres Gehalt einen Anreiz zu bieten, einen sachlich gerechtfertigten wirtschaftlichen Grund für den Unterschied im Entgelt hinsichtlich der fraglichen Tätigkeiten darstellen (*EuGH* 27.10.1993 EzA Art. 119 EWG-Vertrag Nr. 20).

- Insoweit ist zur Überprüfung einer unzulässigen mittelbaren Diskriminierung die **Bildung von Arbeitnehmergruppen** erforderlich, die bei unterschiedlicher Vergütung eine gleiche oder gleichwertige Arbeitsleitung erbringen. Anschließend ist der Anteil von Männern und Frauen in den Vergleichsgruppen zu ermitteln. Der Tatbestand der mittelbaren Diskriminierung ist (nur) dann erfüllt, **wenn das Verhältnis von Männern und Frauen bei einer Gegenüberstellung der Vergleichsgruppen wesentlich voneinander abweicht**. Da nach der Rechtsprechung des EuGH im Beamtenverhältnis stehende Lehrkräfte auch Arbeitnehmer i.S.d. Art. 119 Abs. 1 EGV (jetzt Art. 141 EGV) sind, ist fraglich, ob bei der Berechnung des Anteils von Männern und Frauen in den Vergleichsgruppen angestellte und beamtete Lehrkräfte zusammenzuzählen sind (offen gelassen von *BAG* 23.2.1994 EzA Art. 119 EWG-Vertrag Nr. 18).
- Diese Grundsätze hat der *EuGH* (31.5.1995 EzA Art. 119 EWG-Vertrag Nr. 28; vgl. auch *EuGH* 30.3.2000 für die für Arbeit im Drei-Schichten-Betrieb gewährte Verkürzung der Arbeitszeit gegenüber der normalen Arbeitszeit) inzwischen für das **Entgelt von Männern und Frauen in Stücklohnsystemen** wie folgt präzisiert:
- Art. 119 EGV (jetzt Art. 141 EGV) und die Richtlinie 75/117/EWG des Rates vom 10.2.1975 zur Angleichung der Rechtsvorschriften der Mitgliedstaaten über die Anwendung des Grundsatzes des gleichen Entgelts für Männer und Frauen sind auf Stücklohnsysteme anwendbar, bei denen das Entgelt ganz oder in wesentlichem Umfang vom Arbeitsergebnis des einzelnen Arbeitnehmers abhängt. Der in Art. 119 EGV (jetzt Art. 141 EGV) und Art. 1 der Richtlinie 75/117 niedergelegte Grundsatz des gleichen Entgelts ist so auszulegen, dass bei einem Stücklohnsystem allein die Feststellung, dass das durchschnittliche Entgelt einer Gruppe von Arbeitnehmern, die überwiegend aus Frauen besteht, die eine bestimmte Art von Arbeit verrichten, wesentlich niedriger ist als das durchschnittliche Entgelt einer Gruppe von Arbeitnehmern, die überwiegend aus Männern besteht, die eine andersartige, als gleichwertig angesehene Arbeit verrichten, nicht den Schluss auf das Vorliegen einer Diskriminierung beim Entgelt zulässt. Wenn sich jedoch bei einem Stücklohnsystem, in dem die individuellen Vergütungen aus einem variablen Anteil, der sich aus dem individuellen Arbeitsergebnis jedes Arbeitnehmers ergibt und einem festen Anteil, der für die einzelnen Gruppen der betroffenen Arbeitnehmer unterschiedlich ist, bestehen, nicht feststellen lässt, welche Faktoren bei der Festsetzung der Stücklohnsätze oder der Maßeinheiten für die Berechnung des variablen Entgeltanteils von Bedeutung gewesen sind, kann von dem Arbeitgeber der Nachweis verlangt werden, dass die festgestellten Unterschiede nicht auf einer Diskriminierung auf Grund des Geschlechts beruhen.
- Für den zwischen den Durchschnittsentgelten von zwei Gruppen von nach Stückzahl entlohnten Arbeitnehmern vorzunehmenden Vergleich muss sich das nationale Gericht vergewissern, dass die beiden Gruppen jeweils sämtliche Arbeitnehmer umfassen, die unter Berücksichtigung einer Gesamtheit von Faktoren, wie Art der Arbeit, Ausbildungsanforderungen und Arbeitsbedingungen, als in einer vergleichbaren Situation befindlich angesehen werden können und dass die Gruppen eine relativ hohe Zahl von Arbeitnehmern umfassen und damit ausgeschlossen wird, dass die festgestellten Unterschiede rein zufällige oder konjunkturelle Erscheinungen widerspiegeln oder auf Unterschiede in den individuellen Arbeitsergebnissen der betroffenen Arbeitnehmer zurückgehen.
- Das nationale Gericht hat bei der Prüfung der Frage, ob der Grundsatz des gleichen Entgelts beachtet ist, festzustellen, ob die beiden Arten von Arbeiten unter Berücksichtigung von Umständen wie erstens des Umstands, dass die von einer der Gruppen der betroffenen Arbeitnehmer verrichtete Arbeit eine maschinengesteuerte Arbeit ist, die insbes. Anforderungen an die Körperkraft stellt, während die von der anderen Gruppe verrichtete Arbeit eine Handarbeit ist, die insbes. Geschicklichkeit erfordert, und zweitens des Umstands, dass Unterschiede zwischen der Arbeit der beiden Gruppen hinsichtlich der bezahlten Pausen und der Freiheit der individuellen Arbeitsorganisation sowie der mit der Arbeit verbundenen Belästigungen bestehen, gleichwertig sind oder ob diese Umstände als objektive Faktoren anzusehen sind, die nichts mit einer Diskri-

minierung auf Grund des Geschlechts zu tun haben und mögliche Unterschiede beim Entgelt rechtfertigen können.

- ▶ Der Grundsatz der Gleichheit des Entgelts für männliche und weibliche Arbeitnehmer gilt auch, wenn die Entgeltbestandteile in Kollektivverhandlungen oder in Verhandlungen auf lokaler Ebene festgesetzt werden. Das nationale Gericht kann diesen Umstand jedoch bei der Beurteilung der Frage berücksichtigen, ob Unterschiede beim durchschnittlichen Entgelt von zwei Gruppen von Arbeitnehmern auf objektive Faktoren zurückgehen, die nichts mit einer Diskriminierung auf Grund des Geschlechts zu tun haben.
- ▶ Art. 119 EGV (jetzt Art. 141 EGV) ist so auszulegen, dass der tarifvertragliche Ausschluss unselbstständig Erwerbstätiger, die eine Beschäftigung von **regelmäßig weniger als 15 Stunden** in der Woche ausüben, bei der das Arbeitsentgelt regelmäßig einen bestimmten Bruchteil der monatlichen Bezugsgröße nicht übersteigt und die deshalb sozialversicherungsfrei ist, von einer in diesem Tarifvertrag vorgesehenen Jahressonderzuwendung, die zwar unabhängig vom Geschlecht der Arbeitnehmer erfolgt, jedoch im Ergebnis prozentual erheblich mehr Frauen als Männer trifft, eine **mittelbare Diskriminierung** auf Grund des Geschlechts darstellt (*EuGH* 9.9.1999 EzA Art. 119 EWG-Vertrag Nr. 56; vgl. dazu *Lelley* NZA 2000, 405 ff.).
- ▶ Art. 119 EGV (jetzt Art. 141 EGV) steht einer Regelung nicht entgegen, nach der Arbeitnehmern, die wegen **fehlender Kinderbetreuungseinrichtungen** vorzeitig aus ihrem Arbeitsverhältnis ausscheiden, um ihre Kinder zu betreuen, eine **geringere Abfindung** zusteht, als sie Arbeitnehmern, die wegen eines wichtigen Grundes im Zusammenhang mit den Arbeitsbedingungen im Unternehmen oder mit dem Verhalten des Arbeitgebers aus dem Arbeitsverhältnis ausscheiden, für die gleiche Dauer ihrer Beschäftigung erhalten (*EuGH* 14.9.1999 – Rs C-249/97).
- ▶ Art. 119 EGV (jetzt Art. 141 EGV) steht der Zahlung einer **pauschalen Beihilfe** allein an Arbeitnehmerinnen, die **Mutterschaftsurlaub** antreten, nicht entgegen, sofern diese Beihilfe dazu bestimmt ist, die beruflichen Nachteile auszugleichen, die den Arbeitnehmerinnen mit ihrer Abwesenheit vom Arbeitsplatz entstehen (*EuGH* 16.9.1999 – Rs C-218/98).

Im Falle eines Verstoßes gegen die Richtlinie 76/207 durch gesetzliche oder tarifvertragliche Regelungen, die eine mit der Richtlinie unvereinbare Diskriminierung vorsehen, sind die nationalen Gerichte gehalten, die Diskriminierung auf jede denkbare Weise und insbes. dadurch auszuschließen, dass sie diese Regelungen zugunsten der benachteiligten Gruppe anwenden, ohne die Beseitigung der Diskriminierung durch den Gesetzgeber, die Tarifvertragsparteien oder in anderer Weise zu beantragen oder abzuwarten (*EuGH* 20.3.2003 EG-Vertrag Richtlinie 76/207 Nr. 5 = NZA 2003, 506).

306 **Beispiele RL 76/207:**

- ▶ Die RL 76/207 steht einer Regelung wie im BAT-O entgegen, wonach die Zeit, in der eine Arbeitnehmerin **Wochenurlaub** nach dem Recht der ehemaligen DDR in Anspruch genommen hat, insoweit von der **Anrechnung auf eine Bewährungszeit ausgenommen** ist, als sie über die Schutzfrist nach dem Recht der BRD, auf das der Tarifvertrag abstellt, hinausgeht, sofern die Ziele und der Zweck beider Urlaubsregelungen den Zielen des Schutzes der Frau bei Schwangerschaft und Mutterschaft entsprechen, wie er in Art. 2 Abs. 3 RL normiert ist. Die Prüfung, ob diese Bedingungen erfüllt sind, ist Aufgabe des nationalen Gerichts (*EuGH* 18.11.2004 NZA 2005, 399).
- ▶ Verboten sind auch **mittelbare Diskriminierungen** (vgl. *Schlachter* NZA 1995, 393 ff.; *Thüsing* NZA 2000, 570 ff.), wenn von bestimmten Regelungen zwar Männer und Frauen erfasst, aber wesentlich mehr Personen einer Geschlechtsgruppe tatsächlich betroffen sind und keine objektive Rechtfertigung (die der Arbeitgeber darlegen und beweisen muss) für die Differenzierung besteht, z.B. durch die Herausnahme der – ganz überwiegend weiblichen – Teilzeitbeschäftigten (für die dies auch aus § 2 Abs. 1 BeschFG, jetzt § 4 TzBfG folgt) aus der betrieblichen Altersversorgung (*BAG* 6.4.1982 EzA § 1 BetrAVG Nr. 16; 29.8.1989 EzA § 2 BeschFG Nr. 3; vgl. zur Ungleichbehand-

lung bei der Zahlung von Zulagen in einem Österreich betreffenden Fall *EuGH* 26.6.2001 NZA 2001, 883). Der vollständige **Ausschluss der Teilzeitbeschäftigten bei der Berechnung des Dienstalters** stellt z.B. dann, wenn er einen viel höheren Prozentsatz weiblicher Arbeitnehmer als männlicher Arbeitnehmer betrifft, eine mittelbare Diskriminierung auf Grund des Geschlechts dar, die gegen die RL 76/207 verstößt, es sei denn, dass sich dieser Ausschluss **durch Faktoren erklärt**, die **objektiv gerechtfertigt sind** und nichts mit einer Diskriminierung auf Grund des Geschlechts zu tun haben. Das nationale Gericht hat zu prüfen, ob dies der Fall ist. Eine anteilige Anrechnung der Teilzeitbeschäftigung verstößt ebenfalls gegen die RL, es sei denn, der Arbeitgeber weist nach, dass sie durch Faktoren gerechtfertigt ist, deren objektiver Charakter insbesondere von dem Ziel abhängt, das mit der Berücksichtigung des Dienstalters verfolgt wird, und für den Fall, dass es sich um die Anerkennung der erworbenen Erfahrung handelt, vom Zusammenhang zwischen der Art der ausgeübten Tätigkeit und der Erfahrung, die die Ausübung dieser Tätigkeit nach einer bestimmten Zahl von Arbeitsstunden mit sich bringt (*EuGH* 10.3.2005 NZA 2005, 807; zum **Dienstalter als entgeltbestimmendem Faktor** s. *EuGH* 3.10.2006 EzA EG-Vertrag 1999 Art. 141 Nr. 20 m. Anm. *Nicolai* SAE 2006, 279).

Beispiele Art. 3 GG: 307

- Die Tarifvertragsparteien sind unmittelbar an den Gleichheitssatz (Art. 3 Abs. 1 GG) gebunden (*BAG* 13.5.1997 EzA § 1 BetrAVG Gleichbehandlung Nr. 12; 4.4.2000 EzA § 1 BetrAVG Gleichbehandlung Nr. 19 = NZA 2002, 917; 18.9.2003 – 2 AZR 537/02 – BAG Report 2004, 182; 16.8.2005 EzA Art. 3 GG Nr. 103 = NZA-RR 2006, 253; 7.12.2005 EzA § 3 EFZG Nr. 15; ausdrücklich offen gelassen aber von *BAG* 5.10.1999 NZA 2000, 1302 und *BAG* 13.1.2002 EzA Art. 3 GG Nr. 95, 20.1.2004 ZTR 2004, 633: sie haben aber jedenfalls den Gleichheitssatz als ungeschriebene Grenze der Tarifautonomie zu beachten; **a.A.** *BAG* 27.5.2004 EzA Art. 3 GG Nr. 10 = NZA 2004, 1399 = BAG Report 2005, 53 m. Anm. *Henssler* u. *Löwisch* SAE 2005, 186 ff.: keine unmittelbare Grundrechtsbindung, die Tarifvertragsparteien sind aber auf Grund der Schutzpflichtfunktion gehalten, bei der Normsetzung Art. 3 Abs. 1, 2, 3 GG zu beachten; s.u. Rn. 337). Ob eine tarifvertragliche Regelung gleichheitswidrig ist, beurteilt sich nach dem von den Tarifvertragsparteien **mit der Leistung verfolgten Zweck**, wie er sich vorrangig aus dem Wortlaut, den normierten Anspruchsvoraussetzungen, den Ausschlusstatbeständen und der Entstehungsgeschichte ergibt. Dabei können die Tarifvertragsparteien mit einer Leistung auch mehrer Zwecke verfolgen (*BAG* 16.8.2005 EzA Art. 3 GG Nr. 103 = NZA-RR 2006, 253). Im Urteil v. 12.10.2004 (EzA Art. 3 GG Nr. 102 = NZA 2005, 1127) hat das BAG angenommen, dass eine **personenbezogene Differenzierung** verschiedener Arbeitnehmergruppen ungeachtet der Ableitung im Einzelnen am verfassungsrechtlichen Gleichheitssatz zu messen sind, der als **fundamentale Handlungsanleitung** für jeden Normgeber gilt, weil er eine gerechte Ordnung sichern und Verteilungsgerechtigkeit innerhalb einer Gruppe oder zwischen Gruppen gewährleisten soll. Der Gleichheitssatz ist verletzt, wenn Arbeitnehmergruppen unterschiedlich behandelt werden, obwohl zwischen den Gruppen keine Unterschiede von solcher Art und solchem Gewicht bestehen, die eine ungleiche Behandlung rechtfertigen (*BAG* 12.10.2004 EzA Art. 3 GG Nr. 102 = NZA 2005, 1127).
- Diese Bindung an Art. 3 Abs. 1 GG entfällt nicht dadurch, dass die Rechtsverhältnisse vergleichbarer Arbeitnehmergruppen in **unterschiedlichen Tarifverträgen** geregelt werden (**a.A.** explizit *BAG* 18.9.2003 – 2 AZR 537/02 – BAG Report 2004, 182: abw. Regelungen in Tarifverträgen unterschiedlicher Tarifvertragsparteien als selbstverständliche Folge der verfassungsrechtlich geschützten Privatautonomie gem. Art. 9 Abs. 3 GG). Allerdings gibt es ein **verfassungsrechtliches Gebot, ähnliche Sachverhalte in verschiedenen Ordnungs- und Regelungsbereichen** (Abendpersonal an Theatern und Bühnen unterfällt dem TV über die Arbeitsbedingungen z.B. bei den staatlichen Theatern in Hessen, der keine Zusatzversorgung vorsieht im Gegensatz zum MTArb gleich zu regeln, **für unterschiedliche Tarifvertragsparteien nicht** (*BAG* 16.12.2003 NZA-RR 2004, 595).

- Werden bei einer **Mehrflugstundenvergütung** für Cockpitmitarbeiter die wegen eines Urlaubs, nicht aber die wegen einer Erkrankung ausfallenden Kalendertage in bestimmtem Umfang angerechnet, liegt darin keine Verletzung des allgemeinen Gleichheitssatzes. Die Differenzierung ist vielmehr sachverhaltsbezogen und nicht willkürlich (*BAG* 7.12.2005 EzA § 3 EFZG Nr. 15).
- Die unterschiedliche Behandlung der Fleischbeschautierärzte im Vergleich zu Tierärzten in Bezug auf Zusagen der betrieblichen Altersversorgung bedarf daher eines sachlichen Grundes. Die Vereinbarung einer Stückvergütung rechtfertigt die unterschiedliche Behandlung, wenn die Tierärzte ihr Entgelt für die geleistete Arbeitsstunde in nicht unerheblichem Umfang selbst bestimmen können, Fleischbeschautierärzte wegen des festen Stundenlohns diese Möglichkeit dagegen nicht haben. Die Möglichkeit, bedeutend höhere Verdienste je Arbeitsstunde erzielen zu können, ist ein Ausgleich für die fehlende **Versorgungszusage**. Beide Regelungen gehören zum Regelungsbereich des Arbeitsentgelts; sie sind deshalb in einen Gesamtvergleich einzubeziehen (*BAG* 17.10.1995 EzA Art. 3 GG Nr. 49). Auch der **Ausschluss von Angestellten** im Geltungsbereich des Tarifvertrages über die Regelung der Rechtsverhältnisse der amtlichen Tierärzte und Fleischkontrolleure außerhalb öffentlicher Schlachthöfe aus der Zusatzversorgung im öffentlichen Dienst ist nicht gleichheitswidrig. Etwas anderes gilt nur dann, wenn Angestellte im Geltungsbereich dieses Tarifvertrages auf Dauer ausschließlich oder im Wesentlichen Tätigkeiten gegen Stundenvergütung verrichten (*BAG* 4.4.2000 EzA § 1 BetrAVG Gleichbehandlung Nr. 19 = NZA 2002, 917). Inzwischen geht das *BAG* (29.8.2001 EzA Art. 3 GG Nr. 93 m. Anm. *Sachs* RdA 2002, 309; vgl. auch *BAG* 6.11.2002 NZA 2003, 400 LS) allerdings davon aus, dass die **gerichtliche Überprüfbarkeit** von Tarifverträgen im Hinblick auf einen Verstoß gegen Art. 3 Abs. 1 GG wegen der verfassungsrechtlichen Gewährleistung der Tarifautonomie (Art. 9 Abs. 3 GG) **begrenzt** ist. Es hat andererseits **offen gelassen**, ob und inwieweit sich aus der vom *BVerfG* (28.5.1993 BVerfGE 88, 203) entwickelten Auffassung vom Schutzauftrag der Grundrechte generell eine **andere und geringere Bindung** der Tarifvertragsparteien an die Grundrechte ergibt als für den Staat (*BAG* 29.8.2001 EzA Art. 3 GG Nr. 93). Es liegt danach grds. im Gestaltungsspielraum der Tarifvertragsparteien, zu entscheiden:
  - ob, wann und wie sie die **Unterschiede in der tariflichen Vergütung** von Stammbelegschaft und übernommenen Beschäftigten abbauen. Sie verstoßen folglich nicht gegen Art. 3 Abs. 1 GG, wenn sie übernommene Beschäftigte i.S. einer Besitzstandswahrung entsprechend ihrer bisherigen Vergütung eingruppieren und nicht der Stammbelegschaft gleichstellen (*BAG* 29.8.2001 EzA Art. 3 GG Nr. 93);
  - von einem bestimmten Zeitpunkt an einen tariflichen **Vergütungsbestandteil**, im konkret entschiedenen Einzelfall den Umgruppierungsbetrag bei der Beförderung vom Co-Piloten zum Flugkapitän, **erheblich zu erhöhen**. Eine derartige Stichtagsregelung verstößt nicht gegen Art. 3 Abs. 1 GG, auch wenn in einer Übergangszeit Flugkapitäne nach der neuen tariflichen Regelung besser gestellt werden als vergleichbare Flugkapitäne, die unter früheren tariflichen Regelungen befördert worden sind (*BAG* 29.11.2001 EzA Art. 3 GG Nr. 94).
- Eine tarifvertragliche Regelung, die an Stelle der auf Grund des Lebensalters und der Betriebszugehörigkeit geltenden **verlängerten Kündigungsfrist** von drei oder sechs Monaten zum Ende eines Kalendervierteljahres bei der Anwendung eines Sozialplans eine **Verkürzung dieser Frist** auf einen Monat zum Monatsende vorsieht, verstößt nicht gegen Art. 3 Abs. 1 GG (*BAG* 18.9.2003 – 2 AZR 537/02 – BAG Report 2004, 182);
- Die Ungleichbehandlung von Angestellten bei der **Vergütungssicherung**, die wegen eines **Lehrgangsbesuchs** in den letzten fünf Jahren die Wechselschichtzulage länger als zwei Monate nicht erhalten haben, und solchen Angestellten, die die Zulage wegen Fehlens dieses Anlasses ununterbrochen bezogen haben, ist nicht gleichheitswidrig (*BAG* 18.3.2004 ZTR 2004, 424);
- Wird in einem firmenbezogenen Tarifvertrag erstmals eine **Übergangsversorgung** (bestehend aus einer Zusatzrente und einer Fluguntauglichkeitsrente) eingeführt, ist es nicht zu beanstanden, wenn die Tarifvertragsparteien bei der Ausgestaltung der Leistung

die dem Arbeitgeber dadurch entstehenden Kosten berücksichtigen und deshalb nicht sämtliche bereits zurückgelegten Beschäftigungsjahre anspruchsbegründend sind (*BAG* 16.8.2005 EzA Art. 3 GG Nr. 103 = NZA-RR 2006, 253).

- Die tarifliche Vergütungsregelung des § 9 MTV Cockpit Nr. 5, die eine **Flugstundengutschrift** für durch unbezahlten Urlaub ausfallende Kalendertage vorsieht, hingegen nicht für Ausfalltage wegen Elternzeit, verstößt weder gegen Art. 3 Abs. 1 GG noch gegen das Verbot des Ausschlusses oder der Beschränkung des Anspruchs auf Elternzeit (§ 15 Abs. 2 S. 4 BEEG; *BAG* 26.11.2003 ZTR 2004, 426 LS);
- Unter Berücksichtigung des Gestaltungsspielraums der Tarifvertragparteien ist die **Nichteinbeziehung von Lektoren** in den Geltungsbereich des **BAT** (§ 3 Buchst. g BAT) kein Verstoß gegen den Gleichheitssatz. Die Gruppe der Lektoren ist als Lehrkräfte für bestimmte Fächer und Fertigkeiten in den Lehrbetrieb einer Hochschule einbezogen und damit dem durch Art. 5 Abs. 3 GG geschützten Wissenschaftsbetrieb strukturell, inhaltlich und zeitlich zugeordnet worden. Daran konnten die Tarifvertragsparteien eine Ungleichbehandlung anknüpfen, da der Wissenschaftsbereich insgesamt dem BAT nicht unterfällt (*BAG* 12.10.2004 EzA Art. 3 GG Nr. 102 = NZA 2005, 1127 = ZTR 2005, 358).
- Den Tarifvertragsparteien steht es zwar frei, in einer **Ausgleichsregelung** die dem Arbeitnehmer in **Altersteilzeit** zugeflossenen **Aufstockungsleistungen** auf das Entgelt anzurechnen, das ihm für seine Vollzeittätigkeit zugestanden hätte. Mit dem Gleichheitssatz unvereinbar wäre aber eine Regelung, die zu einer Kürzung des Entgelts für die Arbeitszeit führte, das der Arbeitnehmer ohne den Wechsel in das Alterszeitarbeitsverhältnis erhalten hätte (*BAG* 14.10.2003 ZTR 2004, 411; ebenso *BAG* 16.3.2004 NZA 2005, 784 LS für die tarifliche Regelung der §§ 3, 4, 5, 9 TVBA ATZ).
- Die Tarifvertragsparteien dürfen **Bereitschaftsdienst und Vollarbeit unterschiedlichen Vergütungsordnungen** unterwerfen. So wie Tarifverträge anerkanntermaßen für besondere Belastungen wie Akkord-, Nacht- und Schichtarbeit bzw. die Arbeit an Sonn- und Feiertagen einen höheren Verdienst vorsehen, können sie auch bestimmen, dass Zeiten geringerer Inanspruchnahme der Arbeitsleistung zu einer niedrigeren Vergütung führen. Dies ist sachgerecht; ein Verstoß gegen Art. 3 Abs. 1 GG liegt darin nicht. Weitergehende gesetzliche Ansprüche bestehen nicht (*BAG* 28.1.2004 ZTR 2004, 413).
- Es ist auch nicht gleichheitswidrig, wenn die Tarifvertragsparteien auf die **Zusatzrente** zum einen Renten wegen Erwerbs- oder Berufsunfähigkeit anrechnen und zum anderen Einkünfte aus selbstständiger Tätigkeit überhaupt nicht sowie Einkünfte aus unselbstständiger Tätigkeit nur unter bestimmten Voraussetzungen berücksichtigen. Ebenso ist es sachlich begründet und nicht gleichheitswidrig, wenn Flugbegleiter Anspruch auf die volle Zusatzrente bereits nach 23 Dienstjahren und das Cockpitpersonal erst nach 35 Dienstjahren erwerben. Die Zahl der Dienstjahre ist nur ein Berechnungsmerkmal, um die Arbeitnehmer für die Übergangszeit bis zum Bezug der gesetzlichen Altersrente finanziell abzusichern (*BAG* 27.2.2002 NZA 2002, 1232 LS);
- Ein Tarifvertrag kann auch bestimmen, dass **für alle Rechte** – auch in der betrieblichen Altersversorgung – der bisher als freie Mitarbeiter Beschäftigten, die von der Möglichkeit Gebrauch machen, nach den tariflichen Bedingungen in ein unbefristetes Arbeitsverhältnis übernommen zu werden, **grds. der Zeitpunkt des abzuschließenden Einzelarbeitsvertrages maßgebend ist.** Das Abstellen auf den formellen Status der Beschäftigten ist bei einem derartigen vergleichsähnlichen Regelungsmodell nicht gleichheitswidrig (*BAG* 18.2.2003 NZA-RR 2004, 97);
- Ob die Tarifvertragsparteien die **gerechteste oder zweckmäßigste Lösung** für ein Regelungsproblem gefunden haben, unterliegt nicht der gerichtlichen Kontrolle, wenn ein Sachgrund besteht (*BAG* 6.11.2002 NZA 2003, 400 LS).
- Eine tarifliche Regelung zur **Beschäftigungssicherung**, die einer nach dem Einstellungsdatum abgegrenzten Gruppe von Beschäftigten zeitlich befristet Verschlechterungen der tariflichen Arbeitsbedingungen zumutet, verstößt nicht gegen Art. 3 Abs. 1 GG, wenn nach Einschätzung der Tarifvertragsparteien sonst betriebsbedingte Kündigungen drohen, die zahlenmäßig der betroffenen Gruppe entsprechen und im Rahmen der

sozialen Auswahl vorrangig diese treffen würden (*BAG* 25.6.2003 EzA Art. 3 GG Nr. 99 = NZA 2004, 215 = ZTR 2004, 190).

- Für **Angestellte von Ersatzkassen** wird der Urlaubsanspruch bei Arbeitsunfähigkeit auf das folgende Kalenderjahr übertragen und ist spätestens bis zum 30.6. zu nehmen. Bei Angestellten dagegen, die im Urlaubsjahr weniger Tage gearbeitet haben, als sie tarifvertraglich an Urlaubstagen zu beanspruchen hätten, wird der Urlaub nur bis zum 31.3. des Folgejahres gem. § 7 Abs. 3 BUrlG übertragen. Durch diese tariflichen Regelungen werden vorzeitig ausscheidende Angestellte nicht benachteiligt. Art. 3 Abs. 1 GG ist eingehalten. Denn bei bis zum 31.3. des Folgejahres andauernder Arbeitsunfähigkeit verfallen die Urlaubsabgeltungsansprüche der ausgeschiedenen Angestellten ebenso wie die Urlaubsansprüche der anderen Angestellten (*BAG* 18.2.2003 EzA § 7 BUrlG Nr. 110).
- Die Tarifvertragsparteien des **Baugewerbes** verstoßen mit den tariflichen Regelungen, mit denen **Arbeitern** kein anteiliges 13. Monatseinkommen gewährt wird, wenn sie ihr Arbeitsverhältnis vor dem 30.11. des laufenden Kalenderjahres selbst kündigen, während **Angestellten** ein solcher tariflicher Anspruch bei einer fristgerechten Eigenkündigung zusteht, nicht gegen Art. 3 Abs. 1 GG. Denn es liegt im Gestaltungsspielraum der Tarifvertragsparteien, mit dieser unterschiedlichen Regelung dem Interesse der Arbeitgeber, Eigenkündigungen von Arbeitern vor dem Stichtag entgegenzuwirken, mehr Bedeutung beizumessen als bei Angestellten. An diese sachlich begründete Einschätzungsprärogative sind die Arbeitsgerichte gebunden (*BAG* 18.10.2000 EzA § 611 BGB Gratifikation, Prämie Nr. 161).
- Unwirksam ist eine Tarifnorm, in der die **Anrechnung übertariflicher Lohnteile** allein für altersgesicherte Arbeitnehmer, wenn auch nur mit Zustimmung des Betriebsrats, vorgesehen ist (*BAG* 6.2.1985 EzA § 4 TVG Metallindustrie Nr. 20).
- Die tarifliche Regelung über die – volle – **Anrechnung des Arbeitslosengeldes** auf die **Flugdienstuntauglichkeitsrente** verstößt nicht gegen Art. 3 Abs. 1 GG, wenn in dem Tarifvertrag für Übergangsversorgung für Flugbegleiter, der von einer anderen Gewerkschaft abgeschlossen worden ist, eine abweichende Regelung getroffen worden ist. Denn der allgemeine Gleichheitssatz bindet den Normgeber nur in seinem Zuständigkeitsbereich (*BAG* 23.2.2005 EzA § 4 TVG Luftfahrt Nr. 12).
- Eine Tarifnorm kann vorsehen, dass Angestellte im gekündigten Arbeitsverhältnis, die Kurzarbeit fahren müssen, bis zur Beendigung des Arbeitsverhältnisses Anspruch auf einen **Zuschuss zum Kurzarbeitergeld** haben, wenn das Arbeitsverhältnis vor Einführung der Kurzarbeit vom Arbeitgeber oder vom Arbeitnehmer aus welchen Gründen auch immer gekündigt wurde. Sie verstößt aber gegen Art. 3 Abs. 1 GG, wenn sie den Arbeitnehmern keinen Anspruch einräumt, die bereits vor der Einführung von Kurzarbeit einen Aufhebungsvertrag geschlossen haben; auch diesen steht der Zuschuss zu (*BAG* 7.11.1995 EzA § 4 TVG Metallindustrie Nr. 105).
- Eine Tarifnorm verstößt gegen Art. 3 Abs. 1 GG, soweit sie einem Mitarbeiter der Ev. Landeskirche aus der früheren Region Ost, dem auf Dauer ein Arbeitsplatz in einem anderen Dienstgebäude seiner Dienststelle zugewiesen wird, das im Gebiet der früheren Region West liegt, nur Anspruch auf eine **Zulage** zugesteht, durch die die **Differenz zwischen der Ostvergütung und der höheren Westvergütung** nicht ausgeglichen wird. Die verfassungskonforme Auslegung der Tarifnorm führt dazu, dass der Mitarbeiter Anspruch auf die Vergütung hat, die für die entsprechenden Mitarbeiter der früheren Region West vereinbart ist (*BAG* 29.2.1996 NZA-RR 1997, 439).
- Eine **Tarifregelung in Spielbanken**, die das Trinkgeld der Spielbankbesucher jeweils dem spieltechnischen Personal zuweist, in dessen Bereich die Gewinne angefallen sind, verstößt nicht gegen Art. 3 Abs. 1 GG. Dem steht nicht entgegen, dass die Spielbank die Gehälter der im Roulettsaal tätigen spieltechnischen Mitarbeiter ausschließlich aus dem Troncaufkommen bezahlt, während die spieltechnischen Mitarbeiter des Automatensaals ein Festgehalt erhalten, für das aus dem Tronc des Automatensaals keine Gelder entnommen werden (*BAG* 6.11.2002 NZA 2003, 400 LS).

- Vor dem Hintergrund der beabsichtigten weiteren Angleichung der Tarifbedingungen in **West und Ost** stellen die weiterhin vorhandenen **unterschiedlichen wirtschaftlichen Verhältnisse** zwischen den neuen und den alten Bundesländern und zwischen dem West- und Ostteil Berlins jedenfalls derzeit noch einen zulässigen Differenzierungsgrund für die Anwendung des BAT-O in Berlin dar (*BVerfG* 9.8.2000 NZA 2000, 1113).
- § 5 Abs. 5 des Manteltarifvertrages für die gewerblichen Arbeitnehmer und Angestellten der Metallindustrie in den Ländern Hamburg, SchlH sowie in den Landkreisen Harburg und Stade vom 18. Mai 1990, wonach Angestellte, nicht aber gewerbliche Arbeitnehmer, einen Anspruch auf **Zuschuss zum Kurzarbeitergeld** haben, ist wegen Verstoßes gegen den Gleichheitssatz des Art. 3 Abs. 1 GG nichtig. Weder Angestellte noch Arbeiter haben folglich einen tarifvertraglichen Anspruch auf den Zuschuss zum Kurzarbeitergeld.
- Die gewerblichen Arbeitnehmer haben für **zurückliegende Zeiträume**, in denen der Arbeitgeber den Zuschuss an die Angestellten gezahlt hat, jedenfalls dann einen Anspruch auf entsprechende Leistungen, wenn dem Arbeitgeber bei der Auszahlung oder zu einem Zeitpunkt, in dem er das Geleistete noch zurückfordern konnte, bewusst war, dass die Zuschussregelung möglicherweise insgesamt unwirksam ist, er gleichwohl nicht sicherstellte, dass seine Rückforderungsansprüche gegen die Angestellten nicht verfallen, und dann die Rückforderungsansprüche wegen Ablaufs der tariflichen Ausschlussfristen erloschen sind (*BAG* 28.5.1996 EzA Art. 3 GG Nr. 55).
- § 3d BAT verstößt nicht gegen Art. 3 Abs. 1 GG, soweit er **ABM-Kräfte** von den Vergütungsregelungen des BAT ausnimmt (*BAG* 18.6.1997 EzA Art. 3 GG Nr. 66; krit. hinsichtlich der Begründung *Natzel* SAE 1998, 37 ff.; **a.A.** *LAG Hamm* 11.3.1996 LAGE § 242 BGB Gleichbehandlung Nr. 18).
- Wirksam ist dagegen die unterschiedliche Bestimmung der **Arbeitszeit** von Lehrern und Erziehern an Sonderschulen (*BAG* 18.9.1986 EzA § SR II 3 BAT Nr. 1).
- Fraglich ist, inwieweit die **Verdoppelung der Bewährungszeit** einer halbtags im Schreibdienst tätigen Angestellten von 12 auf 24 Jahre für einen tariflich vorgesehenen Bewährungsaufstieg mit Art. 3 Abs. 1, 2 GG sowie Art. 119 Abs. 2 EGV (jetzt Art. 141 Abs. 2 EGV) vereinbar ist. Das *BAG* (2.12.1992 EzA Art. 119 EWG-Vertrag Nr. 7; ähnlich *EuGH* 13.5.1986 AP Nr. 10 zu Art. 119 EWG-Vertrag und *BAG* 14.10.1986 Art. 119 EWG-Vertrag Nr. 11 [jeweils zur Wartezeit als Voraussetzung einer Versorgungsregelung]; **a.A.** zuvor *BAG* 1.6.1983, 14.9.1988 EzBAT § 23a BAT Bewährungsaufstieg Nr. 15, 18) geht inzwischen davon aus, dass eine während der Bewährungszeit erhöhte persönliche Qualifikation nicht generell das Erfordernis verlängerter Bewährungszeiten für Teilzeitbeschäftigte rechtfertigt.
- Die geringere Berücksichtigung von **Vordienstzeiten** als Beamter, Soldat oder Arbeiter im Fall einer unterbrochenen Beschäftigung im öffentlichen Dienst bei der Bestimmung einer für die Grundvergütung nach dem BAT maßgeblichen Lebensaltersstufe ist mit Art. 3 Abs. 1 GG vereinbar (*BVerfG* 28.11.1997 NZA 1998, 318).
- Eine Tarifnorm, die für den Ausschluss einer ordentlichen Kündigung (sog. tarifvertragliche Unkündbarkeit) bei Teilzeitbeschäftigten **die Zurücklegung einer längeren Dienstzeit** fordert als bei Vollzeitbeschäftigten, verstößt gegen Art. 3 Abs. 1 GG (*BAG* 13.3.1997 EzA Art. 3 GG Nr. 64). Gleiches gilt für § 53 Abs. 3 BAT, wonach die tarifliche Unkündbarkeit **Teilzeitbeschäftigten** nur gewährt wird, wenn deren Arbeitszeit mindestens die Hälfte der regelmäßigen Arbeitszeit eines Vollbeschäftigten beträgt (*BAG* 18.9.1997 EzA § 2 BeschFG 1985 Nr. 55).
- § 23 i.V.m. §§ 24, 25 ETV-Arb Deutsche Post AG verstößt gegen Art. 3 Abs. 1 GG und § 4 Abs. 2 TzBfG, soweit er solche befristet beschäftigte Arbeitnehmer von der Zahlung von **Besitzstandszulagen** ausschließt, die sowohl am 31.12.2000 als auch am 1.1.2001 im befristeten Arbeitsverhältnis stehen. Dieser Verstoß wirkt sich auch im Rahmen eines im Anschluss an das befristete Arbeitsverhältnis oder vor dessen Auslaufen begründeten unbefristeten Arbeitsverhältnis zu demselben Arbeitgeber aus (*LAG Brem.* 5.11.2002 LAGE § 4 TzBfG Nr. 2).

- Gewährt ein Tarifvertrag unter bestimmten Voraussetzungen männlichen Arbeitnehmern unter Einräumung von Rechtsansprüchen **Zulagen**, so verstößt eine tarifliche Regelung, die weibliche Arbeitnehmer, bei denen die gleichen Voraussetzungen erfüllt sind, von dem Bezug dieser Zulagen ausschließt, gegen Art. 3 GG (*BAG* 2.6.1961 AP Nr. 68 zu Art. 3 GG).
- Art. 3 Abs. 2 GG verbietet ebenso wie **Art. 119 Abs. 1 EGV** (jetzt Art. 141 Abs. 2 EGV) **offene, unmittelbare Diskriminierungen** (vgl. dazu *Thüsing* NZA 2000, 570); z.B. durch **Lohnabschlagsklauseln**, durch die Frauen bei gleicher Tätigkeit nur einen bestimmten Prozentsatz des Männerlohns erhalten (*BAG* 15.1.1955 AP Nr. 4 zu Art. 3 GG), oder durch eine **Versorgungsregelung**, die ein Ausscheiden weiblicher Arbeitnehmer aus der Ruhegeldeinrichtung vorsieht, sobald der Ehemann bei demselben Arbeitgeber eine Anwartschaft auf Ruhegeld erworben hat (*BAG* 28.3.1958 AP Nr. 28 zu Art. 3 GG; vgl. auch *BAG* 10.1.1989 NZA 1989, 683). Art. 141 EG und Art. 1 RL 75/117 sind zudem so auszulegen, dass sie einer nationalen Regelung, nach der teilzeitbeschäftigten – ebenso wie vollzeitbeschäftigten – Lehrkräften keine **Vergütung für Mehrarbeit** gewährt wird, wenn die Mehrarbeit drei Unterrichtsstunden im Kalendermonat nicht **übersteigt**, entgegenstehen, wenn diese Ungleichbehandlung **erheblich mehr Frauen als Männer betrifft** und wenn sie nicht durch ein Ziel, das nichts mit der Zugehörigkeit zu einem bestimmten Geschlecht zu tun hat, gerechtfertigt werden kann oder zur Erreichung des verfolgten Ziels nicht erforderlich ist (*EuGH* 27.5.2004 NZA 2004, 783; vgl. dazu *Feldhoff* ZTR 2005, 62 ff.). Gegen Art. 3 Abs. 2 GG verstoßen auch Regelungen, die zwischen Männern und Frauen in ihren Anspruchsvoraussetzungen unterscheiden, etwa hinsichtlich des Eintrittsalters, anrechnungsfähiger Dienstzeiten, unterschiedlicher Wartezeiten (*BAG* 31.8.1978 EzA Art. 3 GG Nr. 6; vgl. MünchArbR/*Förster/Rühmann* § 105 Rz. 79). Entsprechendes gilt für **Hinterbliebenenversorgungen**, die nur eine Witwen-, nicht jedoch eine Witwerrente vorsehen. Damit erhalten Frauen ungünstigere Versorgungszusagen als Männer, da ihnen im Gegensatz zu den Männern eine Hinterbliebenenversorgung vorenthalten wird (*BAG* 5.9.1989 EzA § 1 BetrAVG Gleichberechtigung Nr. 5).
- Fraglich ist, ob das auch bei unterschiedlichen festen **Altersgrenzen** für Männer und Frauen gilt. Bestimmt eine Versorgungsregelung, dass Arbeitnehmerinnen mit Vollendung des 60. Lebensjahres die Betriebsrente in Anspruch nehmen können, aber nicht müssen, so verstößt dies jedenfalls nicht gegen Art. 3 Abs. 2 GG zu Ungunsten der Frauen. Fraglich ist aber, ob es dagegen zuungunsten der Männer verstößt (der *EuGH* 17.5.1990 EzA Art. 119 EWG-Vertrag Nr. 4 geht wohl von einem Verstoß gegen Art. 119 EGV (jetzt Art. 141 Abs. 2 EGV) aus; offen gelassen von *BAG* 20.11.1987 EzA § 620 BGB Altersgrenze Nr. 1).
- Inzwischen geht das *BAG* (7.11.1995 EzA Art. 119 EWG-Vertrag Nr. 32) davon aus, dass eine tarifliche Regelung, die Frauen, die mit Vollendung des 60.Lebensjahres aus dem Arbeitsverhältnis ausscheiden, um gesetzliche Rente in Anspruch zu nehmen, einen Anspruch auf **Übergangsgeld** gibt, Männern aber erst dann, wenn sie mit Vollendung des 65. Lebensjahres ausscheiden, jedenfalls insoweit gegen Art. 119 EGV (jetzt Art. 141 EGV), Art. 3 Abs. 2, 3 GG verstößt, wie sie Männer vom Bezug des Übergangsgeldes ausschließt, die mit Vollendung des 63. Lebensjahres die gesetzliche Rente in Anspruch nehmen wollen und deshalb aus dem Arbeitsverhältnis ausscheide.
- Die **Beschränkung des Nachzahlungsanspruchs** für durch den Erziehungsurlaub (jetzt die Elternzeit) entgangene Gratifikationen auf Frauen durch § 13 MTV Versicherungsgewerbe stellt eine unzulässige Diskriminierung von Männern dar (Art. 3 Abs. 1, 2 GG). Es ist auch nicht erforderlich, dass Männer den Erziehungsurlaub (jetzt die Elternzeit) unmittelbar im Anschluss an die Schutzfrist der Mutter antreten (*LAG Hessen* 26.11.1999 NZA-RR 2000, 120).
- Verstößt eine **Versorgungsordnung** gegen Art. 3 Abs. 2 GG, so ist nur die diskriminierende Sonderbestimmung – z.B. der Ausschluss der Teilzeitbeschäftigten – nichtig. Die in der Vergangenheit erdienten Versorgungsansprüche und Anwartschaften müssen nach der alten Versorgungsordnung berechnet werden (*BAG* 14.3.1989 EzA Art. 3 GG Nr. 28).

- Nicht gegen Art. 3 Abs. 2 GG verstößt eine **Versorgungsordnung**, die ausschließlich für Mitarbeiter in gehobenen Positionen gilt, auch dann, wenn sie dadurch mehr Männer begünstigt als Frauen (*BAG* 11.11.1986 EzA § 1 BetrAVG Gleichberechtigung Nr. 2).
- Nach Auffassung von *Hanau/Preis* (ZfA 1988, 198 m.w.N.) stellt das Kriterium der **Betriebszugehörigkeit** keine mittelbare Diskriminierung der Frauen dar, obwohl bei diesen das Arbeitsverhältnis auf Grund der geschlechtsspezifischen Rolle viel häufiger als bei Männern vor Ablauf der Unverfallbarkeitsfrist endet.
- Die **traditionelle Arbeitsbewertung** stellt stark auf die Entfaltung der Muskelkraft ab; das ist nach der Rechtsprechung des *EuGH* (1.7.1986 DB 1986, 1877) zwar europarechtlich nicht verboten. Jedoch sind als Kompensation bei einem System beruflicher Einstufung in der Gesamtheit Kriterien zu berücksichtigen, hinsichtlich deren die Arbeitnehmer beider Geschlechter besonders geeignet sein können. Deshalb müssen Arbeitgeber bei der Eingruppierung von Frauen auch neue arbeitswissenschaftliche Erkenntnisse wie Belastungen durch Monotonie, Konzentration und Nervenanspannung berücksichtigen, es darf also nicht nur auf die Muskelbeanspruchung abgestellt werden (vgl. *EuGH* 17.10.1989 NZA 1990, 772).
- Daraufhin hat das *BAG* (27.4.1988 EzA § 4 TVG Metallindustrie Nr. 33; *Thüsing* NZA 2000, 570 ff.) angenommen, dass der Begriff der **körperlich leichten Arbeit** nach der Verkehrsanschauung zu bestimmen ist. Während hierfür früher allein das Ausmaß der Muskelbeanspruchung maßgeblich war, werden nach neueren Erkenntnissen alle Umstände berücksichtigt, die auf den Menschen belastend einwirken und zu körperlichen Reaktionen führen. Dazu gehört auch die Arbeitspulsfrequenz. Bewegt sich deshalb die körperliche Belastung auf Grund der Arbeitspulsfrequenz im Grenzbereich zur Überschreitung der Dauerbelastungsgrenze, kann die Tätigkeit als nicht körperlich leicht oder mit geringen körperlichen Belastungen verbunden angesehen werden.
- Folglich ist nach Auffassung des *BAG* (29.7.1992 EzA § 4 TVG Einzelhandel Nr. 19) eine **Lohnstaffelung allein nach der muskulären Belastung** nur dann zulässig, wenn das Gesamtsystem auch qualifizierende Merkmale enthält, die mehr Personen weiblichen Geschlechts zugeordnet werden.
- Ein Verstoß gegen Art. 3 Abs. 2 GG liegt vor, wenn eine **Haushaltszulage** für eine Arbeitnehmerin an eine besondere Antrags- und Nachweispflicht geknüpft wird, die für männliche Arbeitnehmer nicht besteht (*BAG* 20.4.1977 EzA Art. 3 GG Nr. 4) sowie dann, wenn bei einer betrieblichen Altersversorgung die Versorgungsordnung bei Frauen ein **Eintrittsalter** unter 50 Jahren verlangt, während Männer noch bis zu 55 Jahren aufgenommen werden (*BAG* 31.8.1978 EzA Art. 3 GG Nr. 6).
- Nichtig ist eine Regelung, wonach nur männlichen verheirateten Arbeitnehmern eine Zulage (**Ehefrauenzulage**) gezahlt wird (*BAG* 13.11.1985 EzA Art. 3 GG Nr. 18).
- Zwar richtet sich § 4 TzBfG nur an den einzelnen Arbeitgeber, nicht aber an die Parteien eines Tarifvertrages. Die tarifliche Regelung einer **Besitzstandszulage** verstößt aber gegen Art. 3 Abs. 1 GG, wenn sie bei jeder Arbeitszeitverkürzung, nicht jedoch bei einer zwischenzeitlichen Arbeitszeitverlängerung entsprechend angepasst wird und damit umfangmäßig hinter dem Arbeitszeitvolumen zurück bleibt (*LAG Bln.* 27.8.1999 LAGE § 2 BeschFG 1985 Nr. 34).
- Tarifverträge **verschiedener Tarifvertragsparteien** unterliegen nicht der Beurteilung anhand von Art. 3 Abs. 1 GG (*BAG* 8.9.1999 NZA 2000, 661).
- Es verstößt nicht gegen den Gleichheitssatz, wenn die Tarifvertragsparteien einerseits die **Übergangsversorgung** ab dem Zeitpunkt einstellen, ab dem ein gesetzlich und in der Versorgungsanstalt des Bundes und der Länder versicherter Arbeitnehmer eine mit Abschlägen verbundene Gesamtversorgung erhält, andererseits aber den Arbeitnehmern, die eine befreiende Lebensversicherung bezogen auf das Erreichen des 65. Lebensjahres abgeschlossen haben, nicht zumuten, diese vorzeitig aufzulösen (*BAG* 20.8.2002 EzA § 4 TVG Luftfahrt Nr. 6).

308 **Beispiele BeschFG/TzBfG:**

- Eine tarifliche Regelung, nach der der **monatliche Zuschlag** zur Anerkennung der Unternehmens-/Betriebszugehörigkeit Teilzeitbeschäftigten **entsprechend** dem Verhältnis ihrer tatsächlichen zur tariflichen Wochenarbeitszeit gezahlt wird, verstößt nicht gegen § 2 BeschFG 1985 (*BAG* 16.4.2003 EzA § 4 TzBfG Nr. 3 = NZA 2004, 991).
- Gleiches gilt für § 2 S. 2 TV Urlaubsgeld Ang-O, wonach **Teilzeitbeschäftigte** als Urlaubsgeld nur den Teil erhalten, der dem Maß ihrer Arbeitszeit zur Arbeitszeit eines Vollzeitbeschäftigten entspricht. Denn da das tarifliche Urlaubsgeld des Öffentlichen Dienstes auch die Vergütung von Arbeitsleistungen bezweckt, ist es zulässig, es anteilig entsprechend dem zeitlichen Umfang der Arbeitsleistung zu bemessen (*BAG* 15.4.2003 EzA § 4 TzBfG Nr. 2 = NZA 2004, 494). Gleiches gilt für die Zahlung eines **Kinderzuschlags** in einem Sozialplan (*LAG Brem.* 27.4.2006 LAGE § 4 TzBfG Nr. 5).
- Abschn. I 3 b MTV Volks- und Raiffeisenbanken sowie der genossenschaftlichen Zentralbanken, der nicht vollzeitbeschäftigtes **Reinigungspersonal** vom persönlichen Anwendungsbereich dieses Tarifvertrages ausschließt, ist wegen Verstoßes gegen § 2 Abs. 1 BeschFG 1985 nichtig (*LAG Hessen* 1.3.2002 NZA-RR 2002, 475).
- Soweit durch eine Tarifnorm (§ 39 TVAngBundespost) **Teilzeitbeschäftigte**, deren regelmäßige wöchentliche Arbeitszeit durchschnittlich weniger als die Hälfte der regelmäßigen wöchentlichen Arbeitszeit eines Vollzeitbeschäftigten beträgt, von **Beihilfeleistungen** ausgeschlossen waren, verstieß dies gegen § 2 Abs. 1 BeschFG 1985 (jetzt § 4 TzBfG). Ihnen steht Beihilfe nach dem Zweck der tariflich in Bezug genommenen Beihilfevorschriften nicht nur anteilig im Verhältnis der vereinbarten Arbeitszeit zur regelmäßigen Arbeitszeit vollbeschäftigter Angestellter zu, sondern in gleicher Höhe wie diesen. Ob das auch geringfügig Beschäftigte i.S.v. § 8 SGB IV gilt, hat das *BAG* (25.9.1997 NZA 1998, 151) offen gelassen. Die gleich lautende Vorschrift des § 40 BAT wurde mit Wirkung vom 1.9.1994 geändert. Danach erhält der nicht vollbeschäftigte Angestellte von der errechneten Beihilfe den Teil, der dem Verhältnis entspricht, in dem die regelmäßige wöchentliche Arbeitszeit eines entsprechenden vollbeschäftigten Angestellten zu der arbeitsvertraglich vereinbarten durchschnittlichen regelmäßigen wöchentlichen Arbeitszeit steht. Diese Regelung verstößt nicht gegen höherrangiges Recht. Denn durch die **Neufassung** hat sich der **Leistungszweck geändert**. Die Beihilfe dient nicht mehr der Deckung des vollen Bedarfs des Anspruchsberechtigten, sondern stellt nur noch einen anlassbezogenen Zuschuss zur laufenden Vergütung dar. Es ist daher sachlich gerechtfertigt, diesen Vergütungszuschuss bei Teilzeitbeschäftigten im gleichen Umfang zu kürzen wie die Vergütung selbst (*BAG* 19.2.1998 EzA § 2 BeschFG Nr. 56; Gleiches gilt für § 40 Unterabs. 2 MTA in der seit 1.9.1994 geltenden Fassung: *BAG* 19.2.1998 EzA § 2 BeschFG 1985 Nr. 57; 25.2.1999 ZTR 1999, 522).
- **Teilzeitbeschäftigte Frauen**, deren tägliche Arbeitszeit spätestens um 12.00 Uhr endet, haben weder gem. Art. 119 EWGV (jetzt Art. 141 EGV), der RL 75/117, 76/207, § 612 Abs. 3 BGB, Art. 3 Abs. 2, 3 GG noch gem. § 2 Abs. 1 BeschFG (jetzt § 4 TzBfG) einen Anspruch auf bezahlte Freistellung an Tagen, an denen der Arbeitgeber ab 12.00 Uhr Arbeitsbefreiung unter Fortzahlung der Bezüge gewährt (*BAG* 26.5.1993 EzA § 2 BeschFG 1985 Nr. 33).
- Tarifvertragliche Regelungen dürfen nicht gegen § 4 Abs. 2 TzBfG verstoßen. § 4 Abs. 2 TzBfG enthält ein **einheitliches Verbot einer sachlich nicht gerechtfertigten Benachteiligung wegen einer befristeten Beschäftigung**. § 4 Abs. 2 S. 2 TzBfG konkretisiert das allgemeine Benachteiligungsverbot des Satzes 1. Beim Entgelt dürfen befristet Beschäftigte gegenüber vergleichbaren unbefristet Beschäftigten nur bei Vorliegen eines sachlichen Rechtfertigungsgrundes ungleich behandelt werden. Für die Beurteilung, ob sachliche Gründe eine unterschiedliche Behandlung bei der Gewährung tarifvertraglicher Zulagen rechtfertigen können, kommt es auf den **Zweck der Zulagen** an. Die Ungleichbehandlung in § 23 ETV-Arb, wonach nur die am 1. Dezember 2000 und 1. Januar 2001 unbefristet beschäftigten Arbeiter Anspruch auf die tariflichen Besitzstandszulagen nach § 24 und § 25 ETV-Arb haben, ist nach der mit den Zulagen verbundenen Zielsetzung, die bisherige Vergütung zu sichern und eine Lohnminderung auszu-

gleichen, nicht aus sachlichen Gründen gerechtfertigt. Der Verstoß gegen § 4 Abs. 2 Satz 2 TzBfG bewirkt die teilweise Nichtigkeit des § 23 ETV-Arb und begründet einen Anspruch der an den Stichtagen befristet beschäftigten Arbeiter auf die tariflichen Besitzstandszulagen für die Dauer der befristeten Beschäftigung. Der Anspruch eines zur Jahreswende 2000/2001 befristet beschäftigten Arbeiters auf die tariflichen Besitzstandszulagen nach § 24 und § 25 ETV-Arb endet mit der Begründung eines unbefristeten Arbeitsverhältnisses. Nach diesem Zeitpunkt fehlt es an einer Ungleichbehandlung zwischen befristet wie unbefristet neu eingestellten Arbeitern (*BAG* 11.12.2003 EzA § 4 TzBfG Nr. 8).

- ▶ Andererseits können anwendbare kollektivrechtliche Regelungen vorsehen, dass Teilzeitbeschäftigte **zuschlagpflichtige Mehrarbeit** leisten, »**wenn für Vollzeitbeschäftigte zuschlagpflichtige Mehrarbeit vorliegt**«, während für Vollzeitbeschäftigte die Überschreitung der tariflich oder betrieblich festgelegten Wochenarbeitszeit maßgebend ist. Danach haben auch Teilzeitbeschäftigte Anspruch auf Mehrarbeitszuschläge nur bei Überschreitung der tariflich oder betrieblich festgelegten Wochenarbeitszeit. Solche Regelungen verstoßen nicht gegen das Verbot der Benachteiligung wegen Teilzeitarbeit und den Gleichheitssatz des Art. 3 Abs. 1 GG. Die Tarifvertragsparteien und Betriebspartner dürfen mit den Mehrarbeitszuschlägen darauf abzielen, die Einhaltung der generell festgelegten Arbeitszeit nach Möglichkeit zu gewährleisten und bei Überschreitung einen Ausgleich für die besondere Arbeitsbelastung vorzusehen. Sie müssen nicht den Schutz des individuellen Freizeitbereichs in den Vordergrund stellen (*BAG* 16.6.2004 EzA § 4 TzBfG Nr. 9).
- ▶ Eine mittelbare Diskriminierung von Frauen bei der **Vergütung von Reisezeiten bei Dienstreisen** liegt nicht vor, wenn der Anteil der Frauen bei den benachteiligten Teilzeitkräften zwar bei rund 97%, bei den begünstigten Vollzeitkräften aber bei rund 45% liegt. Die faktische Vergütung von Reisezeiten bei Dienstreisen zur Fortbildung bei Vollzeitkräften, aber nicht bei Teilzeitkräften, dient einem legitimen Zweck der Sozialpolitik und ist zur Erreichung dieses Zwecks geeignet und erforderlich (*LAG Hessen* 24.2.1998 NZA-RR 1999, 233).

(3) Art. 6 GG

Beispiele für unzulässige Klauseln: 309

- ▶ Gem. Art. 6 Abs. 1 GG ist eine tarifvertragliche **Zölibatsklausel** unwirksam, nach der eine Arbeitnehmerin sich verpflichten muss, für den Fall der Eheschließung spätestens mit Ablauf des Monats, in dem die Ehe geschlossen wurde, auszuscheiden (*BAG* 10.5.1957 AP Nr. 1 zu Art. 6 GG Ehe und Familie).
- ▶ Eine Klausel, die das Arbeitsverhältnis bei **Schwangerschaft** der Arbeitnehmerin enden lässt ist unwirksam (*BAG* 1.12.1961 AP Nr. 3 zu Art. 6 GG Ehe und Familie).
- ▶ Gewährt ein Tarifvertrag verwitweten, geschiedenen oder ledigen weiblichen Arbeitnehmern Rechtsansprüche auf **Zulagen**, so ist ein Tarifvertrag, der verheiratete weibliche Arbeitnehmer von dem Bezug solcher Zulagen bei sonst gleichen Voraussetzungen ausschließt, mit Art. 6 GG unvereinbar (*BAG* 2.6.1961 AP Nr. 3 zu Art. 3 GG).
- ▶ Zulässig ist dagegen die Beschränkung der Gewährung **bezahlter Freistellung** aus Anlass der Niederkunft der Lebensgefährtin auf Verheiratete (*BAG* 25.2.1987 EzA § 616 BGB Nr. 37). Dies verstößt nicht gegen Art. 3 Abs. 1 und Art. 6 GG (*BAG* 18.1.2001 EzA Art. 3 GG Nr. 92 = NZA 2002, 47).
- ▶ Der **Ortszuschlag**, den § 29 BAT für verheiratete Angestellte regelt, steht ledigen Angestellten, die in gleichgeschlechtlicher Partnerschaft leben, nicht zu (*BAG* 15.5.1997 NZA 1998, 207; die dagegen eingelegte Verfassungsbeschwerde wurde vom *BVerfG* durch Beschluss vom 21.5.1999 EzA Art. 3 GG Nr. 72a nicht zur Entscheidung angenommen); etwas anderes gilt inzwischen für Angestellte, die in einer **eingetragenen Lebenspartnerschaft** nach § 1 Abs. 1 S. 1 LPartG v. 16.2.2001 leben (*BAG* 29.4.2004 EzA § 1 TVG Auslegung Nr. 37; **a.A.** *LAG Düsseld.* 5.12.2002 NZA-RR 2003, 666; vgl. dazu *Wellenhofer* NJW 2005, 705 ff.; s.a. *BAG* 26.10.2006 NZA 2007, 1179 zu einem Ortszuschlag in einer kirchlichen Einrichtung).

- Nach § 1 Abs. 1 Unterabs. 2 TV Urlaubsgeld Ang-O genügt es für den Erhalt des Anspruchs auf **Urlaubsgeld**, wenn für mindestens drei volle Monate des ersten Halbjahres ein Anspruch auf Bezüge bestanden hat. Der Zuschuss zum Mutterschaftsgeld fällt nicht unter den Begriff »Bezüge« in § 1 Abs. 1 Unterabs. 2 TV Urlaubsgeld Ang-O. Er ist deshalb nicht geeignet, einer Angestellten den Anspruch auf Urlaubsgeld zu erhalten. Nimmt die schwangere Angestellte die vorgeburtliche Schutzfrist nach § 3 Abs. 2 MuSchG nicht in Anspruch, um weiter zu arbeiten, hat sie für diese Zeit Anspruch auf »Bezüge«. Sie kann sich so durch Arbeit während der Schutzfrist den Anspruch auf das jährliche Urlaubsgeld erhalten. Diese tarifliche Vorschrift ist geeignet, Druck auf eine werdende Mutter auszuüben, vor der Geburt nicht die Schutzfrist nach § 3 Abs. 2 MuSchG wahrzunehmen, sondern zu arbeiten. Dies verstößt gegen die in Art. 6 Abs. 4 GG festgelegte Schutzpflicht. Dabei kommt es nicht darauf an, ob die Tarifvertragsparteien unmittelbar an die Grundrechte gebunden sind. Jedenfalls sind auf Grund des Schutzpflichtcharakters der Grundrechte bestimmte Mindeststandards auch gegenüber den Tarifvertragsparteien durchzusetzen. Dieser Mindeststandard wird hier unterschritten. Rechtsfolge des Grundrechtsverstoßes ist, dass der tarifliche Anspruch auf Urlaubsgeld nicht entfällt (*BAG* 20.8.2002 EzA Art. 6 GG Nr. 5 = NZA 2003, 333).
- Die Regelung des § 10 Nr. 4 des Manteltarifvertrages für das **private Versicherungsgewerbe**, dass die bisherigen Bezüge des **verstorbenen Arbeitnehmers** für den Rest des Sterbemonats und weitere drei Monate – falls kein Ehegatte vorhanden ist – vorrangig an die unterhaltsberechtigten Kinder zu zahlen sind, die mit dem Verstorbenen in einem Haushalt lebten oder für die er das Sorgerecht hatte, verstößt weder gegen das Verbot der Benachteiligung nichtehelicher Kinder (Art. 6 Abs. 5 GG) noch gegen den allgemeinen Gleichheitssatz (Art. 3 Abs. 1 GG; *BAG* 20.8.2002 EzA § 1 BetrAVG Gleichbehandlung Nr. 25).
- Die Wertungen des Art. 6 Abs. 1 und 2 GG verpflichten die Betriebsparteien **nicht**, Arbeitnehmer wegen ihrer **familiären Bindungen in Sozialplänen zu bevorzugen** (*BAG* 6.11.2007 EzA § 112 BetrVG 1972 Nr. 25 = NZA 2008, 232).

(4) Art. 9 Abs. 3 GG

310 ▶ Wegen Art. 9 Abs. 3 GG ist Art. 3 Abs. 1 GG nicht bei der Festlegung des **persönlichen Geltungsbereichs eines Tarifvertrages** zu berücksichtigen. Deshalb bestehen z.B. gegen den Ausschluss der Lektoren aus dem Geltungsbereich des BAT keine rechtlichen Bedenken (*BAG* 24.4.1985 EzA Art. 9 GG Nr. 39).

311 ▶ Teilweise wurden Tarifverträge abgeschlossen, die auf dem Hintergrund des Vorruhestandsgesetzes (Zahlung eines Zuschusses der BfA an Arbeitgeber, die an einen einvernehmlich ausgeschiedenen, über 58 Jahre alten Arbeitnehmer ein Vorruhestandsgeld zahlen) eine Quote vorsahen (2 bzw. 5 % der Gesamtbelegschaft), auf die die Verpflichtung der Arbeitgeber zum Abschluss derartiger Regelungen beschränkt war. Bei der danach erforderlichen **Quotierung** wird, obwohl es sich nicht um Betriebsnormen i.S.d. § 3 Abs. 2 TVG handelt, dem Arbeitgeber zugebilligt, auch nicht tarifgebundene, also nicht gewerkschaftlich organisierte Arbeitnehmer für den Vorruhestand unter Anrechnung auf die Quote auszuwählen. Andernfalls würde ein mit der negativen Koalitionsfreiheit (Art. 9 Abs. 1, 2 GG) nicht vereinbarer und sozial-inadäquater Druck auf die vorruhestandswilligen Außenseiter zum Gewerkschaftsbeitritt ausgeübt (*BAG* 21.1.1987 EzA Art. 9 GG Nr. 42; abl. *Lukas/Thon* NZA 1986, 772).

312 ▶ **Differenzierungsklauseln**, durch die den tarifgebundenen Arbeitgebern verboten werden soll, bestimmte tariflich festgelegte Leistungen und Vergünstigungen auch den nicht bzw. anders organisierten Arbeitnehmern auf einzelvertraglicher Grundlage zu gewähren, verletzen die negative Koalitionsfreiheit (Art. 9 Abs. 1, 2 GG) für nicht tarifgebundene Außenseiter. Denn auf sie wird ein sozial inadäquater Druck ausgeübt, weil sie bestimmte Leistungen nur durch Gewerkschaftsbeitritt erlangen können. Das Gleiche gilt für Spannensicherungsklauseln, denen zufolge der Arbeitgeber bei jeder zusätzlichen Leistung an nicht Organisierte auch die Position der organisierten Arbeitnehmer verbessern muss,

sodass der Abstand der Lohnhöhe zugunsten tarifgebundener Arbeitnehmer erhalten bleibt (*BAG* [GS] 24.11.1967 AP Nr. 13 zu Art. 9 GG; *BAG* 21.1.1987 EzA Art. 9 GG Nr. 42; abl. *Hanau* JuS 1969, 213; ausdrücklich offen gelassen jetzt von *BAG* 9.5.2007 NZA 2007, 1439; für die Zulässigkeit einfacher Differenzierungsklauseln *LAG Nds.* 11.12.2007 DB 2008, 1977; s. *Ulber/Strauß* DB 2008, 1970 ff.). Jedenfalls ist eine Differenzierungsklausel, die entgegen §§ 3 Abs. 1, 4 Abs. 1 TVG die Leistungen von der **Gewerkschaftszugehörigkeit zu einem in der Vergangenheit liegenden Stichtag abhängig macht** und zudem den Wegfall der Leistungen bei Gewerkschaftsaustritt entgegen § 3 Abs. 3 TVG bestimmt, unwirksam (*BAG* 9.5.2007 NZA 2007, 1439).

(5) Art. 12, Art. 14 GG

Art. 12 i.V.m. Art. 14 GG sind maßgeblich für die Arbeitgeberposition. Die koalitionsrechtliche Betätigungsfreiheit im Betrieb gestattet keine Inanspruchnahme fremden Eigentums. Der Arbeitgeber kann daher die Entfernung von Gewerkschaftsemblemen auf den von ihm zur Verfügung gestellten Schutzhelmen verlangen (*BAG* 23.2.1979 EzA Art. 9 GG Nr. 30). **313**

2. Tarifvertrag

a) Begriff und Funktion

Ein Tarifvertrag ist ein schriftlicher Vertrag zwischen einem Arbeitgeber oder Arbeitgeberverband und einer Gewerkschaft zur Regelung von Rechten und Pflichten der Vertragsschließenden (schuldrechtlicher Teil), zur Regelung von Inhalt, Abschluss und Beendigung von Arbeitsverhältnissen (normativer Teil) sowie von betrieblichen und betriebsverfassungsrechtlichen Fragen. **314**

Gem. § 4 Abs. 1 TVG gelten die Rechtsnormen des Tarifvertrags, die den Inhalt, den Abschluss oder die Beendigung von Arbeitsverhältnissen ordnen, unmittelbar und zwingend zwischen den beiderseits Tarifgebundenen. Tarifverträge sind deshalb nicht entsprechend §§ 133, 157 BGB, sondern **wie Gesetze auszulegen** (*BAG* 12.9.1984 EzA § 1 TVG Auslegung Nr. 14; 12.10.2005 EzA § 611 BGB 2002 Gratifikation, Prämie Nr. 17; s. aber oben Rn. 289). **315**

Gem. § 4 Abs. 3 TVG sind abweichende Abmachungen nur zulässig, soweit sie durch Tarifvertrag gestattet sind oder eine Änderung der Regelungen zu Gunsten des Arbeitnehmers enthalten **(Günstigkeitsprinzip)**. **316**

Der Tarifvertrag hat insbesondere **317**
- eine Schutzfunktion: Schutz des einzelnen Arbeitnehmers vor der einseitigen Festlegung der Vertragsbedingungen durch den Arbeitgeber auf Grund seiner wirtschaftlichen Überlegenheit;
- eine Verteilungsfunktion: Beteiligung der Arbeitnehmer am Sozialprodukt sowie bedürfnisgerechte Einkommensverteilung zwischen den Arbeitnehmern durch Differenzierung in Lohn- und Gehaltsgruppen;
- eine Ordnungsfunktion: Kalkulierbarkeit der Personalkosten sowie
- eine Friedensfunktion: Verhinderung von Arbeitskämpfen.

b) Anwendbarkeit von Tarifverträgen und Tarifnormen im Arbeitsverhältnis

aa) Beiderseitige Tarifgebundenheit

Ohne weiteres auf das einzelne Arbeitsverhältnis sind die Rechtsnormen eines Tarifvertrages bei beiderseitiger Organisationszugehörigkeit anwendbar, d.h. wenn der Arbeitnehmer einerseits und der Arbeitgeber andererseits jeweils Mitglieder der vertragsschließenden Organisation(en) sind und dem räumlichen, fachlichen, persönlichen und zeitlichen Gel- **318** tungsbereich des Tarifvertrages unterfallen (§ 3 Abs. 1 TVG; zur Rechtslage beim Betriebsübergang vgl. *BAG* 29.8.2001 NZA 2002, 513; zur Auslegung eines Haustarifvertrages, der auf andere Tarifverträge verweist s. *BAG* 25.7.2006 EzA § 3 TVG Bezugnahme auf Tarifvertrag Nr. 34).

Wer einen Anspruch auf eine infolge beiderseitiger Tarifgebundenheit zwingend anzuwendende Inhaltsnorm eines Tarifvertrages stützt, muss **darlegen und beweisen, dass im Anspruchszeitraum Tarifgebundenheit bestanden hat**. Die bloße Erklärung, einer Tarifvertragspartei (Gewerkschaft oder Arbeitgeberverband) anzugehören, besagt für sich allein nicht, seit wann Tarifgebundenheit vorliegen soll (*BAG* 18.8.1999 ZTR 2000, 219).

bb) Tarifbindung des Arbeitgebers bei Betriebsnormen

319 Rechtsnormen des Tarifvertrags über betriebliche und betriebsverfassungsrechtliche Fragen gelten für alle Betriebe, deren Arbeitgeber tarifgebunden sind (§ 3 Abs. 2 TVG).

cc) Allgemeinverbindlicherklärung

320 Für alle Arbeitsverhältnisse im räumlichen, fachlichen und persönlichen Geltungsbereich eines Tarifvertrages, unabhängig von der Organisationszugehörigkeit, ist ein Tarifvertrag dann anwendbar, wenn er gem. **§ 5 Abs. 1, 2 TVG** vom Bundesminister für Arbeit oder der obersten Arbeitsbehörde eines Landes für allgemeinverbindlich erklärt wird. Zweck der Allgemeinverbindlicherklärung ist es, den Nachteilen entgegenzuwirken, die sich aus der Beschränkung der Normwirkung auf tarifgebundene Arbeitnehmer und Arbeitgeber ergeben können (z.B. Lohnschieberei, Schmutzkonkurrenz). Voraussetzung ist u.a., dass die Allgemeinverbindlicherklärung im öffentlichen Interesse geboten erscheint (§ 5 Abs. 1 Nr. 2 TVG), wofür allerdings eine allgemeingültige Definition nicht feststellbar ist.

321 Besonders zu beachten ist, dass sich **die Allgemeinverbindlicherklärung nur auf den konkreten Tarifvertrag bezieht**, sodass allein daraus, dass z.B. der MTV Hotel- und Gaststättengewerbe Rheinland-Pfalz für allgemeinverbindlich erklärt worden ist, keineswegs folgt, dass auch der entsprechende Lohn- und Gehaltstarifvertrag allgemeinverbindlich ist (vgl. *BAG* 2.3.1988 EzA § 1 TVG Form Nr. 1).

dd) Einzelvertragliche Vereinbarung; modifizierte Rechtsprechung nach der Schuldrechtsreform

322 Die Anwendbarkeit eines Tarifvertrages kann auch zwischen nicht tarifgebundenen Arbeitsvertragsparteien einzelvertraglich vereinbart werden (vgl. dazu *Schrader* BB 2005, 714 ff.). **Mit einer vom Arbeitgeber in einem Formulararbeitsvertrag vorformulierten Verweisungsklausel werden die fachlich und betrieblich einschlägigen Tarifverträge in Bezug genommen.** Dies sind regelmäßig die spezielleren Tarifverträge, insbesondere Firmentarifverträge (*BAG* 23.3.2005 NZA 2005, 1003; *LAG Köln* 14.1.2008 NZA-RR 2008, 529; abl. *Thüsing* NZA 2005, 1280 ff.; *Kort* SAE 2006, 247 ff.). Nach dem **Grundsatz der Vertragsfreiheit** steht es darüber hinaus den Parteien **frei**, auch **die Anwendbarkeit von Tarifverträgen** zu vereinbaren, deren persön**lichen,** räumlichen, fachlichen und betrieblichen **Geltungsbereich sie nicht unterfallen** (*BAG* 20.11.2001 NZA 2002, 872 LS; zu den Rechtsfragen, die durch die Anwendung eines branchenfremden Tarifvertrages auftreten können vgl. von *Hoyningen-Huene* NZA 1996, 617 ff.). Nichts anderes gilt für die Vereinbarung der **Anwendung gekündigter oder bereits abgelaufener Tarifverträge** (*BAG* 20.9.2006 EzA § 3 TVG Bezugnahme auf Tarifvertrag Nr. 34). Wird ein Arbeitsvertrag **zwei Jahre vor dem vereinbarten Arbeitsbeginn** geschlossen und enthält dieser Vertrag eine vorbehaltlose, umfassende Bezugnahme auf das gesamte Tarifwerk ohne eigenständige Regelungen zu treffen, so ist regelmäßig davon auszugehen, dass für den Fall, dass vor der Arbeitsaufnahme die in Bezug genommenen Tarifverträge ablaufen, deren Weitergeltung vereinbart werden soll (*BAG* 5.6.2007 NZA 2007, 1369 = ZTR 2008, 38).

323 Die vertragliche Einbeziehung kann statisch, d.h. nur einen z.Zt. geltenden Tarifvertrag bezogen oder dynamisch (»in der jeweils gültigen Fassung«; vgl. *BAG* 10.5.2005 EzA § 4

TVG Altersteilzeit Nr. 14 für eine Vereinbarung anlässlich eines Betriebsübergangs), d.h. auch zukünftige Tarifverträge einbeziehend sein (vgl. ausf. *Schliemann* NZA Beilage zu Heft 16/2003, S. 1 ff. m.w.N.; *Thüsing* NZA 2003, 1184 ff.; *Thüsing/Lambrich* RdA 2002, 193 ff.; *Gaul* NZA 1998, 9 ff.; *Annuß* BB 1999, 2558 ff.; *Kania* NZA Beil. zu Heft 3/2000, S. 45 ff.; *Seitz/Werner* NZA 2000, 1257 ff.; *Schaub* ZTR 2000, 259 ff.; für eine Urlaubsregelung *LAG BW* 7.1.2005 – 14 Sa 81/04 – EzA-SD 8/2005, S. 20 LS; insgesamt abl. zur Rechtsprechung des BAG (s.u. Rn. 330 ff. m.w.N.; ausf. *Hanau* NZA 2005, 489 ff.). Ob die Arbeitsvertragsparteien eine statische Verweisung allein auf das bei Vertragsabschluss geltende Tarifrecht oder eine dynamische Verweisung auf das jeweils geltende Tarifrecht vereinbart haben, ist durch Auslegung der arbeitsvertraglichen Klausel zu ermitteln. Dies gilt aber nach der **Schuldrechtsreform** nur noch modifiziert: Bei der **Auslegung von Formulararbeitsverträgen** gehen **Zweifel zu Lasten des Arbeitgebers** (*BAG* 9.11.2005 EzA § 305c BGB 2002 Nr. 3). Das *BAG* (14.12.2005 EzA § 3 TVG Bezugnahme auf Tarifvertrag Nr. 32 = NZA 2006, 607; s. dazu *Brecht-Heitzmann/Lewek* ZTR 2007, 127 ff.; *Nicolai/Krois* SAE 2007, 158 ff.; *Bayreuther* DB 2007, 166 ff.; krit. *Bauer/Haussmann* DB 2005, 2815 ff.; *Bauer/Günther* NZA 2008, 6 ff.; *Clemenz* NZA 2007, 769 ff.; *Simon/Kock/Halbsguth* BB 2006, 2354 ff.: – für einen Vertrauensschutz für alle »Altverträge«; erl. dagegen *Reinecke* BB 2006, 2637 ff.; *Klebeck* NZA 2006, 15 ff.; *Giesen* NZA 2006, 625 ff.; *Sittard/Ulbrich* ZTR 2006, 458 ff.; *Meinel/Herms* DB 2006, 1429 mit konkreten Formulierungsvorschlägen; zust. *Thüsing* NZA 2006, 473 ff.) hält insoweit auch grundsätzlich – für vor dem 1.1.2002 (s. *BAG* 18.4.2007 – 4 AZR 652/05 – EzA § 3 TVG Bezugnahme auf Tarifvertrag Nr. 35; *LAG Köln* 14.1.2008 NZA-RR 2008, 529; dazu *Höpfner* NZA 2008, 91 ff.) abgeschlossene Arbeitsverträge – an der nachstehend dargestellten Auslegung fest, wonach die Bezugnahme in einem von einem tarifgebundenen Arbeitgeber vorformulierten Arbeitsvertrag auf die für das Arbeitsverhältnis einschlägigen Tarifverträge regelmäßig eine Gleichstellungsabrede ist, die die etwa fehlende Tarifgebundenheit des Arbeitnehmers ersetzen und zur schuldrechtlichen Anwendung des Tarifvertrages auf das Arbeitsverhältnis führen soll, der für die tarifgebundenen Arbeitnehmer kraft Gesetzes gilt.

► **Beispiel:**
Die danach nach §§ 133, 157 BGB unter Berücksichtigung der §§ 305 ff. BGB durchzuführende Auslegung kann z.B. zur Annahme einer **statischen Verweisung** führen, wenn im konkret zu entscheidenden Einzelfall im Arbeitsvertrag auf die **konkrete Fassung eines bestimmten Tarifvertrages** ohne weitere Zusätze verwiesen worden war und der Arbeitgeber im Streitfall deutlich gemacht hatte, dass er selbst von einer statischen Verweisung ausgegangen war, indem er Ansprüche der Arbeitnehmerin aus einer geänderten Fassung des Tarifvertrags mit Hinweis auf die bloß statische Verweisung (im Ergebnis erfolgreich) zurückgewiesen hat (*BAG* 19.9.2007 EzA § 3 TVG Bezugnahme auf Tarifvertrag Nr. 36).

Es beabsichtigte aber, die vor der Schuldrechtsreform für Altverträge entwickelte Auslegungsregel nicht mehr für arbeitsvertragliche Bezugnahmeklauseln anzuwenden, die mit dem Inkrafttreten des Schuldrechtsmodernisierungsgesetzes ab dem 1.1.2002 vereinbart worden sind. Denn seitdem gilt die Unklarheitenregelung des § 305c Abs. 2 BGB auch für Arbeitsverträge (*BAG* 14.12.2005 EzA § 3 TVG Bezugnahme auf Tarifvertrag Nr. 32 = NZA 2006, 607; 17.1.2006 EzA § 3 TVG Bezugnahme auf Tarifvertrag Nr. 33 = NZA 2006, 923; krit. *Bauer/Haussmann* DB 2005, 2815 ff.; erl. *Klebeck* NZA 2006, 15 ff.; *Giesen* NZA 2006, 625 ff.; zust. *Thüsing* NZA 2006, 473 ff.; s.a. *Möller* NZA 2006, 579 ff.; *Sittard/Ulbrich* ZTR 2006, 458 ff.) ebenso wie das Verbot überraschender Klauseln (§ 305c Abs. 1 BGB; *BAG* 9.5.2007 EzA § 305c BGB 2002 Nr. 12). Diese Regelung beruht auf dem Gedanken, dass es Sache des Verwenders ist, die von ihm vorgegebenen Vertragsbedingungen **klar und unmissverständlich zu formulieren.** Sie bezieht sich deshalb nur auf das Verständnis der Allgemeinen Geschäftsbedingungen, **nicht auf die Bedeutung unklarer Begleitumstände**; diese sind aus der Sicht eines redlichen und verständigen Erklärungsempfängers zu würdigen (*BAG* 26.9.2007 EzA § 305c BGB 2002 Nr. 13 = NZA 2008, 179).

324 Danach gilt nunmehr Folgendes (*BAG* 9.11.2005 EzA § 305c BGB 2002 Nr. 3 = NZA 2006, 202):

– Die arbeitsvertragliche Formulierung »Der Arbeitnehmer erhält folgende Vergütung ...« i.V.m. der Bezeichnung einer tariflichen Vergütungsgruppe und eines konkreten Zahlbetrags kann eine dynamische oder eine statische Verweisung auf die tarifliche Vergütung darstellen.
– § 305c Abs. 2 BGB greift bei der Auslegung Allgemeiner Geschäftsbedingungen ein, wenn nach Ausschöpfung der anerkannten Auslegungsmethoden nicht behebbare Zweifel bleiben und keine der Auslegungen den klaren Vorzug verdient. Die Zweifel gehen zu Lasten des Verwenders.
– Die Unklarheitenregel gilt auch für den Fall, dass die Tragweite der Verweisung auf Tarifnormen zweifelhaft ist. Die zuvor dargestellte Vertragsklausel stellt deshalb eine dynamische Verweisung dar.

uf die Unklarheitenregel darf nur zurückgegriffen werden wenn trotz Ausschöpfung der anerkannten Auslegungsmethoden nicht behebbare Zweifel verbleiben (*BAG* 17.1.2006 EzA § 3 TVG Bezugnahme auf Tarifvertrag Nr. 33 = NZA 2006, 923).

- Verweist der Arbeitsvertrag auf die für **die Branche jeweils geltenden Tarifverträge** bestimmter Tarifvertragsparteien, liegt eine statische Bezugnahme auch dann nicht vor, wenn dem Angebot auf Abschluss des Arbeitsvertrages ein bereits zuvor abgelaufener Tarifvertrag beigefügt war (BAG 26.9.2007 EzA § 305c BGB 2002 Nr. 13=NZA 2008, 179).

325 Inzwischen hat das *BAG* (18.4.2007 EzA § 3 TVG Bezugnahme auf Tarifvertrag Nr. 35 = NZA 2007, 965; 22.10.2008 – 4 AZR 793/07 – FA 2008, 374; s. dazu *Höpfner* NZA 2008, 91 ff.) seine Ankündigung vom 14.12.2005 (EzA § 3 TVG Bezugnahme auf Tarifvertrag Nr. 32; zur Auslegung einer untypischen Bezugnahmeklausel, die hinsichtlich der Vergütung sowohl auf den Haustarifvertrag als auch auf eine Zusatzregelung in einem regionalen Verbandstarifvertrag verweist (s. BAG 4.7.2007 EzA § 4 TVG Nachwirkung Nr. 40) **weiter umgesetzt.**

326 Die zuvor angenommene Auslegungsregel wird ausdrücklich aufgegeben; eine bloße **Gleichstellungsabrede** wird **nur dann** angenommen, wenn es dafür aus **Vertragswortlaut und/oder Begleitumständen** bei Vertragsschluss **hinreichende Anhaltspunkte gibt. Ansonsten** ist eine einzelvertraglich vereinbarte dynamische Bezugnahme auf einen bestimmten Tarifvertrag als eine **konstitutive Verweisungsklausel auszulegen** (»unbedingte zeitdynamische Verweisung«). Folglich musste der Arbeitgeber, der aus dem tarifschließenden Verband ausgetreten war, auch nach seinem Austritt abgeschlossene Änderungstarifverträge gegenüber dem Arbeitnehmer arbeitsvertraglich anwenden. Denn es gab aus dem Vertragswortlaut – Verweisung auf den einschlägigen Tarifvertrag in der jeweils geltenden Fassung – und den Umständen des Vertragsschlusses keine Anhaltspunkte für einen Willen der Vertragsparteien, dass es nur um eine Gleichstellung nicht organisierter mit organisierten Arbeitnehmern gehen sollte (*BAG* 22.10.2008 – 4 AZR 793/07 – FA 2008, 374). Ist die Klausel jedoch vor dem 1.1.2002 vereinbart worden, ist sie aus Gründen des Vertrauensschutzes wie eine sog. Gleichstellungsabrede i.S.d. früheren Rechtsprechung zu interpretieren (BAG 18.4.2007 EzA § 3 TVG Bezugnahme auf Tarifvertrag Nr. 35). Endet dann die Tarifgebundenheit des Arbeitgebers, gilt in einem solchen Fall die auf Grund des zu diesem Zeitpunkt gültigen Tarifvertrags bestehende Rechtslage statisch weiter. Spätere Änderungen des Tarifvertrages werden also nicht Inhalt des Arbeitsverhältnisses (*BAG* 18.4.2007 – 4 AZR 653/05 – EzA-SD 20/2007 S. 15 LS).

Für die vor dem 1.1.2002 abgeschlossenen Arbeitsverträge hält das Gericht (*BAG* 23.1.2008 EzA § 3 TVG Bezugnahme auf Tarifvertrag Nr. 38) dagegen an seiner Auslegungsregel fest, wonach die Bezugnahmeklausel in einem von einem tarifgebundenen Arbeitgeber abgeschlossenen Arbeitsvertrag, die auf die für den Betrieb geltenden Tarifverträge verweist, **regelmäßig als Gleichstellungsabrede** auszulegen ist.

Dagegen ist die arbeitsvertragliche Bezugnahme auf **Allgemeine Arbeitsbedingungen**, die vom Arbeitgeber oder von einer ihn satzungsmäßig bindenden Institution (z.B. dem Präsidium des Dachverbandes) einseitig festgelegt werden, **keine Gleichstellungsabrede** im hier maßgeblichen Sinne. Das gilt selbst dann, wenn der Arbeitgeber zugleich an einen Tarifvertrag gebunden ist, der inhaltlich mit den Allgemeinen Arbeitsbedingungen übereinstimmt. Endet die Tarifgebundenheit des Arbeitgebers dann durch dessen Austritt aus dem tarifschließenden Verband, ist er in einer solchen Konstellation gleichwohl im Ergebnis an danach vereinbarte Veränderungen im Tarifvertrag gebunden, wenn diese in die Allgemeinen Arbeitsbedingungen aufgenommen werden (*BAG* 18.4.2007 – 4 AZR 253/06 – EzA-SD 20/2007 S. 14 = NZA 2007, 1456 LS).

Eine arbeitsvertragliche Bezugnahmeklausel kann sich auch auf **nachwirkende Tarifverträge** beziehen; ob das der Fall ist, ist durch Auslegung der Bezugnahmeklausel zu ermitteln (*BAG* 9.5.2007 EzA § 305c BGB 2002 Nr. 12). 327

Wird allerdings durch eine arbeitsvertragliche Regelung ein **komplexes Regelwerk in Form Allgemeiner Arbeitsbedingungen** in Bezug genommen, nach Abschluss eines **wortidentischen Tarifvertrages** dann aber in einer neuen Vereinbarung dieser Tarifvertrag dynamisch in Bezug genommen, so ersetzt diese Klausel die frühere Bezugnahme auch dann, wenn diese in der neuen Vereinbarung nicht ausdrücklich aufgehoben wird (*BAG* 18.4.2007 – 4 AZR 653/05 – EzA-SD 20/2007 S. 15 LS).

Während der Laufdauer des BAT/BATO war es im **öffentlichen Dienst** üblich, in dem vom öffentlichen Arbeitgeber verwandten Arbeitsvertragsformular auf die Bestimmungen dieses Tarifvertrages und die ihn ergänzenden und ersetzenden Bestimmungen Bezug zu nehmen. Auch diese Art und Weise der Bezugnahme unterliegt zwar als »Allgemeine Geschäftsbedingung« der gerichtlichen Kontrolle. Die Bezugnahme selbst war für den Angestellten jedoch weder überraschend (§ 305 c Abs. 1 BGB) noch intransparent (§ 307 Abs. 1 S. 2 BGB; *BAG* 3.4.2007 – 9 AZR 283/06 – EzA-SD 22/2007 S. 8 LS = NZA-RR 2008, 504 LS = FA 2008, 30 LS). 328

Bei der Beurteilung der Frage, ob eine **überraschende Klausel** insoweit gegeben ist, können **auch die konkreten Umstände bei Abschluss des Arbeitsvertrages von Bedeutung sein** (*BAG* 9.5.2007 EzA § 305c BGB 2002 Nr. 12). 329

Es verstößt im hier maßgeblichen Zusammenhang im Übrigen **nicht gegen den Gleichbehandlungsgrundsatz**, wenn der Arbeitgeber bei Abschluss neuer Verträge von der **tarifrechtlich eröffneten Möglichkeit** Gebrauch macht, die **Anwendung** von zu diesem Zeitpunkt **nachwirkenden Tarifverträgen auszuschließen**. Soweit er davon im Hinblick auf die Rspr. des BAG (23.8.2006 EzA § 14 TzBfG Nr. 33) zu den Voraussetzungen einer Verlängerung sachgrundlos befristeter Arbeitsverhältnisse in Fällen einer Vertragsverlängerung nach § 14 Abs. 2 TzBfG eine Ausnahme macht, ist dies auch sachlich gerechtfertigt (*BAG* 9.5.2007 EzA § 305c BGB 2002 Nr. 12).

Beispiele Bezugnahmeklauseln: 330

- Eine arbeitsvertragliche Bezugnahme, die neben dem BAT **auch** auf die **für das Unternehmen** geltenden **tariflichen Zusatzbestimmungen verweist**, erfasst auch einen Firmentarifvertrag, der Sonderregelungen für die Beschäftigten einer bestimmten Abteilung des Unternehmens beinhaltet, die die Weiterbeschäftigung der einem Teilbetriebsübergang widersprechenden Beschäftigten in dieser Abteilung unter veränderten – schlechteren – Arbeitsbedingungen (Änderung eines Sonderkündigungsschutzes) regeln (*BAG* 17.10.2007 – 4 AZR 812/06 – EzA-SD 8/2007 S. 13 LS).
- Die vertragliche Bezugnahme auf einen **bestimmten** für das Arbeitsverhältnis einschlägigen **Tarifvertrag** und die diesen »**ergänzenden Tarifverträge**« erfasst bezüglich letzterer regelmäßig ebenfalls nur einschlägige Tarifverträge, also solche, unter deren Geltungsbereich das Arbeitsverhältnis fällt (*BAG* 15.3.2006 EzA § 3 TVG Bezugnahme auf Tarifvertrag Nr. 31 = NZA 2006, 690).
- Haben die Parteien einen befristeten Arbeitsvertrag unter **Bezugnahme auf den Zuwendungstarifvertrag in seiner jeweiligen Fassung** (vor dessen Kündigung zum 30.6.2003) geschlossen, so besteht ein Anspruch auf die Zuwendung auch dann, wenn

die Arbeitsaufnahme erst zum 1.8.2003 und damit im Nachwirkungszeitraum erfolgte (*BAG* 20.9.2006 – 10 AZR 33/06 – EzA-SD 24/2006 S. 8 LS = NZA 2007, 164; s.a. *BAG* 20.9.2006 EzA § 3 TVG Bezugnahme auf Tarifvertrag Nr. 34).

- Wird in einem Formulararbeitsvertrag neben der tariflichen Vergütungsgruppe und -stufe (KR II/3) deren Höhe, der Ortszuschlag und die Allgemeine Zulage beziffert, so handelt es sich gleichwohl um eine dynamische Verweisung. Denn gemeint ist die Vergütungsordnung für das Krankenpflegepersonal des öffentlichen Dienstes im BAT. Diese **dynamische Verweisung** umfasst zudem die tarifliche Einmalzahlung, die an die Stelle einer prozentualen Erhöhung der im Arbeitsvertrag genannten Vergütungsbestandteile tritt (*BAG* 9.11.2005 EzA § 305c BGB 2002 Nr. 3).
- Eine dynamische Verweisung in einem Arbeitsvertrag auf die für den tarifgebundenen Arbeitgeber einschlägigen Tarifverträge in einem vorformulierten Arbeitsvertrag ist **typischerweise eine Gleichstellungsabrede**; die **Tarifgebundenheit des Arbeitgebers** im Zeitpunkt der Vereinbarung ist allerdings dabei **zwingende Voraussetzung** für deren Bewertung der Gleichstellungsabrede (*BAG* 1.12.2004 EzA § 3 TVG Bezugnahme auf Tarifvertrag Nr. 29 = NZA 2005, 478 = BAG Report 2005, 137 m. Anm. *Lakies*). Weder der Umstand, dass sich der Arbeitgeber bei Abschluss der Vereinbarung in der Gründungsphase befindet, noch derjenige, dass in seinem Konzern die Tarifgebundenheit üblich ist, rechtfertigen es, eine Ausnahme von dieser zwingenden Voraussetzung einer Gleichstellungsabrede zu machen (*BAG* 1.12.2004 EzA § 3 TVG Bezugnahme auf Tarifvertrag Nr. 29 = NZA 2005, 478 = BAG Report 2005, 137 m. Anm. *Lakies*).
- Die Bezugnahme auf die »**tariflichen Bestimmungen**«, die ein Arbeitgeber mit bundesweit gelegenen Betriebsstätten mit einem Arbeitnehmer vereinbart, beinhaltet i.d.R. im Sinne einer Gleichstellungsklausel die Anwendbarkeit derjenigen Tarifverträge, die nach ihrem – z.B. regionalen – Geltungsbereich für das Arbeitsverhältnis einschlägig sind (*BAG* 15.9.2004 EzA § 4 TVG Metallindustrie Nr. 130).
- Verweist der Arbeitsvertrag eines nichttarifgebundenen Arbeitnehmers auf die einschlägigen Tarifverträge (Gleichstellungsabrede) und hätte der Arbeitnehmer danach **auch ohne spezielle Nebenabrede Anspruch** auf eine Funktionszulage nach einem Zulagentarifvertrag, so lässt der bloße Widerruf der Nebenabrede den Zulagenanspruch nicht entfallen, wenn die Nebenabrede bestimmt, dass der Arbeitsvertrag durch einen Widerruf nicht berührt wird. Das gilt auch dann, wenn der Zulagentarifvertrag inzwischen gekündigt wurde und für tarifgebundene Arbeitnehmer nur noch gem. § 4 Abs. 5 TVG nachwirkt (*BAG* 26.1.2005 – 10 AZR 331/04 – EzA-SD 8/2005, S. 6 LS).
- Eine arbeitsvertragliche Verweisung auf »die tariflichen Bestimmungen der Eisen-, Metall- und Elektroindustrie Nordrhein-Westfalens« bezieht sich i. Zw. **auf das gesamte Tarifwerk** der Eisen-, Metall-, Elektro- und Zentralheizungsindustrie dieses Bundeslandes **in seiner jeweils geltenden Fassung** und nicht nur auf einzelne Tarifregelungen (*BAG* 27.10.2004 EzA § 3 TVG Bezugnahme auf Tarifvertrag Nr. 28 = NZA 2005, 432 LS).
- Gelten nach dem in der Zentrale des Arbeitgebers abgeschlossenen »Angestelltenvertrag« mit einem Arbeitnehmer als Niederlassungsleiter einer Niederlassung in einem anderen Bundesland »die Vorschriften **der jeweils gültigen Tarifverträge**«, so sind die Tarifverträge in Bezug genommen, die für den **Hauptsitz** des Arbeitgebers maßgeblich sind (*BAG* 19.2.2003 EzA § 4 TVG Ausschlussfristen Nr. 164; s.a. *LAG München* 16.11.2005 – 10 Sa 455/05 – EzA-SD 12/2006 S. 15 LS zur Rechtslage nach einem Betriebsübergang).
- Wird ein u.a. vom Arbeitgeber als Tarifvertragspartei **abgeschlossener MTV** in Bezug genommen, so wird jedenfalls auch dann ein vom Arbeitgeber mit derselben Gewerkschaft abgeschlossener **Sanierungstarifvertrag** erfasst, wenn die Parteien die Verweisungsklausel ausdrücklich als Gleichstellung nichttarifgebundener Arbeitnehmer mit tarifgebundenen Arbeitnehmern verstanden haben und während ihres Arbeitsverhältnisses auch andere Tarifverträge als den im Arbeitsvertrag ausdrücklich genannten MTV angewandt haben. Umfasst eine Bezugnahmeklausel zwei Tarifverträge, ist durch Auslegung des Arbeitsvertrags festzustellen, welcher der beiden Tarifverträge Anwendung

findet. I. d. R. ist dies der dem Betrieb räumlich, betrieblich, fachlich und persönlich am nächsten stehende Tarifvertrag (*BAG* 14.12.2005 EzA § 3 TVG Bezugnahme auf Tarifvertrag Nr. 30 = NZA 2006, 744).

► Eine Bezugnahmeklausel im Arbeitsvertrag, mit der die Anwendbarkeit oder »Geltung« eines bestimmten, dort benannten Tarifvertrags oder Tarifwerks vereinbart worden ist, kann über ihren Wortlaut hinaus nur dann als Bezugnahme auf den jeweils für den Betrieb fachlich/betrieblich geltenden Tarifvertrag (sog. **große dynamische Verweisungsklausel**) ausgelegt werden, wenn sich dies aus besonderen Umständen ergibt; der bloße Umstand, dass es sich um eine **Gleichstellungsabrede** handelt, **genügt dafür nicht** (*BAG* 30.8.2000 EzA § 3 TVG Bezugnahme auf Tarifvertrag Nr. 12; s.a. *BAG* 29.8.2007 EzA § 3 TVG Bezugnahme auf Tarifvertrag Nr. 37 = NZA 2008, 364; *LAG Nds.* 27.8.2004 LAGE § 3 TVG Bezugnahme auf Tarifvertrag Nr. 9; vgl. dazu *Gussen* FA 2001, 201 ff.; *Stein* SAE 2001, 300 ff.; *Meyer* NZA 2003, 1126 ff.; *Insam/Plümpe* DB 2008, 1265 ff.; zur Auslegung eine Gleichstellungsabrede hinsichtlich der »jeweiligen Besoldung eines entsprechenden Beamten« vgl. *BAG* 6.11.2002 – 5 AZR 330/01 – EzA-SD 3/2003, S. 3 LS = NZA 2003, 1148; *LAG Hamm* 6.4.2001 ZTR 2002, 237; *ArbG Bonn* 6.12.2001 ZTR 2002, 238; *ArbG Bln.* 12.3.2002 ZTR 2002, 392 LS). Allerdings ist eine Bezugnahme auf einen Tarifvertrag im **Zweifel als dynamische Verweisung** auszulegen; ist sie auf die einschlägigen Tarifverträge in einem vom tarifgebundenen Arbeitgeber vorformulierten Arbeitsvertrag bezogen, handelt es sich typischerweise um eine **Gleichstellungsabrede** (*BAG* 20.2.2002 EzA § 3 TVG Bezugnahme auf Tarifvertrag Nr. 20 = NZA 2003, 933; *BAG* 19.3.2003 EzA § 3 TVG Bezugnahme auf Tarifvertrag Nr. 27 = NZA 2003, 1207; *LAG Hmb* 28.4.2004 – 5 Sa 48/03 – EzA-SD 16/2004 S. 15 LS; *LAG Nds.* 27.8.2004 LAGE § 3 TVG Bezugnahme auf Tarifvertrag Nr. 9; **a.A.** *ArbG Duisburg* 9.1.2003 – 4 Ca 3028/02 – EzA-SD 4/2003, S. 8; ausf. dazu *Thüsing* NZA 2003, 1184 ff.); eine Gleichstellungsabrede scheidet allerdings **von vornherein** aus, wenn der Angestellte z.B. nach § 3 BAT-O **vom Geltungsbereich dieses Tarifvertrages ausgenommen ist** (*BAG* 20.9.2006 EzA § 3 TVG Bezugnahme auf Tarifvertrag Nr. 34). Liegt dagegen eine Gleichstellungsabrede vor, hat diese zur Folge, dass der Arbeitnehmer **unabhängig von seiner Tarifgebundenheit** an der Tarifentwicklung des in Bezug genommenen Tarifvertrages teilnimmt, wie wenn er tarifgebunden wäre. Der Arbeitnehmer mit einer Gleichstellungsabrede nimmt nach dem **Verbandsaustritt** des Arbeitgebers dann ebenso wie ein tarifgebundener Arbeitnehmer nicht mehr an der Tarifentwicklung teil (*BAG* 26.9.2001 EzA § 3 TVG Bezugnahme auf Tarifvertrag Nr. 19 m. Anm. *Lambrich* BB 2002, 1267; vgl. dazu *Annuß* ArbuR 2002, 361 ff.; **a.A.** *LAG Rostock* 15.4.2002 – 2 Sa 48/02 – EzA-SD 20/2002, S. 7 LS). Denn sie begründet keine Rechtsposition, die über die bei Tarifgebundenheit hinausgeht (*BAG* 29.8.2001 NZA 2002, 513; 16.10.2002 EzA § 3 TVG Bezugnahme auf Tarifvertrag Nr. 22; krit. *Meyer* NZA 2003, 1127 ff.). Von daher erfüllt eine Gleichstellungsabrede, die sowohl für tarifgebundene wie für nicht tarifgebundene Arbeitnehmer einheitliche Arbeitsbedingungen herstellen will, ihren Zweck auch für die Zeit **nach dem Ende der Tarifbindung** des Arbeitgebers, in der die Tarifverträge normativ für die Tarifgebundenen wegen der Nachbindung des Arbeitgebers gem. § 3 Abs. 3 TVG und/oder der Nachwirkung gem. § 4 Abs. 5 TVG weitergelten (*BAG* 24.11.2004 EzA § 242 BGB Betriebliche Übung Nr. 5 = NZA 2005, 349). Sie erfasst im Übrigen keine Tarifregelungen oder deren Änderungen, die erst nach **Beendigung der Tarifgebundenheit** des Arbeitgebers entstehen bzw. abgeschlossen werden (*BAG* 20.2.2002 EzA § 3 TVG Bezugnahme auf Tarifvertrag Nr. 20 = NZA 2003, 933; 19.3.2003 EzA § 3 TVG Bezugnahme auf Tarifvertrag Nr. 27 = NZA 2003, 1207). Sie **ersetzt nur die ungeklärt gebliebene Tarifgebundenheit** des Arbeitnehmers an den im Arbeitsvertrag bezeichneten Tarifvertrag in der jeweils gültigen Fassung, der nach seinem Geltungsbereich einschlägig ist (*BAG* 16.10.2002 EzA § 3 TVG Bezugnahme auf Tarifvertrag Nr. 22; 19.3.2003 EzA § 3 TVG Bezugnahme auf Tarifvertrag Nr. 27 = NZA 2003, 1207). Eine Gleichstellungsklausel liegt jedenfalls auch dann vor, wenn ein Unternehmen die am Firmensitz geltenden Tarifverträge in Bezug nimmt, an die es kraft Verbandszugehörigkeit gebunden ist, auch wenn es als tarifge-

bietsübergreifendes Unternehmen außerhalb des räumlichen Geltungsbereichs dieser Tarifverträge Arbeitnehmer beschäftigt (*BAG* 21.8.2002 EzA § 3 TVG Bezugnahme auf Tarifvertrag Nr. 21 = NZA 2003, 442). Eine Gleichstellungsklausel in diesem Sinne liegt allerdings (s.o.) nur dann vor, wenn der Arbeitgeber bei **Vertragsabschluss** an den in Bezug genommenen Tarifvertrag **gebunden** ist (*BAG* 25.9.2002 EzA § 3 TVG Bezugnahme auf Tarifvertrag Nr. 24 = NZA 2003, 807). Eine Gleichstellungsabrede kann dann zu **verneinen** sein, wenn der Arbeitnehmer auf Grund besonderer, beim Vertragsschluss zu Tage getretener Umstände davon ausgehen musste, dass der Arbeitgeber mit der Bezugnahmeklausel (**auch**) **andere Zwecke verfolgte als eine bloße Gleichstellung von tarifgebundenen und nicht tarifgebundenen Arbeitnehmern** (*ArbG Ulm* 12.2.2004 NZA-RR 2004, 420).
Der Auslegung einer derartigen Klausel in einem vom Arbeitgeber vorformulierten Arbeitsvertrag als Gleichstellungsabrede steht die **Unklarheitenregel** (§ 305c Abs. 2 i.V.m. § 310 Abs. 4 S. 2 BGB) auch dann nicht entgegen, wenn dem Arbeitnehmer die Tarifgebundenheit des Arbeitgebers unbekannt war (*BAG* 19.3.2003 EzA § 3 TVG Bezugnahme auf Tarifvertrag Nr. 27 = NZA 2003, 1207).
Eine arbeitsvertragliche Verweisungsklausel, die **einen konkret benannten Tarifvertrag in der jeweils geltenden Fassung** in Bezug nimmt, muss bei **Verbandswechsel** des Arbeitgebers i.d.R. dahin korrigierend ausgelegt werden, dass die Verweisung auf den jeweils für den Betrieb geltenden Tarifvertrag erfolgt. Das gilt jedenfalls dann, wenn die Tarifverträge von derselben Gewerkschaft abgeschlossen wurden (*BAG* 4.9.1996 EzA § 3 TVG Bezugnahme auf Tarifvertrag Nr. 7; 4.8.1999 RdA 2000, 178m. Anm. *Annuß*; *LAG Hmb* 15.11.2000 NZA 2001, 562: Tariflohnerhöhung auch nach Verbandsaustritt; *Bauer/Haussmann* DB 1999, 1114 ff.; vgl. dazu *Gussen* FA 2001, 201 ff.). Wird dagegen ein **branchenfremdes Tarifwerk** im Arbeitsvertrag in Bezug genommen (vgl. dazu *BAG* 20.11.2001 NZA 2002, 872 LS), ist eine korrigierende Auslegung dahin, dass eine Verweisung auf das Tarifwerk erfolgt, dem der Arbeitgeber jeweils unterliegt, nicht möglich. Es handelt sich dann i.d.R. um eine konstitutive Abrede; eine sog. große dynamische Verweisungsklausel liegt nicht vor (*BAG* 5.12.2001 EzA § 3 TVG Bezugnahme auf Tarifvertrag Nr. 18). Regelt in einem derartigen Fall ein einzelvertraglich vereinbarter Tarifvertrag Ansprüche auf **Sonderzuwendungen**, während ein für allgemeinverbindlich erklärter, für den Betrieb einschlägiger Tarifvertrag dazu keine Regelung enthält, und der für diese Branche bestehende besondere Tarifvertrag über Sonderzuwendungen nicht für allgemeinverbindlich erklärt worden ist, entsteht insoweit auch keine Tarifkonkurrenz (*BAG* 5.12.2001 EzA § 3 TVG Bezugnahme auf Tarifvertrag Nr. 18). Der Arbeitgeber kann sich schließlich mit einer sog. **Tarifwechselklausel** vorbehalten, ein anderes Tarifwerk anzuwenden (*BAG* 25.10.2000 EzA § 3 TVG Bezugnahme auf Tarifvertrag Nr. 15 = NZA 2002, 100; *LAG Düsseld.* 21.5.1999 LAGE § 3 TVG Bezugnahme auf Tarifvertrag Nr. 7; 23.2.2000 ZTR 2000 267; s.a. *LAG Bln.* 31.3.2006 – 6 Sa 2262/05 – EzA-SD 12/2006 S. 6 LS).

► Wird im Arbeitsvertrag mit einem tarifgebundenen Arbeitgeber auf die »für **das Unternehmen einschlägigen Tarifverträge**« verwiesen, so entsteht eine durch ergänzende Vertragsauslegung auszufüllende Lücke im Arbeitsvertrag, wenn die Tarifgebundenheit des Arbeitgebers an diese Tarifverträge infolge Auflösung des tariftragenden Arbeitgeberverbandes ausgeschlossen ist. »Einschlägig« ist in solchen Fällen der Tarifvertrag, der nach seinem Geltungsbereich das Arbeitsverhältnis erfasst. Beansprucht ein Tarifvertrag bundesweite Geltung, ein anderer dagegen Geltung nur für bestimmte Bundesländer, in denen das Unternehmen keinen Betrieb unterhält, so ist der bundesweit geltende Tarifvertrag einschlägig, weil nur er normativ gelten könnte (*BAG* 13.11.2002 EzA § 3 TVG Bezugnahme auf Tarifvertrag Nr. 25 = NZA 2003, 1039).

► Eine arbeitsvertragliche Klausel, die auf die für den Betrieb maßgeblichen Tarifverträge Bezug nimmt, kann gem. §§ 133, 157 BGB regelmäßig nicht dahin ausgelegt werden, dass mit dem bloßen **Austritt des Arbeitgebers** aus dem Arbeitgeberverband – im Gegensatz zu einem Branchen- oder Verbandswechsel des Arbeitgebers – die bisherigen tariflichen Ansprüche in Fortfall geraten (*LAG Hamm* 5.6.1998 LAGE § 611 BGB Gratifikation Nr. 46; vgl. auch *LAG Bln.* 21.12.1998 NZA-RR 1999, 424). Auch unter Berücksichtigung der mit einer Bezugnahmeklausel verfolgten Zwecke kommen weder eine z.B. ergänzende Auslegung der Bezugnahmeklausel noch die Anwendung der Grundsätze über den Wegfall der Geschäftsgrundlage (jetzt § 313 BGB n.F.) in Betracht, um zu erreichen, dass im Falle der Aufgabe der bisherigen Verbandsmitgliedschaft durch den Arbeitgeber nur noch die bis zum Verbandsaustritt über die Bezugnahme geltenden Tarifverträge solange nachwirkend weiter gelten, bis sie durch andere tarifvertragliche Regelungen ersetzt werden. Will der Arbeitgeber dies erreichen, so muss in der Bezugnahmeklausel durch **entsprechende Formulierungen klargestellt sein**, dass diese – in Abhängigkeit von einer weiter bestehenden Verbandsmitgliedschaft des Arbeitgebers – eine **beschränkte Wirkung** haben, nicht dauerhaft und vorbehaltlos wirken soll oder der Arbeitgeber sich des ausdrücklichen Einverständnisses des Arbeitnehmers mit einer derart beschränkten Wirkung der Bezugnahmeklausel versichern muss (*LAG Hessen* 23.3.1999 ZTR 1999, 511 LS = ARST 2000, 34).

- Teilt der Arbeitgeber, der in seinen Arbeitsverträgen Gleichstellungsabreden auf Grund einer **dynamischen Bezugnahme** auf den für den Betrieb einschlägigen Tarifvertrag vereinbart hat, seinen Mitarbeitern nach Verbandsaustritt mit, auch zukünftig bleibe die Tarifbindung als **Mindeststandard erhalten**, so liegt darin eine **Gesamtzusage**, dass die vereinbarte Klausel eine feste Bezugnahme in dem Sinn darstellen soll, dass die Anwendbarkeit der Tarifverträge in der jeweiligen Fassung unabhängig von für deren normativen Geltung relevanten Veränderungen erfolgen soll (*LAG Hmb* 28.4.2004 – 5 Sa 48/03 – EzA-SD 16/2004 S. 15 LS).
- Wird in einem Arbeitsvertrag auf die **Tarifverträge eines bestimmten Wirtschaftszweiges** verwiesen (z.B. die Eisen schaffende Industrie) und in der Folgezeit von der Wahrung des Besitzstandes gesprochen, so kann ein späteres, unwidersprochen gebliebenes Schreiben des Arbeitgebers nicht die Bezugnahmeklausel auf alle Tarifverträge ändern, wenn in dem späteren Schreiben nur das Gehaltsabkommen angesprochen ist. Unterfällt das Arbeitsverhältnis zusätzlich dem fachlichen Geltungsbereich des Tarifvertrages für den Groß- und Außenhandel, an den die Parteien kraft Allgemeinverbindlichkeit gebunden sind, so wird der vertraglich in Bezug genommene Tarifvertrag nicht verdrängt, wenn die Verweisung konstitutiv und nicht nur deklaratorisch erfolgt ist (*BAG* 28.5.1997 EzA § 3 TVG Bezugnahme auf Tarifvertrag Nr. 8).
- Ist im Arbeitsvertrag mit dem tarifgebundenen Arbeitgeber vereinbart, für das Arbeitsverhältnis »gelten die Bedingungen des **jeweils gültigen Tarifvertrages**«, so stellt dies i.d.R. eine »**Tarifwechselklausel**« dar. Mit dieser Tarifwechselklausel wird zunächst auf die Tarifverträge Bezug genommen, an die der Arbeitgeber bei Abschluss des Arbeitsvertrages gebunden ist. Eine solche Tarifwechselklausel bewirkt auch, dass an Stelle der Bedingungen dieser Tarifverträge die Normen anderer Tarifverträge anzuwenden sind, an die der Arbeitgeber im Falle des Wechsels seiner Tarifgebundenheit gebunden ist. Die Vereinbarung der »jeweils gültigen Tarifverträge« stellt **zugleich eine Gleichstellungsabrede** dar. Endet die Tarifgebundenheit des Arbeitgebers ersatzlos, so gelten die Bedingungen des in Bezug genommenen Tarifvertrages mit dem Stand (statisch) weiter, den sie bei Wegfall der Tarifgebundenheit haben. Voraussetzung für eine wirksame Tarifwechselklausel ist, dass der am Anfang als fachlich/betrieblich als einschlägig bezeichnete oder bei Altverträgen angewandte Tarifvertrag auch derjenige ist, in dessen fachlichen/betrieblichen Geltungsbereich der Betrieb oder das Unternehmen des Arbeitgebers fällt und dass der Arbeitgeber hieran tarifgebunden ist, was bei einem Firmentarifvertrag der Fall ist (*BAG* 16.10.2002 EzA § 3 TVG Bezugnahme auf Tarifvertrag Nr. 22).
- Mangels besonderer entgegenstehender Umstände ist die arbeitsvertragliche Bezugnahme auf »die **Tarifverträge in der jeweils gültigen Fassung**, an die der Arbeitgeber gebunden ist«, auch dann als Gleichstellungsabrede auszulegen, wenn der Arbeitnehmer kongruent tarifgebunden ist (*BAG* 27.11.2002 NZA 2003, 1278).
- Eine vertragliche Bezugnahme auf den jeweils geltenden Gehaltstarifvertrag kann im Falle einer rückwirkenden Tariferhöhung zu Nachzahlungsansprüchen des Arbeitneh-

mers auch dann führen, wenn das Arbeitsverhältnis bei Tarifabschluss bereits beendet war (*BAG* 6.8.2002 EzA § 112 BetrVG 2001 Nr. 1).

- Sind im Arbeitsvertrag die bei der Arbeitgeberin für **eine Gruppe von Arbeitnehmern jeweils gültigen Tarifverträge** in Bezug genommen, so gelten für die Zeit einer von einer konzernbezogenen Versetzungsklausel gedeckten »Abstellung« zu einer anderen Konzerngesellschaft auch die – schlechteren – Bedingungen eines von der Arbeitgeberin und der Konzerngesellschaft mit einer Gewerkschaft über den Einsatz von Angehörigen dieser Arbeitnehmergruppe bei der Konzerngesellschaft abgeschlossenen Tarifvertrages (*BAG* 18.6.1997 EzA § 3 TVG Bezugnahme auf Tarifvertrag Nr. 9).
- Nehmen die Parteien eines schriftlichen Arbeitsvertrages darin hinsichtlich einzelner Punkte (u.a. Vereinbarung von tariflichem Lohn) auf eine insgesamt auf den Tarifvertrag verweisende **Arbeitsordnung** Bezug, so wird damit weder die Arbeitsordnung insgesamt noch der Tarifvertrag und insbes. die darin geregelte Kündigungsfrist in der Probezeit zum Inhalt des Vertrages (*LAG Köln* 19.8.1999 ZTR 2000, 274).
- Wird im Arbeitsvertrag die Anwendbarkeit der vom Arbeitgeber **satzungsgemäß einzuhaltenden allgemeinen Arbeitsbedingungen** vereinbart, ist dies auch dann keine Gleichstellungsabrede i.S.d. Rechtsprechung des *BAG* (z.B. 30.8.2000 BAGE 95, 296), wenn die Arbeitsbedingungen inhaltlich mit den Tarifregelungen übereinstimmen, an die sich der Arbeitgeber tarifrechtlich binden könnte. Sie sind auch dann **dynamisch anzuwenden**, wenn der Arbeitgeber eine zwischenzeitliche Tarifgebundenheit beseitigt (*BAG* 27.11.2002 EzA § 3 TVG Bezugnahme auf Tarifvertrag Nr. 26 = NZA 2003, 805).
- Im **öffentlichen Dienst** hat die Verweisung auf den Geltungsbereich eines Tarifvertrages grds. nur den Sinn, dass der Arbeitsvertrag das beinhalten soll, was nach allgemeinen Grundsätzen des Tarifrechts auch für tarifgebundene Angestellte gilt. Mangels gegenteiliger Anhaltspunkte ist deshalb in solchen Fällen davon auszugehen, dass der Arbeitnehmer gegenüber den vergleichbaren tarifgebundenen Angestellten nicht ungleich behandelt werden soll (*BAG* 29.6.2000 ZTR 2001, 509).

331 Allerdings sind **Abweichungen von tarifdispositiven Vorschriften** (z.B. § 622 Abs. 4 S. 2 BGB, § 13 Abs. 1 BUrlG) **dann nicht möglich**; sie setzen vielmehr voraus, dass das Arbeitsverhältnis dem Geltungsbereich des vereinbarten Tarifvertrages unterfällt, es aber an der beiderseitigen Tarifbindung oder der Allgemeinverbindlicherklärung fehlt (MünchArbR/*Richardi* § 12 Rz. 17 f.).

332 - Verweist ein Arbeitsvertrag **pauschal auf die Vergütungsregelungen im Bereich des BAT** und ergeben sich im Nachhinein für den Bereich des Bundes, der Länder und der Kommunen unterschiedliche tarifliche Regelungsinhalte, entsteht nachträglich eine Vertragslücke, die im Wege ergänzender Vertragsauslegung zu schließen ist. Dabei spricht die Tatsache, dass es sich bei dem Arbeitgeber um ein Unternehmen handelt, das bundesweit tätig ist, dafür, dass die Parteien auf die im Bereich des Bundes geltenden Regelungen verwiesen hätten, wenn sie ein Auseinanderfallen der entsprechenden Vergütungsregelungen vorausgesehen hätten (*LAG Nds.* 6.7.2007 ZTR 2007, 690).

Allein die Vereinbarung der Anwendung eines MTV, der eine Regelung enthält, wonach sich die Entlohnung nach dem MTV und dem Lohn- und Gehaltstarifvertrag richtet, bewirkt nicht, dass auch die Anwendbarkeit dieses Lohn- und Gehaltstarifvertrages vereinbart worden ist. Dies wäre nur der Fall bei einer konstitutiven Einbeziehung in den MTV, die aber deutlicher zum Ausdruck kommen muss (*BAG* 2.3.1988 EzA § 1 TVG Form Nr. 1).

Möglich ist nach dem Grundsatz der Vertragsfreiheit (§§ 241, 305 BGB) auch eine **teilweise Bezugnahme auf einen Tarifvertrag**; in einem derartigen Fall ist durch Auslegung zu ermitteln, wie weit die Bezugnahme reichen soll.

Bietet der Arbeitgeber z.B. den Abschluss eines Formulararbeitsvertrages mit der Klausel »Der Jahresurlaub richtet sich nach den Bestimmungen des (einschlägigen) Tarifvertrages« an, muss der Arbeitnehmer das regelmäßig als Verweisung auf den gesamten tariflichen **Regelungskomplex »Urlaub«** verstehen. Ist in den in Bezug genommenen urlaubsrechtlichen Bestimmungen des Tarifvertrages ein erhöhtes Urlaubsentgelt geregelt, wird mit dem Abschluss des Vertrages der Arbeitgeber auch zur Anwendung dieser tariflichen Regelung verpflichtet (*BAG* 17.11.1998 EzA § 3 TVG Bezugnahme auf Tarifvertrag Nr. 11). Gleiches gilt für ein **zusätzliches tarifliches Urlaubsgeld**; auf eine solche Bezugnahmeklausel ist die **Unklarheitenregel des § 305c Abs. 2 BGB nicht anzuwenden**, denn die Regelung ist hinreichend klar. Auf die Unklarheitenregel darf nur zurückgegriffen werden wenn trotz Ausschöpfung der anerkannten Auslegungsmethoden nicht behebbare Zweifel verbleiben (*BAG* 17.1.2006 EzA § 3 TVG Bezugnahme auf Tarifvertrag Nr. 33 = NZA 2006, 923).

- Wenn bei einer **umfassenden Verweisung auf die tariflichen Regelungen die betriebliche Altersversorgung ausgeklammert sein soll**, muss diese Einschränkung **hinreichend klar** zum Ausdruck gebracht werden. Die sog. Unklarheitenregel (jetzt § 305c Abs. 2 BGB) galt insoweit bereits vor der Schuldrechtsreform (*BAG* 12.12.2006 EzA § 1 BetrAVG Zusatzversorgung Nr. 18).
- Vereinbaren die Arbeitsvertragsparteien im Arbeitsvertrag dagegen allein die **Zahlung eines »Tariflohnes« von 8,75 DM** (im Jahre 1979), ohne sonst auf den einschlägigen Lohntarifvertrag zu verweisen, dann haben sie allein damit noch nicht vereinbart, dass der »jeweilige Tariflohn« zu zahlen ist (ebenso *LAG Köln* 9.11.2001 ARST 2002, 140 LS = NZA-RR 2002, 253 für die Vereinbarung eines bloßen Geldbetrages). Vereinbaren sie demgegenüber, dass die Wochenarbeitszeit »zurzeit 40 Stunden« beträgt und vereinbaren sie, dass ergänzend der jeweilige **einschlägige Manteltarifvertrag** (in dem die regelmäßige Wochenarbeitszeit geregelt ist) Anwendung findet, dann kann die vertragliche Vereinbarung auch so ausgelegt werden, dass die jeweilig tariflich geregelte Wochenarbeitszeit gelten soll (*LAG RhPf* 19.10.1999 BB 2000, 1095). Auch die arbeitsvertragliche Festlegung einer z.Zt. des Vertragsschlusses **nicht mehr aktuellen Tarifgehalts** mit dem Zusatz »alter Tarif« beinhaltet keine dynamische Verweisung auf die jeweilige tarifliche Vergütung. Selbst die wiederholte freiwillige Weitergabe einer Tariflohnerhöhung beinhaltet dann nur das Angebot zu einer entsprechenden Vertragsänderung, das von dem Arbeitnehmer konkludent angenommen wird. Für die Begründung der weitergehenden Verpflichtung, auch die zukünftigen Tariferhöhungen weiterzugeben, bedarf es zusätzlicher Umstände (*BAG* 20.6.2001 EzA § 242 BGB Betriebliche Übung Nr. 45).
- Die Formulierung »Das Gehalt wird in **Anlehnung an den BAT** (für Gemeinden), VergGr. IVa frei vereinbart und beträgt DM [Betrag] monatlich brutto« in dem Arbeitsvertrag mit einem nicht tarifgebundenen Arbeitgeber begründet für den Arbeitnehmer zwar einen zeitdynamischen Entgeltanspruch nach dieser Vergütungsgruppe. § 22 BAT i.V.m. der Anlage 1 a zum BAT/VKA ist allerdings nicht anzuwenden. Denn die »freie Vereinbarung« einer Arbeitsvergütung in Anlehnung an eine bestimmte Vergütungsgruppe des BAT (für Gemeinden) macht deutlich, dass der nichttarifgebundene Arbeitgeber auf Grund eines eigenen, aber an der dazugehörigen Vergütungsordnung nebst seiner Anlagen für den Bereich der Vereinigung kommunaler Arbeitgeberverbände sich orientierenden Gehaltsfindungssystems eine Vergütungsgruppe dem Arbeitnehmer anbietet und dann ohne Rücksicht auf die tatsächliche tarifliche Wertigkeit der vom Arbeitnehmer auszuübenden Tätigkeit mit diesem »frei vereinbart«. Weder der Arbeitgeber noch der Arbeitnehmer können sich dann auf eine fehlerhafte, weil nicht tarifgerechte Eingruppierung nach dem BAT/VKA nebst Anlagen mit Erfolg berufen. Eine Rückgruppierung oder Höhergruppierung findet auf Grund Tarifautomatik nicht statt. Eine Veränderung bedarf der Vereinbarung oder sonst zur Verfügung stehender individualrechtlichen Instrumentarien, wie z.B. Änderungskündigung. Ist die Vergütungsgruppe »frei vereinbart«, richtet sich die Vergütung nach dieser Vergütungsgruppe, sonach Grundgehalt, Ortszuschlag, Stufensteigerungen. Auch wenn der Betrag der Vergütung im Arbeitsvertrag beziffert ist, handelt es sich im Zweifel um eine zeitdynamische Verweisung mit der Folge, dass der Arbeitnehmer an den Stufensteigerungen und an den von den Tarifvertragsparteien des öffentlichen Dienstes für den Bereich der kommunalen Arbeitgeberverbände beschlossenen Tarifgehaltserhöhungen teilnimmt. Die Vergütungsgruppenzulage nach der Anlage 1 a zum BAT ist von der vertraglichen Festlegung der Vergütungsgruppe dagegen nicht erfasst (*BAG* 13.11.2002 EzA § 3 TVG

Bezugnahme auf Tarifvertrag Nr. 23 = NZA-RR 2003, 330; 13.11.2002 – 4 AZR 64/02 – EzA-SD 7/2003, S. 8 LS = NZA-RR 2003, 329).

- Dass sich Arbeitszeit und Vergütung im Arbeitsverhältnis aufeinander beziehen, schließt nicht aus, eine arbeitsvertragliche Verweisungsklausel, die **mehrere kollektive Regelungen des öffentlichen Dienstes** in Bezug nimmt, dahingehend auszulegen, dass sich die vom Arbeitnehmer zu leistende regelmäßige wöchentliche Arbeitszeit nach der einen kollektiven Regelung, die vom Arbeitgeber geschuldete Vergütung nach einer anderen kollektiven Regelung richtet. Ob eine dynamische Verweisungsklausel in einem Arbeitsvertrag, die einen bestimmten Regelungsbereich (z.B. die regelmäßige wöchentliche Arbeitszeit) eines fremden Tarifwerkes in Bezug nimmt, bei dessen Änderung durch einen komplexen Sanierungstarifvertrag dazu führt, dass der in Bezug genommene Regelungsbereich in der geänderten Fassung des Sanierungstarifvertrages isoliert auf das Arbeitsverhältnis Anwendung findet, hat das *BAG* (5.4.2006 – 4 AZR 390/05 – EzA-SD 23/2006 S. 12 LS = ZTR 2007, 152 = NZA-RR 2007, 329 = FA 2006, 190 LS) offen gelassen.

ee) Betriebliche Übung

333 Schließlich kann ein Tarifvertrag auf Grund einer betrieblichen Übung zum Bestandteil des Arbeitsverhältnisses werden (s.u. Rn. 441 ff.).

c) Inhaltskontrolle

334 Nach der Rechtsprechung des *BAG* (4.9.1985 EzA § 611 BGB Gratifikation, Prämie Nr. 76; 20.2.2001 EzA § 1 BetrAVG Ablösung Nr. 27; vgl. ausf. dazu *Schliemann* ZTR 2000, 198 ff.) unterliegen Tarifverträge nur in beschränktem Maße einer gerichtlichen Inhaltskontrolle, da sie von gleichberechtigten Partnern des Arbeitslebens ausgehandelt werden und eine Institutsgarantie gem. Art. 9 Abs. 3 GG genießen.

335 Wegen der Gleichgewichtigkeit der Tarifvertragsparteien ist zunächst davon auszugehen, dass bei einer Gesamtbetrachtung der tariflichen Regelungen die Interessen der Arbeitnehmer angemessen berücksichtigt werden. Es besteht eine **materielle Richtigkeitsgewähr** für die tariflichen Regelungen: Sie haben die Vermutung für sich, dass sie den Interessen beider Seiten gerecht werden und keiner Seite ein unzumutbares Übergewicht vermitteln. Die Tarifvertragsparteien haben insoweit im Unterschied zu den Arbeitsvertragsparteien eine weitgehende Gestaltungsfreiheit.

336 Sache der Arbeitsgerichte ist es deshalb nicht, zu prüfen, ob jeweils die gerechteste und zweckmäßigste Regelung gefunden wurde.

337 Die Tarifverträge sind vielmehr allein daraufhin zu untersuchen, ob sie **gegen die Verfassung** (*BAG* 13.5.1997 EzA § 1 BetrAVG Gleichbehandlung Nr. 12; 4.4.2000 EzA § 1 BetrAVG Gleichbehandlung Nr. 19 ausdrücklich offen gelassen dagegen hinsichtlich der Bindung an Art. 3 Abs. 1 GG von *BAG* 5.10.1999 NZA 2000, 1302; für die Bestimmung des persönlichen Geltungsbereichs eines Tarifvertrages ausdrücklich verneint von *BAG* 30.8.2000 EzA Art. 9 GG Nr. 74; vgl. dazu ausf. *Söllner* NZA 1996, 901 ff.; s.o. Rn. 305 ff.), **zwingendes Gesetzesrecht** oder die **guten Sitten verstoßen** (vgl. jetzt auch § 310 Abs. 4 S. 1 BGB n.F.; *BAG* 24.1.2008 EzA § 242 BGB 2002 Kündigung Nr. 7). Inzwischen geht das *BAG* (29.8.2001 EzA Art. 3 GG Nr. 93) davon aus, dass die gerichtliche Überprüfbarkeit von Tarifverträgen im **Hinblick auf einen Verstoß gegen Art. 3 Abs. 1 GG wegen der verfassungsrechtlichen Gewährleistung der Tarifautonomie (Art. 9 Abs. 3 GG) begrenzt ist.** Es hat allerdings offen gelassen, ob und inwieweit sich aus der vom *BVerfG* (28.5.1993 BVerfGE 88, 203) entwickelten Auffassung vom Schutzauftrag der Grundrechte generell eine andere und geringere Bindung der Tarifvertragsparteien an die Grundrechte ergibt als für den Staat (*BAG* 29.8.2001 EzA Art. 3 GG Nr. 93). Der Maßstab der Überprüfung von Tarifverträgen anhand des Art. 3 Abs. 1 GG

hängt jedenfalls nicht von der Art und Weise der Verhandlungsführung der Tarifvertragsparteien ab, z.B. mit welcher Intensität bzw. Unnachgiebigkeit eine Tarifvertragspartei eine bestimmte tarifliche Regelung durchgesetzt hat (*BAG* 29.11.2001 EzA Art. 3 GG Nr. 94). Jedenfalls sind tarifliche Ausnahmeregelungen wortlautgerecht eng auszulegen, weil eine erweiternde Auslegung oder analoge Anwendung die Regelungsabsicht der Tarifvertragsparteien in ihr Gegenteil verkehren würde (*BAG* 31.1.2002 NZA 2002, 872 LS). Inzwischen geht das *BAG* (27.5.2004 EzA Art. 3 GG Nr. 10 = NZA 2004, 1399 = BAG Report 2005, 53 m. Anm. *Henssler*; *Löwisch* SAE 2005, 186 ff.) davon aus, dass die Tarifvertragsparteien als privatrechtliche Vereinigungen **nicht unmittelbar grundrechtsgebunden sind. Gleichwohl müssen sie auf Grund der Schutzpflichtfunktion der Grundrechte bei ihrer tariflichen Normsetzung Art. 3 Abs. 1, 2, 3 GG beachten.** Das gilt auch bei der Festlegung des persönlichen Geltungsbereichs eines Tarifvertrags zur Regelung allgemeiner Arbeitsbedingungen.

► **Beispiel:** 338
Beziehen Tarifvertragsparteien eine bestimmte Arbeitnehmergruppe nicht in den Geltungsbereich eines solchen Tarifvertrags ein, **verzichten sie auf eine ihnen mögliche Normsetzung.** Das ist Teil der grundrechtlichen Gewährleistung des Art. 9 Abs. 3 GG. Ein solcher Regelungsverzicht **verstößt nicht gegen Art. 3 Abs. 1 GG,** wenn bei typisierender Betrachtung der jeweiligen Gruppen sachbezogene Gruppenunterschiede erkennbar sind, die eine Nichteinbeziehung der betreffenden Arbeitnehmergruppe in den persönlichen Geltungsbereich eines solchen Tarifvertrages rechtfertigen. Von daher ist z.B. die Nichteinbeziehung von Lektoren in den persönlichen Geltungsbereich des BAT mit Art. 3 Abs. 1 GG vereinbar. Denn die Gruppe der Lektoren als Lehrkräfte für bestimmte Fächer und Fertigkeiten ist in den Lehrbetrieb einer Hochschule einbezogen und damit dem durch Art. 5 Abs. 3 GG geschützten Wissenschaftsbetrieb strukturell, inhaltlich und zeitlich zugeordnet (*BAG* 27.5.2004 EzA Art. 3 GG Nr. 10 = NZA 2004, 1399 = BAG Report 2005, 53 m. Anm. *Henssler*; *Löwisch* SAE 2005, 186 ff.).

d) Berücksichtigung tariflicher Normen durch das Gericht; Einholung von Auskünften

Ergibt sich aus dem Sachvortrag der Parteien, dass tarifliche Normen für die Entscheidung erheblich sein könnten, so haben die Arbeitsgerichte den Inhalt dieser Rechtsnormen nach den Grundsätzen des **§ 293 ZPO** zu ermitteln. Zum Inhalt eines Tarifvertrages gehört auch der Zeitpunkt seines Wirksamwerdens. Eine subjektive Beweislast besteht im Rahmen des § 293 ZPO nicht (*BAG* 9.8.1995 EzA § 293 ZPO Nr. 1). 339

Ist das **tatsächliche Tarifgeschehen streitig**, oder das Vorliegen einvernehmlicher tariflicher Übungen, kommt die Einholung von **Auskünften** bei den Tarifvertragsparteien in Betracht. Die Einholung einer richterlichen Auskunft darf allerdings nicht auf die Beantwortung der prozessentscheidenden Rechtsfrage gerichtet sein. Denn das ist mit dem staatlichen Rechtsprechungsmonopol des Art. 92 GG unvereinbar und zugleich im Hinblick auf Art. 101 Abs. 1 S. 2 GG und § 551 Nr. 1 ZPO bedenklich (*BAG* 16.10.1985 AP Nr. 108 zu §§ 22, 23 BAT 1975). Die Einholung einer Auskunft über das tatsächliche Tarifgeschehen oder einvernehmliche tarifliche Übungen (§§ 273 Abs. 2 Nr. 2, 293 ZPO) unterliegt dem pflichtgemäßen, revisionsgerichtlich nur beschränkt überprüfbaren **Ermessen der Tatsachengerichte.** Eine solche Auskunft muss von allen beteiligten Tarifvertragsparteien, auch dem Arbeitgeber, der selbst Partei des Tarifvertrags war, gleichermaßen eingeholt werden (*BAG* 18.8.1999 ZTR 2000, 219).

Hinsichtlich der Einhaltung von **Ausschlussfristen muss der Arbeitnehmer bei Anwendbarkeit eines Tarifvertrages** konkrete Tatsachen insoweit vortragen. Eines Berufens auf die Nichteinhaltung der Frist durch den Arbeitgeber bedarf es nicht. Hat der Arbeitgeber andererseits auf die Einhaltung »verzichtet«, wird dadurch die Einhaltung der Ausschlussfrist als anspruchsbegründendes Tatbestandsmerkmal fingiert (*BAG* 25.1.2006 EzA § 4 TVG Einzelhandel Nr. 55 = NZA 2007, 472 LS).

e) Streitigkeiten über die Anwendung eines Tarifvertrages

340 Die Anwendbarkeit bzw. Geltung eines bestimmten Tarifvertrags kann Gegenstand einer **Feststellungsklage** gem. § 256 Abs. 2 ZPO sein. Der Feststellungsantrag muss allerdings geeignet sein, die zwischen den Parteien strittigen Fragen zur Anwendbarkeit tariflicher Bestimmungen zu klären (*BAG* 17.10.2001 NZA 2002, 1000 LS).

3. Betriebsvereinbarung

a) Begriff; Auslegung

341 Die Betriebsvereinbarung ist ein schriftlicher Vertrag zwischen Arbeitgeber und Betriebsrat über Angelegenheiten, die zum Aufgabenbereich des Betriebsrats gehören (vgl. §§ 77, 87 ff. BetrVG).

342 Auch Betriebsvereinbarungen gelten gem. § 77 Abs. 4 BetrVG unmittelbar und zwingend; sie sind wie Tarifverträge Normenverträge, weil mit ihnen objektives Recht gesetzt wird. Im Verhältnis zum Einzelarbeitsvertrag gilt trotz fehlender ausdrücklicher gesetzlicher Regelung das Günstigkeitsprinzip (*BAG* [GS] 16.9.1986 EzA § 77 BetrVG Nr. 17; 7.11.1989 EzA § 77 BetrVG Nr. 34; vgl. *Schliemann* NZA 2003, 122 ff.).

343 Gem. § 112 Abs. 1 S. 3 BetrVG hat ein Sozialplan, das ist die Einigung zwischen Arbeitgeber und Betriebsrat über den Ausgleich oder die Milderung der wirtschaftlichen Nachteile, die den Arbeitnehmern infolge der geplanten Betriebsänderung (vgl. § 111 BetrVG) entstehen, die Wirkung einer Betriebsvereinbarung; § 77 Abs. 3 BetrVG ist insoweit nicht anzuwenden.

Sozialpläne und sonstige Betriebsvereinbarungen sind **wegen ihres Normcharakters wie Gesetze auszulegen**. Auszugehen ist vom Wortlaut und dem durch ihn vermittelten Wortsinn (*BAG* 13.12.2005 – 1 AZR 551/04 – NZA 2006, 1430 LS). Die Auslegung einer Betriebsvereinbarung hat sich im Übrigen daran zu orientieren, ob ihr Ergebnis in sich **verständlich und umsetzbar** ist. Im Zweifel gebührt derjenigen Auslegung der Vorzug, die zu einer vernünftigen, sachgerechten, zweckorientierten und praktisch brauchbaren Regelung führt. Für die Auslegung kann auch von Bedeutung sein, wie sie im Betrieb über längere Zeit hin tatsächlich gehandhabt worden ist (*BAG* 22.5.2001 NZA 2002, 408 LS). So ist z.B. bei der Auslegung eines teilweise ungenau und nicht systematisch abgefassten **Sozialplans** maßgeblich auf den **erkennbaren Sinn und Zweck** einer darin enthaltenen Abfindungsregelung abzustellen (*LAG Köln* 21.6.2005 – 9 Sa 90/05 – EzA-SD 21/2005 S. 12 LS).

b) Inhalt und Umfang der Regelungsbefugnis der Betriebspartner

344 Eine Betriebsvereinbarung kann überall dort abgeschlossen werden, wo das Gesetz die Einigung zwischen Arbeitgeber und Betriebsrat verlangt, vor allem also über Angelegenheiten, die dem Mitbestimmungsrecht des Betriebsrats unterliegen.

345 Darüber hinaus haben die Betriebspartner die Regelungsbefugnis, mit der Einschränkung des § 77 Abs. 3 BetrVG – keine Regelung von Arbeitsentgelten und sonstigen Arbeitsbedingungen durch Betriebsvereinbarung (wohl aber durch Regelungsabrede) bei Vorhandensein oder Üblichkeit einer tarifvertraglichen Regelung – den gesamten Inhalt des Arbeitsverhältnisses normativ zu regeln (*BAG* 18.8.1987 EzA § 77 BetrVG Nr. 18; abl. MünchArbR/*Richardi* § 12 Rz. 23 ff.).

c) Inhaltskontrolle

346 Nach der Rechtsprechung des *BAG* (30.1.1970 EzA § 242 BGB Ruhegeld Nr. 8; 11.3.1976 EzA § 242 BGB Ruhegeld Nr. 51; 13.10.1976 EzA § 242 BGB Ruhegeld Nr. 58; 13.9.1974 EzA § 611 BGB Gratifikation, Prämie Nr. 43) unterliegen Betriebsvereinbarungen der gerichtlichen Billigkeitskontrolle; dies gilt auch für Sozialpläne (vgl. § 112 Abs. 1 S. 3 BetrVG).

Dies folgt aus der Tatsache, dass sich der Betriebsrat und der Betriebsinhaber nicht wie die Tarifvertragsparteien als völlig gleichberechtigt gegenüberstehen. 347

Zwar ergibt sich aus §75 BetrVG, dass Arbeitgeber und Betriebsrat gemeinsam über die Wahrung von Recht und Billigkeit zu wachen haben. **Dazu gehört insbesondere der betriebsverfassungsrechtliche Gleichbehandlungsgrundsatz, dem wiederum der allgemeine Gleichheitssatz des Art. 3 Abs. 1 GG zu Grunde liegt** (*BAG* 22.3.2005 EzA §75 BetrVG 2001 Nr. 1 = NZA 2005, 773). Das schließt ein, dass die Betriebspartner bei ihren Vereinbarungen diese Grundsätze zu beachten haben. Es ist daher im Grundsatz davon auszugehen, dass der Betriebsrat die Interessen der von ihm vertretenen Arbeitnehmer ausreichend wahrt, doch kann nicht außer Betracht bleiben, dass er in vielfältiger Weise in betriebliche Interessen eingebunden ist und nicht die Stellung hat, wie sie die Tarifvertragsparteien innehaben (*BAG* 11.3.1976 EzA §242 BGB Ruhegeld Nr. 51).

Die gerichtliche Billigkeitskontrolle erstreckt sich auf den Inhalt der getroffenen Regelung selbst; sie bezieht sich z.B. bei einem Sozialplan darauf, ob die von den Betriebspartnern vereinbarte Regelung in sich der Billigkeit entspricht (§ 75 BetrVG) oder ob einzelne Arbeitnehmer oder Gruppen von ihnen in unbilliger Weise benachteiligt werden (vgl. *BAG* 27.10.1987 EzA §112 BetrVG Nr. 41; vgl. jetzt aber §310 Abs. 4 S. 1 BGB n.F.). 348

Demgegenüber weist *Konzen* (Anm. zu *BAG* AP Nr. 21 zu §112 BetrVG 1972) darauf hin, dass das BAG tatsächlich keine Billigkeits-, sondern in den bekannt gewordenen Entscheidungen **lediglich eine Rechtmäßigkeitskontrolle** durchgeführt hat, und dass sich weder aus §§315 ff. BGB noch aus §75 Abs. 1 S. 1 BetrVG eine Rechtsgrundlage für eine allgemeine Billigkeitskontrolle ergibt. Zu erfolgen habe daher nur eine Überprüfung nach Verstößen gegen höherrangiges Recht, wozu jedenfalls die Verfassung und einfaches Recht – insbes. das BetrVG – gehören. 349

4. Vertragsfreiheit; besondere Einschränkungen für den öffentlichen Arbeitgeber

Neben den sich aus den o.g. Rechtsquellen (vgl. z.B. §§78a, 99, 100 BetrVG) ergebenden Einschränkungen ist für den öffentlichen Arbeitgeber Art. 33 Abs. 2 GG sowohl bei der Stellenausschreibung als auch bei der Bewerberauswahl bei der grds. freien Auswahl des Vertragspartners zu beachten (*BAG* 18.9.2001 EzA Art. 33 GG Nr. 22; *LAG Nds.* 6.9.2001 ZTR 2002, 38; *LAG Hamm* 24.2.2005 LAG Report 2005, 192 LS). 350

Allerdings ist der **öffentliche Arbeitgeber** danach **nicht verpflichtet**, stets **alle Stellen auszuschreiben** und nach den Kriterien der Bestenauswahl zu besetzen. Vielmehr ist er **frei, zwischen Umsetzungen, Versetzungen oder Beförderungen zu wählen.** Soweit allerdings Beförderungsbewerbungen zugelassen sind, hat eine Auswahl nach den Maßstäben des Art. 33 Abs. 2 GG stattzufinden (*BAG* 23.1.2007 EzA Art. 33 GG Nr. 30 = NZA 2007, 1450).

Danach hat jeder Deutsche nach seiner Eignung, Befähigung und fachlichen Leistung gleichen Zugang zu jedem öffentlichen Amt. Die Regelung gilt nicht bei privatrechtlich organisierten Rechtspersonen; bei diesen gibt es grds. keine öffentlichen Ämter i.S.d. Art. 33 Abs. 2 GG (*LAG Köln* 23.4.2001 NZA-RR 2001, 612). 351

Art. 33 Abs. 2 GG gilt auch für **Arbeiter und Angestellte** des öffentlichen Dienstes (MünchArbR/*Buchner* §40 Rz. 114–140), ebenso für die **Zulassung zum Besuch von Aus- und Fortbildungsstätten**, wenn diese kraft gesetzlicher oder tariflicher Vorschriften Voraussetzung für ein Weiterkommen im öffentlichen Dienst ist (*BAG* 2.12.1970 AP Nr. 1 zu Art. 33 Abs. 2 GG) sowie für die **Zulassung zum Vorbereitungsdienst**, wenn dieser Voraussetzung für den Eintritt in den Staatsdienst wie auch für die Zulassung zu freien Berufen ist (*BVerfG* 22.5.1975 EzA Art. 33 GG Nr. 4). Wird eine Stelle gleichermaßen für Beamte und Angestellte ausgeschrieben, dürfen ohne sachlichen Grund keine Anforderungen gestellt werden, die **nur von Beamten, nicht aber von Angestellten erfüllt werden können** (*BAG* 18.9.2001

EzA Art. 33 GG Nr. 22). Der zweijährige Ausschluss von Lehramtsbewerbern aus dem sog. Listenverfahren, wenn sie ohne schwerwiegenden Grund die Annahme einer Lehrerstelle abgelehnt haben, verstößt gegen Art. 33 Abs. 2 GG und ist deshalb rechtsunwirksam (*LAG Hamm* 31.1.2003 NZA-RR 2003, 392).

352 Nach der Rechtsprechung des *BAG* (31.3.1976 EzA Art. 33 GG Nr. 5; 1.10.1986 EzA Art. 33 GG Nr. 14) begründet Art. 33 Abs. 2 GG für jeden Bewerber das Recht, bei seiner Bewerbung um ein öffentliches Amt – wozu auch eine Angestelltentätigkeit im öffentlichen Dienst gehört (s.o. Rn. 351) – allein nach den in dieser Vorschrift genannten Voraussetzungen beurteilt zu werden.

353 Wenn sich nach den Verhältnissen im Einzelfall jede andere Entscheidung als die Einstellung des Bewerbers als rechtswidrig oder ermessensfehlerhaft darstellt und eine besetzungsfähige, haushaltsrechtlich abgesicherte Planstelle vorhanden ist, begründet Art. 33 Abs. 2 GG darüber hinaus einen **Einstellungsanspruch** (vgl. *BAG* 9.11.1994 NZA 1995, 781; 5.3.1996 EzA Art. 33 GG Nr. 16; 19.2.2003 EzA § 620 BGB 2002 Nr. 2 = NZA 2003, 1271; **a.A.** *BVerwG* 21.6.1955 E 2, 151, DVBl 1968, 642; 26.10.1967 BGHZ 23, 36). Allerdings darf eine Hochschule des öffentlichen Rechts die Einstellung eines Bewerbers für eine Stelle als wissenschaftlicher Mitarbeiter an einem Lehrstuhl für Strafrecht, Strafprozessrecht und Urheberrecht allein im Hinblick auf ein **laufendes Strafverfahren** wegen des gegen ihn gerichteten Vorwurfs der vorsätzlichen falschen eidesstattlichen Versicherung **bis zum Abschluss des Verfahrens zurückstellen**, auch wenn die sonstigen Einstellungsvoraussetzungen gegeben sind. Die Hochschule kann dann im Rahmen ihres Beurteilungsspielraums die Einstellung davon abhängig machen, dass das Strafverfahren zu Gunsten des Bewerbers beendet wird (*BAG 27.7.2005* EzA Art. 33 GG Nr. 29 = NZA 2005, 1243; *LAG Bln.* 6.7.2004 NZA-RR 2005, 219); aus diesem Verhalten ergeben sich keine Ansprüche des Bewerbers aus Art. 33 Abs. 2 GG (*BAG 27.7.2005* EzA Art. 33 GG Nr. 29 = NZA 2005, 1243).

Voraussetzung für einen Einstellungsanspruch ist des Weiteren, dass zum Zeitpunkt der letzten mündlichen Verhandlung ein **freier zu besetzender Arbeitsplatz vorhanden ist**. Hat der öffentliche Arbeitgeber die Stelle allerdings bereits **anderweitig besetzt**, kann er – von ganz besonderen Ausnahmefällen abgesehen – grds. nicht mehr zur Einstellung eines Arbeitnehmers verurteilt werden; in diesem Fall kommen grds. nur noch **Schadensersatzansprüche** in Betracht (*BAG* 14.11.2001 EzA § 4 TVG Wiedereinstellungsanspruch Nr. 2 = NZA 2002, 392). Übernimmt ein öffentlicher Arbeitgeber eine Gruppe befristet beschäftigter Arbeitnehmer in unbefristete Arbeitsverhältnisse, ohne seine eigenen, an Art. 33 Abs. 2 GG ausgerichteten Vorgaben für die Einstellung in den öffentlichen Dienst zu beachten, führt dies nicht zu einem Anspruch anderer befristet beschäftigter Arbeitnehmer, ebenfalls unter Verletzung von Art. 33 Abs. 2 GG unbefristet eingestellt zu werden (*BAG* 19.2.2003 EzA § 620 BGB 2002 Nr. 2 = NZA 2003, 1271).

354 Materielle Kriterien für die Entscheidung sind die **Eignung** (fachliche Voraussetzungen und formelle Qualifikationen, z.B. Staatsprüfungen), **Befähigung** und **fachliche Leistung**. Dabei ist es z.B. einer Hochschule des öffentlichen Rechts nicht verwehrt, die Einstellung eines Bewerbers für eine Stelle als wissenschaftlicher Mitarbeiter alleine im Hinblick auf ein laufendes Strafverfahren wegen des gegen ihn gerichteten Vorwurfs der vorsätzlichen falschen eidesstattlichen Versicherung abzulehnen, auch wenn die sonstigen Einstellungsvoraussetzungen gegeben sind. Die Fachschule kann die Einstellung dann davon abhängig machen, dass das Strafverfahren zu Gunsten des Bewerbers beendet wird (s.o. Rn. 353; *BAG* 27.7.2005 EzA Art. 33 GG Nr. 29 = NZA 2005, 1243; *LAG Bln.* 6.7.2004 ZTR 2004, 655 LS).

Hinzukommen muss die Bereitschaft, der für das konkret erstrebte Amt erforderlichen **Treuepflicht** zu genügen (*BAG* 1.10.1986 a.a.O.), d.h. jederzeit für die freiheitlich-demokratische Grundordnung einzutreten.

355 Weil es bei ihnen nur um einen Teil der Ausbildung geht, genügt für Lehramtsanwärter im **Vorbereitungsdienst** eine neutrale Haltung, d.h. es darf nicht zu erwarten sein, dass sie im Unterricht die Grundwerte der Verfassung in Zweifel ziehen (*BAG* 5.8.1982 EzA Art. 33 GG Nr. 12).

Die Behörde hat die **Darlegungs- und Beweislast** für die Zweifel an der Verfassungstreue. Der Bewerber hat Tatsachen vorzutragen und zu beweisen, die geeignet sind, die Zweifel an der Verfassungstreue zu zerstreuen. Bei der sodann erforderlichen Gesamtabwägung steht der Behörde ein nur beschränkt überprüfbarer Beurteilungsspielraum zu. Gerichtlich nachprüfbar ist, ob sie alle wesentlichen Umstände des Einzelfalles berücksichtigt und sachgerecht gewichtet hat, ob allgemeingültige Bewertungsmaßstäbe beachtet und sachfremde Erwägungen ausgeschlossen waren sowie ob die Entscheidung in einem fehlerfreien Verfahren getroffen wurde (*BAG* 29.7.1982, 16.12.1982 AP Nr. 17, 19 zu Art. 33 GG). **356**

Begehrt der Arbeitnehmer die Übertragung einer höherwertigen Tätigkeit **(Beförderung)** gem. Art. 33 Abs. 2 GG, so kommt eine **einstweilige Verfügung** wegen des erforderlichen Verfügungsanspruchs nur ganz ausnahmsweise in Betracht (**a.A.** *LAG Sachsen* 21.3.2003 NZA-RR 2004, 448 LS: Anforderungen sind wegen Art. 19 Abs. 4 GG nicht zu hoch anzusetzen; *Reinhard/Kliemt* NZA 2005, 545 f.). Nicht möglich ist zudem eine – im Beamtenrecht übliche – einstweilige Verfügung, mit der dem Arbeitgeber einstweilen die Besetzung der Stelle untersagt werden soll. Denn anders als im Beamtenrecht kann im Arbeitsrecht die nunmehrige Stelleninhaberin durch Ausübung des Direktionsrechts oder Änderungskündigung auf einen anderen gleichwertigen Arbeitsplatz versetzt werden (*LAG Bln.* 12.7.1993, 526; **a.A.** *LAG Hamm* 13.5.1993 NZA 1994, 528 LS; *LAG Thüringen* 13.1.1997 NZA-RR 1997, 234; zur Konkurrentenklage im Arbeitsrecht vgl. *Günther* ZTR 1993, 399 ff.; *Seitz* RdA 1996, 40 ff.; *Zimmerling* ZTR 2000, 489 ff.; *Lansnicker/Schwirtzek* NJW 2003, 2481 ff.; s. jetzt auch *BVerwG* 21.8.2003 ZTR 2004, 272 für den Fall einer Beförderung entgegen einer einstweiligen Anordnung; für eine Anwendung dieser Grundsätze auf die Konkurrenz zwischen einem Beamten und einem Angestellten um eine Beförderung/Versetzung *LAG Düsseld.* 7.5.2004 NZA-RR 2005, 107). **357**

Das *BAG* (2.12.1997, 22.6.1999, 28.5.2002, 5.11.2002, 21.1.2003 EzA Art. 33 GG Nr. 17, 21, 23, 24 = NZA 2003, 798, 25 = NZA 2003, 1036; 2.7.2003 EzA § 620 BGB 2002 Nr. 6 = NZA 2004, 1055; 7.9.2004 EzA Art. 33 GG Nr. 27 = NZA 2005, 879 = ZTR 2005, 205; 15.3.2005 EzA Art. 33 GG Nr. 28 = NZA 2005, 1185; vgl. auch *LAG Nds.* 6.9.2001 ZTR 2002, 38 = NZA-RR 2002, 111 u. 20.1.2003 LAGE Art. 33 GG Nr. 13; *LAG Hamm* 15.8.2001 NZA-RR 2002, 107; 24.2.2005 LAG Report 2005, 192; *LAG Köln* 6.9.2001 ZTR 2002, 138; *LAG Nbg.* 6.12.2005 NZA-RR 2006, 273 = ZTR 2006, 208; *ArbG Karlsruhe* 29.11.2002 NZA-RR 2003, 445; vgl. dazu *Battis* RdA 2000, 359 ff.; *Roetteken* ZTR 2008, 522 ff.; s.a. Kap. 2 Rn. 177 ff. zu Auswirkungen von GleichstellungsG; zum Konkurrentenstreit zwischen dem Vizepräsidenten eines OLG und eines LAG s. *BVerfG* 20.3.2007 NZA 2007, 607) hat inzwischen folgende **Grundsätze für zutreffende Auswahl unter den Bewerbern und die arbeitsrechtliche Konkurrentenklage** aufgestellt: **358**

- Es steht dem öffentlichen Arbeitgeber **frei**, für die zu besetzenden Stellen ein **Anforderungsprofil** zu erstellen, dessen Erfüllung durch den Bewerber bereits Voraussetzung für dessen Teilnahme am Bewerbungsverfahren ist. Verlangt der öffentliche Arbeitgeber **allerdings eine Mindestbeschäftigungszeit** von fünf Jahren im Schuldienst der Sekundarstufe I als Voraussetzung für die Zulassung einer Lehrkraft zum Bewerbungsverfahren um eine höherwertige Stelle als Lehrer der Sekundarstufe II und lässt er Lehrer, die bislang nicht bei ihm beschäftigt sind, zu solchen Bewerbungsverfahren zu, ohne dass diese eine Mindestbeschäftigungszeit als Lehrer nachweisen müssen, so verstößt dies gegen Art. 33 Abs. 2 GG. Diese Mindestbeschäftigungsdauer kann nicht damit gerechtfertigt werden, sie sei aus Gründen der Planbarkeit und Kontinuität im Schulbereich notwendig (*BAG* 15.3.2005 EzA Art. 33 GG Nr. 28 = NZA 2005, 1185; *LAG Köln* 23.2.2005 – 7 Ta 12/05 – ArbuR 2005, 424 LS). Insoweit kann die Art des vom Bewerber **praktizierten Führungsstils** ein geeignetes Auswahlkriterium gem. Art. 33 Abs. 2 GG sein. Die Berücksichtigung dieses Kriteriums setzt allerdings voraus, dass die zu besetzende Stelle mit **Personalführungsaufgaben verbunden ist**. Der Arbeitgeber bestimmt dann die Art des Führungsstils, die er von seinen Führungskräften verwirklicht sehen möchte. Er darf bei fachlicher Gleichwertigkeit den Bewerber mit dem gewünschten – z.B. kooperativen – Führungsstil auswählen (BAG 19.2.2008 EzA Art. 33 GG Nr. 34=NZA 2008, 1016).

359 ▶ Damit die Transparenz des Auswahlverfahrens gesichert ist, sind die Arbeitgeber des öffentlichen Dienstes nach Art. 33 Abs. 2 GG andererseits verpflichtet, vor der Auswahlentscheidung ein **Anforderungsprofil** für die zu besetzende Stelle festzulegen (*LAG Düsseld.* 7.5.2004 NZA-RR 2005, 107; *LAG Nbg.* 6.12.2005 NZA-RR 2006, 273 = ZTR 2006, 208).

360 ▶ Die **Leistungsbewertungen** und die wesentlichen Auswahlerwägungen sind **schriftlich niederzulegen**. Nur die schriftliche Dokumentation gewährleistet, dass die zuständige Stelle alle wesentlichen Entscheidungsgrundlagen zur Kenntnis erhält. Sie ist auch Voraussetzung dafür, dass der gerichtliche Rechtsschutz nicht vereitelt oder unzumutbar erschwert wird. Ohne schriftliche Dokumentation ist nämlich nicht sichergestellt, dass der unterlegene Bewerber die vollständige Kenntnis über die Entscheidungsgrundlagen erhält (*LAG Düsseld.* 7.5.2004 NZA-RR 2005, 107; *LAG Nbg.* 6.12.2005 NZA-RR 2006, 273 = ZTR 2006, 208).

361 ▶ Der Leistungsvergleich zwischen den Bewerbern muss **zeitnah zur Auswahlentscheidung** erfolgen. Nur dann ist die zuständige Stelle zu einer sachgerechten Entscheidung in der Lage, wer für die künftigen Aufgaben am besten geeignet ist (zum Beurteilungsspielraum des Arbeitgebers vgl. *Sächs. LAG* 21.3.2003 LAGE Art. 33 GG Nr. 14; *ArbG Karlsruhe* 29.11.2002 NZA-RR 2003, 445).

362 ▶ Liegt für einen **Beamtenbewerber** zwar eine **Regelbeurteilung**, für einen **Angestelltenbewerber** aber nur eine Anlassbeurteilung vor, können beide trotz ihrer Unterschiedlichkeit der Personalentscheidung zu Grunde gelegt werden. Das gilt jedenfalls dann, wenn die Regelbeurteilung noch **hinreichend zeitnah** erstellt ist. Das trifft bei einer Regelbeurteilung noch zu, die aus dem vorangehenden Jahr stammt (*BAG* 7.9.2004 EzA Art. 33 GG Nr. 27 = NZA 2005, 879 = ZTR 2005, 205). Dabei dürfen aus dem Umstand der Freistellung für die Beurteilung eines Personalratsmitglieds weder bevorzugende noch nachteilhafte Schlüsse gezogen werden (*LAG Nds.* 7.7.2003 ZTR 2004, 94 LS).

363 ▶ Es ist nicht zu beanstanden, wenn der öffentliche Arbeitgeber die dienstliche Beurteilung des in einem **höheren Amt tätigen Bewerbers** mit der Beurteilung eines in einem niedrigeren Amt tätigen Bewerbers für gleichwertig hält, obwohl sie eine Notenstufe niedriger ist (*BAG* 7.9.2004 EzA Art. 33 GG Nr. 27 = NZA 2005, 879 = ZTR 2005, 205).

364 ▶ Bei der Personalauswahl steht dem öffentlichen Arbeitgeber ein **Beurteilungsspielraum** zu, der nur eingeschränkt gerichtlicher Kontrolle unterliegt. Zu prüfen ist, ob der öffentliche Arbeitgeber den **anzuwendenden Begriff** oder den **gesetzlichen Rahmen**, in dem er sich frei bewegen kann, **verkannt** hat, oder ob er von einem **unrichtigen Sachverhalt** ausgegangen ist, **allgemeingültige Wertmaßstäbe nicht beachtet**, **sachwidrige Erwägungen** angestellt oder gegen **Verfahrensvorschriften** verstoßen hat. Bei der gerichtlichen Kontrolle ist auf die zum **Zeitpunkt der Auswahlentscheidung** maßgeblichen Umstände abzustellen (*BAG* 7.9.2004 EzA Art. 33 GG Nr. 27 = NZA 2005, 879 = ZTR 2005, 205).

365 ▶ Der öffentliche Arbeitgeber darf auch **Bewerbungen** in die Entscheidung **einbeziehen**, die **nach Ablauf des Bewerbungsschlusses eingegangen sind** (*BAG* 7.9.2004 EzA Art. 33 GG Nr. 27 = NZA 2005, 879 = ZTR 2005, 205);.unvereinbar mit Art. 33 Abs. 2 GG ist es, einen Bewerber auch allein deshalb nicht zu berücksichtigen, weil mit ihm wegen einer **befristeten Vorbeschäftigung** gem. § 14 Abs. 2 S. 2 TzBfG keine sachgrundlose Beschäftigung mehr vereinbart werden kann (*LAG Bln.* 25.8.2006 ZTR 2006, 671).

366 ▶ Dem **Ergebnis von Vorstellungsgesprächen** kommt mehr als ein begrenzter Erkenntniswert zu. Jedenfalls bei gleichwertigen dienstlichen Beurteilungen darf der öffentliche Arbeitgeber entscheidend auf Erkenntnisse abstellen, die er im Rahmen eines Vorstellungsgesprächs gewonnen hat (*BAG* 7.9.2004 EzA Art. 33 GG Nr. 27 = NZA 2005, 879 = ZTR 2005, 205; krit. *LAG Düsseld.* 7.5.2004 NZA-RR 2005, 107 bei der Konkurrenz zwischen einem hausinternen und einem externen Bewerber).

367 ▶ Setzt das **Anforderungsprofil** einer zu besetzenden Stelle eine wissenschaftliche **Hochschulausbildung** oder gleichwertige Fähigkeiten und Erfahrungen voraus, ist der Nachweis nicht an eine bestimmte Form gebunden. Die **Gleichwertigkeit muss** nur **objektiv bestehen**. Es bleibt dann dem Arbeitgeber überlassen, in welcher Form er den Leistungs-

vergleich zwischen den Bewerbern vornimmt, sofern ihm nicht gesetzliche Vorschriften ein bestimmtes Verfahren vorschreiben (*BAG* 19.2.2008 EzA Art. 33 GG Nr. 34 = NZA 2008, 1016).

- Ein erfolgloser Bewerber darf nach Art. 33 Abs. 2 GG **nicht dauerhaft von einer erneuten Sachprüfung** späterer Bewerbungen **ausgeschlossen werden.** Allerdings schließt das nicht aus, dass der öffentliche Arbeitgeber Erkenntnisse aus vorhergehenden Auswahlverfahren für einen angemessenen Zeitraum nutzt, um diese im Rahmen einer Vorauswahl zu berücksichtigen. Er darf auch ein Personalauswahlverfahren nach eigenem Ermessen ausgestalten. Er kann eine Vorauswahl treffen. Er ist insbesondere nicht verpflichtet, alle Bewerber zur Durchführung der Endauswahl zuzulassen (*BAG* 14.8.2007 EzA Art. 33 GG Nr. 32 = NZA-RR 2008, 327). 368

Prozessual gilt Folgendes: 369

- Ein im öffentlichen Dienst beschäftigter Arbeitnehmer hat ein **rechtliches Interesse** an der Feststellung (§ 256 ZPO), dass ihn der Arbeitgeber auch ohne eine Mindestbeschäftigungszeit zu einem **Bewerbungsgespräch** um eine höherwertige Stelle im Schuldienst zulassen muss (*BAG* 15.3.2005 EzA Art. 33 GG Nr. 28 = NZA 2005, 1185).
- Macht ein Bewerber um eine für Angestellte ausgeschriebene Stelle des öffentlichen Dienstes geltend, er sei unter Verletzung der Kriterien des Art. 33 Abs. 2 GG abgewiesen worden, kann er **arbeitsgerichtlichen Rechtsschutz** in Anspruch nehmen, um durch eine **Unterlassungsklage** zu verhindern, dass nach Abschluss des Bewerbungsverfahrens ein nach Eignung, Befähigung und fachlicher Leistung weniger qualifizierter Mitbewerber befördert werden soll (sog. **arbeitsrechtliche Konkurrentenklage**). 370
- Eine den Unterlassungsanspruch rechtfertigende drohende Rechtsverletzung liegt allerdings erst dann vor, wenn das für Beförderungsangelegenheiten zuständige Organ **endgültig die Auswahlentscheidung getroffen** hat. Solange noch ein personalvertretungsrechtliches Mitbestimmungsverfahren betrieben wird, kann nicht von einer abschließenden Willensbildung im Auswahlverfahren ausgegangen werden. 371
- Abweichend von der beamtenrechtlichen Konkurrentenklage bedarf es im arbeitsgerichtlichen Urteilsverfahren nicht der Aufhebung des ablehnenden Bescheides. **Prozessziel** der arbeitsrechtlichen Konkurrentenklage ist nicht die Neubescheidung i.S.v. § 113 Abs. 5 VwGO, sondern die **Unterlassung der Beförderung und die Wiederholung der Auswahlentscheidung** unter Beachtung der Kriterien des Art. 33 Abs. 2 GG. Hat der öffentlich-rechtliche Arbeitgeber die Stelle jedoch noch nicht endgültig besetzt, ist er regelmäßig nur zur **Neubescheidung** von Bewerbungen verpflichtet (*BAG* 18.9.2007 EzA Art. 33 GG Nr. 33). 372
- Die öffentliche Verwaltung ist verpflichtet, die Besetzung eines öffentlichen Amtes **bis zum Abschluss eines Verfahrens vorläufigen Rechtsschutzes zu unterlassen**, das ein Mitbewerber gegen die Stellenbesetzung angestrengt hat (vgl. dazu *Sächs. LAG* 21.3.2003 LAGE Art. 33 GG Nr. 14; *OVG NW* 23.8.2004 ZTR 2004, 647). Deshalb verstößt ein öffentlich-rechtlicher Arbeitgeber gegen den aus Art. 33 Abs. 2, 19 Abs. 4, 20 Abs. 3 GG folgenden Justizgewährleistungsanspruch, wenn er mit der **endgültigen Stellenbesetzung** gegen ein im Wege der einstweiligen Verfügung ergangenes **Unterlassungsurteil verstößt.** Das gilt auch dann, wenn die Zwangsvollstreckung wegen fehlender Vollziehung innerhalb der Monatsfrist des § 929 Abs. 2 ZPO unstatthaft geworden ist. Denn von einem öffentlich-rechtlichen Arbeitgeber darf erwartet werden, dass er sich auch ohne Androhung von Zwangsmitteln bis zur Aufhebung des Urteils an ein gerichtliches Unterlassungsgebot hält (*BAG* 18.9.2007 EzA Art, 33 GG Nr. 33), 373
- Die **Beendigung des Bewerbungsverfahrens** und die **Erledigung** der arbeitsrechtlichen Konkurrentenklage tritt ein, wenn die erstrebte Wiederholung der Auswahlentscheidung gegenstandslos wird, weil das Bewerbungsverfahren durch die **endgültige Besetzung** der Stelle abgeschlossen ist. Ein öffentliches Amt wird dann besetzt, wenn dem ausgewählten Bewerber eine **gesicherte Rechtsposition** eingeräumt wird, die der Ausgestaltung dieses Amtes entspricht. Das ist mit der endgültigen Übertragung des Amtes auf den ausgewählten Mitbewerber der Fall (*BAG* 18.9.2007 EzA Art. 33 GG Nr. 33; 19.2.2008 EzA Art. 33 GG Nr. 34 = NZA 2008, 1016). Wird allerdings die zwischen mehreren Bewerbern strei- 374

tige Stelle unter Verstoß gegen das Gebot effektiven Rechtsschutzes endgültig besetzt, steht diese Besetzung einem **Anspruch** des unterlegenen Bewerbers **auf Neubescheidung nicht entgegen** (*BAG* 18.9.2007 EzA Art. 33 GG Nr. 33).

375 ▶ Soll ein Bewerber um ein Beförderungsamt zunächst erprobt werden, bevor ihm dieses Amt ohne zeitliche Begrenzung übertragen wird, reicht es, wenn einem Arbeitnehmer eine höherwertige Tätigkeit zum Zwecke der Erprobung (durch Ausübung des Direktionsrechts) übertragen wird (s. dazu *BAG* 17.1.2006 – 9 AZR 226/05 – NZA 2006, 1064 LS = FA 2006, 350 LS).

376 ▶ Werden nach der Besetzung eines öffentlichen Amtes **Fehler festgestellt**, die das Ergebnis des Auswahlverfahrens beeinflusst haben können, so besteht kein Anspruch des abgelehnten Bewerbers aus Art. 33 Abs. 2 GG, das Auswahlverfahren zu wiederholen, wenn ihm ausreichend Gelegenheit für die Inanspruchnahme vorläufigen Rechtsschutzes gewährt worden war. Etwas anderes gilt nur dann, wenn ein Anspruch darauf besteht, dass die fehlerhaft besetzte Stelle wieder »freigemacht« wird. Allein wegen des Umstands, dass die in Art. 33 Abs. 2 GG genannten Kriterien – Eignung, Befähigung und fachliche Leistung – objektiv fehlerhaft angewandt worden sind, besteht zudem noch kein Anspruch darauf, eine Stellenbesetzung rückgängig zu machen. Damit wäre eine erhebliche Beeinträchtigung der Leistungsfähigkeit der öffentlichen Verwaltung verbunden, die weder mit Art. 33 Abs. 2 GG noch mit dem Rechtsstaats- und Demokratieprinzip vereinbar ist. Demgegenüber ist die **Aufhebung der ursprünglichen Stellenausschreibung und die Neuausschreibung** der Stelle (s. auch *LAG Nds.* 8.11.2004 ZTR 2005, 375 LS; *LAG Nbg.* 6.12.2005 NZA-RR 2006, 273 = ZTR 2006, 208) dann sachlich **gerechtfertigt**, wenn die anfängliche behördliche Auswahlentscheidung gerade im Wege des einstweiligen Rechtsschutzes gerichtlich beanstandet worden ist und bei Neuausschreibung der Stelle mehr als ein Jahr seit der erstmaligen Ausschreibung verstrichen war. Die durch die Neuausschreibung der Stelle ermöglichte **Bestenauslese auf aktualisierter Tatsachengrundlage und im aktualisierten Bewerberkreis** entspricht gerade der Zielsetzung des Art. 33 Abs. 2 GG (*LAG Hamm* 14.8.2003 NZA-RR 2004, 335; ebenso *LAG Nds.* 7.7.2003 ZTR 2004, 94 LS bei groben Bewertungsfehlern; *LAG Nbg.* 6.12.2005 NZA-RR 2006, 273 = ZTR 2006, 208). Im Falle einer **erneuten Bewerbung** erwächst dem Bewerber dann **erneut** eine nach Art. 33 Abs. 2 GG **rechtsschutzfähige Position**, wenn und sobald der öffentliche Arbeitgeber eine ihn nicht berücksichtigende Auswahlentscheidung getroffen hat (*LAG Hamm* 14.8.2003 NZA-RR 2004, 335; *LAG Nds.* 7.7.2003 ZTR 2004, 94 LS).

377 ▶ Einem zu Unrecht übergangenen Bewerber können nach endgültiger Besetzung der Stelle ansonsten grds. nur **Schadenersatzansprüche** (§ 280 Abs. 1 BGB i.V.m. § 823 Abs. 2 BGB u. Art. 33 Abs. 2 GG) zustehen (*BAG* 19.2.2008 EzA Art. 33 GG Nr. 34 = NZA 2008, 1016). Das setzt voraus, dass der öffentliche Arbeitgeber bei **fehlerfreier Auswahl** nach den Grundsätzen des Art. 33 Abs. 2 GG dem **unterlegenen Bewerber** das Amt hätte **übertragen müssen** (*BAG* 19.2.2008 EzA Art. 33 GG Nr. 34 = NZA 2008, 1016). Art. 33 Abs. 2 GG gewährt insoweit keinen Anspruch darauf, ein öffentliches Amt doppelt zu besetzen (*LAG Nds.* 8.11.2004 ZTR 2005, 375 LS). Etwas anderes kann aber dann gelten, wenn der öffentliche Arbeitgeber dem Bewerber **nicht rechtzeitig mitteilt, dass seine Bewerbung nicht erfolgreich sein wird.** Es verstößt gegen die Grundsätze der Chancengleichheit und der Bestenauslese, wenn der bisherige Stelleninhaber am **Freitag** erfährt, dass seine Tätigkeit am darauf folgenden **Montag** in einer anderen Stelle aufgeht, über deren Besetzung schon entschieden sei, obwohl der Kläger dafür ebenso in Betracht zu ziehen gewesen wäre. Denn unter diesen Umständen hat der Kläger tatsächlich keine Möglichkeit, sich im Wege einstweiligen Rechtsschutzes gegen die Stellenbesetzung zu wehren, so dass ausnahmsweise auch eine (Neu-) Ausschreibung und ggf. auch das Freimachen der Stelle verlangt werden kann (*LAG Nds.* 8.11.2004 ZTR 2005, 375 LS).

378 ▶ Art. 33 Abs. 2 GG garantiert Angestellten gleichermaßen wie Beamten ein Recht auf Zugang für ein vorhandenes öffentliches Amt, sofern kein Funktionsvorbehalt zugunsten eines Beamtenverhältnisses gerechtfertigt ist. Art. 33 Abs. 2 GG verbietet ein Vorzugsrecht für eine bestimmte Gruppe von Bediensteten.

▶ **Beamte** dürfen bei der Stellenbesetzung **nicht deshalb bevorzugt** werden, weil der öffentlich-rechtliche Arbeitgeber nach seiner Haushaltspraxis Beamte nicht auf Angestelltenstellen führt und befördert, Angestellte sich aber im Regelfall auch auf Beamtenplanstellen bewerben können. Es verstößt gegen Art. 33 Abs. 2 GG, wenn zum Ausgleich eine festgelegte Zahl von Beförderungsstellen allein aus diesem Grunde nur mit Beamten besetzt wird. **Der Schutzbereich des Art. 33 Abs. 2 GG gilt für alle Beschäftigten des öffentlichen Dienstes, unabhängig davon, ob es sich um Beamte, Angestellte oder Arbeiter handelt.** 379

Die **Darlegungslast trifft den abgelehnten Bewerber**. Hat er die für ihn wahrnehmbaren Umstände geschildert, die den Schluss auf ein fehlerhaftes Vorgehen zulassen, ist es Sache des öffentlichen Arbeitgebers, im Wege des substantiierten Bestreitens (§ 138 Abs. 2, 4 ZPO) i.E. die Grundlagen seiner Auswahlentscheidung vorzutragen (abgestufte Darlegungslast; *LAG Nbg.* 6.12.2005 NZA-RR 2006, 273 = ZTR 2006, 208).

5. Allgemeine Arbeitsbedingungen

a) Begriff und normative Einordnung

> Im Hinblick auf die Vielzahl bestehender Arbeitsverhältnisse ist es typisch für die Arbeitswelt, dass die Arbeitsbedingungen nicht individuell ausgehandelt, sondern dass sie vom Arbeitgeber einseitig durch Herstellung einer kollektiven Ordnung aufgestellt werden. Dadurch wird eine generelle Regelung für alle Arbeitnehmer oder bestimmte Arbeitnehmergruppen des Betriebes für jedes einzelne Arbeitsverhältnis im beiderseitigen Einvernehmen zwischen Arbeitgeber und Arbeitnehmer verbindlich. 380

Im Bereich der betrieblichen Altersversorgung stellt der Arbeitgeber i.d.R. Ruhegeld-, Versorgungsordnungen, Ruhegeldrichtlinien (z.B. durch Aushang am Schwarzen Brett) oder ähnliche Ruhegehaltspläne auf. 381

Möglich ist dies zum einen durch eine **Gesamtzusage**, durch die der Arbeitgeber einseitig bekannt gibt, dass er jedem Arbeitnehmer, sofern er die von ihm abstrakt festgelegten Voraussetzungen erfüllt, bestimmte Leistungen gewährt (*BAG* 5.12.1995 EzA § 1 BetrAVG Ablösung Nr. 11). **Es handelt sich um die an alle Arbeitnehmer oder einen nach abstrakten Merkmalen bestimmten Teil von ihnen in allgemeiner Form gerichtete ausdrückliche Erklärung des Arbeitgebers, zusätzliche Leistungen erbringen zu wollen**. Wird die Annahme des Angebots des Arbeitgebers durch den Arbeitnehmer nicht ausdrücklich erklärt, so gilt § 151 BGB; derartige Versorgungsrichtlinien werden Bestandteil des Arbeitsvertrages (*BAG* 18.3.2003 EzA § 1 BetrAVG Ablösung Nr. 39; 19.5.2005 EzA § 1 BetrAVG Betriebliche Übung Nr. 6 = NZA 2005, 889). Eine Gesamtzusage setzt des Weiteren **nicht zwingend** voraus, dass die als Vertragsangebot zu beurteilende Erklärung des Arbeitgebers **jedem Arbeitnehmer** zugeht (*BAG* 15.2.2005 EzA § 612a BGB 2002 Nr. 2 = NZA 2005, 1117). Andererseits können allein aus der **tatsächlichen Gewährung** von Leistungen die Arbeitnehmer jedenfalls dann nicht auf den für eine Gesamtzusage erforderlichen **Verpflichtungswillen** des Arbeitgebers schließen, wenn die Leistungen erkennbar zur Erfüllung der Verpflichtungen aus einer – **vermeintlich wirksamen** – **Betriebsvereinbarung** erfolgen (*BAG* 28.6.2005 EzA § 77 BetrVG 2001 Nr. 12 = NZA 2005, 1431 LS). 382

Eine Gesamtzusage wird im Übrigen bei Vorliegen eines entsprechenden Verpflichtungswillens wirksam mit der Folge, dass sie nicht mehr einseitig vom Arbeitgeber **widerrufen** werden kann (*BAG* 4.6.2008 – 4 AZR 421/07 – EzA-SD 23/2008 S. 11 LS = NZA 2008, 1360), wenn dieser zwar den Beschluss zum Widerruf rechtzeitig fasst, aber keine organisatorischen Maßnahmen trifft, um die Veröffentlichung des ursprünglichen Beschlusses rechtzeitig zu unterbinden (*LAG Bln.* 9.3.2001 NZA-RR 2001, 491). Wird eine freiwillige Leistung im Wege der **Gesamtzusage** versprochen und dabei darauf hingewiesen, die Leistungsgewährung sei »im Einvernehmen mit dem Gesamtbetriebsrat beschlossen« worden, so liegt darin allerdings in aller Regel der Vorbehalt einer künftigen Abänderung durch Betriebsvereinbarung (*BAG* 10.12.2002 EzA § 1 BetrAVG Ablösung Nr. 37). Wird die Gesamtzusage dagegen nur unter dem Vorbehalt des Eintritts einer bestimmten **Bedingung** erteilt, kann sie **nicht einseitig widerrufen** werden, wenn diese **Bedingung nicht eingetreten** ist (*BAG* 4.6.2008 – 4 AZR 421/07 – EzA-SD 23/2008 S. 11 LS = NZA 2008, 1360).

Das *LAG Düsseld.* (11.9.2003 – 11 (18) Sa 308/03 – EzA-SD 25/2003, S. 8 LS = LAG Report 2004, 236) hat angenommen, dass die Bindungswirkung einer Gesamtzusage, die einem bestimmten Arbeitnehmerkreis sowohl durch ein Schriftstück wie durch die Hinterlegung im firmeneigenen Intranet bekannt gegeben wird, nicht durch die bloße Herausnahme der Gesamtzusage aus dem Intranet **beseitigt** werden kann. Das in ihr enthaltene Vertragsangebot kann deshalb danach von dem begünstigten Personenkreis auch noch nach der Entfernung aus dem Intranet angenommen werden.

Gesamtzusagen sind einer uneingeschränkten revisionsgerichtlichen Überprüfung zu unterziehen (*BAG* 20.1.2004 EzA § 1 BetrAVG Betriebliche Übung Nr. 5).

383 Zum anderen kommt eine **arbeitsvertragliche Einheitsregelung** in Betracht, bei der Arbeitgeber und Arbeitnehmer den Vertragsinhalt nicht individuell aushandeln, sondern ihn auf Grund übereinstimmender Willenserklärungen von Arbeitgeber und Arbeitnehmer durch Verweisung auf vom Arbeitgeber für eine Vielzahl von Verträgen vorformulierte Arbeitsbedingungen festlegen (*BAG* [GS] 16.9.1986 EzA § 77 BetrVG Nr. 17).

384 Die betriebseinheitliche Geltung wird nach Auffassung von *Richardi* (MünchArbR § 12 Rz. 35 ff.) auf der Ebene des Individualarbeitsrechts – entweder durch individuelle Vertragsabrede mit dem einzelnen Arbeitnehmer oder im Wege der Vertrauenshaftung – **für jedes einzelne Arbeitsverhältnis herbeigeführt**. Nachteilige Änderungen gegen den Willen des Arbeitnehmers sind folglich nur durch (Massen-)Änderungskündigung(en) möglich.

385 Demgegenüber werden Allgemeine Arbeitsbedingungen auch als Arbeitsbedingungen verstanden, die für die gesamte Belegschaft oder Gruppen von Arbeitnehmern in der Belegschaft einen generellen Leistungsplan aufstellen, der die den einzelnen Arbeitnehmern zukommenden Leistungen zueinander in Bezug setzt und dadurch eine einheitliche Ordnung begründet (*Hilger/Stumpf* FS Gerhard Müller 1982, S. 209). Demzufolge sind derartige Einheitsregelungen dem **Kollektivrecht** zuzuordnen, sodass eine Ablösung durch Firmentarifvertrag oder Betriebsvereinbarung möglich ist und das Günstigkeitsprinzip keine Anwendung findet. Denn die Allgemeinen Arbeitsbedingungen erfüllen danach die **gleiche Funktion wie eine Betriebsvereinbarung**, ohne deren Form einzuhalten (*Reuter* RdA 1991, 197 f.).

386 Das *BAG* (GS 16.9.1986 EzA § 77 BetrVG Nr. 17) geht einerseits davon aus, dass z.B. die Kennzeichnung als Gesamtzusage nichts über die Rechtsnatur der durch sie begründeten Ansprüche besagt, sodass in den Einheitsregelungen keine selbstständige kollektiv-rechtliche Gestaltungsmöglichkeit auf der betrieblichen Ebene neben der Betriebsvereinbarung gesehen werden kann.
Andererseits können aber vertraglich begründete Ansprüche der Arbeitnehmer auf Sozialleistungen, die auf eine vom Arbeitgeber gesetzte Einheitsregelung oder Gesamtzusage zurückgehen, nicht etwa nur durch (Massen-) Änderungskündigung (§ 2 KSchG), sondern auch durch eine nachfolgende Betriebsvereinbarung in den Grenzen von Recht und Billigkeit beschränkt werden, wenn die Neuregelung insgesamt bei kollektiver Betrachtung nicht ungünstiger ist (kollektiver Günstigkeitsvergleich). Die nachfolgende Betriebsvereinbarung kann sogar insgesamt ungünstiger sein, soweit der Arbeitgeber wegen eines vorbehaltenen Widerrufs oder Wegfalls der Geschäftsgrundlage (jetzt § 313 BGB n.F.) die Kürzung oder Streichung der Sozialleistungen verlangen kann (s.u. Kap. 3 Rn. 3560 ff.).

b) Inhaltskontrolle

387 Typische Vertragsklauseln, z.B. in Formularverträgen, sind wie Rechtsnormen **auszulegen**; ihre Auslegung kann daher vom Revisionsgericht ohne Einschränkung überprüft bzw. **vorgenommen werden** (*BAG* 17.9.2003 EzA § 4 TVG Tariflohnerhöhung Nr. 42).

aa) Rechtslage für am 1.1.2002 bestehende Arbeitsverträge bis zum 31.12.2002 (Art. 229 § 5 EGBGB)

Aufgrund der einseitigen Vorgabe der Allgemeinen Arbeitsbedingungen durch den Arbeitgeber besteht jedenfalls eine ähnliche Situation wie bei den Allgemeinen Geschäftsbedingungen. Zwar war das AGBG gem. § 23 Abs. 1 AGBG bei Arbeitsverträgen grds. nicht anwendbar (vgl. *BAG* 13.12.2000 EzA § 611 BGB Inhaltskontrolle Nr. 8). Andererseits bestand trotz des Schutzes durch zwingende gesetzliche Vorschriften und kollektive Vereinbarungen auch im Arbeitsrecht das Bedürfnis für eine richterliche Kontrolle einseitig vom Arbeitgeber festgesetzter Arbeitsbedingungen (*LAG Köln* 20.12.2001 LAGE § 307 BGB 2002 Nr. 1). 388

Das *BAG* (31.10.1969, 21. u. 22.12.1970, 4.7.1972 EzA § 242 BGB Nr. 28, AP Nr. 3, 4 zu § 315 BGB, AP Nr. 2 zu § 65 HGB) hatte deshalb im Wege der Rechtsfortbildung Grundsätze über eine richterliche Billigkeitskontrolle unter besonderer Berücksichtigung von §§ 242, 315 BGB bei gestörter Vertragsparität herausgebildet; s. dazu 7. Aufl. A/Rz. 449 ff. 389

bb) Rechtslage für nach dem 1.1.2002 abgeschlossene Arbeitsverträge

Für nach dem 1.1.2002 abgeschlossene Arbeitsverträge gilt gem. § 310 Abs. 4 S. 2 BGB n.F. nunmehr **auch das Recht der Allgemeinen Geschäftsbedingungen** (§§ 305 ff. BGB n.F.), wobei die im Arbeitsrecht geltenden Besonderheiten angemessen zu berücksichtigen sind. Einer Anwendung auch auf Allgemeine Arbeitsbedingungen steht damit nichts mehr im Wege. Für zuvor abgeschlossene Arbeitsverträge gilt seit dem 1.1.2003 nichts anderes (Art. 229 § 5 S. 2 EGBGB; ausf. dazu u. Rn. 575 ff.). 390

c) Umdeutung einer nichtigen Betriebsvereinbarung in eine vertragliche Einheitsregelung?

Eine (gem. § 77 Abs. 3 BetrVG) unwirksame Betriebsvereinbarung kann grds. in eine vertragliche Einheitsregelung umgedeutet werden (§ 140 BGB). Das kommt aber nur dann in Betracht, wenn und soweit **besondere Umstände** die Annahme rechtfertigen, der Arbeitgeber habe sich unabhängig von den Regelungen der Betriebsvereinbarung **auf jeden Fall verpflichten wollen**, die in der Betriebsvereinbarung vorgesehenen Leistungen zu erbringen (*BAG* 5.3.1997 EzA § 140 BGB Nr. 23). 391

6. Gleichbehandlungsgrundsatz

a) Begriff und Inhalt

Der von Art. 3 Abs. 1, 2, 3 GG, die nicht unmittelbar anwendbar sind (s.o. Rn. 278) zu unterscheidende Gleichbehandlungsgrundsatz ist Bestandteil des Privatrechts und enthält ein betriebs-, nicht aber konzernbezogenes (*BAG* 20.8.1986 DB 1987, 694) Benachteiligungsverbot auf dem Gebiet der freiwilligen Sozialleistungen des Arbeitgebers (z.B. Gratifikationen, Sonderzuwendungen), aber auch sonst im Bereich der Vergütung trotz des Vorrangs der Vertragsfreiheit, wenn der Arbeitgeber die Leistungen nach einem erkennbaren generalisierenden Prinzip erbringt (s. *BAG* 11.10.2006 EzA § 242 BGB 2002 Gleichbehandlung Nr. 11; *LAG Köln* 13.9.2006 LAGE § 242 BGB 2002 Gleichbehandlung Nr. 3 = NZA-RR 2007, 182). **Er gebietet dem Arbeitgeber, seine Arbeitnehmer oder Gruppen von Arbeitnehmern, die sich in vergleichbarer Lage befinden, bei Anwendung einer selbst gegebenen Regelung gleich zu behandeln** (*BAG* 31.8.2005 EzA § 613a BGB 2002 Nr. 39 = NZA 2006, 265; 3.12.2008 – 5 AZR 74/08). Für die Gewährung von **freiwilligen Leistungen** bedeutet dies, dass der Arbeitgeber keine Voraussetzungen aufstellen darf, unter denen er vergleichbare Arbeitnehmer des Betriebes aus **sachfremden oder willkürlichen Motiven ausschließt** oder schlechter behandelt (*BAG* 18.9.2007 EzA § 242 BGB Gleichbehandlung Nr. 15 = NZA 2008, 1264 LS). 392

Offen gelassen hat das *BAG* (13.8.2008 EzA § 14 TzBfG Nr. 52), ob der arbeitsrechtliche Gleichbehandlungsgrundsatz Anspruchsgrundlage für den **Abschluss eines Arbeitsvertrages** sein kann; einen daraus ableitbaren Anspruch auf Verlängerung eines rechtswirksam sachgrundlosen befristeten Vertrages hat es jedenfalls verneint.

393 Allerdings wird er inhaltlich vom Gleichberechtigungsgrundsatz des Art. 3 Abs. 2 GG und vom Benachteiligungsverbot des Art. 3 Abs. 3 GG geprägt (*BAG* 9.9.1981 EzA § 242 BGB Gleichbehandlung Nr. 26).

394 Er greift ein, wenn der Arbeitgeber nach einer von ihm **selbst geschaffenen Ordnung** verfährt (*BAG* 19.11.2002 EzA § 1 BetrAVG Nr. 84; 14.3.2007 EzA § 242 BGB 2002 Gleichbehandlung Nr. 12 = NZA 2007, 862), wenn er **nach bestimmten generalisierenden Prinzipien Leistungen gewährt** (*BAG* 25.5.2004 EzA § 1b BetrAVG Gleichbehandlung Nr. 1; 1.12.2004 EzA § 242 BGB 2002 Gleichbehandlung Nr. 5 = NZA 2005, 290; 11.10.2006 EzA § 242 BGB 2002 Gleichbehandlung Nr. 11; 3.12.2008 – 5 AZR 74/08; *LAG Köln* 13.9.2006 LAGE § 242 BGB 2002 Gleichbehandlung Nr. 3),Voraussetzungen für die Teilnahme an einer internen Fortbildungsmaßnahme aufstellt (*LAG München* 20.4.2004 NZA-RR 2005, 466) oder auch Lohnerhöhungen vornimmt, ohne zu ihnen verpflichtet zu sein (*BAG* 9.11.1972 EzA § 242 BGB Gleichbehandlung Nr. 1; 10.4.1973 EzA § 242 BGB Gleichbehandlung Nr. 3; 4.2.1976 EzA § 242 BGB Gleichbehandlung Nr. 10; 11.9.1985 EzA § 242 BGB Gleichbehandlung Nr. 43). Tatbestandliche Voraussetzung der Anwendung ist eine **verteilende Entscheidung des Arbeitgebers**. Tut er nichts, liegt eine solche grds. nicht vor (*BAG* 24.1.2006 EzA § 1 BetrAVG Gleichbehandlung Nr. 28 = NZA 2006, 1432 LS). Auch bei bloßem Normvollzug greift der Gleichbehandlungsgrundsatz nicht ein (*BAG* 18.6.2008 – 7 AZR 116/07 – FA 2008, 286 LS); das gilt auch beim Vollzug einer **nur vermeintlich wirksamen** oder vom Arbeitgeber missverstandenen Norm (*BAG* 23.1.2008 EzA § 77 BetrVG 2001 Nr. 24 = NZA 2008, 709). Gleiches gilt für die Begrenzung des Normvollzuges auf die Normunterworfenen (*BAG* 15.4.2008 – 1 AZR 65/07 – ZTR 2008, 571 = FA 2008, 239).

Bei freiwilligen Leistungen ist der Arbeitgeber zwar **grundsätzlich frei**, den **Personenkreis abzugrenzen**, dem er die Leistungen zukommen lassen will (*BAG* 14.8.2007 EzA § 611a BGB 2002 Nr. 5 = NZA 2008, 99). Der Gleichbehandlungsgrundsatz **verbietet** es dem Arbeitgeber aber, in einer bestimmten Ordnung zwischen vergleichbaren Arbeitnehmern **sachfremd zu differenzieren**. Die Gruppen der Begünstigten und Nichtbegünstigten müssen nach sachgerechten Kriterien gebildet werden. Einzelne Arbeitnehmer innerhalb einer Gruppe dürfen nicht willkürlich schlechter gestellt werden (*BAG* 25.5.2004 EzA § 1b BetrAVG Gleichbehandlung Nr. 1; s.u. Rn. 403 ff.); zu beachten ist insoweit, dass die sachliche Rechtfertigung der **Gruppenbildung nur am Zweck der freiwilligen Leistung** gemessen werden kann (*BAG* 14.8.2007 EzA § 611a BGB 2002 Nr. 5 = NZA 2008, 99). Der Gleichbehandlungsgrundsatz ist auch dann verletzt, wenn eine Maßnahme des Arbeitgebers gegen die RL 2000/78/EG oder gegen § 611a BGB (bis 17.8.2006) verstößt (*BAG* 11.4.2006 NZA 2006, 1217; 14.8.2007 EzA § 611a BGB 2002 Nr. 5). Der Arbeitgeber verletzt z.B. regelmäßig das Benachteiligungsverbot wegen des Geschlechts, wenn er bei Auswahlentscheidungen, die ohne inhaltliche Änderung des Aufgabengebiets eine **Besserstellung** einzelner Arbeitnehmer bewirken, das **Geschlecht** des ausgeschlossenen Arbeitnehmers **zu dessen Lasten berücksichtigt** (*BAG* 14.8.2007 EzA § 611a BGB 2002 Nr. 5 = NZA 2008, 99). Andererseits ist es dem Arbeitgeber aber nicht verwehrt, z.B. der Gruppe der Angestellten ein höheres Weihnachtsgeld zu zahlen, wenn sachliche Kriterien die Besserstellung gegenüber der Gruppe der gewerblichen Arbeitnehmer rechtfertigen (*BAG* 12.10.2005 EzA § 242 BGB 2002 Gleichbehandlung Nr. 8 = NZA 2005, 1418).

395 Bei einem **Betriebsübergang** ist der Erwerber **nicht verpflichtet**, nach längerer Zeit eine **Angleichung der unterschiedlichen Arbeitsbedingungen herzustellen**. Da bei der Weiter-

gewährung der vor dem Betriebsübergang bestehenden Arbeitsbedingungen bereits die tatbestandlichen Voraussetzungen für die Anwendung des Gleichbehandlungsgrundsatzes fehlen, besteht keine Rechtsgrundlage für eine spätere Anpassungspflicht. Nur dann, wenn der Arbeitgeber neue Vergütungsstrukturen schafft, ist er an den Gleichbehandlungsgrundsatz gebunden (*BAG* 31.8.2005 EzA § 613a BGB 2002 Nr. 39 = NZA 2006, 265). Leistet der Arbeitgeber aber andererseits eine Gehaltserhöhung gem. einer – wie ihm bekannt ist – **gegen § 77 Abs. 3 BetrVG verstoßenden Betriebsvereinbarung** nur an seine Stammbelegschaft, nicht aber an die auf Grund eines Betriebsübergangs übernommenen Arbeitnehmer, so findet der allgemeine Gleichbehandlungsgrundsatz Anwendung. **Unterschiedliche Arbeitsvertrags- und Vergütungssysteme** bei der Stammbelegschaft einerseits und den übernommenen Arbeitnehmern andererseits (§ 613a Abs. 1 S. 2 BGB) rechtfertigen als solche **keine unterschiedliche Behandlung** bei der Gehaltserhöhung. Ein sachlicher Grund kann in dieser Konstellation allerdings in der **Angleichung der Arbeitsbedingungen** liegen. Dem steht auch nicht entgegen, dass die Lohnerhöhung einen Ausgleich für die alle Arbeitnehmer treffende Geldentwertung darstellt (*BAG* 14.3.2007 EzA § 242 BGB 2002 Gleichbehandlung Nr. 12 = NZA 2007, 862). Wird nach einem Betriebsübergang allerdings die **tarifliche Vergütung** der Tarifbeschäftigten des Erwerberbetriebs im gleichen Umfang **wie die tarifliche Wochenarbeitszeit erhöht**, begründet dies keinen Anspruch bei den Beschäftigten, deren Arbeitszeit unverändert bleibt (*BAG* 14.3.2007 EzA § 242 BGB 2002 Gleichbehandlung Nr. 12 = NZA 2007, 862).

Voraussetzung für die Anwendbarkeit bei freiwilligen Gehaltserhöhungen ist, dass der **Arbeitgeber dabei nach abstrakten Regeln verfährt**. Im Bereich der Vergütung, also der Hauptleistungspflicht des Arbeitgebers, ist der Gleichbehandlungsgrundsatz trotz des Vorrangs der Vertragsfreiheit anwendbar, wenn der Arbeitgeber die Leistung nach einem **allgemeinen, generalisierenden Prinzip** gewährt (*BAG* 25.5.2004 – 3 AZR 15/03 – BAG Report 2005, 255 LS; 14.3.2007 EzA § 242 BGB 2002 Gleichbehandlung Nr. 12 = NZA 2007, 862). Von daher gilt der arbeitsrechtliche Gleichbehandlungsgrundsatz für Gehaltserhöhungen dann, wenn ihnen nicht individuelle Vereinbarungen ohne eine abstrakte Regelhaftigkeit zu Grunde liegen (*BAG* 1.12.2004 EzA § 242 BGB 2002 Gleichbehandlung Nr. 5 = NZA 2005, 290). Allein die **Begünstigung einzelner Arbeitnehmer** erlaubt in diesem Zusammenhang also noch nicht den Schluss, diese Arbeitnehmer bildeten eine Gruppe. Eine Gruppenbildung liegt vielmehr nur dann vor, wenn die Besserstellung nach einem oder mehreren Kriterien vorgenommen wird, die bei allen Begünstigten vorliegen. Der Gleichbehandlungsgrundsatz kommt deshalb nicht zur Anwendung, wenn es sich um individuell vereinbarte Löhne und Gehälter handelt. Erfolgt die Besserstellung einzelner Arbeitnehmer unabhängig von abstrakten Differenzierungsmerkmalen in Einzelfällen, können sich andere Arbeitnehmer darauf zur Begründung gleichartiger Ansprüche nicht berufen (*BAG* 25.5.2004 EzA § 1b BetrAVG Gleichbehandlung Nr. 1; 29.9.2004 EzA § 242 BGB 2002 Gleichbehandlung Nr. 4 = BAG Report 2005, 140). Hat eine Anzahl von außertariflichen Angestellten allerdings eine Gehaltserhöhung erhalten, kann der davon ausgenommene außertarifliche Angestellte vom Arbeitgeber **Auskunft über die dafür verwendeten Regeln verlangen** (*BAG* 1.12.2004 EzA § 242 BGB 2002 Gleichbehandlung Nr. 5 = NZA 2005, 290). 396

Dagegen **verpflichtet** der Gleichbehandlungsgrundsatz **den Arbeitgeber nicht**, **abstrakte Regelungen** für Gehaltserhöhungen **aufzustellen**. Er kann individuelle Gesichtspunkte, z.B. die Gehaltsdifferenzen zu anderen vergleichbaren Mitarbeitern berücksichtigen (*BAG* 15.11.1994 EzA § 242 BGB Gleichbehandlung Nr. 61). Auch führt es nicht zur Anwendung des Gleichbehandlungsgrundsatzes, wenn der Arbeitgeber bei der Anwendung einer Versorgungsordnung einen regelwidrigen Fehler begeht (*BAG* 19.11.2002 EzA § 1 BetrAVG Nr. 84).

397 Der Gleichbehandlungsgrundsatz ist darüber hinaus immer anwendbar, wenn ein Arbeitgeber seine betriebliche Regelungs- und Ordnungsaufgabe eigenständig wahrnimmt. Dies kann dadurch geschehen, dass er mit einem Teil seiner Arbeitnehmer die Anwendbarkeit eines Tarifvertrages und damit die Geltung der sich daraus ergebenden Rechte und Pflichten vereinbart, ohne selbst tarifgebunden zu sein (*BAG* 25.4.1995 EzA § 1 BetrAVG Gleichbehandlung Nr. 8). Andererseits greift der Gleichbehandlungsgrundsatz nur bei einem gestaltenden Verhalten des Arbeitgebers ein; das **schließt einen Anspruch auf »Gleichbehandlung im Irrtum« aus.** Erbringt z.B. der Arbeitgeber in Vollzug einer nur vermeintlich wirksamen Betriebsvereinbarung Leistungen, können sich die nicht begünstigten Arbeitnehmer zur Begründung eigener Leistungsansprüche nicht auf den Gleichbehandlungsgrundsatz berufen. Ein Anspruch der Arbeitnehmer kommt aber dann in Betracht, wenn der Arbeitgeber in Kenntnis der Unwirksamkeit der Betriebsvereinbarung nicht die ihm möglichen und zumutbaren Korrekturmaßnahmen ergreift. Welche Korrekturmaßnahmen möglich und zumutbar sind, richtet sich nach den Umständen des Einzelfalls (*BAG* 26.4.2005 EzA § 87 BetrVG 2001 Betriebliche Lohngestaltung Nr. 6 = NZA 2005, 892).

398 Ob der Gleichbehandlungsgrundsatz auch **unternehmensbezogen** gilt, hat das *BAG* (30.11.1982 EzA § 242 BGB Gleichbehandlung Nr. 33; dafür MünchArbR/*Richardi* § 14 Rz. 9) bislang offen gelassen (dafür *LAG Köln* 11.1.2006 – 7 Sa 568/05 – EzA-SD 17/2006 S. 9 LS). Jedenfalls kann er ebenso wie die gesetzliche Regelung des § 2 Abs. 1 BeschFG (jetzt § 4 TzBfG) dann eine **überbetriebliche Geltung** beanspruchen, wenn der Arbeitgeber eine Regel aufstellt und anwendet, die ihrerseits überbetrieblich ist. Das bedeutet: In diesen Fällen können sich Arbeitnehmer auch dann auf den Gleichbehandlungsgrundsatz berufen, wenn es begünstigte Arbeitnehmer mit vergleichbarer Tätigkeit überhaupt nicht oder aber in demselben Betrieb nicht gibt (*BAG* 17.12.1992 EzA § 242 BGB Gleichbehandlung Nr. 55; 12.1.1994 EzA § 242 BGB Betriebliche Übung Nr. 30). Inzwischen geht das *BAG* (17.11.1998 EzA § 242 BGB Gleichbehandlung Nr. 79; zust. *BAG* 19.6.2001 EzA § 1 BetrAVG Gleichbehandlung Nr. 23; *LAG Hessen* 15.8.2001 – 8 Sa 1098/00 – EzA-SD 7/2002, S. 13 = NZA-RR 2002, 266; vgl. zu *BAG* 17.11.1998 a.a.O. *Herrmann* SAE 2000, 133 ff.; *Wiedemann* RdA 2000, 97 ff.; ebenso *LAG SchlH* 20.4.2004 – 5 Sa 8/04 – EzA-SD 11/2004, S. 10 LS) davon aus, dass die Begründung und Ausprägung des arbeitsrechtlichen Gleichbehandlungsgrundsatzes durch den allgemeinen Gleichheitssatz (Art. 3 Abs. 1 GG) dafür spricht, seinen Anwendungsbereich nicht auf den Betrieb zu beschränken, sondern **betriebsübergreifend auf das ganze Unternehmen** zu erstrecken. Ist die Entscheidung des Arbeitgebers nicht auf einen einzelnen Betrieb beschränkt, sondern bezieht sie sich auf **alle oder mehrere Betriebe seines Unternehmens**, ist also auch die Gleichbehandlung der Arbeitnehmer **betriebsübergreifend** zu gewährleisten. Eine unterschiedliche Behandlung der einzelnen Betriebe setzt demnach voraus, dass es dafür sachliche Gründe gibt (*BAG* 3.12.2008 – 5 AZR 74/08).

Jedenfalls bei Sozialleistungen kommt zudem eine darüber hinausgehende unternehmensübergreifende Anwendung des Gleichbehandlungsgrundsatzes im **Konzern** aber allenfalls dann in Betracht, wenn vom herrschenden Unternehmen ausgehend bestimmte Leistungen üblicherweise konzerneinheitlich erbracht werden und ein schützenswertes Vertrauen auf den Fortbestand dieser Übung bei den Begünstigten der Konzernunternehmen entstanden ist (*BAG* 21.11.2006 – 3 AZR 309/05 – EzA-SD 17/2007 S. 12 LS = FA 2007, 324 LS; 25.6.2002 EzA § 16 BetrAVG Nr. 40; vgl. auch *LAG SchlH* 20.4.2004 – 5 Sa 8/04 – EzA-SD 11/2004, S. 10 LS; ausf. *Bepler* Sonderbeil. zu NZA Heft 18/2004 S. 3 ff.); der Gleichbehandlungsgrundsatz ist also regelmäßig nicht konzernbezogen (*BAG* 22.8.2006 EzA § 77 BetrVG 2001 Nr. 17 = NZA 2007, 1187).

399 Andererseits können in einem von **zwei verschiedenen Unternehmen gemeinsam geführten Betrieb** die Arbeitnehmer dieses Betriebes keine Gleichbehandlung mit den z.B. von einem dieser Unternehmen in einem anderen Betrieb beschäftigten Arbeitnehmer verlangen (*BAG* 19.11.1992 EzA § 242 BGB Gleichbehandlung Nr. 54). Auch dann, wenn ein Arbeitgeber **zwei Niederlassungsbetriebe** (in Bonn und Hamburg) schließt und mit dem für

die Hamburger Niederlassung gebildeten Betriebsrat einen Sozialplan abschließt, steht den Arbeitnehmern der betriebsratslosen Niederlassung Bonn nach dem Gleichbehandlungsgrundsatz kein Abfindungsanspruch entsprechend dem Sozialplan zu. Nichts anderes gilt, wenn der Arbeitgeber die **leitenden Angestellten** der Hamburger Niederlassung freiwillig in die Sozialplanregelung einbezieht, und zwar sowohl für die normalen Mitarbeiter als auch für die leitenden Angestellten der Bonner Niederlassung (*LAG Köln* 26.4.2006 LAGE § 242 BGB 2002 Nr. 1a).

Eine Sozialplanregelung, die den **Umzug von schwerbehinderten Menschen** und von Arbeitnehmern, die pflegebedürftige Angehörige betreuen müssen, anders als bei den übrigen Arbeitnehmern für **unzumutbar** erklärt, verstößt nicht gegen den Gleichbehandlungsgrundsatz. Andererseits sind betriebliche Interessen an der Erhaltung der eingearbeiteten Belegschaft oder an Teilen derselben nicht geeignet, Differenzierungen bei der Höhe der Sozialplanabfindungen zu rechtfertigen (*BAG* 6.11.2007 EzA § 112 BetrVG 1972 Nr. 25 = NZA 2008, 232).

Zudem verstößt ein **maßgeblich von der BRD gefördertes Unternehmen**, z.B. eine Großforschungseinrichtung, nicht gegen den arbeitsrechtlichen Gleichbehandlungsgrundsatz, wenn es unabhängig von einer beiderseitigen Tarifbindung das **Tarifrecht des öffentlichen Dienstes** einschließlich der unterschiedlichen Anknüpfungspunkte für die Geltung von BAT und BAT-O anwendet (*BAG* 14.6.2006 EzA § 242 BGB 2002 Gleichbehandlung Nr. 9 = NZA 2007, 221).

In der Rechtsprechung wird als Voraussetzung für die Anwendbarkeit des Gleichbehandlungsgrundsatz nur gefordert, dass auf Seiten der begünstigten Arbeitnehmer ein kollektiver Tatbestand vorliegen muss, d.h. auf dieser Seite von Mitarbeitern kann man Gruppen bilden, für die eine begünstigende Regelung seitens des Arbeitgebers besteht; es reicht dann aus, dass auch nur ein einziger Arbeitnehmer auf der anderen Seite benachteiligt ist (*BAG* 11.9.1985 EzA § 242 BGB Gleichbehandlung Nr. 43; s.a. *BAG* 2.8.2006 NZA 2007, 55 LS; s.o. Rn. 394). **400**

Demgegenüber soll nach *Schaub* (NZA 1984, 74) dann nicht mehr von einer Gruppenbildung gesprochen werden können, wenn es darum geht, die Arbeitsbedingungen der Mehrzahl der Arbeitnehmer mit denen einiger weniger zu vergleichen, weil insoweit für die Minderheit regelmäßig überhaupt keine Gruppe besteht. **401**

Allerdings geht das *BAG* (14.6.2006 EzA § 242 BGB 2002 Gleichbehandlung Nr. 9 = NZA 2007, 221) inzwischen davon aus, dass dann, wenn bei einer sachlich nicht gerechtfertigten Gruppenbildung die Anzahl der begünstigten Arbeitnehmer im Verhältnis zur Gesamtzahl der betroffenen Arbeitnehmer sehr gering ist, ein nicht begünstigter Arbeitnehmer keinen Anspruch aus dem Gleichbehandlungsgrundsatz herleiten kann. Das ist bei weniger als 5 % besser gestellten Arbeitnehmern anzunehmen; dies gilt nicht nur für freiwillige Leistungen des Arbeitgebers, sondern auch für die Vereinbarung der Arbeitsvergütung (*BAG* 14.6.2006 EzA § 242 BGB 2002 Gleichbehandlung Nr. 9 = NZA 2007, 221; s.a. unten Rn. 411). **402**

Inhaltlich gebietet der Gleichbehandlungsgrundsatz dem Arbeitgeber, bei freiwilligen Leistungen deren Voraussetzungen so abzugrenzen, dass nicht sachwidrig oder willkürlich ein Teil der Arbeitnehmer von den Vergünstigungen ausgeschlossen bleibt (*BAG* 25.5.2004 – 3 AZR 15/03 – BAG Report 2005, 255 LS; 15.2.2005 EzA § 612a BGB Nr. 2 = NZA 2005, 1117; 2.8.2006 NZA 2007, 55 LS; s. auch *BAG* 15.4.2008 EzA § 4 TVG Altersteilzeit Nr. 27 = NZA 2008, 547 zu **Stichtagsregelungen** für Altersteilzeitverträge). Eine Ungleichbehandlung ist dann mit dem arbeitsrechtlichen Gleichbehandlungsgrundsatz vereinbar, wenn dafür ein **sachlicher Grund** vorliegt, wobei insbesondere auf den **Zweck der Leistung oder den Zweck des Vertragsverhältnisses** abgestellt **403** werden kann (*BAG* 11.10.2006 EzA §242 BGB 2002 Gleichbehandlung Nr. 11; 14.8.2007 EzA §611a BGB 2002 Nr. 5 = NZA 2008, 99). Er **verpflichtet** den Arbeitgeber andererseits aber **nicht**, anderweitig aufgestellte Regeln, die er anzuwenden hat, über ihren Geltungsbereich hinaus zu erweitern und **eine insgesamt »gerechte Ordnung« zu schaffen** (*BAG* 15.6.2004 NZA 2004, 1407 LS).

404 Der Gleichbehandlungsgrundsatz ist dann verletzt, wenn der Arbeitgeber Leistungen nach einem erkennbaren und generalisierenden Prinzip festlegt, diese von ihm selbst aufgestellte Regelung auf einen Arbeitnehmer nicht zur Anwendung bringt und ihn dadurch willkürlich benachteiligt, sowie dann, wenn die Regelung selbst Auswahlkriterien trifft, die eine willkürliche Differenzierung zur Folge haben (*BAG* 27.1.1999 ZTR 1999, 379 LS; vgl. auch *BAG* 29.9.2004 EzA §242 BGB 2002 Gleichbehandlung Nr. 4 = BAG Report 2005, 140; 25.5.2004 EzA §1b BetrAVG Gleichbehandlung Nr. 1; s.o. Rn. 394).

Eine Differenzierung darf nicht gegen die Gleichheitsgebote der Art. 3 Abs. 2, 3 GG sowie gegen §75 Abs. 1 BetrVG verstoßen; das sind absolute Differenzierungsverbote, bei denen Ausnahmen nicht möglich sind.

405 Dagegen ist der Arbeitgeber nicht gehindert, einzelnen Arbeitnehmern neben einer Abfindung aus einem Sozialplan eine weitere Abfindung zu zahlen, wenn sich ein vernünftiger, aus der **Natur der Sache sich ergebender oder sachlich einleuchtender Grund** für eine Differenzierung finden lässt, z.B. die Vermeidung von Kündigungsschutzprozessen durch Zahlung einer zusätzlichen Abfindung für den Abschluss von Aufhebungsverträgen (*BAG* 20.2.1983 NZA 1984, 17). Gleiches gilt, wenn der Arbeitgeber (oder der Insolvenzverwalter in einem massearmen Verfahren; vgl. *LAG Nbg.* 19.10.2005 NZA-RR 2006, 261) nach einem einseitig aufgestellten Leistungsplan **freiwillig Abfindungen** an Arbeitnehmer zahlt, deren Arbeitsverhältnis er betriebsbedingt gekündigt hat. Zwar ist er insoweit grds. an den Gleichbehandlungsgrundsatz gebunden. Dieser ist aber nicht verletzt, wenn er solche Arbeitnehmer von der Abfindung ausnimmt, **die gegen die Kündigung gerichtliche Schritte unternehmen**. Das Interesse des Arbeitgebers an **Planungssicherheit und Vermeidung des mit einer gerichtlichen Auseinandersetzung verbundenen Aufwandes an Sach- und Personalkosten** ist nämlich ein **sachlicher Grund** zur unterschiedlichen Behandlung der Arbeitnehmer (*BAG* 15.2.2005 EzA §612a BGB Nr. 2 = NZA 2005, 1117; vgl. dazu *Thüsing/Wege* DB 2005, 2634 ff.; zu einer derartigen **»Turboprämie«** in einer freiwilligen kirchlichen Arbeitsrechtsregelung *BAG* 3.5.2006 EzA §612a BGB 2002 Nr. 3 = NZA 2006, 1420; zu einer solchen Regelung in einem Sozialplantarifvertrag *BAG* 6.12.2006 EzA §612a BGB 2002 Nr. 5 = NZA 2007, 821).

Es verstößt auch nicht gegen den Gleichbehandlungsgrundsatz, wenn eine zur **Durchführung eines Sozialplans** infolge Betriebsänderung abgeschlossene Betriebsvereinbarung eine **höhere Abfindung** nur zugunsten der Arbeitnehmer regelt, die **tatsächlich von einer Betriebsänderung betroffen** sind. Werden zudem in einem Interessenausgleich mit dem Ziel des Personalabbaus **Altersteilzeitarbeitsverträge** angeboten, so können für die Arbeitnehmer, die davon Gebrauch machen, besondere Anreize gewährt werden. Deshalb ist es nicht zu beanstanden, wenn die Arbeitnehmer, die sich bereits vor der geplanten Betriebsänderung in Altersteilzeitarbeitsverhältnissen befanden, von den besonderen Leistungen ausgeschlossen sind (*BAG* 15.4.2008 – 9 AZR 26/07 – EzA-SD 16/2008 S. 11 LS = NZA-RR 2008, 580 = FA 2008, 312 LS).

Gleiches gilt für Zahlungen auf Grund einer freiwilligen Betriebsvereinbarung, denn die Zulässigkeit derartiger Regelungen entspricht der in **§1a KSchG** zum Ausdruck kommenden gesetzgeberischen Wertung. Allerdings darf insgesamt **nicht das Verbot umgangen werden, Sozialplanleistungen vom Verzicht des Arbeitnehmers auf die Erhebung der Kündigungsschutzklage abhängig zu machen**. Ob eine Umgehung vorliegt, hängt von dem Umständen des Einzelfalls ab (*BAG* 31.5.2005 NZA 2005, 997; vgl. dazu *Riesenhuber* NZA 2005, 1100 ff.; *Geyer* FA 2005, 326 ff.; *Thüsing/Wege* DB 2005, 2634 ff.). Die Betriebsparteien sind aus Gründen der praktikablen Durchführung einer Sozialplanregelung auch befugt, die Zahlung eines Abfindungszuschlages für **unterhaltsberechtigte Kinder** davon abhängig zu machen, dass diese auf der Lohnsteuerkarte eingetragen sind; eine solche Regelung verstößt nicht gegen den Gleichbehandlungsgrundsatz (*LAG Bra.* 8.5.2002 NZA-RR 2003, 424).

Die **Begünstigung einzelner Arbeitnehmer** ist zulässig (*BAG* 25.5.2004 EzA § 1b BetrAVG Gleichbehandlung Nr. 1; 29.9.2004 EzA § 242 BGB 2002 Gleichbehandlung Nr. 4 = BAG Report 2005, 140; 1.12.2004 EzA § 242 BGB 2002 Gleichbehandlung Nr. 5 = NZA 2005, 290; vgl. *LAG SchlH* 4.9.1986 DB 1987, 442; s.o. Rn. 394; s.u. Rn. 409).

Unterscheidungsmerkmale für eine Gruppenbildung werden dabei grds. nur berücksichtigt, soweit sie den Arbeitnehmern erkennbar waren, oder rechtzeitig, nämlich alsbald, nachdem der Arbeitnehmer sich auf eine Verletzung des Gleichbehandlungsgrundsatzes berufen hat, offengelegt worden sind (*BAG* 3.7.2003 EzA § 2 KSchG Nr. 49). So können z.B. Arbeitnehmer, deren Arbeitsverhältnis vor einer Betriebsänderung aufgelöst worden ist, in dem über die Betriebsänderung abgeschlossenen Interessenausgleich und Sozialplan ausgenommen und insbesondere vom Bezug einer »**Produktivitätsprämie**«, die für die tatsächliche Erbringung der Arbeitsleistung bis zum Kündigungstermin versprochen wird, **ausgeschlossen werden**, ohne dass darin eine Verletzung des Gleichbehandlungsgrundsatzes liegt (*LAG Düsseld.* 7.1.2004 LAG Report 2004, 148). 406

Der Gleichbehandlungsgrundsatz findet auch Anwendung bei der **Ausübung des Direktionsrechts** (z.B. bei der Anordnung von Torkontrollen, bei der Zuweisung von Nachtarbeit), in dem er das Gestaltungsrecht des Arbeitgebers zur Bestimmung der Arbeitspflicht begrenzt. 407

Abgesehen von einem Verstoß gegen § 611a BGB begründet er **kein selbstständiges Kündigungsverbot**, d.h. die Unwirksamkeit einer Kündigung kann nicht unmittelbar aus einer Verletzung des Gleichbehandlungsgrundsatzes hergeleitet werden (*BAG* 22.2.1979 EzA § 103 BetrVG 1972 Nr. 23). Zu beachten ist er aber im Rahmen der Überprüfung der Kündigungsvoraussetzungen, z.B. bei der Beurteilung des Fehlverhaltens eines Arbeitnehmers (§ 1 KSchG). Besteht dagegen kein Kündigungsschutz (§§ 1, 23 Abs. 1 KSchG), kommt die Unwirksamkeit einer Kündigung allenfalls nach § 138 BGB ausnahmsweise dann in Betracht, wenn sich die Ungleichbehandlung als Diskriminierung darstellt, die gegen die guten Sitten verstößt (MünchArbR/*Richardi* § 14 Rz. 19 m.w.N.). 408

Zu beachten ist, dass der Grundsatz der Vertragsfreiheit den Vorrang vor dem Gleichbehandlungsgrundsatz hat. Ein Arbeitnehmer kann sich mit einer bestimmten ihn benachteiligenden ungleichen Behandlung einverstanden erklären, so z.B. ein neu eingestellter Arbeitnehmer mit dem Ausschluss von bislang an alle Arbeitnehmer gewährten Sonderleistungen des Arbeitgebers (*BAG* 30.5.1984 EzA § 242 BGB Gleichbehandlung Nr. 37; 27.5.1987 EzA § 74 BAT Inkrafttreten und Laufzeit des Tarifvertrages Nr. 3; 29.9.2004 EzA § 242 BGB 2002 Gleichbehandlung Nr. 4 = BAG Report 2005, 140; 25.5.2004 EzA § 1b BetrAVG Gleichbehandlung Nr. 1; 1.12.2004 EzA § 242 BGB 2002 Gleichbehandlung Nr. 5 = NZA 2005, 290; s.o. Rn. 394). 409

Das bedeutet, dass der Arbeitgeber bei der Festsetzung der Entgelte einen besonders weiten Ermessensspielraum hat. Er ist berechtigt, die Entgelte soweit zu differenzieren, wie es zur Gewinnung und Erhaltung benötigter Arbeitnehmer erforderlich ist (*BAG* 11.5.1988 EzA § 242 BGB Gleichbehandlung Nr. 49). 410

Grenzen ergeben sich aus den zwingenden Differenzierungsverboten (z.B. § 611a i.V.m. §§ 134, 612 Abs. 3 BGB, § 4 TzBfG, Art. 141 EGV) **sowie** der Ausstrahlungswirkung (mittelbaren Drittwirkung) von **Art. 3 GG**. 411

Der Vorrang vor dem Gleichbehandlungsgrundsatz greift im Bereich der Vergütung zudem nur dann ein, wenn es sich um **individuell vereinbarte Löhne und Gehälter** handelt (*BAG* 19.8.1992 EzA § 242 BGB Gleichbehandlung Nr. 52; 27.1.1999 ZTR 1999, 379 LS). Im Hinblick auf die für Vergütungsvereinbarungen geltende Vertragsfreiheit genügt für die Begründung eines Anspruchs auf Gleichbehandlung zudem nicht, dass der Arbeitgeber in Einzelfällen von der von ihm selbst gesetzten generalisierenden Regel abgewichen ist. Die tatsächlichen Umstände müssen vielmehr ergeben, dass er diese Regel verlassen und durch eine **neue (gleichheitswidrige) Regel ersetzt hatte** (*BAG* 21.3.2002 EzA § 242 BGB Gleichbehandlung Nr. 88).

Ist die Anzahl der begünstigten Arbeitnehmer sehr gering (weniger als 5 % der insgesamt betroffenen Arbeitnehmer), kann ein nicht begünstigter Arbeitnehmer zudem aus dem Gleichbehandlungsgrundsatz keinen Vergütungsanspruch herleiten, weil dann nicht auf eine entsprechende Gruppenbildung geschlossen werden kann. Denn der Gleichbehandlungsgrundsatz verbietet nur die willkürliche Schlechterstellung einzelner Arbeitnehmer aus sachfremden Gründen gegenüber anderen in vergleichbarer Lage befindlichen Arbeitnehmern, er verhindert jedoch nicht die Begünstigung einzelner Arbeitnehmer (*BAG* 13.2.2002 EzA § 242 BGB Gleichbehandlung Nr. 87).

412 § 4 TzBfG erweitert und konkretisiert den Gleichbehandlungsgrundsatz; diese Regelung ist sowohl auf vertragliche Vereinbarungen als auch auf die Ausübung des Direktionsrechts anwendbar. Der Arbeitgeber darf einen teilzeitbeschäftigten Arbeitnehmer nicht wegen der Teilzeitarbeit gegenüber vollbeschäftigten Arbeitnehmern desselben Betriebes (vgl. MünchArbR/*Schüren* § 161 Rz. 64) unterschiedlich behandeln, es sei denn, dass sachliche Gründe eine unterschiedliche Behandlung rechtfertigen (*BAG* 28.7.1992 EzA § 1 BetrAVG Gleichbehandlung Nr. 2; vgl. auch *ArbG Göttingen* 20.3.2002 EzA-SD 15/2002, S. 9 LS zu einer unterschiedlichen Stichtagsregelung für Besitzstandszulagen). § 4 TzBfG schafft insoweit keine neue Rechtslage. Sie kodifiziert lediglich die zu § 2 BeschFG 1985 ergangene Rechtsprechung des BAG zur Vergütung Teilzeitbeschäftigter entsprechend der Vergütung eines Vollzeitbeschäftigten. Das Gebot der **Gleichbehandlung teilzeit- und vollzeitbeschäftigter Arbeitnehmer** nach § 4 Abs. 1 TzBfG gilt sowohl für einseitige Maßnahmen als auch für vertragliche Vereinbarungen. Es konkretisiert den allgemeinen Gleichheitsgrundsatz des Art. 3 Abs. 1 GG, der auch von untergesetzlichen Normgebern zu beachten ist; geeignete Gründe, die eine Ungleichbehandlung wegen Teilzeit rechtfertigen können, sind vom Arbeitgeber darzulegen (*BAG* 16.1.2003 – 6 AZR 222/01 – EzA-SD 13/2003, S. 6 LS = NZA 2003, 972).

413 § 2 Abs. 1 BeschFG war gem. § 6 Abs. 1 BeschFG **tarifdispositiv**. Das *BAG* (29.8.1989 EzA § 2 BeschFG 1985 Nr. 3) ging aber davon aus, dass auf Grund eines **Redaktionsversehens** des Gesetzgebers gleichwohl den Tarifvertragsparteien keine Befugnis zur Disposition über das Gleichbehandlungsgebot zusteht. § 22 TzBfG sieht nunmehr ausdrücklich keine Möglichkeit einer Abweichung von § 4 Abs. 1 TzBfG vor.

414 Ein sachlicher Grund für eine Ungleichbehandlung zwischen Teilzeit- und Vollzeitbeschäftigten liegt nur dann vor, wenn sie einem wirklichen Bedürfnis des Unternehmens dient, für die Erreichung der unternehmerischen Ziele geeignet und nach den Grundsätzen der Verhältnismäßigkeit erforderlich ist (*BAG* 14.3.1989 EzA § 1 BetrAVG Gleichberechtigung Nr. 4). Das *LAG Köln* (3.9.1997 – 2 (4) Sa 348/97) hat angenommen, dass § 4 Abs. 1 TzBfG dann **nicht anwendbar** ist, wenn der Arbeitgeber nur **einen einzigen Arbeitnehmer** mit der von einem Teilzeitbeschäftigten anteilig in Anspruch genommenen **besseren Vergütung** beschäftigt. Selbst wenn sich der Arbeitgeber bei der Bezahlung dieses einzigen Angestellten, ohne dazu rechtlich verpflichtet zu sein, an ein allgemeines Vergütungssystem, z.B. an einen Tarifvertrag, anlehnt und die Vergütung damit nach einem generalisierenden Prinzip bemisst, kann danach daraus keine Verpflichtung hergeleitet werden, einem Teilzeitbeschäftigten eine entsprechende Vergütung anteilig zu gewähren.

415 Zu beachten ist, dass der Gleichbehandlungsgrundsatz den Träger eines Ordnungs- und Regelungsbereiches nur in dessen eigenem **Zuständigkeitsbereich** bindet. Er enthält daher kein Gebot zur einheitlichen Behandlung von Arbeitnehmergruppen in unterschiedlichen Organisations- und Regelungsbereichen. Deshalb verstößt z.B. die unterschiedliche Eingruppierung von Lehrkräften an Fachhochschulen nach einem Eingruppierungserlass (zuständig ist das jeweilige Bundesland) und von wissenschaftlichen Mitarbeitern in Forschung und Lehre nach der Vergütungsordnung zum BAT (zuständig sind die Tarifvertragsparteien) nicht gegen den arbeitsrechtlichen Gleichbehandlungsgrundsatz (*BAG* 3.12.1997 NZA 1998, 438). Begünstigt andererseits eine Dienst- oder Betriebsvereinbarung über das

vorzeitige Ausscheiden von Arbeitnehmern aus dem aktiven Dienst rückwirkend auch solche Arbeitnehmer, die unter der Geltung einer früheren »schlechteren« Dienst- oder Betriebsvereinbarung eine Beurlaubungsvereinbarung geschlossen haben, sofern der Beurlaubungsbeginn nach einem festgelegten Stichtag liegt, ist diese Gruppenbildung am Gleichbehandlungsgrundsatz zu messen (*BAG* 23.11.2004 NZA 2005, 833).

b) Dogmatische Begründung des Gleichbehandlungsgrundsatzes

Die dogmatische Begründung des Gleichbehandlungsgrundsatzes ist umstritten: z. T. wird er aus der **Treue- und Fürsorgepflicht** des Arbeitgebers hergeleitet, die gewissen Gesetzmäßigkeiten und Bräuchen normative Kraft zuerkennt, bzw. als ein **allgemeiner Rechtsgedanke** verstanden, der seine gesetzliche Ausgestaltung z.B. in § 75 BetrVG, § 67 BPersVG gefunden hat (vgl. *Neuß* DB 1984 Beil. Nr. 5, S. 5 m.w.N.). 416

c) Beispiele

aa) Lohngleichheit

Beispiele Lohngleichheit: 417

- Es verstößt nicht gegen den Gleichbehandlungsgrundsatz, wenn einer Gruppe von Arbeitnehmern ein **höheres Arbeitsentgelt** gezahlt wird als anderen Arbeitnehmern, die die gleichen tariflichen Eingruppierungsmerkmale erfüllen, weil andernfalls die Arbeitsplätze der begünstigten Gruppe nicht besetzt werden können (*BAG* 23.8.1995 EzA § 242 BGB Gleichbehandlung Nr. 69; abl. dazu *Boecken* SAE 1997, 231 ff.). Der sachliche rechtfertigende Grund für eine solche Differenzierung der Gruppen liegt in einem solchen Fall nicht in den mehr oder weniger objektivierbaren Unterschieden der in den verschiedenen Gruppen geforderten Arbeitsleistungen, sondern – ähnlich wie bei einzelvertraglich vereinbarten unterschiedlich hohen Arbeitsentgelten – in der **Durchsetzungsfähigkeit** der Arbeitnehmer. Wenn ein Arbeitgeber es vorzieht, nicht nur im Einzelfall, sondern wegen der allgemeinen Schwierigkeit, geeignete Arbeitnehmer zu finden oder zu halten, der ganzen Gruppe ein höheres Arbeitsentgelt zu zahlen, so stellt dies keinen Verstoß gegen den arbeitsrechtlichen Gleichbehandlungsgrundsatz dar. Der arbeitsrechtliche Gleichbehandlungsgrundsatz gebietet allerdings, die Bildung der Gruppe nach **sachlichen** und zutreffenden **Kriterien** vorzunehmen. Dazu genügt nicht, dass nur einzelne Arbeitnehmer Druck auf die Arbeitgeberseite ausgeübt haben. Erforderlich ist, dass der Arbeitgeber aus erkennbarem Verhalten einer Arbeitnehmergruppe schließen durfte und geschlossen hat, er könne den **vorhandenen Schwierigkeiten** durch eine generelle Entgeltverbesserung für die dieser Gruppe angehörenden Arbeitnehmer **begegnen** (*BAG* 23.8.1995 EzA § 242 BGB Gleichbehandlung Nr. 69).
- Zahlt der Arbeitgeber den Arbeitnehmern, die er von einem **verbundenen Unternehmen übernommen** hat, eine niedrigere Vergütung als den übrigen Arbeitnehmern, kann diese Ungleichbehandlung sachlich gerechtfertigt sein, wenn die übernommenen Arbeitnehmer anlässlich des Ausscheidens bei dem verbundenen Unternehmen eine **Abfindung** erhalten haben (*BAG* 26.9.2007 EzA § 305c BGB 2002 Nr. 13 = NZA 2008, 179).
- Gewährt der Arbeitgeber Arbeitnehmern, die bei Beginn des **Altersteilzeitverhältnisses** das 55. Lebensjahr vollendet haben, für die nach der Altersteilzeit eintretende Beendigung des Arbeitsverhältnisses ein halbes Jahresgehalt Abfindung, während er Altersteilzeitarbeitnehmern mit vollendetem 56. Lebensjahr unabhängig von der Gesamtdauer des Arbeitsverhältnisses ein volles Jahresgehalt zahlt, bedarf das der sachlichen Rechtfertigung. Die infolge des höheren Lebensalters eintretende Verkürzung der Dauer der Altersteilzeitarbeit allein rechtfertigt noch nicht die Verdoppelung des Abfindungsbetrages für die ein Jahr älteren Arbeitnehmer (*BAG* 18.9.2007 EzA § 242 BGB Gleichbehandlung Nr. 15 = NZA 2008, 1264 LS).
- Die auf den Zeitpunkt der Weisung zu weiteren Strukturveränderungen **rückwirkende Verbesserung tariflicher Leistungen** im Zusammenhang mit dem freiwilligen Ausscheiden der Angehörigen des Zivilpersonals der Bundeswehr widerspricht nicht dem

Gleichbehandlungsgrundsatz. Arbeitnehmer, die vor diesem Zeitpunkt ausgeschieden sind, haben keinen Anspruch auf die erhöhte Ausgleichszahlung (*BAG* 12.12.2007 EzA § 242 BGB 2002 Gleichbehandlung Nr. 16).

- Bietet ein Arbeitgeber allen Arbeitnehmern einen neuen sog. **Standardarbeitsvertrag** mit teilweise geänderten Vertragsbedingungen an, so kann ein Arbeitnehmer, der dieses Angebot ablehnt, unter Berufung auf den Gleichbehandlungsgrundsatz **nicht die Gewährung einzelner**, für ihn **vorteilhafter Bestimmungen** des Vertrages **verlangen.** Eine Differenzierung zwischen Arbeitnehmern, die den neuen Arbeitsvertrag vereinbart und solchen, die am bisherigen Arbeitsvertrag festgehalten haben, ist sachgerecht (*LAG Köln* 13.9.2006 EzA § 242 BGB 2002 Gleichbehandlung Nr. 3 = NZA-RR 2007, 182).
- Der **sozialrechtliche Charakter** eines Arbeitsverhältnisses, in das ein **Hilfesuchender** durch den Sozialhilfeträger i.S.d. Verschaffung einer Arbeitsgelegenheit zu zusätzlicher und gemeinnütziger Arbeit nach § 19 Abs. 2 BSHG vermittelt worden ist, rechtfertigt eine unterschiedliche Vergütung gegenüber dem Stammpersonal, das nach BAT-KF vergütet wird (*BAG* 11.10.2006 EzA § 242 BGB 2002 Gleichbehandlung Nr. 11).
- Äußern Lehrkräfte gegenüber ihrem privaten Arbeitgeber die Absicht, sich auf eine **Beamtenstelle zu bewerben** und vereinbart der Arbeitgeber daraufhin mit diesen eine Verbesserung der Arbeitsverträge, um sie zum Bleiben zu bewegen, so folgt daraus kein Anspruch anderer Lehrkräfte auf Grund des Gleichbehandlungsgrundsatzes auf Abgabe eines entsprechenden Vertragsangebots durch den Arbeitgeber (*LAG Nds.* 7.7.2006 NZA-RR 2006, 669).
- Es verstößt nicht gegen den Gleichbehandlungsgrundsatz, wenn der Arbeitgeber **die Vorweggewährung von Lebensaltersstufen** bei angestellten Lehrkräften in Mangelfächern **auf solche Personen beschränkt**, bei denen wegen besonderer laufbahnrechtlicher Voraussetzung für die Verbeamtung die **Gefahr des Wechsels in den Schuldienst eines konkurrierenden Bundeslandes** besteht (*BAG* 29.4.2004 – 6 AZR 194/03 – ZTR 2005, 40).
- Ein Unternehmer, der durch Verschmelzung mehrerer Betriebe einen neuen **einheitlichen Betrieb** schafft, verletzt nicht den Gleichbehandlungsgrundsatz, wenn er nach der Verschmelzung bei der Führung des Betriebes die **Differenzierung der Arbeitsbedingungen** nach dem jeweils erreichten Besitzstand der aus den ursprünglichen Einzelbetrieben übernommenen Belegschaftsgruppen **beibehält** und vergleichbare Arbeitnehmer deshalb z.B. unterschiedlich hoch vergütet. Insoweit handelt es sich um einen sachlichen Differenzierungsgrund für die Ungleichbehandlung, der seinen Ursprung in der dem Arbeitgeber gem. § 613a BGB, § 324 UmwG gesetzlich vorgeschriebenen Besitzstandswahrung hat; der Arbeitgeber vollzieht also nur sich aus § 613a BGB ergebende Rechtsfolgen und trifft keine eigenständige Regelung (*BAG* 31.8.2005 – 5 AZR 517/04 – NZA 2006, 265; *LAG SchlH* 26.8.2004 NZA-RR 2004, 623 = LAG Report 2004, 365).
- Es verstößt auch nicht gegen den Gleichbehandlungsgrundsatz, wenn ein Bundesland Mathematiklehrer **mit Lehramtsbefähigung höher vergütet** als Lehrer, die Mathematik **ohne entsprechende Lehramtsbefähigung** nach Teilnahme an einem Fortbildungskurs unterrichten (*LAG Köln* 11.7.2003 – 4 Sa 233/03 – ARST 2004, 138 LS = ZTR 2004, 155 LS).
- Gleiches gilt dann, wenn der tarifgebundene Arbeitgeber tarifliche Leistungen nur den Mitgliedern der tarifabschließenden Gewerkschaft, nicht aber den sog. **Außenseitern** zahlt (*BAG* 20.7.1960 AP Nr. 7 zu § 4 TVG; **a.A.** *Wiedemann* RdA 1969, 333; für einen Anspruch jedenfalls von mitstreikenden und mitausgesperrten Außenseitern *Thüsing* ZTR 1997, 435 ff.).
- Vereinbart der Arbeitgeber nach der Kündigung eines Vergütungstarifvertrags mit allen **neu eingestellten Arbeitnehmern eine geringere als die tarifliche Vergütung**, haben diese keinen individuellen Anspruch auf Gleichbehandlung mit den kraft Nachwirkung weiterhin Tarifunterworfenen (*BAG* 11.6.2002 EzA § 87 BetrVG 1972 Betriebliche Lohngestaltung Nr. 76 = NZA 2003, 571).
- Es verstößt auch nicht gegen den Gleichbehandlungsgrundsatz, wenn der Arbeitgeber auf sachgerecht gebildete Gruppen von Arbeitnehmern **unterschiedliche Vergütungsgrundsätze** anwendet (*BAG* 20.11.1996 EzA § 612 BGB Nr. 19).

- Das ist aber dann nicht der Fall, wenn der Arbeitgeber eine freiwillig gewährte **Weihnachtszuwendung** an seine Stammbelegschaft zahlt und die im Zuge einer Betriebsübernahme übernommenen Arbeitnehmer von dieser Zahlung ausnimmt, wenn deren Vergütungsniveau insgesamt höher ist als das der Stammbelegschaft (*LAG Düsseld.* 25.3.2003 LAGE Art. 3 GG Nr. 19).
- Es verstößt nicht gegen den Gleichbehandlungsgrundsatz, wenn der Arbeitgeber am Jahresende lediglich den Mitarbeitern eine **freiwillige Gratifikationszahlung** gewährt, die Monate zuvor untertarifliche Arbeitsbedingungen akzeptiert haben. Der Arbeitgeber darf die **Betriebstreue dieser Mitarbeiter besonders fördern** und mit der Sonderzahlung einen teilweisen Ausgleich der entstandenen unterschiedlichen Arbeitsbedingungen herbeiführen (*LAG Nbg.* 12.3.2008 – 4 Sa 172/07 – ArbuR 2008, 277 LS).
- Gewährt der Arbeitgeber Arbeitnehmern einen **zusätzlichen Bonus**, wenn sie in einem bestimmten Zeitraum auf der Grundlage eines bestehenden Arbeitsverhältnisses am Aufbau des Unternehmens mitarbeiten, so kann er davon nicht die Arbeitnehmer ausnehmen, die später auf Grund eines Teilbetriebsübergangs zu einem anderen Arbeitgeber wechseln (*LAG Düsseld.* 15.12.2005 LAGE § 242 BGB 2002 Gleichbehandlung Nr. 2).
- Es widerspricht dem Gleichbehandlungsgrundsatz, wenn ein Arbeitgeber eine **Sonderzahlung**, deren Höhe in hohem Maße durch **Krankheitstage** bestimmt wird und die im Hinblick auf Rückzahlungsklauseln im Falle eines Ausscheidens im Folgejahr zur Betriebstreue anreizen soll, nur solchen Arbeitnehmern gewährt, die neue, verschlechternde Arbeitsbedingungen akzeptiert haben, die sich zudem im Anspruchsjahr vergütungsmäßig nicht auswirken (*BAG* 30.7.2008 – 10 AZR 497/07 – EzA-SD 22/2008 S. 8 LS = NZA 2008, 1412).
- Soweit eine Vergütungsregelung für **beamtete Lehrer** durch Gesetz geregelt ist, kann diese **nicht ohne weiteres** auch auf **angestellte Lehrer** übertragen werden. Diese ist vielmehr an dem arbeitsrechtlichen Gleichbehandlungsgrundsatz zu messen (*LAG Köln* 13.11.2003 NZA-RR 2004, 608).
- Wenn der öffentliche Arbeitgeber bei der Dauereinstellung von Lehrkräften solche Bewerber **bevorzugt**, die bereits als Aushilfskräfte **befristete Vertretungsdienste geleistet** haben, so kann er von dieser Bevorzugung nur unterhälftig tätig gewordene Aushilfskräfte ausschließen; den unterhälftig Beschäftigten erwächst auf Grund Art. 3 Abs. 1 GG, § 4 Abs. 1 TzBfG kein Anspruch darauf, wie die übrigen Aushilfskräfte ebenfalls gegenüber sonstigen Bewerbern bevorzugt zu werden (*LAG Köln* 31.7.1998 ARST 1999, 17).
- Richtet eine Universität vorübergehend nur deswegen weitere Stellen ein, weil die Finanzierung durch einen Drittmittelgeber gesichert wird, dann ist die Abweichung von der sonst erfolgten Vergütung nach dem BAT dann gerechtfertigt, wenn der **Drittmittelgeber entsprechende Vorgaben macht** und auch nur in diesem Umfang Mittel zur Verfügung stellt (BAT II a statt I b; *LAG Bln.* 1.7.2002 – 7 Sa 172/02 – EzA-SD 20/2002, S. 7 LS).
- Nimmt der Arbeitgeber bei außertariflichen Leistungen die Mitarbeiter eines Tarifgebiets von Zulagen aus, die er den Mitarbeitern eines anderen Tarifgebiets gewährt, kann ein sachlicher Grund für diese Ungleichbehandlung allerdings nicht allein aus dem Vorliegen unterschiedlicher Tarifgebiete hergeleitet werden. Maßgeblich ist vielmehr der **Zweck der Zulagengewährung** (*BAG* 23.4.1997 EzA § 242 BGB Gleichbehandlung Nr. 72).
- Ein als **Teilzeitkraft** im öffentlichen Dienst des Landes SchlH beschäftigter Arbeitnehmer kann die **Sicherheitszulage** des § 3 TV Sicherheitszulage nur zeitanteilig und nicht in voller Höhe beanspruchen, denn die Sicherheitszulage ist Arbeitsentgelt und wird weder in ihrer Gesamtheit noch überwiegend als Ausgleich von Belastungen einer Schreibkraft in einem Sicherheitsbereich des Landes gewährt (*LAG SchlH* 15.10.1998 ZTR 1999, 131).
- Besteht ein **Mangel an Pflegekräften** und zahlt ein Arbeitgeber deshalb in Anlehnung an die tarifliche Regelung über eine Pflegezulage eine **übertarifliche Zulage** in entspre-

chender Höhe, um Pflegekräfte zu gewinnen oder dem Betrieb zu erhalten (Arbeitsmarktzulage), so ist er nicht nach dem Gleichbehandlungsgrundsatz verpflichtet, neu einzustellenden Pflegekräften diese Zulage zu gewähren, wenn nach seiner sachlich begründeten Prognose ein Mangel an Pflegekräften nicht mehr besteht (*BAG* 21.3.2001 EzA § 242 BGB Gleichbehandlung Nr. 84).

- Die Entscheidung des Arbeitgebers, ab sofort **alle freiwilligen Leistungen einzustellen**, steht späteren Ansprüchen auf eine Jubiläumszuwendung aus dem Gesichtspunkt der Gleichbehandlung mit früheren Jubilaren entgegen, wenn keine Anhaltspunkte dafür bestehen, dass nur ein einzelner Jubilar oder einzelne Jubilare benachteiligt und in der Folgezeit wieder Jubiläumszuwendungen/freiwillige Leistungen gewährt werden sollen (Stichtagsprinzip; *BAG* 28.7.2004 EzA § 242 BGB 2002 Betriebliche Übung Nr. 2 = NZA 2004, 1152; vgl. dazu *Worzalla* FA 2005, 138 ff.).
- Gewährt eine Gemeinde den im Amt zur Regelung offener Vermögensfragen beschäftigten Angestellten einen Zuschuss in Höhe des Unterschiedsbetrages zwischen der Vergütung nach BAT-O und BAT, den ihr das Land durch Gewährung eines sog. **Personalkostenzuschusses** erstattet, ist sie nicht verpflichtet, den Zuschuss auch vergleichbaren Angestellten zu bezahlen, die in Aufgabenbereichen der von fachaufsichtlichen Weisungen freien kommunalen Selbstverwaltung beschäftigt sind (*BAG* 6.8.1998 NZA 1999, 501).
- Wird durch eine **Gesetzesänderung** nur in tarifvertraglich nicht abgesicherte Arbeitnehmerrechte eingegriffen (z.B. Absenkung der Lohnfortzahlung), so entsteht kein anspruchsbegründender Gleichheitsverstoß, wenn der Arbeitgeber die Verschlechterung an diejenigen seiner Arbeitnehmer weitergibt, die keinem persönlichen Geltungsbereich eines Tarifvertrages unterfallen, während er eine andere Arbeitnehmergruppe, die durch einen Tarifvertrag geschützt ist, nach wie vor unverändert behandelt. Auch der Tarifvertrag wird in einem solchen Fall nicht gleichheitswidrig. Behält der Arbeitgeber diese Rechtslage bei, obwohl er den Geltungsbereich des Tarifvertrages verlässt, kann schließlich in dem Willen zur Besitzstandswahrung ein sachlicher Differenzierungsgrund liegen (*LAG Köln* 16.4.1999 NZA-RR 1999, 531).
- Es verstößt nicht gegen den Gleichbehandlungsgrundsatz, wenn der Arbeitgeber allen Angestellten unabhängig von einer Tarifbindung die tarifliche Vergütung gewährt, während **ABM-Angestellte** nur 90% dieses Entgelts erhalten (*BAG* 18.6.1997 EzA Art. 3 GG Nr. 66; *LAG Saarland* 13.11.1996 ZTR 1997, 279; **a.A.** *LAG Hamm* 11.3.1996 LAGE § 242 BGB Gleichbehandlung Nr. 18).
- § 9 Abs. 1 TV Arb Bundespost ist wegen Verstoßes gegen § 4 Abs. 1 TzBfG nichtig, soweit darin bei der **Postdienstzeit** Zeiten einer Beschäftigung mit weniger als der Hälfte der jeweils geltenden regelmäßigen Arbeitszeit eines vollbeschäftigten Arbeiters nicht berücksichtigt werden. Aufgrund des Gleichbehandlungsgrundsatzes haben die betroffenen Arbeitnehmer folglich einen Anspruch auf die Leistung, die der Arbeitgeber den Vollzeitbeschäftigten gewährt (*BAG* 16.9.1993 NZA 1994, 900).
- Soweit durch § 2 Abs. 1a des 66. ÄnderungsTV zum BAT Zeiten vor dem 1.4.1991, die als nicht vollbeschäftigter Angestellter zurückgelegt worden sind, von der **Berücksichtigung als Beschäftigungszeit** ausgeschlossen werden, liegt ein Verstoß gegen § 2 Abs. 1 BeschFG (jetzt § 4 Abs. 1 TzBfG) vor. Die Zeiten sind deshalb nach § 19 Abs. 1 BAT auf die Beschäftigungszeit anzurechnen (*BAG* 15.5.1997 § 2 BeschFG 1985 Nr. 53).
- Ohne sachlichen Grund dürfen Arbeitnehmer nicht von einer **Lohnerhöhung** ausgeschlossen werden, die der Arbeitgeber im Rahmen einer allgemeinen Lohnbewegung der großen Mehrzahl der Arbeitnehmer gewährt (*BAG* 25.4.1959 AP Nr. 15 zu § 242 BGB Gleichbehandlung).
- Der Arbeitgeber verletzt deshalb den Gleichbehandlungsgrundsatz, wenn er von einer allgemeinen Erhöhung der Effektivlöhne (aus Anlass einer Tariflohnerhöhung) die Arbeitnehmer ausschließt, die **zuvor arbeitsunfähig krank waren** (*BAG* 9.6.1982 EzA § 242 BGB Gleichbehandlung Nr. 30). Auch **ausgeschiedene oder ausscheidende Arbeitnehmer** dürfen von einer rückwirkenden Lohnerhöhung in Form einer Lohnwelle für die Zeit nicht ausgeschlossen werden, in der sie ihre Gegenleistung erbracht

haben. Anders ist die Rechtslage dann, wenn die **Tarifvertragsparteien** ausscheidende Arbeitnehmer von einer rückwirkenden Lohnerhöhung ausnehmen. Eine solche Regelung verstößt nicht gegen Art. 3 GG und führt auch für eine Erhöhung des übertariflichen Lohnes zu unterschiedlichen Voraussetzungen (*BAG* 10.3.1982 EzA § 242 BGB Gleichbehandlung Nr. 47).

- Werden zu einem bestimmten Zeitpunkt die Gehälter der tariflichen und außertariflichen Angestellten allgemein erhöht, so darf ein **außertariflicher Angestellter** nicht insoweit von Gehaltserhöhungen ausgenommen werden, als in den individuell unterschiedlichen Anhebungen für diesen Personenkreis wegen der Steigerung des Lohn- und Preisniveaus auch ein »Grundbetrag« enthalten ist (*BAG* 9.11.1972 AP Nr. 29 zu § 242 BGB Gleichbehandlung).
- Erhöht der Arbeitgeber während mehrerer Jahre im ungefähren Jahresrhythmus die Gehälter der ganz überwiegenden Mehrzahl seiner Arbeitnehmer, wenn auch in individuell unterschiedlicher Höhe und zu unterschiedlichen Zeitpunkten, so spricht eine tatsächliche Vermutung dafür, dass in diesen Erhöhungen auch ein **Grundbetrag zum Zwecke des Kaufkraftausgleichs** enthalten ist. Davon darf ein Arbeitnehmer nur aus Gründen ausgeschlossen werden, die mit dieser Zwecksetzung vereinbar sind. In welchem Umfang in solchen individuellen Gehaltserhöhungen auch eine Komponente zum Ausgleich oder zur Minderung des seit der jeweils letzten Gehaltsfestlegung eingetretenen Kaufkraftverlustes enthalten ist, kann mangels näherer Aufschlüsselung durch den Arbeitgeber im Wege der Schätzung nach § 287 Abs. 2 ZPO ermittelt werden (*BAG* 11.9.1985 EzA § 242 BGB Gleichbehandlung Nr. 43).
- In einem Unternehmen mit mehreren Betrieben ist der Arbeitgeber frei, den Belegschaften betriebsratloser Betriebe die Zahlung von **Umsatzprämien** zuzusagen.
  In Betrieben mit Betriebsrat bedarf er dazu jeweils der Zustimmung des Betriebsrats.
  Eine **(überbetriebliche) Gleichbehandlung** von Arbeitnehmern in Betrieben mit Betriebsrat, in denen bisher noch keine Einigung über die Einführung von Umsatzprämien erfolgt ist, mit Arbeitnehmern in betriebsratslosen Betrieben, in denen der Arbeitgeber die Zahlung von Umsatzprämien zugesagt hat, ist arbeitsrechtlich nicht geboten (*BAG* 25.4.1995 EzA § 242 BGB Gleichbehandlung Nr. 65).
- Der Gleichbehandlungsgrundsatz ist verletzt, wenn der Arbeitgeber den **Prämienlohn** für dieselbe Arbeit an Arbeitnehmer nur deshalb nicht zahlt, weil sie nach einem bestimmten Stichtag lediglich **befristet** für ein Jahr **eingestellt** worden sind (*LAG Hamm* 27.2.1997 LAGE § 242 BGB Gleichbehandlung Nr. 21).
- Stuft der Arbeitgeber im öffentlichen Dienst alle Arbeitnehmer auf einem bestimmten Dienstposten generell höher, wenn sie sich bewährt haben, dann kann sich daraus für den einzelnen Arbeitnehmer ein Anspruch auf höhere Bezahlung ergeben, wenn er aus sachfremden oder sachwidrigen Gründen von der **Höhergruppierung** ausgenommen wurde (*BAG* 10.4.1973 EzA § 242 BGB Gleichbehandlung Nr. 3).
- Es verstößt nicht gegen den Gleichbehandlungsgrundsatz, wenn ein Arbeitgeber des öffentlichen Dienstes **Erschwerniszulagen** von der formalen Zugehörigkeit zu bestimmten Dienststellen abhängig macht, bei denen besondere Erschwernisse typischerweise auftreten. Müssen Arbeitnehmer anderer Dienststellen nur zeitweise in denselben Räumen arbeiten und deshalb vergleichbare Erschwernisse hinnehmen, so erwerben sie allein dadurch noch keinen Anspruch auf die gleiche Erschwerniszulage (*BAG* 30.11.1982 EzA § 242 BGB Gleichbehandlung Nr. 33).
- Das **Liquidationsrecht** ist ein sachlicher Grund für die Nichteinbeziehung eines leitenden Krankenhausarztes in eine Vereinbarung, durch die der Arbeitgeber den anderen Ärzten der Krankenhausabteilung, die kein Liquidationsrecht besitzen, die Bezahlung von Rufbereitschaft nach Bereitschaftsdienstgrundsätzen zusagt (*BAG* 31.5.2001 EzA § 242 BGB Gleichbehandlungsgrundsatz Nr. 86).
- Nicht mit dem Gleichbehandlungsgrundsatz vereinbar ist es, wenn ein Arbeitgeber diejenigen Arbeitnehmer, die während der Arbeitszeit gegen seinen Willen an einer **gewerkschaftlichen Protestveranstaltung** teilgenommen haben, von einer allgemein gewährten **übertariflichen Zulage** zum Lohn ausschließt. Denn die Zulage wird zur

Gegenleistung für erbrachte Arbeit, womit es sachlich nicht in Einklang zu bringen ist, sie nicht von der Arbeitsleistung, sondern vom Wohlverhalten des Arbeitnehmers abhängig zu machen (*LAG RhPf* 10.4.1987 NZA 1987, 599).

- ▶ Dagegen besteht ein sachlicher Grund für die Zahlung einer **Prämie** nur an die Arbeitnehmer, die nicht an einem **Streik** teilgenommen haben, wenn alle Begünstigten während des Streiks Belastungen ausgesetzt waren, die erheblich über das normale Maß der mit jeder Streikarbeit verbundenen Erschwernisse hinausgehen (*BAG* 28.7.1992 EzA Art. 9 GG Arbeitskampf Nr. 106; zust. *Schwarze* NZA 1993, 967).
- ▶ Wird eine **Arbeitsmarktzulage** gewährt, weil sonst bestimmte Arbeitsplätze nicht besetzt werden können, so liegt keine unzulässige Differenzierung zwischen Männern und Frauen vor (s.o. Rn. 409). Wird eine solche Zulage dagegen gezahlt, weil Männer nicht bereit sind, zum gleichen Lohn wie die am gleichen Arbeitsplatz unter gleichen Bedingungen tätigen Frauen zu arbeiten, so erfolgt mit einer solchen Zulage eine unzulässige Diskriminierung von Frauen (*BAG* 25.8.1982 EzA § 242 BGB Gleichbehandlung Nr. 31).
- ▶ Eine **Differenzierung zwischen Arbeitern und Angestellten** ist nur dann möglich, wenn dafür wegen des Inhalts der Regelung sachliche Gründe bestehen. Dies ist im Allgemeinen nicht für **Weihnachtsgratifikationen** anzunehmen. Deren Zweck rechtfertigt es i.d.R. nicht, für Arbeiter und Angestellte einen unterschiedlichen Bemessungsmaßstab festzulegen. Ein Verstoß gegen den Gleichbehandlungsgrundsatz entfällt nicht deshalb, weil die ohne sachlichen Grund begünstigte Gruppe kleiner ist als die benachteiligte, ebenso wenig wegen unterschiedlich hoher Ausfallzeiten wegen Krankheit oder wegen eines unterschiedlich hohen Fluktuationsgrades.

  Ein sachlicher Grund für eine Differenzierung kann aber darin liegen, Arbeitnehmer durch eine **höhere Gratifikation an den Betrieb zu binden** (s.a. *BAG* 11.4.2006 NZA 2006, 1217 zu Arbeitsverträgen eines privatrechtlichen Schulträgers mit beamtenrechtlicher Besoldung und Versorgung mit Lehrern), weil ihr Weggang zu besonderen Belastungen führt oder darin, höhere übertarifliche Leistungen auszugleichen, die ohne besondere Zweckbindung an andere Gruppen von Arbeitnehmern gewährt wurden. Eine an einen solchen Zweck anknüpfende Gruppenbildung ist nicht deshalb sachwidrig, weil von ihr auch Arbeitnehmer erfasst werden, bei denen der Grund für die beabsichtigte Bindung nicht bestehen kann. Das gilt jedenfalls so lange, wie der verfolgte Zweck typischerweise sich bei der begünstigten Gruppe verwirklichen kann, während er bei der benachteiligten Gruppe fehlt (*BAG* 25.1.1984, 30.3.1994 EzA § 242 BGB Gleichbehandlung Nr. 38, 39, 40, 59). Sind zudem im Gegensatz zu gewerblichen Arbeitnehmern **Angestellte** mit den im Betrieb benötigten Kenntnissen und Fähigkeiten auf dem Arbeitsmarkt **nicht oder nur schwer zu finden** und müssen sie für ihre Einsetzbarkeit i.d.R. eine längere interne Ausbildung durchlaufen, so ist dies ein sachlicher Grund, ihnen eine höhere Jahressonderzuwendung als den gewerblichen Arbeitnehmern zu gewähren, um sie stärker an das Unternehmen zu binden. Den gewerblichen Arbeitnehmern steht in diesem Fall nicht bereits deshalb ein Anspruch auf Gleichbehandlung zu, weil ihnen gegenüber die Gründe für die Differenzierung nicht offengelegt worden waren. Es genügt, dass sich die besondere Zwecksetzung aus einer mit den Angestellten anlässlich der Zuwendungsgewährung vereinbarten Rückzahlungsklausel ergibt. Ob sich der Anspruch einer benachteiligten Gruppe von Arbeitnehmern auf Gleichbehandlung bereits daraus ergeben kann, dass der Arbeitgeber zunächst nicht zutage getretene sachliche Gründe für die Differenzierung erst in einem fortgeschrittenen Stadium des Rechtsstreits vorträgt, hat das *BAG* (19.3.2003 EzA § 611 BGB 2002 Gratifikation, Prämie Nr. 6) offen gelassen.
- ▶ Inzwischen geht das *BAG* (19.4.1995 EzA § 611 BGB Gratifikation, Prämie Nr. 121) aber jedenfalls davon aus, dass es nicht gegen den Gleichbehandlungsgrundsatz verstößt, wenn ein Arbeitgeber **an die gewerblichen Arbeitnehmer auf Grund einer Betriebsvereinbarung, die eine Kürzung des 13. Monatslohnes um 1/60 pro krankheitsbedingten Fehltag vorsieht, wegen erheblich höherer krankheitsbedingter Fehlzeiten (15 % im Verhältnis zu 2 %) nur einen gekürzten 13. Monatslohn zahlt, während die**

Angestellten auf einzelvertraglicher Grundlage ein ungekürztes 13. Monatsgehalt erhalten und der Einzelvertrag eine vergleichbare Kürzungsmöglichkeit nicht vorsieht.

- Gleiches gilt, wenn eine tarifliche Regelung zwischen Arbeitern und Angestellten differenziert, indem sie nur für die Arbeiter eine Kürzung des 13. Monatseinkommens bei Fehltagen vorsieht und eine Betriebsvereinbarung diese Unterscheidung aufnimmt (*BAG* 6.12.1995 EzA § 242 BGB Gleichbehandlung Nr. 68).
- Das *BVerfG* (2.9.1997 EzA § 611 BGB Gratifikation, Prämie Nr. 124; abl. *Schulte* DB 1998, 204 f.; s.a. Rn. 305 ff.) hat demgegenüber die Entscheidung des *BAG* vom 19.4.1995 (EzA § 611 BGB Gratifikation, Prämie Nr. 121) aufgehoben und die Sache zur **erneuten Entscheidung** an das zuständige LAG verwiesen. **Denn solange nicht ausgeschlossen werden kann, dass ein hoher Krankenstand der gewerblichen Arbeitnehmer auf gesundheitsschädlichen Arbeitsbedingungen beruht, für die der Arbeitgeber allein verantwortlich ist, ist es im Hinblick auf Art. 3 Abs. 1 GG nicht gerechtfertigt, dass dieser ihnen wegen der aus diesen Risiken erwachsenden Schadensfolgen finanzielle Nachteile auferlegt.**
- Es verstößt nicht gegen den Gleichbehandlungsgrundsatz, wenn der Arbeitgeber den im Zeitungsvertrieb beschäftigten Innendienstangestellten ein **Weihnachtsgeld** zahlt, den Zeitungszustellern jedoch nicht. Diese Differenzierung ist sachlich gerechtfertigt, weil die Zeitungszusteller anders als die Innendienstangestellten die Möglichkeit haben, zur Weihnachtszeit von den Abonnenten ein nicht unerhebliches Trinkgeld zu erhalten. Darauf, ob das gezahlte Weihnachtsgeld in seiner Höhe dem durchschnittlichen Trinkgeldbezug in etwa entspricht, kommt es nicht an (*BAG* 19.4.1995 EzA § 242 BGB Gleichbehandlung Nr. 63).
- Der Gleichbehandlungsgrundsatz ist nicht verletzt, wenn eine **Betriebsvereinbarung** vorsieht, dass Beschäftigte, deren **Arbeitszeit nicht minutengenau** elektronisch erfasst und abgerechnet wird, eine um 25 % höhere Jahressonderzahlung erhalten als Beschäftigte, bei denen eine minutengenaue elektronische Arbeitszeiterfassung und -abrechnung erfolgt. Denn mit einer solchen Regelung soll einerseits für alle Beschäftigten eine Sonderzahlung, andererseits für Beschäftigte ohne minutengenaue Zeiterfassung ein pauschaler Ausgleich für nicht angeordnete Mehrarbeit erfolgen (*LAG Hmb.* 21.11.2002 – 1 Sa 27/02 – FA 2004, 26 LS).
- Die Unterscheidung zwischen **gewerkschaftlich organisierten und nicht organisierten Arbeitnehmern** ist dann ein sachfremde Schlechterstellung, wenn es sich um Leistungen handelt, die nicht auf einem Tarifvertrag beruhen, nicht aber dann, wenn es sich um Leistungen aus einem Tarifvertrag handelt (*BAG* 20.7.1960 AP Nr. 7 zu § 4 TVG). Unzulässig ist es zudem, tarifliche Leistungen nur einzelnen nicht tarifgebundenen Arbeitnehmern ohne sachlichen Grund zu verweigern (MünchArbR/*Hanau* § 62 Rz. 49).
- Der Ausschluss eines Arbeitnehmers vom Bezug einer Gratifikation, der im Laufe des Bezugszeitraums aus dem Arbeitsverhältnis ausscheidet, ist nicht sachfremd oder willkürlich. Das gilt auch bei Ausscheiden des Arbeitnehmers auf Grund **betriebsbedingter Arbeitgeberkündigung** (*BAG* 25.4.1991 EzA § 611 BGB Gratifikation, Prämie Nr. 84).
- Wird der Ausbildungsvertrag eines behinderten Auszubildenden in einer Einrichtung der Berufsförderung im Rahmen einer **Rehabilitationsmaßnahme nach § 56 AFG** (jetzt §§ 235, 236 SGB III) mit entsprechenden Leistungen des Arbeitsamtes an den Auszubildenden durchgeführt, so hat der Auszubildende auf Grund des Gleichbehandlungsgrundsatzes keinen Anspruch gegen den Ausbildenden auf Zahlung von **Urlaubs- und Weihnachtsgeld,** das der Ausbildende auf Grund besonderer tariflicher Regelungen an Auszubildende außerhalb einer Rehabilitationsmaßnahme gewährt (*BAG* 6.9.1989 AP Nr. 1 zu § 56 AFG).
- Der **urlaubsmäßige Mehrbedarf an Geld** gilt für alle Arbeitnehmer des Betriebs. Unterschiedliche Tätigkeiten teilzeitbeschäftigter Zeitungszusteller und vollzeitbeschäftigter Angestellter rechtfertigen gemäß dem Zweck des Urlaubsgeldes keine unterschiedliche Behandlung, so dass der Ausschluss der Zusteller vom Urlaubsgeld

gegen den arbeitsrechtlichen Gleichbehandlungsgrundsatz verstößt (*LAG BW* 10.11.1998 NZA-RR 1999, 296).

- Der **Vorrang des Grundsatzes der Vertragsfreiheit** im Bereich der Vergütung vor dem Gleichbehandlungsgrundsatz setzt voraus, dass es sich um individuell vereinbarte Löhne und Gehälter handelt. Das ist aber dann nicht der Fall, wenn eine in der Rechtsform eines eingetragenen Vereins betriebene **städtische Musikschule** mit 150 Musikschullehrern eine (niedrigere) Vergütung nach Wochenstunden und mit weiteren 26 Musikschullehrern eine (höhere) Vergütung nach BAT vereinbart (*BAG* 19.8.1992 EzA § 2 BeschFG 1985 Nr. 22).
- **Ärzte im Praktikum** haben keinen Anspruch, wie Assistenzärzte vergütet zu werden (*BAG* 24.3.1993 EzA § 242 BGB Gleichbehandlung Nr. 56).
- Soweit eine Vergütungsregelung für beamtete Lehrer durch Gesetz geregelt ist, kann diese nicht ohne weiteres auch auf angestellte Lehrer übertragen werden. Sie ist vielmehr am arbeitsrechtlichen Gleichbehandlungsgrundsatz zu messen. Im konkret entschiedenen Einzelfall hat das *LAG Köln* (13.11.2003 ZTR 2004, 469) einen Verstoß gegen den Gleichbehandlungsgrundsatz bejaht.
- Fraglich ist, ob es der Gleichbehandlungsgrundsatz verbietet, **Teilzeitbeschäftigte** eine zu ihren Ungunsten nach anderen Grundsätzen wie bei den Vollzeitkräften bemessene Vergütung zu bezahlen.
- Haben teilzeitbeschäftigte Dozenten an einer Hochschule dieselben umfassenden Verpflichtungen wie vollzeitbeschäftigte Lehrkräfte, so steht ihnen aus dem Gebot der Gleichbehandlung anteilig eine **nach den gleichen Grundsätzen wie bei den Vollzeitkräften bemessene Vergütung** zu (*BAG* 27.7.1988 EzA § 242 BGB Gleichbehandlung Nr. 47; 25.4.2001 EzA § 2 BeschFG 1985 Nr. 62 = NZA 2002, 1211).
- Wird mit einer in Teilzeitarbeit beschäftigten Musikschullehrerin nur eine Stundenvergütung vereinbart, so ist die Vergütungsabrede unwirksam, wenn die Stundenvergütung niedriger ist als die anteilsmäßige Vergütung für Vollzeitbeschäftigte. Denn es stellt nach dem Tarifvertrag für Musikschullehrer keinen sachlichen Grund dar, teilzeitbeschäftigte Musikschullehrer geringer zu vergüten, wenn sie nur eine künstlerische, aber keine pädagogische Ausbildung haben. Insoweit differenziert der Tarifvertrag nicht (*BAG* 16.6.1993 EzA § 2 BeschFG 1985 Nr. 31).
- Ist andererseits mit einer teilzeitbeschäftigten Lehrerin eine **bestimmte Zahl von Unterrichtsstunden** und die anteilige Vergütung einer Vollzeitkraft vereinbart, so führt die **Anhebung der Pflichtstundenzahl** für Vollzeitkräfte zu einer entsprechenden Minderung des Gehaltsanspruchs der Teilzeitbeschäftigten (*BAG* 17.5.2000 NZA 2001, 799).
- Die **Pflegezulage** nach der Anlage 1 b zum BAT steht teilzeitbeschäftigten Pflegepersonen nach § 34 Abs. 2 BAT nur entsprechend ihrer vereinbarten durchschnittlichen Arbeitszeit zu. Diese Regelung verstößt nicht gegen § 2 Abs. 1 BeschFG (jetzt § 4 Abs. 1 TzBfG), da mit der Pflegezulage die arbeitszeitabhängigen besonderen Anforderungen an die Arbeit abgegolten werden sollen (*BAG* 10.2.1999 – 10 AZR 711/97).
- Der Ausschluss einer mit drei Vierteln der regelmäßigen wöchentlichen Arbeitszeit eines Vollzeitbeschäftigten tätigen Arbeitnehmerin vom Bezug eines jährlich im Voraus gezahlten pauschalen **Essensgeldzuschusses** verstößt gegen § 2 Abs. 1 BeschFG (jetzt § 4 Abs. 1 TzBfG), wenn die Anspruchsvoraussetzungen so gestaltet sind, dass alle Beschäftigten einen Zuschuss erhalten, von denen zu erwarten ist, dass sie typischerweise ein Mittagessen während ihrer Arbeitszeit einnehmen, und dies auf die Teilzeitbeschäftigte ebenfalls zutrifft (*BAG* 26.9.2001 EzA § 2 BeschFG 1985 Nr. 65 m. Anm. *Gamillscheg* SAE 2002, 305).
- Im Rahmen des § 2 Abs. 1 BeschFG (jetzt § 4 Abs. 1 TzBfG) hat das *BAG* (11.3.1992, 22.8.1990 EzA § 2 BeschFG 1985 Nr. 17, 4) zunächst einen sachlichen Grund für eine unterschiedliche Behandlung anerkannt, wenn ein im Hauptberuf anderweitig Tätiger als teilzeitbeschäftigte Lehrkraft **nebenberuflich Unterricht** erteilt, wenn er als hauptberuflich Tätiger über eine dauerhafte Existenzgrundlage verfügt. Inzwischen (*BAG* 1.11.1995 EzA § 2 BeschFG 1985 Nr. 43; Gleiches gilt für einen selbstständig hauptberuflich Tätigen, *BAG* 9.10.1996 EzA § 2 BeschFG Nr. 50; vgl. dazu *Beduhn* ArbuR

1996, 485 ff.; *Fastrich/Erling* SAE 1997, 223 ff.) hat es diese Auffassung aufgegeben, weil es an einem am Zweck der Leistung orientierten sachlichen Grund für die Ungleichbehandlung fehlt. Die Arbeitsleistung verändert ihren Wert nicht durch die soziale Lage des Arbeitnehmers, der Arbeitgeber schuldet dem Arbeitnehmer keinen »Soziallohn«.

- ▶ Eine tarifvertragliche Bestimmung, die für einzelne Arbeitsstunden in einer bestimmten zeitlichen Lage **Spätarbeits- und Nachtarbeitszuschläge** vorsieht, kann Teilzeitkräfte von diesem Anspruch nicht ausnehmen; eine entgegenstehende Vorschrift ist wegen Verstoßes gegen § 2 Abs. 1 BeschFG (jetzt § 4 Abs. 1 TzBfG) nichtig. Die durch die tarifliche Regelung benachteiligten Teilzeitkräfte haben Anspruch auf die Zuschläge, die vollzeitbeschäftigte Arbeitnehmer für Spät- und Nachtarbeit erhalten (*BAG* 15.12.1998 EzA § 2 BeschFG 1985 Nr. 59; vgl. dazu *Schüren* RdA 2000, 48 ff.).
- ▶ Teilzeitbeschäftigte angestellte Lehrer haben für die **Unterrichtsstunden**, die sie **über die vertraglich vereinbarte Stundenzahl hinaus erbringen**, Anspruch auf anteilige Vergütung (§ 612 Abs. 2 BGB i.V.m. § 34 Abs. 1 BAT). Soweit die Sonderregelungen für Angestellte als Lehrkräfte (SR 2l) § 34 Abs. 1 BAT für unanwendbar erklären und auf die für beamtete Lehrer geltenden Vorschriften verweisen, die für Zusatzstunden nur eine erheblich geringere Vergütung vorsehen, ist die Bestimmung wegen Verstoßes gegen § 2 Abs. 1 BeschFG (jetzt § 4 Abs. 1 TzBfG) unwirksam (*BAG* 21.4.1999 EzA § 2 BeschFG 1985 Nr. 60).
- ▶ Ebenso wenig wird eine Ungleichbehandlung dadurch gerechtfertigt, dass der Arbeitnehmer auf Grund seiner früheren hauptberuflichen Betätigung **Altersruhegeld** oder Versorgungsleistungen aus einer selbstständigen Tätigkeit bezieht (*BAG* 1.11.1995, 9.10.1996 EzA § 2 BeschFG 1985 Nr. 44, 50).
- ▶ Es besteht kein sachlicher Grund dafür, **geringfügig Beschäftigte** i.S.v. § 8 SGB IV von Sozialleistungen des Arbeitgebers wie Weihnachtsgeld oder Jubiläumsgeld, die in einer Betriebsvereinbarung geregelt sind, völlig auszunehmen (*Hess. LAG* 14.3.1995 LAGE § 611 BGB Gratifikation Nr. 24).
- ▶ Gewährt ein Arbeitgeber den Arbeitern **Urlaubs- und Weihnachtsgeld**, um deren erhöhten saisonalen Bedarf abzudecken, ist es nicht zu rechtfertigen, wenn er eine Gruppe von Arbeitern – gering qualifizierte Obstsortiererinnen – von diesen Sonderzahlungen völlig ausschließt (*BAG* 27.10.1998 EzA § 242 BGB Gleichbehandlung Nr. 80; vgl. dazu *Krebs* SAE 1999, 289 ff.). Gleiches gilt für die **Differenzierung zwischen Arbeitern und Angestellten** auch dann nicht, wenn zusätzlich in der Vergangenheit liegende Dienste honoriert werden sollen. Begründet der Arbeitgeber die Begünstigung der Angestellten mit der Absicht, diese stärker an sich zu binden, hat er zugeschnitten auf seinen Betrieb mit nachvollziehbaren, plausiblen Gesichtspunkten darzulegen, aus welchen Gründen eine stärkere Bindung der Angestellten einem objektiven, wirklichen Bedürfnis entspricht. Die allgemeine, subjektive Einschätzung des Arbeitgebers, Angestellte seien auf Grund ihres höheren Bildungs- und Qualifikationstandes auf dem Arbeitsmarkt begehrter, genügt diesen Anforderungen nicht (*BAG* 12.10.2005 EzA § 611 BGB Gratifikation, Prämie Nr. 16 = NZA 2005, 1418).
- ▶ Leistet ein Arbeitgeber z.B. über mehrere Jahre ohne ausdrückliche Absprache an einen **nicht tarifgebundenen Arbeitnehmer** eine **Sonderzahlung** wie ein 13. Monatsgehalt **entsprechend dem Tarifvertrag**, so entsteht dadurch keine betriebliche Übung. Denn das Verhalten des Arbeitgebers muss so verstanden werden, dass er schlichtweg den Tarifvertrag vollziehen und alle Arbeitnehmer gleichbehandeln will. Stellt der Arbeitgeber die Zahlung entsprechend dem Tarifvertrag später ein, so hat der nicht tarifgebundene Arbeitnehmer keinen Anspruch auf Weiterzahlung der tariflichen Leistungen, wenn die Leistung an alle Arbeitnehmer nicht mehr gezahlt wird. Denn insoweit erfolgt gerade Gleichbehandlung (*LAG SchlH* 30.3.2004 NZA-RR 2005, 146).
- ▶ Der Gleichbehandlungsgrundsatz verbietet es, ohne sachlichen Grund Arbeitnehmer, die **Mehrarbeit leisten wollen**, davon auszuschließen, wenn Mehrarbeit für vergleichbare Arbeitnehmer angeordnet oder angenommen wird (*Hess. LAG* 12.9.2001 LAGE § 242 BGB Gleichbehandlung Nr. 25 = ARST 2002, S. 188 LS).

- Eine tarifliche Regelung (z.B. §§ 3, 4 MTV Chemische Industrie), die einen **Mehrarbeits- oder Überstundenzuschlag** nur für Arbeitsstunden vorsieht, die über die tarifliche oder betrieblich festgelegte regelmäßige Arbeitszeit hinausgeht, ist demgegenüber wirksam, auch wenn sie dazu führt, dass Vollzeitkräfte regelmäßig für Mehrarbeit Zuschläge erhalten, während das für Teilzeitkräfte nicht in vergleichbarer Weise der Fall ist (*BAG* 20.6.1995 EzA Art. 119 EWG-Vertrag Nr. 32; 25.7.1996 EzA § 611 BGB Mehrarbeit Nr. 6).
- Dient eine Verkürzung der wöchentlichen Arbeitszeit dem Ausgleich besonderer Belastungen, so können auch Teilzeitbeschäftigte einen Anspruch auf **anteilige Arbeitszeitverkürzung haben**. Das ist aber dann nicht der Fall, wenn der Arbeitgeber nachweist, dass die besonderen Belastungen, deren Ausgleich die Arbeitszeitverkürzung dient, bei den Teilzeitbeschäftigten nicht, auch nicht anteilig, gegeben ist (*BAG* 29.1.1992 EzA § 2 BeschFG 1985 Nr. 19).
- Eine tarifliche Regelung, die eine **Kürzung des Weihnachtsgeldes** um 500 € **einheitlich für Voll- und Teilzeitbeschäftigte** vorsieht, führt zu einer Benachteiligung der Teilzeitbeschäftigten i.S.d. § 2 Abs. 1 BeschFG (jetzt § 4 Abs. 1 TzBfG), weil der auf diese Weise errechnete Betrag unter der Summe liegt, die dem Anteil der Teilzeitarbeit im Verhältnis zur Vollzeitarbeit entspricht. Der Verstoß gegen das Benachteiligungsverbot führt zur Unwirksamkeit dieser tariflichen Berechnungsweise und damit zur Wiederherstellung der tariflichen Grundregelung, wonach Teilzeitbeschäftigte einen Anspruch auf ein Weihnachtsgeld haben, das sich nach dem Verhältnis ihrer vertraglichen Arbeitszeit zur tariflichen Arbeitszeit eines entsprechenden Vollzeitbeschäftigten bemisst (*BAG* 24.5.2000 EzA § 611 BGB Gratifikation/Prämie Nr. 159).
- Eine tarifliche Regelung, die lediglich **nicht vollbeschäftigtes Reinigungspersonal ohne sachlichen Grund aus dem persönlichen Geltungsbereich ausschließt**, verstößt trotz der Tariföffnungsklausel in § 3 Abs. 1 BeschFG 1985 gegen das Diskriminierungsverbot von Teilzeitbeschäftigten (§ 2 Abs. 1 BeschFG 1985, jetzt § 4 Abs. 1 TzBfG). Denn das Verbot der Diskriminierung von Teilzeitbeschäftigten (§ 2 Abs. 1 BeschFG 1985) gilt trotz der Öffnungsklausel in § 6 Abs. 1 BeschFG 1985 auch für die Tarifvertragsparteien. Wegen der Unwirksamkeit der die nicht vollbeschäftigte Reinigungskraft benachteiligenden Regelung kann diese zeitanteilig die für das vollbeschäftigte Reinigungspersonal vorgesehene tarifliche Vergütung verlangen (»Anpassung nach oben«), insbesondere weil tarifvertraglich die anteilige Vergütung von Teilzeitbeschäftigten bestimmt ist (*BAG* 15.10.2003 EzA § 4 TzBfG Nr. 7 = NZA 2004, 551).
- Erlaubt der Arbeitgeber Angestellten, deren tariflicher Anspruch nach § 17 Abs. 2 BAT ausgeschlossen ist, unter der Voraussetzung, dass sie an der gleitenden Arbeitszeit teilnehmen, die **Verrechnung von Überstunden als Arbeitszeit**, muss er aus Gründen der Gleichbehandlung vergleichbaren Angestellten mit fester Arbeitszeit für geleistete Überstunden bezahlte Arbeitsbefreiung gewähren, wenn er keine sachlichen Gründe für die unterschiedliche Behandlung geltend machen kann (*BAG* 15.10.1992 EzA § 17 BAT Nr. 6).
- Nimmt der Arbeitgeber einen Arbeitnehmer allein deshalb von der Zuweisung von **Überstunden aus**, weil der Arbeitnehmer nicht bereit ist, auf tarifliche **Vergütungsansprüche zu verzichten**, so stellt dies sowohl eine Maßregelung i.S.d. § 612a BGB dar, als auch eine Verletzung des arbeitsrechtlichen Gleichbehandlungsgrundsatzes (*BAG* 7.11.2002 EzA § 612a BGB 2002 Nr. 1 = NZA 2003, 1139).
- Die Differenzierung zwischen Mitarbeitern, die innerhalb von 30 km zum Behördensitz wohnen und weiter entfernt wohnenden Mitarbeitern, ist bzgl. der Dienstreisevergütung sachgerecht (*LAG Köln* 20.6.2001 NZA-RR 2002, 220).
- Zahlt ein Arbeitgeber nach der **Schließung seines Betriebes** freiwillig an die Mehrzahl seiner ehemaligen Arbeitnehmer **Abfindungen**, so sind die Leistungen nach dem vom Arbeitgeber bestimmten Verteilungsschlüssel am Gleichbehandlungsgrundsatz zu messen. Sind die rechtlichen und wirtschaftlichen Folgen der Betriebsschließung für verschiedene Arbeitnehmergruppen gleich oder vergleichbar, so darf der Arbeitgeber nicht willkürlich der einen Gruppe eine Abfindung zahlen, während er die andere Gruppe

von der Abfindungszahlung ausnimmt. Ist der für die Zahlung der Abfindungen zur Verfügung stehende Gesamtbetrag allerdings gering und sind die Chancen der ausgeschiedenen Arbeitnehmer auf dem Arbeitsmarkt ungünstig zu beurteilen, so kann es je nach den Umständen gerechtfertigt sein, die Arbeitnehmer ganz von einer Abfindungszahlung auszunehmen, die das Arbeitsverhältnis vorzeitig durch Aufhebungsvertrag gelöst haben, nachdem sie eine neue Beschäftigung gefunden haben (*BAG* 25.11.1993 EzA § 242 BGB Gleichbehandlung Nr. 58).

- Ebenso wenig verstößt es gegen den § 75 Abs. 1 S. 1 BetrVG zu Grunde liegenden allgemeinen Gleichheitssatz, wenn ein Sozialplan insgesamt für Arbeitnehmer, die durch Vermittlung des Arbeitgebers einen **neuen Arbeitsplatz finden, keine Abfindung vorsieht** (*BAG* 22.3.2005 EzA § 112 BetrVG 2001 Nr. 13 = NZA 2005, 831).
- Will der Arbeitgeber auch die älteren Arbeitnehmer, die sich mit den Leistungen aus dem bestehenden Sozialplan nicht begnügen wollen, zu einem einvernehmlichen Ausscheiden aus dem Arbeitsverhältnis bewegen, so verstößt er nicht gegen den Gleichbehandlungsgrundsatz, wenn er **zusätzliche Leistungen** nur den Arbeitnehmern verspricht, die sich nicht schon zuvor mit einem Ausscheiden auf der Basis des bestehenden Sozialplans einverstanden erklärt haben (*BAG* 18.9.2001 EzA § 1 BetrAVG Gleichbehandlung Nr. 22 = NZA 2002, 148).
- Ist der Arbeitgeber auf Grund eines wirksamen Sozialplans verpflichtet, an eine Gruppe von Arbeitnehmern eine **Sozialplanabfindung** zu zahlen (s. dazu Kap. 12 Rn. 2077 ff.), können andere Arbeitnehmer, für die der Sozialplan auf Grund einer zulässigen Differenzierung keine Abfindung vorsieht, einen entsprechenden Abfindungsanspruch nicht auf den arbeitsrechtlichen Gleichbehandlungsgrundsatz stützen (*BAG* 17.4.1996 EzA § 112 BetrVG 1972 Nr. 84; *LAG Düsseld.* 7.1.2004 LAG Report 2004, 148). Anwendbar ist er demgegenüber, wenn der Arbeitgeber auf Grund eines Sozialplans dazu verpflichtet ist, an eine Gruppe von Arbeitnehmer, die durch **Aufhebungsverträge** ausscheiden, eine Sozialplanabfindung zu zahlen und die Betriebspartner anschließend einen weiteren Sozialplan mit dem gleichen persönlichen Geltungsbereich und dem Ziel eines weiteren Personalabbaus mit einer höheren Sozialplanabfindung vereinbaren. **Die Differenzierung bei der Höhe der Abfindung** kann aber auf Grund der Situation der Arbeitnehmer zum Zeitpunkt des Angebots des Aufhebungsvertrages sachlich begründet sein (*BAG* 11.2.1998 EzA § 112 BetrVG 1972 Nr. 97; vgl. dazu *Meyer* SAE 1999, 192 ff.). Auch dass Arbeitnehmer, die **selbst gekündigt haben**, aus dem Sozialplan herausgenommen werden, stellt keinen Verstoß gegen den Gleichbehandlungsgrundsatz dar und lässt den Sozialplan deshalb nicht als fehlerhaft erscheinen (*LAG SchlH* 29.8.2002 ARST 2003, 140 LS; vgl. auch *LAG Hamm* 7.7.2004 LAG Report 2005, 116). Gleiches gilt dann, wenn ein Sozialplan Arbeitnehmer von seinem Geltungsbereich ausnimmt, die zu einem **festgelegten Stichtag** vor Abschluss eines Grundsozialplans ohne zeitliche Beschränkung **EU-Rente beziehen** und deren Arbeitsverhältnis allein aus diesem Grunde ruht. Die Feststellung der Betriebspartner, dass die Betriebsänderung bei diesen Arbeitnehmern trotz des verursachten Arbeitsplatzverlustes keinen wirtschaftlichen Nachteil hervorruft, ist dann nicht zu beanstanden (*LAG Hamm* 14.4.2003 – 7 Sa 2017/02 – EzA-SD 14/2003, S. 14 LS). Allerdings ist dann, wenn ein Sozialplan für solche Arbeitnehmer nicht gilt, die den Betrieb vor einem bestimmten Stichtag »**freiwillig verlassen bzw. selbst gekündigt haben**«, diese Klausel wegen § 75 Abs. 1 S. 1 BetrVG gesetzeskonform dahin auszulegen, dass eine Eigenkündigung zum Ablauf des Stichtages nicht zum Anspruchsverlust führt (*BAG* 29.10.2002 NZA 2003, 879 LS; zu **Stichtagsregelungen** in Sozialplänen auch *BAG* 19.2.2008 EzA § 112 BetrVG 2001 Nr. 16 = NZA 2008, 720; 20.5.2008 EzA § 112 BetrVG 2001 Nr. 27 = NZA-RR 2008, 636; bei **Altersteilzeitverträgen** *BAG* 15.4.2008 EzA § 4 TVG Altersteilzeit Nr. 27 = NZA 2008, 547; *LAG Hmb.* 19.3.2008 – 3 Sa 148/07 – EzA-SD 24/2008 S. 13 LS). Die Betriebspartner können bei der Bemessung einer Sozialplanabfindung auch ohne Verstoß gegen den Gleichbehandlungsgrundsatz Zeiten der Teilzeit- und der Vollzeitbeschäftigung anteilig berücksichtigen (*BAG* 14.8.2001 EzA § 112 BetrVG Nr. 108 m. Anm. *Büdenbender* SAE 2002, 229). Zulässig ist es auch, wenn sie nur Vordienstzeiten berücksichtigen, die die

Arbeitnehmer in einem Konzernunternehmen verbracht haben (*LAG Bln.* 15.1.2002 LAGE § 1 KSchG Betriebsbedingte Kündigung Nr. 61). Schließlich dürfen die Betriebsparteien in Sozialplänen für Arbeitnehmer, die Anspruch auf **vorgezogene Altersrente** haben, geringere Abfindungsansprüche vorsehen (*BAG* 11.11.2008 – 1 AZR 475/07).

- Es verstößt nicht gegen den Gleichbehandlungsgrundsatz bzw. Art. 3 GG, wenn bei der Zahlung einer Abfindung Zeiten eines **Erziehungsurlaubs** (jetzt einer Elternzeit) **anspruchsmindernd** berücksichtigt werden (*LAG Bln.* 18.1.1999 NZA-RR 1999, 179).
- Zahlt der Arbeitgeber wegen der **Verlegung seines Betriebs Abfindungen** auf vertraglicher Grundlage an ausscheidende Arbeitnehmer, so verstößt er nicht gegen den Gleichbehandlungsgrundsatz, wenn er Arbeitnehmer von Zahlungen ausschließt, die bereits geraume Zeit vor dem Umzugstermin auf Grund von Eigenkündigungen ausscheiden (*BAG* 8.3.1995 EzA § 242 BGB Gleichbehandlung Nr. 62).
- Es verstößt nicht gegen den Gleichbehandlungsgrundsatz, wenn ein Arbeitgeber, der aus Anlass einer Umstrukturierungsmaßnahme als **Motivationsanreiz** eine freiwillige Leistung gewährt, dabei diejenigen Mitarbeiter ausnimmt, die bereits eine höhere Vergütung als vergleichbare Arbeitnehmer der übrigen Belegschaft beziehen und in einem Betriebsteil arbeiten, der wegen Unwirtschaftlichkeit stillgelegt werden soll. Der entsprechende Differenzierungsgrund ist auch nicht allein deshalb als unsachlich zu werten, weil zu Beginn der Leistungsgewährung das Mitbestimmungsverfahren über die Teilbetriebsstilllegung (§§ 111, 112 BetrVG) noch nicht abgeschlossen war (*BAG* 10.3.1998 EzA § 242 BGB Betriebliche Übung Nr. 40; vgl. dazu *Gamillscheg* SAE 1999, 236 ff.).
- Vereinbart der Insolvenzverwalter mit Arbeitnehmern, denen bereits vor Eröffnung des Insolvenzverfahrens gekündigt worden war, dass sie gegen **Zahlung einer Abfindung** ihre Einwendungen gegen die Wirksamkeit der Kündigung fallen lassen und sich mit der Beendigung des Arbeitsverhältnisses einverstanden erklären, um so den Übergang des Restbetriebs an einen Erwerber sicherzustellen, so verstößt es nicht gegen den arbeitsrechtlichen Gleichbehandlungsgrundsatz, wenn dabei **diejenigen Arbeitnehmer ausgenommen** werden, die sich bereits **in Kenntnis des Antrags auf Eröffnung des Insolvenzverfahrens** mit der Beendigung des Arbeitsverhältnisses ausdrücklich **einverstanden** erklärt hatten (*BAG* 27.10.1998 EzA § 112 BetrVG 1972 Nr. 100).
- Es verstößt gegen den Gleichbehandlungsgrundsatz, wenn **wissenschaftlichen Mitarbeitern** an den Hochschulen mit abgeschlossener Hochschulausbildung eine jährliche **Sonderzuwendung** gewährt wird, den wissenschaftlichen Mitarbeitern ohne abgeschlossene Hochschulausbildung (den studentischen Hilfskräften) dagegen nicht (*BAG* 6.10.1993 EzA § 242 BGB Gleichbehandlung Nr. 57; 20.12.1995 – 10 AZR 12/95).
- Der **Ausschluss der Studierenden**, die nach § 6 Abs. 1 Nr. 3 SGB V versicherungsfrei sind, aus dem Geltungsbereich des BAT (§ 3 Buchst. n) ist im Verhältnis zu anderen von der Tarifregelung erfassten teilzeitbeschäftigten Angestellten mit gleichem Arbeitsumfang gleichheitswidrig und daher unwirksam (*BAG* 28.3.1996 EzA § 2 BeschFG 1985 Nr. 47). Der Arbeitgeber darf teilzeitbeschäftigte Arbeitnehmer auch nicht deshalb schlechter bezahlen, weil sie als Studenten **sozialversicherungsfrei** sind (*BAG* 12.6.1996 EzA § 2 BeschFG 1985 Nr. 49).
- Arbeitnehmer, die mit einem **befristeten Arbeitsvertrag** beschäftigt sind, der vor dem für die **Jahressonderzahlung** maßgeblichen Stichtag endet, haben auch dann keinen Anspruch auf eine anteilige Sonderzahlung, wenn eine solche für Arbeitnehmer, die auf Grund einer betriebsbedingten Kündigung vor dem Stichtag ausscheiden, vorgesehen ist (*BAG* 6.10.1993 EzA § 611 BGB Gratifikation, Prämie Nr. 106).
- Gewährt ein Arbeitgeber **Beihilfen** in bestimmten Fällen, so darf er Angestellte, deren Arbeitszeit weniger als die Hälfte der regelmäßigen Arbeitszeit eines vollbeschäftigten Angestellten beträgt, nicht wegen der verminderten Arbeitszeit vom Bezug dieser Leistung ausnehmen. Ein sachlicher Grund für die Ungleichbehandlung i.S.d. § 2 Abs. 1 BeschFG (jetzt § 4 Abs. 1 TzBfG) ergibt sich nicht daraus, dass der Arbeitgeber **unterhälftig beschäftigten** Beamten, deren Dienstherr er ist, nach Beamtenrecht zu einer vergleichbaren Leistung nicht verpflichtet ist (*BAG* 17.6.1993 EzA § 2 BeschFG 1985 Nr. 34).

- Gewährt ein Arbeitgeber des öffentlichen Dienstes Angestellten, die nach einer Tätigkeit im Geltungsbereich des BAT auf einen **Arbeitsplatz im Beitrittsgebiet** zurückkehren, weiterhin Leistungen nach diesem Tarifvertrag und nicht nach dem auf diese Arbeitsverhältnisse anzuwendenden BAT-O (vgl. dazu *BAG* 6.10.1994 AP Nr. 2 zu § 1 BAT-O; 23.2.1995 EzA § 4 TVG Geltungsbereich Nr. 8), so muss er andere Angestellte auf vergleichbaren Arbeitsplätzen gleichbehandeln. Allein darin, dass diese Angestellten nicht im Geltungsbereich des BAT beschäftigt waren, liegt kein sachlicher Grund für die Unterscheidung.
- Hat der Arbeitgeber die Leistungen nach dem BAT weitergewährt, weil er sich dazu tariflich oder gesetzlich **für verpflichtet hielt**, so kann er diese Praxis jedoch **jederzeit beenden**. In diesem Fall:
  a) kann für die Zukunft keiner der vergleichbaren Angestellten die Anwendung des BAT verlangen,
  b) ist, wenn der Arbeitgeber die zu Unrecht gewährten Leistungen nicht zurückfordert, für die Vergangenheit die Lohngleichheit dadurch zu verwirklichen, dass auch vergleichbare Angestellte, die nicht im Geltungsbereich des BAT tätig waren, die Leistungen nach diesem Tarifvertrag erhalten (*BAG* 26.10.1995 EzA § 242 BGB Gleichbehandlung Nr. 70; ebenso *LAG Bln.* 8.8.1997 ZTR 1998, 27; vgl. auch *LAG Bln.* 10.4.1997 ZTR 1998, 28 LS; *ArbG Bln.* 21.8.1997 ZTR 1998, 29 LS).
- Hat der Arbeitgeber auf Grund einer vermeintlichen Verpflichtung Leistungen nach dem BAT, statt dem BAT-O gewährt, so ist er nicht gehalten, andere Arbeitnehmer, die er nach Rückkehr nur nach BAT-O vergütet hat, gleich zu behandeln, wenn er seinen **Irrtum** nach Kenntniserlangung **korrigiert** hat, indem er die übertariflichen Leistungen an jene Arbeitnehmer eingestellt und die überzahlten Beträge zurückgefordert hat. Ein Anspruch auf Gleichbehandlung im Irrtum besteht nicht (*BAG* 26.11.1998 NZA 1999, 1108).
- Hat ein Arbeitgeber des öffentlichen Dienstes **Arbeitnehmern aus dem Beitrittsgebiet**, die auf Dauer im ehemaligen Westberlin eingesetzt waren, einzelvertraglich die Anwendung des TV Arb (West) zugesagt, nicht jedoch Arbeitnehmern, deren »Westeinsatz« in diesem Zeitpunkt bereits beendet war, so lag darin keine sachwidrige Ungleichbehandlung dieser Arbeitnehmer. Anders wäre zu entscheiden, wenn die Beklagte nach Klarstellung der tariflichen Rechtslage durch die Entscheidung des *BAG* vom 26.10.1995 (EzA § 242 BGB Gleichbehandlung Nr. 70) weiterhin einzelvertragliche Zusagen erteilt hätte, nach denen auch bei Rückkehr in das Beitrittsgebiet der TV Arb (West) fortgilt (*BAG* 25.6.1998 NZA 1999, 271).
- Auch kann ein Arbeitnehmer, der aus dem **Westteil Berlins** stammt und trotz einer gegenteiligen Stellenausschreibung für eine Tätigkeit im Ostteil der Stadt unter Bezugnahme auf den BAT-O eingestellt worden ist, nicht auf Grund des Gleichbehandlungsgrundsatzes die Anwendung des BAT verlangen (*LAG Bln.* 2.5.1997 NZA-RR 1998, 189).
- Die Annahme des Arbeitgebers, er sei auf Mitarbeiter angewiesen, die ihre berufliche Qualifikation in einem rechtsstaatlichen und marktwirtschaftlichen System erlangt haben, konnte es aber jedenfalls im Jahre **1996 nicht mehr sachlich rechtfertigen**, Arbeitnehmen, die am **2.10.1990 ihren Wohnsitz in der DDR** hatten, **generell ein niedrigeres Gehalt zu zahlen** als Arbeitnehmern, die zu diesem Zeitpunkt in den alten Bundesländern ansässig waren (*BAG* 15.5.2001 EzA § 242 BGB Gleichbehandlung Nr. 85).
- Wird für dieselbe Arbeit im Osten Deutschlands weniger gezahlt, als im Westen, ohne dass ein Verstoß gegen den Gleichbehandlungsgrundsatz vorliegt, weil dies nicht auf einem allgemeinen Prinzip, einer Gruppenbildung beruht, und sind auch die Voraussetzungen des § 612 Abs. 3 BGB nicht erfüllt, hat ein Arbeitnehmer im Ostteil keinen Anspruch auf höhere Vergütung. Denn der Grundsatz **»Gleicher Lohn für gleiche Arbeit«** ist in der deutschen Rechtsordnung **keine allgemeingültige Anspruchsgrundlage**, sondern bedarf der Umsetzung in Anspruchsgrundlagen wie z.B. § 612 Abs. 3 BGB (*BAG* 21.6.2000 EzA § 242 BGB Gleichbehandlung Nr. 83; krit. dazu hinsichtlich der Begründung *Körner* SAE 2001, 167 f.; vgl. auch *BAG* 23.5.2001 EzA § 138 BGB Nr. 39).

- Es verstößt nicht gegen den Gleichbehandlungsgrundsatz, wenn ein **Sozialversicherungsträger in Brandenburg** in den Jahren nach der Wiedervereinigung Deutschlands bis 1996 (bzw. bis 1995) Arbeitnehmer, die in den alten Bundesländern eine besondere, für die Erledigung der Arbeitsaufgaben erforderliche Berufsausbildung absolviert hatten und/ oder über langjährige Berufserfahrung im Bereich der Sozialversicherung verfügten, übertarifliche Vergütung nach westlichem Tarifrecht zugesagt hat, während aus dem Beitrittsgebiet stammende Arbeitnehmer, die nicht über eine solche Ausbildung oder Berufserfahrung verfügen, Vergütung nach den ungünstigeren Bedingungen des östlichen Tarifrechts erhalten (*BAG* 27.9.2001 EzA § 11 ArbGG 1979 Nr. 15). Gleiches gilt für Arbeitnehmer einer gesetzlichen Krankenkasse in Brandenburg, die in den alten Bundesländern eine Berufsausbildung absolviert haben, die für die Erledigung der Arbeitsaufgabe von besonderem Interesse (*BAG* 27.9.2001 NZA 2002, 527 LS) bzw. nützlich waren (*BAG* 21.3.2002 EzA § 242 BGB Gleichbehandlung Nr. 88). Gewährte der Arbeitgeber die günstigere Vergütung allerdings auch Arbeitnehmern, die diese Voraussetzungen nicht erfüllten, sondern sich von anderen Arbeitnehmern, deren Arbeitsverhältnisse im Beitrittsgebiet begründet waren, nur dadurch unterschieden, dass sie aus den **alten Bundesländern »stammten«**, so war dies gleichheitswidrig. Im Hinblick auf die für Vergütungsvereinbarungen geltende Vertragsfreiheit genügt für die Begründung eines Anspruchs auf Gleichbehandlung jedoch nicht, dass der Arbeitgeber in Einzelfällen von der von ihm selbst gesetzten generalisierenden Regel abgewichen ist. Die tatsächlichen Umstände müssen vielmehr ergeben, dass er diese Regel verlassen und durch die neue (gleichheitswidrige) Regel ersetzt hatte (*BAG* 21.3.2002 EzA § 242 BGB Gleichbehandlung Nr. 88).
- § 39 BAT verstößt insoweit gegen § 2 Abs. 1 BeschFG (jetzt § 4 Abs. 1 TzBfG), als Nichtvollbeschäftigte danach nur einen **anteiligen Anspruch auf Zahlung einer Jubiläumszuwendung** haben. Denn die Benachteiligung ist nicht durch sachliche Gründe gerechtfertigt; insbes. ihr Sinn und Zweck (einmalige Leistung des Arbeitgebers im Hinblick auf die erbrachte Betriebstreue; Ausdruck der Anerkennung für eine langjährige Zugehörigkeit zum öffentlichen Dienst unabhängig von der Höhe des früheren oder jetzigen Verdienstes) rechtfertigt keine Ungleichbehandlung. Zudem ist Voraussetzung für ihre Gewährung alleine das Zurücklegen einer bestimmten Dienstzeit, ohne dass es darauf ankommt, in welchem Umfang der Angestellte während dieser Dienstzeit für den öffentlichen Arbeitgeber Arbeitsleistungen erbracht hat (*BAG* 22.5.1996 EzA § 2 BeschFG 1985 Nr. 45).
- Wird in allgemeinen Arbeitsbedingungen unter dem ausdrücklichen Vorbehalt der Freiwilligkeit der Leistung eine Weihnachtsgratifikation für Arbeitnehmer in Aussicht gestellt, deren »Arbeitsverhältnis **während des ganzen Jahres bestanden hat** und im Auszahlungszeitpunkt **nicht gekündigt** ist«, so hindert diese normierte Anspruchsvoraussetzung den Arbeitgeber nicht, künftig **den Personenkreis auch anders zu bestimmen** und etwa Arbeitnehmer, deren Arbeitsverhältnis ruht, von der Leistung auszunehmen (*BAG* 6.12.1995 EzA § 611 BGB Gratifikation, Prämie Nr. 134).
- Der öffentliche Arbeitgeber ist auf Grund des arbeitsrechtlichen Gleichbehandlungsgrundsatzes gehindert, durch eine sachfremde Gruppenbildung Arbeitnehmer von der Ausgabe eines **Job-Tickets** auszuschließen. Sind die in den Außenstellen einer Dienststelle beschäftigten Arbeitnehmer aber nur zu einem geringen Teil bereit, sich an den Kosten eines Job-Tickets zu beteiligen, ist es nicht sachfremd, dieses nur an Beschäftigte der Hauptstelle auszugeben, wenn sich dort eine bedeutend größere Anzahl beteiligt als in den Außenstellen (*BAG* 11.8.1998 EzA § 242 BGB Gleichbehandlung Nr. 78).
- Eine tarifliche Regelung, die eine **jährliche Zuwendung** von 100 % der Urlaubsvergütung vorsieht, die dem Arbeitnehmer zugestanden hätte, wenn er während des ganzen Monats September Erholungsurlaub gehabt hätte, verstößt nicht gegen § 2 Abs. 1 BeschFG (jetzt § 4 Abs. 1 TzBfG). Denn die maßgebliche Berechnungsvorschrift für die Höhe der Zuwendung sieht keine unterschiedliche Behandlung von Voll- und Teilzeitarbeitnehmern vor, sondern stellt – abstrakt – für alle Arbeitnehmer auf die fiktive Urlaubsvergütung für den Monat September des laufenden Kalenderjahres ab (*BAG* 18.8.1999 NZA 2000, 148).

- Der Gleichbehandlungsgrundsatz verbietet es nicht, **Lehrkräfte** mit der Befähigung für das Lehramt an Sonderschulen und Lehrkräfte ohne diese Befähigung **verschiedenen Vergütungsgruppen** zuzuordnen. Der Gleichbehandlungsgrundsatz enthält danach kein Gebot zur Gleichbehandlung von Arbeitnehmern in verschiedenen Ordnungs- oder Regelungsbereichen; ein Eingruppierungserlass eines Bundeslandes für angestellte Lehrkräfte und der BAT betreffen verschiedene Ordnungsbereiche (*BAG* 30.9.1998 EzA § 242 BGB Betriebliche Übung Nr. 42).
- Der arbeitsrechtliche Gleichbehandlungsgrundsatz schließt unterschiedliche kinderbezogene Leistungen für Angestellte und Beamte mit mehr als zwei Kindern nicht aus (*BAG* 3.4.2003 EzA § 242 BGB 2002 Gleichbehandlung Nr. 1 = NZA 2003, 1286).
- Erhält der Arbeitgeber von einem Dritten **arbeitsplatzgebundene Mittel** für die Zahlung einer Weihnachtsgratifikation, so gebietet es der Gleichbehandlungsgrundsatz nicht, auch den auf anderen Arbeitsplätzen beschäftigten Arbeitnehmern eine entsprechende Gratifikation aus eigenen Mitteln zu gewähren (*BAG* 21.5.2003 EzA § 611 BGB 2002 Gratifikation, Prämie Nr. 10 = NZA 2003, 1274).
- Der Arbeitgeber verstößt nicht gegen den Gleichbehandlungsgrundsatz, wenn er für die aktive Belegschaft und die Betriebsrentner bei der **Gewährung von Beihilfe einen unterschiedlichen Selbstbehalt** einführt; es liegen sachliche Gründe dafür vor, wenn der Selbstbehalt bei den Betriebsrentnern höher ausfällt als bei den aktiven Belegschaftsmitgliedern (*LAG Düsseld.* 31.10.2003 LAGE § 232 BGB 2002 Nr. 1 = LAG Report 2004, 254 LS).

bb) Betriebliche Altersversorgung (vgl. auch § 1b Abs. 1 S. 4 BetrAVG)

Eine unterschiedliche Behandlung bei der Gewährung betrieblicher Versorgungsleistungen kann aus betrieblichen Gründen (nachvollziehbar unterschiedliches **Interesse an fortdauernder Betriebstreue** der jeweiligen Arbeitnehmergruppen) oder aus **sozialen Gründen** (typischerweise unterschiedlicher Versorgungsbedarf) sachlich gerechtfertigt sein (*BAG* 20.7.2004 EzA § 1 BetrAVG Gleichbehandlung Nr. 27 = NZA-RR 2005, 560 LS). Dabei hängt die Antwort auf die Frage, ob der Gleichbehandlungsgrundsatz verletzt ist, nicht davon ab, ob die Gründe für eine Differenzierung in einer Versorgungsordnung genannt sind, sondern davon, ob die Ungleichbehandlung in der Sache gerechtfertigt ist (*BAG* 21.8.2007 EzA § 1 BetrAVG Gleichbehandlung Nr. 29). 418

Nach § 1b Abs. 1 S. 4 BetrAVG ist der arbeitsrechtliche Gleichbehandlungsgrundsatz nunmehr eine **selbstständige Anspruchsgrundlage** im Bereich der betrieblichen Altersversorgung, wenn der Verstoß gegen diesen Grundsatz nur durch die Zahlung einer Betriebsrente an die zu Unrecht ausgeschlossenen Arbeitnehmer zu beseitigen ist (*BAG* 25.5.2004 EzA § 16 BetrAVG Gleichbehandlung Nr. 1).

Tatbestandliche Voraussetzung der Anwendung des Gleichbehandlungsgrundsatzes ist allerdings stets eine verteilende Entscheidung des Arbeitgebers. Tut er nichts, liegt eine solche grds. nicht vor (*BAG* 24.1.2006 EzA § 1 BetrAVG Gleichbehandlung Nr. 28 = NZA 2006, 1432 LS)

Beispiele Betriebliche Altersversorgung: 419

- Erhält eine Arbeitnehmergruppe aus Gründen der **Besitzstandswahrung** eine Zulage als nicht abbaubaren, ruhegeldfähigen Entgeltbestandteil und eine andere Gruppe von Arbeitnehmern nicht, kann die Wahrung sozialer Besitzstände als sachlicher Grund die unterschiedliche Behandlung rechtfertigen (*BAG* 2.8.2006 NZA 2007, 55 LS).
- Der Gleichbehandlungsgrundsatz verbietet es dem Arbeitgeber nicht, denjenigen Arbeitnehmern eine Gesamtzusage auf **Zahlung höherer Prämien** zu einer zu ihren Gunsten abgeschlossenen Direktversicherung zu erteilen, die in **Betrieben** beschäftigt werden, in denen **Bestimmungen einer mit dem Gesamtbetriebsrat abgeschlossenen Vereinbarung zur flexibleren Gestaltung der Arbeitszeit umgesetzt werden.** Sofern diesen Arbeitnehmern eine höhere Flexibilität abverlangt wird, ist dies ein sachlicher

Grund für eine Differenzierung. Ein Anspruch auf Zahlung der höheren Prämie könnte sich **aber dann** ergeben, wenn der Ausschluss von der Leistung eine **Maßregelung der Arbeitnehmer** in den Betrieben darstellt, in denen die Arbeitszeitbestimmungen der Vereinbarung nicht umgesetzt werden, weil diese gegen tarifvertragliche Regeln verstoßen und der Betriebsrat sie deshalb abgelehnt hat (*BAG* 18.9.2007 EzA § 1 BetrAVG Gleichbehandlung Nr. 30). Denn der Arbeitgeber darf Leistungen der betrieblichen Altersversorgung zwar davon abhängig machen, dass eine Betriebsvereinbarung über Regelungen zur flexibleren Gestaltung der Arbeitszeit zustande kommt. Letztere dienen nämlich dem wirtschaftlichen Interesse des Arbeitgebers. Dieser kann als Gegenleistung das Arbeitsentgelt erhöhen, auch dadurch, dass er zusätzliche Beiträge zur betrieblichen Altersversorgung leistet. Allerdings kommt ein Verstoß gegen das Maßregelungeverbot des § 612a BGB sowie der Benachteiligungsverbote der §§ 16 AGG, 5 TzBfG, 78 S. 2 BetrVG dann in Betracht, wenn Arbeitnehmer deshalb benachteiligt werden, weil der Betriebsrat sein Mitbestimmungsrecht in unzulässiger Weise ausübt. Das liegt dann nahe, wenn das Versprechen von Vorteilen dazu dient, den Betriebsrat zu einem rechtswidrigen Verhalten zu bewegen, z.B. dazu, eine gesetzes- oder tarifwidrige Betriebsvereinbarung abzuschließen (*BAG* 18.9.2007 EzA § 1 BetrAVG Gleichbehandlung Nr. 30).

- **Leitende Angestellte** können nicht ohne besondere Anhaltspunkte Gleichbehandlung mit den nicht leitenden Angestellten verlangen. Das gilt erst recht dann, wenn es den leitenden Angestellten auf Grund ihrer herausgehobenen Stellung während des Dienstverhältnisses möglich war, nur für ihre Gruppe besondere Versorgungszusagen auszuhandeln. Das gilt erst recht, wenn der leitende Angestellte in einzelvertraglichen Vereinbarungen zur Altersversorgung mehrfach, wiederholt und ausdrücklich auf eine Altersversorgung nach anderen Bestimmungen verzichtet hat (*BAG* 20.7.2004 EzA § 1 BetrAVG Gleichbehandlung Nr. 27 = NZA-RR 2005, 560 LS).
- Der Arbeitgeber darf die Gewährung einer betrieblichen Altersversorgung (s.u. Kap. 3 Rn. 3501 ff.) andererseits aber auch umgekehrt auf einen **abgrenzbaren Personenkreis beschränken**, z.B. auf Arbeitnehmer in gehobenen Positionen, die er wegen ihrer Bedeutung für das Unternehmen in besonderem Maße entlohnen und an das Unternehmen binden will (*BAG* 12.6.1990 EzA § 1 BetrAVG Nr. 57). Die Unterscheidung zwischen Mitarbeitern mit leitenden Aufgaben bzw. außertariflichen Angestellten, die eine Zusage erhalten und sonstigen Mitarbeitern, die keine Zusage erhalten, ist sachlich berechtigt. Der Arbeitgeber darf auch Mitarbeiter im Außendienst durch Zusagen auf Leistungen aus der betrieblichen Altersversorgung enger an das Unternehmen binden; für diese Bevorzugung gibt es gute Gründe (*BAG* 17.2.1998 EzA § 1 BetrAVG Gleichbehandlung Nr. 14; 18.2.2003 EzA § 16 BetrAVG Nr. 42; vgl. dazu *Franzen* SAE 1999, 34 ff.). Aus den gleichen Gründen ist auch eine **Begünstigung von Prokuristen** gegenüber anderen Arbeitnehmern, seien es auch Abteilungsleiter, im Rahmen der betrieblichen Altersversorgung nicht zu beanstanden. Prokuristen und Handlungsbevollmächtigte haben auch handelsrechtlich eine unterschiedliche Stellung und sind nicht miteinander vergleichbar. Die Erteilung von Prokura stellt zudem einen gesteigerten Vertrauensbeweis dar (*BAG* 25.5.2004 EzA § 16 BetrAVG Gleichbehandlung Nr. 1).
- Eine unterschiedliche Behandlung von **Arbeitern und Angestellten** bei Leistungen der betrieblichen Altersversorgung ist ohne sachliche Gründe nicht gerechtfertigt (*LAG Hamm* 15.12.2004 LAG Report 2005, 148).
- Erstreckt sich der Gleichbehandlungsgrundsatz betriebsübergreifend auf das gesamte Unternehmen (s.o. Rn. 398), so können bei der Gewährung einer betrieblichen Altersversorgung wie z.B. die Zugehörigkeit zu verschiedenen Branchen oder die unterschiedliche wirtschaftliche Situation **Differenzierungen zwischen Betrieben** rechtfertigen (*Hess. LAG* 15.8.2001 – 8 Sa 1098/00 – EzA-SD 7/2002, S. 13 LS = NZA 2002, 266).
- Es stellt keine Verletzung des arbeitsrechtlichen Gleichbehandlungsgrundsatzes dar, wenn der Konkursverwalter die Lohnansprüche der von ihm weiter beschäftigten Arbeitnehmer erfüllt, gegenüber den von ihm freigestellten Arbeitnehmern jedoch Massearmut einwendet (*BAG* 11.12.2001 EzA § 60 KO Nr. 8).

- Der Ausschluss einer Gruppe von Arbeitnehmern von Leistungen der betrieblichen Altersversorgung ist aber nur dann mit dem Gleichbehandlungsgrundsatz vereinbar, wenn er nach dem **Zweck der Leistung gerechtfertigt** ist. Der Arbeitgeber darf insoweit **Außendienstmitarbeiter** von Leistungen der betrieblichen Altersversorgung, deren Zweck regelmäßig in der Mitwirkung an der Versorgung der Arbeitnehmer im Alter sowie in der Förderung und Belohnung der Betriebstreue besteht, nicht deshalb ausschließen, weil diese ein höheres Entgelt (Fixum und Provision) als Mitarbeiter im Innendienst erhalten (*BAG* 20.7.1993 EzA § 1 BetrAVG Gleichbehandlung Nr. 4; abl. *Lieb* ZfA 1996, 319 ff.).
- Durch Urteil vom 9.12.1997 (EzA § 1 BetrAVG Gleichbehandlung Nr. 16) hat das *BAG* im Hinblick auf Außendienstmitarbeiter **stärker differenzierend** folgende **Grundsätze** aufgestellt:
- Die **Unterschiede in der Art der Arbeitsleistung und der besonderen Vergütungsstruktur** können es nicht sachlich rechtfertigen, Außendienstmitarbeiter aus einer ausschließlich arbeitgeberfinanzierten betrieblichen Altersversorgung auszuschließen, die sämtlichen Innendienstmitarbeitern zugute kommt.
- Ein Arbeitgeber kann andererseits ohne Verstoß gegen den arbeitsrechtlichen Gleichbehandlungsgrundsatz Arbeitnehmer von der betrieblichen Altersversorgung ausschließen, die ein **erheblich höheres Einkommen** als die in das Versorgungswerk einbezogene Gruppe haben. Er kann aus sozialen Gründen nur solchen Arbeitnehmern einen Zusatzversorgungsanspruch einräumen, die nicht in vergleichbarer Weise wie die von der Versorgung ausgenommenen zur **Eigenvorsorge** in der Lage sind (bestätigt durch *BAG* 21.8.2007 EzA § 1 BetrAVG Gleichbehandlung Nr. 29).
- Ein **Gesamtvergleich** der den verschiedenen Arbeitnehmergruppen in unterschiedlicher Form zufließenden Arbeitsentgelte kann allenfalls dann einen Ausschluss von Versorgungsleistungen rechtfertigen, wenn den betrieblichen Entgeltfestlegungen entnommen werden kann, dass in dem **laufenden Entgelt** der aus dem ausschließlich arbeitgeberfinanzierten betrieblichen Versorgungswerk ausgenommenen Arbeitnehmergruppe **Bestandteile** enthalten sind, die einen **gleichwertigen Ausgleich** für die Benachteiligung im Bereich des Versorgungslohns bezwecken; diesen Grundsatz hat das *BAG* durch Urteil vom 21.8.2007 (EzA § 1 BetrAVG Gleichbehandlung Nr. 29) allerdings inzwischen ausdrücklich aufgegeben.
- Die **Verschlechterung der Gewährung von Leistungen** der betrieblichen Altersversorgung für neu eintretende Arbeitnehmer, neue Versorgungsfälle oder von Versorgungsfällen ab einem bestimmten Zeitpunkt ist grds. ohne weiteres möglich (*BAG* 13.10.1960 AP Nr. 30 zu § 242 BGB Gleichbehandlung).
- Wird dagegen eine bisher im Wesentlichen gleich behandelte **Arbeitnehmergruppe nachträglich aufgespalten** und werden nur bei einem Teil die Leistungen ab einem bestimmten Stichtag verbessert, so bedarf es dafür eines sachlichen Grundes (*BAG* 11.9.1980 EzA § 242 BGB Ruhegeld Nr. 94).
- Zulässig ist es, sofern nicht zwischen Männern und Frauen differenziert wird, die Leistung von der Bedingung abhängig zu machen, dass der Arbeitnehmer bei Beginn des Arbeitsverhältnisses ein bestimmtes **Höchsteintrittsalter** (z.B. 50 Jahre) nicht überschritten hat (*BAG* 14.1.1986 EzA § 1 BetrAVG Nr. 40).
- Möglich ist auch eine Differenzierung zwischen **aktiven Arbeitnehmern und Ruheständlern**, da nur die aktive Belegschaft die für die betriebliche Altersversorgung erforderlichen Mittel erwirtschaften kann (*BAG* 11.9.1980 EzA § 242 BGB Ruhegeld Nr. 94).
- Sind beide Ehepartner bei demselben Arbeitgeber beschäftigt, so darf nicht ein Ehepartner deshalb von der betrieblichen Altersversorgung ausgeschlossen werden, weil er nach dem anderen Ehepartner eine **Hinterbliebenenversorgung** erwirbt (*BAG* 10.1.1989 EzA § 1 BetrAVG Gleichberechtigung Nr. 3; vgl. auch Rn. 301 f.).
- Sagt der Arbeitgeber seinen Arbeitnehmern eine Witwenversorgung zu, so muss er auch eine gleich hohe **Witwerversorgung** zusagen (*BAG* 5.9.1989 EzA § 1 BetrAVG Gleichberechtigung Nr. 5; vgl. auch *LAG Düsseld.* 11.6.1997 LAGE Art. 119 EWG-Vertrag Nr. 16: Verstoß gegen Art. 119 EWGV, jetzt Art. 141 EGV, bei unterschiedlichen Voraussetzungen für die Gewährung einer Witwen-, Witwerrente).

- Inwieweit betriebliche Versorgungsregelungen zwischen **Arbeitern und Angestellten** differenzieren dürfen, ist fraglich. Jedenfalls kann eine unterschiedlich gewollte Betriebsbindung oder die besondere Bedürftigkeit von Arbeitnehmern ein sachlich begründetes Differenzierungskriterium sein (*BAG* 12.6.1990 EzA § 1 BetrAVG Nr. 57).
- Es verstößt nicht gegen den Grundsatz der Gleichbehandlung, wenn eine Sozialeinrichtung der Post nur ehemaligen Postbeamten, um diese als Arbeitnehmer zu gewinnen, zusätzlich zum Arbeitsentgelt die **Prämien für eine Direktversicherung** zahlt, anderen Arbeitnehmern aber nicht (*BAG* 20.11.1996 EzA § 242 BGB Gleichbehandlung Nr. 71).
- § 3 Buchst. n BAT nebst Protokollerklärung ist wegen Verstoßes gegen § 2 Abs. 1 BeschFG (jetzt § 4 Abs. 1 TzBfG) insoweit nichtig, als **nebenberuflich nicht geringfügig beschäftigte Angestellte** von der Anwendung des BAT und damit von der Zusatzversorgung nach dem Versorgungs-TV ausgeschlossen werden (*BAG* EzA 9.10.1996 EzA § 2 BeschFG Nr. 50).
- Ein Arbeitgeber, der eine genehmigte Ersatzschule und ein Internat betreibt, verstößt nicht gegen den Gleichbehandlungsgrundsatz, wenn er die **Refinanzierungsmöglichkeiten des Ersatzschulfinanzgesetzes** ausschöpft und nur den in der Schule, nicht aber den im Internat beschäftigten Arbeitnehmern eine Zusatzversorgung zusagt (*BAG* 19.6.2001 EzA § 1 BetrAVG Gleichbehandlung Nr. 23).
- Tatbestandliche Voraussetzung der Anwendung ist eine **verteilende Entscheidung des Arbeitgebers**. Tut er nichts, liegt eine solche grds. nicht vor. Etwas anderes kann lediglich bei einer Veränderung der Umstände von solchem Gewicht, dass sie eine Anpassungspflicht auslösen, gelten. Der bloße Abbau einer Überversorgung in einem Altersversorgungssystem, dem ein Teil der Arbeitnehmer angeschlossen ist, löst eine derartige Anpassungspflicht nicht aus (*BAG* 24.1.2006 EzA § 1 BetrAVG Gleichbehandlung Nr. 28 = NZA 2006, 1432 LS)

420 Zu weiteren Beispielen s.u. Kap. 3 Rn. 3501 ff.

cc) Sonstige Arbeitsbedingungen

421 Wird eine hälftig **teilzeitbeschäftigte Pflegekraft** zur gleichen Zahl von Wochenenddiensten herangezogen wie eine vollzeitbeschäftigte Pflegekraft, so wird sie gegenüber dieser nicht wegen der Teilzeit i.S.d. § 4 Abs. 1 TzBfG ungleich behandelt.

422 Ob dann, wenn die wöchentliche Arbeitskraft der Teilzeitkraft nicht im gleichen Verhältnis wie bei den Vollzeitkräften auf den Wochenenddienst und den Dienst an den übrigen Wochentagen verteilt ist, ein Verstoß gegen § 2 Abs. 1 BeschFG (jetzt § 4 Abs. 1 TzBfG) vorliegt, hat das *BAG* (1.12.1994 EzA § 2 BeschFG 1985 Nr. 39) offen gelassen.

423 Es verstößt gegen § 2 Abs. 1 BeschFG (jetzt § 4 Abs. 1 TzBfG), eine altersabhängige Unterrichtsermäßigung nur vollzeitbeschäftigten Lehrern zu gewähren (*BAG* 30.9.1998 EzA § 2 BeschFG 1985 Nr. 58).

424 Zur regelmäßigen **Arbeitszeit von Musikern** in einem großen Kulturorchester zählen auch die Dienste, die sie infolge mutterschutzbedingten Ausfalles von Musikerinnen zu leisten haben, wenn die Arbeitszeit durch die Zahl der zu leistenden Dienste bestimmt wird und sich nach Maßgabe einer einschlägigen Tarifnorm (z.B. § 15 des TV für Musiker in Kulturorchestern) diese nach der Größe und den Aufgaben des Kulturorchesters richtet. Angestellte Orchestermusiker können die Leistung solcher Dienste selbst dann, wenn der Arbeitgeber zwar für Dienstausfälle infolge Wehr- und Ersatzdienst, nicht aber für solche aus Anlass des gesetzlichen Mutterschutzes Aushilfen einsetzt, nicht verweigern. Sie sind dadurch insbes. nicht selbst in ihren Rechten verletzt, weil sie »zur Diskriminierung der Frauen beitrügen, die ihr Mutterschutzrecht in Anspruch nähmen«. Insoweit liegt weder ein Verstoß gegen den Gleichbehandlungsgrundsatz, § 611a BGB, § 1004 BGB analog, noch die Richtlinie 76/207 EWG vor (*BAG* 10.1.1996 NZA 1996, 825).

425 Es verstößt gegen den arbeitsrechtlichen Gleichbehandlungsgrundsatz, wenn ein Monteur **nur mit der tariflichen Arbeitszeit** von 35 Stunden **eingesetzt wird**, während alle anderen Monteure 45 Stunden arbeiten. Der Umstand, dass die anderen Monteure u.a. auf die Zahlung von Mehrarbeitszuschlägen verzichtet haben, ist kein sachlicher

Grund, der die Ungleichbehandlung rechtfertigt (*LAG Nds.* 14.11.2000 LAGE §242 BGB Betriebliche Übung Nr. 24).

Gewährt der Arbeitgeber über eine Unterstützungseinrichtung (Stiftung) seinen Mitarbeitern nach bestimmten Richtlinien **Beihilfen** zu Aufwendungen für Arzneimittel, kann der einzelne Arbeitnehmer Beihilfe nach Maßgabe der Richtlinien auch dann verlangen, wenn die Unterstützungseinrichtung in ihren Richtlinien einen Rechtsanspruch auf Beihilfe ausgeschlossen hat (Beihilfe an gesetzlich Krankenversicherte für die durch das Kostendämpfungsgesetz eingeführten Zuzahlungen bei Arzneimitteln; *LAG Köln* 17.2.2000 FA 2000, 358 LS). 426

Der Arbeitgeber verstößt durch die geübte Praxis, **Vorbeschäftigungszeiten** von zuvor unbefristet beschäftigten Arbeitnehmern, nicht dagegen von befristet Beschäftigten bei dem Rechtsvorgänger auf die bei ihm erworbene Betriebszugehörigkeit anzurechnen, nicht gegen den Gleichbehandlungsgrundsatz; eine willkürliche Schlechterstellung der zuvor befristet beschäftigten Arbeitnehmer liegt nicht vor. Die vom Arbeitgeber gehandhabte Anrechnungspraxis verstößt auch nicht gegen §4 Abs. 2 TzBfG (*LAG Hamm* 19.8.2002 NZA-RR 2003, 525). 427

d) Rechtsfolgen einer Verletzung des Gleichbehandlungsgrundsatzes; Anspruchsdauer

Der Arbeitnehmer kann die Beseitigung der Rechtsbeeinträchtigung verlangen. Erbringt der Arbeitgeber z.B. freiwillige Leistungen nach einem generalisierenden Prinzip durch Abschluss von Änderungsverträgen, kann ein **nicht berücksichtigter Arbeitnehmer** auf der Grundlage des arbeitsrechtlichen Gleichbehandlungsgrundsatzes **Anspruch auf Abschluss des vorenthaltenen Änderungsvertrages haben** (*BAG* 14.8.2007 EzA §611a BGB 2002 Nr. 5 = NZA 2008, 99). Der Arbeitgeber ist auch dann an den Gleichbehandlungsgrundsatz gebunden, wenn er freiwillig mit über 5 % seiner Belegschaft Altersteilzeitvereinbarungen trifft. Bestimmt er einen **in der Zukunft liegenden Stichtag**, von dem an er weitere Altersteilzeitanträge ablehnen will, hat er dafür zu sorgen, dass der Stichtag den berechtigten Arbeitnehmern **bekannt** wird. Erfährt ein berechtigter Arbeitnehmer erst nach dem Stichtag von der Befristung, ist sein Ausschluss von der Leistungsgewährung sachlich nicht gerechtfertigt. Er hat dann Anspruch auf die vorenthaltene Leistung, den Abschluss des Altersteilzeitvertrages (*BAG* 15.4.2008 EzA § 4 TVG Altersteilzeit Nr. 27 = NZA 2008, 547). 428

Für abgelaufene Zeiträume kann er die Gleichstellung mit der begünstigten Arbeitnehmergruppe verlangen; er hat einen Anspruch auf Schadensersatz gem. §249 S. 1 BGB (Naturalrestitution), also auf Nachgewährung der Leistung (*BAG* 15.5.2001 EzA §242 BGB Gleichbehandlung Nr. 85; 12.10.2005 EzA §611 BGB Gratifikation, Prämie Nr. 16 = NZA 2005, 1418; *LAG Hessen* 12.9.2001 LAGE §242 BGB Gleichbehandlung Nr. 25 = NZA-RR 2002, 348; ausf. *Bepler* Sonderbeil. zu NZA Heft 18/2004 S. 3 ff.). Für die Zukunft hat er ebenfalls einen Anspruch auf Gleichstellung, wobei es dem Arbeitgeber überlassen bleibt, wie er diese herbeiführt (vgl. *LAG Nds.* 18.7.2003 NZA-RR 2004, 206; 14.3.2003 NZA-RR 2004, 259 LS; vgl. auch §1b Abs. 1 S. 4 BetrAVG u. dazu *BAG* 25.5.2004 EzA §16 BetrAVG Gleichbehandlung Nr. 1).

Ein teilzeitbeschäftigter Arbeitnehmer kann unter Ausschluss der Anwendung tariflicher Ausschlussfristen gem. §612 Abs. 2 BGB anteilig die übliche Vergütung beanspruchen, die im öffentlichen Dienst die regelmäßig vereinbarte tarifliche Vergütung ist (*BAG* 24.10.1989 EzA §2 BeschFG 1985 Nr. 9; demgegenüber ist nach Auffassung von *Schüren* [MünchArbR §161 Rz. 88] §2 Abs. 1 BeschFG (jetzt §4 Abs. 1 TzBfG) die zutreffende Anspruchsgrundlage). Eine Studentin, die neben ihrem Studium als Teilzeitkraft beschäftigt wird, hat deshalb z.B. gem. §612 Abs. 2 BGB i.V.m. §2 Abs. 1 BeschFG 1985 (jetzt §4 Abs. 1 TzBfG) Anspruch auf die gleiche Stundenvergütung wie Vollzeitkräfte (Erfüllungsanspruch; *BAG* 25.4.2001 EzA §2 BeschFG 1984 Nr. 62 = NZA 2002, 1211). Wird ein teilzeitbeschäftigter Arbeitnehmer unter Verstoß gegen den arbeitsrechtlichen Gleichbehandlungsgrundsatz oder unter Verstoß gegen §2 Abs. 1 BeschFG (jetzt §4 Abs. 1 429

TzBfG) gegenüber vollzeitbeschäftigten Arbeitnehmern unterschiedlich vergütet, so richtet sich sein **Urlaubsentgelt** (§ 11 Abs. 1 BUrlG) nach dem anteiligen üblichen Arbeitsverdienst eines vollzeitbeschäftigten Arbeitnehmers (*BAG* 15.11.1990 EzA § 612 BGB Nr. 14; abl. MünchArbR/*Hanau* § 62 Rz. 90, wonach nicht die jeweils übliche [§ 612 Abs. 2 BGB], sondern die gleiche Vergütung zu zahlen ist, sodass auch tarifliche Ausschlussfristen anwendbar sind). Das gilt selbst dann, wenn es vollzeitbeschäftigte Arbeitnehmer mit vergleichbarer Tätigkeit nicht gibt (*BAG* 12.1.1994 EzA § 242 BGB Betriebliche Übung Nr. 30).

430 Gleiches gilt, wenn den vollzeitbeschäftigten Arbeitnehmern eine **übertarifliche Vergütung** gewährt wird, es sei denn, dass sachliche Gründe für die Ungleichbehandlung vorliegen. Das kann bei der beabsichtigten **Wahrung sozialer Besitzstände** der Fall sein (*BAG* 26.5.1993 EzA § 2 BeschFG 1985 Nr. 28).

431 Bei der Berechnung der Vergütung einer Teilzeitkraft ist auch zu berücksichtigen, ob einer vergleichbaren vollbeschäftigten Lehrkraft ein Anspruch auf **altersbedingte Pflichtstundenermäßigung** zusteht. Ist dies der Fall, so steht auch der teilzeitbeschäftigten Lehrkraft eine entsprechende Ermäßigung anteilig zu. Ist wegen der zwischenzeitlichen Beendigung des Arbeitsverhältnisses ein Ausgleich für die nicht gewährte anteilige Ermäßigung in der Vergangenheit nicht mehr möglich, so ist dem Arbeitnehmer gem. § 612 Abs. 2 BGB ein Ausgleich in Geld zu gewähren (*BAG* 3.3.1993 EzA § 2 BeschFG 1985 Nr. 27).

432 Der Gleichbehandlungsgrundsatz kann auch zur **Begründung von Ruhegeldansprüchen** führen. Der Arbeitgeber muss dem benachteiligten Arbeitnehmer das Ruhegeld zahlen, das er einem vergleichbaren Arbeitnehmer schuldet (*BAG* 20.7.1993 EzA § 1 BetrAVG Gleichbehandlung Nr. 4; 25.5.2004 EzA § 16 BetrAVG Gleichbehandlung Nr. 1; s. jetzt auch § 1b Abs. 1 S. 4 BetrAVG). Besteht ein Anspruch auf Aufnahme in ein Versorgungswerk, für das es jedoch **keinen einheitlichen vorgesehenen Durchführungsweg** für eine betriebliche Altersversorgung gibt, ist es dem **Arbeitgeber freigestellt**, auf welche Weise er dem Arbeitnehmer die geschuldete Leistung verschafft (*LAG Nds.* 18.7.2003 NZA-RR 2004, 206; 14.3.2003 NZA-RR 2004, 259 LS).

433 Hat der Arbeitgeber über mehrere Jahre vorbehaltlos eine **Gratifikation** an Arbeiter und Angestellte unter Verstoß gegen den Gleichbehandlungsgrundsatz in unterschiedlicher Höhe gezahlt, so kann der Arbeiter eine Gratifikation in der an die Angestellten gezahlten Höhe auch erstmals für ein Jahr verlangen, in dem der Arbeitgeber keine Angestellten (mehr) beschäftigt (*BAG* 19.11.1992 EzA § 242 BGB Gleichbehandlung Nr. 54; ebenso für eine außertarifliche Zulage für Arbeiter und Angestellte in unterschiedlicher Höhe in verschiedenen Dienststellen im Geschäftsbereich eines Ministeriums, wenn in einer Dienststelle keine Angestellten beschäftigt werden *BAG* 17.12.1992 EzA § 242 BGB Gleichbehandlung Nr. 55).

434 Zu berücksichtigen ist, dass § 2 Abs. 1 BeschFG 1985 (jetzt § 4 Abs. 1 TzBfG) ein **Schutzgesetz i.S.v. § 823 Abs. 2 BGB** ist. Ein Verstoß des Arbeitgebers gegen diese Vorschrift führt deshalb i.d.R. auch zu einem deliktischen Anspruch der Teilzeitkraft (**Schadensersatzanspruch**). Er ist gerichtet auf die Differenz zur Stundenvergütung einer Vollzeitkraft (*BAG* 25.4.2001 EzA § 2 BeschFG 1985 Nr. 62 = NZA 2002, 1211).

435 Ist eine Mehrzahl von Arbeitnehmern anspruchsberechtigt, so kann sich daraus für den Arbeitgeber eine erhebliche finanzielle Belastung ergeben.

436 War die Situation für den Arbeitgeber vermeidbar, so ist er ohne Einschränkung zur Nachleistung verpflichtet. Das ist z.B. dann der Fall, wenn der Arbeitgeber seinen Arbeitnehmern zwar eine Witwen- nicht aber eine Witwerversorgung zusagt. Eine Frist zur Einführung der Witwerversorgung steht dem Arbeitgeber nicht zu. Den Frauen kann – auch nicht übergangsweise – ein Teil des Lohnes einbehalten werden, der den Männern unter im Übrigen gleichen Voraussetzungen gezahlt wird (*BAG* 5.9.1989 EzA Art. 3 GG Nr. 26).

437 War die Situation dagegen unvermeidbar, weil z.B. ein Vertrauenstatbestand gegeben war hinsichtlich der Zulässigkeit der Differenzierung zwischen Arbeitern und Angestellten, so ist der Arbeitgeber, wenn der Dotierungsrahmen für Sozialleistungen durch freiwillige

Sonderleistungen auf anderen Gebieten erschöpft ist, verpflichtet, die Rechtsstellung der benachteiligten Arbeitnehmer an die der begünstigten Arbeitnehmer stufenweise anzugleichen. Dem Arbeitgeber wird also ein gewisser Übergangszeitraum eingeräumt (*BAG* 25.1.1984, 27.7.1988 EzA §242 BGB Gleichbehandlung Nr. 38, 39, 40, 47).

Der Anspruch auf Gleichbehandlung besteht allerdings nur so lange, wie eine **Benachteiligung wegen Teilzeitarbeit** vorliegt. Denn eine Benachteiligung wegen Teilzeitarbeit besteht nicht notwendigerweise auf Dauer; die Voraussetzungen des §2 Abs. 1 BeschFG können auch wegen veränderter Verhältnisse entfallen. Für benachteiligende Vergütungsabreden bedeutet dies, dass sie nur unwirksam sind, wenn und solange eine Benachteiligung wegen Teilzeitarbeit besteht. Liegt keine Benachteiligung wegen Teilzeitarbeit mehr vor, erlangt die Vergütungsvereinbarung wieder Geltung. Für eine Anwendung des §612 Abs. 2 BGB verbleibt dann kein Raum mehr (*BAG* 17.4.2002 – 5 AZR 413/00 – EzA-SD 23/2002, S. 5 LS).

e) Darlegungs- und Beweislast

Da der Gleichbehandlungsgrundsatz eine Ausnahme von der Vertragsfreiheit darstellt, ist das Vorliegen der Voraussetzungen für seine Verletzung vom Arbeitnehmer darzulegen und zu beweisen (MünchArbR/*Hanau* §62 Rz. 89). Jedenfalls dann, wenn der Arbeitgeber generell bestreitet, andere Arbeitnehmer besser als den Kläger behandelt zu haben, gehört es zu einer hinreichend substantiierten Darlegung einer Verletzung des Gleichbehandlungsgrundsatzes, dass der Kläger **zumindest einen Fall von Besserstellung konkret bezeichnet** (*LAG Köln* 22.1.1999 NZA-RR 2000, 379). **Steht fest, dass ein Arbeitgeber Arbeitnehmer mit ähnlicher Tätigkeit unterschiedlich entlohnt, dann hat er darzulegen, wie groß der begünstigte Personenkreis ist, wie er sich zusammensetzt, wie er abgegrenzt ist und warum der klagende Arbeitnehmer nicht dazugehört** (*BAG* 29.9.2004 EzA §242 BGB 2002 Gleichbehandlung Nr. 4 = BAG Report 2005, 140). Zumindest dann, wenn die Differenzierungsgründe des Arbeitgebers und der mit der Zahlung eines höheren Weihnachtsgeldes an Angestellte im Gegensatz zu den gewerblichen Arbeitern verfolgte Zweck nicht ohne weiteres erkennbar sind, hat der Arbeitgeber die Gründe für die unterschiedliche Behandlung so substantiiert darzulegen, **dass die Beurteilung möglich ist, ob die Gruppenbildung sachlichen Kriterien entsprach** (*BAG* 12.10.2005 EzA §611 BGB Gratifikation, Prämie Nr. 16 = NZA 2005, 1418). Der Arbeitnehmer hat dann im Anschluss daran darzulegen, dass er die vom Arbeitgeber vorgegebenen Voraussetzungen für die Leistung erfüllt (*BAG* 29.9.2004 EzA §242 BGB 2002 Gleichbehandlung Nr. 4 = BAG Report 2005, 140). 438

Allerdings kann eine **Vermutung** dafür sprechen, dass in regelmäßigen Gehaltserhöhungen ein Grundbetrag zum Zwecke des Kaufkraftausgleichs enthalten ist, dessen Höhe im Wege der Schätzung (§287 Abs. 2 ZPO) ermittelt werden kann (*BAG* 11.9.1985 EzA §242 BGB Gleichbehandlung Nr. 43).

Der **Arbeitgeber** muss auch dann darlegen, **wie er den begünstigten Personenkreis abgrenzt** (*BAG* 12.11.1991 EzA §1 BetrAVG Gleichbehandlung Nr. 1).

Unterscheidungsmerkmale für eine Gruppenbildung werden dabei grds. nur berücksichtigt, **soweit sie den Arbeitnehmern erkennbar waren**, oder rechtzeitig, nämlich alsbald, nachdem der Arbeitnehmer sich auf eine Verletzung des Gleichbehandlungsgrundsatzes berufen hat, offengelegt worden sind. Dem Arbeitgeber, der innerhalb der Berufungserwiderungsfrist die Differenzierungsgründe offen legt, nachdem der Arbeitnehmer erstmals mit der Berufungsbegründung eine Verletzung des arbeitsrechtlichen Gleichbehandlungsgrundsatzes geltend gemacht hat, kann Verspätung seines Vorbringens nicht vorgeworfen werden, wenn ihm früheres Vorbringen weder durch eine andere gesetzliche Vorschrift noch durch gerichtliche Auflage geboten war. Andernfalls wäre das grundrechtsgleiche Recht auf rechtliches Gehör verletzt (*BAG* 3.7.2003 EzA §2 KSchG Nr. 49). 439

440 Zu beachten ist allerdings auch die **RL 97/80/EG v. 15.12.1997 über die Beweislast bei Diskriminierung auf Grund des Geschlechts.** Macht folglich der Arbeitnehmer geltend, dass der Gleichbehandlungsgrundsatz zu seinen Lasten verletzt worden ist und legt er Tatsachen dar, die das **Vorliegen** einer unmittelbaren oder mittelbaren **Diskriminierung** vermuten lassen, ist diese **RL dahin auszulegen, dass die beklagte Partei zu beweisen hat, dass keine Verletzung des Gleichbehandlungsgrundsatzes vorgelegen hat** (*EuGH* 10.3.2005 NZA 2005, 807).

7. Betriebliche Übung

a) Begriff und Entstehung einer betrieblichen Übung

441 Unter einer betrieblichen Übung wird die gleichförmige, regelmäßige Wiederholung bestimmter Verhaltensweisen des Arbeitgebers verstanden, das den Inhalt der Arbeitsverhältnisse gestaltet und geeignet ist, vertragliche Ansprüche zu begründen, wenn die Arbeitnehmer des Betriebes aus dem Verhalten des Arbeitgebers schließen durften, ihnen solle eine Leistung oder eine Vergünstigung auf Dauer (s. *BAG* 27.6.2006 – 3 AZR 151/05 – EzA-SD 22/2006 S. 18 LS = FA 2007, 21 LS; 31.7.2007 NZA-RR 2008, 263) auch künftig gewährt werden (vgl. *BAG* 16.1.2002 EzA § 4 TVG Tariflohnerhöhung Nr. 37; 25.6.2002 EzA § 1 BetrAVG Betriebliche Übung Nr. 3; 24.9.2003 EzA § 615 BGB 2002 Nr. 5; 20.1.2004 EzA § 1 BetrAVG Betriebliche Übung Nr. 5; 19.5.2005 EzA § 1 BetrAVG Betriebliche Übung Nr. 6 = NZA 2005, 889; *LAG BW* 5.9.2001 – 2 Sa 2/01; *LAG Hamm* 21.3.2007 LAGE § 7 BUrlG Abgeltung Nr. 20). Entscheidend ist also, ob die Arbeitnehmer – bzw. Betriebsrentner – dem **Verhalten des Arbeitgebers einen Verpflichtungswillen entnehmen können** (*BAG* 31.7.2007 NZA-RR 2008, 263).

442 **Beispiele:**

- Zahlt ein Arbeitgeber über zehn Jahre lang an alle Mitarbeiter nach zehnjähriger Betriebszugehörigkeit vorbehaltlos eine **Jubiläumszuwendung** in derselben Höhe, wird dadurch eine betriebliche Übung begründet, die den einzelnen Arbeitnehmern einen vertraglichen Anspruch auf diese Leistung verschafft (*BAG* 28.5.2008 EzA § 242 BGB 2002 Betriebliche Übung Nr. 8).
- Unterhält ein Unternehmen über Jahrzehnte hinweg für Arbeitnehmer aus einem bestimmten Gebiet einen **kostenlosen Werkbusverkehr**, so entsteht für die Arbeitnehmer ein vertraglicher Anspruch aus betrieblicher Übung (*LAG Nbg.* 29.10.2004 NZA-RR 2005, 291 = ArbuR 2005, 196 LS = LAG Report 2005, 132).

443 Durch die tatsächliche Handhabung stellt der Arbeitgeber eine Regel auf, nach der er eine Leistung entweder allen Arbeitnehmern des Betriebs oder verschiedenen Arbeitnehmergruppen gewährt. Die betriebliche Übung hat damit einen **kollektiven Bezug**; dadurch ist sie von einer individuellen Vereinbarung abzugrenzen (*BAG* 24.9.2003 EzA § 615 BGB 2002 Nr. 5 = NZA 2003, 1387 = BAG Report 2004, 305).

Für den Inhalt einer betrieblichen Übung ist allerdings **nicht nur das tatsächliche Verhalten** des Arbeitgebers **entscheidend**. Auch **Art, Bedeutung und Begleitumstände der** üblich gewordenen **Leistung** sind zu berücksichtigen. Daraus können sich im Einzelfall **Bedingungen, Änderungs- und Widerrufsvorbehalte** ergeben; diese müssen aber deutlich zum Ausdruck gebracht werden. Denn für die Begünstigten nicht erkennbare subjektive Vorstellungen des Arbeitgebers spielen keine Rolle. Folglich verhindert nur ein erkennbarer Irrtum in derartigen Fällen das Entstehen einer betrieblichen Übung (*BAG* 19.2.2008 EzA § 1 BetrAVG Betriebliche Übung Nr. 9 = NZA-RR 2008, 597). Ebenso wenig ist eine interne Willensbildung des Arbeitgebers maßgeblich. Da die betriebliche Übung zu typisierten Leistungsbedingungen führt, ist das Verhalten des Arbeitgebers losgelöst von den Umständen des Einzelfalles nach objektiven Kriterien auszulegen. Die **speziellen Kenntnisse** und das Verständnis z.B. **des einzelnen Versorgungsanwärters** oder -empfängers **sind nicht maßgeblich**. Deshalb spielt es keine Rolle, über welche zusätzlichen Informationen der Kläger auf Grund seiner Tätigkeit im Aufsichtsrat oder Gesamtbetriebsrat verfügte (*BAG* 31.7.2007 NZA-RR 2008, 263).

Insoweit ist die betriebliche Übung mit einer Vielzahl von an Arbeitnehmer gerichteten Zusagen des Arbeitgebers vergleichbar. Wie bei einer Gesamtzusage macht der Arbeitgeber den Arbeitnehmern seines Betriebes in allgemeiner Form ein Angebot; bei der betrieblichen Übung erfolgt dies durch ein tatsächliches und mehrfach wiederholtes Verhalten (*BAG* 20.1.2004 EzA § 1 BetrAVG Betriebliche Übung Nr. 5 = NZA 2005, 655 LS; 19.5.2005 EzA § 1 BetrAVG Betriebliche Übung Nr. 6 = NZA 2005, 889). **444**

Ansprüche aus betrieblicher Übung können nur entstehen, wenn für die Leistung noch keine andere – kollektiv- oder individualvertragliche – Anspruchsgrundlage besteht (*BAG* 24.11.2004 EzA § 242 BGB Betriebliche Übung Nr. 5 = NZA 2005, 349; 27.6.1985 EzA § 77 BetrVG 1972 Nr. 16: vgl. auch *LAG Düsseld.* 31.10.2003 LAGE § 242 BGB 2002 Nr. 1). Der Arbeitnehmer kann die Erbringung von Leistungen des Arbeitgebers dann weder dahin verstehen, der Arbeitgeber werde ohne vertragliche Grundlage auch an ihn eine entsprechende Leistung erbringen, **noch dahin**, er werde auch ihm **ein entsprechendes Angebot** machen (*BAG* 26.9.2007 EzA § 305c BGB 2002 Nr. 13 = NZA 2008, 179). Deshalb muss der Arbeitnehmer zur Begründung eines derartigen Anspruchs auch darlegen, dass der Arbeitgeber **zu der gewährten Leistung oder Vergünstigung nicht verpflichtet war** (*BAG* 19.6.2001 EzA § 77 BetrVG 1972 Nr. 67; 10.12.2002 NZA 2003, 1360 LS; 18.4.2007 – 4 AZR 653/05 – EzA-SD 20/2007 S. 8 LS). Ein Anspruch kann regelmäßig auch dann nicht auf betriebliche Übung gestützt werden, wenn der Arbeitnehmer davon ausgeht, die vom Arbeitgeber gewährten Leistungen stünden ihm bereits aus einem anderen Rechtsgrund zu (*BAG* 20.8.2002 EzA § 38 BetrVG 2001 Nr. 1). Von daher entsteht durch eine von einer tariflichen Regelung abweichende betriebliche Handhabung dann keine betriebliche Übung, wenn sie auf einem unbewussten Abweichen von der tariflichen Regelung beruht (*BAG* 16.4.2003 EzA § 242 BGB Betriebliche Übung Nr. 1).

Aufgrund einer Willenserklärung, für die ein Verpflichtungswille des Arbeitgebers nicht erforderlich ist und die von den Arbeitnehmern stillschweigend angenommen wird (§ 151 BGB), erwachsen vertragliche Ansprüche auf die üblich gewordenen Vergünstigungen (*LAG BW* 5.9.2001 – 2 Sa 2/01). **445**

Ob der Arbeitgeber sich binden wollte, beurteilt sich danach, ob der Arbeitnehmer aus dem Erklärungsverhalten des Arbeitgebers bzw. einer bestimmten betrieblichen Praxis auf einen solchen Willen schließen durfte (§§ 133, 157 BGB); entscheidend ist also der **Empfängerhorizont** aus Sicht der Arbeitnehmer, nicht aber die subjektive jeweilige Vorstellung des Arbeitgebers, soweit sie in seinem Verhalten nicht zum Ausdruck kommt (*BAG* 5.2.1971 EzA § 242 BGB Betriebliche Übung Nr. 2; 3.8.1982 EzA § 242 BGB Betriebliche Übung Nr. 7; 5.2.1986 EzA § 242 BGB Betriebliche Übung Nr. 16; 4.9.1985 EzA § 242 BGB Betriebliche Übung Nr. 18; 21.1.1997 EzA § 242 BGB Betriebliche Übung Nr. 36). Gewährt der Arbeitgeber z.B. den Schichtleitern des Betriebes im Rahmen der Genehmigung des Jahresschichtplans für das kommende Jahr jährlich einen **Zusatzurlaub**, so können die betroffenen Arbeitnehmer nur davon ausgehen, dass der Arbeitgeber sich **jeweils für das kommende Jahr binden will** (*LAG Hamm* 8.10.2003 LAG Report 2004, 175). Andererseits schließt die **wiederholte Kennzeichnung** einer Leistung als »**freiwillig**« allein die **Entstehung eines Rechtsanspruchs aus betrieblicher Übung nicht von vornherein aus** (*BAG* 19.5.2005 EzA § 1 BetrAVG Betriebliche Übung Nr. 6 = NZA 2005, 889; vgl. aber *Maties* DB 2005, 2689 ff.). Eine **irrtümliche Zahlung des Arbeitgebers** verhindert des Weiteren nur dann die Entstehung einer Betriebsübung, wenn der Arbeitnehmer oder die Arbeitnehmerin aus den Umständen den Irrtum erkennen kann (*BAG* 26.5.1993 EzA § 242 BGB Betriebliche Übung Nr. 29; *LAG BW* 5.9.2001 – 2 Sa 2/01). **446**

447 Das Entstehen einer betrieblichen Übung ist grds. bei **jedem Verhalten** des Arbeitgebers denkbar, also auch bei der Duldung der Privatnutzung üblicher elektronischer Kommunikationsmittel (*Fleischmann* NZA 2008, 1397; **a.A.** *Koch* NZA 2008, 911 ff.). Bei **Fragen der Organisation** des Betriebes – wie etwa Schichtplänen – ist dies **im Zweifel allerdings nicht** anzunehmen, weil sie üblicherweise auf kollektiver Ebene geregelt werden. Die Festlegung eines bestimmten Schichtsystems durch betriebliche Übung kann deshalb nur **ausnahmsweise** dann in Betracht kommen, **wenn erkennbar dem Interesse der betroffenen Arbeitnehmer an einer bestimmten Form des Schichtbetriebs entsprochen werden sollte** (*BAG* 21.1.1997 EzA § 242 BGB Betriebliche Übung Nr. 36; vgl. auch *LAG Köln* 19.12.1996 ZTR 1997, 377 LS). Auch die **objektiv unrichtige Anwendung einer Konzernbetriebsvereinbarung** in einem beherrschten Unternehmen begründet i.d.R. keine Ansprüche aus betrieblicher Übung (*BAG* 22.1.2002 NZA 2002, 1224). Wenn eine über einen längeren Zeitraum praktizierte Zuweisung von Überstunden für die davon betroffenen Arbeitnehmer zudem erkennbar den Zweck hatte, Kundenanforderungen gerecht zu werden, nicht aber den, einen bestimmten Arbeitsumfang zu garantieren, so entsteht daraus keine betriebliche Übung des Inhalts, dass der Arbeitgeber zur Zuweisung von Überstunden verpflichtet wäre (*BAG* 7.11.2002 EzA § 612a BGB 2002 Nr. 1 = NZA 2003, 1139). **Beabsichtigt der Arbeitgeber**, eine mit einer Kündigungsmöglichkeit versehene Betriebsvereinbarung abzuschließen und **kommt diese nicht zustande** und gewährt er dennoch über mehrere Jahre vorbehaltlos einzelne Leistungen, die in dem Betriebsvereinbarungsentwurf enthalten waren, kann er damit eine betriebliche Übung begründen. Diese steht jedenfalls nicht allein wegen der ins Auge gefassten Kündigungsmöglichkeit der Betriebsvereinbarung unter einem Freiwilligkeits- oder Widerrufsvorbehalt (*BAG* 28.6.2006 EzA § 242 BGB Betriebliche Übung Nr. 7 = NZA 2006, 1174). Auch die Gewährung von Leistungen, zu denen sich der **Betriebserwerber für verpflichtet hält** – z.B. nach § 613a Abs. 1 S. 1 BGB –, begründet eine betriebliche Übung nicht, wenn für den Arbeitnehmer erkennbar war, dass der Betriebserwerber sich nur normgerecht verhalten will; es fehlt an einem wirksamen Verpflichtungsgrund; der Arbeitgeber kann seine Leistung einstellen (*BAG* 16.10.2002 EzA § 3 TVG Bezugnahme auf Tarifvertrag Nr. 22). Gleiches gilt für die fehlerhafte Anwendung einer Versorgungsordnung im Bereich der betrieblichen Altersversorgung (*BAG* 29.4.2003 EzA § 1 BetrAVG Betriebliche Übung Nr. 4).

448 **Ein neu eingestellter Arbeitnehmer darf im Allgemeinen damit rechnen, die unter bestimmten Voraussetzungen gewährten Leistungen zu erhalten, sobald er die Voraussetzungen erfüllt** (*BAG* 10.8.1988 EzA § 242 BGB Betriebliche Übung Nr. 25). Werden andererseits in einen neu gegründeten Betrieb Arbeitnehmer übernommen, die Ansprüche **aus einer in einem früheren Betrieb geltenden betrieblichen Übung haben**, bedarf es einer ausdrücklichen Erklärung des Arbeitgebers, wenn diese betriebliche Übung sich sofort auch auf die übrigen Arbeitnehmer des neu gegründeten Betriebes erstrecken soll. Der Arbeitgeber kann in einem solchen Fall auch die übrigen Arbeitnehmer unter Vorbehalten in die betriebliche Übung einbeziehen (*BAG* 14.11.2001 NZA 2002, 527 LS).

449 Ob aus einem wiederholten tatsächlichen Verhalten des Arbeitgebers eine betriebliche Übung mit Anspruch des Arbeitnehmers auf zukünftige Gewährung entsteht oder ob aus dem Verhalten nur eine Vergünstigung für das jeweilige Jahr abzuleiten ist, hat der Tatsachenrichter unter Berücksichtigung aller Umstände zu ermitteln (*BAG* 12.1.1994 EzA § 242 BGB Betriebliche Übung Nr. 30).

450 Erhöht der Arbeitgeber z.B. die Gehälter seiner außertariflichen Angestellten während mehrerer Jahre in Anlehnung an die Tarifentwicklung des Vorjahres, so entstehen daraus nicht kraft betrieblicher Übung Ansprüche auf entsprechende **Gehaltserhöhungen** auch in den Folgejahren. Der Arbeitgeber wird dadurch nicht verpflichtet, zukünftig über die Frage der Gehaltserhöhung nach billigem Ermessen i.S.d. § 315 BGB zu entscheiden. Mangels einer entsprechenden Vereinbarung ist im Bereich außertariflicher Gehälter davon auszugehen, dass Gehaltserhöhungen jeweils im Wege freier Vereinbarung erfolgen sollen. Die notwendige Berücksichtigung einer Vielzahl wirtschaftlicher Faktoren kann zwar über einen länge-

ren Zeitraum zu gleichartigen Ergebnissen führen, lässt aber nicht den Schluss zu, der Arbeitgeber habe sich der Möglichkeit begeben wollen, frei veränderten Umständen Rechnung zu tragen (*BAG* 4.9.1985 EzA § 242 BGB Betriebliche Übung Nr. 16). Gleiches gilt für Gehaltserhöhungen aus **verschiedenen Anlässen in Anlehnung an einen für den Arbeitgeber nicht einschlägigen Tarifvertrag**; sie begründen keinen vertraglichen Anspruch darauf, auch künftig weitere Gehaltserhöhungen entsprechend diesem Tarifvertrag vorzunehmen (*LAG Bln.* 6.12.2002 – 6 Sa 1427/02 – EzA-SD 10/2003, S. 11 LS = ARST 2003, 263 LS).

Gewährt ein Arbeitgeber, der ca. 230 Arbeitnehmer beschäftigt, sechs Arbeitnehmern »der ersten Stunde« und im übernächsten Jahr nochmals 2 Arbeitnehmern anlässlich ihres **25-jährigen Dienstjubiläums** eine Jubiläumszuwendung, so begründet er damit noch **keine betriebliche Übung**, auf Grund derer auch nachfolgende Jubilare eine entsprechende Zuwendung beanspruchen könnten (*BAG* 28.7.2004 EzA § 242 BGB 2002 Betriebliche Übung Nr. 2 = NZA 2004, 1152; vgl. dazu *Worzalla* FA 2005, 138 ff.). **451**

Bei einem nicht tarifgebundenen Arbeitgeber kann eine betriebliche Übung der Erhöhung der Löhne und Gehälter entsprechend der Tarifentwicklung in einem bestimmten Tarifgebiet folglich nur angenommen werden, wenn es **deutliche Anhaltspunkte im Verhalten des Arbeitgebers dafür gibt**, dass er auf Dauer die von den Tarifvertragsparteien ausgehandelten Tariflohnerhöhungen übernehmen will (*BAG* 16.1.2002 EzA § 4 TVG Tariflohnerhöhung Nr. 37; 13.3.2002 EzA § 259 ZPO Nr. 1; 3.11.2004 EzA § 242 BGB 2002 Betriebliche Übung Nr. 4 = NZA 2005, 1208 LS = BAG Report 2005, 109 m. Anm. *Preis/Lindemann* BAG Report 2005, 111 f.; *LAG Hamm* 25.9.2002 – 18 Sa 740/02 – EzA-SD 2/2003, S. 24 = NZA-RR 2003, 144). Denn ein nicht tarifgebundener Arbeitgeber will sich grds. nicht für die Zukunft der Regelungsmacht der Verbände unterwerfen (*BAG* 3.11.2004 EzA § 242 BGB 2002 Betriebliche Übung Nr. 4 = NZA 2005, 1207 LS = BAG Report 2005, 109 m. Anm. *Preis/Lindemann* BAG Report 2005, 111 f.). Die nicht vorhersehbare Dynamik der Lohnentwicklung und die dadurch verursachten Personalkosten sprechen jedenfalls grds. gegen einen derartigen erkennbaren rechtsgeschäftlichen Willen des Arbeitgebers. Mit den in Anlehnung an Tariflohnerhöhungen erfolgenden freiwilligen Lohnsteigerungen entsteht lediglich ein Anspruch der Arbeitnehmer auf Fortzahlung dieses erhöhten Lohns, **nicht aber zugleich eine Verpflichtung des Arbeitgebers, auch künftige Tariflohnerhöhungen weiterzugeben** (*BAG* 16.1.2002 EzA § 4 TVG Tariflohnerhöhung Nr. 37; 13.3.2002 EzA § 259 ZPO Nr. 1). Durch den Austritt aus dem Arbeitgeberverband macht der Arbeitgeber regelmäßig deutlich, dass er sich grds. für die Zukunft der Regelungsmacht der Verbände nicht unterwerfen will (*LAG Hamm* 25.9.2002 – 18 Sa 740/02 – EzA-SD 2/2003, S. 24 = NZA-RR 2003, 144). **452**

Bei **Tarifbindung des Arbeitgebers** wird eine entsprechende betriebliche Übung allein auf Grund regelmäßiger Erhöhungen nicht entstehen können, denn es ist anzunehmen, der Arbeitgeber wolle nur den **gesetzlichen Verpflichtungen** des TVG **Rechnung tragen** und seine Arbeitnehmer gleich behandeln. Auch kann der Arbeitgeber durch den Austritt aus dem tarifschließenden Verband die Anwendbarkeit künftiger Tariflohnerhöhungen vermeiden (§ 3 Abs. 3 TVG). Demgegenüber will der **nicht tarifgebundene Arbeitgeber**, der sich (zeitweise) wie ein tarifgebundener Arbeitgeber verhält, deswegen nicht schlechter stehen als dieser, nämlich auf Dauer ohne Austrittsmöglichkeit (vertraglich) gebunden sein. Das muss der Arbeitnehmer mangels abweichender Anhaltspunkte erkennen, falls die Frage der Tarifbindung seines Arbeitgebers überhaupt eine Rolle für ihn spielt (*BAG* 3.11.2004 EzA § 242 BGB 2002 Betriebliche Übung Nr. 4 = NZA 2005, 1208 LS = BAG Report 2005, 109 m. Anm. *Preis/Lindemann* BAG Report 2005, 111 f.). **453**

Entsprach es im laufenden Arbeitsverhältnis einer ständig praktizierten betrieblichen Handhabung, dass im Kalenderjahr nicht genommener **Urlaub** entgegen § 7 Abs. 3 BUrlG noch **im gesamten Folgejahr** gewährt worden ist, so bezieht sich eine dadurch entstandene betriebliche Übung nicht auf den Fall, dass der **Betrieb** bereits zu Beginn eines Kalenderjahres, für das ein anteiliger Urlaub verlangt wird, **stillgelegt wird**. Das gilt erst recht für den Fall einer Betriebsstilllegung im Rahmen eines Insolvenzverfahrens. In diesem Fall verfällt der Urlaubsanspruch spätestens am 31.3. des Folgejahres, wenn der Arbeitnehmer während der gesamten Zeit dauernd arbeitsunfähig erkrankt war (*LAG RhPf* 23.3.2004 LAG Report 2004, 198; **a.A.** *BAG* 21.6.2005 EzA § 7 BUrlG Nr. 113 = NZA 2006, 232 LS; s.u. Rn. 482).

454 Im Übrigen besteht eine rechtliche Bindung bei freiwilligen Leistungen dann nicht, wenn bei jeder neuen Zahlung der Vorbehalt gemacht wird, dass die Leistung freiwillig erfolgt (*BAG* 26.6.1975 EzA § 611 BGB Gratifikation, Prämie Nr. 47) bzw. auf sie kein Rechtsanspruch besteht (*BAG* 28.2.1996 EzA § 611 BGB Gratifikation, Prämie Nr. 139). Letzteres ist z.B. dann der Fall, wenn für den Arbeitnehmer erkennbar die Zuwendung nach Gutdünken des Arbeitgebers dreimalig in unterschiedlicher Höhe gezahlt wird. Der Arbeitnehmer muss dann davon ausgehen, dass der Arbeitgeber die Zuwendung nur für das jeweilige Jahr gewähren will (s. auch unten Kap. 3 Rn. 1043). Gleiches gilt, wenn die Zusage einer Leistung für den Arbeitnehmer erkennbar auf das jeweilige Kalenderjahr bezogen ist (*BAG* 16.4.1997 EzA § 242 BGB Betriebliche Übung Nr. 39).

455 Enthält eine Gratifikationszusage einen **Freiwilligkeitsvorbehalt** des Inhalts, dass Ansprüche für die Zukunft auch aus wiederholten Zahlungen nicht hergeleitet werden können, dann **schließt** dieser Vorbehalt nicht nur **Ansprüche** für die Zukunft, sondern **auch für den laufenden Bezugszeitraum aus**. Der Arbeitgeber ist auf Grund eines solchen Vorbehaltes jederzeit frei, erneut zu bestimmen, ob und unter welchen Voraussetzungen er eine Gratifikation gewähren will (*BAG* 5.6.1996 EzA § 611 BGB Gratifikation, Prämie Nr. 141 gegen *BAG* 26.6.1975 EzA § 611 BGB Gratifikation, Prämie Nr. 47).

456 Wird in **allgemeinen Arbeitsbedingungen** unter dem ausdrücklichen Vorbehalt der Freiwilligkeit der Leistung eine Weihnachtsgratifikation für Arbeitnehmer in Aussicht gestellt, deren »Arbeitsverhältnis während des ganzen Jahres bestanden hat und im Auszahlungszeitpunkt nicht gekündigt ist«, so hindert diese normierte Anspruchsvoraussetzung den Arbeitgeber nicht, **künftig den Personenkreis auch anders zu bestimmen** und etwa Arbeitnehmer, deren Arbeitsverhältnis ruht, von der Leistung auszunehmen (*BAG* 6.12.1995 EzA § 611 BGB Gratifikation, Prämie Nr. 134).

457 Insbesondere eine **doppelte Schriftformklausel**, nach der Ergänzungen des Arbeitsvertrages der Schriftform bedürfen und eine mündliche Änderung der Schriftformklausel nichtig ist, schloss den Anspruch auf eine üblich gewordene Leistung aus (*BAG* 24.6.2003 EzA § 125 BGB 2002 Nr. 2 = NZA 2003, 1145; vgl. dazu *Roloff* NZA 2004, 1191 ff.; *Lingemann* SAE 2005, 40 ff.; *Hromadka* DB 2004, 1261 ff.; **a.A.** *Ulrici* BB 2005, 1902 ff. bei Allgemeinen Arbeitsbedingungen nach der Schuldrechtsreform). Aber auch ein einfaches gesetzliches, tarifvertragliches (z.B. § 4 Abs. 2 BAT) oder gewillkürtes konstitutives **Schriftformerfordernis** für Vertragsänderungen, -ergänzungen oder Nebenabreden verhinderte grds. auch das Entstehen einer betrieblichen Übung (*BAG* 18.9.2002 EzA § 242 BGB Betriebliche Übung Nr. 48 = NZA 2003, 337; *LAG Köln* 8.8.2003 ZTR 2004, 314 LS; 26.7.2002 NZA-RR 2003, 577 LS; *ArbG Mannheim* 10.9.1998 NZA-RR 1999, 236). Ein gewillkürtes Schriftformerfordernis kann durch eine betriebliche Übung allerdings formlos abbedungen werden. Ein dahingehender objektiver Erklärungswert der Betriebsübung ist jedoch nicht anzunehmen, wenn es gerade der Sinn des Schriftformerfordernisses ist, das Entstehen abweichender Betriebsübungen zu verhindern. Das ist dann der Fall, wenn der einschlägige Tarifvertrag ein konstitutives Schriftformerfordernis vorsieht und das einzelvertraglich vereinbarte Schriftformerfordernis auch den Sinn hat, eine unterschiedliche Rechtsstellung der tarifgebundenen und der nicht tarifgebundenen Arbeitnehmer zu verhindern (*BAG* 27.3.1987 EzA § 125 BGB Nr. 9; vgl. dazu *Roloff* NZA 2004, 1191 ff.; s. aber o. Rn. 330).

458 Die Berufung auf das Fehlen der Schriftform kann aber gegen **Treu und Glauben** verstoßen, z.B. dann, wenn 16 Jahre lang auf Grund eines ministeriellen Erlasses und in der Form eines geordneten Verwaltungsverfahrens die Leistung gewährt und darauf in früheren Grundsatzprozessen entscheidend abgestellt wurde (*BAG* 7.9.1982 EzA § 4 BAT Nr. 6).

Ob nach der **Schuldrechtsreform** für AGB überhaupt an dieser Auffassung festgehalten werden kann, war fraglich und ist nunmehr zu verneinen. Nach Auffassung des *LAG Düsseld.* (13.4.2007 – 9 Sa 143/07 – EzA-SD 14/2007 S. 9 LS = NZA-RR 2007, 455 m. Anm. *Bieder* SAE 2007, 379 ff.; ebenso jetzt *BAG* 20.5.2008 EzA § 307 BGB 2002 Nr. 37 = NZA 2008, 1233; s. dazu *Leder/Scheuermann* NZA 2008, 1222 ff.) **benachteiligen Schriftformklauseln** nämlich den Vertragspartner des Verwenders von AGB entgegen § 307 Abs. 1 S. 1 BGB **unangemessen.** Sie ist **zu weit gefasst**, weil sie beim Arbeitnehmer entgegen der Schutzvorschrift des § 305b BGB den Eindruck erweckt, auch eine **mündliche individuelle Vertragsabrede** sei wegen Nichteinhaltung der Schriftform des § 125 S. 2 BGB **unwirksam. Das entspricht aber nicht der wahren Rechtslage.** Denn gem. § 305b BGB haben individuelle Vertragsabreden Vorrang vor AGB. Dieses Prinzip des Vorrangs (mündlicher) individueller Vertragsabreden setzt sich auch gegenüber doppelten Schriftformklauseln durch. Eine zu weit gefasste doppelte Schriftformklausel ist irreführend. Sie benachteiligt den Vertragspartner deshalb unangemessen i.S.v. § 307 Abs. 1 BGB (*BAG* 20.5.2008 EzA § 307 BGB 2002 Nr. 37 = NZA 2008, 1233; s. dazu *Leder/Scheuermann* NZA 2008, 1222 ff.). Eine derartige Klausel kann wegen des Verbots der geltungserhaltenden Reduktion (§ 306 Abs. 2 BGB) auch nicht mit dem Inhalt aufrechterhalten werden, dass sie Ansprüche, die auf Grund einer betrieblichen Übung entstanden sind, ausschließt, sofern die betriebliche Übung nicht schriftlich festgelegt wurde. Denn der **Vorrang von Individualabreden** (§ 305b BGB) erfasst zwar nicht betriebliche Übungen. Eine zu weit gefasste Schriftformklausel wird aber nicht auf das richtige Maß zurückgeführt, sondern muss **insgesamt als unwirksam** angesehen werden (*BAG* 20.5.2008 EzA § 307 BGB 2002 Nr. 37 = NZA 2008, 1233; s. dazu *Leder/Scheuermann* NZA 2008, 1222 ff.; s.u. Rn. 589). 459

Ein Widerrufsvorbehalt schließt zwar nicht das Entstehen einer Rechtsbindung des Arbeitgebers aus, räumt ihm aber das Recht ein, sich von ihr durch Widerruf, der nach billigem Ermessen erfolgen muss, zu lösen (MünchArbR/*Richardi* § 13 Rz. 25). 460

Nicht möglich ist das Entstehen einer betrieblichen Übung **zum Nachteil des Arbeitnehmers**, soweit der Arbeitgeber kein einseitiges Bestimmungsrecht (Direktionsrecht) hat. Ein solches kann ihm nicht durch eine Betriebsübung zuwachsen (s. aber u. Kap. 3 Rn. 1048). 461

b) Dogmatische Begründung und Inhalt

Die rechtliche Bedeutung der betrieblichen Übung besteht in der Möglichkeit, ihren Inhalt zur Grundlage einer ausdrücklichen oder stillschweigenden Vereinbarung zu machen oder sie als Konkretisierung der Treue- und Fürsorgepflicht zur Vertragsauslegung und -ergänzung heranzuziehen (*BAG* 13.10.1960 AP Nr. 30 zu § 242 BGB Gleichbehandlung). 462

Überwiegend wird die betriebliche Übung als ein schuldrechtlicher Verpflichtungstatbestand verstanden. 463

Zweifelhaft ist aber, ob die betriebliche Übung ein **einzelvertragliches Gestaltungsmittel** darstellt oder ihre Rechtswirkung aus der **Vertrauenshaftung** als einem gesetzlichen Haftungstatbestand erfährt, bei dem das Vertrauen des Arbeitnehmers auf die Fortsetzung der bisherigen Übung Zurechnungsgrund ist (für letzteres *Hromadka* NZA 1984, 242u. SAE 1986, 283 sowie MünchArbR/*Richardi* § 13 Rz. 14 ff.); **das *BAG* verwendet je nach Fallgestaltung unterschiedliche Begründungen** (12.7.1957, 13.10.1960 AP Nr. 5, 30 zu § 242 BGB Gleichbehandlung [Rechtsgeschäftslehre], 8.11.1957, 5.7.1968 AP Nr. 2, 6 zu § 242 BGB Betriebliche Übung [Vertrauenshaftung]; krit. zu den wechselnden Begründungen sowie zu weiteren Begründungsversuchen in der Lit. [z.B. betriebliches Gewohnheitsrecht, schlüssig erklärte Gesamtzusage des Arbeitgebers] MünchArbR/*Richardi* § 13 Rz. 5–11). **Jedenfalls hat die betriebliche Übung einen kollektiven Bezug; dadurch ist sie von einer individuellen Vereinbarung abzugrenzen** (*BAG* 24.9.2003 NZA 2003, 1387). 464

465 Gegenstand einer betrieblichen Übung kann grds. alles sein, was auch Inhalt des Arbeitsvertrages sein kann. Entsprechend ihres kollektiven Charakters kommen vor allem Regelungsgegenstände in Betracht, die für alle oder bestimmte Gruppen von Arbeitnehmern Bedeutung haben.

466 Insoweit ist die betriebliche Übung bei der Vertragsauslegung und der Ausfüllung von Lücken des Arbeitsvertrages zu berücksichtigen **(ergänzende Vertragsauslegung)**. Durch betriebliche Übung kann z.B. eine Versorgungsanwartschaft ebenso begründet werden wie eine Verpflichtung des Arbeitgebers zur Rentenanpassung (*BAG* 29.10.1985 EzA § 1 BetrAVG Nr. 38; 3.12.1985 EzA § 16 BetrAVG Nr. 18).

467 Durch eine mindestens dreimalige vorbehaltslose Gewährung einer Weihnachtszuwendung wird, wenn sich nicht aus den konkreten Umständen des Einzelfalles etwas anderes ergibt, eine Verpflichtung des Arbeitgebers auch für die Zukunft begründet, von der er sich nicht durch einseitigen, freien Widerruf wieder lossagen kann (*BAG* 23.4.1963 AP Nr. 3 zu § 611 BGB Gratifikation; s. aber oben Rn. 454 und insbes. Kap. 3 Rn. 1043, 1048).

468 **Zwischen der Betriebsübung und dem Gleichbehandlungsgrundsatz bestehen Zusammenhänge.** Ist das Verhalten des Arbeitgebers so zu verstehen, dass er nach Eintritt der für den Erhalt der Leistungen notwendigen Voraussetzungen allen Arbeitnehmern die besonderen Sachzuwendungen macht, so resultiert der Anspruch aus der betrieblichen Übung. Hat sich der Arbeitgeber dagegen die Entscheidung über die Gewährung von Leistungen jeweils vorbehalten, so kann der Anspruch aus dem Gleichbehandlungsgrundsatz folgen.

c) Betriebliche Übung und Tarifvertrag

469 Konnte und musste der Arbeitnehmer davon ausgehen, dass sich der Arbeitgeber bei der Gewährung eines Zuschlags **tarifgerecht verhalten** wollte, so besteht kein Anspruch auf die weitere Gewährung des Zuschlags aus dem Gesichtspunkt einer betrieblichen Übung, wenn der Arbeitgeber die Zahlung einstellt, weil sie nach dem Tarifvertrag nicht geschuldet ist (*BAG* 25.7.2001 EzA § 611 BGB Schichtarbeit Nr. 2). Leistet ein Arbeitgeber z.B. über mehrere Jahre ohne ausdrückliche Absprache an einen **nicht tarifgebundenen Arbeitnehmer** eine **Sonderzahlung** wie ein 13. Monatsgehalt entsprechend dem Tarifvertrag, so entsteht dadurch **keine betriebliche Übung**. Denn das Verhalten des Arbeitgebers muss so verstanden werden, dass er schlichtweg den **Tarifvertrag vollziehen** und alle Arbeitnehmer gleichbehandeln will (*LAG SchlH* 30.3.2004 NZA-RR 2005, 146).

470 Zweifelhaft ist in der Praxis oft, ob ein **sog. Außenseiter**, d.h. ein nicht tarifgebundener Arbeitnehmer etwaige, **ihm ungünstige tarifliche Normen gegen sich gelten lassen muss**, wenn der Betrieb auf alle Arbeitnehmer betriebsüblich die Tarifverträge der Branche anwendet, ohne sie mit nicht Tarifgebundenen bei eigener Tarifbindung einzelvertraglich ausdrücklich zu vereinbaren. Zwar nehmen diese Außenseiter die ihnen günstigen Abweichungen von den gesetzlichen Regelungen z.B. beim Urlaub, dem Urlaubsgeld, der Lohnhöhe usw. in Kauf, nicht aber die z.B. gegenüber dem Gesetz erfolgte Abkürzung der Kündigungsfristen oder vor allem die Anwendbarkeit der gegenüber den gesetzlichen Verjährungsfristen wesentlich verkürzten tariflichen Ausschlussfristen, von deren Existenz der Arbeitnehmer oft auch keine Kenntnis hat.

471 Von einer stillschweigenden Verweisung auf Tarifvertragsrecht ist dann auszugehen, wenn der Arbeitgeber gleich bleibend für einen längeren Zeitraum die Tarifverträge auf sämtliche Arbeitsverhältnisse anwendet. Der Arbeitnehmer nimmt diese Regelung dann stillschweigend an, wenn er Tariflohn, Urlaub, zusätzliches Urlaubsgeld usw. entgegennimmt. Er muss dann auch die benachteiligenden Regelungen der abgekürzten Kündigungsfristen, tariflichen Verfallfristen usw. hinnehmen (*BAG* 8.12.1960 AP Nr. 1 zu § 611 BGB Wegezeit).

Andererseits hat das *LAG Köln* (15.8.1997 LAGE § 1 KSchG Betriebsbedingte Kündigung Nr. 44) angenommen, dass dann, wenn die **Kündigungsfristen** für den Arbeitnehmer **ungünstiger als das Gesetz** (§ 622 Abs. 4 BGB) sind, an die Vereinbarung dieses Tarifvertrages kraft betrieblicher Übung **besonders strenge Anforderungen** zu stellen sind. Diese kann insoweit nur angenommen werden, wenn die Übung den Beteiligten nicht nur bekannt ist, sondern beide Vertragsparteien mit der Anwendung des gesamten Tarifvertrages einschließlich der Abweichung vom Gesetz einverstanden sind. 472

Demgegenüber ist nach Auffassung des *BAG* (19.1.1999 EzA § 3 TVG Bezugnahme auf Tarifvertrag Nr. 10; vgl. dazu *Kania* RdA 2000. 176 ff.) dann, wenn der Arbeitgeber tarifgebunden ist, die Gewährung tariflicher Leistungen **im Zweifel** so zu verstehen, dass **alle einschlägigen Tarifbestimmungen** gelten sollen, also gerade **auch tarifliche Ausschlussfristen.** Die vertragliche Bezugnahme auf tarifliche Regelungen ist nicht an eine Form gebunden. Sie kann sich deshalb eben auch aus einer betrieblichen Übung (*BAG* 17.4.2002 EzA § 2 NachwG Nr. 5) oder einem konkludenten Verhalten der Arbeitsvertragsparteien ergeben. 473

Gewährt der Arbeitgeber tarifliche Leistungen **unabhängig von der Gewerkschaftszugehörigkeit** an sämtliche Arbeitnehmer kraft betrieblicher Übung, so haben die nicht organisierten Arbeitnehmer nach Ablauf des gekündigten Tarifvertrages jedenfalls im **Nachwirkungszeitraum** des § 4 Abs. 5 TVG Anspruch auf Weitergewährung kraft betrieblicher Übung (*LAG Düsseld.* 6.11.1997 NZA-RR 1999, 150). 474

d) Betriebliche Übung im öffentlichen Dienst

In Arbeitsverhältnissen des öffentlichen Dienstes – auch bei Eigengesellschaften einer Gemeinde (*BAG* 23.6.1988 EzA § 242 BGB Betriebliche Übung Nr. 24) – gelten diese Grundsätze **nur eingeschränkt**. Denn die an Weisungen vorgesetzter Dienststellen, Verwaltungsrichtlinien, Verordnungen, gesetzliche Regelungen und insbes. durch die Festlegungen des Haushalts gebundenen öffentlichen Arbeitgeber sind viel stärker als private Arbeitgeber gehalten, die Mindestbedingungen des Tarifrechts bei der Gestaltung von Arbeitsbedingungen zu beachten (vgl. *BAG* 29.5.2002 EzA § 611 BGB Mehrarbeit Nr. 10; 29.9.2004 EzA § 242 BGB 2002 Betriebliche Übung Nr. 3 = ZTR 2005, 97 = NZA-RR 2005, 501). 475

Im Zweifel gilt deshalb nach der Rechtsprechung Normvollzug: Ein Arbeitnehmer des öffentlichen Dienstes kann selbst bei langjährigen Leistungen nicht ohne zusätzliche konkrete Anhaltspunkte annehmen, ein gezahltes übertarifliches Entgelt oder die Gewährung sonstiger Vergünstigungen (z.B. ein höherer als der tariflich geschuldete Zuschlag) seien Vertragsbestandteil geworden und würden auf Dauer weitergewährt (*BAG* 3.8.1982EzA § 4 BAT Nr. 5; 10.4.1985 EzA § 242 BGB Betriebliche Übung Nr. 15; 24.3.1993 EzA § 242 BGB Betriebliche Übung Nr. 27; 29.9.2004 EzA § 242 BGB 2002 Betriebliche Übung Nr. 3 = ZTR 2005, 97 = NZA-RR 2005, 501; *LAG BW* 5.9.2001 EzA § 242 BGB Betriebliche Übung Nr. 29). Ein – auch langjähriger – Irrtum über die Anwendung des Tarifrechts begründet keinen Vertrauensschutz dahin, das übertarifliche Entgelt sei Vertragsbestandteil geworden (*LAG Nds.* 31.8.2001 NZA-RR 2002, 630). Allein die **mehrmalige Anpassung der Vergütung** entsprechend dem Tariflohn begründet deshalb insbesondere innerhalb des öffentlichen Dienstes keine betriebliche Übung des Inhalts, die Vergütung auch künftig entsprechend anzupassen. Die Arbeitnehmer dürfen folglich die Erhöhung der Löhne und Gehälter entsprechend der Tarifentwicklung nur bei **zusätzlichen deutlichen Anhaltspunkten** dahin verstehen, der Arbeitgeber wolle auch die künftig von den Tarifvertragsparteien ausgehandelten Tariflohnerhöhungen unabhängig von einer beiderseitigen Tarifbindung übernehmen; dies gilt auch, wenn Tarifregelungen dem Arbeitgeber eine Anpassungsentscheidung ermöglichen und der Arbeitgeber die Anpassung ohne tarifliche Verpflichtung mehrfach in einem bestimmten Sinne vornahm (*BAG* 9.2.2005 ZTR 2005, 419 = NZA 2005, 1320 LS). 476

477 Der Arbeitnehmer muss damit rechnen, dass eine fehlerhafte Rechtsanwendung korrigiert wird (*BAG* 29.11.1983, 6.3.1984 EzA § 242 BGB Betriebliche Übung Nr. 12, 13; abl. *Singer* ZfA 1993, 487 ff.). Deshalb begründet die »**vorübergehende Festlegung**« von pauschalen Zahlungen für Überstunden in einer Dienststelle der Feuerwehr aus Anlass einer Unsicherheit über die regelmäßige wöchentliche Arbeitszeit auch bei mehrjähriger Zahlung **keinen dauerhaften Anspruch**, denn die Arbeitnehmer des öffentlichen Dienstes müssen stets mit einer Klärung der Rechtslage rechnen. Der Arbeitgeber kann folglich jederzeit zu einer Vergütung nach dem maßgeblichen Tarifvertrag übergehen; ebenso können die Arbeitnehmer jederzeit eine korrekte tarifliche Vergütung der Überstunden einfordern (*BAG* 29.5.2002 EzA § 611 BGB Mehrarbeit Nr. 10). Dies gilt nicht nur bei einer fehlerhaften Anwendung von Normen durch den öffentlichen Arbeitgeber, sondern bezieht sich **auch auf die Geltungsdauer der Norm**. Der mit einer Leistung verbundene Erklärungswert geht über die zeitliche Geltung des Gesetzes, das die Leistung vorsieht, nicht hinaus (*BAG* 29.9.2004 EzA § 242 BGB 2002 Betriebliche Übung Nr. 3 = ZTR 2005, 97 = NZA-RR 2005, 501). Deshalb ist mit der Zahlung von 100 % der Vergütung des Tarifrechtskreises West entsprechend § 1 Berliner EinkommAngG für die Arbeitnehmer des Tarifrechtskreises Ost auch nach mehrjähriger Handhabung keine rechtsgeschäftliche Zusage auf dauerhafte unveränderte Leistung unabhängig von einer Änderung des Gesetzes verbunden (*BAG* 29.9.2004 EzA § 242 BGB 2002 Betriebliche Übung Nr. 3 = ZTR 2005, 97 = NZA-RR 2005, 501). Erhalten Arbeitnehmer des öffentlichen Dienstes Leistungen in Vollzug von Regelungen, die **für Beamte und Arbeitnehmer einheitlich gelten** – Ministerialzulage –, so kann sich eine betriebliche Übung für sie grds. nicht in Widerspruch zu der für die Beamten maßgebenden Regelung entwickeln; das gilt selbst dann, wenn die Landesregierung selbst über die Leistungsgewährung entschieden hat (*BAG* 1.11.2005 EzA § 4 TVG Tariflohnerhöhung Nr. 46).

478 Etwas anderes gilt aber dann, wenn es um die Vergütung als Gegenleistung für die vom Arbeitnehmer erwartete Leistung selbst, also nicht um Zulagen oder sonstige freiwillige Leistungen geht (*BAG* 5.2.1986 EzA § 242 BGB Betriebliche Übung Nr. 18).

479 **Auch der Wechsel einer Einrichtung** des öffentlichen Dienstes **in eine privatrechtliche Rechtsform** führt nach Auffassung des *LAG SchlH* (3.4.2001 NZA-RR 2001, 488) für sich genommen nicht dazu, dass die Grundsätze der betrieblichen Übung wie in der Privatwirtschaft Anwendung finden; das *BAG* (18.9.2002 EzA § 242 BGB Betriebliche Übung Nr. 48 = NZA 2003, 337) hat dies offen gelassen (vgl. auch *Sächs. LAG* 6.3.2002 ZTR 2002, 598 LS: diese Grundsätze gelten nicht für einen Kreisverband des DRK).

480 **Beispiele betriebliche Übung im öffentlichen Dienst:**

- Ist eine über Jahre hinweg erfolgte Anpassung einer vertraglich vereinbarten Vergütung an die jeweilige Erhöhung der Beamtenbesoldung in einem durch Gesetz oder Tarifvertrag nicht geregelten Entgeltbereich **(wissenschaftliche Hilfskräfte)** daraufhin zu würdigen, ob eine betriebliche Übung entstanden ist, so ist dabei für die Erwägungen kein Raum, die bei freiwilligen oder übertariflichen Leistungen im Bereich des öffentlichen Dienstes gegen das Vorliegen einer betrieblichen Übung sprechen (*BAG* 5.2.1986 EzA § 242 BGB Betriebliche Übung Nr. 18).
- Bei **Arbeitnehmern des Diakonischen Werkes** ist nicht ohne weiteres davon auszugehen, dass sie nur auf eine Behandlung nach den Arbeitsvertragsrichtlinien (AVR) vertrauen dürfen. Deshalb kann z.B. ein Anspruch auf Heimzulage auf Grund betrieblicher Übung erwachsen, wenn der Arbeitgeber trotz fehlender Voraussetzungen über einen längeren Zeitraum die Zahlung erbringt, Vertragsgestaltung und -handhabung keine strenge Bindung an die AVR erwarten lassen und die Zahlungen bei notwendigen Gehaltsanpassungen bestätigt wurden (*BAG* 26.5.1993 EzA § 242 BGB Betriebliche Übung Nr. 29). Allein aus der fehlerhaften Zahlung (z.B. einer Heimzulage über einen längeren Zeitraum) kann aber nicht ohne weiteres auf eine betriebliche Übung geschlossen werden (*BAG* 26.5.1993 EzA § 242 BGB Betriebliche Übung Nr. 28). Demgegenüber hat das *LAG Düsseld.* (27.11.2002 NZA-RR 2003, 334) angenommen, dass die

Grundsätze zur betrieblichen Übung im öffentlichen Dienst dann auf Arbeitsverhältnisse in Einrichtungen, die der evangelischen oder katholischen Kirche verbunden sind, übertragbar sind, wenn dort die jeweiligen AVR umfassend und einschränkungslos zur Anwendung gebracht werden.

- Eine langjährige Übung, wonach ein Teil der Arbeitszeit **außerhalb des Dienstgebäudes** abgeleistet werden darf, hindert den Arbeitgeber des öffentlichen Dienstes nicht daran, den Arbeitnehmer anzuweisen, in Zukunft die gesamte Arbeitszeit im Dienstgebäude abzuleisten (*BAG* 11.10.1995 EzA § 242 BGB Betriebliche Übung Nr. 33).
- Auch bei **langjährig irrtümlich gezahlten Versorgungsleistungen** kann ein Arbeitnehmer des öffentlichen Dienstes ohne zusätzliche konkrete Anhaltspunkte nicht davon ausgehen, die Vergünstigungen seien Vertragsbestandteil und würden auf Dauer weitergewährt (*LAG Hamm* 16.4.1996 DB 1996, 2087).
- Hat der Vorstand einer Anstalt des öffentlichen Rechts aber in einem **internen Beschluss** festgelegt, dass jeder Arbeitnehmer von einer bestimmten Eingruppierung an nach vierjähriger Bewährung in der Verbandstätigkeit nach beamtenrechtlichen Grundsätzen versorgt wird, und setzt er diesen Beschluss **mehr als acht Jahre lang auch tatsächlich** um, entsteht dadurch eine betriebliche Übung. Sie kann Ansprüche auf betriebliche Altersversorgung begründen. In einem solchen Fall stehen einer Anspruchsbegründung weder die einschränkenden Rechtsgrundsätze über die Anwendbarkeit dieses Rechtsinstituts im öffentlichen Dienst noch der Schriftformzwang des § 4 Abs. 2 BAT entgegen (*BAG* 16.7.1996 EzA § 1 BetrAVG Betriebliche Übung Nr. 1; ebenso *BAG* 15.3.2006 EzA § 3 TVG Bezugnahme auf Tarifvertrag Nr. 31 = NZA 2006, 690).
- Das **Ausweisen von Parkflächen** mit Verkehrsschildern »nur für Mitarbeiter« und der Appell, diese Flächen anstatt Parkverbotszonen zu nutzen, begründet im Öffentlichen Dienst keinen Anspruch der Mitarbeiter aus betrieblicher Übung auf unentgeltliche Nutzung von Parkmöglichkeiten (*LAG SchlH* 3.4.2001 LAGE § 242 BGB Betriebliche Übung Nr. 25).

e) Beendigung einer betrieblichen Übung

481 Vgl. ausf. unten Kap. 3 Rn. 1048 ff. u. Kap. 3 Rn. 3338 ff.; zur Beseitigung einer betrieblichen Übung bezogen auf die private Nutzung des Internetarbeitsplatzes vgl. *Barton* NZA 2006, 460 ff.; zur Möglichkeit der Anfechtung einer betrieblichen Übung s. *Houben* BB 2006, 2301 ff.

482 Die Betriebsübung kann für später in den Betrieb eintretende Arbeitnehmer jederzeit durch einseitigen, nach außen in Erscheinung tretenden Entschluss des Arbeitgebers beendet werden. Erforderlich ist dafür eine eindeutige Erklärung entsprechenden Inhalts (vgl. *BAG* 28.7.2004 EzA § 242 BGB 2002 Betriebliche Übung Nr. 2 = NZA 2004, 1152; vgl. dazu *Worzalla* FA 2005, 138 ff.). Nicht ausreichend ist es, dass der Arbeitgeber einmalig die durch betriebliche Übung begründeten Ansprüche nicht erfüllt (*BAG* 10.8.1988 EzA § 242 BGB Betriebliche Übung Nr. 25). Damit können im Rahmen der Arbeitsverträge bereits zuvor entstandene Ansprüche oder Anwartschaften nicht beseitigt werden (krit. dazu *Hromadka* NZA 1984, 241). Dafür ist eine Einigung mit dem Arbeitnehmer bzw. eine Kündigung oder Änderungskündigung des Einzelarbeitsverhältnisses notwendig (vgl. *LAG Nbg.* 29.10.2004 NZA-RR 2005, 291 = ArbuR 2005, 196 LS = LAG Report 2005, 132). Auch dann, wenn eine günstigere Übertragungsmöglichkeit von Urlaub im Wege einer betrieblichen Übung entstanden ist, besteht kein Erfahrungssatz des Inhalts, dass sie dann nicht mehr gelten soll, wenn der Betrieb vor Ablauf des Übertragungszeitraums (insolvenzbedingt) geschlossen wird (*BAG* 21.6.2005 EzA § 7 BUrlG Nr. 113 = NZA 2006, 232 LS; **a.A.** *LAG RhPf* 23.3.2004 LAG Report 2004, 198; s.o. Rn. 450).

483 Teilt der Arbeitgeber den (bereits durch betriebliche Übung anspruchsberechtigten) Arbeitnehmern durch Aushang mit, er könne auf Grund der **wirtschaftlichen Lage** des Betriebes

in diesem Jahr kein Weihnachtsgeld zahlen, so liegt darin **kein Angebot** an die Arbeitnehmer, die bestehende betriebliche Übung zu ändern. In der – zunächst – widerspruchslosen Weiterarbeit der Arbeitnehmer kann daher auch keine Annahme eines Änderungsangebotes gesehen werden (*BAG* 14.8.1996 EzA § 611 BGB Gratifikation, Prämie Nr. 144; vgl. dazu *Feudner* BB 1997, 1049 ff.).

484 Dagegen wird die Möglichkeit einer kollektiven Kündigung gegenüber dem Betriebsrat oder eine Teilkündigung des Arbeitsverhältnisses abgelehnt. Der Arbeitgeber kann sich allerdings (s.o. Rn. 278) von vornherein ein Widerrufsrecht vorbehalten, dessen Ausübung billigem Ermessen gem. § 315 BGB unterliegt (*BAG* 13.5.1987 EzA § 315 BGB Nr. 34; s.u. Kap. 4 Rn. 2965 ff.).

485 Soweit der **Vertrauensschutz** die Rechtsbindung rechtfertigt, ist zweifelhaft, ob und inwieweit trotz einer nachfolgenden abweichenden Gestaltung in einem Tarifvertrag oder einer Betriebsvereinbarung die bisherige Handhabung durch den Arbeitgeber maßgeblich bleibt.

486 Es ist zu unterscheiden, ob ein Arbeitnehmer darauf vertrauen kann, dass der Arbeitgeber seine Übung unter allen Umständen fortsetzen wird, oder ob es nur darum geht, dass das Vertrauen auf eine freiwillige Fortsetzung der Übung durch den Arbeitgeber geschützt wird. Jedenfalls muss stets ein sachlicher Grund bestehen, der eine Verschlechterung zu Lasten des Arbeitnehmers durch Tarifvertrag oder Betriebsvereinbarung rechtfertigt.

487 Der länger als **drei Jahre lang wiederholte Hinweis** eines Arbeitgebers, er sei **nicht tarifgebunden** und gebe tarifliche Verhandlungsergebnisse freiwillig weiter, beseitigt das Vertrauen der Arbeitnehmer darin, der Arbeitgeber müsse auch eine tarifliche Lohnfortzahlung von 100 % weitergeben (*LAG Köln* 21.4.1998 LAGE § 242 BGB Betriebliche Übung Nr. 22).

488 Sozialleistungen, die der Arbeitgeber nach einer **kollektiv bestimmten Regel** erbringt, bilden untereinander ein Bezugssystem. Werden sie den Arbeitnehmern nicht individuell, sondern als Mitglied des Betriebes oder einer Arbeitnehmergruppe angeboten und ist für ihn die kollektive Ausgestaltung der Leistung erkennbar (vgl. *BAG* [GS] 16.9.1986 EzA § 77 BetrVG Nr. 17), so ist auch dann, wenn die Leistungen auf einer Kollektivübung beruhen, die Ablösung einer Betriebsübung durch eine **umstrukturierende Betriebsvereinbarung** zulässig (*LAG Nbg.* 29.10.2004 NZA-RR 2005, 291 = LAG Report 2005, 132; MünchArbR/*Richardi* § 13 Rz. 34 ff.; s.u. Kap. 3 Rn. 3560 ff.).

Wird dagegen im **öffentlichen Dienst** eine Zulage ohne Bestehen eines einzelvertraglichen Anspruchs rechtsgrundlos in der irrigen Annahme des Bestehens einer tariflichen Verpflichtung gezahlt, so kann der Arbeitgeber sich von der Weitergewährung einseitig ohne Änderungskündigung und ohne Einschaltung des Personalrats lossagen (*BAG* 7.5.1986 AP Nr. 12 zu § 4 BAT).

489 **Beispiele:**

- Wird eine bei Beginn des Arbeitsvertrages bestehende betriebliche Regelung über **Zeit und Ort des Beginns und Endes der täglichen Arbeitszeit**, die nicht Inhalt des Arbeitsvertrages wird, über längere Zeit beibehalten, weil der Arbeitgeber von seinem bestehenden Direktionsrecht keinen Gebrauch macht, entsteht allein dadurch keine betriebliche Übung (*BAG* 7.12.2000 EzA § 611 BGB Direktionsrecht Nr. 22).
- Nimmt ein Arbeitgeber **gesetzliche Feiertage von der Einsatzplanung der Arbeitnehmer aus** und gewährt in den Kalenderwochen, in denen ein gesetzlicher Feiertag auf einen Werktag fällt, den dienstplanmäßig freien Arbeitstag an einem anderen Werktag der Woche, so begründet dieses Verhalten ohne Vorliegen weiterer besonderer Umstände keine betriebliche Übung (*BAG* 13.7.2007 – 5 AZR 849/06 – EzA-SD 16/2007 S. 4 = FA 2007, 322).
- Erhöht der Arbeitgeber die Gehälter seiner außertariflichen Angestellten während mehrerer Jahre jeweils zum 1. Januar in Anlehnung an die Tarifentwicklung des Vorjahres, so entstehen daraus weder kraft einzelvertraglicher Zusage noch kraft betrieblicher

Übung Ansprüche auf entsprechende **Gehaltserhöhungen** auch in den Folgejahren. Der Arbeitgeber wird dadurch auch nicht verpflichtet, zukünftig über die Frage der Gehaltserhöhung nach billigem Ermessen (§ 315 BGB) zu entscheiden (*BAG* 4.9.1985 EzA § 242 BGB Betriebliche Übung Nr. 16).

- Zahlt ein Arbeitgeber **jahrelang einen übertariflichen Lohn in unterschiedlicher Höhe**, dann spricht dies gegen das Entstehen einer betrieblichen Übung auf Zahlung des jeweiligen Tariflohnes. Dies gilt erst recht, wenn der Arbeitgeber die jeweiligen Lohnerhöhungen dem Arbeitnehmer mit gesondertem Schreiben mitteilt und jährlich unterschiedliche Angaben über die jeweiligen Lohnerhöhungen macht (*LAG RhPf* 19.10.1999 BB 2000, 1095 LS).
- Sind mehrere Unternehmen Mitglieder eines eingetragenen Vereins und sagt dieser in einer Betriebsvereinbarung zu, die Gehälter seiner Angestellten i.d.R. jährlich daraufhin zu überprüfen, ob eine **allgemeine Gehaltsanpassung** unter Berücksichtigung der allgemeinen Einkommensentwicklung und der wirtschaftlichen Lage seiner Mitgliedsunternehmen vorzunehmen ist, steht diese Regelung dem Entstehen einer betrieblichen Übung auf Gehaltserhöhung entgegen, auch wenn diese jahrelang orientiert an der Gehaltsentwicklung eines bestimmten Mitgliedsunternehmens vorgenommen wurde (*BAG* 16.9.1998 EzA § 242 BGB Betriebliche Übung Nr. 41; *LAG Düsseld.* 9.7.1997 LAGE § 242 BGB Betriebliche Übung Nr. 21).
- Eine betriebliche Übung kann z.B. dann entstehen, wenn ein Arbeitgeber jahrelang allen Arbeitnehmern eines Betriebes anstelle der tariflich vorgeschriebenen Schichtzulage einen höheren **Wechselschichtzuschlag** zahlt, für den die tariflichen Voraussetzungen fehlen (*BAG* 3.8.1982 EzA § 242 BGB Betriebliche Übung Nr. 7) bzw. jahrelang allen ausländischen Arbeitnehmern, die ihren Familienwohnsitz im Ausland beibehalten, **Trennungsentschädigung** gewährt (*BAG* 7.9.1982 EzA § 242 BGB Betriebliche Übung Nr. 8).
- Überprüft ein Arbeitgeber die laufenden **Ruhegeldzahlungen** in regelmäßigen Abständen, um sie an die Lohn- und Preisentwicklung anzupassen, obwohl seine Versorgungszusage das nicht vorsieht, so kann dadurch eine betriebliche Übung entstehen (*BAG* 3.2.1987 EzA § 16 BetrAVG Nr. 19).
- Bezieht ein Arbeitgeber des öffentlichen Dienstes in die Leistungsgewährung gegenüber bei ihm beschäftigten Beamten auf Grund von Ermessensrichtlinien seine Arbeitnehmer ein, so sollen diese den Beamten gleichgestellt werden. Der Arbeitnehmer darf deshalb grds. nur darauf vertrauen, dass auf ihn die Richtlinien in ihrer jeweiligen Fassung und mit einem der beamtenrechtlichen **Ermessensausübung** entsprechenden Inhalt angewandt werden (*BAG* 10.4.1985 EzA § 242 BGB Betriebliche Übung Nr. 15; vgl. auch *BAG* 14.8.1986 EzA § 242 BGB Betriebliche Übung Nr. 19).
- Sofern Schulräume mit Zustimmung des Schulträgers durch außerschulische Veranstaltungen über die tarifliche Arbeitszeit hinaus belegt werden, haben **Schulhausmeister** auf Grund betrieblicher Übung Anspruch darauf, während dieser Zeiten Bereitschaftsdienst gegen Zahlung der tariflichen Vergütung zu leisten. Sie haben jedoch keinen Anspruch darauf, dass der Schulträger eine bestimmte Anzahl von Überstunden anordnet (*BAG* 13.11.1986 EzA § 242 BGB Betriebliche Übung Nr. 20).
- Wird den Arbeitnehmern und Beamten einer staatlichen Dienststelle jahrelang an ihren **Geburtstagen** ab 12 Uhr **Arbeitsbefreiung** gewährt und gibt es dafür keine förmliche Rechtsgrundlage, so kann der öffentliche Arbeitgeber die Übung wieder einstellen, wenn auch den Beamten keine Freistellung mehr gewährt wird (*BAG* 14.9.1994 EzA § 242 BGB Betriebliche Übung Nr. 32).
- Ein rechtlich geschütztes Vertrauen der Arbeitnehmer in eine dauerhafte Verpflichtung des Arbeitgebers, künftig stets an **Heiligabend**, Silvester und Rosenmontag **Arbeitsbefreiung** zu gewähren, kann nicht entstehen, wenn die Maßnahme von Jahr zu Jahr neu unter dem Vorbehalt angekündigt wird, dass diese Regelung nur für das laufende Jahr gilt (*BAG* 6.9.1994 EzA § 242 BGB Betriebliche Übung Nr. 31). Dem kann auch eine Formklausel für Nebenabreden in Tarifverträgen entgegenstehen, denn die Arbeitsbefreiung am Rosenmontag z.B. ist eine Nebenabrede (*LAG Köln* 8.8.2003 ZTR 2004, 314 LS = ArbuR 2004, 162 LS).

► Entrichtet ein Arbeitgeber regelmäßig an Arbeitnehmerinnen eine **Geburtshilfe** nach einem bestimmten erkennbaren und generalisierenden Prinzip, so entsteht kraft betrieblicher Übung ein vertraglicher Individualanspruch einzelner Arbeitnehmerinnen, die der Arbeitgeber nicht ohne besonderen sachlichen Grund von dieser Leistung ausnehmen kann (*LAG Bln.* 27.10.1999 NZA-RR 2000, 124).

f) Gerichtliche Überprüfung; Darlegungs- und Beweislast

490 Ob aus einem tatsächlichen Verhalten des Arbeitgebers eine betriebliche Übung dahingehend entstanden ist, er wolle den Arbeitnehmern zukünftig bestimmte Leistungen dauerhaft gewähren, haben die Tatsachengerichte unter Berücksichtigung aller Umstände des Einzelfalles festzustellen. Es spricht wegen des **lang andauernden, gleichförmigen und oft den gesamten Betrieb erfassenden Charakters der betrieblichen Übung viel dafür, die Auslegung des Berufungsgerichts wie bei Formularverträgen und Gesamtzusagen einer uneingeschränkten revisionsgerichtlichen Überprüfung zu unterziehen.** Insoweit ist die betriebliche Übung mit einer Vielzahl von an Arbeitnehmer gerichteten Zusagen des Arbeitgebers vergleichbar. Wie bei einer Gesamtzusage macht der Arbeitgeber den Arbeitnehmern seines Betriebes in allgemeiner Form ein Angebot. Bei der betrieblichen Übung erfolgt dies durch ein tatsächliches und mehrfach wiederholtes Verhalten (*BAG* 20.1.2004 EzA § 1 BetrAVG Betriebliche Übung Nr. 5).

491 Die Darlegungs- und Beweislast für die Tatsachen, aus denen sich eine betriebliche Übung ergeben soll, trägt der Arbeitnehmer (*LAG Hamm* 21.3.2007 LAGE § 7 BUrlG Abgeltung Nr. 20). Eine betriebliche Übung ist nicht bereits dann schlüssig vorgetragen, wenn ein langjährig beschäftigter Arbeitnehmer behauptet, Resturlaub sei stets im gesamten Folgejahr gewährt worden. Es ist dann vielmehr zumindest darzulegen, wann und in welchem Jahr nach dem 31. März des Folgejahres Resturlaub gewährt worden ist (*BAG* 21.6.2005 EzA § 7 BUrlG Nr. 113 = NZA 2006, 232 LS). Er muss also die Leistung oder Vergünstigung als solche darlegen und zusätzlich den **Sachverhalt** darstellen, aus dem, aus der Sicht der Arbeitnehmer, auf den gegebenen **Verpflichtungswillen des Arbeitgebers** geschlossen werden kann, die Leistungen oder Vergünstigungen auch in Zukunft zu erbringen (*LAG Hamm* 21.3.2007 LAGE § 7 BUrlG Abgeltung Nr. 20). Hat der Arbeitnehmer andererseits demzufolge Tatsachen vorgetragen, die den Schluss auf das Bestehen einer betrieblichen Übung insoweit zulassen, so besteht kein Erfahrungssatz dahin, dass sie dann nicht mehr gelten soll, wenn der Betrieb vor Ablauf des Übertragungszeitraums (insolvenzbedingt) geschlossen wird (*BAG* 21.6.2005 EzA § 7 BUrlG Nr. 113 = NZA 2006, 232 LS).

8. Direktionsrecht (Weisungsrecht) des Arbeitgebers

a) Begriff und Inhalt; die aktuelle Diskussion um »Ethikrichtlinien«

492 Mit dem Direktionsrecht, das in § 106 GewO (vgl. dazu *Bauer/Opolony* BB 2002, 1590 ff.; *Lakies* BB 2003, 364 ff.; zum Teilaspekt des Weisungsrechts zur betrieblichen Ordnung – § 106 S. 2 GewO – vgl. *Borgmann/Faas* NZA 2004, 241 ff.), § 29 Abs. 1 S. 2 SeemG ausdrücklich gesetzlich normiert ist und zuvor seine Grundlage im Wesen des Arbeitsverhältnisses hatte (*BAG* 20.12.1984 EzA Art. 4 GG Nr. 1), kann der Arbeitgeber primär die jeweils konkret zu leistende Arbeit (instr. *Bayreuther* Beil. 1/06 zu NZA Heft 10/06 S. 1 ff.) und die Art und Weise ihrer Erbringung festlegen.

493 **Beispiele:**

► Die Arbeitspflicht des **Lehrers** an allgemeinbildenden Schulen erschöpft sich nicht in der Unterrichtserteilung und sog. Zusammenhangstätigkeiten. Die Pflichtstundenzahl begrenzt nur den zeitlichen Umfang der Arbeitspflicht. Dem Inhalt nach schuldet der

Lehrer **alle Dienstleistungen**, die üblicherweise mit der Aufgabenstellung eines Lehrers verknüpft sind. Weil der Bildungs- und Erziehungsauftrag der allgemeinbildenden Schule in einem bestimmten Umfang auch die **qualifizierte Betreuung** der Schüler in Ganztagsschulen erfordert, muss die Lehrkraft an einer solchen Schule auch in angemessenem Umfang Lernstundenaufsicht übernehmen (*BAG* 30.4.2008 NZA-RR 2008, 551). Das Direktionsrecht betrifft nur die Konkretisierung der Arbeitspflicht, **nicht** aber den **Inhalt des Arbeitsvertrages**. Deshalb ist ein Arbeitnehmer **nicht verpflichtet**, auf Weisung des Arbeitgebers an einem **Personalgespräch** teilzunehmen, in dem es ausschließlich um Verhandlungen über vom Arbeitgeber gewünschte Änderungen des Arbeitsvertrages gehen soll (*LAG Nds.* 3.6.2008 – 3 Sa 1041/07 – ArbuR 2008, 404 LS).

► Soweit nicht Mitbestimmungsrechte des Betriebsrats eingreifen oder vertragliche Vereinbarungen, insbes. durch den Arbeitsvertrag (s. dazu *BAG* 2.3.2006 EzA § 1 KSchG Soziale Auswahl Nr. 67) entgegenstehen, unterliegt auch die arbeitsbegleitende Ordnung im Betrieb grds. dem einseitigen Bestimmungsrecht des Arbeitgebers (vgl. *BAG* 6.4.1989 AP § 2 BAT SR2 r Nr. 2). Denn die Arbeitsleistung wird vom Arbeitnehmer im Rahmen eines fremdbestimmt organisierten Arbeitsprozesses erbracht. Der Arbeitgeber hat eine arbeitsrechtliche Leitungsmacht, die sich auf die Ausführung der Arbeit selbst, auf ein den Arbeitsvollzug begleitendes Verhalten oder ein sonstiges organisationsbedürftiges Verhalten bezieht (MünchArbR/*Blomeyer* § 48 Rz. 24). Das **Weisungsrecht** betrifft allerdings nur das Arbeitsverhalten des Arbeitnehmers; dagegen räumt es dem Arbeitgeber nicht die Befugnis ein, auch die **Privatsphäre** des Arbeitnehmers zu reglementieren (*LAG BW* 11.5.2004 LAG Report 2004, 319 LS). Der Arbeitgeber kann aber z.B. in Ausübung des Direktionsrechts den Arbeitnehmer anweisen, die von ihm **erbrachten Arbeitsleistungen zu dokumentieren** (*BAG* 19.4.2007 – 2 AZR 78/06 – ZTR 2007, 564).

Einseitige Erklärungen legen die jeweils konkret für den Arbeitnehmer geltenden Arbeitsbedingungen (für den öffentlichen Dienst vgl. auch § 15 Abs. 2 BAT) fest. **494**

Eine Arbeitsvertragsklausel (sog. Versetzungsklausel), die dem Arbeitgeber das Recht einräumt, dem Arbeitnehmer statt der ursprünglich vereinbarten auch eine andere Tätigkeit zu übertragen, die »seiner Vorbildung und seinen Fähigkeiten entspricht«, rechtfertigt insoweit nicht die Zuweisung von Tätigkeiten, deren Anforderungen hinter der Vorbildung und den Fähigkeiten des Arbeitnehmers zurückbleiben und mit der bisherigen Tätigkeit **nicht gleichwertig** sind. Die Gleichwertigkeit einer Tätigkeit bestimmt sich dabei nicht nur nach dem unmittelbaren Tätigkeitsinhalt selbst, sondern auch nach deren betrieblichen Rahmenbedingungen. Dazu gehört insbesondere die Einordnung der Stelle in die Betriebshierarchie sowie die Frage, in welchem Umfang die Tätigkeit mit Vorgesetztenfunktionen verbunden ist (*LAG Köln* 22.12.2004 – 7 Sa 839/04 – ArbuR 2005, 423 LS = LAG Report 2005, 383 LS). **495**

Kann ein Croupier dagegen nach einer tariflichen Regelung bei Eignung zum Tischchef als Tischchef eingesetzt werden, kann der Arbeitgeber ihn nach billigem Ermessen **grds. zeitlich unbegrenzt** als Tischchef beschäftigen (*BAG* 12.10.2005 – 10 AZR 605/04 – NZA 2006, 64 LS).

Bei der Ausübung des Weisungsrechts gem. § 106 GewO steht dem Arbeitgeber im Übrigen aber regelmäßig ein **weiter Gestaltungsspielraum** zu (*LAG RhPf* 25.11.2004 LAG Report 2005, 260). So kann der Arbeitgeber z.B. gegenüber dem Arbeitnehmer zum Zweck der Ausübung der geschuldeten Tätigkeit das Tragen von Dienstkleidung anordnen (*LAG BW* 11.5.2004 LAG Report 2004, 319 LS). Möglich ist auch die Anordnung von **Nebenarbeiten** (z.B. Pflege der Arbeitsmittel), die in unmittelbarem Zusammenhang mit der vertraglich geschuldeten Tätigkeit stehen, sowie **Notarbeiten**, wenn unvorhergesehene äußere Einflüsse (z.B. Naturkatastrophen, nicht aber betriebliche Engpässe, z.B. wegen der Urlaubszeit) dazu zwingen, vorübergehend fachfremde Arbeiten zu verrichten. Im Rahmen der arbeitsvertraglich festgelegten oder betriebsüblichen Arbeitszeit kann der Arbeitgeber grds. einseitig – vorbehaltlich etwaiger Mitbestimmungsrechte des Betriebsrats – die wöchentliche **Arbeits-** **496**

zeit auf die einzelnen **Wochentage verteilen** und den **Beginn und das Ende der täglichen Arbeitszeit** (vgl. *LAG Bln.* 1.3.1999 ZTR 1999, 325 LS = ARST 1999, 213 LS) sowie die **Pausen festlegen**, also z.B. auch den Wechsel von Nacht- zu Tagarbeit oder statt fester Arbeitszeiten an allen Tagen Wechselschicht anordnen (*LAG Bln.* 29.4.1991 DB 1991, 2193 LS; *LAG Düsseld.* 23.10.1991 BB 1992, 997 LS; *LAG RhPf* 25.11.2004 LAG Report 2005, 260). Ein Arbeitnehmer im **Schichtdienst** hat also auch grundsätzlich **keinen Anspruch** darauf, dass er künftig **nur noch in einer bestimmten Schicht** eingesetzt wird (*LAG RhPf* 23.2.2006 – 11 Sa 766/04 – ZTR 2007, 158 LS).

497 Dagegen kann ein Schichtplan **nicht ohne Zustimmung des Betriebsrats** einseitig durch das Direktionsrecht des Arbeitgebers verändert werden mit der Folge, dass dem mit der Änderung nicht einverstandenen Arbeitnehmer ein Anspruch auf Vergütung für etwaige ausgefallene Schichtstunden zusteht (*LAG Nds.* 29.4.2005 – 16 Sa 1330/04 – ArbuR 2005, 423 LS).

498 An diesen Grundsätzen hat sich durch die **Schuldrechtsreform nichts geändert**. Eine **Versetzungsklausel** in einem vorformulierten Arbeitsvertrag, den Arbeitnehmer entsprechend seinen Leistungen und Fähigkeiten mit einer anderen im Interesse des Unternehmens liegenden Tätigkeit zu betrauen und auch an einem anderen Ort zu beschäftigen, bedeutet **keine unangemessene Benachteiligung** des Arbeitnehmers (§ 307 Abs. 1 S. 1 BGB); der Vorbehalt verstößt auch nicht gegen das Transparenzgebot (§ 307 Abs. 1 S. 2 BGB; *BAG* 13.3.2007 – 9 AZR 433/06 – EzA-SD 17/2007 S. 7 LS = NZA-RR 2008, 504 LS = FA 2007, 321 LS; s. dazu *Preis/Genenger* NZA 2008, 969 ff.). Das **Transparenzgebot** des § 307 Abs. 1 S. 2 BGB **verlangt** insbesondere von dem Verwender **nicht, alle möglichen Konkretisierungen der Arbeitspflicht** und des Weisungsrechts **ausdrücklich zu regeln**. Vielmehr ist das gesetzliche Weisungsrecht (§ 106 GewO) Ausdruck und Folge der vertraglichen Festlegung der Arbeitspflicht; die Vertragsparteien können es dabei belassen (*BAG* 23.6.2007 EzA § 106 GewO Nr. 2 = NZA 2007, 974; s.a. *LAG BW* 5.1.2007 LAGE § 1 KSchG Soziale Auswahl 52b). § 308 Nr. 4 BGB ist auf arbeitsvertragliche Versetzungsvorbehalte nicht anzuwenden, denn die Norm erfasst nur einseitige Bestimmungsrechte hinsichtlich der Leistung des Verwenders. Versetzungsklauseln in Arbeitsverträgen betreffen demgegenüber die Arbeitsleistung als die dem Verwender geschuldete Gegenleistung. Eine formularmäßige Versetzungsklausel, die materiell der Regelung in § 106 S. 1 GewO nachgebildet ist, stellt auch weder eine unangemessene Benachteiligung des Arbeitnehmers nach § 307 Abs. 1 S. 1 BGB dar noch verstößt sie allein deshalb gegen das Transparenzgebot des § 307 Abs. 1 S. 2 BGB, weil keine konkreten Versetzungsgründe genannt sind (*BAG* 11.4.2006 EzA § 308 BGB 2002 Nr. 5 = NZA 2006, 1149 m. Anm. *Schöne* SAE 2007, 370 ff.; s. dazu *Hunold* NZA 2007, 19 ff.; *Dzida/Schramm* BB 2007, 1221 ff.; *Junker* BB 2007, 1274 ff.; *Preis/Genenger* NZA 2008, 969 ff.; *Fliss* NZA-RR 2008, 225 ff.). Allerdings verstößt eine vorformulierte Klausel, nach der der Arbeitgeber eine andere als die vertraglich vereinbarte Tätigkeit einem Arbeitnehmer »**falls erforderlich**« und nach »Abstimmung der beiderseitigen Interessen« einseitig zuweisen kann, als **unangemessene** Benachteiligung gegen § 307 BGB, **wenn nicht gewährleistet ist, dass die Zuweisung eine mindestens gleichwertige Tätigkeit zum Gegenstand haben muss** (*BAG* 9.5.2006 NZA 2007, 145; *LAG Köln* 9.1.2007 LAGE § 307 BGB 2002 Nr. 10a = NZA-RR 2007, 343; *LAG Hamm* 6.11.2007 LAGE § 611 BGB Beschäftigungspflicht Nr. 8; *LAG Köln* 24.1.2008 LAGE § 626 BGB 2002 Nr. 16; s. dazu *Preis/Genenger* NZA 2008, 969 ff.). Auch geht es zu Lasten des Arbeitgebers, wenn **unklar** bleibt, ob ihm auf Grund Formulararbeitsvertrages **überhaupt ein Versetzungsrecht zukommt** (*LAG Bln.* 23.2.2007 LAGE § 18 KSchG Nr. 1).

499 **Beispiele Direktionsrecht:**

- Der Arbeitnehmer weigert sich zu Recht, seine Arbeit in einer vorgeschriebenen **Dienstkleidung** zu versehen, wenn und solange der Arbeitgeber ihm **keine Umkleidemöglichkeit** zur Verfügung stellt, die es dem Arbeitnehmer erlaubt, sich privat, vor und nach der Arbeit, ohne das Tragen einer Dienstkleidung bewegen zu können (*LAG BW* 11.5.2004 LAG Report 2004, 319 LS).

- Der Arbeitgeber kann berechtigt sein, einem Außendienstmitarbeiter im Wege des Direktionsrechts einen **anderen Verkaufsbezirk** zuzuweisen (*LAG Köln* 29.11.2005 – 9 (7) Sa 657/05 – EzA-SD 9/2006 S. 12 LS).
- Wird eine inhaltliche Veränderung des Arbeitsverhältnisses dahingehend eingeführt, dass die bislang durchgängige dreifach-Wechselschicht auf eine zweifach-Wechselschicht werktags unter Ausschluss der Samstage reduziert wird, so beruht die Geltung dieser veränderten Lage der Arbeitszeit auf einer Ausübung des Direktionsrechts des Arbeitgebers. Die Grenzen des Direktionsrechts (s.u. Rn. 502) sind auch nicht deshalb überschritten, weil infolge dessen Einkommensverluste (z.B. durch Wegfall von Zulagen/Zuschlägen) eintreten, da dies nur eine mittelbare Folge der **Veränderung der Lage** der Arbeitszeit ist (*LAG RhPf* 15.5.2001 NZA-RR 2002, 120).
- Das Direktionsrecht umfasst auch den **Wechsel von der Nacht- zur Tagarbeit**, auch dann, wenn in der Vergangenheit jahrelang anders verfahren wurde. Denn in der jahrelangen Praxis ist grds. kein Verhalten des Arbeitgebers zu finden, das den Schluss erlaubt, er wolle sich vertragsrechtlich binden (*LAG Köln* 26.7.2002 NZA-RR 2003, 577 LS).
- Eine »**Versetzungsklausel**« in einem **vorformulierten Arbeitsvertrag**, nach der sich der Arbeitgeber »unter Wahrung der Interessen des Redakteurs« die Zuweisung eines anderen Arbeitsgebietes vorbehält, berechtigt den Arbeitgeber zur Übertragung eines anderen Ressorts. Das kann auch den Wechsel von einer Hauptredaktion zu einer Lokalredaktion umfassen (*BAG* 11.4.2006 EzA § 308 BGB 2002 Nr. 5 = NZA 2006, 1149 m. Anm. *Schöne* SAE 2007, 370 ff.; *Fliss* NZA-RR 2008, 225 ff.).
- Zur wirksamen Ausübung des gesetzlichen Versetzungsrechts des § 106 S. 1 GewO gehört es, dass **hinreichend bestimmt** ist, **welche Aufgaben die Arbeitnehmerin künftig wahrnehmen soll** (*LAG Köln* 9.1.2007 LAGE § 307 BGB 2002 Nr. 10a = NZA-RR 2007, 343).

Gegenstand des Direktionsrechts können wohl auch Verhaltensrichtlinien, »**Ethikklauseln**« sein, sofern sie **bestehende arbeitsvertragliche oder gesetzliche Haupt- und Nebenpflichten spezifizieren und detaillieren, ohne den Pflichtenkreis des Arbeitnehmers zu erweitern (vgl. § 241 Abs. 2 BGB; s. dazu ausf. Rn. 545 ff.**; zum Mitbestimmungsrecht des (Konzern-) Betriebsrats gem. § 87 Abs. 1 Nr. 2 BetrVG s. *BAG* 22.7.2008 EzA § 87 BetrVG 2001 Betriebliche Ordnung Nr. 3 = NZA 2008, 1248; *Dzida* NZA 2008, 1265 ff.). In Betracht kommen z.B. Verschwiegenheitsklauseln und Regelungen zur Annahme von Geschenken und die Verpflichtung zur Meldung eigenen und insbesondere fremden Fehlverhaltens (vgl. *Schuster/Darsow* NZA 2005, 273 ff.; *Borgmann* NZA 2003, 352 ff.; *Wisskirchen/Jordan/Bissels* DB 2005, 2190 ff.; *Wisskirchen/Körber/Bissels* BB 2006, 1567 ff.; zur Mitbestimmungspflichtigkeit entsprechender Ethikrichtlinien vgl. *LAG Hessen* 18.1.2007 – 5 TaBV 31/06 – ArbuR 2007, 394; *ArbG Wuppertal* 15.6.2005 NZA-RR 2005, 476; *Junker* BB 2005, 602 ff.; s. auch u. Kap. 4 Rn. 1320). Allerdings dürfen insoweit nicht Rechtsvorstellungen anderer Nationen unbesehen übernommen werden; vielmehr sind stets die Grenzen des Direktionsrechts, also insbesondere das billige Ermessen (§ 315 BGB; s.u. Kap. 3 Rn. 790 ff.), das auch ausgefüllt wird durch Wertentscheidungen des Grundgesetzes, insbesondere Art. 1, 2 GG zu beachten und gegenüber einem nachvollziehbaren schutzwürdigen Arbeitgeberinteresse abzuwägen. Vor diesem Hintergrund sind Regeln, die die **Selbstanzeige** oder die **Anzeige eines Fehlverhaltens von Kollegen vorsehen** (sog. »**whistle-blow-Klauseln**«; s. dazu *Wisskirchen/Körber/Bissels* BB 2006, 1567 ff.; s. auch unten Kap. 4 Rn. 1320), das Ausgehen und eine **Liebesbeziehung mit Arbeitskollegen** unterbinden sollen, »wenn Sie die Arbeitsbedingungen dieser Person beeinflussen können« oder das Verbot der Verwendung von Spitznamen, »wenn Sie nicht sicher sind, ob diese korrekt sind«, **in dieser Allgemeinheit und in dieser Form indiskutabel** (vgl. dazu *Kolle/Deinert* ArbuR 2006, 177 ff.). 500

Bestehen zwischen Arbeitgeber und Arbeitnehmer **Meinungsverschiedenheiten** über Umfang und Grenzen des Direktionsrechts, so ist der Arbeitnehmer gleichwohl verpflichtet, 501 auf Anweisung des Arbeitgebers zur Abklärung der künftigen Arbeitspflichten am Arbeitsplatz zu erscheinen, denn diese Anweisungsbefugnis folgt aus dem Arbeitgeber-Direktionsrecht (*LAG SchlH* 26.9.2002 ARST 2003, 190 LS).

502 Das Weisungsrecht findet seine Grenzen in einzelvertraglichen, gesetzlichen und kollektivvertraglichen Regelungen (z.B. §§ 134, 138 BGB, MuSchG, ArbZG, JArbSchG), auch dispositiven, soweit sie nicht im Einzelfall durch Vereinbarung abbedungen sind; ab dem 1.1.2003 folgt dies ausdrücklich für alle Arbeitnehmer aus § 106 GewO n.F. (vgl. dazu *Lakies* BB 2003, 364 ff.). **Das Weisungsrecht kann insbes. nicht einseitig die im Arbeitsvertrag festgelegten Bedingungen verändern** (vgl. *LAG Köln* 28.1.2004 LAG Report 2004, 270; *LAG Hamm* 26.10.2005 ArbuR 2006, 211 LS). Denn welche Arbeit der Arbeitnehmer zu leisten hat, ergibt sich in erster Linie aus dem Arbeitsvertrag. Der Arbeitgeber kann Inhalt und Umfang der Arbeitspflicht kraft seines Weisungsrechts gerade **nur im Rahmen des jeweiligen Arbeitsvertrags festlegen** (§ 106 GewO; *BAG* 23.6.2007 EzA § 106 GewO Nr. 2 = NZA 2007, 974). Deshalb kann z.B. eine Herabstufung vom **Vorarbeiter zum »gewöhnlichen Arbeitnehmer«** nicht kraft Direktionsrechts vorgenommen werden (*ArbG Weiden* 6.11.2003 ArbuR 2004, 435 LS). Auch die **Verlagerung von Arbeitszeiten** auf den Samstagnachmittag kann der Arbeitgeber dann nicht einseitig mit dem Direktionsrecht durchsetzen, wenn eine individuelle Arbeitszeitvereinbarung mit dem Arbeitnehmer getroffen wurde (*LAG Hamm* 26.10.2005 ArbuR 2006, 211 LS); dies gilt generell, wenn die Lage der täglichen Arbeitszeit vertraglich vereinbart ist (*BAG* 17.7.2007 EzA § 8 TzBfG Nr. 14 = NZA 2008, 118). Denn alle anderen Bestimmungsgründe gehen dem Weisungsrecht vor, also insbes. die vertragliche Vereinbarung, durch die die Ausführung der Arbeit festgelegt wird. Das Weisungsrecht ist insoweit das rangschwächste Gestaltungsmittel; s.o. Rn. 263 ff. Der arbeitsvertragliche Vorbehalt, Dauer und zeitliche Lage der Arbeitszeit nach den betrieblichen Erfordernissen einseitig völlig dem Weisungsrecht des Arbeitgebers zu überlassen, ist folglich gem. § 134 BGB unwirksam. Denn der Umfang der beiderseitigen Hauptleistungspflichten unterliegt nicht dem allgemeinen Weisungsrecht des Arbeitgebers. Solche Inhalte sind nur durch Gesetz, Kollektiv- oder Einzelarbeitsvertrag gestaltbar (*LAG Düsseld.* 30.8.2002 NZA-RR 2003, 407; vgl. auch *ArbG Hmb* 22.8.2003 – 17 Ca 47/03 – EzA-SD 5/2004, S. 7).

503 Je genauer im Übrigen die Tätigkeit des Arbeitnehmers sowie die Modalitäten der Beschäftigung, also der Einsatzort, Umfang und die Lage der Arbeitszeit im Arbeitsvertrag umschrieben sind, umso weniger Spielraum hat der Arbeitgeber z.B. bei der Zuweisung verschiedenartiger Tätigkeiten (vgl. *BAG* 23.11.2004 EzA § 1 KSchG Betriebsbedingte Kündigung Nr. 134; 2.3.2006 EzA § 1 KSchG Soziale Auswahl Nr. 67; *LAG Nbg.* 17.2.2004 – 6 Sa 518/03 – FA 2004, 287 LS = NZA-RR 2004, 628; *LAG Köln* 28.1.2004 LAG Report 2004, 270; 26.10.1984 NZA 1985, 258; *LAG Bln.* 25.4.1988 DB 1988, 1228; *LAG RhPf* 13.10.1987 NZA 1988, 471; *Löwisch* NZA 1988, 641; *Berger-Delhey* DB 1990, 2266; *Hunold* NZA-RR 2001, 337 ff.). Findet sich deshalb z.B. in einem Arbeitsvertrag **keine Versetzungsklausel**, so ist die einseitige Versetzungsmöglichkeit durch Direktionsrecht des Arbeitgebers **an einen anderen Ort außerhalb des Betriebes** – und sei dieser auch nur 13 km entfernt – **nicht** gegeben (*LAG Nbg.* 17.2.2004 – 6 Sa 518/03 – FA 2004, 287 LS = NZA-RR 2004, 628). Das gilt im Übrigen **auch umgekehrt**: Ist arbeitsvertraglich eine Tätigkeit im Drei-Schicht-System vereinbart worden, so kann das **Begehren des Arbeitnehmers**, aus gesundheitlichen Gründen ausschließlich in Nachtschicht eingesetzt zu werden, nur durch Vertragsänderung, ggf. durch eine Änderungskündigung, realisiert werden (*Sächsisches LAG* 11.5.2005 – 3 Sa 716/04 – EzA-SD 18/2005 S. 8 LS). Denn ein **Anspruch auf Beschäftigung mit ganz bestimmten Tätigkeiten** steht dem Arbeitnehmer nur dann zu, wenn seine Arbeitspflicht nach dem **Inhalt des Arbeitsvertrages** auf diese Tätigkeiten beschränkt ist. Dies ist gerade nicht der Fall, wenn der Arbeitgeber dem Arbeitnehmer auf Grund seines Direktionsrechts auch andere Tätigkeiten zuweisen kann (*LAG Nbg.* 10.9.2003 LAGE § 611 BGB Direktionsrecht Nr. 29; *LAG Hamm* 8.3.2005 NZA-RR 2005, 462). **Weist der Arbeitgeber** andererseits den Arbeitnehmer bei Abschluss des Arbeitsvertrages auf eine für den Arbeitsbe-

reich des Arbeitnehmers geltende **betriebliche Regelung über Zeit und Ort des Beginns und Endes der täglichen Arbeitszeit** hin, wird die zu diesem Zeitpunkt bestehende betriebliche Regelung nicht Inhalt des Arbeitsvertrages; das Direktionsrecht des Arbeitgebers wird dadurch nicht eingeschränkt (*BAG* 7.12.2000 EzA § 611 BGB Direktionsrecht Nr. 22, 23 m. Anm. *Thau* SAE 2002, 56). Sieht der Arbeitsvertrag eine Verpflichtung zur Ableistung von Spätdienst nicht ausdrücklich vor, **folgt daraus nicht, dass das Direktionsrecht des Arbeitgebers insoweit ausgeschlossen ist** (*LAG Nds.* 26.7.2001 NZA-RR 2002, 118).

Bei bestimmten Berufsgruppen hat der Arbeitnehmer auf Grund des Arbeitsvertrages einen **504**
gewissen **Ausführungsspielraum** (z.B. Künstler, Ärzte, Lehrer, Wissenschaftler), in den durch das Direktionsrecht nicht eingegriffen werden darf (MünchArbR/*Blomeyer* § 48 Rz. 6 m.w.N.).

Die Befugnis zur Anordnung von **Überstunden** ist insoweit **nicht selbstverständlicher Teil des Direktionsrechts**; sie bedarf einer besonderen Grundlage, z.B. im Arbeitsvertrag, aber auch in einer Betriebsvereinbarung, solange die Pflicht zur Leistung von Überstunden nicht vertraglich ausgeschlossen ist (*BAG* 3.6.2003 EzA § 77 BetrVG 2001 Nr. 5 = NZA 2003, 1155).

Im **öffentlichen Dienst** erstreckt sich das Direktionsrecht des Arbeitgebers auf alle **505**
Tätigkeiten, deren Merkmale **in der Vergütungsgruppe** aufgeführt sind, in die der Angestellte nach dem Arbeitsvertrag eingestuft ist (*LAG Hamm* 15.5.2003 LAG Report 2004, 221 LS m. Anm. *Busemann*), es beschränkt sich also insbes. **nicht auf eine bestimmte Fallgruppe** einer Vergütungsgruppe (*BAG* 21.11.2002 EzA § 520 ZPO 2002 Nr. 1; *LAG Köln* 9.5.2008 LAGE § 106 GewO 2003 Nr. 5).

Der Arbeitgeber kann dem Arbeitnehmer also grds. jede Tätigkeit zuweisen, die den Merk- **506**
malen seiner Vergütungsgruppe entspricht (*BAG* 2.3.2006 EzA § 1 KSchG EzA § 1 KSchG Soziale Auswahl Nr. 67; *LAG Köln* 9.5.2008 LAGE § 106 GewO 2003 Nr. 5; *LAG Hamm* 22.5.2003 – 11 Sa 1735/02 – EzA-SD 16/2003, S. 10 LS; 15.5.2003 LAG Report 2004, 221 LS m. Anm. *Busemann*), sofern nicht ausnahmsweise Billigkeitsgesichtspunkte entgegenstehen (*BAG* 29.10.1997 ZTR 1998, 187). Dabei wird von der Überlegung ausgegangen, dass der Arbeitnehmer nach den im öffentlichen Dienst üblichen Musterverträgen für einen **allgemein umschriebenen Aufgabenbereich eingestellt wird**, in dem lediglich die Vergütungsgruppe festgelegt ist (*BAG* 23.6.1993 EzA § 611 BGB Direktionsrecht Nr. 13; 28.10.1999 ZTR 2000, 473; 2.3.2006 EzA § 1 KSchG Soziale Auswahl Nr. 67; vgl. dazu *Hunold* NZA-RR 2001, 339 ff.). Durch diese Zuweisung kann dem Arbeitnehmer auch z.B. eine bisher innegehabte **Vorgesetztenfunktion entzogen** werden, wenn Führungsverantwortung nicht zu den Tätigkeitsmerkmalen seiner Vergütungsgruppe gehört (*LAG Köln* 5.2.1999 ZTR 1999, 378). Das rechtfertigt jedoch nicht die Übertragung einer Tätigkeit, die geringerwertige Qualifikationsmerkmale erfüllt und nur im Wege des Bewährungsaufstieges (s.u. Kap. 3 Rn. 903) die Eingruppierung in die ursprünglich maßgebende Vergütungsgruppe ermöglicht (*BAG* 30.8.1995 AP Nr. 44 zu § 611 BGB Direktionsrecht). Unerheblich ist andererseits, ob aus einer einschlägigen Fallgruppe der Vergütungsgruppe ein Bewährungsaufstieg in eine höhere Vergütungsgruppe möglich ist oder nicht (*BAG* 21.11.2002 EzA § 520 ZPO 2002 Nr. 1).

Das Direktionsrecht berechtigt den öffentlichen Arbeitgeber also nicht, dem Arbeitneh- **507**
mer – auf Dauer – eine **Tätigkeit einer niedrigeren Vergütungsgruppe** zu übertragen. Die Änderung der bisherigen Tätigkeit kann der öffentliche Arbeitgeber dann einseitig nur im Wege der Änderungskündigung durchsetzen (*BAG* 23.11.2004 EzA § 1 KSchG Betriebsbedingte Kündigung Nr. 134). Auch im Geltungsbereich **des TV über den Rationalisierungsschutz** für Arbeiter des Bundes und der Länder kann eine Zuweisung einer

Tätigkeit, die zu einer niedrigeren tariflichen Einreihung führt, nicht einseitig durch Ausübung des Direktionsrechts erfolgen; die Zumutbarkeitsregelungen im Rahmen der Arbeitsplatzsicherung ändern daran nichts (*LAG RhPf* 3.6.2004 ZTR 2005, 43).

Zu beachten ist, dass die **Angabe einer bestimmten Beschäftigungsdienststelle** in den vorformulierten Arbeitsverträgen des öffentlichen Dienstes **regelmäßig nicht zum Ausschluss des Direktionsrechts des öffentlichen Arbeitgebers gem. § 12 BAT führt** (*BAG* 22.1.2004 – 1 AZR 495/01 – NZA 2005, 839 LS). Wird andererseits im **Mustervertrag eines kirchlichen Arbeitgebers** neben dem Rechtsträger als Vertragspartner auch eine **konkrete Einrichtung** im Vertragskopf und über der Unterschrift des Arbeitgebervertreters genannt, so führt dies zu einer Beschränkung des Einsatzbereichs des Arbeitnehmers auf diese Einrichtung (*LAG Bln.* 23.2.2007 LAGE § 18 KSchG Nr. 1).

508 Entscheidend ist sowohl im privatwirtschaftlichen Bereich als auch im öffentlichen Dienst, ob und inwieweit der Arbeitgeber auf Grund des Arbeitsvertrages überhaupt berechtigt ist, eine entsprechende Anordnung zu treffen (*BAG* 14.12.1961 AP § 611 BGB Direktionsrecht Nr. 17; 27.3.1980 EzA § 611 BGB Direktionsrecht Nr. 2).

Liegt im Übrigen ein im öffentlichen Dienst üblicher **Formulararbeitsvertrag nicht vor**, sondern wird der Arbeitnehmer für die Ausübung einer bestimmten Tätigkeit eingestellt, ist der öffentliche Arbeitgeber **nicht berechtigt**, dem Arbeitnehmer Tätigkeiten zuzuweisen, die der im Arbeitsvertrag genannten Tätigkeit nicht **gleichwertig sind** (*LAG Köln* 9.5.2008 LAGE § 106 GewO 2003 Nr. 5).

509 Soweit dagegen der Arbeitgeber berechtigt ist, die jeweils konkret zu leistende Arbeit und die Art und Weise ihrer Erbringung festzulegen, **hat der Arbeitnehmer den Weisungen Folge zu leisten** (vgl. z.B. §§ 121 GewO bis 31.12.2002, ab 1.1.2003 § 106 GewO n.F.; 29 Abs. 1 S. 2 SeemG). Verstößt der Arbeitnehmer dagegen, so liegt darin die **Nicht- oder Schlechterfüllung** der Arbeitspflicht, die nach einschlägiger Abmahnung die ordentliche Kündigung, oder, falls es sich um eine beharrliche Arbeitsverweigerung handelt, auch die außerordentliche Kündigung des Arbeitsverhältnisses rechtfertigen kann (*BAG* 21.11.1985 EzA § 1 KSchG Nr. 42; 17.3.1988 EzA § 622 BGB Nr. 116).

510 Etwas anderes gilt bei **gesetzwidrigen Weisungen**, z.B. dann, wenn der Arbeitgeber bestehende Mitbestimmungsrechte des Betriebsrats (insbes. gem. § 87 BetrVG) nicht beachtet hat. Denn dann hat der Arbeitnehmer ein Leistungsverweigerungsrecht, weil die Weisung ihm gegenüber unwirksam ist (*BAG* 14.1.1986 EzA § 87 BetrVG Betriebliche Ordnung Nr. 11).

b) Grenzen des Weisungsrechts; gerichtliche Geltendmachung der Unwirksamkeit einer derartigen Maßnahme

511 Das Direktionsrecht findet einerseits seine Grenzen in den Vorschriften der **Gesetze, des Kollektiv- und des Einzelarbeitsvertragsrechts** (*BAG* 14.8.2007 – 9 AZR 58/07 – NZA-RR 2008, 129; *LAG RhPf* 25.11.2004 LAG Report 2005, 260). Der Arbeitgeber kann deshalb z.B. keine wirksame Anweisung erteilen, wenn er **vom Wortlaut einer Betriebsvereinbarung abweicht** und keine Abstimmung mit dem Betriebsrat herbeiführt (*LAG RhPf* 10.3.2005 LAG Report 2005, 321; s. auch *LAG Nds.* 29.4.2005 – 16 Sa 1330/04 – EzA-SD 17/2005 S. 7 LS).

Das Direktionsrecht darf andererseits nur in den **Grenzen des § 315 Abs. 3 S. 2 BGB**, also nach billigem Ermessen ausgeübt werden; ab dem 1.1.2002 folgt dies unmittelbar aus **§ 106 GewO n.F.** (vgl. dazu *Lakies* BB 2003, 364 ff.; s. dazu *BAG* 23.6.2007 EzA § 106 GewO Nr. 2 = NZA 2007, 974). Eine Leistungsbestimmung entspricht dann billigem Ermessen, wenn sie die **wesentlichen Umstände des Falles abgewogen** und die beiderseitigen Interessen **angemessen berücksichtigt** hat (*BAG* 27.3.1980 EzA § 611 BGB Direktionsrecht Nr. 2; 25.10.1989EzA § 611 BGB Direktionsrecht Nr. 9; 23.6.1993 EzA

§ 611 BGB Direktionsrecht Nr. 13; 17.1.2006 – 9 AZR 226/05 – EzA-SD 16/2006 S. 24 LS; vgl. dazu *LAG Hamm* 18.2.2002 NZA 2002, 793; 28.7.2003 LAG Report 2004, 173; *ArbG Ludwigshafen* 17.9.2003 ArbuR 2004, 435 LS; *Hunold* NZA-RR 2001, 339 ff.). Dabei ist zu prüfen, ob die Maßnahme, z.B. eine Versetzung, aus den vom Arbeitgeber genannten Gründen an sich und auch die konkrete Maßnahme aus diesen Gründen der Billigkeit entspricht (*LAG München* 18.9.2002 LAGE § 611 BGB Beschäftigungspflicht Nr. 45).

Das ist z.B. bei einer Weisung des Inhalts, dass sich der Arbeitnehmer einer **permanenten Dokumentation** des dienstlichen Tagesablaufs und Kontrollgesprächen unterziehen soll, nicht der Fall (*ArbG Bln.* 5.2.2006 – 28 Ca 6409/05 -ArbuR 2007, 58 LS). Nichts anderes kann für die Anweisung an einen Beschäftigungstherapeuten gelten, die Bewohner des Alten- und Pflegeheims **während einer Therapiestunde auf die Toilette zu begleiten** (so *ArbG Ludwigshafen* 14.9.2006 NZA-RR 2007, 72). Der Arbeitgeber hat auch auf **Behinderungen des Arbeitnehmers** Rücksicht zu nehmen (§ 106 S. 3 GewO). Auch die Versetzung eines Mitarbeiters unter **erheblicher Stundenlohneinbuße** mit der Begründung, ein krankheitsbedingter plötzlicher Ausfall sei auf dem neuen Arbeitsplatz leichter zu verkraften, als wenn der Arbeitnehmer wie bisher nach einer Arbeitsunfähigkeit beanstandungslos wieder am alten Arbeitsplatz eingesetzt würde, verstößt gegen billiges Ermessen (*LAG Hamm* 1.6.2007 – 10 Sa 249/07 – ArbuR 2007, 363 LS). Schließlich kann es erforderlich sein, eine im **Schichtdienst tätige Fahrdienstleiterin** eines öffentlichen Nahverkehrsunternehmens **von Nachtarbeit zu befreien**, wenn dies aus objektiver medizinischer Sicht auf Grund ihres stark angeschlagenen Gesundheitszustands wünschenswert erscheint. Das gilt umso mehr, wenn die Schichtdienstgestaltung des Arbeitgebers nicht dem aktuellen Standard arbeitsmedizinischer Erkenntnisse entspricht (*LAG Köln* 28.6.2007 – 7 Sa 1506/05 – ArbuR 2007, 143 LS).

Kann der Arbeitgeber wegen Schließung einer Niederlassung die dort tätige Arbeitnehmerin am bisherigen vertraglichen Einsatzort nicht mehr beschäftigen und erweist sich die ausgesprochene betriebsbedingte Kündigung wegen bestehender **Schwangerschaft** der Arbeitnehmerin als unwirksam, so überschreitet die im Arbeitsvertrag an sich vorbehaltene Versetzung die Grenze billigen Ermessens dann, wenn die Arbeitnehmerin auf die Benutzung öffentlicher Verkehrsmittel angewiesen ist und **je Strecke eine Fahrtzeit von mehr als zwei Stunden** anfällt. Das gilt auch dann, wenn es sich um die einzige geeignete freie Stelle handelt (*LAG Hamm* 24.5.2007 NZA-RR 2008, 175).

Weil **Schulferien** für angestellte Lehrkräfte zwar im Allgemeinen eine unterrichtsfreie, aber keine arbeitszeitfreie Zeit sind, die Lehrkraft also grundsätzlich zur Erledigung aller arbeitsvertraglich geschuldeten Tätigkeiten verpflichtet bleibt, kann der Arbeitgeber verbindlich die Weisung erteilen, während der Schulferien zur Erfüllung **bestimmter Aufgaben in der Schule anwesend** zu sein. Etwas anderes gilt nur dann, wenn durch die Weisung **höherrangiges Recht** verletzt wird, weil z.B. die Höchstarbeitszeit überschritten oder der Urlaubsanspruch der Lehrkraft beeinträchtigt wird (*BAG* 16.10.2007 NZA-RR 2008, 214).

Auch bei der Billigkeitsprüfung einer Versetzung auf einen gleichwertigen Arbeitsplatz müssen das **persönliche Ansehen und die Möglichkeiten der Persönlichkeitsentfaltung des Arbeitnehmers** berücksichtigt werden, die mit dem alten und dem neuen Arbeitsplatz verbunden sind (*LAG München* 18.9.2002 LAGE § 611 BGB Beschäftigungspflicht Nr. 45). Der Arbeitnehmer kann insoweit zudem verlangen, dass der Arbeitgeber einen **wesentlichen Umstand**, der für die Ermessensentscheidung von Bedeutung ist, **nicht fortgesetzt außer Acht lässt** oder grds. falsch beurteilt (*LAG Köln* 26.5.1997 NZA-RR 1997, 466; im konkret entschiedenen Einzelfall wurde ein Anspruch der Klägerin, in Abschnitten von je 7 Nachwachen als Pflegerin eingesetzt zu werden, allerdings verneint; bestätigt durch *BAG* 11.2.1998 EzA § 315 BGB Nr. 48). Zu den insoweit zu berücksichtigenden wesentlichen Umständen gehören insbes. die **familiären Bindungen und Verpflichtungen** des Arbeitnehmers (*ArbG Bonn* 21.9.2000 NZA-RR 2001, 132; *ArbG Hmb* 19.8.2003 ArbuR 2004, 434 LS; *ArbG Hannover* 24.5.2007 ArbuR 2007, 280).

Dabei ist entscheidend auf die Zumutbarkeit und nicht auf die Betriebszugehörigkeit abzustellen (*LAG Hamm* 28.7.2003 LAG Report 2004, 173). **Zusammengefasst sind die Grenzen billigen Ermessens dann gewahrt, wenn der Arbeitgeber z.B. bei der Bestimmung der Zeit der Arbeitsleistung nicht nur eigene, sondern auch berechtigte Interessen des Arbeitnehmers angemessen berücksichtigt hat.** Für die Feststellung, ob die Grenzen billigen Ermessens gewahrt oder überschritten sind, kommt es damit nicht unmittelbar auf eine Abwägung der Interessenlage verschiedener Arbeitnehmer an. Die Ausübung des Direktionsrechts berührt auch nicht wie bei einer betriebsbedingten Kündigung oder Änderungskündigung den Bestand oder den Inhalt des Arbeitsverhältnisses. Auch dann, wenn berechtigte Belange eines von einer Anordnung des Arbeitgebers betroffenen Arbeitnehmers **geringfügig schutzwürdiger** sind als die eines von der Weisung nicht betroffenen Arbeitnehmers, kann die Ausübung des Direktionsrechts noch **billigem Ermessen entsprechen, wenn der Arbeitgeber ein anzuerkennendes eigenes Interesse verfolgt** (*BAG* 23.9.2004 EzA § 106 GewO Nr. 1 = NZA 2005, 359 = BAG Report 2005, 262). Das ist z.B. dann nicht der Fall, wenn ein Arbeitgeber das gesamte Personal einer Verkaufsfiliale mit der Begründung versetzt, dass das Personal verhaltensbedingt zu wenig verkaufe und die Versetzung dazu führt, dass die Arbeitnehmerin täglich 100 km zurücklegen muss (*ArbG Bamberg* 2.6.2006 – 2 Ca 1700/04 – ArbuR 2006, 333 LS). Allerdings bedarf der Einwand, es bestehe bei einer **längeren Anreise** zu einem anderen Arbeitsort eine erhöhte Thrombosegefahr, einer nachvollziehbaren Begründung, wenn der Arbeitgeber der Arbeitnehmerin anbietet, an den Verkehrstagen mit einem ICE zwischen Köln und Frankfurt zu fahren (*LAG Köln* 20.12.2007 – 9 Ta 350/07 – ArbuR 2008, 275 LS)

Auf schutzwürdige familiäre Belange des Arbeitnehmers ist Rücksicht zu nehmen, soweit einer vom Arbeitnehmer gewünschten Verteilung der Arbeitszeit nicht **betriebliche Gründe** oder sonstige berechtigte Belange anderer Arbeitnehmer entgegenstehen (*BAG* 23.9.2004 EzA § 106 GewO Nr. 1 = NZA 2005, 359 = BAG Report 2005, 262). Erfordert die Verteilung der Arbeitszeit eine **personelle Auswahlentscheidung** des Arbeitgebers zwischen mehreren Arbeitnehmern, finden die Grundsätze zur **sozialen Auswahl** im Rahmen einer betriebsbedingten Kündigung **keine Anwendung**. Der Arbeitgeber hat eine personelle Auswahlentscheidung zu treffen, in die er auch eigene Interessen wie die einer Vermeidung einer möglichen Beeinträchtigung des **Betriebsfriedens** einstellen kann (*BAG* 23.9.2004 EzA § 106 GewO Nr. 1 = NZA 2005, 359 = BAG Report 2005, 262). Maßgeblicher **Zeitpunkt für die Beurteilung der Rechtmäßigkeit** der Ausübung des Direktionsrechts ist der seiner **Ausübung**; nachträgliche Entwicklungen können nur dann von Bedeutung sein, wenn sie bei der Ausübung des Direktionsrechts bereits erkennbar waren (*BAG* 23.9.2004 EzA § 106 GewO Nr. 1).

Für die **gerichtliche Geltendmachung** der Unwirksamkeit einer derartigen Maßnahme des Arbeitgebers muss der Arbeitnehmer entweder auf **Feststellung klagen**, er sei zur Befolgung der Weisung nicht verpflichtet, oder **auf Beschäftigung mit bestimmten Tätigkeiten** (*LAG Nbg.* 10.9.2003 LAGE § 611 BGB Direktionsrecht Nr. 29; *LAG Hamm* 8.3.2005 NZA-RR 2005, 462; *LAG Bln.* 10.6.2005 – 13 Sa 571/05 – EzA-SD 20/2005 S. 5 LS). Zwar muss die Unwirksamkeit der Maßnahme **nicht analog §§ 2, 4, 7 KSchG** binnen drei Wochen geltend gemacht werden, aber dennoch zeitnah. Ein jahrelanges Untätigbleiben des Arbeitnehmers führt zur Verwirkung des Rechts, die Unwirksamkeit geltend zu machen (*LAG Nbg.* 20.7.2005 NZA-RR 2006, 162 = ZTR 2006, 51 LS).

In Betracht kommt auch nach Maßgabe der allgemeinen Voraussetzungen der Antrag auf Erlass einer **einstweiligen Verfügung**. Allerdings ist die **Betreuung eines Kleinkindes** nach Arbeitsschluss jedenfalls dann nicht als Verfügungsgrund anzuerkennen, wenn Verwandte oder Bekannte bis zur erstinstanzlichen Entscheidung des Hauptsacheverfahrens auf Beschäftigung am bisherigen Arbeitsort diese Betreuung übernehmen können (*LAG Köln* 20.12.2007 – 9 Ta 350/07 – ArbuR 2008, 275 LS).

Beispiele Grenzen Direktionsrecht: 512

- Die **Versetzung einer Reinigungskraft** von einem zu reinigenden Objekt zu einem anderen mit einer Tätigkeitsdauer von 5.00 bis 9.00 Uhr statt wie bisher von 8.00 bis 12.00 Uhr bedeutet einen Verstoß gegen die Grundsätze billigen Ermessens, insbesondere dann, wenn die Betroffene ein Kleinkind hat, das von 7.00 bis 13.00 Uhr in den Kindergarten geht (*ArbG Hmb* 19.8.2003 ArbuR 2004, 434 LS).
- Das Bestreben des Arbeitgebers, eine **Gruppe von Arbeitnehmern** mit den anderen Arbeitnehmern gleich zu behandeln, stellt im Rahmen des Direktionsrechts einen legitimierenden Grund für eine einseitige Maßnahme dar (*LAG Hamm* 26.5.2003 NZA-RR 2004, 24).
- Eine Versetzung, die für den Arbeitnehmer **erhebliche Nachteile** mit sich bringt, da er erstmals auf **öffentliche Verkehrsmittel** angewiesen sein wird, was zu Mehraufwand und insbes. bei Spätschichten auch zu zeitlichen Verzögerungen führt, ist dann rechtsunwirksam, wenn demgegenüber der Arbeitgeber kein nachvollziehbares Interesse an der Versetzung darlegt (*ArbG Ludwigshafen* 17.9.2003 ArbuR 2004, 435 LS).
- Eine **Versetzung zum Stellenpool** wegen des geplanten Outsourcings von Pförtnerstellen ist dann unwirksam, wenn zum Zeitpunkt der Versetzung das Outsourcing erst fast fünf Monate später stattfinden soll, tatsächlich aber in zwei Schritten fast fünf Monate bzw. acht Monate später stattgefunden hat. Eine dennoch bereits vorzeitig erfolgte Versetzung stellt eine unzulässige »Vorratsversetzung« dar. Sie wird nicht dadurch zulässig, dass die Arbeitnehmerin im Wege der Rückabordnung durch die Stellenpoolbehörde bis zum ersten Schritt des Pförtneroutsourcings wieder an ihrem alten Arbeitsplatz beschäftigt wird (*LAG Bln.* 10.6.2005 – 13 Sa 571/05 – EzA-SD 20/2005 S. 5 LS).
- § 315 BGB ist dann gewahrt, wenn der Arbeitnehmer, dessen Arbeitsvertrag eine Umsetzung zulässt und der zu einem **Konkurrenzunternehmen** wechseln will, auf einem neu geschaffenen Arbeitsplatz beschäftigt werden soll mit der Zielsetzung, Geschäftskontakte im alten Arbeitsbereich zu unterbinden und seine weitere Tätigkeit zu kontrollieren (*LAG Nds.* 12.10.1998 LAGE § 315 BGB Nr. 5).
- Die **Versetzung eines Institutsleiters** wegen Beschwerden über die Wahrnehmung seiner Aufgaben kann an sich ohne Rücksicht auf die Begründetheit der Beschwerden der Billigkeit entsprechen, wenn der Institutsleiter zur Erfüllung seiner Aufgaben mit den Beschwerdeführern zusammenarbeiten muss und diese Zusammenarbeit gestört ist (*LAG München* 18.9.2002 LAGE § 611 BGB Beschäftigungspflicht Nr. 45).
- Auch eine dringende **Empfehlung** eines Arztes **zum Arbeitsplatzwechsel** aus gesundheitlichen Gründen berechtigt den Arbeitgeber regelmäßig, dem Arbeitnehmer einen anderen Arbeitsbereich zuzuweisen, wenn die neue Tätigkeit von den arbeitsvertraglichen Vereinbarungen gedeckt ist (*BAG* 17.2.1998 NZA 1999, 33).
- Gleiches gilt für den **Ausschluss** eines Referenten in der Bundeszentrale für politische Bildung **von** der Leitung einer **Dienstreise** nach Israel, der sich – wenn auch außerdienstlich – öffentlich und wiederholt kritisch zu der Politik der derzeitigen israelischen Regierung gegenüber den Palästinensern geäußert hat und im Gastland als Vertreter dieser Position bekannt ist; in diesem Fall liegt auch kein unzulässiger Eingriff in die Meinungsäußerungsfreiheit (Art. 5 Abs. 1 GG) vor (*LAG Köln* 8.5.1998 NZA-RR 1999, 13).
- Ein öffentlicher Arbeitgeber hält sich im Rahmen billigen Ermessens, wenn er einem **Abteilungsleiter** Aufgaben derselben Vergütungsgruppe ohne Leitungsfunktionen, die der Arbeitnehmer zuvor innehatte, zuweist, wenn durch erhebliche und anhaltende **Störungen des Arbeitsklimas** berechtigte Zweifel an seiner Führungsqualität aufkommen und andere Versuche der Schadensbehebung gescheitert sind; auf Schuldzuweisungen kommt es dabei nicht an (*LAG Köln* 5.2.1999 ZTR 1999, 378).
- Der Arbeitgeber, der ein Altenpflegeheim trägt, überschreitet durch die **Versetzung einer Pflegekraft** vom Nacht- in den Tagdienst sein Ermessen auch dann nicht, wenn dies mit dem Verlust von Zulagen und Einschränkungen der Arbeitnehmerin bei der Pflege ihres behinderten Sohnes verbunden ist, sofern die Arbeitnehmerin dadurch einer besseren Kontrolle unterworfen werden soll, nachdem sie durch falsche Eintragungen in die Pflegeprotokolle das in sie gesetzte Vertrauen erschüttert hat (*LAG Köln* 26.7.2002 NZA-RR 2003, 577 LS).

- Demgegenüber entspricht es nicht billigem Ermessen bei der Bestimmung der zeitlichen Lage der Arbeitszeit, einer aus dem Erziehungsurlaub (jetzt der Elternzeit) **zurückkehrenden Mutter** mitzuteilen, dass sie ab sofort früher mit der Arbeit anfangen muss, wenn sie wegen der Änderung der Arbeitszeit ihr Kind nicht in den Kindergarten bringen kann (*LAG Nbg.* 8.3.1999 NZA 2000, 263). Gleiches gilt, wenn der Arbeitgeber den Arbeitnehmer anweist, seine Arbeitsleistung ausschließlich in einem zentralen Schreibbüro zu erledigen, wenn ihm die Leistung der Arbeit ausschließlich an diesem Ort gar nicht möglich ist (*ArbG Duisburg* 29.6.2000 NZA-RR 2001, 304).
- Bei der Ausführung eines arbeitsvertraglich vereinbarten Rechts zur **einseitigen Anordnung von Überstunden** hat der Arbeitgeber nach Auffassung des *ArbG Frankf. a.M.* (26.11.1998 NZA-RR 1999, 357) dem Rechtsgedanken von § 4 Abs. 2 BeschFG (jetzt § 12 Abs. 2 TzBfG) nach eine angemessene Ankündigungsfrist zu wahren, um es dem Arbeitnehmer auf zumutbare Weise zu ermöglichen, sich auf eine vorher zeitlich nicht festgelegte Inanspruchnahme seiner Arbeitskraft einzustellen. Die Zuweisung von Überstunden für den laufenden Arbeitstag kann danach nur bei deutlich überwiegenden betrieblichen Interessen billigem Ermessen entsprechen.
- Werden **Verdienstchancen** eines angestellten Abonnentenwerbers dadurch verschlechtert, dass bisher an ihn zur Erstbearbeitung nach Werbeaktionen übergebenes Kundenadressmaterial nunmehr an ein Call-Center weitergegeben wird, kann hierin eine Vertragsverletzung, eine Umgehung des Änderungskündigungsschutzes oder eine Verletzung der Grenzen des billigen Ermessens bei der Arbeitsmengenzuweisung liegen. Im Streitfall war allerdings keine Vertragspflicht zur Übergabe bestimmten Adressmaterials festzustellen. Auch der Änderungskündigungsschutz war nicht umgangen, da der Kläger nur 20 % Verdienstminderung behauptet hatte. Die Sache war aber vom *BAG* (7.8.2002 EzA § 315 BGB Nr. 51) zurückzuverweisen, da das Berufungsgericht die Einhaltung der Grenzen des § 315 BGB zu überprüfen hat.
- Nach – **abzulehnender** – Auffassung des *ArbG Wuppertal* (10.12.2003 LAGE § 626 BGB 2002 Nr. 2a) verstößt eine Anweisung des Arbeitgebers gegenüber einem personalverantwortlichen Arbeitnehmer, bei genügend Bewerbern »**keine Türken einzustellen**«, bis zur Umsetzung der Antidiskriminierungsrichtlinie 2000/43/EG in nationales Recht **weder gegen die Verfassung, noch gegen Gesetze**, noch ist sie sittenwidrig.

513 Das allgemeine Weisungsrecht hat eine **Konkretisierungsfunktion** hinsichtlich der im Arbeitsvertrag enthaltenen Rahmen-Arbeitsbedingungen. Der Umfang der beiderseitigen Hauptleistungspflichten gehört dagegen zum Kernbereich des Arbeitsverhältnisses mit der Folge, dass die Arbeitsbedingungen insoweit nur durch Gesetz, Kollektiv- oder Einzelarbeitsvertrag (vgl. *BAG* 23.9.2004 EzA § 106 GewO Nr. 1 = NZA 2005, 359 = BAG Report 2005, 262; *LAG Bln.* 29.4.1991 DB 1991, 2193 LS), nicht aber durch einseitige Weisungen des Arbeitgebers gestaltbar sind (*BAG* 12.12.1984 AP Nr. 2 zu § 2 KSchG 1969). Deshalb kann der Arbeitgeber nicht auf Grund des Direktionsrechts das Beschäftigungsvolumen und damit das Vergütungsvolumen einseitig im Rahmen der Einführung von Kurzarbeit beschränken. Auch kann ein Schichtplan nicht ohne Zustimmung des Betriebsrats auf Grund des Direktionsrechts des Arbeitgebers verändert werden (zutr. *LAG Nds.* 29.4.2005 – 16 Sa 1330/04 – EzA-SD 17/2005 S. 7 LS). Vielmehr bedarf es entweder einer **Änderungskündigung** oder aber einer **individuellen oder kollektiven (Betriebsvereinbarung**; vgl. dazu *LAG Sachsen* 31.7.2002 NZA-RR 2003, 366 u. *LAG RhPf* 10.3.2005 LAG Report 2005, 321 für eine Abweichung von einer bestehenden Betriebsvereinbarung, **Tarifvertrag) Vereinbarung**, um Kurzarbeit mit Lohnminderung einzuführen (*LAG Bln.* 29.10.1998 – 10 Sa 95/98).

514 Andererseits kann das Direktionsrecht (z.B. auf dem Gebiet der Arbeitszeit) **durch Tarifnormen** (vgl. *BAG* 2.3.2006 EzA § 1 KSchG Soziale Auswahl Nr. 67; *LAG Bln.* 12.8.2005 LAGE § 106 GewO 2003 Nr. 3; s. jetzt § 4 TVöD u. dazu *Preis/Greiner* ZTR 2006, 290 ff.; zur Erweiterung durch Formulararbeitsvertrag s. *BAG* 14.8.2007 – 9 AZR 58/07 – NZA 2008, 431 LS u. 14.8.2007 EzA § 6 ATG Nr. 2 = NZA 2008, 1194) **bzw. auf Grund gesetzlicher Regelungen erweitert** werden (*BAG* 12.2.1986, 17.3.1988 AP Nr. 7, 11 zu § 15 BAT;

23.9.2004 EzA § 611 BGB 2002 Direktionsrecht Nr. 1 = NZA 2005, 475; *Bayreuther* Beil. 1/06 zu NZA Heft 10/06 S. 1 ff.; abl. MünchArbR/*Blomeyer* § 48 Rz. 105; 23.5.2001 – 5 AZR 545/99 –; 19.11.2002 NZA 2003, 880 LS; ebenso durch ministeriellen Erlass im öffentlichen Dienst *LAG Hamm* 22.5.2003, NZA-RR 2004, 163; s. auch *LAG Bln.* 27.2.2004 NZA-RR 2004, 446 zur Erhöhung der Pflichtstundenzahl für Lehrer in Berlin; **a.A.** für § 5 TV Ratio Dt. Telekom *LAG Bra.* 30.6.2005 – 9 Sa 79/05 – ArbuR 2005, 426 LS = ZTR 2005, 594 LS; s.u. Rn. 530). Deshalb kann z.B. durch Tarifvertrag bestimmt werden, dass der Arbeitgeber die **Übertragung einer bestimmten Tätigkeit jederzeit widerrufen kann**, ohne bei der Ausübung des Widerrufsrechts an billiges Ermessen i.S.v. § 315 BGB gebunden zu sein (*BAG* 9.2.2005 ZTR 2005, 421). Eine Erweiterung des Leistungsbestimmungsrechts des Arbeitgebers durch Tarifvertrag ist insbesondere dann statthaft, wenn die tarifliche Regelung nach Anlass und Umfang **gerichtlich kontrollierbare Voraussetzungen** aufstellt, die den Arbeitgeber zu einem einseitigen Eingriff in das Arbeitsverhältnis berechtigen (*BAG* 23.9.2004 EzA § 611 BGB 2002 Direktionsrecht Nr. 1 = NZA 2005, 475). Das ist z.B. dann der Fall, wenn der Arbeitgeber innerhalb eines tarifvertraglich festgelegten Rahmens unter den im Tarifvertrag zu regelnden Voraussetzungen eine feststehende tarifliche **Wochenarbeitszeit verlängern oder zu ihr zurückkehren** kann (*BAG* 10.7.2003 ZTR 2004, 251). Der aus Art. 12 Abs. 1, Art. 2 Abs. 1 GG folgenden Schutzpflicht hat der staatliche Gesetzgeber durch den Erlass des KSchG Rechnung getragen. Von daher muss eine tarifvertragliche Erweiterung des Direktionsrechts mit den **Wertungen des § 2 KSchG vereinbar** sein. Das ist bei **§ 27 Abs. 3 BMT-G II** der Fall. Denn die Umsetzung darf gegenüber dem betroffenen Arbeitnehmer nur so lange aufrechterhalten werden, wie die Gründe für die Einweisung bestehen. Dadurch wird ausgeschlossen, dass der Inhalt des bestehenden Arbeitsvertrages auf Dauer verändert wird. Deshalb ist es unschädlich, dass die Norm nicht ausdrücklich regelt, um wie viele Lohngruppen die übertragene Tätigkeit niedriger bewertet sein darf als die regelmäßig ausgeübte. Zudem ist dem Arbeitnehmer für die Dauer von zwei Wochen der Lohn weiterzuzahlen (*BAG* 23.9.2004 EzA § 611 BGB 2002 Direktionsrecht Nr. 1 = NZA 2005, 475). Dagegen ist eine Tarifnorm, die den Arbeitgeber ohne besonderen Grund ermächtigt, dem Arbeitnehmer eine **niedriger bezahlte Tätigkeit** zuzuweisen, wegen Verstoßes gegen §§ 1, 2 KSchG unwirksam (*LAG Hamm* 15.3.2006 – 2 Sa 1812/04 – NZA-RR 2006, 581 LS; s.a. *LAG Hamm* 26.1.2007 – 4 Sa 1270/06 – zu § 8 TV Lohn- und Gehaltssicherung in der Eisen-, Metall- usw. Industrie NRW). Insgesamt ist auch die **Ausübung des tarifvertraglich erweiterten Direktionsrechts** im Einzelfall gem. § 106 GewO grds. an die **Wahrung billigen Ermessens** gebunden (*BAG* 23.9.2004 EzA § 611 BGB 2002 Direktionsrecht Nr. 1 = NZA 2005, 475).

Ist die Erweiterung des Direktionsrechts in einem vom Arbeitgeber aufgestellten **Formulararbeitsvertrag** zum Zweck der befristeten Erhöhung der Arbeitszeit – z.B. für angestellte Lehrkräfte – erfolgt, ist zunächst zu klären, ob die Einräumung dieses Bestimmungsrechts eine **unangemessene Benachteiligung** i.S.v. § 307 BGB ist. In einem zweiten Schritt ist zu prüfen, ob der Arbeitgeber in einer Art und Weise von der Ermächtigung Gebrauch gemacht hat, die **der Billigkeit entspricht** (*BAG* 14.8.2007 – 9 AZR 58/07 – NZA-RR 2008, 129). Liegt der vertraglichen Erweiterung des Bestimmungsrechts und seiner Ausübung eine sog. Koalitionsvereinbarung zwischen tariffähigen Parteien zu Grunde, muss der mit ihr gefundene Interessenausgleich als eine im Arbeitsrecht geltende Besonderheit i.S.v. § 310 Abs. 4 S. 2 BGB berücksichtigt werden. Eine unangemessene Benachteiligung nach § 307 Abs. 1 S. 1 BGB scheidet regelmäßig aus. Das gilt auch dann, wenn die dem Arbeitgeber eingeräumte Befugnis zur **Verlängerung der Mindestarbeitszeit** mehr als 25 % der Mindestarbeitszeit ausmacht (*BAG* 14.8.2007 – 9 AZR 58/07 – NZA-RR 2008, 129).

Beispiele Erweiterung Direktionsrecht: 515

- Das Deutsche Rote Kreuz darf nach dem Tarifvertrag über die Arbeitsbedingungen seiner Arbeitnehmer (DRK-TV) die **regelmäßige tägliche und wöchentliche Arbeitszeit durch einseitige Erklärung verlängern.**

Die Arbeitszeitverlängerung nach § 14 Abs. 2 Unterabs. 3 DRK-TV setzt voraus, dass die Arbeitnehmer zum einen nur Anwesenheit an der Arbeitsstelle, zum anderen Arbeitsleistungen schulden, die sich aus dem jeweils auftretenden Bedarf ergeben. Sie dürfen auch Nebenarbeiten verrichten, die zur Erfüllung ihrer bedarfsorientierten Aufgaben erforderlich sind.

§ 14 Abs. 2 Unterabs. 3 DRK-TV ist auch dann anwendbar, wenn die Anwesenheitszeiten als Arbeitsbereitschaft anzusehen sind und dem Arbeitnehmer nicht lediglich eine dem Bereitschaftsdienst entsprechende Leistung abverlangt wird.

Für eine Arbeitszeitverlängerung nach § 14 Abs. 2 Unterabs. 3 DRK-TV ist aber erforderlich, dass der größere Teil der Arbeitszeit auf die Anwesenheitszeiten und der geringere Teil auf bedarfsorientierte Vollarbeit einschließlich der Nebenarbeiten entfällt (*BAG* 30.1.1996 EzA § 4 TVG Rotes Kreuz Nr. 2).

► Nach dem MTV Berliner Metall- und Elektroindustrie i.d.F. vom 18.5.2002 kann der Arbeitgeber einseitig mit einer **Ankündigungsfrist** von drei Monaten die **wöchentliche Arbeitszeit** von 40 Stunden auf 35 Stunden **absenken** und entsprechend den Lohn anpassen, ohne eine Änderungskündigung aussprechen zu müssen (*LAG Bln.* 7.3.2003 NZA-RR 2004, 92).

516 Andererseits kann der Arbeitgeber bei der Ausübung des Direktionsrechts auch durch Erklärungen gegenüber dem Arbeitnehmer **selbst binden**, insbes. die Ausübung auf bestimmte Fälle beschränken. Haben allerdings die Parteien in einem im öffentlichen Dienst **üblichen Mustervertrag** zunächst den Beginn und die Art der Beschäftigung vereinbart und die **Dienststelle bezeichnet**, bei der der Angestellte eingestellt wird und nachfolgend die Geltung eines Tarifvertrages verabredet, der die Versetzung des Angestellten an eine andere Dienststelle regelt, ist die **tarifliche Versetzungsbefugnis** des Arbeitgebers, wonach der Angestellte aus dienstlichen Gründen auch an eine Dienststelle außerhalb des bisherigen Dienstortes versetzt werden kann, **i.d.R. nicht ausgeschlossen**. Zwar kann das tarifliche Direktionsrecht im Arbeitsvertrag abbedungen werden; das ist im öffentlichen Dienst aber nur dann der Fall, wenn die Parteien dazu eindeutige Absprachen treffen (*BAG* 21.1.2004 – 6 AZR 583/02 – EzA-SD 8/2004, S. 16 LS = NZA 2005, 61).

517 Die Heraufsetzung der Pflichtstundenzahl für an Gesamtschulen tätige Lehrkräfte von 23,5 auf 24,5 Unterrichtsstunden wöchentlich durch Verordnung des Ministeriums für Schule und Weiterbildung des Landes Nordrhein-Westfalen vom 22.5.1997 ist rechtswirksam (*BAG* 23.5.2001 – 5 AZR 783/98).

518 Es entspricht grds. billigem Ermessen i.S.d. § 315 BGB, wenn der Arbeitgeber zum Zwecke der Erprobung eine höherwertige Tätigkeit nur für einen vorübergehenden Zeitraum überträgt (*BAG* 12.6.2002 NZA 2003, 288 LS; 15.5.2002 NZA 2003, 288 LS; 17.1.2006 – 9 AZR 226/05 – EzA-SD 16/2006 S. 24 LS = NZA 2006, 1064 LS; *LAG Hamm* 16.5.2003 NZA-RR 2004, 111). Überträgt der Arbeitgeber dem Arbeitnehmer aber z.B. vorläufig eine höherwertige Aufgabe und macht er die Übertragung auf Dauer nur davon abhängig, dass sich der Arbeitnehmer fachlich bewährt, so darf er dem Arbeitnehmer die höherwertige Aufgabe nicht aus anderen Gründen wieder entziehen (*BAG* 17.12.1997 NZA 1998, 555). Die vorübergehende Übertragung kann auch gerechtfertigt sein, wenn die fragliche Tätigkeit auf Dauer einem noch nicht zur Verfügung stehenden Beamten übertragen werden soll (*BAG* 12.5.2002 NZA 2003, 288 LS). Eine Erprobungszeit von mehr als sechs Monaten entspricht im hier maßgeblichen Zusammenhang nur dann billigem Ermessen, wenn dafür besondere Gründe vorliegen, die der Arbeitgeber darzulegen hat (*LAG Hamm* 16.5.2003 NZA-RR 2004, 111).

519 Soweit **Krankenhausärzte** Arbeitnehmer sind, ist zu beachten, dass mit der Freiheit des ärztlichen Berufs gewährleistet ist, dass der Arzt bei seinen ärztlichen Entscheidungen keinen Weisungen unterliegt (*BVerfG* 23.7.1963 AP Nr. 30 zu Art. 12 GG). Der Chefarzt bleibt deshalb im Rahmen seiner medizinisch-fachlichen Aufgaben völlig weisungsfrei. Hinsichtlich der nachgeordneten Ärzte (Oberärzte, Assistenzärzte) gilt nichts anderes. Dem Chefarzt steht andererseits gegenüber den nachgeordneten Ärzten die Führungskompetenz zu. Dieses Weisungsrecht beschränkt sich aber darauf, ihnen bestimmte Tätigkeitsbereiche und Einzel-

aufgaben zur selbstständigen Erledigung zu übertragen. Eine entsprechende Aufteilung in Führungs- und Handlungsverantwortung besteht auch im Verhältnis von Oberarzt und Assistenzarzt (MünchArbR/*Richardi* § 204 Rz. 25 f.; vgl. auch *Diringer* NZA 2003, 890 ff.).

c) Konkretisierung der geschuldeten Arbeitsleistung

Eine Beschäftigung auf einer bestimmten Arbeitsstelle kann eine Konkretisierung der geschuldeten Arbeitsleistung darstellen, die dann das Direktionsrecht des Arbeitgebers nachträglich und stillschweigend auf eben diese Tätigkeit einschränkt (vgl. KR-*Rost* § 2 KSchG Rz. 40 ff.). Wird z.B. der als **Teilzeitkraft** eingestellte Arbeitnehmer über **mehrere Jahre hinweg** wegen verstärkten Anfalls im Umfang einer **Vollzeitkraft** eingesetzt, so kann dies i.S. einer stillschweigenden Änderung des Arbeitsvertrags gewürdigt werden mit der Folge z.B. auch, dass der Arbeitgeber in Annahmeverzug gerät, wenn er den Arbeitnehmer später nur noch im Rahmen der ursprünglich vereinbarten Arbeitszeit einsetzt (*LAG Hamm* 4.5.2006 NZA-RR 2006, 456 unter Hinweis auf die Auslegungsgrundsätze zu § 4 Abs. 1a EFZG als Prüfungsmaßstab) Wegen der damit verbundenen Rechtsfolgen sind daran aber strenge Anforderungen zu stellen (*LAG Hamm* 8.3.2005 NZA-RR 2005, 462). **520**

Neben der langjährigen Ausübung einer bestimmten Tätigkeit müssen aber noch andere Umstände hinzutreten, weil die Einschränkung des Direktionsrechts eine Vertragsänderung darstellt und deshalb auch entsprechende rechtsgeschäftliche Willenselemente, die auf eben diese Änderung gerichtet sein sollen, erkennbar sein müssen, die die Annahme rechtfertigen, **dass der Arbeitnehmer nach dem übereinstimmenden Parteiwillen künftig nur noch eine ganz bestimmte Tätigkeit schulden soll** (*LAG RhPf* 5.7.1996 NZA 1997, 1113; *LAG Hamm* 8.3.2005 NZA-RR 2005, 462; *LAG Hamm* 3.7.2008 NZA-RR 2008, 464; *Weber/Ehrich* BB 1996, 2246 ff.; *Hunold* NZA-RR 2001, 337 ff.); **dies gilt auch für die langjährige Tätigkeit an einem bestimmten Arbeitsort** (*BAG* 13.3.2007 – 9 AZR 433/06 – EzA-SD 17/2007 S. 7 LS = NZA-RR 2008, 504 LS). Allein daraus, dass eine betriebliche Regelung hinsichtlich der Zeit der Arbeitsleistung über einen **längeren Zeitraum hinweg beibehalten wird**, kann ein Arbeitnehmer folglich nach Treu und Glauben (§ 242 BGB) nicht auf den Willen des Arbeitgebers schließen, diese Regelung auch künftig unverändert beizubehalten. Dafür müssen vielmehr **besondere Umstände gegeben sein**, aus denen sich ergibt, dass der Arbeitnehmer zukünftig **nicht mehr in anderer Weise eingesetzt werden soll** (*BAG* 29.9.2004 EzA § 87 BetrVG 2001 Arbeitszeit Nr. 5 = NZA-RR 2005, 616 LS; 3.6.2004 EzA § 1 KSchG Soziale Auswahl Nr. 55 = BAG Report 2005, 235; *LAG Bra.* 2.6.2006 NZA-RR 2007, 448 LS; *LAG Hamm* 3.7.2008 NZA-RR 2008, 464). Bei einer tariflich vorgesehenen **Schriftform** findet zudem eine »gelebte Konkretisierung« nur in **Ausnahmefällen** statt (*LAG Hamm* 28.7.2003 LAG Report 2004, 173). Andererseits kann sich der **Arbeitnehmer** bei einer **vertraglich vereinbarten Schriftform** für Vertragsänderungen dann nicht auf deren Nichteinhaltung berufen, wenn **mehrfach** schon in **beiderseitigem Einvernehmen Änderungen** des Vertrages erfolgt sind, ohne dass der Vertragsinhalt den Absprachen auch schriftlich angepasst worden war (*LAG RhPf* 1.4.2004 LAG Report 2004, 351 LS). **521**

Beispiele Unmaßgebliche Zeitdauer: **522**

- Allein aus der Tatsache, dass der Arbeitnehmer über einen längeren Zeitraum (acht bzw. über zehn Jahre) **überwiegend oder ausschließlich nachts beschäftigt** worden ist, ergibt sich noch nicht eine das Direktionsrecht einschränkende Konkretisierung des Arbeitsvertrages (*LAG Bln.* 29.4.1991 DB 1991, 2193 LS; *LAG Düsseld.* 23.10.1991 BB 1992, 997 LS).
- Auch allein der **13-jährige Einsatz als Kundenberater** reicht zur Konkretisierung der geschuldeten Arbeitsleistung nicht aus, wenn der Arbeitsvertrag die Tätigkeit mit: »als Angestellter« formuliert und auf den BAT im Übrigen als anwendbar verweist. Der damit geltende Tarifautomatismus lässt es zu, den Angestellten auch mit anderen Aufgaben zu betrauen, die den Fallgruppen der innegehaltenen Vergütungsgruppe entspre-

chen. Auch der Umstand, dass der Kundenberater Zusatzleistungen (Versicherungs-Bausparverträge) als Dienstaufgabe verkaufen darf und soll, wodurch ihm eine erhebliche Mehreinnahme durch Provisionen ermöglicht wird, führt nicht dazu, dass dem Arbeitnehmer diese Erwerbschance auf Dauer belassen werden muss. Die Eröffnung dieser Zusatzeinnahmequelle führt nicht dazu, nur weil sie am besten in der Funktion des Kundenberaters genutzt werden kann, dass der Arbeitnehmer schon allein deswegen als Kundenberater beschäftigt werden muss, zumal diese Zusatztätigkeit nicht untrennbar mit der Tätigkeit als Kundenberater verbunden ist und auch von dieser Tätigkeit losgelöst verrichtet werden kann (*LAG RhPf* 5.7.1996 a.a.O.).

- Allein die **25-jährige Beschäftigung auf einem bestimmten Arbeitsplatz** (Reifenwickler) bewirkt keine Konkretisierung dahingehend, dass ein anderer tariflich eingruppierungsmäßig gleichwertiger Arbeitsplatz in einer anderen Abteilung (Heizer) nicht zugewiesen werden kann (*LAG Hessen* 12.12.2002 NZA-RR 2003, 545).
- Wird eine bei Beginn des Arbeitsvertrages bestehende betriebliche Regelung über Zeit und Ort des Beginns und Endes der täglichen Arbeitszeit, die nicht Inhalt des Arbeitsvertrages wird, **über längere Zeit beibehalten**, weil der Arbeitgeber von seinem bestehenden **Direktionsrecht keinen Gebrauch** macht, tritt allein dadurch **keine Konkretisierung** der Arbeitspflicht ein (*BAG* 7.12.2000 EzA § 611 BGB Direktionsrecht Nr. 22 m. Anm. *Thau* SAE 2002, 56).
- Eine Konkretisierung des Arbeitsverhältnisses auf ein **bestimmtes Mindestmaß an Überstunden** kommt regelmäßig **nicht** in Betracht (*LAG Köln* 21.1.1999 NZA-RR 1999, 517).
- Dass Ausschreibung, Bewerbung und schriftliche Mitteilung vom Erfolg der Bewerbung im öffentlichen Dienst sich auf einen **konkreten Arbeitsplatz** bezogen, macht diesen noch nicht zum Inhalt der vertraglichen Vereinbarungen, wenn er nicht in den gem. § 4 Abs. 1 BAT beurkundeten Vertrag aufgenommen wird. Auch dass der Arbeitnehmer anschließend langjährig auf dem ausgeschriebenen Arbeitsplatz verbleibt, führt noch **nicht** zu einer **Konkretisierung** des Arbeitsvertrages auf diesen Arbeitsplatz (*LAG Köln* 5.2.1999 ZTR 1999, 378).
- Auch allein auf Grund der **langjährigen Beschäftigung des Arbeitnehmers an einem bestimmten Arbeitsort** tritt noch keine Konkretisierung der Arbeitsverpflichtung auf diesen Ort ein. Dazu bedarf es vielmehr **besonderer Umstände**, die dem Arbeitnehmer Anlass geben, auf die weitere ortsgebundene Beschäftigung zu vertrauen. Hat der Arbeitgeber den Arbeitnehmer während einer längeren Beschäftigungsdauer nicht auf die arbeitsvertraglich vereinbarte Versetzungsmöglichkeit hingewiesen, so begründet das noch keinen Vertrauenstatbestand (*BAG* 13.3.2007 – 9 AZR 433/06 – EzA-SD 17/2007 S. 7 LS = NZA-RR 2008, 504 LS).

d) Einzelfragen und weitere Beispiele

523 Problematisch kann im Einzelfall die Abgrenzung einer nach dem Einzelarbeitsvertrag noch zulässigen Zuweisung einer anderen Tätigkeit (Umsetzung) von einer unzulässigen Zuweisung anderer Aufgaben sein, die einer u.U. durch Änderungskündigung (§ 2 KSchG) durchzusetzenden Änderung der Arbeitsbedingungen bedarf.

524 ▶ Der Arbeitgeber darf dem Arbeitnehmer (bei verfassungskonformer Auslegung des § 315 BGB) z.B. keine Arbeit zuweisen, die den Arbeitnehmer in einen vermeidbaren **Gewissenskonflikt** bringt. Inhalt und Grenzen des Leistungsbestimmungsrechts des Arbeitgebers zur Konkretisierung der vertragsgemäßen Arbeitsleistung ergeben sich aus einer Abwägung der beiderseitigen Interessen des Arbeitgebers und des Arbeitnehmers.
Dabei ist zu berücksichtigen, ob der Arbeitnehmer bei der Eingehung des Arbeitsverhältnisses mit einem Gewissenskonflikt hat rechnen müssen, der Arbeitgeber aus betrieblichen Erfordernissen auf dieser Arbeitsleistung bestehen muss und ob mit zahlreichen weiteren Gewissenskonflikten in der Zukunft zu rechnen ist (*BAG* 20.12.1984 EzA Art. 4 GG Nr. 1; s.o. Rn. 297 ff.).

- Einem Angestellten, der durch schriftlichen Arbeitsvertrag für die Tätigkeit als **Abteilungsleiter** für detailliert bezeichnete Sachgebiete eingestellt worden ist, kann nicht ohne Änderungskündigung diese Funktion gegen seinen Willen entzogen und ihm die Betreuung nur eines dieser Sachgebiete als Sachgebietsleiter im Rahmen einer von einem anderen Abteilungsleiter geführten Abteilung zugewiesen werden (vgl. auch *BAG* 23.6.1993 EzA §611 BGB Direktionsrecht Nr. 13; *LAG Hamm* 9.1.1997 NZA-RR 1997, 337 LS). 525
- Eine **Versetzung auf einen geringerwertigen Arbeitsplatz** ist selbst dann unzulässig, wenn die bisherige Vergütung weitergezahlt wird. Nur ausnahmsweise ist der Arbeitnehmer verpflichtet, im Rahmen einer Notlage (§242 BGB) Arbeiten außerhalb des vertraglich festgelegten Tätigkeitsbereichs vorübergehend zu verrichten (*BAG* 8.10.1962, 14.7.1965 AP Nr. 18, 19 zu §611 BGB Direktionsrecht; vgl. auch *LAG Hamm* 9.1.1997 a.a.O.). 526
- Der Arbeitgeber kann dem Arbeitnehmer wegen **Schlechtleistung** den Aufgabenbereich der Kundenberatung durch einseitige Weisung entziehen, wenn er dabei im Bereich des Arbeitsvertrages bleibt (*BAG* 27.3.1980 EzA §611 BGB Direktionsrecht Nr. 2). 527
- Bestehen **zwischen Arbeitnehmern Spannungen**, so kann der Arbeitgeber dem durch Umsetzung nach Maßgabe seines Direktionsrechts begegnen. Er ist insbes. nicht gehalten, anstelle der Umsetzung als »milderes Mittel« eine Abmahnung auszusprechen (*BAG* 24.4.1996 EzA §611 BGB Direktionsrecht Nr. 18). Denn die Erteilung einer Abmahnung belastet in aller Regel den Arbeitnehmer wegen ihrer Dokumentations-, Ankündigungs- und Warnfunktion (s.u. Kap. 4 Rn. 2280ff.) mehr als eine Umsetzung. 528
- Eine arbeitsvertragliche Vereinbarung, die bei arbeitszeitabhängiger Vergütung den Arbeitgeber berechtigen soll, die zunächst festgelegte **Arbeitszeit** später **einseitig** bei Bedarf **zu reduzieren**, stellt eine objektive Umgehung von zwingenden Vorschriften des Kündigungs- und Kündigungsschutzrechts (§2 i.V.m. §1 Abs. 2, 3 KSchG, §622 BGB) dar und ist daher gem. §134 BGB nichtig (*BAG* 7.11.1984 BB 1985, 731; 12.12.1984 EzA §315 BGB Nr. 29). 529
- Zulässig sind aber **tarifvertragliche Regelungen**, wonach einseitig ohne Änderungskündigung bei Erfüllung der tariflichen Voraussetzungen (der Dienst muss die Übertragung einer anderen Tätigkeit erfordern und diese muss dem Arbeitnehmer nach Befähigung, Ausbildung und körperlicher Eignung zumutbar sein) dem Arbeitnehmer eine **andere, nach einer niedrigeren Vergütungsgruppe zu bezahlende Tätigkeit zugewiesen werden kann** (*BAG* 22.5.1985 AP Nr. 6, 7 zu §1 TVG Tarifverträge: Bundesbahn; 19.11.2002 NZA 2003, 880 LS; 23.9.2004 EzA §611 BGB 2002 Direktionsrecht Nr. 1 = NZA 2005, 475; 16.12.2004 ZTR 2005, 424; **a.A.** *LAG Düsseld.* 17.3.1995 LAGE §2 KSchG Nr. 2: unzulässige Umgehung von §2 KSchG i.V.m. §1 Abs. 2, 3 KSchG; **a.A.** auch explizit für §5 TV Ratio Dt. Telekom *LAG Bra.* 30.6.2005 – 9 Sa 79/05 – ArbuR 2005, 426 LS = ZTR 2005, 594 LS; vgl. auch *Plüm* DB 1992, 735; abl. auch MünchArbR/*Hanau* §62 Rz. 105; s.u. Kap. 3 Rn. 12ff.; Kap. 4 Rn. 2963f.). 530

§27 Abs. 3 BMT-G II z.B. genügt diesen Anforderungen. Danach ist die Einweisung eines Arbeiters in eine **niedrigere Vergütungsgruppe** zulässig, wenn bestimmte **betriebliche Gründe**, Arbeitsmangel oder ein an anderer Stelle dringend notwendiger Bedarf vorliegen. Ferner müssen diese Gründe die Personalumsetzung erforderlich machen. Die Maßnahme darf gegenüber dem betroffenen Arbeitnehmer höchstens solange aufrechterhalten werden, wie die Gründe für die Zuweisung bestehen. Dadurch wird **ausgeschlossen**, dass der Inhalt des bestehenden Arbeitsvertrages **auf Dauer** geändert wird. Aufgrund dieser Voraussetzungen bleibt der verfassungsrechtlich gewährleistete Mindestkündigungsschutz, der den Arbeitnehmer auch vor einseitigen Eingriffen des Arbeitgebers in den Kernbereich des Arbeitsverhältnisses schützt, gewahrt (*BAG* 23.9.2004 EzA §611 BGB 2002 Direktionsrecht Nr. 1 = NZA 2005, 475). 531
Auch die tarifvertraglich eröffnete Befugnis, unter bestimmten Voraussetzungen Arbeitnehmer zu einer **Beschäftigungs- und Qualifizierungsgesellschaft zu versetzen**, ist rechtmäßig und verstößt insbesondere nicht gegen höherrangiges Recht (*LAG Bra.* 3.5.2005 – 2 Sa 702/04 – ZTR 2005, 594 LS).

532 ▶ Die tariflich vorgesehene Ausübung des Direktionsrechts zur Umsetzung einer tariflichen Arbeitszeitverkürzung verstößt jedoch dann gegen den Grundsatz billigen Ermessens, wenn der Arbeitgeber allein seine Interessen durchzusetzen versucht (*BAG* 19.5.1992 NZA 1992, 978).

533 ▶ Aufgrund des Direktionsrechts kann der Arbeitgeber einseitig eine vertraglich nur rahmenmäßig umschriebene Pflicht des Arbeitnehmers zur Ableistung von **Bereitschaftsdiensten** zeitlich näher bestimmen (*BAG* 25.10.1989 EzA § 611 BGB Direktionsrecht Nr. 9). Ferner kann er den Arbeitszeitrahmen für die regelmäßige Arbeit ändern, sofern nicht tarifvertragliche oder vertragliche Regelungen dem entgegenstehen und auch keine Mitbestimmungsrechte eingreifen (*BAG* 19.6.1985 EzA § 315 BGB Nr. 32).

534 ▶ Nach § 15 Abs. 6a BAT ist der öffentliche Arbeitgeber zwar gegenüber seinen Angestellten berechtigt, die Erledigung von Bereitschaftsdiensten **dienstplanmäßig anordnen** zu können, aber gegenüber seinen Angestellten **nicht verpflichtet**, die weitere Erbringung der bisherigen Bereitschaftsdienste dienstplanmäßig anordnen zu müssen. Daher kann er von der weiteren Erbringung der bisherigen Bereitschaftsdienste kraft des Direktionsrechts einseitig und ohne Einhaltung einer sozialen Auslauffrist absehen, falls den Angestellten kein einzelvertraglicher Anspruch auf weitere Bereitschaftsdienste zusteht und falls dieses Handeln des öffentlichen Arbeitgebers billigem Ermessen gem. § 315 Abs. 3 BGB entspricht (*LAG Hamm* 29.6.2000 ZTR 2000, 464 LS).

535 ▶ Ein **Sozialarbeiter**, dem als Angestellter des Jugendamtes einer Gemeinde die Aufgaben eines Pflegers oder Vormundes übertragen worden sind, ist Weisungen seines Arbeitgebers insoweit unterworfen, wie sie nicht den Belangen des vertretenen Pfleglings oder Mündels zuwiderlaufen (*BAG* 10.4.1991 EzA § 611 BGB Direktionsrecht Nr. 5).

536 ▶ Ein Arbeitgeber des öffentlichen Dienstes kann kraft Direktionsrechts berechtigt sein, anzuordnen, dass ein Verwaltungsangestellter auf Dienstreisen einen **Dienstwagen** selbst führt und Kollegen mitnimmt (*BAG* 29.8.1991 EzA § 611 BGB Direktionsrecht Nr. 6).

537 ▶ Dagegen ist der Arbeitnehmer des öffentlichen Dienstes auf Grund des Arbeitsverhältnisses nicht verpflichtet, seinem Arbeitgeber, der als Wahlbehörde für die Durchführung politischer Wahlen zuständig ist, auf dem Dienstweg die Gründe mitzuteilen, die der Übernahme eines **Wahlehrenamtes** entgegenstehen könnten (*BAG* 23.1.1992 EzA § 611 BGB Direktionsrecht Nr. 10).

538 ▶ Die Berechtigung des Arbeitgebers zur **Versetzung** in einen anderen Betrieb an einem anderen Beschäftigungsort bedarf nach Auffassung des *Hess. LAG* (8.5.1995 LAGE § 103 BetrVG 1972 Nr. 10) einer ausdrücklichen und individualrechtlichen Vereinbarung.

539 ▶ Führt ein tarifgebundener Arbeitgeber durch **einzelvertragliche Abreden** mit nahezu sämtlichen Arbeitnehmern einer Abteilung ein **vom Tarifvertrag abweichendes Arbeitszeitmodell** ein (Sonnabend als Regelarbeitszeit), so ist die Versetzung des einzigen Arbeitnehmers, der – selbst tarifgebunden – diese Abrede nicht akzeptiert und an seiner tariflich vorgesehenen Arbeitszeit (Montag bis Freitag) festhalten möchte, mit der ihn der Arbeitgeber in einem anderen Betrieb des Unternehmens einsetzen möchte, nicht nach billigem Ermessen i.S.v. § 315 BGB gerechtfertigt. Denn ein tarifgebundener Arbeitnehmer darf seinen – auch konkreten – Arbeitsplatz nicht deswegen verlieren, weil er eine in seiner Person **tarifwidrige Abrede** mit dem Arbeitgeber verweigert (*LAG Bln.* 20.5.1996 LAGE § 611 BGB Direktionsrecht Nr. 26; zur Änderungskündigung insoweit s.u. Kap. 4 Rn. 3017 ff.).

540 ▶ Die für Chefarztverträge typischen **Entwicklungs- und Anpassungsklauseln**, wonach ein Krankenhausträger berechtigt ist, sachlich gebotene Änderungen im Benehmen mit dem leitenden Arzt vorzunehmen und z.B. bei einem objektiv vorliegenden Bedarf selbstständige Abteilungen einzurichten oder abzutrennen, sind grds. wirksam. Die Ausübung des Weisungsrechts auf Grund einer Entwicklungsklausel darf jedoch nicht zu einer **grundlegenden Störung des Gleichgewichts** zwischen Leistung und Gegenleistung und damit zu einer Umgehung zwingenden Kündigungsschutzes führen und muss billigem Ermessen entsprechen (*BAG* 13.3.2003 EzA § 611 BGB 2002 Krankenhausarzt Nr. 1). Eine auf Grund einer Entwicklungsklausel vorgenommene Beschränkung des Aufgabenbereichs eines Chefarztes führt nicht schon deshalb zu einer Umgehung des Kündigungs-

schutzrechts, weil dadurch seine Einnahmen (zuvor ca. 390.000 €) für die Tätigkeit im dienstlichen Aufgabenbereich auf etwa 75% und die Gesamteinnahmen aus dienstlicher und genehmigter Nebentätigkeit auf 60 bis 65% seiner bisherigen Einnahmen sinken (*BAG* 28.5.1997 EzA § 611 BGB Krankenhausarzt Nr. 7). Gleiches gilt für die durch eine zulässige Anpassungs- und Entwicklungsklausel gedeckte einseitige Änderung des Aufgabengebietes eines Chefarztes, wenn die damit verbundene Beschränkung die Einkünfte aus Privatliquidation lediglich um 6% mindert (*BAG* 13.3.2003 EzA § 611 BGB 2002 Krankenhausarzt Nr. 1).

- Die in Arbeitsverträgen über die **Weiterverwendung von Lehrern** aus dem Ostteil Berlins enthaltene Angabe einer bestimmten Schule schließt das Recht des Landes, den Lehrer an einer anderen Schule einzusetzen, nicht aus. Denn wegen der im anwendbaren BAT (-O) vorgesehenen Umsetzungs- und Versetzungsbefugnis des Arbeitgebers handelt es sich bei der Nennung der Einrichtung lediglich um eine historisch begründete Vertragsgestaltung, bei der nur die Einsatzstelle im Zeitpunkt des Vertragsabschlusses wiedergegeben wurde (*BAG* 29.10.1997 NZA 1998, 329). 541
- Es widerspricht billigem Ermessen i.S.v. § 315 Abs. 3 BGB, wenn der Arbeitgeber den Entzug der Aufgaben einer vorläufig bestellten stellvertretenden Schulleiterin auf **mehr als zwei Jahre zurückliegende** Vorfälle stützt, die er seinerzeit abgemahnt hat (*BAG* 16.9.1998 NZA 1999, 384). 542
- Der Arbeitgeber kann kraft seines Direktionsrechts die Anzahl der in Folge zu leistenden **Nachtschichten** festlegen, soweit durch Arbeitsvertrag, Betriebsvereinbarung oder Tarifvertrag keine Regelung getroffen ist. Es gibt keine gesicherten arbeitsmedizinischen Erkenntnisse darüber, ob eine kürzere oder längere Schichtfolge die Gesundheit des Arbeitnehmers stärker beeinträchtigt (*BAG* 11.2.1998 EzA § 315 BGB Nr. 48). 543

e) Rechtsschutz

Ist der Arbeitnehmer mit einer Einzelweisung nicht einverstanden, kann er ihre Rechtmäßigkeit durch das ArbG auf Grund einer **Feststellungsklage (§ 256 ZPO)** überprüfen lassen. Ein rechtliches Interesse an der Feststellung, dass eine zeitlich begrenzte Weisung des Arbeitgebers rechtswidrig war, besteht allerdings regelmäßig nur bis zur Beendigung der angeordneten Maßnahme. Wird der Rechtsstreit in einem solchen Fall nicht für erledigt erklärt, muss der Kläger ein fortbestehendes Feststellungsinteresse darlegen. Dazu muss er vortragen, dass sich aus der begehrten Feststellung konkrete Rechtsfolgen für die Gegenwart oder die Zukunft ergeben können (*BAG* 26.9.2002 EzA § 256 ZPO Nr. 67). 544

f) Ethikrichtlinien/Verhaltensrichtlinien

Seit einigen Jahren versuchen Unternehmen zunehmend, das Verhalten der Mitarbeiter am Arbeitsplatz und im Privatleben durch sog. »Ethikrichtlinien« zu regulieren. Dies betrifft vor allem die deutschen Betriebe international tätiger Konzerne. Anlässlich des bekannten Wal-Mart-Falles (*ArbG Wuppertal* 15.6.2005 DB 2005, 1800 und nachfolgend *LAG Düsseld.* 15.11.2005 DB 2006, 162) ist insbes. von Gewerkschafts- und Betriebsratsseite heftige Kritik an Ethikrichtlinien geübt worden (z.B. *Schneider* AiB 2006, 10: »Moralinsaure Ergüsse der Wirklichkeit entrückter Moralisten«). Diese Kritik übersieht, dass es den Arbeitgebern regelmäßig nicht darum geht, der Belegschaft irgendwelche Moralvorstellungen aufzuoktroyieren, sondern dass hinter Ethikrichtlinien handfeste Gründe stehen: 545

- Unternehmen, die an der New Yorker Börse gelistet sein wollen, müssen kraft Gesetzes Ethikrichtlinien einführen und veröffentlichen. 546
  In Deutschland sind Unternehmen bestimmter Branchen (z.B. Finanzdienstleister, Wirtschaftsprüfer etc.) gesetzlich oder berufsrechtlich verpflichtet, bestimmte Fragen der Berufsausübung durch Mitarbeiterrichtlinien zu regeln.
- Ethikrichtlinien verringern die Gefahr, dass der Arbeitgeber wegen Fehlverhaltens einzelner Mitarbeiter (z.B. Belästigung, Mobbing, Diskriminierung, Korruption, Insiderhandel, Kartellverstöße) selbst mit hohen Strafen/Bußen belegt wird, insbes. im Ausland. Viele Rechtsordnungen erkennen die sog. »Training Defence« an: Der Arbeitgeber selbst wird 547

für Fehlverhalten von Mitarbeitern nicht bestraft, wenn er gegenüber den Mitarbeitern unmissverständlich klargestellt hatte, was erlaubt ist und was nicht (vgl. § 12 Abs. 2 AGG).

548 ▶ In Kündigungsschutzverfahren wegen Fehlverhaltens verteidigen sich die Arbeitnehmer häufig damit, es sei im Betrieb nicht hinreichend klargestellt gewesen, was erlaubt sei und was nicht (Paradebeispiel: Internet-Surfen während der Arbeitszeit). Ethikrichtlinien können diese Zweifel beseitigen und im Einzelfall sogar die Wirkung einer »vorweggenommenen Abmahnung« haben (*Schneider/Dörner* NJW 2005, 277; vgl. *BAG* 1.3.1990 EzA § 611 BGB Beschäftigungspflicht Nr. 41).

549 ▶ Mit zunehmender Macht der Medien wird das Image eines Unternehmens zu einem seiner zentralen Werte. Negative Presse auf Grund dienstlichen oder privaten Fehlverhaltens einzelner Mitarbeiter kann den Arbeitgeber schwer schädigen. Wird bspw. ein Mitarbeiter einer renommierten Investmentbank, Wirtschaftsprüfungsgesellschaft oder Anwaltskanzlei wegen verbotenen Insiderhandels angeklagt, kann das für die Reputation des Unternehmens tödlich sein.

550 ▶ Ethikrichtlinien können zugleich die Funktion von gesetzlich geforderten Präventivmaßnahmen gegen Diskriminierung nach § 12 AGG haben (*Schneider/Sittard* NZA 2007, 654).

551 Ethikrichtlinien werfen schwierige Fragen auf (vgl. *Schuster/Darsow* NZA 2005, 273; *Wisskirchen/Jordan/Bissels* DB 2005, 2190; *Däubler* DBR 2005, 25; *Borgmann* NZA 2003, 352; *Schneider* AiB 2006, 10; *Kolle/Deinert* AuR 2006, 177; *Bittmann/Lenze* DB 2006, 165; *Bachner/Lerch* AiB 2005, 229; *Kock* MDR 2006, 673). Im Zentrum steht das Persönlichkeitsrecht der Arbeitnehmer: Wie stark darf der Arbeitgeber regulierend in das Verhalten am Arbeitsplatz, vor allem aber ins Privatleben eingreifen? Fraglich ist auch die Reichweite der Mitbestimmungsrechte des Betriebsrats sowie die Befugnis des Arbeitgebers, Ethikrichtlinien einseitig vorzugeben. Im Einzelnen:

aa) Typische Inhalte

552 Ethikrichtlinien regeln typischerweise Folgendes:
- **Regelungen mit ausschließlichem Tätigkeitsbezug:** Gestaltung von Telefonaten, Begrüßung von Kunden, Umgang mit Kundenkritik;
- **Regelungen zur Sicherung des Arbeitserfolges:** Geheimhaltung, Umgang mit vertraulichen Informationen, Verschließen von Zimmern und Schränken, Verwendung von EDV-Passwörtern oder Verschlüsselungssystemen;
- **Regelungen betr. sonstiges Verhalten am Arbeitsplatz:** Annahme von Geschenken und Einladungen, Pflicht zur Meldung von Interessenkollisionen, Nutzung des Internet, Alkohol- und Drogenverbot;
- **Regelungen betr. außerdienstliches/privates Verhalten:** privater Umgang zwischen Kollegen, Einschränkungen der (partei-)politischen Betätigung, Beschränkung des Wertpapierhandels wegen möglicher Insiderkenntnisse, Verschwiegenheitspflicht.

Aus der Aufzählung wird bereits deutlich, dass es nicht um »Ethik« i.S. höherer Moral geht, sondern schlicht um geschäftlich veranlasste Verhaltensregeln.

bb) Einführung von Ethikrichtlinien

553 Ethikrichtlinien können durch Betriebsvereinbarung, einseitige Weisung (Aushang, Veröffentlichung im Intranet) oder vertragliche Vereinbarung eingeführt werden.

Die Einführung durch **Betriebsvereinbarung** hat den Vorteil, dass im Hinblick auf mitbestimmungspflichtige Regelungsgegenstände die Mitbestimmungsrechte aus § 87 Abs. 1 Nr. 10 BetrVG gleich mit erledigt sind. Überdies ist in Betriebsvereinbarungen mit ihrer normativen Wirkung (§ 77 BetrVG) manches zulässig, was der Arbeitgeber einseitig nicht regeln könnte. Nachteil ist, dass der Arbeitgeber sich mit dem Betriebsrat auch über diejenigen Inhalte verständigen muss, die an sich nicht mitbestimmungspflichtig wären (s.u. Rn. 559). Auch bei **einseitiger Einführung** von Ethikrichtlinien per Direktionsrecht (§ 106 GewO) muss sich der Arbeitgeber vorab mit dem Betriebsrat über die mitbestimmungspflichtigen Regelungskomplexe verständigen. Dass der Arbeitgeber durch Ausübung seines Direktionsrechts die vertraglichen Nebenpflichten des Arbeitnehmers präzisieren darf, ist anerkannt (*Schuster/Darsow* NZA 2005, 273). Allerdings hat das Direktionsrecht des Arbeitgebers enge Grenzen. Vieles, was Arbeitgeber in Verhaltensrichtlinien regeln wollen, lässt sich nicht einseitig per Direktionsrecht vorschreiben. Das Direktionsrecht reicht nur dann aus, wenn sich die Richtlinien darauf beschränken, bestehende gesetzliche Pflichten oder vertragliche Nebenpflichten inhaltlich auszufüllen, die Regeln einen hinreichenden Arbeitsbezug haben und zudem angemessen sind (*Schuster/Darsow* NZA 2005, 274; *Wisskirchen/Jordan/Bissels* DB 2005, 2190). Die dritte Möglichkeit ist, Verhaltensrichtlinien vertraglich zu vereinbaren, sie also z.B. als **»Ergänzung zum Arbeitsvertrag«** vom Arbeitnehmer gegenzeichnen zu lassen. Das bedeutet allerdings enormen Verwaltungsaufwand. Selbstverständlich müssen auch bei vertraglicher Vereinbarung die Mitbestimmungsrechte des Betriebsrats und die Grenzen der Billigkeit, insbes. des Persönlichkeitsrechts, beachtet werden (§§ 305 ff. BGB). Das größte Problem ist jedoch, wie man mit denjenigen Arbeitnehmern umgeht, die nicht unterschreiben. Verpflichtet dazu sind sie natürlich nicht. Bleibt die Verweigerung der Unterschrift ohne Konsequenzen, fühlen sich diejenigen Arbeitnehmer als die Dummen, die unterschrieben haben. Überdies muss der Arbeitgeber entscheiden, ob er bei Verweigerung der Unterschrift einzelne Teile der Verhaltensrichtlinien trotzdem einseitig vorgeben will, was zu Unruhe führt.

cc) Zulässige Inhalte

Inhaltlich **umstritten** sind insbes. folgende Klauseln: 554

Verbot der Annahme jeglicher Geschenke und Zuwendungen: Dass die Annahme von Geschenken und Ähnlichem unzulässig ist, wenn sie Belohnung für ein Handeln gegen die Interessen des Unternehmens sind (Schmiergelder, Kick-backs), ist selbstverständlich. Unproblematisch ist auch eine Meldepflicht. Ein vollständiges Verbot der Annahme einseitig einzuführen, erscheint hingegen jedenfalls dann zweifelhaft, wenn es sich um Geschenke und Aufmerksamkeiten handelt, die nachträglich erfolgen (z.B. die übliche Spende an die Stationskasse beim Verlassen des Krankenhauses), sich im Rahmen des Üblichen bewegen (Tasse Kaffee, Blumen etc.) oder die aus anderen Gründen das Verhalten des Arbeitnehmers im Einzelfall nicht ernsthaft beeinflussen können (vgl. *Wisskirchen/Jordan/Bissels* DB 2005, 2190; großzügiger *Schuster/Darsow* NZA 2005, 276).

Whistle-blowing/Denunziation: Häufig enthalten Ethikrichtlinien die Verpflichtung, 555
Verstöße anderer Mitarbeiter gegen die Richtlinien oder sonstige arbeitsvertragliche Pflichten über eine Hotline zu melden, ggf. auch anonym. Für den Fall der Nichtmeldung werden teilweise Sanktionen angedroht. Unproblematisch sind Whistle-blower-Klauseln immer dann, wenn sie sich in einer Empfehlung zur Meldung erschöpfen, also keine unmittelbare Pflicht statuieren (*Schuster/Darsow* NZA 2005, 276). Eine unbedingte Pflicht zur Meldung gravierender Verstöße, die zu schweren Schäden für den Arbeitgeber führen können, ist unproblematisch, da insoweit ohnehin eine ungeschriebene Nebenpflicht besteht (*BGH* 23.2.1989 DB 1989, 1464; *LAG Bln.* 9.1.1989 BB 1989, 630; *Diller* DB 2004, 314). Eine Pflicht zur Meldung auch von bloßen Bagatellverstößen dagegen kann einseitig sicher nicht eingeführt werden. Auch eine vertragliche Vereinbarung diesen Inhalts dürfte unzulässig in das Persönlichkeitsrecht eingreifen.

Wertpapiertransaktionen: Unproblematisch sind Klauseln, die den Mitarbeitern die 556
Ausnutzung von Insiderkenntnissen beim Wertpapierhandel verbieten; hier werden nur bestehende gesetzliche Regelungen wiederholt. Unternehmen, die Finanzdienstleistungen erbringen, sind nach einer zu § 33 WpHG erlassenen Richtlinie der BaFin zur Aufstellung von Verhaltensregeln für die Mitarbeiter betr. Insiderhandel verpflichtet. Kritisch sind einseitige Regelungen, die die Arbeitnehmer zur Offenlegung ihres Wertpapiervermögens ver-

pflichten oder eine Melde- oder gar Genehmigungspflicht für bestimmte Transaktionen vorsehen. Wegen der Bedeutung für die Privatsphäre des Arbeitnehmers wird man solche Verpflichtungen auch in Unternehmen, für die eine Verletzung der gesetzlichen Insiderregeln durch Mitarbeiter extrem rufschädigend sein kann (Wirtschaftskanzleien, Investmentbanken etc.) nicht einseitig kraft Direktionsrechts einführen können (*BAG* 28.5.2002 EzA § 87 BetrVG 1972 Betriebliche Ordnung Nr. 29). Hier ist eine vertragliche Vereinbarung notwendig, die nicht unzumutbar in das Persönlichkeitsrecht der Arbeitnehmer eingreift. Die häufig anzutreffenden Regeln, wonach sogar Familienangehörige des Arbeitnehmers bestimmten Pflichten unterliegen sollen, sind unzulässige Vereinbarungen zu Lasten Dritter, der Arbeitnehmer ist i.d.R. auch nicht rechtsgeschäftlicher Vertreter seiner Familienangehörigen (*Wisskirchen/Jordan/Bissels* DB 2005, 2195).

557 **Flirtverbot/Verbot von Liebesbeziehungen:** Insbesondere amerikanische Unternehmen haben auf Grund schlechter Erfahrungen mit ihren heimischen Gerichten große Angst vor Diskriminierungs- und Belästigungsklagen. Deshalb versuchen sie häufig, durch entsprechende Verbote der Entstehung streitanfälliger Liebesbeziehungen vorzubeugen. Ein allgemeines »Flirtverbot« oder ein Verbot, dass Arbeitnehmer miteinander eine Liebesbeziehung eingehen, ist wegen Eingriffs in die Persönlichkeitsrechte der Arbeitnehmer unwirksam (*LAG Düsseld.* 14.11.2005 DB 2006, 165), egal ob einseitig angeordnet oder vertraglich vereinbart. Das gilt auch dann, wenn es sich um Liebesbeziehungen zwischen Vorgesetzten und Untergebenen handelt (*LAG Düsseld.* a.a.O.). Denkbar erscheint dagegen eine Verpflichtung, solche Beziehungen, wenn sie mehr als nur vorübergehender Natur sind, dem Arbeitgeber anzuzeigen, damit dieser durch eine Versetzung den Vorwurf der wechselseitigen Vetternwirtschaft/Begünstigung vermeiden kann. Denkbar und je nach Reichweite auch einseitig durchsetzbar sind Verhaltenspflichten, die die Belästigung (»Anmache«) anderer Arbeitnehmer untersagen und dabei engere Grenzen ziehen als die gesetzlichen Belästigungsverbote des AGG. Ein unzulässiger Eingriff in das allgemeine Persönlichkeitsrecht liegt insoweit erst dann vor, wenn auch selbstverständliche und zum Alltagsleben gehörende Verhaltensweisen wie z.B. das Flirten oder Essenseinladungen ohne Rücksicht darauf untersagt sein sollen, wie der jeweils betroffene Arbeitnehmer reagiert (ausf. zu solchen Klauseln *Kolle/Deinert* AuR 2006, 177 ff.).

558 **Verbot öffentlicher Meinungsäußerungen:** Ethikrichtlinien verbieten den Arbeitnehmern häufig, mit der Presse zu sprechen oder öffentliche Erklärungen über ihren Arbeitgeber und dessen Verhalten abzugeben. Solche Regelungen sind ohne weiteres insoweit unzulässig, als sie Betriebsräte bei ihrer Arbeit (zu der auch Öffentlichkeitsarbeit gehören kann) einschränken würden. Aber auch darüber hinaus erscheinen solche Klauseln wegen des damit verbundenen Eingriffs in die Meinungs- und Redefreiheit (Art. 5 GG) als zu weitgehend.

dd) Mitbestimmungsrechte des Betriebsrats

559 Eine Vielzahl der üblicherweise in Ethikrichtlinien enthaltenen Klauseln fällt unter das Mitbestimmungsrecht des Betriebsrats nach § 87 Abs. 1 Nr. 1 BetrVG (Ordnung im Betrieb; *BAG* 22.7.2008 – 1 ABR 40/07 – FA 2008, 370 LS; ausführlich *Bachner/Lerch* AiB 2005, 229). Hierzu gehören bspw. Regelungen zum Sozialverhalten am Arbeitsplatz (Alkoholverbot, Verschließen von Zimmern und Schränken, Nutzung des Internets – hier kann auch § 87 Abs. 1 Nr. 6 BetrVG einschlägig sein; ausführlich zu den Mitbestimmungsrechten des Betriebsrats *BAG* 22.7.2008 – 1 ABR 40/07 – FA 2008, 370 LS; *LAG Düsseld.* 15.11.2005 DB 2006, 162). Mitbestimmungspflichtig sind auch Verhaltensanweisungen betr. das Adressieren von Beschwerden (Beschwerde-Hotlines) oder die Pflicht zur Meldung von Verstößen (whistle-blowing, i.E. *Wisskirchen/Jordan/Bissels* DB 2005, 2190). Mitbestimmungsfrei sind dagegen Regelungen, die lediglich das Arbeitsverhalten betreffen (*BAG* 22.7.2008 – 1 ABR 40/07 – FA 2008, 370 LS; z.B. Führen von Telefonaten, Annahme von Geschenken im Rahmen einer Kundenbeziehung, Geheimhaltung von Betriebs- und Geschäftsgeheimnissen) oder die sich ausschließlich auf die Privatsphäre der Mitarbeiter beziehen (z.B. das Verbot bestimmter Wertpapiertransaktionen) oder die nur abstrakt die jeweilige Unternehmensphilosophie betreffen (*BAG* 22.7.2008 – 1 ABR 40/07 – FA 2008, 370 LS). Soweit Ethikrichtli-

nien nur gesetzliche Vorgaben wiederholen (z.B. das Verbot sexueller Belästigung), ist das Mitbestimmungsrecht wegen des Gesetzesvorbehalts nach § 87 Abs. 1 1. Hs. BetrVG gesperrt. Einschlägig können auch die Mitbestimmungsrechte bei Personalfragebögen nach § 94 BetrVG (z.B. Frage nach Wertpapierbesitz) sowie bei Auswahlrichtlinien gem. § 95 BetrVG (standardisierte Frage nach Drogenkonsum) sein (*Wisskirchen/Jordan/Bissels* DB 2005, 2192).

Enthält eine Ethikrichtlinie mitbestimmungspflichtige und mitbestimmungsfreie Tatbestände, erstreckt sich das Mitbestimmungsrecht nur auf die mitbestimmungspflichtigen Regelungskomplexe, nicht dagegen auf die gesamte Richtlinie (*BAG* 22.7.2008 – 1 ABR 40/07 – FA 2008, 370 LS; *LAG Düsseld.* 14.11.2005 DB 2006, 162). Soll nach dem Selbstverständnis des Unternehmens die Richtlinie in allen Betrieben gleichermaßen gelten, nimmt der Gesamtbetriebsrat das Mitbestimmungsrecht wahr (*BAG* 22.7.2008 – 1 ABR 40/07 – FA 2008, 370 LS; *LAG Düsseld.* DB 2006, 162). 560

ee) Datenschutz

Im Zusammenhang mit Ethikrichtlinien stellen sich häufig datenschutzrechtliche Probleme, insbesondere wenn in internationalen Konzernen zentrale Beschwerde- oder Whistleblowing-Hotlines errichtet werden (*Wisskirchen/Jordan/Bissels* DB 2005, 2194). 561

9. Gerichtliche Inhalts- und Billigkeitskontrolle von Arbeitsverträgen

a) Grundlagen

Weil der einzelne Arbeitnehmer nur sehr begrenzt Einfluss auf die Vertragsgestaltung hat, hat die Rechtsprechung des *BAG* (vgl. z.B. 12.10.1960 [GS], 10.5.1962, 3.12.1970, 26.8.1978 AP Nr. 16 zu § 620 BGB Befristeter Arbeitsvertrag, AP Nr. 22 zu § 611 BGB Gratifikation, AP Nr. 60, 68 zu § 626 BGB) in zahlreichen Fällen die Rechtswirksamkeit arbeitsvertraglicher Klauseln (z.B. Rückzahlungsklauseln bei der Gewährung einer Gratifikation, der Befristung von Arbeitsverträgen, dem generellen Verbot von Nebentätigkeiten) zugunsten der Arbeitnehmer durch eine Inhaltskontrolle eingeschränkt und mit unterschiedlichen Begründungen den vertraglichen Gestaltungsmöglichkeiten der Arbeitgeber Grenzen gesetzt (vgl. dazu ausf. *Reinecke* NZA, Beil. zu Heft 3/2000, 23 ff.). 562

Die Vertragsgestaltung bedarf danach, ohne dass es auf die Verwendung eines formularmäßigen oder vorformulierten Vertragstextes oder auf die mehrfache Verwendung der gleichen Bedingungen ankommt (krit. dazu MünchArbR/*Richardi* § 14 Rz. 37–73) dann der gerichtlichen Überprüfung, wenn **kein Gleichgewicht der Vertragspartner besteht, das einen angemessenen Vertragsinhalt gewährleistet**, weil entweder die Vertragsparität gestört ist oder eine Vertragspartei aus anderen Gründen allein den Inhalt des Vertragsverhältnisses gestalten kann. Das ist der Fall bei der sog. **vertraglichen Einheitsregelung** oder **Gesamtzusage** (s.o. Rn. 380), die allein vom Arbeitgeber festgelegt wird, ferner bei der Bestimmung der vertraglichen Leistung durch den Arbeitgeber (**§ 315 BGB)** und schließlich bei der Verteilung **freiwilliger Leistungen** unter Ausschluss eines Rechtsanspruchs (*BAG* 21. u. 22.12.1970 AP Nr. 1, 2 zu § 305 BGB Billigkeitskontrolle). 563

Handelt es sich im ersten Fall um eine **Vertragsinhaltskontrolle**, geht es im zweiten Fall um die Anwendung des § 315 BGB (**Billigkeitskontrolle**), während der dritte Fall die Geltung des **Gleichbehandlungsgrundsatzes** betrifft. 564

b) Inhaltliche Kriterien

Eine einheitliche Begründung bzw. Entwicklung von inhaltlichen Kriterien lässt sich der Rechtsprechung nicht entnehmen. 565

566 So wird das Verbot unzumutbarer Rückzahlungsklauseln bei der Gewährung einer Gratifikation (s.u. Kap. 3 Rn. 1060 ff.) auf einen Verstoß gegen die **Fürsorgepflicht** des Arbeitgebers und den Aspekt der **objektiven Gesetzesumgehung** gestützt. Die Befristung von Arbeitsverträgen wird vom Vorliegen eines **sachlichen Grundes** abhängig gemacht (s.u. Kap. 5 Rn. 142 ff.). Die Begrenzung einer jede Nebentätigkeit verbietenden Vertragsklausel wird schließlich im Hinblick auf **Art. 12 GG** mit der Notwendigkeit einer verfassungskonformen Interpretation begründet.

567 Demgegenüber werden in der Literatur (MünchArbR/*Richardi* § 14 Rz. 43 ff.) einheitliche inhaltliche Kriterien vorgeschlagen: Maßstab für eine Inhaltskontrolle ist zum einen § 138 Abs. 1, 2 BGB, also insbes. die Frage der Nichtigkeit des Vertrages wegen eines auffälligen, objektiven bzw. (besonders) groben Missverhältnisses zwischen Leistung und Gegenleistung.

Denn mit einer Derartigen vertraglichen Regelung wird ein tatsächlich vorhandenes Übergewicht in einer der Verkehrssitte widersprechenden Weise ausgenutzt.

c) Besonderheiten bei standardisierten Arbeitsverträgen

aa) Rechtslage für vor dem 1.1.2002 abgeschlossene Arbeitsverträge bis zum 31.12.2002 (Art. 229 § 5 EGBGB)

568 Daneben sollen besondere Grundsätze für Einheitsarbeitsbedingungen gelten, weil es sich um die gleiche Problematik wie bei der Aufstellung von Allgemeinen Geschäftsbedingungen handelt.

569 Zwar ist gem. **§ 23 Abs. 1 AGBG** das AGB-Gesetz bei Verträgen auf dem Gebiet des Arbeitsrechts ausgeschlossen, weil der Arbeitnehmer nach der Auffassung des Gesetzgebers vor unangemessenen Vertragsbedingungen durch ein dichtes Netz von zwingenden Vorschriften und durch das besondere System der kollektivvertraglich vereinbarten Arbeitsbedingungen geschützt ist (BT-Drs. 7/3919 S. 41; s.o. Rn. 388 ff.). Diese Begründung trifft freilich nur zu, soweit Tarifverträge bestehen und Tarifgeltung besitzen; für die vom Arbeitgeber einseitig aufgestellten Einheitsarbeitsbedingungen besteht dagegen eine Regelungslücke im Gesetzesrecht.

570 Deshalb sind, weil es sich um allgemeine Rechtsgrundsätze handelt, **§§ 3–6 AGBG** (Verbot überraschender Klauseln, Vorrang der Individualabrede, Unklarheitenregel; vgl. *BAG* 26.1.2005 EzA § 611 BGB 2002 Gratifikation, Prämie Nr. 14) entsprechend anzuwenden.

571 **Beispiele:**

- Verwendet der Arbeitgeber für den Arbeitsvertrag ein standardisiertes Formular, dessen Text die Frage der **Verfallfristen alternativ regelt**, nämlich zum einen durch Verweisung auf die tariflichen Fristen und zum anderen durch eigene Festlegung, verbunden mit der Empfehlung »Nichtzutreffendes streichen«, so wird der Arbeitsvertrag **unklar**, wenn der Arbeitgeber die empfohlene Streichung unterlässt. Das führt auf Grund der Unklarheitenregelung dazu, dass die jeweils dem Arbeitnehmer günstigere Frist gilt (*LAG Köln* 2.2.2001 – 11 Sa 1262/00).
- Andererseits ist der in einer vor dem 1.1.2002 formularmäßig getroffenen Vereinbarung enthaltene Vorbehalt, dass eine Leistung **freiwillig und widerruflich erfolge**, nicht wegen »Widersprüchlichkeit« unwirksam (*LAG Düsseld.* 30.11.2005 LAGE § 305c BGB 2002 Nr. 3).

572 Auch **§ 9 AGBG** ist analog anwendbar, da es sich lediglich um eine Normierung des zivilrechtlichen Grundprinzips handelt, dass eine unangemessene Benachteiligung des Vertragspartners entgegen den Geboten von Treu und Glauben nicht mehr vom Prinzip der Vertragsfreiheit gedeckt ist. **Eine derartige unangemessene Benachteiligung liegt vor (§ 9**

Abs. 2 Nr. 1 AGBG), wenn eine Bestimmung mit wesentlichen Grundgedanken der gesetzlichen Regelung, von der abgewichen wird (vgl. z.B. § 615 BGB, § 11 Abs. 4 S. 2 AÜG, §§ 1 ff. KSchG), **nicht zu vereinbaren ist** (vgl. ausf. MünchArbR/*Richardi* § 14 Rz. 62–72; *Fastrich* RdA 1997, 75 ff.; vgl. *BAG* 26.5.1993 EzA § 9 AGB-Gesetz Nr. 1: Anwendbarkeit des § 9 AGBG ob das Verbot überraschender Klauseln in Formulararbeitsverträgen und in allgemeinen Arbeitsbedingungen [s.o. Rn. 388 ff.] aus § 3 AGBG analog oder aus § 242 BGB i.V.m. einem allgemeinen Rechtsgedanken, der in § 3 AGBG seinen Ausdruck gefunden hat, hat das *BAG* [29.11.1995 EzA § 611 BGB Inhaltskontrolle Nr. 4; abl. *Schwarz* BB 1996, 1434 offen gelassen]).

Jedenfalls kann die **Angabe der Höhe einzelner tariflich geregelter Ansprüche** des 573
Arbeitnehmers in einem Formulararbeitsvertrag bei einer in diesem vereinbarten gleichzeitigen umfassenden Bezugnahme auf die »jeweils gültigen Tarifverträge« als **bloße Information** des Arbeitnehmers über die Höhe ihn besonders interessierender Ansprüche auszulegen sein (*BAG* 1.8.2001 – 4 AZR 7/01).

Der den Arbeitsvertrag vorformulierende Arbeitgeber kann sich nach Auffassung des 574
LAG Hamm (8.9.1999 – 16 Sa 1751/98) **nicht zu seinen eigenen Gunsten** auf eine Inhaltskontrolle des Arbeitsvertrags berufen. Dies ergibt sich danach aus dem Rechtsgedanken des § 9 Abs. 1 AGBG, wonach allein die Benachteiligung des Vertragspartners des Verwenders zur Unwirksamkeit einer Allgemeinen Geschäftsbedingung führt. Das Verbot, sich zu eigenen Gunsten auf die Rechtsunwirksamkeit einer vom Arbeitgeber vorgegebenen Vertragsklausel zu berufen, folgt als widersprüchliches Verhalten zudem aus § 242 BGB.

bb) Rechtslage für nach dem 1.1.2002 abgeschlossene Arbeitsverträge

Für nach dem 1.1.2002 abgeschlossene Formulararbeitsverträge ist nunmehr gem. **§ 310** 575
Abs. 4 S. 2 BGB n.F. das Recht der Allgemeinen Geschäftsbedingungen anwendbar (§§ 305 ff. BGB n.F.; vgl. *Annuß* BB 2002, 458 ff. u. BB 2006, 1333 ff.; *Thüsing* BB 2002, 2666 ff.; *Hromadka* NJW 2002, 2523 ff.; *Henssler* RdA 2002, 129 ff.; *Schrader/Schubert* NZA-RR 2005, 169 ff. u. 225 ff.; *Thüsing/Leder* BB 2004, 42 ff.; *Hunold* NZA-RR 2006, 113 ff.; *Zundel* NJW 2006, 1237 ff.; *Soine* ZTR 2006, 465 ff.; Gestaltungsmöglichkeiten erörtern *Thüsing/Leder* BB 2005, 938 ff. u. *Preis/Worzalla/Däubler/Kamanabrou* NZA 2006 Beil. Nr. 3 zu Heft 24/2006). Voraussetzung für die Anwendung dieser Vorschriften ist, dass der Inhalt des Arbeitsvertrages **vom Arbeitgeber »gestellt« ist** (§ 305 Abs. 1 S. 1 BGB n.F.; *Däubler* NZA 2001, 1336; *Bauer/Kock* DB 2002, 42 ff.; *Richardi* NZA 2002, 1057 ff.; *Lingemann* NZA 2002, 181 ff.). Dabei sind allerdings die **Besonderheiten des Arbeitsrechts** zu beachten (vgl. dazu *Richardi* NZA 2002, 1057 ff.; *Preis* Sonderbeil. zu NZA Heft 16/2003, S. 19 ff.; *Thüsing* NZA 2002, 591 ff.; *Thüsing/Lambrich* NZA 2002, 1361 ff.; *Hümmerich* NZA 2003, 753 ff.; *Leder/Morgenroth* NJW 2004, 2797). Wie mühsam es ist, konkret festzustellen, was diese Besonderheiten denn nun sein sollen, belegt instruktiv *Birnbaum* NZA 2003, 944 ff. Andererseits kann sich aus dem **Inhalt und der äußeren Gestaltung** der in einem Vertrag verwendeten Bedingungen ein vom Verwender zu widerlegender Anschein dafür ergeben, dass sie zur Mehrfachverwendung formuliert worden sind. Vertragsbedingungen sind insoweit für eine Vielzahl von Verträgen bereits dann vorformuliert, wenn ihre dreimalige Verwendung beabsichtigt ist. Diese Absicht ist auch dann belegt, wenn der Verwender die Klausel **dreimal mit demselben Vertragspartner** vereinbart (*BAG* 1.3.2006 EzA § 4 TVG Tariflohnerhöhung Nr. 48 = NZA 2006, 746 m. Anm. *Natzel* SAE 2006, 225). Andererseits sind **typische Erklärungen**, die ein Arbeitgeber abgibt, **nicht notwendig Allgemeine Geschäftsbedingungen.** Nimmt der Arbeitgeber durch Schreiben, die für eine Mehrfachverwendung vorgesehen sind, inhaltsgleiche Änderungsangebote mehrerer Arbeitnehmer an, stellt er den Arbeitnehmern keine Vertragsbedingungen i.S.v. § 305 Abs. 1 S. 1 BGB (*BAG* 20.5.2008 – 9 AZR 271/07 – EzA-SD 18/2008 S. 12 LS = FA 2008, 318).

Daneben ist der **Arbeitsvertrag Verbrauchervertrag i.S.v. § 310 Abs. 3 BGB** (ebenso für einen »Volontariatsvertrag« *BAG* 18.3.2008 EzA § 307 BGB 2002 Nr. 36 = NZA 2008, 1004; s. dazu *Maier/Mosig* NZA 2008, 1168 ff.). Denn mit der Definition des Verbrauchers in § 13 BGB hat sich der Gesetzgeber von dem allgemeinen Sprachgebrauch gelöst und eine eigenständige umfassende Begriffsbestimmung gewählt. Der Verbraucherbegriff bietet eine breite Grundlage für die Anwendung der Verbraucherschutzvorschriften. Ihm kommt kein abstrakt zu bestimmender Sinn zu. Erfasst ist auch der Arbeitnehmer bei Abschluss des Arbeitsvertrags. Danach wird die Inhaltskontrolle von Arbeitsverträgen nach den Maßgaben des § 310 Abs. 3 BGB erweitert (*BVerfG* 23.11.2006 NZA 2007, 85; *BAG* 25.5.2005 EzA § 307 BGB 2002 Nr. 3 = NZA 2005, 1111; 31.8.2005 EzA-SD 26/2005 S. 5 = NZA 2006, 324; vgl. dazu *Bayreuther* NZA 2005, 1337 ff.; *Lelley/Kaufmann* FA 2006, 7 ff.; *Mohr* SAE 2006, 156 ff.; *Hromadka/Schmitz-Rolfes* NJW 2007, 1777 ff.; zum GmbH-Geschäftsführer als Verbraucher s. *Hümmerich* NZA 2006, 709 ff.). Zu beachten ist insoweit, dass die den Vertragsschluss **begleitenden Umstände** (§ 310 Abs. 3 Nr. 3 BGB) nicht bei der Auslegung Allgemeiner Geschäftsbedingungen, sondern erst bei der Prüfung der unangemessenen Benachteiligung nach § 307 Abs. 1, 2 BGB zu berücksichtigen ist (*BAG* 7.12.2005 EzA § 12 TzBfG Nr. 1 = NZA 2006, 423).

§§ 305 ff. BGB sind nicht anwendbar bei ausgehandelten Vertragsbedingungen. Eine solche liegt dann vor, wenn der Verwender sie inhaltlich **ernsthaft zur Disposition** stellt und dem Verhandlungspartner Gestaltungsfreiheit zur Wahrung eigener Interessen einräumt mit der realen Möglichkeit, die inhaltliche Ausgestaltung der Vertragsbedingungen zu beeinflussen. Das setzt allerdings voraus, dass sich der Verwender **deutlich und ernsthaft** zu gewünschten Änderungen der zu treffenden Vereinbarung bereit erklärt (*BAG* 18.3.2008 EzA § 307 BGB 2002 Nr. 36 = NZA 2008, 1004; 6.9.2007 EzA § 307 BGB 2002 Nr. 29; 7.3.2006 EzA § 4 TVG Tariflohnerhöhnung Nr. 48 = NZA 2006, 746; *LAG SchlH* 23.5.2007 – 3 Sa 28/07 – EzA-SD 16/2007 S. 9 LS = NZA-RR 2007, 514; s. dazu *Natzel* FA 2006, 365). Diese Voraussetzungen sind dann nicht erfüllt, wenn die **vorformulierten Vertragsbedingungen** (»Volontariatsvertrag«, durch den sich der »Volontär« gegen Zahlung einer »Ausbildungsvergütung« verpflichtet, an den Vorlesungen und Prüfungen seines Studiengangs teilzunehmen und in der vorlesungsfreien Zeit die ihm übertragenen Aufgaben zu erfüllen) **nur zur einmaligen Verwendung bestimmt** sind und der Verbraucher auf Grund der Vorformulierung **auf ihren Inhalt keinen Einfluss nehmen konnte** (*BAG* 18.3.2008 EzA § 307 BGB 2002 Nr. 36 = NZA 2008, 1004).

Die Schuldrechtsreform hat insoweit zur Konsequenz, dass seit dem Inkrafttreten des Gesetzes zur Modernisierung des Schuldrechts bei **ausgehandelten Vertragsbedingungen** eine **Billigkeitskontrolle** i.S. einer allgemeinen, nicht auf die Besonderheiten des Falles bezogenen Angemessenheitsprüfung nach § 242 BGB **nicht mehr stattfindet**. Denn die **§§ 305 ff. BGB** beziehen sich ausdrücklich **allein auf Allgemeine Geschäftsbedingungen** und die besonderen Fälle des § 310 Abs. 3 Nr. 2 BGB. **Individuelle Vertragsabreden, z.B. mündliche Abreden der Vertragsparteien über einzelne Arbeitsbedingungen vor Abschluss eines Formulararbeitsvertrages haben nach § 305b BGB Vorrang vor den vom Arbeitgeber vorformulierten Vertragsbedingungen im schriftlichen Arbeitsvertrag** (*BAG* 23.5.2007 – 10 AZR 295/06 – EzA-SD 16/2007 S. 8 LS = NZA 2007, 940). Es kommt insoweit **nicht** darauf an, ob die **Individualvereinbarung ausdrücklich oder stillschweigend getroffen wird** und ob die Parteien eine Änderung der Allgemeinen Geschäftsbedingungen beabsichtigen oder sich der Kollision mit den Allgemeinen Geschäftsbedingungen – z.B. bei einer Schriftformklausel in einem Formulararbeitsvertrag – überhaupt bewusst sind (*BAG* 25.4.2007 EzA § 615 BGB 2002 Nr. 20). **Informiert ein Arbeitgeber** andererseits in einem Vorstellungsgespräch einen Bewerber **über kollektivrechtlich geregelte Arbeitsbedingungen**, insbesondere eine derzeit bestehende Vergütungsregelung, gibt er **noch keine rechtsgeschäftliche Erklärung ab, wenn er sich nicht zugleich verpflichtet, diese Arbeitsbedingungen auch in Zukunft unabhängig vom Fortbestand der kollektiven Regelungen beizubehalten** (*BAG* 23.5.2007 – 10 AZR 295/06 – EzA-SD 16/2007 S. 8 LS = NZA 2007, 940).

Unberührt bleibt jedenfalls die **richterliche Kontrolle bei strukturellen Störungen der Vertragsparität**, wenn der Inhalt des Vertrags eine Seite ungewöhnlich belastet und als

Interessenausgleich offensichtlich ungeeignet ist. Diese Kontrolle betrifft in erster Linie die Hauptpflichten des Vertrags und erfordert grds. eine Gesamtschau der vertraglichen Regelungen (*BAG* 25.5.2005 EzA § 307 BGB 2002 Nr. 3 = NZA 2005, 1111; vgl. dazu *Bayreuther* NZA 2005, 1337 ff.; *Mohr* SAE 2006, 156 ff.).
Nach § 310 Abs. 4 S. 1 BGB sind §§ 305 ff. BGB auch **nicht anwendbar auf Tarifverträge, Betriebs- und Dienstvereinbarungen**. Nach § 310 Abs. 4 S. 3 BGB stehen solche Kollektivregelungen Vorschriften i.S.v. § 307 Abs. 3 BGB gleich. Daher unterliegen wohl auch in einer Vielzahl von Fällen **formularmäßig verwendete Klauseln** in Arbeitsverträgen, **die auf eine solche Kollektivregelung Bezug nehmen** oder mit ihr übereinstimmen und lediglich deren gesamten Inhalt wiedergeben, **nicht der Inhaltskontrolle nach §§ 307 ff. BGB.** Denn bei den in § 310 Abs. 4 S. 1 BGB genannten kollektivrechtlichen Vereinbarungen besteht kein Bedürfnis auf Schutz gegenüber Regelungen in Allgemeinen Geschäftsbedingungen. Es wird unterstellt, dass diese Schutzfunktion durch die Tarifvertragsparteien bzw. Betriebspartner – z.B. beim Abschluss eines Interessenausgleichs und Sozialplans – wahrgenommen wurde (*BAG* 25.4.2007 EzA § 113 InsO Nr. 19; für **Protokollnotizen** ohne eigenständigen Regelungsgehalt gilt dies nicht: *BAG* 24.1.2008 EzA § 242 BGB 2002 Kündigung Nr. 7).
Andererseits hat das *BAG* (18.9.2007 EzA § 310 BGB 2002 Nr. 6) aber auch angenommen, dass eine für eine Vielzahl von Verträgen vorformulierte Vertragsbedingung, mit der ein Arbeitgeber auf den **BMTG-II in seiner jeweiligen Fassung** verweist, der richterlichen **AGB-Kontrolle unterliegt**; **nicht dagegen** aber **die in Bezug genommenen tarifliche Regelung selbst.** Des Weiteren geht es (*BAG* 15.4.2008 EzA § 4 TVG Tarifkonkurrenz Nr. 21 = NZA-RR 2008, 586) davon aus, dass dann, wenn es sich bei der einzelvertraglichen Bezugnahme auf einen Tarifvertrag um eine Allgemeine Geschäftsbedingung handelt, diese nicht nach § 310 Abs. 4 S. 1 BGB von der AGB-Kontrolle ausgenommen ist. Die Unklarheitenregel des § 305c Abs. 2 BGB ist zu beachten. Bestimmungen in AGB, mit denen die Arbeitsvertragsparteien die Hauptleistungspflichten regeln und die nicht von Rechtsvorschriften abweichen, unterliegen aber nur einer **eingeschränkten Inhaltskontrolle.** Sie sind bei einem Verstoß gegen das Transparenzgebot unwirksam (§ 307 Abs. 3BGB). Dagegen finden §§ 308, 309 BGB keine Anwendung (§ 307 Abs. 3 S. 1 BGB; *BAG* 15.4.2008 EzA § 4 TVG Tarifkonkurrenz Nr. 21 = NZA-RR 2008, 586).

(1) Einbeziehung in den Arbeitsvertrag

Gem. § 305c Abs. 1 BGB n.F. werden **überraschende Klauseln**, die so ungewöhnlich sind, dass der Verwender mit ihnen nicht zu rechnen brauchte, nicht Vertragsbestandteil. Eine Klausel **ist dann überraschend** in diesem Sinne, wenn sie von den **Erwartungen des Vertragspartners** des Verwenders **deutlich abweicht** und er mit ihr **den Umständen** nach, insbesondere auf Grund der Gestaltung des Vertrags und dessen äußerem Erscheinungsbild, **nicht zu rechnen braucht** (*BAG* 16.4.2008 EzA § 305c BGB 2002 Nr. 14 = NZA 2008, 876). 576

Dabei ist zu beachten, dass **Ausschlussklauseln** im Arbeitsleben **weit verbreitet** sind, so dass nicht ohne besondere Umstände von einer überraschenden oder ungewöhnlichen Klausel ausgegangen werden kann (*BAG* 25.5.2005 EzA § 307 BGB 2002 Nr. 3 = NZA 2005, 1111; vgl. dazu *Bayreuther* NZA 2005, 1337 ff.; *Lelley/Kaufmann* FA 2006, 7 ff.; *Mohr* SAE 2006, 156 ff.). Sie sind deshalb **erst dann** derart ungewöhnlich, wenn zwischen den bei Vertragsschluss **begründeten Erwartungen und dem tatsächlichen Vertragsinhalt ein deutlicher Widerspruch besteht**, wobei auch das äußere Erscheinungsbild des Vertrages zu berücksichtigen ist (*BAG* 23.9.2003 EzA § 305c BGB 2002 Nr. 1 = NZA 2005, 72 LS = BAG Report 2004, 365). Auch eine Ausschlussklausel, die in einem Formulararbeitsvertrag als **eigener Untergliederungspunkt** unter einer Regelung, die mit »Vergütung/Zahlungsweise« überschrieben enthalten ist, ist keine Überraschungsklausel. Von einem Durchschnittsarbeitnehmer ist zu verlangen, dass er alles, was unter der Überschrift »Vergütung« im Arbeitsvertrag steht, vor der Unterschrift zumindest überfliegt; dies gilt 577 auch für einen **ausländischen Arbeitnehmer**, der einen derartigen Vertrag unterzeichnet. Besteht er nicht auf einer Übersetzung, muss er auch die nicht zur Kenntnis genommenen Ausschlussfristen gegen sich gelten lassen. Insofern steht er einem Vertragspartner gleich, der einen Vertrag ungelesen unterschreibt (*LAG Nds.* 18.3.2005 – 10 Sa 1990/04 – EzA 13/2005, S. 4 LS = NZA-RR 2005, 401 = LAG Report 2005, 193). Demgegenüber sind in einem umfangreichen Formulararbeitsvertrag **inmitten der Schlussbestimmungen nach salvatorischen Klauseln und Schriftformklauseln** geregelte Ausschlussfristen nach dem äußeren Erscheinungsbild so ungewöhnlich, dass der Vertragspartner des Verwenders mit ihnen nicht zu rechnen braucht. Eine derartige Klausel führt regelmäßig nicht zum Verfall der Ansprüche (*BAG* 31.8.2005 EzA § 307 BGB 2002 Nr. 7 = NZA 2006, 324; s. dazu *Hromadka/Schmitz-Rolfes* NJW 2007, 1777 ff.). Nicht anders verhält es sich bei der Erklärung in einer **Ausgleichsquittung**, die als negatives Schuldanerkenntnis zu qualifizieren ist, mit dem Inhalt »dass **sämtliche Ansprüche** aus dem Arbeitsverhältnis ... und aus dessen Beendigung, gleich aus welchem Rechtsgrund sie entstanden sein mögen, **abgegolten** und erledigt sind«, wenn der Verwender sie in eine Erklärung mit **falscher oder missverständlicher Überschrift** ohne besonderen Hinweis oder drucktechnische Hervorhebung einfügt (*BAG* 23.2.2005 – 4 AZR 139/04 – EzA-SD 16/2005 S. 16 LS = NZA 2005, 1193; vgl. auch *LAG Düsseld.* 13.4.2005 LAG Report 2005, 384 LS). Ein solcher Verzicht verstößt auch gegen das Transparenzgebot, wenn er **nicht ausreichend klar erkennen lässt, welche Ansprüche erfasst sein sollen**; allein die bisherige Üblichkeit von Ausgleichsquittungen anlässlich der Beendigung von Arbeitsverhältnissen macht diese nicht zu »Besonderheiten des Arbeitsrechts« i.S.v. § 310 Abs. 4 S. 2 BGB (*LAG Bln.-Bra.* 5.6.2007 – 12 Sa 524/07 – LAGE § 307 BGB 2002 Nr. 13).

Bei einer **optischen Hervorhebung des Zeitraums einer sachgrundlosen Befristung** für die Dauer eines Jahres in einem Formulararbeitsvertrag braucht der Vertragspartner nicht damit zu rechnen, dass **daneben** in der gleichen Vertragsbestimmung im Kleingedruckten ohne gestalterische Hervorhebung eine wesentlich **kürzere Probezeitbefristung** (6 Monate) geregelt ist; eine derartige Klausel ist überraschend und wird gem. § 305c Abs. 1 BGB nicht Vertragsbestandteil (*BAG* 16.4.2008 EzA § 305c BGB 2002 Nr. 14 = NZA 2008, 876; *LAG SchlH* 24.1.2007 LAGE § 305c BGB 2002 Nr. 5). Sie verstößt außerdem gegen das in § 307 Abs. 1 BGB normierte Transparenzgebot, weil sie für einen **durchschnittlichen Arbeitnehmer** nicht mit der gebotenen Eindeutigkeit erkennen lässt, zu welchem Zeitpunkt das Arbeitsverhältnis enden soll (*BAG* 16.4.2008 EzA § 305c BGB 2002 Nr. 14 = NZA 2008, 876).

Diese Regelung – § 305c Abs. 1 BGB – gilt auch für Klauseln, die den Arbeitgeber zur **Reduzierung seiner Beiträge** zur Finanzierung von Leistungen zur **betrieblichen Altersversorgung** berechtigen sollen (*BAG* 23.9.2003 EzA § 305c BGB 2002 Nr. 1 = NZA 2005, 72 LS = BAG Report 2004, 365).

Der Auslegung einer Klausel in einem vom Arbeitgeber vorformulierten Arbeitsvertrag, wonach auf das Arbeitsverhältnis bestimmte benannte Tarifverträge, an die der Arbeitgeber gebunden ist, als **Gleichstellungsabrede** (s. aber jetzt ausf. Rn. 330) auszulegen ist, steht die Unklarheitenregel (§ 305c Abs. 2 i.V.m. § 310 Abs. 4 S. 2 BGB n.F.) dann nicht entgegen, wenn dem Arbeitnehmer die Tarifgebundenheit des Arbeitgebers unbekannt war (*BAG* 19.3.2003 EzA § 3 TVG Bezugnahme auf Tarifvertrag Nr. 27 = NZA 2003, 1207).

578 Das ist auch bei einer formularmäßig vereinbarten, im Vertragstext nicht besonders hervorgehobenen Vertragsstrafenregelung aber jedenfalls dann nicht der Fall, wenn der gesamte Vertragstext ein einheitliches Schriftbild hat, **keinerlei drucktechnische Hervorhebungen** enthält, keine der i.E. durchnummerierten Vertragsregelungen mit einer Überschrift versehen ist und die Vertragsstrafe auch nicht versteckt bei einer anderen Thematik eingeordnet ist (*LAG SchlH* 2.2.2005 – 3 Sa 515/04 – EzA-SD 6/2005 S. 4 LS).

Wenn innerhalb einer im Arbeitsvertrag enthaltenen Vereinbarung unter der Überschrift »**Wettbewerbsverbot**« alle dieses Wettbewerbsverbot konstituierenden und ausgestaltenden Einzelelemente geregelt sind, und keine Regelungen enthalten sind, die damit in keinem Zusammenhang stehen, so ist eine innerhalb dieser Vereinbarung vorgesehene **aufschiebende Bedingung** für das In-Kraft-Treten des Wettbewerbsverbots keine »überraschende Klausel« i.S.v. § 305c Abs. 1 BGB. Es mangelt insoweit an dem dafür vorausgesetzten »Überrumpelungs- oder Übertölpelungseffekt« (*BAG* 13.7.2005 – 10 AZR 532/04 – EzA-SD 22/2005 S. 6 = BAG Report 2005, 359).

Auch eine **Altersgrenze**, die in Allgemeinen Arbeitsbedingungen unter der Überschrift »Beendigung des Arbeitsverhältnisses« enthalten ist, stellt keine überraschende Klausel dar (*BAG* 27.7.2005 EzA § 620 BGB 2002 Altersgrenze Nr. 6 = NZA 2006, 37).

Gem. § 305c Abs. 2 BGB n.F. ist bei Mehrdeutigkeit derjenigen Auslegung der Vorzug zu geben, die zu Lasten des Verwenders, also des Arbeitgebers geht (vgl. ausf. *Richardi* NZA 2002, 1057 ff; *Preis* Sonderbeil. zu NZA Heft 16/2003, S. 19 ff.; *Thüsing/Lambrich* NZA 2002, 1361 ff.; *Lingemann* NZA 2002, 181 ff.).

Insoweit kann sich der Arbeitgeber in einem vorformulierten Arbeitsvertrag verpflichten, die **vertragliche Vergütung** entsprechend der Erhöhung der tariflichen Entgelte eines bestimmten Tarifbezirks zu erhöhen. Diese Verpflichtung kann auch **von Bedingungen abhängig** gemacht werden, wie z.B. dass die tariflichen Entgelterhöhungen keine »strukturelle Änderung« des Tarifwerks darstellen. Eine solche Klausel verstößt weder gegen § 305c Abs. 2 BGB, noch gegen das Transparenzgebot (§ 307 Abs. 1 BGB), noch gegen § 308 Nr. 4 BGB; der Vorbehalt des Verwenders, die eigene Leistung zu erhöhen, fällt nicht in den Schutzbereich des § 308 Nr. 4 BGB (*BAG* 9.11.2005 EzA § 305c BGB 2002 Nr. 5). Gleiches gilt für eine Klausel, die festlegt, dass der Arbeitgeber den Arbeitnehmer **im Fall der Kündigung freistellen darf** und dass diese Zeit auf den Resturlaub angerechnet wird (*LAG Köln* 20.2.2006 NZA-RR 2006, 342). 579

(2) Maßstäbe für die Inhaltskontrolle

Maßgeblich ist zunächst der objektive Erklärungsinhalt der Regelung; ob beide Parteien bei Vertragsabschluss sich darüber im Klaren waren, wozu eine Regelung führt, ist daher grds. unbeachtlich (*LAG Brem.* 1.3.2006 LAGE § 308 BGB 2002 Nr. 2 = ZTR 2006, 484). Generell ist des Weiteren zu beachten, dass die Inhaltskontrolle einer Formularklausel einen Ausgleich für die einseitige Inanspruchnahme der Vertragsfreiheit durch den Verwender bezweckt, sie aber nicht dem Schutz des Klauselverwenders vor den von ihm selbst eingeführten Formularbestimmungen dient. Sind daher z.B. nach einer vom Arbeitgeber vorformulierten Formularklausel Schadensersatzansprüche des Arbeitgebers gegen den Arbeitnehmer verfallen, so bedarf es grds. keiner Inhaltskontrolle der Klausel (*BAG* 27.10.2005 EzA § 4 TVG Ausschlussfristen Nr. 181 = NZA 2006, 257; s.a. *LAG Köln* 26.10.2005 – 7 Sa 298/05 – ArbuR 2006, 251 LS). 580

Gem. § 307 Abs. 3 S. 1 BGB n.F., unterliegen AGB im Übrigen nur insoweit der Inhaltskontrolle, als sie **von Rechtsvorschriften abweichen oder diese ergänzen**. Die synallagmatische Gegenleistung unterliegt daher i.d.R. keiner Angemessenheitsprüfung, da Preise nicht durch Gesetz festgelegt werden. Deshalb unterliegt z.B. ein nachvertragliches Wettbewerbsverbot gem. §§ 74 ff. HGB hinsichtlich seiner inhaltlichen, örtlichen und zeitlichen **Reichweite keiner Inhaltskontrolle**, da es jedenfalls bei nachträglicher Vereinbarung einen gegenseitigen Vertrag i.S.d. §§ 320 ff. BGB darstellt und die Regelung der vertraglichen Hauptleistungspflichten (»Leistungsbeschreibung«) ebenso wie das Verhältnis zwischen Leistung und Gegenleistung (Höhe der Karenzentschädigung) gem. § 397 Abs. 3 BGB kontrollfrei bleiben; eine Inhaltskontrolle findet insoweit nur nach **§ 74a HGB** statt, der eine **geltungserhaltende Reduktion** vorsieht. Ein berechtigtes geschäftliches Interesse des Arbeitgebers an einem nachvertraglichen Wettbewerbsverbot (§ 74a HGB) kann auch dann bestehen, wenn sich die

Warensortimente nur teilweise überschneiden. Eine feste Grenze dafür, wie groß die Überschneidung der Sortimente mindestens sein muss, gibt es nicht (*LAG BW* 30.1.2008 NZA-RR 2008, 508).

Allerdings können andere Bestimmungen deshalb unwirksam sein, weil sie nicht klar und verständlich sind, also **gegen das Transparenzgebot verstoßen** (vgl. dazu *LAG Düsseld.* 13.4.2005 LAG Report 2005, 383 LS; zur AGB-Kontrolle von arbeitsrechtlichen Verweisungsklauseln auf Tarifverträge vgl. *Diehn* NZA 2004, 129 ff. u. ausf. Rn. 330; zur AGB-Kontrolle von Tarifnormen *Witt* NZA 2004, 135 ff.).

Eine Bestimmung in AGB, nach der sich ein Arbeitgeber über einen **Zeitraum von drei Monaten** vorbehält, den Arbeitnehmer **zur Arbeit abzurufen** oder nicht abzurufen, ist gem. § 307 Abs. 1 BGB **unwirksam**. Die Vereinbarung benachteiligt den Arbeitnehmer entgegen den Geboten von Treu und Glauben unangemessen, weil dessen Arbeitspflicht nach Grund und Höhe einseitig dem Arbeitgeber überantwortet wird und weder ein Mindestarbeitsdeputat noch ein Höchstdeputat noch ein angemessenes Verhältnis von festen und variablen Arbeitsbedingungen vorliegt. Daran vermag die Witterungsabhängigkeit des Betriebs des Arbeitgebers nichts zu ändern (*BAG* 9.7.2008 EzA § 615 BGB 2002 Nr. 25).

Gleiches hat das *ArbG Ulm* (14.11.2008 – 3 Ca 244/08 – EzA-SD 24/2008 S. 11 LS) für eine **Optionsklausel**, mit der sich ein Regionalliga-Verein einseitig die Verlängerung eines Arbeitsvertrages mit einem Vertragsspieler i.S.d. § 8 Nr. 2 der Spielordnung des DFB vorbehält; sie verstößt gegen Art. 12 Abs. 1 GG und ist deshalb gem. § 307 Abs. 1 S. 1 BGB unwirksam.

Geht ein Arbeitsvertrag zudem davon aus, dass **Vergütung nur für geleistete Arbeit** gezahlt wird, liegt im Zweifel kein Verzicht auf die Ansprüche gem. § 615 BGB vor (§ 305c Abs. 2 BGB). Darüber hinaus ist ein Anspruchsausschluss nach § 307 Abs. 1 S. 1 BGB unwirksam, wenn die Arbeitspflicht fortbesteht und der Arbeitnehmer jederzeit mit einem Abruf rechnen muss. Es ist dann **unangemessen**, dem Arbeitnehmer **für mehrere Monate Ansprüche zu verwehren** (*BAG* 9.7.2008 EzA § 615 BGB 2002 Nr. 25).

Die Vereinbarung in einem Formulararbeitsvertrag, wonach der Mitarbeiter im Fall vorzeitiger Beendigung des Arbeitsverhältnisses **Gehaltszahlungen zurückzahlen** muss, weil er zu Förderungszwecken in Abteilungen eingesetzt wurde, in denen seine Arbeitskraft nicht voll verwertbar war, ist gem. §§ 305, 307, 310 BGB unwirksam (*ArbG Krefeld* 17.9.2007 – 3 Ca 1125/07 – NZA-RR 2008, 15).

581 Das *LAG SchlH* (22.9.2004 LAG Report 2005, 33 m. Anm. *Wank*; bestätigt durch *BAG* 31.8.2005 EzA § 6 ArbZG Nr. 6 = NZA 2006, 324 m. Anm. *Reichold* SAE 2007, 233 ff.) hat angenommen, dass eine formularmäßig vereinbarte, **pauschale**, keine Begrenzung nach oben enthaltende und auch nicht annähernd den Umfang der einkalkulierten Arbeitsleistung transparent machende, **arbeitsvertragliche Pauschalierungsabrede**, nach der im Bruttomonatsentgelt alle **Zuschläge** für Nacht-, Sonn- und Feiertagsarbeit **enthalten** sind, gem. § 307 BGB unwirksam ist. Denn sie benachteiligt den Arbeitnehmer infolge der dem Arbeitgeber eingeräumten unbegrenzten Möglichkeit des nachhaltigen Eingriffs in das synallagmatische Verhältnis unangemessen und verstößt gegen das Transparenzgebot.

Auch eine der AGB-Kontrolle unterliegende Vereinbarung, nach der durch den (arbeitsvertraglich vereinbarten) Wochen-/Monatslohn alle anfallende Mehrarbeit abgegolten ist, ist unwirksam, weil der Arbeitnehmer nicht erkennen kann, in welcher Höhe er Anspruch auf Mehrarbeitsvergütung hat; dies ist mit dem Transparenzgebot des § 307 Abs. 1 S. 2 BGB unvereinbar. Der Vertragsinhalt bestimmt sich dann nach den gesetzlichen Vorschriften, also z.B. § 612 Abs. 2 BGB (*LAG Düsseld.* 11.7.2008 – 9 Sa 1958/07 – EzA-SD 18/2008 S. 7 LS).

Nach Auffassung des *LAG Hamm* (27.7.2005 – 6 Sa 29/05 – EzA-SD 2/2006 S. 6 LS) sind bei einer **Kombination von Widerrufsvorbehalt und Freiwilligkeitsvorbehalt** in vorformulierten Arbeitsbedingungen in einem nach dem 31.12.2001 abgeschlossenen Formulararbeitsvertrag beide wegen des Verstoßes gegen das Transparenzgebot des § 307 Abs. 1 S. 2 BGB unwirksam. Denn es bleibt unklar, ob damit ein echter Freiwilligkeitsvorbehalt oder ein bloßer Widerrufsvorbehalt gemeint sein soll (ebenso *LAG Bra.* 13.10.2005 LAGE § 611 BGB 2002 Gratifikation Nr. 5). Demgegenüber begründet eine derartige Kombination nach Auffassung des *LAG Bln.* (19.8.2005 NZA-RR 2006, 68) einen Widerrufsvorbehalt des Arbeitgebers für einen entsprechenden Anspruch des Arbeitnehmers. Will der Arbeitgeber bei einer »freiwilligen, jederzeit widerruflichen Zusage« jeden Anspruch für die Zukunft ausschließen, hat er dies allerdings deutlich zu machen (*BAG* 1.3.2006 EzA § 4 TVG Tariflohnerhöhnung Nr. 48 = NZA 2006, 746 m. Anm. *Natzel* SAE 2006, 225). Auch kann nach z.T. vertretener Auffassung eine Weihnachtsgratifikation mit einem **Freiwilligkeitsvorbehalt** eindeutig vorliegen, wenn von einem Widerruf die Rede ist (*LAG Düsseld.* 31.1.2006 LAGE § 611 BGB 2002 Gratifikation Nr. 6).

Das *BAG* (30.7.2008 EzA § 307 BGB 2002 Nr. 38 = NZA 2008, 1173; s. dazu *Lingemann/Gotham* DB 2008, 2307 ff.) geht insoweit von Folgendem aus:

Der Arbeitgeber kann bei **laufenden Sonderzahlungen** – anders als bei laufendem Arbeitsentgelt – grundsätzlich einen **Rechtsanspruch** des Arbeitnehmers auf die Leistung für künftige Bezugszeiträume **ausschließen.** Er kann sich die Entscheidung vorbehalten, ob und in welcher Höhe er künftig Sonderzahlungen gewährt. Für die Wirksamkeit eines solchen Freiwilligkeitsvorbehalts kommt es **nicht** auf den vom Arbeitgeber mit der Sonderzahlung verfolgten **Zweck** an. Der Vorbehalt ist deshalb auch dann wirksam, wenn der Arbeitgeber mit der Sonderzahlung ausschließlich im Bezugszeitraum geleistete Arbeit zusätzlich honoriert. Der Arbeitgeber muss auch **nicht jede einzelne Sonderzahlung** mit einem **Freiwilligkeitsvorbehalt verbinden. Es genügt ein entsprechender Hinweis im Arbeitsvertrag.** Ein solcher Hinweis muss in einem Formulararbeitsvertrag allerdings dem **Transparenzgebot** gerecht werden. Er muss deshalb klar und verständlich sein. Daran **fehlt** es, wenn der Arbeitgeber dem Arbeitnehmer **einerseits** im Formulararbeitsvertrag eine Sonderzahlung in einer bestimmten Höhe ausdrücklich **zusagt** und eine andere Vertragsklausel **in Widerspruch** dazu regelt, dass der Arbeitnehmer **keinen Rechtsanspruch** auf die Sonderzahlung hat, sondern diese freiwillig, jederzeit widerrufbar erfolgt. Die Kombination eines Freiwilligkeits- mit einem Widerrufsvorbehalt ist widersprüchlich. Die Regelung ist dann insoweit **unwirksam,** als ein Rechtsanspruch auf die Sonderzahlung ausgeschlossen wird (*BAG* 30.7.2008 EzA § 307 BGB 2002 Nr. 38 = NZA 2008, 1173).

Ist der **einzige Zweck** einer jährlichen Sonderzahlung die **Vergütung der Arbeitsleistung** des Arbeitnehmers, so wird dieser jedenfalls durch eine Bestimmung, die die Zahlung unter den **Vorbehalt der Freiwilligkeit** stellt und einen Rechtsanspruch auf zukünftige Leistungen ausschließt, gem. § 307 Abs. 1 S. 1 BGB entgegen den Geboten von Treu und Glauben **unangemessen** benachteiligt. Das gilt jedenfalls dann, wenn die Jahressonderzahlung 25 % der sonstigen Leistungen des Arbeitgebers an den Arbeitnehmer übersteigt (*LAG Düsseld.* 11.4.2008 LAGE § 611 BGB 2002 Gratifikation Nr. 10).

Wird in Allgemeinen Geschäftsbedingungen eine **Zulage unter dem Vorbehalt der Anrechnung** gewährt, ohne dass die Anrechnungsgründe näher bestimmt sind, führt dies jedenfalls nicht zu einem Verstoß gegen das Transparenzgebot. Denn für einen durchschnittlichen Arbeitnehmer ist bei einem derartigen Anrechnungsvorbehalt erkennbar, dass im Falle einer Erhöhung des tariflich geschuldeten Arbeitsentgelts die Zulage bis zur Höhe der Tarifsteigerung gekürzt werden kann; auch ein Verstoß gegen § 308 Nr. 4 BGB liegt nicht vor (*BAG* 1.3.2006 EzA § 4 TVG Tariflohnerhöhnung Nr. 48 = NZA 2006, 746 m. Anm. *Natzel* SAE 2006, 225).

Der Arbeitgeber kann auch eine übertarifliche Zulage mangels anderweitiger Abrede bei Tariflohnerhöhungen – auch rückwirkend – verrechnen. Der damit verbundene Vorbehalt einer nachträglichen Tilgungsbestimmung verstößt nicht gegen das Transparenzgebot des § 307 Abs. 1 S. 2 BGB (*BAG* 27.8.2008 EzA § 4 TVG Tariflohnerhöhung Nr. 49).

Ein Verstoß gegen das Transparenzgebot ist dagegen z.B. dann gegeben, wenn dem Arbeitnehmer im Arbeitsvertrag die **Teilnahme an einem Bonussystem** zugesagt worden war und er für die Jahre 2002 und 2003 auch jeweils einen Bonus erhalten hatte.

Nach dem Bonussystem hing die Höhe der Zahlung vom Geschäftsergebnis und der individuellen Leistung des Arbeitnehmers ab. Eine Vertragsklausel bestimmte, dass die Bonuszahlung **in jedem Falle freiwillig** erfolgt und **keinen Rechtsanspruch** für die Zukunft begründet. Eine andere Klausel regelte, dass der Anspruch entfiel, wenn das Arbeitsverhältnis am 1.4. des Folgejahres gekündigt war; der Kläger hatte vor dem 1.4.2005 das Arbeitsverhältnis gekündigt. Es handelte sich insoweit um vom Arbeitgeber vorformulierte Allgemeine Vertragsbedingungen. Soweit sie einen Rechtsanspruch des Klägers auf eine Bonuszahlung ausschlossen, widersprechen sie der dem Kläger im Arbeitsvertrag zugesagten Teilnahme am Bonussystem der Beklagten. Sie sind insoweit **nicht klar und verständlich** und daher unwirksam. Das gilt auch für die Stichtagsregelung. Sie stellt bezüglich der Dauer der Bindung nicht auf die Höhe der Bonuszahlung ab, ist jedenfalls insoweit zu weit gefasst und benachteiligt den Arbeitnehmer deshalb unangemessen. In einem solchen Fall ist die Bonusregelung nicht insgesamt unwirksam, sondern nur insoweit, als der Arbeitnehmer durch den Ausschluss eines Rechtsanspruchs auf die Bonuszahlung benachteiligt wird. Offen gelassen hat das *BAG* (24.10.2007 EzA § 307 BGB 2002 Nr. 26 = NZA 2008, 40; s. dazu *Lingemann/Gotham* NZA 2008, 509 ff.; *Lembke* BB 2008, 166 ff.; *Reinecke* BB 2008, 554 ff.; *Freihube* DB 2008, 124 ff.; *Albicher/Wiesenecker* BB 2008, 2631 ff.; s.a. *LAG Hamm* 24.1.2008 – 8 Sa 1805/07 – EzA-SD 11/2008 S. 9 LS), ob bei der Inhaltskontrolle von Bindungsklauseln zwischen Stichtags- und Rückzahlungsklauseln **zu differenzieren** ist, ob eine unangemessene Benachteiligung des Arbeitnehmers vorliegt, wenn Bindungsklauseln bei Sonderzahlungen **nicht zwischen Kündigungen differenzieren**, die in den Verantwortungsbereich des Arbeitnehmers oder des Arbeitgebers fallen und ob bei Sonderzahlungen, die mindestens 25 % der Gesamtvergütung des Arbeitnehmers ausmachen, Stichtags- und Rückzahlungsklauseln zulässig sind.

Sieht ein vom Arbeitgeber vorformulierter Arbeitsvertrag eine **monatlich zu zahlende Leistungszulage** unter Ausschluss jeden Rechtsanspruchs vor, benachteiligt dies den Arbeitnehmer unangemessen; die Klausel ist unwirksam. Eine damit in Betracht zu ziehende ergänzende Vertragsauslegung setzt voraus, dass ermittelt werden kann, welche Regelung die Parteien bei Kenntnis der Unwirksamkeit der Klausel und bei sachgerechter Abwägung der Interessen getroffen hätten. Wird aber eine Zahlung des Arbeitgebers lediglich als Leistungszulage ohne weitere Angaben bezeichnet, lässt dies keine hinreichenden Rückschlüsse auf Widerrufsgründe i.S.d. § 308 Nr. 4 BGB zu (*BAG* 25.4.2007 EzA § 307 BGB 2002 Nr. 20 = NZA 2007, 853; s. dazu *Bieder* NZA 2007, 1135 ff.; *Schramm* NZA 2007, 1325 ff.; *Lingemann/Gotham* DB 2007, 1754 ff.).

Sieht eine vorformulierte Arbeitsvertragsklausel vor, dass sich die **Höhe des Urlaubsgeldes** eines im öffentlichen Dienst beschäftigten Arbeitnehmers nach der Höhe dem des **vergleichbaren Beamten** des öffentlichen Arbeitgebers gewährten Urlaubsgeldes richtet, so ist diese Bestimmung dagegen weder unklar noch unverständlich i.S.d. § 307 Abs. 1 S. 2 BGB. Gewährt der öffentliche Arbeitgeber folglich seinen Beamten kein Urlaubsgeld mehr, entfällt auch ein Anspruch des Angestellten auf ein solches (*BAG* 3.4.2007 NZA 2007, 1045; s. dazu *Behrendt/Gaumann/Liebermann* ZTR 2007, 537 ff.).

Eine **tarifliche Einmalzahlung**, die als zusätzliche Arbeitsvergütung für einen bestimmten Zeitraum anzusehen ist, wird durch den für diesen Zeitraum gezahlten übertariflichen Stundenlohn erfüllt, auch dann, wenn die tarifliche Einmalzahlung den Tariflohn rückwirkend erhöht. Das Transparenzgebot des § 307 Abs. 1 S. 2 BGB steht dieser Rechtsfolge einer Vereinbarung von übertariflichem Stundenlohn nicht entgegen (*BAG* 1.3.2006 EzA § 4 TVG Tariflohnerhöhung Nr. 47 = NZA 2006, 688; s. dazu *Hromadka/Schmitz-Rolfes* NJW 2007, 1777 ff.).

Das Transparenzgebot erfordert bei einer Klausel, nach der ein **Preisnachlass** beim Kauf eines vom Arbeitgeber produzierten Kfz entfällt, wenn das Arbeitsverhältnis vor Ablauf bestimmter Fristen endet, dass nicht nur die Voraussetzungen für den Wegfall klar und verständlich dargestellt werden, sondern auch wegen der **Höhe der Forderung** des Arbeitgebers nicht erst eine intensive Beschäftigung mit den AGB oder eine Nachfrage notwendig wird. Die Angabe der prozentualen Höhe des Preisnachlasses und der Umsatzsteuer in einer solchen Klausel bereitet dem Arbeitgeber keine unüberwindbaren Schwierigkeiten. Ein Verstoß gegen das Transparenzgebot kann im Übrigen nur so lange »geheilt« werden, wie sich der Arbeitnehmer noch entscheiden kann, ob er den Kaufvertrag über das Kfz abschließen will (*LAG Düsseld.* 4.3.2005 – 9 Sa 1782/04 – EzA-SD 14/2005 S. 8 LS).

Das Transparenzgebot ist andererseits nicht schon dann verletzt, wenn es in der Regelung nicht ausdrücklich heißt, dass **Ansprüche verfallen**, wenn sie **nicht rechtzeitig eingeklagt werden**. Im konkret entschiedenen Einzelfall ergab sich dies aber deutlich aus der Überschrift »**Ausschlussfrist**« und der zwingenden Anordnung einer Klageerhebung. Die Klausel ließ die mit ihr verbundenen Nachteile soweit erkennen, wie dies nach den Umständen gefordert werden konnte. Abzustellen ist dabei auf das Verständnis eines durchschnittlichen Arbeitnehmers. Nach dem erkennbaren Sinn der Regelung wird danach ebenfalls hinreichend deutlich, dass die Klagefrist mit der Ablehnung des Anspruchs durch die Gegenpartei, also mit dem Wirksamwerden der Erklärung entsprechend § 130 BGB beginnt (*BAG* 25.5.2005 EzA § 307 BGB 2002 Nr. 3 = NZA 2005, 1111; vgl. dazu *Bayreuther* NZA 2005, 1337 ff.; *Lelley/Kaufmann* FA 2006, 7 ff.; *Mohr* SAE 2006, 156 ff.). 582

Gem. § 310 Abs. 4 S. 3 BGB n.F. sind nunmehr vorformulierte Arbeitsverträge **auch an Tarifverträgen und Betriebsvereinbarungen zu messen**. Da jedenfalls in Tarifverträgen die **Höhe des Entgelts** fixiert ist, unterliegen Abweichungen nach unten zukünftig der gerichtlichen Kontrolle (**a.A.** *Lingemann* NZA 2002, 181 ff). Die Ausgangsgröße können insoweit vor allem **Branchentarifverträge**, u.U. auch repräsentative Firmentarife, sofern vorhanden, bilden, von der nicht unangemessen abgewichen werden darf; nach Auffassung von *Däubler* (NZA 2001, 1335; ebenso *Linnenkohl* ArbuR 2004, 41 f.; **a.A.** *Preis* Sonderbeil. zu NZA Heft 16/2003, S. 19 ff.) soll dies bei einer Unterschreitung des Tariflohns um mehr als 20% der Fall sein. 583

Gem. § 308 Nr. 4 BGB n.F. ist die Vereinbarung des Rechts des Arbeitgebers (ohne Vereinbarung keine einseitige Änderung: *BAG* 1.2.2006 EzA § 310 BGB 2002 Nr. 3), die versprochene Leistung zu ändern oder von ihr abzuweichen, nur dann statthaft, wenn sie unter Berücksichtigung der Interessen des Verwenders für den anderen Vertragsteil zumutbar ist. Davon sind erfasst der **Widerruf von Zulagen und freiwilligen betrieblichen Leistungen**, sowie eine vom (erweiterten) Direktionsrecht des Arbeitgebers gedeckte Versetzung auf einen anderen Arbeitsplatz, wo nur geringere Verdienstmöglichkeiten bestehen (vgl. *Hümmerich* NZA 2003, 755 ff.). Nach Auffassung von *Däubler* (NZA 2001, 1336; **a.A.** *Lingemann* NZA 2002, 181 ff.) kann folglich in Zukunft der (vorbehaltene) Widerruf einer Zusatzleistung nicht mehr aus jedem sachlichen Grund gerechtfertigt sein. Die zu fordernde »**Triftigkeit**« des Grundes muss sich vielmehr danach bestimmen, inwieweit auch Arbeitnehmerinteressen, z.B. an der Erhaltung des Arbeitsplatzes, gewahrt sind. Zudem kann es danach keine Rolle spielen, ob nur die Gegenleistung des Arbeitgebers reduziert oder ob eine geringer vergütete Arbeit zugewiesen wird. Soweit der Änderungsvorbehalt nicht mehr greift, kommt als Gestaltungsmittel für den Arbeitgeber nur die Änderungskündigung in Betracht. 584

Das *BAG* (12.1.2005 EzA § 308 BGB 2002 Nr. 1 = BAG Report 2005, 132; 11.10.2006 EzA § 308 BGB 2002 Nr. 6 = NZA 2007, 87; ebenso *LAG Hamm* 11.5.2004 – 19 Sa 2132/03 – EzA-SD 15/2004 S. 4 LS = NZA 2004, 1047 LS = NZA-RR 2004, 515; **a.A.** *LAG Bln.* 30.3.2004 LAGE § 308 BGB 2002 Nr. 1 = NZA 2004, 1047 LS; vgl. dazu *Preis* NZA 2004, 1014 ff.; vgl. dazu *Hanau/Hromadka* NZA 2005, 73 ff.; *Reinecke* NZA 1995, 953 ff.; *Kort* NZA 2005, 509 ff.; *Willemsen/Grau* NZA 2005, 1137 ff.; *Thüsing/Leder* BB 2005, 1563 ff.; *Maties* DB 2005, 2689 ff.; *Zirnbauer* FA 2006, 34 ff.; *Benecke* ArbuR 2006, 337 ff.; *Kroeschell* NZA 2008, 1393 ff.; s.u. Kap. 3 Rn. 740 ff.; Kap. 4 Rn. 2975 ff.; *Bieder* 585

NZA 2007, 1135 ff.; offen gelassen von *BAG* 26.1.2005 – 10 AZR 331/04 – EzA-SD 8/2005, S. 6 LS) hat inzwischen insoweit folgende **Grundsätze** aufgestellt:

- Eine formularmäßig im Arbeitsvertrag verwendete Klausel, mit der sich der Arbeitgeber den **jederzeitigen unbeschränkten Widerruf** übertariflicher Lohnbestandteile und anderer Leistungen vorbehält, ist gem. § 307 Abs. 1 S. 2 u. § 308 Nr. 4 BGB **unwirksam**;
- Die Vereinbarung ist nur dann **wirksam**, wenn der widerrufliche Anteil unter **25** (*BAG* 11.10.2006 EzA § 308 BGB 2002 Nr. 6 = NZA 2007, 87) **bis 30 % der Gesamtvergütung** liegt und der Widerruf nicht grundlos erfolgen soll;
- Die widerrufliche Leistung muss nach **Art und Höhe eindeutig** sein. Die Vertragsklausel muss zumindest die Richtung angeben, aus der der Widerruf möglich sein soll (wirtschaftliche Gründe, Leistung oder Verhalten des Arbeitnehmers).

Sind Zahlungen des Arbeitgebers widerruflich, die nicht eine unmittelbare Gegenleistung für die Arbeitsleistung darstellen, sondern Ersatz für Aufwendungen, die an sich der Arbeitnehmer selbst tragen muss, erhöht sich der widerrufliche Teil der Arbeitsvergütung auf bis zu 30 % des Gesamtverdienstes (*BAG* 11.10.2006 EzA § 308 BGB 2002 Nr. 6 = NZA 2007, 87).

Diese Anforderungen gelten seit dem 1.1.2003 auch für Formulararbeitsverträge, die vor dem 1.1.2002 abgeschlossen worden sind. Fehlt es bei einem solchen **Altvertrag** an dem geforderten Mindestmaß einer Konkretisierung der Widerrufsgründe, kann die entstandene Lücke im Vertrag durch eine **ergänzende Vertragsauslegung** geschlossen werden. Eine Bindung des Arbeitgebers an die vereinbarte Leistung ohne **Widerrufsmöglichkeit** würde **rückwirkend unverhältnismäßig** in die Privatautonomie eingreifen (*BAG* 12.1.2005 EzA § 308 BGB 2002 Nr. 1 = BAG Report 2005, 132; ebenso *LAG Nds.* (17.1.2006 – 13 Sa 1176/05 – EzA-SD 9/2006 S. 6 LS für den Widerruf der Privatnutzung eines Dienstwagens; **a.A.** insoweit *LAG Hamm* 11.5.2004 – 19 Sa 2132/03 – EzA-SD 15/2004 S. 4 LS = NZA 2004, 1047 LS = NZA-RR 2004, 515).

Es liegt nahe, dass die Parteien des Arbeitsvertrages bei **Kenntnis der neuen gesetzlichen Anforderungen** die Widerrufsmöglichkeit zumindest bei **wirtschaftlichen Verlusten** des Arbeitgebers vorgesehen hätten.

Neben der Inhaltskontrolle nach den §§ 305 ff. BGB findet **weiterhin die Ausübungskontrolle** im Einzelfall gem. § 315 BGB statt.

Die Regelung eines **Widerrufsvorbehalts in einer Betriebsvereinbarung** unterliegt gem. § 310 Abs. 4 S. 1 BGB nicht der Inhaltskontrolle nach §§ 305 ff. BGB; insoweit findet eine gerichtliche Ausübungskontrolle nach § 315 Abs. 3 BGB statt (*BAG* 1.2.2006 EzA § 310 BGB 2002 Nr. 3 = NZA 2006, 563).

586 Nach Auffassung des *LAG Brem.* (1.3.2006 LAGE § 308 BGB 2002 Nr. 2 = ZTR 2006, 484) verstößt eine Klausel in einem Formulararbeitsvertrag gegen § 308 Nr. 4 BGB, die festlegt, dass bis zur tariflichen Neuregelung die bisherigen Arbeitszeitregelungen der gekündigten Vorschriften des BAT mit der Maßgabe weitergelten, dass als durchschnittliche wöchentliche Arbeitszeit diejenige Wochenarbeitszeit gilt, die für **vergleichbare Beamte** jeweils maßgebend ist. Das *BAG* (14.3.2007 EzA § 307 BGB 2002 Nr. 18 = NZA 2008, 45; s. dazu *Behrendt/Gaumann/Liebermann* ZTR 2007, 537 ff.; ebenso *LAG Nds.* 21.5.2007 – 9 Sa 1371/06) ist dem nicht gefolgt. Danach sind auf **Bezugnahmeklauseln in Formulararbeitsverträgen zwar die §§ 305 ff. BGB anzuwenden.** Die in Allgemeinen Geschäftsbedingungen enthaltenen Regelungen über Hauptleistungspflichten – darum handelt es sich bei der in einem Formulararbeitsvertrag enthaltenen dynamischen Verweisung auf die für Beamte geltende Arbeitszeit – sind gem. § 307 Abs. 3 i.V.m. § 307 Abs. 1 S. 2 BGB aber **nur auf einen Verstoß gegen das Transparenzgebot zu beurteilen; eine derartige Klausel ist aber nicht unklar oder unverständlich in diesem Sinne.**

587 Aus §§ 307 Abs. 1 S. 2, 309 Nr. 6 BGB n.F. folgt u.U. die teilweise Unzulässigkeit von **Vertragsstrafen** in Formulararbeitsverträgen (s. dazu Kap. 3 Rn. 575 ff.).

Eine arbeitsvertragliche Bestimmung, durch die das **Ruhen des Arbeitsverhältnisses in den Schulferien** vereinbart wird, soweit diese nicht durch Urlaub ausgefüllt sind, weil in dieser Zeit keine Reinigungsarbeiten anfallen, betrifft das Wirtschaftsrisiko des Arbeitgebers und bedingt § 615 BGB ab. In einem Formulararbeitsvertrag handelt es sich um eine unangemessene Benachteiligung der Arbeitnehmer, wenn sie verpflichtet werden, ihren Urlaub in den Schulferien zu nehmen und dem Arbeitgeber ohne Berücksichtigung der Wünsche der Arbeitnehmer das Recht eingeräumt wird, den Arbeitnehmern den Urlaub zuzuweisen (*LAG Hamm* 20.10.2005 – 16 Sa 801/05 – FA 2006, 158 LS).

Gem. § 309 Nr. 13 BGB n.F. darf der Arbeitgeber für »Anzeigen oder Erklärungen« **keine strengere Form** als die Schriftform vorschreiben oder ihn an besondere Zugangserfordernisse binden. Die Vorschrift erfasst auch **geschäftsähnliche Handlungen**, wie Mahnungen oder Fristsetzungen. Verboten ist es demnach, die Kündigung durch den Arbeitnehmer nur **per Einschreiben** zuzulassen. Auch eine Bestimmung, wonach die Form eines Fax oder einer elektronischen Übermittlung gewählt werden müsste, wäre unzulässig. Mehr als Schriftform wird nach Auffassung von *Däubler* (NZA 2001, 1336; krit. *Schrader* NZA 2003, 349 ff.) auch verlangt, wenn eine **zweistufige Ausschlussklausel** nach Ablehnung durch den Arbeitgeber Klage innerhalb einer bestimmten Frist verlangt und andernfalls den Anspruch untergehen lässt. Das *BAG* (25.5.2005 EzA § 307 BGB 2002 Nr. 3 = NZA 2005, 1111; vgl. dazu *Lelley/Kaufmann* FA 2006, 7 ff.) hat dies offen gelassen, aber angenommen, dass jedenfalls die angemessene Berücksichtigung der im Arbeitsrecht geltenden Besonderheiten die Zulassung zweistufiger Ausschlussfristen gebietet. Denn zu berücksichtigen sind nicht nur rechtliche, sondern auch tatsächliche Besonderheiten des Arbeitsrechts. 588

Die Dauer von Ausschlussfristen kann nur anhand der Generalklausel des § 307 Abs. 2 BGB n.F. überprüft werden. Nach Auffassung von *Däubler* (NZA 2001, 1336 f.; ähnlich *Hümmerich* NZA 2003, 755; **a.A.** *Preis* Sonderbeil. zu NZA Heft 16/2003, S. 19 ff.; *Lingemann* NZA 2002, 181 ff.; *Schrader* NZA 2003, 349 ff.; s. auch u. Kap. 3 Rn. 4705 ff.) führt **das neue Verjährungsrecht** (Verlängerung von zwei auf drei Jahre bei Arbeitnehmeransprüchen; Beginn mit Kenntnis bzw. grob fahrlässiger Unkenntnis) dazu, dass die **Divergenz zwischen arbeitsvertraglichen Ausschlussfristen und gesetzlichem Verjährungsrecht noch ausgeprägter** als bisher wird. Das muss danach dazu führen, dass eine **einmonatige Ausschlussfrist** ohne Rücksicht auf die subjektive Komponente **nicht zulässig** sein kann (s. auch u. Kap. 3 Rn. 4878). Das *LAG Hamm* (16.11.2004 – 19 Sa 1424/04 – EzA-SD 6/2005 S. 5 LS = LAG Report 2005, 138) hat zudem angenommen, dass die im Formulararbeitsvertrag vorgesehene Ausschlussfrist von **unter drei Monaten** für alle nicht deliktischen Ansprüche aus dem Arbeitsverhältnis gem. § 307 BGB unwirksam ist. Eine derartige Verfallklausel kann auch **nicht im Wege der geltungserhaltenden Reduktion** auf das gem. § 307 BGB zulässige Maß von ggf. drei Monaten reduziert werden, denn § 306 Abs. 2 BGB sieht keine geltungserhaltende Reduktion vor (**a.A.** hinsichtlich der zulässigen Dauer der Ausschlussfrist *ArbG Frankf. a.M.* 13.8.2003 NZA-RR 2004, 238 jedenfalls dann, wenn sie auf Arbeitnehmerseite ausschließlich leicht feststellbare Ansprüche betrifft; ebenso *LAG Nds.* 18.3.2005 – 10 Sa 1990/04 – EzA 13/2005, S. 4 LS = NZA-RR 2005, 401 = LAG Report 2005, 193 für eine dreimonatige Ausschlussfrist, wenn davon nur Ansprüche erfasst sind, die ausschließlich von der Anzahl der vom Arbeitnehmer geleisteten Stunden abhängen). Das *LAG Köln* (27.8.2004 LAG Report 2005, 97) ist davon ausgegangen, dass eine einzelvertragliche Ausschlussklausel, die die **gerichtliche Geltendmachung** von Ansprüchen in **vier Wochen nach Ablehnung** vorschreibt, unwirksam ist und ebenso eine geltungserhaltende Reduktion abgelehnt. 589

Das *BAG* (25.5.2005 EzA § 307 BGB 2002 Nr. 3 = NZA 2005, 1111: drei Monate als Mindestfrist für die gerichtliche Geltendmachung; ebenso *BAG* 28.9.2005 EzA § 307 BGB 2002 Nr. 5 = NZA 2006, 149: drei Monate als Mindestfrist für beide Fristen; vgl. dazu *Reinecke* BB 2005, 378 ff. u. 1388 ff.; *Thüsing/Leder* BB 2005, 1563 ff.; *Müller* BB 2005, 1333 ff.; *Bayreuther* NZA 2005, 1337 ff.; *Lelley/Kaufmann* FA 2006, 7 ff.; *Mohr* SAE 2006, 156 ff.; ebenso *BAG* 28.11.2007 EzA § 307 BGB 2002 Nr. 30 = NZA 2008, 293 auch für vor dem 1.1.2002 abgeschlossene Verträge) ist dem teilweise gefolgt. 590

Im Einzelnen gilt Folgendes:

- Eine Ausschlussfrist, die eine **gerichtliche Geltendmachung** verlangt, weicht i.S.d. § 307 Abs. 2 BGB von dem gesetzlichen Verjährungsrecht ab. Zwar lässt § 202 BGB eine Abkürzung der regelmäßigen Verjährungsfrist von drei Jahren zu. Eine allzu kurze Klagefrist ist aber mit wesentlichen Grundgedanken des gesetzlichen Verjährungsrechts nicht vereinbar und führt deshalb entgegen den Geboten von Treu und Glauben zu einer unangemessenen Benachteiligung.
- Bei der Bestimmung der **angemessenen Länge der Ausschlussfrist** ist danach zu berücksichtigen, dass in arbeitsrechtlichen Gesetzen bevorzugt verhältnismäßig kurze Fristen zur Geltendmachung von Rechtspositionen vorgesehen werden. Auch Tarifverträge enthalten vielfach gegenüber den gesetzlichen Verjährungsfristen deutlich kürzere Ausschlussfristen von wenigen Wochen bis hin zu mehreren Monaten. Solche Fristen sind in ihrer Gesamtheit als im Arbeitsrecht geltende Besonderheit gem. § 310 Abs. 4 S. 2 BGB angemessen zu berücksichtigen. Die Dauer der angemessenen Ausschlussfrist darf sich nicht an der unteren Grenze der genannten Fristen orientieren. Einen **geeigneten Maßstab stellt die dreimonatige Frist des § 61b ArbGG dar.** In Formulararbeitsverträgen können also zweistufige Ausschlussfristen vereinbart werden; die **Mindestfrist für eine vorgesehene gerichtliche Geltendmachung beträgt aber drei Monate.** Eine Ausschlussfrist, die demgegenüber die schriftliche Geltendmachung aller Ansprüche aus dem Arbeitsverhältnis innerhalb von **zwei Monaten ab Fälligkeit** verlangt, benachteiligt dagegen den Arbeitnehmer **unangemessen** entgegen den Geboten von Treu und Glauben (§ 307 Abs. 1 BGB; ebenso *BAG* 28.11.2007 EzA § 307 BGB 2002 Nr. 30 = NZA 2008, 293 u. 19.12.2007 EzA § 306 BGB 2002 Nr. 3 = NZA 2008, 464 auch für vor dem 1.1.2002 abgeschlossene Verträge; anders für nach dem alten Recht zu beurteilenden Verträgen: *BAG* 27.10.2005 EzA § 4 TVG Ausschlussfristen Nr. 182 = NZA 2006, 259). Sie ist mit wesentlichen Grundgedanken des gesetzlichen Verjährungsrechts nicht vereinbar (§ 307 Abs. 2 Nr. 1 BGB) und schränkt wesentliche Rechte, die sich aus der Natur des Arbeitsvertrages ergeben, so ein, dass die Erreichung des Vertragszwecks gefährdet ist (§ 307 Abs. 2 Nr. 2 BGB).
- Die **Unwirksamkeit** einer einzelvertraglichen Ausschlussklausel führt zu ihrem **ersatzlosen Wegfall** bei Aufrechterhaltung des Arbeitsvertrages im Übrigen. Eine **geltungserhaltende Reduktion** in dem Sinne, dass die wegen unangemessener Kürze der vereinbarten Frist unwirksame Ausschlussklausel auf eine gerade noch oder in jedem Falle zulässige Dauer auszudehnen wäre, **kommt** nach § 306 BGB **nicht in Betracht.** Daran ändert auch eine salvatorische Klausel im Arbeitsvertrag nichts; auch eine **ergänzende Vertragsauslegung** kommt **nicht in Betracht** (*BAG* 28.11.2007 EzA § 307 BGB 2002 Nr. 30 = NZA 2008, 293 u. 19.12.2007 EzA § 306 BGB 2002 Nr. 3 = NZA 2008, 464 auch für vor dem 1.1.2002 abgeschlossene Verträge).
- Der Arbeitsvertrag bleibt dann **im Übrigen wirksam** und richtet sich insoweit nach den gesetzlichen Vorschriften (§ 306 BGB; *BAG* 28.11.2007 EzA § 307 BGB 2002 Nr. 30 = NZA 2008, 293 für vor dem 1.1.2002 abgeschlossene Verträge).
- Hält die **erste Stufe** einer vertraglichen Ausschlussfristenregelung, wonach mit dem Arbeitsverhältnis in Verbindung stehende Ansprüche binnen drei Monaten nach Fälligkeit schriftlich geltend gemacht werden müssen, der **AGB-Kontrolle stand,** beeinträchtigt die **Unwirksamkeit der zweiten Stufe,** die eine zu kurze Frist für die gerichtliche Geltendmachung vorsieht, die **Wirksamkeit der ersten Stufe nicht,** wenn die Klausel teilbar ist und auch ohne die unwirksame Regelung weiterhin verständlich und sinnvoll bleibt (*BAG* 12.3.2008 EzA § 307 BGB 2002 Nr. 33 = NZA 2008, 700).
- Dem Arbeitnehmer ist es grundsätzlich **nicht** nach Treu und Glauben **verwehrt,** sich **auf die Unwirksamkeit** der Ausschlussklausel **zu berufen.** Das Vertrauen des Arbeitgebers in die unwirksame Arbeitsbedingung seines Formularvertrags ist nämlich nicht schutzwürdig. **Es gilt dann allein die gesetzliche Verjährungsfrist; ferner gelten die Grundsätze über die Verwirkung von Ansprüchen** (ebenso *BAG* 28.11.2007 EzA § 307 BGB 2002 Nr. 30 = NZA 2008, 293 für vor dem 1.1.2002 abgeschlossene Verträge).

- § 202 Abs. 1 BGB verbietet im Übrigen nicht nur eine im Voraus vereinbarte Erleichterung der Verjährung bei Haftung wegen Vorsatzes, sondern **auch die Vereinbarung entsprechender Ausschlussfristen**. Eine allgemeine Ausschlussfrist kann teilweise nach §§ 202 Abs. 1, 134, 139 BGB nichtig sein, soweit sie die Haftung wegen Vorsatzes mit umfasst.
- Ausschlussfristen allerdings, die in einem auf das Arbeitsverhältnis kraft Bezugnahme im Arbeitsvertrag anwendbaren **Haustarifvertrag** des Arbeitgebers enthalten sind, unterliegen gem. § 310 Abs. 4 S. 1 BGB **nicht der Inhaltskontrolle** nach §§ 307 ff. BGB (*BAG* 26.4.2006 EzA § 4 TVG Ausschlussfristen Nr. 185 = NZA 2006, 845); das gilt auch dann, wenn der Arbeitnehmer **nicht Mitglied der tarifschließenden Gewerkschaft ist** (*BAG* 28.6.2007 EzA § 310 BGB 2002 Nr. 5 m. Anm. *Ernst* NZA 2007, 1405 ff.).

Eine einzelvertraglich vereinbarte Klausel aber, die für den Beginn der Ausschlussfrist nicht die Fälligkeit der Ansprüche berücksichtigt, sondern **allein auf die Beendigung des Arbeitsverhältnisses** abstellt, benachteiligt aber jedenfalls den Arbeitnehmer unangemessen und ist deshalb gem. § 307 Abs. 1 S. 1 BGB unwirksam (*BAG* 1.3.2006 NZA 2006, 783).

Das *BAG* (31.8.2005 EzA § 6 ArbZG Nr. 6; ebenso *LAG SchlH* 22.9.2004 LAG Report 591
2005, 33) ist schließlich der Auffassung, dass eine formularmäßige einseitige, nur für Arbeitnehmer geltende arbeitsvertragliche Ausschlussfrist gegen § 307 Abs. 1 BGB verstößt, weil sie einer **ausgewogenen Vertragsgestaltung widerspricht**.

Nach Auffassung des *LAG Nds.* (18.3.2005 – 10 Sa 1990/04 – EzA 13/2005, S. 4 LS = NZA-RR 2005, 401 = LAG Report 2005, 193) sind des Weiteren einzelvertragliche Ausschlussfristen, die nur Ansprüche des Arbeitnehmers gegen den Arbeitgeber erfassen, gem. § 307 Abs. 1 BGB unwirksam, wenn nicht ausnahmsweise ein Ausgleich für den Arbeitnehmer durch andere Vorteile erfolgt. Andererseits steht das Klauselverbot des § 309 Nr. 13 BGB 2002 einer **zweistufigen Ausschlussfrist** in einem arbeitsvertraglich in Bezug genommenen Tarifvertrag nicht entgegen (*LAG Bln.* 10.10.2003 – 6 Sa 1058/03 – EzA-SD 24/2003, S. 8 LS = LAG Report 2004, 27).

Die formularmäßige Verpflichtung eines Tankstellenpächters, bei Beendigung des **Tank-** 592
stellenvertrages die mit Familienmitgliedern eingegangenen Arbeitsverhältnisse »**auf seine Kosten zu beenden**«, andernfalls den Verpächter oder den Nachfolgebetreiber »von allen daraus entstehenden Kosten freizuhalten bzw. entstandene Kosten zu erstatten«, ist unangemessen benachteiligend und daher gem. § 307 Abs. 1 S. 1 BGB unwirksam. Soweit damit die Kündigung der Arbeitsverhältnisse verlangt wird, ist die Verpflichtung zudem mit § 613a Abs. 1 i.V.m. § 613a Abs. 4 BGB unwirksam (*BGH* 23.3.2006 – III ZR 102/05 – EzA-SD 9/2006 S. 5 LS = NZA 2006, 551).

Nach Auffassung des *LAG Düsseld.* (13.4.2007 – 9 Sa 143/07 – EzA-SD 14/2007 S. 9 LS = 593
NZA-RR 2007, 455 = FA 2007, 381 LS) benachteiligen **Schriftformklauseln** den Vertragspartner des Verwenders von AGB entgegen § 307 Abs. 1 S. 1 BGB unangemessen, wenn nach ihnen auch nach dem Vertragsschluss getroffene **mündliche Abreden** mit umfassend zur Vertretung des Verwenders der AGB berechtigten Personen **ohne schriftliche Bestätigung keine Gültigkeit haben**. Sie ist zu weit gefasst, weil sie beim Arbeitnehmer **entgegen** der Schutzvorschrift des **§ 305b BGB** den **Eindruck erweckt**, auch eine **mündliche individuelle Vertragsabrede** sei wegen Nichteinhaltung der Schriftform des § 125 S. 2 BGB **unwirksam**. Das entspricht aber nicht der wahren Rechtslage. Denn gem. § 305b BGB haben **individuelle Vertragsabreden Vorrang** vor AGB. Dieses Prinzip des Vorrangs (mündlicher) individueller Vertragsabreden setzt sich auch gegenüber doppelten Schriftformklauseln durch. Eine **zu weit gefasste doppelte Schriftformklausel ist irreführend**. Sie benachteiligt den Vertragspartner deshalb unangemessen i.S.v. § 307 Abs. 1 BGB (*BAG* 20.5.2008 EzA § 307 BGB 2002 Nr. 37 = NZA 2008, 1233; s. dazu *Schramm/Kröpelin* DB 2008, 2362 ff.). Eine derartige Klausel kann wegen des Verbots der geltungserhaltenden Reduktion (§ 306 Abs. 2 BGB) auch nicht mit dem Inhalt aufrechterhalten werden, dass sie Ansprüche, die auf Grund einer betrieblichen Übung entstanden sind, ausschließt, sofern die betriebliche Übung nicht

schriftlich festgelegt wurde. Denn der Vorrang von Individualabreden (§ 305b BGB) erfasst zwar **nicht betriebliche Übungen**. Eine zu weit gefasste Schriftformklausel wird aber **nicht auf das richtige Maß zurückgeführt**, sondern muss **insgesamt** als **unwirksam** angesehen werden (*BAG* 20.5.2008 EzA § 307 BGB 2002 Nr. 37 = NZA 2008, 1233; s. dazu *Leder/Scheuermann* NZA 2008, 1222 ff.; s.a. oben Rn. 457).

594 Des Weiteren ist davon auszugehen, dass eine unangemessene Benachteiligung des Arbeitnehmers nach § 307 Abs. 1 BGB regelmäßig dann gegeben ist, wenn der Arbeitnehmer **im unmittelbaren Anschluss an eine Arbeitgeberkündigung ohne Gegenleistung in einem vom Arbeitgeber vorgelegten Formular auf die Erhebung einer Kündigungsschutzklage verzichtet.** Denn durch einen solchen Klageverzicht wird von der gesetzlichen Regelung des § 4 S. 1 KSchG abgewichen; ohne kompensatorische Gegenleistung benachteiligt ein solcher formularmäßiger Verzicht den Arbeitnehmer unangemessen (so jetzt ausdrücklich *BAG* 6.9.2007 EzA § 307 BGB 2002 Nr. 29 = NZA 2008, 219; s. dazu *Kroeschell* NZA 2008, 560 ff.).

Dagegen unterliegt die in einem vom Arbeitgeber **vorformulierten Aufhebungsvertrag** vereinbarte einvernehmliche Beendigung des Arbeitsverhältnisses **keiner Angemessenheitskontrolle** i.S.d. § 307 Abs. 1 S. 1 BGB, weil dadurch nicht von Rechtsvorschriften abgewichen wird (§ 307 Abs. 3 BGB). Die Beendigungsvereinbarung ist ein **selbständiges Rechtsgeschäft**, bei dem die Hauptleistung die Beendigung des Arbeitsverhältnisses ist. Die Beendigung als solche kann daher keiner Angemessenheitsprüfung unterzogen werden (*BAG* 8.5.2008 EzA § 520 ZPO 2002 Nr. 6 = NZA 2008, 1148).

Ein unbefristet teilzeitbeschäftigter Arbeitnehmer wird durch die **Befristung einer Arbeitszeiterhöhung** regelmäßig nicht i.S.v. § 307 Abs. 1 BGB unangemessen benachteiligt, wenn die Befristung auf Umständen beruht, die die Befristung eines Arbeitsvertrages **insgesamt** nach § 14 Abs. 1 S. 2 Nr. 3 TzBfG **sachlich rechtfertigen** könnte (*BAG* 8.8.2007 EzA § 14 TzBfG Nr. 42 = NZA 2008, 229; s. dazu *Lunk/Leder* NZA 2008, 504 ff.).

Eine vorformulierte Vorbehaltsklausel, die dem Arbeitgeber das **Recht** einräumt, von ihm vorgegebene Arbeitsbedingungen **einseitig abzuändern**, ist dagegen als **unangemessene Benachteiligung** i.S.v. § 307 BGB anzusehen (*LAG Nbg.* 22.2.2008 – 3 Sa 333/07 – EzA-SD 9/2008 S. 10 LS).

Eine Klausel über die **Rückerstattung von Leistungen** (**Ausbildungskosten**) muss für den Rückzahlungspflichtigen gem. § 307 Abs. 1 S. 2 BGB verständlich und klar sein. Wird in einer Nebenabrede zu einem »Volontariatsvertrag« geregelt, dass die für die Dauer der reinen Studienzeit zu erbringenden Ausbildungsvergütungen und Zuschüsse nur als »Darlehen ... zur Verfügung gestellt werden« und nach erfolgreichem Abschluss des Studiums in 60 Monaten durch »Berufstätigkeit« beim Darlehensgeber »abgebaut« werden sollen, so muss bereits **bei Vertragsabschluss** mindestens **rahmenmäßig bestimmt** sein, zu welchen Bedingungen die »Berufstätigkeit« bei dem Darlehensgeber erfolgen soll. Dazu gehören Angaben zum Beginn des Vertragsverhältnisses, zu Art und Umfang der Beschäftigung und zur Gehaltsfindung für die Anfangsvergütung. Eine Klausel, die dazu keinerlei Angaben macht, lässt den Studierenden **im Unklaren**; darin liegt eine unangemessene Benachteiligung (*BAG* 18.3.2008 EzA § 307 BGB 2002 Nr. 36 = NZA 2008, 1004; s. dazu *Maier/Mosig* NZA 2008, 1168 ff.). **Unerheblich** ist es dann, wenn der Darlehensgeber kurz **vor Ende der Vertragslaufzeit** ein ausreichend konkretisiertes Angebot auf Abschluss des Arbeitsvertrags für die Zeit nach Beendigung des Studiums abgibt. Nach § 310 Abs. 3 Nr. 3 BGB sind bei der Beurteilung der unangemessenen Benachteiligung nur der Vertragstext und die den Vertragsabschluss **begleitenden Umstände**, **nicht** jedoch **spätere Ereignisse** zu berücksichtigen (*BAG* 18.3.2008 EzA § 307 BGB 2002 Nr. 36 = NZA 2008, 1004; s. dazu *Maier/Mosig* NZA 2008, 1168 ff.). Eine weitere unangemessene Benachteiligung des Studierenden liegt zudem dann vor, wenn wesentliche **Rechte** entgegen den Geboten von Treu und Glauben **eingeschränkt** werden. Eine Klausel, die einen ratierlichen Abbau der »darlehensweise« gewährten Leistungen durch Berufstätigkeit vorsieht, **ohne** einen **Anspruch auf Beschäftigung** nach Ablauf der Studienzeit einzuräumen, schränkt ein wesentliches Recht des Vertragspartners ein (*BAG* 18.3.2008 EzA § 307 BGB 2002 Nr. 36 = NZA 2008, 1004; s. dazu *Maier/Mosig* NZA 2008, 1168 ff.).

(3) Anwendung von Verbraucherschutzvorschriften

Ob und in welchem Umfang Verbraucherschutzvorschriften Anwendung finden, ist streitig. Neben den arbeitsrechtlichen Beziehungen können zwischen den Vertragsparteien auch **andere Rechtsgeschäfte** abgeschlossen werden, z.B. Darlehensverträge, Kaufverträge usw. Bedient sich der Arbeitgeber bei Vertragsabschluss in diesem Zusammenhang **Allgemeiner Geschäftsbedingungen**, so handelt der Arbeitnehmer als Käufer, Mieter oder Darlehensnehmer; in diesen Fällen findet das **Verbraucherschutzrecht** (§ 310 Abs. 3, §§ 305 ff., § 312 BGB n.F.) Anwendung, auch wenn das Rechtsgeschäft mit Rücksicht auf das Arbeitsverhältnis abgeschlossen wurde. Dagegen finden die Regeln über den Verbrauchsgüterkauf und das Verbraucherdarlehen keine Anwendung, wenn der Arbeitnehmer ein Produkt kauft, dessen Preis **unter dem Marktüblichen** liegt oder ein Darlehen zu Zinsen abschließt, die unter den marktüblichen Sätzen liegen (*Bauer/Kock* DB 2002, 42 ff.; *Natzel* NZA 2002, 595 ff.; **a.A.** *ArbG Weiden* 16.7.2003 LAGE § 13 BGB 2002 Nr. 1: Arbeitnehmer als solcher kein Verbraucher; **a.A.** auch *Preis* Sonderbeil. zu NZA Heft 16/2003, S. 19 ff.: Arbeitnehmer ist stets Verbraucher). 595

Handelt der Arbeitnehmer in seiner Rolle als Arbeitnehmer, so soll er nach z. T. vertretener Auffassung **kein Verbraucher** sein, sodass diese Sonderregelungen nicht gelten. Der Arbeitnehmer besitzt danach insbes. nach dem neuen Recht bei Arbeits- oder Aufhebungsverträgen kein Widerrufsrecht. Darüber hinaus ist der Arbeitsvertrag auch tatbestandlich kein Haustürgeschäft (*Bauer/Kock* DB 2002, 42 ff.; vgl. aber auch *Hümmerich/Holthausen* NZA 2002, 173 ff. u. *Hümmerich* NZA 2003, 753 ff.). 596

Allerdings geht das *BAG* 25.5.2005 (EzA § 307 BGB 2002 Nr. 3 = NZA 2005, 1111; vgl. dazu *Bayreuther* NZA 2005, 1337 ff.; *Lelley/Kaufmann* FA 2006, 7 ff.; *Mohr* SAE 2006, 156 ff.; s.o. Rn. 575) inzwischen davon aus, dass der **Arbeitsvertrag Verbrauchervertrag i.S.v. § 310 Abs. 3 BGB ist.** Denn mit der Definition des Verbrauchers in § 13 BGB hat sich der Gesetzgeber von dem allgemeinen Sprachgebrauch gelöst und eine eigenständige umfassende Begriffsbestimmung gewählt. Der Verbraucherbegriff bietet eine breite Grundlage für die Anwendung der Verbraucherschutzvorschriften. Ihm kommt kein abstrakt zu bestimmender Sinn zu. Erfasst ist auch der Arbeitnehmer bei Abschluss des Arbeitsvertrags. **Danach wird die Inhaltskontrolle von Arbeitsverträgen nach den Maßgaben des § 310 Abs. 3 BGB erweitert** (*BAG* 25.5.2005 EzA § 307 BGB 2002 Nr. 3 = NZA 2005, 1111; vgl. dazu *Bayreuther* NZA 2005, 1337 ff.; *Lelley/Kaufmann* FA 2006, 7 ff.; *Mohr* SAE 2006, 156 ff.). 597

d) Kirchliche Arbeitsvertragsrichtlinien

Kirchliche Arbeitsvertragsrichtlinien – z.B. die AVR Caritas – entfalten für das einzelne Arbeitsverhältnis **keine normative Wirkung**, sondern sind nur kraft arbeitsvertraglicher Vereinbarung anzuwenden; es handelt sich nicht um Tarifverträge (*LAG Brem.* 21.2.2002 – 3 Sa 17/02 – EzA-SD 8/2002, S. 14 LS = ARST 2002, 163 LS). Auch Art. 140 GG i.V.m. Art. 137 Abs. 3 WRV begründet jedenfalls ohne entsprechende kirchengesetzliche Regelung keine normative Wirkung einer kirchlichen Arbeitsrechtsregelung des dritten Weges für Arbeitsverhältnisse mit kirchlichen Arbeitgebern (*BAG* 20.3.2002 EzA § 613a BGB Nr. 208; *Tilling* NZA 2007, 79 f.). Nichts anderes gilt aber dann, wenn das einschlägige Kirchengesetz (z.B. § 3 Abs. 1 ARRG) eine normative Wirkung vorsieht (*BAG* 8.6.2005 EzA § 611 BGB 2002 Kirchliche Arbeitnehmer Nr. 6 = NZA 2006, 611; krit. *Tilling* NZA 2007, 79 f.). Allerdings sind AVR nach den für Tarifverträge geltenden Grundsätzen auszulegen (*BAG* 23.1.2007 NZA-RR 2007, 397). Für die Inhaltskontrolle im Hinblick auf Art. 12 Abs. 1 GG sind ebenfalls die **für Tarifverträge anzuwendenden Maßstäbe** heranzuziehen, zumindest soweit in die AVR die entsprechenden Tarifvertragsregelungen des öffentlichen Dienstes für gleichgelagerte Sachverhalte ganz oder mit im Wesentlichen gleichen Inhalt »übernommen« werden, die dann kraft arbeitsvertraglicher Vereinbarung für das einzelne Arbeitsverhältnis gelten. 598

599 Denn die **materielle Richtigkeitsgewähr** tarifvertraglicher Regelungen beruht nicht primär auf der Möglichkeit des Arbeitskampfes, der den Beteiligten am Zustandekommen der AVR durch den sog. »dritten Weg« verwehrt ist, sondern darauf, dass die Beteiligten als **gleichermaßen durchsetzungsfähig** angesehen werden; dies ist innerhalb der paritätisch besetzten Arbeitsrechtlichen Kommissionen bei den Kirchen gleichermaßen gegeben. Zudem respektiert der Gesetzgeber die AVR der Kirchen immer häufiger im selben Umfang wie Tarifverträge, soweit er tarifdispositives Recht setzt, indem er insoweit eine Abänderbarkeit der gesetzlichen Regelung im selben Maß zulässt wie durch Tarifverträge (§21a JArbSchG, §7 Abs. 4 ArbZG). Diese Gleichstellung wird in der Begründung zu §7 Abs. 4 ArbZG ausdrücklich als »klarstellend« bezeichnet (BT-Drs. 11/360, S. 19) und damit **vom Gesetzgeber als gegeben vorausgesetzt** (*BAG* 6.11.1996 EzA Art. 12 GG Nr. 31). Im Urteil vom 19.2.2003 (EzA §611 BGB 2002 Kirchliche Arbeitnehmer Nr. 1 = NZA 2004, 54; vgl. auch *Thüsing* ZTR 2005, 507 ff.) hat das BAG offen gelassen – weil nicht entscheidungserheblich – ob die inhaltliche Kontrolle als eine – eingeschränkte – Billigkeitskontrolle nach §§317, 319 BGB vorzunehmen ist oder ob sie sich – wie bei Tarifverträgen – auf eine Rechtskontrolle zu beschränken hat. Denn die streitgegenständliche Kürzung von Ansprüchen auf Urlaubsgeld und Zuwendung war – betreffend die Evangelische Kirche – nach beiden Maßstäben wirksam.

600 Fraglich ist, ob auf Grund dieser Begründung für nach dem 1.1.2002 abgeschlossene Arbeitsverträge und für vorher abgeschlossene Verträge mit Wirkung vom 1.1.2003 trotz der nunmehr gem. §310 Abs. 4 S. 2 BGB n.F. vorgesehenen Anwendbarkeit des Rechts der Allgemeinen Geschäftsbedingungen auf Arbeitsverträge, soweit standardisierte Einheitsregelungen Anwendung finden, davon auszugehen ist, dass dieses wegen §310 Abs. 4 S. 1 BGB n.F. (Ausschluss für Tarifverträge) nicht anwendbar ist. Dagegen spricht, dass es sich bei den kirchlichen Richtlinien **trotz partieller Respektierung** durch den Gesetzgeber jedenfalls **nicht um Tarifverträge i.S.d. TVG handelt**, die aber erkennbar vom Wortlaut des §310 Abs. 4 S. 1 BGB n.F. vorausgesetzt werden (*LAG RhPf* 11.11.2004 ZTR 2005, 541; vgl. *Däubler* NZA 2001, 1334; **a.A.** *Ritter* NZA 2005, 447 ff.; *Thüsing* ZTR 2005, 507 ff.; für eine analoge Anwendung des §622 Abs. 4 S. 1 BGB *LAG Bln.* 23.2.2007 LAGE §18 KSchG Nr. 1). Damit gelten auch insoweit die oben dargestellten Grundsätze.

601 Davon geht inzwischen auch das *BAG* (17.11.2005 EzA §611 BGB 2002 Kirchliche Arbeitnehmer Nr. 7 = NZA 2006, 872; ebenso *LAG Köln* 8.5.2006 – 14 (4) Sa 48/06 – NZA-RR 2006, 570 = ArbuR 2006, 374 LS) aus. Denn kirchliche Arbeitsvertragsrichtlinien hat der Gesetzgeber bei der Neuregelung des Rechts Allgemeiner Geschäftsbedingungen nicht in die Formulierung des §310 Abs. 4 S. 1 BGB aufgenommen. Wenn der Gesetzgeber, anders als z.B. in §7 Abs. 4 ArbZG, 21 a Abs. 3 JArbSchG nur für Tarifverträge, Betriebs- und Dienstvereinbarungen eine besondere Regelung getroffen hat, hat er zu erkennen gegeben, dass kirchliche Arbeitsvertragsregelungen grds. einer Überprüfung nach den §§305 ff. BGB unterliegen. Für die Inhaltskontrolle sind insoweit die für Tarifverträge anzuwendenden Maßstäbe heranzuziehen, zumindest soweit in den Arbeitsvertragsrichtlinien die entsprechenden Tarifvertragsregelungen des öffentlichen Dienstes für gleichgelagerte Sachbereiche ganz oder mit im Wesentlichen gleichen Inhalten übernommen werden, die dann kraft arbeitsvertraglicher Vereinbarung für das einzelne Arbeitsverhältnis gelten (*BAG* 17.11.2005 EzA §611 BGB 2002 Kirchliche Arbeitnehmer Nr. 7). **Zuletzt hat das BAG** (26.7.2006 EzA §14 TzBfG Nr. 32) **aber offen gelassen, ob die AVR Allgemeine Geschäftsbedingungen i.S.v. §§305 ff. BGB sind und ob für diese ggf. §310 Abs. 4 S. 1 BGB entsprechend gilt.**

H. Internationales und Europäisches Arbeitsrecht

Internationales Arbeitsrecht umfasst das Arbeitsvölkerrecht als sowohl formal und sachlich international vereinheitlichtes Recht wie auch das Arbeitskollisionsrecht, das sich als Teil des nationalen Rechts mit der Regelung internationaler, also grenzüberschreitender Sachverhalte beschäftigt. 602

I. Arbeitsvölkerrecht

Praktisch bedeutsame Regelungen des Arbeitsvölkerrechts sind meist in multilateralen Übereinkommen enthalten (sog. Völkervertragsrecht). Es richtet sich an die vertragsschließenden Staaten, die es erst im Wege der Ratifikation für sich völkerrechtlich für verbindlich erklären. 603

Die Transformation in das innerstaatliche Recht erfolgt durch das sog. Vertragsgesetz (Art. 59 Abs. 2 S. 1 GG). Dadurch wird der völkerrechtliche Vertrag für die Staatsorgane im Range eines einfachen Gesetzes für anwendbar erklärt. 604

Von der Auslegung des jeweiligen Vertrages (Formulierung, Inhalt) hängt es ab, ob dieser einzelnen Personen unmittelbar Rechte einräumen will (self-executing-treaty), oder ob es dazu weiterer Rechtsakte bedarf, es sich also um ausfüllungsbedürftige Normen handelt (executory treaty). 605

1. Universelles Arbeitsvölkerrecht

a) Vereinte Nationen

Die Vereinten Nationen verfügen über kein umfassendes Arbeitsrecht, weil insoweit die IAO als Sonderorganisation der Vereinten Nationen primär zuständig ist. Fragen des Arbeitsrechts sind daher nur vereinzelt und mehr programmatisch geregelt (vgl. MünchArbR/*Birk* § 17 Rz. 7–28 m.w.N.). 606

- In der **Allgemeinen Erklärung der Menschenrechte** vom 10.12.1948 (u.a. Recht auf Arbeit, angemessenen Lohn, Urlaub, Koalitionsfreiheit). Sie ist völkerrechtlich nicht verbindlich und folglich nur politisch durchsetzbar. 607
- Im **internationalen Pakt über bürgerliche und politische Rechte** vom 19.12.1966 (Koalitionsfreiheit, allerdings unter Ausschluss des Streikrechts). Dieser wird überwacht durch einen Ausschuss für Menschenrechte. Ein Staat kann auch geltend machen (sog. Staatenbeschwerde), dass ein anderer Staat seinen Verpflichtungen insoweit nicht nachkommt. 608
- Im **internationalen Pakt über wirtschaftliche, soziale und kulturelle Rechte** vom 16.12.1966 (u.a. Recht auf Arbeit, gerechte Arbeitsbedingungen, Koalitionsfreiheit, Streikrecht). Er ist zwar seit 1976 völkerrechtlich verbindlich. Als Vertragsstaat ist die BRD aber lediglich verpflichtet, für die Umsetzung und Verwirklichung seiner Normen zu sorgen, insbes. durch Gesetzgebung und Rechtsprechung. Dem Einzelnen werden dadurch aber keine durchsetzbaren Ansprüche eingeräumt. 609
- Im **Übereinkommen zur Beseitigung jeder Form der Diskriminierung der Frau** vom 18.12.1979 (BGBl. 1985 II S. 647; u.a. Recht auf dieselben Arbeitsmöglichkeiten wie Männer, beruflichen Aufstieg, keine Diskriminierung wegen Ehe, Mutterschaft, Familienstand bei Entlassungen (bei sog. Doppelverdienern, die bei einer Sozialauswahl [§ 1 Abs. 2, 3 KSchG] nicht als schutzwürdig angesehen wurden). Begründet werden nur Verpflichtungen der Vertragsstaaten, nicht dagegen Individualansprüche von Arbeitnehmerinnen. Allerdings sind die Arbeitsgerichte verpflichtet, ihre Rechtsprechung dem Übereinkommen anzupassen. 610

611 ▶ Im **Übereinkommen über die Rechte des Kindes** vom 20.11.1989 (BR-Drs. 769/90; Mindestalter für die Zulassung zur Arbeit, angemessene Arbeitszeit und -bedingungen, Sanktionen bei Verstößen). Diesen Forderungen genügt das JArbSchG (BR-Drs. 769/90, S. 49 f.).

b) Internationale Arbeitsorganisation (IAO)

612 Die 1918 gegründete Sonderorganisation der Vereinten Nationen ist für die Entwicklung, Ausgestaltung und Durchsetzung des internationalen Arbeitsrechts von großer Bedeutung. Ziel ist es, menschenwürdige Arbeitsbedingungen zu schaffen.

613 **Einzelziele** sind die Regelung der Arbeitszeit, die Gewährleistung angemessenen Lohns, der Schutz von Kindern und Frauen, Lohngleichheit usw. Realisiert werden sollen diese Ziele durch Übereinkommen und Empfehlungen (Normsetzung) sowie insbes. auch durch technische Zusammenarbeit (Entwicklungshilfe).

614 Die IAO verfügt über drei **Organe**:

- Die **internationale Arbeitskonferenz** (Vollversammlung der Delegierten aller Mitgliedsstaaten in Genf) zur Beratung und Verabschiedung von Übereinkommen und Empfehlungen,
- den **Verwaltungsrat** (28 Regierungsvertreter sowie jeweils 14 Arbeitgeber- und Arbeitnehmervertreter), der die Arbeit der IAO plant, leitet und die Tagesordnung der Konferenzen festsetzt sowie
- das **Internationale Arbeitsamt** als ständiges Sekretariat der IAO und Ausführungsorgan des Verwaltungsrates, das von einem Generaldirektor geleitet wird.

615 Übereinkommen und Empfehlungen werden mit 2/3 Mehrheit von der Konferenz beschlossen. Übereinkommen werden für die Mitgliedsstaaten durch Ratifizierung verbindlich und gem. Art. 59 Abs. 2 GG in das Bundesrecht transformiert. Empfehlungen fehlt dagegen jeglicher verbindliche Charakter.

616 Zu beachten sind insbesondere:

- das IAO-Übereinkommen Nr. 97 über **Wanderarbeitnehmer** vom 1.7.1949 (BGBl. 1959 II S. 87), das die Gleichbehandlungspflicht gem. Art. 48 EWGV (jetzt Art. 39 EGV; s.u. Rn. 653 ff.) auf alle Ausländer ausdehnt. Es hat allerdings nur völkerrechtliche, dagegen keine innerstaatliche Bedeutung (MünchArbR/*Hanau* § 62 Rz. 23);
- das IAO-Übereinkommen Nr. 132 über den **bezahlten Jahresurlaub** (s.u. Kap. 3 Rn. 2130 ff.; vgl. MünchArbR/*Leinemann* § 88 Rz. 22);
- das IAO-Übereinkommen Nr. 182 zur **Beseitigung der schlimmsten Formen der Kinderarbeit** (vgl. dazu *Düwell* NZA 2000, 308 ff.); die dortigen Vorgaben sind in der BRD zwar durch das JArbSchG erfüllt; nach Auffassung von *Düwell* (NZA 2000, 308 ff.) besteht aber ein Überwachungsdefizit insoweit, als es vor der Aufnahme von Kinderarbeit weder einer behördlichen Genehmigung noch einer Anzeige bedarf.

617 Gesetzt werden jeweils nur Mindeststandards; günstigeres nationales Recht wird nicht verdrängt. Unklar ist allerdings das Verhältnis zu anderen, günstigeren internationalen Rechtsinstrumenten. Wesentlich ist, dass die Übereinkommen der IAO nicht generell self-executing sind. Verbände können sich allerdings bei der IAO über die mangelnde Durchführung des Übereinkommens beschweren (eine Übersicht über die von der BRD ratifizierten und nicht ratifizierten Übereinkommen in MünchArbR/*Birk* § 17 Rz. 65–68).

618 Daneben wird die Durchführung der geschaffenen Rechtsnormen durch ein Berichtssystem überwacht, d.h. die Mitgliedsstaaten haben in einem regelmäßigen Turnus über die zur Durchführung der ratifizierten Übereinkommen getroffenen Maßnahmen zu berichten. Die **Berichtspflicht** erstreckt sich auch auf die nicht ratifizierten Übereinkommen und Empfeh-

lungen. Die Berichte werden zunächst durch den Sachverständigenausschuss und sodann durch den Konferenzausschuss überprüft. Von letzterem getroffene Feststellungen sind aber rechtlich nicht verbindlich und lösen auch keine rechtlichen Sanktionen aus.

Schließlich können Regierungen oder der Verwaltungsrat von Amts wegen oder auf Grund der Klage eines Konferenzdelegierten gegen ein anderes Mitglied Klage erheben mit der Begründung, dass es die Durchführung eines vom Kläger und Beklagtenratifizierten Übereinkommens nicht in befriedigender Weise sicherstellt. Durch einen daraufhin eingesetzten Untersuchungsausschuss werden Empfehlungen ausgesprochen. Der Mitgliedstaat kann diese annehmen oder wünschen, dass der Fall dem Internationalen Gerichtshof unterbreitet wird; er kann aber auch beides ablehnen (vgl. MünchArbR/*Birk* § 17 Rz. 59–69). 619

2. Regionales Völkervertragsrecht

a) KSZE

Eine umfangreiche Vereinbarung der KSZE vom 29.6.1990 enthält auch Aussagen zu arbeitsrechtlichen Fragen (u.a. Koalitionsfreiheit, Streikrecht); sie besitzt jedoch keine völkerrechtliche Verbindlichkeit. 620

b) Europarat

- **Europäische Konvention zum Schutz der Menschenrechte und Grundfreiheiten** (EMRK) vom 4.11.1950 (Vertragsfreiheit, Diskriminierungsverbot). 621
  Auf Antrag eines Mitgliedsstaates oder auf Beschwerde eines einzelnen Bürgers, einer nichtstaatlichen Organisation oder Personenvereinigung entscheidet die Europäische Kommission für Menschenrechte, ob die EMRK verletzt wurde oder nicht. Bejaht sie dies, so legt sie den Fall i.d.R. dem Europäischen Gerichtshof für Menschenrechte zur Entscheidung vor.
  Kein Verstoß gegen die EMRK liegt z.B. darin, dass bei der Einstellung in den öffentlichen Dienst in der BRD die Vertragstreue des Bewerbers überprüft wird (MünchArbR/*Birk* § 17 Rz. 72 ff.).
- **Europäische Sozialcharta** vom 18.10.1961 (BGBl. 1964 II S. 1261). 622
  Durch sie soll eine große Zahl von sozialen Grundrechten garantiert werden. Art. 4 garantiert z.B. ein Recht auf ein gerechtes Arbeitsentgelt, welches ausreicht, um den Arbeitnehmern und ihren Familien einen angemessenen Lebensstandard zu sichern. Art. 9 enthält ein Recht auf Berufsberatung, Art. 10 regelt das Recht auf berufliche Bildung (vgl. MünchArbR/*Natzel* § 177 Rz. 33 ff.).
  Die ESC ist durch ein von der BRD noch nicht ratifiziertes Zusatzprotokoll vom 5.5.1988 sachlich wesentlich ergänzt worden. ESC und Zusatzprotokoll enthalten neben einem Zielkatalog, der keine unmittelbare rechtliche Wirkung hat, auch Verpflichtungen für die Mitgliedsstaaten, soweit sie nicht entsprechende Vorbehalte erklärt haben (z.B. Recht auf gerechte Arbeitsbedingungen, Kinderschutz, Chancengleichheit, Vereinigungsrecht).

Deren Einhaltung wird auf der Grundlage eines Berichtssystems von Ausschüssen, insbes. von einem unabhängigen Sachverständigenausschuss überprüft. Dieser sieht in seiner Spruchpraxis nur die individuelle oder branchenweise Vergütung als angemessen i.S.v. Art. 4 ESC an, die über 68% des jeweiligen Durchschnittslohns liegt (MünchArbR/*Hanau* § 63 Rz. 3). Seine Erkenntnisse sind jedoch rechtlich nicht verbindlich. 623

> Auch nach der Ratifizierung kommt den insoweit maßgeblichen Normen keine unmittelbare Wirkung für den Einzelnen zu. Sie sind nicht self-executing, weil die ESC nur rechtliche Verpflichtungen internationalen Charakters enthält (vgl. MünchArbR/*Buchner* § 39 Rz. 33). 624

- **Europäisches Niederlassungsabkommen** (BGBl. 1959 II S. 997; Freizügigkeit für Arbeitnehmer der Vertragsstaaten, Wahlrecht zu berufsständischen Organisationen). 625

626 ▶ **Übereinkommen zum Schutz der Menschen bei der automatischen Verarbeitung personenbezogener Daten** vom 28.1.1981 (BGBl. 1985 II S. 539; der Inhalt der Regelung geht über das Arbeitsrecht hinaus).
Das Abkommen ist nicht self-executing; da das deutsche Datenschutzrecht insbes. durch das BDSG recht umfassend ist, hat es in der BRD keine nennenswerte praktische Bedeutung. Allerdings sind seine Grundsätze bei der Auslegung des nationalen Datenschutzrechts durch die Gerichte zu beachten (MünchArbR/*Blomeyer* § 99 Rz. 8).

627 ▶ **Empfehlung des Europarates zum Schutz der Arbeitnehmerdaten** vom 18.1.1989 (RDV 1990, 41 ff.).

c) Sonstige multilaterale Verträge

628 ▶ Das **Europäische Übereinkommen über die Arbeit des im internationalen Straßenverkehr beschäftigten Fahrpersonals** vom 1.7.1970 (BGBl. 1974 II S. 1475).
19 Staaten aus Ost und West wollen damit bestimmte Arbeitsbedingungen im internationalen Straßenverkehr nach den Grundsätzen der IAO regeln. Das Übereinkommen enthält eine internationale arbeitsrechtliche Kollisionsnorm: Hinsichtlich der Ruhe- und Lenkzeiten sowie der Zusammensetzung des Fahrpersonals gelten die Normen des Staates, in dem der Arbeitnehmer i.d.R. seine berufliche Tätigkeit ausübt. Es enthält zudem auch Mindestvorschriften hinsichtlich der Tagesruhezeit, der täglichen Lenkzeit usw., die in jedem Falle eingehalten werden müssen.

629 ▶ Das **Abkommen über die Arbeitsbedingungen der Rheinschiffer** vom 21.5.1954 (BGBl. 1957 II S. 217).
Von fünf vertragsschließenden Staaten unterzeichnet, regelt es die wichtigsten Arbeitsbedingungen der Rheinschiffer (z.B. Nachtruhe, Arbeitszeit, Urlaub, Zulagen), lässt aber auch in breitem Umfang der Tarifautonomie Raum.
Überprüft wird die Einhaltung des Abkommens durch ein Berichtssystem.

630 ▶ Die **Vereinbarung über die Hafenstaatskontrolle** vom 26.1.1982 (BGBl. 1982 II S. 585).
Sie erlaubt den 14 Vertragsstaaten auch arbeitsrechtlich relevante Vorschriften, vor allem aber die Kontrolle der Einhaltung anderweitig festgelegter Normen (z.B. Unfallverhütung, Beschäftigungsverbote für Kinder unter 14 Jahren) in Form einer internationalen Arbeitsaufsicht im Bereich der Seeschifffahrt.

631 ▶ **NATO-Truppenstatut und das Zusatzabkommen** (BGBl. 1961 II S. 1183, 1190, 1218).
Durch sie wird u.a. auch die arbeitsrechtliche Stellung der bei den NATO-Streitkräften in der BRD angestellten zivilen Bediensteten geregelt. Anwendbar sind grds. die für die zivilen Beschäftigten der Bundeswehr maßgebenden Vorschriften, soweit nicht das Zusatzabkommen etwas anderes bestimmt. Art. 56 ZA-NTS enthält eine Reihe von materiellen Abweichungen vom normalen deutschen Arbeitsrecht; s.o. Rn. 232 ff.

d) Bilaterale Abkommen der BRD

632 Zweiseitige völkerrechtliche Abkommen spielen im Arbeitsrecht keine nennenswerte Rolle. Sie regeln meist nur technische Randfragen, nicht aber Arbeitsbedingungen im engeren Sinne (MünchArbR/*Birk* § 17 Rz. 98–100).

633 Mit Frankreich wurde allerdings 1977 ein Abkommen über die **Gleichwertigkeit von Prüfungszeugnissen** in der beruflichen Bildung (BGBl. II S. 755; ähnliche Regelungen wurden auch mit Österreich vereinbart [vgl. MünchArbR/*Natzel* § 177 Rz. 57]) sowie 1980 ein Abkommen über den **Austausch von Jugendlichen und Erwachsenen in beruflicher Erstausbildung oder Fortbildung** vereinbart (BGBl. II S. 1409).

II. Das Arbeitsrecht in der Europäischen Gemeinschaft (EG)

634 Das Arbeitsrecht der EG ist nur ein Teil des europäischen Arbeitsrechts, zu dem auch die arbeitsrechtlich relevanten Regelungen des Europarates (s.o. Rn. 621 ff.) gehören. Es umfasst den auf Europa bezogenen Teil des Arbeitsvölkerrechts (die einschlägigen Über-

einkommen des Europarates) wie auch das supranationale Arbeitsrecht der EG, dessen Rechtsinstrumente die der Gesetzgebung sind. Insoweit deckt sich das Arbeitsrecht der EG mit dem Begriff des supranationalen Arbeitsrechts.

Das Arbeitsrecht wird nur in Art. 118 Abs. 1 EWGV (jetzt Art. 137 EGV) hinsichtlich der Problematik der Freizügigkeit erwähnt; im Übrigen lässt sich durch die EG Arbeitsrecht im Wesentlichen nur als Teil der Sozialpolitik (Art. 117–128 EWGV; jetzt Art. 136–151 EGV) regeln, die ihrerseits nur bruchstückhaft normiert ist. 635

Arbeitsrecht spielt nur im Hinblick auf die wirtschaftlichen, insbes. wettbewerbsverzerrenden Auswirkungen der Sozialpolitik eine gewisse Rolle. Insgesamt **fehlt in der Rechtssetzung der EG eine erkennbare Grundkonzeption**; der EGV enthält keine ausreichende rechtliche Legitimation für entsprechende umfassende rechtsetzende Aktivitäten. Lediglich Art. 138 EGV gestattet der EG mit qualifizierter Mehrheit die Rechtssetzung zum Schutz der Sicherheit und Gesundheit der Arbeitnehmer (MünchArbR/*Birk* § 18 Rz. 9–19). 636

1. Die rechtlichen Grundlagen

Der **EGV** sieht drei verschiedene Möglichkeiten für die Schaffung eines supranationalen Arbeitsrechts und damit für dessen Europäisierung vor: 637
- die **Koordinierung**, durch die die Rechtsordnungen der Mitgliedsstaaten erst durch den Erlass einheitlicher Kollisionsnormen aufeinander abgestimmt werden;
- die **Harmonisierung**, die durch Rechtsangleichung (Richtlinien) Unterschiede in bestimmten Rechtsgebieten innerhalb der nationalen Rechtsordnungen beseitigen soll. Möglich ist eine Harmonisierung aber auch z.B. durch völkerrechtliche Verträge zwischen den Mitgliedsstaaten;
- die **Vereinheitlichung**, d.h., dass eine bestimmte Rechtsmaterie durch die EG in vollem Umfang an sich gezogen und deshalb das bisher einschlägige nationale Recht der Mitgliedsstaaten verdrängt wird.

2. Die Zuständigkeit der Gemeinschaft zur Rechtssetzung im Arbeitsrecht

Es gilt das Prinzip der begrenzten Einzelermächtigung. Eine Zuständigkeit besteht nur dann, wenn der EGV dies ausdrücklich oder implizit vorsieht. Möglich ist aber auch eine Zuständigkeit kraft Sachzusammenhangs. 638

Abgesehen von den Annexzuständigkeiten und Art. 308 EGV (allgemeine Ergänzungszuständigkeit) sind die Kompetenzen sozial- oder wirtschaftspolitischer Natur und werden folglich von verschiedenen Funktionen geprägt. 639

▶ **Art. 136, 137 EGV**; Verpflichtung der Mitgliedsstaaten zur Verbesserung und Angleichung der Lebensbedingungen der Arbeitnehmer; Zuständigkeit der Kommission zur Förderung und Koordination der Zusammenarbeit der Mitgliedsstaaten in der Sozialpolitik). 640
Beide Normen begründen keine Zuständigkeit der Gemeinschaft zu arbeitsrechtlicher Rechtssetzung (MünchArbR/*Birk* § 18 Rz. 28 f.).

▶ **Art. 138 EGV**; Zuständigkeit für den Erlass von Richtlinien zur Verbesserung der Arbeitsumwelt, um die Sicherheit und Gesundheit der Arbeitnehmer zu schützen [Arbeitsschutz]; sozialpolitische Gesetzgebungsmaßnahmen sind – ebenso wie solche gem. Art. 100a EWGV – im Gegensatz zu sonstigen Gesetzgebungsmaßnahmen mit qualifizierter Mehrheit möglich [vgl. MünchArbR/*Blomeyer* § 96 Rz. 5]). Art. 138 ist **eine Sonderregelung zu Art. 94, 95 EGV und weit auszulegen**. Die Ermächtigung, »Mindestvorschriften« zu erlassen, beschränkt das Tätigwerden nicht auf den kleinsten gemeinsamen Nenner, d.h. auf das niedrigste in einem Mitgliedsstaat erreichte Schutzniveau. Dieser Begriff bedeutet nur, dass die Mitgliedsstaaten **weitergehende Regelungen** treffen können. 641

Im Rahmen der Zuständigkeitsregelung der EG muss die Entscheidung über die Rechtsgrundlage eines Rechtsaktes auf objektiven, gerichtlich **nachprüfbaren Umständen** beruhen. Zu diesen Umständen gehören insbes. das Ziel und der Inhalt des Rechtsaktes.
Art. 138 Abs. 2 Unterabs. 2 EGV, wonach Richtlinien gem. Art. 138 Abs. 1 EGV keine verwaltungsmäßigen, finanziellen oder rechtlichen Auflagen vorschreiben sollen, die der Gründung und Entwicklung von Klein- und Mittelbetrieben entgegenstehen, hindert den Rat nicht, bindende Maßnahmen für solche Betriebe zu erlassen.
Im Rahmen des Art. 138 EGV, in dem der Gemeinschaftsgesetzgeber sozialpolitische Entscheidungen zu treffen und komplexe Abwägungen zu tätigen hat, kann die erlassene Vorschrift gerichtlich nur daraufhin **überprüft** werden, ob ein **offensichtlicher Irrtum** oder ein **Ermessensmissbrauch** vorliegt, oder ob das erlassende Organ die Grenzen seines Ermessens offenkundig überschritten hat (*EuGH* 12.11.1996 NZA 1997, 23).

642 ▶ **Art. 39, 40 EGV** (Zuständigkeit zur Rechtssetzung zur Herstellung der Freizügigkeit).

643 ▶ **Art. 94, 95 EGV** (allgemeine Kompetenznormen) zur Rechtsangleichung (auch für das Arbeitsrecht), wenn die Einrichtung oder das Funktionieren des Gemeinsamen Marktes (Art. 94 EGV) oder des Binnenmarktes (Art. 95 EGV) durch nationale arbeits- oder sozialversicherungsrechtliche Vorschriften ver- oder behindert wird. Das ist dann der Fall, wenn die nationalen arbeitsrechtlichen Normen (z.B. auch in Tarifverträgen oder Unfallverhütungsvorschriften) sich unmittelbar insoweit auswirken, als sie den Wettbewerb als Handelshemmnisse verzerren oder verhindern.
Im Rahmen der binnenmarktbezogenen Rechtsangleichung dürfen allerdings keine Bestimmungen über die Freizügigkeit und über die Rechte und Interessen der Arbeitnehmer, ausgenommen Maßnahmen des Gesundheits- und Sicherheitsschutzes, getroffen werden (Art. 95 Abs. 2 EGV).

644 Zulässig sind strengere nationale Vorschriften z.B. im Bereich des Arbeitsschutzes, wenn der Mitgliedsstaat ihre Anwendung für erforderlich hält und dies durch wichtige Erfordernisse gerechtfertigt ist.

645 ▶ **Zuständigkeit kraft Sachzusammenhangs** im Rahmen wirtschaftlicher Materien (Gesellschaftsrecht, Verkehrswesen, Landwirtschaft, Art. 44, 71, 37 EGV), soweit ohne diese Annexkompetenz die Hauptkompetenz nicht vernünftig oder zweckmäßig ausgeübt werden kann.

646 ▶ **Art. 308 EGV** (allgemeine Ergänzungszuständigkeit zum Erlass geeigneter Vorschriften zur Verwirklichung eines vertraglichen Ziels, für die der EGV nicht die erforderlichen Befugnisse vorsieht). Diese Regelung kommt als Rechtsgrundlage eines Rechtsaktes nur in Betracht, wenn keine andere Bestimmung des EGV den Gemeinschaftsorganen die zum Erlass dieses Rechtsaktes erforderliche Befugnis verleiht (*EuGH* 12.11.1996 NZA 1997, 23). Darauf wurde z.B. die allgemeine Gleichbehandlungsrichtlinie vom 9.12.1976 (RL 76/207) gestützt.

3. Rechtliche Instrumente zur Europäisierung des Arbeitsrechts

647 ▶ **Verordnung** (VO, Art. 189 Abs. 2 EWGV; jetzt Art. 249 Abs. 2 EGV)

Sie hat allgemeine Geltung und wirkt unmittelbar und verbindlich in jedem Mitgliedsstaat, ohne dass es einer Umsetzung in nationales Recht bedarf. Sie verdrängt entgegenstehendes nationales Recht (vgl. z.B. *EuGH* 12.5.1998 – C 85/96 – zur Gewährung von Erziehungsgeld an Angehörige anderer EG-Mitgliedstaaten nach Maßgabe der VO [EWG] Nr. 1408/71 und der VO [EWG] Nr. 1612/68; danach ist es den Mitgliedsstaaten verwehrt, die Gewährung von Erziehungsgeld an Angehörige anderer Mitgliedsstaaten, denen der Aufenthalt in seinem Gebiet erlaubt ist, von der Vorlage einer von der inländischen Verwaltung ausgestellten förmlichen Aufenthaltserlaubnis abhängig zu machen, während Inländer lediglich einen Wohnsitz oder ihren gewöhnlichen Aufenthalt in diesem Mitgliedsstaat haben müssen). Andererseits steht Art. 7 Abs. 2 der VO (EWG) Nr. 1612/68 einer nationalen Regelung nicht entgegen, die eine Staatsangehörige eines anderen Mitgliedsstaats, die in diesem Staat wohnt und im erstgenannten Mitgliedsstaat eine geringfügige Beschäftigung (zwischen 3 und 14 Stunden je Woche) ausübt, vom Bezug des deutschen Erziehungsgelds ausschließt, weil sie im erstgenannten Mitgliedsstaat weder einen Wohnsitz noch gewöhnlichen Aufenthalt hat (*EuGH* 28.7.2007 NZA 2007, 887).

▶ **Richtlinie** (RL, Art. 189 Abs. 3 EWGV; jetzt Art. 249 Abs. 3 EGV) 648

Sie besitzt gegenüber den Mitgliedsstaaten Rechtsverbindlichkeit hinsichtlich der verfolgten Ziele (zum Verfahren der Rechtssetzung sowie zur Beteiligung des Europäischen Parlaments vgl. ausf. MünchArbR/*Birk* § 18 Rz. 42–46), überlässt jedoch diesen die Wahl der Form und der Mittel, wie sie in das nationale Recht umgesetzt werden muss.

Der Umsetzungsakt muss verbindliche **normative Wirkung** besitzen (z.B. Gesetz, Verordnung, Richterrecht, Unfallverhütungsvorschriften, wenn auf sie in einem Gesetz verwiesen wird; ein Tarifvertrag kommt nur dann in Betracht, wenn er für das gesamte Bundesgebiet gilt und allgemeinverbindlich ist); die Umsetzungsregelung darf in ihrem Rang der nationalen Vorgängerregelung nicht nachgeordnet sein.

Die Richtlinie hat i.d.R. keine unmittelbare Rechtswirkung gegenüber anderen Rechtssubjekten als den Mitgliedsstaaten. Einer förmlichen Umsetzung bedarf es dann nicht, wenn das von der Richtlinie angestrebte Harmonisierungsniveau bereits in dem betreffenden Mitgliedsstaat erreicht ist. Fraglich ist die Rechtslage, wenn das **nationale Recht ein höheres oder strengeres Regelungsniveau**, z.B. eine für die Arbeitnehmer günstigere Regelung **enthält**, ohne dass die Richtlinie Abweichungsklauseln vorsieht. Sollen nur Mindeststandards gesetzt werden, sind Abweichungen zulässig. Ergibt sich dies aber insbes. nicht aus der Ermächtigungsgrundlage der Richtlinie, so liegt das Harmonisierungsniveau fest, darf also weder über- noch unterschritten werden.

Eine unmittelbare Wirkung **(Direktwirkung)** der Richtlinie kommt in Betracht, wenn sie **inhaltlich hinreichend bestimmt** ist und wenn es um dem öffentlichen Bereich zurechenbare Rechtssubjekte geht (vgl. *ArbG Bln.* 13.7.2005 – 86 Ca 24618/04 – EzA-SD 20/2005 S. 16 LS zur RL 2000/78). Das ist z.B. der Fall bei einem öffentlichen Arbeitgeber oder im Verhältnis Staat-Bürger (vertikale Direktwirkung). Im Verhältnis zwischen privaten Arbeitgebern und Arbeitnehmern (horizontale Direktwirkung) sind Richtlinien dagegen nicht unmittelbar anwendbar (*EuGH* 26.2.1986 NJW 1986, 2181; *BAG* 18.2.2003 NZA 2003, 742; s. jetzt aber *EuGH* 5.10.2004 EzA EG-Vertrag 1999 Richtlinie 93/104 Nr. 1 = NZA 2004, 1145: unmittelbare Wirkung von Art. 6 Nr. 2 RL 93/104 für Arbeitsbereitschaft beim DRK; vgl. dazu *Litschen* ZTR 2004, 619 ff.; *EuGH* 26.5.2005 – Rs. C 297/03 – BAGReport 2005, 254 LS zur unmittelbaren Anwendung des Art. 3 RL 2001/23 bei einer GmbH, deren einziger Gesellschafter ein öffentlich-rechtlicher Sozialhilfeverband ist).

Die Auslegung einer Richtlinie richtet sich nach den Grundsätzen zur Auslegung sekundären Gemeinschaftsrechts, die stärker auf den subjektiven Willen des Normgebers abstellen als im primären Gemeinschaftsrecht. Folglich spielen die Materialien, der Richtlinie vorangestellte Erwägungsgründe und die amtlichen Erläuterungen eine wichtige Rolle zum richtigen Verständnis des Richtlinientextes. 649

Ist als Ergebnis festzustellen, dass das nationale Recht das Regelungsziel der Richtlinie nicht oder nicht ausreichend verwirklicht hat, kann die dadurch gegebene Lücke durch den nationalen Gesetzgeber selbst oder im Wege der Auslegung durch die nationalen Gerichte geschlossen werden (sog. **richtlinienkonforme Auslegung** durch teleologische Extension oder Reduktion). Letzteres scheidet aus, wenn der nationale Richter aufgefordert wird, eindeutiges, aber entgegenstehendes nationales Recht nicht zu beachten (*Birk* NZA 1984, 149).

Aus Art. 249 Abs. 2 EGV folgt für die Mitgliedsstaaten eine Verpflichtung zur **Unterlassung richtlinienwidriger Gesetze**. Andererseits lässt sich aus dem EGV keine echte divergierende Sperrwirkung ableiten, die automatisch zur Nichtigkeit jedes richtlinienwidrigen Gesetzgebungsaktes führt.

650 ▶ **Völkerrechtliche Verträge** (vgl. Art. 293 EGV)

> **Empfehlungen, Stellungnahmen** als rechtlich unverbindliche Handlungsform, z.B. die Empfehlung des Rates der Europäischen Kommission vom 22.7.1975, wonach der Grundsatz des bezahlten vierwöchigen Jahresurlaubs in der EG bis spätestens zum 31.12.1978 angewandt werden soll. Das ist in der BRD durch den Einigungsvertrag vom 31.8.1990 für die neuen Bundesländer sowie durch die Änderung des § 3 Abs. 1 BUrlG mit Wirkung ab dem 1.1.1995 auch für die alten Bundesländer umgesetzt worden.

4. Die Durchsetzung des supranationalen Arbeitsrechts

651 Zuständig für die Durchsetzung des supranationalen Arbeitsrechts ist der EuGH auf Initiative entweder der Kommission (Vertragsverletzungsverfahren, Art. 226 EGV) oder eines nationalen Gerichts (Vorabentscheidungsverfahren, Art. 234 Abs. 2, 3 EGV); eigene Initiative kann der EuGH dagegen nicht entfalten.

652 Er ist nicht zuständig für die Auslegung nationalen Rechts, auch nicht des angeglichenen Rechts; dies bleibt den nationalen Gerichten vorbehalten.

Im Übrigen sind die nationalen Gerichte für die Anwendung und Durchsetzung des Gemeinschaftsrechts arbeitsrechtlichen Charakters zuständig. Trotz des an sich gegebenen nationalen Instanzenzuges kann bereits das ArbG ein Vorabentscheidungsverfahren einleiten, wenn die Auslegung des Gemeinschaftsrechts entscheidungserheblich ist und begründete Zweifel des vorlegenden Gerichts an der in Aussicht gestellten Auslegung bestehen. Geht es nach deutschem Recht um die Auslegung eines Grundrechts, so besteht daneben die Möglichkeit, nicht aber die Pflicht der Vorlage an das BVerfG gem. Art. 100 GG (MünchArbR/*Birk* § 18 Rz. 74–84).

5. Arbeitsrechtliche Regelungen der EG

a) Freizügigkeit der Arbeitnehmer und ihrer Familienangehörigen

653 **Art. 39, 40 EGV**, VO (EWG) 1612/68 (FreizügigkeitsVO), 1251/70 (VerbleibeVO), RL 64/221, 68/360, 90/365; umgesetzt durch das AufenthaltsG/EWG vom 22.7.1969 i.d.F. vom 11.9.1981 (BGBl. 1981 I S. 949).

654 Ein gemeinsamer Arbeitsmarkt setzt Freizügigkeit der Arbeitnehmer (vgl. zum Arbeitnehmerbegriff *EuGH* 6.11.2003 NZA 2004, 87) voraus. Das bedeutet vor allem freien Zugang (Ein- und Ausreise, Aufenthalt, u.U. auch nach Beendigung der Beschäftigung) zu den Arbeitsplätzen (Recht auf Bewerbung, gleiche Berücksichtigung beim Zugang zu offenen Stellen, ohne dass es einer Arbeitserlaubnis [§ 285 SGB III] bedarf) in den einzelnen Mitgliedsstaaten (mit Ausnahme der Beschäftigung in der öffentlichen Verwaltung, soweit es um die Ausübung hoheitlicher Befugnisse und die Wahrung allgemeiner Belange geht, unabhängig von der rechtlichen Qualifikation des Beschäftigungsverhältnisses).

655 Freier Zugang ist auch dann zu gewähren, falls auf Grund eines Gesetzes ein besonderer Ausbildungsabschluss (z.B. Diplom; vgl. dazu *EuGH* 8.7.1999 NZA 1999, 861, Diplom zum Nachweis von Sprachkenntnissen *EuGH* 6.6.2000 EzA Art. 39 EG-Vertrag 1999 Nr. 1; vgl. dazu *Weber* RdA 2001, 183 ff.) erforderlich ist, soweit eine im Ausland erreichte vergleichbare formale und persönliche Qualifikation nachgewiesen werden kann.

Ferner besteht eine Verpflichtung zur Gleichbehandlung mit den Arbeitnehmern des Aufnahmestaates sowie Bewegungsfreiheit innerhalb der Gemeinschaft zuzüglich der gleichen Teilhabe an sozialen und steuerlichen Vergünstigungen.

An diesen Rechten (z.B. am Anspruch auf Erteilung der Aufenthaltserlaubnis) nehmen abgeleitet auch der Ehegatte sowie die Kinder unter 21 Jahren, denen der Arbeitnehmer Unterhalt gewährt, teil.

Einschränkungen können sich aus Gründen der öffentlichen Ordnung, Sicherheit und Gesundheit ergeben, z.B. bei sozial unerwünschten Tätigkeiten wie Drogenhandel, nicht dagegen bei allgemeinen Straftaten, wenn die Strafe zur Bewährung ausgesetzt worden ist.

Die Pflicht zur Gleichbehandlung erfasst alle Aspekte des Arbeitsverhältnisses von seiner Begründung und Ausgestaltung bis zu seiner Beendigung; bei Arbeitslosigkeit gilt sie hinsichtlich der beruflichen Wiedereingliederung und Wiedereinstellung. Die Regelung steht deshalb einer Maßnahme entgegen, die einer Person, die im Rahmen eines Vorbereitungsdienstes eine tatsächliche und echte Tätigkeit im Lohn- und Gehaltsverhältnis in einem anderen Mitgliedsstaat als ihrem Herkunftsmitgliedsstaat ausgeübt hat, einen Anspruch auf Erstattung ihrer Reisekosten nur in der Höhe gewährt, die auf den inländischen Teil der Reise entfällt, obwohl nach dieser Maßnahme sämtliche Reisekosten erstattet worden wären, wenn eine solche Tätigkeit im Inland ausgeübt worden wäre (*EuGH* 17.3.2005 NJW 2005, 1481). 656

Sie trifft den Staat (Gesetzgebung, Rechtsprechung), aber auch den Arbeitgeber, die Tarifvertragsparteien, den Betriebsrat und die Gewerkschaften (Gleichbehandlung hinsichtlich der Aufnahmebedingungen und der innergewerkschaftlichen Betätigung; vgl. ausf. insbes. auch zur verwaltungstechnischen Umsetzung der Regelungen im einzelnen MünchArbR/*Birk* § 19 Rz. 1 ff.; MünchArbR/*Buchner* § 38 Rz. 37–44, § 40 Rz. 197–206; vgl. auch *Weth/Kerwer* RdA 1998, 233 ff.; zum Verstoß eines belgischen Gesetzes für Bewachungsunternehmen gegen Art. 48, 52, 59 EGV vgl. *EuGH* 9.3.2000 NZA-RR 2000, 431). 657

Ein individualrechtlicher Anspruch auf Gleichbehandlung wird durch diese Normen dem Arbeitnehmer gegenüber dem Arbeitgeber nicht eingeräumt; auch eine § 611a BGB vergleichbare Norm als Grundlage eines Schadensersatzanspruches fehlt (MünchArbR/*Buchner* § 40 Rz. 219 ff.; nach *Hanau*, FS Kahn-Freund, S. 475, kann demgegenüber Art. 7 Abs. 4 der VO 1612/88 als Schutzgesetz i.S.d. § 823 Abs. 2 BGB gewertet werden, sodass ein Schadensersatzanspruch bei Verstößen gegen die Pflicht zur Gleichbehandlung gegeben sein kann). 658

Demgegenüber geht der *EuGH* (15.12.1995 EzA § 611 BGB Berufssport Nr. 8; vgl. dazu *Blanpain* ArbuR 1996, 161 ff.; *Hilpert* RdA 1997, 98 ff; ausf. zur Transferpraxis im Profifußball *Kelber* NZA 2001, 11 ff.: *Karakaya/Kartal* ArbuR 2002, 58 ff.; ausf. u. krit. zur Entschädigungsregelung im internationalen Spielertransfer *Oberthür* NZA 2003, 462 ff.) **von einer unmittelbaren Wirkung des Art. 48 EWGV** (jetzt Art. 39 EGV) **aus.** Diese Regelung steht der Anwendung von durch Sportverbände aufgestellten Regeln entgegen, nach denen ein Berufsfußballspieler, der Staatsangehöriger eines Mitgliedsstaates ist, bei Ablauf des Vertrages, der ihn an den Verein bindet, nur dann von einem Verein eines anderen Mitgliedsstaates beschäftigt werden kann, wenn dieser dem bisherigen Verein eine **Transfer-, Ausbildungs- oder Förderungsentschädigung** gezahlt hat. 659

Art. 39 EGV steht auch der Anwendung von durch Sportverbände aufgestellten Regeln entgegen, nach denen die Vereine bei den Spielen der von diesen Verbänden veranstalteten Wettkämpfe nur eine begrenzte Anzahl von Berufsspielern, die Staatsangehörige anderer Mitgliedsstaaten sind, aufstellen können. 660

Art. 38 Abs. 1 des Europa-Abkommens zur Gründung einer Assoziation zwischen der EG und der Slowakischen Republik (das auf dieser Regelung beruht) ist dahin auszulegen, dass er es verbietet, auf einen Berufssportler slowakischer Staatsangehörigkeit, der bei einem Verein mit Sitz in einem Mitgliedsstaat ordnungsgemäß beschäftigt ist, eine von einem Sportverband dieses Mitgliedsstaates aufgestellte Regel anzuwenden, wonach die Vereine bei Meisterschafts- und Pokalspielen nur eine begrenzte Anzahl von Spielern einsetzen dürfen, die aus Drittstaaten kommen, die nicht Vertragspartei des EWR-Abkommens sind (*EuGH* 8.5.2003 NZA 2003, 845; vgl. zu den praktischen Auswirkungen dieser Entscheidung hinsichtlich anderer Assoziierungsabkommen *Kreis/Schmid* NZA 2003, 1013 ff.).

661 Die unmittelbare Wirkung des Art. 48 EWGV (jetzt Art. 39 EGV) **beschränkt sich auf die Zeit ab dem 5.12.1995**; sie kann nicht zur Stützung von Ansprüchen im Zusammenhang mit einer Transfer-, Ausbildungs- oder Förderungsentscheidung herangezogen werden, die zu diesem Zeitpunkt bereits gezahlt worden ist oder die zur Erfüllung einer vor diesem Zeitpunkt entstandenen Verpflichtung noch geschuldet wird; dies gilt nicht für Rechtsuchende, die vor diesem Zeitpunkt nach dem anwendbaren nationalen Recht Klage erhoben oder einen gleichwertigen Rechtsbehelf eingelegt haben (*EuGH* 15.12.1995 EzA § 611 BGB Berufssport Nr. 8).

662 Art. 39 EGV steht auch der Anwendung einer von **Sportverbänden** in einem Mitgliedsstaat getroffenen Regelung, wonach ein Basketballverein für Spiele um die nationale Meisterschaft keine Spieler aus einem anderen Mitgliedsstaat aufstellen darf, die nach einem bestimmten Datum **transferiert** worden sind, entgegen, wenn für Transfers von Spielern aus bestimmten Drittländern insoweit ein späteres Datum gilt, es sei denn, dass objektive Gründe, die nur den Sport als solchen betreffen oder Unterschieden zwischen der Lage von Spielern aus einem Verband der europäischen Zone und der von Spielern aus einem Verband außerhalb dieser Zone Rechnung tragen, eine solche unterschiedliche Behandlung rechtfertigen (*EuGH* 13.4.2000 NZA 2000, 645).

663 Nach Auffassung des *LAG Köln* (13.8.1996 NZA 1997, 317; vgl. auch *Kelber* NZA 2001, 11 ff.) erfasst die Rechtsprechung des EuGH insoweit **nicht den innerdeutschen Transfer** und auch nicht mit Einschränkungen in Zeiten fortwirkender Verträge; durch die Ausübung einer zulässigerweise vereinbarten **Option**, mit der beide Vertragspartner sich das Recht eingeräumt haben, ihren Vertrag durch einseitige Erklärung zu verlängern, wird Art. 39 EGV auch dann nicht in unzulässiger Weise umgangen, wenn der dadurch zur Vertragsfortsetzung verpflichtete Fußballspieler ansonsten die Möglichkeit hätte, für den Fußballverein eines anderen Mitgliedsstaates zu spielen. Das gilt auch dann, wenn die Parteien außerdem eine unzulässige Transferregelung vereinbart haben, die in diesem Fall aber gar nicht zur Anwendung kommt (*LAG Köln* 13.8.1996 NZA 1997, 317).

664 Nach Auffassung des *ArbG Dortmund* (10.3.1998 – 6 Ga 15/98; zust. *Kindler* NZA 2000, 745 ff.) **verstößt § 11 DFB-Musterarbeitsvertrag für Bundesligaspieler**, der eine Optionsklausel zur einseitigen Verlängerung des Arbeitsverhältnisses um ein Jahr vorsieht, dagegen sowohl gegen Art. 48 EWGV, als auch gegen Art. 12 GG. Weil ihr alleiniger Zweck darin besteht, für den Fall der Unwirksamkeit des früheren Systems der Transferentschädigungen dieses mittelbar aufrechtzuerhalten, ist sie nach § 138 Abs. 1 BGB nichtig (**a.A.** *LAG Hamm* 10.6.1998 LAGE § 611 BGB Berufssport Nr. 9). Nach *BGH* 27.9.1999 EzA § 611 BGB Berufssport Nr. 11 (ebenso *OLG Oldenburg* 25.9.1998 NZA-RR 1999, 9) ist die **Verpflichtung eines Amateurspielers zur Zahlung einer Ausbildungs- und Förderungsentschädigung** bei der Verpflichtung eines Amateurspielers als sog. Vertragsamateur durch einen Verein der Regionalliga wegen Verstoßes gegen § 138 Abs. 1 BGB i.V.m. Art. 12 Abs. 1 GG nichtig. Gleiches gilt für Transferbestimmungen der Spielordnung des Deutschen Eishockeybundes über die »Aus- und Weiterbildungsentschädigung« bei der Verpflichtung eines Amateurspielers durch einen Verein der Bundesliga (*BGH* 27.9.1999 – II ZR 377/98).

665 Das **Verbot der Diskriminierung auf Grund der Staatsangehörigkeit** gem. Art. 39 Abs. 2 EGV und Art. 7 Abs. 1, 4 VO/EWG/1612/68 ist auf **einen Staatsangehörigen eines Mitgliedsstaates, der ständig in einem Drittland lebt** und auf Grund eines dort geschlossenen und dauernd dort erfüllten Arbeitsvertrages von einem anderen Mitgliedsstaat bei dessen **Botschaft** in diesem Drittland **beschäftigt wird**, hinsichtlich aller Aspekte des Arbeitsverhältnisses anwendbar, die das Recht des den Betroffenen beschäftigenden Mitgliedsstaates regelt (*EuGH* 30.4.1996 NZA 1996, 971; *BAG* 8.8.1996 EzA Art. 48 EWG-Vertrag Nr. 5; vgl. dazu *Fuchs* SAE 1997, 305 f.; s.a. oben Rn. 647).

Art. 7 Abs. 1, 2 VO/EWG/1612/68 ist dahin auszulegen, dass ein Arbeitnehmer, der Staatsangehöriger eines Mitgliedsstaates ist und im Hoheitsgebiet eines anderen Mitgliedsstaates beschäftigt ist, keinen Anspruch auf Weiterentrichtung der Beiträge (Arbeitgeber- und Arbeitnehmeranteil) zur zusätzlichen Alters- und Hinterbliebenenversorgung für Arbeitnehmer im öffentlichen Dienst in der Höhe hat, in der sie zu entrichten wären, wenn das Arbeitsverhältnis aus Anlass der **Einberufung** des Arbeitnehmers **zum Wehrdienst** nicht ruhen würde, wenn den im öffentlichen Dienst beschäftigten Staatsangehörigen dieses Staates ein solcher Anspruch bei Ableistung des Wehrdienstes dieses Staates zusteht (*EuGH* 14.3.1996 NZA 1996, 523; zur Arbeitnehmereigenschaft insoweit vgl. *EuGH* 23.3.2004 NZA 2005, 348 LS). 666

Art. 39 EGV und Art. 7 VO EWG Nr. 1612/68 stehen einer Bestimmung des BAT entgegen, die einen **Zeitaufstieg** nach achtjähriger Tätigkeit in einer bestimmten **Vergütungsgruppe dieses Tarifvertrages vorsieht** (vgl. dazu Kap. 3 Rn. 903 ff.) **und Beschäftigungszeiten außer Betracht** lässt, die zuvor in einem **vergleichbaren Betätigungsfeld** im öffentlichen Dienst eines anderen Mitgliedsstaats zurückgelegt worden sind. Das nationale Gericht hat auf Grund der Nichtigkeit dieser Norm auf die Mitglieder der durch die Diskriminierung benachteiligten Gruppe die gleiche Regelung anzuwenden wie auf die übrigen Arbeitnehmer, ohne die Beseitigung dieser Bestimmung durch Tarifverhandlungen oder ein anderes Verfahren verlangen oder abwarten zu müssen (*EuGH* 15.1.1998 NZA 1998, 205). Diese Entscheidung betrifft aber nur den Zeit-, nicht den Bewährungsaufstieg (*BAG* 25.3.1998 NZA 1998, 1072). 667

Belgien hat dadurch gegen seine Verpflichtungen zur Gewährung von Freizügigkeit verstoßen, dass es die belgische **Staatsangehörigkeit zur Voraussetzung des Zugangs auch zu anderen als denjenigen Stellen** gemacht hat, die innerhalb der mit der Wasser-, Gas- und Elektrizitätsversorgung beauftragten Personen des öffentlichen Rechts eine unmittelbare oder mittelbare Teilnahme an der **Ausübung hoheitlicher Befugnisse** oder an der Wahrnehmung solcher Aufgaben mit sich bringen, die auf die Wahrung der allgemeinen Belange des Staates oder anderer öffentlich-rechtlicher Körperschaften gerichtet sind (*EuGH* 2.7.1996 EzA Art. 48 EWG-Vertrag Nr. 4). 668

Eine Person, die Staatsangehöriger eines Drittlandes und Ehegatte eines Arbeitnehmers mit der Staatsangehörigkeit eines Mitgliedsstaats ist, kann sich nicht auf das Recht aus Art. 11 VO/EWG/1612/68 berufen, z.B. um die Gültigkeit eines **befristeten Arbeitsvertrages als Lektor** gem. § 57b Abs. 3 HRG in Frage zu stellen, wenn der betreffende Arbeitnehmer niemals das Recht auf Freizügigkeit innerhalb der Gemeinschaft ausgeübt hat (*EuGH* 5.6.1997 NZA 1997, 1105). 669

Die **italienische Republik** hat dadurch gegen ihre Verpflichtungen aus Art. 39 EGV verstoßen, dass sie nicht für die Anerkennung der von den ehemaligen **Fremdsprachenlektoren**, die jetzt als muttersprachliche sprachwissenschaftliche Mitarbeiter und Experten tätig sind, erworbenen Rechte gesorgt hat, obwohl allen inländischen Arbeitnehmern eine solche Anerkennung zuteil wird (*EuGH* 26.6.2001 NZA 2001, 1193). 670

Art. 39 EGV verbietet den zuständigen Behörden eines Mitgliedsstaates, eine Rechtsvorschrift anzuwenden, die: 671

- die Höhe der einem unverheirateten Arbeitnehmer zu gewährenden Altersrente festsetzt,
- eine **Kürzung dieser Rente** unter Berücksichtigung einer dem Ehegatten des Arbeitnehmers nach der Regelung eines anderen Mitgliedsstaates gewährten Rente vorsieht, aber die Anwendung einer **abweichenden Antikumulierungsklausel** vorsieht, wenn die anderweitig bezogene Rente einen bestimmten Betrag nicht überschreitet,
- die **Rente eines Wanderarbeitnehmers** unter Berücksichtigung der dem Ehegatten des Arbeitnehmers nach der Regelung eines anderen Mitgliedsstaates gewährten Rente zu kürzen, obwohl die Gewährung der letztgenannten Rente zu keiner Erhöhung der Gesamteinkünfte des Haushalts führt (*EuGH* 26.9.2000 EzA Art. 39 EG-Vertrag Nr. 1).

Die zuständige Einrichtung eines Mitgliedsstaates hat nach den Art. 8a, 48 und 51 EGV **Kindererziehungszeiten**, die eine zurzeit der Geburt des Kindes als Grenzgänger in diesem Mitgliedsstaat beschäftigte und in einem anderen Mitgliedsstaat wohnhafte Person in letzterem zurückgelegt hat, für die Gewährung der Altersrente wie im Inland zurückgelegte Zeiten anzurechnen (*EuGH* 23.11.2000 – Rs C-135/99). 672

Andererseits steht der Anspruch auf Gleichbehandlung nach Art. 48 Abs. 2 (jetzt Art. 39 Abs. 2 EGV) i.V.m. Art. 6, 8 EGV (jetzt Art. 12, 17 EGV) einer **nationalen Regelung nicht entgegen**, die die Gewährung einer **Beihilfe** für Arbeitsuchende **an ein Wohnorterfordernis knüpft**, sofern dieses Erfordernis auf objektiven, von der Staatsangehörigkeit der Betroffenen unabhängigen Erwägungen beruht und in angemessenem Verhältnis zu dem Zweck steht, der mit den nationalen Rechtsvorschriften zulässigerweise verfolgt wird (*EuGH* 23.3.2004 NZA 2005, 348 LS).

b) Harmonisierung des Arbeitsrechts

673 ▶ **RL 99/70 (Befristung des Arbeitsvertrages)** vom 28.6.1999, umgesetzt durch das TzBfG (s.u. Kap. 5 Rn. 142 ff).

674 ▶ **RL 75/129 (Massenentlassungen)** vom 17.2.1975, umgesetzt durch die Änderung der §§ 17, 18 KSchG vom 27.4.1978 (BGBl. I S. 550; zum Anwendungsbereich s. jetzt *EuGH* 7.9.2006 – C 187/05 – C 190/05 – EzA-SD 23/2006 S. 3 LS), wodurch insbes. systemwidrig ein eigenständiges Beteiligungsrecht des Betriebsrats bei Massenentlassungen in das KSchG eingefügt worden ist (§ 17 Abs. 2 KSchG; s.u. Kap. 4 Rn. 2822 ff.). Sie liegt derzeit i.d.F. der RL 98/59 vor (vgl. MünchArbR/*Birk* § 19 Rz. 270 ff.; vgl. zu einem Portugal betreffenden Einzelfall *EuGH* 12.10.2004 NZA 2004, 1265).

675 ▶ **RL 77/187 (Betriebsinhaberwechsel)** vom 14.2.1977, umgesetzt am 13.8.1980 (BGBl. I S. 1308) durch Änderung und Ergänzung des § 613a BGB; s.u. Kap. 3 Rn. 4165 ff., Kap. 4 Rn. 903 ff., ergänzt und neu gefasst durch die RL 98/50 (vgl. dazu MünchArbR/*Birk* § 19 Rz. 213 ff.; s.u. Kap. 3 Rn. 4165).
Zur Anwendung der Richtlinie auf die **Übertragung einer Konzession für Telekommunikationsdienste** in Italien vgl. *EuGH* 14.9.2000 EzA § 613a BGB Nr. 191; zur Übertragung von Werbe- und Informationstätigkeiten *EuGH* 26.9.2000 EzA § 613a BGB Nr. 192; zur Übertragung von Tätigkeiten des **öffentlichen Verkehrs** *EuGH* 25.1.2001 NZA 2001, 249. Zur Entgeltkürzung bei einem Unternehmensübergang auf den Staat *EuGH* 11.11.2004 NZA 2004, 1379.

676 ▶ **RL 80/987 (Schutz von Ansprüchen des Arbeitnehmers bei Zahlungsunfähigkeit des Arbeitgebers)** vom 20.10.1980, geändert durch die RL 2002/74 EG v. 23.9.2002.
Geregelt wird die Sicherung von Arbeitnehmeransprüchen bei Zahlungsunfähigkeit des Arbeitgebers außerhalb des Insolvenzverfahrens. Das Arbeitsentgelt soll dann für mindestens drei Monate durch besondere Garantieeinrichtungen in vollem Umfang sichergestellt werden. Eine besondere Umsetzung in deutsches Recht ist nicht erfolgt, da §§ 183 ff. SGB III, §§ 7 ff. BetrAVG diesen Anforderungen genügen (vgl. *EuGH* 9.11.1995 NZA 1996, 247; s.u. Kap. 3 Rn. 3970 ff.; zur unmittelbaren Wirkung bei fehlender Umsetzung nicht bei einer vor dem 8.10.2005 eingetretenen Insolvenz in einem Deutschland nicht betreffen Fall *EuGH* 17.1.2008 NZA 2008, 287).
Ist der Arbeitgeber in einem anderen Mitgliedsstaat niedergelassen, in dem der Arbeitnehmer wohnt und seine Arbeitstätigkeit ausgeübt hat, so ist die nach Art. 3 RL zuständige Garantieeinrichtung die Einrichtung des Staates, in dem gem. Art. 2 RL entweder die **Eröffnung des Verfahrens** zur gemeinschaftlichen Gläubigerbefriedigung beschlossen, oder die **Stilllegung des Unternehmens** oder des Betriebes des Arbeitgebers festgestellt worden ist (*EuGH* 17.9.1997 NZA 1997, 1155). Art. 4, 11 der RL stehen der Anwendung von Vorschriften, durch die eine Höchstgrenze für die Garantie der Erfüllung unbefriedigter Ansprüche der Arbeitnehmer festgesetzt wird, auch dann nicht entgegen, wenn der Mitgliedsstaat der Kommission nicht mitgeteilt hat, nach welchen Methoden er die Höchstgrenze festgesetzt hat (*EuGH* 16.7.1998 NZA 1998, 1047; vgl. auch *EuGH* 14.7.1998 NZA 1998, 1109).
Haben Arbeitnehmer, deren Arbeitgeber zahlungsunfähig geworden ist, ihre Tätigkeit in einem Mitgliedsstaat in einer **Zweigniederlassung** einer Gesellschaft ausgeübt, die nach dem **Recht eines anderen Mitgliedsstaats** gegründet wurde, in dem sie ihren Sitz hat und in dem das Insolvenzverfahren über sie eröffnet wurde, so ist die nach Art. 3 RL 80/987 EWG für die Befriedigung der Ansprüche dieser Arbeitnehmer zuständige Garantieein-

richtung die Einrichtung des Staates, in dem die Arbeitnehmer ihre Tätigkeit ausgeübt haben (*EuGH* 16.12.1999 NZA 2000, 995).
Die Richtlinie gestattet es (Schweden) nicht, diejenigen Arbeitnehmer aus dem Kreis der Anspruchsberechtigten der RL auszunehmen, denen die dort vorgesehene Lohngarantie zugute kommen soll, deren Angehörige Inhaber von mindestens **20 % der Anteile des Unternehmens** sind, bei dem die betreffenden Arbeitnehmer angestellt sind, die aber selbst keine Anteile an diesem Unternehmen besitzen (*EuGH* 18.10.2001 NZA 2002, 31; ähnlich *EuGH* 11.9.2003 NZA 2003, 1083 in einem Österreich betreffenden Fall).

Hinsichtlich der **verspäteten Umsetzung** dieser Richtlinie in Italien hat der *EuGH* (10.7.1997 NZA 1997, 985 u. 988; vgl. auch *EuGH* 10.7.1997 NZA 1997, 1041) folgende **Grundsätze** aufgestellt: 677
Die rückwirkende und vollständige Anwendung der in der Richtlinie vorgesehenen Maßnahmen erlaubt dann die Behebung der Nachteile, die sich aus der verspäteten Umsetzung ergeben, wenn die Richtlinie ordnungsgemäß umgesetzt worden ist. Es ist dann jedoch Sache des nationalen Gerichts, darauf zu achten, dass der den Betroffenen entstandene Schaden angemessen wiedergutgemacht wird. Eine rückwirkende, ordnungsgemäße und vollständige Anwendung der Maßnahmen genügt hierfür, sofern die Begünstigten nicht das Vorliegen zusätzlicher Einbußen dartun, die ihnen dadurch entstanden sind, dass sie nicht rechtzeitig in den Genuss der durch die RL garantierten finanziellen Vergünstigungen gelangen konnten; für diese wären sie ebenfalls zu entschädigen.

Insgesamt hängt im Falle einer nicht ordnungsgemäßen Umsetzung der RL die Haftung des Mitgliedsstaats davon ab, ob und inwieweit dieser Staat **die Grenzen**, die seinem Ermessen gesetzt waren, **offenkundig und erheblich überschritten hat** (*EuGH* 25.1.2007 NZA 2007, 499 in einem Großbritannien betreffenden Fall).

▶ **RL 75/117 (Lohngleichheitsrichtlinie)** vom 10.2.1975. 678

Danach muss das Lohnsystem hinsichtlich der beschäftigten Männer und Frauen so ausgestaltet sein, dass es, wenn die Art der in Frage stehenden Tätigkeit es zulässt, als gleichwertig anerkannte Arbeitsplätze auch solche umfasst, bei denen auch Kriterien berücksichtigt werden, hinsichtlich derer weibliche Arbeitnehmer besonders geeignet sein können. Verboten ist nicht nur die unmittelbare, sondern gleichermaßen auch die mittelbare Diskriminierung (s.o. Rn. 305 ff.; s.u. Kap. 3 Rn. 756 ff.).

Diese Richtlinie konkretisiert das sich aus Art. 141 EGV ergebende Gebot der für Mann und Frau gleichen Entlohnung (*EuGH* 13.5.1986 AP Nr. 10 zu Art. 119 EWG-Vertrag).

Hinsichtlich der **Diskriminierung** von **schwangeren Arbeitnehmerinnen** hat der *EuGH* (19.11.1998 EzA Art. 119 EWG-Vertrag Nr. 54 = NZA 1999, 757; vgl. auch in einem Irland betreffenden Fall *EuGH* 8.9.2005 NZA 2005, 1105 zur Kürzung des Entgelts im Krankheitsfall) folgende Grundsätze aufgestellt: 679

- die Richtlinie steht nationalen Vorschriften entgegen, nach denen eine schwangere Frau, die vor Beginn ihres Mutterschaftsurlaubs auf Grund eines mit der Schwangerschaft zusammenhängenden krankhaften Zustands arbeitsunfähig wird und darüber eine ärztliche Bescheinigung vorlegt, **keinen Anspruch auf Fortzahlung ihres vollen Gehalts** durch ihren Arbeitgeber hat, sondern lediglich auf die Zahlung von **Tagegeld** durch eine örtliche Behörde, während Arbeitnehmer bei ärztlich bescheinigter Arbeitsunfähigkeit wegen Krankheit grds. Anspruch auf Fortzahlung ihres vollen Gehalts durch den Arbeitgeber haben;
- sie steht – ebenso wie die RL 76/207 – nationalen Rechtsvorschriften entgegen, nach denen ein Arbeitgeber eine **schwangere Frau von der Arbeit freistellen kann, ohne ihr das volle Gehalt zu zahlen**, wenn er meint, sie nicht beschäftigen zu können, obwohl sie nicht arbeitsunfähig ist;

- sie steht andererseits nationalen Vorschriften nicht entgegen, nach denen eine schwangere Frau **keinen Anspruch auf Gehaltsfortzahlung** durch den Arbeitgeber hat, wenn sie der Arbeit vor Beginn ihres Mutterschaftsurlaubs wegen gewöhnlicher Schwangerschaftsbeschwerden fernbleibt, ohne im Übrigen arbeitsunfähig zu sein, oder wegen einer ärztlichen Empfehlung, das ungeborene Kind zu schonen, die nicht mit einem krankhaften Zustand im eigentlichen Sinne oder mit besonderen Risiken für das ungeborene Kind begründet worden ist, während Arbeitnehmer, die wegen Krankheit arbeitsunfähig sind, grds. einen solchen Anspruch besitzen.

680 Die Weigerung eines Arbeitgebers, eine **Fahrtvergünstigung** für eine Person des gleichen Geschlechts, mit der der Arbeitnehmer eine feste Beziehung unterhält, zu gewähren, während eine solche Vergünstigung für den Ehepartner des Arbeitnehmers oder die Person des anderen Geschlechts, mit der der Arbeitnehmer eine feste nichteheliche Beziehung unterhält, gewährt wird, ist nach Maßgabe dieser Vorschriften keine verbotene Diskriminierung (*EuGH* 17.2.1998 EzA Art. 119 EWG-Vertrag Nr. 51).

681 ▶ **RL 76/207 (Gleichbehandlungsrichtlinie)** vom 9.2.1976, erneut umgesetzt durch die Änderung von § 611a Abs. 2–5, § 611b BGB am 24.6.1994 (BGBl. I S. 1406) mit Wirkung zum 1.9.1994 und nochmals durch Gesetz vom 29.6.1998 (BGBl. I S. 1694) nachdem die vorherigen Regelungen durch § 611a, § 611b a.F., § 612a BGB, § 61b ArbGG vom *EuGH* (s.u. Kap. 2 Rn. 169 ff.) als nicht ausreichend erachtet worden waren. Sie ist zwischenzeitlich durch die RL **zur Änderung der RL 76/207 (Gleichbehandlungsänderungsrichtlinie 2002/73/EG** dahingehend geändert worden, dass sie Definitionen von unmittelbarer und mittelbarer Diskriminierung, Belästigung und sexueller Belästigung enthält. Sie verdeutlicht zudem den Anwendungsbereich für mögliche Ausnahmeregelungen und unterstreicht die Verpflichtung der Mitgliedsstaaten zur Förderung des Gleichstellungsgrundsatzes (so die BMA-Pressemitteilung vom 14.6.2002 EzA-SD 14/2002, S. 16; ausf. dazu *Rust* NZA 2003, 72 ff.; den Umsetzungsbedarf für das deutsche Arbeitsrecht erörtern *Hadeler* NZA 2003, 77 ff.; *Schiek* NZA 2004, 873 ff.; zum Entwurf eines Antidiskriminierungsgesetzes *von Steinau-Steinrück/Schneider/Wagner* NZA 2005, 28 ff.; *Bauer/Thüsing/Schunder* NZA 2005, 32 ff.). **Die Umsetzung ist inzwischen durch das AGG erfolgt** (s. dazu ausf. Kap. 3 Rn. 4961 ff.).

682 Art. 3 RL steht nationalen Rechtsvorschriften entgegen, nach denen sich die Gesamtdauer der als Voraussetzung für die **Steuerberaterprüfung** geforderten Sachbearbeitertätigkeit bei **Teilzeitbeschäftigten** mit Ermäßigung bis auf die Hälfte der regelmäßigen Arbeitszeit entsprechend verlängert, wenn diese Vorschriften erheblich mehr Frauen als Männer betreffen und nicht durch objektive Faktoren gerechtfertigt sind, die nichts mit einer Diskriminierung auf Grund des Geschlechts zu tun haben (*EuGH* 2.10.1997 NZA 1997, 1221).

Gleiches gilt – weil Art. 141 EGV dahin auszulegen ist, dass er auch auf öffentlich-rechtliche Dienstverhältnisse anwendbar ist – für eine nationale Regelung (in der bayerischen Laufbahnverordnung), die vorschreibt, dass bei **der Berechnung von Dienstzeiten** von Beamten die Zeiten einer Beschäftigung mit einer Arbeitszeit von mindestens der Hälfte bis zu zwei Dritteln der regelmäßigen Arbeitszeit nur zu zwei Dritteln gezählt werden (*EuGH* 2.10.1997 NZA 1997, 1277).

683 Auch Entscheidungen der Mitgliedsstaaten, die den Zugang zur Beschäftigung, die Berufsbildung und die Arbeitsbedingungen in den Streitkräften betreffen und zur Gewährleistung der Kampfkraft erlassen worden sind, sind nicht allgemein vom Anwendungsbereich des Gemeinschaftsrechts ausgenommen. Der Ausschluss von Frauen vom Dienst in speziellen Kampfeinheiten wie den Royal Marines kann auf Grund der Art und der Bedingungen der Ausübung der betreffenden Tätigkeiten nach Art. 2 Abs. 2 der RL gerechtfertigt sein (*EuGH* 26.10.1999 NZA 2000, 25). Andererseits steht die RL Vorschriften entgegen, die, wie die des deutschen Rechts, Frauen allgemein vom Dienst mit der Waffe ausschließen und ihnen nur den Zugang zum Sanitäts- und Militärmusikdienst erlauben (*EuGH* 11.1.2000 EzA Art. 119 EWG-Vertrag Nr. 59; vgl. dazu *Köster/Keil* NJW 2001, 273 ff.; *Heselhaus/Schmidt-de Caluwe* NJW 2001, 488 ff.). Umgekehrt steht das Gemeinschaftsrecht aber der **Wehrpflicht nur für Männer** nicht entgegen (*EuGH* 11.3.2003 NZA 2003, 427).

Art. 2 Abs. 1, 3 der RL verbietet es, eine Schwangere deshalb nicht auf eine unbefristete Stelle einzustellen, weil sie für die Dauer der Schwangerschaft wegen eines aus ihrem Zustand folgenden gesetzlichen Beschäftigungsverbots auf dieser Stelle von Anfang an nicht beschäftigt werden darf (*EuGH* 3.2.2000 EzA § 611a BGB Nr. 15; vgl. dazu *Stürmer* NZA 2001, 527; *Nicolai* SAE 2001, 79 ff.). 684

Nationale Vorschriften, die den Zeitpunkt der **Aufnahme in einen juristischen Vorbereitungsdienst**, der eine notwendige Voraussetzung für den Zugang zu einer Beschäftigung im Beamtenverhältnis ist, regeln, unterliegen der RL 76/207. Die im Ausgangsverfahren zu beurteilenden Regelungen des Landes Hessen bewirken zwar keine unmittelbare, wohl aber eine mittelbare Diskriminierung auf Grund des Geschlechts. Die RL steht dem aber nicht entgegen, soweit sie durch sachliche Gründe gerechtfertigt sind und allein zum Ausgleich einer Verzögerung beitragen sollen, die sich aus der Erfüllung einer Wehr- oder Ersatzdienstpflicht ergibt (*EuGH* 7.12.2000 C 79/99). 685

Die RL ist inzwischen durch eine RL zur Änderung der RL 76/207 aktualisiert worden (Pressemitteilung des BMA vom 14.6.2002).

- **RL 96/34 (Elternurlaub)** vom 3.6.1996, die grds. durch das BErzGG (jetzt BEEG) ordnungsgemäß in deutsches Recht umgesetzt worden ist (vgl. aber MünchArbR/*Birk* § 19 Rz. 304). 686
- **RL 86/378 (Gleichbehandlung bei den betrieblichen Systemen der sozialen Sicherheit)** vom 24.7.1986, geändert durch die RL 96/97 vom 20.12.1996. 687

> Sie gilt weit über Einrichtungen der betrieblichen Altersversorgung in der BRD hinaus und erfasst auch Selbstständige.

Die Pflicht zur Gleichbehandlung kann von den Mitgliedsstaaten allerdings solange aufgeschoben werden, als sie in den gesetzlichen Systemen, z.B. in der Rentenversicherung, noch nicht realisiert worden ist.

Problematisch ist deshalb das Verhältnis zu Art. 141 EGV der die Gleichbehandlung auch im Rahmen der Gewährung von Leistungen der betrieblichen Altersversorgung erfasst (*EuGH* 13.5.1986 AP Nr. 10 zu Art. 119 EWG-Vertrag). Der *EuGH* (14.12.1993 EzA Art. 119 EWG-Vertrag Nr. 16) ist davon ausgegangen, dass es gegen Art. 141 EGV verstößt, wenn ein Arbeitnehmer im Rahmen eines ergänzenden betrieblichen Versorgungssystems auf Grund der Festsetzung eines je nach Geschlecht unterschiedlichen Rentenalters erst in einem höheren Alter als eine Arbeitnehmerin in der gleichen Lage Anspruch auf eine Betriebsrente hat. Insoweit steht die Richtlinie 86/378 der unmittelbaren und sofortigen Geltendmachung von Art. 141 EGV vor den staatlichen Gerichten nicht entgegen. Allerdings kann die **unmittelbare Wirkung von Art. 141 EGV** zur Stützung der Forderung nach Gleichbehandlung auf dem Gebiet der betrieblichen Renten nur für Leistungen geltend gemacht werden, die für Beschäftigungszeiten nach dem 17.5.1990 (das ist der Tag der Verkündung des Urteils in der Rechtssache C-262/88 [*Barber*]; *EuGH* 15.5.1990 AP Art. 119 EWG-Vertrag Nr. 20) geschuldet werden (vgl. zu diesem Zeitpunkt auch *EuGH* 6.10.1993 EzA Art. 119 EWG-Vertrag Nr. 11; s.u. Kap. 3 Rn. 3471 ff.).

Art. 6 Abs. 1 RL 86/387/EWG in der Fassung der RL 96/97 EG ist im Übrigen dahin auszulegen, dass er **nationalen Bestimmungen entgegensteht**, nach denen eine Arbeitnehmerin während des teilweise vom Arbeitgeber bezahlten gesetzlichen **Mutterschaftsurlaubs keine Anwartschaften auf eine Versicherungsrente**, die Teil eines Zusatzversorgungssystems ist, **erwirbt**, weil die Entstehung solcher Anwartschaften davon abhängt, dass die Arbeitnehmerin während des Mutterschaftsurlaubs steuerpflichtigen Arbeitslohn erhält (*EuGH* 13.1.2005 EzA EG-Vertrag 1999 Richtlinie 86/378 EWG Nr. 1 = NZA 2005, 347).

- **RL 98/49 (Wahrung ergänzender Rentenansprüche von Arbeitnehmern und Selbstständigen)** vom 29.6.1998, die Menschen betrifft, die innerhalb der EG zu- und abwandern. Sie wurde bislang nicht in das deutsche Recht umgesetzt. Dies wird aber nötig, da allgemeine Regeln bisher nicht existieren, die die dort garantierte Freizügigkeit garantieren (MünchArbR/*Birk* § 19 Rz. 172). 688

689 ▶ **RL 2000/43 (Verbot der Diskriminierung durch den Arbeitgeber wegen der Rasse oder der ethnischen Herkunft)** vom 29.6.2000.
Zum Umsetzungsbedarf insoweit vgl. *Wendeling-Schröder* NZA 2004, 1320 ff.; *Schiek* NZA 2004, 873 ff. ; *Thüsing* NZA 2001, 1061 ff. u. ZfA 2001, 397 ff.; *ders.* NZA 2004 Sonderbeil. zu Heft 22/2004 S. 3 ff.; *ders.* auch zur richtlinienkonformen Auslegung und zur unmittelbaren Geltung der Richtlinie NJW 2003, 3441 ff.; *Wank* NZA 2004 Sonderbeil. zu Heft 22/2004 S. 16 ff.; *Leuchten* NZA 2002, 1254 ff.; *Perreng* FA 2003, 293 ff.; vgl. auch *Nickel* NJW 2001, 2668 ff. Zum Entwurf eines Antidiskriminierungsgesetzes *von Steinau-Steinrück/Schneider/Wagner* NZA 2005, 28 ff.; *Bauer/Thüsing/Schunder* NZA 2005, 32 ff.; durch die Bundestagsneuwahlen im September 2005 hat sich das Gesetzgebungsvorhaben einstweilen erledigt (vgl. *Klumpp* NZA 2005, 848 ff.; *Reichold/Hahn/Heinricht* NZA 2005, 1270 ff.; nach *EuGH* 28.4.2005 [Rs. C-329/04 ArbuR 2005, 236 LS] hat die BRD wegen der nicht rechtzeitigen Umsetzung der RL gegen ihre diesbezüglichen Verpflichtungen verstoßen. **Die Umsetzung ist inzwischen durch das AGG mit Wirkung ab dem 18.8.2006 in im Einzelnen ausgesprochen umstrittener Weise erfolgt** (s. dazu ausf. Kap. 3 Rn. 4961 ff.).

690 ▶ **RL 2000/78 (Verbot der Diskriminierung wegen der Religion oder der Weltanschauung, einer Behinderung, des Alters oder der sexuellen Ausrichtung)** vom 27.11.2000.
Diese Richtlinie soll in Umsetzung des Art. 13 EGV einen allgemeinen Rahmen für die Verwirklichung der Gleichbehandlung in Beschäftigung und Beruf festlegen und geht damit über die bisherigen Verbote der Ausländer- und Geschlechtsdiskriminierung weit hinaus (vgl. dazu *Leuchten* NZA 2002, 1254 ff.; *Perreng* FA 2003, 293 ff.; *Weber* ArbuR 2002, 401 ff.; zur richtlinienkonformen Auslegung und zur unmittelbaren Geltung der *Thüsing* NJW 2003, 3441 ff.). Damit werden u.a. die Besonderheiten der Arbeitsverhältnisse in den **Kirchen und ihren sozial-karitativen Einrichtungen** angesprochen. In Art. 4 Abs. 2 der Richtlinie findet sich erstmals eine europäische Regelung zu den **Loyalitätsobliegenheiten kirchlicher Mitarbeiter** (vgl. dazu *Bauer* NJW 2001, 2672 ff.; *Reichold* NZA 2001, 1054 ff.; *Thüsing* ZfA 2001, 397 ff.). Sie ist hinsichtlich der Belange behinderter Menschen weitgehend bereits durch das am 1.5.2002 in Kraft getretene Behindertengleichstellungsgesetz umgesetzt worden (vgl. dazu *Stähler* NZA 2002, 777 ff.). Zum Umsetzungsbedarf vgl. *Wendeling-Schröder* NZA 2004, 1320 ff.; *Schiek* NZA 2004, 873 ff.; *Thüsing* NZA 2004 Sonderbeil. zu Heft 22/2004 S. 3 ff.; *Wank* NZA 2004 Sonderbeil. zu Heft 22/2004 S. 16 ff. zur Umsetzung hinsichtlich des Schutzes älterer Arbeitnehmer vgl. *Wiedemann/Thüsing* NZA 2002, 1234 ff.; *Schmidt/Senne* RdA 2002, 80 ff.; zur Umsetzung im Hinblick auf gleichgeschlechtliche eingetragene Lebenspartnerschaften vgl. *Powietzka* BB 2002, 146 ff.; zur Umsetzung im Hinblick auf das kirchliche Arbeitsrecht *Belling* NZA 2004, 885 ff.; zur Vereinbarkeit eines Kirchenaustritts als Kündigungsgrund mit dieser RL *Budde* ArbuR 2005, 353 ff.; zum Entwurf eines Antidiskriminierungsgesetzes *von Steinau-Steinrück/Schneider/Wagner* NZA 2005, 28 ff.; *Bauer/Thüsing/Schunder* NZA 2005, 32 ff.; durch die Bundestagsneuwahlen im September 2005 hat sich das Gesetzgebungsvorhaben einstweilen erledigt (vgl. *Klumpp* NZA 2005, 848 ff.; *Waltermann* NZA 2005, 1265 ff.; *Reichold/Hahn/Heinricht* NZA 2005, 1270 ff.). Für Arbeitgeber des öffentlichen Dienstes gilt die RL unmittelbar (*ArbG Bln.* 13.7.2005 – 86 Ca 24618/04 – EzA-SD 20/2005 S. 16 LS = NZA-RR 2005, 608). Der EuGH hat inzwischen (*EuGH* 23.2.2006 NZA 2006, 553 LS) festgestellt, dass die BRD wegen nicht rechtzeitiger Umsetzung gegen die RL verstoßen hat.

Die RL 2000/78/EG (Verbot der Diskriminierung wegen der Religion oder der Weltanschauung, einer Behinderung, des Alters oder der sexuellen Ausrichtung) vom 27.11.2000) erfasst nicht eine Person, der von ihrem Arbeitgeber ausschließlich wegen Krankheit gekündigt wird; Krankheit als solche kann nicht als weiterer Grund neben denen angesehen werden, derentwegen Personen zu diskriminieren nach der RL 2000/78/EG verboten ist (*EuGH* 11.7.2006 EzA EG-Vertrag 1999 Richtlinie 2000/78 Nr. 1 = NZA 2006, 839).
Die Umsetzung der Richtlinie ist inzwischen durch das AGG mit Wirkung ab dem 18.8.2006 in im Einzelnen ausgesprochen umstrittener Weise erfolgt (s. dazu ausf. Kap. 3 Rn. 4961 ff.).

▶ **RL 89/392 (Maschinenschutzrichtlinie)** vom 14.6.1989. 691
Sie legt allgemeingültige, wesentliche Sicherheits- und Gesundheitsanforderungen fest, um dadurch auch die Sicherheit am Arbeitsplatz zu steigern.

▶ **RL 80/1107 (Gefährdung durch chemische, physikalische und biologische Arbeitsstoffe bei der Arbeit)** vom 27.10.1980. 692
Sie gibt Mindeststandards vor, Schutzmaßnahmen, z.B. durch die Festlegung von Grenzwerten. Bislang wurde sie konkretisiert durch vier Einzelrichtlinien gegen die Gefährdung der Arbeitnehmer durch Blei, Asbest, Lärm sowie bestimmte Arbeitsstoffe und -verfahren. Sie wurde umgesetzt durch die GefahrstoffVO vom 26.8.1986.

▶ **RL 89/391 (Verbesserung der Sicherheit und des Gesundheitsschutzes)** vom 12.6.1989. 693

Sie enthält allgemeine Grundsätze für die Verhütung berufsbedingter Gefahren, für die Sicherheit und den Umweltschutz (vgl. dazu *EuGH* 3.10.2000 EzA § 7 ArbZG Nr. 1 zu Bereitschaftsdienst, Nacht- und Schichtarbeit); sie wird ergänzt durch Einzelrichtlinien, die u.a. Mindestvorschriften für die Sicherheit und Gesundheit enthalten in Arbeitsstätten (RL 89/654 vom 30.11.1989; am 25.8.2004 ist eine neue ArbStättVO zur Umsetzung der RL 89/654 EWG in Kraft getreten, die Regelungen über das Einrichten und Betreiben von Arbeitsräumen, deren Gestaltung und Ausstattung, Beleuchtung und Sichtverbindung, die Gestaltung von Pausen-, Bereitschafts- und Sanitärräumen, Toiletten und Lärm enthält (vgl. *Schurig* ZTR 2004, 626 ff.), bei der Benutzung von Arbeitsmitteln (RL 89/655 vom 30.11.1989), persönlichen Schutzausrüstungen (RL 89/656 vom 30.11.1989), bei der manuellen Handhabung von Lasten (RL 90/290 vom 29.9.1990), bei der Arbeit an Bildschirmgeräten (RL 90/270 vom 29.9.1990; zu deren Auslegung u.a. hinsichtlich augenärztlicher Untersuchungen in einem Italien betreffenden Fall *EuGH* 12.12.1996 NZA 1997, 307; s.a. *EuGH* 6.7.2000 EzA EG-Vertrag 1999 Richtlinie 90/270 Nr. 1), hinsichtlich des Schutzes gegen die Gefährdung durch karzinogene und biologische Arbeitsstoffe (RL 394; zur Auslegung dieser RL vgl. *EuGH* 17.12.1998 NZA 1999, 811; u. 679/90 vom 28.6. und 26.11.1990), sowie zur Verbesserung der Sicherheit und des Gesundheitsschutzes von schwangeren Arbeitnehmerinnen, Wöchnerinnen und stillenden Arbeitnehmerinnen am Arbeitsplatz (RL 92/85 vom 19.10.1992).

Eine Umsetzung dieser Richtlinien in der BRD ist bislang lediglich für die RL 89/391 durch das Gesetz zur Umsetzung der EG-Rahmenrichtlinie Arbeitsschutz und weiterer Arbeitsschutzrichtlinien mit Wirkung vom 7.8.1996 (ArbSchG; BGBl. I S. 1246 ff.; vgl. dazu unten Kap. 3 Rn. 2719 ff.), die VO über Sicherheit und Gesundheitsschutz bei der Benutzung persönlicher Schutzausrüstungen bei der Arbeit vom 4.12.1996 (BGBl. I S. 1841), die LastenhandhabungsVO vom 4.12.1996 (BGBl. I S. 1841), die BildschirmarbeitsVO vom 4.12.1996 (BGBl. I S. 1841), die ArbeitsmittelbenutzungsVO vom 11.3.1997 (BGBl. I S. 450) sowie die MutterschutzrichtlinienVO vom 15.4.1997 (BGBl. I S. 782; vgl. dazu *Sowka* NZA 1997, 927) erfolgt (vgl. dazu *Kollmer* NZA 1997, 138 ff.). 694

Die BRD hat insoweit gegen ihre aus Art. 9 Abs. 1 und § 10 Abs. 3 RL 89/391/EWG resultierenden Verpflichtungen verstoßen, als sie nicht sichergestellt hat, dass die in der RL vorgesehene Pflicht, über eine Evaluierung der am Arbeitsplatz bestehenden Gefahren über die Sicherheit und Gesundheit zu verfügen, unter allen Umständen für Arbeitgeber mit zehn oder weniger Beschäftigten gilt (*EuGH* 7.2.2002 NZA 2002, 321; zur vernachlässigenswerten praktischen Bedeutung vgl. *Worzalla* FA 2002, 224).

Hinsichtlich Art. 10 der RL 92/85 (der Kündigungsverbot insbes. schwangerer Frauen vorsieht) geht der *EuGH* (4.10.2001 EzA § 611a BGB Nr. 17) davon aus, dass die Regelung dann eine **unmittelbare Wirkung** entfaltet und dahin auszulegen ist, dass er, wenn ein Mitgliedsstaat innerhalb der in dieser Richtlinie vorgeschriebenen Frist keine Umsetzungsmaßnahmen getroffen hat, **dem Einzelnen Rechte verleiht, die dieser vor einem nationalen Gericht** gegenüber den öffentlichen Stellen dieses Staates **geltend machen kann**. Sie verpflichtet die Mitgliedsstaaten aber **nicht** vorzusehen, **dass die Gründe für eine Kündigung dieser Arbeitnehmerinnen im Einzelnen aufgeführt werden müssen**. Zwar gilt das grundsätzliche Kündigungsverbot sowohl für unbefristete als auch für befristete Arbeitsverträge, 695 jedoch kann die **Nichterneuerung eines befristeten Vertrages** zum Zeitpunkt seiner regulären Beendigung **nicht als eine verbotene Kündigung angesehen werden.** Soweit jedoch die Nichterneuerung eines befristeten Arbeitsvertrages ihren **Grund in der Schwangerschaft** der Arbeitnehmerin hat, stellt sie eine **unmittelbare Diskriminierung** auf Grund des Geschlechts dar, die gegen Art. 2, 3 RL 76/207 verstößt (vgl. auch Kap. 4 Rn. 1813).

696 Das *BAG* (2.4.1996 EzA § 87 BetrVG 1972 Bildschirmarbeit Nr. 1; vgl. dazu *Löwisch/Neumann* SAE 1997, 85 ff.) hat bereits vor der Umsetzung der RL 90/270 in innerdeutsches Recht ein Mitbestimmungsrecht des Betriebsrats **nach § 87 Abs. 1 Nr. 7 BetrVG** i.V.m. (dem inzwischen aufgehobenen) § 120a GewO und Art. 7 RL 90/270 zur Herbeiführung betrieblicher Regelungen über die Unterbrechung von Bildschirmarbeit durch andere Tätigkeiten oder Pausen angenommen. Es hat sich der Rechtsprechung des *EuGH* (NJW 1986, 2178; NJW 1994, 2473) angeschlossen, wonach die Verpflichtung zur richtlinienkonformen Auslegung des innerstaatlichen Rechts unabhängig davon besteht, ob der nationale Gesetzgeber zur Umsetzung der Richtlinie bereits tätig geworden ist oder nicht.

697 ▶ **RL 91/533 (Pflicht des Arbeitgebers zur Unterrichtung des Arbeitnehmers über die für seinen Arbeitsvertrag oder sein Arbeitsverhältnis geltenden Bedingungen)** vom 14.10.1991.
Diese Richtlinie wurde durch das NachweisG vom 20.7.1995 (s.u. Kap. 2 Rn. 342 ff., Kap. 11 Rn. 307) umgesetzt (vgl. aber krit. dazu MünchArbR/*Birk* § 19 Rz. 165).

698 ▶ **RL 91/250 (Rechtsschutz von Computerprogrammen)** vom 14.5.1991.
Gem. Art. 2 Abs. 3 ist der Arbeitgeber dann, wenn der Arbeitnehmer ein Computer-Programm in Wahrnehmung seiner Aufgaben oder nach den Anweisungen des Arbeitgebers geschaffen hat, ausschließlich zur Ausnutzung aller wirtschaftlichen Rechte aus dem so geschaffenen Programm berechtigt, sofern keine andere vertragliche Vereinbarung getroffen wird.
Die bisher nicht erfolgte Umsetzung erfordert wohl eine Änderung der derzeitigen Rechtslage, wonach der Arbeitnehmer die Nutzungsrechte originär erwirbt, die er dem Arbeitgeber übertragen muss. Durch die Übertragung aller wirtschaftlichen Rechte entfallen zudem derzeit bestehende Sondervergütungsansprüche des Arbeitnehmers für Sondernutzungen (s.u. Kap. 3 Rn. 3149 ff.; *Sack* BB 1991, 2165 f.).

699 ▶ **RL 93/104 (Richtlinie über bestimmte Aspekte der Arbeitszeitgestaltung)** vom 23.11.1993.
Diese Richtlinie ist grds. durch das ArbZG, das am 1.7.1994 in Kraft getreten ist, umgesetzt worden (HwB-AR Nr. 290 »Arbeitszeit«/*Wessel* Rz. 1 ff. m.w.N.; vgl. dazu *Wahlers* ZTR 2005, 515 ff.); dies gilt aber nicht für den Ausgleichszeitraum des § 3 ArbZG (s.u. Kap. 3 Rn. 74; zur vertikalen Drittwirkung bezogen auf einen Landkreis *LAG Nds.* 16.9.2003 NZA-RR 2004, 183). Der *EuGH* (12.11.1996 NZA 1997, 23) hat Art. 5 Abs. 2 der RL, wonach der Sonntag bei der wöchentlichen Ruhefrist berücksichtigt wird, auf Antrag von Großbritannien für unwirksam erklärt. Zu Fragen der durchschnittlichen Arbeitszeit, der Einbeziehung von Bereitschaftsdienst, Nacht- und Schichtarbeit vgl. *EuGH* 3.10.2000 EzA § 7 ArbZG Nr. 1. Zum Jahresurlaub einer Arbeitnehmerin außerhalb des Mutterschaftsurlaubs vgl. *EuGH* 18.3.2004 NZA 2004, 535.

700 ▶ **RL 2000/34 (Änderungsrichtlinie zur Arbeitszeit des fliegenden Personals von Luftfahrtgesellschaften)** vom 27.11.2000.
Zum Umsetzungsbedarf vgl. *Fischer* NZA 2001, 1064 ff.; *Wahlers* ZTR 2005, 515 ff.

701 ▶ **RL 2003/88 (RL über bestimmte Aspekte der Arbeitszeitgestaltung)** vom 18.11.2003.
Sie fasst die RL 93/104 und 2000/34 ohne inhaltliche Änderungen zusammen und löst sie ab; die Neufassung ist am 2.8.2004 in Kraft getreten (vgl. dazu *Wahlers* ZTR 2005, 515 ff.).

702 ▶ **RL 95/46 (Schutz natürlicher Personen bei der Verarbeitung personenbezogener Daten; freier Datenverkehr)** vom 24.10.1995.
Vgl. dazu ausf. *Krimphove* NZA 1996, 1120 ff., der auch einen Überblick über den Datenschutz im europäischen Arbeitsrecht gibt.

703 ▶ **RL 97/81 EG (Teilzeitarbeit)** vom 15.12.1997.
Diese Richtlinie enthält als substantielle Regelung lediglich die Vereinbarung des Verbots der Diskriminierung von Teilzeitarbeitnehmern ohne sachlichen Grund. Der sachliche

Geltungsbereich dieses Diskriminierungsverbots erfasst aber die Bereiche des Arbeitsentgelts ebenso wenig wie den der sozialen Sicherheit; zum anderen gilt das Verbot auf Grund der Rechtsprechung des EuGH (s.o. Rn. 305 ff.) zur mittelbaren Diskriminierung faktisch bereits vor Inkrafttreten der Richtlinie (krit. deshalb *Schmidt* NZA 1998, 576 ff.). Zur Umsetzung durch das TzBfG s. Kap. 3 Rn. 228.

- **RL 99/50 EG (Befristung von Arbeitsverhältnissen)** vom 10.7.1999. 704
  Diese Richtlinie enthält Regelungen hinsichtlich der Voraussetzungen für die Vereinbarung befristeter Arbeitsverhältnisse. Zur Umsetzung durch das TzBfG vgl. Kap. 5 Rn. 142 ff.
- **RL 96/71 (Entsenderichtlinie)** vom 16.12.1996. 705
  Bisher nicht ausreichend, zunächst nur teilweise durch das AEntG (s. aber Rn. 750 ff.) für den Bausektor umgesetzt (MünchArbR/*Birk* § 19 Rz. 141).
- **RL 94/33 (Jugendarbeitsschutz)** vom 22.6.1994. 706
  Die durch das JArbSchG umgesetzt ist (vgl. MünchArbR/*Birk* § 19 Rz. 376 ff.).
- **RL 2002/14 (Rahmen-Richtlinie zur Unterrichtung und Anhörung der Arbeitnehmer)** vom 11.3.2002. 707
  Sie ergänzt die spezifischeren Informations- und Konsultationsrechte der Arbeitnehmer bei Massenentlassungen und beim Betriebsübergang sowie die Richtlinie über die Europäischen Betriebsräte (Fragen der Umsetzung erörtert *Reichold* NZA 2003, 289 ff.).
- **RL 2008/52 über bestimmte Aspekte der Mediation in Zivil- und Handelssachen** v. 21.5.2008 708
  Leiharbeitsrichtlinie v. 22.10.2008.
  Das dort vorgesehene equal-pay-Gebot gilt in Deutschland bereits seit 2004 (s. NZA 22/2008 S. XI).

c) Vereinheitlichung des Arbeitsrechts

Auf Gemeinschaftsebene vereinheitlicht wurden: 709

- **Sozialvorschriften im Straßenverkehr** durch Verordnungen (s.o. Rn. 628) m.w.N.; vgl. ausf. MünchArbR/*Birk* § 19 Rz. 196 ff.);
- **Internationales Privat- und Prozessrecht** (Kollisionsrecht; dazu unten Rn. 711 ff.);
- die **Bestimmung des Vertragsstatuts** durch das Europäische Vertragsrechtsübereinkommen vom 9.6.1980 (s.u. Rn. 711 ff.) sowie das
- **Europäische Gerichtsstands- und Vollstreckungsübereinkommen** vom 29.7.1968, geändert 1989 durch das Beitrittsabkommen mit Spanien und Portugal (s.u. Rn. 852 ff.) jeweils durch völkerrechtlichen Vertrag/Verträge.

d) Arbeitsrecht und Europäischer Binnenmarkt

Die am 9.12.1989 vom Europäischen Rat verabschiedete **Gemeinschaftscharta** der sozialen Grundrechte der Arbeitnehmer enthält Ausführungen zu zahlreichen arbeits- und sozialrechtlichen Fragen. Sie stellt aber lediglich eine sozialpolitische Grundsatzentscheidung dar, die den Arbeitnehmern keine einklagbaren subjektiven Rechte einräumt (MünchArbR/*Birk* 1. Aufl., § 18 Rz. 179–182). 710

III. Arbeitskollisionsrecht

1. *Individualarbeitsrecht*

a) Das Arbeitsvertragsstatut

Die Festlegung des auf das Arbeitsverhältnis anwendbaren materiellen Rechts kann entsprechend der Rechtswahl der Parteien gem. Art. 27 EGBGB (subjektive Anknüpfung) oder durch objektive Anknüpfung gem. Art. 30 Abs. 2 EGBGB erfolgen (vgl. dazu *Schlachter* NZA 2000, 58 ff.). 711

712 Art. 27 ff. EGBGB sind am 1.9.1986 in Kraft getreten und erfassen nur nach diesem Zeitpunkt abgeschlossene Arbeitsverträge; für den Zeitraum davor bleibt das zuvor geltende Kollisionsrecht maßgebend (Art. 220 Abs. 1 EGBGB).

713 Das *BAG* (24.8.1989 EzA Art. 30 EGBGB Nr. 1) hat zunächst offen gelassen, ob vor dem 1.6.1989 begründete, aber noch nicht beendete Arbeitsverhältnisse abgeschlossene Vorgänge i.S.d. Übergangsregelung des Art. 220 Abs. 1 EGBGB sind, sodass für diese Arbeitsverhältnisse bis zu ihrer Beendigung noch das alte Kollisionsrecht anzuwenden wäre. Inzwischen hat es diese Frage aber verneint, sodass auch diese Arbeitsverhältnisse vom Stichtag 1.9.1986 an dem neuen Internationalen Privatrecht unterliegen (*BAG* 29.10.1992 EzA Art. 30 EGBGB Nr. 2).

714 Das Arbeitsvertragsstatut gilt auch für Arbeitnehmererfindungen, obwohl es sich insoweit um ein Rechtsgebiet zwischen Arbeitsrecht und Immaterialgüterrecht handelt (MünchArbR/*Sack* § 101 Rz. 97 ff. m.w.N.; s. aber unten Rn. 832), ferner für das Recht der betrieblichen Altersversorgung; s.u. Rn. 833 ff.

aa) Die Rechtswahl

715 Die Wahl des anzuwendenden materiellen nationalen Arbeitsrechts kann ausdrücklich erfolgen, indem die Erklärungen der Parteien wörtlich das gewählte Recht (im Vertrag selbst oder durch Verweisung auf einen anderen Vertrag, Tarifvertrag, Betriebsvereinbarung oder Allgemeine Arbeitsbedingungen) bezeichnen. Daneben kommt eine stillschweigende Rechtswahl in Betracht, wenn der Wille der Parteien, das anwendbare Recht zu wählen, gegeben ist (vgl. *LAG BW* 15.10.2002 LAGE Art. 30 EGBGB Nr. 6 = BB 2003, 901; vgl. dazu *Thüsing* BB 2003, 898 ff.; *Riesenhuber* DB 2005, 1571 ff.).

716 Indizien dafür können sich aus dem Vertrag selbst, seinen Begleitumständen sowie dem späteren Prozessverhalten der Vertragsparteien ergeben (z.B. Gerichtsstandsklausel, Bezugnahme auf Rechtsnormen einer bestimmten Rechtsordnung [z.B. eines konkreten Tarifvertrages], Vereinbarung eines Erfüllungsortes durch Beschränkung der Arbeitspflicht auf einen Betrieb oder einer Vertragswährung).

717 Für die Wahl deutschen Rechts genügt es, auch wenn ein Auslandseinsatz des deutschen Arbeitnehmers vorgesehen ist, wenn im Einstellungsschreiben die gesetzlichen Kündigungsfristen, die beim deutschen Arbeitgeber geltenden Tarifverträge und die »Betriebliche Ordnung« des Arbeitgebers für anwendbar erklärt werden (*BAG* 26.7.1995 AP Nr. 7 zu § 157 BGB).

718 Eine Rechtswahl ist gem. Art. 27 Abs. 3 EGBGB auch dann zulässig, wenn der Arbeitsvertrag keinerlei Auslandsbeziehung aufweist. Auch muss die gewählte Rechtsordnung in keinem sachlichen Zusammenhang zum Arbeitsvertrag stehen.

719 Art. 27 Abs. 1 S. 3 EGBGB ermöglicht es, eine Rechtswahl nur für einen abtrennbaren Teil des Arbeitsvertrages zu treffen. In Betracht kommen z.B. die Zusage einer betrieblichen Altersversorgung (*BAG* 20.4.2004 EzA § 29 ZPO 2002 Nr. 2 = NZA 2005, 297) oder ein nachvertragliches Wettbewerbsverbot.

720 Bis zum Zeitpunkt der letzten mündlichen Verhandlung in der Tatsacheninstanz kann schließlich die Rechtswahl nachträglich getroffen oder geändert werden (z.B. konkludent durch die unwidersprochene Berufung auf Vorschriften einer bestimmten Rechtsordnung im Prozess).

721 Die damit gegebene weitgehende Freiheit der Rechtswahl wird durch Art. 30 Abs. 1 EGBGB eingeschränkt. Danach darf die Rechtswahl beim Arbeitsvertrag nicht dazu führen, dass dem Arbeitnehmer der Schutz entzogen wird, der ihm durch zwingende Bestimmungen des Rechts gewährt wird, das nach Art. 30 Abs. 2 EGBGB ohne Rechtswahl anzuwenden wäre.

Zwingend sind neben § 613a BGB (*Kreitner* Anm. zu *BAG* AP Nr. 81 zu § 613a BGB; vgl. ausf. zur möglichen grenzüberschreitenden Anwendung des § 613a BGB *Feudner* NZA 1999, 1184 ff.) Arbeitnehmerschutzbestimmungen (z.B. § 22 ArbNErfG, vgl. MünchArbR/*Sack* § 101 Rz. 110; § 17 Abs. 3 BetrAVG, vgl. MünchArbR/*Förster/Rühmann* § 113 Rz. 25), aber, wie sich aus Art. 27 Abs. 3 EGBGB ergibt, nicht generell Normen, über die die Vertragsparteien nicht disponieren können. 722

Fraglich ist, wie ermittelt werden soll, ob das objektive Vertragsstatut gem. Art. 30 Abs. 2 EGBGB günstiger wäre als das vereinbarte. In Betracht kommt ein **Einzelvergleich** der betreffenden Einzelfrage (so z.B. *LAG BW* 15.10.2002 LAGE Art. 30 EGBGB Nr. 6 = BB 2003, 901; vgl. dazu *Thüsing* BB 2003, 898 ff.), ein pauschaler **Gesamtvergleich** der gesamten Vereinbarung, jeweils durch das Gericht; die **Wahl kann aber auch dem Arbeitnehmer** überlassen werden (für letzteres MünchArbR/*Birk* § 19 Rz. 3–27, 75–78). 723

Im Bereich der **betrieblichen Altersversorgung** gelten die deutschen Bestimmungen wegen ihres zwingenden Charakters auch dann, wenn ein ausländisches Versorgungsstatut gewählt worden ist, soweit die Gesamtumstände ergeben, dass das Arbeitsverhältnis eine engere Verbindung zur BRD aufweist oder sich der gewöhnliche Arbeitsort hier befindet (MünchArbR/*Förster/Rühmann* § 113 Rz. 25). 724

bb) Die objektive Anknüpfung des Arbeitsvertrages

Fehlt eine Rechtswahl zwischen den Parteien, so knüpft Art. 30 Abs. 2 EGBGB objektiv zunächst an den Arbeitsort an (*BAG* 20.4.2004 EzA § 29 ZPO 2002 Nr. 2 = NZA 2005, 297; vgl. ausf. *Reiserer* NZA 1994, 676 ff.; *Riesenhuber* DB 2005, 1571 ff.). 725

Setzt ein amerikanisches Luftfahrtunternehmen Flugpersonal **von einem in der BRD gelegenen Ort aus regelmäßig nur auf Flugstrecken innerhalb der BRD ein, so ist deutsches Recht grds. anwendbar** (*BAG* 29.10.1992 EzA Art. 30 EGBGB Nr. 2; letztlich hat das BAG aber engere Verbindungen zum amerikanischen Recht gem. Art. 30 Abs. 2 2. Hs. EGBGB angenommen; s. jetzt auch *BAG* 13.11.2007 EzA Art. 30 EGBGB Nr. 9 = NZA 2008, 761; s. dazu *Pietras* NZA 2008, 1051 ff. für deutsche Flugbegleiterinnen einer amerikanischen Gesellschaft mit Flügen zwischen Deutschland und den USA). 726

Ein **Auslandsaufenthalt** steht dem nicht entgegen, solange der grenzüberschreitende Arbeitseinsatz die Ausnahme, nicht aber die Regel bildet, weil sich dann das Zentrum individualarbeitsrechtlicher Anbindung noch nicht verschoben hat. Maßgeblich ist insoweit eine Bewertung der vertraglichen Vereinbarung (z.B. die Zeit- oder Zweckbefristung des Auslandseinsatzes) oder der einseitigen Gestaltung durch den Arbeitgeber. Eine generelle Begrenzung der vorübergehenden Entsendung auf einen bestimmten zeitlichen Rahmen ist nicht erforderlich (vgl. auch *BGH* 28.11.1980 AP Internationales Privatrecht-Arbeitsrecht Nr. 20 zum Handelsvertreterverhältnis). 727

An die einstellende Niederlassung (Betriebsteil, Betriebsstätte) wird demgegenüber dann angeknüpft, wenn der Arbeitnehmer seine Arbeit gewöhnlich nicht in einem bestimmten Staat verrichtet, sodass die Arbeitsleistung keinen territorialen Schwerpunkt in einem bestimmten Staat aufweist. 728

Nicht erforderlich ist es, dass der Arbeitnehmer am Ort der Niederlassung auch tatsächlich arbeitet. Durch diese objektive Anknüpfung soll vermieden werden, dass die dauernden Veränderungen der Umstände der Erbringung der Arbeitsleistung sich rechtlich in einem sich stets verändernden Arbeitsvertragsstatut auswirken, sodass das anwendbare Recht berechenbar ist. 729

Arbeitsort oder einstellende Niederlassung sind aber nur dann verbindlich (Art. 30 Abs. 2 Nr. 2 2. Hs. EGBGB), wenn feststeht, dass keine engeren Verbindungen zu einem anderen Staat bestehen. 730

731 Als **objektive Anknüpfungskriterien** kommen nach der Rechtsprechung des *BAG* (24.8.1989 EzA Art. 30 EGBGB Nr. 1; 29.10.1992 EzA Art. 30 EGBGB Nr. 2; 11.12.2003 EzA Art. 30 EGBGB Nr. 7; ebenso *LAG Bln.* 20.7.1998 NZA-RR 1998, 555; vgl. auch *BAG* 20.11.1997 EzA Art. 30 EGBGB Nr. 4 zu Ortskräften von diplomatischen Vertretungen ausländischer Staaten in Deutschland; *Falder* NZA 2000, 867 ff. zu Geschäftsführern bei Auslandsgesellschaften; *LAG BW* 15.10.2002 LAGE Art. 30 EGBGB Nr. 6) in Betracht:

- die (gemeinsame) **Staatsangehörigkeit** der Vertragsparteien,
- der **Sitz des Arbeitgebers,**
- die **Vertragssprache,**
- die **Währung, in der die Vergütung bezahlt wird,**
- der **Ort des Vertragsabschlusses;**
- die **frühere lange Inlandstätigkeit** und der inländische Wohnsitz des Arbeitnehmers (*BAG* 10.4.1975 AP Nr. 12 zu Internationales Privatrecht-Arbeitsrecht),
- die Zugehörigkeit zu einem **inländischen Ausbildungsprogramm** des Arbeitgebers, die Aufrechterhaltung sozialer Vorteile im Bereich der betrieblichen Sozialleistungen oder der Sozialversicherung sowie
- die **gleiche Behandlung** innerhalb bestimmter Arbeitnehmergruppen.

732 Hinzukommen können weitere **vertragswesentliche Gesichtspunkte**, die in ihrer Gesamtheit hinreichendes Gewicht haben, um die Bedeutung der Regelanknüpfung zu überwinden. Das von der Regelanknüpfung berufene Recht wird insoweit nur dann verdrängt, wenn die Gesamtheit wichtiger und nicht nur nebensächlicher Anknüpfungsmerkmale zu einem anderen Ergebnis führt (*BAG* 11.12.2003 EzA Art. 30 EGBGB Nr. 7). So ist z.B. nach Art. 30 EGBGB der frühere gewöhnliche Arbeitsort nicht entscheidend, wenn sich aus der **Gesamtheit der Umstände** ergibt, dass die **zugesagte Versorgung engere Beziehungen zu einem anderen Staat aufweist.** Diese Voraussetzung kann erfüllt sein, wenn der Arbeitgeber seinen Sitz in den USA hat, die in englischer Sprache verfasste Versorgungsordnung nur für Arbeitnehmer bestimmt ist, die Staatsbürger der USA sind, die Versorgung von einem Versicherer in den USA abzuwickeln ist, Überwachungsgremien in den USA vorgesehen sind und die Betriebsrente in Dollar zu zahlen ist (*BAG* 20.4.2004 EzA § 29 ZPO 2002 Nr. 2 = NZA 2005, 297).
Da bislang weder durch Art. 30 EGBGB noch durch die Rechtsprechung des EuGH konkretisiert worden ist, was unter Arbeitsvertrag und Arbeitsverhältnis in diesem Sinne zu verstehen ist, ist diese Norm zumindest analog für Rechtsverhältnisse anzuwenden, in denen die Schutzbedürftigkeit derjenigen des Arbeitnehmers gleichsteht (z.B. bei Berufsausbildung und Heimarbeit; vgl. MünchArbR/*Birk* § 20 Rz. 60).

733 Ist auf Grund einer deutschen Kollisionsnorm ausländisches Recht anzuwenden und lassen sich über dessen Inhalt keine sicheren Feststellungen treffen, so sind nach der Rechtsprechung des *BGH* (23.12.1981 AP Nr. 21 zu Internationales Privatrecht-Arbeitsrecht) die Sachnormen des deutschen Rechts anzuwenden. Wäre die Anwendung inländischen Rechts aber äußerst unbefriedigend (was im Arbeitsrecht wohl kaum der Fall sein wird), kann auch die Anwendung des dem an sich berufenen Recht nächstverwandten oder des wahrscheinlich geltenden Rechts gerechtfertigt sein.

cc) Beispiele:

734 ► Wird ein Arbeitsvertrag in Italien zwischen einer italienischen AG mit Hauptsitz in Italien und italienischen Arbeitnehmern mit Wohnsitz in Italien in italienischer Sprache nach Anwerbung der Arbeitnehmer in Italien abgeschlossen, die Vergütung in italienischer Lire vereinbart und zahlt die Arbeitgeberin Beiträge für diese Arbeitnehmer an die italienische Cassa Edile, eine der ZVK vergleichbare Einrichtung des Baugewerbes in Italien, so bestehen engere Bindungen der Arbeitsverhältnisse zu Italien als zur BRD, auch wenn die Arbeitsverträge befristet für den Einsatz auf deutschen Baustellen abgeschlossen wurden und als Arbeitgeber eine deutsche Zweigniederlassung genannt ist (*BAG* 9.7.2003 EzA Art. 30 EGBGB Nr. 6).

- Das Arbeitsverhältnis einer englischen Staatsangehörigen mit Wohnsitz in England, die auf Grund eines in englischer Sprache in England abgeschlossenen Vertrages auf einem die Bundesflagge führenden, in Hamburg registrierten und zwischen den Niederlanden und England eingesetzten **Fährschiff** von einer englischen Gesellschaft beschäftigt und in englischer Währung nach einem englischen Tarifvertrag bezahlt wird, weist engere Beziehungen zu England i.S.d. Art. 30 Abs. 2 Nr. 2 2. Hs. EGBGB auf (*BAG* 24.8.1989 EzA Art. 30 EGBGB Nr. 1; vgl. aber auch *LAG BW* 17.7.1980 AP Nr. 19 zu Internationales Privatrecht-Arbeitsrecht).
- Die Arbeitsverhältnisse der **Seeleute** aus dem Nicht-EG-Ausland auf im internationalen Schiffsregister eingetragenen Schiffen unter deutscher Flagge richten sich mangels Rechtswahl nach dem Recht des Staates, zu dem sich aus der Gesamtheit der Umstände die engere Verbindung ergibt. Daraus kann sich z.B. die Anwendbarkeit des Rechts der Republik Indien auf in Bombay abgeschlossene Heuerverträge mit indischen Seeleuten ergeben (*BAG* 3.5.1995 EzA Art. 30 EGBGB Nr. 3; abl. *Magnus* SAE 1997, 35 ff.).
- Setzt ein Luftfahrtunternehmen **Flugpersonal** von einem in einem Staat gelegenen Ort aus regelmäßig nur auf Flugstrecken innerhalb dieses Staates ein, so unterliegen dessen Arbeitsverträge ohne Rechtswahl nach der Regelanknüpfung des Art. 30 Abs. 2 Nr. 1 EGBGB n.F. dem Recht dieses Staates (*BAG* 29.10.1992 EzA Art. 30 EGBGB Nr. 2).
- Das *LAG Hessen* (16.11.1999 NZA-RR 2000, 401) hat angenommen, dass auf das Arbeitsverhältnis einer **Flugbegleiterin deutscher Nationalität** mit Wohnsitz in Deutschland, die bei einer US-amerikanischen Fluggesellschaft mit Sitz in Chicago beschäftigt ist, nunmehr an deren Base in Frankf. stationiert ist und von dort aus für Interkontinentalflüge in die USA eingesetzt wird, in Anknüpfung an den Ort der Einstellungsniederlassung (Zentrale in Chicago) US-amerikanisches Recht, jedenfalls kein deutsches Recht Anwendung findet.

Das *BAG* (12.12.2001 EzA Art. 30 EGBGB Nr. 5; krit. hinsichtlich der Begründung der Entscheidung *Gragert/Drenckhahn* NZA 2003, 305 ff.) hat diese Beurteilung im Ergebnis bestätigt und folgende Grundsätze aufgestellt: 735

- Ein gewichtiges Indiz für eine konkludente Rechtswahl nach Art. 27 EGBGB ist die arbeitsvertragliche Bezugnahme auf Tarifverträge und sonstige Regelungen am Sitz des Arbeitgebers (so bereits *BAG* 26.7.1995 EzA § 133 BGB Nr. 19 = AP BGB § 157 Nr. 7).
- Die Regelanknüpfung an den Arbeitsort nach Art. 30 Abs. 2 Nr. 1 EGBGB zur Bestimmung des zwingenden Rechts nach Art. 30 Abs. 1 EGBGB kommt bei Flugbegleitern im internationalen Flugverkehr nicht in Betracht. Ein gewöhnlicher Arbeitsort kann für diese Arbeitnehmer nicht bestimmt werden. Die Zuordnung zu einer bestimmten Niederlassung und die Eingliederung in die betreffende Organisationsstruktur begründen keinen gewöhnlichen Arbeitsort. 736
- Zur Bestimmung des für Flugbegleiter im internationalen Flugverkehr zwingenden Rechts kann auch nicht nach Art. 30 Abs. 2 Nr. 1 EGBGB auf das Recht des Staates abgestellt werden, in dem das Flugzeug registriert ist. Hiergegen spricht, dass Flugzeugbesatzungen in verschiedenen Maschinen eingesetzt werden, wobei diese Maschinen auch von einer anderen Fluggesellschaft ausgeliehen sein können. 737
- Verrichtet der Arbeitnehmer seine Arbeit gewöhnlich nicht in ein und demselben Staat, ist nach Art. 30 Abs. 2 Nr. 2 EGBGB das Recht des Staates maßgebend, in dem sich die Niederlassung befindet, die den Arbeitnehmer eingestellt hat. Wie sich die einstellende Niederlassung näher bestimmt, bleibt unentschieden. 738
- Auf das Arbeitsverhältnis eines britischen Staatsangehörigen, der für ein amerikanisches Unternehmen vorwiegend in Großbritannien arbeitet, ist mutmaßlich englisches Recht anzuwenden (*BAG* 26.2.1985 AP Nr. 23 zu Internationales Privatrecht-Arbeitsrecht). 739
- Macht eine für ein Unternehmen in der BRD ausschließlich in Frankreich beschäftigte **Handelsvertreterin** im Konkurs (jetzt Insolvenz) dieses Unternehmens für noch offene Provisionsforderungen Konkursvorrechte nach § 61 Abs. 1 Nr. 1 KO geltend, so ist für das Konkursvorrecht die Arbeitnehmereigenschaft nach deutschem Recht zu bestimmen (*BAG* 24.3.1992 EzA § 61 KO Nr. 14). 740

741 ▶ Auf einen **Handelsvertreter**, der nach seinem Arbeitsvertrag die Benelux-Staaten betreuen muss, selbst aber in den Niederlanden wohnt, ist Art. 30 Abs. 2 Nr. 1 EGBGB (Erfüllungsort) nicht anwendbar. Art. 30 Abs. 2 Nr. 2 EGBGB (Niederlassung) ist dann einschlägig, wenn die Tätigkeit von einem Standort aus in einem anderen Staat nicht ungewöhnlich ist. Die weitgehende Freiheit in der Arbeitsweise und bei der Setzung regionaler Schwerpunkte, die ein Arbeitnehmer genießt, führt nicht dazu, dass sich das jeweils anzuwendende Arbeitsstatut nach dem aktuellen Stand der tatsächlichen Reisetätigkeit richtet (*LAG Brem.* 17.4.1996 NZA-RR 1997, 107).

742 ▶ Der Arbeitsort ist grds. für den Arbeitsvertrag und die Zusage einer betrieblichen Altersversorgung identisch. Bei fehlender Rechtswahl gilt daher für die **Versorgungszusage** das Recht des Arbeitsortes. Soweit ein Arbeitsverhältnis mit einem deutschen Unternehmen nach deutschem Recht existiert, ist auf die Versorgungszusage das BetrAVG anzuwenden, und zwar selbst dann, wenn es durch eine Ruhensvereinbarung auf ein Rumpfarbeitsverhältnis reduziert ist (MünchArbR/*Förster/Rühmann* § 113 Rz. 26).

743 ▶ Die kollisionsrechtliche Bestimmung des anzuwendenden Rechts erfolgt einheitlich für alle Arten der individualrechtlichen Zusageerteilung und für alle Durchführungswege. Allerdings folgt aus der Anwendbarkeit deutschen Betriebsrentenrechts zwischen Arbeitgeber und Arbeitnehmer nicht automatisch die Anwendung deutschen Versicherungsvertragsrechts, denn diese Rechtsbeziehungen unterliegen eigenen kollisionsrechtlichen Regelungen.

744 Einer stärkeren Einschränkung hinsichtlich der Rechtswahl unterliegt die **Insolvenzsicherung**, da deren privatrechtliche Vereinbarung rechtlich unzulässig ist (vgl. *BAG* 22.9.1987 EzA § 1 BetrAVG Ablösung Nr. 1).

745 Ein von der Anknüpfung an den Arbeitsort bzw. die Niederlassung abweichender Umstand allein reicht für sich genommen nicht aus, um die Anknüpfung nach Art. 30 Abs. 2 Nr. 1, 2 EGBGB umzustoßen (*BAG* 24.8.1989 EzA Art. 30 EGBGB Nr. 1).

dd) Der Wechsel des Arbeitsvertragsstatuts

746 Das Statut ist wandelbar, wenn die Vertragsparteien nach dem Vertragsabschluss ein anderes bestimmtes Recht auf ihn für anwendbar erklären (Art. 30 Abs. 1, 27 Abs. 2 S. 1 EGBGB).

747 Ändern sich die für die Rechtswahl gem. Art. 30 Abs. 2 EGBGB maßgeblichen Anknüpfungskriterien nach Vertragsschluss (z.B. durch die Verlegung des gewöhnlichen Arbeitsortes von Frankreich nach Italien), so kann dies zur Anwendbarkeit italienischen Rechts führen. Denn eine Beschränkung der Bestimmung des Vertragsstatuts allein auf den **Zeitpunkt des Vertragsabschlusses** lässt sich dem Gesetz nicht entnehmen.

748 Im Rahmen des Art. 30 Abs. 2 Nr. 2 EGBGB ist dagegen eine Veränderung nur gem. Art. 27 Abs. 2 S. 1 EGBGB möglich.

749 Sind die engeren Verbindungen zu einem anderen Staat maßgeblich, kommt ein Wechsel nicht in Betracht, weil das Vertragsstatut dann erst zum Zeitpunkt der letzten mündlichen Verhandlung festgelegt wird, sodass etwaiges zuvor anwendbares Recht als Vertragsstatut keine Rolle spielt (vgl. ausf. auch zu Einzelfragen des grenzüberschreitenden Personaleinsatzes in internationalen Konzernen MünchArbR/*Birk* § 20 Rz. 54–59).

ee) Das Arbeitnehmer-Entsendegesetz (AEntG)

750 Ausländische Arbeitnehmer, die von einem ausländischen Arbeitgeber vorübergehend nach Deutschland entsandt werden, unterliegen gem. Art. 30 Abs. 2 Nr. 1 EGBGB nicht dem Schutz des deutschen Arbeitsrechts (s.o. Rn. 711 ff.). **Ausländische Unternehmen sind folglich nicht verpflichtet, ihnen die in Deutschland geltenden Arbeits- und Beschäftigungsbedingungen** (z.B. hinsichtlich der Lohnhöhe, des Urlaubs usw.) **zu gewähren**. Fehlende Sozialabgaben und niedrige Lohnzusatzkosten im Ausland bedeuten insbes. im Baubereich einen Kostenvorteil bezogen auf ein Gesamtprojekt von ca. 20–25 %; bei Hafenschleppern

beträgt die Differenz zu holländischen Anbietern sogar 30–40 % (vgl. *Webers* NJW 1996, 574). Um eine drastische **Verschlechterung der Situation vor allem der Klein- und Mittelbetriebe der deutschen Bauwirtschaft zu verhindern**, soll durch das AEntG, das am 1.3.1996 in Kraft getreten ist und bis zum 31.8.1999 gilt (vgl. ausf. *Selmayr* ZfA 1996, 615 ff.; *Deinert* RdA 1996, 339 ff.), eine **Annäherung der derzeit unterschiedlichen Wettbewerbsvoraussetzungen dadurch herbei geführt werden**, dass **ausländische Arbeitgeber verpflichtet werden, ihren in Deutschland beschäftigten Arbeitnehmern die hier geltenden, wettbewerbsrelevanten Arbeitsbedingungen zu gewähren** (BT-Drs. 13/2414, S. 7; zur EG-Entsenderichtlinie vom 24.9.1996 und zum daraus resultierenden gesetzgeberischen Handlungsbedarf vgl. *Hickl* NZA 1997, 515 ff.; MünchArbR/*Birk* § 19 Rz. 121 ff.; zur Problematik der Entsendung aus der Sicht der EU-Kommission vgl. *Cornelissen* RdA 1996, 329 ff.; das *ArbG Wiesbaden* 27.2.1998 NZA-RR 1998, 218 hat wegen Bedenken gegen die Vereinbarkeit mit dem EGV den EuGH zur Vorabentscheidung angerufen; s. *EuGH* 25.10.2001 NZA 2001, 1377; s.u. Rn. 799).

§ 1 AEntG sieht deshalb für bestimmte, in allgemeinverbindlichen Tarifverträgen insbes. des Baugewerbes (zur Anwendbarkeit auf Unternehmen der Metallindustrie vgl. *Hammacher* BB 1996, 1554) geregelte Arbeitsbedingungen eine gesetzlich angeordnete Ausweitung des Adressatenkreises der tarifvertraglichen Rechtsnormen auf Arbeitgeber mit Sitz im Ausland und seine im Inland beschäftigten Arbeitnehmer vor (vgl. *BAG* 9.7.2003 EzA Art. 30 EGBGB Nr. 6). Arbeitsbedingungen sind im weitesten Sinne als die Rechte und Pflichten aus einem Arbeitsverhältnis zu verstehen, die bestimmend sind für dessen rechtliche Gestaltung. Dazu gehören u.a. das Arbeitsentgelt einschließlich von Überstundensätzen (vgl. *BAG* 19.5.2004 EzA § 1 AEntG Nr. 2 = NZA 2004, 1170 m. Anm. *Klumpp* SAE 2006, 209), Urlaub und Sachbezüge (zur verwaltungstechnischen Umsetzung durch Anmeldepflichten, Kontrollmöglichkeiten und Bußgeldvorschriften vgl. *Webers* NJW 1996, 576 ff.; *Marschall* NZA 1998, 633 ff. [zugleich zu den verwaltungstechnischen Änderungen dieses Gesetzes mit Wirkung vom 1.1.1998]). Da das Ziel des AEntG darin besteht, die Anwendbarkeit von in Deutschland zwingenden Arbeitsbedingungen auf die grenzüberschreitende Entsendung von Arbeitnehmern im Bereich der Bauwirtschaft zu erreichen, war es grds. nicht auf Arbeitsverträge, die im Inland ansässige Arbeitgeber – auch wenn sie Ausländer sind – mit im Inland tätigen Arbeitnehmern abgeschlossen haben, anzuwenden (*OLG Düsseld.* 3.7.1998 NZA 1998, 1286; zust. *Böhm* NZA 1999, 128; abl. dazu *Hanau* NZA 1998, 1249 ff.; eine Vorlage des OLG Naumburg gem. § 121 Abs. 2 GVG, das die gegenteilige Rechtsauffassung vertreten wollte, hat der *BGH* 21.3.2000 NZA 2000, 558 für unzulässig erachtet, da sich die Gesetzeslage inzwischen im streitentscheidenden Punkt geändert hat, so dass eine Vorlage nicht mehr in Betracht kommt und das OLG gegenteilig entscheiden kann; s. zur aktuellen Rechtslage unten Rn. 755). 751

Gerade im Baubereich entfaltete das Gesetz zunächst keine Rechtswirkung. Denn die bundesdeutschen Tarifvertragsparteien des Baugewerbes hatten zwar einen Lohntarifvertrag vereinbart, der einen Mindestlohn enthielt. Das gem. § 5 Abs. 1 TVG erforderliche und nur zur Behebung eines sozialen Notstandes entbehrliche Einvernehmen zwischen BMA und dem paritätisch besetzten Ausschuss ließ sich jedoch zunächst nicht erzielen (vgl. 1. Aufl. S. 100). Nachdem die Tarifvertragsparteien sodann aber einen etwas niedrigeren Mindestlohn (17,– in den alten, 15,64 DM in den neuen Bundesländern) vereinbart haben und die EU am 24.9.1996 eine Entsenderrichtlinie verabschiedet hat, auf Grund derer für ausländische EU-Arbeitnehmer in einem anderen Mitgliedsstaat jeweils der Mindestlohn und die Arbeitsschutz- und Urlaubsbestimmungen des Gastlandes gelten, die innerhalb von drei Jahren umgesetzt werden muss, hat der Ausschuss der Allgemeinverbindlicherklärung zugestimmt. **Der BMA hat diesen Tarifvertrag sodann für die Zeit vom 1.1.1997 bis zum 31.8.1997 für allgemeinverbindlich erklärt.** Inzwischen gilt für den Mindestlohn ein **neuer Tarifvertrag**, der ebenfalls für allgemeinverbindlich erklärt worden ist (vgl. *Marschall* NZA 1998, 634). Nach Auffassung von *Koenigs* (DB 1997, 225 ff.; so auch *Selmayr* ZfA 1996, 615 ff.) ist dies weder mit Art. 59 noch mit Art. 48 EWGV (jetzt Art. 39 EGV) vereinbar; zulässig wäre danach nur befristet auf angemessene Zeit die Allgemeinverbindlicherklärung mit einem Mindestlohn von 15,43 in den alten und 14,12 DM in den neuen Bundesländern als Mittelwert der untersten Lohngruppen der Metall- und Stahlindustrie. 752

753 Am 1.9.2000 ist demgegenüber die zweite Verordnung über zwingende Arbeitsbedingungen (BGBl. I S. 1290) mit Gültigkeit bis zum 31.8.2002 in Kraft getreten. Sie ersetzt die am 31.8.2000 ausgelaufene erste Mindestlohn-Verordnung. Die Mindestlöhne für Bauarbeiter betrugen vom 1.9.2000 bis zum 31.8.2001 in Westdeutschland 18,87 DM und in Ostdeutschland 16,60 DM pro Stunde; vom 1.9.2001 an sind sie in einer zweiten Stufe auf 19,17 DM bzw. 16,87 DM gestiegen. Aktuell gilt der TV zur Regelung der Mindestlöhne im Baugewerbe v. 29.7.2005 (vgl. ErfK/*Schlachter* § 1 AEntG Rz. 8).

Bei der **Berechnung des Mindestlohns** i.S.d. § 1 Abs. 1 AEntG sind im Übrigen ungeachtet ihrer Bezeichnung **alle Zahlungen** des Arbeitgebers an den Arbeitnehmer zu berücksichtigen, die nicht Aufwandsentschädigung, sondern Arbeitsvergütung darstellen (s. *BAG* 8.10.2008 EzA § 4 TVG Tarifkonkurrenz Nr. 22 zum SanierungsTV der Holzmann AG).

754 Mit Wirkung vom 1.1.1999 hat der Gesetzgeber durch das sog. KorrekturG das AEntG **in zahlreichen Einzelpunkten geändert** (vgl. dazu *Meyer* NZA 1999, 126 ff.; *Büdenbender* RdA 2000, 193 ff.; *Bieback* RdA 2000, 207 ff.; *Däubler* NJW 1999, 601 ff.; *Schiefer* DB 1999, 48 ff.; *Blanke* ArbuR 1999, 417 ff.; *Schwab* NZA-RR 2004, 1 ff.; gegen ein öffentliches Interesse an der AVE von Tarifverträgen in diesem Zusammenhang generell Witteler BB 2007, 1620 ff.).

(1) Sachlicher Anwendungsbereich

aaa) Baugewerbe

755 Die Bestimmungen der allgemeinverbindlichen Tarifverträge des Baugewerbes werden nach § 1 Abs. 1 AEntG auf Arbeitgeber mit Sitz im Ausland erstreckt, wenn sie überwiegend, d.h. wenn die Arbeitszeit der insgesamt beschäftigten Arbeitnehmer mehr als 50 % der Gesamtarbeitszeit ausmacht, bauliche Leistungen erbringen. Vom BRTV-Bau und dem VTV werden auch »selbstständige« Betriebsabteilungen erfasst (*BAG* 25.1.2005 NZA 2005, 1130; 25.1.2005 NZA 2006, 172 dort jeweils auch zur Darlegungs- und Beweislast).

756 Das hat zur Folge, dass dann, wenn ein Arbeitgeber mit Sitz im Ausland mit entsandten Arbeitnehmern bauliche Leistungen erbracht, in Deutschland eine selbständige Betriebsabteilung und damit einen Betrieb i.S.d. allgemeinverbindlichen Bautarifverträge unterhalten und nach der Rückkehr der von ihm entsandten Arbeitnehmer in ihr Heimatland nach dessen Regeln Urlaub abgegolten hat, gegen die Urlaubs- und Lohnausgleichskasse der Bauwirtschaft einen Erstattungsanspruch hat, wenn er die ihm obliegenden Meldepflichten vollständig und ordnungsgemäß erfüllte (*BAG* 28.9.2005 EzA § 1 AEntG Nr. 9 = NZA 2006, 379).

§ 1 Abs. 1 AEntG stellt des Weiteren klar, dass ein Tarifvertrag des Baugewerbes **sowohl ein solcher des Bauhaupt- als auch des Baunebengewerbes sein kann.** Die bislang in § 1 Abs. 1 Nr. 1 AEntG enthaltene Beschränkung auf die unterste Lohngruppe eines Tarifvertrages entfällt. Damit soll den Tarifvertragsparteien ein größerer Gestaltungsspielraum eingeräumt werden, da sie **künftig mehr als nur eine Lohngruppe** für einen unter § 1 Abs. 1 S. 1 Nr. 1 AEntG fallenden Tarifvertrag vorsehen können. Die Streichung des Halbsatzes »soweit … nicht deutsches Recht für das Arbeitsverhältnis maßgeblich ist« in § 1 Abs. 1 S. 1 sowie die Ergänzungen in § 1 Abs. 1 S. 3 AEntG n.F. bezwecken Folgendes: Nach der vorherigen Rechtslage, auf die der bisherige § 1 Abs. 1 S. 4 AEntG Bezug nahm, waren die Arbeitsbedingungen, die durch das AEntG auf ausländische Arbeitgeber, die auf ihre in Deutschland eingesetzten Arbeitnehmer erstreckt wurden, auch von inländischen Arbeitgebern einzuhalten. Dies ergab sich entweder auf Grund Tarifbindung nach § 3 TVG oder aus der vom AEntG vorausgesetzten Allgemeinverbindlicherklärung eines Tarifvertrages. Der bisherige Wortlaut, insbes. der nunmehr gestrichene Halbsatz, war allerdings durch die zitierte Entscheidung des *OLG Düsseld.* (3.7.1998, s.o. Rn. 751) anders interpretiert worden. Danach war die Möglichkeit der Verhängung eines Bußgeldes gegen einen Inländer wegen Nichtgewährung des Mindestlohns verneint worden.

Dieses Auslegungsergebnis, bei dem derselbe Tatbestand (Nichteinhaltung zwingender Arbeitsbedingungen nach dem AEntG) nur gegenüber einem Ausländer, nicht aber gegenüber einem inländischen Arbeitnehmer mit einem Bußgeld geahndet werden könnte, ist nach Auffassung des Gesetzgebers eine gemeinschaftsrechtlich unzulässige Ausländerdiskriminierung. 757

Durch die Streichung des Halbsatzes »soweit ... nicht ohnehin deutsches Recht für das Arbeitsverhältnis maßgeblich ist« soll zugleich auch der Weg für eine **Einbeziehung der Werkvertragsarbeitgeber aus Mittel- und Osteuropa in die Urlaubskassenregelung** des Baugewerbes eröffnet werden. 758

Die Erstreckung der tariflichen Bestimmungen des **Urlaubskassenverfahrens** in der Bauwirtschaft auf Arbeitgeber mit Sitz im Ausland ist seit dem 1.1.1999 mit dem in Art. 49 und Art. 50 EGV festgelegten Grundsatz des freien Dienstleistungsverkehr vereinbar (*BAG* 28.9.2005 EzA § 1 AEntG Nr. 9 = NZA 2006, 379); dies gilt z.B. auch für Arbeitgeber mit Sitz in der Schweiz (*BAG* 3.5.2006 EzA § 1 AEntG Nr. 10=NZA-RR 2007, 641).

bbb) Gebäudereinigerhandwerk

Durch das erste Gesetz zur Änderung des AEntG ist inzwischen der Anwendungsbereich des § 1 Abs. 1 AEntG auf das Gebäudereinigerhandwerk ausgeweitet worden. Das tarifvertraglich vereinbarte Mindestentgelt findet damit auch auf die Arbeitsverhältnisse ausländischer Arbeitnehmer Anwendung, die nach Deutschland entsandt werden. Da Art. 34 GG insoweit nicht eingreift, würde sich ohne diese Erstreckung deutscher allgemeinverbindlicher Tarifverträge der Entgeltanspruch derartiger ausländischer Arbeitnehmer nach den am Betriebssitz des ausländischen Arbeitgebers geltenden Rahmenbedingungen bestimmen (s. *Düwell* FA 2007, 135 ff.). Der zuletzt maßgebliche allgemeinverbindliche (Mai 2007) tarifliche Mindestlohn betrug in dieser Branche 7,87 € (West) und 6,36 € (Ost). Der maßgebliche Tarifvertrag ist zum 28.2.2008 außer Kraft getreten und zum 1.3.2008 durch den allgemeinverbindlichen TV Mindestlohn vom 9.10.2007 und den nicht allgemeinverbindlichen Lohntarifvertrag vom 7.9.2007 (abrufbar im Internet unter www.rechtsrat.ws/gebaeude) abgelöst worden (s. dazu *Maier* NZA 2008, 1170 f.). 759

ccc) Die Reformbestrebungen: Weitere Ausdehnung des AEntG

Der Koalitionsausschuss von CDU und SPD hat sich inzwischen auf eine weitere Ausdehnung des AEntG verständigt. Branchen mit einer Tarifbindung von mindestens 50 % erhalten das Angebot, in das AEntG aufgenommen zu werden und tarifliche Mindestlöhne zu vereinbaren. Voraussetzung sollte ein gemeinsamer Antrag der Tarifvertragsparteien der betreffenden Branche bis zum Stichtag 31.3.2008 sein. Das Gesetzgebungsverfahren zur Aufnahme der Branche soll dann unverzüglich nach Ablauf des Stichtages eingeleitet werden; eine spätere Aufnahme der Branche wird dadurch nicht ausgeschlossen. **Anträge** haben gestellt die **Leiharbeitsbranche**, die **Pflegedienste** in der Altenpflege, das **Wach- und Sicherheitsgewerbe**, die **Textilreiniger**, die **Weiterbildungsbranche**, die **private Forstwirtschaft** sowie **Spezialunternehmen im Bergbau** (s. ArbuR 2008, 175; zur Gesetzgebungskompetenz des Bundes s. *Hoppe/Menzenbach* NZA 2008, 1110 ff.; zur rechtspolitischen Diskussion um eine Ausweitung auf die Zeitarbeitsbranche *Hunnekuhl/zu Dohna-Jaeger* NZA 2007, 954 ff.). 760

Inzwischen ist für **Briefzusteller** auf der Grundlage eines Gesetzes v. 28.12.2007 die Einbeziehung in das AEntG erfolgt und letztlich ein Mindestlohn von 9,80 € (West) bzw. 9 € (Ost) vorgesehen; das *VG Bln.* (7.3.2008 – VG 4 A 439/07 – EzA-SD 6/2008 S. 16 Pressemitteilung u. NZA 2008, 482 = ZTR 2008, 253; krit. auch *Hohenstatt/Schramm* NZA 2008, 433 ff.; *Klebeck* NZA 2008, 446 ff.; *Bauer/Oertel* FA 2008, 165 ff.; *Buschmann* ArbuR 2008, 234 ff.; *Maier* ArbuR 2008, 387 ff.; *Greiner* BB 2008, 840 ff.; s.a. *Sansone/Ulber* ArbuR 2008, 125 ff.; *Zipperling* BB 2008, 1790 ff.) hält dies allerdings für rechtswidrig.

Zum Kabinettsbeschluss zur Änderung des AEntG und des Gesetzes über Mindestarbeitsbedingungen v. 16.7.2008 s. NZA 14/2008 S. IX und *Willemsen/Sagan* NZA 2008, 1216 ff.

(2) RechtsVO ohne Einvernehmen der Sozialpartner

761 Gem. § 1 Abs. 3a AEntG n.F. kann das Bundesministerium für Arbeit und Soziales dann, wenn ein Antrag auf Allgemeinverbindlicherklärung eines Tarifvertrages nach § 1 Abs. 1 S. 1 oder § 1 Abs. 3 S. 1 AEntG gestellt worden ist, unter den dort genannten Voraussetzungen durch Rechtsverordnung ohne Zustimmung des Bundesrates und **ohne das bislang erforderliche Einvernehmen der Sozialpartner** im Rahmen des Verfahrens zur Allgemeinverbindlicherklärung von Tarifverträgen bestimmen, dass die Rechtsnormen dieses Tarifvertrages auf alle unter den Geltungsbereich dieses Tarifvertrages fallenden und nicht tarifgebundenen Arbeitgeber und Arbeitnehmer Anwendung finden. Vor Erlass der Rechtsverordnung erhalten die in den Geltungsbereich der Rechtsverordnung fallenden Arbeitgeber und Arbeitnehmer sowie die Parteien des Tarifvertrages Gelegenheit zur schriftlichen Stellungnahme (zum Gestaltungsspielraum des Verordnungsgebers vgl. *Ritgen* NZA 2005, 673 ff.).

762 Die Rechtsverordnung findet auch auf ein Arbeitsverhältnis zwischen einem Arbeitgeber mit Sitz im Ausland und seinem im Geltungsbereich der Rechtsverordnung beschäftigten Arbeitnehmer zwingend Anwendung. Unter den Geltungsbereich eines Tarifvertrages nach § 1 Abs. 1 oder § 1 Abs. 3 AEntG fallende Arbeitgeber mit Sitz im Inland sind verpflichtet, ihren Arbeitnehmern mindestens die in der Rechtsverordnung vorgeschriebenen Arbeitsbedingungen zu gewähren sowie einer gemeinsamen Einrichtung der Tarifvertragsparteien die ihr nach § 1 Abs. 1 S. 1 AEntG zustehenden Beiträge zu leisten (vgl. ausf. zur Einbeziehung ausländischer Arbeitnehmer in das Urlaubskassenverfahren des Baugewerbes *Wank/Börgmann* NZA 2001, 177 ff.; zur Unzulässigkeit einer Verfassungsbeschwerde einer Firma mit Sitz in Luxemburg *BVerfG* 22.12.2000 NZA 2001, 491). Dies gilt unabhängig davon, ob die entsprechende Verpflichtung kraft Tarifbindung nach § 3 TVG oder auf Grund Rechtsverordnung besteht; es verstößt weder gegen das GG noch gegen Europäisches Gemeinschaftsrecht (*BAG* 20.7.2004 EzA § 1a AEntG Nr. 2).

763 § 1 Abs. 3a S. 4 1. Hs. AEntG gilt auch für Arbeitgeber mit Sitz im Inland und ihre im Geltungsbereich der Rechtsverordnung beschäftigten Arbeitnehmer.

764 Auf dieser Grundlage ist die **Geltungserstreckung** der Rechtsnormen des Tarifvertrages zur Regelung eines Mindestlohns im Baugewerbe durch § 1 der Verordnung über zwingende Mindestarbeitsbedingungen im Baugewerbe vom 25.8.1999 (BGBl. I S. 1894) erfolgt; diese Regelung verstößt nicht gegen Art. 9 Abs. 3 GG. Denn durch diese Regelungen werden Außenseiter – ähnlich wie bei der Allgemeinverbindlicherklärung von Tarifverträgen – weder in ihrem Grundrecht auf positive noch auf negative Koalititionsfreiheit verletzt (*BVerfG* 18.7.2000 EzA Art. 9 GG Nr. 69; *Büdenbender* RdA 2000, 193 ff.; *Bieback* RdA 2000, 207 ff.; *Schlachter* NZA 2002, 1242 ff.; **a.A.** *von Dannwitz* RdA 1999, 322 ff.; *Scholz* SAE 1000, 266 ff.; vgl. auch ausf. *Kreiling* NZA 2001, 1118 ff.). Auch die **Einbeziehung von in einem anderen Mitgliedsstaat ansässigen Unternehmen**, die eine Dienstleistung in der BRD erbringen, in das Urlaubskassenverfahren des Baugewerbes ist grds. zulässig, auch im Hinblick auf das EG-Recht (Art. 59, 60 EWGV; jetzt Art. 49, 50 EGV). Insoweit hat der *EuGH* (25.10.2001 NZA 2001, 1377 m. Anm. *Fuchs* SAE 2002, 83; vgl. dazu *Kort* NZA 2002, 1248 ff.; *EuGH* 14.4.2005 EzA EG-Vertrag 1999 Richtlinie 96/71 Nr. 1 = NZA 2005, 573) allerdings folgende **Grundsätze** aufgestellt:

765 ▶ Erforderlich ist zum einen, dass die Arbeitnehmer nach den Rechtsvorschriften des Niederlassungsmitgliedsstaats ihres Arbeitgebers **keinen im Wesentlichen vergleichbaren Schutz genießen**, so dass die Anwendung der nationalen Regelung des ersten Mitgliedsstaats ihnen einen tatsächlichen Vorteil verschafft, der deutlich zu ihrem sozialen Schutz beiträgt und zum anderen dass die Anwendung dieser Regelung des ersten Mitgliedsstaats im Hinblick auf das verfolgte, im Allgemeininteresse liegende Ziel verhältnismäßig ist.

- Die BRD hat gegen Art. 3 RL 96/71/EG dadurch verstoßen, dass sie – abgesehen vom Bauzuschlag – die von Arbeitgebern mit Sitz in anderen Mitgliedsstaaten an ihre nach Deutschland entsandten Arbeitnehmer des Baugewerbes gezahlten **Zulagen oder Zuschläge**, die nicht das Verhältnis zwischen der Leistung des Arbeitnehmers und der von ihm erhaltenen Gegenleistung verändern, **nicht als Bestandteile des Mindestlohns anerkennt** (*EuGH* 14.4.2005 EzA EG-Vertrag 1999 Richtlinie 96/71 Nr. 1 = NZA 2005, 573). 766
- Die RL 96/71/EG steht, ausgelegt im Lichte von Art. 49 EGV einer gesetzlichen Maßnahme eines Hoheitsträgers eines Mitgliedsstaats (Land Niedersachsen) entgegen, mit der dem öffentlichen Auftraggeber vorgeschrieben wird, Aufträge für Bauleistungen nur an solche Unternehmen zu vergeben, die sich bei der Angebotsabgabe schriftlich verpflichten, ihren Arbeitnehmern bei der Ausführung dieser Leistungen mindestens das am Ort der Ausführung tarifvertraglich vorgesehene Entgelt zu zahlen; bei diesem Einzelfall ist zu beachten, dass es sich bei dem maßgeblichen Tarifvertrag **nicht um einen für allgemeinverbindlich erklärten handelte** (*EuGH* 3.4.2008 NZA 2008, 537). 767
- Art. 59, 60 EWGV (jetzt Art. 49, 50 EGV) stehen einer **Ausdehnung der Urlaubslänge** über die in der RL 93/104 RG (v. 23.11.1993) vorgesehene hinaus auf die von in anderen Mitgliedsstaaten ansässigen Dienstleistenden in diesen Mitgliedsstaat entsandten Arbeitnehmer für die Dauer ihrer Entsendung durch eine Regelung eines Mitgliedsstaates nicht entgegen. 768
- Sofern dies durch **objektive Unterschiede** zwischen Unternehmen, die in der BRD ansässig sind und solchen, die in anderen Mitgliedsstaaten ansässig sind, gerechtfertigt ist, gilt gleiches für eine nationale Regelung, die den Erstgenannten einen Anspruch auf Erstattung von Aufwendungen für Urlaubsentgelt und Urlaubsgeld gegen die Urlaubskasse zubilligt, für die Zweitgenannten aber einen solchen Anspruch nicht vorsieht, sondern stattdessen einen direkten Anspruch der entsandten Arbeitnehmer gegen diese Kasse begründet. 769
- Es ist Sache des vorlegenden Gerichts, unter Berücksichtigung des Grundsatzes der Verhältnismäßigkeit zu ermitteln, **welche Arten von Auskünften die deutschen Behörden** von den außerhalb Deutschlands ansässigen Dienstleistenden zulässigerweise verlangen können. Zu diesem Zweck hat das vorlegende Gericht (*ArbG Wiesbaden* 10.2.1998, 16.2.1998, 17.2.1998, 27.2.1998 NZA-RR 1998, 217) zu beurteilen, ob objektive Unterschiede zwischen der Situation von in Deutschland ansässigen Unternehmen und derjenigen von außerhalb Deutschlands ansässigen Unternehmen die von Letzteren verlangten zusätzlichen Auskünfte sachlich erforderlich machen. 770
- Art. 49, 50 EGV stehen andererseits der Anwendung der Urlaubsregelung eines Mitgliedsstaats auf alle Unternehmen, die in anderen Mitgliedsstaaten ansässig sind und im Gebiet des ersten Mitgliedsstaats Dienstleistungen im Baugewerbe erbringen, entgegen, **wenn nicht alle in dem ersten Mitgliedsstaat ansässigen Unternehmen, die nur einen Teil ihrer Tätigkeit** in diesem Gewerbe ausüben, **dieser Regelung** in Bezug auf ihre in diesem Gewerbe beschäftigten Arbeitnehmer **unterliegen.** 771

  Bezogen auf die Erstreckung auf das **Urlaubskassenverfahren polnischer Unternehmen** hat das *BAG* (25.6.2002 EzA § 1 AEntG Nr. 1 m. Anm. *Feuerborn* SAE 2004, 138 ff.; *LAG Hessen* 14.7.2003 LAG Report 2004, 255 LS; vgl. auch *BAG* 25.6.2002 – 9 AZR 439/01 – EzA-SD 7/2003, S. 16 LS zur Slowakischen Republik; 20.7.2004 EzA § 1a AEntG Nr. 2 = NZA 2005, 1375 LS zu Kroatien) folgende Grundsätze aufgestellt:
- Nach § 1 Abs. 3 AEntG werden die Rechtsnormen der für das Urlaubskassenverfahren der Bauwirtschaft geltenden Tarifverträge auf Arbeitgeber erstreckt, die ihren Sitz im Ausland haben und Arbeitnehmer nach Deutschland entsenden. Diese Bestimmung ist nach Art. 34 EGBGB auch dann anwendbar, wenn die Arbeitsverhältnisse der entsandten Arbeitnehmer ausländischem Arbeitsrecht unterliegen. 772
- Die Rechtsnormen der für das tarifliche Urlaubskassenverfahren anwendbaren Tarifverträge werden nicht durch das Arbeitserlaubnisrecht (§ 284 SGB III) verdrängt. § 1 Abs. 3 AEntG setzt voraus, dass die anzuwendenden Tarifverträge für allgemeinverbindlich erklärt sind. Maßgebend ist der Begriff der Allgemeinverbindlicherklärung nach § 5 TVG. Für die Prüfung der Voraussetzungen der Allgemeinverbindlicherklärung sind allein die dem deutschen Arbeitsrecht unterliegenden Arbeitsverhältnisse zu berücksichtigen. 773

774 ▶ Die in § 1 Abs. 3 AEntG geregelte Erstreckung auf ausländische Arbeitgeber schließt Rechtsnormen ein, die von den Tarifvertragsparteien ausschließlich für Arbeitgeber mit Sitz außerhalb der Bundesrepublik Deutschland vereinbart sind, wenn die Regelungen wegen der Besonderheiten des Auslandsbezugs zweckmäßig und geboten sind.

775 ▶ Die Tarifverträge über das Urlaubskassenverfahren der Bauwirtschaft verstoßen nicht gegen den Gleichheitssatz (Art. 3 Abs. 1 GG). Es ist gerechtfertigt, in das Urlaubskassenverfahren lediglich Arbeiter, nicht aber Angestellte einzubeziehen. Der Einbezug ausländischer Arbeiter rechtfertigt sich aus den diesen erwachsenden Leistungen. Der unterlassene Einbezug ausländischer Angestellter rechtfertigt sich schon daraus, dass auch keine deutschen Angestellten erfasst sind.

776 ▶ Das deutsch-polnische Werkvertragsabkommen verdrängt nicht die Anwendung des § 1 Abs. 3 AEntG.

777 ▶ Der Erstreckung nach § 1 Abs. 3 AEntG steht auch nicht das Recht der Europäischen Gemeinschaft entgegen. Soweit die Europäische Union Assoziationsabkommen (hier: mit der Republik Polen) geschlossen hat, gewähren diese weder unmittelbare Rechte noch enthalten sie innerstaatlich anwendbares Recht.

778 ▶ Die unmittelbar durch Gesetz erfolgte Ausweitung des Geltungsbereichs der tariflichen Urlaubsregelungen ist als Ausgestaltung der Koalitionsfreiheit nach Art. 9 Abs. 3 GG gerechtfertigt. Der Gesetzgeber durfte Arbeitgeber mit Sitz im Ausland ohne Verletzung des Gleichheitssatzes Arbeitgebern mit Sitz im Inland gleichstellen. Doppelten Belastungen der ausländischen Arbeitgeber durch die Inanspruchnahme von nach ausländischem Recht begründeten Urlaubsansprüchen einerseits und durch die Heranziehung zu Beiträgen zum deutschen Urlaubskassenverfahren andererseits kann durch entsprechende Handhabung des Urlaubskassenverfahrens entgegengewirkt werden.

779 ▶ Sowohl deutschen als auch ausländischen Arbeitgebern des Baugewerbes ist es verwehrt, Tarifverträge abzuschließen, die darauf gerichtet sind, die Erstreckungswirkung von Tarifverträgen nach dem AEntG auszuschließen (§ 1 Abs. 1 S. 2 und 3 sowie Abs. 3 S. 3 AEntG).

780 ▶ Unentschieden bleibt die Rechtsfrage, ob § 1 Abs. 4 AentG (aufgehoben zum 1.1.2004, vgl. *BAG* 25.1.2005 NZA 2005, 1365), der für Arbeitgeber mit Sitz außerhalb Deutschlands einen besonderen Betriebsbegriff schafft, mit Art. 3 Abs. 1 GG vereinbar ist. Auch nach geltendem Tarifrecht ist für die Zuordnung zum betrieblichen Geltungsbereich des tariflichen Urlaubskassenverfahrens im Baugewerbe das Vorhandensein einer Betriebsabteilung ausreichend, in der bauliche Leistungen erbracht werden (§ 1 Abs. 2 Abschn. VI Unterabs. 1 S. 2 BRTV).

781 Bezogen auf **Portugal** gilt Folgendes (*BAG* 20.7.2004 EzA § 1 AEntG Nr. 3 = NZA 2005, 114 = BAG Report 2005, 246; 20.7.2004 EzA § 1 AEntG Nr. 4 = NZA 2005, 128 LS = BAG Report 2005, 256 LS; vgl. dazu *Rieble/Bonmann* SAE 2005, 194 ff.):

- § 1 AEntG erstreckt die Wirkungen der urlaubs- und urlaubskassenrechtlichen Regelungen im BRTV und im VTV auch auf portugiesische Arbeitgeber. Die erstreckten Regelungen sind **günstiger als die nach portugiesischem Recht** geltenden.
- Ab **1999** und für die Zeit danach ist diese Erstreckung mit dem EG-rechtlichen Grundsatz der Dienstleistungsfreiheit (Art. 49, 50 EGV) vereinbar. Die Erstreckung bietet den entsandten portugiesischen Arbeitnehmern einen tatsächlichen Vorteil. Sie ermöglicht es, die gegenüber dem portugiesischen Recht deutlich günstigeren Ansprüche der erstreckten Tarifverträge tatsächlich durchzusetzen, ohne dass die Arbeitnehmer auf den Rechtsweg angewiesen sind. Die Erstreckung ist deshalb aus Gründen des Allgemeininteresses zulässig.
- Vor 1999 verstieß die Erstreckung gegen den europarechtlichen Grundsatz der Dienstleistungsfreiheit. Nach der bis dahin geltenden Fassung des Gesetzes konnten zwar inländische, nicht jedoch ausländische Arbeitgeber durch speziellere Tarifverträge vom Sozialkassenverfahren ausgenommen werden. Dadurch wurden Arbeitgeber aus EG-Staaten unzulässig benachteiligt. Die erstreckten Vorschriften waren daher nicht auf Arbeitgeber aus dem EG-Ausland anwendbar.

(3) Ausnahmen für geringfügige Arbeiten

Gem. § 1 Abs. 5 AEntG n.F. können ausländische Arbeitnehmer im Falle lediglich geringfügiger Arbeiten durch Ausnahmegenehmigungen der Bundesagentur für Arbeit von der Einhaltung zwingender Arbeitsbedingungen befreit werden. Dieser Ausnahmetatbestand wird auf den praktisch relevanten Fall der Einbeziehung ausländischer Arbeitgeber in das **Urlaubskassenverfahren der Bauwirtschaft** konzentriert. 782

(4) Durchgriffshaftung

Die neue Regelung des § 1a AEntG regelt die Durchgriffshaftung der Unternehmer, die Bauleistungen in Auftrag geben (§ 211 Abs. 1 SGB III), für die Entgeltansprüche der Arbeitnehmer und die Beiträge zu den gemeinsamen Einrichtungen der Tarifvertragsparteien i.S.d. AEntG, indem sie **wie ein selbstschuldnerischer Bürge** für diese Forderungen gegen den Arbeitgeber in Anspruch genommen werden können. Die Durchgriffshaftung ist **auf Unternehmer beschränkt**. Damit sollen alle Bauaufträge erfasst werden, die Unternehmer im Rahmen ihrer Geschäftstätigkeit in Auftrag geben. Für Privatleute, die Bauleistungen in Auftrag geben, ist eine Durchgriffshaftung nicht vorgesehen. 783

Das *BAG* (6.11.2002 EzA § 1a AEntG Nr. 1 = NZA 2003, 490; 28.3.2007 EzA § 1a AEntG Nr. 5 = NZA 2007, 613; zum Begriff des Mindestentgelts in § 1a AEntG s. *Deckers* NZA 2008, 321 ff.) hat dazu folgende **Grundsätze** entwickelt: 784

- § 1a AEntG bezweckt die Durchsetzung des durch die Verordnung über zwingende Arbeitsbedingungen im Baugewerbe in der jeweils geltenden Fassung festgesetzten Mindestlohns auf Baustellen. Die Bürgenhaftung soll Bauunternehmer im eigenen Interesse veranlassen darauf zu achten, dass die beauftragten Nachunternehmer die nach § 1 AEntG geltenden zwingenden Arbeitsbedingungen einhalten. Die durch § 1a AEntG gesicherten Mindestlöhne im Baugewerbe sollen ihrerseits Wettbewerbsvorteile ausländischer Unternehmen aus Ländern mit deutlich niedrigerem Lohnniveau ausgleichen und so die Bautätigkeit in Deutschland den inländischen Arbeitslosen zugute kommen lassen (BT-Drs. 13/2414 S. 7). § 1a AEntG dient ferner der Sicherung der Tarifautonomie. Schließlich soll durch das Arbeitnehmerentsendegesetz insgesamt einer Verschlechterung der Situation der Klein- und Mittelbetriebe der deutschen Bauwirtschaft entgegengewirkt werden.
- Der Begriff Unternehmer in § 1a AEntG ist einschränkend auszulegen. Nicht jeder Unternehmer i.S.v. § 14 Abs. 1 BGB, der eine Bauleistung in Auftrag gibt, wird vom Geltungsbereich des § 1a AEntG erfasst. Zweck des Gesetzes ist vielmehr, Bauunternehmer, die sich verpflichtet haben, ein Bauwerk zu errichten, und dies nicht mit eigenen Arbeitskräften erledigen, sondern sich zur Erfüllung ihrer Verpflichtungen eines oder mehrerer Subunternehmen bedienen, als Bürgen haften zu lassen. Da diesen Bauunternehmen der wirtschaftliche Vorteil der Beauftragung von Nachunternehmern zugute kommt, sollen sie für die Lohnforderungen der dort beschäftigten Arbeitnehmer nach § 1a AEntG einstehen. Diese Gesetzeszwecke treffen auf andere Unternehmer, die als Bauherren eine Bauleistung in Auftrag geben, nicht zu, selbst dann nicht, wenn sie selbst einen Baubetrieb unterhalten (*BAG* 28.3.2007 EzA § 1a AEntG Nr. 5 = NZA 2007, 613). Diese beschäftigen für das konkrete Vorhaben keine eigenen Bauarbeitnehmer. Sie beauftragen auch keine Subunternehmer, die für sie eigene Leistungspflichten erfüllen. Bauherren fallen daher nicht in den Geltungsbereich des § 1a AEntG. 785
- § 1a AEntG verstößt nicht gegen die in Art. 12 Abs. 1 GG gewährleistete Berufsausübungsfreiheit (ebenso *LAG Düsseld.* 10.7.2002 NZA-RR 2003, 10; *LAG RhPf* 3.8.2005 ArbuR 2006, 71 LS). Die in § 1a AEntG geregelte Bürgenhaftung greift zwar in den Schutzbereich des Art. 12 Abs. 1 GG ein, wonach alle Deutschen das Recht haben, Beruf, Arbeitsplatz und Ausbildungsstätte frei zu wählen. Die Beeinträchtigung der Berufsausübungsfreiheit ist jedoch durch Gründe des Gemeinwohls gerechtfertigt. Der Eingriff in Art. 12 Abs. 1 GG ist zur Erreichung der gesetzlichen Ziele geeignet, erforderlich und verhältnismäßig im engeren Sinn. Für die von § 1a AEntG erfassten Bauunternehmer bestehen ausreichend rechtliche Möglichkeiten, das Haftungsrisiko einzugrenzen. 786

787 ▶ Die in § 1a AEntG angeordnete Bürgenhaftung ist mit der durch Art. 49 EG (Amsterdamer-Fassung, vormals Art. 59 EG-Vertrag) gewährleisteten Freiheit des Dienstleistungsverkehrs nicht offenkundig vereinbar. Die Bürgenhaftung aus § 1a AEntG kann wegen der angezeigten Kontrollen und Nachweispflichten die Erbringung von Bauleistungen in Deutschland durch Bauunternehmen aus Mitgliedstaaten negativ beeinflussen.

788 ▶ Um die Anwendbarkeit des § 1a AEntG einer Klärung zuzuführen, wird gem. Art. 234 EG-Vertrag der EuGH zur Vorabentscheidung über folgende Frage angerufen: Steht Art. 49 EG-Vertrag (vormals Art. 59 EG-Vertrag) einer nationalen Regelung entgegen, nach der ein Bauunternehmer, der einen anderen Unternehmer mit der Erbringung von Bauleistungen beauftragt, für die Verpflichtungen dieses Unternehmers oder eines Nachunternehmers zur Zahlung des Mindestentgelts an einen Arbeitnehmer oder zur Zahlung von Beiträgen an eine gemeinsame Einrichtung der Tarifvertragsparteien wie ein Bürge haftet, der auf die Einrede der Vorausklage verzichtet hat, wenn das Mindestentgelt den Betrag erfasst, der nach Abzug der Steuern und der Beiträge zur Sozialversicherung und zur Arbeitsförderung oder entsprechender Aufwendungen zur sozialen Sicherung an den Arbeitnehmer auszuzahlen ist (Nettoentgelt), wenn der Entgeltschutz der Arbeitnehmer nicht vorrangiges oder nur nachrangiges Ziel des Gesetzes ist?

789 Der *EuGH* (12.10.2004 NZA 2004, 1211; vgl. dazu *de Fatima Viega* NZA 2005, 208 ff.) ist daraufhin zu dem Ergebnis gelangt, dass Art. 5 RL 96/71 bei einer Auslegung im Licht des Art. 49 EGV einer nationalen Regelung **nicht entgegensteht**, nach der ein Bauunternehmer, der einen anderen Unternehmer mit der Erbringung von Bauleistungen beauftragt, für die Verpflichtungen dieses Unternehmers oder eines Nachunternehmers zur Zahlung des Mindestentgelts an einen Arbeitnehmer oder zur Zahlung von Beiträgen an eine gemeinsame Einrichtung der Tarifvertragsparteien **wie ein Bürge haftet**, der auf die Einrede der Vorausklage verzichtet hat, wenn das Mindestentgelt den Betrag erfasst, der nach Abzug der Steuern und der Beiträge zur Sozialversicherung und zur Arbeitsförderung oder entsprechender Aufwendungen zur sozialen Sicherheit an den Arbeitnehmer auszuzahlen ist (Nettoentgelt), wenn der Entgeltschutz der Arbeitnehmer nicht vorrangiges oder nur nachrangiges Ziel des Gesetzes ist.
Daraufhin hat das *BAG* (12.1.2005 EzA § 1a AEntG Nr. 3 = NZA 2005, 627 m. Anm. *Seifert* SAE 2007, 386 ff.; dies ist mit Art. 12 Abs. 1 GG vereinbar: *BVerfG* 20.3.2007 NZA 2007, 609) im Ausgangsverfahren ebenfalls festgestellt, dass **§ 1a AEntG mit der** durch Art. 46 EGV **gewährleisteten Freiheit des Dienstleistungsverkehrs vereinbar ist**. Allerdings unterliegt der Haftung nur der Anspruch des Arbeitnehmers auf Arbeitsentgelt für tatsächlich geleistete Arbeit. Nicht erfasst werden dagegen Annahmeverzugsansprüche des Arbeitnehmers sowie Ansprüche gegen den Arbeitgeber auf Verzugszinsen wegen verspäteter Lohnzahlung.

790 ▶ **Beispiel:**
Nimmt die Urlaubs- und Lohnausgleichskasse der Bauwirtschaft (ULAK) einen Unternehmer, der einen **Subunternehmer beauftragt hat**, danach als **gesetzlichen Bürgen** für Beitragsschulden des Subunternehmers in Anspruch, so wirkt die Rechtskraft einer der ULAG günstigen Entscheidung gegen den Subunternehmer nicht zu Lasten des Unternehmers. § 1a AEntG steht einer Erklärung des Bürgen mit Nichtwissen gem. § 138 Abs. 4 ZPO über die Anzahl und die Einsatzzeiten der vom Subunternehmer beschäftigten Arbeitnehmer nicht entgegen (*BAG* 2.8.2006 EzA § 1a AEntG Nr. 4 = NZA-RR 2007, 646).

(5) Erweiterung der Meldepflicht und des Bußgeldrahmens

791 Durch § 3 AEntG n.F. werden die Meldepflichten des Arbeitgebers bzw. Verleihers ergänzt. Diese Regelung verstößt allerdings insoweit gegen Art. 49 EG, als **ausländische Zeitarbeitsunternehmen** im Gegensatz zu in Deutschland ansässigen nicht nur die Überlassung eines Arbeitnehmers an einen Entleiher in Deutschland, sondern auch **jede Änderung seines Einsatzortes anmelden müssen** (*EuGH* 18.7.2007 NZA 2007, 917).

§ 5 Abs. 1 Nr. 1 AEntG n.F. stellt klar, dass auch inländische Arbeitgeber nach dem AEntG zur Zahlung der Mindestlöhne verpflichtet sind und diese Verpflichtung bußgeldbewehrt ist. Die Möglichkeit zur Verhängung eines Bußgeldes wird auch auf den Fall erstreckt, dass der Arbeitgeber die zur Prüfung erforderlichen Unterlagen entgegen einem behördlichen Verlangen nicht auf der Baustelle bereithält. Der Bußgeldrahmen gem. § 5 Abs. 3 AEntG n.F. wird von 500.000,00 DM auf **500.000,00 €** bzw. 30.000,00 DM **auf 25.000,00 €** erhöht. Der Gesetzgeber geht dabei davon aus, dass auch die zum 1.1.1998 bereits erfolgte Anhebung des Bußgeldrahmens für die Nichtgewährung zwingender Arbeitsbedingungen in der Praxis noch nicht ausgereicht hat, um bei dem verpflichteten Personenkreis die Bereitschaft zur Einhaltung dieser Gesetzesvorschriften in ausreichendem Maße zu wecken. Die damit verbundenen Meldepflichten für Arbeitgeber, die ihren Sitz nicht in Deutschland haben, verstoßen nach Auffassung des *OLG Düsseld.* (26.3.2000 NZA-RR 2001, 461) nicht gegen den EG-Vertrag. 792

(6) Katalog zwingender Mindestarbeitsbedingungen

Die Neuregelung des § 7 AEntG schließlich sieht vor, dass ein **»harter Kern« von Arbeitsbedingungen** im Einsatzstaat **auch für den entsandten Arbeitnehmer** zur Anwendung kommen muss: 793
- Höchstarbeitszeiten,
- Mindestruhezeiten,
- der bezahlte Mindestjahresurlaub,
- die Mindestentgeltsätze einschließlich Überstundensätze,
- die Bedingungen für die Überlassung von Arbeitskräften, insbes. durch Leiharbeitsunternehmen,
- die Sicherheit, den Gesundheitsschutz und die Hygiene am Arbeitsplatz,
- die Schutzmaßnahmen im Zusammenhang mit den Arbeits- und Beschäftigungsbedingungen von Schwangeren und Wöchnerinnen, Kindern und Jugendlichen,
- die Gleichbehandlung von Männern und Frauen sowie
- andere Nichtdiskriminierungsbestimmungen.

Diese Mindeststandards sollen, soweit sie in Rechts- und Verwaltungsvorschriften geregelt sind, nicht nur im Baubereich, sondern **in allen Wirtschaftsbereichen** gelten. Von einem gesonderten Umsetzungsbedarf in deutsches Recht i.S. einer konstitutiv wirkenden gesetzlichen Anordnung ist der Gesetzgeber nicht ausgegangen, da die zwingende Anwendung dieser Mindeststandards bereits den Grundsätzen des internationalen Privatrechts entsprechen soll. So gelten insbes. die Vorschriften des staatlichen Arbeitsschutzrechts als »Eingriffsnormen« i.S.d. Art. 34 EGBGB, die ohne Rücksicht auf das auf den Vertrag anzuwendende Recht den Sachverhalt zwingend regeln. § 7 Abs. 1 AEntG dient deshalb der **(deklaratorischen) Klarstellung** auch mit Rücksicht auf die betreffenden ausländischen Arbeitgeber. 794

(7) Gerichtliche Durchsetzung

Gem. § 8 AEntG n.F. kann zur Durchsetzung der in Art. 3 der EU-Entsenderichtlinie gewährleisteten Arbeits- und Beschäftigungsbedingungen Klage in dem Mitgliedsstaat erhoben werden, in dessen Hoheitsgebiet der Arbeitnehmer entsandt ist oder war. Diese Regelung begründet nicht nur die internationale Zuständigkeit deutscher Gerichte, sondern auch die sachliche Zuständigkeit der Gerichte für Arbeitssachen (*BAG* 11.9.2002 EzA § 2 ArbGG 1979 Nr. 57). Das gilt aber dann nicht, wenn **keine grenzüberschreitende Entsendung** von Arbeitnehmern vorliegt (*BAG* 2.7.2008 EzA EG-Vertrag 1999 Verordnung 44/2001 Nr. 3 = NZA 2008, 1084). 795

War nach § 6 AEntG a.F. bislang die Klage auf Einhaltung der Mindestarbeitsbedingungen nach dem AEntG in seiner bis zum 31.12.1998 geltenden Fassung (Mindestlohn und Urlaub) beschränkt, so kann ab dem 1.1.1999 der entsandte Arbeitnehmer auf Einhaltung aller nach der Richtlinie einschlägigen Beschäftigungsbedingungen und damit auch der gesetzlich geregelten ausdehnen. 796

(8) Entfristung

797 Nach § 8 AEntG a.F. sollte das AEntG am 1.9.1999 außer Kraft treten. Die Mitgliedsstaaten haben jedoch die Pflicht, spätestens bis zum 16.12.1999 die zur Umsetzung der EU-Entsenderichtlinie erforderlichen Rechts- und Verwaltungsvorschriften zu erlassen. Die Entfristung des AEntG soll der Umsetzung dieser gemeinschaftsrechtlichen Verpflichtungen dienen.

(9) Kritik

798 Die Änderungen des AEntG haben bereits im Rahmen des Gesetzgebungsverfahrens teilweise heftige Kritik erfahren. Soweit zukünftig nicht mehr nur eine unterste Lohngruppe, also ein »echter Mindestlohn« auf EU-Ausländer zu übertragen ist, soll dies zukünftig für mehrere Lohngruppen möglich werden. Die BDA (Rundschreiben vom 20.11.1998) befürchtet, dass damit zwangsläufig höhere Mindestlöhne als heute üblich zu erwarten sind. Wenn zudem die Mindestentgeltsätze einschließlich Überstundensätze auf ausländische Arbeitnehmer auszuweiten sind, dann wird die Gefahr gesehen, dass komplette Tarifgitter einschließlich der Arbeitszeit als Basisberechnung der Überstundenvergütung auf Außenseiter und EU-Ausländer ausgedehnt werden. Die vorgesehenen gesetzlichen Änderungen hätten danach zwangsläufig eine Präjudizierung anderer Tarifbereiche zur Folge, durch die das Tarifgefüge insgesamt empfindlich gestört würde. Wenn schließlich der Bundesarbeitsminister durch Rechtsverordnung eine Übertragung von Rechtsnormen eines Tarifvertrages auf alle unter den Geltungsbereich dieses Tarifvertrages fallenden Arbeitgeber und Arbeitnehmer und auch auf Arbeitsverhältnisse von EU-Ausländern, die in der Bundesrepublik Deutschland tätig sind, vornehmen kann, ohne das notwendige Einvernehmen mit den Sozialpartnern herzustellen, dann sei dies der Einstieg in staatlichen Lohndirigismus und eine Entmündigung der Tarifvertragsparteien. Dies sei mit der Tarifautonomie nicht vereinbar und begegne verfassungspolitischen sowie verfassungsrechtlichen Bedenken. Eingegriffen werde in die negative Koalitionsfreiheit insoweit, als Nichttarifgebundene durch Rechtsverordnung einem Tarifvertrag unterworfen werden, ohne dass hierfür ein öffentliches Interesse gefordert werde. Die Erstreckung tangiere aber auch die positive Koalitionsfreiheit, da den Tarifvertragsparteien Trittbrettfahrer aufgezwungen werden könnten. Grds. müsse ein staatlicher Eingriff im Hinblick auf die Festsetzung des Lohns und andere materielle Arbeitsbedingungen durch schwerwiegende Gründe gerechtfertigt sein. Auch bestünden Zweifel daran, ob die verfassungsrechtlich gebotene Bestimmtheit der Ermächtigung gegeben sei (vgl. ausf. *Strohmaier* RdA 1998, 339 ff.).

(10) Vereinbarkeit mit EG-Recht

799 Die in § 2 Abs. 3 AEntG geregelte Verpflichtung zur Übersetzung der dort genannten Unterlagen stellt zwar eine Beschränkung des freien Dienstleistungsverkehrs dar (Art. 49 EG). Diese Beschränkung ist aber gerechtfertigt, da es den zuständigen Behörden des Staates ermöglicht werden soll, am Beschäftigungsort Kontrollen durchzuführen, um die Einhaltung der nationalen Vorschriften zum Schutz der Arbeitnehmer zu überwachen (*EuGH* 18.7.2007 NZA 2007, 917).

Die BRD hat aber dadurch gegen ihre Verpflichtungen aus Art. 43, 49 EGV verstoßen, dass sie gesetzlich festgelegt hat, **dass in anderen Mitgliedsstaaten niedergelassene Bauunternehmen:**

- im Rahmen einer **Arbeitsgemeinschaft auf dem deutschen Markt** nur dann grenzüberschreitende Dienstleistungen erbringen können, wenn sie über einen **Sitz oder zumindest eine Niederlassung in Deutschland** verfügen, die eigenes Personal beschäftigen und für dieses Personal einen Firmentarifvertrag abschließen;
- ***anderen Baubetrieben*** nur dann grenzüberschreitend Arbeitnehmer überlassen können, wenn sie über einen **Sitz oder zumindest über eine Niederlassung in Deutschland verfügen,** die eigenes Personal beschäftigen und als Mitglied eines deutschen Arbeitgeberverbandes von einem Rahmen- und Sozialkassentarifvertrag erfasst werden;

– in Deutschland **keine Zweigniederlassung gründen können**, die als Baubetrieb gilt, wenn deren Personal ausschließlich mit Verwaltungs- und Vertriebsaufgaben, Planungs-, Überwachungs- und/oder Lohnarbeiten betraut ist, sondern diese Niederlassung im deutschen Arbeitsgebiet dazu Arbeitnehmer beschäftigen muss, **die zu über 50 % der betrieblichen Gesamtarbeitszeit bauliche Leistungen erbringen** (*EuGH* 25.10.2001 EzA § 1 AÜG Nr. 11 = NZA 2001, 1299 m. Anm. *Boecken/Theiss* SAE 2002, 236).

Andererseits müssen die nationalen Behörden und ggf. Gerichte bei der Entscheidung, ob die durch den Aufnahmemitgliedsstaat erfolgende Anwendung einer nationalen Regelung, die einen Mindestlohn vorsieht, auf in einem anderen Mitgliedsstaat ansässige Dienstleistende mit Art. 49 EGV und Art. 50 EGV vereinbar ist, prüfen, ob diese Regelung bei objektiver Betrachtung den Schutz der entsandten Arbeitnehmer gewährleistet. Dabei kann die erklärte Absicht des Gesetzgebers zwar nicht ausschlaggebend sein, aber gleichwohl einen Anhaltspunkt für das mit dieser Regelung verfolgte Ziel darstellen (*EuGH* 24.1.2002 EzA Art. 49 EG-Vertrag 1999 Nr. 3 = NZA 2002, 207). Es stellt danach aber jedenfalls eine nicht gerechtfertigte Beschränkung der Dienstleistungsfreiheit dar, wenn ein inländischer Arbeitgeber den in einem für allgemeinverbindlich erklärten Tarifvertrag festgesetzten Mindestlohn durch den Abschluss eines Firmentarifvertrages unterschreiten kann, während dies einem Arbeitgeber, der in einem anderen Mitgliedsstaat ansässig ist, nicht möglich ist (*EuGH* 24.1.2002 EzA Art. 49 EG-Vertrag 1999 Nr. 3). Diese Entscheidung erfordert dennoch nach Auffassung des BMA (Pressemitteilung v. 24.1.2002 EzA-SD 3/2002, S. 7 f.) keine Änderung des AEntG, weil der EuGH auf der Grundlage eines Vorlagebeschlusses des AG Tauberbischofsheim entschieden habe, der eine in Deutschland gar nicht bestehende Rechtslage betreffe.

Die BRD hat auch dadurch gegen Art. 49 EGV verstoßen, dass sie sich nicht darauf beschränkt, die Entsendung von Arbeitnehmern, die Angehörige von Drittstaaten sind und in ihrem Hoheitsgebiet Dienstleistungen erbringen sollen, von der vorherigen Abgabe einer einfachen Erklärung durch das in einem anderen Mitgliedsstaat ansässige Unternehmen, das die Entsendung dieser Arbeitnehmer plant, abhängig zu machen und indem sie verlangt, dass diese Arbeitnehmer seit mindestens einem Jahr bei diesem Unternehmen beschäftigt sind (*EuGH* 19.1.2006 NZA 2006, 199; s. dazu *Thym* NZA 2006, 713 ff.). 800

b) Sonderanknüpfung in Teilfragen

Die Geschäftsfähigkeit des Arbeitnehmers und des Arbeitgebers wird nach dem Recht des Staates bestimmt, dem er angehört (natürliche Personen) bzw. in dem die juristische Person oder die nichtrechtsfähige Personenverbindung ihren tatsächlichen Sitz hat (Art. 5, 7, 12 EGBGB). 801

Inwieweit für ein Rechtsgeschäft eine Form einzuhalten ist, bestimmt sich nach dem Vertragsstatut oder nach dem Recht des Staates, in dem dieses vorgenommen wird (Art. 11 Abs. 1 EGBGB). 802

Art. 11 EGBGB erschwert die Realisierung der im materiellen bundesdeutschen Arbeitsrecht (insbes. in Tarifverträgen) vorhandenen konstitutiven Formerfordernisse zum Schutz des Arbeitnehmers (z.B. bei der Kündigung des Arbeitsverhältnisses, der Aufrechnung, der Ausgleichsquittung) insoweit, als der Arbeitgeber durch die Beeinflussung des Vornahmeortes des Rechtsgeschäfts die Anwendbarkeit der ihn belastenden Vorschriften vermeiden kann. 803

Gem. Art. 32 Abs. 2 EGBGB ist bei der Art und Weise der Erfüllung eines schuldrechtlichen Vertrages das Recht des Staates, in dem die Erfüllung erfolgt, zu berücksichtigen. 804

Dadurch wird das Vertragsstatut überlagert, werden eigenständige Pflichten für die Vertragsparteien geschaffen. Von Bedeutung kann das dann sein, wenn der Einsatz des Arbeitnehmers nicht von der Rechtsordnung beherrscht wird, die am tatsächlichen Arbeitsort gilt. 805

806 Allerdings ist zu berücksichtigen, dass sich im Arbeitsrecht die Art und Weise der Erfüllung vom Inhalt der arbeitsvertraglichen Hauptleistungspflicht kaum überzeugend abtrennen lässt, sodass Art. 32 Abs. 2 EGBGB keine nennenswerte praktische Bedeutung zukommt (MünchArbR/*Birk* § 20 Rz. 61–69).

c) Arbeitsvertragsstatut und zwingendes Recht

807 Die an einem tatsächlichen ausländischen Arbeitsort geltenden Vorschriften über die Arbeitszeit und die Sicherheit und die Gesundheit der Arbeitnehmer sind, obwohl insoweit eine ausdrückliche Regelung fehlt, stets anzuwenden.

808 Zum Arbeitsschutzrecht gehören die Vorschriften über den technischen und medizinischen Arbeitsschutz und das öffentlich-rechtliche Arbeitszeitrecht, nicht dagegen die Vorschriften des Arbeitnehmerschutzes im engeren Sinne, die sich auf die vertragliche Position des Arbeitnehmers beziehen.

809 Deutsches Recht ist nach Art. 34 EGBGB auch dann anwendbar, wenn es ohne Rücksicht auf das für den Vertrag anzuwendende Recht den Sachverhalt zwingend regelt. Zu beachten ist, dass nicht alle nach deutschem Recht zwingenden Rechtsnormen auch nach Art. 34 EGBGB unabdingbar sind. Entscheidend ist vielmehr, ob das inländische Gesetz ausdrücklich (z.B. § 98 Abs. 2 GWB) oder nach seinem Sinn und Zweck ohne Rücksicht auf das nach der deutschen Kollisionsnorm anwendbare Recht gelten will (sog. international zwingende Bestimmung). Nicht entscheidend ist dagegen, ob es sich um eine privat- oder öffentlich-rechtliche Norm handelt.

810 Diesen Voraussetzungen **genügen §§ 1–14 KSchG, § 613a BGB, § 63 Abs. 2 SeemG, §§ 1 ff. ArbNErfG** (vgl. MünchArbR/*Sack* § 101 Rz. 110), § 3 Abs. 1 EFZG (*Hess. LAG* 16.11.1999 LAGE Art. 30 EGBGB Nr. 5) **nicht**, weil sie primär dem Ausgleich zwischen Bestandsschutzinteressen der Arbeitnehmer und der Vertragsfreiheit der Arbeitgeber dienen, nicht aber, was erforderlich wäre, auch den Interessen des Gemeinwohls (anders für § 623 BGB *LAG Düsseld.* 27.5.2003 LAGE § 623 BGB 2002 Nr. 1), ebenso wenig § 8 TzBfG. Denn diese Norm dient **vorrangig** dem **Individualinteresse des Arbeitnehmers** und nicht öffentlichen Gemeinwohlinteressen. Sie gleicht das Interesse des Arbeitnehmers an einer Verringerung der Arbeitszeit gegenüber dem Interesse des Arbeitgebers an einer Beibehaltung der längeren Arbeitszeit aus. Zwar soll § 8 TzBfG Teilzeitarbeit fördern und dadurch auch Entlastungseffekte auf dem Arbeitsmarkt bewirken. Dieses öffentliche Interesse wird aber lediglich als **Reflex** des vorrangig individuellen Zwecken dienenden Anspruchs auf Teilzeitarbeit mittelbar gefördert (*BAG* 13.11.2007 EzA Art. 30 EGBGB Nr. 9 = NZA 2008, 761; s. dazu *Pietras* NZA 2008, 1051 ff.).

811 Über das Individualinteresse hinausgehende Interessen werden erst mit den Regelungen über die Massenentlassung **(§§ 17 ff. KSchG)** sowie den Kündigungsschutz der Betriebsverfassungsorgane geschützt, in deren Rahmen auch staatliche Stellen (Arbeitsbehörden), Betriebsverfassungsorgane und Gerichte **(§ 15 KSchG, § 103 BetrVG)** eingeschaltet werden. In verstärktem Umfang gilt dies für den Schwerbehinderten- und Mutterschutz, dessen Durchsetzung durch öffentlich-rechtliche Erlaubnisvorbehalte gesichert ist (*BAG* 24.8.1989 EzA Art. 30 EGBGB Nr. 1; 29.10.1992 EzA Art. 30 EGBGB Nr. 2; abl. *Birk* RdA 1989, 207, wonach dieser Rahmen weiter zu ziehen und insbes. auch §§ 1–14 KSchG einzubeziehen sind; verneinend für § 14 Abs. 1 MuSchG, bejahend für §§ 15, 18 BErzGG (jetzt BEEG) *Hess. LAG* 16.11.1999 LAGE Art. 30 EGBGB Nr. 5). Erfasst sind auch allgemeinverbindliche tarifvertragliche Regelungen i.S.d. AEntG (*Webers* NJW 1996, 574 ff.; s.o. Rn. 750 ff.).

812 Darüber hinaus kommt die Anwendung des Art. 34 EGBGB für **§ 4 Abs. 1 TzBfG**, der auf den inländischen Arbeitsmarkt zielt, in Betracht, nicht dagegen im Rahmen der inhaltlichen Gestaltung des Arbeitsverhältnisses durch das EFZG (MünchArbR/*Birk* § 20 Rz. 82–92).

Insgesamt sind nicht alle nach deutschem Recht zwingenden Rechtsnormen auch nach Art. 34 EGBGB unabdingbar. Inländische Gesetze sind nur dann Eingriffsnormen i.S.d. Art. 34 EGBGB, wenn sie entweder ausdrücklich oder nach ihrem Sinn und Zweck ohne Rücksicht auf das nach den deutschen Kollisionsnormen anwendbare Recht gelten sollen (*BAG* 24.8.1989 – 2 AZR 3/89 – BAGE 63, 17; 29.10.1992 – 2 AZR 267/92 – BAGE 71, 297; 3.5. 1995 EzA Art. 30 EGBGB Nr. 3). Erforderlich ist, dass die Vorschrift nicht nur auf den Schutz von Individualinteressen der Arbeitnehmer gerichtet ist, sondern mit ihr zumindest auch öffentliche Gemeinwohlinteressen verfolgt werden (*BAG* 12.12.2001 EzA Art. 30 EGBGB Nr. 5 m. Anm. *Junker* SAE 2002, 258). 813

Mit dem in § 14 Abs. 1 MuSchG geregelten Zuschuss des Arbeitgebers zum Mutterschaftsgeld werden bedeutende Gemeinwohlbelange verfolgt. Der gesetzliche Mutterschutz hat die Aufgabe, die im Arbeitsverhältnis stehende Mutter und das werdende Kind vor Gefahren, Überforderung und Gesundheitsschädigung am Arbeitsplatz, vor finanziellen Einbußen und vor dem Verlust des Arbeitsplatzes während der Schwangerschaft und einige Zeit nach der Entbindung zu schützen. Der Zuschuss zum Mutterschaftsgeld dient der Verwirklichung des Verfassungsgebots aus Art. 6 Abs. 4 GG. Soweit die durch § 14 Abs. 1 MuSchG bewirkte Abwälzung von Kosten auf den Arbeitgeber zur Entlastung gesetzlichen Krankenkassen führt, dient auch dies Gemeinwohlinteressen. § 14 Abs. 1 MuSchG ist deshalb Eingriffsnorm i.S.v. Art. 34 EGBGB (*BAG* 12.12.2001 EzA Art. 30 EGBGB Nr. 5 m. Anm. *Junker* SAE 2002, 258). Demgegenüber ist die Beitragsverpflichtung nach § 24 des für allgemeinverbindlich erklärten VTV Baugewerbe keine zwingende Eingriffsnorm in diesem Sinne, denn ein öffentliches Gemeinwohlinteresse wird mit ihr nicht verfolgt (*BAG* 9.7.2003 EzA Art. 30 EGBGB Nr. 6). 814

d) Ordre public (Art. 6 EGBGB)

Neben Art. 30 Abs. 1, 34 EGBGB kann ausnahmsweise eine vertraglich vereinbarte ausländische Regelung auch dann ausgeschlossen sein (Art. 6 EGBGB), wenn sie mit wesentlichen Grundsätzen des deutschen Rechts offensichtlich unvereinbar ist. 815

Dadurch sollen **grundrechtlich geschützte Positionen sowie die wesentlichen arbeitsrechtlichen Grundwertungen verteidigt** und Eingriffe insoweit abgewehrt **werden**, als nicht bereits Art. 30 Abs. 1, 34 EGBGB eingreifen.

> Die Voraussetzungen des Art. 6 EGBGB sind dann erfüllt, wenn die Anwendung des ausländischen Rechts im Einzelfall zu einem Ergebnis führt, das zu der in der entsprechenden deutschen Regelung liegenden Gerechtigkeitsvorstellung in so starkem Widerspruch steht, dass die Anwendung des ausländischen Rechts schlechthin untragbar wäre. 816

Das ist jedenfalls wegen der eingeschränkten Anwendbarkeit des **KSchG** (§ 1 Abs. 1 KSchG) sowie der Wertung des BeschFG 1985 (jetzt § 4 Abs. 1 TzBfG), das praktisch in vielen Fällen zu einem Ausschluss des Kündigungsschutzes auf 18 bzw. 24 Monate führt, beim Ausschluss des Kündigungsschutzes zu Beginn der Beschäftigung **nicht der Fall**. Ob etwas anderes dann gilt, wenn jeglicher Kündigungsschutz dauerhaft fehlt, hat das *BAG* (24.5.1989 AP Nr. 30 zu Internationales Privatrecht-Arbeitsrecht) offen gelassen. 817

Soweit das an sich anwendbare amerikanische Recht keinen Ausgleichsanspruch i.S.d. **§ 89b HGB** kennt, verstößt das nicht gegen den ordre public (*LG Frankf.* 18.9.1980 AP Nr. 18 zu Internationales Privatrecht-Arbeitsrecht). 818

Es verstößt auch nicht gegen den ordre public, wenn nach englischem Recht die Zahlung einer **Provision** vom Bestand des Arbeitsverhältnisses abhängig ist, sodass danach keine Provision für Geschäfte verlangt werden kann, an denen der Arbeitnehmer zwar mitgewirkt hat, die aber erst nach der Beendigung des Arbeitsverhältnisses abgewickelt werden (*BAG* 26.2.1985 AP Nr. 23 zu Internationales Privatrecht-Arbeitsrecht). 819

§ 613a BGB gehört nicht zu den wesentlichen Grundsätzen des deutschen Rechts, die ohne Rücksicht auf das auf den Vertrag anzuwendende Recht den Sachverhalt zwingend regeln (*BAG* 29.10.1992 EzA Art. 30 EGBGB Nr. 2), ebenso wenig **§§ 1 ff. ArbNErfG** (vgl. 820

MünchArbR/*Sack* § 101 Rz. 110); nichts anderes gilt für **§ 8 TzBfG**. Denn diese Norm dient vorrangig den **Individualinteressen** der Arbeitnehmer und nicht öffentlichen Gemeinwohlinteressen. Zwar soll sie Teilzeitarbeit fördern und dadurch auch Entlastungseffekte auf dem Arbeitsmarkt bewirken. Dieses öffentliche Interesse wird aber lediglich als Reflex des vorrangig individuellen Zwecken dienenden Anspruchs auf Teilzeitarbeit mittelbar gefördert (*BAG* 13.11.2007 EzA Art. 30 EGBGB Nr. 9 = NZA 2008, 761; s. dazu *Pietras* NZA 2008, 1051 ff.).

821 Soweit Art. 6 EGBGB eingreift, ist das ausgeschaltete fremde Recht i.d.R. durch inländisches Recht zu ersetzen, es sei denn, dass bereits die Nichtanwendung des ausländischen Rechts ausreicht, um den erforderlichen Arbeitnehmerschutz zu gewährleisten.

e) Einzelfragen des Arbeitsverhältnisses

822 Im Rahmen der Anbahnung, Begründung, der inhaltlichen Ausgestaltung und der Beendigung des Arbeitsverhältnisses kommen kollisionsrechtlich bei zahlreichen Einzelfragen neben dem Vertragsstatut auch andere Anknüpfungspunkte in Betracht.

823 ▶ Das Vertragsstatut erfasst die **Begründung des Arbeitsverhältnisses** (Zustandekommen und Wirksamkeit des Arbeitsvertrages, Art. 31 Abs. 1 EGBGB, vgl. aber auch Art. 7, 11 EGBGB, s.o. Rn. 711 ff.), das faktische Arbeitsverhältnis (vgl. Art. 32 Abs. 1 Nr. 5 EGBGB), die Rechtfertigung der **Befristung** von Arbeitsverträgen, **Inhalt und Umfang der Arbeitnehmerpflichten, Haftung des Arbeitnehmers** (Art. 32 Abs. 1 Nr. 3 EGBGB), **Pflichten des Arbeitgebers** (Lohnzahlung, Urlaub, Arbeitszeit, Recht am Arbeitsergebnis, wenn das Urheberrechtsstatut [Recht des Schutzlandes] und das Vertragsstatut verschiedenen Rechtsordnungen unterfallen); die **Folgen der Beendigung des Arbeitsverhältnisses** (z.B. Herausgabe von Arbeitspapieren, Freistellung zur Stellensuche, Zeugnis) sowie seine Nachwirkungen.

824 ▶ Der Betriebssitz des Arbeitgebers ist maßgeblich, d.h. trotz der Vereinbarung ausländischen Rechts gilt bei Tätigkeit in der BRD inländisches Recht, bei der Beurteilung der Zulässigkeit von **Fragerecht und Fragebogen bei Bewerbern**, der Verpflichtung zur Zahlung von **Bewerbungs- und Vorstellungskosten**, Fragen der Arbeitserlaubnis (§ 284 SGB III), Einstellungspflichten und Beschäftigungsverboten, der Rechtfertigung der Befristung von Arbeitsverhältnissen in inländischen Betrieben nach § 14 TzBfG, Arbeit auf Abruf (§ 12 TzBfG) in inländischen Betrieben, der Lohnzahlung bei Betriebsstörungen (z.B. wegen Stromausfall), Arbeitgeberwechsel bei Betriebsübergang gem. **§ 613a BGB** oder durch Vertrag.

825 ▶ Der Einstellungsort ist maßgeblich für Fragen der Diskriminierung eines Bewerbers insbes. wegen des Geschlechts (z.B. gem. § 1 AGG).

826 ▶ Der Einsatzort ist maßgeblich für die rechtlichen Anforderungen an Arbeitnehmerüberlassung (**§ 10 AÜG**). Ein ausländisches Zeitarbeitsunternehmen bedarf folglich einer Genehmigung nach dem AÜG, wenn es Arbeitskräfte für einen Einsatz in der BRD verleiht. Der Einsatzort ist auch maßgeblich für die Bezahlung von Freistellungen (EFZG), öffentlich-rechtliche Ge- und Verbote hinsichtlich der Arbeitszeit einschließlich privatrechtlicher Folgewirkungen (z.B. höhere Vergütung für Nachtarbeit, *BAG* 12.12.1990 EzA § 15 AZO Nr. 14).

827 ▶ Der **Anwendungsbereich von Schutzgesetzen** ist maßgeblich für das MuSchG (z.B. auch den Zuschuss zum Mutterschaftsgeld, § 14 MuSchG), den Zusatzurlaub nach JArbSchG und SGB IX; dies gilt generell für diese Gesetze; bezahlte Freistellung (Stellensuche, § 616 BGB; Betriebsratstätigkeit); Bildungs- oder Erziehungsurlaub (jetzt Elternzeit); Datenschutz (BDSG, Grundrecht auf informationelle Selbstbestimmung); besondere Kündigungsverbote (§ 15 KSchG, § 103 BetrVG, § 9 MuSchG), KSchG, BBiG insgesamt.

828 ▶ Der **gewöhnliche Aufenthaltsort** des Arbeitnehmers ist maßgeblich für Vorschriften zur Sicherung des Arbeitseinkommens (§§ 850a ff. ZPO; Aufrechnungs- und Abtretungsverbote).

- Das **Statut der Kranken- oder Unfallversicherung** kann maßgeblich sein für Entgeltfortzahlung (EFZG) und die Beurteilung von Arbeitsunfällen (§§ 636 ff. RVO). **829**
- Das **Erbstatut** ist maßgeblich beim Tod des Arbeitgebers. **830**
- **Das Gesellschaftsrechtsstatut** kommt in Betracht bei der Fusion und Neubildung von Gesellschaften. **831**
- Im Recht der Arbeitnehmererfindungen kommt im Hinblick auf **§ 14 ArbNErfG** das Territorialitätsprinzip, das im Patentrecht gilt, grds. nicht in Betracht (vgl. aber MünchArbR/*Sack* § 101 Rz. 100 ff.). **832**
- Im Recht der **betrieblichen Altersversorgung** kann bei Beendigung eines Arbeitsverhältnisses in der BRD und der Neubegründung eines Arbeitsverhältnisses im Ausland die **Unverfallbarkeit** nicht durch eine im Ausland zurückgelegte Dienstzeit eintreten. Etwas anderes gilt, wenn das Arbeitsverhältnis mit einer ausländischen Tochtergesellschaft einer deutschen Konzernmutter im Konzerninteresse begründet und die inländische Konzernobergesellschaft die Versorgungsanwartschaft aufrechterhalten hat (*BAG* 25.10.1988 EzA § 7 BetrAVG Nr. 26). **833**

  Erwirbt ein Arbeitnehmer durch die Auslandstätigkeit Ansprüche auf Leistungen der betrieblichen Altersversorgung bei dem ausländischen Unternehmen, so kann die Versorgungsordnung vorsehen, dass diese Leistungen angerechnet werden. Voraussetzung ist aber, dass der Arbeitnehmer über das ausländische Renteneinkommen auf Grund der devisenrechtlichen Bestimmungen des Auslandsstaates auch verfügen kann (MünchArbR/*Förster/Rühmann* § 113 Rz. 29). Eine **ausländische Sozialversicherungsrente** kann i.d.R. dann angerechnet werden, wenn die Versorgungsordnung dies vorsieht (*BAG* 24.4.1990 EzA § 5 BetrAVG Nr. 23), nicht aber dann, wenn dies nur in den allgemeinen Versicherungsbedingungen einer als Privatversicherung durchgeführten Zusatzversorgung enthalten ist (*BGH* 9.4.1986 DB 1986, 1983).

  Der Anpassungsbedarf gem. **§ 16 BetrAVG** wird i.d.R. anhand der deutschen Kaufkraftentwicklung zu ermitteln sein.

Durch Wahl des deutschen Betriebsrentenrechts kann ein ausländischer Betriebsrentenanspruch nicht insolvenzgesichert werden. Ist der Arbeitnehmer bei einem ausländischen Unternehmen beschäftigt, so kommt **Insolvenzschutz** nur in Betracht, wenn der Sicherungsfall im Geltungsbereich des BetrAVG eintritt. Möglich ist dies z.B. dann, wenn über das inländische Vermögen der Niederlassung eines ausländischen Unternehmens ein Insolvenzverfahren eröffnet wird (*BAG* 12.2.1991 EzA § 9 BetrAVG Nr. 4), oder dann, wenn von einer Insolvenzeröffnung im Ausland auch das Inlandsvermögen des Unternehmens, bei dem der Arbeitnehmer beschäftigt war, erfasst wird (vgl. *BGH* 11.7.1985 NJW 1985, 2897). **834**

Ist ein Arbeitnehmer bei einer ausländischen Gesellschaft beschäftigt, wurde jedoch die Versorgungszusage von einem inländischen Unternehmen erteilt, so besteht zumindest dann Insolvenzschutz, wenn der Arbeitnehmer das Arbeitsverhältnis mit dem ausländischen Unternehmen im Konzerninteresse auf Veranlassung der Konzernobergesellschaft mit einer Konzerntochtergesellschaft abgeschlossen hat (*BAG* 6.8.1985 EzA § 7 BetrAVG Nr. 16; 25.10.1988 EzA § 7 BetrAVG Nr. 26; s.o. Rn. 833 ff.). Das *BAG* (6.8.1985 EzA § 7 BetrAVG Nr. 16; 25.10.1988 EzA § 7 BetrAVG Nr. 26) hat bislang offen gelassen, ob noch eine arbeitsrechtliche Restbeziehung mit dem inländischen Unternehmen bestanden haben muss. Dagegen gewährt der Pensionssicherungsverein keinen Insolvenzschutz bei einer Versetzung eines Arbeitnehmers ins Ausland unter Auflösung der vertraglichen Bindung zum inländischen Arbeitgeber, und zwar auch dann nicht, wenn es sich um Konzerngesellschaften handelt. Eine Wiedereinstellungsklausel unter Aufrechterhaltung der Versorgungszusage erachtet der PSV als nicht ausreichend. Dagegen gewährt er Insolvenzschutz bei einer befristeten Entsendung eines Arbeitnehmers ins Ausland unter Abschluss eines separaten Arbeitsvertrages mit dem ausländischen Unternehmer zumindest dann, wenn ein Ruhen des Arbeitsverhältnisses mit dem inländischen Arbeitgeber vereinbart worden ist (MünchArbR/*Förster/Rühmann* § 113 Rz. 32). **835**

2. Tarifvertrags- und Arbeitskampfrecht

a) Tarifvertragsrecht

836 Der Schutz der Koalitionsfreiheit gem. Art. 9 Abs. 3 GG beschränkt sich nicht auf deutsche Staatsangehörige, sondern erfasst allgemein das Gebiet der BRD.

837 Deshalb kann z.B. eine ausländische Gewerkschaft für den Abschluss eines Tarifvertrages mit einer deutschen Koalition Art. 9 Abs. 3 GG für sich in Anspruch nehmen, wenn dieser Tarifvertrag seinen Schwerpunkt im Inland haben wird. Entsprechendes gilt für inländische Koalitionen, wenn sich der betreffende Sachverhalt nur vorübergehend im Ausland realisiert oder wenn eine andere Verfassungs- oder Rechtsordnung auf eine Regelung verzichtet.

838 Ohne dass eine normative Regelung besteht, ist das TVG anwendbar, wenn der konkrete oder in Aussicht genommene Tarifvertrag seinen Regelungsschwerpunkt im Inland hat. Das ist dann der Fall, wenn die vom Tarifvertrag erfassten Arbeitsverhältnisse im Allgemeinen im Inland schwerpunktmäßig ihren Tätigkeitsbereich haben.

839 Sind die Arbeitnehmer hauptsächlich im Ausland tätig, so ist das TVG nur dann anwendbar, wenn die vertragschließenden Parteien den Auslandseinsatz von Deutschland aus initiieren und lenken, es sich also nicht allein um im Ausland aktive Gewerkschaften und Arbeitgeberverbände handelt (Tarifvertragsstatut).

840 Deutsche Tarifvertragsparteien können auch für ausschließlich im Ausland zu erfüllende Arbeitsverträge Tarifverträge abschließen, die nur hinter zwingendes ausländisches Recht zurücktreten (*BAG* 11.9.1991 EzA § 1 TVG Durchführungspflicht Nr. 1).

841 Eine Wahl des Tarifvertragsstatuts kommt nur bei ausdrücklicher gesetzlicher Zulassung in Frage (vgl. z.B. § 21 Abs. 4 S. 2 FlaggenG), denn die Tarifvertragsparteien sind in eine bestimmte Arbeits- und Wirtschaftsverfassung eingebettet, aus der auszubrechen ihnen nicht ohne weiteres erlaubt werden kann.

842 Die Tariffähigkeit richtet sich nach dem für den Tarifvertrag maßgeblichen Recht; der zulässige Inhalt eines Tarifvertrages bestimmt sich nach dem Tarifvertragsstatut, ebenso die Tarifbindung und die Tarifwirkungen (MünchArbR/*Birk* § 21 Rz. 1–17 m.w.N.).

b) Arbeitskampfrecht

843 Das Arbeitskampfrecht (einschließlich einzelner Maßnahmen wie Streik, Aussperrung) wird nach der am Ort des Interessengegensatzes geltenden Rechtsordnung beurteilt.

844 Die Rechtmäßigkeit eines im Inland durchgeführten Sympathiestreiks zu Gunsten im Ausland streikender Arbeitnehmer beurteilt sich nach inländischem Recht; sie ist aber abhängig von der Rechtmäßigkeit des ausländischen Hauptstreiks, über die dessen Arbeitskampfstatut entscheidet.

Hinsichtlich der Wirkungen des Arbeitskampfes auf die Einzelarbeitsverhältnisse wird an das Arbeitskampfstatut angeknüpft (MünchArbR/*Birk* § 21 Rz. 18–21 m.w.N.).

3. Betriebsverfassungsrecht

845 Die Anwendung des BetrVG setzt voraus, dass der Betrieb im Inland liegt. Dies gilt ohne Rücksicht auf die Staatsangehörigkeit des Inhabers, also auch für Betriebe von Unternehmen, die ihren Sitz im Ausland haben. Es ist unerheblich, ob das ausländische Unternehmen im Inland eine Zweigniederlassung oder nur eine Betriebsstätte unterhält (*BAG* 1.10.1974 EzA § 106 BetrVG 1972 Nr. 1; 31.10.1975 EzA § 106 BetrVG 1972 Nr. 2).

Im Ausland befindliche Betriebe deutscher Inhaber unterfallen dem BetrVG auf Grund des **Territorialitätsprinzips** auch dann nicht, wenn für die Arbeitsverhältnisse der dort tätigen Arbeitnehmer die Geltung deutschen Rechts vereinbart worden ist. Das gilt selbst dann, wenn sich der ausländische Betrieb des deutschen Unternehmens nach dem BetrVG als selbstständiger Betriebsteil oder als Nebenbetrieb darstellen würde (*BAG* 25.4.1978 EzA § 8 BetrVG Nr. 6). 846

Für die Arbeitnehmer eines im Inland gelegenen Betriebes gilt das BetrVG auch dann, wenn sie im Ausland tätig sind, sofern sie im Ausland außerhalb einer dort bestehenden festen betrieblichen Organisation beschäftigt werden. 847

Denn dann stellt sich ihre Auslandstätigkeit als sog. **Ausstrahlung des inländischen Betriebes** dar. Das ist z.B. i.d.R. bei Monteuren der Fall. Gleiches gilt z.B. trotz Eingliederung in eine feste betriebliche Organisation bei einer von Anfang an zeitlich begrenzten, vorübergehenden Entsendung ins Ausland, nicht dagegen bei zeitlich nicht begrenzter Entsendung (*BAG* 25.4.1978 EzA § 8 BetrVG Nr. 6; 21.10.1980 EzA § 102 BetrVG Nr. 43). 848

Der Betriebsrat eines in der BRD gelegenen Betriebes hat auch bei der Kündigung eines nicht nur vorübergehend im Ausland eingesetzten Arbeitnehmers (z.B. Reiseleiter) dann ein Beteiligungsrecht (gem. § 102 BetrVG), **wenn der im Ausland tätige Arbeitnehmer nach wie vor dem Inlandsbetrieb zuzurechnen ist**. Ob das der Fall ist, hängt von den **Umständen des Einzelfalles** ab und insbes. von der Dauer des Auslandseinsatzes, der Eingliederung in den Auslandsbetrieb, dem Bestehen und den Voraussetzungen eines Rückrufrechts zu einem Inlandseinsatz sowie dem sonstigen Inhalt der Weisungsbefugnisse des Arbeitgebers (*BAG* 7.12.1989 EzA § 102 BetrVG Nr. 74). 849

Ein Gesamtbetriebsrat (§ 47 Abs. 1 BetrVG) ist auch dann zu bilden, wenn im Inland mehrere Betriebe eines ausländischen Unternehmens bestehen, sofern in diesen mindestens zwei Betriebsräte bestehen. Existiert dagegen im Inland nur ein Betrieb, in dem ein Betriebsrat errichtet wurde, so wird kein Gesamtbetriebsrat gebildet. 850

Seine Mitbestimmungsbefugnisse kann der Betriebsrat auch für betriebsangehörige Arbeitnehmer ausüben, die sich im Ausland befinden. Deshalb sind Betriebsvereinbarungen gem. § 87 BetrVG mit grenzüberschreitenden, selbst reinen Auslandssachverhalten möglich. Bei personellen Angelegenheiten ist die Mitwirkung des Betriebsrats nicht davon abhängig, ob die fragliche Maßnahme oder der Arbeitsvertrag insgesamt deutschem Recht unterliegt (*BAG* 9.11.1977 EzA § 102 BetrVG Nr. 31). Ein Sozialplan schließlich kann auch im Ausland tätige, zu einem inländischen Betrieb gehörige Arbeitnehmer erfassen. 851

4. Verfahrensrecht (Internationale Zuständigkeit)

Die internationale Zuständigkeit, d.h. die Beantwortung der Frage, ob ein deutsches oder ein ausländisches Gericht zur Entscheidung des Rechtsstreits berufen ist, läuft für die Arbeitsgerichte sowohl im Urteils- als auch im Beschlussverfahren grds. parallel mit der örtlichen Zuständigkeit (§ 46 Abs. 2 ArbGG, §§ 12 ff., 38 ff. ZPO, § 82 ArbGG; *BAG* 20.4.2004 EzA § 29 ZPO 2002 Nr. 2 = NZA 2005, 297; *LAG München* 3.4.2003 LAG Report 2004, 29; vgl. auch *LAG Köln* 30.7.2004 LAGE § 2 ArbGG 1979 Nr. 46; *Junker* NZA 2005, 199 ff.). Soweit das Gesetz für einen Rechtsstreit einen nationalen Gerichtsstand vorsieht, gibt es damit zu erkennen, dass es von einer Zuständigkeit der deutschen Gerichte ausgeht (vgl. *BAG* 26.2.1985 AP Nr. 23 zu Internationales Privatrecht-Arbeitsrecht; zu Gerichtsstandsvereinbarungen *BAG* 13.11.2007 EzA Art. 30 EGBGB Nr. 9 = NZA 2008, 761; s. dazu *Pietras* NZA 2008, 1051 ff.). 852

Die deutschen Gerichte sind deshalb z.B. international zuständig, wenn die ausländische Beklagte im Inland ein Kontaktbüro unterhält und Vermögen besitzt (*BAG* 26.2.1985 AP Nr. 23 zu Internationales Privatrecht-Arbeitsrecht). 853

854 Die internationale Zuständigkeit kann im arbeitsgerichtlichen Verfahren ebenso wie im Zivilprozess auch durch Vereinbarung gem. § 38 ZPO entstehen. Voraussetzung für deren Wirksamkeit ist eine Einzelfallprüfung dahin, ob die vorgesehene Abweichung von der gesetzlichen Zuständigkeit mit dem besonderen Schutzzweck des Arbeitsrechts vereinbar ist (*BAG* 20.7.1970, 29.6.1978, 5.9.1972 AP Nr. 4, 8 zu § 38 ZPO Internationale Zuständigkeit, AP Nr. 159 zu § 242 BGB Ruhegehalt).

855 Für die sechs Gründerstaaten der EWG sowie inzwischen auch für Dänemark und Großbritannien bestimmte sich die internationale Zuständigkeit nach dem **EG-Übereinkommen** von 1978 (BGBl. 1983 II S. 802), das auch für arbeitsrechtliche Streitigkeiten galt (vgl. *Germelmann/Matthes/Prütting* Einl. Rz. 224, 231 ff. m.w.N.; *Junker* RdA 1998, 42 ff.). Nach **Art. 5 Nr. 1** dieses Übereinkommens kann eine Person, die ihren Wohnsitz in dem Hoheitsgebiet eines Vertragsstaates hat, dann, wenn ein Vertrag oder Ansprüche aus einem Vertrag den Gegenstand des Verfahrens bilden, in einem anderen Vertragsstaat vor dem Gericht des Ortes verklagt werden, an dem die Verpflichtung erfüllt worden ist oder zu erfüllen gewesen wäre. Diese Vorschrift ist dahin auszulegen, dass bei Arbeitsverträgen diejenige Verpflichtung als maßgeblich anzusehen ist, die für solche Verträge charakteristisch ist, insbes. diejenige zur Ausführung der vereinbarten Tätigkeit.

Gem. Art. 23 EuGVVO (= VO (EG) Nr. 44/2001 vom 22.12.2000) ist auch die Vereinbarung der Zuständigkeit grds. zulässig.

856 Durch die **Neufassung des EuGVÜ 1989** (aus Anlass des Beitritts Spaniens und Portugals) war in Art. 5 Nr. 1 (jetzt Abschnitt 5 EuGVVO; s. dazu *BAG* 2.7.2008 EzA EG-Vertrag 1999 Verordnung 44/2001 Nr. 3 = NZA 2008, 1084) vorgesehen, dass eine Person, die ihren Wohnsitz im Hoheitsgebiet eines Vertragsstaates hat, in einem anderen Vertragsstaat vor dem Gericht des Ortes verklagt werden kann, an dem der Arbeitnehmer gewöhnlich seine Arbeit verrichtet. Wenn er seine Arbeit jedoch gewöhnlich nicht in ein- und demselben Staat verrichtet, so kann der Arbeitgeber auch vor dem Gericht des Ortes verklagt werden, in dem sich die Niederlassung befindet oder befand, die den Arbeitnehmer eingestellt hat.

857 In einer die Niederlande und Großbritannien betreffenden Entscheidung hat der *EuGH* (9.1.1997 NZA 1997, 225) Art. 5 Nr. 1 wie folgt ausgelegt:

Bei einem Arbeitsvertrag, zu dessen Erfüllung der Arbeitnehmer seine Tätigkeit in mehr als einem Vertragsstaat verrichtet, ist der Ort, an dem er gewöhnlich seine Arbeit verrichtet, der Ort i.S. dieser Norm, den er zum tatsächlichen Mittelpunkt seiner Berufstätigkeit gemacht hat. Für die konkrete Bestimmung dieses Ortes ist der Umstand zu berücksichtigen, dass der Arbeitnehmer den größten Teil seiner Arbeitszeit in einem Vertragsstaat zubringt, in dem er ein Büro hat, von dem aus er seine Tätigkeit für seinen Arbeitgeber organisiert und wohin er nach jeder im Zusammenhang mit seiner Arbeit stehenden Auslandsreise zurückkehrt. **Das gilt nicht nur, wenn der Arbeitnehmer in verschiedenen Staaten tätig ist, sondern auch dann, wenn er ausschließlich in einem Vertragsstaat abwechselnd an verschiedenen Arbeitsorten arbeitet** (*BAG* 29.5.2002 NZA 2002, 1109).

858 In einem die Niederlande betreffenden Fall hat der *EuGH* (27.2.2002 NZA 2002, 459; s. auch *LAG SchlH* 26.9.2007 LAGE Art. 30 EGBGB Nr. 8) diese Grundsätze (für Art. 5 EuGVÜ) wie folgt ergänzt:

- ▶ wenn der Arbeitnehmer die Verpflichtungen aus seinem Arbeitsvertrag in mehreren Vertragsstaaten erfüllt, ist der Ort, an dem er i.S.d. EuGVÜ gewöhnlich seine Arbeit verrichtet, der Ort, an dem oder von dem aus er unter Berücksichtigung aller Umstände des Einzelfalls den wesentlichen Teil seiner Verpflichtungen gegenüber seinem Arbeitgeber tatsächlich erfüllt;

859 ▶ zu berücksichtigen ist dann die gesamte Dauer des Arbeitsverhältnisses, wo er den größten Teil seiner Arbeitszeit geleistet hat, es sei denn, dass auf Grund der tatsächlichen Umstände eine engere Verknüpfung mit einem anderen Arbeitsort gegeben ist.

Ist danach für das nationale Gericht eine Entscheidung nicht möglich, kann der Arbeitnehmer wahlweise vor dem Gericht des Ortes der Niederlassung, die ihn eingestellt hat oder vor den Gerichten des Vertragsstaates, in dessen Hoheitsgebiet der Arbeitgeber seinen Wohnsitz hat, verklagen.

Bei zwei Arbeitsverträgen gilt Folgendes (*EuGH* 10.4.2003 NZA 2003, 711): 860

- In einem Rechtsstreit zwischen einem Arbeitnehmer und seinem ersten Arbeitgeber ist der Ort, an dem der Arbeitnehmer seine Verpflichtungen gegenüber einem zweiten Arbeitgeber erfüllt, als der Ort anzusehen, an dem er gewöhnlich seine Arbeit verrichtet, wenn der erste Arbeitgeber, gegenüber dem die Verpflichtungen des Arbeitnehmers ausgesetzt sind, zum Zeitpunkt des Abschlusses des zweiten Vertrages selbst ein Interesse an der Erfüllung der vom Arbeitnehmer für den zweiten Arbeitgeber an einem von diesem bestimmten Ort zu erbringenden Leistung hatte. Das Vorliegen eines solchen Interesses ist umfassend unter Berücksichtigung aller Umstände des Einzelfalles zu beurteilen.
- Art. 5 Nr. 1 EuGVÜ ist dahin auszulegen, dass bei Arbeitsverträgen der Ort, an dem der Arbeitnehmer seine Arbeit verrichtet, der einzige Erfüllungsort einer Verpflichtung ist, der bei der Bestimmung des zuständigen Gerichts berücksichtigt werden kann. 861

Nach Art. 17 EuGVÜ 1989 sind **Gerichtsstandsvereinbarungen** bei Einzelarbeitsverträgen nur noch dann rechtlich wirksam, wenn sie nach der Entstehung der Streitigkeit getroffen wurden oder wenn der Arbeitnehmer sie geltend macht, um ein anderes Gericht als das am Wohnsitz des Beklagten oder das nach Art. 5 Nr. 1 EuGVÜ bezeichnete anzurufen (MünchArbR/*Birk* § 23 Rz. 5, 8 m.w.N.; s.a. *BAG* 13.11.2007 EzA Art. 30 EGBGB Nr. 9 = NZA 2008, 761; s. dazu *Pietras* NZA 2008, 1051 ff.). 862

Mit Wirkung vom 1.3.2002 ist die **Europäische Gerichtsstands- und Vollstreckungsverordnung** (EuGVVO; VO EG 44/2001) in Kraft getreten und hat das EuGVÜ für 14 von 15 EU-Staaten – nicht angeschlossen hat sich Dänemark, für das im Verhältnis zu den übrigen EU-Staaten das EuGVÜ weitergilt – im Verhältnis zueinander ersetzt. Sie ist unmittelbar geltendes Recht (sekundäres Gemeinschaftsrecht). Die Regelungen des EuGVÜ sind im Wesentlichen unverändert in die EuGVVO übernommen worden (vgl. *Maurer* FA 2002, 130 ff.; *Piltz* NJW 2002, 789 ff.; *Däubler* NZA 2003, 1297 ff.; s. jetzt *BAG* 23.1.2008 EzA EG-Vertrag 1999 Verordnung 44/2001 Nr. 1 = NZA 2008, 1374 zum Ort der Hauptverwaltung und zur Zusammenhangsklage; 2.7.2008 EzA EG-Vertrag 1999 Verordnung 44/2001 Nr. 3 = NZA 2008, 1084 zur rügelosen Einlassung i.S.v. Art. 24 Abs. 1 EuGVVO). 863

Zur Klage des Arbeitnehmers gegen einen Arbeitgeber mit **Sitz außerhalb der EG** (Kroatien), wenn es sich um eine Streitigkeit aus dem Betrieb einer deutschen Niederlassung dieses Arbeitgebers handelt und der sich aus Art. 18 Abs. 2 EuGVVO dann ergebenden internationalen Zuständigkeit s. *LAG Düsseld.* 17.3.2008 – 14 Sa 1312/07 – FA 2008, 287 LS).

> Zu beachten ist, dass aus der internationalen Zuständigkeit eines deutschen Arbeitsgerichts keineswegs auch die Anwendbarkeit materiellen deutschen Arbeitsrechts folgt. Auf ein Arbeitsverhältnis mit Auslandsberührung findet vielmehr das Recht Anwendung, dessen Geltung die Parteien ausdrücklich oder stillschweigend vereinbart haben oder das sich auf Grund objektiver Anknüpfungspunkte ergibt (Art. 27, 30 EGBGB; s.o. Rn. 711 ff.; instr. *LAG SchlH* 26.9.2007 LAGE Art. 30 EGBGB Nr. 8). 864

J. Die arbeitsrechtliche Verwaltung

I. Die arbeitsrechtlichen Behörden

1. Grundlagen

> Der Vollzug insbes. des öffentlich-rechtlichen Arbeitsschutzrechts obliegt den arbeitsrechtlichen Behörden. 865

Dabei handelt es sich z. T. um selbstständige juristische Personen des öffentlichen Rechts, denen in unterschiedlichem Umfang Selbstverwaltungskompetenzen eingeräumt sind: 866

▶ **Bundesagentur für Arbeit** (vgl. §§ 367 ff. SGB III) in Nürnberg mit eigenem Verwaltungsunterbau, gegliedert in eine Zentrale auf der oberen Verwaltungsebene, Regionaldirektionen auf der mittleren Verwaltungsebene und Agenturen für Arbeit (mit Personal-Service-Agenturen, § 37c SGB III; vgl. dazu *Bauer/Kretz* NJW 2003, 537 ff.; *Reipen* BB 2003, 787 ff.) auf der örtlichen Verwaltungsebene.
Organe der Bundesagentur sind, drittelparitätisch besetzt (Arbeitnehmer, Arbeitgeber, öffentliche Körperschaften), die Verwaltung, der Vorstand sowie die Verwaltungsausschüsse der Regionaldirektionen und Agenturen für Arbeit (§§ 374 ff. SGB III). Die laufenden Geschäfte führt der Vorstand der Bundesagentur für Arbeit (§ 381 SGB III).
Aufgaben der Bundesagentur sind gem. § 3 SGB III insbes. die Arbeitsvermittlung, Berufsberatung, Arbeitsmarkt- und Berufsforschung, die Gewährung von Leistungen zur Erhaltung und Schaffung von Arbeitsplätzen (Kurzarbeiter-, Winter-, Winterausfallgeld), sonstige Leistungen (Arbeitslosen-, Insolvenzausfallgeld) sowie die Förderung der beruflichen Bildung und die Gewährung von berufsfördernden Leistungen zur Rehabilitation. Im Auftrag des Bundes gewährt die Bundesagentur schließlich Arbeitslosenhilfe.

867 ▶ **Sozialversicherungsträger**, deren Zuständigkeitsbereich über das Gebiet eines Landes hinausgeht (Art. 87 Abs. 2 GG).
Gem. Art. 87 Abs. 2 GG sind das Bundesinstitut für Berufsbildung, die Künstlersozialkasse sowie als Dachkörperschaften die Bundesverbände der Orts-, Betriebs- und Innungskrankenkassen sowie die kassen- und kassenzahnärztliche Bundesvereinigung errichtet worden.

2. Bundesministerium für Arbeit und Soziales

868 Zu den Aufgaben des Bundesministeriums für Arbeit und Soziales gehören die Regelung der Arbeitsmarktpolitik sowie aller Grundfragen des individuellen und kollektiven, öffentlichen und privaten Arbeitsrechts.

869 Es bereitet arbeitsrechtliche Gesetze vor, erlässt untergesetzliche Rechtsnormen, ist zuständig für die Allgemeinverbindlicherklärung von Tarifverträgen (§ 5 TVG) und führt ein Register aller bestehenden Tarifverträge (§ 6 TVG).

870 Zur Erfüllung seiner Aufgaben bedient sich das Ministerium zahlreicher Beiräte, Ausschüsse (z.B. des Tarifausschusses) und sonstiger Gremien, die i.d.R. mit Verbandsvertretern, Sachverständigen und Wissenschaftlern besetzt sind.

871 Unmittelbar nachgeordnete Behörden, die der Fachaufsicht des Ministeriums unterliegen, sind die Bundesausführungsbehörde für Unfallversicherung (Wilhelmshaven), die Bundesanstalten für Arbeitsschutz (Dortmund) und Arbeitsmedizin (Berlin) sowie das Bundesversicherungsamt (Berlin).

872 Der Rechtsaufsicht unterliegen die öffentlich-rechtlichen Dachkörperschaften landesunmittelbarer Sozialversicherungsträger (Bundesverbände der Betriebs-, Innungs- und Ortskrankenkassen in Bonn, Essen und Bergisch-Gladbach), die Bundesvereinigungen der Kassen- und Kassenzahnärzte (Bonn) und die Bundesagentur für Arbeit.

873 Daneben ist das Ministerium allgemeine Dienstaufsichtsbehörde für das BAG (Erfurt) und das BSG (Kassel).

3. Arbeitsministerien der Länder

874 Die Arbeitsministerien der Länder sind die obersten staatlichen Arbeitsverwaltungsbehörden auf der Ebene der Länder (Art. 84 Abs. 1 GG). Nachgeordnet sind ihnen i.d.R. die Gewerbeaufsichtsämter (Arbeitsschutz, Sicherheitstechnik). Zuständig sind die Arbeitsministerien der Länder für die Aufsicht über die Sozialversicherungsträger (§ 90 Abs. 2 SGB IV) und auch für die Allgemeinverbindlicherklärung von Tarifverträgen (§ 5 TVG). Daneben bestehen Heimarbeitsausschüsse (§§ 4, 5 HAG) nebst Entgeltprüfungsstellen, Schieds- und Schlichtungsausschüsse sowie Integrationsämter und -fachdienste zur Umsetzung des Schwerbehindertenschutzes (§§ 80, 88, 101, 109 ff. SGB IX).

4. Arbeitnehmerkammern

In Bremen und im Saarland bestehen Arbeitnehmerkammern als selbstständige Körperschaften des öffentlichen Rechts, denen im Wege der Zwangsmitgliedschaft alle Arbeitnehmer angehören. Aufgaben sind insbes. die Wahrung und Förderung der Interessen der Arbeitnehmer in wirtschaftlicher, sozialer und kultureller Hinsicht im Einklang mit dem Gemeinwohl. 875

Verfassungsrechtlich ist die Zwangsmitgliedschaft nicht zu beanstanden (*BAG* 18.12.1974 AP Nr. 23 zu Art. 9 GG).

II. Koalitionen

Der besonderen Stellung und Funktion der Koalitionen (Art. 9 Abs. 3 GG) wird dadurch Rechnung getragen, dass ihnen eine Vielzahl von Funktionen und Mitwirkungsrechten (insbes. Anhörungs-, Antrags- und Vorschlagsrechte) im staatlichen Aufgabenbereich (z.B. bei Gesetzesvorhaben, Durchführungsverordnungen, Verwaltungsrichtlinien, der Allgemeinverbindlicherklärung von Tarifverträgen) eingeräumt werden. 876

Dadurch sollen die Verwirklichung des sozialen Rechtsstaats und der Gedanke der sozialen Selbstverwaltung gefördert werden. Beratung und Zusammenarbeit zwischen den Verbänden und den staatlichen Einrichtungen sind auf allen Ebenen, die sich mit arbeits- und sozialpolitischen Fragen beschäftigen, institutionalisiert. 877

Im Bereich der Gerichtsorganisation steht den Verbänden ein Vorschlagsrecht für die Berufung der ehrenamtlichen Richter, ein Beratungsrecht vor der Ernennung der Vorsitzenden an den Arbeitsgerichten sowie ein Anhörungsrecht bei der Bestellung des Präsidenten und der Vorsitzenden bei den Landesarbeitsgerichten (§§ 18, 36 ArbGG) sowie bei Organisationsakten, z.B. bei der Benennung der Zahl der Kammern eines Arbeitsgerichts (§§ 17, 35 ArbGG) zu. 878

Schließlich sind den Verbänden im Bereich der Behördenorganisation und der Erfüllung von Verwaltungsaufgaben – auch in Internationalen Organisationen der Europäischen Gemeinschaft und der Internationalen Arbeitsorganisation (IAO) – Mitwirkungsmöglichkeiten durch Vorschlags- und Entsenderechte für zahlreiche Ausschüsse, Beiräte und andere Einrichtungen (vgl. die Übersicht bei MünchArbR/*Richardi* § 16 Rz. 16–32) eröffnet. 879

III. Arbeitsvermittlung

1. Begriff

Arbeitsvermittlung ist eine Tätigkeit, die darauf gerichtet ist, Arbeitsuchende mit Arbeitgebern zur Begründung von Arbeitsverhältnissen oder mit Auftraggebern oder Zwischenmeistern zur Begründung von Heimarbeitsverhältnissen i.S.d. HAG zusammenzuführen (vgl. § 35 SGB III; zur Neufassung ab dem 1.1.2004 vgl. *Marschner* DB 2004, 380 f.). 880

Keine Arbeitsvermittlung in diesem Sinne ist es, wenn öffentlich-rechtliche Träger der sozialen Sicherung (z.B. Sozialhilfeträger, Dienststellen der Bundeswehr, Träger der Jugendhilfe) im Einzelfall arbeitsvermittelnd tätig werden. 881

Bestand zuvor gem. § 4 AFG a.F. im Übrigen hinsichtlich der Arbeitsvermittlung ein Monopol der BfA, so ist sie im Gegensatz dazu seit dem 1.9.1994 auch durch Dritte zulässig (vgl. § 37 SGB III i.d.F. ab 1.1.2004; vgl. dazu *Marschner* DB 2004, 380 f.; §§ 292, 296 ff. SGB III). 882

Das *LSG RhPf* (11.12.1995 NZA-RR 1997, 153) ist insoweit davon ausgegangen, dass ein Mitglied der **Scientology Church** nicht als unzuverlässig i.S. dieser Vorschriften anzusehen 883 ist, da diese weder eine kriminelle Vereinigung (§ 129 StGB), noch ein verbotener Verein (§ 3 VereinsG) ist. Es besteht danach auch kein hinreichender prognostischer Verdacht, dass ein Mitglied dieser Organisation auf Grund dieser Mitgliedschaft seine Stellung als Arbeitsvermittler missbrauchen wird oder schon missbraucht hat.

884 Das *BSG* (14.12.2000 NZA-RR 2001, 650) hat diese Entscheidung **aufgehoben** und die Sache zur erneuten Verhandlung und Entscheidung an das LSG **zurückverwiesen**. Es hat zwar die rechtlichen Überlegungen des LSG grds. geteilt, aber angenommen, dass das LSG nicht hinreichend der Frage nachgegangen ist, ob der Antragsteller erwarten lässt, **im Konfliktfall dem für die Berufsausübung als Arbeitsvermittlerin maßgebenden Recht den Vorrang vor anderen Verhaltensmaßstäben einzuräumen**.

885 Das *LSG RhPf* (20.9.2001 NZA-RR 2003, 46) hat daraufhin folgende **Grundsätze** aufgestellt:

- Zuverlässig i.S.d. Vorschriften über die Erteilung einer Erlaubnis zur Arbeitsvermittlung ist ein Bewerber, bei dem die Prognose gerechtfertigt ist, er werde die zum Schutz der Allgemeinheit erlassenen Gesetze beachten. Grundlage dieser Prognose können objektive und subjektive Tatsachen sein.
- 886 Es gehört zu den Pflichten eines privaten Arbeitsvermittlers, die Arbeitsvertragsparteien objektiv und umfassend zu beraten. Bei Arbeitsaufnahme in eine Hausgemeinschaft (Au-pairs) ist der private Arbeitsvermittler verpflichtet, den Vertragspartner auf bestimmte weltanschauliche Prägungen (Scientology-Mitgliedschaft) des anderen Vertragspartners hinzuweisen.
- 887 Eine langjährige Scientology-Mitgliedschaft verbunden mit der Funktion eines Auditors kann bei einem privaten Arbeitsvermittler gegen die erforderliche Zuverlässigkeit und gegen die Erteilung einer Erlaubnis zur Arbeitsvermittlung sprechen.

2. Durchführung der Arbeitsvermittlung durch die Agentur für Arbeit; Beauftragung Dritter

888 Auf Antrag von Arbeitnehmer oder Arbeitgeber unterbreitet die Agentur für Arbeit einen Vermittlungsvorschlag, der grds. unverbindlich ist, dessen Ablehnung aber u.U. für den Arbeitslosen gem. § 144 Abs. 1 Nr. 2 SGB III eine Sperrzeit zur Folge hat (§ 35 SGB III).

889 Darüber hinaus sind Arbeitnehmer und Arbeitgeber auf Verlangen über die Lage auf dem Arbeitsmarkt, die Entwicklung in den Berufen, die Notwendigkeit und die Möglichkeiten der beruflichen Bildung und deren Förderung sowie die Förderung der Arbeitsaufnahme zu unterrichten und in Fragen der Wahl oder Besetzung von Arbeitsplätzen zu beraten (§§ 29 ff. SGB III).

890 Durch die Vermittlungstätigkeit der BfA selbst werden keine Arbeitsverträge geschlossen. Deshalb bietet ein Arbeitgeber, der beim Arbeitsamt für einen bestimmten Tag eine Aushilfskraft anfordert, damit regelmäßig noch keinen Arbeitsvertrag bindend an und bevollmächtigt das Arbeitsamt auch nicht zum Abschluss eines Arbeitsvertrages (*BAG* 27.6.1957 AP Nr. 1 zu § 611 BGB Vertragsschluss).

891 Arbeitsvermittlung und -beratung erfolgen grds. unentgeltlich (§ 43 SGB III; zu den Ausnahmen vgl. § 43 Abs. 2 SGB III).

892 Nach der Zugehörigkeit zu einer politischen, gewerkschaftlichen oder ähnlichen Vereinigung darf nur ausnahmsweise gefragt werden (vgl. § 42 SGB III).

Gem. § 37 SGB III kann die Agentur für Arbeit zu seiner Unterstützung auch Dritte mit der Vermittlung oder mit Teilaufgaben der Vermittlung beauftragen; ein Arbeitnehmer kann dies von der Agentur für Arbeit verlangen, wenn er sechs Monate nach Eintritt seiner Arbeitslosigkeit noch arbeitslos ist (vgl. zur Neuregelung ab dem 1.1.2004 *Marschner* DB 2004, 381 f.).

Gem. § 292 SGB III erfolgt die Anwerbung und Vermittlung von Arbeitskräften im Ausland für eine Beschäftigung im Inland und im Inland für eine Beschäftigung im Ausland durch die BA. Dritte bedürfen hierzu, soweit ihnen keine Erlaubnis nach § 23 AFG erteilt ist, einer vorherigen Zustimmung der BA. Dies gilt wegen der EG-FreizügigkeitsVO vom 15.10.1968 (s.o. Rn. 625) nicht für Arbeitgeber und Arbeitnehmer aus EG-Mitgliedsstaaten (vgl. § 292 Abs. 2 SGB III).

IV. Arbeitsförderung

Arbeitsförderung ist die Förderung der beruflichen Bildung sowie der Arbeitsaufnahme im weitesten Sinne (vgl. z.B. das Job-AQTIV-Gesetz zum 1.1.2002). 893

1. Leistungen an Arbeitnehmer

Neben Regelungen in Einzelgesetzen (BAFöG, Gesetz über die Förderung wissenschaftlichen Nachwuchses an den Hochschulen) sieht das SGB III für Arbeitnehmer vor: 894

- Maßnahmen zur Förderung der Berufsausbildung sowie der beruflichen Weiterbildung (§§ 59 ff. SGB III) z.B. durch die Gewährung von Zuschüssen und Darlehen. Ziel ist die Stärkung der individuellen beruflichen Mobilität der Arbeitnehmer. Zudem sollen die Wachstums- und Strukturwandelprozesse der Unternehmen durch ein Angebot gut ausgebildeter Arbeitskräfte gefördert werden.
- **Institutionelle Förderung** der beruflichen Bildung (§§ 240 ff. SGB III), z.B. durch Darlehen und Zuschüsse für die Einrichtung, Ausstattung und Unterhaltung von Lehrwerkstätten, Arbeitnehmer- und Jugendwohnheimen, Werkstätten für Behinderte, u.U. auch durch die Erstattung der Kosten für Deutsch-Sprachlehrgänge. 895
- Maßnahmen zur **Arbeitsförderung im engeren Sinne** (§§ 48 ff. SGB III), d.h. Verbesserung der Eingliederungsaussichten, Förderung der Arbeitsaufnahme, der Aufnahme einer selbstständigen Tätigkeit (z.B. durch Zuschüsse zu den Bewerbungskosten, Reise- und Umzugskosten sowie die Gewährung von Trennungsbeihilfe, Familienheimfahrten, Arbeitsausrüstungen und Überbrückungsbeihilfen in besonderen Härtefällen sowie durch Überbrückungsgeld, Weiterbildungs- und Lehrgangskosten), Förderung von Aus- und Übersiedlern (durch Eingliederungsgeld) sowie berufsfördernde Leistungen zur Rehabilitation Behinderter (gewährt werden insoweit Hilfen, die erforderlich sind, um die Erwerbsfähigkeit der körperlich, geistig oder seelisch Behinderten entsprechend ihrer Leistungsfähigkeit zu erhalten, zu bessern, wieder herzustellen). 896
- Leistungen der **Arbeitslosenversicherung** zur Erhaltung und Schaffung von Arbeitsplätzen (Kurzarbeitergeld, aktuell verlängert auf 18 Monate für die Zeit vom 1.1.-31.12.2009, s. NZA 22/2008 S. XI), Leistungen zur Förderung der ganzjährigen Beschäftigung in der Bauwirtschaft [§§ 169 ff. SGB III]; bis zum 31.12.1995 produktive Winterbauförderung und Schlechtwettergeld; an ihre Stelle sind Wintergeld und Winterausfallgeld getreten [§§ 209 ff. SGB III], zusätzlich haben die Tarifvertragsparteien des Baugewerbes ein Überbrückungsgeld vereinbart; Entgeltsicherung für ältere Arbeitnehmer, §§ 421 ff. SGB III). 897

Neu: die Förderung von Transfermaßnahmen und die Zahlung von Transferkurzarbeitergeld zur Vermeidung von Arbeitslosigkeit (§§ 216a, 216b SGB III; vgl. dazu *Meyer* BB 2004, 490 ff.; *LAG Hmb* 7.9.2005 NZA-RR 2005, 658). 898

2. Leistungen an den Arbeitgeber

Durch die Leistungen der Arbeitsförderung soll vor allem **der Ausgleich am Arbeitsmarkt** unterstützt werden, indem Zeiten der Arbeitslosigkeit sowie des Bezugs von Arbeitslosengeld, Teilarbeitslosengeld und Arbeitslosenhilfe vermieden oder verkürzt werden. Die Leistungen sind so einzusetzen, dass sie der beschäftigungspolitischen Sozial-, Wirtschafts- und Finanzpolitik der Bundesregierung entsprechen sowie der **besonderen Verantwortung** der Arbeitgeber für Beschäftigungsmöglichkeiten und der Arbeitnehmer für ihre eigenen beruflichen Möglichkeiten Rechnung tragen und die Erhaltung 899 und Schaffung von wettbewerbsfähigen Arbeitsplätzen nicht gefährden (§ 1 SGB III; zur besonderen Verantwortung von Arbeitgebern und Arbeitnehmern vgl. § 2 SGB III).

900 Im Rahmen der Arbeitsvermittlung kommen die Zahlung von **Eingliederungszuschüssen** zur Eingliederung von Arbeitslosen und von Arbeitslosigkeit unmittelbar bedrohten Arbeitsuchenden für die Einarbeitung, bei erschwerter Vermittlung sowie für ältere Arbeitnehmer (§§ 217 ff. SGB III; s. dazu *BSG* 6.4.2006 NZA-RR 2006, 605)), die Tragung der Beiträge bei der Beschäftigung älterer Arbeitnehmer, § 421 f. SGB III), Einstellungszuschüsse bei Neugründungen (§§ 225 ff. SGB III), Existenzgründungszuschüsse sowie die Förderung des Abschlusses und der Durchführung sog. Eingliederungsverträge (§§ 229 ff. SGB III) in Betracht.

901 Im Rahmen der **beruflichen Bildung** können Einarbeitungszuschüsse, im Rahmen der beruflichen Rehabilitation Ausbildungszuschüsse, Zuschüsse für Arbeitshilfen im Betrieb, in Werkstätten für Behinderte sowie im Rahmen der produktiven Winterbauförderung Investitions- und Mehrkostenzuschüsse gewährt werden (§§ 235 ff. SGB III).

902 Möglich sind auch Zuschüsse und Darlehen im Rahmen von Arbeitsbeschaffungsmaßnahmen, durch die Arbeiten im öffentlichen Interesse ausgeführt werden, die ohne Förderung nicht oder nicht im vorgesehenen Umfang oder in der vorgesehenen Zeit durchgeführt worden wären. Bezuschusst werden kann insoweit die Beschäftigung älterer Arbeitnehmer sowie der Aufbau und die Veränderung von Betrieben, die die Beschäftigung älterer Arbeitnehmer zum Ziel haben.

903 Möglich sind schließlich Maßnahmen der Arbeitsbeschaffung zur Schaffung von Arbeitsgelegenheiten für Arbeitslose (§§ 260 ff. SGB III), insbes. durch die Gewährung von Zuschüssen, z.B. zu den Lohnkosten (§ 264 SGB III).

2. Teil: Individualarbeitsrecht

Kapitel 2 Anbahnung und Begründung des Arbeitsverhältnisses

Übersicht

A. Die Freiheit der Entscheidung über die Begründung von Arbeitsverhältnissen

I. Grundlagen

1. Arbeitnehmer

> Der Arbeitnehmer kann frei entscheiden, ob und mit wem er ein Arbeitsverhältnis begründen will (*BAG* 2.10.1974 EzA § 613a BGB Nr. 1). 1

Allerdings bestehen faktische Zwänge, so zum Beispiel gem. § 144 Abs. 1 Nr. 2 SGB III (vgl. jetzt auch § 37b SGB III: Pflicht zur unverzüglichen Meldung beim Arbeitsamt bei Beendigung des Versicherungsverhältnisses mit der Sanktion des § 140 SGB III: Minderung des Arbeitslosengeldes; vgl. dazu den Vorlagebeschluss zum BVerfG des *SG Frankf./O.* 1.4.2004 ArbuR 2005, 155; zu unbestimmt für eine Sanktion: *SG Aachen* 22.9.2004 ArbuR 2005, 156; für eine verfassungskonforme Auslegung *SG Bln.* 29.11.2004 ArbuR 2005, 157; vgl. auch *LSG NRW* 21.9.2004 ArbuR 2005, 158; *LSG BW* 9.6.2004 ArbuR 2005, 158; vgl. dazu *Gabke* ArbuR 2005, 160 f.), wonach der Anspruch auf Arbeitslosengeld für eine Sperrzeit von **zwölf** Wochen ruht, wenn ein Arbeitsloser eine vom Arbeitsamt angebotene Arbeit nicht annimmt. Auch normative Zwänge bestehen nach geltendem Recht: So kann im Verteidigungsfall ein Arbeitsverhältnis durch Verwaltungsakt begründet bzw. ein Arbeitnehmer aus einem bestehenden Arbeitsverhältnis abberufen werden (Art. 12a Abs. 3–6 GG, §§ 10 ff. Arbeitssicherstellungsgesetz BGBl. 1968 I S. 787). Eine Sperrwirkung kann schließlich vom Mitbestimmungsrecht des Betriebsrats (§ 99 BetrVG) bei der Einstellung ausgehen; der Arbeitnehmer hat keine Möglichkeit, gegen die Zustimmungsverweigerung des Betriebsrates vorzugehen. 2

3 Aus Art. 12 Abs. 1 GG folgt kein Anspruch auf Abschluss eines Arbeitsvertrages mit einem bestimmten Arbeitgeber; ein »Recht auf Arbeit« besteht insoweit nicht.

4 Der Staat ist lediglich verpflichtet, die erforderlichen wirtschaftlichen und finanzpolitischen Maßnahmen zu treffen, damit Vollbeschäftigung erreicht und Arbeitslosigkeit vermieden werden kann, sodass für jeden Arbeitswilligen die Chance wächst, in ein Beschäftigungsverhältnis zu gelangen.

2. Arbeitgeber

a) Grundsatz der Privatautonomie

5 Auch der Arbeitgeber kann frei darüber entscheiden, ob und mit wem er ein Arbeitsverhältnis eingehen möchte. Er ist deshalb z.B. auch als Ausbildender i.S.d. BBiG grds. in seiner Entscheidung frei, ob er einen **Auszubildenden im Anschluss an die Ausbildung in ein Arbeitsverhältnis übernimmt** (*BAG* 20.11.2003 EzA § 611 BGB 2002 Arbeitgeberhaftung Nr. 1). Auch allein das **Vertrauen des Arbeitnehmers** in die Beibehaltung der Praxis eines Arbeitgebers, z.B. des Baugewerbes, wie in der Vergangenheit die Arbeitnehmer wegen vorübergehenden Auftragsmangels zum Jahresende zu entlassen und im Frühjahr **wieder neu einzustellen**, begründet keinen Anspruch auf (Wieder-) Einstellung (*BAG* 26.4.2006 EzA § 611 BGB 2002 Einstellungsanspruch Nr. 2).

b) Normative Einschränkungen

6 Es ist zwar grds. ausgeschlossen, den Arbeitgeber durch gesetzliche Vorschriften zur vertraglichen Begründung von Arbeitsverhältnissen zu verpflichten (zur Ausnahme nach dem Gesetz über den Bergmannsversorgungsschein Saarland s.u. Rn. 163 ff.). Ein Auszubildender, der eine Verletzung des Ausbildungsvertrages geltend macht, hat daher z.B. grds. **keinen Anspruch auf Schadensersatz** wegen der durch die Nichtübernahme in ein festes Arbeitsverhältnis entfallenen Vergütung (*BAG* 20.11.2003 EzA § 611 BGB 2002 Arbeitgeberhaftung Nr. 1).

7 Zu Lasten des Arbeitgebers sind jedoch andererseits Beschränkungen der Berufsausübungsfreiheit (Art. 12 Abs. 1 GG) statthaft,
- wenn sie durch hinreichende Gründe des Gemeinwohls gerechtfertigt werden,
- die gewählten Mittel zur Erreichung des verfolgten Zwecks geeignet und erforderlich sind, und
- wenn auch bei einer Gesamtabwägung zwischen der Schwere des Eingriffs und dem Gewicht der ihn rechtfertigenden Gründe die Grenze der Zumutbarkeit gewahrt wird (*BVerfG* 23.1.1990 EzA § 128 AFG Nr. 1).

8 In Betracht kommt deshalb z.B. eine Beschränkung des Auswahlermessens, wie sie bei schwerbehinderten Menschen durch die Vorgabe einer bestimmten **Quote** besteht, bei deren Nichterfüllung eine Ausgleichszahlung an den Staat zu erfolgen hat. Einschränkungen erfährt das Grundrecht des Arbeitgebers aus Art. 12 Abs. 1 GG zudem durch **§ 78a BetrVG, § 9 BPersVG** (s.u. Rn. 83 ff.), wonach ein Arbeitsverhältnis mit einem Auszubildenden nach Abschluss der Ausbildung auch gegen den Willen des Arbeitgebers begründet wird. Diese Normen erfüllen bei Auszubildenden die Funktion, die **§ 15 KSchG, § 103 BetrVG** (s.u. Kap. 4 Rn. 499 ff.) bei bestehenden Arbeitsverhältnissen zukommt. Da der Arbeitgeber sich gegen die Übernahme der Amtsträger nur bei Unzumutbarkeit der Weiterbeschäftigung wenden kann, werden diesen freie Arbeitsplätze i.d.R. vorrangig zugewiesen.

9 Weitere Einschränkungen der Berufsausübungsfreiheit des Arbeitgebers ergeben sich durch:
- **§ 102 Abs. 5 BetrVG** und den allgemeinen Weiterbeschäftigungsanspruch außerhalb des Geltungsbereichs dieser Norm, wonach das Arbeitsverhältnis selbst bei wirksamer

Arbeitgeberkündigung bis zur rechtskräftigen Entscheidung über die Kündigung über die Kündigungsfrist hinaus fortgesetzt wird (s.u. Kap. 4 Rn. 3324 ff.);

- **§ 10 AüG** (Begründung eines Arbeitsverhältnisses mit dem Entleiher, wenn dem Verleiher die nach dem AüG erforderliche Erlaubnis zur Arbeitnehmerüberlassung fehlt (s.u. Kap. 3 Rn. 4519 ff.);
- **§ 613a Abs. 4 BGB** (Einschränkung der Kündigungsmöglichkeit im Zusammenhang mit der Betriebsübernahme (s.u. Kap. 4 Rn. 903 ff.);
- **Art. 33 Abs. 2 GG;**
- **§ 611a BGB** (jetzt: §§ 1 ff. AGG; Verbot der Benachteiligung von Stellenbewerberinnen wegen ihres Geschlechts; Verstöße führen freilich nicht zu einem Einstellungsanspruch der Bewerberin s.u. Rn. 200 ff.);
- **Art. 9 Abs. 3 GG** (der Arbeitgeber darf die Einstellung eines grds. als geeignet bewerteten Bewerbers nicht von dessen koalitionsmäßigen Status abhängig machen. Deshalb ist es z.B. **verboten, eine Einstellung von der Kündigung der Gewerkschaftszugehörigkeit abhängig zu machen** (*BAG* 2.6.1987 EzA Art. 9 GG Nr. 43; zur Beweislast und zum Inhalt eines etwaigen Schadenersatzanspruches vgl. MünchArbR/*Buchner* § 40 Rz. 217 ff.);
- **Art. 3 Abs. 3 GG** (i.V.m. §§ 138, 826 BGB); Verstöße begründen aber keinen Einstellungsanspruch des Bewerbers;
- **§ 95 BetrVG** (Auswahlrichtlinien über die personelle Auswahl bei Einstellung).

Darüber hinaus können **Tarifverträge Abschlussgebote** (z.B. Wiedereinstellungsklauseln; s.u. Rn. 208 ff.) und **Abschlussverbote** (Verbot von Arbeitsverträgen mit bestimmten Arbeitnehmergruppen z.B. aus Gründen des Gesundheitsschutzes) als Abschlussnormen i.S.d. § 1 Abs. 1 TVG enthalten. So kann zum Beispiel vorgesehen werden, dass Facharbeiten grds. nur durch einschlägige Fachkräfte zu erledigen sind und die Besetzung der Arbeitsplätze entsprechend vorzunehmen ist (*BAG* 26.4.1990 EzA § 4 TVG Druckindustrie Nr. 20; 22.1.1991 EzA § 4 TVG Druckindustrie Nr. 22). **10**

Im Übrigen besteht aber keine umfassende Bindung des privaten Arbeitgebers, den Einstellungsbewerbern die zur Verfügung stehenden Arbeitsplätze unter Beachtung des Gleichbehandlungsgrundsatzes etwa nach Eignung, Befähigung und fachlicher Leistung oder ähnlichen sachlich rechtfertigenden Kriterien zuzuteilen (vgl. *LAG Hessen* 26.3.2001 NZA-RR 2001, 464). **11**

Aus den einzelnen, den Arbeitnehmer begünstigenden betriebsverfassungsrechtlichen Normen (vgl. z.B. §§ 75, 80, 99 BetrVG) kann nicht auf eine entsprechende individualarbeitsrechtliche Position des Arbeitnehmers geschlossen werden (vgl. MünchArbR/*Buchner* § 39 Rz. 96–118, insbes. auch zu gegenteiligen Begründungsversuchen i.d. Lit.). **12**

> Eine Bindung des Arbeitgebers bei der Einstellung kann sich ausnahmsweise aus dem Gesichtspunkt der Sozialauswahl ergeben. **13**

§ 1 Abs. 3 KSchG gilt zwar nicht entsprechend für Fälle, in denen der Arbeitgeber im Anschluss an eine betriebsbedingte Kündigung wegen Arbeitsmangels und damit wegen verringerten Personalbedarfs nur einen Teil der bisherigen Belegschaft später neu einstellt (*BAG* 15.3.1984 EzA § 611 BGB Einstellungsanspruch Nr. 2). Etwas anderes kann sich aber u.U. dann ergeben, wenn der Arbeitgeber **alle anderen vergleichbaren Arbeitnehmer wieder eingestellt hat** (*BAG* 10.11.1977 EzA § 611 BGB Einstellungsanspruch Nr. 1; zum möglichen Wiedereinstellungsanspruch bei der Verdachtskündigung sowie der betriebsbedingten Kündigung s.u. Kap. 4 Rn. 1510, 2705 ff.). **14**

II. Gesetzliche Beschäftigungs- und Abschlussverbote

> Die gesetzlichen Beschäftigungs- und Abschlussverbote bestehen überwiegend zum Schutz der Arbeitnehmer, denen die Übernahme bestimmter Tätigkeiten verboten wird, z.B. beim Verbot der Kinderarbeit (§ 5 Abs. 1 JArbSchG; § 2 Abs. 1 Nr. 1 BergBG Verbot der Beschäftigung im Bergbau ohne gesundheitliche Unbedenklichkeitsbescheinigung). **15**

16 Der Schutz Dritter kommt dann in Betracht, wenn ihnen aus der Beschäftigung bestimmter Arbeitnehmer auf bestimmten Arbeitsplätzen Gefahren erwachsen würden (z.B. § 42 IfSG: Schutz vor ansteckenden Krankheiten).

17 Insoweit sind Eingriffe in die Vertragsfreiheit (Art. 12 Abs. 1 GG) z.B. beim Jugendarbeitsschutz im Interesse der höherwertigen Güter von Leben, Körper und Gesundheit der jugendlichen Menschen unvermeidbar. Aus dem Wesensgehalt des Arbeitsschutzrechts folgt aber auch, dass die vom Gesetzgeber bestimmten Eingriffe in die Vertragsfreiheit nur soweit gehen sollen und dürfen, wie die Einschränkungen aus dem jeweils verfolgten Schutzbedürfnis heraus zwingend abgeleitet werden können (*BAG* 12.10.1962 AP Nr. 1 zu § 10 JArbSchG).

18 Systematisch kann differenziert werden zwischen:
- **Abschlussnormen**, also Vorschriften, die den Abschluss des Arbeitsvertrages verbieten;
- **Beschäftigungsverboten**, die nicht den Vertragsabschluss, sondern nur den tatsächlichen Einsatz des Arbeitnehmers auf einem bestimmten Arbeitsplatz verbieten;
- **Verbotsgesetzen** i.S.d. § 134 BGB, die zur Nichtigkeit eines Arbeitsvertrages führen, der auf die Leistung einer unzulässigen Beschäftigung gerichtet ist. Nach Sinn und Zweck der Norm ist von der Nichtigkeitsfolge aber dann, wenn ohne sie dem Sinn und Zweck der Norm besser Genüge getan wird, abzusehen. Das ist bei Arbeitsschutznormen (z.B. JArbSchG, ArbZG, MuSchG) häufig der Fall;
- arbeitsvertraglichen **Unterlassungspflichten**, die sich an einen im Arbeitsverhältnis stehenden Arbeitnehmer richten (Wettbewerbsverbot § 60 HGB, Verstöße führen nicht zur Nichtigkeit eines Zweitarbeitsverhältnisses, vgl. § 61 HGB; Verbot der Erwerbstätigkeit im Urlaub [§ 8 BUrlG]; auch diese Vorschrift ist kein gesetzliches Verbot i.S.d. § 134 BGB [*BAG* 25.2.1988 EzA § 8 BUrlG Nr. 2]).

III. Beschäftigungsverbote zugunsten der betroffenen Arbeitnehmer

1. Jugendarbeitsschutzrecht

19 Verboten ist die Beschäftigung von Kindern bis zu 15 Jahren (§ 5 JArbSchG i.V.m. § 134 BGB).

20 Allerdings sind Ausnahmen für den Erziehungsbereich und spezielle berufliche Bereiche, in denen von einer familienhaften Arbeitsleistung ausgegangen werden kann (z.B. in der Landwirtschaft), vorgesehen (zu den Änderungen des JArbSchG ab dem 1.3.1997 vgl. *Sowka* NZA 1997, 298; zur Kinderarbeitsschutz-VO, die am 1.7.1998 in Kraft getreten ist [BGBl. I S. 1508], vgl. *Kollmer* NZA 1998, 1268 ff.; *Anzinger* BB 1998, 1843 ff.; *Dembkowsky* NJW 1998, 3540 ff.).

21 Im Übrigen unterliegt die Beschäftigung Jugendlicher zeitlichen (§§ 8 ff. JArbSchG) und inhaltlichen (§§ 22 ff. JArbSchG, z.B. durch das grundsätzliche Verbot des Einsatzes Jugendlicher bei gefährlichen Arbeiten) Beschränkungen (vgl. ausf. *Zmarzlik* AR-Blattei SD 930 »Jugendarbeitsschutz« Rz. 59 ff.; *Dörner* HwB-AR 1010 »Jugendarbeitsschutz« Rz. 12 ff. m.w.N.).

22 Schließlich enthalten **§ 25 JArbSchG, §§ 27 ff. BBiG, § 21 ff. HwO** spezielle Beschäftigungsverbote, die Jugendliche vor bestimmten unqualifizierten Arbeitgebern und Vorgesetzten schützen sollen. Bei Verstößen gegen § 25 JArbSchG ist der Arbeitsvertrag gem. § 134 BGB nichtig, wenn dem Arbeitgeber selbst wegen rechtskräftiger strafrechtlicher Verurteilung die persönliche Qualifikation fehlt. Fehlt dagegen nur dem von ihm beauftragten Mitarbeiter die persönliche Qualifikation, kann der Jugendliche zwar die Arbeitsleistung verweigern und

den Arbeitgeber damit in Annahmeverzug bringen, die Wirksamkeit des Arbeitsvertrages wird dadurch aber nicht berührt (MünchArbR/*Buchner* § 40 Rz. 30 ff.).

2. Mutterschutzrecht

Die Beschäftigungsverbote des MuSchG sind überwiegend als generelle Beschäftigungsverbote gefasst. Sie verbieten – unabhängig vom individuellen Gesundheitszustand der Frau – die Beschäftigung während der Mutterschutzfristen vor und nach der Entbindung; über das Beschäftigungsverbot während der Schutzfrist vor der Entbindung kann die Arbeitnehmerin allerdings disponieren (§ 3 Abs. 2 MuSchG; zur Flexibilisierung der Schutzfunktion nach § 6 Abs. 1 MuSchG bei Frühgeburten 2002, vgl. *Joussen* NZA 2002, 702 ff.); verzichtet die Arbeitnehmerin, so kann der Arbeitgeber sich **nicht ohne weiteres** darauf berufen, er könne sie aus **Fürsorgegesichtspunkten nicht beschäftigen**. Denn das Beschäftigungsverbot dient dem Schutz der werdenden Mutter, nicht dem des Arbeitgebers (zutr. *LAG SchlH* 15.12.2005 LAGE § 3 MuSchG Nr. 4 = NZA-RR 2006, 178 m. Anm. *Nebe* ArbuR 2007, 141 f.). 23

Verboten sind ferner die Beschäftigung mit schweren und gesundheitsgefährdenden Arbeiten, der Akkord- und Fließarbeit, sowie Mehr-, Nacht-, Sonntags- und Feiertagsarbeit (§§ 3, 4, 6, 8 MuSchG). So stellt z.B. **Mumps bei Erzieherinnen**, die in Kindergärten arbeiten, eine Berufskrankheit dar, die bei Fehlen hinreichender Antikörper zu einem Beschäftigungsverbot nach § 4 Abs. 2 Nr. 6 MuSchG führt (*BVerwG* 26.4.2005 NZA-RR 2005, 649; *OVG RhPf* 11.9.2003 NZA-RR 2004, 93; vgl. dazu *Schimmelpfeng-Schütte* NZA 2006, 21 ff.).

Allerdings können die Aufsichtsbehörden in begründeten Fällen Ausnahmen zulassen (§§ 4 Abs. 3 S. 2, 8 Abs. 6 MuSchG). Diese Verbote gelten z. T. auch für stillende Mütter.

Daneben bestehen noch individuelle, den jeweiligen Gesundheitszustand der Mutter berücksichtigende Beschäftigungsverbote (§§ 3 Abs. 1, 6 Abs. 2 MuSchG). Gem. § 3 Abs. 1 MuSchG darf die werdende Mutter nicht beschäftigt werden, soweit nach ärztlichem Zeugnis, dass das Beschäftigungsverbot genau bezeichnet und auch die Gründe dafür angibt, Leben oder Gesundheit der Mutter oder des Kindes bei Fortdauer der Beschäftigung gefährdet ist.

Bei Zweifeln an der Richtigkeit des Zeugnisses kann der Arbeitgeber eine **Nachuntersuchung** verlangen; einen vom Arbeitgeber vorgeschlagenen Facharzt oder Amtsarzt kann die Arbeitnehmerin nur aus triftigem Grund ablehnen (MünchArbR/*Heenen* § 226 Rz. 19). Die schwangere Arbeitnehmerin muss einem derartigen Verlangen des Arbeitgebers auf eine weitere ärztliche Untersuchung aber **dann nicht nachkommen**, wenn zu dem Zeitpunkt, zu dem der Arbeitgeber erstmals sein Verlangen auf eine derartige Untersuchung stellt, **keine objektiv begründbaren Zweifel** mehr an dem Beschäftigungsverbot bestanden (zutr. *ArbG Bln.* 17.11.2004 – 9 Ca 18808/04 – EzA-SD 6/2005 S. 5 LS). 24

Der Arzt kann auch ein **partielles Beschäftigungsverbot** für bestimmte Arbeiten oder während bestimmter Zeiten aussprechen. 25

Nicht erfasst ist jedoch ein nur den An- und Abfahrtsweg zur Arbeitsstätte betreffendes ärztliches Verbot, denn das Wegerisiko gehört zur Risikosphäre des Arbeitnehmers (*BAG* 7.8.1970 EzA § 11 MuSchG Nr. 3).

Nimmt der Arbeitgeber oder die zuständige Stelle die gebotene **fachkundige Überprüfung** der Unbedenklichkeit des Arbeitsplatzes einer schwangeren Arbeitnehmerin **nicht** vor und bestehen aus ärztlicher Sicht ernstzunehmende Anhaltspunkte dafür, dass vom Arbeitsplatz Gefahren für Leben oder Gesundheit von Mutter und Kind ausgehen können, so darf der Arzt bis zu einer Klärung ausnahmsweise ein **vorläufiges Beschäftigungsverbot** aussprechen (*BAG* 11.11.1998 EzA § 3 MuSchG Nr. 5; vgl. dazu *Wank* SAE 2000, 31 ff.; *Buchner* RdA 2000, 308 ff.). 26

Auch dann, wenn der Arbeitgeber die **Rechte einer Schwangeren** missachtet und sie zu gerichtlichen Auseinandersetzungen zwingt, kann ein Beschäftigungsverbot gem. § 3 Abs. 1 MuSchG nach Auffassung des *LAG SchlH* (7.12.1999 NZA-RR 2000, 118) gerechtfertigt sein.

27 Gem. **§ 6 Abs. 2 MuSchG** darf eine Arbeitnehmerin, die in den ersten sechs Monaten nach der Entbindung nach ärztlichem Zeugnis nicht voll leistungsfähig ist, nicht zu einer ihre Leistungsfähigkeit übersteigenden Arbeit herangezogen werden.

28 Die Wirksamkeit des Arbeitsvertrages berühren diese Beschäftigungsverbote nicht; sie modifizieren lediglich die Arbeitspflicht der Arbeitnehmerin (MünchArbR/*Heenen* § 226 Rz. 9).

29 Fraglich ist aber, ob dann, wenn das **Arbeitsverhältnis erst nach dem Eintritt der Schwangerschaft begründet wird** und die arbeitsvertragliche Vereinbarung auf die Verrichtung verbotener Tätigkeiten gerichtet ist, die Nichtigkeit des Arbeitsvertrages bzw. jedenfalls die Teilnichtigkeit eintritt.

30 Das *BAG* (27.11.1956 AP Nr. 2 zu § 4 MuSchG; 6.10.1962 AP Nr. 24 zu § 9 MuSchG) ist zunächst davon ausgegangen, dass für den Fall des anfänglichen Eingreifens mutterschutzrechtlicher absoluter Beschäftigungsverbote der von einer ohne ihr Wissen bereits schwangeren Arbeitnehmerin abgeschlossene Arbeitsvertrag, wonach sie nur mit Arbeiten beschäftigt werden kann, die nach § 4 MuSchG verboten sind, gem. § 134 BGB **nichtig ist**. I. d. R. kommt die Nichtigkeit eines Vertrages zwar nur in Betracht, wenn sich das Verbot gegen beide Vertragspartner richtet. Gleichwohl führt das nur an den Arbeitgeber gerichtete Verbot, die schwangere Arbeitnehmerin mit bestimmten Aufgaben zu beschäftigen, aber zur Nichtigkeit, da das Gesetz den mit dem Rechtsgeschäft bezweckten Erfolg schlechthin verhindern will.

31 **Zuletzt** hat das *BAG* (8.9.1988 EzA § 8 MuSchG Nr. 1) unter Hinweis auf in einer nicht veröffentlichten Entscheidung des 7. Senats (5.12.1980 – 7 AZR 925/78) geäußerte Bedenken diese Frage jedoch **offen gelassen**.

32 Der Arbeitsvertrag mit einer schwangeren Arbeitnehmerin, durch den diese sich ausschließlich zur Nachtarbeit i.S.d. § 8 MuSchG verpflichtet, ist aber jedenfalls nicht gem. § 134 BGB nichtig, wenn bei Vertragsschluss noch mit der Erteilung einer Ausnahmegenehmigung nach § 8 Abs. 6 MuSchG zu rechnen ist (*BAG* 8.9.1988 EzA § 8 MuSchG Nr. 1).

33 Nach Auffassung von *Buchner* (MünchArbR § 40 Rz. 37) kommt dagegen die Nichtigkeit des Vertrages nicht in Betracht, wenn das Arbeitsverhältnis für unbestimmte Zeit begründet wurde und sich das mutterschutzrechtliche Beschäftigungsverbot nur als **vorübergehendes Hindernis** darstellt.

34 Freistellungen infolge der Beschäftigungsverbote sollen im Ergebnis nicht zu Verdienstausfall führen. Während der Schutzfristen vor und nach der Entbindung (§§ 3 Abs. 2, 6 Abs. 1 MuSchG) besteht Anspruch auf **Mutterschaftsgeld** nach §§ 13, 200 RVO. Für die Höhe des Anspruchs auf Mutterschaftsgeld nach Maßgabe dieser Vorschriften kommt es auf den arbeitsrechtlichen Begriff des Arbeitsverhältnisses an. Kommt es insoweit darauf an, ob eine Versicherte zu Beginn der Mutterschutzfrist **in einem Arbeitsverhältnis stand**, sind **Krankenkassen** und Sozialgerichte grds. an den **Inhalt gerichtlicher Vergleiche gebunden**, die die Vertragsparteien über die Beendigung ihres Vertragsverhältnisses geschlossen haben, es sei denn, es liegt ein Fall des Rechtsmissbrauchs vor (*BSG* 16.2.2005 NZA-RR 2005, 542). Den Differenzbetrag zum bisherigen durchschnittlichen Nettoarbeitsentgelt hat der Arbeitgeber und bei aufgelösten Arbeitsverhältnissen der Bund nach § 14 MuSchG als Zuschuss zu zahlen. § 14 Abs. 1 S. 1 MuSchG ist verfassungsgemäß (*BAG* 1.11.1995 EzA § 14 MuSchG Nr. 12; zur Berechnung auf Grund einer tariflichen Regelung bei leistungsbezogenem Entgelt vgl. *LAG Nds.* 14.7.2005 – 7 Sa 1257/04 – LAG Report 2005, 350 LS). Für den Anspruch der Arbeitnehmerin gegen den Arbeitgeber auf Zuschuss zum Mutterschaftsgeld kommt es nicht auf die tatsächliche Zahlung von Mutterschaftsgeld durch die Krankenkasse,

sondern das **Bestehen des sozialrechtlichen Anspruchs** auf Mutterschaftsgeld an. Nach § 200 Abs. 1 2. Alt. RVO setzt der Anspruch auf Mutterschaftsgeld voraus, dass allein wegen der Schutzfristen des Mutterschutzgesetzes kein Arbeitsentgelt gezahlt wird. Der Anspruch kann auch während der Schutzfristen entstehen, sobald die genannte Voraussetzung vorliegt. Der Anspruch auf Mutterschaftsgeld entfällt nicht für den gesamten Zeitraum der Schutzfristen, wenn das Arbeitsverhältnis bei Beginn der Schutzfrist des § 3 Abs. 2 MuSchG wegen eines vereinbarten Sonderurlaubs unter Wegfall der Hauptleistungspflichten geruht hat. Vielmehr ist der Anspruch auf Mutterschaftsgeld nur bis zur vereinbarten Beendigung des unbezahlten Sonderurlaubs ausgeschlossen (*BAG* 25.2.2004 EzA § 14 MuSchG Nr. 18 = NZA 2004, 538 = BAG Report 2005, 119). Der Anspruch auf Zuschuss zum Mutterschaftsgeld entfällt auch nicht deshalb, weil die Frau während der Schutzfristen **arbeitsunfähig** krank war (*BAG* 12.3.1997 EzA § 14 MuSchG Nr. 14). Der Anspruch besteht aber nicht, wenn das Arbeitsverhältnis während der Elternzeit ruht und die Arbeitnehmerin **keine zulässige Teilzeitarbeit** leistet (§ 14 Abs. 4 MuSchG; *BAG* 29.1.2003 EzA § 14 MuSchG Nr. 16). § 14 Abs. 4 MuSchG dient der Klarstellung. Auch ohne diese Regelung bestünde kein Anspruch auf Zuschuss zum Mutterschaftsgeld während der Elternzeit, weil der Arbeitgeber in dieser Zeit – sofern keine Teilzeitarbeit geleistet wird – nicht zur Zahlung von Arbeitsentgelt verpflichtet ist. Der Anspruch auf Zuschuss zum Mutterschaftsgeld ist seiner Rechtsnatur nach ein gesetzlich begründeter Anspruch auf teilweise Fortzahlung des Arbeitsentgelts. Die Vergütungspflicht des Arbeitgebers wird während der Zeiten der Beschäftigungsverbote nach § 3 Abs. 2 MuSchG; § 6 Abs. 1 MuSchG trotz fehlender Arbeitsleistung nicht in vollem Umfang aufgehoben, sondern besteht nach Maßgabe des § 14 Abs. 1 MuSchG fort. Der Zuschuss des Arbeitgebers dient dazu, den Verdienstausfall auszugleichen, soweit er den Betrag von 13,00 € täglich übersteigt, weil sich die Zeit der Mutterschutzfristen nicht lohnmindernd auswirken soll (*BAG* 29.1.2003 EzA § 14 MuSchG Nr. 16).

Bei der **Berechnung** dieses Zuschusses zum Mutterschaftsgeld sind in den Schutzfristen 35 wirksam werdende allgemeine **Entgelterhöhungen** von ihrem jeweiligen Wirksamkeitszeitpunkt an zu berücksichtigen. Zu den allgemeinen Erhöhungen zählen Erhöhungen des Tarifentgeltes ebenso wie solche, die durch die Geburt des Kindes verursacht sind, wie z.B. eine höhere Stufe des Ortszuschlages.

Soweit die Regelung in § 14 Abs. 1 S. 2 MuSchG, wonach für die Berechnung des Zuschus- 36 ses nur auf die Zeit vor Beginn der Schutzfristen abzustellen ist, dem entgegensteht, ist sie wegen Unvereinbarkeit mit dem Grundsatz gleichen Entgeltes für Männer und Frauen (Art. 119 EG-Vertrag, jetzt Art. 141 EGV, Richtlinie 75/117/EWG) nicht anzuwenden (*BAG* 31.7.1996 EzA § 14 MuSchG Nr. 13 im Anschluss an *EuGH* 13.2.1996 EzA EWG-Vertrag Art. 119 Nr. 37).

§ 14 Abs. 1 MuSchG wurde auf Grund dieser Entscheidung des *BAG* (31.7.1996 EzA § 14 MuSchG Nr. 13) mit Wirkung ab dem 1.1.1997 dahingehend **geändert**, dass bei der Berechnung des Arbeitgeberzuschusses auch die in den Mutterschutzfristen wirksam werdenden allgemeinen **Entgelterhöhungen ab dem Zeitpunkt ihrer jeweiligen Wirksamkeit zu berücksichtigen sind** (vgl. *Sowka* NZA 1997, 297; *EuGH* 30.3.2004 NZA 2004, 839 in einem nicht Deutschland betreffenden Fall zu der Frage, wie vorzugehen ist, wenn eine derartige nationale Regelung fehlt).

Wenn und soweit die Arbeitnehmerin vor oder nach der Niederkunft wegen eines 37 Beschäftigungsverbotes freizustellen ist, hat der Arbeitgeber ihr gem. § 11 MuSchG den Durchschnittsverdienst der letzten 13 Wochen weiterzuzahlen. **Dauerhafte Verdienstkürzungen** sind bei der Berechnung des Mutterschutzlohnes nach § 11 Abs. 2 MuSchG zu berücksichtigen; dies gilt auch dann, wenn sie erst **nach Ablauf des Berechnungszeitraums** des § 11 Abs. 1 MuSchG eintreten (*BAG* 20.9.2000 EzA § 11 MuSchG Nr. 21). Dies ergibt sich nunmehr ausdrücklich aus § 11 Abs. 2 S. 3 MuSchG, der durch das neue MuSchG 2002 eingefügt worden ist.

Eine Änderung der Steuerklasse nach Beginn des Erziehungsurlaubs wirkt sich insoweit nicht zum Nachteil des Arbeitnehmers bei der Berechnung des Arbeitgeberzuschusses aus; dieser ist vielmehr nach der gesetzlichen Regelung nach dem tatsächlich bezogenen Nettoentgelt der letzten drei abgerechneten Monate zu berechnen; eine hypothetische Betrachtungsweise unter Heranziehung der jetzigen Steuerklasse ist nicht veranlasst (*LAG Nbg.* 27.8.2002 ARST 2003, 212 LS = NZA-RR 2003, 318).

38 Allerdings kann eine schwangere Frau trotz des gesetzlichen Beschäftigungsverbots verpflichtet sein, vorübergehend eine **andere ihr zumutbare Tätigkeit** auszuüben. Die Zuweisung einer anderen Tätigkeit kommt erst für die Zeit **nach dem Beginn** des gesetzlichen Beschäftigungsverbots in Betracht (*BAG* 21.4.1999 EzA § 11 MuSchG Nr. 18); sie muss **billiges Ermessen** wahren (§ 315 BGB). Deshalb ist die **Ersatztätigkeit so zu konkretisieren**, dass beurteilt werden kann, ob billiges Ermessen gewahrt ist (*BAG* 15.11.2000 EzA § 11 MuSchG n.F. Nr. 20) und die Schwangere nicht über Gebühr belastet wird. Maßgebend sind die Umstände des Einzelfalls. Für eine Flugbegleiterin (Beschäftigungsverbot gem. § 4 Abs. 2 Nr. 7 MuSchG) kommt jedenfalls bis zum Beginn des 6. Schwangerschaftsmonats auch eine auswärtige Beschäftigung in Betracht (*BAG* 22.4.1998 EzA § 11 MuSchG Nr. 17). Nach Beginn des sechsten Schwangerschaftsmonats entspricht jedoch die Zuweisung i.d.R. nicht billigem Ermessen, wenn der Arbeitsort nur nach **mehrstündiger Bahn- oder Flugreise** erreicht werden kann (*BAG* 21.4.1999 EzA § 11 MuSchG Nr. 18).
Die Zuweisung einer anderen zumutbaren Tätigkeit ist **noch nicht** erfolgt, wenn der Arbeitnehmerin zwar ihr Dienstvorgesetzter eine bestimmte Tätigkeit anbietet, jedoch gleichzeitig auf die **Letztentscheidung der Personalabteilung** hinweist. Übt die Personalabteilung in der Folgezeit ihr Direktionsrecht gem. § 315 Abs. 1 BGB dann aber nicht aus, hat die schwangere Frau einen Anspruch auf den Mutterschutzlohn gem. § 11 Abs. 1 MuSchG (*LAG Düsseld.* 22.1.1999 ARST 1999, 273).

39 Mutterschutzlohn nach § 11 Abs. 1 S. 1 MuSchG (zur Berechnung bei einer vereinbarten wöchentlichen Arbeitszeit, die im Durchschnitt eines halben Jahres zu erbringen ist s. *LAG Hamm* 31.10.2006 LAGE § 11 MuSchG Nr. 6 = NZA-RR 2007, 118) wird im Übrigen nur geschuldet, wenn allein das ärztliche **Beschäftigungsverbot** für die Nichtleistung der Arbeit **ursächlich** ist. Ist die werdende Mutter arbeitsunfähig krank, so löst ein für denselben Zeitraum angeordnetes Beschäftigungsverbot gem. § 3 Abs. 1 MuSchG keinen Anspruch gem. § 11 Abs. 1 MuSchG aus (*BAG* 22.3.1995 EzA § 11 MuSchG Nr. 14; 13.2.2002 EzA § 3 MuSchG Nr. 8; 9.10.2002 EzA § 11 MuSchG Nr. 23 = NZA 2004, 257; vgl. *Weygand* BB 1994, 1852 ff.; abl. *Lembke* NZA 1998, 349 ff.; *Gutzeit* NZA 2003, 81 ff.). Das gilt auch dann, wenn der Arbeitgeber nach Ablauf des Sechs-Wochen-Zeitraums zur Entgeltfortzahlung im Krankheitsfall verpflichtet ist (*LAG Nds.* 20.1.2003 LAGE § 11 MuSchG Nr. 4 = NZA-RR 2003, 517). Stellt der Arzt Beschwerden fest, die auf der Schwangerschaft beruhen, so hat er zu prüfen und aus ärztlicher Sicht zu entscheiden, ob die schwangere Frau wegen eingetretener Komplikationen arbeitsunfähig krank ist oder ob, ohne dass eine Krankheit vorliegt, zum Schutz des Lebens oder der Gesundheit von Mutter und Kind ein Beschäftigungsverbot geboten ist (§ 3 Abs. 1 MuSchG; vgl. ausf. *Schliemann/König* NZA 1998, 1030 ff.). Dabei steht dem Arzt ein Beurteilungsspielraum zu. Ein Beschäftigungsverbot nach § 3 Abs. 1 MuSchG darf nur dann ausgesprochen werden, wenn die Fortdauer der **Beschäftigung Leben oder Gesundheit von Mutter oder Kind gefährden** würde. Es reicht aber aus, wenn die Fortdauer der Beschäftigung allein auf Grund der individuellen Verhältnisse der Frau die Gesundheit von Mutter oder Kind gefährden würde (*BAG* 12.3.1997 NZA 1997, 882). Die Voraussetzungen für ein Beschäftigungsverbot können auch dann vorliegen, wenn **psychisch bedingter Stress** Leben oder Gesundheit von Mutter oder Kind gefährdet. Voraussetzung ist allerdings, dass der gefährdende Stress gerade durch die Fortdauer der Beschäftigung verursacht oder verstärkt wird (*BAG* 21.3.2001 EzA § 3 MuSchG Nr. 7; *LAG Köln* 13.12.2001 NZA-RR 2002, 569; zu Abgrenzungsfragen bei einer Risikoschwangerschaft vgl. *LAG Nds.* 20.1.2003 LAGE § 11 MuSchG Nr. 4 = NZA-RR 2003, 517). Bewirkt eine bestehende Krankheit erst bei Fortführung der Beschäftigung die **weitere Verschlechterung der Gesundheit** und dadurch die Unfähigkeit zur Arbeitsleistung, kommt es darauf an, ob die Ursache dafür ausschließlich in der Schwangerschaft liegt. In diesem Fall ist der Anspruch auf Mutterschutzlohn gegenüber dem Anspruch auf Entgeltfortzahlung im Krankheitsfall

vorrangig (*BAG* 13.2.2002 EzA § 3 MuSchG Nr. 8). Gleiches gilt, wenn trotz einer Krankheit keine aktuelle Arbeitsunfähigkeit der Schwangeren vorliegt, sondern nur die weitere Beschäftigung unzumutbar ist, weil sie zu einer Verschlechterung des Gesundheitszustandes führen würde, die Verschlechterung aber ausschließlich auf der Schwangerschaft beruht (*BAG* 9.10.2002 EzA § 11 MuSchG Nr. 23 = NZA 2004, 257).

Das Beschäftigungsverbot wird i.d.R. schriftlich erklärt, kann aber, da eine bestimmte **Form nicht vorgesehen** ist, auch mündlich gegenüber der Schwangeren ausgesprochen werden (*BAG* 1.10.1997 EzA § 3 MuSchG Nr. 4). Ist eine Arbeitnehmerin allerdings infolge einer fehlenden öffentlich-rechtlichen Genehmigung außerstande, die von ihr arbeitsvertraglich geschuldete Arbeitsleistung zu erbringen, so ist **nicht das Aussetzen mit der Arbeit** während des Beschäftigungsverbots nach § 3 Abs. 2 MuSchG ursächlich für die Verdiensteinbuße, sondern bereits das **Fehlen der öffentlich-rechtlichen Genehmigung**. Ein Zuschussanspruch nach §§ 3 Abs. 2, 6 MuSchG, § 200 RVO entfällt (*LAG RhPf* 6.1.1999 NZA-RR 1999, 622). 40

Der auf Mutterschutzlohn in Anspruch genommene Arbeitgeber kann geltend machen, dass die Voraussetzungen eines mutterschutzrechtlichen Beschäftigungsverbots nicht vorlagen, sondern eine zur Arbeitsunfähigkeit führende Krankheit bestand. 41

Allein auf Grund der Mitteilung einzelner Befunde kann im gerichtlichen Verfahren regelmäßig nicht beurteilt werden, ob eine krankheitsbedingte Arbeitsunfähigkeit vorliegt oder das Aussetzen mit der Arbeit aus Gründen des Schwangerschaftsschutzes angeordnet worden ist (*BAG* 5.7.1995 EzA § 11 MuSchG Nr. 15; abl. *Coester* SAE 1997, 27 ff.; *Lembke* NZA 1998, 349 ff.).

Legt eine schwangere Arbeitnehmerin dem Arbeitgeber eine ärztliche Bescheinigung vor, in der ohne Begründung unter bloßem Hinweis auf § 3 Abs. 1 MuSchG ein Beschäftigungsverbot ausgesprochen wird, so kann der Arbeitgeber nicht ohne weiteres die Lohnzahlung einstellen. Vielmehr ist es seine Sache, die Frau **zur Vorlage eines um die Begründung ergänzten Attests** aufzufordern. Erst wenn sie dem nicht nachkommt, ist die Einstellung der Lohnzahlung auf der Grundlage eines **Zurückbehaltungsrechts** berechtigt. Unterlässt der Arbeitgeber eine solche Aufforderung, so kann die Berechtigung des Beschäftigungsverbotes im Zahlungsprozess nicht überprüft werden (*LAG Köln* 26.2.1996 LAGE § 11 MuSchG Nr. 2).

Für die Durchführung eines **gerichtlichen Verfahrens** hat das *BAG* (31.7.1996, 12.3.1997 NZA 1997, 29 u. 882; 1.10.1997 EzA § 3 MuSchG Nr. 4; 21.3.2001 EzA § 3 MuSchG Nr. 7; ebenso *LAG Nds.* 20.1.2003 LAGE § 11 MuSchG Nr. 4 = NZA-RR 2003, 517; *LAG Köln* 13.12.2001 NZA-RR 2002, 569; vgl. dazu *Schulin* SAE 1997, 334 f.; krit. *LAG Brem.* 28.8.1996 DB 1997, 1337) die maßgeblichen **Grundsätze** wie folgt zusammengefasst: 42

- Einem mutterschutzrechtlichen ärztlichen Beschäftigungsverbot (gem. § 3 MuSchG) kommt ein hoher Beweiswert zu. Der Beweiswert erhöht sich noch, wenn es zeitnah durch einen unabhängigen Arzt bestätigt wird, z.B. durch ein Gutachten des Medizinischen Dienstes der Krankenversicherung; *LAG Köln* 13.12.2001 NZA-RR 2002, 569).
- Gleichwohl kann es widerlegt werden, z.B. durch eine anderweitige ärztliche Untersuchung. Der Arbeitgeber kann auch tatsächliche Umstände darlegen (vgl. dazu *LAG Düsseld.* 1.4.1999 NZA-RR 1999, 349), die den Schluss zulassen, dass das Beschäftigungsverbot auf nicht zutreffenden Angaben der Schwangeren, auch hinsichtlich ihrer Beschwerden, beruht.
- Der Arzt der Schwangeren hat zwar die Fragen des Arbeitgebers nach dem Umfang des Beschäftigungsverbots, nicht aber die Fragen nach den Gründen für dessen Ausspruch zu beantworten,
- Angaben über den Gesundheitszustand und über den Verlauf der Schwangerschaft gehören nicht in das nach § 3 Abs. 1 MuSchG auszustellende ärztliche Zeugnis hinein. Durch einfaches Bestreiten kann der Arbeitgeber nicht erreichen, dass die Schwangere oder ihr Arzt Angaben dazu macht und sie ihren Arzt von der Schweigepflicht ent-

bindet. Vielmehr muss der **Arbeitgeber Umstände darlegen und beweisen**, die zu **ernsthaften Zweifeln** am Vorliegen der Voraussetzungen des § 3 Abs. 1 MuSchG Anlass geben. Gelingt ihm dies, ist die schwangere **Arbeitnehmerin** verpflichtet, ihrerseits substantiiert darzulegen und zu beweisen, dass bei einer **Fortdauer** der Beschäftigung tatsächlich **Leben oder Gesundheit** von Mutter und Kind **gefährdet gewesen wäre** (*BAG* 21.3.2001 EzA § 3 MuSchG Nr. 4, 7; *LAG Düsseld.* 1.4.1999 NZA-RR 1999, 348), das also die Voraussetzungen des Beschäftigungsverbots tatsächlich doch vorgelegen haben. Dieser Beweis ist **nicht erbracht, wenn die Ärztin die Voraussetzungen des gesetzlichen Beschäftigungsverbots verkannt hat** (*LAG Bra.* 13.6.2003 NZA-RR 2005, 67).

- Auch ist der Beweiswert eines zunächst **nicht näher begründeten ärztlichen Beschäftigungsverbots** erschüttert, wenn die Arbeitnehmerin trotz Aufforderung des Arbeitgebers **keine ärztliche Bescheinigung vorlegt**, aus der hervorgeht, von welchen konkreten Arbeitsbedingungen der Arzt beim Ausspruch des Beschäftigungsverbots ausgegangen ist und welche Arbeitsbeschränkungen für **die Arbeitnehmerin** bestehen. Nur wenn der Arbeitgeber diese Umstände kennt, kann er prüfen, ob er der Arbeitnehmerin andere zumutbare Arbeitsbedingungen zuweist, die dem Beschäftigungsverbot nicht entgegenstehen. Ist der Beweiswert erschüttert, muss die Arbeitnehmerin die Tatsachen darlegen und ggf. beweisen, die das Beschäftigungsverbot rechtfertigen (*BAG* 7.11.2007 EzA § 3 MuSchG Nr. 10 = NZA 2008, 551 LS).
- Die Schwangere, der ein auf unrichtigen Angaben beruhendes ärztliches Beschäftigungsverbot erteilt worden ist, trägt das Lohnrisiko.
- Der Arbeitgeber trägt das Risiko, das Gericht von der Unrichtigkeit des ärztlichen Beschäftigungsverbots überzeugen zu müssen; die Beweislast dafür, dass die Voraussetzungen für ein Beschäftigungsverbot in Wahrheit nicht vorgelegen haben, liegt bei ihm.
- Wird ein Beschäftigungsverbot zunächst nur mündlich gegenüber der Schwangeren ausgesprochen und erst später rückwirkend schriftlich bestätigt, so kann das Beschäftigungsverbot zwar gleichwohl von Anfang an die Pflicht zur Zahlung von Mutterschutzlohn begründen. Die Schwangere trägt dann aber die Beweislast dafür, dass die Voraussetzungen des § 3 Abs. 1 MuSchG erfüllt sind.
- Eine schwangere Arbeitnehmerin, die wegen eines besonderen Beschäftigungsverbotes ihre Arbeitsleistung nicht erbringen kann und auch auf einen anderen Arbeitsplatz nicht umgesetzt werden kann, muss mangels Rechtsgrundlage den Verdienst, den sie aus einer **anderen, nicht gesundheitsgefährdenden Tätigkeit** erzielt, dem Arbeitgeber nicht herausgeben, der ihr nach § 11 MuSchG das Arbeitsentgelt fortzahlen muss. Eine analoge Anwendung von § 615 S. 2 BGB oder § 281 BGB a.F. scheidet aus (*ArbG Freiburg* 6.2.2003 NZA-RR 2003, 626).

43 Gem. § 13 Abs. 3 MuSchG haben auf Grund des MuSchG 2002 nunmehr auch Frauen einen Anspruch auf Mutterschaftsgeld, die in einem verbeamteten Status eine Vorbereitungszeit nach Beginn der Mutterschutzfrist abgeschlossen haben und anschließend unmittelbar oder nach wenigen Wochen als Arbeitnehmerin eingestellt werden. Gem. § 10 LohnFG nehmen **Kleinbetriebe** mit i.d.R. nicht mehr als 20 Beschäftigten am sog. **Umlageverfahren** »U 2« teil, wonach diese Arbeitgeber bis zu 80% bestimmter Mutterschutzkosten von der gesetzlichen Krankenkasse erstattet erhalten. Die Satzungen der Krankenkassen können allerdings auch einen Erstattungssatz von unter 80% zulassen. Um die Kleinbetriebe weiter von den Mutterschutzkosten nach §§ 11, 14 MuSchG zu entlasten, hat der Gesetzgeber mit Wirkung ab dem 1.1.1997 (vgl. *Sowka* NZA 1997, 297) den Erstattungsanspruch auf 100 % erhöht. Die Krankenkassen haben zukünftig nicht mehr die Möglichkeit einer Reduzierung. Die durchschnittlichen Umlagebeträge für die Kleinbetriebe betragen zwischen 0,05 bis 0,1 % der Bruttolohnsumme (BGBl. 1997 I S. 311).

44 Dieses Umlageverfahren hat das *BVerfG* (18.11.2003 EzA § 14 MuSchG Nr. 17 = NZA 2004, 33; vgl. dazu *Buchner* NZA 2004, 1121 ff.; *von Koppenfels-Spies* ArbuR 2005, 52 ff.;

Leisner DB 2004, 598 ff.; *Eichenhofer* BB 2004, 382 ff.) allerdings **nur dem Grundsatz nach gebilligt**. Denn Art. 3 Abs. 2 GG wird nicht hinreichend berücksichtigt. Denn der Schutzauftrag dieser Regelung betrifft die Durchsetzung der Gleichberechtigung der Geschlechter für die Zukunft. Frauen müssen die gleichen Erwerbschancen haben wie Männer. Mittelbare und faktische Diskriminierungen sollen beseitigt werden. Dem widerspricht das derzeitige Ausgleichs- und Umlageverfahren wegen seiner Begrenzung auf Kleinunternehmen. Der Gesetzgeber hat größere Unternehmen wegen des Verwaltungsaufwandes nicht einbezogen, u.a. auch zusätzlich mit der Begründung, bei ihnen glichen sich langfristig die Höhe der Mutterschaftsleistung und die Umlage aus. Derartige bloße Praktikabilitätserwägungen rechtfertigen es aber nicht, das Risiko einer faktischen Diskriminierung von Frauen in Kauf zu nehmen. Ein einheitliches Umlagesystem, das nicht mehr nach der Unternehmensgröße unterscheidet, hätte verschiedene Vorteile, wie z.B. die Verbreiterung der Beitragsbasis. Die Verfassungswidrigkeit führt allerdings nicht zur Nichtigkeit der Regelung; sie ist bis zur gesetzlichen Neuregelung weiterhin anzuwenden (*BVerfG* 18.11.2003 EzA § 14 MuSchG Nr. 17; ebenso *BAG* 25.2.2004 EzA § 14 MuSchG Nr. 18 = NZA 2004, 538 = BAG Report 2005, 119; vgl. dazu *Buchner* NZA 2004, 1121 ff.). Seit dem 1.1.2006 gilt insoweit eine den Vorgaben des *BVerfG* (18.11.2003 EzA § 14 MuSchG Nr. 17) entsprechende Neuregelung (BGBl. I 2005 S. 3686; vgl. dazu *Düwell* FA 2006, 44 ff.; krit. *Buchner* NZA 2006, 121 ff.; erl. *Giesen* NJW 2006, 721 ff.; s.u. Kap. 3 Rn. 2098 f.).

3. Frauenarbeitsschutzrecht

Gem. § 64a BBergG dürfen Frauen grds. im Bergbau nicht unter Tage beschäftigt werden. **45**

46 Ein generelles Nachtarbeitsverbot für gewerbliche Arbeitnehmerinnen, wie es § 19 AZO vorsah, besteht nach dem ArbZG nicht mehr. Weil nur Frauen, nicht aber Männer davon betroffen waren, verstieß § 19 AZO zum einen gegen Art. 5 der RL 76/207 EWG (so ausdrücklich der *EuGH* 13.3.1997 NZA 1997, 481 für das französische Recht) und zum anderen gegen Art. 3 Abs. 1, 3 GG (*BVerfG* 28.1.1992 EzA § 19 AZO Nr. 5).

4. Beschäftigungsverbote aus Arbeitszeitrecht

Eine Beschränkung der zulässigen Arbeitszeit an Werktagen (§§ 3 ff. ArbZG) sowie ein grundsätzliches Verbot der Beschäftigung von Arbeitnehmern an Sonn- und Feiertagen, für das aber zahlreiche Ausnahmen vorgesehen sind (vgl. §§ 10 ff. ArbZG) enthält das ArbZG. Ziel der Regelungen ist der Schutz des Arbeitnehmers vor der aus arbeitsmäßiger Überanstrengung drohenden Gesundheitsgefährdung. **47**

Es handelt sich um eine gesetzliche Beschränkung der Berufsausübung i.S.d. Art. 12 Abs. 1 GG, die von vernünftigen Erwägungen des Gemeinwohls getragen wird (*BVerfG* 13.5.1967 AP Nr. 8 zu § 25 AZO).

48 Verpflichtet sich ein Arbeitnehmer durch ein **zweites Arbeitsverhältnis** zu einer Arbeitsleistung, die zusammen mit der aus dem bestehenden Hauptarbeitsverhältnis die **48-Stunden-Woche (§ 3 ArbZG) bei weitem überschreitet, so ist dieser Vertrag gem. § 134 BGB nichtig** (*BAG* 19.6.1959 AP Nr. 1 zu § 611 BGB Doppelarbeitsverhältnis). Nach Auffassung des *LAG Nbg.* (19.9.1995 NZA 1996, 882) ist dies z.B. bei einer Überschreitung von **10 Stunden wöchentlich** der Fall. Der Arbeitgeber kann sich danach auch dann auf die Nichtigkeit berufen, wenn ihm bei Eingehung des zweiten Arbeitsverhältnisses das Bestehen des ersten Arbeitsverhältnisses bekannt war, oder zumindest hätte bekannt sein können.

Kommt es dagegen nur zu einer **geringfügigen Überschreitung** der gesetzlichen Wochenarbeitszeit, ist die Nichtigkeitsfolge zu weitgehend. Vielmehr ist dann die Grenze des ArbZG bei der Durchführung des Arbeitsverhältnisses zu beachten. Nach Ausschöpfung der höchstzulässigen Arbeitszeit besteht jeweils hinsichtlich der **weiteren Arbeitsleis-**

tung ein **Beschäftigungsverbot** (*BAG* 14.12.1967 AP Nr. 2 zu § 1 AZO; vgl. *Hunold* NZA 1995, 558 ff.).

49 Im Falle der Nichtigkeit des zweiten Arbeitsverhältnisses kann dieses nach Auffassung des *LAG Nbg.* (19.9.1995 NZA 1996, 882) nur dann mit einer gesetzlichzulässigen Arbeitszeit aufrechterhalten werden, wenn dies dem mutmaßlichen Willen beider Parteien entspricht (§ 139 BGB). Das ist z.B. dann nicht der Fall, wenn der Arbeitgeber für eine Spätschicht von 18 bis 22 Uhr eine Arbeitnehmerin sucht, diese nach Maßgabe des ArbZG aber nur noch zwei Stunden täglich arbeiten dürfte.

IV. Beschäftigungsverbote zum Schutz Dritter bzw. der Allgemeinheit

1. Arbeitserlaubnis für ausländische Arbeitnehmer

a) §§ 284, 285, 286 SGB III a.F. (Rechtslage bis zum 31.12.2004); Notwendigkeit einer Arbeitserlaubnis; Arbeitsberechtigung

50 Gem. § 284 SGB III dürfen Ausländer, die nicht EG-Ausländer sind (s.o. Kap. 1 Rn. 653 ff. m.w.N.), oder keine unbefristete Aufenthaltserlaubnis, oder keine Aufenthaltsberechtigung besitzen, oder für die nicht in zwischenstaatlichen Vereinbarungen, auf Grund eines Gesetzes oder einer Rechtsverordnung bestimmt ist, dass sie keine Arbeitserlaubnis benötigen, vom Arbeitgeber nur beschäftigt werden, wenn sie eine Arbeitserlaubnis (§ 285 SGB III; vgl. *Marschner* BB 1995, 774 ff.; *ders.* BB 1998, 370 ff.; *Kossens* NZA 1998, 409 ff.) oder eine Arbeitsberechtigung (§ 286 SGB III) besitzen. Unter Beschäftigung i.S.d. § 284 Abs. 1 S. 1 SGB III sind ausschließlich Tätigkeiten im Rahmen von Arbeitsverhältnissen zu verstehen; **nicht** erfasst sind **Gefälligkeitsverhältnisse** (*OLG Hamm* 23.11.2000 NZA-RR 2001, 430).

Dadurch soll der Zugang von Ausländern zum deutschen Arbeitsmarkt kontrolliert und ferner verhindert werden, dass deutsche Arbeitnehmer gleicher Qualifikation vom Arbeitsmarkt verdrängt werden.

51 Die Arbeitserlaubnis kann erteilt werden, wenn

- sich durch die Beschäftigung nachteilige Auswirkungen auf den Arbeitsmarkt, insbes. hinsichtlich der Beschäftigungsstruktur, der Regionen und der Wirtschaftszweige, nicht ergeben,
- für die Beschäftigung deutsche Arbeitnehmer sowie Ausländer, die diesen hinsichtlich der Arbeitsaufnahme rechtlich gleichgestellt sind, nicht zur Verfügung stehen, und
- der Ausländer nicht zu ungünstigeren Arbeitsbedingungen als vergleichbare deutsche Arbeitnehmer beschäftigt wird (§ 285 Abs. 1 S. 1 SGB III).

Sie darf Ausländern, die ihren Wohnsitz oder gewöhnlichen Aufenthaltsort im Ausland haben und in der BRD eine Beschäftigung ausüben wollen, nur erteilt werden, wenn dies durch eine Rechtsverordnung vorgesehen ist. Bei erstmaliger Beschäftigung kann die Erlaubnis davon abhängig gemacht werden, dass sich der Ausländer unmittelbar vor Antragstellung bis zu fünf Jahre erlaubt oder geduldet im Bundesgebiet aufgehalten hat oder vor einem bestimmten Zeitpunkt eingereist ist. Schließlich kann die Erlaubnis befristet und auf bestimmte Betriebe, Berufsgruppen usw. beschränkt werden (§ 285 Abs. 3–5 SGB III).

52 Einzelheiten regelt die ArbeitsgenehmigungsVO i.d.F. v. 17.9.1998 (BGBl. I S. 2899, zuletzt geändert durch die 2. VO zur Änderung der ArbeitsgenehmigungsVO vom 24.7.2001 BGBl. I S. 1876).

53 Ausgenommen von der Erlaubnispflicht sind einige Arten von Beschäftigungen (Tätigkeit als leitender Angestellter, Journalist, Künstler, Berufssportler; vgl. § 285 Abs. 2 SGB III i.V.m. § 9 ArbeitsgenehmigungsVO).

Seit 1973 (Anwerbestoppbeschluss der Bundesregierung) werden Arbeitserlaubnisse für dauerhafte abhängige Beschäftigungsverhältnisse grds. nicht mehr erteilt. Die seit dem 1.1.1991 geltende AnwerbestoppausnahmeVO (i.d.F. v. 17.9.1998 BGBl. I S. 2893, zuletzt geändert durch das Gesetz zur Beendigung der Diskriminierung gleichgeschlechtlicher Gemeinschaften/Lebenspartnerschaften vom 16.2.2001 BGBl. I S. 266) sieht **zahlreiche Ausnahmen** für die Bereiche der Aus- und Weiterbildung, Werkverträge, zeitlich begrenzte Erwerbstätigkeit, Grenzgängerbeschäftigungen, unselbstständige Erwerbstätigkeit auf Grund zwischenstaatlicher Vereinbarungen, für besondere Einzelfälle, bestimmte Länder, und schließlich für deutsche Volkszugehörige vor (zur Problematik des Einsatzes ausländischer Arbeitnehmer beim Abbau von Altanlagen insbes. in den neuen Bundesländern vgl. *Edenfeld* DB 1996, 2226 ff.). Mit Wirkung ab dem 24.9.1998 ist die Möglichkeit zur Beschäftigung von **Saisonarbeitnehmern** auf drei Monate (bzw. auf sieben Monate) je Betrieb begrenzt worden. Die Tätigkeit muss zudem mit einer wöchentlichen Mindestarbeitszeit von 30 Stunden bei durchschnittlich sechs Stunden arbeitstäglich ausgeübt werden (vgl. dazu sowie zu den erlassenen Übergangsregelungen *Marschner* NZA 1997, 472 ff., BB 1998, 370 ff.; *Kossens* NZA 1998, 409 ff.; insgesamt zur Beschäftigung ausländischer Arbeitnehmer *Pietzker* DB 1997, 1514 ff.; *Freckmann* BB 2000, 1402 ff.). 54

Seit dem 15.12.2000 (§ 3 Abs. 1 Nr. 1 der Verordnung über die Arbeitsgenehmigung für ausländische Arbeitnehmer) ist die Erteilung einer Arbeitserlaubnis für Asylbewerber, dies sind Personen, die nach dem AuslG eine Aufenthaltsgestattung oder eine sog. Duldung besitzen, davon abhängig, dass sich der Antragsteller unmittelbar vor der Beantragung der Arbeitserlaubnis für ein Jahr (für Ehegatten oder Kinder eines Ausländers vier Jahre) erlaubt oder geduldet in der BRD aufgehalten hat. Danach kann die Erlaubnis nach Lage und Entwicklung des Arbeitsmarktes erteilt werden. Eine Ermessensausübung kommt dann, aber auch nur dann in Betracht, wenn dem Arbeitsamt im Hinblick auf den konkreten Arbeitsplatz keine bevorrechtigten deutschen Arbeitssuchenden oder gleichgestellte Ausländer (z.B. EU-Ausländer) zur Verfügung stehen (vgl. dazu *Marschner* DB 2001, 385 f.). 55

Um dem akuten **Mangel an Fachkräften im Bereich der Informations- und Kommunikationstechnologie** entgegen zu wirken, hat der Bundesminister für Arbeit zudem zwei Rechtsverordnungen erlassen. Mit Wirkung vom 1.8.2000 sollen sie sowohl in arbeitserlaubnisrechtlicher (IT-ArGV BGBl. I 2000 S. 1146) als auch in aufenthaltsrechtlicher Hinsicht (IT-AV BGBl. I S. 1176) die Beantragung dieser Erlaubnisse (»**Greencard**«) erleichtern und beschleunigen. Bei der Greencard handelt es sich um eine besondere Form der Arbeitserlaubnis i.S.v. § 285 SGB III. Der persönliche Anwendungsbereich erfasst hoch qualifizierte Fachkräfte der Informations- und Kommunikationstechnologie mit gewöhnlichem Aufenthalt im Ausland sowie ausländische Absolventen deutscher Hochschulen und Fachhochschulen. 56

Gem. § 286 SGB III wird eine i.d.R. unbefristete und – im Gegensatz zur Arbeitserlaubnis – nicht mit betrieblichen, beruflichen und regionalen Beschränkungen versehene **Arbeitsberechtigung** erteilt, wenn der Ausländer eine Aufenthaltserlaubnis oder -befugnis besitzt und fünf Jahre rechtmäßig eine versicherungspflichtige Beschäftigung im Bundesgebiet ausgeübt hat oder sich seit sechs Jahren ununterbrochen im Bundesgebiet aufhält und nicht zu ungünstigeren Arbeitsbedingungen als vergleichbare deutsche Arbeitnehmer beschäftigt wird. 57

Aufgrund des Assoziierungsabkommens zwischen der EWG und der **Türkei** (12.9.1963 BGBl. 1964 II S. 509 ff., ergänzt durch das Zusatzprotokoll vom 23.11.1970 BGBl. 1970 II S. 385 ff. und den Beschluss Nr. 1/80 des Assoziationsrates EWG-Türkei vom 19.9.1980; zu den Auswirkungen auf einen befristeten Arbeitsvertrag mit einer türkischen Lektorin vgl. *BAG* 22.3.2000 NZA 2000, 831) soll schrittweise untereinander die Freizügigkeit der Arbeitnehmer hergestellt werden. Noch besteht jedoch grds. kein Aufenthaltsrecht zum Zwecke einer unselbstständigen Erwerbstätigkeit. 58

Nach Art. 6 des Beschlusses Nr. 1/80 hat ein türkischer Arbeitnehmer, der dem regulären Arbeitsmarkt eines Mitgliedsstaates angehört, nach einem Jahr ordnungsgemäßer Beschäftigung **Anspruch auf Erneuerung seiner Arbeitserlaubnis**, wenn er über einen Arbeitsplatz verfügt (zum weiteren Inhalt der Regelung vgl. *Gutmann* ArbuR 1997, 391 ff.). Der *EuGH* 59

(29.5.1997 ArbuR 1997. 413) legt diese Regelung dahin aus, dass sie dem Arbeitnehmer **einen unmittelbaren Anspruch** einräumt (vgl. zur gegenteiligen Rspr. der Verwaltungsgerichte *Gutmann* a.a.O., die die Verlängerung der Aufenthaltserlaubnis eines türkischen Arbeitnehmers im Aufnahmemitgliedsstaat davon abhängig macht, dass dieser ein Jahr lang ununterbrochen eine ordnungsgemäße Beschäftigung bei ein und demselben Arbeitgeber ausgeübt hat).

60 Mit zahlreichen weiteren Staaten (z.B. Österreich, der Schweiz, Ungarn, Polen) bestehen zwischenstaatliche bzw. internationale Vereinbarungen, die für die Angehörigen dieser Staaten zum Teil Erleichterungen beim Zugang zum deutschen Arbeitsmarkt bedeuten (vgl. MünchArbR/*Buchner* § 38 Rz. 14–44; zur Bedeutung eines derartigen Kooperationsabkommens der EU mit Marokko vgl. *EuGH* 2.3.1999 NZA 1999, 533).

61 Ferner bestehen Regierungsabkommen (z.B. mit der Türkei; vgl. *Pietzcker* a.a.O.) über die zeitlich beschränkte **vorübergehende Entsendung** einer festgelegten Zahl von Arbeitnehmern in die BRD zur Ausführung von **Werkverträgen**; die EG-Kommission hält dies für europarechtswidrig, weil durch sie nur in Deutschland ansässige Unternehmen begünstigt werden mit der Folge, dass die Bundesregierung die von ihr eingegangenen Verpflichtungen nicht mehr erfüllen will (vgl. *Gutmann* DB 1997, 1977 ff.).

62 Unbeschadet dessen ist eine Arbeitserlaubnis dann zu erteilen, wenn sich in der Praxis nachweislich ergibt, dass der Arbeitgeber trotz entgegenstehender allgemeiner Arbeitsmarktsituation auch bei Ausschöpfung aller Möglichkeiten keinen auch nur entfernt geeigneten deutschen oder bevorrechtigten Arbeitnehmer für einen bestimmten Arbeitsplatz findet (*BSG* 22.7.1982 AP Nr. 8 zu § 19 AFG).

63 Ein ausländischer Arbeitnehmer ist grds. selbst verpflichtet, sich um die Erteilung und rechtzeitige Verlängerung der erforderlichen Arbeitserlaubnis zu bemühen. Eine generelle **Hinweispflicht** des Arbeitgebers besteht insoweit **nicht** (*BAG* 26.6.1996 EzA § 1 LFZG Nr. 127).

b) Rechtsfolge bei Verstößen gegen §§ 284, 285, 286 SGB III

64 Steht ein ausländischer Arbeitnehmer längere Zeit hindurch in einem unbefristeten Arbeitsverhältnis, für das keine Arbeitserlaubnis erteilt ist, so ist dieses Arbeitsverhältnis nicht ohne weiteres nach § 134 BGB nichtig; nur seine Realisierung ist verboten. Etwas anderes gilt aber dann, wenn der Arbeitsvertrag nach der Absicht der beiden Vertragsparteien trotz Kenntnis der Genehmigungspflicht ohne Erlaubnis durchgeführt werden soll (MünchArbR/*Buchner* § 40 Rz. 59; vgl. auch *Freckmann* BB 2000, 1402 ff.).

65 **§§ 284 ff. SGB III unterwerfen unmittelbar nur die Beschäftigung, nicht aber den Abschluss des Arbeitsvertrages der Genehmigungspflicht** (*BAG* 19.1.1977 EzA § 19 AFG Nr. 3). Diese Grundsätze gelten auch für den Ablauf einer zunächst erteilten Arbeitserlaubnis. Der ausländische Arbeitnehmer muss sich rechtzeitig um eine (neue) Arbeitserlaubnis bemühen. Für den Umfang seiner dahingehenden Bemühungen kann berücksichtigt werden, inwieweit sein Arbeitgeber ihn dabei früher unterstützt hat. Bemüht sich der ausländische Arbeitnehmer nicht in dem nach den Umständen gebotenen Umfang um eine neue Arbeitserlaubnis oder bestehen aus sonstigen Gründen Zweifel daran, ob er seine Beschäftigung fortsetzen will, so kann u.U. eine **Kündigung** des Arbeitgebers gerechtfertigt sein. Der Arbeitgeber muss das Arbeitsverhältnis kündigen, wenn das Arbeitsamt eine neue Arbeitserlaubnis versagt (s.u. Kap. 4 Rn. 2111 ff.; zur **Erkundigungspflicht des Arbeitgebers** im Hinblick auf den Ordnungswidrigkeitstatbestand des § 404 Abs. 2 Nr. 2 SGB III *BayObLG* 27.2.1998 NZA-RR 1998, 423). Eine **Nichtigkeit** des Arbeitsverhältnisses tritt aber auch in diesem Fall nicht ein (*BAG* 19.1.1977 EzA § 19 AFG Nr. 3; 16.12.1976 EzA § 19 AFG Nr. 1).

c) Befristetes Arbeitsverhältnis

Die Befristung der Aufenthaltserlaubnis des Arbeitnehmers kann einen sachlichen Grund für die Befristung des Arbeitsverhältnisses allenfalls dann darstellen, wenn im **Zeitpunkt des Vertragsschlusses** eine **hinreichend zuverlässige Prognose** erstellt werden kann, dass eine **Verlängerung** der Aufenthaltserlaubnis **nicht erfolgen wird** (*BAG* 12.1.2000 EzA § 620 BGB Nr. 169). 66

d) § 284 SGB III n.F. (Rechtslage ab dem 1.1.2005)

Mit dem Inkrafttreten des **Zuwanderungsgesetzes** vom 30.7.2004 (BGBl. I S. 1950) am 1.1.2005 ist auch der Arbeitsmarktzugang von neu einreisenden und bereits im Bundesgebiet lebenden Ausländern neu geregelt worden. § 284 SGB III wurde neu gefasst; §§ 285, 286 SGB III gestrichen, die Arbeitsaufenthaltsverordnung inhaltlich geändert (vgl. dazu *Marschner* DB 2005, 499 ff.; *Bünte/Knödler* NZA 2008, 743 ff.). 67

aa) Angehörige von Staaten außerhalb der Europäischen Union

Kernstück der Neuregelung ist die Einführung des sog. »**one-stop-government**« für Angehörige von Staaten außerhalb der Europäischen Union. Danach wird die Entscheidung über den Aufenthalt mit der Entscheidung über den Arbeitsmarktzugang zusammengefasst. Arbeitsuchende Ausländer müssen sich deshalb zukünftig nur noch an eine einzige Anlaufstelle – die Ausländerbehörde bzw. die deutsche Auslandsvertretung – wenden. Diese prüft die aufenthaltsrechtlichen Voraussetzungen und holt die Entscheidung über den Arbeitsmarktzugang bei der zuständigen Agentur für Arbeit ein. Mit der Entscheidung über den Aufenthalt wird dann zugleich über den Arbeitsmarktzugang entschieden. 68

Voraussetzung für den Arbeitsmarktzugang von Ausländern ist in jedem Fall ein **konkretes Arbeitsplatzangebot**. Darüber hinaus darf für die Ausübung der Beschäftigung grds. kein bevorrechtigter Arbeitnehmer (z.B. Deutsche oder EU-Staatsangehörige) zur Verfügung stehen.

bb) Staatsangehörige der Staaten, die am 1.5.2004 der Europäischen Union beigetreten sind

Für Staatsangehörige der Staaten, **die am 1.5.2004 der Europäischen Union beigetreten sind**, bleibt die **Bundesagentur für Arbeit** zunächst weiterhin Arbeitsgenehmigungsbehörde. Arbeitnehmer aus Estland, Lettland, Litauen, Polen, der Slowakischen Republik, Slowenien, der Tschechischen Republik und Ungarn genießen erst nach Ablauf einer Übergangsfrist von maximal sieben Jahren volle Arbeitnehmerfreizügigkeit. Bislang erteilte Arbeitserlaubnisse bleiben bei der Umstellung auf das neue Recht gültig. Bereits erteilte Arbeitsberechtigungen gelten als uneingeschränkte Zustimmungen der Bundesagentur. 69

Endet die Arbeitserlaubnis im neuen Jahr, sollte der Antrag auf Verlängerung frühzeitig bei der Ausländerbehörde gestellt werden.

cc) Erleichterter Arbeitsmarktzugang von Fachkräften

Die neue Rechtslage soll **hoch qualifizierten und qualifizierten Fachkräften** den Arbeitsmarktzugang erleichtern. Hoch Qualifizierte können mit einer Niederlassungserlaubnis von Anfang an einen dauerhaften Arbeitsmarktzugang erhalten. Ob jemand als hoch qualifiziert anzusehen ist, richtet sich nach seinen fachlichen Kenntnissen, der herausgehobenen Tätigkeit sowie nach der Gehaltshöhe. Die bisherige Green-Card-Regelung für die Zulassung von hoch qualifizierten Fachkräften lief am 31.12.2004 aus. Eine Zulassung erfolgt ab dem 1.1.2005 ausschließlich nach neuem Recht. Durch entsprechende Regelungen wird der Zugang von IT-Fachleuten zum deutschen Arbeitsmarkt aber auch weiterhin ermöglicht. 70

dd) Ausländische Studenten

71 Die Aufenthaltserlaubnis ausländischer Studenten kann nach erfolgreichem Abschluss für maximal **ein Jahr** zur Suche eines angemessenen Arbeitsplatzes **verlängert werden**. Damit soll ihnen der Weg in den inländischen Arbeitsmarkt erleichtert werden.

ee) Gering qualifizierte Arbeitnehmer

72 Gering qualifizierte Arbeitnehmer erhalten **nur in Ausnahmefällen** Zugang zum deutschen Arbeitsmarkt. Dabei handelt es sich vor allem um Saisonarbeitnehmer. Die bisherigen Vermittlungsverfahren werden im Wesentlichen fortgeführt. Statt bisher drei Monate, können Saisonarbeitnehmer künftig bis zu vier Monaten im Kalenderjahr zugelassen werden. Für Betriebe wurde der bisherige Einsatzzeitraum von sieben auf acht Monate im Kalenderjahr erweitert.

ff) Haushaltshilfen

73 Erneut zugelassen wird die bereits 2002 befristet eingeführte Beschäftigung von Haushaltshilfen in Haushalten mit Pflegebedürftigen. Ausländische Haushaltshilfen müssen zur Ausübung hauswirtschaftlicher Arbeiten von der Bundesagentur vermittelt worden sein und eine versicherungspflichtige Vollzeitbeschäftigung ausüben.

2. Verträge über die Leistung verbotener Schwarzarbeit

74 §§ 1, 2 SchwarzArbG enthalten Ordnungswidrigkeits-Tatbestände, aus denen das Verbot der tatbestandsmäßig ausgewiesenen Handlungen folgt. Ordnungswidrig handelt insbes., wer wirtschaftliche Vorteile in erheblichem Umfang durch die Ausführung von Dienst- oder Werkleistungen erzielt, obwohl er der Mitwirkungspflicht gegenüber dem Arbeitsamt gem. § 60 Abs. 1 Nr. 2 SGB I (Mitteilung des erzielten Arbeitseinkommens) nicht nachgekommen ist.

75 Fraglich ist, ob die Verletzung dieser Pflicht zur Nichtigkeit des Vertrages führt.

76 In der Literatur (vgl. MünchArbR/*Buchner* § 40 Rz. 60–69 m.w.N.; ähnlich *LAG Bln.* 26.11.2002 LAGE § 134 BGB Nr. 9a: Berufung auf die Nichtigkeit treuwidrig und Auslegung der Schwarzgeldabrede als Nettolohnvereinbarung) wird das teilweise verneint, denn zur Erfüllung des Schutzzwecks des SchwarzArbG (Schutz des Steuer- und Sozialversicherungssystems) ist dies nicht erforderlich. Das gilt auch für die vom SchwarzArbG nicht erfassten Fälle, in denen unselbstständige Dienstleistungen erbracht, sozialversicherungs- und steuerrechtlich begründete Melde- und Abführungspflichten aber nicht erfüllt werden.

77 Demgegenüber geht der *BGH* (23.9.1982 AP Nr. 2 zu § 1 SchwarzArbG; ebenso *LAG Düsseld.* 16.3.2003 LAGE § 134 BGB Nr. 10 u. 24.10.2001 LAGE § 134 BGB Nr. 9 = ArbuR 2002, 117 LS = NZA-RR 2002, 234) davon aus, dass **Verträge, die gegen das Gesetz zur Bekämpfung von Schwarzarbeit verstoßen, nichtig sind** (§ 134 BGB). In einem solchen Falle kann der vorleistende Schwarzarbeiter u.U. gem. §§ 812, 818 Abs. 2 BGB Wertersatz verlangen. Der Anwendung des § 817 S. 2 BGB kann § 242 BGB entgegenstehen (*BGH* 31.5.1990 EzA § 134 BGB Nr. 13: *LAG Düsseld.* 24.10.2001 LAGE § 134 BGB Nr. 9).

78 Demgegenüber gilt nach der Rechtsprechung des *BAG* 26.2.2003 EzA § 134 BGB 2002 Nr. 1 = NZA 2004, 314) Folgendes:

- Haben die Arbeitsvertragsparteien eine Vereinbarung geschlossen, unter Verstoß gegen Strafgesetze die Arbeitsvergütung ganz oder zum Teil ohne Abführung von Steuern und Sozialversicherungsbeiträgen zu zahlen (Schwarzgeldabrede), erstreckt sich die Nichtigkeitsfolge des § 134 BGB nur dann auf das gesamte Vertragsverhältnis, wenn die Absicht, Steuern und Sozialversicherungsbeiträge zu hinterziehen, Hauptzweck der Vereinbarung ist. Im Übrigen ist nur die Abrede hinsichtlich der Steuern und Sozialversicherungsbeiträge nichtig.

- Die Grundsätze der Rechtsprechung des Bundesgerichtshofs zur Nichtigkeit von Verträgen, die gegen das Gesetz zur Bekämpfung der Schwarzarbeit verstoßen, finden keine Anwendung, weil nach dessen § 1 gerade die Erbringung von Dienst- oder Werkleistungen unter Verletzung der gesetzlichen Pflichten untersagt ist.
- Die Schwarzgeldabrede ist nicht nach § 138 Abs. 1 BGB wegen Verstoßes gegen die guten Sitten insgesamt nichtig.
- Bis zum Inkrafttreten von Art. 3 Nr. 2 des Gesetzes zur Erleichterung der Bekämpfung von illegaler Beschäftigung und Schwarzarbeit vom 23. Juli 2002 (BGBl. I S. 2787) ist die Arbeitsvergütung auch im Rahmen einer Schwarzgeldabrede als Bruttovergütung zu behandeln.

Allerdings führt auch nach Auffassung des *BAG* (24.3.2004 EzA § 134 BGB 2002 Nr. 2) **ein beiderseitiger Verstoß gegen §§ 1 Abs. 1, 2 Abs. 1 SchwarzArbG in einem freien Dienstverhältnis zur Nichtigkeit des Vertrages.**

3. §§ 42, 43 Infektionsschutzgesetz (IfSG)

§§ 42, 43 IfSG enthalten Beschäftigungsverbote im Interesse des Gesundheitsschutzes Dritter (der Kunden und Verbraucher) für Personen mit bestimmten ansteckenden Krankheiten in bestimmten Bereichen der Lebensmittelherstellung und des Lebensmittelvertriebes. Erfasst sind auch Personen, die bei erstmaliger Beschäftigung im Lebensmittelbereich kein höchstens drei Monate altes Zeugnis des Gesundheitsamtes vorlegen, wonach ein Hinderungsgrund für die Beschäftigung i.S.d. § 42 IfSG nicht besteht. 79

Verstöße gegen diese Normen führen nicht zur Nichtigkeit des Arbeitsvertrages (*BAG* 25.6.1970, 2.3.1971 AP Nr. 1, 2 zu § 18 BSeuchG).

V. Gesetzliche Begründung von Beschäftigungsverhältnissen

§§ 78a, 102 Abs. 5 BetrVG, § 9 BPersVG sehen eine **gesetzlich erzwungene Fortführung von Arbeitsverhältnissen** über die reguläre arbeitsrechtliche Beendigung hinaus vor. Es handelt sich also um die Beschränkung der Lösungsmöglichkeit aus einem bestehenden Rechtsverhältnis. 80

1. § 102 Abs. 5 BetrVG

Durch diese Norm wird die Rechtswirksamkeit der Kündigung bis zum rechtskräftigen Abschluss des Kündigungsschutzverfahrens suspendiert (vgl. *Staudinger/Richardi* § 611 BGB Rz. 70). 81

Dies hat zur Folge, dass nach Ausspruch der Kündigung und nach Ablauf der Kündigungsfrist auch gegen den Willen des Arbeitgebers ein Beschäftigungsverhältnis weiterhin fortbesteht, **unabhängig davon, ob die Kündigung das Arbeitsverhältnis wirksam beendet hat oder nicht** (s.u. Kap. 4 Rn. 3326 ff.).

Entsprechendes gilt für den von der Rechtsprechung des *BAG* ([GS] 27.2.1985 EzA § 611 BGB Beschäftigungspflicht Nr. 9) aus dem bestehenden Arbeitsverhältnis abgeleiteten **Weiterbeschäftigungsanspruch** nach Feststellung der Unwirksamkeit der Kündigung durch erstinstanzliche Entscheidung (s.u. Kap. 4 Rn. 3380 ff.). 82

2. § 78a BetrVG, § 9 BPersVG

a) Zweck der Regelung

83 § 78a BetrVG, § 9 BPersVG sollen den Mitgliedern der in diesen Vorschriften bezeichneten Betriebsverfassungsorgane die Amtsausübung ohne Furcht vor Nachteilen für ihre zukünftige berufliche Entwicklung ermöglichen.
Zudem soll die Kontinuität und Unabhängigkeit der Arbeit in der Jugend- und Auszubildendenvertretung sowie im Betriebsrat sichergestellt werden (*BAG* 5.4.1984 EzA § 78a BetrVG Nr. 14; vgl. APS/*Künzl* § 78a BetrVG Rz. 4 ff.; *Feudner* NJW 2005, 1462 ff.).

84 Den geschützten Auszubildenden wird ein **Gestaltungsrecht** eingeräumt, mit dem sie die Begründung eines Arbeitsverhältnisses auf unbestimmte Zeit herbeiführen können. Das ist erforderlich, weil der Arbeitgeber ansonsten nicht verpflichtet ist, überhaupt Auszubildende als Arbeitnehmer zu übernehmen. Es bestünde daher die Gefahr, dass gerade derjenige, der sein Amt ernst genommen hat und auch harten Auseinandersetzungen mit dem Arbeitgeber nicht ausgewichen ist, u.U. nicht als Arbeitnehmer im Betrieb verbleiben könnte (GK-BetrVG/*Oetker* § 78a BetrVG Rz. 6 ff.).

85 Deshalb eröffnet § 78a BetrVG einen **Anspruch des Auszubildenden, im Anschluss an das Ausbildungsverhältnis nahtlos in einem Arbeitsverhältnis weiterbeschäftigt zu werden**, falls nicht auf Grund einer gerichtlichen Entscheidung festgestellt wird, dass bestimmte gesetzlich normierte Gründe einer Weiterbeschäftigung des Auszubildenden entgegenstehen.

§ 78a BetrVG gilt jedoch nicht bei der Beendigung des Ausbildungsverhältnisses durch Kündigung gem. § 22 Abs. 1, 2 Nr. 1 BBiG.

b) Geschützter Personenkreis

86 Erfasst sind Auszubildende i.S.d. §§ 10, 11 BBiG, die auf Grund eines Ausbildungsvertrages in einem Ausbildungsberuf i.S.d. BBiG ausgebildet werden oder auf Grund eines Vertragsverhältnisses, das auf Grund Tarifvertrags oder arbeitsvertraglicher Vereinbarung eine geordnete Ausbildung von mindestens zwei Jahren vorsieht. Bestehen dagegen zwischen dem Jugend- und Auszubildendenvertreter und dem Unternehmen **keine vertraglichen Beziehungen**, z.B. weil dieser nur einen Teil seiner praktischen Ausbildung bei einem anderen Unternehmen in dessen Betriebsstätte durchgeführt hat, besteht **keine Verpflichtung** zur Übernahme in ein Arbeitsverhältnis zu letzterem Unternehmen (*BAG* 17.8.2005 EzA § 78a BetrVG 2001 Nr. 2 = NZA 2006, 624 LS).

Erfasst sind auch **Umschüler** im Rahmen eines isolierten besonderen Umschulungsverhältnisses für einen anerkannten Ausbildungsberuf (*BAG* 23.6.1983 EzA § 78a BetrVG Nr. 11), grds. nicht dagegen **Volontäre** (*LAG Köln* 23.2.2000 ARST 2000, 282) und **Praktikanten**, wenn sie nur vorübergehend in einem Betriebspraktikum beschäftigt werden und deshalb keine vertraglichen Beziehungen i.S.d. §§ 10, 11 BBiG zum Praktikumsbetrieb bestehen (*BAG* 17.8.2005 EzA § 78a BetrVG 2001 Nr. 2 = NZA 2006, 624 LS) oder wenn nach dem Inhalt des Einzelvertrages die **Erbringung der Arbeitsleistung** und nicht die Aus- oder Fortbildung **im Vordergrund steht** und weder ein kollektivvertragliches noch ein zwischen den Unternehmen abgestimmtes betriebliches Ausbildungskonzept besteht (*BAG* 1.12.2004 EzA § 78a BetrVG 2001 Nr. 1 = NZA 2005, 779; *LAG Nbg.* 13.2.2004 – 9 (3) Sa 866/02 – FA 2004, 280 LS = LAG Report 2004, 256 LS), sowie Beteiligte an Berufsfortbildungsverhältnissen (GK-BetrVG/*Kreutz* § 78a BetrVG Rz. 14 ff; **a.A.** KR-*Weigand* § 78a BetrVG Rz. 10 f.). Volontäre können sich aber dann auf § 78a BetrVG berufen, wenn sie einen durch Tarifvertrag festgelegten geordneten Ausbildungsgang durchlaufen, der einem anerkannten Ausbildungsberuf entspricht und mindestens zwei Jahre lang dauert (*BAG* 23.6.1983 EzA § 78a BetrVG Nr. 11; 1.12.2004 EzA § 78a BetrVG 2001 Nr. 1 = NZA 2005, 779; vgl. APS/*Künzl* § 78a BetrVG Rz. 11 ff.).

§ 78a BetrVG ist grds. auch in **Tendenzbetrieben** (z.B. gem. § 118 Abs. 1 Nr. 2 BetrVG) anwendbar. Gründe des Tendenzschutzes können aber die Weiterbeschäftigung des Arbeitnehmers ausschließen (*BAG* 23.6.1983 EzA § 78a BetrVG Nr. 11). 87

Der gesetzliche Schutz beginnt mit der öffentlichen Auszählung der Stimmen und der Feststellung des Wahlergebnisses durch den Wahlvorstand. Nicht geschützt sind die Mitglieder des Wahlvorstandes und die Wahlbewerber. 88
Zu beachten ist, dass der Arbeitgeber im Zeitraum **vor der Wahl** eines Auszubildenden zum Mitglied der Jugend- und Auszubildendenvertretung **nicht gehalten** ist, zu dessen Gunsten einen ausbildungsadäquaten **Arbeitsplatz freizuhalten** (*BVerwG* 20.11.2007 NZA-RR 2008, 165 = ZTR 2008, 115).

§ 78a Abs. 2 BetrVG gilt auch für endgültig **nachgerückte**, nicht aber für nicht nachgerückte **Ersatzmitglieder**. Ist das Ersatzmitglied vertretungsweise **zeitweilig nachgerückt**, so ist entscheidend, dass das Weiterbeschäftigungsverlangen während des Vertretungsfalles gestellt wird, selbst wenn es während der Vertretungszeit noch überhaupt nicht tätig geworden ist (*BAG* 22.9.1983 EzA § 78a BetrVG 1972 Nr. 12; zur Rechtslage bei einer Wahl in eine Mitgliedervertretung in den letzten drei Monaten vor dem Ende des Ausbildungsverhältnisses s. *Houben* NZA 2006, 769 ff.; nach *LAG Hessen* 20.6.2007 NZA-RR 2008, 112 gilt die gesetzliche Regelung auch dann). 89

Der nachwirkende Schutz gem. § 78a Abs. 3 BetrVG gilt auch bei **vorzeitigem Ausscheiden** aus dem Amt, weil auf die Beendigung der persönlichen Mitgliedschaft abgestellt wird, sofern nicht die Voraussetzungen gem. §§ 24 Abs. 1 Nr. 5, 6 BetrVG gegeben sind (*BAG* 21.8.1979 EzA § 78a BetrVG 1972 Nr. 6; 15.1.1980 EzA § 78a BetrVG 1972 Nr. 9). 90

Gleiches gilt, wenn ein Ersatzmitglied als Stellvertreter für ein verhindertes Mitglied nur vorübergehend dessen Funktion wahrgenommen hat, sofern der vorübergehende Vertretungsfall vor Ablauf eines Jahres vor der Beendigung des Ausbildungsverhältnisses geschehen und der Auszubildende innerhalb von drei Monaten vor der Beendigung seines Ausbildungsverhältnisses seine Weiterbeschäftigung schriftlich verlangt hat, es sei denn, dass im Vertretungsfall **praktisch keine konkreten Vertretungsaufgaben** angefallen sind (*BAG* 13.3.1986 EzA § 78a BetrVG 1972 Nr. 16, 17; **a.A.** *BVerwG* 25.6.1986 NZA 1986, 839; vgl. APS/*Künzl* § 78a BetrVG Rz. 31 ff.). 91

Das Weiterbeschäftigungsverlangen eines **Ersatzmitgliedes des Personalrates** ist in entsprechender Anwendung von § 9 Abs. 2, 3 BPersVG gerechtfertigt, wenn zeitlich getrennte Vertretungstätigkeiten in einer so großen Zahl von Einzelfällen ausgeübt worden sind, dass sie in ihrer Gesamtheit einer über einen längeren, in sich geschlossenen Zeitraum bestehenden Ersatzmitgliedschaft im Personalrat gleichkommen und sich eine missbräuchliche Begünstigung ausschließen lässt (*BVerwG* 28.2.1990 AP Nr. 8 zu § 9 BPersVG). 92

c) Mitteilungspflicht des Arbeitgebers (§ 78a Abs. 1 BetrVG)

Die Ordnungsvorschrift des § 78a Abs. 1 BetrVG hat nur eine Hinweisfunktion. 93

Die schriftliche Mitteilung (§ 126 BGB) soll den Auszubildenden veranlassen, zu **überlegen, ob er den Antrag auf Weiterbeschäftigung stellen oder sich nach einem anderen Arbeitsplatz umsehen will** (vgl. APS/*Künzl* § 78a BetrVG Rz. 43 ff.). 94

Maßgeblicher Zeitpunkt für die Beendigung des Ausbildungsverhältnisses ist dessen **tatsächliche Beendigung**, d.h. wenn das Prüfungsverfahren abgeschlossen ist, das Prüfungsergebnis mitgeteilt und die Prüfung bestanden wurde (*BAG* 31.10.1985 EzA § 78a BetrVG 1972 Nr. 15; 13.11.1987 EzA § 78a BetrVG 1972 Nr. 19). 95

Die Verletzung der Mitteilungspflicht kann zu Schadensersatzansprüchen des Auszubildenden aus positiver Forderungsverletzung führen, wenn etwa der Auszubildende infolge der verspäteten Mitteilung ein anderes Arbeitsverhältnis ausgeschlagen hat (*BAG* 31.10.1985 EzA § 78a BetrVG 1972 Nr. 15; vgl. APS/*Künzl* § 78a BetrVG Rz. 51 ff.). 96

d) Begründung eines Arbeitsverhältnisses (§ 78a Abs. 2 BetrVG)

aa) Form und Frist des Weiterbeschäftigungsverlangens

97 Das Weiterbeschäftigungsverlangen des Auszubildenden muss schriftlich (§§ 125, 126 BGB) innerhalb der zwingenden Frist von drei Monaten vor Beendigung des Ausbildungsverhältnisses (§ 21 BBiG) dem Arbeitgeber zugehen (vgl. APS/*Künzl* § 78a BetrVG Rz. 55 ff.).

Für die Berechnung der Drei-Monats-Frist ist auf den Zeitpunkt der Bekanntgabe des Prüfungsergebnisses abzustellen (*BAG* 31.10.1985 EzA § 78a BetrVG 1972 Nr. 15).

98 Eine vor Beginn dieser Frist abgegebene Erklärung ist unwirksam und muss innerhalb der letzten drei Monate schriftlich wiederholt werden (*BAG* 15.1.1980, 31.10.1985 EzA § 78a BetrVG 1972 Nr. 8, 15). Das gilt auch dann, wenn der Arbeitgeber seiner Hinweispflicht nicht nachgekommen ist; allerdings kann § 242 BGB ausnahmsweise bei Vorliegen besonderer Umstände gebieten, dass das Weiterbeschäftigungsverlangen als fristgemäß gestellt gilt (*BVerwG* 9.10.1996 NZA-RR 1997, 239).

99 Fraglich ist, ob bei minderjährigen Auszubildenden die §§ 106 ff. BGB Anwendung finden, d.h. dass eine Genehmigung des gesetzlichen Vertreters zur Abgabe der Erklärung erforderlich ist.

100 Dafür spricht nach Auffassung von *Oetker* (GK-BetrVG § 78a BetrVG Rz. 47; ebenso APS/*Künzl* § 78a BetrVG Rz. 64 f.), dass das Weiterbeschäftigungsverlangen mit dem Eintritt der gesetzlichen Fiktion ein Rechtsgeschäft begründet, durch das der Minderjährige wegen der aus dem Arbeitsverhältnis resultierenden Pflichten **nicht lediglich einen rechtlichen Vorteil erlangt** (§ 107 Abs. 1 BGB). Verlangt der Minderjährige deshalb Weiterbeschäftigung ohne die Einwilligung seines gesetzlichen Vertreters, so ist er so zu stellen, als hätte er einen schwebend unwirksamen Arbeitsvertrag abgeschlossen. Demgemäß kann der gesetzliche Vertreter das Weiterbeschäftigungsverlangen nach Maßgabe des § 108 BGB genehmigen.

101 Demgegenüber vertritt *Weigand* (KR § 78a BetrVG Rz. 29) die Auffassung, dass zumindest die Einwilligung des gesetzlichen Vertreters zur Eingehung eines Berufsausbildungsverhältnisses gem. § 113 BGB auch das Weiterbeschäftigungsverlangen nach § 78a BetrVG deckt.

bb) Rechtswirkungen

102 Die Rechtswirkung des § 78a Abs. 2 BetrVG besteht in der Begründung eines Vollzeitarbeitsverhältnisses auf unbestimmte Zeit im Ausbildungsberuf im Anschluss an das Ausbildungsverhältnis (*BAG* 15.11.2006 EzA § 78a BetrVG 2001 Nr. 3 = NZA 2007, 1381 m. Anm. *Reuter* BB 2007, 2678 ff.; 13.11.1987 EzA § 78a BetrVG 1972 Nr. 19; 24.7.1991 EzA § 78a BetrVG 1972 Nr. 21; vgl. APS/*Künzl* § 78a BetrVG Rz. 77 ff.).

103 Sie wird dogmatisch
- als **Fiktion eines Arbeitsvertrages**, ausgelöst durch die Ausübung eines Gestaltungsrechts durch den Auszubildenden (KR-*Weigand* § 78a BetrVG Rz. 30), bzw.
- als **Kontrahierungszwang** (*Galperin/Löwisch* § 78a Rz. 1) verstanden.

104 Sie tritt grds. selbst dann ein, wenn der Auszubildende die Prüfung noch nicht abgelegt oder nicht bestanden hat (*LAG BW* 13.10.1977 AP Nr. 4 zu § 78a BetrVG 1972 s. aber unten Rn. 115 ff.).
Für den Inhalt des auf unbestimmte Zeit begründeten Arbeitsverhältnisses gilt § 37 Abs. 4, 5 BetrVG entsprechend. Dadurch soll sichergestellt werden, dass die Auszubildenden nach Übernahme in das Arbeitsverhältnis die gleiche finanzielle und berufliche Entwicklung nehmen wie vergleichbare Arbeitnehmer.

Nach Auffassung des *LAG Frankf.* (6.1.1987 NZA 1987, 532) kann der gesetzlichen Regelung u.U. im Einzelfall auch das Zustandekommen eines **Teilzeitarbeitsverhältnisses** genügen; das *BAG* (24.7.1991 EzA §78a BetrVG 1972 Nr. 21) ist dem allerdings **nicht gefolgt**. 105

Vielmehr kommt nach §78a Abs. 2 BetrVG **stets** ein Vollzeitarbeitsverhältnis zustande (ebenso KR-*Weigand* §78a BetrVG Rz. 30a; *Künzl* BB 1986, 2404; APS/*Künzl* §78a BetrVG Rz. 78), selbst dann, wenn der Arbeitgeber nur Teilzeit- oder nur vorübergehend freie Arbeitsplätze im Betrieb hat. Soweit ihm die Beschäftigung ganz oder teilweise nicht zumutbar ist, muss er einen Antrag nach §78a Abs. 4 BetrVG stellen. Denn **§78a Abs. 2 BetrVG schließt eine privatautonome Entscheidung des Arbeitgebers über Inhalt und zeitlichen Umfang des Arbeitsverhältnisses aus**; das nach §78a Abs. 2 BetrVG zustande kommende Arbeitsverhältnis ist von einer Handlung oder Erklärung des Arbeitgebers unabhängig. Eine solche wäre aber zur Begründung eines Teilzeitarbeitsverhältnisses geboten. Der Arbeitgeber kann allein frei entscheiden, ob er die gesetzliche Fiktion hinnehmen oder einen Antrag nach §78a Abs. 4 BetrVG stellen will (vgl. APS/*Künzl* §78a BetrVG Rz. 78; s.a. *ArbG Hmb.* 10.4.2006 – 21 BV 10/05 – ArbuR 2006, 333 LS). Nur im Zusammenhang mit einem Verfahren nach §78a Abs. 4 BetrVG können ggf. auch Einwendungen gegen den zeitlichen Umfang des Arbeitsverhältnisses vorgebracht werden (*Künzl* BB 1986, 2406 ff.). 106

Unterzeichnet ein Auszubildender vor Ablauf der Ausbildungszeit **vorbehaltlos** einen **befristeten Arbeitsvertrag**, verzichtet er damit jedoch u.U. konkludent auf eine zuvor geltend gemachte Weiterbeschäftigung im Rahmen eines unbefristeten Arbeitsverhältnisses nach §78a Abs. 2 BetrVG. Ein solcher Verzicht ist rechtlich möglich (*LAG Köln* 23.2.2000 ARST 2000, 282; ebenso *BVerwG* 31.5.2005 ZTR 2005, 492 = NZA-RR 2005, 613). Dass der Arbeitgeber **sich auf einen derartigen Verzicht beruft**, ist im Übrigen **nicht allein deswegen treuwidrig**, weil er seiner **Hinweispflicht** nach §9 Abs. 1 BPersVG **nicht nachgekommen ist** (*BVerwG* 31.5.2005 a.a.O.). 107

cc) Verfahrensfragen

Streitigkeiten über das Bestehen eines Arbeitsverhältnisses sowie seinen Inhalt sind im Urteilsverfahren auszutragen (§§2, 46 ff. ArbGG). 108

Das gilt selbst dann, wenn der Arbeitgeber das Arbeitsgericht anruft und die negative Feststellung begehrt, dass die Voraussetzungen gem. §78a Abs. 2, 3 BetrVG nicht erfüllt sind (*BAG* 13.11.1987 EzA §78a BetrVG 1972 Nr. 19; 29.11.1989 EzA §78a BetrVG 1972 Nr. 20; vgl. APS/*Künzl* §78a BetrVG Rz. 146 ff.).

e) Unzumutbarkeit der Weiterbeschäftigung (§ 78a Abs. 4 BetrVG)

aa) Prüfungsmaßstab

§78a Abs. 4 BetrVG ist vom Wortlaut her §626 Abs. 1 BGB nachgebildet (zur vergleichbaren Regelung des §9 BPersVG vgl. *BAG* 14.5.1987 EzA §78a BetrVG 1972 Nr. 18; vgl. auch *Matthes* NZA 1989, 916). Daraus wird **zum Teil** (*LAG Düsseld.* 12.6.1975 DB 1975, 1995) eine **strikte Anlehnung** an §626 Abs. 1 BGB gefolgert, sodass die in Rechtsprechung und Schrifttum entwickelten Grundsätze, die zur Definition des wichtigen Grundes in §626 BGB dienen, anzuwenden sind. 109

Demgegenüber wurde überwiegend (*BAG* 15.12.1983 EzA §78a BetrVG 1972 Nr. 13; GK-BetrVG/*Oetker* §78a BetrVG Rz. 67) davon ausgegangen, dass nur eine an §626 Abs. 1 BGB orientierte Auslegung gerechtfertigt ist. Deshalb sind grds., aber nicht uneingeschränkt die zu dieser Norm sowie zu §15 KSchG entwickelten allgemeinen Kriterien anzuwenden. Von praktischer Bedeutung ist dies insbes. für die Frage, inwieweit betriebsbedingte Gründe für die Beurteilung der Unzumutbarkeit relevant sind; bei einer strikten Anlehnung an §626 Abs. 1 BGB wäre das regelmäßig zu verneinen. 110

111 Inzwischen geht das *BAG* (6.11.1996 EzA § 78a BetrVG 1972 Nr. 24; 28.6.2000 ZTR 2001, 139; vgl. dazu *Kukat* BB 1997, 1794 ff.; APS/*Künzl* § 78a BetrVG Rz. 93 ff.; für eine verfassungskonforme weite Auslegung des Begriffs der Unzumutbarkeit wegen Art. 12 Abs. 1 GG *Blaha/Mehlich* NZA 2005, 667 ff.) demgegenüber davon aus, dass der Inhalt der Begriffe der Unzumutbarkeit in beiden Vorschriften **nach ihren unterschiedlichen Funktionen jeweils gesondert zu bestimmen ist**, sodass auch eine an § 626 Abs. 1 BGB nur orientierte Auslegung nicht in Betracht kommt: Der Tatbestand des § 626 Abs. 1 BGB ist erst dann gegeben, wenn dem Arbeitgeber die Fortsetzung des Arbeitsverhältnisses bis zum Ablauf der Kündigungsfrist oder bis zur vereinbarten Beendigung nicht zugemutet werden kann. Bei § 78a Abs. 4 BetrVG ist demgegenüber zu entscheiden, ob dem Arbeitgeber die Beschäftigung des Arbeitnehmers in einem unbefristeten Arbeitsverhältnis zumutbar ist.

Nicht anwendbar ist auch die Ausschlussfrist gem. §§ 626 Abs. 2 BGB, § 22 Abs. 4 BBiG (*BAG* 15.12.1983 EzA § 78a BetrVG 1972 Nr. 13).

bb) Personen-, verhaltens-, betriebsbedingte Gründe

112 In der Person (z.B. Trunksucht [*BAG* 14.5.1987 NZA 1987, 819]) oder im Verhalten des Auszubildenden liegende Umstände begründen die Unzumutbarkeit jedenfalls unter den Voraussetzungen des Vorliegens eines wichtigen Grundes i.S.d. § 626 Abs. 1 BGB.

113 Diese Gründe sind zwar weithin noch vor der Beendigung des Ausbildungsverhältnisses entstanden, sodass an sich dessen außerordentliche Kündigung in Betracht zu ziehen gewesen wäre (vgl. § 22 Abs. 2, 4 BBiG). Bei der Prüfung des wichtigen Grundes ist aber im Rahmen des § 22 Abs. 2 BBiG außer dem **Ausbildungszweck** auch die **Dauer der bereits zurückgelegten Ausbildungszeit im Verhältnis zur Gesamtdauer der Ausbildung** besonders zu berücksichtigen (s.u. Kap. 4 Rn. 878 ff.). Im Rahmen des § 78a Abs. 2 BetrVG geht es dagegen um die davon zu unterscheidende Frage der **Begründung eines Arbeitsverhältnisses auf Dauer** (*BAG* 15.12.1983 EzA § 78a BetrVG 1972 Nr. 13; vgl. APS/*Künzl* § 78a BetrVG Rz. 122 ff.).

114 Fraglich ist, inwieweit die Unzumutbarkeit der Weiterbeschäftigung bereits dann gegeben ist, wenn der § 78a BetrVG unterfallende Auszubildende schlechtere Prüfungsnoten hat als andere Bewerber (dafür *Richardi* § 78a Rz. 33; dagegen GK-BetrVG/*Oetker* § 78a BetrVG Rz. 70; vgl. APS/*Künzl* § 78a BetrVG Rz. 124 ff.).

115 Sie ist jedenfalls dann gegeben, wenn der Amtsinhaber die Abschlussprüfung nicht bestanden hat und deshalb für den fraglichen Arbeitsplatz **nicht qualifiziert ist** (*LAG BW* 13.10.1977 AP Nr. 4 zu § 78a BetrVG 1972).

116 Das unternehmerische Ziel, die – wenigen – freien Stellen nur den Auszubildenden anzubieten, die ihre Ausbildung in verkürzter Zeit und **mit besonders guter Bewertung** absolviert haben, kann andererseits nicht generell zu dem Schluss führen, die Weiterbeschäftigung des Mitglieds der Jugend- und Auszubildendenvertretung, das diese Bedingungen nicht erfüllt, sei dem Arbeitgeber nicht zuzumuten (*LAG Bln.* 18.7.1995 LAGE § 78a BetrVG 1972 Nr. 8). Eine Weiterbeschäftigung gem. § 9 Abs. 4 BPersVG ist für den öffentlichen Arbeitgeber aber trotz Vorhandenseins eines ausbildungsadäquaten Arbeitsplatzes dann nicht zumutbar, wenn andere Bewerber um diesen Arbeitsplatz objektiv wesentlich fähiger und geeigneter sind, als der Jugend- und Auszubildendenvertreter. Das ist der Fall, wenn dieser in der maßgeblichen Abschlussprüfung deutlich mehr als eine Notenstufe schlechter abgeschnitten hat als der schwächste sonstige Bewerber, den der Arbeitgeber sonst in ein Dauerarbeitsverhältnis übernehmen würde (*BVerwG* 9.9.1999 NZA 2000, 443; vgl. auch *OVG NRW* 26.8.1998 ZTR 1999, 143). Die Differenz muss mindestens das 1,33-fache dieser

Notenstufe betragen (*BVerwG* 17.5.2000 ZTR 2000, 572). Demgegenüber reicht es für die Annahme der Unzumutbarkeit nicht aus, dass nur Planstellen frei sind, für die zwar auch Absolventen hinreichend qualifiziert sind, die jedoch als »Beförderungsstelle« verwendet werden sollen und speziell zu diesem Zweck zur alsbaldigen Besetzung intern ausgeschrieben sind (*BVerwG* 17.5.2000 NZA-RR 2000, 559). Die Unzumutbarkeit folgt auch nicht bereits daraus, dass der Auszubildende in der zweiten Wiederholungsprüfung die **Prüfungsnote ausreichend** erzielt hat (*VG Frankf./M.* 10.9.2001 NZA-RR 2002, 222).

Betriebliche Gründe rechtfertigen nach einer zum Teil (*LAG Hamm* 6.10.1978 EzA § 78a 117 BetrVG 1972 Nr. 4; zur Frage des Unternehmens- bzw. Konzernbezuges insoweit *LAG Brem.* 23.5.2006 1 – TaBV 20/05 – EzA-SD 23/2006 S. 13 LS) vertretenen Auffassung nur dann die Unzumutbarkeit der Weiterbeschäftigung, wenn auch eine Kündigung gegenüber einem Betriebsratsmitglied möglich wäre (§§ 15 Abs. 4, 5 KSchG, § 626 Abs. 1 BGB; s.u. Kap. 4 Rn. 553 ff.).

> Weil der Arbeitgeber durch § 78a BetrVG nicht verpflichtet werden soll, neue Arbeits- 118 plätze zu schaffen, nach Auffassung des *LAG Köln* (4.9.1996 NZA-RR 1997, 435) selbst dann nicht, wenn in dem Ausbildungsbetrieb regelmäßig Überstunden anfallen, wird demgegenüber überwiegend (*BAG* 16.1.1979, 15.1.1980 EzA § 78a BetrVG 1972 Nr. 5, 7) angenommen, dass betriebliche Gründe zurzeit der Beendigung des Ausbildungsverhältnisses dann i.S.d. § 78a BetrVG genügen, wenn sie nach Abwägung aller Umstände des Einzelfalles von solchem Gewicht sind, dass es dem Arbeitgeber schlechterdings nicht zugemutet werden kann, den Auszubildenden zu übernehmen.

Dabei sind allerdings strengere Anforderungen als an eine ordentliche Kündigung gem. § 1 119 Abs. 1 S. 2 KSchG zu stellen; das ergibt sich aus dem Wortlaut und Sinn und Zweck des § 78a BetrVG (*LAG SchlH* 21.3.2006 NZA-RR 2006, 469). Sie sind dann erfüllt, wenn zur Zeit der Beendigung des Berufsausbildungsverhältnisses **keine freien, auf Dauer angelegten Arbeitsplätze vorhanden sind** (*BAG* 15.11.2006 EzA § 78a BetrVG 2001 Nr. 3 = NZA 2007, 1381; 29.11.1989, 24.7.1991 EzA § 78a BetrVG 1972 Nr. 20, 21; vgl. APS/*Künzl* § 78a BetrVG Rz. 99 ff.), **auf denen der Auszubildende mit seiner durch die Ausbildung erworbenen Qualifikation beschäftigt werden kann** (*BAG* 15.11.2006 EzA § 78a BetrVG 2001 Nr. 3 = NZA 2007, 1381; *LAG SchlH* 21.3.2006 NZA-RR 2006, 469). Für die Feststellung, ob ein freier Arbeitsplatz vorhanden ist oder nicht, sind regelmäßig die **Vorgaben des Arbeitgebers** maßgebend, welche Arbeiten im Betrieb mit welcher Anzahl von Arbeitnehmern verrichtet werden sollen (*BAG* 6.11.1996 EzA § 78a BetrVG 1972 Nr. 24). Sofern der Arbeitgeber die Unzumutbarkeit der Weiterbeschäftigung gem. § 78a Abs. 4 BetrVG mit der **Streichung bislang vorhandener Stellen** begründet, hat er darüber hinaus die Durchführbarkeit und Nachhaltigkeit dieser unternehmerischen Entscheidung aufzuzeigen. Die Unzumutbarkeit der Weiterbeschäftigung ist jedenfalls **dann gegeben**, wenn dem Jugendvertreter im maßgeblichen Zeitpunkt des Ausbildungsendes lediglich **vorübergehend** ein Arbeitsplatz bereitgestellt werden kann; daran ändert sich auch dann nichts, wenn **später** der **Wechsel** auf einen Dauerarbeitsplatz **in Betracht kommt** (*BVerwG* 11.3.2008 NZA-RR 2008, 445).

Nach *LAG Nbg.* (21.12.2006 – 5 TaBV 61/05 – ZTR 2007, 344 LS) ist ein Wegfall des Arbeitsplatzes **dann nicht gegeben**, wenn der Arbeitgeber **lediglich entschieden hat, kein neues Personal mehr einzustellen**, sondern den tatsächlich vorhandenen dauerhaften Bedarf durch den **Einsatz von Leiharbeitnehmern** zu decken. Das *BAG* (16.7.2008 EzA § 78a BetrVG 2001 Nr. 4) ist **dem gefolgt**; denn durch die beschriebene Entscheidung des Arbeitgebers wird weder die Anzahl der Arbeitsplätze noch die Arbeitsmenge, für deren Bewältigung der Arbeitgeber Arbeitnehmer einsetzt, verändert. Durch den Einsatz von Leiharbeitnehmern **entfällt lediglich der Bedarf** an der Beschäftigung von Arbeitnehmern, die in einem durch Arbeitsvertrag begründeten Arbeitsverhältnis zum Betriebsinhaber stehen. Das führt aber nicht zur Unzumutbarkeit i.S.d. § 78a Abs. 4 BetrVG).

Das Gegenteil soll dann gelten, wenn eine auf wirtschaftlichen Überlegungen basierende Organisationsentscheidung eines Krankenhausträgers gegeben ist, ab einem bestimmten Zeitpunkt in einem Klinikbereich – nachgeordneter Pflegedienst – kein zusätzliches eigenes

Personal mehr einzusetzen, sondern sich eines Drittunternehmens zu bedienen (*LAG Nbg.* 28.3.2007 – 4 TaBV 54/06 – ZTR 2007, 514). Wenn in einer **Betriebsvereinbarung** der Stellenplan genau festgeschrieben ist und dieser von den Betriebsparteien nur einvernehmlich abgeändert werden kann, ist es dem Arbeitgeber verwehrt, sich im Rahmen des § 78a BetrVG auf einen von der Geschäftsführung einseitig beschlossenen Stellenabbau zu berufen (*LAG SchlH* 21.3.2006 NZA-RR 2006, 469). Abzustellen ist in diesem Zusammenhang nach Auffassung des *LAG Nds.* (26.4.1996 LAGE § 78a BetrVG 1972 Nr. 9; ebenso *LAG München* 6.9.2006 – 9 TaBV 84/05 – EzA-SD 25/2006 S. 13 LS; **a.A.** *LAG Köln* 4.9.1996 NZA-RR 1997, 435; 18.3.2004 ZTR 2004, 609 LS = LAG Report 2005, 28) zudem darauf, ob im **Unternehmen** – im Zeitpunkt der Beendigung des Berufsausbildungsverhältnisses (*BVerwG* 29.3.2006 ZTR 2006, 397 = NZA-RR 2006, 501) – ein freier Arbeitsplatz vorhanden ist; eine Beschränkung auf den Betrieb, in dem der Auszubildende Mitglied der Jugend- und Auszubildendenvertretung war, widerspricht danach der Wertung des Gesetzgebers im Verhältnis zu den §§ 1 Abs. 2 Nr. 1b, 15 Abs. 4 KSchG.

120 Dem ist das *BAG* (15.11.2006 EzA § 78a BetrVG 2001 Nr. 3 = NZA 2007, 1381; s.a. *BVerwG* 11.3.2008 NZA-RR 2008, 445) jedoch ausdrücklich nicht gefolgt; die Weiterbeschäftigungspflicht ist insgesamt und **auch zu geänderten Arbeitsbedingungen betriebsbezogen.** Auch besteht der Weiterbeschäftigungsanspruch im öffentlichen Dienst nicht landesweit, sondern grds. nur gegenüber der Dienststelle oder Einrichtung des Landes, bei der das Mitglied der Jugend- und Auszubildendenvertretung tätig war, es sei denn, der Arbeitgeber pflegt Auszubildende, die er bei der Ausbildungsstätte nicht weiterbeschäftigen kann, bei anderen Dienststellen seines Zuständigkeitsbereichs einzustellen (*OVG Weimar* 20.12.2005 NZA-RR 2006, 612).

Die Entlassung anderer Arbeitnehmer, um die Weiterbeschäftigung nach § 78a BetrVG zu ermöglichen, kommt nicht in Betracht (*BAG* 16.1.1979 EzA § 78a BetrVG 1972 Nr. 5).

121 Im Rahmen des § 9 BPersVG kommt es für die Beantwortung der Frage, ob ein ausbildungsadäquater Dauerarbeitsplatz zur Verfügung steht, allein auf den Bereich der Ausbildungsdienststelle an. Unterliegt diese bei der Stellenbewirtschaftung keinen Vorgaben des Haushaltsgesetzgebers in Bezug auf berufliche Qualifikation und Fachrichtung, so ist sie bei der Festlegung des Anforderungsprofils für die zu besetzende Stelle nicht durch § 9 BPersVG gehindert; dessen Wirkung erschöpft sich in einer gerichtlichen Missbrauchskontrolle. Entscheidet sich die Ausbildungsdienststelle aber dafür, mit den ihr zugewiesenen Mitteln einen Arbeitsplatz zu schaffen, der der Qualifikation des Jugendvertreters entspricht, so ist dieser Arbeitsplatz vorrangig mit dem Jugendvertreter zu besetzen (*BVerwG* 1.11.2005 NZA-RR 2006, 218 = ZTR 2006, 159).

122 Der Arbeitgeber ist insgesamt verpflichtet, besondere Anstrengungen zu unternehmen, um den Auszubildenden weiterbeschäftigen zu können. Dazu gehören alle organisatorischen Maßnahmen, die ohne erhebliche kostenmäßige Auswirkungen oder Benachteiligung anderer Arbeitnehmer durchgeführt werden können (MünchArbR/*Berkowsky* § 159 Rz. 57).

123 Demgegenüber genügt nach Auffassung des *BVerwG* (13.3.1989 EzBAT § 22 MTV Auszubildende Nr. 6) ein **allgemeiner Einstellungsstopp**, der von dem die Funktion des Arbeitgebers wahrnehmenden Verwaltungsorgan beschlossen wurde, nicht für die Annahme der Unzumutbarkeit der Weiterbeschäftigung eines (früheren) Mitglieds der Jugend- oder Personalvertretung gem. § 9 Abs. 4 S. 1 BPersVG. Etwas anderes gilt aber dann, wenn der Einstellungsstopp auf **haushaltsrechtlichen Vorgaben** beruht, der darauf gestützte Erlass auch im Hinblick auf zugelassene Ausnahmen eindeutig und klar gefasst ist und die Verwaltungspraxis dieser Erlasslage auch tatsächlich entspricht (*OVG Weimar* 20.12.2005 NZA-RR 2006,

612). Nichts anderes gilt dann, wenn ein **Arbeitsplatz** auf Grund einer von der Generaldirektion der Deutschen Telekom nach unternehmerischen Gesichtspunkten vorgenommenen Überprüfung der Arbeitsmethoden und des Arbeitsbedarfs **weggefallen** ist (*BVerwG* 9.10.1996 NZA-RR 1998, 190). Gleiches gilt dann, wenn im maßgeblichen Zeitpunkt eine durch den Haushaltsgesetzgeber veranlasste **Stellenbesetzungssperre** besteht, von der das Finanzministerium nur im Falle eines »unabweisbar vordringlichen Personalbedarfs« Ausnahmen zulassen kann (*BVerwG* 13.9.2001 NZA-RR 2002, 388) und der Jugendvertreter von dieser Ausnahmeregelung nicht erfasst ist (*BVerwG* 30.5.2007 ZTR 2007, 471 LS; s.a. *OVG Lüneburg* 28.11.2007 NZA-RR 2008, 166 zur Rechtslage in einem kommunalen Eigenbetrieb).

Ist jedenfalls im Zeitpunkt der Beendigung des Ausbildungsverhältnisses ein freier **124**
Arbeitsplatz vorhanden, hat bei der Prüfung der Unzumutbarkeit der Weiterbeschäftigung ein **künftiger Wegfall von Arbeitsplätzen** unberücksichtigt zu bleiben (*BAG* 16.8.1995 EzA § 78a BetrVG 1972 Nr. 23). Die Weiterbeschäftigung kann dem Arbeitgeber auch dann zuzumuten sein, wenn er einen innerhalb von drei Monaten vor der vertraglich vereinbarten Beendigung des Ausbildungsverhältnisses frei werdenden Arbeitsplatz besetzt und **die sofortige Neubesetzung** nicht durch dringende betriebliche Erfordernisse geboten ist (*BAG* 12.11.1997 EzA § 78a BetrVG 1972 Nr. 25; krit. dazu *Coester* SAE 1999, 3 ff.). Andererseits ist ein freier Arbeitsplatz bei der Beendigung des Berufsausbildungsverhältnisses dann nicht vorhanden, wenn fünf Monate zuvor freie Arbeitsplätze mit Arbeitnehmern besetzt wurden, die ihre **Ausbildung vorzeitig beendet** haben. Der Arbeitgeber ist zu dieser Zeit regelmäßig nicht verpflichtet, zu bedenken, dass fünf Monate später nach § 78a BetrVG geschützte Amtsträger ihre Ausbildung beenden werden und Übernahmeverlangen stellen könnten. Deshalb besteht regelmäßig auch keine Pflicht des Arbeitgebers, zu diesem Zeitpunkt zu prüfen, ob Arbeitsplätze für die geschützten Auszubildenden frei zu halten sind. Das gilt insbes. dann, wenn die Entscheidung zur Nichtübernahme von Auszubildenden in ein Arbeitsverhältnis, die ihre Ausbildung künftig beenden werden, erst mehrere Wochen nach der Besetzung der seinerzeit freien Arbeitsplätze getroffen wird (*BAG* 12.12.1997 EzA § 78a BetrVG 1972 Nr. 26; vgl. dazu *Natzel* SAE 1999, 8 ff.).

Wenn der Arbeitgeber (des öffentlichen Dienstes) andererseits kurze Zeit nach der Been- **125**
digung des Ausbildungsverhältnisses eines früheren Mitglieds der Jugend- und Auszubildendenvertretung **Leerstellenzuweisungen** vornimmt und kein Grund erkennbar ist, warum diese Entscheidung nicht schon früher hätte getroffen werden können, erscheint es trotz des organisatorischen und stellenplanwirtschaftlichen Ermessens des Arbeitgebers hinsichtlich der Vornahme von Leerstellenzuweisungen zweifelhaft, ob tatsächlich keine Möglichkeit zur unbefristeten Weiterbeschäftigung bestand (*OVG NRW* 26.8.1998 ZTR 1999, 144).

cc) Verfahrensfragen

Der Arbeitgeber muss die Unzumutbarkeit innerhalb der prozessualen Antragstellungs- **126**
frist (§§ 187 ff. BGB) von zwei Wochen nach Beendigung des Ausbildungsverhältnisses im Beschlussverfahren geltend machen (*BAG* 13.11.1987 EzA § 78a BetrVG 1972 Nr. 19; 29.11.1989 EzA § 78a BetrVG 1972 Nr. 20; *LAG Brem.* 23.5.2006 – 1 TaBV 20/05 – EzA-SD 23/2006 S. 13 LS; vgl. APS/*Künzl* § 78a BetrVG Rz. 153). Stellt ein Bediensteter des Arbeitgebers diesen Antrag (z.B. auch nach § 9 BPersVG), so wird die Ausschlussfrist nach Beendigung des Ausbildungsverhältnisses entgegen § 89 Abs. 2 ZPO nur dann gewahrt, wenn bis zu ihrem Ablauf eine Vollmacht bei Gericht eingereicht wird, die von der zur Vertretung des Arbeitgebers befugten Person ausgestellt ist (*BVerwG* 1.12.2003 NZA-RR 2004, 389 = ZTR 2004, 164).

Ist im Zeitpunkt der Beendigung des Ausbildungsverhältnisses über einen Feststellungsan- **127**
trag des Arbeitgebers gem. § 78a Abs. 4 S. 1 Nr. 1 BetrVG noch nicht rechtskräftig entschieden, so wird bei Vorliegen der Voraussetzungen des § 78a Abs. 2, 3 BetrVG im Anschluss an das Berufsausbildungsverhältnis ein Arbeitsverhältnis begründet. Der **Feststellungsantrag**

wandelt sich dann in einen Auflösungsantrag gem. § 78a Abs. 4 S. 1 Nr. 2 BetrVG **um**, ohne dass es einer förmlichen Antragsänderung bedarf (*BAG* 29.11.1989 EzA § 78a BetrVG 1972 Nr. 20; ebenso für § 9 BPersVG *BVerwG* 31.5.1990 AP Nr. 7 zu § 9 BPersVG).

128 Spricht das Gericht die Auflösung des Arbeitsverhältnisses gem. § 78a Abs. 4 S. 1 Nr. 2 BetrVG aus, so **endet das Arbeitsverhältnis mit Rechtskraft des Beschlusses** (*BAG* 15.1.1980 EzA § 78a BetrVG 1972 Nr. 7; ebenso für § 9 BPersVG *BVerwG* 31.5.1990 AP Nr. 7 zu § 9 BPersVG). Der Arbeitgeber, der den Auszubildenden nach Beendigung der Ausbildung tatsächlich nicht bis zu diesem Zeitpunkt beschäftigt hat, gerät deshalb auch dann in **Annahmeverzug**, wenn das gem. § 78a BetrVG zunächst begründete **Arbeitsverhältnis** durch Beschluss des Gerichts wegen dringender betrieblicher Gründe **aufgelöst wird**. Das auf Grund eines ggf. anzuwendenden Tarifvertrages erforderliche schriftliche Geltendmachen von Lohnansprüchen zur Vermeidung der Anwendung einer Ausschlussfrist kann dann bereits im Weiterbeschäftigungsverlangen gesehen werden (*LAG Nbg.* 25.2.2000 NZA-RR 2001, 197).

129 Das Beschlussverfahren gem. § 78a Abs. 4 BetrVG (gem. § 9 Abs. 4 BPersVG ist das Verwaltungsgericht zuständig) dient allein der Klärung der Frage, ob dem Arbeitgeber die Weiterbeschäftigung in einem unbefristeten Arbeitsverhältnis nicht zugemutet werden kann und deshalb durch rechtsgestaltendes Eingreifen des Gerichts Abhilfe zu schaffen ist.

130 Die Entscheidung ist nicht von der vorherigen Feststellung abhängig, dass die Voraussetzungen des § 78a Abs. 2, 3 BetrVG für die Begründung eines Arbeitsverhältnisses gegeben sind (*BAG* 29.11.1989 EzA § 78a BetrVG 1972 Nr. 20; **a.A.** ausdrücklich *BVerwG* 9.10.1996 NZA-RR 1997, 239). Allerdings **erwägt das** ***BAG*** (11.1.1995 EzA § 78a BetrVG 1972 Nr. 22) inzwischen, **im Beschlussverfahren nach § 78a Abs. 4 BetrVG auch über einen Feststellungsantrag des Arbeitgebers zu entscheiden, ein Arbeitsverhältnis sei wegen Fehlens der Voraussetzungen des § 78a Abs. 2, 3 BetrVG nicht begründet worden.**

131 Offen gelassen hat das *BAG* (16.8.1995 EzA § 78a BetrVG 1972 Nr. 23) auch die Frage, ob im Beschlussverfahren nach § 78a Abs. 4 BetrVG über ein Feststellungsbegehren des Arbeitgebers entschieden werden kann, wonach ein kraft Gesetzes begründetes Arbeitsverhältnis mit einem Jugend- und Auszubildendenvertreter vor Rechtskraft einer gerichtlichen Auflösungsentscheidung aus anderen Gründen beendet worden ist.

132 Maßgeblicher Zeitpunkt für die Beurteilung der Unzumutbarkeit der Weiterbeschäftigung ist nach in der Lit. vertretener Auffassung der der letzten mündlichen Verhandlung in der Tatsacheninstanz (MünchArbR/*Berkowsky* § 159 Rz. 63); nach Auffassung des *BVerwG* (29.3.2006 ZTR 2006, 397 = NZA-RR 2006, 501) kommt es demgegenüber jedenfalls bei Unzumutbarkeit aus betriebsbedingten Gründen auf den Zeitpunkt der **Beendigung des Berufsausbildungsverhältnisses** an. Nach diesem Zeitpunkt frei werdende Arbeitsplätze sind demnach nicht zu berücksichtigen.
Möglich ist grds. auch eine **einstweilige Verfügung**, durch die der Arbeitgeber eine Entbindung von der Weiterbeschäftigung eines Arbeitnehmers begehrt, dessen Arbeitsverhältnis nach § 78a BetrVG begründet wurde. Allerdings kann ein Verfügungsgrund nicht allein daraus abgeleitet werden, dass die Weiterbeschäftigung unzumutbar ist (*LAG Köln* 31.3.2005 LAGE § 78a BetrVG 2001 Nr. 2).

f) Übernahme zu anderen Arbeitsbedingungen

133 Ist ein Auszubildender (hilfsweise) bereit, zu anderen als den sich aus § 78a BetrVG ergebenden Arbeitsbedingungen in ein Arbeitsverhältnis übernommen zu werden, so muss er dies dem Arbeitgeber **unverzüglich** nach dessen Erklärung nach § 78a Abs. 1 BetrVG, **spätestens** mit seinem Übernahmeverlangen nach § 78a Abs. 2 BetrVG **mitteilen**; dem Arbeitgeber muss **ausreichend Zeit für die Prüfung der Bereitschaftserklärung und ggf. die Durch-**

führung eines Beteiligungsverfahrens nach § 99 Abs. 1 BetrVG verbleiben. Andererseits **reicht es aus,** dass sich der Auszubildende **zumindest hilfsweise** mit einer Beschäftigung zu geänderten Vertragsbedingungen **bereit erklärt hat.** Der Auszubildende darf sich insoweit nicht darauf beschränken, sein Einverständnis mit allen in Betracht kommenden Beschäftigungen zu erklären oder die Bereitschaftserklärung mit einem Vorbehalt zu verbinden. **Er muss vielmehr die angedachte Beschäftigungsmöglichkeit so konkret beschreiben, dass der Arbeitgeber erkennen kann, wie sich der Auszubildende seine Weiterarbeit vorstellt** (*BAG* 15.11.2006 EzA § 78a BetrVG 2001 Nr. 3 = NZA 2007, 1381). Eine Einverständniserklärung im gerichtlichen Verfahren genügt nicht.

Hat der Auszubildende eine derartige Erklärung rechtzeitig abgegeben, muss der Arbeitgeber **prüfen,** ob die anderweitige Beschäftigung **möglich und zumutbar** ist.

Unterlässt er die Prüfung oder verneint er zu Unrecht die Möglichkeit oder Zumutbarkeit, so kann das nach § 78a Abs. 2 BetrVG entstandene Arbeitsverhältnis nicht nach § 78a Abs. 4 BetrVG aufgelöst werden (*BAG* 6.11.1996 EzA § 78a BetrVG 1972 Nr. 24; 15.11.2006 EzA § 78a BetrVG 2001 Nr. 3 = NZA 2007, 1381). Lehnt der Auszubildende andererseits eine ihm vom Arbeitgeber angebotene anderweitige Beschäftigung ab, so kann er sich im Verfahren nach § 78a Abs. 4 BetrVG nicht darauf berufen, dem Arbeitgeber sei die Beschäftigung zumutbar (*BAG* 15.11.2006 EzA § 78a BetrVG 2001 Nr. 3). Kommt es nach der Bereitschaftserklärung zum Abschluss eines Arbeitsvertrags, so wird dadurch die Entstehung eines Arbeitsverhältnisses nach § 78a BetrVG abbedungen bzw. abgeändert, wenn die Vereinbarung nach Bestehen der Abschlussprüfung getroffen wird (*BAG* 15.11.2006 EzA § 78a BetrVG 2001 Nr. 3 = NZA 2007, 1381). 134

3. § 10 Abs. 1 AÜG

Siehe Kap. 3 Rn. 4519 ff. 135

4. § 613a Abs. 1 BGB

Siehe Kap. 3 Rn. 4165 ff. 136

VI. Gesetzliche Abschlussgebote

Eine gesetzliche Verpflichtung des Arbeitgebers zum Abschluss von Arbeitsverträgen sehen das Schwerbehindertenrecht sowie das Sonderrecht zum Bergmannsversorgungsschein vor, allerdings durchweg ohne entsprechende individualrechtliche Position der dadurch begünstigten Einstellungsbewerber i.S. eines Anspruchs auf Einstellung. 137

1. §§ 71, 81 SGB IX

a) Beschäftigungsquote

§§ 71, 81 Abs. 1 SGB IX begründen eine öffentlich-rechtliche Verpflichtung des Arbeitgebers, der über mindestens 20 Arbeitsplätze i.S.d. § 73 SGB IX verfügt, eine bestimmte Quote (5% bzw. ab 1.1.2004 6%; vgl. dazu § 71 Abs. 2 SGB IX a.F.: abhängig von der Reduzierung der Zahl der arbeitslosen Schwerbehinderten) der Arbeitsplätze mit schwerbehinderten Menschen zu besetzen. Die Abhängigkeit der Quote von der Reduzierung der Zahl der arbeitslosen Schwerbehinderten hat der Gesetzgeber rückwirkend zum 1.1.2004 aufgehoben und die Beschäftigungspflichtquote **dauerhaft auf 5%** festgelegt. Allerdings wird sie gem. § 160 SGB X zum 30.6.2007 überprüft. Bei der Berechnung der Zahl der Pflichtplätze sind alle Arbeitsplätze im Direktionsbereich ein und desselben Arbeitgebers zusammenzufassen, unabhängig davon, ob die Arbeitsplätze über mehrere Betriebe bzw. Filialen verteilt sind oder nicht (*BVerwG* 17.4.2003 NZA-RR 2004, 406 LS). 138

139 Der Arbeitgeber muss alles ihm Zumutbare tun, um die Arbeitsplätze gem. der gesetzlichen Quote zu besetzen, sich dabei erforderlichenfalls selbst an das Arbeitsamt wenden und um eine Vermittlung geeigneter schwerbehinderter Menschen nachsuchen. Handelt er dem vorsätzlich oder fahrlässig zuwider, so begeht er eine **Ordnungswidrigkeit**. Unabhängig vom Verschulden muss er (bei Arbeitnehmerüberlassung der Verleiher als Vertragsarbeitgeber, *BVerwG* 13.12.2001 NZA 2002, 385) zusätzlich für jeden unbesetzten Pflichtplatz (zur Frage der Nichtberücksichtigung eines schwerbehinderten Geschäftsführers einer GmbH, der zugleich deren Gesellschafter mit einem Anteil von 50% ist, vgl. *BVerwG* 25.7.1997 NZA 1997, 1166; zu Referendaren, Ärzten im Praktikum und geringfügig teilzeitbeschäftigten wissenschaftlichen und studentischen Hilfskräften sowie ruhenden Arbeitsverhältnissen nach §§ 7, 8 SchwbG vgl. *BVerwG* 16.12.2004 NZA-RR 2005, 364) eine **Ausgleichsabgabe** von 105,00 € bis 260,00 € pro Monat zahlen (§ 77 SGB IX; vgl. dazu *OVG Münster* 12.12.2001 NZA-RR 2002, 632), mit der seit dem 1.8.1996 gem. § 55 SchwbG (jetzt § 140 SGB IX) Aufträge an Werkstätten für Behinderte verrechnet werden können (vgl. *Cramer/Schell* NZA 1997, 638 ff.). Sie soll zum einen die Kostenvorteile abschöpfen, die ein Arbeitgeber hat, der schwerbehinderte Menschen nicht oder nicht im pflichtgemäßen Umfang beschäftigt, und so einen Ausgleich zu den Arbeitgebern herstellen, die die vorgeschriebene Zahl schwerbehinderter Menschen beschäftigen und denen dadurch (z.B. durch Entgeltfortzahlung während des Zusatzurlaubs oder behinderungsbedingter Arbeitsausfälle oder besondere Aufwendungen für besonderes Personal oder Ausstattung des Arbeits- oder Ausbildungsplatzes mit technischen Arbeitshilfen) finanzielle Belastungen entstehen (sog. Ausgleichsfunktion). Sie soll zum anderen die Erfüllung der Beschäftigungspflicht sichern; sie soll die beschäftigungspflichtigen Arbeitgeber dazu anhalten, ihrer gesetzlichen Pflicht nachzukommen (sog. Antriebsfunktion; MünchArbR/*Cramer* § 236 Rz. 16). Gem. § 72 Abs. 2 S. 1 SGB IX sollen zudem (ab dem 1.5.2004) Arbeitgeber, Betriebsrat und Schwerbehindertenvertretung über die Ausbildung von behinderten jungen Menschen im Betrieb beraten.

Diese Regelungen sind mit Art. 12 Abs. 1 GG vereinbar (*BVerfG* 26.5.1981 AP Nr. 1 zu § 4 SchwbG; 1.10.2004 NZA 2005, 102; *BVerwG* 17.4.2003 NZA-RR 2004, 406 LS) und gelten auch für kirchliche Arbeitgeber (MünchArbR/*Richardi* § 193 Rz. 15).

140 Der öffentlich-rechtlichen Bindung des Arbeitgebers **entspricht jedoch keine Einstellungspflicht gegenüber dem einzelnen schwerbehinderten Menschen**, auch dann nicht, wenn der Arbeitgeber die Pflichtquote noch nicht erfüllt hat. Allerdings kann der Betriebsrat gem. § 99 Abs. 2 Nr. 1 BetrVG die Zustimmung zu einer geplanten Einstellung verweigern, wenn der Arbeitgeber gegen die Prüfungspflicht des § 81 Abs. 1 SGB IX verstoßen hat, also **nicht geprüft** hat, ob der freie Arbeitsplatz mit einem schwerbehinderten arbeitslosen oder arbeitsuchenden Arbeitnehmer besetzt werden kann (*BAG* 14.11.1989 EzA § 99 BetrVG 1972 Nr. 84; 17.6.2008 EzA § 81 SGB IX Nr. 16 = NZA 2008, 1139); das gilt aber dann nicht, wenn der Arbeitgeber entschieden hat, eine **freie Stelle** durch **Versetzung** eines bereits beschäftigten Arbeitnehmers **zu besetzen** (*BAG* 17.6.2008 EzA § 81 SGB IX Nr. 16 = NZA 2008, 1139).

b) Prüfung von Einstellungsmöglichkeiten

141 Arbeitgeber sind in jedem Falle, in dem ein freier Arbeitsplatz (§ 73 SGB IX) besetzt werden soll, **verpflichtet, vorher zu prüfen, ob schwerbehinderte Menschen eingestellt oder beschäftigt werden können** (§ 81 Abs. 1 S. 1 SGB IX). Das *BAG* (17.6.2008 EzA § 81 SGB IX Nr. 16 = NZA 2008, 1139) hat offen gelassen, ob diese Pflicht auch dann besteht, wenn sich der Arbeitgeber bei der Besetzung einer frei werdenden oder neu geschaffenen Stelle von vornherein auf eine interne Stellenbesetzung festlegt und die Einstellung möglicher externer Bewerber ausschließt. Sie besteht aber jedenfalls dann, wenn er die Besetzung der Stelle mit einem externen Bewerber ernsthaft in Betracht zieht (*BAG* 17.6.2008 EzA § 81 SGB IX Nr. 16 = NZA 2008, 1139).

I. d. R. ist die Schwerbehindertenvertretung an dieser Prüfung zu beteiligen. Sie ist rechtzeitig vor der Besetzung des freien Arbeitsplatzes umfassend zu unterrichten und vor einer Entscheidung zu hören. Eine getroffene Entscheidung ist ihr unverzüglich mitzuteilen. Außerdem ist i.d.R. der Betriebs- bzw. Personalrat zu hören (§ 81 Abs. 1 S. 1 i.V.m. § 93 SGB IX).

Ein schwerbehindertes **geschäftsführendes Vorstandsmitglied** eines eingetragenen Vereins wird jedenfalls dann nicht auf einem Arbeitsplatz i.S.d. § 73 Abs. 1 SGB IX beschäftigt, wenn es maßgeblichen Einfluss auf die Entscheidungen des Vereins hat (*BVerwG* 8.3.1999 NZA 1999, 826). Gleiches gilt für einen schwerbehinderten **Fremdgeschäftsführer einer KG und ihrer Komplementär-GmbH**, wenn ihm durch den Anstellungsvertrag eine für arbeitgebergleiche Personen charakteristische Selbständigkeit eingeräumt ist (*BVerwG* 26.9.2002 NZA 2003, 1094). 142

c) Benachteiligungsverbot wegen der Behinderung

aa) § 81 Abs. 2 SGB IX

§ 81 Abs. 2 SGB IX sieht (vgl. dazu *Braun* ZTR 2005, 174 ff.) zu Gunsten von schwerbehinderten Menschen mit einem Grad der Behinderung von wenigstens 50 sowie gleichgestellten Arbeitnehmern (s. aber unten Rn. 145 zur gebotenen europarechtskonformen Auslegung) ein Benachteiligungsverbot vor. Es soll ein **diskriminierungsfreies Verfahren** insbes. bei der **Besetzung von Arbeitsplätzen** i.S.v. § 73 Abs. 1 SGB IX gewährleisten. Die Regelung ist § 611a BGB (jetzt §§ 1 ff. AGG; s.u. Rn. 169 ff.) nachgebildet. § 81 Abs. 2 Nr. 1 bis 5 SGB IX entsprechen § 611a Abs. 1 bis 5 BGB (jetzt §§ 1 ff. AGG; vgl. dazu *Hansen* NZA 2001, 985 ff.). Sie findet aber nicht nur auf Arbeitnehmer und Auszubildende, sondern auf alle Beschäftigten i.S.v. § 73 Abs. 1 SGB IX Anwendung. Das Benachteiligungsverbot gilt nicht erst, wenn das Arbeits- oder sonstige Beschäftigungsverhältnis begründet ist, sondern schon vor der Begründung (*Sächs. LAG* 14.9.2005 – 2 Sa 279/05 – EzA-SD 9/2006 S. 15 LS) – ab Eingang eines Vermittlungsvorschlags des Arbeitsamtes oder einer Bewerbung eines schwerbehinderten Menschen i.S.v. § 81 Abs. 1 S. 3, 4 SGB IX – im Rahmen des bestehenden Beschäftigungsverhältnisses bis zu seiner Beendigung (MünchArbR/*Cramer* Ergänzungsband, § 236 Rz. 41). Gegen die in § 81 Abs. 2 S. 2 Nr. 3 SGB IX enthaltene Regelung, nach der ein wegen seiner Schwerbehinderung diskriminierter Bewerber, der auch bei benachteiligungsfreier Auswahl die Stelle nicht erhalten hätte, Anspruch auf **Entschädigung** von bis zu drei Monatsentgelten hat, bestehen **keine verfassungsrechtlichen Bedenken**. Damit soll der durch die Diskriminierung entstandene immaterielle Schaden ausgeglichen werden (*BAG* 12.9.2006 EzA § 81 SGB IX Nr. 14 = NZA 2007, 507 m. Anm. *von Medern* NZA 2007, 545 ff.; *BAG* 15.2.2005 EzA § 81 SGB IX Nr. 6 = NZA 2005, 870 = BAG Report 2005, 275 m. Anm. *Leder* SAE 2006, 305; vgl. zu dieser Norm *Gaul/Süßbrich* BB 2005, 2811 ff.). 143

Arbeitgebern ist es danach **verboten**, schwerbehinderte Beschäftigte **wegen ihrer Behinderung zu benachteiligen**. Sie haben die Pflicht, schwerbehinderte Menschen im Vergleich zu Nichtbehinderten gleich zu behandeln (für eine unmittelbare Anwendung der zurzeit der Entscheidung noch nicht umgesetzten Antidiskriminierungsrichtlinie (*ArbG Bln.* 13.7.2005 NZA-RR 2005, 608 m. zust. Anm. *Thüsing/Wege* NZA 2006, 136 ff.). Das Diskriminierungsverbot ist z.B. dann nicht verletzt, wenn ein Arbeitnehmer wegen seiner **Fluguntauglichkeit** aus dem Flug- in den Landbetrieb versetzt werden soll (*BAG* 22.11.2005 NZA 2006, 389).

Der nunmehr gesetzlich vorgesehene Entschädigungsanspruch **setzt voraus**, dass gerade eine Benachteiligung **wegen der Behinderung** gegeben ist. Das ist dann der Fall, wenn die Behinderung **zumindest eines von mehreren Motiven** des Arbeitgebers ist. Deshalb scheidet andererseits eine Benachteiligung wegen der Behinderung aus, wenn die Personen, die die gesetzlichen Pflichten der §§ 82 ff. SGB IX in Vertretung des Arbeitgebers zu erfüllen haben, von der Behinderung **keine Kenntnis erlangt** haben, z.B. weil eine Bürokraft auf dem von ihr für jeden Bewerber anzulegenden Übersichtsblatt die im Bewerbungsschreiben angegebene Behinderung nicht aufgeführt hat (*LAG Nbg.* 1.4.2004 LAGE § 81 SGB IX Nr. 1 = FA 2004, 287 LS = NZA-RR 2004, 601 LS = LAG Report 2004, 233; vgl. dazu *Braun* FA 2005, 36 ff.; *ders.* ZTR 2005, 174 ff.). 144

bb) Verhältnis zu §§ 1 ff. AGG?

145 Fraglich ist, in welchem Verhältnis § 81 Abs. 2 SGB IX zu §§ 1 ff. AGG (seit dem 18.8.2006) steht. Denn einerseits regelt das AGG eingehend das Benachteiligungsverbot wegen Schwerbehinderung, andererseits ist § 81 Abs. 2 SGB IX (s. § 33 AGG) z.B. im Gegensatz zu §§ 611a, b BGB nicht aufgehoben worden (s. dazu ausf. Kap. 3 Rn. 4961 ff.).
Bis zum Inkrafttreten des AGG war § 81 Abs. 2 SGB IX wegen der Definition des Begriffs »Behinderung« i.S.d. RL 2000/78/EG, die keinen GdB von zumindest 50 bzw. eine Gleichstellung voraussetzt, hinsichtlich des persönlichen Anwendungsbereichs europarechtskonform erweiternd auszulegen (*BAG* 3.4.2007 EzA § 81 SGB IX Nr. 15 = NZA 2007, 1098).

cc) § 82 SGB IX

146 **§ 82 SGB IX normiert besondere Pflichten** für den öffentlichen Arbeitgeber, u.a. zur **Einladung zu einem Vorstellungsgespräch**. Wird ein Schwerbehinderter entgegen § 82 S. 2 SGB IX auf seine Bewerbung hin (vorausgesetzt werden vollständige Bewerbungsunterlagen; *Sächs. LAG* 14.9.2005 LAGE § 81 SGB IX Nr. 6) auf eine von einem öffentlichen Arbeitgeber ausgeschriebene Stelle nicht zum Vorstellungsgespräch geladen, obwohl ihm die fachliche Eignung für die zu besetzende Stelle nicht offensichtlich fehlt (s. dazu *LAG Saarl.* 13.2.2008 LAGE § 82 SGB IX Nr. 2; *ArbG Essen* 27.2.2008 NZA-RR 2008, 510), begründet dies nach Auffassung des *ArbG Bln.* (10.10.2003 – 91 Ca 17871/03 – EzA-SD 19/2004 S. 15 LS; ebenso *LAG SchlH* 8.11.2005 – 5 Sa 277/05 – EzA-SD 1/2006 S. 15 LS = ArbuR 2006, 245 m. Anm. Welt; ebenso jetzt *BAG* 12.9.2006 EzA § 81 SGB IX Nr. 14 = NZA 2007, 507) die **Vermutung der Benachteiligung** wegen der Behinderung i.S.v. § 81 Abs. 2 SGB IX. Gleiches gilt dann, wenn feststeht, dass der Arbeitgeber die **Schwerbehindertenvertretung** entgegen § 81 Abs. 1 S. 4 SGB IX nicht über die eingegangene Bewerbung eines bestimmten schwerbehinderten Menschen **unterrichtet hat** (*BAG* 15.2.2005 EzA § 81 SGB IX Nr. 6 = NZA 2005, 870= BAG Report 2005, 275; *LAG Hamm* 17.11.2005 – 8 Sa 1213/05 – FA 2006, 190 LS), sowie dann, wenn er dem Arbeitnehmer entgegen § 81 Abs. 1 S. 9 SGB IX keine Gründe für die Ablehnung der Bewerbung mitgeteilt hat (*LAG Hessen* 7.11.2005 NZA-RR 2006, 312 = ArbuR 2006, 213 LS u. 22.3.2006 – 2 Sa 1686/05 – ArbuR 2006, 373 LS). Andererseits bleibt es dem Arbeitgeber überlassen, das **Anforderungsprofil einer zu besetzenden Stelle festzulegen.** Entspricht der Bewerber diesem nicht, auch wenn er höher qualifiziert ist und wird er deswegen nicht im Auswahlverfahren berücksichtigt, so liegt selbst dann keine Diskriminierung wegen der Schwerbehinderung vor, wenn der Arbeitgeber bei der Bewerbung Verfahrensvorschriften nicht eingehalten hat (unterbliebene Mitteilung an die Bundesagentur für Arbeit, unterbliebene Einladung zum Vorstellungsgespräch; *LAG RhPf* 1.9.2005 ZTR 2006, 207); Verfahrensfehler ersetzen nicht die notwendige Kausalität zwischen der Schwerbehinderung und dem Nachteil der erfolglosen Bewerbung (*VGH BW* 21.9.2005 BB 2006, 559 LS).

147 Der Arbeitnehmer trägt an sich die **Darlegungs- und Beweislast** für das Vorliegen u.a. einer Diskriminierung und der Kausalität zwischen Behinderung und Nichteinstellung (*VGH BW* 21.9.2005 BB 2006, 559 LS). Er kann allerdings gem. § 81 Abs. 2 S. 2 Nr. 1 S. 3 SGB IX eine **Beweislastverschiebung** herbeiführen, indem er Hilfstatsachen darlegt und ggf. unter Beweis stellt, die eine Benachteiligung wegen der Schwerbehinderteneigenschaft vermuten lassen. Der Arbeitgeber trägt dann die Beweislast dafür, dass nicht auf die Behinderung bezogene Gründe seine Einstellungsentscheidung rechtfertigen, wenn der Bewerber glaubhaft macht, wegen seiner Behinderung benachteiligt worden zu sein. Das Gericht muss die Überzeugung einer überwiegenden Wahrscheinlichkeit für die Kausalität zwischen Schwerbehinderteneigenschaft und nachteiliger Entscheidung gewinnen (*BAG* 12.9.2006 EzA § 81 SGB IX Nr. 14 = NZA 2007, 507; 15.2.2005 EzA

§ 81 SGB IX Nr. 6 = NZA 2005, 870 = BAG Report 2005, 275; *Sächs. LAG* 19.9.2007 – 5 Sa 552/06 – ArbuR 2008, 403 LS; s.a. *LAG SchlH* 8.11.2005 – 5 Sa 277/05 – EzA-SD 1/2006 S. 15 LS = ArbuR 2006, 245 m. Anm. *Welti*). Betrifft die Stellenbewerbung z.B. den Zugang zu einem öffentlichen Amt i.S.d. Art. 33 Abs. 2 GG (Volljurist bei einer Körperschaft des öffentlichen Rechts), so kann die Vermutung bereits durch den Nachweis einer um **mehrere Stufen besseren Examensnote** des eingestellten Bewerbers entkräftet werden; die Berücksichtigung von Notenstufen stellt dann kein unzulässiges Nachschieben von Auswahlkriterien dar, auch wenn in der Stellenausschreibung ausdrückliche Mindestanforderungen (z.B. Prädikatsexamen) nicht genannt werden (*LAG Hamm* 17.11.2005 – 8 Sa 1213/05 – FA 2006, 190 LS; enger *Sächs. LAG* 19.9.2007 – 5 Sa 552/06 – ArbuR 2008, 403 LS: ein bloßer Qualifikationsvorsprung eines anderen Bewerbers begrenzt den Entschädigungsanspruch). Allerdings kann der **Arbeitgeber des öffentlichen Dienstes** die Benachteiligungsvermutung **nicht allein** mit dem Hinweis **widerlegen, der Arbeitnehmer erfülle nicht den in der Stellenausschreibung verlangten formalen Ausbildungsabschluss** einer bestimmten Hochschulart. Denn der öffentliche Arbeitgeber ist im Hinblick auf Art. 33 Abs. 2 GG gehalten, das Anforderungsprofil ausschließlich nach objektiven Kriterien festzulegen. Daher ist es unzulässig, einen für die Art der Tätigkeit nicht erforderlichen Ausbildungsabschluss einer bestimmten Hochschulart (z.B. Fachhochschuldiplom) zu verlangen; Bewerber mit gleichwertigen Bildungsabschlüssen dürfen nicht ausgeschlossen werden (*BAG* 12.9.2006 EzA § 81 SGB IX Nr. 14 = NZA 2007, 507).

Entgegen der Auffassung des *LAG Hessen* (7.11.2005 NZA-RR 2006, 312) ist es dem Arbeitgeber im Rahmen der gerichtlichen Überprüfung auch nicht verwehrt, sich auf sachliche Gründe für die Ablehnung zu berufen, die er dem betroffenen Bewerber bei seiner Unterrichtung nach § 81 Abs. 1 S. 9 SGB IX nicht mitgeteilt hat.

Die Einhaltung der Ausschlussfrist nach § 81 Abs. 2 S. 2 Nr. 4 SGB IX zur Geltendmachung **148** einer Entschädigung wegen Diskriminierung setzt nicht die Angabe einer bestimmten Forderungshöhe voraus. Denn nach dem Gesetz muss lediglich »ein Anspruch« geltend gemacht werden (*BAG* 15.2.2005 EzA § 81 SGB IX Nr. 6 = NZA 2005, 870 = BAG Report 2005, 275).

d) Behinderungsgerechte Beschäftigung

Gem. § 81 Abs. 4 SGB IX hat der eingestellte schwerbehinderte Arbeitnehmer, der seine **149** vertraglich geschuldete Arbeitsleistung auf Grund seiner Behinderung nicht mehr erfüllen kann, einen unmittelbaren zivilrechtlichen einklagbaren Anspruch gegen den Arbeitgeber darauf, so beschäftigt zu werden, dass er seine Fähigkeiten und Kenntnisse möglichst voll verwerten und weiter entwickeln kann (*BAG* 19.9.1979 AP Nr. 2 zu § 14 SchwbG; 10.5.2005 EzA § 81 SGB IX Nr. 7 = NZA 2006, 156; 14.3.2006 EzA § 81 SGB IX Nr. 11 = NZA 2006, 1215; 13.6.2006 EzA § 81 SGB IX Nr. 13 = NZA 2007, 91; *LAG Düsseld.* 25.1.2008 EzA § 81 SGB IX Nr. 8; *LAG SchlH* 7.6.2005 LAGE § 81 SGB IX Nr. 4 = LAG Report 2005, 277 = NZA-RR 2005, 514). Dieser Anspruch besteht auch dann, wenn der Arbeitnehmer **arbeitsunfähig erkrankt** ist und er nach **ärztlicher Empfehlung stufenweise seine berufliche Tätigkeit wieder aufnehmen will.** Anspruchsvoraussetzung ist die Vorlage einer ärztlichen Bescheinigung, die neben der attestierten Arbeitsunfähigkeit einen Wiedereingliederungsplan über die aus ärztlicher Sicht zulässige Arbeit enthält. Die ärztliche Bescheinigung muss außerdem eine **Prognose** darüber enthalten, **ob und ab wann mit einer Wiederherstellung der vollen oder teilweisen Arbeitsfähigkeit zu rechnen ist.** Denn ansonsten kann der Arbeitgeber nicht entscheiden, ob ihm eine Beschäftigung des Arbeitnehmers unzumutbar ist und er deshalb berechtigt ist, die Mitwirkung an der Wiedereingliederung abzulehnen (*BAG* 13.6.2006 EzA § 81 SGB IX Nr. 13 = NZA 2007, 91).

Ein **Klageantrag**, mit dem der Arbeitnehmer die Beschäftigung unter Vorbehalt einer erforderlichen Änderung des Arbeitsvertrags und der Zustimmung der Arbeitnehmervertretung verlangt, ist hinreichend bestimmt (§ 253 ZPO). Listet der Arbeitnehmer im Klageantrag **verschiedene Beschäftigungsmöglichkeiten** auf, so überlässt er in diesem Rahmen – zulässigerweise – dem Arbeitgeber die Entscheidung über seinen künftigen Arbeitseinsatz (*BAG* 10.5.2005 EzA § 81 SGB IX Nr. 7 = NZA 2006, 156).
Auf Grund der aus der Schwerbehinderung resultierenden **gesteigerten Fürsorgepflicht** ist der Arbeitgeber verpflichtet, zuvor die dem schwerbehinderten Menschen verbliebenen körperlichen und geistigen Fähigkeiten und damit seine behinderungsgerechten Einsatzmöglichkeiten feststellen zu lassen, es sei denn, es bestehen insoweit keinerlei Unklarheiten (*LAG SchlH* 8.6.2005 – 3 Sa 30/05 – EzA-SD 17/2005 S. 14 LS = NZA-RR 2005, 510).
Ist der infolge eines Betriebsunfalls schwerbehinderte Arbeitnehmer nicht mehr in der Lage, seine bisherige vertraglich geschuldete Tätigkeit auszuüben und steht dem Arbeitgeber ein freier Arbeitsplatz zur Verfügung, auf dem eine den Fähigkeiten und Kenntnissen des Arbeitnehmers entsprechende Beschäftigung möglich ist, so ist dem Arbeitnehmer der Abschluss eines Arbeitsvertrages zu den betriebsüblichen Bedingungen anzubieten, der die dem schwerbehinderten Menschen mögliche Arbeitsaufgabe zum Inhalt hat (*BAG* 28.4.1998 EzA § 14 SchwbG 1986 Nr. 5). Der Arbeitgeber **muss insgesamt versuchen**, den Anspruch des schwerbehinderten Menschen auf eine behinderungsgerechte Beschäftigung **ggf. auch durch Umorganisation zu erfüllen**. Insoweit kann der Arbeitgeber u.U. auch verpflichtet sein, durch Umorganisation einen behinderungsgerechten Arbeitsplatz zu schaffen, an dem der vertragliche Beschäftigungsanspruch erfüllt werden kann (*BAG* 29.1.1997 EzA § 1 KSchG Krankheit Nr. 42; *LAG SchlH* 8.6.2005 – 3 Sa 30/05 – EzA-SD 17/2005 S. 14 LS = NZA-RR 2005, 510). Der gesetzliche Beschäftigungsanspruch umfasst **auch Arbeitsplätze**, die der Arbeitgeber dem Arbeitnehmer **nicht auf Grund des Weisungsrechts zuweisen kann**; einer vorherigen Änderung des Arbeitsvertrages bedarf es dazu nicht (*BAG* 10.5.2005 EzA § 81 SGB IX Nr. 7 = NZA 2006, 156); bzw. der Arbeitnehmer hat einen Anspruch auf Vertragsänderung (*BAG* 14.3.2006 EzA § 81 SGB IX Nr. 11 = NZA 2006, 1215). Andererseits gewährt § 81 Abs. 4 SGB IX behinderten Menschen **weder einen Anspruch** auf einen **bestimmten Arbeitsplatz noch ein Recht** darauf (*LAG Düsseld.* 25.1.2008 EzA § 81 SGB IX Nr. 8), **nach ihren Neigungen und Wünschen beschäftigt zu werden**. Der Beschäftigungsanspruch steht zudem unter dem **Vorbehalt der betrieblichen Möglichkeiten** (*LAG SchlH* 7.6.2005 LAGE § 81 SGB IX Nr. 4 = LAG Report 2005, 277 = NZA-RR 2005, 514). Dabei obliegt es dem Arbeitgeber, durch seine **arbeitstechnischen Vorgaben und seine Personalplanung** zu bestimmen, wie viele Arbeitnehmer mit der Verrichtung einer bestimmten Aufgabe betraut werden (*LAG RhPf* 9.2.2004 LAGE § 81 SGB IX Nr. 2 = ArbuR 2005, 37 LS). Der Arbeitgeber ist ebenso wenig verpflichtet, für den schwerbehinderten Arbeitnehmer einen **zusätzlichen Arbeitsplatz einzurichten** (*BAG* 22.11.2005 NZA 2006, 389; *LAG RhPf* 9.2.2004 LAGE § 81 SGB IX Nr. 2 = ArbuR 2005, 37 LS), **noch einen Arbeitsplatz »frei« zu kündigen** (*LAG SchlH* 7.6.2005 LAGE § 81 SGB IX Nr. 4 = LAG Report 2005, 277 = NZA-RR 2005, 514). Das gilt auch dann, wenn der Arbeitgeber eine Teilbetriebsstilllegung durchführt, auf deshalb mögliche Kündigungen verzichtet und die von der Stilllegung betroffenen Arbeitnehmer über seinen eigentlichen Personalbedarf hinaus beschäftigt (*BAG* 28.4.1998 EzA § 14 SchwbG 1986 Nr. 5).
Macht der schwerbehinderte Arbeitnehmer den Anspruch auf eine behinderungsgerechte Beschäftigung gegen den Arbeitgeber geltend, so hat er nach den allgemeinen Regeln grds. die **Darlegungs- und Beweislast** für die anspruchsbegründenden Voraussetzungen. Dagegen hat der Arbeitgeber die anspruchshindernden Umstände vorzutragen; dazu gehören insbes. diejenigen, aus denen sich die Unzumutbarkeit der Beschäftigung des Arbeitnehmers ergeben soll. Welche Einzelheiten vom Arbeitgeber insoweit vorzutragen sind, bestimmt sich nach den Umständen des Streitfalles unter Berücksichtigung der Darlegungen des klagenden Arbeitnehmers. Da der Arbeitgeber einen umfassenden

Überblick über die betrieblich eingerichteten Arbeitsplätze und die dort zu erfüllenden Anforderungen hat, muss er sich substantiiert mit den Vorstellungen des Arbeitnehmers über weitere Einsatzmöglichkeiten auseinandersetzen (*BAG* 14.3.2006 EzA § 81 SGB IX Nr. 11 = NZA 2006, 1215).

Baut der schwerbehinderte Mensch im Laufe des Beschäftigungsverhältnisses – durch berufliche Erfahrungen oder besondere Fortbildungsmaßnahmen – seine Fähigkeiten und Kenntnisse aus, ist er im Rahmen der betrieblichen Möglichkeiten entsprechend höherwertig zu beschäftigen und infolgedessen höher zu gruppieren. Er darf dann nicht unterwertig (weiter-)beschäftigt werden (MünchArbR/*Cramer* § 236 Rz. 31; s. auch *LAG Düsseld.* 25.1.2008 EzA § 81 SGB IX Nr. 8: u.U. Anspruch auf Beförderung nach Erfüllung der Förderungspflicht durch den Arbeitgeber). **150**

Steht der schwerbehinderte Mensch mit einem nicht schwerbehinderten Menschen in Konkurrenz um einen Arbeitsplatz, so ist er bei annähernd gleicher Eignung, Leistung und Befähigung zu bevorzugen (*BAG* 19.9.1979 EzA § 11 SchwbG Nr. 3). **151**

Kann der schwerbehinderte Mensch dagegen aus gesundheitlichen Gründen seine arbeitsvertraglich geschuldete Leistung nicht mehr erbringen, so lässt sich aus § 81 SGB IX **kein Anspruch auf Fortzahlung der Vergütung herleiten**; auch aus **Annahmeverzug** bestehen keine Ansprüche, wenn er seine Arbeit ganz oder teilweise nicht mehr erbringen kann, es sei denn – bei teilweisem Unvermögen – dass dem Arbeitnehmer ein anderer Arbeitsplatz zugewiesen werden kann, den er ausfüllen kann (§ 106 GewO; *BAG* 4.10.2005 EzA § 81 SGB IX Nr. 9 = NZA 2006, 442; s.u. Kap. 3 Rn. 1498 f.) Denn die vom Arbeitgeber nach § 296 Abs. 1 BGB vorzunehmende Handlung besteht nur darin, die vom Arbeitnehmer geschuldete Leistung hinreichend zu bestimmen und durch Zuweisung eines bestimmten Arbeitsplatzes zu ermöglichen. Deshalb ist der Arbeitgeber zur Vermeidung von Annahmeverzugsansprüchen **weder zur Vertragsänderung noch zum Einsatz technischer Arbeitshilfen verpflichtet** (*BAG* 4.10.2005 EzA § 81 SGB IX Nr. 9). **Allerdings kann eine schuldhafte Verletzung der Pflicht des Arbeitgebers, den schwerbehinderten Menschen nach Maßgabe des § 81 Abs. 4 SGB IX zu fördern, zu Schadensersatzansprüchen** aus pFV (jetzt §§ 280 ff., 241 Abs. 2 BGB n.F.) sowie aus § 823 Abs. 2 BGB i.V.m. § 81 Abs. 4 SGB IX als Schutzgesetz **führen. Diese sind auf Ersatz der vergangenen Vergütung gerichtet** (*BAG* 10.7.1991 EzA § 615 BGB Nr. 69; 4.10.2005 EzA § 81 SGB IX Nr. 9 = NZA 2006, 442 m. Anm. *Waas* SAE 2007, 72 ff.). **152**

Verstößt der Arbeitgeber insbesondere gegen seine Feststellungs- und Erkundigungspflicht hinsichtlich der verbliebenen Fähigkeiten des Arbeitnehmers, und/oder ist er zu keinerlei an sich zumutbaren ggf. nur vorübergehenden Umorganisationsmaßnahmen bereit und schickt statt dessen den schwerbehinderten Menschen, der keinen Annahmeverzug auslösen kann, nach Hause, macht sich der Arbeitgeber ggf. **schadensersatzpflichtig** (*LAG SchlH* 8.6.2005 – 3 Sa 30/05 – EzA-SD 17/2005 S. 14 LS = NZA-RR 2005, 510). **153**

Der Arbeitnehmer hat insoweit nach den allgemeinen Regeln grundsätzlich die **primäre Darlegungs- und Beweislast** für die anspruchsbegründenden Tatsachen des Schadensersatzanspruchs. Dabei genügt es i.d.R. nicht, dass er pauschal behauptet, der Arbeitgeber könne durch Umorganisation und Einsatz technischer Mittel die Voraussetzungen für seine Beschäftigung schaffen (*BAG* 4.10.2005 EzA § 81 SGB IX Nr. 9 = NZA 2006, 442 m. Anm. *Waas* SAE 2007, 72 ff.).

Schwerbehinderte Menschen haben des Weiteren jedenfalls nach § 81 Abs. 4 Ziff. 4 SGB IX einen **einklagbaren Anspruch auf behinderungsgerechte Gestaltung der Arbeitszeit**, soweit dies für den Arbeitgeber nicht unzumutbar oder mit unverhältnismäßigen Aufwendungen verbunden ist. Hieraus kann sich die Pflicht des Arbeitgebers ergeben, keine Nachtarbeit anzuordnen und die Arbeitszeit auf die Fünf-Tage-Woche zu beschränken (*BAG* 3.12.2002 EzA § 81 SGB IX Nr. 2 = NZA 2004, 1219; vgl. auch *ArbG Frankf./M.* 27.3.2002 NZA-RR 2002, 573 = ArbuR 2004, 69 zum Teilzeitanspruch schwerbehinderter Menschen, § 81 Abs. 5 SGB IX u. *BAG* 14.10.2003 BAG Report 2004, 195). **154**

155 Der schwerbehinderte Mensch, der eine **leidensgerechte Beschäftigung einklagt**, muss trotz der gesetzlichen Regelung des § 81 Abs. 4 SGB IX nach Auffassung des *LAG RhPf* (22.1.2004 – 6 Sa 1207/03 – EzA-SD 14/2004 S. 14 LS = ArbuR 2005, 37 LS = LAG Report 2004, 360) detailliert darlegen, **welche leidensgerechte Tätigkeit er noch ausüben** und welchen konkreten Arbeitsplatz er ausfüllen kann. Dabei muss er seine persönlichen und fachlichen Qualifikationen darlegen und diese in Bezug zu dem konkret ins Auge gefassten Arbeitsplatz bringen (*LAG RhPf* 22.1.2004 a.a.O.). Er muss also, obwohl den Arbeitgeber im Rahmen des § 81 Abs. 4 SGB IX eine eigene Prüfungspflicht hinsichtlich leidensgerechter Beschäftigungsmöglichkeiten trifft, die begehrte leidensgerechte Beschäftigung nach Art und Umfang **konkretisieren**, z.B. durch **Nennung der Berufsbezeichnung** (z.B. Bäcker, Sekretärin) oder durch Umschreibung der Tätigkeit (z.B. Haushaltshilfe, Schreibkraft; *LAG SchlH* 7.6.2005 LAGE § 81 SGB IX Nr. 4 = LAG Report 2005, 277 = NZA-RR 2005, 514). Das *BAG* (10.5.2005 EzA § 81 SGB IX Nr. 7 = NZA 2006, 156) geht davon aus, dass es für eine schlüssige Anspruchsbegründung genügt, wenn der Arbeitnehmer **Beschäftigungsmöglichkeiten aufzeigt**, die seinem infolge der Behinderung eingeschränkten Leistungsvermögen und seinen Fähigkeiten und Kenntnissen entsprechen. Das gilt auch dann, wenn der Arbeitgeber das **Präventionsverfahren** und das Wiedereingliederungsmanagement nach § 84 SGB IX **unterlassen** hat (*LAG Düsseld.* 25.1.2008 EzA § 81 SGB IX Nr. 8).

Andererseits trägt der **Arbeitgeber**, soweit er sich auf das Fehlen einer behinderungsgerechten Einsatzmöglichkeit beruft, ohne seiner Feststellungspflicht im Hinblick auf die verbliebenen Fähigkeiten nachgekommen zu sein, die **Darlegungs- und Beweislast über den Umfang der real beim schwerbehinderten Menschen verbliebenen körperlichen und geistigen Fähigkeiten und die sich daraus ergebenden Auswirkungen für eine behinderungsgerechte Beschäftigung sowie ggf. deren Unzumutbarkeit und Nichterfüllbarkeit** (*LAG SchlH* 15.6.2005 – 3 Sa 63/05 – EzA-SD 17/2005 S. 13 LS = NZA-RR 2005, 552; *LAG RhPf* 11.5.2005 – 9 Sa 908/04 – EzA-SD 17/2005 S. 13 LS); er muss zudem darlegen, dass die vom Arbeitnehmer aufgezeigte **behinderungsgerechte Beschäftigungsmöglichkeit nicht besteht** oder deren Zuweisung ihm unzumutbar ist. Dazu gehört auch die Darlegung, dass kein entsprechender freier Arbeitsplatz vorhanden ist und auch nicht durch Versetzung freigemacht werden kann. Es obliegt dann dem **Arbeitnehmer** der **Nachweis**, dass entgegen der Behauptung des Arbeitgebers ein **freier Arbeitsplatz** zur Verfügung steht oder vom Arbeitgeber frei gemacht werden kann. Eine Unzumutbarkeit der Beschäftigung des Arbeitnehmers hat der Arbeitgeber sowohl darzulegen als auch zu beweisen (*BAG* 10.5.2005 EzA § 81 SGB IX Nr. 7 = NZA 2006, 156).

e) Betriebliche Voraussetzungen für die Beschäftigung schwerbehinderter Menschen

156 Beschäftigungspflichtige Arbeitgeber haben in ihren Betrieben die Voraussetzungen für die Beschäftigung des vorgeschriebenen Mindestanteils (5 %, ab 1.1.2003 u.U. 6 %; vgl. § 71 Abs. 1, 2 SGB IX) schwerbehinderter Menschen zu schaffen (§ 81 Abs. 3 SGB IX). **Dazu gehört die Einrichtung und Unterhaltung der Arbeitsstätten** einschließlich der Betriebsanlagen, Maschinen und Geräte, die Organisation des Arbeitsablaufs, die Einrichtung von Teilzeitarbeitsplätzen, die Ausstattung von Arbeits- und Ausbildungsplätzen mit technischen Arbeitshilfen. Eine Verpflichtung des Arbeitgebers besteht nicht, soweit ihre Erfüllung für den Arbeitgeber nicht zumutbar ist, insbes. weil sie mit unverhältnismäßigen Aufwendungen verbunden wäre.

157 Diese Pflicht ist **öffentlich-rechtlicher Natur**. Sie ist aber **zugleich** Pflicht des einzelnen Arbeitgebers gegenüber dem einzelnen schwerbehinderten Menschen im Rahmen des jeweiligen individualrechtlichen Beschäftigungsverhältnisses als konkrete Ausprägung der Treue- und Fürsorgepflicht. Der einzelne schwerbehinderte Mensch hat auf die Erfüllung der Pflicht **einen einklagbaren Rechtsanspruch** (MünchArbR/*Cramer* § 236 Rz. 33).

f) Prävention

Die Arbeitgeber sind gem. § 84 Abs. 1 SGB IX verpflichtet, präventiv **schon beim Eintreten von personen-, verhaltens- oder betriebsbedingten Schwierigkeiten** bei der Beschäftigung von schwerbehinderten Menschen, die zur Gefährdung des Beschäftigungsverhältnisses führen können, **aktiv zu werden**. Durch möglichst frühzeitiges Einschreiten der Schwerbehindertenvertretung, des Betriebs- oder Personalrats oder der sonstigen Beschäftigtenvertretung sowie des Integrationsamts, durch Nutzung aller ihm zur Verfügung stehenden Möglichkeiten, Leistungen und Hilfen sollen danach in vielen Fällen solche Schwierigkeiten beseitigt werden mit der Folge, dass das **Beschäftigungsverhältnis möglichst dauerhaft fortgesetzt** werden kann. Die Arbeitgeber sind seit dem 1.7.2001 darüber hinaus verpflichtet, mit Zustimmung des/der Betroffenen die **Schwerbehindertenvertretung einzuschalten**, wenn ein schwerbehinderter Mensch länger als drei Monate ununterbrochen arbeitsunfähig ist oder das Beschäftigungsverhältnis aus gesundheitlichen Gründen gefährdet ist (§ 84 Abs. 2 S. 1 SGB IX). Daneben kann die gemeinsame Servicestelle (§ 23 SGB IX) und das Integrationsamt eingeschaltet werden (§ 84 Abs. 2 S. 2 SGB IX). 158

> Verletzt der Arbeitgeber seine Erörterungspflicht gem. § 84 Abs. 1 SGB IX, trifft ihn die sekundäre Darlegungslast dafür, dass ihm auch unter Berücksichtigung der besonderen Arbeitgeberpflicht nach § 81 Abs. 4 SGB IX eine zumutbare Beschäftigung des schwerbehinderten Arbeitnehmers nicht möglich war. Denn die frühzeitige Erörterung mit dem Integrationsamt als fachkundiger Stelle dient der Kenntniserlangung der für eine behindertengerechte Beschäftigung möglichen Maßnahmen. Gerade diese Kenntniserlangung verhindert der Arbeitgeber mit seiner Pflichtverletzung (*BAG* 4.10.2005 EzA § 81 SGB IX Nr. 9 = NZA 2006, 442). 159

g) Wiedereinstellung schwerbehinderter Menschen nach Arbeitskampfmaßnahmen

> Gem. § 91 Abs. 6 SGB IX sind schwerbehinderte Menschen, die lediglich aus Anlass eines Streiks oder einer Aussperrung fristlos gekündigt worden sind, nach Beendigung des Streiks oder der Aussperrung wieder einzustellen. 160

Da rechtmäßige Arbeitskampfmaßnahmen nicht zur Beendigung des Arbeitsverhältnisses mit schwerbehinderten Menschen führen (die das Arbeitsverhältnis beendende lösende Aussperrung ist gegenüber schwerbehinderten Menschen nicht möglich, *BAG* 21.4.1971 AP Nr. 43 zu Art. 9 Abs. 3 GG Arbeitskampf), kommt die Vorschrift nur bei rechtswidrigen Streiks in Betracht. Auch dann kann ein Wiedereinstellungsanspruch des schwerbehinderten Menschen bestehen. 161

Ein derartiger Anspruch ist aber ausgeschlossen, wenn der Arbeitnehmer den Streik initiiert hat oder bei seiner Organisation und Durchführung tätig gewesen ist, bzw. dann, wenn die Kündigung wegen rechtswidriger Ausschreitungen während des Arbeitskampfes erfolgt (*Staudinger/Richardi* § 611 BGB Rz. 65; **a.A.** MünchArbR/*Buchner* § 40 Rz. 99). 162

2. Landesgesetze über den Bergmannsversorgungsschein

Nach inhaltlich recht unterschiedlichen landesgesetzlichen Regelungen in Nordrhein-Westfalen (30.12.1983 GVBl. S. 635, Beschäftigungspflicht von 1% der Arbeitsplätze ab 100 Arbeitsplätzen), Niedersachsen (6.1.1949 GVBl. Sb. I, S. 741) sowie im Saarland (11.7.1962 i.d.F. v. 16.10.1981, Amtsblatt 1962, S. 606, S. 705, 1981, S. 820, Beschäftigungspflicht von 3% der Arbeitsplätze ab 50 Arbeitsplätzen) werden Bergleute, die im Untertagebetrieb nicht mehr oder nur mehr vermindert einsatzfähig sind, durch Festlegung von Beschäftigungspflichten zu Lasten der privaten und öffentlichen Arbeitgeber begünstigt. 163

Gem. § 75 Abs. 4 SGB IX werden die Inhaber von Bergmannsversorgungsscheinen, auch wenn sie nicht schwerbehinderte Menschen i.S.d. § 68 SGB IX sind, auf die Pflichtquote angerechnet.

164 In Nordrhein-Westfalen und Niedersachsen besteht kein individualrechtlicher Einstellungsanspruch des Bergmannsversorgungsscheininhabers. Der Arbeitgeber hat ferner das Auswahlrecht unter den Bewerbern. Im Saarland hat dagegen die Behörde das Recht, die Arbeitsplätze zu bestimmen, die mit Bergmannsversorgungsscheininhabern besetzt werden müssen.

165 Soweit die Arbeitsplätze anderweitig besetzt sind, müssen sie durch innerbetriebliche Umsetzungsmaßnahmen baldmöglichst freigemacht werden. Schließlich hat die Behörde im Saarland sogar das Recht, die einzustellenden Personen und den Inhalt des Arbeitsvertrages zu bestimmen (krit. MünchArbR/*Buchner* § 40 Rz. 101 ff.).

VII. Wiedereinstellungspflicht nach lösender Aussperrung und Kündigung

166 Nach dem Ende einer lösenden Aussperrung ist der Arbeitgeber grds. verpflichtet, sich in Verhandlungen über die Wiedereinstellung einzulassen (*BAG* 15.6.1964 AP Nr. 36 zu Art. 9 GG Arbeitskampf, 21.4.1971 AP Nr. 43 zu Art. 9 GG Arbeitskampf; s. aber unten Rn. 215 ff.).

Aus dem Gebot der Verhältnismäßigkeit folgt, dass ungeachtet der lösenden Wirkung der bestehende Bestandsschutz des Arbeitsverhältnisses beachtet werden muss. Deshalb müssen ausgesperrte Arbeitnehmer grds. wieder eingestellt werden, soweit die Arbeitsplätze noch vorhanden sind.

167 Die Wiedereinstellungsentscheidung ist nach billigem Ermessen (§ 315 BGB) zu treffen, was arbeitsgerichtlich überprüfbar ist. Verboten sind Diskriminierungen. Berücksichtigt werden können die Art des Arbeitskampfes, die Erkennbarkeit der Rechtswidrigkeit eines Streiks für den Arbeitnehmer und das Ausmaß der Beteiligung sowie die anderweitige Besetzung des Arbeitsplatzes oder der endgültige Wegfall des Arbeitsplatzes während des Arbeitskampfes. Sind von mehreren gleichartigen Arbeitsplätzen nur Einzelne weggefallen, ist auch die Frage der sachgerechten Auswahl unter Berücksichtigung der Kriterien des § 1 Abs. 3 KSchG zu prüfen (*BAG* 21.4.1971 AP Nr. 43 zu Art. 9 GG Arbeitskampf).

168 Bei der Beendigung des Arbeitsverhältnisses außerhalb von Arbeitskämpfen insbes. durch Kündigung kommt eine Wiedereinstellungspflicht des Arbeitgebers bei der Verdachtskündigung in Betracht, wenn sich der Verdacht nachträglich als unbegründet erweist (*BAG* 13.7.1956 AP Nr. 2 zu § 611 BGB Fürsorgepflicht; s.u. Kap. 4 Rn. 1510 ff.) sowie bei der Druckkündigung, wenn der Druck zu einem späteren Zeitpunkt nachlässt (vgl. MünchArbR/*Buchner* § 40 Rz. 112). Zur Wiedereinstellungspflicht bei betriebsbedingter Kündigung s.o. Rn. 14.

VIII. Benachteiligung wegen des Geschlechts bei der Begründung des Arbeits- oder Ausbildungsverhältnisses

1. § 611a BGB (bis 17.8.2006)

a) Grundlagen

169 Gem. § 611a Abs. 1 S. 1 BGB darf der Arbeitgeber einen Arbeitnehmer/in bei der Begründung des Arbeitsverhältnisses (oder Ausbildungsverhältnisses) nicht wegen seines/ihres Geschlechts benachteiligen.

§§ 611a, 611b, 612 Abs. 3, 612 a BGB wurden durch das arbeitsrechtliche EG-AnpassungsG v. 13.8.1980 (BGBl. I S. 1308) eingeführt, um das deutsche Arbeitsrecht an die RL 76/207/ EWG und 75/117/EWG anzupassen. 170

Verboten sind alle Vereinbarungen und Maßnahmen benachteiligenden Inhalts, die zu einer unmittelbaren oder mittelbaren Diskriminierung von Frauen oder Männern (vgl. dazu *LAG Hamm* 22.11.1996 NZA-RR 1997, 203) **führen.** Umgekehrt ist eine geschlechtsbezogene Unterscheidung nur dann gestattet, wenn ein spezifisches Geschlecht für diese Tätigkeit **unverzichtbare Voraussetzung** ist, wofür ein sachlicher Grund nicht ausreicht, der einem pädagogischen Konzept entspricht. Nur bei mittelbarer Diskriminierung kann die Ungleichbehandlung wegen des Geschlechts durch sachliche Gründe gerechtfertigt sein (*LAG Düsseld.* 1.2.2002 LAGE § 611a BGB Nr. 5 = NZA-RR 2002, 345). 171

Eine **unmittelbare Diskriminierung** liegt dann vor, wenn eine Frau, die unter den gleichen Bedingungen gleiches leistet wie ein Mann, benachteiligt oder bevorzugt wird. Das ist z.B. der Fall, wenn der Arbeitgeber zwar eine geschlechtsneutrale Formulierung wählt, die sich aber nur auf einen Mann oder eine Frau beziehen kann. 172

Eine **mittelbare Diskriminierung** liegt vor, wenn die Vereinbarung oder Maßnahme zwar geschlechtsneutral ausgestaltet ist, von ihr aber Männer und Frauen ungleich betroffen sind und die nachteilige Wirkung auf Begründung und Ausgestaltung des Arbeitsverhältnisses für die Angehörigen des einen Geschlechts nicht anders als mit dem Geschlecht oder der traditionellen Rollenverteilung unter den Geschlechtern erklärt werden kann (s.o. Kap. 1 Rn. 306 ff.). 173

Eine Benachteiligung wegen des Geschlechts liegt auch dann vor, **wenn neben der** Geschlechtsdiskriminierung noch **andere Gründe** für die Maßnahme maßgeblich waren. Ausreichend ist es, wenn in einem **Motivbündel**, das die Entscheidung beeinflusst hat, das Geschlecht als Kriterium enthalten gewesen ist. Ein Nachschieben von nicht diskriminierenden Einstellungsvoraussetzungen ist nur dann als Nachweis einer geschlechtsneutralen Entscheidung anerkannt, wenn positiv nachgewiesen wird, dass trotz des späteren Vorbringens besondere Umstände vorlagen, wonach die geltend gemachten Gründe keine Vorwände gewesen sind. Hierzu ist erforderlich, dass in dem Motivbündel, das die Auswahlentscheidung beeinflusst hat, das Geschlecht des abgewiesenen Bewerbers überhaupt nicht als negatives oder das andere Geschlecht als positives Kriterium enthalten ist. Eine Benachteiligung wegen des Geschlechts liegt auch dann vor, wenn neben der Geschlechtsdiskriminierung noch andere Gründe für die Maßnahme maßgeblich waren. **Ausreichend ist es, wenn in einem Motivbündel, das die Entscheidung beeinflusst hat, das Geschlecht als Kriterium enthalten gewesen ist** (*BAG* 5.2.2004 EzA § 611a BGB 2002 Nr. 3 = NZA 2004, 541; vgl. dazu *Mohr* SAE 2006, 26 ff.). 174

Beispiele: 175

- Zu beachten ist, dass nicht allein die formale Position des bereits durch die bloße Einreichung eines Bewerbungsschreibens begründeten Status als »Bewerber« ausreicht, um die Anwendung des § 611a BGB zu rechtfertigen. Voraussetzung ist vielmehr die **materiell zu bestimmende Eignung als Bewerber**. Deshalb kann im Stellenbesetzungsverfahren nur benachteiligt werden, wer sich **subjektiv ernsthaft** beworben hat und **objektiv** für die zu besetzende Stelle **in Betracht** kommt (*BAG* 12.11.1998 EzA § 611a BGB Nr. 14; *LAG Bln.* 30.3.2006 LAGE § 611a BGB 2002 Nr. 1 = NZA-RR 2006, 513; vgl. dazu *Walker* SAE 2000, 64 ff.).
- Besetzt der Arbeitgeber eine Beförderungsstelle mit einem männlichen Arbeitnehmer und nicht mit einer schwangeren Arbeitnehmerin, die eine mit diesem **vergleichbare Stellung** im Unternehmen innehat, so stellt dies für sich **allein** betrachtet **keine Tatsache** dar, die eine **Benachteiligung** der Arbeitnehmerin wegen ihres Geschlechts vermuten lässt (*BAG* 24.4.2008 EzA § 611a BGB 2002 Nr. 6).
- Müssen an einem Arbeitsplatz **schwere körperliche Arbeiten** geleistet werden – u.a. gelegentliches Tragen von 50kg-Säcken – so liegt in der **körperlichen Leistungsfähig-**

keit des Bewerbers ein Einstellungskriterium, nicht aber per se in der Zugehörigkeit zu einem bestimmten Geschlecht (*LAG Köln* 8.11.2000 NZA-RR 2001, 232).

► Wenn ein Arbeitgeber in einer Zeitungsanzeige Altenpfleger/innen oder Krankenschwestern sucht, so liegt bei einem Krankenpfleger, der sich beworben hatte und im Auswahlverfahren gleichwohl nicht berücksichtigt worden war, keine geschlechtsspezifische unterschiedliche Behandlung vor. Denn zum einen zeigt der Hinweis auf die **mögliche Einstellung eines Altenpflegers**, dass der Arbeitgeber eine derartige unterschiedliche Behandlung nicht vornehmen wollte. Zum anderen spricht die Tatsache dagegen, dass der Arbeitgeber **tatsächlich einen Altenpfleger** eingestellt hat (*LAG Bln.* 16.5.2001 – 13 Sa 393/01). Auch aus **Indizien im Zusammenhang mit der Bewerbung** kann im Übrigen geschlussfolgert werden, dass eine ernsthafte Bewerbung gar nicht gewollt war. Ein ernsthafter Bewerber wird in seiner Bewerbung alles tun, um ein positives Bild von seiner Person und seinen auf den Text der Stellenausschreibung bezogenen Fähigkeiten abzugeben. Gegen eine subjektiv ernsthafte Bewerbung spricht es deshalb, wenn der Bewerber in seiner Bewerbung zu einer als wesentlich erkennbaren Einstellungsvoraussetzung keine Angaben macht, oder wenn er z.B. eine weit überzogene Vergütungsvorstellung äußert (*LAG Bln.* 30.3.2006 LAGE § 611a BGB 2002 Nr. 1 = NZA-RR 2006, 513).

Die Auslegung des § 611a BGB **darf** im Lichte des Art. 3 Abs. 2 GG **nicht dazu führen, dass es der Arbeitgeber in der Hand hat**, durch eine geeignete Verfahrensgestaltung die **Chancen von Bewerbern** (um die Begründung eines Ausbildungsverhältnisses) **wegen ihres Geschlechts so zu mindern, dass seine Entscheidung praktisch unangreifbar wird** (*BVerfG* 21.9.2006 NZA 2007, 195).

176 Bedient sich der Arbeitgeber zur Stellenausschreibung **eines Dritten**, z.B. der Bundesagentur für Arbeit und verletzt dieser die Pflicht zur geschlechtsneutralen Stellenausschreibung, **so ist dem Arbeitgeber dieses Verhalten i.d.R. zuzurechnen**. Denn den Arbeitgeber trifft im Falle der Fremdausschreibung die Sorgfaltspflicht, die Ordnungsmäßigkeit der Ausschreibung zu überwachen (*BAG* 5.2.2004 EzA § 611a BGB 2002 Nr. 3 = NZA 2004, 541; vgl. dazu *Mohr* SAE 2006, 26 ff.); das gilt auch für die Ausschreibung einer Ausbildungsstelle durch die Bundesagentur in der **elektronischen Stellenbörse** (*BVerfG* 21.9.2006 NZA 2007, 195).

b) Einzelfragen; insbesondere Quotenregelungen

177 Zulässig ist eine unterschiedliche Behandlung gem. § 611a Abs. 1 S. 2 BGB, wenn ein bestimmtes Geschlecht **unverzichtbare Voraussetzung** für die vom Arbeitnehmer auszuübende Tätigkeit ist. Das ist der Fall, wenn die zugesagte Art der Tätigkeit nach der Verkehrssitte nicht von einem Angehörigen des anderen Geschlechts erbracht werden kann (Tänzer, Tänzerin, Mannequin, Schauspieler; vgl. *BAG* 14.3.1989 EzA § 611a BGB Nr. 4). Allein ein **sachlicher Grund rechtfertigt keine geschlechtsbezogene Differenzierung** (*BAG* 12.11.1998 EzA § 611a BGB Nr. 14; vgl. dazu *Walker* SAE 2000, 64 ff.).

178 Das *LAG Bln.* (14.1.1998 NZA 1998, 312) hat eine unterschiedliche Behandlung von Stellenbewerbern, aber auch eine geschlechtsspezifische Ausschreibung einer Stelle durch eine politische Partei für eine Frauenreferentin gem. § 611a Abs. 1 BGB für zulässig gehalten, weil Männern regelmäßig die Fähigkeit zur Zusammenarbeit mit Frauen aus feministischen Zusammenhängen fehlen soll, weil es Fraueninitiativen und -gruppierungen gibt, die eine **Zusammenarbeit mit einem Mann ablehnen**. Verbindungen zu solchen Gruppen aufzubauen, erfordert danach zwangsläufig, die Stelle mit einer Frau zu besetzen. Das *BAG* (12.11.1998 EzA § 611a BGB Nr. 14) hat dies demgegenüber für eine **Gleichstellungsbeauftragte ausdrücklich verneint**.

Nicht verboten ist eine Differenzierung, die sich zu Lasten von Frauen und Männern auswirkt, sofern sie nicht wegen des Geschlechts, sondern aus anderen Gründen erfolgt. Liegt z.B. ein Beschäftigungsverbot auf Grund von Arbeitnehmerschutzbestimmungen vor, so geht das *BAG* (14.3.1989 EzA § 611a BGB Nr. 4) davon aus, dass ein sachlicher Unterscheidungsgrund i.S.d. § 611a Abs. 1 S. 2 BGB vorliegt. 179

Fraglich ist, inwieweit Frauen z.B. durch Auswahlrichtlinien (§ 95 BetrVG) generell oder jedenfalls bei gleicher Qualifikation so lange bevorzugt werden dürfen, bis sie im Unternehmen gleich repräsentiert sind (vgl. *Pfarr* NZA 1995, 809). 180

Das *BAG* (22.6.1993 EzA Art. 3 GG Nr. 40) ist davon ausgegangen, dass eine den öffentlichen Dienst betreffende gesetzliche Quotenregelung mit nationalem Recht vereinbar ist, nach der Frauen gegenüber Männern bei gleicher Qualifikation bevorzugt bei der Übertragung einer höherwertigen Tätigkeit zu berücksichtigen sind. 181

Es hat deshalb den EuGH gem. Art. 177 Abs. 3 EWGV (jetzt 234 EGV) angerufen, um die Vereinbarkeit dieser Auffassung mit Art. 2 Abs. 1, 4 der Richtlinie 76/207/EWG feststellen zu lassen, insbes., ob dadurch auch gesetzliche Regelungen gedeckt sind: 182

- nach denen bei der Übertragung einer Tätigkeit in einer höheren Vergütungsgruppe Frauen bei gleicher Qualifikation wie ihre männlichen Mitbewerber vorrangig zu berücksichtigen sind, wenn Frauen unterrepräsentiert sind. Eine Unterrepräsentation liegt danach vor, wenn in den einzelnen Vergütungsgruppen der jeweiligen Personalgruppe einer Dienststelle nicht mindestens zur Hälfte Frauen vertreten sind und dies auch für die nach dem Geschäftsverteilungsplan vorgesehenen Funktionsebenen gilt, oder, falls das nicht der Fall sein sollte,
- ob gesetzliche Regelungen unanwendbar sind, nach denen bei der Übertragung einer Tätigkeit in einer höheren Vergütungsgruppe Frauen bei gleicher Qualifikation wie ihre männlichen Mitbewerber vorrangig zu berücksichtigen sind, wenn Frauen nach dem zuvor skizzierten Maßstab unterrepräsentiert sind.

Der *EuGH* (17.10.1995 EzA Art. 3 GG Nr. 47; vgl. dazu *Kahnert* ZTR 1996, 8 ff.; *Blomeyer/Häußler* SAE 1997, 11 ff.; *Berger-Delhey* ZTR 1996, 258 ff.; *Schmidt* NJW 1996, 1724 ff.; zu durch die Entscheidung ausgelösten Vorschlägen der EU-Kommission zur Änderung der Richtlinie vgl. *Hasselbach* NZA 1996, 1308 ff.) ist daraufhin davon ausgegangen, dass **Art. 2 Abs. 1, 4 der RL 76/207/EWG einer nationalen Regelung entgegensteht, nach der bei gleicher Qualifikation von Bewerbern unterschiedlichen Geschlechts um eine Beförderung in Bereichen, in denen die Frauen unterrepräsentiert sind, den weiblichen Bewerbern automatisch der Vorrang eingeräumt wird**, wobei eine Unterrepräsentation dann vorliegen soll, wenn in den einzelnen Vergütungsgruppen der jeweiligen Personalgruppe nicht mindestens zur Hälfte Frauen vertreten sind, und dies auch für die nach dem Geschäftsverteilungsplan vorgesehenen Funktionsebenen gelten soll. Gleiches gilt für eine Regelung, nach der ein Bewerber eines unterrepräsentierten Geschlechts um eine **Stelle im Staatsdienst**, der eine hinreichende Qualifikation für diese Stelle besitzt, vor einem Bewerber des anderen Geschlechts, der sonst ausgewählt worden wäre, auszuwählen ist, sofern dies erforderlich ist, damit **ein Bewerber des unterrepräsentierten Geschlechts** ausgewählt wird, und sofern der **Unterschied zwischen den Qualifikationen** der Bewerber **nicht so groß** ist, dass sich daraus ein Verstoß gegen das Erfordernis der Sachgerechtigkeit bei der Einstellung ergeben würde. Daran ändert sich nichts, wenn die Regelung nur für die Besetzung einer von vornherein festgelegten begrenzten Stellenzahl oder von Stellen gilt, die im Rahmen eines von einer konkreten Hochschule besonders beschlossenen Programms über die Zulassung positiver Diskriminierung geschaffen worden sind (*EuGH* 6.7.2000 EzA EG-Vertrag 1999 Richtlinie 76/207 Nr. 2). 183

Im Anschluss daran hat das *BAG* (5.3.1996 EzA Art. 3 GG Nr. 52; ausf. dazu *Blomeyer/Häußler* SAE 1997, 11 ff.) die streitgegenständliche Quotenregelung des § 4 Abs. 2 des Bremer Landesgleichstellungsgesetzes für mit dem Recht der EG unvereinbar erklärt, sodass sie bei Auswahlentscheidungen **nicht angewandt werden darf**.

184 Das *LAG Bln.* (8.8.1996 NZA-RR 1997, 115; zum LandesgleichstellungsG Saarland krit. *Knapp* ZTR 1997, 529 ff.; zu den Gleichstellungsgesetzen des Bundes und der Länder *Eckertz/Höfer* ArbuR 1997, 470 ff.) hält demgegenüber die ähnliche Regelung in § 8 Abs. 2 LandesgleichstellungG Berlin, die allerdings eine **Entscheidung »unter Wahrung der Einzelfallgerechtigkeit«** fordert, für sowohl mit dem Europa-Recht als auch mit dem GG für vereinbar (ebenso jetzt *BAG* 2.12.1997 EzA Art. 3 GG Nr. 78). Diese Regelung begründet aber **keinen** über Art. 33 Abs. 2 GG hinausgehenden **Anspruch** der nicht berücksichtigten Bewerberin auf Übertragung des Beförderungsamtes, wenn die Besetzungsentscheidung nicht nur zwischen ihr und dem vom Arbeitgeber ausgewählten Bewerber getroffen worden ist, sondern **auch andere Bewerber/Bewerberinnen als besser qualifiziert beurteilt worden sind**. In diesen Fällen kommt nur ein Anspruch auf Neubescheidung in Betracht. Dieser Anspruch wird gegenstandslos, wenn die Stelle zwischenzeitlich besetzt ist (*BAG* 2.12.1997 EzA Art. 3 GG Nr. 78; s.a. *VG Frankf./M.* 10.1.2008 – 9 G 3464/07 – ZTR 2008, 222 LS; zur arbeitsrechtlichen Konkurrentenklage vgl. Kap. 1 Rn. 369).

185 Nicht zu beanstanden ist auch eine Quotenregelung hinsichtlich der bevorzugten Beförderung von Frauen, wenn sie eine **Öffnungsklausel** für Fälle enthält, in denen in der **Person eines männlichen Mitbewerbers Gründe** vorliegen, die **überwiegen** (vgl. dazu ausf. *EuGH* 28.3.2000 EzA Art. 3 GG Nr. 81, insbes. auch zu Vorgaben eines Frauenförderplans). Gleiches gilt für eine auf einer **nationalen Verwaltungspraxis** beruhenden Regelung, nach der ein Bewerber des unterrepräsentierten Geschlechts einem Bewerber des anderen Geschlechts vorgezogen werden kann, wenn die **Verdienste der Bewerber als gleichwertig** oder fast gleichwertig anzusehen sind, sofern die Bewerbungen Gegenstand einer **objektiven Beurteilung** sind, bei der die besondere **persönliche Lage aller Bewerber** berücksichtigt wird (*EuGH* 6.7.2000 EzA EG-Vertrag 1999 Richtlinie 76/207 Nr. 2).

Voraussetzung ist allerdings, dass diese Regelung männlichen Mitbewerbern, die die gleiche Qualifikation wie die weiblichen Bewerber besitzen, in jedem Einzelfall garantiert, dass die Bewerbungen Gegenstand einer objektiven Beurteilung sind, bei der alle die Person des Bewerbers betreffenden Kriterien berücksichtigt werden und der den weiblichen Bewerbern eingeräumte Vorzug entfällt, wenn eines oder mehrere dieser Kriterien zugunsten des männlichen Bewerbers überwiegen und solche Kriterien gegenüber den weiblichen Bewerbern keine diskriminierende Wirkung haben (*EuGH* 11.11.1997 EzA Art. 3 GG Nr. 69; zust. *Pape* ArbuR 1998, 14 ff., die zugleich die Auswirkungen auf die Landesgleichstellungsgesetze erörtert; ausf. auch *Sachs* RdA 1998, 129 ff.; *Compensis* BB 1998, 2470 ff.; vgl. auch *OVG Münster* 27.3.1998 NZA-RR 1998, 575).

186 Das *BAG* (21.1.2003 EzA Art. 33 GG Nr. 26) hat im Anschluss daran für das Bundesland Rheinland-Pfalz folgende Grundsätze aufgestellt:

- Liegen gleichqualifizierte Bewerbungen zu einem öffentlichen Amt vor, verbleibt dem Arbeitgeber ein Auswahlermessen. Dieses Ermessen wird in Rheinland-Pfalz durch das in den §§ 7, 9 LGG geregelte Vorrangsprinzip eingeschränkt. Danach haben weibliche Bewerberinnen um ein öffentliches Amt, soweit und solange Frauen in der entsprechenden Vergütungsgruppe unterrepräsentiert sind, das Recht auf bevorzugte Berücksichtigung.

187
- Die in den §§ 7, 9 LGG getroffene landesrechtliche Regelung ist eine Maßnahme zur Förderung der Durchsetzung der tatsächlichen Gleichberechtigung der Geschlechter (Art. 3 Abs. 2 S. 2 GG). Diese landesrechtliche Regelung verstößt nicht gegen das Verbot der Diskriminierung wegen des Geschlechts (Art. 3 Abs. 3 GG), weil die Härtefallregelung des § 9 LGG die Anwendung des Frauenvorrangs ausschließt, sofern die Gründe in der Person des männlichen Bewerbers so schwerwiegend sind, dass sie gegenüber dem Gebot der Gleichstellung der Frauen überwiegen.

188
- § 7 Abs. 1 LGG verstößt nicht gegen Art. 2 Abs. 1 i.V.m. Art. 3 der Richtlinie 76/207/EWG vom 9. Februar 1976. Danach ist eine Diskriminierung auf Grund des Geschlechts bei den Bedingungen des Zugangs zur Beschäftigung einschließlich der Auswahlkriterien verboten. Art. 2 Abs. 4 der Richtlinie lässt jedoch Maßnahmen der Frauenförderung zu, die den Frauen keinen absoluten und unbedingten Vorrang einräumen. Die Vorrangsregelung in §§ 7, 9 LGG ist als zulässige Maßnahme der Frauenförderung anzusehen.

▶ Ob und in welchem Umfang ein höheres allgemeines Dienstalter eines Mannes der europa- und verfassungsrechtlich legitimierten Förderung von Frauen entgegensteht, ist an dem Ziel zu messen, in unterrepräsentierten Bereichen die tatsächliche Gleichberechtigung von Frauen durchzusetzen. Die Praxis eines öffentlichen Arbeitgebers, zu Gunsten der männlichen Bewerber erst ein mindestens 60 Monate längeres Dienstalter als entscheidendes Hilfskriterium heranzuziehen, ist nicht zu beanstanden. Sie gleicht den typischen Nachteil von Frauen aus, die wegen der Kindererziehungszeiten verspätet in das Berufsleben eintreten oder ihre Berufstätigkeit unterbrechen. 189

Fraglich ist in diesem Zusammenhang auch, inwieweit z.B. eine Gemeindeordnung (wie etwa § 5 GONW 1994) den Gemeinden zwingend vorgeben darf, dass sie zu kommunalen **Gleichstellungsbeauftragten** ausschließlich nur Frauen bestellen dürfen. Das *LAG Hamm* (10.4.1997 NZA-RR 1997, 315) hält diese Regelung für sowohl europarechtlich als auch mit nationalem Recht vereinbar, weil sachlich gerechtfertigt. Daher kann ein Mann in NRW, dessen Bewerbung wegen seines Geschlechts abgelehnt worden ist, keine Entschädigung gem. § 611a BGB verlangen. Das *BAG* (12.11.1998 EzA § 611a BGB Nr. 14; vgl. dazu *Walker* SAE 2000, 64 ff.) hat diese Regelung demgegenüber dahin ausgelegt, dass sie **keineswegs das weibliche Geschlecht als unverzichtbare Voraussetzung** der Bestellung zum Gleichstellungsbeauftragten verlangt. 190

Demgegenüber ist bei einem **reinen Frauenverband** das Geschlecht unverzichtbare Voraussetzung für die Tätigkeit der Geschäftsführerin. In einem derartigen Fall stellt folglich eine geschlechtsspezifische Stellenausschreibung keine Diskriminierung dar (*ArbG München* 14.2.2001 NZA-RR 2001, 365). 191

Auch kann ein **Finanzdienstleistungsunternehmen** für sich ein frauenspezifisches Betätigungsfeld und eine darauf gerichtete Organisation in Anspruch nehmen, die es erfordert, dass die Beratungstätigkeit ausschließlich von weiblichen Kundenbetreuerinnen wahrgenommen wird. Das Geschlecht ist dann unverzichtbare Voraussetzung für die Tätigkeit einer Kundenbetreuerin, so dass eine geschlechtsspezifische Stellenausschreibung keine Diskriminierung darstellt. Bei einer Stellenbesetzung ist daher die Eigenschaft, Frau zu sein, unverzichtbare Voraussetzung für eine dortige Tätigkeit, so dass sich ein übergangener männlicher Bewerber auf einen Entschädigungsanspruch auf Grund geschlechtsspezifischer Diskriminierung nicht berufen kann (*ArbG Bonn* 8.3.2001 NZA-RR 2002, 100). 192

c) Darlegungs- und Beweislast

Macht der Arbeitnehmer Tatsachen glaubhaft (i.S.d. Vortrages von Hilfstatsachen unter ordnungsgemäßem Beweisantritt, nicht i.S.d. Vorlage einer eidesstattlichen Versicherung [§ 294 ZPO]), die eine Benachteiligung wegen des Geschlechts vermuten lassen (s. dazu *BAG* 24.4.2008 EzA § 611a BGB 2002 Nr. 6), so obliegt dem Arbeitgeber gem. § 611a Abs. 1 S. 3 BGB die Beweislast dafür, dass nicht auf das Geschlecht bezogene, sachliche Gründe eine unterschiedliche Behandlung rechtfertigen. Als Indiz für eine Geschlechtsdiskriminierung kommt u.a. eine geschlechtsspezifische Stellenausschreibung in Betracht = Verstoß gegen § 611b BGB (s. jetzt §§ 1 ff. AGG); bedient sich der Arbeitgeber zur Ausschreibung dritter Stellen oder Institutionen (z.B. der Bundesagentur für Arbeit), sind ihm deren geschlechtsspezifische Ausschreibungen zuzurechnen (*BAG* 5.2.2004 EzA § 611a BGB 2002 Nr. 3; vgl. dazu *Mohr* SAE 2006, 26 ff.). 193

Das *BVerfG* (16.11.1993 EzA § 611a BGB Nr. 9) geht davon aus, dass § 611a BGB im Lichte des Art. 3 Abs. 2 GG so auszulegen und anzuwenden ist, dass Arbeitsuchende bei der Begründung eines Arbeitsverhältnisses wirksam vor Benachteiligungen wegen des Geschlechts geschützt werden. 194

Deshalb muss § 611a Abs. 1 S. 3 BGB so ausgelegt werden, dass **der Arbeitgeber eine glaubhaft gemachte Diskriminierung tatsächlich entkräften muss** (s. dazu *LAG Bln.* 19.10.2006 LAGE § 611a BGB 2002 Nr. 2 = FA 2007, 49). Das kann z.B. dadurch geschehen, dass dargelegt wird, dass die **Bewerbung subjektiv nicht ernsthaft und von vornherein die Zahlung** 195

einer Entschädigung angestrebt war (sog. »§ 611a BGB-Hopper«; *ArbG Potsdam* 13.7.2005 NZA-RR 2005, 651). Ein nachträglich vorgebrachter Grund für die Bevorzugung eines Bewerbers des anderen Geschlechts kann daher nur dann als »sachlich« i.S. dieser Norm angesehen werden, wenn besondere Umstände erkennen lassen, dass der Arbeitgeber diesen Grund **nicht vorgeschoben** hat. Ein solcher Umstand könnte etwa darin liegen, dass sich während des Einstellungsverfahrens die Aufgabenstellung und damit die Anforderungen an die Qualifikation des Einzustellenden geändert haben. Denkbar ist auch, dass sich ein Arbeitnehmer bewirbt, der für die ihm zugedachte Aufgabe geradezu prädestiniert ist, mit dessen Bewerbung aber zur Zeit der Ausschreibung vernünftigerweise nicht gerechnet werden konnte. Erst wenn der Arbeitgeber solche Umstände darlegt und ggf. beweist, kann er widerlegen, dass das Geschlecht des abgewiesenen Bewerbers seine Entscheidung negativ beeinflusst hat.

196 Eine besonders kritische Würdigung nachträglich vorgebrachter Gesichtspunkte kommt dann in Betracht, wenn diese typischerweise von Personen, die demselben Geschlecht angehören wie der abgelehnte Bewerber, überhaupt nicht oder nur in ganz geringem Umfang erfüllt werden. Das trifft bei dem Merkmal »längere Berufserfahrung« immer dann zu, wenn es um einen Berufszweig geht, der bisher ganz überwiegend von Personen des anderen Geschlechts ausgeübt worden ist, z.B. dem des Schlossers (*BVerfG* 16.11.1993 EzA § 611a BGB Nr. 9; vgl. auch *LAG Köln* 8.11.2000 LAGE § 611a n.F. Nr. 4).

197 **Beispiele:**

- Ein am Ende der Ausbildung befindlicher **Rechtsreferendar** ist nicht ohne weiteres für die Stelle eines **Rechtsanwaltsfachangestellten** objektiv geeignet, so dass die Einstellung einer ausgebildeten Rechtsanwaltsfachangestellten keine geschlechtsspezifische Diskriminierung gegenüber einem Referendar darstellt. Etwas anderes kann nur dann gelten, wenn der Referendar bereits mit der Bewerbung Fähigkeiten belegt, wie sie durch die Ausbildung zum Rechtsanwaltsfachangestellten gem. der einschlägigen VO erworben werden (*LAG Köln* 25.2.2000 ARST 2000, 259 LS).
- Für eine Benachteiligungsvermutung reicht **alleine das Vorliegen einer Schwangerschaft** bei der gegenüber einem männlichen Mitbewerber nicht berücksichtigten Bewerberin um eine Beförderungsstelle nicht aus; etwas kann sich aus unstreitigen oder erwiesenen Äußerungen des Arbeitgebers oder seines Repräsentanten mit geschlechtsspezifischem Gehalt im Zusammenhang mit dem Besetzungsverfahren ergeben, was das *LAG Bln.* (19.10.2006 LAGE § 611a BGB 2002 Nr. 2 = FA 2007, 49) im konkret entschiedenen Einzelfall verneint hat.

198 Steht eine Benachteiligung wegen des Geschlechts in Bezug auf die Stellenvergabe nach einer Ausschreibung fest, so ist die vom Gericht dem beklagten Arbeitgeber auferlegte **Beweislast** für die sonstigen Voraussetzungen des § 611a BGB von Verfassungs wegen nicht zu beanstanden (*BVerfG* 23.8.2000 NZA 2000, 1184).

199 Die Frage der Beweislast ist inzwischen für den Bereich der EU – mit Ausnahme von Großbritannien – durch die RL 97/80/EG des Rates vom 15.12.1997 über die Beweislast bei Diskriminierung auf Grund des Geschlechts ausdrücklich abweichend geregelt (es genügt die Glaubhaftmachung von Tatsachen, die das Vorliegen einer unmittelbaren oder mittelbaren Diskriminierung vermuten lassen); nach ihrem Art. 7 S. 1 war sie zum 1.1.2001 umzusetzen (vgl. *Zwanziger* DB 1998, 1333). § 611a Abs. 1 S. 3 BGB entspricht dieser Richtlinie (APS/*Linck* § 611a BGB Rz. 83; KR-*Pfeiffer* § 611a BGB Rz. 136; *Schlachter* RdA 1998, 321 ff.; *Bergwitz* DB 1999, 94 ff.; **a.A.** *Röthel* NJW 1999, 611 ff.; KDZ/*Zwanziger* § 611a BGB Rz. 42).

d) Rechtsfolgen

200 Der übergangene Bewerber hat zwar keinen Einstellungsanspruch (§ 611a Abs. 3 BGB). Der Gesetzgeber hat aber mit Wirkung vom 1.9.1994 (BGBl. I S. 1406) durch § 611a Abs. 2 BGB n.F. einen Anspruch auf angemessene Entschädigung in Höhe von bis zu

drei Monatsverdiensten vorgesehen (vgl. *Worzalla* DB 1994, 2446 ff.; zur früheren Rechtslage vgl. *EuGH* 10.4.1984 EzA § 611a BGB Nr. 1; *BAG* 14.3.1989 NZA 1990, 21, 24). Weitergehende Ansprüche gem. §§ 823 Abs. 1, 823 Abs. 2 BGB i.V.m. § 611a BGB bestehen dagegen nicht (vgl. MünchArbR/*Buchner* § 40 Rz. 94).

Im Rahmen des § 611a BGB a.F. war fraglich, wer die Entschädigung gem. § 611a Abs. BGB verlangen kann, wenn der Arbeitgeber unter Verstoß gegen das Benachteiligungsverbot z.B. mehrere Bewerberinnen bei der Besetzung eines Arbeitsplatzes nicht berücksichtigt hatte und diesen mit einem Mann besetzt hat, wenn aber auch bei nicht diskriminierender Verhaltensweise nur eine der Bewerberinnen hätte zum Zuge kommen können. **201**

Der Gesetzgeber hatte durch die neu eingeführte Regelung in **§ 61b Abs. 2 ArbGG** im Interesse der Entlastung der Wirtschaft eine **Summenbegrenzung** auf sechs (bei mehreren Benachteiligungsklagen wegen eines zu besetzenden Arbeitsplatzes) bzw. zwölf Monatsverdiensten (bei mehreren zu besetzenden Arbeitsplätzen) eingeführt. **202**

Dies war **europarechtswidrig** (*EuGH* 22.4.1997 EzA § 611a Nr 12). **203**

Als Reaktion darauf hat der Gesetzgeber § 611a BGB, § 61b ArbGG durch am 2.7.1998 verkündetes Gesetz (BGBl. I S. 1694) mit Wirkung vom 3.7.1998 wiederum – sowohl für die Diskriminierung bei der Einstellung als auch bei der Beförderung – geändert (vgl. dazu *Düwell* FA 1998, 242 f.; *Zwanziger* DB 1998, 1330 ff.; *Treber* NZA 1998, 856 ff.; *Hohmeister* BB 1998, 1790 ff.; *Freis* NJW 1998, 2779 ff.; *Annuß* NZA 1999, 738 ff.; krit. *Schlachter* RdA 1998, 321 ff.; *Röthel* NJW 1999, 611 ff.; *Wendeling-Schröder* DB 1999, 1012 ff.): **204**

- Gem. § 611a Abs. 2 BGB n.F. ist der Anspruch auf Schadensersatz nunmehr verschuldensunabhängig und abschreckend ausgestaltet worden. Alle wegen ihres Geschlechts im Einstellungsverfahren benachteiligten Bewerber können eine angemessene Entschädigung in Geld verlangen. Eine gesetzliche Höchstbegrenzung ist nicht vorgesehen
- Nur soweit Bewerber auch bei benachteiligungsfreier Auswahl nicht eingestellt worden wären, wird die angemessene Entschädigung nach § 611a Abs. 3 S. 1 BGB n.F. auf höchstens drei Monatsverdienste begrenzt. Als Monatsverdienst gilt nach Abs. 3 S. 2, was dem jeweiligen Bewerber bei regelmäßiger Arbeitszeit im Einstellungsmonat zugestanden hätte.
- § 611a Abs. 4 S. 3 BGB n.F. sieht für die schriftliche Geltendmachung des Schadensersatzanspruchs gegenüber dem diskriminierenden Arbeitgeber eine gesetzliche Ausschlussfrist von sechs Monaten vor. Diese Frist gilt aber nur subsidiär. Sie tritt nach S. 2 hinter eine von den Vertragsparteien für das angestrebte Arbeitsverhältnis vorgesehene Ausschlussfrist zurück, soweit dem Bewerber mindestens zwei Monate Zeit für die Geltendmachung verbleiben. Für die Fristberechnung ist nach S. 1 auf den Zugang der Ablehnung beim Bewerber abzustellen.
- Das bisher in § 61b Abs. 2, 5 ArbGG geregelte Summenbegrenzungsverfahren ist ersatzlos gestrichen worden.
- Unverändert geblieben sind § 611a Abs. 4 BGB und § 61b Abs. 1 ArbGG. Der Anspruch entfällt, wenn er nicht innerhalb der gesetzlichen Ausschlussfrist von zwei Monaten nach Zugang der Ablehnung schriftlich geltend gemacht worden ist. Zusätzlich muss gem. § 61b ArbGG innerhalb von drei Monaten, nachdem der Anspruch geltend gemacht worden ist, Klage auf Entschädigung erhoben werden (krit. dazu *Zwanziger* DB 1998, 1332).
- Nach § 61b Abs. 2 S. 1 ArbGG n.F. ist auf Antrag des Arbeitgebers das zuerst angerufene Arbeitsgericht als ausschließlicher Gerichtsstand auch für die übrigen Klagen der wegen geschlechtsbedingter Diskriminierung benachteiligten abgelehnten Bewerber zuständig; insoweit ist Abs. 3 a.F. redaktionell verändert übernommen worden.

205 Die Verpflichtung zur Zahlung einer angemessenen Entschädigung wegen eines Verstoßes gegen das Benachteiligungsverbot kommt aber insgesamt nur dann in Betracht, wenn der Arbeitgeber einen Arbeitnehmer bei einer Vereinbarung oder einer Maßnahme wegen seines Geschlechts benachteiligt. Bleibt ein ausgeschriebener Arbeitsplatz **endgültig unbesetzt**, weil dem Arbeitgeber keine entsprechenden Finanzmittel zugewiesen werden, fehlt es an einer entsprechenden Vereinbarung oder Maßnahme bei der Begründung eines Arbeitsverhältnisses, die eine Entschädigung auslösen kann (*LAG Düsseld.* 1.2.2002 LAGE § 611a BGB Nr. 5 = NZA 2002, 345).

e) Rechtsmissbrauch

206 Im Einzelfall kann die Geltendmachung eines Entschädigungsanspruches rechtsmissbräuchlich sein. Das ist z.B. dann der Fall, wenn der Bewerber an der Begründung des Arbeitsverhältnisses **überhaupt kein Interesse** hat, sondern es ihm allein auf die Zahlung einer Abfindung ankommt. Das lässt sich auch damit begründen, dass im Stellenbewerbungsverfahren **nur derjenige Bewerber benachteiligt werden kann, der sich subjektiv ernsthaft beworben hat und objektiv für die zu besetzende Stelle in Betracht kommt.** Ist die Bewerbung dagegen nicht als ernsthaft zu werten, scheidet ein Schadensersatzanspruch aus (*LAG Bln.* 14.7.2004 NZA-RR 2005, 124). Der Arbeitgeber ist allerdings insoweit für das Vorliegen konkreter Tatsachen, die den Einwand des Rechtsmissbrauchs belegen, darlegungs- und beweispflichtig (*LAG Hamm* 22.11.1996 NZA- RR 1997, 203; vgl. auch *BAG* 12.11.1998 EzA § 611a BGB Nr. 14; *LAG RhPf* BB 1996, 2523; *Ehrich* BB 1996, 1008); Gleiches gilt für Zweifel an der Ernsthaftigkeit der Bewerbung.

2. §§ 1 ff. AGG (ab 18.8.2006)

207 **§ 611a BGB** ist mit Wirkung ab dem 18.8.2006 **aufgehoben** worden; stattdessen gilt nunmehr das **AGG** (s. dazu Kap. 3 Rn. 4961 ff.). Wie sich dieses Gesetz auf die nationalen Gleichstellungsgesetze auswirkt, ist noch unklar (s.u. Kap. 3 Rn. 4961 ff.).

IX. Tarifliche Einstellungsregelungen

1. Beschäftigungsregelungen

208 In Betracht kommen z.B. tarifliche Beschäftigungsregelungen (Einstellungsverbote als Betriebsnormen i.S.d. § 1 Abs. BetrVG), die nicht dem Schutz des einzustellenden Arbeitnehmers, sondern dem Interesse der vorhandenen Belegschaft oder einzelner Belegschaftsteile dienen.

209 So kann z.B. (vgl. *BAG* 26.4.1990 EzA § 4 TVG Nachwirkung Nr. 12) im Interesse der Fachkräfte (Schutz vor Entlassungen und Arbeitslosigkeit) in der tariflichen Regelung vorgesehen sein, dass bestimmte Arbeitsplätze nur mit Fachkräften besetzt werden dürfen, solange solche in ausreichender Zahl zur Verfügung stehen.

Verstöße dagegen führen zwar nicht zur Unwirksamkeit abgeschlossener Arbeitsverträge; der Betriebsrat kann aber gem. § 99 Abs. 2 Nr. 1 BetrVG die Zustimmung zur Einstellung verweigern (MünchArbR/*Buchner* § 40 Rz. 225).

2. Einstellungsgebote; Übernahme von Auszubildenden

210 Einstellungsgebote kommen als betriebliche Normen z.B. in Betracht, um bestimmte Arbeitsplätze bevorzugt mit bestimmten Arbeitnehmergruppen (z.B. schwerbehinderten Menschen) zu besetzen, ohne dem Einstellungsbewerber einen individualrechtlichen Anspruch einzuräumen.

Weitergehend sieht z.B. Nr. 3 der Tarifvereinbarung zur Beschäftigungssicherung in der rheinland-pfälzischen Metall- und Elektroindustrie vom 11.3.1994 vor, dass Auszubildende »im Grundsatz nach **erfolgreich bestandener Abschlussprüfung** für **mindestens sechs Monate** in ein Arbeitsverhältnis übernommen (werden), soweit dem nicht personenbedingte Gründe entgegenstehen« (instr. zu derartigen Regelungen *Schulze* NZA 2007, 1329 ff.). 211

Der Begriff der »personenbedingten Gründe« ist dabei nicht i.S.v. § 1 Abs. 2 S. 1 KSchG zu verstehen, sondern hat sich an den **Zwecken des Tarifvertrages** zu orientieren (*BAG* 17.6.1998 NZA 1998, 1178); erfasst sind ausschließlich solche Umstände, die **erforderlich** sind, um **einen zweckentsprechenden Vollzug des Anschlussarbeitsverhältnisses zu gewährleisten.** Bei der Ausfüllung dieses Merkmals steht dem Arbeitgeber ein Beurteilungsspielraum zu (*LAG Köln* 6.7.2005 – 3 Sa 294/05 – ZTR 2006, 143 LS).

Diese Regelung sieht nicht die (automatische) Begründung eines Arbeitsverhältnisses ohne entsprechenden Vertrag vor. Der Arbeitgeber ist vielmehr lediglich verpflichtet, dem Auszubildenden nach erfolgreich bestandener Abschlussprüfung die Übernahme in ein Arbeitsverhältnis **anzubieten**, sofern kein tariflicher Ausnahmetatbestand gegeben ist (*BAG* 14.5.1997 AP Nr. 2 zu § 611 BGB Übernahme ins Arbeitsverhältnis). Die Nichterfüllung der Pflicht des Arbeitgebers kann ihn zum **Schadensersatz** verpflichten (§§ 280, 249, 251 BGB; *BAG* 14.10.1997 DB 1998, 1469; *LAG RhPf* 21.6.2004 ZTR 2005, 273 LS). Der Arbeitgeber kann seiner Verpflichtung **auch** durch Abschluss eines **befristeten Vertrages ohne Sachgrund** nach § 14 Abs. 2 S. 1 TzBfG nachkommen, da die Möglichkeit der Befristung mit einem vorhandenen Sachgrund die sachgrundlose Befristung nicht ausschließt (*LAG BW* 19.10.2008 LAGE § 14 TzBfG Nr. 44). 212

Die nahezu wortgleiche Regelung für die Metallindustrie Nordwürttemberg/Nordbaden vom 10.3.1994 verpflichtet den Arbeitgeber im Übrigen lediglich dazu, die Übernahme in ein sich **unmittelbar** an die Berufsausbildung **anschließendes** Arbeitsverhältnis für die Dauer von sechs Monaten anzubieten. Die Übernahme in ein erst später beginnendes Arbeitsverhältnis kann auch nicht im Wege des Schadensersatzes (Naturalrestitution) verlangt werden (*BAG* 14.10.1997 EzA § 611 BGB Einstellungsanspruch Nr. 11 gegen *LAG Nds.* 24.8.1995 LAGE § 611 BGB Einstellungsanspruch Nr. 3). 213

Als Hinderungsgrund kommen auch **akute Beschäftigungsprobleme** in Betracht (§ 8 Abs. TV Beschäftigungsbrücke Metall- und Elektroindustrie NRW; § 2 TV Beschäftigungssicherung Metall- und Elektroindustrie sieht den Anspruchsausschluss u.a. aus »betrieblichen Gründen« vor, vgl. *LAG RhPf* 21.6.2004 ZTR 2005, 273 LS); sie sind dann gegeben, wenn zum Zeitpunkt der Beendigung der Berufsausbildung Entlassungen erforderlich sind oder zumindest drohen (*LAG Hamm* 21.2.2003 LAGE § 4 TVG Beschäftigungssicherung Nr. 9 = NZA-RR 2003, 547).

Es kann auch vorgesehen sein, dass der Arbeitgeber mit **Zustimmung des Betriebsrats** von dieser Verpflichtung befreit wird, wenn das Angebot eines Arbeitsverhältnisses wegen »akuter Beschäftigungsprobleme im Betrieb« nicht möglich ist, oder der Betrieb über seinen Bedarf hinaus Ausbildungsverträge abgeschlossen hat (so z.B. § 3 TV Beschäftigungssicherung der Metall verarbeitenden Industrie Nordrhein-Westfalens vom 15.3.1994). Verweigert der Betriebsrat in einem solchen Fall die Zustimmung, so muss der Arbeitgeber die dafür maßgebenden Gründe mit dem Betriebsrat erörtern und **versuchen, eine Einigung zu erzielen.** Der darlegungs- und beweispflichtige Arbeitgeber hat dann über seinen Bedarf hinaus Ausbildungsverträge abgeschlossen, wenn eine im Zeitpunkt der Begründung des Berufsausbildungsverhältnisses erstellte Prognose des Arbeitgebers ergeben hat, im Zeitpunkt des erfolgreichen Abschlusses der Berufsausbildung werde im Ausbildungsbetrieb **kein Bedarf** für eine Übernahme des Auszubildenden bestehen (*BAG* 12.11.1997 NZA 1998, 1013; vgl. dazu *Krichel* SAE 1999, 285 ff.).

Ist die an sich bei einem Widerspruch des Betriebsrats vorgesehene tarifliche Schlichtungsstelle bei Beendigung des Ausbildungsverhältnisses **noch nicht errichtet**, so scheidet ein Schadensersatzanspruch des Arbeitnehmers mangels eines Verschuldens des Arbeitgebers jedenfalls dann aus, wenn der Arbeitgeber diese unverzüglich nach ihrer Errichtung anruft, diese aber – gleich aus welchen Gründen – eine inhaltliche Befassung 214 mit der Angelegenheit ablehnt (*LAG RhPf* 21.6.2004 ZTR 2005, 273 LS). Das *BAG* (29.9.2005 EzA § 611 BGB 2002 Einstellungsanspruch Nr. 1 = NZA 2006, 808 LS) hat diese Entscheidung – unzutreffend – aufgehoben, weil die Verpflichtung des Arbeitgebers **erst mit einer Entscheidung der** – nicht vorhandenen – **Schlichtungsstelle erlösche.** Damit wird eine gesetzlich oder tariflich gar nicht vorgesehene Garantiehaftung des Arbeitgebers in derartigen Fällen postuliert.

Ist nach Maßgabe einer derartigen Tarifnorm ein auf 12 Monate befristeter Arbeitsvertrag abgeschlossen worden, so ist er trotz einer ausdrücklichen entgegenstehenden Vereinbarung im Arbeitsvertrag **ordentlich nicht vor Fristablauf kündbar; dies soll sich aus dem Sinn und Zweck der Tarifnorm ergeben** (*BAG* 6.7.2006 EzA § 4 TVG Metallindustrie Nr. 133 = NZA 2007, 167). Dieser Kündigungsausschluss überfordert den Arbeitgeber danach nicht, weil der Tarifvertrag (TV »Beschäftigungsbrücke« Metall- und Elektroindustrie NRW v. 18.3.2000) ausreichende Einschränkungen des Übernahmeanspruchs vorsieht und dem Arbeitgeber die Möglichkeit der außerordentlichen Kündigung verbleibt (*BAG* 6.7.2006 EzA § 4 TVG Metallindustrie Nr. 133 = NZA 2007, 167).

3. Wiedereinstellungsklauseln

215 Vgl. dazu *Schrader/Straube* NZA-RR 2003, 337 ff.

Wiedereinstellungsklauseln nach das Arbeitsverhältnis beendender lösender Aussperrung haben keine nennenswerte praktische Bedeutung mehr, seit dem das *BAG* (GS 21.4.1971 AP Nr. 43 zu Art. 9 GG Arbeitskampf) davon ausgeht, dass die Aussperrung i.d.R. nur noch suspendierend wirkt.

216 Wiedereinstellungsklauseln können aber auch mit normativer Wirkung Arbeitnehmern mit einer bestimmten Betriebszugehörigkeit, die im Anschluss an den Erziehungsurlaub (jetzt die Elternzeit) zur Betreuung eines Kindes aus dem Betrieb ausscheiden, einen Anspruch auf Wiedereinstellung im selben Betrieb auf einem vergleichbaren Arbeitsplatz einräumen.

Voraussetzung ist, dass ein geeigneter Arbeitsplatz zum Zeitpunkt der Wiedereinstellung vorhanden ist oder auf absehbare Zeit zur Verfügung steht.

217 Gem. **§ 59 Abs. 5 BAT** soll der Angestellte, dessen Arbeitsverhältnis auf Grund der Zuerkennung einer Rente wegen verminderter Erwerbsfähigkeit automatisch beendet worden ist (vgl. § 59 Abs. 1 ff. BAT) dann, wenn er bei Beendigung des Arbeitsverhältnisses nach § 59 Abs. 1, 2 BAT bereits ordentlich unkündbar war, auf seinen Antrag hin bei seiner früheren Dienststelle wieder eingestellt werden, wenn dort ein für ihn geeigneter Arbeitsplatz frei ist.

218 Beantragt ein früherer Angestellter des öffentlichen Dienstes seine Wiedereinstellung nach § 59 Abs. 5 BAT, kann er sich zum Nachweis einer wiederhergestellten Berufsfähigkeit auf eine hierzu ergangene Feststellung des Rentenversicherungsträgers berufen. § 59 Abs. 5 BAT gestattet es dem Arbeitgeber allerdings, im Einzelfall von einer Wiedereinstellung abzusehen, wenn hierfür **gewichtige Gründe** sprechen (z.B. die personelle Ausstattung der Finanzverwaltung mit ausgebildeten Nachwuchskräften) und die soziale Situation des früheren Arbeitnehmers eine Wiedereinstellung nicht verlangt. Letzteres ist z.B. dann der Fall, wenn der Arbeitnehmer zur Sicherung eines angemessenen Lebensunterhalts nicht auf die Erzielung von Erwerbseinkommen angewiesen ist, weil er durch seine Altersrente und die vom Arbeitgeber finanzierte Zusatzversorgung ca. 2342,54 € (= 4581,61 DM) netto und damit etwa 90 % seiner früheren Nettobezüge erreicht (*BAG* 24.1.1996 EzA § 59 BAT Nr. 4).

219 Der als **Sollvorschrift** ausgestattete § 62 Abs. 5 MTL II in der bis 31.12.1984 geltenden Fassung ist aus Gründen eines **wirksamen arbeitsrechtlichen Bestandsschutzes** dahin auszulegen, dass dem wegen Gewährung einer Zeitrente ausgeschiedenen Arbeitnehmer im Falle der Wiederherstellung seiner Berufsfähigkeit ein **unbedingter Anspruch auf**

Wiedereinstellung auf einem für ihn geeigneten Arbeitsplatz **zusteht**. Dem Arbeitgeber kann die Berufung auf das Fehlen eines freien Arbeitsplatzes aus dem in § 162 Abs. 1, 2 BGB normierten allgemeinen Rechtsgedanken verwehrt sein, wenn er diesen Zustand selbst treuwidrig herbeigeführt hat. Dies kann der Fall sein, wenn er einen freien geeigneten Arbeitsplatz **in Kenntnis des Wiedereinstellungsverlangens anderweitig besetzt** hat. In diesem Fall kommt außerdem ein auf Wiedereinstellung gerichteter **Schadensersatzanspruch** in Betracht (*BAG* 23.2.2000 EzA § 4 TVG Wiedereinstellungsanspruch Nr. 1).

Sieht ein Tarifvertrag die Möglichkeit vor, dass Arbeitnehmer, die den gesetzlichen **Erziehungsurlaub** (jetzt die Elternzeit) in Anspruch nehmen, bis zu sechs Monaten nach Beendigung des Erziehungsurlaubs (jetzt der Elternzeit) in den Betrieb zurückkehren können, und bestimmt der Tarifvertrag zugleich, dass die beabsichtigte Rückkehr mindestens sechs Monate **vorher schriftlich mitzuteilen** ist, führt die verspätete Mitteilung nicht dazu, dass das Arbeitsverhältnis mit Ablauf Ruhenszeitraums endet (*LAG Hamm* 18.3.1998 NZA-RR 1998, 548). 220

X. Betriebsverfassungsrechtliche Wiedereinstellungsklauseln

Auch in einer Betriebsvereinbarung kann eine Wiedereinstellungsklausel vorgesehen sein. 221

So stellt z.B. die in einem **Sozialplan** enthaltene, an keine weiteren tatbestandlichen Voraussetzungen gebundene Regelung »Alle betroffenen Mitarbeiter erhalten die Zusage der **bevorzugten Wiedereinstellung**« eine Inhaltsnorm dar, die zugunsten der entlassenen Arbeitnehmer einen unverzichtbaren Rechtsanspruch begründet, bei der künftigen Besetzung von Arbeitsplätzen vor externen Bewerbern berücksichtigt zu werden. Die erteilte Zusage ist nach Auffassung des *LAG Hamm* (28.11.1996 NZA-RR 1997, 175) jedoch auf solche Arbeitsplätze zu beschränken, die mit der früheren Beschäftigung vergleichbar sind, sodass Arbeitsplätze einer geringeren tariflichen Wertigkeit unberücksichtigt bleiben. Auch der Arbeitgeber, der eine Betriebsvereinbarung anlässlich eines Teilbetriebsübergangs mit der Regelung »Den zum 1.1.1991 überwechselnden Mitarbeitern wird, sofern eine Weiterbeschäftigung innerhalb der X GmbH aus betrieblichen Gründen nicht mehr möglich ist, eine **Rückkehrmöglichkeit zugesagt, soweit freie und adäquate Arbeitsplätze in der A. vorhanden sind**« mit dem Betriebsrat abschließt, ist unter den darin genannten Bedingungen – ggf. auch noch nach 13 Jahren – an diese gebunden (instr. *LAG RhPf* 15.11.2004 ArbuR 2005, 272 m. zust. Anm. *Heither* ArbuR 2005, 272 ff.). Das *BAG* (19.10.2005 EzA § 77 BetrVG 2001 Nr. 13 = NZA 2006, 393) hat demgegenüber die Klage abgewiesen. Es hat die zugrunde liegende Betriebsvereinbarung dahin ausgelegt, dass der Wiedereinstellungsanspruch **nur bis zu einem Herauslösen der Gesellschaft aus dem Konzernverbund bestand,** wenn auch die anderen Ausgleichsregelungen in der Betriebsvereinbarung entweder befristet oder von einer Konzernzugehörigkeit der Konzerntochter abhängig sind. Das *LAG Bln.* (19.9.2003 LAGE § 620 BGB 2002 Nr. 1) hat angenommen, dass der Arbeitgeber dann, wenn er auf Grund einer Betriebsvereinbarung zur Wiedereinstellung eines wirksam gekündigten Arbeitnehmers verpflichtet ist, das künftige Arbeitsverhältnis bereits vor dessen Begründung kündigen kann.

XI. Gleichheitssatz (Art. 3 Abs. 1 GG)

Wenn der öffentliche Arbeitgeber bei der Daueremstellung von Lehrkräften solche Bewerber bevorzugt, die bereits als Aushilfskräfte befristete Vertretungsdienste geleistet haben, so kann er von dieser Bevorzugung nur **unterhälftig tätig gewordene Aushilfskräfte** ausschließen, ohne gegen Diskriminierungsverbote zu verstoßen. Ein Anspruch der unterhälftig Beschäftigten auf Grund des Gleichheitssatzes (Art. 3 Abs. 1 GG), wie die übrigen Aushilfskräfte bevorzugt zu werden, besteht nicht (*LAG Köln* 31.7.1998 ZTR 1998, 562 LS). 222

B. Pflichten bei der Vertragsanbahnung

I. Stellenausschreibung

1. § 611b BGB (bis 17.8.2006)

223 Gem. § 611b BGB darf der Arbeitgeber einen Arbeitsplatz weder öffentlich (z.B. in Zeitungen) noch innerhalb des Betriebes nur für Männer oder nur für Frauen ausschreiben, es sei denn, dass ein Fall des § 611a Abs. 1 S. 2 BGB vorliegt (s.o. Rn. 169 ff.).

Durch dieses Gebot der geschlechtsneutralen Stellenausschreibung sollen **geschlechtsbezogene Differenzierungen**, wenn sie nicht rechtlich geboten sind oder wenn die Zugehörigkeit zu einem bestimmten Geschlecht für die vorgesehene Tätigkeit keine notwendige Voraussetzung darstellt, **bereits im Vorfeld der Begründung von Arbeitsverhältnissen ausgeschlossen werden**.

224 Bei Verstößen dagegen besteht zwar kein Schadensersatzanspruch gem. § 823 Abs. 2 i.V.m. § 611b BGB. Gleichwohl können sich aus dem Verstoß gegen § 611b BGB **Rückschlüsse auf die Einhaltung des Benachteiligungsgebots nach § 611a BGB.** bei der Begründung des Arbeitsverhältnisses ergeben. Insoweit kann die Vermutung einer Benachteiligung des Geschlechts begründet werden (BT-Drs. 8/4529 S. 9 zu § 611b BGB a.F.; *Worzalla* DB 1994, 2449 unter Hinweis auf *BVerfG* 16.1.1993 DB 1994, 1292, wonach § 611a Abs. 1 BGB auch die Benachteiligung wegen des Geschlechts bei Verfahrenshandlungen verbietet, die der Begründung eines Arbeitsverhältnisses vorausgehen; dennoch krit. *Mauer* BB 1994, 1286).

225 Fraglich ist, ob es dem Arbeitgeber im Hinblick auf Art. 39 EGV verboten ist, Stellenanzeigen mit **nationalitätsspezifischen Einschränkungen** aufzugeben.

Dafür spricht, dass EG-Angehörige in jedem Mitgliedsstaat der EG den gleichen Zugang zu Arbeitsplätzen haben wie Angehörige dieses Staates. Dagegen spricht, dass es an einer § 611a BGB entsprechenden Norm fehlt.

226 Stellenausschreibungen dürfen aber jedenfalls nicht gegen die Diskriminierungsverbote des **Art. 3 Abs. 3 GG** verstoßen; Besonderheiten gelten bei Tendenzunternehmen, weil insoweit der Arbeitgeber bei der Verwirklichung seiner Zielsetzung im besonderen Maße auf die Tätigkeit seiner Arbeitnehmer angewiesen ist.

227 Ein Verstoß gegen Art. 3 Abs. 3 GG begründet die Vermutung, dass die Ablehnung des Bewerbers, der zum diskriminierten Personenkreis gehört, aus diesem Grund erfolgt ist. Ein Einstellungsanspruch des Bewerbers besteht jedoch nicht (MünchArbR/*Richardi* § 37 Rz. 7).

228 Ein Arbeitgeber, der in einer **Publikation** über offene Stellen und über die aus Anlass eines Arbeitsplatzwechsels gewährten finanziellen Leistungen unterrichtet, weist damit regelmäßig nur auf Voraussetzungen hin, unter denen die Zahlung eines Nachteilsausgleichs in Betracht kommt. Der Arbeitnehmer kann die Leistung daher regelmäßig nur beanspruchen, wenn er sie ausdrücklich mit dem Arbeitgeber **vereinbart** hat oder sie in einer **kollektiven Regelung** (Tarifvertrag/Betriebsvereinbarung) enthalten ist (*BAG* 25.1.2000 EzA § 133 BGB Nr. 22).

2. §§ 1 ff. AGG (seit dem 18.8.2006)

229 **§ 611b BGB** ist mit Wirkung ab dem 18.8.2006 **aufgehoben** worden; stattdessen gilt nunmehr ohne inhaltliche Änderung das AGG (s. § 33 AGG u. Kap. 3 Rn. 4961 ff.).

II. Begründung eines vorvertraglichen Schuldverhältnisses (culpa in contrahendo)

1. Grundlagen

Bereits vor Vertragsschluss entsteht durch die Vertragsanbahnung, also die Aufnahme der Vertragsverhandlungen, eine Sonderverbindung zwischen dem Bewerber und dem Arbeitgeber (culpa in contrahendo; jetzt § 311 Abs. 3, 4 BGB n.F.). 230

Es handelt sich um ein vorvertragliches Schuldverhältnis, das durch das Fehlen einer rechtsgeschäftlich übernommenen Leistungspflicht gekennzeichnet ist. **Ziel ist es, die vorhandenen Rechtsgüter des Vertragspartners über das Deliktsrecht hinaus zu schützen.**

Begründet wurde das Rechtsinstitut der culpa in contrahendo überwiegend damit, dass die Haftung auf Grund der Inanspruchnahme und Gewährung von Vertrauen gerechtfertigt ist, weil die Enttäuschung dieses Vertrauens durch eine entsprechende Einstandspflicht kompensiert werden muss (*BGH* 22.2.1973 BGHZ 60, 223; 19.12.1977 NJW 1978, 1374); inzwischen ist es positivgesetzlich durch § 311 Abs. 3, 4 BGB n.F. normiert. 231

2. Pflichten aus culpa in contrahendo (§ 311 Abs. 2, 3 BGB)

Bei Vertragsanbahnung darf jeder Verhandlungspartner (bei der Verwendung von Verhandlungsgehilfen gilt § 278 BGB analog, *BAG* 15.5.1974 EzA § 276 BGB Verschulden bei Vertragsschluss Nr. 29) nach der Auffassung des redlichen Verkehrs die Offenbarung und Aufdeckung solcher Tatsachen erwarten, von denen die Gegenseite annehmen muss, dass sie für seine Entschließung von Bedeutung sind, von denen er sich selbst aber auf andere Weise keine Kenntnis verschaffen kann. 232

Insoweit bestehen neben Schutzpflichten für schon vorhandene Rechtsgüter Aufklärungs- und Mitteilungspflichten (vgl. MünchArbR/*Richardi* § 45 Rz. 16 ff.); **es bestehen nicht nur Leistungs-, sondern auch Verhaltenspflichten zur Rücksichtnahme auf die Rechte, Rechtsgüter und Interessen des anderen Teils.**

Die vertragliche Rücksichtnahmepflicht beinhaltet eine **Pflicht zur Aufklärung** dahingehend, dass die eine Vertragspartei die andere unaufgefordert über die Umstände informieren muss, die dieser unbekannt, aber für ihre Entscheidungen im Zusammenhang mit dem Zustandekommen oder der Durchführung des Arbeitsverhältnisses erheblich sind. Der Schuldner ist dann zur Aufklärung verpflichtet, wenn Gefahren für das **Leistungs- oder Integritätsinteresse** des Gläubigers bestehen, von denen dieser keine Kenntnis hat. Dementsprechend darf ein Arbeitgeber, der Vertragsverhandlungen eingeht, bestehende Umstände, gleich welcher Art, die die vollständige Durchführung des Rechtsverhältnisses in Frage stellen können, nicht verschweigen, soweit sie ihm bekannt sind oder bekannt sein müssen (*BAG* 14.7.2005 EzA § 242 BGB 2002 Nr. 1 = NZA 2005, 1298 = BAG Report 2005, 353). 233

Der Arbeitgeber muss den Arbeitnehmer folglich insbesondere über solche Umstände aufklären, die zu einer **vorzeitigen Beendigung des Arbeitsverhältnisses führen** können. Der anwerbende Arbeitgeber muss dem Bewerber Mitteilung über solche Umstände machen, die für seine Entscheidung maßgeblich sein können. Wenn der Arbeitgeber Anlass zu **Zweifeln** hat, ob er in nächster Zeit in der Lage sein wird, **Löhne und Gehälter auszuzahlen**, muss er vor Abschluss neuer Arbeitsverträge darauf hinweisen, soweit nicht seine Zahlungsschwierigkeiten als allgemein bekannt vorausgesetzt werden können. Eine Aufklärungspflicht besteht insbesondere auch dann, wenn aus dem Bereich des Unternehmens heraus die Gefahr droht, die Arbeitsverhältnisse würden wegen absehbarer wirtschaftlicher Schwierigkeiten nicht durchgeführt werden können. Auch das Verschweigen einer nicht unerheblichen wirtschaftlichen Bedrängnis oder einer charakterlichen Unzuverlässigkeit eines leitenden 234

Angestellten kann zu Schadensersatzansprüchen wegen Verletzung der Aufklärungspflicht führen (*LAG Hamm* 14.1.2005 ArbuR 2005, 236 LS).

235 Die Aufklärungspflicht über einen **möglichen Stellenabbau** tritt nicht erst dann ein, wenn diesbezügliche unternehmerische Entscheidungen bereits wirksam und endgültig getroffen sind. Allerdings kann eine Auskunftspflicht aus Treu und Glauben nur dann abgeleitet werden, wenn die **Planungen eine hinreichende Reife und Konkretheit aufweisen**, was voraussetzt, dass sich der Arbeitgeber im Grundsatz dazu entschlossen hat, bestimmte Stellen zu streichen. Der Stellenabbau muss hinreichend bestimmt und in Einzelheiten bereits absehbar sein, seine bloße Möglichkeit reicht nicht aus. Allein das Bestehen einer schlechten wirtschaftlichen Lage, die dem Arbeitnehmer zudem bekannt ist, in der aber noch keine konkrete Planung besteht, einen Arbeitsplatz zu streichen, begründet noch keine Auskunftspflicht (*BAG* 14.7.2005 EzA § 242 BGB 2002 Nr. 1 = NZA 2005, 1298 = BAG Report 2005, 353).

236 Aus den hier dargestellten Grundsätzen folgt andererseits z.B. für den Arbeitnehmer die Pflicht, zulässigerweise gestellte Fragen (s. dazu unten Rn. 247 ff.) wahrheitsgemäß zu beantworten. Die Wahrheitspflicht ist insoweit Teil der Treuepflicht, die schon für die Zeit der auf Abschluss eines Arbeitsvertrages gerichteten Verhandlungen besteht (*BAG* 7.2.1964 AP Nr. 6 zu § 276 BGB Verschulden bei Vertragsschluss; vgl. dazu *Preis/Bender* NZA 2005, 1321 ff.).

237 Entsteht dem Arbeitgeber durch die wahrheitswidrige Beantwortung einer derartigen Frage ein Schaden, so ist der Bewerber aus culpa in contrahendo (jetzt § 311 Abs. 2, 3 BGB n.F.) zum Schadensersatz verpflichtet (*BAG* 7.2.1964 AP Nr. 6 zu § 276 BGB Verschulden bei Vertragsschluss).

238 Ein Schadensersatzanspruch kann auch nach Abschluss des Arbeitsvertrages entstehen, wenn das Arbeitsverhältnis aus Gründen vorzeitig endet oder seinen Sinn verliert, die der Arbeitgeber dem Arbeitnehmer vor Abschluss des Vertrages unter Verletzung der Aufklärungspflicht schuldhaft verschwiegen hat (*BAG* 2.12.1976 EzA § 276 BGB Nr. 35).

239 Der Arbeitgeber ist gem. § 81 Abs. 1 S. 1 BetrVG – einer weiteren gesetzlichen Ausformung der cic – verpflichtet, den Arbeitnehmer vor Abschluss des Arbeitsvertrages über die **Art der Tätigkeit** und seine Stellung im Betrieb und, wo dies für das Arbeitsverhältnis von Bedeutung ist, über seine Aufgaben und Verantwortung **zu unterrichten**.

240 Macht ein Arbeitgeber in **Stellenanzeigen unzutreffende Angaben** über die Höhe eines zu erzielenden Mindestjahreseinkommens und weist er in einem Vorstellungsgespräch den Arbeitnehmer nicht darauf hin, dass das angegebene, nur durch Provisionen erreichbare Mindesteinkommen lediglich von wenigen Mitarbeitern tatsächlich erreicht wird, so verstößt er gegen die ihm gegenüber Stellenbewerbern obliegende Aufklärungspflicht. Diese wird nicht dadurch eingehalten, dass der Arbeitgeber während des Vorstellungsgesprächs dem zukünftigen Arbeitnehmer Unterlagen mit Berechnungsbeispielen, das Vergütungssystem und den Arbeitsvertragstext vorlegt, wenn sich aus diesen Unterlagen das in der Stellenanzeige genannte Mindesteinkommen nicht nachvollziehen lässt. Es genügt auch nicht der Hinweis, dass das Mindesteinkommen nur mit einem außerordentlichen Arbeits- und Zeiteinsatz erreicht werden könnte. Das Mindesteinkommen muss mit der geschuldeten durchschnittlichen Leistung des Arbeitnehmers erreicht werden können (*LAG Hessen* 13.1.1993 NZA 1994, 884).

In diesem Zusammenhang lässt sich auch die Auffassung vertreten, dass dann, wenn der Arbeitgeber während des Anbahnungsverhältnisses noch keine Gewissheit hat, dass er den Arbeitnehmer, der sich in einem bestandsgeschützten Arbeitsverhältnis befindet, auch tatsächlich beschäftigen kann, er den Arbeitnehmer über diesen Umstand **aufklären** muss. Unterlässt der Arbeitgeber einen Hinweis auf die Beschäftigungsproblematik und spricht er zu Beginn der Probezeit eine Kündigung aus, weil er keine tatsächliche Beschäftigungsmöglichkeit für den Arbeitnehmer gefunden hat, kann die Probezeitkündigung wegen treuwidrigen Verhaltens gem. § 242 BGB nichtig sein. Die über den Ablauf der Wartezeit hinausgehenden etwaigen Schäden beim Arbeitnehmer sind danach individuell analog § 611a Abs. 2 BGB zu bestimmen (*Hümmerich* NZA 2002, 1305 ff.).

Der Arbeitgeber haftet auch dann, wenn er gegenüber einem Bewerber in einer dem schriftlichen Arbeitsvertrag vorangestellten Präambel **unwahre Tatsachenangaben macht**, auf Grund derer sich der Bewerber zum Vertragsabschluss entschließt (*ArbG Wiesbaden* 12.6.2001 NZA-RR 2002, 349).

Ein Verschulden bei Vertragsschluss kann **auch noch nach Abschluss des Arbeitsvertrages zum Schadensersatz verpflichten**, z.B. dann, wenn das Arbeitsverhältnis aus Gründen vorzeitig endet oder seinen Sinn verliert, die der Arbeitgeber vor Abschluss des Vertrages schuldhaft verschwiegen hat (*LAG Hamm* 14.1.2005 ArbuR 2005, 236 LS).

Der Abbruch von Vertragsverhandlungen begründet i.d.R. keine Schadensersatzpflichten, auch wenn bekannt ist, dass der Verhandlungspartner in der Erwartung des Vertragsschlusses erhebliche Aufwendungen gemacht hat (*BGH* 18.10.1974 NJW 1975, 43 ff.). 241

Etwas anderes gilt aber dann, wenn der andere Teil berechtigterweise auf das Zustandekommen des Vertrages vertraut und deshalb bereits wirtschaftliche Nachteile auf sich genommen hat, insbes. ein bestehendes Arbeitsverhältnis mit einem anderen Arbeitgeber gekündigt hat (*BAG* 15.5.1974 EzA § 276 BGB Verschulden bei Vertragsschluss Nr. 29). 242

Scheitert ein Vertragsschluss mit einer **öffentlich-rechtlichen Körperschaft** nur an den für sie bestehenden Vertretungsvorschriften, so haftet die Körperschaft für ein Verschulden ihrer Vertreter bei den Verhandlungen auch dann, wenn sie keine Abschlussvollmacht haben (*BAG* 15.5.1974 EzA § 276 BGB Verschulden bei Vertragsschluss Nr. 29). 243

3. Umfang des Schadensersatzanspruchs

Verlangt werden kann nur der Ersatz des Vertrauensschadens (negatives Interesse). Insbesondere bei einem Schadensersatzanspruch wegen Abbruchs der Vertragsverhandlungen kann der Arbeitnehmer also nicht verlangen, so gestellt zu werden, als wäre der Arbeitsvertrag zustande gekommen (*BAG* 7.6.1963 AP Nr. 4 zu § 276 BGB Verschulden bei Vertragsschluss). 244

Besteht der Schaden dagegen darin, dass der Arbeitnehmer den Arbeitsvertrag auf Grund einer Verletzung der Mitteilungspflicht des Arbeitgebers über das erzielbare Mindesteinkommen abgeschlossen hat, so ist der Arbeitnehmer dann, wenn er am Vertrag festhält, so zu behandeln, **als wenn es ihm gelungen wäre, bei Kenntnis des wahren Sachverhalts den Vertrag zu für ihn günstigeren Bedingungen abzuschließen** (*LAG Hessen* 13.1.1993 NZA 1994, 884). 245

Demgegenüber kann ein Arbeitnehmer, der wegen **Ausfalls seiner Vergütung in vollem Umfang Insolvenzgeld** erhalten hat, für denselben Zeitraum mangels Schadens keinen Schadensersatz von dem gesetzlichen Vertreter des Arbeitgebers mit der Begründung verlangen, dieser habe ihm beim Abschluss des Arbeitsvertrages die bestehende »Insolvenzreife« des Arbeitgebers verschwiegen. Der Arbeitnehmer kann vom gesetzlichen Vertreter des Arbeitgebers die Leistung von Schadensersatz auch nicht an die Bundesagentur für Arbeit verlangen. Mangels inhaltlicher Kongruenz zwischen dem an die Stelle des Vergütungsanspruchs getretenen Insolvenzgeldes und dem Schadensersatzanspruch geht dieser nicht gem. § 115 Abs. 1 S. 1 SGB IX auf die Bundesagentur über (*BAG* 15.12.2005 EzA § 611 BGB 2002 Arbeitgeberhaftung Nr. 4 = NZA 2006, 734).

4. Darlegungs- und Beweislast; Verjährung; Verhältnis zu anderen Ansprüchen

246 Die Darlegungs- und Beweislast für das Vorliegen der Anspruchsvoraussetzungen hat der **Arbeitnehmer**. Für die Verjährung gilt § 196 BGB (*BGH* 28.10.1971 NJW 1972, 95); bzw. jetzt §§ 195, 199 BGB n.F. Neben Ansprüchen aus culpa in contrahendo (jetzt § 311 Abs. 2, 3 BGB n.F.) können auch Ansprüche gem. §§ 823 ff. BGB bestehen.

III. Fragerecht des Arbeitgebers; Offenbarungspflichten des Arbeitnehmers

1. Grundlagen

a) Auskunftspflicht

247 Nach der Rechtsprechung des *BAG* (7.6.1984 EzA § 123 BGB Nr. 24) ist der Arbeitnehmer grds. verpflichtet, auf zulässigerweise gestellte Fragen des Arbeitgebers wahrheitsgemäß zu antworten.

248 Die Beantwortung unzulässiger Fragen kann der Arbeitnehmer zwar ablehnen. Dies wird bei realistischer Einschätzung der Situation des Arbeitnehmers im Vorstellungsgespräch allerdings wohl nur ausnahmsweise einmal gleichwohl seine Einstellung zur Folge haben.

Eine Rechtsentwicklung dahin, dass der Bewerber Abwehr- oder Schadensersatzansprüche gegen bzw. wegen unzulässiger Fragen hat, ist nicht ersichtlich.

b) Wahrheitswidrige Antwort auf unzulässige Fragen

249 Wesentlich ist deshalb, dass nach h.M. (*BAG* 7.6.1984 EzA § 123 BGB Nr. 24; **a.A.** *Meilicke* BB 1986, 1288) eine wahrheitswidrige Antwort auf eine unzulässige Frage für den Arbeitnehmer keinerlei negative rechtliche Konsequenzen hat.

250 Die unrichtige Antwort wird dem Arbeitnehmer nicht als arglistige Täuschung angelastet. Dem Arbeitgeber, der sich selbst rechtswidrig verhält, wird es verwehrt, zu Lasten des Arbeitnehmers **nachteilige Konsequenzen** aus der Unrichtigkeit der Antwort zu ziehen.

251 Nur die (vorsätzlich, nicht nur fahrlässig) bewusst falsche Antwort auf eine zulässige Frage kann den Arbeitgeber u.U. zur Anfechtung des Arbeitsvertrages gem. §§ 123, 142 BGB berechtigen, wenn diese Tatsachen für die Einstellung des Bewerbers kausal gewesen sind.

c) Normative Grundlage des Fragerechts und der Auskunftspflicht

252 Das Fragerecht des Arbeitgebers und die entsprechende Pflicht des Arbeitnehmers zur wahrheitsgemäßen Beantwortung folgt aus **§ 242 BGB**, der auch das vorvertragliche Anbahnungsverhältnis zwischen den Parteien beherrscht. Dabei bestehen insoweit gegensätzliche Interessen, als der künftige Arbeitgeber zur Verwirklichung seiner Freiheit zum Vertragsabschluss daran interessiert ist, von dem Bewerber alle für das konkret beabsichtigte Arbeitsverhältnis erforderlichen Tatsachen zu erfahren, um den Arbeitsplatz mit einem geeigneten Bewerber besetzten zu können.

253 Der Bewerber ist dagegen daran interessiert, möglichst wenig insbes. aus seinem privaten Bereich offenbaren zu müssen, auch um nicht Gefahr zu laufen, den Arbeitsplatz nicht zu erhalten (*BAG* 1.8.1985 EzA § 123 BGB Nr. 26; vgl. *Ehrich* DB 2000, 421 ff.).

d) Umfang des Fragerechts

Dem Arbeitgeber steht ein Fragerecht zu, wenn er im Zusammenhang mit dem zu begründenden Arbeitsverhältnis ein berechtigtes, billigenswertes und schutzwürdiges Interesse an der Beantwortung seiner Fragen hat. Das Interesse muss objektiv so stark sein, dass dahinter das Interesse des Arbeitnehmers am Schutz seines Persönlichkeitsrechts und an der Unverletzlichkeit der Intimsphäre zurücktreten muss (*BAG* 7.6.1984 EzA § 123 BGB Nr. 24). Die Pflicht zur wahrheitsgemäßen Antwort auf eine zulässige Frage schließt im Übrigen die Pflicht ein, »überhaupt« zu antworten (*BAG* 13.6.2002 EzA § 1 KSchG Verhaltensbedingte Kündigung Nr. 57). 254

Soweit sie für den in Aussicht genommen Arbeitsplatz von Bedeutung sind, dürfen Fragen nach beruflichen und fachlichen Fähigkeiten, Kenntnissen und Erfahrungen (Berufsausbildung, bisherige berufliche Tätigkeiten, bisherige Beschäftigungsverhältnisse, vgl. *BAG* 12.2.1970 AP Nr. 17 zu § 123 BGB) grds. uneingeschränkt gestellt werden. 255

Das gilt für die Frage nach den **früheren Arbeitgebern** und die **Dauer der jeweiligen Beschäftigungsverhältnisse,** auch dann, wenn der Arbeitnehmer die Teilnahme an einer Entziehungstherapie verheimlichen und so seine Wiedereingliederung in das Arbeitsleben erreichen will (*LAG Köln* 13.11.1995 LAGE § 123 BGB Nr. 18). 256

Das Gleiche gilt für die Frage nach dem bisherigen **beruflichen Werdegang** (*LAG Hamm* 8.2.1995 LAGE § 123 BGB Nr. 21), der Schulausbildung, Studium, Sprachkenntnissen sowie nach Zeugnissen, bestandenen Prüfungen und der Vereinbarung rechtswirksamer **Wettbewerbsverbote** mit einem früheren Arbeitgeber (*BAG* 22.10.1986 EzA § 23 BDSG Nr. 4; *Staudinger/Richardi* § 611 Rz. 91 ff.). Zulässig ist auch die Frage nach der Ausübung einer **Konkurrenztätigkeit** zum Zeitpunkt der geplanten Einstellung und der Absicht, diese weiterhin auszuführen (vgl. § 60 HGB). 257

Daher steht es dem Arbeitgeber auch zu, bei mehreren Bewerbern den Qualifikationsunterschieden nachzugehen (hinsichtlich der fachlichen Qualifikation, der körperlichen und gesundheitlichen Verfassung, sowie der persönlichen Eigenschaften als Voraussetzungen für die zu erbringende Arbeitsleistung), um den am besten geeigneten Bewerber herauszufinden. 258

Der Arbeitgeber hat bei der **Festlegung der Qualifikationsanforderungen und ihrer Gewichtung**, soweit sie nicht willkürlich erfolgen, weitgehend freie Hand (MünchArbR/*Buchner* § 41 Rz. 39, 44).

Im Übrigen lässt der Schutz des allgemeinen Persönlichkeitsrechts des Arbeitnehmers (Art. 2 Abs. 1 i.V.m. Art. 1 Abs. 1 GG; daraus wird auch das **Grundrecht auf informationelle Selbstbestimmung** abgeleitet als die Freiheit, selbst zu bestimmen, wem welche Daten über sich selbst bekannt werden) nur solche Fragen des Arbeitgebers zu, an deren Beantwortung er zur Beurteilung der Eignung und Befähigung des Arbeitnehmers ein **objektiv gerechtfertigtes Interesse** hat. Im Zusammenhang mit den Einstellungsverhandlungen müssen vom Bewerber nur die Daten zur Verfügung gestellt werden, die für eine **sachgerechte Einstellungsentscheidung geeignet und erforderlich** sind (Zweckbindung der Datenerhebung; vgl. *BAG* 22.10.1986 EzA § 23 BDSG Nr. 4; *Staudinger/Richardi* § 611 Rz. 90). 259

Zulässig sind Fragen, die eine gewisse **Mobilität des Arbeitnehmers**, z.B. die Versetzungsbereitschaft (nicht aber die dafür u.U. maßgeblichen privaten Lebensverhältnisse) betreffen, oder die Bereitschaft, **Schichtdienst zu leisten**, wenn die vorgesehene Beschäftigung entsprechende Anforderungen stellt. Dies gilt allerdings nur dann, wenn die Versetzungsbereitschaft, Bereitschaft zum Schichtdienst zum Vertragsbestandteil werden soll. Nicht zu beanstanden ist auch der z.B. im Freistaat Sachsen verwendete **Personalfragebogen** zur Überprüfung des aus der DDR übernommenen pädagogischen Personals; soweit 260 er unzulässige Fragen – z.B. über Vorgänge, die bereits vor 1970 abgeschlossen waren und die deshalb als Indiz für eine mangelnde Eignung regelmäßig nicht mehr taugen – enthält, dürfen unzutreffende Antworten nicht zu arbeitsrechtlichen Konsequenzen führen. Im Übrigen kann dem Schutz des Persönlichkeitsrechts durch Würdigung der jeweiligen Fragen und Antworten hinreichend Rechnung getragen werden (*BVerfG* 8.1.1998 NZA 1998, 418).

Diese Grundsätze gelten auch dann, wenn sich der Arbeitnehmer im Anstellungsvertrag **verpflichtet**, seinen **Hauptwohnsitz** mit Familie **in der Nähe des Betriebes zu nehmen**. Dies berechtigt den Arbeitgeber selbst dann nicht, den Arbeitsvertrag nach § 123 BGB anzufechten, wenn diese Absicht nie bestand, weil diese Verpflichtung zumindest dann, wenn es nachvollziehbare in Zusammenhang mit der Arbeitsleistung stehende Gründe dafür nicht gibt, rechtlich nicht bindend ist (*LAG Nbg.* 9.12.2003 ARST 2004, 244 = NZA-RR 2004, 298 = LAG Report 2004, 222 LS).

261 Unzulässig ist im Übrigen die Frage nach der **Nichtrauchereigenschaft** des Arbeitnehmers. Außerdem können persönliche Umstände, die zwar für die Beurteilung der Eignung des Arbeitnehmers von Bedeutung sind, aber lange zurückliegen, auf Grund der zwischenzeitlichen Entwicklung ihre Bedeutung und Aussagekraft verlieren (MünchArbR/*Buchner* § 41 Rz. 34, 97–104).

262 Letztlich geht es um die **Aufteilung der Risiken der künftigen Entwicklung** des Arbeitsverhältnisses, die daran zu orientieren ist, wie diese Risiken nach der Vorgabe der Rechtsordnung im Verhältnis zwischen Arbeitgeber und Arbeitnehmer verteilt sind (*Hofmann* ZfA 1975, 20 ff.).

e) Offenbarungspflichten

263 Auch ohne entsprechende Frage muss der Arbeitnehmer u.U. auf Umstände und in seiner Person gegebene Eigenschaften (z.B. eine Körperbehinderung, eine Schwangerschaft, den Antritt einer Strafhaft, das Vorliegen eines Einberufungsbescheides zu Wehr- oder Zivildienst) hinweisen.

264 Das ist dann der Fall, wenn er erkennen muss, dass er wegen dieser Umstände und Eigenschaften die vorgesehene Arbeit nicht nur zeitweilig, sondern auf längerer Dauer nicht zu leisten vermag oder die sich daraus ergebende Minderung der Leistungen und Fähigkeiten für den in Betracht kommenden Arbeitsplatz von ausschlaggebender Bedeutung ist (*BAG* 25.3.1976 EzA § 123 BGB Nr. 16; 1.8.1985 EzA § 123 BGB Nr. 26; 8.9.1988 EzA § 8 MuSchG Nr. 1).

265 **Eine allgemeine Pflicht des Bewerbers, Mängel der Qualifikation für die von ihm geschuldete Arbeitsleistung von sich aus zu offenbaren, besteht dagegen nicht**. Es ist Sache des Arbeitgebers, der Belastung durch ihm nicht zuzumutende Risiken durch entsprechende Informationserhebung vorzubeugen (MünchArbR/*Buchner* § 41 Rz. 159). Etwas anderes kommt dann in Betracht, wenn der Bewerber die elementarsten Anforderungen des vorgesehenen Arbeitsplatzes nicht erfüllen kann, sodass er die vertragliche Leistung nicht zu erbringen in der Lage ist (*Hofmann* ZfA 1975, 47 ff.).

2. Einzelfälle

a) Vermögensverhältnisse

266 Die Frage nach den Vermögensverhältnissen – Lohn- und Gehaltspfändungen, Schulden usw. – wird nur dann als zulässig angesehen werden können, wenn der Arbeitgeber wegen der vorgesehenen Tätigkeit ein berechtigtes Interesse an geordneten Vermögensverhältnissen des Arbeitnehmers geltend machen kann.

267 Das ist dann der Fall, wenn es sich bei dem zukünftigen Arbeitsplatz um eine **besondere Vertrauensstellung** handelt, bei der der Arbeitnehmer z.B. mit Vermögenswerten oder Geld umgehen muss (*Zeller* BB 1987, 1523 m.w.N.; vgl. auch *BAG* 4.11.1981 EzA § 1 KSchG Verhaltensbedingte Kündigung Nr. 9 zur Zulässigkeit einer personenbedingten Kündigung bei einem in einer Vertrauensstellung beschäftigten Arbeitnehmer, weil Lohnpfändungen darauf hindeuten, dass dieser seit längerer Zeit in ungeordneten wirtschaftlichen Verhältnissen lebt; *BAG* 18.4.1968 AP Nr. 32 zu § 63 HGB: Zulässigkeit der Frage nach der Ablegung eines Offenbarungseides).

Zulässig wird die Frage wohl auch dann sein, wenn wegen der besonderen betrieblichen Umstände, z.B. in einem **Kleinbetrieb** ohne besondere kaufmännische Organisation, die sachgerechte Bearbeitung zahlreicher Lohnpfändungen nicht durchführbar wäre (*Staudinger/Richardi* § 611 Rz. 95). 268

Nicht zulässig ist die Frage nach der Höhe des **vorherigen Lohnes oder Gehalts**, wenn die bisherige Vergütung für die angestrebte Stelle keine Aussagekraft hat, also der bisherige und der angestrebte Posten nicht zumindest vergleichbare Kenntnisse und Fähigkeiten erfordern und der Bewerber sie auch nicht von sich aus als Mindestvergütung gefordert hat. Denn dann würde durch deren Angabe die Verhandlungsposition des Bewerbers ohne sachlichen Grund in unbilliger Weise geschwächt (*BAG* 19.5.1983 EzA § 123 BGB Nr. 23). 269

b) Gesundheitszustand und Körperbehinderung; Geschlecht des Arbeitnehmers

aa) Körperliche Eignung

Fragen zur Ermittlung der körperlichen Eignung für die konkret zu übernehmende Arbeitsaufgaben können grds. ohne Einschränkung gestellt werden. 270

Krankheiten oder Leiden des Arbeitnehmers kommen als verkehrswesentliche Eigenschaften gem. § 119 Abs. 2 BGB dann in Betracht, wenn sie von einer gewissen Dauer sind und der Arbeitnehmer deshalb die vertraglich übernommenen Arbeiten nicht ohne wesentliche Einschränkungen durchführen kann, z.B. dann, wenn er durch Anfallleiden (Epilepsie) in seiner für den bestimmten Arbeitsplatz notwendigen durchschnittlichen Leistungsfähigkeit ständig erheblich beeinträchtigt ist (*BAG* 28.3.1974 EzA § 119 BGB Nr. 5). 271

bb) Gesundheitszustand, Körperbehinderung

Hinsichtlich des Gesundheitszustandes sowie einer Körperbehinderung als eines dauernden körperlichen Schadens, der zu einer Beeinträchtigung der Bewegungsmöglichkeiten und insbes. der Erwerbsfähigkeit führt, besteht ein Fragerecht des Arbeitgebers nur insoweit, als er ein berechtigtes Interesse an der Beantwortung seiner Fragen für das Arbeitsverhältnis hat (*BAG* 7.6.1984 EzA § 123 BGB Nr. 24). 272

Der Umfang des Fragerechts beschränkt sich deshalb auf die Fälle einer schwerwiegenden Beeinträchtigung der Arbeitsfähigkeit des Betroffenen, die für die Belastbarkeit des Arbeitnehmers, konkret bezogen auf die auszuübende Tätigkeit oder das Arbeitsverhältnis überhaupt, von Bedeutung ist. 273

Die unrichtige Beantwortung der Frage des Arbeitgebers nach einer Körperbehinderung durch einen Stellenbewerber kann deshalb nur dann eine Anfechtung des Arbeitsvertrages wegen arglistiger Täuschung rechtfertigen, wenn die verschwiegene Körperbehinderung **erfahrungsgemäß die Eignung** des Arbeitnehmers für die vorgesehene Tätigkeit **beeinträchtigt** (*BAG* 7.6.1984 EzA § 123 BGB Nr. 24). 274

Fraglich ist, inwieweit sich der Arbeitgeber durch Ausübung des Fragerechts hinsichtlich des allgemeinen Gesundheitszustandes (z.B. bestehender Krankheiten) gegen das Risiko späteren Arbeitsausfalls (mit entsprechenden Zahlungspflichten nach dem EFZG) schützen kann. 275

276 Hinsichtlich bestehender Krankheiten beschränkt sich das Fragerecht des Arbeitgebers auf folgende Punkte (vgl. *BAG* 7.6.1984 EzA § 123 BGB Nr. 24):

- ▶ Liegt eine Krankheit bzw. eine Beeinträchtigung des Gesundheitszustandes vor, durch die die **Eignung** für die vorgesehene Tätigkeit auf Dauer oder in periodischen Abständen **eingeschränkt** wird?

277 ▶ Liegen **ansteckende Krankheiten** vor, die zwar nicht die Leistungsfähigkeit beeinträchtigen, jedoch die zukünftigen Kollegen oder Kunden gefährden?

278 ▶ Ist zum Zeitpunkt des Dienstantritts bzw. in absehbarer Zeit **mit** einer **Arbeitsunfähigkeit** zu rechnen, z.B. auf Grund einer geplanten Operation, einer bereits bewilligten Kur oder auch durch eine z.Zt. bestehende akute Erkrankung?

279 Der Arbeitnehmer darf diese Fragen nicht schon deshalb falsch beantworten, weil er annimmt oder hofft, dass er bis zum vorgesehenen Dienstantritt wieder arbeitsfähig sein wird (*BAG* 7.2.1964 AP § 276 BGB Verschulden bei Vertragsschluss Nr. 6).

So können sich z.B. ein Meniskusschaden, der zu leichten Kniebeschwerden führt sowie Migränebeschwerden auf die Eignung als Maschinenarbeiter auswirken (*BAG* 7.6.1984 EzA § 123 BGB Nr. 24).

cc) Beantragte Rehabilitationsmaßnahme

280 Nach Auffassung des *ArbG Limburg* (9.4.1997 BB 1997, 2006) ist eine Mitteilungspflicht des Arbeitnehmers und ein Fragerecht des Arbeitgebers bei einer bloß beantragten Rehabilitationsmaßnahme jedenfalls bei einem für ein Jahr abgeschlossenen befristeten Arbeitsverhältnis zu **verneinen**. Denn der Leistungsträger entscheidet über die Bewilligung der Maßnahme nach seinem Ermessen, sodass der Arbeitnehmer im konkreten Einzelfall nicht damit rechnen konnte, dass im Zeitpunkt des geplanten Dienstantritts oder danach in absehbarer Zeit eine Arbeitsunfähigkeit bzw. eine Arbeitsverhinderung wegen der Rehabilitationsmaßnahme eintreten würde.

dd) Aids

281 Hinsichtlich einer bestehenden Aidsinfektion wird in der Literatur teilweise (*Zeller* BB 1987, 1523; *Klak* BB 1987, 1382) die Auffassung vertreten, dass ein entsprechendes Fragerecht des Arbeitgebers besteht, weil die Erkrankung in ihrem Verlauf so schwer ist, dass der Patient sofort oder kurze Zeit nach Ausbruch der Krankheit nur eingeschränkt oder überhaupt nicht mehr in der Lage ist, der bisherigen beruflichen Tätigkeit nachzugehen.

282 Demgegenüber wird überwiegend (vgl. *Löwisch* DB 1987, 936; *Richardi* NZA 1988, 73; MünchArbR/*Buchner* § 41 Rz. 68 ff.) davon ausgegangen, dass bei nicht besonders infektionsgefährdeten Tätigkeiten kein Fragerecht des Arbeitgebers nach einer bestehenden Aidsinfektion besteht.

Stets zulässig ist aber auch nach dieser Auffassung die Frage nach einer **akuten Aidserkrankung**.

ee) Transsexualität

283 Gibt eine transsexuelle Person, deren Geschlechtsumwandlung nach §§ 8, 10 Transsexuellengesetz noch nicht erfolgt ist, bei Einstellungsverhandlungen ihr wahres Geschlecht ungefragt nicht an, so liegt darin im Hinblick auf den Schutzzweck des Transsexuellengesetzes (TSG) keine rechtswidrige arglistige Täuschung (§ 123 Abs. 1 BGB).

284 Eine Offenbarungspflicht besteht insoweit nicht, weil § 5 TSG – wonach die transsexuelle Person bei der Vornamensänderung vor einer grundlosen Aufdeckung der von ihr vorher geführten Vornamen geschützt werden soll – zu entnehmen ist, dass die transsexuelle Person bei Bewerbungen zumindest ungefragt und ohne nähere Kenntnis, dass eine vollständige

weibliche Identität Voraussetzung für die Einstellung ist, ihre »vergangene« Identität nicht offen legen muss.

285 Allerdings kommt eine Anfechtung gem. § 119 Abs. 2 BGB in Betracht, wenn das Geschlecht als verkehrswesentliche Eigenschaft i.S. dieser Vorschrift zu verstehen ist. Das ist jedenfalls hinsichtlich der vollen weiblichen Identität für den Vertrag als Arzthelferin nach Auffassung des *BAG* (21.2.1991 EzA § 123 BGB Nr. 35) der Fall.

c) Schwerbehinderteneigenschaft

286 Die Schwerbehinderteneigenschaft ist ein Anfechtungsgrund nach § 119 Abs. 2 BGB, wenn der Arbeitnehmer wegen der Behinderung die vorgesehene Arbeit nicht zu leisten vermag (MünchArbR/*Richardi* § 46 Rz. 35).

aa) Fragerecht

287 Nach ganz überwiegend vertretener Auffassung (*BAG* 25.3.1976 EzA § 123 BGB Nr. 16; 7.6.1984 EzA § 123 BGB Nr. 24; 1.8.1985 EzA § 123 BGB Nr. 26; 3.12.1998 EzA § 123 BGB Nr. 51; *LAG Hamm* 6.11.2003 – 8 (16) Sa 1072/03 – FA 2004, 154 LS = LAG Report 2004, 230; *Zeller* BB 1987, 1523; *Natzel* SAE 1999, 220 ff.; **a.A.** *Großmann* NZA 1989, 702, weil damit die Gefahr besteht, dass ein Bewerber wegen seiner Schwerbehinderteneigenschaft nicht eingestellt wird; krit. auch *Pahlen* RdA 2001, 143 ff.) darf der Bewerber uneingeschränkt nach seiner Schwerbehinderteneigenschaft oder nach einer Gleichstellung und nach dem prozentualen Grad der Behinderung (§§ 68 ff. SGB IX) gefragt werden, weil das gesamte künftige Arbeitsverhältnis durch die Schwerbehinderteneigenschaft erheblich beeinflusst wird.

288 So besteht für den Arbeitgeber mit einer Mindestanzahl von 16 Beschäftigten die öffentlich-rechtliche Pflicht, **6 % der Arbeitsplätze mit schwerbehinderten Menschen zu besetzen**, die durch Einstellung von schwerbehinderten Menschen zur Vermeidung der Zahlung einer Ausgleichsabgabe erfüllt werden kann (vgl. *OVG Lüneburg* NZA 1989, 722; s.o. Rn. 138 ff.).

289 Für den schwerbehinderten Menschen besteht zudem ein **besonderer Kündigungsschutz** (§§ 85 ff. SGB IX) wenn das Arbeitsverhältnis länger als sechs Monate bestanden hat. Der Arbeitgeber hat häufig eine längere Kündigungsfrist einzuhalten (mindestens vier Wochen, § 86 SGB IX). Schließlich steht dem schwerbehinderten Menschen **Zusatzurlaub** in Höhe von fünf Arbeitstagen zu (§ 125 SGB IX).

290 Im Hinblick auf die in der Literatur (vgl. *Großmann* NZA 1989, 702; ErfK/*Dieterich* Art. 3 Rz. 82; ErfK/*Preis* § 611 BGB Rz. 378; *Düwell* ZTR 2000, 408) geäußerte Kritik hat das *BAG* (11.11.1993 EzA § 123 BGB Nr. 40) daran zunächst nur insoweit festgehalten, als die Schwerbehinderung für die auszuübende Tätigkeit von Bedeutung ist; inzwischen (*BAG* 5.10.1995 EzA § 123 BGB Nr. 41) hält es die Frage wieder für **uneingeschränkt zulässig**.

291 Ob daran nach Inkrafttreten des SGB IX am 1.7.2001 festgehalten werden kann, ist **fraglich**. Denn das *BAG* (5.10.1995 EzA § 123 BGB Nr. 41) hat seine Auffassung u.a. damit begründet, die Aufnahme des Verbots der Benachteiligung Behinderter in das Grundgesetz (Art. 3 Abs. 3 S. 2 GG) rechtfertige keine andere Bewertung. Ein Vergleich mit der Zulässigkeit der Frage nach der Schwangerschaft, die als diskriminierend angesehen wird, sei unstatthaft. Denn während der Gesetzgeber in § 611a BGB ein ausdrückliches geschlechtsspezifisches Diskriminierungsverbot bei der Begründung von Arbeitsverhältnissen normiert habe, fehle es im Falle der Behinderten. Da ein **derartiges Benachteiligungsverbot** – § 611a a.F. BGB nachgebildet – **nunmehr** aber **ausdrücklich in § 81 SGB IX vorgesehen** ist, kann diese Argumentation nach Auffassung von *Düwell* (BB 2001, 1529 f.; ebenso *Messingschlager* NZA 2003, 301 ff.; *Thüsing/Wege* FA 2003, 296 ff.; *von Koppenfels-Spies* ArbuR 2004, 43 ff.; *Brecht-Heitzmann* ZTR 2006, 639 ff.; diff. *Schaub* NZA 2003, 299 ff.: unzulässig nur, wenn sie zur Diskriminierung eingesetzt wird; vgl. auch *LAG Hamm* 6.11.2003 – 8 (16) Sa 1072/03 – FA 2004, 154 LS = LAG Report

2004, 230) nicht mehr aufrechterhalten werden. Das *LAG Hamm* (6.11.2003 – 8 (16) Sa 1072/03 – FA 2004, 154 LS = LAG Report 2004, 230) hatte allerdings angenommen, dass dann, wenn der Arbeitnehmer bei seiner Einstellung im Jahre **1999** die Frage nach der Schwerbehinderteneigenschaft unrichtig beantwortet hat, der Arbeitgeber gleichwohl zur Anfechtung wegen arglistiger Täuschung **im Jahre 2002** auch dann noch berechtigt ist, wenn man seit dem Inkrafttreten des SGB IX die Frage nach der Schwerbehinderteneigenschaft für unzulässig hält.

292 Jedenfalls berechtigt die Falschbeantwortung der Frage nach einer Schwerbehinderung des Arbeitnehmers dann nicht zur Anfechtung des Arbeitsvertrages, wenn die Schwerbehinderung für den Arbeitgeber **offensichtlich** war und deshalb bei ihm ein Irrtum nicht entstanden ist (*BAG* 18.10.2000 EzA § 123 BGB Nr. 56; *LAG Nbg.* 10.6.1999 ARST 1999, 283 LS).

bb) Offenbarungspflicht

293 Dagegen muss der schwerbehinderte Mensch nicht von sich aus auf die Schwerbehinderteneigenschaft oder die Gleichstellung hinweisen, es sei denn, dass er erkennen kann und muss, dass er wegen der Behinderung die vorgesehene Arbeit nicht zu leisten vermag oder eine deswegen beschränkte Leistungsfähigkeit für den vorgesehenen Arbeitsplatz von ausschlaggebender Bedeutung ist (*BAG* 1.8.1985 EzA § 123 BGB Nr. 26).

294 Ein schwerbehinderter Mensch, der bei Abschluss des Arbeitsvertrages noch für die Dauer von vier Monaten eine befristete Rente wegen Erwerbsunfähigkeit bezieht, ist deshalb nicht verpflichtet, von sich aus hierauf beim Einstellungsgespräch hinzuweisen, wenn er die ihm übertragenen Arbeitsleistungen ohne weiteres erbringen kann. Ein Anfechtungsrecht des Arbeitgebers gem. § 123 Abs. 1 BGB besteht unter diesen Voraussetzungen nicht (*LAG Düsseld.* 6.3.1991 NZA 1991, 674 LS).

d) Schwangerschaft

aa) Schwangerschaft als Anfechtungsgrund

295 Eine Anfechtung gem. § 119 Abs. 2 BGB wegen Schwangerschaft kommt nicht in Betracht, weil die ihrer Natur nach vorübergehende Schwangerschaft im Hinblick auf den Arbeitsvertrag nicht allgemein als verkehrswesentliche Eigenschaft i.S.d. § 119 Abs. 2 BGB angesehen werden kann (*BAG* 8.6.1955 AP Nr. 2 zu § 9 MuSchG; 8.9.1988 EzA § 8 MuSchG Nr. 1).

296 Etwas anderes gilt dann, wenn es sich um einen zulässigerweise befristeten Arbeitsvertrag handelt und die Arbeitnehmerin infolge der Beschäftigungsverbote und Beschäftigungsbeschränkungen des MuSchG für einen erheblichen Teil der Vertragsdauer ausfällt (*BAG* 8.9.1988 EzA § 8 MuSchG Nr. 1) bzw. wenn die vertraglich von der Frau übernommene Arbeit infolge der Schwangerschaft **nicht ausgeführt werden kann** (z.B. Tänzerin, Mannequin).

bb) Fragerecht

297 Die Frage nach einer bestehenden Schwangerschaft wird inzwischen ganz überwiegend als Verstoß gegen den Gleichbehandlungsgrundsatz nach Abs. 2 und 3 der Richtlinie 76/207 EWG sowie § 611a BGB und damit als unzulässig angesehen (*EuGH* 8.11.1990 EzA § 611a BGB Nr. 7; *LAG Düsseld.* 1.4.1992 NZA 1992, 695; **a.A.** MünchArbR/*Buchner* § 41 Rz. 91 ff.).

Das *BAG* (22.9.1961 AP Nr. 15 zu § 123 BGB; vgl. auch *LAG Düsseld.* 16.8.1986 AP Nr. 3 zu § 611 BGB Gastarbeiter) hat die Frage, sofern in angemessener Form gestellt, zunächst ohne Rücksicht auf den konkreten Arbeitsplatz für zulässig gehalten. Denn die Arbeitsvertragsparteien sind während der Einstellungsverhandlungen in ihren Entschlüssen frei. 298

Sodann ging das *BAG* (20.2.1986 EzA § 123 BGB Nr. 27; abl. *Hunold* NZA 1987, 4; *Walker* DB 1987, 273) davon aus, dass die Frage jedenfalls dann zulässig ist, wenn sich nur Frauen um den Arbeitsplatz bewerben. Ein Verstoß gegen § 611a BGB liege in dieser Situation deshalb nicht vor, weil nach dieser Vorschrift Gegenstand des Vergleichs bei der Frage nach der Benachteiligung immer ein Arbeitnehmer des anderen Geschlechts in gleicher Situation sei. Ohne das es im entschiedenen Einzelfall darauf angekommen wäre, hat das *BAG* (EzA 20.2.1986 § 123 BGB Nr. 27) aber weiter ausgeführt, dass es dazu neigt, diese Frage dann als einen Verstoß gegen § 611a BGB zu bewerten, wenn **nicht nur weibliche Bewerber in Betracht kommen**. Denn nur Frauen können schwanger werden und der Arbeitgeber wolle mit der Frage nach der Schwangerschaft gerade ausschließen, dass er einen Arbeitsvertrag mit einer Schwangeren abschließt. 299

Inzwischen geht das *BAG* (15.10.1992 EzA § 123 BGB Nr. 37) im Anschluss an den *EuGH* (30.11.1990 NZA 1991, 171) davon aus, dass die Frage nach der Schwangerschaft **generell unzulässig** ist. In Befolgung einer **gemeinschaftskonformen Auslegung** hat es die zuvor vertretene »gespaltene« Lösung zugunsten einer generalisierenden Verhinderung der Diskriminierung schwangerer Frauen aufgegeben (abl. *Ehrich* DB 1993, 431). 300

Ausnahmsweise ist die Frage nach der Schwangerschaft danach aber bei einer Arzthelferin dann sachlich gerechtfertigt, wenn sie objektiv dem gesundheitlichen Schutz der Bewerberin und des ungeborenen Kindes dient (*BAG* 1.7.1993 EzA § 123 BGB Nr. 39). **Demgegenüber** ist nach der Rechtsprechung des ***EuGH*** (3.2.2000 NZA 2000, 255; vgl. auch *EuGH* 4.10.2001 EzA § 611a BGB Nr. 17; 27.2.2003 EzA § 16 BErzGG Nr. 6 = NZA 2003, 373 zum fehlenden Anfechtungsrecht des Arbeitgebers bei Irrtum über die Schwangerschaft der vorzeitig aus dem Erziehungsurlaub – jetzt Elternzeit – zurückkehrenden Arbeitnehmerin und zur fehlenden Mitteilungspflicht trotz bestehender Beschäftigungsverbote; vgl. auch *Stürmer* NZA 2001, 526 ff.; *Nicolai* SAE 2001, 79 ff.; *Kasper* FA 2000, 243 ff.) davon auszugehen, dass ein Arbeitgeber die Einstellung einer Frau, die die erforderliche Qualifikation für eine ausgeschriebene unbefristete Stelle besitzt, **nicht allein deshalb ablehnen** kann, **weil sie schwanger ist und die im Rahmen der Stelle anfallenden Tätigkeiten aus diesem Grunde nicht von Anfang an ausüben kann**. Schutzgebote bzw. Beschäftigungsverbote für werdende Mütter dienen nämlich dem Schutz der Frau bei Schwangerschaft und Mutterschaft. Sie dürfen nicht zu Nachteilen beim Zugang zu einer Beschäftigung führen, weil dies die Wirksamkeit der Richtlinie 76/207 einschränken kann. 301

Der *EuGH* (4.10.2001 EzA § 611a BGB Nr. 16, 17; vgl. dazu *Schulte Westerberg* NJW 2003, 490 ff.; *Feldhoff* ZTR 2004, 58 ff.) hat insoweit folgende Grundsätze aufgestellt:

- Art. 10 der Richtlinie 92/85/EWG des Rates vom 19. Oktober 1992 über die Durchführung von Maßnahmen zur Verbesserung der Sicherheit und des Gesundheitsschutzes von schwangeren Arbeitnehmerinnen, Wöchnerinnen und stillenden Arbeitnehmerinnen am Arbeitsplatz (zehnte Einzelrichtlinie i.S.d. Art. 16 Abs. 1 der Richtlinie 89/391/EWG) entfaltet unmittelbare Wirkung und ist dahin auszulegen, dass er, wenn ein Mitgliedstaat innerhalb der in dieser Richtlinie vorgeschriebenen Frist keine Umsetzungsmaßnahmen getroffen hat, dem Einzelnen Rechte verleiht, die dieser vor einem nationalen Gericht gegenüber den öffentlichen Stellen dieses Staates geltend machen kann.
- Art. 10 Nr. 1 der Richtlinie 92/85 verpflichtet mit der Zulassung von Ausnahmen vom Verbot der Kündigung von schwangeren Arbeitnehmerinnen, Wöchnerinnen oder stillenden Arbeitnehmerinnen in nicht mit ihrem Zustand in Zusammenhang stehenden Ausnahmefällen, die entsprechend den einzelstaatlichen Rechtsvorschriften und/oder Gepflogenheiten zulässig sind, die Mitgliedstaaten nicht, die Gründe für eine Kündigung dieser Arbeitnehmerinnen im Einzelnen aufzuführen.

- Zwar gilt das Kündigungsverbot nach Art. 10 der Richtlinie 92/85 sowohl für unbefristete als auch für befristete Arbeitsverträge, doch kann die Nichterneuerung eines solchen Vertrages zum Zeitpunkt seiner regulären Beendigung nicht als eine nach dieser Vorschrift verbotene Kündigung angesehen werden. Soweit jedoch die Nichterneuerung eines befristeten Arbeitsvertrags ihren Grund in der Schwangerschaft der Arbeitnehmerin hat, stellt sie eine unmittelbare Diskriminierung auf Grund des Geschlechts dar, die gegen die Art. 2 Abs. 1 und 3 Abs. 1 der Richtlinie 76/207/EWG des Rates vom 9. Februar 1976 zur Verwirklichung des Grundsatzes der Gleichbehandlung von Männern und Frauen hinsichtlich des Zugangs zur Beschäftigung, zur Berufsbildung und zum beruflichen Aufstieg sowie in Bezug auf die Arbeitsbedingungen verstößt.
- Art. 10 Nr. 1 der Richtlinie 92/85, wonach einer schwangeren Arbeitnehmerin, einer Wöchnerin oder einer stillenden Arbeitnehmerin in Ausnahmefällen gekündigt werden kann, wobei ggf. die zuständige Behörde ihre Zustimmung erteilen muss, ist dahin auszulegen, dass er die Mitgliedstaaten nicht verpflichtet, die Einschaltung einer nationalen Behörde vorzusehen, die nachdem sie festgestellt hat, dass ein Ausnahmefall vorliegt, der die Kündigung einer solchen Arbeitnehmerin rechtfertigen kann, vor der entsprechenden Entscheidung des Arbeitgebers ihre Zustimmung erteilt.
- Art. 5 Abs. 1 der Richtlinie 76/207/EWG des Rates vom 9. Februar 1976 zur Verwirklichung des Grundsatzes der Gleichbehandlung von Männern und Frauen hinsichtlich des Zugangs zur Beschäftigung, zur Berufsbildung und zum beruflichen Aufstieg sowie in Bezug auf die Arbeitsbedingungen und Art. 10 der Richtlinie 92/85/EWG des Rates vom 19. Oktober 1992 über die Durchführung von Maßnahmen zur Verbesserung der Sicherheit und des Gesundheitsschutzes von schwangeren Arbeitnehmerinnen, Wöchnerinnen und stillenden Arbeitnehmerinnen am Arbeitsplatz (zehnte Einzelrichtlinie i.S.d. Art. 16 Abs. 1 der Richtlinie 89/391/EWG) stehen der Entlassung einer Arbeitnehmerin wegen Schwangerschaft entgegen,
- wenn diese auf bestimmte Zeit eingestellt wurde,
- wenn sie den Arbeitgeber nicht über ihre Schwangerschaft unterrichtet hat, obwohl ihr diese bei Abschluss des Arbeitsvertrags bekannt war,
- und wenn feststand, dass sie auf Grund ihrer Schwangerschaft während eines wesentlichen Teils der Vertragszeit nicht würde arbeiten können.
- Für die Auslegung des Art. 5 Abs. 1 der Richtlinie 76/207 und des Art. 10 der Richtlinie 92/85 ist unerheblich, dass die Arbeitnehmerin von einem sehr großen Unternehmen eingestellt wurde, das häufig Aushilfspersonal beschäftigt.

Im Anschluss daran hat das *BAG* (6.2.2003 EzA § 123 BGB 2002 Nr. 2 = NZA 2003, 848 m. Anm. *Löwisch/Fischer* SAE 2004, 126 ff.; vgl. dazu *Feldhoff* ZTR 2004, 58 ff.; krit. weil nicht weitgehend genug im Hinblick auf die oben zitierte Rechtsprechung des EuGH *von Koppenfels-Spies* ArbuR 2004, 43 ff.) seine Rechtsprechung modifiziert und folgende Grundsätze aufgestellt:

- Die Frage des Arbeitgebers nach einer Schwangerschaft vor der geplanten unbefristeten Einstellung einer Frau ist regelmäßig rechtswidrig. Das gilt auch dann, wenn die Frau die vereinbarte Tätigkeit wegen eines mutterschutzrechtlichen Beschäftigungsverbotes zunächst nicht aufnehmen kann.
- Denn ein nationales Gericht muss die Auslegung innerstaatlichen Rechts soweit wie möglich am Wortlaut und Zweck einschlägiger gemeinschaftsrechtlicher Richtlinien ausrichten, um das mit ihnen verfolgte Ziel zu erreichen. Dieser Grundsatz folgt aus dem Vorrang des Gemeinschaftsrechts vor dem nationalen Recht. Dabei kommt der Rechtsprechung des Europäischen Gerichtshofes besondere Bedeutung zu.
- Nach der Rechtsprechung des Europäischen Gerichtshofes ist die Benachteiligung einer schwangeren Bewerberin bei der Einstellung in ein unbefristetes Arbeitsverhältnis wegen Verstoßes gegen die Richtlinie 76/207/EWG unzulässig, wenn die Bewerberin ihre Arbeit nach Ablauf von gesetzlichen Schutzfristen wieder aufnehmen kann. Das gilt auch dann, wenn sie zu Beginn des Arbeitsverhältnisses wegen eines gesetzli-

chen Beschäftigungsverbotes nicht beschäftigt werden kann. Die Benachteiligung würde in diesen Fällen auf dem Geschlecht beruhen.
- In Übereinstimmung mit dieser Rechtsprechung geht nunmehr auch der Senat davon aus, dass die Frage des Arbeitgebers nach einer Schwangerschaft vor der geplanten unbefristeten Einstellung einer Frau regelmäßig gegen § 611a BGB verstößt und daher unzulässig ist.
- Wird die Frage wahrheitswidrig verneint, so liegt darin keine »arglistige Täuschung« i.S.d. § 123 BGB. Dies gilt auch dann, wenn für die vereinbarte Tätigkeit ein Beschäftigungsverbot nach dem Mutterschutzgesetz besteht.

Unzulässig ist ohnehin die Frage nach der letzten Periode (*LAG Düsseld.* 30.9.1971 LAGE § 123 BGB Nr. 1).

cc) Offenbarungspflicht

Von sich aus muss eine Frau nicht auf eine bestehende Schwangerschaft hinweisen, es sei denn, dass sie die arbeitsvertraglich geschuldete Arbeitsleistung nicht erbringen kann. **302**

Das kann z.B. bei einer Einstellung als Tänzerin, Mannequin, aber auch als Nachtschwester der Fall sein, weil die Schwangerschaft insoweit in Verbindung mit einer notwendigen, aber noch nicht erteilten Ausnahmegenehmigung offensichtliche und erhebliche Folgen für die Abwicklung des Arbeitsverhältnisses hat (*BAG* 8.6.1955 AP Nr. 2 zu § 9 MuSchG; 6.10.1962 AP Nr. 24 zu § 9 MuSchG; 22.9.1961 AP Nr. 15 zu § 123 BGB; 8.9.1988 EzA § 8 MuSchG Nr. 1; vgl. auch *LAG Düsseld.* 15.6.1973 EzA § 132 BGB Nr. 11; **a.A.** *LAG Hamm* 1.3.1999 – 19 Sa 2596/98 – selbst dann, wenn der vertragsgemäßen Beschäftigung der Arbeitnehmerin bereits von Beginn des Arbeitsverhältnisses an ein schwangerschaftsbedingtes Beschäftigungsverbot entgegensteht; ebenso *ArbG Leipzig* 31.8.2000 NZA-RR 2000, 628; vgl. auch *Paul* DB 2000, 974 ff.). Diese Rechtsprechung ist inzwischen durch die Rechtsauffassung des *EuGH* (3.2.2000 NZA 2000, 255; vgl. auch *EuGH* 4.10.2001 EzA § 611a BGB Nr. 17; 27.2.2003 EzA § 16 BerzGG Nr. 6 = NZA 2003, 373) obsolet; eine Offenbarungspflicht besteht insoweit nicht.

e) Vorstrafen; strafrechtliche Ermittlungsverfahren

aa) Fragerecht

Die Frage nach Vorstrafen (nach Straftaten auf vermögensrechtlichem, politischem, verkehrsrechtlichem Gebiet) ist nur dann zulässig, wenn die zu besetzende Arbeitsstelle oder die zu leistende Arbeit dies erfordert (*BAG* 5.12.1957 AP Nr. 2 zu § 123 BGB; 20.5.1999 EzA § 123 BGB Nr. 52). **303**

Der Bewerber kann sich als unbestraft bezeichnen, wenn die Strafe nach dem Bundeszentralregistergesetz (BZRG) **nicht in das Führungszeugnis** oder nur in ein Führungszeugnis nach § 30 Abs. 3, 4 BZRG aufzunehmen oder gem. §§ 51, 53 BZRG im Register zu tilgen ist (MünchArbR/*Buchner* § 41 Rz. 143 ff.).

Fraglich ist allerdings, ob auf entsprechende Fragen bei Bewerbern für besonderes Vertrauen erfordernde Positionen nicht gleichwohl eine Mitteilungspflicht besteht. **304**

Dafür spricht, dass je mehr es um Positionen mit Entscheidungsbefugnissen geht, desto größeres Gewicht die Vertrauenswürdigkeit als persönliches Qualifikationsmerkmal erlangt (**a.A.** *Staudinger/Richardi* § 611 Rz. 106).

Zweifelhaft ist, ob der Arbeitgeber ein Führungszeugnis nach dem BZRG anfordern darf **305**
(verneinend *Wohlgemuth* DB 1985 Beilage Nr. 21, S. 1 ff.).

Fraglich ist, ob ein Fragerecht des Arbeitgebers wegen **anhängiger Ermittlungsverfahren** besteht. Bei der Prüfung der Eignung des Bewerbers für die geschuldete Tätigkeit – z.B.

bei der Einstellung in den Polizeivollzugsdienst – kann es jedenfalls je nach den Umständen zulässig sein, danach zu fragen (*BAG* 20.5.1999 EzA § 123 BGB Nr. 52; *LAG Bra.* 27.1.1998 ZTR 1998, 521; **a.A.** *ArbG Münster* 20.11.1992 NZA 1993, 461).

306 Nach Auffassung von *Buchner* (MünchArbR § 41 Rz. 104–146) ist allerdings für den Bereich der Führungskräfte insgesamt sowie bei schwersten Delikten auch für andere Arbeitnehmer eine abweichende Bewertung erforderlich.

bb) Offenbarungspflicht

307 Ein Arbeitnehmer, der sich um eine Dauerstellung bewirbt, muss von sich aus und ungefragt eine rechtskräftig verhängte und demnächst zu verbüßende mehrmonatige Freiheitsstrafe offenbaren.

Das gilt selbst dann, wenn der Bewerber eine Strafverbüßung im offenen Vollzug beantragt und die Chance hat, diese bewilligt zu erhalten (*LAG Frankf.* 7.8.1986 NZA 1987, 352). Das *BAG* (18.9.1987 EzA § 123 BGB Nr. 28) hat die Anfechtung des Arbeitsvertrages durch den Arbeitgeber gleichwohl letztlich als unwirksam erachtet, weil der Freigängerstatus später noch bewilligt worden war und so der Arbeitnehmer seiner Arbeitspflicht nachkommen konnte. Der Anfechtungsgrund hatte folglich zum Zeitpunkt der Anfechtungserklärung bereits seine Bedeutung verloren (nur für ein Fragerecht des Arbeitgeber *Staudinger/Richardi* § 611 Rz. 107; beides abl. *Moritz* NZA 1987, 335).

308 Bei der Prüfung der Eignung des Bewerbers für die geschuldete Tätigkeit – z.B. bei der Einstellung in den Polizeivollzugsdienst – kann es auch je nach den Umständen zulässig sein, diesen zu verpflichten, während eines längeren Bewerbungsverfahrens anhängig werdende einschlägige Ermittlungsverfahren nachträglich mitzuteilen (*BAG* 20.5.1999 EzA § 123 BGB Nr. 52).

f) Persönliche Lebensverhältnisse; pflegebedürftige Angehörige

309 Fragen nach familiären Verhältnissen (Ehegatten, Kindern) sind zulässig, wenn der Arbeitgeber ein betriebsbezogenes Interesse (z.B. hinsichtlich des Wohnortes) an einer Auskunft hat; eine Ausforschung des Intimbereichs ist dagegen unzulässig.

310 Vorbehaltlich der Verfassungsgarantie der Kirchenautonomie (Art. 140 GG; s.u. Rn. 316) und insgesamt bei der Bewerbung um eine Beschäftigung in einem **Tendenzbetrieb** sind daher Fragen nach dem Bestehen einer nichtehelichen Lebensgemeinschaft, einer bevorstehenden Heirat oder danach, ob der Arbeitnehmer geschieden ist, nach der Religionszugehörigkeit, einer Parteimitgliedschaft oder politischen Anschauungen und Aktivitäten nicht zulässig.

311 Die Frage nach der **Gewerkschaftszugehörigkeit** verstößt vor der Einstellung gegen Art. 9 Abs. 3 GG; nach der Einstellung ist sie dagegen zulässig, wenn und soweit die Anwendung von Tarifverträgen davon abhängt, dass der Arbeitnehmer einer tarifschließenden Gewerkschaft angehört (§§ 3, 4 TVG; *Staudinger/Richardi* § 611 Rz. 96 ff.). **Der Arbeitnehmer kann demgegenüber uneingeschränkt nach der Tarifbindung des Arbeitgebers fragen** (*BAG* 19.3.2003 NZA 2003, 1207; vgl. dazu *Boemke* NZA 2004, 142 ff.).

312 Unzulässig ist auch die Frage danach, ob der Bewerber **Wehrdienst** oder **Zivildienst** geleistet hat oder leisten möchte (Art. 4 Abs. 3 GG) oder danach, ob er derzeit Nebentätigkeiten durchführt oder dieses plant (Art. 12 Abs. 1 GG; vgl. MünchArbR/*Buchner* § 41 Rz. 12 ff., 115 ff.).

Im Hinblick auf den unmittelbar nach Begründung des Arbeitsverhältnisses, insbesondere bereits vor Anwendbarkeit des KSchG vorgesehenen **besonderen Kündigungsschutz** nach **§ 5 PflegezeitG** ist fraglich, inwieweit der Arbeitgeber ein berechtigtes Interesse an der Frage nach pflegebedürftigen Angehörigen des Arbeitnehmers i.S.d. § 7 Abs. 3 PflegezeitG bzw. nach der Absicht, Pflegezeit i.S.d. § 4 PflegezeitG in absehbarer Zeit in Anspruch zu nehmen, hat. Es wird wohl danach zu **differenzieren** sein, ob es sich um eine beabsichtigte **Dau-**

eranstellung – dann kein Fragerecht, weil ein nur vorübergehender Zustand (s. § 4 Abs. 1 PflegezeitG) – oder um eine Einstellung z.B. zum **Zwecke der Vertretung** handelt – dann Fragerecht, wenn der Vertragszweck gefährdet ist.

g) Persönliche Eigenschaften

Da Eigenschaften wie Pünktlichkeit, Korrektheit bei der Erfüllung arbeitsvertraglicher Verpflichtungen einschließlich der Beachtung des geschuldeten arbeitsvertraglichen Begleitverhaltens für das Arbeitsverhältnis und seine reibungslose Abwicklung von Bedeutung sind, stehen dem Arbeitgeber entsprechende Informationen über das Verhalten des Arbeitnehmers im früheren Arbeitsverhältnis zu. **313**

Daher kann z.B. Auskunft über die Gründe einer verhaltens- oder personenbedingten Kündigung im früheren Arbeitsverhältnis verlangt werden (auch wenn sie für die soziale Rechtfertigung einer Kündigung noch nicht ausreichend waren) und deshalb auch schon über die Vorfrage, ob sich der Arbeitnehmer zum Zeitpunkt der Bewerbung noch in einem **ungekündigten Arbeitsverhältnis** befindet (MünchArbR/*Buchner* § 41 Rz. 112 ff.). **314**

h) Tätigkeit bei Tendenzunternehmen

Tendenzträger im Tendenzunternehmen übernehmen die arbeitsvertragliche Aufgabe, die Politik des Tendenzunternehmens intern mit zu entwickeln, zu begründen und nach außen zu vertreten. Sie müssen diese auch i.d.R. von ihrer weltanschaulichen, politischen und gewerkschaftlichen Überzeugung her mittragen. Deshalb steht dem Arbeitgeber insoweit ein Recht zur Erhebung der für die Beurteilung maßgeblichen Tatsachen zu. **315**

Kirchliche Einrichtungen können z.B. den Abschluss eines Arbeitsvertrages davon abhängig machen, dass der Bewerber um den Arbeitsplatz der Kirche angehört. Schon daraus folgt, dass der kirchliche Arbeitgeber die Frage nach der **Religionszugehörigkeit** stellen darf. Da aber ein kirchlicher Arbeitgeber jeden Arbeitnehmer zu einer Leistung und Loyalität verpflichten kann, die der Stellung der Einrichtung in der Kirche und der übertragenen Funktion gerecht werden, sind auch weitergehende Fragen zulässig. Sie sind sogar geboten, weil ein Arbeitgeber bei der Vertragsanbahnung klarstellen muss, welche Anforderungen an eine Person gestellt werden, die im Dienst der Kirche steht. Es gehört zu seinen Obliegenheiten bei Vertragsschluss, dem Bewerber mitzuteilen, dass die Gestaltung des kirchlichen Arbeitsverhältnisses von der Dienstgemeinschaft aller ausgeht, in der jeder Mitarbeiter das kirchliche Selbstverständnis der Einrichtung anerkennt und seiner Leistungserbringung und dem Verhalten außerhalb des Dienstes zugrunde legt (MünchArbR/*Richardi* § 193 Rz. 16). **316**

i) Sicherheitsbedenken

Weil Sicherheitsbedenken allein noch keinen ohne weiteres eine ordentliche Kündigung sozial rechtfertigenden Grund darstellen (*BAG* 26.10.1978 EzA § 1 KSchG Nr. 38) geht *Buchner* (MünchArbR § 41 Rz. 128–146) davon aus, dass dem Arbeitgeber die Tatsachenerhebung und das dazu erforderliche Fragerecht (hinsichtlich persönlicher, familiärer Daten, Vorstrafen, der Zuverlässigkeit des Bewerbers) wegen tatsächlich **begründeter Sicherheitsbedenken** vor der Einstellungsentscheidung – keineswegs beschränkt auf den Verteidigungs- und Rüstungsbereich – **nicht verwehrt werden kann**. **317**

j) Zugehörigkeit zur Scientology-Organisation

Bei der Entscheidung über die Besetzung einer **Vertrauensstellung**, das sind insbes. Führungspositionen sowie alle sonstigen Arbeitsplätze, die Zugang zu unternehmensinternen Daten gewähren, ist die Frage nach der Mitgliedschaft des Kandidaten zur Scientology-Organisation zulässig (*Bauer/Baeck/Merten* BB 1997, 2534; für den öffentlichen Dienst vgl. *Berger-Delhey* ZTR 1999, 116). **318**

k) Mitarbeit für das MfS

319 Die wahrheitswidrige Beantwortung der Frage nach einer Mitarbeit für das Ministerium für Staatssicherheit der ehemaligen DDR kann bei einer Einstellung in den öffentlichen Dienst u.U. die Anfechtung des Arbeitsvertrages wegen einer arglistigen Täuschung gem. §§ 123, 142 BGB rechtfertigen.

320 Denn ein als Lehrer im öffentlichen Dienst eingestellter Arbeitnehmer ist verpflichtet, die in einem Fragebogen gestellte Frage nach einer Mitarbeit für das MfS wahrheitsgemäß zu beantworten. Nach Art. 33 Abs. 2 GG hat jeder Deutsche nach seiner Eignung, Befähigung und fachlichen Leistung gleichen Zugang zu jedem öffentlichen Amt. Zur Eignung in diesem Sinne gehören auch die Fähigkeit und die innere Bereitschaft, die dienstliche Aufgabe nach den Grundsätzen der Verfassung wahrzunehmen, insbesondere die **Freiheitsrechte der Bürger zu wahren** und rechtsstaatliche Regeln einzuhalten. Deshalb ist es grds. nicht zu beanstanden, wenn bei Einstellungen in den öffentlichen Dienst auch eine etwaige frühere Mitarbeit für das MfS herangezogen wird (*BAG* 16.12.2004 EzA § 123 BGB 2002 Nr. 5 = ZTR 2005, 379 = NZA 2006, 624 LS).

321 Die Anfechtung ist jedoch ausgeschlossen (§ 242 BGB), wenn die Rechtslage des Getäuschten im Zeitpunkt der Anfechtung nicht mehr beeinträchtigt ist (*BAG* 28.5.1998 EzA § 123 BGB Nr. 49; s.u. Rn. 513 f.; zur Kündigung des Arbeitsverhältnisses vgl. *BAG* 21.6.2001 NZA 2002, 168 LS). Fragen nach **vor 1970 abgeschlossenen Tätigkeiten** für das MfS sind aber nur dann statthaft, wenn diese Tätigkeiten **besonders schwer wiegen.** Eine arglistige Täuschung kann auch darin liegen, dass der Arbeitnehmer, der mit einer berechtigten Frage des öffentlichen Arbeitgebers nach einer Tätigkeit für das MfS rechnet, unaufgefordert bei seiner Bewerbung versichert (z.B. »an Eides statt«), er sei nicht für das MfS tätig gewesen (*BAG* 6.7.2000 EzA § 123 BGB Nr. 55).

322 Etwas anderes gilt aber dann, wenn zum Zeitpunkt der Fragestellung die Tätigkeit für das MfS **erst etwas mehr als 10 Jahre zurücklag.** Denn dieser Zeitraum ist in jedem Fall zu kurz, um die Annahme zu rechtfertigen, die MfS-Tätigkeit habe so lange zurückgelegen, dass allein der Ablauf der Zeit »die Wunden geheilt« habe (*BAG* 16.12.2004 EzA § 123 BGB 2002 Nr. 5 = ZTR 2005, 379 = NZA 2006, 624 LS). Dabei sind an einen **Lehrer,** der lernbehinderte Schüler in Sport und Werken zu unterrichten hat, keine geringeren Anforderungen zu stellen, als sie üblicherweise von Lehrern mit dieser Fächerkombination zu verlangen sind. Die geltende Verfassungsordnung baut im Kern und entscheidend auf der Achtung und dem Schutz der Menschenwürde durch die staatliche Gewalt auf. Gerade gegenüber Personen, die auf Grund von Behinderungen in der eigenen Rechtsausübung gefährdet sind, bedarf es **besonderer und fürsorglicher Beachtung ihrer Menschenwürde und Freiheitsrechte** seitens des Staates und der von ihm eingesetzten Lehrer. Außerdem bedarf dieser Kreis der Lehrer an staatlichen Schulen in besonderem Maße des Vertrauens der Eltern, der Öffentlichkeit und des Dienstherrns in seine innere Einstellung zu den Grundwerten der Verfassung (*BAG* 16.12.2004 EzA § 123 BGB 2002 Nr. 5 = ZTR 2005, 379 = NZA 2006, 624 LS).

Die **fehlende Zustimmung des Personalrats** zu einem Personalfragebogen gibt dem Arbeitnehmer im Übrigen nicht das Recht, eine in dem Fragebogen individualrechtlich zulässigerweise gestellte Frage nach einer früheren MfS-Tätigkeit wahrheitswidrig zu beantworten (*BAG* 2.12.1999 NZA 2001, 107; vgl. dazu *Gitter* SAE 2000, 346 ff.).

323 Im Gegensatz zu der Frage nach einer Mitarbeit für das MfS ist die Frage nach erfolglosen Anwerbungsversuchen seitens des MfS **nicht zulässig,** da sie in keinerlei Zusammenhang mit der Pflichtenbindung im Arbeitsverhältnis steht. Die lediglich **kurzzeitige Untervermietung einer Wohnung** ist im Übrigen keine »Arbeit« für das MfS (*BAG* 1.7.1999 NZA-RR 1999, 635; zur Frage nach früheren »Stasi-Kontakten« vgl. *BAG* 13.6.2002 EzA § 1 KSchG Verhaltensbedingte Kündigung Nr. 57).

Es sind auch in der Privatwirtschaft Arbeitsplätze denkbar, bei denen eine frühere Tätigkeit des Einzustellenden für das MfS derart gravierende Eignungsmängel erkennen lässt, dass der Betreffende eine entsprechende Frage des Arbeitgebers wahrheitsgemäß zu beantworten hat (*BAG* 25.10.2001 NZA 2002, 639 LS). 324
Solange der Arbeitgeber keine konkrete Frage stellt, muss sich der Arbeitnehmer allerdings nicht über »Stasi-Kontakte« unbestimmter Art »offenbaren« (*BAG* 13.6.2002 EzA § 1 KSchG Verhaltensbedingte Kündigung Nr. 57).

l) Frage nach früheren Beschäftigungen im Unternehmen (bei befristeten oder auflösend bedingten Arbeitsverhältnissen)

Gem. § 14 Abs. 2 TzBfG (s.u. Kap. 5 Rn. 206 ff.) ist seit dem 1.1.2001 der Abschluss eines sachgrundlos befristeten Arbeitsvertrages mit einem Arbeitnehmer dann unzulässig, wenn mit demselben Arbeitgeber bereits ein befristetes oder unbefristetes Arbeitsverhältnis bestanden hatte. Daraus wird abgeleitet, dass der **Arbeitgeber befugt** sein soll, vor Abschluss eines befristeten Vertrages den Bewerber **ausdrücklich nach früheren Beschäftigungen im Unternehmen zu fragen** bzw. eine entsprechende Frage ausdrücklich in einen Einstellungsfragebogen aufzunehmen (*Bauer* BB 2001, 2476; *Kliemt* NZA 2001, 300). 325

Ob bei einer wahrheitswidrigen Beantwortung der Frage allerdings eine Anfechtung gem. § 123 BGB oder gem. § 119 BGB in Betracht kommt, ist **zweifelhaft**, verfügt der Arbeitgeber doch über dieselben Erkenntnismöglichkeiten hinsichtlich des hier maßgeblichen Vorgangs wie der Arbeitnehmer. Auch der Vorschlag, in einer Präambel des befristeten Vertrages die Zusicherung einer fehlenden Vorbeschäftigung aufzunehmen mit der Maßgabe, dass dann, wenn sich der Arbeitnehmer später und zutreffend auf eine Vorbeschäftigung beruft, die Geschäftsgrundlage wegfalle und das Arbeitsverhältnis mit sofortiger Wirkung ende (so *Straub* NZA 2001, 923; *Bauer* BB 2001, 2477), überzeugt nicht, weil ein Kenntnisvorsprung des Arbeitnehmers nicht besteht und im Hinblick auf Namensänderungen, Änderungen in der Betriebs-, Unternehmens- und Konzernstruktur das Fehlerrisiko eher auf Seiten des Arbeitgebers liegt. 326

m) Drogenkonsum

Anlässlich einer Einstellungsuntersuchung darf der Arbeitgeber ein **Drogenscreening** verlangen, wenn eine Alkohol- oder Drogenabhängigkeit des Bewerbers seine **Eignung für den Arbeitsplatz entfallen** ließe. Das ist insbes. der Fall bei **gefährdeten oder gefährdenden Tätigkeiten** (z.B. Gerüstbauer, Pilot, Waffenträger usw.). Die **Rechtsschutzmöglichkeiten eines Bewerbers**, der wegen Verweigerung eines unzulässigen Drogentests abgelehnt wird, sind **gering**. Er kann allenfalls Schadensersatz- oder Schmerzensgeldansprüche geltend machen, deren Voraussetzungen schwer nachweisbar sind (vgl. *Diller/Powietzka* NZA 2001, 1227 ff.). 327

n) Befinden in einem ungekündigten Arbeitsverhältnis

I. d. R. besteht nach Auffassung des *LAG München* (3.2.2005 LAGE § 123 BGB 2002 Nr. 1) beim Abschluss eines Arbeitsvertrages **keine Offenbarungspflicht** dahin, dass sich der Arbeitnehmer in einem ungekündigten Arbeitsverhältnis befindet und dieses bis zum Beginn des neuen Arbeitsverhältnisses unter Beachtung der geltenden Kündigungsfristen nicht mehr beenden kann. 328

3. Beschränkung der Informationserhebung bei Dritten

Zwar sind bei der Informationserhebung des Arbeitgebers bei Dritten (z.B. weil ein Fragerecht gegenüber dem Arbeitnehmer nicht besteht oder weil dieser nicht die notwendigen, z.B. medizinischen Einzelheiten, kennt) im Verhältnis Arbeitgeber/Arbeitnehmer die gleichen normativen Schutzbestimmungen (s.o. Rn. 247 ff.) zu beachten. 329

330 Andererseits kann der Arbeitgeber an der Informationserhebung bei Dritten **noch weniger gehindert werden**, als an der Wahrnehmung der Informationsmöglichkeiten gegenüber dem Einstellungsbewerber selbst. Allenfalls die Herausgabe persönlicher Daten, nicht jedoch die Nachfrage nach solchen Daten kann das Persönlichkeitsrecht des Bewerbers verletzen (*BAG* 18.12.1984 EzA § 611 BGB Persönlichkeitsrecht Nr. 2).

a) Einschränkung der Informationserhebung durch Zuständigkeitsnormen

331 **Dritte unterliegen nicht den Grenzen des Fragerechts.** Es kann jedoch eine nur beschränkte Zuständigkeit (insbes. bei Behörden, z.B. bei Auskünften aus dem Bundeszentralregister [BZRG] oder der Verfassungsschutzbehörden bei Arbeitnehmern in sicherheitsempfindlichen Bereichen ist diese einschließlich ihrer Grenzen ausdrücklich normiert) zur Informationsgewährung sowie das rechtliche Erfordernis gegeben sein, personenbezogene Daten **nur mit Einwilligung** des Betroffenen weiterzugeben.

332 Schlechthin unzulässig ist die Einholung einer ärztlichen Auskunft über den Gesundheitszustand des Arbeitnehmers ohne dessen Einwilligung. Unzulässig ist auch die Anforderung eines Aidstests oder einer Genomanalyse, soweit dadurch ein umfassendes Gesundheitsprofil i.S.v. Erkenntnissen über die Disposition für Krankheiten erstellt werden kann, da der Arbeitgeber dies nicht verlangen kann.

333 Allerdings wird die Zulässigkeit einer Genomanalyse nach Maßgabe noch zu schaffender gesetzlicher Bestimmungen in Betracht gezogen, wenn auf Grund des Gefahrenpotentials des Arbeitsplatzes die Erhebung der Krankheitsdisposition des Einstellungsbewerbers in dessen Interesse geboten erscheint, um **mögliche Gesundheitsgefährdungen auszuschließen** (MünchArbR/*Buchner* § 41 Rz. 214 ff.).

b) Ärztliche und psychologische Untersuchungen

334 Der Arbeitgeber kann und muss zum Teil nach Maßgabe gesetzlicher Vorschriften (z.B. § 43 IfSG) verlangen, dass sich der Arbeitnehmer einer ärztlichen Einstellungs- oder auch sonstigen Eignungsuntersuchung (auf Kosten des Arbeitgebers) unterzieht.

335 Mit ausdrücklich oder stillschweigend erteilter Einwilligung des Bewerbers sind psychologische Tests durch eine hierfür zuständige Stelle zulässig, wenn es um die Feststellung der Eignung eines Arbeitnehmers geht und dieser durch sein Verhalten Anlass zu Zweifeln an seiner Eignung gegeben hat (*BAG* 13.2.1964 AP Nr. 1 zu Art. 1 GG).

336 Entsprechendes gilt für mit Einwilligung des Bewerbers eingeholte **graphologische Gutachten**, die das *BAG* (16.9.1982 EzA § 123 BGB Nr. 22) trotz des damit verbundenen Ausleuchtens der Persönlichkeit für zulässig erachtet.

337 In der Einreichung eines **handgeschriebenen Lebenslaufs** liegt zugleich auch die Einwilligung zur Einholung eines graphologischen Gutachtens, wenn der Stellenbewerber in einem Begleitschreiben auf die Vorzüge der angewandten Graphologie hinweist (*BAG* 16.9.1982 EzA § 123 BGB Nr. 22).

c) Informationen durch den früheren oder derzeitigen Arbeitgeber

338 Inwieweit der frühere oder derzeitige Arbeitgeber Informationen über den Bewerber geben darf oder geben muss, richtet sich nach der zwischen Bewerber und Arbeitgeber (noch) bestehenden Rechtsbeziehung. Eine Verpflichtung zur Auskunftserteilung (z.B. über Qualifikation und Leistungsverhalten) besteht zwar nicht dem potentiellen neuen Arbeitgeber gegenüber, aber zu dessen Gunsten im Wege einer nachwirkenden Fürsorgepflicht im Verhältnis zum Einstellungsbewerber aus dem noch bestehenden oder früheren Arbeitsverhältnis (*BAG* 25.10.1957 AP Nr. 1 zu § 630 BGB).

Für diese Auskunftserteilung gelten **dieselben Schranken wie für die Zeugniserteilung**. Der Arbeitnehmer kann verlangen, dass eine falsche Auskunft richtig gestellt wird und er hat, wenn weitere Beeinträchtigungen zu besorgen sind, einen Anspruch auf Unterlassung von Auskünften (MünchArbR/*Wank* § 128 Rz. 60). 339

Demgegenüber lässt sich nach Auffassung des *LAG Hmb.* (BB 1985, 804; abl. dazu *Schulz* NZA 1990, 717) eine Auskunft freier gestalten als ein Zeugnis. Deshalb soll der Arbeitgeber angesichts des vertraulichen Charakters einer Auskunft bei der Auskunftserteilung Umstände mitteilen dürfen, die in das Zeugnis nicht aufgenommen zu werden pflegen. Die Auskunft darf danach grds. auch ungünstige Bemerkungen über Leistung und Führung des Arbeitnehmers sowie über den Grund seines Ausscheidens enthalten. Jedenfalls ist ein wahrheitsgemäßer Hinweis eines ehemaligen Arbeitgebers an einen potentiellen künftigen Arbeitgeber auf **Arbeitsunfähigkeitszeiten** eines Arbeitnehmers wegen epileptischer Anfälle dann nicht rechtswidrig, wenn die erteilte Auskunft für den potentiellen Arbeitgeber von **berechtigtem Interesse** ist, z.B. wegen der beabsichtigten Beschäftigung auf Baustellen und damit auch u.U. auf Gerüsten (*LAG Köln* 27.6.1997 NZA-RR 1998, 533). 340

Haben sich die Parteien durch gerichtlichen Vergleich auf einen **bestimmten Zeugnisinhalt geeinigt**, dann ist der Arbeitgeber bei Auskunftserteilung aber jedenfalls an den Vergleichsinhalt gebunden (*LAG Hmb.* BB 1985, 804). 341

Verstößt der Arbeitgeber gegen die ihm obliegenden Pflichten, so hat der Arbeitnehmer Anspruch auf **Schadensersatz** aus dem Arbeitsverhältnis wegen Verletzung der Fürsorgepflicht, auch wenn dieses bereits beendet ist, oder aus §§ 824, 826 BGB. 342

Für die Behauptung, wegen der Pflichtverletzung einen neuen Arbeitsplatz nicht gefunden zu haben, ist der Arbeitnehmer darlegungs- und beweispflichtig. Es gibt keinen Erfahrungssatz, auf den man die tatsächliche Vermutung stützen kann, dass eine Bewerbung nur deshalb erfolglos blieb, weil ein früherer Arbeitgeber über den Bewerber eine negative Auskunft erteilt hat (*LAG Frankf.* 20.12.1979 BB 1980, 1160 LS; *LAG Bln.* 8.5.1989 NZA 1989, 965). 343

Unabhängig von diesem Anspruch des Arbeitnehmers ist der Arbeitgeber auch gegen den Willen des Arbeitnehmers berechtigt, Informationen über Leistung und Verhalten des Arbeitnehmers während des Arbeitsverhältnisses an Personen zu erteilen, die ein **berechtigtes Interesse an der Erlangung der Auskunft haben**, selbst wenn sie dem Arbeitnehmer schaden (*BAG* 25.10.1957 AP Nr. 1 zu § 630 BGB). Dies gilt aber nicht für persönliche Daten, insbes. die zwischen den Parteien vereinbarten Arbeitsbedingungen (*BAG* 18.12.1984 EzA § 611 BGB Persönlichkeitsrecht Nr. 2). 344

Verstößt der Arbeitgeber dagegen, z.B. indem er dem anderen Arbeitgeber den Arbeitsvertrag und einen Personalkreditvertrag zeigt, so liegt in der Preisgabe personenbezogener Daten eine **Verletzung des Persönlichkeitsrechts**. Von der Schwere des Eingriffs hängt es ab, ob der Betroffene Schmerzensgeld für seinen immateriellen Schaden verlangen kann. Das ist dann nicht der Fall, wenn die Rechtsverletzung dem Arbeitnehmer keinerlei Nachteile verursacht hat und aus der Sicht des Arbeitgebers seinen Interessen dienen sollte (*BAG* 18.12.1984 EzA § 611 BGB Persönlichkeitsrecht Nr. 2). 345

Die Auskünfte des Arbeitgebers müssen **richtig i.S. einer wahrheitsgemäßen Zeugniserteilung** sein (*BAG* 25.10.1957 AP Nr. 1 zu § 630 BGB).

Gegenüber Dritten kann ausnahmsweise eine vertragsähnliche Haftung in Betracht kommen. 346

Die versprochene Leistung kann zum Inhalt haben, dass der die Auskunft Erteilende deren Richtigkeit garantiert. Dies ist der Fall, wenn das Vertrauen des Auskunftsempfängers auf die Richtigkeit der Auskunft so weit geht, dass seine Dispositionen davon beeinflusst werden (BGHZ 74, 281). Insoweit liegt ein stillschweigender Abschluss eines Auskunftsvertrages zwischen dem früheren und dem möglichen neuen Arbeitgeber vor, denn die erbetene Auskunft hat für den möglichen neuen Arbeitgeber i.d.R. besondere wirtschaftliche Bedeu- 347 tung (*BGH* 20.1.1954 BGHZ 12, 105; 7.6.1956 BB 1956, 770). Auf jeden Fall **darf der neue Arbeitgeber auf die Richtigkeit** des Zeugnisses wie auch **der Auskunft vertrauen** (MünchArbR/*Wank* § 128 Rz. 61).

4. Bewerbungsunterlagen; Datenschutz

348 **Der Arbeitgeber ist verpflichtet, Bewerbungsunterlagen sorgfältig aufzubewahren** und sie unverzüglich wieder **auszuhändigen**, sobald feststeht, dass ein Arbeitsvertrag nicht zustande kommt. Im Falle eines Vertragsabschlusses hat er sie zurückzugeben, soweit sie für ihn nicht mehr von wesentlicher Bedeutung sind (MünchArbR/*Richardi* § 45 Rz. 40).

349 Die vom Arbeitgeber bei der Einstellung erhobenen Daten stehen nicht zu seiner freien Disposition. Grenzen der Datenspeicherung und -nutzung ergeben sich aus allgemeinen persönlichkeitsrechtlichen Grundsätzen sowie dem BDSG (s.u. Kap. 3 Rn. 3031 ff.).

350 Sensible personenbezogene Daten (z.B. ärztliche Zeugnisse) dürfen den Personalakten nicht offen beigelegt, sondern müssen gesondert verschlossen aufbewahrt werden (*BAG* 15.7.1987 EzA § 611 BGB Persönlichkeitsrecht Nr. 5).
Dritten, die nicht mit Personalentscheidungen betraut sind, dürfen die Bewerbungsunterlagen nur mit Zustimmung des Betroffenen zugänglich gemacht werden; der Arbeitgeber ist verpflichtet, sie sorgfältig aufzubewahren.

351 Eine Ausnahme vom Weiterleitungsverbot gilt für die Personen und Stellen im Betrieb, die für den Arbeitgeber die Einstellungsentscheidung vorbereiten oder von Gesetzes wegen an ihr beteiligt sind; das gilt insbes. für den Betriebsrat (§ 99 BetrVG; MünchArbR/*Richardi* § 45 Rz. 41).

352 Ein **erfolglos gebliebener Bewerber** hat analog § 1004 BGB einen **Anspruch auf Vernichtung des Personalfragebogens** (*BAG* 6.6.1984 EzA Art. 2 GG Nr. 4), da die dauerhafte Aufbewahrung dieser persönlichen Daten einen Eingriff in das Persönlichkeitsrecht des Bewerbers darstellt.

353 Etwas anderes gilt, wenn der Arbeitgeber ein berechtigtes Interesse an der Aufbewahrung hat, z.B. dann, wenn die Bewerbung des Arbeitnehmers im Einverständnis der Parteien in absehbarer Zeit wiederholt werden soll. Ein schutzwürdiges Interesse an der Aufbewahrung kann auch dann bestehen, wenn der Arbeitgeber mit Rechtsstreitigkeiten über die negative Entscheidung des betroffenen Bewerbers oder eines konkurrierenden Dritten rechnen muss. Demgegenüber genügt noch nicht die bloße Absicht, den Fragebogen bei einer nochmaligen Bewerbung zu einem Datenvergleich heranzuziehen, oder den Bewerber später zu einer nochmaligen Bewerbung anzuhalten.

5. Die aktuelle Entwicklung: Background Checks und ihre Grenzen

354 Hinsichtlich der Beantwortung der Frage, welchen Grenzen Arbeitgeber unterworfen sind, wenn sie im Vorfeld von Einstellungen sog. Background Checks von Bewerbern durchführen möchten (z.B. unter Vorlage von Führungszeugnissen, SCHUFA-Auskünften), gelten zusammengefasst folgende Grundsätze (vgl. *Hohenstatt/Starner/Hinrichs* NZA 2006, 1065 ff.; *Thum/Szcesny* BB 2007, 2405 ff.):

- Die Reichweite des Informationsverschaffungsanspruchs im Einstellungsverfahren wird maßgeblich geprägt durch die von der Rechtsprechung zum Fragerecht entwickelten Kriterien.

355 ▶ Der Anspruch ist danach auf die Beschaffung von Informationen über den Bewerber beschränkt, die in einem sachlichen und inneren Zusammenhang mit dem zu besetzenden Arbeitsplatz stehen und für die Tätigkeit im Unternehmen von Bedeutung sind.

356 ▶ Die Anforderung von Zeugnissen zu den fachlichen Fähigkeiten des Bewerbers sowie – nach Zustimmung des Bewerbers – von ärztlichen, fachpsychologischen und graphologischen Gutachten ist zulässig, sofern die einzelnen Dokumente auf die angestrebte Tätigkeit beschränkt sind.

Der Arbeitgeber kann zudem auch ein Führungszeugnis und eine SCHUFA-Auskunft verlangen, wenn im Unternehmen geeignete Sicherungsinstrumente zur Berücksichtigung der Interessen des Bewerbers vorhanden sind.

6. Auswirkungen des AGG

Die Reichweite und die Rechtsfolgen des AGG sind im Einzelnen noch nicht abzusehen (s. dazu Kap. 3 Rn. 4961 ff. u. *Wisskirchen/Bissels* NZA 2007, 169 ff.; zum Fragerecht bei Schwerbehinderten *Joussen* NZA 2007, 174 ff.; bei der Schwangerschaft *Pallasch* NZA 2007, 306 ff.). 357

IV. Vorstellungskosten

Gem. § 670 BGB hat der erfolglose Stellenbewerber i.d.R. einen Anspruch auf Erstattung der für die Vorstellung angefallenen Kosten (*BAG* 14.2.1977 EzA § 196 BGB Nr. 8; **a.A.** *Sieber/Wagner* NZA 2003, 1312 ff.). 358

Die Anreise muss aber **mit Wissen und Wollen des möglichen Vertragspartners** erfolgen; nicht erforderlich ist, dass der Arbeitgeber den Bewerber ausdrücklich zur Vorstellung aufgefordert hat. Die Anregung zur Vorstellung kann auch vom Bewerber ausgegangen sein (*LAG Nbg.* 25.7.1995 LAGE § 670 BGB Nr. 12)

Der Arbeitgeber muss dann alle Aufwendungen ersetzen, die der Bewerber **für erforderlich halten** durfte, unabhängig davon, ob später ein Arbeitsverhältnis zustande kommt oder nicht (*ArbG Köln* 20.5.2005 NZA-RR 2005, 577). Dazu gehören Fahrtkosten oder Mehrkosten für Verpflegung und Übernachtung, es sei denn, dass die Parteien eine abweichende Vereinbarung betroffen haben. Der Ersatz ungewöhnlich hoher Kosten (z.B. einer Flugreise aus dem Ausland) kann nur bei ungewöhnlich qualifizierten Bewerbern erwartet werden (MünchArbR/*Blomeyer* § 96 Rz. 68). Hinsichtlich der Erstattung von **Taxikosten** darf ein Bewerber auf deren Erstattung für die Weiterfahrt vom Hauptbahnhof bis zum einladenden Betrieb vertrauen, wenn in der Anreisebeschreibung unter der Rubrik »Anreise mit der Deutschen Bahn Ankunft Köln Hbf« die Weiterfahrt mit dem Taxi als eine mögliche Variante ausdrücklich genannt wird. Andererseits trifft den Bewerber ein Mitverschulden an der Schadensverursachung, wenn er sich beim Betrieb vorher erkundigen konnte, ob etwaige Taxikosten für die Fahrt vom einlandenden Betrieb erstattet werden und auf welche Weise der Betrieb anderenfalls kostengünstiger erreicht werden kann (*ArbG Köln* 20.5.2005 NZA-RR 2005, 577: Erstattung von 26,35 € statt 52,70 €). 359

Ansprüche des Arbeitnehmers auf Ersatz von Vorstellungskosten unterliegen der kurzen **Verjährung** des § 196 Abs. 1 Nr. 8 u. 9 BGB bzw. jetzt §§ 195, 199 BGB n.F.; dies gilt auch, wenn der Bewerber nicht eingestellt wird (*BAG* 14.2.1977 EzA § 196 BGB Nr. 8). 360

V. Pflichten des bisherigen Arbeitgebers eines Arbeitsplatzbewerbers

Gem. § 629 BGB muss der Arbeitgeber nach der Kündigung eines dauernden Arbeitsverhältnisses (oder dessen bevorstehender Beendigung durch Aufhebungsvertrag, Fristablauf oder Zweckerreichung; dem Arbeitnehmer auf Verlangen **angemessene Zeit** zum Aufsuchen eines anderen Arbeitsverhältnisses gewähren. Der Arbeitnehmer soll vor Beendigung des Arbeitsverhältnisses bei der Suche nach einer Anschlussbeschäftigung unterstützt werden, um ihm die wirtschaftliche Grundlage seiner Lebensführung zu erhalten. 361

Häufigkeit und Dauer der Freistellung hängen von den **Umständen des jeweiligen Einzelfalles** ab. Angemessen ist die dem Zweck einer erfolgreichen Bewerbung entsprechende Zeit. Dem Arbeitnehmer steht ein **Ermessensspielraum** zu, zu entscheiden, welche Schritte er zur Stellungssuche unternimmt, insbes. auf welche Stellenangebote er sich bewerben will. Hinsichtlich der Dauer der Freistellung sind auch die **betrieblichen Interessen** des Arbeitgebers zu berücksichtigen (§ 315 Abs. 1 BGB). 362

363 Erforderlich ist die vorherige Geltendmachung des Anspruchs. **Fraglich** ist, ob ein **Recht zur Selbstbeurlaubung** besteht. Z. T. (*Hoppe* BB 1970, 8 ff.) wird dies im Hinblick auf §§ 320, 273 BGB bejaht; z. T. (*Dütz* DB 1976, 1480) als dogmatisch nicht begründbar verneint und auf den Klageweg, u.U. auf eine einstweilige Verfügung verweisen.

364 § 629 BGB ist **zwingendes Recht**, darf also weder einzel- noch kollektivvertraglich ausgeschlossen werden. Gleichwohl sind die Tarifvertragsparteien befugt, den Begriff der angemessenen Zeit zu **konkretisieren** (*Staudinger/Neumann* § 626 BGB Rz. 14). § 12 Nr. 3 BRTV Bau hat z.B. diesen Zeitraum für Arbeiter im Baugewerbe auf bis zu zwei Stunden festgelegt.

365 Gem. **§ 616 S. 1 BGB** – § 629 BGB enthält lediglich einen Befreiungs-, nicht einen Entgeltzahlungsanspruch – ist dafür das Entgelt fortzuzahlen, wenn die Verhinderung an der Arbeitsleistung sich auf eine **verhältnismäßig nicht erhebliche Zeit** beschränkt. Die Voraussetzungen beider Normen sind nicht inhaltsgleich, sodass z.B. bei einer weiten Reise zwar ein Anspruch auf Arbeitsbefreiung, nicht aber auf Entgeltfortzahlung gegeben sein kann (*BAG* 13.11.1969 AP Nr. 41 zu § 616 BGB).

366 Gem. § 2 Abs. 2 Nr. 3 SGB III hat der Arbeitgeber zudem – seit dem 1.1.2003 – den Arbeitnehmer vor der Beendigung des Arbeitsverhältnisses frühzeitig über die Notwendigkeit eigener Aktivitäten bei der Suche nach einer anderen Beschäftigung sowie über die Verpflichtung unverzüglicher Meldung bei der Agentur für Arbeit zu informieren (§ 37b SGB III), ihn dazu freizustellen und die Teilnahme an erforderlichen Qualifizierungsmaßnahmen zu ermöglichen (vgl. dazu *Hümmerich/Holthausen/Welslau* NZA 2003, 7 ff.). Diese Regelung enthält **keine konkrete**, bei Verletzung durch den Arbeitgeber **einen Schadensersatzanspruch auslösende Pflicht** zur Information des Arbeitnehmers, sondern nur einen allgemeinen Programmsatz (*LAG Bln.* 29.4.2005 – 13 SHa 724/05 – EzA-SD 11/2005, S. 13 LS; *LAG SchlH* 15.6.2005 – 3 Sa 63/05 – EzA-SD 17/2005 S. 13 LS; *LAG RhPf* 11.5.2005 – 9 Sa 908/04 – EzA-SD 17/2005 S. 13 LS).

367 Bei Beendigung des dauernden Arbeitsverhältnisses kann der Arbeitnehmer ein schriftliches **Zeugnis** über die Art und Dauer der Beschäftigung, sowie auf Verlangen auch über die Führung und die Leistungen fordern (§ 630 BGB, § 73 HGB, § 113 GewO [bis 31.12.2002, § 109 GewO n.F. ab 1.1.2003]; vgl. auch § 8 BBiG; ab 1.4.2005 § 16 BBiG). Zur Auskunftspflicht gegenüber anderen Arbeitgebern s.o. Rn. 338 ff.

C. Der Abschluss des Arbeitsvertrages

I. Grundlagen

368 Der Arbeitsvertrag ist Verpflichtungstatbestand und Rechtsgrund für die Erbringung der Arbeitsleistung und des Arbeitsentgelts.

Nach inzwischen ganz überwiegend vertretener Auffassung (s.o. Kap. 1 Rn. 34 ff.) entsteht das Arbeitsverhältnis durch Arbeitsvertrag. Es wird allerdings erst mit dem Arbeitsantritt aktualisiert (sog. Vertragstheorie).

369 Überholt ist demgegenüber die sog. Eingliederungstheorie, wonach Begründungstatbestand des Arbeitsverhältnisses der tatsächliche Akt der Einstellung des Arbeitnehmers in den Betrieb sein soll.

370 Für das Zustandekommen des Arbeitsvertrages gelten §§ 145 ff. BGB. Ausreichend ist es, wenn sich die Parteien über die entgeltliche Verwendung des Arbeitnehmers geeinigt haben. Dabei stellt allerdings die Übersendung eines (noch) nicht unterschriebenen **Vertragsentwurfs** noch kein Angebot zum Vertragsschluss dar (*LAG Bln.* 30.1.2004 ZTR 2004, 433 LS).

Bestreitet eine Partei das Zustandekommen eines Arbeitsvertrages, so muss im Einzelnen nach Inhalt, Ort, Zeitpunkt und beteiligten Personen dargelegt werden, wer welche tatsächlichen Erklärungen abgegeben hat (vgl. *LAG RhPf* 13.5.1996 – 9 (11) Sa 1379/95 – n.v.).

Die nähere inhaltliche Konkretisierung der Leistungspflicht des Arbeitnehmers kann durch das Direktionsrecht des Arbeitgebers sowie gem. § 612 BGB hinsichtlich der Vergütung vorgenommen werden. **371**

Für die Vertretung beim Abschluss des Arbeitsvertrages gelten §§ 164 ff., 181 BGB. Nicht anwendbar ist § 181 BGB auf den Abschluss eines Berufsausbildungsverhältnisses zwischen Eltern und ihrem Kind (§ 10 Abs. 3 BBiG). **372**

II. Abgrenzungen

Zulässig ist nach der Rechtsauffassung des *LAG Hamm* (24.5.1989 DB 1989, 1974) auch die Vereinbarung eines sog. **»Einfühlungsverhältnisses«** ohne Vergütungsanspruch einerseits und ohne Arbeitspflicht des potentiellen Arbeitnehmers andererseits als eine unbezahlte Kennenlernphase zwischen Arbeitgeber und Arbeitnehmer. **373**

> Streiten die Parteien über den Inhalt ihrer vertraglichen Abmachungen, spricht sowohl die – unstreitige – Vereinbarung eines Tätigwerdens des Arbeitnehmers für vier Tage im Betrieb des Arbeitgebers als auch die – unstreitige – Tatsache, dass der Arbeitnehmer die Frage der Bezahlung erst nach Beendigung der Tätigkeitsphase angesprochen hat, für den Abschluss eines unbezahlten Einfühlungsverhältnisses und gegen die Vereinbarung eines bezahlten Probearbeits-, Praktikums- oder Volontärverhältnisses. Der Arbeitnehmer trägt dann die Darlegungs- und Beweislast für die Behauptung, es sei eine Bezahlung des Einfühlungsverhältnisses vereinbart worden (*LAG Brem.* 25.7.2002 LAGE § 611 BGB Probearbeitsverhältnis Nr. 5).

Kein – weiterer, modifizierter – Arbeitsvertrag kommt zwischen Arbeitnehmer und Arbeitgeber dann zustande, wenn ein Arbeitnehmer gem. **§ 74 SGB V** zur Wiedereingliederung beschäftigt wird (vgl. zu Begründung, Inhalt und Beendigung dieses Rechtsverhältnisses *Gitter* ZfA 1995, 123 ff.; ein Anspruch auf **eine ganz bestimmte Wiedereingliederung** gegen den Arbeitgeber besteht nicht: *LAG RhPf* 4.3.2005 NZA-RR 2005, 568 = LAG Report 2005, 253 LS). Insoweit handelt es sich vielmehr um ein **Rechtsverhältnis eigener Art** i.S.v. § 305 BGB, weil es nicht auf eine Arbeitsleistung im üblichen Sinne gerichtet ist, sondern als Maßnahme der Rehabilitation es dem Arbeitnehmer ermöglichen soll, die Arbeitsfähigkeit wiederherzustellen. Dadurch wird die bestehende Arbeitsunfähigkeit nicht berührt. Ohne ausdrückliche Zusage steht dem Arbeitnehmer weder aus dem Wiedereingliederungsvertrag noch aus dem Gesetz ein Vergütungsanspruch zu (*BAG* 29.1.1992 EzA § 74 SGB V Nr. 1). **374**

Abzugrenzen ist der Arbeitsvertrag vom **Vorvertrag**, durch den eine oder beide Parteien sich verpflichten, einen anderen Vertrag (den Hauptvertrag) abzuschließen. Notwendig ist, dass sich die Parteien des Vorvertrages noch einmal einigen müssen. Ein wirksamer Vorvertrag, der einen oder beide Vertragspartner zum Abschluss eines Hauptvertrages verpflichtet, setzt voraus, dass der **Inhalt des Hauptvertrages hinreichend bestimmt** oder bestimmbar ist. Insbesondere sind die **Hauptpflichten** des abzuschließenden Vertrages im Vorvertrag **festzulegen**. Ein solcher Vorvertrag verpflichtet die Parteien, ein **Angebot auf Abschluss des Hauptvertrages** abzugeben bzw. das Angebot des anderen Teiles anzunehmen. Er beinhaltet darüber hinaus materielle Vertragsgestaltungspflichten, insbes. die Pflicht zur Mitwirkung an der Überbrückung der dem Hauptvertrag (noch) entgegenstehenden Hindernisse (*LAG Hamm* 29.7.2003 LAGE § 611 BGB 2002 Einstellungsanspruch Nr. 1 = NZA 2004, 210). Die Vereinbarung eines Fußballvereins mit einem Lizenzspieler, wonach der Spieler nach Beendigung seiner aktiven Laufbahn eine Tätigkeit im Bereich Management des Vereins aufnehmen wird, wobei über Art, Umfang und Gehalt zum Zeitpunkt des Vertragsschlusses noch verhandelt werden soll, genügt diesen Anforderungen nicht (*LAG Sachsen* 24.8.1999 **375**

NZA-RR 2000, 410). Dagegen kann sich der (öffentliche) Arbeitgeber von seinem Angebot zum Abschluss des Vorvertrages vor allem dann nicht mehr lösen, wenn der Bewerber es auf einer vom Arbeitgeber vorkonzipierten »Annahmeerklärung« angenommen hat (*LAG Hamm* 29.7.2003 LAGE § 611 BGB 2002 Einstellungsanspruch Nr. 1 = NZA 2004, 210).

376 Zu beachten ist im Übrigen, dass die einem Arbeitgeber vorbehaltene einseitige Lösungsmöglichkeit von einem Vorvertrag einen **Rücktrittsvorbehalt** i.S.d. § 308 Nr. 3 BGB darstellen kann; bei einem Vorvertrag zu einem Arbeitsvertrag handelt es sich nicht um ein Dauerschuldverhältnis. Ein Rücktrittsvorbehalt ist nach § 308 Nr. 3 BGB nur wirksam, wenn in dem Vorbehalt der Grund für die Lösung vom Vertrag mit hinreichender Deutlichkeit angegeben ist und ein sachlich gerechtfertigter Grund für seine Aufnahme in die Vereinbarung besteht (*BAG* 27.7.2005 EzA § 308 BGB 2002 Nr. 2 = NZA 2006, 539).

377 Demgegenüber liegt ein **Optionsvertrag** vor, wenn eine der Parteien das Recht erhält, durch einseitige Erklärung – also ohne dass sich die Parteien noch einmal einigen müssen – ein Arbeitsverhältnis zu begründen.

378 Eine Rahmenvereinbarung, die keine Verpflichtung zur Arbeitsleistung begründet, sondern nur die Bedingungen beabsichtigter, auf einzelne Arbeitseinsätze befristeter Arbeitsverträge wiedergibt, ist kein Arbeitsvertrag (*BAG* 31.7.2002 EzA § 12 TzBfG Nr. 1 m. Anm. *Lindemann* BB 2003, 527; 16.4.2003 EzA § 620 BGB 2002 Nr. 5 = NZA 2004, 40). Eine Kombination von Rahmenvereinbarung und einzelnen befristeten Arbeitsverhältnissen ist auch für arbeitsvertragliche Beziehungen grds. möglich. Die Arbeitsvertragsparteien sind insbes. nicht gezwungen, statt dessen ein Abrufarbeitsverhältnis gem. § 12 TzBfG zu begründen (*BAG* 31.7.2002 EzA § 12 TzBfG Nr. 1; 16.4.2003 EzA § 620 BGB 2002 Nr. 5). Wird ein Musiker z.B. jeweils für einzelne Aufführungen engagiert, kann dies auf der Grundlage einer Rahmenvereinbarung erfolgen, nach der sich der Musiker bereiterklärt, im Einzelfall ohne rechtliche Verpflichtung zur Arbeitsleistung tätig zu werden (*BAG* 9.10.2002 EzA § 611 BGB Arbeitnehmerbegriff Nr. 89).

379 Der Erklärungswert eines Rufs zur **Übernahme einer Professur** an einer Fachhochschule beschränkt sich auf die Erkundung der grundsätzlichen Bereitschaft eines Bewerbers. Der Ruf enthält kein Angebot auf Abschluss eines konkreten Arbeitsvertrages, das mit der Annahme des Rufs angenommen wird. Ein Arbeitsverhältnis zwischen dem Träger der Fachhochschule und dem berufenen Bewerber wird erst nach einer entsprechenden Einigung in den sich anschließenden Berufungsverhandlungen begründet (*BAG* 9.7.1997 EzA § 145 BGB Nr. 1).

III. Anforderungen an den Vertragsschluss; Geschäftsfähigkeit

380 Parteien des Arbeitsvertrages sind der **Arbeitgeber** (s.o. Kap. 1 Rn. 209 ff.) und der **Arbeitnehmer** (s.o. Kap. 1 Rn. 38 ff.), eine natürliche Person (vgl. § 613 S. 1 BGB).

381 Die Wirksamkeit des Arbeitsvertrages setzt die Geschäftsfähigkeit der Vertragsparteien voraus. Für geschäftsunfähige Personen muss der gesetzliche Vertreter handeln, bei beschränkt Geschäftsfähigen bedarf es seiner Einwilligung oder Genehmigung (§§ 105, 107, 108 BGB).

382 Nach Auffassung von *Richardi* (MünchArbR § 43 Rz. 46) ist zusätzlich die Genehmigung des **Vormundschaftsgerichts** (§§ 1643 Abs. 1, 1822 Nr. 5 BGB) erforderlich, wenn das Arbeitsverhältnis mit dem Minderjährigen als Arbeitgeber länger als ein Jahr nach dem Eintritt der Volljährigkeit fortdauern sollte.

Gem. § 112 BGB kann einem Minderjährigen der **selbstständige Betrieb eines Geschäfts** gestattet werden. Nach Auffassung von *Richardi* (§ 41 Rz. 47) bedarf der Minderjährige für den Abschluss von Arbeitsverhältnissen nicht auch der Zustimmung des Vormundschaftsgerichts (§ 1822 BGB). 383

Erforderlich ist diese aber jedenfalls für den Minderjährigen als Arbeitnehmer, sowie dann, wenn ein Vertrag für den Minderjährigen für länger als ein Jahr fest abgeschlossen werden soll und gesetzlicher Vertreter ein Vormund ist (§ 1822 Nr. 6, 7 BGB).

§ 113 BGB sieht eine Teilgeschäftsfähigkeit beschränkt geschäftsfähiger Minderjähriger oder betreuter Volljähriger (§ 1903 Abs. 1 BGB) durch Ermächtigung des Vertreters für die Eingehung oder Aufhebung eines Dienst- oder Arbeitsverhältnisses oder die Erfüllung der sich daraus ergebenden Verpflichtungen vor. 384

Sie erfasst **alle verkehrsüblichen Vereinbarungen und Rechtsgeschäfte**, auch z.B. das Recht zum Beitritt in eine Gewerkschaft. **Tarifvertraglich vorgesehene Gestaltungsmöglichkeiten** sind jedenfalls i.d.R. als verkehrsüblich anzusehen. Für eine einschränkende Auslegung des § 113 Abs. 1 S. 1 BGB besteht dann kein Anlass, wenn die gesetzlichen Vertreter wissen oder wissen müssen, dass der Tarifvertrag den Arbeitnehmern ein Wahlrecht einräumt. Jedenfalls unter dieser Voraussetzung erstreckt sich die Ermächtigung nach § 113 Abs. 1 S. 1 BGB auch auf die **Wahl des Durchführungsweges für eine Zusatzversorgung** (*BAG* 8.6.1999 EzA § 113 BGB Nr. 2). Ausgenommen sind Verträge, zu denen der Vertreter der Zustimmung des Vormundschaftsgerichts bedürfte (§ 113 Abs. 1 S. 2 BGB). Auf **Berufsausbildungsverhältnisse** ist § 113 BGB nicht anwendbar, ebenso wenig für Volontäre und Praktikanten gem. § 26 BBiG (MünchArbR/*Richardi* § 43 Rz. 12 ff.). 385

Die Beschäftigung von Kindern und Jugendlichen unter 15 Jahren ist grds. verboten; §§ 5, 7 JArbSchG enthalten aber zahlreiche Ausnahmen, z.B. für Berufsausbildungsverhältnisse (§ 7 Abs. 2 Nr. 1 JArbSchG). 386

Volljährige Betreute (§§ 1896 ff. BGB) **bleiben geschäftsfähig**. Das Vormundschaftsgericht kann aber für den Aufgabenbereich des Betreuers insgesamt oder für einen Teil davon einen Einwilligungsvorbehalt anordnen (§§ 1903, 108 ff. BGB). Dann bedarf es wie bei beschränkt Geschäftsfähigen der Einwilligung und der Genehmigung des Betreuers. 387

IV. Form des Arbeitsvertrages

1. Grundsatz der Formfreiheit

Für den Abschluss des Arbeitsvertrages (§§ 145 ff., 151 BGB) besteht grds. Formfreiheit, er kann auch mündlich sowie durch stillschweigendes Verhalten begründet werden. Ausreichend ist eine Einigung über die Erbringung einer Dienstleistung. Wenn sie nach den Umständen nur gegen eine Vergütung zu erwarten ist, gilt eine Vergütung als stillschweigend vereinbart (§ 612 Abs. 1 BGB). 388

2. Schriftformerfordernis

Der Vertragsabschluss kann auf Grund **gesetzlicher** (§ 11 BBiG für Berufsausbildungsverhältnisse) oder **tariflicher Vorschriften** (z.B. Ziff. 3 MTV holz- und kunststoffverarbeitende Industrie Rheinland-Pfalz), nicht aber auf Grund einer Betriebsvereinbarung der Schriftform (§§ 125, 127 BGB) bedürfen. §§ 14 Abs. 4, 21 TzBfG (vgl. dazu Kap. 5 Rn. 246, 390) enthalten ein gesetzliches konstitutives Schriftformerfordernis nicht für den Arbeitsvertrag als solchen, sondern für die Befristungs- bzw. Bedingungsabrede; im Übrigen besteht kein Schriftformerfordernis, weder nach dem BGB, noch nach dem NachwG (*LAG RhPf* 25.5.2004 LAG Report 2005, 164). 389

390 Dabei ist hinsichtlich der Rechtsfolgen der Nichteinhaltung der Schriftform zwischen konstitutiver (§ 125 S. 1 BGB i.V.m. Art. 2 EGBGB) und deklaratorischer Schriftform zu unterscheiden.

391 Im Allgemeinen wird für den Vertragsschluss nur die **deklaratorische Schriftform** wegen der **Beweismittelfunktion** (vgl. § 11 BBiG, § 2 BRTV Bau [MünchArbR/*Winterfeld* § 184 Rz. 31], nicht dagegen bei §§ 354 Abs. 1, 692 RVO) gewollt sein, da andernfalls die rechtswirksame Begründung von Arbeitsverhältnissen erheblich behindert würde. Das setzt voraus, dass sich im Wege der **Auslegung** ergibt, dass die Schriftform nicht die Wirksamkeit des Arbeitsvertrages berühren sollte.

392 Das *LAG Bln.* (17.4.1978 EzA § 397 BGB Nr. 3) hat allerdings in der Formulierung eines Tarifvertrages, dass alle Arbeitsverhältnisse »spätestens drei Tage nach der Arbeitsaufnahme schriftlich vereinbart werden müssen«, eine **konstitutive Schriftformklausel** gesehen.

393 Konstitutive Schriftformklauseln kommen auch für **Nebenabreden** (vgl. z.B. § 4 Abs. 2 BAT) in Betracht. Die Verbindlichkeit einer bestimmten Zusage soll von der Beachtung der Schriftform abhängig sein, während die Rechtswirksamkeit des Vertragsabschlusses selbst von ihr nicht berührt wird. Eine Nebenabrede liegt vor, wenn sie eine Nebenleistung betrifft, die weder die Arbeitsleistung des Arbeitnehmers noch die Gegenleistung des Arbeitgebers unmittelbar berührt (z.B. Vereinbarungen über Fahrtkosten, Verpflegungszuschüsse, Trennungsentschädigung [*BAG* 18.5.1977 EzA § 4 BAT Nr. 1; MünchArbR/*Freitag* § 188 Rz. 2]).

Die Nichteinhaltung der Schriftform der §§ 14 Abs. 2, 21 TzBfG führt zum Zustandekommen eines unbefristeten/unbedingten Arbeitsvertrages (vgl. §§ 16, 21 TzBfG).

3. Aufhebung der Schriftform; ergänzende Vertragsauslegung

394 Soweit in einem schriftlich abgeschlossenen Arbeitsvertrag vereinbart worden ist, dass Vertragsänderungen der Schriftform bedürfen, kann die Schriftform von den Parteien dennoch jederzeit ausdrücklich oder konkludent **formfrei aufgehoben** werden (vgl. *BAG* 27.3.1987 EzA § 242 BGB Betriebliche Übung Nr. 22). Das ist jedenfalls dann der Fall, wenn die Parteien **»die Maßgeblichkeit der mündlichen Vereinbarung übereinstimmend gewollt haben«** (*BAG* 10.1.1989 EzA § 74 HGB Nr. 51; *BGH* 2.7.1975 NJW 1975, 1653). **Das gilt aber nicht bei einer sog. doppelten Schriftformklausel, nach der auch die Aufhebung der Schriftform der Schriftform bedarf**. Eine derartige Klausel steht allerdings einer **ergänzenden Vertragsauslegung** durch das Gericht **nicht entgegen**, denn dadurch wird der Vertrag nicht geändert, sondern bestimmt, was als von Anfang an vereinbarter Vertragsinhalt anzusehen ist. Bei einer ergänzenden Vertragsauslegung ist insoweit darauf abzustellen, was die Parteien bei angemessener Abwägung ihrer Interessen nach Treu und Glauben als redliche Vertragsparteien vereinbart hätten, wenn sie die Unwirksamkeit der Klausel bedacht hätten. Zur Feststellung des mutmaßlichen Parteiwillens ist die tatsächliche Vertragsdurchführung von erheblicher Bedeutung, weil sie Aufschluss über das von den Parteien wirklich Gewollte gibt (*BAG* 7.12.2005 EzA § 12 TzBfG Nr. 2 = NZA 2006, 423; s. aber zu Schriftformklauseln in vorformulierten Arbeitsverträgen oben Kap. 1 Rn. 576).

4. Arbeitsverträge mit Kommunen

395 Arbeitsverträge mit Gemeinden und Landkreisen bedürfen nach den Gemeindeordnungen und Landkreisordnungen der Schriftform. Wegen der aus Art. 55 EGBGB folgenden fehlenden Gesetzgebungszuständigkeit der Länder für Bürgerliches Recht handelt es sich nicht um Formvorschriften i.S.d. §§ 125 ff. BGB, sondern nur um **Regelungen des Vertretungsrechts** (*BAG* 26.3.1986 EzA § 626 n.F. Nr. 99).

5. Geltendmachung des Formmangels

Den Formmangel kann grds. jede Vertragspartei geltend machen. Jedoch kann die Berufung auf ihn gegen Treu und Glauben verstoßen, z.B. dann, wenn das Arbeitsverhältnis bereits trotz des Formmangels für eine verhältnismäßig erhebliche Zeit durchgeführt wurde (*BAG* 9.12.1981 EzA § 242 BGB Betriebliche Übung Nr. 6). 396

6. Vermutung der Vollständigkeit und Richtigkeit des schriftlich abgeschlossenen Arbeitsvertrages

Ein schriftlich abgeschlossener Arbeitsvertrag hat die Vermutung der Richtigkeit und Vollständigkeit für sich (vgl. § 416 ZPO). 397

Wer mündliche Vereinbarungen gegen den Inhalt der Urkunde behauptet, muss beweisen, dass die Urkunde unrichtig oder unvollständig ist und auch das mündlich Besprochene Gültigkeit haben soll (*BGH* NJW 1980, 1680; vgl. *Zöller/Geimer* § 416 Rz. 4). 398

7. Das Nachweisgesetz (NachwG)

Durch das am 21.7.1995 in Kraft getretene NachwG wurde die RL 91/533/EWG (Nachweisrichtlinie) – verspätet, weil dies gem. Art. 9 RL bis zum 30.6.1993 hätte erfolgen müssen – in deutsches Recht umgesetzt. 399

Wesentlicher Inhalt ist die deklaratorische **Verpflichtung des Arbeitgebers** zum Zwecke der Beweissicherung (vgl. *Preis* NZA 1997, 10 f.; *Müller-Glöge* RdA 2001, Sonderbeilage Heft 5, S. 46 ff.; *Krabbenhöft* DB 2000, 1562 ff.), **den Arbeitnehmer** (zu den Ausnahmen vom Anwendungsbereich bei bestimmten Teilzeit- und hauswirtschaftlichen Beschäftigungen vgl. § 1 Nr. 1, 2 NachwG), der nicht nur zur vorübergehenden Aushilfe von höchstens einem Monat eingestellt worden ist (vgl. dazu *Stückemann* BB 1999, 2670 ff.), **innerhalb einer bestimmten Frist schriftlich über die wesentlichen Punkte des Arbeitsvertrages oder des Arbeitsverhältnisses in Kenntnis zu setzen**. Der Nachweis kann nicht in elektronischer Form gem. §§ 126 Abs. 3, 126 a BGB n.F. i.V.m. dem SignaturG erteilt werden (vgl. dazu *Gotthardt/Beck* NZA 2002, 876 ff.). Die Nachweispflicht gem. § 2 Abs. 1 NachwG besteht **unanhängig von einer Aufforderung** zur Aushändigung des schriftlichen Arbeitsvertrages (*BAG* 5.11.2003 EzA § 2 NachwG Nr. 6). Auch wenn Name und Anschrift des Arbeitgebers nicht nach § 2 Abs. 1 S. 2 Nr. 1 i.V.m. § 3 NachwG dokumentiert werden, setzt eine Schadensersatzverpflichtung eine Kausalität zwischen der zum Schadensersatz verpflichtenden Handlung und der Entstehung des Schadens voraus (*LAG Nds.* 27.6.2002 NZA-RR 2003, 133). 400

Zu den mitzuteilenden Umständen gehören gem. § 2 Abs. 1 S. 2 Nr. 1–10 NachwG insbes. Arbeitsort, -entgelt, -zeit, Kündigungsfristen, die Vereinbarung einer Befristung sowie eines Hinweises auf sonstige anzuwendende Regelungen (Tarifverträge, Betriebsvereinbarungen, wobei allerdings eine detaillierte Einzelauflistung nicht erforderlich ist; vgl. BT-Drs. 13/668, S. 10; *BAG* 29.5.2002 EzA § 2 NachwG Nr. 4; zu den insoweit auftretenden aktuellen Einzelfragen vgl. *Preis* NZA 1997, 13 ff.; *Zwanziger* DB 1996, 2027 ff.; *Schwarze* ZfA 1997, 43 ff.; *LAG Düsseld.* 17.5.2001 ZTR 2001, 521 LS). 401

Gem. § 2 Abs. 1 S. 2 Nr. 5 NachwG bedarf es auch einer kurzen Charakterisierung oder Beschreibung der vom Arbeitnehmer zu leistenden Tätigkeit. Dem genügt der Arbeitgeber des öffentlichen Dienstes im **Anwendungsbereich des BAT** regelmäßig durch eine Arbeitsplatz- oder Stellenbeschreibung; dieser Nachweis kann auch in einer Stellenausschreibung enthalten sein. In diesen Fällen besteht insbesondere keine Verpflichtung des Arbeitgebers, den Nachweis durch Angabe der Vergütungs- und Fallgruppe zu führen. Ebenso wenig sieht das NachweisG eine Pflicht zum Nachweis vor, ob die Möglichkeit des Bewährungsaufstiegs besteht (*BAG* 8.6.2005 EzA § 2 NachwG Nr. 7 = ZTR 2005, 582). 402

403 Dem erforderlichen Nachweis der anzuwendenden Regelungen steht insbes. die **Allgemeinverbindlichkeit** eines Tarifvertrages nicht entgegen (*BAG* 29.5.2002 EzA § 2 NachwG Nr. 4; *LAG Düsseld.* 17.5.2001 ZTR 2001, 521 LS = NZA-RR 2002, 477; *LAG Bra.* 10.8.2001 ZTR 2002, 289 LS = NZA-RR 2003, 314). Dem NachwG ist auch hinsichtlich einer (auf Grund einzelvertraglicher Bezugnahme anwendbaren) tarifvertraglichen Ausschlussfrist Genüge getan, wenn gem. § 2 Abs. 1 Nr. 10 NachwG auf die Anwendbarkeit des einschlägigen Tarifvertrages hingewiesen wird (*BAG* 23.1.2002 EzA § 2 NachwG Nr. 3; *LAG RhPf* 16.7.2002 NZA-RR 2003, 30; *LAG Köln* 7.3.2002 NZA-RR 2002, 591; **a.A.** *LAG SchlH* 8.2.2000 NZA-RR 2000, 196: **Tarifliche Verfallfristen** eines allgemeinverbindlichen Tarifvertrages als ausdrücklich aufzunehmende wesentliche Vertragsbedingung; *Linde/Lindemann* NZA 2003, 649 ff.; wie das *BAG* (23.1.2002 EzA § 2 NachwG Nr. 3) auch bei allgemeinverbindlichem Tarifvertrag *LAG Nds.* 7.12.2000 LAGE § 8 TVG Nr. 1; *LAG Brem.* 9.11.2000 NZA-RR 2001, 98; *LAG Köln* 6.12.2000 NZA-RR 2001, 261 = ZTR 2001, 233 LS; *Bepler* ZTR 2001, 241 ff.); gleiches gilt, wenn der Tarifvertrag kraft betrieblicher Übung gilt (*BAG* 17.4.2002 EzA § 2 NachwG Nr. 5); auf tarifliche Ausschlussfristen muss nicht gesondert hingewiesen werden (*BAG* 5.11.2003 EzA § 2 NachwG Nr. 6; *LAG Köln* 7.3.2002 NZA-RR 2002, 591). Auch bei einer Verweisung auf tarifliche Regelungen sieht das NachwG im Übrigen keine Verpflichtung zur Aushändigung dieser Tarifverträge vor (*LAG Nds.* 26.7.2001 NZA-RR 2002, 118). Einen erstmals abgeschlossenen Haustarifvertrag muss der Arbeitgeber dem Arbeitnehmer allerdings schriftlich mitteilen (*BAG* 5.11.2003 ZTR 2004, 89).

404 Art. 2 Abs. 2i der zugrunde liegenden RL 91/533/EWG ist dahin auszulegen, dass er die **Leistung von Überstunden** nicht erfasst. Aus Art. 2 Abs. 1 folgt jedoch die Verpflichtung des Arbeitgebers, den Arbeitnehmer von einer – einen wesentlichen Punkt des Arbeitsvertrages oder des Arbeitsverhältnisses darstellenden – Vereinbarung in Kenntnis zu setzen, wonach der Arbeitnehmer auf Grund der bloßen Anordnung des Arbeitgebers zur Leistung von Überstunden verpflichtet ist. Ggf. kann sie entsprechend Art. 2 Abs. 3 der RL in Form eines Hinweises auf die einschlägigen Rechts- und Verwaltungsvorschriften bzw. Satzungs- oder Tarifvertragsbestimmungen erfolgen (*EuGH* 8.2.2001 EzA § 611 BGB Mehrarbeit Nr. 8 m. Anm. *Oetker* SAE 2002, 163; vgl. dazu den Vorlagebeschluss des *ArbG Brem.* vom 25.8.1999 NZA-RR 1999, 623; *Buschmann* ArbuR 2001, 109 f.).

405 Durch die Verpflichtung zur schriftlichen Fixierung der wesentlichen Arbeitsvertragsbedingungen **spätestens einen Monat nach Beginn des Arbeitsverhältnisses** (§ 2 Abs. 1 NachwG) soll eine **größere Rechtssicherheit** geschaffen werden. Einen Vorteil haben insbes. die Arbeitnehmer, die keinen schriftlichen Arbeitsvertrag haben (BT-Drs. 13/668, S. 8). Das NachwG soll auch einen Beitrag zur **Bekämpfung der illegalen Beschäftigung** leisten. Denn wenn der Arbeitnehmer nicht im Besitz eines Nachweises über die wesentlichen Arbeitsbedingungen ist, soll dies im Einzelfall als Indiz für eine illegale Beschäftigung gewertet werden können (BT-Drs. 13/668, S. 8). Gem. § 3 NachwG ist auch die Änderung wesentlicher Vertragsbedingungen schriftlich mitzuteilen. Danach ist der Arbeitgeber z.B. verpflichtet, dem Arbeitnehmer einen erstmals abgeschlossenen **Haustarifvertrag** schriftlich mitzuteilen, in dem z.B. eine Ausschlussfrist enthalten ist. Eines gesonderten Hinweises auf die Ausschlussfrist bedarf es jedoch nicht (*BAG* 5.11.2003 EzA § 3 NachwG Nr. 6 = NZA 2005, 64). § 2 Abs. 2 NachwG sieht zusätzliche Angaben bei der Entsendung des Arbeitnehmers ins Ausland vor. Zur für den Nachweis zu verwendenden Sprache vgl. *Riesenhuber* NZA 1999, 798 ff.

406 In **bestehenden Arbeitsverhältnissen** ist den Arbeitnehmern gem. § 4 NachwG auf ihr Verlangen innerhalb von zwei Monaten eine Niederschrift gem. § 2 NachwG auszuhändigen. Wird ein gewerblicher Arbeitnehmer von einem Straßenbauunternehmen **seit rund 18 Jahren beschäftigt**, wobei die Zeiten der Beschäftigung jeweils von ca. Dezember bis ca. April des Folgejahres nach Ausspruch einer entsprechenden Arbeitgeberkündigung unterbrochen wurden, gilt § 4 NachwG trotz der Unterbrechungen; das Arbeitsverhältnis ist in Bezug auf die Nachweispflicht nach Auffassung des *LAG München* (10.3.2005 – 3 Sa 727/04 – EzA-SD 10/2005, S. 6 LS) **wie ein ununterbrochenes Arbeitsverhältnis zu behandeln**, das bei Inkrafttreten des NachwG bereits bestanden hat.

407 Erstellt der Arbeitgeber den Nachweis, der eine selbstständige Nebenpflicht des Arbeitgebers darstellt, nicht, so kann der Arbeitnehmer diesen vor dem ArbG **einklagen**. Andererseits macht ein Verstoß gegen das NachwG mündlich tatsächlich vereinbarte Vertragsbedingungen nicht (nachträglich) unwirksam (*LAG Nds.* 18.3.2005 – 10 Sa 1990/04 – EzA-SD 13/2005, S. 4 LS = LAG Report 2005, 193). Die schuldhafte Verletzung der Nachweispflicht kann aber **Ansprüche aus positiver Forderungsverletzung (pFV**; jetzt §§ 280 ff., 241 Abs. 2 BGB n.F.; *BAG* 17.4.2002 EzA § 2 NachwG Nr. 5: §§ 286, 284, 249 BGB; 5.11.2003 EzA § 2 NachwG Nr. 6 = NZA 2005, 64: §§ 280, 286 BGB) begründen, was allerdings auch einen konkret bezifferbaren Schaden voraussetzt. Schaden i.S.v. § 249 BGB ist das **Erlöschen des Vergütungsanspruchs** des Arbeitnehmers. Da der Schadensersatzanspruch auf Naturalrestitution gerichtet ist, kann der Arbeitnehmer vom Arbeitgeber verlangen, so gestellt zu werden, als sei sein Vergütungsanspruch nicht untergegangen (*LAG Bra.* 10.8.2001 ZTR 2002, 289 LS = NZA-RR 2003, 314; vgl. auch *LAG Düsseld.* 17.5.2001 ZTR 2001, 521 LS = NZA-RR 2002, 477: Arbeitgeber darf sich gem. § 242 BGB nicht auf die Verfallfrist berufen).

408 Der Schadensersatzanspruch ist begründet, wenn die geltend gemachten Vergütungsansprüche bestanden und bei gesetzmäßigem Nachweis seitens des Arbeitgebers nicht erloschen wären. Bei der Prüfung des Anspruchs ist die Vermutung aufklärungsgemäßen Verhaltens des Arbeitnehmers einzubeziehen. Danach ist grds. davon auszugehen, dass jedermann bei ausreichender Information seine Eigeninteressen in vernünftiger Weise wahrt. Bei einem Verstoß gegen § 2 Abs. 1 Nr. 10 NachwG ist zugunsten des Arbeitnehmers zu vermuten, dass dieser die tarifliche Ausschlussfrist beachtet hätte, wenn er auf die Geltung des Tarifvertrags hingewiesen worden wäre. Diese Auslegung des Nachweisgesetzes ist geboten, um den Zweck der Richtlinie, den Arbeitnehmer vor Unkenntnis seiner Rechte zu schützen, wirksam zur Geltung zu bringen. Der Arbeitgeber kann diese Vermutung widerlegen. (*BAG* 17.4.2002 EzA § 2 NachwG Nr. 5;. *LAG München* 10.3.2005 – 3 Sa 727/04 – EzA-SD 10/2005, S. 6 LS; vgl. auch *ArbG Frankf.* 25.8.1999 NZA-RR 1999, 648; *Preis* NZA 1997, 11 f.; *Weber* NZA 2002, 641 ff.).

409 Der Arbeitnehmer hat die **adäquate Verursachung** darzulegen; ihm kommt die Vermutung eines aufklärungsgemäßen Verhaltens zugute (*BAG* 5.11.2003 EzA § 2 NachwG Nr. 6 = NZA 2005, 64; *LAG München* 10.3.2005 – 3 Sa 727/04 – EzA-SD 10/2005, S. 6 LS = FA 2005, 219 LS). Der Schadenseratzanspruch besteht dann nicht, wenn den Arbeitnehmer an der Verursachung des Schadens ein wesentliches Mitverschulden trifft. Dabei ist ihm das **Mitverschulden** seines Prozessbevollmächtigten gem. §§ 254 Abs. 2 S. 2, 278 BGB zuzurechnen (*BAG* 29.5.2002 EzA § 2 NachwG Nr. 4). Hat dieser z.B. die Geltung einer tariflichen Ausschlussfrist fahrlässig nicht erkannt, hat eine Abwägung dieser Pflichtverletzung mit der Verletzung der Nachweispflicht zu erfolgen (§§ 254, 278 BGB). Im Gegensatz zu dem Arbeitnehmer muss sich der Rechtsanwalt über das anzuwendende Recht selbst informieren, denn er wird gerade zum Zweck der Rechtswahrung von dem Arbeitnehmer beauftragt (*BAG* 5.11.2003 EzA § 2 NachwG Nr. 6 = NZA 2005, 64).

410 Daneben kommen Ansprüche aus § 823 Abs. 2 BGB i.V.m. dem NachweisG als Schutzgesetz in Betracht (*ArbG Frankf.* 25.8.1999 – 2 Ca 477/99); ersatzfähig sind danach aber nur solche Schäden, die in den sachlichen Schutzbereich der verletzten Norm fallen. Andererseits **gebietet es keine Bestimmung** der RL 91/533, einen **wesentlichen Punkt des Arbeitsvertrages** oder des Arbeitsverhältnisses, der nicht oder nicht hinreichend genau in einem dem Arbeitnehmer ausgehändigten Schriftstück aufgeführt ist, **als unwirksam zu betrachten** (*EuGH* 8.2.2001 EzA § 611 BGB Mehrarbeit Nr. 8). Allein der Verstoß gegen die aus § 2 NachwG folgende Verpflichtung begründet nicht den Einwand rechtsmissbräuchlichen Verhaltens (§ 242 BGB) des Arbeitgebers (*BAG* 17.4.2002 EzA § 2 NachwG Nr. 5; **a.A.** *LAG SchlH* 8.2.2000 LAGE § 2 NachwG Nr. 8). Die Verletzung der Nachweispflicht führt auch nicht gem. § 242 BGB zur Unanwendbarkeit vereinbarter Vertragsbedingungen (*BAG* 5.11.2003 EzA § 2 NachwG Nr. 6 = NZA 2005, 64). Zudem kann sich ein Arbeitnehmer nicht auf Folgen einer Pflichtverletzung des Arbeitgebers aus dem NachweisG berufen, wenn sein Arbeitsvertrag **vor dem Inkrafttreten des Gesetzes geschlossen** worden ist und

er kein Verlangen i.S.d. Altfallregelung des § 4 NachweisG gestellt hat (*BAG* 16.5.2001 EzA § 3 TVG Nr. 23; *LAG Nbg.* 13.2.2004 NZA-RR 2005, 37; 12.1.2004 LAG Report 2004, 329).

411 Sind die Arbeitsbedingungen streitig, so wird allein aus der Tatsache, dass der Nachweis nicht erstellt wurde, jedoch **keine Umkehr der Beweislast** zugunsten des Arbeitnehmers folgen (*Grünberger* NJW 1995, 2810; *Preis* NZA 1997, 12; *Franke* DB 2000, 274 ff.; **a.A.** *Wank* RdA 1996, 24; *Däubler* NZA 1992, 578, die dies aus dem Fehlen einer ausdrücklichen Sanktionsregelung im NachweisG i.V.m. dem Gebot richtlinienkonformer Auslegung und der Rechtsprechung des *EuGH* [NJW 1984, 2021] begründen).

412 **Vermittelnd** lassen sich die beweisrechtlichen Folgen mit *Preis* (NZA 1997, 17; vgl. auch *Zwanziger* DB 1996, 2029 f.; *Weber* NZA 2002, 641 ff.; *LAG Nbg.* 9.4.2002 LAGE § 2 NachwG Nr. 12 = ZTR 2002, 395 LS; *ArbG Frankf.* 25.8.1999 NZA-RR 1999, 648) gleichwohl wie folgt zusammenfassen:

- Die zwingende Nachweispflicht führt dazu, dass früher erteilte/nicht erteilte Bestätigungen oder Nachweise über Arbeitsbedingungen durch das NachweisG eine andere Qualität erlangt und prozessuale Konsequenzen haben. Deshalb muss die gesamte arbeitsrechtliche Vertragsgestaltung auf eine **solide Basis** gestellt werden, da andernfalls der Prozessverlust droht.
- Nur einer von beiden Seiten **unterzeichneten Vertragsurkunde** kommt die Vermutung der Vollständigkeit und Richtigkeit zugute. Folglich muss der Vertragspartner, der von dem Vertragstext abweichende Abreden behauptet, den Gegenbeweis abweichender mündlicher Abrede führen (instr. *LAG Köln* 12.3.2007 NZA-RR 2007, 570 zur Frage, wer Arbeitgeber ist).
- Diese beweisrechtliche Stellung hat der einseitig vom Arbeitgeber gefertigte Nachweis nicht. Er ist eine **Privaturkunde** i.S.d. § 416 ZPO, die der freien Beweiswürdigung in materieller Hinsicht unterliegt.
- Hat der Arbeitgeber einen Nachweis erteilt, muss er, wenn er sich nicht an dessen Inhalt festhalten lassen will, als Aussteller der Urkunde beweisen, dass sie unrichtig oder unvollständig erstellt ist bzw. das mündlich besprochene Gültigkeit haben soll; ihm obliegt insoweit die **Beweislast** (vgl. aber auch *Bergwitz* BB 2001, 2319 ff.: nur Beweis des ersten Anscheins für den Arbeitnehmer; insgesamt **a.A.** *Müller-Glöge* RdA 2001, Sonderbeilage zu Heft 5, S. 46 ff.)
- Zu seinen Gunsten kann sich der Arbeitgeber dagegen nicht auf den von ihm selbst ausgestellten Nachweis mit beweisrechtlicher Privilegierung berufen. Insbesondere greift **kein Anscheinsbeweis** zu seinen Gunsten ein, dass er den Vertragsinhalt vollständig und richtig wiedergegeben hat. Deshalb ist es sinnvoller, einen Arbeitsvertrag mit beidseitiger Unterschrift auszufertigen.
- Hat der Arbeitgeber den Nachweis nicht oder nicht vollständig erteilt, so ist bei Nichterteilung des Nachweises über wesentliche Vertragsbestimmungen der Fall einer **Beweisvereitelung** durch den Arbeitgeber gegeben; europarechtlich ist dies nicht zu beanstanden (*EuGH* 8.2.2001 EzA § 611 BGB Mehrarbeit Nr. 8). Dieser Umstand ist vom Tatrichter im Rahmen des § 286 ZPO zu berücksichtigen. Dies bedeutet für den Arbeitnehmer eine erhebliche Erleichterung der Beweisführungslast, die je nach Fallgestaltung einer Beweislastumkehr nahe kommen kann; nach Auffassung des *LAG Hamm* (14.8.1998 NZA-RR 1999, 210; zust. *Franke* DB 2000, 274 ff.; vgl. auch *LAG Nbg.* 9.4.2002 § 2 NachwG Nr. 12 = ZTR 2002, 395 LS) genügt dafür allerdings die **bloß fahrlässige Unterlassung** der Ausstellung des Nachweises **nicht**. Vielmehr müssen weitere Indizien für die Richtigkeit der vom Arbeitnehmer behaupteten Arbeitsbedingungen sprechen.

Gelingt dem Arbeitnehmer der Beweis seiner Behauptung z.B. des Abschlusses einer bestimmten Entgeltvereinbarung nicht, ist das Gericht aber auch nicht davon überzeugt, dass die Behauptung des Arbeitnehmers unwahr ist, so geht in dieser Situation des non-liquet die Unmöglichkeit der Tatsachenaufklärung zu Lasten des Arbeitgebers, wenn dieser entgegen § 2 Abs. 1 NachwG dem Arbeitnehmer keinen Nachweis der wesentlichen Vertragsbedingungen erteilt hat (*LAG Nds.* 21.2.2003 NZA-RR 2003, 520).

Soweit **Unklarheiten über die Person des Arbeitgebers** bestehen, hat das *LAG Köln* 9.1.1998 LAGE § 2 NachwG Nr. 4) Folgendes angenommen: 413

- Die Unklarheit darüber, welche von mehreren, in Betriebsgemeinschaft und teilweise in Personalunion geführten Gesellschaften mit gleichen oder sich ergänzenden Unternehmenszwecken Vertragspartner und damit Arbeitgeber des unstreitig eingestellten Arbeitnehmers werden sollte, ist überwiegend vom Arbeitgeber verschuldet, wenn der monatelang für die Unternehmensgruppe tätig gewordene Arbeitnehmer weder einen schriftlichen Arbeitsvertrag noch die Niederschrift des § 2 NachwG erhalten hat. Der dadurch **verschuldeten Beweisnot** ist durch erleichterte Anforderungen an seine Darlegungs- und Beweislast zur Frage der Passivlegitimation Rechnung zu tragen. Diesen genügt u.U. schon der Hinweis auf den Verfasser der ersten Lohnabrechnung. Die **Indizwirkung** dieses Umstandes wird nicht allein dadurch gemindert, dass spätere Monate von anderen Gesellschaften abgerechnet worden sind.
- Die Erleichterungen gelten auch für andere Vertragsbedingungen, die dem NachwG zuwider nicht niedergelegt worden sind. So kann z.B. der Hinweis auf den Inhalt eines letztlich nicht zustande gekommenen Vertragsentwurfs genügen. 414

Für eine **Lohnzahlungsklage** hat das *LAG Köln* (31.7.1998 LAGE § 2 NachwG Nr. 6) angenommen, dass dann, wenn der Arbeitgeber seiner Verpflichtung aus dem NachwG nicht nachkommt, dies unter dem Gesichtspunkt der Beweisvereitelung wenn schon nicht eine Beweislastumkehr, so doch jedenfalls eine **erhebliche Erleichterung der Beweisführungslast** zur Folge hat. Dieser ist genügt, wenn der Arbeitnehmer eine vom Arbeitgeber zur Vorlage bei Kreditgebern ausgestellte Lohnbescheinigung vorlegt. 415

Das *LAG Hamm* (9.7.1996 NZA 1997, 30) hat dem EuGH gem. Art. 234 EGV eine Reihe von Fragen in diesem Zusammenhang zur Entscheidung vorgelegt, die u.a. eine Verbesserung der Beweislast zugunsten des Arbeitnehmers, die Anwendbarkeit nicht erst seit der Umsetzung, oder aber bereits nach – zunächst fruchtlosem – Ablauf der gesetzten Umsetzungsfrist sowie die Auswirkungen auf eine vorgenommene Eingruppierung betreffen. Daraufhin hat der *EuGH* (4.12.1997 NZA 1998, 137; vgl. dazu *Hohmeister* BB 1998, 587 f.; *Bergwitz* RdA 1999, 188 ff.; *Hock* ZTR 1999, 49 ff.) folgende **Grundsätze** aufgestellt: 416

– Für die Mitteilung nach Maßgabe der NachweisRL spricht eine ebenso starke **Vermutung der Richtigkeit**, wie sie im innerstaatlichen Recht einem solchen vom Arbeitgeber ausgestellten und dem Arbeitnehmer übermittelten Dokument zukommen würde. Der **Beweis des Gegenteils** ist jedoch zulässig und kann vom Arbeitgeber geführt werden, indem er nachweist, dass die in dieser Mitteilung enthaltenen Informationen als solche falsch sind oder dass sie durch die Tatsachen widerlegt sind. 417
– Der Einzelne kann sich vor den nationalen Gerichten gegenüber dem Staat oder gegenüber einer Organisation, die dem Staat oder dessen Aufsicht untersteht oder mit besonderen Rechten ausgestattet ist, die über diejenigen hinausgehen, die sich aus den für die Beziehungen zwischen Privatrechtspersonen geltenden Vorschriften ergeben, **unmittelbar auf die RL berufen**, wenn der Staat sie innerhalb der vorgeschriebenen Frist nicht oder nicht ordnungsgemäß in nationales Recht umgesetzt hat. Es stellt keine ordnungsgemäße Umsetzung von Art. 2 Abs. 2c in der RL dar, wenn ein Mitgliedsstaat es dem Arbeitgeber erlaubt, die Unterrichtung des Arbeitnehmers stets auf die **bloße Bezeichnung seiner Tätigkeit** zu beschränken.
– Art. 9 Abs. 2 der RL ist so auszulegen, dass die Mitgliedsstaaten den Arbeitgeber von der Verpflichtung, den Arbeitnehmer schriftlich über die wesentlichen Punkte des Arbeitsvertrages, -verhältnisses in Kenntnis zu setzen, befreien können, auch wenn der Arbeitnehmer diese Unterrichtung beantragt, sofern diese Punkte bereits in einer vor Inkrafttreten der Maßnahmen zur Umsetzung der RL ausgestellten Niederschrift oder in einem Arbeitsvertrag erwähnt sind.

Da nach Auffassung des EuGH die bloße Bezeichnung der Tätigkeit nicht ausreicht, hat der Bundesgesetzgeber mit Wirkung vom 3.7.1998 § 2 Abs. 1 S. 2 Nr. 5 NachwG (BGBl. I S. 1695) dahin geändert, dass anstelle der Wörter »die Bezeichnung oder allgemeine« die Wörter 418

»**eine kurze Charakterisierung** oder« treten (vgl. dazu *Treber* NZA 1998, 862 f.). Seit dem 1.4.1999 muss der Arbeitgeber geringfügig Beschäftigte auch auf ihre Möglichkeit zum **Verzicht auf die Versicherungsfreiheit hinzuweisen** (§ 2 Abs. 1 S. 3 NachwG); sie können eine Versicherungspflicht in der gesetzlichen Rentenversicherung freiwillig begründen. **Rechtsfolgen** aus der Verletzung dieser Hinweispflicht regelt das Gesetz **nicht** (vgl. dazu *Leuchten/Zimmer* NZA 1999, 969 ff.; *Stückemann* FA 2000, 343).

419 Von den Vorschriften des NachwG kann nicht zu Ungunsten des Arbeitnehmers abgewichen werden (§ 5 NachwG); auch Tarifdispositivität ist nicht gegeben (*Preis* NZA 1997, 11).

Vergleichbare Regelungen enthalten § 11 BBiG sowie § 24 SeemG. § 11 AÜG enthält inzwischen nur noch ergänzende Anforderungen.

V. Inhaltliche Ausgestaltung des Arbeitsvertrages

1. Notwendige Elemente des Arbeitsvertrages

a) Vereinbarung der Arbeitsleistung; Arbeitszeit

420 Die notwendige Vereinbarung über die Erbringung der Arbeitsleistung liegt vor, wenn der Arbeitgeber eine Arbeitszusage durch den Arbeitnehmer angenommen hat oder sie auf seinen Antrag hin erfolgt. Die Zusage kann auch in der Vornahme der Arbeit selbst liegen. Im schriftlich abgeschlossenen Arbeitsvertrag wird der **Inhalt der Tätigkeit i.d.R. näher umschrieben**, häufig allerdings auch nur durch die Angabe einer **tariflichen Vergütungsgruppe**, die allgemeine Tätigkeitsmerkmale vorsieht.

Gibt der Arbeitnehmer andererseits auf die Frage im **Einstellungsbogen** »Wann können Sie arbeiten?« bestimmte Uhrzeiten und/oder Tage an, und wird dieser Bogen Bestandteil des Arbeitsvertrages, der keine anderweitige Regelung zur Lage der täglichen Arbeitszeit enthält, dann ist diese Arbeitszeitregelung Vertragsinhalt geworden (*LAG Köln* 21.10.2003 NZA-RR 2004, 523).

Lässt sich dagegen bei streitigem Parteivortrag **nicht feststellen**, welche Vereinbarungen über die **Länge der Arbeitszeit** getroffen wurden, **kommt der monatelangen tatsächlichen Durchführung ein erhebliches Gewicht** für die Auslegung der zu Grunde zu legenden Absprachen zu. Dabei ist eine Vereinbarung mit dem Inhalt, der Arbeitnehmer bekomme nur die tatsächlich geleisteten Arbeitsstunden gezahlt, wegen Umgehung des Kündigungsschutzes unwirksam. In einem solchen Fall ist die bisherige durchschnittliche Arbeitsmenge zu Grunde zu legen; der Arbeitnehmer kann Weiterzahlung dieser Vergütung verlangen (*LAG Nbg.* 17.2.2004 ArbuR 2004, 354 LS).

421 Aus § 612 Abs. 1 BGB folgt, dass eine Vereinbarung über die Vergütung nicht notwendige Voraussetzung für das Zustandekommen eines Arbeitsvertrages ist. **Denn im Allgemeinen ist Arbeit nur gegen eine Vergütung zu erwarten**. Etwas anderes kann sich durch Auslegung ergeben, insbes. bei Gefälligkeitsleistungen, wenn sich die Beteiligten nicht der Rechtsordnung unterstellen wollen oder diese zwar gelten soll, die Gefälligkeit sich aber gerade auf die Unentgeltlichkeit bezieht (MünchArbR/*Richardi* § 44 Rz. 6).

b) Fehlen einer Vergütungsabrede

422 § 612 Abs. 1 BGB ersetzt eine fehlende Vergütungsabrede. Ein Irrtum des Arbeitgebers über die Vergütung berechtigt ihn – im Gegensatz zum Arbeitnehmer – nicht zur Anfechtung (§ 119 BGB).

423 § 612 Abs. 1 BGB ist auch dann anwendbar, wenn jemand in Erwartung einer (rechtsunwirksam) zugesagten oder unverbindlich in Aussicht gestellten Gegenleistung Dienste erbringt (z.B. ein Neffe arbeitet auf dem Hof des Onkels in der Erwartung, den Hof als Erbe zu übernehmen), und diese dann aber nicht erhält (sog. fehlgeschlagene Vergütungserwartung).

Insoweit hat § 612 Abs. 1 BGB eine Auffangfunktion, um als bereicherungsrechtliches Element bei der Erbringung von Dienstleistungen, die nur gegen Vergütung zu erwarten sind, demjenigen, der sie ohne vertragliche Vergütungsabrede leistet, zu einem vertraglichen Vergütungsanspruch zu verhelfen (*BAG* 15.3.1960 AP Nr. 13 zu § 612 BGB; 24.9.1960 AP Nr. 15 zu § 612 BGB; 24.6.1965 AP Nr. 23 zu § 612 BGB; 30.9.1978 AP Nr. 27 zu § 612 BGB).

Dienstleistungen, die ein Partner einer **nichtehelichen Lebensgemeinschaft** für den anderen erbringt, rechtfertigen allerdings keinen Anspruch auf Nachzahlung von nach der Trennung geltend gemachtem Lohn, wenn die Mitarbeit in einem **kleinen Familienbetrieb** erfolgt und sich ein übereinstimmender Wille für einen späteren Vergütungsausgleich nicht feststellen lässt. Eine einseitige Vergütungserwartung genügt nicht (*LAG Köln* 17.6.1999 LAGE § 612 BGB Nr. 7). Gleiches gilt, wenn eine Arbeitnehmerin im **Betrieb ihres Verlobten** in der **Erwartung künftiger Eheschließung** arbeitet, wenn die geplante Eheschließung scheitert. Denn das Eheversprechen für sich genommen kann nicht als Zusage einer künftigen Vergütung gewertet werden (*LAG RhPf* 18.11.1998 NZA 2000, 1060 LS). 424

Entsprechend anwendbar ist § 612 Abs. 1 BGB dann, wenn über den Rahmen des Arbeitsvertrages hinaus höherwertige Dienste geleistet bzw. Sonderleistungen erbracht werden, für die eine Vergütungsregelung fehlt, die durch die vereinbarte Vergütung nicht abgegolten sind und sich aus den Umständen ergibt, dass die höherwertige Dienstleistung nur gegen entsprechende Vergütung zu erwarten ist (vgl. dazu *Roth/Olbrisch* DB 1999, 2111 ff.), andererseits aber weder einzel- noch tarifvertraglich geregelt ist, wie diese Dienste zu vergüten sind (*BAG* 29.1.2003 NZA 2003, 1168 LS). 425
Diese Voraussetzungen sind z.B. dann nicht erfüllt, wenn ein Redakteur einer Tageszeitung Fotografien anfertigt. Denn zu seiner Tätigkeit gehört die Berichterstattung mit eigenen Wort- und/oder Bildbeiträgen; fotografieren ist also gerade Teil der vertraglich geschuldeten Tätigkeit. Etwas anderes gilt auf Grund einer tariflichen Regelung nur für sog. Wortredakteure (*BAG* 29.1.2003 NZA 2003, 1168 LS).

Nichts anderes gilt, wenn ein Arbeitnehmer zeitweilig eine höherwertige Tätigkeit als Urlaubs- oder Krankheitsvertreter verrichtet oder sie zur Probe erbringen soll (*BAG* 16.2.1978 EzA § 612 BGB Nr. 8).

Auch der Leitende Arzt einer Fachabteilung kann vom Krankenhausträger neben der vereinbarten Vergütung nach § 612 Abs. 1 BGB nicht ohne weiteres eine zusätzliche Vergütung beanspruchen, wenn er in erheblichem Umfang Rufbereitschaft deshalb leisten muss, weil er Oberarzt ist (*BAG* 17.3.1982 AP Nr. 33 zu § 612 BGB). Ein Anspruch eines **nachgeordneten Arztes** gegen den leitenden Arzt **auf Beteiligung an den Einnahmen** des leitenden Arztes aus Privatliquidation scheidet zudem regelmäßig dann aus, wenn der nachgeordnete Arzt auf Grund seines mit dem Krankenhausträger abgeschlossenen Arbeitsvertrages verpflichtet ist, auch in dem privat abgerechneten Nebentätigkeitsbereich des leitenden Arztes tätig zu werden. Ohne Anhaltspunkte für eine abweichende Vereinbarung kann davon ausgegangen werden, dass das mit dem Krankenhausträger vereinbarte Entgelt (§ 612 BGB) auch die Vergütung für die Erbringung dieser Dienste enthält. Lediglich dann, wenn die ärztliche Betreuung von Patienten in der Privatpraxis des leitenden Arztes nicht zu den Dienstaufgaben des nachgeordneten Arztes gehört, kommen Entgeltansprüche nach § 612 Abs. 2 BGB in Betracht (*BAG* 20.7.2004 EzA § 611 BGB 2002 Krankenhausarzt Nr. 2 = NZA 2005, 952 LS). 426

Wird des Weiteren ein Redaktionsvolontär nicht ausgebildet, sondern tatsächlich als Redakteur eingesetzt, hat er analog § 612 BGB Anspruch auf eine Vergütung, die der eines Redakteurs entspricht (*LAG Thüringen* 6.6.1996 NZA 1997, 943 LS). 427

c) Übliche Vergütung (§ 612 Abs. 2 BGB)

Bestehen insoweit keine besonderen im konkreten Einzelfall anwendbaren Vorschriften (Tarifvertrag, Betriebsvereinbarung), so findet § 612 Abs. 2 BGB Anwendung; das gilt **auch** dann, wenn eine **Vergütungsvereinbarung unwirksam ist** (*BAG* 28.9.1994 EzA § 612 BGB 428

Nr. 17; *LAG Düsseld.* 11.7.2008 – 9 Sa 1958/07 – EzA-SD 18/2008 S. 7 LS). Danach ist die übliche Vergütung geschuldet.

429 Üblich ist diejenige Vergütung, die im Betrieb für eine vergleichbare Tätigkeit oder, sofern eine solche nicht gegeben ist, im gleichen Gewerbe, am selben Ort gewährt wird. Besteht für den betroffenen räumlichen und fachlichen Bereich ein Tarifvertrag, so ist regelmäßig die tarifliche Vergütung auch die übliche Vergütung.

430 Etwas anderes kann dann gelten, wenn entweder für die betreffende Tätigkeit üblicherweise übertarifliche Vergütungen gezahlt werden, oder wenn nur wenige Arbeitsvertragsparteien tarifgebunden sind und üblicherweise eine geringere als die tarifliche Vergütung gezahlt wird.

431 Wird – wie im öffentlichen Dienst – allgemein nach Tarif vergütet, ist die jeweilige Höhe der tariflichen Vergütung als die übliche Vergütung i.S.d. § 612 Abs. 2 BGB anzusehen. **Zu der so gefundenen vertraglichen Vergütung gehören jedoch nicht tarifliche Ausschlussklauseln.** Gelten diese nicht kraft Tarifgebundenheit der Vertragspartner, müssen sie ausdrücklich vereinbart werden (*BAG* 26.9.1990 EzA § 4 TVG Ausschlussfristen Nr. 89).

d) Der Sonderfall: Unwirksame, weil mitbestimmungswidrige Änderung einer Vergütungsordnung im Betrieb; höherer Vergütungsanspruch

432 Vereinbart der Arbeitgeber nach der Kündigung eines Vergütungstarifvertrags mit allen neu eingestellten Arbeitnehmern eine geringere als die tarifliche Vergütung, haben diese keinen individuellen Anspruch auf Gleichbehandlung mit den, kraft Nachwirkung, weiterhin Tarifunterworfenen. Die Änderung einer – ursprünglich etwa kraft Tarifbindung des Arbeitgebers – im Betrieb geltenden Vergütungsordnung unterliegt der Mitbestimmung des Betriebsrats nach § 87 Abs. 1 Nr. 10 BetrVG. Maßnahmen des Arbeitgebers, die der notwendigen Mitbestimmung entbehren, sind auch individualrechtlich unwirksam, soweit sie bestehende Rechtspositionen der Arbeitnehmer schmälern (Theorie der Wirksamkeitsvoraussetzungen). Auch wenn dem Arbeitnehmer durch die Nichtbeachtung der Mitbestimmung seitens des Arbeitgebers grds. kein Anspruch auf Leistungen erwächst, die die bestehende Vertragsgrundlage übersteigen, kann die Weitergeltung der bisherigen Entlohnungsgrundsätze unter besonderen Umständen dazu führen, dass ihm ein Anspruch auf eine höhere Vergütung als die vertraglich vereinbarte zusteht. Die Notwendigkeit einer Beachtung und Anwendung der betriebsverfassungsrechtlich (weiter-)geltenden tariflichen Vergütungsordnung schließt bei fehlender Tarifbindung andererseits die rechtliche Möglichkeit nicht aus, unter Beibehaltung der inneren Struktur dieser Ordnung niedrigere als die tariflichen (Anfangs-)Gehälter zu vereinbaren (*BAG* 11.6.2002 § 87 BetrVG 1972 Betriebliche Lohngestaltung Nr. 76).

e) Umzugskosten

433 Ein Vertrag, der die **jederzeit widerrufliche Versetzung** eines Arbeitnehmers in das entfernte Ausland (z.B. Hongkong) und die Erstattung der Umzugskosten vorsieht, enthält im Zweifel gem. §§ 133, 157 BGB auch die Zusage, die **Kosten des Rückumzugs** zu erstatten. Das gilt auch dann, wenn für die Erstattung die Feststellung einer dienstlichen Notwendigkeit vorausgesetzt wird, diese Feststellung aber nicht getroffen wird, weil der Arbeitnehmer das Arbeitsverhältnis mit Rücksicht auf die bevorstehende Schließung der ausländischen Niederlassung zum Schließungstermin gekündigt hat (*BAG* 26.7.1995 EzA § 133 BGB Nr. 19).

2. Dauer des Arbeitsvertrages

a) Grundlagen

Der Arbeitsvertrag wird auf unbestimmte Zeit abgeschlossen, soweit die Arbeitsvertragsparteien nichts anderes vereinbaren. 434

Die **Befristung** des Arbeitsvertrages mit der Folge, dass das Arbeitsverhältnis mit Fristablauf endet, ohne dass es einer Kündigung bedarf, ist nur dann zulässig, wenn sie durch Gesetz ausdrücklich zugelassen wird oder wenn für die Befristung und ihre Dauer ein sachlicher Grund besteht (s.u. Kap. 5 Rn. 1 ff., 142 ff.). 435

Das Arbeitsverhältnis kann für die **Lebenszeit** des Arbeitnehmers (vgl. § 624 BGB), des Arbeitgebers oder einer dritten Person (z.B. bei der Anstellung zur Pflege eines Kranken) vereinbart werden. Der Bedeutungsgehalt derartiger Abreden ist unterschiedlich und im Einzelfall im Wege der **Auslegung** zu ermitteln (z.B. Beschränkung des Rechts zur ordentlichen Kündigung des Arbeitgebers, Verhinderung des Eintritts des Erben in das Arbeitsverhältnis, Zweckbefristung; vgl. MünchArbR/*Richardi* § 44 Rz. 18 ff.; s.u. Kap. 5 Rn. 166). 436

b) Daueranstellung

Eine Daueranstellung ist gegeben, wenn ein Arbeitnehmer unkündbar ist, d.h. das Recht des Arbeitgebers zur ordentlichen Kündigung (vor allem auf Grund tarifvertraglicher Normen) ausgeschlossen oder beschränkt ist (vgl. § 53 Abs. 3 BAT). 437

Die Zusage einer Lebens- oder Dauerstellung bedeutet noch keine Anstellung auf Lebenszeit. Ihr Inhalt ist vielmehr durch **Auslegung** unter Berücksichtigung der Gesamtumstände des konkreten Falles zu ermitteln (z.B. Anwendbarkeit des KSchG bereits ab dem ersten Arbeitstag, Ausschluss der ordentlichen Kündigung, Zulässigkeit der Kündigung erst nach einem längeren Zeitraum oder Einhaltung einer längeren als der gesetzlichen Kündigungsfrist). 438

Im Zweifel entspricht es nicht dem Willen der Vertragsparteien, dass eine ordentliche Kündigung des Arbeitgebers völlig ausgeschlossen und nur eine Entlassung aus wichtigem Grund möglich sein soll (*BAG* 20.10.1950 AP Nr. 1 zu § 52 RegelungsG; 18.1.1967 AP Nr. 81 zu § 1 KSchG; 7.11.1968 AP Nr. 3 zu § 66 HGB; 8.6.1972 AP Nr. 1 zu § 1 KSchG 1969). 439

c) Bedingung

Der gesamte Arbeitsvertrag kann auch unter einer Bedingung (§ 158 Abs. 1, 2 BGB) abgeschlossen werden; s.u. Kap. 5 Rn. 373 ff. Bei der **aufschiebenden Bedingung** tritt die von ihr abhängig gemachte Wirkung (Begründung des Arbeitsverhältnisses) erst mit dem (hinsichtlich des Zeitpunkts ungewissen) Eintritt der Bedingung ein. Bei der **auflösenden Bedingung** (vgl. § 21 TzBfG) gilt die rechtsgeschäftliche Regelung zunächst einmal. Ihre Wirkung endet erst mit dem Eintritt der Bedingung. Soweit dadurch die Beendigung des Arbeitsverhältnisses von einer Bedingung abhängig gemacht wird, ist zu beachten, dass der Bestandsschutz des Arbeitsverhältnisses nicht durch eine objektiv funktionswidrige Vertragsabsprache vereitelt werden darf (*BAG* 19.12.1974 EzA § 305 BGB Nr. 6; s. aber V zum TzBfG jetzt u. Kap. 5 Rn. 388 ff.). Ein **Vorbehalt einer erfolgreichen Teilnahme an einem sog. Assessmentcenter** ist deshalb als aufschiebende Bedingung für das Wirksamwerden eines Arbeitsvertrages dann rechtlich unbedenklich, wenn der Arbeitgeber das Arbeitsverhältnis zum vorgesehenen Vollzugsbeginn ohnehin ordentlich kündigen könnte (*LAG Bln.* 1.3.2002 – 6 Sa 2403/01 – EzA-SD 13/2002, S. 12 LS). 440

d) Altersgrenzen

441 In Einzelverträgen, Tarifverträgen, Betriebsvereinbarungen ist schließlich häufig eine Altersgrenze für die Beendigung des Arbeitsverhältnisses vorgesehen, bei deren Erreichen das Arbeitsverhältnis endet, ohne dass es einer Kündigung durch den Arbeitgeber bedarf; s.u. Kap. 5 Rn. 396 ff.

3. Arbeitsverhältnis zur Probe

442 Eine Einstellung zur Probe soll dem Arbeitgeber die Möglichkeit geben, sich ein Urteil darüber zu bilden, ob der Arbeitnehmer sich für die ihm zugedachte Stellung eignet.

443 Ohne besondere Vereinbarung ist die Probezeit als Beginn eines Arbeitsverhältnisses auf unbestimmte Zeit anzusehen, in dem die gesetzlich zulässige kürzestmögliche Kündigungsfrist stillschweigend als vereinbart gilt (*BAG* 29.7.1958 AP Nr. 3 zu § 620 BGB Probearbeitsverhältnis; 22.7.1971 AP Nr. 11 zu § 620 BGB Probearbeitsverhältnis; s. aber u. Kap. 4 Rn. 221).

444 Wird das Arbeitsverhältnis auf die Dauer der Probezeit befristet (vgl. § 14 Abs. 1 Nr. 6 TzBfG; s.u. Kap. 5 Rn. 185), so ist während seiner Dauer die **ordentliche Kündigung des Arbeitgebers** (nicht des Arbeitnehmers) **ausgeschlossen, sofern die Parteien nicht etwas anderes vereinbart haben** (*BAG* 15.3.1978 EzA § 620 BGB Nr. 34). Mit Ablauf der Befristung endet das Arbeitsverhältnis grds. selbst dann, wenn der Arbeitnehmer sich während der Probezeit bewährt hat (*BAG* 8.3.1962 AP Nr. 22 zu § 620 BGB Befristeter Arbeitsvertrag; vgl. dazu *Wilhelm* NZA 2001, 818 ff.).

Eine Befristung für eine Probezeit von **mehr als sechs Monaten** ist wegen des nach diesem Zeitraum einsetzenden Kündigungsschutzes nur zulässig, wenn Eignung und Leistung wegen der Besonderheit des Arbeitsplatzes, auf dem der Arbeitnehmer erprobt werden soll, nicht innerhalb von sechs Monaten beurteilt werden können (*BAG* 15.3.1978 EzA § 620 BGB Nr. 34; vgl. zur möglichen Anwendbarkeit des KSchG in derartigen Fällen *Wilhelm* NZA 2001, 818 ff.).

445 Wird in einem Arbeitsvertrag **eine feste Probezeit** vereinbart, kommt im Übrigen **nur dann** ein **befristetes Arbeitsverhältnis** für die Dauer der Probezeit zustande, wenn dies **eindeutig vereinbart** wird (*LAG SchlH* 29.5.2001 ARST 2001, 243, s. aber unten Kap. 5 Rn. 185).

4. Aushilfsarbeitsverhältnis

446 Die Besonderheit eines i.d.R. zeit- oder zweckbefristet abgeschlossenen Aushilfsarbeitsverhältnisses besteht darin, dass ein vorübergehender Bedarf an Arbeitskräften gedeckt werden soll, der nicht durch den normalen Betriebsablauf, sondern durch den Ausfall von Stammpersonal (z.B. Krankheit) oder durch einen zeitlich begrenzten zusätzlichen Arbeitsanfall (Schlussverkauf, Weihnachtsgeschäft) begründet ist (*BAG* 30.9.1981 EzA § 620 BGB Nr. 53; 22.5.1986 EzA § 622 BGB Nr. 24; vgl. § 14 Abs. 1 Nr. 1 TzBfG; s.u. Kap. 5 Rn. 188).

447 Möglich ist auch:
- die Vereinbarung einer Befristung als **Höchstdauer** des Arbeitsverhältnisses mit der Möglichkeit, den Arbeitsvertrag vor Zeitablauf zu kündigen; § 622 Abs. 5 Nr. 1 BGB ist insoweit anwendbar (*BAG* 22.5.1986 EzA § 622 BGB Nr. 24);
- der Abschluss **mehrerer Zeitverträge** hintereinander, jedoch nur dann, wenn die Prognose im Zeitpunkt des Vertragsabschlusses ergibt, dass kein über den vorgesehenen Endtermin der Befristung hinausgehender ständiger Dauerarbeitsbedarf besteht (*BAG* 30.9.1981 EzA § 620 BGB Nr. 53) sowie

- die Vereinbarung eines Aushilfsarbeitsverhältnisses auf **unbestimmte Zeit,** das durch ordentliche Kündigung endet (vgl. § 622 Abs. 5 Nr. 1 BGB). Voraussetzung dafür ist aber, dass der Arbeitgeber bei der Anstellung mit einem nur vorübergehenden Bedürfnis gerechnet hat (MünchArbR/*Richardi* § 45 Rz. 67).

5. Änderung des Vertragsinhalts

Die Arbeitsvertragsparteien können den Inhalt des Arbeitsvertrages **jederzeit formlos ändern.** Dies kann ausdrücklich oder stillschweigend geschehen. Dabei kann die **widerspruchslose Fortsetzung der Tätigkeit** durch den Arbeitnehmer nach einem Änderungsangebot des Arbeitgebers dann als Annahme der Vertragsänderung angesehen werden, wenn diese sich **unmittelbar im Arbeitsverhältnis auswirkt** (*BAG* 22.12.1970 AP Nr. 2 zu § 305 BGB; 13.5.1987 EzA § 315 BGB Nr. 34). Es ist **ausreichend,** dass dies **teilweise der Fall** ist, wenn ein **einheitliches Vertragsangebot ein Bündel von Vertragsänderungen** (z.B. Anwendung aller einschlägigen Tarifverträge auf das Arbeitsverhältnis) **zum Inhalt hat** (*BAG* 1.8.2001 EzA § 315 BGB Nr. 50 = NZA 2003, 924). 448

D. Rechtsmängel des Arbeitsvertrages

Für Arbeitsverträge gelten die gleichen Nichtigkeitsgründe wie bei anderen Rechtsgeschäften (§§ 104 ff., 177, 134, 138, 306, 125, 142 Abs. 1 i.V.m. §§ 119, 123 BGB). 449

I. Verstoß gegen ein gesetzliches Verbot (§ 134 BGB)

Nicht jede zwingende Norm ist ein Verbotsgesetz i.S.d. § 134 BGB. Es hängt von Inhalt und Zweck des Verbotsgesetzes ab, ob bei einem Verstoß die rechtsgeschäftliche Regelung selbst als unerlaubt anzusehen und ob für diesen Fall die Abwehr des Gesetzesverstoßes durch die Nichtigkeitsfolge erforderlich ist. 450

Zwar sind auch Tarifnormen und Betriebsvereinbarungen gem. Art. 2 EGBGB (materiellrechtliche) Rechtsnormen i.S.d. bürgerlichen Rechts. Dennoch kommen sie nicht als Verbotsgesetze i.S.d. § 134 BGB in Betracht. Zur Absicherung von Tarifnormen gegen abweichende Rechtsgeschäfte genügt § 4 Abs. 3 TVG. Die Einwirkung von Betriebsvereinbarungen auf das Arbeitsverhältnis regelt § 77 Abs. 4 BetrVG. 451

Verbotsgesetze sind aber Art. 3 Abs. 3 GG, § 611a BGB, § 266 StGB (vgl. *BAG* 25.4.1963 AP Nr. 2 zu § 611 BGB Faktisches Arbeitsverhältnis für die Beschäftigung mit der Veruntreuung von Mandantengeldern) sowie die Beschäftigungsverbote und -beschränkungen des öffentlichen Arbeitsschutzes sowie i.d.R. die Beschäftigungsverbote zum Schutz Dritter oder der Allgemeinheit (s.o. Rn. 50 ff.). 452

Rechtsfolge der Verletzung eines Verbotsgesetzes ist i.d.R. die Nichtigkeit der Vereinbarung, es sei denn, dass sich aus Inhalt und Zweck des Verbots etwas anderes ergibt (vgl. z.B. zu §§ 284 ff. SGB III oben Rn. 50 ff.). 453

Beispiele: 454

► Die einzelvertragliche Vereinbarung, wonach einerseits eine **regelmäßige wöchentliche Arbeitszeit von 30 Stunden** gilt, der Arbeitnehmer andererseits jedoch verpflichtet ist, auf **Anforderung des Arbeitgebers** auch darüber hinaus zu arbeiten, ist als sog. **Bandbreitenregelung gem. § 134 BGB unwirksam,** weil sie eine Umgehung zwingender gesetzlicher Vorschriften des Kündigungsschutzes darstellt. Anstelle der unwirksamen Arbeitszeitregelung ist die fortan maßgebliche Arbeitszeit aus der bisherigen Abwicklung des Arbeitsverhältnisses unter Berücksichtigung der Begleitumstände des Einzelfalles abzuleiten. Als Anknüpfungspunkt bietet sich dafür eine Durchschnittsberechnung der in der Vergangenheit angefallenen Arbeitsstunden an (*LAG Düsseld.* 17.9.2004 LAGE § 12 TzBfG Nr. 2).

- Ein Arbeitsvertrag ist gem. § 134 BGB nichtig, wenn er die **Ausübung des ärztlichen Berufs** zum Gegenstand hat und die erforderliche **Approbation oder Erlaubnis weder vorliegt noch erteilt werden kann** (*BAG* 3.11.2004 EzA § 134 BGB 2002 Nr. 3 = NZA 2005, 1409).

II. Verstoß gegen die guten Sitten (§ 138 BGB); unangemessene Benachteiligung des Arbeitnehmers (§ 307 Abs. 1 BGB)

1. Sittenwidrigkeit (§ 138 Abs. 1 BGB)

455 Die Sittenwidrigkeit (d.h. der Verstoß gegen das Anstandsgefühl aller billig und gerecht Denkenden) eines Arbeitsvertrages gem. § 138 Abs. 1 BGB kann sich aus seinem Inhalt, dem Gegenstand der versprochenen Dienste, nach altem Recht z.B. die Zusage geschlechtlicher Hingabe (*BGH* 31.3.1970 NJW 1970, 1273), der Vorführung des Geschlechtsverkehrs auf der Bühne (*BAG* 1.4.1976 EzA § 138 BGB Nr. 16; für Striptease-Tänzerinnen offen gelassen von *BAG* 7.6.1962 AP Nr. 18 zu § 611 BGB Faktisches Arbeitsverhältnis) ergeben. Aufgrund der Neuregelung der §§ 1 ff. ProstG kann daran allerdings ab dem 1.1.2002 nicht mehr festgehalten werden. Denn nunmehr begründet eine Vereinbarung, nach der **sexuelle Handlungen** gegen ein vorher vereinbartes Entgelt vorgenommen worden sind, eine rechtswirksame Forderung; gleiches gilt, wenn eine Person, insbes. im Rahmen eines Beschäftigungsverhältnisses, sich für die Erbringung derartiger Handlungen gegen ein vorher vereinbartes Entgelt für eine bestimmte Zeitdauer bereithält (§ 1 ProstG).
Die Sittenwidrigkeit ist im Übrigen **nicht allein nach der vereinbarten Vergütungshöhe** zu beurteilen. Der Inhalt der guten Sitten wird auch durch die **Wertungen des Grundgesetzes** (z.B. Art. 7 Abs. 4 GG für die Vergütung angestellter Lehrkräfte anerkannter Ersatzschulen) und einfachgesetzliche Regelungen konkretisiert. Rechtsfolge des Verstoßes gegen § 138 Abs. 1 BGB ist ein Anspruch des Arbeitnehmers auf die übliche Vergütung nach § 612 Abs. 2 BGB (*BAG* 26.4.2006 EzA § 612 BGB 2002 Nr. 7 = NZA 2006, 1354).

456 **Sittenwidrigkeit liegt** aber dann **vor** (vgl. dazu *Spindler* ArbuR 1999, 296 ff.), wenn:

- Der Arbeitnehmer in seiner wirtschaftlichen Freiheit, insbes. in seinem Fortkommen, **unbillig oder unangemessen beschränkt** wird (soweit keine konkretisierende Gesetzesregelung besteht, z.B. § 624 BGB, §§ 74 ff. HGB).

457 - Die Vergütungsregelung den Arbeitnehmer mit dem **Betriebs- oder Wirtschaftsrisiko** belastet. Deshalb kann der Arbeitnehmer nicht zu einem Ausgleich der während seiner Tätigkeit auftretenden Unternehmensverluste verpflichtet werden, z.B. für Verluste, die dadurch entstehen, dass vom Arbeitgeber veranlasste Personal- und Sachkosten nicht verdient werden (*LAG Hamm* 5.12.2003 LAG Report 2004, 254 LS).

458 - Ein Arbeitgeber seine Arbeitnehmer verpflichtet, ihre **Weiterbeschäftigung selbst zu finanzieren** (*BAG* 10.10.1990 EzA § 138 BGB Nr. 25).

459 - Der Arbeitnehmer bereits vor Abschluss des Arbeitsvertrages, der vorsieht, dass sich die Bezahlung nach den Vorschriften des BAT bestimmt, in einer Vereinbarung im Voraus auf **künftig fällig werdende Gehaltsansprüche »verzichtet«**, wenn dadurch das Geschäftsrisiko auf den Arbeitnehmer abgewälzt werden soll (*LAG Bln.* 17.2.1997 NZA-RR 1997, 371);

460 - Ein Außendienstmitarbeiter auf Grund einer Vereinbarung nur Provision, nicht aber festes Gehalt oder Reisespesen erhalten soll und er bei schwierigen Verhältnissen nur eine **geringe Provision** erhält, die in auffälligem Missverhältnis zur Leistung steht (MünchArbR/*Richardi* § 46 Rz. 18);

- Ein **besonders grobes Missverhältnis zwischen Leistung und Gegenleistung** besteht. Das ist z.B. dann der Fall, wenn bei einer **Mankohaftung** dem erhöhten Risiko des Arbeitnehmers kein angemessener wirtschaftlicher Ausgleich gegenübersteht (*BAG* 27.2.1970 AP § 611 BGB Haftung des Arbeitnehmers Nr. 54). Gleiches gilt für die Vereinbarung unangemessen hoher **Vertragsstrafen** (*RG* 27.4.1917 RGZ 90, 181). Auch eine **Verlustbeteiligung** des Arbeitnehmers ist jedenfalls dann sittenwidrig, wenn dafür kein angemessener Ausgleich erfolgt (*BAG* 10.10.1990 EzA § 138 BGB Nr. 24). 461

Sittenwidrigkeit liegt ferner in folgenden Fällen vor: 462

- Eine **Vergütungspflicht** soll für eine 14-tägige Probezeit nur für den Fall des Abschlusses eines **endgültigen Arbeitsvertrages** entstehen (*LAG Köln* 18.3.1998 LAGE § 138 BGB Nr. 10).
- Steht der Ausbildungszweck in einem sechsmonatigen sog. Praktikantenverhältnis (einer Dipl. Ing. für Innenarchitektur) nicht im Vordergrund, d.h. überwiegt der Ausbildungszweck nicht deutlich die für den Betrieb erbrachten Leistungen und Arbeitsergebnisse, ist eine Vergütung von 375 € monatlich sittenwidrig (*LAG BW* 8.2.2008 NZA 2008, 768). 463
- Besteht für einen **Rechtsanwalt** eine Wochenarbeitszeit von 35 Stunden und erhält dieser hierfür nur eine Vergütung von **1.300,00 DM brutto monatlich**, so ist die Entgeltvereinbarung gem. § 138 Abs. 1 BGB nichtig (*LAG Frankf.* 28.10.1999 NZA-RR 2000, 521); üblich i.S.d. § 612 Abs. 2 BGB ist im ersten Berufsjahr eine Bruttovergütung von 2.800 DM. Auch die Vergütung eines angestellten Rechtsanwalts »ein wenig über dem Referendarsgehalt« ist sittenwidrig und unangemessen (*Anwaltsgerichtshof NRW* 2.11.2007 – 2 ZU 7/07 – ArbuR 2008, 158). 464
- Nichts anderes gilt für die Anstellung eines **Rechtsanwalts** zu einem monatlichen Bruttoeinkommen von **610 €** bzw. 1300 DM jedenfalls dann, wenn das Arbeitsverhältnis vier Jahre dauert. Die Nichtigkeit des zugrunde liegenden Arbeitsvertrages führt zu einem Anspruch des angestellten Rechtsanwalts auf die übliche Vergütung gem. § 612 Abs. 2 BGB (*ArbG Hersfeld* 4.11.1998 NZA-RR 1999, 629). 465
- Ein **Stundenlohn von 9,98 DM brutto** (das war **weniger als 42 % des Tariflohns**) war für einen gelernten Heizungsmonteur in Berlin im Zeitraum 1996/97 sittenwidrig (*LAG Bln.* 20.2.1998 ArbuR 1998, 468). 466
- Die Vereinbarung einer Vergütung, die die Tariflöhne des jeweiligen Wirtschaftszweigs um mehr als ein Drittel unterschreitet, ist sittenwidrig (*ArbG Bln.* 10.8.2007 – 28 Ca 6934/07 – ArbuR 2007, 445 LS). 467

Demgegenüber soll **keine Sittenwidrigkeit** gegeben sein: 468

- Bei einer Vereinbarung mit einem Arbeitnehmer, der auf einem von der Bundesagentur für Arbeit **subventionierten Arbeitsplatz** beschäftigt wird, wonach dieser ca. 16 % seiner Nettovergütung an den Arbeitgeber zwecks Weiterbeschäftigung von Mitarbeitern auf nicht geförderten Arbeitsplätzen abgibt und der Arbeitnehmer auch nur in einem zeitlich reduzierten Umfang beschäftigt wird (so *LAG Bln.* 7.1.2000 LAGE § 138 BGB Nr. 16). Selbst ein etwaiger Subventionsbetrug gegenüber der Bundesagentur für Arbeit soll danach die Wirksamkeit der getroffenen Vereinbarung nicht berühren (*LAG Bln.* a.a.O.).
- Bei einer **Zusage eines Handgeldes** im Zusammenhang mit einem Vereinswechsel eines Berufsfußballspielers (*LAG Hamm* 5.4.2000 NZA-RR 2000, 411). 469
- bei einer **Unterschreitung der tariflichen Vergütung um etwas mehr als 23 % (1,59 €) bei** einem tariflichen Vergütungsanspruch von 6,88 €. Es kann danach weder auf den Sozialhilfesatz abgestellt werden, noch auf die Pfändungsfreigrenzen des § 850c ZPO. Auch die Aufwendungen des Arbeitnehmers für die Erreichung des Arbeitsplatzes sind nicht zu berücksichtigen (*LAG RhPf* 26.8.2004 ArbuR 2005, 196 LS). 470

2. Wucher (§ 138 Abs. 2 BGB; § 291 Abs. 1 Nr. 3 StGB)

Die Voraussetzungen des § 138 Abs. 2 BGB (auffälliges **objektives Missverhältnis** zwischen Leistung und Gegenleistung zuzüglich des subjektiven Tatbestandes der **Ausbeutung;** vgl. *BAG* 24.3.2004 EzA § 138 BGB 2002 Nr. 2 = NZA 2004, 971; vgl. dazu *Schmitt* SAE 2005, 201 ff.) können u.U. dann gegeben sein, wenn der Arbeitnehmer bei Vertragsabschluss arbeitslos ist und keinen Anspruch auf die Gewährung von Arbeitslosengeld oder -hilfe hat, sodass er letztlich zum Vertragsabschluss gezwungen ist. 471

472 Entscheidend für die Beurteilung eines auffälligen Missverhältnisses zwischen Leistung und Gegenleistung ist die Arbeitsleistung als solche, ihre Dauer und der Schwierigkeitsgrad, die körperliche und geistige Beanspruchung; maßgebend sind die Arbeitsbedingungen schlechthin (Hitze, Kälte, Lärm; vgl. *BAG* 11.1.1973 AP Nr. 30 zu § 138 BGB).

473 Ein Verstoß gegen § 138 Abs. 2 BGB liegt z.B. dann vor (vgl. dazu *Spindler* ArbuR 1999, 296 ff.), wenn:

- Der vertraglich vereinbarte Stundenlohn um 48 % unter der tarifvertraglich üblichen Vergütung liegt. Er ist auch nicht dadurch zu rechtfertigen, dass der Lebensunterhalt des – geringfügig – Beschäftigten durch Sozialleistungen gesichert ist. Rechtsfolge des Verstoßes gegen § 138 BGB ist ein **Anspruch auf die übliche Vergütung** von 5 € pro Stunde für eine Auspackhilfe im Supermarkt (*ArbG Brem.-Bremerhafen* 12.12.2007 – 9 Ca 9331/07 – ArbuR 2008, 275 LS; bestätigt durch *LAG Brem.* 17.6.2008 – 1 Sa 29/08 – ArbuR 2008, 357; abl. *Mohr* BB 2008, 1065 ff.).

474 ▶ Der Arbeitnehmer verpflichtet ist, gegen eine unverhältnismäßig niedrige Vergütung zu arbeiten.

475 ▶ Der Arbeitnehmer gegen eine durchschnittliche Vergütung zahlreiche Nebenverpflichtungen übernehmen muss.

476 ▶ Trotz angemessener Arbeitsleistung der Arbeitnehmer nicht in der Lage ist, für sich und seine Familie den notwendigen Unterhalt zu verdienen.

477 ▶ Die Vergütung weit unter dem Tariflohn liegt (s. dazu näher unten Rn. 480).

478 ▶ Dem Arbeitnehmer ohne ausreichende Vergütung das wirtschaftliche Risiko der Arbeit überbürdet wird.

479 ▶ **Beispiel:**

Bei einer Vereinbarung darüber, dass die Arbeitsleistung unentgeltlich erbracht werden soll. Ein Arbeitgeber bspw., der mit einem Sozialhilfeempfänger im Hinblick auf eine eventuelle spätere Einstellung im Rahmen eines bezahlten Arbeitsverhältnisses einen Vertrag über ein unentgeltliches Praktikum – das tatsächlich ein Arbeitsverhältnis ist – schließt, nutzt dessen wirtschaftliche Zwangslage aus (*ArbG Bln.* 8.1.2003 – 36 Ca 19390/02 – EzA-SD 10/2003, S. 15 LS = ArbuR 2004, 74).

480 Der *BGH* (22.4.1997 EzA § 302a StGB Nr. 1; krit. dazu *Nägele* BB 1997, 2162; zust. *Reinecke* ArbuR 1997, 453 ff.; vgl. auch *Müller/Hauck* FA 2001, 198 ff.) geht davon aus, dass die Beschäftigung eines Arbeitnehmers zu **unangemessen niedrigem Lohn** auch Wucher i.S.d. § 291 StGB) sein kann. Er hat dies bejaht im Falle eines Arbeitgebers, der bei einem Tariflohn von 19 DM seinen Arbeitnehmern, die Maurerarbeiten verrichteten, 21 DM bezahlte, zwei tschechischen Grenzgängern dagegen, die die gleiche Arbeit verrichteten, nur 12 DM. Im Anschluss daran hat das *LAG Bln.* (20.2.1998 LAGE § 302 StGB Nr. 1) angenommen, dass ein Lohn von etwa **1/3 unter Tarif** bereits als strafbarer Lohnwucher angesehen werden kann. Denn auch wenn der Tariflohn danach mangels Allgemeinverbindlichkeit des Entgelttarifvertrages nicht für die Parteien verbindlich ist, gibt er doch eine Orientierungsgröße für den Marktwert der Arbeitsleistung des Arbeitnehmers. Gleiches galt für eine Lohnvereinbarung von **11,50 DM Stundenlohn brutto für eine Lager- und Produktionshelferin** ohne berufliche Qualifikation (*ArbG Brem.* 30.8.2000 NZA-RR 2001, 27), sowie bei der Vereinbarung eines Stundenlohns, der bei **weniger als 2/3 des Tariflohns** liegt, wenn der tatsächlich gezahlte Lohn erheblich unter diesem Betrag lag (*LAG Brem.* 28.8.2008 – 3 Sa 69/08 – EzA-SD 24/2008 S. 11 LS; *AG Halle-Saalkreis* 31.5.2001 ArbuR 2001, 516), sofern in dem Wirtschaftsgebiet **üblicherweise** der **Tariflohn** gezahlt wird (*LAG Brem.* 28.8.2008 – 3 Sa 69/08 – EzA-SD 24/2008 S. 11 LS, dort auch zur Bestimmung des Begriffs des Wirtschaftszweiges). Neben der Arbeitsvergütung bezogene **Sozialleistungen** sind für die Beurteilung der Sittenwidrigkeit der Höhe der Vergütung **irrelevant** (*LAG Brem.* 28.8.2008 – 3 Sa 69/08 – EzA-SD 24/2008 S. 11 LS)

Andererseits ist es revisionsrechtlich **nicht zu beanstanden**, wenn das Berufungsgericht bei der Vereinbarung **von 70 % des üblichen Gehalts** ein auffälliges Missverhältnis zwischen Leistung und Gegenleistung i.S.v. § 138 BGB **verneint hat** (*BAG* 23.5.2001 EzA § 138 BGB Nr. 39; vgl. dazu *Peter* ArbuR 2001, 510 ff.; *LAG RhPf* 26.8.2004 ArbuR 2005, 196 LS: Unterschreitung des Tariflohns um 23 % führt nicht zur Sittenwidrigkeit).

Für die Bezahlung von Leiharbeitnehmern hat das *BAG* (24.3.2004 EzA § 138 BGB 2002 Nr. 2 = NZA 2004, 971: vgl. dazu *Schmitt* SAE 2005, 200 ff.) folgende **Grundsätze** aufgestellt: 481

- Bei Leiharbeitnehmern ist zur Feststellung des Missverhältnisses zwischen Leistung und Gegenleistung der **Tariflohn der Zeitarbeitsunternehmen maßgeblich**. Diese bilden einen eigenen Wirtschaftszweig.
- Zur Feststellung des auffälligen Missverhältnisses zwischen Leistung und Gegenleistung kann **nicht** auf einen bestimmten **Abstand zwischen dem Arbeitsentgelt und der Sozialhilfe** abgestellt werden. Ebenso wenig kann aus den **Pfändungsgrenzen** des § 850c ZPO auf ein Missverhältnis zwischen Leistung und Gegenleistung geschlossen werden. 482
- In § 138 BGB kommen elementare Gerechtigkeitsanforderungen, die der gesamten Rechtsordnung zu Grunde liegen, zum Ausdruck. Sie sind Ausfluss der durch Art. 2 Abs. 1 GG geschützten allgemeinen Handlungsfreiheit sowie des Sozialstaatsprinzips (Art. 20 Abs. 1 GG). Auch Tarifverträge sind hieran zu messen. Dazu ist unter Berücksichtigung der Besonderheiten der von dem jeweiligen Tarifvertrag erfassten Beschäftigungsbetriebe und der dort zu verrichtenden Tätigkeiten festzustellen, ob das tarifliche Arbeitsentgelt für die nach dem Tarifvertrag jeweils geschuldete Arbeitsleistung dem Anstandsgefühl aller billig und gerecht Denkenden widerspricht. 483
- Den tarifvertraglich ausgehandelten Löhnen und Gehältern wird von Verfassungs wegen eine Richtigkeitsgewähr eingeräumt. Auf Grund dieser Wertung kann die **Höhe eines tarifvertraglich vereinbarten Arbeitsentgelts** nur dann von den Gerichten **beanstandet** werden, wenn der Tariflohn unter Berücksichtigung aller Umstände des räumlichen, fachlichen und persönlichen Geltungsbereichs des Tarifvertrags sowie der im Geltungsbereich des Tarifvertrags zu verrichtenden Tätigkeiten **einen »Hungerlohn«** darstellt. 484
- Art. 4 der Europäischen Sozialcharta kommt für die in den Mitgliedsländern tätigen Arbeitnehmer kein verbindlicher Rechtscharakter zu. Diese Vorschrift hat keine unmittelbare Wirkung für den einzelnen Bürger. 485

In jedem Fall bedarf es einer sorgfältigen Abwägung der Interessenlage im Einzelfall. Unter besonderen Umständen können Arbeitsleistungen auch unentgeltlich oder gegen geringe Vergütung erbracht werden, etwa bei Mitarbeit von Familienangehörigen. 486

In den Fällen des Lohnwuchers wird häufig nur die Vergütungsvereinbarung nichtig sein. Das führt nicht gem. § 139 BGB zur Nichtigkeit des ganzen Vertrages, wenn dadurch der Arbeitnehmerschutz in sein Gegenteil verkehrt wird. Bei Tarifbindung wird die nichtige Lohnvereinbarung durch den Tariflohn ersetzt; in den übrigen Fällen ist die angemessene Vergütung gem. § 612 Abs. 2 BGB (s.o. Rn. 428 ff.; vgl. *ArbG Bln.* 8.1.2003 – 36 Ca 19390/02 – EzA-SD 10/2003, S. 15 LS = ArbuR 2004, 74) zu ermitteln. 487

3. Unangemessene Benachteiligung des Arbeitnehmers (§ 307 Abs. 1 BGB)

Nach Auffassung des *LAG SchlH* (22.9.2004 LAGE § 307 BGB 2002 Nr. 5) ist eine formularmäßig vereinbarte, pauschale, **keine Begrenzung nach oben enthaltende und auch nicht annähernd den Umfang der einkalkulierten zuschlagspflichtigen Arbeitsleistung transparent machende arbeitsvertragliche Pauschalierungsabrede**, nach der im Bruttomonatsentgelt **alle Zuschläge** für Nacht-, Sonn- und Feiertagsarbeit enthalten sind, gem. § 307 BGB **unwirksam**. Denn sie benachteiligt den Arbeitnehmer infolge der dem Arbeitgeber eingeräumten unbegrenzten Möglichkeit eines nachhaltigen Eingriffes in das synallagmatische Verhältnis unangemessen und verstößt folglich gegen das **Transparenzgebot**. 488

III. Anfechtung des Arbeitsvertrages

1. Anfechtungsgründe

a) Irrtum

aa) § 119 Abs. 1 BGB

489 Anfechten kann ein Rechtsgeschäft gem. § 119 Abs. 1 BGB, wer sich bei Abgabe einer Willenserklärung in einem Irrtum befunden hat. Allerdings berechtigt nicht jeder Irrtum nach der gesetzlichen Regelung des § 119 Abs. 1 BGB zur Anfechtung. Vielmehr muss es sich um einen Erklärungsirrtum (der Erklärende wollte eine Erklärung dieses Inhalts überhaupt nicht abgeben) oder um einen Inhaltsirrtum (der Erklärende hat sich irrige Vorstellungen über die inhaltliche Tragweite oder die rechtliche Bedeutung seiner Erklärung gemacht) handeln (vgl. dazu *Strick* NZA 2000, 695 ff.).

490 Die Unkenntnis des Arbeitnehmers davon, dass bei Abschluss eines **zweiten befristeten Arbeitsvertrages** im unmittelbaren Anschluss an den ersten befristeten Arbeitsvertrag nur der **letzte Arbeitsvertrag** für die Rechtsbeziehungen zwischen den Arbeitsvertragsparteien maßgeblich ist, berechtigt ihn nicht, den von ihm abgeschlossenen befristeten Anschlussarbeitsvertrag nach § 119 Abs. 1 BGB wegen Irrtums über den Inhalt seiner Erklärung anzufechten (*BAG* 30.10.1987 EzA § 119 BGB Nr. 13). Dies gilt selbst dann, wenn die Befristung des ersten Vertrages rechtsunwirksam war, sodass der Arbeitnehmer die unbefristete Fortsetzung dieses Vertrages hätte verlangen können (*BAG* 30.10.1987 EzA § 119 BGB Nr. 13).

bb) § 119 Abs. 2 BGB

(1) Grundlagen

491 Gem. § 119 Abs. 2 BGB ist auch die Anfechtung möglich wegen eines Irrtums über verkehrswesentliche Eigenschaften der Person oder Sache.

492 Dabei sind Eigenschaften die tatsächlichen oder rechtlichen Verhältnisse einer Person oder Sache, die in ihrer Beziehung zu anderen Personen oder Sachen wurzeln und wegen ihrer Beschaffenheit und vorausgesetzten Dauer nach den Anschauungen des Verkehrs einen Einfluss auf die Wertschätzung der Sache ausüben. Eigenschaften sind demnach für die Individualisierung einer Person bzw. für den Wert oder die Verwendbarkeit einer Sache bedeutsam. Folglich ist jeder wertbildende Faktor Eigenschaft i.S.d. § 119 Abs. 2 BGB.

493 Der Arbeitgeber ist nach § 119 Abs. 2 BGB z.B. zur Anfechtung berechtigt, wenn der Arbeitnehmer wegen **gesundheitlicher Mängel** nicht nur kurzfristig gehindert ist, die übernommene Arbeit auszuführen (*BAG* 26.7.1989 EzA § 1 LohnFG Nr. 110; vgl. dazu *Strick* NZA 2000, 695 ff.).

494 Dagegen kommt bei Abschluss eines Arbeitsvertrages mit einer **schwangeren Arbeitnehmerin**, durch den sich diese ausschließlich zu Nachtarbeit (§ 8 MuSchG) verpflichtet, eine Anfechtung nach § 119 Abs. 2 BGB nicht in Betracht, wenn bei Vertragsschluss noch mit der Erteilung einer Ausnahmegenehmigung nach § 8 Abs. 6 MuSchG zu rechnen war (*BAG* 8.9.1988 EzA § 8 MuSchG Nr. 1).

(2) Irrtum über die Leistungsfähigkeit des Arbeitnehmers

495 Im Rahmen der Anfechtung von Arbeitsverträgen genügt nicht jeder Irrtum über den Grad der Leistungsfähigkeit des Arbeitnehmers. Es kann auch nicht schon dann gem. § 119 Abs. 2 BGB angefochten werden, wenn sich der Arbeitgeber bei der Einstellung unrichtige Vorstellungen über die Leistungsfähigkeit des Arbeitnehmers gemacht hat und dieser seinen Erwartungen nicht entspricht.

Denn Anfechtungsgrund ist nicht die Fehlbeurteilung, sondern das Nichtwissen von Eigenschaften als Voraussetzung für die Beurteilung, ob der Arbeitnehmer für diese Arbeitsleistung geeignet ist (*Staudinger/Richardi* § 611 BGB Rz. 40).

In Betracht kommen insbes. **Mängel fachlicher Vorbildung** als notwendige Voraussetzung für die Erbringung der Arbeitsleistung sowie **Krankheit** und andere Umstände, wenn durch sie die notwendige Fähigkeit des Arbeitnehmers fehlt oder erheblich beeinträchtigt ist, die vertraglich übernommene Arbeitsleistung auszuführen (*BAG* 28.3.1974 EzA § 119 BGB Nr. 5). **496**

cc) Prüfungsmaßstab

Anfechtbar wegen Irrtums ist der Arbeitsvertrag nur, wenn der Erklärende bei verständiger Würdigung des Falles bei Kenntnis der Sachlage die Erklärung nicht abgegeben hätte. **497**

Folglich führt nur eine solche Vorstellung zur Anfechtung, die (subjektiv) von **entscheidendem Einfluss auf die Abgabe der Willenserklärung** gewesen ist. Die Interessen des von der irrtümlichen Erklärung Betroffenen fordern allerdings zusätzlich, dass nicht nur der subjektive, eventuell launenhafte oder unsinnige Standpunkt des Irrenden als Maßstab herangezogen wird. Deshalb ist die Kausalität zwar vom Standpunkt des Irrenden zu würdigen, dieser ist aber als verständiger Mensch zu denken. Nicht zur Anfechtung berechtigt der sog. **Motivirrtum**, das ist eine unrichtige Vorstellung, die die Entstehung des Geschäftswillens beeinflusst, in ihm aber keinen Ausdruck gefunden hat (*Staudinger/Dilcher* § 119 BGB Rz. 68 ff.).

b) Arglistige Täuschung oder Drohung

Gem. § 123 BGB hat ein Anfechtungsrecht, wer durch arglistige Täuschung (Hervorrufen oder Aufrechterhalten eines Irrtums durch Vorspiegelung falscher oder Unterdrückung wahrer Tatsachen) oder widerrechtlich durch Drohung (Inaussichtstellung eines künftigen, empfindlichen Übels durch den Gegner) zur Abgabe einer Willenserklärung bestimmt worden ist (vgl. dazu *Strick* NZA 2000, 695 ff.). Hat z.B. der Arbeitnehmer im Rahmen seiner Bewerbung ein **gefälschtes Prüfungszeugnis** vorgelegt, um dadurch seine Einstellungschancen zu verbessern, so liegt eine arglistige Täuschung über seine theoretischen und praktischen Kenntnisse vor (*LAG BW* 13.10.2006 LAGE § 123 BGB 2002 Nr. 3). **498**

Die Täuschung muss die Abgabe der Erklärung zumindest **ursächlich mit veranlasst** haben. Das ist bei Vorlage eines gefälschten Prüfungszeugnisses z.B. dann der Fall, wenn vom Arbeitgeber nur die Bewerber mit den besten Noten berücksichtigt werden (*LAG BW* 13.10.2006 LAGE § 123 BGB 2002 Nr. 3). Andererseits berechtigt die **Falschbeantwortung** der Frage nach einer **Schwerbehinderung** des Arbeitnehmers dann nicht zur Anfechtung des Arbeitsvertrages, **wenn die Schwerbehinderung für den Arbeitgeber offensichtlich war und folglich bei ihm ein Irrtum nicht entstanden ist** (*BAG* 18.10.2000 EzA § 123 BGB Nr. 56). Erforderlich ist ferner, dass sich der Täuschende bewusst war, den anderen wenigstens möglicherweise zu schädigen. Das Verschweigen wesentlicher Tatsachen begründet eine arglistige Täuschung nur dann, wenn eine Rechtspflicht zur Aufklärung oder zur Offenbarung bestand, d.h. wenn unter den Vertragspartnern ein so enges Vertrauensverhältnis bestand, dass die Mitteilung der verschwiegenen Tatsache nach der Verkehrsauffassung redlicherweise erwartet werden durfte (*BGH* NJW 1970, 655). **499**

Im Rahmen der Anfechtung eines Arbeitsvertrages kommt § 123 Abs. 1 BGB in Betracht, wenn der Arbeitnehmer **500**
- eine zulässige Frage des Arbeitgebers vor Abschluss des Arbeitsvertrages bewusst wahrheitswidrig beantwortet hat (vgl. *BAG* 20.5.1999 EzA § 123 BGB Nr. 52) sowie dann, wenn er
- verpflichtet gewesen wäre, auf die fehlende Fähigkeit zur Erbringung der vertraglich geschuldeten Arbeitsleistung von sich aus hinzuweisen oder hinsichtlich anderer Eigenschaften und Umstände eine Offenbarungspflicht bestand, der der Arbeitnehmer jedoch nicht nachgekommen ist (s.o. Rn. 247 ff., 263 ff.).

2. Erklärung der Anfechtung

501 Die Anfechtung als Ausübung eines unselbstständigen **Gestaltungsrechts** erfolgt durch formlose Erklärung desjenigen, der die fehlerhafte Willenserklärung abgegeben hat gegenüber dem Anfechtungsgegner (§ 143 BGB). Das Anfechtungsrecht ist unwiderruflich und bedingungsfeindlich.

502 Zulässig ist jedoch eine vorsorgliche Anfechtung (**Eventualanfechtung**) für den Fall, dass die erwartete Nichtigkeit eines Rechtsgeschäfts nicht bejaht werden sollte (*BGH* 8.3.1961 DB 1961, 1021).

503 Als rechtsgestaltende Erklärung muss die Anfechtungserklärung unzweideutig zum Ausdruck bringen, dass das Rechtsgeschäft – im Gegensatz zur Kündigung – von Anfang an, d.h. rückwirkend, beseitigt werden soll (*BGH* 22.2.1991 DB 1991, 1375; s. aber unten Rn. 521 ff.).

3. Anfechtungsfrist

a) Irrtumsanfechtung

504 Die Irrtumsanfechtung muss gem. § 121 BGB unverzüglich, d.h. **ohne schuldhaftes Zögern** nach Kenntnis des Anfechtungsgrundes erfolgen. Insoweit ist dem Anfechtungsberechtigten ein billig zu benennender Zeitraum zugestanden für die Überlegung der wegen § 122 BGB wichtigen Frage, ob er anfechten oder es trotz des beachtlichen Irrtums bei der abgegebenen Erklärung bewenden lassen will. Dabei kann die Beratung mit einem Rechtskundigen geboten sein (*Staudinger/Dilcher* § 121 Rz. 3 ff.).

505 Nach der Rechtsprechung des *BAG* (14.12.1979 EzA § 119 Nr. 11) ist eine Anfechtungserklärung gem. § 119 BGB allerdings nur dann unverzüglich i.S.d. § 121 BGB, wenn sie innerhalb der Zwei-Wochenfrist des § 626 Abs. 2 BGB erfolgt ist. Denn auch eine außerordentliche Kündigung aus wichtigem Grund muss innerhalb von zwei Wochen seit Erlangung der Kenntnis des Kündigungsgrundes erfolgen (abl. *Herschel* AuR 1980, 255; *Staudinger/Richardi* § 611 Rz. 164, weil die Anfechtung und die außerordentliche Kündigung wesensverschiedene Rechtsgestaltungen sind).

506 Wird eine Anfechtung wegen Irrtums mit einer bestimmten Begründung erklärt, so können andere Anfechtungsgründe nicht nachgeschoben werden, wenn eine selbstständige Anfechtung mit diesen Gründen gem. § 121 BGB verspätet wäre (*BAG* 14.12.1979 EzA § 119 BGB Nr. 11; 21.1.1981 EzA § 119 BGB Nr. 12).

b) § 123 BGB

507 Die Anfechtung gem. § 123 BGB muss binnen Jahresfrist nach Entdeckung der Täuschung oder nach Aufhören der durch die Drohung hervorgerufenen Zwangslage erfolgen (§ 124 BGB).

508 Eine Anfechtung ist ausgeschlossen, wenn seit der Abgabe der Willenserklärung 10 Jahre vergangen sind (§§ 121 Abs. 2, 124 Abs. 3 BGB).

509 Im Rahmen der §§ 123, 124 BGB wird § 626 BGB keine Bedeutung beigemessen, weil wegen der zeitlich fest fixierten starren Ausschlussfrist für eine kürzere Konkretisierung dieser Anfechtungsfrist kein Raum ist (*BAG* 19.5.1983 EzA § 123 BGB Nr. 23; **a.A.** [analoge Anwendung des § 626 Abs. 2 BGB] dagegen KR-*Wolf* 3. Aufl., Grunds. Rz. 176).

4. Anhörung des Betriebsrats (§ 102 BetrVG) vor Erklärung der Anfechtung?

Ganz überwiegend wird davon ausgegangen, dass § 102 Abs. 1 BetrVG nicht, auch nicht analog, anwendbar ist (*Staudinger/Richardi* § 611 Rz. 167; KR-*Etzel* § 102 BetrVG Rz. 42; *Picker* ZfA 1981, 43 f.; **a.A.** KR-*Wolf* 3. Aufl., Grunds. Rz. 177; *Hönn* ZfA 1987, 89 f.). **510**

Denn Anfechtung und Kündigung haben wesensverschiedene Funktionen und sind hinsichtlich ihrer Voraussetzungen und Wirkungen voneinander zu unterscheiden. Das zeigt sich insbes. darin, dass ein Anfechtungsgrund i.S.d. §§ 119, 123 BGB grds. ohne weiteres die sofortige Auflösung des Arbeitsverhältnisses rechtfertigt, weil es für eine weitere Bindung an einer wirksamen Willenserklärung fehlt. Deshalb bedarf es weder eines besonderen zukunftsbezogenen Kündigungsgrundes i.S.d. § 626 Abs. 1 BGB (vgl. *BAG* 5.12.1957 AP Nr. 2 zu § 123 BGB) noch einer Anhörung des Betriebsrats gem. § 102 Abs. 1 BetrVG. **511**

5. Anwendbarkeit des § 9 MuSchG, § 18 BEEG, der §§ 85, 91 SGB IX vor Erklärung der Anfechtung?

§ 9 MuSchG, § 18 BEEG sind nicht, auch **nicht analog, anwendbar**. Diese Vorschriften sollen nur den Bestand des Arbeitsverhältnisses, nicht aber den Erwerb des Arbeitsplatzes unter Beeinträchtigung der Willensfreiheit des Arbeitgebers schützen. Nichts anderes gilt für den besonderen Kündigungsschutz des SGB IX (*Wolf/Gangel* AuR 1982, 279). **512**

6. Einschränkung des Anfechtungsrechts durch Treu und Glauben (§ 242 BGB)

Die Anfechtung eines Arbeitsverhältnisses wegen Irrtums nach § 119 BGB oder arglistiger Täuschung oder Drohung nach § 123 BGB kann gegen Treu und Glauben verstoßen und deshalb unbeachtlich sein (*BAG* 12.2.1970 AP Nr. 17 zu § 123 BGB; 19.5.1983 EzA § 123 BGB Nr. 23; 18.9.1987 EzA § 123 BGB Nr. 28). **513**

Ein derartiger Treueverstoß liegt dann vor, wenn nach den Umständen des Einzelfalls nach langjähriger Tätigkeit des Arbeitnehmers für den Arbeitgeber der Anfechtungsgrund für die weitere Durchführung des Arbeitsverhältnisses **keine Bedeutung mehr hat** (*BAG* 11.11.1993 EzA § 123 BGB Nr. 40; 28.5.1998 EzA § 123 BGB Nr. 49). Das ist z.B. dann der Fall, wenn ein Gruppenleiter in einer Behindertenwerkstatt bei der Einstellung eine **rechtskräftige Verurteilung wegen eines Sittlichkeitsdelikts** an einem von ihm betreuten Jugendlichen verschwiegen hat, wenn: **514**

- das Arbeitsverhältnis **nahezu 10 Jahre gedauert hat**,
- die **Strafe im Bundeszentralregister gelöscht** wurde und
- der Arbeitnehmer während der gesamten Dauer des Arbeitsverhältnisses nicht einschlägig in Erscheinung getreten ist (*LAG Köln* 3.5.2000 ZTR 2001, 43).

Anders ist es dagegen dann, wenn sich der Bewerber die Einstellung bei einer **Berufsgenossenschaft** als Technischer Aufsichtsbeamter im Status eines Dienstordnungs-Angestellten durch die Vorlage eines gefälschten **Diplomzeugnisses und Hochschuldiploms** erschleicht; die Anfechtung ist dann gem. § 123 BGB wirksam, selbst wenn das Vertragsverhältnis bereits über viele Jahre bestanden hat (*LAG Nbg.* 24.8.2005 – 9 Sa 400/05 – FA 2006, 123 LS). Gleiches gilt dann, wenn der Arbeitgeber ein schützenswertes Interesse daran hat, dass die ihm vorgelegten **Zeugnisse auch der tatsächlichen Qualifikation entsprechen**, selbst nach 8\2-jähriger Tätigkeit (*LAG BW* 13.10.2006 LAGE § 123 BGB 2002 Nr. 3 = DB 2007, 1197).

IV. Rechtsfolgen von Nichtigkeit und Anfechtung

Das nichtige Rechtsgeschäft hat – unabhängig vom Parteiwillen – keine Geltung. **515**

516 Das ist z.B. dann der Fall, wenn ein Arbeitsvertrag gem. § 134 BGB nichtig ist, weil er die Ausübung des **ärztlichen Berufs** zum Gegenstand hat und die erforderliche Approbation oder Erlaubnis weder vorliegt noch erteilt werden kann. Auch ein sog. faktisches Arbeitsverhältnis (s.u. Rn. 524 ff.) kommt dann nicht zustande. Folge ist vielmehr die Rückabwicklung der erbrachten Leistungen nach Bereicherungsrecht. Gem. § 817 S. 2 BGB ist die Rückforderung des Wertes der Arbeitsleistung ausgeschlossen, wenn mit der Erbringung der Arbeitsleistung vorsätzlich gegen das Verbot der Ausübung der Heilkunde ohne Approbation verstoßen wurde. Allerdings kommt im Einzelfall eine **Einschränkung des Ausschlusses der Rückforderung nach Treu und Glauben in Betracht** (*BAG* 3.11.2004 EzA § 134 BGB 2002 Nr. 3 = NZA 2005, 1409; s. dazu *Joussen* NZA 2006, 963 ff.).

Die wirksam erklärte Anfechtung führt grds. dazu, dass das angefochtene Rechtsgeschäft als von Anfang an nichtig angesehen wird (§ 142 Abs. 1 BGB; s. aber unten Rn. 521 ff.).

517 Im Falle der Irrtumsanfechtung muss der Anfechtende gem. § 122 BGB den Schaden ersetzen, der dadurch entstanden ist, dass ein anderer auf die Gültigkeit des Rechtsgeschäfts vertraut hat (Vertrauensschaden, negatives Interesse; vgl. *BGH* 14.3.1969 AP Nr. 1 zu § 122 BGB).

518 Dagegen ist der arglistig Täuschende oder Drohende im Falle des § 123 BGB ohne diese Beschränkung auf das negative Interesse zum Schadensersatz gem. §§ 823, 826, 249 BGB verpflichtet.

519 Im Übrigen ist für den Fall, dass ein Arbeitsvertrag wirksam angefochten ist (§§ 119, 123, 142 BGB), hinsichtlich der eintretenden Rechtsfolgen zu entscheiden zwischen den Fällen, in denen das Arbeitsverhältnis bereits in Vollzug gesetzt war und denen, in denen nur der Arbeitsvertrag abgeschlossen worden ist.

1. Rechtslage vor Vollzug des Arbeitsverhältnisses

520 Vor Vollzug des Arbeitsverhältnisses gelten die allgemeinen Regelungen des BGB, d.h. der abgeschlossene Arbeitsvertrag ist rückwirkend als von Anfang an nichtig anzusehen (§ 142 Abs. 1 BGB; vgl. *Staudinger/Richardi* § 611 Rz. 182 ff.).

2. Rechtslage nach Arbeitsaufnahme

a) Verhältnis von Anfechtung und Kündigung

521 Teilweise (*LAG BW* 10.10.1956 DB 1956, 1236; *Frey* AuR 1953, 167) wird die Auffassung vertreten, dass §§ 119 ff. BGB nach Aufnahme der Arbeit durch den Arbeitnehmer nicht mehr anwendbar sind. An ihre Stelle sollen die Regelungen über die außerordentliche Kündigung treten.

522 Dagegen spricht, dass Anfechtung und Kündigung verschiedene Funktionen haben und in ihren Voraussetzungen und Rechtsfolgen zu unterscheiden sind. Die Anfechtung dient dazu, dass man sich von den Folgen einer Willenserklärung befreien kann, die auf einem für die Anerkennung der Vertragsfreiheit wesentlichen Willensmangel beruht. Die Kündigung soll dagegen ein Arbeitsverhältnis, das fehlerfrei zustande gekommen ist, **für die Zukunft beseitigen**, weil sich entweder nachträglich die Voraussetzungen geändert haben oder eine Fortsetzung des Arbeitsverhältnisses nunmehr nicht mehr gewollt ist (*BAG* 5.12.1957 AP Nr. 2 zu § 123 BGB). Auch soweit die Anfechtung das Arbeitsverhältnis nur für die Zukunft auflöst (s.u. Rn. 525), ist lediglich ein Unterschied zur Kündigung aufgehoben (*Picker* ZfA 1981, 1 ff.).

523 Wirkt folglich ein Anfechtungsgrund so stark nach, dass er dem Anfechtungsberechtigten die Fortsetzung des Arbeitsverhältnisses unzumutbar macht, so kann ein und derselbe Grund sowohl zur Anfechtung als **auch zur außerordentlichen Kündigung** berechtigen (*BAG* 22.9.1961 EzA § 123 BGB Nr. 4; 14.12.1979 EzA § 119 BGB Nr. 11; 16.12.2004 EzA § 123 BGB 2002 Nr. 5 = ZTR 2005, 379 = NZA 2006, 624 LS).

In einem solchen Fall steht es dem Anfechtungs- und Kündigungsberechtigten frei, welche rechtliche Gestaltungsmöglichkeit er ausüben will; ihm steht ein Wahlrecht zu (*BAG* 16.12.2004 EzA § 123 BGB 2002 Nr. 5 = ZTR 2005, 379 = NZA 2006, 624 LS). Wenn er allerdings eine Anfechtung erklärt hat, so muss er sich an seinem verlautbarten Willen festhalten lassen und kann sich nicht darauf berufen, die Wirksamkeit seiner rechtsgestaltenden Erklärung sei unter dem Gesichtspunkt einer außerordentlichen Kündigung zu überprüfen (*BAG* 29.8.1974 – 2 AZR 417/73, n.v.; zit. nach KR-*Fischermeier* § 626 BGB Rz. 44 ff.).

b) Faktisches Arbeitsverhältnis

Demgegenüber entsteht nach ganz überwiegend vertretener Auffassung (*BAG* 16.9.1982 EzA § 123 BGB Nr. 22; 29.8.1984 EzA § 123 BGB Nr. 25; *Staudinger/Richardi* § 611 Rz. 146 ff.; vgl. auch *Strick* NZA 2000, 695 ff.) durch die tatsächliche Arbeitsaufnahme ein sog. faktisches Arbeitsverhältnis, das grds. nicht mehr rückwirkend beseitigt werden kann. 524

aa) Keine Rückwirkung der Anfechtung

Ist der Arbeitsvertrag nichtig (§§ 125, 134, 138 BGB), so kann sich jede Vertragspartei – entgegen § 142 Abs. 1 BGB **nur mit ex-nunc Wirkung** für die Zukunft – durch einseitige Erklärung – für die weder Beschränkungen nach dem MuSchG, dem BEEG noch dem SGB IX gelten – von dem faktischen Arbeitsverhältnis lösen (*BAG* 5.12.1957 AP Nr. 2 zu § 123 BGB; 18.4.1968 AP Nr. 32 zu § 63 HGB; *LAG BW* 13.10.2006 LAGE § 123 BGB 2002 Nr. 3; s. dazu *Joussen* NZA 2006, 963 ff.; für die Anwendbarkeit des § 142 Abs. 1 BGB bei einer Anfechtung wegen Drohung allerdings MünchArbR/*Richardi* § 46 Rz. 67). 525

Im Hinblick auf die offensichtlichen Schwierigkeiten bei der Rückabwicklung hat sich die Auffassung durchgesetzt, dass ein bereits in Vollzug gesetzter Arbeitsvertrag nicht mehr mit rückwirkender Kraft angefochten werden kann. 526

In Funktion gesetzt ist ein Arbeitsvertrag bereits dann, wenn der Arbeitnehmer am Tage des Dienstantritts **im Betrieb erschienen ist**, seinen Arbeitsplatz zugewiesen sowie Informationsmaterial für seine zukünftige Tätigkeit erhalten hat. 527

Anstelle der rückwirkenden Nichtigkeit wird der Anfechtung nur die kündigungsähnliche Wirkung der Auflösung des Arbeitsverhältnisses für die Zukunft zugeschrieben. Insoweit handelt es sich um eine richterliche Rechtsfortbildung (vgl. *Staudinger/Richardi* § 611 Rz. 180). 528

Das führt z.B. nach Auffassung des *LAG Nbg.* (28.8.2003 – 8 Sa 142/03 – EzA-SD 25/2003, S. 8 LS = ARST 2004, 204) dazu, dass der Arbeitgeber bereits **erdientes Entgelt nicht zurückfordern kann**, selbst dann nicht, wenn der Arbeitnehmer Leistungen erbringt, für die ihm die Qualifikation fehlt. Dies gilt jedenfalls dann, wenn er die vertraglich geschuldete Leistung rein tatsächlich voll erbracht hat.

bb) Fehlende Arbeitsleistung nach ursprünglicher Aktualisierung

Etwas anderes galt allerdings dann, wenn das Arbeitsverhältnis zwar zunächst aktualisiert, sodann aber – warum auch immer – wieder außer Funktion gesetzt worden ist und der Arbeitnehmer von da ab keine Arbeitsleistung mehr erbracht hat. In diesen Fällen wirkt jedenfalls die Anfechtung gem. § 123 BGB auf den Zeitpunkt der Außerfunktionssetzung zurück (*BAG* 16.9.1982 EzA § 123 BGB Nr. 22; 29.8.1984 EzA § 123 BGB Nr. 25; s. aber jetzt u. Rn. 533). 529

530 **Wenn keine Rückabwicklungsschwierigkeiten auftreten, ist es nicht gerechtfertigt, abweichend von § 142 Abs. 1 BGB der Anfechtungserklärung nur Wirkung für die Zukunft beizumessen.**

Ob eine solche Rückwirkung auch bei der Irrtumsanfechtung eintritt, hat das *BAG* (16.9.1982 EzA § 123 BGB Nr. 22; 29.8.1984 EzA § 123 BGB Nr. 25) bislang ausdrücklich offen gelassen.

531 Eine Außerfunktionssetzung in diesem Sinne liegt nach zunächst vertretener Auffassung allerdings **nicht bei einer vom Willen der beiden Vertragsparteien unabhängigen Erkrankung des Arbeitnehmers** (§§ 3 ff. EFZG) vor (*BAG* 16.9.1982 EzA § 123 BGB Nr. 22; 20.2.1986 EzA § 123 BGB Nr. 27 in Abgrenzung zu *BAG* 18.4.1968 AP Nr. 32 zu § 63 HGB).

532 Demgegenüber wird in der Literatur (*Brox* Anm. zu *BAG* 16.9.1982 EzA § 123 BGB Nr. 22; *v. Hoyningen-Huene/Linck* § 1 Rz. 102) die Auffassung vertreten, dass die Interessenlage der Beteiligten in beiden Fällen der Anfechtung übereinstimmt: Der Arbeitnehmer ist beim Annahmeverzug des Arbeitgebers genauso schutzbedürftig wie bei einer krankheitsbedingten Arbeitsunfähigkeit. Für den Arbeitgeber ist danach schwer einzusehen, dass er Lohn für die vor der Anfechtung liegenden krankheitsbedingten Ausfallzeiten zahlen muss, obwohl er auf Grund von außerhalb seines Einflussbereiches liegenden Umständen keine Arbeitsleistung erhalten hat, während die Entgeltfortzahlungspflicht entfallen soll, wenn er selbst die Annahme der ihm angebotenen Arbeitsleistung zu Unrecht verweigert hat.

533 Das *BAG* (3.12.1998 EzA § 123 BGB Nr. 51; vgl. dazu *Natzel* SAE 1999, 220 ff.) hat sich dem inzwischen unter Aufgabe seiner bisherigen Rechtsprechung (s.o. Rn. 529) angeschlossen. **Schon der Begriff »Außerfunktionssetzung« ist normativ nicht begründet, unscharf**; auch wird das Regel-Ausnahme-Verhältnis nicht genügend berücksichtigt. Stellt man als Hauptgrund für die bisherige Rechtsprechung für eine ex-nunc-Wirkung der Anfechtung im Arbeitsverhältnis auf die Schwierigkeit, wenn nicht Unmöglichkeit ab, die beiderseits erbrachten Leistungen nach Bereicherungsgrundsätzen **rückabzuwickeln**, dann liegt dieser Grund dann gerade nicht vor, wenn der Arbeitnehmer infolge krankheitsbedingter Arbeitsunfähigkeit **nicht gearbeitet** hat, weil dann **keine Arbeitsleistung** erbracht worden ist, **die nicht zurückgewährt werden kann**. Auch der Gesichtspunkt des Arbeitnehmerschutzes trägt nicht. Denn der Arbeitnehmer ist in diesen Fällen **nicht schutzwürdig: Wer seinen Vertragspartner getäuscht hat, kann sich nicht auf den Bestand des Vertrages verlassen**. Es ist in diesen Fällen vor allem nicht einzusehen, dass der Arbeitgeber, der nur durch eine arglistige Täuschung des Arbeitnehmers zu dessen Einstellung bewogen worden ist, den Arbeitnehmer **nunmehr fürs Nichtstun bezahlen müsste** (*BAG* 3.12.1998 EzA § 123 BGB Nr. 51).

cc) Inhalt des faktischen Arbeitsverhältnisses

534 Aufgrund des faktischen Arbeitsverhältnisses ergeben sich quasi-vertragliche Ansprüche, d.h. es ist für die Vergangenheit wie ein fehlerfrei zustande gekommenes Arbeitsverhältnis zu behandeln (*BAG* 5.12.1957 AP Nr. 2 zu § 123 BGB; s. instr. *LAG München* 19.12.2007 LAGE § 74 HGB Nr. 22 zum Bestand eines Wettbewerbsverbots).

c) Fehlende Geschäftsfähigkeit des Arbeitnehmers

535 Ist das Arbeitsverhältnis wegen fehlender Geschäftsfähigkeit des Arbeitnehmers (z.B. bei Nichtvorliegen der Voraussetzungen des § 113 BGB) nichtig, kann sich der Arbeitgeber wegen des Schutzzwecks der §§ 104 ff. BGB für die Vergangenheit nicht auf die Nichtigkeit berufen. Der Arbeitnehmer hat **quasi-vertragliche Ansprüche**, d.h. es ist ihm für die Zeit der Beschäftigung das Arbeitsentgelt zu zahlen, das nach dem nichtigen Vertrag zu zahlen gewesen wäre.

Den Arbeitnehmer treffen – auch für die Vergangenheit – **keine Pflichten aus dem Arbeitsvertrag**, weil er sich wegen des Mangels der Geschäftsfähigkeit nicht wirksam verpflichten konnte. 536

Dem Arbeitgeber hingegen stehen keine vertraglichen Leistungs- und Schadenersatzansprüche zu; Ansprüche des Arbeitgebers kommen nur gem. §§ 823 ff. BGB in Betracht. 537

d) Fehlende Geschäftsfähigkeit des Arbeitgebers

Ist der Arbeitgeber nicht oder nur beschränkt geschäftsfähig, kommen Ansprüche des Arbeitnehmers **nur gem. §§ 812 ff., 823 ff. BGB** in Betracht. In diesen Fällen hat der Schutz des nicht voll Geschäftsfähigen Vorrang vor den Grundsätzen des faktischen Arbeitsverhältnisses. 538

e) Verstoß gegen die guten Sitten oder ein Strafgesetz

> Nicht anwendbar sind die Grundsätze über das faktische Arbeitsverhältnis dann, wenn dem Arbeitsvertrag so schwere Rechtsmängel anhaften, dass die Anerkennung quasi-vertraglicher Ansprüche der geltenden Rechtsordnung widersprechen würde. 539

Das ist vor allem dann der Fall, wenn der Vertragsinhalt gegen die guten Sitten oder ein Strafgesetz verstößt. Hat eine Partei im Übrigen die Nichtigkeit des Arbeitsvertrages gekannt, kann sie sich nicht auf quasi-vertragliche Ansprüche berufen.

Allerdings ist die Nichtigkeit des gesamten Vertrages nur dann anzunehmen, wenn entweder die zugesagte Tätigkeit insgesamt sittenwidrig ist oder es sich um die sittenwidrige Bindung einer Vertragspartei handelt (s.o. Rn. 455 ff.). 540

Bei arglistiger Täuschung oder Drohung kann der Erhebung quasi-vertraglicher Ansprüche durch die **Einrede der Arglist** begegnet werden; anwendbar sind dann §§ 812 ff. BGB bzw. die Vorschriften des gesetzlichen Rücktrittsrechts. 541

f) Nichtigkeit einzelner Abreden des Vertrages

> Richtet sich ein gesetzliches Verbot nur gegen eine bestimmte Vertragsabrede, ist diese unverbindlich. Ihre Nichtigkeit berührt entgegen § 139 BGB nicht die Wirksamkeit des übrigen Vertrages, wenn das Verbotsgesetz den Schutz des Arbeitnehmers bezweckt (s.o. Rn. 455 ff.). 542

Die durch die Nichtigkeit entstandenen Lücken sind durch Tarifnormen, Betriebsvereinbarungen, gesetzliche Bestimmungen oder die Verkehrssitte auszufüllen. Hat der Arbeitnehmer z.B. verbotene Mehrarbeit geleistet, so hat er gleichwohl Anspruch auf Vergütung als Mehrarbeit. Denn die Schutzvorschrift würde sich sonst zuungunsten des geschützten Arbeitnehmers auswirken (*BAG* 4.10.1963 AP Nr. 3 zu § 10 JArbSchG). 543

Die Nichtigkeit gilt rückwirkend von Anfang an; allerdings kann sich nur der Arbeitnehmer, nicht auch der Arbeitgeber darauf berufen.

V. Beiderseitiger Irrtum

Zweifelhaft ist die Rechtslage, wenn sich die Parteien in einem beiderseitigen Rechtsirrtum befunden haben und ein tatsächlich und rechtlich als Arbeitsverhältnis zu qualifizierendes Rechtsverhältnis übereinstimmend **als freies Mitarbeiterverhältnis angesehen und bislang abgewickelt haben**. 544

> Nach Auffassung des *BAG* (9.7.1986 EzA § 242 BGB Geschäftsgrundlage Nr. 1) richtet sich dann die Anpassung des Vertrages nach den Grundsätzen über den Wegfall der (subjektiven) Geschäftsgrundlage (§ 313 BGB), d.h. eine Anpassung des Vertrages wird i.d.R. nur noch für noch nicht beendete Vertragsverhältnisse und für die Zukunft in Betracht kommen. 545

546 Neben den Grundsätzen über den Wegfall der Geschäftsgrundlage (§ 313 BGB) ist § 812 Abs. 1 S. 2 BGB nicht anwendbar. Zu beachten ist dabei allerdings zum einen, dass das *BAG* (9.7.1986 EzA § 242 BGB Geschäftsgrundlage Nr. 1) davon ausgegangen ist, dass ein Wegfall der Geschäftsgrundlage in derartigen Fällen **i.d.R. nicht gegeben** ist, weil neben dem beiderseitigen Irrtum Voraussetzung für eine Abänderung des Vertrages wäre, dass das Festhalten an ihm für den Schuldner zu einem unzumutbaren Opfer wird. Denn eine Störung der Geschäftsgrundlage ist rechtlich nur von Bedeutung, wenn das Festhalten am Vertrag ein Verstoß gegen Treu und Glauben wäre, wenn also dem Schuldner die Erfüllung des Vertrages auf der bisherigen Grundlage nicht mehr so zugemutet werden könnte.

Das *BAG* (9.7.1986 EzA § 242 BGB Geschäftsgrundlage Nr. 1) hatte zudem nur zu entscheiden, ob der Arbeitgeber vom Arbeitnehmer die **Rückzahlung** von vermeintlich – im Hinblick auf die Nichtarbeitnehmereigenschaft – **zu viel gezahltem Entgelt** verlangen kann. Nicht ausgeschlossen ist aber auch danach, dass der Arbeitgeber für vergangene Zeiten dem Arbeitnehmer Nachzahlungen zu leisten hat, z.B. für Entgeltfortzahlung im Krankheitsfall, Urlaubsabgeltung usw. (**a.A.** wohl KHzA/*Worzalla* 1.1 Rz. 369). Voraussetzung ist, dass die Ansprüche noch nicht verjährt sind, oder durch auf das Arbeitsverhältnis anzuwendende tarifliche Ausschlussfristen nicht verfallen sind. Andererseits hat das *BAG* (21.1.1998 EzA § 612 BGB Nr. 21; ebenso *LAG Köln* 10.10.1996 LAGE § 611 BGB Nr. 7; **a.A.** *LAG Bln.* 8.6.1993 NZA 1994, 512) für den Fall, dass einem Mitarbeiter einer öffentlich-rechtlichen Rundfunkanstalt mangels einer besonderen Vereinbarung die übliche Vergütung (§ 612 BGB) zusteht, deren Höhe davon abhängig gemacht, ob die Tätigkeit in freier Mitarbeit oder im Arbeitsverhältnis geleistet wird. Es hat im konkret entschiedenen Einzelfall dem klagenden Arbeitnehmer lediglich das im Verhältnis zu den tariflichen Honorarsätzen für freie Mitarbeiter **niedrige Tarifgehalt für Angestellte** zugebilligt. Zwischen einer Abwicklung und einer Vertragsanpassung für die Zukunft wird in dieser Entscheidung allerdings nicht unterschieden.

VI. Klagefrist (§§ 4, 13 KSchG) für den betroffenen Arbeitnehmer?

547 Wegen des grundsätzlichen Unterschiedes zwischen Anfechtung und Kündigung braucht der Arbeitnehmer, wenn er gegen die vom Arbeitgeber erklärte Anfechtung des Arbeitsverhältnisses gerichtlich vorgehen will, nach einer z. T. in der Literatur (*Staudinger/Richardi* § 611 Rz. 168; *Picker* ZfA 1981, 107 ff.; **a.A.** *Hönn* ZfA 1987, 90 f.; das *BAG* [14.12.1979 EzA § 119 BGB Nr. 11] hat diese Frage bislang ausdrücklich offen gelassen) vertretenen Auffassung nicht gem. §§ 13, 4 KSchG binnen drei Wochen nach Zugang der Anfechtungserklärung Klage beim Arbeitsgericht zu erheben.

Denn diese Vorschriften dienen einerseits nicht dem Bestandsschutzinteresse des Arbeitnehmers und sind andererseits auf die Besonderheiten der Kündigungsgründe in § 1 KSchG, § 626 BGB mit ihren umfassenden Interessenabwägungen ausgerichtet, die bei der Anfechtung grds. nicht stattfinden.

548 Der Arbeitnehmer kann deshalb dann, wenn der Arbeitgeber die Anfechtung des Arbeitsverhältnisses erklärt hat, ohne Fristeinhaltung in den Grenzen der allgemeinen **Verwirkung** (§ 242 BGB) durch **Feststellungsklage** (§ 256 ZPO) geltend machen, dass ein Anfechtungsgrund nicht besteht. **Der Arbeitgeber hat dann die Darlegungs- und Beweislast.**

549 Zu beachten ist, dass ein Anfechtungsgrund u.U. auch als Kündigungsgrund, dann meist als wichtiger Grund für eine außerordentliche Kündigung, in Betracht kommen kann. Das ist der Fall, wenn der Anfechtungsgrund im Zeitpunkt der Anfechtungserklärung so stark nachwirkt, dass deswegen die Fortsetzung des Arbeitsverhältnisses unzumutbar ist (*BAG* 28.3.1974 EzA § 119 BGB Nr. 5; 14.12.1979 EzA § 119 BGB Nr. 11; s.o. Rn. 523).

Spricht der Arbeitgeber vorsorglich **sowohl eine Anfechtung als auch eine Kündigung** aus, so muss das Fehlen des (identischen) Anfechtungs- und Kündigungsgrundes wegen des inneren Zusammenhangs nach § 626 BGB oder § 1 Abs. 1 KSchG im Kündigungsschutzprozess geltend gemacht werden. Die Anfechtung kann in diesem Fall auch ohne Anhörung des Betriebsrats wirksam werden (*v. Hoyningen-Huene/Linck* § 1 Rz. 105; s.o. Rn. 510 f.).

VII. Ermittlung einer Anfechtungserklärung durch Umdeutung (§ 140 BGB)

Gem. § 140 BGB kommt eine Umdeutung eines Rechtsgeschäfts nur dann in Betracht, wenn das Rechtsgeschäft, das an die Stelle des unwirksamen treten soll, nicht weitergehende Folgen herbeiführt, als sie die unwirksame Erklärung gehabt hätte. Eine Umdeutung ist nur zulässig, wenn das **neue Rechtsgeschäft gleiche oder weniger weit reichende Folgen nach sich zieht.** **550**

Deshalb kann eine ordentliche Kündigung nicht in eine Anfechtungserklärung gem. §§ 119, 123 BGB umgedeutet werden, weil diese zur sofortigen Auflösung des Arbeitsverhältnisses führen würde und auch durch die Nichtanwendbarkeit der §§ 9, 10 KSchG weitergehende Folgen für den Arbeitnehmer hat (*BAG* 3.11.1982 EzA § 15 KSchG Nr. 28). **551**

Zulässig ist dagegen die Umdeutung einer außerordentlichen Kündigung in eine Anfechtungserklärung, soweit nicht ohnehin von vornherein eine Auslegung in eine Anfechtungserklärung in Betracht kommt. Das ist dann der Fall, wenn aus den Gesamtumständen ersichtlich ist, dass die Auflösung des Arbeitsverhältnisses aus Gründen des Irrtums oder der Täuschung gewollt ist. **552**

VIII. Schadenersatzansprüche aus culpa in contrahendo

Arglistige Täuschungen im Rahmen der Vertragsverhandlungen bedeuten stets auch ein Verschulden bei Vertragsschluss, sodass Ansprüche aus culpa in contrahendo (jetzt § 311 Abs. 3 BGB) geltend gemacht werden können. Verlangt werden kann der Ersatz des Vertrauensschadens (z.B. die Inseratskosten für die notwendige anderweitige Besetzung der Stelle). **553**

Fraglich ist, ob die vom Arbeitgeber bis zur Anfechtung zu erbringende **Lohnzahlung** einen ersatzfähigen Schaden darstellt. Das kann z.B. dann der Fall sein, wenn der Arbeitnehmer die Aufgabe wegen eines Qualifikationsmangels nicht sachgerecht lösen kann, dagegen dann nicht, wenn der Arbeitnehmer zwar in ungeordneten Vermögensverhältnissen lebt, diese allerdings nicht auf die Brauchbarkeit der Arbeitsleistung durchschlagen (*BAG* 18.4.1968 AP Nr. 32 zu § 63 HGB). **554**

E. Öffentlich-rechtliche Pflichten des Arbeitgebers; Arbeitspapiere

Die Begründung des Arbeitsverhältnisses löst für den Arbeitgeber zahlreiche Meldepflichten gegenüber öffentlichen Stellen aus. **555**

I. Meldepflichten gegenüber Sozialversicherungsträgern

Die Einstellung löst (ebenso wie die Beendigung des Arbeitsverhältnisses, vgl. KR-*Wolff* SozR Rz. 12a m.w.N.) die Meldepflicht gem. § 28a SGB IV gegenüber der zuständigen Krankenkasse (zum Wahlrecht des Arbeitnehmers insoweit *Figge* DB 1995, 2314 ff.; *Marburger* BB 1995, 874) aus (zu den zuständigen Behörden vgl. §§ 4 SGB V, 28 i Abs. 1 S. 1 SGB IV), von der die Krankenversicherung des Arbeitnehmers durchgeführt wird und an die der Gesamtversicherungsbeitrag abzuführen ist (zu Inhalt, Form und Frist der Meldung vgl. § 28a Abs. 3, § 28c SGB IV i.V.m. der Datenerfassungs- und Übermittlungsverordnung – DEÜV vom 10.2.1998 (BGBl. I S. 343) zuletzt geändert durch Ver- **556** ordnung vom 24.12.2003 (BGBl. I S. 2954); zu Besonderheiten bei der Arbeitnehmerüberlassung und bei Hausgewerbetreibenden vgl. § 28a Abs. 4, 6, § 28m Abs. 2, 3 SGB IV).

557 Ergänzungen für den Bereich der Krankenversicherungen enthalten §§ 198, 200 SGB V (Meldepflicht für sonstige versicherungspflichtige Personen sowie zum Wehr- oder Zivildienst einberufene Beschäftigte); im Übrigen stehen die Meldungen gegenüber der Krankenkasse auch den anderen Sozialversicherungsträgern zur Verfügung (vgl. § 198 SGB V, § 190 SGB VI).

II. Arbeitsschutzrecht

558 Meldepflichten im Arbeitsschutzrecht sehen vor:
- **§ 5 Abs. 1 S. 3 MuSchG** (Mitteilung der Einstellung einer schwangeren Arbeitnehmerin gegenüber der Aufsichtsbehörde);
- **§ 15 HAG** (Mitteilung von Namen und Arbeitsstätte des in Heimarbeit Beschäftigten gegenüber Gewerbeaufsichtsamt und Polizeibehörde),
- **§ 15g StVZO** (u.U. Meldepflicht bei der Einstellung eines Taxi-, Mietwagen- oder Krankenwagenführers gegenüber der örtlich zuständigen Verwaltungsbehörde).

III. Vorlage von Arbeitspapieren durch den Arbeitnehmer

559 Der Arbeitnehmer hat zu Beginn des Arbeitsverhältnisses die Lohnsteuerkarte (zur Berechnung, Einbehaltung und Abführung der vom Arbeitnehmer zu tragenden Lohnsteuer durch den Arbeitgeber, vgl. §§ 38 ff. EStG), das Sozialversicherungsnachweisheft (§ 28o SGB IV) auszuhändigen und den Sozialversicherungsausweis vorzulegen (§§ 95 Abs. 4, 97, 99 SGB IV; zu den Ausnahmen vgl. § 109 SGB IV) bzw. mitzuführen und bestimmten Kontrollbehörden auf Verlangen vorzulegen (z.B. im Bau- und Gebäudereinigergewerbe, vgl. § 107 SGB IV).

560 Daneben kommen als weitere vorzulegende Unterlagen in Betracht das **Gesundheitszeugnis** (§ 43 IfSG), die **Arbeitserlaubnis** ausländischer Arbeitnehmer (§ 285 SGB III) und die **Gesundheitsbescheinigung** von Jugendlichen (§ 32 JArbSchG).

561 Fraglich ist, ob der Arbeitgeber die Vorlage einer Bescheinigung nach **§ 6 Abs. 2 BUrlG** zum Ausschluss von Doppelansprüchen verlangen kann.

562 Besondere Vorschriften gelten für die Arbeitnehmer im **Schiffsverkehr** (Vorlage eines Seefahrtsbuches bzw. eines Schifferdienstbuches bei Anmusterung, §§ 11, 16 SeemG, §§ 1, 4 SchifferdienstbücherG).

563 Als arbeitsrechtliche Folge der Nichtvorlage der erforderlichen Arbeitspapiere kommt insbes. die Abmahnung sowie die (außerordentliche oder ordentliche) Kündigung des Arbeitsverhältnisses in Betracht.

Welche Sanktion im Einzelfall gerechtfertigt ist, hängt vom jeweiligen Arbeitspapier und seiner Bedeutung für die Durchführung des Arbeitsverhältnisses ab und ferner davon, inwieweit arbeitsvertragliche Interessen des Arbeitgebers betroffen sind (vgl. zum Gesundheitszeugnis *BAG* 25.6.1970 AP Nr. 1 zu § 18 BSeuchG; 2.3.1971 AP Nr. 2 zu § 18 BSeuchG).

IV. Überlassung von Arbeitspapieren an den Arbeitnehmer

Ausnahmsweise ist auch der Arbeitgeber verpflichtet, dem Arbeitnehmer Arbeitspapiere bei Beginn der Beschäftigung auszuhändigen: 564
- Niederschrift des Berufsausbildungsvertrages (**§ 11 Abs. 3 BBiG**);
- dem Leiharbeitnehmer ist eine Urkunde auszuhändigen, die den wesentlichen Inhalt des Arbeitsverhältnisses wiedergibt und vom Verleiher unterzeichnet ist (**§ 11 Abs. 1 S. 3 AÜG**);
- Entgeltbücher (**§ 9 HAG**) an Heimarbeiter.

V. Information des Arbeitnehmers über die Pflicht zur unverzüglichen Meldung bei der Agentur für Arbeit (§ 2 Abs. 2 S. 2 Nr. 3 SGB III)

Gem. **§ 2 Abs. 2 S. 2 Nr. 3 SGB III** soll der Arbeitgeber den Arbeitnehmer vor Beendigung des Arbeitsverhältnisses frühzeitig über die Verpflichtung unverzüglicher Meldung bei der Agentur für Arbeit (§ 37b SGB III; zur Neufassung dieser Regelung ab dem 1.1.2006 vgl. *Preis/Schneider* NZA 2006, 177 ff.) informieren. Dabei handelt es sich aber nur um eine **Obliegenheit**, die ihrem Schutzzweck nach **rein sozialrechtlicher Natur** ist. 565

Die Informationspflicht bezweckt eine Verbesserung des Zusammenwirkens von Arbeitgeber, Arbeitnehmer und den Agenturen für Arbeit und dient nicht dem Schutz des Vermögens des Arbeitnehmers. Der Arbeitgeber wird zur Mitwirkung veranlasst, um i.S.d. Solidargemeinschaft den Eintritt der Arbeitslosigkeit möglichst zu vermeiden und die Dauer eingetretener Arbeitslosigkeit einzugrenzen. **Ein Verstoß gegen diese Pflicht begründet deshalb keinen Schadensersatzanspruch des Arbeitnehmers** (*BAG* 29.9.2005 EzA § 280 BGB 2002 Nr. 1 = NZA 2005, 1406 m. Anm. *Gitter* SAE 2006, 190; *LAG SchlH* 15.6.2005 – 3 Sa 63/05 – EzA-SD 17/2005 S. 13 LS; *LAG RhPf* 11.5.2005 – 9 Sa 908/04 – EzA-SD 17/2005 S. 13 LS; *LAG Bln.* 29.4.2005 – 13 SHa 724/05 – EzA-SD 11/2005, S. 13 LS; *LAG Düsseld.* 29.9.2004 NZA-RR 2005, 104 = ArbuR 2005, 159 m. Anm. *Gabke* ArbuR 2005, 160 f. u. *Vetter* BB 2005, 891 f.; *ArbG Verden* 27.11.2003 NZA-RR 2004, 108; zust. *Wolf* NZA-RR 2004, 337 ff.; *Besgen* FA 2005, 258 f.; **a.A.** *Ziegelmeier* DB 2004, 1830 ff.; s.o. Rn. 367). 566
Aus dieser Norm folgt auch nicht die Verpflichtung des Arbeitgebers, den Arbeitnehmer bereits bei Abschluss eines befristeten Arbeitsvertrages vorsorglich auf die Pflicht zur Arbeitslosmeldung hinzuweisen (*LAG Düsseld.* 2.3.2005 – 4 Sa 1919/04 – EzA-SD 11/2005 S. 13 LS).

Kapitel 3
Der Inhalt des Arbeitsverhältnisses

Übersicht

A. Pflichten des Arbeitnehmers

I. Der Inhalt der Arbeitspflicht

1. Grundlagen

Die Arbeitspflicht des Arbeitnehmers ist auf der Grundlage und in den Grenzen des Arbeitsvertrages seine Hauptleistungspflicht. Sie steht im synallagmatischen (Gegenseitigkeits-)Verhältnis zur Lohnzahlungspflicht des Arbeitgebers. Beide Pflichten bilden die tragenden Elemente des Arbeitsverhältnisses. 1

Die geschuldete Leistung des Arbeitnehmers besteht in Arbeit, nicht nur in Arbeitsbereitschaft; die vorgesehene Dienstleistung ist auch **tatsächlich zu erbringen** (*BAG* 21.12.1954 AP Nr. 2 zu § 611 BGB Lohnanspruch). Geschuldet ist ein **Tätigwerden** des Arbeitnehmers, **nicht** dagegen **ein** bestimmter **Erfolg**. 2

Der Inhalt der Arbeitsleistung ist im Arbeitsvertrag i.d.R. nur rahmenmäßig festgelegt. Die Ausfüllung des Rahmens erfolgt entsprechend den Anforderungen des Arbeitsplatzes nach Maßgabe der Verkehrssitte (§§ 157, 242 BGB). Dabei sind häufig die Branche, die Berufsbezeichnung, die tarifliche Eingruppierung nach Lohn- und Gehaltsgruppen und den dazugehörigen Tätigkeitsmerkmalen, der Betrieb und der Ort von Bedeutung. Die weitere inhaltliche Konkretisierung erfolgt im Rahmen des Direktionsrechts durch Weisungen des Arbeitgebers (s.o. Kap. 1 Rn. 511 ff.). 3

2. Pflicht zur persönlichen Arbeitsleistung

Gem. § 613 S. 1 BGB ist der Arbeitnehmer im Zweifel verpflichtet, die Arbeitspflicht persönlich zu erfüllen; er darf sich nicht durch einen anderen vertreten lassen. 4

I. d. R. schließen schon die äußeren Umstände die Berechtigung des Arbeitnehmers zur Substituierung seiner Person durch Gehilfen oder Ersatzleute aus. Andererseits ist er aber bei Ausfall seiner Arbeitskraft (z.B. bei Urlaub oder Krankheit) nicht zur Bestellung einer Ersatzkraft verpflichtet. 5

Verstößt der Arbeitnehmer gegen seine Verpflichtung zur persönlichen Arbeitsleistung und wird die Erbringung der Leistung damit als **Fixschuld unmöglich**, wird der Arbeitnehmer gem. § 275 Abs. 1 BGB unabhängig vom Vertretenmüssen, von seiner Verpflichtung **frei**. Die **Vergütungspflicht** des Arbeitgebers **entfällt** gem. § 326 Abs. 1 BGB; der Arbeitnehmer **haftet** gem. §§ 280 Abs. 1, 3, 283 i.V.m. § 275 Abs. 1, 4 BGB auf **Schadensersatz** statt der Leistung. Bei Nachholbarkeit tritt **Verzug** (§§ 280 Abs. 1, 2, 286 BGB) ein; eine **Haftung wegen Nichterfüllung** kann sich dann aus §§ 280 Abs. 1, 3, 281 BGB ergeben. Da das Gesetz im Rahmen der §§ 611 ff. BGB **kein Gewährleistungsrecht** enthält, kann der Arbeitnehmer zudem u.U. gekündigt werden. Der Dritte hat keine Ansprüche gegen den Arbeitgeber. Allerdings ist der Arbeitgeber u.U. ungerechtfertigt bereichert (»aufgedrängte Bereicherung« i.S.d. § 812 Abs. 1 S. 1 1. Alternative BGB). Der Dritte haftet dem Arbeitgeber dagegen für verursachte Schäden (§ 823 Abs. 1 BGB); auch der Arbeitnehmer haftet insoweit gem. § 278 BGB. 6

Zulässig sind Vereinbarungen, die den Arbeitnehmer berechtigen, sich Dritter zur Erfüllung seiner Arbeitspflicht zu bedienen. Der Arbeitnehmer muss dann auf den Dritten so einwirken, dass dieser die Arbeitsleistung ordnungsgemäß erbringt. 7

Inwieweit der Arbeitnehmer für das Fehlverhalten des Dritten einstehen (d.h. seiner Arbeitspflicht selbst nachkommen oder Schadensersatz leisten) muss, hängt von der jeweiligen Vereinbarung ab, ebenso, ob der Arbeitnehmer den Vertrag mit dem Dritten im Namen des Arbeitgebers oder im eigenen Namen (dann liegt ein mittelbares Arbeitsverhältnis vor) abgeschlossen hat (vgl. MünchArbR/*Blomeyer* § 48 Rz. 1 ff.). 8

II. Veränderung der Leistungsart

1. Grundlagen

a) Arbeitsvertragliche Änderungsbefugnis

9 ► Grds. kann die Art der Tätigkeit während des laufenden Vertragsverhältnisses jederzeit einvernehmlich geändert werden (§§ 241, 311 Abs. 1 BGB, § 105 S. 1 GewO).
Gegen den Willen des Arbeitnehmers kommt eine Änderung nur durch Änderungskündigung in Betracht (§ 2 KSchG), die sozial gerechtfertigt sein muss.
Zulässig ist auch eine arbeitsvertraglich vereinbarte **einseitige Änderungsbefugnis** des Arbeitgebers, wenn sie nicht zu einer Umgehung des Kündigungsschutzes führt.
Das ist dann der Fall, wenn **wesentliche Elemente** des Arbeitsvertrages – z.B. der **Umfang der Arbeitszeit** bei arbeitszeitabhängiger Vergütung – einer **einseitigen Änderung** unterworfen werden, durch die das Gleichgewicht Leistung und Gegenleistung grundlegend gestört würde. In diesen Fällen erfolgt eine **Ermessenskontrolle** gem. § 315 Abs. 3 BGB (*BAG* 7.9.1972 AP Nr. 2 zu § 767 ZPO; 12.12.1984 EzA § 315 BGB Nr. 29; s.u. Kap. 4 Rn. 2960 ff.).

10 An diesen Grundsätzen hat sich durch die **Schuldrechtsreform nichts geändert.** § 308 Nr. 4 BGB ist auf **arbeitsvertragliche Versetzungsvorbehalte** nicht anzuwenden, denn die Norm erfasst nur einseitige Bestimmungsrechte hinsichtlich der Leistung des Verwenders. Versetzungsklauseln in Arbeitsverträgen betreffen demgegenüber die Arbeitsleistung als die dem Verwender geschuldete Gegenleistung. Eine formularmäßige Versetzungsklausel, die materiell der Regelung in § 106 S. 1 GewO nachgebildet ist, stellt auch weder eine unangemessene Benachteiligung des Arbeitnehmers nach § 307 Abs. 1 S. 1 BGB dar noch verstößt sie allein deshalb gegen das Transparenzgebot des § 307 Abs. 1 S. 2 BGB, weil **keine konkreten Versetzungsgründe** genannt sind (*BAG* 11.4.2006 EzA § 308 BGB 2002 Nr. 5 = NZA 2006, 1149; s. dazu *Hunold* NZA 2007, 19 ff.; s. ausf. oben Kap. 1 Rn. 576 ff. m.w.N.). Allerdings verstößt eine vorformulierte Klausel, nach der der Arbeitgeber eine andere als die vertraglich vereinbarte Tätigkeit einem Arbeitnehmer **»falls erforderlich«** und nach **»Abstimmung der beiderseitigen Interessen«** einseitig zuweisen kann, als unangemessene **Benachteiligung** gegen § 307 BGB, wenn **nicht gewährleistet** ist, dass die Zuweisung eine **mindestens gleichwertige Tätigkeit** zum Gegenstand haben muss (*BAG* 9.5.2006 NZA 2007, 145).

b) Tarifliche Änderungsbefugnis

11 Eine einseitige Änderungsbefugnis des Arbeitgebers kann sich auch aus einem **Tarifvertrag** ergeben, der z.B. zur Zuweisung einer **niedriger entlohnten Tätigkeit** berechtigt (*BAG* 22.5.1985 EzA § 1 TVG Tarifverträge: Bundesbahn Nr. 6, 7).

12 § 16 Abs. 1 LTV DB bestimmt insoweit: »Der Arbeiter hat, soweit es der Dienst erfordert, jede ihm übertragene Arbeit – auch an einem anderen Dienstort und bei einer anderen Dienststelle – zu leisten, die ihm nach seiner Befähigung, Ausbildung und körperlichen Eignung zugemutet werden kann, ohne dass der Arbeitsvertrag förmlich geändert wird. Dabei kann ihm sowohl eine höher als auch eine niedriger gelöhnte Beschäftigung übertragen werden.«

13 **Nach Auffassung des *BAG*** (22.5.1985 EzA § 1 TVG Tarifverträge: Bundesbahn Nr. 6, 7) **verstößt diese Regelung nicht gegen § 2 KSchG.** Denn der Tarifwortlaut stellt klar, dass durch von § 16 LTV gedeckte Umsetzungsmaßnahmen des Arbeitgebers die arbeitsvertragliche Rechtsposition des betreffenden Arbeiters nicht betroffen wird. **Vielmehr sind die dort vorgesehenen Rechtsfolgen lediglich die Auswirkung von Maßnahmen, die der Arbeitgeber auf Grund eines tariflich erweiterten Direktionsrechts bzw. einer ihm durch Tarifvertrag eingeräumten Rechtsposition von Fall zu Fall trifft.** Wenn der Arbeitgeber im Rahmen der tariflichen Grenzen von diesen Möglichkeiten Gebrauch macht und dem Arbeitnehmer eine andere Tätigkeit zuweist, bedarf es dazu, wie der Tarifvertrag selbst bestimmt, gerade nicht der Form der Kündigung, also auch keiner Änderungskündigung nach § 2 KSchG.

Auch eine Überprüfung der Maßnahme nach § 106 GewO oder § 315 BGB kommt nicht in Betracht (*BAG* 22.5.1985 EzA § 1 TVG Tarifverträge: Bundesbahn Nr. 6, 7). Denn die Tarifnorm sieht **eindeutige und justitiable Kriterien** vor, neben denen für § 315 BGB kein Raum ist. Eine andere Beurteilung würde zu der grundsätzlichen Befugnis der Arbeitsgerichte führen, Tarifverträge auf ihre Vereinbarkeit mit § 242 BGB zu überprüfen zu dürfen, die ihnen – wie bei Gesetzen – jedoch nicht zukommt. 14

2. Konkretisierung der Arbeitspflicht

Die im ursprünglichen Arbeitsvertrag vorbehaltene Weisungsbefugnis des Arbeitgebers kann durch langjährige Ausübung einer bestimmten (höher- oder zwar gleichwertigen, aber andersartigen) Tätigkeit eingeschränkt sein, wenn eine Konkretisierung der Arbeitspflicht eingetreten ist. Die dauernde Ausübung höherwertiger Tätigkeit kann zu einer »konkludenten Beförderung« führen, wenn weitere Umstände hinzutreten, die auf eine entsprechende Vertragsänderung schließen lassen (*BAG* 11.6.1958 AP Nr. 2 zu § 611 BGB Direktionsrecht). 15

Bewegt sich die neue Tätigkeit im Rahmen gleichwertiger Tätigkeitsfelder, tritt die Konkretisierung (**konkludente Vertragsänderung,** *BAG* 12.8.1959 AP Nr. 1 zu § 305 BGB) dann ein, wenn beim Arbeitnehmer der objektiv gerechtfertigte Eindruck entsteht, er werde gegen seinen Willen nicht mehr in andere (gleichwertige) Arbeitsfelder des Unternehmens versetzt werden (z.B. nach einer arbeitsplatzbezogenen Fortbildung, die zu einer Spezialisierung des Arbeitnehmers führt). **Allein die langjährige Beschäftigung** an einem bestimmten Arbeitsplatz kann allerdings im Zweifel die einseitige Umsetzungsbefugnis des Arbeitgebers **noch nicht** einschränken (*BAG* 27.4.1988 AP Nr. 4 zu § 10 TVArb Bundespost). 16

3. Versetzung des Arbeitnehmers

Im Rahmen der besonderen Regelung des **§ 12 BAT** ist eine Versetzung gegen den Willen des Angestellten gerechtfertigt, wenn das Interesse des Angestellten an der Weiterbeschäftigung am bisherigen Dienstort hinter dem Interesse der Allgemeinheit an der ordnungsgemäßen Durchführung der Aufgaben des öffentlichen Dienstes und damit einer Versetzung zurücktreten muss. Soll die Versetzung wegen Leistungsmängeln erfolgen, so kann eine Abmahnung als milderes Mittel geboten sein (*BAG* 30.10.1985 EzA § 611 BGB Fürsorgepflicht Nr. 40). 17

Aus dem Gedanken der Fürsorgepflicht (§ 242 BGB) kann der Arbeitgeber u.U. zur Versetzung des Arbeitnehmers verpflichtet sein, z.B. dann, wenn dessen Gesundheitszustand die Fortführung der bisherigen Tätigkeit nicht mehr erlaubt und der Wechsel auf einen gleichwertigen Arbeitsplatz dem Arbeitgeber zumutbar ist (*BAG* 25.3.1959 AP Nr. 25 zu § 611 BGB Fürsorgepflicht). 18

Es besteht allerdings keine Verpflichtung des Arbeitgebers zur Versetzung auf einen höher dotierten Arbeitsplatz **(Beförderung)**, um eine Kündigung abzuwenden (*LAG Köln* 31.5.1989 DB 1989, 2234); das gilt jedenfalls für die Übertragung einer **»echten« Beförderungsstelle** (*BAG* 22.1.1998 NZA 1998, 536). Dabei ist allerdings die bloße **Mehrvergütung** allenfalls **ein Indiz** (*BAG* 30.8.1995 AP Nr. 5 zu § 99 BetrVG 1972 Versetzung; 5.10.1995 NZA 1996, 524). 19

III. Umfang und Intensität der Arbeitspflicht

Der Arbeitnehmer schuldet den Einsatz seiner eigenen Arbeitskraft und deshalb weder eine konkret bestimmte Leistungsqualität oder -quantität noch ein konkret bestimmtes Arbeitstempo. Umfang und Intensität der Arbeitsleistung unterliegen, da es um die Hauptleistungspflicht des Arbeitnehmers geht, nicht dem Weisungsrecht des Arbeitge- 20 bers, sondern werden grds. vertraglich festgelegt. Ist die Arbeitsleistung demgegenüber im Vertrag der Menge und Qualität nach nicht oder nicht näher beschrieben, so richtet sich der Inhalt des Leistungsversprechens zum einen nach dem vom Arbeitgeber durch Ausübung des Direktionsrechts festzulegenden Arbeitsinhalt und zum anderen nach dem persönlichen, subjektiven Leistungsvermögen des Arbeitnehmers (*BAG* 11.12.2003 EzA § 1 KSchG Verhaltensbedingte Kündigung Nr. 62; 17.1.2008 EzA § 1 KSchG Verhaltensbedingte Kündigung Nr. 72 = NZA 2008, 693).

21 Die Arbeitsqualität hängt mangels entsprechender Vorgaben also vom persönlichen Leistungsvermögen des Arbeitnehmers ab. Er hat in der Arbeitszeit **unter angemessener Anspannung seiner Kräfte und Fähigkeiten, also seiner persönlichen Leistungsfähigkeit ständig zu arbeiten**, d.h. die vertraglich übernommene Arbeitsaufgabe **sorgfältig und konzentriert** zu erfüllen, ohne Körper und Gesundheit zu schädigen (*BAG* 11.12.2003 EzA § 1 KSchG Verhaltensbedingte Kündigung Nr. 62: vgl. auch *LAG Hamm* 23.8.2000 NZA-RR 2001, 138). Der Leistungsumfang kann insoweit durchaus alters- oder krankheitsbedingt innerhalb einer bestimmten Bandbreite schwanken (*BAG* 14.1.1986 EzA § 87 BetrVG 1972 Betriebliche Ordnung Nr. 11). Aus dieser subjektiven Komponente folgt allerdings nicht, dass der Arbeitnehmer seine Leistungspflicht selbst willkürlich bestimmen kann. Er muss vielmehr **unter angemessener Ausschöpfung seiner persönlichen Leistungsfähigkeit arbeiten** (*BAG* 11.12.2003 EzA § 1 KSchG Verhaltensbedingte Kündigung Nr. 62; 17.1.2008 EzA § 1 KSchG Verhaltensbedingte Kündigung Nr. 72 = NZA 2008, 693).

22 Allerdings kann die Verpflichtung zu einer **bestimmten konkreten Leistungsqualität** vertraglich oder tarifvertraglich (z.B. durch Lohnkürzungen bei Nichterreichen bestimmter Qualitätsanforderungen; vgl. *BAG* 15.3.1960 AP Nr. 13 zu § 611 BGB Akkordlohn) geregelt sein oder sich aus der Branchen- bzw. Betriebsüblichkeit sowie der Höhe der Bezahlung ergeben.

23 Beim Arbeitstempo muss der Produktionsprozess die **individuelle Leistungsfähigkeit** des Arbeitnehmers berücksichtigen, also so organisiert sein, dass der Arbeitnehmer keine psychischen oder physischen Schäden erleidet.

24 Demgegenüber wird auch die Auffassung vertreten (MünchArb/*Berkowsky* § 132 Rz. 97 f.; *v. Hoyningen-Huene/Linck* § 1 KSchG Rz. 253 ff.; *Hunold* BB 2003, 2346), dass der Arbeitnehmer eine durch den Arbeitsvertrag und evtl. in Bezug genommene Arbeitsplatz- oder Leistungsbeschreibungen definierte Arbeitsleistung »mittlerer Art und Güte« schuldet (§ 243 Abs. 1 BGB). Dagegen spricht aber, dass diese Auffassung nicht hinreichend berücksichtigt, dass der Arbeitsvertrag als Dienstvertrag keine »Erfolgshaftung« des Arbeitnehmers kennt. Der Dienstverpflichtete schuldet das »Wirken«, nicht das »Werk« (*BAG* 11.12.2003 EzA § 1 KSchG Verhaltensbedingte Kündigung Nr. 62).

25 Leistungsmängel können kündigungsrechtlich erst dann bedeutsam werden, wenn sie sich signifikant vom Leistungsniveau der zwar unter dem Durchschnitt liegenden, aber noch hinreichend leistungsfähigen vergleichbaren Mitarbeiter abheben (s.u. Kap. 4 Rn. 2186 ff.).

IV. Ort der Arbeitsleistung

26 Weil der Arbeitnehmer keinen Leistungserfolg, sondern nur eine Leistungshandlung schuldet, ist der vereinbarte oder sich aus den Umständen nach dem Vertragszweck ergebende Leistungsort (§ 269 Abs. 1 BGB) zugleich Erfüllungsort für die Arbeitsleistung. Vereinbart wird i.d.R. ein bestimmter Betrieb, meist der Betriebssitz des Arbeitgebers (§ 29 ZPO).

Die Befugnis des Arbeitgebers, den **Wechsel des Leistungsortes** einseitig anzuordnen, kann sich aus dem Arbeitsvertrag ergeben. Ein dadurch eingeräumtes Weisungsrecht besteht nicht, wenn mit dem Wechsel des Leistungsortes zugleich auch ein Wechsel der Leistungsart oder eine Entgeltminderung verbunden ist (MünchArbR/*Blomeyer* § 48 Rz. 80). 27

Bei Tätigkeiten mit wechselndem Einsatzort (z.B. Montagearbeiter) steht dem Arbeitgeber ein vertraglich vereinbartes oder sich aus den Umständen ergebendes Weisungsrecht zu, dessen Grenzen sich aus dem Vertrag selbst bzw. (z.B. bei angestellten Künstlern) einem dem Arbeitnehmer überlassenen Ausführungsspielraum sowie aus § 315 BGB/§ 106 GewO ergibt. 28

Im Rahmen des **§ 315 BGB/§ 106 GewO** sind die Beeinträchtigungen der privaten Lebensführung des Arbeitnehmers (Wohnsitz), der zeitliche und finanzielle Mehraufwand sowie sachliche Gesichtspunkte auf betrieblicher Seite zu berücksichtigen. 29

Wird ein **Betrieb insgesamt verlegt**, muss der Arbeitnehmer, weil die Arbeitsleistungspflicht i.d.R. vertraglich an einen bestimmten Betrieb und nicht an einen geographischen Ort gebunden ist, diesem folgen, soweit das nicht unzumutbar ist. Bei der notwendigen Abwägung stehen die **Verkehrsverbindungen** im Vordergrund, insbes., ob der Arbeitnehmer den vom Arbeitsvertrag vorausgesetzten persönlichen Lebensbereich verlassen muss, weil er nach Beendigung der Arbeit nicht mehr in seine Wohnung zurückkehren kann (MünchArbR/*Blomeyer* § 48 Rz. 87). 30

V. Arbeitszeit

Die Arbeitszeit bezeichnet die Dauer (z.B. auch Höchst- oder Mindestdauer) der täglichen, monatlichen oder jährlichen Arbeitsleistung vom Beginn bis zum Ende der Arbeitszeit ohne die Ruhepausen (§ 2 Abs. 1 ArbZG), also den Umfang der vom Arbeitnehmer geschuldeten Leistungen. 31

Zu Rechtsfragen des ArbZG vgl. *Erasmy* NZA 1994, 1105 ff., NZA 1995, 97 ff.; *Zmarzlik* DB 1994, 1082 ff.; *Scherr/Krol-Dickob* Arbeitszeitrecht im öffentlichen Dienst von A–Z, Nr. 10 ff.; zu den Auswirkungen des ArbZG auf die Arbeitszeitregelungen in Kliniken vgl. *Kempter* NZA 1996, 1190 ff.). 32

Unterschieden werden können 33
- die arbeitsvertragliche Arbeitszeit als die Zeit, in der der Arbeitnehmer zur Arbeitsleistung verpflichtet ist;
- die vergütungsrechtliche Arbeitszeit als die Zeit, die der Arbeitnehmer bezahlt erhält;
- die arbeitsschutzrechtliche Arbeitszeit als die Zeit, die nach arbeitsschutzrechtlichen Vorgaben gearbeitet bzw. nicht gearbeitet werden darf;
- die mitbestimmungspflichtige Arbeitszeit als die Zeit, die der Mitbestimmung des Betriebs- bzw. Personalrats unterfällt (*Scherr/Krol-Dickob* Einf. Nr. 1).

Zur Arbeitszeit rechnen nach Maßgabe vertraglicher oder tarifvertraglicher Bestimmungen i.d.R. auch Zeiten minderer Arbeitsintensität (*Scherr/Krol-Dickob* Einf. Nr. 1 ff. m.w.N.; *Baeck/Deutsch* ArbZG, § 2 Rz. 27 ff.); zu beachten ist, dass die Antwort auf die Frage, ob eine bestimmte Zeit als **Arbeitszeit** i.S.d. ArbZG zu behandeln ist, **keine Auskunft** darüber gibt, inwieweit dafür eine **Vergütung** in bestimmter Höhe zu zahlen ist (*BAG* 12.3.2008 – 4 AZR 616/06 – EzA-SD 19/2008 S. 11 LS). 34

1. Abgrenzungen

a) Arbeitsbereitschaft

35 **Arbeitsbereitschaft** ist wache Achtsamkeit im Zustand der Entspannung (an der Arbeitsstätte oder auch in der eigenen Wohnung). Der Arbeitnehmer muss jederzeit damit rechnen, eine bestimmte Tätigkeit erbringen zu müssen (vgl. §§ 18 Abs. 1 MTL II, 18 Abs. 1 MTB II; *BAG* 30.1.1985 AP Nr. 2 zu § 35 BAT; 10.1.1991 NZA 1991, 516; 5.5.1988 EzA § 12 AZO Nr. 3; 19.1.1988 NZA 1988, 881; *Baeck/Deutsch* ArbZG, § 2 Rz. 33 ff.). Sie unterscheidet sich von der Vollarbeit dadurch, dass vom Arbeitnehmer eine geringere Stufe sowohl der geistigen als auch der körperlichen Leistungsbereitschaft erwartet wird (sog. Beanspruchungstheorie; *BAG* 28.1.1981 EzA § 7 AZO Nr. 1; 19.1.1988 NZA 1988, 881; *Baeck/Lösler* NZA 2005, 247 ff.). Das ist z.B. der Fall bei Be- und Entladezeiten, während derer der Kraftfahrer sein Fahrzeug und das Betriebsgelände zwar verlassen darf, einem Arbeitsaufruf aber umgehend nachzukommen hat (§ 2 BMTV Güter- und Möbelfernverkehr; *BAG* 29.10.2002 EzA § 4 ArbZG Nr. 1 = NZA 2003, 1212).

36 Der Umfang der Beanspruchung – zur Bestimmung, ob es sich um Arbeitszeit i.S.d. ArbZG handelt oder nicht – ist im Einzelfall anhand einer **umfassenden Gesamtwürdigung** festzustellen. Dabei sind u.a. folgende Gesichtspunkte maßgeblich (vgl. *Baeck/Deutsch* ArbZG, § 2 Rz. 36): **Häufigkeit der Anordnung der Arbeitsbereitschaft**, Häufigkeit von **Nacht- und Wochenendbereitschaft**, Grad der **geforderten Aufmerksamkeit**, Häufigkeit der Inanspruchnahme durch **Vollarbeit**, **Regelmäßigkeit** bzw. Unregelmäßigkeit der Unterbrechungen, **Verantwortlichkeit** im Hinblick auf die Schwere der Folgen bei Säumnis rechtzeitigen Eingreifens, **Grad der Bequemlichkeit** bzw. Unbequemlichkeit während der Bereitschaftszeit, Belastung durch **Störfaktoren** wie Lärm, Geräusche und Erschütterungen. Anhand dieser Kriterien, deren Aufzählung nicht abschließend ist, ist im Rahmen einer wertenden Gesamtbetrachtung der Grad der Beanspruchung des Arbeitnehmers zu ermitteln.

37 Für Arbeitsbereitschaft ist grds. das vereinbarte Arbeitsentgelt in voller Höhe zu zahlen, es sei denn, dass einzel- oder tarifvertraglich (vgl. *LAG Nds.* 20.4.2004 LAGE § 7 ArbZG Nr. 3) Abschläge oder Pauschalzahlungen vereinbart worden sind, was zulässig ist (*BAG* 28.11.1973 AP Nr. 2 zu § 19 MTB II; *Baeck/Deutsch* ArbZG, § 2 Rz. 40; s.a. *BAG* 12.3.2008 – 4 AZR 616/06 – EzA-SD 19/2008 S. 11 LS). Eine Betriebsvereinbarung, die derartige Zeiten schuldrechtlich unzutreffend als unbezahlte Ruhepausen behandelt, ist rechtsunwirksam (*BAG* 29.10.2002 EzA § 4 ArbZG Nr. 1 = NZA 2003, 1212).

38 Tarifliche Normen sehen z. T. (vgl. z.B. § 15 Abs. 2 BAT; jetzt §§ 6 ff. TVöD) vor, dass Arbeitszeit und Arbeitsbereitschaft dadurch kombiniert werden können, dass die regelmäßige Arbeitszeit durch den Arbeitgeber nach Maßgabe des § 106 GewO einseitig verlängert werden kann bis zu 10 (11) Stunden täglich, wenn in sie regelmäßig eine Arbeitsbereitschaft von durchschnittlich mindestens 2 (3) Stunden fällt. Eine Verlängerung auf bis zu 12 Stunden täglich ist zulässig, wenn der Angestellte lediglich an der Arbeitsstelle anwesend sein muss, um im Bedarfsfall vorkommende Arbeiten zu verrichten. Bei einer derartigen Verlängerung steht dem Angestellten keine zusätzliche Vergütung zu; die verlängerte Arbeitszeit ist durch die tarifliche Vergütung gem. § 26 BAT (jetzt §§ 15 ff. TVöD) abgegolten (*BAG* 26.3.1998 EzA § 15 BAT Nr. 5).

b) Bereitschaftsdienst; Bereitschaftszeiten

39 **Bereitschaftsdienst** verpflichtet den Arbeitnehmer im Gegensatz dazu, sich an einer vom Arbeitgeber festgelegten Stelle aufzuhalten und jederzeit bereit zu sein, seine volle Arbeitstätigkeit unverzüglich aufnehmen zu können, also tätig zu werden, ohne dass es einer wachen Achtsamkeit bedarf (*BAG* 27.2.1985 AP Nr. 12 zu § 17 BAT; 25.10.1989 EzA § 1 KSchG Verhaltensbedingte Kündigung Nr. 30; vgl. *Jobs/Zimmer* ZTR 1995, 483 ff.). Bereitschaftsdienst ist damit eine ihrem Wesen nach von der vereinbarten Dienstleistung verschiedene Leistung des Arbeitnehmers. Sie ist nichts weiter als eine im Rahmen und für Zwecke des Arbeitsver-

hältnisses erfolgende Aufenthaltsbeschränkung, die mit der Verpflichtung verbunden ist, bei Bedarf sofort tätig zu werden (vgl. *EuGH* 3.10.2000 EzA § 7 ArbZG Nr. 1 m. Anm. *Weber* SAE 2002, 340; 1.12.2005 NZA 2006, 89 = ZTR 2006, 40; vgl. dazu *Tietje* NZA 2001, 241 ff.; *Litschen* NZA 2001, 1355 ff.; *Linnenkohl* ArbuR 2002, 211 ff.; *Heinze* ZTR 2002, 102 ff.; zunächst klarstellend für das bundesdeutsche Arbeitsrecht *BAG* 24.10.2001 EzA § 11 BUrlG Nr. 48; für die Einordnung als Arbeitszeit i.S.d. ArbZG: *LAG Hmb.* 13.2.2002 LAGE § 7 ArbZG Nr. 1; *LAG Nds.* 17.5.2002 LAGE § 7 ArbZG Nr. 2 = NZA-RR 2003, 351; *LAG Hamm* 7.11.2002 – 16 Sa 271/02 – EzA-SD 4/03, S. 8 LS = NZA-RR 2003, 289; ähnlich *Trägner* NZA 2002, 126; **a.A.** *ArbG Kiel* 3.6.2002 NZA 2002, 981; *Breezmann* NZA 2002, 946 ff.). **Unerheblich** ist, ob sich der Arbeitnehmer **innerhalb oder außerhalb des Betriebes aufzuhalten** hat. Entscheidend ist nur, dass er sich an einer **vom Arbeitgeber bestimmten Stelle** aufhalten muss (*Baeck/Deutsch* ArbZG, § 2 Rz. 41). Vergütungsrechtlich ist der Bereitschaftsdienst als eine andere, zusätzliche Leistung des Arbeitnehmers zu vergüten (vgl. dazu *Benecke* ZTR 2005, 521 ff.); mangels einer ausdrücklichen arbeitsvertraglichen oder tarifvertraglichen Regelung nach § 612 BGB (MünchArbR/*Anzinger* § 218 Rz. 29 unter Hinweis auf *BAG* 8.7.1959 AP Nr. 5 zu § 7 AZO). Pauschalabgeltungen sind zulässig (MünchArbR/*Anzinger* § 218 Rz. 29), wenn die Pauschale in einem **angemessenen Verhältnis zu der tatsächlich anfallenden Arbeit** steht (*LAG RhPf* 23.9.2004 LAGE § 612 BGB 2002 Nr. 1) und wenn nicht tarifvertragliche Regelungen entgegenstehen (*LAG BW* 1.8.2002 – 22 Sa 95/01 – EzA-SD 1/03, S. 4 LS). Statt einer Vergütung kann nämlich auch ein Freizeitausgleich vorgesehen werden (*Baeck/Deutsch* ArbZG, § 2 Rz. 43).

So ist z.B. eine auf der Grundlage des Arbeitsvertrages gezahlte Vergütung von ca. 68% der Vergütung der regulären Arbeitszeit nicht zu beanstanden. Das *BAG* (28.1.2004 EzA § 611 BGB 2002 Arbeitsbereitschaft Nr. 2; ebenso *LAG Hamm* 6.6.2002 ZTR 2002, 477 = NZA-RR 2003, 223 LS; vgl. auch *LAG Köln* 14.10.2002 NZA-RR 2003, 292) hat die Klage eines Assistenzarztes, der eine Bezahlung von 125% der Normalarbeitszeit erstrebte, abgewiesen. Denn Bereitschaftsdienst stellt – zusammengefasst – eine Leistung des Arbeitnehmers dar, die wegen der insgesamt geringeren Inanspruchnahme des Arbeitnehmers niedriger als sog. Vollarbeit vergütet werden darf. Daran ändert auch die Rechtsprechung des *EuGH* (3.10.2000 a.a.O.; 9.9.2003 EzA § 7 ArbZG Nr. 5 = NZA 2003, 1019) nichts, nach der Bereitschaftsdienst Arbeitszeit ist. Die pauschale Vergütungsvereinbarung der Parteien richtete sich an einer während der Bereitschaftsdienste maximal zu erwartenden Vollarbeit aus. Das ist zulässig. Der Kläger hat nicht Freizeit ohne Vergütung geopfert, sondern für die geleisteten Bereitschaftsdienste insgesamt eine Vergütung erhalten, die nicht als unangemessen bezeichnet werden kann. Auf die Frage, ob die Bereitschaftsdienste nach dem ArbZG zulässig waren, kommt es nicht an (*BAG* 28.1.2004 EzA § 611 BGB 2002 Arbeitsbereitschaft Nr. 2). 40

Insoweit gelten im Einzelnen folgende Grundsätze (*BAG* 28.1.2004 EzA § 611 BGB 2002 Arbeitsbereitschaft Nr. 2 = NZA 2004, 657 = BAG Report 2004, 213; vgl. dazu *Bauer/Krieger* BB 2004, 549 ff.; *Benecke* ZTR 2005, 521 ff.): 41

- Eine einzelvertragliche Bestimmung, nach der Bereitschaftsdienste eines Krankenhausarztes mit einem bestimmten Stundensatz vergütet werden, wobei als Basis eine feste Stundenzahl zugrunde gelegt wird, regelt die Bereitschaftsdienstvergütung als Produkt von Geldfaktor und Zeitfaktor.
- Der Arbeitnehmer, der die Vergütung überobligatorischer Arbeitsleistungen während des Bereitschaftsdienstes fordert, muss im Einzelnen darlegen, an welchen Tagen und zu welchen Tageszeiten er über die übliche Arbeitszeit hinaus gearbeitet hat. Der Vergütungsanspruch setzt ferner voraus, dass die Mehrarbeit vom Arbeitgeber angeordnet, gebilligt oder geduldet wurde oder jedenfalls zur Erledigung der geschuldeten Arbeit notwendig war.
- Bereitschaftsdienst ist zwar Arbeitszeit i.S.d. Arbeitszeitrichtlinie 93/104/EG vom 23.11.1993 (jetzt RL 2003/88/EG v. 4.11.2003). Daraus folgt aber keine bestimmte Vergütungspflicht. Die Arbeitszeitrichtlinie betrifft ebenso wie das Arbeitszeitgesetz nur den öffentlich-rechtlichen Arbeitsschutz.

- Zu vergüten ist der gesamte Bereitschaftsdienst und nicht nur die darin enthaltene Vollarbeit; denn der Arbeitnehmer erbringt auch in der Ruhezeit eine Leistung gegenüber dem Arbeitgeber, weil er in seinem Aufenthalt beschränkt ist und mit jederzeitiger Arbeitsaufnahme rechnen muss. Die Vergütungsvereinbarung darf nicht nur die Zeiten der Heranziehung zu Vollarbeit, sondern muss auch den Verlust an Freizeit im Übrigen angemessen berücksichtigen. Unter diesen Voraussetzungen können die Arbeitsvertragsparteien die Vergütung des Bereitschaftsdienstes nach dem voraussichtlichen Grad der Heranziehung zu Vollarbeit pauschalieren.
- Die Bewertung des Bereitschaftsdienstes mit 55 % (Zeitfaktor) bei einem Geldfaktor von 125 % ist nicht sittenwidrig oder wucherisch, wenn die Arbeitsbelastung (Vollarbeit) während des Bereitschaftsdienstes weniger als 50 % beträgt.
- Die rechtswidrige Anordnung von Bereitschaftsdienst hat nicht zur Folge, dass die Zeit des Bereitschaftsdienstes vergütungsrechtlich wie Vollarbeit zu behandeln ist. Auch wenn der Arbeitgeber mit seiner Dienstplangestaltung gegen das Arbeitszeitgesetz und die Arbeitszeitrichtlinie verstößt, ergeben sich hieraus nicht weitergehende Vergütungsansprüche als arbeits- oder tarifvertraglich vorgesehen.
- Verstößt die vereinbarte Ableistung von Bereitschaftsdiensten gegen öffentlich-rechtliche Arbeitsschutzvorschriften, führt dies nicht zur Nichtigkeit der Vergütungsvereinbarung.
- Die Nichtgewährung von gesetzlich vorgeschriebenen Ruhezeiten führt zu einem Verlust an Freizeit, der als solcher keinen Schaden i.S.d. §§ 249 ff. BGB darstellt.

42 Die **Tarifvertragsparteien** dürfen Bereitschaftsdienst und Vollarbeit unterschiedlichen Vergütungsordnungen unterwerfen. So wie Tarifverträge anerkanntermaßen für besondere Belastungen wie Akkord-, Nacht- und Schichtarbeit bzw. die Arbeit an Sonn- und Feiertagen einen höheren Verdienst vorsehen, können sie auch bestimmen, dass Zeiten geringerer Inanspruchnahme der Arbeitsleistung zu einer niedrigeren Vergütung führen. Dies ist sachgerecht; ein Verstoß gegen Art. 3 Abs. 1 GG liegt darin nicht. Weitergehende gesetzliche Ansprüche bestehen nicht (*BAG* 28.1.2004 ZTR 2004, 413).

43 Weil die Entscheidung des *EuGH* (3.10.2000 EzA § 7 ArbZG Nr. 1) so verstanden werden konnte, als wären **Zeiten des Bereitschaftsdienstes und der Rufbereitschaft** (s.u. Rn. 52) **uneingeschränkt auch vergütungsrechtlich als Arbeitszeit** in vollem Umfang **zu qualifizieren**, hat das *BAG* (24.10.2001 EzA § 11 BUrlG Nr. 48; **a.A.** wohl *Hergenröder* RdA 2001, 346 ff.) zudem **klargestellt**, dass derartige Zeiten jedenfalls **keine Überstunden i.S.v. § 11 BUrlG** sind.

44 Aufgrund eines Vorlagebeschlusses des *LAG SchlH* (12.3.2002 – 3 Sa 611/01 – EzA-SD 10/02, S. 1 f. = NZA 2002, 621) hat der *EuGH* (9.9.2003 EzA § 7 ArbZG Nr. 5 = NZA 2003, 1019; s. jetzt auch *EuGH* 14.7.2005 NZA 2005, 921 m. Anm. *Lörcher* ArbuR 2005, 417; s.a. *OVG NRW* 18.8.2005 ArbuR 2006, 251 LS; die praktischen Konsequenzen erläutert *Schliemann* FA 2003, 290 ff.; *ders.* NZA 2004, 513 ff.; vgl. auch *Baeck/Lösler* NZA 2005, 247 ff.) folgende Grundsätze aufgestellt:
- Die RL 93/104/EG (jetzt RL 2003/88/EG v. 4.11.2003) ist dahin auszulegen, dass Bereitschaftsdienst, den ein Arzt in Form persönlicher Anwesenheit im Krankenhaus leistet, in vollem Umfang Arbeitszeit i.S. dieser Richtlinie darstellt, auch wenn es dem Betroffenen in Zeiten, in denen er nicht in Anspruch genommen wird, gestattet ist, sich an seiner Arbeitsstelle auszuruhen, so dass die RL der Regelung eines Mitgliedsstaates entgegensteht, nach der Zeiten, in denen ein Arbeitnehmer während eines Bereitschaftsdienstes untätig ist, als Ruhezeiten eingestuft werden.
- Die RL steht auch der Regelung eines Mitgliedsstaates entgegen, die bei einem in Form persönlicher Anwesenheit im Krankenhaus geleisteten Bereitschaftsdienst – ggf. über einen Tarifvertrag oder auf Grund eines Tarifvertrages getroffene Betriebsvereinbarung – einen Ausgleich nur für Bereitschaftsdienstzeiten zulässt, in denen der Arbeitnehmer tatsächlich eine berufliche Tätigkeit ausgeübt hat.

- Eine Kürzung der täglichen Ruhezeit von elf zusammenhängenden Stunden durch Ableistung eines Bereitschaftsdienstes, der zur regelmäßigen Arbeitszeit hinzukommt, fällt nur dann unter die Abweichungsbestimmungen in Art. 17 Abs. 2 Nr. 2 RL, wenn den betroffenen Arbeitnehmern gleichwertige Ausgleichruhezeiten im unmittelbaren Anschluss an die entsprechenden Arbeitsperioden gewährt werden.
- Eine solche Kürzung der täglichen Ruhezeit darf darüber hinaus in keinem Fall zu einer Überschreitung der in Art. 6 RL festgesetzten Höchstdauer der wöchentlichen Arbeitszeit führen.

Das *BAG* (5.6.2003 EzA § 7 ArbZG Nr. 6 = NZA 2004, 164) hat daraus folgende Konsequenzen für das bundesdeutsche Arbeitsrecht gezogen: 45
- Zur durchschnittlichen Wochenarbeitszeit von max. 48 Stunden i.S.d. RL gehört auch die Zeit eines Bereitschaftsdienstes.
- Auch wenn Bereitschaftsdienst nach dem ArbZG keine Arbeitszeit ist – das ArbZG hat die RL insoweit nicht ordnungsgemäß umgesetzt (**a.A.** noch *LAG SchlH* 18.12.2001 ZTR 2002, 118) –, muss ein öffentlicher Arbeitgeber bei der Anordnung von Bereitschaftsdienst wegen des ausnahmsweise geltenden Anwendungsvorrangs des Art. 6 Nr. 2 RL die in dieser Vorschrift geregelte Höchstgrenze beachten. Denn die RL wirkt dann gegenüber einem staatlichen Arbeitgeber – im Gegensatz zu anderen Arbeitgebern – unmittelbar. Gebunden sind insoweit alle Organisationen und Einrichtungen, die dem Staat oder dessen Aufsicht unterstehen oder mit besonderen Rechten ausgestattet sind, die über diejenigen hinausgehen, die nach den Vorschriften für die Beziehungen zwischen Privatpersonen gelten (ebenso *LAG Nds.* 16.9.2003 ArbuR 2004, 74 zur Übertragung der Aufgabe des Rettungsdienstes durch einen Landkreis auf eine Gesellschaft bürgerlichen Rechts).
- Die RL betrifft den öffentlich-rechtlichen Arbeitsschutz. Die Missachtung der danach gebotenen zeitlichen Beschränkung des Bereitschaftsdienstes hat keine gesonderte Vergütungspflicht des öffentlichen Arbeitgebers zur Folge. Auch in einem solchen Fall bestimmt sich die Vergütung ausschließlich nach den einschlägigen tariflichen Normen.
- Ein Verstoß gegen die gemeinschaftsrechtliche Höchstarbeitszeit ist keine unerlaubte Handlung i.S.d. § 823 Abs. 2 BGB; Art. 6 Nr. 2 RL 93/104/EG ist kein Schutzgesetz i.S.d. Vorschrift (s. aber jetzt *EuGH* 5.10.2004 EzA EG-Vertrag 1999 Richtlinie 93/104 Nr. 1 = NZA 2004, 1145; vgl. dazu *Matthiesen/Shea* DB 2005, 106 ff.: unmittelbare Wirkung von Art. 6 Nr. 2 RL 93/104; vgl. dazu auch *Litschen* ZTR 2004, 619 ff.; *Konzen* SAE 2005, 33 ff.; *Benecke* ZTR 2005, 521 ff.).

Das *BAG* (18.2.2003 EzA § 7 ArbZG Nr. 4 m. Anm. *Henssler/Henke* SAE 2004, 275 ff.; zust. *Boerner/Boerner* NZA 2003, 883 ff.; *Lorenz* NZA-RR 2006, 284 ff.; vgl. auch *LAG Nds.* 17.5.2002 ZTR 2002, 431 = NZA-RR 2003, 351) hat hinsichtlich der Frage, ob Bereitschaftsdienst als Arbeitszeit i.S.d. ArbZG anzusehen ist, des weiteren inzwischen folgende **Grundsätze** aufgestellt: 46
- Nach der Rechtsprechung des *EuGH* (3.10.2000 a.a.O.) zählt Bereitschaftsdienst, wie ihn Ärzte und mit der Pflege beschäftigte Personen in Form persönlicher Anwesenheit in den Räumen einer spanischen Gesundheitseinrichtung leisten, zur Arbeitszeit i.S.d. Art. 2 Nr. 1 der Richtlinie 93/104/EG vom 23. November 1993 (jetzt RL 2003/88/EG v. 4.11.2003). Die entsprechende Auslegung der Richtlinie beruht nicht auf nationalen oder berufsspezifischen Besonderheiten. Sie ist deshalb auch für das Verständnis des Bereitschaftsdienstes in Deutschland maßgeblich; einer erneuten Vorlage an den EuGH bedarf es dazu nicht.
- Ein Verständnis des Bereitschaftsdienstes als Arbeitszeit ist mit § 5 Abs. 3 ArbZG, § 7 Abs. 2 Nr. 1 ArbZG unvereinbar. Das Arbeitszeitgesetz vom 6. Juni 1994 hat die Richtlinie 93/104/EG insoweit nicht ordnungsgemäß umgesetzt: Indem es den Bereit-

schaftsdienst nicht der Arbeitszeit zuordnet, ermöglicht es eine Überschreitung der wöchentlichen Höchstarbeitszeit von 48 Stunden nach Art. 6 Nr. 2 der Richtlinie (s. aber jetzt *EuGH* 5.10.2004 EzA EG-Vertrag 1999 Richtlinie 93/104 Nr. 1 = NZA 2004, 1145: unmittelbare Wirkung von Art. 6 Nr. 2 RL 93/104; vgl. dazu *Litschen* ZTR 2004, 619 ff.; *Konzen* SAE 2005, 33 ff.; *Benecke* ZTR 2005, 521 ff.; *Matthiesen/Shea* DB 2005, 106 ff.); das Gleiche gilt mit Blick auf die Verlängerungsmöglichkeit bei Arbeitsbereitschaft gem. § 7 Abs. 1 Nr. 1a ArbZG.
- Zur Anpassung des deutschen Rechts an die Vorgabe der Richtlinie steht den Gerichten für Arbeitssachen nur das Instrument der gemeinschaftsrechtskonformen Auslegung zur Verfügung. Angesichts der systematisch eindeutigen, dem ausdrücklichen Willen des Gesetzgebers entsprechenden Regelung des Arbeitszeitgesetzes ist eine solche Auslegung ausgeschlossen; sie käme einer Teilaufhebung des Gesetzes gleich; diese ist den Gerichten für Arbeitssachen gem. Art. 20 Abs. 3 GG verwehrt.
- Europäisches Gemeinschaftsrecht beansprucht grds. Vorrang vor entgegenstehendem nationalen Recht. Voraussetzung ist, dass ihm unmittelbare Geltung und Wirkung für die Bürger der Mitgliedsstaaten zukommt. Bei Richtlinien, die sich ausschließlich an die Mitgliedsstaaten selbst wenden, ist dies nach der Rechtsprechung des EuGH nur der Fall, wenn sie inhaltlich hinreichend bestimmte und unbedingte Regelungen enthalten, die Frist zu ihrer Umsetzung abgelaufen ist und es sich um eine Anspruchsbeziehung zwischen Bürger und »Staat« handelt. Eine unmittelbare (horizontale) Wirkung von Richtlinien im Verhältnis von Privatrechtssubjekten scheidet aus.
- Ein Kreisverband des Deutschen Roten Kreuzes ist regelmäßig kein staatlicher Arbeitgeber i.S.d. Rechtsprechung des EuGH.

47 **Der Gesetzgeber hat dieser Rechtsentwicklung inzwischen Rechnung getragen.** Durch die Änderung des ArbZG zum 1.1.2004 (vgl. dazu *Hock* ZTR 2004, 114 ff.; *Bernig* BB 2004, 101 ff.; *Boerner* NJW 2004, 1559 ff.; *Reim* DB 2004, 186 ff.) werden nunmehr Arbeitsbereitschaft und Bereitschaftsdienst (vgl. *BAG* 16.3.2004 EzA § 7 ArbZG Nr. 7; *LAG Bra.* 27.5.2005 NZA-RR 2005, 626; s. auch *EuGH* 14.7.2005 NZA 2005, 921 m. Anm. *Lörcher* ArbuR 2005, 417; s.u. Rn. 81) insgesamt als Arbeitszeit i.S.d. ArbZG gewertet. Seitdem ist die arbeitsvertragliche **Vereinbarung über eine Arbeitszeit einschließlich Bereitschaftsdienst von durchschnittlich mehr als 48 Stunden wöchentlich nichtig** (s. *ArbG Bln.* 21.6.2006 – 86 Ca 26096/05 – EzA-SD 22/06 S. 10 LS); seit dem 1.9.2006 gilt zudem eine Sonderreglung über die Arbeitszeit im Straßentransport (§ 21a ArbZG; s. dazu *Didier* NZA 2007, 120 ff.).
Die Tarifvertragsparteien erhalten allerdings Gestaltungsspielräume. Sie können in einem abgestuften Modell auf tarifvertraglicher Grundlage längere Arbeitszeiten vereinbaren. Die Arbeitszeit darf auf tarifvertraglicher Grundlage über zehn Stunden je Werktag hinaus mit Zeitausgleich verlängert werden; die Tarifvertragsparteien können den Ausgleichszeitraum auf bis zu zwölf Monate ausweiten. Erscheint den Tarifvertragsparteien eine interessengerechte Arbeitszeitgestaltung auf dieser Grundlage nicht möglich, können sie vereinbaren, die Arbeitszeit auch ohne Zeitausgleich über acht Stunden je Werktag zu verlängern. Dabei muss ausdrücklich sichergestellt werden, dass die Gesundheit der Arbeitnehmer nicht gefährdet wird. Der Beschäftigte muss schriftlich einwilligen. Beschäftigten, die nicht einwilligen oder ihre Einwilligung – mit einer Frist von sechs Monaten – widerrufen, darf daraus kein Nachteil entstehen. Die Tarifvertragsparteien erhielten eine Übergangsfrist bis zum 31.12.2005 (§ 25 ArbZG), innerhalb derer die jetzt bestehenden Tarifverträge zur Arbeitszeit weiter galten. Damit wurde den aktuellen Umstellungsproblemen aller Branchen mit hohem Anteil an Bereitschaftsdiensten und Arbeitsbereitschaft Rechnung getragen. Diese Frist wurde bis zum 31.12.2006 verlängert (BGBl. I 2005 S. 3676; s. dazu *Giesen* NJW 2006, 721 ff.).

§ 25 S. 1 ArbZG stellt im Übrigen Tarifverträge, die **am 1.1.2004 bereits bestanden, nicht von der Verpflichtung frei, die Grenze der höchstzulässigen jahresdurchschnittlichen Wochenarbeitszeit von 48 Stunden – einschließlich der Zeiten der Arbeitsbereitschaft und Bereitschaftsdienst – zu beachten** (*BAG* 24.1.2006 EzA § 87 BetrVG 2001 Arbeitszeit Nr. 8 = NZA 2006, 862). 48

49 Nach dem Auslaufen der Übergangsregelung am 31.12.2006 gilt nunmehr ab dem 1.1.2007 grundsätzlich Folgendes:
- Die werktägliche Arbeitszeit einschließlich Bereitschaftsdienst und Ruhepausen kann nur auf der Grundlage tarifvertraglicher Regelungen längstens bis auf 24 Stunden verlängert werden.
- Spätestens nach 24 Stunden täglicher Arbeitszeit ist grundsätzlich eine ununterbrochene Ruhezeit von mindestens 11 Stunden zu gewähren.
- Die durchschnittliche wöchentliche Arbeitszeit darf 48 Stunden innerhalb des gesetzlichen (sechs Kalendermonate oder 24 Wochen) bzw. tariflich festgelegten (ein Jahr) Ausgleichszeitraums nicht übersteigen.
- Nur wenn ein Tarifvertrag dies zulässt, kann mit individueller Zustimmung des Arbeitnehmers eine Arbeitszeit auch über 48 Stunden pro Woche vereinbart werden.

Im Regelfall ist in den Arbeitsverträgen die Verpflichtung des Arbeitnehmers zur Übernahme von Bereitschaftsdiensten nur **rahmenmäßig** bestimmt. In diesem Fall ist der Arbeitgeber auf Grund seines **Direktionsrechts** berechtigt, diese nur rahmenmäßig vorgeschriebene Verpflichtung einseitig zu konkretisieren; dabei muss er die Grundsätze **billigen Ermessens** (§ 106 GewO/§ 315 BGB) beachten (*Baeck/Deutsch* ArbZG, § 2 Rz. 44). 50

Vom Bereitschaftsdienst zu unterscheiden sind z.B. tarifvertraglich vorgesehene **Bereitschaftszeiten** (s. z.B. Anh. zu § 9 Abschn. B Abs. 1 TVöD), die einen **anderen Grad der Beanspruchung** des Arbeitnehmers aufweisen und zur **regelmäßigen Arbeitszeit** gehören (z.B. gem. § 6 TVöD), also – anders als Bereitschaftsdienst – nicht außerhalb der regelmäßigen Arbeitszeit liegen und auch nicht gesondert vergütet werden (s. *BAG* 24.9.2008 – 10 AZR 669/07 – FA 2008, 349; 24.9.2008 – 10 AZR 770/07 – EzA-SD 26/2008 S. 12 LS; *LAG Bln.-Bra.* 17.10.2008 – 6 Sa 1777/08 – EzA-SD 26/2008 S. 12 LS; *LAG Nds.* 13.11.2007 – 13 Sa 549/07 – ZTR 2008, 258; insbes. zu den Auswirkungen auf eine tariflich vorgesehene Wechselschichtzulage). 51

c) Rufbereitschaft

Rufbereitschaft verpflichtet den Arbeitnehmer, sich an einem selbst gewählten, dem Arbeitgeber bekannt zu gebenden Ort auf Abruf bereitzuhalten, um im Bedarfsfall die Arbeit aufnehmen zu können oder sich sonst mit Hilfe technischer Vorkehrungen außerhalb der Arbeitszeit verfügbar zu halten (*BAG* 22.1.2004 NZA 2005, 600 LS = ZTR 2005, 27). Der Mitarbeiter muss sich in der fraglichen Zeit nicht in der Einrichtung aufhalten, sondern kann seinen Aufenthaltsort frei bestimmen (*BAG* 31.1.2002 EzA § 611 BGB Rufbereitschaft Nr. 2 m. Anm. *Pieper* ZTR 2002, 420 ff.; vgl. auch *Baeck/Lösler* NZA 2005, 247 ff.; zur Festsetzung einer Höchstwegezeit in diesem Zusammenhang vgl. *ArbG Marburg* 4.11.2003 – 2 Ca 212/03 – EzA-SD 14/04 S. 11 LS). 52

Überlässt der Arbeitgeber dem Arbeitnehmer ein **Funktelefon**, muss der Arbeitgeber nicht wissen, wo sich der Arbeitnehmer gerade aufhält. Es genügt, dass der Arbeitnehmer über das Telefon **jederzeit erreichbar** ist. Auch bei der Verwendung eines Funksignalempfängers muss der Arbeitgeber nicht wissen, wo sich der Arbeitnehmer gerade aufhält. Der Arbeitnehmer ist während der Rufbereitschaft grds. bei der Wahl seines Aufenthaltsortes frei. Allerdings darf die **räumliche Distanz** zwischen dem Arbeitsort und dem jeweiligen Aufenthaltsort **nur so groß** sein, dass er die **Arbeit rechtzeitig aufnehmen** kann. Dies ist nur dann der Fall, wenn zwischen dem Abruf und der Arbeitsaufnahme eine Zeitspanne liegt, die den Einsatz nicht gefährdet und im Bedarfsfall die rechtzeitige Arbeitsaufnahme gewährleistet (*BAG* 19.12.1991 EzA § 611 BGB Arbeitsbereitschaft Nr. 1; *Baeck/Deutsch* 53

ArbZG, § 2 Rz. 47). Der Arbeitnehmer darf sich nicht in einer Entfernung vom Arbeitsort aufhalten, die dem Zweck der Rufbereitschaft zuwiderläuft (*BAG* 28.4.1971 AP Nr. 2 zu § 611 BGB Arbeitsbereitschaft; *Baeck/Deutsch* ArbZG, § 2 Rz. 47). Andererseits ist eine Anweisung des Dienstgebers, dass bei Rufbereitschaft die Arbeit innerhalb von 20 Minuten nach Abruf aufgenommen werden muss, mit der freien Bestimmung des Aufenthaltsortes nicht vereinbar, weil durch den Faktor Zeit diese eingeschränkt wird (*BAG* 31.1.2002 EzA § 611 BGB Rufbereitschaft Nr. 2 m. Anm. *Pieper* ZTR 2002, 420 ff.). Beschränkt also der Arbeitgeber den Arbeitnehmer in der freien Wahl des Aufenthaltsortes durch eine **strikte Zeitvorgabe zwischen Abruf und Arbeitsaufnahme, kann Arbeitsbereitschaft vorliegen.** Voraussetzung ist, dass dem Arbeitnehmer auf Grund der einzuhaltenden Zeitvorgabe die Gestaltung seiner arbeitsfreien Zeit entzogen wird (*BAG* 22.1.2004 NZA 2005, 600 LS = ZTR 2005, 27).

54 Die Rufbereitschaft beginnt in dem Zeitpunkt, von dem an der Arbeitnehmer verpflichtet ist, auf Abruf Arbeit aufzunehmen, und endet in dem Zeitpunkt, in dem diese Verpflichtung endet (*BAG* 28.7.1994 EzA § 15 BAT Rufbereitschaft Nr. 4; vgl. *Jobs/Zimmer* ZTR 1995, 483 ff.). Gleiches gilt dann, wenn der Arbeitnehmer verpflichtet ist, auf Anordnung seines Arbeitgebers außerhalb der regelmäßigen Arbeitszeit ein auf Empfang geschaltetes Funktelefon mitzuführen, um auf telefonischen Abruf Arbeit zu leisten, die darin besteht, **dass er über dieses Funktelefon Anordnungen trifft oder weiterleitet** (*BAG* 29.6.2000 EzA § 611 BGB Rufbereitschaft Nr. 1 zu § 15 Abs. 6b BAT; vgl. dazu *Pieper* ZTR 2001, 292 ff.; **a.A.** *LAG SchlH* 15.10.1998 ARST 1999, 25 zumindest dann, wenn sich der Arbeitnehmer an jedem beliebigen Ort aufhalten kann, ihn keine Pflicht trifft, diesen Ort zu benennen, er die Dienststelle während der Erreichbarkeitszeit nicht aufsuchen muss und er im Falle der Nichterreichbarkeit die Pflicht zur Erreichbarkeit auf andere Mitarbeiter übertragen kann). Die Erbringung einer Arbeitsleistung während der Rufbereitschaft unterbricht nicht die Rufbereitschaft (*BAG* 9.10.2003 EzA § 611 BGB 2002 Rufbereitschaft Nr. 1); zur Bezahlung s.u. sogleich.

55 Da sie nicht mit der zugesagten Arbeitsleistung identisch ist, besteht bei der Rufbereitschaft grds. kein Anspruch auf Bezahlung als Arbeitsleistung. Eine eingeschränkte Vergütungspflicht ergibt sich aber häufig aus Tarifverträgen (z.B. 50% gem. § 18 Abs. 1 MTL II; *Baeck/Deutsch* ArbZG, § 2 Rz. 49; zur Rechtslage bei Wochenfeiertagen vgl. *LAG Düsseld.* 30.5.2001 ZTR 2001, 509; zu § 8 TVöD s. *BAG* 24.9.2008 – 6 AZR 259/08 – EzA-SD 24/2008 S. 14 LS). Ohne entsprechende Vereinbarung folgt ein Anspruch auf angemessene Vergütung aus § 612 BGB (MünchArbR/*Anzinger* § 218 Rz. 32). Fällt während der Rufbereitschaft Arbeitsleistung an, so ist sie (einschließlich Wegezeit) zu vergüten; ggf. auch mit Überstundenvergütung (*BAG* 9.10.2003 EzA § 611 BGB 2002 Rufbereitschaft Nr. 1 = BAG Report 2004, 173). Fahrtkosten, die insoweit entstehen, werden dagegen regelmäßig mangels anderweitiger Vereinbarung nicht erstattet (vgl. *BAG* 16.12.1989 EzA § SR 2 c BAT Nr. 1).

56 Bestimmt der Arbeitgeber, dass die Arbeit im unmittelbaren Anschluss an die Beendigung der regelmäßigen Arbeitszeit fortzusetzen ist, so liegt darin auch dann die **Anordnung von Überstunden**, wenn der Angestellte im Anschluss an die regelmäßige Arbeitszeit dienstplanmäßig zur Rufbereitschaft eingeteilt ist. Die Anordnung des Arbeitgebers enthält dann eine Änderung des Dienstplans, nicht aber einen Abruf zur Aufnahme der Arbeit (*BAG* 26.11.1992 NZA 1993, 659).

57 Mit der Befugnis zur Verlängerung der Arbeitszeit bei Arbeitsbereitschaft über zehn Stunden werktäglich in § 7 Abs. 1 Nr. 1a ArbZG wird die Arbeitsbereitschaft im ArbZG wie bereits in der AZO als Arbeitszeit behandelt. Aus dem Fehlen einer solchen Befugnis bei der Rufbereitschaft folgt, dass diese keine Arbeitszeit i.S.d. ArbZG ist (*Baeck/Deutsch* ArbZG, § 2 Rz. 41 ff.; 50).
Einer Rufbereitschaft über zehn Stunden täglich hinaus steht damit die Ruhensvorschrift des § 5 ArbZG nicht entgegen. Für Rufbereitschaft sind zeitliche Grenzen auch in anderen Vorschriften des ArbZG nicht ausdrücklich vorgeschrieben (*Zmarzlik/Anzinger* ArbZG, 1995, § 2 Rz. 14).

Aus der Möglichkeit zur abweichenden Regelung der Dauer und Lage der Ruhezeit bei Rufbereitschaft in § 7 Abs. 2 Nr. 1 ArbZG folgt nach z. T. vertretener Auffassung, dass **dieser Dienst keine Ruhezeit i.S.d. § 5 ArbZG ist**. Aus der Ermächtigung zur abweichenden Regelung der Dauer der Ruhezeit folgt, dass Rufbereitschaft nur in die Ruhezeit des § 5 ArbZG gelegt werden kann, wenn dies nach § 7 Abs. 2 Nr. 1 ArbZG durch Tarifvertrag oder Betriebsvereinbarung zugelassen ist. Aus der Befugnis zur abweichenden Regelung der Lage der Ruhezeit folgt, dass Bereitschaftsdienst und Rufbereitschaft unmittelbar im Anschluss an die tägliche Arbeitszeit nur bei einer entsprechenden Zulassung nach § 7 Abs. 2 Nr. 1 ArbZG gelegt werden kann, es sei denn, dass es sich um den Ausnahmefall des § 5 Abs. 3 ArbZG (z.B. in Krankenhäusern) handelt (*Zmarzlik/Anzinger* a.a.O.). Demgegenüber ist darauf hinzuweisen, dass das ArbZG nur zwischen **Arbeits- und Ruhezeiten** differenziert. **Zwischenformen kennt es insoweit nicht**. Nach dem Ende der Arbeitszeit beginnt folglich die Ruhezeit und umgekehrt. Auch aus materiellen Gründen ist keine abweichende Regelung geboten. Denn während der Rufbereitschaft ist die Beanspruchung des Arbeitnehmers derart gering, dass sie einer Einordnung als Ruhezeit nicht entgegensteht. Gerade aus diesem Grund werden Zeiten der Rufbereitschaft auch nicht als Arbeitszeit angesehen (vgl. ausf. *Baeck/Deutsch* ArbZG, § 5 Rz. 8 f.). 58

2. Wege- und Dienstreisezeiten

Die Zeit für An- und Abfahrt des Arbeitnehmers zum und vom Betrieb des Arbeitgebers ist keine Arbeitsleistung und daher weder zu vergüten (*BAG* 8.12.1960 AP Nr. 1 zu § 611 BGB Wegezeit) noch arbeitsschutzrechtlich zu berücksichtigen (MünchArbR/*Anzinger* § 218 Rz. 34). Dagegen sind Fahrten bei einem außerhalb des Betriebes des Arbeitgebers liegenden Arbeitsplatz unter Abzug der gewöhnlich für die Fahrt zum Betrieb benötigten Zeit, wenn der Arbeitnehmer den Arbeitsplatz unmittelbar von seiner Wohnung aus aufsucht, regelmäßig als Arbeitszeit zu vergüten, soweit keine gegenteilige tarif- oder einzelvertragliche Regelung besteht (*BAG* 15.3.1989 EzA § 4 TVG Bauindustrie Nr. 49). Abweichende einzel- oder kollektivvertragliche Vereinbarungen sind zulässig. 59

Dienstreisezeiten (Fahrten außerhalb der Gemeindegrenzen des Wohn- bzw. Betriebsortes) **und dienstliche Wegezeiten** (Fahrten innerhalb der Gemeindegrenzen; zu den Begriffen vgl. MünchArbR/*Anzinger* § 218 Rz. 35 ff.) **sind** (auch arbeitsschutzrechtlich) **Arbeitszeit**, weil sie der Arbeitnehmer im betrieblichen Interesse und zur Erfüllung seiner Arbeitspflicht aufwendet (*BAG* 22.2.1978 EzA § 17 BAT Nr. 2; krit. zu den Begriffsbildungen *Baeck/Deutsch* ArbZG, § 2 Rz. 63 ff.; vgl. auch *LAG München* 27.7.2005 – 10 Sa 199/05 – EzA-SD 25/05 S. 12 LS: Reisezeiten für Fahrten des Arbeitnehmers im Außendienst vom Wohnort zum Kunden gelten nicht ohne weiteres als Arbeitszeit; vgl. auch *Hunold* Beil. 1/06 zu NZA Heft 10/06 S. 38 ff.). **Differenzierend** stellt das *BAG* (11.7.2006 EzA § 2 ArbZG Nr. 1 = NZA 2007, 155) allerdings inzwischen darauf ab, ob der Arbeitnehmer die fragliche Zeit **nicht nur im Interesse des Arbeitgebers** aufwendet, sondern auch, wie **hoch der Grad der Belastung** des Arbeitnehmers ist. Die Wegezeiten (Dauer der Hin- und Rückfahrt) einer Dienstreise gelten jedenfalls dann nicht als Arbeitszeit i.S.v. § 2 Abs. 1 ArbZG, wenn der Arbeitgeber lediglich die Benutzung eines öffentlichen Verkehrsmittels vorgibt und dem Arbeitnehmer überlassen bleibt, wie er die Zeit nutzt (*BAG* 11.7.2006 EzA § 2 ArbZG Nr. 1 = NZA 2007, 155). 60

Beginnt ein Kundendienstmonteur dagegen mit seiner vergütungspflichtigen Arbeit in seinem **Home-Office**, können die Fahrzeiten vom Home-Office zum ersten Kunden bzw. vom letzten Kunden zurück – unbeschadet der zuvor dargestellten Problematik – als vergütungspflichtige **Arbeitszeit** anzusehen sein, denn die Benutzung und Steuerung des Kundendienstfahrzeugs ist dann zur Erfüllung der arbeitsvertraglich geschuldeten Tätigkeit erforderlich und liegt im ausschließlichen Interesse des Arbeitgebers. Das gilt jedenfalls dann, wenn der Arbeitgeber seine Betriebsstätte aufgelöst hat und alle Monteure nur noch vom Home-Office aus arbeiten. Die Anrechnung einer fiktiv ersparten Wegezeit wegen der Auflösung der Betriebsstätte erfolgt nicht (*LAG Düsseld.* 23.1.2008 LAGE § 611 BGB 2002 Reisezeit Nr. 1). 61

62 Liegt die Fahrt **außerhalb der üblichen Arbeitszeit** (z.B. auch während der Nachtzeit oder bei Sonn- und Feiertagsaufenthalten) und bedeutet sie nicht unmittelbar die Erfüllung der Hauptleistungspflicht (wie z.B. beim LKW-Fahrer) oder ist sie nicht Voraussetzung für die Erfüllung der Hauptleistungspflicht (wie z.B. beim Bauarbeiter), so entsteht ein Vergütungsanspruch – vorbehaltlich einer abweichenden insbes. tariflichen Regelung (z.B. § 17 Abs. 2 BAT; s. dazu *BAG* 11.7.2006 EzA § 2 ArbZG Nr. 1 = NZA 2007, 155) – nach einer z. T. in Rspr. und Literatur vertretenen Auffassung nur insofern, als die Zeit tatsächlich mit Arbeit oder Bereitschaftszeiten ausgefüllt wird (Steuerung eines Kfz, Aktenstudium; vgl. *LAG Nds.* 20.7.2005 LAG Report 2005, 315; MünchArbR/*Blomeyer* § 48 Rz. 98 m.w.N.; *Loritz* NZA 1997, 1192 ff.; *Baeck/Lösler* NZA 2005, 247 ff.; *Hunold* Beil. 1/06 zu NZA Heft 10/06 S. 38 ff.). Etwas anderes gilt danach nur bei einer entsprechenden **Vereinbarung**; ohne Vereinbarung kommt eine Bezahlung der Reisetätigkeit dann nicht in Betracht (MünchArbR/*Anzinger* § 218 Rz. 39; vgl. auch *Hunold* NZA 1993, 10 ff.). Demgegenüber ist nach Auffassung von *Loritz* (NZA 1997, 1193 ff.; vgl. auch *Loritz/Koch* BB 1987, 1106 ff.) bei Fehlen einer Vereinbarung § 612 Abs. 1 BGB anzuwenden, auch wenn der Arbeitnehmer seine Hauptleistung nicht schon in Gestalt des Reisens erbringt, aber im Verlauf des Tages an wechselnden Einsatzstellen tätig werden muss, wie etwa ein Monteur. Soweit über die vereinbarte Arbeitszeit hinaus Kunden zu besuchen sind, liegt Mehrarbeit vor und es besteht objektiv eine **Vergütungserwartung.**

63 Das *BAG* (3.9.1997 EzA § 612 BGB Nr. 20; vgl. dazu *Sandmann* SAE 1998, 152 ff.; *Baeck/Deutsch* ArbZG, § 2 Rz. 81; *Hunold* Beil. 1/06 zu NZA Heft 10/06 S. 38 ff.; s.a. *BAG* 26.7.2006 EzA § 14 TzBfG Nr. 31; *Heins/Leder* NZA 2007, 249 f.) hat dazu folgende **Grundsätze** aufgestellt:

- Reisezeiten, die ein Arbeitnehmer über die regelmäßige Arbeitszeit hinaus im Interesse des Arbeitgebers aufwendet, sind als Arbeitszeit zu vergüten, wenn das vereinbart oder eine Vergütung »den Umständen nach« zu erwarten ist (§ 612 Abs. 1 BGB).
- Ist eine Regelung nicht getroffen, sind die Umstände des Einzelfalles maßgebend. Einen Rechtssatz, dass solche Reisezeiten stets oder regelmäßig zu vergüten seien, gibt es nicht.
- Bei der Prüfung der Umstände steht dem Tatsachengericht ein Beurteilungsspielraum zu. Es kommt auch eine Vergütung eines Teils der Reisezeiten (z.B. über zwei Stunden pro Reisetag hinausgehend) in Betracht.

Arbeitsschutzrechtlich bedeutet eine derartige Dienstreisezeit keine Arbeitszeit.

64 Tarifliche Regelungen (z.B. § 7 BRTV Bau für Arbeiter im Baugewerbe) sehen bei ständig wechselnden Arbeitsstätten, wie z.B. im Baugewerbe üblich, vor, dass der Arbeitgeber jedenfalls die Zusatzkosten teilweise mit übernehmen soll, die durch den Einsatz auf vom Betrieb entfernt gelegenen Baustellen entstehen. In Betracht kommt – je nach Entfernung und Abwesenheitsdauer – eine **Fahrtkostenabgeltung** (Km-Geld) sowie ein **Verpflegungszuschuss**. Für die Tätigkeit auf Baustellen ohne tägliche Heimfahrt wird eine **Auslösung** gezahlt, wenn der Arbeiter wegen des dortigen Einsatzes außerhalb seiner Erstwohnung übernachtet (s. auch Rn. 2319) und so Aufwendungen für getrennte Haushaltsführung hat (vgl. *BAG* 26.5.1998 NZA 1998, 1123 [1125]; 11.11.1997 DB 1998, 2070 [2071]). Damit sollen auch die Aufwendungen des Arbeitnehmers für auswärtige Übernachtungen abgegolten werden (*BAG* 14.2.1996 EzA § 4 TVG Bauindustrie Nr. 81).

65 Zu beachten sind aber jeweils die **konkreten tariflichen Voraussetzungen**, von deren Erfüllung die Begründetheit des Anspruchs abhängig ist. So setzt z.B. ein Anspruch auf Auslösung nach § 8 Nr. 2 des Rahmentarifvertrages für die gewerblichen Arbeitnehmer im Steinmetz-, Stein- und Holzbildhauerhandwerk vom 4. April 1989 nicht nur voraus, dass dem Arbeitnehmer während des Einsatzes auf der auswärtigen Baustelle die tägliche Rückkehr vom Arbeitsplatz zum Wohnort nicht zumutbar ist. Erforderlich ist darüber hinaus, dass der Arbeitnehmer wegen des Einsatzes auf der auswärtigen Baustelle eine Unterkunft außerhalb seiner Erstwohnung nimmt und dadurch einen besonderen Mehraufwand hat (*BAG* 27.2.1996 EzA § 4 TVG Auslösung Nr. 1).

Zusätzlich kommt u.U. ein Anspruch auf **Reisegeld** und **Reisezeitvergütung** in Betracht (§ 7 Nr. 4.1 ff. BRTV Bau). 66

3. Ruhezeiten und Ruhepausen

Ruhezeit ist ein ununterbrochener Zeitraum von mindestens 11 Stunden zwischen dem Ende der täglichen Arbeitszeit und deren Wiederbeginn (§ 5 Abs. 1 ArbZG). Abweichende Regelungen (z.B. die zeitweise Verkürzung auf 10 Stunden, die allerdings innerhalb eines bestimmten Zeitraums durch eine entsprechende Verlängerung auf 12 Stunden ausgeglichen werden muss) sind z.B. für Krankenhäuser und Gaststätten möglich (§ 5 Abs. 2, 3 ArbZG). 67

Ruhepausen sind im Voraus festgelegte, zumindest aber vorhersehbare Unterbrechungen der Arbeitszeit von bestimmter Dauer, die der Erholung dienen (zur Mindestdauer je nach der Arbeitszeit vgl. § 4 ArbZG; vgl. *BAG* 23.6.1988 EzA § 242 BGB Betriebliche Übung Nr. 24; 23.9.1992 EzA § 12 AZO Nr. 6; **a.A.** hinsichtlich des Merkmals »im Voraus« *Baeck/Deutsch* ArbZG, § 4 Rz. 9). Die Vorhersehbarkeit ist auch dann gewährleistet, wenn zu **Beginn der täglichen Arbeitszeit** für die Gewährung der Ruhepause **ein bestimmter zeitlicher Rahmen feststeht**, innerhalb dessen der Arbeitnehmer – ggf. in Absprache mit anderen Arbeitnehmern – seine Ruhepause nehmen kann (*BAG* 28.9.1972 EzA § 12 AZO Nr. 1; 27.2.1992 EzA § 12 AZO Nr. 5; vgl. *Baeck/Deutsch* ArbZG, § 4 Rz. 23). Der Arbeitnehmer ist von jeglicher Arbeitsleistung, selbst in Form des Bereithaltens zur Arbeit (offen gelassen von *LAG BW* 14.10.1998 ZTR 1999, 365; **a.A.** *Baeck/Deutsch* ArbZG, § 4 Rz. 10 für Bereitschaftsdienst und Rufbereitschaft), freigestellt. Er kann frei darüber entscheiden, wie er diese Freizeit verbringen will (*Baeck/Deutsch* ArbZG, § 4 Rz. 8). **Standzeiten für Busfahrer an den Endhaltestellen** stellen keine Pausen in diesem Sinne dar, wenn während der Zeiten ggf. eintreffende Fahrgäste den Bus betreten dürfen und dann ggf. auch Fahrscheine auszustellen sind. Ob solche Ereignisse häufig oder selten auftreten, ist unerheblich. Entscheidend ist, dass die Zeit dem Arbeitnehmer nicht zur freien Verfügung steht, sondern er sich im oder am Bus zur Vornahme einzelner Arbeitsleistungen bereithalten muss (*LAG MV* 21.3.2006 – 5 Sa 460/05 – ArbuR 2007, 103 LS).

Die Pausen müssen auch **grds. nach der Uhrzeit** festgelegt werden, sofern die genaue Festlegung nicht zulässigerweise der **Absprache zwischen den beteiligten Arbeitnehmern** überlassen ist (*LAG BW* 14.10.1998 ZTR 1999, 365). Die freie Verfügbarkeit des Arbeitnehmers ist allerdings **keine begriffsnotwendige** und deshalb **zwingende Voraussetzung** für das Vorliegen einer Ruhepause (*BAG* 21.8.1990 EzA § 87 BetrVG 1972 Betriebliche Ordnung Nr. 16). Eine Ruhepause in diesem Sinne liegt nur vor, wenn spätestens zu Beginn der Arbeitsunterbrechung auch deren Dauer feststeht (*BAG* 29.10.2002 EzA § 4 ArbZG Nr. 1 = NZA 2003, 1212).

Zu den Pausen gehören nicht die **Splitterzeiten**, die keine ins Gewicht fallende Entspannung ermöglichen (*BAG* 12.2.1986 DB 1987, 995 f.), **Kurzpausen** (Verschnaufpausen; s. *BAG* 24.5.2007 NZA 2007, 1175), die der Arbeitnehmer in teil- oder vollmechanisierten Betrieben nach freiem Ermessen nehmen kann sowie **Betriebspausen** (Stillstands- und Wartezeiten, die Arbeitsunterbrechungen aus technischen Gründen darstellen, während derer der Arbeitnehmer aber zur Arbeitsleistung verpflichtet bleibt (*BAG* 23.11.1960 AP Nr. 6 zu § 12 AZO; *Baeck/Deutsch* ArbZG, § 4 Rz. 13). 68

Der Arbeitgeber hat seine Pflicht, eine Ruhepause zu gewähren, erfüllt, wenn er eine Pausenregelung schafft, die es den Arbeitnehmern ermöglicht, die Ruhepause zu nehmen. Eine Pausenregelung genügt dann nicht den gesetzlichen Anforderungen, wenn den Arbeitnehmern gestattet wird, Pausen zu nehmen, dies ihnen aber aus tatsächlichen oder rechtlichen Gründen **unmöglich ist** (*BAG* 23.9.1992 EzA § 12 AZO Nr. 6). 69

Ruhepausen sind grds. **nicht Arbeitszeit** (vgl. § 2 Abs. 1 S. 1 ArbZG), sodass, sofern es sich um Ruhepausen i.S.d. § 4 ArbZG handelt (30 bzw. 45 Minuten in Zeitabschnitten von 70 mindestens 15 Minuten) vorbehaltlich abweichender Vereinbarungen i.d.R. kein Vergütungsanspruch besteht.

71 Erhalten die Arbeitnehmer im Einvernehmen mit dem Arbeitgeber entgegen § 4 ArbZG keine Pause, werden aber statt einer Bezahlung diese Zeiten (30 Minuten) als »**Mehrarbeit**« **gesammelt** und durch die Gewährung von freien Tagen abgegolten, so kann zwar eine **betriebliche Übung** dieses Inhalts entstehen; sie ist aber vor allem wegen Verstoßes gegen § 4 ArbZG **rechtswidrig** und kommt als günstigere Regelung i.S.d. Günstigkeitsprinzips nicht in Betracht (*LAG RhPf* 4.10.1999 NZA-RR 2001, 89).

4. Umfang der Arbeitszeit

a) Grundlagen

72 Die Arbeitszeitdauer wird, soweit nicht ohnehin Tarifbindung (§§ 3, 5 TVG) besteht, i.d.R. einzelvertraglich, häufig durch Verweisung auf einen Tarifvertrag und ggf. auf eine Betriebsvereinbarung vereinbart. Sie unterliegt – vorbehaltlich abweichender tarifvertraglicher Regelung – nicht dem allgemeinen Weisungsrecht des Arbeitgebers, da sie den Umfang der Hauptleistungspflicht des Arbeitnehmers betrifft (s.o. Kap. 1 Rn. 511 ff.).

73 Die einzel- und kollektivvertragliche Regelungsbefugnis wird durch das ArbZG als öffentlich-rechtlicher Arbeitsschutznorm begrenzt. **Mit dem ArbZG wird der gesetzlich zulässige und grds. nicht abdingbare Arbeitszeitrahmen abgesteckt, innerhalb dessen die privatrechtlich vereinbarte Arbeitsleistung dem zeitlichen Umfang nach erbracht werden darf.**

74 Danach darf die werktägliche Arbeitszeit der Arbeitnehmer acht Stunden nicht überschreiten (§ 3 ArbZG). Sie kann ohne besonderen Anlass auf zehn Stunden werktäglich verlängert werden, wenn sie in einem bestimmten Zeitraum (6 Kalendermonate oder 24 Wochen) ausgeglichen wird (diese Vorschrift ist mit der EG-Arbeitszeitrichtlinie 93/104 vom 23.11.1993 [s. jetzt RL 2003/88/EG v. 4.11.2003; s.a. Kap. 1 Rn. 699 ff.], die bis zum 23.11.1996 in das deutsche Recht umzusetzen gewesen wäre, unvereinbar. Danach gilt eine Frist von maximal vier Monaten bzw. 16 Wochen; vgl. *Ende* ArbuR 1997, 137 ff., wonach die RL im öffentlichen Dienst trotz fehlender Umsetzung unmittelbar anzuwenden ist, während dies im Übrigen nicht möglich ist). Das Unternehmen kann einen kürzeren Zeitraum wählen, einen längeren jedoch nur auf Grund eines Tarifvertrages oder einer Betriebsvereinbarung (§ 7 ArbZG). Wenn im Arbeitsvertrag eine **Arbeitszeitregelung fehlt** und sich auch aus den weiteren Umständen die regelmäßig geschuldete Arbeitszeit nicht ergibt, **gilt die nach § 3 ArbZG gesetzlich zulässige Höchstarbeitszeit als Regelarbeitszeit** (*LAG SchlH* 31.5.2005 NZA-RR 2005, 458). Gem. **§ 7 ArbZG** haben die Tarifvertragsparteien ebenso wie die Betriebspartner die Befugnis, von den Arbeitszeitgrundnormen abzuweichen; eine entsprechende Befugnis der Arbeitsvertragsparteien besteht nicht.

75 Sonn- und Feiertagsarbeit ist zwar grds. verboten (§ 9 Abs. 1 ArbZG); §§ 9 Abs. 2, 10 ArbZG sehen aber zahlreiche Ausnahmen vor (*Kuhr* DB 1994, 2186 hält § 10 ArbZG für verfassungswidrig, weil die Sonntagsruhe nicht hinreichend geschützt sei und daher ein Verstoß gegen Art. 140 GG i.V.m. Art. 139 WRV vorliege: krit. auch *Richardi/Annuß* NZA 1999, 953 ff.; vgl. auch *Rose* DB 2000, 1662 ff.). Arbeitnehmer, die arbeitsvertraglich an **Sonn- und Feiertagen beschäftigt** werden dürfen, sind allerdings befugt, gegen eine auf Antrag des Unternehmens ergangene **behördliche Feststellung zu klagen**, dass eine Beschäftigung von Arbeitnehmern an Sonn- und Feiertagen zulässig ist (*BVerwG* 19.9.2000 EzA § 10 ArbZG Nr. 1; vgl. dazu *Ulber* ArbuR 2000, 470 ff.).

76 Fraglich ist, ob bei beiderseitiger Tarifbindung einzelvertraglich eine längere als die tariflich als Höchstgrenze vorgesehene Arbeitszeit unterhalb der Höchstgrenze des ArbZG vereinbart werden kann.

77 **Zum Teil** (*Zöllner* DB 1989, 2121; *Leinemann* DB 1990, 734) wird dies im Hinblick auf das **Günstigkeitsprinzip** (§ 4 Abs. 3 TVG) **bejaht, zum Teil** im Hinblick auf ein vermeintlich gegebenes öffentliches Interesse (**Gesundheitsschutz**, *Däubler* DB 1989, 2535; *Zachert* DB

1990, 987) bzw. die fehlende Vergleichbarkeit von einem Mehr an Freizeit oder Arbeitsentgelt (*LAG BW* 22.3.1989 DB 1989, 2028; *ArbG Stuttg.* 7.9.1995 EzA § 4 TVG Günstigkeitsprinzip Nr. 8) **verneint**.

Weil das **öffentliche Schutzinteresse durch das ArbZG aber abschließend konkretisiert** 78
ist, wird schließlich darauf hingewiesen, dass sich das Problem des Günstigkeitsvergleichs nicht stellt, wenn man die Freiheit des Arbeitnehmers, über den Umfang seiner Hauptleistungspflicht autonom zu entscheiden, betont und der individuellen Vereinbarung den Vorrang vor der Kollektivvereinbarung einräumt. Da der Tarifvertrag den Arbeitnehmer bei einer Teilzeitvereinbarung nicht zu einer zeitlich umfänglicheren Arbeitsleistung verpflichten kann, ist er auch nicht in der Lage, dessen Arbeitszeit gegenüber einem ausdrücklich vereinbarten Leistungsumfang zu schmälern. Auf Grund der Tarifnorm sind danach lediglich die tarifschließenden Parteien verpflichtet, auf ihre Arbeitgeber einzuwirken, die individuellen und kollektiven Arbeitszeiten einzuhalten (*Richardi* ZfA 1990, 232 f.; DB 1990, 1616 f.; *Walker* ZfA 1996, 353 ff.).

Das **ArbZG soll den europarechtlichen Anforderungen insbesondere durch die RL 89/** 79
391/EWG sowie der RL 93/104/EG (jetzt RL 2003/88/EG v. 4.11.2003; s.o. Kap. 1 Rn. 699 ff. und o. Rn. 44 ff.) Rechnung tragen.

Für die zulässige Höchstarbeitszeit für **Einsatzkräfte einer staatlichen Feuerwehr** in 80
der BRD hat der EuGH (14.7.2005 NZA 2005, 921 m. Anm. *Lörcher* ArbuR 2005, 417) folgende Grundsätze aufgestellt:

- Die Tätigkeiten, die von den Einsatzkräften einer staatlichen Feuerwehr wie im konkreten Ausgangsfall ausgeübt werden, fallen i.d.R. in den Anwendungsbereich dieser Richtlinien, so dass Art. 6 Nr. 2 der RL 93/104/EG (jetzt Art. 6 RL 2003/88/EG v. 4.11.2003) grds. der Überschreitung der Obergrenze von 48 Stunden entgegensteht, die für die wöchentliche Höchstarbeitszeit einschließlich Bereitschaftsdienst vorgesehen ist.
- Eine Überschreitung dieser Obergrenze ist jedoch möglich, wenn außergewöhnliche Umstände einer solchen Schwere und eines solchen Ausmaßes vorliegen, dass dem Ziel, das ordnungsgemäße Funktionieren der zum Schutz der öffentlichen Interessen wie der öffentlichen Ordnung, Gesundheit und Sicherheit unerlässlichen Dienste zu gewährleisten, zeitweilig Vorrang vor dem Ziel gebührt, die Sicherheit und den Gesundheitsschutz der in den Einsatz- und Rettungsteams tätigen Arbeitnehmer zu gewährleisten; auch in einer solchen außergewöhnlichen Situation müssen jedoch die Ziele der RL 89/391/EWG weitest möglich gewahrt werden.

b) Überschreitung der Dauer der Arbeitszeit

Überarbeit (»Überstunden«) ist die über die durch Vertrag, Tarifvertrag oder Betriebs- 81
vereinbarung für das einzelne Arbeitsverhältnis festgelegte regelmäßige Arbeitszeit **hinausgehende Arbeitszeit**. Wenn im Arbeitsvertrag eine Arbeitszeitregelung fehlt und sich auch aus den weiteren Umständen die regelmäßig geschuldete Arbeitszeit nicht ergibt, gilt die **nach § 3 ArbZG gesetzlich zulässige Höchstarbeitszeit** als Regelarbeitszeit (*LAG SchlH* 31.5.2005 NZA-RR 2005, 458). Mehrarbeit ist die über die gesetzliche Höchstarbeitszeit (§ 3 ArbZG) hinausgehende Arbeitszeit. Überstunden werden i.d.R. wegen bestimmter besonderer Umstände vorübergehend zusätzlich geleistet (*BAG* 21.11.2001 EzA § 4 EFZG Nr. 4).

Bei der Ermittlung der Mehrarbeitsgrenze ist der gesetzliche Arbeitszeitrahmen des **§ 3** 82
ArbZG maßgebend. Dieser erlaubt dem Arbeitgeber eine Arbeitszeit von acht Stunden an allen Werktagen der Woche, insgesamt also 48 Stunden in der Woche. Dort, wo die tarif- oder arbeitsvertraglich vereinbarte regelmäßige Wochenarbeitszeit unter 48 Stunden liegt und diese Arbeitszeit auf **fünf Werktage in der Woche verteilt** ist, kann die Differenz zwischen dieser regelmäßigen Wochenarbeitszeit und der gesetzlich zulässigen Arbeitszeit in der

Woche von 6 x 8 Stunden = 48 Stunden noch auf die fünf Arbeitstage der Woche verteilt werden, bevor die Grenze für Mehrarbeit erreicht wird (*BAG* 28.7.1981 EzA § 6 AZO Nr. 1).

83 Sieht eine Arbeitszeitregelung in einer Betriebsvereinbarung eine wöchentliche Arbeitszeit von 38,5 Stunden **im Jahresdurchschnitt** vor, so liegt Überarbeit erst dann vor, wenn die auf das Jahr bezogene Arbeitszeit überschritten wird (*BAG* 11.11.1997 NZA 1998, 1011). Sind Überstunden demgegenüber auf Grund einer tarifvertraglichen Regelung Arbeitsstunden, die der Arbeiter auf Anordnung des Arbeitgebers **über die dienstplanmäßige oder betriebsübliche tägliche Arbeitszeit hinaus leistet** (so z.B. § 67 Nr. 39 BMT-G II), so kommt es nicht einmal auf die Überschreitung der **durchschnittlichen regelmäßigen wöchentlichen Arbeitszeit** (§ 14 Abs. 1 BMT-G II) **an** (*BAG* 6.8.1998 – 6 AZR 177/97; vgl. auch *BAG* 16.2.2000 EzA § 4 TVG Metallindustrie Nr. 117 zum MTV Metallindustrie NRW).

84 Die Befugnis zur Anordnung von Überstunden ist **nicht selbstverständlicher Teil des Direktionsrechts** des Arbeitgebers. Sie bedarf deshalb einer besonderen Grundlage (*BAG* 3.6.2003 EzA § 77 BetrVG 2001 Nr. 5 = NZA 2003, 1155). **Eine Verpflichtung zur Leistung von Überarbeit kann einzelvertraglich vereinbart sein.** Sie kann sich aber auch im Wege der Vertragsauslegung für besondere Fälle z.B. aus der vom Arbeitnehmer übernommenen Arbeitsaufgabe (z.B. bei leitenden Angestellten) ergeben bzw. besteht darüber hinaus in besonderen Notfällen. Rechtsgrundlage kann auch eine Betriebsvereinbarung sein, solange die Pflicht zur Leistung von Überarbeit nicht vertraglich ausgeschlossen ist (*BAG* 3.6.2003 EzA § 77 BetrVG 2001 Nr. 5 = NZA 2003, 1155; s.a. *LAG Hamm* 10.5.2007 – 16 Sa 1780/06 – EzA-SD 24/2007 S. 8 LS).

85 Demgegenüber indiziert bereits der Abschluss eines **Teilzeitvertrages**, dass der Arbeitnehmer dem Arbeitgeber nur im Rahmen der vereinbarten Arbeitszeit zur Verfügung stehen, also keine Überstunden leisten will. Denn Teilzeitbeschäftigte wählen typischerweise eine Verkürzung ihrer Arbeitszeit, um in der so gewonnenen Freizeit anderweitige zeitlich bindende Verpflichtungen erfüllen zu können. Etwas anderes gilt aber dann, wenn die Teilzeitarbeit eingeführt wurde, weil entweder der Arbeitsbedarf des Arbeitgebers abgesunken ist (dauerhafte Kurzarbeit) oder wenn es sich um Teilzeitarbeit neben dem Bezug einer Teilrente handelt. Denn in diesen Fällen fehlt es am typischen Interesse der Teilzeitbeschäftigten an der Begrenzung der Arbeitsleistung auf das vereinbarte Deputat (MünchArbR/*Schüren* § 162 Rz. 43).

86 Ist **arbeitsvertraglich** das Recht zur einseitigen Anordnung von Überstunden vereinbart, so ist der Arbeitgeber nach Auffassung des *ArbG Frankf. a.M.* (26.11.1998 ARST 1999, 284) dem Rechtsgedanken des § 4 Abs. 2 BeschFG (jetzt § 12 Abs. 2 TzBfG) nach verpflichtet, eine **angemessene Ankündigungsfrist** zu wahren, um es dem Arbeitnehmer auf zumutbare Weise zu ermöglichen, sich auf eine vorher nicht zeitlich festgelegte Inanspruchnahme seiner Arbeitskraft einzustellen. Die Zuweisung von Überstunden für den laufenden Arbeitstag kann nur bei deutlich überwiegenden betrieblichen Interessen billigem Ermessen entsprechen.

87 Ein schwer behinderter Arbeitnehmer kann nach § 124 SGB IX verlangen, von Mehrarbeit freigestellt zu werden. Mehrarbeit ist danach jede über acht Stunden werktäglich hinausgehende Arbeitszeit; als solche gilt **auch Bereitschaftsdienst**, denn seit der Neufassung des ArbZG zum 1.1.2004 ist auch Bereitschaftsdienst Arbeitszeit i.S. dieses Gesetzes; davon dürfen auch Regelungen der Kirchen oder der öffentlich-rechtlichen Religionsgesellschaften nicht abweichen (*BAG* 21.11.2006 EzA § 124 SGB IX Nr. 2 = NZA 2007, 446). Die vor allem tariflich eingeführten Arbeitszeitverkürzungen gewährleisten nicht den Schutz des schwer behinderten Menschen vor einer Überbeanspruchung, weil sie durch Flexibilisierungsregelungen vielfach eine Verlängerung der täglichen Arbeitszeit über acht Stunden hinaus ermöglichen. Die Verlängerung der Arbeitszeit nach § 3 S. 1 ArbZG auf bis zu zehn Stunden täglich stellt Mehrarbeit i.S.d. § 124 SGB IX dar, weil der Acht-Stunden-Tag überschritten wird. § 124 SGB IX enthält mehr als ein Leistungsverweigerungsrecht. Verlangt der Arbeitnehmer die Freistellung, so wird die Mehrarbeit nicht mehr geschuldet. Von einem Freistellungsverlangen werden nach § 124 SGB IX nur Nachtarbeit und Bereit-

schaftsdienste erfasst, wenn damit Mehrarbeit verbunden ist (*BAG* 3.12.2002 EzA § 81 SGB IX Nr. 2 = NZA 2004, 1219). Die Einteilung eines **schwerbehinderten Menschen,** der zu einer Arbeitszeit von 8 Stunden verpflichtet ist, **zur Rufbereitschaft** im Anschluss an die dienstplanmäßig zu erbringende Arbeitszeit von 7 Std. 42 Min. überschreitet dann die Grenzen billigen Ermessens, wenn die bis zum Erreichen der 8 Stunden verbleibenden Minuten keine sinnvolle Arbeitsleistung ergeben (*LAG Hamm* 30.3.2006 – 8 Sa 1992/04 – ArbuR 2006, 293 LS).

Ein allgemeiner Rechtsanspruch auf gesonderte Überstundenvergütung besteht grds. nicht, ist aber dann gegeben, wenn die Überarbeit über die persönliche regelmäßige Arbeitszeit des Arbeitnehmers hinausgeht. Für derartige Überarbeit kann grds. eine zusätzliche Vergütung nach dem Maßstab verlangt werden, nach dem auch sonst der Lohn berechnet wird (vgl. aber *LAG Köln* 1.8.1997 NZA-RR 1998, 393: Die Geltendmachung kann u.U. treuwidrig sein). 88

Für eine **europarechtswidrige** tarifliche (BAT SR 2 r Nr. 3 Abs. 1) **Wochenarbeitszeit für Hausmeister** im öffentlichen Dienst, die eine wöchentliche Durchschnittsarbeitszeit von 50,5 Stunden vorsieht, gilt insoweit **folgendes** (*BAG* 14.10.2004 – 6 AZR 564/03 – ArbuR 2005, 332 m. Anm. *Ohnesorg*; s.a. *EuGH* 11.1.2007 – C 437/05 – FA 2007, 175):

- Sie verstößt gegen Art. 6 Nr. 2 RL 104/93/EG (jetzt RL 2003/88/EG v. 4.11.2003).
- Die wöchentliche Höchstarbeitszeit ist deshalb **auf 48 Stunden zu begrenzen**; ein darüber hinausgehender Einsatz des Hausmeisters ist unzulässig.
- Die durch die Unanwendbarkeit der tarifvertraglichen Arbeitszeitverlängerung entstandene **Tariflücke ist von den Arbeitsgerichten im Wege ergänzender Vertragsauslegung zu schließen**, wenn sich unter Berücksichtigung von Treu und Glauben ausreichende Anhaltspunkte für einen entsprechenden Regelungswillen der Tarifvertragsparteien ergeben. Die ergänzende Vertragsauslegung führt nicht dazu, dass die wöchentliche Arbeitszeit auf 38,5 Stunden herabgesetzt wird und der Arbeitnehmer einen Anspruch auf Mehrarbeitsvergütung für die überschießenden Stunden hat.
- Eine **zusätzliche Vergütung** schuldet der Arbeitgeber auch nicht hinsichtlich der Stunden, die über 48 Wochenstunden hinaus abgeleistet werden. Die im Anspruchszeitraum gültige RL 93/104/EG und das ArbZG a.F. sehen bei Verstößen gegen ihre Regelungen keine finanziellen Ansprüche vor und dienen ausschließlich dem öffentlich-rechtlichen Arbeitsschutz.

Eine einzelvertragliche Vereinbarung, wonach etwaige **Überstunden mit dem Gehalt** abgegolten sind, ist insoweit aber grds. ebenso zulässig wie eine Überstundenvergütung in Form einer gleich bleibenden Pauschale; eine Pauschalabgeltung findet allerdings ihre Grenze in § 138 BGB und ist deshalb nichtig, wenn es dadurch zu einem krassen Missverhältnis zwischen Leistung und Gegenleistung kommt. Das ist bei einer vertraglichen Vergütung, die mehr als 70% des üblichen Vergleichslohns ausmacht, nicht der Fall (*LAG SchlH* 5.11.2002 – 5 Sa 147c/02 – EzA-SD 1/03, S. 4 LS = NZA-RR 2003, 242; zu zulässigen Pauschalierungen in Formulararbeitsverträgen vgl. *Seel* DB 2005, 1330 ff.). Die arbeitsvertragliche Regelung, dass Überstunden durch das gezahlte Bruttogehalt abgegolten sein sollen, erfasst aber jedenfalls **nur die im Rahmen des § 3 ArbZG liegende zulässige Mehrarbeit**, nicht aber die darüber hinausgehenden Überstunden. Für die unzulässige Mehrarbeit besteht gem. § 612 Abs. 1 BGB ein Vergütungsanspruch. Denn das Beschäftigungsverbot bezweckt, die Arbeitsleistung und damit eine Überforderung des Arbeitnehmers zu verhindern, nicht, den Vergütungsanspruch auszuschließen. Ist die Vergütung für die regelmäßige Arbeitszeit im Arbeitsvertrag bestimmt, sind Überstunden anteilig zu vergüten, wenn es insoweit an einer Regelung fehlt (§ 612 Abs. 2 BGB; *BAG* 28.9.2005 EzA § 307 BGB 2002 Nr. 5; s. dazu *Lindemann* BB 2006, 826 ff.).

89 Sollen nach dem Arbeitsvertrag Überstunden mit dem »übertariflichen Gehalt« abgegolten sein, liegt gegenüber der tariflichen Einzelvergütung von Überstunden günstigere Regelung (§ 4 Abs. 3 TVG) allenfalls dann vor, wenn im Voraus feststeht, dass sich die einzelvertragliche Regelung für den Arbeitnehmer vorteilhaft auswirkt (*BAG* 17.4.2002 EzA § 4 TVG Ausschlussfristen Nr. 48; s.a. *LAG Hamm* 10.5.2007 – 16 Sa 1780/06 – EzA-SD 24/2007 S. 8 LS).

90 Zu beachten ist, dass dann, wenn für einen Angestellten rechtswirksam **Bereitschaftsdienst im Anschluss an die Regelarbeitszeit** angeordnet worden ist, der Arbeitgeber in Ausübung seines Weisungsrechts, wenn über den Ablauf der Regelarbeitszeit hinausgehend noch Arbeit anfällt, bestimmen kann, dass er den bereits festgelegten Bereitschaftsdienst in Anspruch nimmt. Er ist insbesondere dann nicht darauf angewiesen, insoweit Überstunden anzuordnen (*BAG* 25.4.2007 EzA § 611 BGB 2002 Arbeitsbereitschaft Nr. 4 = NZA 2007, 1108).

91 ► Der Arbeitnehmer, der im Prozess von seinem Arbeitgeber die Bezahlung von Überstunden fordert, muss, zumal wenn zwischen der Geltendmachung und der behaupteten Leistung ein längerer Zeitraum liegt, beim Bestreiten der Überstunden im Einzelnen darlegen, an welchen Tagen und zu welchen Tageszeiten er über die übliche Arbeitszeit hinaus tätig geworden ist (*BAG* 29.5.2002 EzA § 611 BGB Mehrarbeit Nr. 10; 25.5.2005 EzA § 611 BGB 2002 Mehrarbeit Nr. 1 = NZA 2005, 1432 LS). **Er muss vortragen, von welcher Normalarbeitszeit er ausgeht, er muss die genauen Zeiten angeben, die er über die Normalarbeitszeit hinaus gearbeitet hat, dass er tatsächlich gearbeitet hat und welche Tätigkeit er ausgeführt hat** (*BAG* 3.11.2004 – 5 AZR 648/03 – EzA-SD 2/05 S. 8 = ZTR 2005, 218 LS = BAG Report 2005, 95 LS; *LAG Hamm* 10.8.2004 LAG Report 2005, 3; *LAG SchlH* 31.5.2005 NZA-RR 2005, 458 = LAG Report 2005, 253 LS). **Er muss also auch darlegen, welche konkrete geschuldete Arbeit er ausgeführt hat; das gilt auch dann, wenn streitig ist, ob Arbeitsleistung** (*BAG* 25.5.2005 EzA § 611 BGB 2002 Mehrarbeit Nr. 1 = NZA 2005, 1432 LS) **oder Bereitschaftsdienst angefallen ist** (*BAG* 29.5.2002 EzA § 611 BGB Mehrarbeit Nr. 10).
Er darf sich auch bei entsprechendem Bestreiten des Arbeitgebers und dessen Darlegung, die Arbeiten hätten innerhalb der arbeitsvertraglich geschuldeten Arbeitszeit erledigt werden können, **nicht** auf die **pauschale Behauptung**, die Überstunden seien sachdienlich gewesen, **beschränken**. Vielmehr muss er dann für die einzelnen Überstunden Umstände vortragen, aus denen auf ihre Sachdienlichkeit geschlossen werden kann. Der Hinweis auf die Befassung mit bestimmten Projekten reicht nicht aus, denn aus ihr allein folgt nicht zwangsläufig, dass die angefallene Arbeit nur durch Überschreitung der vertraglich geschuldeten Arbeitszeit erledigt werden konnte (*LAG SchlH* 14.11.2007 – 6 Sa 492/06 – EzA-SD 6/2008 S. 8 LS).

92 ► **Beispiel:**
Fordert ein **Berufskraftfahrer** Mehrarbeitsvergütung, dann muss er den **Arbeitsbeginn**, etwaige **Vorbereitungstätigkeiten** (Fahrzeugwartung, Ladung), Fahrtbeginn, Fahrtstrecke, **arbeitszeitverlängernde Vorkommnisse** (Stau, Umleitungen), **Zeiten etwaiger Fahrtunterbrechungen** (Pausen, polizeiliche Fahrzeugkontrolle, Fahrzeugpanne), **Ankunftszeit sowie Abschlusstätigkeiten** (Wagenpflege, Entladung, Schriftverkehr) angeben (*LAG SchlH* 31.5.2005 NZA-RR 2005, 458 = LAG Report 2005, 253 LS). **Pausenzeiten**, in denen der Kraftfahrer lediglich als Beifahrer mitfährt oder sich in der Schlafkoje ausruhen kann, sind danach regelmäßig nicht zu vergüten (vgl. allg. zu Lenk-, Ruhenszeiten und Unterbrechungen für Kraftfahrer EG-VO 561/2006 v. 31.5.2006).

93 ► **Zu beachten** ist allerdings das Urteil des *LAG Nds.* v. 10.5.2005 (LAGE § 242 BGB 2002 Auskunftspflicht Nr. 1). **Danach hat der LKW-Fahrer nach Art. 14 Abs. 2 VO/EWG/3821/85 (über das Kontrollgerät im Straßenverkehr) einen Anspruch auf**

Kopien der Fahrtenschreiberdiagramme. Er kann diesen Anspruch auch geltend machen zur Vorbereitung einer Klage auf Überstundenvergütung. Diese Regelung (abgedr. z.B. bei *Baeck/Deutsch* ArbZG, 2. Aufl., S. 610) hat folgenden Wortlaut: »Das Unternehmen bewahrt die Schaublätter nach der Benutzung mindestens ein Jahr lang gut geordnet auf; es händigt den betreffenden Fahrern auf Verlangen eine Kopie der Schaublätter aus. Die Schaublätter sind jedem zuständigem Kontrollbeamten auf Verlangen vorzulegen oder auszuhändigen«.

Der Arbeitnehmer muss im Streitfall ferner eindeutig vortragen (*BAG* 15.6.1961 AP Nr. 7 zu § 253 ZPO; *LAG Köln* 3.7.2003 – 8 (3) Sa 220/03 – EzA-SD 2/04, S. 9 LS), – je nach Fallgestaltung – **ob die Überstunden vom Arbeitgeber angeordnet oder zur Erledigung der ihm obliegenden Arbeit notwendig oder vom Arbeitgeber gebilligt oder geduldet worden sind** (*BAG* 15.6.1961 AP Nr. 7 zu § 253 ZPO; 25.11.1993 EzA § 253 ZPO Nr. 14; 3.11.2004 – 5 AZR 648/03 – EzA-SD 2/05 S. 8 = ZTR 2005, 218 LS = BAG Report 2005, 95 LS; 25.5.2005 EzA § 611 BGB 2002 Mehrarbeit Nr. 1 = NZA 2005, 1432 LS; s.a. *BAG* 26.7.2006 EzA § 14 TzBfG Nr. 31; *LAG Köln* 25.6.1999 ZTR 2000, 128; 16.12.2000 ZTR 2001, 329 LS = ARST 2001, 141; *LAG SchlH* 5.11.2002 – 5 Sa 147c/02 – EzA-SD 1/03, S. 4 LS = NZA-RR 2003, 242; *LAG Hamm* 10.8.2004 LAG Report 2005, 3; *LAG SchlH* 31.5.2005 LAG Report 2005, 253 LS u. 14.11.2007 – 6 Sa 492/06 – EzA-SD 6/2008 S. 8 LS). Dem Arbeitgeber obliegt es, dem Sachvortrag des Arbeitnehmers substantiiert entgegenzutreten. Diese **abgestufte Darlegungs- und Beweislast** (vgl. *BAG* 25.5.2005 EzA § 611 BGB 2002 Mehrarbeit Nr. 1 = NZA 2005, 1432 LS; *LAG SchlH* 31.5.2005 NZA-RR 2005, 458 = LAG Report 2005, 253 LS) besteht auch dann, wenn der Arbeitgeber seinen **Unternehmenssitz nicht am Ort der Betriebsstätte** hat (*BAG* 17.4.2002 EzA § 4 TVG Ausschlussfrist Nr. 48 = NZA 2002, 1340). Dazu hat z.B. ein LKW-Fahrer die einzelnen Fahrten mit ihren Fahrtzielen, die Fahrtzeiten und Standzeitpausen u.Ä. für jeden Tag, für den er Überstunden fordert, so aufzuschlüsseln, dass der Arbeitgeber darauf substantiiert erwidern kann (*LAG SchlH* 18.9.1997 ARST 1998, 65). Eine Partei kommt im Übrigen ihrer Darlegungslast insoweit **nicht nach**, wenn sie dem Gericht **Urkunden, Blattsammlungen, Akten oder auch Schaublätter vorlegt**, aus denen das Gericht nach eigenem Ermessen die erheblichen Tatsachen auswählen soll; im Hinblick auf die verteilte Darlegungs- und Beweislast kommt zudem der Vorlage von **Tachoscheiben** (Fahrtenschreiberaufzeichnungen) nur eine **sehr eingeschränkte Beweiskraft zu** (zutr. *LAG SchlH* 31.5.2005 NZA-RR 2005, 458; LAG Report 2005, 253 LS). Ist zwischen den Parteien zudem eine **wöchentliche Arbeitszeit** vereinbart, kann ein Arbeitnehmer eine Überstundenforderung **nicht dadurch schlüssig darlegen**, dass er **erhebliche Arbeitszeiten an einzelnen Arbeitstagen auflistet** (*LAG München* 27.7.2005 – 10 Sa 199/05 – EzA-SD 25/05 S. 12 LS). 94

Ein **gesetzlicher Anspruch** auf Zahlung eines Überstundenzuschlags **besteht nicht**. Im Gegensatz zu der aufgehobenen Regelung des § 15 AZO sieht das ArbZG keinen Mehrarbeitszuschlag mehr vor. Die finanzielle Regelung bleibt den Tarifvertragsparteien überlassen (für den Ausgleich von Nacht-, Sonn- und Feiertagsarbeit besteht allerdings gem. §§ 6 Abs. 5, 11 Abs. 2 ArbZG eine Zuschlagspflicht; der Arbeitgeber hat – mangels anderweitiger Regelung – allerdings ein Wahlrecht zwischen angemessenem Freizeitausgleich und Lohnzuschlag; *BAG* 11.1.2006 EzA § 11 ArbZG Nr. 2 = NZA 2006, 372; vgl. dazu *Deckers* NZA 1999, 968 f.). 95

Tarifverträge enthalten aber i.d.R. eine besondere Vergütungsregelung, wonach zusätzlich neben der Grundvergütung für jede geleistete Überstunde ein besonderer **Überstundenzuschlag** zu zahlen ist (vgl. z.B. § 4 MTV für die gewerblichen Arbeitnehmer und Angestellten der chemischen Industrie Rheinland-Pfalz, §§ 4, 5 MTV Nährmittel- und Feinkostindustrie Hessen und Rheinland-Pfalz; § 35 BAT bzw. jetzt § 8 TVöD). Möglich ist auch ein Mehrarbeitszuschlag für eine betrieblich angeordnete Sonderschicht an einem dem Arbeitnehmer zustehenden freien Tag (vgl. z.B. § 3 Abs. 2 MTV Arbeiter Bewachungsgewerbe BW). Dieser Anspruch setzt nicht voraus, dass der Arbeitnehmer über die im Tarifvertrag festgelegte Arbeitszeit hinaus tatsächlich gearbeitet hat. 96

97 ▶ **Beispiel:**
Liegt die im Schichtplan festgelegte tatsächliche Arbeitszeit deshalb unterhalb der tariflichen regelmäßigen Arbeitszeit, weil der Arbeitnehmer im Berechnungszeitraum Urlaub hatte, sind Sonderschichten, die der Arbeitnehmer an den ihm nach dem Schichtplan zustehenden freien Tagen geleistet hat, nach § 3 Abs. 2 MTV zuschlagspflichtig (*BAG* 18.2.1997 NZA 1997, 1000).

98 Art. 141 EGV und Art. 1 der Richtlinie 75/117/EWG vom 10.2.1975 zur Angleichung der Rechtsvorschriften der Mitgliedstaaten über die Anwendung des Grundsatzes des gleichen Entgelts für Männer und Frauen verbieten es nicht, dass ein Tarifvertrag die Zahlung von **Überstundenzuschlägen** (auch für Teilzeitbeschäftigte) **nur bei Überschreiten der tarifvertraglich für Vollzeitbeschäftigte festgelegten Regelarbeitszeit vorsieht** (*EuGH* 15.12.1994 EzA Art. 119 EWG-Vertrag Nr. 24; *BAG* 20.6.1995 EzA Art. 119 EWG-Vertrag Nr. 32; 25.7.1996 EzA § 611 BGB Mehrarbeit Nr. 6).

99 Im Zuge der Arbeitszeitverkürzung haben zudem zahlreiche Tarifverträge, z.B. der MTV für die holz- und kunststoffverarbeitende Industrie in Rheinland-Pfalz eine Regelung eingeführt, wonach maximal 18 Überstunden abgegolten werden dürfen. Darüber hinausgehende Überstunden müssen durch **bezahlte Freizeit** ausgeglichen werden (Ziff. 24 Abs. 6 MTV).

100 Wird in einem Tarifvertrag bestimmt, dass Mehrarbeit grds. in Freizeit abzugelten ist, so kann der Arbeitgeber bei **Freistellung** des Arbeitnehmers von der Arbeitsleistung seine etwaigen Überstundenentgeltansprüche **voll anrechnen** (*ArbG Frankf.* 6.7.1999 NZA-RR 2000, 253).

101 Durch Tarifvertrag kann auch beiden Arbeitsvertragsparteien eine Ersetzungsbefugnis eingeräumt sein. Danach kann der Arbeitnehmer anstelle der an sich geschuldeten Mehrarbeitsvergütung Freizeitausgleich verlangen und der Arbeitgeber an Erfüllungs statt Freizeitausgleich gewähren. Insoweit muss der Vertragspartner, der von seiner Ersetzungsbefugnis Gebrauch machen will, dies unmissverständlich erklären. Die Erklärung muss zwar nicht ausdrücklich abgegeben werden, sich aber aus den für den Erklärungsempfänger erkennbaren Umständen zweifelsfrei ergeben. Allein die Mitteilung des Arbeitgebers, keine Einsatzmöglichkeiten für den Arbeitnehmer zu haben, genügt nicht (*BAG* 17.1.1995 EzA § 4 TVG Metallindustrie Nr. 99; vgl. auch *BAG* 11.11.1997 NZA 1998, 1011).

102 Der Arbeitgeber legt den Zeitpunkt des Freizeitausgleichs fest. Diese einseitige Leistungsbestimmung hat nach billigem Ermessen zu erfolgen (**§ 106 GewO/§ 315 BGB**). Daraus ergibt sich u.a., dass der Arbeitgeber eine angemessene **Ankündigungsfrist** wahren muss. Die Arbeitsfreistellung muss dem Arbeitnehmer so rechtzeitig mitgeteilt werden, dass er sich noch ausreichend auf die zusätzliche Freizeit einstellen kann. Dieses Erfordernis ist nicht erfüllt, wenn der Arbeitnehmer erst zwischen 15.00 und 17.00 Uhr davon in Kenntnis gesetzt wird, ob er am folgenden Tag zur Arbeitsleistung verpflichtet ist oder Freizeitausgleich erhält (*BAG* 17.1.1995 EzA § 4 TVG Metallindustrie Nr. 99; vgl. auch *BAG* 11.11.1997 NZA 1998, 1011).

103 Auch zwischen einem Arbeitgeber und einem Arbeitnehmer in Leitungsposition, dem keine festen Arbeitszeiten vorgegeben sind, kann vereinbart werden, dass der Arbeitnehmer durch entsprechende Gestaltung seines Arbeitsablaufs Überstunden abfeiert. Eine derartige Vereinbarung ist nur dann zu beanstanden, wenn ihr besondere Rechtsmängel anhaften. Es besteht aber kein allgemeiner Rechtsschutz dahin, dass Überstunden stets zu vergüten sind, wenn die Möglichkeit des Abfeierns besteht (*BAG* 4.5.1994 EzA § 611 BGB Mehrarbeit Nr. 5).

104 Haben die Parteien vereinbart, dass **Überstunden durch Freistellung abgegolten** werden sollen, kann der Arbeitnehmer auch nach Beendigung des Arbeitsverhältnisses nach Auffassung des *LAG Köln* (2.10.1996 NZA 1997, 1166 LS) nicht ohne weiteres Bezahlung verlangen.

Jedenfalls kann ein bereits entstandener Anspruch auf Überstundenvergütung nicht durch einseitige Freistellung von der Arbeit erfüllt werden, wenn keine Ersetzungsbefugnis vereinbart worden ist (*BAG* 18.9.2001 EzA § 611 BGB Mehrarbeit Nr. 9). Ein Arbeitnehmer, der eine einseitig vom Arbeitgeber angeordnete Freistellung widerspruchslos befolgt, erklärt damit i.d.R. auch nicht sein Einverständnis mit einem ihm gleichzeitig mit der Freistellung angesonnenen Verzicht auf bereits entstandene Vergütungsansprüche (*BAG* 18.9.2001 EzA § 611 BGB Mehrarbeit Nr. 9). **105**

Für einen danach grds. geschuldeten **Nachtarbeitszuschlag** gelten folgende **Grundsätze** (*BAG* 5.9.2002 EzA § 6 ArbZG Nr. 4 = NZA 2003, 563; 31.8.2005 EzA § 6 ArbZG Nr. 6 = NZA 2006, 324 m. Anm. *Ulber* ArbuR 2006, 125; s.a. *BAG* 11.1.2006 EzA § 11 ArbZG Nr. 2 = NZA 2006, 371): **106**

- Die Verpflichtung des Arbeitgebers, dem Nachtarbeitnehmer nach § 6 Abs. 5 ArbZG für geleistete Nachtarbeitsstunden eine angemessene Zahl freier Tage (vgl. dazu *LAG Hamm* 14.6.2004 – 8 Sa 1289/01 – EzA-SD 19/04 S. 11) oder einen angemessenen Zuschlag auf das dem Arbeitnehmer hierfür zustehende Bruttoarbeitsentgelt zu gewähren, ist eine Wahlschuld i.S.v. § 263 BGB; nach Beendigung des Arbeitsverhältnisses kommt nur noch die Gewährung eines Zuschlags in Betracht (*BAG* 31.8.2005 EzA § 6 ArbZG Nr. 6 = NZA 2006, 324 m. Anm. *Ulber* ArbuR 2006, 125).
- Solange der Arbeitgeber sein Wahlrecht nicht ausgeübt hat, muss ihn der Arbeitnehmer daher bei einer gerichtlichen Verfolgung alternativ auf Gewährung freier Tage oder auf Zahlung in Anspruch nehmen.
- Das Wahlrecht des Arbeitgebers kann nach § 242 BGB erlöschen. Hierfür reicht der bloße zeitliche Abstand zwischen der Leistung der Nachtarbeit und der Erfüllung des Anspruchs nicht. Es müssen weitere Umstände hinzukommen, die das Verhalten des Arbeitgebers als treuwidrig erscheinen lassen. Hat der Arbeitnehmer selber seine Ansprüche erst nach geraumer Zeit (hier: zwei Jahre) geltend gemacht, ist das dem Arbeitgeber nicht anzulasten. Das gilt auch für die mit der Dauer des über die Ausgleichsleistung geführten Rechtsstreits verbundenen Verzögerungen.
- Den Arbeitsvertragsparteien steht bei der Festlegung des Nachtarbeitszuschlags ein Beurteilungsspielraum zu. Der Zuschlag kann ausnahmsweise auch pauschaliert werden. Hierfür bedarf es konkreter Anhalte im Arbeitsvertrag. Regelmäßig wird es erforderlich sein, dass im Arbeitsvertrag zwischen der Grundvergütung und dem Zuschlag unterschieden wird; zwischen der zu leistenden Nachtarbeit und der Höhe der Vergütung muss ein Bezug hergestellt sein.
- Eine arbeitsvertragliche Regelung, nach der »durch die Höhe des Lohnes« u.a. Zuschläge für geleistete Nachtarbeit sowie Schichtarbeit »mit umfasst und abgegolten« seien, genügt diesen Anforderungen nicht.
- Zudem muss eine **Pauschalabgeltung in einem Formulararbeitsvertrag** gem. § 307 Abs. 3 S. 2 BGB **einer Inhaltskontrolle** gem. § 307 Abs. 1 S. 2 BGB unterzogen werden. Bei der Prüfung, ob die pauschale Abgeltung des Nachtarbeitszuschlags klar und verständlich geregelt ist, sind gem. § 310 Abs. 3 Nr. 3 BGB auch die den Vertragsschluss begleitenden individuellen Umstände zu berücksichtigen. Diese können im konkret zu entscheidenden Einzelfall dazu führen, dass eine nach objektiven Maßstäben intransparente Regelung der Inhaltskontrolle nach § 307 Abs. 1 S. 2 BGB Stand hält (*BAG* 31.8.2005 EzA § 6 ArbZG Nr. 6 = NZA 2006, 324 m. Anm. *Ulber* ArbuR 2006, 125).
- Haben die Arbeitsvertragsparteien keinen Nachtarbeitszuschlag vereinbart, ist der angemessene Zuschlag vom Gericht festzusetzen (z.B. **10%** für Angehörige eines Rettungsdienstes, *BAG* 31.8.2005 EzA § 6 ArbZG Nr. 6 = NZA 2006, 324 m. Anm. *Ulber* ArbuR 2006, 125 u. *Reichold* SAE 2007, 233 ff.; **15 %** für die Nachtarbeit von Nachtportieren und Night-Auditors *LAG SchlH* 30.3.2004 NZA-RR 2004, 488). Hierfür ist nicht ohne weiteres auf die Ausgleichsregelungen im einschlägigen Tarifvertrag zurückzugreifen. Die tariflichen Festlegungen können aber der Orientierung dienen. Übersteigt die tarifliche Festlegung deutlich die Marge von 25%, so ist ein Zuschlag

von 30 % angemessen, soweit nicht Besonderheiten des Einzelfalls für einen geringeren Satz sprechen.
- Arbeitet der Arbeitnehmer im Dreischichtbetrieb und leistet er jede dritte Woche Nachtarbeit, ist regelmäßig ein Zuschlag von 25 % des Stundenlohnes angemessen.

107 Entscheidet sich der Arbeitgeber für die **Gewährung von Freizeit**, so ist deren Umfang nach denselben Maßstäben zu bestimmen, wie sie für die Bemessung des Entgeltzuschlags maßgeblich sind (*LAG Hamm* 14.6.2004 NZA-RR 2005, 183); der Anspruch entspricht dann in seinem Umfang der Höhe des angemessenen Zuschlags auf das Bruttoarbeitsentgelt (*BAG* 1.2.2006 – 5 AZR 422/04 – EzA-SD 8/06 S. 6 LS = NZA 2006, 494).

108 Nach Auffassung des *Sächs. LAG* (21.4.1999 – 2 Sa 1077/98) kann ein **Ersatzruhetag für Feiertagsbeschäftigung** nach § 11 Abs. 3 S. 2 ArbZG auch durch einen **Werktag**, z.B. Samstag, gewährt werden, der für einen nicht in der Sechs-Tage-Woche beschäftigten Arbeitnehmer ohnehin arbeitsfrei ist. Das *BAG* (12.12.2001 EzA § 11 ArbZG Nr. 1 = NZA 2002, 505; s.a. 23.3.2006 EzA § 12 ArbZG Nr. 1 = NZA-RR 2007, 112 LS) hat diese Auffassung bestätigt; eine bezahlte Freistellung kann folglich nicht verlangt werden.

c) Der Anspruch auf Teilzeitbeschäftigung (TzBfG)

aa) Grundlagen

109 Das TzBfG, das am 1.1.2001 in Kraft getreten ist, sieht erstmals einen **einklagbaren Anspruch** des Arbeitnehmers auf Teilzeitbeschäftigung vor. Die Neuregelung des Teilzeitarbeitsrechts stellt die Verwirklichung europarechtlicher Vorgaben dar. Bezweckt wird zudem eine **Ausweitung der Teilzeitarbeit** durch mehr Flexibilität und größere Zeitsouveränität (vgl. *Viethen* NZA 2001, Sonderbeil. zu Heft 24, S. 3; *Schmidt* ArbuR 2002, 245 ff.; KDZ/*Zwanziger* § 1 TzBfG Rz. 1).

110 Das TzBfG gilt für **alle Arbeitnehmer** in Arbeitsverhältnissen unabhängig davon, ob es um eine Tätigkeit im öffentlichen Dienst oder in der Privatwirtschaft geht. Es findet auch Anwendung auf leitende Angestellte und bereits in Teilzeit beschäftigte Arbeitnehmer, nicht dagegen für Beamte.

bb) Teilzeitarbeitsverhältnisse; Begriffsbestimmung

111 Teilzeitbeschäftigung liegt dann vor, wenn ein Arbeitnehmer eine **kürzere regelmäßige Wochenarbeitszeit** hat, als die im Betrieb vergleichbaren vollzeitbeschäftigten Arbeitnehmer (§ 2 Abs. 1 S. 3 TzBfG). Besteht in dem Betrieb keine Vereinbarung hinsichtlich der regelmäßigen Wochenarbeitszeit, so ist die regelmäßige Wochenarbeitszeit maßgeblich, die sich im **Jahresdurchschnitt pro Woche** errechnet. Gibt es keine vergleichbaren Arbeitnehmer, die Vollzeit arbeiten, ist auf vergleichbare Arbeitnehmer in einem **anwendbaren Tarifvertrag** abzustellen. Liegt auch kein Tarifvertrag vor, ist auf die übliche Arbeitszeit Vollzeitbeschäftigter in dem betreffenden **Wirtschaftszweig** abzustellen.

112 I. d. R. ist also Vergleichsmaßstab die jeweils im Betrieb maßgebliche regelmäßige Arbeitszeit. Nicht entscheidend ist die tarifvertraglich vorgesehene Regelarbeitszeit. Die Lage der Arbeitszeit ist dagegen unerheblich (vgl. *Lindemann/Simon* BB 2001, 146; *Rolfs* RdA 2001, 130).

113 **Beispiele:**

- ► Im Betrieb des Arbeitgebers arbeiten die Arbeitnehmer regelmäßig an fünf Tagen in der Woche acht Stunden von 8 Uhr bis 17 Uhr bei einer Stunde Mittagspause. Der Arbeitnehmer trifft mit dem Arbeitgeber eine Vereinbarung, wonach er freitags nur bis 12 Uhr arbeiten muss. Er ist damit Teilzeitbeschäftigter.
- ► Unter § 8 TzBfG fallen auch flexible, auf **längere Zeiträume erstreckte Arbeitszeiten**, wie die Reduzierung der Arbeitszeit für bestimmte Monate auf Null (*LAG Düsseld.* 1.3.2002 – 18(4) Sa 1269/01 – EzA-SD 11/02, S. 8 LS = NZA-RR 2002, 407 m. Anm. *Mengel* BB 2002, 1545; **a.A.** *LAG Düsseld.* 17.5.2006 DB 2006, 1682 u. 17.5.2007 LAGE § 8 TzBfG Nr. 17a).

Geringfügig Beschäftigte i.S.d. §8 Abs. 1 Nr. 1 SGB IV sind auf Grund der Legaldefinition des §2 Abs. 2 TzBfG im Übrigen **stets Teilzeitbeschäftigte**. 114

cc) Ausschreibungspflicht (§ 7 TzBfG)

Gem. §7 Abs. 1 TzBfG sind Arbeitsplätze, die neu besetzt werden sollen, grds. auch als Teilzeitarbeitsplätze auszuschreiben, sofern sie sich dafür **eignen**. 115

(1) Eignung als Teilzeitarbeitsplatz

Fraglich ist, wie die Eignung als Teilzeitarbeitsplatz inhaltlich zu bestimmen ist. Nach dem Regierungsentwurf zum TzBfG (NZA 2000, 1045 ff.) sollte noch in all den Fällen eine Ausschreibungspflicht bestehen, in denen keine »dringenden betrieblichen Belange einer solchen entgegenstehen«. Auf Grund der Änderung des Gesetzeswortlauts sind an den Begriff »geeignet« damit **geringere Anforderungen** zu stellen. 116

Teilweise wird die Auffassung vertreten, dass es der **Entscheidungs- und Organisationsfreiheit des Arbeitgebers** obliegt, zu entscheiden, ob eine Eignung für die Ausschreibung als Teilzeitarbeitsplatz gegeben ist oder nicht. Dies soll sich aus §7 Abs. 3 TzBfG (Information der Arbeitnehmervertretung über Teilzeitarbeit im Betrieb) ergeben. Die Frage der »Eignung« ist danach **subjektiv aus der Sicht des Arbeitgebers** zu bestimmen (*ArbG Hannover* 13.1.2005 ArbuR 2005, 275; *Kliemt* NZA 2001, 63 ff.; ähnlich *Lindemann/Simon* BB 2001, 147). 117

Demgegenüber kann der Begriff der Eignung aber auch aus der Sicht eines **objektiven Dritten** zu beurteilen sein, ggf. unter **Beachtung nicht überprüfbarer unternehmerischer Entscheidungen**, d.h. eines vorgegebenen unternehmerischen Organisationsmodells und -konzepts (*Hanau* NZA 2001, 1168 ff.) mit der Maßgabe, dass dann, wenn die Eignung verneint werden soll, **erheblicher Begründungsbedarf** besteht (*Hinrichs* AiB 2001, 68; MünchArbR/*Schüren* Ergänzungsband §162 Rz. 41; **a.A.** *Kliemt* NZA 2001, 68). 118

(2) Sanktionen

§7 Abs. 1 TzBfG selbst sieht keine Sanktionen für den Fall der Verletzung der Ausschreibungspflicht vor (*Dassau* ZTR 2001, 65; krit. deshalb *Richardi/Annuß* BB 2000, 2202). In Betracht kommen aber kollektivrechtliche Auswirkungen: 119

- Zum einen kann ein **Widerspruchsrecht** des Betriebsrats gem. **§99 Abs. 2 Nr. 5 BetrVG** gegeben sein, falls der Betriebsrat eine Ausschreibung gem. §93 BetrVG verlangt hat und dabei den Anforderungen des §7 Abs. 1 TzBfG nicht Genüge getan wurde. Ein Widerspruchsrecht kann nämlich auch bei einer nicht ordnungsgemäßen Ausschreibung, die gegen gesetzliche Vorschriften, z.B. §611b BGB, jetzt des AGG, verstößt, bestehen (*LAG Hessen* 13.7.1999 NZA-RR 1999, 641; KDZ/*Zwanziger* §7 TzBfG Rz. 7; **a.A.** *Beckschulze* DB 2000, 2605; GK-BetrVG/*Kraft/Raab* §99 Rz. 130 m.w.N.):
- Soweit Bewerber im Betrieb beschäftigt sind, die sich für eine Teilzeittätigkeit interessieren, kann in der Besetzung einer Stelle mit einem Vollzeitbewerber eine Benachteiligung liegen, die den **Widerspruchsgrund** des **§99 Abs. 2 Nr. 4 BetrVG** auslöst (KDZ/*Zwanziger* §7 TzBfG Rz. 6).
- Auch **§99 Abs. 2 Nr. 1 BetrVG** kann u.U. ein Widerspruchsrecht des Betriebsrats begründen. Denn nach der Rechtsprechung des *BAG* (25.3.2000 DB 2000, 723) besteht das Zustimmungsverweigerungsrecht nicht nur dann, wenn die tatsächliche Beschäftigung des einzustellenden Arbeitnehmers gegen eine gesetzliche Vorschrift verstößt, sondern auch dann, wenn die personelle Maßnahme unter Verstoß gegen eine vom Gesetzgeber vorgesehene **Verhaltensweise im Auswahlverfahren** erfolgt ist. Das gilt insbes. bei der Einstellung unter Verstoß gegen ein gesetzliches Diskriminierungsverbot (z.B. §611a BGB, jetzt des AGG, Art. 9 Abs. 3 GG; *BAG* 25.3.2000 DB 2000, 723), oder auch für die Einstellung eines gesunden Arbeitnehmers ohne die

gem. §§ 71, 81 SGB IX erforderliche Prüfung der Einstellung von Schwerbehinderten (*BAG* 14.11.1989 EzA § 99 BetrVG 1972 Nr. 84; 10.11.1992 EzA § 99 BetrVG 1972 Nr. 108).
Dem kann man entgegenhalten, dass der Arbeitgeber im Gegensatz zum SGB IX die Wertungsfrage, ob er den ausgeschriebenen Arbeitsplatz für Teilzeitarbeit geeignet hält, selbst entscheiden muss. Denn die Eignung als Teilzeitstelle kann nicht durch den Betriebsrat bestimmt werden. Schreibt der Arbeitgeber die Stelle **nur als Vollzeitstelle** aus, gibt er damit zugleich **zu erkennen**, dass dies seiner Ansicht nach nicht der Fall ist. Der Betriebsrat darf daher seine Zustimmung zu einer Einstellung nicht verweigern (*Beckschulze* DB 2000, 2605).

- Selbst wenn ein Zustimmungsverweigerungsrecht letztlich abzulehnen sein sollte, wird ein entsprechend begründeter Widerspruch des Betriebsrats jedenfalls **nicht offensichtlich unbegründet** sein, so dass der Arbeitgeber gehalten ist, das **Zustimmungsersetzungsverfahren** gem. § 99 Abs. 4 BetrVG vor der beabsichtigten Einstellung durchzuführen, einschließlich des sich daraus ergebenden Zeitverlusts und der verursachten Kosten (gegen das Eingreifen von Sanktionen demgegenüber *Schlosser* BB 2001, 411 f.; *Ehler* BB 2001, 1146 ff.).

(3) Anspruch eines Teilzeitarbeitnehmers auf Vollzeitbeschäftigung?

aaa) Informationspflicht des Arbeitgebers

120 Ein teilzeitbeschäftigter Arbeitnehmer hat gegenüber seinem Arbeitgeber einen Anspruch auf Unterrichtung bezüglich anderer freier oder frei werdender vergleichbarer Arbeitsplätze, die sich von der Dauer oder der Lage der Arbeitszeit her von seinem unterscheiden, wenn er gegenüber seinem Arbeitgeber den entsprechenden **Wunsch** geäußert hat (§ 7 Abs. 2 TzBfG).

121 Sowohl die Anzeige seitens des Arbeitnehmers ist **formlos** möglich als auch die Information durch den Arbeitgeber. Der Informationspflicht kann z.B. durch einen **Aushang** am schwarzen Brett genügt werden.

bbb) Sanktionen

122 Die Folgen eines Verstoßes des Arbeitgebers gegen seine Verpflichtung sind gesetzlich nicht geregelt. Grds. kommt zwar ein Anspruch aus **pFV** (jetzt §§ 280 ff., 241 Abs. 2 BGB n.F.) in Betracht (vgl. KDZ/*Zwanziger* § 7 TzBfG Rz. 10). Allerdings wird es dem Arbeitnehmer i.d.R. schwer fallen, einen Schaden zu beweisen, der darin bestehen könnte, dass er bei ordnungsgemäßer Information tatsächlich die begehrte Arbeitsstelle erhalten hätte. Denn auch bei ordnungsgemäßer Information wäre der Arbeitgeber bei der Stellenbesetzung grds. frei gewesen.

123 Sieht man die gesetzliche Regelung als **Schutzgesetz** zu Gunsten des Arbeitnehmers an, könnte ein Schadensersatzanspruch gem. § 823 Abs. 2 BGB gegeben sein. **Dagegen** spricht allerdings, dass die inhaltsgleiche Vorschrift des **§ 3 BeschFG** überwiegend **nicht als Schutzgesetz** i.S.d. § 823 Abs. 2 BGB angesehen worden ist. Für diese Auffassung spricht, dass sich aus dem Informationsanspruch selbst noch **kein Anspruch auf Zuweisung eines bestimmten Arbeitsplatzes** mit bestimmter Arbeitszeit ergibt, sodass bei einem Verstoß gegen diese Verpflichtung auch kein Schadensersatzanspruch gegeben sein kann.

ccc) Bevorzugte Berücksichtigung; Schadensersatzanspruch

124 Darüber hinaus ist der Teilzeitarbeitnehmer, der seinen Wunsch nach Verlängerung seiner Arbeitszeit angezeigt hat, bei gleicher Eignung bei der Besetzung eines freien Vollzeitarbeitsplatzes nunmehr bevorzugt zu berücksichtigen es sei denn, dass **dringende betriebliche Gründe oder Arbeitszeitwünsche anderer teilzeitbeschäftigter Arbeitnehmer entgegenstehen** (§ 9 TzBfG). Die gesetzliche Regelung begründet bei Vorliegen der dort genannten Tatbestandsmerkmale einen **Anspruch** des Arbeitnehmers **auf Abschluss einer geänderten**

Arbeitszeitregelung (vgl. *BAG* 15.8.2006 EzA § 9 TzBfG Nr. 1 = NZA 2007, 255; 8.5.2007 EzA § 9 TzBfG Nr. 3 = NZA 2007, 1349; *ArbG Rosenheim* 20.10.2005 ArbuR 2006, 211 LS; s. dazu *Mühlhausen* NZA 2007, 1264 ff.; zu den Besonderheiten bei einem freigestellten Betriebsratsmitglied s. *LAG Düsseld.* 3.8.2007 LAGE § 9 TzBfG Nr. 2).

Der Anspruch setzt voraus, dass es sich um eine **freie Stelle** handelt, einen »**entsprechenden Arbeitsplatz**« mit **längerer Arbeitszeit** (s. *BAG* 15.8.2006 EzA § 9 TzBfG Nr. 1 = NZA 2007, 255; 16.9.2008 EzA § 9 TzBfG Nr. 4 = NZA 2008, 1285), die der Teilzeitarbeitnehmer – bis auf die Änderung der regelmäßigen Arbeitszeit – **ohne jede Vertragsänderung hätte übernehmen können** und er dem Konkurrenten gegenüber als gleich geeignet anzusehen ist. Frei ist ein Arbeitsplatz dann, wenn der Arbeitsvertrag des bisherigen Stelleninhabers wegen Befristung endet. Geht es um die unbefristete Übernahme des bisherigen Stelleninhabers, so entsteht die dem § 9 TzBfG zugrunde liegende Konkurrenzsituation. Die Frage der gleichen Eignung des Teilzeitarbeitnehmers bestimmt sich nach dem Anforderungsprofil der zu besetzenden Stelle. Ist lediglich von einer der Dauer nach betriebsüblichen Einarbeitungszeit des Teilzeitarbeitnehmers auszugehen, so steht allein dieser Gesichtspunkt der Annahme der gleichen Eignung nicht deswegen entgegen, weil der Konkurrent im Hinblick auf seine bisherige Tätigkeit auf dieser Stelle im Rahmen seines befristeten Arbeitsverhältnisses einer solchen Einarbeitung nicht mehr bedarf (*LAG Bln.* 2.12.2003 – 3 Sa 1041/03 – EzA-SD 9/04, S. 10 LS = ZTR 2004, 324 LS = LAG Report 2004, 161; m. Anm. *Pielenz* ArbuR 2004, 469). Insoweit ist ein »entsprechender« Arbeitsplatz i.S.v. § 9 TzBfG dann gegeben, wenn auf dem zu besetzenden freien Arbeitsplatz **die gleiche oder zumindest eine vergleichbare Tätigkeit auszuüben ist**, wie sie der teilzeitbeschäftigte Arbeitnehmer schuldet, der den Wunsch nach der Verlängerung der Arbeitszeit angezeigt hat. Hinsichtlich Eignung und Qualifikation muss der Teilzeitbeschäftigte den objektiven Anforderungen dieses Arbeitsplatzes genügen (*BAG* 8.5.2007 EzA § 9 TzBfG Nr. 3) und es dürfen sich **keine besser qualifizierten Konkurrenten beworben** haben (*BAG* 16.9.2008 EzA § 9 TzBfG Nr. 4 = NZA 2008, 1285). Ein Anspruch auf Verlängerung der Arbeitszeit in einer **höherwertigen Funktion** besteht dagegen lediglich im **Ausnahmefall**. Das ist z.B. dann der Fall, wenn die Personalorganisation des Arbeitgebers Teilzeitarbeit lediglich auf einer niedrigeren **Hierarchiestufe** als der bisher eingenommenen zulässt. Das bewirkt eine **Selbstbindung**: Die Grenze zwischen den beiden Hierarchieebenen wird für den späteren Verlängerungswunsch des teilzeitbeschäftigten Arbeitnehmers durchlässig. In diesem Fall gilt auch der Arbeitsplatz mit der höherwertigen Tätigkeit als »entsprechender Arbeitsplatz« i.S.v. § 9 TzBfG (*BAG* 16.9.2008 EzA § 9 TzBfG Nr. 4 = NZA 2008, 1285). **125**

Der Anspruch entfällt nur, wenn »**dringende betriebliche Gründe**« dem entgegenstehen **126** (vgl. *ArbG Rosenheim* 20.10.2005 ArbuR 2006, 211 LS). Diese Voraussetzungen können z.B. bei der Notwendigkeit einer **Einarbeitung des Teilzeitbeschäftigten** gegeben sein, wenn der Arbeitgeber auch die Möglichkeit hat, ein befristetes Arbeitsverhältnis mit einem die konkrete Stelle besetzenden Arbeitnehmer fortzusetzen, der keine Einarbeitung mehr benötigt (*LAG Bln.* 2.12.2003 – 3 Sa 1041/03 – EzA-SD 9/04, S. 10 LS = ZTR 2004, 324 LS = LAG Report 2004, 161; m. Anm. *Pielenz* ArbuR 2004, 469). Jedenfalls bedarf der Arbeitgeber im konkreten Einzelfall einer **plausiblen Begründung** für die entgegenstehenden dringenden betrieblichen Gründe (*ArbG Rosenheim* 20.10.2005 ArbuR 2006, 211 LS).

Es liegt in diesem Zusammenhang grundsätzlich im **Organisationsermessen des Arbeit-** **127** **gebers**, welche Arbeitsplätze er mit welchem Arbeitszeitkontingent einrichtet und besetzt. Sein Ermessen ist allerdings im Hinblick auf § 9 TzBfG **eingeschränkt**; die Einrichtung von Arbeitsplätzen, auf denen Arbeitnehmer ausschließlich Teilzeitarbeit leisten sollen, muss **arbeitsplatzbezogen veranlasst sein** (*BAG* 15.8.2006 EzA § 9 TzBfG Nr. 1 = NZA 2007, 255; s. dazu *Mühlhausen* NZA 2007, 1264 ff.). Andererseits schränkt § 9 TzBfG die Organisationsfreiheit des Arbeitgebers nicht in der Weise ein, dass er den erhöhten Beschäftigungsbedarf durch die Einrichtung von neuen und die Besetzung der dann »freien« Stellen decken muss. Er kann den **gestiegenen** Bedarf vielmehr **auch durch die**

Verlängerung der Arbeitszeiten teilzeitbeschäftigter Arbeitnehmer befriedigen. Für insoweit erforderliche **Auswahlentscheidungen** gelten nicht die Grundsätze der Ermessensausübung aus § 106 GewO; der Arbeitgeber unterliegt für die Entscheidung, welchem Teilzeitbeschäftigten er eine Verlängerung der Arbeitszeit anbietet, **keiner Bindung**, ist also frei. Auch wird der Arbeitgeber durch § 9 TzBfG nicht verpflichtet, das gestiegene Arbeitsvolumen anteilig auf alle interessierten Teilzeitbeschäftigten zu verteilen (*BAG* 13.2.2007 EzA § 9 TzBfG Nr. 2 = NZA 2007, 807).

128 Die gesetzliche Regelung zeigt, dass ein genereller Anspruch darauf, zukünftig in Vollzeit beschäftigt zu werden, für einen Teilzeitbeschäftigten nicht besteht. Der Arbeitgeber ist insbes. auch **nicht verpflichtet**, einen entsprechenden Arbeitsplatz **zu schaffen** (vgl. *BAG* 13.11.2001 – 9 AZR 442/00 – EzA-SD 11/02, S. 5) und dazu vorhandene Arbeitsplätze neu zuzuschneiden (*LAG Bln.* 9.6.2006 LAGE § 9 TzBfG Nr. 1 = NZA-RR 2007, 12). **Andererseits darf der Arbeitgeber seine Organisationsfreiheit nicht dazu nutzen, den Anspruch aus § 9 TzBfG leerlaufen zu lassen.** Wenn er wegen eines gestiegenen Personalbedarfs neue Teilzeitarbeitsplätze einrichtet und dadurch die Aufstockung der Arbeitszeit für die bereits Teilzeitbeschäftigten objektiv verhindert, müssen für diese Maßnahme **arbeitsplatzbezogene Sachgründe** vorliegen (*BAG* 13.2.2007 EzA § 9 TzBfG Nr. 2 = NZA 2007, 807). Auch darf der Arbeitgeber den gesetzlich gegebenen Berücksichtigungsanspruch **nicht dadurch umgehen**, dass er die gleiche Tätigkeit auf dem zu besetzenden Arbeitsplatz künftig **anders vergüten** will. Denn die betrieblichen Gründe beziehen sich nur auf die Auswahlentscheidung zwischen mehreren Arbeitnehmern für die Besetzung des freien Arbeitsplatzes (*BAG* 8.5.2007 EzA § 9 TzBfG Nr. 3 = NZA 2007, 1349; s. dazu *Mühlhausen* NZA 2007, 1264 ff.).

129 Hat der Arbeitgeber **schuldhaft gegen seine Pflicht zur bevorzugten Berücksichtigung nach** § 9 TzBfG **verstoßen**, so steht dem Teilzeitarbeitnehmer, der vorher seinen Wunsch auf Aufstockung seiner Arbeitszeit auf eine Vollzeittätigkeit ordnungsgemäß angezeigt hat, ein **Schadensersatzanspruch** zu, wenn der Arbeitgeber die Stelle anderweitig besetzt. Dieser Anspruch ist gerichtet auf die Differenz zwischen der bisherigen Vergütung und derjenigen Vergütung, die der Teilzeitarbeitnehmer auf der Vollzeitstelle erhalten hätte (*BAG* 16.9.2008 EzA § 9 TzBfG Nr. 4 = NZA 2008, 1285; *LAG Bln.* 2.12.2003 – 3 Sa 1041/03 – EzA-SD 9/04, S. 10 LS = ZTR 2004, 324 LS = LAG Report 2004, 161; m. Anm. *Pielenz* ArbuR 2004, 469; *LAG Düsseld.* 23.3.2006 – 5 (3) Sa 13/06 – FA 2006, 253 LS).

ddd) Bewerbung mehrerer Teilzeitbeschäftigter

130 Fraglich ist, was gilt, wenn sich mehrere Teilzeitbeschäftigte auf einen Vollzeitarbeitsplatz bewerben. In Betracht zu ziehen wäre, ob eine **Sozialauswahl** durchzuführen ist. Dagegen spricht aber entscheidend, dass dieses ausdrücklich im Regierungsentwurf zum TzBfG vorgesehen war, dann jedoch im Gesetzeswortlaut keinen Niederschlag gefunden hat. Daraus kann nur gefolgert werden, dass der Arbeitgeber auch andere, eigene Interessen berücksichtigen kann und lediglich eine sachgerechte Entscheidung nach **billigem Ermessen (§ 106 GewO/§ 315 BGB)** zu treffen hat (*Lindemann/Simon* BB 2001, 140). Eine Auswahlentscheidung kann man deshalb allenfalls dann für ermessenswidrig halten, wenn auch unter Berücksichtigung fachlicher Gesichtspunkte die Vernachlässigung sozialer Gesichtspunkte nicht zu vertreten ist (vgl. *Preis/Gotthardt* DB 2001, 150). Dabei wird es vorrangig auf **Unterhaltspflichten** ankommen. Im Übrigen dürften **Schwerbehinderte** grds. vorrangig zu berücksichtigen sein (KDZ/*Zwanziger* § 9 TzBfG Rz. 8).

dd) Der Anspruch auf Wechsel in Teilzeit

131 Seit dem 1.1.2001 können Arbeitnehmer unter bestimmten Voraussetzungen vom Arbeitgeber verlangen, dass ihre Arbeitszeit verkürzt wird (8 TzBfG; vgl. dazu *Viethen* NZA 2001, Sonderbeil. zu Heft 24, S. 4 ff.; MünchArbR/*Schüren* Ergänzungsband § 162 Rz. 51 ff.). Diese Regelung ist mit Art. 12 GG vereinbar (*BAG* 18.2.2003 NZA 2003, 1392). **I. d. R. geht es um die Vereinbarkeit familiärer und beruflicher Belange** (vgl. *ArbG Stuttg.* 23.11.2001 NZA-RR 2002, 183).

(1) Anspruchsvoraussetzungen

aaa) Überblick

Die gesetzlichen Voraussetzungen für den Anspruch auf – unbefristete (s. *BAG* 12.9.2006 EzA § 8 TzBfG Nr. 15 = NZA 2007, 253; die Tarifvertragsparteien können etwas anderes vereinbaren: *BAG* 21.11.2006 EzA § 8 TzBfG Nr. 16 = NZA 2007, 712 LS) – Verringerung der Arbeitszeit sind: 132

- der Arbeitnehmer muss länger als sechs Monate beschäftigt sein (§ 8 Abs. 1 TzBfG);
- er muss einen **wirksamen Antrag** auf Verringerung der Arbeitszeit stellen (*BAG* 16.10.2007 EzA § 8 TzBfG Nr. 19 = NZA 2008, 289);
- er muss eine Ankündigungsfrist von drei Monaten einhalten (§ 8 Abs. 2 TzBfG);
- der Arbeitgeber muss mehr als 15 Arbeitnehmer beschäftigen, wobei Auszubildende nicht zu berücksichtigen sind (§ 8 Abs. 7 TzBfG; vgl. dazu *Fischer* BB 2002, 94 ff.);
- es dürfen keine betrieblichen Gründe der Verringerung der Arbeitszeit entgegenstehen (§ 8 Abs. 4 TzBfG; s. *BAG* 15.8.2006 EzA § 8 TzBfG Nr. 14 = NZA 2007, 259);
- der Antrag darf **nicht nur für einen bestimmten Zeitraum** (befristet) gestellt werden (*BAG* 24.6.2008 EzA § 8 TzBfG Nr. 21 = NZA 2008, 1309; 12.9.2006 EzA § 8 TzBfG Nr. 15 = NZA 2007, 253; *LAG SchlH* 25.8.2005 NZA-RR 2006, 12; *LAG Hamm* 8.7.2008 – 14 SaGa 25/08 – EzA-SD 16/2008 S. 4 LS; **a.A.** *Gruber* DB 2007, 804 ff.; die Tarifvertragsparteien können etwas anderes vereinbaren: *BAG* 21.11.2006 EzA § 8 TzBfG Nr. 16 = NZA 2007, 712 LS);
- die Zeitgrenze nach § 8 Abs. 6 TzBfG (erneute Verringerung frühestens nach Ablauf von zwei Jahren; vgl. dazu – Fristbeginn – *LAG SchlH* 18.12.2003 – 4 Sa 96/03 – EzA-SD 12/04, S. 6 LS) muss eingehalten werden; diese Frist gilt allerdings dann nicht, wenn der Arbeitgeber den Antrag des Arbeitnehmers wegen der Erfüllung der tariflichen Quote durch befristete Teilzeitarbeitsverträge abgelehnt hat (*BAG* 21.11.2006 EzA § 8 TzBfG Nr. 16 = NZA 2007, 712 LS; s. dazu unten Rn. 182).

Für den Anspruch ist es unerheblich, aus welchen Gründen der Arbeitnehmer seine Arbeitszeit verringern möchte (*BAG* 9.12.2003 EzA § 8 TzBfG Nr. 8 = NZA 2004, 922 = BAG Report 2004, 216).

Befristet verringert werden kann die Arbeitszeit nur einvernehmlich. Das ergibt sich aus dem Wortlaut der gesetzlichen Regelung und der Entstehungsgeschichte. Etwas anderes würde auch der Regelung in § 9 TzBfG widersprechen, wonach Arbeitnehmer, die zuvor ihre Arbeitszeit gem. § 8 TzBfG verringert haben, einen Anspruch auf bevorzugte Berücksichtigung bei der Besetzung eines Arbeitsplatzes mit verlängerter Arbeitszeit haben (*BAG* 24.6.2008 EzA § 8 TzBfG Nr. 21 = NZA 2008, 1309; 12.9.2006 EzA § 8 TzBfG Nr. 15 = NZA 2007, 253; vgl. ausf. *LAG SchlH* 25.8.2005 NZA-RR 2006, 12). Der Arbeitgeber kann folglich bei einem Wunsch auf befristete Verringerung der Arbeitszeit **frei entscheiden**, ob er diesen Antrag auf Verringerung der Arbeitszeit annimmt oder ablehnt. Hat ein Arbeitnehmer die Zustimmung insoweit **befristet verlangt**, so ist ohne weitere konkrete Anhaltspunkte dieser Antrag regelmäßig nicht entgegen seinem Wortlaut dahingehend auszulegen, dass der Arbeitnehmer mit seinem Antrag auch eine unbefristete Verringerung der Arbeitszeit begehrt. **Lehnt der Arbeitgeber den Antrag nicht frist- und formgerecht ab, so tritt dann nicht die Zustimmungsfiktion des § 8 Abs. 5 S. 2 TzBfG ein** (*BAG* 12.9.2006 EzA § 8 TzBfG Nr. 15 = NZA 2007, 253). 133

bbb) Anspruchsberechtigte Arbeitnehmer

Zum anspruchsberechtigten Personenkreis gehören alle Arbeitnehmer, die länger als sechs Monate beschäftigt sind (*Viethen* NZA 2001 Sonderbeil. zu Heft 24, S. 4; s.o. Rn. 132). Darunter fallen also auch leitende Angestellte, Arbeitnehmer, die bereits in Teilzeit arbeiten oder geringfügig i.S.d. SGB IV beschäftigt sind. **Unerheblich** ist auch, ob die Arbeitnehmer in **befristeten** oder **unbefristeten Arbeitsverhältnissen** arbeiten. 134

ccc) Wirksamer Antrag; Ankündigungsfrist

135 Der Antrag des Arbeitnehmers auf Verringerung der Arbeitszeit nach § 8 TzBfG ist ein **Angebot auf Abschluss eines Änderungsvertrages** i.S.v. § 145 BGB. Der Inhalt eines solchen Angebots muss nach allgemeinem Vertragsrecht so **bestimmt** sein, dass es mit einem **einfachen »Ja« angenommen** werden kann. Dem Bestimmtheitsgrundsatz ist auch dann genügt, wenn der Antragende dem Antragsempfänger die **konkrete Festlegung** eines einzelnen Vertragspunkts überlässt; der Inhalt des zustande kommenden Änderungsvertrags muss im Hinblick auf die verringerte wöchentliche Arbeitszeit feststehen. Ein **Verringerungsverlangen** des Arbeitnehmers dagegen, das den Umfang der Reduzierung der Arbeitszeit **offen** lässt, **ohne** dem Arbeitgeber das **Recht zur Festlegung des Umfangs** der verringerten wöchentlichen Arbeitszeit nach billigem Ermessen einzuräumen, ist **nicht hinreichend bestimmt**. Es löst deshalb weder die Fiktionswirkungen des § 8 Abs. 5 S. 2 TzBfG noch die zweijährige Sperrfrist des § 8 Abs. 6 TzBfG aus (*BAG* 16.10.2007 EzA § 8 TzBfG Nr. 19 = NZA 2008, 289; ebenso für ein nur befristetes Teilzeitverlangen *LAG Hamm* 8.7.2008 – 14 SaGa 25/08 – EzA-SD 16/2008 S. 4 LS).

136 Der Arbeitnehmer muss seinen Wunsch auf Teilzeitarbeit zudem drei Monate vor dem beabsichtigten Zeitpunkt der Verringerung der Arbeitszeit geltend machen. Eine **Form ist dafür nicht vorgesehen**; die mündliche Geltendmachung des Anspruchs genügt folglich (*Viethen* NZA 2001 Sonderbeil. zu Heft 24, S. 4; krit. dazu *Hopfner* DB 2001, 2144. Die Frist bestimmt sich nach **§§ 187 Abs. 1, 188 Abs. 2 BGB**. Zwischen dem Zugang der Erklärung beim Arbeitgeber (§ 130 BGB) und dem Beginn der Arbeitszeitverkürzung müssen volle drei Monate liegen.

137 Die Frist soll dem Arbeitgeber ausreichend Zeit geben, die Anspruchsvoraussetzungen des Teilzeitanspruchs zu prüfen und arbeitsorganisatorische und personelle Auffangmaßnahmen vorzubereiten. Der Arbeitgeber kann daher auf ihre Einhaltung verzichten. Ein Verzicht des Arbeitgebers auf die Einhaltung der Drei-Monats-Frist wirkt jedoch nicht zu Ungunsten, sondern zu Gunsten des Arbeitnehmers. Ein Verzicht kann dann angenommen werden, wenn der Arbeitgeber in Kenntnis der Fristversäumnis mit dem Arbeitnehmer vorbehaltlos erörtert, ob dem Teilzeitverlangen betriebliche Gründe nach § 8 Abs. 4 TzBfG entgegenstehen (*BAG* 14.10.2003 EzA § 8 TzBfG Nr. 6 = NZA 2004, 975 = BAG Report 2004, 179).

138 Fraglich ist, was gilt, wenn der Arbeitnehmer die Drei-Monats-Frist **nicht einhält** und der Arbeitgeber nicht auf die Einhaltung verzichtet. Teilweise wird die Auffassung vertreten, dass ein nicht fristgerecht gestellter Antrag **unbeachtlich** ist, keine Rechtsfolgen hat und insbes. nicht die Fiktionswirkung des § 8 Abs. 5 S. 2, 3 TzBfG hervorrufen kann, wenn der Arbeitgeber ihm nicht entgegentritt. Zur Begründung wird darauf verwiesen, dass es sich bei der Drei-Monats-Frist um eine materielle Wirksamkeitsvoraussetzung handelt und der Gesetzgeber in der Gesetzesbegründung zu der ähnlichen Vorschrift des §§ 15 Abs. 5, 16 Abs. 1 BEEG ausdrücklich ausgeführt hat, dass bei Fristversäumung ein neuer Antrag zu stellen ist (*Preis/Gotthardt* DB 2001, 145 ff.; *Straub* NZA 2001, 919 ff.; *Geyer* FA 2001, 162 ff.).

139 Andererseits ist es nicht ausgeschlossen, eine **Parallele zur Kündigungserklärung** unter Nichteinhaltung der maßgeblichen Kündigungsfrist zu ziehen. Der Antrag wäre demnach bei Nichtwahrung der Ankündigungsfrist umzudeuten bzw. auszulegen in einen Antrag zu einem späteren, fristgerechten Zeitpunkt (*BAG* 20.7.2004 EzA § 8 TzBfG Nr. 9 = NZA 2004, 1091 = BAG Report 2005, 356; *LAG Hamm* 6.5.2002 – 8 Sa 641/02 – EzA-SD 16/02, S. 11 LS = NZA-RR 2003, 178 und 27.9.2002 – 10 Sa 232/02 – EzA-SD 1/03, S. 4 LS; *LAG RhPf* 4.6.2004 NZA-RR 2005, 123; *ArbG Oldenburg* 26.3.2002 NZA 2002, 908; *Hanau* NZA 2001, 1168 ff.). Dieser liegt erst drei Monate nach dem Tag der Geltendmachung des Teilzeitanspruchs (§ 8 Abs. 2 TzBfG; *BAG* 20.7.2004 EzA § 8 TzBfG Nr. 9 = NZA 2004, 1091 = BAG Report 2005, 356). In diesem Fall kommt allerdings die Fiktionswirkung nach § 8 Abs. 5 S. 2, 3 TzBfG nicht zum Tragen, wenn der Arbeitgeber dem Begehren des Arbeitneh-

mers nicht entgegen tritt oder sich sachlich darauf einlässt (*BAG* 20.7.2004 EzA § 8 TzBfG Nr. 9 = NZA 2004, 1091 = BAG Report 2005, 356).

Fraglich ist auch, ob zunächst eine **Wartefrist** von sechs Monaten vor Antragstellung abgewartet werden muss, oder ob dies bereits nach dreimonatigem Bestand des Arbeitsverhältnisses möglich ist. Folge ist, dass bei der ersten Alternative ein Anspruch auf Teilzeitbeschäftigung frühestens nach neun Monaten erwachsen kann, während dies bei der zweiten Alternative bereits nach sechs Monaten der Fall wäre. **140**

Bei neu eingestellten, in unbefristeten Arbeitsverhältnissen beschäftigten Arbeitnehmern wird sich diese Problematik nicht stellen, weil in den ersten sechs Monaten kein Kündigungsschutz besteht. Problematisch kann dies bei befristet eingestellten Arbeitnehmern werden, wenn kein Kündigungsrecht vor Ablauf der Befristung vereinbart worden ist. **141**

Überwiegend wird die Auffassung vertreten, dass die **Geltendmachung erst nach sechs Monaten erfolgen kann**; dies soll sich aus der Begründung im Gesetzentwurf ergeben (*Preis/Gotthardt* DB 2001, 149; *Rolfs* RdA 2001, 134; *Hromadka* NJW 2001, 403; *Hartwig* FA 2001, 34; *Geyer* FA 2001, 162). **142**

Auch in diesem Zusammenhang stellt sich die Frage, ob ein zu früh gestellter Antrag unbeachtlich ist oder ob das Teilzeitbegehren dann als auf den nächst zulässigen Termin gerichtet umzudeuten ist (s.o. Rn. 139). **143**

ddd) Weiterer Verfahrensgang

Bei der Geltendmachung seines Teilzeitbegehrens muss der Arbeitnehmer den Umfang der begehrten Arbeitszeitverkürzung angeben, der in seinem Belieben steht. Zusätzlich soll er die gewünschte Verteilung der verbleibenden Arbeitszeit angeben (§ 8 Abs. 2 TzBfG; *BAG* 23.11.2004 EzA § 8 TzBfG Nr. 12 = NZA 2005, 769 = BAG Report 2005, 225). Letzteres ist nicht Voraussetzung für die Wirksamkeit des Teilzeitbegehrens (vgl. *Viethen* NZA 2001 Sonderbeil. zu Heft 24, S. 5). Bei Nichtmitteilung der gewünschten Lage der Arbeitszeit ist nach § 8 Abs. 3 S. 2 TzBfG zu verfahren bzw. letztlich hat sie der Arbeitgeber nach billigem Ermessen (§ 106 GewO/§ 315 BGB) im Rahmen seines Direktionsrechts festzusetzen. **144**

Nach der Geltendmachung des Anspruchs muss der Arbeitgeber mit dem Arbeitnehmer ein **Gespräch mit dem Ziel einer »Vereinbarung« führen**. Fraglich ist, was unter den Begriffen »Vereinbarung« i.S.d. § 8 Abs. 3 S. 1 TzBfG bzw. »Einvernehmen« i.S.d. § 8 Abs. 3 S. 2 TzBfG zu verstehen ist. **145**

Hinsichtlich des **»Ob«** der Arbeitszeitreduzierung bedarf es einer **Vertragsänderung**, sodass unter dem Begriff »Vereinbarung« eine vertragliche Absprache zu verstehen ist; ab dem Zeitpunkt der Annahmeerklärung des Antrags einer Arbeitnehmerin, Teilzeit arbeiten zu wollen, ist der von ihr gestellte Antrag nicht mehr frei widerrufbar. Die Arbeitnehmerin ist daher an den von ihr gestellten Antrag gebunden (*ArbG Passau* 5.6.2003 NZA-RR 2003, 572). Bezüglich des **»Wie«**, d.h. der Verteilung der verbleibenden Arbeitszeit auf die einzelnen Wochentage erscheint dies zweifelhaft. Nach § 8 Abs. 3 S. 2 TzBfG legt der Arbeitgeber die Lage der Arbeitszeit fest, wenn auch nach Möglichkeit im »Einvernehmen« mit dem Arbeitnehmer. Unter Festlegen ist wohl ein **gesetzlich herausgehobenes Direktionsrecht** des Arbeitgebers zu verstehen. Dafür spricht auch § 8 Abs. 5 S. 4 TzBfG, der dem Arbeitgeber ein einseitiges Festlegungsrecht zubilligt (vgl. *ArbG Passau* 5.6.2003 NZA-RR 2003, 572; *Kliemt* NZA 2001, 66). **146**

Diese Unterscheidung ist praktisch von Bedeutung für die Formulierung eines zulässigen **Klageantrags** und des zutreffenden **Urteilstenors**, der bei gerichtlicher Festsetzung der Lage der Arbeitszeit das Direktionsrecht des Arbeitgebers, insbes. hinsichtlich der Möglichkeit der späteren Änderung der Lage der Arbeitszeit bei veränderten betrieblichen Gegebenheiten, nicht einschränken darf (s.u. Rn. 204).

Das *BAG* (23.11.2004 EzA § 8 TzBfG Nr. 12 = NZA 2005, 769 = BAG Report 2005, 225; 8.5.2007 EzA § 8 TzBfG Nr. 18 = NZA-RR 2008, 616 LS; 24.6.2008 – 9 AZR 514/07 – EzA-SD 22/2008 S. 7 LS = NZA 2008, 1289) hat insoweit **folgende Grundsätze** aufgestellt:

- Der **Arbeitnehmer** kann entscheiden, ob er **neben der Verringerung der Arbeitszeit** eine **bestimmte Verteilung** der so verringerten Arbeitszeit verlangt. Er kann die Verringerung der Arbeitszeit auch davon abhängig machen, dass der Arbeitgeber der gewünschten Verteilung zustimmt. Er unterbreitet damit ein einheitliches Vertragsangebot.
- Der Arbeitnehmer ist **nicht verpflichtet**, bereits mit dem Antrag auf Herabsetzung der Arbeitszeit **verbindlich anzugeben**, in **welcher Weise die Arbeitszeit verteilt werden soll**.
- **Will** der Arbeitnehmer **andererseits eine bestimmte Verteilung** der Arbeitszeit erreichen, muss er seinen Wunsch **spätestens in das Erörterungsgespräch** mit dem Arbeitgeber einbringen. Es reicht aber aus, dass er aufgrund **des Ergebnisses der Erörterung** nach § 8 Abs. 3 TzBfG seinen **Verteilungswunsch erstmals äußert** oder einen vorher geäußerten Verteilungswunsch ändert; danach ist er daran gebunden (*BAG* 24.6.2008 – 9 AZR 514/07 – EzA-SD 22/2008 S. 7 LS = NZA 2008, 1289). Nach Ablehnung durch den Arbeitgeber ist der geänderte Verteilungswunsch nur durch **neuerliche Geltendmachung** von Verringerung und Verteilung der Arbeitszeit unter den Voraussetzungen des § 8 Abs. 6 TzBfG durchsetzbar (*BAG* 24.6.2008 – 9 AZR 514/07 – EzA-SD 22/2008 S. 7 LS = NZA 2008, 1289).
- Macht der Arbeitnehmer eine Verringerung seiner regelmäßigen Arbeitszeit geltend, **ohne eine bestimmte Verteilung** der reduzierten Arbeitszeit **zu beantragen**, überlässt er die Verteilung der Arbeitszeit dem Arbeitgeber, der sie in Ausübung seines Direktionsrechts gem. § 106 S. 1 GewO nach billigem Ermessen festlegen soll. Der Arbeitgeber muss in einem solchen Fall darlegen, dass seine, der Verringerung der Arbeitszeit entgegenstehenden betrieblichen Gründe nicht durch Ausübung seines Weisungsrechts nach § 106 S. 1 GewO beseitigt werden können (*BAG* 8.5.2007 EzA § 8 TzBfG Nr. 18).

147 Daneben können sich die Arbeitsvertragsparteien auch über die Lage der Arbeitszeit vertraglich einigen und diese festlegen. Eine zukünftige Veränderung der Lage der Arbeitszeit ist dann dem Direktionsrecht des Arbeitgebers entzogen. Allerdings besteht auf eine solche vertragliche Festlegung der Arbeitszeit kein gesetzlicher Anspruch des Arbeitnehmers. § 8 Abs. 5 S. 4 TzBfG kommt bei einer einvernehmlichen Festlegung nicht mehr zur Anwendung, da diese Regelung dem Arbeitgeber nur ein einseitiges Änderungsrecht in den Fällen des § 8 Abs. 5 S. 3 und des § 8 Abs. 3 S. 2 TzBfG zubilligt, d.h. dann, wenn die Lage der Arbeitszeit auf Grund der Fiktionswirkung oder auf Grund des Direktionsrechts des Arbeitgebers festgelegt wurde (s.u. Rn. 189).

eee) Zahl der Arbeitnehmer

148 Der Anspruch auf Arbeitszeitverkürzung besteht gem. § 8 Abs. 7 TzBfG nur dann, wenn der Arbeitgeber **i.d.R. mehr als 15 Arbeitnehmer beschäftigt**; diese Anspruchsbeschränkung ist nicht verfassungswidrig (*LAG Köln* 18.1.2002 EzA § 8 TzBfG Nr. 4a). Anders als im Rahmen des § 23 KSchG besteht keine Regelung, wonach Teilzeitbeschäftigte nur quotal entsprechend ihrem Arbeitszeitvolumen zu zählen sind. Es gilt daher das **pro Kopf** Prinzip; Auszubildende werden nicht mit berücksichtigt (vgl. *Viethen* NZA 2001 Sonderbeil. zu Heft 24, S. 4).

149 Abzustellen ist dabei nach dem Wortlaut der gesetzlichen Regelung nicht auf den Betrieb, sondern auf das **Unternehmen**. Auch insoweit unterscheidet sich § 8 TzBfG von § 23 KSchG (vgl. auch §§ 99, 111 BetrVG).

Fraglich ist, zu welchem **Zeitpunkt** i.d.R. 15 Arbeitnehmer beschäftigt werden müssen. In Betracht kommt der Zeitpunkt der Geltendmachung des Arbeitszeitverringerungsbegehrens, der Zeitpunkt der Entscheidung des Arbeitgebers darüber, der Zeitpunkt, ab dem die Arbeitszeit reduziert werden soll, sowie der Zeitpunkt der letzten mündlichen Verhandlung in der Tatsacheninstanz (s.u. Rn. 175). 150

fff) Entgegenstehende betriebliche Belange

Sowohl die Verringerung der Arbeitszeit als auch die Verteilung der verbleibenden Arbeitszeit können vom Arbeitgeber abgelehnt werden, wenn betriebliche Belange entgegenstehen (§ 8 Abs. 4 TzBfG; vgl. demgegenüber § 9 TzBfG und § 15 Abs. 7 BEEG: »dringende betriebliche Gründe«). 151

Der Begriff der betrieblichen Belange insoweit ist ein **unbestimmter Rechtsbegriff**, bei dessen Anwendung dem Tatsachengericht ein **Beurteilungsspielraum** zusteht. Das Revisionsgericht kann nur überprüfen, ob der Rechtsbegriff selbst verkannt worden ist, bei der Subsumtion des festgestellten Sachverhalts unter diesen Rechtsbegriff Denkgesetze verletzt worden sind, bei der Subsumtion des festgestellten Sachverhalts unter diesen Rechtsbegriff Denkgesetze oder allgemeine Erfahrungssätze verletzt worden sind, nicht alle wesentlichen Umstände berücksichtigt worden sind oder das Ergebnis widersprüchlich ist (*BAG* 16.10.2007 EzA § 8 TzBfG Nr. 19 = NZA 2008, 289). 152

Gefordert ist eine auf den konkreten Einzelfall bezogene Interessenabwägung (*LAG München* 6.11.2002 – 9 Sa 37/02 – EzA-SD 7/03, S. 11 LS; vgl. dazu *Schiefer* NZA-RR 2002, 393 ff.; *Hunold* NZA-RR 2004, 226 ff.; *Feldhoff* ZTR 2006, 58 ff.). 153

Derartige betriebliche Belange (vgl. dazu *Zerres* FA 2002, 234 ff.; *Reiserer/Penner* BB 2002, 1694 ff.) liegen z.B. dann vor, wenn die **Organisation**, der **Betriebsablauf** oder die **Sicherheit im Betrieb wesentlich beeinträchtigt** werden oder **unverhältnismäßige Kosten** erwachsen würden. Diese Voraussetzungen sind dann erfüllt, wenn die gewünschte Arbeitszeitreduzierung eine **erhebliche Störung** des im Betrieb praktizierten **Arbeitszeitsystems** bewirkt, weil der Arbeitgeber entweder den Arbeitnehmer, der den Teilzeitwunsch äußert, oder andere mittelbar betroffene Arbeitnehmer nicht mit der gesamten Arbeitszeit einsetzen kann. Diese Störung ist schon deshalb erheblich, weil der Arbeitgeber seiner Beschäftigungspflicht nicht in vollem Umfang nachkommen kann und infolgedessen u.a. Annahmeverzugsansprüche entstehen können (*BAG* 13.11.2007 EzA § 8 TzBfG Nr. 20 = NZA 2008, 314). Als weitere Gründe kommen in Betracht, dass eine Ersatzarbeitskraft für die frei werdenden Stunden auf dem Arbeitsmarkt nicht zu finden ist (zu den dem Arbeitgeber insoweit zuzumutenden Anstrengungen vgl. *Beckschulze* DB 2000, 2599) oder auch, dass das Betriebsklima erheblich gestört wird, weil andere Arbeitnehmer nunmehr Überstunden leisten müssen. 154

Dabei genügen an sich **rationale, nachvollziehbare Gründe**, die zur Ablehnung des Begehrens des Arbeitnehmers geführt haben (*LAG Köln* 9.4.2003 LAGE § 8 TzBfG Nr. 11b = ARST 2004, 90 LS); die überwiegende Rechtsprechung (*BAG* 30.9.2003 EzA § 8 TzBfG Nr. 5 = NZA 2004, 382 = BAG Report 2005, 37; 14.10.2003 EzA § 8 TzBfG Nr. 6; *ArbG Nienburg* 23.1.2002 NZA 2002, 382) verlangt ein nachvollziehbares, mit betriebswirtschaftlichen, unternehmenspolitischen oder betriebsorganisatorischen Gründen untermauertes Konzept. Insoweit ist vor **allem die Darlegung** des Arbeitgebers, **seine Arbeitsabläufe »bestmöglich« und »effektiv« gestalten wollen, zu allgemein**, um ein von den Arbeitsgerichten nur auf Willkür überprüfbares Organisationskonzept darstellen zu können (*BAG* 18.5.2004 EzA § 8 TzBfG Nr. 11 = NZA 2005, 108 = BAG Report 2004, 388; *ArbG Stuttg.* 31.7.2003 ArbuR 2004, 433 LS; s.u. Rn. 168 ff.). Der Arbeitgeber muss zudem substantiiert darlegen und ggf. beweisen, dass das von ihm behauptete Konzept auch im Übrigen eingehalten wird (*LAG Köln* 4.12.2001 – 9 Sa 726/01 – EzA-SD 8/02, S. 5 LS; *ArbG Bielefeld* 12.3.2002 – 5 Ca 3150/01 – EzA-SD 9/02, S. 9 LS). Es stellt in diesem Zusammenhang ein nachvollziehbares und servicefreundliches 155

Organisationskonzept dar, wenn der Arbeitgeber so weitgehend wie möglich sicher stellen will, dass seine Kunden z.B. jeweils nur einen Verkäufer als Ansprechpartner haben; ein solcher Grund liegt jedoch **nicht** vor, wenn sich die **Öffnungszeiten eines Verkaufsgeschäfts** von der durchschnittlichen Wochenarbeitszeit einer Vollzeitkraft deutlich unterscheiden (*BAG* 30.9.2003 EzA § 8 TzBfG Nr. 5 = NZA 2004, 382 = BAG Report 2005, 37). Es kann in einem Produktionsbetrieb mit Mehrschichtbetrieb auch darin bestehen, jede Schicht mit zwei Betriebselektrikern zu besetzen (*BAG* 14.10.2003 a.a.O.).

156 Andererseits stellen die im Gesetz enthaltenen **Beispiele** »wesentlich beeinträchtigt« und »unverhältnismäßige Kosten« **vom Wortlaut her an sich höhere Anforderungen** (krit. deshalb *Richardi/Annuß* BB 2000, 2202; *Rieble/Gutzeit* NZA 2002, 7 f.; *Beckschulze* DB 2000, 2598; *Schulte* DB 2001, 2715). Das *ArbG Bonn* (20.6.2001 NZA 2001, 973) hat infolge dessen Gründe von einem gewissen Gewicht verlangt, da ansonsten von einer »wesentlichen« Beeinträchtigung betrieblicher Belange nicht ausgegangen werden könne; **einfache Beeinträchtigungen** der Organisation, des Arbeitsablaufs oder der Sicherheit im Betrieb **genügen nicht** (*LAG Düsseld.* 19.4.2002 – 9 (12) Sa 11/02 – EzA-SD 16/02, S. 9; *LAG Köln* 9.4.2003 LAGE § 8 TzBfG Nr. 11b). Dabei ist zu beachten, dass der Arbeitgeber im Rahmen der Unternehmerentscheidung die Organisationsstruktur festlegt, durch die er den von ihm bestimmten Betriebszweck verfolgt. Sie betrifft den nur beschränkt nachprüfbaren Kernbereich der Unternehmerentscheidung (*ArbG Frankf. a.M.* 19.12.2001 FA 2002, 181). Allein ein **erhöhter Verwaltungsaufwand** stellt danach z.B. keinen »betrieblichen« Grund dar, der eine Versagung des Reduzierungswunsches rechtfertigen könnte (ebenso *ArbG Stuttg.* NZA 2001, 968; *Lindemann/Simon* BB 2001, 146 ff.). Auch betriebliche Beeinträchtigungen, die stets mit einer Verringerung oder anderweitigen Verteilung der Arbeitszeit einhergehen, müssen vom Arbeitgeber hingenommen werden (*LAG Düsseld.* 19.4.2002 – 9 (12) Sa 11/02 – EzA-SD 16/02, S. 9). Von daher stellt auch der Umstand, dass **andere Arbeitnehmer regelmäßig an bestimmten Wochentagen Urlaub in Anspruch nehmen**, grds. **keinen** der vom Arbeitnehmer gewünschten Verteilung seiner verringerten Arbeitszeit entgegenstehenden **betrieblichen Grund** dar (*LAG RhPf* 11.2.2004 NZA-RR 2004, 341 = ZTR 2004, 324 = LAG Report 2004, 254 LS). Das Interesse des Arbeitnehmers an der Teilzeit überwiegt nach z. T. vertretener Auffassung zudem dann, wenn es dem Arbeitgeber möglich und zumutbar ist, durch Abbau von Überstunden zusammen mit den frei werdenden Stunden einen Vollzeitarbeitsplatz einzurichten und zu besetzen und somit dem Teilzeitverlangen des Arbeitnehmers zu entsprechen (*LAG München* 6.11.2002 – 9 Sa 37/02 – EzA-SD 7/03, S. 11 LS).

157 Das *BAG* (9.12.2003 EzA § 8 TzBfG Nr. 8) hat diese Entscheidung aufgehoben und stärker differenzierend darauf abgestellt, dass zwar ein betrieblicher Grund zur Verweigerung dann nicht besteht, wenn die ausfallende Arbeitszeit durch die Einstellung einer Teilzeitkraft ausgeglichen werden kann. Steht eine derartige Kraft allerdings nicht zur Verfügung, kann der Arbeitnehmer aber regelmäßig nicht darauf verwiesen werden, eine Vollzeitkraft einzustellen und Überstunden abzubauen. Ebenso wenig kann der Arbeitnehmer vom Arbeitgeber verlangen, den Arbeitszeitausfall durch **dauernde Überstunden** anderer Arbeitnehmer auszugleichen. Auf die **Inanspruchnahme von Leiharbeit** kann der Arbeitnehmer den Arbeitgeber zudem dann nicht verweisen, wenn der Arbeitgeber nicht ohnehin auf Leiharbeit als übliche Maßnahme zurückgreift (*BAG* 9.12.2003 EzA § 8 TzBfG Nr. 8 = NZA 2004, 922 = BAG Report 2004, 216). Die Beeinträchtigung ist andererseits dann nicht wesentlich, wenn das Unternehmensziel auch bei Einsatz aller Arbeitnehmer in Vollzeit gar nicht erreichbar ist, weil der Arbeitgeber dann ohnehin Vorkehrungen treffen muss, dass der Kunde z.B. den Verkäufer nicht antrifft, an den er sich ursprünglich gewandt hatte. Das hat das *BAG* (30.9.2003 EzA § 8 TzBfG Nr. 5 = NZA 2004, 382) z.B. angenommen bei einem Teppichhaus, das wöchentlich bis zu 60 Stunden geöffnet hat. Die Arbeitszeit einer Vollkraft dauert im Durchschnitt 37,5 Stunden in der Woche. Die klagende Arbeitnehmerin verlangte eine Verkürzung ihrer wöchentlichen durchschnittlichen Arbeitszeit auf 25 Stunden. Dadurch erhöht sich

zwar die Wahrscheinlichkeit, dass Kunden sie für Rückfragen nicht antreffen. Angesichts der 60stündigen wöchentlichen Ladenöffnungszeit wird dadurch das betriebliche Organisationskonzept nicht wesentlich beeinträchtigt. Das oben geschilderte Organisationskonzept in einem Produktionsbetrieb wird dann nicht beeinträchtigt, wenn es dem Arbeitgeber **möglich und zumutbar** ist, für die ausfallende Arbeitszeit eine **geeignete Ersatzkraft** (vgl. dazu auch *ArbG Wetzlar* 26.9.2001 ArbuR 2002, 77 LS) einzustellen. Diese ist dann geeignet, wenn sie die durch den Arbeitsplatz notwendigen Kenntnisse und Fähigkeiten hat oder dem Arbeitgeber zuzumuten ist, sie entsprechend zu schulen, wobei die Schulung aber keine unverhältnismäßigen Kosten verursachen darf; andererseits darf der Arbeitgeber keine zu hohe fachliche Anforderung an die erforderlichen Qualifikationen der Ersatzkraft stellen (*BAG* 14.10.2003 EzA § 8 TzBfG Nr. 6).

Soweit es infolge der Verringerung der Arbeitszeit um die reine **Kostenbelastung** des Arbeitgebers geht, muss diese Kostenbelastung unverhältnismäßig hoch sein, um einen Ablehnungsgrund abzugeben; das ist dann der Fall, wenn die wirtschaftlichen Auswirkungen für den Arbeitgeber **nicht mehr tragfähig sind** (*LAG Düsseld.* 19.4.2002 – 9 (12) Sa 11/02 – EzA-SD 16/02, S. 9). Derartige Kosten können sich auch durch **lange Einarbeitungszeiten** neu einzustellender Mitarbeiter ergeben, die zugleich eine wesentliche Beeinträchtigung des Arbeitsablaufs verursachen können. Welcher Einarbeitungsaufwand insoweit für den Arbeitgeber noch zumutbar ist, hängt von den **betrieblichen und persönlichen Umständen des Einzelfalls** ab. Eine **Dreimonatsfrist** als Parallele zum Kündigungsschutzrecht kann **keine erste Orientierung** dafür geben, was für einen Arbeitgeber als Einarbeitungszeit noch zumutbar ist. Denn dies allein belegt noch nicht das Vorliegen unverhältnismäßiger Kosten oder »entgegenstehender« Betriebsablaufstörungen (*BAG* 23.11.2004 EzA § 8 TzBfG Nr. 12 = NZA 2005, 769; **a.A.** *LAG Nds.* 26.6.2003 NZA-RR 2004, 123). Dem Teilzeitwunsch des Arbeitnehmers entgegenstehende Belange können sich also jedenfalls auch daraus ergeben, dass der Fortbildungsaufwand für einen Arbeitnehmer, der wegen der Teilzeit eines anderen Arbeitnehmers einzustellen ist, unverhältnismäßig hoch ist (sog. »unproduktiver Aufwand«; *LAG BW* 9.6.2004 LAG Report 2004, 289). Gleiches gilt dann, wenn der Teilzeitwunsch die **Anschaffung eines weiteren Dienstwagens** für den Einsatz einer mit durchschnittlich neun Wochenstunden einzustellenden Ersatzkraft erfordert, weil die Verringerung der Arbeitszeit dann unverhältnismäßige Kosten verursacht (*LAG Nds.* 18.11.2002 LAGE § 8 TzBfG Nr. 11 = NZA-RR 2003, 460 LS). Nichts anderes gilt dann, wenn der auf die Refinanzierung seiner Betriebskosten durch die öffentliche Hand angewiesene Betreiber einer Kindertagesstätte für die Einrichtung der Teilzeitstelle die Genehmigung durch den Kostenträger benötigt und die Genehmigung weder vorliegt noch ihre Erteilung (entsprechend dem mit dem Arbeitnehmer abgestimmten Antrag) zu erwarten ist (*LAG Düsseld.* 2.7.2003 – 12 Sa 407/03 – EzA-SD 21/03, S. 6 LS). Auch kann der Arbeitgeber nicht darauf verwiesen werden, innerhalb der fehlenden Zeit einen **Subunternehmer** einzuschalten (*ArbG Hannover* 31.1.2002 NZA-RR 2002, 294). 158

Der Arbeitszeitreduzierung entgegenstehende »betriebliche Gründe« können z.B. im Falle einer Kindergarten-Ergänzungskraft auch aus **pädagogischen Gesichtspunkten** herrühren. Berufsspezifische Anforderungen auch an die Dauer der Präsenz am Arbeitsplatz und/oder die Zahl derjenigen Personen, auf welche dieselbe Tätigkeit aufteilbar ist, können rationale und nachvollziehbare Gründe sein, die bei der Beurteilung der ablehnenden Entscheidung zu beachten sind. Auch der Einwand des Arbeitgebers, die pädagogische Konzeption einer Kindertagesstätte für behinderte Kinder gebiete es, dass die Gruppenleiterin während der gesamten Betreuungszeit am Tag anwesend ist, stellt einen betrieblichen Grund insoweit dar (*LAG Nds.* 2.8.2002 LAGE § 8 TzBfG Nr. 9 = ZTR 2002, 542 = NZA-RR 2003, 6; bestätigt durch *BAG* 19.8.2003 EzA § 8 TzBfG Nr. 4 = ZTR 2004, 542 = BAG Report 2004, 97). Das gilt insbes. für den Fall, dass die als Leiterin einer Kindergartengruppe beschäftigte Arbeitnehmerin die ihr anvertraute Gruppe regelmäßig vorzeitig, also noch vor der Heimfahrt der Kinder, verlassen will; es spricht zudem nicht gegen die ernsthafte Durchführung eines pädagogischen Konzepts, wenn der Arbeitgeber davon im Einzelfall vorübergehend abweicht 159

(*BAG* 19.8.2003 EzA § 8 TzBfG Nr. 4 = ZTR 2004, 542 = BAG Report 2004, 97; s.a. *BAG* 16.10.2007 NZA-RR 2008, 210 zum Mentorenprinzip/Erzieherbezugssystem bei Erziehern). Das gilt erst recht, wenn zusätzlich zu dem zuvor beschriebenen pädagogischen Konzept auf Grund der **notwendigen Refinanzierung der Personalkosten** die bei einem Stellensplitting zusätzlich anfallende und zu vergütende Arbeitszeit (z.B. für sog. Übergabe-, Austauschzeiten) durch den Kostenträger nicht übernommen wird (*LAG Düsseld.* 19.1.2005 – 12 Sa 1512/04 – EzA-SD 11/05 S. 9 LS). Anders ist es aber dann, wenn der Arbeitgeber von dem von ihm aufgestellten pädagogischen Konzept ohne Not abgewichen ist (*BAG* 16.10.2007 NZA-RR 2008, 210).

160 Betriebliche Gründe stehen dem Teilzeitanspruch auch dann entgegen, wenn, nicht zuletzt zur Sicherstellung der Arzneimittelversorgung der Bevölkerung, sämtliche an einem Tag hereinkommenden Aufträge bis zu einer bestimmten Uhrzeit abgearbeitet sein sollen (*ArbG Hannover* 22.1.2003 NZA-RR 2003, 300). Etwas anderes gilt aber dann, wenn es dem Arbeitgeber möglich und zumutbar ist, für die ausfallende Arbeitskraft eine **Ersatzkraft** einzustellen. Der Arbeitgeber muss also versuchen, vor Ablehnung eines Antrags auf Verringerung der Arbeitszeit eine geeignete zusätzliche Arbeitskraft einzustellen (*LAG Nds.* 12.9.2003 LAG Report 2004, 33); umgekehrt ist das **Fehlen einer geeigneten Ersatzkraft** für die infolge der Arbeitszeitverringerung ausfallenden Stunden ein **berechtigter Ablehnungsgrund** für die Teilzeitbeschäftigung (*BAG* 23.11.2004 EzA § 8 TzBfG Nr. 12 = NZA 2005, 769). Folglich muss der Arbeitgeber bei der Agentur für Arbeit nach einem geeigneten Bewerber suchen und die Stelle inner- und/oder außerbetrieblich ausschreiben. Das kann nur entbehrlich sein, wenn sein Bemühen ohnehin erfolglos wäre (*BAG* 27.4.2004 EzA § 8 TzBfG Nr. 10 = NZA 2004, 1225 = BAG Report 2004, 385; vgl. auch *LAG Nds.* 26.6.2003 NZA-RR 2004, 123). Sind entsprechende **Bewerber vorhanden**, bedarf es einer **nachvollziehbaren Begründung**, weshalb es an der Eignung des Bewerbers fehlt. Dabei müssen die vom Arbeitgeber vorausgetzten Qualifikationen beachtet werden; wenn die Ersatzkraft das erforderliche Know-how für die Tätigkeit nicht besitzt, kann der Arbeitgeber deren Einstellung ablehnen (*ArbG Lübeck* 10.7.2003 NZA-RR 2004, 14). Der Einwand des Arbeitgebers, er könne keine geeignete zusätzliche Arbeitskraft finden, ist folglich nur beachtlich, wenn er nachweist, dass eine dem Berufsbild des Arbeitnehmers, der seine Arbeitszeit reduziert, entsprechende **zusätzliche Arbeitskraft auf dem für ihn maßgeblichen Arbeitsmarkt nicht zur Verfügung steht** (*LAG Nds.* 26.6.2003 NZA-RR 2004, 123). **Er darf folglich bei der Ausschreibung keine höheren Anforderungen aufstellen als diejenigen, die er üblicherweise verlangt** (*BAG* 23.11.2004 EzA § 8 TzBfG Nr. 12 = NZA 2005, 769).

Entgegenstehende betriebliche Gründe können von daher auch dann nicht angenommen werden, wenn vom Arbeitgeber bei der Suche nach einer geeigneten Ersatzkraft in Stellenausschreibungen zu hohe Qualifikationsanforderungen gestellt werden (*LAG Hamm* 27.9.2002 – 10 Sa 232/02 – EzA-SD 1/03, S. 5 LS). Erforderlichenfalls ist auch eine **zumutbare Umorganisation** vorzunehmen, um eine geeignete Ersatzkraft einstellen zu können (*LAG Nds.* 12.9.2003 LAG Report 2004, 33).

Zu beachten ist, dass auch durch eine Häufung von Teilzeitwünschen im Einzelfall eine Überforderung des Arbeitgebers entstehen kann, auf Grund derer er ein Teilzeitverlangen berechtigt ablehnen kann. Ein betrieblicher Grund zur Ablehnung liegt allerdings erst dann vor, wenn das Teilzeitverlangen die Überforderungsgrenze überschreitet (*BAG* 30.9.2003 EzA § 8 TzBfG Nr. 5). Das kann z.B. dann der Fall sein, wenn der Arbeitgeber die Einstellung einer Teilersatzkraft für erforderlich halten darf und für deren **laufende Fortbildung unverhältnismäßige Kosten entstünden**. Dabei ist grds. anzunehmen, dass eine **im Außendienst mit Akquisition betraute Teilzeitkraft** über dieselben Kenntnisse verfügen muss wie eine Vollzeitkraft; deshalb ist für ihre Fortbildung auch derselbe Aufwand erforderlich. Will ein im Außendienst beschäftigter Arbeitnehmer seine Arbeitszeit verringern, so kann er den Einwand unverhältnismäßiger Aufwendungen für eine Ersatzkraft nicht dadurch ausräumen, dass er seine Arbeit verdichte und für Kunden auch außerhalb der Arbeitszeit zur Verfügung stehe, sodass er sein bisheriges Arbeitspensum auch nach Arbeitszeitverringerung erledigen werde (*BAG* 21.6.2005 EzA § 8 TzBfG Nr. 13 = NZA 2006, 316).

161 Dem Teilzeitwunsch des Arbeitnehmers können auch **künstlerische Belange** entgegenstehen; die Aufzählung der entgegenstehenden betrieblichen Gründe in § 8 Abs. 4 S. 2 TzBfG ist nicht abschließend. Art. 5 Abs. 3 S. 1 GG schützt allerdings auch die künstlerischen Vorstellungen. Deshalb können auch subjektive Gesichtspunkte maßgebend sein. Folglich dürfen an die Darlegung der Beeinträchtigung der Kunstfreiheit durch die verlangte Verringerung der Arbeitszeit **keine überzogenen Anforderungen** zu stellen sein; andererseits müssen die Gründe nachvollziehbar sein (*BAG* 27.4.2004 EzA § 8 TzBfG Nr. 10 = NZA 2004, 1225 = BAG Report 2004, 385).

162 Die Arbeitszeitverringerung kann auch dann aus betrieblichen Gründen verweigert werden, wenn der auf die Refinanzierung seiner Betriebskosten durch die öffentliche Hand angewiesene **gemeinnützige Betreiber** einer Kindertagesstätte für die Einrichtung der Teilzeitstelle die **Genehmigung durch den Kostenträger benötigt** und die Genehmigung weder vorliegt noch ihre Erteilung entsprechend dem mit dem Arbeitnehmer abgestimmten Antrag zu erwarten ist (*LAG Düsseld.* 2.7.2003 NZA-RR 2004, 234).

163 § 8 TzBfG begründet **keinen Gesetzesvorbehalt i.S.d. Eingangssatzes von § 87 Abs. 1 BetrVG**, der zum Ausschluss des Mitbestimmungsrechts des Betriebsrats führt. Eine auf der Grundlage von § 87 Abs. 1 Nr. 2 BetrVG geschlossene Betriebsvereinbarung kann den Arbeitgeber deshalb berechtigen, den Wunsch eines Arbeitnehmers auf Neuverteilung der Arbeitszeit abzulehnen (*BAG* 24.6.2008 EzA § 8 TzBfG Nr. 21 = NZA 2008, 1309; *LAG SchlH* 4.10.2007 NZA-RR 2008, 301). **Demgegenüber** hat das *LAG SchlH* (4.10.2007 NZA-RR 2008, 301) – strenger – angenommen, dass allein die **fehlende Zustimmung des Betriebsrats** zur begehrten Arbeitszeit nach Maßgabe des § 87 Abs. 1 Nr. 2 BetrVG keinen betrieblichen Grund darstellt. Existiert danach im Betrieb das Organisationskonzept eines flexiblen Arbeitseinsatzes, so kann die ablehnende Haltung des Arbeitgebers und des Betriebsrats hinsichtlich fester Arbeitszeiten nicht allein damit begründet werden, jede Abweichung davon gefährde den Betriebsfrieden. Insoweit ist vielmehr konkret der Einzelfall zu prüfen (*LAG SchlH* 4.10.2007 NZA-RR 2008, 301).

164 Legt eine **Betriebsvereinbarung** z.B. die Verteilung der Arbeitszeit auf fünf Tage in der Woche oder den Beginn der täglichen Arbeitszeit fest, so kann auch dies ein betrieblicher Grund für den Arbeitgeber sein, der Verteilung der Arbeitszeit auf weniger oder mehr Tage in der Woche zu widersprechen (*BAG* 18.2.2003 EzA § 8 TzBfG Nr. 3 = NZA 2003, 1392 m. Anm. *Klebeck* SAE 2004, 98 ff.; 16.3.2004 EzA § 8 TzBfG Nr. 8 = BAG Report 2004, 342; *LAG Bln.* 18.1.2002 – 19 Sa 1982/01 – EzA-SD 5/02, S. 8 mit hinsichtlich der Begründung krit. Anm. *Buschmann* ArbuR 2002, 191; s.a. *Feuerborn* SAE 2006, 1 ff.).

165 Auch das Vorliegen einer Betriebsvereinbarung, in der die Betriebspartner verschiedene (insgesamt 16) Modelle von Teilzeitvereinbarungen festlegen, kann ein ausreichend gewichtiger betrieblicher Grund für den Arbeitgeber sein, davon abweichende, vom Arbeitnehmer verlangte Teilzeitmodelle abzulehnen (s. *BAG* 15.8.2006 EzA § 8 TzBfG Nr. 14 = NZA 2007, 259). Wird zudem bei bestimmten Teilzeitmodellen (z.B. Teilzeit 25 %) die Einsatzplanung für Flugbegleiter erheblich erschwert, so kann der Arbeitgeber auch aus diesem Grund das gewünschte Teilzeitmodell ablehnen (*LAG Köln* 10.11.2005 – 5 Sa 1125/05 – ZTR 2006, 332 LS); eine **Luftfahrtgesellschaft** lehnt jedenfalls die Verringerung auf 25 % der Arbeitszeit zu Recht ab, wenn der Arbeitnehmer wegen seines Arbeitsvolumens **nicht auf allen Umlaufketten einplanbar ist** (*BAG* 15.8.2006 EzA § 8 TzBfG Nr. 14 = NZA 2007, 259; s.a. *BAG* 24.6.2008 EzA § 8 TzBfG Nr. 21 = NZA 2008, 1309). Offen gelassen hat das *BAG* (15.8.2006 EzA § 8 TzBfG Nr. 14

= NZA 2007, 259; 24.6.2008 EzA § 8 TzBfG Nr. 21 = NZA 2008, 1309) allerdings, ob der Arbeitgeber dieses Teilzeitverlangen bereits deshalb berechtigterweise ablehnen darf, weil er mit der bei ihm gebildeten Personalvertretung eine **freiwillige Betriebsvereinbarung** abgeschlossen hat, nach der eine Arbeitszeit von unter 50 % der regeltariflichen Arbeitszeit nur dann vereinbart werden darf, wenn sich ein Arbeitnehmer in Elternzeit befindet oder bei ihm ein sozialer Härtefall vorliegt.
Betriebliche Gründe stehen dem Teilzeitwunsch jedenfalls auch dann entgegen, wenn seine Umsetzung (Reduzierung der Arbeitszeit von 51,09 auf 46,67 % bei einer Fluggesellschaft) dazu führen würde, dass der betroffene oder andere Arbeitnehmer **nicht mit ihrer gesamten Arbeitszeit eingesetzt werden könnten**. Diese Störung ist schon deshalb erheblich, weil Ansprüche aus Annahmeverzug entstehen können und der Arbeitgeber seiner Beschäftigungspflicht nicht in vollem Umfang nachkommen kann (*BAG* 13.11.2007 – 9 AZR 36/07).
Die **Betriebsparteien** können den gesetzlichen Teilzeitanspruch aus § 8 TzBfG **nicht kontingentieren** und befristen. Eine sog. **Überforderungsquote** können nur die **Tarifvertragsparteien** festlegen (§ 8 Abs. 4 S. 3 TzBfG; *BAG* 24.6.2008 EzA § 8 TzBfG Nr. 21 = NZA 2008, 1309).

166 Das gilt jedoch dann **nicht**, wenn der vom Arbeitnehmer gewünschte andere Arbeitsbeginn keinen **kollektiven Bezug hat. Die kollektiven Interessen der im Betrieb beschäftigten Arbeitnehmer sind regelmäßig berührt, wenn es wegen der abweichenden Arbeitszeit zu Arbeitsverdichtung oder Mehrarbeit kommt oder wenn andere Arbeitnehmer ungünstigere Arbeitszeiten hinnehmen müssen**. Dieser Bezug fehlt aber andererseits dann, wenn die Interessen der anderen Arbeitnehmer nicht durch Arbeitsverdichtung, Mehrarbeit oder andere Auswirkungen berührt werden. Das hat das *BAG* (16.3.2004 EzA § 8 TzBfG Nr. 8 = NZA 2004, 1048; s. auch *Feuerborn* SAE 2006, 1 ff.) angenommen bei einer **Lagerarbeiterin**, die im Anschluss an den Erziehungsurlaub ihre wöchentliche Arbeitszeit auf zwanzig Stunden/Woche verringern und die Arbeitszeit auf 8.00 bis 12.00 Uhr festlegen wollte. Danach vereinbarten die Betriebsparteien für den »Wareneingang« den Arbeitsbeginn 6.00 Uhr und für den »Warenausgang« 8.00 Uhr. Die Beklagte ordnete die Klägerin dem »Wareneingang« zu. Sie erklärte sich mit der Verringerung der Arbeitszeit einverstanden. Den gewünschten Arbeitsbeginn um 8.00 Uhr lehnte sie wegen befürchteter Ablaufstörungen und unter Hinweis auf die Betriebsvereinbarung – letztlich erfolglos – ab. Denn im konkret entschiedenen Einzelfall wurde weder festgestellt, dass durch die von der Betriebsvereinbarung abweichende Festlegung des täglichen Arbeitsbeginns der Klägerin Störungen des Betriebsablaufs auftraten, noch dass die kollektiven Interessen der übrigen Arbeitnehmer berührt wurden (*BAG* 16.3.2004 EzA § 8 TzBfG Nr. 8 = NZA 2004, 1048).

167 Auch allein die Tatsache, dass in der Produktion ein flexibles Arbeitszeitmodell im Zwei-Schicht-System angewandt wird, steht dem Anspruch nicht entgegen. Denn der Arbeitgeber hat im Einzelfall unter Berücksichtigung aller Umstände zumutbare Anstrengungen zur Schaffung eines Teilzeitarbeitsplatzes zu machen (*ArbG Bielefeld* 15.1.2002 – 2 Ca 3037/01 – EzA-SD 9/02, S. 9 LS). Demgegenüber hat das *LAG BW* (4.11.2002 LAGE § 8 TzBfG Nr. 10) pauschal angenommen, dass dann, wenn die Betriebsorganisation, die dem Teilzeitwunsch entgegensteht, mit den Interessenvertretern der Arbeitnehmer abgestimmt ist, der Arbeitnehmer mit seinem Verringerungs- und/oder Verteilungsverlangen nicht durchdringen kann.
Dem Verteilungswunsch zur Lage der reduzierten Arbeitszeit ist andererseits jedenfalls dann zu entsprechen, wenn der Arbeitgeber ihm weder außergerichtlich noch im Prozess, und zwar auch nicht hilfsweise, entgegengetreten ist (*ArbG Bonn* 20.6.2001 NZA 2001, 973).

ggg) Verhältnis zur Unternehmerentscheidung

Fraglich ist in diesem Zusammenhang, in welchem Verhältnis die gesetzliche Neuregelung zur freien Unternehmerentscheidung steht, auf bestimmten Arbeitsplätzen nur Teilzeit- oder Vollzeitkräfte zu beschäftigen. Das *BAG* (12.8.1999 EzA § 1 KSchG Soziale Auswahl Nr. 41; vgl. generell zur Festlegung der Organisationsstruktur des Betriebes mit nur eingeschränkter Überprüfbarkeit *ArbG Freiburg* 4.9.2001 NZA 2002, 216) hat für den Bereich des **Kündigungsschutzrechts** hinsichtlich der Vergleichbarkeit von Voll- und Teilzeitbeschäftigten im Rahmen der Einbeziehung in die Sozialauswahl die Auffassung entwickelt, dass für die Beantwortung dieser Frage maßgeblich auf das Vorliegen entsprechender Organisationsentscheidungen des Arbeitgebers abzustellen ist. Vertritt man die Auffassung, dass die Freiheit der Unternehmerentscheidung durch § 8 TzBfG in zulässiger Weise nach Art. 12 Abs. 1 S. 2 GG eingeschränkt worden ist, führt dies zu einem **Spannungsverhältnis** zur Rechtsprechung des *BAG* (12.8.1999 EzA § 1 KSchG Soziale Auswahl Nr. 41). Lässt man andererseits alleine eine »Unternehmerentscheidung« in diesem Sinne ausreichen, um ein Teilzeitbegehren ablehnen zu können, wäre der gesetzlich ausdrücklich normierte Anspruch in der Praxis letztlich wertlos (vgl. *Preis/Gotthardt* DB 2001, 1458). 168

Deshalb liegt es nahe, in Anlehnung an die Rechtsprechung des *BAG* (12.8.1999 EzA§ 1 KSchG Soziale Auswahl Nr. 41) zur Sozialauswahl die Unternehmerentscheidung **zwar grds. als betrieblichen Belang anzuerkennen** und auch ausreichen zu lassen, jedoch **gleichzeitig** eine **substantiierte Darlegung des dahinter stehenden unternehmenspolitischen und wirtschaftlichen Konzepts** zu verlangen (*BAG* 18.5.2004 EzA § 8 TzBfG Nr. 11 = NZA 2005, 108 = BAG Report 2004, 388; *LAG RhPf* 12.4.2002 LAGE § 940 ZPO Nr. 3 = NZA 2002, 857; *LAG Köln* 4.12.2001 – 9 Sa 726/01 – EzA-SD 8/02, S. 5 LS; *LAG Köln* 3.2.2006 NZA-RR 2006, 343; 15.3.2006 LAGE § 8 TzBfG Nr. 17 = NZA-RR 2006, 515; *Kliemt* NZA 2001, 296 ff.; *Straub* NZA 2001, 923 f.; *Hartwig* FA 2001, 36; ähnlich *Rolfs* RdA 2001, 133; enger KDZ/*Zwanziger* § 8 TzBfG Rz. 27; s.o. Rn. 155; vgl. auch *Bayreuther* DB 2004, 1726 ff.). Es müssen also Umstände gegeben sein, wonach das gegebene Konzept dem Teilzeitwunsch des Arbeitnehmers tatsächlich entgegensteht und mit dem Begehren des Arbeitnehmers durch eine zumutbare Änderung der Betriebsabläufe nicht zur Deckung gebracht werden kann (*LAG Köln* 15.3.2006 LAGE § 8 TzBfG Nr. 17 = NZA-RR 2006, 515). So ist z.B. eine von den Arbeitsgerichten zu respektierende Entscheidung des Arbeitgebers gegeben, wenn ein **Krankenhausträger** dem beim Krankenhaus eingerichteten **Sozialdienst** vorgibt, zum Patienten ein »**Nähe- und Vertrauensverhältnis**« **aufzubauen**. Diese Entscheidung kann Grundlage eines nur auf Willkür überprüfbaren Organisationskonzepts sein (*BAG* 18.5.2004 EzA § 8 TzBfG Nr. 11 = NZA 2005, 108 = BAG Report 2004, 388). 169

Beruht das behauptete Konzept also auf der »Struktur der Beschäftigung von Vollzeitkräften«, ist zu überprüfen, ob dieses Konzept tatsächlich beschlossen wurde und im Betrieb eingeführt wurde. Die Beschäftigung von Teilzeitkräften spricht dann gegen die Umsetzung dieses Konzepts; es ist also zu prüfen, ob das organisatorische Konzept gegeben ist und der Arbeitszeitverkürzung entgegensteht (*ArbG Bielefeld* 12.3.2002 – 5 Ca 3150/01 – EzA-SD 9/02, S. 9 LS). Auch die nach den Umsatzeinbrüchen des 11.9.2001 vom Arbeitgeber verlangte Bereitschaft zur Ableistung von Teilzeit hat eine Indizwirkung dafür, dass Teilzeitarbeit die Organisation des Betriebes nicht wesentlich beeinträchtigt (*LAG Bln.* 20.2.2002 NZA 2002, 858). Gegen das vom Arbeitgeber behauptete Bedürfnis nach einer Vollzeitkraft spricht zudem, wenn der Arbeitgeber eine jahrelange Abwesenheit des Arbeitnehmers, bedingt durch Erziehungsurlaub, ohne Einstellung einer Ersatzkraft überbrücken konnte (*LAG RhPf* 12.4.2002 LAGE § 940 ZPO Nr. 3 = NZA 2002, 857). 170

Dagegen stellt die Entscheidung einer Bank, **im Interesse der Kundennähe** in Zukunft auf allen Arbeitsplätzen mit Kundenkontakt den Teilzeitbegehren der Mitarbeiter nicht mehr stattzugeben, allein keinen entgegenstehenden betrieblichen Grund dar (*LAG Köln* 3.2.2006 NZA-RR 2006, 343).

171 Als entscheidungserheblichen Umstand kann man auch heranziehen, ob der der freien Unternehmerentscheidung zuwider laufende Teilzeitwunsch zu einer »wesentlichen Beeinträchtigung« i.S.d. § 8 Abs. 4 S. 2 TzBfG hinsichtlich der vorgegebenen Organisationsstruktur führt oder nicht. Dies wird i.d.R. zum einen vom konkreten Arbeitsplatz abhängen und zum anderen von den Gründen, die der Unternehmerentscheidung zu Grunde liegen.

172 Die maßgeblichen Kriterien lassen sich nach der Rechtsprechung des *BAG* (18.2.2003 EzA § 8 TzBfG Nr. 3 = NZA 2003, 1392; 18.5.2004 EzA § 8 TzBfG Nr. 11 = NZA 2005, 108 = BAG Report 2004, 388; vgl. auch *LAG Köln* 9.4.2003 – 3 Sa 975/02 – EzA-SD 23/03, S. 6 LS; s.a. *Feuerborn* SAE 2006, 1 ff.) wie folgt zusammenfassen:

- Zunächst ist das vom Arbeitgeber aufgestellte und durchgeführte **Organisationskonzept** festzustellen, das der vom Arbeitgeber als betrieblich erforderlich angesehenen Arbeitszeitregelung zugrunde liegt. Insoweit ist vor allem die **Darlegung** des Arbeitgebers, **seine Arbeitsabläufe** im Hinblick auf »Rahmenbedingungen« (Kostendruck durch Fallpauschalen, kurze Verweildauer von Patienten, Erosion familiärer Hilfen) **»bestmöglich« und »effektiv« gestalten wollen, zu allgemein**, um ein von den Arbeitsgerichten nur auf Willkür überprüfbares Organisationskonzept darstellen zu können (*BAG* 18.5.2004 EzA § 8 TzBfG Nr. 11 = NZA 2005, 108 = BAG Report 2004, 388; s. auch *LAG Köln* 23.12.2005 – 9 Ta 397/05 – EzA-SD 9/06 S. 13 LS = ZTR 2006, 332).
- Gelingt dies, ist zu überprüfen, ob die vom Organisationskonzept bedingte Arbeitszeitregelung tatsächlich der gewünschten Änderung der Arbeitszeit entgegensteht.
- Abschließend ist zu prüfen, ob das Gewicht der entgegenstehenden betrieblichen Belange so erheblich ist, dass die Erfüllung des Arbeitszeitwunsches des Arbeitnehmers zu einer wesentlichen Beeinträchtigung der Arbeitsorganisation, des Arbeitsablaufs, der Sicherung des Betriebes oder zu einer unverhältnismäßigen wirtschaftlichen Belastung des Betriebes führen würde.

173 **Je näher das behauptete unternehmerische Konzept an die Entscheidung, keine Teilzeitbeschäftigung zuzulassen, heranreicht, umso höher sind die Anforderungen an die Darlegung dieses Konzepts** (*LAG Köln* 3.2.2006 NZA-RR 2006, 343).

174 Ein Organisationskonzept des Arbeitgebers, **Sachbearbeitertätigkeiten nur von Vollzeitkräften** durchführen zu lassen, kann im Übrigen nur dann ein dem Teilzeitwunsch entgegenstehender betrieblicher Grund sein, wenn das Organisationskonzept **im Wesentlichen auch »gelebt« wird.** Dies ist dann nicht der Fall, wenn die einheitliche und kundenbezogene Sachbearbeitung wegen häufiger Mehrarbeit und daraus folgendem Abbau von Mehrarbeit durch Freistellung nicht durchgehalten wird. Dann muss die Organisationsentscheidung des Arbeitgebers bei Abwägung der widerstreitenden Interessen hinter den Teilzeitwunsch des Arbeitnehmers zurücktreten (*LAG BW* 19.5.2004 LAG Report 2004, 291).

hhh) Maßgeblicher Beurteilungszeitpunkt

175 Fraglich ist, auf welchen Beurteilungszeitpunkt für das Vorliegen der betrieblichen Belange abzustellen ist.

176 In Betracht kommt insofern der **Termin der Antragstellung** durch den Arbeitnehmer (*LAG BW* 20.7.2000 – 3 Sa 60/99 – zu § 15b BAT; zit. nach *Diller* NZA 2001, 590), der Zeitpunkt der **Bescheidung des Antrags** durch den Arbeitgeber (*LAG Hamm* 16.12.2004 NZA-RR 2005, 405; *ArbG Arnsberg* 22.1.2002 NZA 2002, 563) oder der Zeitpunkt der **letzten mündlichen Verhandlung** in der Tatsacheninstanz (also vor dem Landesarbeitsgericht) bei gerichtlicher Geltendmachung des Teilzeitanspruchs.

177 Die Beantwortung dieser Frage ist vor allem deshalb in der Praxis relevant, weil sich in der **Zwischenzeit erhebliche Änderungen** ergeben haben können. Das kann z.B. dann der Fall sein, wenn in einem Tarifvertrag gem. § 8 Abs. 5 TzBfG neue Gründe genannt werden, die als betriebliche Gründe entweder nunmehr ausreichen oder nicht mehr ausreichen, bzw. wenn zuvor bestehende betriebliche Gründe, z.B. die Unmöglichkeit der Verpflichtung einer

Ersatzarbeitskraft, während des Prozesses entfallen, weil sich etwa ein Arbeitnehmer bereit findet, das frei werdende Stundendeputat zu übernehmen bzw. ein entsprechendes (Teilzeit-)Arbeitsverhältnis einzugehen.

Teilweise (*Diller* NZA 2001, 590; *Grobys/Bram* NZA 2001, 1175 ff.; *Beckschulze* DB 2000, 2606) wird die Auffassung vertreten, dass der entscheidungserhebliche Zeitpunkt der der letzten mündlichen Verhandlung in der Tatsacheninstanz ist. Denn ein Anspruch muss grds. zu dem **Zeitpunkt** bestehen, in dem ein **Gericht verbindlich darüber zu entscheiden hat**. Deshalb ist es grds. unerheblich, ob die Tatbestandsvoraussetzungen für einen Anspruch bereits bei Klageeinreichung oder zu einem früheren Zeitpunkt bestanden haben oder zwischenzeitlich wieder weggefallen sind. Anhaltspunkte dafür, dass der Gesetzgeber für § 8 TzBfG eine abweichende Regelung hat treffen wollen, lassen sich der Neuregelung nach dieser Auffassung nicht entnehmen. Eine Parallele zur Kündigung kann deshalb nicht gezogen werden, weil es sich bei der Ausübung des Kündigungsrechts um ein Gestaltungsrecht handelt. Insofern ist es gerechtfertigt, bei einer Kündigung und deren Überprüfung auf den Zeitpunkt der Ausübung des Gestaltungsrechts abzustellen. Demgegenüber ist der Anspruch nach § 8 TzBfG darauf gerichtet, den Arbeitsvertragspartner dazu zu bringen, einer Vertragsänderung zuzustimmen. 178

Andererseits lässt sich durchaus auch die Auffassung vertreten, dass dem Gesetz beim Anspruch auf Teilzeitarbeit doch etwas anderes zu entnehmen ist. Denn nach § 8 Abs. 6 TzBfG kann der Arbeitnehmer eine erneute Verringerung der Arbeitszeit frühestens nach Ablauf von zwei Jahren verlangen, nachdem der Arbeitgeber einer Verringerung zugestimmt oder aber sie berechtigt abgelehnt hat. Es überzeugt nicht, dass sich diese Frist verkürzen lassen können soll, nur weil der Arbeitnehmer seinen – unterstellt – zunächst ungerechtfertigten Antrag gerichtlich geltend gemacht hat, der Arbeitgeber also zunächst gerechtfertigt den Antrag abgelehnt und sich während des Prozesses bezüglich der Beurteilung der betrieblichen Belange eine Änderung ergeben hat. Von daher kann man nach dem Wortlaut der Regelung auch der Auffassung sein, dass der maßgebliche Zeitpunkt der der Entscheidung des Arbeitgebers sein muss (so jetzt *BAG* 18.2.2003 EzA § 8 TzBfG Nr. 2 = NZA 2003, 911; *LAG Hamm* 16.12.2004 NZA-RR 2005, 405; vgl. auch *Lindemann/Simon* BB 2001, 140 ff.; *Hanau* NZA 2001, 1168 ff.). 179

Stellt man zutr. auf den Zeitpunkt der Ablehnung des Antrags ab, so kommt eine **Änderung der rechtskräftig erstrittenen Verteilung der Arbeitszeit nur auf Grund von Tatsachen in Betracht, die zeitlich nach der Ablehnung des früheren Verteilungswunsches entstanden sind** (*LAG Hamm* 16.12.2004 NZA-RR 2005, 405). 180

iii) Präklusion der Ablehnungsgründe?

Der Arbeitgeber muss nach dem Wortlaut der gesetzlichen Regelung die Ablehnung des Teilzeitbegehrens nicht begründen (vgl. demgegenüber § 15 Abs. 7 S. 4 BEEG). Da folglich eine gesetzliche Begründungspflicht nicht besteht, kann bei einer Nichtmitteilung der Ablehnungsgründe auch **keine Präklusion** eintreten. Gleiches muss dann gelten, wenn der Arbeitgeber gleichwohl seine Ablehnungsgründe mitteilt (vgl. *Diller* NZA 2001, 590 ff.). 181

jjj) Tarifliche Regelungen

Gem. § 8 Abs. 4 S. 3 TzBfG können die Tarifvertragsparteien durch Tarifvertrag bestimmen, was als »betrieblicher Grund« für eine Ablehnung eines Wunsches auf Arbeitszeitverkürzung angesehen werden kann; sie sind allerdings nicht befugt, vom Gesetz abweichende Voraussetzungen zu vereinbaren (*BAG* 21.11.2006 EzA § 8 TzBfG Nr. 16 = NZA 2007, 712 LS). Wirksam ist z.B. eine tarifliche Regelung, wonach die – kontingentierten – Teilzeitstellen **allein nach »Seniorität« der Bewerber vergeben** werden *LAG Düsseld.* 14.12.2005 LAGE § 8 TzBfG Nr. 15a = ZTR 2006, 193); möglich ist es auch, dass die Tarifvertragsparteien eine **Quote von Teilzeitarbeitsplätzen** vereinbaren (*BAG* 21.11.2006 EzA § 8 TzBfG Nr. 16 = NZA 2007, 712 LS) mit der Konsequenz, dass die Ausschöpfung des Teilzeitstellenkontingents einen Ablehnungsgrund i.S.d. § 8 Abs. 4 S. 3 TzBfG darstellt (*BAG* 24.6.2008 EzA § 8 TzBfG Nr. 21 = NZA 2008, 1309; **a.A.** *LAG Düsseld.* 14.12.2005 LAGE § 8 TzBfG Nr. 15a = ZTR 2006, 193); § 8 Abs. 6 TzBfG gilt dann allerdings nicht (*BAG* 21.11.2006 EzA § 8 TzBfG Nr. 16 = NZA 2007, 712 LS). Auch wenn der Arbeitgeber nicht einem Tarifver- 182 trag unterfällt, kann er einen solchen einzelvertraglich hinsichtlich der Ablehnungsgründe in Bezug nehmen, wenn sein Betrieb in dessen fachlichen Geltungsbereich fällt. Zu den Ablehnungsgründen, die tarifvertraglich vereinbart werden können, gehören insbes. sog. Überforderungsklauseln (*BAG* 24.6.2008 EzA § 8 TzBfG Nr. 21 = NZA 2008, 1309).

183 Eine **tarifliche Härtefallklausel** für einen Teilzeitanspruch, die persönliche Umstände wie z.B. die Betreuung pflegebedürftiger Angehöriger berücksichtigt, ist allerdings **keine tarifliche Konkretisierung** dem Verringerungsanspruch entgegenstehender betrieblicher Gründe i.S. einer solchen **Überforderungsquote**. Schöpft der Arbeitgeber eine solche Härtefallquote nicht vollständig aus, kann das auf die fehlende wesentliche Beeinträchtigung betrieblicher Belange hindeuten. Ein derartiges Indiz kann der Arbeitgeber dann mit dem Vortrag negativer Auswirkungen der verringerten Arbeitszeit auf das tarifliche Arbeitszeitsystem entkräften (*BAG* 13.11.2007 EzA § 8 TzBfG Nr. 20 = NZA 2008, 314).

184 Darüber hinaus können die **Tarifvertragsparteien** aufgrund der ihnen grundgesetzlich gewährleisteten Tarifautonomie auch **Ansprüche der Arbeitnehmer auf befristete Verringerung der Arbeitszeit begründen**. Sie sind frei, die Voraussetzungen und die Reihenfolge festzulegen, nach denen Anträgen auf befristete Änderung der Arbeitszeit stattzugeben ist. Sie können auch die Zahl der zur Verfügung stehenden Teilzeitarbeitsplätze bestimmen (*BAG* 21.11.2006 EzA § 8 TzBfG Nr. 16 = NZA 2007, 712 LS).

kkk) Reaktionsmöglichkeiten von Arbeitgeber und Arbeitnehmer

185 Der Arbeitgeber muss, wenn er mit dem Antrag des Arbeitnehmers auf Verkürzung der Arbeitszeit und deren Verteilung entsprechend dessen Vorstellungen nicht einverstanden ist, dies **spätestens einen Monat vor der beabsichtigten Änderung** des Arbeitsvertrages schriftlich mitteilen. Versäumt er diese Frist, tritt die Verringerung und die Verteilung der Arbeitszeit so in Kraft, wie sie vom Arbeitnehmer beantragt wurde (§ 8 Abs. 5 S. 2, 3 TzBfG). Lehnt der Arbeitgeber den Antrag nur mündlich ab, handelt der Arbeitnehmer nicht rechtsmissbräuchlich, wenn er sich auf den Formmangel beruft (*BAG* 18.5.2004 EzA § 8 TzBfG Nr. 11 = NZA 2005, 108 = BAG Report 2004, 388). Einer besonderen Begründung bedarf die Ablehnung andererseits zunächst nicht (anders demgegenüber § 15 Abs. 7 S. 4 BEEG). Sinn und Zweck der Stufenregelung in § 8 TzBfG sprechen insoweit nach Auffassung des *LAG Düsseld.* (1.3.2002 – 18(4) Sa 1269/01 – EzA-SD 11/02, S. 8 LS = NZA-RR 2002, 407 m. Anm. *Mengel* BB 2002, 1545; ebenso *LAG Düsseld.* 2.5.2002 LAGE § 8 TzBfG Nr. 8 = NZA-RR 2003, 241) dafür, dass eine schriftliche Ablehnung des Teilzeitwunsches erst dann erfolgen kann, wenn die Erörterungen durchgeführt wurden und gescheitert sind; eine »Vorratsablehnung« ist danach nicht zulässig.

186 Das *BAG* (18.2.2003 EzA § 8 TzBfG Nr. 2 = NZA 2003, 911; vgl. dazu *Thüsing* SAE 2004, 4 ff.; ebenso *LAG Nds.* 26.6.2003 NZA-RR 2004, 123) hat insoweit folgende Grundsätze aufgestellt:

- § 8 TzBfG unterscheidet zwischen der gewünschten Verringerung der Arbeitszeit und deren gewünschter Verteilung. Häufig hat der Arbeitnehmer ein Interesse daran, beide Wünsche so miteinander zu verbinden, dass das Angebot der Verringerung der Arbeitszeit von deren Verteilung abhängig sein soll. In diesem Fall wirkt nach § 150 Abs. 2 BGB die Ablehnung der gewünschten Festsetzung der Arbeitszeitverringerung als Ablehnung des gesamten Änderungsangebots.
- Nach § 8 Abs. 3 TzBfG ist der Arbeitgeber verpflichtet, sowohl die gewünschte Verringerung der Arbeitszeit als auch deren Verteilung mit dem Arbeitnehmer mit dem Ziel der Einigung zu erörtern.
- Die Verletzung der Verhandlungsobliegenheit führt nicht dazu, dass eine Vereinbarung zwischen den Arbeitsvertragsparteien über die Arbeitszeitwünsche des Arbeitnehmers fingiert wird. Eine solche Rechtsfolge hätte im Gesetz ausdrücklich vorgesehen werden müssen.
- Die Verletzung der Verhandlungsobliegenheit führt auch nicht dazu, dass der Arbeitgeber das Recht zur Ablehnung des Änderungsverlangens verwirkt.

Der Arbeitnehmer kann sich sodann entscheiden, ob er es bei der bisherigen Regelung hinsichtlich der Arbeitszeit belässt oder ob er versucht, **sein Begehren gerichtlich** durchzusetzen. Ein Rechtsstreit über zumindest zwei regelmäßig eröffnete und u.U. sogar drei Instanzen wird allerdings i.d.R. zu einer ganz erheblichen zeitlichen Verzögerung der Durchsetzung eines ggf. bestehenden Anspruchs auf Arbeitszeitreduzierung führen. 187

Dennoch ist ein **Recht auf Selbstvollzug** durch den Arbeitnehmer **abzulehnen**; wie im Falle einer Selbstbeurlaubung würde eine Zuwiderhandlung des Arbeitnehmers u.U. einen an sich zur außerordentlichen Kündigung gem. § 626 Abs. 1 BGB geeigneten Umstand darstellen (*Diller* NZA 2001, 590; *Beckschulze* DB 2000, 2598; *Rolfs* RdA 2001, 135; *Kliemt* NZA 2001, 67; *Bauer* NZA 2000, 1041); der Arbeitnehmer ist auf die Möglichkeit des einstweiligen Rechtsschutzes zu verweisen. 188

(2) Einseitige Änderungsmöglichkeit des Arbeitgebers

Gem. § 8 Abs. 5 S. 4 TzBfG kann die Verteilung der verbleibenden Zeit einseitig vom Arbeitgeber wieder geändert werden, wenn **betriebliche Interessen** bestehen, die das Interesse des Arbeitnehmers an der Beibehaltung der zeitlichen Verteilung **erheblich überwiegen**. Der Arbeitgeber muss dabei eine Ankündigungsfrist von **einem Monat** wahren. Die Einhaltung einer Schriftform ist nicht vorgesehen, aber zu Beweiszwecken in jedem Fall sinnvoll. 189

Teilweise wird in der Literatur (*Kliemt* NZA 2001, 66; *Preis/Gotthardt* DB 2000, 2065 ff.; *Straub* NZA 2001, 919 ff.) die Auffassung vertreten, der Gesetzgeber habe in § 8 Abs. 5 S. 4 TzBfG dem Arbeitgeber ein einseitiges gesetzliches Änderungsrecht hinsichtlich einzelner arbeitsvertraglicher Bestimmungen eingeräumt, ein Teilkündigungsrecht, die erstmalige Anerkennung eines bislang nahezu einhellig abgelehnten Rechtsinstituts (s.u. Kap. 4 Rn. 2965). 190

Dies überzeugt nicht. Denn eindeutig besteht das einseitige Änderungsrecht des Arbeitgebers hinsichtlich der Lage der Arbeitszeit nur in den Fallgruppen des § 8 Abs. 5 S. 3 TzBfG und des § 8 Abs. 3 S. 2 TzBfG. In beiden Fällen ist die Lage der Arbeitszeit nicht vertraglicher Bestandteil des Arbeitsvertrages, sondern Ausfluss des **Direktionsrechts** des Arbeitgebers. In der ersten Alternative wurde dieses fiktiv i.S.d. Arbeitnehmers wegen Untätigkeit des Arbeitgebers gesetzlich ersetzt, in der zweiten Alternative vom Arbeitgeber, wenn auch im Einvernehmen mit dem Arbeitnehmer, ausgeübt (vgl. *Grobys/Bram* NZA 2001, 1175 ff.). Das *BAG* (17.7.2007 EzA § 8 TzBfG Nr. 14 = NZA 2008, 118) geht insoweit davon aus, dass § 8 Abs. 5 S. 4 TzBfG den Arbeitgeber **nur berechtigt**, eine im Geltungsbereich des § 8 TzBfG einvernehmlich oder kraft Fiktion verteilte **Arbeitszeit einseitig zu ändern**. 191

Ein einseitiges Änderungsrecht besteht nach § 8 Abs. 5 S. 4 TzBfG dagegen nicht, wenn sich die Arbeitsvertragsparteien über die Lage der reduzierten Arbeitszeit **vertraglich geeinigt** und deren Festlegung damit dem Direktionsrecht des Arbeitgebers entzogen haben. 192

Fraglich ist schließlich, ob das Änderungsrecht auch im Falle einer gerichtlichen Festlegung der Lage der Arbeitszeit auf Grund Geltendmachung des Anspruchs nach § 8 Abs. 4 S. 1 TzBfG noch besteht. Nach dem Wortlaut des § 8 Abs. 5 S. 4 TzBfG ist dies nicht der Fall. Daher wird die Auffassung vertreten (*Preis/Gotthardt* DB 2000, 2065 ff.), dass § 8 Abs. 5 S. 4 TzBfG entsprechend anzuwenden ist. Dafür spricht, dass die gerichtliche Entscheidung nur die fehlende einvernehmliche Festlegung nach § 8 Abs. 3 S. 2 TzBfG ersetzt. 193

(3) Reaktionsmöglichkeiten des Arbeitnehmers

Ist der Arbeitnehmer mit der einseitigen Verteilung der Arbeitszeit durch den Arbeitgeber gem. § 8 Abs. 5 S. 4 TzBfG nicht einverstanden, kann er deren Berechtigung lediglich gerichtlich überprüfen lassen (vgl. *LAG BW* 4.11.2002 LAGE § 8 TzBfG Nr. 10). Gesetzlich nicht geregelt ist, ob in der **Zwischenzeit** die vorherige oder die vom Arbeitgeber geänderte Verteilung der Arbeitszeit gilt. Insofern liegt es nahe, dieselben Grundsätze anzuwenden, die bei der Missachtung einer Weisung des Arbeitgebers im Rahmen seines Direktionsrechts gelten (s.o. Kap. 1 Rn. 492 ff.). Denn § 8 Abs. 5 S. 4 TzBfG stellt eine gesetzliche Heraushebung des Direktionsrechts des Arbeitgebers dar (s.o. Rn. 191; **a.A.** *Kliemt* NZA 2001, 66, der eine 194

Parallele zur Änderungskündigung sieht; wieder anders *ArbG Nbg.* 5.8.2003 – 9 Ca 4096/03 – EzA-SD 26/03: modifizierter Beschäftigungsanspruch nach erstinstanzlichem Obsiegen des Arbeitnehmers).

195 War die Neuverteilung der Arbeitszeit folglich **gerechtfertigt**, war es auch die Festlegung durch den Arbeitgeber. Kann oder will der Arbeitnehmer ihr nicht nachkommen, verhält er sich **vertragswidrig**. Der Arbeitgeber kann ihn daher **abmahnen** und ihm im Wiederholungsfall aus verhaltensbedingten Gründen **kündigen**. War die Festlegung dagegen nicht gerechtfertigt, weil die betrieblichen Interessen an einer Neuverteilung der Arbeitszeit das Interesse des Arbeitnehmers nicht überwogen, musste der Arbeitnehmer der Festlegung des Arbeitgebers **nicht nachkommen**. Arbeitsrechtliche Maßnahmen des Arbeitgebers wie Abmahnung oder Kündigung sind dann **unwirksam**.

196 Im Zweifel wird der Arbeitnehmer zunächst der Neuverteilung der Arbeitszeit nachkommen, um den Bestand des Arbeitsverhältnisses nicht zu gefährden.

(4) Darlegungs- und Beweislast

197 Ausgangspunkt ist der Grundsatz, dass **jede Partei die bejahenden Tatsachen** darlegen und beweisen muss, **aus denen sie einen Anspruch ableitet** oder mit denen sie dem geltend gemachten Anspruch entgegentritt.

198 Klagt der Arbeitnehmer auf Zustimmung zur Reduzierung oder Festlegung einer gewünschten Verteilung der Arbeitszeit, hat er die allgemeinen Anspruchsvoraussetzungen darzulegen und zu beweisen:

- Bestand des Arbeitsverhältnisses von mehr als sechs Monaten;
- Beschäftigtenzahl von mehr als 15;
- Geltendmachung des Verlangens auf Arbeitszeitverringerung drei Monate vor deren Beginn.

199 Bei der Beschäftigtenzahl kann der Arbeitnehmer sich zunächst darauf beschränken, eine Zahl von mehr als 15 Arbeitnehmern zu behaupten. Ein Bestreiten durch den Arbeitgeber muss nach § 138 Abs. 2 ZPO substantiiert unter Benennung der beschäftigten Arbeitnehmer erfolgen. Der Arbeitnehmer hat dann sein Vorbringen zu der Mindestbeschäftigtenzahl zu konkretisieren und seinerseits die Arbeitnehmer, die über die vom Arbeitgeber benannten hinaus beschäftigt werden, **zu benennen**. Die Beweislast für die Mindestbeschäftigtenzahl trägt der **Arbeitnehmer** (*Grobys/Bram* NZA 2001, 1180).

200 Die Darlegungs- und Beweislast für entgegenstehende **betriebliche Gründe** trägt der **Arbeitgeber** (*BAG* 8.5.2007 EzA § 8 TzBfG Nr. 18 = NZA-RR 2008, 616 LS); dies folgt bereits aus dem Gesetzeswortlaut (*LAG Köln* 9.4.2003 EzA § 8 TzBfG Nr. 11b). Der Arbeitgeber hat die Gründe nach § 8 Abs. 4 S. 2 TzBfG substantiiert darzulegen und die gesetzlichen Beispiele mit Tatsachenvortrag auszufüllen. Die wesentliche Beeinträchtigung der Organisation, des Arbeitsablaufs oder der Sicherheit im Betrieb, mit der Arbeitszeitreduzierung verbundene unverhältnismäßige Kosten oder die Unteilbarkeit des Arbeitsplatzes dürfen **nicht nur pauschal und schlagwortartig** dargelegt werden (*ArbG Stuttg.* 5.7.2001 NZA 2001, 968). So ist z.B. der Einwand, keine geeignete zusätzliche Arbeitskraft zu finden, nur dann beachtlich, wenn der Arbeitgeber vorträgt und im Bestreitensfalle nachweist, dass eine dem Berufsbild des Arbeitnehmers, der seine Arbeitszeit reduziert, entsprechende zusätzliche Arbeitskraft auf dem für ihn maßgeblichen **Arbeitsmarkt nicht zur Verfügung steht** (*ArbG Mönchengladbach* 30.5.2001 EzA § 8 TzBfG Nr. 1 = NZA 2001, 970).

201 Behauptet der Arbeitgeber, die Besetzung des frei werdenden Teils der Stelle durch einen anderen Mitarbeiter des Betriebes sei nicht möglich, hat er darzulegen, **hinsichtlich welcher Arbeitnehmer er dies geprüft hat** und welche rechtlichen oder tatsächlichen Hindernisse **dem entgegenstehen**. Macht er unverhältnismäßige **Kosten** geltend, z.B. wegen der notwendigen Einrichtung eines weiteren Arbeitsplatzes (vgl. *Beckschulze* DB 2000, 2601), sind diese möglichst **betragsmäßig darzulegen** (*ArbG Mönchengladbach* 30.5.2001 EzA § 8 TzBfG Nr. 1; *Grobys/Bram* NZA 2001, 1180).

Auch Tatsachen, die ein betriebliches Interesse für eine Änderung der Verteilung der Arbeitszeit i.S.v. § 8 Abs. 5 S. 4 TzBfG begründen sollen, hat der Arbeitgeber darzulegen und zu beweisen. Für den Arbeitnehmer kann ein Bestreiten dieser Gründe mit Nichtwissen gem. § 138 Abs. 4 ZPO dann ausreichen, wenn ihm der Einblick in die betrieblichen Abläufe fehlt und er deshalb zu einem konkreten Bestreiten nicht in der Lage ist (*Grobys/Bram* NZA 2001, 1180). Macht der Arbeitnehmer eine Verringerung seiner regelmäßigen Arbeitszeit geltend, **ohne eine bestimmte Verteilung** der reduzierten Arbeitszeit zu beantragen, überlässt er die Verteilung der Arbeitszeit dem Arbeitgeber, der sie in Ausübung seines **Direktionsrechts** gem. § 106 S. 1 GewO nach billigem Ermessen festlegen soll. Der Arbeitgeber muss in einem solchen Fall darlegen, dass seine, der Verringerung der Arbeitszeit entgegenstehenden, betrieblichen Gründe nicht durch Ausübung seines Weisungsrechts nach § 106 S. 1 GewO beseitigt werden können (*BAG* 8.5.2007 EzA § 8 TzBfG Nr. 18 = NZA-RR 2008, 616 LS). 202

Die Gründe für eine spätere Änderung der Verteilung der Arbeitszeit hat der Arbeitgeber zu beweisen, soweit sie aus seinem und der Arbeitnehmer, soweit sie aus seinem Bereich kommen (KDZ/*Zwanziger* § 8 TzBfG Rz. 59). 203

(5) Prozessuale Fragen

aaa) Streitgegenstand; Klageantrag; Erledigung; Zwangsvollstreckung

Der Antrag des Arbeitnehmers ist auf die **Zustimmung zu einer Verringerung der vertraglich geschuldeten Arbeitszeit** gerichtet, d.h. auf die Änderung des Arbeitsvertrages **und** die gerichtliche **Ersetzung der vom Arbeitgeber festzulegenden Lage der Arbeitszeit** im Rahmen seines Direktionsrechts. Es handelt sich an sich um **zwei verschiedene Streitgegenstände**, die der Arbeitnehmer kumulativ im Wege der Klagehäufung geltend machen kann (§ 260 ZPO; vgl. dazu *LAG Bln.* 18.1.2002 – 19 Sa 1982/01 – EzA-SD 5/02, S. 7). Dabei handelt es sich beim Antrag auf die Festlegung der Lage der Arbeitszeit grds. um einen uneigentlichen Hilfsantrag, über den nur entscheiden werden soll, wenn dem Hauptantrag auf Reduzierung der Arbeitszeitmenge stattgegeben wird. 204

Der Hilfsantrag und der Urteilstenor müssen dabei § 8 Abs. 5 S. 4 TzBfG Rechnung tragen, dürfen also das Direktionsrecht des Arbeitgebers nicht unzulässig einschränken. 205

- **Beispiel:** 206
  Der Beklagte wird verurteilt, dem Antrag des Klägers auf Reduzierung seiner wöchentlichen Arbeitszeit auf 20 Stunden die Woche/80 Stunden im Monat/1000 Stunden im Jahr ... zuzustimmen;
- hilfsweise für den Fall des Obsiegens mit dem Antrag zu 1 wird die Beklagte verurteilt, die Arbeitszeit des Klägers, solange sich die betrieblichen Interessen nicht ändern, wie folgt festzulegen: Montag bis Freitag von 8 bis 12 Uhr/für die ersten zehn Arbeitstage jedes Kalendermonats von 8 bis 17 Uhr/im Monat Januar (...)

Das *BAG* (18.2.2003 EzA § 8 TzBfG Nr. 2, 3 = NZA 2003, 911) geht allerdings davon aus, das die beiden Klageziele auch zu einem einheitlichen Antrag auf Zustimmung zur Änderung des Arbeitsvertrages miteinander verbunden werden können. Ist das der Fall, verstößt die gerichtliche Aufspaltung eines derartigen einheitlichen Klageantrags in zwei Klageanträge gegen § 308 ZPO. 207

Der Antrag des Arbeitnehmers muss jedenfalls als Vertragsangebot i.S.v. § 145 BGB so formuliert sein, dass er mit einem einfachen »Ja« angenommen werden kann. Daran fehlt es z.B., wenn der Arbeitnehmer vom Arbeitgeber verlangt, die Arbeitszeit »im Rahmen von 19,25 Stunden bis 25 Stunden« zu vereinbaren (*BAG* 18.5.2004 EzA § 8 TzBfG Nr. 11 = NZA 2005, 108 = BAG Report 2004, 388).

Andererseits gebietet das **Bestimmtheitserfordernis** des § 253 Abs. 2 Nr. 2 ZPO es nicht, dass der Arbeitnehmer in seinem Klageantrag den **Zeitpunkt** benennt, **ab dem die begehrte Verringerung seiner vertraglich vereinbarten Arbeitszeit wirksam werden soll**. Der Arbeitnehmer, der die Zustimmung des Arbeitgebers zu einer Verringerung seiner vertraglich vereinbarten Arbeitszeit verlangt, muss im Klageantrag auch keine bestimmte Verteilung der Arbeitszeit verlangen; er kann die Verteilung der verringerten Arbeitszeit auch dem Arbeitgeber ohne Verstoß gegen das Bestimmtheitserfordernis des Klageantrags überlassen (*BAG* 21.6.2005 EzA § 8 TzBfG Nr. 13 = NZA 2006, 316).

208 Durch den **zwischenzeitlichen Neuabschluss eines Arbeitsvertrages wird** eine Klage auf Arbeitszeitreduzierung **gegenstandslos**. Denn der Anspruch auf Reduzierung und Neuverteilung der Arbeitszeit bezieht sich nicht nur gem. § 8 Abs. 1 TzBfG auf die »vertraglich vereinbarte Arbeitszeit«, sondern korrespondiert auch mit den betrieblichen Gründen, die der Arbeitgeber dem Anspruch des Arbeitnehmers als Einwendung entgegenhalten kann. Wird der Arbeitsvertrag geändert, ändert sich der zu beurteilende Gegenstand für die Einlassungen des Arbeitgebers (*LAG Bln.* 12.12.2003 NZA-RR 2004, 522).

209 Da es sich im Übrigen in beiden Fällen – Arbeitszeitverringerung und veränderte Verteilung – um die Ersetzung von Willenserklärungen des Arbeitgebers handelt, erfolgt die Zwangsvollstreckung gem. **§ 894 ZPO**, d.h. die Erklärungen gelten mit Rechtskraft der stattgebenden Entscheidung als abgegeben (*BAG* 19.8.2003 EzA § 8 TzBfG Nr. 4 = ZTR 2004, 542 = BAG Report 2004, 97; *LAG Hamm* 16.12.2004 NZA-RR 2005, 405; *LAG Bln.* 18.1.2002 – 19 Sa 1982/01 – EzA-SD 5/02, S. 7; *Rolfs* RdA 2001, 136; *Diller* NZA 2001, 592; *Straub* NZA 2001, 925). Erst mit **Rechtskraft des Urteils** wird die veränderte Arbeitszeit im Rahmen des Arbeitsvertrages wirksam (*ArbG Mönchengladbach* 30.5.2001 EzA § 8 TzBfG Nr. 1; **a.A.** *LAG Hamm* 16.12.2004 NZA-RR 2005, 405: mit Wirkung zum Tag der Ablehnung; s.u. *BAG* 27.4.2004 EzA § 8 TzBfG Nr. 10 = NZA 2004, 1225 = BAG Report 2004, 385). Eine **vorläufige Vollstreckbarkeit** ist **nicht** gegeben, auch nicht über § 62 ArbGG (*BAG* 19.8.2003 EzA § 8 TzBfG Nr. 4 = ZTR 2004, 542 = BAG Report 2004, 97; vgl. *Zöller/Stöber* ZPO, § 894 Rz. 3 ff.; *Lindemann/Simon* BB 2001, 147).

210 Haben sich die Arbeitsvertragsparteien dagegen über die Verringerung der wöchentlichen Arbeitszeit geeinigt, jedoch über die Verteilung kein Einvernehmen erzielt, kann allein auf die Annahme des Angebots zur Verteilung der Arbeitszeit geklagt werden (*LAG BW* 4.11.2002 LAGE § 8 TzBfG Nr. 10).

211 Zu beachten ist, dass nach Auffassung des *BAG* (27.4.2004 EzA § 8 TzBfG Nr. 10 = NZA 2004, 1225 = BAG Report 2004, 385) seit dem 1.1.2003 auf Grund der **Neuregelung des § 311a Abs. 1 BGB auch die Verurteilung zu einer rückwirkenden Verringerung der Arbeitszeit gem. § 8 TzBfG zulässig sein soll.** Der Wirksamkeit eines Vertrages steht danach nicht mehr entgegen, dass der Schuldner nach § 275 Abs. 1 BGB n.F. nicht zu leisten braucht, auch wenn das Leistungshindernis schon bei Vertragsschluss vorlag. Denn nach § 275 Abs. 1 BGB n.F. ist der Anspruch auf die Leistung ausgeschlossen, soweit diese für den Schuldner oder für jedermann unmöglich ist. **Der rückwirkende Abschluss eines Vertrages ist damit nicht mehr nichtig.** Der Antrag kann deshalb auch auf eine Verurteilung zur **Zustimmung zur Vertragsänderung** zu einem **in der Vergangenheit liegenden Zeitpunkt** gerichtet sein.

bbb) Einstweilige Verfügung

212 Im Hinblick auf die Dauer eines ohne weiteres durch zwei, u.U. durch drei Instanzen zu führenden Prozesses besteht damit zumindest zeitweilig die Möglichkeit der Vereitelung des Anspruchs auf Teilzeitarbeit durch den Arbeitgeber. Für den Arbeitnehmer kommt in der Zwischenzeit nur das Institut der einstweiligen Verfügung (§§ 935, 940 ZPO; Leistungsverfügung; s. dazu *Hahn* FA 2007, 130 ff.) in Betracht. Dieses ist im hier maßgeblichen Zusammenhang – wie stets – **einschränkend** auszulegen, zumal die einstweilige Verfügung hier zu einer einstweiligen und zeitweisen **Vorabbefriedigung** des Arbeitnehmers führen würde, nicht unähnlich wie bei einer einstweiligen Verfügung bezüglich einer Urlaubserteilung (zutr. *Reinhard/Kliemt* NZA 2005, 549). Auch die gebotene Planungssicherheit für die betriebliche Disposition und die von der Arbeitszeitreduzierung betroffenen Arbeitnehmer

gebietet eine **Beschränkung auf Ausnahmefälle** (*LAG Hmb.* 4.9.2006 – 4 Sa 41/06 – ArbuR 2006, 452 = NZA-RR 2007, 122; **a.A.** ausdrücklich *LAG Bln.* 20.2.2002 NZA 2002, 858; ebenso wohl *LAG Hamm* 6.5.2002 – 8 Sa 641/02 – EzA-SD 16/02, S. 11 LS = NZA-RR 2003, 178; s. auch *LAG Hamm* 8.7.2008 – 14 SaGa 25/08 – EzA-SD 16/2008 S. 4 LS).

Andererseits muss eine einstweilige Verfügung dann möglich sein, wenn die Teilzeitarbeit zur Abwendung wesentlicher Nachteile des Arbeitnehmers geboten ist und betriebliche Gründe nicht entgegenstehen (*LAG RhPf* 12.4.2002 LAGE § 8 TzBfG Nr. 6 = NZA 2002, 857; *LAG Köln* 5.3.2002 LAGE § 8 TzBfG Nr. 7 = NZA-RR 2002, 635; ähnlich *LAG Bln.* 31.8.2006 – 14 Ta 1560/06 – EzA-SD 23/06 S. 15 LS; *LAG Hmb.* 4.9.2006 – 4 Sa 41/06 – ArbuR 2006, 452). Wesentliche Nachteile in diesem Sinne liegen z.B. dann vor, wenn die **Kindesbetreuung** trotz Aufbietung aller zumutbarer Anstrengungen ohne die Verringerung der Arbeitszeit nicht gewährleistet werden kann (*ArbG Bln.* 12.10.2001 – 31 Ga 24563/01 – EzA-SD 10/02, S. 13), **sonstige dringende und unumgängliche familiäre Gründe** gegeben sind (*LAG Köln* 23.12.2005 LAGE § 8 TzBfG Nr. 16 = ZTR 2006, 332) und andererseits der Arbeitgeber ein **unternehmerisches Konzept nicht glaubhaft macht** und schlüssig darlegt, wonach im fraglichen Bereich nur Vollzeitarbeit möglich wäre (*ArbG Nbg.* 28.11.2003 – 14 Ga 114/03 – EzA-SD 2/04, S. 9 LS = FA 2004, 90) und deshalb ersichtlich die Interessen des Arbeitnehmers an der Verringerung der Arbeitszeit überwiegen (*ArbG Lübeck* 10.7.2003 NZA-RR 2004, 14). Gleiches gilt, wenn der Arbeitgeber nur pauschal auf die aktuelle wirtschaftliche Lage und damit verbundene **interne Umstrukturierungsmaßnahmen** hinweist (*LAG Köln* 23.12.2005 LAGE § 8 TzBfG Nr. 16 = ZTR 2006, 332). Bei **Öffnungszeiten eines Geschäfts** von 9.15 bis 19 Uhr liegt es auf der Hand, dass zur Betreuung von Kindern eine dritte Person erforderlich ist (*LAG Bln.* 20.2.2002 NZA 2002, 858). Der Arbeitnehmer hat insoweit allerdings darzulegen und glaubhaft zu machen, dass er alle ihm zumutbaren Anstrengungen unternommen hat, die Betreuung der Kinder sicherzustellen (*LAG RhPf* 12.4.2002 LAGE § 8 TzBfG Nr. 6 = NZA 2002, 857). Daran fehlt es, wenn der Arbeitnehmer nicht glaubhaft machen kann, dass Schwierigkeiten bei der Kindesbetreuung unmittelbar und konkret bevorstehen (*ArbG Düsseld.* 9.1.2002 FA 2002, 81). Dient die begehrte Verringerung der Arbeitszeit dem Ziel der Betreuung eines Kindergartenkindes im Wechsel mit dem ebenfalls berufstätigen Ehegatten, so kann der Antragsteller im Rahmen der Prüfung des Verfügungsgrundes nach z. T. vertretener Auffassung nicht auf eine Fremdbetreuung durch eine Kindertagesstätte o. ä. verwiesen werden (*LAG Hamm* 6.5.2002 – 8 Sa 641/02 – EzA-SD 16/02, S. 11 LS = NZA-RR 2003, 178). Es genügt demgegenüber nach zutreffend vertretener Auffassung **nicht**, wenn die Arbeitnehmerin darlegt, dass sie und ihr Ehemann **sich entschieden haben, sich selbst um die Betreuung des Kindes zu kümmern und Fremdbetreuung im Rahmen einer Tageseinrichtung oder durch eine Tagesmutter/Kinderfrau zu vermeiden**. Zwar mag eine derartige Entscheidung aus verfassungsrechtlichen Gründen zu respektieren sein. Haben sich aber die Eltern gegen eine Fremdbetreuung in einer Tagesstätte entschieden, kommt auch eine Fremdbetreuung durch die Großeltern zumindest bis zum Erlass des Urteils in der Hauptsache in Betracht (*LAG Düsseld.* 4.12.2003 NZA-RR 2004, 181). 213
Jedenfalls kann die durch das ArbG im Wege einer einstweiligen Verfügung angeordnete vorläufige Arbeitszeitregelung vom Arbeitgeber nicht im Wege einer Änderungskündigung angegriffen, d.h. **faktisch außer Kraft** gesetzt werden (*LAG SchlH* 18.12.2003 – 4 Sa 96/03 – EzA-SD 12/04, S. 6 LS; dort auch zu den Anforderungen an die Glaubhaftmachung des Verfügungsgrundes).

Teilweise (*Rolfs* RdA 2001, 136; **a.A.** *LAG SchlH* 18.12.2003 – 4 Sa 96/03 – EzA-SD 12/04, 214
S. 6 LS) wird demgegenüber die Auffassung vertreten, im Anwendungsbereich des § 894 ZPO komme generell eine einstweilige Verfügung **nicht** in Betracht. Teilweise wird aus § 894 ZPO lediglich die Rechtsfolge abgeleitet, dass auch eine einstweilige Verfügung, bei der eine Willenserklärung ersetzt wird, erst **mit der Rechtskraft** des Beschlusses/Urteils **vollstreckbar** ist (*Corts* NZA 1998, 357 ff. zur Urlaubsgewährung).

215 Andererseits ist nach einer weiteren Auffassung § 894 ZPO im hier maßgeblichen Zusammenhang **gar nicht anwendbar**, weil dies dem Wesen des einstweiligen Verfügungsverfahrens widersprechen würde. Die Vollstreckungswirkung tritt danach bereits mit der **Zustellung** der Verfügungsentscheidung ein (ErfK/*Dörner* § 7 BUrlG Rz. 55; KassArbR/*Schütz* 2.4 Rz. 667).

216 Wie bei der einstweiligen Verfügung hinsichtlich der Urlaubserteilung (vgl. *Corts* NZA 1998, 357 ff.; *Grobys/Bram* NZA 2001, 1182) lässt sich dieses Problem durch **entsprechende Tenorierung bei zutreffender Antragstellung**, auf die gem. **§ 139 ZPO** hinzuwirken ist, **umgehen**.

217 ► **Beispiel:**

1. Der Verfügungsbeklagte wird verurteilt, dem Antrag des Verfügungsklägers auf Reduzierung seiner wöchentlichen Arbeitszeit mit 20 Stunden die Woche/80 Stunden im Monat/1000 Stunden im Jahr ... bis zum Erlass einer rechtskräftigen Entscheidung in der Hauptsache zuzustimmen;
2. hilfsweise für den Fall des Obsiegens mit dem Antrag zu 1 wird der Verfügungsbeklagte verurteilt, die Arbeitszeit, solange sich die betrieblichen Interessen nicht ändern, bis zum Erlass einer rechtskräftigen Entscheidung in der Hauptsache wie folgt festzulegen: Montag bis Freitag von 8 bis 12 Uhr/für die ersten zehn Arbeitstage jedes Kalendermonats von 8 bis 17 Uhr/im Monat Januar ...
3. Dem Verfügungskläger wird gestattet, bis zum Erlass einer rechtskräftigen Entscheidung in der Hauptsache zu den unter Ziffer 1 und 2 genannten geänderten Arbeitszeiten zu arbeiten.

218 Dem Arbeitgeber kann folglich im Wege der einstweiligen Verfügung aufgegeben werden, den Arbeitnehmer in dem von ihm beantragten Rahmen bis zum Erlass des Urteils in der Hauptsache zu beschäftigen und seinem Teilzeitwunsch vorläufig zu entsprechen. Sofern sich allerdings im Hauptsacheverfahren herausstellt, dass dem Arbeitnehmer ein Anspruch auf Arbeitszeitverkürzung gem. § 8 TzBfG tatsächlich gar nicht zusteht, wird er dafür zu sorgen haben, seine arbeitsvertraglichen Verpflichtungen mit den Notwendigkeiten seines Privatlebens in Einklang zu bringen (*LAG RhPf* 12.4.2002 LAGE § 8 TzBfG Nr. 6 = NZA 2002, 857).

ccc) Streitwert

219 Der Streitwert eines Hauptsacheverfahrens nach § 8 TzBfG kann sich nach **§ 3 ZPO i.V.m. § 42 Abs. 4 S. 2 GKG** richten, beträgt also dann das 36-fache der Differenzvergütung zwischen der Vollzeittätigkeit und der Teilzeittätigkeit (*Straub* NZA 2001, 925 f.; *Kliemt* NZA 2001, 68; ähnlich *Ennemann* NZA 2001, 1190).

220 Dagegen wird eingewandt, entscheidend müsse das wirtschaftliche Interesse des Klägers sein. Da dieses auf eine Reduzierung der Arbeitszeit und damit der Vergütung gerichtet sei, könne § 48 Abs. 2, 3 GKG, § 23 RVG, der nur für den umgekehrten Fall Regelungen enthält, nicht herangezogen werden. Vielmehr müsse man sich an § 12 Abs. 2 GKG, § 8 BRAGO (Streitwert in nichtvermögensrechtlichen Angelegenheiten) orientieren (*Hanau* NZA 2001, 1168). Der Wert der Freizeit und damit das wirtschaftliche Interesse lässt sich aber durchaus am Unterschiedsbetrag zwischen bisheriger und zukünftiger Vergütung ablesen. Deshalb erscheint es vertretbar, § 3 ZPO i.V.m. § 42 Abs. 4 S. 2 GKG mit der Maßgabe anzuwenden, dass – wie bei der Änderungskündigung des Arbeitgebers – eine Begrenzung auf einen Höchstbetrag von drei Bruttomonatsgehältern des Arbeitnehmers erfolgt. Denn insoweit liegt eine **ähnliche Interessenlage** vor wie bei der Änderungskündigung: In beiden Fällen möchte ein Vertragspartner den Inhalt des Arbeitsvertrages ändern (*LAG Köln* 5.4.2005 NZA 2005, 1135 LS; *LAG Bln.* 9.3.2004 NZA-RR 2004, 492; *LAG Nbg.* 12.9.2003 NZA-RR 2004, 103; *LAG Nds.* 14.12.2001 NZA-RR 2002, 550; *LAG Hmb.* 8.11.2001 LAGE § 8 TzBfG Nr. 4 = NZA-RR 2002, 551; *LAG Hessen* 28.11.2001 LAGE § 3 ZPO Nr. 15 = NZA 2002, 404; *LAG Bln.* 4.9.2001 NZA 2002, 350 LS; *ArbG Bonn* 20.6.2001 NZA 2001, 973; **a.A.** *LAG Düsseld.* 12.11.2001 LAGE § 3 ZPO Nr. 14 = NZA-RR 2002, 103: 2 Monatsein-

kommen; *LAG München* 21.2.2003 NZA-RR 2003, 382: nicht vermögensrechtlicher Anspruch gem. § 12 Abs. 2 GKG; *Sieger* NZA 2005, 1276 ff.: Parallele zur Eingruppierung oder zur Klage auf wiederkehrende Leistung).

Im Rahmen eines einstweiligen Verfügungsverfahrens ist die Begrenzung auf den Zeitpunkt der Rechtskraft der Hauptsache einerseits, das Eintreten einer teilweisen Befriedigungswirkung andererseits zu berücksichtigen. Bei einer zu erwartenden Verfahrensdauer in der Hauptsache von sechs Monaten wäre die **sechsfache**, bei einer zu erwartenden Verfahrensdauer bis zur Rechtskraft von zwölf Monaten der **zwölffache Differenzbetrag** angemessen. Andererseits wird auch die Auffassung vertreten, dass ein **Abschlag bei einer sog. Leistungs- und Befriedigungsverfügung unterbleiben kann** (*LAG Nbg.* 12.9.2003 NZA-RR 2004, 103). 221

(6) Verhältnis zu anderen Ansprüchen auf Arbeitszeitverkürzung

Der Anspruch aus § 8 TzBfG **verdrängt andere Anspruchsgrundlagen**, die ebenfalls auf Arbeitszeitverkürzung gerichtet sind (§§ 15 Abs. 5 ff. BEEG, 81 Abs. 5 SGB IX; vgl. dazu *ArbG Frankf. a.M.* 27.3.2002 ARST 2003, 16) **nicht**. Die Ansprüche bestehen **nebeneinander**; vgl. § 23 TzBfG (*Rudolf/Rudolf* NZA 2002, 602 ff.; *Viethen* NZA 2001 Sonderbeil. zu Heft 24, S. 6). Deshalb ist z.B. ein Arbeitnehmer, dessen Antrag nach § 8 TzBfG berechtigt abgelehnt wurde und der nunmehr seine Arbeitszeit zur Kinderbetreuung reduzieren will, nicht durch die Sperrfrist nach § 8 Abs. 6 TzBfG daran gehindert, sein Teilzeitbegehren auf eine dieser Anspruchsgrundlagen zu stützen. Tarifliche Ansprüche (z.B. im öffentlichen Dienst gem. § 15 BAT, jetzt §§ 6 ff. TVöD) werden durch die gesetzliche Regelung ebenfalls nicht verdrängt (vgl. MünchArbR/*Schüren* Ergänzungsband § 162 Rz. 92 f.). 222

Für das **Verhältnis zwischen § 8 TzBfG, Tarifnormen und der gesetzlichen Regelung des § 81 SGB IX** (Verringerung der Arbeitszeit bei schwer behinderten Menschen) gelten **folgende Grundsätze** (*BAG* 14.10.2003 EzA § 81 SGB IX Nr. 3 = NZA 2004, 615 = BAG Report 2004, 194): 223

- Nach § 22 Abs. 1 TzBfG kann nicht von den zwingenden Vorschriften dieses Gesetzes zu Ungunsten des Arbeitnehmers abgewichen werden. Hieran sind auch die Tarifvertragsparteien gebunden. Eine unzulässige Abweichung von dem in § 8 TzBfG geregelten Anspruch des Arbeitnehmers auf Verringerung der Arbeitszeit liegt vor, wenn der Inhalt des Anspruchs zum Nachteil des Arbeitnehmers geändert wird.
- Eine Tarifnorm, die während der Bewilligungsdauer einer Rente wegen Erwerbsminderung auf Zeit das Ruhen des Arbeitsverhältnisses anordnet, stellt aber keine unzulässige Abweichung (§ 22 Abs. 1 TzBfG) von § 8 TzBfG dar. Denn der Verringerungsanspruch des Arbeitnehmers bleibt unberührt, wenn das Arbeitsverhältnis der Parteien auf Grund einer Tarifvorschrift vorübergehend wegen der Bewilligung einer Erwerbsminderungsrente auf Zeit ruht. Der Arbeitnehmer schuldet dann keine Arbeitszeit, die verringert werden könnte.
- Eine derartige tarifvertragliche Regelung kann jedoch wegen Verstoßes gegen zwingendes Recht unwirksam sein, sofern sie die schwerbehindertenrechtliche Pflicht des Arbeitgebers, den schwer behinderten Arbeitnehmer mit einer behinderungsgerecht verringerten Arbeitszeit zu beschäftigen (§ 81 Abs. 4 Nr. 1, Abs. 5 S. 3 SGB IX), aufhebt. Denn eine tarifvertragliche Regelung, nach der die Hauptpflichten aus dem Arbeitsverhältnis ruhen, kann nicht die schwerbehindertenrechtliche Pflicht des Arbeitgebers aufheben, einen schwer behinderten Menschen entsprechend seinen Fähigkeiten unter behinderungsbedingter Verringerung der Arbeitszeit zu beschäftigen. Das ist dann der Fall, wenn der schwer behinderte Arbeitnehmer nach ärztlicher Feststellung noch in der Lage ist, trotz einer vom Rentenversicherungsträger festgestellten Erwerbsminderung mit verringerter Arbeitszeit tätig zu werden und dem Arbeitgeber diese Beschäftigung auch zumutbar ist.
- Das Verlangen des schwer behinderten Menschen nach § 81 Abs. 5 S. 3 SGB IX bewirkt unmittelbar eine Verringerung der geschuldeten Arbeitszeit, ohne dass es einer Zustimmung des Arbeitgebers zur Änderung der vertraglichen Pflichten bedarf.

(7) Die Gegenleistung des Arbeitgebers (Arbeitsentgelt) bei Reduzierung der Arbeitszeit

aaa) Grundlagen

224 Aus dem TzBfG selbst ergibt sich keine Regelung der Frage, ob und ggf. wie die Gegenleistung des Arbeitgebers (das Arbeitsentgelt des Arbeitnehmers) im Falle der Arbeitszeitverkürzung zu reduzieren ist. § 4 TzBfG enthält insoweit keine Aussagen, sondern nur Schutzbestimmungen zu Gunsten des Arbeitnehmers. Diese sind nicht entsprechend dahingehend auszulegen, dass auch dem Arbeitgeber ein Recht auf Reduzierung seiner von ihm zu erbringenden Gegenleistung zusteht. Denn die gesetzliche Veränderung des Inhalts von Arbeitsverträgen ist die Ausnahme, die ausdrücklich im Gesetz geregelt sein muss; dies ist z.B. durch § 613a BGB geschehen.

225 Als Ansatzpunkt kommt die Überlegung in Betracht, dass im Antrag des Arbeitnehmers, seine Arbeitszeit zu reduzieren, **konkludent ein Angebot an den Arbeitgeber** liegen kann, die Gegenleistung, **das Arbeitsentgelt, entsprechend zu vermindern**. Das ist dann problematisch, wenn der Arbeitnehmer dies ausdrücklich ablehnt und bei seiner Antragstellung im Rechtsstreit eine entsprechende Verringerung der Gegenleistung des Arbeitgebers in Abrede stellt. Reagiert der Arbeitgeber darauf nicht, würde dies zu einer Reduzierung der Arbeitszeit bei vollem Lohnausgleich führen (§ 8 Abs. 5 S. 2 TzBfG).

226 Andererseits ist zu überlegen, ob eine Auslegung des ursprünglichen Arbeitsvertrages zu dem wohl **vom Gesetzgeber als selbstverständlich unterstellten Ergebnis** der Reduzierung der Gegenleistung führt. Nach in der Literatur vertretener Auffassung (*Kelber/Zeißig* NZA 2001, 577 ff.) ist die Reduzierung des Entgeltanspruchs des Arbeitnehmers bereits im ursprünglichen Arbeitsvertrag angelegt. Denn die Arbeitsvertragsparteien vereinbaren im ursprünglichen Arbeitsvertrag i.d.R. keine fixe Gegenleistung, sondern ein Verhältnis zwischen Leistung und Gegenleistung. Die gesamte Gegenleistung wird nur bei Erbringen der gesamten Leistung des Arbeitnehmers versprochen. Leistet der Arbeitnehmer nicht mehr vollständig, so muss der Arbeitgeber die Gegenleistung folglich ebenfalls nicht vollständig erbringen.

227 Teilweise wird auch die Auffassung vertreten, dass eine verdeckte Regelungslücke im bisherigen Vertrag besteht, die durch ergänzende Vertragsauslegung gem. §§ 133, 157 BGB zu schließen ist (*Grobys* DB 2001, 758).

bbb) Einzelfragen

228 Ist ein Stundendeputat für das Arbeitsentgelt nicht ausdrücklich festgesetzt worden, kann entweder der **Durchschnitt** der erbrachten Arbeitsleistung des letzten Jahres herangezogen und dieser ins Verhältnis zur reduzierten Arbeitszeit gesetzt werden mit der Folge einer entsprechenden Verringerung der Vergütung. Hilfsweise könnte auf den Durchschnitt **vergleichbarer Arbeitnehmer** abgestellt oder die gesetzliche Höchstarbeitszeit von 48 Stunden/Woche als Vergleichsmaßstab herangezogen werden.

229 Bei vertraglichen Regelungen Vollzeitbeschäftigter, wonach eine gewisse Anzahl von **Überstunden mit dem Gehalt abgegolten sind**, kann, wenn die Anzahl der Überstunden bei der Vollzeitarbeit festgelegt war, eine Verpflichtung des Teilzeitarbeitnehmers zur Erbringung von entsprechend reduzierten Überstunden angenommen werden. Andererseits sind **Teilzeitarbeitnehmer i.d.R. nicht verpflichtet, Überstunden zu leisten**, weil sie durch die Vereinbarung von Teilzeitarbeit gerade zum Ausdruck gebracht haben, nicht für die volle Arbeitszeit dem Arbeitgeber zur Verfügung stehen zu wollen (s.o. Rn. 85). Wegen weiterer Arbeitsverhältnisse oder familiärer Verpflichtungen ist dies dem Arbeitnehmer häufig auch praktisch gar nicht möglich. Alternativ kann im Rahmen einer derartigen Fallkonstellation bei der Reduzierung der Arbeitszeit auf ein bestimmtes festes Stundendeputat eine anspruchsmindernde Berücksichtigung der bisherigen Überstunden bei der Bemessung des künftigen Teilzeitentgelts erfolgen (*Thür. LAG* 27.1.2004 – 5 Sa 131/02 – EzA-SD 12/04, S. 10).

Andererseits können anwendbare **kollektivrechtliche Regelungen vorsehen**, dass Teilzeitbeschäftigte zuschlagpflichtige Mehrarbeit leisten, »wenn für Vollzeitbeschäftigte zuschlagpflichtige Mehrarbeit vorliegt«, während für Vollzeitbeschäftigte die Überschreitung der tariflich oder betrieblich festgelegten Wochenarbeitszeit maßgebend ist. Danach haben auch **Teilzeitbeschäftigte Anspruch auf Mehrarbeitszuschläge nur bei Überschreitung der tariflich oder betrieblich festgelegten Wochenarbeitszeit**. Solche Regelungen verstoßen nicht gegen das Verbot der Benachteiligung wegen Teilzeitarbeit und den Gleichheitssatz des Art. 3 Abs. 1 GG. Die Tarifvertragsparteien und Betriebspartner dürfen mit den Mehrarbeitszuschlägen darauf abzielen, die Einhaltung der generell festgelegten Arbeitszeit nach Möglichkeit zu gewährleisten und bei Überschreitung einen Ausgleich für die besondere Arbeitsbelastung vorzusehen. Sie müssen nicht den Schutz des individuellen Freizeitbereichs in den Vordergrund stellen (*BAG* 16.6.2004 EzA § 4 TzBfG Nr. 9 = ZTR 2004, 526). 230

Das Recht zur **Privatnutzung eines Dienstfahrzeugs** ist Arbeitsentgelt in Form eines Sachbezugs (*BAG* 23.6.2004 NZA 2004, 1287; s.u. Rn. 1160). Von daher ist § 4 Abs. 1 S. 2 TzBfG (s. dazu Rn. 235) anwendbar. 231
In Betracht kommt eine **Anpassung** der Dienstwagenvereinbarung gem. §§ 133, 157 BGB, wenn die ursprüngliche Vereinbarung als **lückenhaft** angesehen wird. Die Lücke ist durch den hypothetischen Parteiwillen aufzufüllen, z.B. durch eine weitergehende Beteiligung des Arbeitnehmers an den Kosten des Dienstwagens oder durch eine teilweise Entziehung der Nutzungsmöglichkeit. Falls in der Dienstwagenvereinbarung zu Gunsten des Arbeitgebers ein **Widerrufsrecht** vereinbart worden ist, begründet allein die Vereinbarung zukünftiger Teilzeitarbeit kein Recht des Arbeitgebers, deshalb den Widerruf auszuüben. Dies würde gegen §§ 4, 5 TzBfG verstoßen.
Bei künftigen Dienstwagenvereinbarungen sollten auf jeden Fall Regelungen für eine mögliche Arbeitszeitreduzierung getroffen werden. Allerdings wird auch insoweit ein erweitertes einseitiges Widerrufsrecht des Arbeitgebers im Hinblick auf §§ 4, 5 TzBfG nicht unproblematisch sein. Vorzuziehen ist in jedem Fall die **Vereinbarung einer Beteiligung des Arbeitnehmers an den Kosten** (vgl. *Kelber/Zeißig* NZA 2001, 577 ff.).

Provisionsvereinbarungen, die an ein bestimmtes Ziel geknüpft sind, sind i.d.R. nicht betroffen, da ein bestimmter Erfolg geschuldet wird. Ein Bezug zur Arbeitszeit besteht nicht, sodass § 4 TzBfG nicht anwendbar ist. 232

Demgegenüber hat die Reduzierung der Arbeitszeit bei der Vereinbarung der Zahlung von **Tantiemen** einen Einfluss auf den Anspruch. I. d. R. ist eine Tantieme am Gewinn, dem Ertrag oder dem Umsatz des Unternehmens, einer Abteilung oder des Betriebes ausgerichtet, bezogen auf die gesamte zur Verfügung gestellte Arbeitskraft des Arbeitnehmers. Deshalb kommt eine anteilige Reduzierung in Betracht. 233

Gleiches gilt für **Zielvereinbarungen**. Im Einzelfall ist zu ermitteln, ob sie von der Arbeitszeit des Arbeitnehmers abhängig ist oder nicht (vgl. *Kelber/Zeißig* NZA 2001, 581 f.). 234

ee) Benachteiligungsverbote wegen Teilzeit- und befristeter Beschäftigung; Kündigungsverbot (§§ 4, 5, 11 TzBfG)

(1) § 4 TzBfG

§ 4 Abs. 1 S. 1 TzBfG enthält ein dem bisherigen § 2 Abs. 1 BeschFG entsprechendes **Diskriminierungsverbot** (vgl. *Preis/Gotthardt* DB 2000, 2066; *Thüsing* ZTR 2005, 118 ff.); diese Regelung **bleibt auch nach dem 18.8.2006 durch das AGG unberührt** (**§ 2 Abs. 3 AGG**; s.u. Rn. 4961 ff.). § 4 TzBfG schafft insoweit keine neue Rechtslage. Sie **kodifiziert lediglich die zu § 2 BeschFG 1985 ergangene Rechtsprechung** des BAG zur Vergütung Teilzeitbeschäftigter entsprechend der Vergütung eines Vollzeitbeschäftigten. Das Gebot der Gleichbehandlung teilzeit- und vollzeitbeschäftigter Arbeitnehmer nach § 4 Abs. 1 TzBfG i.S. eines einheitlichen Verbots der sachlich nicht gerechtfertigten Benachteiligung wegen der Teilzeitarbeit (*BAG* 5.11.2003 EzA § 4 TzBfG Nr. 6) gilt sowohl für einseitige Maßnahmen als auch 235 für vertragliche Vereinbarungen. Es **konkretisiert den allgemeinen Gleichheitsgrundsatz** des Art. 3 Abs. 1 GG, der auch von untergesetzlichen Normgebern zu beachten ist; geeignete Gründe, die eine Ungleichbehandlung wegen Teilzeit rechtfertigen können, sind vom Arbeitgeber darzulegen (*BAG* 16.1.2003 – 6 AZR 222/01 – EzA-SD 13/03, S. 6 LS = NZA 2003, 972). An diese Regelung sind auch die Tarifvertragsparteien gebunden (*BAG* 18.3.2003 EzA § 4 TzBfG Nr. 4; 5.11.2003 EzA § 4 TzBfG Nr. 6).

236 **Erhalten Teilzeitbeschäftigte für die gleiche Anzahl geleisteter Arbeitsstunden z.B. die gleiche Gesamtvergütung wie Vollzeitbeschäftigte, besteht keine Ungleichbehandlung i.S.d. § 4 Abs. 1 S. 1 TzBfG** (*BAG* 5.11.2003 EzA § 4 TzBfG Nr. 6 = NZA 2005, 222). Der Ausschluss der geringfügig Beschäftigten i.S.d. § 8 SGB IV aus dem Geltungsbereich der AVR und ihrer Anlagen verstößt dagegen beispielsweise gegen diese Regelung (*LAG BW* 7.11.2001 – 2 Sa 36/01); Gleiches gilt für die **Herausnahme von Arbeitnehmern aus tariflichen Vergütungsbestimmungen**, wenn sie regelmäßig nicht mehr als 25 % der durchschnittlichen Wochenarbeitszeit beschäftigt werden (*LAG Düsseld.* 21.12.2006 LAGE § 4 TzBfG Nr. 6 = ArbuR 2007, 186 LS). Auch eine tarifliche Regelung (z.B. § 15b Abs. 1 BAT; jetzt § 11 Abs. 1 TVöD), nach der nur Vollbeschäftigte einen Anspruch auf vorübergehende Verringerung ihrer Arbeitszeit aus familienpolitischen Gründen haben, diskriminiert Teilzeitbeschäftigte (*BAG* 18.3.2003 EzA § 4 TzBfG Nr. 4 = BAG Report 2004, 3). Gleiches gilt für § 23 ETV-Arb (Deutsche Post AG), soweit die zu den in dieser Regelung aufgeführten Stichtagen befristet Beschäftigten für die restliche Laufzeit des befristeten Arbeitsverhältnisses von der Zahlung einer Besitzstandszulage – im Gegensatz zu unbefristet Beschäftigten – ausgeschlossen werden (*BAG* 11.12.2003 EzA § 4 TzBfG Nr. 8). Nichts anderes gilt für eine Tarifregelung, die vorsieht, dass **Zeiten geringfügiger Beschäftigung**, die vor einem bestimmten Stichtag zurückgelegt wurden, **nicht als Beschäftigungszeit** i.S.d. Tarifvertrags **gelten** (*BAG* 25.4.2007 EzA § 4 TzBfG Nr. 12 = NZA 2007, 881; zur Höhe eines Kinderzuschlags zu einer Abfindung im Sozialplan für Teilzeitbeschäftigte s. *LAG Brem.* 27.4.2006 NZA-RR 2007, 68).

237 Eine Tarifvorschrift, die eine **Spätarbeitszulage für Teilzeitbeschäftigte** unter der Voraussetzung gewährt, dass Wechselschicht geleistet wird, während dieses Erfordernis bei Vollzeitbeschäftigten nicht besteht, ist insoweit unwirksam, wenn sich weder aus dem Wortlaut noch dem tariflichen Zusammenhang oder der Tarifgeschichte als Zweck der Zulage ermitteln lässt, die Belastungen der Wechselschicht auszugleichen. Ein solcher sachlicher Grund für eine die Teilzeitbeschäftigten benachteiligende Differenzierung lässt sich für § 5 Abschn. I Ziff. 2 MTV Metall NRW nicht feststellen. Die Unwirksamkeit führt zur uneingeschränkten Wirksamkeit der begünstigenden Regelung. Wird eine Zulage allein an die durch die zeitliche Lage der Arbeit entstehende Erschwernis geknüpft, ist sie für Teilzeitbeschäftigte nicht entsprechend der Teilzeitquote zu kürzen, da die Belastung für Voll- und Teilzeitbeschäftigte gleich ist (*BAG* 24.9.2003 EzA § 4 TzBfG Nr. 5 = NZA 2004, 611 = BAG Report 2004, 38).

Nach z. T. vertretener Auffassung (*LAG SchlH* 30.5.2007 – 5 Sa 59/07 – ArbuR 2007, 405 u. 27.3.2007 – 5 Sa 557/06 – ZTR 2007, 545; *LAG Brem.* 17.7.2007 – 1 Sa 49/07 – ArbuR 2007, 405 LS = ZTR 2007, 614; *LAG Düsseld.* 15.5.2007 ZTR 2007, 615; ebenso *LAG Düsseld.* 2.8.2007 – 5 Sa 682/07 – FA 2008, 23 für ständige Schichtarbeit nach § 7 Abs. 2 TVöD) haben Teilzeitbeschäftigte, deren Arbeitsverhältnis sich nach dem neuen **TVöD** richtet und die ständig Wechselschichtarbeit leisten, Anspruch auf die **volle Zulagenpauschale** nach § 8 Abs. 5 S. 1 TVöD. Eine dem Umfang der Teilzeitbeschäftigung entsprechende anteilige Kürzung der Zulagenpauschale führt danach zu einem Verstoß gegen § 4 Abs. 1 TzBfG (**a.A.** *LAG Hamm* 10.5.2007 – 17 Sa 1890/06 – ZTR 2007, 543; *LAG Bln.-Bra.* 22.6.2007 ZTR 2007, 616; *Peter* ZTR 2007, 646 ff.).

Das *BAG* (24.9.2008 EzA § 4 TzBfG Nr. 15 = NZA 2008, 1422) **ist dem nicht gefolgt**. Den Arbeitnehmern steht nach der tariflichen Regelung vielmehr die beanspruchte Zulage **nur anteilig** entsprechend dem Umfang ihrer verminderten Arbeitszeit zu. Denn die Tarifvertragsparteien des TVöD haben eine von der allgemeinen Regel zur Berechnung der Vergütung Teilzeitbeschäftigter abweichende Vereinbarung für die maßgebliche

Zulage nicht getroffen. Ihre Einschätzung, dass die sich aus der Arbeit ergebenden Erschwernisse einen Teilzeitbeschäftigten im Vergleich zu einem Vollzeitbeschäftigten geringer belasten, überschreitet nicht die Grenzen ihrer autonomen Regelungsmacht. Die tarifliche Zulagenregelung wahrt den Grundsatz, dass einem teilzeitbeschäftigten Arbeitnehmer das Arbeitsentgelt oder eine andere teilbare geldwerte Leistung mindestens in dem Umfang zu gewähren ist, der dem Anteil seiner Arbeitszeit an der Arbeitszeit eines vergleichbaren vollzeitbeschäftigten Arbeitnehmers entspricht. Eine solche Gleichbehandlung gem. dem pro-rata-temporis-Grundsatz schließt eine Diskriminierung des Teilzeitbeschäftigten aufgrund der Teilzeitbeschäftigung aus (*BAG* 24.9.2008 EzA § 4 TzBfG Nr. 15 = NZA 2008, 1422).

Eine tarifliche Regelung, die lediglich **nicht vollbeschäftigtes Reinigungspersonal ohne sachlichen Grund aus dem persönlichen Geltungsbereich ausschließt**, verstößt dagegen trotz der Tariföffnungsklausel in § 3 Abs. 1 BeschFG 1985 (s. jetzt aber § 22 TzBfG) gegen das Diskriminierungsverbot von Teilzeitbeschäftigten (§ 2 Abs. 1 BeschFG 1985, jetzt § 4 Abs. 1 TzBfG). Denn dieses gilt trotz der Öffnungsklausel in § 6 Abs. 1 BeschFG 1985 (s. jetzt aber § 22 TzBfG) auch für die Tarifvertragsparteien. Wegen der Unwirksamkeit der die nicht vollbeschäftigte Reinigungskraft benachteiligenden Regelung kann diese **zeitanteilig** die für das vollbeschäftigte Reinigungspersonal vorgesehene **tarifliche Vergütung verlangen** (»**Anpassung nach oben**«), insbesondere weil tarifvertraglich die anteilige Vergütung von Teilzeitbeschäftigten bestimmt ist (*BAG* 15.10.2003 EzA § 4 TzBfG Nr. 7).

Ein Interessenausgleich, der ohne sachliche Rechtfertigung die **Entfernung von Teilzeitbeschäftigten** aus dem Unternehmen zum Gegenstand hat, verstößt gegen § 4 TzBfG und ist nichtig (*LAG Köln* 31.3.2006 LAGE § 1 KSchG Interessenausgleich Nr. 10).

§ 4 Abs. 1 S. 2 TzBfG enthält darüber hinaus eine Regelung für die zu zahlende Vergütung; das 238
pro-rata-temporis-Prinzip ist **eingeführt** worden. Diese Regelung konkretisiert das allgemeine Benachteiligungsverbot des § 4 Abs. 1 S. 1 TzBfG. Der Arbeitgeber soll Teilzeitbeschäftigten bestimmte Vergütungsbestandteile nicht wegen der Teilzeitarbeit ohne sachlichen Grund versagen können. Die Regelung findet auf **Überstundenvergütungen** keine Anwendung. Bezugsgröße für die Bestimmung der anteiligen Vergütung des Teilzeitbeschäftigten ist danach die Arbeitszeit eines vergleichbaren Vollzeitbeschäftigten. Das ist die **regelmäßige Arbeitszeit**. Diese bestimmt sich nach der vertraglichen Vereinbarung, den anwendbaren Tarifverträgen oder einer betrieblichen Übung (*BAG* 5.11.2003 EzA § 4 TzBfG Nr. 6 = NZA 2005, 222; vgl. dazu *Feldhoff* ZTR 2005, 62 ff.). Dem Teilzeitbeschäftigten soll ein Anspruch auf Arbeitsentgelt oder auch auf andere teilbare Leistungen mindestens in dem Umfang zustehen, der dem Anteil seiner Arbeitszeit an der Arbeitszeit eines vergleichbaren vollzeitbeschäftigten Arbeitnehmers entspricht (vgl. *Richardi/Annuß* BB 2000, 2201; *Hartwig* FA 2001, 35). Eine Ungleichbehandlung aus sachlichen Gründen ist damit in diesem Bereich nicht mehr zulässig. Sie bleibt aber zulässig z.B. hinsichtlich der teilweisen Verrichtung der Arbeit unter gesundheitsschädlichen Bedingungen (*Rolfs* RdA 2001, 131). Wird Teilzeitbeschäftigten ein monatlicher Zuschlag nach Maßgabe einer tariflichen Regelung »zur Anerkennung der Unternehmenszugehörigkeit« **entsprechend dem Verhältnis ihrer tatsächlichen Arbeitszeit zur tariflichen Wochenarbeitszeit gezahlt**, ist dies nicht zu beanstanden. Dieser Zuschlag ist vielmehr eine arbeitszeitabhängige zusätzliche Vergütung für die beim Arbeitgeber geleistete Arbeit (*BAG* 16.4.2003 EzA § 4 TzBfG Nr. 3 = NZA 2004, 991). Die Betriebspartner sind auch berechtigt, die **Höhe von Abfindungen in einem Sozialplan** so zu regeln, dass Teilzeitbeschäftigte sie in dem Umfang erhalten, der dem Anteil ihrer Arbeitszeit an der Arbeitszeit der Vollzeitbeschäftigten entspricht (*BAG* 13.2.2007 EzA § 4 TzBfG Nr. 11 = NZA 2007, 860).

Fraglich ist, welches Arbeitsentgelt Vollzeitbeschäftigter vergleichbar ist. Denn die 239
Arbeitsentgelte auch der vollzeitbeschäftigten Arbeitnehmer, die **gleiche Tätigkeiten** verrichten, können z.B. auf Grund **individualvertraglicher Vereinbarungen** etwa auch in Folge unterschiedlichen Verhandlungsgeschicks der Arbeitnehmer durchaus **unterschiedlich** sein. Einen allgemeinen Grundsatz, wonach immer gleicher Lohn für gleiche

Arbeit zu zahlen ist, gibt es nach der Rechtsprechung des *BAG* (21.6.2000 EzA § 242 BGB Gleichbehandlung Nr. 83) nicht.
Verrichten z.B. drei Arbeitnehmer dieselben Tätigkeiten für 2.500, 3.000 bzw. 2.300 €, so ist fraglich, wie das Entgelt festzusetzen ist, wenn der erste dieser Arbeitnehmer seine Arbeitszeit halbieren möchte.
Möglich wäre die Bestimmung in dem Verhältnis, wie sie der konkret betroffene Arbeitnehmer erhalten hätte, wenn er Vollzeit arbeiten würde (also ausgehend von 2.500 € 1.250 €). Möglich wäre es aber auch, als Vergleichsentgelt das heranzuziehen, das der am niedrigsten vergütete vergleichbare Vollzeitarbeitnehmer erhält (ausgehend von 2.300 € 1.150 €), bzw. die Bildung eines Durchschnitts aus dem Entgelt aller vergleichbarer vollzeitbeschäftigter Arbeitnehmer (2.600 € = 1.300 €).
§ 4 Abs. 1 S. 2 TzBfG findet jedenfalls auf **Überstundenvergütungen keine Anwendung**. Bezugsgröße für die Bestimmung der Höhe der anteiligen Vergütung des Teilzeitbeschäftigten ist nach dieser Vorschrift die Arbeitszeit eines vergleichbaren Vollzeitbeschäftigten. Das ist gem. § 2 Abs. 1 TzBfG die regelmäßige Arbeitszeit. Diese bestimmt sich nach der vertraglichen Vereinbarung, den anwendbaren Tarifverträgen oder einer tatsächlichen Übung (*BAG* 5.11.2003 EzA § 4 TzBfG Nr. 6).

240 **Das Verbot einer ungleichen Behandlung befristet wie unbefristet beschäftigter Arbeitnehmer beim Entgelt nach § 4 Abs. 2 S. 2 TzBfG konkretisiert das allgemeine Benachteiligungsverbot des § 4 Abs. 2 S. 1 TzBfG.** Deshalb können sachliche Gründe eine unterschiedliche Behandlung befristet und unbefristet beschäftigter Arbeitnehmer im Entgeltbereich rechtfertigen (*BAG* 11.12.2003 EzA § 4 TzBfG Nr. 8 = BAG Report 2005, 58).

241 **Lehrer**, deren **befristetes Arbeitsverhältnis** im **laufenden Schuljahr** endet, haben **keinen Anspruch** auf Fortzahlung der Vergütung während anschließender Schulferienzeiten. Denn ihnen wird nicht »wegen« der Befristung ein den unbefristet angestellten Lehrkräften gewährter Vorteil in Form einer bezahlten Freistellung vorenthalten (*BAG* 19.12.2007 EzA § 4 TzBfG Nr. 14 = NZA-RR 2008, 275).

(2) § 5 TzBfG

242 Die in § 5 TzBfG enthaltene Regelung verbietet es, den Arbeitnehmer wegen der Inanspruchnahme von Rechten aus dem TzBfG z.B. bei einem beruflichen Aufstieg zu **benachteiligen**. Wegen § 612a BGB ist die Regelung an sich **überflüssig** (*Lindemann/Simon* BB 2001, 147; *Rolfs* RdA 2001, 131).

(3) § 11 TzBfG

243 Gem. § 11 TzBfG ist eine Kündigung unwirksam, die deshalb erklärt wird, weil sich ein Arbeitnehmer weigert, von einem Vollzeit- in ein Teilzeitarbeitsverhältnis oder umgekehrt zu wechseln. Die Weigerung muss nicht nur äußerer Anlass, sondern tragender Grund für die Kündigung sein (*Preis/Gotthardt* DB 2000, 2069).

244 § 11 TzBfG stellt einen sonstigen Unwirksamkeitsgrund i.S.d. **§ 13 Abs. 3** KSchG dar, muss also innerhalb der 3-Wochen-Frist gem. § 4 KSchG geltend gemacht werden.

245 Unberührt von § 11 TzBfG bleibt das Recht des Arbeitgebers, das Arbeitsverhältnis **aus anderen Gründen** zu kündigen. Das gilt sowohl für die Beendigungs- als auch für die Änderungskündigung z.B. aus anderen dringenden betrieblichen Gründen, die eine Reduzierung der Arbeitszeit erfordern (vgl. *Rolfs* RdA 2001, 132). Fraglich ist allerdings, ob auf Grund der Wertungen in § 8 TzBfG auch weiterhin allein eine **unternehmerische Organisationsentscheidung**, künftig nur noch Teilzeit- oder nur noch Vollzeitkräfte zu beschäftigen, als Kündigungsgrund anzuerkennen ist (s.o. Rn. 168 ff.; dafür *Schiefer* DB 2000, 2121). Erforderlich ist jedenfalls das Vorliegen eines **plausiblen wirtschaftlichen oder unternehmenspolitischen Konzepts i.S. einer Missbrauchskontrolle**, da § 11 TzBfG andernfalls leer laufen würde (*Preis/Gotthardt* DB 2000, 2069; *Dassau* ZTR 2001, 67).

d) Unterschreitung der Arbeitszeit

Die Unterschreitung der Arbeitszeit **muss wegen der** grds. bestehenden **Beschäftigungspflicht des Arbeitgebers vereinbart sein**, kann sich aber auch aus zwingenden Gründen ergeben, z.B. bei der Umstellung des Schichtbetriebes von Winter- auf Sommerzeit. Die Arbeitszeit der betroffenen Nachtschicht verringert sich dann automatisch um eine Stunde, ohne dass der Arbeitgeber in Annahmeverzug gerät. Er muss diese Stunde auch nicht nachholen lassen, wenn der Arbeitnehmer trotz der ausgefallenen Stunden die vereinbarte Zahl an Arbeitsstunden und damit die geschuldete Arbeitsleistung erreicht (*BAG* 11.9.1985 EzA § 615 BGB Nr. 49). Der typische Fall einer Unterschreitung der vereinbarten individuellen Arbeitszeit ist die **Kurzarbeit** (s.u. Rn. 268 ff.). **246**

e) Begrenzung der Arbeitszeit

Neben tariflichen Normen bestehende gesetzliche Begrenzungen der Arbeitszeit folgen aus dem ArbZG, § 8 MuSchG, §§ 8 ff. JArbSchG, §§ 3 ff. LadSchlG (zur geänderten Gesetzgebungszuständigkeit durch Art. 74 Nr. 11 GG n.F. seit dem 1.9.2006 s. *Horstmann* NZA 2006, 1246 ff.; *Kühling* ArbuR 2006, 384 ff.), § 3 SeemG, §§ 169 ff. SGB III (Kurzarbeit) sowie dem Gesetz über die Arbeitszeit in Bäckereien und Konditoreien (vgl. MünchArbR/*Anzinger* § 224 Rz. 1 ff.). Verboten ist nach Maßgabe des ArbZG die Überschreitung der täglichen oder wöchentlichen Höchstarbeitszeit; zulässig ist u.U. eine andere Verteilung der Arbeitszeit (vgl. §§ 3, 7 ArbZG). **247**

f) Anspruch auf Verlängerung der Arbeitszeit nach vorheriger Verringerung?

Will eine Angestellte, deren Arbeitszeit zur Betreuung ihres Kindes wunschgemäß auf die Hälfte der regelmäßigen tariflichen Wochenarbeitszeit verringert worden ist, ihre Arbeitszeit später wieder aufstocken, so bedarf es dazu einer Vereinbarung mit dem Arbeitgeber. Dieser schuldet allerdings nicht schon deshalb die Zustimmung dazu, weil er vor der Verringerung der Arbeitszeit die Angestellte nicht auf die Möglichkeit hingewiesen hat, die Herabsetzung der Wochenarbeitszeit zeitlich zu befristen (*BAG* 13.11.2001 – 9 AZR 442/00 – EzA-SD 11/02, S. 5). **248**

Der insoweit geltend gemachte Anspruch kann im Wege der Leistungsklage verfolgt werden; Klageziel ist es, den Arbeitgeber zu verurteilen, das Angebot des Arbeitnehmers auf Vertragsänderung anzunehmen (*BAG* 13.11.2001 a.a.O.). Ein auf Herbeiführung einer Verlängerung der vertraglich vereinbarten Arbeitszeit gerichteter Klageantrag ist allerdings dann **unzulässig**, wenn die Parteien **auch über die Höhe** der für die verlängerte Arbeitszeit geschuldeten Vergütung **streiten**, Gegenstand des Klageantrags aber nur die Dauer der Arbeitszeit ist (*LAG Düsseld.* 11.8.2006 – 9 Sa 172/06 – EzA-SD 23/06 S. 15 LS = FA 2007, 57). Zu § 9 TzBfG s.o. Rn. 124.

5. Lage der Arbeitszeit

Mit der Festlegung des Zeitpunktes, zu dem die Arbeitszeit am Tage beginnt und endet und zu dem sie durch Pausen zu unterbrechen ist, wird die Leistungspflicht, die durch die Dauer der Arbeitszeit nur umfangmäßig bestimmt ist, endgültig konkretisiert. Die Lage der Arbeitszeit wird aus praktischen Gründen selten durch den Arbeitsvertrag festgelegt; fehlt eine ausdrückliche Regelung, ist i.d.R. im Wege der Vertragsauslegung davon auszugehen, dass dem Arbeitgeber ein Leistungsbestimmungsrecht in den Grenzen des § 106 GewO/§ 315 BGB sowie des ArbZG (Weisungsrecht) eingeräumt ist. **249**

250 ▶ **Beispiel:**
Es entspricht nicht billigem Ermessen, einer aus dem Erziehungsurlaub (jetzt der Elternzeit) zurückkehrenden Mutter mitzuteilen, dass sie ab sofort früher mit der Arbeit anfangen muss, wenn sie wegen der Änderung der Arbeitszeit ihr Kind nicht in den Kindergarten bringen kann (*LAG Nbg.* 8.3.1999 NZA 2000, 263).
Häufig wird die Lage der Arbeitszeit durch Betriebsvereinbarung geregelt (§ 87 Abs. 1 Nr. 2 BetrVG).

251 Die möglichen Gestaltungsformen der Lage der Arbeitszeit reichen von einem einseitigen Gestaltungsrecht des Arbeitnehmers (z.B. bei Telearbeit) bis zu einer minutiösen Festlegung durch den Arbeitgeber. Möglich ist z.B. auch die **»gleitende Arbeitszeit«** (vgl. *Meixner* ZTR 1993, 6 ff.; vgl. zu den Möglichkeiten von mehr Zeitsouveränität *Reichold* NZA 1998, 393 ff.), die den Arbeitnehmer berechtigt, innerhalb einer vorbestimmten Zeitdauer pro Tag (z.B. von 7–18 Uhr) über die Lage der Arbeitszeit selbst zu bestimmen (einfache Gleitarbeitszeit). Er muss die täglich geschuldete Arbeitszeit, z.B. von acht Stunden, dann an jedem Tag in dem Gleitzeitrahmen erbringen.

252 Der Arbeitnehmer kann aber auch ermächtigt werden, die tägliche Arbeitsdauer – in den Grenzen des § 3 ArbZG – in einem festgelegten Rahmen zu verändern (z.B. an bestimmten Tagen länger oder kürzer als 8 Stunden im Gleitzeitrahmen arbeiten) und binnen eines »Ausgleichszeitraums« einen Zeitausgleich vorzunehmen, d.h. »vor-« oder »nachzuarbeiten« (qualifizierte Gleitzeitarbeit). Vorgegeben wird eine Kernarbeitszeit, in der die Anwesenheit des Arbeitnehmers zwingend erforderlich ist und die Gleitzeit, d.h. die Zeitspanne, innerhalb derer der Arbeitnehmer arbeiten darf. Die Abwicklung erfolgt über ein sog. Zeitkonto, auf dem neben der jeweils tatsächlich geleisteten Arbeit die für einen bestimmten Zeitraum geschuldete Arbeitszeit vermerkt wird (vgl. ausf. zu Gleitzeitsystemen *Schüren* ArbuR 1996, 381 ff.).

6. Beginn und Ende der Arbeitszeit

253 Fehlt eine (einzel- oder kollektivvertragliche) Vereinbarung, so beginnt die Arbeitszeit in dem Zeitpunkt, **in dem der Arbeitnehmer entweder die Arbeit aufnimmt oder dem Arbeitgeber die geschuldete Arbeitsleistung vertragsgemäß anbietet, der Arbeitgeber also in der Lage ist, die Arbeitskraft des Arbeitnehmers zur Leistung der Dienste einzusetzen.** Maßgeblich ist der Arbeitsvertrag und im Zweifel die Art der geschuldeten Arbeitsleistung; regelmäßig beginnt die Arbeitszeit mit der Aufnahme der Tätigkeit am Arbeitsplatz (vgl. *Baeck/Deutsch* ArbZG, § 2 Rz. 9 ff.).

254 **Waschen und Umkleiden** sind i.d.R., sofern nichts anderes vereinbart ist, keine zu vergütenden Hauptleistungspflichten des Arbeitnehmers, für die der Arbeitgeber nach § 611 BGB eine Vergütung zu gewähren hätte. Werden diese Tätigkeiten vom Arbeitnehmer verlangt, kann es sich zwar um Dienstleistungen nach § 612 Abs. 1 BGB handeln, diese sind regelmäßig aber nicht nur gegen eine Vergütung zu erwarten (*BAG* 11.10.2000 EzA § 611 BGB Nr. 30 m. Anm. *Walker* SAE 2002, 16; **a.A.** *Adam* ArbuR 2001, 481 ff.). Maßgeblich sind aber andererseits letztlich die **Verhältnisse im Einzelfall.** Zu bejahen ist dies z.B. ausnahmsweise bei einem Model auf einer Modenschau. Gehört das Umkleiden nicht zum Inhalt der geschuldeten Arbeitsleistung, z.B. bei der Tätigkeit eines Kochs, so sind in erster Linie die organisatorischen Gegebenheiten des jeweiligen Betriebes und die konkreten Anforderungen an den Arbeitnehmer maßgebend, wie sie sich aus den betrieblichen Regelungen und Handhabungen tatsächlich ergeben (vgl. auch *Busch* BB 1995, 1690). Im konkret entschiedenen Einzelfall hat das *BAG* (22.3.1995 EzA § 611 BGB Arbeitszeit Nr. 1) dies für einen Koch verneint.

255 Je nach den Umständen kann der Beginn der Arbeitszeit aber auch vorverlegt sein (z.B. auf das Betätigen der Stechuhr vgl. *BAG* 29.4.1982 EzA § 2 AZO Nr. 1) oder auf das *Erreichen der Arbeitsstelle* (im öffentlichen Dienst), sodass die Arbeitszeit nach dem Erreichen bzw. Verlassen des Betriebsgebäudes oder gar -geländes beginnt oder endet (vgl. § 15 Abs. 7 BAT, § 15 Abs. 7 MTB II sowie *BAG* 18.1.1990 EzA § 15 BAT Nr. 1).

Auf Grund einer Änderung der Protokollnotiz zu § 15 Abs. 7 BAT ist seit dem 1.4.1991 davon auszugehen, dass der Begriff der Arbeitsstelle z.B. den Verwaltungs-, Betriebsbereich in dem Gebäude/Gebäudeteil, in dem der Angestellte arbeitet, umfasst. Arbeitsstelle für **Angestellte im öffentlichen Dienst** ist damit z.B. ein Dezernat, eine Abteilung oder eine Station im Krankenhaus (MünchArbR/*Freitag* § 188 Rz. 55 m.w.N.). 256

Jedenfalls der **TVöD** enthält eine § 15 Abs. 7 BAT **entsprechende Regelung nicht mehr**. Daher ist wohl nunmehr i.d.R. der Aufenthalt am Arbeitsplatz und die dort zu erbringende Arbeitsleistung maßgeblich. 257

Bei **Krankenschwestern** stellt die Umkleidezeit z.B. Arbeitszeit i.S.d. BAT (nicht dagegen i.S.d. ArbZG) dar. Das gilt jedenfalls dann, wenn der Arbeitgeber die Arbeit dadurch, dass die Krankenschwestern die Dienstkleidung, die ihnen vom Arbeitgeber unentgeltlich zur Verfügung gestellt und gereinigt wurde und die sie in einem eigens dafür eingerichteten Umkleideraum zu wechseln, während des Dienstes zu tragen haben und nicht mit nach Hause nehmen dürfen, so organisiert hat, dass das Umkleiden als arbeitsvertragliche Verpflichtung anzusehen ist, die nicht irgendwann und irgendwo, sondern unmittelbar an Ort und Stelle zu erfüllen ist (*BAG* 28.7.1994 EzA § 15 BAT Nr. 4). 258

Der Zeitpunkt der **Beendigung der Arbeitszeit** richtet sich nach den gleichen Kriterien. 259

7. Der Sonderfall: Schullehrer

Bei Lehrern an allgemein bildenden Schulen beschreibt die vereinbarte Unterrichtsstundenzahl den zeitlichen Umfang der geschuldeten Arbeitsleistung nur zum Teil. Außerhalb der Unterrichtserteilung geschuldete, jedoch zum Unterrichtsbild des Lehrers gehörende Arbeitsleistungen entziehen sich einer exakten zeitlichen Bemessung. Eine feste Relation zur Zahl der Unterrichtsstunden ist insoweit nicht möglich. Die zeitliche Inanspruchnahme des Lehrers für solche Arbeitsleistungen darf aber nicht unverhältnismäßig sein. **Die Anordnung zusätzlich zum Unterricht zu erbringender Dienste hat billigem Ermessen zu genügen** (*BAG* 20.11.1996 EzA § 2 BeschFG 1985 Nr. 51). 260

Diese Maßstäbe gelten auch, wenn zu prüfen ist, ob durch Inanspruchnahme eines teilzeitbeschäftigten Lehrers für Tätigkeiten außerhalb der Unterrichtserteilung eine Ungleichbehandlung i.S.d. § 4 Abs. 1 S. 1 TzBfG vorliegt (*BAG* 20.11.1996 EzA § 2 BeschFG 1985 Nr. 51; 25.5.2005 NZA 2005, 981 zu § 2 Abs. 1 BeschFG). 261

▶ **Beispiel:** 262

Es liegt keine Ungleichbehandlung i.S.d. § 2 Abs. 1 BeschFG vor (jetzt § 4 Abs. 1 S. 1 TzBfG), wenn ein mit 20 von 26 Wochenstunden Unterricht teilzeitbeschäftigter Lehrer einmal im Jahr eine einwöchige Klassenfahrt durchführt; insoweit besteht nach der zunächst vom *BAG* (20.11.1996 EzA § 2 BeschFG 1985 Nr. 51) vertretenen Auffassung auch kein Anspruch auf die Vergütung einer gleich eingruppierten Vollzeitarbeitnehmerin. Inzwischen vertritt das *BAG* (22.8.2001 EzA § 2 BeschFG 1985 Nr. 66; 25.5.2005 NZA 2005, 981) die gegenteilige Auffassung; teilzeitbeschäftigte Lehrkräfte sind also insoweit wie vollzeitbeschäftigte Lehrkräfte zu vergüten. Leistet der teilzeitbeschäftigte Lehrer also anlässlich einer **ganztägigen Klassenfahrt** Arbeit wie eine Vollzeitkraft, steht ihm ein Anspruch auf **entsprechende Arbeitsbefreiung** unter Fortzahlung der Vergütung oder zusätzliche anteilige Vergütung zu.

Allerdings ist eine Klassenfahrt nicht notwendig insgesamt mit Arbeitsleistung verbunden. Pausen fallen insbesondere an, wenn die Schüler zeitweise nicht beaufsichtigt werden müssen oder mehrere Lehrer einander ablösen können. Die verminderte Heranziehung zu Klassenfahrten stellt keinen Zeitausgleich für einen teilzeitbeschäftigten Lehrer dar; denn dieser arbeitet ggf. bei jeder ganztägigen Klassenfahrt, die an solchen Tagen stattfindet, an denen er nicht entsprechend einer vollzeitbeschäftigten Lehrkraft zu arbeiten hätte, über die geschuldete Arbeitszeit hinaus (*BAG* 25.5.2005 NZA 2005, 981). Eine einem danach bestehenden Anspruch entgegenstehende Tarifnorm ist unwirksam (Nr. 3 SR 2 l I BAT; *BAG* 22.8.2001 EzA § 2 BeschFG 1985 Nr. 66; s. jetzt § 44 Nr. 2 TV-L – Sonderregelung für Lehrkräfte). 263

VI. Befreiung von der Arbeitspflicht

1. Einverständliche Arbeitsbefreiung

264 Im Rahmen der Vertragsfreiheit ist die vorübergehende oder dauernde Befreiung von der Arbeitspflicht sowie die Regelung ihrer Auswirkungen auf die übrigen Rechte und Pflichten aus dem Arbeitsvertrag (§§ 241, 311 Abs. 1 BGB) möglich (vgl. dazu *BAG* 23.1.2008 EzA § 615 BGB 2002 Nr. 22 = NZA 2008, 595; *Beckmann* NZA 2004, 1131 ff.). Eine Arbeitsbefreiung kommt auch auf der Grundlage eines Tarifvertrages in Betracht, wenn der Arbeitgeber insbes. zur Einführung von **Kurzarbeit** ermächtigt wird (vgl. *BAG* 5.3.1974 EzA § 87 BetrVG 1972 Kurzarbeit Nr. 3). Kurzarbeit wird im Übrigen häufig durch Betriebsvereinbarung eingeführt (vgl. *BAG* 4.3.1986 EzA § 87 BetrVG 1972 Arbeitszeit Nr. 17). Eine Ermächtigung des Betriebsrats an den Arbeitgeber, den Kurzarbeitsumfang und den betroffenen Personenkreis eigenhändig zu bestimmen, beinhaltet demgegenüber einen rechtswidrigen Verzicht auf das Mitbestimmungsrecht, sodass eine derartige Betriebsvereinbarung unwirksam ist (*ArbG Marburg* 17.12.1999 NZA-RR 2001, 144). Der Arbeitgeber ist deshalb in einem derartigen Fall verpflichtet, die konkrete Durchführung der Kurzarbeit mit jedem Arbeitnehmer gesondert zu regeln (*ArbG Marburg* 17.12.1999 NZA-RR 2001, 144). Dagegen kann der Arbeitgeber insbes. in betriebsratslosen Betrieben die Kurzarbeit auch **nicht einseitig auf Grund seines Direktionsrechts einführen**; die Meldung der Kurzarbeit gem. §§ 63 ff. AFG (jetzt § 173 SGB III) beim Arbeitsamt ist dafür keine Ermächtigungsgrundlage. Der Arbeitgeber ist dann vielmehr gehalten, mit allen Arbeitnehmern eine Vereinbarung hierüber herbeizuführen bzw. eine außer- oder ordentliche Änderungskündigung auszusprechen. Verweigert ein betroffener Arbeitnehmer die angebotene Kurzarbeitsregelung, so führt dies dazu, dass sein Vergütungsanspruch aus Annahmeverzug bestehen bleibt. Der Anspruch wird auch nicht in der Höhe des bei seiner Zustimmung zur Durchführung der Kurzarbeit zu beanspruchenden Kurzarbeitergeldes gemindert; § 615 S. 2 BGB ist weder unmittelbar noch analog anwendbar (*LAG RhPf* 7.10.1996 ZTR 1997, 141 LS).

265 Abgesehen von der Sonderregelung des § 19 Abs. 1 KSchG (Einführung von Kurzarbeit auf Grund Ermächtigung durch die Arbeitsbehörde) kommt eine Befreiung von der Arbeitspflicht nicht einseitig mittels Weisungsrecht unter entsprechender Lohnminderung durch den Arbeitgeber in Betracht; um den Arbeitgeber in einer derartigen Situation in Annahmeverzug zu setzen, genügt i.d.R. ein **wörtliches Angebot** des Arbeitnehmers nach § 295 BGB (*BAG* 10.10.2006 EzA § 75 BPersVG Nr. 3).

266 Allerdings kann das **Stillschweigen** des Arbeitnehmers auf die rechtswidrige einseitige Weisung des Arbeitgebers zur Durchführung der Kurzarbeit ein **Einverständnis** des Arbeitnehmers beinhalten. Dies gilt jedenfalls dann, wenn der Arbeitnehmer in den Monaten zuvor bereits mehrfach sein Einverständnis mit der Kurzarbeit durch Stillschweigen kundgetan hatte. Sollte der Arbeitnehmer nunmehr mit der erneuten Kurzarbeit nicht einverstanden sein, muss er so widersprechen, dass für den verständigen Arbeitgeber die Weigerung erkennbar wird (*ArbG Marburg* 17.12.1999 NZA-RR 2001, 144).

267 Der Arbeitgeber ist bei Einführung von Kurzarbeit verpflichtet, **dem Arbeitsamt alle für die ordnungsgemäße Berechnung des Kurzarbeitergeldes notwendigen Informationen zu geben**. Eine Pflicht des Arbeitgebers zum **Widerspruch gegen den Bescheid des Arbeitsamtes** zum Bezug von Kurzarbeitergeld besteht gegenüber den betroffenen Arbeitnehmern nur dann, wenn der Bescheid offensichtlich unzutreffend ist oder der Arbeitnehmer die Berechnung des Arbeitsamtes rechtzeitig und substantiiert gerügt hat (*BAG* 30.8.2002 NZA-RR 2003, 328).

a) Anspruch des Arbeitnehmers auf Freistellungsvereinbarung

268 Ein gesetzlicher Anspruch folgt z.B. aus § 629 BGB, §§ 1 ff. PflegezeitG (s.o. Kap. 2 Rn. 361; s. auch u. Rn. 1661 ff.); Tarifnormen sehen (vgl. z.B. § 15 Abs. 1 BAT, § 28 TVöD) für Angestellte die Möglichkeit vor, aus wichtigem Grund **Sonderurlaub** zu erhalten, wenn es die

dienstlichen oder betrieblichen Verhältnisse gestatten. In Betracht kommt dies z.B. zur Erfüllung öffentlich-rechtlicher, familiärer oder sonstiger anerkennenswerter persönlicher Pflichten (z.B. der Betreuung von Kleinkindern; vgl. *BAG* 12.1.1989 EzA § 50 BAT Nr. 1; *ArbG Köln* 19.7.2007 NZA-RR 2008, 49; vgl. auch *LAG Brem.* 15.8.2000 ZTR 2001, 83 zur Freistellung gem. § 50 Abs. 2 BAT für die Teilnahme an einer berufsfördernden Leistung). Gleiches gilt für die Wahl zum **Oberbürgermeister** (*BAG* 8.5.2001 NZA 2002, 160), u.U. auch für die Tätigkeit als wissenschaftlicher Mitarbeiter im Büro einer Bundestagsabgeordneten (vgl. *ArbG Bln.* 3.1.2003 NZA-RR 2004, 51).

Auch ohne ausdrückliche Regelung im Arbeitsvertrag kann sich ein Befreiungsanspruch aus der Fürsorgepflicht des Arbeitgebers (§ 242 BGB) ergeben, soweit nicht ohnehin bereits § 616 S. 1 BGB (s.u. Rn. 1621 ff.) eingreift. Ein entsprechender Anspruch besteht dann, wenn durch das Festhalten an der Arbeitsverpflichtung eine wesentliche Persönlichkeitsbeeinträchtigung droht, der Anlass unvorhersehbar war, der Arbeitnehmer nur mittels der Arbeitsbefreiung in der Lage ist, die Beeinträchtigung abzuwenden und schließlich dem Arbeitgeber der Ausfall der Arbeitsleistung auch zumutbar ist (z.B. mehrwöchige Ausbildung an einem Heim-Dialyse-Gerät, die ein Arbeitnehmer für die Pflege seines erkrankten Ehepartners benötigt; vgl. *BAG* 20.7.1977 EzA § 616 BGB Nr. 11; 7.9.1983 EzA § 626 BGB n.F. Nr. 87). **269**

Den Arbeitnehmer trifft allerdings nach § 242 BGB eine **Hinweis- und ggf. Nachweispflicht** als arbeitsvertragliche Nebenpflicht, um den Arbeitgeber rechtzeitig von der bestehenden Pflichtenkollision zu unterrichten bzw. diese auch nachzuweisen. Dem Arbeitgeber obliegt es, dem Arbeitnehmer rechtzeitig etwa entgegenstehende betriebliche Belange mitzuteilen (*BAG* 7.9.1983 EzA § 626 BGB n.F. Nr. 87). **270**

Der Anspruch kann sich schließlich auch aus dem **Gleichbehandlungsgrundsatz** oder einer **betrieblichen Übung** ergeben. Eine betriebliche Übung besteht insoweit allerdings dann nicht, wenn die Arbeitsbefreiung bislang als eine Annehmlichkeit gedacht war (z.B. Arbeitsbefreiung an den Dienstagen nach Ostern und Pfingsten sowie an Heiligabend, Silvester, Rosenmontag); in diesen Fällen ist das Vertrauen auf die Fortsetzung dieses Verfahrens nicht hinreichend geschützt (s.o. Kap. 1 Rn. 489). **271**

b) Wirkung der Arbeitsbefreiung

Die Arbeitsleistungspflicht des Arbeitnehmers wird infolge der Freistellungsvereinbarung gekürzt (Kurzarbeit) bzw. vorübergehend oder endgültig aufgehoben (*BAG* 23.1.2008 EzA § 615 BGB 2002 Nr. 22 = NZA 2008, 595). **272**

Grds. hat der Arbeitnehmer keinen Anspruch auf **Fortzahlung des Arbeitsentgelts**; die Freistellungsvereinbarung bedarf aber im Zweifel der **Auslegung** (§§ 133, 157 BGB). So wird z.B. mit der Vereinbarung einer unwiderruflichen Freistellung von der Arbeit unter Fortzahlung der Vergütung regelmäßig **kein Rechtsgrund für eine Entgeltzahlungspflicht** des Arbeitgebers geschaffen, die über die gesetzlich geregelten Fälle **der Entgeltfortzahlung** bei krankheitsbedingter Arbeitsunfähigkeit **hinausgeht** (*BAG* 29.9.2004 EzA § 133 BGB 2002 Nr. 4 = NZA 2005, 104). **273**

Wird z.B. für die Zeit der Freistellung das »**Ruhen des Arbeitsverhältnisses**« vereinbart, so bedeutet dies im Regelfall die Suspendierung der gegenseitigen Hauptleistungspflichten, also auch der Lohnzahlungspflicht (*BAG* 10.5.1989 EzA § 16 BErzGG Nr. 2; 7.12.1989 EzA § 4 TVG Metallindustrie Nr. 66). Soll die Freistellungsvereinbarung einen Entgeltanspruch **unabhängig** von den gesetzlichen, tarif- oder arbeitsvertraglichen Voraussetzungen **begründen**, so bedarf dies einer **besonderen Regelung** (*BAG* 23.1.2008 EzA § 615 BGB 2002 Nr. 22 = NZA 2008, 595). **274**

Allerdings darf aus der faktischen Einstellung der wechselseitigen Hauptpflichten nicht ohne weiteres auf eine (konkludente) Ruhensvereinbarung geschlossen werden. **275**

276 Denn grds. ist davon auszugehen, dass der Arbeitnehmer bei fehlender ausdrücklicher Regelung nicht auf den sich aus dem weiter bestehenden Arbeitsvertrag ergebenden Vergütungsanspruch verzichten will (vgl. MünchArbR/*Blomeyer* § 49 Rz. 23).

277 Anstelle des Arbeitsentgelts kann der Arbeitnehmer unter bestimmten Voraussetzungen Bezüge von anderer Seite erhalten, insbes. Kurzarbeitergeld (§§ 169 ff. SGB III). Die **vertraglichen Nebenpflichten** (Wettbewerbsverbote, Unterlassungs-, Verschwiegenheits-, Auskunfts-, Rechnungslegungs- und Herausgabepflichten des Arbeitnehmers sowie die Pflicht des Arbeitgebers zum Schutz der Persönlichkeit des Arbeitnehmers und seines Eigentums; s.u. Rn. 335 ff., 2644 ff.) **bestehen** angepasst an die jeweiligen tatsächlichen Umstände **fort** (vgl. *BAG* 10.5.1989 EzA § 16 BErzGG Nr. 2).

c) Dauer und Beendigung der Freistellung

278 Die Dauer der Freistellung (zeit-, zweckbefristet oder unbefristet) richtet sich grds. nach der Freistellungsvereinbarung.

279 Eine Klausel, in der sich der Arbeitgeber vorbehält, wegen der unsicheren Auftragslage allein zu bestimmen, wann der Arbeitnehmer aus einem unbezahlten Urlaub zurückkehren soll, ist nichtig. Eine solche Vereinbarung ist jedoch in die zulässige Vereinbarung eines unbezahlten Urlaubs für eine bestimmte Zeit umzudeuten, deren Ende sich aus den berechtigten Interessen beider Parteien an dieser Beurlaubung ergibt (*BAG* 13.8.1980 EzA § 9 BUrlG Nr. 11).

280 War die Freistellung infolge Arbeitsmangels veranlasst (z.B. Werksbeurlaubung oder Kurzarbeit), so endet sie automatisch mit Entfallen des Freistellungsgrundes. Die wechselseitigen Hauptleistungspflichten (Arbeits-, Entgeltzahlungspflicht) leben wieder auf (MünchArbR/*Blomeyer* § 49 Rz. 28).

d) Anrechnung anderweitigen Verdienstes?

281 Unterschiedlich wird in der Praxis die Frage beantwortet, ob sich der einvernehmlich freigestellte Arbeitnehmer während der Freistellung erzielte anderweitige Verdienste anrechnen lassen muss (vgl. dazu *Klar* NZA 2004, 576 ff.).

282 Das *LAG SchlH* (20.2.1997 NZA-RR 1997, 286) ist davon ausgegangen, dass für die Zeit einer frei vereinbarten Freistellung ähnlich dem Sonderurlaub grds. kein Vergütungsanspruch des Arbeitnehmers besteht. Wenn einem Arbeitnehmer gekündigt und er zugleich unter Fortzahlung der vereinbarten Vergütung bis zum Ablauf der Kündigungsfrist unter Verzicht auf jede Arbeitsleistung beurlaubt wird, muss er sich danach i.d.R. den innerhalb dieses Zeitraums erzielten anderweitigen Verdienst anrechnen lassen. Die Abbedingung des § 615 S. 2 BGB muss **ausdrücklich vereinbart** werden.

283 Demgegenüber ist das *LAG Hamm* (11.10.1996 NZA-RR 1997, 287 im Anschluss an *BAG* 30.9.1982 – 6 AZR 802/79 – n.v.) bei der gleichen Fallkonstellation davon ausgegangen, dass der Arbeitnehmer mangels einer Regelung der Frage der Anrechenbarkeit vorbehaltlich des Wettbewerbsverbots gem. § 60 HGB eine anderweitige Tätigkeit **ohne Anrechnungsverpflichtung** aufnehmen kann. Mangels einer gegenteiligen Vereinbarung kommt danach eine Anrechnungsverpflichtung auch weder im Wege ergänzender Vertragsauslegung noch durch analoge Anwendung des § 615 S. 2 BGB in Betracht.

e) Die aktuelle Entwicklung: Sozialversicherungsrechtliche Konsequenzen

284 Sozialversicherungsrechtliche Auswirkungen hatte eine Freistellung bislang nur hinsichtlich der Arbeitslosenversicherung. Insoweit ist das *BSG* (25.4.2002 BSGE 89, 243; 18.12.2003 BSGE 92, 74) davon ausgegangen, dass eine einvernehmliche und unwiderrufliche Freistellung eines Arbeitnehmers dessen Arbeitslosigkeit hinsichtlich der Zahlung von Arbeitslo-

sengeld und des Beginns der Sperrzeit nach § 144 Abs. 2 SGB III begründen kann. Im Anschluss daran haben sich die Spitzenverbände der Krankenkassen, der Verband Deutscher Rentenversicherungsträger und die Bundesagentur für Arbeit am 5./6.7.2005 darauf verständigt, dass mit einer einvernehmlichen und unwiderruflichen Freistellung die Sozialversicherungspflicht insgesamt endet (gegen die Rechtmäßigkeit dieses Ergebnisses *Bauer/Krieger* DB 2005, 2242 ff.; krit. auch *Thomas/Weidmann* NJW 2006, 257 ff.; *Bauer* NZA 2007, 412; *Ernst* NZA-RR 2007, 564 f.).

Das hatte insbesondere folgende Konsequenzen (vgl. *Lindemann/Simon* DB 2005, 2462 ff.): 285
- Meldepflicht des Arbeitgebers gem. §§ 28 a ff. SGB IV;
- Wegfall der Arbeitslosenversicherung ohne die Möglichkeit einer freiwilligen Versicherung;
- Wegfall der Rentenversicherung, verbunden allerdings mit der Möglichkeit der freiwilligen Weiterversicherung;
- Wegfall der Kranken- und Pflegeversicherung, verbunden allerdings mit der Möglichkeit der freiwilligen Weiterversicherung.

Um diese Konsequenzen zu vermeiden, wurde (vgl. *Lindemann/Simon* DB 2005, 2462 ff.; 286 s.a. *Knospe* NJW 2006, 3676 ff.) vorgeschlagen, die unwiderrufliche Freistellung eindeutig einseitig anzuordnen oder aber eindeutig widerruflich auszugestalten; Letzteres war allerdings nicht geboten, wenn, wie im Regelfall, mit der bezahlten Freistellung verbliebener Resturlaub realisiert werden sollte. Vorgeschlagen wurde auch (*Ernst* NZA-RR 2007, 564 f.), die Freistellung widerruflich, die Urlaubsgewährung dagegen unwiderruflich zu gestalten.

Das *BSG* (24.9.2008 – B 12 KR 22 u. 27/07; ebenso *LSG RhPf* 21.6.2007 – 5 KR 231/ 287 06 – n.v.; s. dazu *Kramer* DB 2008, 2538) hat diese Auffassung – Wegfall der Sozialversicherungspflicht – aber **ausdrücklich nicht geteilt**, so dass die zuvor dargestellten **Probleme der Vertragsgestaltung zukünftig entfallen**.

2. Freistellung durch einseitige Erklärung des Arbeitgebers und des Arbeitnehmers; tarifliche Regelungen; Schuldrechtsreform

Wegen der synallagmatischen Verknüpfung der Arbeitsleistungspflicht des Arbeitnehmers 288 mit der Lohnzahlungspflicht des Arbeitgebers kommt eine einseitige Freistellung durch den Arbeitgeber **nur in Ausnahmefällen** (z.B. bei der Urlaubserteilung, der Einführung von Kurzarbeit durch Ermächtigung der Bundesagentur für Arbeit [§ 19 KSchG], der vorübergehenden Suspendierung im Arbeitskampf) in Betracht, selbst wenn sie als Möglichkeit für den Arbeitgeber vertraglich z.B. für den Fall der Kündigung ausdrücklich vorgesehen ist (*LAG Hamm* 3.2.2004 – 19 Sa 120/04 – EzA-SD 15/04 S. 12 LS = NZA-RR 2005, 358; vgl. *Beckmann* NZA 2004, 1131 ff.). **Erforderlich ist, dass überwiegende und schutzwürdige Interessen des Arbeitgebers den grundrechtlich geschützten Beschäftigungsanspruch des Arbeitnehmers** (s.u. Rn. 2676 ff.; dort auch zum Rechtsschutz des Arbeitnehmers; vgl. dazu *Beckmann* NZA 2004, 1131 ff.) **ausnahmsweise verdrängen** (*BAG* GS 27.2.1985 EzA § 611 BGB Beschäftigungspflicht Nr. 9; ebenso *LAG Köln* 2.8.2005 LAGE § 103 BetrVG 2001 Nr. 4 u. *Hess. LAG* 11.6.2008 – 18 SaGa 553/08 – ArbuR 2008, 321 LS für ein Betriebsratsmitglied im Rahmen eines Verfahrens gem. § 103 BetrVG; vgl. *Beckmann* NZA 2004, 1131 ff.); **die Ausübung des Freistellungsrechts muss zumindest billigem Ermessen i.S.d. § 106 GewO/§ 315 Abs. 3 BGB entsprechen** (*LAG Hamm* 3.2.2004 – 19 Sa 120/04 – EzA-SD 15/04 S. 12 LS = NZA-RR 2005, 358). Das gilt auch für einen **Insolvenzverwalter**, der den Arbeitnehmer nach Anzeige der Masseunzulänglichkeit wegen fehlenden Beschäftigungsbedarfs freistellt. Die Anordnung ist **unbillig, wenn der Insolvenzverwalter nicht unverzüglich Maßnahmen ergreift, um das Arbeitsverhältnis zum schnellstmöglichen Zeitpunkt zu beenden**. Gleiches gilt dann, wenn der Insolvenzverwalter die Freistellung des Betriebsratsvorsitzenden damit begründet, er habe ohnehin kaum noch Arbeiten für den Betrieb verrichtet, weil dann die Frage der Erforderlichkeit der Betriebsratstätigkeit zu Lasten des Betriebsratsmitglieds auf die insolvenzrechtliche Freistellung verlagert wäre (*LAG Nbg.* 13.9.2005 NZA-RR 2006, 133). Mangels ausdrücklicher Regelung im Arbeitsvertrag und mangels besonderer Umstände kann sich auch der im Rahmen eines Kündigungsschutzprozesses **zur Weiterbeschäftigung verurteilte Arbeitgeber** seiner Beschäftigungspflicht nicht dadurch entziehen, dass er den Arbeitnehmer unter Fortzahlung der Vergütung freistellt (*LAG Bln.* 13.10.2003 – 6 Ta 1968/03 – ZTR 2004, 50 LS).

289 Entscheidend ist, dass der (betriebs-, personen- oder verhaltensbedingte) Suspendierungsgrund als solcher die Freistellung von der Arbeit rechtfertigt bzw. dass dem Arbeitgeber die Weiterbeschäftigung des Arbeitnehmers unzumutbar ist. In Betracht kommt insbes. der Verdacht einer gegen den Betrieb gerichteten Straftat (z.B. Verrat von Betriebsgeheimnissen, vgl. *BAG* 4.6.1964 AP Nr. 13 zu § 626 BGB Verdacht strafbarer Handlungen). Betriebliche bzw. wirtschaftliche Gründe scheiden dagegen i.d.R. aus, weil der Arbeitgeber das Betriebs- und Wirtschaftsrisiko trägt. Die Suspendierung ist insoweit nach Auffassung des *LAG Köln* (20.3.2001 – 6 Ta 46/01) regelmäßig nur aus wichtigem Grund als vorläufig milderes Mittel zur Vermeidung einer sofortigen außerordentlichen Kündigung zulässig.

290 Eine analoge Anwendung des **§ 102 BetrVG** für die Suspendierung als Vorstufe einer Kündigung kommt nicht in Betracht (MünchArbR/*Blomeyer* § 49 Rz. 36; **a.A.** KR-*Wolf* 3. Aufl., Grunds. Rz. 248).

291 Nach Auffassung des *ArbG Frankf.* (19.11.2003 – 2 Ga 251/03 – EzA-SD 9/04, S. 10 LS = NZA-RR 2004, 409; ebenso *ArbG Bln.* 4.2.2005 – 9 Ga 1155/05 – EzA-SD 8/05, S. 11 LS; *ArbG Stuttg.* 18.3.2005 – 26 Ga 4/05 – EzA-SD 14/05, S. 8 LS; *Hümmerich* NZA 2003, 762 f.; **a.A.** *ArbG Frankf. a.M.* 22.9.2005 BB 2006, 1915 LS; wohl auch inzident *LAG Hamm* 3.2.2004 – 19 Sa 120/04 – EzA-SD 15/04 S. 12 LS = NZA-RR 2005, 358) sind allerdings inzwischen nach der **Schuldrechtsreform** vom Arbeitgeber gestellte Freistellungsklauseln, wonach er im gekündigten Arbeitsverhältnis zur Freistellung des Arbeitnehmers unter Fortzahlung der Bezüge berechtigt ist, **i.d.R. nach § 307 Abs. 1 S. 1, Abs. 2 Nr. 1, § 310 Abs. 4 BGB, unwirksam** (s. dazu *Ohlendorf/Salamon* NZA 2008, 856 ff.). Das Gegenteil hat inzwischen das *LAG Köln* (20.3.2006 NZA-RR 2006, 342 = LAGE § 307 BGB 2002 Nr. 9) für eine Klausel angenommen, die festlegt, dass der Arbeitgeber den Arbeitnehmer im Fall der **Kündigung freistellen darf** (**a.A.** *LAG BW* 5.1.2007 LAGE § 1 KSchG Soziale Auswahl Nr. 52b) und dass diese Zeit auf den Resturlaub angerechnet wird mit der Begründung, dass es sich um eine **häufig geübte Praxis** handelt, die auch von der Rechtsprechung anerkannt wird. Jedenfalls ist eine vorformulierte Vertragsklausel, die den Arbeitgeber **einseitig berechtigt**, den Arbeitnehmer für **unbegrenzte Zeit ohne Zahlung** jedweder **Vergütung** von der Erbringung der Arbeitsleistung freizustellen, als **objektive Umgehung des zwingenden Kündigungsschutzes** gem. § 134 BGB nichtig (*ArbG Essen* 5.2.2008 – 2 Ca 3837/07 – EzA-SD 17/2008, S. 9 LS).

292 Möglich sind auch tarifvertragliche Regelungen. Nach § 8a Abs. 7 S. 1 TV Vorruhestand kann z.B. der Südwestrundfunk einen Arbeitnehmer, der das 57. Lebensjahr vollendet und dessen Arbeitsplatz in der Zeit vom 1. Oktober 1998 bis 31. Dezember 2000 wegfällt, unter Fortentrichtung von 75% der Vergütung von der Arbeitspflicht freistellen. Diese Regelung begründet ein einseitiges Suspendierungsrecht der Rundfunkanstalt.

293 Dazu hat das *BAG* (27.2.2002 EzA § 4 TVG Rundfunk Nr. 23 = NZA 2002, 100; s. aber oben Rn. 274 zum Grundsätzlichen) festgestellt:

- Diese Regelung ist rechtswirksam. Sie ist hinreichend bestimmt, weil die Voraussetzungen des Freistellungsrechts in der Norm selbst geregelt sind.
- Die tarifliche Regelung begegnet keinen durchgreifenden Bedenken wegen des Eingriffs in die Berufsausübungsfreiheit des betroffenen Arbeitnehmers (Art. 12 Abs. 1 GG). Der Südwestrundfunk hat für die Zeit bis 31. Dezember 2000 auf betriebsbedingte Kündigung verzichtet. Er hat insoweit eine »Gegenleistung« erbracht.

- Die Freistellungsvoraussetzungen entsprechen den betrieblichen Gründen, die nach § 1 KSchG eine ordentliche Kündigung sozial rechtfertigen können. Indem die Tarifvertragsparteien die Vorschrift als »Kann-Bestimmung« ausgestaltet haben, ist dem Arbeitgeber aufgegeben, über eine Freistellung nach billigem Ermessen zu entscheiden.
- Als bei der Zusammenlegung des Südwestfunks mit einer anderen Rundfunkanstalt Doppelstrukturen abgebaut wurden, hatte der Arbeitgeber bei der Besetzung der geringeren Anzahl der neu eingerichteten Leitungsstellen soziale Gesichtspunkte bei der Ausübung des Auswahlermessens angemessen zu berücksichtigen.

Bei zulässiger Suspendierung des Arbeitsverhältnisses bleibt – ohne ausdrückliche Regelung – der Lohnanspruch aus § 611 BGB grds. bestehen. Das gilt auch dann, wenn die Suspendierungsgründe der Sphäre des Arbeitnehmers entstammen (*BAG* 4.6.1964 AP Nr. 13 zu § 626 BGB Verdacht strafbarer Handlungen; **a.A.** MünchArbR/*Blomeyer* § 49 Rz. 37). Bei unberechtigter Suspendierung gerät der Arbeitgeber stets in Annahmeverzug (§ 615 BGB, vgl. *BAG* 19.4.1990 EzA § 615 BGB Nr. 66).

Der Arbeitnehmer kann das Arbeitsverhältnis auch im Hinblick auf die Suspendierung aus wichtigem Grund kündigen und ggf. Schadensersatz gem. § 628 BGB verlangen (*BAG* 15.6.1972 AP Nr. 7 zu § 628 BGB; vgl. dazu *Beckmann* NZA 2004, 1131 ff.). Ein individualrechtliches Gestaltungsrecht des Arbeitnehmers auf einseitige Suspendierung seiner Arbeitspflicht kommt lediglich im Arbeitskampfrecht (Streik) in Betracht. **294**

3. Gesetzliche Befreiung von der Arbeitspflicht

a) Unmöglichkeit der Arbeitsleistung

Das Leistungsstörungsrecht ist durch das Gesetz zur Modernisierung des Schuldrechts grundlegend neu geregelt worden. Arbeitsverträge, die **nach dem 31.12.2001** geschlossen werden, unterliegen sofort dem neuen Recht. Gem. Art. 229 § 5 S. 1 EGBGB galt zunächst für Schuldverhältnisse, die **vor dem 1.1.2002** entstanden sind, weiter das **bisherige Recht**. Um eine Anpassung zu ermöglichen, sieht Art. 229 § 5 S. 2 EGBGB vor, dass für sie das neue Recht erst **ab dem 1.1.2003** gilt; dies gilt auch für Arbeitsverhältnisse (vgl. *Däubler* NZA 2001, 1330 ff.). **295**

Gem. § 311a Abs. 1 BGB steht es der Wirksamkeit eines Vertrages nicht entgegen, dass der Schuldner gem. § 275 Abs. 1–3 BGB **nicht zu leisten braucht** und das Leistungshindernis **schon bei Vertragsschluss** vorliegt. **296**

Gem. § 275 Abs. 1 BGB ist der Anspruch auf Leistung dann ausgeschlossen, soweit diese für den Schuldner oder für jedermann **unmöglich** ist. Gem. § 311a Abs. 2 BGB kann der Gläubiger nach seiner **Wahl Schadensersatz** statt der Leistung (§ 283 BGB n.F.) oder **Ersatz seiner Aufwendungen** in dem in § 284 BGB vorgesehenen Umfang verlangen. Dies gilt nicht, wenn der Schuldner das Leistungshindernis bei Vertragsschluss nicht kannte und seine Unkenntnis auch nicht zu vertreten hat. Aus § 311a Abs. 2 BGB folgt u.a. die Haftung des Schuldners auf das Erfüllungsinteresse. **297**

Bei **nachträglicher Unmöglichkeit** kommt ein Schadensersatzanspruch gem. § 280 Abs. 1 BGB n.F. dann in Betracht, wenn der Schuldner eine Pflicht aus dem Schuldverhältnis verletzt. Dies gilt aber dann nicht, wenn der Schuldner die Pflichtverletzung **nicht zu vertreten** hat.

Ist dagegen die Leistung zwar **objektiv möglich**, dem betroffenen Arbeitnehmer aber von Anfang an **subjektiv unmöglich**, weil er von vornherein nicht in der Lage ist, die vertraglich geschuldete Arbeitsleistung zu erbringen, z.B. weil er einem anderen Arbeitgeber seine Dienste ebenfalls fest zugesagt hat, so ist seine **Arbeitsverpflichtung wirksam**. Das hat zur Folge, dass der Arbeitnehmer einen durch die Nichtleistung eintretenden Schaden des Arbeitgebers zu ersetzen hat. Ihn trifft eine **Erfüllungshaftung** (*BAG* 27.2.1974 EzA § 306 BGB Nr. 2).

298 Hat der Arbeitgeber die Unmöglichkeit zu vertreten, bleibt der Vergütungsanspruch des Arbeitnehmers erhalten. Ist die Unmöglichkeit von keiner Vertragsseite zu vertreten, entfällt auch der Lohnzahlungsanspruch des Arbeitnehmers (§ 326 Abs. 1 BGB soweit nicht die **Sonderregeln** der **§§ 615, 616 BGB** eingreifen (s.u. Rn. 1452 ff.).

b) Unzumutbarkeit der Arbeitsleistung

299 Die Unzumutbarkeit der Arbeitsleistung kann sich daraus ergeben, dass sich der Arbeitnehmer bei Erfüllung seiner Arbeitspflicht in einem – vom Arbeitgeber vermeidbaren – Gewissenskonflikt befindet, der zu einer Pflichtenkollision führt. In Betracht kommen grundrechtsrelevante Eingriffe in die Menschenwürde oder in Persönlichkeitsrechte des Arbeitnehmers, aber auch ein Fehlverhalten von Arbeitskollegen und Vorgesetzten (s.o. Kap. 1 Rn. 297 ff.).

300 Das *BAG* (20.5.1988 EzA § 1 KSchG Personenbedingte Kündigung Nr. 3) hatte das Leistungsverweigerungsrecht des Arbeitnehmers aus einer **Analogie zu § 616 BGB, § 72 HGB, §§ 228, 904 BGB** abgeleitet. Inzwischen **sieht § 275 Abs. 3 BGB ausdrücklich ein Leistungsverweigerungsrecht vor**, wenn der Schuldner die Leistung persönlich zu erbringen hat, was beim Arbeitnehmer regelmäßig gem. § 613 BGB der Fall ist und sie ihm unter Abwägung des seiner Leistung entgegenstehenden Hindernisses mit dem Leistungsinteresse des Gläubigers nicht zugemutet werden kann.

301 Die Lohnzahlungspflicht des Arbeitgebers besteht weiter, wenn dieser die Pflichtenkollision, z.B. infolge entsprechender Arbeitsanweisungen, zu vertreten hat. Im Übrigen entfällt sie gem. § 326 Abs. 1 BGB. (*Staudinger/Richardi* § 611 Rz. 353).

302 **Beispiele:**

Ein Leistungsverweigerungsrecht kommt beispielsweise in Betracht, wenn:

- Ein Arbeitnehmer Arbeitsleistungen zu erbringen hat, die er **mit seinem Gewissen nicht vereinbaren kann**. Deshalb kann z.B. ein Drucker die Mitarbeit einer Herstellung von **kriegsverherrlichenden Werbebriefen** für Bücher über das Dritte Reich und den Zweiten Weltkrieg aus Gewissensgründen verweigern, wenn der Druckauftrag auf einen anderen Arbeitnehmer übertragen werden kann (*BAG* 20.12.1984 EzA § 1 KSchG Verhaltensbedingte Kündigung Nr. 16).
- Ein in der Arzneimittelforschung tätiger Arzt darf in Anwendung dieser Grundsätze aus Gewissensgründen die Mitarbeit an der Erforschung eines Medikaments ablehnen, das objektiv geeignet ist, die bei atomarer Verstrahlung auftretenden Symptome der Strahlenkrankheit zeitweise zu unterdrücken und daher nach seiner Meinung die **Führbarkeit eines Atomkrieges** positiv beeinflussen kann (*BAG* 24.5.1989 EzA § 611 BGB Direktionsrecht Nr. 3).
- Auch die Erforderlichkeit der **Betreuung von Kindern** kann als entgegenstehendes Hindernis zur vorübergehenden Leistungsverweigerung berechtigen. Können zwei Kinder im Alter von 11 Monaten bzw. 5 Jahren nicht mehr von ihrer Mutter betreut werden, weil deren erneute Schwangerschaft nicht komplikationsfrei verläuft und diese zeitweilig stationär aufgenommen werden muss, indiziert diese Situation die Notwendigkeit der Kinderbetreuung durch den Vater (*LAG Hamm* 27.8.2007 – 6 Sa 751/07 – ArbuR 2008, 117 LS).

4. Annahmeverzug des Arbeitgebers

303 Nimmt der Arbeitgeber die ordnungsgemäß angebotene Leistung nicht an (§§ 293 ff. BGB), indem er den Arbeitnehmer nicht beschäftigt, so kommt der Arbeitgeber nicht nur in Annahmeverzug (s.u. Rn. 1452 ff.), sondern **der Arbeitnehmer wird auch von seiner Arbeitsleistungspflicht befreit.**

Diese Befreiung endet mit der Beendigung des Annahmeverzuges, d.h. sobald sich der Arbeitgeber wieder zur Entgegennahme der Arbeitsleistung bereit erklärt bzw. wenn er die ausgesetzten Mitwirkungshandlungen wieder aufnimmt oder zumutbare Arbeitsanweisungen erteilt. 304

5. Zurückbehaltungsrecht des Arbeitnehmers

a) Grundlagen

§§ 273, 320 BGB (s. jetzt auch § **14 AGG** seit dem 18.8.2006 u. dazu unten Rn. 4961 ff.) sind auch für den Arbeitsvertrag anwendbar. In der arbeitsrechtlichen Praxis wird wegen der Ähnlichkeiten zwischen beiden Vorschriften häufig nicht deutlich unterschieden (vgl. *BAG* 21.5.1992 EzA § 1 KSchG Verhaltensbedingte Kündigung Nr. 43; *Kraft* Anm. zu *BAG* 18.12.1986 EzA § 615 BGB Nr. 53). 305

Es ist im Übrigen allgemein anerkannt, dass Arbeitnehmer ein ihnen jeweils individuell zustehendes allgemeines oder besonderes Zurückbehaltungsrecht wegen eines Rechtsanspruchs auch **gemeinschaftlich ausüben können**, ohne dass es sich um einen betriebsbezogenen Streik handelt (*BAG* 20.12.1963 AP Nr. 32 zu Art. 9 GG Arbeitskampf). 306

Nimmt der Arbeitnehmer zu Unrecht die Voraussetzungen eines Zurückbehaltungsrechts an und verweigert er deshalb seine Arbeitsleistung, so kann dies einen Grund zur außerordentlichen und/oder ordentlichen Kündigung des Arbeitgebers wegen Arbeitsverweigerung darstellen. Denn grds. hat der Arbeitnehmer das Irrtumsrisiko zu tragen (s.u. Kap. 4 Rn. 2206 zur Kündigung). 307

Bei der stets erforderlichen **Interessenabwägung** ist jedoch der Rechtsirrtum des Arbeitnehmers zu beachten. Das hat zur Folge, dass zumindest dann, wenn er sich vor Ausübung des Zurückbehaltungsrechts nach Kräften um die Klärung der Rechtmäßigkeit der Arbeitsverweigerung bemüht hat, eine außerordentliche und/oder ordentliche Kündigung ausscheiden wird (MünchArbR/*Blomeyer* § 49 Rz. 50 ff.). Daneben drohen dem Arbeitnehmer bei unberechtigter Arbeitsverweigerung **Schadensersatzansprüche** des Arbeitgebers gem. § 280 ff. BGB. Bei der Beurteilung des erforderlichen Verschuldens ist der Irrtum aber in gleicher Weise zu beachten (vgl. *Söllner* ZfA 1972, 25 f.). 308

Zu beachten ist, dass das Zurückbehaltungsrecht auch **tatsächlich geltend gemacht werden muss**. Die Einstellung der Tätigkeit allein reicht insoweit nicht aus (zutr. *LAG RhPf* 16.5.2006 LAGE § 320 BGB 2002 Nr. 1). 309

b) Beispiele

Für die betriebliche Praxis sind für die Anwendung der §§ 273, 320 BGB (vgl. ausf. *Dörner* HwB 1990 »Zurückbehaltungsrecht« Rz. 22 ff. m.w.N.) vor allem folgende Fallgestaltungen von besonderer Bedeutung: 310

- Ein Zurückbehaltungsrecht des Arbeitnehmers hinsichtlich der Arbeitsleistung kann dann bestehen, wenn der Arbeitgeber dem Arbeitnehmer **längere Zeit keine zumutbare Arbeit zuweist** und auch für die Zukunft keine konkreten, dem Arbeitsvertrag entsprechenden Arbeitsanweisungen erteilt (*LAG Bln.* 12.3.1999 ARST 1999, 213). 311
- Trotz Weigerung des Arbeitnehmers, rechtmäßigen Festlegungen der Arbeitszeit durch den Arbeitgeber Folge zu leisten, kann die Ausübung des Zurückbehaltungsrechts an der eigenen Arbeitsleistung in Betracht kommen, wenn der Arbeitgeber diese Weigerung zum Anlass für nicht gerechtfertigte Sanktionen nimmt. Das Zurückbehaltungsrecht wird aber durch den Grundsatz der **Verhältnismäßigkeit** beschränkt. Seine Inanspruchnahme ist deshalb nur dann erforderlich, wenn der **Versuch des Arbeitnehmers zur Beilegung** der Auseinandersetzung durch Korrektur des eigenen Verhaltens **ergebnislos** geblieben ist (*LAG Nds.* 3.5.2000 FA 2001, 283 LS). 312

313 ▶ Will der Arbeitgeber eine **Versetzung** (§§ 99, 95 Abs. 3 BetrVG) durchführen, so steht dem betroffenen Arbeitnehmer wegen Nichtbeteiligung des Betriebsrats jedenfalls so lange ein Zurückbehaltungsrecht zu, bis die Maßnahme als vorläufige Maßnahme gem. § 100 BetrVG durchgeführt wird und die Voraussetzungen dieser Norm vorliegen (*BAG* 30.9.1993 EzA § 99 BetrVG 1972 Nr. 118).

314 ▶ **Hilfspolizisten**, die die Verfolgung von Falschparkern für rechtswidrig halten, weil die konkrete Beschilderung objektiv unklar ist, steht kein Leistungsverweigerungsrecht zu. Ihre Weigerung und Kompetenzanmaßung stellt folglich eine Arbeitsverweigerung dar (*ArbG Marburg* 10.7.1998 NZA-RR 1999, 411).

315 ▶ Der Arbeitnehmer kann, sobald er einen **fälligen Lohnanspruch** erworben hat, bei Nichtzahlung des Lohns gem. § 273 Abs. 1 BGB die Fortsetzung der Arbeit verweigern. Gem. **§ 242 BGB** besteht das Zurückbehaltungsrecht aber dann nicht, wenn der Lohnrückstand – zeitlich und/oder dem Umfang nach – verhältnismäßig geringfügig ist (*BAG* 9.5.1996 EzA § 626 BGB n.F. Nr. 161; *LAG RhPf* 16.5.2006 LAGE § 320 BGB 2002 Nr. 1; das ist bei 1,5 Monatsverdiensten bei einer Vollzeitkraft nicht der Fall, *ArbG Hannover* 11.12.1996 EzA § 273 BGB Nr. 6), wenn nur eine **kurzfristige Verzögerung** der Lohnzahlung zu erwarten ist, wenn dem Arbeitgeber ein **unverhältnismäßig hoher Schaden** entstehen würde oder wenn der Lohnanspruch **auf andere Weise gesichert** ist (§ 273 Abs. 3 BGB; *LAG SchlH* 23.11.2004 LAGE § 611 BGB 2002 Abmahnung Nr. 1), z.B. durch Grundpfandrechte. Grds. genügt nur eine schon bestehende Sicherung des Arbeitnehmers, um die Verweigerung der Arbeitsleistung treuwidrig erscheinen zu lassen. Dagegen reicht es nicht aus, dass die Entstehung eines (Sicherungs-)Rechts noch von dem Eintritt weiterer Umstände abhängt. Deshalb kann der Arbeitgeber den Arbeitnehmer vor Eröffnung des Insolvenzverfahrens nicht auf zu erwartende Ansprüche auf Insolvenzgeld verweisen (*BAG* 25.10.1984 EzA § 273 BGB Nr. 3). Der Arbeitnehmer kann sich zur Rechtfertigung seines Fernbleibens auf ein Zurückbehaltungsrecht wegen bestehender Vergütungsrückstände aber nur dann berufen, wenn er das Zurückbehaltungsrecht auch gegenüber dem Arbeitgeber **tatsächlich geltend gemacht** hat, damit dieser von der ihm gem. § 273 Abs. 3 BGB eingeräumten **Abwendungsbefugnis** Gebrauch machen kann (*LAG Köln* 16.3.2001 NZA-RR 2001, 533).

316 ▶ Einem Mitarbeiter in **leitender Funktion**, der die Arbeitsvergütung rund **20 Jahre lang pünktlich und vollständig** erhalten hat, steht kein Zurückbehaltungsrecht an der Arbeitsleistung zu, wenn der Arbeitgeber **einmalig 40% einer Monatsvergütung einbehält**, weil er meint, diesen Betrag nicht zu schulden. In einem solchen Fall ist dem Mitarbeiter nach Treu und Glauben zuzumuten, weiterzuarbeiten und eine gerichtliche Klärung über den streitigen Lohnanspruch herbeizuführen (*LAG Köln* 19.5.1999 ARST 2000, 68).

317 ▶ Die gegenseitigen bereicherungsrechtlichen Ansprüche der Parteien aus einer vom Arbeitnehmer gegen den Willen des Arbeitgebers **erzwungenen Weiterbeschäftigung** (nach Maßgabe des sog. allgemeinen Weiterbeschäftigungsanspruchs), die sich nach der rechtskräftigen Feststellung der Wirksamkeit einer Kündigung gem. §§ 812 ff. BGB ergeben, sind auf Zahlung von Geld gerichtet. Sie können daher durch ein Zurückbehaltungsrecht gem. § 273 BGB mit Ansprüchen des Arbeitgebers in Verbindung gebracht werden, wenn z.B. der Arbeitnehmer dem Arbeitgeber zum Schadensersatz verpflichtet ist aus Nachteilen, die der Arbeitgeber durch die Kündigung vermeiden wollte (*Pallasch* Anm. zu *BAG* 12.2.1992 EzA § 611 BGB Beschäftigungspflicht Nr. 52; *ders.* BB 1993, 2231).

318 ▶ Ausnahmsweise kann auch ein Zurückbehaltungsrecht des Arbeitnehmers in Gestalt einer zulässigen Arbeitsniederlegung **zur Durchsetzung betriebsverfassungsrechtlicher Arbeitgeberpflichten** bestehen, wenn von der Erfüllung oder Nichterfüllung der betriebsverfassungsrechtlichen Pflichten auch die Einzelarbeitsverhältnisse der potentiellen Inhaber des Zurückbehaltungsrechts unmittelbar betroffen sind (z.B. gem. §§ 81–84, 37, 38 BetrVG; vgl. *Söllner* ZfA 1973, 19 f.), oder jedenfalls wenn **schwerwiegende Verstöße gegen die Betriebsverfassung** individuelle Abwehransprüche und damit auch Zurückbehaltungsrechte auslösen (vgl. *BAG* 14.2.1978 EzA Art. 9 GG Arbeitskampf Nr. 22).

- Ein Zurückbehaltungsrecht des Arbeitgebers kann sich aus §§ 273 Abs. 1, 618 Abs. 1 BGB ergeben, wenn der Arbeitgeber die **Arbeitsschutzvorschriften nicht beachtet** (z.B. die Feuerschutzklappen im Gebäude unter Verstoß gegen öffentlich-rechtliche Vorschriften verändert) und wenn dadurch eine Gefahr für Leben und Gesundheit des Arbeitnehmers i.S.d. § 618 Abs. 1 BGB entstanden ist (*BAG* 2.2.1994 EzA § 618 BGB Nr. 10 hinsichtlich eines asbestbelasteten Arbeitsplatzes; krit. dazu *Molkentin/Müller* NZA 1995, 873; *Borchert* NZA 1995, 877), nicht aber dann, wenn der Arbeitsplatz nur im Rahmen des auch außerhalb des Betriebsgeländes Üblichen mit Schadstoffen (PCP, Lindan, Dioxinen, Furanen) belastet ist (*BAG* 8.5.1996 NZA 1997, 821; s.a. unten Rn. 2948 f. und *Molkentin* NZA 1997, 849 ff.). 319
- Eine Arbeitnehmerin kann sich gegenüber der bestehenden Arbeitspflicht nur dann auf eine **Pflichtenkollision wegen der Personensorge** für ihr Kind und damit ein Leistungsverweigerungsrecht (§§ 273, 320 BGB) berufen, wenn unabhängig von der notwendigen Abwägung der zu berücksichtigenden schutzwürdigen Interessen beider Parteien eine unverschuldete Zwangslage vorliegt (*BAG* 21.5.1992 EzA § 1 KSchG Verhaltensbedingte Kündigung Nr. 43). 320
- Ein Zurückbehaltungsrecht des früheren Arbeitgebers kann sich daraus ergeben, dass und solange der Arbeitnehmer der Verpflichtung aus § 74c Abs. 2 HGB nicht nachkommt (*BAG* 2.6.1987 EzA § 74c HGB Nr. 25). 321

Das für **§ 320 BGB** erforderliche **Gegenseitigkeitsverhältnis** ist gegeben zwischen: 322

- der **Karenzentschädigung** des Arbeitgebers nach § 74 HGB und der **Wettbewerbsenthaltung** des Arbeitnehmers;
- dem Anspruch des Arbeitnehmers auf **Fortzahlung des Lohns** (§ 615 BGB) oder auf Zahlung der Karenzentschädigung (§ 74 HGB) und dem Anspruch des Arbeitgebers auf **Auskunft** über den anderweitigen erzielten Erwerb;
- der **Fürsorgepflicht** des Arbeitgebers und dem Anspruch des Arbeitnehmers auf **Zahlung des Lohns** (*BAG* 20.12.1963 AP Nr. 32 zu Art. 9 GG Arbeitskampf).

Kein Gegenseitigkeitsverhältnis besteht zwischen der Auflösung des Arbeitsverhältnisses einerseits und der Zahlung einer Abfindung bei Ausscheiden des Arbeitnehmers andererseits (*BAG* 16.10.1969 AP Nr. 20 zu § 794 ZPO). 323

6. Arbeitsverhinderung aus sonstigen Gründen

Ist der Arbeitnehmer aus tatsächlichen Gründen persönlich an der Arbeitsleistung gehindert, so gewähren zahlreiche arbeitsrechtliche Normen unter bestimmten Voraussetzungen einen Entgeltfortzahlungsanspruch. 324

Die Arbeitspflicht ist in diesen Fällen durch Gesetz ebenso suspendiert wie die Beschäftigungspflicht des Arbeitgebers (vgl. § 616 S. 1 BGB, §§ 2 ff. EFZG, § 37 Abs. 2 BetrVG, §§ 3 Abs. 2, 6 Abs. 1 i.V.m. § 11 MuSchG). 325

7. Ruhen des Arbeitsverhältnisses

Bei der Ausübung staatsbürgerlicher Rechte und Pflichten (vgl. z.B. Art. 48 Abs. 1 GG), bei der Ableistung des Grundwehr- bzw. Zivildienstes, bei Inanspruchnahme der Elternzeit (§§ 15, 16 BEEG) sowie bei Schwangerschaft und nach der Niederkunft, soweit die Krankenkasse zur Zahlung von Mutterschaftsgeld verpflichtet ist (vgl. § 13 MuSchG), ruht das Arbeitsverhältnis und damit auch die Arbeitspflicht des Arbeitnehmers. 326

VII. Durchsetzung des Anspruchs auf Arbeitsleistung

1. Klage auf Erfüllung

Kommt der Arbeitnehmer seiner Verpflichtung zur Arbeitsleistung nicht nach und liegt ein Befreiungsgrund nicht vor, kann ihn der Arbeitgeber auf Erfüllung verklagen (*BAG* 2.12.1965 AP Nr. 27 zu § 620 BGB Befristeter Arbeitsvertrag). Das Rechtsschutzbedürf- 327 nis für die Leistungsklage ist, obwohl die Verurteilung zur Ableistung gem. § 888 Abs. 2 ZPO nicht vollstreckbar ist, gegeben, weil die Klage jedenfalls zu einer Klärung der Rechtslage führt.

328 Die Zwangsvollstreckung ist allerdings dann nicht gem. § 888 Abs. 3 ZPO ausgeschlossen, wenn der Arbeitgeber entgegen § 613 Abs. 1 BGB nicht zur persönlichen Leistung verpflichtet ist, sondern seine Arbeitskraft substituieren kann. In derartigen Fällen ist § 887 Abs. 1 ZPO anwendbar.

329 Mit der Klage auf Erfüllung der Arbeitsverpflichtung kann der Arbeitgeber den Antrag verbinden, den Arbeitnehmer für den Fall, dass er die Arbeitstätigkeit auf Grund der rechtskräftigen Verurteilung nicht binnen einer bestimmten Frist aufnimmt, zur Zahlung einer vom Arbeitsgericht nach freiem Ermessen festzusetzenden Entschädigung zu verurteilen (§ 61 Abs. 2 S. 1 ArbGG).

2. Einstweilige Verfügung; Klage auf Unterlassung anderweitiger Erwerbstätigkeit

330 Im Hinblick auf die i.d.R. fehlende Vollstreckbarkeit ist fraglich, inwieweit eine einstweilige Verfügung zulässig ist, mittels derer der Arbeitnehmer zur Erfüllung seiner Leistungspflicht angehalten werden soll (vgl. *Schäfer* Der einstweilige Rechtsschutz im Arbeitsrecht Rz. 89 ff.).

331 Hat der vertragsbrüchige Arbeitnehmer eine anderweitige Erwerbstätigkeit aufgenommen, so ist eine Klage auf Unterlassung dieser Erwerbstätigkeit unzulässig, weil es sich bei der Unterlassung einer anderweitigen Erwerbstätigkeit zwar um eine Nebenpflicht aus dem Arbeitsvertrag, nicht aber um eine selbstständig einklagbare Hauptpflicht handelt (*Staudinger/Richardi* § 611 Rz. 308; *Schäfer* a.a.O. Rz. 89).

332 Etwas anderes gilt, wenn für den Arbeitnehmer eine **selbstständige Pflicht auf Unterlassung anderweitiger Wettbewerbstätigkeit**, z.B. auf Grund eines vertraglichen Wettbewerbsverbots, besteht, und der Arbeitgeber ein berechtigtes Interesse am Unterbleiben der Arbeitsleistung gerade im Konkurrenzunternehmen hat (*BAG* 17.10.1969 AP Nr. 7 zu § 611 BGB Treuepflicht). Entscheidend ist, dass der Arbeitnehmer im Konkurrenzbetrieb seine Kenntnisse und Fähigkeiten in einem Bereich anwendet, in dem auch sein bisheriger Arbeitgeber tätig ist, sodass dessen Interessen unmittelbar gefährdet sind.

333 Eine Unterlassungsklage gegen einen Dritten, der den vertragsbrüchigen Arbeitnehmer abwirbt und beschäftigt, kommt nur dann in Betracht, wenn eine solche Unterlassungspflicht entweder vertraglich vereinbart ist oder wenn die Voraussetzungen sittenwidrigen Verhaltens (§ 826 BGB) oder unlauteren Wettbewerbs (§ 1 UWG) erfüllt sind. Erforderlich ist, dass der abgeworbene Arbeitnehmer seine Kenntnisse und Erfahrungen zum Vorteil des konkurrierenden Dritten verwertet.

334 Der Anspruch richtet sich gem. § 249 BGB auf **Anordnung eines Beschäftigungsverbots** mit einem bestimmten sachlichen und zeitlichen Umfang, es sei denn, dass der neue Arbeitsvertrag infolge Sittenwidrigkeit nichtig ist und dem Arbeitnehmer deshalb ein entsprechender Beschäftigungsanspruch fehlt (vgl. *BGH* 19.2.1971 AP Nr. 3 zu § 611 BGB Abwerbung).

VIII. Nebenpflichten des Arbeitnehmers

1. Grundlagen

Unter dem Oberbegriff »Nebenpflichten« werden die über die Hauptpflicht des Arbeitnehmers, also die Pflicht zur Arbeitsleistung, hinausgehenden arbeitsvertraglichen Pflichten zusammengefasst. 335
Sie sind darauf gerichtet, die Arbeitgeberinteressen so zu wahren, wie dies unter Berücksichtigung der Stellung des Arbeitnehmers im Betrieb, seiner eigenen Interessen und der Interessen der anderen Arbeitnehmer des Betriebes nach Treu und Glauben billigerweise verlangt werden kann; es geht also zusammengefasst um die **Rücksichtnahme auf die berechtigten Interessen des Vertragspartners** (*LAG Köln* 29.1.2003 NZA-RR 2004, 70).

Der ältere Begriff »**Treuepflicht**«, der eine selbstständig neben der Arbeitspflicht stehende und von dieser unabhängige Verhaltenspflicht bezeichnete, hat heute nur noch **historischen Wert**. 336

2. Rechtsgrundlage

Die Rechtsgrundlage der Nebenpflichten wird teils gesehen 337
- in der personenrechtlichen Gemeinschaftsbindung des Arbeitsverhältnisses;
- im Sozialstaatsprinzip;
- in einem sozialen Schutzprinzip, aus dem sich besondere Rücksichts- bzw. Schutzpflichten des Arbeitgebers – und letztlich auch des Arbeitnehmers – ergeben sollen.

Schließlich wird aus §§ 157, 242 BGB abgeleitet, dass im Arbeitsverhältnis abweichend von allen übrigen Schuldverhältnissen die Persönlichkeit mindestens einer Vertragspartei in einer ganz besonderen Weise in das Schuldverhältnis einbezogen ist. 338

Denn mit der Verpflichtung des Arbeitnehmers, seine Arbeitskraft dem Arbeitgeber zur Verfügung zu stellen, ist i.d.R. auch der Einsatz der eigenen Persönlichkeit verbunden (§ 613 BGB). **Diese Eigenart** des Arbeitsverhältnisses **schlägt sich in den Nebenpflichten der Vertragspartner nieder**, die sich auf die Hauptpflichten beziehen und untereinander nicht in einem Gegenseitigkeitsverhältnis stehen (vgl. MünchArbR/*Blomeyer* § 51 Rz. 12 ff.). 339

3. Arten von Nebenpflichten (Überblick)

Unterschieden werden können einerseits mit der Arbeitspflicht verknüpfte Verhaltensanforderungen **(unselbstständige Nebenleistungspflichten)**. Sie verpflichten den Arbeitnehmer, alles zu unternehmen, damit der vertraglich vereinbarte Leistungszweck auch erreicht wird und alles zu unterlassen, was ihn vereiteln würde. **Ihre Verletzung bedeutet zugleich eine Verletzung der Arbeitsleistungspflicht.** 340

Ferner bestehen darüber hinausgehende **selbstständige Schutzpflichten**. Deren Verletzung kann zwar u.U. Schadensersatzansprüche des Arbeitgebers (§§ 280 ff., 241 Abs. 2 BGB) begründen, sie bedeuten aber nicht zugleich auch eine Verletzung der Arbeitspflicht. 341

Andererseits kann zwischen **Handlungs- und Unterlassungspflichten** unterschieden werden. Praktisch bedeutsame Unterlassungspflichten sind insbes. das Verbot aktiver Konkurrenztätigkeit während des bestehenden Arbeitsverhältnisses, die Verpflichtung zur Wahrung der betrieblichen Ordnung, zum Schutz des Unternehmereigentums, zur Verschwiegenheit über betriebliche Tatsachen sowie weitergehend zur Unterlassung von unternehmensschädlichen Meinungsäußerungen (MünchArbR/*Blomeyer* § 51 Rz. 18 ff.). 342

4. Wettbewerbsverbot

a) Grundlagen; persönlicher Geltungsbereich

343 Gem. § 60 **Abs. 1 HGB** ist einem kaufmännischen Angestellten des Betriebes eines Handelsgewerbes (§§ 1 ff. HGB) im Handelszweig des Arbeitgebers ohne dessen Einwilligung Wettbewerb verboten, soweit der Angestellte und der Arbeitgeber als Wettbewerber auftreten. § 60 HGB beschränkt die Verpflichtung, die als Nebenpflicht aus dem Arbeitsverhältnis zu qualifizieren ist, zum einen auf kaufmännische Angestellte und zum anderen auf die Dauer des Arbeitsverhältnisses.

344 Weil § 60 HGB aber eine Ausprägung der allgemeinen, auf Treu und Glauben gestützten Rücksichtspflicht des Arbeitnehmers (Treuepflicht) darstellt, gelten die in § 60 Abs. 1 HGB enthaltenen Wettbewerbsverbote schlechthin für alle Arbeitnehmer einschließlich der Auszubildenden (§ 10 Abs. 2 BBiG; *BAG* 20.9.2006 EzA § 10 BBiG Nr. 12 = NZA 2007, 977, allerdings unter Berücksichtigung möglicher Unerfahrenheit und Jugend des Auszubildenden) und der Mitarbeiter in freien Berufen analog (*BAG* 16.6.1976 EzA § 611 BGB Treuepflicht Nr. 1; *LAG BW* 28.1.2004 LAG Report 2004, 336). Geschützt werden auch Arbeitgeber, die kein Handelsgewerbe betreiben (*BAG* 26.9.2007 – 10 AZR 511/06 – EzA-SD 24/07, S. 7 LS = NZA 2007, 1436).

345 **Es ist deshalb allen Arbeitnehmern verboten, den unternehmerischen Interessen des Arbeitgebers durch Betreiben eines Gewerbes oder sonstwie zuwiderzuhandeln.** Ob der Arbeitnehmer in dem von ihm betriebenen Gewerbe dem Arbeitgeber tatsächlich Konkurrenz macht, ist unerheblich; es genügt, dass das andere Gewerbe als solches mit den unternehmerischen Interessen des Arbeitgebers kollidiert (*BAG* 17.10.1969 AP Nr. 7 zu § 611 BGB Treuepflicht). Unzulässig ist auch der Abschluss einzelner Geschäfte im Bereich der gewerblichen Tätigkeit des Arbeitgebers, wenn dadurch seinen unternehmerischen Interessen zuwidergehandelt wird, d.h. dass sie gefährdet sind. Es genügt, dass der Arbeitnehmer im Marktbereich des Arbeitgebers Dritten Leistungen erbringt oder auch nur anbietet. Es kommt nicht darauf an, ob der Arbeitgeber diese Leistungen auch erbringt oder anbietet (*LAG Hessen* 28.4.1998 LAGE § 1 KSchG Verhaltensbedingte Kündigung Nr. 65).

346 Ob der Einzelarbeitsvertrag eine entsprechende ausdrückliche Regelung enthält, ist unerheblich (*BAG* 26.1.1995 EzA § 626 BGB n.F. Nr. 155; *LAG RhPf* 12.1.2006 – 11 Sa 476/05 – EzA-SD 11/06 S. 11).

b) Zeitlicher Geltungsbereich

347 Der zeitliche Geltungsbereich wird grds. durch die Dauer, d.h. den rechtlichen Bestand des Arbeitsverhältnisses, nicht dagegen den tatsächlichen Bestand beschränkt (*BGH* 16.11.1954 AP Nr. 1 zu § 60 HGB; *LAG RhPf* 12.1.2006 – 11 Sa 476/05 – EzA-SD 11/06 S. 11).

348 Fraglich ist, ob das Wettbewerbsverbot durch eine unberechtigte Arbeitsverweigerung oder fristlose Kündigung des Arbeitnehmers unberührt bleibt, wenn der Arbeitgeber in dieses Verhalten des Arbeitnehmers nicht eingewilligt hat. Fraglich ist auch, was dann gilt, wenn der Arbeitnehmer von seiner Arbeitspflicht (z.B. bis zum Ablauf der Kündigungsfrist) suspendiert worden ist.

349 Insoweit geht das *BAG* (6.9.2006 EzA § 615 BGB 2002 Nr. 16 = NZA 2007, 37; krit. *Nägele* NZA 2008, 1039 ff.; **a.A.** noch *BAG* 30.5.1978 EzA § 60 HGB Nr. 11) differenzierend davon aus, dass der Arbeitnehmer bei einer unwiderruflichen Freistellung unter dem Vorbehalt der Anrechnung etwaigen Verdienstes regelmäßig davon ausgehen kann, in der Verwertung seiner Arbeitsleistung frei und nicht mehr an das vertragliche Wettbewerbsverbot (§ 60 HGB) gebunden zu sein. Einen abweichenden Willen hat der Arbeit-

> geber in der Freistellungserklärung zum Ausdruck zu bringen. Ist die Freistellungserklärung des Arbeitgebers aber dahingehend auszulegen, dass abweichend von § 615 S. 2 BGB eine Anrechnung anderweitigen Verdienstes nicht erfolgen soll, kann der Arbeitnehmer redlicherweise nicht ohne ausdrückliche Erklärung des Arbeitgebers annehmen, der Arbeitgeber habe auf die Einhaltung des vertraglichen Wettbewerbsverbotes verzichtet (*BAG* 6.9.2006 EzA § 615 BGB 2002 Nr. 16 = NZA 2007, 37; krit. *Nägele* NZA 2008, 1039 ff.).
> Die Bindung an das für die Dauer des rechtlichen Bestandes des Arbeitsverhältnisses bestehende Wettbewerbsverbot besteht in diesen Fällen also **auch dann noch**, wenn der Arbeitgeber eine **außerordentliche Kündigung** ausspricht, deren Wirksamkeit der Arbeitnehmer bestreitet.
> Wettbewerbshandlungen, die der Arbeitnehmer dann im Anschluss an eine unwirksame außerordentliche Kündigung begeht, können einen **wichtigen Grund** für eine **(weitere) außerordentliche Kündigung** bilden, wenn dem Arbeitnehmer unter Berücksichtigung der besonderen Umstände des konkreten Falles ein Verschulden anzulasten ist (*BAG* 25.4.1991 EzA § 626 BGB n.F. Nr. 140; *BGH* 12.3.2003 EzA § 89a HGB Nr. 2; s.u. Kap. 4 Rn. 2250 ff.).

Mit seiner Zustimmung zur vorzeitigen Beendigung des Arbeitsverhältnisses unter erheblicher Aufstockung seiner Versorgungsbezüge wird ein Arbeitnehmer jedenfalls nicht zugleich verpflichtet, sich jeder Konkurrenztätigkeit zu enthalten. Besteht nach Beendigung des Arbeitsverhältnisses kein Wettbewerbsverbot, ist der Arbeitnehmer in der Verwertung seiner beruflichen Kenntnisse und seines redlich erworbenen Erfahrungswissens grds. frei. Solange der ehemalige Arbeitnehmer seine aus dem Arbeitsverhältnis nachwirkende Verschwiegenheitspflicht nicht verletzt, ist er nicht gehindert, sein Erfahrungswissen auch für eine Beschäftigung im Dienst eines Wettbewerbers zu nutzen (*BAG* 15.6.1993 EzA § 74 HGB Nr. 55; krit. und wohl für eine weitergehende Verwertungsbefugnis *BGH* 3.5.2001 EzA § 611 BGB Betriebsgeheimnis Nr. 4). 350

Die Beendigung oder die Suspendierung des Wettbewerbsverbotes bis zur Zeit der gerichtlichen Klärung der Wirksamkeit der streitigen Kündigung kann schließlich **nicht allein** mit der Erwägung begründet werden, **der Arbeitgeber habe mit seiner Kündigung bereits als erster die Treue aufgekündigt** und deswegen brauche sich auch der Arbeitnehmer zunächst nicht mehr an bestehende vertragliche Bindungen zu halten. 351

Demgegenüber geht das *LAG Köln* (4.7.1995 LAGE § 60 HGB Nr. 4; zust. *Gravenhorst* Anm. zu *BGH* 12.3.2003 EzA § 89a HGB Nr. 2) davon aus, dass der Arbeitgeber nach Ausspruch einer vom Arbeitnehmer angefochtenen fristlosen Kündigung Unterlassung von Wettbewerbshandlungen bis zum rechtskräftigen Abschluss des Kündigungsschutzprozesses nur fordern kann, **wenn er ihm hierfür gleichzeitig eine monatliche Entschädigung mindestens in Höhe einer Karenzentschädigung nach §§ 74 ff. HGB anbietet**. Andererseits geht *Schäfer* (Der einstweilige Rechtsschutz im Arbeitsrecht Rz. 109) davon aus, dass der Arbeitgeber, der den Fortbestand des Arbeitsverhältnisses bestreitet, nicht berechtigt ist, seinen Arbeitnehmer an ein Wettbewerbsverbot zu binden, dessen Rechtsgrundlage sich nur aus dem Fortbestand des Arbeitsverhältnisses ergeben kann. 352

> Hat der Arbeitgeber dem Arbeitnehmer dagegen berechtigt fristlos gekündigt und akzeptiert der Arbeitnehmer die Kündigung, so entfällt das Wettbewerbsverbot mit der Beendigung des Arbeitsverhältnisses (*BAG* 9.5.1975 EzA § 628 Nr. 10). 353

Dem Arbeitgeber steht dann ein Auflösungsschadensersatzanspruch gem. § 628 Abs. 2 BGB auch dafür zu, dass er durch die vorzeitige Vertragsbeendigung den Konkurrenzschutz des § 60 HGB verliert (*BAG* 9.5.1975 EzA § 628 BGB Nr. 10; **a.A.** MünchArbR/*Blomeyer* § 52 Rz. 10). 354

355 Überträgt der Arbeitgeber eine bestimmte Abteilung auf einen Betriebserwerber mit der Folge, dass der Arbeitgeber selbst in diesem Bereich nicht mehr auf dem Markt tätig wird, ist ein Arbeitnehmer, der dem Betriebsübergang widersprochen hat und dessen Arbeitsverhältnis daher zum Betriebsveräußerer fortbesteht, gehalten, Konkurrenztätigkeit, die ihm vor dem Betriebsübergang im Verhältnis zum Betriebsveräußerer verboten war, zumindest im Zeitraum des Laufes der (ggf. fiktiven) Kündigungsfrist zu unterlassen. Dies fordert jedenfalls nach Auffassung des *LAG Nbg.* (4.2.2003 LAGE § 613a BGB Nr. 86) die arbeitsvertragliche Treuepflicht, obwohl im Verhältnis zum Betriebserwerber kein Rechtsverhältnis und im Verhältnis zum Arbeitgeber jetzt kein Konkurrenzverhältnis mehr besteht. Das Konkurrenzverbot geht allerdings in der Reichweite nicht über die gegenüber dem ursprünglichen Arbeitgeber bestehenden Pflichten hinaus. Befand sich dieser mit einem Wettbewerber auf Grund einer Absprache nicht in einer Wettbewerbssituation, trifft den Arbeitnehmer auch dann keine Unterlassungspflicht, wenn eine solche Absprache mit dem Betriebserwerber nicht existiert (*LAG Nbg.* 4.2.2003 LAGE § 613a BGB Nr. 86).

c) Gegenstand des Wettbewerbsverbots

aa) Betrieb eines Handelsgewerbes; Vorbereitungshandlungen

356 Verboten ist es, ein Handelsgewerbe zu betreiben (§ 60 Abs. 1 1. Alt. HGB). Im Hinblick auf Art. 12 Abs. 1 GG muss der Wortlaut des § 60 HGB verfassungskonform dahin ausgelegt werden, dass nur der Betrieb eines Handelsgewerbes **im Handelszweig des Arbeitgebers** verboten ist, weil nur insoweit für den Arbeitgeber eine abstrakte Wettbewerbsgefahr besteht (*BAG* 3.5.1983 EzA § 60 HGB Nr. 12).

357 Erforderlich ist das Betreiben eines Unternehmens im eigenen Namen, ohne Rücksicht darauf, ob das für eigene oder fremde Rechnung geschieht; auch eine persönliche Tätigkeit ist nicht erforderlich. Unzulässig ist daher der Eintritt in eine OHG oder KG als persönlich haftender Gesellschafter. Bei einer Beteiligung als Kommanditist kommt es darauf an, ob dem Handlungsgehilfen Geschäfts- und/oder Vertretungsmacht eingeräumt wird. Unzulässig ist ferner die Tätigkeit als gesetzliches Organ einer Handels-Kapitalgesellschaft, da das Organ kraft Gesetzes für die Gesellschaft tätig wird (*BAG* 15.2.1962 AP Nr. 1 zu § 61 HGB).

358 Kein Handelsgewerbe betreibt der Handlungsgehilfe dagegen, wenn er sich an einer **stillen Gesellschaft** beteiligt oder einer Handelsgesellschaft ein **Darlehen** gibt, soweit er nicht in der Gesellschaft für diese maßgeblich tätig wird (MünchArbR/*Blomeyer* § 52 Rz. 18; s.u. aber Rn. 369 ff.).

359 Vorbereitungshandlungen für ein eigenes Handelsgewerbe werden vom gesetzlichen Wettbewerbsverbot nur dann erfasst, wenn sie die aktuellen Geschäftsinteressen des Arbeitgebers gefährden (*BAG* 17.9.1972, 16.1.1975 AP Nr. 7, 8 zu § 60 HGB; 30.5.1978 EzA § 60 HGB Nr. 11).

360 Zulässig ist deshalb die **Anmietung von Räumen**, Einrichtung und Ausstattung der Betriebsstätte, der Abschluss von Gesellschaftsverträgen, die **Anwerbung von Mitarbeitern** (ausgenommen beim eigenen Arbeitgeber), Einholung von Informationen bei Lieferanten, Erfüllung von Formvoraussetzungen, insbes. **Eintragung in das Handelsregister, der Erwerb von Waren und Geräten. Unzulässig ist dagegen das Eindringen in den Kunden-, Lieferanten- und Arbeitnehmerkreis des Arbeitgebers**, auch der Erwerb eines Warenzeichens im Gewerbezweig des Arbeitgebers (vgl. *BAG* 12.5.1972 AP Nr. 6 zu § 60 HGB).

Der Abschluss eines **Franchise-Vertrags** in seiner verkehrstypischen Ausgestaltung zwischen dem Angestellten und einem Konkurrenten seines Arbeitgebers stellt sich **grds.** als **erlaubte Vorbereitungshandlung** dar. Durch einen solchen Vertrag räumt der Franchise-Geber dem Franchise-Nehmer gegen Entgelt (Franchise-Gebühr) das Recht ein, bestimmte Waren und/oder Dienstleistungen unter Verwendung von Name, Marke, Ausstattung usw. sowie der gewerblichen und technischen Erfahrungen des Franchise-Gebers sowie unter Beachtung des von diesem entwickelten Organisations- und Werbesystems zu vertreiben; dabei kann der Franchise-Geber dem Franchise-Nehmer Beistand, Rat und Schulung in technischer und verkaufstechnischer Hinsicht gewähren sowie eine Kontrolle über die Geschäftstätigkeit des Franchise-Nehmers ausüben. Solange der Angestellte auf Grund eines solchen Vertrags für den Konkurrenten (Franchise-Geber) noch nicht tätig wird, verletzt er nicht das gesetzliche Wettbewerbsverbot. Die Zahlung der Franchise-Gebühr durch den Angestellten an den Franchise-Geber vor Beendigung des bisherigen Arbeitsverhältnisses kann nur unter besonderen Umständen als Unterstützung eines Konkurrenten seines Arbeitgebers durch Kapital im Sinne einer Aufbauhilfe angesehen werden (*BAG* 30.5.1978 EzA § 60 HGB Nr. 11). 361

bb) Wettbewerbshandlungen gegen den Arbeitgeber; Vorbereitungshandlungen

Gem. § 60 Abs. 1 2. Alt. HGB sind dem Handlungsgehilfen Wettbewerbshandlungen verboten, die gegen den Arbeitgeber gerichtet sind; die Norm soll dessen Geschäftsinteressen bereits vor einer bloßen Gefährdung durch den Handlungsgehilfen schützen. 362

Unzulässig sind Geschäfte im Handelszweig des Arbeitgebers, das sind solche, die entweder regelmäßig oder doch üblicherweise entsprechend der Art und dem Gegenstand des Unternehmens von diesem tatsächlich betrieben werden. Das Verbot gilt ohne Rücksicht auf ein besonderes Interesse des Arbeitgebers am konkreten Geschäft. 363

Geschäfte machen ist jede, wenn auch nur spekulative, **auf Gewinnerzielung gerichtete Teilnahme am geschäftlichen Verkehr**, die nicht zur Befriedigung eigener privater Bedürfnisse des Handlungsgehilfen erfolgt (*BAG* 15.2.1962 AP Nr. 1 zu § 61 HGB). Unzulässig ist jede Wettbewerbstätigkeit, auch wenn konkret keine Vertragsabschlüsse erfolgen, z.B. Kundenwerbung für ein anderes Unternehmen und sogar vorbereitende Gespräche **(»Vorfühlen«) bei Kunden** für eine spätere eigenständige Geschäftstätigkeit (*BAG* 24.4.1970 AP Nr. 5 zu § 60 HGB), ferner die Vermittlung oder der Abschluss von Handelsgeschäften für Dritte, soweit dies dem Handlungsgehilfen vertragsmäßig obliegt. **Wettbewerbswidrig** handelt auch ein Beschäftigter insoweit dann, wenn er vor dem Ausscheiden aus dem Arbeitsverhältnis unter **Verwendung des Adressenmaterials seines Arbeitgebers ein Verabschiedungsschreiben an die bislang von ihm betreuten und ihm dabei durch ein Vertrauensverhältnis verbundenen Kunden richtet**, wenn er direkt oder indirekt z.B. durch die Angabe seiner privaten Adresse und Telefonnummer auf seine zukünftige Tätigkeit als Wettbewerber oder für einen Wettbewerber hinweist (*BGH* 22.4.2004 NZA 2004, 986 LS = NJW 2004, 2385; krit. dazu *Fischer* FA 2005, 135 ff.). **Zulässig** ist es demgegenüber aber wohl, mit dem **Briefbogen und dem Telefon oder E-Mail des Arbeitgebers**, soweit generell von diesem die Privatnutzung gestattet ist, **sich von bisherigen arbeitsbezogenen Geschäftspartnern in sachbezogener Form zu verabschieden** und sich für die Zusammenarbeit zu bedanken; ist das Arbeitsverhältnis bereits beendet, ist der Arbeitnehmer zudem bei fehlendem nachvertraglichem Wettbewerbsverbot wesentlich freier in der Gestaltung von »Abschiedsbriefen« (*Fischer* FA 2005, 138). Die **Registrierung einer Internet-Domäne** für einen Arbeitnehmer mit einer Bezeichnung, die darauf schließen lässt, dass sie für den Internet-Auftritt eines noch zu gründenden Konkurrenzunternehmens verwendet werden soll, ist ebenso gestattet, wie die unentgeltliche Überlassung einer derartigen Domäne an ein Konkurrenzunternehmen (*LAG Köln* 12.4.2005 – 9 Sa 1518/04 – EzA-SD 19/05 S. 15 LS = NZA-RR 2005, 595). Dagegen ist die **kapitalmäßige Beteiligung** zumindest an einer konkurrierenden GmbH oder stillen Gesellschaft unzulässig (*BAG* 15.2.1962 AP Nr. 1 zu § 61 HGB); selbst die **Kre-** 364

dithingabe an ein fremdes Unternehmen kann je nach den Umständen des Einzelfalles als verbotener Wettbewerb gelten (vgl. MünchArbR/*Blomeyer* § 52 Rz. 22; s. aber oben Rn. 358).

365 **Zulässig sind dagegen Maßnahmen ohne Zielrichtung auf den Wettbewerb**, d.h. ohne spekulative Absicht, z.B. die Befriedigung eigener privater Bedürfnisse und die Anlage eigener Vermögenswerte in Unternehmen, die im Handelszweig des Arbeitgebers tätig sind, soweit damit kein Einfluss auf diese Unternehmen verbunden ist. Ausgenommen sind auch Geschäfte mit dem Arbeitgeber, die der Handlungsgehilfe als Anbieter oder Abnehmer schließt (*BAG* 3.5.1983 EzA § 60 HGB Nr. 12) sowie die (Neben-)Beschäftigung bei einem konkurrierenden Arbeitgeber, soweit der Handlungsgehilfe in dieser Position keine Wettbewerbshandlungen vorzunehmen hat (*BAG* 15.2.1962 AP Nr. 1 zu § 61 HGB). Eine Arbeitnehmerin, die zuvor als **Schuhverkäuferin** mit Personalbefugnis tätig war, betreibt bspw. keine unerlaubte Konkurrenz, wenn sie auf einer anderen Handelsstufe tätig ist, nämlich Geschäfte zwischen Schuhherstellern und Einzelhändlern vermittelt (*BAG* 8.3.2006 EzA § 74 HGB Nr. 67 = NZA 2006, 854).

366 Auch Vorbereitungshandlungen sind zulässig, soweit sie nicht Wettbewerbscharakter haben, z.B. Kontakte mit einem Wettbewerber zwecks Einstellung als Geschäftsführer. Die **Gründung eines Konkurrenzunternehmens** stellt insoweit eine zulässige Vorbereitungshandlung dar, solange dieses nicht eine nach außen wirkende werbende Tätigkeit aufgenommen hat (*LAG Köln* 12.4.2005 – 9 Sa 1518/04 – EzA-SD 19/05 S. 15 LS = NZA-RR 2005, 595).

367 Insgesamt liegt eine verbotswidrige Wettbewerbstätigkeit **erst dann** vor, wenn sie durch **Umfang und Intensität auch grundsätzlich geeignet ist, das Interesse des Arbeitgebers**, unbeeinflusst von Konkurrenztätigkeit in seinem Marktbereich auftreten zu können, **spürbar zu beeinträchtigen**. Einmalige oder nur ganz sporadisch ausgeübte reine Freundschaftsdienste im Marktbereich des Arbeitgebers muss dieser i.d.R. hinnehmen, wenn sie den arbeits- und wertmäßigen Umfang einer geringfügigen Gefälligkeit nicht übersteigen und unentgeltlich durchgeführt werden (*LAG SchlH* 19.12.2006 NZA-RR 2007, 240).

368 Unzulässig ist dagegen die sog. **»Aufbauhilfe«**, d.h. die beratende Unterstützung eines vertragsbrüchigen Kollegen bei einer konkurrierenden Tätigkeit für den in Aussicht genommenen neuen Arbeitgeber, einschließlich der versuchten Abwerbung eines Kollegen oder eines Geschäftspartners des Arbeitgebers, auch wenn diese erfolglos sein sollte (*BAG* 16.1.1975 AP Nr. 8 zu § 60 HGB; 30.1.1963 AP Nr. 3 zu § 60 HGB; vgl. auch *Salger/Breitfeld* BB 2004, 2574 ff.; s. auch *BGH* 22.11.2007 NZA 2008, 177 zur **Direktansprache** am Arbeitsplatz durch einen Personalberater).

cc) Einwilligung des Arbeitgebers

369 § 60 HGB ist dispositiv, sodass die Parteien ausdrücklich oder stillschweigend die Geltung dieser Norm ausschließen können. Eine stillschweigende Einwilligung kann z.B. dadurch erteilt werden, dass der Arbeitgeber Kenntnis von der Konkurrenztätigkeit hat und diese durch Nichteinschreiten duldet.

370 Aus einer bloßen Ermahnung des Arbeitgebers nach Kenntnisnahme von einer unzulässigen Wettbewerbsbetätigung des Handlungsgehilfen, nicht für die Konkurrenz tätig zu werden, kann aber nicht auf eine Einwilligung geschlossen werden (*BAG* 12.5.1972 AP Nr. 6 zu § 60 HGB).

371 Die Einwilligung wird – beschränkt auf den Betrieb eines Handelsgewerbes – gesetzlich unwiderleglich **vermutet**, wenn dem Arbeitgeber schon bei der Einstellung des Handlungsgehilfen **positiv bekannt** war, dass dieser ein Handelsgewerbe betreibt oder die Aufgabe des Betriebs nicht ausdrücklich vereinbart (§ 60 Abs. 2 HGB).

Nach Auffassung des *LAG Bln.* (23.6.1991 NZA 1991, 674) kann ein für das frühere Bundesgebiet einschließlich West-Bln. vereinbartes Wettbewerbsverbot im Wege ergänzender Vertragsauslegung nunmehr auf das gesamte Gebiet der BRD erstreckt werden. 372

dd) Beendigung des Arbeitsverhältnisses; nachvertragliches Wettbewerbsverbot

Nach Beendigung des Arbeitsverhältnisses unterliegt der Arbeitnehmer grds. keiner Wettbewerbsbeschränkung. Der Arbeitnehmer kann also dann im **Rahmen der allgemeinen gesetzlichen Vorschriften zu seinem Arbeitgeber in Wettbewerb treten** (*BAG* 7.9.2004 – 9 AZR 545/03 – EzA-SD 25/04 S. 7 = NZA 2005, 105). Auch eine **nachvertragliche Verschwiegenheits-** sowie eine nachvertragliche **Treuepflicht** des Arbeitnehmers begründen für den Arbeitgeber i.d.R. gegen den ausgeschiedenen Arbeitnehmer **keine Ansprüche auf Unterlassung von Wettbewerbshandlungen** (*BAG* 15.6.1993 EzA § 74 HGB Nr. 55; 19.5.1998 EzA § 74 HGB Nr. 61; vgl. dazu *Wertheimer* BB 1999, 1600 ff.). Die Wettbewerbstätigkeit des Arbeitnehmers kann aber für diese Zeit durch eine vertragliche Vereinbarung eingeschränkt werden. 373

Dabei tragen §§ 74–75 f. HGB durch die Verpflichtung des Arbeitgebers zur Zahlung einer Entschädigung dafür Sorge, dass es zu einem billigen Ausgleich zwischen dem Interesse des Arbeitgebers an der ungestörten Entwicklung des Unternehmens (Art. 12, 14 GG) und dem des Arbeitnehmers an der freien Entfaltung seiner Arbeitskraft (Art. 12 GG) kommt; s.u. Kap. 9 Rn. 95 ff. 374

§§ 74 ff. HGB sind auch auf Arbeitnehmer, die nicht kaufmännische Angestellte sind, entsprechend anwendbar (*BAG* 13.9.1969 EzA § 74 HGB Nr. 10). 375

ee) Wettbewerbsverbot mit einem freien Mitarbeiter

§§ 74 ff. HGB gelten (insbes. §§ 74b Abs. 2, 75 a HGB) auch für freie Mitarbeiter, jedenfalls dann, wenn sie wirtschaftlich abhängig sind, es sich also um arbeitnehmerähnliche Personen handelt (*BAG* 21.1.1997 EzA § 74 HGB Nr. 59; *LAG Köln* 2.6.1999 NZA-RR 2000, 19 und 2000, 65). 376

Wird mit einem freien Mitarbeiter vereinbart, er dürfe nicht für ein Unternehmen tätig sein, das mit dem Vertragspartner in Wettbewerb stehe, ist es ihm nicht verwehrt, für ein anderes Unternehmen tätig zu werden, dessen Produktions- oder Dienstleistungsangebot sich nicht mit dem des Vertragspartners überschneidet (*BAG* 21.1.1997 EzA § 74 HGB Nr. 59). 377

d) Rechtsfolgen des Wettbewerbsverstoßes

aa) Grundlagen

Zwar führt ein Verstoß gegen § 60 Abs. 1 HGB nicht zur Nichtigkeit verbotswidrig abgeschlossener Rechtsgeschäfte gem. § 134 BGB. Gem. § 61 Abs. 1 HGB kann der Arbeitgeber aber entweder Schadensersatz oder Selbsteintritt verlangen. Zur Vorbereitung seiner Wahl kann er zudem gem. § 242 BGB Auskunft und Rechnungslegung verlangen, wenn er in entschuldbarer Weise über den bestehenden Umfang seines Rechts im Ungewissen ist, während der Verpflichtete unschwer Auskunft erteilen kann. 378

Arbeitgeber, die kein Handelsgewerbe betreiben, können **analog § 61 Abs. 1 HGB** die einem Prinzipal bei einem Wettbewerbsverstoß eines Handlungsgehilfen zustehenden Ansprüche geltend machen (*BAG* 26.9.2007 EzA § 61 HGB Nr. 4 = NZA 2007, 1436).

Voraussetzung ist, dass eine **hinreichende Wahrscheinlichkeit** für eine Verletzung des Konkurrenzverbotes besteht und der Arbeitgeber das darlegt (*BAG* 12.5.1972 AP Nr. 6 zu § 60 HGB). Der Handlungsgehilfe hat dann alle Angaben zu machen, die für die Beurteilung des Vorliegens der Voraussetzungen für eine etwaige Schadensersatzforderung bzw. ein Eintritts- 379 recht erheblich sein können (z.B. darüber, mit welchen Firmen mit welchem Inhalt und zu welchen Preisen er in geschäftliche Beziehungen getreten ist).

bb) Schadensersatzanspruch

(1) Vertragsverletzung i.V.m. § 60 Abs. 1 HGB

380 Der Schadensersatzanspruch des Arbeitgebers folgt aus der Vertragsverletzung des Handlungsgehilfen i.V.m. § 60 Abs. 1 HGB.

381 Der Anspruch bestimmt sich nach Maßgabe der §§ 276, 280 Abs. 1, 282 analog, 252 BGB. Zu ersetzen ist der adäquat-kausal dem Arbeitgeber entstandene Schaden, insbes. der entgangene Gewinn, wenn er das Geschäft selbst gemacht hätte.

382 Dazu gehören z.B. auch die **Gehaltsaufwendungen** für diejenigen Arbeitnehmer, die der Arbeitgeber zur Aufdeckung und Verhinderung weiterer Wettbewerbsverstöße sowie zur vorübergehenden Vertretung des fristlos entlassenen Handlungsgehilfen eingesetzt hat (*BAG* 24.4.1970 AP Nr. 5 zu § 60 HGB). Der Arbeitgeber muss sich jedoch im Wege der **Vorteilsausgleichung** anrechnen lassen, was er infolge der fristlosen Kündigung an Gehalt einspart.

(2) § 826 BGB, § 1 UWG

383 Schadensersatzansprüche des Arbeitgebers gegen den Handlungsgehilfen und gegen beteiligte Dritte können sich auch aus § 826 BGB, § 1 UWG ergeben, sofern eine zusätzliche sittenwidrige Schädigung des Arbeitgebers beabsichtigt war.

cc) Eintrittsrecht

384 Durch das Eintrittsrecht des § 61 Abs. 1 2. Hs. HGB kann der Arbeitgeber verlangen, dass der Handlungsgehilfe die verbotswidrig für eigene Rechnung gemachten Geschäfte als für Rechnung des Arbeitgebers eingegangen gelten lässt und die aus den Geschäften für fremde Rechnung bezogene Vergütung herausgibt oder seinen Anspruch auf die Vergütung abtritt.

385 Damit soll der wirtschaftliche Erfolg des Rechtsgeschäfts auf den Arbeitgeber überführt werden, sodass die Stellung und Interessen Dritter nicht berührt werden. Der Arbeitgeber muss hinsichtlich des unerlaubten Betreibens eines Handelsgewerbes sein Eintrittsrecht **einheitlich ausüben**, also bezogen auf das Handelsgewerbe insgesamt, und kann sich nicht auf einzelne Rechtsgeschäfte beschränken (*BAG* 15.2.1962 AP Nr. 1 zu § 61 HGB). Handelt es sich um ein unerlaubtes Konkurrenzgeschäft und ist dieses bereits abgewickelt, so gelten **§§ 667, 671 Abs. 1 BGB** (Herausgabeanspruch auf den erzielten Gewinn, Kündigungsrecht) analog.

386 Besteht das verbotswidrige Geschäft in einer Beteiligung an einer konkurrierenden Gesellschaft, entfällt das Eintrittsrecht, weil damit in **Rechte Dritter** eingegriffen würde (*BAG* 15.2.1962 AP Nr. 1 zu § 61 HGB).

387 Bei Ausübung des Eintrittsrechts kann der Handlungsgehilfe entsprechend § 670 BGB Ersatz der Aufwendungen verlangen, die er für das Geschäft gemacht hat oder künftig noch machen muss. Eine Vergütung für seine eigene Tätigkeit kann er dagegen nicht verlangen, es sei denn, dass im Arbeitsvertrag ein Anspruch auf Provision wegen Vermittlung eines Geschäfts vorgesehen ist (MünchArbR/*Blomeyer* § 52 Rz. 37).

dd) Verjährung

Die Verjährungsfristen des § 61 Abs. 2 HGB (drei Monate ab Kenntnis des Arbeitgebers, jedoch maximal fünf Jahre ab dem Geschäftsabschluss) erfassen alle Ansprüche des Arbeitgebers aus dem Wettbewerbsverstoß ohne Rücksicht auf die Rechtsgrundlage einschließlich etwaiger Unterlassungsansprüche, sowie konkurrierender Schadensersatzansprüche aus einer unerlaubten Handlung nach § 823 BGB oder wegen einer vorsätzlichen sittenwidrigen Schädigung nach § 826 BGB (*BAG* 11.4.2000 EzA § 61 HGB Nr. 3). Gleiches gilt für Ansprüche von Arbeitgebern, die kein Handelsgewerbe betreiben (*BAG* 26.9.2007 EzA § 61 HGB Nr. 4 = NZA 2007, 1436). 388

Ausgenommen sind aber Ansprüche, die nicht aus dem Wettbewerbsverbot resultieren, z.B. auf eine nicht abgeführte Provision aus einem Geschäft, das zufällig zugleich gegen das Wettbewerbsverbot verstößt oder Ersatzansprüche aus einer pflichtwidrigen Verfügung des Handlungsgehilfen über das Betriebsvermögen des Arbeitgebers (*BAG* 22.8.1966 AP Nr. 3 zu § 687 BGB; 11.8.1987 EzA § 611 BGB Arbeitnehmerhaftung Nr. 43). 389

Die Verjährungsfrist wird durch Klageerhebung gehemmt (§ 204 Abs. 1 Nr. 1 BGB), auch durch Erhebung einer Stufenklage, gerichtet zunächst auf Auskunft, sodann auf den Anspruch aus § 61 Abs. 1 HGB. Die Unterbrechung endet dann aber spätestens, wenn der Handlungsgehilfe die Auskunft erteilt und die Richtigkeit und Vollständigkeit ihres Inhalts eidesstattlich versichert hat. Mängel der Auskunft sind insoweit unerheblich (*BAG* 28.1.1986 EzA § 61 HGB Nr. 2). 390

§ 61 Abs. 2 HGB gilt auch für das unerlaubte Betreiben eines Handelsgewerbes i.S.v. § 60 Abs. 1 1. Alt. HGB (*BAG* 16.1.1975 EzA § 60 HGB Nr. 8; **a.A.** *LAG BW* 28.1.2004 LAG Report 2004, 336); fraglich ist allerdings, ob sich die Verjährung auf alle im Rahmen des unzulässig betriebenen Handelsgewerbes getätigten Geschäfte bezieht, oder ob sie nur jeweils für das einzelne Geschäft eintritt. 391

Nach Auffassung von *Blomeyer* (MünchArbR § 50 Rz. 41; **a.A.** GK-HGB/*Etzel* § 61 Rz. 14) ergibt sich aus dem Wortlaut des § 61 Abs. 2 HGB sowie der Tatsache, dass ein Schaden erst auf Grund der einzelnen Geschäftsabschlüsse entstehen und beziffert werden kann, sowie, dass auch das Eintrittsrecht nur auf einzelne Geschäftsabschlüsse zielt, dass die **Verjährung nur jeweils für das einzelne Geschäft eintritt**. 392

ee) Weitere Rechtsfolgen der Verletzung des Wettbewerbsverbotes

Sind weitere Verletzungen des Wettbewerbsverbotes zu befürchten, kann der Arbeitgeber **Unterlassungsansprüche** geltend machen. U. U. kommt auch die (außerordentliche oder ordentliche) **Kündigung** des Arbeitsverhältnisses in Betracht. 393

► **Beispiel:** 394
Überreicht eine in einer Klinik beschäftigte Krankenschwester, die nebenberuflich ohne Kenntnis des Arbeitgebers eine Heilpraktikerpraxis betreibt, anlässlich eines dienstlichen Kontakts einem Patienten eine Visitenkarte mit der Anschrift ihrer Praxis und empfiehlt sie diesem im Rahmen einer sich anschließenden Behandlung in ihrer Praxis, die ihm in der kardiologischen Abteilung der Klinik ihres Arbeitgebers verordneten Medikamente abzusetzen und einen Operationstermin zu verschieben, so liegt ein wichtiger Grund i.S.d. § 626 Abs. 1 BGB vor. Es kommt nicht darauf an, ob sich der Gesundheitszustand des Patienten hierdurch verschlechtert hat (*LAG Köln* 11.9.1996 ZTR 1997, 90).

Demgegenüber ist eine **Gehaltskürzung** des bereits verdienten Gehalts **unzulässig**, weil insoweit ein vertraglicher Anspruch besteht, der durch den Wettbewerbsverstoß nicht ausgeschlossen oder reduziert wird (*BGH* 19.10.1987 BB 1988, 88). 395

ff) Rechtsfolgen bei anderen Arbeitnehmern

396 **§ 61 Abs. 1 HGB** kann im Gegensatz zu § 60 HGB **nicht für alle Arbeitnehmer**, die nicht Handlungsgehilfen sind, analog angewendet werden (*BAG* 21.10.1970 AP Nr. 13 zu § 242 BGB Auskunftspflicht). Allerdings besteht ein Herausgabeanspruch des Arbeitgebers gem. § 687 Abs. 1 i.V.m. §§ 681 S. 2, 667 BGB.

397 **Auch § 61 Abs. 2 HGB ist nicht analog anwendbar.** Das *BAG* (16.1.1975 EzA § 60 HGB Nr. 8) ist davon ausgegangen, dass der Gerechtigkeitsgehalt der Vorschrift nicht überzeugt.

e) Gerichtliche Geltendmachung

398 Neben einer Klage des Arbeitgebers auf Unterlassung weiteren Wettbewerbs sowie auf Schadensersatz kommt auch eine einstweilige Verfügung auf Unterlassung von Wettbewerb in Betracht, wenn durch die verbots- bzw. vertragswidrige Tätigkeit dem (bisherigen) Arbeitgeber wesentliche Nachteile zu entstehen drohen, **denen er im Hauptsacheverfahren nicht wirksam begegnen kann** (*Schäfer* Der einstweilige Rechtsschutz im Arbeitsrecht Rz. 115). Das hat das *ArbG Düsseld.* (21.1.2000 NZA-RR 2001, 248) z.B. in einem Fall bejaht, in dem ein Arbeitnehmer zunächst ordentlich gekündigt hatte mit der Ankündigung, **nach Ablauf der Kündigungsfrist zu einem Konkurrenzunternehmen zu wechseln,** und kurze Zeit später eine wegen Fehlens eines wichtigen Grundes unwirksame fristlose Kündigung erklärt hatte. Denn dann ist ohne weiteres zu vermuten, dass der Arbeitnehmer beabsichtigt, schon vor Ablauf der ordentlichen Kündigungsfrist bei dem Konkurrenzunternehmen seine Tätigkeit aufzunehmen.

5. Wahrung des Betriebsfriedens und der betrieblichen Ordnung

a) Grundlagen

399 Die Verpflichtung des Arbeitnehmers, sich innerhalb des Betriebs ordnungsgemäß zu verhalten, folgt zum einen unmittelbar aus der Arbeitspflicht, soweit es um die Erfüllung der versprochenen Dienste geht. Hinsichtlich der Ordnung und des Verhaltens im Betrieb folgt sie aus der dem Arbeitsverhältnis immanenten Rücksichts- bzw. Schutzpflicht (Nebenpflicht) gem. § 242 BGB.

400 Die mit der Erfüllung der Arbeitspflicht zusammenhängenden Verhaltensanforderungen kann der Arbeitgeber durch Arbeitsanweisungen auf der Grundlage seines Direktionsrechts (s.o. Kap. 1 Rn. 492 ff.) konkretisieren.

401 **Die Anforderungen an das Verhalten des Arbeitnehmers sind desto höher, je enger das Vertrauensverhältnis zwischen den Vertragspartnern ist.**

402 Jeder Arbeitnehmer ist vertraglich verpflichtet, seinen Arbeitsvertrag ordnungsgemäß zu erfüllen. Dazu gehört auch die Verpflichtung, durch sein Verhalten den Arbeitsablauf und den Betriebsfrieden nicht zu stören.

403 Fraglich ist in diesem Zusammenhang vor allem, ob bereits eine **bloße Gefährdung des Betriebsfriedens** als Verletzung der vertraglichen Arbeitspflicht – mit der Konsequenz möglicher arbeitsrechtlicher Sanktionen – zu qualifizieren ist (s. auch Kap. 4 Rn. 1173, 2197 ff.).

404 Bei den Beschäftigten in der Privatwirtschaft genügt es jedenfalls nicht, wenn der Arbeitgeber nur auf eine mögliche abstrakte Gefährdung des Betriebsfriedens verweisen kann (*BAG* 9.12.1982 EzA § 626 BGB n.F. Nr. 86).
Die daran anschließende Frage, ob dann eine sog. »konkrete Gefährdung« des Betriebsfriedens auf Grund einer tatsächlichen Vermutung oder einer Besorgnis ausreicht, eine bestimmte Aktion sei erfahrungsgemäß geeignet, Störungen im Bereich der betrieblichen Verbundenheit auszulösen, hat das *BAG* (17.3.1988 EzA § 626 BGB n.F. Nr. 116) verneint.

Danach ist die Unterscheidung zwischen einer abstrakten und einer konkreten Gefährdung zu unklar und theoretisch und **praktisch nicht durchführbar**. Denn es ist zweifelhaft, auf wessen Erfahrung es ankommen soll und welche Rechtsfolgen dann eintreten, wenn die Störung entgegen der Erfahrung ausbleibt. Wenn schon die Möglichkeit oder Wahrscheinlichkeit einer Störung des Betriebsfriedens oder der Betriebsordnung als konkrete Beeinträchtigung des Arbeitsverhältnisses anzusehen wäre, dann würden Unwägbarkeiten und voreilige Annahmen zu Streitpunkten gemacht und subjektive Elemente eines Sachverhalts zu entscheidungserheblichen Kriterien erhoben. Ebenso wie bei Störungen in anderen Bereichen bedarf es deswegen auch hinsichtlich des Betriebsfriedens und der Betriebsordnung einer konkreten Beeinträchtigung des Betriebsablaufs in den Beziehungen der Betriebsangehörigen (s.u. Kap. 4 Rn. 1173, 2197). 405

b) Einzelfragen

aa) Politische Betätigung im Betrieb

Wegen der vertraglichen Verpflichtung zur Wahrung des Betriebsfriedens hat der Arbeitnehmer im Betrieb eine provozierende parteipolitische Betätigung zu unterlassen, durch die sich andere Belegschaftsangehörige belästigt fühlen, durch die der Betriebsfrieden oder der Betriebsablauf in sonstiger Weise konkret gestört oder die Erfüllung der Arbeitspflicht beeinträchtigt wird (*BAG* 9.12.1982 EzA § 626 BGB n.F. Nr. 86). 406

Eine tatsächliche Störung des Betriebsfriedens tritt z.B. dann ein, wenn ein Arbeitnehmer andere Mitarbeiter durch ständige Angriffe auf ihre politische Überzeugung, auf die Gewerkschaften oder ihre religiöse Einstellung reizt und dadurch **erhebliche Unruhe in der Belegschaft hervorruft** (*Hueck* Anm. zu *BAG* AP Nr. 58 zu § 626 BGB). 407

Weder die bloße Mitgliedschaft in einer Partei noch die einfache parteipolitische Betätigung des Arbeitnehmers kann jedoch eine Vermutung für eine konkrete Störung begründen (MünchArbR/*Blomeyer* § 53 Rz. 67; **a.A.** *BAG* 4.5.1955 AP Nr. 1 zu § 44 BetrVG für parteipolitische Betätigung). 408

Sie kann allerdings dann kündigungsrechtlich relevant werden, wenn das Arbeitsverhältnis im Leistungsbereich oder der geordnete **Betriebsablauf konkret beeinträchtigt wird** (*BAG* 6.6.1984 EzA § 1 KSchG Verhaltensbedingte Kündigung Nr. 12). Dies ist etwa dann der Fall, wenn die politische Betätigung dazu führt, dass die übrigen Arbeitnehmer sich – berechtigt oder unberechtigt – weigern, mit dem betreffenden Arbeitnehmer weiter zusammenzuarbeiten und hierdurch erhebliche Störungen im betrieblichen Bereich entstehen, die auch durch andere Maßnahmen, etwa durch Umsetzung, nicht verhindert werden können. 409

Die politische Betätigung darf auch die **Geschäftsbeziehungen des Arbeitgebers** nicht stören, insbes. Kunden und Lieferanten nicht provozieren oder ihnen gegenüber den falschen Eindruck erwecken, der Arbeitgeber identifiziere sich mit der Meinung (zum Tragen von Plaketten, Aufklebern usw. s.o. Kap. 1 Rn. 298 ff.; s.u. Kap. 4 Rn. 2229 ff.). In derartigen Fällen kommt u.U. eine Druckkündigung in Betracht (s.u. Kap. 4 Rn. 1533 ff.). 410

bb) Duldung persönlicher Kontrollen und ärztlicher Untersuchungen

Dauerkontrollen, Leibesvisitationen, Telefonkontrollen, ärztliche Untersuchungen usw. kollidieren mit dem Grundrecht des Arbeitnehmers auf Unverletzlichkeit seiner Person und seiner *Freiheit* (Art. 2 Abs. 2 GG), sodass sie grds. nur mit seiner Einwilligung zulässig sind. 41

Diese Einwilligung kann entweder im Einzelfall erteilt werden oder sich daraus ergebe dass der Arbeitnehmer sich durch Arbeitsvertrag im Voraus der Kontrolle unterwirft. letzteren Fall müssen **Umfang und Ausmaß** der Kontrollen festgelegt sein; die kon Durchführung muss **billigem Ermessen** entsprechen, d.h. erforderlich und verhältnis sein.

413 Zur Duldung einer ärztlichen Untersuchung oder eines psychologischen Tests während des Arbeitsverhältnisses ist der Arbeitnehmer allenfalls in Ausnahmefällen verpflichtet, z.B. dann, wenn die rechtlich geschützten Interessen des Arbeitgebers oder Dritter Vorrang haben (z.B. bei Seuchengefahr, bei ansteckenden gefährlichen Krankheiten oder bei begründetem Verdacht auf unkontrolliertes Handeln; vgl. MünchArbR/*Blomeyer* § 53 Rz. 18 ff.).

414 Ein **begründeter Anlass** für eine psychologische Untersuchung besteht z.B. dann nicht, wenn ein Omnibusfahrer durch verkehrswidriges Verhalten Anlass zu Zweifeln an seiner Eignung gegeben hatte; in diesem Fall ist seine Zustimmung erforderlich (*BAG* 13.2.1964 AP Nr. 1 zu Art. 1 GG).

415 Vereinzelt ergibt sich eine Duldungspflicht aus dem Gesetz (vgl. z.B. § 33 JArbSchG); sie kann auch durch Einzelvertrag oder Kollektivvertrag, insbes. Tarifvertrag (vgl. z.B. § 7 Abs. 2 BAT; mit anderer inhaltlicher Ausgestaltung jetzt § 3 Abs. 4 TVöD) begründet werden.

cc) Alkoholgenuss im Betrieb

416 Jeder Arbeitnehmer unterliegt einem relativen Alkoholverbot insofern, als der Alkoholgenuss die Erfüllung der Arbeitspflicht nicht hindern, nicht zu Fehl- oder Minderleistungen führen und auch das Zusammenwirken der Arbeitnehmer im Betrieb nicht stören darf.
Ein absolutes Alkoholverbot kann sich aus der Arbeitspflicht und der auf § 242 BGB gestützten Rücksichtspflicht ergeben, wenn die vertragliche Arbeitsleistung keinerlei Alkoholgenuss erlaubt, wie z.B. bei Kraftfahrern in Gebieten mit absolutem Alkoholverbot für den Kraftfahrzeugverkehr (vgl. *Künzl* BB 1993, 1581 ff.).

417 Absolute Alkoholverbote können durch Vereinbarung (Einzelvertrag, Betriebsvereinbarung, Tarifvertrag) festgesetzt werden (vgl. zum Mitbestimmungsrecht des Betriebsrats *BAG* 23.9.1986 EzA § 87 BetrVG 1972 Betriebliche Ordnung Nr. 12; *LAG SchlH* 20.11.2007 NZA-RR 2008, 184).

418 So entspricht z.B. das durch den Spruch einer Einigungsstelle statuierte absolute Verbot, während der Dienstzeit alkoholische Getränke zu sich zu nehmen als auch das Gebot, bei Dienstantritt nicht unter der Wirkung alkoholischer Getränke zu stehen, dem Verhältnismäßigkeitsgrundsatz und verletzen die allgemeine Handlungsfreiheit (Art. 2 Abs. 1 GG) der **Besatzungsmitglieder eines Schiffs** nicht unangemessen (*LAG SchlH* 20.11.2007 NZA-RR 2008, 184).

419 Das Persönlichkeitsrecht des Arbeitnehmers (Art. 2 Abs. 1 GG) setzt einer Vereinbarung durch Einzelvertrag keine Grenzen, weil der Arbeitnehmer in ein solches Verbot, das den Kernbereich der Menschenwürde nicht berührt, einwilligen kann. Die **Abwägung der Arbeitgeber- und Arbeitnehmerinteressen im Hinblick auf Sicherheitsbelange und Leistungsminderungen führt i.d.R. zur Zulässigkeit eines absoluten Alkoholverbots** (Kas-
ˋArbR/*Künzl* 2.1 Rz. 913; MünchArbR/*Blomeyer* § 53 Rz. 6). Fraglich ist aber, inwieweit
Einheitsregelung oder **Betriebsvereinbarung** wegen des Erfordernisses des Persönlich-
ˋutzes und der notwendigen Beachtung des Verhältnismäßigkeitsprinzips die erfor-
ˋ**nwilligung des Arbeitnehmers** zu Alkoholkontrollen (z.B. durch Blutentnahme)
des Verdachts des Verstoßes gegen die Betriebsvereinbarung ersetzen kann.
ˋn auszugehen, dass die Betriebsvereinbarung wegen des Vorrangs des Per-
ˋ (Art. 2 Abs. 1 GG) und des Grundrechts auf körperliche Integrität
ˋrforderliche Einwilligung des Arbeitnehmers zu **Alkoholkontrollen**
ˋ für den Zeitpunkt des Verdachts **grds. nicht ersetzen** und eine
ˋuch **nicht generell statuieren kann** (MünchArbR/*Blomeyer*
EzA § 1 KSchG Verhaltensbedingte Kündigung Nr. 55) hält
ˋmäßig **nicht für verpflichtet**, im laufenden Arbeitsverhältnis
ˋ**rsuchungen** zur Klärung, ob er alkohol- oder drogenabhängig

Andererseits ist eine Einwilligung des Arbeitnehmers dann entbehrlich, wenn im Einzelfall ein alkoholsensibler Arbeitsplatz häufiger Kontrollen im Interesse der Allgemeinheit bedarf (*Fleck* BB 1987, 2031; *Willemsen/Brune* DB 1988, 2306). 420

dd) Rauchen im Betrieb

Rauchen am Arbeitsplatz und im Betrieb ist eine Persönlichkeitsäußerung, die dem Arbeitnehmer stets dann gestattet ist, wenn dadurch die Interessen des Arbeitgebers und Dritter (insbes. der Kollegen) nicht berührt werden. Deshalb bedürfen Rauchverbote einer besonderen Rechtsgrundlage (vgl. dazu *Schillo/Behling* DB 1997, 2022 ff.; *Bergwitz* NZA-RR 2004, 169 ff.). 421

Gesetzliche Regelungen waren bislang selten; sie betreffen i.d.R. die mit dem Rauchen verbundenen Brand- und Explosionsgefahren. Ferner verpflichten öffentlich-rechtliche Schutzbestimmungen den Arbeitgeber, für bestimmte rauchfreie Zonen im Betrieb zu sorgen (vgl. §§ 5, 32 ArbStättVO; s. aber jetzt Rn. 2757 ff.). 422

Auf Grund des **Direktionsrechts** kann der Arbeitgeber ein einseitiges Rauchverbot erlassen, wenn es in engem Zusammenhang mit der Arbeitsleistung des Arbeitnehmers steht, z.B. bei Brand- und Explosionsgefahr oder bei der Gefahr der Verunreinigung des Arbeitsprodukts. Gem. **§ 242 BGB** hat der Arbeitnehmer schließlich im Interesse des Arbeitgebers jegliche Belästigung von Geschäftspartnern, vor allem von Kunden, Lieferanten und anderen Arbeitnehmern durch Rauchen zu unterlassen (vgl. *Heilmann* BB 1994, 715; *Binz/Sorg* BB 1994, 1709 ff.). 423

Soweit das Rauchverbot auf einer Weisung des Arbeitgebers beruht, ist es nur im Rahmen des Verhältnismäßigkeitsgrundsatzes (vgl. § 106 GewO/§ 315 Abs. 1 BGB) zulässig, d.h. es muss in seiner konkreten Ausgestaltung erforderlich sein, um das Eigentum bzw. die Geschäftsbeziehungen oder das übrige Personal des Arbeitgebers zu schützen. 424

Es muss ferner **verhältnismäßig** sein, d.h. die Interessen der Raucher und das Interesse des Arbeitgebers, in das auch die Interessen der Kunden, Lieferanten und des Personals einfließen, müssen gegeneinander abgewogen werden (*LAG Frankf./M.* DB 1990, 1193). Deshalb wird ein absolutes Rauchverbot i.d.R. unzulässig sein (MünchArbR/*Blomeyer* § 53 Rz. 15). 425

Gleichwohl haben Flugbegleiter keinen Anspruch auf Gestattung des Rauchens während der Flugdienstzeiten, nachdem ausschließlich Nichtraucherflüge eingeführt worden sind, verbunden mit einem Rauchverbot für das Kabinenpersonal (*LAG Hessen* 11.8.2000 ARST 2001, 41 LS). 426

ee) Persönliche Lärmentwicklung

Beeinträchtigt z.B. der Gebrauch eines Radios, CD- oder MP3-Players, Fernsehers oder Kassettengeräts den Arbeitsablauf, handelt der Arbeitnehmer vertragswidrig. Arbeitet er trotz der von ihm verursachten Geräusche selbst ordnungsgemäß, stört er aber den ordnungsgemäßen Arbeitsablauf anderer Arbeitnehmer, verstößt er gegen seine Rücksichtspflicht gegenüber dem Arbeitgeber (§ 242 BGB). 427

Diese **Unterlassungspflicht kann** durch den Arbeitgeber einseitig durch generelle Weisung oder durch Betriebsvereinbarung z.B. durch Radiohör- oder Musikabhörverbote konkretisiert werden, wobei das Verhältnismäßigkeitsprinzip zu beachten ist (vgl. MünchArbR/*Blomeyer* § 53 Rz. 16 ff.). 428

6. Schutz des Unternehmenseigentums

Hinsichtlich der ihm überlassenen beweglichen Sachen (z.B. Arbeitsstoffe, Geräte, Fahrzeuge) ist der Arbeitnehmer Besitzdiener i.S.d. § 855 BGB. Er hat folglich gegenüber dem Arbeitgeber kein originäres Besitzrecht i.S.d. §§ 986, 1004 BGB. Andererseits kann er sich 429 aber gegen den Entzug des Besitzes seitens Dritter durch verbotene Eigenmacht mit Gewalt erwehren (Selbsthilferecht, §§ 859, 860 BGB). Dies gilt auch für das Verhältnis der Arbeitnehmer untereinander, soweit nicht ein Gerät mehreren Arbeitnehmern zum abwechselnden Gebrauch zugewiesen ist.

430 Mit der Beendigung des Arbeitsverhältnisses endet für den Arbeitnehmer auch die tatsächliche Sachherrschaft; er hat alle ihm überlassenen Gegenstände herauszugeben.

431 Der Arbeitsvertrag verschafft dem Arbeitnehmer **grds. keine Befugnis zur Benutzung des Arbeitgebereigentums zu privaten Zwecken**, es sei denn, dass ihm dies durch Vereinbarung ausdrücklich, konkludent oder durch betriebliche Übung gestattet ist.

432 Im Übrigen ist der Arbeitnehmer verpflichtet, den Weisungen des Eigentümers oder Besitzers zu folgen und Gefahren von den ihm anvertrauten oder ihm zugänglichen Gütern abzuwenden. Ebenso hat er ihm bekannte **drohende Schäden oder Gefahren rechtzeitig anzuzeigen** und u.U. diese selbst zu reparieren (vgl. MünchArbR/*Blomeyer* § 53 Rz. 29 ff.).

7. Pflicht zur Verschwiegenheit über betriebliche Angelegenheiten

a) Grundlagen

433 Ein Betriebs- oder Geschäftsgeheimnis (vgl. § 17 Abs. 1 UWG) liegt vor, **wenn Tatsachen im Zusammenhang mit einem Geschäftsbetrieb nur einem eng begrenzten Personenkreis bekannt und nicht offenkundig sind und nach dem Willen des Arbeitgebers auf Grund eines berechtigten wirtschaftlichen Interesses geheim gehalten werden** (vgl. *BAG* 16.3.1982 EzA § 242 BGB Nachvertragliche Treuepflicht Nr. 1; *Kuntz* DB 1993, 2482 ff.; vgl. auch *BGH* 3.5.2001 EzA § 611 BGB Betriebsgeheimnis Nr. 4).

434 Die dem Arbeitsvertrag immanente Rücksichtspflicht kennt anders als § 17 UWG keine Beschränkung auf Betriebs- und Geschäftsgeheimnisse, erfasst also alle Vorgänge und Tatsachen, die dem Arbeitnehmer im Zusammenhang mit seiner Stellung im Betrieb bekannt geworden sind und deren Geheimhaltung im Interesse des Arbeitgebers liegt, wie z.B. persönliche Umstände und Verhaltensweisen des Arbeitgebers (auch Gesetzesverstöße) oder Kenntnisse über Kollegen (vgl. *Kuntz* DB 1993, 2482 ff.).
Verboten ist nicht nur der Verrat, sondern auch jegliche Verwertung der Geheimnisse, ferner die unbefugte Beschaffung geheimer Informationen (z.B. Einsicht in geheime EDV-Akten mittels eines nicht offiziell mitgeteilten Kennworts; vgl. MünchArbR/*Blomeyer* § 53 Rz. 44 ff.).

435 Die allgemeine Verschwiegenheitspflicht kann einzelvertraglich innerhalb der Grenzen der §§ 134, 138 BGB sowie des Verhältnismäßigkeitsprinzips **erweitert werden** (vgl. dazu *Salger/Breitfeld* BB 2005, 154 ff.). Unverhältnismäßig sind Klauseln, die durch ein anzuerkennendes berechtigtes Interesse des Arbeitgebers nicht gedeckt sind (vgl. *Preis/Reinfeld* AuR 1989, 364).

436 Soweit die Äußerung eine Meinung zum Gegenstand hat, kann sich der Arbeitnehmer auf **Art. 5 Abs. 1 GG** berufen; dieses Grundrecht gilt allerdings nur innerhalb der Schranken des Art. 5 Abs. 2 GG, sodass die (gesetzliche und die vertragliche) Verschwiegenheitspflicht des Arbeitnehmers meist vorgeht (*BAG* 28.9.1972 AP Nr. 2 zu § 134 BGB). Andererseits ist der Arbeitnehmer aber gem. Art. 5 Abs. 1 GG nicht gehindert, die ihm bekannten Betriebsinterna zu offenbaren, um damit gewichtige **innerbetriebliche Missstände aufzudecken, die die Öffentlichkeit betreffen und die er durch Vorstelligwerden beim Arbeitgeber nicht verhindern oder beseitigen kann** (*BGH* 20.1.1981 AP Nr. 4 zu § 611 BGB Schweigepflicht). Im Übrigen sind nach dem **Verhältnismäßigkeitsprinzip** unverhältnismäßige Beeinträchtigungen des Arbeitnehmerinteresses an der freien Meinungsäußerung untersagt (*Staudinger/Richardi* § 611 Rz. 407).

b) Einzelfälle

aa) Ruf- und kreditschädigende Äußerungen

Ruf- und kreditschädigende Mitteilungen über das Unternehmen oder den Arbeitgeber an Dritte sind, auch wenn sie erweislich wahr sind, nur dann erforderlich, wenn sich der Arbeitnehmer zunächst innerhalb des Betriebes um Abhilfe bemüht hat. 437

Zunächst ist das **mildeste Mittel** zu wählen, also z.B. Anzeige bei der zuständigen Behörde zu erstatten, statt sich etwa an Tageszeitungen zu wenden (MünchArbR/*Blomeyer* § 53 Rz. 50). 438

bb) Erstattung von Anzeigen; Anschwärzen des Arbeitgebers

Nach den gleichen Grundsätzen ist die Erstattung von Strafanzeigen oder anderer Anzeigen bei Behörden über bestehende oder behauptete Missstände zu beurteilen, von denen für den Arbeitnehmer, seine Kollegen oder die Öffentlichkeit Gefahren drohen (z.B. bei Verstößen gegen Arbeitsschutzgesetze, Vorschriften des Steuerrechts [Steuerhinterziehungen], unlautere Wettbewerbstätigkeit des Arbeitgebers). 439

Sie sind folglich dann zulässig, **wenn sie durch betriebsinternes Vorgehen nicht beseitigt werden können bzw. wenn innerbetriebliche Abhilfemöglichkeiten erfolglos ausgeschöpft worden sind** (*BAG* 5.2.1959 AP Nr. 2 zu § 70 HGB). 440

Von innerbetrieblichen Bemühungen kann abgesehen werden, wenn der Arbeitnehmer den Eindruck hat, dass die Gesetzwidrigkeit dem Arbeitgeber bekannt ist und von ihm sogar gebilligt wird, ferner, wenn eine Beseitigung des Fehlers dem Arbeitgeber objektiv unmöglich ist oder aber von ihm nicht erwartet werden kann, wenn es sich um Straftaten gegen den Arbeitnehmer selbst handelt und schließlich auch dann, wenn der innerbetriebliche Abhilfeversuch nach Ablauf einer angemessenen Zeit keine Wirkung gezeigt hat (s. ausf. u. Rn. 858, 911 m.w.N.; zum Gesetzentwurf für die Einführung eines neuen § 612a BGB und der dazu erfolgten Anhörung im Juni 2008 sowie zahlreichen Stellungnahmen s. google »§ 612a BGB n.F.«). 441

Unverhältnismäßig ist die Anzeige dann, wenn das Ausmaß der Gesetzwidrigkeit sehr gering und der dem Arbeitgeber **entstehende Schaden** insbes. durch die Rufschädigung **besonders hoch** ist. 442

Das *BAG* (5.2.1959 AP Nr. 2 zu § 70 HGB) hat (noch unter der Geltung des 1969 aufgehobenen § 70 HGB) angenommen, dass nicht nur eine ordentliche, sondern sogar eine außerordentliche **Kündigung** des Arbeitsverhältnisses durch den Arbeitgeber in Betracht kommt, wenn ein Kraftfahrer seinen Arbeitgeber, einen Speditionsunternehmer, wegen **erheblicher und zahlreicher Verstöße** gegen Bestimmungen des Güterfernverkehrsrechts anzeigt, obwohl er **selbst Gefahr lief, sich strafbar zu machen**, oder in den (falschen) Verdacht zu geraten, der allein Verantwortliche zu sein (abl. MünchArbR/*Berkowsky* § 137 Rz. 153 ff.). Demgegenüber hat das *LAG Köln* (23.2.1996 LAGE § 626 BGB Nr. 94) angenommen, dass ein eine außerordentliche Kündigung rechtfertigendes Anschwärzen des Arbeitgebers durch den Arbeitnehmer dann nicht vorliegt, wenn ein Kraftfahrer den ihm zugeteilten LKW **der Polizei zur Überprüfung der Verkehrstüchtigkeit vorstellt, wenn er sachlich begründeten Anlass zu Zweifeln hat.** Davon ist auszugehen, wenn die Polizei bei dieser Gelegenheit tatsächlich die fehlende Verkehrstüchtigkeit des Fahrzeugs (Reifenmängel) feststellt und deswegen sogar die Weiterfahrt verbietet. Voraussetzung ist, dass der Arbeitnehmer zuvor vergeblich versucht hat, den Arbeitgeber zur Herstellung der Verkehrstüchtigkeit zu veranlassen. 443

Gibt ein Arbeitnehmer Informationen an seine **Gewerkschaft** über Arbeitsabläufe im Betrieb weiter, die zu einem Verfahren nach dem OWiG führen können, so kann der Arbeitgeber das Arbeitsverhältnis mit ordentlicher Frist kündigen, wenn durch die Gewerkschaft 444 eine Anzeige an das Gewerbeaufsichtsamt erfolgt. Dies gilt selbst dann, wenn die Arbeitsabläufe mit den geltenden Arbeitsschutzvorschriften nicht in Einklang stehen, andererseits dem Arbeitnehmer zugemutet werden kann, an Stelle einer Anzeige **zunächst andere Maßnahmen zu ergreifen** (*LAG BW* 20.10.1976 EzA § 1 KSchG Verhaltensbedingte Kündigung Nr. 8).

445 Mitteilungen gegenüber der Öffentlichkeit, insbes. der **Presse** sind im Hinblick auf ihre tatsächliche Wirkung nur zulässig im Rahmen des **Verhältnismäßigkeitsprinzips**.

c) Zeitlicher Geltungsbereich

aa) Grundlagen

446 Die Verschwiegenheitspflicht (§ 17 UWG und arbeitsvertragliche Nebenpflicht, konkretisiert z.B. durch § 9 BAT; § 3 Abs. 1 TVöD) bindet den Arbeitnehmer während der gesamten rechtlichen Dauer des Arbeitsverhältnisses. Im vorvertraglichen Stadium (Vertragsanbahnung) gilt sie nur dann, wenn ein besonderes Vertrauensverhältnis begründet wurde; sie endet mit der rechtlichen **Beendigung des Arbeitsverhältnisses**, soweit nicht § 17 Abs. 2 UWG eingreift.

bb) Nachvertragliche Verschwiegenheitspflicht

447 Eine nachvertragliche Verschwiegenheitspflicht (vgl. *BAG* 16.3.1982 EzA § 242 BGB Nachvertragliche Treuepflicht Nr. 1; *Preis/Reinfeld* AuR 1989, 366; *Kuntz* DB 1993, 2482 ff.) besteht nur dann, wenn das Interesse des Arbeitgebers an der Geheimhaltung besonders groß ist und es sich um Tatsachen handelt, die dem Arbeitnehmer auch nach längerer Zeit noch einwandfrei als geschütztes Geheimnis erkennbar sind. Die Abwägung richtet sich nach dem Verhältnismäßigkeitsgrundsatz. Selbst wenn eine Verschwiegenheitspflicht nach diesen Grundsätzen besteht, begründet sie für den Arbeitgeber regelmäßig **keine Ansprüche** gegen den Arbeitnehmer **auf Unterlassung von Wettbewerbshandlungen** (*BAG* 19.5.1998 EzA § 74 HGB Nr. 61; vgl. dazu *Wertheimer* BB 1999, 1600 ff.).

448 Eine Nachwirkung kann sich aus § 17 Abs. 2 UWG, u.U. aus dem **Verbot sittenwidrigen Verhaltens** (§ 1 UWG, § 826 BGB) ergeben. Ein leitender Angestellter handelt z.B. sittenwidrig, wenn er nach kurzer Zeit den Betrieb verlässt, um unmittelbar darauf das für die wettbewerbliche Stellung des Arbeitgebers entscheidende Betriebsgeheimnis (vgl. dazu *Richters/Wodtke* NZA-RR 2003, 281 ff.) zu nutzen, wenn ihm dieses nur kraft seiner Vertrauensstellung zugänglich geworden ist, er zu dessen Erlangung nichts beigetragen hat und auf seine Verwertung nach seinem beruflichen Werdegang billigerweise nicht angewiesen ist (*BGH* 21.12.1962 DB 1963, 381).

449 Eine nachwirkende Schweigepflicht kann im **Tarifvertrag** (vgl. § 9 Abs. 4 BAT, § 3 Abs. 1 TVöD) oder durch **Arbeitsvertrag** geregelt sein, ggf. auch durch Vertragsstrafenregelungen ergänzt werden. Allerdings kann die Schweigepflicht den Arbeitnehmer **nicht daran hindern**, eigene Rechte wahrzunehmen und **Ansprüche einzuklagen** (*BAG* 13.2.1969 AP Nr. 3 zu § 611 BGB Schweigepflicht).

450 Bei der Vereinbarung nachvertraglicher Schweigepflichten ist zu beachten, dass §§ 74 ff. HGB dann anzuwenden sind, wenn das berufliche Fortkommen des ausgeschiedenen Arbeitnehmers im konkreten Fall mit der Preisgabe oder Verwertung des Geheimnisses verknüpft ist, sodass eine entsprechende Vereinbarung die Wirkung eines nachvertraglichen Wettbewerbsverbots haben und entsprechend § 74 Abs. 2 HGB nichtig sein kann (§ 75d HGB; vgl. *BAG* 16.3.1982 EzA § 242 BGB Nachvertragliche Treuepflicht Nr. 1; 15.12.1987 EzA § 611 BGB Betriebsgeheimnis Nr. 1).

d) Rechtsfolgen der Schweigepflichtverletzungen

Schadensersatzansprüche des Arbeitgebers folgen aus § 823 Abs. 1, 2 BGB i.V.m. § 17 UWG (s. dazu *BGH* 13.12.2007 NZA-RR 2008, 421), §§ 19, 17 UWG, § 826 BGB, § 1 UWG, §§ 280 ff., 241 Abs. 2 BGB bzw. § 311 Abs. 3, 4 BGB n.F. 451

Bei der Berechnung des Schadens können z.B. Lizenzgebühren verlangt werden, die bei einer Lizenzvergabe erzielt worden wären (*BAG* 24.6.1986 EzA § 252 BGB Nr. 4). Erforderlich ist ein Verschulden des Arbeitnehmers (§ 276 BGB). 452

Zur Vorbereitung einer Schadensersatzklage kann der Arbeitgeber vom Arbeitnehmer **Auskunft** verlangen, wenn auf diese Weise eine Aufklärung des erhobenen Ersatzanspruchs erreicht und nicht nur dessen Durchsetzung erleichtert werden soll. 453

Die Verschwiegenheitspflicht kann, insbes. bei drohender Verletzung, auch durch **Unterlassungsklage** durchgesetzt werden. Je nach Schwere des Verstoßes kann auch eine außerordentliche Kündigung des Arbeitnehmers gerechtfertigt sein (*BAG* 4.4.1974 AP Nr. 1 zu § 626 BGB Arbeitnehmer im Aufsichtsrat). 454

Schließlich besteht **Strafbarkeit** gem. § 17 UWG. 455

e) Verschwiegenheitspflichten auf Grund besonderer Stellung

Arbeitnehmer, die auf Grund einer besonderen Amtsstellung betriebliche Interna erfahren, unterliegen i.d.R. auch einer besonderen gesetzlichen Verschwiegenheitspflicht. Dies gilt vor allem für die Mitglieder des Betriebsrats (**§ 79 Abs. 1 BetrVG**) sowie für alle Arbeitnehmer, die ein sonstiges Amt im Rahmen der Betriebsverfassung oder im Bereich des Personalvertretungsrechts ausüben. Einer besonderen Schweigepflicht unterliegen ferner die Arbeitnehmervertreter im Aufsichtsrat sowie die Mitglieder der Schwerbehindertenvertretung (**§ 96 Abs. 7 SGB IX**). 456

Entsprechendes gilt für Arbeitnehmer im öffentlichen Dienst, vor allem dann, wenn sie gegenüber der Öffentlichkeit in herausragender Stellung tätig sind. Auch sie haben im Rahmen des Verhältnismäßigkeitsprinzips zunächst den innerdienstlichen Beschwerdeweg zu beschreiten, bevor sie das nächst stärkere Mittel anwenden. 457

Hält sich jedoch z.B. eine **Dienstaufsichtsbeschwerde** eines Arbeitnehmers gegen den Vorgesetzten im Rahmen des verfassungsrechtlichen Petitionsrechts (Art. 17 GG), kann dadurch die Rücksichtspflicht nicht verletzt sein (*BAG* 18.6.1970 AP Nr. 82 zu § 1 KSchG). 458

8. Unterlassung unternehmensschädlicher Meinungsäußerungen und der Verbreitung wahrer Tatsachen

a) Grundlagen

Die Rücksichtspflicht verbietet dem Arbeitnehmer nicht Meinungsäußerungen über Unternehmen, Betrieb und Arbeitgeber. Er ist aber angehalten, Äußerungen zu unterlassen, die den Interessen des Arbeitgebers schädlich sind oder sein können. Denn **Art. 5 Abs. 1 GG gibt jedem das Recht, seine Meinung frei zu äußern**. Die Meinungsfreiheit ist allerdings **nicht vorbehaltlos** geschützt. Denn sie findet ihre Grenze u.a. in den allgemeinen Gesetzen sowie in dem Recht der persönlichen Ehre (*LAG BW* 29.7.2004 ArbuR 2005, 343 LS). 459

Diese Pflicht kann durch Einzel- oder Kollektivarbeitsvertrag erweitert werden; sie wird flankiert durch spezielle gesetzliche Regelungen (**§ 823 Abs. 1 BGB** [Eingriff in den eingerichteten und ausgeübten Gewerbebetrieb], **§ 824 BGB** bei Kreditgefährdung, **§ 74 Abs. 2 S. 2, 3 BetrVG, § 67 BPersVG**; vgl. dazu MünchArbR/*Blomeyer* § 53 Rz. 63). 460

461 Unter Berücksichtigung der wechselseitigen verfassungsrechtlichen Schutzpositionen sind unternehmensschädliche Meinungsäußerungen insoweit zu unterlassen, als die Rücksichtnahme auf die unternehmerischen Interessen erforderlich und gegenüber dem Recht auf freie Meinungsäußerung auch nicht unverhältnismäßig ist. Entscheidend sind die Umstände des Einzelfalls. Wegen ihrer überragenden Bedeutung ist die Meinungsfreiheit mit den rechtlichen Interessen abzuwägen, denen das grundrechtsbeschränkende Gesetz dient. **Ziel ist dabei die verhältnismäßige Zuordnung der Rechtsgüter und die Vermeidung übermäßiger Grundrechtsbeschränkungen im Einzelfall.** Von daher hat die Meinungsfreiheit zurückzutreten, wenn die Äußerung sich als Formalbeleidigung oder Schmähung erweist. Dabei wird der Begriff der Schmähkritik jedoch eng gefasst. Eine überzogene und ausfällige Kritik genügt hierfür nicht. Eine Schmähung liegt vielmehr erst dann vor, wenn bei einer Äußerung nicht mehr die Auseinandersetzung in der Sache selbst, sondern die Diffamierung der Person im Vordergrund steht (*LAG BW* 29.7.2004 ArbuR 2005, 343 LS).

462 **§ 8 Abs. 1 BAT** enthält eine Konkretisierung dieser Pflicht für die Angestellten des öffentlichen Dienstes, die sich so zu verhalten haben, wie es von Angehörigen des öffentlichen Dienstes erwartet wird (s.u. Rn. 481 ff.); der **TVöD enthält eine vergleichbare Regelung nicht mehr.**

b) Kritische Äußerungen über den Arbeitgeber und Betriebsangehörige

463 Der Arbeitnehmer darf bei der Ausübung der Meinungsfreiheit nicht den Interessen des Arbeitgebers zuwiderhandeln oder diese beeinträchtigen. Dabei ist der Arbeitnehmer allerdings **nicht gehalten, sich über seinen Arbeitgeber nur positiv zu äußern** (*LAG BW* 29.7.2004 ArbuR 2005, 343 LS). Kritische Äußerungen über den Arbeitgeber, das Unternehmen oder das Personal (z.B. in Flugblättern) verletzen die Rücksichtspflicht des Arbeitnehmers deshalb nicht, solange keine konkrete Störung des Arbeitsablaufs und des Zusammenlebens im Betrieb (Betriebsfrieden), des Vertrauensverhältnisses zum Arbeitgeber oder der geschäftlichen Beziehungen des Arbeitgebers eintritt (MünchArbR/*Blomeyer* § 53 Rz. 72). Neben der Verpflichtung, den Betriebsfrieden nicht zu gefährden, gehört zum Gebot der Rücksichtnahme auch die **Verpflichtung zur Loyalität**. Das ist die sich aus dem Arbeitsverhältnis ergebende Nebenpflicht, im ganzen Verhalten Rücksicht zu nehmen auf den Gesamtzweck des Arbeitsverhältnisses und des Betriebes, wie auch auf die Interessen des Arbeitgebers an der Verwirklichung der unternehmerischen Zielsetzung (*LAG BW* 29.7.2004 ArbuR 2005, 343 LS). Das *BAG* (26.5.1977 EzA § 611 BGB Beschäftigungspflicht Nr. 2) lässt es allerdings genügen, dass es **erfahrungsgemäß zu einer Störung des Betriebsfriedens kommt**.

464 Die Rücksichtspflicht verdient jedenfalls dann stets den Vorrang vor der Meinungsäußerungsfreiheit, wenn es sich um Äußerungen handelt, die darauf abzielen, den Berufsstand des Arbeitgebers im Allgemeinen oder den Arbeitgeber selbst zu diskriminieren und in der allgemeinen Meinung herabzusetzen (*BAG* 28.9.1972 AP Nr. 2 zu § 134 BGB).

465 Höhere Anforderungen an den Arbeitnehmer werden in **Tendenzunternehmen** (vgl. § 118 Abs. 1 BetrVG), für **Arbeitnehmer des öffentlichen Dienstes** (vgl. § 8 Abs. 1 BAT; s. aber jetzt § 3 TVöD, der keine vergleichbare Regelung mehr vorsieht), für Arbeitsverhältnisse der **Kirchen und kirchlichen Einrichtungen** und **Organe der Betriebsverfassung** und ihre Mitglieder (§ 74 Abs. 2 S. 3 BetrVG, § 67 Abs. 1 BPersVG) gestellt.

c) Unterlassung der Verbreitung wahrer Tatsachen

466 Die Wiederholung von wahren Tatsachenbehauptungen, die geeignet sind, den Betroffenen herabzusetzen, kann untersagt werden, wenn kein schutzwürdiges Interesse an der öffentli-

chen Weiterverbreitung besteht. Das ist insbes. dann anzunehmen, wenn die Verbreitung ausschließlich aus **Gründen der Vergeltung** für vermeintlich früher zugefügtes Unrecht geschieht (*BAG* 26.8.1997 EzA § 1004 BGB Nr. 6).

d) Falsche Verdächtigung

Erst recht ist der Arbeitnehmer verpflichtet, falsche Verdächtigungen anderer Arbeitnehmer zu unterlassen (vgl. *OLG Koblenz* 23.1.2003 BB 2003, 854 m. Anm. *Weber* BB 2003, 855 ff.). Wer Unterschlagungen am Arbeitsplatz durch Urkundenfälschungen ermöglicht, die den Tatverdacht auf einen völlig unbeteiligten Kollegen lenken, der daraufhin fristlos gekündigt wird, ist verpflichtet, dem Arbeitgeber alsbald den wahren Sachverhalt soweit zu offenbaren, dass der Scheintäter umfassend entlastet wird. Kommt der wahre Täter dieser Verpflichtung nicht nach, haftet er für den gesamten aus dem Arbeitsplatzverlust entstandenen Schaden auch dann, wenn der Geschädigte den Kündigungsschutzprozess aus vertretbaren Erwägungen vergleichsweise beendet hat (*OLG Koblenz* 23.1.2003 a.a.O.). 467

9. Annahme von Schmiergeldern

a) Grundlagen

Der Arbeitnehmer darf keine Schmiergelder, das sind geldwerte Geschenke oder andere Vorteile, durch die seine Tätigkeit seitens Dritter beeinflusst oder eine solche Tätigkeit nachträglich belohnt werden soll, annehmen. 468

Es genügt, dass das Schmiergeld in der Erwartung gegeben wird, der Arbeitnehmer werde die Interessen des Schmiergeldgebers berücksichtigen. Ob und inwieweit etwas anderes für gebräuchliche Gelegenheitsgeschenke gilt, kann im Einzelfall zweifelhaft sein (z.B. Weihnachtsgeschenke, Trinkgelder). Die im Geschäftsverkehr üblichen **kleinen Aufmerksamkeiten** gelten nach der von Branche zu Branche unterschiedlichen Verkaufsauffassung als ungeeignet, den Arbeitnehmer zu beeinflussen. 469

Das Annahmeverbot folgt aus der allgemeinen Loyalitätspflicht des Arbeitnehmers. Wer als Arbeitnehmer Schmiergelder annimmt, verpflichtet sich damit gegenüber anderen, wenn auch nur moralisch, und untergräbt damit seine Loyalität gegenüber dem Arbeitgeber. Der Dritte gewinnt in irgendeiner Form Einfluss auf den Geschäftsbereich des Arbeitgebers, ohne dass sich damit unbedingt konkrete Absichten verbinden (MünchArbR/*Blomeyer* § 53 Rz. 79 ff.). 470

Normative Regelungen enthalten **§ 12 Abs. 1 UWG, § 10 Abs. 1 BAT, § 3 Abs. 2 TVöD** (Ausnahmen nur mit Zustimmung des Arbeitgebers); die Schmiergeldannahme kann im Übrigen sittenwidrig gem. §§ 138, 826 BGB sein. 471

b) Rechtsfolgen

Eine **Strafbarkeit** gem. § 12 Abs. 2 UWG ist nur dann gegeben, wenn das Schmiergeld im Hinblick auf eine unlautere Bevorzugung beim Bezug von Waren oder gewerblichen Leistungen im Wettbewerb erfolgt; eine Schädigung des Arbeitgebers ist nicht erforderlich. 472

Die Schmiergeldabrede ist **sittenwidrig** (§ 138 BGB); im Übrigen gilt i.d.R. § 817 S. 2 BGB für einen Bereicherungsanspruch des Schmiergeldgebers. Der infolge der Zahlung zustande gekommene Vertrag ist dann sittenwidrig, wenn die Schmiergeldzahlung als solche den Inhalt des Vertrages in sittenwidriger Weise beeinflusst hat; im Übrigen ist das Geschäft seitens des Arbeitgebers i.d.R. gem. § 123 Abs. 1 BGB anfechtbar. 473

Der Arbeitgeber hat gegen den Arbeitnehmer einen **Unterlassungsanspruch**, gerichtet auf die Unterlassung jeder weiteren Illoyalität (§§ 1004, 823 Abs. 2 BGB, § 12 Abs. 2 UWG). 474

Entstandene Schäden hat der Arbeitnehmer aus §§ 280 ff., 241 Abs. 2 BGB sowie gem. §§ 823 Abs. 1, 826, 823 Abs. 2 BGB i.V.m. §§ 263, 266 StGB zu ersetzen. 475

476 Eine tatsächliche Vermutung spricht dafür, dass das Schmiergeld regelmäßig zum erwünschten Erfolg führt. Ferner spricht im Hinblick auf die Höhe des Schadens eine Vermutung dafür, dass dem Arbeitgeber wertmäßig zumindest der dem Arbeitnehmer gewährte Vorteil als Gegenleistung angeboten worden wäre, wenn das Schmiergeld nicht bezahlt worden wäre (vgl. MünchArbR/*Blomeyer* § 53 Rz. 79 ff. m.w.N.).

477 Hinsichtlich des Schmiergeldes steht dem Arbeitgeber gem. §§ 667, 681, 687 Abs. 2 BGB ein **Herausgabeanspruch** gegen den Arbeitnehmer zu, allerdings nur dann, wenn dieser befugt war, selbstständig für den Arbeitgeber Verträge abzuschließen und Preise und sonstige Vertragsbedingungen auszuhandeln (*BAG* 15.4.1970 AP Nr. 4 zu § 687 BGB; 26.2.1971 AP Nr. 5 zu § 687 BGB).

10. Unternehmensschädliche Einwirkung auf Kollegen (insbesondere Abwerbung)

478 Der Arbeitnehmer darf grds. nicht auf seine Kollegen einwirken, damit diese den ordnungsgemäßen Arbeitsablauf im Betrieb stören oder mindern. Dies gilt insbes. für die **Abwerbung** von Kollegen.

479 Unzulässig ist (auch nach ordnungsgemäßer Vertragsbeendigung) jede ernsthafte und beharrliche Einwirkung auf Kollegen mit dem Ziel, sie zu einem Arbeitgeberwechsel zu veranlassen (vgl. zum »Headhunting« im Einzelnen *Benecke/Pils* NZA-RR 2005, 561 ff.).

480 **Zulässig sind allerdings** Gespräche über einen geplanten eigenen Arbeitsplatzwechsel, über bessere Arbeitsbedingungen bei einem anderen Arbeitgeber oder die gelegentliche Frage eines leitenden Angestellten an einen unterstellten Arbeitnehmer, ob er mit ihm gehen würde, falls er sich selbstständig machen würde (vgl. dazu *Schmiedl* BB 2003, 1120 ff.).

11. Außerdienstliche Verhaltenspflichten

481 Ausnahmsweise kann der Arbeitnehmer auf Grund der Arbeitspflicht gehalten sein, ein bestimmtes außerdienstliches Verhalten zu unterlassen (z.B. als Chauffeur den Alkoholgenuss vor Arbeitsantritt). Ferner gebietet die Rücksichtspflicht dem Arbeitnehmer, grds. unternehmensschädliche Äußerungen über unternehmensinterne Fakten und eigene Meinungen über das Unternehmen zu unterlassen.

482 Gem. **§ 8 Abs. 1 S. 1 BAT** muss sich der Angestellte des öffentlichen Dienstes innerhalb und außerhalb des Dienstes so verhalten, dass das Ansehen des Arbeitgebers nicht beeinträchtigt wird. Die Anforderungen dafür richten sich nach der jeweiligen Funktion des Angestellten. Das schließt die Verpflichtung zur **Mäßigung** bei politischer Betätigung unbeschadet des Grundrechts zur freien Meinungsäußerung gem. Art. 5 Abs. 1 GG ein (*BAG* 23.2.1959 AP Nr. 1 zu Art. 5 Abs. 1 GG Meinungsfreiheit). Zu beachten ist, dass der TVöD eine **vergleichbare Regelung nicht mehr enthält**.

483 Die politische Treuepflicht gem. § 8 Abs. 1 S. 2 BAT gebietet es dem Angestellten im öffentlichen Dienst zudem, sich durch sein gesamtes Verhalten **zur freiheitlich-demokratischen Grundordnung zu bekennen**; dies gilt sowohl für das inner-, als auch für das außerdienstliche Verhalten (s. dazu Kap. 4 Rn. 1343 ff.; zum TVöD insoweit s.o. Rn. 482).

484 **Davon abgesehen besteht grds. keine Verpflichtung, den Lebenswandel dem Unternehmen entsprechend einzurichten.** Ausnahmen bestehen insoweit in Tendenzunternehmen und Kirchen bzw. kirchlichen Einrichtungen. Erfasst sind auch z.B. Einrichtungen der Caritas, der Diakonie, kirchlich getragene Krankenhäuser, Schulen, Kindergärten, soweit sie durch die rechtmäßige kirchliche Autorität anerkannt sind.

485 Welche kirchlichen Grundverpflichtungen als Gegenstand des Arbeitsverhältnisses bedeutsam sein können, wie eine Abstufung zum Auftrag der Kirche vorzunehmen ist, richtet sich nach den **von der verfassten Kirche anerkannten Maßstäben** (*BVerfG* 4.6.1985 EzA § 611 BGB Kirchliche Arbeitnehmer Nr. 24).

Die Kirche hat die Befugnis, den ihr angehörenden Arbeitnehmern die Beachtung jedenfalls der tragenden Grundsätze der kirchlichen Glaubens- und Sittenlehre aufzuerlegen und zu verlangen, dass sie nicht gegen die fundamentalen Verpflichtungen verstoßen, die sich aus der Zugehörigkeit zur Kirche ergeben und die jedem Kirchenglied obliegen (*BVerfG* 4.6.1985 EzA § 611 BGB Kirchliche Arbeitnehmer Nr. 24; s.u. Rn. 497 ff.; Kap. 4 Rn. 3133 ff.). 486

12. Pflicht zur Unternehmensförderung

a) Anzeige drohender Gefahren/Schäden

Der Arbeitnehmer ist i.d.R. verpflichtet, bemerkbare oder voraussehbare drohende Schäden oder Gefahren im eigenen Arbeitsbereich, die etwa während der Arbeitsleistung auftreten (z.B. Ausbleiben von Materialanlieferungen, Fehler an Stoffen, Geräten, Maschinen, Werkzeugen, Gebäuden) dem Arbeitgeber anzuzeigen. 487

Die Verpflichtung ist desto intensiver, je größer die Vertrauensstellung des Arbeitnehmers für den Arbeitgeber ist. Die Anzeige darf dann unterbleiben, wenn die Störung dem Arbeitgeber bereits bekannt ist oder mit großer Wahrscheinlichkeit bekannt sein müsste, ferner dann, wenn sie dem Arbeitnehmer unzumutbar ist (z.B. fehlende Kommunikationsmöglichkeit eines Außendienstmitarbeiters). 488

Diese Grundsätze gelten je nach den Umständen des Einzelfalles auch für Störungen und Schäden, die nicht dem eigenen Arbeitsbereich des Arbeitnehmers zuzurechnen sind, sowie für solche, die durch Kollegen drohen. 489

Ist der Arbeitnehmer vertraglich nicht zur Aufsicht verpflichtet (z.B. bei gleichgestellten Arbeitnehmern), ist eine Anzeigepflicht nur bei **Gefahr schwerer Schäden** gegeben, sodass der Arbeitnehmer von einer Anzeige absehen kann, wenn diese lediglich den Kollegen schädigt, vom Betrieb aber keinen Schaden abwendet, weil z.B. Wiederholungsgefahr nicht zu befürchten ist. Maßgeblich ist eine Abwägung der widerstreitenden Interessen nach dem **Verhältnismäßigkeitsgrundsatz** (so *BGH* 23.2.1989 BB 1989, 650 für die Verpflichtung eines freien Mitarbeiters, dem Dienstberechtigten Verstöße Dritter gegen ein vertragliches Wettbewerbsverbot anzuzeigen). 490

Die Anzeige kann auch gegenüber einem zuständigen außenstehenden Dritten (z.B. Feuerwehr, Behörde) erstattet werden, wenn Abhilfe innerhalb des Betriebes nicht möglich erscheint oder wenn der Schaden dem Arbeitnehmer oder einem Dritten droht, ohne dass der Arbeitgeber durch entsprechende Maßnahmen in angemessener Zeit Abhilfe schafft. 491

b) Verhinderung von Störungen und Beseitigung von Schäden

Darüber hinaus kann der Arbeitnehmer auch verpflichtet sein, im Rahmen des Möglichen und Zumutbaren drohende Störungen oder Schäden zu verhindern bzw. eingetretene Schäden zu beheben. 492

In Not- und Katastrophenfällen ist der Arbeitnehmer auf Grund vertraglicher Nebenpflicht zur Abwendung von Schaden vom Betrieb verpflichtet. Dazu gehört es auch, andere Tätigkeiten als vereinbart oder Mehrarbeit zu leisten (*BAG* 3.12.1980 EzA § 615 BGB Nr. 39). 493

494 **Grenzen** für derartige Einsätze ergeben sich aus gesetzlichen (vgl. § 14 ArbZG) und tarifvertraglichen Bestimmungen sowie aus den Grundsätzen der Verhältnismäßigkeit.

c) Anzeige persönlicher Arbeitsverhinderung

495 Der Arbeitnehmer muss die Zeiten voraussehbarer persönlicher Arbeitsverhinderung (insbes. gem. § 616 S. 1 BGB) rechtzeitig mitteilen.

d) Verhältnis zu Arbeitskollegen

496 Eine vertragliche »Fürsorgepflicht« des Arbeitnehmers gegenüber seinen Kollegen besteht dagegen nicht, sodass lediglich **§ 823 Abs. 1 BGB** gilt. Andererseits sind drohende Gefahren und Schäden für Kollegen häufig zugleich auch eine Gefahr für einen reibungslosen Betriebsablauf, sodass der Arbeitnehmer **mittelbar** dazu angehalten ist, sie nicht nur dem Arbeitgeber, sondern auch den betroffenen Arbeitnehmern anzuzeigen bzw. tätig zu werden (MünchArbR/*Blomeyer* § 54 Rz. 11).

e) Förderung des Unternehmenszwecks

497 Mit der Ausnahme der Beschäftigung bei einem Tendenzunternehmen besteht **grds. keine Pflicht** des Arbeitnehmers, die Unternehmensziele über die Erfüllung der Arbeitspflicht und die allgemeinen Schutz- und Rücksichtspflichten hinaus durch aktive Tätigkeit zu fördern.

498 Kennzeichnendes Merkmal für die Arbeitsverträge von **Pressejournalisten** ist die auch tarifvertraglich im Pressewesen zwingend vorgesehene Klausel über die Bindung des Redakteurs an bestimmte, vom Verleger festgelegte Richtlinien über die grundsätzliche Haltung oder die Zielsetzung der jeweiligen Zeitung oder Zeitschrift. Der Arbeitnehmer hat deshalb – nicht nur während der Arbeitszeit, sondern auch außerdienstlich – alles zu unterlassen, was den Eintritt des angestrebten Unternehmenserfolges vereitelt.

499 Der Umfang der jeweiligen **Tendenzobliegenheiten** richtet sich nach den arbeitsvertraglichen Hauptpflichten des Redakteurs, die sich aus der Eigenart des Presseorgans (»Tendenz«) und der im Arbeitsvertrag festgelegten Arbeitsaufgabe und Stellung in der Redaktion ergeben.

500 Es gilt der Grundsatz der **abgestuften Loyalitätsobliegenheiten** je nachdem, in welchem Maße der einzelne Redakteur durch seine vertraglichen Aufgaben an der Tendenzverwirklichung beteiligt ist (MünchArbR/*Rüthers* § 201 Rz. 67, unter Hinweis auf *BVerfG* 4.6.1985 EzA § 611 BGB Kirchliche Arbeitnehmer Nr. 24).

501 Außerdienstliche Loyalitätsobliegenheiten kommen insbes. für Redakteure im Bereich der sog. **Richtungspresse**, also bei Zeitungen und Zeitschriften in Betracht, die entschieden für bestimmte Weltanschauungen, Wirtschaftsinteressen, Religionsgemeinschaften, Parteien, Verbände usw. eintreten. Wer hier ein tendenzbezogenes journalistisches Arbeitsverhältnis eingeht, verpflichtet sich damit, diese Tendenz nicht nur in seiner redaktionellen Arbeit zu verwirklichen, sondern auch – im Interesse der Glaubwürdigkeit seiner Arbeit und seines Blattes –, **auf ein dazu in Widerspruch stehendes Verhalten zu verzichten**. Er darf also auch in anderen Medien oder sonst öffentlich die Tendenz seines Blattes nicht angreifen oder unglaubwürdig machen.

502 Insoweit handelt es sich zwar nicht um eine Pflicht, der ein einklagbarer Rechtsanspruch des Arbeitgebers auf Erfüllung entspricht, wohl aber um eine Loyalitätsobliegenheit, deren Nichtbeachtung vertragliche Sanktionen **(Abmahnung, Kündigung)** auslösen kann (MünchArbR/*Rüthers* § 201 Rz. 59 ff.).

13. Nebenbeschäftigung

a) Grundlagen

503 Unter Nebentätigkeit ist jede Tätigkeit zu verstehen, die außerhalb des in Rede stehenden Arbeitsverhältnisses beim gleichen Arbeitgeber, bei einem anderen Arbeitgeber oder auf andere Weise (z.B. selbstständig) ausgeübt wird (vgl. *Braun* ArbuR 2004, 47 ff.).

Entscheidendes Kriterium ist die **anderweitige Verwertung der Arbeitskraft**, auch z.B. durch Ehrenämter, Gefälligkeiten. 504

Dem Arbeitnehmer steht die Verwendung seiner Arbeitskraft außerhalb der Arbeitszeit **grds. frei** (Art. 2 Abs. 1, 12 Abs. 1 GG; vgl. *BAG* 14.8.1969 AP Nr. 45 zu § 1 ArbKrankhG; *LAG Hessen* 19.8.2003 LAG Report 2004, 97). Deshalb ist es z.B. einer Juristin grds. nicht verwehrt, ihre Arbeitskraft auch anderweitig einzusetzen (*LAG Düsseld.* 8.10.2003 ArbuR 2005, 74). 505

b) Grenzen der Nebentätigkeit

Der Arbeitnehmer hat aber andererseits jede Beschäftigung zu **unterlassen, die mit der Arbeitspflicht kollidiert** bzw. den berechtigten Interessen des Arbeitgebers zuwiderläuft (*LAG Düsseld.* 8.10.2003 ArbuR 2005, 74 = LAG Report 2004, 170). Das kann dann der Fall sein, wenn sie gleichzeitig ausgeübt wird, und bei nicht gleichzeitiger Ausübung, wenn die vertraglich vereinbarte Arbeitsleistung darunter leidet, u.U. auch dann, wenn nur die konkrete Gefahr einer Beeinträchtigung der Arbeitsleistung besteht. 506

Denn der Arbeitnehmer hat alles zu unterlassen, was seine Fähigkeit zur Erbringung der Arbeitsleistung herabsetzt oder stören kann. In Betracht kommt eine Überbeanspruchung der Kräfte des Arbeitnehmers, ferner eine Ausübung einer Konkurrenztätigkeit bzw. eine Nebenbeschäftigung während krankheitsbedingter Arbeitsunfähigkeit. 507

Der kranke Arbeitnehmer muss sich so verhalten, dass er möglichst bald wieder gesund wird; er hat alles zu unterlassen, was seine Genesung verzögern könnte (*BAG* 11.11.1965 AP Nr. 40 zu § 1 ArbKrankhG). Allerdings besteht **keine generelle Pflicht, während der Krankheit jede Nebentätigkeit zu unterlassen**; entscheidend sind die Umstände des konkreten Einzelfalles (vgl. *Wertheimer/Krug* BB 2000, 1462 ff.). 508

Zwar benötigt der Arbeitnehmer für eine Nebenbeschäftigung grds. keine Genehmigung (s. aber unten Rn. 515 ff.); gleichwohl muss er eine bevorstehende Nebenbeschäftigung anzeigen (§ 242 BGB; *BAG* 18.11.1988 EzA § 611 BGB Teilzeitarbeit Nr. 3), wenn die Interessen des Arbeitgebers bedroht sind, d.h. wenn die Aufnahme der weiteren Tätigkeit tatsächliche und/oder rechtliche Rückwirkungen auf den Arbeitgeber hat. 509

Das ist z.B. nicht der Fall bei einer nicht-gewerblichen Nebentätigkeit (z.B. einem Ehrenamt), die ohne sozialversicherungs-, steuer- oder arbeitszeitrechtliche Konsequenzen ausgeübt werden kann. Demgegenüber kann eine **Anwaltskanzlei**, die zu einem erheblichen Teil Vermieter als Großmandanten vertritt, auf Grund eines berechtigten Interesses einer angestellten Anwältin die **Nebentätigkeit bei einem Mieterverein** untersagen (*LAG Düsseld.* 8.10.2003 ArbuR 2005, 74 = LAG Report 2004, 170). 510

Wird die Nebenbeschäftigung in einem Arbeitsverhältnis (§§ 1, 2 ArbZG) ausgeübt, sind §§ 3, 5 ArbZG zu beachten. Bei der Ermittlung der zulässigen Höchstarbeitszeit sind die Beschäftigungszeiten aller Arbeitsverhältnisse zusammenzurechnen (vgl. *Hunold* NZA 1995, 558 ff.). 511

Sind auf die Nebenbeschäftigung andersartige Arbeitszeitvorschriften anzuwenden (Hauptbeschäftigung in der Industrie, Nebentätigkeit in Haushalt, Landwirtschaft), richtet sich die Beurteilung der Arbeitszeit nach den Arbeitszeitvorschriften, die für die überwiegend ausgeführte Beschäftigung gelten. 512

Zu den Rechtsfolgen, die dann eintreten, wenn die Höchstarbeitszeit überschritten wird (Beschäftigungsverbot, Wirksamkeit der abgeschlossenen Verträge) s.o. Kap. 2 Rn. 50 f.; s.u. Rn. 515 ff. 513

Für Kinder oder Jugendliche gilt **§ 4 Abs. 5 JArbSchG**. 514

c) Vereinbarte Nebentätigkeitsverbote

515 Nach dem Grundsatz der Vertragsfreiheit (§§ 311 Abs. 1, 241 BGB) können Nebentätigkeitsverbote grds. auch frei vereinbart werden. Im Hinblick auf Art. 2 Abs. 1, 12 Abs. 1 GG ist jedoch ein **generelles Verbot** jedweder Nebentätigkeit **unzulässig** (*BAG* 11.12.2001 EzA § 611 BGB Nebentätigkeit Nr. 6; 28.2.2002 EzA § 611 BGB Nebentätigkeit Nr. 5 = NZA 2002, 928 LS; 13.3.2003 – 6 AZR 585/01 – EzA-SD 16/03, S. 9 LS = NZA 2003, 976; *OLG Naumburg* 9.10.2006 NZA-RR 2007, 521 LS).

516 Verbreitet ist deshalb die arbeits- oder tarifvertragliche Klausel, eine Nebenbeschäftigung bedürfe der Zustimmung des Arbeitgebers; sie stellt die Aufnahme einer beruflichen Tätigkeit unter Erlaubnisvorbehalt (*BAG* 11.12.2001 EzA § 611 BGB Nebentätigkeit Nr. 6; 28.2.2002 EzA § 611 BGB Nebentätigkeit Nr. 5 = NZA 2002, 928 LS; 13.3.2003 – 6 AZR 585/01 – EzA-SD 16/03, S. 9 LS = NZA 2003, 976; *LAG Hessen* 10.7.2001 NZA-RR 2002, 446).

517 Zulässig ist ein derartiges Verbot nur dann, wenn die Nebentätigkeit die vertraglich geschuldete Leistung oder betriebliche Interessen beeinträchtigen würde und wenn für den Fall, dass sie mit den Anforderungen des Arbeitsplatzes vereinbar ist, dem Arbeitnehmer ein Anspruch auf Erteilung der Genehmigung gewährt wird (Genehmigungsvorbehalt; *BAG* 3.12.1970 AP Nr. 60 zu § 626 BGB; 11.12.2001 EzA § 611 BGB Nebentätigkeit Nr. 6). Bei einem Genehmigungsvorbehalt ist die Genehmigung nach billigem Ermessen (§ 106 GewO/§ 315 BGB) zu erteilen, soweit die beabsichtigte Tätigkeit **nicht zu einer konkreten Gefährdung berechtigter dienstlicher Interessen führt** (*BAG* 13.3.2003 – 6 AZR 585/01 – EzA-SD 16/03, S. 9 LS = NZA 2003, 976; *LAG Hessen* 10.7.2001 NZA-RR 2002, 446; 19.8.2003 LAG Report 2004, 97; *Braun* ArbuR 2004, 43 ff.).

518 **Beispiele:**

- Ein mit den Aufgaben eines Rechtsschutzsekretärs beauftragter Angestellter der DGB-Rechtsschutz-GmbH hat keinen Anspruch auf Zustimmung zur Ausübung einer Nebentätigkeit, sofern eine **gegenständliche und eine zeitliche Überschneidung beider Tätigkeiten** zu befürchten ist (*BAG* 21.9.1999 EzA § 611 BGB Nebentätigkeit Nr. 3; vgl. dazu *Berrisch* FA 2000, 306).
- Das in einem Tarifvertrag für vollzeitig beschäftigte Busfahrer vereinbarte Verbot von Nebentätigkeiten, die mit dem Lenken von Kraftfahrzeugen – also ein **inhaltlich-gegenständlich beschränktes Verbot** – verbunden sind, ist mit Art. 12 Abs. 1 GG vereinbar (*BAG* 26.6.2001 EzA § 611 BGB Nebentätigkeit Nr. 4 = NZA 2002, 98).
- Der Arbeitgeber kann die Erteilung einer Nebentätigkeitsgenehmigung verweigern, **wenn die angestrebte Nebentätigkeit zwingend die Änderung des Arbeitsvertrages dahin erfordert**, dass der Arbeitnehmer **völlig frei über Arbeitszeit und Arbeitsumfang disponieren kann** (*LAG Hessen* 19.8.2003 LAG Report 2004, 97).

519 Ist eine Überschreitung der Arbeitszeitgrenzen des ArbZG nicht ausgeschlossen, hat der Arbeitgeber gegen den Arbeitnehmer Anspruch auf Auskunft über das Ob und den Umfang der beruflichen Nebentätigkeit. Denn der Arbeitgeber ist Adressat des öffentlich-rechtlichen Arbeitsschutzes. Er hat die Einhaltung der dort bestimmten Höchstarbeitszeiten zu überwachen; gem. § 2 Abs. 1 S. 1 ArbZG sind die Arbeitszeiten bei mehreren Arbeitgebern zusammenzurechnen (*BAG* 11.12.2001 EzA § 611 BGB Nebentätigkeit Nr. 6).

520 Tarifliche Regelungen bestehen für den Bereich des **öffentlichen Dienstes** (Zustimmungs-, Genehmigungspflicht gem. §§ 11 BAT, 3 Abs. 3 TVöD, 11 MTG, 13 MTB II, 13 MTL II; vgl. dazu *Braun* ZTR 2004, 69 ff.).

521 Gem. § 11 BAT, § 3 Abs. 3 TVöD kann einem Angestellten die Nebentätigkeitsgenehmigung nicht deshalb verweigert werden, weil eine »gewerbliche Tätigkeit durch Mitarbeiter

des öffentlichen Dienstes in der Öffentlichkeit unter Berücksichtigung des sicheren Arbeitsplatzes und des garantierten Einkommens **auf Unverständnis stößt**« (*LAG Düsseld.* 14.2.1995 AP Nr. 1 zu § 611 BGB Nebentätigkeit), ebenso wenig aus **allgemeinen arbeitsmarktpolitischen Gesichtspunkten** (*LAG Hamm* 28.9.1995 NZA 1996, 723).

Die einem Angestellten des öffentlichen Dienstes (z.B. einem Dezernentenfahrer) erteilte Genehmigung einer Nebentätigkeit von wöchentlich 7 Stunden 42 Minuten kann vom Arbeitgeber **widerrufen werden** bzw. der Angestellte hat keinen Anspruch auf erneute Erteilung, wenn er auf Grund der Tätigkeit für ein Busunternehmen durch Wochenendfahrten nach Spanien und zurück allein durch die Lenkzeiten den Zeitrahmen der genehmigten Tätigkeit regelmäßig, mehrfach und deutlich überschreitet. Denn allein die nachhaltige Überschreitung rechtfertigt die Besorgnis der Beeinträchtigung dienstlicher Interessen durch die Nebentätigkeit. Darauf, ob der Angestellte bei seinen Fahrten ausreichende Ruhepausen einlegen konnte, sei es im fahrenden Bus oder vor Ort, kommt es nicht an (*LAG RhPf* 30.1.1997 NZA-RR 1997, 324 LS). Bei **teilzeitbeschäftigten Angestellten** im öffentlichen Dienst kommt eine Versagung der Nebentätigkeitsgenehmigung i.d.R. erst dann in Betracht, wenn die zeitliche Beanspruchung durch die Nebentätigkeit zusammen mit der zeitlichen Beanspruchung durch die Teilzeittätigkeit die regelmäßige tarifliche wöchentliche Arbeitszeit zu mehr als 1/5 überschreitet (*LAG RhPf* 18.8.2005 NZA-RR 2006, 217). 522

Hat im öffentlichen Dienst ein Arbeitgeber mit einem Angestellten auf Dauer Sonderurlaub ohne Fortzahlung der Bezüge allein zur Vermeidung versorgungsrechtlicher Nachteile vereinbart und ist eine vorzeitige Beendigung des Urlaubs ausgeschlossen, stehen der Erlaubnis zur Aufnahme einer beruflichen Tätigkeit berechtigte dienstliche Interessen i.d.R. nicht entgegen. Dies gilt auch dann, wenn der Angestellte im Zuständigkeitsbereich seiner (früheren) Beschäftigungsbehörde tätig wird (*BAG* 13.3.2003 – 6 AZR 585/01 – EzA-SD 16/03, S. 9 LS = NZA 2003, 976). Offen gelassen hat das *BAG* (13.3.2003 a.a.O.) in dieser Entscheidung, ob § 11 S. 1 BAT, § 3 Abs. 3 TVöD auch das Erfordernis und die Voraussetzungen einer Nebentätigkeitsgenehmigung in einem dauerhaft ruhenden Arbeitsverhältnis regelt, bei dem eine Wiederaufnahme der Hauptleistungspflichten vertraglich ausgeschlossen ist. 523

Diese Grundsätze gelten auch für Angestellte, die im Rahmen der Sicherheitskontrolle an einem Flughafen eine beamtengleiche Tätigkeit ausüben; das *LAG Hessen* (10.7.2001 NZA-RR 2002, 446) hat deshalb ein Nebentätigkeitsverbot bestätigt.

Einem in einem Krankenhaus beschäftigten Krankenpfleger ist es nicht gestattet, eine Nebentätigkeit als Leichenbestatter auszuüben, weil dadurch berechtigte Interessen des Arbeitgebers erheblich beeinträchtigt werden (*BAG* 28.2.2002 ZTR 2002, 490).

Teilzeitbeschäftigte Angestellte bedürfen nach § 11 BAT, § 3 Abs. 3 TVöD i.V.m. § 68 Abs. 1 Nr. 3 LBG NW auch dann einer Genehmigung für eine Nebentätigkeit, wenn die zeitliche Beanspruchung durch die Teilzeittätigkeit zusammen mit der zeitlichen Beanspruchung durch die Nebentätigkeit die regelmäßige tarifliche wöchentliche Arbeitszeit eines vollzeitbeschäftigten Angestellten nicht überschreitet. 524

Wird eine solche Nebentätigkeit ohne Genehmigung ausgeübt, kann die Erteilung einer **Abmahnung** wegen dieses Verhaltens berechtigt sein (*BAG* 30.5.1996 EzA § 611 BGB Abmahnung Nr. 34). 525

Auch unabhängig von einer tarifvertraglichen Genehmigungs- oder Zustimmungspflicht muss eine Nebentätigkeit dem Arbeitgeber angezeigt werden, soweit dadurch dessen Interessen bedroht sind. Dies ist der Fall, wenn die Nebentätigkeit mit der vertraglich geschuldeten Arbeitsleistung nicht vereinbar ist und die Ausübung der Nebentätigkeit somit eine Verletzung der Arbeitspflicht darstellt. 526

Verweigert ein Arbeitnehmer trotz Aufforderung des Arbeitgebers über Jahre hinweg **Angaben über einen Teil seiner erheblichen Nebentätigkeiten** völlig und gibt er über einen anderen Teil zum Umfang seiner arbeitsmäßigen Beanspruchung keine Auskunft, sind die berechtigten Interessen des Arbeitgebers an der ordnungsgemäßen Vertragserfüllung bedroht. Der Anspruch des Arbeitgebers gem. § 242 BGB, ihm die Nebentätigkeiten zweier 527 genau bezeichneter Dreimonatszeiträume nachträglich anzuzeigen, damit er sein weiteres Vorgehen (z.B. Ausübung eines bisher nicht geltend gemachten tariflichen Zustimmungserfordernisses) prüfen kann, ist in diesem Fall begründet (*BAG* 18.1.1996 EzA § 242 BGB Auskunftspflicht Nr. 5).

528 Ein als **Hörfunk-Sprecher** tätiger Angestellter, auf dessen Arbeitsverhältnis der MTV für den NDR anwendbar ist, hat Anspruch auf Erteilung der Zustimmung zu einer Nebentätigkeit bei einem anderen Anbieter von Rundfunk- und Fernsehsendungen, wenn **nicht zu besorgen** ist, dass durch die Nebentätigkeit die **Interessen des NDR beeinträchtigt werden**. Diese Besorgnis besteht dann, wenn der Angestellte bei einem anderen im publizistischen und finanziellen Wettbewerb mit dem NDR stehenden Anbieter von Fernsehprogrammen Nachrichtentexte aus dem »Off« sprechen soll (*BAG* 24.6.1999 EzA § 611 BGB Nebentätigkeit Nr. 2; vgl. dazu *Berrisch* FA 2000, 307).

529 Die Nebentätigkeit beeinträchtigt auch dann dienstliche Interessen des Arbeitgebers, wenn ein Arzt des medizinischen Dienstes als Nebentätigkeit Gutachten für private Kranken- und Pflegeversicherungen erstattet. Der medizinische Dienst erbringt als Körperschaft des öffentlichen Rechts seine Leistungen ausschließlich für gesetzliche Kranken- und Pflegeversicherungen und wird von diesen durch Umlagen finanziert. Er hat daher ein berechtigtes Interesse daran, weder unmittelbar noch mittelbar deren Konkurrenten, zu denen die privaten Kranken- und Pflegeversicherungen gehören, zu fördern. Dies wäre der Fall, wenn der Arbeitgeber privaten Kranken- und Pflegeversicherungen den Sachverstand und die Erfahrungen der bei ihm angestellten Ärzte zur Verfügung stellte, indem er diesen Nebentätigkeitsgenehmigungen zur Erstattung ärztlicher Gutachten erteilte (*BAG* 28.2.2002 NZA 2002, 928 LS).
Dass der Arbeitgeber solche Nebentätigkeiten in der Vergangenheit für genehmigungsfähig gehalten und dies in einer Dienstanweisung festgehalten hat, begründet keine Rechte für die Zukunft. Der Arbeitgeber ist nämlich an eine von ihm selbst erlassene Dienstanweisung nur so lange gebunden, wie er sie anwendet (*BAG* 28.2.2002 NZA 2002, 928 LS).

530 Angestellte sind im Übrigen nach § 11 S. 1 BAT, § 3 Abs. 3 TVöD i.V.m. den beamtenrechtlichen Vorschriften der Landesnebentätigkeitsverordnungen z.B. für BW verpflichtet, Vergütungen für Nebentätigkeiten, die sie für andere Arbeitgeber im öffentlichen Dienst ausüben, abzuliefern, soweit bestimmte Beträge überschritten werden. Diese tarifliche Regelung verstößt weder gegen Art. 12 Abs. 1 GG noch gegen Art. 3 Abs. 1 GG (*BAG* 25.7.1996 EzA § 11 BAT Nr. 2).

d) Sanktionen für Verbotsverstöße

531 Ansprüche aus pFV (§§ 280 ff., 241 Abs. 2 BGB) kommen in Betracht, wenn es wegen der Nebenbeschäftigung zu einer Beeinträchtigung des Hauptarbeitsverhältnisses **(Schlecht- oder Nichtleistung)** kommt.

532 Fraglich ist, was dann gilt, wenn der Arbeitnehmer bei geringfügiger Beschäftigung eine Nebenbeschäftigung verschwiegen hat und der Arbeitgeber die dadurch z.B. gem. § 8 Abs. 2 SGB IV anfallenden Arbeitgeber- und Arbeitnehmeranteile zur Sozialversicherung nachentrichten muss.

533 Seit dem 1.4.2003 tritt die Versicherungspflicht gem. § 8 Abs. 2 S. 3 SGB IV n.F. **jedenfalls** dann ein, wenn bei der **Zusammenrechnung** gem. § 8 Abs. 2 SGB IV festgestellt wird, dass die Voraussetzungen einer geringfügigen Beschäftigung nach § 8 Abs. 1 SGB IV **nicht mehr** vorliegen. Wirksam wird sie allerdings erst mit dem Tag der **Bekanntgabe der Feststellung durch die Einzugsstelle** oder einen Träger der Rentenversicherung.

Nach der Rechtsprechung des *BAG* (18.11.1988 EzA § 611 BGB Teilzeitarbeit Nr. 3; 27.4.1995 EzA § 28g SGB IV Nr. 1) gelten **folgende Grundsätze:** 534

- Nimmt ein Arbeitnehmer, der geringfügig beschäftigt und daher in der gesetzlichen Kranken- und Rentenversicherung versicherungsfrei ist, eine weitere geringfügige Beschäftigung auf, ist er **verpflichtet, dies seinem Arbeitgeber mitzuteilen.** 535

Denn im Außenverhältnis ist dieser – unabhängig davon, ob er Kenntnis von der Mehrfachbeschäftigung hat oder nicht – gegenüber den Sozialversicherungsträgern gem. § 28e SGB IV der alleinige Zahlungs- und Haftungsschuldner (für das eigene Beschäftigungsverhältnis mit dem Arbeitnehmer). Folglich hat er, falls insgesamt die Geringfügigkeitsgrenze überschritten wird, auch entsprechende Beiträge in vollem Umfang nachzuentrichten, sofern die vierjährige Verjährungsfrist des § 25 SGB IV noch nicht abgelaufen ist. Lediglich im Innenverhältnis haben Arbeitgeber und Arbeitnehmer die Beiträge je zur Hälfte zu tragen (§§ 249 Abs. 1, 2 SGB V, § 168 Abs. 1 Nr. 1 SGB VI, §§ 340 ff. SGB III). 536

- Eine **Mitteilungspflicht** besteht allerdings nicht als vertragliche Nebenpflicht stets ohne weiteres, sondern **nur dann, wenn dies zwischen den Parteien ausdrücklich vereinbart worden ist.** Im Urteil vom 18.11.1988 (EzA § 611 BGB Teilzeitarbeit Nr. 3) war eine entsprechende Verpflichtung eindeutig und unmissverständlich im Arbeitsvertrag vorgesehen. Im Urteil vom 27.4.1995 (EzA § 28g SGB IV Nr. 1) hat das BAG dagegen – einzelfallbezogen – eine **Mitteilungspflicht verneint** und dies wie folgt begründet: 537
  »Auf der Rückseite des von der Beklagten unterschriebenen formularmäßigen Arbeitsvertrages heißt es zwar, der Arbeitnehmer verpflichte sich, um die Versicherungsfreiheit zu erhalten, alle Änderungen in den persönlichen Verhältnissen sofort zu melden. Die Änderungen beziehen sich aber auf die auf der Vorderseite gemachten Angaben. Da dort gar nicht nach weiteren Beschäftigungen gefragt wurde, konnten sich insoweit gar keine mitteilungspflichtigen Änderungen ergeben. Die Beklagte konnte darauf vertrauen, dass sie nicht vertraglich verpflichtet war, etwas als Änderung anzugeben, wonach sie überhaupt nicht gefragt worden war.
  Im Übrigen greift hier zu Gunsten der Beklagten auch die Unklarheitenregel ein. Enthält ein auf Veranlassung und im Interesse des Arbeitgebers geschlossener Formularvertrag unklare Regelungen, so gehen diese zu Lasten des Arbeitgebers, der bei der Formulierung für die nötige Klarheit hätte sorgen müssen (vgl. *BAG* 18.9.1991 EzA § 339 BGB Nr. 14).«
- Verletzt der Arbeitnehmer die Anzeigepflicht, ist er dem Arbeitgeber zum **Schadensersatz** – Erstattung der verauslagten Beiträge – verpflichtet. Zu dem zu ersetzenden Schaden gehören **jedoch nicht die Arbeitgeberanteile der Beiträge** zur gesetzlichen Kranken- und Rentenversicherung, die der Arbeitgeber nachentrichten muss. Denn bei diesen handelt es sich nicht um einen kausalen Schaden aus der Auskunftspflichtverletzung; der Arbeitgeber hätte sie auch bei ordnungsgemäßer Anzeige der Mehrfachbeschäftigung durch den Arbeitnehmer entrichten müssen. Auch **eine deliktsrechtliche Ersatzpflicht (§§ 823, 826 BGB) gegenüber dem Arbeitgeber** tritt **jedenfalls dann nicht ein**, wenn der Arbeitnehmer bei seiner **Einstellung nicht nach dem Bestehen weiterer geringfügiger Beschäftigungsverhältnisse gefragt worden ist** (*BAG* 27.4.1995 EzA § 28g SGB IV Nr. 1). 538
- Eine **Vereinbarung** der Arbeitsvertragsparteien, nach der der Arbeitnehmer bei Verletzung der Anzeigepflicht dem Arbeitgeber Schadensersatz **pauschal in Höhe der nachentrichteten Arbeitgeberanteile schuldet, ist nichtig.** Das Gleiche gilt für eine Vereinbarung der Arbeitsvertragsparteien, nach der der Arbeitnehmer eine weitere geringfügige Beschäftigung nicht aufnehmen darf. 539
- Was gilt, wenn der Arbeitnehmer auf ausdrückliches Befragen des Arbeitgebers die weitere Beschäftigung **bewusst verschwiegen hat**, hat das *BAG* (27.4.1995 EzA § 28g SGB IV Nr. 1) offen gelassen. Das *LAG RhPf* (14.10.1992 – 2 Sa 315/92 –, n.v.) sowie das *LAG Hessen* (12.10.1992 – 10 Sa 360/92) haben für diesen Fall einen Schadensersatzanspruch bejaht. Das *BSG* (10.9.1987 NZA 1988, 629) hat unter den Voraussetzungen des § 826 BGB einen derartigen Anspruch erwogen. 540

541 ▶ Hinsichtlich der **Arbeitnehmeranteile** hat das *BAG* (27.4.1995 EzA § 28g SGB IV Nr. 1) zunächst die Rückforderung auf das Lohnabzugsverfahren gem. §§ 394 f., 1397 RVO beschränkt, sodass der Arbeitgeber die Arbeitnehmeranteile nach Beendigung des Arbeitsverhältnisses nicht mehr geltend machen konnte. Auf Grund des ab 1.1.1989 geltenden § 28g SGB IV gilt diese Sperre nicht mehr, wenn der Arbeitnehmer **vorsätzlich oder grob fahrlässig gehandelt hat**. Der Arbeitgeber kann deshalb – bei vorsätzlicher oder grob fahrlässiger Verletzung der Offenbarungspflicht – die vorgelegten Arbeitnehmeranteile auch auf andere Weise als durch Verrechnung mit den drei nächsten Lohn- oder Gehaltszahlungen zurückfordern, z.B. durch **gerichtliche Klage**. Anspruchsgrundlagen sind §§ 280 ff., 241 Abs. 2 BGB sowie **§§ 28g, 28 o SGB IV**.

542 ▶ Eine **Unterlassungsklage** gegen den Arbeitnehmer ist grds. unzulässig.

543 ▶ Allerdings kommt die Erklärung einer Kündigung des Arbeitsverhältnisses in Betracht. Zu beachten ist aber, dass **allein der Verlust der Versicherungsfreiheit keinen Kündigungsgrund darstellt** (*BAG* 18.11.1988 EzA § 611 BGB Teilzeitarbeit Nr. 3).

e) Zeitliche Kollisionen von Mehrfach-Arbeitsverhältnissen

544 Kollidiert die Arbeitszeit von zwei Arbeitsverhältnissen (vertragswidriges Doppelarbeitsverhältnis), sind die kollidierenden Verträge **grds. rechtswirksam** (s.o. Kap. 2 Rn. 47 f.). Für die betroffenen Arbeitgeber kommt eine Unterlassungsklage nicht in Betracht; kommt der Arbeitnehmer seiner Arbeitsverpflichtung im vertraglich geschuldeten Umfang ganz oder teilweise nicht nach, haftet er allerdings auf **Schadensersatz** wegen verschuldeter Unmöglichkeit.

545 Handelt es sich bei der Nebenbeschäftigung um ein gewerbliches Arbeitsverhältnis, ordnete § 125 GewO eine Mithaftung des Nebenbeschäftigungs-Arbeitgebers für den tatsächlich entstandenen Schaden dann an, wenn der Arbeitgeber den Arbeitnehmer verleitet hatte, vor rechtmäßiger Beendigung des Arbeitsverhältnisses diese Arbeit zu verlassen oder nicht anzutreten. Diese Regelung ist allerdings mit Wirkung vom 1.1.2003 inzwischen aufgehoben worden.

14. Auskunftspflichten im bestehenden Arbeitsverhältnis

546 Der Arbeitnehmer ist auch nach seiner Einstellung verpflichtet, Fragen des Arbeitgebers zu seiner Vor- und Ausbildung zu beantworten, wenn davon auszugehen ist, dass die bei der Einstellung abgegebenen Erklärungen und danach erfolgte Ergänzungen nicht mehr vollständig vorhanden sind. Gleiches gilt dann, wenn der Anspruchsberechtigte in entschuldbarer Weise über Bestehen und Umfang seines Rechts im Ungewissen ist, während der Verpflichtete unschwer Auskunft erteilen kann (*BAG* 18.1.1996 EzA § 242 BGB Auskunftspflicht Nr. 5).

547 Der Arbeitnehmer ist allerdings nicht verpflichtet, außergerichtliche Erklärungen zu möglichen Kündigungsgründen abzugeben, soweit nicht besondere rechtliche Grundlagen hierfür bestehen.

548 Der **öffentliche Arbeitgeber** darf nach dem GG z.B. nur solche **Lehrer** einsetzen, die zu den Werten der freiheitlichen demokratischen Grundordnung i.S.d. GG stehen. Zur Sicherstellung dieser Aufgabe sind solche Fragen gegenüber dem Lehrer zulässig, die **Zweifel an dessen Eignung** im Zusammenhang mit seiner früheren Tätigkeit **betreffen**. Hierzu gehören Fragen nach der Tätigkeit für das frühere Ministerium für Staatssicherheit (MfS) und nach Funktionen in politischen Parteien und Massenorganisationen der ehemaligen DDR (*BAG* 7.9.1995 EzA § 242 BGB Auskunftspflicht Nr. 4; vgl. zur Kündigung *BAG* 21.6.2001 NZA 2002, 168).

549 Demgegenüber ist ein Arbeitnehmer ohne konkrete Anhaltspunkte mangels entsprechender Anspruchsgrundlage nicht verpflichtet, einen **Fragebogen** über seine Beziehungen zur Scientology Organisation auszufüllen (*ArbG München* 24.10.2000 NZA-RR 2001, 296).

15. Sanktionen der Nebenpflichtverletzung (Überblick)

Erfüllt der Arbeitnehmer eine **Nebenleistungspflicht** (die gem. §§ 157, 242 BGB mit der Hauptleistungspflicht, der Arbeitspflicht, verbunden ist; s.o. Rn. 335 ff.) nicht oder fehlerhaft, wirkt das auf die Hauptleistungspflicht zurück, sodass die **Sanktionen für Hauptleistungspflichten** eingreifen (Anspruch auf Erfüllung der Arbeitsverpflichtung; Rechtsfolgen der Unmöglichkeit, s.u. Rn. 552 ff.; Rechtsfolgen der Schlechtleistung, s.u. Rn. 596 ff.). 550

Bei **Nebenpflichten**, die sich aus dem Schutzrechtsverhältnis zwischen Arbeitgeber und Arbeitnehmer ergeben, kommen in Betracht: 551

- **Klage auf Erfüllung** der Schutzpflicht, wenn sie auf ein Tätigwerden des Arbeitnehmers (z.B. bei Teilnahme an einem Noteinsatz außerhalb des eigenen Arbeitsbereichs) gerichtet ist; es gelten die gleichen Grundsätze wie für die Arbeitsleistungspflicht;
- **Unterlassungsklagen** bei einer Schutzpflicht, die dem Arbeitnehmer ein bestimmtes Handeln untersagt (z.B. bei der Verletzung von Wettbewerbsverboten oder Verschwiegenheitspflichten), wenn insbes. Wiederholungsgefahr besteht;
- Ansprüche auf **Schadensersatz** wegen Nichterfüllung sowie aus §§ 280 ff., 241 Abs. 2 BGB;
- Geltendmachung einer vertraglich vereinbarten **Vertragsstrafe**;
- Verhängung einer **Betriebsbuße** nach Maßgabe der Regelung in einem Tarifvertrag oder in einer Betriebsvereinbarung (z.B. Verwarnung, Verweis, Geldbuße);
- Erteilung einer **Abmahnung**;
- Erklärung einer **Kündigung** (vgl. MünchArbR/*Blomeyer* § 56 Rz. 1 ff.; MünchArbR/*Berkowsky* § 137 Rz. 111 ff.).

IX. Nichtleistung der Arbeit

1. Grundlagen

Der Arbeitsvertrag ist ein gegenseitiger Vertrag gem. §§ 320 ff. BGB, sodass die Vorschriften über die Leistungsstörungen anwendbar sind (*BAG* 8.10.1959 AP Nr. 14 zu § 56 BetrVG). Dies gilt auch nach dem Schuldrechtsmodernisierungsgesetz (vgl. Frankfurter Handbuch/*Ziemann* F/Rz. 165 ff.) 552

Zu beachten ist, dass die Arbeitspflicht als absolute **Fixschuld** verstanden wird (*Staudinger/Richardi* § 611 Rz. 450), **sodass die geschuldete und nicht erbrachte Leistung bereits mit dem exakt vorbestimmten Arbeitsbeginn oder mit der vorzeitigen Beendigung der Arbeitsleistung als nicht nachholbar endgültig unmöglich wird**. Für einen Schuldnerverzug bleibt kein Raum. **Ist der Arbeitgeber allerdings nicht unbedingt an einem präzisen Arbeitsbeginn interessiert** (z.B. bei einer Teilzeitstelle, die nur mit einem Arbeitnehmer besetzt ist), oder ist es dem Arbeitnehmer, falls nichts anderes vereinbart ist, auch möglich, die während eines geringfügigen Zeitraums ausgefallene Arbeitsleistung noch nachzuholen, ist davon auszugehen, dass ein **Erfüllungszeitraum** besteht, der sich nach der Natur, dem Inhalt und dem Zweck des Vertrages bestimmt. Solange er andauert, d.h. **solange die Arbeitsleistung nachholbar ist, bleibt der Arbeitnehmer im Leistungsverzug** (*BAG* 17.3.1988 EzA § 626 BGB n.F. Nr. 116). Erst mit der Beendigung des Erfüllungszeitraums wird dem Arbeitnehmer die Erfüllung der Arbeitspflicht unmöglich. 553

Erfüllungswirkung gem. § 362 BGB hat nur die zur vereinbarten Arbeitszeit erbrachte Arbeitsleistung (MünchArbR/*Blomeyer* § 57 Rz. 4 ff.). 554

2. Unmöglichkeit der Leistung und Verzug

Hinsichtlich des Arbeitnehmers ist die bewusste Zurückhaltung der Arbeit und deren eigenmächtige Unterbrechung Nichterfüllung, sodass bei Verschulden § 280 BGB (zur Unmöglichkeit s.o. Rn. 295 ff.) anwendbar ist. Der Arbeitnehmer handelt z.B. dann fahr- 555 lässig, wenn er vorwerfbar irrtümlich Tatsachen annimmt, die einen Freistellungsanspruch begründen oder vorwerfbar annimmt, zur Arbeitsverweigerung berechtigt zu sein. Die Fahrlässigkeit ist nur dann ausgeschlossen, wenn er die Rechtslage etwa auf Grund der Rechtsprechung sorgfältig geprüft und erkundet hat (*BAG* 12.4.1973 AP Nr. 24 zu § 611 BGB Direktionsrecht).

556 Hat der Arbeitnehmer (z.B. infolge von Krankheit) die Unmöglichkeit nicht verschuldet, sehen z.B. § 616 BGB, §§ 2 ff. EFZG Ausnahmen für den gem. § 326 Abs. 1 BGB dann an sich gegebenen Wegfall des Entgeltanspruchs vor; insoweit bestehen **zahlreiche vom Grundsatz »ohne Arbeit kein Lohn« abweichende Tarif- oder Betriebsnormen** (vgl. *BAG* 11.9.1985 EzA § 616 BGB Nr. 30).

557 Zufallsbedingte Unmöglichkeit, z.B. wenn der Arbeitnehmer infolge von Verkehrsstörungen nicht am Arbeitsplatz erscheinen kann (Ausfall öffentlicher Verkehrsmittel, Naturkatastrophen wie Hochwasser usw.), führt gem. § 326 Abs. 1 BGB zum Wegfall des Lohnanspruchs. Das gilt selbst dann, wenn der Arbeitgeber aus Entgegenkommen Fahrmöglichkeiten zur Verfügung stellt, der Werksbus aber wegen Eisglätte z.B. nicht verkehren kann (*BAG* 8.12.1982 EzA § 616 BGB Nr. 23).

3. Rechtsfolgen von Unmöglichkeit und Verzug

a) Nachleistungsanspruch

558 Der Arbeitgeber hat einen Nachleistungsanspruch gem. § 611 BGB bei Leistungsverzug des Arbeitnehmers, also insbes. **im Rahmen des Erfüllungszeitraums** (s.o. Rn. 553). Nach Ablauf des Erfüllungszeitraums tritt Unmöglichkeit ein, sodass eine Nachleistung nicht mehr möglich ist. Generell besteht keine Nachleistungspflicht bei endgültiger Leistungsunmöglichkeit, insbes. bei Vertragsbruch.

b) Mehrarbeit

559 Ordnet der Arbeitgeber **Mehrarbeit des betroffenen Arbeitnehmers zur Nachholung der versäumten Arbeitszeit an**, braucht er den tariflichen **Mehrarbeitszuschlag nicht zu zahlen** (*BAG* 25.7.1957 AP Nr. 1 zu § 4 AZO). Denn dann muss sich der Arbeitnehmer grds. Arbeitszeit, die er an anderen Arbeitstagen z.B. über die geschuldeten acht Stunden hinaus leistet, jedenfalls in einem gewissen Umfang auf die nicht geleisteten Arbeitsstunden anrechnen lassen. Andernfalls würde er durch die Gewährung eines Mehrarbeitszuschlages für die von ihm verschuldete Arbeitsversäumnis sogar noch belohnt. Eine solche Anrechnung ist zulässig, weil es der Arbeitnehmer andernfalls in der Hand hätte, mit Hilfe verschuldeter Arbeitsversäumnis zu Überstundenzuschlägen zu kommen. Das wäre aber mit den Grundsätzen von **Treu und Glauben** nicht vereinbar (*BAG* 25.7.1957 AP Nr. 1 zu § 4 AZO).

560 Im Rahmen der §§ 280 ff., 249, 251 BGB hat der Arbeitnehmer die Kosten der angefallenen Mehrarbeit anderer Arbeitnehmer (Differenz zwischen der Vergütung des Arbeitnehmers und dem Entgelt der für ihn eingestellten Ersatzkraft, Mehrvergütung für Überstunden anderer Arbeitnehmer, anteilige Vergütung für die Mitarbeiter, die die ausgefallene Arbeitsleistung fiktiv übernehmen mussten, ohne dass es darauf ankommt, ob die Arbeit tatsächlich übernommen wurde oder ob sie liegen geblieben ist [»normativer Schaden«; vgl. *BAG* 24.4.1970 AP Nr. 5 zu § 60 HGB]) sowie den hypothetischen Schaden, der ohne den Ausgleich entstanden wäre, wenn der Arbeitgeber den Arbeitsausfall in eigener Person ausgeglichen hat (*BAG* 24.8.1967 AP Nr. 7 zu § 249 BGB), zu ersetzen.

c) Weitere Kosten

Hinzukommen können **Stillstandskosten** für eine gemietete Maschine, **Konventionalstrafen**, die für Auftragsverspätung fällig werden, u.U. Rechtsanwaltskosten (*BGH* 30.4.1986 AP Nr. 28 zu § 249 BGB). Zu ersetzen ist auch der **entgangene Gewinn** (§ 252 BGB); insoweit kann der Arbeitgeber Beweiserleichterungen gem. § 287 ZPO in Anspruch nehmen (vgl. *BAG* 27.1.1972 AP Nr. 2 zu § 252 BGB). 561

d) Zurückbehaltungsrecht

Ein Zurückbehaltungsrecht des Arbeitgebers an den **Arbeitspapieren** (Zeugnis, Urlaubsbescheinigung, Arbeitsbescheinigung [§ 312 SGB III], Sozialversicherungsnachweis und Lohnsteuerkarte) **besteht nicht** (*BAG* 20.12.1958 AP Nr. 2 zu § 611 BGB Urlaubskarte). 562

e) Kürzung von freiwilligen Sozialleistungen

> Inwieweit freiwillige Sozialleistungen (z.B. Gratifikationen, Anwesenheitsprämien) bei einer vom Arbeitnehmer zu vertretenden Leistungsunmöglichkeit gekürzt werden können, hängt, sofern keine entsprechende ausdrückliche Regelung vorhanden ist, davon ab, ob die Sozialleistung an die Arbeitsleistung oder an andere Merkmale, wie z.B. an die geleistete Betriebstreue anknüpft. 563

Ist sie Vergütung für Arbeitsleistung, so besteht kein Anspruch; s.u. Rn. 1006 ff. Wird dagegen an die Betriebstreue angeknüpft, ist entscheidend, ob die Unmöglichkeit vorübergehend oder endgültig ist. Die vorübergehende Leistungsunmöglichkeit hat grds. keinen Einfluss auf die geschuldete Leistung »Betriebstreue«, sodass eine Kürzung nicht in Betracht kommt (*BAG* 29.8.1979 EzA § 611 BGB Gratifikation, Prämie 63). 564

f) Lohnminderung bei Abbruch der Ausbildung

Nach Auffassung des *LAG Düsseld.* (26.6.1984 DB 1985, 180) kann der Ausbildende vom Auszubildenden bei vorzeitigem Abbruch der Ausbildung keinen Schadensersatz mit der Begründung verlangen, die bis dahin erbrachte Arbeitsleistung entspreche nicht der gezahlten Ausbildungsvergütung. Der Ersatz anderer Schäden – z.B. Inseratskosten – wird dadurch aber nicht ausgeschlossen. 565

g) Weitere Rechtsfolgen

> Die Arbeitsversäumnis kann nicht nachträglich auf den Urlaub angerechnet werden (GK-BUrlG/*Bleistein* § 3 Rz. 42; s.u. Rn. 2291 ff.). 566

Der Arbeitgeber kann den Arbeitnehmer bei Nichterfüllung der Arbeitsverpflichtung nach Ablauf von 4 Wochen bei der gesetzlichen Krankenkasse abmelden (§ 192 Abs. 1 Nr. 1 SGB V). 567

h) Durch die Beendigung des Arbeitsverhältnisses entstandene Schäden

Wird wegen der Leistungsunmöglichkeit das Arbeitsverhältnis vom Arbeitgeber gekündigt, so kann er gem. § 628 Abs. 2 BGB den sog. **Auflösungsschaden** (s.u. Kap. 4 Rn. 1592 ff.) ersetzt verlangen, wenn er dem Arbeitnehmer wegen vertragswidrigen Verhaltens fristlos gekündigt hat (vgl. auch § 89 Abs. 2 HGB, § 23 BBiG). Zu ersetzen ist der Schaden, der dem Arbeitgeber auf Grund der vorzeitigen Vertragsbeendigung entstanden ist. 568

Kosten für die **Anwerbung einer Ersatzkraft** sind davon nur dann erfasst, wenn sie durch die überstürzte Vertragsbeendigung entstanden sind und bei vertragsgemäßer Einhaltung der Kündigungsfrist nicht entstanden wären (*BAG* 23.3.1984 EzA § 249 BGB Nr. 16). Gem. § 628 Abs. 1 S. 2 BGB kommt ein Wegfall des zuvor verdienten Arbeitsentgelts des 569

Arbeitnehmers in Betracht, wenn die bisherige Arbeitsleistung infolge der Kündigung für den Arbeitgeber kein Interesse mehr hat.

570 Zum Antrag des Arbeitgebers auf Verurteilung des Arbeitnehmers zur Zahlung einer Entschädigung gem. § 61 Abs. 2 S. 1 ArbGG s.o. Rn. 327 f.

4. Pauschalierter Schadensersatz

571 In der Literatur wird z. T. die Auffassung vertreten (vgl. *Kraft* NZA 1989, 777), dass **vertragliche Pauschalierungsabreden**, wie sie im Zusammenhang mit Kaufverträgen für grds. wirksam gehalten werden, auch im Arbeitsrecht vorbehaltlich einer **gerichtlichen Billigkeitskontrolle** (s. jetzt § 310 Abs. 4 S. 2 i.V.m. §§ 305 ff. BGB n.F.) zulässig sind. Allerdings muss dann der Arbeitgeber bei entsprechendem Vorbringen des Arbeitnehmers im Prozess nachweisen, dass der vereinbarte Pauschalbetrag schadenstypisch ist.

5. Vertragsstrafe

a) Grundlagen

aa) Grundsätzliche Zulässigkeit

572 Nach der Rechtsprechung des *BAG* (vgl. 23.5.1984 AP Nr. 9 zu § 339 BGB) können die Parteien rechtswirksam (auch formlos) eine **Vertragsstrafe** (§§ 339 ff. BGB) **für den Fall des Vertragsbruchs oder einer fristlosen Entlassung wegen schuldhaften Verhaltens des Arbeitnehmers vereinbaren.** § 888 Abs. 3 ZPO i.V.m. § 61 Abs. 2 ArbGG stehen dem nicht entgegen, weil sie gerade das Interesse des Arbeitgebers an der zusätzlichen Sicherung seines Erfüllungsanspruchs als schutzwürdig anerkennen. **Das gilt auch nach der Schuldrechtsreform** (*BAG* 4.3.2004 EzA § 309 BGB 2002 Nr. 1 = NZA 2004, 728; 18.8.2005 EzA § 307 BGB 2002 Nr. 6 = NZA 2006, 34; ebenso *LAG SchlH* 2.2.2005 – 3 Sa 515/04 – EzA-SD 6/05 S. 4 LS = NZA-RR 2005, 351 = ArbuR 2005, 196 LS; *LAG BW* 5.1.2005 – 2 Sa 86/04 – EzA-SD 7/05 S. 11 LS; *ArbG Duisburg* 14.8.2002 – 3 Ca 1676/02 – EzA-SD 18/02, S. 12 LS; *ArbG Freiburg* 16.1.2003 LAGE § 309 BGB 2002 Nr. 2; *Preis* Sonderbeil. zu NZA Heft 16/2003, S. 19 ff.; *Leder/Morgenroth* NZA 2002, 952 ff.; *Lingemann* NZA 2002, 181 ff.; diff. *Reichenbach* NZA 2003, 309 ff.; vgl. dazu *Preis* NZA 2004, 1014 ff.; *Hauck* NZA 2006, 816 ff.; *Brors* DB 2004, 1778 ff.; *Schöne* SAE 2006, 272 ff.; zust. *Schrader* BAG Report 2004, 353 ff.; krit. *Diller* NZA 2005, 253 f. zu Vertragsstrafen zur Absicherung eines nachvertraglichen Wettbewerbsverbots; s.u. Kap. 9 Rn. 95 ff.; abl. *Bauer/Krieger* SAE 2006, 11 ff.; **a.A.** *LAG Hamm* 24.1.2003 LAGE § 309 BGB 2002 Nr. 4; *LAG Hessen* 25.4.2003 – 17 Sa 1723/02 – ARST 2004, 281 LS = ZTR 2004, 325 LS; *LAG BW* 10.4.2003 LAG Report 2004, 45; *ArbG Bochum* 8.7.2002 – 3 Ca 1287/02 – EzA-SD 17/02, S. 6 LS = NZA 2002, 978; *ArbG Bielefeld* 2.12.2002 – 3 Ca 3733/02 – EzA-SD 2/03, S. 11 LS; *ArbG Nienburg* 23.1.2003 NZA-RR 2004, 73; *Däubler* NZA 2001, 1336; *Herbert/Oberrath* NZA 2004, 121 ff.; für ein grundsätzliches Vertragsstrafenverbot im Arbeitsrecht auf Grund der gesetzlichen Neuregelung *v. Koppenfels* NZA 2002, 598 ff.).

573 Der Vorteil der Vereinbarung einer Vertragsstrafe besteht für den Arbeitgeber darin, dass er damit den bei Vertragsbruch und sonstigen schweren Pflichtverstößen des Arbeitnehmers nur schwer führbaren Schadensnachweis nicht erbringen muss (vgl. *Kraft* NZA 1989, 777). Daneben kann ein weitergehender Nichterfüllungsschaden geltend gemacht werden (§ 340 Abs. 2 BGB).

574 Die Vertragsstrafenregelung in einem Arbeitsvertrag dient in erster Linie der **Sicherung der vertraglichen Arbeitsleistung des Arbeitnehmers** im Ganzen. Eine Vereinbarung, nach der eine Vertragsstrafe nicht ohne weiteres verwirkt ist, sondern eine entsprechende Sachverhaltsfeststellung durch eine der Parteien voraussetzt, kommt einer Betriebsbußenregelungen zwar nahe, ist aber auch im Rahmen einer Vertragsstrafenabrede möglich (*BAG* 5.2.1986 EzA § 339 BGB Nr. 2). Wirksam ist auch die Vereinbarung einer Vertragsstrafe, die die Einhaltung tariflicher Kündigungsfristen sichern soll (*ArbG Frankf. a.M.* 20.4.1999 NZA-RR 2000, 82).

bb) Grundsätze der Rechtsprechung im Einzelnen

Das *BAG* (4.3.2004 EzA § 309 BGB 2002 Nr. 1 = NZA 2004, 728; 18.8.2005 EzA § 307 BGB 2002 Nr. 6 = NZA 2006, 34) geht inzwischen davon aus, dass entsprechende Vertragsstrafenabreden **auch nach der neuen Rechtslage nicht generell unstatthaft sind; vielmehr gelten §§ 305–309 BGB. Zwar sind Vertragsstrafenabreden in Formularverträgen nach § 309 Nr. 6 BGB generell unzulässig. In formularmäßigen Arbeitsverträgen folgt aber aus der angemessenen Berücksichtigung der im Arbeitsrecht geltenden Besonderheiten (§ 310 Abs. 4 BGB) die grds. Zulässigkeit von Vertragsstrafenabreden** (*BAG* 18.8.2005 EzA § 307 BGB 2002 Nr. 6 = NZA 2006, 34; krit. dazu *Richardi* NZA 2002, 1064). Als Besonderheit des Arbeitsrechts hat es den Umstand angesehen, dass ein Arbeitnehmer zur Erbringung der Arbeitsleistung gem. § 888 Abs. 3 ZPO nicht durch Zwangsgeld oder Zwangshaft angehalten werden kann. Vertragsstrafenversprechen, die den Arbeitnehmer entgegen den Geboten von Treu und Glauben (§ 242 BGB) unangemessen benachteiligen, sind aber unwirksam (§ 307 BGB). Diese Unangemessenheit kann auch in einem Missverhältnis zwischen der Pflichtverletzung und der Höhe der Vertragsstrafe begründet sein. Demgemäß ist eine Vertragsstrafe für den Fall des Nichtantritts der Arbeit angesichts einer zweiwöchigen Kündigungsfrist in Höhe eines vollen Bruttomonatsgehalts regelmäßig zu hoch. Dies führt zur Unwirksamkeit der Vertragsstrafenregelung, eine Herabsetzung (s. dazu Rn. 580 ff.) ist nicht möglich (*BAG* 4.3.2004 EzA § 309 BGB 2002 Nr. 1 = NZA 2004, 728 = BAG Report 2004, 249 m. Anm. *v. Hoyningen-Huene* SAE 2005, 155 ff.; *LAG Nds.* 31.10.2003 LAG Report 2004, 104; 23.1.2004 NZA-RR 2005, 65; *LAG BW* 10.4.2003 LAG Report 2004, 45; ausf. *Preis* NZA 2004, 1014 ff.; krit. dazu *Bayreuther* NZA 2004, 953 ff.; erl. *v. Steinau-Steinrück/Hurek* NZA 2004, 965 ff.). Kann das Arbeitsverhältnis innerhalb einer **sechsmonatigen Probezeit** mit einer Kündigungsfrist von 6 Wochen zum Monatsende gekündigt werden, ist auch eine Vertragsstrafenvereinbarung von 3 Bruttomonatsvergütungen für den Fall der vorzeitigen Beendigung des Arbeitsverhältnisses durch den Arbeitnehmer wegen unangemessener Benachteiligung des Arbeitnehmers gem. § 307 Abs. 1 S. 1 BGB unwirksam. Denn die Höhe der Arbeitnehmerbezüge bis zum Ablauf der ordentlichen Kündigungsfrist bildet grundsätzlich einen angemessenen Rahmen für die Vertragsstrafe (*LAG Düsseld.* 5.10.2007 – 9 Sa 986/07 – ArbuR 2008, 159 LS). 575

Trotz einzuhaltender **vierwöchiger Kündigungsfrist** in einem befristeten Arbeitsverhältnis ist auch die bei vorzeitiger vertragswidriger Beendigung versprochene Vertragsstrafe in Höhe **eines Monatsentgelts unangemessen hoch**, sobald in das Monatseinkommen eine **Aufwandsentschädigung** bis zu 40% des Gesamteinkommens **eingerechnet** ist, z.B. wegen eines Auslandsaufenthalts; *LAG Hamm* 7.5.2004 NZA-RR 2005, 128 = LAG Report 2004, 350 LS); unangemessen ist die Vereinbarung einer Vertragsstrafe auch dann, wenn sie für **jeden Fall der Zuwiderhandlung** gegen das Wettbewerbsverbot **2 Bruttomonatseinkommen** betragen soll (*LAG Köln* 15.8.2006 – 6 Sa 367/06 – ArbuR 2007, 143 LS). Zudem wird die Auffassung vertreten, dass z.B. eine Vertragsstrafe von einem Monatsgehalt für den Fall des **Nichtantritts eines Arbeitsverhältnisses** bei vereinbarter Probezeit mit 14-tägiger Kündigungsfrist den Arbeitnehmer unangemessen benachteiligt i.S.d. § 307 Abs. 1 BGB (*LAG BW* 10.4.2003 LAG Report 2004, 45).

Zusammengefasst gelten danach (*BAG* 4.3.2004 EzA § 309 BGB 2002 Nr. 1; 21.4.2005 EzA § 309 BGB 2002 Nr. 3 = NZA 2005, 1053 = BAG Report 2005, 295; 18.8.2005 EzA § 307 BGB 2002 Nr. 6 = NZA 2006, 34; vgl. dazu *Nicolai* FA 2006, 76 ff.; zur Reichweite der Unwirksamkeit – »blue-pencil-test« – s. *Thüsing* BB 2006, 661 ff.; zum Verhältnis zu § 343 BGB s. *Wensing/Niemann* NJW 2007, 401 ff.) **folgende Grundsätze:**

- Auf die formularmäßige Vereinbarung von Vertragsstrafen in Arbeitsverträgen sind nach der Schuldrechtsreform grds. die **§§ 305 bis 309 BGB anwendbar**. Allerdings sind nach **§ 310 Abs. 4 S. 2 Hs. 1 BGB im Arbeitsrecht geltende Besonderheiten angemessen zu berücksichtigen.**
- Besonderheiten i.S.d. § 310 Abs. 4 S. 2 BGB sind Besonderheiten des Rechtsgebietes Arbeitsrecht im Ganzen und nicht nur Besonderheiten bestimmter Arbeitsverhältnisse

wie z.B. kirchlicher Arbeitsverhältnisse. Dabei muss es sich nicht um Besonderheiten handeln, die **nur im Arbeitsrecht** gelten. Es reicht aus, wenn sich die Abweichungen von typischen Regelungslagen insbesondere im Arbeitsverhältnis auswirken.

- Der **Ausschluss der Vollstreckbarkeit der Arbeitsleistung nach § 888 Abs. 3 ZPO** ist eine im Arbeitsrecht geltende Besonderheit in diesem Sinne. Vertragsstrafenvereinbarungen in Formulararbeitsverträgen sind daher nicht auf Grund des Klauselverbotes nach § 309 Nr. 6 BGB n.F. generell unzulässig, die Unwirksamkeit solcher Abreden kann sich jedoch aus § 307 BGB ergeben.
- Nach § 307 Abs. 1 S. 1 BGB sind Bestimmungen in Allgemeinen Geschäftsbedingungen unwirksam, wenn sie den Vertragspartner entgegen Treu und Glauben unangemessen benachteiligen. Unangemessen ist jede Beeinträchtigung eines rechtlich anerkannten Interesses des Arbeitnehmers, die **nicht durch begründete und billigenswerte Interessen des Arbeitgebers** (s. dazu auch *ArbG Marburg* 16.8.2005 – 2 Ca 395/05 – EzA-SD 12/06 S. 7 LS) **gerechtfertigt ist oder durch gleichwertige Vorteile ausgeglichen wird.** Zur Beurteilung der Unangemessenheit ist ein genereller, **typisierender, vom Einzelfall losgelöster Maßstab anzulegen.**
- Eine unangemessene Benachteiligung kann sich auch daraus ergeben, dass die Bestimmung **nicht klar und verständlich ist** (**§ 307 Abs. 1 S. 2 BGB**; *BAG* 21.4.2005 EzA § 309 BGB 2002 Nr. 3; ebenso *LAG BW* 5.1.2005 – 2 Sa 86/04 – EzA-SD 7/05 S. 11 LS). Das ist bei einer **formularmäßig vereinbarten**, im Vertragstext nicht besonders hervorgehobenen Vertragsstrafenregelung aber jedenfalls dann nicht der Fall, wenn der **gesamte Vertragstext ein einheitliches Schriftbild** hat, **keinerlei drucktechnische Hervorhebungen** enthält, keine der im Einzelnen durchnummerierten Vertragsregelungen mit einer Überschrift versehen ist und die Vertragsstrafe auch **nicht versteckt bei einer anderen Thematik** eingeordnet ist (*LAG SchlH* 2.2.2005 – 3 Sa 515/04 – EzA-SD 6/05 S. 4 LS = NZA-RR 2005, 351). Ein Verstoß gegen das Transparenzgebot liegt dagegen dann vor, wenn die Vertragsstrafenabrede **für jeden Fall** der Zuwiderhandlung des Arbeitnehmers gegen ein **Wettbewerbsverbot** eine Vertragsstrafe in Höhe von zwei durchschnittlichen Bruttomonatseinkommen vorsieht und gleichzeitig bestimmt, dass im Falle einer dauerhaften Verletzung des Wettbewerbsverbotes jeder angebrochene Monat als eine erneute Verletzungshandlung gilt (*BAG* 14.8.2007 EzA § 307 BGB 2002 Nr. 28 = NZA 2008, 170; s. dazu *Diller* NZA 2008, 574 ff.; *Schramm* NJW 2008, 1494 ff.).
- Unangemessen ist eine Regelung, wonach eine Vertragsstrafe durch **»schuldhaft vertragswidriges Verhalten des Arbeitnehmers, das den Arbeitgeber zur fristlosen Kündigung des Arbeitsverhältnisses veranlasst«** verwirkt ist, weil sie nicht erkennen lässt, durch welche konkrete Pflichtverletzung die Vertragsstrafe verwirkt wird. Die auslösende Pflichtverletzung muss so klar bezeichnet sein, dass sich der **Versprechende darauf einstellen** kann. **Globale Strafversprechen**, die auf die Absicherung aller vertraglichen Pflichten zielen, **sind unwirksam** (*BAG* 21.4.2005 EzA § 309 BGB 2002 Nr. 3). Eine Vertragsstrafenregelung in einem **Lizenzspielervertrag**, wonach bei Verstößen des Spielers gegen Vertragspflichten als Vertragsstrafe ein Verweis, ein Ausschluss von Clubveranstaltungen sowie Geldbußen bis zur Höhe von einem Monatsgehalt – auch nebeneinander – festgesetzt werden können, ist folglich unangemessen; sie verstößt zudem gegen das Transparenzgebot des § 307 Abs. 1 S. 2 BGB (*LAG Düsseld.* 1.3.2006 LAGE § 307 BGB 2002 Nr. 9). **Gleiches gilt dann**, wenn der dem Arbeitgeber entstandene **Schaden dem Grunde und der Höhe nach jedenfalls im Wesentlichen** feststeht und der Arbeitnehmer darüber ein notarielles Schuldanerkenntnis unterzeichnet hat; die Vertragsstrafenforderung stellt dann eine unangemessene Benachteiligung des Arbeitnehmers dar, weil sie eine »Zusatzbestrafung« beinhaltet, an der der Arbeitgeber nach Abwägung aller Umstände kein berechtigtes Interesse mehr besitzt (*ArbG Marburg* 16.8.2005 – 2 Ca 395/05 – EzA-SD 12/06 S. 7 LS).
- **Ein Monatsgehalt** ist generell als Maßstab für die Bemessung einer angemessenen Vertragsstrafe **geeignet**. Beträgt die **Kündigungsfrist** in der Probezeit allerdings **nur**

zwei Wochen, ist eine Vertragsstrafe von einem Monatsgehalt i.d.R. **unangemessen hoch** (s.a. *LAG Köln* 15.8.2006 – 6 Sa 367/06 – ArbuR 2007, 143 LS).

- Unangemessen ist auch eine Regelung, wonach die Vertragsstrafe im Falle eines gravierenden Vertragsverstoßes (etwa gegen das Wettbewerbsverbot) **in jedem Einzelfall** in Höhe des ein- bis dreifachen Monatsgehalts verwirkt wird.
- Ist eine Vertragsstrafe in einem Formulararbeitsvertrag zu hoch, kommt eine **geltungserhaltende Reduktion grds. nicht in Betracht**. Auch der Rechtsgedanke des § 343 BGB führt nicht zu einer Herabsetzung der Vertragsstrafe auf das angemessene Maß (abl. insoweit *v. Hoyningen-Huene* SAE 2005, 155 ff.; zur Reichweite der Unwirksamkeit im Hinblick auf die verwendeten AGB – »**blue-pencil-test**« – s. *Thüsing* BB 2006, 661 ff.).

Die Unwirksamkeit kann sich auch daraus ergeben, dass es sich um eine **Überraschungsklausel** i.S.d. § 305c Abs. 1 BGB n.F. handelt (s.o. Kap. 1 Rn. 576 ff.). **576**

b) Vertragsbruch

Die Vereinbarung einer Vertragsstrafe für den Fall des Vertragsbruchs erfasst im Allgemeinen nur den Fall, dass ein Arbeitnehmer schuldhaft die Arbeit nicht aufnimmt oder das Arbeitsverhältnis vor Ablauf der vereinbarten Vertragszeit oder vor Ablauf der Kündigungsfrist ohne wichtigen Grund beendet. **577**

Beispiele: **578**

- ▶ Die außerordentliche Kündigung des Arbeitnehmers verbunden mit sofortiger Arbeitsniederlegung wegen von ihm erwarteter verspäteter Gehaltszahlung ist unwirksam, wenn sie vor Fälligkeit der Vergütung erfolgt und keine Anhaltspunkte dafür vorliegen, dass der Arbeitgeber zahlungsunfähig ist (*LAG Hamm* 14.2.2001 NZA-RR 2001, 524).
- ▶ Ein Vertragsbruch liegt nicht vor, wenn der Arbeitnehmer unter Einhaltung einer Frist, die die gesetzlichen Mindestvorgaben unterschreitet, die aber von den Parteien – unwirksam – in einem vom Arbeitgeber vorformulierten Arbeitsvertrag vereinbart worden ist, das Arbeitsverhältnis kündigt (*LAG Köln* 1.3.2002 – 11 Sa 1188/01 – EzA-SD 19/02, S. 6 LS = NZA-RR 2003, 20).

Soll die Vertragsstrafe auch den Fall der **vom Arbeitnehmer schuldhaft veranlassten vorzeitigen Beendigung des Arbeitsverhältnisses durch Kündigung des Arbeitgebers erfassen**, muss dies ausdrücklich vereinbart werden (*BAG* 23.5.1984 AP Nr. 9 zu § 339 BGB; 18.9.1991 EzA § 339 BGB Nr. 7). **579**

c) Festsetzung und Höhe der Vertragsstrafe

Die Festsetzung der Höhe der Vertragsstrafe kann entweder vertraglich vorbestimmt sein oder in das Ermessen des Arbeitgebers, nicht aber des Gerichts gestellt werden (*BAG* 25.9.1980 EzA § 339 BGB Nr. 1). **580**

Sollte im Hinblick auf den angerichteten Schaden die Vertragsstrafe im Einzelfall unverhältnismäßig hoch sein, kann der Arbeitnehmer gem. § 343 BGB ihre Herabsetzung auf einen angemessenen Betrag erreichen. Entscheidend sind insoweit die Umstände des Einzelfalles. So kann z.B. das Interesse des Arbeitgebers an der Vollziehung des Arbeitsvertrages im Hinblick auf dessen **kurzfristige Kündbarkeit** und die anfänglich begrenzte Einsetzbarkeit des Arbeitnehmers einerseits und die gleichzeitige Belastung des Arbeitgebers mit den Lohnkosten andererseits fehlen (*LAG Düsseld.* 8.1.2003 LAGE § 309 BGB 2002 Nr. 1). **581**

582 Bei der Beurteilung der Angemessenheit der Vertragsstrafe nach § 343 Abs. 1 BGB ist nach Auffassung des *Sächs. LAG* (25.11.1997 LAGE § 339 BGB Nr. 12) jedes berechtigte Interesse des Gläubigers, nicht bloß das Vermögensinteresse, in Betracht zu ziehen. Maßgeblich ist danach neben dem Grad des Verschuldens auch die wirtschaftliche Lage des Schuldners. Ein möglicherweise entstandener Schaden kann berücksichtigt werden. Zur Feststellung der Angemessenheit einer im Falle des Vertragsbruchs verwirkten Vertragsstrafe ist auch die maßgebliche Kündigungsfrist von Bedeutung.

583 Eine Vertragsstrafe in Höhe eines Monatseinkommens ist bei einer in Aussicht genommenen Anstellung als Abteilungsleiter im Allgemeinen nicht unverhältnismäßig hoch (*LAG Bln.* 19.5.1980 AP Nr. 8 zu § 339 BGB). Gleiches gilt für den Fall einer **unwirksamen außerordentlichen Kündigung des Arbeitnehmers**, für die es an einem wichtigen Grund fehlt bzw. insgesamt für den Vertragsbruch des Arbeitnehmers (*LAG Hamm* 14.2.2001 NZA-RR 2001, 524).

584 Wegen des nunmehr geltenden Verbots der geltungserhaltenden Reduktion (§ 306 Abs. 2 BGB) macht allerdings die Vereinbarung einer überhöhten Vertragsstrafe in einem vorformulierten Arbeitsvertrag die **Klausel insgesamt** unwirksam. Anders als nach altem Recht findet die **Herabsetzung** auf ein angemessenes Maß nach § 343 BGB **nur** noch **dann** statt, wenn die **Androhung der Vertragsstrafe als solche durchaus korrekt** war (*LAG Hamm* 24.1.2003 NZA 2003, 499; *LAG BW* 10.4.3003 DB 2003, 2551). Denkbar ist z.B., dass eine Klausel zunächst unwirksam ist, weil als Sanktion die Bezahlung eines Monatsgehalts vorgesehen ist, obwohl die Kündigungsfrist in der Probezeit nur zwei Wochen beträgt, dass sie dann jedoch den gesetzlichen Vorgaben Rechnung trägt, weil nach Ablauf der Probezeit die Kündigungsfrist vier Wochen beträgt (*Däubler/Dorndorf/Bonin/Deinert* AGB-Kontrolle im Arbeitsrecht, 2. Aufl., § 309 Nr. 6 BGB Rz. 14).

6. Kündigung vor Dienstantritt

585 Fraglich ist, ob sich der Arbeitnehmer nach Abschluss des Arbeitsvertrages der dadurch begründeten Arbeitspflicht und einer aus der Nichterfüllung resultierenden Schadensersatzpflicht rechtmäßig dadurch entziehen kann, dass er wirksam eine Kündigung des abgeschlossenen Arbeitsvertrages noch vor Aktualisierung des Arbeitsverhältnisses, d.h. vor Dienstantritt erklärt und diese das Arbeitsverhältnis noch vor Arbeitsbeginn beendet.

a) Kündigungserklärung

586 Nach der Rechtsprechung des *BAG* (22.8.1964 NJW 1965, 171; 2.11.1978 EzA § 620 BGB Nr. 38; 25.3.2004 EzA § 620 BGB 2002 Kündigung Nr. 1 = NZA 2004, 1089 = BAG Report 2004, 260; ebenso *LAG München* 27.3.2003 LAG Report 2004, 9; zust. *Joussen* NZA 2002, 1177 ff.; *Raif/Köstner* ArbuR 2004, 393 f.) kann die Kündigung eines Arbeitsvertrages, dessen Verwirklichung erst für einen späteren Zeitpunkt vorgesehen ist, schon vor dem Dienstantritt erklärt werden, sofern die Arbeitsvertragsparteien keine abweichende Vereinbarung getroffen haben.

587 Der vertragliche Ausschluss des Rechts, eine Kündigung vor Dienstantritt zu erklären, setzt voraus, dass die Parteien dieses **ausdrücklich ausgeschlossen haben** oder dass ein dahingehender beiderseitiger Wille aus den Umständen **eindeutig erkennbar** ist (*BAG* 25.3.2004 EzA § 620 BGB 2002 Kündigung Nr. 1 = NZA 2004, 1089 = BAG Report 2004, 260; vgl. dazu *Raif/Köstner* ArbuR 2004, 393 f.). Nach Auffassung des *LAG Hamm* (15.3.1989 BB 1989, 1343) ist eine vertragliche Vereinbarung, die einseitig die arbeitnehmerseitige Kündigung vor Dienstantritt ausschließt, unwirksam, weil sie gegen § 622 Abs. 6 BGB verstößt.

b) Lauf der Kündigungsfrist

588 Problematisch ist, zu welchem Zeitpunkt eine vor Dienstantritt ausgesprochene Kündigung die Kündigungsfrist in Lauf setzt.

Das *BAG* (9.5.1985 EzA § 620 BGB Nr. 75; ebenso *LAG München* 27.3.2003 LAG Report 2004, 9) vertritt die Auffassung, dass dann, wenn es an einer Parteivereinbarung fehlt, eine Vertragslücke vorliegt, die nach den Grundsätzen der ergänzenden Vertragsauslegung (§§ 133, 157 BGB) zu schließen ist. Folglich ist darauf abzustellen, welche Regelung die Parteien getroffen hätten, wenn sie sich dieses Umstandes bewusst gewesen wären.

Dieser mutmaßliche Parteiwille ist auf Grund der Interessenlage und grds. unter Berücksichtigung der besonderen Umstände des konkreten Einzelfalles zu ermitteln. **Es hängt in erster Linie von den zwischen den Parteien ansonsten getroffenen Vereinbarungen ab**, ob bei einer vor Dienstantritt ausgesprochenen ordentlichen Kündigung die Kündigungsfrist bereits mit dem Zugang der Kündigung oder erst an dem Tage beginnt, an dem die Arbeit vertragsgemäß aufgenommen werden soll. Es sprechen aber gute Gründe für die Annahme, dass die Kündigungsfrist auch bei einer Kündigung vor Dienstantritt, wenn die Vertragsauslegung und die ergänzende Vertragsauslegung nicht zu einem eindeutigen Ergebnis führen, im Zweifel mit dem Zugang der Kündigungserklärung beginnt (*BAG* 25.3.2004 EzA § 620 BGB 2002 Kündigung Nr. 1; **a.A.** *LAG München* 27.3.2003 LAG Report 2004, 9). **Bei der Kündigung vor Dienstantritt ist also grds. nicht davon auszugehen, dass die Parteien eine tatsächliche Mindestbeschäftigung gewollt haben** (*BAG* 9.2.2006 EzA § 4 KSchG n.F. Nr. 73).

589 Die **Länge der Kündigungsfrist** oder die **Art der vorgesehenen Beschäftigung** können aber Anhaltspunkte dafür sein, ob ein Interesse an einer zumindest vorübergehenden Realisierung des Arbeitsvertrages gegeben und deshalb anzunehmen ist, dass die Parteien auch durch eine vorzeitige Kündigung die Kündigungsfrist nicht vor Arbeitsbeginn hätten in Lauf setzen wollen, wenn sie diese Frage geregelt hätten (dafür als Grundsatz *LAG München* 27.3.2003 LAG Report 2004, 9).

590 Ein solches Interesse fehlt i.d.R., wenn die Parteien die **kürzeste zulässige Kündigungsfrist** vereinbart haben und insbes. dann, wenn das Arbeitsverhältnis zunächst nur der Erprobung dienen soll, also eine **Probezeit** vereinbart wird.

591 In der Literatur (vgl. *Caesar* NZA 1989, 251; ebenso *Herbert/Oberrath* NZA 2004, 121 ff.) wurde schon früher demgegenüber z.T. die Auffassung vertreten, dass die vom BAG hervorgehobenen typischen Interessenlagen, die bei der ergänzenden Vertragsauslegung zu berücksichtigen sind, **nur Indizien** darstellen, die im Einzelfall auf ihre Stichhaltigkeit zu überprüfen sind. Im Zweifel soll danach der Satz gelten, dass die Kündigungsfrist auch bei einer Kündigung vor der vereinbarten Arbeitsaufnahme mit dem Zugang der Kündigungserklärung in Lauf gesetzt wird.

592 Das *LAG Hessen* (25.11.1996 DB 1997, 1572 gegen 18.6.1980 DB 1981, 532) geht davon aus, dass die Vereinbarung einer Vertragsstrafe für den Fall der Nichtaufnahme der vereinbarten Tätigkeit für sich alleine nicht die Annahme rechtfertigt, es entspreche dem mutmaßlichen Parteiwillen, die durch eine vor Arbeitsantritt ausgesprochene Kündigung in Lauf gesetzte Kündigungsfrist beginne erst mit dem für die Arbeitsaufnahme vertraglich vorgesehenen Zeitpunkt, wenn alle Umstände im Übrigen gegen einen derartigen Parteiwillen sprechen.

593 Auch die Kündigung eines Berufsausbildungsvertrages gem. **§ 22 Abs. 1 BBiG** vor Beginn des Berufsausbildungsverhältnisses ist nicht ausgeschlossen (*BAG* 17.9.1987 EzA § 15 BBiG Nr. 6; **a.A.** *LAG Bln.* 4.11.1986 NZA 1987, 421).

c) Schadensersatzanspruch des Arbeitgebers

594 Sagt sich der Arbeitnehmer noch vor Dienstantritt von dem Arbeitsvertrag los oder kündigt er davor, kommt es aber zumindest zu einer vorübergehenden Aktualisierung des Arbeitsverhältnisses und tritt er gleichwohl die Arbeit auch nur vorübergehend nicht an, so kann der Arbeitgeber gem. §§ 280 ff., 241 Abs. 2 BGB Schadensersatz verlangen.

595 Das Schwergewicht der Vertragsverletzung liegt nicht erst im Nichtarbeiten (Unmöglichkeit) oder Zuspätarbeiten (Verzug), sondern in der in der Kündigung liegenden **Gefährdung des Vertragszwecks** (*BAG* 14.11.1975 EzA § 249 BGB Nr. 6).

X. Schlechtleistung der Arbeit

1. Grundlagen

596 Eine Schlechtleistung liegt vor, wenn der Arbeitnehmer zwar seine vertraglich übernommene Leistung erbringt, diese aber mangelhaft ist. In Betracht kommen:
- Quantitätsmängel infolge mangelnder Arbeitsintensität bzw. Minderleistung (z.B. Bummelei),
- Qualitätsmängel infolge nicht gehöriger Anspannung aller geistigen und körperlichen Kräfte,
- die Beschädigung der dem Arbeitnehmer überlassenen materiellen und immateriellen Güter des Arbeitgebers und Dritter (z.B. Geräte) sowie
- die Erbringung einer anderen Arbeitsleistung als durch Vertrag oder Arbeitgeberweisung vorgesehen.

2. Anspruchsgrundlage für Schadensersatzansprüche des Arbeitgebers

597 Nach der Rechtsprechung (*BAG* 27.10.1970 AP Nr. 44 zu § 4 TVG Ausschlussfristen) wurde eine Haftung des Arbeitnehmers für Schlechtleistung generell aus dem Institut der pFV abgeleitet; es ist inzwischen durch §§ 280, 282, 241 Abs. 2 BGB ausdrücklich gesetzlich normiert.

598 Deshalb hat der Arbeitnehmer Schadensersatz zu leisten, wenn er seine arbeitsvertraglichen Pflichten – zu denen gem. § 241 Abs. 2 BGB n.F. auch die Rücksicht auf die Rechte, Rechtsgüter und Interessen des Arbeitgebers gehören – **schuldhaft verletzt**, dadurch dem Arbeitgeber ein **Schaden** entstanden ist und zwischen der Vertragsverletzung und dem Schadenseintritt ein **Kausalzusammenhang** besteht.

3. Lohnminderung?

599 Eine Lohnminderung kommt dennoch nicht in Betracht, weil das Gesetz, anders als etwa beim Kaufvertrag (§§ 434 ff. BGB), eine Entgeltminderung bei mangelhaften Arbeitsleistungen nicht kennt (*BAG* 6.6.1972 AP Nr. 71 zu § 611 BGB Haftung des Arbeitnehmers; 18.7.2007 – 5 AZR 610/07 – EzA-SD 17/2007 S. 7 LS = NZA 2007, 1015 LS). **Allerdings setzt der volle Vergütungsanspruch nach den §§ 611, 614 BGB die Erbringung der vollen Arbeitsleistung in zeitlicher Hinsicht voraus**; Teilleistungen genügen nicht (*BAG* 18.7.2007 – 5 AZR 610/07 – EzA-SD 17/2007 S. 7 LS = NZA 2007, 1015 LS; s.a. *BAG* 9.4.2008 EzA § 259 ZPO 2002 Nr. 1).

4. Rechtsfolgen

a) Unverschuldete Schlechtleistung

Da bei unverschuldeter Schlechtleistung eine Lohnminderung nicht in Betracht kommt (s.o. Rn. 599; *BAG* 17.7.1970 AP Nr. 3 zu § 11 MuSchG), muss der Arbeitgeber dann, wenn er den Arbeitnehmer zur Nachbesserung auffordert, die dafür eingesetzte Arbeitszeit ebenfalls, also letztlich nochmals vergüten. 600

Abweichungen sind insbes. bei Akkord- oder Prämienentlohnung möglich, wenn einzel- oder kollektivvertraglich vorgesehen ist, dass das Arbeitsentgelt nur bei einer Leistung beansprucht werden kann, die bestimmten Mindestanforderungen entspricht. 601

Derartige Regelungen unterliegen einer Verhältnismäßigkeitskontrolle, die die Übertragung des Zufallsrisikos auf den Arbeitnehmer regelmäßig als unangemessen ausschließen wird. Keinesfalls darf dem Arbeitnehmer der Nachweis mangelnden Verschuldens abgeschnitten werden. Beweist er seine Schuldlosigkeit, ist eine Lohnminderung unzulässig. Denn der Arbeitnehmer schuldet keinen Erfolg, sondern nur die Zurverfügungstellung seiner Dienste. 602

b) Verschuldete Schlechtleistung

Die gleichen Grundsätze gelten nach der Rechtsprechung des BAG (s.o. Rn. 599) **auch bei einer vom Arbeitnehmer verschuldeten (§ 276 BGB) Schlechtleistung.** 603

Demgegenüber wird in der Literatur (vgl. MünchArbR/*Blomeyer* § 58 Rz. 14 ff.) eine Lohnminderung bejaht, da der Arbeitnehmer nach dem Arbeitsvertrag stets vollständige bzw. ordentliche Dienste schuldet, sodass eine verschuldete Schlechtleistung auch eine verschuldete Teil-Nichterfüllung ist. Vertreten wird auch die Auffassung, dass der Arbeitgeber zwar den Lohn nicht mindern, wohl aber die der Schlechtleistung entsprechende Lohnzahlung vom Arbeitnehmer in Form von Schadensersatz zurückverlangen könne (vgl. *Beuthien* ZfA 1972, 73 ff.). 604

Demgegenüber kommen nach der Rechtsprechung (s.o. Rn. 599) lediglich Schadenersatzansprüche des Arbeitgebers (§§ 280 ff., 241 Abs. 2 BGB) in Betracht, was neben einer vertragswidrigen schuldhaften Schlechtleistung des Arbeitnehmers auch den Eintritt eines Schadens (z.B. Gewährleistungsansprüche gegenüber einem Kunden, Beschädigung von Geräten oder Materialien) voraussetzt. Die mangelhaft eingesetzte Arbeitskraft des Arbeitnehmers als solche stellt dagegen keine Vermögenseinbuße, also auch keinen Schaden des Arbeitgebers, dar (*BAG* 6.6.1972 AP Nr. 71 zu § 611 BGB Haftung des Arbeitnehmers; 18.7.2007 – 5 AZR 610/07 – EzA-SD 17/2007 S. 7 LS = NZA 2007, 1015 LS). 605

Hinsichtlich der **weiteren Rechtsfolgen** der Schlechtleistung gelten die zu den Rechtsfolgen der Nichtleistung der Arbeit entwickelten Grundsätze (insbes. zur Kürzung und zum Widerruf von Sozialleistungen sowie zur Kündigung des Arbeitsverhältnisses) entsprechend (s.o. Rn. 555 ff.); in Betracht kommt auch eine Aufrechnung nach Maßgabe der §§ 387 ff. BGB (*BAG* 18.7.2007 – 5 AZR 610/07 – EzA-SD 17/2007 S. 7 LS = NZA 2007, 1015 LS). 606

XI. Haftung des Arbeitnehmers

Der dem Arbeitgeber durch den Arbeitnehmer zugefügte Schaden, der entweder durch die oder gelegentlich der Arbeitsleistung bzw. infolge Ausfalls der Arbeitsleistung durch eine vertragswidrige Verletzung entstanden ist, ist von diesem nach den §§ 280 ff., 241 Abs. 2 BGB, nach Maßgabe einschlägiger Spezialbestimmungen (z.B. § 61 HGB) sowie gem. §§ 823 Abs. 1, Abs. 2 i.V.m. einem Schutzgesetz (z.B. § 303 StGB), 826 BGB zu ersetzen (vgl. *Krause* NZA 2003, 577 ff.). 607

1. Allgemeine Voraussetzungen

a) Tatbestandsmerkmale der Haftungsansprüche

608 Das Verhalten des Arbeitnehmers muss vertragliche bzw. gesetzliche Rechte des Arbeitgebers verletzt haben und für die Rechtsgutsverletzung kausal geworden sein (sog. **haftungsbegründende Kausalität**).

609 Erforderlich ist ein **Verschulden** des Arbeitnehmers (§ 276 BGB). Vorsatz und Fahrlässigkeit müssen sich nur auf die Rechtsgutsverletzung, nicht auf den Schaden erstrecken. Der für die **Fahrlässigkeit** maßgebliche **Sorgfaltsmaßstab richtet sich nach der vertraglich vereinbarten Stellung des Arbeitnehmers und nach seiner Tätigkeits- und ggf. auch Altersgruppe**. Innerhalb der einzelnen Gruppen (z.B. Facharbeiter, Kraftfahrer) gilt ein **objektiv-abstrakter Maßstab**. Mit Rücksicht auf die höchstpersönliche Natur der Arbeitsleistungspflicht (§ 613 BGB) ist im Arbeitsverhältnis allerdings auf die **subjektiven Fähigkeiten** des Arbeitnehmers abzustellen (vgl. ausf. *Busemann* Die Haftung des Arbeitnehmers gegenüber dem Arbeitgeber und Dritten Rz. 27 ff.).

610 Grobe Fahrlässigkeit liegt vor, wenn die im Verkehr erforderliche Sorgfalt in besonders schwerem Maße verletzt worden ist, d.h. wenn das nicht beachtet wurde, was im gegebenen Fall jedem hätte einleuchten müssen und wenn selbst einfachste, ganz nahe liegende Überlegungen nicht angestellt wurden (*BAG* 28.5.1960 AP Nr. 19 zu § 611 BGB Haftung des Arbeitnehmers). Maßgeblich sind die persönlichen Umstände des Schädigers (vgl. *BAG* 18.1.1972 AP Nr. 69 zu § 611 BGB Haftung des Arbeitnehmers).

611 So sind etwa bei Unfällen im Straßenverkehr das Alter des Arbeitnehmers, die Dauer des Führerscheinbesitzes und die Fahrpraxis von Bedeutung.

612 **Beispiele:**

- Wer als Berufskraftfahrer wegen **Nichtbeachtung einer auf »Rot« geschalteten Lichtzeichenanlage** einen Verkehrsunfall verursacht, handelt in aller Regel grob fahrlässig (*BAG* 12.11.1998 EzA § 611 BGB Arbeitnehmerhaftung Nr. 65; vgl. dazu *Schüren* SAE 2000, 212 ff.).
- Auch dann, wenn der **inkassoberechtigte Restaurantleiter der Mitropa AG** die Kellnerbrieftasche mit Einnahmen unverschlossen im Restaurantwagen zurücklässt, um zu telefonieren, haftet er i.d.R. dem Arbeitgeber für die abhanden gekommenen Einnahmen wegen grob fahrlässig begangener positiver Vertragsverletzung (*BAG* 15.11.2001 EzA § 611 BGB Arbeitnehmerhaftung Nr. 68).
- Zahlt ein **Bankangestellter** unter Verletzung einschlägiger interner Sicherheitsvorkehrungen Kontogelder an einen Nichtberechtigten aus, handelt er grob fahrlässig; er haftet folglich für den Schaden, der seinem Arbeitgeber dadurch entsteht, dass dieser der geschädigten Kontoinhaberin Ersatz leistet (*LAG Köln* 3.8.2005 – 7 Sa 1459/04 -EzA-SD 6/06 S. 7 LS).

613 Schließlich muss dem Arbeitgeber ein Schaden entstanden sein (§§ 249 ff. BGB).

614 Letztlich muss die Verletzung des Rechtsguts kausal für den daraus entstandenen Schaden geworden sein (sog. **haftungsausfüllende Kausalität**; vgl. *LAG Köln* 12.12.2002 ARST 2004, 67 LS). Allerdings werden dem Verursacher nur diejenigen Schadensfolgen zugerechnet, deren Eintritt im Augenblick dieses Ereignisses vom Standpunkt eines erfahrenen Beobachters aus nicht völlig unwahrscheinlich erscheinen konnte (vgl. MünchArbR/*Blomeyer* § 59 Rz. 5).

b) Grundsätze der Schadensberechnung

615 Bei der Schadensberechnung müssen schadensmindernde Faktoren berücksichtigt werden.

Im Wege der **Vorteilsausgleichung** müssen alle Vorteile des Geschädigten auf den Schaden angerechnet werden (z.B. ersparte Aufwendungen in Form von Lohnkosten, Verpflegungskosten, Versicherungsbeiträgen, Steuern), die adäquat-kausal durch das schadensstiftende Ereignis verursacht wurden, deren Anrechnung dem Geschädigten auch zumutbar ist, die dem Zweck des Schadensersatzes entsprechen und den Schädiger nicht unbillig entlasten. 616

Zu beachten ist schließlich auch der **Einwand des rechtmäßigen Alternativverhaltens.** Ein Schadenersatzanspruch besteht demnach dann nicht, wenn der Schaden auch dann eingetreten wäre, wenn sich der Schädiger rechtmäßig verhalten hätte (vgl. MünchArbR/*Blomeyer* § 59 Rz. 6). 617

c) Ersatzfähige Schäden

Ersatzfähige Schäden sind unmittelbare Schäden an Materialien, Geräten, Maschinen, Gebäuden sowie sonstige Vermögenseinbußen des Arbeitgebers, etwa der Verlust von Kunden. Ersatzfähig sind auch z.B. die Kosten für die **Neuerstellung der Buchhaltung,** wenn eine Angestellte – zumindest bedingt – vorsätzlich Falschbuchungen vornimmt (*LAG RhPf* 7.3.2008 NZA-RR 2008, 483). 618

Ggf. ist die Schadenshöhe gem. **§ 287 ZPO** zu schätzen. Der Arbeitnehmer haftet auch für **mittelbare Schäden,** etwa für die infolge Schlüsselverlusts entstehenden Folgekosten beim Austausch der gesamten Schließanlage, für vom Arbeitgeber aufgewendete **Detektivkosten** in angemessener Höhe, wenn ein konkreter Tatverdacht für Vermögensschädigungen durch den Arbeitnehmer vorliegt (*LAG Köln* 22.5.2003 LAGE § 626 BGB Nr. 151), den **Verlust von Schadensfreiheitsrabatten** (vgl. *BAG* 23.6.1981 EzA § 611 BGB Arbeitnehmerhaftung Nr. 36), u.U. auch für **Rechtsanwaltskosten** und bis zu deren Höhe auch für die Kosten eines **Inkasso-Institutes** (vgl. ausf. *Busemann* Die Haftung des Arbeitnehmers gegenüber dem Arbeitgeber und Dritten Rz. 17 ff., 25 ff.). 619

d) Aufrechnung mit Schadensersatzansprüchen

Mit entsprechenden Schadenersatzansprüchen kann der Arbeitgeber z.B. gegen den Lohnanspruch des Arbeitnehmers grds. **nur bis zum pfändungsfreien Betrag aufrechnen** (§ 394 BGB, § 850 ff. ZPO). 620

Etwas anderes gilt aber dann, wenn dem Arbeitgeber ein Schadensersatzanspruch aus einer **vorsätzlichen unerlaubten Handlung** oder wegen vorsätzlicher Vertragsverletzung des Arbeitnehmers zusteht und der Arbeitnehmer bereits ausgeschieden ist (Arglisteinwand; vgl. *BAG* 28.8.1964 AP Nr. 9 zu § 394 BGB). 621

2. Haftungsbeschränkung im Arbeitsverhältnis

a) Grundlagen

Der Arbeitnehmer haftet grds. in vollem Umfang für alle von ihm verursachten und zu vertretenden Schädigungen des Arbeitgebers nach den Grundsätzen der pFV (jetzt §§ 280 ff., 241 Abs. 2 BGB n.F.) bzw. gem. §§ 823 ff. BGB. Dies erscheint unbillig, weil wegen der Dauerhaftigkeit der Arbeitsleistung sich gelegentliche Fehler nicht vermeiden lassen und der Arbeitnehmer fremdbestimmte Arbeit innerhalb der Arbeitsorganisation des Arbeitgebers leistet. Zudem schuldet er vertraglich keinen Leistungserfolg, sondern lediglich eine Leistungshandlung; das dafür bezogene Arbeitsentgelt vergütet das Handeln, nicht aber die Übernahme eines Risikos (vgl. ausf. *Busemann* Die Haftung des Arbeitnehmers gegenüber dem Arbeitgeber und Dritten Rz. 30 ff.; *Krause* NZA 2003, 577 ff.). 622

b) Entwicklung der Rechtsprechung des BAG

aa) Das Kriterium der gefahrgeneigten Arbeit

623 Das *BAG* (GS 25.9.1957 AP Nr. 4 zu §§ 898, 899 RVO; 20.3.1973 AP Nr. 72 zu § 611 BGB Haftung des Arbeitnehmers; 21.1.1974 AP Nr. 74 zu § 611 BGB Haftung des Arbeitnehmers) ist daher zunächst davon ausgegangen, dass für die sog. gefahr- oder schadensgeneigte Arbeit eine Haftungsbeschränkung erforderlich ist. Sie griff dann ein, wenn es die konkrete Tätigkeit mit hoher Wahrscheinlichkeit mit sich brachte, dass auch einem sorgfältigen Arbeitnehmer gelegentlich Fehler unterliefen, mit denen wegen der menschlichen Unzulänglichkeit erfahrungsgemäß zu rechnen ist. Das **einschränkende Kriterium** der **Gefahrgeneigtheit** hat das *BAG* (*GS* 12.6.1992 EzA § 611 BGB Arbeitnehmerhaftung Nr. 58; vgl. dazu *Krause* NZA 2003, 577 ff.) aber schließlich **ausdrücklich aufgegeben** (s.u. Rn. 637).

bb) Differenzierung der Haftung nach drei Verschuldensgraden

624 Das *BAG* (13.5.1970 AP Nr. 56 zu § 611 BGB Haftung des Arbeitnehmers) ist dann, wenn diese Voraussetzungen erfüllt waren, im Hinblick auf das im Rahmen des § 254 Abs. 1 BGB zu Lasten des Arbeitgebers zu berücksichtigende Betriebsrisiko zunächst davon ausgegangen, dass der Arbeitnehmer bei sog. »leichtester Fahrlässigkeit« überhaupt nicht haftet. Bei mittlerer Fahrlässigkeit sollte eine Schadensaufteilung zwischen den Vertragspartnern unter Berücksichtigung aller Umstände des Einzelfalles eintreten; bei Vorsatz und grober Fahrlässigkeit sollte der Arbeitnehmer uneingeschränkt haften (vgl. ausf. *v. Hoyningen-Huene* BB 1989, 1889; *Krause* NZA 2003, 577 ff.).

cc) Ausschluss der Haftung auch bei mittlerer Fahrlässigkeit

625 Seit 1983 hat das *BAG* (23.3.1983 EzA § 611 BGB Gefahrgeneigte Arbeit Nr. 14) sodann die Auffassung vertreten, dass das Betriebsrisiko des Arbeitgebers bei einer nichtschweren Schuld des Arbeitnehmers (d.h. bei leichtester, normaler, mittlerer Fahrlässigkeit) bei gefahrgeneigter Arbeit dessen Verschuldenshaftung gem. § 254 BGB überhaupt ausschließe.

dd) Rückkehr zur Differenzierung nach drei Verschuldensgraden; Berücksichtigung von Versicherungsmöglichkeiten

626 Seit 1987 geht das *BAG* (24.11.1987 AP Nr. 16, 17 zu § 611 BGB Gefahrgeneigte Arbeit) dagegen davon aus, dass ein Schaden, den ein Arbeitnehmer bei gefahrgeneigter Arbeit (zur Aufgabe dieses Kriteriums s.u. Rn. 637) nicht grob fahrlässig verursacht hat, bei Fehlen einer individual- oder kollektivrechtlichen Vereinbarung über weitergehende Haftungserleichterungen grds. zwischen Arbeitgeber und Arbeitnehmer quotenmäßig zu verteilen ist.

Dabei sind die Gesamtumstände von Schadensanlass und Schadensfolgen nach Billigkeits- und Zumutbarkeitsgrundsätzen gegeneinander abzuwägen. Solange dem Arbeitnehmer eine **»normale Fahrlässigkeit«** vorzuwerfen ist, müssen sich der Arbeitgeber und der Arbeitnehmer den Schaden teilen. In welcher Höhe der Arbeitnehmer den Schaden zu zahlen hat, hängt vom **Einzelfall** ab (*LAG RhPf* 19.6.2001 – 5 Sa 391/01; vgl. ausf. *Busemann* Die Haftung des Arbeitnehmers gegenüber dem Arbeitgeber und Dritten Rz. 34 ff.; *Krause* NZA 2003, 577 ff.).

627 ► **Beispiel:**
Vergisst ein **Lkw-Fahrer** beim Abstellen des Lkw die Handbremse anzuziehen und kommt es dadurch zu einem Schaden, kann ohne Hinzutreten weiterer Umstände von mittlerer Fahrlässigkeit ausgegangen werden. Verwirklicht sich dabei nur ein geringer Schaden, so ist, wenn die Schadenshöhe den Arbeitnehmer noch nicht in seiner Existenz bedroht, eine Abweichung von der hälftigen Schadensteilung nicht gerechtfertigt. Das

gilt auch dann, wenn der Arbeitgeber eine mögliche Kaskoversicherung nicht abgeschlossen hat (*LAG Köln* 11.11.2002 ARST 2004, 67).

Hinsichtlich der an sich gegebenen vollen Haftung bei Vorsatz ist zu beachten, dass ein vorsätzlicher Pflichtverstoß dazu nur dann führt, **wenn auch der Schaden vom Vorsatz erfasst ist**. Denn die Gründe, die eine Haftungsbeschränkung rechtfertigen, tragen auch eine Erstreckung des Verschuldens auf den Schaden (*BAG* 18.4.2002 EzA § 611 BGB Arbeitnehmerhaftung Nr. 70; *LAG Nds.* 7.7.2003 LAGE § 611 BGB Arbeitnehmerhaftung Nr. 28). **628**

Zu Lasten des Arbeitgebers (vgl. § **254 BGB**) kann ins Gewicht fallen, dass der Schaden in einer den Rückgriff des Versicherers ausschließenden Weise **hätte versichert werden können**. Zwar ist der Arbeitgeber gegenüber dem Arbeitnehmer nicht verpflichtet, z.B. für ein betriebseigenes Kfz eine Kaskoversicherung abzuschließen, wenn sich dies nicht aus dem Arbeitsvertrag oder den das Arbeitsverhältnis gestaltenden Bestimmungen ergibt. Im Rahmen der Gesamtabwägung kann eine nicht abgeschlossene Kaskoversicherung aber dazu führen, dass der Arbeitnehmer **nur in Höhe einer Selbstbeteiligung haftet**, die bei Abschluss einer Kaskoversicherung zu vereinbaren gewesen wäre (vgl. *LAG Brem.* 26.7.1999 NZA-RR 2000, 126; vgl. ausf. *Busemann* Die Haftung des Arbeitnehmers gegenüber dem Arbeitgeber und Dritten Rz. 31). Ein durch ein schädigendes Ereignis eingetretener hoher Vermögensverlust ist zudem **umso mehr dem Betriebsrisiko** des Arbeitgebers **zuzurechnen**, als dieser **einkalkuliert oder durch Versicherungen** – ohne Rückgriffsmöglichkeit gegen den Arbeitnehmer – **gedeckt werden kann**. Von Relevanz ist eine abgeschlossene oder abzuschließende Versicherung aber nur dann, wenn durch sie ein Schutz des Arbeitnehmers erreicht wird. Decken Versicherungen das eingetretene Haftungsrisiko entweder nicht oder nicht mit der Folge ab, dass der Arbeitnehmer von diesen nicht in Regress genommen werden könnte, können sie bei der Beurteilung des Haftungsumfangs nicht berücksichtigt werden (*BAG* 18.1.2007 EzA § 611 BGB 2002 Arbeitnehmerhaftung Nr. 2 = NZA 2007, 1230). **629**

► **Beispiel:** **630**
So kann im Hinblick auf den Zeitwert des Unfallfahrzeugs eine Kaskoversicherung mit der höchstmöglichen Selbstbeteiligung von 1000 € u.U. vom Arbeitgeber verlangt werden, sodass das verbleibende Risiko von 1000 € dem Arbeitnehmer im Hinblick auf den Verdienst eines Kraftfahrers zumutbar ist. Ebenso kann u.U. vom Arbeitgeber verlangt werden, für ein erst zwei Jahre altes Fahrzeug im Wert von 4000 € eine Kaskoversicherung mit einer Selbstbeteiligung in Höhe von 325 € abzuschließen.

Das *BAG* (24.11.1987 AP Nr. 16, 17 zu § 611 BGB Gefahrgeneigte Arbeit) hat diese nunmehr vertretene Auffassung damit begründet, dass sich **dem geltenden Recht** (§§ 276, 254 BGB) eine **generelle Haftungsbeschränkung** der zuvor angenommenen Art (s.o. Rn. 625) **nicht entnehmen lässt** und zudem die Voraussetzungen für eine richterliche Rechtsfortbildung mangels entsprechender gemeinsamer Rechtsüberzeugung insoweit nicht gegeben sind (vgl. *Ahrens* DB 1996, 334 ff.; *Lipperheide* BB 1993, 720 ff.; *Krause* NZA 2003, 577 ff.). **631**

Der Arbeitgeber, der mit einer Versicherungsgesellschaft, bei der seine LKW nach § 1 PflVG pflichtversichert sind, vereinbart, dass er von **jedem** von der Versicherung **regulierten Schaden 2000 DM selbst trägt**, kann diesen Betrag **nicht** in die Schadensberechnung eines quotal vom Arbeitnehmer zu tragenden Schadens aus einem von diesem mit mittlerer Fahrlässigkeit verursachten Verkehrsunfall **einfließen lassen** (*LAG Brem.* 26.7.1999 NZA-RR 2000, 126). **632**

ee) Haftungsbeschränkung bei grober Fahrlässigkeit

Selbst bei grober Fahrlässigkeit kann nach der Auffassung des *BAG* (12.10.1989 EzA § 611 BGB Gefahrgeneigte Arbeit Nr. 23; 18.4.2002 EzA § 611 BGB Arbeitnehmerhaftung Nr. 70; s.a. *LAG Nds.* 7.7.2003 LAGE § 611 BGB Arbeitnehmerhaftung Nr. 28 = **633**

NZA-RR 2004, 142; *LAG Köln* 9.11.2005 – 3 (7) Sa 659/04 – EzA-SD 9/06 S. 8 LS = NZA-RR 2006, 311; *Krause* NZA 2003, 577 ff.), eine Haftungserleichterung zugunsten des Arbeitnehmers eingreifen.

634 Denn auch dann kann gegenüber dem Verschulden des Arbeitnehmers das vom Arbeitgeber zu tragende Betriebsrisiko (vgl. dazu *Krause* NZA 2003, 577 ff.) ins Gewicht fallen und zu einer möglicherweise nicht unerheblichen Herabsetzung der Schadensersatzpflicht führen. Die Entscheidung darüber ist nach **Abwägung aller Umstände des Einzelfalles** zu treffen.

635 Dabei kann entscheidend sein, ob der Verdienst des Arbeitnehmers in einem deutlichen Missverhältnis zum Schadensrisiko der jeweiligen Tätigkeit steht (vgl. *LAG Nds.* 7.7.2003 LAGE § 611 BGB Arbeitnehmerhaftung Nr. 28 = NZA-RR 2004, 142). Dies kommt z.B. in Betracht, wenn Arbeitnehmer teure Fahrzeuge des Arbeitgebers zu führen oder wertvolle Maschinen zu bedienen haben (vgl. *Krause* NZA 2003, 577 ff.).

636 **Beispiele:**

- Übernimmt ein Arbeitnehmer in der Frühschicht (5 Uhr) das Steuer eines schweren Spezialfahrzeugs, obwohl er in der vorangegangenen Nacht erhebliche Mengen Alkohol zu sich genommen und nur wenig oder schlecht geschlafen hat, und nickt er infolge des Restalkohols und der Übermüdung schon in der ersten halben Arbeitsstunde ein, beruht ein dadurch verursachter Unfall auf grober Fahrlässigkeit. Von dem am Fahrzeug des Arbeitgebers entstandenen Schaden von 150.000 DM hat er angesichts eines Monatsverdienstes von 2.400 DM netto und einer unfallfreien Betriebszugehörigkeit von drei Jahren lediglich 20.000 DM zzgl. 9% Verzugszinsen zu zahlen (*LAG München* 21.9.1995 LAGE § 611 BGB Arbeitnehmerhaftung Nr. 20; ebenso *BAG* 23.1.1997 NZA 1998, 140 bei einem mit 1,41 Promille verursachten Unfall).
- Hat ein Arbeitnehmer infolge Alkoholeinflusses (2,15 Promille) einen Verkehrsunfall verursacht, liegt grobe Fahrlässigkeit vor. Eine Schadenshöhe von ca. 37.000 DM allein rechtfertigt aber nach Auffassung des *LAG RhPf* (2.11.1995 BB 1996, 1941) aber nicht die Annahme, dass durch die Begleichung eine Existenzgefährdung eintritt und deswegen eine Haftungsbeschränkung geboten ist.
- Hat ein auf 580 DM-Basis Beschäftigter Aushilfsarbeiten bei einem erstmaligen Einsatz als Aushilfsfahrer wegen Nichtbeachtung der zulässigen Durchfahrtshöhe an einer Stahlträger-Gitterbrücke einen Schaden in Höhe von 11.788,60 DM verursacht, zu dessen Zahlung er rechtskräftig verurteilt worden ist, so hat er, wenn er neben dem Arbeitseinkommen noch eine Rente wegen Erwerbsunfähigkeit wegen eines Verkehrsunfalls in Höhe von 1276,70 DM bezog, gegen den Arbeitgeber einen Anspruch auf Freistellung gegenüber dem geschädigten Dritten in Höhe von 9.951,90 DM sowie der gesamten Verfahrenskosten (*LAG Nbg.* 20.3.1996 NZA-RR 1997, 3).
- Das Missachten einer auf **Rot geschalteten Ampelanlage** ist i.d.R. grob fahrlässig; bei einem Aushilfstaxifahrer mit einem durchschnittlichen Monatsverdienst von 165 € kann eine Haftungsbegrenzung auf 2.000 € sachgerecht und angemessen sein (*LAG Köln* 9.11.2005 – 3 (7) Sa 659/04 – EzA-SD 9/06 S. 8 LS = NZA-RR 2006, 311).
- Andererseits kann eine Haftungserleichterung bei grober Fahrlässigkeit dann ausscheiden, wenn der Arbeitnehmer mit besonders grober (gröbster) Fahrlässigkeit handelte. Das hat das *BAG* (25.9.1997 EzA § 611 BGB Arbeitnehmerhaftung Nr. 63) z.B. angenommen, als eine Assistenzärztin anlässlich einer Magenoperation einer Patientin mit der Blutgruppe Null zwei Blutkonserven verabreichte, ohne zu bemerken, dass es sich um die von einer vorangegangenen Operation stammenden Blutkonserven der Blutgruppe A handelte und die Patientin daraufhin verstarb.
- Verursacht ein Auslieferungsfahrer mit dem LKW seines Arbeitgebers einen Verkehrsunfall, weil er **während der Fahrt ein Telefongespräch** mit seinem Handy geführt, dabei in Unterlagen geblättert hat, die auf dem Beifahrersitz lagen und deshalb den

Wechsel der Ampelanlage von »Grün« auf »Rot« übersehen hat, so handelt er grob fahrlässig. Bei einem Bruttomonatseinkommen von 5.400 DM und einem Schaden in Höhe von 6.705,50 DM nach Abzug einer Selbstbeteiligung besteht keine Veranlassung, die Haftung wegen eines deutlichen Missverhältnisses zwischen Verdienst des Arbeitnehmers und verwirklichtem Schadensrisiko der Tätigkeit zu mindern (*BAG* 12.11.1998 EzA § 611 BGB Arbeitnehmerhaftung Nr. 65; vgl. auch *LAG Köln* 15.9.1998 NZA 1999, 991 LS).

- Ist im Arbeitsvertrag eines **Taxi-Fahrers** vereinbart, dass dieser für vorsätzlich oder grob fahrlässig herbeigeführte Beschädigungen des Fahrzeugs haftet, so ist dieser Haftungstatbestand nicht lediglich deshalb gegeben, weil der Fahrer auf der Autobahn mit einer Geschwindigkeit von 80 bis 100 km/h ins Schleudern gerät, sich überschlägt, auf dem Dach landet, gem. dem Verkehrsunfallbericht der Polizei der Straßenzustand als winterglatt bezeichnet wird, es Nacht war und Temperaturen nahe dem Gefrierpunkt herrschten. Denn es gibt keinen Satz der allgemeinen Lebenserfahrung, dass bei winterglatter Fahrbahn nur mit einer bestimmten Geschwindigkeit sicher gefahren werden kann. Zudem kann an der Unfallstelle sog. »**Blitzeis**« vorgelegen haben, selbst wenn dies im Polizeibericht nicht erwähnt wird (*ArbG Chemnitz* 25.6.2004 ArbuR 2005, 115 LS).
- Auf einen im Rahmen der **Privatnutzung des Firmen-Pkw** verursachten Unfall sind die Haftungserleichterungen mangels betrieblicher Tätigkeit **nicht anwendbar** (*LAG Köln* 15.9.1998 NZA 1999, 991 LS; **a.A.** aber u. Rn. 657).
- Gibt der **Kreditprokurist** einer Bank Kreditmittel in erheblichem Umfang frei, ohne zuvor Bautenstände geprüft zu haben, verletzt er seine Vertragspflicht mindestens in leichtsinniger Weise (Schaden: 600.000 €; *LAG Nds. 7.7.2003* LAGE § 611 BGB Arbeitnehmerhaftung Nr. 28 = NZA-RR 2004, 142). Daneben ist allerdings auch ein echtes Mitverschulden des Arbeitgebers zu berücksichtigen und kann letztlich zu einer Begrenzung der Schadensersatzpflicht auf zwei Bruttojahreseinkommen in Höhe von insgesamt 100.000 € führen (*LAG Nds. 7.7.2003* a.a.O.).

ff) Aufgabe des Kriteriums der Gefahrgeneigtheit

Der Große Senat des *BAG* (12.6.1992 EzA § 611 BGB Arbeitnehmerhaftung Nr. 58) ist schließlich davon ausgegangen, dass an der Gefahrgeneigtheit der Arbeit als Voraussetzung einer Beschränkung der Arbeitnehmerhaftung nicht festgehalten werden sollte. 637

Denn bei der Haftung des Arbeitnehmers für dem Arbeitgeber zugefügte Schäden innerhalb 638 betrieblicher Tätigkeit müssen die **Besonderheiten des Arbeitsverhältnisses** und die Wertungen des Grundgesetzes berücksichtigt werden.

Das Arbeitsverhältnis ist geprägt einerseits u.a. durch die unternehmerische und betriebs- 639 organisatorische Gestaltungs- und Entscheidungsfreiheit des Arbeitgebers, durch das Weisungsrecht gegenüber dem Arbeitnehmer und durch soziale Schutzpflichten, andererseits durch die Einbindung des Arbeitnehmers in das gesamte betriebliche Geschehen, durch seine Weisungsabhängigkeit und seine soziale Schutzbedürftigkeit.

Diesen Besonderheiten ist unter dem Aspekt der Art. 1, 2, 12, 14 GG durch eine alle 640 Umstände berücksichtigende verfassungskonforme Auslegung der §§ 276, 254 BGB Rechnung zu tragen. Der Gesetzgeber hat dies durch § 276 Abs. 1 BGB n.F. ausdrücklich anerkannt, indem dort nunmehr vorgesehen ist, dass der Schuldner Vorsatz und Fahrlässigkeit zu vertreten hat, wenn eine strengere oder mildere Haftung weder bestimmt noch aus dem sonstigen Inhalt des Schuldverhältnisses zu entnehmen ist.

Bei der Haftung für Schäden, die der Arbeitnehmer dem Arbeitgeber in Ausführung 641 betrieblicher Verrichtungen zugefügt hat, ist deshalb ein **innerbetrieblicher Schadensausgleich** durchzuführen, und zwar **ohne Rücksicht darauf, ob im Einzelfall gefahrgeneigte Arbeit vorliegt oder nicht**.

642 Nachdem sich der *BGH* (21.9.1993 AP Nr. 102 zu § 611 BGB Haftung des Arbeitnehmers) der Rechtsauffassung des Großen Senats des BAG im Ergebnis angeschlossen hat, hat dieser (27.9.1994 EzA § 611 BGB Arbeitnehmerhaftung Nr. 59; ebenso BAG 18.4.2002 EzA § 611 BGB Arbeitnehmerhaftung Nr. 70) die Anwendung der Grundsätze über die Beschränkung der Arbeitnehmerhaftung auf Arbeiten ausgedehnt, die durch den Betrieb veranlasst sind und auf Grund eines Arbeitsverhältnisses geleistet werden, auch wenn diese Arbeiten nicht gefahrgeneigt sind. Dabei gelten im **Ausbildungsverhältnis** keine anderen Haftungsgrundsätze als im Arbeitsverhältnis; eine **»Spaßfahrt«** eines Auszubildenden mit einem Gabelstapler im Betrieb ist deshalb bspw. nicht betrieblich veranlasst und folglich auch nicht haftungsrechtlich privilegiert (*BAG* 18.4.2002 EzA § 611 BGB Arbeitnehmerhaftung Nr. 70).

c) Abwägungskriterien

643 Bei der Bestimmung der Haftungsquote bei mittlerer Fahrlässigkeit sind nach der Rechtsprechung (*BAG* 24.11.1987 EzA § 611 BGB Gefahrgeneigte Arbeit Nr. 16; *LAG Nds.* 7.7.2003 LAGE § 611 BGB Arbeitnehmerhaftung Nr. 28) zahlreiche Umstände maßgeblich:

644 Zu berücksichtigen sind der Grad des dem Arbeitnehmer zur Last fallenden Verschuldens, die Gefahrgeneigtheit der Arbeit, die Höhe des Schadens, ein vom Arbeitgeber einkalkuliertes oder durch Versicherung deckbares Risiko (vgl. dazu *Hübsch* BB 1998, 690 ff.), die Stellung des Arbeitnehmers im Betrieb und die Höhe des Arbeitsentgelts, in dem möglicherweise eine Risikoprämie enthalten ist. Auch können unter Umständen die persönlichen Lebensverhältnisse des Arbeitnehmers wie die Dauer seiner Betriebszugehörigkeit, sein Lebensalter, seine Familienverhältnisse und sein bisheriges Verhalten zu berücksichtigen sein (abl. insoweit *Joussen* ArbuR 2005, 432 ff.). Dieser Katalog ist für weitere Kriterien offen, denn die Umstände, denen je nach Lage des Einzelfalles ein unterschiedliches Gewicht beizumessen ist, können im Hinblick auf die Vielzahl möglicher Schadensursachen nicht abschließend bezeichnet werden (vgl. ausf. *Pfeifer* ZfA 1996, 70 ff.; *Busemann* Die Haftung des Arbeitnehmers gegenüber dem Arbeitgeber und Dritten Rz. 39 ff.; *Krause* NZA 2003, 577 ff.).

645 Bei **hohen Schadenssummen** – eine starre Haftungsobergrenze existiert nicht (*LAG Köln* 28.5.2003 LAGE § 611 BGB Arbeitnehmerhaftung Nr. 27a; s. aber *LAG Nds.* 7.7.2003 LAGE § 611 BGB Arbeitnehmerhaftung Nr. 28: Begrenzung auf zwei Bruttojahreseinkommen) – kann die Haftung unbillig sein (vgl. dazu *Annuß* NZA 1998, 1089 ff.); das **Arbeitsentgelt kann Aufschluss darüber geben, ob das Schadensrisiko angemessen vergütet wird**. In entsprechender Anwendung des § 254 BGB kann eine nicht abgeschlossene Kaskoversicherung dazu führen, dass der Arbeitnehmer nur in Höhe einer Selbstbeteiligung haftet, die bei Abschluss einer Kaskoversicherung zu vereinbaren gewesen wäre (s.o. Rn. 626).

d) Haftpflichtversicherung des Arbeitnehmers

646 Die Haftungsbeschränkung entfällt, soweit der Arbeitnehmer auf Grund einer gesetzlichen Vorschrift haftpflichtversichert ist, und zwar ohne Rücksicht darauf, ob der Arbeitgeber oder er selbst die Prämie zahlt. Der Ausschluss der Haftungserleichterung ist allerdings auf den von der Versicherung gedeckten Teil des Schadens begrenzt (*BAG* 30.10.1963 AP Nr. 30 zu § 611 BGB Haftung des Arbeitnehmers).

647 Diese Grundsätze gelten aber nicht, wenn der Arbeitnehmer **freiwillig gegen die Folgen grober Fahrlässigkeit bei seiner Berufshaftpflichtversicherung versichert** war, sodass dann auch bei grober Fahrlässigkeit eine Haftungsmilderung in Betracht kommt (*BAG* 25.9.1997 EzA § 611 BGB Arbeitnehmerhaftung Nr. 63).

e) Mitverschulden des Arbeitgebers (§ 254 BGB)

§ 254 BGB beschränkt die Haftung des Arbeitnehmers bei sog. Organisationsfehlern (*BAG* 18.6.1970 AP Nr. 57 zu § 611 BGB Haftung des Arbeitnehmers; 18.1.2007 EzA § 611 BGB 2002 Arbeitnehmerhaftung Nr. 2 = NZA 2007, 1230). Der Arbeitgeber muss durch geeignete Maßnahmen nach Möglichkeit bereits die Entstehung eines Schadens verhindern oder zumindest in Grenzen halten (vgl. ausf. *Busemann* Die Haftung des Arbeitnehmers gegenüber dem Arbeitgeber und Dritten Rz. 45). **648**

Belastend wirkt eine **fehlende Aufklärung und Einweisung** des Arbeitnehmers, insbes. von Anfängern sowie die **unterlassene Kontrolle** des Arbeitnehmers, die **Überlassung von schadhaften Geräten und Material** sowie schließlich ein Verhalten des Arbeitgebers, das zu einer Überforderung oder Übermüdung des Arbeitnehmers geführt hat (*BAG* 18.1.1972 AP Nr. 69 zu § 611 BGB Haftung des Arbeitnehmers). **649**

Beispiele: **650**

- So haftet eine Flugbegleiterin, die entgegen einschlägiger Dienstvorschriften bei einem Flug keinen Reisepass mit sich führt und damit eine von der Einreisebehörde gegen das Luftfahrtunternehmen verhängte Einreisestrafe von 3.000 US-Dollar verursacht, zwar ihrem Arbeitgeber wegen schuldhafter Verletzung des Arbeitsvertrages auf Schadensersatz. Neben der Milderung der Haftung, die eintritt, weil es sich um eine betriebliche Tätigkeit gehandelt hat, ist bei der Haftungsquote darüber hinaus ein Mitverschulden des Arbeitgebers zu berücksichtigen, das dann gegeben ist, wenn das Luftfahrtunternehmen keinerlei Kontrolle zur Überprüfung der Einreisedokumente der Flugbegleiterin vorgenommen hat (*BAG* 16.2.1995 EzA § 611 BGB Arbeitnehmerhaftung Nr. 60).
- Ein Arbeitgeber kann von seinen Arbeitnehmern nur dann Schadensersatz wegen des Verlusts eines Generalschlüssels verlangen, wenn er **sie zuvor darauf hingewiesen** hat, dass er im Falle eines Verlustes des Schlüssels beabsichtigt, Schlösser auszutauschen und welche Kosten dies annähernd verursacht (*LAG Hessen* 15.1.1998 LAGE § 249 BGB Nr. 12).
- Handelt ein Arbeitnehmer **mit ausdrücklicher Genehmigung des Vorstands**, so trägt dieser die Verantwortung für die einem Geschäft innewohnenden Risiken. Fehler des Vorstands muss der Arbeitgeber sich zurechnen lassen; sie entlasten den Arbeitnehmer (*LAG Köln* 22.11.2004 – 2 Sa 491/04 – EzA-SD 7/05 S. 12 LS).

Für das Verhalten Dritter hat der Arbeitgeber gem. §§ 254, 278, 831 BGB einzustehen. **651**

Bei vorsätzlicher Schadensverursachung durch den Geschädigten oder einen seiner satzungsmäßig berufenen Vertreter entfällt die Ersatzpflicht des nur fahrlässig handelnden Schädigers völlig (*BAG* 7.5.1998 NZA 1998, 1051). **652**

f) Detektivkosten; Kosten für Videoüberwachung

Der Arbeitnehmer hat dem Arbeitgeber die durch das Tätigwerden eines Detektivs entstandenen Kosten zu erstatten, wenn der Arbeitgeber anlässlich eines konkreten Tatverdachts gegen den Arbeitnehmer einem Detektiv die Überwachung des Arbeitnehmers überträgt und der Arbeitnehmer einer vorsätzlich vertragswidrigen Handlung überführt wird (*BAG* 17.9.1998 EzA § 249 BGB Nr. 23; 3.12.1985 BB 1987, 689; *LAG Köln* 22.5.2003 LAGE § 626 BGB Nr. 151; *LAG Düsseld.* 19.8.2003 LAGE § 91 ZPO 2002 Nr. 2 = NZA-RR 2004, 663; *ArbG Bln.* 21.11.2000 NZA-RR 2001, 527; *Lepke* DB 1985, 1231; *Frölich* NZA 1996, 464; *Lingemann/Göpfert* DB 1997, 374; *Busemann* Die Haftung des Arbeitnehmers gegenüber dem Arbeitgeber und Dritten Rz. 39). Das ist z.B. dann der Fall, wenn der Arbeitnehmer sich während der ärztlich attestierten Arbeitsunfähigkeit **genesungswidrig** verhält. Die aus dieser Vertragspflichtsverletzung resultie- **653**

rende Schadensersatzpflicht erstreckt sich auf alle **Aufwendungen des Geschädigten,** soweit sie nach den Umständen des Falles als notwendig anzusehen sind. Die erforderliche Prozessbezogenheit besteht allerdings **nicht bei Kosten zur Klärung zunächst unbekannter Vorgänge,** auf Grund derer sich die Partei erst schlüssig werden will, ob für einen späteren Prozess hinreichende Erfolgsaussicht besteht (*LAG Düsseld.* 19.8.2003 LAGE § 91 ZPO 2002 Nr. 2 = NZA-RR 2004, 663). Der Arbeitgeber kann in einem derartigen Fall auch nicht darauf verwiesen werden, er habe die Beobachtung des Arbeitnehmers mit eigenen Arbeitnehmern vornehmen lassen können und müssen. Er darf sich vielmehr der Personen bedienen, die – als Detektive – in Ermittlungstätigkeiten erfahren sind (*LAG RhPf* 15.6.1999 NZA 2000, 260).
Hinsichtlich der **Schadenshöhe** ist zu beachten, dass sich die Grenze der Ersatzpflicht nach den Maßnahmen richtet, die ein **vernünftig denkender Mensch** nach den Umständen des Falles zur Beseitigung der Störung bzw. zur Schadensverhütung als erforderlich ergriffen haben würde (*BAG* 3.12.1985 BB 1987, 689; *Busemann* Die Haftung des Arbeitnehmers gegenüber dem Arbeitgeber und Dritten Rz. 59).
Ob einer Partei bei Ablehnung eines prozessualen Kostenerstattungsanspruchs ein materiell-rechtlicher Anspruch auf Ersatz der Detektivkosten zusteht, ist des Weiteren nicht im Kostenfestsetzungsverfahren, sondern in einem **etwaigen Klageverfahren** zu prüfen (*LAG Düsseld.* 19.8.2003 LAGE § 91 ZPO 2002 Nr. 2 = NZA-RR 2004, 663).

654 Diese Grundsätze gelten **auch für die Erstattung der durch eine Videoüberwachung entstandenen notwendigen Kosten,** wenn der Arbeitgeber den Arbeitnehmer dadurch einer vorsätzlichen Vertragspflichtverletzung überführt. Insoweit sind Arbeitgeber und Betriebsrat grundsätzlich befugt, eine **Videoüberwachung** im Betrieb einzuführen; die Zulässigkeit des damit verbundenen Eingriffs in die Persönlichkeitsrechte der Arbeitnehmer richtet sich nach dem Grundsatz der Verhältnismäßigkeit (*BAG* 26.8.2008 EzA § 87 BetrVG 2001 Überwachung Nr. 2 = NZA 2008, 1187). Zur Abgrenzung zu den nicht ersatzfähigen Vorsorgekosten ist ein konkreter Verdacht gegen den Arbeitnehmer erforderlich. Auch wenn eine Videoüberwachung bereits dann als statthaft angesehen wird, wenn es darum geht, den bereits räumlich und funktional konkretisierten Verdacht auf eine Person einzugrenzen (*BAG* 27.3.2003 NZA 2003, 1193; vgl. dazu *Wessel* FA 2006, 108 ff.), stellt dies **noch keinen konkreten Verdacht** gegen den Arbeitnehmer dar, der dessen Haftung zu begründen vermag. Es handelt sich dann noch **nicht um erstattungsfähige Vorsorgekosten**. War die Videoüberwachung im Übrigen unzulässig, weil sie einen ungerechtfertigten Eingriff in das Persönlichkeitsrecht des Arbeitnehmers darstellt, scheidet eine Haftung des Arbeitnehmers ohnehin bereits aus diesem Grund aus (zutr. *ArbG Düsseld.* 5.11.2003 NZA-RR 2004, 345).

655 Nach Auffassung des *LAG Bln.* (20.9.2001 LAGE § 103 ZPO Nr. 5 = NZA-RR 2002, 98; **a.A.** *LAG Hessen* 23.10.1998 NZA 1999, 1350 LS) steht die rechtskräftige Abweisung eines materiell-rechtlichen Anspruchs auf Ersatz von Detektivkosten der Berücksichtigung dieser Kosten in einem **gerichtlichen Kostenfestsetzungsverfahren** nicht entgegen. Denn zu den nach §§ 91 ff. ZPO zu erstattenden Prozesskosten gehören grds. Detektivkosten dann, wenn sie zur Vorbereitung eines konkreten Prozesses gedient haben (so bereits *LAG Hamm* 28.8.1991 LAGE § 1 KSchG Verhaltensbedingte Kündigung Nr. 34; 7.11.1995 DB 1996, 278). Die danach erforderliche Prozessbezogenheit besteht allerdings nicht bei Kosten zur Klärung zunächst unbekannter Vorgänge, auf Grund derer sich die Partei erst schlüssig werden will, ob für einen späteren Prozess hinreichende Erfolgsaussicht besteht (*LAG Düsseld.* 19.8.2003 LAGE § 91 ZPO 2002 Nr. 2).

656 Ob einer Partei im übrigen umgekehrt bei Ablehnung eines prozessualen Kostenerstattungsanspruchs ein materiell-rechtlicher Anspruch auf Ersatz von Detektivkosten zusteht, ist nicht im Kostenfestsetzungsverfahren, sondern in einem etwaigen **Klageverfahren** zu prüfen (*LAG Düsseld.* 19.8.2003 LAGE § 91 ZPO 2002 Nr. 2).

g) Unverzichtbarkeit der Haftungsbeschränkung; Haftung bei Beschädigung eines Firmenfahrzeugs bei erlaubter Privatnutzung

Die Grundsätze über die Beschränkung der Haftung des Arbeitnehmers bei betrieblich veranlassten Tätigkeiten sind einseitig zwingendes Arbeitnehmerschutzrecht. **Von ihnen kann weder einzel- noch kollektivvertraglich zu Lasten des Arbeitnehmers abgewichen werden** (*BAG* 5.2.2004 EzA § 611 BGB 2002 Arbeitnehmerhaftung Nr. 1 = NZA 2004, 649 = BAG Report 2004, 228; krit. *Schwirtzek* NZA 2005, 437 ff.). Eine Vereinbarung der Arbeitsvertragsparteien, wonach ein Arbeitnehmer für alle von ihm fahrlässig verschuldeten Unfallschäden am Dienstfahrzeug bis zur Höhe einer mit der Versicherung vereinbarten Selbstbeteiligung von 2.000,00 DM haftet, ist deshalb wegen Verstoßes gegen die Grundsätze der beschränkten Arbeitnehmerhaftung unwirksam, weil sie dem Arbeitnehmer auch bei leichtester Fahrlässigkeit diese Haftung auferlegt. Die Möglichkeit des Arbeitnehmers, den **Dienstwagen auch für Privatfahrten zu nutzen, ist eine zusätzliche Gegenleistung** für die geschuldete Arbeitsleistung; sie **rechtfertigt keine Verschärfung der Haftung des Arbeitnehmers** für Unfallschäden am betrieblich genutzten Dienstwagen (*BAG* 5.2.2004 EzA § 611 BGB 2002 Arbeitnehmerhaftung Nr. 1). **657**

Darf der Arbeitnehmer im Übrigen das Dienstfahrzeug auch privat nutzen und »von Familienangehörigen benutzen lassen«, so gehört zu solchen »**Familienangehörigen**« auch die mit ihm in häuslicher Gemeinschaft lebende Lebensgefährtin. Unterlässt der Arbeitgeber des Weiteren für ein seinem Arbeitnehmer überlassenes Dienstfahrzeug den Abschluss einer nicht mit unzumutbaren Kosten verbundenen, üblichen **Vollkaskoversicherung**, beschränkt sich die Haftung des Arbeitnehmers im Schadensfall auf die Höhe derjenigen Kosten, die auch durch eine solche Vollkaskoversicherung nicht abgedeckt wären, insbesondere die übliche Selbstbeteiligung. Bei der Anwendung dieses Grundsatzes **verbietet es sich**, danach zu unterscheiden, ob der vom Arbeitnehmer verursache Unfall **im Rahmen einer Dienstfahrt oder im Rahmen einer genehmigten Privatfahrt geschehen ist** (*LAG Köln* 22.12.2004 LAG Report 2005, 254 LS; **a.A.** s.o. Rn. 636). In den Schutzbereich dieser Haftungsbeschränkung fällt danach auch der Familienangehörige, dem der Arbeitnehmer das Dienstfahrzeug befugter Weise zur Nutzung überlassen hatte (*LAG Köln* 22.12.2004 a.a.O., str.; **a.A.** s. oben Rn. 636).

3. Darlegungs- und Beweislast

Gem. **§ 619a BGB** hat der Arbeitnehmer abweichend von § 280 Abs. 1 BGB dem Arbeitgeber Ersatz für den aus der Verletzung einer Pflicht aus dem Arbeitsverhältnis entstehenden Schaden nur zu leisten, wenn er die Pflichtverletzung **zu vertreten** hat. Damit ist das Verschulden des Arbeitnehmers und insbes. die den Grad des Verschuldens ausmachenden Tatsachen **vom Arbeitgeber darzulegen** und ggf. zu beweisen (so bereits zum alten Recht *BAG* 17.9.1998 EzA § 611 BGB Arbeitnehmerhaftung Nr. 64; vgl. dazu *Mache* ArbuR 1999, 117; *Boemke* SAE 2000, 8 ff.; *Deinert* RdA 2000, 22 ff.); er hat also nicht nur die Beweislast für die Pflicht- bzw. Rechtsgutsverletzung, die haftungsbegründende und haftungsausfüllende Kausalität sowie den Schaden. **658**

Das BAG ist aber zuletzt davon ausgegangen, dass, sofern kein Verstoß gegen Anordnungen durch Verkehrszeichen vor Ort gegeben ist, z.B. bei einem auf unangepasster Fahrweise beruhenden Verkehrsunfall **grds. jeder Verschuldensgrad** gegeben sein kann (*LAG Köln* 22.1.1999 NZA-RR 1999, 408). Auf Grund einer gestuften Darlegungslast ist der Arbeitnehmer aber i.d.R. gehalten (**Prinzip der Sachnähe**), zu den schadensverursachenden Umständen vorzutragen, wenn er über die konkreten Umstände informiert ist. **659**

660 § 619a BGB ist entsprechend anzuwenden, soweit sich das Verschulden des Arbeitnehmers auf den durch die Pflichtverletzung herbeigeführten Schaden beziehen muss (*Oetker* BB 2002, 42 ff.).

4. Mankohaftung

661 Im Rahmen der Mankohaftung besteht der Schaden des Arbeitgebers in **Fehlbeträgen** in einer vom Arbeitnehmer geführten Kasse, der **Nichtauslieferung von Gegenständen**, die dem Arbeitnehmer zum Transport übergeben worden sind, Fehlbeständen an den dem Arbeitnehmer anvertrauten Warenbeständen (z.B. Lager) oder ihm zur Ausführung der Arbeit überlassenen Gegenständen (vgl. ausf. *Busemann* Die Haftung des Arbeitnehmers gegenüber dem Arbeitgeber und Dritten Rz. 48 ff.).

a) Mankoabrede

662 Gem. § 241 BGB können die Parteien in den Grenzen der §§ 138, 242 BGB, § 4 Abs. 3 TVG eine sog. Mankoabrede treffen. Ihr Inhalt ist daraufhin auszulegen, ob der Arbeitnehmer nur für verschuldetes Manko eintreten – was bei fehlender Zahlung eines besonderen Mankogeldes zu vermuten ist – oder ob er ohne Rücksicht auf ein Verschulden haften soll.

663 Für eine verschuldensunabhängige Mankohaftung ist grds. eine ausdrückliche Abrede erforderlich; sie kann sich auch aus den Umständen des Einzelfalles ergeben, z.B. dann, wenn ein zusätzliches Mankoentgelt zum Gehalt bezahlt wird, das dem Durchschnitt der nach regelmäßigem Verlauf der Dinge zu erwartenden Fehlbestände entspricht.

664 Voraussetzung für die Zulässigkeit einer Mankoabrede ist, dass sie eine sinnvolle, den Eigenarten des Betriebes und der Beschäftigung angepasste Beweislastverteilung enthält, oder eine vom Verschulden des Arbeitnehmers unabhängige Haftung für in seinem Arbeits- und Kontrollbereich aufgetretene Fehlbeträge darstellt, für die ein angemessener, gleichwertiger wirtschaftlicher Ausgleich gewährt wird (*BAG* 9.4.1957 AP Nr. 4 zu § 611 BGB Haftung des Arbeitnehmers; 17.9.1998 EzA § 611 BGB Arbeitnehmerhaftung Nr. 64; vgl. dazu *Lausnicker/Schwirtzek* BB 1999, 259; *Mache* ArbuR 1999, 118; *Boemke* NZA 2000, 8 ff; *Deinert* RdA 2000, 22 ff.). Die Begründung einer Erfolgshaftung ohne besondere Mankovergütung oder über die Höhe des vereinbarten Mankogeldes hinaus ist unzulässig. **Die Abrede wird regelmäßig dahin auszulegen sein, der Arbeitnehmer solle auch bei größeren Schäden jedenfalls nur bis zur Höhe des Mankogeldes haften** (*BAG* 2.12.1999 NZA 2000, 715; vgl. dazu *Deinert* ArbuR 2001, 25 ff.).
An diesen Grundsätzen hat sich durch die **Schuldrechtsreform** (§§ 305 ff. BGB) **nichts geändert** (*Däubler/Dorndorf/Bonin/Deinert* AGB-Kontrolle im Arbeitsrecht, 2. Aufl., Einl. Rz. 108, § 307 BGB Rz. 98).

b) Rechtliche Grenzen

665 Eine derartige Vereinbarung ist deshalb insbesondere gem. **§ 138 Abs. 2 BGB** sittenwidrig, wenn zwischen dem Mankorisiko des Arbeitnehmers und dem Mankoentgelt ein auffälliges Missverhältnis besteht. Dem Risiko angemessen ist das Mankoentgelt, bei unverschuldeter Mankohaftung, nur dann, wenn seine Höhe dem Durchschnitt der erfahrungsgemäß zu erwartenden Fehlbeträge entspricht (*BAG* 27.2.1970 AP Nr. 54 zu § 611 BGB Haftung des Arbeitnehmers; s.o. Kap. 2 Rn. 455 ff.).

666 Nicht statthaft ist eine Mankoabrede stets dann, wenn der Arbeitnehmer nicht die Möglichkeit hat, Mankoschäden wirksam zu bekämpfen, vor allem, wenn auch andere Personen Zugang zu den Beständen haben (*BAG* 22.11.1973 EzA § 626 BGB n.F. Nr. 33).

Fehlbeträge, deren Entstehung außerhalb des Einflussbereichs des Filialpersonals liegt, müssen ausgenommen sein (*BAG* 13.2.1974 EzA § 611 BGB Arbeitnehmerhaftung Nr. 21).

Nach Auffassung des *ArbG Nbg.* (11.6.1997 ARST 1998, 10) haftet deshalb eine Kassiererin eines Großmarktes gem. §§ 133, 157, 254 BGB trotz einer Mankovereinbarung, nach der sie gegen Zahlung eines Mankogeldes von 30 DM monatlich etwaige Mankobeträge, die bei den täglichen Abrechnungen entstehen, aus eigenen Mitteln in voller Höhe auszugleichen hat, nicht verschuldensunabhängig für Kassenfehlbeträge, die durch **vorsätzlich begangene Straftaten Dritter** entstanden sind. Dies soll jedenfalls dann gelten, wenn der Schaden ungewöhnlich hoch (5.000 DM) ist. 667

c) Darlegungs- und Beweislast

Der **Arbeitgeber** hat die Mankoabrede (einschließlich ihrer Gültigkeit, d.h. vor allem, dass das Risiko finanziell angemessen vergütet wird), den Schaden (das Manko und seine Höhe) und die haftungsbegründende Kausalität (d.h. die Tatsache, dass das Manko durch eine pflichtwidrige Handlung des Arbeitnehmers entstanden ist; insoweit genügt allerdings der Beweis, dass der Arbeitnehmer alleinigen Zugang zum Bestand hatte; *BAG* 11.11.1969 AP Nr. 49 zu § 611 BGB Haftung des Arbeitnehmers) darzulegen und zu beweisen. 668

Grds. zulässig waren vertragliche Vereinbarungen, nach denen sich das Verkaufspersonal beim Eintritt von Fehlbeständen gem. § 282 BGB a.F. zu entlasten hat (*BAG* 13.2.1974 EzA § 611 BGB Arbeitnehmerhaftung Nr. 21). Im Hinblick auf die gesetzliche Neuregelung des **§ 619a BGB** (s.o. Rn. 660) gilt dies aber nicht mehr. Die neue gesetzliche Beweislastregelung ist nicht dispositiv, sondern zwingend; dafür spricht die systematische Einordnung nach dem die Unabdingbarkeit von Arbeitgeberpflichten regelnden § 619 BGB (*Däubler* NZA 2001, 1333). Folglich kommen derartige Vereinbarungen in ab dem 1.1.2002 abgeschlossenen Arbeitsverträgen **nicht mehr in Betracht** und haben in bestehenden Verträgen ab dem 1.1.2003 ihre Wirksamkeit verloren (Art. 229 § 5 EGBGB). 669

d) Mankohaftung ohne vertragliche Vereinbarung

aa) Grundlagen

Fehlt eine besondere Mankoabrede, so gelten die allgemeinen Vorschriften (pFV, jetzt §§ 280 ff., 241 Abs. 2 BGB n.F.; §§ 823 ff. BGB); gem. §§ 254, 278, 831 BGB kann der Anspruch gemindert oder ausgeschlossen sein, z.B. bei Organisationsmängeln oder fehlender Überwachung. 670

bb) Besonderheiten bei wirtschaftlicher Dispositionsbefugnis des Arbeitnehmers

Fraglich ist, ob und inwieweit eine Mankohaftung des Arbeitnehmers in besonderen Ausnahmefällen auch ohne vertragliche Mankoabrede in Betracht kommt. 671

Insoweit ist nach der Rechtsprechung des *BAG* (9.4.1957 AP Nr. 4 zu § 611 BGB Haftung des Arbeitnehmers; 13.3.1964 AP Nr. 32 zu § 611 BGB Haftung des Arbeitnehmers; *29.1.1985 EzA § 611* BGB Arbeitnehmerhaftung Nr. 41) von folgenden **Grundsätzen** auszugehen: 672

Der Arbeitnehmer, der eine besondere Vertrauensstellung bekleidet, die der Stellung eines Geschäftsführers angenähert ist, ist dem Arbeitgeber in erhöhtem Maße rechenschaftspflichtig. Auch wenn ihm nicht alle Funktionen des Geschäftsführers anvertraut sind, so ist er doch auch bei der Abrechnung mit dem Geschäftsherrn für die Geschäftsausgaben beweispflichtig. Auf ihn finden die Vorschriften des BGB hinsichtlich der Aus- 673 kunfts- und Herausgabepflichten des Beauftragten oder des Geschäftsführers ohne Auftrag Anwendung (§§ 675, 681, 666, 667, 280 BGB). Der Arbeitnehmer trägt insoweit also die Beweislast dafür, welche Beträge er im Interesse des Betriebes aufgewendet hat.

674 Dies gilt auch dann, wenn dem Arbeitnehmer ein Kassen- oder Warenbestand so übertragen wurde, dass er **allein Zugang** zu ihm hatte und **selbstständig darüber disponieren** konnte, sodass der Arbeitnehmer diesbezüglich darlegen und beweisen muss, dass ihn an der Entstehung des Mankos kein Verschulden trifft.

675 Voraussetzung ist allerdings, dass der Arbeitgeber eine Tatsachenlage geschaffen hat, nach der er **nicht Besitzer der Sache** war. (*BAG* 22.5.1997 EzA § 611 BGB Arbeitnehmerhaftung Nr. 62; vgl. dazu *Deinert* RdA 2000, 22 ff.; abl. *Preis/Kellermann* SAE 1998, 133 ff., wonach in derartigen Fällen eine Haftung allein aus §§ 280 ff., 241 Abs. 2 BGB in Betracht kommt).

676 Denn der Arbeitnehmer ist regelmäßig nicht Besitzer der ihm zur Erfüllung seiner Arbeitsleistung überlassenen Sachen, sondern Besitzdiener i.S.v. § 855 BGB. Zum Schadensersatz wegen Unmöglichkeit der Herausgabe der ihm zur Arbeitsleistung überlassenen Sachen gem. § 280 BGB ist der Arbeitnehmer nur dann verpflichtet, wenn er **unmittelbaren Besitz** an der Sache hatte. Das setzt zumindest den **alleinigen Zugang** zu der Sache und deren **selbstständige Verwaltung** voraus. Dazu wird gehören, dass der Arbeitnehmer wirtschaftliche Überlegungen anzustellen und die Entscheidungen über die Verwendung der Sache zu treffen hat (*BAG* 17.9.1998 EzA § 611 BGB Arbeitnehmerhaftung Nr. 64; vgl. dazu *Lausnicker/Schwirtzek* BB 1999, 259 ff.; *Mache* ArbuR 1999, 118; *Boemke* SAE 2000, 8 ff.; *Deinert* RdA 2000, 22 ff.; vgl. auch *BAG* 22.5.1997 AP Nr. 1 zu § 611 BGB Mankohaftung).

cc) Beispiel: Der Kundendienstmonteur

677 Eine entsprechende wirtschaftliche Dispositionsbefugnis hat das *BAG* (29.1.1985 EzA § 611 BGB Arbeitnehmerhaftung Nr. 41) verneint bei einem Kundendienstmonteur, der Werkzeuge und Geräte in einem Firmenfahrzeug mitzuführen hatte, denn die Werkzeuge hatte er für seine handwerkliche Tätigkeit als Fernsehmonteur zu benutzen.

678 Mitgeführte Geräte hatte der Monteur den Kunden zu überbringen. Insoweit war er Bote, nicht aber wirtschaftlich selbstständig Handelnder. Darin unterschied er sich von einem Verkaufsfahrer, dem zu Beginn der Fahrt eine bestimmte Warenmenge übergeben wird, die er umsetzen und über deren Verbleib er nach seiner Rückkehr Rechnung legen soll. Wirtschaftlich selbstständig handelte der Arbeitnehmer insoweit nur, als er für die bei den Kunden durchgeführten Arbeiten Reparaturzeiten festzusetzen, Arbeitspreise zu berechnen und Gelder einzuziehen hatte. Um diesen Bereich der Tätigkeit des Arbeitnehmers ging es jedoch im konkreten Einzelfall nicht, weil Streitgegenstand die Haftung des Arbeitnehmers für aus dem Firmenfahrzeug entwendete Gegenstände war.

dd) Grundsätzlich keine Haftungsbeschränkung

679 Eine Übertragung der zur Haftungsbeschränkung im Arbeitsverhältnis entwickelten Grundsätze (s.o. Rn. 622 ff.) kommt nicht in Betracht, weil die vom Arbeitnehmer übernommene spezielle Aufgabe zu gesteigerter Sorgfalt für die anvertrauten Güter verpflichtet und die Haftungsbeschränkung Arbeitgeberinteressen gefährden würde (**a.A.** *Pauly* BB 1996, 2038 ff., da keine qualitativen Unterschiede zwischen manko- und schadensgeneigter Tätigkeit erkennbar seien).

680 Etwas anderes gilt allerdings für **Bankkassierer**, wenn sie sehr umfangreiche Kassengeschäfte *mit zahllosen kleinen Einzelbeträgen tätigen* (*BAG* 13.5.1970 AP Nr. 56 zu § 611 BGB Haftung des Arbeitnehmers; 13.2.1974 EzA § 611 Arbeitnehmerhaftung Nr. 21; abl. MünchArbR/*Blomeyer* § 59 Rz. 85).

Die Grundsätze über die Beschränkung der Arbeitnehmerhaftung gelten zudem auch dann, wenn der Arbeitnehmer wegen einer im Zusammenhang mit der Verwahrung und Verwaltung eines ihm überlassenen Waren- oder Kassenbestandes begangenen §§ 280 ff., 241 Abs. 2 BGB in Anspruch genommen wird. Dabei kann sich die Pflichtverletzung des Arbeitnehmers bereits daraus ergeben, dass durch das Verhalten des Arbeitnehmers dem Arbeitgeber ein Schaden entstanden ist. Für den Grad Verschuldens ist entscheidend, ob der Arbeitnehmer bezogen auf den Schadenserfolg vorsätzlich oder fahrlässig gehandelt hat (*BAG* 17.9.1998 EzA § 611 BGB Arbeitnehmerhaftung Nr. 64; vgl. dazu *Mache* ArbuR 1999, 118; *Deinert* RdA 2000, 22 ff.). 681

5. Haftung gegenüber Dritten

a) Haftung nach den allgemeinen Vorschriften

Ein Arbeitnehmer, der bei seiner Arbeitsleistung einem betriebsfremden Dritten einen Schaden zufügt, haftet diesem nach den allgemeinen Vorschriften (§§ 823 ff. BGB; vgl. ausf. *Busemann* Die Haftung des Arbeitnehmers gegenüber dem Arbeitgeber und Dritten Rz. 63 ff.). Eine Haftungsbeschränkung entsprechend der für das Verhältnis Arbeitgeber/Arbeitnehmer im Arbeitsverhältnis entwickelten Grundsätze besteht nicht (*BGH* 19.9.1989 EzA § 611 BGB Gefahrgeneigte Arbeit Nr. 24). 682

Der Arbeitnehmer eines Frachtführers kann sich jedoch gegenüber dem Eigentümer des beim Transport beschädigten Gutes auf haftungsbeschränkende Geschäftsbedingungen berufen, die sein Arbeitgeber mit dem beauftragten Spediteur vereinbart hat (*BGH* 21.12.1993 EzA § 611 BGB Gefahrgeneigte Arbeit Nr. 27). 683

b) Freistellungsanspruch gegen den Arbeitgeber

Ist der Arbeitnehmer auf Grund dieser Grundsätze einem betriebsfremden Dritten zum Schadenersatz verpflichtet, so hat er allerdings dann, wenn es sich um eine betrieblich veranlasste Tätigkeit gehandelt hat, einen Anspruch auf Freistellung gegen seinen Arbeitgeber, soweit diesen nach den Grundsätzen des innerbetrieblichen Schadensausgleichs (s.o. Rn. 622 ff.) die Haftung trifft (vgl. *BAG* 24.8.1983 EzA § 249 BGB Nr. 15; vgl. dazu *Bittner* NZA 2002, 833 ff.). 684

Der Arbeitnehmer kann von seinem Arbeitgeber **in dem Umfang** Freistellung verlangen, **in dem eine Ersatzpflicht gegenüber dem Arbeitgeber nicht bestünde**, wenn dieser den Schaden bei der Verrichtung betrieblich veranlasster Arbeit durch den Arbeitnehmer erlitten hätte. 685

► **Beispiel:** 686
Wenn der Arbeitgeber einen Arbeitnehmer, von dem er weiß, dass dieser keine Fahrerlaubnis besitzt, als Kraftfahrzeugführer im öffentlichen Verkehr einsetzt, kann der Arbeitnehmer nach einem Verkehrsunfall verlangen, von den Rückgriffsansprüchen der leistungsfreien Haftpflichtversicherung freigestellt zu werden. Dies gilt selbst dann, wenn er den Unfall grob fahrlässig herbeigeführt hat (*BAG* 23.6.1988 EzA § 611 BGB Arbeitnehmerhaftung Nr. 49).

c) Dogmatische Grundlage

Das *BAG* (23.6.1988 EzA § 611 BGB Arbeitnehmerhaftung Nr. 49) leitet diesen Anspruch aus der **Fürsorgepflicht** des Arbeitgebers ab; nach Auffassung von *Blomeyer* (MünchArbR § 60 Rz. 15) folgt er aus der **analogen Anwendung des § 670 BGB** i.V.m. § 257 BGB. 687

d) Umfang des Freistellungsanspruchs; Pfändbarkeit

688 Der Freistellungsanspruch umfasst alle Ansprüche des Geschädigten, die mit Erfolg gegen den Schädiger geltend gemacht werden können (z.B. Schmerzensgeldansprüche, Prozesskosten; *BAG* 21.6.1963 AP Nr. 29 zu § 611 BGB Haftung des Arbeitnehmers; *Bittner* NZA 2002, 833 ff.).

689 **Beispiele:**

- Wird der Redakteur einer Zeitschrift z.B. persönlich – etwa auf Unterlassung oder Widerruf einer falschen, von ihm veranlassten oder weitergegebenen Tatsachenbehauptung einer Zeitung – in Anspruch genommen, ohne dass ihn ein Verschulden trifft, so hat ihn der Arbeitgeber von allen ihm daraus entstehenden Kosten und Belastungen freizustellen. Es handelt sich um das typische Risiko des Presseverlegers, das nicht über die Arbeitsverträge auf die angestellten Redakteure abgewälzt werden darf (MünchArbR/*Rüthers* § 201 Rz. 95).
- Bei strafrechtlichen Verurteilungen kann der Redakteur bei Vorliegen von leichter oder mittlerer Fahrlässigkeit sowohl die (vollständige oder teilweise) Bezahlung von Geldstrafen als auch die Erstattung von Prozesskosten und Schmerzensgeldern bei Persönlichkeitsverletzungen verlangen, zu denen er verurteilt worden ist (*BGH* 7.11.1990 NJW 1991, 991; s.u. Rn. 2862 f.).

690 Der Freistellungsanspruch ist als solcher **abtretbar** und damit auch für Dritte **pfändbar** (*BAG* 11.2.1969 AP Nr. 45 zu § 611 BGB Haftung des Arbeitnehmers).

e) Insolvenz des Arbeitgebers

691 Kann der Arbeitgeber infolge einer Insolvenz den Freistellungsanspruch des Arbeitnehmers nicht befriedigen, ist dieser dem Schadensersatzanspruch des Dritten – z.B. wegen der Beschädigung eines vom Arbeitgeber geleasten Betriebsmittels – **in voller Höhe** ausgesetzt (*BGH* 19.9.1989 EzA § 611 BGB Gefahrgeneigte Arbeit Nr. 24). Deshalb ist zu überlegen, ob dem Arbeitnehmer ein Zurückbehaltungsrecht an seiner Arbeitsleistung einzuräumen ist, wenn er mit teuren Geräten Dritter auf Anweisung seines Arbeitgebers arbeiten muss, solange dieser keine entsprechende Versicherung abgeschlossen hat.

6. Haftung gegenüber Betriebsangehörigen

a) Grundlagen; §§ 104, 105 SGB VII

692 Es gelten die für die Haftung gegenüber Dritten entwickelten Grundsätze (s.o. Rn. 682 ff.; vgl. ausf. *Busemann* Die Haftung des Arbeitnehmers gegenüber dem Arbeitgeber und Dritten Rz. 70 ff.).

693 Zu beachten ist aber die gesetzliche Regelung der §§ 104, 105 SGB VII. Danach besteht grds. keine Haftung für Personenschäden von Arbeitskollegen, die auf einen von einem Arbeitnehmer bei betrieblicher Tätigkeit verursachten Arbeitsunfall zurückzuführen sind. Dabei kommt es nicht darauf an, ob es sich um eine Schadenszufügung im Rahmen einer schadensgeneigten Arbeit handelt oder nicht.

Der Haftungsausschluss setzt voraus, dass

- ein Personenschaden eingetreten ist, dass
- dieser durch einen Versicherungsfall (insbes. Arbeitsunfall; s. § 7 Abs. 1 SGB VII) verursacht wurde,
- ein Kausalzusammenhang zwischen Handlung und Schaden vorliegt,
- der Schädiger eine betrieblich tätige Person ist,
- der Geschädigte Versicherter desselben Betriebes bzw. dessen Angehöriger oder Hinterbliebener ist und

– die Haftungsfreistellung nicht ausgeschlossen ist, weil der Unfall auf einem der nach § 8 Abs. 2 Nr. 1–5 SGB VII versicherten Wege eintritt oder der Versicherungsfall vom schädigenden Arbeitnehmer vorsätzlich herbeigeführt worden ist (vgl. *BAG* 19.8.2004 EzA § 104 SGB VII Nr. 2; MünchArbR/*Blomeyer* § 61 Rz. 3).

Zu beachten ist, dass ein **Leiharbeitnehmer** i.S.v. § 104 Abs. 1 SGB VII nur für den Entleiher tätig ist und in keiner sonstigen die Versicherung begründenden Beziehung zu einem beauftragenden Drittunternehmen steht (*OLG Hamm* 14.4.2000 NZA-RR 2000, 648). 694

Vorsätzliche Herbeiführung des Versicherungsschadens i.S.d. §§ 104 ff. SGB VII bedeutet, dass sich der **Vorsatz** (auch dolus eventualis) nicht nur auf die vorsätzliche Herbeiführung des Unfalls, sondern auch **des konkreten Verletzungserfolgs** (*BAG* 19.8.2004 EzA § 104 SGB VII Nr. 2; *LAG RhPf* 18.11.2004 LAG Report 2005, 174), z.B. **auf den Körperschaden** oder einen **Personenschaden**, der zu einer Berufskrankheit geführt hat (*LAG Hamm* 13.6.2008 – 12 Sa 1851/07 – EzA-SD 16/2008 S. 6 LS) beziehen muss (*BAG* 19.8.2004 EzA § 104 SGB VII Nr. 2; *LAG Köln* 30.1.2003 – 5 Sa 966/02 – EzA-SD 9/03, S. 13 LS). Es genügt nicht, dass der Schädiger gegen Unfallverhütungsvorschriften oder die Gefahrstoffverordnung vorsätzlich verstößt, nicht aber den Personenschaden als solchen zumindest billigend in Kauf nimmt (*LAG Köln* 11.8.2000 ARST 2001, 69 LS; *LAG Hamm* 13.6.2008 – 12 Sa 1851/07 – EzA-SD 16/2008 S. 6 LS); allein eine vorsätzliche Pflichtverletzung reicht also nicht aus (*LAG Hessen* 14.12.2001 LAGE § 106 SGB VII Nr. 1). Auch wenn der Unternehmer den verkehrsunsicheren Zustand des Unfallfahrzeugs gekannt hat, so rechtfertigt dies noch nicht die Annahme, er habe den Unfall und die konkreten Verletzungsfolgen billigend in Kauf genommen (*BAG* 19.8.2004 EzA § 104 SGB VII Nr. 2). 695

b) Zweck der Sonderregelungen

Sinn und Zweck dieser Regelungen ist es, Haftungsstreitigkeiten unter den Betriebsangehörigen, die ihrerseits eine betriebliche Gefahrengemeinschaft bilden, im Interesse des Betriebsfriedens zu vermeiden, und andererseits den Arbeitgeber, der durch seine Unfallversicherungsbeiträge (§§ 150 ff. SGB VII) den eigenen Haftpflichtversicherungsschutz finanziert, von Freistellungs- und Erstattungsansprüchen der nach den Regeln des innerbetrieblichen Schadensausgleichs nur eingeschränkt oder gar nicht haftenden Arbeitnehmer zu entlasten (vgl. *BAG* 25.9.1957 AP Nr. 4 zu §§ 898, 899 RVO). Der Unternehmer und die Arbeitskollegen sollen nur dann von ihrer Haftung **nicht freigestellt werden, wenn sie den – die Versicherten gemeinschaftlich belastenden – Versicherungsfall vorsätzlich herbeigeführt haben** (*LAG RhPf* 18.11.2004 LAG Report 2005, 174). 696

c) Arbeitsunfall

Arbeitsunfall ist ein von außen her auf den Menschen einwirkendes, körperlich schädigendes, plötzliches (zeitlich begrenztes) Ereignis, das in einem inneren ursächlichen Zusammenhang mit einer nach § 8 SGB VII versicherten Tätigkeit steht (vgl. dazu *Rolfs* NJW 1996, 3177 ff.; *ders.* referiert Rspr. zu diesen Regelungen in DB 2001, 2294 ff.). Das **Aufpumpen eines Fahrradreifens** bzw. -schlauches auf dem Werksgelände 40 Minuten vor der beabsichtigten Heimfahrt mit Hilfe der betrieblichen Pressluftanlage stellt z.B. eine betriebliche Tätigkeit i.S.v. § 8 Abs. 1 SGB VII dar (*LAG Bln.* 27.6.2003 ARST 2004, 118 LS). 697

Erfasst sind auch vorbereitende Tätigkeiten, Abwicklungsarbeiten, Kontrolltätigkeiten, Unfälle bei betrieblichen Gemeinschaftsveranstaltungen (z.B. Betriebsausflügen) sowie Sitzungen und Veranstaltungen z.B. des Betriebsrats. Ausgenommen sind eigenwirtschaftliche, privat-persönliche Handlungen (z.B. Privatfahrten in betrieblichen Fahrzeugen). 698

699 Das *LAG Düsseld.* (27.5.1998 LAGE § 847 BGB Nr. 4) hat angenommen, dass der Tritt ins Gesäß der unterstellten Mitarbeiterin auch dann nicht zur »betrieblichen Tätigkeit« einer Vorgesetzten gehört, wenn er mit »der Absicht der Leistungsförderung oder Disziplinierung« geschieht. § 105 Abs. 1 SGB VII schließt daher einen Schadensersatzanspruch, insbes. auf Schmerzensgeld, nicht aus. Im konkret entschiedenen Einzelfall hat das *LAG Düsseld.* (27.5.1998 LAGE § 847 BGB Nr. 4) für eine durch den Tritt verursachte Steißbeinfraktur, verbunden mit sechswöchiger Krankschreibung und fünftägiger stationärer Nachbehandlung, ein Schmerzensgeld in Höhe von 3.000 DM für angemessen gehalten. Gleiches gilt für eine grob fahrlässig zugefügte Messerstichverletzung durch einen Arbeitskollegen; das *LAG BW* (6.7.1999 NZA-RR 2000, 17) hat dafür ein Schmerzensgeld von 7.000 DM für angemessen erachtet.

700 Ist die Mitnahme eines Arbeitskollegen zu einer Betriebsversammlung nicht durch die Organisation des Betriebes bedingt, weil sie im Verhältnis der Beteiligten zueinander deren Privatsache war, so greift, wenn der Arbeitskollege bei der Fahrt verletzt wird, der Haftungsausschluss nicht ein (*BGH* 11.5.1993 AP Nr. 23 zu § 637 RVO).

701 Hinsichtlich der Frage, ob ein Arbeitsunfall vorliegt, ist das Arbeitsgericht an die endgültige Entscheidung gebunden, die darüber in einem Feststellungsverfahren vor dem Sozialversicherungsträger oder in einem sozialgerichtlichen Verfahren ergeht (§ 108 Abs. 1 SGB VII).

d) Eintritt des Versicherungsfalles auf einem versicherten Weg

702 Seit dem 1.1.1997 ist gem. § 104 SGB VII entscheidend, ob der Versicherungsfall auf einem gem. § 8 Abs. 2 Nr. 1–5 SGB VII versicherten Weg eingetreten ist. Entscheidend ist damit, ob die »Schadensfahrt« aus der Sicht des Geschädigten und des Schädigers im Zusammenhang mit einem wegebezogenen Unfall steht. Ob damit eine nennenswerte sachliche Änderung im Verhältnis zum alten Recht der §§ 636, 637 RVO vorliegt, ist zweifelhaft. Nach der amtlichen Begründung zu § 104 SGB VII (BT-Drs. 13/2204, 100) sollen nach dem neuen Recht nicht mehr Betriebswege vom Haftungsausschluss ausgenommen sein, die unter der alten Rechtslage als »Teilnahme am allgemeinen Verkehr« gewertet wurden. Nach Auffassung von *Marschner* (BB 1996, 2091; vgl. auch *Rolfs* NJW 1996, 3177 ff.) dürfte es zu einer unterschiedlichen Beurteilung eines Sachverhalts insoweit nach altem und neuem Recht kaum kommen (vgl. *Marburger* BB 2000, 1781 ff.; *Zacharias* BB 2000, 2411 ff.). Systematisch ist damit der Wegeunfall jedenfalls zu einem **eigenständigen Versicherungsfall** geworden; er wird nicht wie nach dem früheren Recht fiktiv dem Arbeitsunfall zugeordnet. Der Haftungsausschluss entfällt, damit die Gleichartigkeit der Haftung und der Sorgfaltsanforderungen für alle Teilnehmer am allgemeinen Verkehr nicht durchbrochen wird. Darüber hinaus wäre es gegenüber den anderen Verkehrsteilnehmern auch unbillig, den schädigenden Arbeitnehmer von der Haftung frei zu stellen (MünchArbR/*Blomeyer* § 61 Rz. 25).

703 § 8 Abs. 2 Nr. 1 SGB VII beschränkt den Versicherungsschutz grds. auf den **unmittelbar mit der versicherten Tätigkeit zusammenhängenden Weg**. Damit wird aber nicht eng allein auf einen Hin- und Rückweg abgestellt. Räumliche Abweichungen vom unmittelbaren Weg sind zum einen unter den in § 8 Abs. 2 Nr. 2–5 SGB VII vorgesehenen Fällen doch vom Versicherungsschutz umfasst (zu einem Arbeitsunfall nach der Teilnahme am JP Morgan-Chase Lauf s. *LSG Hessen* 18.3.2008 – L 3 U 123/05 – NZA 2008, 845).

Dazu gehören **Abweichungen** 704
- zum Verbringen der Kinder des Versicherten in fremde Obhut;
- im Zusammenhang mit der Bildung von Fahrgemeinschaften,
- zur Familienheimfahrt, wenn der Versicherte auf Grund der Entfernung eine eigene Unterkunft am Ort der Tätigkeit hat, die nicht Familienwohnung ist.

Die **Sperrwirkung** des § 104 Abs. 1 SGB VII **greift** ein, sobald sich der **Versicherte in die betriebliche Sphäre begibt**, also einen Bereich, der der Organisation des Unternehmers und dessen Ordnungsgewalt unterliegt. Dies ist dann der Fall, wenn der Versicherte im betrieblichen Interesse innerhalb oder außerhalb der Betriebsstätte unterwegs ist, er mithin den Weg in Ausübung der versicherten Tätigkeit zurücklegt, dieser Teil der versicherten Tätigkeit ist und damit der Arbeit im Betrieb gleichsteht (*BAG* 19.8.2004 EzA § 104 SGB VII Nr. 2) und ihr nicht lediglich vorausgeht. Begibt sich ein Arbeitnehmer **mit einem Firmenfahrzeug zu einem auswärtigen Montagesitz** und passiert auf dieser Fahrt ein Unfall, so handelt es sich nicht um einen Wegeunfall i.S.d. § 8 Abs. 2 Nr. 1 SGB VII, sondern um einen Unfall auf einem Betriebsweg i.S.d. § 8 Abs. 1 SGB VII. Dies gilt auch dann, wenn der Arbeitnehmer **im Betrieb nur Unterlagen abgeholt hat** und die Fahrtzeit zum Fernmontageort noch nicht als Arbeitszeit vergütet wird (*BAG* 24.6.2004 EzA § 104 SGB VII Nr. 1 = ZTR 2004, 650). Gleiches gilt dann, wenn ein vom Arbeitgeber durchgeführter **Transport der Arbeitnehmer zur und von der Arbeitsstelle** mit einem betriebseigenen Fahrzeug durchgeführt wird. Ein solcher Betriebsweg ist auch dann gegeben, wenn der Arbeitnehmer mit dem vom Arbeitgeber organisierten Rücktransport von einer auswärtigen Einsatzstelle zu Hause hätte abgesetzt werden sollen (*BAG* 19.8.2004 EzA § 104 SGB VII Nr. 2). 705

Der Haftungsausschluss bleibt zum anderen bestehen, soweit der Weg **zugleich betrieblich veranlasst** ist. Das ist dann der Fall, wenn der Versicherte im betrieblichen Interesse innerhalb oder außerhalb der Betriebsstätte unterwegs ist. Ist für die Beförderung ein betrieblicher Anlass vorhanden und steht diese mit dem Betrieb **in engem Zusammenhang**, dann tritt die Eigenschaft des Beförderten als Verkehrsteilnehmer in den Hintergrund. Zu den versicherten Wegen gehören zwar auch die Wege von der Wohnung zur Arbeitsstelle. Das gilt aber nur für privat organisierte Wege. Ein vom **Arbeitgeber durchgeführter Sammeltransport** mit einem betriebseigenen Fahrzeug und einem betriebseigenen Fahrer zu einer betrieblichen Baustelle ist dagegen ein Betriebsweg, für den der Haftungsausschluss gilt (*BAG* 30.10.2003 EzA § 105 SGB VII Nr. 3 = BAG Report 2004, 133; ebenso *BGH* 2.12.2003 – VI ZR 348 u. 349/02 –; ebenso *LAG Hessen* 23.5.2003 ZTR 2004, 380 jedenfalls dann, wenn die Fahrtzeit als Arbeitszeit vergütet wird). Gleiches gilt, wenn ein Arbeitnehmer die Möglichkeit in Anspruch nimmt, **mit einem Arbeitskollegen, der mit einem betriebseigenen Fahrzeug Gerätschaften und Material zum Betriebsgelände zum auswärtigen Beschäftigungsort transportiert, mitzufahren** (*BGH* 9.3.2004 NZA 2004, 1165). Ob das eine oder das andere vorliegt, ist nach der besonderen Lage des Einzelfalles zu beurteilen. Der Haftungsausschluss greift ferner ein, sobald sich der Unfall auf einem **eindeutig abgrenzbaren Betriebsgelände** ereignet. Fehlt es daran oder bewegt sich der Arbeitnehmer räumlich außerhalb des Betriebes, handelt es sich immer dann um eine nach § 8 Abs. 1 SGB VII versicherte Tätigkeit, wenn die dabei zurückgelegten Wege betrieblich veranlasst sind. Das ist nicht der Fall, wenn der betriebliche Zusammenhang mit der Fahrt **ein nur loser** und der **private Charakter** der Fahrt nach Anlass und Grund überwiegt (vgl. grundlegend *BSG* 2.5.2001 – B 2 U 33/00 R – EzA-SD 8/02, S. 12 LS; *LSG NRW* 5.9.2003 – L 4 (2) U 50/02 1/5 – EzA-SD 4/04, S. 16 LS). Bei Fahrten, die sowohl aus betrieblichen als auch aus rein persönlichen Gründen vorgenommen werden, ist darauf abzustellen, **welche Zwecke überwiegen**. In diesem Zusammenhang kann ein Arbeitsunfall schon dann zu verneinen sein, wenn der Arbeitnehmer auf dem Nachhauseweg einen **Umweg von 100 Metern** macht. Das gilt jedenfalls dann, wenn der Umweg privat veranlasst ist und der Arbeitnehmer dabei den Straßenraum für kurze Zeit verlässt. Diese Voraussetzungen liegen z.B. dann vor, wenn der Arbeitnehmer auf dem Nachhauseweg an einer Bank vorbeifährt, um Geld abzuholen (*BSG* 24.6.2003 – B 2 U 40/02 R – EzA-SD 17/03, S. 15 LS). Bei Dienst- und Geschäftsreisen 706 ist die Tätigkeit nach § 8 Abs. 1 SGB VII versichert, wenn sie in einem **inneren Zusammenhang** mit dem betrieblichen Zweck der Reise steht; insoweit können auch Tätigkeiten, die ansonsten allein dem privaten Bereich zuzuordnen sind, einen betrieblichen Bezug haben. Die Tätigkeit als Betriebsrat stellt sich auch außerhalb der Betriebsstätte als betriebliche Tätigkeit dar; entsprechende Wegeunfälle sind daher gem. § 8 Abs. 1 SGB VII versichert und vom Haftungsausschluss erfasst (MünchArbR/*Blomeyer* § 61 Rz. 27).

707 Jedenfalls stellt das **Verlassen des Arbeitsplatzes** einschließlich des Weges auf dem Werksgelände bis zum Werkstor regelmäßig noch eine betriebliche Tätigkeit i.S.v. § 105 Abs. 1 SGB VII dar. Der Weg vor dem Ort der Tätigkeit (§ 8 Abs. 2 SGB VII) beginnt mit dem **Durchschreiten oder Durchfahren des Werkstores** (*BAG* 14.12.2000 EzA § 105 SGB VII Nr. 1 = ZTR 2001, 331). Denn unter dem »Ort der Tätigkeit« ist das Betriebsgelände zu verstehen, nicht etwa nur der Raum, in dem sich der konkrete Arbeitsplatz des Mitarbeiters befindet (*LAG Köln* 13.10.1999 FA 2000, 358).

708 Anders als bei den Wegen zur Besorgung von Nahrungsmitteln oder zur Einnahme einer Mahlzeit kann bei Wegen zur Besorgung von **alkoholischen Getränken** oder sonstiger Genussmittel nicht grds. davon ausgegangen werden, dass deren Verzehr der Erhaltung oder Wiederherstellung der Arbeitskraft dient und damit versichert ist. Hierfür müssen besondere Umstände vorliegen (*BSG* 27.6.2000 – B 2 U 22/99 R).

709 Wird ein als **Streikposten** eingesetzter Arbeitnehmer von einem arbeitswilligen Kollegen fahrlässig angefahren, handelt es sich auch nicht um einen Arbeitsunfall, der zum Haftungsprivileg nach § 105 SGB VII führt (*LAG Hamm* 17.2.1999 NZA-RR 1999, 656).

710 Ob sich ein Unfall bei einer versicherten Tätigkeit nach § 8 Abs. 1 SGB VII oder auf einem nach § 8 Abs. 2 Nr. 1–4 SGB VII versicherten Weg ereignet hat, ist schließlich **aus der Sicht des Geschädigten** zu bestimmen (*BAG* 30.10.2003 EzA § 105 SGB VII Nr. 3).

e) Persönliche Voraussetzungen

aa) Allgemeine Voraussetzungen

711 Der Geschädigte muss im Unfallbetrieb tätig sein; der Schädiger muss in demselben Betrieb tätiger Betriebsangehöriger des Unfallbetriebes sein (§ 105 SGB VII). Ausreichend ist es, wenn Geschädigter und Schädiger Arbeitnehmer verschiedener Betriebe, aber beide in demselben Betrieb tätig sind und der betriebsfremde Arbeitnehmer in den Betrieb, in dem er (vorübergehend) arbeitet, eingegliedert ist. Für den Haftungsgrund ist es bedeutungslos, ob der Schädiger in dem Betrieb des Geschädigten oder dieser in dem Betrieb des Schädigers eingestellt ist.

712 Ein Arbeitnehmer ist in diesem Sinne in einen anderen Betrieb eingegliedert, wenn er **persönlich abhängig**, d.h. wenn der fremde Arbeitgeber ihm gegenüber weisungsberechtigt und zur Fürsorge verpflichtet ist. Diese Voraussetzungen können insbes. bei der Verwendung von **Leiharbeitnehmern** erfüllt sein (vgl. *BAG* 15.2.1974 EzA § 637 RVO Nr. 4).

713 § 105 SGB VII gilt auch gegenüber Personen die wie ein Versicherter tätig werden, auch bei nur vorübergehender Tätigkeit (§ 2 Abs. 2 SGB VII). Der Geschädigte eines Arbeitsunfalls ist wie ein Arbeitnehmer des Unternehmers in dessen Betrieb eingegliedert, wenn er **eine ernstliche, dem Unternehmen dienende Tätigkeit** vornimmt, die dem mutmaßlichen Willen des Unternehmers entspricht und regelmäßig von eigenen Mitarbeitern verrichtet wird. Der Geschädigte ist dann sozialversicherungsrechtlich zu diesem Zeitpunkt Versicherter im Betrieb des Unternehmers (*AG Brem.* 8.10.1998 NZA-RR 1999, 320).

714 Ist die geschädigte Person gleichzeitig sowohl für einen Dritten als auch für den Unfallbetrieb tätig gewesen, ist entscheidend, welcher Aspekt ihrer Tätigkeit das Gepräge gibt (*BAG* 28.2.1991 EzA § 636 RVO Nr. 12).

bb) Betriebliche Tätigkeit; gemeinsame Betriebsstätte

Gem. § 105 Abs. 1 S. 1 SGB VII sind von der zivilrechtlichen Haftung auch nicht betriebsangehörige Arbeitnehmer freigestellt, die durch eine betriebliche Tätigkeit einen Arbeitsunfall herbeiführen (vgl. *Marschner* BB 1996, 2091; *Rolfs* NJW 1996, 3177 ff.; *Marburger* BB 2000, 1781 ff.; *Zacharias* BB 2000, 2411 ff.; *OLG Hamm* 15.6.1998 NZA-RR 1998, 456). Die für den Haftungsausschluss für Personenschäden bei Verletzung eines Arbeitskollegen nach § 105 Abs. 1 SGB VII erforderliche betriebliche Tätigkeit setzt voraus, **dass der Schädiger bei objektiver Betrachtungsweise aus seiner Sicht im Betriebsinteresse handelte. Tätlichkeiten unter Arbeitskollegen** sind nicht zu billigen und grds. nicht betrieblich veranlasst. Ein Stoß vor die Brust, mit dem ein Arbeitnehmer die Arbeitsleistung eines Arbeitskollegen beanstandet, ist aber unter Berücksichtigung der Verkehrsüblichkeit unter Lkw-Fahrern nicht untypisch, so dass ein solcher Schubser noch als betriebliche Tätigkeit i.S.d. § 105 Abs. 1 SGB VII angesehen werden kann (*BAG* 22.4.2004 EzA § 105 SGB VII Nr. 4 = NZA 2005, 164 = BAG Report 2004, 302). 715

Verrichten Versicherte mehrerer Unternehmen vorübergehend betriebliche Tätigkeiten auf einer **gemeinsamen Betriebsstätte**, gelten §§ 104, 105 SGB VII gem. § 106 Abs. 3 letzte Alt. SGB VII für die Ersatzpflicht der für die beteiligten Unternehmen Tätigen untereinander. 716

Der Begriff der »gemeinsamen Betriebsstätte« erfasst über die bisherige gesetzliche Regelung der Arbeitsgemeinschaft hinaus betriebliche Aktivitäten von Versicherten mehrerer Unternehmen, die **bewusst und gewollt bei einzelnen Maßnahmen ineinander greifen,** miteinander verknüpft sind, sich ergänzen oder unterstützen (*BAG* 28.10.2004 EzA § 106 SGB VII Nr. 2 = NZA 2005, 1375 LS), wobei es ausreicht, dass die gegenseitige **Verständigung stillschweigend durch bloßes Tun** erfolgt (*BGH* 17.10.2000 NZA 2001, 103; *BAG* 12.12.2002 EzA § 106 SGB VII Nr. 1 = NZA 2003, 968; *LAG Hessen* 14.12.2001 LAGE § 106 SGB VII Nr. 1 = NZA-RR 2002, 288). **Erforderlich** sind **wechselseitig aufeinander bezogene betriebliche Aktivitäten von Versicherten mehrerer Unternehmen; ein lediglich einseitiger Bezug reicht nicht aus** (*BGH* 16.12.2003 NZA 2004, 983). Notwendig ist eine **Verbindung zwischen den Tätigkeiten des Schädigers und des Geschädigten in der konkreten Unfallsituation**, die eine Bewertung als »gemeinsame« Betriebsstätte rechtfertigt (*BGH* 14.9.2004 NZA 2005, 643). An einem solchen für die gemeinsame Betriebsstätte erforderlichen »bewussten Miteinander« der Tätigkeit fehlt es des Weiteren dann, wenn eine Arbeitnehmerin beim Umzug der Firma lediglich kontrolliert, ob die Möbelpacker alles mitgenommen haben, ohne sich an den Ladearbeiten zu beteiligen. Dies gilt auch, wenn die Arbeitnehmerin am Vortag das Büromaterial verpackt und zum Verladen bereitgestellt hatte (*BAG* 28.10.2004 EzA § 106 SGB VII Nr. 2 = NZA 2005, 1375 LS). 717

Die Voraussetzungen einer gemeinsamen Betriebsstätte sind auch dann **nicht** gegeben, wenn es im Zuge betrieblicher Tätigkeiten im Rahmen einer Zugreinigung bei der Bahn zu einem Schaden gekommen ist, bei dem sich der Geschädigte mit seinen Arbeitskollegen auf dem Rückweg befand, während die schädigenden Beklagten mit einer Rangierabteilung unterwegs waren. Da sich diese beiden Tätigkeiten beziehungslos nebeneinander vollzogen, **rein zufällig** aufeinander trafen, greift die Haftungsfreistellung nicht ein (*BGH* 17.10.2000 NZA 2001, 103).

Die Haftungsprivilegierung bei vorübergehender betrieblicher Tätigkeit auf einer gemeinsamen Betriebsstätte gilt zudem auch nicht zu Gunsten eines **nicht selbst dort tätigen Unternehmers** (*BGH* 3.7.2001 NZA 2001, 1143).

§ 106 Abs. 3 letzte Alt. SGB VII greift aber dann ein, wenn ein Zusammenwirken auf einer Baustelle zu einem **gemeinsamen Zweck**, nämlich der **Errichtung eines Bauwerks** unter Leitung und Organisation eines Architekten, erfolgt (*LG Memmingen* 16.1.2001 NZA-RR 2001, 266).

Das Haftungsprivileg gem. § 106 Abs. 3 SGB VII kommt einem Unternehmer allerdings nur dann zu Gute, **wenn er »Versicherter«** i.S. dieser Regelung und selbst tätig geworden **ist** (*BGH* 14.9.2004 NZA 2005, 643).

f) Der Haftungsausschluss

718 Der Haftungsausschluss betrifft alle Schadenersatzansprüche wegen Verletzung des Körpers und der Person des Geschädigten. Erfasst werden alle Kosten zur Wiederherstellung der Gesundheit (z.B. Operationen, Kuren, Aufwendungen der Angehörigen für Besuche im Krankenhaus; *BAG* 6.11.1974 EzA § 636 RVO Nr. 8).
Unberührt vom Haftungsausschluss bleiben jedoch Ersatzansprüche wegen eines Sachschadens. Insoweit gelten die allgemeinen Vorschriften sowie die oben (Rn. 622 ff.) entwickelten Grundsätze.

719 Ausgeschlossen sind Schmerzensgeldansprüche gem. § 253 Abs. 2 BGB, denn nach überwiegend vertretener Auffassung ist das Schmerzensgeld als Personenschaden anzusehen, in dieser Vorschrift nicht erwähnt, also nicht versichert und damit auch dem Haftungsprivileg des Arbeitgebers nicht unterstellt (*BAG* 6.11.1974 EzA § 636 RVO Nr. 8).

720 Dieser Ausschluss verstößt auch bei schweren Körperschäden nicht gegen Art. 3 Abs. 1 GG, da der Nachteil angesichts eines Gesamtvergleichs zwischen dem allgemeinen Deliktsrecht und dem Unfallversicherungsrecht durch andere Vorteile kompensiert wird; die Rente aus der Unfallversicherung bei leichten und mittelschweren Unfällen wiegt ein Schmerzensgeld auf (*BVerfG* 7.11.1992 AP Nr. 6 zu § 636 RVO).

721 **Nichts anderes gilt bei Schwerstverletzungen** (*BVerfG* 8.2.1995 EzA § 636 RVO Nr. 13), denn wenn eine Verletztenrente und eine Rente aus der gesetzlichen Rentenversicherung zusammentreffen, so wird weiterhin der einen bestimmten Grenzbetrag übersteigende Betrag der Rente aus der Rentenversicherung nicht ausgezahlt (§ 93 Abs. 1 SGB VI). Damit soll erreicht werden, dass der Verletzte ein Einkommen erhält, das in etwa seinem früheren Nettoverdienst entspricht, es aber im Regelfall nicht übersteigt. Anrechnungsfrei bleibt jedoch bei der Verletztenrente der Betrag, der als Grundrente nach dem Bundesversorgungsgesetz (BVG) geleistet würde (§ 93 Abs. 2 Nr. 2a SGB VI). Um diese Summe übersteigt die Gesamtrente den letzten Nettoverdienst. Infolge der Koppelung der Höhe des Freibetrags an den Grad der Minderung der Erwerbsfähigkeit erhalten Schwerstverletzte also eine höhere Gesamtrente als Leichtverletzte mit demselben früheren Bruttoverdienst. Der Gesetzgeber wollte durch diese Neuregelung verhindern, dass der Teil der Verletztenrente, von dem angenommen wird, dass er keine Lohnersatzfunktion hat, sich rentenmindernd auswirkt. Damit sollte insgesamt eine Verbesserung für Schwerverletzte gegenüber dem bis dahin geltenden Recht erreicht werden (Entwurf eines Gesetzes zur Reform der gesetzlichen Rentenversicherung – Rentenreformgesetz 1992, BT-Drs. 11/4124, S. 174).

722 Gleichwohl hat das *LAG Düsseld.* (25.9.1996 NZA-RR 1997, 241) angenommen, dass dann, wenn ein Arbeitnehmer einem anderen Arbeitnehmer seinen Privat-Pkw für Auslieferungsfahrten u.a. dann überlässt, wenn der hierfür vorgesehene Firmen-Pkw nicht einsatzbereit ist, sich im Wege einer ergänzenden Auslegung des damit konkludent abgeschlossenen Leihvertrages (§ 598 BGB) ergeben kann, dass er für den am Pkw seines Kollegen entstandenen Sachschaden nur nach den Grundsätzen der Haftungsbeschränkung des Arbeitnehmers bei betrieblicher Tätigkeit haftet.

723 Auch der Haftungsausschluss nach **§ 104 SGB VII** umfasst Ansprüche auf Schmerzensgeld nach § 253 Abs. 2 BGB (*BAG* 10.10.2002 EzA § 105 SGB VII Nr. 2 zum früheren § 847 BGB). §§ 104, 105 SGB VII lassen es allerdings im Gegensatz zu § 636 RVO ausreichen, dass der Versicherungsfall vorsätzlich herbeigeführt worden ist (s.o. Rn. 710). Das Wissen und Wollen des Schädigers muss sich dabei auf die **Handlung und deren Erfolg** (*BAG* 10.10.2002 EzA § 105 SGB VII Nr. 2; 22.4.2004 EzA § 105 SGB VII Nr. 4 = NZA 2005, 164 = BAG Report 2004, 302), **nicht hingegen auf den konkreten Schadensumfang** erstrecken. Die vorsätzliche Herbeiführung muss die durch den Arbeitsunfall verursachte **Gesundheitsschädigung einschließen** (*LAG Hessen* 23.11.2001 NZA-RR 2002, 571), z.B. den Eintritt der Berufskrankheit bei Schadensersatzansprüchen wegen Berufskrankheit (*LAG Köln* 26.7.2002 NZA-RR 2003, 350). Geht der Handelnde dagegen

bereits bei seiner den Schaden auslösenden Handlung davon aus, es werde auf Grund getroffener – im Nachhinein festgestellt untauglicher – Vorkehrungen nichts passieren, so liegt bereits insoweit lediglich grobe Fahrlässigkeit vor, sodass der Haftungsausschluss nach § 104 SGB VII eingreift (*LAG Köln* 30.10.2000 ZTR 2001, 332 LS).

XII. Schuldanerkenntnis des Arbeitnehmers

Auch im Arbeitsverhältnis finden §§ 780, 781 BGB Anwendung. Nicht selten kommt es insbes. im Zusammenhang mit Aufhebungsverträgen zu derartigen Erklärungen (s. dazu unten Kap. 6). Aber auch im bestehenden Arbeitsverhältnis können Schuldanerkenntnisse vereinbart werden. Fraglich ist dann vor allem, ob eine nachträgliche Beseitigung der maßgeblichen Willenserklärung in Betracht kommt (§§ 119, 123 BGB). **Selbstständige** – abstrakte, konstitutive – **Schuldversprechen und Schuldanerkenntnisse** nach **Maßgabe der** §§ 780, 781 BGB sind an **§ 307 Abs. 1 BGB** zu messen. Wenn in derartigen Vereinbarungen die **Möglichkeit ausgeschlossen ist, geltend zu machen,** der ihnen zugrunde liegende **Anspruch bestehe nicht,** liegt darin eine **Abweichung von §§ 812 Abs. 2, 821 BGB,** die sich als **unangemessene Benachteiligung** darstellt und **unzulässig ist** (§ 307 Abs. 1 BGB; *BAG* 15.3.2005 EzA § 307 BGB 2002 Nr. 2 = NZA 2005, 682 = BAG Report 2005, 293). 724

Das *BAG* (23.10.1998 EzA § 781 BGB Nr. 5) geht in diesem Zusammenhang für den Fall der Drohung eines Arbeitgebers mit einer Strafanzeige wegen schädigender Handlungen des Arbeitnehmers davon aus, dass er i.d.R. nicht widerrechtlich handelt, wenn: 725
- die Drohung dazu dient, den Arbeitnehmer zur Wiedergutmachung des Schadens zu veranlassen und
- er den geforderten Schadensersatz auf Grund der Angaben des Arbeitnehmers für berechtigt halten durfte.

Der Arbeitgeber hat insoweit grds. das Recht, bei Straftaten des Arbeitnehmers sich die Wiedergutmachung des Schadens durch Beschaffung eines Schuldanerkenntnisses zu erleichtern. Wenn dafür die Berechnung des vom Arbeitnehmer verursachten Schadens mangels Berechenbarkeit der genauen Höhe im Wege der Hochrechnung bzw. der Schadensschätzung erfolgt, muss sichergestellt sein, dass die Hochrechnung bzw. die Schätzung auf hinreichend abgesicherter Grundlage beruht. Es dürfen in die Schadensschätzung keine Schadenspositionen aufgenommen werden, die nicht durch die dem Arbeitnehmer vorgeworfene Tat verursacht sein können (*LAG Hamm* 15.8.2001 NZA-RR 2002, 654 LS). 726

B. Pflichten des Arbeitgebers

I. Zahlung und Sicherung des Arbeitsentgelts

1. Grundlagen

a) Der Begriff des Arbeitsentgelts; der Euro

Das Arbeitsentgelt ist die Gegenleistung für die Arbeitsleistung des Arbeitnehmers. Inhalt der Vergütung können Leistungen aller Art sein: Geldleistungen, Verzicht auf oder Stundung von Ansprüchen, Zinsvorteile und Rabatte, Sachleistungen, Dienstleistungen sowie die Zuwendung von Rechten, nicht dagegen Ansprüche auf Aufwendungsersatz oder auf Abfindung für den Verlust des Arbeitsplatzes. 727

Erfasst sind auch Losgewinne bei einer vom Arbeitgeber im Rahmen des betrieblichen Vorschlagswesens durchgeführten Verlosung, an der alle Arbeitnehmer teilnehmen, die einen Verbesserungsvorschlag eingereicht haben, selbst dann, wenn es sich um Sachpreise handelt (*BFH* 25.11.1993 AP Nr. 3 zu § 20 ArbNErfG). 728

729 Früher hat sich das Arbeitsentgelt für Arbeitsverhältnisse, die in der BRD abgewickelt werden, regelmäßig in DM bemessen. Mit dem 1.1.1999 ist aber der Euro eingeführt worden.

730 Die Einführung des Euro lässt bestehende Rechte und Pflichten unberührt (Art. 3 EuroV 1). Es gilt **Rechts- und Vertragskontinuität**. Arbeitsrechtliche Vereinbarungen, die auf DM lauten, behalten also unverändert Gültigkeit; sie brauchen **weder gekündigt noch einvernehmlich geändert** zu werden.

731 Der **unwiderruflich festgelegte Umrechnungskurs** (Art. 109 EGV) der DM in Euro **beträgt 1,95583**. Dieser Wert bestimmt damit jede Umstellung von DM auf Euro und umgekehrt, unabhängig von ihrem Zeitpunkt.

732 Seit dem 1.1.2003 folgt aus § 107 Abs. 1 GewO, dass das Arbeitsentgelt in Euro zu berechnen und auszuzahlen ist.

b) Bemessungsgrößen

733 Das Arbeitsentgelt kann an die **Quantität** der geschuldeten und geleisteten Arbeit (Arbeitsstunden, Monatsgehalt, Akkordlöhne und Mengenleistungsprämien), die **Qualität** (Akkord- und Prämienlohn, wenn die Arbeitsleistung nur dann bezahlt wird, wenn eine bestimmte Qualität erreicht wird), die Erfüllung **weiterer Pflichten** und die Aufrechterhaltung des Arbeitsverhältnisses **(Betriebstreue)** anknüpfen.

734 Es ist i.d.R. bezogen auf die individuelle Leistung des jeweiligen Arbeitnehmers, u.U. aber auch auf die Leistung einer Arbeitnehmergruppe oder des ganzen Betriebes (vgl. MünchArbR/*Hanau* § 62 Rz. 6 ff.).

735 Soweit Lohngruppen oder Lohnzuschläge eine bestimmte Tätigkeitsdauer voraussetzen, ist es eine Frage der Auslegung im Einzelfall, inwieweit eine tatsächliche Tätigkeit erforderlich ist. Das *BAG* (9.2.1983 AP Nr. 46 zu § 71 TVG Tarifverträge: Bau) hat insoweit auf den Bestand des Arbeitsverhältnisses abgestellt, weil sonst z.B. unklar wäre, ob kurzfristige Unterbrechungen unschädlich oder ob nur verschuldete Fehlzeiten zu berücksichtigen sind. Allerdings kann die Berufung auf eine solche Regelung rechtsmissbräuchlich sein, wenn die Tätigkeit binnen eines Jahres verhältnismäßig geringfügig war.

c) Tarifliche Normen; übertarifliche Entgelte

736 **Die wichtigste Rechtsgrundlage für Arbeitsentgelte sind neben dem Arbeitsvertrag Tarifverträge** (s.o. Kap. 1 Rn. 314 ff.). Die tariflichen Arbeitsentgelte sind i.d.R. nach Tarifgruppen gestaffelt, welche die jeweiligen Anforderungen an den Arbeitenden beschreiben. Fällt die Tätigkeit eines Arbeitnehmers in mehrere Tarifgruppen, kann der Tarifvertrag regeln, welche maßgeblich ist. I. d. R. wird auf die zeitlich überwiegende Arbeitstätigkeit abgestellt (s.u. Rn. 852).

737 Häufig werden übertarifliche Entgelte gezahlt. Auf Tariflohnerhöhungen können sie grds. angerechnet werden. Etwas anderes gilt für Zulagen für bestimmte Personen, Leistungen und Zwecke (z.B. Arbeitserschwernisse wie Kälte, Schmutz usw.), soweit bei diesen nicht ausdrücklich etwas anderes bestimmt ist.

d) Betriebsvereinbarungen

738 Wegen der Sperrwirkung der §§ 77 Abs. 3, 87 Abs. 1 BetrVG kommen Betriebsvereinbarungen als Rechtsgrundlage für die Höhe des Arbeitsentgelts i.d.R. nicht in Betracht. Allerdings sieht § 87 Abs. 1 Nr. 10, 11 BetrVG die Gestaltungsmöglichkeit der Festset-

zung von Grundsätzen der betrieblichen Lohngestaltung sowie der Festsetzung von Akkord- und Prämiensätzen vor. Auch können außer- und übertarifliche Entgelte Gegenstand von Betriebsvereinbarungen sein.

e) Einzelvertragliche Entgeltregelungen

Im Rahmen arbeitsvertraglicher Entgeltregelungen spielen das Weisungsrecht sowie das einseitige Leistungsbestimmungsrecht des Arbeitgebers eine geringe Rolle. Praktische Bedeutung kommt insoweit aber der **betrieblichen Übung** sowie dem **Gleichbehandlungsgrundsatz** zu (s.o. Kap. 1 Rn. 441 ff., 392 ff.). 739

f) Freiwillige Leistungen; Widerrufsvorbehalt

Möglich ist auch die Gewährung freiwilliger Leistungen ohne Rechtsanspruch für die Zukunft (*BAG* 27.10.1978 EzA § 611 BGB Qualifikation, Prämie Nr. 61); **dies gilt auch nach der Schuldrechtsreform** (*LAG Hamm* 9.6.2005 LAGE § 611 BGB 2002 Gratifikation Nr. 4 = NZA-RR 2005, 624; s.u. Rn. 750). Die Formulierung »eine freiwillige, jederzeit widerrufliche Leistung, auf die – auch zukünftig – kein Rechtsanspruch besteht« begründet insoweit nicht schon einen gesonderten Widerrufsvorbehalt, sondern stellt eine Formulierung dar, mit der der Arbeitgeber **lediglich seinen Freiwilligkeitsvorbehalt unterstützt, untermauert** (*LAG Hamm* 13.5.2005 LAG Report 2005, 286 LS; **a.A.** *LAG Bln.* 19.8.2005 – 6 Sa 1106/05 – EzA-SD 23/05 S. 4 LS: Widerrufsvorbehalt; *LAG Köln* 2.11.2007 LAGE § 611 BGB Gratifikation Nr. 10). 740

Soweit eine arbeitsvertragliche Entgeltregelung ohne Frist und Vorbehalt getroffen worden ist oder weil die Grundlagen des Arbeitsverhältnisses berührend, als getroffen gilt, ist eine Änderung nur entweder einvernehmlich oder durch Änderungskündigung gem. § 2 KSchG möglich. Wird dagegen der Vorbehalt der Freiwilligkeit (s.u. aber Rn. 1017 f.) sowie des jederzeitigen Widerrufs erklärt, so kann der Arbeitgeber die Leistung mit Wirkung für die Zukunft widerrufen. Nach Auffassung des *LAG Hamm* (5.6.1998 NZA-RR 1999, 315) stellen allerdings Klauseln, wonach die Zahlung einer Gratifikation oder einer Jahressonderzahlung unter Vorbehalt erfolgt, keinen wirksamen Freiwilligkeits- oder Widerrufsvorbehalt dar, da sie gegen das Bestimmtheitsgebot verstoßen, das schon deshalb anwendbar ist, weil Widerrufs- und Freiwilligkeitsvorbehalt unterschiedliche Inhalte und Rechtsfolgen haben (*LAG Hamm* 5.6.1998 NZA-RR 1999, 315). 741

Der Vorbehalt der Freiwilligkeit und vergleichbare Regelungen von Entgelten sind nicht zulässig, wenn sie Änderungen ermöglichen, die den vom KSchG geschützten Bestand des Arbeitsverhältnisses in Frage stellen (s.u. Kap. 4 Rn. 2963 ff.). 742

Insbesondere bei Leistungen, auf die kein Rechtsanspruch besteht und die unter dem Vorbehalt des jederzeitigen Widerrufs stehen, ist anerkannt, dass der Widerrufsvorbehalt nicht zur Umgehung des unverzichtbaren Kündigungsschutzes führen darf. Der Kernbestand des Arbeitsverhältnisses darf nicht angetastet werden; der Widerruf ist auf für das Arbeitsverhältnis nicht wesentliche Zusatzbestimmungen zu beschränken (vgl. *Kania* DB 1998, 2418 ff.). 743

Enthält ein Schreiben des Arbeitgebers, das an die Belegschaft gerichtet und am schwarzen Brett ausgehängt ist, eine übertarifliche Zulage, die unter einen Widerrufsvorbehalt gestellt ist, so wird diese Zusage in ihrer Gesamtheit als günstige Betriebsübung Inhalt des Vertrages der eintretenden Mitarbeiter. Das Angebot des Arbeitgebers ist als ganzes zu sehen, sodass nicht nur die tatsächliche Besserstellung durch die übertarifliche Leistung durch den Arbeitnehmer schlüssig angenommen werden kann, sondern auch die Widerrufbarkeit Inhalt des Vertrages wird, weil die Mehrleistung, auch wenn sie widerruflich geleistet werden soll, eine insgesamt günstigere Regelung darstellt, die durch Entgegennahme seitens der Arbeitnehmer Vertragsinhalt in eben dieser Form wird (*LAG RhPf* 4.7.1996 NZA-RR 1997, 468). 744

745 **Der Vorbehalt der Teilkündigung ist als Widerrufsvorbehalt aufzufassen** (*BAG* 7.10.1982 EzA § 315 BGB Nr. 28; s.u. Kap. 4 Rn. 2963 ff.). **Die Widerrufsentscheidung ist grds. gem. § 106 GewO/§ 315 BGB nach billigem Ermessen zu treffen** (s. aber unten Rn. 740); der Arbeitgeber ist verpflichtet, die wesentlichen Umstände des Falles abzuwägen und die beiderseitigen Interessen zu berücksichtigen (*BAG* 13.5.1987 EzA § 315 BGB Nr. 34).

746 ► **Beispiel:**
Erfolgt eine Höhergruppierung eines Arbeitnehmers auf Grund einer Änderung der tariflichen Gehaltsstruktur, so entspricht es billigem Ermessen, wenn der Arbeitgeber eine bisher im Hinblick auf die Tätigkeit des Angestellten gewährte widerrufliche Sonderzulage auf die Gehaltsdifferenz zwischen der alten und der neuen Tarifgruppe anrechnet (*BAG* 7.9.1994 EzA § 315 BGB Nr. 44).

g) Widerrufsvorbehalt nach freiem Ermessen

747 Die Vereinbarung eines Widerrufsvorbehalts nach freiem, nicht an die einschränkenden Voraussetzungen des § 106 GewO/§ 315 BGB gebundenen Ermessen ist jedenfalls dann unzulässig, wenn und soweit sie sich auf Bestandteile des laufenden Verdienstes bezieht. Der Arbeitnehmer kann nicht zugleich auf den Schutz kündigungsrechtlicher Vorschriften und den Schutz durch gerichtliche Ermessenskontrolle nach § 315 Abs. 3 BGB verzichten (*BAG* 13.5.1987 EzA § 315 BGB Nr. 34; vgl. auch *Kania* DB 1998, 2418 ff.).

748 Jahresleistungen des Arbeitgebers können dagegen unter den Vorbehalt des Widerrufs nach freiem Ermessen gestellt werden, weil es sich insoweit nicht um eine laufende Vergütung handelt (krit. MünchArbR/*Hanau* § 62 Rz. 110).

h) Widerruf von Entgeltbestandteilen

749 **Beispiele:**

- ► **Es ist fraglich, ob eine Leistungszulage wegen unverschuldeter Krankheit** widerrufen werden kann. Ist die Krankheit des Arbeitnehmers altersbedingt und er zudem 31 Jahre dem Betrieb angehörig, ohne dass sich die Qualität seiner Arbeit verschlechtert hat, so verstößt die Kürzung der Zulage gegen billiges Ermessen (*BAG* 7.1.1971 AP Nr. 12 zu § 315 BGB).
- ► Sieht ein Tarifvertrag Leistungszulagen für dauernd über dem Durchschnitt liegende Leistungen vor, so ist längere Krankheit kein Widerrufsgrund (*BAG* 1.3.1990 DB 1990, 2127).
- ► Für die Kürzung einer **Leistungszulage** ist es nicht ausreichend, dass der Arbeitnehmer zwei Jahre vor dem Beurteilungszeitpunkt verspätet zur Arbeit erschien. Der Arbeitgeber muss die Schlechtleistung des Arbeitnehmers substantiieren, um ein Urteil über billiges Ermessen zu ermöglichen (*BAG* 13.5.1987 EzA § 315 BGB Nr. 34).
- ► Bei der **Verkleinerung des Bezirks eines Außendienstmitarbeiters** im Rahmen einer grundlegenden Neuordnung der Bezirke ist billiges Ermessen gewahrt, wenn dies nicht zu einer nachweislichen Verdienstminderung führt (*BAG* 7.10.1982 EzA § 315 BGB Nr. 28).

i) Auswirkungen der Schuldrechtsreform

750 Fraglich ist, wie sich die Schuldrechtsreform auf formularmäßig vom Arbeitgeber verwendete Arbeitsvertragsklauseln auswirkt, die entsprechende Widerrufsmöglichkeiten vorsehen.

751 Das *BAG* (12.1.2005 EzA § 308 BGB 2002 Nr. 1 = NZA 2005, 465 = BAG Report 2005, 132; ebenso *LAG Hamm* 11.5.2004 – 19 Sa 2132/03 – EzA-SD 15/04 S. 4 LS = NZA 2004, 1047 LS = NZA-RR 2004, 515 = LAG Report 2004, 294 m. Anm. *Lingemann/Rolf* LAG Report 2004, 321 f.; **a.A.** *LAG Bln.* 30.3.2004 LAGE § 308 BGB 2002 Nr. 1 = NZA

2004, 1047 LS = NZA-RR 2005, 20 = LAG Report 2004, 264 m. Anm. *Lingemann/Rolf* LAG Report 2004, 321 f.; vgl. dazu *Preis* NZA 2004, 1014 ff.; *Lindemann* ArbuR 2004, 201 ff.; *Hanau/Hromadka* NZA 2005, 73 ff.; *Kort* NZA 2005, 509 ff.; *Schimmelpfennig* NZA 2005, 603 ff.; Reinecke NZA 2005, 953 ff.; *Willemsen/Grau* NZA 2005, 1137 ff.; *Dieckmann/Bieder* DB 2005, 722 ff.; *Maties* DB 2005, 2689 ff.; *Benecke* ArbuR 2006, 337 ff.; s.o. Kap. 1 Rn. 584; *Reiserer* NZA 2007, 1249 ff.; offen gelassen von *BAG* 26.1.2005 – 10 AZR 331/04 – EzA-SD 8/05, S, 6 LS; vgl. dazu *Bergwitz* ArbuR 2005, 210 ff.; *Preis/Lindemann* ArbuR 2005, 229 ff.; *Strick* NZA 2005, 723 ff.) hat insoweit **folgende Grundsätze** aufgestellt:

- Eine formularmäßig im Arbeitsvertrag verwendete Klausel, mit der sich der Arbeitgeber den **jederzeitigen unbeschränkten Widerruf** übertariflicher Lohnbestandteile und anderer Leistungen vorbehält, ist gem. § 307 Abs. 1 S. 2 u. § 308 Nr. 4 BGB **unwirksam**.
- Die Vereinbarung ist **nur dann wirksam**, wenn der **widerrufliche Anteil unter 25 bis 30% der Gesamtvergütung liegt und der Widerruf nicht grundlos erfolgen soll.**
- Die widerrufliche Leistung muss **nach Art und Höhe eindeutig** sein. Die Vertragsklausel muss zumindest die Richtung angeben, aus der der Widerruf möglich sein soll (wirtschaftliche Gründe, Leistung oder Verhalten des Arbeitnehmers).
- Diese Anforderungen gelten seit dem 1.1.2003 auch für Formulararbeitsverträge, die vor dem 1.1.2002 abgeschlossen worden sind. Fehlt es bei einem solchen Altvertrag an dem geforderten Mindestmaß einer Konkretisierung der Widerrufsgründe, kann die entstandene Lücke im Vertrag durch eine ergänzende Vertragsauslegung geschlossen werden. Eine Bindung des Arbeitgebers an die vereinbarte Leistung ohne Widerrufsmöglichkeit würde rückwirkend unverhältnismäßig in die Privatautonomie eingreifen (*BAG* 12.1.2005 EzA § 308 BGB 2002 Nr. 1 = NZA 2005, 466 = BAG Report 2005, 132; **a.A.** insoweit *LAG Hamm* 11.5.2004 – 19 Sa 2132/03 – EzA-SD 15/04 S. 4 LS = NZA 2004, 1047 LS = NZA-RR 2004, 515).
- Es liegt nahe, dass die Parteien des Arbeitsvertrages bei Kenntnis der neuen gesetzlichen Anforderungen die Widerrufsmöglichkeit zumindest bei wirtschaftlichen Verlusten des Arbeitgebers vorgesehen hätten.
- Neben der Inhaltskontrolle nach den §§ 305 ff. BGB findet weiterhin die Ausübungskontrolle im Einzelfall gem. § 106 GewO/§ 315 BGB statt.

Bei der **Kombination eines Widerrufsvorbehalts mit einem Freiwilligkeitsvorbehalt** in vorformulierten Arbeitsbedingungen hat das *LAG Hamm* (27.7.2005 – 6 Sa 29/05 – EzA-SD 2/06 S. 6 LS = NZA-RR 2006, 125) angenommen, dass beide Vorbehalte wegen Verstoßes gegen das Transparenzgebot des § 307 Abs. 1 S. 2 BGB unwirksam sind (s. aber näher oben Kap. 1 Rn. 584 m.w.N.). 752

Nach Maßgabe dieser Grundsätze ist eine Vertragsklausel in einem Formulararbeitsvertrag, wonach dem Arbeitgeber das Recht zustehen soll, zugesagte **Jubiläumszahlungen jederzeit unbeschränkt widerrufen zu können**, gem. § 308 Nr. 4 BGB rechtsunwirksam; hat sich ein Arbeitgeber im Übrigen den Widerruf für den Fall vorbehalten, dass es die Geschäftslage erfordert, so ist diese Voraussetzung jedenfalls dann nicht erfüllt, wenn das Unternehmen eine Umsatzrendite von mehr als 10 % und eine Eigenkapitalverzinsung von mehr als 20 % erzielt (*LAG Köln* 16.10.2006 NZA-RR 2007, 120). 753

2. Entgelthöhe

a) Grundlagen

Das Gesetz über die Festsetzung von Mindestarbeitsbedingungen vom 11.1.1952 ermöglicht die zwingende Regelung von Entgelten zur Befriedigung der notwendigen sozialen und wirtschaftlichen Bedürfnisse der Arbeitnehmer durch Rechtsverordnung. Der Bundesminister für Arbeit und Soziales hat von der ihm erteilten Regelungsermächtigung aber keinen Gebrauch gemacht. 754

755 Folglich richtet sich die Höhe des Entgelts in erster Linie nach dem Arbeitsvertrag (in den Grenzen des § 138 BGB) sowie nach Maßgabe tariflicher Bestimmungen (s.o. Rn. 733). Zu beachten ist, dass der Arbeitnehmer dann, wenn er ein höheres Bruttoentgelt behauptet als vom Arbeitgeber zugestanden, dafür **die Beweislast** trägt. Die Auszahlung allein muss für den vollen Beweis nicht genügen, auch wenn diese durch eine Sammelüberweisung erfolgt ist, die von dem Arbeitnehmer vorbereitet und vom Arbeitgeber monatlich unterzeichnet wurde. Denn auch aus der Tatsache der Unterzeichnung der Sammelüberweisung kann der Arbeitnehmer nicht ohne Hinzutreten weiterer Umstände ein Einverständnis ableiten (*LAG Hamm* 25.1.2006 – 18 Sa 1321/05 – EzA-SD 8/06 S. 7 LS).

b) Grundsatz der Lohngleichheit von Männern und Frauen

756 Zu beachten ist der Grundsatz der Lohngleichheit für Männer und Frauen, der sich aus Art. 3 Abs. 2 GG, Art. 141 EGV und Art. 1 RL 75/117/EWG ergibt und durch § 612 Abs. 3 BGB, jetzt §§ 1 ff. AGG, innerstaatlich umgesetzt worden ist. **Danach darf für die gleiche oder gleichwertige Arbeit nicht wegen des Geschlechts des Arbeitnehmers eine geringere Vergütung vereinbart werden als mit einem Arbeitnehmer des anderen Geschlechts** (s.o. Kap. 1 Rn. 305 u. 798; zu den Rechtsfolgen der Unvereinbarkeit arbeitsrechtlicher Regelungen mit Art. 141 EGV vgl. *Nicolai* ZfA 1996, 481 ff.).

757 Um die »**gleiche Arbeit**« handelt es sich, wenn Arbeitnehmer identische oder gleichartige Tätigkeiten ausüben. Ob die Arbeit gleich ist, muss durch einen Gesamtvergleich der Tätigkeiten ermittelt werden. Bei einzelnen Abweichungen ist die jeweils überwiegende Tätigkeit maßgebend. Ein nur teilweiser und vorübergehender Einsatz an denselben Maschinen rechtfertigt die Annahme gleicher Arbeit nicht, wenn die betreffenden Arbeitnehmer auch andere Tätigkeiten ausüben, für die sie nach dem Inhalt ihrer Arbeitsverträge eingestellt worden sind.

758 Um eine »**gleichwertige**« **Arbeit** handelt es sich, wenn Arbeitnehmer Tätigkeiten ausüben, die nach objektiven Maßstäben der Arbeitsbewertung denselben Arbeitswert haben. Auch insoweit ist ein Gesamtvergleich der Tätigkeiten erforderlich. Dabei ist der jeweils erforderliche Umfang von Vorkenntnissen und Fähigkeiten zu berücksichtigen. Die Tarifpraxis und die Verkehrsanschauung können Anhaltspunkte geben.

759 Werden Arbeitnehmer, wie im Arbeitsvertrag vereinbart, zu mehreren unterschiedlichen Arbeiten eingeteilt (vielseitige Verwendbarkeit), so kann dies eine insgesamt höhere Bewertung der Arbeit rechtfertigen als die jeweils geschuldete einzelne Tätigkeit (*BAG* 23.8.1995 EzA § 612 BGB Nr. 18; vgl. dazu *Henssler/Schaffner* SAE 1997, 186 ff.).

760 Sind männliche und weibliche Arbeitnehmer mit der gleichen Arbeit beschäftigt und entlohnt der Arbeitgeber fast die Hälfte der Männer, dagegen nur 1/10 der Frauen über Tarif, dann liegt hierin ein Verstoß gegen § 612 Abs. 3 BGB, jetzt §§ 1 ff. AGG, wenn die höhere Entlohnung der männlichen Arbeitnehmer nicht durch Gründe gerechtfertigt ist, die nicht auf das Geschlecht bezogen sind.

761 Die nach § 612 Abs. 3 S. 3 i.V.m. § 611a Abs. 1 S. 3 BGB, jetzt § 22 AGG, für die Verlagerung der Beweislast auf den Arbeitgeber erforderlichen Tatsachen, die eine Benachteiligung wegen des Geschlechts vermuten lassen, sind jedenfalls dann durch die zahlenmäßig wesentlich größere nachteilige Betroffenheit der Angehörigen eines Geschlechts glaubhaft gemacht, wenn die Kriterien für die Entlohnungspraxis des Arbeitgebers für die Arbeitnehmer nicht durchschaubar sind. Nach dem Grundsatz der gemeinschaftsrechtskonformen Auslegung beruht eine Entgeltdiskriminierung jedenfalls dann auf einer Vereinbarung i.S.d. § 612 Abs. 3 S. 1 BGB, jetzt §§ 1 ff. AGG, wenn der unterschiedlichen Behandlung zumindest eine Vereinbarung mit den begünstigten Arbeitnehmern zugrunde liegt. Eine Vereinbarung mit dem benachteiligten Arbeitnehmer muss nicht hinzukommen. Offen ist, ob angesichts der Vorgaben des Gemeinschaftsrechts dem Tatbestandsmerkmal der Vereinbarung in § 612 Abs. 3 S. 1

BGB, jetzt §§ 1 ff. AGG, eigenständige Bedeutung zukommen kann. Jedenfalls stellt eine tarifliche Vorschrift, die Zeiten der **Mutterschutzfristen** nach §§ 3 Abs. 2, 6 Abs. 1 MuSchG nicht in die Berechnungsgrundlage eines ergebnisbezogenen Entgelts einbezieht, die Vereinbarung einer geringeren Vergütung dar, die unzulässig ist, weil sie auf der Geltung besonderer Schutzvorschriften wegen des Geschlechts der Arbeitnehmerin beruht (*BAG* 2.8.2006 EzA § 612 BGB 2002 Nr. 8 = NZA 2006, 1411).

Im Falle eines Verstoßes gegen § 612 Abs. 3 BGB, jetzt §§ 1 ff. AGG, haben die wegen ihres Geschlechts benachteiligten Arbeitnehmer Anspruch auf die Leistungen, die der bevorzugten Gruppe gewährt werden (*BAG* 23.9.1992 EzA § 612 BGB Nr. 16); diese Regelung stellt eine eigenständige Anspruchsgrundlage dar (*BAG* 2.8.2006 EzA § 612 BGB 2002 Nr. 8 = NZA 2006, 1411). **762**

Art. 141 EGV und die RL 75/117/EWG verlangen aber weder, dass Arbeitnehmerinnen während des **Mutterschaftsurlaubs** weiter das volle Arbeitsentgelt erhalten, noch ergeben sich aus diesen Normen bestimmte Kriterien für die Bestimmung der Höhe der den Arbeitnehmerinnen während dieses Zeitraums zu zahlenden Leistungen, sofern sie nicht so niedrig festgesetzt werden, dass dadurch der Zweck des Mutterschaftsurlaubes gefährdet wird. Soweit jedoch bei der Berechnung auf einen Lohn abgestellt wird, den die Arbeitnehmerin vor Beginn des Mutterschaftsurlaubes erhalten hat, sind in diese Leistungen Lohnerhöhungen, die zwischen dem Beginn des Zeitraums, für den die Referenzlöhne gezahlt worden, und dem Ende des Mutterschaftsurlaubes erfolgt sind, ab ihrem In-Kraft-Treten einzubeziehen (*EuGH* 13.2.1996 EzA Art. 119 EWG-Vertrag Nr. 37). **763**

c) Zinsen

Gerät der Arbeitgeber in Annahmeverzug, weil er nach Ausspruch einer Kündigung die Gehaltszahlungen an den Arbeitnehmer einstellt, so hat er dies dann zu vertreten und deshalb die rückständigen Beträge zu verzinsen, wenn er bei Anwendung der erforderlichen Sorgfalt hätte erkennen können, dass die Kündigung unwirksam war (*BAG* 22.3.2001 EzBAT Schadensersatzpflicht des Arbeitgebers Nr. 31; 13.6.2002 EzA § 615 BGB Nr. 110). Es ist insbes. zu prüfen, ob sich der Arbeitgeber in einem entschuldbaren Rechtsirrtum befunden hat. Der Rechtsirrtum ist entschuldbar, wenn die Rechtslage objektiv zweifelhaft ist und der Schuldner sie sorgfältig geprüft hat. Beruht der Ausspruch der Kündigung auf einem vertretbaren Rechtsstandpunkt, handelt der kündigende Arbeitgeber so lange nicht fahrlässig, wie er auf die Wirksamkeit seiner Kündigung vertrauen darf. Jedenfalls in Höhe des erhaltenen Arbeitslosengeldes kann der Arbeitnehmer vom Arbeitgeber keine Zinsen auf den Annahmeverzugslohn verlangen (*BAG* 13.6.2002 EzA § 615 BGB Nr. 110). **764**

aa) Berechnungsfaktoren

Gerät der Arbeitgeber mit der Entgeltzahlung in Verzug, so sind die Verzugszinsen auf der Grundlage der **Bruttovergütung** zu berechnen (*BAG* GS 7.3.2001 EzA § 288 BGB Nr. 3 m. Anm. *Boemke/Fischer* SAE 2002, 152 und *Löwisch* RdA 2002, 182; vgl. auch *Griebeling* NZA 2000, 1249; *Walker/Reichenbach* FA 2001, 290 ff.; *Schaller/Eppelein* NZA 2001, 193 ff.; *Pairan* FA 2001, 98 ff.). Der Verzugszinssatz beträgt gem. § 288 Abs. 1 BGB **5 Prozentpunkte über dem Basiszinssatz/Jahr** (d.h. zwischen 11 und 14%; vgl. dazu *Henkel/Kessler* NJW 2000, 3089; *Koch* NJW 2000, 3115; *Mauer* NZA 2000, 983; *Treber* NZA 2001, 187 ff.; gem. § 247 Abs. 1 BGB verändert er sich jeweils zum 1.1. und 1.7. eines jeden Jahres). Die Anwendung dieser Regelung setzt aber voraus, dass **der Arbeitnehmer Verbraucher i.S.d. § 13 BGB ist** (dafür *BAG* 25 5. 2005 EzA § 307 BGB 2002 Nr. 3 = NZA 2005, 1111; *LAG Köln* 12.2.2005 – 4 Sa 1018/04 – EzA-SD 16/05 S. 6 LS = LAG Report 2005, 229; *ArbG Hmb.* 1.8.2002 – 15 Ca 48/02 – EzA-SD 26/02, S. 10 LS; *Däubler* NZA 2001, 1332 f.; **a.A.** **765**

LAG Bln. 26.3.2004 – 8 Sa 262/04 – EzA-SD 10/04, S. 10 LS = ARST 2004, 212 LS = LAG Report 2004, 200; *ArbG Weiden* 16.7.2003 LAGE § 13 BGB 2002 Nr. 1; *Joussen* NZA 2001, 749; *Löwisch* NZA 2001, 466; *Annuß* NJW 2003, 414 ff.; s.o. Kap. 1 Rn. 575). Denn andernfalls beträgt der Zinssatz gem. **§ 288 Abs. 2 BGB** bei Rechtsgeschäften, an denen ein Verbraucher nicht beteiligt ist, für Entgeltforderungen **8 Prozentpunkte über dem Basiszinssatz.** Dagegen spricht aber, dass diese Regelung **nur für den Geschäftsverkehr** gilt, also für Rechtsgeschäfte, an denen auf beiden Seiten Unternehmer beteiligt sind (*Bauer/Kock* DB 2002, 42 ff.; gegen die Anwendbarkeit des § 288 Abs. 2 BGB insgesamt auch *LAG Bln.* 26.3.2004 – 8 Sa 262/04 – EzA-SD 10/04, S. 10 LS = ARST 2004, 212 LS = LAG Report 2004, 200).

766 Prozesszinsen ab Rechtshängigkeit oder Verzugszinsen ab Klageerhebung sind ab dem Kalendertag zu leisten, an dem die **Klage dem Schuldner zugestellt wird.** Für eine analoge Anwendung der §§ 187 Abs. 1, 188 BGB zur Bestimmung des ersten und des letzten Tages der Zahlungspflicht besteht kein Raum (*Treber* NZA 2002, 1316 ff.).

bb) Formulierung des Klageantrags

767 Sachgerecht erscheint folgender Klageantrag:

»Der Beklagte wird verurteilt, an den Kläger ... Euro (Betrag) brutto nebst Zinsen in Höhe von fünf Prozentpunkten über dem Basiszinssatz nach § 1 des Diskontsatz-Überleitungs-Gesetzes vom 9.6.1998 (BGBl. I S. 1242; zuletzt geändert am ...) ab dem ... (Verzugsbeginn/Rechtshängigkeit) zu zahlen.«

768 Diese Formulierung genügt dem zivilprozessualen **Bestimmtheitsgrundsatz** (§ 253 Abs. 2 Nr. 2 ZPO). Zwar lässt sich dem Klageantrag die beantragte und zugesprochene Zinshöhe nicht entnehmen. Die Bezugnahme auf externe Berechnungsgrößen ist aber dann statthaft, wenn

- die **Berechnungsfaktoren**, auf die verwiesen wird, **eindeutig und unmissverständlich** bezeichnet sind,
- die **Berechnungsmodalitäten klar fixiert** sind,
- es sich um objektive, für eine Vielzahl von Fällen und unabhängig vom Einfluss der Parteien ermittelbare **Maßstäbe** handelt und
- die Berechnungsfaktoren aus **allgemein bekannten** oder aus allgemein zugänglichen **Quellen** sicher und ohne großen Aufwand ermittelbar sind (vgl. *Stürner/Münch* JZ 1987, 182 f.).

769 Diesen Kriterien wird durch den vorgeschlagenen Klageantrag entsprochen (zutr. *Treber* NZA 2001, 190 ff. m.w.N.). Denn die weiteren Modalitäten zur Berechnung der Zinssumme (Hauptforderung und Zinsbeginn) ergeben sich aus dem Titel. Bei dem Basiszinssatz handelt es sich um einen objektiven, eindeutigen Faktor, der durch seine Veröffentlichung im Bundesanzeiger leicht feststellbar ist und von den Parteien nicht beeinflusst werden kann. Klageantrag und Tenor können sich insofern auf den Zinsbeginn und die Aufnahme des Gesetzeswortlauts beschränken. Das *BAG* (1.10.2002 EzA § 4 TVG Ausschlussfristen Nr. 157 = NZA 2003, 568) hat es als ausreichend angesehen, dass **Zinsen in Höhe bestimmter »Prozentpunkte über dem Basiszinssatz** der Europäischen Zentralbank« gefordert wurden; dies ist – auch für die Vergangenheit – bestimmt genug.

cc) Urteilstenor

770 Der Tenor eines arbeitsgerichtlichen Urteils lautet dann: »Der Beklagte wird verurteilt, an den Kläger Euro ... (Betrag) brutto nebst Zinsen in Höhe von fünf Prozentpunkten über dem Basiszinssatz nach § 1 des Diskontsatz-Überleitungs-Gesetzes vom 9.6.1998 (BGBl. I S. 1242; zuletzt geändert am ...) ab dem (Verzugsbeginn/Rechtshängigkeit) zu zahlen.«

Mit dieser Tenorierung wird weder von den Vollstreckungsorganen Unzumutbares verlangt, noch die Last der Zinsberechnung ungerechtfertigt dem Gerichtsvollzieher zugeschoben. Denn dieser muss auch dann die angefallenen Zinsen für die nachfolgende Zeit berechnen, wenn die Zinssumme nur bis zum Tag der Einreichung der Klage oder bis zur letzten mündlichen Verhandlung beziffert wird, und dies ggf. unter Ermittlung eines zwischenzeitlich veränderten Basiszinssatzes. Der einzutreibende Zinsbetrag kann – zumal unter Nutzung gängiger Berechnungssoftware – **ohne besonderen Zeitaufwand** für den gesamten Verzugszeitraum in Abhängigkeit von dem dynamischen Basiszinssatz ermittelt werden. Im Wechsel- und Scheckrecht ist dies seit langem und im Bereich des Verbraucherkreditrechts seit Beginn der neunziger Jahre gängige Praxis (zutr. *Treber* NZA 2001, 192). 771

d) Steuerschaden

Zahlt ein Arbeitgeber verspätet die Arbeitsvergütung aus, obwohl er auf die Wirksamkeit einer von ihm ausgesprochenen Kündigung nicht vertrauen durfte, muss er dem Arbeitnehmer den hieraus entstandenen Steuerschaden ersetzen. Die Höhe des Schadens bestimmt sich aus einem Vergleich der steuerlichen Lage bei verspäteter Zahlung mit der bei rechtzeitiger Zahlung. Zu den zu erstattenden Kosten gehören dabei grds. auch die Kosten für die Einschaltung eines Steuerberaters, der die Höhe des Schadens ermittelt. Ein solcher Steuerschaden ist ein Anspruch »aus dem Arbeitsverhältnis« i.S. einer tariflichen Ausschlussfrist. In der Erhebung einer Kündigungsschutzklage liegt keine Geltendmachung von Steuerverzögerungsschäden. Ein Steuerverzögerungsschaden wird frühestens mit Bekanntgabe des Steuerbescheides fällig, mit der die – progressionsbedingt erhöhte – Steuer gefordert wird. Ob zu diesem Zeitpunkt eine weitere Frist hinzutritt, innerhalb derer ein Arbeitnehmer seinen Steuerschaden unter Einschaltung sachverständiger Personen berechnen kann, bleibt offen. Die Geltendmachung eines Anspruchs verlangt lediglich eine Spezifizierung nach Grund und Höhe. Dem genügt grds. auch eine übersetzte Forderung, es sei denn, die Geltendmachung wird hierdurch gänzlich unbestimmt. Bei besonderer Schwierigkeit der Berechnung führt eine Zuvielforderung jedenfalls dann nicht zur Unbestimmtheit, wenn der Schuldner die Erklärung des Gläubigers als Aufforderung zur Bewirkung der tatsächlich geschuldeten Leistung verstehen muss und der Gläubiger zur Annahme der gegenüber seinen Vorstellungen geringeren Leistung bereit ist. Eine Geltendmachung kann auch vor Fälligkeit erfolgen (*BAG* 20.6.2002 EzA § 611 BGB Arbeitgeberhaftung Nr. 11). 772

3. Brutto- und Nettoentgelte

a) Die Besteuerung des Arbeitseinkommens

aa) Grundlagen

Der Arbeitnehmer ist einkommensteuerpflichtig. Die Einkommensteuer auf den Arbeitslohn wird durch unmittelbaren Steuerabzug vom Arbeitslohn erhoben (Lohnsteuer, § 38 Abs. 1 EStG). Etwas anderes gilt nur, wenn die Parteien **klar und eindeutig vereinbart haben**, dass der Arbeitgeber diese Steuerschuld wirtschaftlich zu tragen hat (*BAG* 29.9.2004 EzA § 42d EStG Nr. 2 = BAG Report 2005, 61 LS). Der Arbeitgeber ist auf Grund öffentlich-rechtlicher Vorschriften (§§ 38 Abs. 3, 41 a Abs. 1 EStG) verpflichtet, die Lohnsteuer zu berechnen, einzubehalten und für den Arbeitnehmer abzuführen (*BAG* 30.4.2008 EzA § 611 BGB 2002 Nettolohn, Lohnsteuer Nr. 3 = NZA 2008, 884). 773

Er kann diese Vorauszahlung vom vereinbarten (Brutto-)Lohn abziehen (vgl. zur Ermittlung des maßgeblichen Einkommens, sowie zum Verfahren der Einkommensbesteuerung des 774

Arbeitnehmers MünchArbR/*Hanau* § 64 Rz. 3–32; zur Vorgehensweise bei Zahlungsschwierigkeiten des Arbeitgebers vgl. *Müller* BB 1997, 2050 ff.), so dass der Arbeitnehmer die Steuern zu tragen hat (*BAG* 24.6.2003 EzA § 125 BGB 2002 Nr. 2).

775 Steuerfrei sind Zuschläge, die für tatsächlich geleistete Sonntags-, Feiertags- oder Nachtarbeit neben dem Grundlohn gezahlt werden, soweit sie je nach der Zeit, in der sie durchgeführt wurde, bestimmte Prozentsätze des Grundlohns nicht übersteigt (§ 3b EStG).
Die Arbeitsgerichte sind insoweit nicht befugt, die Berechtigung der Abzüge zu prüfen; allerdings sind die Grenzen des § 28g S. 3, 4 SGB IV zu beachten (*BAG* 30.4.2008 EzA § 611 BGB 2002 Nettolohn, Lohnsteuer Nr. 3 = NZA 2008, 884).

776 **Das Abführen der Lohnsteuer hat der Arbeitgeber unentgeltlich und unter Kontrolle der Finanzbehörden zu erledigen.** Die Abführung von Steuern (und Sozialversicherungsabgaben) begründet für den Arbeitgeber einen **besonderen Erfüllungseinwand**, den er einem Vergütungsanspruch des Arbeitnehmers entgegenhalten kann (*BAG* 30.4.2008 EzA § 611 BGB 2002 Nettolohn, Lohnsteuer Nr. 3 = NZA 2008, 884). Kommt er seinen Pflichten nicht ordnungsgemäß nach, so kommt gem. § 42d Abs. 1 EStG seine Haftung für die Lohnsteuer in Betracht. Zwar bleibt der **Arbeitnehmer** gegenüber dem Finanzamt **Schuldner der Lohnsteuer. Der Arbeitgeber haftet aber, falls er die Lohnsteuer nicht vorschriftsmäßig einbehalten und abgeführt hat, als Gesamtschuldner** (§ 42d Abs. 3 S. 1 EStG).

bb) Abrechnungs-, Zahlungs- und Mitteilungspflichten des Arbeitgebers gegenüber dem Arbeitnehmer

(1) Grundlagen

777 Die Rechtsbeziehungen zwischen dem Arbeitnehmer und dem Arbeitgeber aus Anlass des Lohnsteuerverfahrens sind Teil des Arbeitsverhältnisses, wobei die beiderseitigen Pflichten durch Vorschriften des Auftragsrechts konkretisiert werden (*BAG* 19.1.1979 EzA § 670 Nr. 13).

778 Daraus folgt, dass der Arbeitgeber dem Arbeitnehmer eine **Abrechnung** über die einbehaltenen Beträge zu erteilen, diese zu **erläutern** sowie die Unterlagen (z.B. Lohnsteuerkarte) **richtig und vollständig zu führen** hat.

779 Zahlt der Arbeitgeber schließlich die Vergütung aus, ohne Lohnsteuer einzubehalten, muss er den Arbeitnehmer darauf hinweisen, dass er die Zahlungen selbst versteuern muss, insbes. dann, wenn der Arbeitgeber von einer freien Mitarbeit, der Arbeitnehmer hingegen erkennbar von einem Arbeitsverhältnis ausgeht (*BAG* 27.3.1958 AP Nr. 2 zu § 670 BGB).

780 Schließlich hat der Arbeitgeber den Arbeitnehmer von Nachforderungen des Finanzamts umgehend in Kenntnis zu setzen, damit dieser sich darauf einrichten und ggf. auch einen Rechtsbehelf einlegen kann (*BAG* 23.3.1961 AP Nr. 9 zu § 670 BGB).

781 Zu beachten ist, dass dann, wenn sich der Arbeitgeber in einem Prozessvergleich zur »**vertragsgemäßen Abrechnung**« verpflichtet, es nicht zu beanstanden ist, dies dahin auszulegen, dass sich die Verpflichtung auf **Geldansprüche** beschränkt, nicht aber die private Nutzung eines Dienstwagens erfasst (*BAG* 5.9.2002 NZA 2003, 973).

(2) Lohnabrechnung als Schuldanerkenntnis?; Verdienstbescheinigung

782 Lohnabrechnungen geben grds. nur die **Höhe der aktuellen Vergütung** an. Sie dokumentieren lediglich den abgerechneten Lohn, bestimmen aber nicht den Anspruch. Ein Erklärungswert über künftige Ansprüche kommt ihnen deshalb z.B. allein auf Grund der Angabe »Tariflohn« nicht zu (*BAG* 3.11.2004 EzA § 242 BGB 2002 Betriebliche Übung

Nr. 4 = NZA 2005, 1208 LS). Ohne besondere Anhaltspunkte kann der Empfänger einem Abrechnungsschreiben auch nicht entnehmen, dass ohne Rücksicht auf tarifvertragliche Grundlagen Leistungen gewährt werden sollen. Die bloße Tatsache, dass die Voraussetzungen der tariflichen Ansprüche in der Korrespondenz nicht in Frage gestellt werden, ist kein solcher Anhaltspunkt (*BAG* 14.12.2004 EzA § 4 TVG Rundfunk Nr. 25).

Fraglich ist aber, ob die in der Lohnabrechnung enthaltenen tatsächlichen Angaben, z.B. über die Zahl der verbliebenen Urlaubstage, ein Schuldanerkenntnis darstellen. **783**

Ein abstraktes Schuldanerkenntnis (§ 781 BGB) kommt i.d.R. schon deshalb nicht in Betracht, weil bei den heute zumeist maschinell erstellten Abrechnungen die gesetzliche Schriftform (§§ 781, 126 BGB) nicht eingehalten wird. Denn die Gehaltsabrechnung enthält dann nicht die Unterschrift des Arbeitgebers (vgl. *LAG RhPf* 9.10.2002 LAGE § 781 BGB Nr. 5; *LAG Köln* 1.6.2007 – 11 Sa 1329/06 – EzA-SD 14/2007 S. 11 LS; zum Anspruch auf Neuerstellung bei Vorlage einer völlig unbrauchbaren Abrechnung vgl. *LAG RhPf* 23.1.2001 NZA-RR 2002, 293). **784**

Eine Ausnahme von der Formvorschrift nach § 782 BGB kommt nicht in Betracht. Denn Gehaltsabrechnungen sind keine Abrechnungen oder Vergleiche i.S.d. § 782 BGB, da der Arbeitnehmer an ihnen nicht mitwirkt (*BAG* 10.3.1987 EzA § 7 BUrlG Nr. 55; *LAG RhPf* 9.10.2002 LAGE § 781 BGB Nr. 5). **785**

In Betracht kommt allerdings ein **deklaratorisches Schuldanerkenntnis**. **786**

Teilt der Arbeitgeber dem Arbeitnehmer in einer Lohnabrechnung z.B. die Zahl der noch nicht gewährten Urlaubstage mit, so kann darin u.U. ein bestätigendes (deklaratorisches) Schuldanerkenntnis liegen, durch das es ihm verwehrt ist, einzuwenden, er schulde in dieser Höhe nicht (*BAG* 10.3.1987 EzA § 7 BUrlG Nr. 55; 1.10.1991 EzA § 7 BUrlG Nr. 81). **787**

Ein Schuldanerkenntnisvertrag liegt dann vor, wenn die vereinbarte Regelung zum Ziel hat, ein bestehendes Schuldverhältnis insgesamt oder in einzelnen Beziehungen dem Streit oder der Ungewissheit der Parteien zu entziehen. Mit ihm wird bezweckt, für die Zukunft die Vertragsbeziehungen auf eine verlässliche Basis zu stellen. Er setzt übereinstimmende Willenserklärungen voraus. Inwieweit durch ein deklaratorisches Schuldanerkenntnis Einwendungen des Schuldners gegen den Anspruch ausgeschlossen sind, ist eine Frage der Auslegung. **788**

Grds. enthält die Lohn- oder Gehaltsabrechnung jedoch kein Schuldanerkenntnis. In aller Regel teilt der Arbeitgeber in der Lohnabrechnung, zu der er nach § 108 GewO, § 82 Abs. 2 BetrVG, tarifvertraglich oder arbeitsvertraglich (Nebenpflicht) verpflichtet ist, dem Arbeitnehmer nur die Höhe des Lohns oder sonstiger Ansprüche mit. **789**

Die Lohnabrechnung hat nicht den Zweck, streitig gewordene Ansprüche endgültig festzulegen (*LAG RhPf* 9.10.2002 LAGE § 781 BGB Nr. 5). **Sie bezweckt vielmehr nur die Information über die erfolgte Zahlung**; es handelt sich auch nicht um einen selbständigen Abrechnungsanspruch zur Vorbereitung eines Zahlungsanspruchs (*BAG* 12.7.2006 NZA 2006, 1294; 10.1.2007 NZA 2007, 679). Bei Irrtümern kann deshalb keine Seite die andere am Inhalt der Mitteilung festhalten. Der Lohnabrechnung kann somit regelmäßig nicht entnommen werden, dass der Arbeitgeber z.B. die Zahl der angegebenen Urlaubstage auch dann gewähren will, wenn er diesen Urlaub nach Gesetz, Tarifvertrag oder Arbeitsvertrag nicht schuldet. **790**

Erst recht ergibt sich aus ihr nicht, dass der Arbeitgeber auf den zukünftigen Einwand des Erlöschens des Anspruchs durch Zeitablauf verzichten will. **791**

Will er mit der Abrechnung eine derartige Erklärung abgeben, so müssen dafür besondere Anhaltspunkte gegeben sein (*BAG* 10.3.1987 EzA § 7 BUrlG Nr. 55; *LAG RhPf* 9.10.2002 LAGE § 781 BGB Nr. 5; vgl. auch *ArbG Regensburg* 12.3.1997 BB 1997, 1539). Nach diesen Grundsätzen stellt auch eine Verdienstbescheinigung gegenüber der Krankenkasse zum Zwecke der Berechnung von Krankengeld nicht ohne weiteres ein Anerkenntnis von Vergütungsansprüchen gegenüber dem Arbeitnehmer dar (*BAG* 5.11.2003 EzA § 2 NachwG Nr. 6). **792**

793 Demgegenüber stellt nach Auffassung des *LAG Düsseld.* (12.2.1971 DB 1971, 1774; ebenso MünchArbR/*Hanau* § 64 Rz. 68) die Abrechnung des Arbeitgebers über die einbehaltenen Beträge (Lohnsteuer, Sozialabgaben) regelmäßig ein deklaratorisches Schuldanerkenntnis dar.

794 Auch das *BAG* (21.4.1993 EzA § 4 TVG Ausschlussfristen Nr. 103) geht aber jedenfalls davon aus, dass dann, wenn der Arbeitgeber durch Abrechnung eine Forderung vorbehaltlos ausgewiesen hat, der Arbeitnehmer sie nicht mehr geltend machen muss, um eine Ausschlussfrist zu wahren. Die Pflicht zur Geltendmachung wird auch nicht dadurch wieder begründet, dass der Arbeitgeber die Forderung später bestreitet.
Umgekehrt lässt sich aus dem Umstand einer übergebenen und nicht beanstandeten Gehaltsabrechnung nicht ohne weiteres ein stillschweigendes Einverständnis des Arbeitnehmers herleiten. Denn Schweigen stellt nur in eng begrenzten Fällen eine Zustimmung dar. Auch ist der Arbeitnehmer nicht nach Treu und Glauben (§ 242 BGB) gehalten, in irgendeiner Weise sofort zum Ausdruck zu bringen, dass er mit dem Inhalt der Abrechnung nicht einverstanden ist (*LAG RhPf* 15.5.2002 – 10 Sa 69/02 – EzA-SD 24/02, S. 14 LS).

cc) Fehlerhafte Berechnung und Zahlung der Lohnsteuer; fehlerhafte Lohnsteuerbescheinigung; Progressionsschaden nach unwirksamer Kündigung

795 Hat der Arbeitgeber zu viel Lohnsteuer abgeführt, besteht ein **Erfüllungsanspruch** des Arbeitnehmers, denn die Zahlung der Lohnsteuer stellt nur insoweit eine Erfüllung dar, als sie in gesetzlicher Höhe erfolgt. Wurde zu wenig Lohnsteuer abgeführt und der Arbeitnehmer daher vom Finanzamt unmittelbar in Anspruch genommen, besteht bei einer originären Nettolohnvereinbarung eine **Erstattungspflicht** des Arbeitgebers.

796 Wird der Arbeitgeber nachträglich durch das Finanzamt in Anspruch genommen, ohne dass eine originäre Nettolohnvereinbarung vorliegt (s.u. Rn. 801 ff.), so besteht ein Erstattungsanspruch aus der **Redlichkeitspflicht des Arbeitnehmers**, die durch das Auftragsrecht konkretisiert wird (*BAG* 14.6.1974 AP Nr. 20 zu § 670 BGB); weiterhin kommen Ansprüche aus § 426 Abs. 1 S. 1 Abs. 2 BGB i.V.m. § 42 Abs. 1 Nr. 1 EStG in Betracht (*BAG* 16.6.2004 EzA § 42d EStG Nr. 1 = NZA 2004, 1274; MünchArbR/*Hanau* § 64 Rz. 70 ff.). Denn **Schuldner** der Lohnsteuer **ist gem.** § 38 Abs. 2 EStG **der Arbeitnehmer**; dies gilt insbesondere auch im Verhältnis zum Arbeitgeber. Etwas anderes gilt nur, wenn ausnahmsweise der klar erkennbare Parteiwille dahin geht, die Steuerlast solle den Arbeitgeber treffen (*BAG* 16.6.2004 EzA § 42d EStG Nr. 1).

797 Die Lohnsteuernachforderung ist dabei nicht nach der anteiligen individuellen Steuerschuld des Arbeitnehmers, sondern allein unter Berücksichtigung der in der Lohnsteuerkarte eingetragenen Merkmale zu berechnen (Lohnsteuerkartenprinzip). Vom Arbeitgeber veranlasste Ahnungslosigkeit des Arbeitnehmers über eine Steuerbefreiung und die Nichtvorlage vorhandener Belege, um eine Steuerbefreiung für Sonntags-, Feiertags- und Nachtzuschläge nach § 3b EStG zu erreichen, können zum Entfallen des Erstattungsanspruchs des Arbeitgebers führen (*LAG Saarland* 18.6.1997 DB 1997, 1980 LS).

798 Dem Arbeitnehmer können gegen den Arbeitgeber auch Schadensersatzansprüche aus § 280 BGB wegen **unrichtiger Berechnung der abzuführenden Lohnsteuer** zustehen, weil der Arbeitgeber verpflichtet ist, die abzuführende Lohnsteuer richtig zu berechnen. Der Arbeitgeber handelt jedoch bei einer objektiv fehlerhaften Berechnung der abzuführenden Lohnsteuern regelmäßig nicht schuldhaft, wenn er sich auf die Berechnung des Finanzamts zur Nachentrichtung der Lohnsteuer verlässt und sich diese zu Eigen macht (*BAG* 16.6.2004 EzA § 42d EStG Nr. 1 = NZA 2004, 1274).

799 Bewirkt die fehlerhafte Lohnsteuerbescheinigung durch den Arbeitgeber, dass der Arbeitnehmer zu einer überhöhten Einkommensteuer veranlagt wird, so kann dem Arbeitnehmer

gegen den Arbeitgeber ein **Schadensersatzanspruch** zustehen, dessen Erfüllung durch den Arbeitgeber **nicht zum Lohnzufluss** führt (*BFH* 20.9.1996 NZA-RR 1997, 121).

Stellt sich nachträglich die Unwirksamkeit einer vom Arbeitgeber ausgesprochenen Kündigung heraus, haftet der Arbeitgeber nach Auffassung des *ArbG Hanau* (22.12.1997 DB 1998, 523 LS; **a.A.** *LAG RhPf* 31.10.1996 DB 1997, 1038 LS) nur dann nicht gem. §§ 280 Abs. 1, 2, 286 BGB für einen dem Arbeitnehmer auf Grund des Jahressteuerprinzips (§ 38a EStG) wegen der Zahlung der während des Annahmeverzuges fällig gewordenen Vergütungsansprüche in einem späteren Jahr entstehenden Steuerprogressionsschaden, wenn der Arbeitgeber nach objektivem Maßstab mit guten Gründen auf die Rechtswirksamkeit der Kündigung vertrauen durfte. Da es dem Schuldner grds. nicht gestattet ist, das Risiko einer zweifelhaften Rechtslage dem Gläubiger zuzuschieben, kommt es danach auf die subjektiven Vorstellungen des Arbeitgebers nicht an. **800**

b) Brutto-, Nettolohnvereinbarung

aa) Grundlagen

Im Falle einer Bruttovereinbarung ist der Arbeitgeber berechtigt, von dem vereinbarten Lohn die Arbeitnehmer-Anteile zur Sozialversicherung, die Lohnsteuer und ggf. auch die Kirchensteuer abzuziehen (*BAG* 24.6.2003 EzA § 125 BGB 2002 Nr. 2; 29.9.2004 EzA § 42d EStG Nr. 2 = BAG Report 2005, 61 LS). **Der Arbeitnehmer hat nur Anspruch auf Auszahlung eines im Vertrag i.d.R. nicht ausgewiesenen Nettolohns.** Ob der Arbeitgeber verpflichtet ist, im Falle einer steuerpflichtigen geringfügigen Beschäftigung das Einkommen des Arbeitnehmers pauschal zu versteuern und die Steuern selbst zu tragen, richtet sich ebenfalls allein nach dem **Arbeitsvertrag** (*BAG* 24.6.2003 EzA § 125 BGB 2002 Nr. 2). **801**

Im Falle einer Nettolohnvereinbarung hat der Arbeitgeber für das gesamte Entgelt oder einzelne Leistungen zuzüglich zu dem vereinbarten Lohn die Lohnsteuer, ggf. die Kirchensteuer und auch die Arbeitnehmer-Anteile zur Sozialversicherung (im Innenverhältnis) zu tragen. **802**

In diesem Fall weist der Vertrag i.d.R. nur den Auszahlungsbetrag, nicht aber den tatsächlichen Lohnanspruch aus.

bb) Im Zweifel Bruttolohnvereinbarung; Schlüssigkeit einer Nettolohnklage

Eine Vergütungsvereinbarung stellt im Zweifel eine Bruttovereinbarung dar (*BAG* 18.1.1974 AP Nr. 19 zu § 670 BGB; 29.9.2004 EzA § 42d EStG Nr. 2 = BAG Report 2005, 61 LS); dies gilt auch bei einem **geringfügigen Beschäftigungsverhältnis** gem. § 8 Abs. 4 SGB IV (*LAG Brem.* 28.8.2008 – 3 Sa 69/08 – EzA-SD 24/2008 S. 11 LS). Die Höhe der im Arbeitsverhältnis geschuldeten Bruttovergütung kann im Übrigen regelmäßig durch **Feststellungsklage** geklärt werden (*BAG* 28.9.2005 EzA § 611 BGB 2002 Krankenhausarzt Nr. 3). **803**

Fraglich ist, ob dies auch für Verträge über Schwarzarbeit gilt (dafür *BSG* 22.9.1988 BB 1989, 1762; dagegen *BGH* 24.9.1986 St 34, 166). **804**

Für die Annahme einer Nettolohnvereinbarung ist – insbes. wegen der nachteiligen Auswirkungen für den Arbeitgeber – eine eindeutige Vereinbarung erforderlich (*BAG* 19.12.1963 AP Nr. 15 zu § 670 BGB; s. auch *LAG SchlH* 16.1.2008 – 3 Sa 433/07 – EzA-SD 7/2008 S. 9 zur Steuerpflichtigkeit einer Teilleistung aufgrund nachträglicher Gesetzesänderung). **805**

806 Sofern derartige Vertragsgestaltungen in manchen Bereichen typisch sind, z.B. bei Verträgen mit Hauspersonal oder bei bestimmten Aushilfstätigkeiten, können sich derartige Erfahrungssätze auch zugunsten der Annahme einer Nettolohnvereinbarung auswirken (*BAG* 3.4.1974 AP Nr. 2 zu § 1 TVG Tarifverträge: Metall).

807 Den im Übrigen regelmäßig gegebenen Beweis des ersten Anscheins zugunsten einer Bruttolohnvereinbarung kann der Arbeitnehmer meist nur widerlegen, wenn die Lohnvereinbarung einen dahingehenden Willen des Arbeitgebers klar erkennen lässt, sodass der Arbeitnehmer dem Nachweis, der Arbeitgeber habe die Steuerschuld zuzüglich zu dem vereinbarten Lohn übernehmen wollen, durch Urkundenbeweis führen kann (§§ 415, 418 ZPO; *BAG* 18.1.1974 AP Nr. 19 zu § 670 BGB). Die bloße Vereinbarung **»Vergütung soll steuerfrei gezahlt werden«** genügt diesen Anforderungen nicht, denn sie kann auch die Auffassung der Parteien zum Ausdruck bringen, dass das Entgelt nicht der Lohnsteuerpflicht unterliegt. Gleiches gilt für den Zusatz **»brutto für netto«** (*BAG* 18.1.1974 AP Nr. 19 zu § 670 BGB; *LAG Nds.* 10.12.1984 DB 1985, 658) sowie die **Übernahme der Steuerschuld** gegenüber dem Finanzamt im Rahmen der Pauschalierung bei sog. geringfügigen Beschäftigungsverhältnissen. Auch dann verbleibt es bei dem Grundsatz, dass die Lohnsteuer **im Zweifel von dem Arbeitnehmer selbst** zu entrichten ist (*LAG Köln* 9.10.1997 NZA-RR 1998, 244).

808 Auch bei einer Nettolohnvereinbarung bleibt allerdings Schuldner der Lohnsteuer der Arbeitnehmer.

809 Nimmt der Arbeitgeber dagegen **wiederholt und ausschließlich eine Barauszahlung** der vereinbarten Vergütung ohne Abzüge und ohne Erstellung einer Abrechnung vor, spricht das nach Auffassung des *LAG Köln* (1.8.1997 NZA-RR 1998, 393) **»vermutungsweise« für eine Nettolohnvereinbarung.**

810 Zur schlüssigen Begründung einer Nettolohnklage hat der Kläger jedenfalls die für den Tag des Zuflusses des Arbeitsentgelts geltenden Besteuerungsmerkmale im Einzelnen darzulegen (*BAG* 26.2.2003 EzA § 4 TVG Ausschlussfristen Nr. 163 = NZA 2003, 922).

811 Eine Entgeltforderung ist im Übrigen **nicht schlüssig** dargelegt, wenn in einer Entgeltaufstellung unzulässigerweise **Brutto- und Nettoforderungen** miteinander **verrechnet** und **aufgerechnet** werden (*LAG Köln* 18.2.2008 – 14 Sa 1029/07 – EzA-SD 11/2008 S. 6 LS; s.a. *BAG* 15.3.2005 EzA § 307 BGB 2002 Nr. 2 = NZA 2006, 682).

cc) Änderung der gesetzlichen Abzüge bei Nettolohnvereinbarungen

812 Fraglich ist, was bei einer Nettolohnvereinbarung gilt, wenn sich die Höhe der gesetzlichen Abzüge ändert und sich dem Vertrag nicht entnehmen lässt, was die Parteien für diesen Fall gewollt haben.

813 Nach der Rechtsprechung des *BAG* (6.7.1970 AP Nr. 1 zu § 611 BGB Bruttolohn) soll eine Anpassung der Lohnhöhe nur dann erfolgen, wenn dies gem. §§ 157, 242 BGB angezeigt ist.

814 Die bei Vertragsschluss bestehenden persönlichen Verhältnisse des Arbeitnehmers sind, wenn sich aus der Abrede nichts anderes ergibt, Grundlage der Vereinbarung. Ändern sich diese zugunsten des Arbeitnehmers (z.B. durch eine Heirat), so ist der Vertrag dahingehend anzupassen, dass der Nettolohn wegen der reduzierten Steuerlast zu erhöhen ist. Folglich ist das Risiko einer Änderung der Verhältnisse im Ergebnis nicht anders als bei einer Bruttolohnvereinbarung verteilt (sog. abgeleitete Nettolohnvereinbarung).

dd) Verpflichtung des Arbeitnehmers, individuelle Möglichkeiten zur Senkung der Lohnsteuerbelastung zu Gunsten des Arbeitgebers in Anspruch zu nehmen?; Rechtsmissbrauch

815 Änderungen der persönlichen Verhältnisse des Arbeitnehmers (Steuerklasse, Kinderzahl, Freibeträge) müssen in die Lohnsteuerkarte eingetragen werden.

Haben die Vertragsparteien bei einer Nettolohnvereinbarung die Umstände, die zu einer Reduzierung der steuerlichen Belastung führen können, nicht zum Gegenstand der Verhandlungen gemacht, kann der Arbeitgeber im Allgemeinen nicht davon ausgehen, dass der Arbeitnehmer die individuellen Möglichkeiten einer Senkung der Lohnsteuerbelastung zugunsten des Arbeitgebers in Anspruch nimmt. 816

Denn der Arbeitgeber hat die Übernahme der Lohnsteuer in dieser für ihn auch ermittelbaren Höhe akzeptiert. **Allerdings ist er zur Tragung der Lohnsteuer nicht in jedweder Höhe verpflichtet.** Etwas anderes kann deshalb z.B. dann gelten, wenn der Arbeitnehmer in den zurückliegenden Lohnzahlungszeiträumen bislang immer einen entsprechenden Steuerfreibetrag hat eintragen lassen. Das gilt erst recht, wenn das Verhalten des Arbeitnehmers willkürlich ist, er z.B. die Lohnsteuerkarte nicht vorlegt und der Arbeitgeber ihn daher in die Steuerklasse VI einstufen muss (§ 39c Abs. 1 EStG). In diesem Fall kann der Arbeitgeber den Nettolohn unter Berufung auf den Wegfall der Geschäftsgrundlage (§ 313 BGB) kürzen. 817

Das *BAG* (22.10.1986 EzA § 8 BAT Zuschuss zum Mutterschaftsgeld Nr. 4) hat zudem angenommen, dass z.B. eine nach § 14 MuSchG anspruchsberechtigte Frau **rechtsmissbräuchlich** handelt, wenn sie durch die Änderung von steuerlichen Merkmalen (Steuerklasse, Freibeträge) die Höhe der ihr im Bezugszeitraum zufließenden Nettovergütung allein deshalb beeinflusst, um einen höheren Zuschuss des Arbeitgebers zum Mutterschaftsgeld zu erlangen. Andererseits darf der Arbeitgeber einen anderen als den im Bezugszeitraum bezogenen Nettoverdienst nicht deshalb für die Berechnung des Zuschusses heranziehen, weil sich bei der Höhe der Nettobezüge steuerliche Freibeträge ausgewirkt haben. 818

Die gleichen Grundsätze gelten für das während der Altersteilzeit herabgesetzte Einkommen des Arbeitnehmers sowie für tarifliche Überbrückungsleistungen. Denn durch die Wahl einer günstigen Steuerklasse erhöhen sich die vom Arbeitgeber zu zahlenden Leistungen. Rechtsmissbräuchlich ist der Wechsel der Lohnsteuerklasse allerdings nur dann, wenn die Änderung der Steuermerkmale ohne sachlichen Grund erfolgt, insbes. um den Arbeitgeber zu höheren Zahlungen zu verpflichten. Das ist vor allem dann der Fall, wenn die gewählte Steuerklassenkombination für den Arbeitnehmer und seine Ehefrau steuerrechtlich nachteilig ist. Ein Rechtsmissbrauch ist dann nicht gegeben, wenn die gewählte Steuerklassenkombination steuerlich vernünftig ist. Nach Maßgabe dieser Grundsätze liegt Rechtsmissbrauch dann vor, wenn ein Arbeitnehmer aus der Lohnsteuerklasse V mit Beginn der Altersteilzeit in die Lohnsteuerklasse III wechselt, obwohl sein Arbeitsentgelt nunmehr nur etwa die Hälfte des Arbeitsentgelts seines Ehegatten beträgt. Steuerrechtlich ist diese Wahl nicht nachvollziehbar (*BAG* 9.9.2003 EzA § 4 TVG Altersteilzeit Nr. 7 = NZA 2005, 483 LS). Nicht zu beanstanden ist es demgegenüber, dass ein Arbeitnehmer, dessen Ehegatte seit vielen Jahren arbeitslos ist, im Zusammenhang mit der bevorstehenden Beendigung des Arbeitsverhältnisses von der Kombination IV/IV in die steuerrechtlich angezeigte Kombination III/V wechselt. Die bisherige Steuerklassenwahl war steuerrechtlich ungünstig. Denn sie bietet sich nur bei etwa gleich hohen Monatseinkünften der Ehegatten an. Der Arbeitgeber wird dann zwar durch die geänderte Lohnsteuerklasse finanziell belastet. Das ist aber nicht rechtsmissbräuchlich (*BAG* 9.9.2003 EzA § 242 BGB Rechtsmissbrauch Nr. 1 = NZA 2004, 496; vgl. auch *LAG Sachsen* 1.2.2002 NZA-RR 2003, 150). 819

Auch die Wahl der Steuerklassenkombination IV/IV ist selbst dann nicht als Missbrauch zu beanstanden, wenn das Bruttoarbeitsentgelt des einen Ehegatten deutlich höher ist als das des anderen Ehegatten; das gilt auch, wenn beide zuvor langjährig die steuerlich günstigere Kombination III/V gewählt hatten (Lohnsteuermerkmale; *BAG* 13.6.2006 EzA § 4 TVG Altersteilzeit Nr. 20 = NZA 2007, 274).

Insgesamt hat der Arbeitgeber also bei der Bemessung dieses Entgelts (auch z.B. einer tariflichen Überbrückungsbeihilfe) die auf der **Lohnsteuerkarte eingetragenen Lohnsteuer-** 820

merkmale (*BAG* 13.6.2006 EzA § 4 TVG Altersteilzeit Nr. 20 = NZA 2007, 274), soweit es sich um **eine steuerlich zulässige Lohnsteuerklassenwahl handelt, zugrunde zu legen** (*BAG* 9.12.2003 EzA § 242 BGB 2002 Rechtsmissbrauch Nr. 2 = NZA 2005, 376 LS).

821 Dieser Lohnsteuerklassenwahl kann er (*BAG* EzA § 242 BGB 2002 Rechtsmissbrauch Nr. 2) aber den Einwand des Rechtsmissbrauchs nach folgenden Grundsätzen entgegenhalten:

- Der Wechsel der Lohnsteuerklasse ist rechtsmissbräuchlich, wenn dafür kein sachlicher Grund besteht.
- Dies ist unter Berücksichtigung der steuerrechtlichen und der arbeitslosenversicherungsrechtlichen Folgen des Wechsels zu beurteilen. Verringert sich durch den Wechsel das monatliche Nettoeinkommen der Eheleute, ist die Wahl i.d.R. »unvernünftig«.
- Unberücksichtigt bleibt es, wenn Einkommensverluste eines Ehegatten durch Dritte ausgeglichen werden. Soweit sich durch diesen Ausgleich das steuerpflichtige Bruttoeinkommen eines Ehegatten erhöht und durch diesen Effekt weitere Steuerpflichten entstehen, bleiben sie ebenfalls unberücksichtigt.

822 Bestimmt ein Tarifvertrag, dass für die Bemessung des Nettomonatsentgelts bei einer Überbrückungsbeihilfe die Steuermerkmale des letzten vollen Kalendermonats vor Beendigung des Arbeitsverhältnisses (Bemessungsmonat) maßgebend sind, ist der Arbeitgeber nicht verpflichtet, wegen eines nach Ablauf des Bemessungsmonats erfolgten Lohnsteuerklassenwechsels Mehrleistungen zu erbringen (*BAG* 10.2.2004 ZTR 2004, 591).

c) Sozialversicherungsbeiträge

823 Die arbeitsrechtliche Vergütungspflicht erstreckt sich regelmäßig **nicht nur auf die Nettoauszahlung**, sondern umfasst auch die Leistungen, die nicht in einer unmittelbaren Auszahlung an den Arbeitnehmer bestehen, so auch die Arbeitnehmeranteile zur Sozialversicherung (*BAG* 9.4.2008 EzA § 4 TVG Gaststättengewerbe Nr. 3).

824 Im **Außenverhältnis haftet allein der Arbeitgeber auf den gesamten Sozialversicherungsbeitrag** (vgl. §§ 20 ff. SGB IV [Sozialversicherung], §§ 220 SGB V [Krankenversicherung], §§ 168 ff. SGB VI [Rentenversicherung], §§ 340 ff. SGB III [Arbeitslosenversicherung], §§ 1 ff. SGB XI; vgl. *Hamacher* DB 1994, 1186 ff.).

825 Ein unterbliebener Abzug der Arbeitnehmerbeiträge zur Sozialversicherung kann gem. § 28g SGB IV zwingend nur bei den nächsten drei Vergütungszahlungen nachgeholt werden, es sei denn, dass der Beitragsabzug ohne Verschulden des Arbeitgebers unterblieben ist (*BAG* 12.10.1977 EzA §§ 394–395 RVO Nr. 1; s.o. Rn. 534 ff.). Allerdings bezweckt das Nachholverbot nicht den Schutz des Arbeitnehmers vor verspäteter Lohn- und Gehaltszahlung. Der Arbeitgeber ist deshalb auch bei verspäteter Entgeltzahlung und -berechnung i.d.R. berechtigt, den Arbeitnehmeranteil des Gesamtsozialversicherungsbeitrages vom Arbeitsentgelt abzuziehen (*BAG* 15.12.1993 NZA 1994, 620). Ebenso wenig ist er gehindert. bei unterbliebenem Beitragsabzug bei Abschlagszahlungen eine Verrechnung mit etwaigen Überzahlungen bei einer Endabrechnung vorzunehmen (*ArbG Hameln* 6.11.1996 NZA-RR 1997, 418).

826 Ein Arbeitnehmer, der aus einem vollstreckbaren Bruttoentgelturteil den gesamten ausgeurteilten Betrag im Wege der **Zwangsvollstreckung** betreibt und die darin enthaltenen Arbeitnehmeranteile zur Sozialversicherung für Luxusausgaben verbraucht, handelt nach Auffassung des *LAG BW* (28.4.1993 NZA 1994, 509) gegenüber dem Arbeitgeber, der vom Sozialversicherungsträger wegen der Arbeitnehmeranteile nochmals in Anspruch genommen wird, vorsätzlich sittenwidrig i.S.d. § 826 BGB. Er hat deswegen dem Arbeitgeber den daraus entstehenden Schaden zu ersetzen. § 28g SGB IV steht dem nicht entgegen (ebenso im Ergebnis *LAG Köln* 13.6.2001 – 7 Sa 1426/00 –, wonach allerdings §§ 670, 426 BGB analog die Anspruchsgrundlage darstellen).

Ein Anspruch auf **Erstattung** zu Unrecht entrichteter **Sozialversicherungsbeiträge** steht nicht demjenigen zu, der die Beiträge an die Einzugsstelle abgeführt hat, sondern demjenigen, **der die Beiträge getragen hat** (§ 26 Abs. 3 SGB IV). Diese hat durch die zu Unrecht erfolgte Beitragsentrichtung auf Kosten des Abführenden etwas ohne rechtlichen Grund erlangt (§ 812 Abs. 1 S. 1 BGB; *BAG* 29.3.2001 EzA § 812 BGB Nr. 7). 827

Haben die Parteien in einem Rechtsstreit sich vergleichsweise darauf geeinigt, ein ursprünglich von ihnen vereinbartes »freies Mitarbeiterverhältnis« **rückwirkend wie ein Arbeitsverhältnis abzuwickeln** und insbes. die sozialversicherungsrechtlichen Vorschriften zu beachten, so kann der Arbeitgeber eine Erstattung oder Verrechnung von seinen nach zu entrichtenden Arbeitnehmerbeiträgen dagegen nur bei Vorliegen der Voraussetzungen des § 28g SGB IV geltend machen (*LAG Köln* 25.1.1996 ZTR 1996, 329 LS). 828

Nach Beendigung des Arbeitsverhältnisses und der Entgeltzahlung scheidet ein Erstattungsanspruch des Arbeitgebers aus, außer bei einem Rechtsmissbrauch des Arbeitnehmers (z.B. Veranlassung des Arbeitgebers zur Unterlassung der Beitragszahlung, Verheimlichung erheblicher Tatsachen, vorsätzliches oder grob fahrlässiges Unterlassen eines Hinweises auf den unterlassenen Beitragsabzug oder Verletzung sonstiger Meldepflichten gem. § 28o SGB IV). Dies gilt auch bei der Nachzahlungspflicht des Arbeitgebers für ein irrtümlich als selbstständig eingestuftes Dienstverhältnis (*BAG* 14.1.1988 EzA §§ 394–395 RVO Nr. 2) und bei Schwarzarbeit (vgl. MünchArbR/*Hanau* § 64 Rz. 72 ff.). 829

Bei der Beurteilung der Geringfügigkeit einer Beschäftigung gem. § 8 Abs. 2 SBG IV, d.h. wenn die Sozialversicherungspflicht vom Umfang der Tätigkeit abhängt, sind **mehrere geringfügige Beschäftigungen zusammenzurechnen**. Problematisch ist die Rechtslage dann, wenn der Arbeitnehmer dem Arbeitgeber das jeweils andere Arbeitsverhältnis verschweigt (s.o. Rn. 531 ff.). 830

Soweit der Arbeitgeber nach § 2 der BeitragszahlungsVO (bis 2006) als Spezialvorschrift zu § 366 Abs. 2 BGB bei einer Teilzahlung auf den Gesamtsozialversicherungsbeitrag nicht (mehr) bestimmen darf, dass zuerst die Arbeitnehmeranteile getilgt werden (so *BGH* 13.1.1998 NZA 1998, 429), ist diese Vorschrift mit § 266a Abs. 1 StGB, der das Vorenthalten von Beiträgen des Arbeitnehmers unter Strafe stellt (vgl. dazu *BGH* 18.4.2005 BB 2005, 1905 m. Anm. *Berger/Herbst* BB 2006, 437; 9.8.2005 NJW 2005, 3650 m. Anm. *Kutzner* NJW 2006, 413 ff.), unvereinbar (*BSG* 22.2.1996 DB 1996, 2503). Dennoch muss eine Tilgungsbestimmung des Arbeitgebers dahin, an die sozialversicherungsrechtliche Einzugsstelle geleistete Zahlungen sollten vorrangig auf fällige Arbeitnehmeranteile zu den Sozialversicherungsbeiträgen angerechnet werden, greifbar in Erscheinung treten, auch wenn sie konkludent erfolgen kann (*BGH* 26.6.2001 NZA 2002, 153). 831

Zur Haftung des Arbeitgebers bei Nichtabführung von Arbeitnehmerbeiträgen zur Sozialversicherung vgl. *Marschner* DB 1996, 1825 ff.; *Jacobi/Renfels* BB 2000, 771 ff.; zur Vorgehensweise des Arbeitgebers bei Zahlungsschwierigkeiten vgl. *Müller* BB 1997, 2050 ff.; zur Unzulässigkeit einer Klage einer Arbeitnehmerin auf Feststellung eines Schadensersatzanspruchs wegen Nichtabführung von Sozialversicherungsbeiträgen durch den Arbeitgeber vgl. *LAG Hamm* 4.12.2000 ZTR 2001, 138 LS; zur Darlegungs- und Beweislast hinsichtlich der Zahlungsunfähigkeit bei Vorenthalten von Arbeitnehmeranteilen zur Sozialversicherung vgl. *BGH* 11.12.2001 NZA 2002, 923.

Jedenfalls gehört es zu den Pflichten des Geschäftsführers einer GmbH, sich in der finanziellen Krise des Unternehmens **über die Einhaltung von erteilten Anweisungen** zur pünktlichen Zahlung fälliger Arbeitnehmerbeiträge zur Sozialversicherung **durch geeignete Maßnahmen zu vergewissern**. Ein Irrtum des Geschäftsführers über den Umfang seiner Pflicht zur Überwachung einer an die Buchhaltung erteilten Anweisung zur Zahlung fälliger Arbeitnehmerbeiträge ist andererseits ein Verbotsirrtum, der i.d.R. den Vorsatz hinsichtlich des Vorenthaltens dieser Beiträge nicht entfallen lässt (*BGH*

9.1.2001 NZA 2001, 392). Im Übrigen ist der Geschäftsführer einer GmbH auch dann gem. §§ 823 Abs. 2 BGB, 266 a StGB haftungsrechtlich verantwortlich, wenn die GmbH zwar **zum Fälligkeitszeitpunkt nicht über die erforderlichen Mittel verfügt**, er es jedoch **pflichtwidrig unterlassen** hat, die Erfüllung dieser Verpflichtung durch **Bildung von Rücklagen**, notfalls auch durch die Kürzung der Nettolohnzahlung **sicherzustellen** (*BGH* 25.9.2006 – II ZR 108/05 – FA 2007, 15; zur Anwendbarkeit von § 266a StGB bei einem durch türkische Firmen vorgetäuschten Entsendetatbestand und der damit verbundenen Hinterziehung von mehr als 300.000 € an Sozialversicherungsbeiträgen *BGH* 7.3.2007 FA 2007, 178). Ein Schadensersatzanspruch gegen den Geschäftsführer besteht auch dann, wenn dieser an andere **Gesellschaftsgläubiger Zahlungen** geleistet hat, die nicht mit der Sorgfalt eines ordentlichen Geschäftsmanns vereinbar waren. In einem solchen Fall kann er sich nicht auf eine Pflichtenkollision berufen (*BGH* 29.9.2008 – II ZR 162/07 – EzA-SD 26/2008 S. 16 LS).
Der Geschäftsführer einer GmbH wird allerdings erst mit seiner Bestellung für die Abführung von Sozialversicherungsbeiträgen verantwortlich. Das pflichtwidrige Verhalten früherer Geschäftsführer kann ihm grds. nicht zugerechnet werden (*BGH* 11.12.2001 NZA 2002, 1400).

832 Andererseits haftet der GmbH-Geschäftsführer **nicht persönlich** im Rahmen der Durchgriffshaftung (§§ 823 Abs. 2 BGB, 263, 266, 266 a StGB) **für eine unterlassene Beitragsabführung an die ZVK** des Baugewerbes (*LAG SchlH* 28.9.2004 NZA-RR 2005, 316). Denn z.B. bei den Beiträgen zur Urlaubskasse des Baugewerbes handelt es sich weder um Beiträge der Arbeitnehmer zur öffentlich-rechtlichen Sozialversicherung noch um Teile des Arbeitsentgelts, die der Arbeitgeber für den Arbeitnehmer abzuführen hat (*BAG* 18.8.2005 – 8 AZR 542/04 – NZA 2005, 1235).

d) Kindergeld

833 Seit dem 1.1.1996 wurde Kindergeld nicht mehr als Sozialleistung gewährt, sondern als **Steuergutschrift mit der Steuerschuld verrechnet**; so sollte gewährleistet werden, dass – wie vom *BVerfG* (29.5.1990 BVerfGE 82, 60; 25.9.1992 BVerfGE 87, 154) gefordert – nur das Einkommen der Besteuerung unterworfen wird, das das Existenzminimum übersteigt (vgl. *Novak* ZTR 1995, 532 ff.).

834 Zuständig für die Auszahlung sind im öffentlichen Dienst unverändert die Dienststellen; in der Privatwirtschaft entscheidet die Familienkasse (bei der Agentur für Arbeit) über die Ansprüche.

e) Der Sonderfall: Mitarbeiter in Spielbanken

835 Die Arbeitnehmer der Spielbanken werden nach Maßgabe von Landesgesetzen und Tarifverträgen im Allgemeinen aus dem Tronc, d.h. dem Gesamtaufkommen von Spenden, die die Spielbankbesucher hinterlassen, bezahlt. Der Arbeitgeber ist nach Maßgabe der jeweiligen gesetzlichen und tariflichen Vorschriften (z.B. § 7 Spielbank NW) berechtigt, dem Tronc vorab auch die **Arbeitgeberanteile zur Sozialversicherung** einschließlich der Arbeitgeberanteile zur Pflegeversicherung und die Beiträge zur gesetzlichen Unfallversicherung sowie die Kosten der betrieblichen Altersversorgung einschließlich der Beiträge zur Insolvenzsicherung zu entnehmen (*BAG* 3.3.1999 EzA § 611 BGB Croupier Nr. 5). Er ist allerdings nicht berechtigt, dem Tronc auch die Schwerbehindertenabgabe zu entnehmen (*BAG* 11.3.1998 EzA § 611 BGB Croupier Nr. 3, 4).

4. Erfüllung

a) Grundlagen

836 **Gem. § 614 BGB ist die Vergütung nach Leistung der Arbeit zu entrichten; allerdings kann die Vorleistung des Entgelts vereinbart werden.**

Das Gehalt eines Handlungsgehilfen ist gem. **§ 64 HGB** spätestens am Schluss eines jeden Monats fällig; ein späterer Fälligkeitstermin kann nicht vereinbart werden. **837**

Bei Fälligkeit muss das Geld abgesandt, nicht notwendig angekommen sein (§§ 269, 270 BGB); Urlaubsentgelt ist vor Antritt des Urlaubs auszuzahlen (§ 11 Abs. 2 BUrlG). **838**

Ist die Vergütung nach Zeitabschnitten bemessen, ist sie nach dem Ablauf der einzelnen Abschnitte zu entrichten (§ 614 S. 2 BGB). Bei einer nach Stunden oder Tagen bemessenen Vergütung ist aber nach der Verkehrssitte eine Fälligkeit zum Wochenschluss anzunehmen, wenn das Arbeitsverhältnis andauert (*Staudinger/Richardi* § 614 BGB Rz. 15). **839**

Erfüllungsort für die Lohnzahlungsverpflichtung ist der Arbeitsort. **840**

b) Entgeltberechnung bei außerordentlicher Kündigung

Wird das Arbeitsverhältnis gem. §§ 626, 627 BGB gekündigt, hat der Arbeitgeber, wenn nichts besonderes vereinbart oder wie in § 18 Abs. 1 BBiG bestimmt ist, für die Berechnung der entsprechenden Teilvergütung des Arbeitnehmers ein Wahlrecht zwischen einer konkreten (Monatsgehalt dividiert durch die Zahl der möglichen Arbeitstage multipliziert mit der Zahl der bis zur Beendigung des Arbeitsverhältnisses angefallenen Arbeitstage) oder abstrakten Berechnungsweise (Zahl der Tage bis zum Ende des Arbeitsverhältnisses im laufenden Monat dividiert durch 30; vgl. *BAG* 14.8.1985 EzA § 63 HGB Nr. 38). **841**

c) Gehaltsvorschüsse; Abschlagszahlungen

Auf Gehaltsvorschüsse bzw. Abschlagszahlungen auf bereits verdiente, noch nicht fällige Entgeltsbestandteile besteht **grds. kein Anspruch**. Etwas anderes kann sich aber aus einer Verkehrssitte (z.B. beim Akkordlohn; *Staudinger/Richardi* § 614 Rz. 16) oder aus der Fürsorgepflicht des Arbeitgebers ergeben. **842**

Eine Vorschusszahlung ist dann anzunehmen, wenn dies bei der Auszahlung erklärt wurde; die **Beweislast dafür trifft den Arbeitgeber** (*BAG* 11.7.1961 AP Nr. 2 zu § 614 BGB Gehaltsvorschuss; 28.6.1965 AP Nr. 3 zu § 614 BGB Gehaltsvorschuss). Bei Provisionen gilt die Regelung des § 87a HGB. Auch ein **negatives Guthaben** auf einem Arbeitszeitkonto stellt einen Lohn- oder Gehaltsvorschuss dar. Kann allein der Arbeitnehmer darüber entscheiden, ob und in welchem Umfang das negative Guthaben entsteht, hat er es im Falle der Vertragsbeendigung bei nicht rechtzeitigem Zeitausgleich finanziell auszugleichen. Dazu darf der Arbeitgeber eine Verrechnung mit Vergütungsansprüchen vornehmen (*BAG* 13.12.2000 NZA 2002, 390). **843**

d) Truckverbot; Lohnverwendungsabreden (bis 31.12.2002)

Gem. § 115 GewO durfte der der GewO unterfallende Arbeitgeber (Gewerbebetreibende) dem Arbeitnehmer keine Ware kreditieren (sog. Truckverbot). **844**

Verboten war die Vereinbarung nicht in Euro festgesetzter Leistungen an Erfüllungs statt sowie alle gesetzlich nicht vorgesehenen Lohnabzüge; die Regelung galt bis zum 31.12.2002. **845**

e) Sachbezüge als Teil des Arbeitsentgelts (§ 107 Abs. 2 GewO ab 1.1.2003)

Gem. § 107 Abs. 2 GewO können nunmehr Arbeitgeber Sachbezüge als Teil des Arbeitsentgelts vereinbaren, wenn dies dem Interesse des Arbeitnehmers (z.B. Überlassung eines Kfz, das auch privat genutzt werden darf) oder der Eigenart des Arbeitsverhältnisses (z.B. Deputate im Gastronomie-, Brauerei-, Tabakgewerbe; vgl. BR-Drs. 112/02, S. 37) entspricht. Der Arbeitgeber darf dem Arbeitnehmer aber nach wie vor keine Waren auf Kredit überlassen. Er darf ihm nach Vereinbarung Waren in Anrechnung auf das Arbeitsentgelt überlassen, wenn die Anrechnung zu den durchschnittlichen Selbstkosten erfolgt. Die Gegenstände müssen mittlerer Art und Güte sein; der Wert der vereinbarten Sachbezüge oder die Anrechnung der überlassenen Waren auf das Arbeitsentgelt darf die Höhe des pfändbaren Teils des Arbeitsentgelts nicht übersteigen (vgl. dazu *Bauer/Opolony* BB 2002, 1590 ff.; zur Umwandlung von Barlohn in Sachlohn s. *BFH* 6.3.2008 NZA-RR 2008, 643). **846**

f) Aufrechnung gegen eine Lohnforderung

847 Der Arbeitgeber kann gem. § 394 BGB gegen eine Lohnforderung nicht aufrechnen, soweit diese der Pfändung nicht unterworfen ist (vgl. § 850c ZPO; zum Verfahren bei negativem Arbeitszeitkonto s.o. Rn. 843). Soweit danach zulässig, kann sich die Aufrechnung nur auf den Nettolohnbetrag beziehen, da nur insoweit die Gegenseitigkeit der Forderung besteht. Der Arbeitgeber ist deshalb **nicht** berechtigt, **gegen Bruttogehaltsansprüche** des Arbeitnehmers mit **Rückforderungsansprüchen**, z.B. Rückforderung der Weihnachtsgratifikation, dergestalt aufzurechnen, dass er die Bruttobeträge »**Brutto gegen Brutto**« voneinander abzieht. Er kann vielmehr Brutto-Rückforderungen nur gegen späteres Nettoentgelt verrechnen (*LAG Nbg.* 2.3.1999 LAGE § 387 BGB Nr. 2; *LAG Düsseld.* 25.7.2007 LAGE § 7 BUrlG Abgeltung Nr. 21).

848 Rechnet der Arbeitgeber **mit mehreren Gegenforderungen** auf, die die Arbeitnehmeransprüche insgesamt übersteigen, so muss er die Aufrechnungsforderungen in ein **Stufenverhältnis** stellen. Tut er dies nicht und lässt sich eine Reihenfolge auch aus sonstigen Umständen nicht entnehmen, so **fehlt es an der Bestimmtheit** der Aufrechnungserklärung; die Aufrechnung ist insgesamt unzulässig (*LAG Nbg.* 2.3.1999 LAGE § 387 BGB Nr. 2).

849 Der Arbeitgeber bleibt trotz Aufrechnung zur Abführung der Sozialversicherungsbeiträge verpflichtet. Die Aufrechnung ist unzulässig, wenn der Nettobetrag für den Arbeitgeber nicht bestimmbar ist (MünchArbR/*Hanau* § 65 Rz. 12).

850 Dagegen ist die Aufrechnung von Schadensersatzansprüchen aus vorsätzlicher Nachteilszufügung **in vollem Umfang** zulässig, wenn der Arbeitnehmer bereits **ausgeschieden ist** (*BAG* 28.8.1964 AP Nr. 9 zu § 394 BGB).

g) Entgelt nach Maßgabe von Zielvereinbarungen

851 Vereinbaren die Parteien in einer Zielvereinbarung eine **monatliche Vorauszahlung** auf den bei Erreichen des vereinbarten Ziels erdienten variablen Gehaltsanteil, kann der Arbeitnehmer nach Ablauf des Zielvereinbarungszeitraumes zuvor unterbliebene Vorauszahlungen nicht mehr einklagen. Er kann dann entweder Auskunft über den Grad der Zielerreichung (und im Wege der Stufenklage) Zahlung des sich ergebenden Gehalts oder unbedingte Zahlung verlangen, wobei er als Anspruchsinhaber die Darlegungs- und Beweislast für die Zielerreichung trägt (*LAG Hmb.* 9.2.2005 LAG Report 2005, 262). Siehe u. Rn. 986 ff.

5. Leistungsbezogene Entgelte; Eingruppierung nach dem BAT

a) Grundlagen

aa) Ziel und Formen der Leistungsentlohnung

852 Durch die Abhängigkeit der Höhe des Arbeitsentgelts von der Erbringung bestimmter Leistungen sollen Arbeitnehmer in besonderer Weise zu Leistungen motiviert werden. Als Grundlage für leistungsbezogene Entgelte kommen in Betracht:
- die tatsächliche Arbeitsleistung (Einzel-, Gruppenakkord),
- die nach festgelegten Kriterien bewertete Arbeitsleistung sowie
- bestimmte fest definierte Leistungserfolge einschließlich der Verwertungserfolge (Prämienlohn, Provision).

853 Zu den Entlohnungssystemen bei der Siemens AG München vgl. *Büge* ZfA 1993, 173 ff., bei der IBM Deutschland GmbH vgl. *Feudner* ZfA 1993, 185 ff. und bei der Hoechst AG vgl. *Müller* ZfA 1993, 197 ff.

bb) Rechtsgrundlage der Leistungsentlohnung

854 Grundlage der Leistungsentlohnung ist die **einzelvertragliche Vereinbarung**. Der Arbeitgeber kann grds. nicht einseitig kraft seines Direktionsrechts Leistungslohn anordnen. Andererseits hat der Arbeitnehmer keinen Anspruch, dass seine Tätigkeit im Leistungs- oder

Zeitlohn entlohnt wird. Die Leistungsentlohnung kann auch **tarifvertraglich** oder in einer **Betriebsvereinbarung** geregelt sein.

cc) Anknüpfungspunkte für die Leistungsentlohnung

Die Anknüpfungspunkte für die Leistungsvergütung sind grds. beliebig (z.B. Arbeitsmenge, Qualität, Einsparungen an Material oder Energie, Maschinenauslastung, Verkaufsergebnisse). Dabei kommen auch mehrere Bemessungsgrundlagen gleichzeitig in Betracht. 855

Erforderlich ist die Festlegung des konkreten Verhältnisses von Leistung und Entlohnung zueinander; definiert werden muss also die Leistungsentgeltkurve oder die Leistungsentgeltstufe. Diese Kurve kann grds. linear, degressiv oder progressiv verlaufen. Definiert werden muss auch der Beginn und das Ende der Kurve; dazu gehört der Basisentgeltwert für die Minimalleistung oder den Minimalerfolg (vgl. MünchArbR/*Kreßel* § 66 Rz. 18 ff.). 856

dd) Der Leistungsgrad des einzelnen Arbeitnehmers

> Der Leistungsgrad des einzelnen Arbeitnehmers ist eine messbare Größe und drückt konkret die Arbeitsintensität und die Arbeitseffektivität aus. Er wird durch einen Vergleich der konkreten Arbeitsleistung des Arbeitnehmers mit der nach arbeitswissenschaftlichen Methoden ermittelten Normalleistung ermittelt. 857

Damit wird der individuelle Leistungsgrad im Gegensatz zur zeitabhängigen Bezahlung berücksichtigt und der Entlohnung ganz oder teilweise zugrunde gelegt. Wird eine vorab bestimmte Arbeitsmenge oder ein vorausgesetzter Arbeitserfolg nicht erreicht, so reduziert sich das Arbeitsentgelt. 858

ee) Arbeitsbewertung

Durch die Arbeitsbewertung soll eine anforderungsgerechte Struktur der Entgeltleistungen gewährleistet werden, indem Tätigkeiten auf der Grundlage einer personenabhängigen (Qualifikation des Arbeitnehmers) oder einer an der Arbeitsanforderung (Arbeitsschwierigkeit) orientierten Bewertung analysiert und kategorisiert werden. 859

ff) Analytische Arbeitsbewertung

Für die Bewertung der zunächst zu ermittelnden Arbeitsaufgabe wird nach der analytischen Arbeitsbewertung die **Tätigkeit oder der Aufgabenbereich anhand einzelner Anforderungen** (Fachkönnen, Verantwortung, Belastung, Arbeitsbedingungen) **bewertet**. Es ist eine Anforderungsanalyse erforderlich (zur Problematik des Abstellens auf die muskelmäßige Belastung im Hinblick auf die Diskriminierung von Frauen s.o. Kap. 1 Rn. 305 ff.). 860

Für Führungsaufgaben müssen eigenständige Bewertungskriterien verwendet werden (z.B. Komplexität des Aufgabenbereichs, Handlungsfreiheit, Einfluss auf den Unternehmenserfolg durch Entscheidungs- oder Beratungsfunktionen, Personalführung usw.). 861

Die individuellen Fähigkeiten und das Leistungsverhalten des Arbeitnehmers werden grds. nicht berücksichtigt. 862

Danach werden innerhalb der einzelnen Anforderungsarten Abstufungen vorgesehen, die näher beschrieben werden und denen ein fester Punktwert zugeordnet wird. Die Arbeitsschwierigkeit der jeweiligen Tätigkeit wird dadurch ermittelt, dass für jedes Anforderungskriterium ein Punktwert ermittelt und aufsummiert wird. Die Punktwertsumme stellt für die Lohngruppe den maßgebenden Arbeitswert dar, dem die Tarifvertragsparteien das jeweils vereinbarte Arbeitsentgelt zuordnen können (Wertzahlverfahren; MünchArbR/*Kreßel* § 66 Rz. 42 ff.). 863

gg) Summarische Arbeitsbewertung

864 Bei der summarischen Arbeitsbewertung **werden die Anforderungen einer Tätigkeit oder eines Arbeitsbereichs insgesamt erfasst und zu den anderen in gleicher Weise bewerteten Tätigkeiten ins Verhältnis gesetzt.**

865 Beim Katalogverfahren wird anhand von Richtbeispielen ein Lohn- oder Gehaltsgruppenkatalog erstellt, dem dann die einzelnen Tätigkeiten zugeordnet werden. Beim Rangfolgeverfahren werden die Anforderungen der Tätigkeiten oder Aufgabenbereiche insgesamt erfasst und mit anderen Tätigkeiten verglichen.

866 Da das Verhältnis der einzelnen Tätigkeiten zueinander aber nicht eindeutig festgelegt werden kann, kommt es bei der summarischen Arbeitsbewertung zu einer **sehr globalen Bewertung**, die im Einzelfall zu unbilligen Ergebnissen führen kann.

hh) Die Tarifpraxis

867 In der Tarifpraxis beruhen die Vergütungsstrukturen regelmäßig auf **Lohn- und Gehaltsgruppen.** Die jeweiligen Vergütungsgruppen sind allgemein umschrieben und werden durch Beispiele mehr oder weniger konkret definiert. Durch die verschiedenen Gehaltsgruppen werden die **qualitativ unterschiedlichen Anforderungen pauschaliert ausgedrückt. Diese Vergütungsstrukturen lehnen sich an die summarische Arbeitsbewertung an.**

868 Der Vorteil solcher Systeme liegt darin, dass die einzelnen Vergütungsstufen mit relativ geringem Aufwand beschrieben werden können.

869 Die pauschale Betrachtungsweise führt andererseits aber zwangsläufig zu Ungenauigkeiten und kann den Grundsätzen der Vergütungsgerechtigkeit widersprechen. **Probleme ergeben sich dann, wenn bestimmte Tätigkeiten eines Arbeitnehmers unter die allgemein beschriebenen Vergütungsgruppen subsumiert werden müssen.**

870 Die zahlreich auftretenden Abgrenzungsstreitigkeiten sind durch die Arbeitsgerichte zu entscheiden. **Die Häufung der unbestimmten Rechtsbegriffe bei der Umschreibung der jeweiligen Tarifgruppen macht eine eindeutige Eingruppierung fast unmöglich.**

871 Demgegenüber führt die **analytische Arbeitsbewertung** (vgl. *Willenbacher* ZfA 1993, 211 ff.) zu **exakten Ergebnissen**; zudem hat sie eine **Befriedungsfunktion**, weil die Ergebnisse regelmäßig von einer mit Mitgliedern der Geschäftsleitung und des Betriebsrats **paritätisch besetzten Kommission** festgestellt werden. Sie erfordert jedoch einen sehr **hohen Aufwand**, sodass in der Praxis relativ selten von dieser Methode der Arbeitsbewertung Gebrauch gemacht wird (in der Metallindustrie Rheinland-Pfalz besteht z.B. die Möglichkeit der Anwendung der Tarifvereinbarung über die analytische Arbeitsbewertung [Ausgabe Dezember 1982]).

872 Im Streitfall werden an die Darlegung der tatsächlichen Voraussetzungen einer Abweichung vom Ergebnis der paritätischen Kommission strenge Anforderungen gestellt; zudem setzt sich das jeweils erzielte Punktergebnis aus einer Vielzahl von Einzelfaktoren (die sich u.a. auf die benötigten beruflichen Fertigkeiten, die Verantwortung für Maschinen, Rohstoffe, die Tätigkeit anderer Arbeitnehmer sowie besondere Erschwernisse, unter denen die Arbeit zu leisten ist, beziehen) zusammen, die bereits schriftsätzlich ohne konkrete Ortskenntnis kaum ausreichend dargelegt werden können und zudem einen nicht unerheblichen Bewertungsspielraum dem Rechtsanwender (letztlich dem Arbeitsgericht) überlassen (vgl. *LAG RhPf* 29.8.1994 – 11 Sa 121/94 – n.v.).

ii) Die Vergütung der Angestellten im öffentlichen Dienst; Eingruppierung nach dem BAT

(1) Grundlagen

873 Die Höhe der Vergütung der Angestellten im öffentlichen Dienst richtet sich nach Vergütungsgruppen, deren Tätigkeitsmerkmale in der **Anlage 1 a BAT** in der – jeweils inhaltlich unterschiedlichen – Fassung für den Bund und die Länder einer- und der für die Vereinigung der kommunalen Arbeitgeberverbände (VKA) andererseits normiert sind. **Die Anlage 1 b enthält Tätigkeitsmerkmale für medizinisches Personal.**

Nach welchen Kriterien eine von dem Angestellten auf Dauer auszuübende Tätigkeit einer Vergütungsgruppe zuzuordnen ist, d.h. in welche Vergütungsgruppe er einzugruppieren ist, ist in **§ 22 BAT** geregelt. 874

(2) Prüfungsmaßstab für die Eingruppierung

Nach § 22 Abs. 2 Unterabs. 2 BAT entspricht die gesamte auszuübende Tätigkeit den Tätigkeitsmerkmalen einer Vergütungsgruppe, wenn zeitlich mindestens zur Hälfte Arbeitsvorgänge anfallen, die für sich genommen die Anforderungen eines Tätigkeitsmerkmals oder mehrerer Tätigkeitsmerkmale dieser Vergütungsgruppe erfüllen. Kann die Erfüllung einer Anforderung i.d.R. erst bei Betrachtung mehrerer Arbeitsvorgänge festgestellt werden (z.B. vielseitige Fachkenntnisse), sind diese Arbeitsvorgänge für die Feststellung, ob die Anforderung erfüllt ist, insoweit zusammen zu beurteilen (*BAG* 12.12.1990 AP Nr. 154 zu §§ 22, 23 BAT 1975). 875

Diese tarifliche Beurteilung der Tätigkeit ist in vollem Umfang gerichtlich nachprüfbar (*BAG* 18.7.1990 AP Nr. 151 zu §§ 22, 23 BAT 1975). 876

Die tarifliche Bewertung der Tätigkeit ist Rechtsanwendung und kann im Prozess nicht einem Sachverständigen übertragen werden (*BAG* 14.12.1977 EzA §§ 22, 23 BAT 1975 Nr. 5). 877

(3) Tarifautomatik

Maßgeblich ist, dass die tarifliche Mindestvergütung nicht von einer Eingruppierung oder Höhergruppierung durch den Arbeitgeber abhängig ist, sondern regelmäßig aus der auszuübenden Tätigkeit folgt (Tarifautomatik; *BAG* 30.5.1990 NZA 1991, 378; 25.1.2006 NZA-RR 2007, 45). 878
Der Arbeitnehmer wird also nicht eingruppiert, er ist es.

Daher besteht die tarifliche Mindestvergütung unabhängig von der Bewertung der Stelle im Stellen- oder Haushaltsplan, im Geschäftsverteilungsplan oder durch eine innerbehördliche Tätigkeitsbeschreibung (*BAG* 11.3.1987 AP Nr. 135 zu §§ 22, 23 BAT 1975; 25.1.2006 NZA-RR 2007, 45; *LAG Köln* 28.7.2000 ZTR 2001, 80). Der Angestellte kann einen höheren Vergütungsanspruch weder auf die Tätigkeit seines Vorgängers noch auf die Besoldung vergleichbarer Beamter stützen (*BAG* 11.4.1979 AP Nr. 21 zu §§ 22, 23 BAT 1975), ebenso wenig auf die bisherige Vergütungspraxis, noch auf die Angabe der Vergütungsgruppe im Arbeitsvertrag (*BAG* 25.1.2006 NZA-RR 2007, 45; *LAG Köln* 28.7.2000 ZTR 2001, 80). 879

Die Tarifautomatik bedeutet des Weiteren, dass dann, wenn sich die Vergütung bei Änderung der tatsächlichen Umstände ändert – z.B. Anzahl der unterstellten Arbeitnehmer – sich der Inhalt der Vergütung automatisch ändert, ohne dass es einer Änderungskündigung bedarf. § 106 GewO/§ 315 BGB ist nicht anwendbar, wenn – wie i.d.R. – die tarifliche Vergütungsnorm dem Arbeitgeber keinen Spielraum für die Festlegung der Vergütung belässt (*BAG* 7.11.2001 EzA § 4 TVG Einzelhandel Nr. 50 = NZA 2002, 860). 880

Leistungsgesichtspunkte spielen bei der Eingruppierung grds. keine Rolle. 881

(4) Arbeitsvorgänge

aaa) Begriffsbestimmung

Auszugehen ist zunächst davon, welche Arbeitsvorgänge im Tarifsinne eine Tätigkeit enthält. Der Begriff des Arbeitsvorgangs ist ein feststehender, abstrakter und von den Tarifvertragsparteien vorgegebener Rechtsbegriff. 882

883 Unter einem Arbeitsvorgang ist eine unter Hinzurechnung der Zusammenhangstätigkeiten und bei Berücksichtigung einer vernünftigen, sinnvollen Verwaltungsübung nach tatsächlichen Gesichtspunkten abgrenzbare und rechtlich selbstständig bewertbare Arbeitseinheit der zu einem bestimmten Arbeitsergebnis führenden Tätigkeit eines Angestellten zu verstehen (*BAG* 16.4.1986 AP Nr. 120 zu §§ 22, 23 BAT 1975; 27.5.2004 ZTR 2005, 88).

bbb) Darlegungslast; Auswirkungen des Nachweisgesetzes

884 Der Arbeitnehmer muss als Kläger einer Eingruppierungsfeststellungsklage (zu § 256 ZPO insoweit *BAG* 17.10.2007 EzA § 1 TVG Nr. 48) daher zunächst die Tatsachen vortragen, die das Gericht in die Lage versetzen, Arbeitsvorgänge im Tarifsinne zu bilden (*BAG* 24.9.1980 AP Nr. 36 zu §§ 22, 23 BAT 1975). Behauptet der Arbeitnehmer, dass er sich aus der ihm zugebilligten Vergütungsgruppe durch ein **qualifiziertes Merkmal** heraushebt, muss er auch darlegen und ggf. beweisen, dass er neben diesem auch die subjektiven und objektiven Voraussetzungen der ihm bisher zugestandenen Ausgangsvergütungsgruppe erfüllt (*LAG Köln* 28.7.2000 ZTR 2001, 80).

885 Tagebuchartige Aufzeichnungen können nicht verlangt werden, wenn sie auch i.d.R. über einen Zeitraum von sechs Monaten zur Erleichterung der Prozessführung zu empfehlen sind (MünchArbR/*Freitag* § 188 Rz. 69).

886 Der Arbeitgeber hat allerdings darzulegen, warum und inwieweit die bisherige Bewertung der einzelnen Tätigkeiten fehlerhaft war, wenn er eine Eingruppierung korrigieren will (**korrigierende Rückgruppierung**; *BAG* 28.5.1997 NZA-RR 1998, 140; s.u. Kap. 4 Rn. 3040 ff.). Der Arbeitgeber genügt seiner Darlegungslast für den die Rückgruppierung auslösenden Irrtum z.B. dann, wenn er darlegt, bei der ursprünglichen Eingruppierung sei ein Qualifizierungsmerkmal als erfüllt angesehen worden, das es in der betreffenden Fallgruppe nicht gibt (*BAG* 18.2.1998 – 4 AZR 581/96). Erforderlich ist aber nicht der Vortrag, auf welchem konkreten Irrtum die fehlerhafte Eingruppierung beruht, sondern nur, dass die **bisher** als tarifgerecht angenommene **Eingruppierung objektiv fehlerhaft** ist, es also zumindest an einer tariflichen Voraussetzung dafür fehlt (*BAG* 7.5.2008 – 4 AZR 206/07 – ZTR 2008, 553).
Bestimmt sich die Eingruppierung des Arbeitnehmers nach **Aufbaugruppen**, ist bei dessen korrigierender **Rückgruppierung über mehrere Vergütungsgruppen** die Prüfung der Rückgruppierung für alle Vergütungsgruppen oberhalb der nunmehr vom Arbeitgeber als zutreffend angesehenen erforderlich. Die Darlegung der Voraussetzungen für die korrigierende Rückgruppierung durch den Arbeitgeber ist aber dann entbehrlich, wenn die von ihm korrigierte Eingruppierung bereits nach dem Vorbringen des Arbeitnehmers fehlerhaft war (*BAG* 15.2.2006 NZA 2007, 215).
Wenn allerdings die **arbeitsvertraglich geschuldete Tätigkeit einer bestimmten Vergütungsgruppe entspricht** und der Arbeitgeber dennoch der Arbeitnehmerin eine Tätigkeit zuweist, die zu einer **niedrigeren Vergütungsgruppe** gehört, **dann kommt eine korrigierende Rückgruppierung nicht in Betracht**. Denn dann ist nicht die Vergütungsgruppe falsch, sondern die Arbeitnehmerin wird vertragswidrig beschäftigt (*LAG Köln* 20.1.2006 – 11 Sa 1142/05 – ZTR 2006, 313 LS).
Zu beachten ist zudem, dass die **wiederholte korrigierende Rückgruppierung** des Arbeitnehmers bei unveränderter Tätigkeit und Tarifrechtslage **regelmäßig unzulässig ist**. Denn der rückgruppierende Arbeitgeber nimmt aus der Sicht des betroffenen Arbeitnehmers insoweit für sich in Anspruch, die bisherige Eingruppierung mit besonderer Sorgfalt überprüft zu haben und dabei zu einem Ergebnis mit höherer Richtigkeitsgewähr gekommen zu sein, als bei bei seiner ursprünglichen, nun als fehlerhaft erkannten tariflichen Bewertung der vereinbarten Tätigkeit. Der davon betroffene Arbeitnehmer

muss nicht damit rechnen, dass der Arbeitgeber diese Korrektur selbst erneut in Frage stellt, ohne dass sich die arbeitsvertragliche Tätigkeit oder die Tarifrechtslage geändert haben (*BAG* 23.8.2006 EzA § 4 TVG Rückgruppierung Nr. 5 = NZA 2007, 516).

Ob die Grundsätze über die korrigierende Rückgruppierung auch auf den **Bewährungsaufstieg** übertragen werden kann, wenn der Arbeitgeber die Richtigkeit der Eingruppierung in die Vergütungsgruppe leugnet, aus der der Arbeitnehmer im Wege der Bewährung in die nächst höhere Vergütungsgruppe aufsteigen will, hat das *BAG* (8.10.1997 NZA 1998, 557 LS) ausdrücklich offen gelassen (s.u. Rn. 903 ff.). 887

Nach Auffassung von *Linck* (FA 1998, 105 ff.; ebenso *Otte* ZTR 1998, 241; *Preis* NZA 1997, 10; **a.A.** *LAG Köln* 28.7.2000 ZTR 2001, 80; *Hock* ZTR 1999, 51; *Schwarze* RdA 1997, 343; *Zwanziger* DB 1999, 2027) ist weitergehend davon auszugehen, dass die schriftliche Mitteilung der Vergütungsgruppe des Arbeitgebers im Hinblick auf das NachwG eine starke Richtigkeitsvermutung bewirkt. Dagegen soll der Beweis des Gegenteils durch den Arbeitgeber zulässig sein; dies führt zu **einer Umkehr der Beweislast**. Der Arbeitgeber muss dann beweisen, dass die mitgeteilten Informationen falsch oder durch Tatsachen widerlegt sind. Gleiches (Umkehr der Beweislast) soll dann gelten, wenn ein Arbeitsvertrag oder ein Nachweis die **Anforderungen des NachwG nicht oder** in den entscheidenden Punkten **nur unzureichend** erfüllt, indem z.B. nur die Vergütungsgruppe, nicht aber die auszuübenden Tätigkeiten angegeben sind (*Friedrich/Kloppenburg* RdA 2001, 293 ff.). 888

ccc) Bildung von Arbeitsvorgängen; Zusammenhangstätigkeiten

Die Bildung von Arbeitsvorgängen, für die die Protokollnotiz Nr. 1 zu § 22 BAT Beispiele enthält, ist vom Arbeitsgericht durchzuführen. Dabei ist darauf zu achten, dass unterschiedliche Tätigkeiten, die der Angestellte ausübt, voneinander abgegrenzt werden und auch eine Abgrenzung in Bezug auf die Mitwirkung anderer Angestellter erfolgt **(tatsächliche Abgrenzbarkeit)**. Ferner dürfen tariflich unterschiedlich zu bewertende Tätigkeiten auch bei äußerer Gleichförmigkeit (z.B. die Bearbeitung schwieriger und einfacher Beihilfeanträge) nicht zu einem Arbeitsvorgang zusammengefasst werden (**rechtlich selbstständige Bewertbarkeit**; *BAG* 18.7.1990 AP Nr. 151 zu §§ 22, 23 BAT 1975). 889

Zusammenhangstätigkeiten sind unselbstständige Teiltätigkeiten, die der Haupttätigkeit zuzurechnen sind und von ihr nicht im Sinne einer »Atomisierung« getrennt und als selbstständige Arbeitsvorgänge bewertet werden dürfen. Dies ist insbes. je nach dem Arbeitsergebnis zu beurteilen (MünchArbR/*Freitag* § 188 Rz. 70). 890

Einen Arbeitsvorgang im Tarifsinne kann auch die gesamte von dem Angestellten auszuübende Tätigkeit bilden. Das ist insbes. dann der Fall, wenn das Tätigkeitsmerkmal Funktionscharakter hat. Dadurch geben die Tarifvertragsparteien zu erkennen, dass alle einem bestimmten Aufgabenbereich zugehörigen Aufgaben einheitlich tariflich bewertet werden sollen (*BAG* 20.6.1990 AP Nr. 150 zu §§ 22, 23 BAT 1975). 891

(5) Subsumtion

Sind die Arbeitsvorgänge gebildet und ist ihr jeweiliger zeitlicher Umfang festgestellt, so kommt es für die tarifliche Mindestvergütung darauf an, ob die Hälfte der Arbeitszeit des Angestellten mit Arbeitsvorgängen ausgefüllt wird, die dem betreffenden Tätigkeitsmerkmal entsprechen. 892

Unter welchen Voraussetzungen ein Arbeitsvorgang den Anforderungen eines Tätigkeitsmerkmals entspricht, ist tariflich allerdings nicht näher geregelt. **Nach der Protokollnotiz Nr. 1 S. 2 zu § 22 BAT ist jeder einzelne Arbeitsvorgang als solcher zu bewerten und darf hinsichtlich der Anforderungen zeitlich nicht aufgespalten werden.** Folglich erfüllt ein Arbeitsvorgang eine tarifliche Anforderung eines Tätigkeitsmerkmals, wenn er überhaupt in 893 rechtlich erheblichem Ausmaß, d.h. in nicht unerheblichem Umfang die Anforderung erfüllt (*BAG* 19.3.1986 AP Nr. 116 zu §§ 22, 23 BAT 1975).

894 Die Arbeitsvorgänge, die die tariflichen Anforderungen des Tätigkeitsmerkmals erfüllen, sind dann in zeitlicher Hinsicht zusammenzurechnen. Entfällt auf sie mindestens die Hälfte oder ein abweichendes tariflich vorgesehenes Maß (z.B. ein Drittel oder ein Fünftel) der Gesamtarbeitszeit, so entspricht die gesamte auszuübende Tätigkeit dem Tätigkeitsmerkmal der betreffenden Vergütungsgruppe (*Neumann* ZTR 1987, 41).

895 Der Arbeitnehmer muss aber nicht nur durch seinen Sachvortrag die Bildung von Arbeitsvorgängen ermöglichen. Er muss insbes. bei qualifizierenden Merkmalen (z.B. bei gründlichen und umfassenden Fachkenntnissen) im Einzelnen begründen, warum die von ihm tatsächlich benötigten Fachkenntnisse über das Maß gründlicher und vielseitiger Fachkenntnisse i.S. einer Steigerung der Tiefe nach im Verhältnis zum Maß gründlicher Fachkenntnisse nochmals i.S. einer Steigerung der Tiefe und Breite nach hinausgehen (*BAG* 14.8.1985 AP Nr. 105 zu §§ 22, 23 BAT 1975). Diesen Anforderungen genügt es nicht, wenn z.B. der Lebensmittelkontrolleur lediglich vorträgt, dass er eine Vielzahl von Gesetzen, Verordnungen, EG-Richtlinien anzuwenden und die einschlägigen Rechtsgrundlagen im Einzelfall zu ermitteln hat. Darzulegen ist vielmehr, dass er Überlegungen im Rahmen einer kontroversen Literatur und Rechtsprechung anzustellen hat (vgl. *LAG RhPf* 24.4.1995 – 11 Sa 104/94 –, n.v.).

(6) Tariflücken

896 Die Tarifvertragsparteien wollen mit den Tätigkeitsmerkmalen der Vergütungsordnung zum BAT grds. alle in diesem Bereich vorkommenden Tätigkeiten erfassen.

897 Sollten bestimmte Arbeitnehmergruppen nicht erfasst werden, ist dies ausdrücklich bestimmt (§ 3 BAT). In diesen Fällen und immer dann, wenn die Tarifvertragsparteien eine regelungsbedürftige Frage bewusst ungeregelt lassen, liegt eine sog. bewusste (tarifpolitische) Tariflücke vor, deren Ausfüllung den Arbeitsgerichten im Hinblick auf die Tarifautonomie verwehrt ist (*BAG* 26.8.1987 AP Nr. 138 zu §§ 22, 23 BAT 1975).

898 Eine Eingruppierung im Wege tariflicher Lückenausfüllung kommt auch dann nicht in Betracht, wenn für eine Tätigkeit spezielle Tätigkeitsmerkmale fehlen, eine Eingruppierung jedoch nach den allgemeinen Tätigkeitsmerkmalen möglich ist. Die allgemeinen tariflichen Tätigkeitsmerkmale für den Verwaltungsdienst haben eine Auffangfunktion und können daher auch für solche Aufgaben herangezogen werden, die nicht zu den eigentlichen behördlichen bzw. herkömmlichen Verwaltungsaufgaben im engeren Sinne zählen. **Nur wenn ein Bezug zu Verwaltungsaufgaben überhaupt fehlt, kann eine (unbewusste) Tariflücke angenommen werden, die von den Arbeitsgerichten zu schließen ist.** Dabei ist darauf abzustellen, wie in der Vergütungsordnung zum BAT artverwandte und vergleichbare Tätigkeiten bewertet werden (*BAG* 18.5.1988 AP Nr. 145 zu §§ 22, 23 BAT 1975). Die Vergleichbarkeit von Dauer, Intensität und wissenschaftlicher Ausrichtung der **Ausbildungen zu zwei verschiedenen Berufen** für sich allein ist **nicht geeignet**, die Ausfüllung einer Tariflücke in der Vergütungsordnung zu begründen (*BAG* 21.6.2000 – 4 AZR 931/98).

(7) Spezialitätsprinzip

899 Besteht hingegen für eine bestimmte Tätigkeit ein spezielles Tätigkeitsmerkmal, so scheidet nach dem der Vorbemerkung Nr. 1 zu allen Vergütungsgruppen zur Anlage 1 a zum BAT zugrunde liegenden Spezialitätsprinzip die Heranziehung der allgemeinen Tätigkeitsmerkmale aus. Auch wenn die Tätigkeit ihrer Art und ihrem Umfang nach die an das Tätigkeitsmerkmal geknüpfte Vergütung wegen geänderter Verhältnisse als nicht angemessen erscheinen lässt, kann weder eine bewusste noch eine unbewusste Tariflücke angenommen werden. **Die Gerichte bleiben an die Entscheidung der Tarifvertragsparteien gebunden. Ihnen ist**

es versagt, tarifliche Normen auf ihre allgemeine Zweckmäßigkeit und ihre Vereinbarkeit mit § 242 BGB hin zu überprüfen (*BAG* 25.2.1987 AP Nr. 3 zu § 52 BAT).

(8) Erstmalige Eingruppierung

Die erstmalige Eingruppierung wird **bei der Einstellung des Angestellten** vorgenommen. 900
Die Vergütungsgruppe ist im Arbeitsvertrag auszuweisen (§ 22 Abs. 3 BAT). Ist sie unzutreffend, so kann der Angestellte jederzeit einen höheren Vergütungsanspruch geltend machen.

Wird dem Angestellten vom Arbeitgeber auf Dauer eine Tätigkeit übertragen, die dem 901
Tätigkeitsmerkmal einer höheren Vergütungsgruppe entspricht, so steht ihm von diesem Zeitpunkt an ein höherer Vergütungsanspruch zu (§ 23 BAT).

Wird dem Angestellten auf Dauer eine Tätigkeit übertragen, die die objektiven Anforderun- 902
gen einer Vergütungsgruppe erfüllt, deren subjektive Voraussetzungen (z.B. Ablegen einer bestimmten Prüfung) bei ihm aber nicht vorliegen, so spricht nach Auffassung von *Freitag* (MünchArbR § 188 Rz. 76; offen gelassen von *BAG* 30.5.1990 AP Nr. 179 zu §§ 22, 23 BAT 1975) vieles dafür, dem Angestellten im Wege der Lückenausfüllung eine um eine Vergütungsgruppe niedrigere Vergütung zu zahlen.

(9) Bewährungsaufstieg

Für die Angestellten im **Bereich des Bundes und der Länder**, die unter die Anlage 1 a zum 903
BAT fallen, ist in § 23a BAT ein Bewährungsaufstieg geregelt. Erfüllt der Angestellte ein mit dem Hinweiszeichen * gekennzeichnetes Tätigkeitsmerkmal, so ist in der nächst höheren Vergütungsgruppe geregelt, welche Bewährungszeit er erfüllen muss, um den höheren Vergütungsanspruch zu erlangen (zu den Auswirkungen des NachwG auf die Darlegungs- und Beweislast vgl. *LAG Hamm* 2.7.1998 ZTR 1998, 512 LS).

Der EuGH muss auf Grund eines Vorlagebeschlusses des *BAG* (21.3.2002 EzA Art. 141 904
EG-Vertrag 1999 Nr. 9) entscheiden, ob eine tarifliche Regelung (§ 23a BAT-O) europarechtswidrig (Verstoß gegen Art. 141 EGV und die RL 76/207) ist, nach der Zeiten des Ruhens des Arbeitsverhältnisses nicht auf die Bewährungszeit angerechnet werden, wenn die Zeit von der Anrechnung ausgenommen wird, in der das Arbeitsverhältnis deshalb geruht hat, weil die Arbeitnehmerin nach Ablauf der anrechnungsfähigen achtwöchigen Schutzfrist gem. § 6 MuSchG bis zum Ende der 20. Woche nach der Entbindung Wochenurlaub nach § 244 Abs. 1 AGB-DDR in Anspruch genommen hat. Mit Art. 3 Abs. 1, 2, 3 GG und mit § 612 Abs. 3 BGB (jetzt §§ 1 ff. AGG) ist die Regelung vereinbar. Denn mit der Nichtanrechnung des die Schutzfrist übersteigenden Teils des Wochenurlaubs auf die Bewährungszeit werden Frauen nicht in unzulässiger Weise wegen ihres Geschlechts diskriminiert, weil die tarifliche Regelung hinsichtlich der Anrechnung von Zeiten, in denen keine Arbeitsleistung erbracht wird, unterscheidet und nicht nach dem Geschlecht der Beschäftigten. Hat das Arbeitsverhältnis geruht, unterbleibt die Anrechnung auf die Bewährungszeit. Diese Differenzierung ist nicht sachwidrig (*BAG* 21.3.2002 EzA Art. 141 EG-Vertrag 1999 Nr. 9).

Der Angestellte hat sich dann bewährt, wenn er sich während der vorgeschriebenen 905
Bewährungszeit in der ihm übertragenen Tätigkeit den auftretenden Anforderungen gewachsen gezeigt hat (*BAG* 17.2.1993 EzBAT § 23a BAT Bewährungsaufstieg Nr. 25).

Der Arbeitgeber verstößt nicht gegen Treu und Glauben, wenn er aus Anlass des Bewäh- 906
rungsaufstiegs überprüft, ob die Tätigkeit die Anforderungen der Vergütungsgruppe, aus der der Bewährungsaufstieg möglich ist, überhaupt erfüllt (*BAG* 31.3.1971 AP Nr. 10 zu § 23a BAT). Insbesondere die Zahlung der entsprechenden Vergütung zwingt nicht zu dem

Schluss, dass dies der Fall ist. Etwas anderes kann aber dann gelten, wenn dem Arbeitnehmer **mehrfach bestätigt** wird, er sei **zutreffend originär** in eine bestimmte Vergütungsgruppe **eingruppiert** und dies erst im Zuge der Einführung eines Bewährungsaufstieges geleugnet wird (*BAG* 8.10.1997 NZA 1998, 558 LS; vgl. aber auch *BAG* 9.12.1999 ZTR 2000, 460). Schon wegen des **Verbots des Selbstwiderspruchs** kann es folglich dem Arbeitgeber des öffentlichen Dienstes verwehrt sein, einem Angestellten **nach Ablauf der Bewährungszeit entgegenzuhalten**, seine Vergütung sei wegen Fehlens einer Tatbestandsvoraussetzung des seiner Eingruppierung bislang zugrunde gelegten Eingruppierungsmerkmals **übertariflich**, so dass er trotz Bewährung in seiner Tätigkeit an dem tariflich für dieses Eingruppierungsmerkmal vorgesehenen Bewährungsaufstieg nicht teilnehme (*BAG* 8.6.2005 EzA § 2 NachwG Nr. 7 = NZA 2006, 53).

907 Zu beachten ist, dass der Arbeitgeber im Rahmen des Direktionsrechts (s.o. Kap. 1 Rn. 506 f.) dem Arbeitnehmer auch während der Bewährungszeit eine Tätigkeit innerhalb der Vergütungsgruppe nach Maßgabe einer Fallgruppe zuweisen kann, aus der kein Bewährungsaufstieg möglich ist. Denn wenn zwischen den Parteien im Arbeitsvertrag die Beschäftigung und Vergütung nach einer bestimmten Vergütungsgruppe vereinbart ist, dann erfasst das Direktionsrecht des Arbeitgebers grds. alle Fallgruppen der jeweiligen Vergütungsgruppe (*BAG* 23.10.1985 AP Nr. 10 zu § 24 BAT).

908 Wird dem Angestellten jedoch unter Verletzung des Direktionsrechts eine nach einer niedrigeren Vergütungsgruppe zu bewertende Tätigkeit übertragen, so ist es dem Arbeitgeber grds. verwehrt, sich darauf zu berufen, wenn der Angestellte einen Bewährungsaufstieg aus der ursprünglich übertragenen Tätigkeit geltend macht (*BAG* 9.10.1969 AP Nr. 3 zu § 23a BAT).

909 Das Direktionsrecht rechtfertigt nicht die Übertragung einer Tätigkeit, die geringerwertige Qualifikationsmerkmale erfüllt und nur im Wege des Bewährungsaufstiegs die Eingruppierung in die ursprüngliche maßgebende Vergütungsgruppe ermöglicht (*BAG* 30.8.1995 EzA § 611 BGB Direktionsrecht Nr. 14; 24.4.1996 EzA § 611 BGB Nr. 17). Andererseits ist es unerheblich, ob aus einer einschlägigen Fallgruppe der vereinbarten Vergütungsgruppe ein Bewährungsaufstieg in eine höhere Vergütungsgruppe möglich ist oder nicht (*BAG* 21.11.2002 EzA § 520 ZPO 2002 Nr. 1).

(10) Fallgruppenbewährungsaufstieg

910 Zahlreiche Vergütungsgruppen enthalten unabhängig von § 23a BAT Regelungen über den sog. Fallgruppenbewährungsaufstieg. Dies bedeutet, dass ein Tätigkeitsmerkmal einer Vergütungsgruppe die Bewährung in einer bestimmten Fallgruppe einer niedrigeren Vergütungsgruppe als Anforderung enthält. Diese Bewährungsaufstiegsmöglichkeit besteht auch für den Bereich der VkA (§ 23b Abschn. B BAT) und der Anlage 1 b zum BAT. Zur Berücksichtigung von Beschäftigungszeiten im EU-Ausland vgl. *EuGH* 15.1.1998 NZA 1998, 205; s. dazu oben Kap. 1 Rn. 667. Die Zeit des Erziehungsurlaubs (jetzt der Elternzeit) ist auf die Bewährungszeit jedenfalls nicht anzurechnen (*BAG* 18.6.1997 NZA 1998, 267).

(11) Korrektur einer irrtümlichen Eingruppierung

911 Siehe Kap. 4 Rn. 3040 ff.

(12) Gleichbehandlungsgrundsatz

912 Ansprüche auf Zahlung einer höheren Vergütung werden in Eingruppierungsrechtsstreitigkeiten häufig auf den arbeitsvertraglichen Gleichbehandlungsgrundsatz gestützt. Dieser hat im Bereich des Arbeitsentgelts aber nur **subsidiäre Bedeutung**, weil neben tariflichen Bestimmungen die **Vertragsfreiheit Vorrang** hat, soweit es nicht um generalisierende Regelungen geht (s.o. Kap. 1 Rn. 409, 417).

Ein Vergütungsanspruch kann außerdem auf den Gleichbehandlungsgrundsatz nur gestützt werden, wenn der Arbeitgeber gleichliegende Fälle aus unsachlichen oder sachfremden Gründen ungleich behandelt und deshalb eine willkürliche Ungleichbehandlung vorliegt. **913**

Diese Voraussetzungen liegen nicht schon dann vor, wenn der bisherige Stelleninhaber eine höhere Vergütung erhalten hat, als seinem Nachfolger zugebilligt wird oder vergleichbare Arbeitnehmer eine höhere Vergütung erhalten (*LAG Köln* 22.7.1998 ZTR 1998, 565; **a.A.** *LAG Köln* 23.6.1996 – 12 Sa 1075/95 – n.v.). Nur wenn der Arbeitgeber eine bestimmte Gruppe von Arbeitnehmern generell und bewusst einer Vergütungsgruppe zuordnet, deren Voraussetzungen sie nicht erfüllen, kann er im Einzelfall davon ohne sachlichen Grund nicht abweichen (*BAG* 17.12.1992 ZTR 1993, 249). **914**

(13) Rechtskraft

Wurde eine Eingruppierungsklage **rechtskräftig abgewiesen**, ist die Rechtskraftwirkung unter Heranziehung des **Tatbestandes** und der **Entscheidungsgründe** zu bestimmen. Wenn sich die Tätigkeit nicht geändert hat und sich die auf ein geltend gemachtes bestimmtes Eingruppierungsmerkmal einer Vergütungsgruppe bezogene Feststellung auf den Zeitraum der in Betracht kommenden Bewährungszeit bezieht, steht mit Bindungswirkung fest, dass die Voraussetzungen für den Bewährungsaufstieg nicht erfüllt sind (*BAG* 10.12.1997 NZA-RR 1998, 567). War Streitgegenstand ein Anspruch auf Vergütung aus einer **bestimmten Vergütungsgruppe**, so ist bei einem Rechtsstreit um Vergütung auf Grund eines nunmehr geltend gemachten **Bewährungsaufstiegs** über das Vorliegen der Voraussetzungen der Ausgangsvergütungsgruppe erneut zu entscheiden. Nur wenn ausnahmsweise über eine bestimmte Fallgruppe einer Vergütungsgruppe rechtskräftig entschieden wurde, ist diese Entscheidung bindend (*BAG* 10.12.1997 NZA-RR 1998, 567). **915**

Die rechtskräftige Feststellung des Anspruchs eines Angestellten auf Vergütung nach einer Vergütungsgruppe mit nur einem einschlägigen Eingruppierungsmerkmal führt andererseits bei Einführung des Bewährungsaufstiegs für dieses materiell nicht geänderte Merkmal und tariflich vorgesehener Berücksichtigung vor der Tarifänderung liegender Zeiten als Bewährungszeiten zwingend zu dem Anspruch des Angestellten nach der Aufstiegsgruppe ab dem Zeitpunkt der Tarifänderung, wenn nach der Entscheidung im Vorprozess die Tätigkeit des Angestellten während eines vor der Tarifänderung liegenden, die Bewährungszeit ausfüllenden Zeitraums den Anforderungen des Eingruppierungsmerkmals entsprochen und der Angestellte sich bewährt hat (*BAG* 16.4.1997 NZA-RR 1998, 283). **916**

Die Rechtskraft eines früheren Urteils hindert eine **neue abweichende Entscheidung** dann nicht, wenn dies durch eine **nachträgliche Änderung des Sachverhalts** veranlasst wird. Die negative Prozessvoraussetzung der vorliegenden rechtskräftigen Entscheidung bei Wiederholung desselben Streits greift generell nicht ein, wenn neu entstandene Tatsachen behauptet werden und darauf gestützt eine Änderung der rechtskräftig festgestellten Rechtslage geltend gemacht wird. Fehlt es schon an einer derartigen Behauptung, ist eine erneute Klage unzulässig. Ob diese behaupteten Tatsachen dann wirklich eingetreten sind, ist eine Frage der *Begründetheit, ebenso* wie die Frage, ob die behaupteten Tatsachen, wenn sie denn vorliegen, eine abweichende rechtliche Beurteilung – im Falle einer Eingruppierungsklage eine höhere Eingruppierung – rechtfertigen. Bei der rechtlichen Würdigung dieser neuen Tatsachen ist von der Begründung des rechtskräftigen Urteils im Vorverfahren auszugehen; eine **inhaltliche Abweichung von der früheren Entscheidung** ist **nur** möglich, soweit die **neuen Tatsachen** auf der Basis der Urteilsbegründung eine **veränderte Rechtslage** ergeben (*LAG Nds.* 31.3.2000 ZTR 2000, 512 LS). **917**

jj) Ab dem 1.10.2005: Der TVöD für die Arbeiter und Angestellten des Bundes und der Kommunen, ab dem 1.11.2006 der TV-L für die Bundesländer

918 Ab dem 1.10.2005 löst der TVöD den BAT/BMT-G/MTArb für die Arbeiter und Angestellten des Bundes, der Kommunen und der Länder ab. Es gibt künftig eine neue Entgelttabelle mit 15 Entgeltgruppen (E 1–E 15) und i.d.R. mit sechs Stufen, davon vier als sog. »Entwicklungsstufen«, mit denen leistungsabhängige Stufenaufstiege möglich sind. Es gibt keine Zulagen und Orts- oder Sozialzuschläge mehr, Zeit- und Tätigkeitsaufstiege sind abgeschafft; Überleitungsvorschriften sind vereinbart.

Der **TVöD** sieht auch eine **leistungsorientierte Bezahlung** in Form von variablen Vergütungsbestandteilen vor; als Zielgröße wird von 8% der Entgeltsumme der Tarifbeschäftigten des jeweiligen Arbeitgebers ausgegangen (vgl. instruktiv *Fritz* ZTR 2005, 230 ff., 286 ff.; ZTR 2006, 2 ff.; *v. Steinau-Steinrück/Schmidt* NZA 2006, 518 ff.; *Hock* ZTR 2006, 409 ff.).

Vorgesehen ist wiederum eine zentrale Eingruppierungsvorschrift, durch die die Eingruppierungsautomatik erhalten bleibt ebenso wie der Begriff des Arbeitsvorgangs und die Anknüpfung an die auszuübende (nicht ausgeübte) Tätigkeit (vgl. dazu *Kutzki* FA 2005, 194 ff.; *Hock/Klapproth* ZTR 2006, 118 ff.).

Für die Bundesländer gilt ab dem 1.11.2006 der TV-L; s. dazu *Rieger* ZTR 2006, 402 ff.

Fraglich ist, wie Bezugnahmeklauseln auf den BAT durch den Wechsel zum TVöD auszulegen sind. Am nächsten liegt es, insoweit eine Ablösung des BAT durch den TVöD anzunehmen (zutr. *LAG RhPf* 22.8.2008 – 9 Sa 198/08 – ZTR 2008, 686; *LAG SchlH* 5.6.2008 – 3 Sa 94/08 – EzA-SD 22/2008 S. 11 LS; *Möller/Welkoborsky* NZA 2006, 1382 ff.; **a.A.** *Hümmerich/Mäßen* NZA 2005, 961). Nach Auffassung des *ArbG Münster* (24.10.2006 NZA-RR 2007, 24) gilt dies aber nicht für Unternehmen und Organisationen, deren Mitarbeiter zwar bisher **nach dem BAT bezahlt** wurden, jedoch **nicht dem öffentlichen Dienst angehören**; insoweit soll kein Automatismus eines Tarifwechsels gelten. Gleiches hat das *LAG BW* (22.1.2008 LAGE § 4 TVG Tarifkonkurrenz Nr. 6 = NZA-RR 2008, 443) für den Fall angenommen, dass der Arbeitnehmer Mitglied des **Marburger Bundes** ist, der den TVöD (zunächst) nicht abgeschlossen hat.

b) Akkordlohn

aa) Grundlagen

919 Akkordlohn ist eine **leistungsgerechte Vergütung** des Arbeitnehmers, weil das Arbeitsentgelt am Ergebnis seiner Tätigkeit gemessen wird. Er ist allerdings nur bei Arbeitsabläufen möglich, die sich in gleicher Art und Weise permanent wiederholen; ferner muss der Arbeitnehmer Einfluss auf den Produktionsvorgang nehmen, also schneller oder langsamer arbeiten können.

Ziel des Unternehmers muss es zudem sein, ein quantitativ möglichst hohes Produktionsergebnis zu erzielen; **andererseits** darf die Steigerung der Quantität nicht zu einem **Unterschreiten der notwendigen Qualität** führen.

bb) Bezugsgröße für die Arbeitsmenge

920 Als Bezugsgröße für die Arbeitsmenge kommen in Betracht
- der Stückakkord (Arbeitsmenge),
- der Gewichtsakkord (Gewicht des Produkts),
- der Flächenakkord (bearbeitete Fläche),
- der Maßakkord (Maßeinheiten, z.B. die Länge eines bearbeiteten Gegenstandes), sowie der
- Pauschalakkord (bei vielschichtigen Arbeitsaufgaben ist die jeweilige Arbeitsaufgabe Bezugsgröße).

Bei der Berechnung der Bezugsgröße muss zwischen Einzel- und Gruppenakkord (Messung des Leistungsergebnisses des einzelnen Mitarbeiters bzw. einer Arbeitsgruppe, insbes. bei komplexen Tätigkeiten) **unterschieden werden**. 921

cc) Gegenüberstellung von Arbeitsmenge und Entgeltbezugsgrößen

Sodann muss die Arbeitsmenge bestimmten Entgeltbezugsgrößen gegenübergestellt werden. 922

In Betracht kommen der Geldakkord (Arbeitsmenge mal Geldfaktor = Akkordlohn) sowie der Zeitakkord (Vorgabezeit je Stück mal produzierte Menge mal Geldfaktor = Akkordlohn). 923

Dabei wird beim Zeitakkord die Vorgabezeit im Einzelnen ermittelt, beim Geldakkord dagegen nur geschätzt. 924

dd) Grundlagen der Bemessung der Vorgabezeiten

Für die Bemessung der Vorgabezeiten beim Zeitakkord kommen in Betracht: 925

- der **ausgehandelte Akkord** (Vereinbarung zwischen Arbeitgeber und Arbeitnehmer darüber, welche Arbeitszeit pro Arbeitsstück oder Arbeitsmenge vorgesehen ist. Die Zeitvorgabe kann auch durch Betriebsvereinbarung oder Tarifvertrag festgelegt werden);
- **Faust- oder Meisterakkord** (Festlegung der Akkordvorgabe durch den Arbeitgeber und Umsetzung nach Maßgabe der §§ 106 GewO/315 ff. BGB);
- **Schätzakkord** (Schätzung der Zeitvorgabe anhand von Erfahrungssätzen und sonstigen Hilfskriterien);
- **arbeitswissenschaftlicher Akkord**.

ee) Systeme der Vorgabezeitenermittlung

Bei der Vorgabezeitermittlung nach REFA (Verband für Arbeitsstudien e. V.) wird die Normalleistung, die ein voll- oder ausreichend geeigneter und geübter Arbeitnehmer auf Dauer und im Mittel der täglichen Schichtzeit ohne Gesundheitsschädigungen erbringen kann, wenn er die in der Vorgabezeit berücksichtigten Zeiten für persönliche Bedürfnisse und Erholung einhält (= Sollzeit) ermittelt. An dieser Sollzeit wird die individuelle Arbeitsleistung jedes einzelnen Arbeitnehmers (= Istzeit) gemessen. 926

Im Rahmen einer umfangreichen Analyse des Arbeitsablaufs wird die Zeit für die Durchführung der Tätigkeit (Auftragszeit) ermittelt, die sich aus einer Rüst- und Ausführungszeit (Vorbereitung, Ausführung der Tätigkeit, ggf. erforderliche Nachbereitungsarbeiten) zuzüglich der Erholungszeiten zusammensetzt. Hinzu kommen Verteilzeiten, die zusätzlich bei der Durchführung der Tätigkeit anfallen (sachliche, persönliche Verteilzeiten). Daneben muss auch der Leistungsgrad des Arbeitnehmers gemessen werden, bei dem die Zeitstudien angefertigt wurden. Anschließend wird die Istzeit zur Normalzeit umgerechnet (Normalzeit = Istzeit mal Leistungsgrad v.H. dividiert durch Hundert). 927

Daneben existiert das Bedaux-System, das Methods-Time-Measurement-System sowie die Work-Faktor-Berechnung (vgl. ausführlich dazu MünchArbR/*Kreßel* § 67 Rz. 30 ff.). 928

ff) Akkordrichtsatz/Mindestverdienst

Der Akkordrichtsatz schließlich ist der Stundenverdienst eines Akkordarbeiters, wenn das Arbeitsergebnis beim Zeitakkord der vorgegebenen Normalleistung entspricht. Er muss entweder vertraglich vereinbart sein oder wird durch Tarifvertrag geregelt. 929

930 Der Akkordrichtsatz ist i.d.R. ein Tarifstundenlohn, der um einen Akkordaufschlag (ca. 10 bis 25%) angehoben wird.

931 Möglich ist auch, dass tarifvertraglich für die Arbeitnehmer ein **Mindestverdienst** vereinbart wird, der unabhängig von der tatsächlichen Leistung dem Arbeitnehmer ein bestimmtes Mindesteinkommen sichert.

gg) Verbot der Akkordarbeit für bestimmte Arbeitnehmergruppen

932 Wegen der bei Akkordarbeit bestehenden Gefahr der Überbeanspruchung der körperlichen Kräfte und der daraus resultierenden gesundheitlichen Gefahren dürfen **Jugendliche und werdende Mütter** nicht mit Akkordarbeit oder Arbeiten, bei denen durch ein gesteigertes Arbeitstempo ein höheres Entgelt erzielt werden kann, beschäftigt werden (§ 23 JArbSchG, § 4 Abs. 3 MuSchG).

933 Gem. § 3 des Gesetzes über das Fahrpersonal von Kraftfahrzeugen und Straßenbahnen (i.d.F. vom 19.2.1987 BGBl. I S. 640) dürfen **Mitglieder des Fahrpersonals von Kraftfahrzeugen und Straßenbahnen**, soweit sie am Verkehr auf öffentlichen Straßen teilnehmen, nicht nach der zurückgelegten Fahrtstrecke und der Menge der beförderten Güter entlohnt werden. Damit ist jede Form von Prämien oder Zuschlägen ausgeschlossen. Um Gefahren für den Straßenverkehr auszuschließen, sind derartige Leistungsanreize verboten, weil sie den Leistungsdruck für das Fahrpersonal erhöhen würden und dieser sich mittelbar auf alle Verkehrsteilnehmer auswirken müsste.

c) Prämienlohn

aa) Grundlagen

934 Auch beim Prämienlohn kann der Arbeitnehmer auf die jeweiligen Leistungsergebnisse Einfluss nehmen, sodass gerade das persönliche Leistungsergebnis honoriert wird.

935 Der Anwendungsbereich ist weiter als beim Akkordlohn, weil die Entlohnung auf **beliebig vielen und unterschiedlichen Bezugsgrößen** basieren kann.

936 Gegenstand der Prämie können die Arbeitsmenge, Arbeitsqualität, der Materialeinsatz, Nutzungsgrad der Maschinen sowie die Einhaltung von Terminen sein.

937 Honoriert werden können auch bestimmte Verhaltensweisen der Arbeitnehmer, wie Anwesenheit und Pünktlichkeit.

bb) Ziel des Prämienlohns

938 Ziel ist es, neben der Schaffung eines Leistungsanreizes im Interesse der allgemeinen Lohngerechtigkeit eine **angemessene Vergütungsstruktur** zu erreichen.

(1) Die Prämienlohnkurve

939 Die Prämienlohnkurve kann linear oder in Stufen, degressiv oder progressiv ansteigen. Soweit der Prämienlohn auf Zeitvorgaben aufbaut, besteht wie beim Akkordlohn die Möglichkeit des Schätzens, der statistischen oder der arbeitswissenschaftlichen Ermittlung.

(2) Kombinierter Prämienlohn

940 Zwar kann die Vergütung insgesamt als Prämienlohn vereinbart werden; häufiger ist jedoch ein **kombinierter Prämienlohn** (Tariflohn zuzüglich einer auf Betriebs- oder Unternehmensebene vereinbarten Prämie).

(3) Verbot von Prämienlohn für bestimmte Berufsgruppen

941 Prämienlohn ist ebenso wie der Akkordlohn für bestimmte Berufsgruppen verboten (s.o. Rn. 1094 f.).

cc) Formen der Prämienvergütung

Unterschieden werden können: 942
- der **Halsey-Lohn** (zusätzlicher Prämienlohn zu einer Grundleistung, wobei die zusätzliche Prämienvergütung unterproportional zur Leistungsmenge steigt);
- das **Emersonsche Leistungssystem** (der Arbeitnehmer erhält neben einem Stundenlohn eine Prämie nach Maßgabe einer Tabelle, die nach arbeitswissenschaftlichen Grundsätzen einen erhöhten Leistungsgrad ermittelt);
- das **Rowan-System** (zum garantierten Mindestlohn kommt eine Prämie hinzu, die sich an der Zeit orientiert, die der Arbeitnehmer im Vergleich zur Vorgabezeit eingespart hat. Die Lohnkurve verläuft degressiv, um einen zu starken Leistungsanreiz zu vermeiden);
- das **Differenziallohnsystem nach Taylor** (erzeugt einen besonderen Leistungsanreiz für eine hohe Zeiteinsparung, indem für die Normalleistung im Rahmen der Zeitvorgabe der Grundlohn gezahlt wird und die Prämie bei einer Zeitunterschreitung überproportional steigt. Je mehr Zeit eingespart wird, umso steiler verläuft die Prämienkurve);
- das **Gantt-System** (für die Normalleistung innerhalb der Vorgabezeit wird der Grundlohn gewährt und garantiert; bei einer Zeiteinsparung wird eine fixe Prämie vorgesehen, wobei es gleichgültig ist, wie viel Zeit eingespart wurde).

d) Leistungslohn auf Grund einer individuellen Leistungsbeurteilung

Im Angestelltenbereich wird traditionell eine Zeitvergütung gewährt. Als Leistungsanreiz kommt eine Leistungszulage in Betracht, die sich prozentual vom Grundbetrag errechnet und deren variable Höhe von der individuellen Leistungsbeurteilung durch den Vorgesetzten anhand eines von vornherein festgelegten Bewertungskatalogs abhängt, der die maßgeblichen Kriterien (z.B. Anwendung von Fachkenntnissen, Sorgfalt, Zuverlässigkeit, Belastbarkeit usw.) anhand einer Punkte- oder Notenskala bestimmt. 943

Die Leistung des Mitarbeiters wird in periodischen Abständen bewertet, z.B. in einem jährlichen Turnus (mit Wirkung erst auf den nächsten Lohnzahlungszeitraum im folgenden Jahr) auf der Grundlage einer genauen Stellenbeschreibung in einem formellen Verfahren. 944

Als **Rechtsgrundlage** für ein derartiges Leistungsentgelt kommt der **Arbeitsvertrag**, aber auch eine **Betriebsvereinbarung** in Betracht. Diese Form der Leistungsentlohnung kann mit anderen Leistungslohnformen, vor allem mit dem Prämienlohn, kombiniert werden (MünchArbR/*Kreßel* § 67 Rz. 98–121). 945

e) Zulagen, Zuschläge

aa) Begriffe; Zweck von Zulagen und Zuschlägen

Vergütungszuschläge sind gesondert ausgewiesene und berechnete Vergütungsbestandteile, die auf Grund bestimmter Tatbestände zusätzlich zum Entgelt bezahlt werden. 946

Als Grund für eine derartige Leistung kommen auf der Grundlage des Arbeitsvertrages, insbes. aber auf Grund tarifvertraglicher Regelung eine außergewöhnliche Arbeitsbelastung oder Leistung des Arbeitnehmers, aber auch die sozialen Verhältnisse, wie z.B. der Familienstand in Betracht. 947

Gesetzliche Normen, die die Gewährung von Zulagen oder Zuschlägen für Mehrarbeit vorsehen, bestehen nicht mehr. § 15 AZO ist durch das ArbZG ersatzlos aufgehoben worden (s.o. Rn. 81 ff.). 948

Stattdessen sehen aber nunmehr §§ 6 Abs. 5, 11 Abs. 2 ArbZG – mangels anderweitiger Vereinbarung – eine Zuschlagspflicht für Nacht-, Sonn- und Feiertagsarbeit vor, die der Arbeitgeber wahlweise durch angemessene Freizeit oder durch Zahlung eines Lohnzuschlages erfüllen kann. 949

950 **Vergütungszuschläge sollen gezielt bestimmte Defizite oder Sonderbelastungen ausgleichen oder einen besonderen Anreiz bieten**, wobei die Grenze zur Prämie fließend ist.

bb) Formen von Zulagen, Zuschlägen

951 In Betracht kommen insbesondere:
- Mehrarbeitsvergütung (s.o. Rn. 81 ff.);
- Überstundenvergütung (s.o. Rn. 81 ff.);
- Zuschläge für **ungünstige Arbeitszeit** (Nacht-, Sonn- und Feiertagsarbeit; vgl. §§ 6 Abs. 5, 11 Abs. 2 ArbZG; s.o. Rn. 949);
- **Erschwerniszulagen** für besondere Belastungen der Arbeitnehmer während der Arbeit (für besonders gefährliche oder gesundheitsgefährdende Arbeiten, bei Lärm, Licht, Kälte, Nässe, bei besonderen psychischen Belastungen, bei Schmutz und weiter Entfernung zum Arbeitsplatz);
- **Funktionszulagen** für eine Tätigkeit, die mit einer zusätzlichen Verantwortung verbunden ist. Vergleichbar ist dem eine Berufsjahreszulage, die mit Ablauf einer bestimmten Anzahl von Tätigkeitsjahren in einer Gehaltsgruppe einsetzt;
- **Sozialzulagen**, um die besondere soziale Situation des Arbeitnehmers anzuerkennen (Verheirateten-, Kinder-, Alters-, Wohn- und Ortszuschläge).

6. Ergebnisbezogene Entgelte

a) Provision

aa) Grundlagen

952 Bemessungsgrundlage der Provision ist nicht allein die Arbeitsleistung des Arbeitnehmers, sondern auch oder ausschließlich die wirtschaftliche Verwertung von Produkten oder Dienstleistungen auf dem freien Markt.

953 Die Provision wird ausgelöst durch Vermittlung oder Abschluss einer Absatzvereinbarung mit einem Dritten **(Vermittlungsprovision)**, oder dadurch, dass allgemein derartige Verträge mit einem bestimmten Kundenkreis einer Region vereinbart werden **(Bezirksprovision)**.

954 Sie kann sich auf alle oder bestimmte Geschäfte eines Unternehmens beziehen **(Umsatzprovision)** und damit nicht allein von der Leistung des Provisionsberechtigten abhängen, sondern in gleicher Weise auch die Leistungen anderer Mitarbeiter berücksichtigen.

bb) Rechtsgrundlage und Berechnung der Provision bei Handlungsgehilfen

955 Die Provision selbst richtet sich nach einem bestimmten Prozentsatz an dem wirtschaftlichen Wert des vermittelten oder abgeschlossenen Geschäfts. Die Provisionsberechnung kann aber auch auf Grundlage einer Punktewertung folgen.

956 Gem. § 65 HGB finden bestimmte, für den Handelsvertreter geltende Vorschriften (§§ 87 Abs. 1, 3, 87a–c HGB) auf Handlungsgehilfen entsprechende Anwendung. Voraussetzung ist, dass eine Provisionsvergütung ausdrücklich vereinbart worden ist, oder sich zumindest im Wege der Auslegung ermitteln lässt, dass eine erfolgsbezogene Vergütung i.S.d. Provisionsrechts übereinstimmend gewollt ist.

957 Die Provision kann als alleinige Vergütung vereinbart werden. Möglich ist es auch, dass ein monatlicher Mindestverdienst vorgesehen ist, der mit Provisionsansprüchen verrechnet wird (vgl. *BAG* 8.12.1982 AP Nr. 5 zu § 1 TVG Tarifverträge: Versicherungsgewerbe).

958 Trotz fehlender ausdrücklicher Verweisung in § 65 HGB sind § 87 Abs. 2, 4 HGB (Bezirks- und Inkassoprovision) sowie § 92 BGB (Versicherungsvertreter) anwendbar.

cc) Rechtsgrundlage bei anderen Arbeitnehmern

Soweit Arbeitnehmer, die keine Handlungsgehilfen sind, eine Provision erhalten, sind die in § 65 HGB in Bezug genommenen Vorschriften entsprechend anzuwenden. 959

Es ist jeweils zu überprüfen, ob sie für die spezielle Situation eines Arbeitnehmers geeignet sind. Seine Schutzbedürftigkeit, die aus seiner Abhängigkeit resultiert, muss auch bei einer Provisionsentlohnung berücksichtigt werden (*BAG* 4.7.1972 AP Nr. 6 zu § 65 HGB). 960

dd) Entstehung eines Provisionsanspruchs

Erforderlich ist, dass der Arbeitnehmer auf Grund seiner arbeitsvertraglichen Verpflichtung ein Geschäft mit einem Dritten vermittelt (§ 87 Abs. 1 HGB). Der Provisionsanspruch ist aber zunächst auflösend bedingt durch die tatsächliche Ausführung des Geschäfts. Ein unbedingter Provisionsanspruch entsteht gem. § 87a HGB erst dann, wenn der Arbeitgeber das Geschäft ausführt, spätestens jedoch, wenn der Dritte seinerseits die vertraglich geschuldete Leistung erfüllt hat. 961
Nach Auffassung des *LAG Köln* (23.10.2006 NZA-RR 2007, 236) reicht dann, wenn dem Arbeitnehmer ohne weitere Einschränkung eine Provision zugesagt worden ist, eine **Mitursächlichkeit der Tätigkeit** des Arbeitnehmers für das Zustandekommen des Geschäfts als Voraussetzung für den Provisionsanspruch aus.

Der Provisionsanspruch bleibt auch bestehen, wenn beide Seiten das Geschäft nicht ausführen, es sei denn, der Arbeitgeber hat die Unmöglichkeit nicht zu vertreten oder die Erfüllung ist ihm unzumutbar. Der Provisionsanspruch entfällt, wenn feststeht, dass der Dritte nicht leistet (z.B. bei Nichtigkeit, Anfechtung, Kündigung des Vertrages; vgl. MünchArbR/*Kreßel* § 68 Rz. 36). 962

Ein vermitteltes Geschäft liegt bei gleichartigen Folgegeschäften auch dann vor, wenn sie nicht unmittelbar auf die Tätigkeit des Arbeitnehmers zurückzuführen sind (§ 87 Abs. 1 2. Alt. HGB). Gem. § 87 Abs. 1 S. 2 HGB ist eine Provision ausgeschlossen, wenn für einen anderen ausgeschiedenen Arbeitnehmer gem. § 87 Abs. 3 HGB ein entsprechender Provisionsanspruch entstanden ist; u.U. ist eine Teilung zugunsten des nachfolgenden Handelsvertreters möglich, wenn dies wegen besonderer Umstände der Billigkeit entspricht (§ 87 Abs. 3 S. 2 HGB). 963

ee) Provisionsanspruch nach Beendigung des Arbeitsverhältnisses

Ist eine Provisionsregelung einzel- oder kollektivvertraglich vereinbart, so kann ein Provisionsanspruch auch dann noch geltend gemacht werden, wenn der Arbeitnehmer sein **Arbeitsverhältnis beendet hat, das abgeschlossene Geschäft aber überwiegend noch auf seine Tätigkeit während des Arbeitsverhältnisses zurückzuführen ist** (§ 87 Abs. 3 Nr. 1 HGB). Nicht ausreichend sind dagegen nur lose Geschäftskontakte. 964

Nach § 87 Abs. 3 Nr. 2 HGB besteht ein nachgehender Anspruch, wenn das Angebot des Dritten vor Beendigung des Arbeitsverhältnisses zugegangen ist. 965

Eine arbeitsvertragliche Vereinbarung, nach der ein angestellter Außendienstmitarbeiter neben seinem Fixum Provisionen nach Erreichen einer Jahressollvorgabe erhält, kann bei Fehlen einer Regelung für den Fall unterjähriger Beschäftigung durch Vertragsauslegung zu ergänzen sein. Da die Arbeitsvertragsparteien regelmäßig keine rechtswidrigen oder nichtigen Arbeitsvertragsbedingungen verabreden wollen, ist eine ergänzende Vertragsauslegung geboten, wenn die Vereinbarung der Parteien ohne die Ergänzung gegen § 622 Abs. 6 BGB verstößt. Davon ist auszugehen, wenn der Angestellte bei Ausübung des gesetzlichen Kündigungsrechts zum Ende des ersten Halbjahres wegen der Höhe der Jahressollvorgabe keinerlei Provisionsansprüche erwirbt (*BAG* 20.8.1996 EzA § 87 HGB Nr. 11) 966

ff) Abweichende Vereinbarungen

967 § 87 HGB ist abdingbar; abweichende Regelungen können sich aus einzel- und kollektivvertraglichen Vereinbarungen ergeben. Allerdings ist der Ausschluss einer Überhangsprovision nach § 87 Abs. 3 HGB nur dann zulässig, wenn es hierfür einen **sachlichen Grund** gibt (*BAG* 28.2.1984 EzA § 87 HGB Nr. 8; 20.8.1996 EzA § 87 HGB Nr. 11). Ob daran festzuhalten ist, dass der Anspruch auf bereits erarbeitete, aber erst nach Beendigung des Arbeitsverhältnisses fällige Provision **abbedungen** werden kann, hat das *BAG* (20.2.2008 EzA § 307 BGB 2002 Nr. 31 = NZA 2008, 1124) inzwischen allerdings **offen gelassen**. Danach spricht viel dafür, dass dies nicht möglich ist. Jedenfalls ist eine vom Arbeitgeber vorformulierte Vertragsklausel, nach der dem Arbeitnehmer als Überhangprovision nur die Hälfte der vereinbarten Provision zusteht, zu weit gefasst, benachteiligt den Arbeitnehmer entgegen den Geboten von Treu und Glauben unangemessen und ist deshalb gem. § 307 Abs. 1 S. 1 BGB unwirksam.

gg) Weitere Modalitäten des Provisionsanspruchs

968 Die Fälligkeit und Abrechnung (die ein **abstraktes Schuldanerkenntnis** gem. § 781 BGB darstellt; MünchArbR/*Kreßel* § 68 Rz. 49) regeln §§ 87a Abs. 4, 87 c HGB. Der Provisionssatz ist regelmäßig einzel- bzw. kollektivvertraglich festgelegt; § 87b HGB enthält insoweit lediglich eine subsidiäre Regelung.

969 Gem. § 87c Abs. 2, 3 HGB hat der Arbeitnehmer Anspruch auf Erteilung eines Buchauszuges, Auskunft über alle maßgeblichen Umstände, die für den Provisionsanspruch wesentlich sind; er kann zudem u.U. Einsicht in die Bücher und sonstigen Urkunden (gem. § 87c Abs. 4 HGB nach Wahl des Arbeitgebers entweder durch den Arbeitnehmer selbst oder einen vom Arbeitnehmer zu bestimmenden Wirtschaftsprüfer) verlangen.

hh) Verjährung; Ausschlussfristen

970 Der Anspruch auf Provision verjährt ebenso wie die Hilfsansprüche nach § 87c HGB gem. **§§ 195 ff. BGB n. F** in ab dem 1.1.2002 begründeten Arbeitsverhältnissen bzw. in davor begründeten Arbeitsverhältnissen ab dem 1.1.2003, bis dahin gem. §§ 195 ff. BGB a.F. Die Klage auf Auskunft, Rechnungslegung oder Erteilung der Buchauszüge (§ 87c HGB) hemmt nicht die Verjährung der jeweiligen Provisionsansprüche (*BAG* 30.4.1971 AP Nr. 15 zu § 9 ArbGG 1953; 5.9.1995 EzA § 196 BGB Nr. 9). Zu beachten sind sowohl für den Provisionsanspruch als auch für die Hilfsrechte nach § 87 HGB **tarifliche Ausschlussfristen**. Sie sind mit § 87c Abs. 5 HGB vereinbar, weil sie die Rechte unberührt lassen und nur die Abwicklung schneller gestalten sollen (*BAG* 23.3.1982 EzA § 87c HGB Nr. 4).

ii) Darlegungs- und Beweislast

971 Für die **Ausführung des Geschäfts** i.S.d. § 87a Abs. 1 S. 1 HGB bzw. für die Ausführung durch den Dritten trägt der **Arbeitnehmer** die Beweislast, da es sich hierbei um anspruchsbegründende Tatsachen handelt.

972 Im Rahmen des § 87a Abs. 3 S. 2 HGB muss der Arbeitnehmer nachweisen, dass die Nichterfüllung feststeht.

973 Demgegenüber muss der **Arbeitgeber** die von ihm **nicht zu vertretende Unmöglichkeit** oder die **Unzumutbarkeit** der Erfüllung nachweisen. Gleiches gilt für die Umstände einer Nichtleistung des Dritten nach § 87a Abs. 2 HGB, da es sich um Tatsachen handelt, die den Anspruch zum Erlöschen bringen (MünchArbR/*Kreßel* § 68 Rz. 37).

jj) Der Sonderfall: Wegfall einer Topfabrede

974 Schließen zwei Verkäufergruppen zum Ausgleich ihrer unterschiedlich hohen Provisionseinkünfte auf Veranlassung des Arbeitgebers eine sog. Topfvereinbarung und wird diese später

gekündigt, so kann sich für diejenigen Verkäufer, die ohne Topfvereinbarung erheblich geringere Provisionseinkünfte haben, ein Anspruch auf **Anhebung ihrer Vergütung aus einer ergänzenden Vertragsauslegung** ergeben (*BAG* 3.6.1998 EzA § 157 BGB Nr. 4).

b) Umsatz- und Gewinnbeteiligung

aa) Begriffe; Abgrenzung

Die Umsatz- und Gewinnbeteiligung (Tantieme) ist eine zusätzliche Vergütung, die das übliche Arbeitsentgelt ergänzt. Es soll damit nicht die dem Arbeitnehmer zustehende übliche Vergütung abgegolten werden. 975

Davon zu unterscheiden ist die Ergebnis- oder Erfolgsbeteiligung, die sich auf einen Leistungs- oder Arbeitserfolg, nicht jedoch auf den Markterfolg des Unternehmens bezieht (s. *BAG* 3.5.2006 NZA-RR 2006, 582 zur Erfolgsbeteiligung nach einem »Carried-Interest-Plan«; dazu *Hohenstatt/Starner* BB 2006, 2413 ff.). 976

Abgestellt werden kann auf den Markterfolg des Betriebes, des Unternehmens, aber auch eines Betriebsteiles oder einer Abteilung. Wird auf den Gewinn abgestellt, so ist regelmäßig der jährliche Reingewinn nach Maßgabe der Handels-, nicht aber nach der hiervon abweichenden Steuerbilanz (*BAG* 13.4.1978 EzA § 611 BGB Tantieme Nr. 1; für Vorstandsmitglieder einer AG besteht eine Sonderregelung gem. § 86 Abs. 1 AktG) maßgeblich (vgl. ausf. *Ricken* NZA 1999, 236 ff.); möglich ist auch ein **Bezug zum Betriebsergebnis**. Der Arbeitgeber hat dann die Erfolgsbeteiligung nach billigem Ermessen festzulegen (*LAG Nbg.* 23.7.2002 ARST 2003, 43 LS = NZA-RR 2003, 411). Wird eine arbeitsvertraglich vereinbarte Erfolgsbeteiligung auf der Grundlage der »**Dividende** der ... AG« errechnet, ist der von der Hauptversammlung zusätzlich zur Dividende beschlossene, als »Sonderausschüttung« bezeichnete Gewinnanteil nicht der Berechnung der Erfolgsbeteiligung zugrunde zu legen (*BAG* 12.2.2003 – 10 AZR 392/02 – NZA 2003, 800 LS = NZA-RR 2003, 459). **§ 216 Abs. 3 AktG** passt den **wirtschaftlichen Inhalt von Erfolgsbeteiligungsvereinbarungen mit Arbeitnehmern rechnerisch an**, wenn die Vereinbarung auf die Gewinnausschüttung der Gesellschaft, den Nennbetrag oder Wert ihrer Aktien oder ihres Grundkapitals oder auf sonstige Kapital- oder Gewinnverhältnisse Bezug nimmt. Wird das Grundkapital einer AG bei gleichzeitiger Ausgabe von Gratisaktien an die Aktionäre aus Eigenmitteln erhöht und dadurch die auf die Aktie entfallende Dividende vermindert, kann ein Arbeitnehmer, dessen Erfolgsbeteiligung an die Höhe der Dividende pro Aktie anknüpft, einen Anspruch auf eine entsprechende Erhöhung der Erfolgsbeteiligung haben (*BAG* 12.10.2005 EzA § 611 BGB 2002 Tantieme Nr. 1 = NZA 2006, 568 LS). 977

> Demgegenüber stellt eine zusätzlich zum Gehalt gewährte **prozentuale Beteiligung** an dem vom Angestellten erzielten **Umsatz** keine widerrufbare Sonderleistung dar; vielmehr handelt es sich um einen **Teil des Entgelts** für die vertraglich geschuldete Arbeitsleistung. (*BAG* 8.9.1998 EzA § 611 BGB Nr. 29). Eine Vereinbarung, dass diese Umsatzbeteiligung im Folgejahr in **monatlichen gleichen Raten** ausgezahlt werden soll, **regelt nur die Leistungszeit.** Sie bewirkt aber nicht, dass der Anspruch untergeht, wenn das Arbeitsverhältnis im folgenden Jahr nicht mehr besteht (*BAG* 8.9.1998 EzA § 611 BGB Nr. 29). 978
> Andererseits ist die einem leitenden Angestellten zugesagte Beteiligung am Jahresgewinn des von ihm geführten Betriebs (**Tantieme**) eine **Erfolgsvergütung.** Nach §§ 275 Abs. 1, 326 Abs. 1 BGB erlischt der Anspruch, wenn der Angestellte während des gesamten Geschäftsjahres **arbeitsunfähig erkrankt** ist und **keine Entgeltfortzahlung** beanspruchen kann (*BAG* 8.9.1998 EzA § 611 BGB Tantieme Nr. 1).
> Bezeichnet der Arbeitgeber demgegenüber bei einer im Arbeitsvertrag und bei den arbeitgeberseitigen Zusicherungen nur unvollständigen Regelung der Voraussetzungen für eine Tantieme diese in Abrechnungen als »**Abschlussvergütung**« und zahlt er diese auch in Jahren mit **Bilanzverlusten**, so handelt es sich nicht um eine Gewinnbeteiligung, sondern um eine davon unabhängige **Gratifikation** für geleistete Dienste und bewiesene Betriebstreue, auf die auch in Verlustjahren ein Anspruch bestehen kann (*LAG Hamm* 23.2.2001 NZA-RR 2001, 525).

bb) Rechtsgrundlage

979 Als Rechtsgrundlage einer Tantieme kommen **einzel- und kollektivvertragliche Vereinbarungen** in Betracht. Sie kann als eine freiwillige, jederzeit einseitig widerrufbare (vgl. aber §§ 305 ff. BGB u. § 106 GewO/§ 315 BGB; s. ausf. o. Kap. 1 Rn. 576 ff.) Zusage ausgestaltet sein.

In der Praxis werden Tantiemen vor allem an Führungskräfte und leitende Angestellte gezahlt.

cc) Keine Einschränkung der Unternehmensführung

980 Die Gewinnbeteiligung des Arbeitnehmers schränkt Entscheidungen des Arbeitgebers über die Unternehmensführung nicht ein. Das gilt vor allem dann, wenn Kunden Preisnachlässe gewährt werden und sich dadurch die Gewinnbeteiligung verringert (*BAG* 13.4.1978 EzA § 611 BGB Tantieme Nr. 1).

dd) Auskunftsanspruch

981 Allerdings ist mit dem Anspruch auf Gewinnbeteiligung ein Anspruch auf Auskunft gegenüber dem Arbeitgeber verbunden. Dem Arbeitnehmer muss auf diese Weise die Möglichkeit eingeräumt werden, den Umfang des Anspruchs zu überprüfen (§ 242 BGB; MünchArbR/*Kreßel* § 68 Rz. 96). Ein derartiger Anspruch besteht jedenfalls dann auch hinsichtlich der Verteilung der im Auftragsgebiet des Arbeitnehmers eingegangenen Aufträge, wenn die durch Tatsachen gestützte **Besorgnis** gerechtfertigt ist, dass der Arbeitgeber den Arbeitnehmer bei der Zuteilung der Aufträge **benachteiligt** hat (*BAG* 21.11.2000 NZA 2001, 1093).

982 Wird dem Arbeitnehmer eine **Gewinn- und Verlustrechnung** eines Wirtschaftsprüfers überlassen, bei der vom Wirtschaftsprüfer bestätigt wird, dass die internen Kostenumlagen auf Plausibilität geprüft werden, muss der Arbeitnehmer zunächst **ergänzende Auskunft** verlangen (§§ 157, 242 BGB), bevor Einsichtnahme in die Bücher verlangt werden kann (*LAG Nbg.* 8.5.2001 ARST 2001, 258 LS).

ee) Maßregelungsverbot

983 Bei der Bestimmung des Adressatenkreises einer freiwilligen Leistung (Erfolgs- und Umsatzbeteiligungen) hat der Arbeitgeber § 612a BGB zu beachten. Insoweit kann eine unzulässige Maßregelung darin liegen, dass der Arbeitgeber den Adressatenkreis um diejenigen Mitarbeiter verringert, die zuvor in zulässiger Weise ihre vertraglichen Rechte ausgeübt haben, indem sie sich der vertraglichen Verlängerung der Wochenarbeitszeit ohne Lohnausgleich widersetzt haben. Sie sind so zu stellen, als wäre die Maßregelung nicht erfolgt; sie haben also Anspruch auf die Leistung, die ihnen zugestanden hätte, wenn sie zum Adressatenkreis der Regelung gehört hätten (*BAG* 12.6.2002 EzA § 612a BGB Nr. 2).

ff) Verjährung

984 Für die Verjährung gelten **§§ 195 ff. BGB n.F.** für ab dem 1.1.2002 begründete Arbeitsverhältnisse, sowie für zuvor begründete Arbeitsverhältnisse ab dem 1.1.2003. Demgegenüber gelten §§ 195 ff. BGB a.F. für Alt-Arbeitsverhältnisse noch bis zum 31.12.2002.

gg) Ausscheiden aus dem Betrieb

985 Eine Tantieme ist, soweit nichts anderes vereinbart ist, dem Arbeitnehmer anteilig zu zahlen, wenn er während des Geschäftsjahres aus dem Betrieb ausscheidet oder in das Unternehmen eintritt (*BAG* 3.6.1958 AP Nr. 9 zu § 59 HGB).

c) Die aktuellen Entwicklungen: Zielvereinbarungen

aa) Allgemeines

Eine in den letzten Jahren immer beliebter werdende Form variabler Vergütung sind Zielvereinbarungen. Dem Mitarbeiter wird eine bestimmte finanzielle Zusatzleistung (»Prämie«, »Bonus«, »Tantieme« etc.) zugesagt für den Fall, dass er bestimmte, im Vorhinein definierte Ziele ganz oder teilweise erreicht. Der Zielerreichungszeitraum ist regelmäßig ein Jahr. Hintergrund dieser Vergütungsform ist der Gedanke, die Mitarbeiter eigenverantwortlich über den besten Weg zur Zielerreichung entscheiden zu lassen (Management by objectives). Überdies ermöglicht eine Zielvereinbarungsabrede, je nach den wechselnden Bedürfnissen des Unternehmens jedes Jahr andere Ziele vorzugeben. **986**

So überzeugend Zielvereinbarungen aus personalwirtschaftlicher Sicht sein mögen (ausf. *Geffken* NZA 2000, 1033), so streitanfällig sind sie in der Praxis; über keine andere variable Vergütungsform wird so viel prozessiert. Die Gründe dafür sind vielfältig. Eine gesetzliche Regelung fehlt (§§ 65, 87 ff. HGB gelten nur für variable Zahlungen, die vom Abschluss bestimmter Außengeschäfte abhängen). Zielvereinbarungen werden oft unklar oder unvollständig formuliert und überdies in der betrieblichen Praxis häufig anders gehandhabt als eigentlich vereinbart. Schließlich fehlen regelmäßig Regelungen zu Leistungsstörungen (Kündigung, Freistellung, Krankheit, Änderung der Geschäftspolitik etc.). **987**

bb) Rechtliche Grenzen

Zielvereinbarungen sind grds. **zulässig**. Allerdings darf das Marktrisiko nicht auf den Arbeitnehmer abgewälzt werden, so dass es mit § 138 BGB kollidieren kann, wenn bei extrem niedriger Festvergütung der weit überwiegende Teil der Vergütung zielabhängig gezahlt werden soll (*Berwanger* BB 2003, 1502; *Annuß* NZA 2007, 291). Gilt ein **tarifliches Mindestgehalt**, so muss dem Arbeitnehmer unabhängig von der Zielerreichung jedenfalls die tarifliche Mindestvergütung verbleiben (*Riesenhuber/v. Steinau-Steinrück* NZA 2006, 790). **988**

cc) Vertragliche Gestaltung

Auf die **Formulierung** von Zielvereinbarungsabreden wird regelmäßig zu wenig Sorgfalt verwendet. Sind sie vorformuliert, gehen nach § 305c Abs. 2 BGB Unklarheiten zu Lasten des Verwenders (dazu *Riesenhuber/v. Steinau-Steinrück* NZA 2006, 788; *Horcher* BB 2007, 2070). Zielvereinbarungen können zum einen »**harte**«, d.h. messbare Ziele, zum Gegenstand haben (Gewinnung des Großkunden X, Installation eines EDV-Systems etc.). Meist geht es aber um »**weiche**« Ziele, die eine Bewertung erfordern (Verbesserung der Zusammenarbeit zwischen den Filialen, erfolgreicher Aufbau einer Vertriebsstruktur etc.; dazu ausf. *Mauer* NZA 2002, 540). **989**

Die jährlichen **Zielvorgaben** werden typischerweise vom jeweiligen Vorgesetzten **einseitig festgesetzt**. Denkbar ist aber auch, dass die Ziele gemeinsam vom Mitarbeiter und vom Vorgesetzten vereinbart werden sollen. Häufig wird der Arbeitsvertrag trotz vermeintlich entgegenstehender Formulierung so zu verstehen sein, dass es nur um eine Mitwirkung (Anhörung, Abstimmung etc.) des Mitarbeiters geht, aber der Vorgesetzte im Falle der Nicht-Einigung ein einseitiges Festsetzungsrecht haben soll (z.B. *LAG Köln* 23.5.2002 DB 2003, 451; *LAG Düsseld.* 28.7.2006 DB 2006, 2635; genau andersherum *Riesenhuber/v. Steinau-Steinrück* NZA 2006, 788: im Zweifel einvernehmliche Festlegung der Ziele). Eine Regelung, nach der tatsächlich Einigkeit erforderlich ist, geht an der Realität vorbei, wenn nicht zugleich ein Konfliktlösungsmechanismus vereinbart ist, denn die Anrufung des Arbeitsgerichts zur Klärung der Zielvorgaben ist im ungestörten Arbeitsverhältnis keine Alternative. In der Praxis unterbleibt bei Nichteinigung regelmäßig die Zielvorgabe, was allerdings Streit am Jahresende vorprogrammiert (s. Rn. 1000). **990**

991 Meist wird nicht ausdrücklich geregelt, wer am Jahresende in welchem Verfahren die Zielerreichung messen bzw. feststellen soll. Dann obliegt die **Feststellung** dem Arbeitgeber, der sie bei »weichen« Zielen nach billigem Ermessen (§ 315 BGB) treffen muss. Selten anzutreffen sind Regelungen, wonach die Zielerreichung gemeinsam von Arbeitgeber und Arbeitnehmer festgestellt werden soll, wobei dann bei Nichteinigung gem. § 315 BGB die Festsetzung dem Arbeitgeber obliegt.

992 Auslegungsprobleme ergeben sich oft hinsichtlich der Frage, ob nur bei voller Zielerreichung eine Zahlung verdient sein soll oder ob bei **anteiliger Zielerreichung** anteilig zu zahlen ist (ausf. *Behrens/Rinsdorf* NZA 2006, 830; *Riesenhuber/v. Steinau-Steinrück* NZA 2006, 790). Dies richtet sich vor allem nach der Formulierung der Zielvereinbarung, aber auch nach der Art des Zieles. Je weicher das Ziel, desto eher wird ein anteiliger Anspruch anzunehmen sein. Bei Zweifeln über die Auslegung einer Zielvereinbarung kann bedeutsam sein, wie sie in der Vergangenheit gehandhabt wurde.

dd) Beweislast für Zielerreichung

993 Grundsätzlich trägt der Arbeitnehmer die **Beweislast für die Zielerreichung** (*Riesenhuber/v. Steinau-Steinrück* NZA 2006, 791; diff. *Behrens/Rinsdorf* NZA 2003, 366, ausf. *Mauer* NZA 2002, 549). Gegebenenfalls kann er im Wege der Stufenklage zunächst Auskunft und ggf. Abgabe der eidesstattlichen Versicherung verlangen.

ee) Leistungsstörungen

994 Besondere Probleme machen Zielvereinbarungen im Falle von Leistungsstörungen. Die Rechtsfolgen richten sich primär nach der vertraglichen Vereinbarung, die allerdings häufig lückenhaft ist (i.E. *Mauer* NZA 2002, 543):

995 **Scheidet** der Arbeitnehmer **unterjährig** aus, so erlischt der Anspruch auf anteilige Zahlung im Regelfall nicht. Etwas anderes kann jedoch vereinbart werden; die Zielvereinbarung hat dann Mischfunktion und dient auch dazu, die Betriebstreue zu honorieren (*Bauer/Diller/Göpfert* BB 2002, 885; **a.A.** *Hidalgo/Rid* BB 2005, 2688). Andererseits kann der Arbeitnehmer bei unterjährigem Ausscheiden stets nur eine pro rata gekürzte Zahlung verlangen, selbst wenn im Vertrag von einer Kürzung nichts steht (*LAG Düsseld.* 28.7.2006 DB 2006, 2635). Schwierig ist die Berechnung einer anteiligen Zahlung (*Mauer* NZA 2002, 545 f.). Handelt es sich um eine teilbare oder skalierbare Zielvorgabe, so ist ratierlich zu berechnen (besteht das Ziel z.B. darin, eine bestimmte Zahl neuer Außendienstmitarbeiter einzustellen, kann ohne weiteres bewertet werden, wie weit der Arbeitnehmer bis zu seinem Ausscheiden anteilig Erfolg hatte). Bei Ja-/Nein-Zielen (Gewinnung des Unternehmens X als Kunden) ist eine anteilige Berechnung nicht möglich, so dass der Anspruch vollständig entfällt, wenn bis zum Ausscheidenstermin der Arbeitnehmer noch keinen Erfolg hatte.

996 Die dem Arbeitnehmer gesteckten **Ziele** werden nicht selten im Lauf des Jahres von der Geschäftsführung **aufgegeben** oder sie **gehen ins Leere**. Soll der Arbeitnehmer bspw. ein bestimmtes EDV-System erfolgreich installieren, kann er das nicht mehr, wenn die Geschäftsführung nach einem Testlauf beschließt, das System doch nicht flächendeckend einzuführen. Hier kommt je nach den Umständen eine Anpassung nach den Grundsätzen des Wegfalls der Geschäftsgrundlage in Betracht, der Arbeitgeber hat dann Alternativziele festzusetzen (*Annuß* NZA 2007, 292 f.; *Riesenhuber/v. Steinau-Steinrück* NZA 2006, 792). Wo das untunlich oder unmöglich ist (z.B. wenn das Jahr schon fast abgelaufen ist), tritt an die Stelle der Zielvereinbarungstantieme eine nach § 315 BGB vom Arbeitgeber nach billigem Ermessen festzusetzende Zahlung (anders *Behrens/Rinsdorf* NZA 2006, 832: Lösung über § 162 BGB; wieder anders *Berwanger* BB 2003, 1503: Bei Nichterreichung des Ziels habe der Arbeitgeber regelmäßig nach der Betriebsrisikolehre zu zahlen). Mit dem Wegfall der Geschäftsgrundlage darf man allerdings nicht zu schnell sein. Die Zielvereinbarung ist für den Arbeitnehmer ein Risikogeschäft und sollte es auch bleiben (*Bauer/Diller/Göpfert* BB 2002, 884; instruktiv zum Arbeitnehmerrisiko bei erfolgsabhängiger Vergütung *BAG*

3.5.2006 DB 2006, 1499). Überdies soll die Zielvereinbarung nicht nur die Anstrengungen des Mitarbeiters honorieren, sondern auch den Mehrwert, den er für das Unternehmen schafft. Nicht jede geringfügige Änderung der betrieblichen Umstände rechtfertigt deshalb schon das Verlangen nach einer Anpassung. Von vornherein unrealistische und unerreichbare Ziele können nach § 138 BGB korrigiert werden.

Noch ungeklärt ist die Auswirkung von **krankheitsbedingten Fehlzeiten** (*Annuß* NZA 2007, 293; *Mauer* NZA 2002, 543 f.). Kann der Arbeitnehmer die Ziele nicht erreichen, weil er längere Krankheitszeiten hat, die die sechswöchige Entgeltfortzahlung überschreiten, kann er grds. keinen Ausgleich dafür verlangen (*Annuß* NZA 2007, 293). Bei Krankheitszeiträumen, ggf. mehreren, unterhalb der Sechswochengrenze ist dagegen die Zielerreichungstantieme zu zahlen, wenn der Arbeitnehmer nachweisen kann, dass er ohne die Krankheitszeiten das Ziel erreicht hätte. **997**

Ob eine **Freistellung**, egal ob rechtmäßig oder nicht, den Arbeitnehmer um die Zielerreichungstantieme bringen kann, ist umstritten. Man könnte den Gedanken des § 162 BGB heranziehen (**a.A.** *Behrens/Rinsdorf* NZA 2006, 834 für eine berechtigte Freistellung). Allerdings träfe den Arbeitnehmer die Beweislast dafür, dass bzw. zu welchem Grad er die Ziele erreicht hätte. Sind hinreichende Anhaltspunkte vorhanden, kann das Gericht dem Arbeitnehmer durch Schätzung (entsprechend § 287 Abs. 2 ZPO) helfen. **998**

ff) Vorauszahlung

Häufig wird eine **Vorauszahlung** auf die Zielerreichungstantieme in Form monatlicher Abschlagszahlungen vereinbart. Am Jahresende ist dann abzurechnen, zu viel gezahlte Vorauszahlungen muss der Arbeitnehmer zurückzahlen. Ist der Zielerreichungszeitraum abgelaufen, kann der Arbeitnehmer nur noch auf die tatsächlich erreichte Tantieme bzw. vorgelagert auf Abrechnung/Auskunft klagen, nicht mehr jedoch auf ausstehende Vorauszahlungen (*LAG Hmb.* 9.2.2005 NZA-RR 2005, 496). **999**

gg) Unterbliebene Zielfestlegung

Geradezu ein Dauerbrenner ist die Situation, dass entgegen der getroffenen Vereinbarung die **Festlegung** der konkreten Ziele für das betreffende Jahr **unterblieben** ist (ausf. *Behrens/Rinsdorf* NZA 2006, 1129; *Schmiedl* BB 2006, 2417; *Mauer* NZA 2002, 547). Diskutiert wurden verschiedene Lösungen (vgl. auch *Gelhaar* NZA-RR 2007, 113): **1000**

- Jedenfalls Anspruch auf denjenigen Betrag, den der Arbeitnehmer als monatliche Vorauszahlung auf die Zielerreichungstantieme erhalten hat (*LAG Köln* 3.4.2006 – 14 (9) Sa 5/06 – ZTR 2006, 553).
- Hat der Arbeitnehmer versäumt, den Arbeitgeber wegen der Festlegung der Ziele anzusprechen, verliert er den Tantiemeanspruch (*Bauer/Diller/Göpfert* BB 2002, 883).
- Bestimmung der Zielvorgabe durch gerichtliches Urteil jedenfalls dann, wenn der Arbeitnehmer nicht gänzlich untätig war, sondern mindestens einmal die Festlegung der Ziele gefordert hatte (*LAG Hessen* 29.1.2002 – 7 Sa 836/01 – AiB 2002, 575).
- Es kann im Wege der ergänzenden Vertragsauslegung (für diesen Weg grds. *Schmiedl* DB 2004, 329) auf die Zielvorgabe des Vorjahres abgestellt werden, wenn diese noch Sinn macht (*Bauer* FA 2002, 295; *Bauer/Diller/Göpfert* BB 2002, 883; *Berwanger* BB 2003, 1502; *LAG Hamm* 26.11.2004 AuA 2005, 240).
- Bestimmung der Tantieme gem. § 315 BGB nach billigem Ermessen (*LAG Hamm* 26.11.2004 AuA 2005, 240; *LAG Hessen* 29.1.2002, besprochen in AiB 2002, 575; *Mauer* NZA 2002, 540 ff.; vgl. dazu *BGH* 9.5.1994 NJW-RR 1994, 1056; *ArbG Düsseld.* 13.8.2003 DB 2004, 1103; *Behrens/Rinsdorf* NZA 2006, 835).
- Vergütungsanspruch des Arbeitnehmers aus § 280 ff. BGB nebst Schätzung nach § 287 ZPO (*BAG* 19.8.1976 EzA § 611 BGB Beschäftigungspflicht Nr. 1; 18.9.2001 EzA § 611 BGB Mehrarbeit Nr. 8; *LAG Hamm* 24.11.2004 AuA 2005, 236).
- Entsprechend § 162 Abs. 1 BGB fiktive Zielerreichung von 100 % (*LAG Düsseld.* 28.7.2006 DB 2006, 2635; *LAG Köln* 23.5.2002 NZA-RR 2002, 305; in diese Richtung auch *BSG* 23.3.2006 DB 2006, 1864).

Das *BAG* hat nunmehr mit Urteil vom 12.12.2007 (EzA § 611 BGB 2002 Gratifikation, Prämie Nr. 22) den gordischen Knoten durchgeschlagen und entschieden, dass über § 280 BGB i.V.m. § 287 ZPO vorzugehen ist: Nach Ablauf des Geschäftsjahrs, für das die Tantieme zugesagt war, ist die Vereinbarung von Zielen nicht mehr möglich. Unterlässt der Arbeitgeber die Festlegung der Ziele, macht er sich gegenüber dem Arbeitnehmer schadenersatzpflichtig. Der Schaden besteht im Verlust derjenigen Bonuszahlung, die für den Fall der Zielfestsetzung erreicht worden wäre. Dies hat das Gericht unter Würdigung aller Umstände nach freier Überzeugung zu entscheiden. Dabei soll zu berücksichtigen sein, dass Zielerreichungssysteme ihre Funktion als zusätzlichen Anreiz nur erfüllen können, wenn realistische Ziele vereinbart werden, die erfüllbar sind. Das Gericht kann sich die Ermittlung aller Umstände nicht dadurch ersparen, dass es auf die Höhe der Zielerreichungstantieme des Vorjahrs zurückgreift. Bei der Bemessung des Schadens ist auch zu berücksichtigen, ob und in welchem Umfang den Arbeitnehmer ein Mitverschulden daran trifft, dass keine Zielvereinbarung getroffen wurde.

hh) Mitbestimmung des Betriebsrats

1001 Weitgehend ungeklärt sind nach wie vor die mitbestimmungsrechtlichen Fragen von Zielvereinbarungen (*Däubler* NZA 2006, 793; *Rieble/Gistel* BB 2004, 2462). Zweifellos unterfallen Zielvereinbarungen **§ 87 Abs. 1 Nr. 10 BetrVG**, so dass der Betriebsrat zumindest über die Einführung von Zielvereinbarungen sowie hinsichtlich deren Grundstruktur (»harte« oder »weiche« Ziele? Einseitige Vorgabe der Ziele oder einvernehmliche Festlegung? etc.) mitzubestimmen hat. Die individuelle Festlegung der einzelnen jährlichen Ziele mit dem einzelnen Arbeitnehmer innerhalb eines vorgegebenen Rahmens ist dagegen als reine Individualmaßnahme nicht mitbestimmungspflichtig.

1002 Das **Einsichtsrecht** des Betriebsrats in die Lohn- und Gehaltslisten erstreckt sich auch auf die jeweils gezahlten Zielerreichungstantiemen. Überdies kann der Betriebsrat im Rahmen seines Kontrollrechts nach § 80 Abs. 1 Nr. 1 BetrVG verlangen, dass der **Arbeitgeber mitteilt**, welche Ziele er mit den einzelnen Arbeitnehmern vereinbart hat und inwieweit sie diese Ziele erreicht haben (*BAG* 21.10.2003 EzA § 80 BetrVG Nr. 3; krit. dazu *Rieble/Gistel* BB 2004, 2462).

7. Gratifikationen, Sonderzuwendungen

a) Grundlagen

1003 Von besonderer praktischer Bedeutung sind mit der Zahlung sog. Gratifikationen, Sonderzuwendungen verbundene Rechtsfragen.

1004 **Gratifikationen sind Sonderzuwendungen, die der Arbeitgeber aus bestimmten Anlässen (z.B. Weihnachten, Urlaub) neben der Arbeitsvergütung gewährt.** Davon zu **unterscheiden** ist die sog. **Jahresabschlussgratifikation**. Damit werden die Arbeitnehmer unabhängig von ihrem persönlichen Anteil am Gewinn des Unternehmens, eines Betriebes oder einer Betriebsabteilung beteiligt. Die für die Gratifikation geltenden Rechtsgrundsätze werden nach der Rechtsprechung (*BAG* 21.2.1974 AP Nr. 81 zu § 611 BGB Gratifikation) auf die Abschlussgratifikation entsprechend angewandt, weil die Zahlung von der persönlichen Erwirtschaftung des Gewinns unabhängig ist. Daneben wird vielfach ein sog. 13. Monatsgehalt gezahlt.

1005 Gemeinsam ist den Sonderzuwendungen i.d.R., dass sie **einmal jährlich fällig werden** (häufig am 1.12., zum Jahresende, oder aber, wie bei der Jahresabschlussgratifikation, erst im Folgejahr).

b) Zweck derartiger Leistungen

1006 Der Arbeitgeber kann mit der Gewährung derartiger Leistungen verschiedene Zwecke verfolgen: Zum einen kann es um die Abgeltung vergangener Dienste gehen, zum anderen können sowohl die vergangene als auch die zukünftige Betriebstreue belohnt werden. Schließlich kann der Arbeitgeber beide Zwecke verfolgen (*BAG* 26.9.2007 – 10 AZR 568, 569, 570/06 – EzA-SD 24/2007 S. 7 LS = NZA 2007, 1424; vgl. *Gaul* BB 1994, 494 ff.; *Tofall* ZTR 1997, 446 ff.).

c) Die praktischen Probleme

Problematisch ist in der Praxis (vgl. *Beckers* NZA 1997, 129 ff.) insbes., 1007
- inwieweit ein Arbeitnehmer, der vor Erreichen des regelmäßig für die Zahlung maßgeblichen Stichtages aus dem Arbeitsverhältnis ausscheidet, eine anteilige Zahlung für die zurückgelegte Dauer des Beschäftigungsverhältnisses im Kalenderjahr verlangen kann;
- inwieweit ein Arbeitnehmer, der in den ersten Monaten des nachfolgenden Kalenderjahres aus dem Arbeitsverhältnis ausscheidet, eine entsprechende Zahlung zurückerstatten muss;
- inwieweit Fehlzeiten (z.B. durch Krankheiten, Mutterschutz oder Elternzeit) zum Wegfall bzw. zur Minderung des Anspruchs führen und
- welche Auswirkungen die Schuldrechtsreform insoweit hat (s.a. Kap. 1 Rn. 576 ff.).

d) Auslegung der Zusage

aa) Grundfragen

Ob mit der Sonderzuwendung nur die **Abgeltung vergangener Dienste** bezweckt oder aber 1008
sowohl vergangene und zukünftige **Betriebstreue belohnt** werden soll, ist im Wege der **Auslegung der Zusage** zu entscheiden. **Die Bezeichnung der Zuwendung allein ist dafür nicht maßgebend** (*BAG* 11.11.1971 AP Nr. 71 zu § 611 BGB Gratifikation). Sie kann allenfalls als ein zusätzliches Indiz (*Beckers* NZA 1997, 130 f.), nicht aber als ausschlaggebendes oder gar alleiniges Merkmal für eine bestimmte Zielsetzung herangezogen werden (*BAG* 24.10.1990 EzA § 611 BGB Gratifikation, Prämie Nr. 81).

Der mit der Zahlung verfolgte Zweck ergibt sich folglich aus den Voraussetzungen, von 1009
denen die Erfüllung der Leistung in der Zusage abhängig gemacht wird (*BAG* 26.9.2007 – 10 AZR 568, 569, 570/06 – EzA-SD 24/2007 S. 7 LS = NZA 2007, 1424).

bb) Die Zweckbestimmung anhand der Leistungsvoraussetzungen

Soll allein die bewiesene Betriebstreue belohnt werden, so kommt dies i.d.R. dadurch 1010
zum Ausdruck, dass der Anspruch erst entsteht, wenn der Arbeitnehmer innerhalb des Bezugszeitraums eine bestimmte Zeitdauer dem Betrieb angehört hat und zu einem bestimmten Stichtag noch Arbeitnehmer ist. Soweit z.B. im Tarifvertrag über betriebliche Sonderzahlungen im Kfz-Handwerk Hessen vorgesehen ist, dass »**anspruchsberechtigte Arbeitnehmer**« beim Ausscheiden wegen vorgezogenen Altersruhegeldes die volle Leistung erhalten, setzt der Anspruch voraus, dass das Arbeitsverhältnis am Auszahlungstag, dem 1.12. des Kalenderjahres, besteht (*BAG* 24.10.2001 NZA 2002, 1158). Auch Arbeitnehmer des **öffentlichen Dienstes**, die infolge einer arbeitgeberseitigen Kündigung vor dem 1.12. eines Jahres aus dem Beschäftigungsverhältnis ausscheiden, haben für das Jahr, in dem das Arbeitsverhältnis endet, keinen Anspruch auf Zahlung eines Weihnachtsgeldes nach Maßgabe des Tarifvertrages über eine Zuwendung für Angestellte (*ArbG Frankf./O.* 25.4.2002 NZA-RR 2003, 669).

Sonderzahlungen sind andererseits **Entgelt im engeren Sinne und keine Gratifikationen,** 1011
wenn sie in das im vertraglichen Gegenseitigkeitsverhältnis stehende Vergütungsgefüge ein-

gebaut sind, ausschließlich die Entlohnung erbrachter Arbeitsleistung zum Gegenstand haben und kein darüber hinausgehender Zweck verfolgt wird (*BAG* 24.10.1990 EzA § 611 BGB Gratifikation, Prämie Nr. 81).

1012 Die Sonderzuwendung kann aber auch einen **Mischcharakter** haben (Entgelt im weiteren Sinne); sie kann sowohl Sonderzuwendung als auch Arbeitsentgelt zugleich sein. Derartige Entgelte sind regelmäßig von weiteren anspruchsbegründenden Voraussetzungen abhängig. Soll auch die zukünftige Betriebstreue belohnt werden, so wird dies zumeist dadurch sichergestellt, dass der Arbeitnehmer am Ende des Bezugszeitraums in einem ungekündigten Arbeitsverhältnis stehen oder dass er auch nach dem Ende des Bezugszeitraums noch bis zu einem bestimmten Stichtag des folgenden Jahres dem Betrieb angehören muss (*BAG* 18.1.1978, 27.10.1978 EzA § 611 BGB Gratifikation, Prämie Nr. 54, 57; *LAG Hamm* 28.1.2000 NZA-RR 2000, 539).

1013 Gewährt eine Betriebsvereinbarung ein zusätzliches Entgelt für unfallfreies Fahren im Bezugszeitraum, so können die Betriebspartner darüber hinaus auch weitere anspruchsbegründende Voraussetzungen für den Bezug der Sonderzahlung festlegen, z.B. ein im Bezugszeitraum durch Eigenkündigung des Arbeitnehmers nicht beendetes Arbeitsverhältnis (*BAG* 10.1.1991 EzA § 611 BGB Gratifikation, Prämie Nr. 82). Wird eine Sonderzahlung rechtlich zulässig von mehreren Anspruchsvoraussetzungen abhängig gemacht, so besteht zwischen diesen kein Rangverhältnis. Vielmehr müssen sämtliche Voraussetzungen gegeben sein, wenn der Anspruch bestehen soll. Nur bei einer Sonderzahlung, bei der keine weiteren Voraussetzungen genannt sind, gilt im Zweifel, dass mit ihr lediglich eine zusätzliche Vergütung für die geleistete Arbeit innerhalb des Bezugszeitraums bezweckt wird und daher das ungekündigte Bestehen des Arbeitsverhältnisses am Auszahlungstag nicht anspruchsbegründend sein kann (*BAG* 8.11.1978 EzA § 611 BGB Gratifikation, Prämie Nr. 60).

1014 Bezeichnet der Arbeitgeber andererseits bei einer im Arbeitsvertrag und bei den arbeitgeberseitigen Zusicherungen nur unvollständigen Regelung der Voraussetzungen für eine Tantieme diese in Abrechnungen als »**Abschlussvergütung**« und zahlt er diese auch in Jahren mit **Bilanzverlusten**, so handelt es sich nicht um eine Gewinnbeteiligung, sondern um eine davon unabhängige Gratifikation für geleistete Dienste und bewiesene Betriebstreue, auf die auch in Verlustjahren ein Anspruch bestehen kann. Bei einer Zusage einer Tantieme »bei einem guten Ergebnis« und vorbehaltlosen Zahlungen in den Vorjahren auch bei Bilanzverlusten entspricht es bei einem nun besseren Bilanzergebnis der Billigkeit im Rahmen der gerichtlichen Festsetzung nach § 315 Abs. 3 S. 2 BGB (s.a. § 106 GewO), wenn die für die Vorjahre als erreichbar bezeichnete Tantiemehöhe gezahlt wird, selbst wenn der zuvor tatsächlich geleistete Betrag niedriger war (*LAG Hamm* 23.2.2001 NZA-RR 2001, 525).

cc) Stichtagsregelungen; Auszahlungstermin

1015 ▶ **Sieht ein Tarifvertrag einen Anspruch auf betriebliche Sonderzahlungen für Arbeitnehmer vor, die jeweils am Auszahlungstag in einem Arbeitsverhältnis stehen**, und legt er zugleich fest, dass mangels einer abweichenden Betriebsvereinbarung als Auszahlungstag in diesem Sinne **der 1. Dezember** gilt, so handelt es sich um eine Stichtagsregelung (*BAG* 13.5.2004 EzA § 611 BGB 2002 Gratifikation, Prämie Nr. 13). Bestimmt der Tarifvertrag ferner, dass es dem Arbeitgeber in diesem Fall unbenommen ist, die Erfüllung der Zahlung vorher durchzuführen, begründet eine betriebsübliche Leistung der Sonderzahlung im November i.d.R. keine abweichende Regelung des maßgeblichen Stichtags. Im Fall einer Kündigung des Arbeitsverhältnisses zum 30. November besteht für das Jahr des Ausscheidens deshalb i.d.R. kein Anspruch auf Sonderzahlung (*BAG* 13.5.2004 EzA § 611 BGB 2002 Gratifikation, Prämie Nr. 13).

1016 ▶ Verspricht der Arbeitgeber in einer Betriebsvereinbarung die Zahlung einer Weihnachtsgratifikation mit der Maßgabe, dass ein **Gratifikationsanspruch** nicht allein im Fall der Beendigung des Arbeitsverhältnisses, sondern auch **im Falle eines Betriebsübergangs**

entfällt, so verstößt dies allerdings nach zutr. Auffassung des *LAG Hamm* (16.12.2004 LAG Report 2005, 265) gegen die Grundsätze des §613a BGB.

▶ Ist das Bestehen eines Arbeitsverhältnisses an einem bestimmten Stichtag innerhalb des Bezugszeitraums als Anspruchsvoraussetzung für eine Jahressonderzuwendung ausgestaltet (vgl. z.B. BAG 19.11.2003 EzA §611 BGB 2002 Gratifikation. Prämie Nr. 11: Stichtag 31.12.), dann ist eine **Kündigung zum Ablauf dieses Stichtages unschädlich** (*BAG* 26.10.1983 EzA §611 BGB Gratifikation, Prämie Nr. 74). 1017

Kann allerdings ein Arbeitsverhältnis ordentlich nur zum Schluss eines Kalendervierteljahres gekündigt werden, ist eine zum 1.4. ausgesprochene Kündigung i.d.R. dahin auszulegen, dass sie das Arbeitsverhältnis zum 31.3. beenden soll (*BAG* 25.9.2002 EzA §611 BGB Gratifikation, Prämie Nr. 168). 1018

▶ Die Bestimmung einer Betriebsvereinbarung, wonach Mitarbeiter von der Gratifikationszahlung ausgeschlossen sind, die am Stichtag 30.11. des Jahres in einem gekündigten Arbeitsverhältnis stehen, gilt auch für den Fall einer betriebsbedingten Kündigung (*BAG* 25.4.1991 EzA §611 BGB Gratifikation, Prämie Nr. 85 gegen *BAG* 13.9.1974 AP Nr. 84 zu §611 BGB Gratifikation; **a.A.** für eine entsprechende arbeitsvertragliche Vereinbarung *ArbG Frankf. a.M.* 31.3.1999 NZA-RR 2000, 22). Die Bestimmung unterliegt der gerichtlichen Inhaltskontrolle auf ihre Übereinstimmung mit der Verfassung, den Gesetzen, den guten Sitten und der Billigkeit gem. §75 BetrVG. Ein Verstoß gegen den Rechtsgedanken des §162 BGB hat das *LAG Hmb.* (5.3.1998 LAGE §611 BGB Gratifikation Nr. 42) auch für den Fall verneint, dass der Arbeitgeber dadurch erreichen will, dass alle Arbeitnehmer von der Sonderzahlung ausgeschlossen sind. 1019

▶ Auch eine einzelvertragliche Zusage, die den Anspruch auf eine einmalige Sonderzahlung von dem Bestehen eines ungekündigten Arbeitsverhältnisses an einem bestimmten Stichtag abhängig macht, entfällt im Fall einer betriebsbedingten Kündigung vor dem Stichtag. Eine solche Regelung unterliegt allerdings der richterlichen Inhalts- und Billigkeitskontrolle. 1020

Es ist aber i.d.R. nicht unbillig oder treuwidrig, Arbeitnehmer im Falle einer sozial gerechtfertigten betriebsbedingten Kündigung vom Bezug einer freiwilligen Sozialleistung auszunehmen (*BAG* 19.11.1992 EzA §611 BGB Gratifikation, Prämie Nr. 83); umgekehrt kann z.B. ein Tarifvertrag auch ausdrücklich vorsehen, dass ein Anspruch auf eine anteilige Jahressonderzuwendung dann besteht, wenn das Arbeitsverhältnis auf Grund betriebsbedingter Kündigung in der zweiten Jahreshälfte endet (*BAG* 14.11.2001 EzA §611 BGB Gratifikation, Prämie Nr. 166). 1021

Im Übrigen hindert lediglich eine wirksame Kündigung, die unmittelbar zur Beendigung des Arbeitsverhältnisses und zum Ausschluss einer künftigen Betriebstreue führt, die Entstehung des Jahressonderzahlungsanspruchs. Steht dagegen rechtskräftig die Fortsetzung des Arbeitsverhältnisses fest und hat der Arbeitgeber nur eine unwirksame Kündigung erklärt, so befindet er sich im Schuldnerverzug (*BAG* 7.12.1989 EzA §611 BGB Gratifikation, Prämie Nr. 78). 1022

▶ Sieht ein Tarifvertrag die Zahlung einer Jahressonderzuwendung vor, wenn das Arbeitsverhältnis am 1.12. eines Kalenderjahres ungekündigt besteht, kann eine **treuwidrige Vereitelung** dieses Anspruchs i.S.v. §162 BGB allerdings dann angenommen werden, wenn der Arbeitgeber die Kündigung allein deshalb unter **Überschreiten der tariflichen bzw. gesetzlichen Mindestfristen** für die ordentliche Kündigung vorfristig ausgesprochen hat, um den Zuwendungsanspruch des Arbeitnehmers auszuschließen. Das ist aber dann **zu verneinen**, wenn die Kündigung im Rahmen einer **Massenentlassung** zur Durchführung einer betriebsverfassungsrechtlich durch Abschluss eines Interessenausgleichs und eines 1023

Sozialplans umgesetzten unternehmerischen Entscheidung ausgesprochen wird (*BAG* 4.5.1999 EzA § 611 BGB Gratifikation, Prämie Nr. 155).

1024 ▶ Macht eine tarifvertragliche Regelung den Anspruch davon abhängig, dass das Arbeitsverhältnis am Stichtag »ungekündigt« ist, so steht eine Befristung des Arbeitsverhältnisses einer Kündigung nicht gleich (*BAG* 14.12.1993 EzA § 611 BGB Gratifikation, Prämie Nr. 107).

Arbeitnehmer, die mit einem befristeten Arbeitsvertrag beschäftigt sind, der vor dem für eine Jahressonderzahlung maßgebenden Stichtag endet, haben auch dann keinen Anspruch auf eine anteilige Jahressonderzahlung, wenn eine solche für Arbeitnehmer, die auf Grund einer betriebsbedingten Kündigung vor dem Stichtag ausscheiden, vorgesehen ist (*BAG* 6.10.1993 EzA § 611 BGB Gratifikation, Prämie Nr. 106; 8.3.1995 EzA § 611 BGB Gratifikation, Prämie Nr. 131; s.a. *BAG* 23.5.2007 – 10 AZR 363/06 – EzA-SD 16/2007 S. 15 LS = NZA 2007, 1015 LS).

1025 Denn Gratifikationen sollen – unabhängig davon, inwieweit mit ihnen auch eine künftige Betriebstreue bewirkt oder honoriert werden soll – den Arbeitnehmer auch in Zukunft zu reger und engagierter Mitarbeit motivieren. Eine solche motivierende Wirkung kann eine Sonderzahlung gegenüber bereits ausgeschiedenen oder alsbald ausscheidenden Mitarbeitern nicht mehr entfalten. Schon diese am Motivationszweck orientierte Differenzierung danach, ob das Arbeitsverhältnis am Auszahlungstag noch – ggf. ungekündigt – besteht oder nicht, ist sachlich gerechtfertigt, sodass ein Verstoß gegen den Gleichbehandlungsgrundsatz nicht vorliegt.

1026 Das gilt auch dann, wenn mit der Gratifikation gleichzeitig in der Vergangenheit geleistete Dienste für den Betrieb zusätzlich anerkannt werden sollen, wie die anteilige Gewährung an Arbeitnehmer, deren Arbeitsverhältnis erst im Laufe des Bezugsjahres begonnen hat, ausweist. Denn der Zweck einer Sonderzahlung allein vermag über die gesetzten Anspruchsvoraussetzungen hinaus einen Anspruch auf die Sonderzuwendung nicht zu begründen (*BAG* 8.3.1995 EzA § 611 BGB Gratifikation, Prämie Nr. 131).

1027 ▶ Bei einer inhaltsgleichen tariflichen Regelung (»ungekündigtes Fortbestehen des Arbeitsverhältnisses am Stichtag«) steht ein vor dem Stichtag abgeschlossener Aufhebungsvertrag einer Kündigung des Arbeitsverhältnisses nicht gleich (*BAG* 7.10.1992 EzA § 611 BGB Gratifikation Nr. 92).

1028 Denn die Tarifvertragsparteien haben, wenn sie einen Aufhebungsvertrag nicht erfassen, der unterschiedlichen Interessenlage beim Ausspruch einer Kündigung und dem Abschluss eines Aufhebungsvertrages Rechnung getragen. Kündigt der Arbeitnehmer vor dem Stichtag, so steht fest, dass er zukünftige Betriebstreue nicht mehr erbringen wird. Kündigt der Arbeitgeber, so führt die Kündigung i.d.R. nur dann zur Beendigung des Arbeitsverhältnisses, wenn sie sozial gerechtfertigt ist. Der Wegfall der Betriebstreue beruht damit auf Umständen, die es den Tarifvertragsparteien als gerechtfertigt erscheinen ließen, in diesen Fällen einen Anspruch auf die Zuwendung zu versagen. Anders ist indessen die Interessenlage beim Abschluss eines Aufhebungsvertrages. In diesem Fall besteht ein gegenseitiges Einvernehmen über die Beendigung des Arbeitsverhältnisses. Der Wegfall zukünftiger Betriebstreue beruht damit nicht auf einer einseitigen Erklärung, sondern auf beiderseitiger Billigung der Arbeitsvertragsparteien. Diese lässt den tariflichen Anspruch auf die Jahreszahlung unberührt (*BAG* 7.10.1992 EzA § 611 BGB Gratifikation Nr. 92).

1029 ▶ Die Angabe eines bestimmten Auszahlungstermins, also die jährliche Fälligkeit, bedeutet nicht notwendig, dass das Verbleiben des Arbeitnehmers im Betrieb bis zu diesem Termin Anspruchsvoraussetzung ist (vgl. *BAG* 13.6.1991 EzA § 611 BGB Gratifikation, Prämie Nr. 86; s.u. Rn. 1037).

1030 ▶ Der Anspruch auf eine freiwillige Weihnachtsgratifikation kann aber auch dann vom Fortbestand des Arbeitsverhältnisses am Auszahlungstag abhängig gemacht werden, wenn die Gratifikation auch »als Anerkennung für die Leistung« gelten soll (*BAG* 26.10.1994 EzA § 611 BGB Gratifikation, Prämie Nr. 115).

1031 ▶ **Der Arbeitgeber kann Arbeitnehmer, die im Laufe des Bezugszeitraums ausgeschieden sind, auch dann von der Leistung ausnehmen, wenn er den im Laufe des Bezugsjahres neu eingetretenen Arbeitnehmern die Leistung anteilig gewährt.** Denn auch dann kann das Ziel, den Arbeitnehmer auch für die Zukunft zu reger und engagierter Mitarbeit zu motivieren, nicht erreicht werden. Offen gelassen hat das *BAG* (10. Senat 8.3.1995 EzA § 611 BGB Gratifikation, Prämie Nr. 131; dafür *BAG* 5. Senat 5.3.1980 EzA § 242 BGB Gleichbehandlung Nr. 21 u. 3. Senat 20.7.1993 EzA § 1 BetrAVG Gleichbehandlung Nr. 4), ob der Arbeitgeber dem Arbeitnehmer die nicht ohne weiteres erkennbaren Gründe für eine Differenzierung **alsbald mitteilen muss**, wenn er sich auf diese berufen will.

- Eine betriebliche **Bonusregelung**, die nicht lediglich die Betriebstreue des Arbeitnehmers honorieren, sondern die Erreichung bestimmter Ziele seitens des Arbeitgebers belohnen will, ist Teil des Arbeitsentgelts. In einem derartigen Fall darf die Auszahlung des Bonus nicht davon abhängig gemacht werden, dass das Arbeitsverhältnis zu einem bestimmten Stichtag (noch) besteht (*ArbG Wiesbaden* 19.12.2000 NZA-RR 2001, 80). 1032
- Wird über das **Intranet** die Zahlung einer Sonderprämie an Mitarbeiter zugesagt, die im (zum Zeitpunkt der Zusage noch nicht) abgelaufenen Geschäftsjahr zur Belegschaft »gehörten«, so sind mangels gegenteiliger Anhaltspunkte auch solche Arbeitnehmer Adressaten der Zusage, die während des Geschäftsjahres im Wege eines Betriebsübergangs ausgeschieden sind, jedoch mit Wissen und Willen des früheren Arbeitgebers weiterhin Zugriff auf dessen Intranet haben. Eine in späteren Mitteilungen **nachgeschobene Stichtagsregelung** vermag die mit der ursprünglichen Zusage für die ausgeschiedenen Arbeitnehmer begründeten Ansprüche nicht mehr zu beseitigen. Dass die Leistung in der ursprünglichen Zusage als »freiwillige Sonderprämie« bezeichnet wurde, ändert daran nichts (*BAG* 22.1.2003 EzA § 611 BGB 2002 Gratifikation, Prämie Nr. 1). 1033

dd) Quotelung bei Ausscheiden vor dem Stichtag?

Wird die Zahlung (z.B. eines 13. Monatsgehalts) zugesagt, ohne weitere Voraussetzungen des Anspruchs zu benennen, so ist **im Zweifel** davon auszugehen, dass nur eine **zusätzliche Vergütung** für geleistete Arbeit innerhalb des Bezugszeitraumes **bezweckt wird**. War aber lediglich die Entlohnung vergangener Dienste gewollt, so erwächst ein Anspruch entsprechend der zurückgelegten Zeit im Jahr. 1034

Scheidet in einem derartigen Fall ein Arbeitnehmer vor dem Ende des Bezugszeitraums aus, so behält er einen Anspruch auf denjenigen Teil der vollen Jahresleistung, der dem Verhältnis der tatsächlichen Arbeitsleistung zur Gesamtdauer des Bezugszeitraums entspricht (Zwölftelung). Dieser Teilanspruch wird mangels einer anderen Regelung in der Zusage allerdings erst zum Ende des Bezugszeitraums fällig (*BAG* 8.11.1978 EzA § 611 BGB Gratifikation, Prämie Nr. 60; 13.6.1991 EzA § 611 BGB Gratifikation, Prämie Nr. 86). 1035

ee) Zweifel bei der Auslegung

Zweifel bei der Auslegung gehen zu Lasten des Arbeitgebers, der die Vertragsbestimmungen formuliert hat (*LAG Hamm* 23.2.2001 NZA-RR 2001, 525). Will er den Fortbestand des Arbeitsverhältnisses im Zeitpunkt der Auszahlung zur Leistungsbedingung machen, so muss dies aus der Zusage **eindeutig für den Arbeitnehmer erkennbar sein**. Die Bezeichnung als **Weihnachtsgeld** ist nach Auffassung des *BAG* (13.6.1991 EzA § 611 BGB Gratifikation, Prämie Nr. 86; **a.A.** *LAG Köln* 24.9.2007 – 14 Sa 539/07 – ArbuR 2008, 230 LS: auch kein Verstoß gegen § 307 Abs. 1 S. 2 BGB) **nicht eindeutig genug**, denn der Hinweis auf Weihnachten kann auch als bloße Fälligkeitsregelung verstanden werden. Vereinbaren die Parteien als Bezüge ein festes Monatsgehalt und eine Weihnachtsgratifikation in Höhe eines Monatsgehalts, auszuzahlen mit dem Novembergehalt, so besteht ein anteiliger Anspruch auf die Gratifikation auch dann, wenn das Arbeitsverhältnis im November nicht mehr besteht. Die Vereinbarung der Auszahlung mit dem Novembergehalt stellt eine Fälligkeitsregel dar. Sie ist nicht dahin zu verstehen, dass ein Novembergehalt auch tatsächlich zu zahlen ist (*BAG* 21.12.1994 EzA § 611 BGB Gratifikation, Prämie Nr. 119). Anhand der für 1036 die Sonderleistung vereinbarten Voraussetzungen hat das *BAG* (EzA § 611 BGB Gratifikation, Prämie Nr. 119) angenommen, dass es sich letztlich nicht um ein Weihnachtsgeld, sondern um ein 13. Monatsgehalt gehandelt hat, das bei vorzeitigem Ausscheiden anteilig zu zahlen ist.

1037 **Andererseits** hat das *BAG* (30.3.1994 EzA § 611 BGB Gratifikation, Prämie Nr. 109; ebenso *LAG Köln* 21.1.2005 FA 2005, 189 LS) angenommen, dass die einzelvertragliche Zusage der Zahlung eines »Weihnachtsgeldes« in bestimmter Höhe **durchaus dahin verstanden** werden kann, dass ein Anspruch auf dieses Weihnachtsgeld nur gegeben sein soll, wenn **auch das Arbeitsverhältnis zu Weihnachten noch besteht**. Vereinbaren die Parteien ein »**Weihnachtsgeld**« ohne weitere Voraussetzungen, von deren Vorliegen und Erfüllung die Leistung abhängig ist, so ist es in diesem Zusammenhang auch nicht zu beanstanden, wenn das LAG die Abrede so auslegt, dass der Bestand des Arbeitsverhältnisses zu Weihnachten nicht Anspruchsvoraussetzung ist. Denn es kann sich auch um eine Fälligkeitsbestimmung handeln. Für dieses Ergebnis kann insbes. sprechen, dass die Vereinbarung im unmittelbaren systematischen Zusammenhang mit der Vergütungsbestimmung steht (*BAG* 21.5.2003 EzA § 611 BGB 2002 Gratifikation, Prämie Nr. 8; vgl. auch *LAG Köln* 21.1.2005 FA 2005, 189 LS).

ff) Nachträgliche Differenzierung beim Leistungsverhalten; Wegfall bei Fehlzeiten?

1038 Wenn der Arbeitgeber bei der Gewährung einer freiwilligen Sonderzahlung eine allgemeine Ordnung setzt, muss diese nach sachlichen, objektiv bestimmbaren Kriterien gestaltet sein und darf nicht erst bei der Gewährung der freiwilligen Leistungen ausgefüllt werden. Eine Gratifikation, deren Zweck es ist, besondere Leistungen zu honorieren und unzureichende Leistungen möglichst auszuschließen, kann nach Auffassung des *LAG Hamm* (5.11.1997 NZA-RR 1998, 293) ihren Zweck nur erreichen, wenn **im Vorhinein** feststeht, an welche leistungsbezogenen Kriterien die Sonderzahlung anknüpft und welche Fehl- und Schlechtleistungen eine Kürzung oder gar den Ausschluss von der Sonderzahlung zur Folge haben werden. Eine nachträgliche Differenzierung in der Höhe oder dem Grund des Anspruchs nach einem in der Vergangenheit liegenden Leistungsverhalten – etwa zum Auszahlungszeitpunkt oder zum Ende des Bezugsjahres – ist danach unzulässig (ebenso für die Anwesenheitsprämie *BAG* 26.10.1994 EzA § 611 BGB Anwesenheitsprämie Nr. 10; 21.12.1994 EzA § 611 BGB Anwesenheitsprämie Nr. 11).

1039 Inzwischen hat das *BAG* (7.8.2002 EzA § 4a EFZG Nr. 3 m. Anm. *Windt/Kinner* BB 2002, 2554) für die Berücksichtigung krankheitsbedingter Fehlzeiten die Grenzlinien in diesem Bereich neu definiert:

- Bei einer zukunftsgerichteten Anwesenheitsprämie muss den Arbeitnehmern im Voraus bekannt sein, dass und in welchem Umfang sie bei Fehltagen im Bezugszeitraum gekürzt wird.
- Um eine solche Anwesenheitsprämie handelt es sich nicht, wenn der Arbeitgeber ohne Rechtspflicht und ohne jegliche Bindung für die Zukunft ein Weihnachtsgeld als freiwillige Leistung gewährt und dabei u.a. danach differenziert, in welchem Umfang die Arbeitnehmer in der Vergangenheit Arbeitsleistungen erbracht haben oder Fehlzeiten aufwiesen. Er kann dann in den Grenzen des § 4a S. 2 EFZG solche Arbeitnehmer ausnehmen, die im Bezugszeitraum Fehlzeiten aufwiesen.
- Zahlt der Arbeitgeber das Weihnachtsgeld in unterschiedlicher Höhe, hat ein nicht berücksichtigter Arbeitnehmer etwaige generelle Regelungen darzulegen und die Gruppe von Arbeitnehmern zu bezeichnen, mit der er sich für vergleichbar hält, wenn er geltend machen will, nach dem Gleichbehandlungsgrundsatz stehe auch ihm ein Weihnachtsgeld zu.

e) Rechtsgrundlagen

aa) Ausdrückliche kollektiv- und einzelvertragliche Regelungen; Einschränkung und Wegfall des Anspruchs

Auf die Zahlung einer Sonderzuwendung besteht weder kraft Gesetzes, Gewohnheitsrechts, noch auf Grund der Fürsorgepflicht des Arbeitgebers ein Rechtsanspruch. Für sie muss deshalb stets eine **besondere Rechtsgrundlage** vorhanden sein, die in vielen Wirtschaftszweigen in tariflichen Regelungen über Sonderzuwendungen besteht (s. insoweit zur Kürzung aus wirtschaftlichen Gründen *BAG* 20.2.2008 – 10 AZR 119/07 – EzA-SD 8/2008 S. 13 LS = FA 2008, 191). 1040

Als Anspruchsgrundlage kommen zudem häufig Betriebsvereinbarungen und einzelvertragliche Vereinbarungen in Betracht (vgl. *Beckers* NZA 1997, 131 f.; zur Auslegung einer Bezugnahme auf eine Betriebsvereinbarung in einem Arbeitsvertrag vgl. instruktiv *BAG* 24.9.2003 EzA § 133 BGB 2002 Nr. 3 = NZA 2004, 149). 1041

Ein einzelvertraglich begründeter Anspruch auf eine Sonderzahlung – z.B. auch durch Bezugnahme auf einen Tarifvertrag in einem Arbeitsvertrag – **kann nur durch Kündigung oder vertragliche Abreden unter Vorbehalt gestellt, verschlechtert oder beseitigt werden** (*BAG* 24.11.2004 EzA § 242 BGB Betriebliche Übung Nr. 5 = NZA 2005, 349 = BAG Report 2005, 112; *LAG Köln* 29.5.2006 – 14 (13) Sa 56/06 – EzA-SD 23/06 S. 10 LS = NZA-RR 2006, 622; abl. *Thüsing* NZA 2005, 718 ff.; s. ausf. u. Rn. 1049 m.w.N.). Das **Schweigen des Arbeitnehmers** zu einer angetragenen nachteiligen Veränderung des Arbeitsvertrages kann nur unter engen Voraussetzungen als Zustimmung gewertet werden, nämlich dann, wenn sich die Veränderung unmittelbar auswirkt und der Arbeitnehmer in Kenntnis dieser Auswirkungen weiterarbeitet, obwohl nach der Verkehrssitte unter Berücksichtigung der Umstände des Einzelfalls ein ausdrücklicher Widerspruch zu erwarten gewesen wäre. Ein Widerspruch gegen eine solche gegenläufige betriebliche Übung ist bei monatlicher Gewährung bzw. Nichtgewährung der Leistungen **jedenfalls dann nicht mehr rechtzeitig, wenn er erst mehr als ein Jahr nach der Änderung erhoben wird** (*BAG* 9.5.2006 EzA § 15 BErzGG Nr. 16 = NZA 2006, 1413). Ein mit der Zahlung der Sonderzuwendung verbundener Zusatz, dass auf außertarifliche und freiwillige Leistungen kein Rechtsanspruch bestehe, ist insoweit allerdings andererseits nicht geeignet, eine vertraglich vorbehaltlos versprochene Leistung unter Vorbehalt zu stellen (*BAG* 24.11.2004 EzA § 242 BGB Betriebliche Übung Nr. 5 = NZA 2005, 349 = BAG Report 2005, 112; abl. *Thüsing* NZA 2005, 718 ff.). 1042

bb) Betriebliche Übung

Kraft betrieblicher Übung entsteht ein Gratifikationsanspruch, wenn der Arbeitgeber eine Gratifikation wiederholt und vorbehaltlos gewährt und dadurch für den Arbeitnehmer ein Vertrauenstatbestand des Inhalts entsteht, der Arbeitgeber wolle sich auch für die Zukunft binden (s.o. Kap. 1 Rn. 441; vgl. dazu *Freitag* NZA 2002, 294 ff.); notwendige Voraussetzung ist, dass es an einer **anderen kollektiv- oder individualrechtlichen Grundlage für die Leistungsgewährung fehlte** (*BAG* 20.6.2007 – 10 AZR 410/06 – EzA-SD 16/2007 S. 6 LS = NZA 2007, 1293). 1043

Ein derartiger Vertrauenstatbestand ist nach der Rechtsprechung des *BAG* (26.6.1975 EzA § 611 BGB Gratifikation, Prämie Nr. 47) regelmäßig nach dreimaliger Zahlung anzunehmen, falls nicht besondere Umstände dagegen sprechen oder der Arbeitgeber bei jeder Zahlung einen Bindungswillen für die Zukunft ausgeschlossen hat (abl. *Schwerdtner* Anm. zu *BAG* EzA § 611 BGB Gratifikation Nr. 83, 84, 86). 1044

Eine betriebliche Übung auf zukünftige Gewährung von Weihnachtsgeld entsteht **aber dann nicht**, wenn – für den Arbeitnehmer erkennbar – **die Zuwendung nach Gutdünken des** 1045

Arbeitgebers dreimalig in unterschiedlicher Höhe gezahlt wird. Der Arbeitnehmer muss dann davon ausgehen, dass der Arbeitgeber die Zuwendung nur für das jeweilige Jahr gewähren will (*BAG* 28.2.1996 EzA § 611 BGB Gratifikation, Prämie Nr. 139; s. ausf. oben Kap. 1 Rn. 441 ff.). Auch eine für den Arbeitnehmer **erkennbar auf das jeweilige Kalenderjahr bezogene Zusage** einer Leistung begründet keine Ansprüche der Leistungsempfänger aus einer betrieblichen Übung für zukünftige Jahre. Ein Widerrufsvorbehalt bzw. die Mitteilung, dass die Leistung freiwillig erfolgt, ist in diesem Fall nicht erforderlich, um Ansprüche für die Zukunft zu beseitigen bzw. überhaupt nicht entstehen zu lassen (*BAG* 16.4.1997 EzA § 242 BGB Betriebliche Übung Nr. 39).

1046 Das *LAG Düsseld.* (26.9.1995 LAGE § 242 BGB Betriebliche Übung Nr. 18; s. bereits oben Kap. 1 Rn. 441 ff.) hat insoweit folgende Grundsätze aufgestellt:

- Bringt der Arbeitgeber gegenüber seinen Arbeitnehmern zum Ausdruck, dass es sich um eine freiwillige Leistung handelt, bei der auch durch wiederholte Zahlungen ein Rechtsanspruch für die Zukunft nicht erworben werden kann, verhindert dies das Entstehen einer betrieblichen Übung;
- eine betriebliche Übung entsteht dann auch nicht dadurch, dass bei mehrjährigen nachfolgenden Zahlungen der Arbeitgeber nicht jeweils nochmals auf den Freiwilligkeitsvorbehalt hinweist;
- liegen auch sonstige Anspruchsgrundlagen (Arbeitsvertrag, Tarifvertrag, Betriebsvereinbarung) nicht vor, ist die Rechtsprechung des *BAG* (26.6.1975 EzA § 611 BGB Gratifikation, Prämie Nr. 47), wonach ein Freiwilligkeitsvorbehalt im Allgemeinen nur für die Zukunft wirkt und Rechtsansprüche des Arbeitnehmers nur für spätere Jahre ausgeschlossen sind, bereits mangels Entstehung eines Anspruchs nicht einschlägig.

1047 Die der Aufzählung von Gratifikationen vorangestellte arbeitsvertragliche Klausel »Außerdem erhält der Arbeitnehmer folgende freiwillige Leistungen« ist aber nach Auffassung des *LAG Köln* (7.8.1998 NZA-RR 1998, 529) nicht als ausreichender Freiwilligkeitsvorbehalt auszulegen mit der Folge, dass hiermit im Zweifel ein Rechtsanspruch begründet wird.

cc) Beseitigung, Abänderung der betrieblichen Übung; wirtschaftliche Notlage

1048 Da überwiegend die Betriebsübung als Gestaltungsmittel für den Einzelarbeitsvertrag verstanden wird, kann der Anspruch beseitigt werden, wenn der einzelne **Arbeitsvertrag gekündigt oder einvernehmlich abgeändert** wird. Schließlich kann durch Beseitigung der Betriebsübung die Entstehung des Anspruchs für zukünftig zu begründende Arbeitsverträge ausgeschlossen werden; s.o. Kap. 1 Rn. 482 ff.

1049 Darüber hinaus vertritt das *BAG* (26.3.1997 EzA § 611 BGB Gratifikation, Prämie Nr. 147; ebenso *LAG Düsseld.* 3.11.1999 FA 2000, 54; krit. dazu *Franzen* SAE 1997, 344 ff.; abl. *Speiger* NZA 1998, 510 ff. u. *Kettler* NJW 1998, 435 ff.; vgl. auch *Tappe/Koplin* DB 1998, 2114 ff.; ebenso für ein zusätzliches Urlaubsgeld *ArbG Ludwigshafen* 12.7.2006 NZA-RR 2007, 13) inzwischen die Auffassung, dass dann, wenn der Arbeitgeber über einen Zeitraum von drei Jahren zu erkennen gibt, dass er eine betriebliche Übung anders zu handhaben gedenkt als bisher (hier: Gratifikationszahlung nur noch unter einem Freiwilligkeitsvorbehalt), die alte betriebliche Übung einvernehmlich entsprechend geändert wird, wenn die Arbeitnehmer der neuen Handhabung über diesen Zeitraum von drei Jahren hinweg nicht widersprechen. Mit Urteil vom 4.5.1999 (EzA § 242 BGB Betriebliche Übung Nr. 43; ebenso *LAG Düsseld.* 11.3.2004 – 11 Sa 1851/03 – EzA-SD 10/04, S. 11 LS = ARST 2004, 278 LS = NZA-RR 2004, 655 für eine betriebliche Übung gegenüber Betriebsrentnern; *LAG Hessen* 2.6.2004 – 8 Sa 1771/03 – EzA-SD 24/04 S. 14 LS betr. betriebliche Altersversorgung; *LAG Köln* 22.1.2008 – 9 Sa 1184/07 – EzA-SD 11/2008 S. 7 LS; vgl. auch *Goertz* ArbuR 1999, 463 ff.; *Becker* BB 2000, 2095 ff.; s. auch *Ulrici* BB 2005, 1902 ff.: Anwendbarkeit der §§ 305 ff. BGB) hat das BAG daran zwar ausdrücklich festgehalten. Die Annahme einer geänderten betrieblichen Übung in diesem Sinne erfordert jedoch, dass der Arbeitgeber **klar und unmissverständlich erklärt, die bisherige betriebliche Übung einer vorbehaltlosen Zahlung solle**

beendet und durch eine Leistung ersetzt werden, auf die in Zukunft kein Rechtsanspruch mehr bestehe (*LAG Köln* 22.1.2008 – 9 Sa 1184/07 – EzA-SD 11/2008 S. 7 LS). Diesen Anforderungen wird **nicht genügt**, wenn der Arbeitgeber nunmehr in den Lohnabrechnungen vermerkt: »Die Zahlung des Weihnachtsgeldes ist eine freiwillige Leistung und begründet **keinen Rechtsanspruch**!« (*LAG Köln* 22.1.2008 – 9 Sa 1184/07 – EzA-SD 11/2008 S. 7 LS). **Gleiches** gilt dann, wenn die Arbeitnehmer nicht davon ausgehen konnten, dass sich der Arbeitgeber selbst an die ursprüngliche betriebliche Übung gebunden sah. Das ist nicht der Fall, wenn der Arbeitgeber erkennbar **deshalb nicht (mehr) leistet**, weil er **nicht von einer betrieblichen Übung ausgeht** (*LAG Bln.-Bra.* 14.8.2008 – 14 Sa 136/08 – EzA-SD 24/2008 S. 11 LS).
Zahlt ein Arbeitgeber über **zehn Jahre lang** an alle Mitarbeiter nach zehnjähriger Betriebszugehörigkeit vorbehaltlos eine Jubililäumszuwendung in derselben Höhe, wird dadurch eine betriebliche Übung begründet, die den einzelnen Arbeitnehmern einen vertraglichen Anspruch auf diese Leistung verschafft. Verringert der Arbeitgeber sodann generell die Höhe der Zahlung ab einem bestimmten Jahr und **verlangt ein Arbeitnehmer**, der sein zehnjähriges Betriebsjubiläum in demselben Jahr begeht, **die Zahlung** in der vorherigen Höhe, so **hindert dies** das Entstehen einer **gegenläufigen betrieblichen Übung** (*BAG* 28.5.2008 EzA § 242 BGB 2002 Betriebliche Übung Nr. 8 = NZA 2008, 941).
Erklärt der Arbeitgeber z.B. durch **Betriebsaushang**, die gewährte Sonderzahlung **werde (künftig) ohne Rechtsanspruch gewährt**, »soweit sich aus dem Arbeitsvertrag keine abweichende Vereinbarung ergebe«, so ist nach Auffassung des *LAG Hamm* (11.12.2003 – 8 Sa 1204/03 – EzA-SD 13/04, S. 8 LS = LAG Report 2004, 266) **im Zweifel kein Eingriff in vertragliche Rechte gewollt mit der Folge**, dass die Wirkungen des Aushangs sich auf die neu eintretenden Arbeitnehmer beschränken, bestehende Ansprüche aus Betriebsübung jedoch unberührt lassen. Sollen zudem nach der Erklärung des Arbeitgebers Ansprüche aus Betriebsübung eingeschränkt, Ansprüche aus ausdrücklicher arbeitsvertraglicher Vereinbarung demgegenüber unangetastet bleiben, so liegt darin ein Verstoß gegen den arbeitsrechtlichen Gleichbehandlungsgrundsatz, da ein sachlicher Grund für die unterschiedliche Behandlung der Arbeitnehmer nicht gegeben ist (*LAG Hamm* 11.12.2003 a.a.O. = LAG Report 2004, 266). Ausreichend ist **auch nicht ein Teilwiderruf** der dem Betriebsrentner gemachten Versorgungszusage wegen wirtschaftlicher Notlage (gegenüber Betriebsrentnern *LAG Düsseld.* 11.3.2004 – 11 Sa 1851/03 – EzA-SD 10/04, S. 11 LS = ARST 2004, 278 LS = NZA-RR 2004, 655).
Hat ein Arbeitnehmer des Weiteren gegenüber dem Arbeitgeber schriftlich geäußert, er gehe vom Fortbestand einer betrieblichen Übung aus, und stellt der Arbeitgeber kurze Zeit (im Streitfall 3 Monate) später schriftlich klar, er wolle sich von der betrieblichen Übung lösen, so kann er ohne zusätzliche Anhaltspunkte das Schweigen des Arbeitnehmers darauf nicht als Zustimmung zur Aufhebung des Anspruchs werten, wenn die Leistung ein halbes Jahr später fällig ist (*BAG* 27.6.2001 EzA § 242 BGB Betriebliche Übung Nr. 44).

Auch eine abändernde betriebliche Übung des Inhalts, wonach Sonderzahlungen sich nach einem anderen Tarifvertrag als zuvor vereinbart richten, setzt u.a. voraus, dass der Arbeitgeber ein eindeutiges annahmefähiges Angebot abgibt, dass er nunmehr auf Grund des anderen, genau bezeichneten Tarifvertrags leisten will (*BAG* 5.12.2001 EzA § 3 TVG Bezugnahme auf Tarifvertrag Nr. 18). Eine Übertragung dieser Grundsätze für **unmittelbar vertraglich begründete Ansprüche** (vgl. dazu *LAG München* 11.3.2004 – 4 Sa 868/03 – EzA-SD 16/04 S. 8 LS) **kommt nicht in Betracht** (*BAG* 24.11.2004 EzA § 242 BGB Betriebliche Übung Nr. 5 = NZA 2005, 349 = BAG Report 2005, 112; abl. *Thüsing* NZA 2005, 718 ff.). 1050

Das *LAG SchlH* (24.2.1998 NZA-RR 1998, 391) hat angenommen, dass dann, wenn ein Arbeitnehmer einen Rechtsanspruch auf eine jährliche Gratifikation erworben und **vor der Veröffentlichung der Entscheidung** des *BAG* vom 26.3.1997 der Einführung eines Freiwil- 1051 ligkeitsvorbehalts nicht widersprochen hatte, der Arbeitgeber sein Schweigen **nicht als Einverständnis mit dem Vorbehalt** werten durfte. Nach Auffassung des *ArbG Ludwigshafen* (12.7.2006 NZA-RR 2007, 13) tritt dann, wenn ein **zusätzliches Urlaubsgeld** stets unmittelbar im Zusammenhang mit der Urlaubsgewährung und somit mehrmals im Jahr ausbezahlt wurde, eine Änderung bzw. ein Ende der bisherigen betrieblichen Übung schon **nach dreimaliger Urlaubsgewährung** ohne Zahlung des zusätzlichen Urlaubsgeldes – und nicht erst nach drei Jahren – ein.

1052 Ob eine bestehende betriebliche Übung durch Abschluss einer **Betriebsvereinbarung** endet oder aufgehoben werden kann, richtet sich ebenso wie die Beurteilung der Frage, ob eine einzelvertragliche Vereinbarung (Gesamtzusage) durch Betriebsvereinbarung geändert werden kann, nach den vom Großen Senat des *BAG* (16.9.1986 EzA § 77 BetrVG 1972 Nr. 17) entwickelten Rechtsgrundsätzen (s.u. Rn. 3574 ff.).

1053 Fraglich ist, ob ein Gratifikationsanspruch entfällt oder einseitig gekürzt werden kann, wenn der Arbeitgeber sich in **einer wirtschaftlichen Notlage befindet**. Das *BAG* (26.10.1961 AP § 322 ZPO Nr. 7) hat angenommen, dass dann, wenn Gratifikationsansprüche die **Grenzen der zumutbaren Belastung des Arbeitgebers übersteigen**, er sie nach § 242 BGB auf ein erträgliches Maß zurückführen oder – wenn auch vielleicht nur vorübergehend – in Wegfall bringen kann. Demgegenüber hat das *LAG Hamm* (13.9.2004 – 8 Sa 721/04 – EzA-SD 1/05 S. 5 = NZA-RR 2005, 237 = LAG Report 2005, 129 m. Anm. *Kerwer* LAG Report 2005, 131 f.) zutreffend angenommen, dass ohne besondere Anhaltspunkte das **Wirtschaftsrisiko** des Arbeitgebers dem Arbeitnehmer **nicht übertragen werden kann**; es kann auch nicht per se als Geschäftsgrundlage (§ 313 BGB) der Gratifikationszuwendung angesehen werden.

dd) Gleichbehandlungsgrundsatz

1054 Zwar stellt der Gleichbehandlungsgrundsatz an sich selbst keine Anspruchsgrundlage dar; bei seiner Verletzung haben aber die übergangenen Arbeitnehmer gleichwohl einen Anspruch auf die anderen Arbeitnehmern gewährte Leistung (s. *BAG* 26.9.2007 – 10 AZR 568, 569, 570/06 – EzA-SD 24/2007 S. 7 LS = NZA 2007, 1424; vgl. *Schaub* ZIP 1994, 923; *Beckers* NZA 1997, 131 f.; s. ausf. oben Kap. 1 Rn. 392 ff.).

1055 Insoweit widerspricht es z.B. dem Gleichbehandlungsgrundsatz, wenn ein Arbeitgeber eine Sonderzahlung, deren Höhe in hohem Maße durch **Krankheitstage** bestimmt wird und die im Hinblick auf Rückzahlungsklauseln im Falle eines Ausscheidens im Folgejahr zur Betriebstreue anreizen soll, **nur solchen Arbeitnehmern** gewährt, die neue, **verschlechternde Arbeitsbedingungen akzeptiert** haben, die sich zudem im Anspruchsjahr vergütungsmäßig nicht auswirken (*BAG* 30.7.2008 – 10 AZR 497/07 – EzA-SD 22/2008 S. 8 LS).

1056 Behält sich der Arbeitgeber z.B. vor, einzelne Arbeitnehmer mit **besonderen Leistungen** nach seiner subjektiven Einschätzung zum Weihnachtsfest besonders zu vergüten, so schafft er damit **keine allgemeine Ordnungsregel**, so dass eine Verletzung des Gleichbehandlungsgrundsatzes nicht in Betracht kommt, und zwar unabhängig davon, ob der Arbeitgeber die Leistungen eines einzelnen Arbeitnehmers zu Recht als nicht ausreichend oder als nur durchschnittlich angesehen hat (*LAG RhPf* 25.11.1999 – 4 Sa 1133/99).

1057 Gewährt der Arbeitgeber dagegen aufgrund einer abstrakten Regelung eine freiwillige Leistung nach einem **erkennbar generalisierenden Prinzip** und legt er gem. dem mit der Leistung verfolgten Zweck die Anspruchsvoraussetzungen für die Leistung fest, darf er einzelne Arbeitnehmer von der Leistung nur dann ausnehmen, wenn dies **sachlichen Kriterien** entspricht (*BAG* 28.3.2007 EzA § 611 BGB 2002 Gratifikation, Prämie Nr. 21 = NZA 2007, 687). Er darf also umgekehrt **nicht** solche Arbeitnehmer von der Leistung **ausnehmen, die die verfolgten Zwecke tatsächlich erfüllen** (*BAG* 26.9.2007 – 10 AZR 568, 569, 570/06 – EzA-SD 24/2007 S. 7 LS = NZA 2007, 687; zur Gruppenbildung bei einer unterschiedlich hohen Kürzung einer Sonderzuwendung s. *LAG Köln* 26.3.2007 LAGE § 242 BGB 2002 Gleichbehandlung Nr. 4).

Es ist insoweit nicht zu beanstanden, wenn eine **Bonuszahlung**, die im **Vorfeld einer Betriebsabspaltung** in erster Linie die Arbeitsleistung von leitenden Angestellten in einem bestimmten Zeitraum belohnen soll, vom Fortbestand des Arbeitsverhältnisses bei der die Leistung versprechenden Arbeitgeberin abhängt. Die Herausnahme u.a. der im Wege des Betriebsübergangs das Unternehmen verlassenden Mitarbeiter lässt auf den weiteren Zweck der Leistung schließen, nur die verbleibenden Arbeitnehmer zur besseren Arbeitsleistung in der Zukunft motivieren zu wollen; dieser Zweck ist nicht sachwidrig (*BAG* 14.2.2007 EzA § 611 BGB 2002 Gratifikation, Prämie Nr. 20 = NZA 2007, 558).

ee) Freiwilligkeits- und Widerrufsvorbehalt

Ein ausdrücklicher Freiwilligkeitsvorbehalt berechtigt den Arbeitgeber, die Gratifikati- **1058**
onszahlung jederzeit einzustellen oder zu kürzen (s. aber oben Kap. 1 Rn. 576 ff. zu den Auswirkungen der Schuldrechtsreform und zur Kombination von Freiwilligkeits- und Widerrufsvorbehalten). Damit können auch Ansprüche der Arbeitnehmer für den laufenden Bezugszeitraum ausgeschlossen werden, unabhängig davon, ob der Arbeitnehmer im Vertrauen auf die Zahlung bereits disponiert hat. Wird im Arbeitsvertrag eine **Weihnachtsgratifikation** als **freiwillige Leistung** bezeichnet, die ohne Anerkennung einer Rechtspflicht gewährt wird, so kann der Arbeitgeber **in jedem Jahr erneut eine Entscheidung** darüber treffen, ob, unter welchen Voraussetzungen und an welche Arbeitnehmer eine Gratifikation gezahlt werden soll (*BAG* 12.1.2000 EzA § 611 BGB Gratifikation, Prämie Nr. 158). Der Arbeitgeber kann im Arbeitsvertrag auch ein **Urlaubsgeld** in der Weise in Aussicht stellen, dass er sich jedes Jahr erneut die Entscheidung vorbehält, ob und unter welchen Voraussetzungen es gezahlt wird. Das setzt voraus, dass der Arbeitnehmer nach §§ 133, 157 BGB den **mangelnden Verpflichtungswillen des Arbeitgebers erkennen** muss. Verwendet ein Arbeitgeber im Arbeitsvertrag für eine Gruppe von zugesagten Leistungen (hier: Zuschuss zu den vermögenswirksamen Leistungen und 13. Monatsgehalt) die Überschrift »Freiwillige soziale Leistungen«, so muss ein Arbeitnehmer nicht davon ausgehen, dass damit ein Rechtsanspruch ausgeschlossen sein soll (*BAG* 11.4.2000 EzA § 611 BGB Gratifikation, Prämie Nr. 160; vgl. dazu *Freitag* NZA 2002, 294 ff.).

Gleiches gilt für die Bezeichnung einer Jubiläumszuwendung in einer Gesamtzusage als »freiwillige Sozialleistung«, ebenso wie für Bezeichnungen wie »Ehrengabe« oder »Geldgeschenk«. Ein Arbeitgeber, der sich den Widerruf derartiger Zusagen vorbehalten will, muss dies in seiner Erklärung gegenüber den Arbeitnehmern unmissverständlich deutlich machen, etwa indem er die Leistungen »ohne Anerkennung einer Rechtspflicht« in Aussicht stellt (*BAG* 23.10.2002 EzA § 611 BGB Gratifikation, Prämie Nr. 168). Auf einen mit der Vereinbarung der Zahlung einer Gratifikation zu einem bestimmten Stichtag verbundenen Vorbehalt der Freiwilligkeit kann sich der Arbeitgeber jedenfalls dann nicht mehr berufen, wenn er dem Arbeitnehmer nach dem Stichtag die Gratifikationszahlung in Aussicht gestellt hat (*LAG Köln* 13.12.2001 NZA-RR 2002, 629).

Ein Widerrufsvorbehalt, der auch in einer **Betriebsvereinbarung** enthalten sein kann (*LAG RhPf* 19.11.1999 NZA-RR 2000, 409), berechtigt den Arbeitgeber dagegen nur, unter Einhaltung billigen Ermessens (§ 106 GewO/§ 315 BGB) eine Gratifikationszusage, die zunächst einen einzelvertraglichen Anspruch des Arbeitnehmers i.S.d. § 194 BGB begründet, **abzuändern oder zu streichen** (vgl. ausf. *Reiserer* DB 1997, 426 ff.). Hat sich der Arbeitgeber den Widerruf eines arbeitsvertraglich zugesagten Urlaubsgeldes vorbehalten, so zielt seine Widerrufserklärung auf die **Beseitigung eines Anspruchs** und damit auf eine Rechtsfolge; sie stellt deshalb eine empfangsbedürftige Willenserklärung i.S.d. §§ 116 ff. BGB dar (*LAG RhPf* 19.11.1999 NZA-RR 2000, 409). Sie bewirkt nur dann das **Erlöschen** des Anspruchs, **wenn sie dem Arbeitnehmer vor der vertraglich vereinbarten Fälligkeit zugeht** (*BAG* 11.4.2000 EzA § 611 BGB Gratifikation, Prämie Nr. 160).

Ein Zugang ist dann überhaupt **nicht gegeben**, wenn der Arbeitgeber das Widerrufsschreiben an dem für betriebliche Bekanntmachungen bestimmten »**schwarzen Brett**« aushängt. Denn das schwarze Brett gehört nicht zu den von den Arbeitnehmern zur Entgegennahme von Erklärungen bereit gehaltenen Einrichtungen; es ist deshalb grds. nicht möglich, durch Aushang am schwarzen Brett einzelvertraglich wirksame Willenserklärungen abzugeben. Dies folgt schon daraus, dass diese Art der Bekanntgabe von Willenserklärungen nicht gewährleisten kann, dass alle betroffenen Arbeitnehmer Kenntnis erlangen (*LAG RhPf* 19.11.1999 NZA-RR 2000, 409).

ff) Umdeutung einer rechtswidrigen Betriebsvereinbarung

1059 Eine Betriebsvereinbarung, mit der ausschließlich die Erhöhung der bisherigen Vergütung und Weihnachtsgratifikation geregelt wird, ist wegen Verstoßes gegen § 77 Abs. 3 BetrVG nichtig, wenn entsprechende tarifliche Regelungen bestehen oder üblich sind. Dies gilt auch dann, wenn der Arbeitgeber nicht tarifgebunden ist. Die Erklärung des Arbeitgebers, die zu einer nichtigen Betriebsvereinbarung geführt hat, kann allerdings ausnahmsweise in ein entsprechendes Vertragsangebot an die Arbeitnehmer umgedeutet werden, wenn besondere Umstände darauf schließen lassen, dass der Arbeitgeber sich unabhängig von der betriebsverfassungsrechtlichen Regelungsform binden wollte. Dieses Angebot können die Arbeitnehmer annehmen, ohne dass es einer ausdrücklichen Annahmeerklärung bedarf (§ 151 BGB; *BAG* 24.1.1996 EzA § 77 BetrVG 1972 Nr. 55; vgl. dazu *Misera* SAE 1997, 45 ff.).

f) Rückzahlungsvorbehalte

aa) Begriff und allgemeine Voraussetzungen

1060 Häufig wird die Zahlung von Gratifikationen (die allein oder zumindest auch die Bindung an den Betrieb bewirken sollen) mit Rückzahlungsvorbehalten verbunden für den Fall, dass der Arbeitnehmer innerhalb der nächsten Zeit aus dem Arbeitsverhältnis ausscheidet.

1061 **Derartige Vorbehalte sind zulässig,** der Arbeitgeber darf also den Anspruch auf eine freiwillige Sonderzahlung inhaltlich daran knüpfen, dass **das Arbeitsverhältnis über den Auszahlungszeitpunkt hinaus innerhalb eines bestimmten Zeitraums fortbesteht** (*BAG* 14.2.2007 EzA § 611 BGB 2002 Gratifikation, Prämie Nr. 20). **Rückzahlungsvorbehalte müssen aber eindeutig abgefasst sein** (*BAG* 10.7.1974 AP Nr. 83 zu § 611 BGB Gratifikation; instruktiv *LAG Hamm* 18.4.2002 NZA-RR 2003, 13: Rückzahlungsvorbehalt bei Kündigung erfasst nicht Rückzahlung bei Ablauf einer vereinbarten Befristung).

1062 Wird in einem Arbeitsvertrag darauf hingewiesen, dass in den vergangenen Jahren ein zusätzliches Weihnachtsgeld in bestimmter Höhe gezahlt worden sei, auf das aber kein Rechtsanspruch bestehe, wird dadurch eine Rückzahlungsverpflichtung nicht begründet; auch aus der »Natur des Weihnachtsgeldes« ergibt sich eine Rückzahlungsverpflichtung nicht. Nichts anderes gilt für einen Aushang am schwarzen Brett, mit dem der Arbeitgeber seine Mitarbeiter darauf hinweist, dass das Weihnachtsgeld bei einem Ausscheiden vor dem 31.3. des Folgejahres zurückzuzahlen sei. Denn der Arbeitgeber kann dann nicht davon ausgehen, dass der Arbeitnehmer von diesem Aushang Kenntnis erlangt und mit seiner Regelung einverstanden ist (*LAG RhPf* 19.4.1996 NZA-RR 1997, 46).

1063 Regelmäßig werden Rückzahlungsklauseln nur für den Fall der Kündigung vereinbart; die entsprechende Gratifikation ist somit Entgelt für die Nichtausübung des Kündigungsrechts im Bindungszeitraum. Hat sich der Arbeitgeber die Rückzahlung für den Fall einer Kündigung durch ihn vorbehalten, so ist ein derartiger Vorbehalt zur Rückzahlung trotz § 162 BGB **auch im Falle einer betriebsbedingten Arbeitgeberkündigung wirksam** (*BAG* 4.9.1985 EzA § 611 BGB Gratifikation, Prämie Nr. 76 gegen *BAG* 27.10.1978 EzA § 611 BGB Gratifikation, Prämie Nr. 59); Rückzahlungsklauseln sind insgesamt grundsätzlich

auch dann zulässig, wenn der Grund für die Beendigung des Arbeitsverhältnisses vor Ablauf der Bindungsfrist **nicht in der Sphäre des Arbeitnehmers liegt** (*BAG* 14.2.2007 EzA §611 BGB 2002 Gratifikation, Prämie Nr. 20).

Ist der Rückzahlungsvorbehalt für den Fall einer Kündigung des Arbeitsverhältnisses durch den Arbeitnehmer vorgesehen (s. *BAG* 14.2.2007 EzA §611 BGB 2002 Gratifikation, Prämie Nr. 20), so wird die Rückzahlungspflicht grds. nicht im Fall eines Aufhebungsvertrages aufgelöst (s.o. Rn. 1027f.). Das gilt selbst dann, wenn der Aufhebungsvertrag auf Veranlassung des Arbeitnehmers abgeschlossen worden ist (*LAG Hamm* 12.2.1999 NZA-RR 1999, 514). Gleiches gilt, wenn die Rückzahlung für den Fall der Eigenkündigung des Arbeitnehmers sowie den Fall, dass er eine Kündigung des Arbeitgebers veranlasst hat, und wenn er aufgrund einer betriebsbedingten Arbeitgeberkündigung oder des Ablaufs einer Befristung vorzeitig ausscheidet, vorgesehen ist (*BAG* 14.2.2007 EzA §611 BGB 2002 Gratifikation, Prämie Nr. 20). Wird tarifvertraglich eine Rückzahlungspflicht nur an ein Ausscheiden infolge einer Kündigung oder durch Arbeitgeberkündigung, deren Gründe der Arbeitnehmer ausschließlich zu vertreten hat, geknüpft, so ist dem das Ausscheiden auf Grund einer Nichtverlängerung der Befristung nicht gleichzusetzen; es gelten also dieselben Grundsätze (*BAG* 4.12.2002 EzA §611 BGB 2002 Gratifikation, Prämie Nr. 2). **1064**
Zu beachten ist, dass eine arbeitsvertragliche Rückzahlungsklausel hinsichtlich des Weihnachtsgeldes unwirksam ist, wenn sie weder Voraussetzungen für die Rückzahlungspflicht noch einen eindeutig bestimmten Zeitraum für die Bindung des Arbeitnehmers festlegt.

Sind keine entsprechenden Anhaltspunkte gegeben, so kommt die ergänzende Auslegung einer solchen allgemeinen Rückzahlungsklausel dahin, dass die Rückforderung im Rahmen der von der Rechtsprechung entwickelten Grenzen erfolgen könne, nicht in Betracht (*BAG* 14.6.1995 EzA §611 BGB Gratifikation Nr. 127). **1065**

Enthält ein Arbeitsvertrag die Regelung, dass ein Weihnachtsgeld in Höhe eines bestimmten Betrags gezahlt wird, sowie eine Bestimmung, dass **im Übrigen die tariflichen Vorschriften** gelten, kann eine derartige Bezugnahmeklausel nach Auffassung des *LAG Hamm* (25.2.2000 NZA-RR 2000, 541) unter Anwendung der Unklarheitenregel des §305e Abs. 2 BGB regelmäßig **nicht** dahin ausgelegt werden, dass auch **tarifliche Rückzahlungsklauseln** vertraglich vereinbart sind. **1066**

bb) Normative Grenzen von Rückzahlungsklauseln

Dem Arbeitnehmer darf **nur eine Betriebsbindung für bestimmte Zeiträume zugemutet** werden. Die Grenzen einer zulässigen Vertragsgestaltung werden dann überschritten, wenn das Grundrecht der freien Arbeitsplatzwahl, welches das Recht des Arbeitnehmers einschließt den einmal gewählten Arbeitsplatz beizubehalten, aufzugeben oder zu wechseln, in unzulässiger Weise eingeschränkt wird (*BAG* 27.10.1978 EzA §611 BGB Gratifikation, Prämie Nr. 61). Eine derartige Vertragsgestaltung bedeutet zudem einen Verstoß gegen die Fürsorgepflicht des Arbeitgebers und eine Umgehung der gesetzlichen Kündigungsregelungen (§622 BGB; *BAG* 10.5.1962 AP Nr. 22 zu §611 BGB Gratifikation). **1067**

cc) Die Kriterien bei einzelvertraglich vereinbarten Rückzahlungsklauseln

Maßgeblich sind vor allem die **Dauer der Betriebsbindung** und die **Höhe der Gratifikation**, gemessen am Monatsgehalt zum Zeitpunkt der Auszahlung, nicht etwa am Durchschnittsentgelt während des vergangenen Jahres (*BAG* 28.1.1981 EzA §611 BGB Gratifikation, Prämie Nr. 69). **1068**

Dabei ist von der **tatsächlichen Höhe der Zahlung** auszugehen. Es ist nicht möglich, dem Arbeitnehmer einerseits wegen des Eintritts in das Arbeitsverhältnis während des Jahres eine geringere Gratifikation zu zahlen, ihn aber andererseits hinsichtlich der Dauer der zukünfti- **1069** gen Betriebsbindung so zu behandeln, als hätte er die volle Gratifikation erhalten (*LAG Hamm* 14.8.1998 – 10 Sa 153/98).

1070 Für die danach zulässige Bindungsdauer hat das *BAG* (10.5.1962, 13.7.1962, 12.12.1962, 20.3.1974, AP Nr. 22, 23, 24, 25, 82 zu § 611 BGB Gratifikation; 27.10.1978 EzA § 611 BGB Gratifikation, Prämie Nr. 61; 17.3.1982 EzA § 611 BGB Gratifikation, Prämie Nr. 71; 21.5.2003 EzA § 611 BGB 2002 Gratifikation, Prämie Nr. 9; ebenso z.B. *LAG SchlH* 8.2.2005 NZA-RR 2005, 290) für einzelvertraglich vereinbarte Rückzahlungsvorbehalte bei Weihnachtsgratifikationen **Rechtsgrundsätze** entwickelt, die immer dann Anwendung finden, wenn sich nicht wegen der besonderen Umstände des Einzelfalles eine andere Beurteilung rechtfertigt. Ausgangspunkt ist die Überlegung, dass die **zulässige Bindungsdauer sich nach der Höhe und dem Zeitpunkt der vereinbarten Fälligkeit der Leistung bestimmt**. Das gilt auch dann, wenn eine als einheitlich bezeichnete Leistung in zwei Teilbeträgen zu unterschiedlichen Zeitpunkten fällig wird; nichts anderes gilt, wenn die Parteien im Nachhinein einvernehmlich eine Gratifikation in zwei Teilbeträge aufsplitten, die jeweils zu unterschiedlichen Zeitpunkten fällig werden (*LAG SchlH* 8.2.2005 NZA-RR 2005, 290).

1071 Rückzahlungsvorbehalte bei Gratifikationen bis zu einem Betrag von 100 Euro sind regelmäßig unwirksam.
Bei einer Gratifikation, die 100 Euro übersteigt, aber einen Monatsbezug nicht erreicht, ist eine Bindung bis zum 31.3. des Folgejahres regelmäßig zumutbar, länger aber auch nicht; **eine weitergehende Bindung verstößt gegen § 307 Abs. 1 S. 1 BGB** und führt deshalb nicht zu einem Rückzahlungsanspruch des Arbeitgebers (*BAG* 25.4.2007 – 10 AZR 634/06 – EzA-SD 13/2007 S. 10 LS = NZA 2007, 875).

1072 Erhält der Arbeitnehmer allerdings eine Weihnachtsgratifikation in Höhe von 50% seines Gehalts, so ist eine Rückzahlungsklausel unwirksam, welche die Rückzahlung der Gratifikation bei einem Ausscheiden des Arbeitnehmers bis zum 31. März des folgenden Jahres vorsieht. **Denn eine Bindung bis zum 31.3. des Folgejahres ist tatsächlich verwirklicht, wenn der Arbeitnehmer mit dem Ablauf des 31.3. ausscheidet.** Bei einer derartigen Regelung würde der Arbeitnehmer also – unzulässigerweise – über den 31.3. des Folgejahres hinaus gebunden. Nur ein vorheriges Ausscheiden begründet die Rückzahlungsverpflichtung (*BAG* 9.6.1993 EzA § 611 BGB Gratifikation, Prämie Nr. 103).

1073 Eine Rückzahlungspflicht besteht auch dann nicht, wenn der Arbeitnehmer in einem derartigen Fall **zum 1.4. des Folgejahres** kündigt. Dies gilt unabhängig davon, ob eine Kündigung zu diesem Zeitpunkt nach den gesetzlichen Vorschriften oder den vertraglichen Vereinbarungen zulässig ist. Eine unzulässige Kündigung zum 1.4. berechtigt den Arbeitgeber nicht, die Kündigung des Arbeitnehmers insoweit zu korrigieren, als er den Beendigungszeitpunkt auf den 31.3. vorverlegt (*LAG RhPf* 15.12.1995 NZA 1996, 1040). Kann ein Arbeitsverhältnis allerdings ordentlich nur zum Schluss eines Kalendervierteljahres gekündigt werden, ist eine zum 1.4. ausgesprochene Kündigung i.d.R. dahin auszulegen, dass sie das Arbeitsverhältnis zum 31.3. beenden soll (*BAG* 25.9.2002 EzA § 611 BGB Gratifikation, Prämie Nr. 168).

1074 Erhält der Arbeitnehmer einen Monatsbezug, und hat er bis zum 31.3. des darauf folgenden Jahres nur eine Kündigungsmöglichkeit, dann ist es ihm in aller Regel zuzumuten, diese eine Kündigungsmöglichkeit auszulassen, wenn er die Gratifikation behalten will.
Hat er bis zum 31.3. mehrere Kündigungsmöglichkeiten, dann ist ihm wegen der Höhe der gewährten Weihnachtsgratifikation zuzumuten, den Betrieb erst nach dem 31.3. zum nächst zulässigen Kündigungstermin zu verlassen, wenn er die Gratifikation behalten will (vgl. *LAG Düsseld.* 25.3.1997 NZA-RR 1997, 457; **a.A.** *LAG Düsseld.* 28.1.1998 BB 1998, 1266).
Von daher kann sich der Arbeitgeber, der eine Sonderzahlung in Höhe einer Monatsvergütung zahlt, die Rückforderung für den Fall vorbehalten, dass der Arbeitnehmer **nicht über die folgenden drei Monate bis zum nächsten Kündigungstermin bleibt**; eine weiterge-

hende Bindung des Arbeitnehmers ist allerdings unwirksam (*BAG* 28.4.2004 EzA § 611 BGB 2002 Gratifikation, Prämie Nr. 12 = NZA 2004, 924 = BAG Report 2004, 259) Übersteigt die Höhe der Gratifikation das Monatsgehalt des Arbeitnehmers nur knapp, so ist eine Rückzahlungsklausel insoweit unwirksam, als sie eine über den 30.6. des folgenden Jahres hinausgehende Betriebsbindung bis zum 30.9. anstrebt.
Bei Zahlungen, die ein zweifaches Monatsgehalt nicht erreichen, ist eine Bindung über den 30.6. jedenfalls dann unzulässig, wenn der Arbeitnehmer mehrere Kündigungsmöglichkeiten hätte (*BAG* 28.1.1981 EzA § 611 BGB Gratifikation, Prämie Nr. 69).
Erhält der Arbeitnehmer kein volles Monatsgehalt als Weihnachtsgratifikation, weil er erst im Laufe des Jahres eingetreten ist, so ist bei der Berechnung der Bindungsfrist von dem tatsächlich ausgezahlten Betrag auszugehen.
Maßgeblich ist neben der Höhe auch der Zeitpunkt der vereinbarten Fälligkeit der Leistung. Wurde arbeitsvertraglich vereinbart, dass der Arbeitnehmer eine Gratifikation in Höhe eines Monatsgehalts erhält, die je zur Hälfte im Juni und im November des Kalenderjahres zu zahlen ist, so kann der Arbeitnehmer durch eine vertragliche Rückzahlungsklausel längstens bis zum Ende des auf den jeweiligen Zahlungszeitpunkt folgenden Quartals gebunden werden. Kündigt der Arbeitnehmer deshalb zum 31.3. des folgenden Kalenderjahres, braucht er die Gratifikation weder voll noch zur Hälfte zurückzuzahlen (*BAG* 21.5.2003 EzA § 611 BGB 2002 Gratifikation, Prämie Nr. 9 = NZA 2003, 1032). Ob dies auch dann gilt, wenn eine **einheitlich zugesagte Sonderzahlung** (Jahresprämie) **aus wirtschaftlichen Gründen** in zwei **Teilbeträgen** in zwei aufeinander folgenden Monaten (Dezember und Januar) **ausgezahlt wird**, hat das *BAG* (28.4.2004 EzA § 611 BGB 2002 Gratifikation, Prämie Nr. 12 = NZA 2004, 924 = BAG Report 2004, 259) offen gelassen.

dd) Fristberechnung

Bestimmt ein Arbeitsvertrag, dass das Weihnachtsgeld zurückzuzahlen ist, wenn der Arbeitnehmer »bis zum 31.3.« des jeweils folgenden Jahres aus dem Dienst der Firma ausscheidet, so ist diese Voraussetzung bei einer Kündigung unter Einhaltung der Kündigungsfrist zum 31.3. erfüllt. Denn die Frist »bis zum 31.3.« endet mit Ablauf dieses Tages (§ 188 BGB; s. aber oben Rn. 1072). 1075

Wird eine Kündigung zum 31.3. ausgesprochen, so führt dies zur Beendigung des Arbeitsverhältnisses mit Ablauf dieses Tages und damit bis zum 31.3. Der Zeitpunkt des Ablaufs eines Tages gehört noch zu diesem Tag und damit zu der Frist, in die der Tag fällt. Diese rechtliche Beurteilung steht im Einklang mit der Rechtsprechung des *BAG* (16.6.1996 AP Nr. 4 zu § 5 BUrlG) zu § 5 Abs. 1c BUrlG, wonach ein Arbeitnehmer auch dann in der ersten Hälfte eines Kalenderjahres ausscheidet, wenn er sein Arbeitsverhältnis zum 30.6. kündigt (*BAG* 9.6.1993 EzA § 611 BGB Gratifikation, Prämie Nr. 103; s. auch oben Rn. 1072). 1076

ee) Besonderheiten bei Tarifnormen

Wenn dagegen auf diesem Gebiet die Tarifvertragsparteien tätig geworden sind und eine Ordnung geschaffen haben, so ist deren Regelung nur darauf zu überprüfen, ob sie gegen die Verfassung, zwingendes Gesetzesrecht, die guten Sitten und tragende Grundsätze des Arbeitsrechts verstößt. Denn bei Tarifverträgen ist von einer angemessenen Berücksichtigung der Interessen beider Seiten auszugehen (vgl. *BAG* 16.11.2005 EzA § 611 BGB 2002 Ausbildungsbeihilfe Nr. 9). 1077

In dem verbleibenden Gestaltungsspielraum kann einer Tarifnorm erst dann die Anerkennung versagt werden, wenn sie zu einer grundlegenden Schlechterstellung von Arbeitnehmern im Vergleich zu einer sachlich vertretbaren Lösung führt. 1078

1079 Für tariflich vereinbarte Rückzahlungsvorbehalte hat das *BAG* (31.3.1966 AP Nr. 54 zu § 611 BGB Gratifikation; 23.2.1967 AP Nr. 57 zu § 611 BGB Gratifikation) eine weitergehende Bindung auch dann zugelassen, wenn der Tarifvertrag **nur kraft Vereinbarung** auf das Arbeitsverhältnis Anwendung findet.

1080 Deshalb kann z.B. eine Tarifnorm wirksam vorsehen, dass eine Zuwendung im öffentlichen Dienst zurückzuzahlen ist, wenn der Arbeitnehmer **nicht von einem Arbeitgeber des öffentlichen Dienstes zu einem anderen Arbeitgeber des öffentlichen Dienstes wechselt**. Dabei ist allerdings zu beachten, dass ein in der Rechtsform einer GmbH betriebenes Krankenhaus, dessen alleiniger Gesellschafter ein Landkreis ist, kein Arbeitgeber des öffentlichen Dienstes i.S.d. einschlägigen Normen des Zuwendungstarifvertrages ist (*BAG* 26.1.2005 EzA § 611 BGB 2002 Gratifikation, Prämie Nr. 15 = NZA 2005, 655 LS; s.a. *BAG* 28.5.2008 – 10 AZR 265/07 – EzA-SD 14/2008 S. 21 LS = NZA-RR 2008, 667).

ff) Regelungen in Betriebsvereinbarungen

1081 Regelungen in Betriebsvereinbarungen unterliegen der gerichtlichen Inhaltskontrolle auf ihre Übereinstimmung mit der Verfassung, den Gesetzen, den guten Sitten und der Billigkeit gem. § 75 BetrVG (*BAG* 25.4.1991 EzA § 611 BGB Gratifikation, Prämie Nr. 85; s.o. Kap. 1 Rn. 346 ff.).

gg) Die Rechtsfolgen unwirksamer Rückzahlungsfristen

1082 Sind zu lange Rückzahlungsfristen vereinbart worden, sind diese nichtig. Im Zweifel ist dann (an sich entgegen § 139 BGB) anzunehmen, dass nicht die Gratifikationszusage überhaupt, sondern nur die zu lange Bindung nichtig ist.

1083 Denn andernfalls würde nach Auffassung des *BAG* (28.1.1981 EzA § 611 BGB Gratifikation, Prämie Nr. 69; 17.3.1982 AP Nr. 108 zu § 611 BGB Gratifikation; ebenso *LAG Köln* 1.2.2001 NZA-RR 2001, 461) gegen die Grundsätze des Arbeitnehmerschutzes verstoßen, weil dann der Sinn der Beschränkung der Rückzahlungsklauseln in sein Gegenteil verkehrt würde.

1084 Dies gilt auch dann, wenn die Bindungsklausel in einem vom Arbeitgeber vorformulierten Arbeitsvertrag vereinbart ist (*LAG Köln* 1.2.2001 NZA-RR 2001, 461).

hh) Abwicklung der Rückzahlung

1085 Bestimmt ein Tarifvertrag, dass eine Zuwendung unter bestimmten Voraussetzungen »in voller Höhe« zurückzuzahlen ist, umfasst die Rückzahlungsverpflichtung auch die vom Arbeitgeber an das Finanzamt abgeführte **Lohnsteuer**. Für eine Zug-um-Zug-Verurteilung des Arbeitgebers, einen möglichen Steuernachteil des Arbeitnehmers zu ersetzen, besteht dann keine Rechtsgrundlage (*BAG* 5.4.2000 ZTR 2000, 515; vgl. auch *Thüringer LAG* 23.1.2003 LAGE § 611 BGB Gratifikation, Prämie Nr. 71: »Bruttobetrag der Gratifikation«).

g) Berücksichtigung von Fehlzeiten und Nichtarbeit durch Kurzarbeit mit »Null-Stunden«

aa) Grundlagen

1086 Fraglich ist, inwieweit z.B. krankheitsbedingte Fehlzeiten, Fehlzeiten wegen der Mutterschutzfristen (§§ 3 Abs. 2, 6 Abs. 1 MuSchG) sowie wegen der Inanspruchnahme von Erziehungsurlaub (§§ 15 ff. BEEG) sowie Zeiten, in denen wegen Kurzarbeit mit »Null-Stunden« nicht gearbeitet worden ist, bei Gratifikationen oder Sonderzuwendungen anspruchsmindernd berücksichtigt werden dürfen (vgl. ausf. *Gaul* BB 1994, 565 ff.).

bb) Ausdrückliche Regelung für krankheitsbedingte Fehlzeiten

> Sieht ein Tarifvertrag z.B. vor, dass dann, wenn ein Arbeitnehmer im Laufe eines Kalenderjahres infolge Krankheit achtmal fehlt, sich die Jahresleistung für jeden darüber hinausgehenden Fehlzeitenanfall um ein Zehntel mindert, wobei Betriebsunfälle unberücksichtigt bleiben, so ist eine derartige Regelung zulässig. **1087**

Denn die Jahreszahlung ist Entgelt für in nicht ganz unerheblichem Ausmaß geleistete **1088** Arbeit während des Bezugszeitraums, solange sich aus dem jeweiligen Tarifvertrag nicht eindeutig etwas anderes ergibt (*BAG* 18.1.1978 EzA § 611 BGB Gratifikation, Prämie Nr. 54; 7.9.1989 EzA § 4 TVG Metallindustrie Nr. 64). Das gilt auch für die Einmalzahlung nach § 8 des TV Nr. 417 zur Änderung des Tarifvertrages für die Arbeiter der Deutschen Bundespost (*BAG* 14.12.1995 EzA § 4 TVG Bundespost Nr. 5).

Wird ein 13. Monatsgehalt als arbeitsleistungsbezogene Sonderzahlung vereinbart, so ent- **1089** steht für die Zeiten, in denen bei Arbeitsunfähigkeit infolge Krankheit **kein Entgeltfortzahlungsanspruch** mehr besteht, auch **kein anteiliger Anspruch** auf das 13. Monatsgehalt. Einer gesonderten, über die Arbeitsleistungsbezogenheit der Sonderzahlung hinaus gehenden arbeitsvertraglichen Kürzungsvereinbarung bedarf es in diesem Falle nicht (*BAG* 21.3.2001 EzA § 611 BGB Gratifikation, Prämie Nr. 163). So ist z.B. § 17 Abs. 2 RTV **Energiewirtschaft** nicht dahin auszulegen, dass für im Laufe des Kalenderjahres infolge Berufs- oder Erwerbsunfähigkeit ausgeschiedene oder in Ruhestand getretene Arbeitnehmer ein Anspruch auf anteilige Weihnachtszuwendung unabhängig davon begründet werden soll, ob deren Arbeitsverhältnis vor dem Ausscheiden geruht hat oder nicht. Vielmehr ist auch deren Anspruch um 1/12 der vollen Zuwendung für jeden vollen Monat des Ruhens des Arbeitsverhältnisses im Bezugszeitraum zu kürzen (*BAG* 21.5.2003 EzA § 611 BGB 2002 Gratifikation, Prämie Nr. 7; s.a. *BAG* 12.10.2005 EzA § 611 BGB 2002 Gratifikation, Prämie Nr. 17 = NZA 2006, 512 LS). Gleiches gilt bei der anspruchsmindernden Bemessung einer Weihnachtsgratifikation auch dann, wenn die Krankheit in Zusammenhang mit einer **Schwangerschaft** steht (*BAG* 27.7.1994 EzA § 611 BGB Gratifikation, Prämie Nr. 113). Rechtswidrig ist es auch nicht, wenn die Tarifnorm die Verminderung der Einmalzahlung um ein Viertel für jeden Kalendermonat vorschreibt, für den der Arbeitnehmer **keinen Anspruch auf Vergütung, Urlaubsvergütung oder Krankenbezüge** gehabt hat. Dies gilt selbst dann, wenn von der Verminderung Frauen betroffen sind, die einen Anspruch auf Zuschuss zum Mutterschaftsgeld (§ 14 MuSchG) haben (*BAG* 14.12.1995 EzA § 4 TVG Bundespost Nr. 5).

Möglich ist auch, dass ein Tarifvertrag bestimmt, dass eine Sonderzahlung in ihrer Höhe **1090** vom durchschnittlichen Verdienst der tatsächlich bezahlten Stunden mehrerer Monate abhängig ist, sodass an sich Zeiten ohne Arbeitsentgelt den Durchschnittsverdienst mindern (so noch *BAG* 7.9.1989 EzA § 4 TVG Metallindustrie Nr. 64). Arbeitnehmer, die während des ganzen Berechnungszeitraums keinen Arbeitsverdienst erzielt haben, haben dann keinen Anspruch auf die Sonderzahlung (*BAG* 5.8.1992 EzA § 611 BGB Gratifikation, Prämie Nr. 89).

> Inzwischen hat das *BAG* (11.10.1995 EzA § 611 BGB Gratifikation, Prämie Nr. 133) **1091** diese Auslegung des § 2 TV Sonderzahlungen der Niedersächsischen Metallindustrie aber aufgegeben; ein Anspruch ist weder von einer tatsächlichen Arbeitsleistung im Kalenderjahr noch von einem entsprechenden Verdienst innerhalb der letzten drei vollständig abgerechneten Monate vor dem Auszahlungstag abhängig. Die Arbeitsunfähigkeit infolge Krankheit während des gesamten Kalenderjahres und die Bewilligung einer Erwerbsunfähigkeitsrente auf Zeit führen, ohne Anhaltspunkte für eine entsprechende Vereinbarung der Parteien, auch nicht zu einem Ruhen des Arbeitsverhältnisses i.S.v. § 2 Abs. 5 dieses TV (*BAG* 11.10.1995 EzA § 611 BGB Gratifikation, Prämie Nr. 133; vgl. aber demgegenüber *LAG SchlH* 15.5.1998 NZA-RR 1998, 409).

1092 Bestimmt der Tarifvertrag weiter, dass für Arbeitnehmer mit einer bestimmten Betriebszugehörigkeit (z.B. von mindestens 3 Jahren) Zeiten der Arbeitsunfähigkeit ohne Entgeltfortzahlung sich nicht anspruchsmindernd auswirken, so haben diese Arbeitnehmer auch dann einen Anspruch auf die Sonderzahlung, wenn sie während des gesamten Berechnungszeitraums oder während des ganzen Bezugszeitraums arbeitsunfähig krank waren (*BAG* 5.8.1992 EzA §611 BGB Gratifikation, Prämie Nr. 89).

1093 Auch eine Gratifikationsregelung durch Betriebsvereinbarung oder Einzelvertrag, nach der eine vom Arbeitgeber freiwillig gewährte Weihnachtsgratifikation um Zeiten krankheitsbedingter Arbeitsunfähigkeit gekürzt werden kann, wenn für diese Zeit das Arbeitsentgelt fortgezahlt ist, ist zulässig (zur Anwesenheitsprämie s.u. Rn. 1148ff.). Dabei ist es nach Auffassung des *LAG Düsseld.* (18.3.1998 LAGE §611 BGB Anwesenheitsprämie Nr. 4) unerheblich, welche Ursachen den krankheitsbedingten Fehlzeiten zugrunde liegen. Fehltage auf Grund eines **Arbeitsunfalls** berechtigen danach ebenfalls zur Kürzung der Gratifikation. Ob dies auch dann gilt, wenn der Arbeitsunfall auf ein zurechenbares Verhalten des Arbeitgebers zurückzuführen ist, hat das *LAG Düsseld.* (18.3.1998 LAGE §611 BGB Anwesenheitsprämie Nr. 4) offen gelassen.

cc) Rechtslage bei fehlender ausdrücklicher Regelung; Unklarheitenregel

1094 Das *BAG* (29.8.1979 EzA §611 BGB Gratifikation, Prämie Nr. 65) ging zunächst davon aus, dass im Zweifel mit einer tariflichen Sonderzahlung vorwiegend im Bezugszeitraum geleistete Arbeit zusätzlich vergütet werden soll. Folglich entfiel der Anspruch, wenn der Arbeitnehmer im Bezugszeitraum gar nicht oder jedenfalls nicht in nennenswertem Umfang gearbeitet hatte.

1095 Demgegenüber geht das *BAG* (5.8.1992, 16.3.1994 EzA §611 BGB Gratifikation, Prämie Nr. 90, 111; vgl. auch *Hanau/Vossen* DB 1992, 213; s.a. *BAG* 12.10.2005 EzA §611 BGB Gratifikation, Prämie Nr. 17 = NZA 2006, 512 LS zum Bestehen des Arbeitsverhältnisses am Stichtag beim Ausscheiden wegen Erwerbsunfähigkeit) inzwischen davon aus, dass eine tarifliche Regelung über die Gewährung einer jährlichen Sonderzahlung, deren Zweck es – auch – ist, im Bezugszeitraum geleistete Arbeit zusätzlich zu vergüten, zwar bestimmen kann, welche Zeiten ohne tatsächliche Arbeitsleistung sich anspruchsmindernd oder anspruchsausschließend auf die Sonderzahlung auswirken sollen. Über diese Bestimmung hinaus kann jedoch einer solchen Regelung nicht der Rechtssatz entnommen werden, dass Voraussetzung für den Anspruch auf die tarifliche Sonderzahlung auf jeden Fall eine nicht ganz unerhebliche Arbeitsleistung im Bezugszeitraum ist.
Trifft deshalb ein Tarifvertrag über eine Jahressonderzahlung überhaupt keine Regelung für die Fälle einer fehlenden tatsächlichen Arbeitsleistung im gesamten Bezugszeitraum (vgl. *BAG* 7.8.2002 EzA §4 TVG Druckindustrie Nr. 30). so kann i.d.R. nicht auf den Willen der Tarifvertragsparteien geschlossen werden, nur für den Fall einer fehlenden tatsächlichen Arbeitsleistung im gesamten Bezugszeitraum den Anspruch auf die Sonderzahlung auszuschließen und eine ausdrückliche Regelung dieses Inhalts lediglich im Hinblick auf die Rechtsprechung des BAG zu unterlassen (*BAG* 8.12.1993 EzA §611 BGB Gratifikation, Prämie Nr. 108).
Der Zweck einer betrieblichen oder tariflichen Sonderzahlung (Honorierung einer tatsächlichen Arbeitsleistung für die Dauer von zumindest 4 Monaten), wie er sich aus deren Voraussetzungen, Ausschluss- und Kürzungstatbeständen ergibt, kann zwar bei der Auslegung der konkreten Regelung zu berücksichtigen sein, nicht aber weitere Ausschluss- und Kürzungstatbestände begründen (*BAG* 24.3.1993 EzA §611 BGB Gratifikation, Prämie Nr. 102).

1096 Fehlt es an einer entsprechenden tariflichen Regelung, so kann folglich ein Arbeitnehmer, der während des gesamten Kalenderjahres arbeitsunfähig krank war, die betriebliche Sonderzahlung beanspruchen (*BAG* 17.12.1992 EzA § 611 BGB Gratifikation, Prämie Nr. 94; 24.3.1993 EzA § 611 BGB Gratifikation, Prämie Nr. 97). Zu beachten ist aber, dass sich das Vorliegen einer tariflichen Regelung auch mittelbar daraus ergeben kann, dass z.B. ein 13. Monatsgehalt als arbeitsleistungsbezogene Sonderzahlung vorgesehen ist (s.u. Kap. 4 Rn. 1584).

Hatte der Arbeitnehmer nach langjähriger Arbeitsunfähigkeit und Aussteuerung durch die Krankenkasse zunächst Arbeitslosengeld nach §§ 125, 126 SGB III und später eine Rente beantragt und hatte der Arbeitgeber gegenüber dem Arbeitsamt auf das Direktionsrecht verzichtet, dann bestand kein Anspruch auf diese tarifliche Sonderzahlung mehr, obwohl das Arbeitsverhältnis rechtlich fortbesteht (*BAG* 28.9.1994 EzA § 611 BGB Gratifikation, Prämie Nr. 117). 1097

Bezog ein Arbeitnehmer bei fortbestehender Arbeitsunfähigkeit auf seinen Antrag hin nach Aussteuerung durch die Krankenkasse Arbeitslosengeld nach den §§ 125, 126 SGB III, so war zu vermuten, dass die Parteien – zumindest stillschweigend – das Ruhen des Arbeitsverhältnisses vereinbart hatten (*BAG* 9.8.1995 EzA § 611 BGB Gratifikation, Prämie Nr. 130). Sah deshalb ein Tarifvertrag vor, dass der Anspruch auf eine Sonderleistung entfällt, wenn das Arbeitsverhältnis kraft Gesetzes oder Vereinbarung im Kalenderjahr ruht, so war ein Anspruch auf die tarifliche Sonderleistung nicht gegeben. 1098

Inzwischen geht das *BAG* (10.4.1996 EzA § 611 BGB Gratifikation, Prämie Nr. 142) ohne diese einschränkenden Voraussetzungen (Verzicht auf das Direktionsrecht, Ruhen des Arbeitsverhältnisses) **generell** davon aus, dass dann, wenn sich der Arbeitnehmer bei langjähriger und auf nicht absehbare Zeit fortbestehender Arbeitsunfähigkeit nach Aussteuerung durch die Krankenkasse **arbeitslos meldet** und die Zahlung von Arbeitslosengeld nach §§ 125, 126 SGB III beantragt, die durch das an sich fortbestehende Arbeitsverhältnis begründeten Bindungen zwischen Arbeitnehmer und Arbeitgeber **so gelockert werden, dass keine Ansprüche auf die tariflichen Sonderzahlungen mehr bestehen.** 1099

Ist zudem ein rechtlich an sich fortbestehendes Arbeitsverhältnis auf Grund langjähriger Arbeitsunfähigkeit nur noch **formaler Natur** und nach dem Willen und den Vorstellungen beider Parteien keine rechtliche Bindung im Hinblick auf eine Wiederaufnahme des bisherigen Arbeitsverhältnisses anzunehmen, so ist ein Anspruch auf eine Weihnachtsgratifikation **ausgeschlossen, selbst** dann, **wenn die tarifvertraglich festgelegten Voraussetzungen erfüllt sind** (*BAG* 11.2.1998 BB 1998, 2367 ff.; vgl. dazu *Kukat* BB 1998, 2368; s. aber auch *LAG Hamm* 4.12.1998 NZA-RR 1999, 312, wonach ein Anspruch dann gegeben sein kann, wenn der Tarifvertrag nicht zwischen kurz- und langfristig erkrankten Arbeitnehmern unterscheidet). 1100

Zu beachten ist in diesem Zusammenhang allerdings, dass **Unklarheiten in vom Arbeitgeber gestellten Arbeitsvertragsregelungen grds. auch dann zu seinen Lasten gehen, wenn § 305c Abs. 2 BGB keine Anwendung findet** (s.o. Kap. 1 Rn. 568 ff.). Ist deshalb z.B. vertragliche Voraussetzung des Anspruchs des Arbeitnehmers auf eine Sondervergütung nur dessen »Zugehörigkeit«, so führt die unbefristete Erwerbsunfähigkeit des Arbeitnehmers nicht ohne weiteres zum Anspruchsverlust. Der Anspruch entfällt dann grds. erst mit der Beendigung des Arbeitsverhältnisses (*BAG* 26.1.2005 EzA § 611 BGB 2002 Gratifikation, Prämie Nr. 14 = NZA 2005, 655 LS). 1101

dd) Mutterschutzfristen

Fraglich ist, ob die Zeit der Mutterschutzfristen (§§ 3 Abs. 2, 6 Abs. 1 MuSchG) sich gratifikationsmindernd auswirken darf. 1102

1103 Das *BAG* (13.10.1982 EzA § 611 BGB Gratifikation, Prämie Nr. 72) hat zunächst angenommen, dass eine jährlich zu zahlende Jahressonderleistung wegen Fehlzeiten, die durch die Inanspruchnahme der Mutterschutzfrist entstehen, nicht anteilig gekürzt werden darf. Eine in einem Tarifvertrag enthaltene gegenteilige Regelung sei nichtig.

1104 Inzwischen hat das *BAG* (12.7.1995 EzA § 611 BGB Gratifikation, Prämie Nr. 129) Zweifel, ob an dieser Auffassung überhaupt oder jedenfalls in dieser Allgemeinheit festgehalten werden kann. Denn Regelungen, die vorsehen, dass sich Zeiten ohne tatsächliche Arbeitsleistung anspruchsmindernd oder anspruchsausschließend auf Sonderzahlungen auswirken können, sind zulässig. Das gilt auch für Fehlzeiten, für die der Arbeitnehmer einen gesetzlichen Anspruch auf Entgeltfortzahlung hat (*BAG* 26.10.1994 EzA § 611 BGB Anwesenheitsprämie Nr. 10). Warum dann der Entgeltsicherung der schwangeren Arbeitnehmerin während der Schutzfristen eine weitergehende Schutzfunktion zukommen soll, als den Vorschriften über die Entgeltfortzahlung im Krankheitsfall, ist nicht erkennbar.

Macht eine tarifliche Regelung den Anspruch auf eine Jahressonderzahlung davon abhängig, dass der Arbeitnehmer im Berechnungszeitraum mindestens 21 Tage tatsächlich gearbeitet hat, so gilt die Zeit der Beschäftigungsverbote während der Mutterschutzfristen nach den §§ 3, 6 MuSchG nicht als Zeit einer tatsächlichen Arbeitsleistung (*BAG* 12.7.1995 EzA § 611 BGB Gratifikation, Prämie Nr. 129 gegen *BAG* 12.5.1993 EzA § 611 BGB Gratifikation, Prämie Nr. 104; zust. *Schwarz* NZA 1996, 571 ff.).

Ob das *BAG* (12.7.1995 EzA § 611 BGB Gratifikation, Prämie Nr. 129) an dieser Auffassung festhalten kann, ist fraglich. Denn der *EuGH* (21.10.1999 EzA Art. 119 EWG-Vertrag Nr. 57) geht davon aus, dass Art. 141 EGV es dem Arbeitgeber **untersagt**, Arbeitnehmerinnen vollständig von der Gewährung einer Weihnachtsgratifikation, die freiwillig als Sonderzuwendung gezahlt wird, auszuschließen, ohne im Jahr der Gewährung **geleistete Arbeit, aber auch Mutterschutzzeiten** (Beschäftigungsverbote) **zu berücksichtigen**, wenn diese Gratifikation eine Vergütung für in diesem Jahr geleistete Arbeit ist. Art. 141 EGV untersagt es, bei der Gewährung einer Weihnachtsgratifikation Mutterschutzzeiten (Beschäftigungsverbote) anteilig leistungsmindernd zu berücksichtigen.

1105 Jedenfalls entsteht ein Anspruch auf ein 13. Monatsgehalt, das als Teil der im Austauschverhältnis zur Arbeitsleistung stehenden Vergütung vereinbart ist (»arbeitsleistungsbezogene Sonderzahlung«) auch für Zeiten, in denen auf Grund der **Beschäftigungsverbote nach §§ 3, 6 MuSchG keine Arbeitsleistung erbracht wird** (*BAG* 25.11.1998 EzA § 611 BGB Gratifikation/Prämie Nr. 152).

1106 Das *LAG Nds.* (2.7.1996 LAGE § 14 MuSchG Nr. 8) hat angenommen, dass dann, wenn ein Tarifvertrag über Sonderzahlungen vorsieht, dass der Anspruch nur für Zeiten besteht, in denen ein Entgeltanspruch besteht, einer Arbeitnehmerin, die für diesen Zeitraum den **Zuschuss zum Mutterschaftsgeld** bezieht, die Sonderzahlung zusteht, weil der Anspruch auf den Zuschuss ein Entgeltanspruch i.S. dieser Vorschrift ist.

1107 Sieht ein Tarifvertrag eine Minderung des Anspruchs auf eine Jahressonderzahlung für Monate vor, in denen kein Anspruch auf »Gehalt« oder »Gehaltsfortzahlung« besteht, so rechtfertigt dies ebenfalls keine Minderung für Zeiten der Beschäftigungsverbote gem. §§ 3 Abs. 2, 6 Abs. 1 MuSchG, in denen ein Anspruch gem. § 14 Abs. 1 MuSchG gegeben ist (*BAG* 24.2.1999 EzA § 4 TVG Verkehrsgewerbe Nr. 4).

1108 Handelt es sich bei dem Weihnachtsgeld um eine Sonderleistung, die an das Bestehen des Arbeitsverhältnisses über den 31. März des Folgejahres geknüpft ist, ist es mangels anderweitiger Regelung auch für die Zeit des Beschäftigungsverbots nach § 3 Abs. 2 MuSchG und der Elternzeit zu entrichten (*LAG Bln.* 27.10.1999 NZA-RR 2000, 124; zur Elternzeit s.u. Rn. 1110 ff.).

1109 Der Begriff der »Beschäftigung« in den Normen des MTV Bäckerhandwerk NRW wird i.S.d. rechtlichen Bestandes des Arbeitsverhältnisses verwandt und setzt **keine tatsächliche Tätigkeit voraus**. Gem. § 13 Ziff. 5 MTV steht einem Arbeitnehmer, der Erziehungsurlaub in Anspruch nimmt, nur für solche Monate ein Zwölftel des Weihnachtsgeldes zu, in denen er »tätig« war, d.h. in denen das Arbeitsverhältnis nicht gem. § 13 Ziff. 5a) bis f) ruhte. Wird eine Arbeitnehmerin während des Erziehungsurlaubs erneut schwanger, so entsteht auch für die Zeiten der Beschäftigungsverbote der § 3 Abs. 2 MuSchG und § 6 MuSchG kein anteiliger Anspruch auf Weihnachtsgeld gem. § 13 Ziff. 5 MTV, da sie in dieser Zeit auch nicht »tätig« gewesen wäre, wenn sie nicht schwanger gewesen wäre und ein weiteres Kind geboren hätte. Dies steht nach Auffassung des *BAG* (4.12.2002 EzA § 611 BGB 2002 Gratifikation, Prämie Nr. 3) im Einklang mit dem Urteil des *EuGH* (21.10.1999 EzA Art. 119 EWG-Vertrag Nr. 57).

ee) Elternzeit

(1) Grundlagen

Eine Kürzung wegen Elternzeit kommt nicht in Betracht, wenn ein Tarifvertrag für ein volles 13. Monatseinkommen nur den ununterbrochenen Bestand des Arbeitsverhältnisses von 12 Monaten am Auszahlungstag zur Voraussetzung hat (*BAG* 13.10.1982 EzA § 8a MuSchG Nr. 2). 1110

Deshalb hat das *BAG* (7.12.1989 EzA § 4 TVG Metallindustrie Nr. 66; 23.8.1990 EzA § 4 TVG Feinkeramische Industrie Nr. 1; 24.10.1990 EzA § 16 BErzGG Nr. 4; vgl. demgegenüber *LAG RhPf* NZA 1990, 984) angenommen, wenn bei einer vergleichbaren Regelung der Anspruch nur dann entfällt, wenn das Arbeitsverhältnis kraft Gesetzes oder kraft Vereinbarung ruht. Denn wenn ein Arbeitnehmer Elternzeit beanspruche, ruhe das Arbeitsverhältnis auf Verlangen des Arbeitnehmers, also einer einseitigen Erklärung. 1111

Weiterhin geht das *BAG* (10.2.1993 EzA § 15 BErzGG Nr. 4) inzwischen davon aus, dass auch das Ruhen des Arbeitsverhältnisses wegen Elternzeit zur Kürzung des Anspruchs führt, wenn ein Tarifvertrag vorsieht, dass eine tarifliche Jahressonderzahlung für Zeiten gekürzt werden kann, in denen das Arbeitsverhältnis »kraft Gesetzes« ruht. 1112

Eine derartige Regelung verstößt nicht gegen Art. 141 EG, die Richtlinie 75/117 EWG, Art. 3, 6 GG sowie § 15 Abs. 3 BEEG. Denn der Arbeitgeber schuldet grds. nur Lohn für erbrachte Arbeit, sofern nicht gesetzlich ausnahmsweise eine Lohnzahlungspflicht auch für Zeiten ohne Arbeitsleistung vorgesehen ist, wie z.B. im Fall der Arbeitsunfähigkeit (*BAG* 28.9.1994 EzA § 611 BGB Gratifikation, Prämie Nr. 114; 24.5.1995 EzA § 611 BGB Gratifikation, Prämie Nr. 124; 12.1.2000 EzA § 611 BGB Gratifikation, Prämie Nr. 158; vgl. auch *EuGH* 21.10.1999 EzA Art. 119 EWG-Vertrag Nr. 57). 1113

Wird in allgemeinen Arbeitsbedingungen unter dem ausdrücklichen Vorbehalt der Freiwilligkeit der Leistung eine Weihnachtsgratifikation für Arbeitnehmer in Aussicht gestellt, deren »Arbeitsverhältnis während des ganzen Jahres bestanden hat und im Auszahlungszeitpunkt nicht gekündigt ist«, so hindert diese normierte Anspruchsvoraussetzung den Arbeitgeber nicht, künftig den Personenkreis auch anders zu bestimmen und etwa Arbeitnehmer, deren Arbeitsverhältnis wegen Elternzeit ruht, von der Leistung auszunehmen. Denn bei einem derartigen Freiwilligkeitsvorbehalt bleibt ihm die Freiheit, in jedem Jahr neu zu entscheiden, ob und unter welchen Voraussetzungen auch in diesem Jahr ggf. eine Weihnachtsgratifikation gezahlt werden soll. Erst mit der Verlautbarung dieser Entscheidung gegenüber den Arbeitnehmern kann ein Anspruch entstehen. Auch ein im Laufe des Jahres ggf. erwachsener anteiliger Anspruch besteht nicht. Im konkreten Einzelfall hatte der Arbeitgeber jeweils im November entschieden, ob und in welcher Höhe eine Gratifikation gezahlt wird (*BAG* 6.12.1995 EzA § 611 BGB Gratifikation, Prämie Nr. 134). 1114

Eine jährliche Sonderleistung des Arbeitgebers kann zudem dann wegen der Inanspruchnahme von Elternzeit anteilig gekürzt werden, wenn die Sonderzahlung zusätzliches Entgelt für die Arbeitsleistung ist. Voraussetzung dafür ist aber, dass die Sonderleistung 1115 jeweils bestimmten Zeitabschnitten zuzuordnen ist (*LAG Frankf./M.* DB 1989, 1775; vgl. auch *EuGH* 21.10.1999 EzA Art. 119 EWG-Vertrag Nr. 57). Handelt es sich um **reine Vergütung**, so muss sich der Arbeitnehmer in der Elternzeit eine seiner Anwesenheit im Bezugsjahr entsprechende Quotierung auch **ohne ausdrückliche Vereinbarung** gefallen lassen (*LAG Köln* 16.6.2000 NZA-RR 2000, 625).

1116 § 2 Abs. 2 S. 2 TV über eine Zuwendung für Angestellte (im öffentlichen Dienst) sieht demgegenüber ausdrücklich vor, dass Zeiten ohne Dienstbezüge bis zu 12 Monaten die Höhe der Sonderzuwendung nicht beeinflussen, wenn die Nichtzahlung auf Grund von Elternzeit erfolgt. Diese Regelung gilt allerdings für jede Elternzeit **nur einmal** und kommt nicht nochmals zum Tragen, wenn die Angestellte während der laufenden Elternzeit wegen der Geburt eines weiteren Kindes erneut Elternzeit in Anspruch nimmt (*BAG* 26.3.1997 EzA § 611 BGB Gratifikation, Prämie Nr. 151).

1117 Eine Angestellte, die nach diesem Tarifvertrag Anspruch auf eine Zuwendung hat, behält diesen Anspruch, der entsprechend ihrem vor Antritt der Elternzeit erzielten Verdienst zu errechnen ist, auch dann, wenn sie während der Elternzeit bei demselben Arbeitgeber eine **erziehungsgeldunschädliche Teilzeittätigkeit** mit entsprechend verringerter Arbeitsvergütung ausübt (*BAG* 12.1.2000 NZA 2000, 1060).

1118 Denn die tariflichen Bestimmungen eines Tarifvertrages über eine Zuwendung für Angestellte enthalten einen Wertungswiderspruch, wenn sie dazu führen, dass Angestellte, die nach dem zwölften Lebensmonat des Kindes eine erziehungsgeldunschädliche Teilzeittätigkeit ausüben, einen geringeren Zuwendungsanspruch erwerben, als Angestellte, die während des Erziehungsurlaubs nicht tätig sind. Dieser Wertungswiderspruch ist so aufzulösen, dass sich die Zuwendung nach dem bei vergleichender Betrachtungsweise mit und ohne erziehungsgeldunschädliche Teilzeittätigkeit günstigeren Anspruch richtet (*BAG* 12.2.2003 EzA § 611 BGB 2002 Gratifikation, Prämie Nr. 4 = NZA-RR 2003, 482).

(2) Kürzung von Weihnachtsgeld

1119 Bezweckt ein tarifvertragliches Weihnachtsgeld sowohl die Entlohnung für im Bezugstermin geleistete Arbeitszeit als auch die Belohnung für erwiesene Betriebstreue, so bedarf es einer tariflichen Quotenregelung, wenn das Weihnachtsgeld für die Zeiten gekürzt werden soll, in denen das Arbeitsverhältnis wegen Elternzeit ruht.

1120 Sofern der Tarifvertrag für diese Tatbestände keine Regelung enthält, kann eine am Maß der jährlichen Arbeitsleistung orientierte Kürzung des Weihnachtsgeldes nicht mit einem allgemeinen Rechtsprinzip begründet werden (*BAG* 24.10.1990 EzA § 611 BGB Gratifikation, Prämie Nr. 80).

1121 Sieht ein Arbeitsvertrag vor, dass die Zahlung eines Weihnachtsgeldes unter dem Vorbehalt des jederzeitigen Widerrufs steht und ein Rechtsanspruch auf das Weihnachtsgeld nicht besteht, so handelt es sich bei dieser Sonderzahlung nicht um einen Teil der im Austauschverhältnis zur Arbeitsleistung stehenden Vergütung. Daher darf der Arbeitgeber eine anteilige Kürzung des Weihnachtsgeldes für Zeiten, in denen das Arbeitsverhältnis wegen Elternzeit ruht, nur dann vornehmen, wenn dies ausdrücklich vereinbart wurde.

1122 Ob die Inanspruchnahme von Elternzeit den Arbeitgeber zur Ausübung seines vorbehaltenen Widerrufsrechts berechtigt, hat das *BAG* (10.5.1995 EzA § 611 BGB Gratifikation, Prämie Nr. 125) offen gelassen.

Das *LAG Köln* (13.3.1997 NZA-RR 1997, 417) hat angenommen, dass ein Anspruch des Arbeitnehmers auf eine einzelvertraglich zugesagte Sonderzahlung während der Elternzeit nur dann entfällt, wenn es sich um eine Leistung mit **reinem Entgeltcharakter** handelt, mit der kein weiterer Zweck als die Entlohnung tatsächlich erbrachter Arbeitsleistung verfolgt wird. 1123

Andererseits besteht für einen allein an den Fortbestand des Arbeitsverhältnisses anknüpfenden Anspruch auf Zahlung einer Weihnachtsgratifikation kein Raum für eine einschränkende Auslegung des Arbeitsvertrages dahin, dass er in der Elternzeit entfällt, jedenfalls solange der Arbeitnehmer keinen endgültigen Abkehrwillen gefasst hat (*LAG Bln.* 8.6.2001 NZA-RR 2001, 467). 1124

(3) Kürzung einer Tantieme

Sieht ein Arbeitsvertrag eine »jährliche Ermessenstantieme, die von der Erfüllung des geplanten Jahresüberschusses und von der persönlichen Beurteilung durch den Vorgesetzten abhängt« vor, so handelt es sich um eine vom Betriebsergebnis abhängige Jahressonderzahlung, durch die die Leistung der Arbeitnehmer im laufenden Jahr eine zusätzliche Vergütung erfährt. 1125

Es stellt nach Auffassung des *LAG RhPf* (24.7.1987 NZA 1988, 23) eine gegen den Gleichbehandlungsgrundsatz verstoßende sachfremde Differenzierung dar, wenn von dieser Sonderleistung Arbeitnehmerinnen ausgeschlossen werden, die sich im folgenden Jahr zum Auszahlungszeitpunkt in der Elternzeit befinden. 1126

(4) Kürzung eines 13. Monatsgehalts

Ergibt die Auslegung einer einzelvertraglichen Vereinbarung über die Gewährung eines 13. Monatsgehalts, dass es sich bei der Sonderzahlung um eine Vergütung handelt, die anstelle der monatlichen Auszahlung nur einmal jährlich gezahlt wird bzw. dass es sich um einen Teil der im Austauschverhältnis zur Arbeitsleistung stehende Vergütung handelt, so hat der Arbeitnehmer in der Elternzeit lediglich Anspruch auf eine der im Bezugszeitraum erbrachten Arbeitsleistung entsprechende Teilleistung. 1127

Auf die Vereinbarung eines vertraglichen Kürzungsrechts für Zeiten der Elternzeit kommt es dann nicht an (*BAG* 24.10.1990 EzA § 611 BGB Gratifikation, Prämie Nr. 81; 19.4.1995 EzA § 611 BGB Gratifikation, Prämie Nr. 126). 1128

ff) Kurzarbeit mit »Null-Stunden«; Arbeitskampf

Schließt eine tarifliche Regelung den Anspruch auf eine Sonderzahlung aus, wenn im Kalenderjahr aus »sonstigen Gründen« nicht gearbeitet wurde, so gilt dies auch bei ganzjähriger Kurzarbeit mit »Null-Stunden« – Arbeitszeit (*BAG* 19.4.1995 EzA § 611 BGB Gratifikation, Prämie Nr. 121). 1129

Stehen nach einer tariflichen Regelung über eine Sonderzahlung zeitweise nichttätigen Beschäftigten nur so viele Zwölftel der Sonderzahlung zu, wie sie im Kalenderjahr volle Monate bei dem Unternehmen gearbeitet oder Leistungen nach den Bestimmungen des AGB-DDR erhalten haben, so ist der Anspruch auf die Sonderzahlung im Hinblick auf Zeiten, in denen Kurzarbeit mit »Null-Stunden« – Arbeitszeit angeordnet war, zu kürzen (*BAG* 10.5.1995 EzA § 611 BGB Gratifikation, Prämie Nr. 128). 1130

Macht andererseits eine tarifliche Regelung den Anspruch allein vom rechtlichen Bestand eines Arbeitsverhältnisses abhängig, dann ist die Sonderzahlung auch für Zeiten zu gewähren, in denen das Arbeitsverhältnis wegen eines Arbeitskampfes geruht hat (*BAG* 20.12.1995 EzA 1131

§ 611 BGB Gratifikation, Prämie Nr. 135). Etwas anderes gilt, wenn eine tarifliche Sonderzahlung nur für **Zeiten einer tatsächlichen Arbeitsleistung** gezahlt wird. Denn eine solche Regelung erfasst mangels anderer Hinweise auch die Nichtarbeit wegen eines Streiks, weil während der Teilnahme daran die Hauptpflichten aus dem Arbeitsverhältnis ruhen. Für Zeiten der Teilnahme an einem **Arbeitskampf** besteht dann kein Anspruch. Da eine solche Kürzung nur die im Tarifvertrag vorgesehene Ordnung vollzieht, liegt in ihr **keine unzulässige Maßregelung** wegen der Teilnahme am Streik (*BAG* 3.8.1999 EzA Art. 9 GG Arbeitskampf Nr. 133; *LAG Nds.* 27.4.1998 LAGE § 611 BGB Gratifikation Nr. 43; anders in Auslegung anderer konkreter tariflicher Regelungen – Vorliegen einer tariflichen Maßregelungsklausel – aber *BAG* 13.2.2007 EzA Art. 9 GG Arbeitskampf Nr. 138 = NZA 2007, 573; *LAG Düsseld.* 6.3.2006 ZTR 2006, 378; *LAG SchlH* 24.11.2005 ZTR 2006, 379 LS).

gg) Differenzierung zwischen verschiedenen Abwesenheitsursachen

1132 Eine tarifliche Regelung, nach der für eine Zuwendung Zeiten des Grundwehr- oder Zivildienstes, des Mutterschutzes und der Elternzeit anspruchserhaltend, Zeiten einer Arbeitsunfähigkeit ohne Entgeltfortzahlungsverpflichtung »anspruchsmindernd« berücksichtigt werden, ist zulässig und verstößt nicht gegen Art. 3 Abs. 1 GG (*BAG* 14.9.1994 EzA § 611 BGB Gratifikation, Prämie Nr. 116).

1133 Eine derartige Regelung überschreitet nicht die Grenzen des Gestaltungsspielraums der Tarifvertragsparteien und damit die Grenzen der Tarifautonomie.

1134 Es verstößt auch weder gegen § 6 ArbPlSchG noch gegen den Gleichbehandlungsgrundsatz, wenn die tarifliche Sonderzuwendung für Arbeitnehmer, die als Soldat auf Zeit gedient haben, für die Monate der Dienstzeit gekürzt wird, für Arbeitnehmer, die Grundwehrdienst leisten, jedoch nicht (*BAG* 24.1.1996 EzA § 6 ArbPlSchG Nr. 4).

1135 Eine tarifliche Regelung, nach der in den Fällen des Ausscheidens, der Neueinstellung, des Ruhens des Arbeitsverhältnisses, des unbezahlten Sonderurlaubs und des Krankengeldbezugs ein anteiliger Anspruch auf 1/12 der Sonderzahlungen (13. und 14. Monatsgehalt) für jeden vollen Monat im Kalenderjahr, in dem die Arbeitnehmer gearbeitet haben, entsteht, ist dahingehend auszulegen, dass nicht schon der Bezug von Krankengeld gem. § 45 SGB V für einen Arbeitstag wegen der Pflege eines erkrankten Kindes den Arbeitgeber zur Kürzung der vollen Sonderzahlungen berechtigt. Würde die für den Fall des Krankengeldbezuges vorgesehene Verminderung von Sonderzahlungen (13. und 14. Monatsgehalt) dazu führen, dass ein Arbeitnehmer seinen Anspruch aus § 45 SGB V nur unter Inkaufnahme überproportionaler Vergütungseinbußen (1/12 der Sonderzahlungen bei einem Fehltag) wahrnehmen könnte, würde eine entsprechende individualrechtliche Regelung gegen das Maßregelungsverbot des § 612a BGB verstoßen.

1136 Im Zweifel kann nicht angenommen werden, dass eine entsprechende tarifliche Regelung eine derartige Kürzung zulässt, zumal sie dann gemessen an Art. 6 Abs. 2 GG verfassungsrechtlich bedenklich wäre. Tarifverträge sind nach Möglichkeit so auszulegen, dass sie zu einer **vernünftigen**, sachgerechten, verfassungs- und gesetzeskonformen **Lösung** führen und nicht gegen tragende Grundsätze des Arbeitsrechts verstoßen (*BAG* 31.7.2002 EzA § 611 BGB Gratifikation, Prämie Nr. 167).

h) Berücksichtigung und Anrechnung anderweitiger Sozialleistungen

1137 Fraglich ist, ob und inwieweit auf eine Jahressonderleistung andere betriebliche Sozialleistungen angerechnet werden können:

1138 ▶ *Bestimmt ein Tarifvertrag*, dass auf die Jahressonderzahlung alle betrieblichen Leistungen wie Weihnachtsgratifikation, Jahresabschluss, Jahresprämien, Ergebnisbeteiligungen, Tantiemen, dreizehnte Monatsentgelte und dergleichen angerechnet werden können, so stellt eine auf

Grund betrieblicher Übung einmal jährlich zu zahlende »Treueprämie«, deren Höhe sich nach der Dauer der Betriebszugehörigkeit richtet, eine solche anrechenbare Leistung dar. Das Günstigkeitsprinzip (§ 4 Abs. 3 TVG) steht dem nicht entgegen, denn von Tarifverträgen abweichende Vereinbarungen sind zwar zulässig, wenn sie Regelungen zugunsten des Arbeitnehmers enthalten. Auch beseitigen neue tarifliche Regelungen günstigere Abmachungen im Arbeitsvertrag nicht, wobei es unerheblich ist, ob solche günstigeren Abmachungen vor oder nach In-Kraft-Treten des Tarifvertrages getroffen worden sind. **Das gilt aber nur für Vergütungsbestandteile, die nach der arbeitsvertraglichen Vereinbarung »neben« dem jeweiligen Tariflohn zu zahlen, also »tariffest« sind. Fehlt eine solche Vereinbarung, so können übertarifliche Lohnbestandteile, insbes. Lohnzulagen, auch ohne ausdrücklichen Vorbehalt auf eine Tariflohnerhöhung angerechnet werden.** Da die maßgebliche Regelung hinsichtlich der Zahlung einer Treueprämie nicht tarifvertragsfest ausgestaltet ist, ist die Anrechnung möglich (*BAG* 3.3.1993 EzA § 611 BGB Gratifikation, Prämie Nr. 101; 18.5.1994 EzA § 611 BGB Gratifikation, Prämie Nr. 112).

- Andererseits ist die Erklärung in einer Vorbemerkung zu einer betrieblichen Vereinbarung zwischen Arbeitgeber und Betriebsrat, in der die Voraussetzungen für einen Anspruch auf Tantieme und deren Berechnung geregelt sind, es handele sich um eine freiwillige soziale Leistung, zwar regelmäßig dahin auszulegen, dass sich der Arbeitgeber die Entscheidung über die Gewährung der Leistung und die Höhe des Gesamtbetrages vorbehält. Sie berechtigt ihn **aber nicht zum Ausschluss einzelner Arbeitnehmer** oder zur Anrechnung von Leistungen auf die Tantieme, die nicht in den Einzelbestimmungen vorgesehen sind (*BAG* 20.1.1998 EzA § 87 BetrVG 1972 Betriebliche Lohngestaltung Nr. 63). **1139**
- Dagegen kann bei einer derartigen tariflichen Regelung ein anlässlich der Vollendung einer Betriebszugehörigkeit von 10 Jahren einmalig gezahltes betriebliches Treuegeld nicht angerechnet werden. **1140**

Denn Jahresabschlussvergütungen, Weihnachtsgeld, Gratifikationen, Jahresergebnisbeteiligungen, Jahresprämien u.Ä. beziehen sich alle auf den Bezugszeitraum des laufenden Kalenderjahres. Sie sind daher von ihrem Zweck her vergleichbar mit der tariflichen Sonderzahlung, mit der ebenfalls die im Regelfall im Bezugszeitraum erbrachte Arbeitsleistung honoriert werden soll. Davon unterscheidet sich das betriebliche Treuegeld wegen 10-jähriger Betriebszugehörigkeit grundlegend. Insoweit handelt es sich um eine einmalige Leistung des Arbeitgebers im Hinblick auf die erbrachte 10-jährige Betriebstreue des Arbeitnehmers. Diese bezieht sich somit gerade nicht auf den Bezugszeitraum des laufenden Kalenderjahres. Dies schließt ihre Anrechnung gegenüber der jährlich zu gewährenden tariflichen Sonderleistung aus (*BAG* 10.2.1993 EzA § 611 BGB Gratifikation, Prämie Nr. 96). **1141**

- **Stammarbeiterzulagen**, die nach einer bestimmten Zeitdauer der Betriebszugehörigkeit bei persönlicher Zuverlässigkeit gewährt werden, sind auf den tariflich abgesicherten Teil eines 13. Monatseinkommens im Baugewerbe nicht anzurechnen. Denn darauf kann zwar betrieblich gewährtes Weihnachtsgeld, ein 13. Monatseinkommen oder eine Zahlung, die diesen Charakter hat, angerechnet werden. Die Stammarbeiterzulage ist damit aber nicht gleichzusetzen, weil es sich bei ihr um eine zweckgerichtete Zulage für einen besonderen Personenkreis handelt. Den Betrieben im Baugewerbe, die in einem besonderen Maße unter einem erhöhten Wechsel ihrer Arbeitnehmerschaft leiden, kommt es darauf an, einen bestimmten Facharbeiterstand zu halten und ihn zu fördern. Diesem Ziel und Zweck dient es, wenn Betriebe zuverlässige Arbeitnehmer unter bestimmten Voraussetzungen zum Stammarbeitnehmer ernennen und ihnen, um auch einen materiellen Anreiz zu bieten, eine besondere finanzielle Honorierung zukommen lassen. Die Stammarbeiterzulage ist daher schon vom Ansatz her weder mit einer Weihnachtszuwendung noch mit einem 13. Monatseinkommen zu vergleichen, bei denen dem Grunde und der Höhe nach auf die erbrachte und erwartete Betriebszugehörigkeit abgestellt wird, die aber nicht daran gebunden sind, dass andere, besondere persönliche Voraussetzungen erfüllt sind (*BAG* 18.3.1981 EzA § 611 BGB Gratifikation, Prämie Nr. 70). **1142**

1143 ▶ Anzurechnen ist dagegen ein **13. Monatsgehalt**, von dem 60% zum selben Zeitpunkt geschuldet werden, zu dem auch die tarifliche Sonderzahlung zu leisten ist (*LAG Bln.* 29.9.1995 LAGE §611 BGB Gratifikation, Prämie Nr.27).

i) Berechnungsmethode; Anspruchskürzung

1144 Ist eine tarifliche Sonderzuwendung, die jeweils zur Hälfte im Juni bzw. November auszuzahlen ist, nach dem tariflichen Monatsgrundlohn zu berechnen, so ist ohne anderweitige Bestimmung der Tarifvertragsparteien i.d.R. vom tariflichen Monatsgrundlohn des jeweiligen Auszahlungsmonats auszugehen (*BAG* 10.7.1996 EzA §611 BGB Gratifikation, Prämie Nr.143).

1145 Eine als dreizehntes Monatseinkommen bezeichnete tarifvertragliche Gratifikation, die im Rahmen einer Stichtagregelung **in der Vergangenheit geleistete Dienste belohnt** und einen Anreiz für zukünftige Betriebstreue setzt, kann **rückwirkend für das ganze Jahr geändert**, d.h. in der Höhe reduziert werden (z.B. durch einen Sanierungstarifvertrag), wenn der Vertrauensschutz der Normunterworfenen nicht entgegensteht.

1146 Wird den Arbeitnehmern in einer Betriebsversammlung vor dem Fälligkeitstag mitgeteilt, dass die Tarifvertragsparteien vereinbart haben, diesen Anspruch für das laufende Jahr durch Tarifvertrag zu verringern, können die Arbeitnehmer nicht mehr darauf vertrauen, ihr Anspruch entstehe ungemindert. Auch ein anteiliger Anspruch erwächst bis zu der Mitteilung nicht, wenn es sich nicht um Entgelt handelt, das ausschließlich an die Erfüllung der Arbeitspflicht anknüpft und daher »pro rata temporis« geschuldet wird (*BAG* 14.11.2001 EzA §4 TVG Tariflohnkürzung Nr. 16; *LAG Düsseld.* 26.9.2000 LAGE §611 BGB Gratifikation Nr.61).

1147 Allerdings stellt das *BAG* (11.10.2006 AP Nr.24 zu §1 TVG Rückwirkung; 6.6.2007 AP Nr.39 zu §1 TVG Tarifverträge: Lufthansa; 17.7.2007 AP Nr.28 zu §1 TVG Rückwirkung) mittlerweile auch **maßgeblich** auf die **Entstehung** und **nicht erst** auf die **Fälligkeit** des Anspruchs ab.

j) Anwesenheitsprämie

aa) Zweck und Inhalt von Anwesenheitsprämien

1148 Um das Ausmaß von Fehlzeiten möglichst gering zu halten, können die Parteien sog. Anwesenheitsprämien vereinbaren. **Dadurch soll den Betriebsangehörigen, die immer anwesend sind, die Mehrbelastung honoriert werden**, die durch verschiedene Krankheitsausfälle der Kollegen hervorgerufen wird. Dabei kann z.B. für jeden Fehltag – ausgenommen Urlaub – vom festgesetzten Grundbetrag ein bestimmter Prozentsatz abgezogen werden.

bb) §4a EFZG

1149 Anknüpfend an die Rechtsprechung des BAG (vgl. zuletzt 15.2.1990 EzA §611 BGB Anwesenheitsprämie Nr.9) hat der Gesetzgeber durch das arbeitsrechtliche Beschäftigungsförderungsgesetz mit §4a EFZG mit Wirkung ab dem 1.10.1996 die Zulässigkeit von Anwesenheitsprämien ausdrücklich klargestellt (vgl. dazu *Adam* ZTR 1998, 438ff.; Gestaltungsmöglichkeiten erörtert *Patterson-Baysal* FA 2000, 309ff.). Danach ist eine Vereinbarung über die Kürzung von Leistungen, die der Arbeitgeber – erfasst sind auch tarifliche oder betriebliche Sonderzahlungen – zusätzlich zum laufenden Arbeitsentgelt erbringt (Sondervergütungen), auch für Zeiten der Arbeitsunfähigkeit infolge Krankheit zulässig. Die Kürzung darf danach für jeden Tag der Arbeitsunfähigkeit infolge Krankheit ein Viertel des Arbeitsentgelts, das im Jahresdurchschnitt auf einen Arbeitstag entfällt, nicht überschreiten.

Gewährt der Arbeitgeber z.B. eine Anwesenheitsprämie für ein Quartal nur dann, wenn in diesem Zeitraum **kein krankheitsbedingter Fehltag** liegt, enthält diese Zusage die Kürzung einer Sondervergütung i.S.d. § 4a EFZG. Dem Arbeitnehmer steht deshalb bei krankheitsbedingten Fehlzeiten ein der gesetzlichen Kürzungsmöglichkeit entsprechender **anteiliger Anspruch** auf die Anwesenheitsprämie zu (*BAG* 25.7.2001 EzA § 4a EFZG Nr. 2).

Die gesetzliche Regelung enthält **keine Einschränkung** dahingehend, dass eine krankheitsbedingte Arbeitsunfähigkeit, die infolge eines vom Arbeitnehmer im Betrieb des Arbeitgebers erlittenen **Arbeitsunfalls** eingetreten ist, die Kürzungsmöglichkeit bei Sondervergütungen ausschließt (*BAG* 15.12.1999 – 10 AZR 626/98). Demgegenüber ist das Recht, unentgeltliche Nacharbeit verlangen bzw. das **Arbeitszeitkonto kürzen** zu können, nicht mit der Kürzung von Sondervergütungen vergleichbar; eine entsprechende Tarifnorm ist deshalb nicht nach § 4a EFZG zulässig (*BAG* 26.9.2001 NZA 2002, 387).

Inzwischen hat das *BAG* (7.8.2002 EzA § 4a EFZG Nr. 3) für die Berücksichtigung krankheitsbedingter Fehlzeiten und zur Abgrenzung einer Weihnachtszuwendung von einer Anwesenheitsprämie die Grenzlinien in diesem Bereich neu definiert:

- Bei einer zukunftsgerichteten Anwesenheitsprämie muss den Arbeitnehmern im Voraus bekannt sein, dass und in welchem Umfang sie bei Fehltagen im Bezugszeitraum gekürzt wird.
- Um eine solche Anwesenheitsprämie handelt es sich nicht, wenn der Arbeitgeber ohne Rechtspflicht und ohne jegliche Bindung für die Zukunft ein Weihnachtsgeld als freiwillige Leistung gewährt und dabei u.a. danach differenziert, in welchem Umfang die Arbeitnehmer in der Vergangenheit Arbeitsleistungen erbracht haben oder Fehlzeiten aufwiesen. Er kann dann in den Grenzen des § 4a S. 2 EFZG solche Arbeitnehmer ausnehmen, die im Bezugszeitraum Fehlzeiten aufwiesen.
- Zahlt der Arbeitgeber das Weihnachtsgeld in unterschiedlicher Höhe, hat ein nicht berücksichtigter Arbeitnehmer etwaige generelle Regelungen darzulegen und die Gruppe von Arbeitnehmern zu bezeichnen, mit der er sich für vergleichbar hält, wenn er geltend machen will, nach dem Gleichbehandlungsgrundsatz stehe auch ihm ein Weihnachtsgeld zu.

Aus der Anwendung dieser Grundsätze und der Schuldrechtsreform folgt nach Auffassung **1150** des *LAG Hamm* (7.3.2007 NZA-RR 2007, 629) wegen § 307 Abs. 1 S. 2 BGB, dass eine arbeitsvertragliche Vereinbarung des Inhalts »Gewährt der Arbeitgeber zusätzlich zum laufenden Arbeitsentgelt Sonderzuwendungen, so ist der Arbeitgeber berechtigt, **eine prozentuale Kürzung vorzunehmen**, sofern der Arbeitnehmer infolge Krankheit **arbeitsunfähig** ist. Für die Kürzung von Sonderzuwendungen gelten die gesetzlichen Bestimmungen (§ 4a EFZG)« nur wirksam ist, wenn die Parteien eine Vereinbarung insoweit getroffen haben, die die **konkrete Prozentangabe** der Kürzung enthält.

8. Sonstige Entgelte

a) Sachzuwendungen

aa) Sachbezüge als Arbeitsentgelt

Sachleistungen (z.B. Hausbrand bei im Bergbau beschäftigten Arbeitnehmern, freie Kost oder **1151** Heizung, Deputate in der Landwirtschaft) sind **grds. als Arbeitsentgelt anzusehen**. Etwas anderes gilt für Sachzuwendungen, die in überwiegend eigenbetrieblichem Interesse gewährt werden (Überlassung von Arbeitskleidung, Arbeitsgerät). Stellt der Arbeitgeber im Rahmen von Dienstbesprechungen oder Fortbildungsveranstaltungen Speisen und Getränke unentgeltlich zur Verfügung, so ist der den Arbeitnehmern gewährte Vorteil dann kein Arbeitslohn, wenn das eigenbetriebliche Interesse des Arbeitgebers an der günstigen Gestaltung des Arbeitsablaufs den Vorteil der Arbeitnehmer bei weitem überwiegt. Ob dies der Fall ist, ist durch eine Gesamtwürdigung des Einzelfalles zu entscheiden (*BFH* 5.5.1994 EzA § 19 EStG

Nr. 1). Sachzuwendungen an Arbeitnehmer anlässlich einer **zweitägigen Reise**, die sowohl eine Betriebsveranstaltung als auch eine aus ganz überwiegend eigenbetrieblichen Interessen durchgeführte Betriebsbesichtigung bei einem Hauptkunden des Arbeitgebers umfasst, **sind grundsätzlich aufzuteilen**. Sie sind aber dann insgesamt kein Arbeitslohn, wenn die dem Betriebsveranstaltungsteil zuzurechnenden, anteiligen Kosten die für Zuwendungen bei Betriebsveranstaltungen maßgebliche Freigrenze nicht übersteigen. Die dem Betriebsbesichtigungsteil zuzurechnenden anteiligen Kosten stellen ebenfalls keinen Arbeitslohn dar, wenn die Besichtigung im ganz überwiegend eigenbetrieblichen Interesse durchgeführt wird und damit keinen Entlohnungscharakter hat (*BFH* 16.11.2005 NZA-RR 2006, 481).

1152 Ist eine echte Sachleistung mit einem Mangel behaftet, so sind §§ 434 ff. bzw. 536 ff. BGB analog anwendbar.

1153 Der Anspruch auf die Sachzuwendung gehört gem. § 851 Abs. 2 ZPO regelmäßig nicht zum pfändbaren Arbeitseinkommen, da es sich um eine nach § 399 BGB nicht übertragbare Forderung handelt.

bb) Personalrabatte

1154 Da auch Personalrabatte eine **Form des Arbeitsentgelts** darstellen, ist auf vorformulierte Kaufverträge mit Personalrabatten gem. § 310 Abs. 4 BGB das Recht der Allgemeinen Geschäftsbedingungen (§§ 305 ff. BGB) anwendbar (zum alten Recht s. *BAG* 26.5.1993 EzA § 9 AGB-Gesetz Nr. 1).

1155 Die in **Allgemeinen Geschäftsbedingungen** über den Verkauf von Autos an Werksangehörige enthaltene Klausel, die den Arbeitnehmer zur Zahlung des ihm eingeräumten Preisnachlasses verpflichtet, wenn er binnen eines Jahres nach Auslieferung fristlos entlassen wird, ist wegen Verstoßes gegen das Transparenzgebot (**§ 9 Abs. 1 AGBG; jetzt § 307 BGB n. F.**) unwirksam, wenn die Höhe des Preisnachlasses im Vertrag nicht angegeben ist (*BAG* 26.5.1993 EzA § 9 AGB-Gesetz Nr. 1).

1156 Offen ist, ob es dann, wenn z.B. in der Automobilindustrie die Jahreswagen unter erheblichem Preisnachlass (ca. 20%) an die Mitarbeiter abgegeben werden, zulässig ist, zu vereinbaren, dass der Arbeitnehmer bei Ausscheiden vor einem bestimmten Zeitpunkt den vollen Kaufpreis (Nachzahlungsklausel) zu zahlen hat (für eine uneingeschränkte Zulässigkeit *LAG Brem.* NZA 1987, 815; trotz der darin zu sehenden Kündigungserschwerung für eine zulässige Bindungsdauer von 9–12 Monaten MünchArbR/*Hanau* § 70 Rz. 7).

1157 Jedenfalls kann der Arbeitgeber die vorbehaltlose Zusage der Gewährung von Personalrabatten nicht einseitig widerrufen (*BAG* 11.12.1996 EzA § 611 BGB Personalrabatt Nr. 2). Hat er seinem Arbeitnehmer einen Personalrabatt zugesagt, ohne sich einen Widerruf vorzubehalten, so kann er diese Vergünstigung nicht mit der Begründung einstellen, die Gewährung freiwilliger Leistungen liege in seinem billigen Ermessen. Die pauschale Behauptung, die wirtschaftliche Lage des Unternehmens habe die Senkung der Personalkosten notwendig gemacht, rechtfertigt den Widerruf einer vorbehaltlos gemachten Zusage nicht (*BAG* 14.6.1995 EzA § 611 BGB Personalrabatt Nr. 1; vgl. dazu *Peterek* SAE 1997, 71 ff.).

1158 Die Beklagte, die eine Supermarktkette betreibt, hatte im Streitfall vorgetragen, sie habe durch Streichung des Personalrabatts Personalkosten sparen wollen. Diese Begründung hat das *BAG* (11.12.1996 EzA § 611 BGB Personalrabatt Nr. 2) als nicht nachvollziehbar angesehen. Ohne genaue Angaben lässt sich nicht erkennen, ob und ggf. welche Kosten sich durch den Wegfall des Rabatts einsparen lassen. Die Einräumung eines Personalrabatts kann für den Arbeitgeber sogar von Vorteil sein, wenn er dadurch einen Umsatz erzielt, den er sonst nicht erzielen würde.

1159 Andererseits steht die Einräumung eines Personalrabattes regelmäßig unter dem **vertraglichen Vorbehalt**, dass der Arbeitgeber die preisgeminderten Waren **selbst herstellt**. Ein Anspruch des Arbeitnehmers auf verbilligten Bezug dieser Waren geht daher nicht ohne weiteres nach **§ 613a Abs. 1 S. 1 BGB** bei einem (Teil-) Betriebsübergang über; er erlischt, wenn der Erwerber die Produktion nicht übernimmt oder der Arbeitgeber noch selbst die Produktion einstellt. Andererseits können der Arbeitgeber/Betriebserwerber verpflichtet sein, die damit verbundenen Nachteile auszugleichen. Wird insoweit in einem mit dem Konzernbetriebsrat abgeschlossenen Interessenausgleich/Sozialplan vereinbart, die ehemaligen Arbeitnehmer des PKW herstellenden Unternehmens könnten weiterhin »im Rahmen der rechtlichen Möglichkeiten« am Personaleinkauf des Konzerns teilnehmen, spricht viel dafür, dass Geschäftsgrundlage einer solchen Regelung die weitere Zugehörigkeit des Beschäftigungsunternehmens zum Konzern ist (*BAG* 7.9.2004 EzA § 611 BGB 2002 Personalrabatt Nr. 2 = NZA 2005, 941 m. Anm. *Meyer* SAE 2006, 264). Inzwischen geht das *BAG* (13.12.2006 EzA § 611 BGB 2002 Personalrabatt Nr. 3 = NZA 2007, 325) davon aus, dass dann, wenn der Bodenbetrieb seinen Mitarbeitern **Flugvergünstigungen** zusagt, diese Zusage regelmäßig unter dem **immanenten Vorbehalt** steht, dass die zum Konzern gehörende Fluggesellschaft noch **ein eigenes Flugnetz betreibt** und deshalb vergünstigte Flugscheine mit vertretbarem Aufwand zur Verfügung stellen kann. Nach Einstellung des Flugbetriebs und Ausscheiden des Arbeitgebers aus dem Konzern ist dieser nicht verpflichtet, Flugscheine anderer Gesellschaften zu erwerben und seinen Mitarbeitern zur Verfügung zu stellen.

cc) Privatnutzung eines Dienstwagens

Auch die Überlassung eines Dienstwagens zur privaten Nutzung an den Arbeitnehmer ist **1160**
Arbeitslohn in Form eines Sachbezugs (*BAG* 23.6.2004 NZA 2004, 1287; *LAG Köln* 29.11.1995 NZA 1996, 986 LS; *Becker-Schaffner* DB 1993, 2078 ff.; Rechtsfragen des Dienstfahrzeugs erörtern umfassend *Nägele/Schmidt* BB 1993, 1797 ff.) und folglich steuerpflichtiges Entgelt (vgl. ausf. *BFH* 26.7.2001 NZA-RR 2002, 258; *FG Thüringen* 4.3.1998 NZA-RR 1999, 94; *LAG Hamm* 25.2.2004 LAG Report 2004, 299; *Nägele* NZA 1997, 1199 ff.; zur Berücksichtigung als rentenfähiges Einkommen vgl. *BAG* 21.8.2001 EzA § 1 BetrAVG Nr. 78 = NZA 2002, 394; zur Besteuerung von Zuschüssen des Arbeitgebers *Haase* NZA 2002, 1199 ff.; vertragliche Gestaltungsmöglichkeiten für die Herausgabe des Fahrzeugs während einer Freistellung erörtern *van Bürck/Nussbaum* BB 2002, 2278 ff.). Wird über die Nutzung des Dienstwagens ein **ordnungsgemäßes Fahrtenbuch** (zu den Anforderungen insoweit *BFH* 9.11.2005 NZA-RR 2006, 530: zeitnah, in geschlossener Form, vollständig hinsichtlich der Gesamtkilometer und im fortlaufenden Zusammenhang) **nicht geführt**, so ist der zu versteuernde geldwerte Vorteil nach der 1 %-Regelung (§ 8 Abs. 2 S. 2, 3 i.V.m. § 6 Abs. 1 Nr. 4 S. 2 EStG) zu bewerten; eine Schätzung des Privatanteils anhand anderer Aufzeichnungen kommt nicht in Betracht (*BFH* 16.11.2005 NZA-RR 2006, 529; 18.10.2007 – VI R 57, 59 u. 96/04 – ArbuR 2008, 163 LS). **Ohne ausdrückliche Vereinbarung hat der Arbeitnehmer keinen Anspruch darauf, dass der Arbeitgeber für den Arbeitnehmer die Versteuerung der geldwerten Vorteile für die private Nutzung eines Dienstfahrzeugs übernimmt und den 15%igen Pauschsteuersatz gem. §§ 40 Abs. 2 S. 2, 40 Abs. 3 S. 1 EStG an das Finanzamt abführt** (*LAG SchlH* 20.4.2004 – 5 Sa 8/04 – EzA-SD 11/04, S. 10 LS = NZA-RR 2005, 93 = LAG Report 2004, 221 LS). Zahlt der Arbeitgeber allerdings auf Grund der Haftungsklausel des § 42d EStG die Lohnsteuer für den Dienstwagen, die der Arbeitnehmer gem. §§ 6, 8 EStG zu tragen hat, hat er gegen den Arbeitnehmer einen Rückerstattungsanspruch gem. § 670 BGB oder gem. § 812 Abs. 1 S. 1 BGB i.V.m. § 362 BGB (*LAG Bln.* 5.9.2003 ZTR 2004, 98 LS). Nach – **unzutreffender** – Auffassung des *LAG Hamm* (25.2.2004 LAG Report 2004, 299) hat der Arbeitnehmer dann, wenn ein Dienstwagen privat genutzt und nach der Listenpreismethode (1 %-Regelung) der Lohnsteuer unterworfen wird, i.d.R. keinen **Anspruch auf Auskunft** gegen den Arbeitgeber bzgl. aller den Pkw betreffenden Unterhaltskosten, um eine individuelle Besteuerung des Privatnutzungsvorteils gegenüber dem Finanzamt zu erreichen.

1161 Demgegenüber hat das *BAG* (19.4.2005 EzA § 242 BGB 2002 Auskunftspflicht Nr. 1 = NZA 2005, 983) insoweit folgende Grundsätze aufgestellt:

- Der Arbeitnehmer hat gegen den Arbeitgeber einen **Auskunftsanspruch**, wenn er auf die Auskunft zur Durchsetzung eines möglichen Zahlungsanspruchs **angewiesen ist**, der Arbeitgeber die Auskunft **unschwer erteilen** kann und sie ihn nicht übermäßig belastet.
- Der für die Auskunftserteilung vorauszusetzende Zahlungsanspruch kann sich auch gegen einen Dritten richten.
- Der Arbeitgeber kann den Auskunftsanspruch nur abwehren, wenn er konkret die Gründe benennt, aus denen sich seine **übermäßige Belastung** ergibt.
- Hat der Arbeitgeber dem Arbeitnehmer ein Dienstfahrzeug auch zur privaten Nutzung überlassen und wird die Lohnsteuer wegen des dem Arbeitnehmer zufließenden geldwerten Vorteils nach der sog. 1 %-Regelung (§ 8 Abs. 2 S. 2 EStG) ermittelt, kann der Arbeitgeber verpflichtet sein, dem Arbeitnehmer Auskunft über die tatsächlich mit der Fahrzeughaltung verbundenen Kosten zu erteilen (§ 8 Abs. 2 S. 4 EStG), damit dieser die wegen einer nur geringen Privatnutzung möglicherweise überzahlte Lohnsteuer vom Finanzamt erstattet verlangen kann.

1162 Eine einzelvertragliche Vereinbarung dahin, dass der Arbeitnehmer den ihm überlassenen Firmenwagen auch privat nutzen darf, kann im Übrigen schon dann angenommen werden, wenn der Arbeitgeber **weiß**, dass der Arbeitnehmer den Wagen für die **Heimfahrt** mitnimmt, ihn auch am Wochenende in Händen hält und der Arbeitgeber keinen Kostenanteil einfordert, sondern vorbehaltlos alle anfallenden Pkw-Kosten trägt (*LAG RhPf* 19.11.1996 NZA 1997, 942).

1163 Im Falle der **Arbeitsunfähigkeit** endet das Recht zur privaten Nutzung folglich mit dem Ende des Entgeltfortzahlungszeitraums, sofern sich aus den Parteivereinbarungen nichts Abweichendes ergibt (*LAG Köln* 29.11.1995 NZA 1996, 986 LS; **a.A.** *Fischer* FA 2003, 105 ff.). Überlässt der Arbeitgeber dem **arbeitsunfähigen Arbeitnehmer** trotz Ablaufs des Entgeltfortzahlungszeitraums weiterhin den Dienstwagen ohne Geltendmachung des Rückgaberechts bis zum Ablauf des Leasingvertrages, so kommt dadurch nach Auffassung des *LAG Köln* (22.6.2001 NZA-RR 2001, 523) **keine konkludente Vereinbarung** des Inhalts zustande, dass dem Arbeitnehmer auch nach Ablauf des Entgeltfortzahlungszeitraums ein Nutzungsrecht eingeräumt werden soll. Dies gilt danach erst recht, wenn erkennbar andere Gründe als ein Verzichtswille dafür verantwortlich sind, z.B. die **Unkenntnis von der Rechtsinhaberschaft** oder eine Abwägung von Aufwand und Nutzen (Abwarten des Ablaufs des ohnehin geschlossenen Leasingvertrages).

1164 Nach Auffassung von *Nägele* (NZA 1997, 1200) ist ein **Widerruf** der Fahrzeugüberlassung dann möglich (§ 315 BGB), wenn sie im Zusammenhang mit einer bestimmten Tätigkeit des Arbeitnehmers stand und dieser die Tätigkeit zukünftig nicht mehr ausübt oder wenn sich die betrieblichen Verhältnisse geändert haben und der Arbeitnehmer bei der Überlassung erkennen konnte, dass bei geänderten betrieblichen Verhältnissen die weitere private Nutzung des Fahrzeugs in Frage steht.

1165 Demgegenüber ist nach der Rechtsprechung des *BAG* (11.10.2000 EzA § 14 MuSchG Nr. 15) maßgeblich, ob **Sachbezüge** (z.B. die Überlassung eines Firmenfahrzeugs zum unbeschränkten privaten Gebrauch) **zum Arbeitsentgelt gehören** und nicht frei widerruflich sind. Ist das der Fall, so sind sie der Arbeitnehmerin nicht nur **während eines Beschäftigungsverbots i.S.d. §§ 3 Abs. 1, 4 MuSchG, sondern regelmäßig auch während der Schutzfristen der §§ 3 Abs. 2, 6 Abs. 1 MuSchG weiterzugewähren** (*BAG* 11.10.2000 EzA § 14 MuSchG Nr. 15). Auch die **Versetzung vom Außendienst in den**

Innendienst rechtfertigt dann keine Herausgabe des Pkw (*LAG Bln.* 19.2.2007 – 10 Sa 2171/06 – EzA-SD 12/2007 S. 10 LS).
Nach *LAG Nds.* (17.1.2006 – 13 Sa 1176/05 – EzA-SD 9/06 S. 6 LS = NZA-RR 2006, 289) ist der in einem **Formularvertrag vereinbarte Widerrufsvorbehalt für die Privatnutzung** nur dann wirksam, wenn die Widerrufsgründe angegeben sind. Ist das nicht der Fall, benachteiligt die Klausel den Arbeitnehmer unangemessen, weil dann das **Widerrufsrecht an keinen Sachgrund gebunden** ist (insoweit bestätigt durch *BAG* 19.12.2006 EzA § 307 BGB 2002 Nr. 17 = NZA 2007, 809). Für Vereinbarungen aus der Zeit vor dem In-Kraft-Treten des Schuldrechtsmodernisierungsgesetzes ist allerdings entgegen *LAG Nds.* (17.1.2006 – 13 Sa 1176/05 – EzA-SD 9/06 S. 6 LS = NZA-RR 2006, 289 im Anschluss an *BAG* 12.1.2005 EzA § 308 BGB 2002 Nr. 1; s.o. Kap. 1 Rn. 576 ff.) keine ergänzende Vertragsauslegung oder geltungserhaltende Reduktion vorzunehmen mit der Maßgabe, dass die Klausel **nur gilt, wenn der Arbeitgeber zum Widerruf berechtigt ist**, z.B. im Falle einer berechtigten Freistellung des Arbeitnehmers von der Arbeitspflicht.

Bei rechtswidrigem und schuldhaftem Entzug des Dienstwagens ist der Arbeitgeber dem 1166
Arbeitnehmer zum **Schadensersatz (§§ 280, 251 BGB) in Höhe der Kosten verpflichtet, die aufzuwenden sind, um einen entsprechenden Pkw privat nutzen zu können** (*BAG* 19.12.2006 EzA § 307 BGB 2002 Nr. 17 = NZA 2007, 809; 23.6.1994 EzA § 249 BGB Nr. 20 = NZA 1994, 1128; vgl. ausf. *Schroeder* NZA 1994, 342 ff). Maßgeblich ist nach Auffassung des BAG (27.5.1999 EzA § 249 BGB Nr. 24; vgl. dazu *Pauly* ArbuR 1999, 467 ff.) andererseits der Betrag, der der steuerlichen Bewertung der privaten Nutzungsmöglichkeit entspricht (abl. *Meier* NZA 1999, 1083 ff.); gegen die Berechnung der Nutzungsausfallentschädigung mit monatlich **1 % des Listenpreises** des Firmenwagens bestehen **keine Bedenken** (*BAG* 19.12.2006 EzA § 307 BGB 2002 Nr. 17 = NZA 2007, 809). Im Falle der tatsächlichen Nutzung eines gleichwertigen privaten Pkw kann er allerdings, wenn sie geringer sind, nur die hierfür **tatsächlichen aufgewendeten Kosten** ersetzt verlangen. Eine abstrakt nach der Tabelle *Sanden/Danner/Küppersbusch* ermittelte Nutzungsausfallentschädigung steht ihm nicht zu (*BAG* 16.11.1995 EzA § 249 BGB Nr. 21.; ebenso *LAG Nbg.* 15.12.1997 ARST 1998, 181; **a.A.** *LAG Hessen* 19.12.1997 LAGE § 249 BGB Nr. 13; vgl. auch *ArbG Kiel* 19.2.1998 NZA 1998, 1285). Etwas anderes gilt aber dann, wenn es sich um einen **kurzfristigen Entzug**, z.B. von einem Monat, handelt. Denn bei einer derart kurzen Zeitspanne kann dem Arbeitnehmer nicht zugemutet werden, sich einen Wagen zuzulegen, um die konkreten Kosten ermitteln zu können (*LAG RhPf* 19.11.1996 NZA 1997, 942). Besteht eine offensichtliche **erhebliche Diskrepanz** zwischen dem vertraglich zugrunde gelegten Sachbezugswert des Pkw und dem wirklichen Sachbezugswert, so kann nach Auffassung des *LAG Nbg.* (15.12.1997 ARST 1998, 181) u.U. auch ein widersprüchliches Verhalten des Arbeitnehmers in Betracht kommen, wenn er für Zeiten des streitigen Bestandes des Arbeitsverhältnisses einen mehrfachen Wert des vereinbarten Sachbezugswertes als Entschädigung fordert.

Ein Schadensersatzanspruch des Arbeitnehmers besteht dagegen dann nicht, wenn das 1167
Herausgabeverlangen des Arbeitgebers – bei vorbehaltenem Widerruf des privaten Nutzungsrechts – billigem Ermessen nicht widerspricht bzw. die durch Vergleich eingegangene Verpflichtung zur Herausgabe als Verzicht auf die private Nutzung und die Geltendmachung eines Schadenersatzanspruchs anzusehen ist (*LAG Düsseld.* 25.4.1995 LAGE § 249 BGB Nr. 8).

Wegen des in Betracht zu ziehenden Schadensersatzanspruches hat das *LAG Köln* 1168
(5.11.2002 – 2 Ta 330/02 – EzA-SD 3/03 = NZA-RR 2003, 300; anders *LAG Bln.-Bra.* 20.5.2008 – 13 Ta 519/08 – EzA-SD 11/2008 S. 5 LS) den Erlass **einer einstweiligen Verfügung auf Gestellung eines Dienstwagens** zur ausschließlich privaten Nutzung abgelehnt, weil es dem Arbeitnehmer zumutbar sei, selbst für Ersatz zu sorgen.

Bei Beendigung des Arbeitsverhältnisses ist der Dienstwagen an den Arbeitgeber 1169
zurückzugeben; zur Sicherung des Herausgabeanspruchs durch eine einstweilige Verfügung vgl. *Schmiedl* BB 2002, 992 ff. Gleiches gilt nach Auffassung des *ArbG Frankf. a.M.*

(8.8.2001 – 7 Ca 3269/01 –) beim Wechsel des Arbeitnehmers vom Arbeitsverhältnis in die Altersteilzeit. Wird auf Grund eines nach Vergleichsschluss eröffneten **Insolvenzverfahrens** durch den Insolvenzverwalter **eine Zahlungsverpflichtung nicht mehr erfüllt** (2. Rate einer vereinbarten Abfindung für die Beendigung des Arbeitsverhältnisses), die Voraussetzung für die Rückgabe des Dienst-PKW des Arbeitnehmers ist, so besteht nach Auffassung des *LAG Nds.* (8.7.2005 LAG Report 2005, 348 = NZA-RR 2006, 40) auch dann grds. **kein Zurückbehaltungsrecht** oder sonst ein irgendwie geartetes Recht des Arbeitnehmers zum weiteren Besitz mehr, da eine gleichmäßige Befriedigung aller Gläubiger erfolgen soll.

1170 In einem **Ehegatten-Arbeitsverhältnis** ist das aber dann nicht der Fall, wenn die Überlassung in Wirklichkeit eine Unterhaltsleistung, nicht aber eine arbeitsvertragliche Leistung war (*LAG Köln* 21.7.1999 – 7 Sa 1044/98). Verlangt eine GmbH ein als Geschäftswagen überlassenes Auto heraus, so kann sich die Schuldnerin gegen diesen Herausgabeanspruch **nicht auf § 1361a BGB** berufen; diese Regelung über die Hausratsverteilung bei Getrenntleben gilt nur zwischen Ehegatten. Das gilt selbst dann, wenn der getrennt lebende Ehegatte der Schuldnerin Alleingesellschafter der GmbH ist und das Auto nur auf Grund eines formalen Arbeitsverhältnisses überlassen wurde, das nie zur Durchführung gelangt ist und nur aus steuer- und sozialversicherungsrechtlichen Gründen begründet worden war (*LAG Köln* 24.3.2006 NZA-RR 2006, 425).

1171 Streiten die Parteien um die Wirksamkeit einer Arbeitgeberkündigung, so kann der Arbeitgeber die Herausgabe im Wege der einstweiligen Verfügung dann verlangen, wenn er glaubhaft macht, dass sein Obsiegen im Kündigungsschutzprozess in hohem Maße wahrscheinlich ist. Daneben ist die Dringlichkeit einer sofortigen Regelung glaubhaft zu machen (*LAG Düsseld.* 4.7.1975 DB 1975, 1849; **a.A.** *LAG Frankf./M.* 6.5.1991, zit. nach *Becker-Schaffner* DB 1993, 2079). Das *LAG München* (11.9.2002 NZA-RR 2002, 636) bejaht einen Herausgabeanspruch trotz Streites über die Wirksamkeit einer Kündigung dann, wenn die Kündigung nicht offensichtlich unwirksam ist und kein erstinstanzliches Urteil vorliegt, dass das Arbeitsverhältnis durch die Kündigung nicht beendet wurde. Nach Auffassung des *LAG Nbg.* (15.12.1997 ARST 1998, 181; s.a. *LAG* Köln 12.6.2007 – 9 SaGa 6/07 – ArbuR 2008, 160 LS: Zurückbehaltungsrecht des Arbeitnehmers wegen rückständiger Lohnzahlungen) ist dann, wenn die Arbeitsvertragsparteien keine Regelung der Pkw-Nutzung für den Fall des streitigen Bestandes des Arbeitsverhältnisses vorsehen, eine **ergänzende Vertragsauslegung** erforderlich, die i.d.R. ergibt, dass der Arbeitnehmer den Pkw zurückgibt und im Fall des Fortbestandes des Arbeitsverhältnisses der Arbeitgeber eine Entschädigung in Höhe des vertraglich zugrunde gelegten Sachbezugswertes als Arbeitsentgelt zu leisten hat.

1172 Im Falle einer Freistellung nach Ausspruch einer Kündigung ist die Privatnutzung, wenn die zugrunde liegende Parteivereinbarung nichts anderes ergibt, weiterhin zu gestatten; bei Vorliegen entsprechender Anhaltspunkte kommt aber die Rücknahme des Fahrzeuges gegen Zahlung von Schadensersatz in Betracht (*BAG* 23.6.1994 EzA § 249 BGB Nr. 20; vgl. auch *Meier* NZA 1997, 298 ff.; **a.A.** *ArbG Frankf. a.M.* 8.8.2001 – 7 Ca 3269/01 –, es sei denn, dass der Dienstwagen ausdrücklich als Teil der Entlohnung zur Verfügung gestellt wird). Die Parteien können aber auch eine Vereinbarung treffen, wonach der Arbeitgeber im Falle der Freistellung die Herausgabe des Fahrzeugs oder dessen Ersetzung durch ein anderes, nicht notwendig gleichwertiges (vgl. dazu *Sächs. LAG* 9.4.1997 BB 1997, 1693) beanspruchen kann; insoweit handelt es sich um einen wirksamen Erlassvertrag (§ 397 Abs. 1 BGB), der nach Auffassung von *Nägele* (NZA 1997, 1200; **a.A.** *ArbG Ludwigshafen* BB 1976, 793; *Becker-Schaffner* DB 1993, 2078) nicht an den Grundsätzen des billigen Ermessens (§ 315 BGB) zu messen ist. Auch unter der **Geltung des § 308 Nr. 4 BGB** bleiben andererseits vertragliche Klauseln, die zur Rückgabe des auch privat genutzten Firmen-Pkw bei erfolgter Kündigung und Freistellung verpflichten, jedenfalls dann wirksam, wenn der **Wert der Nutzung im Verhältnis zur restlichen Vergütung nur unbedeutend ist**, z.B. 2,62% beträgt (*LAG Hessen* 20.7.2004 LAG Report 2005, 1).

Steht dem Arbeitnehmer ein fälliger Anspruch aus dem Arbeitsverhältnis zu und beansprucht der Arbeitgeber wegen der Beendigung des Arbeitsverhältnisses oder wegen Ablauf des Entgeltfortzahlungszeitraums die Herausgabe, kann der Arbeitnehmer ein **Zurückbehaltungsrecht** geltend machen (*Nägele* NZA 1997, 1200). 1173

Verweigert der Arbeitnehmer die Herausgabe zu Unrecht (§ 985 BGB), kommen Ansprüche des Arbeitgebers gem. § 993 BGB (**Nutzungsentschädigung** bei tatsächlicher Nutzung durch den Arbeitnehmer) sowie gem. §§ 280 Abs. 1, 2, 286 BGB in Betracht. 1174

Die vertragliche Überbürdung von Ablösekosten, die dem Arbeitgeber durch die vorzeitige Rückgabe eines für den Arbeitnehmer geleasten Fahrzeugs wegen dessen Eigenkündigung (in Höhe von ca. 8.050 Euro) entstehen, beeinträchtigt übermäßig das Recht des Arbeitnehmers, seinen Arbeitsplatz frei zu wählen (Art. 12 Abs. 1 GG). Die Vertragsklausel hält daher der gerichtlichen Angemessenheitskontrolle (§ 242 BGB) nicht stand und ist rechtsunwirksam (*LAG Düsseld.* 18.5.1995 NZA-RR 1996, 363). Gleiches gilt, wenn die vom Arbeitnehmer im Falle der Eigenkündigung selbst zu übernehmende Leasingrate im Verhältnis zu seinem monatlichen Einkommen **so hoch** ist, dass er sie ohne **Gefährdung seiner wirtschaftlichen Existenzgrundlage** kaum bewältigen kann (*LAG München* 30.5.2001 – 9 Sa 8/01). 1175

Eine Vertragsklausel ist auch dann nicht mit wesentlichen Grundsätzen des Arbeitsrechts zu vereinbaren, wenn der Arbeitnehmer bei Beendigung des Arbeitsverhältnisses zu finanziellen Leistungen an den Arbeitgeber verpflichtet ist, ohne dafür eine Gegenleistung zu erhalten oder erhalten zu haben. Das *BAG* (9.9.2003 EzA § 611 BGB 2002 Inhaltskontrolle Nr. 1 = NZA 2004, 484 = BAG Report 2004, 204; vgl. auch *ArbG Magdeburg* 5.6.2003 NZA-RR 2004, 20) hat deshalb die Wirksamkeit einer Vertragsklausel verneint, die von den Arbeitsvertragsparteien aus Anlass der Überlassung eines Dienstwagens – auch zur privaten Nutzung – vereinbart war und die den Arbeitnehmer verpflichtete, sich trotz der Beendigung des Arbeitsverhältnisses an den Kosten des beim Arbeitgeber verbleibenden Betriebsmittels Dienstfahrzeug durch Zahlung der Leasingraten für die restliche Laufzeit des Leasingvertrages in einem Einmalbetrag an den Arbeitgeber zu beteiligen.

Andererseits führt der **Erwerb** eines zuvor auch privat genutzten **Dienstwagens** vom Arbeitgeber beim Arbeitnehmer **zum Zufluss von Arbeitslohn**, wenn der gezahlte Kaufpreis hinter dem nach § 8 Abs. 2 S. 1 EStG zu bestimmenden Wert des Fahrzeugs zurückbleibt. Für den danach maßgeblichen üblichen Endpreis des Fahrzeugs ist dabei nicht auf den Händlereinkaufspreis abzustellen, sondern auf den Preis, den das Fahrzeug unter Berücksichtigung der vereinbarten Nebenleistungen auf dem Gebrauchtwagenmarkt tatsächlich erzielen würde. Wird zur Bestimmung des üblichen Endpreises eine Schätzung erforderlich, kann sich die Wertermittlung an den im Rechtsverkehr anerkannten Marktübersichten für gebrauchte PKW orientieren (*BFH* 17.6.2005 NZA-RR 2005, 539).

Zur Haftung bei Beschädigungen des Dienstfahrzeuges s.o. Rn. 657. 1176

dd) Steuerlast

Für Sachbezüge (einschließlich verdeckter Sachbezüge z.B. Überlassung einer Wohnung durch den Arbeitgeber zu einem niedrigen Mietzins) trifft die Steuerlast den **Arbeitnehmer**. Abweichende Vereinbarungen zwischen den Parteien des Arbeitsverhältnisses müssen ausdrücklich und eindeutig getroffen werden (*BAG* 19.12.1963 AP Nr. 15 zu § 670 BGB; s.a. Rn. 1160). 1177

b) Vermögensbeteiligung

In Betracht kommen schuldrechtliche (Arbeitnehmerdarlehen) und gesellschaftsrechtliche (z.B. die Ausgabe von GmbH-Anteilen oder Belegschaftsaktien) Formen der Kapitalbeteiligung. 1178

1179 Stellt der Beteiligungsvertrag einen selbstständigen Vertrag neben dem Arbeitsverhältnis dar, ist das AGBG gem. §310 Abs. 4 S. 2 BGB anwendbar. Ausgenommen sind aber die verschiedenen gesellschaftsrechtlichen Beteiligungsformen (§310 Abs. 4 S. 1 BGB).

1180 Um einen Abfluss des aus Vermögensbeteiligungen stammenden Arbeitnehmerkapitals eines Arbeitsverhältnisses zu verhindern, wird häufig die Kündigung der Beteiligung durch den Arbeitnehmer ausgeschlossen. Gem. §723 Abs. 3 BGB, §133 Abs. 3 HGB besteht jedoch ein außerordentliches Kündigungsrecht des Arbeitnehmers. Klauseln, die generell einen Verfall des gesellschaftsrechtlichen Abfindungsanspruchs bei Beendigung des Arbeitsverhältnisses vorsehen, um einen Abfluss des Mitarbeiterkapitals zu verhindern, sind unwirksam (§723 Abs. 3 BGB). Schließlich kann die Übertragbarkeit von Belegschaftsaktien nicht beschränkt werden (vgl. zur Vermögensbeteiligung ausf. MünchArbR/*Hanau* §70 Rz. 13–24).

1181 Der Staat fördert die Vermögensbildung des Arbeitnehmers dadurch, dass er für die Anlage von vermögenswirksamen Leistungen (das sind Geldleistungen, die der Arbeitgeber für den Arbeitnehmer aufzubringen hat) eine Arbeitnehmer-Sparzulage erhält, wenn das zu versteuernde Einkommen im Kalenderjahr der vermögenswirksamen Leistungen 17.900 Euro oder bei Zusammenveranlagung von Ehegatten 35.800 Euro nicht übersteigt (§13 Abs. 1 5. VermBG). Der Arbeitgeber erhält dafür gem. §15 5. VermBG eine Steuerermäßigung.

c) Arbeitgeberdarlehen

aa) Grundlagen; Aufklärungspflichten

1182 Häufig wird dem Arbeitnehmer ein (Geld-)Darlehen (gem. §§488 ff. BGB) entweder zinslos oder zumindest zu einem unter den marktüblichen Sätzen liegenden Zinssatz überlassen. Auch kann der Arbeitgeber auf eine Sicherung verzichten oder sich mit einer nachrangigen Sicherheit begnügen.

1183 Grund für eine derartige Darlehensgewährung kann die Belohnung der Betriebstreue des Arbeitnehmers sowie die weitere Bindung an das Unternehmen sein.

1184 Keine Anwendung findet das Verbraucherkreditgesetz, wenn der Darlehensvertrag zu Zinsen abgeschlossen wird, die unter den marktüblichen Sätzen liegen (§§355 ff. BGB). Da es sich um einen rechtlich selbstständigen Vertrag handelt, der außerhalb des Arbeitsrechts angesiedelt ist, sind die §§305 ff. BGB anwendbar (*LAG Hamm* 19.2.1993 NZA 1994, 559 LS; MünchArbR/*Hanau* §71 Rz. 14; das *BAG* [23.9.1992 EzA §117 GewO Nr. 1] neigt dazu, dieser Auffassung zu folgen).
Das *LAG BW* (17.11.2004 LAG Report 2005, 100; ausdrücklich bestätigt durch *BAG* 4.10.2005 EzA §611 BGB 2002 Arbeitgeberhaftung Nr. 3 = NZA 2006, 545) hat zudem angenommen, dass auf einen im Jahre 2002 erklärten Widerruf eines im Jahre 1999 abgeschlossenen Darlehensvertrages gem. Art. 229 §5 EGBGB das **Haustürwiderrufsgesetz** in der bis zum 30.9.2000 geltenden Fassung Anwendung findet und dass die Information des Mitarbeiters durch den Arbeitgeber mittels an den Arbeitsplatzrechner des Arbeitnehmers gerichteter E-Mail keine mündliche Verhandlung am Arbeitsplatz i.S.d. §1 Abs. 1 Nr. 1 HaustürWG darstellt.
Zu beachten ist, dass dann, wenn der Arbeitgeber seinem Arbeitnehmer ein Darlehen zu einem marktüblichen Zinssatz gewährt, der Arbeitnehmer keinen **lohnsteuerlich zu erfassenden Vorteil** erlangt (*BFH* 4.5.2006 NZA-RR 2006, 589).

1185 Der Ausschluss von **Teilzeitbeschäftigten** einer Sparkasse von der Gewährung von Sonderkonditionen zum Erwerb von Immobilien verstößt gegen das Benachteiligungsverbot des §2 Abs. 1 BeschFG (jetzt §4 Abs. 1 TzBfG), wenn sie die für Vollzeitbeschäftigte vorgesehenen Voraussetzungen erfüllen (*BAG* 27.7.1994 EzA §2 BeschFG 1985 Nr. 36).

Zu beachten ist, dass ein Arbeitgeber, der den Erwerb von **noch nicht börsennotierten Aktien** der Muttergesellschaft durch die Gewährung von zweckgebundenen Arbeitgeberdarlehen fördert, verpflichtet ist, die Arbeitnehmer über die besonderen Risiken aufzuklären, die mit einem möglichen Scheitern des angestrebten Börsengangs verbunden sind. Die schuldhafte Verletzung der Aufklärungspflicht führt zu einem Anspruch des Arbeitnehmers auf Befreiung von der Rückzahlung des Darlehens Zug um Zug gegen Rückgabe der Aktien (*BAG* 4.10.2005 EzA § 611 BGB 2002 Arbeitgeberhaftung Nr. 3 = NZA 2006, 545). Andererseits ist ein Unternehmen, das **Aktien ausgibt und verkauft, nicht zur allgemeinen Rechtsberatung** eines Käufers dahingehend verpflichtet, dass einmal erworbene Aktien – auch bei einem Scheitern des geplanten Börsengangs – nicht zurückgegeben werden können (*BAG* 28.9.2006 EzA § 611 BGB 2002 Arbeitgeberhaftung Nr. 5). 1186

bb) Abgrenzung zum Vorschuss

Problematisch kann die Abgrenzung zwischen Darlehen (Kapitalüberlassung zur vorübergehenden Nutzung) und Vorschuss (Vorauszahlung auf noch nicht verdientes und noch nicht fälliges Arbeitsentgelt in Erwartung der künftigen Gegenleistung des Arbeitnehmers) sein. 1187

Während der Arbeitgeber beim Darlehen gem. § 394 BGB nur gegen den pfändbaren Teil der Lohnforderung aufrechnen kann, kann er den Vorschuss auch auf den unpfändbaren Teil des Arbeitseinkommens anrechnen, sodass das dem Arbeitnehmer verbleibende Einkommen durchaus unter die Pfändungsgrenze absinken kann (*BAG* 11.2.1987 EzA § 850e ZPO Nr. 1). 1188

Für ein **Darlehen** spricht es z.B., wenn der maßgebliche Betrag wesentlich höher als das Arbeitentgelt des Arbeitnehmers ist, wenn die Rückzahlung in Raten und Verzinsung vereinbart wird oder wenn der Arbeitgeber Sicherheiten verlangt. 1189

Dagegen spricht es für einen **Vorschuss**, wenn die Zahlung zur Überbrückung bis zur Zahlung des nächsten Arbeitsentgelts und zur Bestreitung des normalen Lebensunterhalts dient. 1190

Macht der Arbeitgeber gegenüber einer Lohnforderung die Zahlung eines Lohnvorschusses geltend, so handelt es sich um die Einwendung der Erfüllung und damit um eine rechtsvernichtende Einwendung, deren tatsächliche Voraussetzungen der Arbeitgeber beweisen muss. **Der Arbeitgeber muss daher im Streitfall auch beweisen, dass eine unstreitige Zahlung als Lohnvorschuss geleistet worden ist, wofür keine tatsächliche Vermutung und kein Anscheinsbeweis spricht** (*LAG München* 28.9.1989 LAGE § 361 BGB Nr. 2). 1191

Ein Arbeitnehmer ist verpflichtet, Provisionsvorschüsse auch dann zurückzuzahlen, wenn der Arbeitgeber von der Befugnis zur Anpassung der Vorschüsse an die verdienten Provisionen zunächst keinen Gebrauch gemacht hat und hierfür sachliche Gründe bestanden (*BAG* 20.6.1989 EzA § 87 HGB Nr. 10). 1192

cc) Kündigung des Darlehens

Das Recht zur ordentlichen Kündigung des Darlehens folgt aus § 488 Abs. 3 BGB; es ist in Arbeitgeberdarlehensverträgen jedoch meist durch die Vereinbarung eines festen Tilgungsplanes ausgeschlossen. Auf Grund einer Gesamtanalogie zu §§ 543, 569, 626, 671 Abs. 2, 3, 721 Abs. 1 BGB ist aber bereits nach bisherigem Recht eine außerordentliche Kündigung aus *wichtigem Grund möglich*; § 490 BGB sieht nunmehr ausdrücklich ein außerordentliches Kündigungsrecht für den Darlehensgeber und ein befristetes Sonderkündigungsrecht des Darlehensnehmers vor. Daneben kommt eine außerordentliche Kündigung gem. 314 BGB in Betracht. 1193

Die in einem Darlehensvertrag vorgesehene jederzeitige Kündigungsmöglichkeit stellt im Hinblick auf eine gleichzeitige langfristige Tilgungsvereinbarung eine unangemessene Benachteiligung des Darlehensnehmers i.S.d. § 307 Abs. 2 BGB dar und ist deshalb unwirksam (*LAG Hamm* 19.2.1993 NZA 1994, 559 LS). 1194

dd) Auswirkungen der Beendigung des Arbeitsverhältnisses

(1) Grundsätze

1195 **Allein die Beendigung des Arbeitsverhältnisses führt nicht ohne weiteres zur Unzumutbarkeit der Fortsetzung des Darlehensvertrages.** Ausnahmsweise kann ein wichtiger Grund gegeben sein, wenn der Insolvenzverwalter ein Arbeitgeberdarlehen wegen dringenden Eigenbedarfs und Unzumutbarkeit der weiteren Belastung außerordentlich kündigt. Eine unzumutbare Belastung der Insolvenzmasse kann in einer sich wegen geringer Tilgungsraten über Jahre hinziehenden Darlehensabwicklung zu sehen sein (vgl. MünchArbR/*Hanau* § 71 Rz. 5).

1196 Scheidet der Arbeitnehmer während der Laufzeit des Darlehens auf Grund betriebsbedingter Kündigung aus dem Arbeitsverhältnis aus, so besteht dann kein Anspruch auf sofortige Rückzahlung, wenn die Auslegung des Darlehensvertrages ergibt, dass er in diesem Fall weitergeführt werden soll (*BAG* 23.9.1992 EzA § 117 GewO Nr. 1).

(2) Keine vorzeitige Rückzahlung

1197 Eine vorzeitige Rückzahlung des Darlehens bei Beendigung des Arbeitsverhältnisses kommt weder im Wege der ergänzenden Vertragsauslegung noch über die Anwendung der Grundsätze vom Wegfall der Geschäftsgrundlage (§ 313 BGB) in Betracht, weil sich mit der Beendigung des Arbeitsverhältnisses lediglich das bewusst vom Arbeitgeber eingegangene Risiko verwirklicht.

1198 Sind gleichwohl ausnahmsweise die Grundsätze über den Wegfall der Geschäftsgrundlage (§ 313 BGB) anwendbar, so ist Rechtsfolge regelmäßig die Anpassung des Darlehensverhältnisses (Fortsetzung des Darlehensvertrages zu einem marktüblichen Zinssatz), nicht aber die sofortige Fälligstellung (*BAG* 5.3.1964 AP Nr. 2 zu § 607 BGB; *LAG Saarland* 29.4.1987 LAGE § 9 AGBG Nr. 1).

(3) Kündigung zum Ende der Elternzeit

1199 Erhebliche Bedenken bestehen gegen die Wirksamkeit einer Vereinbarung, wonach während der Dauer der Elternzeit gewährte **Zinsvergünstigungen für Arbeitgeberdarlehen rückwirkend entfallen**, wenn das **Arbeitsverhältnis** nach § 19 BEEG zum Ende der Elternzeit **gekündigt wird** (*BAG* 16.10.1991 EzA § 19 BErzGG Nr. 1). Denn der Zeitpunkt der Beendigung des Bezuges der Zinsvergünstigung bleibt danach bis zum Ende des Ruhenszeitraums in der Schwebe. Im Hinblick auf § 19 BEEG ist es bedenklich, dass damit dieselben Auswirkungen gegeben sind wie bei einer Klausel, wonach bei Ausübung des Sonderkündigungsrechts eine Rückzahlungsverpflichtung besteht.

(4) Rückzahlungsklauseln

1200 Die Parteien können aber vertraglich vereinbaren, dass bei Beendigung des Arbeitsverhältnisses das Darlehen sofort fällig wird.

1201 Die Grenze für die Zulässigkeit derartiger Rückzahlungsklauseln bildet das Verbot unzulässiger Kündigungserschwerung. Weil die Möglichkeit besteht, dass dem Arbeitnehmer die notwendigen Geldmittel fehlen, um seine mit der Auflösung des Arbeitsverhältnisses fällig werdende Schuld zu erfüllen, sind Rückzahlungsklauseln zwar nicht generell unwirksam, sie unterliegen jedoch einer Inhaltskontrolle, bei der die berechtigten Interessen beider Parteien gegeneinander abgewogen werden müssen. So ist z.B. die rückwirkende Verzinsung i.d.R. unbillig.

Rückzahlungsklauseln sind dann nicht anwendbar, wenn der Arbeitgeber die vorzeitige Beendigung des Arbeitsverhältnisses zu vertreten hat (§§ 133, 157, 628 Abs. 2 BGB; *BAG* 24.2.1965 AP Nr. 1 zu § 607 BGB). 1202
Bei einer betriebsbedingten Arbeitgeberkündigung ist die Anwendung der Rückzahlungsklausel nicht treuwidrig i.S.d. § 162 Abs. 2 BGB, denn es kann nicht als treuwidrig angesehen werden, wenn der Arbeitgeber von einem gesetzlich gerechtfertigten Kündigungsrecht Gebrauch macht (**a.A.** MünchArbR/*Hanau* § 71 Rz. 13).

(5) Verstoß gegen § 307 Abs. 2 Nr. 1 BGB

Eine Rückzahlungsklausel, die die jederzeitige Kündigung des Darlehens durch den Darlehensgeber ohne Grund vorsieht, ist gem. § 307 Abs. 2 Nr. 1 BGB (wegen § 488 Abs. 3 BGB) unwirksam (s. aber auch oben Rn. 1194). 1203

Eine **sofortige Fälligstellung** darf nur vereinbart werden, wenn ein wichtiger Grund vorliegt. Als wichtiger Grund in diesem Sinne genügt es allerdings, wenn die Fälligstellung des Darlehens von der ordentlichen Kündigung des Arbeitsverhältnisses abhängig gemacht wird (MünchArbR/*Hanau* § 71 Rz. 15). 1204

(6) Höhere Verzinsung

Räumt ein Versicherungsunternehmen Arbeitnehmern für ein **Baudarlehen** einen **Sonderzinssatz** ein, so enthält die Bedingung, dass nach Beendigung des Arbeitsverhältnisses der für Versicherungsnehmer geltende höhere Zinssatz zur Anwendung kommt, keine unangemessene Benachteiligung der Arbeitnehmer (*BAG* 28.2.1999 EzA § 611 BGB Inhaltskontrolle Nr. 7). 1205

ee) Betriebsübergang

Die Rechte und Pflichten aus einem Arbeitgeberdarlehen können nach § 613a Abs. 1 S. 1 BGB auf den Betriebserwerber übergehen. Das setzt voraus, dass das Darlehen **mit dem Bestehen des Arbeitsverhältnisses verknüpft** ist, also nach den Umständen des Einzelfalles zum Arbeitsverhältnis gehört und nicht eigenständig ist (*BAG* 21.1.1999 – 8 AZR 373/97 – n.v.; *LAG Köln* 18.5.2000 NZA-RR 2001, 174). Das ist z.B. dann der Fall, wenn: 1206
- die vollständige **Rückzahlung** des Darlehens **beim Ausscheiden** aus dem Unternehmen vorgesehen ist,
- nur eine **Familienwohnung** in einer bestimmten Entfernung von der regelmäßigen Arbeitsstätte des Arbeitnehmers durch das Darlehen **gefördert wird** (*LAG Köln* 18.5.2000 NZA-RR 2001, 174).

d) Arbeitnehmerdarlehen

Gewährt der Arbeitgeber aus Anlass seines **Firmenjubiläums eine Zuwendung** unter der **Bedingung**, dass diese einer **von ihm beherrschten Beteiligungsgesellschaft als Darlehen gegeben wird**, das mit 4 % p.a. zu verzinsen ist, so ist die Bestimmung des Darlehensvertrages, dass die Laufzeit 15 Jahre beträgt, im Hinblick auf § 107 Abs. 2 GewO, § 307 BGB nicht zu beanstanden (*BAG* 23.9.1992 EzA § 117 GewO Nr. 1). 1207

Dagegen bestehen im Hinblick auf § 307 BGB erhebliche Bedenken gegen die Wirksamkeit der Bestimmungen des Darlehenvertrages, wonach sich das Darlehen jeweils um fünf Jahre verlängert, wenn es nicht rechtzeitig gekündigt worden ist, dass die Zinsen, wenn im Zeitpunkt ihrer Fälligkeit keine Lohn- und Gehaltszahlung anfällt, nur auf Antrag des Mitarbeiters überwiesen werden, und dass 50 % der Darlehenssumme erst ein Jahr später ausbezahlt und in dieser Zeit auch nicht verzinst werden (*BAG* 23.9.1992 EzA § 117 GewO Nr. 1). 1208

e) Miles & More-Bonus-Programme

1209 Vorteile, die ein Arbeitnehmer auf Grund der Teilnahme an einem sog. Vielfliegerprogramm (kostenlose Flüge, Sonderkonditionen bei Hotelübernachtungen usw.) erlangt, sind nicht als Arbeitseinkommen zu qualifizieren; es handelt sich bei derartigen Programmen um eine **Auslobung** i.S.d. §657 BGB, die in keinerlei rechtlichem Zusammenhang mit dem Arbeitsverhältnis steht (vgl. *Heinze* DB 1996, 2490ff.; *Bauer/Krets* BB 2002, 2066ff.). Ein Arbeitnehmer, der bei seinen vom Arbeitgeber finanzierten Dienstreisen an einem derartigen Programm teilnimmt, **ist auf Anforderung seines Arbeitgebers verpflichtet, die erworbenen Bonusmeilen für weitere Dienstflüge einzusetzen** (*LAG Hamm* 29.6.2005 – 14 Sa 496/05 – EzA-SD 19/05 S.14 LS = NZA-RR 2005, 623 = LAG Report 2005, 356 m.Anm. *Kock*). Denn sie stehen gem. §667 2. Alt. BGB **dem Arbeitgeber als Auftraggeber** zu. Demjenigen, für dessen Rechnung und damit auch auf dessen Kosten ein anderer die Geschäfte führt, gebühren die gesamten Vorteile aus dem Geschäft (*BAG* 11.4.2006 EzA §667 BGB 2002 Nr.1 = NZA 2006, 1089m. krit. Anm. *Raif* SAE 2007, 166ff.; s. dazu auch *Kock* DB 2007, 462ff.).

9. Abtretung

a) Grundlagen

1210 Der Entgeltanspruch des Arbeitnehmers kann nach **§398 BGB** abgetreten werden (zur Darlegungs- und Beweislast insoweit vgl. *BAG* 31.3.2004 – 10 AZR 191/03 – EzA-SD 24/04 S.12).

b) Ausschluss der Abtretbarkeit bei Unpfändbarkeit

1211 Eine Abtretung ist nach **§400 BGB** ausgeschlossen, soweit der Entgeltanspruch unpfändbar ist. In Geld zahlbares Arbeitseinkommen kann folglich nur gepfändet werden, wenn die für den Lebensunterhalt des Arbeitnehmers gesetzlich bestimmten Pfändungsgrenzen überschritten werden.

Mit Vorrang vor späteren Pfändungen ist die Abtretung zukünftiger Entgelte und der Entgelte aus zukünftigen Arbeitsverhältnissen möglich (*BAG* 24.10.1979 AP Nr.6 zu § 829 ZPO).

1212 **Eine entgegen §400 BGB vorgenommene Abtretung ist unwirksam.** Da dem Schuldner auch im öffentlichen Interesse die zur Aufrechterhaltung seiner Existenz erforderlichen Mittel bewahrt werden sollen, sind **alle Vereinbarungen unzulässig, die sich anderer Rechtsformen als der Abtretung bedienen, aber zu dem gleichen wirtschaftlichen Ergebnis führen** (z.B. die Vereinbarung einer Inkassozession, die Erteilung einer Einziehungsermächtigung und i.d.R. auch die Vereinbarung über die Verwaltung pfändbaren Arbeitseinkommens durch Dritte; MünchArbR/*Hanau* §73 Rz.2).

1213 Erteilt ein Arbeitnehmer bei einer Gehaltsabtretung zugunsten seines Darlehensgläubigers seinem Arbeitgeber den Auftrag, die laufenden Darlehensraten vom Gehalt zu überweisen, erstreckt sich dieser Auftrag nicht auf den unpfändbaren Gehaltsteil (*BAG* 23.11.1988 EzA §400 BGB Nr.1).

1214 Ein Verstoß gegen §400 BGB liegt allerdings dann nicht vor, wenn der Arbeitnehmer von dem Abtretungsempfänger eine **wirtschaftlich gleichwertige Leistung** erhält. Das gilt z.B. für einen Versicherungsträger, der einen Angestellten während einer Kur unterhält, ferner für eine Gewerkschaft, die Streikunterstützungen gewährt (*BAG* 24.1.1964 AP Nr.1 zu §30 KO; 2.6.1966 AP Nr.8 zu §309 BGB; 10.6.1980 NJW 1980, 1653). Dass der Vermieter dem Arbeitnehmer unter Vorausabtretung der unpfändbaren Lohnbestandteile für die jeweiligen Lohnzahlungszeiträume **Wohnraum überlassen hat, genügt** diesen Anforderungen demgegenüber **nicht** (*BAG* 21.11.2000 EzA §400 BGB Nr.2).

c) Abfindung

1215 Ob eine Abtretung auch eine Abfindung nach §§ 9, 10 KSchG erfasst, ist nach den Grundsätzen der Vertragsauslegung zu ermitteln; i.d.R. ist eine Abfindung **ohne anderweitige Regelung kein Arbeitsentgelt** (vgl. *ArbG Karlsruhe* 10.4.2002 NZA-RR 2003, 212; s.u. Rn. 1325) und daher von einer Gehaltsabtretung nicht erfasst (*LAG Köln* 27.3.2006 – 14 (9) Sa 1335/05 – EzA-SD 19/06 S. 8 LS = NZA-RR 2006, 365; *LAG Düsseld.* 29.6.2006 – 11 Sa 291/06 – EzA-SD 19/06 S. 8). **Eine abweichende Regelung ist aber nicht per se ausgeschlossen** (*LAG Düsseld.* 29.6.2006 – 11 Sa 291/06 – EzA-SD 19/06 S. 8).

d) Vereinbarung eines Abtretungsverbots

1216 Arbeitgeber und Arbeitnehmer können gem. **§ 399 BGB** den Ausschluss der Abtretbarkeit des Lohnanspruchs vereinbaren. Das Abtretungsverbot kann in einer Betriebsvereinbarung (*BAG* 5.9.1960 AP Nr. 4 zu § 399 BGB) oder in einem Tarifvertrag (*LAG Köln* 27.3.2006 – 14 (9) Sa 1335/05 – EzA-SD 19/06 S. 8 LS = NZA-RR 2006, 365) vereinbart werden. Es erfasst auch zeitlich vor dieser Betriebsvereinbarung liegende Vorausabtretungen. Bereits entstandene Forderungen werden allerdings von dem Abtretungsverbot in einer späteren Betriebsvereinbarung nicht mehr erfasst. Ein tarifliches Abtretungsverbot erfasst alle Ansprüche, die nach In-Kraft-Treten des Tarifvertrages entstehen und fällig werden (*LAG Köln* 27.3.2006 – 14 (9) Sa 1335/05 – EzA-SD 19/06 S. 8 LS = NZA-RR 2006, 365).

1217 Gegenüber einem Versicherungsträger, der während einer Kur Zahlungen gegen Gehaltsabtretung geleistet hatte, ist das in einer Betriebsvereinbarung enthaltene Abtretungsverbot unwirksam (*BAG* 2.6.1966 AP Nr. 8 zu § 399 BGB). Auch wird die **Aufrechnung des Arbeitgebers** gegen Lohnforderungen durch ein tarifvertragliches Abtretungsverbot **nicht ausgeschlossen**.

1218 Eine trotz eines vertraglichen Abtretungsverbots erfolgende Zahlung befreit den Arbeitgeber nicht von seiner Verpflichtung gegenüber dem Arbeitnehmer. Dient aber das Abtretungsverbot dem Schutz des Arbeitgebers vor übermäßiger Belastung des Lohnbüros, kann dieser die abredewidrige Abtretung **genehmigen**.

1219 Im Übrigen gelten hinsichtlich der Rechtsstellung von Arbeitgeber und Arbeitnehmer nach der Abtretung die §§ 404, 407 BGB. Der Arbeitgeber kann die Unwirksamkeit der Abtretung geltend machen. Einwendungen aus dem der Abtretung zugrunde liegenden Vertrag kann er aber nur dann erheben, wenn dieser mit der Abtretung eine Einheit bildet (*BAG* 14.12.1966 AP Nr. 26 zu § 138 BGB).

1220 Zwar gelten die Grundsätze, die zu einer Beschränkung des Abtretungsverbots gem. § 400 BGB (bei wirtschaftlich gleichwertiger Leistung) geführt haben, im Rahmen des § 399 BGB nicht, weil die Schutzbereiche der beiden Vorschriften wesentlich voneinander abweichen. Andererseits kann die Berufung des Arbeitgebers auf den Abtretungsausschluss eine unzulässige Rechtsausübung darstellen. Gem. § 242 BGB ist insoweit eine umfassende Interessenabwägung erforderlich (MünchArbR/*Hanau* § 73 Rz. 7).

e) Vorausabtretung in Allgemeinen Geschäftsbedingungen

1221 Die Vorausabtretung von Entgeltansprüchen ist grds. auch in Allgemeinen Geschäftsbedingungen, z.B. für **Ratenkreditverträge** wirksam (*BAG* 27.6.1968 AP Nr. 3 zu § 398 BGB).

1222 Erforderlich ist aber (§ 307 BGB), dass Zweck und Umfang der Abtretung sowie die Voraussetzungen, unter denen der Verwender von ihr Gebrauch machen darf, eindeutig bestimmt sind und sie zu einem angemessenen Interessenausgleich führt.

1223 Unzulässig ist z.B. eine Lohnabtretungsklausel, bei der nicht zweifelsfrei erkannt werden kann, ob die Vorausabtretung nur die Ansprüche aus dem Kreditvertrag oder auch solche aus anderen Rechtsgründen, Rechtsgeschäften sichern soll (*BAG* 22.6.1989 AP Nr. 5 zu § 398 BGB). **Eine Gehaltsabtretung, die zu einer Übersicherung des Kreditgebers führt**, ist gem. § 307 Abs. 1 S. 1 BGB wegen unangemessener Benachteiligung **rechtsunwirksam** (*LAG Köln* 27.3.2006 – 14 (9) Sa 1335/05 – EzA-SD 19/06 S. 8 LS).

1224 Eine fehlerhafte Abtretungsklausel ist insgesamt unwirksam (*BGH* 24.9.1985 NJW 1986, 1612). Unwirksam ist auch eine **formularmäßige Sicherungsabtretung** aller Ansprüche des Kreditnehmers aus seinem Arbeitsverhältnis, wenn für die Verwertung Nr. 20 AGB-Banken gelten soll. Danach ist die Bank dann, wenn der Kunde seinen Verbindlichkeiten bei Fälligkeit nicht nachkommt, befugt, die Sicherheiten ohne gerichtliches Verfahren unter tunlichster Rücksichtnahme auf den Kunden zu beliebiger Zeit an einem ihr geeignet erscheinenden Ort auf einmal oder nach und nach zu verwerten. Denn diese Regelung über die Verwertung der zur Sicherheit abgetretenen Lohn- und Gehaltsansprüche bedeutet eine unangemessene Benachteiligung des Kreditnehmers und verstößt folglich gegen § 307 BGB (*BGH* 7.7.1992 AP Nr. 6 zu § 398 BGB; *LAG Köln* 27.3.2006 NZA-RR 2006, 365).

10. Lohnpfändung

a) Grundlagen

1225 Die Lohnpfändung ist eine besondere Form der **Zwangsvollstreckung in Forderungen**, die durch die **§§ 850 ff. ZPO** modifiziert ist. §§ 850 ff. ZPO dienen dem unmittelbaren Schutz des Arbeitnehmers durch die Aufstellung bestimmter zwingender Pfändungsschranken. Das Lohnpfändungsrecht übt daneben eine mittelbare Schutzfunktion aus, indem die Abtretungsmöglichkeit von Lohnforderungen beschränkt wird (§§ 400, 1274 Abs. 2 BGB).

1226 Durch die Pfändung des Arbeitseinkommens entstehen vollstreckungsrechtliche Beziehungen zwischen Gläubiger, Schuldner (Arbeitnehmer) und Arbeitgeber (Drittschuldner).

1227 Zu beachten ist, dass **ausländische Lohnpfändungen** keine Rechtswirkungen für den im Inland zu zahlenden Lohn der in Deutschland ansässigen und beschäftigten Arbeitnehmer haben, solange die internationale Rechtswirkung solcher Pfändungen völkerrechtlich nicht vereinbart ist. Ein in den USA zugestelltes Zahlungsverbot ist daher in der BRD wirkungslos (*BAG* 19.3.1996 EzA § 829 ZPO Nr. 3).

b) Ablauf der Lohnpfändung

aa) Allgemeine Voraussetzungen der Zwangsvollstreckung

1228 Liegen die allgemeinen Zwangsvollstreckungsvoraussetzungen **Titel** (insbes. vorläufig vollstreckbare Endurteile, Vergleiche mit vollstreckungsfähigem Inhalt, §§ 704 Abs. 1, 794 ZPO, § 62 Abs. 1 S. 2 ArbGG), **Vollstreckungsklausel** (§§ 724 ff. ZPO) und **Zustellung** des Vollstreckungstitels, u.U. nebst Vollstreckungsklausel (§ 750 ZPO) vor, so kann ein **Antrag** auf Durchführung der Lohnpfändung schriftlich oder zu Protokoll des Urkundsbeamten der Geschäftsstelle beim Rechtspfleger des Amtsgerichts, in dessen Bezirk der Schuldner (Arbeitnehmer) seinen allgemeinen Gerichtsstand hat (§§ 496, 828 Abs. 2, 802 ZPO, § 20 Nr. 16, 17 RPflG), eingereicht werden. Nur hilfsweise ist das AG zuständig, in dessen Bezirk der Drittschuldner (Arbeitgeber) das Arbeitsentgelt auszuzahlen hat. Gem. § 828 Abs. 3 ZPO, der mit Wirkung ab dem 1.1.1999 gilt (vgl. *Düwell* FA 1998, 151 ff.), sollen die bei einem unzuständigen Gericht eingegangenen Anträge auf Forderungspfändung **formlos** an das zuständige Gericht **abgegeben werden**.

bb) Antragsvoraussetzungen

(1) Bezeichnung der Beteiligten

1229 Erforderlich ist, dass **Gläubiger, Schuldner und Drittschuldner hinsichtlich Berufsstand, Name und Anschrift** so genau wie möglich bezeichnet werden. Es muss erkennbar sein, ob und wessen Forderungen gepfändet werden sollen. Zur möglichen Auslegung eines Pfändungs- und Überweisungsbeschlusses ist auf den objektiven Sinn des Wortlauts abzustellen, der nur durch offenkundige Tatsachen ergänzt werden kann. **Außerhalb des Beschlusses liegende Tatsachen dürfen dagegen nicht zur Auslegung herangezogen werden.**

Deshalb sind Pfändungs- und Überweisungsbeschlüsse, in denen der Name des Schuldners verwechselt, ein falscher Name angegeben oder eine fehlerhafte Adresse mitgeteilt wird, unwirksam (*BAG* 12.7.1972 AP Nr. 4 zu § 850 ZPO; 15.11.1972 AP Nr. 7 zu § 850 ZPO). 1230

(2) Bezeichnung der zu befriedigenden Forderung

Auch die Forderung, wegen der die Vollstreckung erfolgen soll, ist **genau zu bezeichnen** (Forderungsbetrag einschließlich Zinsen und Kosten). Sie muss grds. **fällig** sein (§ 751 ZPO); eine Ausnahme gilt für Unterhaltsansprüche von Verwandten, Ehegatten usw. (§ 850d Abs. 1, 3 ZPO), wegen derer auch schon vor ihrer Fälligkeit gepfändet werden kann (sog. Vorratspfändung). 1231

(3) Bezeichnung der zu pfändenden Forderung

> Die Forderung, in die vollstreckt werden soll, muss einschließlich ihres Rechtsgrundes so genau bezeichnet werden, dass unzweifelhaft feststeht, welche Forderung Gegenstand der Zwangsvollstreckung sein soll (*BAG* 10.2.1962 AP Nr. 3 zu § 850 ZPO). 1232

Unbeteiligte Dritte, insbes. weitere Gläubiger, müssen mit hinreichender Deutlichkeit feststellen können, in welche Forderung aus welchem Rechtsverhältnis vollstreckt werden soll. Weil der Gläubiger meist keinen Einblick in die zwischen Arbeitnehmer und Arbeitgeber getroffene Vereinbarung hat, genügt es allerdings, dass das **Rechtsverhältnis, aus dem die Forderung hergeleitet wird, in allgemeinen Umrissen angegeben wird**. 1233

Hinreichend bestimmt ist deshalb ein Antrag auf Pfändung einer angeblichen Forderung des Schuldners gegen den Drittschuldner »auf Zahlung aller jetzigen und künftigen Bezüge an Arbeitseinkommen (ohne Rücksicht auf ihre Benennung oder Berechnungsart)« (*BAG* 10.2.1962 AP Nr. 3 zu § 850 ZPO; **a.A.** wohl *LAG Brem.* 17.9.2001 – 4 Sa 43/01 – EzA-SD 1/02, S. 5 LS = NZA-RR 2002, 186, wenn Forderungen sowohl für Monate vor Zustellung des Pfändungs- und Überweisungsbeschlusses als auch für den Monat, in dem der Beschluss zugestellt wurde, bestehen). Unzureichend ist dagegen die Formulierung, dass die Ansprüche des Schuldners »aus Verträgen und sonstigen Rechtsgeschäften« oder »aus jedem Rechtsgrund« gepfändet werden sollen; erfasst ist z.B. auch von einer Pfändung des Arbeitseinkommens die in einem Vergleich in einem Kündigungsschutzprozess vereinbarte Abfindung (*LAG Brem.* 30.8.2007 – 3 Sa 75/07 – EzA-SD 21/2007 S. 10 LS). 1234

Steht die Identität der zu vollstreckenden Forderung fest, ist es unerheblich, wenn sich der Gläubiger in ihrer rechtlichen Beurteilung irrt. Deshalb kann ein Pfändungs- und Überweisungsbeschluss, durch den die angeblichen Ansprüche des Arbeitnehmers gegen den Arbeitgeber auf Zahlung von Arbeitseinkommen i.S.d. § 850 ZPO gepfändet werden, durchaus auch Ansprüche des Schuldners auf fortlaufend gezahlten Werklohn aus einem Werkvertrag mit dem Drittschuldner erfassen (*BAG* 15.1.1975 AP Nr. 8 zu § 850 ZPO). 1235

Nicht erforderlich ist, dass die Lohnforderung zum Zeitpunkt der Pfändung bereits fällig ist (§ 832 ZPO). 1236

cc) Änderung der Bezüge oder der Rechtsstellung des Arbeitnehmers

Bei Änderungen in Art und Höhe der Bezüge des Arbeitnehmers oder in der Rechtsstellung von Arbeitgeber und Arbeitnehmer ist davon auszugehen, dass sich die Reichweite des Pfändungsbeschlusses weniger nach rechtlichen als vielmehr nach **wirtschaftlichen Gesichtspunkten** richtet. 1237

(1) Bestehen mehrerer Arbeitsverhältnisse

Bestehen formalrechtlich mehrere Arbeitsverhältnisse, so war bislang nach der Verkehrsauffassung zu prüfen, ob sich diese Arbeitsverhältnisse wirtschaftlich als ein einheitliches Arbeitsverhältnis darstellen (*BAG* 3.10.1957 AP Nr. 2 zu § 832 ZPO). Gem. § 829 Abs. 1 S. 3, 4 ZPO kann demgegenüber nunmehr die Pfändung und Überweisung **verschiedener Forde-** 1238

rungen des Schuldners gegen mehrere Drittschuldner in einem Beschluss zusammengefasst werden. **Andererseits sind die Arbeitsgerichte nicht befugt, bei der Ermittlung der pfändbaren Anteile dem beim beklagten Arbeitgeber erzielten Einkommen Einkünfte bei anderen Arbeitgebern oder Rentenversicherungsträgern hinzuzurechnen** (*BAG* 24.4.2002 NZA 2002, 868).

(2) Betriebsübergang

1239 Bei einem Betriebsübergang (§ 613a BGB) ist kein neuer Pfändungsbeschluss erforderlich; gleiches gilt bei einer Änderung der Person des Arbeitgebers durch Gesamtrechtsnachfolge oder Änderung der Rechtsform des Arbeitgebers (Verschmelzung, übertragene Umwandlung, §§ 339 ff. AktG, §§ 19 ff. KapErhG).

(3) Änderung der Bezüge oder der Rechtsstellung

1240 Bei einer Änderung der Bezüge oder einer Änderung der Rechtsstellung ist im Hinblick auf die Wertung des § 833 ZPO bei einer Lohn- oder Gehaltserhöhung kein neuer Pfändungsbeschluss notwendig, ebenso wenig dann, wenn der Arbeitnehmer beim gleichen Arbeitgeber eine neue Position einnimmt oder in den Ruhestand eintritt und nunmehr Ruhegeld bezieht.

1241 Ändern demgegenüber Arbeitgeber und Arbeitnehmer ihre ursprüngliche Lohnvereinbarung dahin, dass in Zukunft anstelle eines Teils des monatlichen Barlohns vom Arbeitgeber eine **Versicherungsprämie** auf einen Lebensversicherungsvertrag zugunsten des Arbeitnehmers (Direktversicherung) gezahlt werden soll, entstehen insoweit keine pfändbaren Ansprüche auf Arbeitseinkommen (§ 850 Abs. 2 ZPO) mehr (*BAG* 17.2.1998 EzA § 850 ZPO Nr. 5).

(4) Beendigung des Arbeitsverhältnisses; Unterbrechungen

1242 Wird die Vergütung des Arbeitnehmers gepfändet und dem Gläubiger zur Einziehung überwiesen, so wird der **Pfändungs- und Überweisungsbeschluss gegenstandslos**, wenn das Arbeitsverhältnis beendet wird.

1243 Wird später ein neues Arbeitsverhältnis begründet, so erfasst der erste Pfändungs- und Überweisungsbeschluss nur dann die Vergütungsansprüche, wenn beide Arbeitsverhältnisse in einem inneren Zusammenhang stehen (*BAG* 24.3.1993 AP Nr. 7 zu § 134 BGB).

1244 Ein einheitliches Arbeitsverhältnis ist auch dann anzunehmen, wenn es nur **kurzfristig unterbrochen** wird, z.B. dann, wenn nach dem Willen der Parteien bei Beendigung des Arbeitsverhältnisses eine Wiederbeschäftigung ernsthaft in Erwägung gezogen wird und von vornherein Einigkeit darüber besteht, dass eine Wiedereinstellung angestrebt werden soll (*BAG* 3.10.1957 AP Nr. 2 zu § 832 ZPO).

1245 Dagegen ist ein neuer Pfändungsbeschluss erforderlich bei ernstlich gemeinter fristloser Kündigung, oder dann, wenn nach einer vorübergehenden Beendigung des Arbeitsvertrages ein neues Arbeitsverhältnis mit ganz oder zum Teil geänderten Arbeitsbedingungen begründet wird (vgl. MünchArbR/*Hanau* § 72 Rz. 31).

1246 Um dies zu vermeiden, erstreckt sich nunmehr (seit dem 1.1.1999) die Pfändung auch auf die Forderung aus dem neuen Arbeits- und Dienstverhältnis, wenn das alte Arbeitsverhältnis zunächst geendet hat und zwischen Schuldner und Drittschuldner innerhalb von neun Monaten neu begründet wird (vgl. *Düwell* FA 1998, 153).

dd) Zukünftige Forderungen

Pfändbar sind auch in Aussicht stehende zukünftige Forderungen, wenn sie bereits im Zeitpunkt der Pfändung **hinreichend bestimmt** sind (*BAG* 23.2.1983 EzA § 850c ZPO Nr. 3). 1247

1248 Es reicht aus, dass bereits eine rechtliche Grundlage vorhanden ist, die die Bestimmung der Forderung entsprechend ihrer Art und nach der Person des Drittschuldners ermöglicht. Dem steht nicht entgegen, dass die Höhe der Forderung noch ungewiss ist sowie ob überhaupt eine Forderung der Höhe nach entsteht. Reine Hoffnungen und Erwartungen genügen dagegen nicht.

ee) Schlüssige Behauptung der Forderung

Das Bestehen der Forderung muss der Gläubiger **schlüssig behaupten**, nicht glaubhaft machen, da nur die »angebliche« Forderung des Schuldners gepfändet wird. 1249

ff) Vollstreckungshindernisse

Sind auch die besonderen Vollstreckungsvoraussetzungen (§§ 751 Abs. 1, 2, 756 ZPO) erfüllt, dürfen weiterhin keine Vollstreckungshindernisse gegeben sein. 1250

1251 Deren Vorliegen wird nur dann geprüft, wenn konkrete Anhaltspunkte für ein solches Hindernis gegeben sind, also entweder, wenn ein Beteiligter sich auf ein Vollstreckungshindernis beruft oder wenn der Rechtspfleger dienstlich Kenntnis davon erlangt.

1252 Zu beachten ist insbes. § 775 Nr. 1, 2 ZPO, wobei allerdings § 775 Nr. 2 ZPO nur für den Fall der einstweiligen Einstellung der Zwangsvollstreckung durch das ArbG/LAG in Betracht kommt. Denn gem. § 62 Abs. 1 S. 2 ArbGG sind arbeitsgerichtliche Urteile, soweit sie einen vollstreckungsfähigen Inhalt haben, kraft Gesetzes vorläufig vollstreckbar.

1253 Zu beachten sind schließlich **vollstreckungsbeschränkende Abreden** zwischen Gläubiger und Schuldner, die die dem Gläubiger gesetzlich eingeräumten Vollstreckungsbefugnisse einschränken. Zu beachten sind schließlich die Lohnpfändungsbeschränkungen der §§ 850 ff. ZPO.

gg) Pfändungsbeschluss

1254 Sind alle Vollstreckungsvoraussetzungen erfüllt, so erlässt das Vollstreckungsgericht **ohne vorherige Anhörung** des Schuldners oder Drittschuldners (§ 834 ZPO) den Pfändungsbeschluss, durch den dem Drittschuldner verboten wird, an den Schuldner zu zahlen (Arrestatorium, § 829 Abs. 1 S. 1 ZPO). Mit der Pfändung darf der Schuldner zudem nicht zum Nachteil des Gläubigers über die Forderung verfügen (relatives Veräußerungsverbot, Inhibitorium, § 829 Abs. 1 S. 2 ZPO).

hh) Pfändungspfandrecht

1255 Gem. § 804 Abs. 1 ZPO erwirbt der Gläubiger durch die Pfändung ein Pfandrecht an dem gepfändeten Gegenstand (Pfändungspfandrecht). Dies gilt jedoch dann nicht, wenn wesentliche Vollstreckungsvoraussetzungen oder materiell-rechtliche Voraussetzungen für das Entstehen des Pfandrechts (z.B. die bestehende Forderung) fehlen.

1256 Gem. § 804 Abs. 2 ZPO gewährt das Pfändungspfandrecht dem Gläubiger im Verhältnis zu anderen Gläubigern **dieselben Rechte wie ein Faustpfandrecht** (§§ 1227, 985 ff., 1004, 823 ff. BGB, § 50 InsO). Zudem hat es eine **rangwahrende Funktion**. Es gewährt dem Gläubiger ein Recht an der gepfändeten Forderung, das späteren vertraglichen Pfandrechten oder späteren Lohnpfändungen im Range vorgeht (§ 804 Abs. 2, 3 ZPO).

ii) Überweisungsbeschluss

1257 Durch den zusätzlich ergehenden Überweisungsbeschluss wird die gepfändete Forderung dem Gläubiger nach seiner Wahl **zur Einziehung** (Ermächtigung, das gepfändete Forderungsrecht im eigenen Namen geltend zu machen) oder **an Zahlungs statt** (Forderung geht in das Vermögen des Gläubigers über, vgl. § 835 Abs. 2 ZPO) zum Nennwert überwiesen (§ 835 Abs. 1 ZPO). Damit erhält der Gläubiger die Möglichkeit, sich aus der gepfändeten Forderung zu befriedigen.

1258 Regelmäßig werden die **Anträge** des Gläubigers **auf Erlass des Pfändungs- und Überweisungsbeschlusses gleichzeitig gestellt**.

jj) Zustellung des Pfändungs- und Überweisungsbeschlusses

1259 Wirksam wird der Pfändungs- und Überweisungsbeschluss erst mit der Zustellung an den Drittschuldner (§ 829 Abs. 2, 3 ZPO), die auf Betreiben des Gläubigers im **Parteibetrieb** (§ 829 Abs. 2 ZPO) durch den Gerichtsvollzieher nach §§ 166 ff. ZPO erfolgt.

1260 Die Zustellung eines Pfändungs- und Überweisungsbeschlusses, der die Ansprüche eines Arbeitnehmers gegen seinen Arbeitgeber pfändet, kann dagegen in analoger Anwendung des § 185 ZPO nicht wirksam an den Drittschuldner durch Aushändigung an den Schuldner bewirkt werden (*BAG* 15.10.1980 AP Nr. 7 zu § 829 ZPO).

kk) Verhältnis zu Vorausabtretungen

1261 Ein Pfändungs- und Überweisungsbeschluss entfaltet keine vollstreckungsrechtlichen Wirkungen, wenn die gepfändete Forderung im Zeitpunkt der Pfändung abgetreten war (*BAG* 24.3.1993 AP § 134 BGB Nr. 7). Auch die spätere Rückabtretung einer fälligen Forderung führt grds. nicht zur Entstehung eines Pfändungspfandrechts (*BAG* 17.2.1993 AP Nr. 4 zu § 832 ZPO).

1262 Eine Vorausabtretung ist unwirksam, wenn sie an eine Gesellschaft erfolgt, die geschäftsmäßig Rechtsberatung und die Einziehung fremder Forderungen betreibt, ohne im Besitz der erforderlichen Erlaubnis nach dem Rechtsberatungsgesetz – abgelöst ab dem 1.7.2008 durch das Rechtsdienstleistungsgesetz – zu sein (*BAG* 24.3.1993 AP Nr. 7 zu § 134 BGB).

1263 Werden künftige, fortlaufende Vergütungsansprüche eines Schuldners gegen den Drittschuldner, die voraus abgetreten sind, gepfändet und zur Einziehung überwiesen, so erwächst ein Pfandrecht aber dann, wenn die Forderungen zurück abgetreten werden. Denn nach § 832 ZPO genügt für die Pfändung fortlaufender Bezüge, dass deren Entstehungsgrund gesetzt wird (*BAG* 17.2.1993 EzA § 832 ZPO Nr. 1).

ll) Vorpfändung

1264 Um zu verhindern, dass in der Zeit vor Zustellung des Titels sowie der Erteilung einer vollstreckbaren Ausfertigung der Arbeitnehmer über seinen pfändbaren Lohnanteil anderweitig verfügen kann, besteht die Möglichkeit der Vorpfändung gem. **§ 845 ZPO**. Der Gläubiger kann dem Drittschuldner und dem Schuldner die **Benachrichtigung, dass die Pfändung bevorsteht**, zustellen lassen mit der Aufforderung an den Drittschuldner, nicht an den Schuldner zu zahlen und der Aufforderung an den Schuldner, sich jeder Verfügung über die Forderung, insbes. ihrer Einziehung, zu enthalten.

1265 Verfügungen des Schuldners zwischen Vorpfändung und anschließender gerichtlicher Pfändung sind dann dem Gläubiger gegenüber unwirksam. Der Gläubiger hat zudem einen Vorrang gegenüber später pfändenden Gläubigern.

Die Zustellung erfolgt im **Parteibetrieb** durch den Gerichtsvollzieher (§§ 845 Abs. 1 S. 1, 166 ff. ZPO). Zu beachten ist, dass eine Benachrichtigung des Drittschuldners ohne Mitwirkung des Gerichtsvollziehers (z.B. durch Boten, mit Eilbrief, Einwurf in den Briefkasten) unwirksam ist (*Zöller/Stöber* § 845 ZPO Rz. 3). 1266

c) Die Rechtsstellung des Arbeitgebers nach der Pfändung

aa) Auskunftspflichten gem. § 840 ZPO (Drittschuldnererklärung)

(1) Inhalt der Auskunftspflichten

Nach der Zustellung eines wirksamen Pfändungsbeschlusses und Aufforderung durch den Gläubiger ist der Drittschuldner innerhalb einer Frist von zwei Wochen zur sog. Drittschuldnererklärung verpflichtet (§ 840 Abs. 1 Nr. 1–3 ZPO). 1267

Fordert der Gläubiger den Arbeitgeber zur Beantwortung aller Fragen auf, so ist er zur Erklärung darüber verpflichtet: 1268

- ob und inwieweit er die Forderung als **begründet anerkennt** und zu leisten bereit ist. 1269
  Ausführliche Begründungen sind nicht notwendig. Nicht anzugeben braucht der Arbeitgeber die Höhe des Bruttoeinkommens, den Umfang der Steuern und Sozialabgaben oder den Familienstand des Schuldners.
  Erkennt der Arbeitgeber die Forderung nicht an, so genügt allein diese Erklärung; eine weitere Begründung ist nicht erforderlich.
- Erkennt der Drittschuldner die Forderung als begründet an, so handelt es sich nicht um 1270
  ein deklaratorisches Schuldanerkenntnis, sondern nur um eine **Auskunft tatsächlicher Art**, der i.d.R. lediglich indizielle Bedeutung zukommt (*BGH* 10.10.1977 AP Nr. 1 zu § 840 ZPO).
- Ob und welche **Ansprüche andere Personen** an die Forderung erheben (Vorgehen ander- 1271
  weitiger Verpfändungen, Abtretungen usw. im Range). Die Abtretungs- und Pfändungsgläubiger sind im Einzelnen nach Namen und Anschrift und Höhe ihrer Forderung zu bezeichnen.
- Ob und wegen welcher Ansprüche die Forderung **bereits für andere Gläubiger gepfän- 1272
  det** ist. Dabei sind die Pfändungen detailliert nach Rechtsgrundlage und Höhe der Ansprüche anzugeben.

(2) Klage auf Erfüllung der Auskunftspflicht?

Die Erfüllung der Auskunftspflicht gem. § 840 ZPO kann der Gläubiger nicht im Wege der Leistungsklage, für die (im Gegensatz zur Zahlungsklage, für die die Arbeitsgerichte zuständig sind) die allgemeinen Zivilgerichte zuständig wären (*BAG* 31.10.1984 EzA § 840 ZPO Nr. 1), erzwingen (*BGH* 17.4.1984 NJW 1984, 1901). Denn § 840 ZPO begründet nur eine Auskunftspflicht mit der Folge, dass sich die Haftung des Drittschuldners in seiner Schadensersatzpflicht erschöpft. 1273

Ihm wird damit auferlegt, vermeidbaren Schaden durch Klarstellung (Offenlegung) der Verhältnisse abzuwenden. 1274

Allerdings kann der (materiell-rechtliche) Anspruch auf Auskunft sowie Rechnungslegung, auf den sich eine Pfändung als Nebenanspruch erstreckt, unabhängig von der Auskunftspflicht des § 840 ZPO geltend gemacht und mit Klage verfolgt werden (vgl. § 836 Abs. 3 ZPO). Das gilt auch für den Anspruch auf Lohn- und Provisionsabrechnung (§ 87c HGB; vgl. *Zöller/Stöber* § 840 Rz. 15). Hat der Gläubiger Ansprüche des Schuldners auf **gegenwärtiges und künftiges Arbeitseinkommen pfänden** und sich zur Einziehung überweisen lassen, hat der Schuldner außer den laufenden Lohnabrechnungen regelmäßig **auch die letzten drei Lohnabrechnungen** aus der Zeit vor Zustel- 1275 lung des Pfändungs- und Überweisungsbeschlusses an den Gläubiger herauszugeben (*BGH* 20.12.2006 – VII ZB 58/06 – FA 2007, 82 = NZA-RR 2007, 142; s. dazu *Reiter* FA 2007, 258).

(3) Schadensersatzansprüche

1276 Gem. § 840 **Abs. 2 S. 2 ZPO** haftet der Drittschuldner dem Gläubiger für den aus der Nichterfüllung oder Schlechterfüllung seiner Verpflichtung zur Auskunftserteilung erwachsenen Schaden. Erforderlich ist neben einem **Verschulden** des Drittschuldners, dass **gerade die Nicht- oder Schlechterfüllung** der Auskunftspflicht für die **Entstehung des Schadens ursächlich** war. Ein solcher Schaden liegt in erster Linie in den Kosten für einen gegen den Drittschuldner geführten unnötigen Prozess, wenn diese durch ordnungsgemäße oder rechtzeitige Erklärung vermieden worden wären (vgl. *LAG Hamm* 7.3.2001 NZA-RR 2002, 151).

1277 **Der Drittschuldner hat zu beweisen, dass ihn an der Nichterfüllung seiner Auskunftsverpflichtung kein Verschulden trifft** (*BGH* 28.1.1981 AP Nr. 2 zu § 840 ZPO).

1278 Trotz § 12a ArbGG gehören zu den erstattungsfähigen Kosten auch die in einem arbeitsgerichtlichen Prozess erwachsenden Anwaltskosten (*BAG* 16.5.1990 EzA § 840 ZPO Nr. 3; *ArbG Gießen* 27.2.2002 FA 2002, 149). Zu beachten ist allerdings, dass Schadensersatzansprüche gegen einen Drittschuldner, die dadurch entstehen, dass dieser die gesetzlich vorgesehene Auskunft nicht erteilt, **nicht im Kostenfestsetzungsverfahren** eines wegen dieser Unterlassung geführten arbeitsgerichtlichen Verfahrens **festsetzbar sind**. Denn die Schadensersatzansprüche sind keine »Kosten« i.S.d. Rechts der Kostenfestsetzung (*BAG* 16.11.2005 – 3 AZB 45/05 – EzA-SD 1/06 S. 11 LS = NZA 2006, 343).

1279 Ein Gläubiger, der mangels Auskunftserteilung des Drittschuldners gegen diesen vor dem ArbG eine unbegründete Zahlungsklage erhoben hat, kann zur Klage auf Feststellung der Haftung des Drittschuldners für den aus der Nichterfüllung der Auskunftsverpflichtung entstandenen Schaden (§§ 256, 263 ZPO) übergehen (*BGH* 28.1.1981 AP Nr. 2 zu § 840 ZPO; 4.2.1981 AP Nr. 3 zu § 840 ZPO).

(4) Kosten der Auskunft

1280 Den Gläubiger trifft **keine Erstattungspflicht** für die dem Drittschuldner durch die Auskunftserteilung entstandenen Kosten (z.B. Portogebühren, Kosten für die Beiziehung eines Rechtsanwalts), da es an einer Rechtsgrundlage für einen entsprechenden Anspruch fehlt (*BAG* 31.10.1984 EzA § 840 ZPO Nr. 1; **a.A.** *Grunsky* Anm. zu *BAG* AP Nr. 4 zu § 840 ZPO).

bb) Zahlungspflicht des Drittschuldners; Hinterlegung

1281 Mit Erlass des Pfändungs- und Überweisungsbeschlusses ist der Drittschuldner verpflichtet, den gepfändeten Lohnbetrag dem Gläubiger an dessen Wohn- oder Geschäftssitz zu überweisen.

1282 Für den Schutz des guten Glaubens des Drittschuldners bei Zahlung in Unkenntnis des Pfändungs- und Überweisungsbeschlusses an seinen Arbeitnehmer gelten **§§ 407, 408 BGB** (i.V.m. § 804 ZPO, § 1275 BGB).

1283 Wenn der Drittschuldner in Unkenntnis der Pfändung die zur Erfüllung notwendige Leistungshandlung (Erteilung eines Überweisungsauftrages einer Bank) vorgenommen hat, ist er nach Kenntniserlangung nicht verpflichtet, den Eintritt des Leistungserfolges durch aktives Handeln zu verhindern (*BGH* 29.10.1988 AP Nr. 10 zu § 829 ZPO).

Gem. § 836 Abs. 2 ZPO gilt der Überweisungsbeschluss, auch wenn er zu Unrecht erlassen ist, zugunsten des Drittschuldners dem Schuldner gegenüber solange als rechtsbeständig, bis er aufgehoben wird und die Aufhebung zur Kenntnis des Drittschuldners gelangt. 1284

Um der Gefahr zu begegnen, bei mehrfacher Lohnpfändung an einen schlechter Berechtigten zu zahlen, ohne dadurch von der Leistungspflicht befreit zu sein, kann der Drittschuldner gem. § 853 ZPO die gepfändete Summe **hinterlegen**. Auf Verlangen eines Gläubigers, dem die Forderung überwiesen wurde, ist er dazu verpflichtet. Konkurriert die Pfändung der Lohnforderung mit einer Abtretung, ergibt sich ein Hinterlegungsrecht des Drittschuldners aus § 372 Abs. 2 BGB. 1285

Die Kosten der Hinterlegung hat gem. § 788 ZPO der Schuldner zu tragen. Der Drittschuldner kann diese Kosten schon bei der Hinterlegung von der gepfändeten Summe abziehen. 1286

cc) Einwendungen und Einreden des Drittschuldners

(1) Verfahrensmängel

Fraglich ist, ob und inwieweit der Drittschuldner verfahrensrechtliche Mängel des Pfändungs- und Überweisungsbeschlusses geltend machen kann. 1287

Das *BAG* (15.2.1989 AP Nr. 9 zu § 829 ZPO) geht davon aus, dass sich der Drittschuldner im Drittschuldnerprozess zwar nicht auf die Fehlerhaftigkeit, wohl aber auf die Nichtigkeit eines Pfändungs- und Überweisungsbeschlusses berufen kann. 1288

Weitergehend ist *Hanau* (MünchArbR § 74 Rz. 93) der Auffassung, dass der Drittschuldner alle verfahrensrechtlichen Mängel, z.B. das Fehlen von Vollstreckungsvoraussetzungen oder die Unpfändbarkeit der Lohnforderung gem. §§ 850 ff. ZPO sowohl im Drittschuldnerprozess als auch im Wege der Erinnerung nach § 766 ZPO geltend machen kann. 1289

(2) Einreden und Einwendungen gegen die gepfändete Forderung; Überweisung an einen anderen Gläubiger zur Einziehung

Gegen die gepfändete Forderung kann er gegenüber dem Pfändungsgläubiger die Einwendungen und Einreden erheben, die zur Zeit der Pfändung **gegen den bisherigen Gläubiger begründet waren** (§ 804 ZPO, §§ 1205, 404 BGB). 1290

Er kann z.B. einwenden, dass die Lohnforderung des Arbeitnehmers nicht entstanden oder (z.B. durch Erlass, Hinterlegung, Verwirkung) bereits wieder erloschen, dass sie vor der Lohnpfändung vom Arbeitnehmer abgetreten ist oder dass die Zahlung wegen Ablaufs einer tariflichen Ausschlussfrist oder wegen Verjährung verweigert werden kann. 1291

Mit der Vollstreckungsgegenklage gem. § 767 ZPO kann der Drittschuldner als Einwand gegen die Vollstreckung aus der in einem Prozessvergleich titulierten Abfindungsforderung geltend machen, dass die Forderung **einem anderen Gläubiger** zur Einziehung **überwiesen ist** (*BAG* 20.8.1996 EzA § 767 ZPO Nr. 2). 1292

(3) Aufrechnung

Der Arbeitgeber kann zudem mit Forderungen, die ihm gegenüber dem Gläubiger zustehen, ebenso aufrechnen wie grds. mit Forderungen gegen seinen Arbeitnehmer. 1293
Nach § 394 S. 1 BGB findet die Aufrechnung gegen eine Forderung allerdings nicht statt, soweit diese unpfändbar ist. Setzt sich die monatliche Vergütung des Arbeitnehmers aus einem Festlohn und einer Überstundenvergütung zusammen, hat der Arbeitgeber wegen der teilweisen Unpfändbarkeit der Überstundenvergütung nach § 850a Nr. 1 ZPO darzulegen, um welchen Nettobetrag sich das Arbeitsentgelt durch die Überstundenvergütung

erhöht hat. Die Aufrechnung gegen eine nach Grund und Höhe unstreitige Forderung ist eine Einwendung gegen den Klageanspruch. Die tatsächlichen Voraussetzungen der Aufrechnungslage hat der Aufrechnende darzulegen (*BAG* 5.12.2002 EzA § 394 BGB 2002 Nr. 1 = NZA 2003, 802).
Etwas anderes gilt aber gem. § 392 BGB sowie dann, wenn die Aufrechnungsmöglichkeit gegenüber dem Arbeitnehmer einzel- oder kollektivvertraglich ausgeschlossen ist.

1294 Haben Arbeitgeber und Arbeitnehmer bereits vor der Pfändung eine Aufrechnungsvereinbarung geschlossen, so muss der Pfändungsgläubiger diese Vereinbarung nur dann gegen sich gelten lassen, wenn sich die Arbeitsvertragsparteien im Rahmen des § 392 BGB gehalten haben (*Vollkommer* Anm. zu *BAG* 1.8.1959 AP Nr. 2 zu § 850 ZPO; offen gelassen von *BAG* 5.12.2002 EzA § 394 BGB 2002 Nr. 1).

1295 Soweit sich eine Aufrechnungsvereinbarung auf nach der Beschlagnahme entstehende oder fällig werdende Forderungen bezieht, verliert diese Vereinbarung mit der Beschlagnahme der Lohnforderung ihre Wirksamkeit. Der Vorrang der Beschlagnahme folgt aus dem Grundprinzip des Pfändungsschutzrechts für Arbeitseinkommen, wie es in § 850h Abs. 1 ZPO zum Ausdruck kommt (vgl. *BAG* 22.5.1965 AP Nr. 4 zu § 611 BGB Kellner). In Betracht kommt dies z.B. bei Handelsvertretern, die den ihnen zustehenden Provisionsanteil selbst bei dem Kunden des Arbeitgebers kassieren. Verliert eine derartige Aufrechnungsvereinbarung mit der Pfändung ihre Wirkung, so ist der Arbeitgeber berechtigt und infolge des Zahlungsverbotes verpflichtet, den gepfändeten Betrag vom Lohn des Arbeitnehmers einzufordern und an den Gläubiger abzuführen (*BAG* 22.5.1965 AP Nr. 4 zu § 611 BGB Kellner).

(4) Einwendungen gegen die zu vollstreckende Forderung

1296 Einwendungen gegen die zu vollstreckende Forderung des Gläubigers gegen den Schuldner **stehen dem Drittschuldner nicht zu**, da er im Drittschuldnerprozess nicht Rechte des Schuldners an dessen Stelle erheben kann (*BAG* 7.12.1988 EzA § 829 ZPO Nr. 2; **a.A.** *Denck* SAE 1989, 193: Einwendungsrecht folgt aus der arbeitsvertraglichen Fürsorgepflicht).

1297 Etwas anderes gilt, wenn die Titelforderung unwirksam ist und der Pfändungsgläubiger selbst ihre Berechtigung offensichtlich in Frage stellt (Einwand der Arglist; *BAG* 7.12.1988 EzA § 829 ZPO Nr. 2). Allein die Sittenwidrigkeit der dem Titel zugrunde liegenden Forderung genügt hingegen nicht; insoweit stehen entsprechende Rechtsbehelfe nur dem Schuldner, nicht dem Drittschuldner zu (*BAG* 7.12.1988 EzA § 829 ZPO Nr. 2).

dd) Ersatz der Lohnpfändungskosten

1298 Die durch die Lohnpfändung entstandenen Kosten (Porto, Telefongebühren, Schreibmaterial, Personaleinsatzkosten) kann der Arbeitgeber nicht ohne besondere vertragliche Regelung von seinem Arbeitnehmer ersetzt verlangen. Er hat **keinen gesetzlichen Erstattungsanspruch gegen den Arbeitnehmer** (*BAG* 18.7.2006 EzA § 75 BetrVG 1972 Nr. 4 = NZA 2007, 462; s. dazu *Biswas/Burghard* FA 2007 261; *Schielke* BB 2007, 378 ff.).

1299 Für möglich wird allerdings z.T. die Vereinbarung einer Kostenerstattungspflicht im Arbeitsvertrag, in einer Betriebsvereinbarung oder im Tarifvertrag gehalten. Meist ist ein Pauschalbetrag des jeweils gepfändeten Betrages (1–1,5 bzw. 3%) vorgesehen. Möglich soll danach auch die Vereinbarung fester Beträge pro notwendigem Schreiben oder Überweisung sein (*Hannewald* NZA 2001, 19 ff.). Nach der Rechtsprechung des *BGH* (18.5.1999 NJW 1999, 2276; 19.10.1999 NJW 2000, 515) **verstoßen** allerdings **Klauseln** in AGB von Kreditinstituten, in denen für die Bearbeitung und Überwachung von Pfändungsmaßnahmen gegen Kunden von diesen **ein Entgelt** gefordert wird, **gegen § 9 AGBG** (jetzt § 307 BGB).

1300 Zudem geht das *BAG* (18.7.2006 EzA § 75 BetrVG 1972 Nr. 4 = NZA 2007, 462) inzwischen davon aus, dass die **Betriebsparteien einen Erstattungsanspruch des Arbeitgebers nicht begründen können**. Denn ein Mitbestimmungstatbestand nach § 87 Abs. 1 Nr. 1 oder

4 BetrVG liegt danach nicht vor; eine freiwillige Betriebsvereinbarung gem. § 88 BetrVG ist wegen Verstoßes gegen § 75 Abs. 2 BetrVG unwirksam.

d) Die Rechtsstellung des Gläubigers nach der Pfändung

Der Pfändungs- und Überweisungsbeschluss über die Lohnforderung stellt keinen Vollstreckungstitel gegenüber dem Arbeitgeber dar. Verweigert dieser folglich die Zahlung, muss der Gläubiger den Drittschuldner auf Zahlung verklagen, damit er einen Titel gegen ihn erlangt, um daraus gegen ihn vollstrecken zu können (sog. Drittschuldnerklage). 1301

Aus § 842 ZPO kann sich die Verpflichtung des Gläubigers ergeben, die Forderung beim Drittschuldner einzuklagen und sodann unverzüglich die Zwangsvollstreckung zu betreiben, z.B. bei drohender Eröffnung des Insolvenzverfahrens oder dann, wenn eine Lohnforderung nach Ablauf einer tariflichen Verfallfrist nicht mehr geltend gemacht werden kann. 1302

Gem. § 843 ZPO kann der Gläubiger bei der Überweisung der Forderung zur Einziehung auf seine dadurch erworbenen Rechte verzichten mit der Folge, dass das Pfändungspfandrecht und die Rechte aus dem Überweisungsbeschluss, nicht aber die Vollstreckungsforderung selbst, erlöschen. Der Gläubiger kann dann folglich dieselbe Forderung erneut pfänden. 1303

e) Die Rechtsstellung des Arbeitnehmers nach der Lohnpfändung

aa) Grundlagen

Mit der Lohnpfändung wird dem Arbeitnehmer lediglich die Verfügung über den gepfändeten Teil seines Lohns entzogen; im Übrigen bestehen die Rechte und Pflichten aus dem Arbeitsverhältnis mit dem Drittschuldner unverändert. Zur Frage, inwieweit im Zusammenhang mit Lohnpfändungen eine Kündigung des Arbeitsverhältnisses in Betracht kommt, s.u. Kap. 4 Rn. 2263. 1304

bb) Auskunftspflicht

Gem. § 836 Abs. 3 ZPO ist der Schuldner verpflichtet, dem Gläubiger die für die Geltendmachung der gepfändeten Forderung nötigen Auskünfte zu erteilen. Dem steht nicht entgegen, dass der Gläubiger gem. § 840 ZPO auch vom Drittschuldner die Auskunft erhalten oder den Inhalt der Urkunde erfahren könnte. Weil im Streitfall der an sich gegebene Klageweg gegen den Schuldner zu zeit- und kostenaufwendig wäre, wird der Schuldner gem. § 836 Abs. 3 ZPO entsprechend dem Verfahren zur Abgabe der eidesstattlichen Versicherung auf Antrag des Gläubigers verpflichtet, die **Auskunft zu Protokoll zu geben** und seine Angaben **an Eides statt** zu versichern. Der Pfändungsbeschluss wird somit für die Auskunftspflicht des Schuldners Vollstreckungsgrundlage. Die Anwendung der §§ 899 ff. ZPO führt zum Haftbefehl als Zwangsmittel (§ 901 ZPO; vgl. *Düwell* FA 1998, 153). 1305

cc) Einstellung oder Einschränkung der Zwangsvollstreckung

Im Hinblick auf den Pfändungs- und Überweisungsbeschluss kann der Arbeitnehmer gem. **§ 850 f. Abs. 1 ZPO** wegen besonderer Bedürfnisse aus persönlichen oder beruflichen Gründen oder wegen des Umfangs seiner Unterhaltspflicht eine Erhöhung des unpfändbaren Teils seines Arbeitseinkommens beantragen. 1306

In Ausnahmefällen kann er schließlich gem. **§ 765a ZPO** die Aufhebung oder einstweilige Einstellung der Zwangsvollstreckung vorschlagen, wenn sie eine Härte bedeutet, die mit den guten Sitten nicht vereinbar ist. 1307

f) Besonderheiten der Pfändung von Lohnansprüchen ziviler Arbeitnehmer gegen die alliierten Stationierungsstreitkräfte

1308 Für die Pfändung von Lohnansprüchen ziviler Arbeitnehmer gegen die alliierten Stationierungsstreitkräfte gilt das **besondere Vollstreckungsverfahren nach Art. 35 ZA-NTS.** Erfolgt die Lohnzahlung aus dem Beschäftigungsverhältnis bei den Streitkräften durch eine deutsche Behörde, so ist diese berechtigt, dem Pfändungsbeschluss Folge zu leisten, nachdem sie nicht an den zivilen Arbeitnehmer, sondern an den Pfändungsgläubiger zu zahlen hat.

1309 Ist der Arbeitnehmer bei einer sog. Selbstzahlungseinheit (EES, AAFES, Economat) beschäftigt, so hinterlegen die Behörden der Streitkräfte auf Grund des Pfändungsbeschlusses von der Lohnsumme, die sie als Forderung des zivilen Arbeitnehmers anerkennen, den in dem Pfändungsbeschluss genannten Betrag bei der zuständigen Stelle. Die Hinterlegung befreit die Streitkräfte in Höhe des hinterlegten Betrages von ihrer Schuld gegenüber dem zivilen Arbeitnehmer.

1310 Lässt das Recht des entsendenden Staates eine Hinterlegung nicht zu, treffen die Behörden der Streitkräfte alle geeigneten Maßnahmen, um die deutschen Vollstreckungsbehörden bei der Durchsetzung des Vollstreckungstitels gegen den zivilen Arbeitnehmer als Vollstreckungsschuldner zu unterstützen (MünchArbR/*Marschall* § 173 Rz. 53).

g) Lohnpfändungsschutz

aa) Sinn und Zweck der §§ 850 ff. ZPO

1311 Sinn und Zweck der §§ 850 ff. ZPO ist es, die Interessen des von der Lohnpfändung betroffenen Arbeitnehmers, seines Arbeitgebers, des pfändenden Gläubigers und der Allgemeinheit durch einen flexiblen, einzelfallorientierten Pfändungsschutz zum **angemessenen Ausgleich** zu bringen.

bb) Grundstruktur der gesetzlichen Regelung

1312 Zu unterscheiden sind **unpfändbare** (§ 850a ZPO), **bedingt pfändbare** (§ 850b ZPO) sowie **relativ pfändbare** (§§ 850c ff. ZPO) **Ansprüche.**

1313 § 850c Abs. 1 ZPO legt zunächst einen **unpfändbaren Grundbetrag** fest, der abhängig ist von den gesetzlichen Unterhaltsverpflichtungen des Arbeitnehmers. Der über diesem Grundbetrag liegende Teil des Arbeitsentgelts ist gem. § 850c Abs. 2, 3 ZPO je nach den Unterhaltspflichten des Arbeitnehmers teilweise pfändbar. Arbeitseinkommen, das einen bestimmten Monatsbetrag, der inzwischen dynamisch festgelegt ist (§ 850c Abs. 2a ZPO) übersteigt, ist frei pfändbar (§ 850c Abs. 2 S. 2 ZPO). Der in § 850c Abs. 2a ZPO bezeichnete »**Vorjahreszeitraum**« umfasst die Zeitspanne, die seit der letzten Feststellung der Pfändungsfreigrenzen verstrichen ist, somit nach der letzten Anpassungsregelung einen 2-Jahres-Zeitraum (*BGH* 24.1.2006 – VII 93/05 – ArbuR 2006, 134 LS).

1314 Die Berechnung des pfändbaren Arbeitseinkommens, z.B. auch hinsichtlich der Berücksichtigung **zusätzlich gezahlter Sozialleistungen**, bestimmt sich nach § 850e ZPO.

1315 Wird durch das Vollstreckungsgericht angeordnet, dass bei der Berechnung des pfändbaren Betrages Arbeitseinkommen und laufende Geldleistungen nach dem Sozialgesetzbuch zusammenzurechnen sind, so wirkt dies nur für den Vollstreckungsgläubiger, zu dessen Gunsten die Anordnung ergangen ist. Sie hat keine Wirkung im Verhältnis zwischen Abtretungsgläubiger und Vollstreckungsschuldner (*BAG* 23.4.1996 EzA § 850e ZPO Nr. 3).

1316 Nicht abgerechnete Lohnabschlagszahlungen und Lohnvorschüsse werden bei nachfolgendem Pfändungs- und Überweisungsbeschluss auf den pfändungsfreien Betrag angerechnet (*BAG* 11.2.1987 EzA § 850e ZPO Nr. 1).

Eine weitergehende Pfändung ist wegen gesetzlicher Unterhaltsansprüche vorgesehen (§ 850d ZPO). 1317

Gem. § 850h ZPO ist die **Erweiterung der Pfändbarkeit zum Schutz des Gläubigers vor vollstreckungsvereitelnden Manipulationen des Schuldners** (Lohnschiebung durch Zahlung an einen Dritten, meist an den Ehegatten sowie Lohnverschleierung bei Arbeitsleistung ohne angemessene Vergütung für einen Dritten, z.B. den Ehegatten) vorgesehen. Diese Norm befreit den Pfändungsgläubiger allerdings nicht davon, den anspruchsbegründenden Tatbestand, insbes. die Art und den zeitlichen Umfang der Tätigkeit des Schuldners, substantiiert darzulegen und im Streitfall zu beweisen. Dabei sind jedoch in dem Fall, dass der Schuldner im Familienbetrieb zu unpfändbaren Bezügen (weiter-)beschäftigt wird, regelmäßig mildere Anforderungen an die Darlegungs- und Beweislast zu stellen (*LAG Düsseld.* 10.3.1994 NZA 1994, 1056 LS; vgl. ausf. *Staab* NZA 1993, 444 ff.; *Menken* DB 1993, 161 ff.). 1318

Leistet ein **Insolvenzschuldner** einem Dritten in einem ständigen Verhältnis Arbeiten gegen eine **unverhältnismäßig geringe Vergütung** i.S.v. § 850h Abs. 2 S. 1 ZPO, kann der Insolvenzverwalter analog dieser Vorschrift fiktives Arbeitseinkommen zur Masse ziehen. Das verschleierte Arbeitseinkommen ist nämlich mangels eines eigenen Anspruchs des Schuldners auf die fiktive Vergütung nicht Neuerwerb und damit nicht Teil seines Vermögens. Der Eröffnungsbeschluss wirkt wie ein Pfändungs- und Überweisungsbeschluss im Einzelvollstreckungsverfahren; er erfasst nicht die bis zu seiner Zustellung fiktiv aufgelaufenen Lohn- und Gehaltsrückstände. Denn die Pfändung verschleierten Arbeitseinkommens wirkt grundsätzlich nicht zurück (*BAG* 12.3.2008 EzA § 850h ZPO 2002 Nr. 2 = NZA 2008, 779; 23.4.2008 EzA § 850h ZPO 2002 Nr. 3 = NZA 2008, 896). 1319

Die Begriffe der unverhältnismäßig geringen Vergütung und der angemessenen Vergütung in § 850h Abs. 2 S. 1 ZPO sind **unbestimmte Rechtsbegriffe**, bei deren Anwendung dem **Landesarbeitsgericht** ein **Beurteilungsspielraum** zukommt. Bei der Berechnung des unpfändbaren Teils der fiktiven Arbeitsvergütung ist nicht stets die vom Schuldner gewählte Steuerklasse zu Grunde zu legen, sondern diejenige, die der Schuldner ohne die Pfändung sinnvollerweise gewählt hätte. Hat des weiteren eine Person, der der Schuldner aufgrund gesetzlicher Verpflichtung Unterhalt leistet, eigene Einkünfte, so ist diese Person bei der Berechnung des unpfändbaren Teils des fiktiven Arbeitseinkommens nur dann nicht zu berücksichtigen, wenn dies das Vollstreckungsgericht auf Antrag des Gläubigers nach § 850c Abs. 4 ZPO bestimmt hat (*BAG* 23.4.2008 EzA § 850h ZPO 2002 Nr. 3 = NZA 2008, 896). 1320

> Behaupten die Gläubiger zur Begründung einer Drittschuldnerklage folglich, der Schuldner (Arbeitnehmer) sei – zu einer üblichen Stundenvergütung – i.d.R. mehr als vollzeitbeschäftigt (zehn Stunden arbeitstäglich) gewesen und ergibt sich daraus ein pfändbarer Betrag, so kann – bei Bestreiten des Umfangs der behaupteten Arbeitszeit durch den Drittschuldner (Arbeitgeber) – die Erhebung eines angebotenen Zeugenbeweises nicht mit der Begründung abgelehnt werden, es handele sich um einen unzulässigen Ausforschungsbeweis (*BAG* 3.8.2005 EzA § 850h ZPO 2002 Nr. 1 = NZA 2006, 175). 1321

Korrekturen der Pfändungsfreigrenzen im Interesse der **Einzelfallgerechtigkeit** ermöglichen §§ 850 f., 850 g ZPO. 1322

Sonderfälle (Pfändung bei nicht wiederkehrender zahlbarer Vergütung sowie der Überweisung des Arbeitseinkommens auf das Konto des Schuldners beim Geldinstitut) regeln §§ 850i, 850 k ZPO. 1323

cc) Arbeitseinkommen i.S.d. §§ 850 ff. ZPO

(1) Grundlagen

> Der Begriff Arbeitseinkommen i.S.d. §§ 850 ff. ZPO ist weit zu fassen (*BAG* 30.5.1978 DB 1979, 359). § 850 Abs. 2, 3 ZPO enthält keine abschließende Aufzählung. Zum Arbeitseinkommen zählt grds. alles, was dem Arbeitnehmer als Geldertrag aus Anlass des Arbeitsverhältnisses zufließt. Es ist unerheblich, ob es sich um eine fortlaufende Ver- 1324

gütung oder eine einmalige Geldleistung handelt, ebenso, ob die Tätigkeit die Arbeitskraft des Schuldners vollständig, überwiegend oder nur teilweise in Anspruch nimmt (vgl. *Bengelsdorf* NZA 1996, 176 ff.). Grundlage der Berechnung des pfändbaren Einkommens ist § 850e ZPO. Die pfändbaren Teile des Arbeitseinkommens werden anhand des **Nettolohnes** ermittelt, das ist der Betrag, der vom Gesamteinkommen (Bruttoeinkommen) nach Abzug der nach § 850a ZPO der Pfändung entzogenen Beträge und nach Abzug der Beträge verbleibt, die unmittelbar auf Grund steuer- oder sozialversicherungsrechtlicher Vorschriften zur Erfüllung gesetzlicher Verpflichtungen des Schuldners abzuführen sind (*LAG Bln.* 14.1.2000 NZA-RR 2000, 657).

(2) Einzelfälle

1325 Im Einzelnen gilt Folgendes (vgl. MünchArbR/*Hanau* § 74 Rz. 139–163; *Bengelsdorf* NZA 1996, 176 ff.):

1326 ▶ Für **Abfindungen** (gem. §§ 9, 10 KSchG, Sozialplan-, Nachteilsausgleichsansprüche gem. §§ 112, 113 BetrVG) kommt Pfändungsschutz auf Antrag gem. § 850i ZPO in Betracht (*LAG Nds.* 14.11.2003 NZA-RR 2004, 490; *LAG SchlH* 13.12.2005 NZA-RR 2006, 371; *LAG Brem.* 30.8.2007 – 3 Sa 75/07 – ZTR 2007, 700 LS). Den Arbeitgeber trifft keine Fürsorgepflicht, den Arbeitnehmer über die Möglichkeit eines Vollstreckungsschutzantrages nach § 850i ZPO zu belehren. Denn insoweit ist allein das Rechtsverhältnis des Arbeitnehmers zu dessen Gläubigern betroffen, für das der Arbeitgeber keine Schutzpflichten hat (*BAG* 13.11.1991 EzA § 850 ZPO Nr. 4; *LAG SchlH* 13.12.2005 NZA-RR 2006, 371).

1327 ▶ Akzeptiert der Arbeitnehmer für den Lohnanspruch einen **Wechsel** oder verpflichtet sich der Arbeitgeber zur Zahlung zusätzlich in einem **abstrakten Schuldanerkenntnis**, so gelten bei Pfändung in die abstrakte Forderung die für die Pfändung der Lohnforderung geltenden Grundsätze.

1328 ▶ **Aufwandsentschädigungen** (Reisekosten, Kilometergelder usw.) sowie **Gefahren-, Schmutz- und Erschwerniszulagen** sind in den Grenzen des Üblichen gem. § 850a Nr. 3 ZPO unpfändbar. Üblich sind die durch Tarifvertrag, Betriebsvereinbarung, im öffentlichen Dienst die durch gesetzliche Regelung, sonst die in anderen Unternehmen eingeführten Sätze; Vergütungen, die die Lohnsteuerrichtlinien als steuerfrei anerkennen, können auch i.S.v. Nr. 3 als üblich angesehen werden (*Zöller/Stöber* § 850a Rz. 7). Wird diese Grenze überschritten, ist die Aufwandsentschädigung als Teil des der Pfändung unterliegenden Arbeitseinkommens nach § 850 ZPO anzusehen.

1329 ▶ Die Vergütung für **Diensterfindungen**, technische Verbesserungsvorschläge (§§ 2, 3, 6 ArbnErfG) sowie sonstige Verbesserungsvorschläge des Arbeitnehmers zählen zum Arbeitsentgelt gem. § 850 ZPO, nicht dagegen freie Erfindungen.

1330 ▶ **Gewinnbeteiligungen, Sonderleistungen** des Arbeitgebers, die zusätzlich zur normalen Arbeitsvergütung regelmäßig einmal pro Jahr gezahlt werden und die dem Grunde und der Höhe nach vom Unternehmensgewinn abhängig sind (Jahresprämie, 13. Monatsgehalt), zählen zum pfändungsgeschützten Arbeitseinkommen i.S.d. § 850 ZPO; auch bei der Rückforderung einer Zuwendung im Wege des Einbehalts von Arbeitsvergütung sind die Pfändungsfreigrenzen zu beachten (*BAG* 25.9.2002 EzA § 611 BGB Gratifikation, Prämie Nr. 168).

1331 ▶ Gleiches gilt für alle Entgeltansprüche der **Heimarbeiter und Hausgewerbetreibenden** aus Dienstverträgen, aber auch aus Werk- oder Werklieferungsverträgen (§ 27 HAG).

1332 ▶ **Heirats- und Geburtsbeihilfen** aus Anlass der Hochzeit oder der Geburt eines Kindes sind unabhängig von der Höhe absolut unpfändbar (§ 850a Nr. 5 ZPO).

1333 ▶ **Hinterbliebenenbezüge** gehören zum pfändungsgeschützten Arbeitseinkommen (§ 850 Abs. 2 ZPO). Sterbe- und andere Gnadenbezüge sind gem. § 850a Nr. 7 ZPO unpfändbar; Unterhaltsbeträge aus Gründen der Freigiebigkeit oder im Gnadenweg sind gem. § 850b Nr. 3 ZPO nur bedingt pfändbar.

- **Karenzentschädigungen** zum Ausgleich für Wettbewerbsbeschränkungen für die Zeit nach Beendigung des Arbeitsverhältnisses zählen gem. § 850 Abs. 3 ZPO zum Arbeitseinkommen. Wird insoweit eine einmalige Zahlung vereinbart, kommt Pfändungsschutz nur auf Antrag gem. § 850i ZPO in Betracht. Nach Auffassung von *Hanau* (MünchArbR § 74 Rz. 150) ist § 850 ZPO entsprechend für selbstständige Handelsvertreter jedenfalls dann anwendbar, wenn sie als arbeitnehmerähnliche Person anzusehen sind, insbes. wenn es sich um Ein-Firmen-Vertreter gem. §§ 90a, 92 a HGB handelt. 1334
- **Insolvenzgeld** (§§ 183 ff. SGB III) gilt als Arbeitseinkommen i.S.d. § 850 ZPO. 1335
- Ansprüche auf **Entgeltfortzahlung** sind pfändungsgeschütztes Einkommen gem. § 850 Abs. 1 ZPO. Bezüge aus privaten Krankenkassen, die ausschließlich oder zu einem wesentlichen Teil zu Unterstützungszwecken gewährt werden (§ 850b Abs. 1 Nr. 4 ZPO), sind nur bedingt pfändbar. Für Krankengeldansprüche der gesetzlichen Krankenversicherungen gilt der besondere Pfändungsschutz gem. § 54 Abs. 3 SGB I. 1336
- Der Erstattungsanspruch des Arbeitnehmers gehört dann, wenn der **Lohnsteuerjahresausgleich** durch den Arbeitgeber durchgeführt wird, vollstreckungsrechtlich zum Arbeitseinkommen, sodass die Anwendung des § 850i ZPO in Betracht kommt (*LAG Hamm* 12.2.1988 DB 1989, 488). Gleiches gilt, wenn der Lohnsteuerjahresausgleich durch das Finanzamt (§ 42 EStG) durchgeführt wird (mit der Folge, dass der Erstattungsanspruch gegenüber dem Finanzamt gepfändet werden muss, § 46 AO), denn der Umfang des Pfändungsschutzes kann nicht davon abhängen, wer den Lohnsteuerjahresausgleich durchführt (MünchArbR/*Hanau* § 74 Rz. 153; **a.A.** *Zöller/Stöber* § 850 ZPO Rz. 16). 1337
- **Mehrarbeitsvergütung** ist Arbeitseinkommen und insgesamt (also nicht nur ein etwaiger Mehrarbeitszuschlag) zur Hälfte (§ 850a Nr. 1 ZPO) bzw. zu einem Viertel (bei Vollstreckungen für Unterhaltsforderungen, § 850d Abs. 1 S. 2 ZPO) unpfändbar. Mehrarbeit i.S. dieser Vorschriften ist jede über die gesetzliche, tarifliche oder betriebliche Arbeitszeit hinaus geleistete Arbeit, auch die in der Freizeit für einen anderen Unternehmer geleistete Arbeit (Nebenbeschäftigung). 1338
- **Mutterschutzlohn**, die Sonderunterstützungen für im Familienhaushalt Beschäftigte sowie der Zuschuss zum Mutterschaftsgeld (§§ 11, 12, 14 MuSchG) sind Arbeitseinkommen i.S.d. § 850 Abs. 1 ZPO. Für das Mutterschaftsgeld (§ 13 MuSchG) gilt dagegen der besondere Pfändungsschutz gem. § 54 SGB I. 1339
- **Ruhegelder** zählen gem. § 850 Abs. 2 ZPO zum Arbeitseinkommen. Nur bedingt pfändbar sind gem. § 850b ZPO Privatrenten wegen einer Verletzung des Körpers oder der Gesundheit (z.B. gem. § 843 BGB, § 13 StVG), Unterhaltsrenten, u.U. auch Lebensversicherungen. 1340
- **Schadensersatzansprüche** sind Arbeitseinkommen, wenn sie an die Stelle entgangenen oder vorenthaltenen Arbeitsentgelts treten; gleiches gilt für den Anspruch gem. § 615 BGB. Erfasst sind auch Schadensersatzleistungen, die der Arbeitgeber wegen Verletzung arbeitsvertraglicher Pflichten für den Ersatz eines Schadens im Privatvermögen gewährt (*BFH* BStBl. 1975 II S. 520). 1341
- **Streik- und Aussperrungsunterstützungen** sind Arbeitseinkommen i.S.d. § 850 ZPO, weil es sich um Ersatzleistungen für die entgangene Arbeitsvergütung handelt. 1342
- Fraglich ist, inwieweit das während des **Urlaubs zu zahlende Arbeitsentgelt** sowie ein Urlaubsabgeltungsanspruch der Pfändung unterliegt (s.u. Rn. 2416 ff.). Zusätzlich zum Urlaubsentgelt gezahltes **Urlaubsgeld** ist jedenfalls absolut unpfändbar, soweit es den Rahmen des Üblichen nicht übersteigt (§ 850a Nr. 2 ZPO; vgl. *Sibben* DB 1997, 1182 f.); das gilt auch dann, wenn es jährlich mit der Junivergütung in einer Summe bezahlt wird. § 850a Nr. 2 ZPO setzt zudem keine Darlegung konkreter urlaubsbedingter Mehraufwendungen voraus (*LAG Nbg.* 7.11.2006 – 7 Sa 716/05 – EzA-SD 26/06 S. 9 LS; zu Sonderzuwendungen und Mitarbeiterbeteiligungen insoweit s. *BAG* 30.7.2008 EzA § 850a ZPO 2002 Nr. 1). Es ist nach Auffassung des *LAG Bln.* (14.1.2000 NZA-RR 2000, 657) als **Bruttobetrag vom Gesamtbruttoeinkommen** abzuziehen, obwohl dies zu einer doppelten Berücksichtigung der auf das Urlaubsgeld entfallenden Bezüge führt. 1343
- **Vermögenswirksame Leistungen** zur zweckentsprechenden Verwendung nach § 2 5. VermBG sind zwar Bestandteile des Entgelts (§ 13 Abs. 5 5. VermBG), der Anspruch auf 1344

diese Leistung ist aber nicht übertragbar (§ 13 Abs. 8 S. 2 5. VermBG) und daher gem. § 851 Abs. 1 ZPO nicht pfändbar. Gleiches gilt, wenn der Arbeitnehmer für die Vermögensbildung keine zusätzlichen Leistungen des Arbeitgebers erhält, sondern Teile seines Arbeitseinkommens vermögenswirksam anlegt (§ 11 Abs. 1 5. VermBG). Vermögenswirksame Leistungen sind auch bei der Berechnung des pfändbaren Arbeitseinkommens gem. § 850e ZPO nicht mitzurechnen. Nicht zum Arbeitslohn zählt dagegen die **Arbeitnehmersparzulage** nach § 13 5. VermBG. Sie ist ohne die Beschränkungen der §§ 850 ff. ZPO pfändbar.

1345 ▶ **Weihnachtsvergütungen** sind gem. §§ 850a Nr. 4, 850 d ZPO nur zum Teil pfändbar. Inwieweit Abschlussprämien, Jahresprämien oder das 13. Monatsgehalt § 850a ZPO unterfallen, hängt von dem mit der jeweiligen Zahlung verbundenen Zweck ab. Wenn die Zuwendung in erster Linie wegen der erwarteten vermehrten Bedürfnisse des Arbeitnehmers aus Anlass des Weihnachtsfestes erfolgt, ist § 850a ZPO anwendbar. Dabei ist es für die Anwendung dieser Norm gleichgültig, ob die Zuwendung ausdrücklich als Weihnachtsgratifikation bezeichnet ist oder nicht.

dd) Pfändungsschutz von Sozialleistungsansprüchen

1346 Die Pfändbarkeit von Sozialleistungsansprüchen (z.B. Mutterschaftsgeld, § 13 MuSchG) regelt **§ 54 SGB I**. Ansprüche auf Dienst- und Sachleistungen sind unpfändbar (§ 54 Abs. 1 SGB I). Einmalige Geldleistungen können gepfändet werden, soweit dies der Billigkeit entspricht (§ 54 Abs. 2 SGB I). Ansprüche auf laufende Geldleistungen können gem. § 54 Abs. 2 Nr. 1 SGB I wegen gesetzlicher Unterhaltsansprüche wie Arbeitseinkommen gepfändet werden (z.B. Kurzarbeiter- oder Schlechtwettergeld). Eine Billigkeitsprüfung erfolgt insoweit nicht.

1347 Wegen aller anderen Forderungen, die nicht gesetzliche Unterhaltsansprüche sind, können laufende Sozialleistungen wie Arbeitseinkommen gepfändet werden, soweit die Pfändung der Billigkeit entspricht und der Leistungsberechtigte durch die Pfändung nicht hilfsbedürftig i.S.d. Vorschriften des BSHG wird (§ 54 Abs. 3 Nr. 2 SGB I).

1348 Das Pfändungsverfahren von Sozialleistungsansprüchen richtet sich nach § 828 ff. ZPO.

ee) Pfändungsschutz bei Altersvorsorge

1349 Das am 31.3.2007 in Kraft getretene Gesetz zum Pfändungsschutz der Altersvorsorge vom 26.3.2007 (neu eingefügt wurden §§ 851c, d ZPO; BGBl. I S. 368) dient zwar an sich dem Schutz der privaten Altersvorsorge von Selbstständigen. Es gilt aber auch für Arbeitnehmer, die zur Ergänzung ihrer gesetzlichen Rentenansprüche zusätzlich privat für ihr Alter vorsorgen. § 851d ZPO soll für sie Pfändungsschutzlücken bei Riester- und Rürupverträgen schließen (s. dazu *Bengelsdorf* FA 2007, 336 ff.; *Tavakoli* NJW 2008, 3259 ff.).

11. Rückzahlung von Vergütung

a) Anwendbarkeit der §§ 812 ff. BGB

1350 Die Rückzahlung irrtümlich gezahlter, nicht geschuldeter Vergütung wird nach §§ 812 ff. BGB abgewickelt (*BAG* 20.9.1972 AP Nr. 5 zu § 195 BGB).

1351 Nach § 814 BGB kann das zum Zwecke der Erfüllung einer Verbindlichkeit Geleistete allerdings dann nicht zurückgefordert werden, wenn dem Leistenden bekannt war, dass er zur Leistung nicht verpflichtet war. Erforderlich ist die positive Kenntnis der Rechtslage zum Zeitpunkt der Leistung. Nicht ausreichend ist die Kenntnis der Tatsachen, aus denen sich das Fehlen einer rechtlichen Verpflichtung ergibt. Der Leistende muss wissen, dass er nach der Rechtslage nichts schuldet. Beruht die Unkenntnis auf grober Fahrlässigkeit, schließt das den Rückforderungsanspruch nicht aus (*BAG* 6.6.2007 – 4 AZR 573/06 – ZTR 2007, 551; s.u. Rn. 1362; zur zusätzlichen ungerechtfertigten Abführung von Sozialversicherungsbeiträgen und den prozessualen Konsequenzen; s. *BAG* 9.4.2008 EzA § 4 TVG Gaststättengewerbe Nr. 3).

Dem tariflichen Verfall des Anspruchs auf Rückzahlung zuviel gezahlter Vergütung steht andererseits der Grundsatz von Treu und Glauben (§ 242 BGB) dann entgegen, wenn der Arbeitnehmer die Überzahlung erkannt und dem Arbeitgeber pflichtwidrig nicht angezeigt hat; dieses pflichtwidrige Unterlassen muss für das Untätigbleiben des Arbeitgebers ursächlich sein. Das ist nur solange der Fall, wie der Arbeitgeber nicht anderweitig vom Tatbestand der Überzahlung Kenntnis erlangt. Dabei kommt es auf die positive Kenntnis der Nichtschuld an (*BAG* 6.9.2006 NZA 2007, 526; s.u. Rn. 4856 f. m.w.N.). 1352

Gem. § 818 Abs. 3 BGB entfällt der Bereicherungsanspruch des Arbeitgebers dann, wenn die Bereicherung zwischenzeitlich weggefallen ist. 1353

§ 818 Abs. 3 BGB ist dispositiv, kann also durch Arbeitsvertrag abbedungen werden (*BAG* 8.2.1964 AP Nr. 2 zu § 611 BGB Lohnrückzahlung); fraglich ist, inwieweit das nach der Schuldrechtsreform auch formularmäßig erfolgen kann (instr. dazu *Bieder* DB 2006, 1318 ff.). 1354

> Die einseitige Erklärung des Arbeitnehmers auf einem vom Arbeitgeber vorgelegten vorgedruckten Formular, ihm sei bekannt, dass er alle Bezüge zurückzahlen müsse, die er infolge unterlassener, verspäteter oder fehlerhafter Meldung zu viel erhalten habe, enthält aber keine Vereinbarung der Parteien über den Ausschluss des Entreicherungseinwands nach § 818 Abs. 3 BGB. Sie enthält auch keine Vereinbarung über eine Leistung des Arbeitgebers unter Vorbehalt (*BAG* 18.9.1986 EzA § 818 BGB Nr. 1). 1355

Bösgläubigkeit des Arbeitnehmers i.S.d. § 819 BGB setzt **positive Kenntnis** vom Mangel des Rechtsgrundes voraus; bloße **Zweifel** an dessen Fortbestand **sind nicht ausreichend** (*LAG Hamm* 3.12.1999 NZA-RR 2000, 181). Denn der Arbeitnehmer ist **grds. nicht verpflichtet, eine Vergütungsabrechnung des Arbeitgebers zu überprüfen** (instr. *LAG SchlH* 12.9.2007 LAGE § 242 BGB 2002 Unzulässige Rechtsausübung Nr. 1). Erhält er allerdings eine erhebliche Mehrzahlung, die er sich nicht erklären kann, muss er dieses dem Arbeitgeber anzeigen (*BAG* 10.3.2005 EzA § 4 TVG Ausschlussfristen Nr. 176 = NZA 2005, 812; s.u. Rn. 4856 ff.). 1356

b) Darlegungs- und Beweislast für den Wegfall der Bereicherung

Die Darlegungs- und Beweislast für den Wegfall der Bereicherung hat grds. der **Arbeitnehmer**. Er hat deshalb im einzelnen Tatsachen darzulegen, aus denen sich ergibt, dass die Bereicherung weggefallen ist und er überdies keine Aufwendungen erspart hat (*LAG Hamm* 3.12.1999 NZA-RR 2000, 180). Er kann sich auf die **Grundsätze des Anscheinsbeweises** berufen, wenn es sich um eine **geringfügige Überzahlung handelt**. 1357

> Ob eine Überzahlung geringfügig ist, kann nach den Richtlinien beurteilt werden, die im öffentlichen Dienst gelten. Danach ist von einem Wegfall der Bereicherung auszugehen, wenn die Zuvielzahlung bei einmaligen Leistungen 10% des zustehenden Betrages, höchstens 200 DM (jetzt ca. 100 €), bei wiederkehrenden Leistungen 10% aller für den Zeitraum zustehenden Beträge, höchstens monatlich 200 DM (jetzt ca. 100 €) nicht übersteigt. 1358
>
> Ferner muss die Lebenssituation des Arbeitnehmers so sein, dass erfahrungsgemäß nach den individuellen Lebensumständen ein alsbaldiger Verbrauch der Überzahlung für die laufenden Kosten der Lebenshaltung anzunehmen ist, ohne dass ihm ein Vermögensvorteil geblieben ist. Der Arbeitnehmer hat die Tatsachen darzulegen und ggf. zu beweisen, aus denen erfahrungsgemäß auf die Verwendung zum Lebensunterhalt geschlossen werden kann. Seiner Darlegungs- und Beweislast genügt er nicht, wenn er zu den nach Art oder dem Grund vom Arbeitgeber plausibel behaupteten anderweitigen Einkünften (vermietete Eigentumswohnung, Sparvermögen, Prämiensparvertrag) nicht substantiiert Stellung nimmt (*BAG* 18.1.1995 EzA § 818 BGB Nr. 8).
>
> Eine geringfügige Überzahlung ist jedenfalls dann nicht gegeben, wenn es sich um eine **mehrere Monate** betreffende einmalige Überzahlung handelt, die das **richtige Gehalt um ein Vielfaches** übersteigt (*BAG* 23.5.2001 EzA § 818 BGB Nr. 12).

1359 Erleichterungen der Darlegungs- und Beweislast kommen zudem nur dann in Betracht, wenn der Arbeitnehmer **nicht zu den Besserverdienenden gehört** (*BAG* 12.1.1994 NZA 1994, 658; abl. *Schwab* BB 1995, 2110, wonach die allgemeinen Grundsätze der Verwirkung anwendbar sind).

c) Besonderheiten im öffentlichen Dienst

1360 Bestimmt ein Tarifvertrag des öffentlichen Dienstes, dass sich die Rückforderung zu viel gezahlter Löhne nach den Vorschriften über die Herausgabe einer ungerechtfertigten Bereicherung bestimmt und hat der öffentliche Arbeitgeber dazu Richtlinien (zu deren Inhalt s.o. Rn. 1358), so genügt der Arbeitnehmer, der den unteren und mittleren Einkommensgruppen zuzurechnen ist, seiner Darlegungspflicht nach § 818 Abs. 3 BGB, wenn er die Ausgabe des zu viel Erlangten im Rahmen des **angehobenen Lebensstandards** vorträgt.

1361 Will der öffentliche Arbeitgeber in einem solchen Fall die Entreicherung nicht akzeptieren, so hat er darzulegen und zu beweisen, dass die Voraussetzungen der Richtlinien nicht gegeben sind oder der Arbeitnehmer die überzahlten Bezüge nicht durch Anhebung seines Lebensstandards verbraucht hat (*BAG* 18.9.1986 EzA § 818 BGB Nr. 1; zum Sonderfall der rückwirkenden Verrentung s. *BAG* 11.10.2006 – 5 AZR 755/05 – ZTR 2007, 145 = FA 2007, 119).

d) Erstattung von Sozialversicherungsbeiträgen und Lohnsteuer

1362 Der Anspruch auf Erstattung ungerechtfertigt gezahlter Sozialversicherungsbeiträge steht nach **§ 26 Abs. 2 SGB IV** dem zu, der die Beiträge getragen hat, soweit für den Arbeitnehmer auf Grund dieser Beiträge nicht schon Leistungen erbracht wurden.

1363 Der Arbeitgeber kann vom Arbeitnehmer nur den überzahlten Nettobetrag verlangen und im übrigen Erstattung von der Finanz- und Sozialverwaltung.

1364 Demgegenüber gehen Finanzverwaltung und Finanzgerichte davon aus, dass der Arbeitgeber auch die auf den zurückzuzahlenden Betrag entfallende Lohnsteuer sowie die Sozialabgaben verlangen kann (ebenso *LAG Köln* 17.11.1995 DB 1996, 208; **a.A.** *ArbG Rostock* 15.12.1997 DB 1998, 584); im Übrigen soll die Rückabwicklung zwischen Arbeitnehmer und Finanzamt durch Abzug vom lohnsteuerpflichtigen Einkommen oder Lohnsteuerjahresausgleich erfolgen (vgl. MünchArbR/*Hanau* § 76 Rz. 5).

1365 Fehlt es jedenfalls an einem Rechtsgrund für eine **vom Arbeitgeber** geleistete Vergütung, erfolgt auch die Abführung der Arbeitnehmeranteile an die Sozialversicherung ohne Rechtsgrund. Solange dem Arbeitnehmer zu Unrecht entrichtete Arbeitgeberbeiträge zur Sozialversicherung **nicht ausgezahlt** worden sind, richtet sich der Bereicherungsanspruch des Arbeitgebers gegen den Arbeitnehmer nur auf eine **Abtretung** dieses Erstattungsanspruchs; der zu Unrecht ausgezahlte Bruttoanspruch ist um diesen Betrag zu kürzen (*BAG* 9.4.2008 EzA § 4 TVG Gaststättengewerbe Nr. 3). Das hat die prozessuale Konsequenz, dass der auf Rückzahlung der Vergütung gerichtete Klageantrag insgesamt nicht hinreichend bestimmt ist, wenn er nur auf den abgerechneten Bruttobetrag gerichtet ist und sich weder aus dem Antrag noch aus seiner Begründung ergibt, in welchem Umfang darin Arbeitnehmeranteile zur Sozialversicherung enthalten sind, es sei denn, die Einzugsstelle hat dem Arbeitnehmer diese Beträge bereits erstattet (*BAG* 9.4.2008 EzA § 4 TVG Gaststättengewerbe Nr. 3).

e) Der Sonderfall: Negatives Arbeitszeitguthaben

1366 Ein negatives Arbeitszeitguthaben auf einem Arbeitszeitkonto ist vom Arbeitnehmer bei seinem Ausscheiden trotz einer entsprechenden Vereinbarung jedenfalls **dann nicht auszugleichen**, wenn das negative Guthaben aufgrund von **Arbeitsmangel** entstanden ist (*LAG MV* 26.3.2008 – 2 Sa 314/07 – EzA-SD 11/2008 S. 5 LS).

12. Das Arbeitsentgelt in der Insolvenz des Arbeitgebers

a) Schutz des Arbeitsentgelts durch die InsO

aa) Ansprüche für die Zeit vor Eröffnung des Insolvenzverfahrens; Anfechtung

Die Arbeitsentgeltansprüche der Arbeitnehmer vor Eröffnung des Insolvenzverfahrens sind **1367** **einfache Insolvenzforderungen** i.S.d. § 38 InsO (FK-InsO/*Mues* Anh. zu § 113 Rz. 4). Dies wird durch § 108 Abs. 2 InsO klargestellt, der dem Vertragspartner eines über die Eröffnung des Verfahrens hinaus fortbestehenden Dienstverhältnisses des Schuldners wegen seiner Ansprüche für die Zeit vor der Eröffnung die Stellung eines Insolvenzgläubigers zuweist (*Lakies* NZA 2001, 521). Die **Sozialversicherungsbeiträge** und die **Lohnsteuerforderungen teilen den Rang der Arbeitsentgeltansprüche**; die beitragsrechtliche Fälligkeit der Sozialversicherungsbeiträge ist unerheblich. Auch **Säumniszuschläge** teilen den Rang der Beitragsrückstände, auf die sie erhoben werden, ohne Rücksicht darauf, ob sie für eine Zeit vor oder nach Insolvenzeröffnung von der Einzugsstelle verlangt werden (MünchArbR/*Peters-Lange* § 77 Rz. 2). Auch **Abfindungsansprüche** von Arbeitnehmern, die **vor der Insolvenzeröffnung** entstanden sind, stellen **einfache Insolvenzforderungen** i.S.d. § 38 InsO dar; etwas anderes – Aussonderungsrecht gem. § 47 InsO – kann aber dann angenommen werden, wenn Abfindungsansprüche bestehen, die einem **Sondervermögen zuzuordnen sind**, das separiert von der Insolvenzmasse verwaltet wird (*LAG Düsseld.* 18.1.2007 – 5 (8) Sa 1023/06 – EzA-SD 10/2007 S. 15 LS).

Etwas **anderes** gilt dann, wenn nach Stellung des Antrags auf Eröffnung des Insolvenz- **1368** verfahrens vom Gericht ein **vorläufiger Insolvenzverwalter** bestellt worden ist, auf den gem. § 22 Abs. 1 InsO bei Verhängung eines allgemeinen Verfügungsverbots für den Schuldner die Verwaltungs- und Verfügungsbefugnis übergegangen ist. Dann richtet sich der Rang der Arbeitsentgeltansprüche nach **§ 55 Abs. 2 S. 2 InsO** (*BAG* 3.4.2001 NZA 2002, 90), der auch im Hinblick auf die Arbeitsentgeltansprüche der Arbeitnehmer den allgemeinen Grundsatz des § 108 Abs. 2 InsO verdrängt (*Hauser/Hawelka* ZIP 1998, 1262; *Obermüller/Hess* InsO, 2. Aufl., Rz. 457 h; vgl. auch *Lakies* NZA 2001, 522 f.; **a.A.** *LAG Köln* 22.10.2001 – 2(4) Sa 208/01 – EzA-SD 4/02, S. 23 LS = NZA-RR 2002, 248). Beantragen die Arbeitnehmer allerdings Insolvenzgeld, so entfällt das Vorzugsrecht; ein Übergang des Vorzugsrechts auf die Bundesagentur für Arbeit ist deshalb ausgeschlossen (*BAG* 3.4.2001 NZA 2002, 90; s.u. Rn. 1438). Die Privilegierung als Masseverbindlichkeiten **beschränkt** sich zudem **auf Fälle**, in denen der vorläufige Verwalter mit umfassender Verfügungsbefugnis die **Gegenleistung** der Arbeitnehmer **in Anspruch nimmt**. Dies wird angesichts seiner gesetzlichen Pflicht zur Betriebsfortführung (§ 22 Abs. 1 Nr. 2 InsO) der **Regelfall** sein, da die endgültige Entscheidung über eine Fortführung des Unternehmens der Gläubigerversammlung im Gerichtstermin (§ 157 InsO) vorbehalten bleiben muss. Eine Betriebsstilllegung kann der vorläufige Verwalter nur mit Zustimmung des Insolvenzgerichts zur Verhinderung einer erheblichen Vermögensminderung veranlassen (§ 22 Abs. 1 Nr. 2 InsO; vgl. MünchArbR/*Peters-Lange* § 77 Rz. 4).

> Zahlt der Arbeitgeber dem Arbeitnehmer rückständige Arbeitsvergütung, damit dieser **1369** sein Zurückbehaltungsrecht nicht länger ausübt, kann der Insolvenzverwalter diese Zahlungen nach Eröffnung des Insolvenzverfahrens zurückfordern, wenn dem Schuldner kein allgemeines Verfügungsverbot auferlegt wurde. Dies gilt auch, wenn der vorläufige Insolvenzverwalter die anfechtbare Handlung selbst vorgenommen hat (*OLG Celle* 12.12.2002 NZA-RR 2003, 552). Generell gilt, dass dann, wenn der Schuldner nach einem Antrag auf Eröffnung des Insolvenzverfahrens Vergütung leistet, die der Arbeitnehmer im Insolvenzverfahren nur als Insolvenzforderung geltend machen könnte, **der Insolvenzverwalter diese Rechtshandlung grds. auch dann anfechten und die Rückzahlung zur Insolvenzmasse verlangen kann, wenn er selbst als vorläufiger Insolvenzverwalter der Zahlung zugestimmt hatte** (*BAG* 27.10.2004 NZA 2005, 473 = BAG Report 2005, 322).

1370 Werden vom Insolvenzverwalter nach Eröffnung des Insolvenzverfahrens über das Vermögen eines einzelkaufmännisch tätigen Schuldners die unmittelbar für die selbstständige Erwerbstätigkeit des Schuldners benötigten **Betriebsmittel »freigegeben«** und wird im Zusammenhang mit einer solchen Freigabe zwischen dem Schuldner und dem Insolvenzverwalter eine den Erfordernissen des § 295 Abs. 2 InsO entsprechende Vereinbarung über abzuführende Beträge geschlossen, haftet die Insolvenzmasse nicht mehr für Ansprüche der Arbeitnehmer auf Arbeitsvergütung aus danach vom Schuldner begründeten Arbeitsverhältnissen. Diese hat allein der Schuldner zu erfüllen (*BAG* 10.4.2008 EzA § 55 InsO Nr. 16 = NZA 2008, 1127).

1371 Kommt es **nicht zur Eröffnung** des Insolvenzverfahrens, so sind die Forderungen der Arbeitnehmer, deren **Gegenleistung** der Insolvenzverwalter in Anspruch genommen hat, **aus der Insolvenzmasse vorrangig zu berichtigen** (§ 25 Abs. 2 S. 2 InsO). Kommt es dagegen zur **Eröffnung** des Verfahrens, stellt der Insolvenzverwalter aber die **Masseunzulänglichkeit** i.S.v. § 208 Abs. 1 InsO fest, so zählen die aus Dauerschuldverhältnissen zur Zeit der vorläufigen Verwaltung herrührenden Masseverbindlichkeiten zu den sonstigen Masseverbindlichkeiten der **letzten Rangstufe** nach § 209 Abs. 1 Nr. 3 InsO (MünchArbR/*Peters-Lange* § 77 Rz. 4; vgl. auch *Kraushaar* BB 2004, 1050 ff.; zur Darlegungs- und Beweislast des Verwalters insoweit vgl. *BAG* 11.12.2001 EzA § 60 KO Nr. 8); sie können im Wege der Feststellungsklage geltend gemacht werden (*BAG* 22.11.2005 EzA § 615 BGB 2002 Nr. 14 = NZA 2006, 736). Ist zu diesem Zeitpunkt der Feststellung der Masseunzulänglichkeit bereits **vollständiges** Arbeitsentgelt für die Zeit nach Eröffnung des Insolvenzverfahrens **gezahlt** worden, obwohl dies bei richtiger Beurteilung nicht in voller Höhe hätte erfolgen dürfen, muss eine **rückwirkende Korrektur** der Abrechnung für die Zeit ab Eröffnung des Insolvenzverfahrens durchgeführt werden. Die Rückabwicklung erfolgt allerdings nur nach den Grundsätzen der **§§ 812 ff. BGB** mit der Folge, dass sich der Arbeitnehmer ggf. auf einen Wegfall der Bereicherung berufen kann (vgl. dazu *BAG* 18.1.1995 EzA § 818 BGB Nr. 8) und dass andererseits die Geltendmachung einer Rückforderung durch Abzug von der laufenden Vergütung durch den Insolvenzverwalter nur unter Beachtung der **Pfändungsfreigrenzen** erfolgen kann (FK-InsO/*Mues* Anh. zu § 113 Rz. 210).

bb) Ansprüche für die Zeit nach Eröffnung des Insolvenzverfahrens

(1) Höhe des Arbeitsentgelts; Inhalt des Arbeitsverhältnisses

1372 Die **Höhe des Anspruchs** auf Arbeitsentgelt aus der Zeit nach der Insolvenzeröffnung kann der Insolvenzverwalter nur wie jeder andere Arbeitgeber **außerhalb des Insolvenzverfahrens** beeinflussen.

1373 Im Falle einer Freistellung kann sich eine Situation der Anrechnung anderweitigen Einkommens gem. § 615 S. 2 BGB ergeben. Die Anrechnung richtet sich dann nach den allgemeinen Grundsätzen, wonach es für die Entscheidung über die Anrechnung und deren Umfang auf die zeitliche und inhaltliche Vereinbarkeit der arbeitsvertraglich geschuldeten Tätigkeit mit der anderweitigen Beschäftigung ankommt. Ein **besonderes Recht** des Insolvenzverwalters **zur einseitigen Freistellung in der Situation des Insolvenzverfahrens besteht nicht**. Für die Möglichkeit der Freistellung durch den Insolvenzverwalter kommt es deshalb darauf an, ob eine solche Freistellung **einzelvertraglich vereinbart** ist, ob sie ggf. nach Ausspruch einer Kündigung möglich oder wegen eines ausnahmsweise **überwiegenden Interesses** des Insolvenzverwalters an der Freistellung zulässig ist. Ein solches überwiegendes Interesse des Insolvenzverwalters an der Nichtbeschäftigung kann sich in der Situation der Insolvenz **ausnahmsweise dann** ergeben, wenn eine **Gefährdung** oder Behinderung **der für die ordnungsgemäße Abwicklung des Insolvenzverfahrens erforderlichen Maßnahmen** durch die tatsächliche Weiterbeschäftigung des einzelnen oder einer Vielzahl von Arbeitnehmern konkret darstellbar ist (FK-InsO/*Mues* Anh. zu § 113 Rz. 211 ff.). Der Insolvenzverwalter ist bei der Ausübung seines Freistellungsrechts an die Grenzen des billigen Ermessens gem. *§ 106 GewO*/**§ 315 Abs. 1 BGB gebunden**. Dabei können soziale Gesichtspunkte wie Alter, Betriebszugehörigkeit, Unterhaltspflichten und besondere finanzielle Interessen der betroffenen Arbeitnehmer von Bedeutung sein (*LAG Hamm* 27.9.2000 NZA-RR

2001, 654). Stellt der Insolvenzverwalter einen Teil der Belegschaft mangels ausreichender Masse von der Arbeit frei, kann eine **einstweilige Verfügung auf Weiterbeschäftigung** nur ergehen, wenn die Auswahlentscheidung des Insolvenzverwalters willkürlich oder offensichtlich unwirksam ist und besondere Beschäftigungsinteressen dies zur Abwendung wesentlicher Nachteile für den freigestellten Arbeitnehmer gebieten (*LAG Hamm* 27.9.2000 NZA-RR 2001, 654).

Auch ein spezielles Recht des Insolvenzverwalters zu einer **einseitigen Zuweisung des Urlaubs** ohne Ausspruch einer Kündigung des Arbeitsverhältnisses für die besondere Situation des Insolvenzverfahrens besteht **nicht**. Insoweit gelten die allgemeinen Grundsätze (s.u. Rn. 2100); allerdings können sich ausnahmsweise aus den Besonderheiten des Insolvenzverfahrens dringende betriebliche Belange ergeben, die dem Urlaubswunsch des Arbeitnehmers entgegenstehen (FK-InsO/*Mues* Anh. zu § 113 Rz. 215) 1374

(2) Insolvenzrechtliche Einordnung der Arbeitsentgeltansprüche

Nach der Eröffnung des Insolvenzverfahrens sind die Arbeitsentgeltansprüche **Masseverbindlichkeiten** nach § 55 Abs. 1 Nr. 2 InsO (FK-InsO/*Mues* Anh. zu § 113 Rz. 203 ff.; zum Sonderfall einer vereinbarten Entgeltkürzung vgl. *LAG Bln.* 3.9.2004 – 6 Sa 1315/04 – EzA-SD 22/04 S. 16 LS = NZA-RR 2005, 203 = LAG Report 2004, 356; zum Sonderfall eines Anspruchs auf Einmalzahlung aufgrund einer Verwertungsvereinbarung s. *BAG* 19.7.2007 EzA § 55 InsO Nr. 4). Auch der **Urlaubsabgeltungsanspruch ist Masseforderung**, wenn das Arbeitsverhältnis nach Eröffnung des Insolvenzverfahrens beendet wird (*BAG* 21.6.2005 EzA § 7 BUrlG Nr. 113 = NZA 2006, 232 LS; 21.11.2006 EzA § 209 InsO Nr. 8; s. *Düwell/Pulz* NZA 2008, 786 ff.); Gleiches gilt für Urlaubsentgelt- und Urlaubsgeldansprüche, die nach der Eröffnung entstanden sind (*BAG* 21.6.2005 – 9 AZR 295/04 – EzA-SD 25/05 S. 16 LS = NZA 2006, 512 LS; s. *Düwell/Pulz* NZA 2008, 786 ff.). Insoweit kommt es nicht darauf an, ob der Insolvenzverwalter die Gegenleistung der Arbeitnehmer tatsächlich in Anspruch genommen hat. Denn die Erfüllung muss nach der gesetzlichen Regelung für die Zeit nach der Eröffnung des Insolvenzverfahrens erfolgen. Auch ein zurzeit der Eröffnung des Insolvenzverfahrens **noch offener Urlaubsanspruch** ist eine Masseverbindlichkeit; der Insolvenzverwalter hat dem Arbeitnehmer auf dessen Antrag hin Urlaub zu erteilen und das Urlaubsentgelt aus der Insolvenzmasse zu zahlen (*BAG* 21.11.2006 EzA § 209 InsO Nr. 8; s. *Düwell/Pulz* NZA 2008, 786 ff.). Lediglich für den **Rang der Arbeitsentgeltansprüche nach Anzeige der Masseunzulänglichkeit** nach § 209 Abs. 2 Nr. 3 InsO kommt es darauf an, ob die Arbeitnehmer **tatsächlich weiter gearbeitet haben**. Wann die Erfüllung zur Insolvenzmasse erfolgen muss, entscheidet sich nach der **Fälligkeit** der vom Arbeitnehmer geschuldeten Gegenleistung; folglich kommt es auf die Fälligkeit des Arbeitsentgeltanspruchs nicht an. Die laufenden Entgeltansprüche der Arbeitnehmer werden wie nach dem bisherigen Recht behandelt: Die zeitanteilig nach Eröffnung des Verfahrens erdienten Ansprüche teilen das Rangprivileg dieser, während die vor Eröffnung erdienten Ansprüche entweder Masseschulden nach § 55 Abs. 2 S. 2 InsO oder einfache Insolvenzforderungen sind. Entsprechendes muss für die nach der Verfahrenseröffnung fällig werdenden Entgeltansprüche auf Grund von **flexiblen Arbeitszeitvereinbarungen** gelten, sofern die durch den Arbeitnehmer geschuldete Arbeitsleistung vor Verfahrenseröffnung erbracht worden ist oder zu erbringen war (MünchArbR/*Peters-Lange* § 77 Rz. 5). Leistet zudem eine Arbeitnehmerin durch eine **Teilzeitvereinbarung** einen Sanierungsbeitrag und soll sie bei Insolvenz für die letzten 12 Monate vor ihrem Ausscheiden bzgl. ihrer monatlichen Vergütung so gestellt werden, wie sie ohne diese Teilzeitvereinbarung gestanden hätte, wobei für diesen Zeitraum auch die volle Arbeitsleistung verlangt werden kann, so unterliegt diese Vereinbarung weder der Insolvenzanfechtung noch ist sie sittenwidrig. Die Vergütungsdifferenzen sind folglich für die Zeit nach Insolvenzeröffnung Masseverbindlichkeiten (*BAG* 19.1.2006 EzA § 55 Inso Nr. 11 m. Anm. *Girotto* SAE 2007, 80 ff.). 1375

Lohnansprüche nach Insolvenzeröffnung sind i.Ü. auch dann **Masseverbindlichkeiten**, wenn der Arbeitnehmer nicht beschäftigt wurde und ihm der Anspruch aus **Annahmeverzug** zusteht (*LAG Köln* 30.7.2001 – 2 Sa 1457/00; FK-InsO/*Mues* Anh. zu § 113 Rz. 105). 1376

1377 Wird für ein Wertguthaben aus einem Arbeitszeitflexibilisierungsmodell ein Treuhandkonto eröffnet, das als Unterkonto zum Geschäftskonto des Arbeitgebers geführt wird und über das jeweils ein Betriebsratsmitglied und ein Mitglied der Geschäftsleitung nur gemeinsam verfügen können, so stehen den Arbeitnehmern in der Insolvenz des Arbeitgebers keine Aus- oder Absonderungsrechte zu, wenn der Arbeitgeber selbst Inhaber des Kontos ist (*BAG* 24.9.2003 EzA § 47 InsO Nr. 1; *LAG Nds.* 23.9.2002 LAGE § 47 InsO Nr. 1).

(3) Zur Kombination von Masseunzulänglichkeitsanzeige und Kündigung des Arbeitsverhältnisses

1378 Der Rang einer Forderung auf Arbeitsvergütung als Masseverbindlichkeit wird durch die nach der Anzeige der (drohenden) Masseunzulänglichkeit zu treffende Entscheidung des Insolvenzverwalters bestimmt, ob er das Arbeitsverhältnis unverzüglich kündigt oder ob er es (zunächst) fortsetzt. Als Masseverbindlichkeit i.S.d. § 209 Abs. 2 Nr. 2 InsO gilt die Arbeitsvergütung für die Zeit nach dem ersten Termin, zu dem der Insolvenzverwalter nach Anzeige der Masseunzulänglichkeit kündigen konnte. Dies gilt auch dann, wenn der Arbeitnehmer von der Arbeitsleistung freigestellt wird. Der maßgebliche Kündigungstermin bestimmt sich nach dem Zeitpunkt, zu dem eine Kündigung unter Beachtung gesetzlicher Verpflichtungen, z.B. aus § 102 BetrVG, § 85 SGB IX oder § 111 BetrVG, § 112 BetrVG, rechtlich zulässig ist. Er richtet sich nicht nach dem Zeitpunkt der unternehmerischen Entscheidung des Insolvenzverwalters, den Betrieb stillzulegen (*BAG* 31.3.2004 EzA § 209 InsO Nr. 2 = NZA 2004, 1094 = BAG Report 2005, 179 m. Anm. *Adam* SAE 2004, 307 ff.; vgl. auch *Kraushaar* BB 2004, 1050 ff.).

cc) Betriebsübergang in der Insolvenz

1379 Wird der Betrieb im Rahmen eines Insolvenzverfahrens auf einen neuen Inhaber übertragen, tritt dieser gem. § 613a BGB in die Arbeitsverhältnisse ein. Der Betriebserwerber haftet zwar an sich auch für rückständige Arbeitsentgelte, wobei dies aber für bei Eröffnung des Insolvenzverfahrens bereits bestehende Ansprüche ausgeschlossen ist, weil die Haftung insoweit durch das **Verteilungsverfahren der InsO verdrängt** wird (*BAG* 17.1.1980 EzA § 613a BGB Nr. 24 zu § 59 KO; 13.11.1986 EzA § 613a BGB Nr. 55 zu § 59 KO; 11.2.1992 EzA § 613a BGB Nr. 97 zu § 59 KO). Diese Grundsätze sind auf das Insolvenzverfahren nach der InsO zu übertragen, denn auch hier würde die mit einer Haftungsübernahme verbundene Kaufpreisminderung die übrigen Gläubiger unzumutbar benachteiligen (MünchArbR/*Peters-Lange* § 77 Rz. 6; *Heinze* NZA 1999, 63).

1380 Erfolgt ein Betriebsübergang nach Eröffnung des Insolvenzverfahrens, geht die Rechtsprechung des *BAG* (20.6.2002 EzA § 613a BGB Nr. 211) also von einer Beschränkung der »haftungsrechtlichen Regelung des § 613a BGB« für vor der Insolvenzeröffnung entstandene Ansprüche aus. Die Verteilungsgrundsätze des Insolvenzverfahrens haben wegen des Grundsatzes der Gläubigergleichbehandlung insoweit Vorrang. Diese haftungsrechtliche Beschränkung ist jedoch nicht auf den Urlaubsanspruch anzuwenden. Das folgt aus § 108 InsO. Nach § 108 Abs. 1 InsO bleibt das Arbeitsverhältnis bestehen. Ansprüche werden nach § 108 Abs. 2 InsO nur dann Insolvenzforderungen, wenn es sich um solche für die Zeit vor Eröffnung handelt. Dazu gehören Urlaubsansprüche nicht. Sie sind nicht von einer Arbeitsleistung im Kalenderjahr abhängig und werden damit nicht monatlich verdient. Soweit Beginn und Ende der Freistellung zur Erfüllung des Anspruchs noch nicht zeitlich festgelegt waren, können sie nicht einem Zeitpunkt vor oder nach der Eröffnung des Insolvenzverfahrens zugeordnet werden (*BAG* 18.11.2003 EzA § 613a BGB 2002 Nr. 21 = NZA 2004, 654 = BAG Report 2004, 232; *LAG Hamm* 15.9.2004 – 18 Sa 389/04 – EzA-SD 25/04 S. 15/16 LS = NZA-RR 2006, 65). Das gilt

auch für übertragene Urlaubsansprüche und für Ansprüche auf Ersatz für verfallenen Urlaub (*BAG* 18.11.2003 EzA § 613a BGB 2002 Nr. 19 = NZA 2004, 651 = BAG Report 2004, 234; *LAG Hamm* 15.9.2004 – 18 Sa 389/04 – EzA-SD 25/04 S. 15/16 LS = NZA-RR 2006, 65).
Bei einem Betriebsübergang gehen gem. dem **Altersteilzeitgesetz** gestaltete Arbeitsverhältnisse nach § 613a Abs. 1 S. 1 BGB auch dann auf den Betriebserwerber über, wenn im sog. »**Blockmodell**« die Arbeitsphase schon vor dem Betriebsübergang abgeschlossen war. Das gilt grundsätzlich auch bei einem Betriebserwerb nach Eröffnung der Insolvenz. In diesem Fall sind aber die bereits erarbeiteten Vergütungsansprüche des nicht mehr arbeitspflichtigen Altersteilzeit-Arbeitnehmers Insolvenzforderungen, für die der Betriebserwerber nicht haftet (*BAG* 30.10.2008 – 8 AZR 54/07).

Der Betriebserwerber haftet im Übrigen **in vollem Umfang**, wenn der Betriebsübergang bereits **vor Verfahrenseröffnung** stattgefunden hat (*BAG* 20.6.2002 EzA § 613a BGB Nr. 211; s.u. Rn. 4240 ff.). 1381

Die mit Eröffnung des Insolvenzverfahrens eintretende Haftungsbeschränkung **bleibt bestehen**, wenn es später zur **Einstellung des Verfahrens** mangels einer die Kosten des Verfahrens deckenden Masse nach § 207 InsO kommt (*BAG* 11.12.1992 EzA § 613a BGB Nr. 97 zu § 59 KO). Wird bereits die **Eröffnung** des Insolvenzverfahrens mangels Masse **abgelehnt**, haftet der Betriebserwerber **unbeschränkt** (*BAG* 27.4.1988 EzA § 613a BGB Nr. 70; *BSG* 6.11.1985 NZA 1986, 303). 1382

dd) Anzeige der Masseunzulänglichkeit

Hat der Insolvenzverwalter die Unzulänglichkeit der Masse angezeigt (§ 208 InsO), so ist die Zwangsvollstreckung wegen einer Masseverbindlichkeit i.S. s. § 209 Abs. 1 Nr. 3 InsO ausgeschlossen (§ 210 InsO). Steht einer Zwangsvollstreckung das Verbot des § 210 InsO entgegen, so fehlt bereits einer gleichwohl erhobenen Leistungsklage das Rechtsschutzbedürfnis, weil das erreichbare Rechtsschutzziel dann die Sachprüfung eines auf Leistung gerichteten Antrags nicht erfordert. Auch aus dem Vollstreckungsverbot des § 888 Abs. 3 ZPO ergibt sich nichts anderes. Denn § 210 InsO dient der gerechten Risikoverteilung innerhalb der Verlustgemeinschaft der Gläubiger. § 888 Abs. 3 ZPO soll dagegen die Menschenwürde des Schuldners schützen. Aus der Zulässigkeit von Leistungsklagen in Fällen des § 888 Abs. 3 ZPO kann deshalb nicht auf die Zulässigkeit von Leistungsklagen in Fällen des § 210 InsO geschlossen werden (*BAG* 11.12.2001 EzA § 210 InsO Nr. 1). Allerdings kann der Gläubiger seine Ansprüche dann im Wege der Feststellungsklage weiter verfolgen (*BAG* 23.2.2005 NZA 2005, 694; *OLG Bra.* 11.12.2002 NZA-RR 2003, 432). Daraus folgt im Umkehrschluss, dass die sog. Neumasseverbindlichkeiten i.S.d. § 209 Abs. 1 Nr. 1, 2 InsO grds. mit der Leistungsklage geltend gemacht werden können (*BAG* 23.2.2005 NZA 2005, 694). Das gilt jedenfalls solange, bis entweder der Insolvenzverwalter darlegt und beweist, dass die Masse auch zur Befriedigung dieser Ansprüche nicht mehr ausreicht, oder eine erneute Masseunzulänglichkeit gem. § 208 InsO anzeigt (*BAG* 4.6.2003 EzA § 209 InsO Nr. 1 = NZA 2003, 1088 im Anschluss an *BGH* 3.4.2003 ZIP 2003, 914). Mit der Anzeige der Masseunzulänglichkeit wird auch ein gegen die Masse gerichtetes Kostenfestsetzungsverfahren (§§ 103, 104 ZPO) eines Altmassegläubigers wegen mangelnden Rechtsschutzinteresses unzulässig (*LAG Düsseld.* 17.7.2003 NZA-RR 2003, 549). 1383
Das *BAG* (15.6.2004 EzA § 209 InsO Nr. 3 = NZA 2005, 355 = BAG Report 2004, 328; 21.6.2005 EzA § 209 InsO Nr. 5 = NZA 2006, 512 LS; 22.11.2005 EzA § 615 BGB 2002 Nr. 14 = NZA 2006, 736; s.a. 21.11.2006 EzA § 209 InsO Nr. 8 = NZA 2007, 696) hat insoweit **folgende Grundsätze** aufgestellt:
- Zu den aus der Insolvenzmasse vorab zu befriedigenden **Masseverbindlichkeiten** gehören u.a. **Entgeltansprüche** des Arbeitnehmers **aus der Zeit ab Eröffnung** des Insolvenzverfahrens (§ 55 Abs. 1 Nr. 2 InsO). Hierzu gehören **auch** Ansprü-

che des Arbeitnehmers auf Zahlung von **Urlaubsentgelt** und **Urlaubsgeld** sowie auf **Urlaubsabgeltung.**

- Hat der Insolvenzverwalter dem Insolvenzgericht die Masseunzulänglichkeit nach § 208 Abs. 1 InsO angezeigt, richtet sich die Rangordnung, in der Masseverbindlichkeiten zu erfüllen sind, nach § 209 InsO. Danach ist zwischen sog. **Altmasse- und Neumasseverbindlichkeiten** zu unterscheiden. Neumasseverbindlichkeiten sind vorrangig zu befriedigen.
- Eine **Neumasseverbindlichkeit** liegt u.a. vor, wenn der Insolvenzverwalter nach Anzeige der Masseunzulänglichkeit die »Gegenleistung« des Arbeitnehmers in Anspruch genommen hat. Der Anspruch eines Arbeitnehmers auf Urlaubsentgelt und Urlaubsgeld, der vom Insolvenzverwalter unwiderruflich unter Anrechnung auf offenen Urlaub von jeder Arbeitsleistung freigestellt ist, begründet keine Neumasseverbindlichkeit; der Masse fließt kein wirtschaftlicher Wert zu.
- Ob das auch dann gilt, wenn der Arbeitnehmer vom Insolvenzverwalter zur Arbeitsleistung herangezogen wird und die Zeit seiner Beschäftigung durch Urlaub unterbrochen wird, hat der *Senat* nicht entschieden.
- Masseverbindlichkeiten sind grds. im Wege der **Zahlungsklage** zu verfolgen (ebenso *LAG Düsseld.* 1.9.2006 – 17 Sa 254/06 – EzA-SD 25/06 S. 11 LS). Eine Ausnahme gilt für Forderungen i.S.d. § 209 Abs. 1 Nr. 3 InsO, sobald der Insolvenzverwalter die Masseunzulänglichkeit angezeigt hat. Macht der Insolvenzverwalter zusätzlich zu Recht geltend, die Masse genüge auch nicht zur Befriedigung aller Massegläubiger i.S.v. § 209 Abs. 1 Nr. 2 InsO (weitere Masseunzulänglichkeit), steht diesen Gläubigern ebenfalls nur Rechtsschutz im Rahmen einer **Feststellungsklage** zur Verfügung (*BAG* 22.11.2005 EzA § 615 BGB 2002 Nr. 14 = NZA 2006, 736).

b) Geschützter Personenkreis

aa) Arbeitnehmer

1384 Für die Bestimmung des Arbeitnehmerbegriffs i.S.d. InsO sind grds. die **allgemein anerkannten Kriterien** zugrunde zu legen (s.o. Kap. 1 Rn. 38). Für den Anspruch auf Insolvenzgeld gem. § 183 SGB III ist auf Grund der Einfügung des Anspruchs in das SGB III vom sozialversicherungsrechtlichen **Beschäftigtenbegriff** (FK-InsO/*Mues* Anh. zu § 113 Rz. 25 ff.; s.o. Kap. 1 Rn. 105) auszugehen; wegen der weitgehenden Übereinstimmung des arbeitsrechtlichen Arbeitnehmerbegriffs und des sozialversicherungsrechtlichen Beschäftigtenbegriffs hat diese Frage aber keine besondere praktische Relevanz (vgl. MünchArbR/*Peters-Lange* § 77 Rz. 15).

bb) Arbeitnehmerüberlassung

1385 Bei Arbeitnehmerüberlassung nach Maßgabe des AÜG gelten in der Insolvenz des Entleihers §§ 38, 55 InsO zugunsten des Leiharbeitnehmers dann, wenn gem. **§ 10 AÜG** auf Grund fehlender Erlaubnis des Verleihers zur gewerbsmäßigen Arbeitnehmerüberlassung ein Arbeitsvertrag zwischen Entleiher und Leiharbeitnehmer als zustande gekommen gilt.

1386 Gleiches gilt, wenn streitig ist, ob ein Arbeitsvertrag wegen Fehlens der Erlaubnis zur Arbeitnehmerüberlassung wirksam ist oder nicht (MünchArbR/*Peters-Lange* § 77 Rz. 12).

1387 Ein durch Insolvenzgeld geschützter Anspruch gegen den Verleiher besteht allerdings nur im Falle der **Gutgläubigkeit** des Arbeitnehmers (*BSG* 20.3.1984 BSGE 56, 212; **a.A.** MünchArbR/*Peters-Lange* § 77 Rz. 18).

cc) Organmitglieder

1388 Da die Mitglieder der gesetzlichen Vertretungsorgane juristischer Personen und Vertreter und Geschäftsführer von Personengesamtheiten **nicht ausdrücklich vom Anwendungsbereich der §§ 38, 55 InsO ausgenommen** sind, ist fraglich, inwieweit diese Personen als Arbeitnehmer i.S.d. Vorschriften anzusehen sind.

Es ist jeweils im Einzelfall zu prüfen, ob die für die Einordnung als Arbeitnehmer erforderliche persönliche Abhängigkeit und Weisungsgebundenheit vorliegt. Sie wird Vorstandsmitgliedern einer AG regelmäßig ebenso fehlen wie GmbH-Geschäftsführern, die zugleich als Gesellschafter mit 50% und mehr am Stammkapital beteiligt sind. Dagegen sind **Fremdgeschäftsführer i.d.R. insoweit als Arbeitnehmer** anzusehen (*BAG* 27.6.1985 AP Nr. 2 zu § 1 AngestelltenkündigungsG; vgl. auch FK-InsO/*Mues* Anh. zu § 113 Rz. 35 ff.). 1389

c) Arbeitsentgelt i.S.d. § 55 InsO, § 183 SGB III

aa) Begriffsbestimmung

Arbeitsentgelt i.S. dieser einheitlich auszulegenden Vorschriften sind **alle Leistungen, die im weitesten Sinne als Gegenwert für die Arbeitsleistung anzusehen sind**, unabhängig davon, ob es sich um Geld oder Naturalleistungen handelt. Erfasst werden alle Arten der vertragsmäßigen Arbeitsvergütung einschließlich aller Zuschläge ohne Rücksicht auf die Bezeichnung (z.B. Lohn, Honorar, Gehalt, Deputat, Provision, Gewinnbeteiligung, Tantieme, Zulagen, Zuschläge, Gratifikationen; *BSG* 9.12.1997 ZIP 1998, 481; MünchArbR/*Peters-Lange* § 77 Rz. 8). Lohnansprüche nach Insolvenzeröffnung sind auch dann Masseverbindlichkeiten, wenn der Arbeitnehmer nicht beschäftigt wurde und ihm der Anspruch aus Annahmeverzug zusteht (*LAG Köln* 30.7.2001 NZA-RR 2002, 181). 1390

Die früher gleichgestellten Ansprüche der Arbeitnehmer auf Entschädigung aus einer Wettbewerbsabrede mit dem Gemeinschuldner sowie Leistungen aus einer **betrieblichen Altersversorgung**, ebenfalls Vorruhestandsleistungen (§§ 59 Abs. 1 Nr. 3b, 3d, 61 Abs. 1 Nr. 1b, 1 d KO; *BAG* 15.1.1991 EzA § 59 KO Nr. 23), sind **nicht mehr privilegiert**, da es insoweit an einer vom Arbeitnehmer im begünstigten Zeitraum erbrachten oder zu erbringenden Gegenleistung fehlt. Der Träger der Insolvenzsicherung nach § 7 BetrAVG hat mithin die Stellung eines Insolvenzgläubigers nach § 38 InsO. Daher genießen Betriebsrenten seit dem 1.1.1999 nur noch den besonderen Insolvenzschutz durch den Pensionssicherungsverein gem. § 7 Abs. 1 BetrAVG (FK-InsO/*Mues* Anh. zu § 113 Rz. 13; s.u. Rn. 3970). Hat die Gesellschaft z.B. in der zu Gunsten ihres Geschäftsführers abgeschlossenen Direktversicherung für ihn nur ein widerrufliches Bezugsrecht begründet, steht diesem vor Eintritt des Versicherungsfalles im Konkurs der Gesellschaft selbst dann kein Aussonderungsrecht an den Rechten aus dem Versicherungsvertrag zu, wenn die Prämien aus der ihm zustehenden Vergütung gezahlt worden sind (*BAG* NZA 1999, 1103; *BGH* 18.7.2002 NZA-RR 2003, 154; *OLG Hamm* 24.1.2006 NZA-RR 2006, 428; **a.A.** *BGH* NJW-RR 2005, 1412; 3.5.2006 NZA-RR 2006, 532; 8.6.2005 – IV ZR 30/04; s. aber unten Rn. 4012; das *BAG* 22.5.2007 EzA § 1b BetrAVG Nr. 4 = NZA 2007, 1169 teilt die Auffassung des BGH nicht und hat insoweit inzwischen den Gemeinsamen Senat der obersten Gerichtshöfe des Bundes angerufen). 1391

Inzwischen geht das *BAG* (31.7.2007 – 3 AZR 446/05 – EzA-SD 24/2007 S. 13 LS = NZA-RR 2008, 32 = FA 2008, 25) aber jedenfalls davon aus, dass die Zugehörigkeit der Rechte aus dem Versicherungsvertrag insoweit bei Insolvenz des Arbeitgebers zur Insolvenzmasse oder zum Vermögen des Arbeitnehmers allein von der Ausgestaltung des Versicherungsverhältnisses abhängt, bei der neben den Interessen des Arbeitgebers als Versicherungsnehmer auch die des Arbeitnehmers als versicherter Person zu berücksichtigen sind. Knüpft das eingeschränkt unwiderrufliche Bezugsrecht an die gesetzlichen Unverfallbarkeitsvorschriften an, so entfällt das Widerrufsrecht mit der Unverfallbarkeit (s.u. Rn. 4011). 1392

Wird dagegen eine **Bezugsberechtigung** eines Arbeitnehmers mit dessen Einverständnis **auf einen Kreditgeber des Arbeitnehmers** zur Sicherung seiner Rückforderungsansprüche **übertragen**, so erwächst im Fall der Insolvenz des Arbeitgebers dem Insolvenzverwalter daraus kein neues eigenständiges Zugriffsrecht auf den Rückkaufswert. In diesen Fällen ist die unwiderrufliche Bezugsberechtigung des Arbeitnehmers zwar eingeschränkt, nicht aber zu Gunsten des Arbeitgebers. Es verbleibt daher bei den allenfalls zu Gunsten des Kreditge- 1393 bers eingeschränkten Ansprüchen des Arbeitnehmers auf Zahlung des Rückkaufswertes (*OLG Bamberg* 9.2.2006 NZA-RR 2006, 423).

1394 **Provisionen**, deren Entstehung i.d.R. durch die spätere Ausführung des Geschäfts durch den Arbeitgeber oder den Vertragsschluss bedingt sind, sind insoweit geschützt, als die vom Arbeitnehmer geschuldete Vermittlungstätigkeit oder auch der durch ihn vermittelte Vertragsabschluss in den insolvenzrechtlich privilegierten Zeitraum fällt. I. d. R. ist aber erforderlich, dass der **letzte Akt der geschuldeten Leistung**, der die Entstehung wenigstens eines bedingten Anspruchs zur Folge hat, noch in den geschützten Zeitraum fällt (MünchArbR/*Peters-Lange* § 77 Rz. 34):

1395 **Altersteilzeit** mit Anspruch auf Teilzeitarbeitsentgelt zuzüglich Aufstockungsbeträgen i.S.d. § 3 Abs. 1 Nr. 1a ATZG begründet einen gleich bleibenden Arbeitsentgeltanspruch, der dem **jeweiligen Auszahlungsmonat** zuzuordnen ist, gleichgültig in welchem Umfang sie einer Arbeitsleistung des Arbeitnehmers im Anspruchszeitraum entspricht. Das Teilzeitarbeitsentgelt sowie die Aufstockungsbeträge sollen gerade einen gleich bleibenden Verdienst bis zu dem Zeitpunkt, in dem ein Rentenanspruch besteht, sichern (*BAG* 19.12.2006 – 9 AZR 230/06 – EzA-SD 11/2007 S. 13 LS = FA 2007, 320). **Nach Eröffnung des Insolvenzverfahrens** ist der Anspruch auf das **laufende Arbeitsentgelt** dann, wenn die Arbeitsphase in die Zeit nach der Eröffnung des Insolvenzverfahrens über das Vermögen des Arbeitgebers fällt, einschließlich der Aufstockungsleistungen und der Aufstockungsbeiträge zur Rentenversicherung **Masseforderung** nach § 55 Abs. 1 Nr. 2 InsO, nicht Insolvenzforderung, unabhängig davon, ob der Insolvenzverwalter die Arbeitsleistung in Anspruch genommen hat (*BAG* 19.10.2004 NZA 2005, 527 u. 408; 23.2.2005 NZA 2005, 694 = BAG Report 2005, 208; *LAG Düsseld.* 20.11.2003 LAG Report 2004, 110; 17.9.2003 LAG Report 2004, 239; 27.10.2003 LAG Report 2004, 269). **In der Freistellungsphase ist das Entgelt »spiegelbildlich« für die entsprechenden Monate der Arbeitsphase zu zahlen**. In Altersteilzeit befindliche Arbeitnehmer sind folglich Insolvenzgläubiger, soweit ihnen Vergütung für die Zeit vor der Eröffnung zu leisten ist und Massegläubiger, soweit ihnen Vergütung für die Zeit nach der Eröffnung zu leisten ist. Der Arbeitgeber ist insoweit im Übrigen gem. § 271 Abs. 2 BGB »im Zweifel« berechtigt, während der Freistellungsphase Entgeltansprüche, die entsprechend ihrer »spiegelbildlichen« Fälligkeit noch nicht fällig geworden sind, »vorher« zu erfüllen. Umstände, die diese Befugnis des Arbeitgebers im Einzelfall ausschließen, sind vom Arbeitnehmer darzulegen und ggf. zu beweisen (*BAG* 19.12.2006 – 9 AZR 230/06 – EzA-SD 11/2007 S. 13 LS = FA 2007, 320).

1396 Soweit die Ansprüche der Arbeitnehmer nicht durch Insolvenzgeld gesichert sind, sieht § 7a SGB IV eine Verpflichtung der Vertragspartner zur Schaffung von Vorkehrungen zur Sicherung im Insolvenzfall vor. Allerdings gilt diese Verpflichtung nur für sog. Blockmodelle, in denen für vorgeleistete Ansprüche ein Ausgleichszeitraum von mehr als 27 Kalendermonaten vereinbart worden ist (§ 7a Abs. 1 Nr. 2 SGB IV; vgl. *Wonneberger* DB 1998, 984 f.; *Diller* NZA 1998, 794 f.). Entgeltansprüche des Arbeitnehmers in der **Freistellungsphase bei Block-Altersteilzeit**, die in der Arbeitsphase des Blockmodells vor Eröffnung des Insolvenzverfahrens erarbeitet worden sind, sind bloße Insolvenzforderungen i.S.d. § 38 InsO, nicht Masseforderungen i.S.d. § 55 Abs. 1 Nr. 2 InsO (*BAG* 19.10.2004 NZA 2005, 527 u. 408; 23.2.2005 NZA 2005, 694 = BAG Report 2005, 208; 23.2.2005 NZA 2005, 1016 LS; *LAG Düsseld.* 20.11.2003 LAG Report 2004, 110; 17.9.2003 LAG Report 2004, 239; 27.10.2003 LAG Report 2004, 269; *ArbG Nbg.* 22.7.2003 LAGE § 55 InsO Nr. 6). Nichts anderes gilt für **Rückzahlungsansprüche** eines Arbeitnehmers, der im Rahmen eines Altersteilzeitvertrages im Blockmodell ein Wertguthaben i.S.d. § 7 Abs. 1a SGB IV erarbeitet hat (*LAG Düsseld.* 16.10.2003 LAG Report 2004, 107).

1397 Vereinbarungen über **flexible Arbeitszeiten** mit angesammelten Zeit- oder Wertguthaben auf einem Arbeitszeitkonto sind insolvenzrechtlich nur insoweit geschützt, als die Arbeitsleistung im **begünstigten Zeitraum** erbracht wurde. Kommt es nach Verfahrenseröffnung nicht mehr zur Inanspruchnahme der Arbeitsleistung durch den Insolvenzverwalter, erstreckt sich die Privilegierung des § 55 Abs. 1 Nr. 2 InsO auf die für die in diesem Fall fiktive Arbeitsleistung in dem begünstigten Zeitraum geschuldeten Arbeitsentgeltansprüche (vgl. *LAG Hamm* 21.12.2007 – 3 Sa 1468/07 – ArbuR 2008, 274 LS; zur Kombination von

Altersteilzeit und **Zeitwertguthaben** s. aber §§ 7 ff. SGB IV mit den Änderungen durch das sog. FlexiG II **ab 1.1.2009**, s. dazu *Langohr-Plato* NZA 2008, 1377 ff.; *Uckermann* BB 2008, 1281 ff., 1566 ff., 1898 ff., 2351 ff.; *Wellisch/Lenz* DB 2008, 2762 ff.).

Das **Prinzip des Erarbeitens** gilt auch für den Schutz durch Insolvenzgeld; die Guthaben auf Arbeitszeitkonten können einer Arbeitsleistung des Arbeitnehmers eindeutig zugeordnet werden (MünchArbR/*Peters-Lange* § 77 Rz. 30; FK-InsO/*Mues* Anh. zu § 113 Rz. 115 ff.). **1398**

Gewinnbeteiligungen sind i.d.R. der Arbeitsleistung **mehrerer Abrechnungszeiträume** zuzuordnen, auch wenn sie erst später bezifferbar bzw. fällig sind. Sie werden anteilig für den durch Insolvenzgeld geschützten Zeitraum bei diesem berücksichtigt (*BAG* 21.5.1980 EzA § 59 KO Nr. 8; *BSG* 30.7.1981 ZIP 1982, 78). **1399**

Die **Winterausfallgeld-Vorausleistung** ist eine vom Arbeitgeber finanzierte Leistung, die bei witterungsbedingtem Arbeitsausfall in der Schlechtwetterzeit für mindestens 120 Stunden das Arbeitsentgelt ersetzt und die als Voraussetzung für das Winterausfallgeld nach § 214 SGB III geleistet wird. Sie gehört zum insolvenzrechtlich geschützten Arbeitsentgelt. Infolge ihrer Zweckbestimmung als Verdienstsicherung für die Zeit des witterungsbedingten Arbeitsausfalls ist sie auch dann dem **Schlechtwetterzeitraum zuzuordnen**, wenn sie aus Arbeitszeitguthaben des Arbeitnehmers angespart worden ist (MünchArbR/*Peters-Lange* § 77 Rz. 38). **1400**

Durch die **Neufassung des § 183 SGB III** (ab 12.12.2006) findet auch Entgeltumwandlung nach dem BetrAVG beim Insolvenzgeld künftig Berücksichtigung (s. dazu *Düwell* FA 2007, 108). **1401**

bb) Abfindungen

Arbeitseinkommen i.S. dieser Vorschriften kann auch eine Abfindung sein, **wenn der Arbeitnehmer das Arbeitsverhältnis ohne fristgerechte Kündigung des Arbeitgebers aufgeben soll**, wenn vereinbart wird, dass er sich gegen eine ihm angedrohte zweifelhafte Kündigung nicht wehrt oder dass das Arbeitsverhältnis vor dem vereinbarten Ende gekündigt wird. Denn eine solche Abfindung beinhaltet tatsächlich eine Dienstvergütung für eine bestimmte Zeit, für die der Arbeitnehmer einverständlich von der Dienstleistung entbunden ist. **1402**

Handelt es sich bei der Abfindung dagegen lediglich um eine Entschädigung für die vorzeitige Beendigung des Arbeitsverhältnisses (§§ 9, 10 KSchG), so ist sie eine einfache Insolvenzforderung (*BAG* 30.4.1984 EzA § 112 BetrVG 1972 Nr. 31; 6.12.1984 EzA § 9 KSchG Nr. 17; 25.6.1987 EzA § 9 KSchG Nr. 23; 27.10.1998 EzA § 112 BetrVG 1972 Nr. 102), auch dann, wenn der Abfindungsanspruch erst **nach Insolvenzeröffnung** mit der Beendigung des Arbeitsverhältnisses **entsteht** (*BAG* 27.9.2007 EzA § 55 InsO Nr. 15). Um eine Masseschuld gem. § 55 InsO, die unabhängig vom Zeitpunkt der Beendigung des Arbeitsverhältnisses gegenüber den arbeitgeberseitig begründeten Abfindungsansprüchen privilegiert ist, soll es sich allerdings nach z.T. vertretener Auffassung dann handeln, wenn die Abfindung **erst durch eine Handlung des Insolvenzverwalters nach Verfahrenseröffnung oder eines vorläufigen Insolvenzverwalters mit umfassender Verwaltungs- und Verfügungsbefugnis begründet wird** (MünchArbR/*Peters-Lange* § 77 Rz. 10, 28). Das *BAG* (27.9.2007 EzA § 55 InsO Nr. 15) hat jedenfalls angenommen, das für eine Anwendung des § 55 Abs. 1 Nr. 2 InsO ausreichende Hinweise dafür gegeben sein müssen, dass es sich trotz der Bezeichnung als »Abfindung« um eine **Leistung** handelt, die nach ihrer **überwiegenden Zwecksetzung** in einem **Gegenseitigkeitsverhältnis** zur Arbeitsleistung steht oder jedenfalls im weiteren Sinne eine synallagmatische Verknüpfung zum Bestand des Arbeitsverhältnisses aufweist. **1403**

Gleiches gilt, wenn der Insolvenzverwalter zur Beendigung eines Kündigungsschutzprozesses mit dem Arbeitnehmer einen Abfindungsvergleich schließt; soll der Abfindungsanspruch demgegenüber nur als einfache Insolvenzforderung begründet werden, bedarf dies der Klarstellung durch eine entsprechende Rangrücktrittsvereinbarung (*BAG* 12.6.2002 EzA § 55 InsO Nr. 2 m. Anm. *Regh* BB 2002, 2611; vgl. auch *BAG* 24.4.2002 NZA 2002, 999 LS). **1404**

Andererseits hat das *LAG Köln* (28.4.2005 LAGE § 55 InsO Nr. 9 = NZA-RR 2005, 597; bestätigt durch *BAG* 27.4.2006 EzA § 55 InsO Nr. 12 = NZA 2006, 1282) angenommen, dass **Abfindungsforderungen**, die auf einem vor Insolvenzeröffnung abgeschlossenen Tarifvertrag beruhen und durch eine Kündigung des Insolvenzverwalters ausgelöst werden, keine Masseforderungen i.S.v. § 55 Abs. 1 InsO sind.

cc) Ansprüche aus einem Sozialplan; Nachteilsausgleich

1405 Gem. § 123 InsO sind die für von der Entlassung betroffenen Arbeitnehmer vorgesehenen Sozialplanansprüche aus einem nach Eröffnung des Insolvenzverfahrens aufgestellten Sozialplan bis zu einem **Gesamtbetrag** von 2 1\2 Monatsverdiensten aller von Entlassung betroffenen Arbeitnehmer **Masseverbindlichkeiten**. Allerdings sind die Ansprüche **anteilig zu kürzen**, wenn der Gesamtbetrag 1/3 der für die Verteilung an die Insolvenzgläubiger zur Verfügung stehenden Masse übersteigt, sodass im Ergebnis bei Masseunzulänglichkeit (wenn also die Masse schon zur Befriedigung der Massekosten und sonstigen Masseverbindlichkeiten nicht ausreicht) die Sozialplanforderungen nicht berichtigt werden dürfen. Auch eine **Zwangsvollstreckung** in die Masse ist wegen Sozialplanforderungen **ausgeschlossen** (§ 123 Abs. 3 S. 2 InsO). Der Sache nach handelt es sich also letztlich nur um bevorrechtigte Insolvenzforderungen. In einem derartigen Fall ist eine auf das Bestehen der Forderung gerichtete **Feststellungsklage** die zutreffende Klageart (*BAG* 29.10.2002 EzA § 112 BetrVG 2001 Nr. 4 = NZA 2003, 879 LS).

1406 Verpflichtet sich der Konkursverwalter in einem Vergleich »zusätzlich zu der Abfindung« aus einem Sozialplan zur Zahlung einer weiteren Abfindung, so ist grds. nicht davon auszugehen, dass auch die Sozialplanabfindung zur Masseschuld erhoben werden soll (*BAG* 12.6.2002 NZA 2002, 1231 LS).

1407 Ein in den letzten **drei Monaten vor Verfahrenseröffnung** aufgestellter Sozialplan kann sowohl vom Insolvenzverwalter als auch vom Betriebsrat nach § 124 InsO **widerrufen** werden; der Betriebsrat kann auf dieses Recht jedenfalls nach Insolvenzeintritt wirksam verzichten (*LAG Köln* 17.10.2002 LAGE § 124 InsO Nr. 2 = NZA-RR 2003, 489). Grds. handelt es sich bei Ansprüchen aus einem solchen Sozialplan nur um Insolvenzforderungen i.S.v. § 38 InsO, wenn der Widerruf unterblieben ist. Denn ein **unterbliebener Widerruf** kann zwar die persönliche Haftung gem. § 60 InsO begründen, nicht aber entgegen der Systematik der InsO **Verbindlichkeiten zu Masseschulden befördern** (*BAG* 31.7.2002 EzA § 55 InsO Nr. 3; *LAG Köln* 2.3.2001 – 12 Sa 1467/00; *Boemke/Tietze* DB 1999, 1394 f.; MünchArbR/*Peters-Lange* § 77 Rz. 12; **a.A.** *Warrikoff* BB 1994, 2344; vgl. auch *Lakies* NZA 2001, 522). Ob sich aus dem vom Konkursverwalter mit den Arbeitnehmern eines betriebsratslosen Betriebes vereinbarten »Sozialplan« eine **individuelle Masseforderung** der Arbeitnehmer auf Abfindung mit vereinbartem Rangrücktritt ergibt, hat das *BAG* (24.4.2002 NZA 2002, 999 LS) **offen gelassen.**

1408 Die Zustimmung eines sog. schwachen vorläufigen Insolvenzverwalters zu Kündigungen des Unternehmers (Schuldners) als Beginn der Durchführung einer Betriebsänderung ohne Interessenausgleich bzw. vor Scheitern des Einigungsstellenverfahrens führt nicht dazu, dass die Nachteilsausgleichsansprüche (vgl. zur Abgrenzung von Insolvenzforderungen und Masseverbindlichkeiten insoweit *LAG Hamm* 26.8.2004 – 4 Sa 1853/03 – EzA-SD 24/04 S. 14 LS = LAG Report 2005, 242) der entlassenen Arbeitnehmer im nachfolgenden Insolvenzverfahren als Masseschulden zu begleichen sind. Solche Nachteilsausgleichsansprüche sind auch dann bloße Insolvenzforderungen, wenn nach Anordnung des Insolvenzgerichts Verfügungen des Schuldners nur noch mit Zustimmung des vorläufigen Insolvenzverwalters wirksam sein sollten und dieser ermächtigt sein sollte, mit rechtlicher Wirkung für den Schuldner zu handeln (*BAG* 4.12.2002 EzA § 113

BetrVG 1972 Nr. 30 = NZA 2003, 665), also auch dann, wenn die Kündigungen in Absprache mit dem vorläufigen Insolvenzverwalter und mit dessen Zustimmung erfolgen (*BAG* 8.4.2003 EzA § 55 InsO Nr. 4 = NZA 2004, 343 LS).

dd) Gratifikationen

Gratifikationen zählen grds. zum insolvenzrechtlich privilegierten **Arbeitseinkommen** i.S.d. **1409** § 55 Abs. 1 Nr. 2, Abs. 2 Nr. 2 InsO, § 183 SGB III. Denn die Gratifikation ist eine Sonderzuwendung, die auf Grund eines besonderen Anlasses (z.B. Weihnachten, Urlaub oder Geschäftsjubiläum) zusätzlich zur Arbeitsvergütung gezahlt wird. Sie kann Anerkennung für geleistete Dienste oder Anreiz für weitere Dienstleistungen sein (s.o. Rn. 1003). Auch wenn die Leistung freiwillig erfolgt oder vom Arbeitgeber als Geschenk bezeichnet wird, hat die Gratifikation Entgeltcharakter (*LAG SchlH* 12.3.2008 NZA-RR 2008, 594; MünchArbR/*Peters-Lange* § 77 Rz. 32).

Hinsichtlich der zeitlichen Zuordnung der Zahlung ist der mit der Gratifikation ver- **1410** **folgte Sinn und Zweck entscheidend** (vgl. *Lakies* NZA 2001, 522; FK-InsO/*Mues* Anh. zu § 113 Rz. 120 ff.). Allein aus der Bezeichnung einer Sonderzahlung z.B. als Gratifikation, 13. Gehalt, kann aber nicht geschlossen werden, ob in erster Linie im vergangenen Jahr geleistete Arbeit belohnt werden soll oder nicht. Vielmehr sind die Leistungsbedingungen auszulegen (*BAG* 20.9.1972 DB 1973, 85; *LAG SchlH* 12.3.2008 NZA-RR 2008, 594; s.o. Rn. 1010 ff.).

Je nach dem, ob die Belohnung der Tätigkeit des Arbeitnehmers im zurückliegenden **1411** Kalenderjahr oder der Anreiz für zukünftige Betriebstreue im Vordergrund steht, kommt eine anteilmäßige Aufteilung auf den jeweiligen Bezugsraum in Betracht. Reine **Fälligkeitsregelungen**, die zeitanteilig auch bei einem vorherigen Ausscheiden einen Auszahlungsanspruch begründen, sind als Vergütung für die geleistete Arbeit in dem insolvenzrechtlich geschützten Zeitraum in Höhe des darauf entfallenden Anteils geschützt, für das Insolvenzgeld also regelmäßig zu 3/12. Dies gilt auch, wenn der Anspruch auf die Gratifikation zusätzlich vom Erreichen eines bestimmten Stichtages abhängt und somit als Gratifikation mit Mischcharakter sowohl als Entgelt für die erbrachte Arbeitsleistung als auch als Entlohnung für Betriebstreue zu qualifizieren ist. Bei den Gratifikationen mit **Mischcharakter** reicht es aus, dass das Arbeitsverhältnis noch zum Stichtag (regelmäßig ungekündigt) fortbesteht, ohne dass der Stichtag in den insolvenzrechtlich geschützten Zeitraum fallen muss. Dagegen knüpfen **Stichtagsregelungen**, die allein die Betriebstreue belohnen und keine Proportionalität zur vorherigen Arbeitsleistung aufweisen, in der Entstehung an das Erreichen des Stichtags an und sind deshalb nur dann insolvenzrechtlich – in vollem Umfang – geschützt, wenn der Stichtag in den geschützten Zeitraum fällt (vgl. MünchArbR/*Peters-Lange* § 77 Rz. 33). Eine Weihnachtsgratifikation in Höhe von nicht mehr als 100 Euro wird i.d.R. als Beitrag zur Verschönerung und Ausgestaltung des Festes gewährt, sodass eine zeitanteilige Aufteilung nicht zu erfolgen hat (*BAG* 23.5.1967 AP Nr. 3 zu § 59 KO).

Wenn es sich nach Maßgabe der Anspruchsvoraussetzungen nicht um **Arbeitsentgelt** im **1412** engeren, sondern im **weiteren Sinne** handelt, haftet der Insolvenzverwalter für die gesamte Sonderzahlung (so *LAG SchlH* 12.3.2008 NZA-RR 2008, 594 für eine Gratifikation mit Mischcharakter).

ee) Schadensersatzansprüche

Schadensersatzansprüche gehören zum insolvenzrechtlich bevorzugten Arbeitsentgelt, **1413** wenn sie an die Stelle ausgefallenen Arbeitsentgelts (*BAG* 13.8.1980 EzA § 59 KO Nr. 10) treten. Das ist insbes. dann der Fall, wenn sie auf eine **schuldhafte vertragswidrige Handlung des Insolvenzverwalters** oder vorläufigen Verwalters zurückgehen (*Staudinger/Preis* § 628 BGB Rz. 60; ErfK/*Müller-Glöge* § 628 BGB Rz. 110), die dazu führt, dass den Arbeitnehmern Kurzarbeiter-, Winter- oder Winterausfallgeld entgeht (FK-InsO/*Mues* Anh. zu § 113 Rz. 104).

1414 Nicht privilegiert sind dagegen Schadensersatzansprüche für im Rahmen des Arbeitsverhältnisses erlittene Personen- und Sachschäden sowie solche, die dem Arbeitnehmer gegen den Arbeitgeber infolge einer Verletzung des Körpers oder der Gesundheit aus unerlaubter Handlung zustehen.

1415 Ein Schadensersatzanspruch gem. § 628 Abs. 2 BGB ist einfache Insolvenzforderung. Das gilt auch, soweit sich die Schadensersatzforderung auf die Zeit vor Eröffnung des Insolvenzverfahrens bezieht (*BAG* 13.8.1980 EzA 59 KO Nr. 10). Auch die Lohnersatzfunktion dieses Schadensersatzanspruchs rechtfertigt **keine Privilegierung** nach der InsO mehr, da § 55 Abs. 1, 2 InsO eindeutig auf einen zeitlichen Bezug zur Arbeitsleistung im begünstigten Zeitraum abstellen (MünchArbR/*Peters-Lange* § 77 Rz. 10).

ff) Urlaubsentgeltansprüche; Urlaubsgeld

1416 Ansprüche auf Urlaubsvergütung und Urlaubsabgeltung stellen in der Insolvenz des Arbeitgebers **Masseverbindlichkeiten i.S.d. § 55 Abs. 1 Nr. 2 InsO dar, auch soweit sie aus Kalenderjahren vor der Insolvenzeröffnung stammen**. Das gilt auch für tarifliche Urlaubsgeldansprüche, soweit sie vom Bestand des Urlaubsanspruchs abhängen (*BAG* 15.2.2005 EzA § 55 InsO Nr. 9 = NZA 2005, 1124; s. *Düwell/Pulz* NZA 2008, 786 ff.; s.a. oben Rn. 1375). Auch wenn der Anspruch auf Urlaubsentgelt im Wesentlichen erst **nach Anzeige der Masseunzulänglichkeit auftritt**, fällt der Anspruch aus einem schon vor Anzeige der Masseunzulänglichkeit begründeten Dauerschuldverhältnis nicht unter § 209 Abs. 1 Nr. 2 InsO. Der Urlaubsanspruch ist mit erfolgter Freistellung bereits erfüllt, auch wenn die Urlaubszeit noch nicht vergütet wurde (*LAG Hessen* 19.2.2004 LAG Report 2005, 59; vgl. auch *LAG Köln* 15.10.2003 ARST 2004, 92 = LAG Report 2004, 102). Das Urlaubsgeld, das als Jahressonderzahlung i.d.R. zu einem bestimmten Stichtag gezahlt wird, aber im Übrigen als Gratifikation mit Entgeltcharakter den dazu aufgestellten Grundsätzen folgt (s.o. Rn. 1003, 1409), ist regelmäßig **zeitanteilig** dem insolvenzrechtlich privilegierten Zeitraum zuzuordnen, es sei denn, dass es gerade in dem Zeitraum, in dem der Urlaub in Anspruch genommen wird, ausgezahlt wird. Dann ist es wie das Urlaubsentgelt nur privilegiert, **wenn der Urlaub zeitlich in den insolvenzgeschützten Zeitraum fällt**. Urlaubsentgelt und Urlaubsgeld können dann nicht einer konkreten Arbeitsleistung zugeordnet werden, sondern gelten die Zeit des Urlaubs als bezahlte Freistellung ab (*BAG* 4.6.1977 AP Nr. 4 zu § 59 KO; vgl. FK-InsO/*Mues* Anh. zu § 113 Rz. 103; *Düwell/Pulz* NZA 2008, 786 ff.; s. aber auch *LAG Köln* 15.10.2003 ARST 2004, 92 = LAG Report 2004, 102).

1417 Während Urlaub und Urlaubsentgelt an den tatsächlich gewährten Urlaub anknüpfen, steht dem Arbeitnehmer gem. § 7 Abs. 4 BUrlG ein Anspruch auf **Urlaubsabgeltung gerade dann** zu, wenn der Urlaub wegen Beendigung des Arbeitsverhältnisses ganz oder teilweise **nicht mehr gewährt werden konnte**. Die insolvenzrechtliche Einordnung ist deshalb problematisch.

1418 Das *BSG* (22.11.1994 EzA § 141b AFG Nr. 2; **a.A.** *BAG* 28.8.2001 EzA § 7 BUrlG Abgeltung Nr. 7; *LAG Hamm* 18.10.2001 – 4 Sa 1197/01 – EzA-SD 4/02, S. 23 LS; s. aber jetzt *BSG* 20.2.2002 – B 11 AL 71/01 R – EzA-SD 10/02, S. 18 LS = NZA-RR 2003, 209; s.u. Rn. 1421, 2420) hat angenommen, dass der Urlaubsabgeltungsanspruch, welcher arbeitsrechtlich zu einem bestimmten Zeitpunkt geschuldet wird, dessen Voraussetzungen aber über einen längeren Zeitraum entstanden sind, **der Zeit zuzuordnen ist, die der Beendigung des Arbeitsverhältnisses unmittelbar vorausgeht**. Eine Zuordnung für Zeiten **nach dem Ende** des Arbeitsverhältnisses scheidet danach schon deshalb aus, weil der Arbeitnehmer **nicht verpflichtet** ist, den Abgeltungsbetrag für Erholungszwecke zu verwenden. Zudem kann der Urlaubsabgeltungsanspruch nur einem Zeitraum zugeordnet werden. Im Hinblick darauf, dass die Arbeitnehmer im Interesse der Erhaltung des Arbeitsplatzes auch ohne Lohnzahlung noch einige Tage weiterarbeiten und damit auch die Verwirklichung ihres Anspruchs auf bezahlte Freistellung riskieren, ist er noch einem Zeitraum vor Beendigung des Arbeitsverhältnisses zuzuordnen.

1419 Für die Zahlung von Insolvenzgeld (s.u. Rn. 1425 ff.) folgt daraus, dass Urlaubstage, die in die Zeit vor Eröffnung oder Ablehnung der Eröffnung des Insolvenzverfahrens fallen, beim

Vorliegen der übrigen Voraussetzungen einen Anspruch auf Insolvenzgeld begründen, während die Tage, die mit dem Tag des Insolvenzereignisses zusammenfallen oder danach liegen, nicht insolvenzgeldfähig sind.

Das gilt auch dann, wenn das Arbeitsverhältnis wegen **Mutterschutzes** erst nach dem 1420
Eintritt des Insolvenzereignisses zum Ende der Schutzfrist beendet wird (*BSG* 3.12.1996 SozR 3 – 4100 § 141b Nr. 16).

Gem. § 184 Abs. 1 Nr. 1 SGB III ist allerdings **nunmehr** ein Anspruch auf Insolvenzgeld 1421
dann **ausgeschlossen**, wenn es sich um Ansprüche handelt, die der Arbeitnehmer **wegen der Beendigung des Arbeitsverhältnisses** oder für die Zeit nach der Beendigung des Arbeitsverhältnisses **hat**. Nach der amtlichen Begründung zum SGB III (BT-Drs. 13/4941 S. 188 zu § 184 SGB III) soll davon auch der Anspruch auf Urlaubsabgeltung erfasst sein (ebenso jetzt *BSG* 20.2.2002 – B 11 AL 71/01 R – EzA-SD 10/02, S. 18 LS = NZA-RR 2003, 209; *Lakies* NZA 2001, 522; FK-InsO/*Mues* Anh. zu § 113 Rz. 111 ff.). Dies erscheint im Hinblick auf die zuvor dargestellte Rechtsauffassung des BSG (s.o. Rn. 1418) fraglich, weil danach die Urlaubsabgeltung gerade der Zeit vor der Beendigung des Arbeitsverhältnisses zugeordnet wird. Da der Anspruch auf Urlaubsabgeltung als **Surrogat des Urlaubsanspruchs** bereits mit der Erbringung der Arbeitsleistung durch den Arbeitnehmer entsteht, bedingt durch die Nichtgewährung des Urlaubs vor der Beendigung des Arbeitsverhältnisses, entsteht er auch nicht wegen der Beendigung, sondern lediglich als Folge der Nichtgewährung des Urlaubs bis zur Beendigung (MünchArbR/*Peters-Lange* § 77 Rz. 37).

Das *BAG* (25.3.2003 EzA § 55 InsO Nr. 5 = NZA 2004, 43; s. jetzt auch für Urlaubsent- 1422
gelt und -abgeltung *BAG* 21.11.2006 EzA § 55 InsO Nr. 13 = NZA 2007, 696; s. *Düwell/Pulz* NZA 2008, 786 ff.) geht dementsprechend inzwischen davon aus, dass Urlaubsabgeltungsansprüche erst mit der Beendigung des Arbeitsverhältnisses entstehen und folglich nicht einem früheren Zeitraum zugeordnet werden können. Von daher ist es für die Einordnung als Masseverbindlichkeit (§ 55 Abs. 1 Nr. 2 2. Alt. InsO) unerheblich, ob die Zeit nach Eröffnung des Insolvenzverfahrens ausgereicht hätte, den Urlaubsanspruch durch Freistellung von der Arbeitspflicht zu erfüllen. Das gilt auch für Urlaubsansprüche, die aus dem Vorjahr stammen und infolge rechtzeitiger Geltendmachung nach den tariflichen Vorschriften nicht mit dem Ablauf des 31.3. verfallen sind (*LAG Hamm* 27.6.2002 NZA-RR 2002, 538).

gg) Nebenforderungen

Fraglich ist die insolvenzrechtliche Einordnung von Nebenforderungen, also von **Zinsen**, 1423
Finanzierungskosten, Kosten der Rechtsverfolgung und Vollstreckung (z.B. geschuldeten Arbeitslohns). Das *BSG* (28.2.1985, 15.12.1992 ZIP 1985, 626, ZIP 1993, 689) ist zum alten Recht davon ausgegangen, dass Zinsansprüche und Kosten für das Geltendmachen rückständigen Lohns nicht vom Anspruch auf Konkursausfallgeld umfasst werden. Da die Rangprivilegien des § 55 Abs. 1, 2 InsO ebenso wie vormals des § 59 Abs. 1 Nr. 1 und 2 KO umfassend »die Ansprüche« aus den dort genannten Rechtsgeschäften einbeziehen und eine entsprechende Regelung in § 39 Abs. 1 Nr. 1 und 2 InsO für Nebenforderungen auf Arbeitsentgeltansprüche fehlt, sind die Nebenforderungen auf Arbeitsentgeltansprüche **grds. wie die Hauptforderungen zu behandeln** (**a.A.** – ohne Begründung – FK-InsO/*Mues* Anh. zu § 113 Rz. 12). Für den Anspruch auf Insolvenzgeld kann sich allerdings aus der anders lautenden Formulierung des § 183 SGB III eine andere Betrachtung ergeben (MünchArbR/*Peters-Lange* § 77 Rz. 13).

hh) Sozialversicherungsbeiträge; Steuern

Sozialversicherungsbeiträge und Steuern sind nach den **gleichen Grundsätzen wie Neben-** 1424
forderungen zu behandeln, d.h. sie teilen den Rang des zugrunde liegenden Arbeitsentgeltanspruchs. Hat die Bundesagentur für Arbeit Insolvenzgeld gezahlt, geht der Anspruch auf Arbeitsentgelt auf sie über, ohne dass darauf noch Lohn- oder Einkommensteuer zu entrichten ist (§ 3 Nr. 2 EStG). Dennoch hat das *BAG* (11.2.1998 EzA § 611 BGB Nettolohn, Lohn-

steuer Nr. 10) die Bundesagentur für Arbeit als Inhaberin des Bruttolohnanspruchs angesehen und mit dieser Begründung einen Anspruch des Arbeitnehmers auf Zahlung des Differenzbetrages zwischen dem mit dem Insolvenzgeld abgegoltenen Nettoanteil des Arbeitsentgelts und dem Bruttoanspruch (einschließlich Steuern) verneint. Da angesichts der nunmehr eindeutigen Rechtslage **keine Abführungspflicht** für den Insolvenzverwalter bzw. den Arbeitgeber bei Zahlung des Arbeitsentgelts an die Bundesagentur für Arbeit mehr besteht, **besteht zur Annahme des Übergangs der Bruttolohnforderung auf die Bundesagentur für Arbeit keine rechtliche Grundlage** (MünchArbR/*Peters-Lange* § 77 Rz. 14).

d) Insolvenzgeld

aa) Sinn und Zweck der gesetzlichen Regelung

1425 Mit **§§ 183 ff. SGB III** hat der Gesetzgeber auf die verbreitete Masselosigkeit, die in vielen Insolvenzfällen einer Eröffnung des Insolvenzverfahrens entgegensteht, reagiert.

1426 Dabei ist zu beachten, dass die Art. 3 Abs. 2 und 4 Abs. 2 der Richtlinie 80/987/EWG des Rates vom 20. Oktober 1980 zur Angleichung der Rechtsvorschriften der Mitgliedstaaten über den Schutz der Arbeitnehmer bei Zahlungsunfähigkeit des Arbeitgebers dahin auszulegen sind, dass sie einer Bestimmung nationalen Rechts wie § 183 Abs. 1 SGB III entgegenstehen, in der der Zeitpunkt des Eintritts der Zahlungsunfähigkeit des Arbeitgebers als der Zeitpunkt der Entscheidung über den Antrag auf Eröffnung des Insolvenzverfahrens und nicht als der Zeitpunkt der Einreichung dieses Antrags definiert wird (*EuGH* 15.5.2003 EzA § 183 SGB III Nr. 1 = NZA 2003, 713).

1427 Den Arbeitnehmern wird gem. § 183 SGB III (u.U. auch bei einem ausländischen Insolvenzereignis, das im Inland beschäftigte Arbeitnehmer betrifft, § 183 Abs. 1 S. 2 SGB III, vgl. *SG Frankf. a.M.* 1.8.2003 NZA-RR 2004, 435) für den Fall
- der Eröffnung des Insolvenzverfahrens,
- der Abweisung des Antrags auf Eröffnung des Insolvenzverfahrens mangels Masse sowie
- der Betriebseinstellung und offensichtlichen Vermögenslosigkeit, wenn ein Antrag auf Eröffnung des Insolvenzverfahrens nicht gestellt worden ist und ein Insolvenzverfahren offensichtlich mangels Masse nicht in Betracht kommt

ein sofort erfüllbarer Anspruch auf Zahlung des rückständigen Arbeitsentgelts für die letzten drei Monate des Arbeitsverhältnisses vor Eröffnung des Insolvenzverfahrens gegen die Bundesagentur für Arbeit eingeräumt (vgl. FK-InsO/*Mues* Anh. zu § 113 Rz 65 ff.; vgl. auch *Marschner* DB 1996, 780 ff.; *Braun* BB 1993, 858 ff.; *LAG Hamm* 12.9.1996 NZA-RR 1997, 272 LS zum alten Recht).

1428 Der Begriff des Arbeitsverhältnisses i.S.d. InsO (Art. 3 und 4 der Richtlinie 80/987/EWG) ist in diesem Zusammenhang dahin auszulegen, dass nur Zeiträume, die ihrer Natur nach zu nicht erfüllten Ansprüchen auf Arbeitsentgelt führen können, erfasst werden. Ausgeschlossen ist daher ein Zeitraum, in dem das Arbeitsverhältnis wegen eines Erziehungsurlaubs ruht und in dem aus diesem Grund kein Anspruch auf Arbeitsentgelt besteht (*EuGH* 15.5.2003 EzA § 183 SGB III Nr. 1 = NZA 2003, 713).

1429 Endet das Arbeitsverhältnis **vor** dem Insolvenzereignis, so ist der Zeitraum von drei Monaten vom rechtlichen Ende des Arbeitsverhältnisses an **zurückzurechnen**. Die **Weiterarbeit** des Arbeitnehmers bzw. Arbeitsaufnahme in Unkenntnis eines Insolvenzereignisses bewirkt dagegen nach § 183 Abs. 2 SGB III eine **Verlagerung** des durch Insolvenzgeld geschützten Zeitraums **nach hinten**; in diesem Fall besteht der Anspruch für die dem Tag der Kenntnisnahme vorausgehenden drei Monate des Arbeitsverhältnisses (FK-InsO/*Mues* Anh. zu § 113 Rz. 3). Abweichend von der Rechtsprechung des BAG zu § 7 BetrAVG (*BAG* 20.11.1984

EzA § 7 BetrAVG Nr. 15; 28.1.1986 EzA § 7 BetrAVG Nr. 19; 9.12.1997 EzA § 7 BetrAVG Nr. 55) hat das *BSG* (17.7.1979 ZIP 1980, 126) zum Insolvenzereignis der **Betriebseinstellung** entschieden, dass die **Masselosigkeit im Zeitpunkt der Beendigung der Betriebstätigkeit vorliegen muss.** Im Hinblick auf die durch die InsO herabgesetzten Anforderungen an die Verfahrenseröffnung, für die nach § 54 InsO nur noch die dort genannten Kosten gedeckt sein müssen, ist es aus der Sicht der Arbeitnehmer regelmäßig **schwierig**, das Vorliegen der Voraussetzungen der sog. Masselosigkeit **zu beurteilen**, sodass ein Festhalten an dem von der Rechtsprechung des *BSG* (17.7.1979 ZIP 1980, 126) geforderten Zeitpunkt der Betriebseinstellung als überflüssige Förmelei erscheint (MünchArbR/*Peters-Lange* § 77 Rz. 19).

Die gesetzliche Regelung schützt nicht nur die letzten drei Monate des dem Insolvenzfall **1430**
vorhergehenden jeweils letzten Arbeitsverhältnisses, sondern erfasst auch ein vorhergehendes Arbeitsverhältnis bei demselben Arbeitgeber, soweit es in den Dreimonatszeitraum hineinreicht (*BSG* 23.10.1984 AP Nr. 8 zu § 141b AFG).

Anspruch auf Insolvenzgeld hat ein Arbeitnehmer auch dann, wenn er neben dem zah- **1431**
lungsunfähig gewordenen Arbeitgeber **Dritte** auf das Arbeitsentgelt, das ihm der Arbeitgeber schuldig geblieben ist, **in Anspruch** nehmen kann (*BSG* 2.11.2000 NZA-RR 2001, 553).

Erfasst werden nur Arbeitnehmer, die im **Inland abhängig beschäftigt sind** oder für eine **1432**
im Voraus begrenzte Zeit in das Ausland entsandt worden sind, nicht aber Arbeitnehmer, die überwiegend im Ausland tätig sind (*BSG* 29.7.1982 AP Nr. 5 zu § 141b AFG). Für Letztere kommt es nach Auffassung der Bundesagentur für Arbeit darauf an, ob »**erhebliche Berührungspunkte zur deutschen Rechtsordnung** bestehen, aus denen zu folgern ist, dass der Schwerpunkt der rechtlichen und tatsächlichen Merkmale des Arbeitsverhältnisses im Inland liegt«, wobei die Vereinbarung der Anwendbarkeit des deutschen Arbeitsrechts, die Vergütung in deutscher Währung, die Gewährung von Heimaturlaub in Deutschland und die Vereinbarung eines deutschen Gerichtsstandes wesentliche Indizien sein können (vgl. FK-InsO/*Mues* Anh. zu § 113 Rz. 39).

Dagegen steht einem Arbeitnehmer, der nach Eröffnung des Insolvenzverfahrens mit dem **1433**
Insolvenzverwalter ein Arbeitsverhältnis eingeht, kein Insolvenzgeld zu (*BSG* 17.5.1989 AP Nr. 12 zu § 141b AFG).

Sinn und Zweck des Insolvenzgeldes ist in erster Linie der Schutz des Arbeitnehmerein- **1434**
kommens, auf dessen Gewährung der Arbeitnehmer existenziell angewiesen ist.

bb) Verfahren; Forderungsübergang; Höhe und Modalitäten des Anspruchs

Insolvenzgeld wird **auf Antrag**, der beim zuständigen Arbeitsamt innerhalb einer Aus- **1435**
schlussfrist von zwei Monaten nach Eröffnung des Insolvenzverfahrens zu stellen ist, gewährt (§ 324 Abs. 3 SGB III; FK-InsO/*Mues* Anh. zu § 113 Rz. 177 ff.). Hat der Arbeitnehmer aus von ihm nicht zu vertretenden Gründen die Frist versäumt, kann der Antrag binnen **zweier Monate** ab Wegfall des Hindernisses nachgeholt werden (§ 324 Abs. 3 S. 2 SGB III; vgl. *BSG* 30.4.1996 NZA-RR 1997, 270). Diese Nachfrist beginnt bereits mit dem Ende der unverschuldeten Unkenntnis vom Insolvenzfall, also auch mit fahrlässiger Unkenntnis des Insolvenzereignisses. Etwaige **Beratungsfehler** z.B. seines Rechtsanwalts, insbes. aus Unkenntnis der Frist, muss sich der Arbeitnehmer zurechnen lassen.

> Auch ein Anwalt, der ohne ausdrückliche Eingrenzung auf das Arbeitsrecht das Mandat **1436**
> erhält, die aus der Nichtzahlung des Lohns folgenden Ansprüche zu realisieren, muss einen Antrag auf Insolvenzgeld stellen, sobald er Kenntnis von einem anspruchsauslösenden Insolvenzereignis erhält. Geschieht dies nicht, so ist ein Insolvenzgeldanspruch wegen Fristversäumnis ausgeschlossen. Das *BSG* (NZS 1993, 272) hält es dann für gerechtfertigt, den Arbeitnehmer auf eventuelle Regressansprüche gegen seinen Bevollmächtigten zu verweisen. Dabei lässt es (a.a.O.) auch einen Verstoß gegen die dem Vertreter obliegende Informationspflicht hinsichtlich der Antragstellung genügen (vgl. *Rittweger* NZA 1996, 858 ff.).

1437 Demgegenüber begründet im Falle der Arbeitsaufnahme nach dem Insolvenzereignis bzw. der Weiterarbeit des Arbeitnehmers in Unkenntnis des Insolvenzereignisses (§ 183 Abs. 2 SGB III) nur die **positive Kenntnis** vom Insolvenzereignis eine Verlagerung des durch Insolvenzgeld geschützten Zeitraums, sodass es konsequent erscheint, erst diesen Zeitpunkt für den Beginn der Antragsfrist nach § 324 Abs. 3 SGB III zugrunde zu legen (*BSG* 27.8.1998 NZA 1999, 166; MünchArbR/*Peters-Lange* § 77 Rz. 26).

1438 Mit Antragstellung gehen die Forderungen des Arbeitnehmers auf die Bundesagentur für Arbeit gem. § 187 SGB III über (*Lakies* NZA 2001, 522), auch dann, wenn zweifelhaft ist, ob überhaupt ein Anspruch auf Insolvenzgeld erwächst. Voraussetzung ist nur, dass zumindest eine entfernte Möglichkeit besteht, dass ein solcher Anspruch in Betracht kommt (*BAG* 10.2.1982 AP Nr. 1 zu § 141m AFG). Werden Arbeitnehmer von einem sog. »starken« vorläufigen Insolvenzverwalter mit Verwaltungs- und Verfügungsbefugnis i.S.d. § 22 Abs. 1 InsO vor der Eröffnung des Insolvenzverfahrens **zur Arbeitsleistung herangezogen** und zahlt ihnen die Bundesagentur für Arbeit für diesen Zeitraum Insolvenzgeld, so sind die auf diese nach den §§ 183, 187 SGB III übergegangenen Arbeitsentgeltansprüche **keine** Masseverbindlichkeiten i.S.d. § 55 Abs. 2 InsO, sondern Insolvenzforderungen nach den §§ 108 Abs. 2, 38 InsO. Dies folgt aus § 55 Abs. 3 InsO (vgl. FK-InsO/*Mues* Anh. zu § 113 Rz. 61).

1439 Gem. § 185 SGB III wird das Insolvenzgeld in Höhe des **Nettoarbeitsentgelts**, das sich ergibt, wenn das Arbeitsentgelt um die gesetzlichen Abzüge vermindert wird, für die letzten der Eröffnung des Insolvenzverfahrens vorausgehenden 3 Monate des Arbeitsverhältnisses gezahlt. Laufendes Arbeitsentgelt ist dann insolvenzgeldfähig, wenn es im Insolvenzgeld-Zeitraum erarbeitet wurde; bereits vorher erarbeitete und dem Arbeitszeitkonto gutgeschriebene Arbeitsstunden werden folglich nicht vom Insolvenzgeld erfasst. **Eine Abweichung von diesem Erarbeitungsgrundsatz ist nur gerechtfertigt, wenn im Insolvenzzeitraum fällig werdende Ansprüche nicht einem bestimmten Erarbeitungszeitraum zugeordnet werden können** (*BSG* 3.5.2001 – B 11 AL 80/01 R – EzA-SD 14/02, S. 15 LS). Lässt sich eine **Sonderzahlung** also **nicht einzelnen Monaten zurechnen**, so ist **sie in voller Höhe** beim Insolvenzgeld zu berücksichtigen, wenn sie in den letzten drei Monaten vor dem Insolvenzereignis hätte ausgezahlt werden müssen, andernfalls überhaupt nicht. Soweit eine sachliche Zuordnung zum Insolvenzgeldzeitraum unmöglich ist, wird auf den Fälligkeitszeitpunkt abgestellt. Eine willkürliche Verschiebung dieses Zeitpunktes, auch z.B. durch eine Betriebsvereinbarung, zu einem Zeitpunkt, zu dem feststeht, dass allein die Insolvenzgeldkasse belastet werden soll, verstößt zudem gegen § 138 Abs. 1 BGB (*BSG* 18.3.2004 – B 11 AL 57/03 – EzA-SD 13/04, S. 21 LS). Generell wird in derartigen Fällen der festgelegte, im jeweiligen Kalenderjahr liegende Auszahlungszeitpunkt grds. **nicht durch eine Verschiebung der Fälligkeit**, auch nicht wenn es sich um eine dem Arbeitgeber gewährte Stundung handelt, **verändert** (*BSG* 21.7.2995 NZA-RR 2006, 437). Ein Anspruch auf variable Entgeltbestandteile ist durch Insolvenzgeld auszugleichen, wenn die zugrunde liegende Zielvereinbarung aus Gründen nicht zustande kommt, die der Arbeitnehmer nicht zu vertreten hat (*BSG* 23.3.2006 – B 11 AL 29/05 R – FA 2006, 255 LS).

Endet das Arbeitsverhältnis vor Insolvenzeröffnung, sind die **letzten drei Monate** des Arbeitsverhältnisses Bezugszeitraum für Insolvenzgeld, gleichgültig welcher Zeitraum noch bis Insolvenzeröffnung verstrichen ist (§ 183 Abs. 1 SGB III). Klagt der Arbeitnehmer auf Arbeitsentgelt für die letzten drei Monate des beendeten Arbeitsverhältnisses und nimmt er nach Insolvenzeröffnung des beklagten Arbeitgebers den Rechtsstreit gegen den Verwalter auf, bleibt er im Forderungsrechtsstreit auch dann sachbefugt, wenn er Antrag auf Insolvenzgeld stellt (*Thüringer LAG* 12.10.2004 – 7 Sa 65/03 – EzA-SD 1/05 S. 15 LS).

Kann der Insolvenzgeld-Zeitraum mit den Abrechnungszeiträumen des laufenden Arbeitsentgelts nicht unmittelbar erfasst werden, lässt sich aber auch die Auffassung vertreten, dass dann eine Teillohnberechnung erfolgen muss (vgl. FK-InsO/*Mues* Anh. zu § 113 Rz. 99 ff.).

Kein Anspruch auf Insolvenzgeld besteht dagegen für Ansprüche auf Arbeitsentgelt, die der Arbeitnehmer wegen der Beendigung des Arbeitsverhältnisses oder für die Zeit nach der Beendigung des Arbeitsverhältnisses hat (§ 184 Abs. 1 Nr. 1 SGB III). Damit sind **Abfindungen**, die als Entschädigung für den Verlust des Arbeitsplatzes gezahlt werden, **ausgeschlossen**; etwas anderes gilt aber, soweit Abfindungen Arbeitsentgelt enthalten, die damit zugleich beitragspflichtig sind (*BSG* 21.2.1990 NZA 1990, 751), oder eine nachträgliche Tariflohnerhöhung abgelten (*BSG* 24.11.1983 ZIP 1984, 345; MünchArbR/*Peters-Lange* § 77 Rz. 22). Für den Fall eines gerichtlichen **Abfindungsvergleichs** ist dabei Folgendes zu beachten: Bietet der Arbeitgeber z.B. nach Ablehnung der Eröffnung des Insolvenzverfahrens mangels Masse irgendeinen Betrag an zur Beendigung allen Streits und wird dies im Hinblick auf die schlechte Realisierbarkeit der Klageforderung akzeptiert, um wenigstens etwas Greifbares zu erhalten, so sind dann, wenn der Vergleich eine Ausgleichsklausel mit dem Wortlaut, dass »mit Zahlung dieses Betrages alle gegenseitigen Ansprüche erledigt sind« und dadurch zwischen den Parteien das letzte Wort gesprochen sein sollte, auch die Ansprüche auf Lohnzahlung für den Insolvenzgeld-Zeitraum erledigt. Der Arbeitnehmer hat also keine Ansprüche mehr auf Arbeitsentgelt, die ihm ausfallen könnten und folglich auch keinen Anspruch auf Insolvenzgeld (*BSG* NZS 1995, 375).

Denn der Anspruch, den das Insolvenzgeld absichert, erlischt mit der Erfüllung des Ver- **1440**
gleichs. Die Absicherung über das Insolvenzgeld-Recht ist also allenfalls bei Vergleichen möglich, in denen statt aller gegenseitigen Ansprüche ausdrücklich die Lohnansprüche für den 3-monatigen Insolvenzgeld-Zeitraum von der allgemeinen Regelung ausgenommen sind (*BSG* a.a.O.; vgl. *Rittweger* NZA 1996, 859).

Auch die Ansprüche der **Vorruheständler**, deren Arbeitsverhältnisse bereits beendet sind, **1441**
werden nicht durch Insolvenzgeld geschützt; etwas anderes gilt für Ansprüche nach dem ATZG. Ansprüche auf Entgeltfortzahlung gem. § 8 EFZG und Schadensersatzansprüche gem. § 628 Abs. 2 BGB sind durch § 184 Abs. 1 Nr. 1 SGB III vom Insolvenzgeld ausgeschlossen (MünchArbR/*Peters-Lange* § 77 Rz. 22).

Nebenforderungen wie Zinsen, Kosten der Rechtsverfolgung und Vollstreckung sowie **1442**
die Kosten des Insolvenzantrags werden angesichts der fehlenden Bezugnahme auf die InsO, wonach sie u.U. privilegiert sein können und der insoweit eindeutigen Formulierung des Gesetzes »Bezüge aus dem Arbeitsverhältnis« nicht vom Schutz durch Insolvenzgeld erfasst. Gleiches gilt für Schadensersatzansprüche, die nicht an die Stelle von Arbeitsentgelt treten, sondern Ersatz für im Rahmen des Arbeitsverhältnisses erlittene Personen- und Sachschäden bieten (MünchArbR/*Peters-Lange* § 77 Rz. 23).

Ein **Anspruch auf variable Entgeltbestandteile** ist dagegen dann durch Insolvenzgeld **1443**
auszugleichen, wenn die zu Grunde liegende Zielvereinbarung aus Gründen nicht zu Stande kommt, die der Arbeitnehmer nicht zu vertreten hat (*BSG* 23.3.2006 NZA-RR 2007, 101).

Die **Pflichtbeiträge zur Sozialversicherung** sind gem. § 208 SGB III gleichfalls für die **1444**
letzten drei Monate vor dem Insolvenzereignis durch die Insolvenzausfallversicherung geschützt. Insoweit gehen die Ansprüche aber nicht auf die Bundesagentur für Arbeit als Träger der Insolvenzausfallversicherung über, sondern verbleiben der Einzugsstelle (§ 208 Abs. 2 SGB III). Damit sind die **Sozialversicherungsträger für alle rückständigen Beitragsforderungen am Verfahren beteiligt** und zur Stellung von Insolvenzanträgen gem. § 13 InsO befugt. Die Einzugsstelle kann sich auch außerhalb des Insolvenzverfahrens an die persönlich haftenden Gesellschafter (mit der Haftungsbeschränkung gem. § 93 InsO) oder an die verantwortlichen Organe wegen Schadensersatzes für vorenthaltene Arbeitnehmeranteile zur Sozialversicherung gem. § 823 Abs. 2 BGB i.V.m. § 266a StGB halten, im Falle illegaler Arbeitnehmerüberlassung auch an den Verleiher (§ 10 Abs. 3 AÜG; vgl. MünchArbR/*Peters-Lange* § 77 Rz. 25).

Insolvenzgeld ist **steuerfrei** (§ 3 Nr. 2 EStG). Das sagt aber nichts darüber aus, welches **1445**
rechtliche Schicksal die im Bruttolohn enthaltene Lohnsteuer des Arbeitnehmers erfährt (s.o. Rn. 1424).

1446 Ein **Vorschuss** auf Insolvenzgeld wird vor Eintritt des Insolvenzereignisses nach § 186 SGB III nur für Arbeitnehmer gewährt, deren Arbeitsverhältnisse bereits beendet sind. Daneben kommt eine vorläufige Entscheidung über den Anspruch nach § 328 Abs. 1 Nr. 3 SGB III in Betracht, wenn zur Feststellung der Anspruchsvoraussetzungen voraussichtlich längere Zeit erforderlich ist. Geboten ist dies aber nur hinsichtlich bereits fälliger Arbeitsentgeltansprüche, da die vorläufige Entscheidung zur Sicherstellung des Lebensunterhalts des Arbeitnehmers dient (MünchArbR/*Peters-Lange* § 77 Rz. 26).

1447 Der Anspruch auf Insolvenzgeld entfällt, wenn der Arbeitgeber nach Insolvenzgeld-Antragstellung das Arbeitsentgelt mit befreiender Wirkung zahlt (*BSG* 27.9.1994 AP Nr. 17 zu § 141b AFG; FK-InsO/*Mues* Anh. zu § 113 Rz. 144). Der Arbeitnehmer ist auch dann **nicht anspruchsberechtigt**, wenn und soweit seine Ansprüche auf Arbeitsentgelt vor Antragstellung (vgl. FK-InsO/*Mues* Anh. zu § 113 Rz. 145 ff.):

- auf einen Dritten durch Abtretung wirksam übertragen worden sind (§§ 398 ff. BGB), z.B. im Rahmen einer Insolvenzgeld-Vorfinanzierung;
- durch wirksame Inanspruchnahme des Anfechtungsrechts (§§ 129 ff. InsO) durch den Insolvenzverwalter entfallen sind;
- **erfüllt** worden sind;
- durch wirksame **Aufrechnung** erloschen sind;
- nach einer anwendbaren tariflichen Verfallklausel **verfallen** sind;
- sich durch **anzurechnendes anderweitiges Einkommen reduzieren** bzw. insgesamt entfallen (vgl. z.B. § 11 KSchG); Gleiches gilt für anzurechnende Sozialleistungen (z.B. bei der Gleichwohlgewährung von Arbeitslosengeld, § 143 Abs. 3 S. 1 SGB III);
- durch eine **rückwirkende Beendigung** des Arbeitsverhältnisses durch Vergleich oder Klagerücknahme zu einem früheren Zeitpunkt entfallen sind.

e) Vorfinanzierung durch Dritte

1448 Die Zulässigkeit der Vorfinanzierung von Insolvenzgeld ist gem. § 188 Abs. 4 SGB III an eine **Prognose über den Erhalt eines wesentlichen Teils der Arbeitsplätze** geknüpft (FK-InsO/*Mues* Anh. zu § 113 Rz. 145 ff.). Das ist dann der Fall, wenn in umgekehrter Anwendung der Zahlenverhältnisse des § 112a BetrVG ein entsprechender **Teil der Arbeitsverhältnisse auf Dauer erhalten** werden kann (DA der BA zu § 188 SGB III, 4.2 [8] = ZIP 1999, 211), wobei in anerkannten Fördergebieten der regionalen Strukturpolitik oder Arbeitsamtsbezirken mit überdurchschnittlicher Arbeitslosenquote bzw. -dauer auch eine geringere Quote ausreichend ist. Für die **Glaubhaftmachung der** für die nach § 188 Abs. 4 SGB III zu treffenden Zustimmungsentscheidung zugrunde zu legenden Tatsachen ist dem Arbeitsamt ein Sachverständigengutachten (auch des vorläufigen Insolvenzverwalters) mit einem den Anforderungen des § 294 ZPO entsprechenden Wahrscheinlichkeitsgrad (wie Vorlage eines Sanierungskonzepts, Übernahmeangebot eines potentiellen Interessenten) vorzutragen (DA a.a.O., 4.1 [6]).

1449 Die vom Arbeitsamt zu erteilende Zustimmung zur Vorfinanzierung setzt voraus, dass die Arbeitsentgelte vor dem Insolvenzereignis zum Zwecke der Vorfinanzierung **abgetreten** worden sind. Für eine Zustimmung zur Vorfinanzierung für diejenigen Arbeitsentgeltansprüche, die bereits vor der Bestellung eines vorläufigen Insolvenzverwalters entstanden sind, reicht es aus, dass ein erheblicher Teil der Arbeitsplätze zumindest während des Insolvenzeröffnungsverfahrens erhalten bleibt, die Arbeitsverhältnisse also **noch ungekündigt** sind (vgl. MünchArbR/*Peters-Lange* § 77 Rz. 41; FK-InsO/*Mues* Anh. zu § 113 Rz. 145 ff.).

1450 Eine Vorfinanzierung, bei der die Arbeitsentgeltansprüche gegen Gewährung eines **Darlehens** in Höhe des Nettobetrages abgetreten werden, **erfasst nur die pfändbaren Teile des Arbeitseinkommens** (§ 400 BGB), da der Arbeitnehmer insoweit keine wirtschaftlich gleichwertige Leistung erhält (*BSG* 8.4.1992 BSGE 70, 265; **a.A.** *v. Hoyningen-Huene* SGb 1992, 626). Im Fall der Abtretung an einen späteren Betriebserwerber kann der Anspruch auf Insolvenzgeld entfallen, wenn der Zessionar später nach § 613a Abs. 1 BGB für die rückständigen Arbeitsentgeltansprüche haftet und damit die Arbeitsentgeltansprüche infolge von Konfusion erloschen sind (*BSG* 6.11.1985 BSGE 59, 111). Im Falle der **Betriebsübernahme** nach Eröffnung des Insolvenzverfahrens ist eine Haftung nach der Rechtsprechung des BAG (s.o. Rn. 1379) ausgeschlossen, selbst wenn später das Verfahren nach § 207 InsO eingestellt wird. Dann gehen die Ansprüche der Arbeitnehmer unbeschadet des Betriebsübergangs auf den Zessionar über, der nach § 188 Abs. 1 SGB III Insolvenzgeld beanspruchen kann (MünchArbR/*Peters-Lange* § 77 Rz. 42).

Eine **isolierte Abtretung** des Anspruchs auf Insolvenzgeld ist erst nach Stellung des Insolvenzgeldantrags möglich (§ 189 SGB III). Damit wird ein vorheriges Auseinanderfallen von Arbeitsentgelt- und Insolvenzgeldanspruch vermieden und der Forderungsübergang auf die Bundesagentur für Arbeit gem. § 187 SGB III sichergestellt. Dagegen erfasst eine vorher ausgebrachte Pfändung den Insolvenzgeldanspruch im Zeitpunkt der Antragstellung durch den Inhaber des Arbeitsentgeltanspruchs, im Falle der Vorfinanzierung also durch den Abtretungsempfänger (MünchArbR/*Peters-Lange* § 77 Rz. 43). 1451

II. Arbeitsentgelt ohne Arbeitsleistung

1. Annahmeverzug des Arbeitgebers

a) Grundlagen

aa) Fixschuldcharakter der Arbeitsleistung

Gem. **§ 615 S. 1 BGB** behält der Arbeitnehmer den Anspruch auf die vereinbarte Vergütung, ohne zur Nachleistung verpflichtet zu sein, **wenn der Arbeitgeber mit der Annahme der Arbeitsleistung in Verzug gerät (§§ 293 ff. BGB)**. Daraus, dass der Arbeitnehmer nicht zur Nachleistung verpflichtet ist, wird der Fixschuldcharakter der in sukzessiven Teilleistungen zu erbringenden Arbeitsleistungspflicht deutlich (*Staudinger/Richardi* § 615 Rz. 1). 1452

Der Arbeitgeber kann auch teilweise mit der Annahme der Dienste in Verzug geraten. Das ist dann der Fall, wenn er die Annahme der Dienste nicht generell ablehnt, aber weniger Arbeitsleistung annimmt, als der Arbeitnehmer schuldet, der Arbeitgeber also den Umfang der Arbeitsleistung rechtswidrig einschränkt (*BAG* 7.11.2002 EzA § 612a BGB 2002 Nr. 1 = NZA 2003, 1139). Gleiches gilt dann, wenn der Arbeitgeber ohne Zustimmung des Betriebsrats vorzeitig die Rückkehr von Wechselschicht zu Normalarbeitszeit anordnet; er gerät bzgl. der Lage der Arbeitszeit auch ohne tatsächliches oder wörtliches Angebot der Arbeitnehmer, weiter in Wechselschicht zu arbeiten, in Annahmeverzug und hat dann die bei Wechselschicht fälligen Zeitzuschläge i.d.R. wegen Annahmeverzugs fortzuzahlen (*BAG* 18.9.2002 EzA § 87 BetrVG 2001 Arbeitszeit Nr. 1). 1453

Nach Auffassung des *BAG* (17.3.1988 EzA § 622 BGB Nr. 116) ist die Arbeitsleistung jedenfalls dann, wenn der Arbeitnehmer im Zeitlohn vergütet wird, sie zu einer fest bestimmten Zeit oder innerhalb eines bestimmten Zeitraums zu erbringen hat, Fixschuld nach § 323 Abs. 2 Nr. 2 BGB: relative Fixschuld). 1454

bb) Unmöglichkeit der Arbeitsleistung; Abgrenzung

Die Leistungspflicht des Arbeitnehmers wird unmöglich und entfällt, sobald die Leistungszeit ungenutzt verstreicht (§ 275 Abs. 1 BGB). Abweichend von § 326 Abs. 1 BGB bleibt jedoch der Vergütungsanspruch des Arbeitnehmers erhalten, unabhängig davon, ob der Arbeitgeber die Nichtannahme der Arbeitsleistung zu vertreten hat. 1455

Im Hinblick auf die Abgrenzung zwischen Verzug und Unmöglichkeit geht das *BAG* (21.3.1985 EzA § 615 BGB Nr. 44; 30.1.1991 EzA § 615 BGB Betriebsrisiko Nr. 12) vom Annahmeverzug des Arbeitgebers aus, wenn das Unterbleiben der Arbeitsleistung auf die Weigerung des Arbeitgebers zur Beschäftigung des Arbeitnehmers zurückzuführen ist, während Unmöglichkeit dann gegeben ist, falls die Arbeitsleistung trotz Annahmebereitschaft des Arbeitgebers nicht erbracht werden kann (zu abw. Begründungsansätzen i.d. Lit. vgl. MünchArbR/*Boewer* § 78 Rz. 9 ff.; s.o. Rn. 295 ff.). 1456

cc) Abdingbarkeit des § 615 S. 1 BGB; Ausnahmen

1457 **Im Umkehrschluss folgt aus § 619 BGB, dass § 615 S. 1 BGB einzel- ebenso wie kollektivvertraglich abbedungen werden kann** (*BAG* 9.3.1983 EzA § 615 BGB Betriebsrisiko Nr. 9; 5.9.2002 EzA § 615 BGB Nr. 109).

1458 Etwas anderes gilt allerdings gem. § 11 Abs. 4 S. 2 AÜG für das Recht des Leiharbeitnehmers auf Vergütung bei Annahmeverzug des Verleihers.

1459 Eine tarifvertragliche Regelung, wonach nur die tatsächlich geleistete Arbeitszeit bezahlt wird, betrifft nur Ansprüche aus § 616 S. 1 BGB, nicht aber solche aus Annahmeverzug (*BAG* 8.3.1961 AP Nr. 13 zu § 615 BGB Betriebsrisiko).

1460 Zu beachten ist, dass ein Ausschluss des § 615 S. 1 BGB durch tarifvertragliche Regelungen überall dort nicht in Betracht kommt, wo die Arbeitsentgeltfortzahlung unabdingbarer Bestandteil des zwingenden Kündigungsschutzes ist, der auf die wirtschaftliche Existenzsicherung des Arbeitnehmers abzielt. Gleiches gilt dann, wenn der Entzug dieses Anspruchs auf Grund vorbehaltener einseitiger Leistungsbestimmungen des Arbeitgebers eine wesentliche Äquivalenzstörung des arbeitsvertraglichen Gegenseitigkeitsverhältnisses von Arbeitsleistung und Entgelt verursacht. Denn dann verbietet der aus § 2 KSchG abzuleitende Inhaltsschutz des Vertrages einen Entzug der Rechtsfolgen aus § 615 S. 1 BGB.

1461 Die Abbedingung darf zudem **nicht unbillig** sein. Die Dispositivität findet deshalb ihre Grenzen dort, wo der Arbeitgeber generell das ihn treffende Arbeitsentgeltrisiko auf den Arbeitnehmer verlagern will. Angesichts des hohen Gerechtigkeitsgehalts bestehen Bedenken gegen die Zulässigkeit einer formularmäßigen Abbedingung der Regelung. Entsprechende Klauseln unterliegen der Inhaltskontrolle (ErfK/*Preis* § 615 BGB Rz. 8). Eine arbeitsvertragliche Bestimmung, durch die das Ruhen des Arbeitsverhältnisses in den Schulferien vereinbart wird, soweit diese nicht durch Urlaub ausgefüllt sind, weil in dieser Zeit keine Reinigungsarbeiten anfallen, betrifft das Wirtschaftsrisiko des Arbeitgebers und bedingt § 615 BGB ab. In einem Formulararbeitsvertrag handelt es sich nach den zuvor dargestellten Grundsätzen um eine unangemessene Benachteiligung der Arbeitnehmer, wenn sie verpflichtet werden, ihren Urlaub in den Schulferien zu nehmen und dem Arbeitgeber ohne Berücksichtigung der Wünsche der Arbeitnehmer das Recht eingeräumt wird, den Arbeitnehmern den Urlaub zuzuweisen (*LAG Hamm* 20.10.2005 – 16 Sa 801/05 – FA 2006, 158 LS = ArbuR 2006, 211 LS).

dd) Suspendierung

1462 Möglich ist allerdings eine einzel- oder kollektivvertragliche Regelung über die Suspendierung der wechselseitigen Hauptleistungspflichten, sodass es während dieser Zeit nicht zum Annahmeverzug des Arbeitgebers kommt (z.B. Vereinbarung unbezahlten Urlaubs zur Abwicklung persönlicher Belange).

ee) Verzicht auf bereits entstandene Ansprüche

1463 Die Arbeitsvertragsparteien können sich in einem gerichtlichen oder außergerichtlichen Vergleich rechtswirksam darüber verständigen, dass ihre arbeitsvertraglichen Beziehungen trotz unwirksamer Kündigung zu einem bestimmten Zeitpunkt beendet worden sind und der Arbeitnehmer dadurch auf einen bereits entstandenen Anspruch aus § 615 S. 1 BGB verzichtet (vgl. *BAG* 17.4.1986 EzA § 615 BGB Nr. 47).

b) Voraussetzungen des Annahmeverzuges

aa) Rechtswirksamer Arbeitsvertrag

1464 Anspruchsvoraussetzung ist zunächst das Vorliegen eines rechtswirksamen Arbeitsvertrages, **dessen Hauptpflichten nicht ruhen** (*LAG Nds.* 11.10.2004 ArbuR 2005, 236 LS = LAG Report 2005, 170).

Nimmt der Arbeitgeber im Einvernehmen mit dem Arbeitnehmer eine Kündigungserklärung zurück, so gehen die Vertragsparteien vorbehaltlich einer abweichenden Regelung von der Unwirksamkeit der Kündigung und damit für die Frage des Annahmeverzuges (§ 615 BGB) vom Fortbestand des Arbeitsverhältnisses aus (*BAG* 17.4.1986 EzA § 615 BGB Nr. 47). 1465

Der Arbeitgeber gerät (weil ein rechtswirksamer Arbeitsvertrag vorliegt) auch dann in Annahmeverzug gem. § 615 BGB, wenn er im Hinblick auf die fehlende Zustimmung des Betriebsrats (§ 99 BetrVG) eine weitere Beschäftigung des Arbeitnehmers ohne entsprechenden vertraglichen Vorbehalt ablehnt. 1466

Wird die Zustimmung des Betriebsrats zu einer höherwertigen Tätigkeit versagt, so erwirbt der Arbeitnehmer auf der Grundlage der vertraglich verbindlichen Zusage einen Anspruch auf Vergütung nach der höheren Vergütungsgruppe gem. § 326 Abs. 2 BGB (*BAG* 16.1.1991 EzA § 24 BAT Nr. 4). 1467

bb) Angebot des Arbeitnehmers

(1) Allgemeine Voraussetzungen

Weiterhin setzt der Annahmeverzug voraus, dass der Arbeitgeber ein Angebot des Arbeitnehmers zur Arbeitsleistung ablehnt (§ 293 BGB). 1468

Der Arbeitnehmer muss die Arbeitsleistung persönlich tatsächlich so anbieten, wie sie zu bewirken ist (§§ 294, 613 S. 1 BGB; *BAG* 7.12.2005 EzA § 615 BGB 2002 Nr. 12 = NZA 2006, 435), d.h. **zur rechten Zeit, am rechten Ort und in der rechten Art und Weise** (vgl. *LAG Köln* 14.2.2001 ARST 2001, 211 LS); der Arbeitnehmer muss sich also **zur vertraglich vereinbarten Zeit an den vereinbarten Arbeitsort begeben und die nach dem Vertrag geschuldete Arbeitsleistung anbieten** (*BAG* 7.12.2005 EzA § 615 BGB 2002 Nr. 12 = NZA 2006, 435). 1469

Besteht allerdings zwischen den Arbeitsvertragsparteien **Streit** darüber, welche Arbeit erfüllungstauglich ist, bedarf es **keines tatsächlichen Angebots** der vom Arbeitgeber bereits als erfüllungstauglich eingestuften Arbeit. Verlangt der Arbeitgeber andererseits eine bestimmte Arbeit in rechtlich **einwandfreier Art und Weise**, kommt er **nicht in Annahmeverzug**, wenn der Arbeitnehmer diese Arbeit ablehnt und stattdessen eine andere, ebenfalls vertragsgemäße Arbeit anbietet (*BAG* 30.4.2008 NZA-RR 2008, 551). 1470

Erhält der Arbeitnehmer von der **Krankenkasse die Mitteilung**, der Arbeitgeber habe ihn abgemeldet, muss der Arbeitnehmer seine Arbeitsleistung **tatsächlich anbieten**. Er kann dabei verlangen, dass der Arbeitgeber die Abmeldung rückgängig macht und für den Fall der Weigerung die Geltendmachung eines Zurückbehaltungsrechts ankündigen (*LAG Köln* 5.12.2006 NZA-RR 2007, 289). 1471

Anzubieten ist die **vertraglich geschuldete Arbeitsleistung**. Sofern allerdings Annahmeverzug ausnahmsweise wegen der unterbliebenen Beschäftigung mit anderen als den vertragsgemäßen Arbeiten in Betracht kommt, muss der Arbeitnehmer regelmäßig gerade die nicht vertragsgemäße Arbeit wenigstens der Art nach anbieten; verletzt der Arbeitgeber sodann schuldhaft eine aus besonderen Gründen bestehende derartige Pflicht, schuldet er gem. § 280 Abs. 1 BGB Schadensersatz wegen entgangener Vergütung in Höhe der Vergütung für die pflichtwidrig unterbliebene Beschäftigung (*BAG* 27.8.2008 EzA § 615 BGB 2002 Nr. 26 = NZA 2008, 1410). 1472

Macht der Arbeitgeber von seinem vermeintlichen und streitigen Recht Gebrauch, die **Arbeitszeitdauer flexibel zu bestimmen**, kommt § 296 BGB – Entbehrlichkeit eins Angebots, s.u. Rn. 1479 – nicht zur Anwendung; vielmehr muss der Arbeitnehmer die **Arbeit anbieten**, um Annahmeverzug zu begründen. Ist die **vertragliche Dauer** der Arbeitszeit **ungewiss oder streitig**, liegt andererseits ein **tatsächliches Angebot** der Arbeitsleistung im 1473

Umfang der vollen vertraglichen Arbeitszeitdauer **nicht ohne weiteres darin, dass der Arbeitnehmer die Arbeit an seinem Arbeitsplatz aufnimmt** (*BAG* 25.4.2007 EzA § 615 BGB 2002 Nr. 20 = NZA 2007, 801).

1474 Das Angebot erfolgt zudem nur dann »zur rechten Zeit«, wenn es auch angenommen werden kann; das ist z.B. am Tage eines Betriebsausfluges nicht der Fall, ebenso wenig zu einer Uhrzeit, zu der noch niemand anwesend ist. Nach diesen Anwesenheitszeiten muss sich der Arbeitnehmer auch und gerade dann richten, wenn mit ihm keine bestimmten Arbeitszeiten vereinbart worden sind (*LAG Köln* 12.4.2002 NZA-RR 2003, 128).
Der Arbeitgeber kann andererseits dieses Angebot nicht mit der Maßgabe zurückweisen, der Arbeitnehmer müsse zuvor eine »Arbeitsfähigkeitsbescheinigung« vorlegen. Dafür bedarf es vielmehr einer besonderen Rechtsgrundlage (*LAG Bln.* 10.5.2001 LAGE § 626 BGB Nr. 135 = NZA-RR 2002, 23). Diese kann sich allerdings z.B. aus Tarifnormen (§ 9 Nr. 1 Abs. 6 MTV Metall NRW) ergeben (*LAG Düsseld.* 17.7.2003 LAGE § 4 TVG Metallindustrie Nr. 29).

1475 Gem. § 295 BGB genügt ausnahmsweise ein wörtliches Angebot der Leistung, wenn der Gläubiger (Arbeitgeber) erklärt hat, dass er die Leistung nicht annehmen wird oder wenn eine erforderliche Mitwirkungshandlung des Arbeitgebers unterblieben ist (*BAG* 7.12.2005 EzA § 615 BGB 2002 Nr. 12 = NZA 2006, 435; 12.7.2006 NZA 2006, 1094; vgl. auch *LAG Köln* 1.8.1997 NZA-RR 1998, 393; *LAG Hessen* 21.8.2006 – 19/11 Sa 2008/05 – ArbuR 2007, 60 LS = NZA-RR 2007, 186). Auch ein wörtliches Angebot ist insbes. dann nicht erforderlich, wenn der Arbeitgeber es **versäumt**, dem Arbeitnehmer einen **funktionsfähigen Arbeitsplatz zur Verfügung zu stellen**. Das ist bei Übertragung eines neuen Arbeitsbereichs nur dann der Fall, wenn diese vom Direktionsrecht des Arbeitgebers gedeckt ist (*LAG Köln* 14.2.2001 ARST 2001, 211 LS). Ergibt sich z.B. aus einem **Arbeitszeitmodell**, dass der Arbeitnehmer verpflichtet ist, einen **Negativsaldo zurückzuführen**, so ist der Arbeitgeber verpflichtet, dem Arbeitnehmer zum Ausgleich Arbeit zu übertragen, da der Arbeitnehmer nicht berechtigt ist, sich Arbeit zu nehmen. Ein Arbeitgeber, der der Verpflichtung zum Einsatz des Arbeitnehmers aus dem im Arbeitsvertrag festgelegten Umfang nicht nachkommt und die vertraglich geforderte Stundenzahl nicht abfordert, gerät folglich in Annahmeverzug (*LAG Hessen* 2.6.2005 NZA-RR 2006, 127). Ist zudem der ursprüngliche **Arbeitsort entfallen**, gerät der Arbeitgeber in Annahmeverzug, wenn er nicht einen neuen Arbeitsplatz bestimmt (*LAG Köln* 13.8.2007 – 2 Sa 527/07 – ArbuR 2008, 161 LS).
Im **Leiharbeitsverhältnis** tritt Annahmeverzug ein, wenn der Arbeitgeber dem Arbeitnehmer nach beendetem Arbeitseinsatz keine neue Arbeit zuweist; etwas anderes gilt aber dann, wenn der Arbeitgeber Arbeit hat und diese zuweisen will, der Arbeitnehmer aber nicht erreichbar ist (*LAG Köln* 29.11.2005 – 9 Sa 659/04 – EzA-SD 9/06 S. 8 LS).
Voraussetzung für den Annahmeverzug ist, dass der Arbeitnehmer **objektiv leistungsfähig** und **subjektiv leistungswillig** ist. Davon ist allerdings, sofern keine besonderen Umstände vorliegen, regelmäßig auszugehen (*ArbG Brem.-Bremerhafen* 6.12.2007 – 9 Ca 9273/07 – ArbuR 2008, 277 LS).

1476 **Beispiele:**

- Vom Direktionsrecht nicht umfasst ist die Anordnung des Arbeitgebers, den Arbeitnehmer **als Springer** eine Tour **fahren zu lassen**, die dieser zuvor lediglich **drei Tage als Beifahrer kennen gelernt hatte**, da dieser Zeitraum unzureichend ist, diese Tour für eine Springertätigkeit auch nur annähernd zu beherrschen. Nachdem der Arbeitnehmer darauf mit zutreffender Begründung hingewiesen hatte, war es Sache des Arbeitgebers, zur Vermeidung von Lohnansprüchen aus Annahmeverzug dem Arbeitnehmer einen anderen funktionsfähigen Arbeitsplatz zur Verfügung zu stellen (*LAG Köln* 14.2.2001 ARST 2001, 211 LS).

- Die Zuweisung einer Tätigkeit, die von ihrem Arbeitsort her **nicht billigem Ermessen entspricht**, löst nicht die Verpflichtung des Arbeitnehmers aus, seine Arbeitsleistung tatsächlich an diesem Arbeitsort anzubieten (*LAG Hessen* 21.8.2006 – 19/11 Sa 2008/05 – ArbuR 2007, 60 LS = NZA-RR 2007, 186).
- Auch der Arbeitgeber, der **die Existenz eines Arbeitsverhältnisses bestreitet** und nicht bereit ist, erforderliche Mitwirkungshandlungen zu erbringen, gerät ohne tatsächliches oder wörtliches Angebot der Arbeitsleistung in Annahmeverzug (*LAG Nbg.* 12.1.2004 – 9 (2) Sa 653/02 – EzA-SD 7/04, S. 7 LS = NZA-RR 2004, 400 = LAG Report 2004, 211).
- Kündigt ein Arbeitnehmer das Arbeitsverhältnis ordentlich und reagiert der Arbeitgeber darauf mit einem Schreiben des Inhalts, dass er die Kündigung vom 4.8. zum 31.8. erhalten hat mit der Maßgabe, dass er dem **erkennbaren Wunsch des Arbeitnehmers nachkommen will**, das Arbeitsverhältnis möglichst schnell zu beenden, so dass die Kündigung zum 5.8. gilt, so liegt darin ein Verhalten, das deutlich macht, dass der Arbeitgeber **an einer Arbeitsleistung des Arbeitnehmers nicht interessiert ist**. Er gerät damit in Annahmeverzug, ohne dass es eines Angebots des Arbeitnehmers bedarf (*ArbG Limburg* 18.6.2003 ArbuR 2004, 395 LS).

(2) Unzumutbarkeit eines Angebots in Ausnahmefällen

Nach dem Ausspruch einer außerordentlichen Kündigung kann unabhängig davon jedenfalls dann auf ein wörtliches Angebot verzichtet werden, wenn **Form und Begleitumstände** es dem Arbeitnehmer unzumutbar machen, der Kündigung zu widersprechen. Das ist z.B. bei dem einem Betriebsratsmitglied nach außerordentlicher Kündigung zusätzlich erteilten Hausverbot der Fall, weil damit ernsthaft und endgültig die Weiterbeschäftigung verweigert wird (*BAG* 11.11.1976 EzA § 103 BetrVG 1972 Nr. 17). **1477**

(3) Entbehrlichkeit eines wörtlichen Angebots insbesondere nach Ausspruch einer Kündigung; die Kündigungsschutzklage als wirksames Angebot

Zweifelhaft ist in diesem Zusammenhang, welche Voraussetzungen für die Begründung von Annahmeverzug des Arbeitgebers im Zusammenhang mit von diesem erklärten Kündigungen bestehen, deren Unwirksamkeit später rechtskräftig festgestellt wird. Das *BAG* (10.4.1963 AP Nr. 23 zu § 615 BGB; vgl. *Ricken* NZA 2005, 323 ff.) geht davon aus, dass in der Erhebung der Kündigungsschutzklage ein **ausreichendes wörtliches Angebot** i.S.d. § 295 BGB liegt. Nach der nunmehr ständigen Rechtsprechung des *BAG* (9.8.1984 EzA § 615 BGB Nr. 43; 18.12.1986 EzA § 615 BGB Nr. 53; 19.4.1990 EzA § 615 BGB Nr. 66; krit. *Waas* NZA 1994, 151 ff.) bedarf es folglich nach Ausspruch einer (außerordentlichen oder ordentlichen) Kündigung durch den Arbeitgeber auch keines wörtlichen Dienstleistungsangebots des Arbeitnehmers mehr, um den Arbeitgeber in Annahmeverzug zu setzen. **1478**

Denn der Arbeitgeber hat dem Arbeitnehmer einen funktionsfähigen Arbeitsplatz zur Verfügung zu stellen, ihm ferner Arbeit zuzuweisen und somit eine nach dem Kalender bestimmte Mitwirkungshandlung gem. § 296 BGB vorzunehmen. Er muss als Gläubiger der geschuldeten Arbeitsleistung dem Arbeitnehmer die Leistungserbringung ermöglichen. **1479**

Erst durch die Wahrnehmung seines Leistungsbestimmungsrechts (Direktionsrechts) konkretisiert der Arbeitgeber die Arbeitspflicht des Arbeitnehmers im Zuge der Arbeitssteuerung und schafft so die Grundlage für den Leistungserfüllungsvorgang. Dazu muss er **den Arbeitseinsatz des Arbeitnehmers fortlaufend planen und durch Weisungen hinsichtlich Ort und Zeit der Arbeitsleistung näher konkretisieren**. Kommt der Arbeitgeber dieser Obliegenheit nicht nach, gerät er in Annahmeverzug, **ohne dass es eines Angebots der Arbeitsleistung** durch den Arbeitnehmer **bedarf** (*BAG* 19.1.1999 EzA § 615 BGB Nr. 93).

Es reicht in diesem Zusammenhang nicht aus, dass auf die Existenz eines Arbeitsplatzes verwiesen und im Übrigen zum Ausdruck gebracht wird, man werde den Arbeitnehmer schon »irgendwie« beschäftigen. Die zugewiesene Arbeit ist zu konkretisieren, damit der Arbeitnehmer überprüfen kann, ob der Arbeitgeber sein Weisungsrecht zulässig ausübt. Der Arbeitnehmer schuldet nur eine vertragsgemäße Arbeitsleistung (*LAG SchlH* 10.12.2003 – 3 Sa 395/03 – EzA-SD 2/04, S. 8 LS = LAG Report 2004, 98). Andererseits ist ein Angebot der Arbeitsleistung im Übrigen regelmäßig **nicht** nach § 296 BGB **entbehrlich**, da für die Einteilung der Arbeit durch den Arbeitgeber keine Zeit nach dem Kalender bestimmt ist, sondern der Arbeitgeber die Lage der Arbeitszeit – im Grundsatz – jederzeit bestimmen kann (*BAG* 30.4.2008 NZA-RR 2008, 551).
Da der Arbeitgeber mit Ausspruch der Kündigung allerdings den entgegengesetzten Willen unzweideutig zu erkennen gibt (*BAG* 12.7.2006 NZA 2006, 1094), muss er den Arbeitnehmer wieder zur Arbeit auffordern – im Falle einer außerordentlichen Kündigung sofort bzw. nach Ablauf einer etwaigen Auslauffrist –, wenn er trotz der Kündigung nicht in Annahmeverzug geraten will. Gleiches gilt z.B. bei der Einhaltung einer zu kurzen Kündigungsfrist (*BAG* 9.4.1987 EzA § 9 AÜG Nr. 1; *LAG SchlH* 10.12.2003 – 3 Sa 395/03 – EzA-SD 2/04, S. 8 LS = LAG Report 2004, 98; s. auch *LAG Bln.* 20.9.2002 – 6 Sa 961/02 – EzA-SD 24/02, S. 13 LS zur Kombination von Freistellung und Betriebsübergang).

1480 Hat der Arbeitgeber dem Arbeitnehmer statt einer gemäß dem ultima-ratio-Prinzip erforderlichen Änderungskündigung (§§ 2, 15 KSchG) eine Beendigungskündigung ausgesprochen, die mithin sozial ungerechtfertigt ist, so kommt der Arbeitgeber – jedenfalls im Regelfall – in Annahmeverzug, wenn er dem Arbeitnehmer nicht die ursprünglich geschuldete Arbeit anbietet (*BAG* 27.1.1994 EzA § 615 BGB Nr. 80).

1481 Spricht der Arbeitgeber dagegen eine ordentliche Kündigung mit einer kurzen tariflichen Kündigungsfrist aus, obwohl die längere gesetzliche Frist nach § 622 Abs. 1 BGB anwendbar ist, so gerät er nach **Ablauf der tariflichen Kündigungsfrist** nach Auffassung des *LAG Düsseld.* (17.7.1997 LAGE § 615 BGB Nr. 51) **nicht automatisch in Verzug**. Voraussetzung dafür ist vielmehr, dass es der Arbeitgeber erst nach entsprechendem **Protest des Arbeitnehmers** unterlässt, ihn zur Arbeitsleistung aufzufordern.

1482 Der *BGH* (28.10.1996 – 2 ZR 14/96) lässt beim gekündigten GmbH-Geschäftsführer, dessen Dienste die GmbH nicht mehr in Anspruch nehmen will, was insbes. in der Einsetzung eines neuen Geschäftsführers seinen Ausdruck findet, als Angebot den Protest des Geschäftsführers gegen die Kündigung durch eine rechtzeitige Gehaltsklage genügen. Er muss das Angebot nicht laufend wiederholen; es genügt, dass er abschnittsweise nachträglich seine Gehaltsforderungen einklagt. Das Verlangen nach einem nochmaligen Leistungsangebot läuft in diesen Fällen nicht nur auf eine sinnlose Förmelei hinaus, sondern es ist auch treuwidrig. Inzwischen geht der *BGH* (9.10.2000 NZA 2001, 36; vgl. dazu *Wolff* SAE 2001, 203 ff.) noch weitergehend davon aus, dass die GmbH durch den **Widerruf der Bestellung als Geschäftsführer** und die Bestellung eines neuen Geschäftsführers i.d.R. erkennen lässt, dass sie unter keinen Umständen zur weiteren Beschäftigung bereit ist; eines **wörtlichen Angebots** der Dienste bedarf es unter diesen Umständen **nicht**.

(4) Rückwirkung?

1483 Allerdings steht damit nicht fest, dass das Angebot auch auf den Zeitpunkt der außerordentlichen Kündigung oder den des Ablaufs der Kündigungsfrist bei einer ordentlichen Kündigung zurückwirkt (so aber *LAG Bln.* DB 1981, 2034; das BAG hatte zur Frage der Rückwirkung des Leistungsangebots bislang nicht ausdrücklich Stellung genommen, hat sie aber jetzt – *BAG* 12.7.2006 NZA 2006, 1094 – **ausdrücklich für einen Widerspruch des Gekündigten oder die Klage auf Gehaltsfortzahlung bejaht**).

(5) Rechtslage bei Streit über das Zustandekommen eines Aufhebungsvertrages

1484 Besteht dagegen zwischen dem Arbeitgeber und dem Arbeitnehmer Streit darüber, ob das Arbeitsverhältnis durch einen Aufhebungsvertrag beendet wurde und stellt sich im Nachhinein heraus, dass ein Aufhebungsvertrag tatsächlich nicht zustande gekommen ist, so hat der Arbeitgeber nur dann Annahmeverzugsvergütung zu bezahlen, wenn der Arbeitnehmer zuvor seine Arbeitsleistung angeboten hat.

1485 Der Arbeitgeber kann ein solches Angebot erwarten, wenn der Arbeitnehmer meint, ein Aufhebungsvertrag sei nicht zustande gekommen. Vertritt der Arbeitgeber nach Verhandlungen mit dem Arbeitnehmer die Auffassung, das Arbeitsverhältnis sei einvernehmlich beendet worden, beendet er das Arbeitsverhältnis – anders als bei einer Kündigung – nicht durch einseitige Erklärung. Ein wörtliches Angebot nach § 295 BGB genügt deshalb regelmäßig nicht (*BAG* 7.12.2005 EzA § 615 BGB 2002 Nr. 12 = NZA 2006, 435).

cc) Leistungsvermögen des Arbeitnehmers

1486 Gem. **§ 297 BGB** kommt der Arbeitgeber allerdings dann nicht in Verzug, wenn der Schuldner zur Zeit des Leistungsangebots oder im Falle des § 296 BGB zu der für die Handlung des Gläubigers bestimmten Zeit **außerstande ist, die Leistung zu bewirken**; der Annahmeverzug ist also dann ausgeschlossen, wenn der Arbeitnehmer **nicht leistungswillig und leistungsfähig ist** (*BAG* 24.9.2003 EzA § 615 BGB 2002 Nr. 5 = BAG Report 2004, 305; 15.6.2004 EzA § 615 BGB 2002 Nr. 8 = NZA 2005, 462; *Thüringer LAG* 27.1.2004 – 5 Sa 131/02 – EzA-SD 12/04 S. 10 LS; *LAG Düsseld.* 17.7.2003 LAG Report 2004, 5; *LAG BW* 1.9.2005 – 11 Sa 18/05 – EzA-SD 2/06 S. 11 LS u. 17.2.2006 – 7 Sa 61/05 – EzA-SD 22/06 S. 9 LS). **Die Leistungsbereitschaft ist eine von dem Leistungsangebot und dessen Entbehrlichkeit unabhängige Voraussetzung des Annahmeverzugs; sie muss während des gesamten Verzugszeitraums vorliegen** (*BAG* 19.5.2004 EzA § 615 BGB 2002 Nr. 6).

1487 Denn das Leistungsvermögen und die Leistungsbereitschaft des Schuldners zum maßgeblichen Zeitpunkt der termingebundenen Mitwirkungshandlung des Gläubigers ist Voraussetzung des Annahmeverzuges (*BAG* 18.12.1986 EzA § 615 BGB Nr. 53).

1488 Das Unvermögen des Arbeitnehmers (§ 297 BGB) bezieht sich zwar an sich nur auf die nach dem Vertragsinhalt geschuldete Arbeitsleistung. Allerdings kann der Arbeitgeber auf Grund der **Fürsorgepflicht** verpflichtet sein, dann, wenn der Arbeitnehmer auf Grund eines subjektiven Leistungshindernisses (z.B. vorübergehender Entzug des Führerscheins) außerstande ist, die vertraglich geschuldete Arbeitsleistung zu erbringen, ihn zur Vermeidung des Annahmeverzuges vorübergehend zu einer möglichen und zumutbaren anderen als der vertraglich geschuldeten Tätigkeit heranzuziehen (*BAG* 18.12.1986 EzA § 615 BGB Nr. 53).

1489 Besteht zwischen den Arbeitsvertragsparteien **Streit** darüber, welche Arbeiten der Arbeitnehmer noch ausführen kann und hat der Arbeitnehmer eine bestimmte Arbeit **abgelehnt**, kann er Annahmeverzugsvergütung nicht mit der Begründung verlangen, der Arbeitgeber hätte ihm diese Arbeit anbieten müssen. Das gilt auch dann, wenn eine Beendigungskündigung des Arbeitgebers rechtskräftig mit der Begründung für unwirksam erklärt worden ist, der Arbeitgeber hätte trotz der Ablehnung seitens des Arbeitnehmers die entsprechende Arbeit im Wege der Änderungskündigung anbieten müssen. Sofern allerdings Annahmeverzug ausnahmsweise wegen der unterbliebenen Beschäftigung mit anderen als den vertragsgemäßen Arbeiten in Betracht kommt, muss der Arbeitnehmer regelmäßig gerade **die nicht vertragsgemäße Arbeit** wenigstens der Art nach **anbieten**; verletzt der Arbeitgeber sodann schuldhaft eine aus besonderen Gründen bestehende derartige Pflicht, schuldet er gem. § 280 Abs. 1 BGB Schadensersatz wegen entgangener Vergütung in Höhe der Vergütung für die pflichtwidrig unterbliebene Beschäftigung (*BAG* 27.8.2008 EzA § 615 BGB 2002 Nr. 26 = NZA 2008, 1410).

Macht der Arbeitgeber geltend, der Arbeitnehmer sei nicht leistungsfähig gewesen (§ 297 BGB), hat er als Gläubiger die **Beweislast** für die fehlende Leistungsfähigkeit des Arbeitnehmers zu tragen (*BAG* 23.1.2008 EzA § 615 BGB 2002 Nr. 22 = NZA 2008, 595).

(1) Entzug der Fahrerlaubnis; fehlende Flugtauglichkeitsbescheinigung

1490 Der Arbeitgeber gerät dann, wenn er einem Auslieferungsfahrer wegen des Entzugs des Führerscheins außerordentlich gekündigt hat, eine andere Beschäftigungsmöglichkeit jedoch nicht besteht, für die Zeit nach der Kündigung nicht bereits deswegen in Annahmeverzug, weil rechtskräftig die Unwirksamkeit der Kündigung festgestellt wird, weil er den Arbeitnehmer rechtmäßig gar nicht beschäftigen kann (*BAG* 18.12.1986 EzA § 615 BGB Nr. 53). Nichts anderes gilt dann, wenn einem Flugteilnehmer – auch nach Ausspruch einer unwirksamen Kündigung – das erforderliche Flugtauglichkeitszeugnis fehlt (*LAG RhPf* 31.8.2006 – 11 Sa 323/06 – ZTR 2007, 52 LS).

(2) Krankheit des Arbeitnehmers; Kündigung

1491 Grundsätzlich darf der Arbeitgeber das **Arbeitsangebot** des Arbeitnehmers **nach einer Krankheit nicht mit der Maßgabe zurückweisen, dieser müsse eine »Gesundschreibung« vorlegen**; dafür besteht keine Rechtsgrundlage (*LAG Bln.* 10.5.2001 LAGE § 5 EFZG Nr. 4 = NZA-RR 2002, 23; *LAG Düsseld.* 17.7.2003 NZA-RR 2004, 65 = LAG Report 2004, 5). **Verweigert** deshalb **der Arbeitgeber** dem Arbeitnehmer nach dem Ende einer ihm von einem Arzt attestierten Arbeitsunfähigkeit **die Wiederaufnahme der Arbeit**, hat der **Arbeitgeber i.E. darzulegen und zu beweisen**, dass der Arbeitnehmer in dem fraglichen Zeitraum nach § 297 BGB objektiv nicht in der Lage war, die von ihm geschuldete Arbeitsleistung zu erbringen (*BAG* 29.10.1998 EzA § 615 BGB Nr. 90; *LAG Düsseld.* 17.7.2003 LAG Report 2004, 5 u. 23.3.2007 NZA-RR 2007, 457).
Hat der Arbeitgeber **Indizien** vorgetragen, aus denen auf Arbeitsunfähigkeit des Arbeitnehmers geschlossen werden kann, ist es **Sache des Arbeitnehmers, die Indizwirkung zu erschüttern**; der Einholung eines Sachverständigengutachtens auf Antrag des Arbeitgebers bedarf es nur dann, wenn bei einer Gesamtwürdigung aller Indizien zur Zeit der letzten mündlichen Verhandlung begründete Zweifel an der Arbeitsunfähigkeit des Arbeitnehmers während des Annahmeverzugszeitraums bestehen (*LAG Düsseld.* 23.3.2007 NZA-RR 2007, 457).
Anders ist es aber dann, wenn der Arbeitnehmer nach Ablauf des Entgeltfortzahlungszeitraums tatsächlich aus gesundheitlichen Gründen **weiterhin nicht in der Lage ist**, die vertragsgemäße **Arbeit zu erbringen**. Daran ändert dann auch das Angebot der Arbeitsleistung durch den Arbeitnehmer nichts. Hat der Arbeitnehmer zudem eine bestimmte, an sich mögliche Arbeit abgelehnt, kann der Vergütungsanspruch nicht darauf gestützt werden, der Arbeitgeber hätte diese Arbeit anbieten müssen. Das gilt auch dann, wenn eine Beendigungskündigung des Arbeitgebers rechtskräftig mit der Begründung für unwirksam erklärt worden ist, der Arbeitgeber hätte trotz der Ablehnung seitens des Arbeitnehmers die entsprechende Arbeit im Wege der Änderungskündigung anbieten müssen (*BAG* 27.8.2008 – 5 AZR 16/08 – FA 2008, 309 LS).

1492 Eine Nachweispflicht bezüglich der wiedererlangten Arbeitsfähigkeit kann sich aus Tarifnormen ergeben, z.B. aus § 9 Nr. 1 Abs. 6 MTV-Metall. Danach ist das Ende der Arbeitsunfähigkeit nach einer längeren Arbeitsunfähigkeitsperiode auf Verlangen des Arbeitgebers durch Bescheinigung des Arztes oder der Krankenkasse nachzuweisen (*LAG Düsseld.* 17.7.2003 NZA-RR 2004, 65). Das *LAG Hamm* (8.9.1995 LAGE § 615 BGB Nr. 89) hat des Weiteren angenommen, dass der Arbeitnehmer dann nicht i.S.d. § 297 BGB zur Leistung imstande ist, wenn er zwar nicht förmlich durch ärztliche Bescheinigung arbeitsunfähig krankgeschrieben wurde, wenn aber bezogen auf seinen bisherigen Arbeitsplatz eine ärztliche **Arbeitsplatz-**

wechsel-Empfehlung vorliegt. Ist in diesem Fall ein für ihn ungefährlicher Arbeitsplatz nicht frei, oder bietet der Arbeitnehmer seine Arbeitskraft ausdrücklich nur für seinen bisherigen Arbeitsplatz an, gerät der Arbeitgeber durch das Leistungsangebot des Arbeitnehmers danach nicht in Annahmeverzug. Demgegenüber hat das *BAG* (17.2.1998 NZA 1999, 33) angenommen, dass der Arbeitgeber **nicht berechtigt** ist, die Arbeitsleistung des arbeitswilligen und arbeitsfähigen Arbeitnehmers **abzulehnen** und die Zahlung des Arbeitsentgelts **einzustellen**, wenn der Arbeitnehmer eine **ärztliche Empfehlung zum Wechsel des Arbeitsplatzes** vorlegt. Steht allerdings auf Grund eines Sachverständigengutachtens objektiv fest, dass der Arbeitnehmer aus gesundheitlichen Gründen außerstande ist, die geschuldete Leistung zu erbringen, so kann das fehlende Leistungsvermögen nicht allein durch die subjektive Einschätzung des Arbeitnehmers ersetzt werden, er sei trotzdem gesundheitlich in der Lage, einen Arbeitsversuch zu unternehmen (*BAG* 29.10.1998 EzA §615 BGB Nr. 90).

Andererseits muss der Arbeitgeber dem krankheitsbedingt nur eingeschränkt leistungsfähigen Arbeitnehmer eine – in seinem Betrieb vorhandene – **leidensgerechte Tätigkeit** zuweisen, z.B. Arbeiten ohne schwere Traglasten an einem »Bedienungsmann« in der chemischen Industrie (*BAG* 6.12.2001 NZA 2002, 999). Ein Arbeitnehmer ist also demzufolge **nicht schon dann leistungsunfähig** i.S.v. §297 BGB, wenn er aus Gründen in seiner Person **nicht mehr alle Arbeiten verrichten kann**, die zu den vertraglich vereinbarten Tätigkeiten gehören. Ist es dem Arbeitgeber möglich und zumutbar, dem nur eingeschränkt leistungsfähigen Arbeitnehmer leidensgerechte und vertragsgemäße Arbeiten zuzuweisen, dann ist die Zuweisung anderer Arbeiten unbillig. Die Einschränkung der Leistungsfähigkeit steht dann dem Annahmeverzug des Arbeitgebers nicht entgegen (*BAG* 8.11.2006 EzA §615 BGB 2002 Nr. 17 = NZA 2007, 287 LS). 1493

Demgegenüber gerät der Arbeitgeber im ungekündigten Arbeitsverhältnis dann nicht in Annahmeverzug, wenn ihm sowohl der **medizinische Dienst der Krankenkassen** als auch ein **Vertrauensarzt** übereinstimmend mitgeteilt haben, die Arbeitnehmerin sei zur vertraglich geschuldeten Tätigkeit **aus gesundheitlichen Gründen nicht mehr in der Lage**, und wenn der Arbeitgeber daraufhin die Arbeitnehmerin nach Hause schickt, weil er einen leidensgerechten Arbeitsplatz nicht zur Verfügung stellen kann (*LAG Bln.* 9.12.2004 – 16 Sa 1967/04 – EzA-SD 6/05 S. 5 LS = LAG Report 2005, 264). Im Prozess um den Verzugslohn genügt es der Arbeitnehmerin dann nicht, wenn sie sich für ihre Arbeitsfähigkeit **pauschal auf das Zeugnis eines anderen Arztes** oder auf ein Sachverständigengutachten beruft, ohne sich mit den ärztlichen Äußerungen des medizinischen Dienstes und des Vertrauensarztes sowie dem Sachvortrag des Arbeitgebers zu den körperlichen Anforderungen der geschuldeten Arbeit auseinander zu setzen (*LAG Bln.* 9.12.2004 – 16 Sa 1967/04 – EzA-SD 6/05 S. 5 LS = LAG Report 2005, 264).

Ist der Arbeitnehmer auf Grund einer ärztlichen Bescheinigung im Übrigen den Anforderungen, die die vertraglich geschuldete Tätigkeit an ihn stellt, **nicht mehr gewachsen**, so gilt für die Frage des Annahmeverzuges zusammengefasst folgende Verteilung der **Darlegungs- und Beweislast**: In einem Rechtsstreit, der darüber geführt wird, ob der Arbeitgeber dem Arbeitnehmer einen für diesen geeigneten Arbeitsplatz anbieten kann, genügt der Arbeitnehmer seiner Darlegungslast, wenn er **allgemein angibt, welche Tätigkeiten er ausführen kann**. Er braucht in dem Angebot nicht etwa einen konkreten Arbeitsplatz zu beschreiben. Der Arbeitgeber kann sich dann **nicht auf die pauschale Entgegnung** zurückziehen, für den Arbeitnehmer sei **kein geeigneter Arbeitsplatz** vorhanden (*LAG Köln* 5.10.1998 ZTR 1999, 87). 1494

Ist der Arbeitnehmer zur Zeit des Ausspruchs einer außerordentlichen Kündigung z.B. wegen einer Erkrankung nicht in der Lage, seine arbeitsvertraglich geschuldeten Verpflichtungen zu erfüllen, so trat in diesen Fällen nach der ursprünglichen Auffassung des *BAG* (9.8.1984 EzA §615 BGB Nr. 43; 21.3.1985 EzA §615 BGB Nr. 44) Annahmeverzug erst dann ein, wenn der Arbeitnehmer dem Arbeitgeber die Wiederherstellung der Arbeitsfähigkeit und die Bereitschaft zur Arbeitsleistung angezeigt und der Arbeitgeber ihm daraufhin keine Arbeit zugewiesen hatte. 1495

1496 Inzwischen geht das *BAG* (19.4.1990 EzA § 615 BGB Nr. 66) davon aus, dass bei Arbeitsunfähigkeit zur Zeit des Kündigungstermins die Verzugsfolgen jedenfalls dann unabhängig von der Anzeige der Arbeitsfähigkeit eintreten, wenn der Arbeitnehmer dem Arbeitgeber durch Erhebung einer Kündigungsschutzklage oder sonstigen Widerspruch (z.B. auch durch einen Antrag auf nachträgliche Zulassung der Kündigungsschutzklage) gegen die Kündigung seine weitere Leistungsbereitschaft deutlich gemacht hat. **Der Arbeitgeber muss dann zur Beendigung des Annahmeverzuges den Arbeitnehmer zur Arbeit auffordern** (*BAG* 19.1.1999 EzA § 615 BGB Nr. 93). Das gilt erst recht dann, wenn der Arbeitgeber nach einer fristlosen Kündigung des erkrankten Arbeitnehmers diesem **ausdrücklich Hausverbot erteilt** und ihm erklärt hat, dass er sich nicht wieder bei ihm zu melden braucht, wenn er wieder gesund geschrieben sei (*ArbG Hmb.* 29.8.2006 – 21 Ca 539/05 – ArbuR 2007, 60 LS).

1497 Das gilt auch dann, wenn der Arbeitnehmer zum Zeitpunkt der später für unwirksam erklärten Kündigung und danach infolge Krankheit mehrfach befristet arbeitsunfähig geschrieben war und unabhängig von dem Eintritt der Arbeitsunfähigkeit und deren Anzeige (*BAG* 24.10.1991 EzA § 615 BGB Nr. 70; 21.1.1992 AP Nr. 53 zu § 615 BGB; 24.11.1994 EzA § 615 BGB Nr. 83; abl. MünchArbR/*Boewer* § 78 Rz. 28, wonach es bei § 296 BGB insbes. nicht auf eine Dokumentation der Leistungsbereitschaft z.B. durch Klageerhebung ankommen kann).

(3) Schwerbehinderung

1498 Ein Anspruch gem. § 615 S. 1 BGB kommt bei einem schwer behinderten Menschen, der aus gesundheitlichen Gründen seine vertraglich geschuldete Leistung nicht mehr erbringen kann, nicht in Betracht. Das Schwerbehindertenrecht verpflichtet den Arbeitgeber auch nicht zur Entgeltfortzahlung (*BAG* 23.1.2001 EzA § 615 BGB Nr. 103). Kann der Arbeitnehmer davon **nur einen Teil erbringen**, gerät der Arbeitgeber ebenfalls **nicht in Annahmeverzug**, es sei denn, dem Arbeitnehmer **kann ein anderer Arbeitsplatz zugewiesen werden**, den dieser ausfüllen kann (§ 106 GewO; *BAG* 4.10.2005 EzA § 615 BGB 2002 Nr. 13 = NZA 2006, 442 m. Anm. *Waas* SAE 2007, 72 ff.; s.o. Kap. 2 Rn. 152).

1499 Möglich ist allerdings **ein Schadensersatzanspruch aus der Verletzung der sich aus § 81 Abs. 4 SGB IX ergebenden Verpflichtung** des Arbeitgebers, den schwer behinderten Menschen im Rahmen der betrieblichen Möglichkeiten **seinem Gesundheitszustand und seinen Fähigkeiten gemäß zu beschäftigen** (*BAG* 10.7.1991 EzA § 615 BGB Nr. 69; 23.1.2001 EzA § 615 BGB Nr. 103; 4.10.2005 EzA § 615 BGB 2002 Nr. 13 = NZA 2006, 442; s. dazu Kap. 2 Rn. 149 ff.).

(4) Beispiele

1500 **Annahmeverzug tritt nicht ein:**

- wenn der Arbeitnehmer wegen **Alkoholgenusses** außerstande ist, seine Arbeitsleistung zu verrichten (*LAG SchlH* 28.11.1988 NZA 1989, 472);
- wenn eine in der Kernzeitbetreuung einer Schule beschäftigte **Erzieherin** zu unvorhersehbaren Zeiten unter plötzlich auftretenden **Sturzattacken** mit möglichen und unabsehbaren Verletzungsfolgen leidet, deren Ursachen nicht bekannt sind. Denn in einem solchen Fall ist wegen der Gefahrenlage für die zu betreuenden Kinder dem Arbeitgeber die Beschäftigung der Arbeitnehmerin unzumutbar, was ihn dazu berechtigt, die Arbeitsleistung abzulehnen, ohne in Annahmeverzug zu geraten (*LAG BW* 1.9.2005 – 11 Sa 18/05 – EzA-SD 2/06 S. 11 LS);
- wenn ein **behördliches Fahrverbot** wegen einer Smogwetterlage den auf ein Kfz angewiesenen Arbeitnehmer hindert, seine Arbeitskraft ordnungsgemäß anzubieten;
- bei Vorliegen eines **gesetzlichen Beschäftigungsverbotes** (Fehlen einer Arbeitserlaubnis, §§ 284 ff. SGB III, Schutzfristen der §§ 3 Abs. 2, 6 Abs. 1 MuSchG oder wenn der Arbeitnehmer eine notwendige Erlaubnis zur Berufsausübung nicht besitzt (*BAG* 6.3.1974 EzA § 615 BGB Nr. 21);

- wenn der Arbeitnehmer, obwohl gem. § 2 Abs. 1 GesBergV verpflichtet, nicht die in dieser Vorschrift genannte **ärztliche Bescheinigung** vorlegt (*BAG* 15.6.2004 EzA § 615 BGB 2002 Nr. 8 = NZA 2005, 462; *LAG Düsseld.* 17.7.2003 LAGE § 297 BGB 2002 Nr. 1 = LAG Report 2004, 5);
- (jedenfalls nicht ohne weiteres), wenn der Arbeitnehmer zwar eine Kündigungsschutzklage erhebt, zugleich aber eine Rente wegen Berufsunfähigkeit bezieht (*LAG Bln.* 1.3.2002 LAGE § 615 BGB Nr. 64);
- wenn der Arbeitgeber den Arbeitnehmer **rechtswirksam von der Arbeitspflicht befreit**, etwa Urlaub erteilt oder Freizeitausgleich angeordnet hat. Eine während der Freistellung erklärte rechtsunwirksame Kündigung des Arbeitgebers lässt die Arbeitsbefreiung unberührt; das Arbeitsverhältnis besteht unverändert fort (*BAG* 23.1.2001 EzA § 615 BGB Nr. 101);
- Gleiches gilt, wenn der Arbeitgeber den Arbeitnehmer mit seinem Einverständnis von weiterer Arbeitsleistung unter Anrechnung auf Urlaub **freistellt** (*BAG* 19.3.2002 EzA § 615 BGB Nr. 108; vgl. dazu *Nägele* BB 2003, 45 ff.);
- bei **Verbüßung einer Strafhaft** (*BAG* 18.8.1961 AP Nr. 20 zu § 615 BGB; *LAG BW* 17.2.2006 – 7 Sa 61/05 – EzA-SD 22/06 S. 9 LS). Ein zuvor begründeter Annahmeverzug des Arbeitgebers endet allerdings dann nicht, wenn der Arbeitnehmer sich trotz Strafaufschubs freiwillig mit Rücksicht auf den Annahmeverzug des Arbeitgebers zum Strafantritt meldet und seine Strafe auch im Wochenendvollzug hätte abbüßen können.
- Die für den Annahmeverzug des Arbeitgebers vorausgesetzte Leistungsbereitschaft des Arbeitnehmers fehlt dann, wenn er durch **Zustimmung zu einem Aufhebungsvertrag** dokumentiert, ab einem bestimmten Zeitpunkt nicht mehr seine Arbeitsleistung erbringen zu wollen, auch dann, wenn der Aufhebungsvertrag mangels Schriftform formnichtig ist (so jedenfalls das *Thüringer LAG* 27.1.2004 – 5 Sa 131/02 – EzA-SD 12/04 S. 10 LS).

Hält sich der Arbeitnehmer längere Zeit im **Ausland** auf, wird hierdurch nicht automatisch der Annahmeverzug beendet (*BAG* 11.7.1985 EzA § 615 BGB Nr. 52). **1501**

Auch der **Aufbau einer eigenen wirtschaftlichen Existenz** unterbricht den Annahmeverzug grds. nicht, wenn der Arbeitnehmer jederzeit bereit und fähig gewesen wäre, seine Aktivitäten abzubrechen (*BAG* 18.1.1963 AP Nr. 22 zu § 615 BGB). **1502**

Am Leistungsvermögen des Arbeitnehmers fehlt es aber dann nicht, wenn der Auftraggeber eines Bewachungsunternehmens einem dort beschäftigten Arbeitnehmer ein **Hausverbot** erteilt, **ohne** dass den Arbeitnehmer daran ein **Verschulden** trifft. Der Arbeitgeber gerät deshalb in Annahmeverzug, wenn er den Arbeitnehmer aus diesem Grunde nicht beschäftigen kann (*LAG Nds.* 4.9.1998 LAGE § 615 BGB Nr. 58). **1503**

Gleiches gilt, wenn der Arbeitnehmer zwar infolge eines Hausverbots nicht an seinem alten Arbeitsplatz eingesetzt werden kann, der Arbeitgeber aber trotz der Möglichkeit, ihn **anderweitig zu beschäftigen**, keinen anderen Arbeitsplatz zur Verfügung stellt (*LAG Hessen* 26.4.2000 NZA-RR 2000, 633). **1504**

Dem Arbeitnehmer dagegen, der in einem Lebensmittelbetrieb in einem Pausenraum in ein Handwaschbecken uriniert hat und der deshalb von dem Auftraggeber – einem Fruchthandelsunternehmen – seines Arbeitgebers, der für das Handelsunternehmen Ware konfektioniert und verpackt, ein Hausverbot erhält, wird die **Arbeitsleistung – verschuldet – unmöglich**, sodass sein Arbeitgeber von der Verpflichtung zur Gegenleistung frei wird (*LAG Brem.* 24.8.2000 NZA-RR 2000, 632). **1505**

(5) Darlegungs- und Beweislast

S. zunächst o. Rn. 1491. **1506**

Der Arbeitgeber trägt die Darlegungs- und Beweislast für das Unvermögen des Arbeitnehmers (*LAG BW* 17.2.2006 – 7 Sa 61/05 – EzA-SD 22/06 S. 9 LS); er darf die Leistungsunfähigkeit des Arbeitnehmers nicht »ins Blaue hinein« behaupten. Trägt er aber ausreichende Indiztatsachen vor, die die Arbeitsunfähigkeit des Arbeitnehmers ergeben können, z.B. Krankheitszeiten des Arbeitnehmers vor und nach dem Verzugszeitraum, **1507** dürfen die Arbeitsgerichte die dafür angebotenen Beweise nicht als ungeeignet ablehnen. Vielmehr muss sich der Arbeitnehmer substantiiert einlassen und ggf. die behandelnden Ärzte von der Schweigepflicht entbinden. Erst wenn die Frage der Leistungsfähigkeit des Arbeitnehmers auch nach Ausschöpfung der Beweismittel nicht geklärt werden kann, geht das zu Lasten des Arbeitgebers (*BAG* 5.11.2003 EzA § 615 BGB 2002 Nr. 6).

dd) Ernsthafter Leistungswille

1508 Voraussetzung ist weiterhin, dass der Arbeitnehmer den ernsthaften Willen hat, die Leistung im geschuldeten Umfang zu erbringen (§ 297 BGB; vgl. *BAG* 27.3.1974 AP Nr. 15 zu § 242 BGB Auskunftspflicht; 19.5.2004 EzA § 615 BGB 2002 Nr. 6 = BAG Report 2004, 315).

1509 Das Erfordernis der Leistungsbereitschaft bezieht sich auf **die vertraglich vorgesehene Tätigkeit**. Es muss folglich die Bereitschaft bestehen, die betreffende Arbeit bei dem Vertragspartner zu den vertraglichen Bedingungen zu leisten; das gilt auch im gekündigten Arbeitsverhältnis. Der Annahmeverzug des Arbeitgebers ist also dann **ausgeschlossen, wenn der Arbeitnehmer nicht leistungsfähig oder nicht leistungswillig ist** (*BAG* 13.7.2005 EzA § 615 BGB 2002 Nr. 9 = NZA 2005, 1349). Der Annahmeverzug kann im Übrigen auch **über den Zeitpunkt des Ablaufs der Kündigungsfrist hinaus bestehen,** selbst wenn der Arbeitnehmer auf den Vorschlag des Arbeitgebers zu erkennen gegeben hat, er sei mit der Vertragsbeendigung einverstanden und nach Ablauf der Kündigungsfrist seine Arbeitskraft zunächst nicht wieder anbietet. Davon ist insbesondere dann auszugehen, wenn der Arbeitnehmer erklärt, **er brauche die Arbeit** (*LAG Nds.* 11.10.2004 ArbuR 2005, 236 LS = LAG Report 2005, 170).

1510 **Zweifel an der Leistungsbereitschaft des Arbeitnehmers begründen weder:**
- das **Eingehen eines neuen Arbeitsverhältnisses** (vgl. §§ 11, 12 KSchG, 615 S. 2 BGB);
- die **Stellung eines Auflösungsantrages** (§ 9 Abs. 1 KSchG); **noch**
- das **Nichtverlangen nach Weiterbeschäftigung** trotz ordnungsgemäßen Widerspruchs des Betriebsrats (§ 102 Abs. 3, 5 BetrVG). Andererseits gerät der Arbeitgeber dann nicht in Annahmeverzug, wenn der Arbeitnehmer sich wegen der beabsichtigten Änderung von Arbeitsaufgaben und Arbeitsplatz – nach dem Erziehungsurlaub – weigert, am Arbeitsplatz zu erscheinen, an dem die Änderung der Arbeitsbedingungen zwischen Arbeitgeber und Arbeitnehmer erörtert werden sollen (*LAG SchlH* 26.9.2002 ARST 2003, 190 LS).

1511 Zu beachten ist, dass dann, wenn der Arbeitgeber nach Ausspruch einer Kündigung eine sog. **Prozessbeschäftigung** anbietet, der Leistungsbereitschaft des Arbeitnehmers entgegensteht, dass und wenn der Arbeitnehmer die **Forderung nach einem Verzicht auf die Wirkungen der Kündigung** zur Bedingung der Arbeitsaufnahme macht (*BAG* 13.7.2005 EzA § 615 BGB 2002 Nr. 9 = NZA 2005, 1349).

1512 Andererseits muss der Arbeitnehmer in den Fällen des § 296 BGB – entbehrliches Angebot – seine Leistungsbereitschaft nicht nachweisen. Es ist vielmehr Sache des Arbeitgebers, den fehlenden Leistungswillen darzutun. Dazu reicht es z.B. nicht aus, darauf hinzuweisen, dass der Arbeitnehmer verbal vehement gegen eine vom Arbeitgeber angeordnete Versetzung protestiert hat, wenn der Arbeitgeber den Arbeitnehmer noch zu keinem Zeitpunkt am neuen Arbeitsort zum Dienst eingeteilt und konkret zur Aufnahme der Arbeit am neuen Standort aufgefordert hat (*LAG Köln* 25.5.2005 – 7(11) Sa 1347/04 – EzA-SD 26/05 S. 12 LS = NZA-RR 2006, 181).

ee) Leistungsverweigerungsrecht des Arbeitnehmers

1513 Steht dem Arbeitnehmer z.B. wegen erheblicher Lohnrückstände ein Leistungsverweigerungsrecht zu, so muss er gem. § 298 BGB mit seinem Angebot der Arbeitsleistung zugleich sein Leistungsverweigerungsrecht gegenüber dem Arbeitgeber geltend machen.

Voraussetzung des Annahmeverzuges ist hier, dass der Schuldner die geschuldete Gegenleistung vom Gläubiger verlangt hat, der Gläubiger die Gegenleistung aber nicht anbietet. Andernfalls bleibt das Leistungsverweigerungsrecht unbeachtlich (vgl. *BAG* 21.5.1981 EzA § 615 BGB Nr. 40). 1514

ff) Unzumutbarkeit der Annahme der Arbeitsleistung

Der Arbeitgeber kommt nicht in Annahmeverzug, wenn er berechtigt ist, die Arbeitsleistung nicht anzunehmen, d.h. wenn **ihm die tatsächliche Beschäftigung des Arbeitnehmers nach Treu und Glauben nicht zugemutet werden kann** (*BAG* 11.11.1976 EzA § 103 BetrVG 1972 Nr. 17; *LAG BW* 1.9.2005 – 11 Sa 18/05 – EzA-SD 2/06 S. 11 LS; s.o. Rn. 1500). 1515

Von praktischer Bedeutung ist diese Frage dann, wenn sich der Ausspruch einer außerordentlichen Kündigung (§ 626 BGB) wegen notwendiger weiterer Ermittlungen, z.B. beim dringenden Verdacht des sexuellen Missbrauchs von Kleinkindern in einer Kindertagesstätte durch einen Erzieher (*LAG Bln.* 27.11.1995 NZA-RR 1996, 283), oder wegen der im Falle einer Verdachtskündigung notwendigen Anhörung des Arbeitnehmers oder wegen der notwendigen Beteiligung des Betriebsrats nach § 102 Abs. 1 BetrVG verzögert oder wenn die Kündigung nicht wegen Fehlens eines wichtigen Grundes, sondern aus sonstigen Gründen i.S.d. § 13 Abs. 3 KSchG unwirksam ist. 1516

Die Unzumutbarkeit der Entgegennahme weiterer Arbeitsleistung wird nicht durch jedes Verhalten des Arbeitnehmers begründet, das zur Kündigung aus wichtigem Grund berechtigt. Die Pflichtverletzung muss vielmehr schwerer wiegen als der wichtige Grund für die außerordentliche Kündigung. Erforderlich ist ein besonders grober Vertrauensverstoß und die Gefährdung von Rechtsgütern des Arbeitgebers, seiner Familienangehörigen oder anderer Arbeitnehmer, deren Schutz Vorrang vor dem Interesse des Arbeitnehmers an der Erhaltung seiner Vergütung verdient (*BAG* 29.10.1987 EzA § 615 BGB Nr. 43). 1517

Diesen Anforderungen genügt es z.B. nicht, wenn ein Arbeitnehmer erhebliche Vermögenswerte beiseite geschafft hat, seine Kündigung aber mangels Anhörung des Betriebsrats unwirksam war (*BAG* 29.10.1987 AP Nr. 42 zu § 615 BGB). Gleiches gilt bei **Veruntreuungen durch eine Kindergartenleiterin**, wenn die Zeit des Annahmeverzuges vom Arbeitgeber dadurch verursacht wurde, dass er die Unwirksamkeit der von ihm ausgesprochenen fristlosen Kündigung wegen unterlassener Beteiligung des Integrationsamtes verschuldet hat (*LAG Köln* 18.1.2002 – 11 Sa 522/01 – EzA-SD 13/02, S. 19 LS). Etwas anderes gilt aber nach der Kündigung einer **schwangeren Verkäuferin** wegen erwiesenem Diebstahl aus der Kasse. Denn bei einer Weiterbeschäftigung müsste der Arbeitgeber ständig die Arbeit der Arbeitnehmerin überwachen, um sicherzustellen, dass keine weiteren Eigentumsdelikte eintreten können; dies ist nicht zumutbar (*ArbG München* 18.6.2004 NZA-RR 2005, 28). 1518

gg) Treuwidrigkeit der Geltendmachung des Anspruchs; Mutterschutz

Wird dem Arbeitgeber nach Ausspruch der Kündigung rechtzeitig das Bestehen einer Schwangerschaft mitgeteilt (§ 9 MuSchG) und lehnt er eine weitere Beschäftigung ohne Nachweis der Schwangerschaft ab (weil die Arbeitnehmerin eine entsprechende Bescheinigung nicht vorlegt), so kann die Geltendmachung des Anspruchs gem. § 615 S. 1 BGB je nach den Umständen des Einzelfalles treuwidrig (§ 242 BGB) sein (*BAG* 6.6.1974 AP Nr. 3 zu § 9 MuSchG 1968). 1519

Ist eine Kündigung wegen Verstoßes gegen § 9 Abs. 1 S. 1 MuSchG rechtsunwirksam, so gerät der Arbeitgeber nach Auffassung des *LAG Hamm* (14.3.1995 LAGE § 615 BGB Nr. 43) auch bei nachträglicher Anzeige der Schwangerschaft außerhalb der Zwei-Wochen-Frist des § 9 MuSchG von Anfang an in Annahmeverzug, sofern er eine Mitwirkungshandlung gem. § 296 BGB unterlässt. Ein Vertrauen auf eine nicht erforderliche Mitwirkungshandlung kann bei Nichteinhaltung der Klagefrist gem. § 4 KSchG deshalb nicht entstehen. 1520

hh) Annahmeverzug bei fehlendem Weiterbeschäftigungsanspruch

1521 Nach Auffassung des *LAG Köln* (6.2.1998 LAGE § 284 BGB Nr. 1) kann der Arbeitgeber so lange, wie er die Erfüllung des Weiterbeschäftigungsanspruchs des gekündigten Arbeitnehmers verweigern darf (s.u. Kap. 4 Rn. 3380 ff.), auch die Erfüllung des Entgeltanspruchs verweigern, sodass er nicht in Verzug gerät. Holt er nach Abschluss des Kündigungsschutzverfahrens zu seinen Lasten **unverzüglich** die Nachzahlung der inzwischen angefallenen Vergütungsansprüche vor, so muss er danach dem Arbeitnehmer einen durch die Verzögerung der Zahlung entstandenen Schaden, insbes. **eine steuerliche Mehrbelastung, nicht erstatten.**

ii) Freistellung des Arbeitnehmers nach einer Kündigung; Resturlaub

1522 Stellt der Arbeitgeber den Arbeitnehmer nach Ausspruch einer ordentlichen Kündigung für die Dauer der Kündigungsfrist unter Anrechnung bestehender Urlaubsansprüche von der Arbeit frei und bittet er den Arbeitnehmer zugleich, ihm die Höhe des während der Freistellung erzielten Verdienstes mitzuteilen, **überlässt der Arbeitgeber dem Arbeitnehmer die zeitliche Festlegung der Urlaubszeit** und gerät während der verbleibenden Zeit in Annahmeverzug. Eines wörtlichen Angebots der Arbeitsleistung durch den Arbeitnehmer bedarf es dann nicht, denn der Arbeitgeber lässt erkennen, unter keinen Umständen zur Weiterbeschäftigung des Arbeitnehmers bereit zu sein (*BAG* 6.9.2006 EzA § 615 BGB 2002 Nr. 16 = NZA 2007, 37).

c) Beendigung des Annahmeverzuges

aa) Die Problemstellung in der Praxis

1523 Zweifelhaft ist, unter welchen Voraussetzungen der Annahmeverzug im Anschluss an eine Arbeitgeberkündigung beendet wird, wenn die Parteien gerichtlich über die Rechtswirksamkeit der Kündigung streiten und der Arbeitgeber dem Arbeitnehmer zur Meidung hoher Lohnnachzahlungskosten für den Fall rechtskräftiger Feststellung der Unwirksamkeit der Kündigung die Weiterbeschäftigung anbietet.

bb) Typische Fallkonstellationen

(1) Angebot eines faktischen Arbeitsverhältnisses

1524 Der Arbeitgeber kann sich gegenüber dem Arbeitnehmer ohne vertragliche Übergangsregelung bereit erklären, diesen im Rahmen eines faktischen Arbeitsverhältnisses zur Vermeidung von Verzugslohn bis zur erstinstanzlichen Entscheidung weiterzubeschäftigen.

(2) Weiterbeschäftigung zu den bisherigen Arbeitsbedingungen unter Aufrechterhaltung der Kündigung

1525 Der Arbeitgeber kann sich bereit erklären, den Arbeitnehmer an seinem früheren Arbeitsplatz zu den bisherigen Arbeitsbedingungen bis zum Abschluss des Kündigungsschutzrechtsstreits weiterzubeschäftigen, ohne die Kündigung für ungerechtfertigt zu erklären.

1526 Für eine Weiterbeschäftigung im Rahmen des bisherigen Arbeitsverhältnisses spricht eine tatsächliche Vermutung (*BAG* 14.11.1985 EzA § 615 BGB Nr. 46). Die mögliche, zu diesem Zeitpunkt aber noch nicht rechtskräftig feststehende Wirksamkeit der streitgegenständlichen Kündigung berührt eine derartige Aufforderung nicht (*ArbG Bln.* 22.2.2001 NZA-RR 2001, 306).

(3) Befristetes oder bedingtes Arbeitsverhältnis

1527 Der Arbeitgeber kann schließlich dem Arbeitnehmer bis zur rechtskräftigen Entscheidung über die Wirksamkeit der Beendigung des Arbeitsverhältnisses ein befristetes oder ein bedingtes Arbeitsverhältnis anbieten. Zu beachten ist allerdings inzwischen das konstitutive Schriftformerfordernis der §§ 14 Abs. 4, 21 TzBfG, das auch derartige Vereinbarungen erfasst, z.B.

auch für eine arbeitsvertragliche Vereinbarung über die befristete Weiterbeschäftigung des Arbeitnehmers bis zur rechtskräftigen Entscheidung des Kündigungsschutzrechtsstreits (*BAG* 22.10.2003 EzA § 14 TzBfG Nr. 8 = NZA 2004, 1275 = BAG Report 2004, 137; *LAG Hamm* 16.1.2003 NZA-RR 2003, 468; *LAG Nds.* 30.9.2003 LAG Report 2004, 65; vgl. *Ricken* NZA 2005, 323 ff.; *Bahnsen* NZA 2005, 676 ff.; *Tschöpe* DB 2004, 434 ff; s.u. Kap. 5); das gilt aber dann nicht, wenn der Arbeitgeber den Arbeitnehmer bis zur rechtskräftigen Entscheidung allein zur Abwendung der Zwangsvollstreckung weiter beschäftigt (*LAG Hamm* 31.10.2003 LAGE § 14 TzBfG Nr. 13 = LAG Report 2004, 254 LS).

(4) Notwendigkeit des Abstandnehmens von der Kündigung

In allen diesen Fallgruppen **verneint das *BAG*** (21.5.1981 § 615 BGB Nr. 40; 14.11.1985 EzA **1528**
§ 615 BGB Nr. 46; 24.11.1994 EzA § 615 BGB Nr. 83; 7.11.2002 EzA § 615 BGB 2002 Nr. 1, 2; ebenso *LAG RhPf* 5.3.1998 LAGE § 615 BGB Nr. 57; **a.A.** *LAG Hamm* DB 1986, 1394; *Löwisch* DB 1986, 2433) **die Beendigung des Annahmeverzugs** bei Ablehnung eines derartigen Angebots durch den Arbeitnehmer.

Dem Arbeitnehmer darf kein Arbeitsvertrag aufgezwungen werden. Will der Arbeitge- **1529**
ber in dieser Situation den Annahmeverzug beenden, so muss er mit dem Angebot der Weiterbeschäftigung auch klarstellen, dass er zu Unrecht gekündigt hat. Denn der Arbeitgeber muss die Leistung des Arbeitnehmers als Erfüllung des Vertrages annehmen, wenn er nicht in Annahmeverzug geraten will. Beharrt er dagegen auf der Wirksamkeit der ausgesprochenen Kündigung, so bringt er zum Ausdruck, dass er die Leistung nicht als Erfüllung des Arbeitsvertrages annimmt.

Ist der Arbeitgeber nach einer unwirksamen Kündigungserklärung mit der Annahme der Dienste des Arbeitnehmers in Verzug gekommen, so muss er folglich zur Beendigung des Annahmeverzugs die versäumte Arbeitsaufforderung nachholen. Dies muss mit der Erklärung verbunden sein, dass er die Arbeitsleistung als Erfüllung des fortbestehenden Arbeitsvertrages annimmt. Deshalb endet der Annahmeverzug nicht, wenn der Arbeitgeber bei seiner Arbeitsaufforderung die Kündigung aufrechterhält. Der Annahmeverzug wird allein durch eine Rückkehr des Arbeitgebers zu dem Vertragszustand beseitigt, der ohne Kündigung gelten würde (*BAG* 7.11.2002 EzA § 615 BGB 2002 Nr. 1, 2, 24.9.2003 EzA § 615 BGB 2002 Nr. 4 = NZA 2004, 90; *LAG Köln* 7.7.2002 NZA-RR 2003, 308; *ArbG Mainz* 20.10.2004 ArbuR 2005, 115 LS; vgl. dazu *Opolony* BB 2004, 1386 ff.).

Allein die **unsubstantiierte Behauptung** des Arbeitgebers, dem Arbeitnehmer sei die Weiterbeschäftigung angeboten worden, die nicht erkennen lässt, wann genau und durch wen dem Arbeitnehmer ein Beschäftigungsangebot mit welchem Inhalt unterbreitet und ob das Angebot mit der Erklärung verbunden wurde, der Arbeitgeber nehme von der Kündigung Abstand, **beendet folglich den Annahmeverzug nicht**. Denn der Annahmeverzug wird allein durch eine Rückkehr des Arbeitgebers zu dem Vertragszustand beseitigt, der ohne die unwirksame Kündigung gelten würde (*ArbG Mainz* 20.10.2004 ArbuR 2005, 115 LS).

(5) Aber: Böswilliges Unterlassen anderweitigen Erwerbs?

Allerdings kann in diesen Fällen die Ablehnung des Angebots zur Weiterbeschäftigung ein **1530**
böswilliges Unterlassen anderweitigen Erwerbs i.S.d. § 615 S. 2 BGB darstellen (vgl. *Bauer/Baeck* NZA 1989, 784; *Bayreuther* NZA 2003. 1365 ff.; *Ricken* NZA 2005, 323 ff.).

Böswillig i.S.v. § 11 Nr. 2 KSchG – die Norm **verdrängt** im Anwendungsbereich des **1531**
KSchG bei Kündigungen **§ 615 S. 2 BGB** (s.u. Rn. 1559 ff.) – handelt der Arbeitnehmer, dem ein Vorwurf daraus gemacht werden kann, dass er während des Annahmeverzugs trotz Kenntnis aller objektiven Umstände (Arbeitsmöglichkeit, Zumutbarkeit der Arbeit und Nachteilsfolgen für den Arbeitgeber) vorsätzlich untätig bleibt oder die Aufnahme der Arbeit bewusst verhindert; **nicht erforderlich ist eine Schädigungsabsicht zum**

Nachteil des Arbeitgebers (*LAG RhPf* 18.1.2005 LAG Report 2005, 168). Für die Frage der Zumutbarkeit kann allerdings auch der **Zeitpunkt des Arbeitsangebots** von Bedeutung sein. Der Arbeitnehmer muss insbesondere eine **deutliche Verschlechterung seiner Arbeitsbedingungen nicht akzeptieren**, solange er berechtigte Aussichten hat, rechtzeitig eine günstigere Arbeit zu finden; je länger Arbeitsangebot und vorgesehene Arbeitsaufnahme auseinander liegen, desto weniger wird es dem Arbeitnehmer i.d.R. vorzuwerfen sein, wenn er das Angebot ablehnt und sich stattdessen um eine für ihn günstigere Arbeit bemüht (*BAG* 11.10.2006 EzA § 615 BGB 2002 Nr. 18 = NZA 2007, 1391 LS). Eine Anrechnung kommt andererseits auch dann in Betracht, wenn die Beschäftigungsmöglichkeit bei dem Arbeitgeber besteht, der sich mit der Annahme der Dienste in Verzug befindet (*BAG* 7.11.2002 EzA § 615 BGB 2002 Nr. 1, 2). Voraussetzung ist aber die positive Kenntnis des Arbeitnehmers von der Arbeitsmöglichkeit und seine vorsätzliche Untätigkeit; fahrlässige Unkenntnis reicht nicht aus (*LAG Köln* 5.7.2002 NZA-RR 2003, 308).

1532 Böswilliges Unterlassen ist auch dann gegeben, wenn der Arbeitnehmer **grundlos zumutbare Arbeit ablehnt**, oder vorsätzlich verhindert, dass ihm zumutbare Arbeit angeboten wird (*BAG* 16.5.2000 EzA § 615 BGB Nr. 99; vgl. dazu *Spirolke* NZA 2001, 707 ff.; *v. Koppenfels* SAE 2001, 140 ff.; vgl. auch *Schirge* DB 2000, 1278 ff.; *Tschöpe* DB 2004, 434 ff.). Voraussetzung ist aber, dass auch **tatsächlich ein Angebot des Arbeitgebers an den Arbeitnehmer ergeht**, die Arbeit jedenfalls vorläufig für die Dauer des Kündigungsschutzrechtsstreits aufzunehmen (*BAG* 22.2.2000 EzA § 615 BGB Nr. 97; 7.11.2002 EzA § 615 BGB 2002 Nr. 1, 2; 24.9.2003 EzA § 615 BGB 2002 Nr. 4 = NZA 2004, 90; 13.7.2005 EzA § 615 BGB 2002 Nr. 9 = NZA 2005, 1349).

Für die danach erforderliche Beurteilung kommt es auf die Umstände des Einzelfalles, insbes. die Art und Begründung der Kündigung und das Verhalten des Arbeitgebers im Kündigungsschutzprozess an (*BAG* 14.11.1985 EzA § 615 BGB Nr. 46; 22.2.2000 EzA § 615 BGB Nr. 97; 7.11.2002 EzA § 615 BGB 2002 Nr. 1, 2; 24.9.2003 EzA § 615 BGB 2002 Nr. 4 = NZA 2004, 90; *LAG RhPf* 5.3.1998 LAGE § 615 BGB Nr. 57).

1533 Böswilliges Unterlassen kommt vor allem in Betracht bei Kündigungen aus betriebs- oder personenbedingten Gründen. Bei fristloser oder verhaltensbedingter Kündigung ist dagegen meist dem Arbeitnehmer die Weiterbeschäftigung nicht zumutbar, da derartige Kündigungen auch einen diskriminierenden Charakter haben; wird eine Kündigung also auf verhaltensbedingte Gründe gestützt, so spricht dieser Umstand eher für die Unzumutbarkeit der vorläufigen Weiterarbeit (*BAG* 7.11.2002 EzA § 615 BGB 2002 Nr. 2). Wenn eine Arbeitnehmerin z.B. befürchtet, ihr Einsatz auf einem anderen Arbeitsplatz werde im Zusammenhang mit der nachdrücklichen Aufrechterhaltung bestimmter Vorwürfe durch den Arbeitgeber betriebs-öffentlich als kompromittierend angesehen, so kann dies als nachvollziehbares Motiv für die Ablehnung der Arbeitsangebote des Arbeitgebers verstanden werden, das den Vorwurf der Böswilligkeit ausschließt (*BAG* 7.11.2002 EzA § 615 BGB 2002 Nr. 1).

1534 Der Arbeitnehmer kann andererseits nicht die vorläufige Weiterbeschäftigung zu den bisherigen Bedingungen verlangen, das entsprechende Angebot des Arbeitgebers sodann aber ablehnen. Dieses treuwidrige Verhalten erfüllt die Voraussetzungen des § 615 S. 2 BGB (*LAG Köln* 14.12.1995 LAGE § 615 BGB Nr. 45; weitergehend *LAG München* 9.5.2001 NZA-RR 2001, 414: Rechtshängigkeit reicht auch bei verhaltensbedingter Kündigung für die Zumutbarkeit aus). **Fehlt** allerdings **ein** entsprechendes **Angebot** des Arbeitgebers, so handelt der Arbeitnehmer auch dann **nicht böswillig**, wenn er es unterlässt, ein Urteil des Arbeitsgerichts, mit dem der Arbeitgeber verurteilt worden ist, den Arbeitnehmer für die Dauer des Kündigungsschutzprozesses weiterzubeschäftigen, **zu vollstrecken**, oder die Vollstreckung anzudrohen (*BAG* 22.2.2000 EzA § 615 BGB Nr. 97). Auch kann der Arbeitgeber sich dann nicht darauf berufen, der Arbeitnehmer habe es nach einer unwirksamen fristlosen Kündigung **unterlassen**, beim ArbG einen Antrag auf Erlass einer **einstweiligen Verfügung** zur

Durchsetzung des Weiterbeschäftigungsanspruchs zu stellen. Denn es ist **Sache des Arbeitgebers**, den Arbeitnehmer zur Arbeit aufzufordern, wenn er die Folgen des Annahmeverzugs beseitigen will; dies gilt auch dann, wenn der Arbeitnehmer teilweise Vergütung aus umsatzabhängiger Provision erhält (*LAG SchlH* 10.1.2006 – 2 Sa 307/05 – EzA-SD 13/06 S. 11 LS = NZA-RR 2006, 301).

Wird einem Arbeitnehmer dagegen wegen einer unstreitigen Vertragsverletzung außerordentlich gekündigt und erweist sich diese Kündigung als unverhältnismäßig, muss sich der Arbeitnehmer, der mit dem Kündigungsschutzantrag gleichzeitig den Weiterbeschäftigungsantrag gestellt hat, den unterlassenen Verdienst anrechnen lassen, wenn er nach Verkündung des arbeitsgerichtlichen Urteils der Aufforderung, im Rahmen eines Prozessrechtsarbeitsverhältnisses zu arbeiten, nicht nachkommt (*BAG* 24.9.2003 EzA § 615 BGB 2002 Nr. 4 = NZA 2004, 90 = BAG Report 2004, 49; *LAG RhPf* 4.7.2002 LAGE § 615 BGB Nr. 65). Eine Unzumutbarkeit kann sich dann nur aus besonderen, insbes. nachträglich eingetretenen Umständen ergeben, die der Arbeitnehmer vortragen muss. Aber auch unabhängig von einem Weiterbeschäftigungsurteil kann es dem Arbeitnehmer obliegen, der Aufforderung zur Arbeitsaufnahme nachzukommen, wenn der Arbeitgeber im Zusammenhang mit der Kündigung keine unbewiesenen Vorwürfe gemacht, sondern auf einen unstreitigen und für den Ausspruch einer Kündigung grds. geeigneten Sachverhalt abgestellt hat, der nur rechtlich zu bewerten ist (*BAG* 24.9.2003 EzA § 615 BGB 2002 Nr. 4 = NZA 2004, 90). **1535**

Ein Arbeitnehmer handelt demgegenüber nicht böswillig i.S.v. § 11 Nr. 2 KSchG, § 615 S. 2 BGB, indem er den ohne Beteiligung des Betriebsrats ausgesprochenen **Versetzungen nicht Folge leistet** (*BAG* 7.11.2002 EzA § 615 BGB 2002 Nr. 1, 2). **1536**

Im Hinblick auf §§ 14 Abs. 4, 21 TzBfG (s.o. Rn. 1527) sind die Voraussetzungen des § 615 S. 2 BGB auch dann erfüllt, wenn der Arbeitgeber für eine vorläufige – befristete oder bedingte, nicht nur zur Abwendung der Zwangsvollstreckung erfolgende – Weiterbeschäftigung den Abschluss einer schriftlichen Vereinbarung verlangt und der Arbeitnehmer die Unterzeichnung verweigert (*LAG Nds.* 30.9.2003 LAGE § 615 BGB 2002 Nr. 2 = LAG Report 2004, 65). **1537**

(6) Kündigungsgrund?

Ein fristlos entlassener Arbeitnehmer, der wegen der Kündigung mit seinem Arbeitgeber einen Kündigungsschutzprozess führt, setzt keinen – erneuten – Kündigungsgrund, wenn er einer im Laufe des Rechtsstreits vom Arbeitgeber zur Verringerung des Annahmeverzugsrisikos ausgesprochenen Arbeitsaufforderung nicht nachkommt, solange der Arbeitgeber an der Kündigung festhält (*LAG Köln* 9.8.1996 NZA 1997, 718 LS). Das gilt auch dann, wenn der Arbeitnehmer im Anschluss an ein Weiterbeschäftigungsurteil die Arbeit zunächst wieder aufgenommen hat und sodann wieder einstellt, weil der ihm im weiteren Verlauf zugewiesene Arbeitsplatz **nicht seinem titulierten Weiterbeschäftigungsanspruch entspricht** (*LAG MV* 23.11.2000 NZA-RR 2001, 187). **1538**

(7) Der Sonderfall: Die unterlassene Mitteilung der vorzeitigen Beendigung einer Schwangerschaft

Eine Arbeitnehmerin, die dem Arbeitgeber das Bestehen einer Schwangerschaft mitgeteilt hat, ist einerseits **verpflichtet**, den Arbeitgeber unverzüglich zu unterrichten, wenn die Schwangerschaft **vorzeitig endet** (etwa auf Grund einer Fehlgeburt; *BAG* 13.11.2001 EzA § 9 MuSchG n.F. Nr. 36), auch dann, wenn der Arbeitgeber sich mit der Annahme der Dienste in Verzug befindet und eine von ihm erklärte Kündigung wegen Verstoßes gegen § 9 MuSchG rechtskräftig für rechtsunwirksam erklärt worden ist. Hat eine Arbeitnehmerin **1539** diese Mitteilung schuldhaft unterlassen und hat der Arbeitgeber deshalb das Arbeitsverhältnis nicht gekündigt, so begründet die schuldhafte Verletzung der Unterrichtungspflicht zwar Ansprüche des Arbeitgebers auf Schadensersatz. Gleichwohl kann er die »Nichtbeendigung« des Arbeitsverhältnisses und die Erfüllung der sich aus dem Arbeitsverhältnis ergebenden Ansprüche der Arbeitnehmerin auf **Entgelt aus Annahmeverzug** andererseits **nicht als Schaden geltend machen** (*BAG* 18.1.2000 EzA § 615 BGB Nr. 98; vgl. dazu *Bittner* RdA 2001, 336 ff.). **Die Arbeitnehmerin handelt auch nicht rechtsmissbräuchlich, wenn sie die ihr auf Grund des Annahmeverzuges des Arbeitgebers zustehenden Entgeltansprüche verfolgt** (*BAG* 13.11.2001 EzA § 9 MuSchG n.F. Nr. 36).

cc) Aufforderung zur Fortsetzung der Beschäftigung

1540 Besteht das Arbeitsverhältnis auf Grund Vereinbarung oder gerichtlicher Entscheidung fort, so endet der Annahmeverzug nicht automatisch. Der Arbeitgeber muss vielmehr unmissverständlich den Arbeitnehmer zur Fortsetzung der Beschäftigung zu den bisherigen Vertragsbedingungen auffordern (*BAG* 21.3.1985 EzA § 615 BGB Nr. 44; 7.11.2002 EzA § 615 BGB 2002 Nr. 1).

dd) Rechtslage bei der Änderungskündigung

1541 Nach einer unwirksamen Änderungskündigung tritt der Annahmeverzug des Arbeitgebers unabhängig davon ein, ob der Arbeitnehmer das Änderungsangebot unter Vorbehalt akzeptiert hat oder nicht (vgl. § 8 KSchG).

1542 Das gilt auch dann, wenn die Änderungskündigung nicht wegen fehlender sozialer Rechtfertigung, sondern aus sonstigen Gründen rechtsunwirksam ist (KR/*Rost* § 8 KSchG Rz. 8).

1543 Lehnt der Arbeitnehmer nach Ausspruch einer Änderungskündigung durch den Arbeitgeber die Fortsetzung des Arbeitsverhältnisses zu den geänderten Arbeitsbedingungen ab, kann jedoch auch insoweit ein **böswilliges Unterlassen** gegeben sein, zumutbare Arbeit anzunehmen (§ 11 S. 1 Nr. 2 KSchG; *BAG* 16.6.2004 NZA 2004, 1155 = BAG Report 2004, 360; ebenso *LAG Köln* 21.6.2005 – 13 (5) Sa 179/05 – EzA-SD 19/05 S. 13 LS = NZA-RR 2006, 14; s.u. Rn. 1586).

Im Einzelnen gilt folgendes:

- Die Zumutbarkeit der Arbeit erfordert eine **Gesamtwürdigung aller Umstände** des Arbeitsangebots des Arbeitgebers und der Ablehnung des Arbeitnehmers.
- Die Unzumutbarkeit der Arbeit folgt nicht allein daraus, dass der Arbeitgeber die Fortsetzung derselben Arbeit zu einer **verminderten Vergütung** anbietet.
- Andererseits ist die Zumutbarkeit der neuen Arbeitsbedingungen nicht schon deshalb zu bejahen, weil der Arbeitnehmer **Kündigungsschutzklage erhoben** hat und damit die Rechtfertigung der Änderung gerichtlich überprüft wird.
- Besondere Bedeutung kann dabei dem Umstand zukommen, dass der **Arbeitsplatz weggefallen ist** (Betriebsteilschließung) und eine andere Beschäftigungsmöglichkeit des Arbeitnehmers im Unternehmen des Arbeitgebers nicht besteht (zutr. *LAG Köln* 21.6.2005 – 13 (5) Sa 179/05 – EzA-SD 19/05 S. 13 LS = NZA-RR 2006, 14). Ob allerdings dem Arbeitnehmer dann **eine längere Fahrtzeit von ca. 2 Stunden** je Hin- und Rückfahrt zuzumuten ist, erscheint zweifelhaft (so aber *LAG Köln* 21.6.2005 – 13 (5) Sa 179/05 – EzA-SD 19/2005 S. 13 LS = NZA-RR 2006, 14).
- Der Annahme eines böswilligen Unterlassens kann entgegenstehen, dass der Arbeitnehmer während des Annahmeverzuges des Arbeitgebers **vorbereitende Arbeiten für eine selbstständige Berufsausübung** aufnimmt.
- Soweit Einkünfte erst nach Beendigung des Annahmeverzuges erzielt werden, die auf Tätigkeiten *im* Verzugszeitraum beruhen, sind diese nach § 11 S. 1 Nr. 1 KSchG (ggf. anteilig) anzurechnen.

Auch dann, wenn ein Arbeitnehmer sich nach Ausspruch einer **außerordentlichen Änderungskündigung**, die er auch nicht unter Vorbehalt angenommen hat, weigert, zu den geänderten finanziellen Bedingungen weiterzuarbeiten, hat er sich den nicht erzielten Verdienst auf seinen Annahmeverzugsanspruch anrechnen zu lassen, wenn ihm die Weiterarbeit zumutbar war (*LAG Nds.* 23.7.2003 LAG Report 2004, 4).

ee) § 102 Abs. 5 S. 2 BetrVG

Die gerichtliche Entbindung von der Weiterbeschäftigungspflicht (§ 102 Abs. 5 S. 1, 2 BetrVG) führt nicht zu einer Beendigung des Annahmeverzuges (*LAG RhPf* 11.1.1980 BB 1980, 415). **1544**

ff) Beendigung des Arbeitsverhältnisses

Dagegen endet der Annahmeverzug dann, wenn der **Arbeitsvertrag wirksam beendet wird**, z.B. durch gerichtlichen Vergleich oder Gestaltungsurteil (§ 9 KSchG). **1545**

gg) Begründung eines neuen Arbeitsverhältnisses

Schließt der Arbeitnehmer während des Annahmeverzuges des Arbeitgebers einen neuen Arbeitsvertrag mit einem Dritten ab, führt dies **nicht zu einer Beendigung des Annahmeverzuges** (*OLG Frankf. a.M.* 7.5.1997 NZA-RR 1998, 433). **1546**

d) Die Rechtswirkungen des Annahmeverzuges

aa) Lohnausfallprinzip

Dem Arbeitnehmer bleibt gem. § 615 S. 1 BGB für die Dauer des Annahmeverzuges der Anspruch auf Zahlung der vertraglich geschuldeten Vergütung (Bruttovergütung) erhalten. **1547**

Die Höhe des Verzugslohns wird nach dem Lohnausfallprinzip berechnet. Der Arbeitnehmer muss so gestellt werden, als hätte er während des Annahmeverzuges weitergearbeitet. Folglich sind während des Annahmeverzuges eingetretene Entgelterhöhungen ebenso zu berücksichtigen wie angefallene Überstunden. Denn wenn ein Arbeitnehmer z.B. über einen Zeitraum von **mehreren Monaten Arbeitsleistungen** in einem zeitlichen Umfang erbringt, der **über die tarifliche Wochenarbeitszeit hinausgeht**, kann es sich bei der tatsächlich angefallenen Arbeitszeit um die **für ihn maßgebende regelmäßige Arbeitszeit** i.S.d. § 4 Abs. 1 EFZG handeln.

Hat der Arbeitnehmer folglich über einen langen Zeitraum hinweg Überstunden in einem bestimmten Umfang geleistet und fehlen Anhaltspunkte dafür, dass sich der Arbeitsumfang im Annahmeverzugszeitraum verändert hätte, so umfasst der Anspruch auf Vergütung auch die wegen Annahmeverzuges nicht geleisteten Überstunden (*BAG* 18.9.2001 EzA § 611 BGB Mehrarbeit Nr. 9).

Das gilt nach Auffassung des *LAG Düsseld.* (18.5.2000 NZA-RR 2000, 538) aber dann **nicht**, wenn die Mehrarbeit unter besonderen Umständen **projektbezogen** veranlasst worden ist und vom Betriebsrat als Überstunden genehmigt worden war.

Bei **leistungs- oder erfolgsabhängiger Vergütung** ist der hypothetische Verdienst des Arbeitnehmers **gem. § 287 Abs. 2 zu schätzen** (*BAG* 19.8.1976 EzA § 611 BGB Beschäftigungspflicht Nr. 1). **1548**

Gleiches gilt, wenn es an Anhaltspunkten für die Höhe des mutmaßlich erzielten Entgelts fehlt; dabei kann die vom Arbeitnehmer bis zum Beginn des Annahmeverzuges erzielte Vergütung einen Anhaltspunkt liefern (*BAG* 18.9.2001 EzA § 611 BGB Mehrarbeit Nr. 9; s. auch **1549**

BAG 29.9.1971 AP Nr. 28 zu § 1 FLG: Berücksichtigung der Durchschnittsleistung der letzten drei abgerechneten Monate). Unerheblich ist dabei, ob die Ableistung der Überstunden dem ArbZG zuwiderlief, denn eine entsprechende Freistellung des Arbeitgebers von der Lohnzahlungspflicht käme der Aufforderung gleich, diese Vorschriften zu missachten. Das würde dem Sinn des ArbZG entgegenlaufen (*BAG* 18.9.2001 EzA § 611 BGB Mehrarbeit Nr. 9).

1550 Der im **Stundenlohn** beschäftigte Arbeitnehmer kann Verzugslohnansprüche jedenfalls dann auf der Basis des zuletzt gezahlten durchschnittlichen Monatslohns geltend machen, wenn er in der Vergangenheit Lohnzulagen in **wechselnder Höhe** erhalten hat (*LAG Hamm* 21.12.2007 LAGE § 1 KSchG Betriebsbedingte Kündigung Nr. 81).

bb) Begriff des Arbeitsentgelts

1551 Zu der geschuldeten Vergütung gehören alle Leistungen mit Entgeltcharakter, die dem Arbeitnehmer mit Rücksicht auf das Arbeitsverhältnis zufließen, z.B. auch **tarifliche Zeitzuschläge**, die mit der Leistung von Wechselschicht verbunden sind (*BAG* 18.9.2002 EzA § 87 BetrVG 2001 Arbeitszeit Nr. 1). Zum Arbeitsentgelt gehörende Sachbezüge, die während des Annahmeverzuges nicht weitergewährt werden, sind für die Dauer der Ausfallzeit angemessen abzugelten (z.B. nach der Sachbezugsverordnung nach § 17 Abs. 1 Nr. 3 SGB IV oder Vorschriften der obersten Landesbehörden nach § 8 Abs. 2 S. 4 EStG). Das gilt z.B. für **Mahlzeiten**, die der Arbeitgeber unentgeltlich oder verbilligt an die Arbeitnehmer im Betrieb abgibt.

Schuldet der Arbeitgeber insoweit dem Grunde nach Annahmeverzugsvergütung, so obliegt es ihm, hinsichtlich der Anspruchshöhe vorzutragen, wie sich die in seinem Betrieb angeordnete **Kurzarbeit** konkret auf die **Vergütung** des Arbeitnehmers **im ungekündigten Arbeitsverhältnis** ausgewirkt hätte (*BAG* 19.3.2008 EzA § 615 BGB 2002 Nr. 23).

cc) Aufwendungsersatz

1552 Zum Verzugslohn gehören dagegen nicht Auslösungen, Fahrgelder und Essenszuschüsse und ähnliche Leistungen, soweit der Anspruch davon abhängig ist, dass dem Arbeitnehmer Aufwendungen, die dadurch abgegolten werden, auch tatsächlich entstehen und soweit ihm solche Aufwendungen nicht entstanden sind. Etwas anderes gilt, wenn Aufwandsentschädigungen unabhängig von konkreten Aufwendungen des Arbeitnehmers gewährt und von ihm zur Anhebung seines allgemeinen Lebensstandards verwendet werden können (*BAG* 10.3.1988 EzA § 4 TVG Metallindustrie Nr. 39; s.u. Rn. 1720 ff.).

dd) Fälligkeit; Zinsen; Verjährung; Ausschlussfristen

1553 Die aus § 615 S. 1 BGB folgenden Lohnansprüche werden zu dem Zeitpunkt fällig, in dem sie bei ordnungsgemäßer Abwicklung des Arbeitsverhältnisses fällig geworden wären (*BAG* 8.8.1985 EzA § 4 TVG Ausschlussfristen Nr. 69). Dieser Fälligkeitszeitpunkt ist auch maßgeblich für den Eintritt der Verjährung des Verzugslohns sowie den Untergang des Anspruchs auf Grund tariflicher oder vertraglicher Ausschlussfristen.

Gerät der Arbeitgeber in Annahmeverzug, weil er nach Ausspruch einer Kündigung die Gehaltszahlungen an den Arbeitnehmer einstellt, so hat er dies dann zu vertreten und deshalb die rückständigen Beträge zu verzinsen, wenn er bei Anwendung der erforderlichen Sorgfalt hätte erkennen können, dass die Kündigung unwirksam war (*BAG* 13.6.2002 EzA § 615 BGB Nr. 110; 22.3.2001 EzBAT Schadensersatzpflicht des Arbeitgebers Nr. 31). Es ist insbes. zu prüfen, ob sich der Arbeitgeber in einem entschuldbaren Rechtsirrtum befunden hat. Der Rechtsirrtum ist entschuldbar, wenn die Rechtslage objektiv zweifelhaft ist und der Schuldner sie sorgfältig geprüft hat. Beruht der Ausspruch der Kündigung auf einem vertretbaren Rechtsstandpunkt, handelt der kündigende Arbeitgeber so lange nicht fahrlässig, wie er auf die Wirksamkeit seiner Kündigung vertrauen darf. Jedenfalls in Höhe des erhaltenen Arbeitslosengeldes kann der Arbeitnehmer vom Arbeitgeber keine Zinsen auf den Annahmeverzugslohn verlangen (*BAG* 13.6.2002 EzA § 615 BGB Nr. 110).

Zu beachten ist, dass durch die **Kündigungsschutzklage** nach § 4 KSchG oder eine Klage 1554
auf Feststellung des Fortbestehens des Arbeitsverhältnisses gem. § 256 ZPO die **Verjährung** der sich aus § 615 BGB ergebenden Zahlungsansprüche des Arbeitnehmers **nicht gehemmt wird** (*BAG* 7.11.1991 EzA § 209 BGB Nr. 5; zum Verhältnis zu tariflichen Ausschlussfristen s.u. Rn. 4772 ff.).

ee) Annahmeverzug und Betriebsübergang

Erhebt der Arbeitnehmer im Falle eines Betriebsübergangs gegenüber dem früheren 1555
Betriebsinhaber eine erfolgreiche Kündigungsschutzklage, so muss der **neue Inhaber** den gegenüber dem früheren Inhaber eingetretenen Annahmeverzug ebenso wie eine diesem gegenüber erfolgte tarifliche Geltendmachung auf Grund des Schutzzwecks des § 613a BGB **gegen sich gelten lassen** (*BAG* 21.3.1991 EzA § 615 BGB Nr. 68).

ff) Forderungsübergang auf Sozialversicherungsträger (§§ 203 f. SGB III, § 115 SGB X)

Der sozialversicherungsrechtliche Leistungsträger tritt nach § 203 f. SGB III, § 115 SGB X in 1556
die von den Arbeitsvertragsparteien bindend klargestellte Rechtslage ein. Gehen die Parteien von der Unwirksamkeit einer Kündigung und damit auch für die Frage des Annahmeverzuges (§ 615 BGB) vom Fortbestand des Arbeitsverhältnisses aus, weil der Arbeitgeber sie im Einvernehmen mit dem Arbeitnehmer »zurückgenommen« hat, so gilt dies im Bereich der ordentlichen Kündigung auch für den Sozialversicherungsträger.

Haben die Parteien im Rahmen einer ordentlichen Kündigung den Streitgegenstand 1557
abschließend geregelt und sind danach Ansprüche auf den sozialversicherungsrechtlichen Leistungsträger übergegangen, so braucht dieser eine spätere Änderung der ursprünglichen Vereinbarung nach §§ 404, 412 BGB nicht gegen sich gelten zu lassen (*BAG* 17.4.1986 EzA § 615 BGB Nr. 7).

e) Anrechnung auf den entgangenen Verdienst

aa) Sinn und Zweck der Anrechnung

Der Arbeitnehmer soll keine Vorteile dadurch erlangen, dass er die vereinbarte Vergütung 1558
fordern kann, ohne zu Nachleistungen verpflichtet zu sein. Deshalb muss er sich nach **§ 615 S. 2 BGB** auf die vom Arbeitgeber geschuldete Vergütung das anrechnen lassen, **was er infolge des Unterbleibens der Arbeitsleistung erspart oder durch anderweitige Verwendung seiner Arbeitskraft erwirbt oder zu erwerben böswillig unterlässt.**

bb) Verhältnis zu § 11 KSchG

Soweit das KSchG Anwendung findet, wird § 615 S. 2 BGB durch die **Sonderregelung des** 1559
§ 11 KSchG verdrängt (*BAG* 6.9.1990 EzA § 615 BGB Nr. 67); beide Vorschriften sind ohnehin inhaltlich deckungsgleich (*LAG RhPf* 18.1.2005 LAG Report 2005, 168).

§ 11 KSchG gilt nicht nur für den Fall der Feststellung des Fortbestands des Arbeitsver- 1560
hältnisses durch gerichtliche Entscheidung (Urteil), sondern auch für alle Vereinbarungen, die zu dem gleichen Ergebnis gelangen, also von einer unwirksamen Kündigung des Arbeitgebers ausgehen (KR/*Spilger* § 11 KSchG Rz. 4).

cc) Abdingbarkeit

1561 § 11 KSchG ist **unabdingbar**, soweit für den Arbeitnehmer nachteilige Anrechnungsbestimmungen auf Grund einzel- oder kollektivrechtlicher Regelung getroffen werden (KR/*Spilger* § 11 KSchG Rz. 7). Dagegen ist **§ 615 S. 2 BGB** auch zum Nachteil des Arbeitnehmers **vertragsdispositiv** (*BAG* 6.11.1968 AP Nr. 16 zu § 615 BGB Betriebsrisiko).

dd) Anzurechnender Verdienst

1562 Anzurechnen ist derjenige Verdienst, den der Arbeitnehmer durch anderweitige Verwendung desjenigen Teils seiner Arbeitskraft erwirbt, den er dem Arbeitgeber zur Verfügung zu stellen verpflichtet war. **Es muss sich also um Verdienst handeln, der kausal durch das Freiwerden der Arbeitskraft erzielt worden ist.** Anhaltspunkte für die Kausalität können sich sowohl aus objektiven (maßgeblich ist, ob beide Tätigkeiten nebeneinander ausgeübt werden können) als auch aus subjektiven Umständen (maßgeblich ist der Wille des Arbeitnehmers) ergeben (*BAG* 6.9.1990 EzA § 615 BGB Nr. 67). **Nebenverdienste bleiben insoweit unberücksichtigt, als sie auch bei Erfüllung der arbeitsvertraglichen Pflichten möglich gewesen wären** (*LSG Nds.-Brem.* 21.11.2002 NZA-RR 2003, 603). Die gleichen Grundsätze gelten für teilzeitbeschäftigte Arbeitnehmer.

1563 Zu dem anzurechnenden anderweitigen Verdienst zählen alle Leistungen, die als Gegenleistung für die Arbeitsleistung (z.B. auch die durch einen anderen Arbeitgeber gezahlte Urlaubsabgeltung, *LAG Hamm* 25.11.1996 ZTR 1997, 236), auch im Rahmen einer selbstständigen Gewerbeausübung erzielt werden, nicht aber Einkünfte aus einer kapitalmäßigen Beteiligung an einem Unternehmen, es sei denn, dass der Arbeitnehmer mit der Verwaltung seines Vermögens ausgelastet ist (*BAG* 27.3.1974 AP Nr. 15 zu § 242 BGB Auskunftspflicht). Anzurechnen sind auch öffentlich-rechtliche Leistungen, die der Arbeitnehmer während des Annahmeverzuges bezogen hat, z.B. Arbeitslosengeld (*BAG* 7.2.2007 EzA § 615 BGB 2002 Nr. 19 = NZA 2007, 561), vorgezogenes Altersruhegeld, Erwerbsunfähigkeitsrente (vgl. *LAG Köln* 24.11.1995 NZA-RR 1996, 286), ebenso ein Überbrückungsgeld gem. § 57 SGB III (jetzt: Gründungszuschuss; *LAG Köln* 15.10.2003 ZTR 2004, 326 LS). Nach Auffassung des *LAG Brem.* (17.9.2001 – 4 Sa 43/01 – EzA-SD 1/02, S. 5 LS = NZA-RR 2002, 186) muss schließlich ein Arbeitnehmer, der in einem **Reinigungsunternehmen** tätig ist, sich den »Nebenverdienst«, den er nach einer fristlosen Kündigung des Arbeitsverhältnisses im Annahmeverzugszeitraum morgens in der Zeit ab 5 Uhr bei einem Konkurrenzunternehmen erzielt (450 DM monatlich) auf die Annahmeverzugsansprüche anrechnen lassen, wenn seine Arbeitszeit bei dem in Annahmeverzug geratenen Arbeitgeber um 7.30 Uhr begonnen hätte, auch wenn er diese Nebentätigkeit nicht hätte ausüben dürfen (Verstoß gegen das ArbZG und das Konkurrenzverbot).

ee) Durchführung der Anrechnung und Rückabwicklung

1564 Der anzurechnende anderweitige Arbeitsverdienst ist auf die vertragsmäßige Vergütung für die ganze Zeit des Annahmeverzuges (vergleichende Gesamtberechnung; *BAG* 22.11.2005 EzA § 615 BGB 2002 Nr. 14 = NZA 2006, 736) und nicht nur auf den Zeitabschnitt anzurechnen, in dem er erzielt worden ist (*BAG* 19.7.1978 EzA § 242 BGB Auskunftspflicht Nr. 1; 29.7.1993 EzA § 615 BGB Nr. 79). Zunächst ist die **Vergütung** für die auf Grund des Verzugs des Arbeitgebers **nicht geleisteten Dienste** zu ermitteln. Dieser Gesamtvergütung ist **gegenüberzustellen, was der Arbeitnehmer während des gesamten Zeitraums anderweitig erworben hat** (*BAG* 22.11.2005 EzA § 615 BGB 2002 Nr. 14 = NZA 2006, 736). Bezogen auf die Anrechnung böswillig unterlassenen Erwerbs bedeutet das: Zunächst hat die proportionale Zuordnung der Anrechnung in zwei Schritten zu erfolgen. Zunächst ist von dem vom Arbeitgeber geschuldeten Bruttoarbeitsentgelt der Bruttoverdienst in Abzug zu bringen, den zu erwerben der Arbeitnehmer böswillig unterlassen hat. Von dem so errechneten Differenzbetrag muss sich der Arbeitnehmer den Teil des bezogenen Arbeitslosengelds anrechnen lassen, der dem Anteil der Bruttovergütung entspricht, die der Arbeitgeber dem Arbeitnehmer noch nach Anrechnung des böswillig unterlassenen Erwerbs auf das vertraglich geschuldete Arbeitsentgelt zu zahlen hat (*BAG* 11.1.2006 EzA § 615 BGB 2002 Nr. 10 = NZA 2006, 313; vgl. dazu *Schulze* NZA 2006, 1145 ff.).

Folglich sind die anzurechnenden Einkünfte für den gesamten Zeitraum zu ermitteln und mit der Annahmeverzugsvergütung zu verrechnen. Voraussetzung für die vollständige Anrechnung des gesamten anderweitigen Erwerbs ist aber regelmäßig die **Beendigung des Annahmeverzuges**. Dauert der Annahmeverzug z. Zt. der Entscheidung über eine Vergütungsklage des Arbeitnehmers noch an, kann der Arbeitgeber **nur Auskunft** über die Höhe des anderweitigen Verdienstes aus den Zeitabschnitten verlangen, für die der Arbeitnehmer fortlaufend seit Beginn des Annahmeverzuges Entgelt geltend gemacht hat (*BAG* 24.8.1999 EzA § 615 BGB Nr. 96 = SAE 2001, 56; vgl. dazu *Groeger* NZA 2000, 793 ff.; *Boecken* SAE 2001, 59 ff.; **a.A.** *LAG Düsseld.* 1.9.2005 – 5 Sa 212/05 – EzA-SD 24/05 S. 10 LS = FA 2006, 58 LS). 1565

Die Durchführung der Anrechnung erfolgt nicht durch Rechtsgeschäft, vielmehr handelt es sich um eine **automatisch eintretende Kürzung** des Vergütungsanspruchs des Arbeitnehmers, für die **§§ 850 ff. ZPO keine Anwendung finden**, weil der Arbeitnehmer die Leistung bereits erhalten hat (*Staudinger/Richardi* § 615 Rz. 137). 1566

Stellt sich heraus, dass der Arbeitnehmer neben dem Verzugslohn anderweitig anzurechnende Einkünfte erzielt hat, ist er zur Erstattung gem. § 812 Abs. 1 S. 1 BGB verpflichtet (*BAG* 2.6.1987 EzA § 74c HGB Nr. 25). 1567

Wird der Arbeitgeber rechtskräftig verurteilt, für einen bestimmten Zeitraum des Annahmeverzuges nach § 615 BGB die vereinbarte Vergütung zu zahlen und erfährt er später von einem anrechenbaren Verdienst des Arbeitnehmers in dieser Zeit, so ist er auch durch das rechtskräftige Urteil nicht gehindert, den überzahlten Betrag nach § 812 BGB zurückzufordern bzw. bei der Endabrechnung über die restliche Zeit des Annahmeverzuges zur Anrechnung zu bringen (*BAG* 29.7.1993 EzA § 615 BGB Nr. 79). 1568

ff) Darlegungs- und Beweislast; Auskunftsanspruch; eidesstattliche Versicherung

Die Darlegungs- und Beweislast für die Voraussetzungen des § 615 S. 2 BGB (§ 11 KSchG) hat der **Arbeitgeber**. Dem Arbeitgeber werden aber i.d.R. die näheren Umstände, deren Kenntnis zur Beurteilung der Kausalität erforderlich ist, nicht bekannt sein. 1569

Der Arbeitgeber hat daher gegen den Arbeitnehmer einen selbstständig einklagbaren Anspruch auf Auskunft über die Höhe seines anderweitigen Verdienstes in der Zeit des Annahmeverzuges (*BAG* 29.7.1993 EzA § 615 BGB Nr. 79). 1570

Voraussetzung ist aber, dass der Arbeitgeber zuvor dargelegt und nachgewiesen hat, dass der Arbeitnehmer überhaupt einer anderen Erwerbstätigkeit nachgegangen ist (**a.A.** *Klein* NZA 1998, 1208 ff.). 1571

Inhalt und Umfang von Auskunftspflichten richten sich im Einzelfall nach den Grundsätzen von Treu und Glauben. Gerade wenn es um Angaben über Einkünfte aus einer selbstständigen Tätigkeit geht, lassen sich keine schematischen Regeln aufstellen, die für die vielfältigen Erscheinungsformen des Arbeitslebens gleichermaßen Geltung beanspruchen. Es ist das Interesse des Arbeitnehmers zu berücksichtigen, dass die Auskunft ihm **keinen zumutbaren Aufwand** verursacht, andererseits das Interesse des Arbeitgebers, ein **möglichst deutliches Bild** über den anrechenbaren Zwischenverdienst zu erhalten. Nur im konkreten Einzelfall kann nach **Treu und Glauben** beurteilt werden, wie detailliert die Angaben des 1572

Arbeitnehmers zumutbarerweise sein müssen. Auch inwieweit bei einer Gesamtabrechnung und konkret geltend gemachten Bedenken des Arbeitgebers Belege vorgelegt werden müssen und konkrete Nachweise erforderlich sind, kann nur eine **Einzelfallabwägung** nach Treu und Glauben ergeben. Jedenfalls darf der Auskunftsanspruch nicht dadurch entwertet werden, dass auch bei begründeten Einwendungen des Arbeitgebers diesem jegliche Möglichkeit abgeschnitten wird, die Angaben des Arbeitnehmers zu überprüfen. Regelmäßig werden deshalb konkrete Nachweise zu fordern sein.

1573 Bei **Zweifeln** an der Auskunft kann der Arbeitgeber i.d.R. verlangen, dass der Arbeitnehmer seine Angaben zusätzlich belegt (*BAG* 2.6.1987 EzA § 74c HGB Nr. 25). Bei Einkünften aus selbstständiger unternehmerischer Tätigkeit genügt der Arbeitnehmer seiner Auskunftspflicht durch die Vorlage des **Einkommensteuerbescheides**. Entbindet er in diesem Zusammenhang das Finanzamt nicht von seiner Verpflichtung, das Steuergeheimnis zu wahren, so ist die Weigerung im Rahmen der Gesamtwürdigung gem. § 286 ZPO zu berücksichtigen (*BAG* 14.8.1974 AP Nr. 3 zu § 13 KSchG 1969).

1574 Werden entsprechende Belege nicht vorgelegt, kann der Arbeitgeber vom Arbeitnehmer die Abgabe einer **eidesstattlichen Versicherung** verlangen. Dieser Anspruch ist nicht bereits dadurch erfüllt, dass der Arbeitnehmer im Prozess vor dem Arbeitsgericht an Eides statt versichert, eine bestimmte im Prozess vorgelegte Aufstellung, die mit seinen sonstigen Angaben nicht übereinstimmt, sei richtig (*BAG* 29.7.1993 EzA § 615 BGB Nr. 79).

gg) Leistungsverweigerungsrecht des Arbeitgebers

1575 Solange der Arbeitnehmer seiner Auskunftsverpflichtung nicht nachkommt, steht dem Arbeitgeber ein Leistungsverweigerungsrecht aus **§ 320 Abs. 1 BGB** zu (*BAG* 27.3.1974 AP Nr. 15 zu § 242 BGB Auskunftspflicht).

1576 Eine Verurteilung des Arbeitgebers auf Zahlung des Verzugslohns Zug-um-Zug gegen die entsprechende Auskunftserteilung scheidet aus, weil der Umfang der Leistungspflicht des Arbeitgebers ohne vorherige Auskunft des Arbeitnehmers nicht bestimmbar ist.

1577 Mangels Fälligkeit der Verzugsvergütung ist die Zahlungsklage des Arbeitnehmers dann insgesamt als zur Zeit unbegründet abzuweisen (*BAG* 2.6.1987 EzA § 74c HGB Nr. 25).

hh) Öffentlich-rechtliche Leistungen

1578 Der Arbeitnehmer hat über erhaltene öffentlich-rechtliche Leistungen (z.B. Arbeitslosengeld) Auskunft zu erteilen, da auch insoweit eine Anrechnung erfolgt (§ 11 Nr. 3 KSchG). Danach ist der »Nettobetrag« des Arbeitslosengeldes als die dem Arbeitnehmer infolge Arbeitslosigkeit gezahlte öffentlich-rechtliche Leistung auf das Arbeitsentgelt anzurechnen. Der Arbeitgeber hat der Bundesagentur die geleisteten Beiträge aus dem Bruttobetrag des Arbeitsentgelts zu erstatten (§ 335 Abs. 3 SGB III; *BAG* 24.9.2003 EzA § 615 BGB 2002 Nr. 3 = NZA 2003, 1332). In Höhe der gewährten Unterstützung geht der Anspruch des Arbeitnehmers aus § 615 S. 1 BGB gem. § 115 SGB X auf den Sozialversicherungsträger über.

1579 An der Rechtsnatur des Verzugslohns ändert sich durch den Wechsel in der Aktivlegitimation nichts (*BAG* 28.6.1984 AP Nr. 1 zu § 115 SGB X).

1580 Die Berufsunfähigkeitsrente nach früherem Recht ist keine Leistung infolge Arbeitslosigkeit i.S.d. § 11 Nr. 3 KSchG (*BAG* 24.9.2003 EzA § 615 BGB 2002 Nr. 3 = NZA 2003, 1332).

ii) Böswillig unterlassener Erwerb

(1) Begriffsbestimmung

1581 Weiterhin ist anzurechnen, was der Arbeitnehmer böswillig zu erwerben unterlässt (hypothetischer Erwerb; s. *LAG Nds.* 18.1.2006 NZA-RR 2006, 349). Dabei ist aber zu beachten, dass die **Annahme einer Arbeit** i.S.v. § 11 S. 1 Nr. 2 KSchG **nicht dasselbe ist wie die Annahme eines Angebots**; sie setzt auch kein Angebot voraus. Der Arbeitnehmer **darf nicht untätig bleiben, wenn sich eine realistische Arbeitsmöglichkeit bietet**. Das kann auch die Abgabe von eigenen Angeboten mit einschließen. Geht es um die Arbeitsmöglichkeit **bei dem bisherigen Arbeitgeber**, kann der Arbeitnehmer allerdings regelmäßig abwarten, ob ihm eine zumutbare Arbeit angeboten wird; das ist nur dann der Fall, wenn sie auf den **Erwerb von Zwischenverdienst** gerichtet ist. **Auf eine dauerhafte Änderung der Arbeitsbedingungen braucht sich der Arbeitnehmer nicht einzulassen** (*BAG* 11.1.2006 EzA §615 BGB 2002 Nr. 11 = NZA 2006, 314 m. Anm. *Janko* SAE 2007, 118ff.; vgl. dazu *Schulze* NZA 2006, 1145ff.; s.a. *LAG Berlin-Brandenburg* 20.4.2007 – 6 Sa 162/07 – EzA-SD 14/2007 S. 9 LS zum Widerruf einer widerruflich vereinbarten Freistellung). Andererseits kommt eine Anrechnung eben auch dann in Betracht, wenn eine zumutbare Beschäftigungsmöglichkeit **bei einem sich im Verzug befindlichen Arbeitgeber besteht**. Dabei ist die von einem Arbeitgeber in einem unstreitig bestehenden Arbeitsverhältnis über sein **Weisungsrecht hinaus** zugewiesene Arbeit **nicht ohne weiteres als unzumutbar anzusehen**; insoweit sind alle Umstände des Einzelfalls zu berücksichtigen. Neben der Art der Arbeit und den sonstigen Arbeitsbedingungen ist zu prüfen, **aus welchen Gründen** der Arbeitgeber keine vertragsgemäße Arbeit anbietet und der Arbeitnehmer ihm zugewiesene Arbeit ablehnt (*BAG* 7.2.2007 EzA §615 BGB 2002 Nr. 19 = NZA 2007, 561). Allerdings liegt z.B. bei **unzumutbar langer Pendelzeit** (mehr als 2 Stunden pro Strecke bei einer schwangeren Arbeitnehmerin) zum Erreichen des neuen angebotenen Arbeitsplatzes kein böswilliges Unterlassen anderweitigen Erwerbs vor; dies gilt selbst dann, wenn es sich um die **einzige geeignete freie Stelle** handelt (*LAG Hamm* 24.5.2007 NZA-RR 2008, 175).

Böswillig handelt der Arbeitnehmer, der in Kenntnis der objektiven Umstände, d.h. der Arbeitsmöglichkeit, Zumutbarkeit der Arbeit und der Nachteilsfolge für den Arbeitgeber, vorsätzlich untätig bleibt oder die Arbeitsaufnahme verhindert hat; nicht erforderlich ist Schädigungsabsicht des Arbeitnehmers (*LAG RhPf* 18.1.2005 LAG Report 2005, 168; so bereits *BAG* 18.6.1965 AP Nr. 2 zu §615 BGB Böswilligkeit). Das ist dann der Fall, wenn der Arbeitnehmer grundlos zumutbare Arbeit ablehnt oder vorsätzlich verhindert, dass ihm zumutbare Arbeit angeboten wird (*BAG* 16.5.2000 EzA §615 BGB Nr. 99; vgl. dazu *Spirolke* NZA 2001, 707ff.; *v. Koppenfels* SAE 2001, 140ff.). Grundsätzlich ist es **nicht unzumutbar**, die Arbeit unter **Hinnahme von Verdiensteinbußen** fortzuführen. Es bedarf insgesamt wegen der Zumutbarkeit der Arbeitsaufnahme einer **Einzelfallprüfung**, die sich nach den gesamten Umständen des konkreten Falls beurteilt (*LAG Nds.* 18.1.2006 NZA-RR 2006, 349). Unzumutbarkeit liegt auch dann nicht vor, wenn der Arbeitgeber für eine **vorläufige Weiterbeschäftigung** nach Ausspruch einer Kündigung den Abschluss **einer schriftlichen Vereinbarung verlangt** und der Arbeitnehmer die Unterzeichnung verweigert (*LAG Nds.* 30.9.2003 NZA-RR 2004, 194 = LAG Report 2004, 65). Auch dann, wenn ein Arbeitnehmer sich nach Ausspruch einer **außerordentlichen Änderungskündigung**, die er auch nicht unter Vorbehalt angenommen hat, weigert, zu den **geänderten finanziellen Bedingungen** weiterzuarbeiten, hat er sich den nicht erzielten Verdienst auf seinen Annahmeverzugsanspruch anrechnen zu lassen, wenn ihm die Weiterarbeit zumutbar war (*LAG Nds.* 23.7.2003 LAG Report 2004, 4; ebenso *LAG Nds.* 18.1.2006 NZA-RR 2006, 349 für eine ordentliche Änderungskündigung bei Gehaltskürzungen von etwa 12–15 %). Grundsätzlich schließt den Vorwurf die Tatsache aus, dass der Arbeitnehmer sich beim Arbeitsamt als arbeitsuchend gemeldet hat (*LAG Köln* 5.7.2002 LAGE §615 BGB Nr. 66 = ARST 2003, 115 LS = NZA-RR 2003, 308; s. auch unten Rn. 1584). 1582

Eine Anrechnung kommt im Falle der Arbeitsunfähigkeit nicht in Betracht (*BAG* 4.12.2002 EzA §3 EFZG Nr. 10). 1583

(2) Fehlende Böswilligkeit

Beispiele: Nicht böswillig handelt der Arbeitnehmer: 1584

- der vom Arbeitgeber im Rahmen eines unstreitig fortbestehenden Arbeitsverhältnisses **einseitig** von der Verpflichtung zur Arbeitsleistung **freigestellt wird** (*LAG Köln* 27.4.2005 – 7 Sa 1282/04 – EzA-SD 25/05 S. 12 LS = ZTR 2006, 51 LS);

- der eine Arbeit zurückweist, die ihm der Arbeitgeber unter **Überschreitung seines Direktionsrechts** zuweist (*BAG* 13.12.1980 AP Nr. 4 zu § 615 Böswilligkeit);
- der während des Annahmeverzugs **kein anderweitiges Dauerarbeitsverhältnis** eingeht, das ihm die Rückkehr an den bisherigen Arbeitsplatz erschwert (*BAG* 18.6.1965 AP Nr. 2 zu § 615 BGB Böswilligkeit);
- dessen Arbeitsverhältnis bereits vor Antritt seiner Arbeit gekündigt wurde, wenn er trotz der vorherigen Ablehnung der Dienste durch den neuen Arbeitgeber sein **bisheriges Arbeitsverhältnis kündigt** (*BAG* 2.11.1973 AP Nr. 3 zu § 615 BGB Böswilligkeit);
- der eine **selbstständige Tätigkeit aufnimmt**, bei der die Geschäftsergebnisse geringer sind als das zu beanspruchende Arbeitslosengeld (*BAG* 2.6.1987 EzA § 74c HGB Nr. 25);
- der einen vorübergehenden **Auslandsaufenthalt** durchführt oder ein Erfolg versprechendes **Studium** aufnimmt (*BAG* 9.8.1974 AP Nr. 5 zu § 74c HGB; 11.7.1985 EzA § 615 BGB Nr. 52);
- der trotz Vorliegens der Voraussetzungen des § 102 Abs. 5 BetrVG **kein Weiterbeschäftigungsverlangen** an den Arbeitgeber richtet (MünchArbR/*Boewer* § 76 Rz. 69);
- der es **unterlässt**, sich bei der Agentur für Arbeit **als Arbeitsuchender zu melden**.

1585 Denn die Vorschriften über den Annahmeverzug begründen keine Obliegenheit des Arbeitnehmers, die Vermittlung der Bundesagentur für Arbeit in Anspruch zu nehmen (*BAG* 16.5.2000 EzA § 615 BGB Nr. 99; *LAG Bln.* 3.9.2003 – 17 Sa 808/03 – EzA-SD 23/03, S. 6 LS = ARST 2004, 139 LS; vgl. dazu *Spirolke* NZA 2001, 707 ff.; *v. Koppenfels* SAE 2001, 140 ff.):

- wenn der Arbeitnehmer eine Berufsunfähigkeitsrente nach altem Recht bezieht (*BAG* 24.9.2003 EzA § 615 BGB 2002 Nr. 3);
- wenn der Arbeitnehmer im Zusammenhang mit einem Antrag nach § 8 TzBfG eine **einstweilige Verfügung** zur Regelung seiner Arbeitszeit beantragt, worauf ihm wegen Fehlens einer entsprechenden Beschäftigungsmöglichkeit – unwirksam – gekündigt wird und beschäftigt ihn der Arbeitgeber entsprechend der gerichtlichen Entscheidung bis zum Ablauf der Kündigungsfrist unter **Androhung von Schadensersatzansprüchen** weiter, so stellt es kein böswilliges Unterlassen anderweitigen Erwerbs dar, wenn sich der Arbeitnehmer **nach Ablauf der Kündigungsfrist arbeitslos meldet**, anstatt der Aufforderung nachzukommen, seiner Schadensminderungspflicht durch Weiterarbeit zu genügen (*LAG Hamm* 4.11.2004 NZA-RR 2005, 416).

(3) Änderungskündigung

1586 Im Rahmen einer erklärten Änderungskündigung gilt Folgendes (*BAG* 16.7.2004 5 AZR 508/03 ZTR 2004, 655 LS; s.o. Rn. 1541):

- Ein **böswilliges Unterlassen** kommt in Betracht, wenn der Arbeitnehmer nach Ausspruch einer Änderungskündigung durch den Arbeitgeber die Fortsetzung des Arbeitsverhältnisses zu geänderten Arbeitsbedingungen ablehnt (ebenso *BAG* 26.9.2007 EzA § 615 BGB 2002 Nr. 21 = NZA 2008, 1063). Lehnt der Arbeitnehmer das Angebot ab, bedarf es **keines neuen**, auf eine sog. Prozessbeschäftigung gerichteten **Angebots**. Der Arbeitnehmer, der die Möglichkeit des § 2 KSchG nicht wahrnimmt, handelt auf eigenes Risiko (*BAG* 26.9.2007 EzA § 615 BGB 2002 Nr. 21 = NZA 2008, 1063).
- Die Unzumutbarkeit der Arbeit folgt nicht allein daraus, dass der Arbeitgeber die Fortsetzung derselben Arbeit zu einer verminderten Vergütung anbietet.
- Andererseits ist die Zumutbarkeit der neuen Arbeitsbedingungen nicht schon deshalb zu bejahen, weil der Arbeitnehmer Kündigungsschutzklage erhoben hat und damit die Rechtfertigung der Änderung gerichtlich überprüft wird.
- Der Annahme eines böswilligen Unterlassens kann entgegenstehen, dass der Arbeitnehmer während des Annahmeverzuges des Arbeitgebers vorbereitende Arbeiten für eine selbstständige Berufsausübung aufnimmt.

Soweit Einkünfte erst nach Beendigung des Annahmeverzugs erzielt werden, die auf Tätigkeiten im Verzugszeitraum beruhen, sind diese nach § 11 S. 1 Nr. 1 KSchG (ggf. anteilig) anzurechnen.
Liegt danach ein böswilliges Unterlassen vor, so **endet es** mit **Ablauf der Kündigungsfrist**, wenn der Arbeitgeber anschließend eine Beendigungskündigung erklärt, ohne die auf der Änderungskündigung beruhende Arbeitsmöglichkeit weiter anzubieten (*BAG* 26.9.2007 EzA § 615 BGB 2002 Nr. 21 = NZA 2008, 1063).

jj) Einvernehmliche Freistellung

Siehe o. Rn. 281 ff.; s.u. Kap. 6 Rn. 121 ff. 1587
Haben die Arbeitsvertragsparteien in einem Vergleich die Freistellung des Arbeitnehmers von der Arbeitsleistung und die Fortzahlung der Vergütung vereinbart, so muss sich der Arbeitnehmer den anderweitigen Verdienst während des Freistellungszeitraums nicht nach § 615 S. 2 BGB anrechnen lassen (*LAG Berlin-Brandenburg* 20.4.2007 – 6 Sa 162/07 – EzA-SD 14/2007 S. 9 LS; *LAG Hamm* 27.2.1991 DB 1991, 1577; *LAG Köln* 21.8.1991 DB 1992, 123; **a.A.** *Thür. LAG* 21.11.2000 ZTR 2001, 138 LS); auch ein Rückforderungsanspruch des Arbeitgebers für das gezahlte Entgelt gem. § 812 BGB besteht nicht. Auch wenn der Vergleich keine umfassende Ausgleichsklausel enthält, die Regelungen aber abschließend sind, kommt eine Anrechnungsverpflichtung auf Grund einer ergänzenden Vertragsauslegung auf jeden Fall dann nicht in Betracht, wenn die Parteien die Möglichkeit eines anderweitigen Erwerbs des Arbeitnehmers während des Freistellungszeitraums bedacht haben (*LAG RhPf* 21.10.2008 – 1 Ta 176/08; *LAG Hamm* 11.10.1996 LAGE § 615 BGB Nr. 49; *LAG Bra.* 17.3.1998 LAGE § 615 BGB Nr. 56; **a.A.** *LAG SchlH* 20.2.1997 BB 1997, 1212; *LAG Hamm* 25.11.1996 ZTR 1997, 236; *Bauer/Baeck* NZA 1989, 784; vgl. auch *Nägele* DB 1998, 518 ff.; *ders.* NZA 2008, 1039 ff.; *Hoß/Lohr* BB 1998, 2575 ff.).
Will der Arbeitgeber anderweitig erzielten Verdienst anrechnen, muss er sich das vorbehalten. Er muss dann aber auch, wenn er einverständlich den Arbeitnehmer von weiterer Arbeitsleistung unter Anrechnung auf Urlaub freistellt, die genaue zeitliche Lage des Urlaubs im Freistellungszeitraum festlegen (*BAG* 19.3.2002 EzA § 615 BGB Nr. 108; vgl. dazu *Nägele* BB 2003, 45 ff.).

Eine einvernehmliche Freistellung kommt **nicht dadurch zustande**, dass der Arbeitnehmer 1588
ein **neues Arbeitsverhältnis** während der Dauer der Freistellung eingeht und die Arbeit auch tatsächlich antritt. Denn dadurch wird das bisherige Arbeitsverhältnis nicht beendet (*LAG Köln* 9.10.1998 ARST 1999, 115 LS).

kk) Einseitige Freistellung durch den Arbeitgeber

Der Arbeitgeber kann **nicht einseitig** den Arbeitnehmer von der Arbeitsleistung unter 1589
Lohnfortzahlung **freistellen**. Dafür bedarf es auch dann, wenn ein Beschäftigungsanspruch nicht besteht, einer Vereinbarung bezüglich der Aufhebung des Anspruchs des Arbeitgebers auf die Arbeitsleistung. Das gilt auch dann, wenn die Freistellung mit der Anordnung des **Abfeierns von Überstunden** verbunden wird (*LAG Nbg.* 28.3.2000 ARST 2000, 283 LS).
Maßgeblich für die rechtliche Beurteilung ist sodann das Verhalten des Arbeitnehmers:
- Widerspricht er der Freistellung nicht und bleibt er im weiteren der Arbeit fern, ist von einem stillschweigend abgeschlossenen Freistellungsvertrag auszugehen; die Vergütung bestimmt sich nach dieser Vereinbarung;
- Widerspricht er auch der Anordnung des Abfeierns der Überstunden nicht, ist die Vereinbarung einer bezahlten Freizeit anzunehmen. Mit der Bezahlung der Vergütung für den Freistellungszeitraum wird der Anspruch auf Vergütung der Überstunden erfüllt (§ 362 BGB). Die Ansprüche auf Zahlung von Überstundenzuschlägen bleiben von der Freistellung i.d.R. unberührt und sind in Geld zu erfüllen;

– Widerspricht der Arbeitnehmer der Anordnung des Abfeierns von Überstunden, kann darin nach z.T. vertretener Auffassung eine Verletzung der ihm obliegenden Treuepflicht liegen, die beinhaltet, mit der Vereinbarung bezahlter Freizeit zum Zwecke des Abfeierns von Überstunden einverstanden zu sein. Das soll jedenfalls dann der Fall sein, wenn ein Arbeitnehmer in herausgehobener Position gekündigt hat, um zu einem Konkurrenzunternehmen zu wechseln und der Arbeitgeber den Arbeitnehmer deshalb nicht mehr bis zum Vertragsende beschäftigen möchte (*LAG Nbg.* 28.3.2000 ARST 2000, 283 LS).

f) Darlegungs- und Beweislast

1590 Im Zahlungsprozess hat der Arbeitnehmer darzulegen und zu beweisen, dass zwischen den Parteien während des Verzugszeitraums ein Arbeitsverhältnis bestanden hat, ferner den Umfang der geltend gemachten Forderung, die Ablehnung der Arbeitsleistung durch den Arbeitgeber sowie ggf. das Vorliegen der Voraussetzungen des § 298 BGB.
Demgegenüber trifft den Arbeitgeber die Darlegungs- und Beweislast für einen fehlenden Leistungswillen oder das Leistungsunvermögen des Arbeitnehmers (§ 297 BGB; *BAG* 23.1.2008 EzA § 615 BGB 2002 Nr. 22 = NZA 2008, 595), ferner für das Vorliegen anderweitiger Einkünfte (**a.A.** *Klein* NZA 1998, 1208 ff.) sowie der Voraussetzungen, die die Annahme rechtfertigen sollen, dass der Arbeitnehmer anderweitigen Erwerb böswillig unterlassen hat (vgl. MünchArbR/*Blomeyer* § 78 Rz. 73 ff.). Verweigert deshalb der Arbeitgeber dem Arbeitnehmer nach dem Ende einer ihm von einem Arzt attestierten Arbeitsunfähigkeit die Wiederaufnahme der Arbeit, so hat der Arbeitgeber im Einzelnen darzulegen und zu beweisen, dass der Arbeitnehmer in dem fraglichen Zeitraum objektiv nicht in der Lage war, die von ihm geschuldete Arbeitsleistung zu erbringen (*LAG Düsseld.* 17.7.2003 LAGE § 297 BGB 2002 Nr. 1).
Für die notwendige Kausalität zwischen dem Freiwerden von der bisherigen Arbeitsleistung und dem anderweitigen Erwerb, für die Anhaltspunkte sich sowohl aus objektiven als auch aus subjektiven Umständen ergeben, trifft grds. den Arbeitgeber die Darlegungs- und Beweislast.

1591 Allerdings darf einer Partei keine unerfüllbare Darlegungs- und Beweislast auferlegt werden. Ihr Umfang richtet sich deshalb danach, wie substantiiert sich der Arbeitnehmer auf den Vortrag des Arbeitgebers einlässt. Hinsichtlich der Höhe des anderweitig erzielten Verdienstes ist der Arbeitnehmer ohnehin auskunftspflichtig.

1592 Insoweit geht das *BAG* (19.3.2002 EzA § 615 BGB Nr. 108; vgl. dazu *Nägele* BB 2003, 45 ff.) davon aus, dass dann, wenn der Arbeitnehmer sich anderweitigen Verdienst auf seinen Entgeltanspruch anzurechnen lassen hat, der Arbeitgeber Auskunft über die tatsächlichen Umstände der anderweitigen Erwerbstätigkeit des Arbeitnehmers verlangen und bis zur Erteilung der Auskunft die Leistung verweigern kann (*BAG* 19.3.2002 EzA § 615 BGB Nr. 108; vgl. dazu *Nägele* BB 2003, 45 ff.).

1593 Weil dem Arbeitgeber die näheren Umstände, deren Kenntnis zur Beurteilung der Kausalität erforderlich ist, meist nicht bekannt sind, genügt es, wenn er **Indizien** vorträgt, die für das Vorliegen des Kausalzusammenhanges sprechen. Hat der Arbeitgeber solche Anhaltspunkte vorgetragen, so muss der Arbeitnehmer nach § 138 Abs. 2 ZPO darlegen, weshalb die vom Arbeitgeber behauptete Kausalität nicht vorliegt.

g) Betriebsrisiko

aa) Die praktische Ausgangslage

1594 Gem. § 326 Abs. 1 BGB verliert der Arbeitnehmer an sich den Vergütungsanspruch bei Unmöglichkeit der Arbeitsleistung, wenn weder ihn noch den Arbeitgeber daran ein Verschulden trifft. Dabei können betriebstechnische Störungsursachen (Maschinenschäden),

Naturereignisse (Überschwemmung), wirtschaftliche Gründe (Lieferausfall von Rohstoffen), aber auch behördliche Anordnungen (Inventur) zur Unmöglichkeit der Leistung führen.

Das Ergebnis des Wegfalls des Entgeltanspruchs des Arbeitnehmers wird in diesen Fällen 1595 aber als unangemessen angesehen; das *BAG* (6.11.1968 AP Nr. 16 zu § 615 BGB Betriebsrisiko; 28.9.1972 AP Nr. 28 zu § 615 BGB Betriebsrisiko; 9.3.1983 EzA § 615 BGB Betriebsrisiko Nr. 9; 30.1.1991 EzA § 615 BGB Betriebsrisiko Nr. 12) geht davon aus, dass sich §§ 323, 615 BGB a.F. zur angemessenen Lösung der Vergütungsgefahr bei Betriebsstörungen nicht eignen. Nichts anderes gilt, nachdem durch **§ 615 S. 3 BGB n.F.** (*BAG* 9.7.2008 EzA § 615 BGB 2002 Nr. 25 = NZA 2008, 1408) der Gesetzgeber ausdrücklich den Fortbestand des Vergütungsanspruchs festgeschrieben hat für Fälle, in denen der Arbeitgeber das Risiko des Arbeitsausfalls trägt. Denn damit wird **keine Aussage** darüber getroffen, **wann dies der Fall ist**; die Konkretisierung soll weiterhin der Rechtsprechung überlassen bleiben, um den Besonderheiten der denkbaren Fallgestaltungen Rechnung tragen zu können (vgl. *LAG Düsseld.* 5.6.2003 LAGE § 615 BGB 2002 Nr. 1; *Däubler* NZA 2001, 1332; *Auktor* ZTR 2002, 464 f.; *Luke* NZA 2004, 244 ff.).

bb) Problemlösung

Erforderlich ist nach Auffassung des *BAG* (6.11.1968 AP Nr. 16 zu § 615 BGB Betriebsri- 1596 siko; 28.9.1972 AP Nr. 28 zu § 615 BGB Betriebsrisiko; 9.3.1983 EzA § 615 BGB Betriebsrisiko Nr. 9; 30.1.1991 EzA § 615 BGB Betriebsrisiko Nr. 12) eine Lösung nach den allgemeinen Grundgedanken des Arbeitsrechts und den Prinzipien der Wirtschaftsverfassung. Danach gelten folgende Grundsätze:

(1) Gründe im betrieblichen Bereich

> Der Arbeitgeber, dem die wirtschaftliche Initiative und das Entscheidungsrecht in Fra- 1597
> gen der Betriebsführung zusteht, muss die Verantwortung und damit in Gestalt der Lohnfortzahlung die Folgen tragen, die sich daraus ergeben, dass die Entgegennahme der Arbeitsleistung des Arbeitnehmers aus Gründen unmöglich wird, die im betrieblichen Bereich liegen.

Dabei ist **unerheblich**, ob diese Gründe **betriebstechnische Ursachen** haben, auf einem 1598 **Versagen sachlicher oder persönlicher Mittel des Betriebes** beruhen oder **von außen** auf das Unternehmen **einwirken**. Erfasst sind also auch Ursachen, die für den Arbeitgeber einen Fall **höherer Gewalt** darstellen (z.B. Naturkatastrophen, Unglücksfälle, extreme Witterungsverhältnisse).

Das ist z.B. dann der Fall, wenn in einem Betrieb auf Grund eines plötzlichen Kälteein- 1599 bruchs die Ölheizung wegen Paraffinierung des Heizöls ausfällt (*BAG* 9.3.1983 EzA § 615 BGB Betriebsrisiko Nr. 9), der Arbeitgeber wegen zu niedriger Temperaturen den Betrieb einstellen muss (*BAG* 18.5.1999 EzA § 615 BGB Nr. 94) oder der Arbeitnehmer auf Grund einer Betriebsstilllegung bis zum Ablauf der Kündigungsfrist nicht mehr beschäftigt werden kann (*BAG* 23.6.1994 NZA 1995, 468).

> Gleiches gilt, wenn der Arbeitgeber **witterungsbedingt** im Winter Lkw-Fahrer in der 1600
> Zeit von Dezember bis Februar **regelmäßig nicht beschäftigt** und eine **wirksame Vereinbarung** über Abrufarbeit **nicht vorliegt**. Der Arbeitgeber trägt insoweit auch dann das Risiko des Arbeitsausfalls gem. § 615 S. 3 BGB, wenn er selbst den Betrieb aus Gründen, die in seinem betrieblichen oder wirtschaftlichen Verantwortungsbereich liegen, einschränkt oder stilllegt. Soll sich die Arbeitszeit arbeitsvertraglich nach den für den Arbeitgeber »maßgeblichen Erfordernissen und den für den Beruf eines Kraftfahrers typischen Kriterien« richten, ruht die Arbeitspflicht auch angesichts der Saisonabhängigkeit eines mit Baustoffen handelnden Betriebs nicht in einem bestimmten Zeitraum (*BAG* 9.7.2008 EzA § 615 BGB 2002 Nr. 25 = NZA 2008, 1408).

1601 Der Arbeitnehmer behält auch seinen Lohnanspruch in Höhe des Kurzarbeitergeldes, wenn dieses vom Arbeitsamt für eine mit dem Betriebsrat vereinbarte Kurzarbeitsperiode rückwirkend widerrufen wird (*BAG* 11.7.1990 EzA §615 BGB Betriebsrisiko Nr. 11). Gleiches gilt, wenn der Arbeitgeber den Arbeitnehmer nach einer rechtsunwirksamen Kündigung wegen **Umstrukturierungsmaßnahmen** nicht beschäftigen kann, denn die Unmöglichkeit der Beschäftigung ist dann **vom Arbeitgeber zu vertreten** (*LAG Hessen* 28.11.2003 LAG Report 2004, 201).

(2) Existenzgefährdung

1602 Diese Grundsätze gelten ausnahmsweise nicht, wenn das die Betriebsstörung herbeiführende Ereignis den Betrieb wirtschaftlich so schwer trifft, dass bei Zahlung der vollen Löhne die Existenz des Betriebes, Unternehmens gefährdet würde (*BAG* 28.9.1972 AP Nr. 28 zu §615 BGB Betriebsrisiko) oder wenn der Betrieb von vornherein so ausgebaut ist, dass er zur Überholung in regelmäßigen Abständen stillgelegt wird (*BAG* 21.12.1954 AP Nr. 2 zu §611 BGB Lohnanspruch).

1603 Nach Auffassung des *LAG München* (6.5.1997 LAGE §242 BGB Lohnstundung Nr. 1) ist der Arbeitnehmer demgegenüber auf Grund seiner Treuepflicht nicht verpflichtet, in einer **wirtschaftlichen Existenzkrise** des Arbeitgebers Lohnforderungen in Höhe von 10% seines Bruttomonatseinkommens zu stunden, und zwar auch dann nicht, wenn die übrigen Mitarbeiter in dieser Höhe auf ihre Lohnforderungen verzichtet haben.

1604 Das *BAG* (21.12.1954 AP Nr. 2 zu §611 BGB Lohnanspruch) hat angenommen, dass der Arbeitnehmer diese Art des Betriebsablaufs (Überholung in regelmäßigen Abständen) hinzunehmen hat und eine Pflicht zur Unterrichtung bei der Einstellung des Arbeitnehmers im Allgemeinen nicht besteht. Im Hinblick auf § 81 Abs. 1 BetrVG wird dies allerdings nicht aufrechterhalten werden können.

(3) Leistungsfähigkeit und -bereitschaft des Arbeitnehmers

1605 Die Betriebsrisikolehre ist nur dann anwendbar, wenn der Arbeitnehmer **zur Arbeitsleistung fähig und bereit ist**, der Arbeitgeber ihn aber aus Gründen, die in seinem Betrieb liegen, nicht beschäftigen kann und **weder der Arbeitgeber noch der Arbeitnehmer schuldhaft die Ursache für das Unterbleiben der Arbeitsleistung gesetzt haben**.

1606 Die Folgen anderer objektiver Leistungshindernisse, die den Arbeitnehmer daran hindern, an seinen Arbeitsplatz als Erfüllungsort zu gelangen, hat der Arbeitgeber nach den Grundsätzen der Betriebsrisikolehre nicht zu tragen (z.B. witterungsbedingtes Fahrverbot, Smogalarm usw.).

(4) Abweichende Begründungsansätze

1607 In der Literatur (*Picker* JZ 1979, 285 ff.; MünchArbR/*Boewer* §79 Rz. 13 ff.) wird demgegenüber die Auffassung vertreten, dass §615 S. 1 BGB auch diesen Sachverhalt abschließend regele. Denn davon sei auch der besondere Fall der Annahmeunmöglichkeit erfasst, die sowohl die Annahmeunwilligkeit als auch die Annahmeunfähigkeit (Betriebsrisiko) des Arbeitgebers betreffe. Die unverschuldete Annahmeunfähigkeit infolge der Nichtdurchführbarkeit des Betriebs wird damit nicht der Unmöglichkeit (§326 BGB) zugeordnet.

1608 Danach ist auch eine Risikobeteiligung des Arbeitnehmers am Betriebsrisiko aus Existenzgründen abzulehnen, weil sich dafür kein tragfähiger Zurechnungsgrund auffinden lässt (MünchArbR/*Boewer* § 79 Rz. 21). Im Hinblick auf die Möglichkeit der Einführung von Kurzarbeit bedarf es dessen zudem nicht, ebenso wenig einer Lohnstundung als milderen Solidarbeitrages zur Rettung des Betriebes.

cc) Längerfristige Betriebsstörungen

Auch bei längerfristigen Betriebsstörungen **enden die Arbeitsverhältnisse nicht automatisch**, auch führen sie nicht zum Wegfall der Geschäftsgrundlage (§ 313 BGB) als einem selbstständigen Beendigungsgrund für das Arbeitsverhältnis. 1609

Vielmehr ist noch eine ordentliche Kündigung (§ 1 KSchG) erforderlich, die sozial gerechtfertigt sein muss. 1610
Ein wichtiger Grund für eine außerordentliche Kündigung ist in diesen Fällen regelmäßig nicht gegeben (*BAG* 28.9.1972 AP Nr. 28 zu § 615 BGB Betriebsrisiko), denn dies würde zu einer unzulässigen Abwälzung der Risikotragung bei Betriebsstörungen auf den Arbeitnehmer führen.

dd) Arbeitskampfrisiko

Besonderheiten gelten, wenn die fraglichen Störungen auf einem Streik in einem anderen Betrieb beruhen (sog. Arbeitskampfrisiko). 1611

Können die Fernwirkungen eines Streiks im Betrieb das Kräfteverhältnis der kämpfenden Parteien beeinflussen, so tragen beide Seiten das Arbeitskampfrisiko, sodass keine Vergütungs- oder Beschäftigungsansprüche bestehen. 1612

Das gilt z.B. dann, wenn die für den mittelbar betroffenen Betrieb zuständigen Verbände mit den unmittelbar kämpfenden Verbänden identisch oder organisatorisch eng verbunden sind (*BAG* 22.12.1980 EzA § 615 BGB Betriebsrisiko Nr. 7, 8). 1613

Siehe ausf. u. Kap. 10 Rn. 104 ff. 1614

ee) Abdingbarkeit

Nach der Rechtsprechung des *BAG* (8.12.1982 EzA § 616 BGB Nr. 23; 9.3.1983 EzA § 615 BGB Betriebsrisiko Nr. 9; s.a. 9.7.2008 EzA § 615 BGB 2002 Nr. 25 = NZA 2008, 1408) können die Grundsätze über die Verteilung des Betriebsrisikos durch Tarifvertrag oder Einzelvertrag abbedungen werden, da § 615 BGB nicht zwingender Natur ist. **Allerdings muss eine derartige Abbedingung mit hinreichender Deutlichkeit aus dem Inhalt der Vereinbarung hervorgehen.** Eine zwischen Arbeitgeber und Arbeitnehmer getroffene Vereinbarung, dass der Arbeitnehmer **bei erwartetem Auftragsmangel** in Zukunft bezahlten oder unbezahlten **Urlaub** einbringen werde, ist deshalb jedenfalls dann **unwirksam**, wenn Anlass und Menge der möglichen Arbeitszeitreduzierung **nicht näher konkretisiert** sind. Wird in einem derartigen Fall der Arbeitnehmer anlässlich der Erstellung der Abrechnung gefragt, ob die Zeiten der Nichtleistung als bezahlter Erholungsurlaub oder als unbezahlter Urlaub behandelt werden sollen, kann die Wahl des unbezahlten Urlaubs auch nicht als rechtswirksamer Verzicht auf entstandene Annahmeverzugsansprüche interpretiert werden (*LAG Nbg.* 30.5.2006 – 6 Sa 111/06 – EzA-SD 17/06 S. 4 LS = NZA-RR 2006, 511). Eine **tarifvertragliche Regelung**, die eine Vergütungspflicht des Arbeitgebers festlegt, wenn die Arbeitszeit infolge eines Umstandes ausfällt, den der Arbeitgeber zu vertreten hat, umfasst andererseits auch die Vergütungspflicht für Fälle, in denen die Arbeit infolge einer auf höherer Gewalt (Störung der Elektrizitätsversorgung) beruhenden Betriebsstörung ausfällt, die der Arbeitgeber nach der Lehre vom Betriebsrisiko zu vertreten hat. 1615

Häufig betreffen tarifliche Freistellungsklauseln Fälle des Arbeitsausfalls auf Grund höherer Gewalt, soweit es sich um objektive Leistungshindernisse im außerbetrieblichen Bereich, wie z.B. außerbetriebliche Energiestörungen oder Naturkatastrophen handelt. Bestimmt der Tarifvertrag dagegen, dass nur die »tatsächlich geleistete Arbeit« bezahlt wird, so bezieht sich diese Regelung lediglich auf den Ausschluss des Lohnanspruchs nach § 616 BGB (*BAG* 8.3.1961 AP Nr. 13 zu § 615 BGB Betriebsrisiko; 30.1.1991 EzA § 615 BGB Betriebsrisiko Nr. 12). Eine Ausnahme von der Abdingbarkeit gilt gem. § 11 Abs. 4 S. 2 AÜG für Leiharbeitnehmer. 1616

ff) Keine generelle vertragliche Abwälzung des Lohnrisikos

1617 Eine **generelle einzelvertragliche Abwälzung des Beschäftigungs- und Lohnrisikos auf den Arbeitnehmer widerspricht jedenfalls dem Arbeitnehmerschutzgedanken**, wonach der Arbeitgeber das Betriebs- und Wirtschaftsrisiko zu tragen hat (MünchArbR/*Boewer* § 79 Rz. 76).

h) Wirtschaftsrisiko

aa) Begriff

1618 Vom Betriebsrisiko zu unterscheiden ist das sog. Wirtschaftsrisiko (vgl. *BAG* 22.12.1980 EzA § 615 BGB Betriebsrisiko Nr. 7). **Dabei ist die Durchführung des Arbeitsprozesses selbst nicht gehemmt. Die Arbeitsleistung bleibt zwar technisch möglich, ist aber für den Arbeitgeber wirtschaftlich nutzlos** (z.B. wegen Auftragsmangel, fehlender Rentabilität). Die Rentabilität oder sogar die Existenz des Betriebes wird infolge weiterer Erfüllung der arbeitsvertraglichen Pflichten in Frage gestellt.

1619 Dieses Wirtschaftsrisiko liegt erst recht beim Arbeitgeber, weil bei allen Austauschverträgen allein der Gläubiger das Risiko der Nutzlosigkeit der an sich noch erbringbaren Leistung trägt, die er weiterhin verlangen könnte. Zudem kann auch auf den Grundgedanken des § 279 BGB a.F. verwiesen werden, wonach jeder für seine finanzielle Leistungsfähigkeit einzustehen hat. Folglich gerät der Arbeitgeber in Annahmeverzug (§ 615 S. 1 BGB; vgl. *Schaub* Arbeitsrechtshandbuch, § 101).

bb) Besonderes Kündigungsrecht

1620 Zweifelhaft ist, ob zumindest bei Vorliegen einer Existenzgefährdung des Betriebes dem Arbeitgeber ein Recht zur außerordentlichen Kündigung zusteht. Im Allgemeinen wird allerdings kein wichtiger Grund vorliegen, da der Arbeitgeber rechtzeitig in der Lage ist, durch ordentliche Kündigung, Kurzarbeit, Betriebsstilllegung und ähnliche Maßnahmen der wirtschaftlichen Situation Rechnung zu tragen. Im Übrigen gelten hinsichtlich einer ordentlichen Kündigung die zum Betriebsrisiko entwickelten Grundsätze (s.o. Rn. 1594).

2. Arbeitsverhinderung aus persönlichen und sonstigen Gründen

a) Arbeitsverhinderung aus persönlichen Gründen

aa) Grundlagen

1621 Gem. § 616 S. 1 BGB behält der Arbeitnehmer entgegen § 326 Abs. 1 BGB den Anspruch auf die volle Arbeitsvergütung, wenn er für eine verhältnismäßig nicht erhebliche Zeit durch einen in seiner Person liegenden Grund ohne Verschulden an der Arbeitsleistung verhindert ist.

1622 Aus sozialpolitischer Rücksichtnahme und aus Gründen der Humanität soll der Arbeitnehmer bei einem vorübergehenden, in seiner Person eintretenden unverschuldeten Leistungshindernis seinen für ihn die Existenzgrundlage bildenden Arbeitsentgeltanspruch behalten, ohne zur Nachleistung der Dienste verpflichtet zu sein (*BAG* [GS] 18.12.1959 AP Nr. 22 zu § 616 BGB).

bb) Sonderregelungen; Teilregelung durch das Pflegezeitgesetz (ab 1.7.2008)

1623 § 616 S. 1 BGB wird durch **zahlreiche Sonderregelungen verdrängt** (z.B. §§ 3 ff. EFZG, § 37 Abs. 2, 6, 7 BetrVG, § 46 Abs. 2 BPersVG, §§ 1 ff. BUrlG, landesrechtliche Bildungsurlaubsgesetze). Am 17.10.2007 hat das Bundeskabinett den Entwurf eines Pflege-Weiterentwicklungsgesetzes verabschiedet, der auch Regelungen zur Pflegezeit enthält; es ist zum 1.7.2008 in Kraft getreten. Vorgesehen ist nunmehr u.a. das Recht von Arbeitnehmern, bei akut auftretenden Pflegesituationen bis zu zehn Arbeitstage der Arbeit fernzubleiben, um für einen nahen Angehörigen eine bedarfsgerechte Pflege zu organisieren oder die sofortige pflegerische Versorgung des betroffenen Angehörigen sicherzustellen (kurzzeitige Arbeitsverhinderung). Ein eigener Entgeltfortzahlungsanspruch ist nicht vorgesehen; er kann sich aber aus § 616 BGB, sowie einzel- und kollektivvertraglichen Regelungen ergeben. Greifen derartige Vergütungsregelungen – § 616 BGB ist abdingbar – nicht ein, gewährt die Pflegekasse nach § 44a SGB XI für jeden Pflegebedürftigen eine **Entgeltersatzleistung für längstens 10 Tage** (s. *Düwell* FA 2008, 108 ff.).

1624 Des Weiteren besteht ein besonderer Kündigungsschutz für den Pflegezeitraum (zu Einzelheiten s. *Schwerdle* ZTR 2007, 655 ff.; *Preis/Weber* NZA 2008, 82 ff.; *Preis/Nehring* NZA 2008, 729 ff.; *Linck* BB 2008, 2738 ff.; *Düwell* FA 2008, 108 ff.; *Müller* BB 2008, 1058 ff.; *Freihube/Sasse* DB 2008, 1320 ff.; s.u. Kap. 4 Rn. 719).

cc) Abdingbarkeit; Bedeutung tarifvertraglicher Regelungen

1625 **§ 616 S. 1 BGB enthält dispositives, durch Tarifvertrag oder Einzelvertrag abdingbares Recht** (vgl. § 619 BGB). Tarifvertraglich ist § 616 S. 1 BGB meist abbedungen und durch einen Katalog einzelner Verhinderungsfälle mit einer jeweils hierfür bestimmten Anzahl freier Arbeitstage ersetzt (vgl. z.B. § 52 BAT, § 29 TVöD; § 4 BRTV-Bau).

1626 Ob der Tarifvertrag eine abschließende und damit § 616 BGB ausschließende Regelung enthält, ist im Wege der **Auslegung** zu ermitteln. Davon ist auszugehen, wenn nach dem Tarifvertrag **»Lohn nur für wirklich geleistete Arbeit«** bezahlt werden soll und lediglich bei bestimmten Ausnahmen die Entgeltfortzahlungspflicht des Arbeitgebers bestehen bleibt oder es heißt: »Grds. wird Arbeitsentgelt nur für die Zeit gezahlt, in der Arbeit geleistet wird, sowie für die Zeit der Arbeitsbereitschaft, es sei denn, dass gesetzliche oder tarifliche Vorschriften etwas anderes bestimmen« (*BAG* 26.8.1982 EzA § 616 BGB Nr. 21; 4.9.1985 EzA § 616 BGB Nr. 33).

1627 Enthält der Tarifvertrag einen festen Katalog von Säumnisgründen und der dafür zugestandenen bezahlten Freizeit anstelle der generalklauselartigen Regelung des § 616 S. 1 BGB, so wird insoweit die Unzumutbarkeit der Arbeitsleistung vermutet. Der Arbeitnehmer muss dann nicht darlegen, wie sich das in dem tariflichen Katalog aufgeführte Ereignis tatsächlich auf sein Leben ausgewirkt hat (*BAG* 12.12.1973 AP Nr. 44 zu § 616 BGB).

1628 Beschränkt sich der Tarifvertrag allerdings auf eine Erwähnung bestimmter Verhinderungsfälle und konkretisiert er damit allein den Anwendungsbereich des § 616 S. 1 BGB, so kann diese Vorschrift für weitere Verhinderungsfälle Anwendung finden (*BAG* 27.6.1990 EzA § 616 BGB Nr. 43).

1629 Ob im Arbeitsvertrag neben Modifikationen auch der **völlige Ausschluss** des § 616 S. 1 BGB rechtlich zulässig wäre, hat das *BAG* (20.6.1979 EzA § 616 BGB Nr. 16) offen gelassen.

1630 Der tarifliche Ausschluss des § 616 BGB für alle Teilzeitkräfte oder **Teilzeitkräfte** mit flexiblen Arbeitszeiten begegnet jedenfalls im Hinblick auf § 4 Abs. 1 TzBfG Bedenken (MünchArbR/*Schüren* § 162 Rz. 146).

dd) Tatbestandsvoraussetzungen

(1) Arbeitsverhältnis

1631 Voraussetzung für die Anwendung des § 616 S. 1 BGB ist zunächst, dass ein *Arbeitsverhältnis besteht.*

§ 616 S. 1 BGB greift vom rechtlichen Beginn bis zur rechtlichen Beendigung des Arbeitsverhältnisses ein, also auch dann, wenn der Arbeitnehmer infolge des Verhinderungsgrundes die Arbeit nicht mehr zu dem vertraglich vorgesehenen Antrittszeitpunkt aufnehmen kann.

1632 Liegt der Verhinderungsfall bereits beim Abschluss des Arbeitsvertrages vor und besteht er bis zum Zeitpunkt der vereinbarten Arbeitsaufnahme fort, so entfällt auf Grund des Schutzzwecks des § 616 BGB eine Vergütungspflicht des Arbeitgebers (*BAG* 26.7.1989

EzA § 1 LohnFG Nr. 110). Bei fehlerhaft begründeten Arbeitsverhältnissen gilt § 616 S. 1 BGB, bis sich eine Vertragspartei auf diesen Umstand beruft (*BAG* 16.9.1982 EzA § 123 BGB Nr. 22).

(2) Alleinige Ursache der Arbeitsverhinderung in der Person des Arbeitnehmers

1633 Weiterhin muss der in der Person des Arbeitnehmers liegende Anlass die alleinige Ursache der Arbeitsverhinderung und damit für den Vergütungsverlust bilden (*BAG* 17.10.1990 EzA § 16 BErzGG Nr. 5); es genügt, wenn er wegen seiner persönlichen Verhältnisse die Arbeitspflicht nicht erfüllen kann (*BAG* 8.12.1982 EzA § 616 BGB Nr. 23).

1634 § 616 BGB ist deshalb bei objektiven Leistungshindernissen grds. dann nicht anwendbar, wenn die Arbeitsleistung wegen allgemeiner Hindernisse, die weder in der Person des Arbeitnehmers noch in der Sphäre des Arbeitgebers ihre Grundlage haben und die allgemein der Erbringung der Arbeitsleistung entgegenstehen (z.B. Demonstrationen, verkehrsbedingte Störungen wie z.B. Straßenglätte, Schneeverwehungen, Ausfall der öffentlichen Verkehrsmittel, allgemeine Verkehrsstörungen wie Verkehrsstau, witterungsbedingtes Fahrverbot [*BAG* 8.12.1982 EzA § 616 BGB Nr. 23; 8.9.1982 EzA § 616 BGB Nr. 33]) nicht erbracht werden kann.

1635 War der Arbeitnehmer krankheitsbedingt nicht leistungsfähig oder leistungswillig, so kann ihm der gleichzeitig eintretende persönliche Verhinderungsfall nicht zu einem Vergütungsanspruch nach § 616 BGB verhelfen (*BAG* 20.3.1985 EzA § 1 LohnFG Nr. 77).

1636 Allerdings ist § 616 BGB **ausnahmsweise** auch bei einem objektiven Leistungshindernis anzuwenden, wenn das Hindernis den betroffenen Arbeitnehmer wegen seiner besonderen persönlichen Verhältnisse in der Weise betrifft, dass es gerade auf seinen körperlichen oder seelischen Zustand zurückwirkt oder er von einer Naturkatastrophe betroffen wird und ihm die Arbeitsleistung deshalb vorübergehend nicht zuzumuten ist, weil er erst seine eigenen Angelegenheiten ordnen muss.

1637 Voraussetzung ist immer, dass das Leistungshindernis sich gerade aus Eigenschaften und Umständen ergibt, die in der Person des verhinderten Arbeitnehmers begründet sind, ohne Rücksicht darauf, ob und – wenn ja – wie viele weitere Arbeitnehmer von dem Ereignis betroffen sind. Die Zahl der betroffenen Arbeitnehmer kann nur gewisse Hinweise darauf geben, ob das Leistungshindernis in der Person des Arbeitnehmers begründet ist oder ein allgemeines Leistungshindernis vorliegt (*BAG* 8.9.1982 EzA § 616 BGB Nr. 22).

1638 Der Hinderungsgrund muss andererseits nicht unmittelbar in der Person des Arbeitnehmers selbst vorliegen. Es genügt, dass er seiner persönlichen Sphäre zuzuordnen (z.B. bei Kindern und anderen engen Familienangehörigen) und ihm im Hinblick darauf die Arbeitsleistung nicht zuzumuten ist.

1639 **Ein Verhinderungsgrund liegt dann vor, wenn dem Arbeitnehmer die Arbeitsleistung tatsächlich unmöglich ist (z.B. bei vorübergehender Festnahme), aber auch dann, wenn sie ihm aus in seiner persönlichen Sphäre liegenden Gründen unzumutbar ist**, d.h. wenn ihm wegen höherrangiger sittlicher und rechtlicher Pflichten die Arbeitsleistung nach Treu und Glauben unter Abwägung der wechselseitigen Interessen nicht mehr abverlangt werden darf (*BAG* 25.10.1973 AP Nr. 43 zu § 616 BGB).

(3) Notwendiger Bezug zur Arbeitszeit

1640 Notwendige Voraussetzung ist zudem, dass die Erfüllung anderer Verpflichtungen oder die Wahrnehmung vorrangiger berechtigter Interessen nur während der Arbeitszeit möglich ist, dies also unvermeidbar ist, es sei denn, dass durch Gesetz oder Tarifvertrag etwas anderes bestimmt ist (*BAG* 7.6.1978 EzA § 63 HGB Nr. 29).

Ein Anspruch besteht deshalb z.B. nicht, wenn es dem Arbeitnehmer möglich ist, Arztbesuche oder Behördengänge terminlich in die Freizeit zu legen. Das gilt insbes. bei einer Teilzeitbeschäftigung (MünchArbR/*Schüren* § 162 Rz. 134 ff.). Etwas anderes gilt aber dann, wenn die Festlegung des Termins z.B. einer ärztlichen Untersuchung nicht vom Arbeitnehmer beeinflusst werden kann (*BAG* 27.6.1990 EzA § 4 TVG Papierindustrie Nr. 2). **1641**

Sind beide Elternteile berufstätig, so ist ein Anspruch nach § 616 BGB für die Betreuung oder Pflege eines kranken Kindes (§ 45 Abs. 1 SGB V) regelmäßig nur für einen Elternteil (oder Lebenspartner einer gleichgeschlechtlichen eingetragenen Lebenspartnerschaft, § 45 Abs. 1 S. 2 SGB V i.V.m. § 10 Abs. 4 SGB V) gegeben (*BAG* 20.6.1979 EzA § 616 BGB Nr. 14). **1642**

(4) Persönliche Leistungshindernisse

Beispiele: **1643**

Im Übrigen kommen als persönliche Leistungshindernisse in Betracht (vgl. MünchArbR/*Boewer* § 80 Rz. 15 m.w.N. aus der Rspr. des *BAG*):

- **besondere Familienereignisse** (Tod des Ehegatten, der Kinder, Geschwister oder Eltern, eigene Hochzeit [auch standesamtliche Trauung; *BAG* 27.4.1983 EzA § 616 BGB Nr. 24], Hochzeit der Kinder, Goldene Hochzeit der Eltern, Niederkunft der Ehefrau oder Lebensgefährtin, Pflege plötzlich und schwer erkrankter naher Angehöriger);
- **dringende**, in der Freizeit nicht erfüllbare **persönliche oder berufliche Angelegenheiten** (Umzug, Arztbesuch; vgl. aber zutr. *LAG Hamm* 18.3.2004 – 11 Sa 247/03 – EzA-SD 13/04, S. 8 LS = LAG Report 2004, 191 LS zum Arztbesuch während der Gleitzeit: Keine Zeitgutschrift für einen einstündigen Arztbesuch bei einer Gleitzeit von 6.00 bis 20.00 Uhr bei einer frei wählbaren Kernarbeitszeit von 4,5 Stunden oder Heilbehandlungen, Ablegung von Prüfungen [z.B. Führerschein]);
- die **Erfüllung öffentlicher und religiöser Pflichten, Ausübung staatsbürgerlicher Ehrenämter** (gerichtliche Vorladungen als Zeuge, Sachverständiger, Wartepflicht und notwendige Hilfeleistung nach Verkehrsunfall, Konfirmation, Erstkommunion, Einberufung als ehrenamtlicher Richter, Wahrnehmung polizeilicher Termine).
- Ein Arbeitgeber ist nicht verpflichtet, durch Art. 4 Abs. 1, 2 GG geschützte **Gebetspausen** eines muslimischen Arbeitnehmers während der Arbeitszeit hinzunehmen, wenn dadurch betriebliche Störungen verursacht werden (*LAG Hamm* 18.1.2002 NZA 2002, 675). Denn der gläubige Arbeitnehmer ist zwar unter Berücksichtigung der betrieblichen Belange wegen Art. 4 Abs. 1, 2 GG grds. berechtigt, seinen Arbeitsplatz zur Abhaltung kurzzeitiger Gebete zu verlassen. Insoweit kann auch ein Leistungshindernis nach § 616 BGB bestehen. Wegen der aus Art. 2 Abs. 1, 12 Abs. 1 und 14 Abs. 1 GG gleichfalls grundrechtlich geschützten Belange des Arbeitgebers darf der Arbeitnehmer seinen Arbeitsplatz allerdings nicht ohne Rücksprache mit seinem Vorgesetzten verlassen. Die Pflichtgebete des Islam sind nur innerhalb eines Zeitrahmens je nach Sonnenstand abzuhalten. Der Arbeitnehmer ist nicht berechtigt, den genauen Zeitpunkt seiner Arbeitsunterbrechung innerhalb des Zeitrahmens ohne Rücksprache mit seinem Vorgesetzten selbst zu bestimmen (*LAG Hamm* 26.2.2002 NZA 2002, 1090; vgl. dazu *Adam* NZA 2003, 1375 ff.).

Nicht erfasst ist dagegen die Zeit einer Ratsherrentätigkeit nach der Niedersächsischen GO, weil sie sich nicht als Erfüllung einer öffentlich-rechtlichen Verpflichtung darstellt. Denn der Arbeitsausfall beruht auf einem freien Willensentschluss des Arbeitnehmers und nicht auf einem rechtlichen Zwang (*BAG* 20.6.1995 EzA § 4 TVG Milchindustrie Nr. 3). **1644**

(5) Verschulden der Arbeitsverhinderung

Der Anspruch entfällt, wenn der Arbeitnehmer die Arbeitsverhinderung verschuldet hat im Sinne eines auf Vorsatz und grobe Fahrlässigkeit beschränkten Verschuldens gegen sich selbst. Erforderlich ist ein gröblicher Verstoß gegen das von einem verständigen Menschen im eigenen Interesse gebotene Verhalten, dessen Folgen auf den Arbeitgeber abzuwälzen unbillig wäre (*BAG* 11.11.1987 EzA § 1 LohnFG Nr. 88). **1645**

(6) Verhältnismäßig nicht erhebliche Zeit

1646 Die Arbeitsverhinderung darf sich nur auf eine verhältnismäßig nicht erhebliche Zeit erstrecken. **Abzustellen ist i.d.R. auf das Verhältnis zwischen Verhinderungsdauer einerseits und der Gesamtdauer des bisherigen Arbeitsverhältnisses andererseits.**

1647 Dabei können nach Auffassung von *Schaub* (u.a., Arbeitsrechtshandbuch, § 72 II 3) bei einer Beschäftigungszeit bis zu sechs Monaten drei Tage, von sechs bis zwölf Monaten eine Woche und ab einem Jahr drei Wochen für verhältnismäßig unerheblich gehalten werden.

1648 Das *BAG* (13.11.1969 AP Nr. 41 zu § 616 BGB; 25.10.1973 AP Nr. 43 zu § 616 BGB; 20.7.1977 EzA § 616 BGB Nr. 11; 19.4.1978 EzA § 616 BGB Nr. 12) hat dagegen zum Teil auf das Verhältnis zwischen der Verhinderung und der Dauer des Arbeitsverhältnisses abgestellt, teilweise aber auch einen Zeitraum von bis zu fünf Arbeitstagen als verhältnismäßig nicht erheblich angesehen, ohne auf die Dauer des Arbeitsverhältnisses einzugehen.

1649 Insbesondere bei der **Erkrankung naher Angehöriger** ist das *BAG* (19.4.1978 EzA § 616 BGB Nr. 12) **in Anlehnung an § 185c RVO a.F.** von einem Befreiungsanspruch für die Dauer von **fünf Tagen** ausgegangen; im Übrigen ist der Zeitraum unter Berücksichtigung aller Umstände des Einzelfalles zu bestimmen.

1650 Fraglich ist aber, was derzeit gilt, nachdem durch **§ 45 SGB V** (instr. *Greiner* NZA 2007, 490; vgl. auch *Kießling/Jünemann* DB 2005, 1684 ff.; *Kießling* DB 2006 841: § 3 EFZG greift dann ein, §§ 616 BGB, 45 SGB V treten dahinter zurück; **a.A.** *Schulz* DB 2006, 838 ff.) die Anspruchsdauer für Kinderkrankengeld im Verhältnis zur Vorgängerregelung des § 185c RVO, an der sich das BAG insoweit orientiert hat, auf zumindest zehn Tage erhöht worden ist.

1651 Nach Auffassung von *Erasmy* (NZA 1992, 921) verbleibt es gleichwohl im Rahmen des § 616 BGB bei fünf Arbeitstagen pro Jahr.

1652 Da in zahlreichen Tarifverträgen Einzelheiten der Entgeltfortzahlung wegen persönlicher Verhinderung geregelt sind, können die Arbeitsvertragsparteien auch bei fehlender Tarifbindung u.U. im Einzelfall darauf als **Orientierungshilfe** zurückgreifen.

1653 Ist der Arbeitnehmer für eine erhebliche Dauer an der Arbeitsleitung verhindert, steht ihm ein Vergütungsanspruch auch nicht für einen verhältnismäßig nicht erheblichen Teil des Zeitraums zu (*BAG* [GS] 18.12.1959 AP Nr. 22 zu § 616 BGB gegen *BAG* 24.2.1955 AP Nr. 2 zu § 616 BGB).

(7) Mehrzahl von Verhinderungsfällen

1654 Handelt es sich um mehrere verschiedene Verhinderungsfälle i.S.d. § 616 BGB, so sind diese nicht zusammenzurechnen, wenn sie auf unterschiedlichen Anlässen beruhen, sodass der Arbeitnehmer jeweils das volle Entgelt verlangen kann.

1655 Fraglich ist, ob eine Zusammenrechnung aber dann in Betracht kommt, wenn der Arbeitnehmer bei mehreren Gerichtsterminen im selben Rechtsstreit oder bei Krankheitsschüben einer noch nicht ausgeheilten Erkrankung eines nahen Angehörigen erneut der Arbeit fernbleiben muss, oder ob eine Zusammenrechnung einen ununterbrochenen zeitlichen Verlauf des Geschehens voraussetzt, weil nur dann von vornherein die Arbeitsverhinderung nicht von unerheblicher Dauer ist (dafür MünchArbR/*Boewer* § 80 Rz. 20).

(8) Informations- und Nachweispflicht

1656 Aus der Treuepflicht des Arbeitnehmers folgt die Verpflichtung, den Arbeitgeber über Grund und Dauer der Arbeitsverhinderung möglichst frühzeitig zu informieren, damit sich dieser auf den Arbeitsausfall des Arbeitnehmers wegen der Auswirkungen auf den Betriebsablauf einstellen kann. War die Verhinderung für den Arbeitnehmer nicht vorhersehbar, ist die Benachrichtigung unverzüglich nachzuholen.

Häufig enthalten tarifvertragliche Regelungen eine entsprechende Unterrichtungspflicht 1657 des Arbeitnehmers. **Regelmäßig wird der Arbeitgeber, dem der persönliche Verhinderungsgrund unbekannt ist, einen Nachweis verlangen und bis zu dessen Erbringung die Entgeltzahlung verweigern dürfen** (*BAG* 5.5.1972 AP Nr. 1 zu § 7 LohnFG).

(9) Berechnung des Anspruchs

Der Entgeltfortzahlungsanspruch aus § 616 BGB ist ein Erfüllungsanspruch; der Arbeitgeber 1658 schuldet folglich die **Bruttovergütung**. Der Arbeitnehmer ist so zu stellen, als ob er während der Zeit der Arbeitsverhinderung weitergearbeitet hätte (s.o. Rn. 1547 ff.). Gem. **§ 616 S. 2 BGB** muss sich der Arbeitnehmer den Betrag **anrechnen lassen**, der ihm für die Zeit der Verhinderung aus einer auf Grund gesetzlicher Verpflichtung bestehenden Kranken- und Unfallversicherung zukommt. Hat ein Dritter die Arbeitsverhinderung zu vertreten, haftet ihm dieser auch für den Verdienstausfall. Soweit der Arbeitnehmer Arbeitsentgelt nach § 616 BGB erhalten hat, muss er einen Schadenersatzanspruch gegen den Dritten an den Arbeitgeber (nach dem Rechtsgedanken des § 255 BGB oder des § 285 BGB) abtreten (MünchArbR/*Boewer* § 80 Rz. 24).

ee) Darlegungs- und Beweislast

Der Arbeitnehmer muss die anspruchsbegründenden objektiven Voraussetzungen des 1659 § 616 BGB, der Arbeitgeber das Selbstverschulden des Arbeitnehmers für den Arbeitsausfall darlegen und beweisen (*BAG* 20.3.1985 EzA § 1 LohnFG Nr. 77).

Da es dem Arbeitgeber aber häufig nicht möglich ist, die für den Grund des Arbeitsausfalls 1660 erheblichen Umstände, die aus dem **Lebensbereich des Arbeitnehmers** herrühren, im Einzelnen darzulegen, muss der Arbeitnehmer dies auf Verlangen des Arbeitgebers **offenbaren** (§ 138 Abs. 2, 3 ZPO; *Baumgärtel* Anm. zu *BAG* AP Nr. 52 § 1 LohnFG).

b) Freizeit zur Stellensuche (§ 629 BGB; § 2 Abs. 2 Nr. 3 SGB III)

S. o. Kap. 2 Rn. 361 ff. 1661

c) Ausübung staatsbürgerlicher Rechte und Pflichten

aa) Wahlvorbereitung

Art. 48 Abs. 1 GG räumt (konkretisiert durch § 3 AbgG) den Bewerbern um einen Sitz im 1662 Bundestag zur Vorbereitung ihrer Wahl einen **verfassungsrechtlichen Anspruch auf den erforderlichen Urlaub** ein.

Ein Anspruch auf Fortzahlung der Bezüge für die Dauer der Beurlaubung besteht jedoch 1663 nicht. Gleiches gilt für Bewerber um einen Sitz im Europaparlament (EuropaabgeordnetenG). Die arbeitsrechtliche Stellung der Landtagsabgeordneten ist in den Landesverfassungen in Verbindung mit Abgeordnetengesetzen geregelt; diese lehnen sich weitgehend an das BundestagsabgeordnetenG an.

Voraussetzung für einen Wahlvorbereitungsurlaubsanspruch eines Kandidaten ist, dass die 1664 Ernstlichkeit der Bewerbung feststeht und der Urlaub erforderlich ist. Die Ernstlichkeit ist immer dann zu bejahen, wenn sich der Bewerber auf einem bereits eingereichten Wahlvorschlag befindet. Nicht ausreichend sind allgemeine Aktivitäten, die sich auf Wahlvorbereitungshandlungen einer Partei beziehen. Andererseits reicht eine konkrete Chance aus, von der Partei als Kandidat aufgestellt zu werden.

1665 Bei der Prüfung der Erforderlichkeit des Wahlvorbereitungsurlaubs kommt es **allein auf die Interessen des Kandidaten** an, die Interessen des Arbeitgebers bleiben unberücksichtigt.

1666 Allerdings steht dem Arbeitnehmer **kein Recht zur Selbstbeurlaubung** zu (vgl. MünchArbR/*Boewer* § 80 Rz. 39).

1667 Eine vertragliche oder tarifliche Beschränkung des Wahlvorbereitungsurlaubsanspruchs wäre rechtlich unzulässig (*BVerfG* 21.9.1976 AP Nr. 5 zu Art. 140 GG).

bb) Sonstige staatsbürgerliche Rechte und Pflichten

1668 Darüber hinaus steht dem Arbeitnehmer ein **Recht auf erforderliche Freizeit** für alle staatsbürgerlichen Rechte und Pflichten zu (z.B. die Ausübung des aktiven Wahlrechts, die ehrenamtliche Tätigkeit in Wahlvorständen oder bei Gerichten und Behörden, vgl. *BAG* 17.12.1956 AP Nr. 7 zu § 616 BGB; 9.3.1983 AP Nr. 60 zu § 616 BGB). Die Wahrnehmung eines Termins als Zeuge vor Gericht ist nach Auffassung des *LAG Köln* (23.10.2000 ZTR 2001, 231 zur Tarifnorm des § 33 MTArb) eine allgemeine Pflicht gegenüber den staatlichen Gerichten, die auch »Nicht-Staatsbürger« trifft und daher nicht der Erfüllung einer allgemeinen staatsbürgerlichen Pflicht nach deutschem Recht darstellt.

1669 Daher besteht lediglich ein Anspruch auf Freistellung von der Arbeitsleistung, nicht aber ein Anspruch auf Fortzahlung des Lohnes. Anstelle des Lohnanspruchs ist der Arbeitnehmer an sich auf die Zeugenentschädigung zu verweisen. Das *BAG* (13.12.2001 EzA § 616 BGB Nr. 47) ist dem jedoch nicht gefolgt; danach sind vielmehr die tariflichen Voraussetzungen für den Anspruch gegeben, weil es sich um die Erfüllung einer allgemeinen staatsbürgerlichen Pflicht handelt.

cc) Ehrenamtliche Richter

1670 Für die Rechtsstellung der ehrenamtlichen Richter **in der Arbeits- und Sozialgerichtsbarkeit** gelten § 26 ArbGG, § 20 SGG. Zu ihrer Tätigkeit gehört nicht nur die eigentliche richterliche Tätigkeit (also insbes. die Sitzungsteilnahme), sondern z.B. auch die Teilnahme an Sitzungen des Ausschusses der ehrenamtlichen Richter oder an den notwendigen Schulungen (*BAG* 25.8.1982 EzA § 26 ArbGG Nr. 1).

1671 Fraglich ist, ob dies auch für die erforderliche **Zeit des Aktenstudiums** gilt, unabhängig davon, ob der Kammervorsitzende die Akteneinsicht angeordnet hat.

1672 Dafür spricht nach Auffassung des *LAG Brem.* (14.6.1990 LAGE § 616 BGB Nr. 5; **a.A.** *LAG Brem.* 25.7.1988 LAGE § 26 ArbGG 1979 Nr. 1; in dieser Entscheidung wird § 616 BGB allerdings nicht einmal erörtert), dass dann, wenn der ehrenamtliche Richter sein Recht und seine Pflicht, durch Aktenstudium über den Tatbestand voll informiert zu sein, am jeweiligen Sitzungstag erst umsetzen muss, ein Widerspruch zu der im Interesse aller Prozessbeteiligten liegenden vernünftigen, vorausschauenden Planung des Termintages gegeben wäre. Deshalb muss ihm die Möglichkeit gegeben werden, die Akten auch vor dem eigentlichen Termintag einsehen zu können.

1673 Ein etwaiger **Verdienstausfall** des ehrenamtlichen Richters wird auf der Grundlage des Gesetzes über die Entschädigung der ehrenamtlichen Richter erstattet (zur Entschädigung bei flexibler Arbeitszeitgestaltung *Natter* ArbuR 2006, 264 ff.).

1674 Der Arbeitgeber ist von der Verhinderung an der Arbeitsleistung rechtzeitig zu unterrichten (§ 242 BGB).

d) Wahrnehmung mitbestimmungsrechtlicher Aufgaben und Rechte

1675 Siehe u. Kap. 12 Rn. 594 ff.

e) Gesetzliche Beurlaubung bei Wehr- und Zivildienst

aa) Deutsche Arbeitnehmer

Wird der Arbeitnehmer zum Grundwehrdienst oder zu einer Wehrübung einberufen, **ruht das Arbeitsverhältnis** (§§ 1 Abs. 1, 10 ArbPlSchG). Gleiches gilt beim Wehrdienst als Soldat auf Zeit für höchstens 2 Jahre (§ 16a ArbPlSchG). 1676

Mit dem Ende des Grundwehrdienstes und der Wehrübung lebt das Arbeitsverhältnis wieder auf, sodass der Arbeitnehmer unaufgefordert zur Arbeit zu erscheinen hat. Bei 3-Tage-Wehrübungen (§ 11 ArbPlSchG) tritt kein Ruhen des Arbeitsverhältnisses ein. Vielmehr ist der Arbeitnehmer kraft Gesetzes unter Weitergewährung des Arbeitsentgelts von der Arbeit freigestellt. Gleiches gilt für die Erfassung, Musterung usw. (§ 14 Abs. 1 ArbPlSchG). 1677

§ 1 EignungsübungsG sieht bei einer Einberufung zur Eignungsauswahl von freiwilligen Soldaten ein Ruhen des Arbeitsverhältnisses bis zu vier Monaten vor. 1678

Nehmen Arbeitnehmer während der Arbeitszeit als Helfer im Katastrophenschutz oder im Zivilschutz an Einsätzen oder Ausbildungsveranstaltungen teil, sind sie für die Dauer der Teilnahme unter Entgeltfortzahlung von der Arbeit freigestellt (§ 9 Abs. 2 KatastrophenschutzG, § 9 Abs. 2 ZivilschutzG). 1679

Das Arbeitsplatzschutzgesetz gilt gem. § 78 Abs. 1 ZDG auch für anerkannte **Wehrdienstverweigerer** und **zivilen Ersatzdienst** Leistende sowie nach § 59 Abs. 1 BundesgrenzschutzG für zum Bundesgrenzschutz Verpflichtete. 1680

bb) Ausländische Arbeitnehmer

Für **ausländische Arbeitnehmer aus EG-Staaten**, die ihre Tätigkeit in der BRD zur Erfüllung der Wehrpflicht in ihrem Heimatland unterbrechen müssen, gilt wegen des Diskriminierungsverbots (Art. 48 EWG-Vertrag; jetzt Art. 39 EGV) und Art. 7 RVO Nr. 1612–68) das **ArbPlSchG entsprechend** (*EuGH* 15.10.1969 AP Nr. 2 zu Art. 177 EWG-Vertrag; *BAG* 5.12.1969 AP Nr. 3 zu Art. 177 EWG-Vertrag; vgl. *Sahmer/Busemann* ArbPlSchG Vorbem. 1 vor § 1 ArbPlSchG). 1681

Für **Arbeitnehmer aus Nicht-EG-Staaten** besteht für eine verhältnismäßig kurzfristige Wehrdienstverpflichtung bis zu zwei Monaten ein **Leistungsverweigerungsrecht**, sofern nicht die Arbeitsleistung für den geordneten Betriebsablauf von erheblicher Bedeutung ist und der Arbeitgeber durch den Arbeitsausfall in eine Zwangslage gerät; für einen längeren wehrdienstbedingten Arbeitsausfall gilt dies nicht (*BAG* 22.12.1982 EzA § 123 BGB Nr. 20; 20.5.1988 EzA § 1 KSchG Personenbedingte Kündigung Nr. 3; s.u. Kap. 4 Rn. 2158 f.). 1682

3. Die Lohnzahlung an Feiertagen

a) Normative Grundlagen

Aufgrund der §§ 1, 2 EFZG ist die Lohnzahlung an Feiertagen nunmehr gemeinsam mit der Entgeltfortzahlung im Krankheitsfall im EFZG geregelt. Diese Vorschriften regeln allerdings nur die Rechtsfolgen des Arbeitsausfalls an einem Feiertag, **gehen aber nicht zugleich die dafür maßgebenden gesetzlichen Feiertage vor.** Denn dafür ergibt sich aus Art. 70 Abs. 1 GG die **Gesetzgebungskompetenz der Länder.** Aus der »Natur der Sache« kann sich aber ausnahmsweise eine Gesetzgebungskompetenz des Bundes für weltliche Feiertage ergeben, was z.B. für den Tag der Deutschen Einheit am 3. Oktober zutrifft. 1683

Bei der überwiegenden Zahl der landesgesetzlich anerkannten Feiertage handelt es sich um kirchliche Feiertage. Insoweit wird der Zweck der Vergütungsfortzahlung an Feiertagen durch die vorwiegend konfessionell ausgerichteten Feiertagsregelungen der Bundesländer maßgebend beeinflusst und damit die in Art. 4 Abs. 2 GG verfassungsrechtlich garantierte ungestörte Religionsausübung unterstützt (MünchArbR/*Boewer* § 81 Rz. 3). 1684

1685 Gem. § 84 **Abs. 4 SeemG** sind Feiertage innerhalb des Geltungsbereichs des Grundgesetzes die gesetzlichen Feiertage des Liegeortes, auch außerhalb des Grundgesetzes und auf See die Feiertage des Registerhafens.

1686 §§ 1, 2 EFZG beziehen sich nur auf die staatlich bzw. gesetzlich anerkannten Feiertage, nicht jedoch auf rein kirchliche Feiertage. Gleichwohl sind diese Feiertage überwiegend kirchlichen Ursprungs; ihre Anzahl in den Bundesländern ist unterschiedlich (die Landesgesetze sind bei *Nipperdey* I, ArbR, Nr. 253–268 abgedruckt).

b) Räumlicher Anwendungsbereich der §§ 1, 2 EFZG

1687 Maßgeblich für die Anwendbarkeit der §§ 1, 2 EFZG ist das **Feiertagsrecht des jeweiligen Arbeitsortes**, nicht des Betriebssitzes des Arbeitgebers, wenn die Arbeit außerhalb des Betriebssitzes durchgeführt wird. Auch auf den Wohnort des Arbeitnehmers kommt es nicht an (*Schmitt* EFZG, § 2 Rz. 21; **a.A.** *Treber* EFZG § 2 Rz. 14: Maßgeblich ist der Betriebssitz, es sei denn, der Arbeitnehmer erbringt seine Arbeitsleistung längerfristig in einem anderen Bundesland).

1688 Kommt es zu einem Auslandseinsatz eines Arbeitnehmers, für den das deutsche Arbeitsstatut gilt, so kann deutsches Feiertagsrecht wegen seiner öffentlich-rechtlichen Natur am Arbeitsort keine Anwendung finden (*BAG* 30.4.1987 EzA § 12 SchwbG Nr. 15).

1689 §§ 1, 2 EFZG gelten weder für öffentliche Feiertage am ausländischen Arbeitsort nach dem jeweiligen Landesrecht noch für ausländische Feiertage zu Gunsten ausländischer Arbeitnehmer, deren Arbeitsverhältnis in der BRD durchgeführt wird und sich nach deutschem Arbeitsstatut richtet (MünchArbR/*Boewer* § 81 Rz. 6).

c) Anspruchsvoraussetzungen der Feiertagsvergütung

1690 Gem. § 2 Abs. 1 EFZG ist für die Arbeitszeit, die infolge eines gesetzlichen Feiertages ausfällt, dem Arbeitnehmer das Arbeitsentgelt zu zahlen, das er ohne den Arbeitsausfall erhalten hätte. Bei Kurzarbeit bestimmt sich der Anspruch nach Maßgabe des § 1 Abs. 2 EFZG.

aa) Arbeitnehmer; Arbeitsverhältnis

1691 Erforderlich ist, dass der Anspruchsteller Arbeitnehmer ist (einschließlich Werkstudenten, Teilzeitarbeitnehmern und Auszubildenden, vgl. *BAG* 8.2.1963 AP Nr. 7 zu § 1 FeiertagslohnzG Bln.; 9.7.1959 AP Nr. 5 zu § 1 FeiertagslohnzG) und dass ein **Arbeitsverhältnis an dem Feiertag zwischen den Parteien bereits oder noch besteht**.

1692 Der immer nur für einen Tag eingestellte Arbeitnehmer kann die Feiertagsbezahlung dagegen auch dann nicht verlangen, wenn er unmittelbar vor und nach dem Feiertag beschäftigt worden ist (*BAG* 14.7.1967 AP Nr. 24 zu § 1 FeiertagslohnzG). Etwas anderes gilt, wenn die Vertragsparteien im Hinblick auf § 2 EFZG eine Vertragsgestaltung gewählt haben, wonach die Beschäftigung nur wegen des Feiertages unterbleibt (*BAG* 14.7.1967 AP Nr. 24 zu § 1 FeiertagslohnzG).

bb) Arbeitsausfall wegen des Feiertages

1693 Voraussetzung ist weiterhin, dass die Arbeit **ausschließlich wegen des Feiertags** ausgefallen ist (*BAG* 19.4.1989 EzA § 1 FeiertagslohnzG Nr. 41).

1694 Der Anspruch besteht folglich dann nicht, wenn die Arbeitspflicht des Arbeitnehmers aus anderen Gründen (z.B. Krankheit) ohnehin entfallen wäre. Das gilt auch dann, wenn auf Grund individueller Arbeitszeitgestaltung an dem Tag, auf den der Feiertag fällt, ohnehin arbeitsfrei gewesen wäre (z.B. im sog. Rolliersystem).

Sieht etwa eine **Betriebsvereinbarung** auf der Grundlage einer entsprechenden tarifvertraglichen Regelung zulässigerweise vor, dass im wöchentlichen Wechsel jeweils von Montag bis Freitag und von Montag bis Donnerstag gearbeitet wird, so hat der Arbeitnehmer keinen Anspruch auf Feiertagsvergütung, wenn auf den danach **arbeitsfreien Freitag ein gesetzlicher Feiertag fällt** (*BAG* 24.1.2000 NZA 2001, 1026). 1695

Fällt ein Wochenfeiertag in die Zeit des **bezahlten Erholungsurlaubs**, so darf dieser nicht auf den Urlaub angerechnet werden (§ 3 Abs. 2 BUrlG). Etwas anderes gilt, wenn die Arbeit im Betrieb trotz des Feiertages nicht ausfällt (vgl. § 10 ArbZG) und die Arbeit des Arbeitnehmers nur wegen seines Urlaubs entfällt (*BAG* 14.5.1964 AP Nr. 94 zu § 611 BGB Urlaubsrecht; 31.5.1988 AP Nr. 58 zu § 1 FeiertagslohnzG). 1696

Endet ein unbezahlter Sonderurlaub mit einem Feiertag, so wird ohne anderweitige ausdrückliche Vereinbarung der Arbeitsvertragsparteien davon auszugehen sein, dass der Arbeitnehmer den Feiertag nicht als unbezahlten Urlaubstag nehmen will (*BAG* 27.7.1973 AP Nr. 30 zu § 1 FeiertagslohnzG). 1697

Ist der Arbeitgeber für Arbeitszeit, die sowohl infolge eines gesetzlichen Feiertages als auch infolge Krankheit des Arbeitnehmers ausgefallen ist, zur Fortzahlung des Arbeitsentgelts (§ 3 EFZG) verpflichtet, so bestimmt sich die Höhe des zu zahlenden Arbeitsentgelts für diesen Feiertag nach § 2 EFZG (§ 4 Abs. 2 EFZG). 1698

Das Gesetz löst damit die Doppelkausalität beim Zusammentreffen von Krankheitszeiten und Feiertagen dergestalt, dass hinsichtlich der Voraussetzungen der Entgeltfortzahlung §§ 3 ff. EFZG maßgeblich sind, die Höhe sich aber nach der Vergütung für den Arbeitsausfall an Feiertagen bestimmt. Damit soll eine Gleichbehandlung der erkrankten mit den gesunden Arbeitnehmern an Feiertagen erreicht werden. 1699

Beispiele: 1700

- **Sieht ein Arbeitsvertrag für die Dauer von Betriebsferien** zwischen Weihnachten und Neujahr unbezahlten Sonderurlaub vor, weil der Arbeitnehmer seinen vollen Jahresurlaub schon genommen hat, so wird durch eine solche Regelung der gesetzliche Anspruch auf Feiertagsbezahlung nicht berührt (*BAG* 6.4.1982 EzA § 1 FeiertagslohnzG Nr. 21).
- Anspruch auf Feiertagsvergütung besteht auch dann, wenn die **Arbeit stundenweise je nach wechselndem Bedarf** geleistet wird, ohne dass der Arbeitnehmer zum Arbeitsantritt verpflichtet wäre. Voraussetzung ist nur, dass die Arbeit tatsächlich wegen des Feiertages ausfällt, der Arbeitnehmer also ohne die gesetzlich angeordnete Feiertagsruhe arbeiten würde (*BAG* 3.5.1983 EzA § 1 FeiertagslohnzG Nr. 24; s.u. Rn. 1737).
- Wird in einem Betrieb an Wochenfeiertagen **nur eingeschränkt gearbeitet**, so hängt der Anspruch auf Feiertagsvergütung davon ab, welche Arbeitnehmer wegen dieser feiertagsbedingten Maßnahme befreit waren. Eine dienstplanmäßige Freistellung schließt den Anspruch auf Feiertagsvergütung aus. Sie ist aber nur dann anzunehmen, wenn sich die Arbeitsbefreiung aus einem Schema ergibt, das von der Feiertagsruhe an bestimmten Tagen unabhängig ist (*BAG* 27.9.1983 EzA § 1 FeiertagslohnzG Nr. 26; 9.10.1996 EzA § 1 FeiertagslohnzG Nr. 51).
- Werden Arbeitnehmer regelmäßig samstags zu **Mehrarbeit** herangezogen, nicht aber an einem Samstag, der auf einen Feiertag fällt, so haben sie normalerweise Anspruch auf Feiertagslohn in Höhe der entgangenen Mehrarbeitsvergütung. Ruht die Arbeit vor und nach dem betreffenden Samstag dagegen aus anderen Gründen, so besteht ein Anspruch auf Feiertagslohn dann nicht, wenn die Arbeit wegen der vorangegangenen und nachfolgenden Betriebsstilllegung ausgefallen ist (*BAG* 26.3.1985 EzA § 1 FeiertagslohnzG Nr. 29).
- Stunden, in denen der Arbeitnehmer **tarifvertraglich vorgesehene Feiertagsarbeit leistet, sind nicht infolge des gesetzlichen Feiertags ausgefallen** (*BAG* 12.8.1993 AP Nr. 1 zu § 10 TVAL II).

► Wird ein Arbeitnehmer nach einem im Voraus bestimmten **Arbeitsplan** an einem bestimmten Wochentag von der Arbeit freigestellt, so ist seine Arbeitszeit an einem Wochenfeiertag, der nach dem Arbeitsplan arbeitsfrei ist, nicht infolge eines Feiertages ausgefallen (*ArbG Kassel* 1.8.2001 NZA-RR 2002, 238).

cc) Besonderheiten bei Schichtarbeit; Zuschläge für Feiertagsarbeit

1701 Fraglich ist die Beurteilung der Feiertagsvergütung bei Schichtarbeit, wenn ein Betrieb in drei Schichten arbeitet und eine der Schichten (die Nachtschicht) vor 24.00 Uhr des einen Tages beginnt und im Laufe des folgenden Tages endet. Da auch bei einer vor oder an einem gesetzlichen Feiertag beginnenden Nachtschicht nicht nur die am Feiertag anfallenden Arbeitsstunden infolge Feiertages ausfallen, sondern auch diejenigen, die am vorhergehenden oder am nachfolgenden Werktag abzuleisten sind, ist an sich auch für diese und demgemäß für die ganze ausgefallene Schicht die Feiertagsvergütung zu gewähren (*BAG* 26.1.1962 AP Nr. 13 zu § 1 FeiertagslohnzG).

1702 Zu beachten ist aber, dass gem. **§ 9 Abs. 2 ArbZG** in Betrieben mit regelmäßiger Tag- und Nachtschicht Beginn oder Ende der Feiertagsruhe um bis zu sechs Stunden vor- oder zurückverlegt werden kann, wenn für die auf den Beginn der Ruhezeit folgenden 24 Stunden der Betrieb ruht.

1703 Insoweit ist bei der rechtlichen Beurteilung nach Auffassung des *BAG* (1.12.1967, 31.1.1969, 28.6.1983 AP Nr. 25, 26, 40 zu § 1 FeiertagslohnzG) **zwischen Schichtarbeit im Produktivgewerbe einerseits und Schichtarbeit im Handelsgewerbe andererseits zu unterscheiden:**

1704 Läuft bei einem in drei Schichten arbeitenden Baubetrieb die Nachtschicht von 22 Uhr des einen bis 6 Uhr des nächsten Tages, dann können die Betriebspartner die anlässlich eines Werktags-Feiertags gem. §§ 9 Abs. 2 ArbZG zu gewährende Ruhezeit so festlegen, dass die am Feiertag selbst um 22 Uhr beginnende volle Schicht ausfällt. In diesem Fall ist die in der vorangegangenen Schicht bis 6 Uhr des Feiertages geleistete Arbeit keine Feiertagsarbeit, sodass den Arbeitnehmern ein tarifvertraglich vorgesehener Zuschlag für die Arbeit an Feiertagen nicht zusteht (*BAG* 1.12.1967 AP Nr. 25 zu FeiertagslohnzG).

1705 Das gilt selbst dann, wenn der Tarifvertrag in einem wesentliche Begriffsbestimmungen enthaltenden Absatz vorschreibt: »Sonn- und Feiertagsarbeit ist die an Sonn- und gesetzlichen Feiertagen in der Zeit von 0.00 bis 24.00 geleistete Arbeit«. (*BAG* 31.1.1969 AP Nr. 26 zu § 1 FeiertagslohnzG).

1706 Bestimmt dagegen ein Tarifvertrag des Handelsgewerbes, dass für Feiertagsarbeit von 0.00 bis 24.00 Uhr ein Feiertagszuschlag gezahlt werden muss, so gilt das im Zweifel auch für Schichtarbeit, die am Vortage beginnt und am Feiertag um 6.15 Uhr endet (*BAG* 28.6.1983 EzA § 1 FeiertagslohnzG Nr. 25).

1707 Die gegenteilige Auffassung zur Schichtarbeit im Produktivgewerbe ist danach nicht übertragbar (*BAG* 28.6.1983 EzA § 1 FeiertagslohnzG Nr. 25), weil sich die arbeitszeitrechtliche Lage im Produktivgewerbe (früher in § 105b Abs. 1 GewO geregelt) grundlegend von der im Handelsgewerbe (früher in § 105 Abs. 2 GewO geregelt) unterscheidet. Denn im Produktivgewerbe besteht ein besonderes Bedürfnis für fortlaufenden Schichtbetrieb, das auch der Gesetzgeber durch § 105 Abs. 1 S. 4 GewO (jetzt § 9 Abs. 2 ArbZG) berücksichtigt, wonach der Beginn der Ruhezeit an Sonn- und Feiertagen bei regelmäßiger Schichtarbeit verschoben werden kann. Bestimmen die Tarifvertragsparteien des Produktivgewerbes die Arbeitszeit als Zeit von 0.00 bis 24.00 Uhr, so ist im Zweifel nicht anzunehmen, dass mit dieser Regelung eine Verschiebung des Feiertagsbeginns ausgeschlossen werden sollte.

1708 Dagegen ist im Handelsgewerbe eine Verschiebung der Feiertagsruhe nicht vorgesehen. Folglich ist mangels ausdrücklicher anderweitiger Regelung bei einer tariflichen Regelung, die für Feiertagsarbeit von 0.00 bis 24.00 Uhr einen Feiertagszuschlag vorsieht, davon auszugehen, dass damit auch die als Nachtschicht geleistete und teilweise in den Feiertag hineinreichende Arbeit gemeint ist (*BAG* 28.6.1983 EzA § 1 FeiertagslohnzG Nr. 25).

dd) Feiertag, Krankheit und Kurzarbeit

Fällt ein gesetzlicher Feiertag in einen Krankheitszeitraum nach § 3 Abs. 1 EFZG, so hat der Arbeitnehmer Anspruch auf Entgeltfortzahlung im Krankheitsfalle. Die Höhe der Entgeltfortzahlung für einen Feiertag, an dem wegen Kurzarbeit nicht oder nur teilweise gearbeitet wurde, bestimmt sich nach **§§ 2 Abs. 2, 4 Abs. 3 S. 2 EFZG**. Dem Arbeitnehmer steht insoweit nur das gekürzte Arbeitsentgelt bzw. Insolvenzgeld zu (*BAG* 19.4.1989 EzA § 1 FeiertagslohnzG Nr. 41). **1709**

§ 2 Abs. 2 EFZG gilt auch für arbeitskampfbedingte Kurzarbeit. Der Arbeitgeber ist zur Zahlung des Feiertagslohns verpflichtet, wenn er ohne den Feiertag an diesem Tage nach den Grundsätzen über die Verteilung des Arbeitskampfrisikos zur Verweigerung der Lohnzahlung berechtigt wäre (*BAG* 20.7.1982 EzA § 1 FeiertagslohnzG Nr. 38). **1710**

Für den gekürzten Feiertagslohn, der bei Kurzarbeit zu zahlen ist, muss der Arbeitgeber die Sozialversicherungsbeiträge allein tragen. Lohnsteuer ist hingegen einzubehalten und abzuführen, ohne dass der Arbeitgeber dafür einen Ausgleich an den Arbeitnehmer zahlen müsste (*BAG* 8.5.1984 EzA § 1 FeiertagslohnzG Nr. 44). **1711**

ee) Feiertag und Arbeitskampf

Teilt die streikführende Gewerkschaft einem Arbeitgeber mit, sie habe seine Belegschaft ab einem bestimmten Zeitpunkt zum Streik aufgerufen, bleiben die Arbeitsverhältnisse der streikenden Arbeitnehmer solange suspendiert, bis die Gewerkschaft dem Arbeitgeber oder dessen Verband das Ende des Streiks mitgeteilt hat (*BAG* 31.5.1988 EzA Art. 9 GG Arbeitskampf Nr. 81). **1712**

Erklärt eine Gewerkschaft einen Streik am letzten Arbeitstag vor einem gesetzlichen Feiertag für beendet und nehmen die Arbeitnehmer am Tag nach dem Feiertag die Arbeit wieder auf, ist die Arbeitszeit nicht infolge des Streiks, sondern infolge des Feiertags ausgefallen. An diesem Ergebnis ändert sich auch nichts, wenn die Gewerkschaft einen Tag nach Wiederaufnahme der Arbeit erneut zu einem Streik aufruft (*BAG* 11.5.1993 EzA § 1 FeiertagslohnzG Nr. 45). **1713**

Soll ein Streik **vor einem Feiertag beendet** werden, so muss dies dem Arbeitgeber von der streikführenden Gewerkschaft oder den streikbeteiligten Arbeitnehmern mitgeteilt werden. Im Konflikt um einen Verbandstarifvertrag kann die Mitteilung auch gegenüber dem Arbeitgeberverband erfolgen. **1714**

Eine **öffentliche Verlautbarung über die Medien** kann eine unmittelbare Mitteilung nur ersetzen, wenn sie vor dem Feiertag zur Kenntnis des betroffenen Arbeitgebers gelangt. Voraussetzung ist ferner, dass die Meldung hinreichend genau darüber informiert, wann, wo und inwieweit der Streik enden soll und zusätzlich klar zum Ausdruck bringt, dass der Beschluss von der streikführenden Gewerkschaft stammt (*BAG* 23.10.1996 EzA Art. 9 GG Arbeitskampf Nr. 126). **1715**

Erklärt eine Gewerkschaft dagegen die Aussetzung eines Streiks lediglich für Tage, an denen ohnehin keine Arbeitspflicht besteht, so liegt keine Streikunterbrechung vor. Handelt es sich um gesetzliche Feiertage, so besteht kein Anspruch auf Feiertagslohnzahlung (*BAG* 1.3.1995 EzA Art. 9 GG Arbeitskampf Nr. 118). **1716**

Die in die Zeit einer Aussperrung fallenden gesetzlichen Feiertage sind auch dann nicht zu bezahlen, wenn für den auf den Feiertag jeweils folgenden Werktag, den sog. Brückentag, durch Betriebsvereinbarung Betriebsruhe unter Anrechnung auf den Tarifurlaub vereinbart worden ist (*BAG* 31.5.1988 EzA Art. 9 GG Arbeitskampf Nr. 77). **1717**

Der Arbeitgeber hat die in einen bewilligten Urlaub fallenden gesetzlichen Feiertage auch dann nicht zu bezahlen, wenn für die nicht im Urlaub befindlichen Arbeitnehmer die Feier- **1718** tagsbezahlung infolge der Aussperrung entfällt. Denn ein bewilligter Urlaub wird nicht dadurch widerrufen, dass der Arbeitgeber die Arbeitnehmer des Betriebs für eine Zeit aussperrt, in die der bewilligte Urlaub ganz oder teilweise fällt (*BAG* 31.5.1988 AP Nr. 58 zu § 1 FeiertagslohnzG).

ff) Heimarbeit

1719 Die Feiertagsbezahlung der in Heimarbeit Beschäftigten regelt § 11 **EFZG**.

d) Umfang und Berechnung der Feiertagsvergütung

aa) Lohnausfallprinzip

1720 Für die Berechnung der gesetzlichen Feiertagsvergütung gilt das Lohnausfallprinzip. Der Arbeitnehmer soll diejenige Vergütung erhalten, die er auf Grund seiner Arbeitsleistung ohne den Feiertag bekommen hätte (*BAG* 19.4.1989 EzA § 1 FeiertagslohnzG Nr. 41).

1721 Zu der zu zahlenden Vergütung gehören alle Leistungen mit Entgeltcharakter einschließlich Zuschlägen aller Art, nicht jedoch Beträge, die ausschließlich Aufwendungsersatzcharakter aufweisen (s.o. Rn. 1547 ff.). Der Anspruch besteht nur, wenn der Feiertag die alleinige Ursache für den Ausfall der Arbeitsleistung ist. Ist die Arbeitspflicht bereits aus einem anderen Grund aufgehoben, besteht kein Anspruch (*BAG* 28.1.2004 – 5 AZR 58/03 – EzA-SD 11/04, S. 9 LS = NZA 2005, 656 LS). Der Anspruch auf Arbeitsentgelt darf also nicht bereits auf Grund anderer Ursachen entfallen. Das bedeutet aber nicht, dass alle hypothetischen Geschehensabläufe zu berücksichtigen sind. Vielmehr muss es sich um reale Ursachen handeln, die im konkreten Fall für den Ausfall der Arbeit auch wirksam geworden sind (*BAG* 24.3.2004 – 5 AZR 355/03 – EzA-SD 12/04 S. 7 f.).

bb) Einzelfragen

1722 ▶ **Wird die an einem Feiertag ausfallende Arbeitszeit vor- oder nachgearbeitet**, sind für den Feiertag die Normalarbeitsstunden zu vergüten (*BAG* 3.5.1983 EzA § 1 FeiertagslohnzG Nr. 24).

1723 ▶ Problematisch ist die Einordnung von tarifvertraglich vorgesehenen **Nahauslösungen**. Denn einem Arbeitnehmer, der z.B. weniger als 5 km vom betrieblichen Ausgangspunkt eingesetzt wird, müssen keine Mehraufwendungen entstehen. Eine solche Arbeitsstelle bedingt keine längere als sonst im Arbeitsleben übliche Abwesenheit von zu Hause.

1724 Das *BAG* (24.9.1986, 1.2.1995 EzA § 1 FeiertagslohnzG Nr. 32, 46) geht davon aus, dass die Nahauslösung – auch bei längeren Entfernungen – je nach den Umständen sowohl echter Aufwendungsersatz als auch Arbeitsentgelt sein kann. Letzteres ist dann der Fall, wenn die Nahauslösung nicht für Mehraufwendungen ausgegeben wird, sondern zur Verbesserung des Lebensstandards.

1725 Die Unterscheidung ist **im Einzelfall anhand einer Regelung der Tarifvertragsparteien zu treffen**, die bestimmt, dass die Steuerpflichtigkeit dafür maßgeblich ist, in welchem Umfang mit der Nahauslösung tatsächlich Aufwendungen ersetzt werden. Da die steuerrechtlichen Vorschriften klare Unterscheidungskriterien dafür enthalten, welche Teile der Nahauslösung Arbeitsentgelt und welche Aufwendungsersatz darstellen, hängt davon auch die Beurteilung der Zahlung der Nahauslösung als Feiertagsvergütung ab.

1726 ▶ Arbeitet eine **Akkordkolonne** von 20 Arbeitnehmern mit jeweils 17 Arbeitnehmern an 6 Wochentagen und ist für den Arbeitgeber nicht erkennbar, wie die Kolonne den Arbeitseinsatz und die Verteilung des Akkordverdienstes geregelt hat, so erhält jedes Kolonnenmitglied 1/20 des Tagesverdienstes, den die Kolonne ohne die Feiertagsruhe erzielt hätte (*BAG* 28.2.1984 EzA § 1 FeiertagslohnzG Nr. 27).

1727 ▶ Im **Baugewerbe** ist Lohn nach dem Lohnausfallprinzip auch für Feiertage zu zahlen, an denen die Arbeit wegen Schlechtwetter ausgefallen wäre. Der Feiertagslohn beschränkt sich nicht auf die Höhe des Schlechtwettergeldes (*BAG* 14.5.1986 EzA § 1 Feiertagslohnz G Nr. 31).

Wird trotz verkürzter tariflicher Arbeitszeit die über diese hinausgehende Betriebsnutzungszeit beibehalten und durch die spätere Gewährung von Freischichten ausgeglichen, so entsteht an einem Feiertag ein Entgeltausfall in Höhe der vollen zu leistenden Arbeitszeit, sodass in dieser Höhe Feiertagsvergütung zu zahlen ist (*BAG* 2.12.1987 EzA § 1 FeiertagslohnzG Nr. 35; 2.12.1988 EzA § 1 LohnFG Nr. 91; 14.12.1988 EzA § 4 TVG Metallindustrie Nr. 57). 1728

Allerdings kann eine Betriebsvereinbarung, die bei einer Betriebsnutzungszeit von 40 Stunden den Ausgleich zu einer niedrigeren individuellen regelmäßigen wöchentlichen Arbeitszeit durch Freischichten vorsieht, bestimmen, dass eine Zeitgutschrift nur für jeden geleisteten Arbeitstag erfolgt. Eine solche Regelung verstößt nicht gegen §§ 1, 2 EFZG.

Denn durch diese Normen wird nur gewährleistet, dass der Arbeitnehmer für die ausfallende Arbeitszeit seine Vergütung erhält. Sie verbieten nicht, dass ausfallende Arbeitszeit in dem nach dem ArbZG oder tariflichen Bestimmungen zulässigen Rahmen mit entsprechender Vergütung an anderen Tagen nachgeholt wird. Nichts anderes bewirkt aber eine derartige Betriebsvereinbarung (*BAG* 2.12.1987 EzA § 4 TVG Metallindustrie Nr. 36). 1729

- ▶ Bei Arbeitnehmern, die einen **nach Wochen oder Monaten bestimmten Verdienst** erhalten, ist die Feiertagsvergütung bereits darin enthalten. Durch den Arbeitsausfall an einem gesetzlichen Feiertag erleiden derartige Mitarbeiter **keinen Verdienstausfall** (MünchArbR/*Boewer* § 81 Rz. 29). 1730
- ▶ Hat ein teilzeitbeschäftigter Arbeitnehmer des Einzelhandels nach seinem Arbeitsvertrag regelmäßig am »**langen Samstag**« (§ 3 Abs. 1 Nr. 3 LadSchlG a.F.) zu arbeiten und fällt ein langer Samstag auf einen gesetzlichen **Feiertag**, so besteht auch dann ein Anspruch auf Feiertagslohn für den gesetzlichen Feiertag, wenn der Arbeitnehmer an dem darauf folgenden langen Samstag arbeiten muss (*BAG* 10.7.1996 EzA § 1 FeiertagslohnzG Nr. 49). 1731
- ▶ Fällt die im Rahmen eines **Freischichtmodells** vorgesehene Arbeitszeit infolge eines Feiertags aus, so ist auf dem Zeitkonto des Arbeitnehmers die **tatsächlich ausgefallene Arbeitszeit** (z.B. von 8 Stunden) und nicht lediglich die durchschnittliche tägliche Grundarbeitszeit (z.B. von 7,5 Stunden) gutzuschreiben (*LAG Köln* 10.5.2001 ZTR 2001, 428 LS). Denn der Arbeitnehmer ist so zu stellen, als hätte er an dem Feiertag die schichtplanmäßige Arbeitszeit gearbeitet (*BAG* 14.8.2002 EzA § 2 EFZG Nr. 4). 1732
- ▶ Entfällt die Arbeitspflicht wegen einer zwischen den Betriebspartnern **vereinbarten Betriebsruhe**, besteht **kein Anspruch** (*BAG* 28.1.2004 – 5 AZR 58/03 – EzA-SD 11/04, S. 9 LS = NZA 2005, 656 LS). 1733
- ▶ Erbringt ein Arbeitnehmer auf Grund einer besonderen Vereinbarung nach § 5 Nr. 3 BRTV-Bau **regelmäßig zusätzlich vergütete Arbeitsleistungen** (z.B. Fahrleistungen), hat der Arbeitgeber nach § 2 EFZG das dafür vereinbarte Arbeitsentgelt zu zahlen, wenn die Arbeit infolge eines Feiertages ausfällt. Denn Arbeitszeit i.S.d. § 2 EFZG ist die für die Arbeit vorgesehene oder festgelegte Zeitspanne und das Führen eines Kraftfahrzeugs zum Zwecke der Personenbeförderung im Auftrag eines Dritten ist Arbeit (*BAG* 16.1.2002 EzA § 2 EFZG Nr. 2). 1734
- ▶ Auch bei **Arbeit auf Abruf** § 12 TzBfG; s.o. Rn. 1700) besteht ein Anspruch auf Feiertagsvergütung nur dann, wenn der Feiertag die alleinige Ursache für den Arbeitsausfall ist. Der Arbeitgeber ist nicht in Anlehnung an § 11 Abs. 2 EFZG ohne Rücksicht auf die konkret ausgefallenen Stunden zur Zahlung einer Durchschnittsvergütung an Feiertagen verpflichtet (*BAG* 24.10.2001 EzA § 2 EFZG Nr. 3). 1735
- ▶ Die an einem Wochenfeiertag **tarifwidrig angeordnete Rufbereitschaft** ist wie tariflich zulässige Rufbereitschaft während eines Wochenfeiertages zu vergüten. Das nach § 2 Abs. 1 EFZG dann fortgezahlte Tarifgehalt ist nicht anzurechnen (*BAG* 9.10.2003 – 6 AZR 447/02). 1736

e) Unabdingbarkeit des Anspruchs

1737 §§ 1, 2 EFZG können **weder kollektiv- noch individualrechtlich** zum Nachteil des Arbeitnehmers eingeschränkt werden (§ 12 EFZG); einem Verfall des Anspruchs auf Grund **einzelvertraglich vereinbarter Ausschlussfristen** steht die gesetzliche Regelung allerdings **nicht entgegen**. Denn Ausschlussfristen betreffen nicht die durch das EFZG gestaltete Entstehung von Rechten des Arbeitnehmers und deren Inhalt, sondern ihren zeitlichen Bestand. Eine diesbezügliche Regelung ist ebenso wenig wie ein nachträglicher Verzicht durch § 12 EFZG verboten (*BAG* 25.5.2005 EzA § 307 BGB 2002 Nr. 3).

1738 Sieht etwa ein Arbeitsvertrag für die Dauer von Betriebsferien zwischen Weihnachten und Neujahr unbezahlten Urlaub vor, weil der Arbeitnehmer seinen Jahresurlaub bereits erhalten hat, so steht ihm gleichwohl Feiertagsvergütung zu (*BAG* 6.4.1982 EzA § 1 FeiertagslohnzG Nr. 21). Andererseits kann im Arbeitsvertrag der in einer Schule eingesetzten **Reinigungskraft wirksam und anspruchsausschließend vereinbart werden, dass das Arbeitsverhältnis während der Schulferien ruht**. Dies ist mit §§ 2, 12 EFZG ebenso vereinbar wie mit §§ 615 BGB, 4 TzBfG. Wird die Vereinbarung formularmäßig getroffen, ist sie allerdings auch an § 307 BGB zu messen, weil sie eine von § 611 BGB abweichende Regelung enthält. Bei der Prüfung der unangemessenen Benachteiligung ist zu berücksichtigen, dass wegen des Ruhens des Arbeitsverhältnisses auch die Ansprüche auf aufrechterhaltene Vergütung entfallen (u.a. §§ 2, 3 EFZG). Dennoch stellt die Ruhensvereinbarung für die Dauer der Schulferien jedenfalls dann keine unangemessene Benachteiligung der Reinigungskraft dar, wenn das Reinigungsobjekt geschlossen ist und Reinigungsarbeiten nicht anfallen (*BAG* 10.1.2007 EzA § 307 BGB 2002 Nr. 16 = NZA 2007, 384).

1739 Die Arbeitsvertragsparteien können den Vergütungsanspruch des Arbeitnehmers für regelmäßige zusätzliche Arbeitsleistungen auch nicht für Tage, an denen die Arbeit wegen eines Feiertages ausfällt, ausschließen. Denn darin läge eine nach § 12 EFZG unzulässige Abweichung von der Entgeltfortzahlungspflicht nach § 2 EFZG (*BAG* 16.1.2002 EzA § 2 EFZG Nr. 2 = NZA 2002, 1163). Der Arbeitgeber darf bei feiertagsbedingtem Arbeitsausfall auf einem für den Arbeitnehmer geführten Zeitkonto keine Negativbuchungen vornehmen und damit das vorhandene Zeitguthaben kürzen, wenn das Zeitkonto nur in anderer Form den Vergütungsanspruch des Arbeitnehmers ausdrückt (*BAG* 14.8.2002 EzA § 2 EFZG Nr. 4).

1740 Eine pauschale Abgeltung der Feiertagsvergütung durch einen Lohnzuschlag ist nur zulässig, soweit der Zuschlag von vornherein als solcher erkennbar und eindeutig dazu bestimmt ist, den gesetzlichen Anspruch auf Feiertagsvergütung zu erfüllen (*BAG* 28.2.1984 EzA § 1 FeiertagslohnzG Nr. 27). Unzureichend sind daher Pauschalzulagen, die verschiedenen Zwecken dienen.

1741 Zulässig ist zwar eine Regelung, wonach die an Wochenfeiertagen ausgefallene Arbeit am nächstfolgenden **arbeitsfreien Werktag nachgeholt** werden muss. Jedoch darf diese Nacharbeit nicht unentgeltlich gefordert werden. Deshalb wäre eine Regelung gesetzeswidrig, wonach die Provision von Verkaufsfahrern zugleich als pauschale Abgeltung des Lohnanspruchs für Feiertags-Nacharbeit gelten sollte (*BAG* 25.6.1985 EzA § 1 FeiertagslohnzG Nr. 30).

1742 Möglich ist eine tarifliche Bestimmung, wonach **Überstunden** bei der Berechnung der Feiertagsvergütung zu berücksichtigen sind, wenn in der Arbeitswoche, in die der Feiertag fällt, regelmäßig Überstunden anfallen oder in den zwei vorangegangenen Wochen an dem dem Wochentag entsprechenden Feiertag Überstunden geleistet wurden, die mit den Besonderheiten des Druckgewerbes zusammenhängen (*BAG* 18.3.1992 EzA § 4 TVG Druckindustrie Nr. 23). Diese Regelung ist mit §§ 1, 2 EFZG vereinbar. Denn jedenfalls gegen die

Bemessung der Überstundenvergütung im Rahmen der Feiertagsbezahlung, insbes. die nur teilweise Einbeziehung von Überstunden, die nicht infolge des Feiertages ausgefallen sind, ist nichts einzuwenden. Zumindest können die Tarifvertragsparteien für die im Gesetz nicht geregelte Bemessung des regelmäßigen Entgelts **Auslegungsregeln** schaffen.

1743 Beruht der Anspruch auf Vergütung auf §§ 1, 2 EFZG, so handelt es sich **auch dann um einen gesetzlichen und nicht um einen tariflichen Anspruch, wenn die Vergütung selbst tariflich geregelt ist.** Er unterliegt daher nicht einer tariflichen Verfallklausel, die nur tarifliche Ansprüche erfasst (*BAG* 10.12.1986 EzA § 4 TVG Ausschlussfristen Nr. 71; demgegenüber ist nach *BAG* 20.8.1980 EzA § 9 LohnFG Nr. 6 dann, wenn der Lohnanspruch ein tariflicher Anspruch ist, auch der Entgeltfortzahlungsanspruch im Krankheitsfalle ein tariflicher Anspruch).

f) Der Ausschluss der Feiertagsvergütung

1744 Arbeitnehmer, die am letzten Arbeitstag vor oder am ersten Arbeitstag nach Feiertagen unentschuldigt der Arbeit fernbleiben, haben keinen Anspruch auf Bezahlung für diese Feiertage (§ 2 Abs. 3 EFZG). Maßgeblich ist der Arbeitstag, an dem vor oder nach dem Feiertag eine individuelle Arbeitspflicht des Arbeitnehmers bestanden hat (*BAG* 28.10.1966 AP Nr. 23 zu § 1 FeiertagslohnzG).

1745 Damit entfällt auch der Anspruch auf Feiertagsvergütung, wenn zwischen dem Bummeltag und dem Feiertag ein Urlaubstag liegt (vgl. MünchArbR/*Boewer* § 81 Rz. 26).

1746 Nicht erforderlich für den Wegfall des Anspruchs ist es, dass der Arbeitnehmer den gesamten Arbeitstag versäumt hat. **Der Anspruch entfällt auch dann, wenn der Arbeitnehmer nicht wenigstens die Hälfte der für den Arbeitstag maßgebenden Arbeitszeit abgeleistet hat** (*BAG* 28.10.1966 AP Nr. 23 zu § 1 FeiertagslohnzG). Gleichgültig ist, ob die Arbeitsversäumnis zu Beginn, im Verlauf oder am Ende der für den Arbeitnehmer maßgebenden Arbeitszeit eintritt. Entscheidend sind allein die beiden Arbeitstage vor und nach dem Feiertag in ihrem gesamten Umfang.

1747 Wird z.B. in einem Betrieb zwischen Weihnachten und Neujahr nicht gearbeitet, so verliert ein Arbeitnehmer nach § 2 Abs. 3 EFZG seinen Anspruch auf Feiertagsbezahlung für alle in der Betriebsruhe fallenden Wochenfeiertage, wenn er am letzten Tag oder am ersten Tag nach der Betriebsruhe unentschuldigt fehlt (*BAG* 6.4.1982 EzA § 1 FeiertagslohnzG Nr. 22).

1748 Bei Arbeitnehmern, die **einen nach Wochen oder Monaten bestimmten Verdienst** erhalten, darf die zu zahlende Vergütung nicht nur um den Bummeltag, sondern zugleich **auch um die sonst anfallende Vergütung für den Feiertag** gekürzt werden (MünchArbR/*Boewer* § 81 Rz. 29).

g) Darlegungs- und Beweislast

1749 Der Arbeitnehmer hat das Vorliegen der Voraussetzungen für die Anwendung des § 2 EFZG darzulegen. Dazu gehört auch bei Berufung des Arbeitgebers auf die Voraussetzungen des § 2 Abs. 3 EFZG, dass das Fernbleiben nicht unentschuldigt geschehen ist. Den Arbeitgeber trifft die Darlegungs- und Beweislast für die Tatsachen, aus denen sich ergeben soll, dass der Feiertag nicht die alleinige Ursache für den Ausfall der Arbeitsleistung gewesen sein soll (*BAG* 1.10.1991 EzA Art. 9 GG Arbeitskampf Nr. 99).
Für **Arbeit auf Abruf** (§ 12 TzBfG) ist allerdings davon auszugehen, dass der Arbeitnehmer auch dann im Streitfall die Anspruchsvoraussetzungen darzulegen und ggf. zu beweisen hat. Durch eine Abstufung der Darlegungs- und Beweislast lässt sich aber andererseits eine sachgerechte Lösung etwaiger Beweisschwierigkeiten des Arbeitnehmers erreichen (*BAG* 24.10.2001 EzA § 2 EFZG Nr. 3).

4. Entgeltfortzahlung im Krankheitsfall

a) Grundlagen

1750 Aufgrund der §§ 1, 3 ff. EFZG gilt für alle Arbeitnehmer und für alle Bundesländer ein **einheitliches Recht der Entgeltfortzahlung** im Krankheitsfall.

1751 Ziel der Entgeltfortzahlung im Krankheitsfall ist die wirtschaftliche Sicherung des Arbeitnehmers dahin, **dass er entgeltmäßig so gestellt wird, wie er stünde, wenn er nicht krankheitsbedingt arbeitsunfähig wäre** (*BAG* 7.11.1975 EzA § 1 LohnFG Nr. 44). Daneben sollen die gesetzlichen Krankenkassen finanziell entlastet werden.

1752 Das nach Maßgabe der §§ 1, 3 ff. EFZG weiter zu zahlende Entgelt ist Arbeitsentgelt und nicht nur Entgeltersatz. Es handelt sich um die aufrecht erhaltenen Vergütungsansprüche, die in jeder Hinsicht deren Schicksal teilen (*BAG* 26.10.1971 AP Nr. 1 zu § 6 LohnFG).

b) Anspruchsvoraussetzungen

aa) Arbeitsverhältnis

1753 Voraussetzung für den Entgeltfortzahlungsanspruch ist das **Bestehen eines Arbeitsverhältnisses** zwischen den Parteien; nicht erforderlich ist, dass die Arbeitsunfähigkeit nach Beginn der tatsächlichen Beschäftigung eingetreten ist.

1754 Besonderheiten gelten nicht mehr für teilzeitbeschäftigte Arbeiter in Arbeitsverhältnissen, die längstens auf 4 Wochen befristet sind.

1755 Allerdings entsteht der Anspruch gem. § 3 Abs. 3 EFZG mit Wirkung vom 1.10.1996 generell erst nach **vierwöchiger ununterbrochener Dauer des Arbeitsverhältnisses** (Wartezeit; vgl. dazu *Vossen* NZA 1998, 354 ff.).

1756 Besteht zwischen einem beendeten und einem neu begründeten Arbeitsverhältnis zu demselben Arbeitgeber ein enger zeitlicher und sachlicher Zusammenhang, wird der Lauf dieser Wartezeit in dem neuen Arbeitsverhältnis nicht erneut ausgelöst (*BAG* 22.8.2001 EzA § 3 EFZG Nr. 3 m. Anm. *Natzel* SAE 2004, 185 ff.). Gleiches hat das *Sächs. LAG* (12.6.2002 LAGE § 3 EFZG Nr. 5 = NZA-RR 2003, 127) für Arbeitnehmer angenommen, die unmittelbar nach Abschluss ihrer Berufsausbildung vom bisherigen Ausbilder übernommen werden. Das *BAG* (20.8.2003 EzA § 3 EFZG Nr. 11 = NZA 2004, 206 = BAG Report 2004, 65 m. Anm. *Natzel* SAE 2004, 185 ff) hat diese Auffassung inzwischen bestätigt. Denn das Berufsausbildungsverhältnis kann zwar nicht generell einem Arbeitsverhältnis gleichgesetzt werden, weil jeweils unterschiedliche Pflichten bestehen und das BBiG beide Rechtsverhältnisse deutlich unterscheidet. Dennoch müssen beide Rechtsverhältnisse bei nahtlosem Übergang als Einheit betrachtet werden, weil das EFZG auch die zu ihrer Berufsausbildung Beschäftigten als Arbeitnehmer ansieht. Die vom Gesetzgeber beabsichtigte Kostenentlastung wird dadurch erreicht, dass der Auszubildende in den ersten vier Wochen der Berufsausbildung ebenfalls der Wartezeit unterliegt (*BAG* 20.8.2003 EzA § 3 EFZG Nr. 11 m. Anm. *Natzel* SAE 2004, 185 ff.). Zum Verhältnis zwischen § 3 Abs. 3 EFZG und tariflichen Regelungen hat das *BAG* (12.12.2001 EzA § 3 EFZG Nr. 9) angenommen, dass die Reichweite einer tariflichen Regelung durch Auslegung ermittelt werden muss. Heißt es im Tarifvertrag nur, »die Beschäftigten haben in Fällen unverschuldeter, mit Arbeitsunfähigkeit verbundener Krankheit Anspruch auf Entgeltfortzahlung bis zur Dauer von sechs Wochen, nicht jedoch über die Beendigung des Arbeitsverhältnisses hinaus«, liegt ein Grundsatz vor, der der Konkretisierung und Ergänzung bedarf. Zu den ergänzend heranzuziehenden Gesetzesnormen gehört in diesem Fall regelmäßig auch die Wartezeitregelung des § 3 Abs. 3 EFZG. § 17 Nr. 2 MTV Hotel- und Gaststättengewerbe Nds. v. 28.6.2000 stellt zudem keine von § 3 Abs. 3 EFZG abweichende konstitutive Regelung dar. Sie gewährt keinen über die gesetzliche Regelung hinausgehenden Anspruch auf Entgeltfortzahlung im Krankheitsfall während der ersten vier Wochen des Arbeitsverhältnisses (*ArbG Lüneburg* 22.10.2001 NZA-RR 2003, 203).

bb) Krankheit

Erforderlich ist weiterhin, dass der Arbeitnehmer **durch Arbeitsunfähigkeit infolge Krankheit an seiner Arbeitsleistung gehindert ist** (vgl. dazu ausf. *Reinecke* DB 1998, 130 ff.). 1757

(1) Begriffsbestimmung

Krankheit im medizinischen Sinne ist jeder regelwidrige Körper- oder Geisteszustand, der einer Heilbehandlung bedarf (*BAG* 29.2.1984 EzA § 616 BGB Nr. 27; vgl. ausf. *Lepke* NZA-RR 1999, 57 ff.). 1758

Erfasst werden allerdings **auch nicht behebbare**, von Anfang an zur Arbeitsunfähigkeit führende **Krankheiten** (*BAG* 3.11.1961 AP Nr. 1 zu § 78 SeemG). Als Krankheit kommt z.B. in Betracht Sterilität, ferner Geburtsfehler (z.B. Schielen), nicht dagegen eine normal verlaufende Schwangerschaft. 1759

Ebenso wenig handelt es sich bei einem Zustand um eine Krankheit, der lediglich Anlass zu einer medizinisch nicht erforderlichen sog. **Schönheitsoperation** gibt. Etwas anderes kann aber dann gelten, wenn die Schönheitsoperation notwendig ist, um einen psychischen Leidenszustand von nicht unerheblichem Gewicht zu beseitigen oder zu lindern. 1760

(2) Unerheblichkeit der Ursache; Arbeitsunfall bei Nebenbeschäftigung

Für die Beurteilung eines bestehenden Zustandes als Krankheit **spielt deren Ursache grds. keine Rolle**. 1761

Das gilt selbst dann, wenn sich ein Arbeitsunfall im Zusammenhang mit einer zweiten Beschäftigung, insbes. einer Nebentätigkeit oder einer selbstständigen Tätigkeit ereignet hat (*BAG* 21.4.1982 EzA § 1 LohnFG Nr. 62). Nach Auffassung des *LAG Hamm* (8.2.2006 NZA-RR 2006, 406) gilt dies auch dann, wenn ein die Arbeitsunfähigkeit verursachender Betriebsunfall bei der Ausübung einer vom Hauptarbeitgeber **nicht genehmigten Nebentätigkeit** nicht selbst verschuldet ist. Wegen der zwingenden Natur des EFZG kann ein Anspruchsausschluss bei nebentätigkeitsbedingten Krankheiten auch tarifvertraglich nicht vereinbart werden (*BAG* 19.10.1983 EzA § 616 BGB Nr. 25; vgl. ausf. dazu *Boecken* NZA 2001, 233 ff.; s.u. Rn. 1830). Teilweise (*Kießling/Jünemann* DB 2005, 1684 ff.; *Kießling* DB 2006, 841) wird die Auffassung vertreten, dass auch die Erkrankung eines zu betreuenden Kindes (vgl. § 45 SGB V) als Arbeitsunfähigkeit des Arbeitnehmers in diesem Sinne anzusehen sein soll; § 3 EFZG greift dann ein, §§ 616 BGB, 45 SGB V treten dahinter zurück (**a.A.** zutr. *Schulz* DB 2006, 838 ff.). 1762

(3) Organentnahme

Zu einer Krankheit führt auch eine Organentnahme zum Zwecke einer Transplantation. Gleichwohl besteht selbst für den Fall eines komplikationslosen Verlaufs der Organentnahme **kein Entgeltfortzahlungsanspruch** des Organspenders gegen seinen Arbeitgeber, weil eine derart verursachte Arbeitsunfähigkeit die Grenze des allgemeinen, vom Arbeitgeber zu tragenden Krankheitsrisikos überschreitet, weil sie den Arbeitnehmer nicht wie ein normales Krankheitsschicksal trifft (*BAG* 6.8.1986 EzA § 1 LohnFG Nr. 81; **a.A.** *Schulin* SAE 1987, 242). 1763

(4) Sterilisation; Schwangerschaftsabbruch; künstliche Befruchtung

Gem. § 3 Abs. 2 EFZG gilt als unverschuldete Arbeitsunfähigkeit i.S.d. § 3 Abs. 1 EFZG auch eine Arbeitsverhinderung, die infolge einer nicht rechtswidrigen Sterilisation oder eines nicht rechtswidrigen Abbruchs der Schwangerschaft eintritt. Das Tatbestandsmerkmal des nicht rechtswidrigen Schwangerschaftsabbruchs ist dahin zu verstehen, dass damit **der unter den Voraussetzungen des § 218a StGB erlaubte und deshalb straffreie Abbruch** gemeint ist, wobei der Nachweis durch eine ärztliche Bescheinigung genügt (*BAG* 5.4.1989 EzA § 1 1764

LohnFG Nr. 105; *BVerfG* 18.10.1989 DB 1989, 2488; 28.5.1993 EzA § 1 LohnFG Nr. 124; vgl. *Pallasch* NZA 1993, 973). Bei einer Notlagenindikation nach §§ 218, 218 a StGB a.F. musste die Notlage allerdings in einem schriftlichen **ärztlichen Attest** festgestellt worden sein (*BAG* 14.12.1994 EzA § 1 LohnFG Nr. 126).

1765 Nach Auffassung des *LAG RhPf* (25.8.1997 – 9 Sa 2433/96 –; ebenso *Schmatz/Fischwasser* § 3 EFZG Rz. 105; *Schmitt* EFZG § 3 Rz. 51; **a. A.** *Müller-Rohden* NZA 1989, 128 ff.; s.a. *ArbG Marburg* 26.9.2006 – 2 Ca 156/06 – DB 2006, 2298 LS) liegt ein **Verschulden gegen sich selbst** auch dann nicht vor, wenn die Arbeitnehmerin sich einer stationären Behandlung in einem Krankenhaus unterzieht, um sich wegen der Unfähigkeit zur Empfängnis **künstlich befruchten** zu lassen.

cc) Arbeitsunfähigkeit

(1) Begriffsbestimmung

1766 Arbeitsunfähig infolge Krankheit ist ein Arbeitnehmer dann, wenn ein Krankheitsgeschehen ihn außer Stande setzt, die ihm nach dem Arbeitsvertrag obliegende Arbeit zu verrichten oder wenn er die Arbeit nur unter der Gefahr fortsetzen könnte, in absehbar naher Zeit seinen Zustand zu verschlimmern.

1767 Hierbei kommt es sowohl auf die **konkrete einzelvertragliche Arbeitsverpflichtung** (*BAG* 25.6.1981 EzA § 616 BGB Nr. 20) als auch auf den **individuellen gesundheitlichen Zustand** des einzelnen Arbeitnehmers an. Zu berücksichtigen sind alle Tätigkeiten, die der Arbeitnehmer auf Grund seines Arbeitsvertrages, ggf. auch nach zulässiger Ausübung des **Direktionsrechts** durch den Arbeitgeber, schuldet (vgl. MünchArbR/*Boecken* § 83 Rz. 44).

1768 Maßgebend sind objektive Gesichtspunkte, sodass es weder auf die Kenntnis des Arbeitnehmers noch des Arbeitgebers ankommt. Folglich ist auch derjenige arbeitsunfähig, der in Unkenntnis seiner gesundheitlichen Beeinträchtigung, die vernünftigerweise die vertraglich vereinbarte Arbeitsleistung verbietet, tatsächlich arbeitet (*BAG* 26.7.1989 EzA § 1 LohnFG Nr. 112; zum Aufeinandertreffen von Arbeitsunfähigkeit, dauernder Erwerbsunfähigkeit und Rückkehr aus der Elternzeit vgl. *LAG Hamm* 19.7.2003 – 18 Sa 215/03 – EzA-SD 21/03, S. 6 LS = NZA-RR 2004, 12).

(2) Mittelbare Auswirkungen der Krankheit; ambulante Behandlungen

1769 Arbeitsunfähigkeit liegt nicht nur dann vor, wenn der Körper- oder Geisteszustand als solcher den Arbeitnehmer zur Arbeitsleistung außer Stande setzt (z.B. Herzinfarkt).

1770 Auch nur **mittelbare Krankheitsauswirkungen** können zur Arbeitsunfähigkeit führen. Das ist z.B. dann der Fall, wenn eine für sich allein die zu erbringende Arbeitsleistung nicht hindernde Krankheit im medizinischen Sinne (z.B. Schielen) stationäre Krankenpflege erforderlich macht (*BAG* 9.1.1985 EzA § 1 LohnFG Nr. 75). Demgegenüber sind ambulante Behandlungen weitgehend von der Entgeltfortzahlung ausgenommen (*BAG* 29.2.1984 EzA § 616 BGB Nr. 27; 9.1.1985 EzA § 1 LohnFG Nr. 75). In den Fällen einer Operation bei stationärer Krankenhausaufnahme führt diese selbst wegen der Schwere des Eingriffs anschließend zur Arbeitsunfähigkeit. Zum anderen ist der Lohnausfall bei einer ambulanten Behandlung Folge lediglich der Wahl des Behandlungszeitpunkts.

1771 Allerdings kann auch bei einer in Abständen von ein bis zwei Wochen vorbeugend durchgeführten ambulanten Bestrahlung gegen eine **in unberechenbaren Schüben auftretende erbliche Krankheit** (Schuppenflechte) Arbeitsunfähigkeit gegeben sein. Das gilt selbst dann, wenn der Arbeitnehmer zwar bei den einzelnen Behandlungen nicht arbeitsunfähig ist, das Unterlassen der Behandlung seinen Zustand in absehbar naher Zeit aber zur Arbeitsunfähigkeit zu verschlechtern droht (*BAG* 9.1.1985 EzA § 1 LohnFG Nr. 75; abl. MünchArbR/*Boecken* § 83 Rz. 41, wonach diese Kasuistik **verwirrend** und nicht überzeugend ist, sodass auch bei notwendiger ambulanter Behandlung Arbeitsunfähigkeit angenommen werden muss).

Sind im Hinblick auf eine ambulante Behandlung nach diesen Grundsätzen die Voraussetzungen des § 3 Abs. 1 EFZG nicht erfüllt, so kommt ein Anspruch aus **§ 616 BGB** in Betracht. 1772

(3) Wegeunfähigkeit

Nicht arbeitsunfähig ist der Arbeitnehmer, der wegen einer Krankheit nur den bisherigen Weg zur Arbeitsstätte nicht zurücklegen, die geschuldete Arbeitsleistung als solche jedoch durchaus erbringen kann (*BAG* 7.8.1970 AP Nr. 4 zu § 11 MuSchG). 1773

(4) Teilarbeitsunfähigkeit

Eine begrenzte Arbeitsunfähigkeit (Teilarbeitsunfähigkeit) ist gegeben, wenn der Arbeitnehmer die vertraglich geschuldete Leistung nur noch teilweise in einem zeitlich verringerten Ausmaß, zu anderen Tageszeiten oder nur beschränkt auf bestimmte Tätigkeiten erbringen kann (vgl. Kasseler Handbuch/*Vossen* 2.2. Rz. 50 ff.; *Stückmann* DB 1998, 1662 ff.). Auch Teilarbeitsunfähigkeit ist grds. Arbeitsunfähigkeit i.S.d. EFZG (*BAG* 29.1.1992 EzA § 74 SGB V Nr. 1; vgl. auch *Künzl/Weinmann* ArbuR 1996, 306; abl. *Boecken* NZA 1999, 675 f.). 1774

Nach Auffassung des *BAG* (29.1.1992 EzA § 74 SGB V Nr. 1) bedeutet es nämlich **keinen Unterschied**, ob der Arbeitnehmer durch seine Krankheit ganz oder teilweise arbeitsunfähig wird. Danach ist auch der vermindert Arbeitsfähige arbeitsunfähig krank i.S.d. Entgeltfortzahlungsrechts, eben **weil er seine vertraglich geschuldete Arbeitsleistung nicht voll erfüllen kann.** Die für die Feststellung der Arbeitsunfähigkeit maßgebliche vertraglich geschuldete Arbeitsleistung wird folglich als nach Inhalt, Umfang, Schwierigkeit und ähnlichen Qualifikationsmerkmalen unteilbare Einheit angesehen (*LAG RhPf* 4.11.1991 LAGE § 1 LohnFG Nr. 32; KassArbR/*Vossen* 2.2. Rz. 51). 1775

Arbeitsfähig ist der Arbeitnehmer danach allerdings wieder dann, wenn die Arbeitsvertragsparteien die vom Arbeitnehmer an sich vertraglich geschuldete Arbeitsleistung **einvernehmlich vorübergehend** auf die Tätigkeiten **beschränken**, die er ihrer Art und/oder ihrem zeitlichen Umfang nach trotz seiner Erkrankung verrichten kann, ohne den Heilungsprozess zu beeinträchtigen (*BAG* 25.10.1973 EzA § 616 BGB Nr. 17; 29.1.1992 EzA § 74 SGB V Nr. 1; *Gitter* ZfA 1995, 131 f.; *Glaubitz* NZA 1992, 402). 1776

dd) Kausalität

(1) Begriffsbestimmung

Erforderlich ist schließlich Kausalität zwischen Krankheit, Arbeitsunfähigkeit und Arbeitsverhinderung. 1777

Die krankheitsbedingte Arbeitsunfähigkeit muss die alleinige und ausschließliche Ursache für den Ausfall der Arbeitsleistung und damit für den Verlust des Vergütungsanspruchs sein (*BAG* 22.6.1988 EzA § 16 BErzGG Nr. 1; 28.1.2004 – 5 AZR 58/03 – EzA-SD 11/04, S. 9 LS = NZA 2005, 656 LS). Das ist der Fall, wenn der Arbeitnehmer ohne die krankheitsbedingte Arbeitsunfähigkeit Arbeitsentgelt erhalten hätte (*BAG* 4.12.2002 EzA § 3 EFZG Nr. 10). Ist die Arbeitspflicht dagegen bereits **aus einem anderen Grund** (z.B. Urlaub, Streik, Ruhen des Arbeitsverhältnisses) aufgehoben, besteht **kein Anspruch** (*BAG* 28.1.2004 – 5 AZR 58/03 – EzA-SD 11/04, S. 9 LS = NZA 2005, 656 LS). Der Anspruch auf Arbeitsentgelt darf also nicht bereits auf Grund anderer Ursachen entfallen. Das bedeutet aber **nicht**, dass **alle hypothetischen Geschehensabläufe** zu berücksichtigen sind. Vielmehr muss es sich um **reale Ursachen** handeln, die im konkreten Fall für den Ausfall der Arbeit auch wirksam geworden sind (*BAG* 24.3.2004 – 5 AZR 355/03 – EzA-SD 12/04 S. 7 f.). Andererseits schließt eine **volle Erwerbsminderung** i.S.d. Rentenversicherungsrechts krankheitsbedingte Arbeitsunfähigkeit gem. § 3 1778

EFZG nicht aus. Denn es besteht kein Grund, den Arbeitgeber bei **besonders schweren Erkrankungen** des Arbeitnehmers, die sogar eine zeitweise oder dauernde volle Erwerbsunfähigkeit zur Folge haben, **von den sozialen Verpflichtungen des EFZG freizustellen** (*BAG* 29.9.2004 EzA § 3 EFZG Nr. 13 = NZA 2005, 225).

1779 Diese Voraussetzungen sind auch dann erfüllt, wenn die Krankheit **für sich allein noch keine Arbeitsunfähigkeit zur Folge hat**, sondern zunächst ihrerseits nur die Ursache für die weitere Folge einer stationären oder ambulanten Behandlung oder – etwa im Falle einer offenen Lungentuberkulose – einer seuchenpolizeilichen Anordnung ist. Denn auch insoweit ist eine mit der Krankheit beginnende Ursachenkette gegeben (*BAG* 26.4.1978 EzA § 6 LohnFG Nr. 8). In Fällen **ambulanter Behandlung** von für sich allein die Arbeitsleistung nicht verhindernden Krankheiten ist dagegen allein die Wahl des Behandlungszeitpunkts bzw. die Termingestaltung des Arztes ursächlich, sodass kein Entgeltfortzahlungsanspruch gegeben ist (*BAG* 29.2.1984 EzA § 616 BGB Nr. 27; s.o. Rn. 1769 f.). Der Arbeitgeber, der gegenüber dem Entgeltfortzahlungsanspruch eine **anderweitige Unmöglichkeit der Arbeitsleistung einwendet**, ist dafür **darlegungs- und beweispflichtig. Betreuungsverpflichtungen** gegenüber minderjährigen Kindern führen als solche nicht zu einer Unmöglichkeit der Arbeitsleistung. Aus der fehlenden Kenntnis des Arbeitgebers hinsichtlich der Kinderbetreuung folgt auch keine abgestufte Darlegungslast (*BAG* 29.9.2004 EzA § 3 EFZG Nr. 13 = NZA 2005, 225).

1780 Hat der Arbeitnehmer dagegen einem Übergang seines Arbeitsverhältnisses durch Teilbetriebsübergang wirksam widersprochen sowie eine Beschäftigung bei dem Betriebserwerber abgelehnt und auf Beschäftigung bei seinem Arbeitgeber bestanden, beruht der Ausfall der Arbeit nicht auf einem fehlenden Arbeitswillen, wenn der Arbeitnehmer arbeitsunfähig erkrankt (*BAG* 4.12.2002 EzA § 3 EFZG Nr. 10).

1781 Die Tarifvertragsparteien können auch von diesem in §§ 3 Abs. 1, 4 Abs. 1 EFZG angelegten Grundsatz, dass für den Anspruch auf Entgeltfortzahlung die Arbeit allein auf Grund der krankheitsbedingten Arbeitsunfähigkeit ausgefallen sein muss, **abweichen** (*BAG* 9.10.2002 EzA § 4 EFZG Nr. 10 = NZA 2003, 978; s.u. Rn. 1874).

(2) Arbeitsunwilligkeit

1782 Der Kausalzusammenhang fehlt auch dann, wenn der Arbeitnehmer bereits vor Krankheitsbeginn trotz vertraglicher Verpflichtung zur Arbeitsleistung dieser ohne Grund nicht nachgekommen und daher in Schuldnerverzug geraten und ferner anzunehmen ist, dass er ohne die Krankheit weiterhin arbeitsunwillig geblieben wäre.
Hat der Arbeitnehmer dagegen dem Übergang seines Arbeitsverhältnisses durch **Betriebsübergang** wirksam **widersprochen** sowie eine Beschäftigung bei dem Betriebserwerber abgelehnt und auf Beschäftigung bei seinem Arbeitgeber bestanden, **beruht der Ausfall der Arbeit nicht auf einem fehlenden Arbeitswillen**, wenn der Arbeitnehmer **arbeitsunfähig erkrankt** (*BAG* 24.3.2004 – 5 AZR 355/03 – EzA-SD 12/04 S. 7 f.).
Auch dann, wenn der Arbeitnehmer in einem Kündigungsrechtsstreit einen **Auflösungsantrag** stellt, steht die notwendige Leistungsbereitschaft nicht bereits deshalb in Zweifel (*LAG Düsseld.* 29.8.2005 – 14 (7) Sa 723/05 – EzA-SD 24/05 S. 11 LS unter Hinweis auf *BAG* 18.1.1963 EzA § 615 BGB Nr. 5 u. *BAG* 19.9.1991 – 2 AZR 619/90 – n.v.).

1783 Der Arbeitnehmer muss, wenn der Arbeitgeber entsprechende Zweifel an dessen Arbeitswillen substantiiert und nicht nur in Form einer allgemeinen Behauptung dargelegt, vortragen und ggf. beweisen, dass er während der Zeit der krankheitsbedingten Arbeitsunfähigkeit arbeitswillig war (*BAG* 20.3.1985 EzA § 1 LohnFG Nr. 77).

(3) Schwangerschaft

Eine normale Schwangerschaft ist **keine Krankheit**. Nur die mit außergewöhnlichen Beschwerden oder Störungen verbundene Schwangerschaft ist als Krankheit im Rechtssinne anzusehen und kann sich als ein nicht ausgeheiltes, befristetes Grundleiden i.S.d. § 3 Abs. 1 S. 2 EFZG (»dieselbe Krankheit«) darstellen. Nicht zu fordern ist dagegen, dass die einzelnen Krankheiten (Krankheitserscheinungen) auch untereinander noch in einem besonderen Fortsetzungszusammenhang stehen müssen (*BAG* 14.11.1984 EzA § 1 LohnFG Nr. 74). 1784

Tritt zur Schwangerschaft eine Krankheit hinzu, so gilt sie während der gesetzlichen Schutzfristen vor und nach der Entbindung (§§ 3 Abs. 2, 6 Abs. 1 MuSchG) auch als durch das gesetzliche Beschäftigungsverbot wegen der Schwangerschaft verursacht. Folglich bestehen keine Entgeltfortzahlungsansprüche wegen krankheitsbedingter Arbeitsverhinderung (*BAG* 7.10.1987 EzA § 14 MuSchG Nr. 7). 1785

(4) Suspendierung

Im Übrigen scheiden Entgeltfortzahlungsansprüche aus, wenn es sich um Arbeitsverhältnisse handelt, in denen zeitweise die Pflicht des Arbeitgebers zur Zahlung von Arbeitsentgelt suspendiert ist, weil es dann **an der alleinigen Kausalität der krankheitsbedingten Arbeitsverhinderung für den Entgeltausfall fehlt**. 1786

Das ist insbes. dann der Fall, wenn: 1787

- **bezahlte Freischichten** vereinbart werden und ein Arbeitnehmer während dieser Zeit (z.B. zwischen Weihnachten und Neujahr) arbeitsunfähig krank wird (*BAG* 9.5.1984 EzA § 1 LohnFG Nr. 71);
- bei für **arbeitsfrei erklärten Tagen** die maßgebliche Arbeitszeit vor- oder nachgearbeitet wird (*BAG* 22.8.1967 AP Nr. 42 zu § 1 ArbKrankhG).

Wird z.B. die für den 24. und 31.12. vorgesehene Arbeit auf Grund einer Betriebsvereinbarung vorgeholt, so hat der Arbeitnehmer, der an den freigestellten Tagen arbeitsunfähig krank ist oder eine Kur durchführt, keinen Anspruch auf Entgeltfortzahlung für die freigestellten Tage, weil Ursache des Arbeitsausfalls nicht die Krankheit (Kur) des Arbeitnehmers ist, sondern die anderweitige Verteilung der Arbeitszeit (*BAG* 7.9.1988 EzA § 1 LohnFG Nr. 94). 1788

Entsprechendes gilt für **Freischichttage nach sog. Freischichtmodellen**. Wird z.B. die Planwochenarbeitszeit auf die 4 Tage Montag bis Donnerstag unter Freistellung des Freitags verteilt, so scheiden für den Freitag Entgeltfortzahlungsansprüche aus (*BAG* 8.3.1989 EzA § 1 LohnFG Nr. 103). 1789

Entfällt die Arbeitspflicht wegen einer zwischen den Betriebspartnern vereinbarten Betriebsruhe, besteht ebenfalls kein Anspruch. Erhält der arbeitsunfähige Arbeitnehmer während der Dauer der **Betriebsruhe** das verstetigte Arbeitsentgelt, können ihm die ausfallenden Arbeitsstunden im Arbeitszeitkonto ins Soll gestellt werden (*BAG* 28.1.2004 – 5 AZR 58/03 – EzA-SD 11/04, S. 9 LS = NZA 2005, 656 LS). 1790

(5) Arbeitszeitverlegungen

Ohne entgeltfortzahlungsrechtliche Auswirkungen sind dagegen Arbeitszeitverlegungen, die die regulären Arbeitsentgeltansprüche unberührt lassen. Das gilt z.B. für § 17 Abs. 5 BAT, § 7 Abs. 7, 8 TVöD, wonach bei geleisteten Überstunden der Ausgleich nicht durch tarifliche Vergütung, sondern durch Gewährung von bezahlter Freizeit vorzunehmen ist. 1791

Gleiches gilt bei Arbeitszeitverkürzungen in Kombination mit besonderen Arbeitszeitverteilungen, z.B. bei der Einführung einer verkürzten Jahresarbeitszeit durch Arbeitsfreistellung von mehreren Wochen unter Beihaltung der Normalarbeitszeit während der übrigen Zeiten. Wird in solchen Fällen gleichwohl durchgehend, auch während der arbeitsfreien Zeit, Arbeitsentgelt bezahlt, so bestehen im Krankheitsfall Entgeltfortzahlungsansprüche sowohl während der Arbeitszeitperioden als auch während der arbeitsfreien Zeit (vgl. MünchArbR/*Boecken* § 83 Rz. 71 f.). 1792

(6) Erholungsurlaub; Sonderurlaub

1793 Erkrankt der Arbeitnehmer im Erholungsurlaub, so sieht § 9 BUrlG eine **Unterbrechung des Urlaubs** vor (s.u. Rn. 2275 ff.).

1794 Vereinbart ein Arbeitnehmer mit dem Arbeitgeber über den regulären Erholungsurlaub hinaus für eine weitere Zeit eine unbezahlte Arbeitsbefreiung (unbezahlter Sonderurlaub), so hängt die Möglichkeit von Entgeltfortzahlungsansprüchen davon ab, was die Vertragsparteien für den Krankheitsfall insoweit vereinbart oder zumindest gewollt haben.

1795 Soll der Sonderurlaub danach bei krankheitsbedingter Arbeitsunfähigkeit enden, so treten dieselben Rechtsfolgen einschließlich der Entgeltfortzahlungspflicht wie im Falle eines Erholungsurlaubs kraft der Vertragsabrede ein; § 9 BUrlG ist nicht anwendbar (*BAG* 25.5.1983 EzA § 9 BUrlG Nr. 12). Soll der Sonderurlaub dagegen nicht enden, ist die Arbeitsunfähigkeit für den Entgeltausfall nicht allein ursächlich, sodass auch keine Entgeltfortzahlungsansprüche in Betracht kommen.

1796 Fehlt eine entsprechende Vereinbarung, so ist der **wirkliche oder zumindest hypothetische Willen der Vertragspartner** zu ermitteln. Schließt sich der Sonderurlaub unmittelbar an den bezahlten Erholungsurlaub an, so soll er erkennbar ebenfalls Erholungszwecken dienen. § 9 BUrlG wird analog angewendet (*BAG* 3.10.1972 AP Nr. 4 zu § 9 BUrlG), sodass mit dem Eintritt krankheitsbedingter Arbeitsunfähigkeit die Arbeitsfreistellung mit der Folge eines entsprechenden Entgeltfortzahlungsanspruchs unterbrochen wird.

1797 Besteht dagegen kein unmittelbar zeitlicher Zusammenhang mit einem Erholungsurlaub, so spricht viel dafür, dass er nicht Erholungszwecken dient, sodass § 9 BUrlG auch nicht entsprechend anwendbar ist. Unter Umständen ist eine Urlaubsabrede gerade im Hinblick auf einen anderen Zweck, z.B. die Mithilfe beim Bau eines Eigenheimes, dahin auszulegen, dass der Urlaub wegen Zweckvereitelung durch Krankheit mit Eintritt einer Arbeitsunfähigkeit enden soll (MünchArbR/*Boecken* § 83 Rz. 78).

(7) Elternzeit

1798 Im Rahmen von Elternzeit (§§ 15 ff. BEEG) scheiden i.d.R. Entgeltfortzahlungsansprüche aus; § 9 BUrlG kann auch nicht analog angewendet werden.

1799 Möglich ist es aber, dass der Arbeitnehmer erklärt, er trete die Elternzeit erst nach Ende der krankheitsbedingten Arbeitsunfähigkeit an, sodass bis dahin Entgeltfortzahlungsansprüche möglich sind (*BAG* 17.10.1990 EzA § 16 BErzGG Nr. 5). **Erkrankt der Arbeitnehmer während des Ruhens des Arbeitsverhältnisses** wegen Elternzeit, wird zum einen die Zeit des Ruhens nicht auf den 6-Wochen-Zeitraum des § 3 Abs. 1 EFZG angerechnet. Dieser Zeitraum beginnt dann nicht mit der Erkrankung, sondern erst mit der tatsächlichen Verhinderung an der Arbeitsleistung infolge der Krankheit; das ist der Zeitpunkt der Aktualisierung des Arbeitsverhältnisses (*BAG* 29.9.2004 EzA § 3 EFZG Nr. 13 = NZA 2005, 225).

(8) Fehlende Arbeitserlaubnis

1800 Ob das Fehlen der Arbeitserlaubnis eine der Lohnfortzahlung im Krankheitsfall entgegenstehende weitere Ursache dafür darstellt, dass keine Arbeitsleistung erbracht wird, ist nach den gesamten Umständen des Einzelfalls anhand des **hypothetischen Kausalverlaufs** zu prüfen. Ergibt diese Prüfung, dass die Arbeitserlaubnis sofort antragsgemäß erteilt worden wäre, so ist ihr Fehlen für den Arbeitsausfall nicht mitursächlich.

1801 Bei der Prüfung des Kausalverlaufs kann die später eingetretene tatsächliche Entwicklung (z.B. die noch am gleichen Tag der verspäteten Antragstellung tatsächlich erteilte neue Arbeitserlaubnis) herangezogen werden (*BAG* 26.6.1996 EzA § 1 LFZG Nr. 127).

ee) Kein Verschulden des Arbeitnehmers

Weitere Voraussetzung eines Entgeltfortzahlungsanspruchs ist, dass den Arbeitnehmer an der Arbeitsunfähigkeit infolge Krankheit kein Verschulden trifft. **1802**

(1) Begriffsbestimmung

Verschulden i.S.d. EFZG ist ein Verhalten des Arbeitnehmers, das gröblich gegen die von einem verständigen Menschen im eigenen Interesse zu erwartende Verhaltensweise verstößt und bei dem es unbillig wäre, den Arbeitgeber mit einer Zahlungspflicht zu belasten, weil der Arbeitnehmer die ihm zumutbare Sorgfalt gegen sich selbst nicht beachtet und dadurch die Arbeitsunfähigkeit verursacht hat (*BAG* 30.3.1988 EzA § 1 LohnFG Nr. 92; *LAG Köln* 2.3.1994 LAGE § 1 LohnFG Nr. 33). Verschulden wird ausdrücklich auf Vorsatz und große Fahrlässigkeit beschränkt. **1803**

Die Verschuldensbeurteilung erfolgt in Form der sog. **objektiven nachträglichen Prognose,** indem das Verhalten des Arbeitnehmers im Nachhinein daraufhin überprüft wird, ob es als schuldhaft anzusehen ist (*Hofmann* ZfA 1979, 275 [295]). **1804**

Angestellte und Arbeiter des **öffentlichen Dienstes** haben einen über das EFZG hinausgehenden Anspruch auf Krankenbezüge. Gem. § 37 Abs. 1 BAT, § 22 TVöD entfällt dieser Anspruch, soweit er den gesetzlichen Anspruchszeitraum von sechs Wochen übersteigt, wenn der Angestellte sich die Erkrankung bei einer nicht genehmigten Nebentätigkeit zugezogen hat. Gleiches gilt gem. §§ 42, 43 MTB II/MTL II, 29, 34–36, 47 a BMTG-II für die Arbeiter im öffentlichen Dienst (vgl. MünchArbR/*Freitag* § 188 Rz. 89 ff.). **1805**

(2) Darlegungs- und Beweislast

Der Arbeitgeber muss ein Verschulden des Arbeitnehmers beweisen, wenn er eine Entgeltfortzahlung aus diesem Grunde ablehnen will (*BAG* 1.6.1983 EzA § 1 LohnFG Nr. 69). **1806**

Fraglich ist allerdings zum einen, unter welchen Voraussetzungen sich der Arbeitgeber auf einen Beweis des ersten Anscheins berufen kann und zum anderen, inwieweit den Arbeitnehmer entsprechend §§ 60 ff. SGB I eine Mitwirkungspflicht an der Aufklärung aller für die Entstehung des Entgeltfortzahlungsanspruchs erheblichen Umstände trifft. **1807**

(3) Fallgruppen

aaa) Allgemeine Erkrankungen; Anforderungen an die Lebensführung

Bei allgemeinen Erkrankungen wird ein Verschulden **nur in seltenen Fällen** angenommen (*BAG* 9.4.1960 AP Nr. 12 zu § 63 HGB; zur Frage, ob eine Pflicht des Arbeitnehmers besteht, sich gesund zu halten vgl. *Houben* NZA 2000, 128 ff.). **1808**

Das Unterlassen von Vorsichtsmaßnahmen kann einem Arbeitnehmer im Allgemeinen nur zum Vorwurf gemacht werden, wenn er **vom Arzt auf das Risiko** eines bestimmten Verhaltens (z.B. Rauchen nach Herzinfarkt) **ausdrücklich hingewiesen** wurde. Selbst dann kann grobe Fahrlässigkeit erst dann angenommen werden, wenn der Arzt ein **eindeutiges Verbot** ausgesprochen hatte. **1809**

An den Arbeitnehmer können im Übrigen im Hinblick auf seine allgemeine Lebensführung keine besonderen, über das »Normale« und »Übliche« hinausgehenden Verhaltensanforderungen zur Vermeidung von Gesundheitsstörungen gestellt werden. **Nach Eintritt einer krankheitsbedingten Arbeitsunfähigkeit** ist er allerdings eher zu Vorsichtsmaßnahmen gehalten, um nicht den Genesungsprozess (z.B. durch eine Reise oder Teilnahme an einem Fußballspiel) zu verzögern und eine Verschlimmerung des Krankheitszustandes herbeizuführen. Ein Verschulden kommt vor allem in Betracht, wenn der Arbeitnehmer **ärztli-** **1810**

che Anordnungen nicht beachtet (vgl. *BAG* 11.1.1965 AP Nr. 40 zu § 1 ArbKrankhG; 21.1.1976 EzA § 1 LohnFG Nr. 47).

bbb) Aids

1811 Fraglich ist, inwieweit sich im Hinblick auf Aids allgemeine Regeln aufstellen lassen, wie z.B. die, dass ein Verschulden anzunehmen ist, wenn jemand mit ihm unbekannten oder kaum bekannten Sexualpartnern ungeschützten Geschlechtsverkehr vornimmt (dafür *Eich* NZA 1987 Beil. 2 S. 10, 16; dagegen zu Recht MünchArbR/*Boecken* § 83 Rz. 92, weil derartige Regeln zu vage und daher für rechtliche Schlussfolgerungen ungeeignet sind). Allenfalls bei bekannter Infektion des Partners kann ein Verschulden in Betracht kommen.

1812 Keinesfalls kann zudem von dem vielleicht erst nach Jahren Erkrankten verlangt werden, nach den Grundsätzen des Anscheinsbeweises einen entsprechenden »Gegenbeweis« zu führen (MünchArbR/*Boecken* § 83 Rz. 92; **a.A.** *Eich* NZA 1987 Beil. 2 S. 10, 16). In Betracht kommt allenfalls eine **Mitwirkungspflicht** zur Aufklärung der maßgeblichen Umstände.

ccc) Suchterkrankungen

1813 Suchterkrankungen (psychische Abhängigkeit von bestimmten Mitteln, die nach Unterbrechung des Konsums zu Abstinenzerscheinungen führt, z.B. von Alkohol, Drogen, Medikamenten, Nikotin) stellen eine **Krankheit** im medizinischen Sinne dar (*BAG* 7.8.1991 EzA § 1 LohnFG Nr. 120).

1814 Sie können auf den verschiedensten Ursachen beruhen, die vom Arbeitnehmer nicht, jedenfalls nicht in grob fahrlässiger Weise verschuldet sind (erbliche Belastung, frühkindliche Fehlentwicklung, Milieuschädigung usw.).

1815 Es gibt keinen allgemeinen Erfahrungssatz, wonach der Arbeitnehmer eine krankhafte Alkoholabhängigkeit i.d.R. selbst verschuldet hat (*BAG* 7.8.1991 EzA § 1 LohnFG Nr. 120).

1816 Folglich gelten die **allgemeinen Beweislastregeln**. Will der Arbeitgeber geltend machen, der Arbeitnehmer habe die Entstehung seiner krankhaften Alkoholabhängigkeit selbst verschuldet, muss er – wie in allen anderen Fällen körperlicher oder geistiger Erkrankung des Arbeitnehmers – das Verschulden des Arbeitnehmers darlegen und beweisen.

1817 Allerdings ist der Arbeitnehmer analog §§ 60 ff. SGB I verpflichtet, an der Aufklärung aller für die Entstehung des Entgeltfortzahlungsanspruchs erheblichen Umstände – also auch des Nichtverschuldens – mitzuwirken und den Arbeitgeber über die Gründe aufzuklären, die nach seiner Auffassung zur Krankheit geführt haben. Er muss auf Verlangen seines Arbeitgebers nach bestem Wissen die fraglichen Umstände offenbaren (*BAG* 1.6.1983 EzA § 1 LohnFG Nr. 69; 7.8.1991 EzA § 1 LohnFG Nr. 120). Das schließt Untersuchungsmaßnahmen durch Sachverständige sowie die Entbindung behandelnder Ärzte von der Schweigepflicht ein.

1818 Für den Zeitpunkt, der für die Beurteilung des Verschuldens entscheidend ist, ist auf die Zeit vor dem Beginn der als Krankheit zu wertenden Alkoholabhängigkeit, nicht dagegen auf den Beginn der krankheitsbedingten Arbeitsunfähigkeit abzustellen (*BAG* 1.6.1983 EzA § 1 LohnFG Nr. 69). Maßgeblich ist also der Zeitpunkt des **Beginns der Alkoholabhängigkeit**.

ddd) Alkohol im Straßenverkehr

1819 Dagegen ist grds. eine durch übermäßigen Alkoholkonsum bei Teilnahme am Straßenverkehr herbeigeführte Arbeitsunfähigkeit verschuldet, jedenfalls soweit Alkohol die alleinige Ursache darstellt (*BAG* 11.3.1987 EzA § 1 LohnFG Nr. 86; 30.3.1988 EzA § 1 LohnFG Nr. 92).

Auch ein seit längerer Zeit an Alkoholabhängigkeit erkrankter Arbeitnehmer kann schuldhaft insoweit handeln, wenn er in noch steuerungsfähigem Zustand sein Kfz für den Weg zur Arbeitsstelle benutzt, während der Arbeitszeit in erheblichem Maße dem Alkohol zuspricht und alsbald nach Dienstende im Zustand der Trunkenheit einen Verkehrsunfall verursacht, bei dem er verletzt wird (*BAG* 30.3.1988 EzA § 1 LohnFG Nr. 92; ebenso das *Hessische LAG* 23.7.1997 DB 1998, 782; abl. MünchArbR/*Boecken* § 90 Rz. 104). Verschulden liegt auch dann vor, wenn sich ein Arbeitnehmer **auf einem Volksfest so betrinkt**, dass er nicht mehr beurteilen kann, ob der Fahrer eines Kfz, in dem er mitfährt, ebenfalls wegen Alkoholgenusses fahruntüchtig ist (*LAG Frankf./M.* 24.4.1989 BB 1989, 1826). 1820

eee) Rückfallerkrankungen

Diese Grundsätze gelten an sich auch für Rückfallerkrankungen. 1821

Allerdings hat das *BAG* (11.11.1987 EzA § 1 LohnFG Nr. 88) angenommen, dass nach einer erfolgreichen Entwöhnungskur und einer »längeren Dauer der Abstinenz« (im entschiedenen Fall handelte es sich um fünf Monate) ein Erfahrungssatz dahingehend anzuwenden ist, der Arbeitnehmer habe die ihm erteilten Ratschläge missachtet und den Rückfall verschuldet (abl. MünchArbR/*Boecken* § 87 Rz. 94, weil ein derartiger Erfahrungssatz nach medizinischen Erkenntnissen nicht besteht, sodass auch bei Rückfällen, die möglicherweise zeigen, dass die Suchtkrankheit gerade noch nicht geheilt war, die allgemeinen Grundsätze Anwendung finden müssen). 1822

fff) Verkehrsunfälle

Bei Verstößen gegen die Verkehrsregeln durch Kraftfahrer ist der Vorwurf grober Fahrlässigkeit häufiger als in anderen Lebensbereichen gerechtfertigt, weil die Teilnahme am öffentlichen Straßenverkehr durch zahlreiche Vorschriften geregelt ist und diese dem Kraftfahrer auch im Fahrschulunterricht eindringlich nahe gebracht werden. 1823

Verschulden kommt deshalb z.B. dann in Betracht, wenn der Kraftfahrer trotz Fahrens mit Abblendlicht mit **sehr hoher Geschwindigkeit** fährt (*BAG* 5.4.1962 AP Nr. 28 zu § 63 HGB). 1824

Verschulden liegt i.d.R. auch dann vor, wenn der Arbeitnehmer **ohne angelegten Sicherheitsgurt** fährt und die Verletzungen darauf zurückzuführen sind (*BAG* 7.10.1981 EzA § 1 LohnFG Nr. 61), nicht aber dann, wenn ein Motorradfahrer auf dem Nürburgring in einer Kurve mit einer Geschwindigkeit von 100 km/h wegrutscht (*LAG Köln* 2.3.1994 LAGE § 1 LohnFG Nr. 33). 1825

Fußgänger werden weniger intensiv zur Einhaltung der Verkehrsregeln angehalten, sodass grobe Fahrlässigkeit i.d.R. nur bei **Verletzung elementarer Verhaltenspflichten** in Betracht kommt (z.B. bei Betreten der Fahrbahn zur Überquerung, ohne unmittelbar zuvor den von links kommenden Verkehr geprüft zu haben, *BAG* 23.11.1971 AP Nr. 8 zu § 1 LohnFG). 1826

ggg) Unfälle im betrieblichen und privaten Bereich

Beruht z.B. ein zur Arbeitsunfähigkeit führender Unfall des Arbeitnehmers allein auf **Alkoholmissbrauch** (Zustand der Trunkenheit), ohne dass Alkoholabhängigkeit gegeben ist, so liegt ein Verschulden des Arbeitnehmers vor, das zum Ausschluss des Entgeltfortzahlungsanspruch führt (*BAG* 11.3.1987 EzA § 1 LohnFG Nr. 86). 1827

Bei Unfällen im betrieblichen Bereich kommt der Vorwurf grober Fahrlässigkeit in Betracht, wenn **gegen ausdrückliche Anordnungen des Arbeitgebers oder gegen Unfallverhütungsvorschriften der Berufsgenossenschaften verstoßen wird** (z.B. bei verbotener Benutzung einer gefährlichen Kreissäge, dem Nichttragen von vorgeschriebener Sicherheitskleidung, z.B. Schutzhelm, Knieschützern oder Sicherheitsschuhen). 1828

1829 Im privaten Bereich fehlt es in vielen Fällen an ähnlich deutlichen Gefahrenhinweisen und rechtlich verbindlichen Verhaltensregeln. Ein Verschulden kommt insoweit nur dann in Betracht, wenn der Arbeitnehmer gegen allgemein bekannte, elementare Sorgfaltsgrundsätze verstößt. Das ist nach Auffassung des *LAG BW* (30.3.2000 NZA-RR 2000, 349) z.B. dann der Fall, wenn dem Arbeitnehmer eine **schwere Körperverletzung von einer betrunkenen Person** (4,1\0) **zugefügt** wird, die er in seine Wohnung mitgenommen hat und der er Alkohol zur Verfügung gestellt hat.

1830 Keine Besonderheiten gelten für Unfälle, die ein Arbeitnehmer im Rahmen einer Nebenbeschäftigung oder Nebentätigkeit erleidet (*BAG* 7.11.1975 EzA § 1 LohnFG Nr. 44; s.o. Rn. 1761).

hhh) Suizidhandlungen

1831 Bei Suizidhandlungen ist die freie Willensbestimmung zwar nicht stets und völlig ausgeschlossen, wohl aber i.d.R. zumindest erheblich gemindert. Arbeitsverhinderungen bei Selbsttötungsversuchen sind daher **regelmäßig unverschuldet** (*BAG* 28.2.1979 EzA § 1 LohnFG Nr. 55 gegen *BAG* 6.9.1973 AP Nr. 34 zu § 1 LohnFG).

iii) Sportunfälle

1832 Bei Sportunfällen kommt Verschulden dann in Betracht, wenn es sich um eine **»besonders gefährliche« Sportart** handelt.

1833 Das ist dann der Fall, wenn das Verletzungsrisiko bei objektiver Betrachtung so groß ist, dass auch ein gut ausgebildeter Sportler bei sorgfältiger Beachtung aller Regeln dieses Risiko nicht vermeiden kann, d.h. wenn der Sportler das Geschehen nicht mehr beherrschen kann, sondern sich unbeherrschbaren Gefahren aussetzt (*BAG* 7.10.1981 EzA § 1 LohnFG Nr. 60).

1834 Das ist z.B. nicht der Fall beim unter ständiger Trainingsbetreuung ausgeübten Amateurboxen sowie beim Drachenfliegen (*BAG* 1.12.1976 EzA § 1 LohnFG Nr. 51; 7.10.1981 EzA § 1 LohnFG Nr. 60). Allerdings ist ein Unfall dann verschuldet, wenn sich der Arbeitnehmer **in einer seine Kräfte und Fähigkeiten deutlich übersteigenden Weise betätigt oder wenn er gröblich gegen anerkannte Regeln oder Erfahrungssätze sowie Sicherheitsvorkehrungen verstoßen hat** (*BAG* 7.10.1981 EzA § 1 LohnFG Nr. 60).

1835 Auch bei einem Sportler, der dem Sport als Arbeitnehmer nachgeht, kommt ein »Verschulden gegen sich selbst« dann in Betracht, wenn er sich grob regelwidrig verhält und dabei selbst Verletzungen erleidet (z.B. bei Motorradrennfahrten ohne Schutzkleidung, bei Fußballspielern bei bewusstem Verzicht auf Schienbeinschoner [MünchArbR/*Gitter* § 202 Rz. 68 ff.]).

1836 Verletzt sich ein Arbeitnehmer beim **Bungee-Springen**, so steht ihm nach Auffassung von *Gerauer* (NZA 1994, 498) kein Anspruch auf Entgeltfortzahlung zu, weil er sich so ungewöhnlich leichtfertig verhält, dass eine sich daraus ergebende Arbeitsverhinderung nicht dem Risikobereich des Arbeitgebers zugeordnet werden darf.

1837 Beim **Inline-Skating** handelt es sich demgegenüber nicht um eine gefährliche Sportart, bei deren Ausübung eine Entgeltfortzahlung nicht in Betracht kommt (*LAG Saarland* 2.7.2003 NZA-RR 2003, 568 = ArbuR 2004, 396 LS = LAG Report 2004, 100). Etwas anderes gilt allerdings dann, wenn bei der Ausübung dieser Sportart **in besonders grober Weise und leichtsinnig anerkannte Regeln dieser Sportart missachtet werden** (*LAG Saarland* 2.7.2003 NZA-RR 2003, 568 = ArbuR 2004, 396 LS = LAG Report 2004, 100).

jjj) Schlägereien

1838 Erfahrungsgrundsätze hinsichtlich des Verschuldens von an Schlägereien und Raufereien beteiligten Personen bestehen nicht (*LAG Köln* 24.5.2006 LAGE § 3 EFZG Nr. 8).

Maßgeblich sind deshalb die **konkreten Umstände des jeweiligen Einzelfalles** (z.B. vorheriges provokatives Verhalten wie Beleidigung usw., Art, Umfang und Beginn der Schlägerei; *LAG Köln* 24.5.2006 LAGE § 3 EFZG Nr. 8; vgl. MünchArbR/*Boecken* § 83 Rz. 109). Zieht sich ein Arbeitnehmer bei der Teilnahme an einer Rauferei eine Verletzung zu, die zur Arbeitsunfähigkeit führt, so hat er sie dann im hier maßgeblichen Sinne verschuldet, wenn er die Rauferei **provoziert** und aktiv den Beginn der Phase der Tätlichkeiten mit eingeleitet hat (*LAG Hamm* 24.9.2003 – 18 Sa 785/03 – EzA-SD 26/03, S. 8 LS = NZA-RR 2004, 68 = LAG Report 2004, 129). 1839

(4) Besonderheiten bei Seeleuten?

Da die **§§ 48 Abs. 1 S. 1, 78 Abs. 1 S. 1 SeemG** ein Nichtverschulden bei der Erkrankung oder Verletzung von Besatzungsmitgliedern und Kapitänen nicht ausdrücklich vorsehen, ist nach Auffassung von *Boecken* (MünchArbR § 83 Rz. 83) davon auszugehen, dass fehlendes Verschulden als Anspruchsvoraussetzung ausscheidet. 1840

c) Höhe des Entgeltfortzahlungsanspruchs

aa) Entgeltausfallprinzip

Gem. § 4 Abs. 1 EFZG ist für den sich aus § 3 Abs. 1 EFZG ergebenden Zeitraum dem Arbeitnehmer das ihm bei der für ihn maßgebenden regelmäßigen Arbeitszeit zustehende Arbeitsentgelt fortzuzahlen (Entgeltausfallprinzip; s.o. Rn. 1547 ff., 1720 ff.). Wird deshalb regelmäßig eine **bestimmte erhöhte Arbeitszeit** abgerufen und geleistet, z.B. bei einem Kraftfahrer im Fernverkehr, ist dies die vertraglich geschuldete individuelle regelmäßige Arbeitszeit (*LAG Hamm* 30.10.2002 NZA-RR 2003, 461). 1841

> Eine tarifliche Regelung zur flexiblen Verteilung der Arbeitszeit, nach der die sich in der Phase der verkürzten Arbeitszeit ergebende Zeitschuld nur durch tatsächliche Arbeitsleistung, nicht aber bei krankheitsbedingter Arbeitsunfähigkeit in der Phase der verlängerten Arbeitszeit ausgeglichen wird, verstößt gegen das Entgeltausfallprinzip des § 4 Abs. 1 EFZG und ist folglich unwirksam (*BAG* 13.2.2002 EzA § 4 EFZG Nr. 5 = NZA 2002, 683). 1842

Ausgenommen sind Leistungen für Aufwendungen des Arbeitnehmers, soweit der Anspruch auf sie im Falle der Arbeitsfähigkeit davon abhängig ist, dass ihm entsprechende Aufwendungen tatsächlich entstanden sind, und während der Arbeitsunfähigkeit nicht entstehen (§ 4 Abs. 1a S. 2 EFZG; s.o. Rn. 1547 ff., 1720 ff.). Dazu gehören z.B. **Nah- und Fernauslösungen** für Montagearbeiter in der Elektroindustrie (*BAG* 28.1.1982 EzA § 2 LohnFG Nr. 17; 15.6.1983 EzA § 2 LohnFG Nr. 18). Das gilt auch dann, wenn der Montagestammarbeiter im Bezugszeitraum, nach dem das fortzuzahlende Arbeitsentgelt berechnet wird, nicht am Montageort übernachtet hatte, sondern täglich mit seinem PKW von seiner Wohnung zum Montageort gefahren war. Etwas anderes gilt aber für Nahauslösungen dann, wenn sie **versteuert werden** (*BAG* 14.8.1985 EzA § 2 LohnFG Nr. 20). 1843

Trinkgelder, die dem Bedienungspersonal in Gaststätten von den Gästen freiwillig gegeben werden, gehören jedenfalls bei Fehlen einer besonderen arbeitsvertraglichen Vereinbarung für Zeiten der Arbeitsunfähigkeit nicht zum fortzuzahlenden Arbeitsentgelt (*BAG* 28.6.1995 AP Nr. 112 zu § 37 BetrVG 1972; vgl. dazu *Treber* SAE 1997, 124 ff.). 1844

Ein **Berufsfußballspieler** erhält das Entgelt, das er erhalten hätte, wenn er nicht krankheits- oder verletzungsbedingt ausgefallen wäre. Dazu zählen auch Prämien, die für jeden von der Mannschaft gewonnenen Meisterschaftspunkt gezahlt werden (*BAG* 6.12.1995 EzA § 616 BGB Nr. 46). Sieht eine Prämienregelung für Berufsfußballspieler vor, dass der Spieler im Falle einer »Verletzung« sechs Wochen lang so behandelt wird, als habe er an Punktspielen teilgenommen, so ist diese Voraussetzung nicht erfüllt, wenn der Spieler auf Grund einer sonstigen Erkrankung, die weder spiel- noch trainingsbedingt war, nicht teilnehmen konnte (*BAG* 19.1.2000 NZA 2000, 771). 1845

bb) Änderungen des § 4 EFZG durch das arbeitsrechtliche Beschäftigungsförderungsgesetz (1.10.1996 – 31.12.1998)

1846 Durch die Neufassung des § 4 Abs. 1 S. 1 EFZG betrug die Höhe der Entgeltfortzahlung im Krankheitsfall für den in § 3 Abs. 1 EFZG bezeichneten Zeitraum mit Wirkung vom 1.10.1996 nur noch 80% des dem Arbeitnehmer bei der für ihn maßgebenden regelmäßigen Arbeitszeit zustehenden Arbeitsentgelts. Das galt gem. § 4 Abs. 1 S. 2 EFZG nicht bei einer Arbeitsunfähigkeit wegen eines Arbeitsunfalls oder einer Berufsunfähigkeit (vgl. *Löwisch* NZA 1996, 1013 f.).
Zudem konnte der Arbeitnehmer gem. § 4a Abs. 1 EFZG vom Arbeitgeber spätestens bis zum dritten Arbeitstag nach dem Ende der Arbeitsunfähigkeit verlangen, dass ihm von je fünf Tagen, an denen er infolge Krankheit an seiner Arbeitsleistung verhindert ist, der erste Tag auf den Erholungsurlaub angerechnet wurde.

1847 **Beispiele** s. zuletzt 5. Aufl. C/Rz. 1502–1511 S. 587 f.

cc) Die weitgehende Rückkehr zum alten Recht durch das »KorrekturG« zum 1.1.1999

1848 Der Gesetzgeber hat mit Wirkung vom 1.1.1999 § 4 Abs. 1 EFZG dahin abgeändert, dass der bis zum 1.10.1996 geltende Rechtszustand wieder hergestellt wird (vgl. *Däubler* NJW 1999, 601 ff.; *Schiefer* DB 1999, 48 ff.).

1849 Für die Zeiten der Arbeitsunfähigkeit i.S.d. § 3 Abs. 1 EFZG hat der Arbeitgeber dem Arbeitnehmer folglich das ihm bei der für ihn maßgebenden regelmäßigen Arbeitszeit zustehende Arbeitsentgelt in Höhe von 100% fortzuzahlen.

1850 Allerdings ist nach der Neufassung des § 4 Abs. 1a EFZG bei der Berechnung des Entgeltfortzahlungsanspruchs nicht das Entgelt zu berücksichtigen, das zusätzlich für **Überstunden** gezahlt wird.

1851 Insoweit hat der Gesetzgeber nunmehr vorgesehen, dass sowohl die Grundvergütung für die Überstunden als auch Überstundenzuschläge außer Betracht bleiben.

1852 Die Regelung des § 4a EFZG (Anrechnung von Urlaubstagen zur Erreichung von 100% Entgeltfortzahlung) wurde **ersatzlos gestrichen.**

dd) Maßgebliche Arbeitszeit

1853 Hinsichtlich der maßgeblichen regelmäßigen Arbeitszeit ist die **konkret-individuelle Arbeitszeit des erkrankten Arbeitnehmers** zu der er arbeitsvertraglich verpflichtet ist, entscheidend. Wird deshalb regelmäßig eine bestimmte erhöhte Arbeitszeit abgerufen und geleistet, z.B. bei einem **Kraftfahrer im Fernverkehr**, ist dies die vertraglich geschuldete individuelle regelmäßige Arbeitszeit (*LAG Hamm* 30.10.2002 NZA-RR 2003, 461).

1854 Erbringt ein Arbeitnehmer auf Grund einer **besonderen Vereinbarung** nach § 5 Nr. 3 BRTV-Bau regelmäßig zusätzlich vergütete Arbeitsleistungen (z.B. Fahrleistungen), hat der Arbeitgeber nach § 2 EFZG das dafür vereinbarte Arbeitsentgelt zu zahlen, wenn der Arbeitnehmer durch Arbeitsunfähigkeit infolge Krankheit an der Arbeitsleistung verhindert ist. Denn Arbeitszeit i.S.d. § 3 EFZG ist die für die Arbeit vorgesehene oder festgelegte Zeitspanne und das Führen eines Kraftfahrzeugs zum Zwecke der Personenbeförderung im Auftrag eines Dritten ist Arbeit (*BAG* 16.1.2002 EzA § 2 EFZG Nr. 2). Im Rahmen der verschiedenen Formen der Arbeitszeitflexibilisierung kommt es nur auf die tatsächliche individuelle Arbeitszeit an. Ist der erkrankte Arbeitnehmer zu einer effektiven täglichen Arbeitszeit von 8 Stunden verpflichtet und erhält er wegen der Differenz zur tariflich vorgesehenen durchschnittlichen Arbeitszeit von wöchentlich weniger als 40 Stunden einen entsprechenden unbezahlten Freizeitausgleich, so kommt es für die Entgeltfortzahlung darauf an, ob sie für einen Tag der Arbeitsunfähigkeit verlangt wird, an dem der betreffende Arbeitnehmer ohne die Krankheit **hätte arbeiten müssen oder für den eine unbezahlte Freischicht vorgesehen war**. Im ersten Fall hat der erkrankte Arbeitnehmer Anspruch auf Entgeltfortzahlung auf der Grundlage von 8 ausgefallenen Arbeitsstunden; im zweiten Fall scheidet eine Entgeltfortzahlung mangels ausgefallener Arbeitszeit aus (vgl. *BAG* 5.10.1988 EzA § 1 LohnFG Nr. 95; 15.2.1989 EzA § 1 LohnFG Nr. 104; 15.5.1991 EzA § 1 LohnFG Nr. 118).

Durch **Betriebsvereinbarung** kann geregelt werden, dass eine bereits zugeteilte Frei- 1855
schicht durch Krankheit verbraucht ist (*BAG* 2.12.1987 EzA § 4 TVG Metallindustrie Nr. 37).

ee) Überstunden

Überstunden mussten bislang weitergezahlt werden, wenn sie im Entgeltfortzahlungszeit- 1856
raum regelmäßig angefallen waren.

Wenn Überstunden vor der Erkrankung geleistet wurden, so war das ein Indiz für den 1857
regelmäßigen Anfall auch im Entgeltfortzahlungszeitraum.

Überstunden können jedoch auch dann Teil der regelmäßigen Arbeitszeit sein, wenn sie 1858
nach der Erkrankung **mit einer gewissen Stetigkeit und Dauer angeordnet worden wären**. Das ist bei einer Anordnung für zwei Wochen der Fall (*BAG* 15.2.1978 EzA § 2 LohnFG Nr. 12; 16.3.1988 EzA § 2 LohnFG Nr. 93). Etwas anderes gilt, wenn nur an dem einen oder anderen Arbeitstag nach Beginn der Erkrankung Überstunden anfallen, obwohl das auf Grund einer Betriebsvereinbarung von vornherein feststand (*BAG* 3.5.1989 EzA § 2 LohnFG Nr. 21).

Gem. § 4 Abs. 1a EFZG ist die Berücksichtigung von Überstunden durch § 4 Abs. 1a 1859
EFZG ausdrücklich ausgeschlossen; dies gilt sowohl für das zusätzlich für Überstunden gezahlte Stundenentgelt, als auch für etwaige Überstundenzuschläge (*BAG* 21.11.2001 EzA § 4 EFZG Nr. 4).
Überstunden in diesem Sinne liegen vor, wenn die individuelle regelmäßige Arbeitszeit des Arbeitnehmers überschritten wird; Überstunden werden wegen bestimmter besonderer Umstände vorübergehend zusätzlich geleistet (*BAG* 21.11.2001 EzA § 4 EFZG Nr. 4; *LAG Hamm* 30.10.2002 NZA-RR 2003, 461).

Vereinbaren die Parteien deshalb im Arbeitsvertrag einen Monatslohn inklusive einer Über- 1860
stundenpauschale – Berechnungsgrundlage 33 Überstunden –, so handelt es sich dabei um die regelmäßige Arbeitszeit i.S.d. § 4 Abs. 1 S. 1 EFZG mit der Folge, dass der Arbeitgeber im Falle der Arbeitsunfähigkeit des Arbeitnehmers den Monatslohn nicht auf die für die tarifliche Arbeitszeit geltende Vergütung gem. § 4 Abs. 1a EFZG reduzieren kann (*LAG Düsseld.* 16.1.2001 NZA-RR 2001, 363; *LAG SchlH* 5.11.2002 – 5 Sa 147c/02 – EzA-SD 1/03, S. 4 LS = NZA 2003, 243).

Allerdings ist der Überstundenzuschlag nicht entgeltfortzahlungspflichtig. Denn nach § 4 1861
Abs. 1a EFZG gehört nicht zum Arbeitsentgelt nach Abs. 1 das zusätzlich für Überstunden gezahlte Arbeitsentgelt (*BAG* 26.6.2002 EzA § 4 EFZG Nr. 8). Die für die gesetzliche Entgeltfortzahlung im Krankheitsfall maßgebliche individuelle Arbeitszeit des Arbeitnehmers ergibt sich in erster Linie aus dem Arbeitsvertrag. Dabei ist das gelebte Rechtsverhältnis als Ausdruck des wirklichen Parteiwillens und nicht auf den Text des Arbeitsvertrages abzustellen. Dafür ist nur die konkret bestimmte, nicht eine fiktiv errechnete Arbeitsleistung maßgebend. Wird folglich eine bestimmte, erhöhte Arbeitszeit regelmäßig abgerufen und geleistet, ist dies Ausdruck der vertraglich geschuldeten Leistung (*BAG* 21.11.2001 EzA § 4 EFZG Nr. 4; 26.6.2002 EzA § 4 EFZG Nr. 7).

1862 Eine **leistungsorientierte Zusatzvergütung** nach einer Betriebsvereinbarung über leistungsorientierte Zusatzvergütung des TÜV Nord (BV ZuV) stellt insoweit keine Mehrarbeitsvergütung dar, die bei der Entgeltfortzahlung unberücksichtigt bleiben kann (*LAG Nds.* 16.1.2006 LAGE § 4a EFZG Nr. 1).

ff) Unsichere Prognose

1863 Scheidet eine sichere Prognose hinsichtlich des Arbeitsausfalls aus, so ist es sinnvoll, aus der **zurückliegenden Zeitperiode** von etwa 3 Monaten oder 13 Wochen auf eine Arbeitszeit zu schließen, die sich durch eine gewisse Stetigkeit und Dauer auszeichnet und daher auch dem Entgeltfortzahlungszeitraum zugrunde gelegt werden kann (vgl. *BAG* 8.5.1972 AP Nr. 3 zu § 2 LohnFG).

1864 Inzwischen geht das *BAG* (21.11.2001 EzA § 4 EFZG Nr. 4; 26.6.2002 EzA § 4 EFZG Nr. 7; ebenso *LAG Hamm* 30.10.2002 NZA-RR 2003, 461) davon aus, dass dann, wenn die Arbeitszeit schwankt, weil der Arbeitnehmer stets seine Arbeitsaufgaben vereinbarungsgemäß zu erledigen hat, sich die Dauer nach dem Durchschnitt der vergangenen zwölf Monate bemisst. Krankheits- und Urlaubstage sind nicht in die Durchschnittsberechnung einzubeziehen, soweit die ausgefallene Arbeitszeit selbst auf einer Durchschnittsberechnung beruht. Nimmt der Arbeitnehmer Freizeitausgleich in Anspruch, mindert das seine durchschnittliche regelmäßige Arbeitszeit, soweit nicht nur Überstundenzuschläge »abgefeiert« werden. Haben die Arbeitsvertragsparteien eine feste Monatsvergütung vereinbart, ist diese grds. auch im Krankheitsfall fortzuzahlen. Der Arbeitgeber kann aber einwenden, mit dem Festlohn seien vereinbarungsgemäß bestimmte Überstunden oder bestimmte tarifliche Überstundenzuschläge abgegolten worden (*BAG* 26.6.2002 EzA § 4 EFZG Nr. 7).

1865 Andererseits rechtfertigt die tatsächliche Ungewissheit über den Einsatz eines **Berufsfußballspielers** über seinen Einsatz und den Spielverlauf und daraus folgend die Ungewissheit über die Höhe etwa zu zahlender Prämien es nicht, das auf die Vergangenheit bezogene Referenzprinzip zu vereinbaren (*BAG* 6.12.1995 EzA § 616 BGB Nr. 46).

1866 Eine tarifliche **Arbeitszeitänderung** kurz vor oder während der Krankheitszeit ist jedoch uneingeschränkt zu berücksichtigen (MünchArbR/*Boecken* § 84 Rz. 24).

gg) Anteiliger Entgeltanspruch

1867 Endet bei festem Monatsentgelt die 6-Wochen-Frist (§ 3 Abs. 1 S. 1 EFZG) während eines laufenden Monats, so ist der anteilige Entgeltanspruch (konkrete Berechnungsweise auf der Grundlage des Lohnausfallprinzips) in der Weise zu berechnen, dass das **monatliche Bruttoarbeitsentgelt durch die in dem betreffenden Monat tatsächlich angefallenen Arbeitstage geteilt und der sich danach ergebende Betrag mit der Anzahl der krankheitsbedingt ausgefallenen Arbeitstage multipliziert wird** (*BAG* 14.8.1985 EzA § 63 HGB Nr. 38).

1868 **Bezahlte Feiertage** sind im Gegensatz zu unbezahlten Freischichttagen zu berücksichtigen. Zu berücksichtigen ist auch eine **Änderung der Arbeitszeit** und/oder eine Änderung des **Arbeitsentgelts** während der Zeit der Entgeltfortzahlung (vgl. *BAG* 8.5.1972 AP Nr. 3 zu § 2 LohnFG).

hh) Leistungsentgelt

1869 Erhält der Arbeitnehmer eine auf das Ergebnis der Arbeit abgestellte Vergütung (Leistungsentgelt), so ist der von ihm in der für ihn maßgebenden regelmäßigen Arbeitszeit erzielbare **Durchschnittsverdienst** fortzuzahlen (§ 4 Abs. 1a, Abs. 2 EFZG).

1870 Auch bei der Erkrankung eines Arbeitnehmers im Leistungslohn greift das Entgeltausfallprinzip ein (§ 4 Abs. 1a S. 2 EFZG). Arbeitet ein Arbeitskollege der aus zwei Arbeitnehmern bestehenden Akkordgruppe allein im Akkord weiter, ist dessen Vergütung während dieser Zeit regelmäßig für die Höhe der Entgeltfortzahlung des erkrankten Arbeitnehmers maßgebend. Auf einen zurückliegenden Referenzzeitraum der Akkordgruppe kann nur ausnahmsweise abgestellt werden. Wer sich auf einen Ausnahmefall beruft, hat besondere Umstände dafür darzulegen, dass seine Berechnung dem Entgeltausfallprinzip besser gerecht wird. Der Tarifvertrag zur Förderung der Aufrechterhaltung der Beschäftigungsverhältnisse im Baugewerbe während der Winterperiode vom 20. Dezember 1999 (TV Lohnausgleich) begrenzt den gesetzlichen Anspruch auf Entgeltfortzahlung an Feiertagen nicht. Vielmehr findet eine Verrechnung zwischen dem pauschal geschuldeten Lohnausgleich und der Feiertagsvergütung statt (§ 3 Abs. 1 S. 2 TV Lohnausgleich; *BAG* 26.2.2003 EzA § 4 EFZG Nr. 11 = NZA 2003, 992 LS).

ii) Weitere Einzelfälle

Ein **angestellter Handelsvertreter** (§ 65 HGB), dessen Vergütung sich aus einem monatlichen Grundgehalt und Provisionen zusammensetzt, kann im Krankheitsfalle nicht nur die Fortzahlung des Grundgehalts verlangen, ihm steht auch die Zahlung der Provisionen zu, die er in dieser Zeit ohne krankheitsbedingte Arbeitsverhinderung wahrscheinlich verdient hätte. Dies gilt auch dann, wenn der zur Provision führende Geschäftsabschluss einer längeren Zeit der Bearbeitung bedarf. Insoweit kann es für die Schätzung des Provisionsausfalls nach § 287 Abs. 2 ZPO geboten sein, einen längeren Referenzzeitraum zugrunde zu legen (*BAG* 5.6.1985 EzA § 63 HGB Nr. 37). 1871

Hat ein Arbeitnehmer regelmäßig **Bereitschaftsdienst** zu leisten und kann er einen Bereitschaftsdienst, zu dem er eingeteilt war, **wegen Krankheit nicht ableisten**, so dürfen ihm die ausgefallenen Stunden **nicht** vergütungswirksam von seinem Arbeitszeitkonto **abgezogen werden** (*LAG Nds.* 14.11.2006 ZTR 2007, 144). 1872

Richtet sich die Höhe einer dem **Lizenzfußballer** zugesagten Jahresprämie nach der Zahl der Pflichtspiele, so führt eine Arbeitsunfähigkeit nicht dazu, dass ihm Pflichtspiele »als fortzuzahlende Vergütung« gutgebracht werden können (*BAG* 22.8.1984 EzA § 616 BGB Nr. 28). 1873

jj) Abweichende tarifliche Regelungen

Gem. § 4 Abs. 4 EFZG ist das Entgeltausfallprinzip tarifdispositiv. Deshalb ist es zulässig, tarifvertraglich ein anderes, im Ergebnis für die Betroffenen auch ungünstigeres Berechnungssystem, eine andere Berechnungsmethode einzuführen. Folglich kann z.B. bestimmt werden, dass sich die Entgeltfortzahlung nicht nach der individuellen regelmäßigen Arbeitszeit des Arbeitnehmers richtet, sondern **nach der regelmäßigen tariflichen Arbeitszeit** (*BAG* 24.3.2004 EzA § 4 EFZG Nr. 12 = NZA 2004, 1042 = BAG Report 2004, 255). Des Weiteren kommt insbes. das sog. **Referenzperiodenprinzip** in Betracht, bei dem als Arbeitsentgelt z.B. der **Durchschnittsverdienst der drei letzten abgerechneten Lohnrechnungsmonate oder der 13 abgerechneten Lohnwochen** vor Eintritt der Arbeitsunfähigkeit als Arbeitsentgelt angenommen wird (vgl. *BAG* 1.12.2004 EzA § 4 EFZG Tarifvertrag Nr. 52 = NZA 2005, 1315). Möglich sind auch die Erstreckung der Entgeltfortzahlung auf einen Zeitraum von mehr als 6 Wochen sowie die Gewährung weiterer Leistungen durch Tarifvertrag (z.B. Zuschüsse zum Krankengeld der gesetzlichen Krankenversicherung, vgl. § 37 BAT, § 22 TVöD; § 42 Abs. 5, § 6 MTB II; s.u. Rn. 1888 ff.). Die Tarifvertragsparteien können auch von dem in §§ 3 Abs. 1, 4 Abs. 1 EFZG angelegten Grundsatz, dass für den Anspruch auf Entgeltfortzahlung die Arbeit allein auf Grund der krankheitsbedingten Arbeitsunfähigkeit ausgefallen sein muss, **abweichen** (*BAG* 9.10.2002 EzA § 4 EFZG Nr. 10 = NZA 2003, 978). 1874

Möglich ist z.B. eine Regelung, nach der die Zahl der bei Arbeitsunfähigkeit je Tag zu vergütenden Arbeitsstunden aus den im Bezugszeitraum geleisteten Arbeitsstunden zu ermitteln ist, die zu teilen sind durch die Zahl der aus der Verteilung der wöchentlichen Arbeitszeit sich ergebenden Arbeitstage. Hat ein Arbeitnehmer bei festgelegter individueller regelmäßiger wöchentlicher Arbeitszeit von 38,5 Stunden entsprechend der Betriebs- 1875 nutzungszeit tatsächlich 40 Stunden gearbeitet, so sind diese Stunden bei der Ermittlung des regelmäßigen Arbeitsverdienstes zu berücksichtigen. Die Zahl der geleisteten Stunden verringert sich, wenn in den Bezugszeitraum unbezahlte Freischichten fallen (*BAG* 5.10.1988 EzA § 1 LohnFG Nr. 95).

1876 **Beispiele:**

- Zur Berechnung der Lohnfortzahlung im Krankheitsfall nach § 8 Nr. 8 i.V.m. § 15 Nr. 1a MTV-Metall NRW vom 30. April 1980 sind Freischichttage im Referenzzeitraum bei der Bemessung des Teilers mitzuzählen; sie verringern die rechnerisch pro Tag geleisteten Arbeitsstunden (*BAG* 10.7.1996 EzA § 1 LohnFG Nr. 128; **a.A.** für die Berechnung des Urlaubsentgelts *BAG* 8.11.1994 EzA § 11 BUrlG Nr. 37; krit. dazu *Leinemann* BB 1998, 1414 ff.).
- Feiertagszuschläge sind nicht generell nur bei tatsächlicher Arbeitsleistung zu zahlen. Vielmehr schließt die gesetzliche Entgeltfortzahlung für Feiertagsarbeit, die wegen krankheitsbedingter Arbeitsunfähigkeit ausfällt, die entsprechenden Zuschläge grds. mit ein; Tarifverträge können das aber abweichend regeln (*BAG* 1.12.2004 EzA § 4 EFZG Tarifvertrag Nr. 52 = NZA 2005, 1315).

1877 Wird maßgeblich auf die regelmäßige bzw. eine darüber liegende tatsächliche Arbeitszeit in den letzten 13 Wochen vor Beginn der Arbeitsunfähigkeit abgestellt, so sind in dem Bezugszeitraum liegende unbezahlte Freischichten, durch die die über die individuelle regelmäßige Arbeitszeit hinaus geleistete Arbeit ausgeglichen wird, für die Errechnung der durchschnittlichen täglichen Arbeitszeit mit zu berücksichtigen (*BAG* 15.2.1989 EzA § 1 LohnFG Nr. 104).

1878 Das gilt auch dann, wenn die Vergütung für die Arbeitszeit, die über die individuelle regelmäßige wöchentliche Arbeitszeit hinausgeht, erst im Zusammenhang mit der Gewährung von Freischichten ausbezahlt wird (*BAG* 15.5.1991 EzA § 1 LohnFG Nr. 118).

1879 Bestimmt unter Zugrundelegung des Referenzprinzips der Tarifvertrag, dass die individuelle regelmäßige wöchentliche Arbeitszeit grds. auf **fünf Werktage von Montag bis Freitag** zu verteilen ist, dann gehört die auf Grund einer Betriebsvereinbarung an **Samstagen geleistete Mehrarbeit nicht zur individuellen regelmäßigen wöchentlichen Arbeitszeit**. Fällt für einen gewerblichen Arbeitnehmer Samstagsarbeit wegen krankheitsbedingter Arbeitsunfähigkeit aus, so besteht für ihn auf Grund des zeitlichen Referenzprinzips kein Anspruch auf Entgeltfortzahlung für diese ausgefallene Arbeitszeit (*BAG* 5.8.1992 EzA § 2 LohnFG Nr. 22).

1880 Auch auf den **täglichen Durchschnittslohn** kann abgestellt werden (*BAG* 8.3.1989 EzA § 2 LohnFG Nr. 103).

1881 Die Tarifvertragsparteien können des Weiteren auch tarifliche Zuschläge, die im Arbeitsverhältnis regelmäßig anfallen, von der Entgeltfortzahlung ausnehmen. Sie müssen dann bei einer Mehrzahl tariflicher Zuschläge nicht einzelne davon bei der Entgeltfortzahlung bestehen lassen (*BAG* 13.3.2002 EzA § 4 EFZG Nr. 6).

Erhält der Arbeitnehmer nach einer tariflichen Bestimmung als Entgeltfortzahlung für jeden Krankheitstag (= Kalendertag) 1/364 des Bruttoarbeitsentgelts der letzten zwölf Abrechnungsmonate, so wird der Anspruch nicht dadurch ausgeschlossen, dass der Arbeitnehmer ohne die krankheitsbedingte Arbeitsunfähigkeit wegen im vorhinein festgelegter Freischichten nicht gearbeitet hätte. Damit wird nicht nur der Geldfaktor, sondern auch der Zeitfaktor zur Bestimmung der Entgeltfortzahlung i.S.v. § 4 Abs. 4 EFZG abweichend geregelt. Das ist grds. zulässig (§ 12 EFZG; *BAG* 9.10.2002 EzA § 4 EFZG Nr. 10 = NZA 2003, 978).

Sieht ein Tarifvertrag für Cockpitmitarbeiter eine **Mehrflugstundenvergütung** ab einer bestimmten Anzahl von Flugstunden je Kalendermonat vor, darf er bestimmen, dass die wegen Arbeitsunfähigkeit ausfallenden Flugstunden unberücksichtigt bleiben. Werden insoweit die wegen Urlaubs ausfallenden Kalendertage in bestimmtem Umfang angerechnet, so liegt darin keine Verletzung des allgemeinen Gleichheitssatzes. Denn die Differenzierung ist sachbezogen und nicht willkürlich (*BAG* 7.12.2005 – 5 AZR 228/05 – NZA 2006, 880 LS).

Mit der Verweisung in § 18 Abs. 1 S. 2 des Manteltarifvertrags für gewerbliche Arbeitnehmer, 1882
Angestellte und Auszubildende im privaten Transport- und Verkehrsgewerbe Rheinland-Pfalz vom 7. September 1994 i.d.F. des 2. Änderungstarifvertrages vom 8. Juli 1997 auf § 11 BUrlG haben die Tarifvertragsparteien von der ihnen in § 4 Abs. 4 EFZG eingeräumten Möglichkeit Gebrauch gemacht, eine von den Absätzen 1, 1 a und 3 des § 4 EFZG abweichende Bemessungsgrundlage festzulegen. Der **Geldfaktor** zur Errechnung der Höhe des nach § 3 EFZG und § 4 EFZG bei krankheitsbedingter Arbeitsunfähigkeit fortzuzahlenden Entgelts bestimmt sich nach § 11 BUrlG. Eine weitergehende Wirkung kommt dieser Verweisung auf § 11 BUrlG nicht zu, weil diese urlaubsrechtliche Bestimmung gerade nicht den Zeitfaktor, sondern lediglich den Geldfaktor bei der Bemessung des Urlaubsentgelts regelt (*BAG* 26.6.2002 EzA § 4 EFZG Tarifvertrag Nr. 51; vgl. auch *BAG* 9.11.1999 EzA § 11 BUrlG Nr. 44 mit Anm. von *Bengelsdorf*; 22.2.2000 EzA § 11 BUrlG Nr. 46 mit Anm. von *Gutzeit*).

d) Beginn und Dauer des Entgeltfortzahlungsanspruchs

aa) Grundlagen

Der Entgeltfortzahlungsanspruch entsteht unmittelbar mit Eintritt der krankheitsbe- 1883
dingten Arbeitsunfähigkeit; das kann auch während einer Arbeitsschicht der Fall sein (*BAG* 4.5.1971 AP Nr. 3 zu § 1 LohnFG). Er entsteht im Übrigen in jedem Arbeitsverhältnis unabhängig von einem früheren neu, sodass sich ein späterer Arbeitgeber nicht darauf berufen kann, der Arbeitnehmer habe den vollen Sechs-Wochen-Anspruch bereits bei einem früheren Arbeitgeber ausgeschöpft (*BAG* 6.9.1989 EzA § 63 HGB Nr. 62).

Auch Zeiten einer Arbeitsunfähigkeit wegen derselben Krankheit, für die der Arbeiter 1884
bereits Lohnfortzahlung von einem früheren Arbeitgeber erhalten hatte, sind bei der Berechnung des Anspruchs nach § 3 Abs. 1 S. 2 EFZG im neuen Arbeitsverhältnis nicht mitzurechnen (*BAG* 2.3.1983 EzA § 1 LohnFG Nr. 65).

Der Anspruch auf Entgeltfortzahlung entsteht gem. § 3 Abs. 3 EFZG erst nach vierwöchi- 1885
ger ununterbrochener Dauer des Arbeitsverhältnisses (s.o. Rn. 1753 f.). Das gilt nach Wortlaut und Systemzusammenhang auch dann, wenn die krankheitsbedingte Arbeitsunfähigkeit auf einen Arbeitsunfall zurückgeht, der sich vor Ablauf der Wartezeit ereignet hat. Weil dieses Ergebnis im Hinblick auf Sinn und Zweck der gesetzlichen Neuregelung – keine Belastung des Arbeitgebers mit Krankheitsursachen aus der Sphäre des Arbeitnehmers – als sachlich wenig sinnvoll angesehen wird, wird eine teleologische Reduktion des Wortlauts des § 3 Abs. 3 EFZG für Arbeits-, Arbeitsgeräte- und für Wegeunfälle vorgeschlagen (*Löwisch* NZA 1996, 1013; *Waltermann* NZA 1997, 179).

Ausnahmsweise können zwei rechtlich selbstständige Arbeitsverhältnisse, die der Arbei- 1886
ter zu demselben Arbeitgeber begründet hatte, wie ein einheitliches Arbeitsverhältnis zu behandeln sein, wenn zwischen ihnen ein enger sachlicher Zusammenhang besteht.

Das ist z.B. dann der Fall, wenn der Arbeiter aus betrieblichen Gründen mit dem Verspre- 1887
chen entlassen wurde, er werde wiedereingestellt, wenn die Auftragslage sich bessere, und wenn er tatsächlich nach vier Wochen seine Arbeit zu unveränderten Bedingungen wieder aufnehmen konnte (*BAG* 2.3.1983 EzA § 1 LohnFG Nr. 65).

bb) Dauer

1888 Der Entgeltfortzahlungsanspruch ist auf die Dauer von **sechs Wochen (42 Kalendertage)** begrenzt (§ 3 Abs. 1 S. 1 EFZG; vgl. *BAG* 22.8.2001 EzA § 3 EFZG Nr. 3). Erkrankt der Arbeitnehmer **während der Wartezeit** des § 3 Abs. 3 EFZG (s.o. Rn. 1753 f.) und dauert die Arbeitsunfähigkeit über den Ablauf der Wartezeit hinaus an, so entsteht der Anspruch auf Entgeltfortzahlung für die Dauer von sechs Wochen; in die Wartezeit fallende Krankheitstage sind nicht anzurechnen. Das gilt wegen § 8 Abs. 1 S. 1 EFZG auch dann, wenn das Arbeitsverhältnis durch eine aus Anlass der Arbeitsunfähigkeit ausgesprochene Kündigung noch innerhalb der Wartezeit beendet worden ist (*BAG* 26.5.1999 EzA § 3 EFZG Nr. 7; krit. dazu *Gaumann/Schafft* NZA 2000, 811 ff.; *Peters-Lange* SAE 2000, 274 ff.; s. aber auch *BAG* 17.4.2002 EzA § 8 EFZG Nr. 3: § 8 EFZG erfordert allerdings im Grundsatz die Entstehung des Entgeltfortzahlungsanspruchs).

1889 **Sonderregelungen** enthalten **§§ 48 Abs. 1 S. 1, 78 Abs. 1 S. 1 SeemG** für Besatzungsmitglieder und Kapitäne. Danach besteht Anspruch auf Entgeltfortzahlung mindestens bis zu dem Tage, an welchem das Besatzungsmitglied bzw. der Kapitän das Schiff verlässt.

1890 **Nach § 37 Abs. 2 BAT** (s. jetzt aber § 22 Abs. 1-3 TVöD) **verlängert sich die Anspruchsdauer über sechs Wochen hinaus entsprechend der Dienstzeit des Angestellten im öffentlichen Dienst auf bis zu 26 Wochen nach zehnjähriger Dienstzeit.** Dieser Zeitraum gilt unabhängig von der Dienstzeit in Fällen eines anerkannten Arbeitsunfalls oder einer Berufskrankheit. Dagegen ist auch insoweit die Anspruchsdauer bei einer Arbeitsunfähigkeit infolge Sterilisation oder Schwangerschaftsabbruchs stets auf sechs Wochen begrenzt.

1891 Unwirksam ist eine tarifliche Regelung (§ 45 Nr. 10 MTV Waldarbeiter v. 26.1.1982), wonach Zeiten der **witterungsbedingten Unterbrechung** des Arbeitsverhältnisses auf den Entgeltfortzahlungszeitraum nicht anzurechnen sind (*BAG* 22.8.2001 EzA § 3 EFZG Nr. 3).

1892 Zulässig sind auch tarifliche Normen, wonach der Arbeitnehmer nach Ablauf des Entgeltfortzahlungszeitraums einen Zuschuss zum Krankengeld erhält. So sind z.B. nach Nr. 9.2.3. MTV des Mitteldeutschen Rundfunks Arbeitnehmer durch den Krankengeldzuschuss so zu stellen, dass sie unter Anrechnung des von der gesetzlichen Krankenversicherung gezahlten Krankengelds ihre bisherige Nettovergütung behalten. Zur Berechnung des Zuschusses ist von der bisherigen Nettovergütung das Krankengeld abzuziehen. In Höhe der sich daraus ergebenden Differenz hat der Arbeitgeber den Zuschuss zu zahlen (*BAG* 26.3.2003 – 5 AZR 549/02 – EzA-SD 13/03, S. 16 LS; zu den Auswirkungen einer Änderung der Lohnsteuerklasse vgl. *BAG* 18.8.2004 EzA § 242 BGB 2002 Rechtsmissbrauch Nr. 3).

cc) Fristberechnung

1893 Für die Fristenberechnung gelten die **§§ 187, 188 BGB.**

(1) Fristbeginn

1894 Hat der Arbeitnehmer zumindest teilweise gearbeitet, so beginnt die Sechs-Wochen-Frist nach § 187 Abs. 1 BGB am darauf folgenden Tag zu laufen. Ist der Arbeitnehmer dagegen erkrankt, bevor er mit der Arbeitstätigkeit hat beginnen können, so beginnt die Frist entgegen § 187 Abs. 1 BGB bereits an diesem Tag (*BAG* 2.12.1981 EzA § 1 LohnFG Nr. 59; 12.7.1989 EzA § 616 BGB Nr. 39).

1895 Der Grundsatz des § 187 Abs. 1 BGB muss der bei dem Arbeitsverhältnis gegebenen besonderen rechtlichen Situation dahin angepasst werden, dass der Arbeitsbeginn bzw. die Arbeitsschicht als die maßgebende Zeiteinheit anzusehen ist (abl. MünchArbR/*Boecken* § 84 Rz. 46, wonach dies mit dem Hauptanliegen der Fristenregelung, der Rechtssicherheit, nicht vereinbar ist).

Erkrankt der Arbeitnehmer nach Abschluss des Arbeitsvertrages, aber vor dem vereinbarten Arbeitsbeginn, so beginnt der Anspruch auf Entgeltfortzahlung erst mit dem Tag des vereinbarten Dienstantritts (*BAG* 6.9.1989 EzA § 63 HGB Nr. 42). 1896

Die Sechs-Wochen-Frist läuft im Allgemeinen nur dann, wenn die beiderseitigen Haupt- 1897
pflichten aus dem Arbeitsverhältnis voll in Wirksamkeit getreten sind, **nicht aber dann, wenn das Arbeitsverhältnis ruht** (*BAG* 6.9.1989 EzA § 63 HGB Nr. 42); derartige Zeiten werden nicht auf die Sechs-Wochen-Frist angerechnet. Der Fristablauf wird dann (z.B. bei Eintritt der Mutterschutzfrist gem. § 3 Abs. 2 MuSchG) gehemmt.

(2) Fristende

Der Entgeltfortzahlungsanspruch endet bereits vor Ablauf der Sechs-Wochen-Frist, wenn 1898
der Arbeitnehmer **wieder arbeitsfähig wird, mit Ablauf der gesetzlichen sechs Wochen oder einer tarifvertraglichen oder gesetzlichen** (§§ 48 Abs. 1 S. 1, 78 Abs. 1 SeemG) Frist. Mehrere kürzere Entgeltfortzahlungsabschnitte, unterbrochen etwa wegen des Ruhens der arbeitsvertraglichen Hauptpflichten, werden zusammengezählt.

Für die Berechnung des Fristendes gilt bei ununterbrochenem Anspruch **§ 188 Abs. 2** 1899
BGB.

Ferner endet der Anspruch i.d.R. dann, wenn das Arbeitsverhältnis zu bestehen aufhört (s. 1900
aber u. Rn. 1901 ff.).

e) Entgeltfortzahlung über das Ende des Arbeitsverhältnisses hinaus

aa) Grundlagen

Ausnahmsweise wird der Anspruch auf Entgeltfortzahlung gem. § 8 Abs. 1 EFZG durch 1901
die Beendigung des Arbeitsverhältnisses dann nicht berührt, wenn der Arbeitgeber das Arbeitsverhältnis aus Anlass der Arbeitsunfähigkeit kündigt. Auch dann, wenn der Arbeitgeber aus Anlass einer bevorstehenden Arbeitsunfähigkeit des Arbeitnehmers das Arbeitsverhältnis kündigt, lässt dies den Anspruch auf Fortzahlung des Arbeitsentgelts unberührt, wenn der Arbeitgeber mit der bevorstehenden Arbeitsunfähigkeit sicher rechnen musste. Voraussetzung für den Anspruch ist aber, dass ein Arbeitsverhältnis besteht. Ist das Arbeitsverhältnis bereits beendet, wenn der Arbeitnehmer arbeitsunfähig erkrankt, kommt ein Anspruch nicht mehr in Betracht. Daran ändert auch § 8 Abs. 1 EFZG nichts (*BAG* 17.4.2002 EzA § 8 EFZG Nr. 3).

Wegen § 3 Abs. 3 EFZG (vierwöchige **Wartefrist**) entsteht allerdings auch nicht nach § 8 1902
Abs. 1 EFZG ein Anspruch auf Entgeltfortzahlung, wenn **der Arbeitgeber während der ersten vier Wochen aus Anlass der Erkrankung kündigt**. Etwas anderes gilt, wenn die Arbeitsunfähigkeit über die ersten vier Wochen des Arbeitsverhältnisses hinaus andauert. Denn dann hat der Arbeitnehmer gem. §§ 8 Abs. 1, 3 Abs. 1 EFZG Anspruch auf Entgeltfortzahlung bis zur Gesamtdauer von sechs Wochen unter Abzug der in den ersten vier Wochen liegenden Arbeitsunfähigkeitszeiten (*LAG Nds.* 19.1.1998 DB 1998, 1238).

bb) Aufhebungsvertrag

§ 8 EFZG gilt analog, wenn der Arbeitgeber die Arbeitsunfähigkeit zum Anlass nimmt, 1903
mit dem Arbeitnehmer die einvernehmliche Beendigung des Arbeitsverhältnisses zu vereinbaren (*BAG* 20.8.1980 EzA § 6 LohnFG Nr. 16).
Denn bei der Beurteilung von Ansprüchen im Zusammenhang mit dem Ausscheiden des Arbeitnehmers aus dem Arbeitsverhältnis kommt es nicht entscheidend auf die formale Seite – Kündigung oder Aufhebungsvertrag – an.

1904 Der Zweck des § 8 Abs. 1 S. 1 EFZG besteht darin, zu verhindern, dass der Arbeitgeber die Arbeitsunfähigkeit zum Anlass nimmt, sich der Verpflichtung zur Entgeltfortzahlung zu entziehen. Dieser gesetzgeberische Zweck würde nur unvollkommen erreicht, wenn der Arbeitgeber nicht zur Lohnfortzahlung verpflichtet wäre, wenn es ihm gelingt, den Arbeitnehmer zu einer einvernehmlichen Auflösung des Arbeitsverhältnisses zu veranlassen.

1905 Allerdings kann die **widerspruchslose Hinnahme einer Kündigung** nicht bereits als »Aufhebungsvertrag« mit der Rechtsfolge einer analogen Anwendbarkeit des § 8 Abs. 1 S. 1 EFZG verstanden werden (*BAG* 28.11.1979 EzA § 6 LohnFG Nr. 11).

cc) Anfechtung; Nichtigkeit

1906 Fraglich ist, inwieweit § 8 Abs. 1 S. 1 EFZG analog auch bei einer Anfechtung oder bei der Berufung des Arbeitgebers auf die Nichtigkeit des Arbeitsvertrages in Betracht kommt.

1907 Dem steht zum einen der klare Wortlaut der einschlägigen Regelungen, die nur von »Kündigung« sprechen, entgegen und zum anderen das fehlende besondere Schutzbedürfnis des Arbeitnehmers, der ohne Entgeltfortzahlung Krankengeld erhält (MünchArbR/*Boecken* § 84 Rz. 52).

dd) Anlasskündigung

1908 Die Aufrechterhaltung des Entgeltfortzahlungsanspruchs setzt weiter voraus, dass die Kündigung aus Anlass der krankheitsbedingten Arbeitsunfähigkeit erfolgt (sog. Anlasskündigung).

(1) Begriffsbestimmung

1909 Das ist dann der Fall, wenn die Arbeitsunfähigkeit einen objektiven Geschehensablauf in Gang setzt, der schließlich den Entschluss des Arbeitgebers zur Kündigung im Sinne einer wesentlich mitbestimmenden Bedingung auslöst (*BAG* 28.11.1979 EzA § 6 LohnFG Nr. 10).

1910 Daran fehlt es stets in den Fällen, in denen die Kündigung vor Eintritt der krankheitsbedingten Arbeitsunfähigkeit ausgesprochen worden ist. Andererseits kann auch eine wegen dringender betrieblicher Erfordernisse ausgesprochene Kündigung eine Anlasskündigung sein (*BAG* 20.8.1980 EzA § 6 LohnFG Nr. 15; 28.11.1979 EzA § 6 LohnFG Nr. 10).

(2) Praktische Probleme

1911 Insbesondere dann, wenn der Arbeitgeber nicht verpflichtet ist, eine ausgesprochene Kündigung überhaupt zu begründen (z.B. bei der Nichtanwendbarkeit des KSchG [§§ 1, 23]), ist fraglich, wie der Arbeitnehmer feststellen soll, dass die Voraussetzungen des § 8 Abs. 1 S. 1 EFZG gegeben sind.

(3) Darlegungs- und Beweislast

1912 Nach der Rechtsprechung des *BAG* (26.4.1978 EzA § 6 LohnFG Nr. 7; 29.8.1980 EzA § 6 LohnFG Nr. 13) trägt der **Arbeitnehmer** die Darlegungs- und Beweislast dafür, dass die Kündigung aus Anlass der Arbeitsunfähigkeit ausgesprochen wurde, sich diese also als eine die Kündigung wesentlich mitbestimmende Bedingung darstellt.

aaa) Kenntnis des Arbeitgebers

1913 Notwendige Voraussetzung dafür ist grds., dass der Arbeitgeber überhaupt Kenntnis von der Arbeitsunfähigkeit des Arbeitnehmers hat. Der Kenntnis steht es gleich, wenn der Arbeitgeber mit der bevorstehenden Arbeitsunfähigkeit des Arbeitnehmers sicher rechnen muss (*BAG* 17.4.2002 EzA § 8 EFZG Nr. 3).

Das *BAG* (20.8.1980 EzA §6 LohnFG Nr. 14) geht im übrigen davon aus, dass dann, wenn der Arbeitgeber im zeitlichen Zusammenhang mit der Krankmeldung eines Arbeitnehmers oder der Anzeige, dass eine bekannte Arbeitsunfähigkeit fortdauert, kündigt, ein Beweis des ersten Anscheins dafür spricht, dass er aus Anlass der Arbeitsunfähigkeit gekündigt hat. 1914

bbb) Anscheinsbeweis bei Kündigung ohne Kenntnis

Fraglich ist, ob die Voraussetzungen des §8 Abs. 1 S. 1 EFZG auch dann gegeben sein können, wenn der Arbeitgeber zwar keine Kenntnis von der Arbeitsunfähigkeit hat, aber eine Kündigung ausspricht, bevor noch der durch §5 Abs. 1 EFZG vorgesehene Zeitraum für den Nachweis der Arbeitsunfähigkeit abgelaufen ist. 1915

Das *BAG* (20.8.1980 EzA §6 LohnFG Nr. 14) geht davon aus, dass im Regelfall der Arbeitgeber, der in Kenntnis der Arbeitsunfähigkeit oder vor Ablauf der Nachweisfrist kündigt, nicht mehr damit gehört werden kann, er habe nicht aus Anlass der Arbeitsunfähigkeit, sondern allein deswegen gekündigt, weil der Arbeitnehmer die Arbeitsunfähigkeit entgegen §5 Abs. 1 S. 1 EFZG nicht rechtzeitig angezeigt habe. 1916

Andernfalls werde §8 Abs. 1 S. 1 EFZG weitgehend bedeutungslos, denn der vor Ablauf der Nachweisfrist kündigende Arbeitgeber könne stets geltend machen, dass der Arbeitnehmer seine Anzeigepflicht verletzt habe. Andernfalls würde der rasch handelnde Arbeitgeber, der nicht einmal die Frist des §5 Abs. 1 S. 1 EFZG abwarte, in unzulässiger Weise begünstigt. 1917

Deshalb spricht ein Beweis des ersten Anscheins dafür, dass der Arbeitgeber aus Anlass der Arbeitsunfähigkeit gekündigt hat, wenn diese Voraussetzungen erfüllt sind. 1918
Diesen Anscheinsbeweis kann der Arbeitgeber dadurch erschüttern, dass er Tatsachen vorträgt und ggf. beweist, aus denen sich ergibt, dass er aus einem anderen Anlass gekündigt hat (*BAG* 20.8.1980 EzA §6 LohnFG Nr. 14; 2.12.1981 EzA §6 LohnFG Nr. 20; s.a. 5.2.1998 EzA §8 EFZG Nr. 1; ebenso *ArbG Hmb.* 17.11.2004 NZA-RR 2005, 296).

Diese Grundsätze gelten **ausnahmsweise dann nicht**, wenn der Arbeitgeber aus sachlichen Gründen dem Arbeitnehmer **die umgehende Anzeige** (durch Dienstanweisung, die Bestandteil des Arbeitsvertrages ist) **zur Pflicht gemacht** hat und wenn die Verletzung dieser Pflicht unter Berücksichtigung aller Umstände solches Gewicht hat, dass sie einem **vernünftigen Arbeitgeber Anlass für eine Kündigung geben kann**. Das kann z.B. bei einem Speditionsunternehmen der Fall sein, weil nur bei einer umgehenden Anzeige der Arbeitsunfähigkeit den Vorschriften über die Arbeitszeit der beschäftigten Kraftfahrer Rechnung getragen werden kann (*BAG* 20.8.1980 EzA §6 LohnFG Nr. 19). Andererseits kann der Beweis des ersten Anscheins **nicht dadurch erschüttert werden**, dass der Arbeitgeber einen **Rückgang des Beschäftigungsbedarfs** behauptet, wenn dieser Rückgang bereits vor der Einstellung der Arbeitnehmerin in einem Umfang von fast 50% eingetreten war (*ArbG Hmb.* 17.11.2004 NZA-RR 2005, 296). 1919

ccc) Beginn der Nachweisfrist

Die Nachweisfrist beginnt **mit dem Fehlen des Arbeitnehmers**, nicht erst mit dessen tatsächlicher Arbeitsunfähigkeit. Das ist dann von Bedeutung, wenn der Arbeitnehmer erst nach Beginn der Fehlzeit arbeitsunfähig erkrankt (*BAG* 20.8.1980 EzA §6 LohnFG Nr. 18). 1920

ddd) Kündigung zum/nach Ende der Arbeitsunfähigkeit

Kündigt der Arbeitgeber einem erkrankten Arbeiter zum voraussichtlichen Ende der Arbeitsunfähigkeit, ohne abzuwarten, ob sie über das zunächst angenommene Datum hinaus 1921 andauert, ist der Arbeiter dann aber weiter krank, so kann es sich ebenfalls um eine Anlasskündigung handeln.

1922 **Auch insoweit greift der Anscheinsbeweis zu Lasten des Arbeitgebers ein.** Dass der Arbeitgeber die Arbeitsunfähigkeit zunächst hingenommen hatte, schließt eine Anlasskündigung nicht aus (*BAG* 20.8.1980 EzA § 6 LohnFG Nr. 17).

1923 Dieselben Grundsätze gelten dann, wenn der Arbeitgeber nach dem Ende der zunächst bescheinigten Dauer der Arbeitsunfähigkeit kündigt, **ohne abzuwarten, ob der Arbeitnehmer eine Bescheinigung über die Fortdauer der krankheitsbedingten Arbeitsunfähigkeit vorlegt.** Auch insoweit wird also entsprechend § 5 Abs. 1 S. 1 EFZG eine Dreitagefrist (s. aber Rn. 1982 ff.) zugrunde gelegt. Sie beginnt mit dem Ende der zunächst bescheinigten Dauer der Arbeitsunfähigkeit, d.h. mit dem Beginn des folgenden Kalendertages, und endet mit dem Ablauf der dann folgenden drei Tage (*BAG* 29.8.1980 EzA § 6 LohnFG Nr. 13).

ee) Beendigung des Entgeltfortzahlungsanspruchs

1924 Der Entgeltfortzahlungsanspruch gem. § 8 Abs. 1 S. 1 EFZG endet, sobald die Arbeitsverhinderung als Folge derjenigen Krankheit wegfällt, die Anlass der Kündigung war (*BAG* 2.12.1981 EzA § 6 LohnFG Nr. 20).

f) Mehrfacherkrankungen

aa) Grundlagen

1925 Wird der Arbeitnehmer infolge derselben Krankheit erneut arbeitsunfähig, so verliert er den Anspruch nach § 3 Abs. 1 S. 1 EFZG für einen weiteren Zeitraum von höchstens sechs Wochen nicht, wenn er vor der erneuten Arbeitsunfähigkeit mindestens sechs Monate nicht infolge derselben Krankheit arbeitsunfähig war, oder seit Beginn der ersten Arbeitsunfähigkeit infolge derselben Krankheit eine Frist von zwölf Monaten abgelaufen ist (§ 3 Abs. 1 S. 2 EFZG).

1926 Die spätere Arbeitsunfähigkeit ist dann im arbeitsrechtlichen Sinne keine Fortsetzungserkrankung, sondern eine neue Krankheit (*BAG* 29.9.1982 EzA § 1 LohnFG Nr. 63).

1927 Diese gesetzliche Regelung greift **dann nicht ein**, wenn der Arbeitnehmer **schon vorher erneut arbeitsunfähig wird** und die Arbeitsunfähigkeit über den Ablauf der Zwölfmonatsfrist hinaus bestehen bleibt (*BAG* 14.3.2007 EzA § 3 EFZG Nr. 15).

1928 Dagegen wird der **Fortsetzungszusammenhang nicht unterbrochen**, wenn während einer Kur nach § 9 EFZG, die wegen des Grundleidens gewährt wurde, eine **weitere Krankheit** als selbstständiger Verhinderungsgrund bestanden hat (*BAG* 22.8.1984 EzA § 1 LohnFG Nr. 73).

bb) Begriffsbestimmung; Fortsetzungserkrankungen

1929 »Dieselbe Krankheit« ist i.S.v. »dasselbe Grundleiden« zu verstehen, das zu verschiedenen Krankheitserscheinungen im Einzelnen führen kann, die ihrerseits wiederum zeitlich getrennte Zustände der Arbeitsunfähigkeit zur Folge haben können. Davon erfasst werden auch Fortsetzungserkrankungen, die dann gegeben sind, wenn die Krankheit, auf der die frühere Arbeitsunfähigkeit beruhte, in der Zeit zwischen dem Ende der vorausgegangenen und dem Beginn der neuen Arbeitsunfähigkeit medizinisch nicht vollständig ausgeheilt war, sondern das Grundleiden latent weiter bestanden hat, sodass die neue Erkrankung nur eine Fortsetzung der früheren Erkrankung darstellt (*BAG* 4.12.1985 EzA § 63 HGB Nr. 40; 13.7.2005 – 5 AZR 389/04 – EzA-SD 22/05 S. 3 = BAG Report 2005, 355 = SAE 2006, 153 m. Anm. *Joussen*).

1930 Als Fortsetzungserkrankungen kommen dabei auch sehr unterschiedliche Folgeerscheinungen eines Grundleidens in Betracht, z.B. Prellungen, Verstauchungen oder Knochenbrüche, die in zeitlichen Abständen auf epileptische Anfälle zurückgehen.

Auch der erneute Krankheitsausbruch desselben Grundleidens ist aber dann keine Fortsetzungserkrankung in diesem Sinne mehr, wenn die erste Erkrankung keinen eigenen Entgeltfortzahlungsanspruch begründet hatte. **1931**

▶ **Beispiel:** **1932**
Litt der Arbeitnehmer z.B. vom 25.5. bis 30.6. an einer Darmerkrankung, vom 20. bis 30.6. zusätzlich an einer Wirbelsäulenerkrankung, vom 7.9. bis 18.10. erneut an einer Wirbelsäulenerkrankung, dann konnte die erste Wirbelsäulenerkrankung (20. bis 30.6.) keinen neuen, eigenständigen Entgeltfortzahlungsanspruch begründen, sodass die zweite Wirbelsäulenerkrankung keine Fortsetzungserkrankung im Rechtssinn ist (*BAG* 19.6.1991 EzA § 1 LohnFG Nr. 119).

Tritt eine Krankheit, die sich später als Fortsetzungskrankheit herausstellt, zu einer bereits bestehenden, zur Arbeitsunfähigkeit führenden Krankheit hinzu und dauert sie über deren Ende an, so ist sie für die Zeit, in der sie die alleinige Ursache der Arbeitsunfähigkeit war, als Teil der späteren Fortsetzungserkrankung zu werten (*BAG* 2.2.1994 EzA § 1 LohnFG Nr. 125). **1933**

▶ **Beispiel:** **1934**
Der Arbeitnehmer war vom 21.1. bis zum 2.3.1990 wegen einer Rippenfraktur arbeitsunfähig erkrankt. Vom 19.2. bis zum 12.3.1990 kam ein ebenfalls zur Arbeitsunfähigkeit führendes Handekzem hinzu, das weitere Arbeitsunfähigkeit verursachte vom 17.4. bis zum 9.5. sowie vom 7. bis 9.11.1990. Der 3.3. war der letzte Tag der am 21.1. begonnenen Sechs-Wochen-Frist. Da das Handekzem von diesem Tage an alleinige Ursache der Arbeitsunfähigkeit war und zwischen der Ersterkrankung (19.2. bis 3.3.) und den weiteren Arbeitsunfähigkeiten wegen des Handekzems als Fortsetzungserkrankungen jeweils weniger als sechs Monate liegen, begann am 3.3. erneut der Lauf der Sechs-Wochen-Frist, die die äußerste zeitliche Grenze auch für Mehrfacherkrankungen bei einem einheitlichen Verhinderungsfall bedeutet. Für die Zeiträume April/Mai, November 1990 sind daher 42 Tage weiterhin zu bezahlen (*BAG* 2.2.1994 EzA § 1 LohnFG Nr. 125).

Führen zwei Krankheiten jeweils für sich betrachtet nicht zur Arbeitsunfähigkeit, sondern nur **weil sie zusammen auftreten**, liegt eine Fortsetzungserkrankung auch dann vor, wenn später **eine der beiden Krankheiten erneut** auftritt und allein zur Arbeitsunfähigkeit führt. Auch in diesem Fall ist die erneut auftretende Krankheit Ursache einer vorausgegangenen Arbeitsunfähigkeit gewesen (*BAG* 13.7.2005 – 5 AZR 389/04 – EzA-SD 22/05 S. 3 = BAG Report 2005, 355). **1935**

cc) Getrennte Verhinderungsfälle

Erkrankt der Arbeitnehmer hintereinander an mehreren Krankheiten mit der Folge von Arbeitsverhinderungen, die jeweils medizinisch vollständig ausgeheilt sind, bevor die nächste Erkrankung eintritt, so entsteht mit jeder Erkrankung ein neuer Entgeltfortzahlungsanspruch (*BAG* 18.5.1957 AP Nr. 3 zu § 63 HGB). **1936**

Dabei ist unerheblich, ob der Arbeitnehmer zwischendurch tatsächlich die Arbeit wieder aufgenommen hat (*BAG* 12.7.1989 EzA § 616 BGB Nr. 39). Entscheidend ist nur, dass es sich um jeweils getrennte Verhinderungsfälle handelt (*BAG* 14.9.1983 EzA § 1 LohnFG Nr. 68). **1937**

dd) Einheit des Verhinderungsfalles

1938 Tritt ein weiteres Grundleiden, das bereits für sich allein Arbeitsunfähigkeit zur Folge hätte, zum ersten Grundleiden hinzu, so ändert dies nichts am Schicksal eines einmal entstandenen, auf einem früher eingetretenen Grundleiden beruhenden Entgeltfortzahlungsanspruchs. Insoweit gilt gem. § 3 Abs. 1 S. 1 EFZG der Grundsatz der Einheit des Verhinderungsfalles (*BAG* 12.7.1989 EzA § 616 Nr. 39).

1939 Dieser Grundsatz – mit der Folge der Beschränkung der Entgeltfortzahlung auf sechs Wochen – **gilt dann nicht**, wenn sich der Arbeitnehmer am Tag nach Wegfall der Arbeitsunfähigkeit in ein **Krankenhaus** begibt, um dort eine Diagnose über mögliche weitere Erkrankungen zu erhalten. Das gilt zumindest dann, wenn es keine ausreichenden Anhaltspunkte dafür gibt, dass das letztlich diagnostizierte Leiden für sich schon vor der Diagnose dazu geführt hätte, dass der Arbeitnehmer der Arbeit ferngeblieben wäre oder diese nicht mehr hätte verrichten können (*LAG Nbg.* 29.4.2008 – 6 Sa 749/07 – ZTR 2008, 441).

1940 Etwas anderes – keine Einheit des Verhinderungsfalles – gilt auch in den Fällen des § 3 Abs. 1 S. 2 EFZG (Mehrfach-, Fortsetzungserkrankungen), wobei es dort auf die einzelnen Krankheiten im Sinne eines Grundleidens ankommt.

1941 Dagegen liegen zwei selbstständige Verhinderungsfälle vor, wenn ein Arbeitnehmer zwischen zwei Krankheiten tatsächlich arbeitet oder wenn er zwischen den Krankheiten zwar arbeitsfähig war, aber nicht arbeiten konnte, weil er nur für wenige, außerhalb der Arbeitszeit liegende Stunden arbeitsfähig war (*BAG* 2.12.1981 EzA § 1 LohnFG Nr. 59).

ee) Dauer der Entgeltfortzahlung bei Fortsetzungserkrankungen; Fristberechnungen

(1) Sechs-Wochen-Frist

1942 Bei einer Fortsetzungserkrankung wird die Dauer des Entgeltfortzahlungsanspruchs durch die **Addition der einzelnen Krankheitszeiten ermittelt**, bis die Anspruchszeit von sechs Wochen (= 42 Kalendertagen) erreicht ist. Bei einer Fünf-Tage-Arbeitswoche und ununterbrochener Arbeitsunfähigkeit können maximal dreißig entgeltpflichtige Arbeitstage anfallen.

(2) Zwölf-Monats-Frist

1943 Die Zwölf-Monats-Frist ist vom Eintritt der ersten krankheitsbedingten Arbeitsunfähigkeit an zu berechnen (sog. Methode der Vorausberechnung; *BAG* 16.12.1987 EzA § 1 LohnFG Nr. 89). Eine neue zwölfmonatige Rahmenfrist beginnt immer dann zu laufen, wenn der Arbeitnehmer mindestens sechs Monate arbeitsunfähig gewesen ist.

1944 Damit kann zumeist vermieden werden, dass für die Fristberechnung auf die erste, u.U. viele Jahre zurückliegende Erkrankung des Arbeitnehmers während des laufenden Arbeitsverhältnisses zurückgegriffen werden muss, die u.U. nur schwer nachträglich ermittelt werden kann (**a.A.** *Brecht* Anm. *BAG* AP Nr. 33 zu § 1 LohnFG, wonach die Zwölf-Monats-Frist stets neu bei jedem Eintritt einer Arbeitsunfähigkeit zurückzuberechnen [sog. Methode der Rückberechnung] und festzustellen ist, ob bzw. inwieweit innerhalb der in dieser Weise ermittelten Rahmenfrist der Entgeltfortzahlungsanspruch bereits ausgeschöpft worden ist).

(3) Beispiel

1945 Hat ein Arbeitnehmer z.B. ein Nierenleiden und ist am 4.2., 3.6. und 11.11. jeweils drei Wochen und im darauf folgenden Jahr vom 2. bis 16.1. sowie ab 6.2. arbeitsunfähig, so läuft die erste Rahmenfrist vom 4.2. bis zum 3.2. des darauf folgenden Jahres, an die sich die zweite anschließt. Der Arbeitnehmer hat folglich im ersten Jahr jeweils 3 Wochen für die Zeit ab 4.2. und ab 3.6. Anspruch auf Entgeltfortzahlung, dagegen nicht für die Zeit ab 11.11. und auch nicht vom 2. bis 16.1. des Folgejahres, wohl aber wieder sechs Wochen für die darauf folgende Zeit der Arbeitsunfähigkeit ab 6.2. (des zweiten Jahres seiner Krankheit; MünchArbR/*Boecken* § 84 Rz. 74).

(4) Sechs-Monats-Zeitraum

Der Sechs-Monats-Zeitraum wird nach der Methode der Rückberechnung ermittelt (*BAG* 29.9.1982 EzA § 1 LohnFG Nr. 63). Es kommt nicht darauf an, ob der Arbeitnehmer tatsächlich gearbeitet hat; eine zwischenzeitliche anderweitige Erkrankung, die als Fortsetzungserkrankung nicht in Betracht kommt, hemmt den Fristablauf nicht (*BAG* 29.9.1982 EzA § 1 LohnFG Nr. 63). 1946

ff) Darlegungs- und Beweislast; Hinweispflicht

(1) Ursprüngliche Auffassung des BAG

Der Arbeitgeber trug die Darlegungs- und Beweislast für den Leistungsausschluss bei einer Fortsetzungserkrankung nach § 3 Abs. 1 S. 2 EFZG (*BAG* 4.12.1985 EzA § 63 HGB Nr. 40). 1947

Allerdings konnte er bei Vorliegen objektiver Anhaltspunkte (insbes. häufiger Krankschreibungen) sich beim Arbeitnehmer erkundigen, ob Anhaltspunkte für eine Fortsetzungserkrankung bestehen. Der Arbeitnehmer war dann zur Mitwirkung an der Aufklärung aller für die Rechtslage erheblichen Umstände verpflichtet, etwa indem er den Arzt oder das Krankenhaus von der Schweigepflicht entbindet (jedoch nur hinsichtlich der Frage, ob eine Fortsetzungserkrankung vorliegt, nicht aber hinsichtlich des Befundes).

Gem. § 69 Abs. 4 SGB X sind im Übrigen – nach wie vor – die **Krankenkassen** befugt, dem Arbeitgeber mitzuteilen, ob eine Fortdauer der Arbeitsunfähigkeit oder eine neue Arbeitsunfähigkeit des Arbeitnehmers auf denselben Ursachen beruht. Dies gilt aber nicht für die Mitteilung von ärztlichen Diagnosen. Damit ist es nicht mehr erforderlich, dass der Arbeitnehmer die Krankenkasse insoweit von ihrer Schweigepflicht entbindet (*Schmitt* EFZG § 3 Rz. 186). 1948

(2) Die aktuelle Rechtsprechung

Inzwischen hat das *BAG* (13.7.2005 – 5 AZR 389/04 – EzA-SD 22/05 S. 3 = BAG Report 2005, 355) sine Auffassung modifiziert. Danach hat der **Arbeitnehmer** die **anspruchsbegründenden Tatsachen** eines Entgeltfortzahlungsanspruchs **darzulegen und ggf. zu beweisen.** Ist er innerhalb der Zeiträume des § 3 Abs. 1 S. 2 EFZG länger als sechs Wochen arbeitsunfähig, muss er darlegen, dass keine Fortsetzungserkrankung vorliegt. Wird dies vom Arbeitgeber bestritten, obliegt dem Arbeitnehmer die Darlegung der Tatsachen, die den Schluss erlauben, es habe keine Fortsetzungserkrankung vorgelegen. Der Arbeitnehmer hat dabei den Arzt von der Schweigepflicht zu entbinden. Die **objektive Beweislast für das Vorliegen einer Fortsetzungserkrankung hat jedoch der Arbeitgeber zu tragen.** 1949

gg) Verhältnis zu Sozialversicherungsträgern

Der Sozialversicherungsträger ist gegenüber dem Arbeitgeber des Versicherten nicht verpflichtet, dafür zu sorgen, dass eine auf derselben Krankheit beruhende Kur (Maßnahme der medizinischen Rehabilitation) binnen 6 Monaten nach dem Ende der früheren Erkrankung begonnen wird, um einen erneuten Entgeltfortzahlungsanspruch unter dem Gesichtspunkt der Wiederholungserkrankung zu vermeiden (*BAG* 18.1.1995 EzA § 7 LohnFG Nr. 5). Insbesondere aus § 242 BGB lässt sich eine derartige Verpflichtung nicht herleiten. Rechtliche 1950

Beziehungen zwischen dem Sozialversicherungsträger und dem Arbeitgeber entstehen erst nach einem Forderungsübergang nach § 115 SGB X. Zwar tritt der Sozialversicherungsträger in die Rechtsstellung des Arbeitnehmers ein. Daraus lässt sich aber keine Verpflichtung des Sozialversicherungsträgers ableiten, dafür zu sorgen, dass es nicht zu einem erneuten Entgeltfortzahlungsanspruch infolge der späteren Durchführung einer medizinischen Rehabilitationsmaßnahme kommt. Vielmehr hat der Sozialversicherungsträger vor allen Dingen nach medizinischen Gesichtspunkten mit dem Ziel eines möglichst großen Heilerfolges vorzugehen.

1951 Inwieweit jedoch im Einzelfall eine bewusste, vom Arbeitnehmer oder vom Sozialversicherungsträger zu verantwortende, also mutwillige Verzögerung des Kurantritts gem. § 826 BGB dazu führen kann, dass die Geltendmachung des Entgeltfortzahlungsanspruchs seitens des Sozialversicherungsträgers nach Übergang des Anspruchs gem. § 115 SGB X rechtsmissbräuchlich ist, hat das *BAG* (18.1.1995 EzA § 7 LohnFG Nr. 5) offen gelassen.

g) Anzeige- und Nachweispflichten

aa) Anzeigepflicht

(1) Grundlagen

1952 Gem. § 5 Abs. 1 S. 1 EFZG ist der Arbeitnehmer verpflichtet, dem Arbeitgeber eine Arbeitsunfähigkeit und deren voraussichtliche Dauer unverzüglich (d.h. ohne schuldhaftes Zögern, § 121 BGB) anzuzeigen. Dies gilt unabhängig davon, ob im konkreten Fall ein Entgeltfortzahlungsanspruch gegeben ist oder nicht.

1953 Die Pflicht **entfällt**, wenn der Arbeitgeber **bereits Kenntnis** von der Arbeitsunfähigkeit **hat** bzw. der Arbeitnehmer sicher davon ausgehen kann, dass dem Arbeitgeber die Arbeitsunfähigkeit und das Ausmaß der Erkrankung bekannt ist (z.B. nach einem Arbeitsunfall; vgl. *Worzalla* NZA 1996, 61).

1954 Sinn der Anzeigepflicht ist es, dem Arbeitgeber die Möglichkeit einzuräumen, entsprechend zu disponieren, insbes. für Ersatzkräfte Sorge zu tragen.

1955 § 5 Abs. 1 S. 1–3 EFZG gilt analog für die Anzeige und den Nachweis einer **weiterhin andauernden Arbeitsunfähigkeit** über den zunächst mitgeteilten Zeitpunkt hinaus, denn es besteht insoweit eine planwidrige Regelungslücke sowie eine mit der erstmaligen Anzeige und dem Nachweis der Arbeitsunfähigkeit vergleichbare Sach- und Interessenlage (*LAG RhPf* 22.1.1996 – 9 (11) Sa 1134/95 –, n.v.; für eine unmittelbare Anwendung dieser Vorschrift dagegen *LAG SA* 24.4.1996 NZA 1997, 772; *LAG SchlH* 17.12.2003 NZA-RR 2004, 241).

1956 Etwas anderes gilt aber dann, wenn der Arbeitgeber das Arbeitsverhältnis **gekündigt hat**, weil der Arbeitgeber dann mit der Kündigung zum Ausdruck gebracht hat, einen zukünftigen Arbeitseinsatz des Arbeitnehmers **nicht mehr in seine Planung einzubeziehen**. Erst die Aufforderung zur Erbringung der Arbeitsleistung im Rahmen eines Prozessrechtsverhältnisses lässt dann die Anzeige- und Meldepflicht des Arbeitnehmers wieder aufleben. Die Meldepflicht kann zudem nach Treu und Glauben (§ 242 BGB) bei widersprüchlichem Verhalten des Arbeitgebers ausnahmsweise bereits innerhalb der Kündigungsfrist suspendiert sein (*LAG SchlH* 17.12.2003 NZA-RR 2004, 241).

(2) Adressat, Form

1957 Der Arbeitnehmer hat den Arbeitgeber bzw. **die beim Arbeitgeber zuständige Stelle** (z.B. die Personalabteilung) über die Arbeitsunfähigkeit zu informieren. Nicht ausreichend ist i.d.R. die Mitteilung an Arbeitskollegen, an die Telefonzentrale oder den Pförtner, es sei denn, in dem Betrieb ist es üblich, die Mitteilung in dieser Form zu machen.

Eine bestimmte Form der Anzeige ist nicht vorgesehen, sie kann also mündlich oder schriftlich erfolgen. I. d. R. wird jedoch wegen des Erfordernisses der »Unverzüglichkeit« eine mündliche Mitteilung notwendig sein. Der Arbeitnehmer muss die Mitteilung **nicht persönlich** machen. Er kann im Hinblick auf die Unverzüglichkeit sogar gehalten sein, ggf. Verwandte oder Freunde zu beauftragen, mit dem Arbeitgeber Kontakt aufzunehmen (*Worzalla* NZA 1996, 61). 1958

(3) Unverzügliche Mitteilung

Der Arbeitnehmer hat im Normalfall dafür Sorge zu tragen, dass der Arbeitgeber bereits am ersten Tag der Arbeitsunfähigkeit während der üblichen Betriebsstunden informiert wird; i.d.R. hat die Mitteilung vor Arbeitsbeginn zu erfolgen (*BAG* 31.8.1989 EzA § 1 KSchG Verhaltensbedingte Kündigung Nr. 27). 1959

Ist der Arbeitnehmer dazu in eigener Person nicht in der Lage, so muss er sich im Rahmen des Zumutbaren bemühen, dass ein Dritter den Arbeitgeber informiert. **Eine schriftliche Anzeige, die erst am nächsten Tag mit der Post beim Arbeitgeber eingeht, wird i.d.R. nicht als unverzügliche Benachrichtigung anzusehen sein** (*Worzalla* NZA 1996, 62). 1960

Erkrankt der Arbeitnehmer **vor Arbeitsantritt** oder in einer Zeit, in der das Arbeitsverhältnis ruht (z.B. Elternzeit, Zivildienst), so hat er die Arbeitsunfähigkeit bereits vor dem Tag, an dem er vertragsgemäß die Arbeit wieder aufzunehmen hat, anzuzeigen, es sei denn, die Arbeitsunfähigkeit stellt sich erst am Tage des Dienstantritts als sicher heraus. 1961

Die Anzeige muss erfolgen, sobald sich **abzeichnet, dass die Arbeitsunfähigkeit auch noch am Tag der vorgesehenen Arbeitsaufnahme andauern wird**. Denn Sinn und Zweck der Anzeigepflicht ist es, dem Arbeitgeber so früh wie möglich Gelegenheit zu geben, sich auf die Abwesenheit des Arbeitnehmers einzustellen (s.o. Rn. 1952). Das bedeutet auch, dass der Arbeitnehmer z.B. im Falle des Ruhens des Arbeitsverhältnisses gehalten ist, rechtzeitig einen Arzt zu konsultieren, wenn nicht ausgeschlossen ist, dass die Arbeitsunfähigkeit zum Zeitpunkt der vorgesehenen Arbeitsaufnahme fortbesteht. Lässt er die Sache treiben, so stellt dies eine Verletzung der Anzeigepflicht dar, die als arbeitsvertragliche Nebenpflicht auch vor Antritt der Arbeit und während der Ruhephasen Bestand hat (*Worzalla* NZA 1996, 62). 1962

(4) Inhalt der Mitteilung

Inhaltlich muss der Arbeitnehmer die Tatsache mitteilen, dass er arbeitsunfähig erkrankt ist. Zudem muss er eine Prognose über die voraussichtliche Dauer der Arbeitsunfähigkeit stellen, sofern diese noch nicht ärztlich festgestellt ist. 1963

Die Art der Erkrankung muss der Arbeitnehmer nicht mitteilen, es sei denn, deren Kenntnis ist für den Arbeitgeber aus betrieblichen Gründen von Bedeutung (z.B. bei ansteckenden Krankheiten, zur Geltendmachung von Schadensersatzansprüchen gegen Dritte oder im Falle einer Fortsetzungserkrankung; vgl. *Worzalla* NZA 1996, 62 m.w.N.). Keinesfalls darf die dem Arbeitgeber vorzulegende Bescheinigung Angaben über die Diagnose enthalten (*BAG* 19.3.1986 EzA § 4 TVG Ausschlussfristen Nr. 68).

Andererseits hat der Arbeitnehmer aber eine **Selbstdiagnose hinsichtlich der voraussichtlichen Dauer der Arbeitsunfähigkeit anzustellen**, um es dem Arbeitgeber bis zum Eintreffen der ärztlichen Bescheinigung zu ermöglichen, sich auf die Dauer der Abwesenheit schon in etwa einzustellen (*BAG* 31.8.1989 EzA § 1 KSchG Verhaltensbedingte Kündigung Nr. 27). 1964

Stellt sich nach der Konsultierung des Arztes heraus, dass die Prognose in erheblicher Weise unrichtig war, so ist der Arbeitgeber umgehend darüber zu informieren (*Worzalla* NZA 1996, 62). 1965

Im Falle eines Auslandsaufenthalts muss der Arbeitnehmer zusätzlich eine entsprechende Anzeige gegenüber seiner gesetzlichen Krankenkasse vornehmen (vgl. § 5 Abs. 2 EFZG). 1966

1967 Dauert die Arbeitsunfähigkeit länger als angezeigt, muss der Arbeitnehmer seiner Krankenkasse auch die voraussichtliche Zeit der Fortdauer anzeigen.

bb) Vorlage einer Arbeitsunfähigkeitsbescheinigung (Nachweispflicht)

(1) Grundlagen

1968 Darüber hinaus muss der Arbeitnehmer eine ärztliche Bescheinigung über das Bestehen der Arbeitsunfähigkeit an dem darauf folgenden Arbeitstag dem Arbeitgeber vorlegen, wenn die Arbeitsunfähigkeit länger als 3 Kalendertage dauert.

1969 Fraglich ist, ob nach § 5 Abs. 1 S. 2 EFZG eine länger als drei Tage dauernde Arbeitsunfähigkeit Voraussetzung dafür ist, dass überhaupt eine Arbeitsunfähigkeitsbescheinigung vorgelegt werden muss, sodass von vornherein **bei kürzeren Erkrankungen keine Vorlagepflicht mehr besteht**.

1970 Dafür spricht nach einer in der Literatur vertretenen Auffassung (*Diller* NJW 1994, 1692; *Heilmann* NZA 1994, 980; *Lepke* NZA 1995, 1086; *Worzalla* NZA 1996, 63) sowohl der Wortlaut der Norm als auch die Gesetzesbegründung.

1971 Demgegenüber wird auch die Auffassung vertreten (*Berenz* DB 1995, 2170; *Marburger* BB 1994, 1421), dass in § 5 Abs. 1 S. 2 EFZG in Anlehnung an § 3 Abs. 1 S. 1 LohnFG die Pflicht zur Vorlage vorausgesetzt und nur der Zeitpunkt festgelegt wird, zu dem dies spätestens zu erfolgen hat. Dafür spricht, dass der Arbeitgeber gem. § 5Abs. 1 S. 3 EFZG berechtigt ist, die Vorlage der ärztlichen Bescheinigung früher zu verlangen. Unklar ist das Verhältnis der gesetzlichen Regelung zu für den Arbeitnehmer an sich günstigeren einzel- oder tarifvertraglichen Regelungen aus der Zeit vor dem In-Kraft-Treten des EFZG, insbes. bei Angestellten in den alten Bundesländern, die nach dem Wortlaut der früheren gesetzlichen Regelungen nicht zur Vorlage einer Arbeitsunfähigkeitsbescheinigung verpflichtet waren (vgl. ausf. *Schmitt* RdA 1996, 12 f.). Geht man allerdings davon aus, dass §§ 3 Abs. 1, 5 Nr. 1 LFZG auch auf Angestellte analog anzuwenden waren, ist § 5 Abs. 1 S. 3 EFZG anzuwenden (*Schmitt* a.a.O.; vgl. auch *Diller* NJW 1994, 1693; *Hanau/Kramer* DB 1995, 96).

(2) Inhalt, Form, Zustandekommen

1972 Die Bescheinigung bedarf der Schriftform und muss von einem approbierten Arzt ausgestellt sein.

1973 Bei Arbeitnehmern, die in der gesetzlichen Krankenversicherung versichert sind, erfolgen die erforderlichen Angaben auf Grund eines Vordrucks, der zwischen den Spitzenverbänden der gesetzlichen Krankenkassen und der kassenärztlichen Bundesvereinigung in der sog. Vordruckvereinbarung vereinbart worden ist.

1974 Die Kassenärzte sind auf Grund des Krankenversicherungsverhältnisses nach § 73 Abs. 2 S. 9 SGB V gegenüber den versicherten Arbeitnehmern zur Ausstellung der Arbeitsunfähigkeitsbescheinigung verpflichtet, soweit diese sie für den Anspruch auf Fortzahlung des Arbeitsentgelts benötigen.

1975 Der Vordruck sieht neben Angaben zur Person des Arbeitnehmers die Angabe vor, bis zu welchem Datum einschließlich die Arbeitsunfähigkeit voraussichtlich dauern wird sowie das Datum der Feststellung der Arbeitsunfähigkeit.

1976 Die Datumsangabe hinsichtlich des voraussichtlichen Endes der Arbeitsunfähigkeit rechtfertigt die Annahme, dass sie sich auf das Ende der betriebsüblichen Arbeitszeit an dem in der Bescheinigung erwähnten letzten Kalendertag bezieht (*BAG* 2.12.1981 EzA § 1 LohnFG Nr. 59).

Der Gebrauch des Vordrucks ist nicht zwingend; der Arbeitnehmer erfüllt seine Verpflichtung aus § 5 Abs. 1 EFZG auch bei Vorlage einer formlosen Bescheinigung, wenn sie nur die erforderlichen Angaben enthält. 1977

Bei privat versicherten Arbeitnehmern wird die Bescheinigung i.d.R. auf einem Privatrezept ausgestellt. Die Behandlungsbescheinigung einer Klinik erfüllt die gesetzlichen Anforderungen nicht (*LAG Hamm* 3.12.2003 – 19 Sa 567/03 – EzA-SD 2/04, S. 9 LS = ZTR 2004, 164 LS = LAG Report 2004, 254 LS).

Ob der Arzt die Bescheinigung nach einer persönlichen Untersuchung des Arbeitnehmers oder ohne eine solche ausgestellt hat, z.B. nur auf Grund eines Anrufs der Ehefrau, ist für die Erfüllung der Pflicht nach § 5 Abs. 1 S. 1 EFZG unerheblich, kann aber den Beweiswert der Bescheinigung beeinträchtigen (vgl. *BAG* 11.8.1976 EzA § 3 LohnFG Nr. 3). 1978

Dauert die Arbeitsunfähigkeit länger als in der Bescheinigung angegeben, ist der Arbeitnehmer verpflichtet, eine **neue ärztliche Bescheinigung** vorzulegen (§ 5 Abs. 1 S. 4 EFZG). Insoweit gilt die für die Erstbescheinigung vorgesehene Drei-Tage-Frist analog (*BAG* 29.8.1980 EzA § 6 LohnFG Nr. 13). 1979

Bei Erkrankungen in Ländern, mit denen zwischenstaatliche Sozialversicherungsabkommen bestehen sowie in EG-Ländern gilt über § 5 Abs. 2 EFZG hinaus ein vereinfachtes Nachweisverfahren. 1980

Der Arbeitnehmer ist verpflichtet, dem ausländischen Sozialversicherungsträger entsprechend dessen Recht die Arbeitsunfähigkeit zu melden, der seinerseits den deutschen Krankenversicherungsträger unterrichtet. Gegenüber dem Arbeitgeber und der gesetzlichen Krankenkasse bestehen grds. die gleichen Nachweispflichten wie im Inland. Im Rahmen des vereinfachten Verfahrens genügt der erkrankte Arbeitnehmer aber seiner Pflicht, wenn er unverzüglich dem für den Aufenthaltsort zuständigen ausländischen Versicherungsträger eine Bescheinigung des behandelnden Arztes über die Arbeitsunfähigkeit vorlegt. Der ausländische Versicherungsträger lässt den Versicherten durch einen Vertrauensarzt untersuchen und unterrichtet dann die deutsche Krankenkasse vom Beginn und der voraussichtlichen Dauer der Arbeitsunfähigkeit des Arbeitnehmers. Die deutsche Krankenkasse setzt ihrerseits den Arbeitgeber von der Arbeitsunfähigkeit des Arbeitnehmers in Kenntnis. Kehrt der Arbeitnehmer in die BRD zurück, ist er verpflichtet, dem Arbeitgeber und der Krankenkasse seine Rückkehr unverzüglich anzuzeigen (*Berenz* DB 1995, 1462 f.; *Rehwald* AiB 1998, 301 ff.). 1981

(3) Vorlage innerhalb der Frist des § 5 Abs. 1 S. 2 EFZG

Die ärztliche Bescheinigung ist dem Arbeitgeber innerhalb der Frist des § 5 Abs. 1 S. 2 EFZG vorzulegen, d.h. sie muss i.S.d. § 130 BGB zugehen. 1982

Sie muss so in seine Sphäre gelangen, dass er unter Beachtung des üblichen Betriebsablaufs von ihr Kenntnis erlangen kann. Werden Dritte eingeschaltet, so fallen Verzögerungen bei der Vorlage, die diese zu vertreten haben, nach § 278 BGB auf den Arbeitnehmer zurück. Das wird jedoch dann nicht zu arbeitsrechtlichen Konsequenzen wegen Überschreitung der Frist führen, wenn der Arbeitnehmer von dem Dritten (z.B. der Post) rechtzeitige Zustellung erwarten konnte und nicht selbst in der Lage war, die Bescheinigung vorzulegen (*Worzalla* NZA 1996, 64). 1983

Die Berechnung der Frist bestimmt sich zwar nach §§ 187, 188 BGB. Dennoch ist die Berechnung der Frist zur Vorlage der Arbeitsunfähigkeitsbescheinigung fraglich. Teilweise (*Diller* NJW 1994, 1692) wird die Auffassung vertreten, dass nach dem Gesetzeswortlaut die Arbeitsunfähigkeitsbescheinigung erst am fünften Kalendertag vorzulegen ist, sofern 1984 dies der erste Arbeitstag ist. Denn die Arbeitsunfähigkeit dauert erst am vierten Tag länger als drei Kalendertage. Demnach kann der erste Arbeitstag nur der fünfte Arbeitstag sein.

1985 Demgegenüber wird auch die Auffassung vertreten (*Schaub* BB 1994, 1629; *Hanau/Kramer* DB 1995, 95; *Worzalla*, NZA 1996, 64), dass mit dem darauf folgenden »Arbeitstag« i.S.d. § 5 Abs. 1 S. 2 EFZG der Tag nach dem dritten Kalendertag gemeint ist. Auch eine solche Auslegung ist nach dem Wortlaut möglich. Dafür spricht ferner die Gesetzesbegründung sowie der Zweck der Neuregelung, die Kontrolle der Arbeitsunfähigkeit zu verschärfen. Unter Arbeitstag ist danach jeder Tag der Woche zu verstehen, an dem im Betrieb tatsächlich gearbeitet wird.

(4) Vorlage auf Verlangen des Arbeitgebers

1986 Gem. § 5 Abs. 1 S. 3 EFZG ist der Arbeitgeber berechtigt, die Vorlage der ärztlichen Bescheinigung früher zu verlangen. Das gilt unabhängig davon, wie lange die Erkrankung dauert, also auch bei Erkrankungen von weniger als vier Tagen. Nach Auffassung von *Worzalla* (NZA 1996, 65) bildet § 5 Abs. 1 S. 3 EFZG eine eigenständige Rechtsgrundlage für den Arbeitgeber.

1987 Das Verlangen des Arbeitgebers gegenüber dem Arbeitnehmer muss ausdrücklich erfolgen; es bedarf keiner Form und keiner Begründung (*Schaub* BB 1994, 1629).

1988 Da die gesetzliche Regelung keinerlei Voraussetzungen für ein derartiges Begehren des Arbeitgebers normiert, ist **fraglich, ob er dies stets verlangen kann**, oder ob es dafür des Vorliegens ggf. gerichtlich nachprüfbarer besonderer Gründe bedarf.

1989 In der Literatur (*Diller* NJW 1994, 1690; *Hanau/Kramer* DB 1995, 95; *Lepke* NZA 1995, 1086; *Worzalla* NZA 1996, 65) wird die Auffassung vertreten, dass das Verlangen – wie jede andere Maßnahme zur Missbrauchsverhinderung – jederzeit möglich ist, ohne dass ein konkreter Missbrauchsverdacht bestehen muss. Auch eines sachlichen Grundes für die Aufforderung zur vorzeitigen Vorlage bedarf es nicht. Sie ist danach z.B. auch dann möglich, wenn sie zur Bekämpfung eines vermeintlich hohen Krankenstandes ausgesprochen wird. Andererseits darf die Aufforderung aber nicht willkürlich sein. Sie ist an den Grundsätzen des § 106 GewO/§ 315 BGB zu messen (*Schaub* BB 1994, 1629 ff.) und darf nicht gegen den Gleichbehandlungsgrundsatz verstoßen.

1990 Das Verlangen ist möglich vom Zeitpunkt der Anzeige der Arbeitsunfähigkeit an bis zum Ablauf der Frist gem. § 5 Abs. 1 S. 2 EFZG. Nach Auffassung von *Worzalla* (NZA 1996, 65) kann der Arbeitgeber z.B. die unverzügliche Vorlage verlangen. Dann hat der Arbeitnehmer die Arbeitsunfähigkeitsbescheinigung ohne schuldhaftes Zögern (§ 121 BGB) beizubringen. Welcher Zeitpunkt das ist, ergibt sich aus den Umständen des Einzelfalles. Demgegenüber wird auch die Auffassung vertreten, dass der Arbeitnehmer die Bescheinigung in jedem Falle erst am zweiten Tag vorlegen muss (*Hanau/Kramer* DB 1995, 94; *Lepke* NZA 1995, 1086).

1991 Zulässig ist es jedenfalls, im Arbeitsvertrag zu vereinbaren, dass eine ärztliche Arbeitsunfähigkeitsbescheinigung bereits für den ersten Tag krankheitsbedingter Arbeitsunfähigkeit beigebracht werden muss (*BAG* 1.10.1997 EzA § 5 EFZG Nr. 5). Andererseits kann der Arbeitgeber aber nach Ablauf der nachweisfreien Zeit nicht nachträglich von seinem Recht auf vorzeitige Vorlage Gebrauch machen, wenn der Arbeitnehmer rechtzeitig telefonisch sein Fehlen angezeigt hat und vom Arbeitgeber nicht an diesem ersten Tag auf einen besonderen Nachweis verwiesen wurde (*LAG Nbg.* 18.6.1997 NZA-RR 1998, 51).

1992 Auch durch Tarifvertrag kann wirksam bestimmt werden, dass ein Arbeitnehmer die Arbeitsunfähigkeitsbescheinigung ab dem ersten Krankheitstag vorzulegen hat (*LAG Nbg.* 22.1.2002 LAGE § 5 EFZG Nr. 5).

1993 Fraglich ist schließlich, ob und inwieweit bei entsprechenden generellen Anordnungen des Arbeitgebers ein **Mitbestimmungsrecht des Betriebsrats gem. § 87 Abs. 1 BetrVG** besteht; das *BAG* (25.1.2000 EzA § 87 BetrVG Betriebliche Ordnung Nr. 26 m. Anm. *Rebhahn* SAE

2002, 139; ebenso für ein Auskunftsverlangen über Fortsetzungserkrankungen das *Hessische LAG* 6.9.2001 ARST 2002, 198; s.u. Kap. 12 Rn. 1466) hat dies inzwischen bejaht (**a.A.** *Worzalla* NZA 1996, 65 f.).

Offen ist letztlich, ob zu Lasten des Arbeitgebers von § 5 Abs. 1 S. 3 EFZG abweichende Regelungen in Tarifverträgen, die nach dem 1.6.1994 abgeschlossen worden sind, zulässig sind. Dagegen spricht, dass das zwingende Gesetzesrecht (§ 5 Abs. 1 S. 3 EFZG) tarifvertraglichen Regelungen vorgeht (*Worzalla* NZA 1996, 66; **a.A.** *Schaub* BB 1994, 1630). Für das Fortgelten bestehender Regelungen in Tarifvertrag, Betriebsvereinbarung oder Arbeitsvertrag ist gem. § 67 Abs. 2 PflegeVG § 12 EFZG maßgeblich. Anwendbar bleiben somit bestehende Regelungen, die für den Arbeitnehmer günstiger sind als § 5 Abs. 1, 2 EFZG (*Worzalla* NZA 1996, 66). **1994**

Ist andererseits – zulässigerweise – in einem Tarifvertrag geregelt, dass der Arbeitnehmer eine ärztliche Arbeitsunfähigkeitsbescheinigung bereits ab dem ersten Krankheitstag vorzulegen hat, kann nicht durch Betriebsvereinbarung festgelegt werden, dass diese Verpflichtung erst ab dem dritten Tag der Arbeitsunfähigkeit besteht. Das gilt auch dann, wenn der Tarifvertrag eine Präzisierung der Pflichten auf betrieblicher Ebene vorsieht (*BAG* 26.2.2003 EzA § 5 EFZG Nr. 7). **1995**

(5) Entbehrlichkeit der Vorlage

War der Kläger infolge Krankheit arbeitsunfähig, hat er auch dann Anspruch auf Entgeltfortzahlung, wenn er kein ärztliches Attest vorlegt, die krankheitsbedingte Arbeitsunfähigkeit aber unstreitig ist (*BAG* 12.6.1996 EzA § 2 BeschFG 1985 Nr. 49). **1996**

cc) Leistungsverweigerungsrechte

> Gem. § 7 Abs. 1 EFZG ist der Arbeitgeber berechtigt, die Fortzahlung des Arbeitsentgelts zu verweigern, solange der Arbeitnehmer die Arbeitsunfähigkeitsbescheinigung schuldhaft nicht vorlegt oder bei Krankheit im Ausland nicht den Verpflichtungen aus § 5 Abs. 2 EFZG nachkommt. **1997**

Sieht eine Tarifnorm vor, dass der Arbeitnehmer dann, wenn die Arbeitsunfähigkeit länger als drei Kalendertage dauert, spätestens für den vierten Tag die Arbeitsunfähigkeit und deren voraussichtliche Dauer nachzuweisen und die ärztliche Bescheinigung vorzulegen hat, und kommt der Arbeitnehmer der Vorlagepflicht nicht nach, so kann der Arbeitgeber die Zahlung von Krankenbezügen nicht nur für diesen Tag verweigern, sondern auch für die vorhergehenden Tage. Das Leistungsverweigerungsrecht besteht allerdings als rechtshemmende Einwendung (Einrede) im Regelfalle **nur so lange, bis der Arbeitnehmer seiner Vorlagepflicht nachkommt** oder auf andere Weise den Beweis für seine Arbeitsunfähigkeit erbringt (*BAG* 23.1.1985 EzA § 1 LohnFG Nr. 76, 1.10.1997 EzA § 5 EFZG Nr. 5; s.u. Rn. 2009 ff.). **1998**

Gleiches gilt gem. § 9 EFZG für Bescheinigungen bei Maßnahmen der medizinischen Vorsorge und Rehabilitation. **1999**

Nur in Ausnahmefällen kann die Verletzung der Nachweispflicht zu einer endgültigen Leistungsverweigerung führen, z.B. dann, wenn der Nachweis wegen Zeitablaufs nicht mehr erbracht werden kann (*Worzalla* NZA 1996, 67). **2000**

Auch die **Verletzung der Mitteilungspflichten** des § 5 Abs. 2 S. 1 EFZG kann je nach den Umständen des Einzelfalls dazu führen, dass der Beweis für das Vorliegen der krankheitsbedingten Arbeitsunfähigkeit als nicht erbracht anzusehen und folglich eine endgültige Zahlungsverweigerung gerechtfertigt ist. **2001**

> Teilt der Arbeitnehmer dem Arbeitgeber aber seine im Ausland eingetretene Arbeitsunfähigkeit telefonisch mit und fragt der Arbeitgeber nicht nach der Urlaubsanschrift, so kann er die Entgeltfortzahlung nicht mit der Begründung verweigern, ihm sei dadurch die Möglichkeit genommen werden, die Arbeitsunfähigkeit überprüfen zu lassen (*BAG* 19.2.1997 EzA § 3 EFZG Nr. 2; zust. *Oetker* SAE 1998, 84 ff.). **2002**

Unterrichtet ein im Ausland erkrankter Arbeitnehmer dagegen weder seine gesetzliche Krankenkasse noch den ausländischen Sozialversicherungsträger von einer eingetretenen Arbeitsunfähigkeit, steht dem Arbeitgeber nach Auffassung des *LAG Nds.* (14.5.1996 LAGE § 7 EFZG Nr. 1) ein dauerhaftes Leistungsverweigerungsrecht selbst dann zu, wenn die Krankenkasse durch einen Dritten, z.B. den Arbeitgeber, Kenntnis von der Erkrankung erhält.

2003 Darüber hinaus war der Arbeitgeber auch gem. § 100 Abs. 2 S. 2 1. Hs. SGB IV – sofern diese Regelung auf das Arbeitsverhältnis Anwendung findet – berechtigt, die Entgeltfortzahlung im Krankheitsfall zu verweigern, solange der Arbeitnehmer den Sozialversicherungsausweis (§§ 95 ff. SGB IV; s.o. Kap. Rn. 588) trotz Verlangens nicht hinterlegt hatte. § 100 SGB IV ist allerdings zum 1.1.2003 ersatzlos gestrichen worden.

2004 Gem. § 7 Abs. 1 Nr. 2 EFZG hat der Arbeitgeber ein Leistungsverweigerungsrecht, wenn der Arbeitnehmer **den Übergang des Schadensersatzanspruchs** gegen einen Dritten, der schuldhaft die Arbeitsunfähigkeit verursacht hat, auf den Arbeitgeber (§ 6 EFZG) **verhindert.** Das gilt dann nicht (§ 7 Abs. 2 EFZG), wenn der Arbeitnehmer die Verletzung dieser ihm obliegenden Verpflichtungen nicht zu vertreten hat.

2005 Wird ein Arbeitnehmer durch Verschulden eines Dritten arbeitsunfähig krank und schließt er mit dessen Haftpflichtversicherung einen Abfindungsvergleich, der sämtliche aus dem Schadensfall herrührenden Ansprüche betrifft, so muss er sich dieses Rechtsgeschäft gegenüber seinem Arbeitgeber jedenfalls dann zurechnen lassen (»vertreten« i.S.v. § 7 Abs. 2 EFZG), wenn er bei Abschluss des Vergleichs damit rechnen muss, dass sich noch Folgen aus dem Schadensfall in Gestalt weiterer Erkrankungen einstellen werden, die einen Entgeltfortzahlungsanspruch gegen den Arbeitgeber entstehen lassen (*BAG* 7.12.1988 EzA § 5 LohnFG Nr. 3). Er handelt in diesem Zusammenhang konkret also dann schuldhaft, wenn er, nachdem er bei einem unverschuldeten Verkehrsunfall Verletzungen davongetragen hat, mit dem Schädiger bzw. dessen Versicherung **eine Vereinbarung über die Abgeltung aller aus dem Unfall herrührenden Forderungen trifft, ohne zuvor mit dem Arbeitgeber Kontakt aufzunehmen.** Auch ist zum Ausschluss der schuldhaften Verhinderung des Forderungsübergangs auf den Arbeitgeber erforderlich, dass der Arbeitnehmer mit den ihn wegen des Unfalls behandelnden Ärzten schriftlich abklärt, ob aus ärztlicher Sicht Bedenken gegen den Vergleichsabschluss bestehen (*LAG SchlH* 18.7.2006 NZA-RR 2006, 568).

dd) Rechtsfolgen der Verletzung der Anzeige- und Nachweispflicht

2006 Hat der Arbeitgeber nicht rechtzeitig für eine Vertretung sorgen können, weil der Arbeitnehmer schuldhaft die Arbeitsunfähigkeit nicht oder nicht rechtzeitig mitgeteilt hat und ist dadurch ein Schaden entstanden, so kann ihm ein **Schadensersatzanspruch** zustehen (*Worzalla* NZA 1996, 62). Auf die Verletzung der Anzeige- und oder Nachweispflicht kann eine **Abmahnung** gestützt werden.

2007 Die Verletzung der Nachweispflicht kann unter besonderen Umständen ein wichtiger Grund zur **außerordentlichen Kündigung** sein (s.u. Kap. 4 Rn. 1242 f.).

2008 Auch die schuldhafte vergeblich abgemahnte Verletzung zur unverzüglichen Anzeige der Arbeitsunfähigkeit kann an sich eine **ordentliche Kündigung** sozial rechtfertigen, und zwar auch dann, wenn es dadurch nicht zu Störungen der Arbeitsorganisation oder des Betriebsfriedens gekommen ist (s.u. Kap. 4 Rn. 2241 f.).

h) Darlegungs- und Beweislast hinsichtlich der Arbeitsunfähigkeit; Zweifel am Inhalt der Arbeitsunfähigkeitsbescheinigung

2009 Der **Arbeitnehmer** hat seine Arbeitsunfähigkeit nach einem Bestreiten dieser Tatsache durch den Arbeitgeber als anspruchsbegründende Tatsache darzulegen und zu beweisen.

Dem Arbeitgeber ist es auch nicht ohne weiteres verwehrt, die Arbeitsunfähigkeit des Arbeitnehmers nachträglich zu bestreiten, wenn er von seinem Recht aus § 5 Abs. 1 S. 3 EFZG keinen Gebrauch gemacht hat (*BAG* 26.2.2003 EzA § 5 EFZG Nr. 7).

Diesen Beweis führt der Arbeitnehmer i.d.R. durch Vorlage einer ärztlichen Arbeitsunfähigkeitsbescheinigung. Er kann diesen Beweis aber auch mit jedem anderen zulässigen Beweismittel führen (*BAG* 1.10.1997 EzA § 5 EFZG Nr. 5). **2010**
Gelingt der Beweis weder durch die Vorlage der Arbeitsunfähigkeitsbescheinigung noch auf andere Weise, ist die Klage als unbegründet abzuweisen (*BAG* 26.2.2003 EzA § 5 EFZG Nr. 7). Verlangt der Arbeitnehmer Vergütung für den Teil eines Arbeitstags unter Berufung auf den Eintritt einer Erkrankung im Laufe des Arbeitstags, so hat er die krankheitsbedingte Verhinderung an der Arbeitsleistung (§ 616 BGB) darzulegen und im Streitfalle zu beweisen (*BAG* 26.2.2003 EzA § 5 EFZG Nr. 7).

aa) Zweifel an der Richtigkeit der Arbeitsunfähigkeitsbescheinigung

Es ist nach **objektiven medizinischen Kriterien** zu beurteilen, ob ein Arbeitnehmer durch **2011** Arbeitsunfähigkeit infolge Krankheit an der Arbeitsleistung verhindert ist. Das gilt auch bei psychischen Erkrankungen (*LAG SA* 8.9.1998 NZA-RR 1999, 460). Bei der Beurteilung der Frage, ob und ggf. wie lange Arbeitsunfähigkeit vorliegt, hat der Arzt feststehende künftige Entwicklungen zu berücksichtigen, wenn sie sich konkret und greifbar abzeichnen. Ein Wahrscheinlichkeitsurteil mit ausreichendem Beweiswert für eine Arbeitsunfähigkeit liegt dann nicht mehr vor, wenn **für die prognostizierte Arbeitsunfähigkeit keine Gründe** angegeben werden können. Wird deshalb z.B. eine Arbeitsunfähigkeitsbescheinigung für einen **längeren Zeitraum** als in der Praxis üblich ausgestellt, weil dies den eigenen Urlaubsplänen des Arztes entgegenkommt, so ist eine solche Arbeitsunfähigkeitsbescheinigung als **Gefälligkeitsattest** ohne jeden Beweiswert für die vom Arbeitnehmer behauptete Arbeitsunfähigkeit anzusehen (*ArbG Nbg.* 28.7.1998 NZA-RR 1999, 79). Begründete Zweifel an der Richtigkeit der Arbeitsunfähigkeitsbescheinigung können sich auch aus **gewissen Verhaltensweisen des Arbeitnehmers kurz vor der Krankmeldung** ergeben, etwa der Ankündigung nach einem Streit mit dem Arbeitgeber, er, der Arbeitnehmer, werde »krankfeiern« (*BAG* 4.10.1978 EzA § 616 BGB Nr. 13), desgleichen aus Verhaltensweisen **während der bescheinigten Arbeitsunfähigkeit**, etwa Mithilfe beim Bau eines Eigenheimes oder Mitarbeit im Betrieb der Ehefrau.

Allein der Umstand, dass eine Sekretariatsmitarbeiterin die Vertretung in einem anderen **2012** Sekretariat ablehnt, und nachfolgend zwei weitere Mitarbeiterinnen, die diese Aufgaben übernehmen sollen, sich nacheinander krankmelden, lässt allerdings noch nicht auf ein kollusives Verhalten und die Annahme schließen, die Mitarbeiterinnen seien nicht arbeitsunfähig krank. Solange nichts dafür vorgetragen werden kann, dass dies auf einer Absprache unter den Mitarbeiterinnen beruht, lassen sich keine zwingenden Rückschlüsse ziehen, die den Beweiswert der Arbeitsunfähigkeitsbescheinigung erschüttern (*LAG Düsseld.* 17.6.1997 BB 1997, 1902).

Auch aus der **Arbeitsunfähigkeitsbescheinigung selbst** bzw. aus den Umständen ihrer Aus- **2013** stellung können sich objektive Zweifel ergeben, z.B. aus einer Rückdatierung der Bescheinigung. Nach der sog. Vordruckvereinbarung soll die Arbeitsunfähigkeit grds. nicht für eine vor der ersten Inanspruchnahme des Arztes liegende Zeit bescheinigt werden und eine Rückdatierung zudem nur ausnahmsweise und nach gewissenhafter Prüfung sowie i.d.R. nur bis zu zwei Tagen erfolgen. **Wird diese Rückwirkung überschritten, ist i.d.R. der Beweiswert der Arbeitsunfähigkeitsbescheinigung erschüttert** (*LAG Köln* 21.11.2003 – 4 Sa 588/03 – ARST 2004, 259 LS = NZA-RR 2004, 572: *LAG MV* 30.5.2008 NZA-RR 2008, 500). Zweifel an der Arbeitsunfähigkeitsbescheinigung können auch berechtigt sein, wenn sie nicht auf einer vorangegangenen persönlichen Untersuchung, sondern z.B. lediglich auf einer **telefonischen Auskunft der Ehefrau** beruht (*BAG* 11.8.1976 EzA §3 LohnFG Nr.3). Auch mehrere inhaltlich sich widersprechende Atteste können Anlass zu Zweifeln geben.

bb) Praktische Möglichkeiten des Arbeitgebers

2014 **Ein Recht des Arbeitgebers, bei Zweifeln eine Untersuchung durch den Betriebsarzt oder durch einen weiteren Arzt zu verlangen, besteht nicht.** Fraglich ist, ob er eine zweite Untersuchung durch einen weiteren Arzt dann verlangen kann, wenn dies tarifvertraglich vorgesehen ist (offen gelassen in *BAG* 4.10.1978 EzA §616 BGB Nr.13; dafür MünchArbR/*Boecken* §85 Rz.16). Jedenfalls hat der Arbeitgeber kein Recht, ohne vorherige Zustimmung und insbes. ohne Entbindung von der Schweigepflicht durch den Arbeitnehmer vom behandelnden Arzt Auskünfte einzuholen (vgl. §203 Abs.1 StGB).

2015 Allerdings kann der Arbeitgeber den medizinischen Dienst der gesetzlichen Krankenversicherung einschalten (vgl. *Lepke* DB 1995, 2029). Nach §275 Abs.1 Nr.3b SGB V sind die Krankenkassen verpflichtet, eine gutachterliche Stellungnahme des medizinischen Dienstes zur Beseitigung von begründeten Zweifeln an der Arbeitsunfähigkeit einzuholen (vgl. *LAG SA* 8.9.1998 NZA-RR 1999, 460).

2016 Der Darlegung begründeter Zweifel durch den Arbeitgeber bedarf es nach der seit dem 1.1.1995 geltenden Neufassung nur noch eingeschränkt (vgl. dazu *Edenfeld* DB 1997, 2273ff.). Vielmehr definiert §275 Abs.1a SGB V, wann dies insbesondere der Fall ist (auffallende Häufungen von Arbeitsunfähigkeiten des Arbeitnehmers bzw. auffällig häufige Arbeitsunfähigkeitsbescheinigungen des behandelnden Arztes).

2017 Das Verfahren selbst muss dann durch die Krankenkasse eingeleitet werden, worauf der Arbeitgeber einen ggf. vor den Sozialgerichten durchsetzbaren Anspruch hat. Das Gutachten teilt der medizinische Dienst der Krankenkasse mit, die ihrerseits wiederum den Arbeitgeber über das Ergebnis – und nur über dieses, nicht etwa über Diagnosen usw. – zu informieren hat, wenn das Gutachten mit der Arbeitsunfähigkeitsbescheinigung nicht übereinstimmt (§277 Abs.2 SGB V).

cc) Beweiswert ärztlicher Bescheinigungen

2018 Von erheblicher praktischer Bedeutung ist im arbeitsgerichtlichen Verfahren die Frage, welcher Beweiswert ärztlichen Bescheinigungen der Arbeitsunfähigkeit zukommt.

2019 Zum Teil wird die Auffassung vertreten, dass eine ärztliche Bescheinigung über die Arbeitsunfähigkeit eine widerlegbare Vermutung dafür begründet, dass der geltend gemachte Entgeltfortzahlungsanspruch zu Recht besteht (*LAG Hamm* DB 1975, 1035). Zum Teil wird demgegenüber davon ausgegangen, dass ärztlichen Bescheinigungen kein besonderer Beweiswert zukommt, weil »Ärzte keine Übermenschen sind, denen in größerem Maße als anderen die Fähigkeit gegeben wäre, unwahre Angaben ihrer Patienten zu durchschauen« (*LAG München* DB 1989, 631; zust. *Hunold* BB 1989, 844; dagegen nachdrücklich *LAG Hamm* DB 1989, 1473; *LAG Köln* BB 1989, 2048; *LAG München* NZA 1991, 899; *Reinecke* DB 1989, 2069).

2020 Nach Auffassung des *BAG* (11.8.1976 EzA §3 LohnFG Nr.3; 15.7.1992 EzA §3 LohnFG Nr.5; 15.7.1992 EzA §3 LohnFG Nr.17; zust. *Boecken* NZA 1999, 679f.) kann der Arbeitnehmer dagegen mit einer von einem Arzt ausgestellten Bescheinigung der Arbeitsunfähigkeit grds. das Vorliegen der Voraussetzungen des §3 Abs.1 EFZG belegen. Zwar lässt sich dem Wortlaut der gesetzlichen Regelung kein Anhaltspunkt für die Annahme einer widerlegbaren Vermutung entnehmen. Allerdings wird einer ordnungsgemäß ausgestellten Bescheinigung, die eine Privaturkunde i.S.d. §416 Abs.1 ZPO ist, regelmäßig ein hoher Beweiswert zukommen, da sie den gesetzlich vorgesehenen und gewichtigsten Beweis für die Tatsache einer krankheitsbedingten Arbeitsunfähigkeit darstellt.

Der Beweiswert ergibt sich aus der Lebenserfahrung. Der Tatrichter kann normalerweise den Beweis der Erkrankung als erbracht ansehen, wenn der Arbeitnehmer eine solche Bescheinigung vorlegt. **Hat der Arbeitgeber gleichwohl Zweifel, so kann er dem Arbeitnehmer nachteilige Umstände in den Prozess einführen; für diese trägt er die Darlegungs- und Beweislast.** Er muss deshalb Umstände darlegen und beweisen, aus denen sich ernsthafte und begründete Zweifel an der Richtigkeit der Bescheinigung ergeben. Sodann hat eine Würdigung der für und gegen die Erkrankung sprechenden Umstände im Rahmen des § 286 ZPO zu erfolgen (vgl. ausf. *LAG RhPf* 11.9.2000 – 7 Sa 641/00). **Amtsärztlichen Äußerungen** kommt insoweit gegenüber privatärztlichen Attesten grds. **ein höherer Beweiswert zu** (*LAG RhPf* 11.3.2004 LAG Report 2005, 94 LS). 2021

Ist der Beweiswert des ärztlichen Attests erschüttert bzw. entkräftet, z.B. weil ein Arbeitnehmer während einer ärztlich attestierten Arbeitsunfähigkeit schichtweise einer Nebenbeschäftigung bei einem anderen Arbeitgeber nachgegangen ist, so hat der Arbeitnehmer konkret darzulegen, weshalb er krankheitsbedingt gefehlt hat und trotzdem der Nebenbeschäftigung nachgehen konnte (*BAG* 26.8.1993 EzA § 626 BGB n.F. Nr. 148; zur Würdigung der Verweigerung der Untersuchung gem. §§ 275 ff. SGB V vgl. *Edenfeld* DB 1997, 2276 f.). Auch dann, wenn sich ein Arbeitnehmer **weigert**, eine vertraglich geschuldete Arbeit auszuführen, mit dem Bemerken, die Arbeit **schade seiner Gesundheit**, und legt er nachträglich eine noch am selben Tag ausgestellte ärztliche Arbeitsunfähigkeitsbescheinigung vor, kann der Beweiswert des Attestes für den Konfliktzeitpunkt erschüttert sein (*LAG Bln.* 14.11.2002 LAGE § 5 EFZG Nr. 6). Nichts anderes gilt dann, wenn der Arbeitnehmer eine Untersuchung durch den Medizinischen Dienst der Krankenkasse durch sein Nichterscheinen verhindert (*LAG Hamm* 29.1.2003 – 18 Sa 1137/02 – EzA-SD 9/03, S. 8 LS). 2022

Gleiches gilt dann, wenn ein Arbeitnehmer nach einer Auseinandersetzung mit dem Arbeitgeber den Betrieb verlässt und in den folgenden zwei Monaten Arbeitsunfähigkeitsbescheinigungen von fünf Ärzten dem Arbeitgeber vorlegt, die er zeitlich lückenlos nacheinander konsultiert hat, jeweils wegen anderer Beschwerden (*LAG Hamm* 10.9.2003 – 18 Sa 721/03 – EzA-SD 26/03, S. 9 LS = NZA-RR 2004, 292 = LAG Report 2004, 73). Gleiches gilt dann, wenn der Arbeitnehmer zu einem Zeitpunkt, zu dem er unstreitig nicht krank ist, seine Krankmeldung für den Fall androht, dass ihm an einem bestimmten Folgetag nicht die gewünschte Arbeitsfreistellung gewährt wird; der Beweiswert kann allerdings dadurch wiederhergestellt werden, dass der Arbeitnehmer objektive Tatsachen vorträgt, die geeignet sind, den Verdacht einer Täuschung des krankschreibenden Arztes zu beseitigen (*LAG Köln* 17.4.2002 NZA-RR 2003, 15). 2023

dd) Erkrankung im Ausland; ausländische Arbeitsunfähigkeitsbescheinigungen

Problematisch ist der Beweiswert im Ausland erstellter Arbeitsunfähigkeitsbescheinigungen. 2024

Eine im Ausland ausgestellte Arbeitsunfähigkeitsbescheinigung hat grds. den gleichen Beweiswert wie eine von einem deutschen Arzt ausgestellte Bescheinigung, wenn sie erkennen lässt, dass der Arzt zwischen einer bloßen Erkrankung und einer mit Arbeitsunfähigkeit verbundenen Krankheit unterscheidet und damit eine den Begriffen des deutschen Arbeits- und Sozialversicherungsrechts entsprechende Beurteilung vorgenommen hat (*BAG* 20.2.1985 EzA § 3 LohnFG Nr. 5). 2025

Diesen Anforderungen genügt z.B. eine Arbeitsunfähigkeitsbescheinigung nach Maßgabe des Deutsch-Türkischen Sozialversicherungsabkommens. Der Nachweis einer krankheitsbedingten Arbeitsunfähigkeit kann aber auch durch andere Beweismittel geführt werden; dies gilt auch, wenn die Erkrankung im Ausland aufgetreten ist (*BAG* 1.10.1997 EzA § 3 EFZG Nr. 4). 2026

2027 ▶ **Beispiel für »durchgreifende« Zweifel:**
»Durchgreifende« Zweifel an der Richtigkeit des Inhalts der Arbeitsunfähigkeitsbescheinigung kommen in Betracht, wenn dem ausländischen Arbeitnehmer innerhalb von sieben Jahren zum 5. Male gegen Ende seines Heimaturlaubs oder im unmittelbaren Anschluss daran Arbeitsunfähigkeit bescheinigt worden ist, weil Zufälle solcher Art der allgemeinen Lebenserfahrung widersprechen und daher geeignet sind, den Beweiswert der ärztlichen Bescheinigung zu erschüttern. Hinzu kommt, dass die vom Arbeitnehmer angegebenen Krankheitsbilder als beständige Grundleiden einen spontanen Eintritt von Arbeitsunfähigkeit gegen Schluss des Heimaturlaubs nicht als wahrscheinlich erkennen lassen. Die Zweifel verstärken sich dadurch, dass die dem Kläger früher bescheinigten Arbeitsunfähigkeiten immer ungefähr vier Wochen dauerten (1974: 20 Arbeitstage, 1977: 20 Arbeitstage, 1980: 16 Arbeitstage und nochmals 24 Arbeitstage, 1981: 23 Arbeitstage). Nimmt man die tatsächlich genommenen Urlaubstage hinzu, so muss auffallen, dass sich der Heimataufenthalt des Klägers nahezu gleichmäßig jeweils auf eine Dauer von insgesamt sechs Wochen erstreckt hat, gleichviel, ob nur zwei oder vier Wochen Urlaub beantragt und bewilligt waren (*BAG* 20.2.1985 EzA § 3 LohnFG Nr. 5; vgl. auch *LAG SchlH* DB 1984, 1355).

2028 Im Rahmen der **Europäischen Gemeinschaft** ist nach der Rechtsprechung des *EuGH* (3.6.1992 EzA § 3 LohnFG Nr. 16 [wegen Art. 18 Abs. 1–4 VO 574/72/EWG des Rates vom 21.3.1972 über die Durchführung der VO 1408/71/EWG zur Anwendung des Systems der sozialen Sicherheit auf Arbeitnehmer und deren Familien, die innerhalb der Gemeinschaft zu- und abwandern]) für einen Arbeitnehmer mit Wohnsitz in der BRD, der sich vorübergehend in einem anderen Mitgliedsstaat aufhält und eine Bescheinigung des Trägers der sozialen Sicherheit am Aufenthaltsort vorlegt, oder in der BRD arbeitet, aber in einem anderen Mitgliedstaat wohnt und ein Attest des Trägers seines Wohnortes vorlegt (Art. 22 Abs. 1 VO/EWG/1408/71, Art. 18 VO/EWG/574/72; vgl. *Abele* NZA 1996, 632) demgegenüber davon auszugehen, dass **der Arbeitgeber in tatsächlicher und rechtlicher Hinsicht auch bei »durchgreifenden Zweifeln« an die vom Träger des Wohn- und Aufenthaltsortes getroffenen ärztlichen Feststellungen über den Eintritt und die Dauer der Arbeitsunfähigkeit gebunden ist**, sofern er die betreffende Person nicht durch einen Arzt seiner Wahl untersuchen lässt, wozu ihn Art. 18 Abs. 5 der VO 574/72/EWG ermächtigt (zust. *Zuleeg* RdA 1996, 75).

2029 Im Hinblick darauf hat das *BAG* (27.4.1994 EzA § 3 LohnFG Nr. 18) dem *EuGH* folgende Fragen zur **Vorabentscheidung** gem. Art. 177 Abs. 1 EWG-Vertrag (jetzt Art. 234 EGV) vorgelegt:

2030 Entfällt die Anwendbarkeit der EWG-Verordnung Nr. 1408/71 für die Lohnfortzahlung durch den Arbeitgeber gem. Art. 22 Abs. 1 im Hinblick auf das Erfordernis der Unverzüglichkeit der Leistungsgewährung dann, wenn die Leistung nach dem anzuwendenden deutschen Recht erst längere Zeit (3 Wochen) nach Eintritt der Arbeitsunfähigkeit fällig ist?

2031 ▶ Bedeutet die vom *EuGH* (a.a.O.) vorgenommene Auslegung von Art. 18 Abs. 1–5 der EWG-Verordnung Nr. 574/72 des Rates vom 21.3.1972, dass es dem Arbeitgeber verwehrt ist, einen Missbrauchstatbestand zu beweisen, aus dem mit Sicherheit oder hinreichender Wahrscheinlichkeit zu schließen ist, dass Arbeitsunfähigkeit nicht vorgelegen hat?

2032 ▶ Falls diese Frage bejaht wird, verstößt Art. 18 der EWG-Verordnung Nr. 574/72 des Rates vom 21.3.1972 dann gegen den Grundsatz der Verhältnismäßigkeit (Art. 3b Abs. 3 EWG-Vertrag, jetzt Art. 5 Abs. 3 EGV)?

2033 Daraufhin hat der *EuGH* (2.5.1996 EzA § 5 EFZG Nr. 1; zust. *Heinze/Giesen* BB 1996, 1830 ff.) festgestellt, dass Art. 22 Abs. 1 der VO Nr. 1408/71 für eine nationale Regelung auch dann gilt, wenn die Vergütung erst eine bestimmte Zeit nach dem Eintritt der Arbeitsunfähigkeit zu zahlen ist. Ferner ist es dem Arbeitgeber durch Art. 18 Abs. 1–5 der VO Nr. 574/72 nicht verwehrt, Nachweise zu erbringen, anhand deren das nationale Gericht ggf. feststellen kann, dass der Arbeitnehmer missbräuchlich oder betrügerisch eine gem. Art. 18 der VO festgestellte Arbeitsunfähigkeit gemeldet hat, ohne krank gewesen zu sein.

Das *BAG* (19.2.1997 EzA § 5 EFZG Nr. 3; zust. *Oetker* SAE 1998, 84 ff.; zum Dialog von EuGH und BAG in diesem Zusammenhang *Junker* NZA 1999, 1 ff.; *Kaiser* NZA 2000, 1146 ff.) hat daraus folgende **Konsequenzen** abgeleitet: 2034

- Der Arbeitnehmer hat dann keinen Anspruch auf Entgeltfortzahlung, wenn er in Wirklichkeit nicht arbeitsunfähig krank und sein Verhalten missbräuchlich oder betrügerisch war. Das ist i.d.R. dann der Fall, wenn er sich arbeitsunfähig krankschreiben lässt, obwohl er es nicht ist.
- Die Beweislast dafür, dass der Arbeitnehmer nicht arbeitsunfähig krank war, trägt der Arbeitgeber (vgl. *Abele* NZA 1996, 632). Es reicht – anders als bei im Inland ausgestellten Arbeitsunfähigkeitsbescheinigungen – nicht aus, dass der Arbeitgeber Umstände beweist, die nur zu ernsthaften Zweifeln an der krankheitsbedingten Arbeitsunfähigkeit Anlass geben.
- Nach § 286 Abs. 1 ZPO hat das Gericht unter Berücksichtigung des gesamten Inhalts der Verhandlungen und des Ergebnisses einer etwaigen Beweisaufnahme nach freier Überzeugung zu entscheiden, ob eine tatsächliche Behauptung für wahr oder für nicht wahr zu erachten sei. Das Gericht hat dabei auch die prozessualen und vorprozessualen Handlungen, Erklärungen und Unterlassungen der Parteien – z.B. die Weigerung des Arbeitnehmers, den die Arbeitsunfähigkeit bescheinigenden Arzt von der Schweigepflicht zu entbinden – und ihrer Vertreter zu würdigen.

Das *LAG BW*, an das das Verfahren nach Aufhebung des Urteils durch das *BAG* (19.2.1997 2035
EzA § 5 EFZG Nr. 3) zurückverwiesen wurde, hat am 17.2.1998 einen Beweisbeschluss erlassen. Es ist davon ausgegangen, dass auf Grund der massiven und sich häufig überschneidenden Arbeitsunfähigkeitszeiten der vier Familienmitglieder der Beweis durch die Beklagte geführt ist, dass die aus dem Auslandsurlaub stammenden Arbeitsunfähigkeitsbescheinigungen nicht richtig sein konnten. Dem Arbeitnehmer könne jedoch nicht der **Gegenbeweis** abgeschnitten werden, dass er tatsächlich doch erkrankt war. Deshalb hat das *LAG BW* (– 10 Sa 85/97) beschlossen, gegenbeweislich die vom Arbeitnehmer als Zeugen für seine Erkrankung benannten italienischen Ärzte im Wege eines Rechtshilfeersuchens vernehmen zu lassen (vgl. *Diller* FA 1998, 111). Da der eine Arzt jedoch verstorben war und sich der Zweite an nichts mehr erinnern konnte, konnte der **Gegenbeweis nicht mit Erfolg geführt** werden. Die Klage wurde deshalb durch Urteil des *LAG BW* vom 9.5.2000 (NZA-RR 2000, 514) abgewiesen; die Revision wurde nicht zugelassen (vgl. *Bauer/Diller* NZA 2000, 711 f.; *Kaiser* NZA 2000, 1146 f.; *Preis/Bender* NZA 2005, 1321 ff).

Das *LAG Düsseld.* (25.8.1999 NZA-RR 2000, 13) hat angenommen, dass die Beweiskraft 2036
der ärztlichen Arbeitsunfähigkeitsbescheinigung eines ausländischen (griechischen) Arztes **erschüttert** ist, wenn Umstände zusammenwirken, wie etwa die **teilweise Nichtgewährung** des erbetenen Urlaubs (für ursprünglich zwei Monate), die **gemeinsame Urlaubsreise mit dem Ehegatten**, der zeitgleich Urlaub für zwei Monate erhalten hatte, das **Ende der angeblichen Arbeitsunfähigkeit** mit Ablauf von zwei Monaten ab Urlaubsantritt, die **widersprüchlichen Angaben** des Ehegatten zur Krankheitsursache und die **ärztliche Diagnose** im Wesentlichen **auf Grund subjektiver Angaben** durch einen Arzt außerhalb seines Fachgebiets in einem EU-Land ohne Einschaltung des ausländischen Sozialversicherungsträgers erfolgte.

Ähnlich geht das *LAG Hamm* (20.2.2001 – 11 Sa 1104/00) inzwischen davon aus, dass 2037
wiederholte bestätigte Arbeitsunfähigkeitszeiten eines ausländischen Arbeitnehmers gegen Ende seines Heimaturlaubs durchgreifende Zweifel an der sachlichen Richtigkeit der ärztlichen Bescheinigung entstehen lassen.

Der Beweiswert einer nach einer ärztlichen Untersuchung am 1.9.2003 erstellten Erstbe- 2038
scheinigung, die eine Arbeitsunfähigkeit vom 1.9. bis 15.9.2003 bescheinigt, ist zudem dann erschüttert, wenn der betroffene Arbeitnehmer, dem in der Zeit vom 11.8. bis zum 29.8.2003 Urlaub gewährt war, den für den 29.8.2003 gebuchten Rückflug am 28.8.2003 auf den 11.9.2003 umbucht (*LAG Hamm* 8.6.2005 NZA-RR 2005, 625).

Zu beachten ist, dass inzwischen in Umsetzung der VO 1206/01 §§ 1072 ff. ZPO seit dem 1.1.2004 Regelungen zur Zusammenarbeit auf dem Gebiet der Beweisaufnahme, die der Vereinfachung, Vereinheitlichung und Beschleunigung der Beweisaufnahme in einem anderen Mitgliedsstaat der EU dienen, enthalten. Diese lassen es nach Auffassung von *Subatzus* (DB 2004, 1613 ff.) zu, Arbeitsunfähigkeitsbescheinigungen, die in einem Mitgliedsstaat der EU ausgestellt werden, wiederum den Wert eines Anscheinsbeweises zuzusprechen.

ee) Nachweis der Arbeitsunfähigkeit bei Kurzerkrankungen und an den ersten Tagen der Arbeitsunfähigkeit

2039 Sucht der Arbeitnehmer erst am vierten Tag der Arbeitsunfähigkeit oder nach Beendigung einer Kurzerkrankung einen Arzt auf, um sich die Arbeitsunfähigkeit attestieren zu lassen, so kann er im Streitfall seiner Beweislast mittels einer Arbeitsunfähigkeitsbescheinigung nicht mehr für den gesamten 4-Tages-Zeitraum nachkommen. Denn Ärzte dürfen **nur in sehr eingeschränktem Maße eine Arbeitsunfähigkeitsbescheinigung zurückdatieren**. Nach den Richtlinien über die Bewertung der Arbeitsunfähigkeit des Bundesausschusses der Ärzte und Krankenkassen soll die Arbeitsunfähigkeit für eine vor der ersten Inanspruchnahme des Arztes liegenden Zeit grds. nicht bescheinigt werden. Eine Rückdatierung des Beginns der Arbeitsunfähigkeit auf einen vor dem Behandlungsbeginn liegenden Tag ist ebenso wie eine rückwirkende Bescheinigung über das Fortbestehen der Arbeitsunfähigkeit nur ausnahmsweise oder nach gewissenhafter Prüfung i.d.R. nur **bis zu zwei Tagen** zulässig (s.o. Rn. 2013).

2040 Soweit in der Literatur (*Worzalla* NZA 1996, 63) vorgeschlagen wird, der Arbeitnehmer könne den Nachweis erbringen durch das Zeugnis von Bekannten, Nachbarn und Arbeitskollegen, die ihn besucht haben, bleibt offen, woraus diesen Personen die medizinische Sachkompetenz zukommen soll, beurteilen zu können, ob der Arbeitnehmer überhaupt krank und zudem deshalb nicht in der Lage war, die vertraglich geschuldete Arbeitsleistung zu erbringen. In Betracht zu ziehen ist allenfalls der Anscheinsbeweis für das Bestehen der Krankheit vom ersten Tag an bei nachträglicher Feststellung der Erkrankung insbes. bei schweren Erkrankungen.

ff) Verweigerung der Untersuchung durch den medizinischen Dienst

2041 Nach Auffassung des *LAG Hamm* (BB 1985, 273; vgl. auch *Marburger* BB 1987, 1310) hat der Arbeitgeber **kein Recht, die Entgeltfortzahlung generell zu verweigern**, weil ein Arbeitnehmer sich weigert, der Vorladung einer Krankenkasse zur Untersuchung durch den medizinischen Dienst zu folgen, da insoweit § 7 EFZG eine abschließende Regelung enthält und die Weigerung nur das Verhältnis zwischen Krankenkasse und Versicherten betrifft.

gg) Rückforderung geleisteter Entgeltfortzahlung durch den Arbeitgeber

2042 Verlangt ein Arbeitgeber von seinem Arbeitnehmer die nach dem EFZG geleisteten Beträge zurück, weil der Arbeitnehmer nach Auffassung des Arbeitgebers im Bezugszeitraum nicht arbeitsunfähig erkrankt war, trägt der Arbeitgeber die volle **Darlegungs- und Beweislast** für seine Behauptungen. Der Arbeitgeber muss nach Auffassung des *LAG Brem.* (28.6.1999 – 4 Sa 97/99) Beweis erbringen für eine Arbeitsfähigkeit des Arbeitnehmers im Bezugszeitraum. Es reicht danach nicht aus, dass der Arbeitgeber Tatsachen, die Zweifel an der Richtigkeit der ärztlichen Bescheinigung begründen, vorträgt.

i) Rechtsmissbräuchliche Geltendmachung (§ 242 BGB); Unzumutbarkeit; Schadensersatz

2043 Die Geltendmachung des Entgeltfortzahlungsanspruchs kann u.U. einen Verstoß gegen Treu und Glauben darstellen.

Das ist nicht schon dann der Fall, wenn ein Arbeitnehmer auf Befragen bei der Einstellung erklärt hat, er sei gesund und ihm dann auf einen zuvor gestellten Antrag nach Beginn des Arbeitsverhältnisses eine Kur bewilligt wird. Der Arbeitgeber kann deshalb nicht die während der Kur zu gewährende Entgeltfortzahlung als entstandenen Schaden geltend machen (*BAG* 27.3.1991 EzA § 1 LohnFG Nr. 117). **Dem Arbeitgeber kann es wegen eines widersprüchlichen Verhaltens des Arbeitnehmers auch nach Treu und Glauben unzumutbar sein, Entgeltfortzahlung zu leisten** (*BAG* 4.12.2002 EzA § 3 EFZG Nr. 10). 2044

Fraglich ist, was bei **Zweitbeschäftigungen** oder **selbstständigen Nebentätigkeiten** gilt. 2045

Soweit der Genesungsprozess dadurch nicht verzögert wird, kann die Ausübung einer derartigen anderweitigen Tätigkeit rechtlich durchaus zulässig sein (*BAG* 13.11.1979 EzA § 1 KSchG Verhaltensbedingte Kündigung Nr. 6). Mit der Geltendmachung von Ansprüchen, die auf einem Unfall bei einer nicht genehmigten Nebentätigkeit beruhen, verstößt der Arbeitnehmer jedenfalls dann nicht gegen Treu und Glauben (§ 242 BGB), wenn der Arbeitgeber die Nebentätigkeit hätte genehmigen müssen (*BAG* 19.10.1983 EzA § 616 BGB Nr. 25). 2046

Allein der Umstand, dass die betreffende Tätigkeit gesetzlich verboten ist (vgl. z.B. § 8 BUrlG) genügt im Übrigen ohne das Hinzutreten besonderer Umstände nicht, um einen Verstoß gegen Treu und Glauben zu begründen; nach diesen Grundsätzen sind auch Fälle von Schwarzarbeit oder des Verstoßes gegen die vom Arbeitszeitgesetz vorgesehenen Höchstarbeitszeitgrenzen zu beurteilen. Denn soweit der Arbeitgeber entweder zur Auflösung des Arbeitsverhältnisses nicht berechtigt ist oder von einer derartigen Möglichkeit keinen Gebrauch macht, ist die Geltendmachung des Entgeltfortzahlungsanspruchs nicht rechtsmissbräuchlich (MünchArbR/*Boecken* § 85 Rz. 35; **a.A.** *BAG* 9.4.1960 AP Nr. 12 zu § 63 HGB, wonach nur auf die Berechtigung zur fristlosen Kündigung abzustellen ist). 2047

Das *BAG* (21.4.1982 EzA § 1 LohnFG Nr. 62) hat angenommen, dass ein den Lohnfortzahlungsanspruch ausschließendes Verschulden zwar darin bestehen kann, dass der Arbeiter deutlich gegen Bestimmungen des Arbeitszeitrechts verstößt und damit seine Gesundheit gefährdet. Allein mit den Tatumständen, die bei der Verschuldensprüfung zum Ergebnis führten, der Arbeiter habe nicht schuldhaft gehandelt, kann der Arbeitgeber den Einwand des Rechtsmissbrauchs jedoch nicht begründen. 2048

> Der Arbeitnehmer, der sich während einer ärztlich attestierten Arbeitsunfähigkeit **genesungswidrig** verhält, begeht eine vorsätzliche Vertragspflichtverletzung, die ihn dem Arbeitgeber gegenüber zum **Schadensersatz** verpflichtet. Die Schadensersatzpflicht erstreckt sich auf Aufwendungen des Geschädigten, soweit sie nach den Umständen des Falles als notwendig anzusehen sind. Dazu können auch die **Kosten für die Beauftragung einer Detektei** gehören, wenn konkrete Verdachtsmomente dazu Anlass geben. Der Arbeitgeber kann auch nicht darauf verwiesen werden, er habe die Beobachtung des Arbeitnehmers mit eigenen Arbeitnehmern vornehmen lassen können und müssen. Er darf sich der Personen bedienen, die – als Detektive – in Ermittlungstätigkeiten erfahren sind (*LAG RhPf* 15.6.1999 NZA 2000, 260; s.o. Rn. 658 ff.). 2049

j) Verzicht auf Entgeltfortzahlung

aa) Grundsatz der Unabdingbarkeit

> Gem. § 12 EFZG kann, abgesehen von der Vereinbarung einer anderen Berechnungsgrundlage für die Berechnung des Entgeltfortzahlungsanspruchs (§ 4 Abs. 4 EFZG), von den §§ 3–11 EFZG nicht zuungunsten der Arbeitnehmer oder Heimarbeiter abgewichen werden (*BAG* 20.8.1980 EzA § 6 LohnFG Nr. 14). 2050

Diese Vorschrift soll dem Schutz der Gesundheit der Arbeitnehmer bzw. Heimarbeiter dienen. Sie sollen ohne Sorge um ihren Lebensunterhalt ihre Krankheit ausheilen können. 2051

2052 Unwirksam ist deshalb z.B. eine Tarifregelung, die dem Arbeitgeber das Recht einräumt, für jeden Tag der Entgeltfortzahlung im Krankheitsfall den Arbeitnehmer 1,5 Stunden nacharbeiten zu lassen bzw., sofern ein Arbeitszeitkonto vorhanden ist, von diesem Zeitkonto in Abzug zu bringen (§§ 12 EFZG, 134 BGB; *BAG* 26.9.2001 EzA § 4 EFZG Tarifvertrag Nr. 50). Haben die Tarifvertragparteien allerdings andererseits den Vergütungsanspruch im Krankheitsfall tariflich geregelt, so handelt es sich bei der tariflich vorgesehenen Verpflichtung zur Fortzahlung des Arbeitsentgelts ebenfalls um einen tariflichen Anspruch, der ebenso wie der Vergütungsanspruch einer tariflichen Ausschlussklausel unterliegt. Die Vorschriften des EFZG werden also nicht dadurch berührt (§ 12 EFZG), dass Ansprüche kraft einer tariflichen Ausschlussfrist nach Ablauf bestimmter Fristen erlöschen (*BAG* 16.1.2002 EzA § 12 EFZG Nr. 1).

2053 Die Arbeitsvertragsparteien können den Vergütungsanspruch des Arbeitnehmers für regelmäßige zusätzliche Arbeitsleistungen auch nicht für Tage, an denen der Arbeitnehmer wegen Arbeitsunfähigkeit an der Arbeitsleistung verhindert ist, ausschließen. Denn daran läge eine nach § 12 EFZG unzulässige Abweichung von der Entgeltfortzahlungspflicht nach § 3 EFZG (*BAG* 16.1.2002 EzA § 2 EFZG Nr. 2).

2054 Eine tarifliche Regelung zur **flexiblen Verteilung der Arbeitszeit**, nach der die sich in der Phase der verkürzten Arbeitszeit ergebende Zeitschuld nur durch tatsächliche Arbeitsleistung, nicht aber bei krankheitsbedingter Arbeitsunfähigkeit in der Phase der verlängerten Arbeitszeit ausgeglichen wird, verstößt gegen das Entgeltausfallprinzip des § 4 Abs. 1 EFZG und ist folglich unwirksam (*BAG* 13.2.2002 EzA § 4 EFZG Nr. 5).

bb) Ausgleichsquittung

2055 Zweifelhaft ist, ob in einer Ausgleichsquittung wirksam auf Entgeltfortzahlungsansprüche verzichtet werden kann.

2056 Nach Auffassung des *BAG* (11.6.1976 EzA § 9 LohnFG Nr. 4; 20.8.1980 EzA § 9 LohnFG Nr. 7; **a.A.** MünchArbR/*Boecken* § 85 Rz. 28, wonach außer bei vergleichsweiser Beendigung des Arbeitsverhältnisses ein Verzicht nur wirksam sein kann, wenn keine Krankengeldansprüche in Betracht kommen; abl. auch *Boecken* NZA 1999, 680 f.) greift § 12 EFZG nicht ein, wenn der Arbeitnehmer nach Beendigung des Arbeitsverhältnisses und damit nach Wegfall der Abhängigkeit von dem Arbeitgeber als dem ausschlaggebenden Grund für die Regelung des § 12 EFZG eine entsprechende Erklärung abgibt, die sich auf bereits entstandene und fällige Ansprüche bezieht.

2057 Der infolge seiner abhängigen Stellung in seiner Entscheidungsfreiheit beschränkte Arbeitnehmer soll davor geschützt werden, unter einem wirklichen oder auch nur vermeintlichen Druck seines Arbeitgebers Rechte preiszugeben, die ihm kraft Gesetzes zustehen. Dieser Schutz ist nur so lange gerechtfertigt, wie die Abhängigkeit besteht, also während der Dauer des Arbeitsverhältnisses.

2058 Zum Teil (*Trieschmann* Anm. zu *BAG* 20.8.1980, 29.8.1980 AP Nr. 11, 13, 16, 17, 18 zu § 6 LohnFG) wird demgegenüber die Auffassung vertreten, dass der Verzicht auch nach Beendigung des Arbeitsverhältnisses gegen § 12 EFZG, § 134 BGB verstößt. Danach ist der Arbeitnehmer auch nach Beendigung des Arbeitsverhältnisses gegenüber dem früheren Arbeitgeber regelmäßig der wirtschaftlich Schwächere. Der Arbeitgeber verfügt tendenziell über den längeren Atem, um einen Rechtsstreit über die umstrittenen Entgeltfortzahlungsansprüche durchzustehen, was den Arbeitnehmer i.V.m. dem stets gegebenen Prozessrisiko eher vergleichs- und/oder verzichtsbereit machen kann. Auch hier verwirklicht sich die allgemeine arbeitsrechtliche Drucksituation, der gegenüber § 12 EFZG den Arbeitnehmer schützen will.

Als Konsequenz der Schuldrechtsreform (s. ausf. oben Kap. 1 Rn. 576 ff.) hat nunmehr das *LAG SchlH* (14.9.2003 NZA-RR 2004, 74; s.a. *BAG* 7.11.2007 EzA § 397 BGB 2002 Nr. 2 = NZA 2008, 355) angenommen, dass eine untergeschobene formularmäßig verwandte Ausgleichsquittung, die eine unentgeltliche Verzichtserklärung des Arbeitnehmers ohne kompensatorische Gegenleistung des Arbeitgebers beinhaltet, eine unangemessene Benachteiligung i.S.d. § 307 Abs. 1 S. 1 BGB n.F. darstellt. Der Unzulässigkeit einer derartigen Vereinbarung stehen auch keine im Arbeitsrecht geltenden rechtlichen Besonderheiten nach § 310 Abs. 4 S. 2 BGB entgegen. 2059

k) Maßnahmen der medizinischen Vorsorge und Rehabilitation

aa) Grundlagen

§§ 3, 4, 6, 7, 8 EFZG gelten entsprechend für die Arbeitsverhinderung infolge einer Maßnahme der medizinischen Vorsorge oder Rehabilitation, die ein Träger der gesetzlichen Renten-, Kranken- oder Unfallversicherung, eine Verwaltungsbehörde der Kriegsopferversorgung oder ein sonstiger Sozialleistungsträger bewilligt hat und die in einer Einrichtung der medizinischen Vorsorge oder Rehabilitation stationär durchgeführt wird (§ 9 Abs. 1 S. 1 EFZG). 2060
Die stationäre Durchführung setzt voraus, dass in der Einrichtung **Unterbringung, Verpflegung und medizinische Anwendung** erbracht werden. Die tatsächliche Durchführung der Maßnahme muss zu einer maßgeblichen Gestaltung der Lebensführung des Arbeitnehmers während seines Aufenthalts in der Einrichtung geführt haben (*BAG* 19.1.2000 EzA § 9 EFZG Nr. 1). Das ist nicht der Fall bei einer **teilstationär durchgeführten Rehabilitationsmaßnahme**, während derer sich der Patient nur tagsüber in der Reha-Einrichtung aufhält, abends und an den Wochenenden aber nach Hause geht; eine Analogie zu § 9 EFZG scheidet angesichts des klaren Wortlauts aus (*LAG Bln.* 28.8.2000 ZTR 2001, 137 LS).

Ist der Arbeitnehmer nicht Mitglied einer gesetzlichen Krankenkasse oder nicht in der gesetzlichen Rentenversicherung versichert, gelten §§ 3, 4, 6, 7, 8 EFZG entsprechend, wenn eine Maßnahme der medizinischen Vorsorge oder Rehabilitation ärztlich verordnet worden ist und stationär in einer Einrichtung der medizinischen Vorsorge oder Rehabilitation oder einer vergleichbaren Einrichtung durchgeführt wird (§ 9 Abs. 1 S. 2 EFZG). 2061

Die Begriffe »Maßnahmen der medizinischen Vorsorge oder Rehabilitation« ersetzen die Begriffe »Vorbeugungs-, Heil- oder Genesungskur« (vgl. z.B. §§ 23 f., 40 f. SGB V, §§ 9 ff., 15 SGB VI). Eine materiell-rechtliche Änderung des »Kur«-Begriffs ist damit nicht verbunden. Maßnahmen der beruflichen Rehabilitation werden nicht erfasst (BT-Drs. 12/5263, S. 15 f.). 2062

Nicht (mehr für Arbeiter) erforderlich für den Entgeltfortzahlungsanspruch ist die volle oder überwiegende Übernahme der Kosten der Vorsorge bzw. Rehabilitationsmaßnahme durch einen sozialen Versicherungsträger. 2063

bb) Zusammentreffen von Krankheit und Kur (Maßnahme der medizinischen Vorsorge und Rehabilitation)

Die Grundsätze zu Mehrfacherkrankungen (s.o. Rn. 1925 ff.) gelten auch dann, wenn eine Krankheit mit einer Kur zusammentrifft oder wenn eine Krankheit einer Kur folgt. 2064

Soweit während einer Kur eine Krankheit eintritt, die über die Kurzeit hinaus andauert und ihrerseits Arbeitsunfähigkeit zur Folge hat, ergibt sich aus dem **Grundsatz der Einheit eines Versicherungsfalles**, dass der Entgeltfortzahlungsanspruch insgesamt nur für längstens sechs Wochen gegeben ist. 2065

2066 Schließt sich an eine Krankheit mit Arbeitsunfähigkeit aus diesem Anlass eine Genesungskur an, so kann ebenfalls insgesamt für sechs Wochen Entgeltfortzahlung verlangt werden, selbst wenn der Arbeitnehmer zwischen Krankheit und Kur für einige Zeit, aber weniger als sechs Monate, arbeitsfähig war. Denn in entsprechender Anwendung des § 3 Abs. 1 S. 3 EFZG sind hier die Grundsätze anzuwenden, die bei **Fortsetzungserkrankungen** gelten, sodass zwischen Krankheit und Kur ein Fortsetzungszusammenhang anzunehmen ist (*BAG* 22.8.1984 EzA § 1 LohnFG Nr. 73).

cc) Mitteilungs- und Nachweispflichten

2067 Gem. § 9 Abs. 2 EFZG ist der Arbeitnehmer verpflichtet, dem Arbeitgeber den Zeitpunkt des Antritts der Maßnahme, ihre voraussichtliche Dauer und die Verlängerung der Maßnahme i.S.d. § 9 Abs. 1 EFZG unverzüglich mitzuteilen.

2068 Ferner hat er ihm eine **Bescheinigung** über die Bewilligung der Maßnahme durch einen Sozialleistungsträger nach § 9 Abs. 1 S. 1 EFZG vorzulegen. Ein gesondertes ärztliches Attest ist nicht erforderlich, weil der bewilligende Sozialleistungsträger die medizinische Notwendigkeit einer Kur ohnehin überprüft (*BAG* 29.11.1973 AP Nr. 2 zu § 7 LohnFG). Etwas anderes gilt, wenn **»handfeste Zweifel«** an der medizinischen Notwendigkeit der Kur bestehen, etwa bei fast einjähriger Arbeitstätigkeit zwischen Krankheit und Kurbewilligung (*BAG* 10.5.1978 EzA § 7 LohnFG Nr. 3). In den Fällen des § 9 Abs. 1 S. 2 EFZG (insbes. bei der Nichtmitgliedschaft in der gesetzlichen Krankenkasse) hat der Arbeitnehmer eine ärztliche Bescheinigung über die Erforderlichkeit der Maßnahme vorzulegen.

l) Forderungsübergang auf den Arbeitgeber bei Dritthaftung

aa) Grundlagen

2069 Kann der Arbeitnehmer auf Grund gesetzlicher Vorschriften (z.B. §§ 823 ff., 7, 8 StVG) von einem Dritten Schadensersatz wegen des Verdienstausfalls beanspruchen, der ihm durch die Arbeitsunfähigkeit entstanden ist, so geht dieser Anspruch insoweit auf den Arbeitgeber über, als er dem Arbeitnehmer nach dem EFZG Arbeitsentgelt fortgezahlt und darauf anfallende, vom Arbeitgeber zu tragende Beiträge zur Bundesagentur für Arbeit, Arbeitgeberanteile an Beiträgen zur Sozialversicherung und zur Pflegeversicherung sowie zu Einrichtungen der zusätzlichen Alters- und Hinterbliebenenversorgung abgeführt hat (§ 6 Abs. 1 EFZG, §§ 412, 399–404, 406–410 BGB).

2070 Ein Forderungsübergang kommt nicht in Betracht hinsichtlich einer auf Grund einzel- oder kollektivvertraglicher Rechtsquelle bestehenden, über §§ 3 ff. EFZG hinausgehenden, Entgeltfortzahlungspflicht. Gleiches gilt, wenn es sich bei dem schädigenden Dritten um einen Familienangehörigen handelt, der mit dem Arbeitnehmer in häuslicher Gemeinschaft lebt und dieser nicht vorsätzlich, sondern nur fahrlässig gehandelt hat (*BGH* 4.3.1976 EzA § 4 LohnFG Nr. 2 in Anwendung des Rechtsgedankens des § 67 Abs. 2 VVG).

bb) Voraussetzungen des Forderungsübergangs

2071 Der Forderungsübergang tritt erst dann ein, wenn der Arbeitgeber die Entgeltfortzahlung **tatsächlich leistet** (MünchArbR/*Boecken* § 87 Rz. 7).

2072 Inhaltlich muss für den Forderungsübergang eine Übereinstimmung des Schadensersatzanspruchs mit dem Arbeitsentgeltanspruch bestehen. Folglich kommt ein Forderungsübergang von Schadensersatzansprüchen in Bezug auf entstandene Herstellungskosten oder von Schmerzensgeldansprüchen nicht in Betracht.

cc) Arbeitsentgelt

Zum Arbeitsentgelt i.S.d. § 6 Abs. 1 EFZG gehört alles, was vom Arbeitsentgeltbegriff der §§ 3, 4 EFZG (s.o. Rn. 1841 ff.) erfasst wird. 2073

Nicht erfasst werden Zahlungen des Arbeitgebers an die **Unfallversicherung**, die ausschließlich vom Arbeitgeber getragen werden, da es sich nicht um Beitragsanteile handelt, die auf das Entgelt des Arbeitnehmers entfallen (*BGH* 11.11.1975 NJW 1976, 326; abl. MünchArbR/*Boecken* § 87 Rz. 10). Erfasst werden von § 6 Abs. 1 EFZG auch **Beiträge zu Lohnausgleichs- und Urlaubskassen** (insbes. im Baugewerbe; *BGH* 28.1.1986 EzA § 4 LohnFG Nr. 3), nicht dagegen Beiträge für die Krankenversicherung von Schlechtwettergeldempfängern, die Umlage für die produktive Winterbauförderung sowie die vom Arbeitgeber zur Durchsetzung der Schadensersatzforderung aufgewendeten Kosten eines Rechtsanwalts (MünchArbR/*Boecken* § 87 Rz. 11). 2074

dd) Modalitäten des Anspruchs

Gem. § 6 Abs. 2 EFZG hat der Arbeitnehmer dem Arbeitgeber unverzüglich die zur Geltendmachung des Schadensersatzanspruchs erforderlichen Angaben zu machen. 2075

Gem. § 6 Abs. 3 EFZG kann der Forderungsübergang **nicht zum Nachteil des Arbeitnehmers geltend gemacht werden**. Der Arbeitgeber muss mit seinem Anspruch also immer dann zurücktreten, wenn und soweit Schadensersatzansprüche des Arbeitnehmers gegenüber dem Schädiger noch nicht voll erfüllt sind. 2076

m) Forderungsübergang auf Sozialleistungsträger

aa) Grundlagen

Unterlässt es der Arbeitgeber, einem krankheitsbedingt arbeitsunfähigen Arbeitnehmer das Arbeitsentgelt fortzuzahlen, ist dessen gesetzliche Krankenkasse zur Zahlung von Krankengeld verpflichtet. Denn in diesem Fall ruht der Anspruch auf Krankengeld nicht nach § 49 Nr. 1 SGB V. 2077

> Gem. § 115 Abs. 1 SGB X geht der Anspruch des Arbeitnehmers auf Arbeitsentgelt, soweit ihn der Arbeitgeber nicht erfüllt und deshalb ein Sozialleistungsträger Sozialleistungen erbracht hat, auf diesen über. 2078

Dadurch soll verhindert werden, dass dem Arbeitnehmer neben der funktionsgleichen Leistung des Sozialversicherungsträgers der Anspruch auf Arbeitsentgelt verbleibt und dass der Arbeitgeber durch die Einstandspflicht des Sozialleistungsträgers finanziell entlastet wird (hinsichtlich des Insolvenzgeldes gem. §§ 183 ff. SGB III gilt insoweit die Sonderregelung des § 187 SGB III). 2079

bb) Einzelfragen

Hinsichtlich des fälligen Anspruchs auf Arbeitsentgelt ist es im Gegensatz zu § 6 Abs. 1 EFZG unerheblich, ob der Anspruch auf Gesetz, kollektiv- oder einzelvertraglicher Vereinbarung beruht. 2080

Aus welchem Grunde der Arbeitgeber nicht zahlt, ist gleichgültig. Insbesondere kommt es mangels normativer Anhaltspunkte nicht darauf an, dass die Nichterfüllung des Anspruchs unberechtigt ist (MünchArbR/*Boecken* § 87 Rz. 19; **a.A.** *Marburger* BB 1972, 1100). 2081

Fraglich ist ferner, ob erforderlich ist, dass der Arbeitgeber den Anspruch während der Arbeitsunfähigkeit des Arbeitnehmers nicht erfüllt oder ob es genügt, wenn er das Arbeitsentgelt zunächst fortzahlt, später aber wieder zurückfordert. 2082

Da der Anspruch auf Entgeltfortzahlung dann, wenn er tatsächlich bestanden hat, durch die Zahlung des Arbeitgebers gem. § 362 Abs. 1 BGB erloschen ist, kann, wenn die Parteien die Schuld nicht vertraglich neu begründet haben, lediglich ein Übergang des Anspruchs auf 2083 das zu Unrecht einbehaltene Entgelt für die Tätigkeit nach Wiederaufnahme der Arbeit in Betracht kommen (MünchArbR/*Boecken* § 87 Rz. 20).

cc) Rechtsstellung des Sozialleistungsträgers bei Kündigungen

2084 In Fällen, in denen der Arbeitgeber dem Arbeitnehmer nicht aus Anlass der Arbeitsunfähigkeit gekündigt hat und der Anspruch auf Entgeltfortzahlung die Unwirksamkeit der Kündigung voraussetzt, ist der Sozialleistungsträger nicht berechtigt, Kündigungsschutzklage zu erheben.

2085 Insoweit handelt es sich um ein höchstpersönliches Recht des Arbeitnehmers, das nicht auf den Sozialleistungsträger übergeht (*BAG* 20.8.1980 EzA § 6 LohnFG Nr. 15).

2086 Hängt jedoch die Unwirksamkeit der Kündigung nicht nach §§ 4, 7 KSchG von einer rechtzeitigen Klageerhebung ab, z.B. weil das KSchG nicht anwendbar ist (vgl. *BAG* 29.11.1978 EzA § 6 LohnFG Nr. 9) oder weil Unwirksamkeitsgründe i.S.v. § 13 Abs. 2, 3 KSchG gegeben sind, kann auch der Sozialleistungsträger die Unwirksamkeit der Kündigung inzident geltend machen, wenn er den Arbeitgeber gem. § 115 SGB X in Anspruch nimmt; durch die Neuregelung des § 4 KSchG dürfte dies aber weitgehend überholt sein.

2087 Nach Auszahlung der Sozialleistungen und damit nach Anspruchsübergang auf die Krankenkasse gem. § 115 SGB X ist ein **Verzicht** auf den Entgeltfortzahlungsanspruch durch den Arbeitnehmer nicht mehr gegenüber dem Sozialleistungsträger wirksam. Ebenso wenig kann ihm danach der Anspruch durch eine spätere **einvernehmliche Aufhebung** des Arbeitsverhältnisses wieder entzogen werden.

2088 Der Sozialleistungsträger muss allerdings einen Vergleich zwischen Arbeitgeber und Arbeitnehmer über die Beendigung des Arbeitsverhältnisses durch Kündigung und einen mit dem Vergleich verbundenen Erlass von Entgeltfortzahlungsansprüchen auch dann gegen sich gelten lassen, wenn die Parteien den Vergleich nach der Gewährung der Sozialleistungen abgeschlossen haben (*BAG* 20.8.1980 EzA § 6 LohnFG Nr. 15). Denn das Interesse der Parteien an einer gütlichen Beendigung des Streits über den Fortgang des Arbeitsverhältnisses hat in solchen Fällen vor dem Interesse des Rechtsnachfolgers an der Erfüllung des in seinem Bestand ungewissen Entgeltfortzahlungsanspruchs Vorrang.

dd) Einwendungen gegen die Forderung

2089 Gemäß den §§ 412, 404 BGB muss sich der Sozialleistungsträger die Einwendungen entgegenhalten lassen, die zum Zeitpunkt des Forderungsüberganges begründet waren, z.B. die Leistungsverweigerungsrechte nach § 7 EFZG sowie tarifliche Ausschlussfristen (*BAG* 24.5.1973 AP Nr. 52 zu § 4 TVG Ausschlussfristen).

2090 Eine derartige Frist ist bereits dann gewahrt, wenn der Sozialleistungsträger den Anspruch auf Krankenlohn gegenüber dem Arbeitgeber vor Anspruchsübergang durch eine **Mitteilung** an ihn geltend macht. Im Übrigen ist die Frist für eine ggf. erforderliche gerichtliche Geltendmachung des Anspruchs auch dann gewahrt, wenn der Arbeitnehmer den Krankenlohn vor Forderungsübergang einklagt (*BAG* 24.5.1973 AP Nr. 52 zu § 4 TVG Ausschlussfristen).

ee) Kenntnis des Arbeitgebers

2091 Der Entgeltfortzahlungsanspruch des Arbeiters geht erst mit der tatsächlichen Zahlung von Krankengeld auf die Krankenkasse über. Die Krankenkasse, die geltend machen will, der Arbeiter habe über einen Entgeltfortzahlungsanspruch wegen des Forderungsüberganges nicht mehr verfügen können, muss daher vortragen, wann sowie für welche Zeit und in welcher Höhe sie Krankengeld gezahlt hat (*BAG* 20.8.1980 EzA § 6 LohnFG Nr. 14).

> Die Mitteilung der Krankenkasse an den Arbeitgeber, dass sie für einen bestimmten Zeitraum Krankengeld in bestimmter Höhe zahlen werde, begründet die Kenntnis des Arbeitgebers vom Forderungsübergang i.S.v. § 407 Abs. 1 BGB auch dann, wenn sie vor der tatsächlichen Zahlung des Krankengeldes erfolgt, sofern diese nur vor der Leistung des Arbeitgebers an den Arbeitnehmer i.S.v. § 407 Abs. 1 BGB bewirkt wird (*BAG* 20.8.1980 EzA § 6 LohnFG Nr. 14). **2092**

n) Entgeltfortzahlungsversicherung

aa) Grundlagen

Da die Verpflichtung zur Entgeltfortzahlung insbes. für Kleinbetriebe eine erhebliche Belastung darstellen kann, hat der Gesetzgeber eine Entgeltfortzahlungsversicherung durch ein Ausgleichsverfahren (§§ 1 ff. AAG) für die Entgeltfortzahlung vorgesehen. Erfasst sind auch, unabhängig davon, ob es sich bei den Arbeitnehmern um Arbeiter oder Angestellte handelt, Mutterschaftsleistungen des Arbeitgebers (s. dazu oben Kap. 2 Rn. 44) sowie die Entgeltfortzahlung an Auszubildende. **2093**

Träger des Ausgleichsverfahrens sind die Krankenkassen (§§ 8, 9 AAG), nicht die Ersatz- oder Betriebskrankenkassen. **2094**

bb) Verfahren

Gem. § 1 AAG erstatten diese Träger des Ausgleichsverfahrens denjenigen Arbeitgebern 80 % des fortgezahlten Arbeitsentgelts bzw. 100 % des Zuschusses zum Mutterschaftsgeld, die i.d.R. ausschließlich der zur Berufsausbildung Beschäftigten nicht mehr als 30 Arbeitnehmer beschäftigen. Eine nach dem Ausmaß der Beschäftigung differenzierende Regelung der Berücksichtigung von Teilzeitbeschäftigten enthält § 3 Abs. 1 S. 6 AAG. **2095**

Gem. § 4 Abs. 1 AAG kann die Erstattung im Einzelfall versagt werden, solange der Arbeitgeber nicht die für die Durchführung des Ausgleichs erforderlichen oder falsche Angaben macht. **2096**

Gem. § 7 AAG werden Mittel, die für die Durchführung des Ausgleichs der Arbeitgeberaufwendungen erforderlich sind, durch eine Umlage von den am Ausgleich beteiligten Arbeitgebern aufgebracht. **2097**

Gem. § 3 Abs. 1 S. 1 AAG stellt die Krankenkasse jeweils zu Beginn eines Kalenderjahres fest, welche Arbeitgeber für die Dauer dieses Kalenderjahres an dem Ausgleich der Arbeitgeberaufwendungen teilnehmen. Diese Feststellung hat allerdings nur deklaratorischen Charakter. Wird der Feststellungsbescheid, der einen Verwaltungsakt darstellt, jedoch nicht oder erfolglos angefochten, so ist die Feststellung für das betreffende Kalenderjahr nach § 77 SGG auch dann bindend, wenn die gesetzlichen Voraussetzungen für die Teilnahme am Ausgleichsverfahren nicht vorliegen (MünchArbR/*Boecken* § 87 Rz. 42). **2098**

Umlagebeträge sind für die Vergangenheit im Übrigen selbst dann zu zahlen, wenn der Arbeitgeber von der in § 3 AAG angeordneten jährlichen Feststellung nicht erfasst war (so *BSG* 12.3.1996 NZA 1997, 342 zum alten Recht). **2099**

5. Urlaubsrecht

a) Normative Regelungen

Normative Regelungen über den Urlaub enthalten neben dem BUrlG § 6 EignungsübungsG, § 4 ArbPlSchG, §§ 53–61 SeemG, § 125 SGB IX, § 14 JArbSchG, §§ 35, 78 ZDG, § 17 BEEG. Daneben bestehen landesrechtliche Bestimmungen über den Urlaub: **2100**

- für Arbeitnehmer der Privatwirtschaft bei einer Minderung der Erwerbsfähigkeit von 25–50% nach dem Saarländischen Gesetz Nr. 146 (drei Arbeitstage; Besitzstandswahrung; vgl. dazu *BAG* 27.5.1997 NZA 1998, 649, 5.9.2002 NZA 2003, 1400; s. u. Rn. 2435);
- für Opfer des Nationalsozialismus; für kriegs- und unfallbeschädigte Arbeitnehmer (z.B. im Saarland bis 31.12.1999 mit Nachwirkung für zu diesem Zeitpunkt Anspruchsberechtigte; s. *BAG* 15.11.2005 NZA 2006, 879 LS);

- für solche Arbeitnehmer, die geistig oder körperlich in ihrer Erwerbsfähigkeit behindert sind (§ 15 Abs. 2 S. 2 BUrlG; zum Verhältnis dieser Regelungen zu § 125 SGB IX vgl. MünchArbR/*Leinemann* § 88 Rz. 19 Fn. 36);
- für Mitarbeiter in der Jugendpflege und der Jugendwohlfahrt (in Baden-Württemberg, Bayern, Brem., Hmb., Hessen [zur Verfassungswidrigkeit der Finanzierung durch einen Ausgleichsfond *BVerfG* 15.7.1997 NZA 1998, 27; 9.11.1999 ZTR 2000, 183], Nordrhein-Westfalen, Rheinland-Pfalz, Saarland);
- Bildungsurlaub, da insoweit der Bundesgesetzgeber seine konkurrierende Gesetzgebungszuständigkeit gem. Art. 74 Nr. 12 GG nicht ausgeübt hat. Die derzeit geltenden Landesgesetze sind abgedruckt bei *Nipperdey* ArbR 1, Nr. 135–149; s. u. Rn. 2547 ff.).

2101 In den neuen Bundesländern gilt § 8 der Verordnung über den Erholungsurlaub betreffend den Erholungsurlaub für Kämpfer gegen den Faschismus und Verfolgte des Faschismus vom 28.8.1978 (GBl. I S. 365) weiter. Sie haben Anspruch auf einen jährlichen Erholungsurlaub von 27 Arbeitstagen.

b) Rechtsnatur des Urlaubsanspruchs

2102 Der Urlaubsanspruch ist ein privatrechtlicher Anspruch i.S.d. § 194 BGB, der jedoch durch das BUrlG im Interesse des Schutzes des Arbeitnehmers mit besonderen Sicherungen ausgestattet ist (GK-BUrlG/*Bleistein* § 1 Rz. 47).

aa) Gesetzlich bedingter Freistellungsanspruch des Arbeitnehmers

2103 Seit 1982 versteht die Rechtsprechung des *BAG* (28.1.1982 EzA § 3 BUrlG Nr. 13; 7.7.1988 EzA § 13 BUrlG Nr. 33) den Urlaubsanspruch des Arbeitnehmers nach § 1 BUrlG als einen durch dieses Gesetz bedingten Freistellungsanspruch gegen den Arbeitgeber von den nach dem Arbeitsvertrag entstehenden Arbeitspflichten, ohne dass die übrigen Pflichten aus dem Arbeitsverhältnis, insbesondere die Pflicht zur Zahlung des Arbeitsentgelts verändert wird (*LAG Köln* 15.10.2003 LAG Report 2004, 102); das gilt auch für den übertragenen Urlaub (*BAG* 10.2.2004 EzA § 7 BUrlG Nr. 112 = NZA 2004, 986 m. Anm. *Hager* SAE 2005, 160 ff.; s. dazu Rn. 2123 ff.).

2104 Er ist darauf gerichtet, die Arbeitspflicht des Arbeitnehmers für die sich nach dem Urlaubsanspruch ergebende Dauer auszuschließen. Ist während dieser Zeit das Arbeitsentgelt fortzuzahlen, wird dies bezahlter (Erholungs-)Urlaub genannt.

2105 § 1 BUrlG stellt insoweit sicher, dass der dem Arbeitnehmer zustehende Vergütungsanspruch trotz urlaubsbedingter Nichtleistung der Arbeit unberührt bleibt (vgl. MünchArbR/*Leinemann* § 89 Rz. 6; zur Entwicklung der Rspr. des BAG vgl. *Kohte* BB 1984, 609; *Wiesner* BB 1985, 137).

bb) Nebenpflicht des Arbeitgebers

2106 Die Pflicht des Arbeitgebers zur Urlaubsgewährung ist keine Hauptpflicht, weil ihr keine entsprechende Pflicht des Arbeitnehmers gegenübersteht. Folglich handelt es sich um eine auf Gesetz beruhende Nebenpflicht des Arbeitgebers aus dem Arbeitsverhältnis (vgl. *BAG* 24.11.1987 EzA § 7 BUrlG Abgeltung Nr. 61).

2107 Für Leiharbeitnehmer richtet sich der Urlaubsanspruch gegen den Verleiher (§ 11 Abs. 1 Nr. 7 AÜG).

cc) Erholungsbedürfnis als Anspruchsvoraussetzung?

2108 Mit der Bezeichnung des Urlaubs als Erholungsurlaub wird das für den Erlass des Gesetzes maßgebende gesetzgeberische Motiv ausgedrückt, dem Arbeitnehmer für die Urlaubszeit die Möglichkeit zu eröffnen, Freizeit selbstbestimmt zur Erholung zu nutzen.

Für den Anspruch ist weder Voraussetzung, dass der Arbeitnehmer erholungsbedürftig ist (*BAG* 15.3.2005 EzA § 7 BUrlG Abgeltung Nr. 13 = NZA 2005, 994 = BAG Report 2005, 298), noch gibt es für den Arbeitnehmer eine Pflicht, sich während des Urlaubs zu erholen. Das Erholungsbedürfnis wird nach § 1 BUrlG für jeden Arbeitnehmer unwiderleglich vermutet. 2109

dd) Tatsächliche Arbeitsleistung als Anspruchsvoraussetzung?

Der Urlaub nach dem BUrlG ist als gesetzlich bedingte soziale Mindestleistung des Arbeitgebers zur Erhaltung und Wiederauffrischung der Arbeitskraft des Arbeitnehmers aufzufassen (*BAG* 25.8.1987 EzA § 4 TVG Metallindustrie Nr. 33; *Leinemann* NZA 1985, 140). 2110

Daraus wird abgeleitet, dass der Urlaubsanspruch unabhängig davon entsteht, ob der Arbeitnehmer im Urlaubsjahr langfristig krank war und auch dann bestehen bleibt, wenn er langfristig nicht gearbeitet hat. 2111

Das *BAG* (28.1.1982 EzA § 3 BUrlG Nr. 13; 7.11.1985 EzA § 7 BUrlG Nr. 43; 25.8.1987 EzA § 4 TVG Metallindustrie Nr. 33) hat seine Auffassung damit begründet, dass nach der gesetzlichen Regelung des BUrlG der Urlaubsanspruch **unabhängig vom Umfang der Arbeitsleistung entsteht, weil er nur an das Bestehen des Arbeitsverhältnisses und die Erfüllung der Wartezeit (§§ 1, 4 BUrlG) geknüpft ist**, nicht aber an ein Erholungsbedürfnis. Der Arbeitnehmer muss sich diesen Anspruch folglich nicht durch tatsächliche Arbeitsleistung erst »verdienen«. 2112

Ein Arbeitnehmer handelt folglich nicht schon dann rechtsmissbräuchlich, wenn er Urlaub verlangt, obwohl er in dem gesamten Urlaubsjahr krankheitsbedingt an seiner Arbeitsleistung verhindert war (*BAG* 18.3.2003 EzA § 1 BUrlG Nr. 25 = NZA 2003, 1111 LS; LAG Düsseld. 2.2.2009 LAGE § 7 BUrlG Nr. 45); dies folgt auch aus Art. 7 Abs. 1 der RL 2003/88/EG (*EuGH* 20.1.2009 EzA EG-Vertrag 1999 2003/88 Nr. 1). 2113

Demgegenüber wird in Übereinstimmung mit der vorherigen Auffassung des *BAG* (vgl. z.B. 27.9.1962 AP Nr. 87 zu § 611 BGB Urlaubsrecht; 18.2.1963 AP Nr. 88 zu § 611 BGB Urlaubsrecht) zum Teil die Auffassung vertreten (*LAG Düsseld.* DB 1984, 251, DB 1992, 224; *LAG Köln* LAGE § 3 BUrlG Nr. 1; GK-BUrlG/*Bleistein* § 1 Rz. 102, 112 ff.; GK-BUrlG/*Bachmann* § 7 Rz. 175 ff.), dass der Urlaub sowohl der Erholung des Arbeitnehmers von der Arbeit als auch der Auffrischung der Kräfte für den Betrieb dient und dass deshalb dem geltend gemachten Urlaubsanspruch dann der Einwand des Rechtsmissbrauchs entgegensteht, wenn zwischen der Dauer des beanspruchten Urlaubs und der vom Arbeitnehmer geleisteten Arbeit ein krasses Missverhältnis besteht. Davon ist regelmäßig dann auszugehen, wenn der Arbeitnehmer mehr Urlaubstage beansprucht, als er Werktage im Kalenderjahr gearbeitet hat. Denn Erhalt und Auffrischung der Arbeitskraft bedeutet notwendig, dass die verbrauchte Arbeitskraft wiederhergestellt werden soll für kommende Arbeitsleistungen (GK-BUrlG/*Bleistein* § 1 Rz. 130). 2114

Dem wird entgegengehalten, dass das BUrlG zwar von dem sozialpolitischen Anliegen bestimmt ist, die gesetzliche Mindestdauer des Urlaubs, der der Erhaltung und Wiederauffrischung der Arbeitskraft dient, angemessen zu erhöhen, dass dieses Anliegen aber nicht zum Inhalt des Gesetzes geworden ist (MünchArbR/*Leinemann* § 89 Rz. 12). 2115

ee) Befristung des Urlaubsanspruchs; die aktuelle Rechtsentwicklung

Der Urlaubsanspruch des Arbeitnehmers entsteht – auch bei Teilzeitbeschäftigten – mit Ablauf der Wartezeit (§ 4 BUrlG) und in den folgenden Jahren jeweils am 1.1. (Stichtag; vgl. GK-BUrlG/*Bleistein* § 1 Rz. 55); das gilt auch dann, wenn der Arbeitnehmer 2116

zu diesem Zeitpunkt arbeitsunfähig ist (*BAG* 18.3.2003 EzA § 1 BUrlG Nr. 25 = NZA 2003, 1111 LS).
Der Urlaubsanspruch ist streng an das Kalenderjahr gebunden.
Folglich verfällt der Urlaub, wenn er nicht bis zum 31.12. des jeweiligen Jahres realisiert wird, es sei denn, dass die Voraussetzungen für eine Übertragung gem. § 7 Abs. 3 BUrlG (dringende betriebliche oder in der Person des Arbeitnehmers [Krankheit des Arbeitnehmers, Niederkunft der Ehefrau] liegende Gründe) gegeben sind, sodass dann der Urlaub in den nächsten drei Monaten des folgenden Kalenderjahres ohne Rücksicht auf die vorher im Kalenderjahr bestehenden Rechte des Arbeitgebers oder des Arbeitnehmers gewährt und genommen werden muss (*BAG* 13.5.1982, 28.11.1990 EzA § 7 BUrlG Nr. 25, 79). Die **Ungewissheit**, ob das Arbeitsverhältnis im Urlaubsjahr fortbestanden hat, ist **kein gesetzlicher Übertragungsgrund** (*BAG* 18.9.2001 EzA § 7 BUrlG Nr. 109).
Der Urlaubsanspruch des Arbeitnehmers **erlischt** also **ersatzlos**, wenn er den Arbeitgeber nicht im Urlaubsjahr oder im Falle der Übertragung nicht innerhalb der Übertragungsfrist auffordert, den Urlaub zeitlich festzulegen (s. u. Rn. 2291 ff.; *BAG* 18.9.2001 EzA § 7 BUrlG Nr. 109).
Für die Unmöglichkeit der Inanspruchnahme des Urlaubs wegen Krankheit lässt sich dies aber für den gesetzlichen Mindesturlaub nicht weiter aufrecht erhalten; einem Verfall des Urlaubsanspruchs steht insoweit Art. 7 Abs. 1 der RL 2003/88/EG entgegen (*EuGH* 20.1.2009 EzA EG-Vertrag 1999 2003/88 Nr. 1; *LAG Düsseld.* 2.2.2009 LAGE § 7 BUrlG Nr. 45). Ausführungen zu der nahe liegenden Frage, wie lange der Anspruch übertragen werden muss, hat der *EuGH* (20.1.2009 EzA EG-Vertrag 1999 2003/88 Nr. 1; s.a. *LAG Düsseld.* 2.2.2009 LAGE § 7 BUrlG Nr. 45) nicht gemacht (krit. deshalb *Dornbusch/Ahner* NZA 2009, 180 ff.). Das *BAG* (24.3.2009 – 9 AZR 983/07) hat seine abweichende Auffassung inzwischen insoweit ausdrücklich aufgegeben.

2117 Zudem bestehen gegen eine Vereinbarung, nach der ein wegen Zeitablaufs am Jahresende erloschener tariflicher Urlaub im nachfolgenden Jahr in einem bestimmten Zeitabschnitt gewährt werden soll, keine rechtlichen Bedenken. Ist die Gewährung dieses Urlaubs wegen Krankheit des Arbeitnehmers zum vereinbarten Termin nicht möglich, so erlosch der Anspruch mit Ablauf dieses Zeitabschnitts (*BAG* 25.8.1987 EzA § 4 TVG Metallindustrie Nr. 34); auch dies kann für den gesetzlichen Mindesturlaub nicht weiter aufrechterhalten werden (*EuGH* 20.1.2009 EzA EG-Vertrag 1999 2003/88 Nr. 1; *LAG Düsseld.* 2.2.2009 LAGE § 7 BUrlG Nr. 45).

ff) Erlöschen nach Fristablauf

2118 Kann der Arbeitnehmer den Urlaub z.B. wegen lang anhaltender Krankheit nicht spätestens bis zum 31.3. des Folgejahres verwirklichen, so erlosch entgegen der ursprünglichen Rechtsprechung des *BAG* (21.7.1973 AP Nr. 3 zu § 7 BUrlG Übertragung) der Anspruch, wenn der Arbeitgeber die Unmöglichkeit nicht zu vertreten hatte (*BAG* 13.5.1982 EzA § 7 BUrlG Nr. 25; *LAG RhPf* 23.3.2004 LAG Report 2004, 198). Eine Ausnahme besteht auch nicht während des Kündigungsschutzprozesses (*BAG* 22.10.1987 EzA § 7 BUrlG Nr. 60), d.h. die Erfüllung wird unmöglich, auch ohne dass es einer Verfallfrist bedürfte; die **Kündigungsschutzklage** enthält **regelmäßig** auch **keine verzugsbegründende Mahnung** (*BAG* 18.9.2001 EzA § 7 BUrlG Nr. 109).
Dies ist allerdings jedenfalls für den gesetzlichen Mindesturlaub insoweit mit Art. 7 Abs. 1 RL 2003/88/EG nicht vereinbar (*EuGH* 20.1.2009 EzA EG-Vertrag 1999 2003/88 Nr. 1; *LAG Düsseld.* 2.2.2009 LAGE § 7 BUrlG Nr. 45; s.a. den **Vorlagebeschluss** des *LAG Düsseld.* vom 2.8.2006 LAGE § 7 BUrlG Nr. 43 = NZA-RR 2006, 628; s. dazu *Glaser/Lüders* BB 2006, 2590 ff.), als der Arbeitnehmer durch Krankheit gehindert ist, den Urlaub in Anspruch zu nehmen. Das *BAG* (24.3.2009 – 9 AZR 983/07) hat seine gegenteilige Auffassung inzwischen ausdrücklich aufgegeben.

Das *BAG* (1.12.1983 EzA § 7 BUrlG Nr. 30) hat seine ursprünglich vertretene Auffassung (*BAG* 9.1.1979 EzA § 1 BUrlG Nr. 37), dass ein Arbeitnehmer sich bis zum Abschluss des Kündigungsschutzverfahrens nicht darum zu bemühen braucht, Urlaub von seinem Arbeitgeber zu erhalten, ausdrücklich aufgegeben. **2119**

Auch dann, wenn ein Arbeitsverhältnis auf Grund eines gerichtlichen Vergleichs im Kündigungsschutzprozess rückwirkend beendet wird, ändert dies nichts am eingetretenen Erlöschen des Urlaubsanspruchs am Ende des Urlaubsjahres bzw. des Übertragungszeitraums und führt nicht zu einem nunmehr wegen der Beendigung des Arbeitsverhältnisses gegebenen Urlaubsabgeltungsanspruch. **2120**

Teilt der Arbeitgeber in einer Lohnabrechnung dem Arbeitnehmer die Zahl der noch nicht gewährten Urlaubstage mit, kann darin zwar ausnahmsweise ein **bestätigendes Schuldanerkenntnis** liegen (s.o. Rn. 782 ff.), durch das ihm verwehrt ist, einzuwenden, er schulde den Urlaub in dieser Höhe nicht. Er ist dadurch i.d.R. jedoch nicht gehindert, sich nach Ablauf des Urlaubsjahres bzw. des Übertragungszeitraums auf das Erlöschen des Urlaubsanspruchs zu berufen (*BAG* 10.3.1987 EzA § 7 BUrlG Nr. 55). **2121**

Bestehende Erwerbsunfähigkeit (§ 44 Abs. 2 SGB VI) schließt die Verwirklichung des Urlaubs dann nicht aus, wenn der Arbeitnehmer gleichwohl **noch arbeitsfähig ist** (*BAG* 30.7.1986 EzA § 44 SchwbG Nr. 7). **2122**

gg) Übertragung des Urlaubsanspruchs

Die Übertragung des Urlaubs erfolgt ohne besondere Geltendmachung von Gesetzes wegen, wenn einer der gesetzlichen Gründe (dringende betriebliche oder in der Person des Arbeitnehmers liegende Gründe) zur Übertragung vorliegt (*BAG* 24.11.1987 EzA § 7 BUrlG Nr. 61). **Die Übertragung selbst vollzieht sich kraft Gesetzes**; besondere Übertragungserklärungen der Parteien des Arbeitsverhältnisses oder des Arbeitgebers, insbes. eine Genehmigung zur Übertragung, sind nicht erforderlich (*LAG SchlH* 23.11.2005 NZA-RR 2006, 123). **2123**

Diese Grundsätze gelten auch für den Zusatzurlaub für schwer behinderte Menschen gem. § 125 SGB IX (*LAG SchlH* BB 1985, 734). **2124**

Dringende betriebliche Gründe liegen nicht bereits deshalb vor und sind nicht deshalb zu vermuten, weil der Arbeitgeber den Urlaub nicht von sich aus gewährt hat (*BAG* 23.6.1992 EzA § 7 BUrlG Nr. 85). **2125**

Die Übertragungsregelung nach § 7 Abs. 3 S. 2 BUrlG gilt auch für Teilurlaubsansprüche neben der Übertragungsregelung nach § 7 Abs. 3 S. 4 BUrlG für den nach § 5 Abs. 1 lit. a BUrlG entstandenen Teilanspruch (*BAG* 25.8.1987 EzA § 7 BUrlG Nr. 57; *LAG RhPf* 2.9.1999 NZA 2000, 262). **2126**

Wenn die gesetzlichen Voraussetzungen erfüllt sind, bedarf es für die Übertragung des Urlaubs keines besonderen Verlangens des Arbeitnehmers (*LAG SchlH* 23.11.2005 NZA-RR 2006, 123). Will der Arbeitnehmer allerdings Teilurlaub (§ 5 BUrlG) auf das nächste Kalenderjahr übertragen, muss er dies noch im Urlaubsjahr verlangen. Dafür reicht andererseits jede Handlung des Arbeitnehmers aus, mit der er für den Arbeitgeber deutlich macht, den Teilurlaub erst im nächsten Jahr nehmen zu wollen. Nicht ausreichend ist es, dass der Arbeitnehmer im Urlaubsjahr nur darauf verzichtet, einen Urlaubsantrag zu stellen (*BAG* 29.7.2003 EzA § 7 BUrlG Nr. 111 gegen *BAG* 10.3.1966 AP Nr. 2 zu § 59 KO: **a.A.** *LAG Köln* 4.3.2002 ZTR 2002, 347 LS). **2127**

Für den nach § 7 Abs. 3 BUrlG übertragenen Urlaubsanspruch gelten folgende **Besonderheiten**: **2128**

- der Anspruch ist **auf den 31. März** befristet, es sei denn, der Arbeitnehmer ist wegen Krankheit daran gehindert, soweit es sich um den gesetzlichen Mindesturlaub handelt, ihn zu realisieren (*EuGH* 20.1.2009 EzA EG-Vertrag 1999 2003/88 Nr. 1; *LAG Düsseld.* 2.2.2009 LAGE § 7 BUrlG Nr. 45);

- der Arbeitgeber ist **nicht berechtigt, im Übertragungszeitraum** die **Gewährung** des Urlaubs nach § 7 Abs. 1 BUrlG **abzulehnen.**

2129 **Im Übrigen weist der übertragene Urlaub keine besonderen Merkmale aus.** Er tritt dem im Folgejahr entstehenden Urlaubsanspruch hinzu (*BAG* 10.2.2004 EzA § 7 BUrlG Nr. 112 = NZA 2004, 986 m. Anm. *Hager* SAE 2005, 160 ff.; 29.7.2003 NZA 2004, 385; *LAG SchlH* 23.11.2005 NZA-RR 2006, 123).

hh) Das IAO-Übereinkommen Nr. 132 über den bezahlten Jahresurlaub

(1) Grundlagen und Inhalt

2130 Das IAO-Übereinkommen Nr. 132 über den bezahlten Jahresurlaub vom 24.6.1970 ist durch Gesetz vom 30.4.1975 (BGBl. II S. 745) ratifiziert und damit durch das Transformationsgesetz geltendes Recht geworden. Es gehört zum **innerstaatlichen Recht** (Art. 59 Abs. 2 S. 1 GG) und bindet die Gerichte. Folglich ist es nicht nur bei der Auslegung des BUrlG mit heranzuziehen, sondern wegen des Verfassungsgebots der völkerrechtsfreundlichen Auslegung ist das BUrlG innerstaatlich so auszulegen, dass es nicht im Widerspruch zu dem Übereinkommen steht (GK-BUrlG/*Berscheid* § 15 Rz. 13 ff.).

2131 Nach Art. 9 dieses Übereinkommens wird der Zeitraum für die Übertragung des Urlaubsanspruchs zunächst auf ein Jahr (also auf das volle Folgejahr) als Höchstgrenze festgelegt. Diese kann jedoch für den zwei Arbeitswochen überschreitenden Teil des Urlaubs noch auf 18 Monate verlängert werden. Ausnahmen sind in den Fällen zulässig, in denen der Arbeitnehmer aus einem sich seiner Einflussnahme entziehenden triftigen Grund nicht in der Lage war, seinen Urlaub zu nehmen (Krankheit, Militärdienst usw.) und in denen ein solcher Aufschub die einzige Alternativlösung zur Abgeltung oder zum völligen Verlust des Urlaubsanspruchs darstellt, was in beiden Fällen für den Arbeitnehmer nachteiliger wäre (vgl. GK-BUrlG/*Berscheid* § 15 Rz. 15 ff.).

(2) Verhältnis zur Befristung des Urlaubsanspruchs nach dem BUrlG

2132 Das *BAG* (7.3.1985 EzA § 7 BUrlG Nr. 38; 28.11.1990 EzA § 7 BUrlG Nr. 79; 7.12.1993 EzA § 7 BUrlG Nr. 91) geht insoweit davon aus, dass:

- die Bestimmungen des IAO-Übereinkommens Nr. 132 vom 24.6.1970 **keine unmittelbar anwendbaren völkerrechtlichen Normen** sind;
- diese Normen durch das **Ratifizierungsgesetz** vom 30.4.1975 (BGBl. II S. 745) **innerstaatliches Recht** geworden sind. Dadurch sind die Gesetzgebungsorgane der BRD auch innerstaatlich verpflichtet worden, dieses Übereinkommen zu erfüllen. Dem ist der Bundesgesetzgeber durch die Änderung des BUrlG durch das Heimarbeitänderungsgesetz vom 29.10.1974 nachgekommen;
- die Arbeitnehmer mit der Ratifizierung des Übereinkommens **keinen unmittelbaren Anspruch auf Bestand ihres Urlaubsanspruchs über das Urlaubsjahr oder den Übertragungszeitraum hinaus** erhalten haben;
- die vom *BAG* (7.3.1985 EzA § 7 BUrlG Nr. 38; 28.11.1990 EzA § 7 BUrlG Nr. 79; 7.12.1993 EzA § 7 BUrlG Nr. 91) angenommene **Befristung des Urlaubsanspruchs** auf das Kalenderjahr bis maximal zum Ablauf des Übertragungszeitraums (31.3.) **nicht Art. 9 des Übereinkommens widerspricht.** Danach enthält diese Vorschrift nicht Mindestfristen für den Bestand des Urlaubsanspruchs, sondern lediglich einen Zeitraum, innerhalb dessen der Urlaubsanspruch längstens verwirklicht sein muss. In diesem Rahmen halten sich §§ 1, 7 Abs. 3 BUrlG. Der Gesetzgeber hat damit von der ihm nach Art. 1 des Übereinkommens übertragenen Befugnis, die Bestimmungen des Übereinkommens durchzuführen, Gebrauch gemacht. Das Unterschreiten der zulässigen Obergrenze für den Bestand des Anspruchs kann keinen Rechtsverstoß gegen Art. 9 begründen. Im Übrigen enthält auch Art. 9 des Übereinkommens selbst eine Befristung des Urlaubsanspruchs;
- die Vorschriften des IAO-Übereinkommens Nr. 132 auch nicht eine Auslegung des BUrlG dahin gebieten, dass der Urlaubsanspruch nicht am Ende des Urlaubsjahres oder des Übertragungszeitraums verfällt.

(3) Kritik in Rechtsprechung und Literatur

Dagegen wird in Rechtsprechung und Literatur (*LAG Düsseld.* 21.3.1991 LAGE § 7 AWbG NW Nr. 9; GK-BUrlG/*Berscheid* § 15 Rz. 16 ff.; *Ende* ArbuR 1998, 270 ff.) die Auffassung vertreten, dass diese Auslegung **Sinn und Zweck des Art. 9 widerspricht**. Aus dieser Norm folgt vielmehr ein Anspruch des Arbeitnehmers auf denselben zeitlichen Bestand des Urlaubsanspruchs. Sie enthält eine Verpflichtung des innerstaatlichen Gesetzgebers zur Durchführung des Übereinkommens. **2133**

Die Auffassung des BAG ist danach auch mit Art. 11 des IAO-Übereinkommens nicht vereinbar. Denn Art. 11 sieht vor, dass ein Arbeitnehmer, der die Wartezeit erfüllt hat, bei Beendigung seines Arbeitsverhältnisses entweder Anspruch auf einen bezahlten Urlaub im Verhältnis zu der Dienstzeit, für die er keinen solchen Urlaub erhalten hat, oder eine Urlaubsabgeltung oder ein gleichwertiges Urlaubsguthaben verlangen kann. Diese Vorschrift will danach unter allen Umständen den vom Arbeitnehmer bereits erworbenen Urlaubsanspruch bei Beendigung des Arbeitsverhältnisses schützen. Das schließt es aus, den Urlaubsabgeltungsanspruch von zusätzlichen Voraussetzungen wie der Erfüllbarkeit des Urlaubsanspruchs im Zeitpunkt der Beendigung des Arbeitsverhältnisses abhängig zu machen (GK-BUrlG/*Berscheid* § 15 Rz. 20 m.w.N.). **2134**

ii) Teilzeitbeschäftigung

Arbeitnehmer erwerben grds. ohne Rücksicht auf den Umfang der Arbeitszeit Anspruch auf bezahlten Erholungsurlaub. Das BUrlG selbst sieht insoweit keine Ausnahmen vor. Folglich erwerben auch studentische Hilfskräfte, die in einem unbefristeten Arbeitsverhältnis teilzeitbeschäftigt werden, einen Urlaubsanspruch, der sich nach dem Umfang der vertraglich geschuldeten Arbeitsleistung richtet (*BAG* 23.6.1992 EzA § 7 BUrlG Nr. 85). **2135**

Bei Teilzeitbeschäftigten, die zwar in gewisser Regelmäßigkeit, aber doch jeweils nur für einen bestimmten Arbeitstag zur Arbeitsleistung herangezogen werden, kann allerdings zweifelhaft sein, ob ein dauerndes Teilzeitarbeitsverhältnis vorliegt mit der Folge entsprechender anteiliger Urlaubsansprüche oder aber nur jeweils für einen Tag oder einzelne Arbeitsintervalle befristete Arbeitsverhältnisse, die Urlaubsansprüche ausschließen. **2136**

Das *BAG* (19.1.1993 EzA § 1 BUrlG Nr. 20) hat insoweit angenommen, dass Studenten, die nach einer mehrwöchigen Einarbeitung als Sitz- oder Sonderwachen in einer Intensivstation eines Universitätsklinikums für geeignet gehalten und in den Kreis der zukünftig zu Sitzwachen heranzuziehenden studentischen Hilfskräfte aufgenommen werden, in einem **dauernden Teilzeitarbeitsverhältnis** stehen. Sie haben deshalb in jedem Kalenderjahr Anspruch auf Urlaub entsprechend ihrer im Vergleich zu Vollzeitbeschäftigten jährlich zu leistenden Arbeit. **2137**

c) Auswirkungen abweichender (insbesondere tariflicher) Regelungen

aa) Erweiterung der Übertragungsmöglichkeit nach erfolgloser vorheriger Geltendmachung

Durch Tarifvertrag kann die bei dringenden betrieblichen sowie Gründen in der Person des Arbeitnehmers ohne weiteres von Gesetzes wegen eintretende Übertragung des Urlaubs ergänzt werden durch eine Übertragung nach vorheriger erfolgloser Geltendmachung des Anspruchs durch den Arbeitnehmer. **2138**

Ist das der Fall, muss der Urlaub so frühzeitig verlangt werden, dass dem Arbeitgeber die Erfüllung des Urlaubsanspruchs bis zum Ablauf des Übertragungszeitraums möglich ist (*BAG* 7.11.1985 EzA § 7 BUrlG Nr. 41). **2139**

2140 Eine vertragliche Regelung, die bestimmt, dass der Urlaubsanspruch spätestens am 31.3. des Folgejahres erlischt und auf eine tarifliche Regelung verweist, die ihrerseits auf das BUrlG Bezug nimmt, stellt keine abweichende Übertragungsregelung dar (*BAG* 19.8.2003 EzA § 7 BUrlG Abgeltung Nr. 11).

2141 Ist in einem Tarifvertrag die schriftliche Geltendmachung des aus dem Vorjahr übertragenen Urlaubs bis zum 31.3. des Folgejahres vorgeschrieben, erlischt der Urlaubsanspruch bei nicht rechtzeitiger oder formgerechter Geltendmachung ersatzlos. Zu beachten ist insoweit auch, dass der Einwand des Rechtsmissbrauchs nicht bereits allein dadurch begründet wird, dass der Arbeitgeber es unterlassen hat, den Arbeitnehmer über die einzuhaltende tarifliche Schriftform zu belehren (*BAG* 14.6.1994 EzA § 125 BGB Nr. 11).

bb) Übertragung über den 31.3. des Folgejahres hinaus

2142 Tarifliche Regelungen können bestimmen, dass »der laufende Jahresurlaub bis spätestens zum 31.3. des folgenden Kalenderjahres zu gewähren und zu nehmen ist. Abgesehen von besonders begründeten Ausnahmefällen erlischt der Urlaubsanspruch, wenn er bis dahin nicht geltend gemacht worden ist.« Die lang andauernde krankheitsbedingte Arbeitsunfähigkeit eines Arbeitnehmers ist kein besonders begründeter Ausnahmefall i.S. dieser Tarifnorm, der die Übertragung des Urlaubs über den 31. März des Folgejahres hinaus rechtfertigt (*BAG* 9.5.1995 EzA § 7 BUrlG Nr. 100; s. aber jetzt *EuGH* 20.1.2009 EzA EG-Vertrag 1999 2003/88 Nr. 1; *LAG Düsseld.* 2.2.2009 LAGE § 7 BUrlG Nr. 45 für den gesetzlichen Mindesturlaub).

2143 Denn ein besonders begründeter Ausnahmefall liegt nur dann vor, wenn im Verhältnis zu den gesetzlichen Übertragungsgründen des § 7 Abs. 3 S. 2 BUrlG eine Ausnahmesituation angenommen werden kann, die es als besondere Härte für den Arbeitnehmer erscheinen lässt, wenn sein Urlaubsanspruch am Ende des ersten Quartals des Folgejahres erlischt. Bei einer lang andauernden Erkrankung eines Arbeitnehmers handelt es sich aber um den regelmäßig in der Person des Arbeitnehmers begründeten Übertragungsgrund, für den das BUrlG die Rechtsfolge der Übertragung bis zum Ende des ersten Quartals des Folgejahres als ausreichend ansieht.

2144 Etwas anderes kann gelten, wenn der Urlaub aus betrieblichen Gründen auf das erste Quartal des Folgejahres übertragen wird und der Urlaub dann wegen einer Erkrankung nicht genommen werden kann, oder wenn der Arbeitnehmer infolge eines Arbeitsunfalls am Urlaubsantritt gehindert wird.

2145 Durch Tarifnorm kann auch bestimmt werden (vgl. §§ 53 Abs. 2 MTB II, 47 Abs. 7 BAT; § 26 Abs. 2 TVöD; ähnlich § 49 MTV Waldarbeiter der Länder und der Mitglieder der kommunalen Arbeitgeberverbände Rheinland-Pfalz und Saar vom 26.1.1982), dass der Urlaub dann, wenn er bis zum Ende des Urlaubsjahres nicht angetreten werden kann, **bis zum 30.4.** des folgenden Urlaubsjahres anzutreten ist. »Kann der Urlaub aus dienstlichen oder betrieblichen Gründen, wegen Arbeitsunfähigkeit oder wegen der Mutterschutzfristen nach dem MuSchG nicht bis zum 30.4. angetreten werden, ist er **bis zum 30.6.** anzutreten. War ein innerhalb des Urlaubsjahres für dieses Urlaubsjahr festgelegter Urlaub auf Veranlassung des Arbeitgebers in die Zeit nach dem 31.12. des Urlaubsjahres verlegt worden und konnte er wegen Arbeitsunfähigkeit nicht nach S. 2 bis zum 30.6. angetreten werden, ist er **bis zum 30.9.** anzutreten.«

2146 Zu beachten ist bei derartigen Normen aber, dass eine Übertragung in das Folgejahr nur in Betracht kommt, wenn ein **sachlicher Grund** den rechtzeitigen Urlaubsantritt im Urlaubsjahr verhindert hat (*BAG* 23.1.1996 ZTR 1996, 317).

2147 Für Angestellte von Ersatzkassen wird der Urlaubsanspruch bei Arbeitsunfähigkeit auf das folgende Kalenderjahr übertragen und ist spätestens bis zum 30.6. zu nehmen. Bei Angestellten dagegen, die im Urlaubsjahr weniger Tage gearbeitet haben, als sie tarifvertraglich an Urlaubstagen zu beanspruchen hätten, wird der Urlaub nur bis zum 31.3. des Folgejahres gem. § 7 Abs. 3 BUrlG übertragen. Durch diese tariflichen Regelungen werden vorzeitig ausscheidende Angestellte nicht benachteiligt. Art. 3 Abs. 1 GG ist eingehalten. Denn bei bis zum 31.3. des Folgejahres andauernder Arbeitsunfähigkeit verfallen die Urlaubsabgeltungsansprüche der ausgeschiedenen Angestellten ebenso wie die Urlaubsansprüche der anderen Angestellten (*BAG* 18.2.2003 EzA § 7 BUrlG Nr. 110 = NZA 2004, 52; s. aber jetzt *EuGH* 20.1.2009 EzA EG-Vertrag 1999 2003/88 Nr. 1; *LAG Düsseld.* 2.2.2009 LAGE § 7 BUrlG Nr. 45 für den gesetzlichen Mindesturlaub).

Hat ein Arbeitnehmer nach Maßgabe dieser Regelung den Urlaub bis zum 30.4. des auf das Urlaubsjahr folgenden Kalenderjahres angetreten und erkrankt er nach diesem Zeitpunkt arbeitsunfähig, so hindert das nicht den Verfall des Urlaubsanspruchs für die wegen der Krankheit nicht anzurechnenden Urlaubstage (*BAG* 31.5.1990 EzA § 13 BUrlG Nr. 48; 19.3.1996 EzA § 9 BUrlG Nr. 14). **2148**

Auch dann, wenn der Urlaub so festgesetzt ist (z.B. 6.6.–6.7.), dass er nicht vor dem Stichtag für den Antritt des übertragenen Urlaubs bei einer derartigen Regelung beendet wird (z.B. 30.6.), hat der Arbeitgeber bei einer Erkrankung des Arbeitnehmers (z.B. 4.7.–6.7.) **keine Verpflichtung**, die wegen nachgewiesener Arbeitsunfähigkeit nicht anzurechnenden Urlaubstage **nachzugewähren**. In diesem Fall verfallen die wegen Arbeitsunfähigkeit nicht erfüllten Urlaubsansprüche (*BAG* 21.1.1997 EzA § 7 BUrlG Nr. 104). **2149**

Die Arbeitsvertragsparteien können schließlich weitergehend auch vereinbaren, dass der Arbeitnehmer Urlaub ohne Rücksicht auf das Bestehen gesetzlicher/tariflicher Übertragungsgründe während des gesamten folgenden Kalenderjahres beanspruchen kann. Eine solche Regelung verstößt nicht gegen § 13 Abs. 1 S. 3 BUrlG, denn sie ist günstiger als die auf den 31. März des Folgejahres befristete Übertragung (§ 7 Abs. 3 BUrlG). Eine solche Übertragung kann auch Gegenstand einer betrieblichen Übung sein (*BAG* 21.6.2005 EzA § 7 BUrlG Nr. 113 = NZA 2006, 232 LS; *LAG Hamm* 21.3.2007 LAGE § 7 BUrlG Abgeltung Nr. 20 = FA 2008, 22 LS). **2150**

cc) Anforderungen an den Inhalt einer von der Befristung des Urlaubsanspruchs abweichenden Regelung

Fraglich ist, ob eine derartige abweichende Regelung dann gegeben ist, wenn die tarifliche Norm nur bestimmt: »Der Urlaub ist spätestens bis 31.3. des folgenden Kalenderjahres zu gewähren. Der Urlaubsanspruch erlischt, wenn er nicht bis dahin geltend gemacht worden ist« (§ 12 Abs. 1 Nr. 10 MTV Chemie). **2151**

Zum Teil wird in der Rechtsprechung (*LAG Köln* DB 1984, 1200, BB 1986, 2336) die Auffassung vertreten, dass die gesetzliche Regelung gem. § 13 Abs. 1 BUrlG zulässigerweise dadurch abgeändert worden ist, sodass der Urlaub dann auch noch nach dem 31.3. des Folgejahres verwirklicht werden kann. Die zunächst zwingend am Tarifwortlaut orientierte Auslegung lässt nur den Schluss zu, dass die Tarifvertragsparteien zwar grds. bis zum 31.3. des folgenden Kalenderjahres eine zeitliche Grenze für die Inanspruchnahme des Urlaubs setzen wollten, der Arbeitnehmer den Verfall aber durch vorherige Geltendmachung verhindern kann. Denn die tarifliche Regelung bindet den Urlaub nicht streng an das Kalenderjahr bzw. den Übertragungszeitraum. Danach ist auch kein Hinweis dafür zu finden, dass der Arbeitnehmer zur Zeit der Geltendmachung arbeitsfähig und damit in der Lage gewesen sein muss, den Urlaub auch tatsächlich zu nehmen. Voraussetzung für die Abwendung des Verfalls ist aber das Vorliegen der Voraussetzungen der in § 7 Abs. 3 S. 2 BUrlG genannten Leistungshindernisse (betriebliche, persönliche Gründe). Diese Auslegung soll zweckorientiert, praktikabel sein und dem zum Ausdruck gekommenen Willen der Tarifvertragsparteien entsprechen. **2152**

2153 Demgegenüber vertritt das *BAG* (31.10.1986 EzA § 13 BUrlG Nr. 26; 13.11.1986 EzA § 13 BUrlG Nr. 27) die Auffassung, dass eine solche Regelung nur den Hinweis enthält, dass es der Geltendmachung des Urlaubs bedarf, um den mit dem Ende der Befristung eintretenden Rechtsverlust zu vermeiden. Die Geltendmachung ist danach nur dann rechtlich beachtlich, wenn der Urlaubsanspruch gegenüber dem Arbeitnehmer noch vor Fristablauf erfüllt werden kann. Daran fehlt es aber, wenn der Arbeitnehmer arbeitsunfähig krank ist. Denn aus der tariflichen Regelung kann nicht zwingend geschlossen werden, dass ein Urlaubsanspruch nicht erlischt, wenn keine Möglichkeit besteht, ihn vor dem 31.3. des Folgejahres zu erfüllen. Es ist ausgeschlossen, dass ein Arbeitnehmer durch Zuwarten bis zum 31.3. einen nur ausnahmsweise überhaupt übertragenen Urlaubsanspruch, wenn dessen Erfüllung vor diesem Zeitpunkt nicht möglich war, für einen späteren Zeitpunkt aufrechterhalten kann.

2154 Gleiches gilt dann, wenn die Tarifnorm die Notwendigkeit der Inanspruchnahme des zunächst übertragenen Urlaubs bis zum 31.3. nur als Sollvorschrift formuliert. Denn auch dann ist trotz des nicht unmissverständlichen Tarifwortlauts **keine Erweiterung gegenüber der Bestimmung des § 7 Abs. 3 S. 3 BUrlG gegeben.** Denn der Wille der Tarifvertragsparteien, die maßgebliche Rechtsfrage der Urlaubsgewährung und -übertragung in Anlehnung an das BUrlG zu regeln, ist gleichwohl unverkennbar (*BAG* 3.11.1988 EzA § 7 BUrlG Nr. 64; Gleiches gilt für die Formulierung »möglichst«, vgl. *LAG Köln* 17.1.1997 ZTR 1997, 378).

2155 Etwas anderes gilt aber z.B. für § 12 Abs. 7 MTV Metall NRW, der folgenden Wortlaut hat: »Der Urlaubsanspruch erlischt drei Monate nach Ablauf des Kalenderjahres, es sei denn, dass er ... wegen Krankheit nicht genommen werden konnte« Nach dieser Regelung tritt der wegen Krankheit nicht genommene Urlaub mit Ablauf des 31. März des Folgejahres dem Urlaubsanspruch des dann laufenden Urlaubsjahres hinzu. Liegt am 31.März des nächsten Folgejahres erneut ein Leistungshindernis i.S. dieser tariflichen Bestimmung vor, wiederholt sich diese Übertragung. Der Antritt einer Kur ist allerdings kein Leistungshindernis i.S. dieser Vorschrift (*BAG* 7.11.1985 AP Nr. 8 zu § 7 BUrlG; 20.8.1996 EzA § 7 BUrlG Nr. 103; vgl. auch *BAG* 22.2.2000 NZA 2001, 268).

2156 Bestimmt ein **Tarifvertrag**, der **Urlaub** müsse zu einem bestimmten Stichtag (hier: 30. April des Folgejahres) »**angetreten**« sein, so genügt es, wenn der Urlaub **vor Ablauf des Stichtages beginnt** (*BAG* 18.3.2003 EzA § 1 BUrlG Nr. 25 = NZA 2003, 1111 LS).

d) Mutterschutzfristen, Elternzeit

2157 Gem. dem durch das MuSchG 2002 neu eingeführten § 17 S. 2 MuSchG können Mütter eine Übertragung des Resturlaubs auf das laufende Kalenderjahr, in dem die Mutterschutzfrist endet, oder auf das nächste Urlaubsjahr beanspruchen, wenn sie ihren Urlaub vor Beginn des Beschäftigungsverbots nicht oder nicht vollständig erhalten haben. Damit ist klargestellt, dass die Übertragungsmöglichkeit im Vergleich zu dem von § 7 Abs. 3 BUrlG bestimmten Rahmen deutlich erweitert wird (vgl. *Joussen* NZA 2002, 706). Gem. § 17 Abs. 2 BEEG hat der Arbeitgeber im Übrigen dann, wenn der Arbeitnehmer den ihm zustehenden Urlaub vor dem Beginn der Elternzeit nicht oder nicht vollständig erhalten hat, den nach der möglichen, aber nicht notwendigen ratierlichen Kürzung gem. § 17 Abs. 1 BEEG verbleibenden Resturlaub nach der Elternzeit im laufenden oder im nächsten Kalenderjahr gewähren. Auch insoweit handelt es sich um eine Sonderregelung gegenüber der Verfallfrist des § 7 Abs. 3 BUrlG und etwaigen gleich lautenden tariflichen Regelungen (vgl. *BAG* 24.10.1989 NZA 1990, 499).

e) Erkrankung des Arbeitnehmers

Hat der Arbeitgeber den Urlaubszeitpunkt bestimmt und erkrankt der Arbeitnehmer vor Urlaubsantritt oder während des Urlaubs arbeitsunfähig, so entfällt dadurch nicht die Verpflichtung des Arbeitgebers, **den Urlaub zu erteilen**, wenn der Arbeitnehmer **wieder zur Erfüllung seiner Arbeitspflicht in der Lage** und der Anspruch **noch nicht durch Fristablauf erloschen ist** (*BAG* 9.6.1988 EzA § 13 BUrlG Nr. 35; vgl. ausf. *Kanzlsperger* ArbuR 1997, 192 ff.). **2158**

f) Ersatzurlaubsanspruch

aa) Rechtslage bei unberechtigter Urlaubsverweigerung und nach Fristablauf

Das *BAG* (5.9.1985 EzA § 7 BUrlG Nr. 40; 7.11.1985 EzA § 7 BUrlG Nr. 43; 26.6.1986 EzA § 44 SchwbG Nr. 5; 10.5.2005 NZA 2006, 439; 6.9.2005 NZA 2006, 450; 11.4.2006 EzA § 7 BUrlG Nr. 116 = NZA 2007, 56 LS) geht für den Fall, dass der Arbeitnehmer den Urlaubsanspruch rechtzeitig, aber erfolglos geltend gemacht hatte und dem Arbeitgeber die Erteilung des Urlaubs möglich war, weil insbes. gesetzliche Hinderungsgründe tatsächlich gar nicht bestanden, davon aus, dass der Urlaubsanspruch dann **zwar nach Ablauf der Befristung erloschen ist**. **2159**

Zunächst tritt dann Verzug ein, solange die Urlaubsbewilligung zeitlich noch möglich ist. Der Arbeitgeber hat aber für die dann infolge Zeitablaufs eingetretene Unmöglichkeit, als die das Erlöschen des Urlaubsanspruchs anzusehen ist, einzustehen (§§ 275 Abs. 1, 4, 280 Abs. 1, 283 S. 1, 286 Abs. 1 S. 1 BGB). Als Rechtsfolge tritt an die Stelle des ursprünglichen Urlaubsanspruchs als Schadensersatzanspruch gem. § 249 S. 1 BGB ein nicht gem. §§ 1, 7 Abs. 3 BUrlG, auch nicht nach einem Tarifvertrag befristeter Ersatzurlaubsanspruch in gleicher Höhe; für ihn gilt lediglich die **regelmäßige dreijährige Verjährungsfrist** des § 195 BGB (*BAG* 11.4.2006 EzA § 7 BUrlG Nr. 116 = NZA 2007, 56 LS; zur Anwendbarkeit einer Ausschlussfrist s. u. Rn. 2168). **2160**

Die Zuerkennung von Schadensersatz in Geld (§ 251 Abs. 1 BGB) ist mit den mit dem BUrlG verfolgten gesundheitspolitischen Zielsetzungen und dem gesetzgeberischen Zweck einer humanen Gestaltung des Arbeitslebens nicht in Einklang zu bringen. Eine Geldzahlungspflicht kommt auch im Hinblick auf § 7 Abs. 4 BUrlG nicht in Betracht, weil Urlaubsansprüche im fortbestehenden Arbeitsverhältnis grds. nicht durch Geldzahlungen abgelöst werden sollen. **2161**

bb) Mahnung

Erforderlich ist danach aber zur Herbeiführung des Verzuges **eine Mahnung des Gläubigers vor Verfall des Anspruchs nach Eintritt der Fälligkeit**. Sie muss bestimmt und eindeutig sein und ferner erkennen lassen, dass das Ausbleiben der Leistung Folgen haben wird und dass die geschuldete Leistung unverzüglich zu bewirken ist (*BAG* 26.6.1986 EzA § 3 BUrlG Nr. 17; 27.8.1986 EzA § 7 BUrlG Nr. 46). Das ist z.B. dann nicht der Fall, wenn der Arbeitnehmer in einem Schreiben lediglich ausführt, dass **nach seiner Auffassung der Anspruch auf Urlaubsgeld nicht verfalle**, selbst wenn ein Arbeitnehmer im Urlaubsjahr wegen Krankheit überhaupt nicht gearbeitet hat und es ferner heißt: »Ebenso verhält es sich mit dem eigentlichen Urlaubsanspruch« (*LAG Hessen* 28.10.1996 ZTR 1997, 234). Beantragt **der Arbeitnehmer andererseits zusammen** mit Urlaub für das laufende Kalenderjahr einen sich **unmittelbar anschließenden Urlaub für das folgende Urlaubsjahr**, so hat er den Urlaub für das Folgejahr bereits vor dessen Entstehen in Verzug begründender Weise geltend gemacht (*BAG* 11.4.2006 EzA § 7 BUrlG Nr. 116 = NZA 2007, 56 LS). **2162**

2163 Hinzukommen muss schließlich, dass der Arbeitnehmer zum fraglichen Zeitpunkt auch tatsächlich in der Lage ist, den von ihm verlangten Urlaub anzutreten. Folglich setzt das Urlaubsverlangen eines Arbeitnehmers während einer krankheitsbedingten Arbeitsunfähigkeit den Arbeitgeber hinsichtlich der Verpflichtung zur Urlaubsgewährung nicht in Verzug (*LAG Hessen* 28.10.1996 ZTR 1997, 234).

cc) Abweichende Begründungsansätze

2164 In der Literatur (GK-BUrlG/*Bachmann* § 7 Rz. 124) wird demgegenüber die Auffassung vertreten, dass ein Schadensersatzanspruch auch dann besteht, wenn der Arbeitnehmer den Urlaubsanspruch **zwar nicht rechtzeitig geltend gemacht, der Arbeitgeber den Urlaub aber auch nicht festgelegt oder wenigstens angeboten hat**.

2165 Nach Auffassung von *Plüm* (NZA 1988, 716) hat der Arbeitgeber die Nichterteilung des Urlaubs trotz fehlender Geltendmachung durch den Arbeitnehmer zu vertreten, weil es sich bei der Urlaubsgewährung um ein Fixgeschäft handelt (**a.A.** MünchArbR/*Leinemann* § 91 Rz. 22, wonach der Arbeitgeber als Schuldner des Urlaubsanspruchs zwar seine Verpflichtungen auch ohne Mahnung des Arbeitnehmers erfüllen kann, dies aber nicht muss).

2166 Gegen die Auffassung des BAG wird ferner eingewandt, dass offen bleibt, warum sowohl § 280 Abs. 1 BGB als auch § 286 Abs. 1 BGB (jetzt §§ 275, 283 BGB) einschlägig sein sollen, obwohl sich Unmöglichkeit und Verzug ausschließen. Zudem ist eine Naturalrestitution durch Ersatzurlaub ausgeschlossen, weil sie in einem unauflösbaren Wertungswiderspruch zur Rechtsnatur der Urlaubsschuld als Fixschuld steht (*LAG Düsseld.* 20.9.1989 LAGE § 7 BUrlG Übertragung Nr. 2).

dd) Entschädigungsanspruch bei Beendigung des Arbeitsverhältnisses

2167 Kann der Urlaub wegen der Beendigung des Arbeitsverhältnisses trotz bestehendem Schadensersatzanspruch nicht mehr gewährt werden, so ist der Arbeitnehmer in Geld zu entschädigen (*BAG* 26.6.1986 EzA § 44 SchwbG Nr. 5; 11.4.2006 EzA § 7 BUrlG Nr. 116 = NZA 2007, 56 LS).

Ein Abgeltungsanspruch gem. § 7 Abs. 4 BUrlG kommt nicht in Betracht, weil dieser an den ursprünglichen Urlaubsanspruch anknüpft, nicht aber an einen Schadensersatzanspruch.

ee) Klage des Arbeitnehmers; tarifliche Ausschlussfrist

2168 Hat der Arbeitgeber die Gewährung von Urlaub zu **Unrecht verweigert** und schuldet er deshalb dem Arbeitnehmer wegen des zum 31. März des Folgejahres erloschenen Urlaubsanspruchs Ersatzurlaub, erfasst die vom Arbeitnehmer innerhalb der tariflichen **Ausschlussfrist** erhobene **Klage auf Zahlung von Urlaubsentgelt** als Schadensersatz auch den erst nach Ablauf der Ausschlussfrist im Rechtsstreit geltend gemachten Anspruch auf Urlaubsgewährung (*BAG* 16.3.1999 EzA § 7 BUrlG Nr. 107).

g) Umfang des Urlaubsanspruchs

aa) Grundlagen (§ 3 BUrlG)

(1) Höhe des gesetzlichen Urlaubs

2169 Der Umfang des gesetzlichen Urlaubsanspruchs beträgt ab dem 1.1.1995 24 (zuvor 18) Werktage einschließlich der Samstage. In den neuen Bundesländern gilt § 3 BUrlG mit der Maßgabe, dass ein Grundurlaub von 20 Arbeitstagen besteht, wobei von 5 Arbeitstagen in der Woche auszugehen ist (GK-BUrlG/*Bleistein* § 3 Rz. 75).

2170 Der Gesetzgeber geht noch von einer Sechs-Tage-Arbeitswoche aus. Obwohl inzwischen die Fünf-Tage-Arbeitswoche üblich ist, ist vorbehaltlich abweichender Vereinbarung der Samstag ebenso wie jeder sonstige Wochentag im Rahmen des gesetzlichen

Urlaubsanspruchs ein vollwertiger Urlaubstag (*Dersch/Neumann* § 3 Rz. 30; **a.A.** MünchArbR/*Leinemann* § 89 Rz. 53).

(2) Umrechnung auf die Fünf-Tage-Woche

In der betrieblichen Praxis bestimmt sich allerdings der Umfang des Urlaubsanspruchs ganz **überwiegend nach tariflichen Bestimmungen**, die meist wesentlich mehr Urlaubstage vorsehen. 2171

Fehlt eine tarifliche Regelung des Inhalts, dass nur Arbeitstage als Urlaubstage anzurechnen sind, so sind Werktage und Arbeitstage rechnerisch so in Beziehung zu setzen, dass bei einer Verteilung auf weniger als 6 Arbeitstage die Gesamtdauer des tariflichen Urlaubs (Werktage) durch 6 dividiert und sodann mit der Zahl der Arbeitstage einer Woche multipliziert wird (*BAG* 27.1.1987 EzA § 13 BUrlG Nr. 28; vgl. auch *Danne* DB 1990, 1965; *Leinemann/Linck* DB 1999, 1498 ff.). Wird also in einem Tarifvertrag die Dauer des jährlichen Erholungsurlaubsanspruchs auf 30 Arbeitstage festgelegt, so ist davon auszugehen, dass dem die Verteilung der Wochenarbeitszeit auf **fünf Tage** zugrunde liegt. Verteilt sich die regelmäßige Arbeitszeit auf mehr oder weniger als fünf Arbeitstage in der Woche, erhöht oder vermindert sich die Urlaubsdauer entsprechend (*BAG* 20.6.2000 EzA § 3 BUrlG Nr. 21; 11.12.2001 NZA 2002, 639 LS; *LAG Nds.* 8.12.1998 NZA-RR 1999, 198; *LAG Hamm* 13.10.2004 LAG Report 2005, 102); dieser Umrechnungsgrundsatz ist inzwischen in § 125 SGB IX für den Zusatzurlaub von schwer behinderten Menschen gesetzlich anerkannt (*BAG* 30.10.2001 NZA 2002, 815 LS). 2172

Stehen dem Arbeitnehmer dagegen z.B. 30 Tage Jahresurlaub zu, dann entspricht das 25 Arbeitstagen. 2173

Auch wenn die tarifliche regelmäßige Arbeitszeit nicht auf fünf Arbeitstage pro Woche, sondern auf **neun Arbeitstage** in der **Doppelwoche** verteilt ist (z.B. für Poliere im Baugewerbe gem. BRTV Bau), muss der zeitlich gleichwertige Urlaubsanspruch durch Umrechnung ermittelt werden, indem die unterschiedliche Anzahl von Arbeitstagen miteinander in Beziehung gesetzt wird. Haben die Tarifvertragsparteien die Anzahl der im Kalenderjahr zustehenden Urlaubstage nach der Verteilung der regelmäßigen Arbeitszeit auf fünf Tage in der Kalenderwoche bemessen, so erhöht oder vermindert sich bei einer abweichenden Verteilung die Anzahl der Urlaubstage je nachdem, ob die regelmäßige Arbeitszeit des Arbeitnehmers auf mehr oder weniger Tage der Kalenderwoche verteilt worden ist (*BAG* 8.9.1998 EzA § 4 TVG Bauindustrie Nr. 93). Haben Arbeitnehmer auf Grund einer tariflichen Regelung bei einer **Sechs-Tage-Woche** einen Gesamturlaub von höchstens **32 Werktagen**, so gilt diese Höchstgrenze auch für Arbeitnehmer mit einer Fünf-Tage-Woche. Sie führt bei ihnen zu einem Urlaub von höchstens **27 Arbeitstagen** (*BAG* 8.5.2001 EzA § 3 BUrlG Nr. 22). 2174

Ändert sich im **Verlauf eines Kalenderjahres** die Verteilung der Arbeitszeit auf weniger oder auch auf mehr Arbeitstage einer Kalenderwoche, verkürzt oder verlängert sich entsprechend die Dauer des dem Arbeitnehmer zustehenden Urlaubs (*BAG* 30.10.2001 NZA 2002, 815 LS). Sie ist dann jeweils unter Berücksichtigung der nunmehr für ihn maßgeblichen Verteilung seiner Arbeitszeit neu zu berechnen. Das trifft auch für einen auf das folgende Urlaubsjahr übertragenen Resturlaub zu, wenn der Arbeitnehmer seit Beginn des folgenden Jahres in Teilzeit beschäftigt ist (*BAG* 28.4.1998 NZA 1999, 156). 2175

(3) Berechnung bei flexibler Arbeitszeitverteilung

Beschränkt sich die Arbeitsverpflichtung des Vollzeitarbeitnehmers im Rahmen eines rollierenden betrieblichen Freizeitsystems auf weniger als fünf Werktage pro Woche, ist der in Werktagen ausgedrückte tarifliche und vertragliche Urlaubsanspruch entsprechend der Arbeitsverpflichtung in Arbeitstage umzurechnen. **Enthält der dem Arbeitsverhältnis** 2176

zugrunde liegende Tarifvertrag insoweit keine Regelung, so sind die Arbeitstage zu den Werktagen rechnerisch in Beziehung zu setzen (*BAG* 14.1.1992 EzA § 4 TVG Einzelhandel Nr. 22; 14.2.1991 EzA § 13 BUrlG Nr. 50; für § 12 MTV Chemie vgl. *BAG* 18.2.1997 EzA § 3 BUrlG Nr. 20; *LAG Bln.* 21.12.2004 LAGE § 11 BUrlG Nr. 13 = LAG Report 2005, 173).

2177 Die Umrechnung erfolgt in der Weise, dass die Anzahl der Tage mit Arbeitspflicht mit der Anzahl der Urlaubstage zueinander ins Verhältnis gesetzt wird. Für diese Verhältnismäßigkeitsrechnung ist auf den Zeitabschnitt abzustellen, in dem im Durchschnitt die regelmäßige wöchentliche Arbeitszeit erreicht wird. Ist dies das Kalenderjahr, ist bei der Verhältnismäßigkeitsrechnung von 312 Werktagen auszugehen, da § 11 Abs. 1 S. 1 BUrlG abweichend von § 191 BGB von 13 Wochen pro Vierteljahr ausgeht. Ist § 11 Abs. 1 S. 1 BUrlG nicht anwendbar, weil die Berechnung des Urlaubsentgelts tarifvertraglich anders geregelt ist, ist ein weiterer Werktag hinzuzuzählen, was 365 Kalendertagen im Jahr entspricht (*BAG* 20.8.2002 EzA § 38 BetrVG 2001 Nr. 1).
Steht dem Arbeitnehmer ein Urlaubsanspruch von 30 Tagen zu, dann entspricht das bei einer Arbeitsverpflichtung von 4 Tagen/Woche 20 Arbeitstagen.

2178 Ist zudem in einem Schichtplan bestimmt, dass die regelmäßige wöchentliche Arbeitszeit im Durchschnitt erst nach 20 Wochen erreicht wird, so ist für die Umrechnung des nach Arbeitstagen bemessenen tariflichen Urlaubsanspruchs auf diesen Zeitraum abzustellen (*BAG* 3.5.1994 EzA § 13 BUrlG Nr. 54; vgl. zur Berechnung der Anzahl der Arbeitsschichten für den Erholungsurlaub eines Arbeitnehmers in Wechselschicht *LAG Hessen* 9.11.2000 NZA-RR 2001, 627).

2179 Ändert sich die Verteilung der Arbeitszeit (z.B. von 5 Tagen auf 4 Tage pro Woche), dann ändert sich ebenso (automatisch) im gleichen Verhältnis die Anzahl der Urlaubstage. Die Urlaubsdauer ist dann entsprechend umzurechnen. Daraus ergibt sich eine Erhöhung oder Verringerung der dem Arbeitnehmer auf Grund des Urlaubsanspruchs zustehenden Urlaubstage. Das trifft auch für den übertragenen Urlaub zu, selbst dann, wenn der Arbeitnehmer 1995 in der 5-Tagewoche, ab dem 1.1.1996 dagegen an weniger als 5 Tagen arbeitet und es um die Höhe des aus 1995 übertragenen Resturlaubs geht (*BAG* 28.4.1998 EzA § 7 BUrlG Nr. 105).

2180 Bei flexiblen Arbeitszeitmodellen, bei denen die regelmäßige tarifliche Arbeitszeit in einem **mehrwöchigen Zyklus** oder im Jahr erreicht wird, gelten dieselben Grundsätze. Ins Verhältnis zu setzen sind allerdings nicht die geleisteten Arbeitsstunden, sondern die Zahl der mit Arbeitspflicht belegten Arbeitstage (*BAG* 30.10.2001 NZA 2002, 815 LS).

2181 Gewährt der Arbeitgeber einen **Treueurlaub** von drei Tagen zusätzlich zu dem in Werktagen bemessenen Tarifurlaub, so sind dann, wenn die Arbeitszeit des Arbeitnehmers nicht auf alle Werktage der Woche verteilt ist, Erholungsurlaub und Zusatzurlaub in Arbeitstage umzusetzen. Diese Berechnung ist getrennt nach Erholungs- und Zusatzurlaub durchzuführen (*BAG* 19.4.1994 EzA § 3 BUrlG Nr. 19).

2182 Im Übrigen gilt, dass dann, wenn die regelmäßige Arbeitszeit auf einen Zeitraum verteilt ist, der mit der Kalenderwoche nicht übereinstimmt, für die Umrechnung eines nach Arbeitstagen bemessenen Urlaubsanspruchs auf längere Zeitabschnitte als eine Woche, ggf. auf ein Kalenderjahr, abgestellt werden muss (*BAG* 22.10.1991 EzA § 13 BUrlG Nr. 51; 11.12.2001 NZA 2002, 639 LS).

(4) Besonderheiten bei Teilzeitarbeitsverhältnissen?

2183 Arbeiten die Teilzeitbeschäftigten **regelmäßig an einigen Tagen in der Woche**, dann ist der Urlaubsanspruch in dem Umfang zu kürzen, wie die Zahl der tatsächlichen Arbeitstage hinter der Zahl der potentiellen Arbeitstage zurückbleibt.

Arbeitet der Arbeitnehmer z.B. an drei Arbeitstagen in einer 5-Tage-Woche und haben Vollzeitkräfte in dem Betrieb einen Anspruch auf 30 Arbeitstage Urlaub, so steht dem Teilzeitarbeitnehmer die bezahlte Freistellung an 18 Tagen zu, an denen er sonst arbeiten müsste (*BAG* 11.12.2001 NZA 2002, 639 LS; MünchArbR/*Schüren* § 162 Rz. 168). 2184

Fraglich ist, ob die Rücksicht auf die in Teilzeitarbeitsverhältnissen mögliche sehr unterschiedliche Arbeitsstundenzahl (flexibilisierte Teilzeitarbeit) dazu führt, dass der Urlaubsanspruch **in Stunden umgerechnet werden muss**, um eine dem Vollzeitarbeitnehmer entsprechende Arbeitsbefreiung zu gewährleisten. 2185

Nach Auffassung von *Schüren* (MünchArbR § 162 Rz. 170 f.) ist der Vergleich bei einem Arbeitnehmer, der Abrufarbeit leistet und ein Jahresdeputat von z.B. 1000 Stunden übernommen hat, mit einer Vollzeitkraft und deren jährlicher »Bruttostundenzahl« (ohne Feiertage) anzustellen. Sie beträgt bei einer Wochenarbeitszeit von 36 Stunden (52 x 36 =) 1872 Stunden. In diesem Fall beträgt der Urlaubsanspruch der Vollzeitkraft 6 x 36 = 216 Stunden; der Urlaubsanspruch der Teilzeitkraft beträgt (216/1872 =) 115 Stunden. 2186

Die Urlaubsgewährung erfolgt danach sinnvollerweise so, dass das Deputat des Arbeitnehmers bei gleich bleibender Vergütung um die festgestellte Urlaubsstundenzahl gekürzt wird. Das gekürzte Deputat kann dann frei verplant werden. **Der Arbeitnehmer nimmt seinen Urlaub in der Freizeitperiode und unterrichtet den Arbeitgeber vorab über die Lage des Urlaubs.** 2187

Demgegenüber ist nach Auffassung von *Leinemann* (MünchArbR § 89 Rz. 60 ff.) davon auszugehen, dass der Urlaub nach dem BUrlG stets die Beseitigung der Arbeitspflicht an Tagen zum Inhalt hat, an denen der Arbeitnehmer nach seinem Arbeitsverhältnis zur Arbeit verpflichtet ist. **Das schließt es aus, den Urlaubsanspruch von vornherein durch Berechnung nach kleineren Zeiteinheiten, also auch nach Stunden, aufzuteilen.** 2188

Ergeben sich insoweit bei der Umrechnung Bruchteile von Urlaubstagen, sind sie in diesem Umfang dem Arbeitnehmer zu gewähren. Sie sind weder auf- noch abzurunden. Die Auslegungsregel in § 5 Abs. 2 BUrlG ist nicht anwendbar, weil es sich hier um Bruchteile von Urlaubstagen, nicht von Teilurlaubstagen handelt. 2189

Das *BAG* (5.9.2002 EzA § 1 BUrlG Nr. 24) hat hinsichtlich eines **Teilzeitbeschäftigten** mit vereinbarter Jahresarbeitszeit folgende Grundsätze aufgestellt: 2190

- Beträgt der Urlaub bei einer regelmäßig auf fünf Arbeitstage verteilten Arbeitszeit 30 Arbeitstage, ist für die Umrechnung des Urlaubs eines Teilzeitbeschäftigten, der mit dem Arbeitgeber eine Jahresarbeitszeit vereinbart hat, auf die im Kalenderjahr möglichen Arbeitstage abzustellen. Der Urlaub des Teilzeitbeschäftigten verringert sich entsprechend.
- Wird die Arbeitszeit des Teilzeitbeschäftigten in einem Zeitkonto erfasst, sind sämtliche auf Grund des gesetzlichen Urlaubs ausfallenden Arbeitsstunden als »Ist-Arbeitszeit« anzusetzen.
- Der Anspruch des Arbeitnehmers auf »Gutschrift« von zu Unrecht nicht berücksichtigten Urlaubsstunden ist zu mindern, soweit der Arbeitgeber ihm »zuviel« freie Tage angerechnet hat.
- Ausgleichsansprüche wegen zu Unrecht nicht berücksichtigter Urlaubsstunden werden i.S. eines Tarifvertrags jedenfalls erst dann mit Ende des Ausgleichszeitraumes fällig, wenn im Tarifvertrag eine zweistufige Ausschlussfrist bestimmt ist, deren Lauf mit der »Fälligkeit« eines Anspruchs beginnt.

(5) Anrechnung von Zeiten der Nichtbeschäftigung als Urlaub

Eine Zeit der Nichtbeschäftigung des Arbeitnehmers (Annahmeverzug des Arbeitgebers, Betriebsstörungen, Suspendierung, »Bummeltage« des Arbeitnehmers) kann nicht nachträglich in bezahlten Erholungsurlaub umgewandelt werden. Der Arbeitgeber kann eine entsprechende Verrechnung auch nicht einseitig vornehmen (*BAG* 9.1.1979 EzA § 7 BUrlG Nr. 21; 18.9.2001 NZA 2002, 895; krit. *Meier* NZA 2002, 873 ff.). Stellt der 2191

Arbeitgeber den Arbeitnehmer wegen fehlender Beschäftigungsmöglichkeit **vorläufig von der Arbeit frei**, so ist er folglich auch bei vorheriger Ankündigung **nicht berechtigt**, für jeden Freistellungsmonat 1/12 des Jahresurlaubs als gewährten **Urlaub anzurechnen** (*LAG Köln* 13.3.2007 NZA-RR 2007, 520; zur Antragstellung in einem derartigen Fall s.u. Rn. 2364). Gleiches gilt für die **nachträgliche Erklärung des Arbeitgebers**, für den vom Arbeitnehmer im Vorjahr zu Unrecht in Anspruch genommenen AZV-Tag (Arbeitszeitverkürzung durch freie Tage) Erholungsurlaub unter Anrechnung auf den Urlaubsanspruch des darauf folgenden Jahres zu gewähren; das ist schon mit § 7 Abs. 3 BUrlG unvereinbar (*BAG* 11.7.2006 EzA§ 626 BGB 2002 Nr. 18 = NZA 2006, 1008 LS).

2192 Die Parteien können sich aber während des Annahmeverzuges des Arbeitgebers auf die Gewährung von Urlaub einigen. Auch können sie in einem Formulararbeitsvertrag vorsehen, dass der Arbeitgeber den Arbeitnehmer im Falle der Kündigung freistellen darf und dass diese Zeit auf den Resturlaub angerechnet wird (*LAG Köln* 20.2.2006 NZA-RR 2006, 342). Andererseits können die Arbeitsvertragsparteien nicht wirksam vereinbaren, dass der Mindesturlaubsanspruch durch Arbeitstage, an denen der Arbeitnehmer wegen Arbeitsmangels nicht beschäftigt werden kann, erfüllt wird. Dass die arbeitsfreien Tage auch im Interesse des Arbeitnehmers lagen, macht sein Urlaubsverlangen dann nicht rechtsmissbräuchlich (*LAG Düsseld.* 25.7.2007 LAGE § 7 BUrlG Abgeltung Nr. 21).

2193 Eine nachträgliche Anrechnung kommt im Übrigen auch nicht auf Verlangen des Arbeitnehmers in Betracht (MünchArbR/*Leinemann* § 91 Rz. 67).

(6) Eindeutigkeit der Urlaubsbewilligung; Rechtslage bei Kündigungen

2194 Entscheidend ist, dass der Arbeitgeber – soweit der Arbeitnehmer keinen abweichenden Wunsch äußert – vor der Freistellung des Arbeitnehmers eindeutig erklärt, dass mit ihr zugleich der noch bestehende Urlaubsanspruch des Arbeitnehmers erfüllt oder er unter Anrechnung auf den Urlaubsanspruch von der Arbeit freigestellt wird (*BAG* 14.8.2007 EzA § 7 BUrlG Nr. 119 = NZA 2008, 473; 1.12.1983 EzA § 7 BUrlG Nr. 30; 18.12.1986 EzA § 11 BUrlG Nr. 21; *LAG Nbg.* 29.8.2006 LAGE § 7 BUrlG Abgeltung Nr. 19 = ZTR 2007, 104; **a.A.** *LAG Bln.* 7.3.2002 LAGE § 7 BUrlG Nr. 39 = ZTR 2002, 446 LS = NZA-RR 2003, 130, rkr. bei einer außerordentlichen, hilfsweise ordentlichen Kündigung und Freistellung für den Fall der Unwirksamkeit der außerordentlichen Kündigung unter Anrechnung auf noch offene Urlaubsansprüche; dagegen ausdrücklich *LAG Nbg.* 29.8.2006 LAGE § 7 BUrlG Abgeltung Nr. 19 = ZTR 2007, 104); **nur dann ist für den Arbeitnehmer erkennbar, dass der Arbeitgeber als Schuldner des Urlaubsanspruchs die geschuldete Leistung bewirken will** (§ 362 Abs. 1 BGB) und nicht nur als Gläubiger der Arbeitsleistung auf deren Annahme verzichtet (*BAG* 14.3.2006 EzA § 7 BUrlG Nr. 117 = NZA 2006, 1008 LS).

2195 Möglich ist dies auch bei einer außerordentlichen, hilfsweise ordentlichen Kündigung und Freistellung vorsorglich für den Fall der Unwirksamkeit der außerordentlichen Kündigung unter Anrechnung auf noch offene Urlaubsansprüche. Denn die vorsorgliche Urlaubsgewährung liegt dann im wohlverstandenen Interesse des Arbeitgebers. Sie soll die Kumulation von Annahmeverzugs- und Urlaubsabgeltungsansprüchen verhindern. Zu beachten ist, dass in derartigen Fällen die Auslegung individueller Freistellungserklärungen in erster Linie Aufgabe der Tatsachengerichte ist. Das Revisionsgericht kann dann die Auslegung nur daraufhin überprüfen, ob die Rechtsvorschriften über die Auslegung von Willenserklärungen richtig angewendet wurden, ob dabei gegen Denkgesetze oder Erfahrungssätze verstoßen und der Tatsachenstoff vollständig verwertet wurde (*BAG* 14.8.2007 EzA § 7 BUrlG Nr. 119 = NZA 2008, 473).

2196 Der Arbeitgeber erfüllt den Urlaubsanspruch allerdings nur durch eine **unwiderrufliche Befreiung** von der Arbeitspflicht. Die Unwiderruflichkeit ist Rechtsfolge der Urlaubserteilung. Sie muss deshalb nicht gesondert vom Arbeitgeber erklärt werden. Behält sich der

Arbeitgeber bei Urlaubserteilung den Widerruf vor, fehlt die zur Erfüllung des Urlaubsanspruchs notwendige Freistellungserklärung (*BAG* 14.3.2006 EzA § 7 BUrlG Nr. 117 = NZA 2006, 1008 LS).

Folglich ist z.B. ein Anspruch auf Urlaubsabgeltung dann ausgeschlossen, wenn der Arbeitnehmer unter erkennbarer Urlaubsgewährung von der Arbeit freigestellt war (*BSG* 27.9.1994 AP Nr. 16 zu § 141b AFG). Nach Auffassung des *LAG Köln* (20.11.1996 NZA-RR 1997, 248; zust. *Nägele* DB 1998, 518 ff. u. 1132; zu Recht abl. *Hohmeister* DB 1998, 1130 f. u. *Hoß/Lohr* BB 1998, 2579 f.) soll auch eine **konkludente Urlaubsgewährung** durch Freistellung in einem Aufhebungsvertrag genügen. Das *BAG* (9.6.1998 EzA § 7 BUrlG Nr. 106; zust. *Hohmeister* DB 1999, 52 ff.; vgl. auch *Meier* NZA 2002, 873 ff.) ist dieser Auffassung jedoch **nicht** gefolgt. Denn der Schluss, dass mit einer im Aufhebungsvertrag vereinbarten Freistellung stets die Erfüllung des Urlaubsanspruchs verbunden ist, ist unzulässig. 2197

Denn durch eine einvernehmliche Freistellung kann zwar auch der vom Arbeitgeber geschuldete Urlaubsanspruch erfüllt werden. Mit einer Freistellung können aber auch andere Ziele verfolgt werden, z.B. den Beschäftigungsanspruch des Klägers zur besseren Wahrung von Geschäftsgeheimnissen auszuschließen, oder aus sonstigen Gründen auf die Annahme der Arbeitsleistung des Arbeitnehmers zu verzichten. Eine Urlaubsgewährung setzt deshalb voraus, dass der Arbeitgeber dem Arbeitnehmer hinreichend erkennbar macht, er befreie ihn von der Arbeitspflicht, um den Urlaubsanspruch zu erfüllen. Entsprechende Anhaltspunkte fehlten in der Entscheidung des *LAG Köln* (20.11.1996 NZA-RR 1997, 248). Andererseits ist es für die wirksame Anrechnung des Urlaubsanspruchs auf die Zeit der Freistellung **nicht erforderlich**, dass der Arbeitgeber den Urlaub des Arbeitnehmers innerhalb einer längeren Kündigungsfrist **zeitlich festlegt. Es genügt die unwiderrufliche Freistellung während der Kündigungsfrist unter Anrechnung auf etwaige Urlaubsansprüche** (*LAG Köln* 16.3.2000 NZA-RR 2001, 310 = ZTR 2000, 427 LS; 29.6.2001 ARST 2002, 68 LS = NZA-RR 2002, 237); das gilt insbes. auch dann, wenn der Resturlaub **weniger Tage umfasst als die Restvertragszeit**. Trotz fehlender datumsmäßiger Bestimmung liegt dann eine wirksame Urlaubsfestsetzung vor; der Resturlaub beginnt ab sofort (s. § 366 Abs. 2 BGB; *LAG Nbg.* 29.8.2006 LAGE § 7 BUrlG Abgeltung Nr. 19 = ZTR 2007, 104). Gleiches gilt bei einer **Freistellung durch den Insolvenzverwalter** nach einer ordentlichen Kündigung bis zur Beendigung des Arbeitsverhältnisses. Die Erfüllungswirkung wird insoweit **nicht dadurch ausgeschlossen**, dass der Insolvenzverwalter zugleich erklärt, er werde dem Arbeitnehmer während der Freistellung **keine Vergütung zahlen** (*BAG* 21.6.2005 EzA § 209 InsO Nr. 5). 2198

Zulässig ist auch im Falle einer ordentlichen Kündigung des Arbeitnehmers – grds. auch gegen seinen Willen – die Weisung des Arbeitgebers, bis zum Ablauf der Kündigungsfrist den Urlaub zu nehmen, sofern die Erklärung des Arbeitgebers insoweit eindeutig erfolgt. 2199

Denn die Urlaubsgewährung hat grds. Vorrang vor der Urlaubsabgeltung (*LAG RhPf* 25.1.1991 LAGE § 7 BUrlG Nr. 27; GK-BUrlG/*Bachmann* § 7 Rz. 24 ff.). Der Urlaubsanspruch des Arbeitnehmers kann auch dadurch erfüllt werden, dass der Arbeitgeber den Arbeitnehmer bis zur Beendigung des Arbeitsverhältnisses unwiderruflich unter Anrechnung auf den Urlaubsanspruch von der Arbeit freistellt (*LAG Köln* 16.3.2000 NZA-RR 1997, 248; **a.A.** *LAG Bln.* 7.3.2002 § 7 BUrlG Nr. 39 = NZA-RR 2003, 130, rkr. bei einer außerordentlichen, hilfsweise ordentlichen Kündigung und Freistellung für den Fall der Unwirksamkeit der außerordentlichen Kündigung unter Anrechnung auf noch offene Urlaubsansprüche; s.o. Rn. 2198). Daran ändert sich auch dann nichts, wenn dies zugleich auch zur Arbeitsvermittlung durch die Arbeitsagentur geschieht (*BAG* 18.12.1985 EzA § 11 BUrlG Nr. 21). 2200

2201 **Etwas anderes gilt aber dann, wenn es dem Arbeitnehmer nicht zuzumuten ist, den Urlaub während der Kündigungsfrist zu nehmen** (*BAG* 10.1.1974 EzA § 7 BUrlG Nr. 16).
Nimmt der Arbeitnehmer schließlich nach Ablauf der Kündigungsfrist einer sich als unwirksam erweisenden Arbeitgeberkündigung eigenem Bekunden zu Folge genehmigten Erholungsurlaub in genau dem Umfang in Anspruch, für den ihm zuvor in der vermeintlichen »Schlussrechnung« Urlaubsabgeltung gewährt worden war, so kann er für den fraglichen Zeitraum nicht nochmals (Urlaubs-)Vergütung verlangen (*LAG Köln* 15.10.2003 ZTR 2004, 326 LS).

(7) Verhältnis zu anderweitigen Ansprüchen auf Arbeitsbefreiung

2202 Hat der Arbeitnehmer einen gesetzlichen oder tariflichen Anspruch auf Arbeitsbefreiung für Tage, an denen er bereits urlaubsbedingt von der Arbeitspflicht freigestellt ist (z.B. aus familiären Gründen, Eheschließung), so kann er grds. nicht verlangen, dass ihm diese Tage im Anschluss an den Urlaub nachgewährt werden; § 9 BUrlG ist nicht anwendbar (s. aber Rn. 2207).

2203 Entstehen derartige Freistellungsansprüche erst während des Urlaubs, so kommt eine Freistellung für eine Nachfeier dieses Ereignisses auch dann nicht in Betracht, wenn tariflich ein Freistellungsanspruch z.B. bei der Eheschließung vorgesehen ist (*BAG* 17.10.1985 AP Nr. 1 zu § 18 BAT), es sei denn, dass im Tarifvertrag bestimmt ist, dass die Freistellung ohne Anrechnung auf den Urlaub gewährt wird (MünchArbR/*Leinemann* § 91 Rz. 72).

2204 Erklärt der Arbeitgeber dagegen während des Beschäftigungsverbots der Arbeitnehmerin nach dem MuSchG, dass er sie von der Arbeit freistelle, da er keine andere Arbeit anbieten könne, so liegt darin keine Urlaubsgewährung, sondern ein Verzicht auf die Annahme der Arbeitsleistung. Die Urlaubsgewährung setzt voraus, dass der Arbeitgeber der Arbeitnehmerin erkennbar macht, er befreie sie von der Arbeitspflicht, um den Urlaubsanspruch zu erfüllen (*BAG* 25.1.1994 EzA § 7 BUrlG Nr. 92).

2205 Kommen für die vom Arbeitnehmer begehrte Freistellung von der Arbeitspflicht unterschiedliche Anspruchsgrundlagen in Betracht, so hat der Arbeitgeber nicht nur zu entscheiden, ob er dem Freistellungsantrag entsprechen, sondern auch zu bestimmen, welchen Anspruch des Arbeitnehmers er erfüllen will.

2206 Ein vor der Arbeitsbefreiung erklärter Vorbehalt des Arbeitgebers, der es ihm ermöglichen soll, nach Gewährung eines bezahlten Sonderurlaubs (§ 50 Abs. 1 BAT; jetzt § 28 TVöD) die Freistellung gegebenenfalls mit dem tariflichen Erholungsurlaub zu verrechnen, ist deshalb unwirksam (*BAG* 1.10.1991 EzA § 7 BUrlG Nr. 81).

2207 Zur Vermeidung einer Benachteiligung sind im übrigen die Tage, an denen ein **ehrenamtlicher Helfer des Technischen Hilfswerks (THW)** während der Dauer seines Erholungsurlaubs zu einem Einsatz herangezogen wird, **nicht auf den Urlaubsanspruch anzurechnen.** Der herangezogene Helfer hat gegen seinen Arbeitgeber Anspruch auf erneute Gewährung (*BAG* 10.5.2005 EzA § 7 BUrlG Nr. 113 = NZA 2006, 439).

2208 Lehnt der Arbeitgeber die Freistellung eines Arbeitnehmers nach dem Bildungsurlaubsgesetz Nordrhein-Westfalen ab und nimmt der Arbeitnehmer dennoch an der angekündigten Schulungsveranstaltung teil, so handelt es sich dabei zwar um eine **pflichtwidrige Selbstbeurlaubung**. Der Arbeitgeber ist **aber nicht berechtigt**, die Fehlzeit **nachträglich als gewährten Erholungsurlaub zu bezeichnen** und die Erfüllung des vollen Jahresurlaubs zu verweigern (*BAG* 25.10.1994 EzA § 7 BUrlG Nr. 96; s.o. Rn. 2191).

bb) Wartezeit

(1) Grundlagen

Bis zum Ablauf der nur im ersten Dienstjahr zurückzulegenden Wartezeit (§§ 186 ff. BGB) besteht zunächst nur eine Anwartschaft auf die Gewährung von Urlaub. Danach entsteht der volle Urlaubsanspruch ohne Rücksicht auf die Dauer der Beschäftigung im Eintrittsjahr. 2209

Einem Arbeitnehmer, der am 1.5. eintritt, ist somit nach dem 31.10. der volle Jahresurlaub (vorbehaltlich § 6 BUrlG) zu gewähren (GK-BUrlG/*Bleistein* § 4 Rz. 7). Das gilt auch dann, wenn der Arbeitnehmer **mit Ablauf der Wartezeit aus dem Arbeitsverhältnis ausscheidet** (*BAG* 26.1.1967 AP Nr. 1 zu § 4 BUrlG; **a.A.** MünchArbR/*Leinemann* § 89 Rz. 39). 2210

Zu beachten ist **aber § 5 Abs. 1 Nr. 1c BUrlG**, wonach nur ein Anspruch auf 1/12 des Jahresurlaubs für jeden vollen Monat des Bestehens des Arbeitsverhältnisses gegeben ist, wenn der Arbeitnehmer nach erfüllter Wartezeit **in der ersten Hälfte** eines Kalenderjahres aus dem Arbeitsverhältnis ausscheidet. 2211

Diese Regelung ist auch bei einer Beendigung des Arbeitsverhältnisses mit Ablauf des 30.6. des Jahres anwendbar. Das gilt selbst dann, wenn das Arbeitsverhältnis gleichzeitig mit der Erfüllung der Wartezeit endet (*BAG* 16.6.1966 AP Nr. 4 zu § 5 BUrlG). Scheidet der Arbeitnehmer dagegen erst am 1.7. oder später aus, so behält er seinen vollen Jahresurlaubsanspruch. 2212

(2) Unterbrechungen des Arbeitsverhältnisses

Da es insoweit allein auf den rechtlich ununterbrochenen Bestand des Arbeitsverhältnisses ankommt, sind insbes. **Zeiten der Krankheit**, der Elternzeit **ohne Einfluss**. 2213

Fraglich ist, ob das auch – wie bei der Frage der Anwendbarkeit des Kündigungsschutzgesetzes (§ 1 KSchG) – bei kurzzeitigen **rechtlichen Unterbrechungen** des Arbeitsverhältnisses gilt. 2214

Das BAG ist **im Rahmen von § 1 KSchG** (18.1.1979 EzA § 1 KSchG Nr. 39; 10.5.1989 EzA § 1 KSchG Nr. 46) davon ausgegangen, dass die Unterbrechung dann unschädlich ist, wenn sie verhältnismäßig kurz war und zwischen beiden Arbeitsverhältnissen ein enger sachlicher Zusammenhang besteht (s. zuletzt *BAG* 28.8.2008 – 2 AZR 101/07: 6 Wochen sind grundsätzlich erheblich; 22.5.2003 EzA § 242 BGB 2002 Kündigung Nr. 2: 7 Wochen sind erheblich. Auch wurde ein Zeitraum von über 4 Monaten als zu lang angesehen (für eine Übertragung dieser Grundsätze *Dersch/Neumann* § 4 Rz. 43; dagegen MünchArbR/*Leinemann* § 89 Rz. 38). 2215

cc) Teilurlaub (§ 5 BUrlG)

Voller Monat i.S.d. § 5 BUrlG ist nicht der Kalender-, sondern der **Beschäftigungsmonat. Angefangene Monate** (§§ 187 ff. BGB) **bleiben außer Betracht**, selbst wenn nur 1 Tag fehlt, an dem keine Arbeitspflicht bestanden hat (*BAG* 26.1.1989 EzA § 5 BUrlG Nr. 14 gegen *BAG* 22.2.1966 AP Nr. 3 zu § 5 BUrlG). 2216

Bruchteile von weniger als einem halben Tag sind im Rahmen des § 5 Abs. 2 BUrlG nicht aufzurunden, aber auch nicht abzurunden, also als Bruchteile zu gewähren und ggf. abzugelten (*BAG* 26.1.1989 EzA § 5 BUrlG Nr. 14; 22.10.1991 EzA § 47 SchwbG Nr. 1 gegen *BAG 28.11.1968* AP Nr. 6 zu § 5 BUrlG; 17.3.1970 AP Nr. 8 zu § 5 BUrlG). 2217

Die Tarifvertragsparteien sind allerdings nicht gehindert, für tarifliche Urlaubsansprüche Abrundungsregelungen für Bruchteile von Urlaubstagen zu treffen, soweit damit nicht gesetzliche Urlaubsansprüche berührt werden (*BAG* 22.10.1991 EzA § 13 BUrlG Nr. 51). 2218

Teilurlaubsansprüche sind unter den gleichen Voraussetzungen abzugelten wie Vollurlaubsansprüche (*BAG* 25.8.1987 EzA § 7 BUrlG Nr. 57). Das *LAG Köln* (4.3.2002 – 2 Sa 870/01 – EzA-SD 10/02, S. 10 LS) hat angenommen, dass dann, wenn bei Beginn eines Arbeitsverhältnisses nach dem 1.7. ein Teilurlaubsanspruch nach § 5 Abs. 1a BUrlG entsteht, 2219 die Nichtrealisierung dieses Urlaubs im Eintrittsjahr als **stillschweigendes Übertragungsverlangen** i.S.d. §7 Abs.3 S.4 BUrlG gewertet werden kann; in diesem Fall soll der Teilanspruch auf das gesamte Folgejahr übertragen werden. Dem ist das *BAG* (29.7.2003 EzA §7 BUrlG Nr.111 = ZTR 2004, 325 LS gegen *BAG* 10.3.1966 AP KO §59 Nr.2; vgl. dazu *Krause* SAE 2005, 14ff.) **nicht gefolgt; es bedarf eines im Urlaubsjahr zu äußernden Verlangens des Arbeitnehmers.** Allerdings sind an dieses Verlangen **nur geringe Anforderungen zu stellen.** Es **reicht jede Handlung des Arbeitnehmers aus**, aus der sein Wunsch, den Teilurlaub erst im nächsten Jahr zu nehmen, deutlich wird. Nicht ausreichend ist es dagegen, dass der Arbeitnehmer im Urlaubsjahr keinen Urlaub beantragt (s.o. Rn.2126).

2220 Kündigt ein Arbeitnehmer sein Arbeitsverhältnis in der ersten Hälfte des Jahres, so verkürzt sich sein ursprünglich in voller Höhe entstandener Urlaubsanspruch um 1/12 für jeden vollen Monat, in dem das Arbeitsverhältnis in diesem Jahr nicht mehr besteht. In gleicher Weise entfällt der Anspruch auf Urlaubsvergütung. Das gilt auch dann, wenn der Arbeitnehmer zunächst mehr Urlaub erhalten hat, als ihm wegen der vorzeitigen Beendigung des Arbeitsverhältnisses zusteht.
Dasselbe gilt bei einer Kündigung im Laufe des Kalenderjahres, wenn in einem Tarifvertrag die Kürzung des Urlaubsanspruches um 1/12 für jeden vollen Monat bestimmt ist, in dem das Arbeitsverhältnis nicht mehr bestanden hat, soweit der gesetzliche Mindesturlaubsanspruch nicht betroffen ist (*BAG* 23.4.1996 EzA §5 BUrlG Nr.17).

dd) Rückzahlung überzahlten Urlaubsentgelts

2221 Gem. §5 Abs.3 BUrlG kann der Arbeitgeber dann, wenn der Arbeitnehmer gem. §5 Abs.1c BUrlG bereits Urlaub über den ihm zustehenden Umfang hinaus erhalten hat, das dafür gezahlte Urlaubsentgelt **nicht zurückfordern. Darin ist allerdings kein generelles Rückzahlungsverbot über den Anwendungsbereich des §5 Abs.3 BUrlG hinaus zu sehen.**

2222 Gleichwohl kann der Arbeitgeber im Übrigen generell die Rückzahlung von zu viel gezahltem Urlaubsentgelt **nur dann verlangen, wenn eindeutig eine entsprechende Rückzahlungsklausel zwischen den Parteien vereinbart worden ist.** Denn die vorbehaltlose Gewährung von Urlaub, auf den noch kein Anspruch besteht, kann im Zweifel gem. §133 BGB so ausgelegt werden, dass es damit sein Bewenden haben und damit auch ein Anspruch auf Rückzahlung von Urlaubsentgelt stillschweigend ausgeschlossen werden soll (*BAG* 27.11.1959 AP Nr.55 zu §611 BGB Urlaubsrecht).

2223 Sollte dies nicht zutreffen, so sind im Übrigen §§812, 814, 818 Abs.3 BGB anwendbar (MünchArbR/*Leinemann* §89 Rz.104; **a.A.** *Dersch/Neumann* §5 Rz.48ff.).

2224 Die Tarifvertragsparteien können gem. §13 Abs.2 BUrlG schließlich auch von §5 Abs.3 BUrlG zuungunsten des Arbeitnehmers abweichen, indem vorgesehen wird, dass dann, wenn ein Arbeitnehmer nach erfüllter Wartezeit in den ersten sechs Monaten des Kalenderjahres aus dem Arbeitsverhältnis ausscheidet, sein Anspruch auf den vollen Jahresurlaub nachträglich auf 1/12 für jeden vollen Monat des Bestehens des Arbeitsverhältnisses gekürzt wird (so z.B. §8 Nr.8.5 MTV Gaststätten- und Hotelgewerbe NRW v. 1.1.1991).
Ist im Falle der Anwendbarkeit einer derartigen Regelung bereits der Vollurlaub vom Arbeitgeber ungekürzt festgesetzt, kann der Arbeitnehmer keine Zahlung des Urlaubsentgelts verlangen und muss ggf. das zu viel erhaltene Urlaubsentgelt zurückerstatten (*BAG* 23.1.1996 EzA §5 BUrlG Nr.16).

ee) Ausschluss von Doppelansprüchen (§6 BUrlG)

(1) Sinn und Zweck

2225 Der Ausschluss von Doppelansprüchen ist ein **allgemein anerkannter urlaubsrechtlicher Grundsatz**, der nicht nur für die §§1ff. BUrlG, sondern auch für alle sonstigen Urlaubsansprüche gilt.

Es soll verhindert werden, dass der Arbeitnehmer durch den Wechsel zu einem neuen Arbeitgeber einen höheren Urlaubsanspruch im Urlaubsjahr erwirbt, als nach dem BUrlG vorgesehen. Daher kommt es auf übertragene Ansprüche aus dem Vorjahr insoweit nicht an. 2226

Hat der Arbeitnehmer **in beiden Arbeitsverhältnissen Teilurlaubsansprüche** nach § 5 Abs. 1a, b BUrlG erworben, so ist § 6 Abs. 1 BUrlG nicht anwendbar, da diese Ansprüche sich notwendig auf unterschiedliche Zeitabschnitte beziehen (*BAG* 23.9.1965 AP Nr. 1 zu § 5 BUrlG). 2227

Keine Auswirkungen hat § 6 Abs. 1 BUrlG auch auf zeitlich zugleich bestehende Arbeitsverhältnisse (Doppelarbeitsverhältnis). 2228

(2) Voraussetzungen

§ 6 Abs. 1 BUrlG kommt nur Bedeutung zu, wenn der Arbeitnehmer im vorangegangenen Arbeitsverhältnis entweder bereits den vollen Urlaub erhalten hat oder ihm mehr Urlaub gewährt worden ist, als ihm nach § 5 Abs. 1 BUrlG in diesem Arbeitsverhältnis zusteht. 2229

Erfüllt sind die Urlaubsansprüche nicht nur, wenn der Arbeitnehmer von der Arbeitspflicht befreit worden ist, sondern auch dann, wenn der Arbeitgeber bei Beendigung des vorangegangenen Arbeitsverhältnisses den Urlaub abgegolten hat (GK-BUrlG/*Bachmann* § 6 Rz. 11; **a.A.** *Dersch/Neumann* § 6 Rz. 26). 2230

(3) Konkurrenz von Abgeltungs- und Freizeitanspruch

Bestehen für denselben Zeitraum nebeneinander ein Abgeltungsanspruch gegen den früheren sowie ein Freizeitanspruch gegen den späteren Arbeitgeber, so ist fraglich, ob der Freizeitanspruch derart vorrangig ist, dass der frühere Arbeitgeber den Arbeitnehmer auf diesen verweisen darf, wenn der Arbeitnehmer den Freizeitanspruch zumindest bereits zum Zeitpunkt der gerichtlichen Geltendmachung des Abgeltungsanspruchs erworben hat, oder ob ein Wahlrecht des Arbeitnehmers besteht. Für ein Wahlrecht spricht nach Auffassung von *Bachmann* (GK-BUrlG/*Bachmann* § 6 Rz. 58; ebenso *ArbG Reutlingen* 18.2.1992 NZA 1993, 457), dass weder ein Vorrang des Abgeltungsanspruchs gegen den früheren Arbeitgeber noch ein Vorrang des Freizeitanspruchs gegen den späteren Arbeitgeber besteht. 2231

Fraglich ist auch, wie das Verhältnis zwischen Urlaubsabgeltungsansprüchen für denselben Zeitraum zu beurteilen ist (vgl. GK-BUrlG/*Bachmann* § 6 Rz. 59 ff.). 2232

Das *BAG* (28.2.1991 EzA § 6 BUrlG Nr. 4 gegen *BAG* 27.2.1969 AP Nr. 4 zu § 7 BUrlG Abgeltung; 25.11.1982 EzA § 6 BUrlG Nr. 3) geht davon aus, dass Urlaubsabgeltungsansprüche auf Grund eines früheren Arbeitsverhältnisses durch das Entstehen von Urlaubsansprüchen in einem nachfolgenden Arbeitsverhältnis nicht berührt werden. 2233

Denn für noch nicht abgegoltene, also noch abzugeltende Urlaubsansprüche aus dem früheren Arbeitsverhältnis enthält § 6 Abs. 1 BUrlG keine Regelung. Aus dieser Norm folgt weder für den Arbeitgeber des vorangegangenen Arbeitsverhältnisses eine Kürzungsbefugnis gegenüber dem Arbeitnehmer, noch ist danach ein Wahlrecht des Arbeitnehmers begründbar. Auch kommt eine Verweisung des Arbeitnehmers auf den Arbeitsbefreiungsanspruch im nachfolgenden Arbeitsverhältnis nicht in Betracht. Da der **Vorrang des Freizeitanspruchs vor dem Abgeltungsanspruch nur im fortbestehenden Arbeitsverhältnis beachtlich sein kann,** ist § 7 Abs. 4 BUrlG zu entnehmen, dass ein bei Beendigung des Arbeitsverhältnisses noch bestehender Urlaubsanspruch abzugelten ist, ohne die Entstehung neuer Urlaubsansprüche in einem anderen Arbeitsverhältnis auszuschließen. Der Arbeitnehmer kann zwar wählen, ob er den einen oder den anderen oder beide Ansprüche verfolgt. **Seine »Wahl« hat aber keinen Einfluss auf den jeweils anderen Anspruch** (MünchArbR/*Leinemann* § 91 Rz. 100). 2234

(4) Urlaubsbescheinigung (§ 6 Abs. 2 BUrlG)

2235 Der Arbeitgeber ist gem. § 6 Abs. 2 BUrlG verpflichtet, bei Beendigung des Arbeitsverhältnisses dem Arbeitnehmer eine Bescheinigung über den im laufenden Kalenderjahr gewährten oder abgegoltenen Urlaub auszuhändigen. Für eine Klage auf die Erteilung einer derartigen Bescheinigung fehlt jedenfalls im zweiten Jahr nach dem Ende des Kalenderjahres, für das die Urlaubsbescheinigung begehrt wird, das **Rechtsschutzinteresse** (*LAG Hessen* 7.8.2001 NZA-RR 2002, 263).

h) Urlaubsabgeltung

aa) Grundlagen; Rechtsnatur

2236 Während des Bestandes des Arbeitsverhältnisses ist die Abgeltung des Urlaubs – bezogen auf den gesetzlichen Mindesturlaub – unwirksam (§ 134 BGB). Schließt ein Arbeitsverhältnis an ein Berufsausbildungsverhältnis zum gleichen Arbeitgeber an, so ist die Abgeltung von noch nicht erfüllten Urlaubsansprüchen aus dem Berufsausbildungsverhältnis ausgeschlossen. Diese Urlaubsansprüche sind vielmehr nach den für das Arbeitsverhältnis maßgebenden Vorschriften zu erfüllen (*BAG* 29.11.1984 EzA § 7 BUrlG Nr. 36; s. auch zur europarechtlichen Dimension Art. 7 RL 93/104/EG i.d.F. der RL 2000/34/EG u. dazu *EuGH* 6.4.2006 – C 124/05 – EzA-SD 9/06 S. 4 LS = NZA 2006, 719 in einem die Niederlande betreffenden Fall).

2237 Das Abgeltungsverbot galt nach ursprünglich vom *BAG* (3.2.1971 AP Nr. 9 zu § 7 BUrlG Abgeltung) vertretener Auffassung auch dann, wenn die Erfüllung des Urlaubsanspruchs z.B. wegen Krankheit des Arbeitnehmers unmöglich war. Grundlage dieser Auffassung war aber, dass der Urlaubsanspruch des Arbeitnehmers, den dieser wegen einer Krankheit oder wegen dienstlicher Belange nicht zeitgerecht hätte abwickeln können, auch über den Ablauf des Übertragungszeitraums hinaus unverändert fortbestand. Nachdem das *BAG* (13.5.1982 EzA § 7 BUrlG Nr. 25) aber inzwischen davon ausgeht, dass der Urlaubsanspruch in derartigen Fällen mit dem Ende des Übertragungszeitraums spätestens erlischt, bestehen **keine rechtlichen Bedenken** gegen eine tarifliche Regelung, die einen **Abgeltungsanspruch für einen Urlaubsanspruch vorsieht, der während eines bestehenden Arbeitsverhältnisses wegen der Krankheit des Arbeitnehmers nicht mehr verwirklicht werden kann** (*BAG* 26.5.1983 EzA § 7 BUrlG Nr. 27; 14.3.2006 EzA § 7 BUrlG Abgeltung Nr. 14 = NZA 2006, 1232; s. aber jetzt *EuGH* 20.1.2009 EzA EG-Vertrag 1999 2003/88 Nr. 1; *LAG Düsseld.* 2.2.2009 LAGE § 7 BUrlG Nr. 45 für den gesetzlichen Mindesturlaub).

2238 Die Inanspruchnahme von Elternzeit ist einer Arbeitsunfähigkeit wegen Krankheit jedoch nicht gleichzustellen (*BAG* 13.11.1986 EzA § 13 BUrlG Nr. 29).

2239 Weitergehend ist Urlaubsabgeltung auch im bestehenden Arbeitsverhältnis möglich, soweit der gesetzliche Mindesturlaub nicht betroffen ist (*BAG* 22.10.1987 EzA § 7 BUrlG Nr. 58). Bestimmt z.B. eine Tarifnorm, dass die Abgeltung des Urlaubsanspruchs ausnahmsweise bei längerer Krankheit möglich ist, so entsteht der Anspruch nicht erst, wenn der Arbeitnehmer sechs Wochen oder länger krank ist.

2240 Eine Krankheitsdauer von 24 Kalendertagen ist bereits als längere Krankheit i.S.d. Tarifbestimmung anzusehen (*BAG* 24.11.1992 EzA § 7 BUrlG Nr. 88).

2241 Gem. § 7 Abs. 4 BUrlG kann der Urlaub ausnahmsweise dann abgegolten werden, wenn er wegen der Beendigung des Arbeitsverhältnisses ganz oder teilweise nicht mehr gewährt werden kann. Der Urlaubsabgeltungsanspruch ist nach der Rechtsprechung des *BAG* (28.6.1984 EzA § 7 BUrlG Nr. 34; 19.1.1993 EzA § 7 BUrlG Nr. 89; ebenso *LAG Nds.* 11.8.2003 NZA-RR 2004, 122 = LAG Report 2004, 8; *ArbG Weiden* 14.1.2004 – 1 Ca 1002/03 – ARST 2004, 224 LS) ein Surrogat des Urlaubsanspruchs, sodass er nicht

anders als der Urlaubsanspruch behandelt werden kann. Er ist nicht auf den gesetzlichen Mindesturlaub beschränkt, sondern umfasst den gesamten Urlaubsanspruch des Arbeitnehmers, der bei Beendigung noch nicht erfüllt ist (*BAG* 18.10.1990 EzA § 7 BUrlG Nr. 80). Er ist ebenso befristet wie der Anspruch auf Urlaub. Mit der Beendigung des Arbeitsverhältnisses wandelt sich ein bis dahin noch nicht erfüllter Urlaubsanspruch in einen **Abgeltungsanspruch um, ohne dass es weiterer Handlungen** des Arbeitgebers oder des Arbeitnehmers **bedarf** (*BAG* 21.9.1999 EzA § 7 BUrlG Abgeltung Nr. 6).
Der Abgeltungsanspruch setzt also voraus, dass der Urlaub noch vor Ablauf des Kalenderjahres oder infolge Übertragung nach § 7 Abs. 3 S. 2 BUrlG bis zum 31. 3. des Folgejahres hätte gewährt werden können (*BAG* 19.8.2003 EzA § 7 BUrlG Abgeltung Nr. 11; 7.9.2004 EzA § 7 BurlG Abgeltung Nr. 12 = ZTR 2005, 195; *LAG RhPf* 9.2.2004 – 7 Sa 1227/03 – EzA-SD 20/04 S. 9 LS; *LAG Nds.* 11.8.2003 NZA-RR 2004, 122 = LAG Report 2004, 8; **a.A.** *ArbG Weiden* 14.1.2004 – 1 Ca 1002/03 – ARST 2004, 224 LS). Das ist auch bei nur teilweiser Arbeitsunfähigkeit des Arbeitnehmers bis zum Ablauf des Übertragungszeitraums nicht der Fall (*LAG Düsseld.* 28.2.2002 NZA-RR 2002, 648). Befand sich der Arbeitgeber dagegen bei der Beendigung des Arbeitsverhältnisses während der Zeit des gewährten Urlaubs nach § 11 Abs. 2 BUrlG, § 284 Abs. 2 BGB a.F. in Verzug, so bedarf es keiner weiteren Inverzugsetzung zur Bewirkung des Verzugs für den Abgeltungsanspruch (*LAG Hamm* 9.10.2002 NZA-RR 2003, 348).
Das ist mit Art. 7 Abs. 2 RL 2003/88/EG unvereinbar ist, jedenfalls soweit der gesetzliche Mindesturlaub betroffen ist und der Arbeitnehmer wegen Krankheit gehindert war, den Anspruch zu realisieren (*EuGH* 20.1.2009 EzA EG-Vertrag 1999 2003/88 Nr. 1; *LAG Düsseld.* 2.2.2009 LAGE § 7 BUrlG Nr. 45; s.a. den **Vorlagebeschluss** des *LAG Düsseld.* vom 2.8.2006 LAGE § 7 BUrlG Nr. 43 = NZA-RR 2006, 628; s.a. *BAG* 15.4.2008 – 9 AZN 1413/07) an den EuGH klären.

Nicht erforderlich ist dafür, dass die Freizeitgewährung vor Ablauf des Arbeitsverhältnisses unmöglich war oder erfolglos geltend gemacht wurde. Er entsteht in jedem Fall der Beendigung des Arbeitsverhältnisses, soweit in diesem Zeitpunkt noch ein Urlaubsanspruch besteht (*BAG* 7.11.1985 EzA § 7 BUrlG Nr. 39; 14.5.1986 EzA § 7 BUrlG Nr. 48; *LAG Nds.* 11.8.2003 NZA-RR 2004, 122 = LAG Report 2004, 8), auch dann, wenn der **Arbeitnehmer** das Arbeitsverhältnis selbst **fristlos gekündigt** hat (*LAG Hamm* 12.1.1998 NZA 1999, 878 LS). 2242

Durch die **Erhebung der Kündigungsschutzklage** wird der Arbeitgeber wegen der urlaubsrechtlichen Ansprüche **nicht in Verzug gesetzt**. Dazu bedarf es der fristgerechten Geltendmachung des Urlaubs- oder Abgeltungsanspruchs (*BAG* 17.1.1995 EzA § 7 BUrlG Nr. 98; *LAG Nbg.* 11.3.2003 – 6 Sa 237/02 – FA 2004, 224 LS = NZA-RR 2004, 33). Einigen sich die Parteien nach Erhebung einer Kündigungsschutzklage des Arbeitnehmers in einem Vergleich über eine **rückwirkende Auflösung** des Arbeitsverhältnisses, ist der Abgeltungsanspruch bereits mit dem **vereinbarten Ende des Arbeitsverhältnisses entstanden**. Sofern die Parteien keine abweichende Regelung getroffen haben, bestehen keine Schadensersatzansprüche des Arbeitnehmers für den infolge Fristablaufs erloschenen Urlaubsabgeltungsanspruch, wenn sich der Arbeitgeber nicht mit der Gewährung des Urlaubs in Verzug befunden hatte (*BAG* 21.9.1999 EzA § 7 BUrlG Abgeltung Nr. 6). 2243

Der Urlaubsabgeltungsanspruch wird durch ein dem Arbeitnehmer vom **Sozialversicherungsträger** gezahltes Krankengeld nicht berührt. Erhält ein Arbeitnehmer nach dem Ausscheiden aus dem Arbeitsverhältnis Arbeitslosengeld, geht der Anspruch auf Urlaubsabgeltung nur in Höhe der erbrachten Sozialleistungen auf die Bundesagentur für Arbeit über (*BAG* 7.11.1985 EzA § 7 BUrlG Nr. 42). 2244

Die Tarifvertragsparteien sind schließlich nicht gehindert, **abweichend** von § 7 Abs. 4 BUrlG zu Gunsten **fortdauernd arbeitsunfähig erkrankter Arbeitnehmer** zu vereinbaren, dass bei Beendigung des Arbeitsverhältnisses der Urlaubsanspruch vom Arbeitgeber abzugelten ist (*BAG* 9.8.1994 EzA § 7 BUrlG Nr. 95). § 33 TVAL II (Frz.) kann allerdings kein von § 7 Abs. 4 BUrlG abweichender Regelungswille der Tarifvertragsparteien zu Gunsten von dauerhaft arbeitsunfähig erkrankten Arbeitnehmern entnommen werden (*BAG* 2245

9.11.1999 EzA § 7 BUrlG Abgeltung Nr. 3); ebenso wenig § 51 Abs. 1 BAT (*BAG* 7.9.2004 EzA § 7 BUrlG Abgeltung Nr. 17 = ZTR 2005, 195; s. u. Rn. 2257).

bb) Krankheit des Arbeitnehmers; Beschäftigungsverbot

(1) Grundlagen; die aktuelle Rechtsentwicklung

2246 **Der Anspruch auf Urlaubsabgeltung setzte voraus, dass der Urlaubsanspruch erfüllbar ist; das ist bei Arbeitsunfähigkeit des Arbeitnehmers nicht der Fall.** Denn Arbeitsunfähigkeit und Urlaub schließen sich aus; dies ist europarechtlich nicht zu beanstanden (s. *EuGH* 20.1.2009 EzA EG-Vertrag 1999 2003/88 Nr. 1; *LAG* Düsseld. 2.2.2009 LAGE § 7 BUrlG Nr. 45 für den gesetzlichen Mindesturlaub). Aus der Befristung auch des Urlaubsabgeltungsanspruchs folgte deshalb für den Fall, dass der Arbeitnehmer aus dem Arbeitsverhältnis ausscheidet und über den Zeitpunkt der Beendigung des Arbeitsverhältnisses hinaus bis zum Ende des Urlaubsjahres bzw. des Übertragungszeitraums arbeitsunfähig krank war, dass der Urlaubsanspruch erlosch (*BAG* 23.6.1983 EzA § 7 BUrlG Nr. 28; 7.11.1985 EzA § 7 BUrlG Nr. 39; 7.9.2004 EzA § 7 BUrlG Abgeltung Nr. 12 = ZTR 2005, 195; 10.5.2005 EzA § 7 BUrlG Abgeltung Nr. 13 = NZA-RR 2006, 112 LS; 14.3.2006 EzA § 7 BUrlG Abgeltung Nr. 14 = NZA 2006, 1232; *LAG SchlH* 31.1.2007 NZA-RR 2007, 287; **a.A.** *LAG Düsseld.* 25.7.2007 LAGE § 7 BUrlG Abgeltung Nr. 21).

2247 Denn dem Urlaubsabgeltungsanspruch stand dann das Leistungshindernis der Nichterfüllbarkeit entgegen. Etwas anderes galt auch dann nicht, wenn die Arbeitsunfähigkeit auf einem **Arbeitsunfall** (Wegeunfall) beruht (*BAG* 27.5.2003 EzA § 7 BUrlG Abgeltung Nr. 9); dem Arbeitgeber war es dann nicht gem. § 242 BGB verwehrt, sich auf das Erlöschen des Anspruchs zu berufen (*LAG Düsseld.* 28.2.2002 NZA-RR 2002, 648).

2248 Ist der Arbeitnehmer dagegen aus dem Arbeitsverhältnis ausgeschieden und **wäre bei Fortbestand des Arbeitsverhältnisses noch die Urlaubsgewährung im fraglichen Zeitraum möglich, so hat der Arbeitnehmer auch Anspruch auf Urlaubsabgeltung**.

2249 Schied der Arbeitnehmer also zum 30. 6. aus dem Arbeitsverhältnis aus und ist er bis zu diesem Zeitpunkt arbeitsunfähig, so hing die Begründetheit eines Anspruchs auf Urlaubsabgeltung davon ab, ob er bis zum 31.3. des Folgejahres für die Anzahl von Arbeitstagen wieder arbeitsfähig war, die der Anzahl der abzugeltenden Urlaubstage entsprach. Erfüllte er diese Voraussetzungen nur für einen Teil der abzugeltenden Urlaubstage, so stand ihm nur ein entsprechender Teilanspruch zu (*BAG* 28.6.1984 EzA § 7 BUrlG Nr. 34; *LAG RhPf* 9.2.2004 – 7 Sa 1227/03 – EzA-SD 20/04 S. 9 LS). Machte der Arbeitnehmer andererseits geltend, er hätte trotz der Arbeitsunfähigkeit anderweitige leichtere Tätigkeiten als die bisherigen erledigen können, so musste der Arbeitgeber offenen Urlaub nur dann abgelten, wenn er bei fortbestehendem Arbeitsverhältnis verpflichtet gewesen wäre, die dem Arbeitnehmer noch möglichen Tätigkeiten als arbeitsvertragsgemäß anzunehmen (*BAG* 10.5.2005 EzA § 7 BUrlG Abgeltung Nr. 13 = NZA-RR 2006, 112 LS; *LAG SchlH* 31.1.2007 NZA-RR 2007, 287). Die **Arbeitsfähigkeit war insoweit ein personenbedingtes Tatbestandsmerkmal**. Deshalb war **nicht entscheidend**, ob im Betrieb des Arbeitgebers **ein freier Arbeitsplatz vorhanden war**, auf dem die Leistung hätte erbracht werden können (*LAG SchlH* 31.1.2007 NZA-RR 2007, 287).

2250 Diese Voraussetzung kann auch bei **Erwerbsunfähigkeit** des Arbeitnehmers (§ 44 Abs. 2 SGB VI) erfüllt sein (*BAG* 14.5.1986 EzA § 7 BUrlG Nr. 45 gegen *BAG* 17.1.1985 EzA § 7 BUrlG Nr. 37). Denn es ist nicht ausgeschlossen, dass ein Arbeitnehmer zwar erwerbsunfähig, aber gleichzeitig dennoch arbeitsfähig ist. Der Umstand, dass der Arbeitnehmer eine bisher vertraglich geschuldete Tätigkeit nicht mehr ausüben kann, ist nämlich keine Voraussetzung der Erwerbsunfähigkeit.

Die **Darlegungs- und Beweislast** für die Arbeitsfähigkeit hat der **Arbeitnehmer**; maßgeblich ist nicht die zuletzt ausgeübte Tätigkeit, sondern die, die der Arbeitgeber nach dem Arbeitsvertrag als vertragsgemäß hätte annehmen müssen (*BAG* 10.5.2005 EzA § 7 BUrlG Abgeltung Nr. 13 = NZA-RR 2006, 112 LS; 20.1.1998 BB 1998, 1745; s.o. Rn. 2249; s. aber auch *LAG RhPf* 10.3.2006 – 8 Sa 884/05 – FA 2006, 191 LS). Insoweit lässt allerdings die Befristung in einem **Bewilligungsbescheid über Arbeitslosengeld** den Schluss auf eine bestehende Arbeitsfähigkeit zu, denn bei einem Krankengeldbezug für Bezieher von Arbeitslosengeld wäre keine zeitliche Begrenzung enthalten (*LAG RhPf* 10.3.2006 – 8 Sa 884/05 – FA 2006, 191 LS). 2251

Wendet man die Surrogatstheorie konsequent an, dann muss an sich auch vom Arbeitnehmer verlangt werden, den Abgeltungsanspruch im Übertragungszeitraum gegenüber dem Arbeitgeber geltend zu machen. Ferner müsste der Arbeitnehmer zum Zeitpunkt des Zugangs des Schreibens, mit dem die Geltendmachung erfolgt, arbeitsfähig sein, oder eine nach Zugang des Schreibens nach Beendigung der Arbeitsunfähigkeit eintretende Arbeitsfähigkeit noch innerhalb des Übertragungszeitraums rechtzeitig dem Arbeitgeber mitteilen. Ob dies vom *BAG* (20.1.1998 BB 1998, 1745) tatsächlich verlangt wird, ist unklar. Im Urteil vom 5.12.1995 (EzA § 7 BUrlG Nr. 101; vgl. auch *BAG* 27.5.1997 EzA § 7 BUrlG Abgeltung Nr. 2) hat das BAG z.B. formuliert: »Er setzt voraus, dass der Urlaubsanspruch noch erfüllt werden könnte, wenn das Arbeitsverhältnis weiter bestünde. Das trifft nicht zu, wenn ein Arbeitnehmer fortdauernd bis zum Ende des Urlaubsjahres arbeitsunfähig erkrankt ist.« Aufschluss über die hier erörterte Fragestellung gibt dies nicht. 2252

Nach Auffassung von *Kraft* (Anm. zu *BAG* AP Nr. 18 zu § 7 BUrlG Abgeltung) kann die Formulierung des *BAG* (28.6.1984 EzA § 7 BUrlG Nr. 34), dass der Anspruch bis zu dem Zeitpunkt zu »erfüllen« ist, zu dem der Urlaubsanspruch, an dessen Stelle er getreten ist, erlöschen würde, kaum bedeuten, dass die Zahlung bis zu diesem Zeitpunkt zu leisten ist und dass der Anspruch erlischt, wenn die Zahlung nicht innerhalb des Übertragungszeitraums erfolgt. Richtig kann nur sein, dass das *BAG* damit zum Ausdruck bringen will, dass eben nur der Urlaubsanspruch abzugelten ist, der nicht bereits durch Zeitablauf erloschen ist. 2253

Kann dagegen ein wegen Arbeitsunfähigkeit aus dem Arbeitsverhältnis ausgeschiedener Arbeitnehmer **andere Arbeiten als bisher verrichten**, so muss der Urlaubsanspruch nur dann abgegolten werden, wenn der Arbeitgeber bei Fortbestehen des Arbeitsverhältnisses verpflichtet gewesen wäre, die dem Arbeitnehmer nunmehr möglichen Tätigkeiten ihm als vertragsgemäß zuzuweisen (*BAG* 24.11.1987 EzA § 7 BUrlG Nr. 61). 2254

Zu beachten ist, dass dann, wenn der Arbeitnehmer über das Ende des Urlaubsjahres und des Übertragungszeitraums hinaus arbeitsunfähig bleibt, Urlaubsabgeltung **nicht anteilig** für den Teil des Urlaubsjahres geschuldet wird, in dem der Arbeitnehmer Arbeit geleistet hat (*LAG Köln* 17.9.2007 – 2 Sa 832/07 – ZTR 2008, 397 LS). 2255

Die zuvor dargestellte Surrogatstheorie ist jedenfalls insoweit, wie der gesetzliche Mindesturlaub betroffen ist und der Arbeitnehmer durch Krankheit gehindert ist, den Anspruch zu realisieren, nicht mit Art. 7 der RL 2003/88/EG vereinbar; ein Erlöschen des Anspruchs tritt dann nicht ein (s. *EuGH* 20.1.2009 EzA EG-Vertrag 1999 2003/88 Nr. 1; *LAG Düsseld.* 2.2.2009 LAGE § 7 BUrlG Nr. 45 und jetzt auch *BAG* 24.3.2009 – 9 AZR 983/07 –). 2256

(2) Abweichende tarifliche Regelungen

Etwas anderes kann sich auch aus einer tariflichen Regelung ergeben. 2257

§ 33 Nr. 7c TVAL II sieht z.B. vor, dass dann, wenn dringende betriebliche oder zwingende persönliche Gründe die Erteilung des Urlaubs bis zur Beendigung des Beschäftigungsverhältnisses nicht zulassen, der verbleibende Urlaubsanspruch in bar abgegolten wird (*BAG* 22.6.1989 EzA § 7 BUrlG Nr. 69; ebenso *BAG* 20.4.1989 EzA § 7 BUrlG Nr. 65; s.o. Rn. 2245).

2258 Die Tarifvertragsparteien sind auch nicht gehindert, von der gesetzlichen Regelung der Abgeltung des Urlaubs in § 7 Abs. 4 BUrlG zu Gunsten einer Abfindung abzuweichen sowie Urlaubsabgeltungsregelungen zu vereinbaren, nach denen nach Beendigung des Arbeitsverhältnisses einem Arbeitnehmer bisher nicht gewährter Urlaub unabhängig vom Vorliegen der Arbeitsfähigkeit abzugelten ist (*BAG* 26.5.1992 EzA § 7 BUrlG Nr. 83). Voraussetzung dafür ist allerdings eine eindeutige Regelung im Tarifvertrag.

2259 Ohne eindeutige tarifliche Regelung kann nicht davon ausgegangen werden, dass nach dem Willen der Tarifvertragsparteien die Urlaubsabgeltung unabhängig von der Arbeitsfähigkeit nach Beendigung des Arbeitsverhältnisses gewährt werden soll (*BAG* 9.8.1994 EzA § 7 BUrlG Nr. 95 gegen *BAG* 22.6.1989 EzA § 7 BUrlG Nr. 69; ebenso *BAG* 7.9.2004 EzA § 7 BUrlG Abgeltung Nr. 12 = ZTR 2005, 195 zu § 51 BAT). Angestellte des öffentlichen Dienstes haben deshalb **während des Ruhens des Arbeitsverhältnisses wegen Rentenbewilligung** auf Zeit keinen Anspruch auf Urlaubsabgeltung, wenn sie im Urlaubszeitraum arbeitsunfähig erkrankt sind (so *BAG* 7.9.2004 EzA § 7 BUrlG Abgeltung Nr. 12 = ZTR 2005, 195 zu § 51 BAT).

2260 Das hat das *BAG* (26.5.1992 EzA § 7 BUrlG Nr. 83) verneint bei folgendem Wortlaut der Tarifnorm: »Ein beim Ausscheiden aus dem Betrieb bestehender Urlaubsanspruch ist möglichst während der Kündigungsfrist zu nehmen. Lassen die betrieblichen Verhältnisse oder persönliche, vom Arbeitnehmer nicht zu vertretende Gründe dies nicht zu, so erfolgt eine Abgeltung des Urlaubs.«

2261 Gleiches gilt bei der Formulierung: »Ein beim Ausscheiden aus dem Betrieb fälliger Urlaubsanspruch ist möglichst während der Kündigungsfrist zu erfüllen. Lassen die Dauer der Kündigungsfrist, eine fristlose Entlassung, Arbeitsunfähigkeit oder die betrieblichen Verhältnisse dies nicht zu, so ist der Urlaub abzugelten.« (*BAG* 9.8.1994 EzA § 7 BUrlG Nr. 95).

2262 Zu beachten ist auch, dass daraus, dass eine Tarifnorm einen **eigenständigen tariflichen Anspruch auf Abgeltung** des Urlaubs bei längerer Krankheit **im fortbestehenden Arbeitsverhältnis** vorsieht, **keineswegs** ohne entsprechende eindeutige tarifliche Regelung auch **zugleich folgt, dass ein von § 7 Abs. 4 BUrlG abweichender Abgeltungsanspruch** für Urlaub, der bei Beendigung des Arbeitsverhältnisses wegen Krankheit nicht gewährt werden konnte, **gegeben ist** (*BAG* 3.5.1994 EzA § 7 BUrlG Nr. 94).

2263 Eine Tarifbestimmung schließlich, nach der ein aus **Alters- oder Invaliditätsgründen** in der ersten Hälfte des Kalenderjahres aus dem Arbeitsverhältnis ausscheidender Arbeitnehmer mit zehnjähriger ununterbrochener Betriebszugehörigkeit den vollen Jahresurlaub erhält, begünstigt den Arbeitnehmer nur hinsichtlich der Urlaubsdauer. Aus einer solchen Regelung ergibt sich nicht, dass der Arbeitgeber den Urlaubsabgeltungsanspruch erfüllen muss, wenn der krankheitsbedingt arbeitsunfähige Arbeitnehmer nach Beendigung des Arbeitsverhältnisses seine Arbeitsfähigkeit nicht wiedererlangt (*BAG* 31.5.1990 EzA § 7 BUrlG Nr. 76).

(3) Urlaub und Wiedereingliederung (§ 74 SGB V)

2264 Besteht nach einer ärztlichen Bescheinigung die Arbeitsunfähigkeit fort und wird zum Zweck der Wiedereingliederung in das Erwerbsleben auf Veranlassung des Arztes die Tätigkeit teilweise wieder aufgenommen, so ruhen während dieser Zeit im Allgemeinen die arbeitsvertraglichen Hauptleistungspflichten (*BAG* 29.1.1992 EzA § 74 SGB V Nr. 1). **Während dieses Wiedereingliederungsverhältnisses ist der Urlaubsanspruch nicht erfüllbar,** da der Arbeitgeber wegen des Ruhens der Hauptleistungspflichten den Arbeitnehmer nicht von der Arbeitspflicht befreien kann (*BAG* 19.4.1994 EzA § 74 SGB V Nr. 2).

(4) Beschäftigungsverbot

Auch die Unmöglichkeit der Arbeitsleistung einer schwangeren Arbeitnehmerin auf Grund einer fehlenden öffentlich-rechtlichen Genehmigung führt zum **Wegfall des Urlaubsabgeltungsanspruchs** nach § 7 Abs. 4 BUrlG, wenn die Unmöglichkeit bis zum Ende des Urlaubsjahres bzw. bis zum Ende des Übertragungszeitraums fortdauert (*LAG RhPf* 6.1.1999 NZA-RR 1999, 622). 2265

cc) Kritik in Rechtsprechung und Literatur

In Rechtsprechung und Literatur (*LAG Düsseld.* 25.7.2007 LAGE § 7 BUrlG Abgeltung Nr. 21; GK-BUrlG/*Bachmann* § 7 Rz. 149 ff., 175; *Schäfer* NZA 1993, 206; *Weber* Anm. zu *BAG* AP Nr. 63 zu § 7 BUrlG Abgeltung) wird die Auffassung vertreten, dass der **Surrogatsbegriff im BUrlG keine Rechtsgrundlage findet** bzw. dass sich daraus jedenfalls nicht die vom BAG gezogenen Schlüsse ableiten lassen. 2266

Danach handelt es sich beim Urlaubsabgeltungsanspruch um einen vom Urlaubsentgelt- und Arbeitsentgeltanspruch verschiedenen Geldanspruch, der im Zeitpunkt der Beendigung des Arbeitsverhältnisses ohne Einschränkung als Ersatz des Urlaubsanspruchs an dessen Stelle tritt. Insbesondere die Bindung des Urlaubsabgeltungsanspruchs an das Kalenderjahr ist mit dem BUrlG nicht zu vereinbaren. Denn § 7 Abs. 4 BUrlG enthält keinerlei Hinweis auf eine Befristung des Anspruchs, auch im Übrigen fehlt dafür eine schlüssige Begründung. 2267

dd) Darlegungs- und Beweislast

> Dafür, dass der Arbeitnehmer bei Fortdauer des Arbeitsverhältnisses jedenfalls für die Dauer seines Urlaubsanspruchs seine vertraglich geschuldete Arbeitsleistung hätte erbringen können, trägt er die Darlegungs- und Beweislast (*BAG* 20.4.1989 EzA § 7 BUrlG Nr. 66; 20.1.1998 EzA § 13 BUrlG Nr. 57). 2268

► **Beispiel:** 2269

Dem genügt z.B. der Sachvortrag des Arbeitnehmers, er sei nach der Beendigung des Arbeitsverhältnisses durchaus in der Lage gewesen, die frühere Arbeitstätigkeit auszuüben, auch wenn es sich dabei nur um wiederkehrende Schreibarbeiten handelt, dann nicht, wenn er wegen des Bezuges einer Erwerbsunfähigkeitsrente aus dem Arbeitsverhältnis ausgeschieden ist. Denn dann muss gerade davon ausgegangen werden, dass er jedenfalls die bisher ausgeübte Tätigkeit nicht mehr erbringen kann. Dass er andere Tätigkeiten hätte ausüben können, die vom Arbeitgeber als vertragsgemäß angenommen hätten werden müssen, kann nur dann angenommen werden, wenn dies im Einzelnen dargelegt wird. Etwas anderes ergibt sich auch dann nicht, wenn der Arbeitnehmer behauptet, er habe nicht (mehr) Erwerbsunfähigkeitsrente, sondern vorgezogenes Altersruhegeld bezogen und deshalb hätte er die vertraglich geschuldete Arbeitsleistung erbringen können. Denn damit wird übergangen, dass die Beendigung der Erwerbsunfähigkeitsrente und deren Ersetzung durch das vorgezogene Altersruhegeld auf sozialversicherungsrechtlichen Zusammenhängen beruht, die nicht durch eine Änderung des Gesundheitszustands des Rentners bedingt sind (*BAG* 20.4.1989 EzA § 7 BUrlG Nr. 66).

> Zu beachten ist, dass sich die Arbeitsfähigkeit nicht nach der zuletzt übertragenen Tätigkeit, sondern nach der vom Arbeitnehmer auf Grund des Arbeitsvertrages geschuldeten Leistung, die der Arbeitgeber als vertragsgemäß hätte annehmen müssen, richtet (*BAG* 20.1.1998 EzA § 13 BUrlG Nr. 57). 2270

Nach Auffassung des *LAG Hessen* (30.1.1995 NZA 1995, 1042) trägt demgegenüber der **Arbeitgeber** die Beweislast dafür, dass dem Arbeitnehmer infolge seiner Arbeitsunfähigkeit nach Ausscheiden aus dem Arbeitsverhältnis bis zum Ende des Übertragungszeitraums der 2271

Urlaub in Freizeit nicht hätte gewährt werden können, **wenn der Arbeitnehmer seiner entsprechenden Darlegungslast gerecht geworden ist.**

ee) Rechtsmissbrauch

2272 Der Arbeitgeber kann u.U. gegen den Urlaubsabgeltungsanspruch gem. § 242 BGB den Rechtsmissbrauchseinwand erheben. **Nachdem allerdings § 7 Abs. 4 S. 2 BUrlG a.F. ersatzlos gestrichen worden ist**, wonach der Anspruch dann entfiel, wenn der Arbeitnehmer durch eigenes Verschulden aus einem Grund entlassen worden ist, der eine außerordentliche Kündigung rechtfertigt oder das Arbeitsverhältnis unberechtigt vorzeitig aufgelöst hat und in diesen Fällen eine grobe Verletzung der Treuepflicht aus dem Arbeitsverhältnis vorliegt, **kommt dieser Einwand nur noch in besonders krassen Ausnahmefällen in Betracht.**

2273 Eine tarifliche Regelung, die bei jeder fristlosen Entlassung aufgrund Verschuldens eines Arbeitnehmers den Anspruch auf Abgeltung auch des gesetzlichen Mindesturlaubs ausschließt, ist daher nicht zulässig (*BAG* 30.11.1977 EzA § 13 BUrlG Nr. 10).

ff) Urlaubsabgeltung bei Altersteilzeit im Blockmodell

2274 Für die **Urlaubsabgeltung bei Altersteilzeit im Blockmodell** gelten nach der Rechtsprechung des *BAG* (15.3.2005 EzA § 7 BUrlG Abgeltung Nr. 13 = NZA 2005, 994 = BAG Report 2005, 298; 10.5.2005 – 9 AZR 196/04 – EzA-SD 24/05 S. 10 LS = NZA 2005, 1432 LS) folgende Grundsätze:

- Der Übergang von der Arbeits- in die Freistellungsphase bei einer Altersteilzeit im Blockmodell stellt keine Beendigung des Arbeitsverhältnisses dar. Die Abgeltung der Urlaubsansprüche, die zum Zeitpunkt des Überganges noch nicht erfüllt sind, scheidet nach § 7 Abs. 4 BUrlG daher aus. § 7 Abs. 4 BUrlG ist auch nicht entsprechend anwendbar, weil keine planwidrige, lückenhafte gesetzliche Regelung vorliegt. Auch der Gleichheitssatz des Art. 3 GG gebietet keine entsprechende Anwendung.
- Der Arbeitgeber ist also gesetzlich nicht verpflichtet, Resturlaub des Arbeitnehmers bei Beginn der Freistellungsphase abzugelten.
- Weder § 51 Abs. 1 BAT noch der TV Altersteilzeit v. 5.5.1998 sehen für das Altersteilzeitverhältnis eine abweichende Regelung der Urlaubsabgeltung vor.
- Im Blockmodell der Altersteilzeit wird der Arbeitnehmer während der Freistellungsphase von der Arbeitspflicht entbunden. Die Gewährung von Urlaub wird danach unmöglich, so dass Resturlaubsansprüche nach Ablauf des Übertragungszeitraums verfallen.
- Der Arbeitgeber kommt während der Freistellungsphase nicht mit der Gewährung von Urlaubsansprüchen in Schuldnerverzug. § 286 Abs. 4 BGB schließt den Schuldnerverzug aus, solange die Leistung, hier die Urlaubsgewährung, wegen eines Umstandes unterbleibt, den der Arbeitgeber nicht zu vertreten hat.

i) Erkrankung während des Urlaubs; Erwerbsunfähigkeit; Maßnahmen der medizinischen Vorsorge oder Rehabilitation

aa) Krankheit

2275 Erkrankt ein Arbeitnehmer während des Urlaubs, so werden die durch ärztliches Zeugnis nachgewiesenen Tage der Arbeitsunfähigkeit auf den Jahresurlaub nicht angerechnet (§ 9 BUrlG).

2276 Denn durch Arbeitsunfähigkeit wird der Erholungszweck des Urlaubs vereitelt. Maßgeblich ist allerdings allein das Bestehen von Arbeitsunfähigkeit; es ist nicht erforderlich, dass überprüft wird, ob der Arbeitnehmer gerade wegen der Krankheit sich nicht erholen konnte (MünchArbR/*Leinemann* § 91 Rz. 4). Arbeitsunfähigkeit und Urlaub schließen sich aus; das ist europarechtlich nicht zu beanstanden (s. *EuGH* 20.1.2009 EzA EG-Vertrag 1999 2003/88 Nr. 1; *LAG Düsseld.* 2.2.2009 LAGE § 7 BUrlG Nr. 45 für den gesetzlichen Mindesturlaub).

Allerdings kann der Arbeitnehmer seinen Urlaub nach der Genesung nicht selbst verlängern; es besteht kein Selbstbeurlaubungsrecht (vgl. GK-BUrlG/*Stahlhacke* § 9 Rz. 12 ff.; s. u. Rn. 2317 ff.). 2277

Das *LAG Köln* (28.8.1996 NZA-RR 1997, 83) hat angenommen, dass sich der Arbeitnehmer dann nicht auf die Nichterfüllbarkeit des Urlaubsanspruchs nach dem Rechtsgedanken des § 162 BGB berufen kann, wenn er die Arbeitsunfähigkeit durch eine **medizinisch nicht gebotene Entscheidung**, sich während des gewährten Urlaubs einer Operation zu unterziehen, **herbeigeführt** hat. 2278

Von § 9 BUrlG kann durch Tarifverträge abgewichen werden, soweit dadurch der gesetzliche Mindesturlaubsanspruch nicht berührt wird. Eine tarifliche Regelung, nach der ein Arbeitnehmer seine im Urlaub aufgetretene Erkrankung unverzüglich anzeigen muss, um die Anrechnung der Tage der Arbeitsunfähigkeit zu vermeiden, ist aber auch insoweit wirksam, als sich die Anzeigepflicht auf den gesetzlichen Mindesturlaub bezieht (*BAG* 15.12.1987 EzA § 9 BUrlG Nr. 13). 2279

§ 9 BUrlG wird dann analog angewendet, wenn im Zusammenhang mit dem gesetzlichen Erholungsurlaub unbezahlter Urlaub ebenfalls zu Erholungszwecken – nicht aber für die Erledigung privater Angelegenheiten – gewährt wird, sodass der Arbeitnehmer insoweit für die Dauer seiner Erkrankung Entgeltfortzahlungsansprüche hat. 2280

Hat ein Arbeitnehmer allerdings am Ende des tariflich bestimmten Übertragungszeitraums im Folgejahr zulässigerweise seinen (Rest-)Urlaub angetreten und wird er nach Ablauf des Übertragungszeitraums während des Urlaubs krank, so hindert das nicht den Verfall des Urlaubsanspruchs für die wegen Krankheit nicht anzurechnenden Urlaubstage (*BAG* 19.3.1996 EzA § 9 BUrlG Nr. 14). 2281

bb) Erwerbsunfähigkeit

Dagegen ist das Entstehen und Bestehen eines Urlaubsanspruchs nicht notwendig dadurch ausgeschlossen, dass bei einem bestehenden Arbeitsverhältnis ein Arbeitnehmer eine Erwerbsunfähigkeitsrente bezieht (*BAG* 26.5.1988 EzA § 7 BUrlG Nr. 63; *LAG RhPf* 28.11.1997 BB 1998, 1953 LS). **Denn die Erwerbsunfähigkeit setzt nicht notwendig voraus, dass der Arbeitnehmer seine bisher vertraglich geschuldete Tätigkeit nicht mehr erbringen kann.** Die Merkmale der Erwerbsunfähigkeit, die nach § 44 Abs. 2 SGB VI zu bestimmen sind, stimmen mit denen der Arbeitsunfähigkeit nicht überein. Bei Prüfung der Erwerbsunfähigkeit findet keine Beschränkung auf den bisherigen Beruf oder, wie dies bei der Berufsunfähigkeit nach § 43 SGB VI die Regel ist, auf die Berufsgruppe statt (*BAG* 14.5.1986 EzA § 7 BUrlG Nr. 45). 2282

Ob der Arbeitnehmer eine bislang ausgeübte und vertraglich geschuldete Tätigkeit wegen der Erwerbsunfähigkeit nicht mehr ausüben kann, hängt deshalb **vom Inhalt der jeweiligen Arbeitsleistung ab** und muss im Einzelfall festgestellt werden. 2283

cc) Maßnahmen der medizinischen Vorsorge oder Rehabilitation

(1) § 10 BUrlG

> Maßnahmen der medizinischen Vorsorge oder Rehabilitation dürfen nicht auf den Urlaub angerechnet werden, sofern ein Anspruch auf Entgeltfortzahlung nach §§ 3 ff. EFZG besteht (vgl. dazu *ArbG Bln.* 10.7.2002 – 30 Ca 6881/02 – EzA-SD 3/03, S. 5 LS). 2284

(2) Abweichende tarifliche Regelungen

Von § 10 BUrlG kann in Tarifverträgen abgewichen werden, soweit nicht in den Mindesturlaub nach §§ 1, 3 BUrlG eingegriffen wird. Ohne weiteres zulässig ist die Anrechnung für Urlaubsansprüche, die den gesetzlichen Mindesturlaub übersteigen (MünchArbR/*Leinemann* § 91 Rz. 64). 2285

j) Urlaubsgeld

2286 Ein über den Urlaubsentgeltanspruch hinausgehendes zusätzliches Urlaubsgeld kann der Arbeitnehmer nur dann beanspruchen, wenn eine entsprechende Vereinbarung besteht, oder ein anwendbarer Tarifvertrag dies vorsieht (*BAG* 30.7.1986 EzA § 44 SchwbG Nr. 7; ausf. dazu *Sibben* DB 1997, 1178 ff.).
Möglich ist nach dem Grundsatz der Vertragsfreiheit (§§ 241, 311 BGB) auch eine **teilweise Bezugnahme auf einen Tarifvertrag**; in einem derartigen Fall ist durch Auslegung zu ermitteln, wie weit die Bezugnahme reichen soll.
Bietet der Arbeitgeber z.B. den Abschluss eines Formulararbeitsvertrages mit der Klausel »Der Jahresurlaub richtet sich nach den Bestimmungen des (einschlägigen) Tarifvertrages« an, muss der Arbeitnehmer das regelmäßig als Verweisung auf den gesamten tariflichen **Regelungskomplex »Urlaub«** verstehen. Ist in den in Bezug genommenen urlaubsrechtlichen Bestimmungen des Tarifvertrages ein erhöhtes Urlaubsentgelt geregelt, wird mit dem Abschluss des Vertrages der Arbeitgeber auch zur Anwendung dieser tariflichen Regelung verpflichtet (*BAG* 17.11.1998 EzA § 3 TVG Bezugnahme auf Tarifvertrag Nr. 11). Gleiches gilt für ein zusätzliches tarifliches Urlaubsgeld; auf eine solche Bezugnahmeklausel ist die Unklarheitenregel des § 305c Abs. 2 BGB nicht anzuwenden, denn die Regelung ist hinreichend klar. Auf die Unklarheitenregel darf nur zurückgegriffen werden wenn trotz Ausschöpfung der anerkannten Auslegungsmethoden nicht behebbare Zweifel verbleiben (*BAG* 17.1.2006 EzA § 3 TVG Bezugnahme auf Tarifvertrag Nr. 33 = NZA 2006, 923).

2287 Eine derartige Leistung des Arbeitgebers hat auch **Gratifikationscharakter**; das zusätzliche Urlaubsgeld wird nicht für den Urlaub, sondern aus Anlass des Urlaubs gewährt (*BAG* 9.3.1967 AP Nr. 6 zu § 11 BUrlG; zum Urlaubsgeld in der Elternzeit s. u. Rn. 2500). Mit der Erklärung, er gewähre eine »**freiwillige soziale Leistung**, aus der für die Zukunft keine Rechtsansprüche hergeleitet werden können« kann ein Arbeitgeber Ansprüche auf Urlaubsgeld, die bereits anderweitig entstanden sind, nicht nachträglich einschränken (*BAG* 21.1.2003 EzA § 611 BGB 2002 Gratifikation, Prämie Nr. 5).

2288 Eine Tarifnorm (z.B. § 34 Nr. 1 RTV Gebäudereinigerhandwerk) kann auch eine **Wartezeit** vorsehen, nach deren Ablauf z.B. von 12 Monaten erst der Arbeitnehmer einen Anspruch auf ungekürztes Urlaubsgeld erhält (vgl. *BAG* 24.10.1995 EzA § 4 TVG Gebäudereinigerhandwerk Nr. 3).

2289 Ob der Anspruch auf ein zusätzliches tarifliches Urlaubsgeld sowohl von der tatsächlichen Gewährung des Urlaubs als auch vom Bestand eines Anspruchs auf Urlaubsentgelt abhängig ist, sodass er z.B. bei dauerhafter Erkrankung entfällt, hängt von der normativen Ausgestaltung der Regelung im Einzelfall ab. Das *BAG* (21.10.1997 NZA 1998, 666 gegen *BAG* 14.1.1992 – 9 AZR 546/90 – n.v.; s. *LAG Köln* 2.11.2007 LAGE § 611 BGB Gratifikation Nr. 10) hat dies für § 17 MTV gewerbliche Arbeitnehmer der Schuhindustrie in der BRD bejaht (ebenso *BAG* 3.4.2001 NZA 2002 für den TV Sonderzahlung Einzelhandel NRW; 27.5.2003 NZA 2004, 232 LS für § 12 Abschnitt V MTV der chemischen Industrie und verwandter Industrien), wonach mit der Urlaubsvergütung den Arbeitnehmern, die bei Beginn des Urlaubsjahres und bei Urlaubsbeginn betriebszugehörig sind, ein zusätzliches Urlaubsgeld in Höhe von zwei Wochenverdiensten, errechnet nach den Bestimmungen der Urlaubsvergütung, auszuzahlen ist. Demgegenüber besteht der Anspruch nach dem TV Sonderzahlung Einzelhandel auch dann, wenn die Arbeitnehmerin **krankheitsbedingt keine tatsächliche Arbeitsleistung** erbracht hat und ihr deshalb kein Urlaub gewährt werden konnte (*BAG* 19.1.1999 EzA § 4 TVG Einzelhandel Nr. 38 für den TV Sonderzahlung Einzelhandel Hessen; 13.11.2001 NZA 2002, 583 LS für den TV Sonderzahlung Einzelhandel RhPf). Nichts anderes gilt, wenn die Arbeitnehmerin im gesamten Kalenderjahr **Elternzeit** in Anspruch genommen hat (*BAG* 19.1.1999 EzA § 4 TVG Einzelhandel Nr. 39). Auch ein Anspruch auf Urlaubsgeld nach § 34 MTV Nr. 5

für das Bodenpersonal der LTU v. 22.10.1993 besteht dann, wenn der Arbeitnehmer im gesamten Kalenderjahr Elternzeit in Anspruch genommen hat (*BAG* 11.4.2000 NZA 2001, 512; vgl. dazu *Schmitz* ArbuR 2001, 70 f.). Dementsprechend ist auch eine tariflich vorgesehene **anteilige Minderung für die Zeiten des Erziehungsurlaubs zulässig.** Das gilt auch für Zeiten der Beschäftigungsverbote wegen der Geburt eines weiteren Kindes nach §§ 3 Abs. 2, 6 Abs. 1 MuSchG, soweit die Elternzeit nicht unterbrochen wird. Auch das Europäische Gemeinschaftsrecht (insbes. Art. 141 EGV) steht dem nicht entgegen (*BAG* 15.4.2003 EzA Art. 141 EG-Vertrag 1999 Nr. 14 = NZA 2004, 46).

Wird das Urlaubsgeld nicht proportional zur erzielten Vergütung, sondern als Pauschalbetrag gezahlt, so ist bei **Teilzeitbeschäftigten** gleichwohl eine Kürzung entsprechend ihres Arbeitsdeputats im Verhältnis zu einem Vollzeitbeschäftigten zulässig (*BAG* 15.11.1990 EzA § 2 BeschFG 1985 Nr. 5; **a.A.** MünchArbR/*Schüren* § 162 Rz. 87). 2290

k) Die zeitliche Festlegung des Urlaubs

aa) Recht und Pflicht des Arbeitgebers; Urlaubsverlangen des Arbeitnehmers; Betriebsferien

Ist der Urlaubsanspruch mit dem Beginn des Kalenderjahres entstanden, wird er **zugleich** 2291
mit diesem Zeitpunkt **fällig** (§ 271 Abs. 1 BGB). Der Arbeitnehmer hat gem. § 1 BUrlG einen Anspruch auf Urlaubsgewährung i.S.d. bezahlten Freistellung von der Arbeitspflicht durch eine entsprechende Willenserklärung des Arbeitgebers. Der Arbeitgeber hat das Recht zur zeitlichen Festlegung des Urlaubs.

Das *BAG* (18.12.1986 EzA § 7 BUrlG Nr. 48) geht davon aus, dass der Arbeitgeber als 2292
Schuldner des Urlaubsanspruchs zur zeitlichen Festlegung des Urlaubs gem. § 7 Abs. 1 BUrlG darüber hinaus auch verpflichtet ist. Einer Geltendmachung des Anspruchs durch den Arbeitnehmer bedarf es an sich nicht, weil der Arbeitgeber auch ohne Aufforderung den Urlaub gewähren kann. Andererseits erlischt der Anspruch gem. § 7 Abs. 3 BUrlG, wenn eine Aufforderung durch den Arbeitnehmer unterbleibt (*LAG Nbg.* 29.8.2006 LAGE § 7 BUrlG Abgeltung Nr. 19 = ZTR 2007, 104; MünchArbR/*Leinemann* § 89 Rz. 67). Die Erhebung einer **Kündigungsschutzklage** beinhaltet i.d.R. nicht die Geltendmachung von Urlaubsansprüchen; der Arbeitnehmer hat auch im gekündigten Arbeitsverhältnis seinen Urlaubsanspruch ausdrücklich i.S.v. § 286 Abs. 1 BGB geltend zu machen, indem er den Arbeitgeber auffordert, den Urlaub zeitlich festzulegen (*BAG* 18.9.2001 NZA 2002, 895).

Das Urlaubsverlangen des Arbeitnehmers muss so **rechtzeitig** erfolgen, dass die Gewährung 2293
des Urlaubs noch vor Ablauf der gesetzlichen oder tariflichen Urlaubsbefristung möglich ist (*BAG* 7.11.1985 EzA § 7 BUrlG Nr. 41).

Eine wirksame Geltendmachung des Urlaubs durch einen am **Streik** teilnehmenden 2294
Arbeitnehmer liegt insoweit nur dann vor, wenn er sich, zumindest vorübergehend, zur Wiederaufnahme der Arbeit bereit erklärt hat (*BAG* 24.9.1996 EzA § 7 BUrlG Nr. 102; vgl. dazu *Dütz/Dürrwächter* SAE 1998, 159 ff.). Zur Wirksamkeit der Geltendmachung gehört auch die **Bereitschaft**, die **Arbeitspflicht** – wieder – **zu erfüllen.** Die bloße Anzeige der »Urlaubsfähigkeit« nach längerer Krankheit reicht nicht aus (*LAG Köln* 1.10.1998 NZA-RR 1999, 404).

Mit der Festlegung von Beginn und Ende des Urlaubs hat der Arbeitgeber die erforderli- 2295
che Leistungshandlung vorgenommen. **Die Leistung ist bewirkt, wenn der Leistungserfolg eingetreten ist, also der Arbeitnehmer den Urlaub erhalten hat** (MünchArbR/*Leinemann* § 89 Rz. 70).

Der Arbeitgeber erfüllt den gesetzlichen Urlaubsanspruch des Arbeitnehmers z.B. dann, 2296
wenn er während der Kündigungsfrist Urlaub gewährt (*BAG* 6.9.2006 EzA § 615 BGB 2002 Nr. 16 = NZA 2007, 37) und der Arbeitnehmer keine anderweitigen Urlaubswünsche äußert.

Widerspricht der Arbeitnehmer der Urlaubsgewährung, so ist dies allein noch keine Äußerung eines Urlaubswunsches i.S.d. § 7 Abs. 1 BUrlG.

2297 Der Arbeitgeber kann den Urlaubsanspruch auch dadurch erfüllen, dass er dem Arbeitnehmer das Recht einräumt, die konkrete Lage des Urlaubs in der Kündigungsfrist selbst zu bestimmen. Ist der Arbeitnehmer damit nicht einverstanden, weil er ein Annahmeverweigerungsrecht geltend macht, so hat er dies dem Arbeitgeber unverzüglich mitzuteilen. Unterbleibt eine solche Mitteilung, kann der Arbeitgeber davon ausgehen, der Arbeitnehmer lege die Urlaubszeit selbst fest. Ein späteres Urlaubsabgeltungsverlangen wäre rechtsmissbräuchlich (§ 242 BGB) und deshalb nicht begründet (*BAG* 6.9.2006 EzA § 615 BGB 2002 Nr. 16 = NZA 2007, 37).

2298 Steht dem Arbeitnehmer mehr Urlaub als der gesetzliche Urlaub zu, können die Parteien hierfür auch vereinbaren, dass er ohne Berücksichtigung entgegenstehender Wünsche des Arbeitnehmers während der Dauer der Kündigungsfrist zu gewähren ist (*BAG* 22.9.1992 EzA § 7 BUrlG Nr. 87).

2299 Hat der Arbeitgeber zu Beginn des Urlaubsjahres den Erholungsurlaub zeitlich festgelegt, so besteht keine Verpflichtung zur anderweitigen Neufestsetzung, wenn die Arbeitnehmerin danach schwanger wird und für die vorgesehene Urlaubszeit ihre Beschäftigung wegen der Beschäftigungsverbote der §§ 3, 4 MuSchG verboten ist.

2300 Mit der Festlegung des Urlaubszeitraums entsprechend den Wünschen der Arbeitnehmerin hat der Arbeitgeber als Schuldner des Urlaubsanspruchs das Erforderliche nach § 7 Abs. 1 BUrlG getan. Wird die Freistellung nachträglich wegen der Beschäftigungsverbote der §§ 3, 4 MuSchG unmöglich, so wird der Arbeitgeber von der Freistellungsverpflichtung nach § 275 BGB frei, soweit die Unmöglichkeit nicht auf krankheitsbedingter Arbeitsunfähigkeit (§ 9 BUrlG) beruht (*BAG* 9.8.1994 EzA § 7 BUrlG Nr. 97).

2301 **Einzelfälle:**

2302 ▶ Vereinbaren die Arbeitsvertragsparteien, dass sich die Arbeitspflicht einer Arbeitnehmerin im Reinigungsdienst auf die Schultage und die während der Ferienzeit anfallende sog. Grundreinigung beschränkt, so kann ihr in der übrigen Ferienzeit kein Urlaub gewährt werden. Die Arbeitnehmerin hat während dieser Zeit keinen Anspruch auf Urlaubsentgelt (*BAG* 19.4.1994 EzA § 4 TVG Gebäudereinigerhandwerk Nr. 2).

2303 ▶ Ein Saisonbetrieb, z.B. ein Freizeitpark, der nur von April bis Oktober für Publikumsverkehr geöffnet ist, kann i.d.R. das Urlaubsbegehren seines Arbeitnehmers innerhalb der Saison unter Hinweis auf dringende betriebliche Belange verweigern und ihn auf Zeiten der Betriebsschließung (Betriebsferien) verweisen, auch wenn während dieser Zeit interne Vorbereitungsarbeiten für die nächste Saison (Wartung, Reparatur) verrichtet werden. Erklärt sich der Arbeitnehmer in einem derartigen Betrieb im Arbeitsvertrag vorweg mit der Urlaubsnahme außerhalb der Saison einverstanden, liegt hierin keine von § 13 BUrlG untersagte Abweichung von § 7 Abs. 1 BUrlG, sondern eine Einigung über die Lösung eines Interessenkonflikts (*LAG Köln* 17.3.1995 NZA 1995, 1200 LS).

2304 ▶ Der Arbeitgeber kann auch in einem betriebsratslosen Betrieb **Betriebsferien** kraft des ihm obliegenden **Direktionsrechts** einführen. Diese begründen dringende betriebliche Belange i.S.v. § 7 Abs. 1 S. 1 BUrlG, hinter denen die individuellen Urlaubswünsche der Arbeitnehmer – von Härtefällen abgesehen – zurückstehen müssen (*LAG Düsseld.* 20.6.2002 ARST 2003, 84 m. Anm. *Kappelhoff* BB 2003, 158).

bb) Kritik in der Literatur

2305 In der Literatur (vgl. GK-BUrlG/*Bachmann* § 7 Rz. 4) wird demgegenüber davon ausgegangen, dass es sich um ein Gestaltungsrecht, ein Leistungsbestimmungsrecht des Arbeitgebers handelt, das durch eine Willenserklärung gem. §§ 104 ff. BGB in den Grenzen des § 106

GewO/§ 315 BGB ausgeübt wird und durch dessen Ausübung die Fälligkeit des Urlaubsanspruchs erst herbeigeführt wird.

2306 Insoweit ist insbes. fraglich, ob der Arbeitgeber zur zeitlichen Festlegung des Urlaubs verpflichtet ist (vgl. GK-BUrlG/*Bachmann* § 7 Rz. 9; s.o. Rn. 2159 ff.).

cc) Bestimmung des Urlaubszeitpunkts

2307 Für die Bestimmung des Zeitpunkts des Urlaubs sind die Umstände des Einzelfalles entscheidend. Notwendig ist gem. § 7 Abs. 1 BUrlG eine **Abwägung der beiderseitigen Interessen sowie der Interessen aller betroffener Arbeitnehmer**, wobei generell die Urlaubswünsche anderer Arbeitnehmer sowie entgegenstehende betriebliche Interessen des Arbeitgebers berücksichtigt werden müssen. Dringende betriebliche Gründe (vgl. dazu *BAG* 27.5.2003 EzA § 7 BUrlG Abgeltung Nr. 9) stehen der Urlaubsbewilligung aber nur dann entgegen, wenn sie zu einer **erheblichen betriebswirtschaftlichen Erschwerung führen** (*LAG RhPf* 25.1.1991 LAGE § 7 BUrlG Nr. 27). Das ArbG ist insbesondere **nicht an eine innerbetriebliche Vorgabe**, etwa des Inhalts **gebunden**, dass nie mehr als drei Arbeitnehmer überschneidend Urlaub nehmen dürfen. Denn wenn die antragsgemäße Urlaubsgewährung zu gewissen Störungen im Betriebsablauf führt, begründet dies allein noch keine betrieblichen Belange i.S.d. BUrlG. Denn diese treten regelmäßig beim Fehlen eines Mitarbeiters auf, sind hinzunehmen und durch einen entsprechenden Vorhalt von Personal auszugleichen (*ArbG Kaiserslautern* 29.6.2006 – 2 Ca 582/06 – ArbuR 2007, 60 LS).

2308 Im Übertragungszeitraum (§ 7 Abs. 3 BUrlG) sind die betrieblichen Belange und die Urlaubswünsche anderer Arbeitnehmer dagegen nicht zu berücksichtigen, ebenso wenig persönliche Annahmeverweigerungsgründe des Arbeitnehmers (MünchArbR/*Leinemann* § 89 Rz. 77).

dd) Bindung an die Urlaubsfestlegung

2309 Der Arbeitgeber ist ebenso wie der Arbeitnehmer an die von ihm vorgenommene Urlaubsfestlegung jedenfalls grds. gebunden und zur einseitigen Änderung der zeitlichen Festlegung nicht berechtigt (*BAG* 10.1.1974 EzA § 7 BUrlG Nr. 16).

2310 Fraglich ist, inwieweit ein **Widerruf vor Urlaubsantritt** z.B. in betrieblichen Notfällen, bei ganz unvorhergesehenen Ereignissen (dafür *BAG* 12.10.1961 AP Nr. 84 zu § 611 BGB Urlaubsrecht; dagegen GK-BUrlG/*Bachmann* § 7 Rz. 50 ff.) sowie ein **Rückrufsrecht** nach Urlaubsantritt (dafür mit der Maßgabe, dass besonders strenge Anforderungen zu stellen sind *Lepke* DB 1990, 1134; dagegen MünchArbR/*Leinemann* § 89 Rz. 80) in Betracht kommt. Hat der Arbeitgeber den Arbeitnehmer zur Erfüllung des Anspruchs auf Erholungsurlaub (§ 1 BUrlG) **freigestellt**, kann er den Arbeitnehmer jedenfalls **nicht** auf Grund einer Vereinbarung aus dem Urlaub **zurückrufen**. Denn eine solche Abrede verstößt gegen zwingendes Urlaubsrecht und ist gem. § 13 BUrlG rechtsunwirksam (*BAG* 20.6.2000 EzA § 1 BUrlG Nr. 23; *LAG Hamm* 11.12.2002 NZA-RR 2003, 347; *ArbG Ulm* 24.6.2004 NZA-RR 2004, 627); der Arbeitgeber erfüllt den Urlaubsanspruch **nur durch eine unwiderrufliche Befreiung** von der Arbeitspflicht. Die Unwiderruflichkeit ist Rechtsfolge der Urlaubserteilung. Sie muss deshalb nicht gesondert vom Arbeitgeber erklärt werden. Behält sich der Arbeitgeber bei Urlaubserteilung den Widerruf vor, fehlt die zur Erfüllung des Urlaubsanspruchs notwendige Freistellungserklärung (*BAG* 14.3.2006 EzA § 7 BUrlG Nr. 117). Möglich ist aber die **Anfechtung der Urlaubserteilung** gem. §§ 119 ff., 123 BGB; auch kann der durch die Urlaubserteilung nach § 7 Abs. 1 BUrlG festgelegte Urlaubstermin einvernehmlich abgeändert werden (*LAG Hamm* 11.12.2002 NZA-RR 2003, 347).

2311 Ein bewilligter Urlaub wird auch nicht dadurch unterbrochen, dass während des Urlaubs der Betrieb bestreikt wird (*BAG* 9.2.1982 EzA § 1 BUrlG Nr. 18).

2312 Der Arbeitnehmer hat u.U. gem. § 242 BGB einen Anspruch auf **Abschluss eines Änderungsvertrages** über die zeitliche Festlegung des Urlaubs (GK-BUrlG/*Bachmann* § 7 Rz. 58).

2313 Treten nach erfolgter Urlaubsgewährung **außergewöhnliche Umstände** ein, die einer Freistellung des Arbeitnehmers entgegenstehen, kann sich der Arbeitgeber nach Auffassung des *ArbG Ulm* (24.6.2004 NZA-RR 2004, 627) auf den Wegfall der Geschäftsgrundlage berufen. Dies führt allerdings – nach der Schuldrechtsreform – **nicht zu einer automatischen Wiederherstellung der Arbeitspflicht des Arbeitnehmers.** Denn § 313 BGB gewährt nunmehr lediglich einen Anspruch auf Vertragsanpassung; die Rechtsfolgen des Wegfalls der Geschäftsgrundlage treten nicht mehr eo ipso – also von selbst – ein. Vielmehr bedarf es einer einvernehmlichen Vereinbarung zwischen dem Arbeitgeber und dem Arbeitnehmer über die Rückgängigmachung des genehmigten Urlaubs. Verweigert sich der Arbeitnehmer einer solchen, muss der Arbeitgeber diese durch eine gerichtliche Entscheidung ersetzen lassen (so jedenfalls das *ArbG Ulm* 24.6.2004 a.a.O.).

ee) Mitteilung der Urlaubsanschrift?

2314 Eine Verpflichtung des Arbeitnehmers, dem Arbeitgeber die Urlaubsanschrift mitzuteilen, besteht nicht (*BAG* 16.12.1980 EzA § 130 BGB Nr. 10).

ff) Zusammenhängende Urlaubsgewährung

2315 Der Urlaub ist gem. § 7 Abs. 2 BUrlG grds. **zusammenhängend zu gewähren**, damit dem Arbeitnehmer in regelmäßigen Abständen hinreichend Zeit zur Erholung gewährt wird, die nach medizinischen Erkenntnissen mindestens drei Wochen umfassen sollte (MünchArbR/*Leinemann* § 89 Rz. 64).

2316 **Verbotswidrig entgegen § 7 Abs. 2 BUrlG gewährter Urlaub ist keine Erfüllung des Urlaubsanspruchs.** Dies gilt auch dann, wenn eine entsprechende Aufteilung des Urlaubs auf einer Vereinbarung zwischen Arbeitgeber und Arbeitnehmer beruht. Der Arbeitnehmer ist insoweit grds. nicht daran gehindert, den gesetzlichen Mindesturlaub in zusammenhängender Form nachzufordern (*BAG* 29.7.1965 AP Nr. 1 zu § 7 BUrlG).

gg) Selbstbeurlaubungsrecht des Arbeitnehmers?

2317 Fraglich ist, ob ein Selbstbeurlaubungsrecht des Arbeitnehmers besteht, insbes. dann, wenn der Arbeitgeber die Gewährung von Urlaub grundlos verweigert (dafür *Neumann/Fenski* § 7 Rz. 43; dagegen MünchArbR/*Leinemann* § 89 Rz. 71).

2318 Das *BAG* (20.1.1994 EzA § 626 BGB n.F. Nr. 153; ebenso *LAG Hamm* 21.10.1997 NZA-RR 1999, 76; *LAG Köln* 16.3.2001 NZA-RR 2001, 533; *ArbG Nbg.* 28.7.1998 NZA-RR 1999, 80) geht davon aus, dass angesichts des umfassenden Systems gerichtlichen Rechtsschutzes (Möglichkeit der Leistungsklage sowie einer Einstweiligen Verfügung) ein Recht des Arbeitnehmers, sich selbst zu beurlauben, grds. abzulehnen ist.

2319 Es hat aber andererseits offen gelassen, ob etwas anderes nicht ausnahmsweise dann gilt, wenn innerhalb des Urlaubsjahres, des Übertragungszeitraums oder der Kündigungsfrist nur noch ein dem restlichen Urlaubsanspruch entsprechender Zeitraum zur Verfügung steht und sich der Arbeitgeber **grundlos weigert, den Urlaub zu gewähren** (dafür *LAG RhPf* 25.1.1991 LAGE § 7 BUrlG Nr. 27; KR-*Fischermeier* § 626 BGB Rz. 452).

2320 Tritt der Arbeitnehmer folglich eigenmächtig einen vom Arbeitgeber nicht genehmigten Urlaub an, so verletzt er seine arbeitsvertraglichen Pflichten, und ein solches Verhalten ist an sich geeignet, einen wichtigen Grund zur fristlosen Kündigung darzustellen (*LAG Hamm* 17.10.2007 NZA-RR 2008, 294; s. aber unten Kap. 4 Rn. 1278).

Allerdings ist es bei einer fristlosen Kündigung wegen eigenmächtigen Urlaubsantritts in der Interessenabwägung **zu Gunsten des Arbeitnehmers zu berücksichtigen**, wenn der Arbeitgeber **zu Unrecht einen Urlaubsantrag abgelehnt** und von vornherein den Betriebsablauf nicht so organisiert **hat**, dass die Urlaubsansprüche des Arbeitnehmers nach den gesetzlichen Vorschriften erfüllt werden konnten. 2321

Ist gerichtliche Hilfe zur Durchsetzung eines Urlaubsanspruchs nicht rechtzeitig zu erlangen (Arbeit auf einer Baustelle in Indonesien), so kann auch bei einem eigenmächtigen Urlaubsantritt des Arbeitnehmers im Einzelfall eine fristlose Kündigung ausnahmsweise dann unwirksam sein, wenn der Arbeitgeber u.a. aus eigenem finanziellen Interesse erhebliche Urlaubsansprüche des Arbeitnehmers hat auflaufen lassen und ihr Verfall droht (*BAG* 20.1.1994 EzA § 626 BGB n.F. Nr. 153; s. auch *LAG Hamm* 21.10.1997 NZA-RR 1999, 76: bei nicht gesetzestreuem Verhalten des Arbeitgebers kommt nur eine ordentliche Kündigung in Betracht). 2322
Auch kann eine außerordentliche Kündigung dann in eine ordentliche Kündigung umzudeuten sein, wenn der Arbeitnehmer dem **Irrtum** unterliegt, sein **Urlaubsanspruch gehe** wegen bevorstehender Insolvenzeröffnung **unter** (*LAG Hamm* 17.10.2007 NZA-RR 2008, 294).

l) Verfallfristen

aa) Grundlagen

Fraglich ist, ob in einem Tarifvertrag Ausschlussfristen auch für den gesetzlichen Urlaubsanspruch oder den gesetzlichen Urlaubsabgeltungsanspruch möglich sind. 2323

Das *BAG* (5.4.1984 EzA § 13 BUrlG Nr. 19) geht davon aus, dass durch Einzelvertrag auch ein Teilurlaubsanspruch nicht an eine Ausschlussfrist geknüpft werden kann, weil zum Inhalt eines Rechts auch die Dauer gehört, innerhalb derer er ausgeübt werden kann. Folglich wird durch eine Ausschlussfrist, die auf einer Vereinbarung beruht, der Urlaubsanspruch des Arbeitnehmers zu seinem Nachteil abgeändert. 2324

Daraus folgt nach Auffassung von *Leinemann* (MünchArbR § 90 Rz. 109), dass zwar für Teilurlaubsansprüche, die der Vereinbarungsbefugnis der Tarifvertragsparteien nach § 13 BUrlG unterliegen, tarifliche Ausschlussklauseln wirksam sein können, dass aber **eine tarifvertragliche Ausschlussfrist keinen Bestand haben kann, wenn sie die Dauer der Ausübung für den gesetzlichen Urlaubs- oder Urlaubsabgeltungsanspruch verkürzt**. Für den zusätzlich zum gesetzlichen Mindesturlaub von den Tarifvertragsparteien geregelten Urlaubsanspruch bestehen die durch das BUrlG vorgegebenen Bindungen dagegen nicht. 2325

Andererseits können Tarifvertragsparteien für den mit Beendigung des Arbeitsverhältnisses an die Stelle des Urlaubsanspruchs tretenden Abgeltungsanspruch Ausschlussfristen jedenfalls im Umfang des (über den gesetzlichen Mindesturlaub hinausgehenden Teils des) tariflichen Urlaubsanspruchs vereinbaren (*BAG* 25.8.1992 EzA § 4 TVG Ausschlussfristen Nr. 101). 2326

Ob Tarifvertragsparteien auch befugt sind, den Bestand der nach dem BUrlG garantierten Mindesturlaubstage und die Abgeltung dafür nach § 7 Abs. 4 BUrlG bis zum Ablauf des Urlaubsjahres bzw. des Übertragungszeitraums von der Erfüllung weiterer Voraussetzungen (z.B. der schriftlichen und gerichtlichen Geltendmachung innerhalb bestimmter Fristen) abhängig zu machen, ist fraglich (dafür *BAG* 3.2.1971 AP Nr. 9 zu § 7 BUrlG Abgeltung; offen gelassen in *BAG* 25.8.1992 EzA § 4 TVG Ausschlussfristen Nr. 101; dagegen GK-BUrlG/*Bachmann* § 7 Rz. 208 f. m.w.N.). 2327

Einzelvertraglich festgelegte Ausschlussfristen (s. u. Rn. 4875 ff.) für die Geltendmachung des **Urlaubsanspruchs verändern jedenfalls den gesetzlich geregelten Mindesturlaub zu Ungunsten des Arbeitnehmers. Sie sind daher nach § 13 Abs. 1 BUrlG unzulässig** (*BAG* 18.11.2003 EzA § 613a BGB 2002 Nr. 19). 2328

bb) Einzelfälle

2329 **Eine tarifliche Ausschlussfrist, nach der gegenseitige Ansprüche aller Art aus dem Arbeitsverhältnis – ausgenommen Lohnansprüche – nur innerhalb von einem Monat seit Fälligkeit des Anspruchs schriftlich geltend gemacht werden können, ist auf Urlaubs- und Urlaubsabgeltungsansprüche nicht anzuwenden.** Denn die Ausgestaltung der Urlaubsvorschriften im Tarifvertrag und im BUrlG zwingt den Arbeitnehmer lediglich, seine Ansprüche rechtzeitig vor Ablauf des Urlaubsjahres oder des Übertragungszeitraums zu verlangen. Wäre daneben außerdem noch die allgemeine tarifliche Ausschlussfrist anzuwenden, müssten die Arbeitnehmer im Januar jeden Jahres ihre Urlaubsansprüche schriftlich geltend machen, wollten sie deren Verfall verhindern. Das entspricht aber weder den Vorstellungen der Tarifvertragsparteien über Bestand und Erlöschen von Urlaubs- und Urlaubsabgeltungsansprüchen noch dem Gesamtzusammenhang der von ihnen getroffenen Regelungen (*BAG* 24.11.1992 EzA § 4 TVG Ausschlussfristen Nr. 102).

2330 **Andererseits kann sich aber aus dem Gesamtzusammenhang der konkreten tariflichen Regelung auch ergeben, dass jedenfalls der Urlaubsabgeltungsanspruch einer Ausschlussfrist unterliegt**, wenn diese für »Ansprüche der Arbeitnehmer aus dem Arbeitsverhältnis« eingreift und zwischen Ansprüchen auf Zuschläge aller Art (zwei Monate nach Fälligkeit) und »alle(n) übrigen Ansprüchen« (sechs Monate nach Fälligkeit, spätestens drei Monate nach Beendigung des Arbeitsverhältnisses) differenziert und weiter vorsieht, dass Ansprüche, die nicht innerhalb dieser Fristen geltend gemacht werden, verwirkt sind, es sei denn, dass der Arbeitnehmer durch unverschuldete Umstände nicht in der Lage war, diese Fristen einzuhalten (*BAG* 20.4.1989 EzA § 7 BUrlG Nr. 65).

2331 Eine schriftliche Mahnung des Arbeitnehmers, ihm Urlaub zu gewähren, wahrt die tarifliche Ausschlussfrist auch für den nach Ablauf des Urlaubsjahres oder des Übertragungszeitraums entstehenden Schadensersatzanspruch, der entweder auf Gewährung von Urlaub (Ersatzurlaubsanspruch) oder auf Zahlung gerichtet ist (*BAG* 24.11.1992 EzA § 4 TVG Ausschlussfristen Nr. 102).

2332 Hat der schwer behinderte Arbeitnehmer für den Urlaubsanspruch die tarifliche Ausschlussfrist des § 63 Abs. 2 BMT-G II gewahrt, so braucht auch er nach Eintritt der Unmöglichkeit den an seine Stelle tretenden Ersatzurlaubsanspruch nicht noch einmal geltend zu machen (*BAG* 22.10.1991 EzA § 47 SchwbG 1986 Nr. 1).

m) Unabdingbarkeit (§ 13 BUrlG)

aa) Verfügungsverbot

2333 Gem. **§ 13 Abs. 1 S. 3 BUrlG** ist der Anspruch des Arbeitnehmers auf bezahlten Erholungsurlaub ebenso wie der Urlaubsabgeltungsanspruch im Urlaubsjahr unabdingbar.

2334 Deshalb kann der Arbeitnehmer über den gesetzlichen Mindesturlaub ebenso wie über Urlaubsansprüche aus Tarifvertrag oder Betriebsvereinbarung (vgl. *Neumann/Fenski* § 13 Rz. 56) z.B. **weder durch Erlassvertrag noch durch ein negatives Schuldanerkenntnis verfügen** (*BAG* 31.5.1990 EzA § 13 BUrlG Nr. 49).

2335 Der Arbeitgeber ist auch nicht berechtigt, dann, wenn ein türkischer Arbeitnehmer zur Ableistung seines auf zwei Monate verkürzten Wehrdienstes in seinem Heimatland durch den Arbeitgeber einvernehmlich ohne Vergütung von seiner Arbeitspflicht befreit worden ist, für diese Zeit den Urlaubsanspruch des Arbeitnehmers anteilig zu kürzen (*BAG* 30.7.1986 EzA § 3 BUrlG Nr. 15).

2336 Die Erklärung in einem Aufhebungsvertrag, alle Ansprüche aus dem Arbeitsverhältnis seien erfüllt, umfasst folglich wirksam (nur) solche Urlaubsansprüche, über die der Arbeitnehmer verfügen kann; der gesetzliche Mindesturlaub gehört dazu nicht (*BAG* 20.1.1998 EzA § 13 BUrlG Nr. 57).

Bei der Prüfung der Frage, ob eine Regelung des Urlaubsentgelts günstiger ist als die gesetzliche, sind weder das Urlaubsgeld noch eine gegenüber dem Gesetz höhere Anzahl von Urlaubstagen in den Günstigkeitsvergleich einzustellen. Da die Tarifvertragsparteien bei Abschluss des Tarifvertrages wissen müssen, ob die von ihnen getroffene Regelung wirksam ist oder nicht, kommt es beim Günstigkeitsvergleich auf eine abstrakte Betrachtung der tariflichen Regelung und nicht ihre konkreten Auswirkungen im Einzelfall an (*BAG* 22.1.2002 EzA § 13 BUrlG Nr. 58).

bb) Tarifdispositivität

(1) Grundlagen

Von §§ 1, 2, 3 Abs. 1 BUrlG abgesehen ist das BUrlG dem Tarifvertrag und der Bezugnahme auf den Tarifvertrag gegenüber dispositiv. Abweichende Tarifregelungen gelten allerdings ohne Rücksicht darauf, ob sie für den Arbeitnehmer günstiger oder ungünstiger sind (z.B. bei der Anwendung von Ausschlussfristen; vgl. GK-BUrlG/*Berscheid* § 13 Rz. 14 ff.). 2337

(2) Einzelfragen

Dagegen ist ein Ausschluss oder eine Kürzung des Anspruchs nach § 5 Abs. 1 lit. c BUrlG durch eine tarifvertragliche Regelung nicht wirksam möglich, weil dieser Anspruch mit dem durch § 1 BUrlG unabdingbaren und damit tariflich nicht abänderbaren Mindesturlaubsanspruch identisch ist (*BAG* 18.6.1980 EzA § 13 BUrlG Nr. 14). 2338

Möglich ist es aber, durch tarifliche Regelung die Fälligkeit von Teilurlaubsansprüchen hinauszuschieben. Scheidet ein Arbeitnehmer dann vor Fälligkeit eines solchen Anspruchs aus dem Arbeitsverhältnis aus, steht ihm der Anspruch nicht zu (*BAG* 15.12.1983 EzA § 13 BUrlG Nr. 17). Ebenso kann durch tarifvertragliche Regelung das Entstehen von Teilurlaubsansprüchen für neu eintretende Arbeitnehmer hinausgeschoben werden (*BAG* 25.10.1984 EzA § 13 BUrlG Nr. 20). 2339

Nicht zulässig ist es dagegen, Urlaubsansprüche von Arbeitnehmern, die in der zweiten Hälfte eines Kalenderjahres aus dem Arbeitsverhältnis ausscheiden, auszuschließen oder zu mindern, etwa indem der Urlaubsanspruch insgesamt gezwölftelt oder von der Erbringung von Arbeitsleistungen abhängig gemacht wird (*BAG* 8.3.1984 EzA § 13 BUrlG Nr. 18). 2340

Solche Änderungen sind nur für Urlaub möglich, der von den Tarifvertragsparteien zusätzlich zum gesetzlichen Mindesturlaub vereinbart ist. Denn in der Ausgestaltung eines solchen Mehrurlaubs sind die Tarifvertragsparteien ebenso frei wie die Parteien des Arbeitsvertrages (vgl. *BAG* 3.10.1972 EzA § 9 BUrlG Nr. 5). Deshalb können durch Tarifvertrag nach Dienstplan freie Tage, die sich an einen tariflichen Urlaub anschließen, in die Berechnung der Urlaubsdauer einbezogen werden (*BAG* 17.11.1983 EzA § 13 BUrlG Nr. 16). 2341

Andererseits ist eine tarifliche Regelung, nach der Abgeltungsansprüche nur entstehen, wenn der Urlaub vor Beendigung des Arbeitsverhältnisses aus betrieblichen Gründen nicht gewährt werden konnte, unwirksam, soweit durch sie der Urlaubsabgeltungsanspruch im Umfang des gesetzlichen Urlaubs nach den §§ 1, 3 BUrlG, u.U. auch gem. § 125 SGB IX gemindert wird (*BAG* 10.2.1987 EzA § 13 BUrlG Nr. 31). 2342

Durch eine tarifliche Regelung kann der gesetzliche Urlaubs- und Urlaubsabgeltungsanspruch eines Arbeitnehmers, der nach erfüllter Wartefrist **unberechtigt vorzeitig aus dem Arbeitsverhältnis ausscheidet, nicht ausgeschlossen werden.** Das trifft auch dann zu, wenn der Arbeitnehmer nach erfüllter Wartefrist in der ersten Hälfte eines Kalenderjahres aus dem Arbeitsverhältnis ausscheidet (*BAG* 18.6.1980 EzA § 13 BUrlG Nr. 14). 2343

(3) Eindeutigkeit und Klarheit abweichender Regelungen

2344 Insgesamt müssen vom BUrlG zum Nachteil des Arbeitnehmers abweichende tarifliche Regelungen – auch im gem. § 4 Abs. 5 TVG nachwirkenden Tarifvertrag – eindeutig und klar sein. **Bleiben Zweifel, so gehen sie zu Lasten des Arbeitgebers.** Denn sonst bestünde entgegen dem Sinn der den Tarifvertragsparteien in § 13 Abs. 1 BUrlG übertragenen Ordnungsaufgabe weitgehend Unklarheit über die Urlaubsbedingungen (GK-BUrlG/*Berscheid* § 13 Rz. 18 ff.).

cc) Einzelvertragliche oder in Betriebsvereinbarungen vorgesehene Abweichungen

2345 Einzelvertragliche oder in Betriebsvereinbarungen vorgesehene Abweichungen sind im Umfang des gesetzlichen Mindesturlaubs nur zu Gunsten des Arbeitnehmers möglich. Der notwendige Günstigkeitsvergleich ist bezogen auf den einzelnen Arbeitnehmer als Gruppenvergleich vorzunehmen, d.h. es sind gegenüberzustellen die in einem inneren Zusammenhang stehenden einzelvertraglichen und gesetzlichen Urlaubsbestimmungen (GK-BUrlG/*Berscheid* § 13 Rz. 44 ff.).

2346 Folglich ist eine vertragliche Regelung, die den während des gesetzlichen Mindesturlaubs weiter bestehenden Vergütungsanspruch des Arbeitnehmers mindert, unwirksam (*BAG* 21.3.1985 EzA § 13 BUrlG Nr. 23).

2347 Steht dem Arbeitnehmer dagegen mehr als der gesetzliche Urlaub zu, so können die Parteien hierfür vereinbaren, dass er ohne Berücksichtigung entgegenstehender Wünsche des Arbeitnehmers während der Dauer der Kündigungsfrist zu gewähren ist (*BAG* 22.9.1992 EzA § 7 BUrlG Nr. 87).

dd) Besonderheiten bei sog. Treueurlaub

2348 Möglich ist auch die Gewährung eines sog. Treueurlaubs, z.B. auf Grund einer Urlaubsordnung.

2349 **Ein derartiger Treueurlaub z.B. für langjährige Betriebszugehörigkeit kann nicht ohne weiteres mit einem erhöhten Tarifurlaub verrechnet werden** (*BAG* 5.9.1985 EzA § 7 BUrlG Nr. 40). Erforderlich ist vielmehr, dass entweder der Tarifvertrag oder der Arbeitsvertrag eine entsprechende Möglichkeit **ausdrücklich vorsehen.**

2350 Hat sich der Arbeitgeber dagegen vertraglich vorbehalten, Ansprüche auf freiwillig gewährten zusätzlichen Treueurlaub entsprechend der Anhebung tariflicher Urlaubsansprüche zu kürzen, ist eine solche Herabsetzung wirksam, wenn der Treueurlaub an die Höhe des tariflichen Erholungsurlaubs gebunden war und sich der Gesamturlaubsanspruch im Ergebnis nicht verringert hat (*BAG* 26.5.1992 EzA § 4 TVG Tariflohnerhöhung Nr. 21).

ee) Vergleich

2351 Die Unabdingbarkeit gem. § 13 Abs. 1 S. 3 BUrlG steht grds. auch dem Verzicht auf den gesetzlichen Urlaubs- oder -abgeltungsanspruch durch gerichtliche oder außergerichtliche Vergleiche entgegen (vgl. *BAG* 31.5.1990 EzA § 13 BUrlG Nr. 49).

2352 Kein unzulässiger Verzichtsvergleich ist aber dann gegeben, wenn eine objektive oder subjektive Ungewissheit über die tatsächlichen Voraussetzungen des Anspruchs im Wege des gegenseitigen Nachgebens vertragsmäßig beseitigt wird, z.B. über die Tatsachen, die für die Berechnung des Urlaubsentgelts Bedeutung haben, oder die sonst für das Entstehen des Urlaubsanspruchs oder etwaige Einwendungen gegen ihn von Bedeutung sind (sog. Tatsachenvergleich; GK-BUrlG/*Bleistein* § 1 Rz. 104 f.; GK-BUrlG/*Berscheid* § 13 Rz. 49 f.; **a.A.** GK-BUrlG/*Bachmann* § 7 Rz. 215).

n) Zweckbindung des Urlaubs

aa) Verbot von Erwerbstätigkeit im Urlaub

Nach § 8 BUrlG darf ein Arbeitnehmer während des Urlaubs keine dem Urlaubszweck widersprechende Erwerbstätigkeit leisten. 2353

Erwerbstätigkeit ist eine Arbeit, die auf den Erwerb von Gegenleistungen gerichtet ist. Nicht jede Erwerbsarbeit ist aber »urlaubszweckwidrig« und damit eine Vertragsverletzung des Arbeitnehmers, sondern nur eine solche entgeltliche Tätigkeit, **die mit den suspendierten Arbeitspflichten annähernd zeitgleich sowie mit einer Verpflichtung zur Arbeit gekennzeichnet ist**, durch die sich der Arbeitnehmer die mit der Arbeitsbefreiung während der Urlaubsdauer gegebene **Möglichkeit nimmt, das mit dem Gesetz angestrebte Ziel einer selbst bestimmten Erholung zu verwirklichen** (MünchArbR/*Leinemann* § 91 Rz. 45, 47). 2354

bb) Rückzahlung des Arbeitsentgelts?

Verstößt der Arbeitnehmer gegen die Zweckbindung des Urlaubs (§ 8 BUrlG), indem er z.B. während des Urlaubs zu Erwerbszwecken arbeitet, so hat der Arbeitgeber keinen Anspruch auf Rückzahlung des auf den Urlaub entfallenden Arbeitsentgelts gem. § 812 Abs. 1 S. 2 2. Hs. BGB (*BAG* (25.2.1988 EzA § 8 BUrlG Nr. 2 gegen *BAG* 19.7.1973 EzA § 8 BUrlG Nr. 1). Denn der Inhalt des Urlaubsanspruchs besteht nur in der Verpflichtung des Arbeitgebers, den Arbeitnehmer für die Urlaubsdauer von der an sich geschuldeten Arbeitspflicht zu befreien. 2355

> Danach entfällt weder der Urlaubsanspruch noch der Urlaubsabgeltungsanspruch, wenn der Arbeitnehmer gegen § 8 BUrlG verstößt, weil es dafür weder in § 1 noch in § 8 BUrlG nach dem Wortlaut, dem systematischen Zusammenhang sowie dem Zweck einen Anhaltspunkt und damit eine Rechtsgrundlage gibt. Auch eine Kürzung der Urlaubsvergütung ist ausgeschlossen. 2356

cc) Tarifliche Regelungen

Auch die Tarifvertragsparteien sind nicht befugt, Regelungen zu treffen, mit denen durch ein tarifliches Verbot der Erwerbsarbeit während des Urlaubs in den gesetzlichen Urlaubsanspruch oder den Urlaubsabgeltungsanspruch eingegriffen wird. Das ist nur für Urlaubsansprüche möglich, die über den gesetzlichen Urlaub hinaus tariflich vereinbart sind (vgl. zu der deshalb gegebenen Teilunwirksamkeit von § 47 Abs. 8 BAT *BAG* 25.2.1988 EzA § 8 BUrlG Nr. 2). 2357

o) Rechtsschutz

aa) Leistungs-, Gestaltungsklage?

Besteht zwischen den Parteien Streit über die Urlaubsgewährung, so kann der Arbeitnehmer **Leistungsklage auf Urlaubsgewährung für einen bestimmten, in der Zukunft liegenden Zeitraum erheben** (*BAG* 18.12.1986 EzA § 7 BUrlG Nr. 48). Ein derartiger Klageantrag lautet z.B.: »Die Beklagte wird verurteilt, dem Kläger bezahlten Erholungsurlaub in der Zeit vom 15.5. – 30.6.1996 zu gewähren.« 2358

Danach bedarf es entgegen einer zum Teil in der Literatur (GK-BUrlG/*Bachmann* § 7 Rz. 60, 65) vertretenen Auffassung keiner Gestaltungsklage nach § 315 Abs. 3 S. 3 BGB (s.a. § 106 GewO), weil die Urlaubsgewährung im billigen Ermessen (§§ 315 ff. BGB; s.a. § 106 GewO) des Arbeitgebers steht. Nach Auffassung von *Leipold* (Anm. zu *BAG* 18.12.1986 AP Nr. 10 zu § 7 BUrlG) handelt es sich um eine Verbindung von Leistungsklage (Gewährung des Urlaubs) und Gestaltungsklage (Festlegung des Zeitpunkts des Urlaubs durch das Gericht). 2359

Vielmehr ist der Arbeitgeber als Schuldner des Urlaubsanspruchs verpflichtet, gem. § 7 Abs. 1 BUrlG die Urlaubswünsche des Arbeitnehmers zu berücksichtigen, sodass er auf den 2360

Urlaub für den vom Arbeitnehmer angegebenen Termin festzusetzen hat, jedenfalls dann, wenn die Voraussetzungen gem. § 7 Abs. 1 2. Hs. BUrlG, die einer Urlaubsbewilligung zu dem angegebenen Zeitpunkt entgegenstehen können, nicht erfüllt sind.

bb) Leistungs-, Feststellungsklage nach Fristablauf?

2361 **Die Klage mit einem derartigen Antrag wird aber dann unzulässig, wenn der vom Kläger genannte Urlaubstermin inzwischen verstrichen ist.** Denn dann ist sie auf eine inzwischen unmöglich gewordene Leistung gerichtet (*BAG* 18.12.1986 EzA § 7 BUrlG Nr. 48; abl. *Leipold* Anm. zu *BAG* AP Nr. 10 zu § 7 BUrlG, wonach zumindest eine Auslegung in einen Antrag auf Feststellung des weiter bestehenden Urlaubsanspruchs als solchen in Betracht kommt). Sie kann aber jedenfalls gem. §§ 263, 264 ZPO **umgestellt werden auf einen neuen, in der Zukunft liegenden Zeitraum**.

2362 Im Hinblick auf § 253 Abs. 2 Nr. 2 ZPO ist **zweifelhaft**, ob der Arbeitnehmer auch **Leistungsklage auf Urlaubsgewährung ohne zeitliche Festlegung** erheben kann, z.B. mit dem Antrag, »die Beklagte zu verurteilen, ihm im Kalenderjahr … zusätzlich 20 Tage Urlaub zu gewähren und dafür ein Urlaubsentgelt in Höhe von … Euro zu zahlen« oder »die Beklagte zu verurteilen, ihm 59 Tage Erholungsurlaub zu gewähren«, oder ob insoweit nur eine Feststellungsklage in Betracht kommt.

2363 Das *BAG* (25.11.1982 EzA § 6 BUrlG Nr. 3; 7.11.1985 EzA § 7 BUrlG Nr. 41) lässt – freilich ohne Begründung – (krit. deshalb GK-BUrlG/*Bachmann* § 7 BUrlG Nr. 62) auch eine nicht auf einen bestimmten Zeitraum bezogene Leistungsklage zu.

2364 Die Vollstreckung eines derartigen Urteils richtet sich nach **§ 894 ZPO** (*BAG* 19.1.1962 AP Nr. 86 zu § 611 BGB Urlaubsrecht; **a.A.** *Dörner* AR-Blattei Urlaub X A I 2: § 888 ZPO); **der Arbeitnehmer erreicht dadurch entgegen § 62 Abs. 1 S. 2 ArbGG jedoch keine vorläufige Vollstreckbarkeit der Entscheidung, weil die Vollstreckbarkeit dann erst mit Rechtskraft des Urteils eintritt.** Nach Auffassung von *Leinemann* (BB 1995, 1954 ff.) bedarf es, da § 894 und § 888 ZPO in diesem Zusammenhang ebenso wenig wie bei der Verurteilung zur Gewährung von Urlaub für einen bestimmten Zeitraum passen, dringend einer gesetzlichen Regelung. **Daneben ist aber jedenfalls auch eine Feststellungsklage (§ 256 ZPO) zulässig** (vgl. *BAG* 13.5.1982 EzA § 7 BUrlG Nr. 25; ebenfalls ohne Begründung).

2365 Zulässig sein kann u.U. ein **Antrag auf Feststellung, dass der Urlaub aus dem Vorjahr nicht durch eine vom Arbeitgeber damals erklärte widerrufliche Freistellung erfüllt ist** (*LAG Köln* 13.3.2007 NZA-RR 2007, 520; zum materiell-rechtlichen Problem s.o. Rn. 2191).

cc) Einstweilige Verfügung

2366 Bei Vorliegen der allgemeinen Voraussetzungen, insbes. glaubhaft gemachtem Verfügungsanspruch und Verfügungsgrund, kann auch eine einstweilige Verfügung auf Urlaubsbewilligung für einen bestimmten Zeitraum beantragt und erlassen werden (§§ 935, 940 ZPO; *LAG RhPf* 7.3.2002 – 7 Ta 226/02 – EzA-SD 16/02, S. 8 LS = ZTR 2002, 447 LS = NZA-RR 2003, 130; vgl. *Schäfer* Der einstweilige Rechtsschutz im Arbeitsrecht Rz. 98 ff.; *Corts* NZA 1998, 357 ff.; *Reinhard/Kliemt* NZA 2005, 549 f.).

2367 Allerdings ist zu berücksichtigen, dass der Arbeitnehmer nicht befugt ist, durch vorzeitige Aufwendungen, z.B. für eine Reise, eigenmächtig den Urlaubszeitpunkt festzulegen und so einen Verfügungsgrund zu schaffen, obwohl ihm an sich ausreichend Zeit zur Verfügung gestanden hätte, rechtzeitig einen Urlaubsantrag zu stellen (*LAG RhPf* 7.3.2002 – 7 Ta 226/02 – EzA-SD 16/02, S. 8 LS = ZTR 2002, 447 LS = NZA-RR 2003, 130; GK-BUrlG/*Bachmann* § 7 Rz. 69; *Reinhard/Kliemt* NZA 2005, 549 f.; enger *LAG Hamm* 31.1.1995 LAGE § 7 BUrlG Nr. 33: auf Ausnahmefälle zu beschränken).

Einer entsprechenden einstweiligen Verfügung steht nicht entgegen, dass durch sie bereits eine **Befriedigung des Urlaubsanspruchs** herbeigeführt wird, wenn die geschuldete Willenserklärung vom Arbeitgeber so kurzfristig erstritten werden muss, dass die Erwirkung eines Titels im Urteilsverfahren nicht möglich ist (*LAG RhPf* 7.3.2002 – 7 Ta 226/02 – EzA-SD 16/02, S. 8 LS = ZTR 2002, 447 LS = NZA-RR 2003, 130; *Schäfer* Der einstweilige Rechtsschutz im Arbeitsrecht Rz. 101 ff.; *Reinhard/Kliemt* NZA 2005, 549 f.; **a.A.** *Corts* NZA 1998, 357 ff., wonach das Begehren lediglich auf die Gestattung des Fernbleibens von der Arbeit zu richten ist). 2368

Demgegenüber ist nach Auffassung des *LAG Hamm* (31.1.1995 LAGE § 7 BUrlG Nr. 33) eine Ausnahme, die eine einstweilige Verfügung, gerichtet auf die Gewährung von Urlaub in einem bestimmten Zeitraum zulässt, nur dann gegeben, wenn ohne sie für den Verfügungsgläubiger ein ganz wesentlicher Schaden oder ein Verlust des geltend gemachten Anspruchs eintreten würde. 2369

Teilweise (*Rolfs* RdA 2001, 136) wird die Auffassung vertreten, im Anwendungsbereich des § 894 ZPO komme generell eine einstweilige Verfügung nicht in Betracht. Teilweise wird aus § 894 ZPO lediglich die Rechtsfolge abgeleitet, dass auch eine einstweilige Verfügung, bei der eine Willenserklärung ersetzt wird, erst mit der Rechtskraft des Beschlusses/Urteils vollstreckbar ist (*Corts* NZA 1998, 357 ff.). 2370

Demgegenüber ist nach einer weiteren, letztlich zutreffenden Auffassung **§ 894 ZPO** im hier maßgeblichen Zusammenhang gar **nicht anwendbar**, weil dies dem **Wesen des einstweiligen Verfügungsverfahrens widersprechen** würde. Die Vollstreckungswirkung tritt danach bereits mit der **Zustellung der Verfügungsentscheidung** ein (ErfK/*Dörner* § 7 BUrlG Rz. 55; KassArbR/*Schütz* 2.4 Rz. 667). 2371

Wie bei der einstweiligen Verfügung hinsichtlich der Arbeitszeitreduzierung (vgl. *Grobys/Bram* NZA 2001, 1182) lässt sich dieses Problem durch entsprechende Tenorierung bei zutreffender Antragstellung, auf die gem. § 139 ZPO hinzuwirken ist, umgehen. 2372

► **Beispiel:** 2373
Der Verfügungsbeklagte wird verurteilt, dem Antrag des Verfügungsklägers auf Bewilligung von Urlaub in der Zeit vom ... bis ..., bis zum Erlass einer erstinstanzlichen Entscheidung in der Hauptsache zuzustimmen.

Hinsichtlich des Antrags im einstweiligen Verfügungsverfahren ist zu beachten, dass es unzulässig ist, zu beantragen, festzustellen, dass ein vom Arbeitgeber bestimmter, in der Zukunft liegender Zeitraum nicht als Urlaub behandelt werden darf. Denn eine nur vorläufig feststellende einstweilige Verfügung kann keine verbindliche Klärung des strittigen Rechtsverhältnisses herbeiführen, weil dies aus rechtsstaatlichen Gründen allein dem Hauptverfahren vorbehalten bleiben muss und die Entscheidung im Eilverfahren gerade keine Bindungswirkung für das Hauptverfahren entfaltet. Stattdessen kann der betroffene Arbeitnehmer den grds. bestehenden Beschäftigungsanspruch für den fraglichen Zeitraum mit der Leistungsverfügung geltend machen (*LAG RhPf* 18.11.1996 BB 1997, 1643 LS). 2374

p) Der Urlaubsentgelt- und -abgeltungsanspruch; Pfändbarkeit

aa) Das Urlaubsentgelt (§ 11 BUrlG)

(1) Referenzprinzip

Mit der gesetzlichen Regelung der Weiterzahlungspflicht des Arbeitsentgelts in § 1 BUrlG und der Festlegung der Berechnung in § 11 BUrlG hat sich nach Auffassung des *BAG* (12.1.1989 EzA § 11 BUrlG Nr. 27) das Bedürfnis erledigt, das vor dem Inkrafttreten des BUrlG aus allgemeinen Erwägungen gewonnene Lebensstandardprinzip als Beurteilungsmaßstab für die Bemessung des Urlaubsentgelts heranzuziehen. 2375

Im Umfang des gesetzlichen Urlaubs – nicht für zusätzlich gewährte tarifliche Urlaubstage – ergeben sich daher auch die Grenzen einzelvertraglicher oder kollektivrechtlicher 2376

Regelungen nicht mehr aus dem Lebensstandardprinzip, sondern allein aus §§ 1, 11 BUrlG, die dem sog. Referenzprinzip folgen (*BAG* 19.9.1985 EzA § 13 BUrlG Nr. 24).

(2) Berechnung des Urlaubsentgelts

aaa) Grundlagen

2377 Das Urlaubsentgelt bemisst sich nach dem **durchschnittlichen Arbeitsentgelt**, das der Arbeitnehmer **in den letzten 13 Wochen vor dem Beginn des Urlaubs** erhalten hat (§ 11 Abs. 1 S. 1 BUrlG; s. *EuGH* 20.1.2009 EzA EG-Vertrag 1999 2003/88 Nr. 1; *LAG Düsseld.* 2.2.2009 LAGE § 7 BUrlG Nr. 45 für den gesetzlichen Mindesturlaub). Ist in diesem Zeitraum wegen einer Erkrankung des Arbeitnehmers **keine Vergütung** verdient worden, so berechnet sich die Urlaubsvergütung nach dem Durchschnittsentgelt, das der Arbeitnehmer **in den letzten 13 Wochen, in denen er einen Anspruch auf Arbeitsvergütung hatte**, verdient hat (*LAG Hamm* 8.12.2004 LAG Report 2005, 143).

2378 Dazu zählen z.B. **Zulagen** (z.B. Zeitzuschläge für Nachtarbeit, *BAG* 12.1.1989 EzA § 11 BUrlG Nr. 27), soweit sie nicht Aufwendungsersatz sind. Auch die **Berücksichtigung bezahlter Pausen** kann tarifvertraglich vorgesehen sein (so z.B. nach *BAG* 23.1.2001 NZA 2002, 224 Nr. 43 MTV holz- und kunststoffverarbeitende Industrie Rheinland-Pfalz).

2379 Mit Wirkung vom 1.10.1996 hat der Gesetzgeber § 11 Abs. 1 S. 1 BUrlG dahin ergänzt, dass zusätzlich für Überstunden gezahlter Arbeitsverdienst nicht berücksichtigt wird.

2380 Folglich ist der zusätzlich für **Überstunden** gezahlte Arbeitsverdienst aus der Bemessungsgrundlage **herauszunehmen** (*BAG* 9.11.1999 EzA § 11 BUrlG Nr. 44; vgl. dazu *Boemke* SAE 2001, 93 ff.). Wird allerdings durch einen Tarifvertrag zur Errechnung der während der Urlaubszeit zu zahlenden Bezüge der Durchschnitt des Entgelts **der letzten sechs Monate** vor Urlaubsantritt zugrunde gelegt, dann ist auch das Entgelt einzubeziehen, das für die in den Bezugszeitraum fallenden **Überstunden geleistet** wird (*BAG* 16.3.1999 EzA § 11 BUrlG Nr. 42; 18.5.1999 EzA § 11 BUrlG Nr. 43; 12.12.2000 NZA 2001, 514; 5.11.2002 EzA § 11 BUrlG Nr. 53 = NZA 2003, 1042).
Die Pflicht zur Fortzahlung des Entgelts bezieht sich unabhängig davon auch auf die **Überstunden, die der Arbeitnehmer ohne Arbeitsbefreiung während des Urlaubszeitraums verrichtet hätte**. Die Höhe des Entgelts für diese Arbeitszeit ist entsprechend § 11 Abs. 1 S. 1 BUrlG nach dem durchschnittlichen Arbeitsverdienst zu bemessen, das der Arbeitnehmer in den letzten 13 Wochen vor Beginn des Urlaubs erhalten hat (*BAG* 9.11.1999 EzA § 11 BUrlG Nr. 44; vgl. dazu *Boemke* SAE 2001, 93 ff.).
Die Tarifvertragsparteien können schließlich ausdrücklich abweichend von § 11 Abs. 1 BUrlG vereinbaren, dass bei der Berechnung des Urlaubsentgelts nach dem **Durchschnittsverdienst** die im Bezugszeitraum abgerechneten Überstunden und Überstundenzuschläge zu berücksichtigen sind. Ist in einer tarifvertraglichen Regelung andererseits der »Bruttoverdienst des Berechnungszeitraums (ausschließlich Überstundenbezahlung und Überstundenzuschläge)« zu berücksichtigen, so sind **Zuschläge**, die für Sonntagsarbeit und (Sonntags-)Nachtarbeit abgerechnet sind, nicht ausgeschlossen. Das gilt auch dann, wenn sie mit Zuschlägen für Überstunden zusammentreffen (*BAG* 3.4.2001 EzA § 4 TVG Druckindustrie Nr. 29 = NZA 2002, 453).

2381 **Während des Urlaubs weitergezahlte Teile des Urlaubsentgelts (z.B. Gewinn- und Umsatzbeteiligungen sowie Fremdprovisionen) sind nicht für die Berechnung des Urlaubsentgelts zu berücksichtigen, ebenso nicht Provisionen und Gratifikationen, die für das gesamte Jahr gezahlt werden.** Einmalige **tarifliche Ausgleichszahlungen** sind für die Berechnung der Urlaubsvergütung heranzuziehen, wenn sie wegen ihrer zeitlichen Zuordnung dem Entgelt des Arbeitnehmers im Bezugszeitraum zuzurechnen sind (*BAG* 14.3.1966 AP Nr. 3 zu § 11 BUrlG; 5.2.1970 AP Nr. 7 zu § 11 BUrlG; 21.7.1988 EzA § 4 TVG Metallindustrie Nr. 42; zur Berücksichtigung von Tariflohnerhöhungen vgl. *BAG* 17.11.1998 NZA 1999, 773). **Tarifliche Sonderzahlungen** und vermögenswirksame Leistungen, die einem Arbeitnehmer unabhängig von der Gewährung eines Urlaubs gezahlt werden, sind dagegen in die Berechnung des Durchschnittsverdienstes nach § 11 Abs. 1 S. 1 BUrlG nicht einzubeziehen (*BAG* 17.1.1991 EzA § 11 BUrlG Nr. 30; zur tariflich vorgesehenen Berücksichtigung der Vergütung für Rufbereitschaft vgl. *BAG* 20.6.2000 NZA 2001, 625).

Sind die Einkünfte des Arbeitnehmers aus **Provisionen** im Verlauf des Jahres unterschiedlich hoch, muss das während des Urlaubs weiterzuzahlende Urlaubsentgelt ggf. nach § 287 Abs. 2 ZPO ermittelt werden (*BAG* 19.9.1985 EzA § 13 BUrlG Nr. 24). Ist vereinbart, dass der Arbeitgeber auf die erwarteten Provisionen monatlich **Vorschüsse** leistet und später abrechnet, sind entsprechend der Vereinbarung die in den letzten drei vollen Kalendermonaten vor Urlaubsbeginn nach § 87a Abs. 1 S. 1 HGB fällig gewordenen Provisionsansprüche zugrunde zu legen. Im Bezugszeitraum fällige Ansprüche aus Bezirksprovision i.S.v. § 87 Abs. 2 HGB sind für die Durchschnittsberechnung nicht zu berücksichtigen (*BAG* 11.4.2000 EzA § 11 BUrlG Nr. 45). **2382**

Trinkgelder, die dem Bedienungspersonal in Gaststätten von den Gästen freiwillig gegeben werden, gehören jedenfalls bei Fehlen einer besonderen arbeitsvertraglichen Vereinbarung für Zeiten des Urlaubs nicht zum fortzuzahlenden Arbeitsentgelt (*BAG* 28.6.1995 EzA § 11 BUrlG Nr. 38; vgl. dazu *Treber* SAE 1997, 124 ff.). **2383**

Zu den europarechtlichen Vorgaben durch Art. 7 Abs. 1 RL 93/104/EG vgl. insoweit *EuGH* 16.3.2006 NZA 2006, 481 in einem Großbritannien betreffenden Fall. **2384**

bbb) Arbeitnehmerähnliche Personen

Gem. **§ 2 BUrlG** gelten die Regelungen des BUrlG auch für Personen, die wegen ihrer wirtschaftlichen Unselbstständigkeit als arbeitnehmerähnliche Personen anzusehen sind (vgl. *BAG* 15.11.2005 EzA § 2 BUrlG Nr. 5 = NZA 2007, 1320 LS). Die besonderen Beschäftigungsbedingungen arbeitnehmerähnlicher Personen können es allerdings erforderlich machen, für das ihnen zustehende Urlaubsentgelt einen anderen als den in § 11 BUrlG für den Regelfall vorgesehenen Berechnungszeitraum zugrunde zu legen (*BAG* 30.7.1975 EzA § 11 BUrlG Nr. 11). **2385**

ccc) Aufwandsentschädigungen; Sachbezüge; Ausgleichszahlungen

Aufwandsentschädigungen sind **kein Arbeitsverdienst**, es sei denn, der damit abgegoltene Aufwand fällt auch im Urlaub an oder sie sind wie **Nahauslösungen** pauschale Zahlungen, die unabhängig davon geleistet werden, ob im Einzelfall tatsächlich Aufwendungen entstanden sind. Soweit Nahauslösungen zu versteuern sind, gehören sie zum Arbeitsverdienst, sind also in die Berechnung des Urlaubsentgelts einzubeziehen. **Fernauslösungen** sind dagegen regelmäßig Aufwendungsersatz und zählen nicht zum Arbeitsentgelt (*BAG* 28.1.1982 EzA § 3 BUrlG Nr. 13; 30.3.1988 EzA § 1 LohnFG Nr. 92). **2386**

Sachbezüge sind Arbeitsverdienst i.S.v. § 11 Abs. 1 BUrlG. Werden sie während des Urlaubs nicht weiter gewährt, sind sie angemessen in bar abzugelten. Als angemessen sind die Sätze für Sachbezüge anzusehen, die bei der Steuerfestsetzung oder der Beitragsbemessung zur Sozialversicherung zugrunde gelegt werden (MünchArbR/*Leinemann* § 90 Rz. 18). **2387**

Bei der Berechnung des durchschnittlichen Arbeitsverdienstes sind bei einem Betriebsratsmitglied auch die im Referenzzeitraum erfolgten Ausgleichszahlungen nach § 37 Abs. 3 S. 2 Hs. 2 BetrVG zu berücksichtigen (*BAG* 11.1.1995 EzA § 37 BetrVG 1972 Nr. 123). **2388**

ddd) Verdiensterhöhungen, -kürzungen

Verdiensterhöhungen im Bezugszeitraum und im Urlaub sind zu berücksichtigen (**§ 11 Abs. 1 S. 2 BUrlG**), wenn sie nicht nur vorübergehend gewährt werden (vgl. zu einer tariflichen Regelung *BAG* 5.9.2002 NZA 2003, 873; *Busch* NZA 1996, 1246 ff.). **2389**

Eine Verdiensterhöhung in diesem Sinne liegt auch bei einer Änderung des Arbeitsverhältnisses von einem Teilzeit- zu einem Vollzeitarbeitsverhältnis oder bei einem Übergang von einem Ausbildungs- in ein Arbeitsverhältnis vor (vgl. *BAG* 21.5.1970 AP Nr. 1 zu § 11 BUrlG; 29.11.1984 EzA § 13 BUrlG Nr. 22). **2390**

2391 Verdienstkürzungen, die im Berechnungszeitraum infolge von Kurzarbeit, Arbeitsausfällen (z.B. wegen Betriebsunterbrechungen etwa wegen Rohstoffmangels oder Maschinenstillstands) oder unverschuldeter Arbeitsversäumnis (Krankheit, Wahrnehmung staatsbürgerlicher Pflichten, z.B. Tätigkeit als ehrenamtlicher Richter) eintreten, bleiben für die Berechnung des Urlaubsentgelts außer Betracht (**§ 11 Abs. 1 S. 3 BUrlG**; vgl. dazu *Busch* NZA 1996, 1246 ff.).

2392 Dagegen mindern **Bummeltage** als verschuldete Arbeitsversäumnis das Urlaubsentgelt ebenso wie Fehlzeiten infolge eines durch Trunkenheit des Arbeitnehmers verursachten Unfalls (MünchArbR/*Leinemann* § 90 Rz. 24).

eee) Besonderheiten bei flexibilisierter Arbeitszeit

2393 Bei flexibilisierter Arbeitszeit kann die Arbeitszeit im Bezugszeitraum und die durch den Urlaub ausgefallene Arbeitszeit jeweils unterschiedlich lang sein (vgl. insoweit zur Berechnung des Urlaubsentgelts bei Änderungen der vertraglich geschuldeten Arbeitszeitdauer ausf. mit Berechnungsbeispielen *Busch* NZA 1996, 1246 ff.).

2394 Insoweit ist für die Bestimmung des Umfangs der Urlaubsvergütung die Arbeitszeit maßgebend, während der der Arbeitnehmer ohne die Urlaubsgewährung hätte arbeiten müssen. Maßgeblich sind also nur die tatsächlichen Arbeitstage (Kalendertage mit Arbeitspflicht), nicht jedoch die zum Zeitausgleich zur Erreichung der individuellen regelmäßigen wöchentlichen Arbeitszeit festgesetzten freien Tage (*BAG* 8.11.1994 EzA § 11 BUrlG Nr. 36; 24.9.1996 EzA § 4 TVG Papierindustrie Nr. 5; **a.A.** für die Berechnung der Entgeltfortzahlung im Krankheitsfall *BAG* 10.7.1996 EzA § 1 LohnFG Nr. 128; krit. zu dieser Divergenz *Leinemann* BB 1998, 1414 ff.).

2395 Die zum Zeitausgleich für die Erreichung der individuellen regelmäßigen wöchentlichen Arbeitszeit festzulegenden **Freischichten** bleiben auch dann für die Berechnung der Urlaubsvergütung unberücksichtigt, wenn durch eine von § 614 BGB abweichende Regelung der die tarifliche wöchentliche Arbeitszeit übersteigende Anteil der tatsächlich geleisteten Arbeitszeit erst in dem Monat abgerechnet und bezahlt wird, in dem die Freischichttage liegen (sog. **Sparkassenmodell**, *BAG* 8.11.1994 EzA § 11 BUrlG Nr. 37).

2396 Denn § 11 Abs. 1 BUrlG stellt für die Bemessung des Urlaubsentgelts auf den durchschnittlichen Arbeitsverdienst im Bezugszeitraum ab (Geldfaktor), außerdem, ohne dies ausdrücklich hervorzuheben, auch auf die vom Arbeitnehmer im Bezugszeitraum geleistete Arbeitszeit sowie zugleich auf die für den Urlaub als gleich bleibend vorausgesetzten ausfallenden Arbeitsstunden (Zeitfaktor).

2397 Das im Urlaub weiter zu zahlende Arbeitsentgelt richtet sich daher nach dem durchschnittlichen Arbeitsentgelt und der an einem Urlaubstag an sich anfallenden Arbeitszeit (*BAG* 18.11.1988 EzA § 4 TVG Metallindustrie Nr. 53).

2398 Fallen im Urlaub höhere oder niedrigere Arbeitszeiten an, als sie im Bezugszeitraum geleistet worden sind, muss für die Berechnung des Urlaubsentgelts nicht nur das Durchschnittsentgelt im Bezugszeitraum bestimmt (Referenzprinzip), sondern auch festgestellt werden, wie viel Arbeitszeit jeweils im Urlaub ausfällt. Aus dem Produkt des für den Bezugszeitraum gewonnenen Geldfaktors und des sich aus dem Ausfall der Arbeitszeit ergebenden Zeitfaktors ist das Urlaubsentgelt zu errechnen. Hat der Arbeitnehmer deshalb eine regelmäßige Arbeitszeit von Montag bis Freitag von 8 Stunden, so hat er Anspruch darauf, dass ihm die wegen Urlaubs ausgefallene Arbeitszeit in diesem Umfang vergütet wird (*BAG* 7.7.1988 EzA § 4 TVG Metallindustrie Nr. 41). Während des Urlaubs entstehen für den im Freischichtmodell tätigen Arbeitnehmer aber **keine Zeitausgleichsanteile** (*BAG* 7.7.1988 EzA § 4 TVG Metallindustrie Nr. 40; 18.11.1988 EzA § 4 TVG Metallindustrie Nr. 52). Wird für das Überschreiten der tariflichen wöchentlichen Arbeitszeit ein Zeitausgleich durch Freischichten gewährt, bleiben diese bei der Berechnung der Urlaubsvergütung außer Betracht (*BAG* 18.11.1988 EzA § 4 TVG Metallindustrie Nr. 54; *BAG* 24.9.1996 EzA § 4 TVG Papierindustrie Nr. 5).

Zahlt der Arbeitgeber andererseits einen sog. **verstetigten Monatslohn**, so bedarf es bei der Bemessung des Zeitfaktors des Urlaubsentgelts für gewährte Urlaubstage grds. keiner Korrektur des Monatslohns. Der Umstand der unregelmäßig verteilten wöchentlichen Arbeitszeit bei Schichtarbeitnehmern ist vielmehr allein bei der Frage zu berücksichtigen, wie viele Urlaubstage diesen pro Urlaubsjahr zu gewähren sind (*LAG Bln.* 21.12.2004 LAGE § 11 BUrlG Nr. 13 = LAG Report 2005, 173). 2399

fff) Teilzeitbeschäftigte

Für die Berechnung des Urlaubsentgelts von Teilzeitbeschäftigten mit wechselnden Arbeitszeiten ergeben sich keine Besonderheiten (MünchArbR/*Leinemann* § 90 Rz. 30). Wird allerdings ein teilzeitbeschäftigter Arbeitnehmer unter Verletzung des Gleichbehandlungsgrundsatzes oder unter Verstoß gegen § 4 Abs. 1 TzBfG gegenüber vollzeitbeschäftigten Arbeitnehmern unterschiedlich vergütet, richtet sich sein Urlaubsentgelt nach dem anteiligen üblichen Arbeitsverdienst eines vollzeitbeschäftigten Arbeitnehmers (*BAG* 24.10.1989 EzA § 11 BUrlG Nr. 28). 2400

ggg) Lizenzfußballspieler

Die den Lizenzspielern der Bundesliga gezahlten Einsatz-, Spiel- und Punktprämien sind bei der Berechnung des Urlaubsentgelts für den gesetzlichen Urlaub nach § 11 BUrlG zu berücksichtigen (*BAG* 24.11.1992 EzA § 11 BUrlG Nr. 33). 2401

Gleiches gilt für die in den letzten 13 Wochen vor Urlaubsbeginn gezahlten Teilbeträge einer gestaffelten Jahresprämie, die nach den vertraglichen Abmachungen der Parteien innerhalb des laufenden Vertragsjahres jeweils nach Erreichen einer bestimmten Anzahl von Meisterschaftsspielen auszuzahlen sind (*BAG* 23.4.1996 EzA § 11 BUrlG Nr. 39). 2402

Wird mit einem **Lizenzfußballspieler** eine Vereinbarung getroffen, nach der mit einer monatlichen Bezügezahlung ein Vorschuss auf das Urlaubsentgelt geleistet wird, so verstößt das nicht gegen §§ 11 Abs. 1, 13 Abs. 1 S. 3 BUrlG (*BAG* 8.12.1998 EzA § 11 BUrlG Nr. 41). 2403

(4) Auszahlung des Urlaubsentgelts

Gem. § 11 Abs. 2 BUrlG ist das Urlaubsentgelt abweichend von § 614 BGB **vor Antritt des Urlaubs zu zahlen**. 2404

Allerdings ist die Erfüllung der Lohnfortzahlungspflicht nicht Inhalt der Pflicht zur Urlaubserteilung (*BAG* 18.12.1986 AP Nr. 19 zu § 11 BUrlG), sodass die nicht rechtzeitige Erfüllung dieses Anspruchs für die Wirksamkeit der Urlaubserteilung keine Bedeutung hat. 2405

Die Zahlung des Urlaubsentgelts setzt auch nicht voraus, dass sie in bestimmter, vom sonstigen Arbeitsentgelt abgegrenzter und unterscheidbarer Höhe erfolgt (MünchArbR/*Leinemann* § 90 Rz. 37 gegen *BAG* 3.11.1965 AP Nr. 1 zu § 11 BUrlG). 2406

Erhalten die Arbeitnehmer vertragsgemäß die Vergütung monatlich, so kann auch ohne ausdrückliche Absprache von einer schlüssigen Vereinbarung mit den betroffenen Arbeitnehmern ausgegangen werden, diese Zahlungsweise auch für den Urlaub beizubehalten. 2407

Dies ist nicht ungünstiger als die gesetzliche Regelung und daher nach § 13 Abs. 1 S. 3 BUrlG zulässig (GK-BUrlG/*Stahlhacke* § 11 Rz. 88). 2408

(5) Abweichende vertragliche Regelungen

2409 Die Tarifvertragsparteien können andere Berechnungsarten für das Urlaubsentgelt wählen (*BAG* 19.9.1985 EzA § 13 BUrlG Nr. 24; 26.6.1986 EzA § 4 TVG Metallindustrie Nr. 23), **sind aber an den sich aus § 1 Abs. 1 BUrlG ergebenden Umfang der Lohnzahlungspflicht für den gesetzlichen Mindesturlaub gebunden.** Eine Verringerung dieser Pflicht durch tarifliche Bestimmung ist ausgeschlossen.

2410 Aus **§ 11 Abs. 1 BUrlG** ist zu entnehmen, wie für die Urlaubszeit, insbes. bei ungleichmäßigen Bezügen, die Vergütung zu berechnen ist. Diese Berechnungsregel, die **keinen eigenen Anspruchstatbestand** enthält, ist die gesetzliche Grenze für die Auslegung des Begriffs »bezahlt« i.S.v. § 1 BUrlG. Daraus ist zu folgern, dass für den gesetzlichen Mindesturlaub eine Befugnis der Tarifvertragsparteien zu verneinen ist, von der nach § 1 BUrlG fortbestehenden Lohnzahlungspflicht abzuweichen. Daran ändert nichts, dass § 11 in § 13 BUrlG nicht genannt ist (MünchArbR/*Leinemann* § 90 Rz. 7).

2411 Die Tarifvertragsparteien können andererseits aber jede Methode zur Berechnung des Urlaubsentgelts heranziehen, die ihnen geeignet erscheint, ein Urlaubsentgelt sicherzustellen, wie es der Arbeitnehmer bei Weiterarbeit ohne Freistellung voraussichtlich hätte erwarten können. Allerdings sind damit Regelungen nicht vereinbar, die das Ziel der Kürzung des Urlaubsentgelts im Vergleich zum Arbeitsentgelt verfolgen (*BAG* 22.1.2002 EzA § 13 BUrlG Nr. 58). Die Tarifvertragsparteien dürfen für die Bemessung des Urlaubsentgeltes den konkreten Lohnausfall heranziehen. Ebenso dürfen sie regeln, das Urlaubsentgelt nach dem Durchschnitt der letzten vor der Urlaubsgewährung abgerechneten zwölf Kalendermonate zu bemessen. Das gilt auch für den gesetzlichen Mindesturlaub. Es ist auch zulässig, wenn die Tarifvertragsparteien dem Arbeitgeber die Auswahl zwischen beiden Berechnungsmethoden überlassen (*BAG* 3.12.2002 EzA § 11 BUrlG Nr. 55 = NZA 2003, 1219).

2412 Bestimmen Tarifvertragsparteien in einem Tarifvertrag, dass sich die Urlaubsvergütung nach dem **durchschnittlichen Arbeitsentgelt** bemisst, das der Arbeitnehmer in den letzten drei Monaten vor Beginn des Urlaubs erhalten hat, sind die in diesem Berechnungszeitraum ausgezahlten Beträge maßgeblich. Hat der Arbeitnehmer im Berechnungszeitraum **Mehrarbeit** geleistet, die Vergütung dafür aber entsprechend einer Betriebsvereinbarung erst zu einem späteren Zeitpunkt erhalten, ist die Mehrarbeitsvergütung bei der Berechnung des Urlaubsentgelts nicht zu berücksichtigen (*BAG* 1.10.1991 EzA § 11 BUrlG Nr. 31).

2413 Stellt eine Berechnungsregelung in einem Tarifvertrag für den Anspruch auf Urlaubsentgelt nur auf im Bezugszeitraum tatsächlich geleistete und bezahlte Arbeit ab, ist es ausgeschlossen, Arbeitszeit einzubeziehen, die wegen Kurzarbeit ausgefallen ist (*BAG* 27.1.1987 EzA § 11 BUrlG Nr. 20).

2414 § 47 Abs. 2 BAT sieht für neu eingestellte Arbeitnehmer vor, dass für die Berechnung der Höhe einer zu berücksichtigenden Zulage (Aufschlag) u.U. als Berechnungszeitraum an die Stelle des vorangegangenen Kalenderjahres auf die vor dem Beginn des Urlaubs liegenden **vollen Kalendermonate** abgestellt wird, in denen das Arbeitsverhältnis bestanden hat.

2415 Die aus der Elternzeit zurückkehrende Angestellte wird von dieser Vorschrift nicht erfasst; dies verstößt nicht gegen den Gleichheitssatz des Art. 3 Abs. 1 GG (*BAG* 19.3.1996 NZA 1996, 1218).

bb) Pfändbarkeit, Abtretbarkeit

(1) Höchstpersönlichkeit von Urlaubs- und Urlaubsabgeltungsanspruch?

2416 Fraglich ist, ob der Anspruch des Arbeitnehmers auf Zahlung des Urlaubsentgelts sowie auf Urlaubsabgeltung pfändbar, abtretbar ist.

2417 Zum Teil wird davon ausgegangen, dass zwischen dem Anspruch auf Gewährung von Urlaub als Freistellungsanspruch und dem auf Zahlung des Urlaubsentgelts eine unlösbare Einheit besteht, sodass der Gesamtanspruch nur gegenüber dem Arbeitnehmer erfüllt werden kann und deshalb höchstpersönlicher Natur ist mit der Folge, dass er weder abgetreten noch gepfändet werden kann (*Hohmeister* BB 1995, 2110). Das gilt auch für den Anspruch auf Urlaubsabgeltung, denn der Inhalt der Forderung würde sich ändern, wenn die Leistung an einen anderen als den ursprünglichen Gläubiger erfolgen würde. Maßgeblich für die Qualifizierung der Urlaubsabgeltungsforderung als höchstpersönliche Forderung sind nach Auffassung des *LAG Nbg.* (24.7.1998 NZA-RR 1999, 402) die Anforderungen der Rechtsprechung des BAG an das Bestehen des Abgeltungsanspruchs (gleiche Voraussetzungen wie im bestehenden Arbeitsverhältnis, grundsätzliche Nichtvererblichkeit des Anspruchs).

Gleichwohl **steht dies einer Pfändung** des Urlaubsentgeltanspruchs nach der überwiegend vertretenen Auffassung (*BAG* 20.6.2000 EzA § 1 BUrlG Nr. 23; 11.1.1990 EzA § 4 TVG Bauindustrie Nr. 57; 30.9.1965 AP Nr. 5 zu § 850 ZPO; *LAG Bln.* NZA 1992, 122; *LG Münster* 11.6.1999 EzA § 850c ZPO Nr. 6 für den Urlaubsabgeltungsanspruch; *Gaul* NZA 1987, 473; MünchArbR/*Hanau* § 74 Rz. 160; *Stoffels* SAE 2001, 331 ff.) bis zu der Höhe, zu der auch ein Lohnanspruch pfändbar ist, **nicht entgegen**. Danach handelt es sich bei der Freistellung einerseits und der Lohnzahlungspflicht andererseits zwar um zwei Wesenselemente eines einheitlichen Anspruchs. Der Anspruch auf Urlaubsentgelt hat aber im Grunde doch den Charakter der Fortzahlung des Arbeitsentgelts und ist insofern nicht untrennbar mit dem Anspruch auf Freizeitgewährung verbunden. 2418

Das Urlaubsentgelt hat seine spezielle Kennzeichnung als eine arbeitgeberseitige Vergütung für die Dauer des Urlaubs nur deshalb erfahren, um das zugrunde liegende Prinzip des § 611 BGB, wonach Leistung und Lohn im vertraglich begründeten Äquivalenzverhältnis zueinander stehen sollen, für die Dauer des Erholungsurlaubs durch eine anderweitige Regelung begrifflich zu ersetzen. Die Bezeichnung der Leistung eines Arbeitgebers oder eines Arbeitnehmers hat aber keinen Einfluss auf ihren Rechtscharakter. Letztlich wird dies auch durch § 7 Abs. 4 BUrlG bestätigt. Diese Vorschrift setzt die rechtliche Eigenständigkeit des Entgeltanspruchs für die Urlaubszeit voraus. Das Urlaubsentgelt stellt nichts anderes dar als das Arbeitsentgelt, das während der Zeit des Erholungsurlaubs arbeitgeberseitig weiterzuzahlen ist. 2419

Wenn Urlaubsentgelt aber letztlich als Arbeitsverdienst zu qualifizieren ist, dann muss auch von der Pfändbarkeit des Anspruchs ausgegangen werden. Nichts anderes gilt für den Urlaubsabgeltungsanspruch gem. § 7 Abs. 4 BUrlG (*BAG* 28.8.2001 EzA § 7 BUrlG Abgeltung Nr. 7 = NZA 2002, 323). Geprüft werden muss dann aber stets, welchem Zeitraum er zuzurechnen ist (für eine Beschränkung der Pfändbarkeit des Abgeltungsanspruchs auf einzelvertraglichen Urlaub dagegen *Pfeifer* NZA 1996, 742). Dabei ist davon auszugehen, dass die Urlaubsabgeltung für einen **Zeitraum nach der Beendigung** des Arbeitsverhältnisses **geleistet wird** (*BAG* 28.8.2001 EzA § 7 BUrlG Abgeltung Nr. 7 = NZA 2002, 323; *LAG Hamm* 18.10.2001 – 4 Sa 1197/01 – EzA-SD 4/02, S. 23; s. aber Rn. 1418). 2420

(2) Tod des Arbeitnehmers

Der Urlaubsanspruch geht mit dem Tod des Arbeitnehmers unter und nicht auf die Erben über (*BAG* 18.7.1989 EzA § 7 BUrlG Nr. 67; 26.4.1990 EzA § 4 TVG Metallindustrie Nr. 60; 23.6.1992 EzA § 7 BUrlG Nr. 84). Denn er ist auf die Beseitigung der Arbeitspflicht gerichtet, die aber gem. § 613 BGB regelmäßig an die Person des Arbeitnehmers gebunden ist. Zudem endet das Arbeitsverhältnis mit dem Tod des Arbeitnehmers, sodass ein Urlaubsanspruch nicht mehr in Betracht kommt (MünchArbR/*Leinemann* § 89 Rz. 14). **Nichts anderes gilt für den Urlaubsabgeltungsanspruch**, der voraussetzt, dass der Arbeitnehmer bei Beendigung des Arbeitsverhältnisses lebt (krit. dazu *Stein* RdA 2000, 16 ff.). Eine **tarifliche Regelung** kann aber vorsehen, dass der Urlaubsabgeltungsanspruch nicht an die nach § 7 Abs. 4 BUrlG zu beachtenden Merkmale gebunden ist. Ist das der Fall, geht er mit dem Tod des Arbeitnehmers auf die Erben über. 2421

2422 Jedenfalls ist der Urlaubsentgeltanspruch ebenso wie der auf Urlaubsgeld vererblich, soweit er im Zeitpunkt des Todes des Arbeitnehmers besteht und noch nicht erfüllt ist (MünchArbR/*Leinemann* § 91 Rz. 42).

2423 Fraglich ist, was dann gilt, wenn der Arbeitgeber den nach Maßgabe dieser Grundsätze an sich nicht (mehr) gegebenen Anspruch des Arbeitnehmers vor dem Tod des Arbeitnehmers anerkannt oder der Arbeitnehmer ihn rechtshängig gemacht hat.

2424 Eine in der Literatur (GK-BUrlG/*Bleistein* 4. Aufl. § 1 Rz. 67) vertretene Auffassung, die davon ausgegangen ist, dass der Anspruch unter diesen Voraussetzungen nicht untergeht, also auf die Erben übergeht, wurde insbes. mit einer Analogie zu § 847 Abs. 1 S. 2 BGB begründet. Diese Vorschrift ist aber inzwischen ersatzlos gestrichen worden. Daraus schließt *Bleistein* (GK-BUrlG 5. Aufl., § 1 Rz. 67), dass sie hinsichtlich der Rechtshängigkeit nicht aufrechterhalten werden kann. Etwas anderes gilt danach aber für das Anerkenntnis des Arbeitgebers, weil es dem Arbeitgeber nicht zugute kommen kann, dass der Arbeitnehmer vor Erfüllung des anerkannten Ausspruchs stirbt. Dagegen ist nach Auffassung von *Berscheid* (GK-BUrlG § 13 Rz. 97) davon auszugehen, dass der Anspruch nunmehr frei übertragen und somit auch vererbt werden kann.

2425 Nach Auffassung des *BAG* (22.10.1991 EzA § 7 BUrlG Nr. 82) kann jedenfalls dann, wenn der Arbeitnehmer nach seinem Ausscheiden erfolglos von seinem früheren Arbeitgeber Urlaubsabgeltung verlangt hat, ein vererblicher Schadensersatzanspruch bestehen, wenn der Arbeitnehmer vor dem Ende des Rechtsstreits stirbt, der über diesen Anspruch geführt wird.

2426 Denn dann ist der frühere Arbeitgeber für die bei Tod des Arbeitnehmers eintretende **Unmöglichkeit** der Abgeltung nach § 287 S. 2 BGB **verantwortlich.** Da das Vermögen des Erblassers durch die Nichterfüllung geschädigt wird, geht der Anspruch auf Ersetzung des Schadens (§ 280 Abs. 1 BGB) auf den **Erben** gem. § 1922 Abs. 1 BGB über (*BAG* 19.11.1996 EzA § 7 BUrlG Abgeltung Nr. 1).

q) Urlaub für jugendliche Arbeitnehmer und Auszubildende

2427 Für Jugendliche (§§ 2 Abs. 2, 1 Abs. 1 JArbSchG) ist der Urlaubsanspruch in **§ 19 JArbSchG** geregelt. Danach beträgt der Urlaub für 15-Jährige 30 Werktage, für 16-Jährige 27 Werktage und für 17-Jährige 25 Werktage im Jahr. Zu beachten ist, dass gem. § 15 Abs. 1 JArbSchG Jugendliche nur an fünf Tagen einer Woche (grds. von Montag bis Freitag, §§ 16, 17 JArbSchG) beschäftigt werden dürfen. Da der Urlaub nach dem Gesetz nach Werktagen bestimmt ist, bedarf es der Umrechnung in Arbeitstage. Diese ergibt einen Urlaub von 25, 22, 20 Arbeitstagen (MünchArbR/*Leinemann* § 92 Rz. 6).

2428 Maßgeblich für die Berechnung ist das Alter des Jugendlichen zu Beginn des Kalenderjahres.

2429 Der Urlaub soll Berufsschülern unter 18 Jahren in der Zeit der Berufsschulferien gegeben werden (§ 19 Abs. 3 S. 1 JArbSchG). Soweit der Urlaub nicht in den Berufsschulferien gegeben wird, ist für jeden Berufsschultag, an dem die Berufsschule besucht wird, ein weiterer Urlaubstag zu gewähren (§ 19 Abs. 3 S. 2 JArbSchG).

2430 Das JArbSchG enthält nur hinsichtlich der Dauer des Erholungsurlaubs und der Berufsschulferien eine Sonderregelung. Im Übrigen werden in § 19 Abs. 4 JArbSchG die Vorschriften des BUrlG für anwendbar erklärt (§§ 3 Abs. 2, 4–12, 13 Abs. 3 BUrlG). Schwer behinderte Jugendliche erhalten zudem einen Zusatzurlaub von 5 Arbeitstagen pro Jahr (§ 125 SGB IX).

2431 Gem. § 5 Abs. 3 JArbSchG gilt § 19 JArbSchG auch für die gesetzlich zulässige Beschäftigung von Kindern. Fraglich ist, ob auch bei gem. § 5 Abs. 1 i.V.m. §§ 2 Abs. 1, 3 JArbSchG verbotener Beschäftigung entsprechende Urlaubsansprüche bestehen.

r) Zusatzurlaub für schwer behinderte Menschen

aa) Grundlagen; das Gesetz zur Förderung der Ausbildung und Beschäftigung schwer behinderter Menschen (ab 1.5.2004)

Die schwer behinderten Menschen, nicht jedoch die ihnen Gleichgestellten (§ 68 Abs. 2 SGB IX), haben Anspruch auf einen bezahlten zusätzlichen Urlaub von fünf Arbeitstagen im Urlaubsjahr. Aufzustocken ist der mit dem Arbeitgeber vereinbarte Urlaub, auch wenn er den gesetzlichen Mindesturlaub übersteigt; erhöht wird also nicht **nur der gesetzliche Mindesturlaub** (*BAG* 24.10.2006 EzA § 125 SGB IX Nr. 1 = NZA 2007, 331). Verteilt sich die regelmäßige Arbeitszeit des schwer behinderten Menschen auf mehr oder weniger als 5 Arbeitstage in der Kalenderwoche, so erhöht oder vermindert sich der Zusatzurlaub entsprechend (§ 125 Abs. 1 S. 1 SGB IX). Soweit tarifliche, betriebliche oder sonstige Urlaubsregelungen schwer behinderten Menschen einen längeren Zusatzurlaub zubilligen, bleibt es bei dieser Regelung (§ 125 Abs. 1 S. 2 SGB IX). Gewährt der Arbeitgeber den Arbeitnehmern Urlaub von **unterschiedlich langer Dauer**, so ist für die Bemessung des Gesamturlaubs die Urlaubsdauer **maßgeblich**, die ein mit **dem schwer behinderten Arbeitnehmer vergleichbarer Arbeitnehmer ohne Behinderung erhält** (*BAG* 24.10.2006 EzA § 125 SGB IX Nr. 1 = NZA 2007, 331). 2432

Aufgrund der Regelung des **§ 125 Abs. 2, 3 SGB IX** gilt insoweit Folgendes (vgl. dazu *Düwell* FA 2004, 202; *Fenski* NZA 2004, 1255 ff.): 2433

- Besteht die Schwerbehinderteneigenschaft nicht während des gesamten Kalenderjahres, so hat der schwer behinderte Mensch für jeden vollen Monat der im Beschäftigungsverhältnis vorliegenden Schwerbehinderteneigenschaft einen Anspruch auf 1/12 des Zusatzurlaubs. Bruchteile von Urlaubstagen, die mindestens einen halben Tag ergeben, sind auf volle Urlaubstage aufzurunden. Der so ermittelte Zusatzurlaub ist dem Erholungsurlaub hinzuzurechnen und kann bei einem nicht im ganzen Kalenderjahr bestehenden Beschäftigungsverhältnis nicht erneut gemindert werden (§ 125 Abs. 2 SGB IX):
- Wird die Eigenschaft als schwer behinderter Mensch nach § 69 Abs. 1, 2 SGB IX rückwirkend festgestellt, finden auch für die Übertragbarkeit des Zusatzurlaubs in das nächste Kalenderjahr die dem Beschäftigungsverhältnis zugrunde liegenden urlaubsrechtlichen Regelungen Anwendung (§ 125 Abs. 3 SGB IX).

Ein Musiklehrer an einer Musikschule hat (vgl. Nr. 3 SR 2 l II BAT [VKA]; danach ist der Urlaub während der unterrichtsfreien Zeit zu nehmen) keinen Anspruch darauf, dass der Arbeitgeber den Zusatzurlaub während der Unterrichtszeit erteilt; dies verstößt weder gegen das BUrlG, das SGB IX noch gegen Art. 3 Abs. 2 GG (*BAG* 13.2.1996 EzA § 47 SchwbG 1986 Nr. 7). Nichts anderes gilt für **Lehrer an öffentlichen Schulen**. Sie können insbesondere nicht verlangen, dass an Stelle arbeitsfreier Urlaubstage eine zusätzliche Verringerung der wöchentlichen Pflichtstundenzahl erfolgt (*LAG Köln* 9.10.2007 NZA-RR 2008, 277). 2434

Das Saarländische Gesetz Nr. 186 sieht auf Landesebene **einen Zusatzurlaub für Minderbehinderte** (Grad von 25 bis unter 50) vor; dieser Regelung steht weder das BUrlG noch das Schwerbehindertenrecht des Bundes entgegen. Das Landesgesetz verstößt auch nicht gegen das Bestimmtheitsgebot des Art. 20 Abs. 3 GG (*BAG* 27.5.1997 EzA § 611 BGB Urlaub Nr. 12). 2435

bb) Schwerbehinderteneigenschaft

Der Zusatzurlaub ist an das Vorliegen der Eigenschaft als schwer behinderter Mensch i.S.v. § 68 Abs. 1 SGB IX geknüpft, nicht etwa an deren behördliche Feststellung. Denn der Bescheid nach § 69 SGB IX hat nicht konstitutive, sondern nur deklaratorische Bedeutung (*BAG* 28.1.1982 EzA § 44 SchwbG Nr. 3). 2436

cc) Berechnung des Zusatzurlaubs

2437 Der (Gesamt-)Urlaubsanspruch eines **teilzeitbeschäftigten** schwer behinderten **Arbeitnehmers**, dessen Arbeitsverhältnis dem BAT unterliegt, ist in seinem Umfang getrennt nach tariflichen und den gesetzlichen Merkmalen im SGB IX zu bestimmen (vgl. *Dörner* DB 1995, 1174; vgl. auch *BAG* 18.2.1997 EzA § 3 BUrlG Nr. 20 zur Umrechnung bei einer regelmäßigen Arbeitszeit von weniger als fünf Tagen). Ergeben sich bei der Berechnung des Zusatzurlaubs für schwer behinderte Menschen Bruchteile eines Urlaubstags, kommt weder eine Auf- noch eine Abrundung auf einen vollen Urlaubstag in Betracht, es sei denn, dass die Voraussetzungen nach § 5 Abs. 1 lit. a, b, c BUrlG vorliegen (*BAG* 31.5.1990 EzA § 5 BUrlG Nr. 15).

2438 Die gesetzlichen Vorschriften über die Wartezeit und Zwölftelung des Mindesturlaubs nach §§ 4, 5 BUrlG sind auf den zusätzlichen Urlaub eines schwer behinderten Menschen nach § 125 SGB IX nur im Jahr des Eintritts oder Ausscheidens aus dem Arbeitsverhältnis anzuwenden (*BAG* 21.2.1995 EzA § 47 SchwbG 1986 Nr. 4; bis 30.4.2004, ab dem 1.5.2004 gilt die gesetzliche Neuregelung des § 125 Abs. 2, 3 SGB IX; s.o. Rn. 2432).

2439 Der schwer behinderte Mensch, der die Wartefrist nach § 4 BUrlG für den gesetzlichen Mindesturlaub erfüllt hat, erwirbt den vollen Zusatzurlaub nach dem SGB IX auch dann, wenn er erst im Laufe des Jahres als schwer behindert anerkannt wird (*BAG* 21.2.1995 EzA § 47 SchwbG 1986 Nr. 3; bis 30.4.2004, ab dem 1.5.2004 gilt die gesetzliche Neuregelung des § 125 Abs. 2, 3 SGB IX; s.o. Rn. 2432).

2440 Tarifvertragliche Vorschriften, die eine **Zwölftelung des Anspruchs** bei Ausscheiden in der zweiten Hälfte des Kalenderjahres vorsehen (vgl. § 48 Abs. 5 BAT), **gelten nicht für den** gesetzlichen **Zusatzurlaub** nach § 125 SGB IX. Denn der Umfang des gesetzlichen Zusatzurlaubs steht nicht zur Disposition der Tarifvertragsparteien zum Nachteil des schwer behinderten Menschen (*BAG* 8.3.1994 EzA § 47 SchwbG 1986 Nr. 2).

dd) Entzug des Schwerbehindertenschutzes

2441 Entzieht das Integrationsamt nach § 117 Abs. 1, 2 SGB IX dem schwer behinderten Menschen zeitweilig den Schwerbehindertenschutz, ist eine Verkürzung des Zusatzurlaubs nicht zulässig, da gesetzlich nicht vorgesehen (MünchArbR/*Leinemann* § 92 Rz. 19).

2442 Hat ein schwer behinderter Mensch den Zusatzurlaub vor dem Entzug des Schwerschutzes noch nicht erhalten, entfällt mit dem Beginn der Frist nach § 117 Abs. 2 SGB IX, die bis zu sechs Monaten betragen kann, auch der Anspruch auf Zusatzurlaub. Bei fortbestehendem Arbeitsverhältnis ist der Arbeitnehmer darauf verwiesen, dass vor dem Ende des Urlaubsjahres die Frist für den Entzug des Schwerbehindertenschutzes rechtzeitig endet. Erst dann steht ihm der Anspruch wieder in voller Höhe zu.

2443 **Hatte der Arbeitgeber den Zusatzurlaub bereits gewährt, ist der Anspruch durch Erfüllung erloschen. § 5 Abs. 3 BUrlG ist nicht anwendbar** (MünchArbR/*Leinemann* § 92 Rz. 20).

2444 Entsprechendes gilt, wenn sich der Grad der Behinderung auf weniger als 50% verringert hat, nach Maßgabe des § 116 Abs. 1 SGB IX.

ee) Erlöschen des Anspruchs

2445 Der Zusatzurlaub für schwer behinderte Menschen folgt in seinem Entstehen und Erlöschen im Übrigen denselben Voraussetzungen wie der Urlaubsanspruch nach dem BUrlG (*BAG* 21.2.1995 EzA § 47 SchwbG 1986 Nr. 3).

2446 Der Anspruch erlischt, wenn ihn der schwer behinderte Mensch nicht bis zum Ablauf des Kalenderjahres oder – bei Vorliegen der tarifvertraglichen oder gesetzlichen Übertragungsvoraussetzungen – nicht bis zum Ende des Übertragungszeitraums geltend macht (s. aber jetzt *EuGH* 20.1.2009 EzA EG-Vertrag 1999 2003/88 Nr. 1; *LAG Düsseld.* 2.2.2009 LAGE § 7 BUrlG Nr. 45 für den gesetzlichen Mindesturlaub und die Nichtinanspruchnahme wegen Krankheit).

Zu beachten ist, dass die Ungewissheit über die Schwerbehinderung kein in der Person des Arbeitnehmers liegender Grund für eine Übertragung des Zusatzurlaubs auf den tarifvertraglichen oder gesetzlichen Übertragungszeitraum ist (*BAG* 21.2.1995 EzA § 47 SchwbG 1986 Nr. 3). **2447**

ff) Urlaubsentgelt; Urlaubsgeld

Hinsichtlich der Bezahlung des zusätzlichen Urlaubs gelten die für den Urlaubsentgeltanspruch bestehenden Grundsätze. **2448**

Anspruch auf ein tarifliches Urlaubsgeld haben schwer behinderte Menschen für die Dauer des Zusatzurlaubs nur, wenn die Tarifbestimmungen darüber **erkennbar einen Zusatzurlaub als anspruchsbegründend einbeziehen** (*BAG* 30.7.1986 EzA § 44 SchwbG Nr. 7). **2449**

► **Beispiel:** **2450**
Ist in einer Tarifnorm bestimmt, dass sich das Urlaubsentgelt nach dem durchschnittlichen Arbeitsverdienst der letzten drei Monate und einem Zuschlag von 50 % bemisst, so hat auch der schwer behinderte Mensch während des gesetzlichen Zusatzurlaubs einen Anspruch auf Urlaubsentgelt in dieser Höhe (*BAG* 23.1.1996 EzA § 47 SchwbG 1986 Nr. 6).

Die Bezahlung des zusätzlichen Urlaubs der in Heimarbeit Beschäftigten und diesen Heimarbeitern gleichgestellten schwer behinderten Menschen erfolgt gem. § 127 Abs. 3 S. 1 SGB IX nach den für die Bezahlung ihres sonstigen Urlaubs geltenden Berechnungsgrundsätzen. **2451**

Sofern eine besondere Regelung nicht besteht, erhalten die schwer behinderten Menschen zudem ein **zusätzliches Urlaubsgeld** in Höhe von 2% des in der Zeit vom 1.5. des vergangenen bis zum 30.4. des laufenden Jahres verdienten Arbeitsentgelts ausschließlich der Unkostenzuschläge (§ 127 Abs. 3 S. 2 SGB IX). **2452**

gg) Urlaubsabgeltung

Kann der gesetzliche Zusatzurlaub für schwer behinderte Menschen wegen Beendigung des Arbeitsverhältnisses nicht gewährt werden, ist er nach § 7 Abs. 4 BUrlG abzugelten. **2453**

Der Abgeltungsanspruch entsteht **auch ohne vorherige Geltendmachung des Freistellungsanspruches** bei Beendigung des Arbeitsverhältnisses. Das gilt auch, wenn der schwer behinderte Mensch erstmals nach Beendigung des Arbeitsverhältnisses auf seine Schwerbehinderung hinweist (*BAG* 25.6.1996 EzA § 47 SchwbG 1986 Nr. 8). **2454**

s) Urlaub im Bereich der Heimarbeit

aa) Ansammlungsprinzip

Gem. **§ 12 BUrlG** gelten für Heimarbeiter und ihnen Gleichgestellte, für Hausgewerbetreibende und für Zwischenmeister nicht die Regelungen der §§ 4, 5, 6, 7 Abs. 3, 4, 11 BUrlG; die übrigen Vorschriften gelten nur nach Maßgabe der in § 12 BUrlG enthaltenen besonderen Bestimmungen. **2455**

Anders als der Urlaubsanspruch für Arbeitnehmer aus dem BUrlG muss der **Urlaubsanspruch für Heimarbeiter »verdient« werden** (§ 12 Nr. 1 BUrlG). Denn das Urlaubsentgelt richtet sich nach dem vom Heimarbeiter verdienten Arbeitsentgelt. Folglich entsteht der Anspruch auch erst, wenn er durch Einkünfte des Heimarbeiters gedeckt ist (Ansammlungsprinzip). **2456**

bb) Berechnung des Urlaubsentgelts

2457 Maßgeblich für die Berechnung des Urlaubsentgeltanspruchs ist die Zeit vom 1.5. des laufenden bis zum 30.4. des folgenden Jahres **(Verdienstzeitraum)**. Damit sollen saisonale Unterschiedlichkeiten der zu erledigenden Arbeit und unterschiedlich hohe Verdienste besser erfasst werden.

2458 Trotz des an sich eindeutigen Wortlauts wird in der Literatur zum Teil (vgl. *Neumann/Biebl* § 12 Rz. 19) angenommen, dass der 1.5. des vergangenen bis zum 30.4. des laufenden Jahres für die Berechnung maßgeblich sein sollen. Teilweise wird aus praktischen Erwägungen heraus die Berechnung nach dem voraussichtlichen Verdienst vorgenommen und nach Ablauf des Bezugszeitraums das Entgelt entsprechend ausgeglichen (GK-BUrlG/*Stahlhacke* § 12 Rz. 17). In der Praxis wird das Problem dadurch umgangen, dass regelmäßig zum Entgelt des Heimarbeiters ein Zuschlag von 63/4% als Urlaubsentgelt gezahlt wird. Eine solche Handhabung ist wegen des dispositiven Inhalts von § 12 Nr. 3 BUrlG zulässig (vgl. MünchArbR/*Leinemann* § 92 Rz. 41 unter Hinweis auf *BAG* 21.1.1965 AP Nr. 1 zu § 1 HAG).

2459 Die Berechnung des Urlaubs- und des Urlaubsentgeltanspruchs **nicht ständig Beschäftigter**, der **Hausgewerbetreibenden** und **Gleichgestellten** und **Zwischenmeister** bestimmt sich nach **§ 12 Nr. 3, 4, 5 BUrlG**.

cc) Schwer behinderte Menschen; Jugendliche

2460 Für in Heimarbeit beschäftigte schwer behinderte Menschen oder ihnen Gleichgestellte gilt für ihren Zusatzurlaub § 127 Abs. 3 SGB IX; für jugendliche Heimarbeiter sieht § 19 Abs. 4 S. 2 JArbSchG einen erhöhten Urlaubsanspruch vor.

t) Urlaub nach dem SeemG

aa) Grundlagen

2461 Die Urlaubs- und Urlaubsentgeltansprüche für die Besatzungsmitglieder von Kauffahrteischiffen sowie deren Kapitäne sind in den **§§ 53 ff., 78 SeemG** geregelt. Abweichend von § 1 BUrlG besteht der Anspruch auf bezahlten Urlaub nicht für das Kalenderjahr, sondern für jedes Beschäftigungsjahr, das mit der vereinbarten Arbeitsaufnahme im Heuerverhältnis beginnt. Das BUrlG findet nur insoweit Anwendung, als es Vorschriften über die Mindestdauer des Urlaubs enthält (§ 53 Abs. 2 SeemG).

2462 § 54 Abs. 1 SeemG, wonach der Urlaub angemessen sein muss, enthält nur eine Aufforderung an die Parteien des Heuerverhältnisses und an die Tarifvertragsparteien, begründet aber keinen Anspruch des Besatzungsmitglieds auf einen längeren Urlaub. Kein Urlaubsanspruch ist der Anspruch des Besatzungsmitglieds auf Landgang (§ 61 SeemG); er besteht neben dem Urlaubsanspruch. Die Anrechnung auf den Erholungsurlaub ist unzulässig.

2463 Wartezeiten sind für den Urlaubsanspruch nicht vorgesehen.

2464 Für Jugendliche (vgl. § 8 SeemG) besteht nach § 54 Abs. 2 SeemG ein Urlaubsanspruch von größerer Dauer, gestaffelt nach dem Alter.

2465 Schuldner des Urlaubsanspruchs ist der Reeder als Arbeitgeber (§ 55 SeemG).

bb) Befristung des Urlaubsanspruchs

2466 Der Urlaubsanspruch ist befristet und endet regelmäßig mit dem Schluss des Beschäftigungsjahres **(§ 53 Abs. 1 SeemG)**. Wenn betriebliche Gründe, insbes. längere Reisen des Schiffs, es erfordern, kann der Urlaub aber auch für zwei Beschäftigungsjahre zusammen gegeben werden. Weitere, den besonderen Bedürfnissen der Seefahrt Rechnung tragende Befristungen des Urlaubsanspruchs enthält **§ 55 Abs. 3 S. 1, 2 SeemG**.

2467 Haben Besatzungsmitglieder den Urlaubsanspruch vor Ablauf dieser Fristen nicht geltend gemacht, so erlischt er ersatzlos. **Die Befristungs- und Übertragungsbestimmungen des BUrlG sind auf das Heuerverhältnis nach dem SeemG nicht anwendbar** (*BAG* 19.1.1993 AP Nr. 1 zu § 53 SeemG; MünchArbR/*Leinemann* § 92 Rz. 55).

cc) Berechnung des Urlaubsentgelts

Für die Berechnung des Urlaubsentgelts gilt gem. **§ 57 SeemG** das **Lohnausfallprinzip.** 2468

dd) Verlängerung des Heuerverhältnisses; Urlaubsabgeltung

Das Heuerverhältnis eines Seemanns verlängert sich nach dem MTV-See von selbst um die Zeit des noch nicht gewährten Urlaubs, jedoch längstens bis zu dem Zeitpunkt, zu dem der Seemann ein Studium oder einen Schulbesuch antritt oder ein neues Heuer- oder sonstiges Arbeitsverhältnis eingeht (*BAG* 19.1.1993 AP Nr. 1 zu § 53 SeemG). 2469

Nach § 60 SeemG darf der Urlaub nur abgegolten werden, wenn er wegen der Beendigung des Heuerverhältnisses nicht mehr gewährt werden kann und – anders als nach § 7 Abs. 4 BUrlG – eine Verlängerung des Heuerverhältnisses infolge des Eingehens eines neuen Heuer- oder sonstigen Arbeitsverhältnisses nicht möglich ist. Insoweit besteht eine gesetzliche Pflicht der Parteien, das gekündigte oder befristete Heuerverhältnis um die Dauer des noch nicht gewährten Urlaubs zu verlängern. Diese Pflicht bezieht sich allerdings nur auf den gesetzlichen Mindesturlaub, nicht auf weitergehende einzelvertragliche oder tarifliche Urlaubsansprüche (*BAG* 21.10.1982 AP Nr. 4 zu § 60 SeemG). Versuchen die Parteien nicht, sich über die Verlängerung des Heuerverhältnisses zu einigen oder lehnt es das Besatzungsmitglied ab, trotz entsprechender Möglichkeiten das Heuerverhältnis zu verlängern, so entfällt der Abgeltungsanspruch hinsichtlich des gesetzlichen Mindesturlaubs (*BAG* 21.10.1982 AP Nr. 4 zu § 60 SeemG). 2470

Ansonsten verlängert sich das Arbeitsverhältnis automatisch um die Resturlaubstage; dazu bedarf es keiner Willenserklärungen der Arbeitsvertragsparteien. Ist dem Arbeitnehmer die Erbringung der Arbeitsleistung allerdings auf Dauer unmöglich, kommt dies nicht in Betracht; der Anspruch ist dann nicht erfüllbar. Etwas anderes gilt aber dann, wenn es dem Arbeitgeber im Rahmen seines Weisungsrechts (§ 106 GewO) möglich und zumutbar ist, dem Arbeitnehmer eine leidensgerechte Arbeit zuzuweisen (*BAG* 24.6.2003 EzA § 7 BUrlG Abgeltung Nr. 10). 2471

ee) Abweichende tarifliche Bestimmungen

Urlaubsansprüche nach dem MTV-See sind nicht befristet. Sie können auch nach Ablauf des Beschäftigungsjahres durchgesetzt werden (*BAG* 19.1.1993 AP Nr. 1 zu § 53 SeemG). 2472

u) Urlaub im Baugewerbe und im Maler- und Lackierhandwerk

aa) Sachgrund abweichender Regelungen in bestimmten Wirtschaftszweigen

Gem. § 13 Abs. 2 S. 1 BUrlG kann durch Tarifvertrag für das Baugewerbe oder sonstige Wirtschaftszweige, in denen als Folge häufigen Ortswechsels der von den Betrieben zu leistenden Arbeit Arbeitsverhältnisse von kürzerer Dauer als einem Jahr in erheblichem Umfang üblich sind, über die nach § 13 Abs. 1 BUrlG für alle Tarifverträge eröffneten Möglichkeiten der Abweichungen hinaus auch von den §§ 1, 2, 3 Abs. 1 BUrlG abgewichen werden. 2473

Davon haben die Tarifvertragsparteien der Bauwirtschaft (BRTV Bau) und des Maler- und Lackiererhandwerks (RTV Maler) Gebrauch gemacht und eigenständige Urlaubsregelungen durch Tarifverträge geschaffen (zur Abgrenzung des fachlichen Anwendungsbereichs dieser Kassen vgl. *BAG* 11.12.1996 NZA 1997, 945; 22.1.1997 NZA 1997, 947). **Diese Tarifwerke sind durchgängig für allgemeinverbindlich erklärt worden** (§ 5 Abs. 4 TVG). 2474

bb) Inhalt und Berechnung von Urlaubsanspruch, -entgelt und -abgeltung

2475 Die Dauer des jeweils fälligen Urlaubs richtet sich für Arbeiter (technische und kaufmännische Angestellte sowie Poliere sind von dieser Regelung nicht erfasst) in den alten Bundesländern nach den vom Arbeitnehmer zurückgelegten **Beschäftigungstagen** (§ 8 Nr. 4 BRTV Bau). In jedem Urlaubsjahr kann erstmalig ein Teil des Jahresurlaubs angetreten werden, wenn auf Grund der zurückgelegten Beschäftigungszeit der Urlaubsanspruch einschließlich des übertragenen Resturlaubs mindestens neun Tage beträgt (§ 8 Nr. 3 BRTV Bau; **Ansparprinzip**). Restansprüche werden auf das folgende Kalenderjahr übertragen. Urlaubsansprüche und ebenso auch die Urlaubsabgeltungsansprüche verfallen mit Ablauf des Kalenderjahres, das auf das Jahr der Entstehung des Urlaubsanspruchs folgt (§ 8 Nr. 8 BRTV Bau).

2476 Die Höhe des Urlaubsentgelts bestimmt § 8 Nr. 4 BRTV Bau, ein zusätzliches Urlaubsgeld sieht § 8 Nr. 6 BRTV Bau vor.

2477 Der aus dem Arbeitsverhältnis ausscheidende Arbeitnehmer hat gegen den Arbeitgeber einen Urlaubsabgeltungsanspruch, wenn bei Beendigung des Arbeitsverhältnisses noch Urlaubsansprüche offen sind, grds. nur dann, wenn er länger als drei Monate in einem nicht vom BRTV Bau erfassten Betrieb beschäftigt gewesen ist oder dauernd erwerbsunfähig geworden ist oder Altersrente bezieht (§ 8 Nr. 7 BRTV Bau).

2478 Ein Abgeltungsanspruch entsteht also nicht bereits mit der Beendigung des Arbeitsverhältnisses; solange der Arbeitnehmer bei einem anderen Arbeitgeber, der vom BRTV Bau erfasst ist, beschäftigt ist, wird sein erdienter Urlaubsanspruch auf der Lohnnachweiskarte (§§ 4, 35 des Tarifvertrages über das Sozialkassenverfahren im Baugewerbe [VTV] vermerkt und auf den jeweils nächsten Arbeitgeber übertragen, kann also bei diesem uneingeschränkt geltend gemacht werden.

2479 Nach § 8 Nr. 11 BRTV-Bau ist es u.a. Ziel des Urlaubskassenverfahrens, die Urlaubsvergütung der gewerblichen Bauarbeitnehmer zu sichern. Zur Erreichung dieses Ziels haben die Tarifvertragsparteien allerdings nicht bestimmt, dass im Falle der Eröffnung eines Insolvenzverfahrens über das Vermögen des urlaubsgewährenden Bauarbeitgebers der Arbeitnehmer berechtigt ist, vom nächsten Bauarbeitgeber, mit dem er ein Arbeitsverhältnis begründet, die Erfüllung des Anspruchs zu verlangen. Der Arbeitnehmer hat vielmehr zunächst die Abwicklung des Insolvenzverfahrens abzuwarten (*BAG* 20.2.2001 NZA 2002, 218). Auch mit dem Urlaubskassenverfahren der Bauwirtschaft insgesamt ist keine Insolvenzsicherung des Arbeitnehmers auf Ansprüche auf Urlaubsvergütung verbunden (*BAG* 19.9.2000 NZA 2002, 221).

2480 Nicht ausreichend für das Entstehen des Abgeltungsanspruchs ist es, wenn der Arbeitnehmer nur deshalb nicht im Baugewerbe tätig war, weil er länger als drei Monate arbeitslos oder arbeitsunfähig krank ist. Ausreichend ist es dagegen, wenn er lediglich als Gelegenheitsarbeiter, Praktikant oder in ähnlicher Weise beschäftigt war und das Arbeitsverhältnis endet (vgl. MünchArbR/*Winterfeld* § 184 Rz. 58 ff.); Gleiches gilt für die Teilnahme an einer Umschulung, wobei es weder auf die rechtliche Ausgestaltung des Umschulungsverhältnisses, den Ort der Umschulung, noch auf ihre Förderung durch die Bundesagentur für Arbeit oder durch einen Sozialversicherungsträger ankommt (*BAG* 18.2.1997 EzA § 4 TVG Malerhandwerk Nr. 3).

2481 **Die Lohnnachweiskarte ist ein Legitimationspapier i.S.d. § 952 BGB**, das der Arbeitnehmer jederzeit vom Arbeitgeber herausverlangen kann (§ 985 BGB). Ein **Anspruch auf Berichtigung** der vom Arbeitgeber eingetragenen Angaben über gewährte Urlaubstage und Urlaubsvergütung setzt ein berechtigtes Interesse des Arbeitnehmers voraus. Dieses besteht nur dann, wenn der Arbeitnehmer die Berichtigung benötigt, um eine Anspruchsberechtigung gegenüber einem anderen Bauarbeitgeber oder der Urlaubskasse nachzuweisen. Fehlt es dagegen an einer Anspruchsberechtigung, besteht auch kein Berichtigungsanspruch (*BAG* 19.9.2000 NZA 2002, 221). Der Anspruch auf Herausgabe unterfällt nicht der tariflichen

Ausschlussfrist des § 16 BRTV Bau. Für den Verfall des Anspruchs auf Eintragung in die Lohnnachweiskarte und deren Berichtigung gilt die Sonderregelung des § 8 Abschn. I Nr. 9 bzw. § 8 Abschn. II Nr. 8 BRTV Bau. In den **neuen Bundesländern** wird § 8 BRTV durch § 8a BRTV ersetzt.

Eine tarifvertragliche Regelung (TV Berufsbildung Baugewerbe), nach der an Stelle eines Anspruchs auf Urlaubsabgeltung der **Anspruch auf Entschädigung** durch eine gemeinsame Einrichtung der Tarifvertragsparteien tritt, weicht nicht zu Ungunsten der Arbeitnehmer von § 7 Abs. 4 BUrlG ab (*BAG* 26.6.2001 NZA 2002, 680). **2482**

cc) Aufklärungspflicht

Eine Urlaubskasse, die als gemeinsame Einrichtung der Tarifvertragsparteien die Aufgabe hat, die Auszahlung des Urlaubsentgelts und Urlaubsgelds zu sichern, ist verpflichtet, die bei ihr Ansprüche geltend machenden Arbeitnehmer über das von ihnen einzuhaltende Verfahren und die Fristen aufzuklären. **2483**

Welche Hinweise und Erläuterungen dazu erforderlich sind, bestimmt sich nach dem im Einzelfall für die Urlaubskasse erkennbaren **Beratungsbedarf** des Arbeitnehmers (*BAG* 20.8.1996 EzA § 4 TVG Bauindustrie Nr. 82).

dd) Verfahren

Das Urlaubsentgelt wird finanziert und abgerechnet über die **Urlaubs- und Lohnausgleichskasse der Bauwirtschaft**, einer gemeinsamen Einrichtung der Tarifvertragsparteien i.S.v. § 4 Abs. 2 TVG mit Sitz in Wiesbaden (ULAK). **2484**

Die notwendigen Beiträge werden von den Arbeitgebern des Baugewerbes an die **Zusatzversorgungskasse des Baugewerbes** (ZVK), einer weiteren gemeinsamen Einrichtung, als Einzugsstelle gezahlt, die diese Beiträge an die ULAK weiterzuleiten hat. Die Beiträge umfassen neben Zahlungen für eine zusätzliche Altersversorgung (Zusatzversorgung), Leistungen für den Vorruhestand und den Lohnausgleich, für Winterausgleichszahlungen sowie für die Erstattung von Kosten der Berufsausbildung auch 12,4 % für Urlaubsentgelt, zusätzliches Urlaubsgeld und Urlaubsabgeltung. **Die Beitragspflicht besteht unabhängig von den Ansprüchen der Arbeitnehmer in den Betrieben** (*BAG* 8.10.1981 AP Nr. 2 zu § 1 TVG Tarifverträge: Maler). Zahlt der Geschäftsführer der Arbeitgeber-Firma die **Beiträge nur zum Teil**, so kann der betroffene Arbeitnehmer ihn nicht nach § 823 Abs. 2 BGB i.V.m. § 266a StGB auf den Differenzbetrag hinsichtlich des Anspruchs auf Resturlaub in Anspruch nehmen, weil die Tatbestandsvoraussetzungen des § 266a StGB nicht erfüllt sind (*LAG Düsseld.* 21.9.2004 – 8 (6) Sa 1152/04 – EzA-SD 24/04, S. 8 LS). **2485**

Zur Durchführung des Urlaubskassenverfahrens hat der Arbeitgeber für jeden Arbeitnehmer, der eine arbeiterrentenversicherungspflichtige Tätigkeit ausübt, eine **Lohnnachweiskarte** zu führen (§§ 4, 35 VTV). Sie gehört zu den Arbeitspapieren des Arbeitnehmers. **2486**

> Gegen die ULAK haben Arbeitnehmer grds. keine Ansprüche, es sei denn, sie verlangen innerhalb eines Jahres nach Verfall ihres Urlaubs oder Urlaubsabgeltungsanspruchs Entschädigung von der Kasse in Höhe des Urlaubsentgelts und des zusätzlichen Urlaubsgeldes sowie Ersatzeintragung in die Lohnnachweiskarte (vgl. § 8 Nr. 10 BRTV Bau). **2487**

Zur Einbeziehung ausländischer Arbeitnehmer in das Urlaubskassenverfahren nach Maßgabe des AEntG vgl. *Wank/Börgmann* NZA 2001, 177 ff. **2488**

v) Sonderregelungen bei Bundesbahn und Bundespost

Für den Bereich der Deutschen Bahn AG und der Deutschen Bundespost kann gem. § 13 Abs. 3 BUrlG von der Vorschrift über das Kalenderjahr als Urlaubsjahr (§ 1) in Tarifverträgen abgewichen werden. Davon ist für beide Bereiche Gebrauch gemacht worden. Nach den entsprechenden Tarifverträgen ist jeweils das Urlaubsjahr die Zeit vom 1.4. bis zum 31.3. des Folgejahres (§ 25 AngTV, § 28 LTV [Bundesbahn], § 43 TVAng, § 23 TVArb [Bundespost]). **2489**

w) Urlaub und Grundwehrdienst, Wehrübungen, Zivildienst

aa) Kürzungsmöglichkeit des Arbeitgebers

2490 Grundwehrdienst, Wehrübungen, Zivildienst führen nach § 1 Abs. 1 ArbPlSchG, § 78 ZDG zum Ruhen des Arbeitsverhältnisses. Dadurch wird der Urlaubsanspruch weder beendet noch wird das Entstehen neuer Urlaubsansprüche ausgeschlossen (MünchArbR/*Leinemann* § 92 Rz. 70).

2491 Der Arbeitgeber ist aber berechtigt, den Urlaubsanspruch des Arbeitnehmers für jeden vollen Kalendermonat, in dem der Arbeitnehmer Wehr-, Zivildienst leistet, um ein Zwölftel zu kürzen (§ 4 ArbPlSchG, § 78 ZDG).
Dies gilt entsprechend für Staatsangehörige eines Mitgliedsstaates der EG, die im Geltungsbereich von ArbPlSchG, ZDG beschäftigt werden (*EuGH* 15.10.1969 AP Nr. 2 zu Art. 177 EWG-Vertrag; *BAG* 30.7.1986 EzA § 3 BUrlG Nr. 15).

2492 Für Arbeitnehmer aus anderen Staaten kann § 4 ArbPlSchG dagegen auch nicht entsprechend angewandt werden (z.B. für die Freistellung eines türkischen Arbeitnehmers zur Ableistung seines auf zwei Monate verkürzten Wehrdienstes in seinem Heimatland), denn das Arbeitsverhältnis ruht insoweit nicht kraft Einberufung (MünchArbR/*Leinemann* § 92 Rz. 72). Für den Anspruch auf Urlaubsentgelt ist aber zu prüfen, ob die Arbeitsversäumnis unverschuldet i.S.v. § 11 Abs. 1 BUrlG ist.

2493 Die dem Arbeitgeber zustehende Kürzungsbefugnis muss durch **Erklärung gegenüber dem Arbeitnehmer ausgeübt** werden, andernfalls bleibt der Urlaub dem Arbeitnehmer in voller Höhe erhalten.

bb) Gewährung vor Dienstantritt; Übertragung

2494 Gem. **§ 4 Abs. 1 S. 2 ArbPlSchG** ist dem Arbeitnehmer der zustehende Erholungsurlaub auf Verlangen vor dem Beginn des Grundwehrdienstes zu gewähren. Gemeint ist damit der Anspruch auf den nach § 4 Abs. 1 S. 1 ArbPlSchG zu kürzenden Urlaub.

2495 Der Arbeitgeber ist dann nicht berechtigt, durch Hinweis auf dringende betriebliche Belange oder die Urlaubswünsche anderer Arbeitnehmer die Erteilung des Urlaubs zu verweigern; § 7 Abs. 1 BUrlG ist nicht anwendbar (MünchArbR/*Leinemann* § 92 Rz. 75).

2496 Allerdings besteht bei einer Verweigerung der Urlaubsbewilligung durch den Arbeitgeber keine Befugnis zur Selbstbeurlaubung (MünchArbR/*Leinemann* § 92 Rz. 75).

2497 Abweichend von § 7 Abs. 3 S. 3 BUrlG ist der Arbeitgeber (§ 4 Abs. 2 ArbPlSchG) dazu verpflichtet, den dem Arbeitnehmer vor seiner Einberufung zustehenden, noch nicht oder nicht vollständig gewährten Resturlaub nach dem Grundwehrdienst im laufenden oder nächsten Urlaubsjahr zu gewähren.

cc) Wehr- und Eignungsübungen

2498 Für die Teilnahme an Wehrübungen besteht für den Arbeitgeber **keine Kürzungsbefugnis** (vgl. §§ 4 Abs. 1, 5, 10, 11 ArbPlSchG).

2499 Wird der Arbeitnehmer auf Grund freiwilliger Verpflichtung zu einer Übung zur Auswahl von freiwilligen Soldaten (Eignungsübung) einberufen, so ruht das Arbeitsverhältnis während der Eignungsübung bis zur Dauer von vier Monaten. Die Urlaubsansprüche berechnen sich dann nach der auf Grund von § 6 Abs. 2 EignungsübungsG ergangenen Verordnung (vom 15.2.1956 [BGBl. I S. 71], zuletzt i.d.F. vom 10.5.1971 [BGBl. I S. 450], abgedruckt bei *Nipperdey* ArbR I Nr. 155a).

x) Urlaub und BEEG

aa) Grundlagen

Der Anspruch auf Elternzeit nach § 15 BEEG ist ein arbeitsrechtlicher Anspruch auf unbezahlte Freistellung von der Arbeit; bei der Inanspruchnahme von Elternzeit handelt es sich um die **Ausübung eines Gestaltungsrechts durch den Arbeitnehmer** (*BAG* 19.4.2005 EzA § 15 BErzGG Nr. 15 = NZA 2005, 1354). Während der Elternzeit **ruhen die beiderseitigen Hauptpflichten aus dem Arbeitsverhältnis** (Arbeitspflicht, Lohnzahlungspflicht, Entgeltfortzahlungspflicht; Beschäftigungspflicht; vgl. *BAG* 15.4.2008 EzA § 15 BErzGG Nr. 17 = NZA 2008, 998; 22.6.1988 EzA § 16 BErzGG Nr. 1; 10.5.1989 EzA § 16 BErzGG Nr. 2; 19.4.2005 EzA § 15 BErzGG Nr. 15 = NZA 2005, 1354). Die Inanspruchnahme von Elternzeit oder ein Wechsel unter den Berechtigten ist dreimal zulässig (§ 16 Abs. 1 S. 2 BEEG. Somit kann der Arbeitnehmer die Elternzeit auf **verschiedene Zeiträume aufteilen**; dies muss dem Arbeitgeber allerdings bereits bei der erstmaligen Inanspruchnahme mitgeteilt werden. Gleiches gilt für die **Aufteilung zwischen mehreren Berechtigten. Krankheit** steht der Inanspruchnahme von Elternzeit **nicht entgegen**; sie unterbricht sie auch nicht (Kasseler Handbuch/*Hauck* 2.4 Rz. 904). 2500

> Mit Beendigung der Elternzeit lebt das Arbeitsverhältnis wieder auf. Der Arbeitnehmer muss unaufgefordert erscheinen und seine Arbeitsleistung ordnungsgemäß, d.h. in einer zur Begründung des Annahmeverzuges geeigneten Weise wieder anbieten. 2501

Eine Garantie des konkreten Arbeitsplatzes für die Zeit nach der Elternzeit ergibt sich aus dem BEEG nicht. Sie kann aber aus dem Arbeitsvertrag oder kollektivrechtlichen Vereinbarungen begründet sein (MünchArbR/*Heenen* § 229 Rz. 2). 2502

Einige besondere Nebenpflichten, die während der Elternzeit zu beachten sind, hat der Gesetzgeber ausdrücklich geregelt (z.B. § 15 Abs. 4 BEEG [Beschränkung einer Erwerbstätigkeit auf Teilzeitbeschäftigung in begrenzten Umfang beim selben Arbeitgeber bzw. Erlaubnispflicht bei Beschäftigung bei einem anderen Arbeitgeber]; § 16 Abs. 5 BEEG [Mitteilungspflicht bei einer Änderung der Anspruchsberechtigung hinsichtlich der Elternzeit]). **Sonstige Nebenpflichten**, insbes. die Treue- und Fürsorgepflichten wie z.B. Verschwiegenheitspflichten, die Pflicht zur Unterlassung von Wettbewerb, Auskunfts-, Rechnungs- und Herausgabepflichten **bleiben bestehen** (*BAG* 10.5.1989 EzA § 16 BErzGG Nr. 2). 2503

bb) Rechtslage für Kinder, die vor dem 1.1.2001 geboren worden sind

(1) Geltendmachung des Anspruchs; Voraussetzungen

> Die Elternzeit wird geltend gemacht durch einseitiges Verlangen des Arbeitnehmers, also durch die Ausübung eines Gestaltungsrechts. Sie muss mindestens vier Wochen vor dem Zeitpunkt erfolgen, von dem ab er in Anspruch genommen werden soll. Der Beginn der Elternzeit muss kalendarisch bestimmt sein (§ 16 Abs. 1 S. 1 BErzGG, jetzt BEEG). 2504

Mit Zugang des Antrags beim Arbeitgeber wird das einseitige Verlangen **unwiderruflich**. 2505
Die Erklärung ist auch **bedingungsfeindlich**. Hat der Arbeitgeber allerdings noch keine anderweitige Disposition getroffen oder die Personalplanung geändert, ist er auf Grund der Fürsorgepflicht gehalten, dem Wunsch des Arbeitnehmers auf Rückgängigmachung der Elternzeit zu entsprechen. Andernfalls ist der Arbeitnehmer zum Antritt der Elternzeit verpflichtet (MünchArbR/*Heenen* § 228 Rz. 25).

Eine nicht fristgerecht abgegebene Erklärung wirkt zum nächst zulässigen Zeitpunkt, 2506
weil die Vierwochenfrist keine Ausschlussfrist in dem Sinne ist, dass die Elternzeit stets spätestens vier Wochen vor Ablauf der Mutterschutzfristen geltend gemacht werden müsste (GK-BUrlG/*Berscheid* § 15 BErzGG Rz. 1 ff.). **Einer ausdrücklichen Zustimmung des Arbeitgebers bedarf es nicht.** Hat der Arbeitnehmer rechtswirksam Elternzeit in Anspruch

genommen, so werden der Beginn und der Lauf der Elternzeit nicht schon allein dadurch berührt, dass der Arbeitnehmer vor Beginn der Elternzeit arbeitsunfähig krank wird (*BAG* 22.6.1988 EzA § 16 BErzGG Nr. 1). Daher endet bei Arbeitsunfähigkeit der Anspruch auf Entgeltfortzahlung mit Beginn der Elternzeit (MünchArbR/*Heenen* § 228 Rz. 31).

2507 **Der Anspruch besteht dann nicht, wenn der andere Ehegatte nicht erwerbstätig ist, es sei denn, dieser ist arbeitslos oder befindet sich in Ausbildung.**

2508 Entstehen **Zweifel oder Streitigkeiten**, ob die Voraussetzungen für die Inanspruchnahme der Elternzeit erfüllt sind, hat die **Erziehungsgeldstelle** auf Antrag des Arbeitgebers mit Zustimmung des Arbeitnehmers **Stellung zu nehmen** (§ 16 Abs. 1 S. 3 BErzGG, jetzt BEEG). Sie kann von den Beteiligten die Abgabe von Erklärungen und die Vorlage von Bescheinigungen verlangen (§ 16 Abs. 1 S. 4 BErzGG, jetzt BEEG).

(2) Kürzung des Urlaubsanspruchs; Übertragung

2509 Von der gem. § 17 Abs. 1 S. 1 BEEG gesetzlich vorgesehenen Möglichkeit, den Urlaubsanspruch des Arbeitnehmers durch Ausübung eines einseitigen Gestaltungsrechts zu kürzen, kann der Arbeitgeber auch stillschweigend oder konkludent Gebrauch machen. Dazu ist ausreichend, wenn er auf einen Antrag des Arbeitnehmers hin nur den gekürzten Urlaub bewilligt. In diesem Fall kann die Ausübung des Gestaltungsrechts nicht daraufhin überprüft werden, ob sie billigem Ermessen entspricht (*BAG* 15.2.1984 EzA § 8d MuSchG Nr. 4).

2510 Der Arbeitgeber ist nicht verpflichtet, dem Arbeitnehmer vor Antritt der Elternzeit mitzuteilen, dass er den Erholungsurlaub anteilig kürzen will (*BAG* 28.7.1992 EzA § 17 BErzGG Nr. 4).

2511 § 17 Abs. 2 BEEG, wonach der Arbeitgeber den Resturlaub nach der Elternzeit im laufenden oder im nächsten Urlaubsjahr zu gewähren hat, wenn der Arbeitnehmer den ihm zustehenden Urlaub vor dem Beginn der Elternzeit nicht oder nicht vollständig erhalten hat, ist unabhängig davon anwendbar, ob der Arbeitnehmer den Erholungsurlaub nicht rechtzeitig vor der Elternzeit geltend gemacht hat oder wegen Arbeitsunfähigkeit bis zum Beginn der Mutterschutzfrist nicht hat nehmen können oder ob Arbeitgeber und Arbeitnehmer die Übertragung vereinbart haben (GK-BUrlG/*Berscheid* § 17 BErzGG Rz. 15 ff.).

2512 Allerdings kommt nur die Übertragung eines Urlaubsanspruchs in Betracht, der im Zeitpunkt des Antritts der Elternzeit noch erfüllbar war (*BAG* 1.10.1991 EzA § 17 BErzGG Nr. 5). Der übertragene Urlaub verfällt dem entgegen nicht dann mit Ablauf des nächsten Urlaubsjahres, wenn der Urlaub **wegen Inanspruchnahme einer zweiten Elternzeit** nicht genommen werden konnte (*BAG* 20.5.2008 – 9 AZR 219/07 – EzA-SD 21/2008 S. 4 LS = NZA 2008, 1237 = FA 2008, 221 LS gegen *BAG* 21.10.1997 EzA § 17 BErzGG Nr. 8; *LAG SchlH* 21.10.2004 EzA-SD 1/05 S. 4 LS; vgl. auch *LAG Hamm* 20.2.2001 NZA-RR 2002, 460). Dies folgt schon aus dem, seit dem 1.1.2007 aufgehobenen, **für Altfälle jedoch weiter anzuwendenden § 17 Abs. 2 BErzGG a.F.**; jedenfalls ist diese Regelung in dieser Weise verfassungs- und gemeinschaftsrechtskonform auszulegen. Für § 17 Abs. 2 BEEG gilt Entsprechendes (*BAG* 20.5.2008 – 9 AZR 219/07 – EzA-SD 21/2008 S. 4 LS = NZA 2008, 1237 = FA 2008, 221 LS). § 17 Abs. 2 BErzGG (jetzt BEEG) war nach Auffassung von *Sowka* (NZA 1998, 348 f.) gegen den Wortlaut dahingehend einschränkend auszulegen, dass die Vorschrift bei **Teilzeitarbeit in der Elternzeit** nicht anwendbar ist.

2513 Hat der Arbeitnehmer vor dem Beginn der Elternzeit mehr Urlaub erhalten, als ihm nach § 17 Abs. 1 BEEG zusteht, so kann der Arbeitgeber den Urlaub, der dem Arbeitnehmer nach dem Ende der Elternzeit zusteht, um die zu viel gewährten Urlaubstage **kürzen**.

2514 Nach Auffassung des *LAG Düsseld.* (5.3.1996 LAGE § 17 BErzGG Nr. 2) sollte durch § 17 Abs. 2 BErzGG a.F. (jetzt § 17 Abs. 2 BEEG) sichergestellt werden, dass die Inanspruchnahme von Elternzeit unter keinen Umständen zu einem Verfall des Urlaubs führt, selbst dann nicht, wenn es sich um Urlaub handelt, der bereits **wegen einer früheren Elternzeit übertragen worden war** und wenn sich während des Übertragungszeitraums erneut eine Elternzeit anschließt.

(3) Urlaubsabgeltung; Urlaubsgeld

Endet das Arbeitsverhältnis während der Elternzeit oder setzt der Arbeitnehmer im Anschluss an die Elternzeit das Arbeitsverhältnis nicht fort, so hat der Arbeitgeber den noch nicht gewährten Urlaub abzugelten (§ 17 Abs. 3 BEEG). **2515**

Der auf das nach der Elternzeit laufende und das nächste Urlaubsjahr übertragene Urlaub verfällt mit Ablauf des nächsten Urlaubsjahres nicht dann, wenn der Arbeitnehmer den Urlaub wegen **Krankheit, Beschäftigungsverboten** nach dem Mutterschutzgesetz und eine sich daran anschließende **zweite Elternzeit** nicht nehmen konnte (s.o. Rn. 2509); endet das Arbeitsverhältnis **während der zweiten Elternzeit** oder wird es im Anschluss an sie nicht fortgesetzt, wandelt sich der nach § 17 Abs. 2 BEEG übertragene Urlaubsanspruch nach § 17 Abs. 3 BEEG in einen Abgeltungsanspruch um (*BAG* 20.5.2008 – 9 AZR 219/07 – EzA-SD 21/2008 S. 4 LS = NZA 2008, 1237 = FA 2008, 221). **2516**

Der mit der Beendigung des Arbeitsverhältnisses entstehende Abgeltungsanspruch wird lediglich hinsichtlich des tarifvertraglichen Anteils von einer tarifvertraglichen **Ausschlussfrist** erfasst. Der Anteil im Umfang des gesetzlichen **Mindesturlaubs** bleibt **unberührt**. Er ist nach § 13 Abs. 1 BUrlG unabdingbar und kann bis zum Ablauf des Übertragungszeitraums verlangt werden (*BAG* 23.4.1996 EzA § 1 BUrlG Nr. 21). **2517**

Sagt der Arbeitgeber die Zahlung eines Weihnachts- und Urlaubsgeldes zu, so setzt der Anspruch auf das **Urlaubsgeld** zumindest voraus, dass der Arbeitgeber dem Arbeitnehmer im Urlaubsjahr auch **Urlaub gewähren** kann. Das ist für volle Kalenderjahre, in denen der Arbeitnehmer in Elternzeit ist, nicht der Fall (*BAG* 14.8.1996 EzA § 611 BGB Gratifikation, Prämie Nr. 145; vgl. auch *ArbG Freiburg* 10.1.2002 NZA-RR 2002, 461). **2518**

Nach **§ 21 Allgemeine Anstellungsbedingungen DGB** ist der Anspruch auf Urlaubsgeld dagegen am 1.6. eines jeden Kalenderjahres ohne Rücksicht auf Bestehen und Umfang von Urlaubsansprüchen fällig. Hat der Arbeitgeber die Zahlung aber ohne jede Einschränkung und unabhängig von der Urlaubsgewährung zugesagt, ist er nicht berechtigt, den Anspruch wegen Inanspruchnahme von Elternzeit zu kürzen (*BAG* 18.3.1997 EzA § 17 BErzGG Nr. 6). **2519**

Angestellte, die mit dem Landschaftsverband Westfalen-Lippe für die Dauer der Elternzeit eine erziehungsgeldunschädliche, aber mehr als geringfügige **Teilzeitbeschäftigung** vereinbaren, können nicht vom Bezug des tariflichen Urlaubsgeldes ausgeschlossen werden. Ihre Herausnahme aus dem persönlichen Geltungsbereich des TV-Urlaubsgeld war wegen Verstoß gegen § 2 Abs. 1 BeschFG (jetzt § 4 Abs. 1 TzBfG) nichtig. **2520**

Wird ein Arbeitnehmer während der Elternzeit mit verminderter Wochenarbeitszeit – aber ansonsten zu unveränderten Arbeitsbedingungen – beschäftigt, besteht ein einheitliches Arbeitsverhältnis. Hat der Arbeitnehmer auf Grund der Teilzeitbeschäftigung im Juli des Urlaubsjahres einen Vergütungsanspruch, so ist die Anspruchsvoraussetzung des § 1 Abs. 1 Nr. 3 TV-Urlaubsgeld erfüllt (*BAG* 23.4.1996 EzA § 2 BeschFG 1985 Nr. 46). Auch die Bestimmung des § 2 Abs. 1 TV Urlaubsgeld (im öffentlichen Dienst), die auf eine Vollbeschäftigung am 1.7. eines jeden Jahres abstellt, verfolgt nicht das Ziel, das tarifliche Urlaubsgeld für vollbeschäftigte Angestellte zu kürzen, die am 1.7. wegen Erziehungsurlaub vorübergehend ihre Arbeitszeit verringert haben (*BAG* 19.3.2002 – 9 AZR 29/01 – EzA-SD 14/02, S. 14 LS). **2521**

(4) Teilzeitarbeit in der Elternzeit

Gem. § 15 Abs. 4 BEEG ist während der Elternzeit Erwerbstätigkeit ohne Anrechnung auf das Erziehungsgeld zulässig, wenn die wöchentliche Arbeitszeit 30 Stunden nicht übersteigt. **2522**

2523 Ob eine derartige erziehungsgeldunschädliche Teilzeitarbeit beim selben Arbeitgeber in einem rechtlich selbstständigen Arbeitsverhältnis erfolgt, das neben das ruhende Hauptarbeitsverhältnis tritt, und ob für ein solches rechtlich selbstständiges Teilzeitarbeitsverhältnis andere, insbes. für den Arbeitnehmer ungünstigere Arbeitsbedingungen vereinbart werden können, als sie für das Hauptarbeitsverhältnis gelten, hat das *BAG* (28.6.1995 NZA 1996, 151) zunächst offen gelassen. Nach Auffassung von *Ramrath* (DB 1987, 1786) handelt es sich lediglich um eine Modifizierung des Hauptarbeitsverhältnisses hinsichtlich der Arbeitszeit. Davon geht inzwischen auch das *BAG* (23.4.1996 EzA § 2 BeschFG 1985 Nr. 46; vgl. auch *Sowka* NZA 1998, 349) aus.

2524 Eine Angestellte im **öffentlichen Dienst**, die Anspruch auf eine Zuwendung nach dem Zuwendungs-TV hat, verliert diesen nicht dadurch, dass sie während der Elternzeit bei **demselben Arbeitgeber** ihre bisherige Tätigkeit im Umfang einer geringfügigen Beschäftigung weiterhin ausübt (*BAG* 24.2.1999 NZA 1999, 830).

2525 Teilerwerbstätigkeit bei einem anderen Arbeitgeber oder als Selbstständiger bedarf der Zustimmung des Arbeitgebers; § 15 Abs. 4 BEEG enthält **ein befristetes Verbot mit Erlaubnisvorbehalt**. Beantragt der Arbeitnehmer beim Arbeitgeber ordnungsgemäß die Zustimmung zur Aufnahme einer Teilzeitarbeit bei einem anderen Arbeitgeber, kann der Arbeitgeber die Zustimmung nur binnen vier Wochen unter Angabe entgegenstehender dringender betrieblicher Interessen (vgl. dazu *Joussen* NZA 2003, 644 ff.) schriftlich ablehnen. Erklärt er sich nicht frist- oder formgerecht, entfällt das Zustimmungserfordernis mit Ablauf der gesetzlichen Frist (*BAG* 26.6.1997 EzA § 15 BErzGG Nr. 9).

2526 Bei form- und fristgerechter Ablehnung des Antrags muss der Arbeitnehmer gegen seinen Arbeitgeber **Klage auf Erteilung der Zustimmung** erheben (*LAG Düsseld.* 2.7.1999 NZA-RR 2000, 232). Auf entgegenstehende betriebliche Interessen kann sich der Arbeitgeber z.B. dann berufen, wenn der Arbeitnehmer eine seiner bisherigen beruflichen Tätigkeit entsprechende Teilzeitbeschäftigung bei einem Konkurrenzunternehmen aufnehmen will (*LAG Düsseld.* NZA-RR 2000, 232).

(5) Elternzeit und Sonderurlaub

2527 Die Unabdingbarkeit des Anspruchs auf Elternzeit (§ 15 Abs. 3 BEEG) berührt die Wirksamkeit einer vor Beginn der Schwangerschaft abgeschlossenen Sonderurlaubsvereinbarung zwar nicht. Der Arbeitgeber kann aber nach § 242 BGB (Anspruch auf ermessensfehlerfreie Entscheidung) gehalten sein, der **vorzeitigen Beendigung** des Sonderurlaubs **zuzustimmen**, wenn stattdessen Elternzeit begehrt wird (*BAG* 16.7.1997 EzA § 15 BErzGG Nr. 11 in Fortführung von *BAG* 6.9.1994 AP Nr. 17 zu § 50 BAT; vgl. *Bäuml* SAE 1998, 183 ff.; vgl. auch *Sowka* NZA 1998, 349); im konkret entschiedenen Einzelfall hat das *BAG* (6.9.1994 AP Nr. 17 zu § 50 BAT) das angefochtene Urteil aufgehoben und die Sache zur erneuten Entscheidung an das LAG zurückverwiesen.

cc) Änderungen für Kinder, die am 1.1.2001 oder später geboren worden sind

(1) Grundlagen

2528 Während nach bisherigem Recht jeweils nur ein Elternteil (auch Adoptiveltern und seit dem 1.1.2004 Pflegeeltern im Rahmen einer Vollzeitpflege nach § 33 SGB VIII; s. dazu *LAG Nds.* 12.9.2005 NZA-RR 2006, 346; ebenfalls Lebenspartner einer gleichgeschlechtlichen eingetragenen Lebenspartnerschaft, § 15 Abs. 1 Nr. 1b BEEG) für den gleichen Zeitraum Elternzeit in Anspruch nehmen konnte, können dies nunmehr auch **beide Elternteile für denselben Zeitraum**, also auch gemeinsam Elternzeit nehmen (§ 15 Abs. 3 BEEG). Die Höchstdauer der Elternzeit bleibt bei **drei Jahren** für jedes Kind (vgl. dazu *Leßmann* DB 2001, 69 ff.; *Sowka* NZA 2004, 82 f.); auch wenn beide Elternteile gleichzeitig Elternzeit nehmen, kann jeder der Elternteile die 3 Jahre voll ausschöpfen (§ 15 Abs. 3 S. 1 BEEG; vgl. *Sowka* NZA 2004, 82; *Winterfeld* DB 2004, 931 ff.; ebenso schon zur alten Fassung *ArbG Hmb.* 28.2.2002 – 14 Ca 257/01 – EzA-SD 26/02, S. 10 LS). Allerdings wird eine **teilweise Übertragung** des Elternzeitanspruchs **über das dritte Lebensjahr** des Kindes hinaus bis zur

Vollendung des 8. Lebensjahres – mit Zustimmung des Arbeitgebers – ermöglicht; dies ist auch bei einer kurzen Geburtenfolge bzw. bei Mehrlingsgeburten möglich (§ 15 Abs. 2 S. 3, 4 BEEG). Die Elternzeit des Vaters kann – anders als bisher – bereits **während der Mutterschutzfrist** für die Mutter beginnen. Diese Mutterschutzfrist wird auf die Höchstdauer der Elternzeit angerechnet. Wie bereits zuvor muss die Elternzeit nicht im Zusammenhang genommen werden. Sie konnte bis zum 31.12.2003 auf bis zu **vier Zeitabschnitte verteilt** werden (§ 16 BEEG), die durch Zeiten der Erwerbstätigkeit unterbrochen sein können; seit dem 1.1.2004 ist dies auf Grund von § 16 Abs. 1 S. 5 BEEG **nur noch für zwei Abschnitte Elternzeit** möglich (vgl. *Winterfeld* DB 2004, 931 ff.).

Die Frist zur Geltendmachung der Elternzeit wurde von vier auf **sechs Wochen** verlängert, wenn die Elternzeit unmittelbar nach der Geburt oder im Anschluss an die Mutterschutzfrist beginnen soll. Sonst gilt eine Frist von **acht Wochen**; bei dringenden Gründen ausnahmsweise eine angemessene kürzere Frist (§ 16 S. 1, 2 BEEG; vgl. *LAG RhPf* 4.11.2004 – 4 Sa 606/04 – ArbuR 2005, 424 LS). Durch die Neufassung des BErzGG (jetzt BEEG) wurde die Frist ab dem 1.1.2007 **einheitlich auf sieben Wochen festgelegt**; die Ausnahme bei dringenden Gründen ist geblieben. 2529

Während der Arbeitnehmer früher vor Antritt der ersten Elternzeit bereits erklären musste, für welche Zeit er insgesamt Elternzeit begehrt und er an diese Erklärung gebunden war, muss er sich jetzt nur noch für einen Zeitraum **von zwei Zeitjahren festlegen** – »zunächst nur **bis zum 2. Geburtstag des Kindes**« (§ 16 Abs. 1 S. 5 BEEG); dieser Zeitraum beginnt mit der Geburt des Kindes (*Sowka* NZA 2004, 82 f.). 2530

Die Zeitabschnitte beziehen sich seit dem 1.1.2004 auf den einzelnen Anspruchssteller und nicht wie zuvor auf beide Elternteile (vgl. *Winterfeld* DB 2004, 931 ff.). Hat der Arbeitnehmer also für einen Zeitraum, der den durch § 16 Abs. 1 S. 1 BEEG geforderten Mindestzeitraum von zwei Jahren überschreitet, erklärt, für wie lange Elternzeit genommen werden soll, so ist eine vorzeitige Beendigung nur unter den besonderen Voraussetzungen des § 16 Abs. 3, 4 BEEG zulässig (*BAG* 19.4.2005 EzA § 15 BErzGG Nr. 15 = NZA 2005, 1354). 2531

Der Gesetzgeber hat die Bindungswirkung des Elternzeitverlangens allerdings dadurch eingeschränkt, dass eine vorzeitige Beendigung der Elternzeit wegen der Geburt eines weiteren Kindes oder wegen eines besonderen Härtefalles ermöglicht wird (§ 16 Abs. 3 BEEG); möglich ist auch eine **Verlängerung** der Elternzeit. Gem. § 16 Abs. 3 S. 4 BEEG kann z.B. eine Verlängerung verlangt werden, wenn ein vorgesehener Wechsel in der Anspruchsberechtigung **aus einem wichtigen Grund nicht** erfolgen kann. Diese Voraussetzungen sind nicht erfüllt, wenn der andere Elternteil die Erziehungstätigkeit wegen dienstlicher Unabkömmlichkeit nicht übernehmen kann. Hatte der andere Elternteil als Arbeitnehmer durch rechtzeitige Anzeige gegenüber seinem Arbeitgeber die Elternzeit erlangt, so kann sich aus dem mangelnden Einverständnis des Arbeitgebers ebenfalls kein wichtiger Grund i.S.v. § 16 Abs. 3 S. 4 BEEG ergeben, da es eines solchen Einverständnisses gerade nicht bedarf (*ArbG Bonn* 9.1.2002 NZA-RR 2003, 14). 2532

Auch eine generelle Einschränkung dahingehend, dass die Eltern sich auf maximal zwei Jahre festlegen können, eine weitere Inanspruchnahme der Elternzeit innerhalb der Regelfrist des § 15 Abs. 2 S. 1 BEEG aber der Zustimmung des Arbeitgebers bedarf, lässt sich aus dem Gesetz nicht herleiten (zutr. *LAG RhPf* 4.11.2004 – 4 Sa 606/04 – ArbuR 2005, 424 LS). 2533

Während bisher Erwerbstätigkeit nur in einem Umfang von bis zu 19 Wochenstunden erziehungsgeld- und elternzeitunschädlich war, hat der Gesetzgeber nunmehr vorgesehen, dass eine **Erwerbstätigkeit** von **bis zu 30 Wochenstunden** Erziehungsgeldbezug und Elternzeit nicht mehr ausschließt (§ 15 Abs. 4 BEEG; zur Kündigung der Teilzeittätigkeit vgl. *Sowka* BB 2001, 937; *Betz* NZA 2000, 250 f.). Der Arbeitgeber kann eine von dem Elternteil 2534 gewünschte Tätigkeit bei einem anderen Arbeitgeber oder eine selbstständige Tätigkeit dieses Umfangs nunmehr nur noch aus **dringenden betrieblichen Gründen**, nicht mehr dagegen bereits aus entgegenstehenden betrieblichen Interessen ablehnen.

(2) Anspruch auf Teilzeitarbeit beim eigenen Arbeitgeber

aaa) Anspruchsvoraussetzungen

2535 Neu eingeführt worden ist ein **Anspruch auf Teilzeitarbeit** während der Elternzeit **beim eigenen Arbeitgeber** (Elternteilzeit, § 15 Abs. 6, 7 BEEG; vgl. dazu *Leßmann* DB 2001, 69 ff.; *Sowka* NZA 2004, 82 f.), der dann gegeben ist, wenn die Voraussetzungen des § 15 Abs. 7 Nr. 1–5 BEEG gegeben sind (*LAG München* 3.3.2004 LAG Report 2005, 197). Ausgenommen sind lediglich Arbeitgeber mit i.d.R. 15 oder weniger Arbeitnehmern. Der Arbeitnehmer kann also **gleichzeitig** mit der Inanspruchnahme von Elternzeit die **Verringerung der regelmäßigen Arbeitszeit** während der Elternzeit (Elternteilzeit) **verlangen** (*BAG* 15.4.2008 EzA § 15 BErzGG Nr. 17 = NZA 2008, 998).

2536 Der Teilzeitanspruch ist grds. acht Wochen oder wenn die Verringerung unmittelbar nach der Geburt des Kindes oder nach der Mutterschutzfrist beginnen soll, sieben Wochen vor Beginn der Tätigkeit schriftlich geltend zu machen (§ 15 Abs. 7 Nr. 5 BEEG). Gem. § 15 Abs. 7 Nr. 3 BEEG ist des weiteren Voraussetzung u.a., dass die vertraglich vereinbarte regelmäßige Arbeitszeit für mindestens zwei Monate auf einen Umfang zwischen 15 und 30 Wochenstunden verringert werden soll. Insoweit kann der Arbeitnehmer allerdings **nicht verlangen, in einer Teilzeitbeschäftigung von nur wenigen Wochenstunden eingesetzt zu werden**. Er muss sich entscheiden, eine vollständige Befreiung von der Arbeitspflicht zu verlangen oder um eine Beschäftigung von mindestens 15 und höchstens 30 Wochenstunden nachzusuchen. Soweit die Norm als Sollvorschrift ausgestaltet ist, bezieht sich die Anordnung des Gesetzes nicht auf den Rahmenumfang für die Beschäftigung, sondern auf den Mindestzeitraum der zweimal möglichen Verringerungsanträge (ErfK/*H. J. Dörner* § 15 BErzGG Rz. 22).

2537 Wenn ein Elternteil Elternzeit nach § 16 BEEG mit völliger Freistellung von der Arbeit in Anspruch genommen hat, ist zweifelhaft, ob er während der Dauer der verlangten Elternzeit jedenfalls in dem in § 16 Abs. 1 S. 1 BEEG genannten Zeitraum einen **Anspruch auf Zustimmung des Arbeitgebers zur Teilzeitbeschäftigung** nach § 15 BEEG hat (dagegen *LAG BW* 6.5.2004 – 3 Sa 44/03 – EzA-SD 16/04 S. 9 = LAG Report 2004, 326; **a.A.** *Joussen* NZA 2005, 336 ff.). Das *BAG* (19.4.2005 EzA § 15 BErzGG Nr. 15 = NZA 2005, 1354 m. Anm. *Sowka* SAE 2006, 125 ff.; 5.6.2007 EzA § 15 BErzGG Nr. 16 = NZA 2007, 1352; s.a. *LAG BW* 23.11.2006 – 7 Sa 95/06 – EzA-SD 2/2007 S. 5 LS; s. dazu *Barth* BB 2007, 2567 ff.) geht insoweit davon aus, dass Arbeitnehmerinnen oder Arbeitnehmer, die Elternzeit in Anspruch genommen haben, nicht gehindert sind, im Laufe der Elternzeit die Verringerung ihrer Arbeitszeit gem. § 15 Abs. 5–7 BEEG zu beantragen. Das ist **auch dann** zulässig, wenn **zunächst nur die völlige Freistellung** von der vertraglichen Arbeit (Elternzeit) in Anspruch genommen und keine Verringerung der Arbeitszeit beantragt worden war, der Arbeitnehmer also bereits von der Arbeitspflicht befreit ist (*BAG* 19.4.2005 EzA § 15 BErzGG Nr. 15 = NZA 2005, 1354; 9.5.2006 EzA § 15 BErzGG Nr. 16 = NZA 2006, 1413; 5.6.2007 EzA § 15 BErzGG Nr. 16 = NZA 2007, 1352).

2538 Andererseits lässt der Anspruch auf Verringerung der Arbeitszeit während der Elternzeit u.a. das Recht des Arbeitnehmers unberührt, bestehende Teilzeitarbeit ab Beginn der Elternzeit unverändert bis zu 30 Stunden pro Woche fortzusetzen. **Unberührt** bleibt auch das Recht, die **Elternzeit** in der Weise **zu verlangen**, dass zunächst der Arbeitnehmer einige Monate vollständig von der Arbeitspflicht freigestellt wird und sich daran die Fortsetzung der bisherigen Teilzeitarbeit während der restlichen Dauer der Elternzeit anschließen soll. Auch für dieses Verlangen gelten allerdings die in § 16 BEEG geregelten Fristen und Förmlichkeiten (*BAG* 27.4.2004 EzA § 15 BErzGG Nr. 13 = NZA 2004, 1039 = BAG Report 2004, 313 m. Anm. *Brors* RdA 2005, 51 ff. u. *Worzalla* SAE 2005, 242 ff.; *LAG Nds.* 25.11.2003 LAG Report 2004, 168).

bbb) Entgegenstehende dringende betriebliche Gründe; Darlegungs- und Beweislast

Der Arbeitgeber kann im Übrigen eine derartige Teilzeitarbeit – und die vom Arbeitnehmer gewünschte inhaltliche Ausgestaltung dieser Teilzeitarbeit – lediglich mit **dringenden betrieblichen Gründen** (im Gegensatz zu § 8 Abs. 4 TzBfG, wonach »betriebliche Gründe« erforderlich sind) innerhalb von vier Wochen schriftlich ablehnen; dies gilt auch für die vom Arbeitnehmer verlangte Verteilung der Arbeitszeit (*BAG* 9.5.2006 EzA § 15 BErzGG Nr. 16 = NZA 2006, 1413). 2539

Mit dem Merkmal dringender betrieblicher Gründe ist eine **umfassende Abwägung der Umstände des Einzelfalls** gefordert, für die es neben **besonderen Auslastungssituationen**, einer **Unterbesetzung der Abteilung** oder der **Eigenart der Branche** auch auf die **Wünsche anderer Arbeitnehmer** ankommt; insoweit liegt eine Parallele zu § 7 Abs. 1 S. 1 BUrlG nahe (*Gaul/Wisskirchen* BB 2000, 2468; MünchArbR/*Heenen* Ergänzungsband § 229 Rz. 16; *Reiserer/Penner* BB 2002, 1962 ff.).

Dringende betriebliche Gründe liegen u.a. dann vor, wenn der **Arbeitsplatz nicht teilbar ist**, der Arbeitnehmer mit der verringerten Arbeitszeit **nicht eingeplant werden kann** oder **keine Beschäftigungsmöglichkeit** besteht (*BAG* 5.6.2007 – 9 AZR 82/07 – NZA 2007, 1352; *LAG SchlH* 12.6.2007 LAGE § 15 BEEG Nr. 1 = NZA-RR 2007, 511).

Gleiches gilt dann, wenn für eine Beschäftigung des Arbeitnehmers während der Elternzeit **kein Bedarf** besteht. Möchte ein Arbeitnehmer nach § 15 Abs. 6 BEEG während der Elternzeit die Verringerung seiner Arbeitszeit (Elternteilzeit) beanspruchen, so setzt dies gegenüber dem Elternzeitverlangen einen **zusätzlichen Beschäftigungsbedarf** voraus. Besteht dieser nicht, kann sich daraus ein dem Teilzeitverlangen entgegenstehender dringender betrieblicher Grund i.S.d. Gesetzes ergeben. Das ist z.B. dann der Fall, wenn ein Betrieb/Dienststelle mit Personal »überbesetzt« ist. Dem Arbeitgeber wird gesetzlich nicht zugemutet, den Arbeitnehmer trotz fehlendem Beschäftigungsbedarf während der Elternzeit als Teilzeitkraft zu beschäftigen. Konkurriert folglich ein Arbeitnehmer während der Elternzeit mit anderen sich nicht in Elternzeit befindlichen Arbeitnehmern um freie Arbeitsplätze, die mit Arbeitnehmern besetzt werden sollen, um deren Beschäftigungsanspruch zu erfüllen, ist unter den Bewerbern keine Sozialauswahl durchzuführen. Der Arbeitgeber hat dann vielmehr gegenüber den anderen Arbeitnehmern seine Beschäftigungspflicht auch tatsächlich zu erfüllen. Der Arbeitgeber ist insoweit auch regelmäßig nicht verpflichtet, alle vergleichbaren Arbeitnehmer nach ihrer Bereitschaft zu befragen, ihre Arbeitsverträge so zu ändern, dass die Beschäftigung des Arbeitnehmers mit der gewünschten Elternzeit möglich wird. Eine solche Pflicht zur Nachfrage kann im Einzelfall nur dann bestehen, wenn der Arbeitgeber Anhaltspunkte für eine entsprechende Bereitschaft bei einem Arbeitnehmer oder einer Gruppe von Arbeitnehmern hat (*BAG* 15.4.2008 EzA § 15 BErzGG Nr. 17 = NZA 2008, 998).

Dringlich können Gründe allerdings nur sein, wenn sie sich nicht nur aus Zweckmäßigkeits- oder Praktikabilitätsüberlegungen ergeben, sondern wenn die Gründe **die Unmöglichkeit oder zumindest die Unzumutbarkeit des Teilzeitverlangens ergeben** (*LAG München* 3.3.2004 LAG Report 2005, 197). Der Arbeitgeber muss darlegen können, dass er alle **Möglichkeiten der betrieblichen Organisation geprüft hat** und eine Reduzierung der bisherigen Arbeitszeit an Stelle des vom Gesetz ohne Einschränkung vorgesehenen Totalausfalls für die Dauer der Elternzeit nicht machbar ist. Der Tatbestand einer vollständigen Auslastung des Arbeitnehmers, der den Teilzeitwunsch einbringt, ist unbeachtlich, solange es dem Arbeitgeber möglich ist, seine Abläufe anders zu organisieren (*ArbG Hmb.* 10.8.2005 NZA-RR 2006, 239). Andererseits können dem Teilzeitwunsch zur Beschäftigung **außerhalb der betriebsüblichen Arbeitszeiten** dringende betriebliche Gründe entgegenstehen (*LAG SchlH* 12.6.2007 LAGE § 15 BEEG Nr. 1 = NZA-RR 2007, 511).

Ist der **Arbeitsplatz** des Klägers **weggefallen**, oder die Teilzeitarbeit auf dem bisherigen Arbeitsplatz des Arbeitnehmers nicht möglich, so muss der Arbeitgeber folglich prüfen, ob er den Teilzeitwunsch des Arbeitnehmers mit der Zuweisung einer anderen Arbeitsaufgabe oder durch Umorganisation erfüllen kann; der Arbeitgeber hat die Darlegungs- und Beweislast dafür, dass dem Teilzeitbegehren dringende betriebliche Gründe entgegenstehen (*LAG München* 3.3.2004 LAG Report 2005, 197). Einem während der Gesamtdauer der Elternzeit geltend gemachten Anspruch auf Elternteilzeit stehen regelmäßig dann dringende betriebliche Gründe entgegen, wenn der Arbeitgeber **befristet einen Elternzeitvertreter eingestellt hat und sowohl dieser als auch mit dem Arbeitnehmer in Elternzeit vergleichbare Arbeitnehmer eine vorübergehende Verringerung ihrer vertraglichen Arbeitszeit abgelehnt haben**. Der Arbeitgeber ist dann **nicht verpflichtet**, den Antragsteller trotz fehlender Arbeitskapazität zu beschäftigen **oder anderen Arbeitnehmern Kündigungen bzw. Änderungskündigungen auszusprechen**, um Arbeitskapazität für den Arbeitnehmer in Elternzeit »freizumachen« (*BAG* 19.4.2005 EzA § 15 BErzGG Nr. 15 = NZA 2005, 1354; *LAG BW* 23.11.2006 – 7 Sa 95/06 – EzA-SD 2/2007 S. 5 LS). Eine **treuwidrige Vereitelung** der Teilzeitbeschäftigung liegt insoweit dann **nicht** vor, wenn der Arbeitgeber vor Einstellung der Ersatzkraft **erfolglos** hinsichtlich des Beginns und des Umfangs der Teilzeitbeschäftigung **nachgefragt hat** (so jedenfalls *LAG BW* 23.11.2006 – 7 Sa 95/06 – EzA-SD 2/2007 S. 5 LS). Allerdings genügt der Vortrag des Arbeitgebers, der Arbeitsplatz sei nachbesetzt worden, insbesondere **dann nicht**, wenn der Arbeitgeber im Zusammenhang mit einer angekündigten Elternzeit den Personalbestand durch eine **unbefristete Neueinstellung dauerhaft** erhöht und nicht von der nach § 21 BEEG ausdrücklich gestatteten befristeten Ersatzeinstellung Gebrauch gemacht hat. In einem derartigen Fall genügt entgegen *LAG BW* (23.11.2006 a.a.O.) nicht die Behauptung, weder die neu eingestellte »Ersatzkraft« noch andere Arbeitnehmer seien bereit, ihre Arbeitszeit zu verringern. Da mit der unbefristeten Einstellung entweder das Risiko einer »**Doppelbesetzung**« eingegangen wird oder die Abdeckung eines steigenden Arbeitsbedarfs gesichert worden ist, bedarf es weitergehender Darlegungen (*BAG* 5.6.2007 EzA § 15 BErzGG Nr. 16 = NZA 2007, 1352; s.a. *LAG SchlH* 12.6.2007 LAGE § 15 BEEG Nr. 1 = NZA-RR 2007, 511). **Insgesamt hängt der Umfang der vom Arbeitgeber zur Ablehnung der gewünschten Verringerung darzulegenden und zu beweisenden Tatsachen (§ 15 Abs. 7 S. 1 Nr. 4 BEEG) vom geltend gemachten Ablehnungsgrund ab; daran orientiert sich das vom Gericht anzuwendende Prüfschema** (*BAG* 5.6.2007 EzA § 15 BErzGG Nr. 16 = NZA 2007, 1352).

Auch kann der Arbeitgeber das Begehren einer Arbeitnehmerin auf Teilzeitbeschäftigung während der Elternzeit nach Auffassung des *LAG Hamm* (15.2.2006 – 9 Sa 1601/04 – FA 2006, 285) nicht mit der Begründung ablehnen, der Arbeitsplatz der Arbeitnehmerin sei nicht vertretungsweise nicht besetzt, sondern durch **anderweitige Verteilung der Arbeitszeit wegrationalisiert** worden.

Überwiegt dagegen keines der Interessen, kommt den Wünschen des Arbeitnehmers der Vorrang zu. Damit sind die dringenden betrieblichen Gründe nach § 15 Abs. 7 Nr. 4 BEEG keine nur höhere Stufe des § 8 Abs. 4 TzBfG, der auch tariflicher Regelung zugänglich und damit inhaltlich nicht fest konturiert ist. Vielmehr liegt der Regelung des § 15 Abs. 7 Nr. 4 BEEG mit der vom Gesetzgeber gewollten Interessenabwägung unter Berücksichtigung der Umstände des Einzelfalls eine andere Gewichtung und Systematik zugrunde.

ccc) Unternehmerische Entscheidung

2540 Die unternehmerische Entscheidung, im Betrieb oder Unternehmen **keine Teilzeitarbeitsplätze einzurichten, ist ohne Hinzutreten weiterer Umstände** (z.B. unverhältnismäßige Kosten nach der Wertentscheidung des Gesetzgebers in § 8 Abs. 4 TzBfG; vgl. *Rolfs* RdA 2001, 136) **kein dringender betrieblicher Grund** im hier maßgeblichen Sinn. Etwas anderes gilt, wenn der Arbeitsplatz aus **objektiven Gründen unteilbar** ist, der Arbeitnehmer mit seiner vollen Arbeitsleistung für den Betrieb unverzichtbar, die gewünschte Verteilung der Arbeitszeit praktisch nicht durchführbar ist, weil es z.B. zu einem Arbeitskräfteüberhang am Vormittag oder an bestimmten Werktagen kommt, bzw. in Ansprüche und Rechte Dritter eingegriffen wird. Der Arbeitgeber ist daher insbes. **nicht verpflichtet**, den Anspruch auf Verringerung der Arbeitszeit durch Versetzung einer im Betrieb verfügbaren Arbeitnehmerin notfalls durch **Änderungskündigung** zu realisieren (MünchArbR/*Heenen* Ergänzungsband §229 Rz. 17 ff. m.w.N.).

Auch bei Inanspruchnahme eines Teilzeitanspruchs in der Elternzeit scheidet so gesehen die **Umstellung des Organisationskonzepts von einer Vollzeitstelle auf zwei Teilzeitstellen aus**, wenn betriebstechnische, wirtschaftliche oder sonstige berechtigte betriebliche Bedürfnisse die Beschäftigung einer ganztags tätigen Vollzeitkraft erfordern und die Aufteilung des Aufgabenbereichs auf zwei Teilzeitkräfte, falls überhaupt praktisch realisierbar als betriebswirtschaftlich nicht vernünftig erscheint (*LAG Düsseld.* 3.3.2004 LAG Report 2004, 196; vgl. auch die Revisionsentscheidung *BAG* 19.4.2005 NZA 2005, 1208 L). 2541

ddd) Verbindung von Elternzeit und Teilzeitarbeit

Fraglich ist, wie dann zu verfahren ist, wenn der Arbeitnehmer nur dann Interesse daran hat, die Elternzeit in Anspruch zu nehmen, wenn **gleichzeitig sichergestellt** ist, dass der Arbeitgeber der gewünschten **Teilzeittätigkeit** zustimmt (vgl. *LAG München* 3.3.2004 LAG Report 2005, 197; *Leßmann* DB 2001, 69 ff.). Denn wenn der Arbeitnehmer Elternzeit verlangt, ist er daran gebunden. Begehrt er zugleich Teilzeittätigkeit, so ist er nach einer in der Literatur vertretenen Auffassung (*Sowka* BB 2001, 937: Elternzeit als einheitlicher Tatbestand) an ein Teilzeitverlangen rechtlich gebunden; er kann es nicht später »widerrufen«. Dem entspricht, dass der Arbeitnehmer, der zunächst Elternzeit unter völliger Freistellung von der Arbeit verlangt hat, nicht später innerhalb dieses Zeitraums Teilzeitarbeit verlangen können soll, da dies mit den Dispositionen, die der Arbeitgeber regelmäßig im Rahmen der betrieblichen Organisation treffen muss, z.B. durch Einstellung einer Ersatzkraft, unvereinbar ist (MünchArbR/*Heenen* Ergänzungsband §229 Rz. 10). Andererseits ist zu berücksichtigen, dass der Arbeitnehmer vom Arbeitgeber während der Gesamtdauer der Elternzeit **zweimal eine Verringerung seiner Arbeitszeit beanspruchen** kann (§15 Abs. 6 BEEG). Basis ist jeweils die zuletzt geltende Arbeitszeit. Der Rechtsanspruch auf Verringerung der Arbeitszeit jeweils als Anspruch auf Reduzierung der ausgeübten Arbeitszeit ausgestaltet. Er lässt keine Verlängerung der Arbeitszeit innerhalb der Elternzeit zu (vgl. *Peters-Lange/Rolfs* NZA 2000, 686) und verpflichtet den Arbeitgeber erst recht nicht zur Schaffung eines zusätzlichen Teilzeitarbeitsplatzes (MünchArbR/*Heenen* Ergänzungsband §229 Rz. 10). 2542

Nach Auffassung des *BAG* (5.6.2007 EzA §15 BErzGG Nr. 16 = NZA 2007, 1352) gilt Folgendes: 2543

- der Antrag, die Arbeitszeit während der Elternzeit zu verringern, kann frühestens mit der Erklärung, Elternzeit in Anspruch zu nehmen, gestellt werden. Der Arbeitgeber ist nicht verpflichtet, auf einen verfrüht gestellten Antrag gem. §15 Abs. 7 S. 1 Nr. 4 BEEG form- und fristgerecht zu reagieren;
- der Arbeitnehmer kann die Inanspruchnahme von Elternzeit davon abhängig machen, dass der Arbeitgeber seinem Antrag während der Elternzeit zustimmt.

Für die **Anpassung an veränderte Verhältnisse**, wie es für Dauerschuldverhältnisse an sich erforderlich ist, sieht das BErzGG a.F. (jetzt BEEG) im Gegensatz z.B. zu §8 Abs. 5 S. 4 TzBfG **keine Lösung** vor. Da beide Gesetze zum 1.1.2001 in Kraft getreten sind, kann auch eine planwidrige Lücke nicht angenommen werden. Da das BErzGG a.F. insoweit ausdrücklich eine andere Regelung getroffen hat als das TzBfG, steht einer Analogie aus §23 TzBfG entgegen. Kündigt z.B. die für Teilzeit eingestellte Ersatzkraft 2544 und ist eine qualifizierte Ersatzkraft nur noch in Vollzeit zu finden, ist für einen Widerruf der Teilzeit des Arbeitnehmers in Elternzeit kein Raum. Vielmehr schließt der Sonderkündigungsschutz nach § 18 Abs. 2 BErzGG a.F. (jetzt BEEG) einen derartigen Widerruf aus. Die Parteien können aber in einer privatrechtlichen **Teilzeitvereinbarung** nach § 15 Abs. 5 S. 1 BErzGG (jetzt BEEG) **Vorkehrungen an veränderte Umstände** treffen (vgl. *Leßmann* DB 2001, 98). Verlangt dagegen der Arbeitnehmer während der Elternzeit zum dritten Mal die (weitere) Verkürzung der Arbeitszeit oder verlangt er einseitig eine Erhöhung des Arbeitszeitvolumens, beurteilt sich die Rechtslage nach §§ 8, 9 TzBfG (*Rolfs* RdA 2001, 138). Mit der ausdrücklichen Geltendmachung der Ansprüche nach dem TzBfG wird i.d.R. zugleich der Antrag auf vorzeitige Beendigung der Elternzeit verbunden sein (§ 23 TzBfG; § 16 Abs. 3 S. 1 BErzGG [jetzt BEEG]; MünchArbR/*Heenen* Ergänzungsband § 229 Rz. 10).

eee) Prozessuale Fragen

2545 Kommt eine Einigung zwischen den Vertragsparteien nicht zustande, kann und muss der Arbeitnehmer zur Durchsetzung seines Anspruchs **Klage** vor den Arbeitsgerichten **erheben**; eine **einstweilige Verfügung** gem. §§ 935, 940 ZPO **ist regelmäßig unzulässig**, weil sie im Erfolgsfall die Befriedigung des Arbeitnehmers zur Folge hätte (vgl. ausf. *Gaul/Wisskirchen* BB 2000, 2468; *Diller* NZA 2001, 590 ff.; *Rolfs* RdA 2001, 137; *Peters-Lange/Rolfs* NZA 2000, 682; vgl. auch *Leßmann* DB 2001, 69 ff.).

2546 Der prozessuale Anspruch richtet sich auf Verurteilung des Arbeitgebers, der vom Arbeitnehmer beantragten Verringerung seiner vertraglichen Arbeitszeit für den gewünschten Zeitraum während der Elternzeit zuzustimmen. Einem stattgebenden Urteil steht nicht entgegen, dass der Zeitraum, für den die Teilzeitbeschäftigung verlangt wird, bereits verstrichen ist. Eine bestimmte Verteilung der verringerten Arbeitszeit kann dagegen nach Ablauf des beanspruchten Zeitraums nur noch durch Feststellungsklage verfolgt werden; das nach § 256 Abs. 1 ZPO erforderliche Interesse ergibt sich aus den im Fall des Obsiegens bestehenden Ansprüchen auf Annahmeverzugslohn (*BAG* 9.5.2006 EzA § 15 BErzGG Nr. 16 = NZA 2006, 1413).

y) Bildungsurlaub

aa) Rechtsgrundlagen; Gesetzgebungskompetenz

2547 Die BRD hat 1976 das Übereinkommen Nr. 140 der IAO vom 24.6.1974 über den bezahlten Bildungsurlaub ratifiziert (7.9.1976 BGBl. II S. 1526). Danach haben die ratifizierenden Mitgliedsstaaten eine Politik festzulegen und durchzuführen, die nötigenfalls schrittweise die Gewährung von bezahltem Bildungsurlaub fördert (Art. 2). Dadurch ist kein unmittelbar anwendbares staatliches Recht entstanden, da es sich nur um eine Staatsverpflichtung handelt.

2548 Eine Regelung auf Bundesebene ist nicht erfolgt, weil die an der Ratifizierung beteiligten Verfassungsorgane davon ausgegangen sind, dass einem bundeseinheitlichen Gesetz flexiblere und praxisgerechtere Regelungen auf Länderebene oder im Rahmen von Tarifverträgen vorzuziehen sind (BT-Drs. 7/5355). Die Tarifvertragsparteien haben teilweise von der Regelungsmöglichkeit des Arbeitnehmerweiterbildungsurlaubs Gebrauch gemacht.

2549 **Im Übrigen sind die Länder kraft konkurrierender Gesetzgebungskompetenz befugt, arbeitsrechtliche Regelungen zur Arbeitnehmerweiterbildung zu treffen (Art. 70, 72 Abs. 1, 74 Nr. 12 GG), da die überbetrieblich ausgerichtete Arbeitnehmerweiterbildung bundeseinheitlich nicht abschließend geregelt ist.**

2550 Von der Gesetzgebungskompetenz haben die Länder Berlin, Brandenburg, Bremen, Hamburg, Hessen, Niedersachsen, Nordrhein-Westfalen, Rheinland-Pfalz, Saarland sowie Schleswig-Holstein Gebrauch gemacht (die Gesetzestexte sind abgedruckt bei *Nipperdey* ArbR I Nr. 137a ff.; HwB AR-Gesetzestexte Nr. 280.2 ff.).

Regelt allerdings ein als **bundesunmittelbare Körperschaft des öffentlichen Rechts geführter Sozialversicherungsträger** auf Grund bundesgesetzlicher Ermächtigung die Freistellungsansprüche seiner Dienstordnungs-Angestellten für Weiterbildungszwecke abschließend durch eine Dienstordnung, die auf die für Bundesbeamte geltende Sonderurlaubsverordnung verweist, so verdrängt dieses bundesrechtliche Satzungsrecht die dazu im Widerspruch stehende landesgesetzliche Regelung (*BAG* 21.9.1993 EzA § 7 AWbG NW Nr. 19). Denn im Verhältnis zwischen Landesrecht und dem Satzungsrecht juristischer Personen des öffentlichen Rechts kommt es wegen Art. 31 GG (Bundesrecht bricht Landesrecht) entscheidend darauf an, ob sie organisatorisch dem Bund oder einem Land angehört. Die Dienstordnung zählt zum Bundesrecht, weil nach Art. 87 Abs. 2 GG die sozialen Versicherungsträger, deren räumlicher Zuständigkeitsbereich sich über das Gebiet eines Landes hinaus erstreckt, als bundesunmittelbare Körperschaften des öffentlichen Rechts geführt werden. 2551

bb) Zweck des Bildungsurlaubs

Der Bildungsurlaub hat der beruflichen und politischen, teilweise (z.B. Brem., Nds.) auch der allgemeinen und kulturellen Weiterbildung zu dienen (vgl. dazu *BAG* 15.3.2005 EzA Art. 12 GG Nr. 46 = NZA 2006, 496 m. Anm. *Joussen* SAE 2005, 276). 2552

cc) Persönlicher Geltungsbereich

Hinsichtlich des persönlichen Geltungsbereichs sind neben Arbeitnehmern teilweise auch Auszubildende, in Heimarbeit Beschäftigte, die ihnen Gleichgestellten sowie arbeitnehmerähnliche Personen mit einbezogen. 2553

dd) Umfang des Bildungsurlaubs; Modalitäten des Anspruchs

Die Dauer der bezahlten Freistellung beträgt regelmäßig fünf Arbeitstage im Kalenderjahr. Teilweise ist die Zusammenfassung des Weiterbildungsurlaubs von zwei bzw. vier Kalenderjahren möglich, teilweise beträgt der bezahlte Bildungsurlaub auch acht Arbeitstage innerhalb von zwei Kalenderjahren. 2554

Nach § 3 Abs. 1 S. 2 BildungsurlaubsG NRW kann der Arbeitnehmer den Anspruch auf Arbeitnehmerweiterbildung z.B. von zwei Kalenderjahren (mit fünf Arbeitstagen pro Jahr) zusammenfassen. Der zusammengefasste Anspruch darf allerdings nur zur Teilnahme an einer mehr als fünftägigen Bildungsveranstaltung oder an mehreren zusammenhängenden Veranstaltungen von insgesamt mehr als fünftägiger Dauer genutzt werden (*BAG* 11.5.1993 EzA § 3 AWbG NW Nr. 1). 2555

Der Anspruch auf Freistellung kann **erstmalig nach einer sechsmonatigen Wartezeit** oder einem sechsmonatigen Bestehen des Arbeitsverhältnisses geltend gemacht werden. Insoweit folgt zudem z.B. aus § 4 S. 2 HessBUG, dass die Wartezeit des § 4 S. 1 stets neu erfüllt werden muss, wenn ein Arbeitsverhältnis nach einem zeitlichen Abstand zum vorausgegangenen Arbeitsverhältnis **neu begründet** wird (*LAG Hessen* 3.9.1996 NZA-RR 1997, 125). 2556

Die Freistellung kann vom Arbeitgeber abgelehnt werden, wenn zwingende betriebliche Gründe oder Urlaubswünsche anderer Arbeitnehmer, die unter sozialen Gesichtspunkten Vorrang verdienen, entgegenstehen; teilweise genügen dringende betriebliche Gründe bzw. betriebliche Gründe. 2557

Für die **Entgeltfortzahlung wird zumeist auf § 11 BUrlG zurückgegriffen**; teilweise orientieren sich die Regelungen dagegen an der Entgeltfortzahlung an Feiertagen (vgl. §§ 1, 2 EFZG). 2558

Meist wird ausdrücklich die Unabdingbarkeit des Bildungsurlaubsanspruchs vorgesehen (nicht dagegen in Berlin, im Saarland). 2559

2560 Stets ist die Benachteiligung des Arbeitnehmers wegen der Inanspruchnahme von Bildungsurlaub verboten. Eine entsprechende Benachteiligung ist zudem von § 612a BGB mit erfasst (MünchArbR/*Boewer* § 93 Rz. 9).

ee) Geltendmachung des Anspruchs; Freistellung des Arbeitnehmers

(1) Bezugszeitraum; Verbot der Selbstbeurlaubung

2561 Der Arbeitnehmer muss den Anspruch innerhalb des jeweiligen gesetzlichen Bezugszeitraums gegenüber dem Arbeitgeber geltend machen, indem er die Inanspruchnahme, den Zeitraum und die zeitliche Lage so frühzeitig wie möglich (i.d.R. vier oder sechs Wochen vor Beginn) mitteilt.

2562 **Eine Selbstbeurlaubung kommt nicht in Betracht; auch ein Zurückbehaltungsrecht gem. § 273 BGB besteht nicht**, weil diese Vorschrift nur ein Sicherungsrecht für einen Gegenanspruch gewährt, nicht jedoch der Befriedigung des Gegenanspruchs dient (MünchArbR/*Boewer* § 93 Rz. 10).

2563 Besucht ein Arbeitnehmer eine Bildungsveranstaltung, ohne zuvor vom Arbeitgeber zur Teilnahme an dieser Veranstaltung freigestellt worden zu sein, so hat er keinen Anspruch auf Lohnfortzahlung nach dem Arbeitnehmerweiterbildungsgesetz (*BAG* 21.9.1993 EzA § 7 AWbG NW Nr. 13).

(2) Freistellung; Rechtsfolgen

2564 Erfüllt der Arbeitgeber auf Antrag des Arbeitnehmers den gesetzlichen Anspruch auf Arbeitnehmerweiterbildung, indem er ihn von der Arbeit freistellt, und besucht der Arbeitnehmer daraufhin die Veranstaltung, so hat der Arbeitgeber für die Zeit der Freistellung die Vergütung zu entrichten. Auf den Inhalt der Bildungsmaßnahme kommt es dann nicht an (*BAG* 11.5.1993 EzA § 7 AWbG NW Nr. 9; 21.9.1993 EzA § 7 AWbG NW Nr. 14; krit. dazu *Schiefer* DB 1994, 1926 ff.).

2565 Unerheblich ist, ob der Arbeitgeber bei der Freistellungserklärung den Verpflichtungswillen für die Lohnfortzahlung hat (vgl. *Düwell* BB 1994, 637 ff.). Maßgeblich ist allein, dass der Arbeitnehmer die Erklärung des Arbeitgebers als Freistellungserklärung zum Besuch einer Veranstaltung nach § 1 Abs. 1 BildungsurlaubsG NRW verstehen musste (*BAG* 9.11.1993 EzA § 7 AWbG NW Nr. 17; krit. dazu *Schiefer* DB 1994, 1926 ff.).

2566 Der Arbeitnehmer hat gem. §§ 1, 2 BildUrlG einen **gesetzlich bedingten Anspruch auf Freistellung von der Arbeitspflicht**. Besteht für einen Tag, an dem eine anerkannte Bildungsveranstaltung besucht wird, keine Arbeitspflicht, ist der Arbeitgeber nicht zu einem Freizeitausgleich verpflichtet, indem er den Arbeitnehmer an einem anderen Tag von der Arbeitspflicht freistellt (*BAG* 21.9.1999 NZA 2000, 1012).

Schweigt der Arbeitgeber auf einen Freistellungsantrag, so kann der Arbeitnehmer trotz ausdrücklicher Ablehnung zweier vorheriger Anträge nicht darauf vertrauen, ihm sei Freistellung erteilt worden (*LAG Hamm* 3.5.1996 NZA-RR 1997, 127 LS).

2567 Gewährt ein Arbeitgeber einem Arbeitnehmer Freistellung zur Teilnahme an einer Bildungsveranstaltung und wird, bevor dieser an der Veranstaltung teilnimmt, für ihn durch eine Betriebsvereinbarung in dieser Zeit eine Freischicht festgelegt, so ist die Freistellung nach dem BildungsurlaubsG **nachträglich unmöglich** geworden. Der Arbeitgeber wird von der Verpflichtung zur bezahlten Freistellung frei (*BAG* 15.6.1993 EzA § 7 AWbG NW Nr. 11).

(3) Ablehnung der Freistellung

2568 Der Freistellungsanspruch des Arbeitnehmers nach § 1 BildungsurlaubsG NRW ist für die **Dauer des Kalenderjahres befristet. Er erlischt mit dessen Ende** (s. *LAG SchlH* 20.11.2007 NZA-RR 2008, 288 zur Verblockung mit dem Anspruch des Folgejahres).

Wird die Freistellung vom Arbeitgeber berechtigt abgelehnt, so kann der Bildungsurlaub nachgeholt oder auf den nachfolgenden Bezugszeitraum **übertragen werden**. 2569

Erfolgt die **Verweigerung unberechtigterweise, so ergibt sich eine Übertragung zum Teil unmittelbar aus dem Weiterbildungsgesetz selbst oder unter Schadensersatzgesichtspunkten** (§§ 280, 249 BGB; *BAG* 24.10.1995 AP Nr. 11 zu § 7 BildungsurlaubsG NRW; *BAG* 2.12.1997 EzA § 7 AWbG NW Nr. 26). 2570

Dieser Schadensersatzanspruch kann **tariflichen Ausschlussfristen** unterliegen. Eine tarifliche Ausschlussfrist ist aber regelmäßig mit der Geltendmachung des Freistellungsanspruchs auch für den Schadensersatzanspruch gewahrt (*BAG* 24.10.1995 AP Nr. 11 zu § 7 BildungsurlaubsG NRW). 2571

Lehnt der Arbeitgeber die Freistellung eines Arbeitnehmers ab und nimmt der Arbeitnehmer dennoch an der angekündigten Schulungsveranstaltung teil, so handelt es sich jedenfalls um eine **pflichtwidrige Selbstbeurlaubung**. Der Arbeitgeber ist gleichwohl nicht berechtigt, die Fehlzeit nachträglich als gewährten Erholungsurlaub zu bezeichnen und die Erfüllung des vollen Jahresurlaubs zu verweigern (*BAG* 25.10.1994 EzA § 7 BUrlG Nr. 96; s.o. Rn. 2191 ff.). 2572

> Lehnt ein Arbeitgeber die Freistellung ab, und bietet er zugleich eine unbezahlte Freistellung an, hat der Arbeitnehmer keinen Lohnfortzahlungsanspruch nach dem Arbeitnehmerweiterbildungsgesetz NRW, wenn er ohne weitere Erklärung an der Veranstaltung teilgenommen hat (*BAG* 7.12.1993 EzA § 7 AWbG NW Nr. 15; 2.12.1997 NZA 1998, 1116). Gleiches gilt, wenn der Arbeitnehmer ohne jede Erklärung des Arbeitgebers ohne Freistellung teilnimmt (*LAG Hamm* 3.5.1996 NZA-RR 1997, 127 LS). 2573

Teilt ein anspruchsberechtigter Arbeitnehmer dem Arbeitgeber ordnungsgemäß nach § 5 Abs. 1 AWbG NW mit, er nehme für eine zeitlich und inhaltlich bestimmte Bildungsveranstaltung Arbeitnehmerweiterbildung in Anspruch, gerät der Arbeitgeber bei Nichterfüllung in **Schuldnerverzug**, wenn die Bildungsveranstaltung als anerkannt i.S.d. § 9 AWbG NW gilt und keine Leistungsverweigerungsgründe i.S.v. § 5 Abs. 2 AWbG der gewünschten Freistellung von der Arbeitspflicht entgegenstehen. Lehnt der Arbeitgeber die Freistellung ab, weil sie vermeintlich nicht den Zielen der Arbeitnehmerweiterbildung dient, kann ein Hinweis auf die Inanspruchnahme anderer Veranstaltungen nicht seinen Verzug beenden (*BAG* 5.12.1995 EzA § 1 AWbG NW Nr. 1). 2574

(4) Verspätete Inanspruchnahme

Dem Anspruch auf Vergütung für die Zeit der Teilnahme an einer Weiterbildungsmaßnahme steht die verspätete Mitteilung gem. § 5 AWbGNW nicht zwingend entgegen. Zwar hat dann der Arbeitnehmer **an sich keinen Anspruch** auf Freistellung für die angegebene Bildungsveranstaltung. Der Entgeltanspruch kann aber auch auf einer **Sondervereinbarung** zwischen Arbeitnehmer und Arbeitgeber beruhen (*BAG* 9.11.1999 NZA 2001, 28). Die verspätete Inanspruchnahme der Arbeitnehmerweiterbildung lässt auch den Anspruch des Arbeitnehmers auf Freistellung für **eine andere Bildungsveranstaltung unberührt** (*BAG* 9.11.1999 NZA 2001, 30). 2575

(5) Darlegungs- und Beweislast

Der **Arbeitnehmer** trägt die Darlegungs- und Beweislast dafür, dass ihm für einen bestimmten Zeitraum Bildungsurlaub gewährt wurde. Die Vorlage der Anmeldebestätigung des Bildungsträgers beweist nicht die Teilnahme an dieser Bildungsmaßnahme. Erhält der Arbeitnehmer vielmehr für den fraglichen Zeitraum Urlaubsgeld, spricht dies dafür, dass der Arbeitgeber ihm Urlaub und keinen Bildungsurlaub gewährt hat (*LAG Brem.* 29.3.2001 FA 2001, 286 LS). 2576

ff) Beendigung des Arbeitsverhältnisses

2577 Bei berechtigter Verweigerung der Freistellung kommt bei danach eintretender Beendigung des Arbeitsverhältnisses keine Abgeltung des Anspruchs in Betracht, weil die Bildungsurlaubsgesetze einen solchen Ersatzanspruch nicht vorsehen.

2578 Bei einem Arbeitgeberwechsel kommt allerdings ein Weiterbildungsanspruch gegenüber dem neuen Arbeitgeber in Betracht, soweit der Arbeitnehmer in der noch laufenden Bezugsperiode die gesetzlich vorgeschriebene Wartezeit erfüllt. Kann der Arbeitnehmer bei dem neuen Arbeitgeber dagegen den Ablauf der Wartezeit nicht mehr erreichen, so kann er auch keinen anteiligen Weiterbildungsurlaub beanspruchen.

2579 Bei unberechtigter Ablehnung ist der Arbeitgeber gem. § 280 Abs. 1 BGB gegenüber dem Arbeitnehmer zum Schadensersatz verpflichtet, wenn dieser im sich anschließenden Arbeitsverhältnis wegen der nicht erfüllbaren Wartezeit keinen Weiterbildungsurlaub geltend machen kann oder in ein Bundesland wechselt, das keine entsprechende gesetzliche Weiterbildungsregelung geschaffen hat.

2580 Nimmt der Arbeitnehmer in dieser Situation unbezahlten Urlaub, um den ihm vorenthaltenen Weiterbildungsanspruch zu realisieren, so besteht der ausgleichspflichtige Schaden in dem Verlust seiner Arbeitsvergütung (MünchArbR/*Boewer* § 93 Rz. 10).

gg) Nachweispflichten

2581 Teilweise hat der Arbeitnehmer den Nachweis der Anmeldung und der Teilnahme an der Weiterbildungsveranstaltung zu führen, teilweise genügt der Nachweis der Teilnahme. Wenn nur der Nachweis über die Teilnahme erforderlich ist, wird teilweise (*LAG Hamm* 29.10.1987 LAGE § 7 AWbG NW Nr. 1; *Klevemann* BB 1989, 212; *Schlömp-Röder* AuR 1988, 374) die Auffassung vertreten, dass der Arbeitnehmer auch nicht verpflichtet ist, Veranstalter, Thema oder Ort der Bildungsveranstaltung zu nennen. Dem Arbeitgeber ist lediglich eine **nachträgliche Kontrolle** der anspruchsbegründenden Voraussetzungen gestattet, bei deren Nichtvorliegen er lediglich Rückzahlungsansprüche aus § 812 BGB hat. Denn dem Arbeitgeber darf kein präventives inhaltliches Überprüfungsrecht eingeräumt werden, um den Arbeitnehmer davor zu schützen, mit ihm über eine inhaltliche Berechtigung seines Bildungsurlaubsbegehrens verhandeln zu müssen.

2582 Demgegenüber wird in der Literatur (MünchArbR/*Boewer* § 93 Rz. 11) z. T. angenommen, dass diese Auffassung im Widerspruch dazu steht, dass die Weiterbildungsgesetze der Länder kein Selbstbeurlaubungsrecht des Arbeitnehmers enthalten. Auch wird die Mitteilungspflicht des Arbeitnehmers mit der ihm gegenüber dem Arbeitgeber obliegenden Nachweispflicht verwechselt.

2583 Das Hessische BUG jedenfalls hat es als Anspruchsvoraussetzung ausgestaltet, dass der Arbeitnehmer **mindestens sechs Wochen vor Beginn der gewünschten Freistellung** dem Arbeitgeber die Anspruchnahme und die zeitliche Lage des Bildungsurlaubs **mitteilt** und die Anmeldebestätigung, den Nachweis über die Anerkennung der Veranstaltung sowie deren Programm beifügt (*LAG Hessen* 14.8.2001 ARST 2002, 139 LS = NZA-RR 2002, 290).

hh) Verbot von Erwerbstätigkeit

2584 Während der Freistellung darf der Arbeitnehmer keiner Erwerbstätigkeit nachgehen, die dem Zweck der Arbeitnehmerweiterbildung zuwiderläuft.

2585 Soweit ein entsprechendes Verbot ausdrücklich in den Landesgesetzen normiert ist, knüpfen sie an einen Verstoß dagegen keine unmittelbare Rechtsfolge.

2586 Unterbleibt die Teilnahme an der Veranstaltung allerdings aus Gründen, die der Arbeitnehmer zu vertreten hat, so entfällt sein Anspruch auf Bezahlung der Vergütung.

Bereits fortgezahltes Arbeitsentgelt ist dem Arbeitgeber gem. § 812 Abs. 1 BGB zu erstatten. Auch kommen Schadensersatzansprüche in Betracht. **2587**
Allerdings tritt bei der dann gegebenen Zweckvereitelung des Weiterbildungsurlaubs kein Verbrauch des Anspruchs ein.

ii) Keine Doppelansprüche

Der Anspruch auf Freistellung besteht nicht, soweit dem Arbeitnehmer für das laufende Kalenderjahr oder die laufende Weiterbildungsperiode bereits von einem früheren Arbeitgeber auf der Grundlage des Landesgesetzes Freistellung gewährt worden ist. **2588**

Teilweise ist vorgesehen, dass der Arbeitgeber verpflichtet ist, bei Beendigung des Arbeitsverhältnisses auf entsprechendes Verlangen hin eine Bescheinigung über die in der laufenden Weiterbildungsperiode gewährte Freistellung auszustellen. **2589**

jj) Verhältnis zu anderen Freistellungsansprüchen; Arbeitsunfähigkeit

Die Landesgesetze regeln auch das Verhältnis des Weiterbildungsurlaubs zu anderen Ansprüchen auf Freistellung zur Teilnahme an Bildungsveranstaltungen, die auf sonstigen Rechtsvorschriften, einzel- oder kollektivvertraglichen Regelungen beruhen. Teilweise bleiben derartige Ansprüche unberührt, teilweise erfolgt nach Maßgabe unterschiedlicher Voraussetzungen eine Anrechnung. **2590**

Zumeist ist vorgesehen, dass die durch ärztliches Zeugnis nachgewiesenen Tage der Arbeitsunfähigkeit auf die Arbeitnehmerweiterbildung nicht angerechnet werden. **2591**

kk) Anerkannte Bildungsveranstaltungen von anerkannten Trägern der Weiterbildung

Die Arbeitnehmerweiterbildung muss in anerkannten Bildungsveranstaltungen von anerkannten Trägern der Weiterbildung durchgeführt werden; Lehrveranstaltungen anderer Einrichtungen kommen insoweit ausnahmsweise dann in Betracht, wenn sie behördlich genehmigt sind (vgl. z.B. § 9 AWbG NRW). **2592**

Zu beachten ist allerdings, dass die Anerkennung einer Bildungsveranstaltung durch die zuständige Landesbehörde keine tatsächliche Vermutung dafür begründet, dass die Bildungsmaßnahme den in § 3 BildFG genannten Zwecken dient sind (*BAG* 9.6.1998 EzA § 1 BildFG RhPf Nr. 1), **2593**

Eine Lehrveranstaltung gilt dann als anerkannte Bildungsveranstaltung, wenn sie **jedermann zugänglich** ist. Dies setzt voraus, dass sie mindestens dem im jeweiligen BildungsurlaubsG genannten Anspruchsberechtigten (Arbeitnehmern und u.U. auch arbeitnehmerähnlichen Personen) offen steht. Sind nur Gewerkschaftsmitglieder eingeladen worden, ist die Veranstaltung nicht für jedermann zugänglich (*BAG* 3.8.1989 EzA §§ 9 AWbG NW Nr. 3). **2594**

Die Einrichtung der Weiterbildung muss einen bestimmenden Einfluss darauf haben, ob die Veranstaltung stattfindet, wie sie inhaltlich gestaltet wird, wer unterrichtet und wer teilnimmt (*BAG* 16.8.1990 EzA § 7 AWbG NW Nr. 6). **2595**

Sind an einer Bildungsveranstaltung zwei Einrichtungen beteiligt, so kommt es für die Frage, welche Einrichtung die Veranstaltung durchführt, auf die tatsächlichen Umstände an. **2596**

Soweit sich z.B. das DGB-Bildungswerk Nordrhein-Westfalen als anerkannte Einrichtung der Weiterbildung darauf beschränkt, eine Einzelgewerkschaft bei der Durchführung einer Bildungsveranstaltung organisatorisch zu unterstützen, führt es die Veranstaltung nicht selbst durch. Die Durchführung liegt vielmehr bei der Einzelgewerkschaft. Ist diese nicht als Einrichtung der Weiterbildung in eigener Trägerschaft anerkannt, besteht ein Anspruch z.B. auf Fortzahlung des Arbeitsentgelts nach § 7 AWbG NRW nur, wenn die Veranstaltung durch den zuständigen Minister genehmigt ist (§ 9 S. 1d AWbG NRW). **2597**

2598 Aus der Satzung des DGB-Bildungswerks sowie daraus, dass der Ministerpräsident von NRW diese in einem Erlass »zum Bestandteil« der Anerkennung des Bildungswerks als Einrichtung der Weiterbildung gemacht hat, ergibt sich nicht, dass Bildungsveranstaltungen der Einzelgewerkschaften als vom Bildungswerk durchgeführt anzusehen sind.

2599 Für den Anspruch auf Fortzahlung des Arbeitsentgelts nach § 7 AWbG NRW ist es ohne Bedeutung, dass das Land NRW Bildungsveranstaltungen, die von Einzelgewerkschaften durchgeführt werden, nach dem Weiterbildungsgesetz finanziell fördert (*BAG* 23.2.1989 AP Nr. 1 zu § 9 BildungsurlaubsG NRW).

2600 Die gleichen Grundsätze gelten für die inhaltliche und pädagogische Betreuung von Bildungsanstalten eines DGB-Kreises durch die Abteilung Bildung des SPD-Landesbezirks NRW, die bis zum 31.12.1985 als anerkannte Einrichtung der Weiterbildung bestand (*BAG* 23.2.1989 EzA § 9 AWbG NW Nr. 2).

2601 Für Veranstaltungen nach dem AWbG NW ist die durchführende Einrichtung nicht verpflichtet, unentgeltlich Leistungen zu erbringen; nach § 9 S. 2 AWbG ist lediglich ausgeschlossen, dass mit den von den Teilnehmern zu erbringenden Beiträgen Gewinne erzielt werden. Ein gewerkschaftlicher Veranstalter kann mit Rücksicht auf satzungsgemäß geleistete Mitgliedsbeiträge den teilnehmenden Mitgliedern **die Erstattung der Hotelkosten** in Aussicht stellen. Dadurch wird nicht die Jedermannzugänglichkeit der Veranstaltung i.S.v. § 2 Abs. 4 AWbG NW ausgeschlossen (*BAG* 21.10.1997 EzA § 7 AWbGNW Nr. 26; vgl. dazu *Schiefer* SAE 1999, 227 ff.; *LAG Hamm* 19.12.1997 NZA-RR 1998, 483). Gleiches gilt, wenn er den beitragszahlenden Mitgliedern die **kostenlose Teilnahme** ermöglicht und von Nichtmitgliedern einen **angemessenen Beitrag** erhebt (*BAG* 9.6.1998 EzA § 7 BildFG RhPf Nr. 1).

ll) Berufliche und politische Weiterbildung

(1) Normative Regelungen

2602 **Der Begriff der beruflichen und politischen Weiterbildung wird nur zum Teil in den Landesgesetzen erläutert** (zur Auslegung von § 1 Hessisches BUG vgl. *LAG Hessen* 18.3.1997 DB 1998, 137).

2603 Gem. § 3 Abs. 2 des Bildungsfreistellungsgesetzes Rheinland-Pfalz dient die berufliche Weiterbildung der Erneuerung, Erhaltung, Erweiterung und Verbesserung von berufsbezogenen Kenntnissen, Fertigkeiten und Fähigkeiten. Sie ist nicht auf die bisher ausgeübte Tätigkeit beschränkt und schließt auch die Vermittlung von Schlüsselqualifikationen und Orientierungswissen ein.

2604 Gem. § 3 Abs. 3 dieses Gesetzes dient gesellschaftspolitische Weiterbildung der Information über gesellschaftliche, soziale und politische Zusammenhänge sowie der Befähigung zur Beurteilung, Teilhabe und Mitwirkung am gesellschaftlichen, sozialen und politischen Leben.

2605 Gem. § 3 Abs. 4 dient berufliche und gesellschaftspolitische Weiterbildung oder deren Verbindung insbes. auch der Gleichstellung von Mann und Frau.

(2) Auslegung des Begriffs der beruflichen Weiterbildung; Abgrenzung zur Allgemeinbildung und nützlichem Hobbywissen

2606 Soweit es an entsprechenden Begriffsbestimmungen fehlt, sind die Begriffe auszulegen. Problematisch ist eine klare Abgrenzung zur Allgemeinbildung und zur Vermittlung von nützlichem Wissen, nützlichen Kenntnissen und Fertigkeiten für den Privat-, Hobby- oder Freizeitbereich.

2607 Maßgeblich für die Beurteilung der Frage, ob die Veranstaltung der beruflichen Weiterbildung dient, ist das vom Veranstalter zugrunde gelegte **didaktische Konzept**; insoweit gelten die vom *BAG* (9.5.1995 EzA § 7 AWbG NW Nr. 21) für Veranstaltungen, die der politischen Weiterbildung dienen, entwickelten Grundsätze entsprechend (*BAG* 9.5.1995 EzA § 7

AWbG NW Nr. 21; s. u. Rn. 2613 ff.; vgl. *Hopfner* NZA 2001, 9 ff.). Ob ein Bedürfnis eines Arbeitnehmers für politische Bildung im konkreten Einzelfall zu verneinen ist, wenn er in der Vergangenheit **bereits mehrfach an Veranstaltungen ähnlicher Thematik teilgenommen** hatte, hat das *LAG Hessen* (29.2.2000 NZA-RR 2001, 181) im konkret entschiedenen Einzelfall verneint, da sich praktisch kaum lösbare Probleme hinsichtlich der Feststellung des jeweiligen Bildungsbedürfnisses ergeben würden. Auch wären insoweit Aspekte der Wiederholung, Vertiefung und Verfestigung einmal erworbener Kenntnisse und Einsichten zu berücksichtigen gewesen. Das schließt andererseits die Annahme eines Rechtsmissbrauchs in einem Extremfall nicht aus, in dem ein Arbeitnehmer bereits zwei parallele Veranstaltungen desselben Veranstalters mit demselben Inhalt, denselben theoretischen Ansätzen, derselben Methodik, nur an anderen Orten und auf diese bezogen, besucht hat.

Ist das didaktische Konzept einer Veranstaltung unter dem Titel »Mit dem Fahrrad auf Gesundheitskurs«, wie sich aus der Ablaufplanung ergibt, nicht auf die Vermittlung politischer und/oder beruflicher Kenntnisse gerichtet, sondern z.B. auf die Steigerung des persönlichen Wohlbefindens durch Fahrrad-Fitnesstraining und durch gesunde Ernährung, so besteht kein Anspruch (*BAG* 9.5.1995 EzA § 7 AWbG NW Nr. 21). **2608**

Hinsichtlich der Regelung des § 1 Abs. 2 des Arbeitnehmerweiterbildungsgesetzes Nordrhein-Westfalen ist z.B. verlangt worden, dass zwischen der Bildungsmaßnahme und dem derzeitigen oder künftigen Beruf des Arbeitnehmers ein konkreter (greifbarer) Bezug besteht (*LAG Düsseld.* 30.4.1990 LAGE § 7 AWbG NW Nr. 6; *LAG Hamm* 1.2.1990 AuR 1990, 364; *Stege/Schiefer* DB 1990 Beil. Nr. 12 S. 5). In der Literatur (MünchArbR/*Boewer* § 93 Rz. 15) wird dagegen z. T. angenommen, dass diese Bewertung zu eng ist und die personenbezogene Zielsetzung der beruflichen Arbeitnehmerweiterbildung vernachlässigt, die nicht nur funktionsbezogen ist, sondern den Arbeitnehmer auch befähigen soll, sich auf künftige berufliche Entwicklungen besser einstellen zu können. Folglich gehört jede Anreicherung des Kenntnisstandes, die in Relation zu einem vorhandenen Beruf des Arbeitnehmers auch einen objektiv nachvollziehbaren und fördernden Bezug aufweist, zur beruflichen Weiterbildung. Es ist daher nicht erforderlich, dass die Weiterbildungsmaßnahme für die aktuelle Berufstätigkeit des Arbeitnehmers förderlich ist. **2609**

> Das *BAG* (15.6.1993 EzA § 7 AWbG NW Nr. 10) geht davon aus, dass eine Bildungsveranstaltung nicht nur dann den gesetzlichen Voraussetzungen zur politischen Weiterbildung genügt, wenn sie Kenntnisse zum ausgeübten Beruf vermittelt, sondern auch, wenn das erlernte Wissen im Beruf verwendet werden kann und so auch für den Arbeitgeber von Vorteil ist. Bei der Beurteilung dieser Frage sind auch Sachverhalte aus der Vergangenheit einzubeziehen, wenn aus ihnen Rückschlüsse für den künftigen Einsatz gezogen werden können. Es genügt, dass die Kenntnisse voraussichtlich verwendbar sind (*BAG* 21.10.1997 EzA § 7 AWbG NW Nr. 26). **2610**

Nach dem Hamburgischen Bildungsurlaubsgesetz hat der Arbeitnehmer Anspruch auf bezahlte Freistellung zur Teilnahme an einer Bildungsveranstaltung, wenn sie die **berufliche Mobilität** des Arbeitnehmers im Unternehmen oder Konzern **erhält**, **verbessert** oder **erweitert**. Der Arbeitgeber ist andererseits aber nicht verpflichtet, den Erwerb von beruflichen Kenntnissen und Fähigkeiten durch die Freistellung und Entgeltfortzahlung für eine Weiterbildung zu fördern, die ausschließlich dazu dient, den Stellenwechsel zu einem anderen Arbeitgeber vorzubereiten (*BAG* 18.5.1999 EzA § 7 BildUG Hamburg Nr. 2 = NZA 2000, 98). **2611**

Beispiele: **2612**

Ein Sprachkurs »**Italienisch für Anfänger**« dient der beruflichen Weiterbildung einer Krankenschwester i.S.d. AWbG NRW, die während ihrer Tätigkeit italienische Patienten zu betreuen hat (*BAG* 15.6.1993 EzA § 7 AWbG NW Nr. 10); für die Teilnahme an den Sprachkursen **Schwedisch II und Schwedisch III** besteht zudem Anspruch auf Bildungsurlaub nach § 1 NdsBildUG; die weite Fassung des Bildungsbegriffs in dieser Norm verstößt auch nicht gegen Art. 12 GG (*LAG Nds.* 20.1.2004 NZA-RR 2004, 520).

- Ein Sprachkurs »**Spanisch-Intensiv**« dient der beruflichen Weiterbildung einer Journalistin, die mit der Öffentlichkeitsarbeit eines städtischen Presse- und Informationsamtes betraut ist, wenn die Stadt sich regelmäßig mit dem spanischen Sprachraum, insbes. auch mit Lateinamerika, befasst (*BAG* 21.10.1997 EzA § 7 AWbG NW Nr. 26).
- Dagegen dient eine Bildungsveranstaltung mit dem Thema »**Rund um den ökologischen Alltag**« nicht der beruflichen Weiterbildung einer Krankenschwester (*BAG* 15.6.1993 EzA § 3 AWbG NW Nr. 12; s. u. Rn. 2621).
- Eine Bildungsveranstaltung zur **Stresserkennung und -bewältigung**, die über ein Fitness- und Gesundheitstraining hinausgeht, kann der beruflichen Weiterbildung dienen; Voraussetzung ist, dass das Konzept der Veranstaltung darauf abzielt, Informationen zu vermitteln, die von Arbeitnehmern bei ihrer beruflichen Tätigkeit zur besseren Bewältigung von Stress- und Konfliktsituationen verwertet werden und sich auch für den Arbeitsprozess vorteilhaft, z.B. durch Verringerung der Fehlerquoten, auswirken können (*BAG* 24.10.1995 EzA § 7 AWbG NW Nr. 25).
- Nach dem Hamburgischen Bildungsurlaubsgesetz reicht es aus, wenn die Bildungsveranstaltung auch dazu dient, die berufliche Mobilität des Arbeitnehmers zu erhalten, zu verbessern oder zu erweitern. Diese Voraussetzungen erfüllt ein Sprachkurs, wenn der Arbeitnehmer die vermittelten Kenntnisse zwar nicht für seine gegenwärtige Arbeitsaufgabe benötigt, der Arbeitgeber aber grds. **Wert auf Arbeitnehmer mit Sprachkenntnissen** legt und entsprechende Tätigkeitsbereiche bestehen (*BAG* 17.2.1998 EzA § 1 BildungsurlaubsG Hamburg Nr. 1). Der Arbeitgeber ist andererseits aber nicht verpflichtet, den Erwerb von beruflichen Kenntnissen und Fähigkeiten durch die Freistellung und Entgeltfortzahlung für eine Weiterbildung zu fördern, die ausschließlich dazu dient, den **Stellenwechsel** zu einem anderen Arbeitgeber vorzubereiten (*BAG* 18.5.1999 § 7 BildUG Hamburg Nr. 2 = NZA 2000, 98).
- Eine **Prüfungsveranstaltung** im Anschluss an eine mehrjährige Bildungsmaßnahme (z.B. Besuch der Schule für Elektrotechnik) stellt keine berufliche Weiterbildung dar; eine Vergütungspflicht des Arbeitgebers besteht nach dem AWbG NW nicht (*LAG Düsseld.* 30.4.1996 NZA-RR 1997, 126).
- Auch die Teilnahme eines CNC-Maschinenführers an einem **Rhetorik-Kurs** dient nicht der beruflichen Weiterbildung i.S.d. AWbG NW (*LAG Hamm* 13.9.1996 NZA-RR 1997, 464).

(3) Auslegung des Begriffs »Politische Bildung«

2613 Soweit Freistellung auch für die Durchführung politischer Bildung gewährt wird, muss auf die Vermittlung politischer Kenntnisse, Fähigkeiten und Verhaltensweisen abgestellt sein, durch die das Verständnis der Arbeitnehmer für gesellschaftliche, soziale und politische Zusammenhänge verbessert wird, um damit die in einem demokratischen Gemeinwesen anzustrebende Mitsprache in Staat, Gesellschaft und Beruf zu fördern (*BVerfG* 15.12.1987 AP Nr. 62 zu Art. 12 GG; vgl. dazu *Hopfner* NZA 2001, 6 ff.).

2614 Das *BAG* (9.5.1995 EzA § 7 AWbG NW Nr. 21; krit. *Hopfner* NZA 2001, 9 ff.) geht davon aus, dass eine Veranstaltung dann der politischen Weiterbildung i.S.d. AWbG NRW dient, wenn das vom Veranstalter zugrunde gelegte didaktische Konzept und die zeitliche und sachliche Ausrichtung der einzelnen Lerneinheiten darauf ausgerichtet sind, das Verständnis der Arbeitnehmer für gesellschaftliche, soziale und politische Zusammenhänge zu verbessern.

2615 Das didaktische Konzept und die zeitliche und sachliche Ausrichtung der einzelnen Lerneinheiten sind vorrangig anhand des **Programms** und der dazu abgegebenen Erläuterungen zu untersuchen.

2616 Lässt sich aus diesen Unterlagen nicht oder nicht hinreichend entnehmen, ob das didaktische Konzept darauf ausgerichtet ist, das Verständnis der Arbeitnehmer für politische, soziale und gesellschaftliche Zusammenhänge zu verbessern, **ist es dem Arbeitnehmer nicht**

verwehrt, darzulegen und im Streitfall nachzuweisen, dass der Durchführung der Veranstaltung ein didaktisches Konzept zur politischen Weiterbildung tatsächlich zugrunde lag. Es genügt allerdings nicht vorzubringen, einzelne Lerneinheiten hätten u.a. auch politische Kenntnisse verschiedener Art vermittelt.

Fraglich ist, ob die Thematik arbeitnehmerbezogen sein muss (dafür *LAG Köln* 28.4.1989 LAGE § 8 AWbG NW Nr. 4; dagegen *LAG Düsseld.* 21.3.1990 LAGE § 8 AWbG NW Nr. 5). **2617**

Jedenfalls ist politische Weiterbildung i.S.d. AWbG NW nach Auffassung des *LAG Hamm* (7.11.1997 LAGE § 7 AWbG NW Nr. 28) nicht nur gegeben, wenn die behandelte Thematik einen konkreten Bezug zum demokratischen Gemeinwesen der BRD aufweist. Sie kann sich auch auf **politische Verhältnisse in anderen Ländern** beziehen (»Zur aktuellen politischen und sozialen Situation in Cuba«) und dort stattfinden. **2618**

Das *BAG* (17.11.1998 EzA § 7 AwbG NW Nr. 29) hat angenommen, dass eine Bildungsveranstaltung auch dann der politischen Weiterbildung dienen kann, wenn sie **nicht** auf die spezifischen **Bedürfnisse** und **Interessen von Arbeitnehmern ausgerichtet** ist. Denn das Gesetz unterscheidet zwischen beruflicher, politischer und beruflich-politischer Weiterbildung. Ein Bezug zum Arbeitsverhältnis kann aber nur für die berufliche und die beruflich-politische Weiterbildung in Betracht kommen; dies ergibt sich auch aus der eigenständigen Zielsetzung der politischen Weiterbildung. **2619**

Mit einer gesellschaftspolitischen Weiterbildung i.S.v. § 3 Abs. 3 BildFG R-P können auch Kenntnisse vermittelt werden, die Inhalt von **Betriebsräteschulungen** nach § 37 Abs. 6, 7 BetrVG sind (*BAG* 9.6.1998 EzA § 1 BildFG RhPf Nr. 1). **2620**

Beispiele: **2621**

Eine Bildungsveranstaltung mit dem Thema »**Die Arbeitnehmer in Betrieb, Wirtschaft und Gesellschaft I**« entspricht den Anforderungen in § 1 Abs. 3 BildungsurlaubsG Hessen (*BAG* 9.2.1993 EzA HBUG Nr. 2; ebenso in den gleichtitulierten Veranstaltungen Nr. 1, 2, 3 in Nordrhein-Westfalen *LAG Hamm* 19.12.1998 NZA-RR 1998, 483).

- ▶ Dagegen dient eine Bildungsveranstaltung mit dem Thema »**Rund um den ökologischen Alltag**« nicht der politischen Weiterbildung einer Krankenschwester (*BAG* 15.6.1993 EzA § 7 AWbG NW Nr. 12; s.o. Rn. 2612).
- ▶ Ein **Sprachkurs** dient dann nicht der politischen Weiterbildung, wenn er die Vertiefung vorhandener Sprachkenntnisse bezweckt und wenn landeskundliche und politische Themen nur die Übungsbereiche für die Anwendung der vorhandenen und erworbenen Sprachkenntnisse sind (*BAG* 24.8.1993 EzA § 7 AWbG NW Nr. 18).
- ▶ Auch die Studientagung »**Architektur, Städtebau und aktuelle Situation in den neuen Bundesländern**« dient nicht der politischen Weiterbildung i.S.d. AWbG NW (*BAG* 24.10.1995 EzA § 7 AWbG NW Nr. 22).
- ▶ Eine als »**ökologische Wattenmeerexkursion**« bezeichnete Lehrveranstaltung kann der politischen Weiterbildung dienen, wenn durch die konkrete Ausgestaltung des Programms das Ziel der politischen Weiterbildung sichergestellt ist. Das ist dann der Fall, wenn der Lehrplan darauf angelegt ist, aufbauend auf der erforderlichen Vermittlung naturkundlichen Grundlagenwissens das Interesse der Teilnehmer für das Beziehungsgeflecht zwischen Industriegesellschaft und natürlichen Lebensgrundlagen zu wecken sowie ihre Urteilsfähigkeit für umweltpolitische Rahmenbedingungen zu verbessern (*BAG* 24.8.1993 EzA § 7 AWbG NW Nr. 16).
- ▶ Eine von einem Landessportbund durchgeführte Veranstaltung an der Costa Brava mit dem Thema »**Das Meer – Ressource und Abfalleimer**« dient nicht der politischen Weiterbildung, wenn überwiegend Tauchgänge vorgenommen und Kenntnisse zur Naturkunde des Meeres vermittelt werden, auch wenn daneben umwelt- und gesellschaftspolitische Probleme bei der Nutzung des Meeres erörtert werden (*BAG* 24.10.1995 EzA § 7 AWbG NW Nr. 23).
- ▶ Eine **Studienreise nach Brasilien** mit dem Thema »Selbsthilfeprojekt, Umweltschutz und Entwicklungszusammenarbeit in Brasilien am Beispiel der Region Rio de Janeiro« dient jedenfalls dann nicht der politischen Weiterbildung, wenn es den Mitgliedern der

Reisegruppe freisteht, das bildungsurlaubsfähige Programm erst vor Ort gegen gesonderte Zahlung zuzubuchen (*LAG Hamm* 18.4.1997 NZA-RR 1997, 462).

- Ein im Ausland durchgeführtes Studienseminar über die sozialen und politischen Verhältnisse dieses Landes kann der politischen Arbeitnehmerweiterbildung dienen, wenn ein **hinreichender Bezug zu gesellschaftlichen, sozialen oder politischen Fragen hergestellt wird, die die BRD betreffen** (*BAG* 16.3.1999 EzA § 7 AWbG NW Nr. 30: »Zur aktuellen politischen und sozialen Situation in Cuba« in Havanna; vgl. dazu *Dauner-Lieb* SAE 2000, 357 ff.).
- Die Belastung der Arbeitgeber mit den Entgeltfortzahlungskosten für die politische Arbeitnehmerweiterbildung ist nur unter diesen Umständen gerechtfertigt. Das ist bei einem im Ausland veranstalteten Seminar über die Arbeitsmarkt- und Beschäftigungspolitik eines ausländischen Staates nur dann der Fall, wenn ihm ein **organisierter Lernprozess** zugrunde liegt, der einen hinreichenden Bezug zu den gesellschaftlichen, sozialen und politischen Verhältnissen der BRD hat (*BAG* 16.5.2000 EzA § 7 AwbG NW Nr. 31).
- Dagegen kann eine Veranstaltung mit dem Thema: **»Nordsee – Müllkippe Europas?!«** den gesetzlichen Anforderungen genügen, weil das zugrunde liegende didaktische Konzept darauf angelegt war, die Urteilsfähigkeit der Arbeitnehmer für die politischen Rahmenbedingungen des Umweltschutzes zu verbessern (*BAG* 3.8.1989 EzA § 7 AWbG NW Nr. 4).

(4) Verweigerung der Lohnfortzahlung für einzelne Tage?; Umfang des Lernprozesses

2622 Das AWbG NRW ermöglicht dem Arbeitgeber keine Verweigerung der Lohnfortzahlung für einzelne Tage. Vielmehr ist insgesamt zu beurteilen, ob eine Veranstaltung der politischen oder beruflichen Weiterbildung stattgefunden hat.

2623 Wird am letzten Veranstaltungstag lediglich vormittags während der Dauer von 3\1 Zeitstunden gearbeitet und der Nachmittag zur Abreise genutzt, hat eine Veranstaltung der politischen oder beruflichen Weiterbildung stattgefunden, wenn an den anderen Tagen sechs Zeitstunden und mehr zur Weiterbildung genutzt wurden (*BAG* 11.5.1993 EzA § 7 AWbG NW Nr. 8).

2624 Insgesamt verstieß die Durchführung einer anerkannten Bildungsveranstaltung während der Geltung des AwbG NRW i.d.F. v. 6.11.1984 nicht gegen die Bestimmungen des Weiterbildungsgesetzes, wenn im Durchschnitt an jedem Tag der Bildungsveranstaltung ein organisierter Lernprozess über **sechs Lerneinheiten zu je 45 Minuten** stattgefunden hat (*BAG* 24.10.2000 EzA § 5 AwbG NW Nr. 2).

mm) Verfassungsmäßigkeit der Landesgesetze

2625 Die Regelungen der Landesgesetze sind nach der Rechtsprechung des *BVerfG* (5.12.1987 AP Nr. 62 zu Art. 12 GG; vgl. dazu *Hopfner* NZA 2001, 6 ff.) mit Art. 12, 2, 14 GG vereinbar.

2626 Das gilt insbesondere für die Verpflichtung des Arbeitgebers, den Arbeitnehmer nach Maßgabe einer landesrechtlichen Regelung für die Teilnahme an Veranstaltungen bezahlt freizustellen, die der politischen oder der beruflichen Bildung oder deren Verbindung dienen; auch die Einbeziehung der allgemeinen Bildung des Arbeitnehmers z.B. in den vom niedersächsischen Gesetzgeber aufgestellten Positivkatalog zulässiger Bildungsveranstaltungen ist verfassungsrechtlich nicht zu beanstanden (*BAG* 15.3.2005 EzA Art. 12 GG Nr. 46 = NZA 2006, 496 m. Anm. *Joussen* SAE 2005, 276).

2627 Lediglich § 3 Abs. 1 des hessischen Bildungsurlaubsgesetzes, wonach Arbeitnehmer für die pädagogische Mitwirkung in nach diesem Gesetz anerkannten Bildungsveranstaltungen einen Anspruch auf zusätzlich jährlich fünf Arbeitstage bezahlten Bildungsurlaub haben, ist insoweit mit Art. 12 Abs. 1 S. 2 GG unvereinbar, als er den Arbeitgebern Entgeltfortzahlungspflichten für den Zusatzurlaub pädagogischer Mitarbeiter auferlegt, ohne Ausgleichsmöglichkeiten vorzusehen.

nn) Durchsetzung des Anspruchs

(1) Einstweilige Verfügung

Lehnt der Arbeitgeber die beantragte Befreiung von seinen Arbeitspflichten unberechtigterweise ab, so kann der Arbeitnehmer den Anspruch i.d.R. im Wege einstweiliger Verfügung durchsetzen, **weil ein entsprechendes Urteil für ihn im ordentlichen Erkenntnisverfahren zu spät käme** (MünchArbR/*Boewer* § 93 Rz. 17). 2628

Der Antrag ist darauf zu richten, den beklagten Arbeitgeber zu verurteilen, dem Arbeitnehmer für die Teilnahme an einer bestimmten Weiterbildungsveranstaltung in einer Zeit Arbeitsbefreiung unter Fortzahlung der Vergütung zu gewähren. 2629

Stellt der Arbeitgeber nach Erlass einer einstweiligen Verfügung den Arbeitnehmer von der Arbeit für die Teilnahme an einer Bildungsveranstaltung frei, erfüllt er damit den Anspruch auf Freistellung nach dem BildungsurlaubsG NRW, auch dann, wenn weder die Vollziehung der einstweiligen Verfügung bewirkt noch angedroht wird (*BAG* 19.10.1993 EzA § 7 AWbG NW Nr. 20). 2630

Eine durch **treuwidriges Zuwarten** herbeigeführte Eilbedürftigkeit, die zur Ablehnung eines Gesuchs auf Erlass einer einstweiligen Verfügung führen müsste, kann in diesem Zusammenhang nur dann in Betracht kommen, wenn die Chance bestand, rechtzeitig eine abschließende Entscheidung im **normalen Urteilsverfahren** zu erhalten (*LAG Hessen* 22.10.1998 NZA-RR 1999, 606). 2631

(2) Klageverfahren; Ersatzurlaub

Ist im Falle eines Klageverfahrens der gewünschte Weiterbildungstermin vor der Entscheidung des Arbeitsgerichts verstrichen, kann der Arbeitnehmer anstelle des ursprünglichen Weiterbildungsanspruchs als **Schadensersatz einen Ersatzurlaub in gleicher Höhe** (§§ 280, 249 S. 1 BGB) beanspruchen (MünchArbR/*Boewer* § 93 Rz. 17). Ist der auf das Kalenderjahr bezogene Anspruch während des Verzuges des Arbeitgebers untergegangen, ist der Arbeitgeber im Wege der Naturalrestitution verpflichtet, zusätzlich zum laufenden Anspruch Ersatzfreistellung zu gewähren. Dieser Schadensersatzanspruch verjährt gem. § 195 BGB (*BAG* 5.12.1995 EzA § 1 AWbG NW Nr. 1). 2632

In prozessualer Hinsicht ist in diesem Zusammenhang zu beachten, dass allein daraus, dass der Arbeitgeber in der Vergangenheit die Freistellung des Arbeitnehmers zum Zwecke der Teilnahme an einer Bildungsveranstaltung abgelehnt hat, noch kein rechtliches Interesse an der Feststellung eines künftigen Freistellungsanspruchs für den Fall folgt, dass dieselbe Weiterbildungseinrichtung die gleiche Veranstaltung erneut durchführen wird (*BAG* 19.10.1993 EzA § 256 ZPO Nr. 39). 2633

(3) Vorläufige Übereinkunft der Parteien

Die Parteien können sich auch darauf verständigen, die Zeit des Bildungsurlaubs zunächst als Erholungsurlaub oder unbezahlten Urlaub zu behandeln und es der späteren gerichtlichen Klärung überlassen, ob dem Arbeitnehmer Weiterbildungsurlaub zustand. 2634

Der Arbeitnehmer kann dann auf Feststellung klagen, dass der Arbeitgeber verpflichtet ist, ihm für den zeitlichen Umfang der Teilnahme an der Weiterbildungsveranstaltung bezahlte freie Tage gewähren zu müssen, soweit es um die Nachgewährung von Erholungsurlaub geht. 2635

2636 Bei unbezahltem Urlaub kann der Arbeitnehmer eine **Lohnzahlungsklage** erheben (*BAG* 11.9.1985 AP Nr. 7 zu § 1 TVG Tarifverträge: Banken; 3.8.1989 EzA § 9 AWbG NW Nr. 3).

(4) Darlegungs- und Beweislast

2637 Sind an einer Bildungsveranstaltung in NRW eine anerkannte und eine nicht anerkannte Einrichtung beteiligt, so hat der **Arbeitnehmer**, der die Fortzahlung des Entgelts nach § 7 BildungsurlaubG NRW begehrt, die Tatsachen darzulegen und zu beweisen, aus denen sich ergibt, dass die Bildungsveranstaltung von der anerkannten Einrichtung i.S.v. § 9 BildungsurlaubsG NRW durchgeführt worden ist (*BAG* 16.8.1990 EzA § 7 AWbG NW Nr. 6).

2638 Kommt es für den Anspruch auf Fortzahlung des Arbeitsentgelts nach § 7 BildungsurlaubsG NRW darauf an, ob eine Bildungsveranstaltung **für jedermann zugänglich** (§ 2 Abs. 4 S. 1 BildungsurlaubsG NRW) durchgeführt worden ist, so hat der **Arbeitnehmer** die Tatsachen vorzutragen und zu beweisen, aus denen sich ergibt, dass die Veranstaltung mindestens den in § 2 BildungsurlaubsG NRW genannten Personen (Arbeitnehmern und arbeitnehmerähnlichen Personen) zugänglich war (*BAG* 16.8.1990 EzA § 7 AWbG NW Nr. 5).

2639 Die Darlegungs- und Beweislast dafür, dass eine Weiterbildungsveranstaltung inhaltlich nach den Vorschriften des jeweiligen Landesgesetzes durchgeführt wird/worden ist, liegt einschließlich der Frage, ob die Bildungsmaßnahme von einer anerkannten Einrichtung der Weiterbildung durchgeführt wird/worden ist, bei dem Arbeitnehmer, der eine Freistellung zur Weiterbildung oder Entgeltfortzahlung beansprucht (*BAG* 16.8.1990 EzA § 7 AWbG NW Nr. 5; 9.2.1993 EzA § 9 HBUG Nr. 1).

2640 Den **Arbeitgeber** trifft die Darlegungs- und Beweislast, soweit er sich i.S.d. Leistungsverweigerungsrechts auf dringende bzw. zwingende betriebliche Erfordernisse und vorrangige Urlaubswünsche anderer Arbeitnehmer als **Ablehnungsgrund** beruft (*BAG* 3.8.1989 EzA § 7 AWbG NW Nr. 4).

(5) Überprüfungsbefugnis der Arbeitsgerichte

2641 Die Arbeitsgerichte haben selbstständig zu prüfen, ob die Bildungsveranstaltung die tatbestandlichen Voraussetzungen des jeweiligen Landesgesetzes erfüllt. Denn die behördliche Genehmigung der Veranstaltung entfaltet keine Tatbestandswirkung und begründet auch keine Vermutung dafür, dass die Veranstaltung diese Voraussetzungen erfüllt (*BAG* 16.8.1990 EzA § 7 AWbG NW Nr. 6).

2642 Allerdings handelt es sich z.B. bei dem Begriff der politischen Weiterbildung um einen unbestimmten Rechtsbegriff, der in der **Revisionsinstanz** nur noch der **eingeschränkten Überprüfung** daraufhin unterliegt, ob das Landesarbeitsgericht vom zutreffenden Rechtsbegriff ausgegangen ist, ob es diesen bei der Subsumtion beibehalten hat, ob ihm bei seiner Anwendung Verstöße gegen Denkgesetze oder allgemeine Erfahrungssätze unterlaufen sind und ob es alle entscheidungserheblichen Tatumstände berücksichtigt hat (*BAG* 17.11.1998 EzA § 7 AwbG NW Nr. 29).

2643 Der Anerkennungsbescheid legt nicht im Verhältnis zwischen Arbeitnehmer und Arbeitgeber verbindlich fest, dass alle Veranstaltungen, die anerkannte Einrichtungen der Weiterbildung durchführen, die Qualität einer Weiterbildungsmaßnahme aufweisen. Er hat lediglich die Wirkung, dass im Prozess nicht mehr geprüft werden darf, ob die Anerkennung zu Recht erfolgt ist (*BAG* 29.7.1982 AP Nr. 1 zu § 8 BildungsurlaubsG Hessen; *BAG* 3.8.1989 EzA § 7 AWbG NW Nr. 4; *BAG* 16.8.1990 EzA § 7 AWbG NW Nr. 6).

III. Pflichten zur Wahrung von Arbeitnehmerinteressen

1. Allgemeine Fürsorgepflicht des Arbeitgebers

a) Begriffsbestimmung

Unter dem Oberbegriff der Fürsorgepflicht werden im Allgemeinen sämtliche Nebenpflichten des Arbeitgebers zusammengefasst. 2644

Sie bilden das Korrelat der Einordnung der Arbeitnehmerpersönlichkeit in die betriebliche Organisation und ihrer Unterordnung unter die organisatorische Weisungsmacht des Arbeitgebers. 2645

Der Arbeitgeber muss seine Verpflichtungen aus dem Arbeitsverhältnis so erfüllen, seine Rechte so ausüben und die im Zusammenhang mit dem Arbeitsverhältnis stehenden Interessen des Arbeitnehmers so wahren, wie dies unter Berücksichtigung der Belange des Betriebes und der Interessen der anderen Arbeitnehmer des Betriebes nach Treu und Glauben billigerweise verlangt werden kann (MünchArbR/*Blomeyer* § 94 Rz. 1; *Kort* NZA 1996, 854 ff.). 2646

Zu beachten ist, dass die Vertragspartner daneben beide **zur Rücksichtnahme und zum Schutz bzw. Förderung des Vertragszwecks verpflichtet** sind. Bei der Konkretisierung der vertraglichen Rücksichtnahmepflicht sind allerdings die grundrechtlichen Rahmenbedingungen hinreichend zu beachten (*BAG* 24.6.2004 EzA § 1 KSchG Verhaltensbedingte Kündigung Nr. 65). 2647

b) Dogmatische Grundlage

Nach Versuchen, die dogmatische Grundlage der Fürsorgepflicht: 2648
- in der personenrechtlichen Gemeinschaftsbindung des Arbeitsverhältnisses (abl. dazu oben Kap. 1 Rn. 34 ff.),
- im Sozialstaatsprinzip, obwohl es sich dabei nur um eine Staatszielbestimmung handelt, die ungeeignet ist, die Fürsorgepflicht mit konkretem Inhalt zu erfüllen, oder
- in einem sozialen Schutzprinzip anzusiedeln, für das freilich weder eine dogmatische Legitimation noch konkrete Anhaltspunkte und Konturen erkennbar sind,
- werden diese Nebenpflichten **heute als Integritätspflichten verstanden** (*Picker* AcP 183 [1983], 393 ff. u. JZ 1987, 1947 ff.).

c) Gegenstand der Schutzpflichten

Gegenstand ist der Schutz der Arbeitnehmerinteressen, die infolge der Einordnung des Arbeitnehmers in den Betrieb und die Belegschaft einer besonderen Gefährdung unterliegen. 2649

Das sind neben Körper und Gesundheit (§ 618 BGB) auch die in den Betrieb eingebrachten Gegenstände und vor allem die Persönlichkeit des Arbeitnehmers. 2650

Die insoweit gegebenen Integritätspflichten resultieren nicht aus der Art des Vertrages an sich, sondern allgemein aus der vertraglichen Sonderbindung zwischen den Parteien; sie begründen im Grunde einen deliktische Haftung »aus Vertrag« (vgl. MünchArbR/*Blomeyer* § 94 Rz. 13). 2651

Das *LAG Hamm* (20.4.1999 – 5 Sa 1000/97 –) hat angenommen, dass dann, wenn derArbeitnehmer aus gesundheitlichen Gründen zur Fortführung der übertragenen Tätigkeit außerstande ist, im Betrieb jedoch die Möglichkeit einer **leidensgerechten Beschäftigung** zur Verfügung steht, der Arbeitgeber auf Grund der Fürsorgepflicht die ihm mögliche und zumutbare **Umsetzung** des Arbeitnehmers bzw. die leidensgerechte Anpassung der Arbeitsbedingungen **vornehmen muss**. Es hat auf Grund schuldhaften Verhaltens des Arbeitgebers 2652 im konkret entschiedenen Einzelfall einen **Schadensersatzanspruch** wegen Fürsorgepflichtsverletzung zuerkannt.

2653 Das *Sächsische LAG* (30.8.2002 LAGE § 611 BGB Fürsorgepflicht Nr. 26) hat angenommen, dass der Arbeitgeber verpflichtet ist, dem Arbeitsamt alle für die ordnungsgemäße Berechnung des Kurzarbeitergeldes notwendigen Informationen zu geben.

d) Abgrenzung zu den Hauptleistungspflichten des Arbeitgebers

2654 **Nicht erfasst sind davon die Pflichtenbereiche des Arbeitgebers, die seiner Hauptleistungspflicht zuzuordnen sind** (Entgeltzahlungspflicht bei gesetzlicher Freistellung von der Arbeitspflicht, betriebliche Ruhegelder, auch wenn sie mit der Betriebstreue des Arbeitnehmers verknüpft sind).

2655 **Gleiches gilt für jene Arbeitgeberpflichten, die mit der Hauptleistungspflicht eng verknüpft sind** (z.B. Auskunfts-, Rechenschafts- und Aufklärungspflichten, die das Arbeitsentgelt betreffen, Lohnsteuerabführung, Sozialversicherungsbeiträge).

2656 Insoweit handelt es sich über § 242 BGB mit der Hauptpflicht eng verknüpfte Nebenpflichten (sog. Nebenleistungspflichten).

2657 Sie betreffen, wie z.B. der betriebsverfassungsrechtliche Entgelterläuterungsanspruch gem. § 82 Abs. 2 BetrVG das »Leistungsinteresse« (MünchArbR/*Blomeyer* § 94 Rz. 1; vgl. auch *BAG* 13.11.1984 EzA § 611 BGB Fürsorgepflicht Nr. 36).

e) Grenzen der Schutzpflichten

2658 Da sich die Schutzpflichten des Arbeitgebers aus der vertraglichen Sonderbindung der Vertragsparteien ergeben, sind nur die Interessen des Arbeitnehmers schutzwürdig, die für das Arbeitsverhältnis relevant sind. Ferner ist der Arbeitgeber im Hinblick auf das Verhältnismäßigkeitsprinzip keineswegs verpflichtet, eigene überwiegende und schutzwerte Interessen zu vernachlässigen; notwendig ist insoweit eine Interessenabwägung dahin, dass das Schutzinteresse des Arbeitnehmers überwiegt.

2659 Deshalb ist der Arbeitgeber nicht verpflichtet, im Interesse seines Arbeitnehmers Widerspruch und Klage gegen den Kurzarbeitergeld-Festsetzungsbescheid des Arbeitsamtes zu erheben, wenn er die einer ständigen Verwaltungspraxis entsprechende Rechtsauffassung der Arbeitsverwaltung teilt (*BAG* 19.3.1992 EzA § 611 BGB Arbeitgeberhaftung Nr. 3).

2660 Das *Sächsische LAG* (30.8.2002 LAGE § 611 BGB Fürsorgepflicht Nr. 26) hat allerdings angenommen, dass eine Pflicht zum Widerspruch gegen einen derartigen Bescheid gegenüber den betroffenen Arbeitnehmern dann besteht, wenn der Bescheid offensichtlich unzutreffend ist oder der Arbeitnehmer die Berechnung des Arbeitsamtes rechtzeitig und substantiiert gerügt hat.

2661 Schutzpflichten können auch bereits im Wege der Vorwirkung und ggf. auch bereits durch vorvertragliche Kontakte entstehen (s.o. Kap. 2 Rn. 230 ff.).

2662 Sie enden grds. mit der Beendigung des Arbeitsverhältnisses.

2663 In diesem Zusammenhang können z.B. bei Abschluss eines Aufhebungsvertrages Aufklärungspflichten hinsichtlich der Folgen der einvernehmlichen Auflösung gegeben sein (s.u. Kap. 6 Rn. 362 ff). Andererseits geht die Fürsorgepflicht eines Arbeitgebers gegenüber einem alkoholkranken Arbeitnehmer nicht so weit, dass er ein vom Arbeitnehmer während eines Abmahngesprächs gemachtes Auflösungsangebot ablehnen müsste. Soweit einzelne Bedingungen des Aufhebungsvertrages im Zusammenhang mit der verbleibenden Abwicklung des Arbeitsverhältnisses missverständlich oder benachteiligend wären, führt dies nicht zur Unwirksamkeit der Hauptpflichten des Aufhebungsvertrags, sondern nur zur Anwendung der gesetzlichen Regelungen für die Nebenpflichten (*LAG Köln* 13.2.2006 NZA-RR 2006, 463).

Einzelne Schutzpflichten (z.B. die Verpflichtung zur Zeugniserteilung und zu Auskünften) bestehen auch über das Ende des Arbeitsverhältnisses hinaus (s.o. Kap. 2 Rn. 338 ff., s.u. Kap. 9 Rn. 1 ff.). 2664

f) Abdingbarkeit/Unabdingbarkeit

Die auf Gesundheit, Körper und Leben des Arbeitnehmers gerichteten Schutzpflichten sind unabdingbar (§§ 618, 619 BGB, § 62 Abs. 4 HGB). 2665
Ein genereller Verzicht des Arbeitnehmers auf die Einhaltung der Schutzpflichten im Arbeitsvertrag widerspricht im Übrigen i.d.R. sowohl § 138 Abs. 1 als auch § 138 Abs. 2 BGB.

Zulässig sind dagegen vereinbarte Abweichungen zu Ungunsten des Arbeitnehmers in Bezug auf **einzelne Schutzpflichten** nach Maßgabe einer **Einzelfallabwägung**. 2666

Sind aus einer Verletzung von Schutzpflichten Schadensersatzansprüche entstanden, so ist der Arbeitnehmer nicht verpflichtet, diese auch geltend zu machen. Deshalb sind Vereinbarungen zu seinem Nachteil, wie z.B. ein Verzicht, insoweit durchaus zulässig (vgl. MünchArbR/*Blomeyer* § 94 Rz. 21). 2667

g) Sanktionen der Verletzung von Nebenpflichten

Verletzt der Arbeitgeber eine der ihm obliegenden Nebenpflichten (vgl. *Kort* NZA 1996, 855), so ist zu unterscheiden, ob eine Nebenleistungspflicht oder eine Schutzpflicht verletzt ist. 2668

aa) Verstöße gegen Nebenleistungspflichten

Sanktionen für Verstöße gegen Nebenleistungspflichten richten sich stets nach den Sanktionen für Verstöße gegen Hauptleistungspflichten, mit denen sie verknüpft sind. 2669

Das gilt z.B. für Auskunftspflichten hinsichtlich des Arbeitsentgelts oder der Sozialleistungen. Insoweit kann dem Arbeitnehmer ein Leistungsverweigerungsrecht für seine Arbeitsleistung zustehen (s.o. Rn. 305 ff.). **Eine von der Hauptleistungspflicht unabhängige Geltendmachung wird ohne gleichzeitigen Anspruch auf volle Erfüllung der Hauptleistungspflicht i.d.R. ausgeschlossen sein** (MünchArbR/*Blomeyer* § 94 Rz. 23). 2670

bb) Verstöße gegen Schutzpflichten

Bei Schutzpflichtverletzungen hat der Arbeitnehmer i.d.R. einen **Erfüllungs- und ggf. Unterlassungsansspruch**, der selbstständig einklagbar ist. Darüber hinaus steht dem Arbeitnehmer ein **Zurückbehaltungsrecht** gem. § 273 Abs. 1 BGB an seiner Arbeitsleistung zu (s.o. Rn. 305 ff.). 2671

Die inhaltliche Beschränkung der Schutzpflichten durch den Verhältnismäßigkeitsgrundsatz bewirkt aber, dass ein Leistungsverweigerungsrecht dann entfällt, wenn das schutzpflichtwidrige Verhalten des Arbeitgebers nur eine geringfügige Beeinträchtigung der Arbeitnehmerinteressen bedeutet (z.B. bei einer persönlichen Beleidigung des Arbeitnehmers durch den Arbeitgeber; *BAG* 7.6.1973 AP Nr. 28 zu § 615 BGB). 2672

Bei einer Verletzung der Schutzpflicht durch den Arbeitgeber kommen Schadensersatzansprüche des Arbeitnehmers aus **pFV** (jetzt §§ 280 ff., 241 Abs. 2 BGB n.F.) **nach Maßgabe der §§ 276, 278 BGB, u.U. auch gem. §§ 823, 831 BGB in Betracht.** 2673

Inhalt und Umfang der Haftung richten sich nach §§ 249 ff., 618, 842–846, 831 BGB. Gem. § 847 BGB (jetzt inhaltlich nicht gleich lautend § 253 Abs. 2 BGB) kommt auch ein Anspruch auf Schmerzensgeld in Betracht, wenn es sich um einen so schweren rechtswidrigen schuldhaften Eingriff in das Persönlichkeitsrecht handelt, dass eine Genugtuung durch Zubilligung des Schmerzensgeldes erforderlich erscheint, weil die Rechtsgutsverletzung nicht in anderer Weise befriedigend ausgeglichen werden kann (*BAG* 21.2.1979 EzA § 847 BGB Nr. 3). **Das ist nicht der Fall bei einer bloßen Missachtung des Gleichbehandlungsgebots durch den Arbeitgeber** (*LAG Köln* 13.6.2006 – 9 Sa 1508/05 – ArbuR 2006, 411 LS). 2674

2675 Zu beachten ist, dass z.B. bei der Beurteilung, ob dem »gemobbten« Arbeitnehmer eine billige Entschädigung wegen eines immateriellen Schadens nach § 253 Abs. 2 BGB zu gewähren sein kann, auch eine **bereits gezahlte, außergewöhnlich hohe Abfindung** bis hin zum Ausschluss einer weitergehenden Entschädigung **berücksichtigt werden** kann (*LAG Köln* 13.1.2005 NZA-RR 2005, 575).

2. Beschäftigungsanspruch des Arbeitnehmers

a) Begriffsbestimmung; Anspruchsgrundlage

2676 Der Arbeitnehmer hat das Recht, auf Grund des Arbeitsvertrages, d.h. im Rahmen der versprochenen Dienste, nicht nur bezahlt, sondern auch tatsächlich beschäftigt zu werden (*BAG* [GS] 27.2.1985 EzA § 611 BGB Beschäftigungspflicht Nr. 9; *LAG Köln* 2.8.2005 LAGE § 103 BetrVG 2001 Nr. 4).
Der Anspruch folgt aus §§ 611, 613 BGB i.V.m. § 242 BGB. Die Generalklausel des § 242 BGB wird dabei ausgefüllt durch die Wertentscheidungen der Art. 1 und 2 GG.

2677 Maßgeblicher Ansatz für die dogmatische Begründung der Pflicht des Arbeitgebers auf tatsächliche Beschäftigung des Arbeitnehmers ist die Fürsorgepflicht, deren Inhalt im Wege der an Treu und Glauben gebundenen Auslegung (§§ 157, 242 BGB) u.a. aus den Wertentscheidungen der Verfassung und der geltenden Gesetze geschöpft wird. Entscheidend ist, dass der Arbeitnehmer dem Arbeitgeber nicht nur seine Arbeitskraft zur Verfügung stellt, sondern seine ganze Persönlichkeit in das Beschäftigungsverhältnis einbringt. Insoweit geht die dem korrespondierende Verpflichtung des Arbeitgebers im Bereich der Freiheitssphäre über den (defensiven) Schutz des Arbeitnehmers hinaus und hält den Arbeitgeber zu positivem Handeln an (vgl. MünchArbR/*Blomeyer* § 95 Rz. 6, 7; *Ruhl/Kassebohm* NZA 1995, 497 ff.).

2678 Der Anspruch besteht unabhängig davon, ob der Arbeitnehmer höhere oder geringwertigere Arbeiten zu verrichten hat, ob eine spezielle Aus- oder Vorbildung benötigt wird, sowie unabhängig davon, ob beim Arbeitnehmer im Einzelfall das faktische Interesse an dieser Arbeitsleistung besteht, oder ob sich die vertragsgemäße Arbeitsleistung nach dem subjektiven Empfinden des Arbeitnehmers als Last oder Bürde, oder als sinnvolle Entfaltung seiner Persönlichkeit darstellt (zutr. *ArbG Stuttg.* 18.3.2005 – 26 Ga 4/05 – EzA-SD 14/05 S. 8 LS).

2679 **Die Beschäftigungspflicht des Arbeitgebers ist keine Gegenleistung für die Arbeitsleistung des Arbeitnehmers. Sie ist folglich vertragliche Nebenpflicht** (s. *Kappenhagen* FA 2007, 168).

2680 Da der Beschäftigungsanspruch eine zusätzliche Verpflichtung des Arbeitgebers eines Arbeitsverhältnisses darstellt, ist seine Existenz grds. an den Zeitraum zwischen Beginn (*BAG* 28.9.1983 AP Nr. 9 zu § 611 BGB Beschäftigungspflicht) und Ende des Arbeitsverhältnisses gebunden.

2681 Der Anspruch besteht bei einer ordentlichen Kündigung deshalb jedenfalls auch während der Kündigungsfrist bzw. bei einer außerordentlichen fristlosen Kündigung bis zum Zugang der Kündigungserklärung (*BAG* 26.5.1977 EzA § 611 BGB Beschäftigungspflicht Nr. 2).

2682 Nach Auffassung des *ArbG Köln* (9.5.1996 NZA-RR 1997, 186; ebenso *ArbG Stralsund* 11.8.2004 NZA-RR 2005, 23: es liegt auch kein Verstoß gegen § 307 BGB vor; **a.A.** *Fischer* NZA 2004, 233 ff.; *ArbG Frankf.* 19.11.2003 NZA-RR 2004, 409; s.o. ausf. Rn. 288 ff.) ist der Anspruch bereits vorab von den Arbeitsvertragsparteien **für den Fall der Kündigung abdingbar**, sodass nach Ausspruch einer ordentlichen Kündigung für die Dauer der Kündigungsfrist eine Suspendierung eintritt. Nach Ansicht des *LAG Hamm* (3.2.2004 NZA-RR 2005, 358) gilt dies jedenfalls dann, wenn die Ausübung des Freistellungsrechts billigem Ermessen i.S.d. § 315 Abs. 3 BGB entspricht.

Zum Anspruch auf Weiterbeschäftigung nach Ausspruch einer fristlosen Kündigung bzw. nach Ablauf der Kündigungsfrist s.u. Kap. 4 Rn. 3326, 3380. 2683

Daneben besteht kein Anspruch darauf, dass der Arbeitgeber die Zuweisung einer vertraglich nicht geschuldeten Arbeit oder eine nicht vertragsgemäße Beschäftigung unterlässt, sondern nur das Recht, eine nicht geschuldete Arbeit zu verweigern; folglich kommt auch keine entsprechende einstweilige Verfügung auf Unterlassung in Betracht (*LAG München* 1.12.2004 LAGE § 106 GewO 2003 Nr. 2 = NZA-RR 2005, 354). 2684

b) Inhalt des Anspruchs; Interessenabwägung

Wird die Beschäftigungspflicht nicht als Hauptpflicht des Arbeitgebers vereinbart (das kann gem. §§ 133, 157 BGB nach Auffassung vom *Blomeyer* [MünchArbR § 95 Rz. 15] z.B. bei künstlerischen oder wissenschaftlichen Berufen für hoch qualifizierte Tätigkeiten angenommen werden, in denen das ideelle Entfaltungsinteresse des Arbeitnehmers häufig einen höheren Stellenwert hat als sein materielles Entgeltinteresse), so bestimmt sich ihr Inhalt nach dem Arbeitsvertrag. 2685

Der Anspruch ist dispositiver Natur und setzt voraus, dass die Beschäftigung zur Persönlichkeitsentfaltung des Arbeitnehmers erforderlich ist und schutzwürdige Interessen des Arbeitgebers an der Nichtbeschäftigung nicht überwiegen (*BAG* [GS] 27.2.1985 EzA § 611 BGB Beschäftigungspflicht Nr. 9; *LAG Köln* 2.8.2005 LAGE § 103 BetrVG 2001 Nr. 4). 2686

Schutzwürdige Interessen des Arbeitgebers an der Nichtbeschäftigung überwiegen z.B. dann, wenn die Vertrauensgrundlage für die Beschäftigung des Arbeitnehmers entfallen ist (*BAG* 10.11.1955 AP Nr. 2 zu § 611 BGB Beschäftigungspflicht). 2687

Das ist z.B. dann der Fall: 2688

- wenn die Gefahr besteht, dass **Betriebsgeheimnisse** verraten werden könnten,
- wenn die Beschäftigung dem Arbeitgeber **wirtschaftlich unzumutbar** ist, ferner dann,
- wenn dem Arbeitnehmer ein **strafbares oder schädigendes Verhalten** zur Last gelegt wird sowie
- bei **Verdacht auf erhebliche Pflichtverletzung.**

Geht es andererseits um die Erfüllung der Beschäftigungspflicht des Arbeitgebers in einem z.B. **im Ausland gelegenen und zum Konzernverbund des Arbeitgebers gehörenden Drittunternehmen**, mit dem der Arbeitgeber zur Entsendung des Arbeitnehmers diesbezügliche vertragliche Abmachungen getroffen hat, so befreit es den Arbeitgeber nicht ohne weiteres von seiner Beschäftigungspflicht, wenn das Drittunternehmen den Betroffenen nicht mehr beschäftigen will (*ArbG Bln.* 29.9.2006 – 28 Ga 16538/06 – EzA-SD 26/06 S. 16 LS = ArbuR 2006, 452 LS). 2689

Gegen die Interessen des Arbeitgebers abzuwägen sind die schutzwürdigen Arbeitnehmerinteressen. Dabei ist insbes. zu berücksichtigen, dass die Nichtbeschäftigung **diskriminierenden Charakter** haben kann. Das gilt vor allem bei einer Suspendierung, die i.d.R. als ausdrückliche Beschäftigungsverweigerung des Arbeitgebers anzusehen ist (MünchArbAR/*Blomeyer* § 23 Rz. 19). 2690

Das *LAG Hessen* (21.6.2001 – 3 Sa 1448/00) hat z.B. die Frage verneint (und eine ordentliche Kündigung für wirksam erachtet), ob der **Träger eines Kaufhauses**, in dem in sehr ländlicher Umgebung Modeartikel, Schmuck, Kosmetika, Accessoires und Spielsachen angeboten werden, als Arbeitgeber verpflichtet ist, eine Verkäuferin zu beschäftigen, die darauf besteht, aus **religiösen Gründen** ein **Kopftuch** zu tragen, obwohl sie mehrere Jahre zuvor ihrer Tätigkeit in westlicher Kleidung nachgegangen ist und daher die von ihrem Arbeitgeber an das äußere Erscheinungsbild des Verkaufspersonals gestellten Anforderungen erfüllt hat. Demgegenüber hat das *ArbG Dortmund* (16.1.2003 – 6 Ca 5736/02 – EzA-SD 2/03, S. 11 LS) angenommen, dass eine **Kindergärtnerin** auch nicht gegen das Neutralitätsgebot 2691 des Staates verstößt, wenn sie bei der Arbeit ein Kopftuch trägt; das *BVerwG* geht demgegenüber (4.7.2002 ZTR 2002, 554 = NJW 2002, 3344 m. Anm. *Morlok/Krüper* NJW 2003, 1020) davon aus, dass die Einstellung als Lehrerin an Grund- und Hauptschulen im Beamtenverhältnis auf Probe abgelehnt werden darf, wenn die Bewerberin nicht bereit ist, im Unterricht auf das Tragen eines Kopftuchs zu verzichten; das *BVerfG* (24.9.2003 NJW 2003, 3111 m. Anm. *Sacksofsky* NJW 2003, 3297; *Adam* ZTR 2004, 450 ff.; *Dübbers/Dlovani* ArbuR 2004, 6 ff.) hat der dagegen gerichteten Verfassungsbeschwerde allerdings inzwischen stattgegeben mit der Begründung, es fehle zum Zeitpunkt der Entscheidung an einer hinreichend bestimmten gesetzlichen Grundlage für ein derartiges Verbot. Inzwischen hat das *BVerwG* (24.6.2004 ZTR 2004, 659) wiederum angenommen, dass auf der Grundlage des 2004 geänderten baden-württembergischen **Schulgesetzes** die Einstellung als Lehrerin an Grund- und Hauptschulen im Beamtenverhältnis **abgelehnt werden darf**, wenn die Bewerberin **nicht bereit** ist, **im Unterricht auf das Tragen des Kopftuchs zu verzichten**.

2692 Das *BAG* (10.10.2002 EzA § 1 KSchG Verhaltensbedingte Kündigung Nr. 58; vgl. dazu *Adam* NZA 2003, 1375 ff.; s.u. Kap. 4 Rn. 2162 f.) hat die Entscheidung des *Hessischen LAG* (21.6.2001 a.a.O.) aufgehoben und demgegenüber angenommen, dass die Arbeitnehmerin mit dem Tragen eines – islamischen – Kopftuchs Grundrechte in Anspruch nimmt. Das Kopftuch stellt ein Symbol für eine bestimmte religiöse Überzeugung dar. Sein Tragen aus religiöser Überzeugung fällt in den Schutzbereich der Glaubens- und Bekenntnisfreiheit (Art. 4 Abs. 1 GG), die durch die Gewährleistung der ungestörten Religionsausübung (Art. 4 Abs. 2 GG) noch verstärkt wird. Das Grundrecht umfasst die Freiheit, nach eigener Glaubensüberzeugung zu leben und zu handeln. Eine Arbeitnehmerin, die ihre Tätigkeit zukünftig nur mit einem – islamischen – Kopftuch ausüben will, ist weiterhin in der Lage, ihre vertraglich geschuldete Arbeitsleistung als Verkäuferin in einem Kaufhaus zu erbringen. Deshalb ist ein personenbedingter Grund zur ordentlichen Kündigung nach § 1 Abs. 2 KSchG nicht gegeben. Ob ein verhaltensbedingter Kündigungsgrund nach § 1 Abs. 2 KSchG vorliegt, ist unter Abwägung der kollidierenden Grundrechtspositionen zu ermitteln. Der Arbeitgeber kann auch unter Berücksichtigung seiner grundrechtlich geschützten Unternehmerfreiheit nicht ohne weiteres von der Arbeitnehmerin die Einhaltung eines im Betrieb allgemein üblichen Bekleidungsstandards verlangen und die Arbeitnehmerin zu einer Arbeitsleistung ohne Kopftuch auffordern. Sowohl bei der Ausübung des Weisungsrechts des Arbeitgebers als auch bei der Ausgestaltung von vertraglichen Rücksichtnahmepflichten ist das durch Art. 4 Abs. 1 und 2 GG grundrechtlich geschützte Anliegen einer Arbeitnehmerin, aus religiösen Gründen ein Kopftuch bei der Arbeit zu tragen, zu beachten. Ob und in welcher Intensität die durch Art. 12 Abs. 1 GG grundrechtlich geschützte Unternehmerfreiheit durch das Tragen eines Kopftuchs von einer Arbeitnehmerin, z.B. in Form von betrieblichen Störungen oder wirtschaftlichen Einbußen, betroffen wird, muss der Arbeitgeber konkret darlegen. Das durch ein Verbot des Tragens unmittelbar betroffene Grundrecht der Arbeitnehmerin darf nicht auf eine bloße Vermutung des Arbeitgebers hin zurückstehen.

2693 Andererseits ist § 57 Abs. 4 S. 1 SchulG NW Ausdruck des **staatlichen Neutralitätsgebots**. Diese Regelung knüpft an einen **abstrakten Gefährdungstatbestand** an; sie will abstrakten Gefahren vorbeugen, um damit sicherzustellen, dass konkrete Gefahren für die Neutralität der Schule unterbunden werden. Diese Regelung verstößt weder gegen Art. 3 noch gegen Art. 4 GG und steht auch in Einklang mit Art. 9 EMRK (*LAG Düsseld.* 10.4.2008 LAGE Art. 4 GG Nr. 6). Trägt eine **Sozialpädagogin** anstelle des zuvor getragenen islamischen Kopftuchs eine **Baskenmütze**, die das Haar, den Haaransatz und die Ohren komplett verdeckt, so verstößt sie gegen dieses Neutralitätsgebot und kann deswegen abgemahnt werden (*LAG Düsseld.* 10.4.2008 LAGE Art. 4 GG Nr. 6).

2694 Ein Arbeitnehmer, der mit Zustimmung des Betriebsrat als **Fachkraft für Arbeitssicherheit** abberufen worden ist und dagegen auch nichts unternommen hat, kann nach einer Neubesetzung der Stelle nicht verlangen, nunmehr wieder als Fachkraft für Arbeitssicherheit beschäftigt zu werden (*LAG Bln.* 17.12.1999 ARST 2000, 161 LS).

Der Anspruch besteht demgegenüber auch dann, wenn die Änderung des Inhalts der Arbeitsleistung durch Ausübung des Direktionsrechts oder eines sonstigen Leistungsbestimmungsrechts durch den Arbeitgeber unwirksam ist (*LAG München* 18.9.2002 LAGE § 611 BGB Beschäftigungspflicht Nr. 45 = NZA-RR 2003, 269). Er ist im Übrigen nach Ausspruch einer ordentlichen Kündigung bis zum Ablauf der Kündigungsfrist nur dann ausgeschlossen, wenn dem Arbeitgeber die Beschäftigung gar nicht möglich oder jedenfalls nicht zumutbar ist oder wenn das Interesse des Arbeitgebers an der Nichtbeschäftigung des Arbeitnehmer schutzwürdig ist und das Beschäftigungsinteresse des Arbeitnehmers überwiegt. Diesen Ausnahmetatbestand muss der Arbeitgeber darlegen und beweisen. Auch die Übertragung der Aufgaben des Gekündigten auf einen anderen Arbeitnehmer schließt den Beschäftigungsanspruch grds. nicht aus (*LAG München* 19.8.1992 NZA 1993, 1130). 2695

Der Arbeitgeber kann auch ein **Betriebsratsmitglied** während des Zustimmungsersetzungsverfahrens gem. § 103 BetrVG nur dann einseitig von der Arbeitspflicht **suspendieren**, wenn der Weiterbeschäftigung überwiegende und schutzwürdige Interessen des Arbeitgebers entgegenstehen, die eine Verhinderung der Weiterbeschäftigung geradezu gebieten (*Sächsisches LAG* 14.4.2000 NZA-RR 2000, 588; *LAG Köln* 2.8.2005 LAGE § 103 BetrVG 2001 Nr. 4 = NZA-RR 2006, 28). Das kann z.B. dann der Fall sein, wenn bei Weiterbeschäftigung **erhebliche Gefahren für den Betrieb oder der dort tätigen Personen objektiv** bestehen oder die durch konkrete Tatsachen begründete Besorgnis besteht, dass es zu Störungen des Betriebsfriedens oder des betrieblichen Ablaufs kommt. Eine einseitige Freistellung kann zudem auch dann in Betracht kommen, wenn der durch objektive Tatsachen gesicherte dringende Verdacht einer strafbaren Handlung oder sonstigen schweren Arbeitsvertragsverletzung besteht (*LAG Hamm* 12.12.2001 NZA-RR 2003, 312). 2696

c) Durchsetzung des Anspruchs

Der Anspruch kann durch **Leistungsklage** (§ 259 ZPO) ohne Rücksicht auf tarifliche Ausschlussfristen (*BAG* 15.5.1991 § 4 TVG Ausschlussfristen Nr. 91), ferner durch **einstweilige Verfügung** geltend gemacht werden (*LAG Köln* 2.8.2005 LAGE § 103 BetrVG 2001 Nr. 4 = NZA-RR 2006, 28; *LAG Nbg.* 13.9.2005 NZA-RR 2006, 133; *LAG Hamm* 6.11.2007 LAGE § 611 BGB Beschäftigungspflicht Nr. 8). Ein Verfügungsgrund für die Durchsetzung des Anspruchs nach einer ordentlichen Kündigung bis zum Ablauf der Kündigungsfrist ist mit Rücksicht auf den rechtsstaatlichen Justizgewährungsanspruch regelmäßig gegeben, wenn der Beschäftigungsanspruch zweifelsfrei besteht und der Arbeitnehmer keine Möglichkeit hat und auch keine Möglichkeit gehabt hat, ihn im Hauptsacheverfahren durchzusetzen (*LAG München* 19.8.1992 NZA 1993, 1131). Weil es sich um eine sog. **Leistungsverfügung** (vgl. *LAG Hmb.* 10.6.1994 LAGE § 611 BGB Beschäftigungspflicht Nr. 37) handelt, die zur Erfüllung des Anspruchs führt und damit einen irreversiblen Zustand herstellt, ist aber im Einzelfall besonders sorgfältig zu prüfen, ob das Beschäftigungsinteresse der Sicherung durch eine einstweilige Verfügung bedarf (*Schäfer* Der einstweilige Rechtsschutz im Arbeitsrecht Rz. 65; *ArbG Köln* 9.5.1996 NZA-RR 1997, 186: nur bei Vorliegen einer außergewöhnlichen Interessenlage; *LAG Hamm* 18.2.1998 NZA-RR 1998, 422: Notlage; *ArbG Stralsund* 11.8.2004 NZA-RR 2005, 23; zur Rechtslage bei Freistellung auf Grund einer vertraglich vereinbarten Freistellungsklausel für den Fall der Kündigung *LAG Hamm* 3.2.2004 NZA-RR 2005, 358). Im Rahmen eines bestehenden Arbeitsverhältnisses (s. *ArbG Bln.* 29.9.2006 – 28 Ga 16538/06 – ArbuR 2006, 452 LS)ist dies jedenfalls dann zu bejahen, wenn der Arbeitgeber eine offensichtlich unwirksame Versetzung ausgesprochen hat (*LAG Chemnitz* 8.3.1996 NZA-RR 1997, 4; vgl. dazu ausf. *Hilbrandt* RdA 1998, 155 ff.; zweifelnd *LAG Hamm* 6.11.2007 LAGE § 611 BGB Beschäftigungspflicht Nr. 8), weil dann der Beschäftigungsanspruch zweifelsfrei besteht und daher auch im Hauptsacheverfahren zuerkannt werden müsste (*LAG München* 18.9.2002 LAGE § 611 BGB Beschäftigungspflicht Nr. 45 = NZA-RR 2003, 269; *Reinhard/Kliemt* NZA 2005, 546 f.). **Anders** ist es aber dann, wenn die Beschäftigung vom Arbeitgeber **nicht vollständig, sondern nur zu den vom Arbeitnehmer gewünschten Bedingungen abgelehnt wird**; dann ist Tatsachenvortrag zum und die **Glaubhaftmachung des Verfügungsgrund(es)** notwendig (*LAG Hessen* 19.8.2002 ZTR 2004, 213 LS). 2697

2698 Hat zudem der Arbeitgeber die Abteilung eines Betriebes schon vor dem Ablauf der Kündigungsfrist eines von ihm deswegen ordentlich gekündigten Arbeitnehmers endgültig aufgelöst, hat dieser Arbeitnehmer keinen Anspruch auf Erlass einer einstweiligen Verfügung zur tatsächlichen Beschäftigung auf seinem bisherigen Arbeitsplatz bis zum Ablauf seiner Kündigungsfrist. Denn dann, wenn der Arbeitgeber sich aus berechtigten Gründen entschlossen hat, eine Abteilung seines Betriebes endgültig aufzulösen, ist er nicht verpflichtet, damit bis zum Ablauf aller Kündigungsfristen der von ihm deswegen ordentlich betriebsbedingt gekündigten Arbeitnehmer abzuwarten (*LAG Hamm* 18.9.2003 – 17 Sa 1275/03 – EzA-SD 25/03, S. 13 LS = NZA-RR 2004, 244; *ArbG Stralsund* 11.8.2004 NZA-RR 2005, 23). **Finanzielle Schwierigkeiten** des Arbeitnehmers stellen jedenfalls **keinen Verfügungsgrund** für eine einstweilige Verfügung auf Beschäftigung dar (*LAG Köln* 6.8.1996 LAGE § 611 BGB Beschäftigungspflicht Nr. 40; 10.9.2004 – 4 Ta 298/04 – EzA-SD 1/05 S. 11 LS).
Andererseits sind die gesetzlichen Voraussetzungen gegen einen Betriebserwerber dann gegeben, wenn der Arbeitnehmer im Kündigungsschutzverfahren gegen den Betriebsveräußerer obsiegt und **wegen Unkenntnis über den Betriebsübergang** keine Möglichkeit hatte, den Beschäftigungsanspruch zeitgleich mit der arbeitsgerichtlichen Klärung der vor dem Betriebsübergang ausgesprochenen Kündigung durchzusetzen (*LAG Hamm* 9.6.2006 – 19 Sa 881/06 – EzA-SD 17/06, S. 13 LS = NZA-RR 2007, 17).

2699 Zu beachten ist, dass ein Verfügungsgrund jedenfalls dann **nicht mehr gegeben** ist, wenn der Arbeitnehmer **zunächst mehrere Wochen zuwartet**, bis er den Antrag auf Erlass einer einstweiligen Verfügung stellt (*ArbG Stralsund* 11.8.2004 NZA-RR 2005, 23). **Gleiches gilt** dann, wenn er sich – auf die Zuweisung einer bestimmten Tätigkeit – zunächst **monatelang mit dem Vorbehalt der gerichtlichen Prüfung** seiner Arbeitspflicht und einer entsprechenden Feststellungsklage begnügt hat (*LAG München* 1.12.2004 NZA-RR 2005, 354). Diese Voraussetzungen sind aber nicht schon dann erfüllt, wenn der Arbeitnehmer zunächst mit dem Arbeitgeber über einen anderweitigen Arbeitseinsatz oder eine Beendigung des Arbeitsverhältnisses verhandelt und dann zeitnah mit der Zuweisung der neuen Tätigkeit einen entsprechenden Antrag stellt (*LAG Hamm* 6.11.2007 LAGE § 611 BGB Beschäftigungspflicht Nr. 8). Gleiches gilt, wenn der Arbeitnehmer nach dem erstinstanzlichen Urteil, das seinen Antrag zurückweist, die Berufungsfrist und die Berufungsbegründungsfrist voll ausschöpft (*LAG Hamm* 6.11.2007 LAGE § 611 BGB Beschäftigungspflicht Nr. 8).

2700 Ist ein Weiterbeschäftigungsgesuch um einstweiligen Rechtsschutz **rechtskräftig abgewiesen** worden, so steht die Rechtskraft einer **Wiederholung** des Gesuchs nicht entgegen, wenn inzwischen Umstände eingetreten sind, aus denen sich eine (ggf. neue) Gefährdung des zu sichernden Anspruchs ergibt. Ein solcher Umstand kann auch der den Ersetzungsantrag nach § 103 Abs. 2 BetrVG zurückweisende Beschluss des Arbeitsgerichts sein (*Sächs. LAG* 14.4.2000 LAGE § 103 BetrVG 1972 Nr. 16).

2701 Für die Zwangsvollstreckung gilt **§ 888 Abs. 1 ZPO**; für den Fall der Nichtbeschäftigung kann gem. **§ 61 Abs. 2 ArbGG** eine Entschädigung beantragt und festgesetzt werden.

d) Rechtsfolgen der Nichtbeschäftigung

aa) Beschäftigung als Hauptpflicht

2702 Ist die Beschäftigungspflicht ausnahmsweise auf Grund einer besonderen Vereinbarung vertragliche Hauptpflicht des Arbeitgebers (s.o. Rn. 2685), so kann der Arbeitnehmer bei vom Arbeitgeber verschuldeter Unmöglichkeit der Beschäftigung Schadensersatz verlangen (§ 280 BGB; *BAG* 12.9.1985 EzA § 102 BetrVG Nr. 61).

2703 Da der Arbeitsvertrag als **Fixgeschäft** zu verstehen ist (s.o. Rn. 1452 ff.), ist der Arbeitgeber darüber hinaus gem. § 280 BGB schadensersatzpflichtig, wenn er das Arbeitsangebot des Arbeitnehmers nicht annimmt (*BAG* 12.9.1985 EzA § 102 BetrVG Nr. 61).

Gem. § 287 S. 2 i.V.m. § 280 BGB kann die Schadensersatzpflicht des Arbeitgebers auch ohne sein Verschulden entstehen (*BAG* 12.9.1985 EzA § 102 BetrVG Nr. 61; **a.A.** MünchArbR/*Blomeyer* § 95 Rz. 24). 2704

bb) Beschäftigung als Nebenpflicht

Ist die Beschäftigungspflicht des Arbeitgebers nur Nebenpflicht, so kommen **Schadensersatzansprüche** aus pFV (jetzt §§ 280 ff., 241 Abs. 2 BGB n.F.) in Betracht (MünchArbR/*Blomeyer* § 95 Rz. 24). Liegt zugleich eine schwere Verletzung des allgemeinen Persönlichkeitsrechts des Arbeitnehmers vor, kann auch ein Anspruch aus § 823 Abs. 1 BGB gegeben sein. 2705

cc) Wegfall des Arbeitsplatzes

Gem. § 249 BGB (Naturalrestitution) ist der Arbeitgeber bei Wegfall des Arbeitsplatzes verpflichtet, den Arbeitnehmer auf einem anderen gleichwertigen Arbeitsplatz zu beschäftigen, auf den sich sein vertragliches Weisungsrecht erstreckt (*BAG* 13.6.1990 EzA § 611 BGB Beschäftigungspflicht Nr. 44). 2706

Darüber hinaus besteht keine Beschäftigungspflicht; sie bewirkt **keine Verpflichtung des Arbeitgebers zur Vertragsänderung oder -anpassung.** 2707

dd) Inhalt des Schadensersatzanspruchs

Ist eine anderweitige Beschäftigung im Vertragsrahmen nicht möglich, muss Geldersatz geleistet werden (§ 251 Abs. 1 BGB). Der zu ersetzende Schaden besteht, soweit der Arbeitgeber gem. § 615 BGB ohnehin zur Lohnzahlung verpflichtet ist, nur in den über das Arbeitsentgelt hinausgehenden Vermögenseinbußen des Arbeitnehmers (z.B. in den entgangenen Trinkgeldern). 2708

Zu ersetzen ist ferner der Schaden, der dem Arbeitnehmer infolge der Nichtbeschäftigung in seinem weiteren Berufsleben entsteht, etwa dadurch, dass er seine künstlerischen Fähigkeiten zeitweise nicht entwickeln kann und in seinem künstlerischen Ansehen beeinträchtigt wird. Ein solcher Berufsschaden wird auch nicht allein dadurch ausgeschlossen, dass der Bühnenkünstler im Anschluss an die Beschäftigungsverpflichtung bei einer anderen angesehenen Bühne ein Engagement mit höherer Gage findet. 2709

Die Höhe des Anspruchs kann ggf. nach § 287 Abs. 1 ZPO geschätzt werden. Die Praxis der Bühnenschiedsgerichte, bis zu sechs Monatsgagen anzusetzen, ist nicht zu beanstanden (*BAG* 12.11.1985 AP Nr. 23 zu § 611 BGB Bühnenengagementvertrag). 2710

Bei besonders schweren Persönlichkeitsverletzungen kommt ein Schmerzensgeldanspruch in Betracht (§ 847 BGB; jetzt inhaltlich nicht gleich lautend § 253 Abs. 2 BGB). 2711

ee) Kündigung durch den Arbeitnehmer

Die unberechtigte Verweigerung der Beschäftigung des Arbeitnehmers kann ihm die Fortsetzung des Arbeitsverhältnisses unzumutbar machen und ihn zur außerordentlichen Kündigung berechtigen (§ 626 Abs. 1 BGB), mit der Folge eines Anspruchs auf Ersatz des durch die Aufhebung des Arbeitsverhältnisses entstehenden Schadens (§ 628 Abs. 2 BGB; vgl. *Staudinger/Richardi* § 611 Rz. 799). 2712

e) Ausschlussfristen

Der Anspruch auf eine bestimmte vertragsgemäße Beschäftigung wird **nicht von einer tariflichen Ausschlussfrist**, die alle beiderseitigen Ansprüche aus dem Arbeitsverhältnis und solche, die mit dem Arbeitsverhältnis in Verbindung stehen, erfasst (*BAG* 15.5.1991 EzA § 1004 BGB Nr. 3). 2713

Denn der Beschäftigungsanspruch des Arbeitnehmers wird als absolutes Recht verstanden; **absolute Rechte fallen** aber **nicht unter eine tarifliche Ausschlussklausel**, die ihren 2714

Wirkungsbereich auf Ansprüche aus dem Arbeitsvertrag oder aus dem Arbeitsverhältnis erstreckt. Eine Verletzung des Persönlichkeitsrechts ist wegen der Notwendigkeit des Schutzes der Persönlichkeit ein Tatbestand eigener Art, der neben der Verletzung von Pflichten aus dem Arbeitsvertrag steht.

2715 Zu beachten ist zudem, dass der Beschäftigungsanspruch während des Arbeitsverhältnisses fortlaufend neu entsteht und auch deswegen einer tariflichen Ausschlussfrist nicht zugänglich ist. Denn eine tarifliche Ausschlussfrist erfasst nur in der Vergangenheit bereits entstandene Ansprüche und soll dazu dienen, diese fristgerecht zu erfüllen (*BAG* 15.5.1991 EzA § 1004 BGB Nr. 3).

3. Schutzpflichten für Leben und Gesundheit des Arbeitnehmers

a) Zweck der Arbeitnehmerschutzvorschriften

2716 Durch die Normen des Arbeitsschutzrechts sollen die Grundrechte des Arbeitnehmers auf Leben und körperliche Unversehrtheit, auf freie Entfaltung der Persönlichkeit und Achtung der Menschenwürde verwirklicht werden.

2717 Inhaltlich kann zwischen **technischem Arbeitsschutz**, der Gefahren für Leben oder Gesundheit des Arbeitnehmers, die von Betriebseinrichtungen oder technischen Arbeitsmitteln ausgehen, sowie **sozialem Arbeitsschutz**, der einen erhöhten Schutz insbes. für (schwangere) Frauen, Jugendliche, schwer behinderte Menschen und Heimarbeiter (MuSchG, JArbSchG, SGB IX, HAG) gewährleisten soll, unterschieden werden (MünchArbR/*Wlotzke* § 207 Rz. 5 ff.).

2718 Verstöße gegen die Arbeitsschutznormen sind z. T. bußgeldbewehrt und werden z. T. als Straftaten sanktioniert (vgl. MünchArbR/*Wlotzke* § 208 Rz. 48 f.).

b) Normative Grundlagen

aa) Privatrechtsnormen

2719 Durch die privatrechtlichen Normen des **§ 618 BGB, § 62 HGB, § 120a GewO** ist der Arbeitgeber verpflichtet, Räume, Vorrichtungen und Gerätschaften, die er zur Verrichtung der Dienste zu beschaffen hat, so einzurichten und zu unterhalten und die Dienstleistungen so zu regeln, dass **der Arbeitnehmer gegen Gefahren für Leben und Gesundheit soweit geschützt ist, wie die Natur des Betriebes und der Arbeit es gestatten**. Ziel dieser gesetzlichen Fürsorgepflicht ist die **Vorsorge gegen betriebsspezifische Gefahren für Leben und Gesundheit des Arbeitnehmers** (vgl. MünchArbR/*Wlotzke* § 207 Rz. 18). § 120a GewO ist mit Wirkung vom 7.8.1996 aufgehoben worden. Stattdessen gilt nunmehr das ArbSchG (BGBl. I S. 1246 ff.). Es dient gem. § 1 Abs. 1 dazu, Sicherheit und Gesundheitsschutz der Beschäftigten bei der Arbeit durch Maßnahmen des Arbeitsschutzes zu sichern und zu verbessern (vgl. ausf. *Wlotzke* NZA 1996, 1017 ff.).

2720 Die zuvor geltenden Regelungen waren im Hinblick auf die inzwischen vorhandene eingehende und höchst differenzierte Gesetzgebung im Bereich des technischen Arbeitsschutzes weitgehend überholt (s.u. Rn. 2726 ff.). Gleichwohl kam ihnen insbes. eine Funktion als **Auffangtatbestand** zu, für den Fall, dass sich im Betrieb Gefahrenlagen ergeben, denen nicht nach speziellen Arbeitsschutzregelungen zu begegnen ist.

2721 Das ArbSchG soll nach vorangegangenen Änderungen des GSG sowie der GefahrstoffVO das deutsche Arbeitsschutzrecht den zahlreichen EG-rechtlichen Vorgaben anpassen und dadurch auch partiell umgestalten. Es fehlte insbes. an zeitgemäßen Grundvorschriften mit Geltung für alle Teilbereiche (*Wlotzke* NZA 1996, 1018).

2722 Aufgrund § 618 BGB, § 62 HGB, §§ 3 ff. ArbSchG sowie der Konkretisierung dieser Vorschriften und der allgemeinen arbeitsvertraglichen Fürsorgepflicht des Arbeitgebers durch öffentlich-rechtliche Arbeitsschutz- und Unfallverhütungsvorschriften ist für den Arbeitsschutz und die Unfallverhütung im Betrieb **der Arbeitgeber vertragrechtlich verantwortlich.** Er kann weitere Personen mit der Erfüllung seiner Schutzpflichten beauftragen (§ 278 BGB); z. T. ist eine entsprechende Verpflichtung ausdrücklich vorgesehen (vgl. § 13 Abs. 2 RöntgenVO; §§ 7, 13 ArbSchG).

Die **Arbeitnehmer** sind arbeitsvertragsrechtlich zu einem den **Arbeitsschutz- und** 2723 **Unfallverhütungsvorschriften korrespondierenden Verhalten** verpflichtet. Diese Vertragspflicht wird durch öffentlich-rechtliche Verhaltenspflichten, vor allem in Unfallverhütungsvorschriften und vereinzelt auch in staatlichen Arbeitsschutzvorschriften, weitgehend konkretisiert (MünchArbR/*Wlotzke* § 208 Rz. 2 f.; vgl. § 15 ArbSchG).

Soweit gem. § 62 HGB, § 120b GewO (aufgehoben zum 1.1.2003), § 618 BGB auch die 2724 Aufrechterhaltung der guten Sitten und des Anstandes im Betrieb bezweckt werden soll, ist nach Auffassung von *Blomeyer* (MünchArbR § 96 Rz. 1) davon auszugehen, dass an die Stelle einer diesbezüglichen Pflicht grundgesetzkonform die Verpflichtung zum Schutze und zur Förderung der Arbeitnehmerpersönlichkeit getreten ist, weil der Arbeitgeber nicht mehr als sittlich-moralische Anstalt bezeichnet werden kann.

Gem. § 17 Abs. 1 S. 1 ArbSchG sind die Beschäftigten berechtigt, dem Arbeitgeber Vor- 2725 schläge zu allen Fragen der Sicherheit und des Gesundheitsschutzes bei der Arbeit zu machen. Sind sie zudem der Auffassung, dass die vom Arbeitgeber getroffenen Maßnahmen und bereitgestellten Mittel nicht ausreichen, um die Sicherheit und den Gesundheitsschutz bei der Arbeit zu gewährleisten, und hilft der Arbeitgeber daran gerichteten Beschwerden von Beschäftigten nicht ab, können sich diese an die zuständige Behörde wenden. Hierdurch dürfen den Beschäftigten keine Nachteile entstehen (§ 17 Abs. 2 ArbSchG).

bb) Öffentlich-rechtliche Regelungen

Öffentlich-rechtliche Regelungen zum Schutz von Leben und Gesundheit der Arbeitneh- 2726 mer, deren Durchsetzung von staatlichen Behörden sowie im Bereich des betrieblichen Unfall- und Gefahrenschutzes durch die gesetzlichen Unfallversicherungsträger (vgl. MünchArbR/*Wlotzke* §§ 201 ff.) enthalten:

- die **Arbeitsstättenverordnung** (20.3.1975 BGBl. I S. 729) für den gewerblichen Bereich, die besondere sicherheitstechnische, arbeitsmedizinische und hygienische Anforderungen an Arbeitsstätten stellt (sie ist auch weiterhin wirksam, obwohl § 139i GewO, auf der sie als Rechtsgrundlage beruht, durch das ArbSchG aufgehoben worden ist, *BVerwG* 31.1.1997 NZA 1997, 482);
- das **Gerätesicherheitsgesetz** (24.6.1968 BGBl. I S. 717), das für verwendungsfertige Arbeitseinrichtungen gilt, die in industriellen, handwerklichen und landwirtschaftlichen Betrieben verwendet werden. Mit ihm soll erreicht werden, dass nur sichere technische Arbeitsmittel (z.B. Maschinen) auf den Markt gelangen. Adressaten dieses vorbeugenden Gesundheitsschutzes sind die Hersteller, Importeure, Händler, nicht dagegen der die technischen Arbeitsmittel in seinem Betrieb einsetzende Arbeitgeber;
- das **Chemikaliengesetz** (16.9.1980 BGBl. I S. 1718), durch das Menschen und Umwelt vor den schädlichen Einwirkungen gefährlicher Stoffe und Zubereitungen geschützt werden sollen;
- die **Gefahrstoff-Verordnung** (28.8.1986 BGBl. I S. 1931);
- das **Bundesimmissionsschutzgesetz** (15.3.1974 BGBl. I S. 721);
- die **Störfall-Verordnung** (20.9.1991 BGBl. I S. 1891);
- die **StrahlenschutzVO** (30.6.1989 BGBl. I S. 1321);
- die **RöntgenVO** (8.1.1987 BGBl. I S. 114);
- die **VO** über Sicherheitsstufen und Sicherheitsmaßnahmen bei **gentechnischen Arbeiten und gentechnischen Anlagen**, die auch die arbeitstechnische Vorsorge regelt (24.10.1990 BGBl. I S. 2340);
- das **ASiG**, durch das in größeren Betrieben unter Hinzuziehung besonderer Fachleute für Arbeitsschutz (Betriebsärzte, Fachkräfte für Arbeitssicherheit) erreicht werden soll, dass die Arbeitsschutz- und Unfallverhütungsvorschriften den besonderen Betriebsverhältnis-

sen entsprechend angewendet, gesicherte arbeitsmedizinische und technische Erkenntnisse in der Praxis verwirklicht werden können und die zu treffenden Schutzmaßnahmen einen möglichst hohen Wirkungsgrad erreichen.

2727 Diese Normen dienen letztlich denselben Zwecken wie die Schutz- und Förderpflichten des Arbeitgebers aus dem Arbeitsvertrag sowie §§ 1 ff. ArbSchG.

2728 Dem öffentlich-rechtlichen Arbeitsschutzrecht liegt kein geschlossenes Konzept zugrunde. Überwiegend werden jeweils nur bestimmte Beschäftigungsbereiche erfasst und nur bestimmte Gefahrenbereiche abgedeckt (MünchArbR/*Wlotzke* § 207 Rz. 1).

cc) Autonomes Verbandsrecht

2729 Der öffentlich-rechtliche Arbeitsschutz wird durch autonomes Verbandsrecht ergänzt (sog. **duale Konzeption**).

2730 So obliegt es z.B. den Berufsgenossenschaften gem. § 708 RVO, Unfallverhütungsvorschriften mit Präventivfunktion als autonomes Satzungsrecht zu erlassen. Diese sind ihrerseits wichtige Erkenntnisquellen für den technischen Arbeitsschutz und haben darüber hinaus die Funktion von allgemein anerkannten Regeln der Technik.

2731 Unfallverhütungsvorschriften enthalten eine Zusammenstellung derjenigen Maßnahmen, die zur Verhütung bestimmter typischer Gefahren vor allem vom Arbeitgeber z. T. auch von den Arbeitnehmern zu treffen, bzw. zu beachten sind.

2732 Sie sind für die Mitgliedsunternehmer und für die dort versicherten Arbeitnehmer verbindlich; sie haben beiden gegenüber normativen Charakter (MünchArbR/*Wlotzke* § 207 Rz. 31).

2733 Andererseits sind Unfallverhütungsvorschriften keine Schutzgesetze i.S.v. § 823 Abs. 2 BGB (*BGH* 2.6.1969, 827).

dd) Europäisches Recht

2734 Zur Bedeutung europäischer Rechtsnormen s.o. Kap. 1 Rn. 638 zu Art. 100a, 118 a EWGV (jetzt Art. 95, 138 EGV), Kap. 1 Rn. 641 ff., zu den ergangenen Richtlinien und ihrer Umsetzung m.w.N.

2735 Die BRD hat insoweit gegen ihre aus Art. 9 Abs. 1 u. § 10 Abs. 3 RL 89/391/EWG resultierenden Verpflichtungen verstoßen, als sie nicht sichergestellt hat, dass die in der RL vorgesehene Pflicht, über eine Evaluierung der am Arbeitsplatz bestehenden Gefahren über die Sicherheit und Gesundheit zu verfügen, unter allen Umständen für Arbeitgeber mit zehn oder weniger Beschäftigten gilt (*EuGH* 7.2.2002 NZA 2002, 321). Allerdings ist die Auswirkung dieser Entscheidung gering. Folge ist allein, dass die in § 14 ASiG vorgesehene Möglichkeit europarechtswidrig ist. Allerdings ist eine entsprechende Rechtsverordnung bisher noch nicht erlassen worden und wird wohl auch in der Zukunft nicht erlassen werden (*Worzalla* FA 2002, 224).

c) Doppelwirkung des öffentlich-rechtlichen Arbeitsschutzes; Grenzen

2736 Die an den Arbeitgeber gerichteten Gebote und Verbote in den öffentlich-rechtlichen Arbeitsschutz- und Unfallverhütungsvorschriften begründen **grds. auch entsprechende unabdingbare Vertragspflichten des Arbeitgebers** (*BAG* 10.3.1976 AP Nr. 17 zu § 618 BGB; 12.8.2008 – 9 AZR 1117/06 – EzA-SD 19/2008 S. 9 = FA 2008, 334; MünchArbR/*Wlotzke* § 209 Rz. 3 ff.; s.o. Rn. 2729).

2737 Grenzen dieser Doppelwirkung des öffentlich-rechtlichen Arbeitsschutzes ergeben sich jedoch daraus, dass die jeweilige Norm ihrem Inhalt nach **geeignet sein muss, als Erfüllungsanspruch zu Gunsten des Arbeitnehmers vereinbart zu werden**. Das ist insbes. bei reinen Ordnungs- und Organisationsvorschriften, die ausschließlich das Verhältnis zwischen Staat und Arbeitgeber betreffen (z.B. Meldepflichten) sowie Schutznormen, die nur die Gesamtheit der Arbeitnehmer betreffen, nicht der Fall (MünchArbR/*Wlotzke* § 209 Rz. 15 ff.).

Fraglich ist, ob die Normen des technischen Arbeitsschutzes zugleich die **Obergrenze des vom Arbeitnehmer einklagbaren Schutzes gegen Gefahren für Leben und Gesundheit darstellen.** Der Arbeitgeber hat zunächst jedenfalls auch ohne ausdrückliche Spezialregelungen diejenigen Vorkehrungen auf seine Kosten zu schaffen, die nach dem Stand der Technik üblich und zumutbar sind. Über Normen des technischen Arbeitsschutzes hinaus sind aber besondere schutzbedürftige Arbeitnehmer (z.B. auf Grund einer gesundheitlichen Störung) auch berechtigt, besondere Schutzmaßnahmen zu verlangen, soweit diese dem Arbeitgeber zumutbar sind (*LAG BW* DB 1978, 213; *LAG Bln.* NZA 1986, 609). 2738

Die staatlichen Arbeitsschutzvorschriften sind – im Gegensatz zu den Unfallverhütungsvorschriften (s.o. Rn. 2729) zumeist Schutzgesetze zu Gunsten der Arbeitnehmer i.S.d. § 823 Abs. 2 BGB sowie gesetzliche Verbote gem. § 134 BGB (MünchArbR/*Wlotzke* § 209 Rz. 6 ff.). 2739

Verstößt eine vertragliche Vereinbarung gegen Arbeitsschutz- oder Unfallverhütungsvorschriften, so bedeutet dies nicht sogleich, dass der gesamte Arbeitsvertrag nichtig ist. Es ist vielmehr zu differenzieren je nachdem, ob nur bestimmte Abreden des Arbeitsvertrages arbeitsschutzwidrig sind (Teilnichtigkeit), oder ob die vertraglich vereinbarte Arbeitspflicht des Arbeitnehmers insgesamt oder jedenfalls überwiegend gegen Arbeitsschutz- oder Unfallverhütungsvorschriften verstößt (Vollnichtigkeit). 2740

Eine Nichtigkeit des gesamten Arbeitsvertrages nach § 134 BGB ist ausnahmsweise dann gegeben, wenn nicht nur einzelne Abreden arbeitsschutzwidrig sind, sondern der Arbeitsvertrag darauf gerichtet ist, **den Arbeitnehmer überhaupt oder überwiegend verbotene Beschäftigungen ausüben zu lassen.** Das ist z.B. dann der Fall, wenn ein Jugendlicher allein oder überwiegend mit gefährlichen Arbeiten i.S.d. § 22 Abs. 1 JArbSchG beschäftigt werden soll, oder wenn der Arbeitsvertrag mit einer Schwangeren allein oder überwiegend auf die Leistung verbotener Arbeiten i.S.d. § 4 MuSchG gerichtet ist (MünchArbR/*Wlotzke* § 209 Rz. 8 ff.). 2741

d) Unabdingbarkeit; Kosten

Nach § 618 Abs. 1 BGB hat der Arbeitgeber dem Arbeitnehmer die nach den Unfallverhütungsvorschriften vorgeschriebene persönliche Schutzausrüstung zur Verfügung zu stellen. Dazu gehören auch Sicherheitsschuhe, z.B. für Maurer. 2742

Dieser **Personenschutz** (besonders durch persönliche Schutzausrüstungen und arbeitsmedizinische Vorsorge) hat gegenüber technischen und organisatorischen Maßnahmen nur eine **ergänzende Funktion** (vgl. § 19 GefahrStVO). Im Unfallverhütungsrecht ist generell bestimmt, dass persönliche Schutzausrüstungen (erst dann) einzusetzen sind, wenn Unfall- und Gesundheitsgefahren durch »betriebstechnische Maßnahmen« nicht ausgeschlossen werden können. 2743

Gem. **§ 19 Abs. 5 GefahrStVO** brauchen die persönlichen Schutzausrüstungen nur so lange benutzt zu werden, wie es das Arbeitsverfahren unbedingt erfordert und es mit dem Gesundheitsschutz vereinbar ist. Ferner darf das Tragen von Atemschutz und von Vollschutzanzügen keine ständige Maßnahme sein. Die Arbeitnehmer sind nach § 19 Abs. 5 GefahrStVO andererseits verpflichtet, die zur Verfügung gestellten persönlichen Schutzausrüstungen zu benutzen (MünchArbR/*Wlotzke* § 216 Rz. 11). 2744

Die Kosten hierfür sind Teil der allgemeinen Betriebskosten. Sie fallen dem Arbeitgeber als Betriebsinhaber zur Last (vgl. § 3 Abs. 3 des Gesetzes zur Umsetzung der EG-Rah- 2745 menrichtlinie). Diese Kostentragungspflicht kann (vgl. § 619 BGB) nicht im Voraus einzelvertraglich oder durch Betriebsvereinbarung ganz oder teilweise abbedungen werden (*BAG* 18.8.1982 EzA § 618 BGB Nr. 4).

2746 Der Arbeitgeber ist auch dann zur Übernahme der Anschaffungskosten verpflichtet, wenn er die Sicherheitsschuhe nicht selbst beschafft, sondern den Arbeitnehmer mit dem Erwerb beauftragt. Im Bereich des öffentlichen Dienstes (z.B. in der Forstwirtschaft) kann dies auch durch Erlass des Arbeitgebers geschehen. Die Kostenerstattung durch den Arbeitgeber richtet sich dann nach §§ 662 ff. BGB.

2747 Setzt der Arbeitgeber durch Erlass Höchsterstattungsbeträge für die Anschaffung von Sicherheitsschuhen fest, so kann der Arbeitnehmer bei Kenntnis dieser Erlasspraxis die Erstattung eines von ihm entrichteten Kaufpreises grds. nur verlangen, wenn er dem Arbeitgeber zuvor von dem beabsichtigten Kauf zu dem höheren Preis Mitteilung gemacht und der Arbeitgeber sein Einverständnis erklärt hat (*BAG* 21.8.1985 EzA § 618 BGB Nr. 5).

2748 Vereinbarungen, die eine Kostenbeteiligung des Arbeitnehmers an der persönlichen Schutzausrüstung vorsehen, sind aber dann zulässig, wenn der Arbeitgeber den Arbeitnehmern über seine gesetzliche Verpflichtung hinaus **Vorteile bei der Benutzung** oder Verwendung der Sicherheitsschuhe anbietet und der Arbeitnehmer von diesem Angebot freiwillig Gebrauch macht (*BAG* 18.8.1982 EzA § 618 BGB Nr. 4).

2749 Andererseits ist der Arbeitgeber zur Kostentragung für die Anschaffung von Dienstkleidung (z.B. für einen Ersatzsmoking für einen Croupier in einer Spielbank) nur dann verpflichtet, wenn wegen der am Arbeitsplatz **drohenden Gefahren** entsprechende Schutzkleidung zur Verfügung gestellt werden muss; dazu gehört der Smoking eines Croupiers nicht (*BAG* 19.5.1998 EzA § 670 BGB Nr. 28; 13.2.2007 NZA 2007, 640; vgl. dazu krit. *Sandmann* SAE 1999, 154 ff.); auch die betriebliche Einigungsstelle hat nicht die Kompetenz zu bestimmen, wer die anfallenden Kosten tragen muss (*BAG* 13.2.2007 NZA 2007, 640). Gleiches gilt für Dienstkleidung i.S.v. § 21 Abs. 2 AVR Caritas. Dabei handelt es sich um **Kleidungsstücke, die auf Anordnung des Arbeitgebers zur besonderen Kenntlichmachung im dienstlichen Interesse während der Arbeitszeit zu tragen sind**. Dieser Zweck kann durch Vorgabe hinsichtlich der Farbe und des Materials der während der Arbeit zu tragenden Kleidung erreicht werden. Der Arbeitnehmer ist dann gehalten, die während der Arbeit zu tragende Kleidung so zu wählen, dass er der jeweiligen Arbeitsaufgabe entsprechen kann. Die damit verbundenen Aufwendungen obliegen dem Arbeitnehmer. Sie sind mit der Vergütung abgegolten (*BAG* 13.2.2003 EzA § 618 BGB 2002 Nr. 1 = NZA 2003, 1197). Demgegenüber hat der Arbeitgeber die Kosten der **Reinigung von Arbeitskleidung**, deren Tragen aus hygienischen Gründen vorgeschrieben ist, zu übernehmen. Entgegenstehende Vereinbarungen sind gem. § 619 BGB unwirksam. Denn die unabdingbaren Pflichten zu Schutzmaßnahmen gegen Gefahren für Leben und Gesundheit des Arbeitnehmers erstrecken sich auch auf Arbeitsschutzmaßnahmen, die aus hygienischen Gründen erforderlich sind. Der Arbeitnehmer hat daher auch dann einen Anspruch auf **Aufwendungsersatz** (**§ 670 BGB**) für die Reinigungskosten, wenn die Arbeitskleidung ihm übereignet worden ist (*LAG Düsseld.* 26.4.2001 NZA-RR 2001, 409).

2750 Schließlich ist eine Regelung in einem Formulararbeitsvertrag, nach der pauschalierte Kosten für die Reinigung und Wiederbeschaffung arbeitgeberseitig gestellter Berufskleidung auch für Zeiträume erhoben werden, in denen der Arbeitnehmer unter Fortzahlung der Vergütung von der Arbeitsleistung befreit (Urlaub, Krankheit) oder nicht verpflichtet ist, Arbeitskleidung zu tragen, gem. § 307 Abs. 1 BGB unwirksam (*LAG Nds.* 16.7.2007 NZA-RR 2008, 12).

2751 Wer von einem ca. 7-stündigen Arbeitstag ca. 30–45 Minuten am **Bildschirm arbeitet**, kann nach Auffassung des *ArbG Neumünster* (20.1.2000 NZA-RR 2000, 237; ebenso *ArbG Kaiserslautern* 12.6.2001 NZA-RR 2001, 628: Ersetzung der erforderlichen, d.h. medizinisch *notwendigen Aufwendungen*) vom Arbeitgeber Erstattung der angemessenen **Kosten einer Bildschirmbrille** verlangen, wenn ihm augenärztlich eine Brille speziell für die Arbeit am Bildschirm verordnet wurde. Werden dagegen die Kosten von der Krankenkasse getragen, entfällt mangels Erforderlichkeit ein gegen den Arbeitgeber gerichteter allgemeiner Erstattungsanspruch (*LAG Hamm* 29.10.1999 NZA-RR 2000, 351).

e) Anforderungen an Arbeitsstätten; Gefährdungsbeurteilung

Der Arbeitgeber hat die Arbeitsstätten (Räume), die vor dem 1.5.1976 errichtet waren oder mit deren Errichtung zu diesem Zeitpunkt bereits begonnen war (zu den Übergangsregelungen für sog. Alt-Arbeitsstätten vgl. § 56 ArbStättV), **nach den allgemein anerkannten sicherheitstechnischen, arbeitsmedizinischen und hygienischen Regeln sowie den sonstigen gesicherten arbeitswissenschaftlichen Erkenntnissen einzurichten und zu betreiben** (vgl. § 3 ArbStättVO i.V.m. den einschlägigen Arbeitsschutz- und Unfallverhütungsvorschriften). Den Vorschriften des technischen Arbeitsschutzes kommt insoweit eine **Doppelwirkung** zu, als Schutzpflichten über § 618 Abs. 1 BGB in das einzelne Arbeitsverhältnis hineinwirken. Sie begründen dann zusätzlich zu einer öffentlich-rechtlichen Pflicht eine privatrechtliche Verpflichtung, die der Arbeitgeber gegenüber dem einzelnen Arbeitnehmer zu erfüllen hat. Welche öffentlich-rechtlichen Arbeitsschutznormen über § 618 Abs. 1 BGB Erfüllungsansprüche im Privatrechtsverhältnis begründen, ist durch **Auslegung** zu ermitteln. Die Arbeitsschutzvorschrift muss neben ihrem öffentlich-rechtlichen Zweck gerade auch den Schutz des einzelnen Arbeitnehmers zum Ziel haben. Gem. § 5 Abs. 1 ArbSchG hat der Arbeitgeber zudem durch eine Beurteilung der für die Beschäftigten mit ihrer Arbeit verbundenen Gefährdung zu ermitteln, welche Maßnahmen des Arbeitsschutzes erforderlich sind; diese Regelung dient auch dem Schutz des einzelnen Arbeitnehmers (s. *BAG* 12.8.2008 – 9 AZR 1117/06 – EzA-SD 19/2008 S. 9 = FA 2008, 334). Der Arbeitnehmer hat insoweit einen Anspruch auf Durchführung einer Gefährdungsbeurteilung. Er kann aber **keine bestimmten Überprüfungskriterien** und -methoden für die Durchführung vorgeben. Denn § 5 Abs. 1 ArbSchG eröffnet für den Arbeitgeber weite Beurteilungs- und Handlungsspielräume. Mit entsprechenden Vorgaben muss der Arbeitgeber auch nicht gegenüber dem Betriebsrat initiativ werden, um eine mitbestimmte Durchführungsregelung der Gefährdungsbeurteilung herbeizuführen (*BAG* 12.8.2008 – 9 AZR 1117/06 – EzA-SD 19/2008 S. 9 = FA 2008, 334). 2752

Betroffen sind z.B. Arbeitsräume, Arbeitsplätze, Baustellen, Pausenräume, sanitäre Einrichtungen usw.). 2753

Damit werden die Schutzpflichten des Arbeitgebers aus § 618 Abs. 1 BGB konkretisiert. 2754

§§ 4 ff. ArbStättVO regeln insbes. Anforderungen an Lüftung, Temperatur, Beleuchtung, bauliche Eigenschaften, Türen, Absturzsicherheit, Schutz gegen Gase, Dämpfe, Nebel, Staub und Lärm.

Am 25.8.2004 ist eine neue ArbStättVO (BGBl. I 2004, 2179 ff.) zur Umsetzung der RL 89/654 EWG in Kraft getreten (vgl. dazu *Kohte/Faber* DB 2005, 224 ff.), die Regelungen über das Einrichten und Betreiben von Arbeitsräumen, deren Gestaltung und Ausstattung, Beleuchtung und Sichtverbindung, die Gestaltung von Pausen-, Bereitschafts- und Sanitärräumen, Toiletten und Lärm enthält (vgl. *Schurig* ZTR 2004, 626 ff.; zu überhitzten Arbeitsräumen im Sommer vgl. *Grimm* DB 2004, 1666 ff.). 2755

Der Anwendungsbereich der ArbStättVO umfasst allerdings nur den nach der GewO vorgegebenen Bereich des Gewerbebetriebes (nicht also z.B. Land- und Forstwirtschaft, Dienststellen und Einrichtungen der öffentlichen Verwaltung; MünchArbR/*Wlotzke* § 212 Rz. 7 ff.). 2756

f) Nichtraucherschutz

aa) Rechtslage bis zum 2.10.2002

Siehe 7. Auflage C/Rz. 2225-2231 2757

bb) Rechtslage ab dem 3.10.2002

2758 Siehe 7. Auflage C/Rz. 2231a

cc) Rechtslage seit dem 1.9.2007

2759 Seit dem 1.9.2007 ist der Arbeitgeber gem. § 5 Abs. 1 ArbStättV n.F. **verpflichtet, soweit erforderlich, ein allgemeines oder auf einzelne Bereiche beschränktes Rauchverbot zu erlassen** (s. dazu *Düwell* FA 2008, 76 f. und *LAG Bln.-Bra.* 11.3.2008 LAGE § 618 BGB 2002 Nr. 4; zu den Auswirkungen des gesetzlichen Nichtraucherschutzes in öffentlichen Gebäuden s. *Uhl/Polloczek* BB 2008, 1114 und im Hotel- und Gaststättengewerbe *Entzer/Sauer* BB 2008, 1116).

g) Arbeitsanweisungen und Belehrungen

2760 Durch Erteilung sachkundiger Arbeitsanweisungen und Belehrungen über Gefahren und bestehende Unfallverhütungsvorschriften hat der Arbeitgeber seine Schutzpflichten für Leben und Gesundheit der Arbeitnehmer schließlich auch in die Tat umzusetzen (vgl. § 12 ArbSchG).

2761 Gem. § 20 **GefStoffVO** muss z.B. eine Betriebsanweisung erstellt werden, in der die beim Umfang mit Gefahrstoffen auftretenden Gefahren für Mensch und Umwelt sowie die erforderlichen Schutzmaßnahmen und Verhaltensregeln festgelegt werden.

2762 Für die Bekämpfung der Aids-Infektion besteht für den Arbeitgeber über den öffentlich-rechtlichen Arbeitsschutz hinaus im Wesentlichen eine Informationspflicht. Der Arbeitgeber muss die Arbeitnehmer über die Übertragung des HIV-Virus aufklären und entsprechend zum Selbstschutz auffordern (vgl. *Richardi* NZA 1988, 78).

h) Unterbringung und Verpflegung

2763 Durch **§ 618 Abs. 2 BGB** werden die Schutzpflichten des Arbeitgebers auf Wohn- und Schlafräume der Arbeitnehmer ausgedehnt, wenn der Arbeitgeber sie in häuslicher Gemeinschaft aufgenommen hat.

2764 Wesentlich hierfür ist das Bestehen einer Wohn- und Verpflegungsgemeinschaft ohne eigenen Hausstand des Arbeitnehmers. Es genügt, dass eine vom Arbeitgeber geschaffene Gemeinschaft mit anderen Arbeitnehmern besteht (z.B. bei einem vom Arbeitgeber eingerichteten Schwesternwohnheim; *BAG* 8.6.1955 AP Nr. 1 zu § 618).

2765 **§ 120c GewO** (bis 31.12.2002; ab 1.1.2003 § 40a ArbStättVO) konkretisiert diese Schutzpflichten für Gemeinschaftsunterkünfte von Arbeitnehmern.

2766 Gem. § 120 c Abs. 4 GewO (bis 31.12.2002; ab 1.1.2003 § 45 Abs. 1 ArbStättVO n.F.) ist der Arbeitgeber verpflichtet, auswärts beschäftigten Arbeitnehmern eine Übernachtungsmöglichkeit zur Verfügung zu stellen. Diese Vorschrift ist wie folgt auszulegen:

a) Die Verpflichtung, Unterkünfte für die Nacht bereitzustellen, besteht nicht, wenn geeignete Übernachtungsmöglichkeiten zur Verfügung stehen, deren Inanspruchnahme dem Arbeitnehmer möglich und zumutbar ist.
b) Die Vorschrift bestimmt nicht, dass der Arbeitgeber die Kosten der auswärtigen Unterbringung zu tragen hat.

Verlangt der Arbeitnehmer anlässlich eines auswärtigen Einsatzes vom Arbeitgeber weder die Bereitstellung einer Unterkunft, noch eine Kostenübernahme oder eine Kostenbeteiligung, so ist im Zweifel davon auszugehen, dass geeignete Übernachtungsmöglichkeiten zu zumutbaren Kosten zur Verfügung stehen (*BAG* 14.2.1996 EzA § 670 BGB Nr. 25).

2767 Ferner hat der Arbeitgeber gem. § 618 Abs. 2 BGB für einwandfreie Verpflegung (vgl. auch § 36 SeemG) sowie die Einhaltung der Erholungszeiten seiner Arbeitnehmer zu sorgen.

i) Vorsorgeuntersuchungen; Untersuchungen bei gesundheitlichen Bedenken

Häufig sind **freiwillige, arbeitsmedizinisch indizierte Untersuchungen** u.a. von Arbeitnehmern, die mit Gefahrstoffen umgehen, schwere körperliche Arbeit oder Augenfeinarbeit leisten, starkem Lärm ausgesetzt sind oder Schicht- bzw Nachtarbeit leisten, vorgesehen (vgl. § 3 Abs. 1 S. 2 Nr. 2 ASiG). **2768**

Darüber hinaus sind in einer Reihe staatlicher Vorschriften für besondere Arbeitsschutzbereiche **spezielle medizinische Vorsorgeuntersuchungen wegen besonderer Gesundheitsgefährdungen am Arbeitsplatz** vorgeschrieben. Betroffen ist u.a. die Beschäftigung mit krebserzeugenden Gefahrstoffen, unter Strahleneinwirkung, in Lärmbereichen, in Druckluft, bei Hitze oder Kälte oder beim Tragen von Atemschutzgeräten. **2769**

Die meisten derartigen Rechtsnormen enthalten allerdings keine öffentlich-rechtliche Verpflichtung für den betroffenen Arbeitnehmer, sich der vorgeschriebenen Untersuchung zu unterziehen. Gleichwohl ist die Teilnahme daran aus arbeitsvertraglicher Sicht nicht freiwillig. Denn wenn der Arbeitnehmer arbeitsvertraglich verpflichtet ist, Arbeiten zu leisten, für die Vorsorgeuntersuchungen vorgeschrieben sind, **verletzt er bei nicht gerechtfertigter Weigerung eine vertragliche Nebenpflicht**. Denn ohne Teilnahme an der Untersuchung kann der Arbeitnehmer nicht vertragsgemäß beschäftigt werden; er ist aber vertraglich gehalten, die rechtlich gebotenen Voraussetzungen zu erfüllen, die ihn befähigen, seiner vertraglichen Arbeitspflicht nachzukommen. Weigert der Arbeitnehmer sich jedoch, sich der vorgeschriebenen Vorsorgeuntersuchung zu unterziehen, ist der Arbeitgeber – insbes., wenn die Weigerung begründet erscheint – zunächst auf Grund seiner Fürsorgepflicht verpflichtet, zu prüfen, ob der Arbeitnehmer auf einen anderen Arbeitsplatz, der keine Vorsorgeuntersuchungen verlangt, umgesetzt werden kann. Ist dies nicht möglich, kann der Arbeitgeber das Arbeitsverhältnis aus in der Person des Arbeitnehmers liegenden Gründen lösen. **2770**

Allein §§ 67 Abs. 6, 70 Abs. 4 StrahlenschutzVO, §§ 37 Abs. 6, 40 Abs. 4 RöntgenVO **verpflichten den Arbeitnehmer öffentlich-rechtlich**, die in beiden VOen vorgeschriebenen Vorsorgeuntersuchungen zu dulden. Er kann dazu von den zuständigen Behörden durch Zwangsgeld angehalten werden; bei schuldhafter Verweigerung kommt zudem die Verhängung eines Bußgeldes in Betracht (MünchArbR/*Wlotzke* § 216 Rz. 30 f.). **2771**

Unabhängig von derartigen normativen Regelungen ist ein Arbeitgeber oder Vorgesetzter regelmäßig **nicht verpflichtet, ärztliche Untersuchungen zu veranlassen**, wenn ein Arbeitnehmer in seiner Person liegende **gesundheitliche Bedenken** gegen die ihm abverlangten, arbeitsvertraglich geschuldeten Arbeiten erhebt. In solchen Fällen ist es vielmehr grds. Sache des Arbeitnehmers, einen Arzt aufzusuchen und den Arbeitgeber über arbeitsplatzbezogene ärztliche Bewertungen zu informieren und ggf. ärztliche Atteste vorzulegen (*BAG* 13.12.2001 EzA § 611 BGB Arbeitnehmerhaftung Nr. 69). **2772**

j) Gestaltung des Arbeitsplatzes werdender und stillender Mütter

Der Arbeitsplatz muss so gestaltet sein, dass Gefahren für Leben und Gesundheit der werdenden oder stillenden Mutter oder des Kindes vermieden werden. Das Arbeitsplatzgestaltungsangebot des **§ 2 Abs. 1 MuSchG** gilt nicht nur für die Stelle, an der unmittelbar gearbeitet wird einschließlich der Maschinen und Geräte. Der Begriff Arbeitsplatz umfasst auch Nebenräume (z.B. Wasch- und Ankleideräume, Toiletten, Zugänge usw.). Zur näheren Bestimmung kann § 2 ArbStättV herangezogen werden. **2773**

Die Verpflichtung des Arbeitgebers besteht im Rahmen des Erforderlichen (§ 2 Abs. 1 MuSchG). Den Maßstab dafür bilden die Anforderungen, die nach dem Stand von Medizin, *Technik und Verkehrssitte* zum Schutz der werdenden und stillenden Mütter an die Einrichtung des Arbeitsplatzes zu stellen sind. Soweit dies dem Arbeitgeber nicht möglich oder zumutbar ist, verstößt er zwar nicht gegen § 2 MuSchG, muss aber in Kauf nehmen, dass ggf. ein Beschäftigungsverbot eintritt. **2774**

k) Sanktionen der Verletzung von Arbeitnehmerschutznormen

aa) Erfüllungs- und Unterlassungsanspruch

2775 Aus der Doppelnatur der Arbeitsschutznormen folgt, dass ihre Einhaltung vom betroffenen Arbeitnehmer auch mit privat-rechtlichen Rechtsbehelfen erzwungen werden kann. Bei widerrechtlichen Handeln des Arbeitgebers steht ihm daneben ein Unterlassungsanspruch (analog §§ 12, 823, 862, 1004 BGB) zu.

2776 Voraussetzung ist allerdings, dass konkrete Gefahren für Leben und Gesundheit des Arbeitnehmers drohen und nachgewiesen werden können. Dann muss der Arbeitgeber sofort die erforderlichen Maßnahmen treffen. Sind allerdings verschiedene Maßnahmen möglich, hat der Arbeitnehmer lediglich Anspruch auf Ausübung fehlerfreien Ermessens durch den Arbeitgeber (MünchArbR/*Blomeyer* § 96 Rz. 21).

bb) Zurückbehaltungsrecht

2777 Aus **§ 273 BGB** kann sich in den Grenzen des Verhältnismäßigkeitsprinzips ein Recht zur Leistungsverweigerung ergeben. Der Arbeitnehmer ist also nicht verpflichtet, seine Arbeit unter arbeitsschutzwidrigen Umständen zu erbringen.

2778 Eine gesetzliche Konkretisierung findet sich in **§ 21 Abs. 6 S. 2 GefStoffVO**, wonach der einzelne Arbeitnehmer bei Überschreitung der zulässigen Höchstwerte und einer unmittelbaren Gefahr für Leben und Gesundheit das Recht hat, die Arbeit zu verweigern. Dieses Kriterium ist nach Auffassung von *Blomeyer* (MünchArbR § 96 Rz. 22) bei allen drohenden Gesundheitsgefahren – also auch im Rahmen des § 273 Abs. 1 BGB – anzuwenden. Demgegenüber kann nach Auffassung von *Wlotzke* (MünchArbR § 209 Rz. 23) das Bestehen einer unmittelbaren Gefahr insoweit ohne ausdrückliche gesetzliche Regelung nicht verlangt werden. Allerdings entfällt danach ein Leistungsverweigerungsrecht gem. § 242 BGB, wenn im konkreten Fall keine Gefahren drohen.

2779 Diese Regelung gilt nur für den Umgang mit Gefahrstoffen einschließlich Tätigkeiten in deren Gefahrenbereich. Die bloße Belastung des Gebäudes, in dem der Arbeitnehmer seine Arbeitsleistung erbringt, z.B. mit PCP, Lindan, Dioxinen, Furanen genügt nicht (*BAG* 8.5.1996 EzA § 273 BGB Nr. 5; 19.2.1997 EzA § 273 BGB Nr. 7; vgl. dazu *Molkentin* NZA 1997, 849 ff.; *Mummenhoff* SAE 1997, 329 ff.; **a.A.** *BAG* 2.2.1995 EzA § 618 BGB Nr. 10 [Asbest]; krit. dazu *Molkentin/Müller* NZA 1995, 873; *Borchert* NZA 1995, 877).

2780 Beschränkt sich die Gefährdung des Arbeitnehmers darauf, dass er in gefahrstoffbelasteten Räumen arbeitet, kann sich ein Zurückbehaltungsrecht folglich nur **aus § 273 Abs. 1, § 618 Abs. 1 BGB** (z.B. i.V.m. den Richtlinien des Landes NRW für die Bewertung und Sanierung schwach gebundener Asbestprodukte in Gebäuden), nicht aber aus § 21 Abs. 6 Satz 2 der Gefahrstoffverordnung ergeben Der Arbeitgeber ist nach § 618 Abs. 1 BGB, §§ 3 ff. ArbSchG, § 62 Abs. 1 HGB verpflichtet, die **Arbeitsplätze möglichst frei von gesundheitsschädlichen Chemikalien und sonstigen Gefahrstoffen** zu halten. Dieser Pflicht genügt der Arbeitgeber in aller Regel dadurch, dass er einen Arbeitsplatz zur Verfügung stellt, dessen Belastung mit Schadstoffen nicht über das in der **Umgebung übliche Maß** hinausgeht (*BAG* 8.5.1996 EzA § 273 BGB Nr. 5).

cc) Schadensersatzansprüche

(1) Normative Grundlagen

2781 § 618 BGB, § 62 HGB sind keine Schutzgesetze i.S.v. § 823 Abs. 2 BGB (zu staatlichen Arbeitsschutzvorschriften, die dem Arbeitgeber bestimmte Schutzpflichten in Bezug auf den Arbeitnehmer auferlegen sowie Unfallverhütungsvorschriften s.o. Rn. 2729, 2739). In

Betracht kommen aber Schadenersatzansprüche aus pFV (jetzt §§ 280 ff., 241 Abs. 2 BGB n.F.) sowie aus § 823 Abs. 1 BGB i.V.m. § 831 BGB nach Maßgabe der §§ 276, 278, 254 BGB.

(2) Darlegungs- und Beweislast

Der Arbeitnehmer hat nur zu beweisen, dass ein zur Herbeiführung eines Schadens geeigneter ordnungswidriger Zustand vorlag. 2782

Der Arbeitgeber muss dann sein Nichtverschulden sowie ggf. ein Mitverschulden des Arbeitnehmers beweisen. 2783

Die Beweiserleichterung des § 287 ZPO gilt zu Gunsten des Arbeitnehmers nicht nur für den Schadensumfang (haftungsausfüllende Kausalität), **sondern auch für den Haftungsgrund** (Haftungsbegründende Kausalität; *BAG* 27.2.1970 AP Nr. 16 zu § 618 BGB). Folglich wird die Entstehung eines konkreten Schadens der vollen Beweiswürdigung des Gerichts anheim gestellt. 2784

Im Streitfall kann **mehrfach wechselnder Vortrag** des Klägers bei der Beweiswürdigung zu seinen Lasten berücksichtigt werden (*BAG* 8.5.1996 EzA § 273 BGB Nr. 5). 2785

(3) Umfang der Haftung; Verhältnis zur gesetzlichen Unfallversicherung

Der Haftungsumfang bestimmt sich gem. **§ 249 BGB**. Gem. § 618 Abs. 3 BGB, § 62 Abs. 3 HGB erstreckt sich die Haftung entsprechend der §§ 842–846 BGB auch auf Nachteile, die für den Erwerb und das Fortkommen des verletzten Arbeitnehmers entstehen: § 618 Abs. 3 BGB verwies in der bis zum 31.7.2002 geltenden Fassung nicht auf § 847 BGB, sodass im damaligen Zeitpunkt kein Anspruch auf Schmerzensgeld bestand, wenn der Arbeitgeber Pflichten aus § 618 BGB verletzt hatte (*BAG* 14.12.2006 EzA § 618 BGB 2002 Nr. 2 = NZA 2007, 262). 2786

Die privatrechtliche Schadenersatzpflicht des Arbeitgebers wird infolge der gesetzlichen Unfallversicherung allerdings nur selten relevant. Denn nach **§ 104 SGB VII** besteht bei Arbeitsunfällen, Wegeunfällen, Berufskrankheiten eine Einstandspflicht der Berufsgenossenschaften. Allerdings haftet der Arbeitgeber dem Verletzten dann unmittelbar, wenn er den Arbeitsunfall vorsätzlich herbeigeführt hat oder der Arbeitsunfall bei der Teilnahme am allgemeinen Verkehr eingetreten ist (s.o. Rn. 692 ff.). 2787

Der Arbeitgeber haftet dem Verletzten auch dann unmittelbar, wenn eine Gesundheitsschädigung des Arbeitnehmers **weder Arbeitsunfall noch Berufskrankheit** ist (z.B. bei einem Bronchialsyndrom auf Grund monatelangen Passivrauchens; *ArbG Hmb.* DB 1989, 1143; MünchArbR/*Blomeyer* § 96 Rz. 29). Der Arbeitgeber haftet schließlich insofern mittelbar für Vorsatz und grobe Fahrlässigkeit, als der Versicherungsträger für seine Aufwendungen an den Verletzten Regress verlangen kann (§ 640 Abs. 1 RVO). 2788

dd) Kündigung

Insbesondere bei schwerwiegenden Verstößen kommt die außerordentliche Kündigung des Arbeitsverhältnisses in Betracht. 2789

ee) Anzeigerecht

U. U. ist der Arbeitnehmer berechtigt, bei eigener Gefährdung oder der Gefährdung Dritter die zuständige Behörde zu informieren, wenn betrieblich keine Abhilfe zu erwarten ist (MünchArbR/*Wlotzke* § 209 Rz. 31 ff.). Eine gesetzliche Regelung enthält § 21 Abs. 6 GefStoffVO sowie nunmehr § 17 Abs. 2 S. 1 des Gesetzes zur Umsetzung der EG-Rahmenrichtlinie (s.o. Rn. 2726). 2790

4. Schutz der Vermögensgegenstände des Arbeitnehmers

a) Problemstellung

2791 Vermögensgegenstände, die der Arbeitnehmer zum Zwecke oder gelegentlich seiner Arbeitsleistung in den Betriebsbereich einbringt oder außerhalb des Betriebes während der Arbeitsleistung mit sich führt, unterliegen den besonderen Betriebsgefahren.

2792 Eine allgemeine gesetzliche Verpflichtung zum Schutz der eingebrachten Vermögensgegenstände besteht für den Arbeitgeber nicht; § 618 Abs. 1 BGB ist auch nicht analog anwendbar (*BAG* 1.7.1965 AP Nr. 75 zu § 611 BGB Fürsorgepflicht).

b) Schutzpflicht des Arbeitgebers

2793 Die Schutzpflicht des Arbeitgebers folgt aber aus der **Fürsorgepflicht** (*BAG* 5.3.1959 AP Nr. 26 zu § 611 BGB Fürsorgepflicht) bzw. aus der vertraglichen Sonderbindung zwischen den Arbeitsvertragsparteien (s.o. Rn. 2644 ff.).

2794 Zudem bestimmt **§ 34 Abs. 5 ArbStättVO** für Gewerbebetriebe, dass **Umkleideräume mit Einrichtungen ausgestattet sein müssen, in denen jeder Arbeitnehmer seine Kleidung unzugänglich für andere während der Arbeitszeit aufbewahren kann**. Sind Umkleideräume nicht erforderlich, insbes. weil die Arbeitnehmer bei ihrer Tätigkeit keine besondere Arbeitskleidung tragen müssen, so muss für jeden Arbeitnehmer nach § 34 Abs. 6 ArbStättVO eine **Kleiderablage und ein abschließbares Fach zur Aufbewahrung persönlicher Wertgegenstände** vorhanden sein.

aa) Umfang der Schutzpflicht

2795 Geschützt sind die für die Arbeitsleistung **notwendigen, unentbehrlichen Gegenstände**. Das sind alle zur Ausführung der Arbeitsleistung und zum Erreichen der Arbeitsstätte notwendigen Hilfsmittel (z.B. persönliches Werkzeug, Musikinstrumente, Arbeitskleidung, persönliche Wertgegenstände, wie z.B. Geldbörsen, Schecks, Scheckkarten, Uhren, und, je nach Arbeitstätigkeit, u.U. sogar persönlicher Schmuck in geringem Ausmaß).

2796 Gleiches gilt für die **im Zusammenhang mit der Arbeitsleistung üblicherweise eingebrachten Gegenstände**, die zwar zur Erbringung der Arbeitsleistung nicht notwendig, jedoch unmittelbar oder mittelbar dienlich sind und üblicherweise in den Betrieb eingebracht werden (z.B. Werkzeuge, die der Arbeitnehmer anstatt der arbeitgeberseitig gestellten Werkzeuge verwendet, weil sie ihm ein bequemeres, angemesseneres oder einfacheres Arbeiten ermöglichen; MünchArbR/*Blomeyer* § 96 Rz. 34 ff.).

bb) Verhältnismäßigkeitsprinzip; Inhalt der Schutzpflicht

2797 Eine Verwahrungs- und Obhutspflicht besteht nach Maßgabe des Verhältnismäßigkeitsgrundsatzes allerdings nur dann, wenn die Einbringung der Vermögensgegenstände für den Arbeitnehmer erforderlich und für den Arbeitgeber nicht unangemessen, also zumutbar ist.

2798 Als erforderlich gilt z.B. die Unterbringung von Fahrrädern sowie von Mopeds und Fahrrädern mit Hilfsmotor (MünchArbR/*Blomeyer* § 96 Rz. 37). Das *LAG Hessen* (11.4.2003 NZA-RR 2004, 69) hat angenommen, dass der Arbeitgeber nicht gegen die Fürsorgepflicht verstößt, wenn er **Stellplätze nur außerhalb der Betriebsumzäunung** gewährt; er muss danach auch keine besonderen Stellplätze für Motorräder einrichten, die eine größere Sicherheit bieten als die allgemeinen Parkplätze.

2799 Das BAG hat bislang für Kraftfahrzeuge eine Pflicht des Arbeitgebers zur Schaffung von Unterstellmöglichkeiten dahingestellt sein lassen (28.9.1989 EzA § 611 BGB Parkplatz Nr. 1).

Hat er jedoch Unterbringungsmöglichkeiten geschaffen, besteht für ihn grds. die **allgemeine Verkehrssicherungspflicht.** 2800

Der Arbeitgeber ist verpflichtet, die berechtigterweise auf das Betriebsgelände mitgebrachten Sachen durch **zumutbare Maßnahmen vor Beschädigungen** durch Dritte **zu schützen.** Wie weit diese Pflicht geht, ist im Einzelfall nach **Treu und Glauben** unter Berücksichtigung der betrieblichen und örtlichen Verhältnisse zu bestimmen. Der Arbeitgeber haftet bei schuldhafter Pflichtverletzung auf **Schadensersatz** (*BAG* 25.5.2000 EzA § 611 BGB Arbeitgeberhaftung Nr. 8). Die Fürsorgepflicht des Arbeitgebers beinhaltet auch, Schädigungen zu unterlassen. Der Arbeitgeber hat das Verschulden von Erfüllungsgehilfen in gleichem Umfang zu vertreten wie eigenes Verschulden (§ 278 BGB). Werkunternehmer, die auf dem Betriebsgelände Arbeiten ausführen und nur auf Grund besonderer Umstände mit dem Eigentum des Arbeitnehmers in Berührung kommen, sind aber regelmäßig keine Erfüllungsgehilfen des Arbeitgebers (*BAG* 25.5.2000 EzA § 611 BGB Arbeitgeberhaftung Nr. 8). 2801

cc) Nicht erfasste Gegenstände

Der Schutzpflicht unterliegen nicht die Gegenstände, die für die Arbeitsleistung weder unmittelbar noch mittelbar üblicherweise dienlich sind oder in einem unangemessenen Umfang (z.B. nicht benötigtes Geld) in den Betrieb mitgebracht werden (z.B. Radio- und Fernsehgeräte, Fotoapparate, wertvolle Pelze oder teurer Schmuck). 2802

Etwas anderes gilt aber dann, wenn der Arbeitgeber das Mitbringen dieser Gegenstände ausdrücklich erlaubt hat. 2803

dd) Sicherungsmaßnahmen

Die Art der erforderlichen Sicherungsmaßnahmen richtet sich prinzipiell nach den spezifischen Gefahren, d.h. insbes. nach den örtlichen Gegebenheiten. 2804

Für Kleidung und ähnliche persönliche Gegenstände müssen sicherbare Schränke bzw. Kleiderablagen vorhanden sein. Hinsichtlich der Sicherung selbst (z.B. durch Vorhängeschloss) ist das *BAG* (1.7.1965 AP Nr. 75 zu § 611 BGB Fürsorgepflicht) davon ausgegangen, dass diese dem Arbeitnehmer obliegt. Es erscheint allerdings zweifelhaft, ob dies im Hinblick auf § 34 Abs. 5, 6 ArbStättVO für Gewerbebetriebe aufrechterhalten werden kann, da entsprechende Sicherungsmaßnahmen durch den Arbeitnehmer selbst nicht vorgesehen sind. 2805

Als Sicherungsmaßnahme gegen den Diebstahl von Wertgegenständen kommt z.B. die Einrichtung von verschließbaren Fächern in Betracht (vgl. § 34 Abs. 6 ArbStättVO). Gegen die Gefahr der Beschädigung von Fahrzeugen auf Parkplätzen müssen ggf. Umfriedungen, Absperrungen, Abgrenzungen eingerichtet werden, u.U. muss auch für eine Bewachung gesorgt werden (MünchArbR/*Blomeyer* § 96 Rz. 40). 2806

Das notwendige Ausmaß der Sicherung wird vom **Verhältnismäßigkeitsgrundsatz** bestimmt (zur wirtschaftlichen Zumutbarkeit vgl. z.B. *BAG* 1.7.1965 AP Nr. 75 zu § 611 BGB Fürsorgepflicht). 2807

Zur Schadensminderung kommt unter Zumutbarkeitsaspekten auch eine Versicherungspflicht in Betracht. 2808

Voraussetzung ist das Bestehen einer Schutzpflicht des Arbeitgebers gegenüber einer **spezifischen Gefahr.** Sie fehlt z.B. hinsichtlich Schädigungen durch Dritte auf Parkplätzen (*BAG* 28.9.1989 AP Nr. 5 zu § 611 BGB Parkplatz). Denn insoweit ist die betriebliche Gefahr nicht größer als die übliche häusliche Gefahr des Arbeitnehmers, wenn er sein Kfz vor seinem Haus oder seiner Wohnung parkt. 2809

Indiz für eine betriebsspezifische Gefahr mit der Folge einer Versicherungspflicht kann aber jedenfalls die Tatsache sein, dass der Arbeitgeber **üblicherweise die eigenen Gegenstände versichert** (MünchArbR/*Blomeyer* § 96 Rz. 42). 2810

ee) Durchsetzbarkeit

Auf die erforderlichen und angemessenen Sicherungsmaßnahmen hat der Arbeitnehmer einen **einklagbaren Rechtsanspruch** (*BAG* 1.7.1965 AP Nr. 75 zu § 611 BGB Fürsorgepflicht). 2811

c) Schadensersatzansprüche des Arbeitnehmers

2812 Schadensersatzansprüche des geschädigten Arbeitnehmers können sich aus **pFV** (jetzt §§ 280 ff., 241 Abs. 2 BGB n.F.) aus Verletzung der vertraglichen Schutzpflichten des Arbeitgebers oder aus **§ 823 Abs. 1 BGB** (Verletzung der allgemeinen Verkehrssicherungspflicht) ergeben.

2813 Voraussetzung ist das schuldhafte Unterlassen einer erforderlichen und angemessenen (zurechenbaren) Sicherungsmaßnahme, das der Arbeitgeber bzw. Dritte in ihm zurechenbarer Weise (§§ 276, 278, 831 BGB) verschuldet haben.

2814 Die Haftung des Arbeitgebers kann gem. **§ 254 BGB** bei einem Mitverschulden des Arbeitnehmers entfallen oder jedenfalls reduziert werden. Denn der Arbeitnehmer bleibt verpflichtet, seinen Besitz oder sein Eigentum vor Verlust oder Beschädigung zu bewahren, soweit ihm das auf Grund der betrieblichen Verhältnisse und seiner Arbeitsverpflichtung möglich ist.

2815 Ein Mitverschulden des Arbeitnehmers liegt ferner dann vor, wenn er den Sicherungsanweisungen des Arbeitgebers zuwiderhandelt. Gleiches gilt, wenn er Wertgegenstände mitbringt, ohne für einen besonderen Schutz zu sorgen. Entscheidend ist stets, ob dem Arbeitnehmer eine Sicherung seiner Gegenstände zumutbar war (*BAG* 18.5.1965 AP Nr. 4 zu § 611 BGB Gefährdungshaftung des Arbeitgebers; vgl. aber jetzt auch § 34 Abs. 5, 6 ArbStättVO).

2816 Dagegen trifft den Arbeitgeber **grds. keine Gefährdungshaftung** (*BAG* [GS] 10.11.1961 AP Nr. 2 zu § 611 BGB Gefährdungshaftung des Arbeitgebers).

d) Haftungsausschluss

2817 Die Vereinbarung eines Haftungsausschlusses (Freizeichnungsklausel) verstößt nicht gegen § 619 BGB.
Ihre Zulässigkeit richtet sich nach den allgemeinen Grundsätzen. Deshalb ist z.B. ein einseitiger Haftungsausschluss des Arbeitgebers ohne Einwilligung des Arbeitnehmers (z.B. durch Anschlag am schwarzen Brett) grds. unzulässig (*BGH* NJW 1987, 3125).

2818 Gleiches gilt dann, wenn der Arbeitgeber den Haftungsausschluss im Zusammenhang mit der Errichtung neuer Unterstellmöglichkeiten für Vermögensgegenstände der Arbeitnehmer (z.B. Parkplätze) erklärt, soweit er nicht die Nutzungsgenehmigung mit dem Haftungsausschluss ausdrücklich verbindet und auf diese Weise eine zweiseitige Vereinbarung herbeiführt.

2819 Der Haftungsausschluss muss, soweit er auf einer vertraglichen Einheitsregelung, Gesamtzusage beruht, **erforderlich sein, um das Regelungsziel des Arbeitgebers zu erreichen**. Das ist z.B. nicht der Fall, wenn ein Haftungsausschluss für Schäden an Kfz auf betriebseigenen Parkplätzen dazu dienen soll, »Betriebsstörungen« zu vermeiden (*BAG* 28.9.1989 AP Nr. 5 zu § 611 BGB Parkplatz). Ferner muss der Haftungsausschluss **angemessen, also interessengerecht** sein. Das ist nicht der Fall bei einem Haftungsausschluss für Vorsatz und grobe Fahrlässigkeit (vgl. *BAG* 5.3.1959 AP Nr. 26 zu § 611 BGB Fürsorgepflicht).

2820 Ein Haftungsausschluss für Fahrlässigkeit ist **grds. eng auszulegen**, weil es sich um eine den Arbeitnehmer belastende Regelung handelt (*BAG* 10.11.1960 AP Nr. 58 zu § 611 BGB Fürsorgepflicht). I. d. R. wird der Haftungsausschluss für Fahrlässigkeit nicht dem Prinzip der Erforderlichkeit genügen (MünchArbR/*Blomeyer* § 96 Rz. 48).

2821 Individuell vereinbarte Freizeichnungsklauseln unterliegen keiner gerichtlichen Inhaltskontrolle und sind daher in den Grenzen des § 138 Abs. 1 BGB zulässig.

5. Haftung des Arbeitgebers für Eigenschäden des Arbeitnehmers

a) Problemstellung

Fraglich ist, wie die Rechtslage dann zu beurteilen ist, wenn dem Arbeitnehmer bei Ausführung seiner Arbeitstätigkeit ein Schaden entstanden ist, ohne dass ein Verschulden anderer Arbeitnehmer, die als Erfüllungs- oder Verrichtungsgehilfen anzusehen sein könnten (§§ 278, 831 BGB) gegeben ist, sodass Ansprüche des Arbeitnehmers aus pFV (jetzt §§ 280 ff., 241 Abs. 2 BGB n.F.) sowie aus unerlaubter Handlung gegen den Arbeitgeber ausscheiden. **2822**

b) Keine verschuldensunabhängige Haftung des Arbeitgebers

Eine verschuldensunabhängige Haftung des Arbeitgebers für Schäden, die während der Arbeitsleistung an Sachen des Arbeitnehmers eintreten, besteht aber grds. nicht (s.o. Rn. 2812 ff.). Zwar wäre es denkbar, eine solche Verantwortlichkeit aus einer Weiterführung der Haftungseinschränkung des Arbeitnehmers bei durch betriebliche Tätigkeit verursachten Schäden herzuleiten. **2823**

Danach hat ein Arbeitgeber sogar die Schäden zu tragen, die der Arbeitnehmer bei betrieblich verursachter Tätigkeit leicht fahrlässig verursacht hat; er hat sie zum Teil zu tragen, wenn sog. mittlere Fahrlässigkeit gegeben ist (s.o. Rn. 626 ff.). **2824**

Dann liegt es nahe, dass der Arbeitgeber erst recht solche Schäden selbst tragen muss, die der Arbeitnehmer schuldlos herbeigeführt hat, und zwar unabhängig davon, ob sie beim Arbeitgeber, einem Dritten oder dem Arbeitnehmer selbst entstehen. **2825**

Nach der vom *BAG* (GS 10.11.1961 AP Nr. 2 zu § 611 BGB Gefährdungshaftung des Arbeitgebers) vertretenen Auffassung **dienen die zur betrieblich verursachten Tätigkeit entwickelten Grundsätze** (damals noch zur schadensgeneigten Arbeit) jedoch **nur der Haftungsmilderung, nicht aber dem Ersatz von Eigenschäden des Arbeitnehmers**. Deshalb hat der Arbeitgeber z.B. bei einem Arbeitnehmer im Falle eines nicht schuldhaft verursachten Schadens an einem **dienstlich anerkannten Privatfahrzeug keinen Schadensersatz** nach §§ 249 ff. BGB zu leisten, sondern lediglich einen **Aufwendungsersatz** für tatsächlich entstandene Kosten zu zahlen (*LAG Nds.* 2.9.2004 NZA-RR 2005, 64; s.u. Rn. 2827 ff.). **2826**

c) § 670 BGB analog

aa) Grundlagen

> Entsprechend § 670 BGB wird gleichwohl eine Haftung des Arbeitgebers für Sachschäden des Arbeitnehmers dann bejaht, wenn der Schaden im Betätigungsbereich des Arbeitgebers entstanden ist. Voraussetzung ist, dass er so ungewöhnlich ist, dass er durch das Arbeitsentgelt nicht als abgegolten anzusehen ist. Nicht ersatzfähig sind daher »arbeitsadäquate« Sachschäden, mit denen der Arbeitnehmer nach der Art des Betriebs oder der Arbeit zu rechnen hat (krit. zur Begründung aus § 670 BGB *Reichhold* NZA 1994, 488 ff.). **2827**

Ein »außergewöhnlicher Schaden« liegt immer dann vor, **wenn er im Zusammenhang mit der Arbeitsleistung entstanden und durch die Arbeitsvergütung nicht abgedeckt ist.** **2828**

bb) Ausschluss oder Minderung des Anspruchs bei schuldhaftem Verhalten des Arbeitnehmers

Darüber hinaus darf der Schaden **nicht dem Lebensbereich des Arbeitnehmers zuzurechnen und von diesem auch nicht verschuldet sein** ([auch ein Mitverschulden ist analog § 254 BGB zu berücksichtigen und kann zu einer Minderung oder auch zum Wegfall des Anspruchs führen]; vgl. *Frieges* NZA 1995, 403 ff.; s.u. Rn. 2839 u. *BAG* 23.11.2006 EzA § 670 BGB 2002 Nr. 2 = NZA 2007, 870). **2829**

Insoweit sind die Grundsätze über den innerbetrieblichen Schadensausgleich entsprechend heranzuziehen (*BAG* 11.8.1988 § 670 BGB Nr. 19; 23.11.2006 EzA § 670 BGB 2002 Nr. 2 = NZA 2007, 870). **2830**

2831 Der Anspruch des Arbeitnehmers ist dann ausgeschlossen, wenn er infolge einer schuldhaften Handlungsweise sein Vorgehen den Umständen nach nicht für erforderlich halten durfte.

2832 Insoweit handelt z.B. ein **Journalist** grob fahrlässig, wenn er über einen anderen eine unwahre negative Tatsache verbreitet und für die angebliche Richtigkeit weder auf eigene Kenntnisse noch auf andere Erkenntnisquellen verweist.

2833 Wird er gerichtlich in Anspruch genommen, so hat er gegen seinen Auftraggeber keinen Anspruch auf Freistellung von den Gerichtskosten (*BAG* 14.11.1991 EzA § 670 BGB Nr. 22).

cc) Weitere Beispiele

2834 Das *BAG* (20.4.1989 EzA § 670 BGB Nr. 20; krit. dazu MünchArbR/*Blomeyer* § 96 Rz. 54 ff.) hat offen gelassen, ob das auch z.B. für das unbeaufsichtigte Liegenlassen einer Brille im Aufenthaltsraum durch einen **Krankenpfleger** in der Psychiatrie gilt, wenn der Aufenthaltsraum auch von den Patienten benutzt wird.

2835 Nicht ersatzfähig ist jedenfalls der entstehende **Verschleiß der Kleidung**, weil dies dem Lebensbereich des Arbeitnehmers zuzuordnen ist.

2836 Ist der Arbeitnehmer verpflichtet, ein Kfz des Arbeitgebers durch Gebiete außerhalb der BRD und (West-) Bln.s zu führen (vor dem Beitritt der neuen Bundesländer zur BRD), so gehört die Gefahr, bei einem Unfall von Strafverfolgungsmaßnahmen der örtlichen Behörden (der damaligen DDR) betroffen zu werden, insoweit zum Betätigungsbereich des Arbeitgebers, als diese Maßnahmen unzumutbar sind und der Arbeitnehmer für die Übernahme dieses Risikos keine angemessene Vergütung erhält. Lässt der Arbeitnehmer eine **Kaution** verfallen, um einer unzumutbaren Freiheitsstrafe (in der ehemaligen DDR) zu entgehen, so kann er für die ihm dadurch entstandenen Vermögensschäden entsprechend § 670 BGB Ersatz fordern.

2837 Der Arbeitgeber hat insoweit Ersatz zu leisten, als die Strafverfolgungsmaßnahmen unzumutbar ist, die Gefahr also seinem unternehmerischen Betätigungsbereich zuzuordnen ist. Der Anspruch des Arbeitnehmers kann allerdings analog § 254 BGB ganz oder teilweise ausgeschlossen sein (s.o. Rn. 2829). Ist der Arbeitnehmer dagegen in **Frankreich als LKW-Fahrer** in eine Kontrolle geraten, bei der mehrfache vorsätzliche Lenkverstöße festgestellt wurden, und wurde, weil er die geforderte Strafkaution nicht zahlen konnte, der LKW beschlagnahmt, steht dem Arbeitgeber, der zur Aufhebung der Beschlagnahme seines LKW die Kaution stellt, **ein Schadensersatzanspruch gegen den Arbeitnehmer zu.** Der Schaden besteht in dem geleisteten Kautionsbetrag. Der Ersatzanspruch steht unter der Einschränkung, dass der Arbeitgeber Zug um Zug den Kautionsrückzahlungsanspruch gegen die ausländische Hinterlegungsstelle abzutreten hat (*LAG Düsseld.* 16.7.2003 LAGE § 626 BGB Nr. 150).

2838 Verursacht ein **Berufskraftfahrer** in Ausübung einer betrieblichen Tätigkeit unverschuldet einen schweren Verkehrsunfall und wird wegen dieses Unfalls gegen ihn ein staatsanwaltschaftliches Ermittlungsverfahren eingeleitet, hat ihm der Arbeitgeber die **erforderlichen Kosten der Verteidigung** (dies sind grds. die gesetzlichen Gebühren) zu ersetzen. Arbeitsrechtlich ist ein Berufskraftfahrer in diesem Zusammenhang ohne besondere Vereinbarung und Vergütung nicht zum Abschluss einer Rechtsschutzversicherung verpflichtet (*BAG* 16.3.1995 EzA § 670 BGB Nr. 24).

d) Verkehrsunfälle mit dienstlich genutztem Privat-Pkw oder sonstigem Privatfahrzeug; Diebstahl des Firmen-Pkw

2839 Besonderheiten gelten dann, wenn der Arbeitnehmer mit seinem eigenen beruflich genutzten Pkw einen Verkehrsunfall erlitten hat (*BAG* 8.5.1980 EzA § 670 BGB Nr. 14). Der Arbeitgeber muss dem Arbeitnehmer die an dem Kfz ohne Verschulden des Arbeitgebers entstandenen Unfallschäden dann ersetzen, wenn das Fahrzeug mit Billigung des Arbeitgebers ohne besondere Vergütung im Betätigungsbereich des Arbeitgebers eingesetzt war (*BAG* 23.11.2006 EzA § 670 BGB 2002 Nr. 2 = NZA 2007, 870).

Ein Ersatz im Betätigungsbereich des Arbeitgebers ist dann anzunehmen, wenn ohne Einsatz des Fahrzeugs des Arbeitnehmers der Arbeitgeber ein eigenes Fahrzeug einsetzen und damit dessen Unfallgefahr tragen müsste (*BAG* 14.12.1995 EzA § 611 BGB Arbeitgeberhaftung Nr. 4). Dies beruht letztlich auf einer **Risikoverteilung nach Verantwortungsbereichen** (*BAG* 14.12.1995 EzA § 611 BGB Arbeitgeberhaftung Nr. 4; 23.11.2006 EzA § 670 BGB 2002 Nr. 2 = NZA 2007, 870).

▶ **Beispiel:** 2840
Wird der Privat-PKW des Arbeitnehmers nicht während einer Dienstfahrt, sondern in der Zeit zwischen zwei am selben Tage durchzuführenden Dienstfahrten während des Parkens in der Nähe des Betriebes beschädigt, gehört auch dieses Vorhalten des Kfz während der Innendienstzeit des Arbeitnehmers zum Einsatz im Betätigungsbereich des Arbeitgeber. Der anderweitig nicht ersetzte Sachschaden ist vom Arbeitgeber auszugleichen (*BAG* 14.12.1995 EzA § 611 BGB Arbeitgeberhaftung Nr. 4).

Diese Grundsätze gelten z.B. auch dann, wenn ein Forstarbeiter mit Billigung seines Arbeit- 2841
gebers seinen Schlepper zu betrieblich veranlassten Tätigkeiten einsetzt; das gilt selbst dann, wenn über das Fahrzeug des Arbeitnehmers mit dem Arbeitgeber ein **Mietvertrag** abgeschlossen worden war (*BAG* 17.7.1997 EzA § 611 BGB Arbeitgeberhaftung Nr. 6; vgl. dazu *Zeranski* NJW 1999, 1085 ff.). Das *LAG Nbg.* (24.9.1997 NZA-RR 1998, 199) hält § 670 BGB auch dann für analog anwendbar, wenn der Arbeitnehmer sein **privates Reisegepäck** während einer geschäftlichen Besprechung im Firmen-Pkw eingeschlossen hat, der Pkw jedoch mit Gepäck gestohlen wird.

Die Ersatzpflicht des Arbeitgebers umfasst regelmäßig auch den Nutzungsausfallschaden, 2842
es sei denn, die Ersatzfähigkeit ist in einer Vereinbarung (z.B. einer Betriebsvereinbarung) ausdrücklich ausgenommen (*BAG* 7.9.1995 NZA 1996, 32).

Ein Mitverschulden des Arbeitnehmers bei der Entstehung des Schadens ist gem. § 254 2843
BGB zu berücksichtigen (s.o. Rn. 2829); allerdings ist der Arbeitnehmer ohne besondere Vereinbarung und Vergütung nicht zum Abschluss einer Vollkaskoversicherung verpflichtet (*Berndt* NJW 1997, 2213 ff.). Eine Haftung des Arbeitgebers scheidet insoweit zwar nicht generell aus, wenn der Unfall allein auf die **Verkehrsuntauglichkeit des Fahrzeugs des Arbeitnehmers** zurückzuführen ist, z.B. auf die mangelhafte Bereifung an einem kurz zuvor erworbenen Gebrauchtwagen. Denn auch in diesem Fall realisiert sich eine mit der betrieblichen Tätigkeit untrennbar verbundene Unfallgefahr; es ist aber auch in einem derartigen Fall ein **Mitverschulden des Arbeitnehmers analog § 254 zu berücksichtigen**. Zudem gelten auch die Grundsätze der beschränkten Arbeitnehmerhaftung (*BAG* 23.11.2006 EzA § 670 BGB 2002 Nr. 2 = NZA 2007, 870; teilw. **a.A.** *LAG Düsseld.* 17.10.2005 – 14 Sa 823/05 – EzA-SD 4/06 S. 10 LS).

Benutzt dagegen der Arbeitnehmer seinen privaten Pkw zur Erledigung arbeitsvertragli- 2844
cher Verrichtungen und zahlt der Arbeitgeber die nach Steuerrecht anerkannte **Kilometerpauschale**, so hat der Arbeitgeber für die Kosten der Rückstufung der Haftpflichtversicherung, die durch einen bei der Arbeitsverrichtung eingetretenen Unfall verursacht worden ist, nur einzustehen, wenn dies zwischen den Parteien vereinbart war. Haben die Parteien eine Kilometerpauschale vereinbart und war der Arbeitnehmer in der Auswahl seines Pkws und der Versicherungsgesellschaft frei, so ist im Zweifel anzunehmen, dass mit Zahlung der Kilometerpauschale auch Rückstufungserhöhungen in der Haftpflichtversicherung abgegolten sind (*BAG* 30.4.1992 EzA § 670 BGB Nr. 23; vgl. auch *Nägele* NZA 1997, 1198 ff.). Vereinbaren die Parteien des Arbeitsverhältnisses den Abschluss **einer Vollkaskoversicherung mit Selbstbeteiligung**, dann handelt es sich im Schadensfall nach Auffassung von *Berndt* (NJW 1997, 2214 ff.) um außergewöhnliche Kosten, die im Zweifel nicht mit der Kilometerpauschale abgegolten sind.

Der Arbeitgeber kann auch mit dem Arbeitnehmer vereinbaren, dass er gegen Zahlung 2845
einer **Kfz-Pauschale** (z.B. in Höhe von 200,– € brutto pro Monat) nicht für Unfallschäden an dem für Dienstfahrten benutzten eigenen Kfz haftet (*LAG BW* NZA 1992, 458).

aa) Tätigkeit als Wahlvorstand; Betriebsrat

2846 Der Ersatz von Unfallschäden, den ein Mitglied des Wahlvorstandes bei der Benutzung des eigenen Pkw erleidet, kommt dann in Betracht, wenn der Arbeitgeber die Benutzung ausdrücklich gewünscht hat oder diese erforderlich war, damit das Mitglied des Wahlvorstandes seine gesetzlichen Aufgaben wahrnehmen konnte (*BAG* 3.3.1983 EzA § 20 BetrVG 1972 Nr. 12).

2847 Dagegen hat der Arbeitgeber einem Betriebsratsmitglied einen Unfallschaden, den dieses grob fahrlässig verursacht hat, nicht zu ersetzen, auch wenn es den Pkw im Einverständnis des Arbeitgebers für eine Fahrt zu einer Betriebsratssitzung benutzt hat (*LAG Hamm* 16.4.1997 BB 1997, 2007).

bb) Haftungsausschluss

2848 Dagegen kann ein Arbeitgeber, der nicht der gesetzlichen Versicherungspflicht unterliegt, die Haftung für Schäden, die bei dem Betrieb seiner Kraftfahrzeuge entstehen, gegenüber seinen berechtigterweise auf dem Betriebshof parkenden Arbeitnehmern grds. nicht durch vertragliche Einheitsregelung ausschließen (*BAG* 28.9.1989 EzA § 611 BGB Parkplatz Nr. 1).

e) Ärztliche Untersuchungen

2849 Vorbeugende ärztliche Untersuchungen, die wegen besonderer gesundheitlicher Gefahren der betrieblichen Tätigkeit auf Anordnung des Arbeitgebers durchgeführt werden, unterliegen der gesetzlichen Unfallversicherung. Für Personenschäden, die ein Arbeitnehmer dabei erleidet, gilt zu Gunsten des Arbeitgebers der Haftungsausschluss des **§ 636 Abs. 1 RVO** (*BAG* 18.10.1990 EzA § 636 RVO Nr. 11).

6. Aufwendungsersatz

a) Begriffsbestimmung

2850 Aufwendungsersatz steht dem Arbeitnehmer zu, sobald er eigenes Vermögen im Interesse des Arbeitgebers einsetzt und diese Aufwendung nicht durch das Arbeitsentgelt abgegolten ist (§§ 670, 675 BGB; vgl. *BAG* 11.8.1988 EzA § 670 BGB Nr. 19).
Aufwendungen sind freiwillige Vermögensopfer, die entweder als Folge einer Arbeitgeberweisung entstehen oder die der Arbeitnehmer im Rahmen seiner arbeitsvertraglichen Pflichten den Umständen nach für erforderlich halten durfte (anwendbar sind insoweit §§ 675, 662 ff. BGB; *BAG* 21.8.1985 EzA § 618 BGB Nr. 5; vgl. ausf. *Busemann* Die Haftung des Arbeitnehmers gegenüber dem Arbeitgeber und Dritten Rz. 73 ff.).

2851 Soweit allerdings eine erschöpfende tarifliche Regelung besteht, wird § 670 BGB verdrängt (vgl. §§ 42, 44 BAT, § 7 BRTV Bau).

b) Ersatzfähige Aufwendungen

2852 Ersatzfähige Aufwendungen sind insbes. **Fahrt- und Reisekosten** bei auswärtiger Beschäftigung (z.B. Auslösung, Auswärtszulage, Reisespesen, Trennungsgeld; zum tariflichen Anspruch eines angestellten Lehrers auf Reisekostenerstattung für Klassenfahrten vgl. *BAG* 11.9.2003 – 6 AZR 323/02). Ein **Leiharbeitnehmer** hat zudem dann, wenn sich aus dem Arbeitsvertrag nichts anderes ergibt, einen Erstattungsanspruch, wenn er **auf Weisung des Arbeitgebers** nicht direkt von seiner Wohnung zum Entleiher, sondern **zunächst zum Betrieb des Verleihers fährt**, um mit seinem privaten Fahrzeug von dort Kollegen mit zum Einsatzort zu transportieren; in einem solchen Fall kann die Fahrtzeit auch gem. § 612 Abs. 1 BGB zu vergüten sein, insbesondere wenn der Arbeitgeber sich vertraglich vorbehalten hat, den Leiharbeitnehmer im gesamten Bundesgebiet einzusetzen und der Stundenlohn so niedrig ist, dass die Fahrtzeit dann nicht schon pauschal mitvergütet sein kann (*LAG Köln* 24.10.2006 NZA-RR 2007, 345).

Nicht ersatzfähig sind Kosten der Anfahrt zum Arbeitsplatz (Wegezeit). Vorbehaltlich abweichender tariflicher Sonderregelungen (z.B. § 44 Abs. 1 BAT) sind **Umzugskosten** zu erstatten, wenn der Arbeitnehmer aus dienstlichen Gründen (also im Arbeitgeberinteresse) versetzt wird (*BAG* 21.3.1973 AP Nr. 4 zu § 44 BAT). 2853

Nicht ersatzfähig ist auch der Aufwand für die sog. **Fahrerkarte im Güterverkehr.** 2854
Nach der VO (EG) Nr. 561/2006 des Europäischen Parlaments und des Rates ist ab dem 1.5.2006 für neu zugelassene LKW ab 3,5 t zulässigem Gesamtgewicht anstelle der bisherigen analogen Kontrollgeräte ein digitaler Tachograf vorgeschrieben. Für dessen Betrieb benötigt jeder Fahrer eine Fahrerkarte, die für fünf Jahre ausgestellt wird. Diese enthält einen Chip mit den persönlichen Daten des Fahrers. Ihre Nutzung ist nicht an ein bestimmtes Fahrzeug gebunden. Ein Ersatzanspruch besteht nicht, weil der Arbeitnehmer ein eigenes Interesse an der Verwendung der Fahrerkarte hat. Sie wird für ihn persönlich ausgestellt und ermöglicht ihm das Führen von LKW ab 3,5 t zulässigen Gesamtgewichts. Ihre Nutzung ist nicht auf das bestehende Arbeitsverhältnis beschränkt. Weist ein Transportunternehmer in einem Aushang die bei ihm im Güterverkehr beschäftigten Kraftfahrer darauf hin, die **Einführung digitaler Tachografen** für Neufahrzeuge stehe bevor, er habe seinerseits die erforderliche Unternehmerkarte bereits bestellt und fordert er die Fahrer ihrerseits auf, die für den Betrieb dieser Geräte erforderlichen Fahrerkarten bei der zuständigen Behörde zu beantragen, weil diese »zum Führerschein« gehörten, so liegt darin in diesem Zusammenhang keine an die Belegschaft gerichtete Gesamtzusage mit dem Inhalt, er wolle die Fahrer von den in Folge der Beantragung der Fahrerkarte entstehenden Kosten und Gebühren befreien (*BAG* 16.10.2007 EzA § 670 BGB 2002 Nr. 3 = NZA 2008, 1012).

Stellt der Arbeitgeber nicht, wie üblich, die Arbeitsmittel (insbes. Werkzeug) zur Verfügung, werden häufig Entschädigungszahlungen für die betriebliche Benutzung von Werkzeugen des Arbeitnehmers vereinbart (sog. **Werkzeuggeld**). 2855

Ohne Vereinbarung kommt ein Anspruch auf Aufwendungsersatz für Arbeitsmittel jedoch grds. nicht in Betracht, da eine diesbezügliche arbeitsvertragliche Verpflichtung nicht besteht (MünchArbR/*Blomeyer* § 96 Rz. 69). 2856

Eine gesetzliche Verpflichtung des Arbeitgebers zur Überlassung von **Arbeitskleidung** besteht nur für Schutzkleidung, die auf Grund Arbeitsschutzrechts dem Arbeitnehmer zur Verfügung zu stellen ist. Darf der Arbeitnehmer sich z.B. Sicherheitsschuhe selbst anschaffen, so hat er einen Erstattungsanspruch (§§ 662 ff. BGB). 2857

Im Übrigen werden Kleidungsfragen und deren Vergütung i.d.R. durch Tarifvorschriften geregelt. 2858

Aufwendungen für eine **ärztliche Einstellungsuntersuchung** nach Arbeitsantritt darf der Arbeitnehmer nicht mehr als i.S.v. § 670 BGB erforderlich ansehen, wenn ihm zuvor telefonisch mitgeteilt wird, der Arbeitgeber wolle das Arbeitsverhältnis beenden (*BAG* 9.2.2006 EzA § 4 KSchG n.F. Nr. 73). 2859

c) Kosten der persönlichen Lebensführung; häusliches Arbeitszimmer

Sind Aufwendungen weder durch den Arbeitgeber veranlasst noch unmittelbar durch vertragliche Aufgaben gefordert oder gelten sie als durch das Arbeitsentgelt abgegolten, so gehören sie zu den Kosten der persönlichen Lebensführung (z.B. Kosten für die Verpflegung oder die Parkplatzbenutzung). 2860

Nutzt ein Arbeitnehmer dagegen zur Erfüllung seiner Arbeitspflicht in seinem Eigentum stehende Räumlichkeiten im Interesse des Arbeitgebers, kann er gegen diesen einen Aufwendungsersatzanspruch entsprechend § 670 BGB haben. Das setzt ein Vermögensopfer im Interesse des Arbeitgebers voraus. Hierzu ist es nicht erforderlich, dass sich das Vermögen des Beauftragten rechnerisch mindert. Schon der Verzicht auf die Möglichkeit der eigenen Nutzung der Räumlichkeiten kann ein Vermögensopfer darstellen. 2861
Die Höhe dieses Ersatzanspruchs richtet sich dann allgemein nach dem örtlichen Mietwert. In der ortsüblichen Miete sind aber regelmäßig kalkulatorisch der Gewinn des Ver-

mieters sowie pauschale Erhaltungsaufwendungen enthalten. Diese Positionen sind in Abzug zu bringen. § 670 BGB begründet keinen Anspruch auf Gewinn, sondern auf Ausgleich des Vermögensopfers. Auch Erhaltungsaufwendungen sind nicht Bestandteil des Vermögensopfers. Sie entstehen auch ohne die Nutzung im Interesse des Arbeitgebers (*BAG* 14.10.2003 EzA § 670 BGB 2002 Nr. 1 = NZA 2004, 604).

d) Geldstrafen; Bußgelder

2862 Im Hinblick auf den öffentlich-rechtlichen Strafcharakter sind auch die vom Arbeitnehmer gezahlten Geldstrafen und Bußgelder (von einer Darlehenshingabe oder einem Vorschuss abgesehen) grds. nicht ersatzfähig, ausgenommen dann, wenn der Arbeitgeber vertraglich verpflichtet ist, den Arbeitnehmer vor einem Gesetzesverstoß zu bewahren (*BAG* 28.5.1960 AP Nr. 19 zu § 611 BGB Haftung des Arbeitnehmers; vgl. *Busemann* Die Haftung des Arbeitnehmers gegenüber dem Arbeitgeber und Dritten Rz. 80). Zur Kaution s.o. Rn. 2836).
Das ist i.d.R. nicht der Fall. So muss sich z.B. der LKW-Fahrer vor Fahrtantritt von der Sicherheit und Zulassung des ihm vom Arbeitgeber überlassenen Fahrzeugs selbst überzeugen.
Strafbarkeitserwägungen (**Strafbarkeit einer Begünstigung** gem. § 257 StGB) verbieten es, die Erstattung der Strafe vor Begehung der Straftat (z.B. bei Verstößen gegen Straßenverkehrsvorschriften im Verkehrsgewerbe) vertraglich zu vereinbaren (vgl. *Holly/Friedhofen* NZA 1992, 149 ff.).
Zusagen des Arbeitgebers über die Erstattung von etwaigen Geldbußen für Verstöße der Arbeitnehmer gegen Vorschriften über Lenkzeiten im Güterfernverkehr sind zudem sittenwidrig und daher nach **§ 138 BGB unwirksam.** Ein Arbeitgeber, der durch entsprechende Anordnungen bewusst in Kauf nimmt, dass es zum Verstoß gegen Vorschriften über Lenkzeiten kommt, handelt sittenwidrig und ist nach **§ 826 BGB gegenüber dem Arbeitnehmer** zum Schadensersatz verpflichtet. Zu dem zu ersetzenden Schaden gehört jedoch aus den dargestellten Gründen nur in Ausnahmefällen die Erstattung von Geldbußen, die gegen den Arbeitnehmer verhängt werden (*BAG* 25.1.2001 EzA § 611 BGB Arbeitgeberhaftung Nr. 9; derartige Geldbußen sind kein steuerpflichtiges Arbeitsentgelt, *BFH* 7.7.2004 NZA-RR 2005, 267).

2863 Bei strafrechtlichen Verurteilungen kann demgegenüber nach der Rechtsprechung des *BGH* (7.11.1990 NJW 1991, 991) der **Redakteur** einer Zeitschrift bei Vorliegen von leichter oder mittlerer Fahrlässigkeit sowohl die (vollständige oder teilweise) Bezahlung von Geldstrafen als auch die Erstattung von Prozesskosten und Schmerzensgeldern bei Persönlichkeitsverletzungen verlangen, zu denen er verurteilt worden ist (s.o. Rn. 685).

7. Sonstige Vermögenssorge

2864 Der Arbeitgeber ist zur Abführung von Lohnsteuer und Sozialversicherungsbeiträgen verpflichtet (s.o. Rn. 773 ff.), ferner sind ihm bei Lohnpfändung als Drittschuldner z.B. Auskunftspflichten auferlegt (§ 840 ZPO; s.o. Rn. 1267 ff.).

2865 Schließlich kommen insbes. im Hinblick auf den Abschluss von Aufhebungsverträgen Aufklärungs- und Belehrungspflichten in Betracht (s.u. Kap. 6 Rn. 362 ff.).

2866 Ein Arbeitgeber verletzt seine insoweit gegebene Aufklärungspflicht gegenüber dem Arbeitnehmer, wenn er diesen nicht darüber unterrichtet, dass er zu dessen Gunsten eine **Unfallversicherung abgeschlossen** hat und er dem Arbeitnehmer aufgrund einer Vereinbarung mit dem Versicherungsunternehmen einen Direktanspruch auf Leistungen aus dieser Versicherung eingeräumt hat. Versäumt der Arbeitnehmer aufgrund dieser unterbleibenen Unterrichtung die für die Geltendmachung von Ansprüchen gegen die Versicherung einschlägigen Fristen, so hat der Arbeitgeber dem Arbeitnehmer den dadurch entstandenen Schaden zu ersetzen (*BAG* 26.7.2007 EzA §611 BGB 2002 Arbeitgeberhaftung Nr. 6 = NZA-RR 2008, 560 LS).

Es ist im übrigen Sache des Arbeitnehmers, der vorübergehend für seinen Arbeitgeber im Ausland, z.B. in den USA tätig wird, sich über den Umfang des Krankenversicherungsschutzes im Ausland bei seiner Krankenkasse zu informieren. Den Arbeitgeber trifft keine Informations- und Beratungspflicht gegenüber dem Arbeitnehmer (*LAG Hessen* 4.9.1995 NZA 1996, 482). 2867

8. Schutz der Arbeitnehmerpersönlichkeit; Mobbing

a) Begriffsbestimmung

Gem. §823 Abs. 1 BGB hat der Einzelne, also auch der Arbeitnehmer, gegenüber jedermann das Recht auf Achtung seiner Menschenwürde und Entfaltung seiner individuellen Persönlichkeit. Zwar ist dieses Recht nicht mit dem Persönlichkeitsgrundrecht gem. Art. 2 Abs. 1 i.V.m. Art. 1 Abs. 1 GG identisch; es entfaltet aber vielfach eine gleichartige Wirkung (zu Art. 2 Abs. 1 i.V.m. Art. 1 Abs. 1 GG s.o. Kap. 1 Rn. 294 ff.). 2868

Es handelt sich in erster Linie um ein Abwehrrecht gegenüber rechtswidrigen Eingriffen in die Persönlichkeitssphäre, das Rechtsgrundlage für Unterlassungspflichten des Arbeitgebers sein kann (vgl. *Wiese* ZfA 1971, 297 f.; s. *LAG SchlH* 23.1.2008 – 3 Sa 305/07 – EzA-SD 8/2008 S. 8 LS: Anweisung zur Verwendung von Vornamen u E-Mail-Adresse der Mitarbeiter einer Behörde auf ausgehenden dienstlichen Schreiben nicht rechtswidrig). 2869

Inhaltlich bezieht sich der Schutz auf die Achtung der Menschenwürde des Arbeitnehmers **(Persönlichkeitssphäre)** und auf die freie Entfaltung seiner Persönlichkeit **(Freiheitssphäre)**. 2870

Der Arbeitnehmer hat auf Grund des Persönlichkeitsrechts z.B. einen Anspruch darauf, dass der Arbeitgeber den vom Arbeitnehmer erworbenen akademischen Grad im Geschäftsverkehr nach außen in seiner konkreten Ausgestaltung korrekt verwendet (*BAG* 8.2.1984 AP Nr. 5 zu §611 BGB Persönlichkeitsrecht). 2871

Der Arbeitgeber ist insgesamt verpflichtet, das allgemeine Persönlichkeitsrecht der bei ihm beschäftigten Arbeitnehmer nicht selbst durch Eingriffe in deren Persönlichkeits- oder Freiheitssphäre zu verletzen, diese vor Belästigungen durch Mitarbeiter oder Dritte, auf die er einen Einfluss hat, zu schützen, einen menschengerechten Arbeitsplatz zur Verfügung zu stellen und die **Arbeitnehmerpersönlichkeit zu fördern** (*Thür. LAG* 10.4.2001 NZA-RR 2001, 347). 2872

b) Grenzen des Persönlichkeitsschutzes

Die Grenzen des Persönlichkeitsschutzes bestimmen sich nach Maßgabe des Verhältnismäßigkeitsgrundsatzes. 2873
Der Eingriff in die Persönlichkeitssphäre ist zulässig, wenn er nach Inhalt, Form und Begleitumständen nicht nur das gebotene (erforderliche), sondern auch das schonendste (verhältnismäßige) Mittel zur Erreichung des rechtlich gebilligten Zwecks des Arbeitgebers ist (*Wiese* ZfA 1971, 283).

Daher muss in jedem Einzelfall nach sorgfältiger objektiver Würdigung der beiderseitigen Interessen und der sonstigen Umstände (z.B. Schwere, Art, Dauer, Anlass, Mittel und Zweck der Beeinträchtigung) eine **Güter- und Interessenabwägung** erfolgen (vgl. z.B. *LAG Köln* 19.1.2005 – 7 TaBV 53/04 – EzA-SD 24/05 S. 16 LS für die Anforderungen an eine Betriebsvereinbarung). 2874

c) Einzelfälle

aa) Überwachungsmaßnahmen

2875 Folglich kann eine Verletzung des Persönlichkeitsrechts vorliegen, wenn der Arbeitnehmer einem ständigen Überwachungsdruck dadurch unterworfen wird, dass der Arbeitgeber sich vorbehält, **jederzeit ohne konkreten Hinweis** den Arbeitsplatz durch versteckt aufgestellte Videokameras zu beobachten (s.o. Kap. 1 Rn. 294).

2876 Andererseits kann eine derartige Überwachung z.B. dann erforderlich sein, wenn Warenverluste in erheblichem Umfang eingetreten sind und die heimliche ständige Überwachung das einzig brauchbare Mittel ist, um die Täter zu ermitteln, denn dann sind die zu fordernden **überwiegenden schutzwürdigen Interessen des Arbeitgebers** gegeben (*BAG* 26.8.2008 EzA § 87 BetrVG 2001 Überwachung Nr. 2 = NZA 2008, 1187; *ArbG Ludwigshafen* 6.6.2002 NZA-RR 2004, 16; s. *Maties* NJW 2008, 2219 ff.; *Freckmann/Wahl* BB 2008, 1904 ff.).

2877 Eine versteckte Überwachung ist z.B. dann verhältnismäßig, wenn sie nicht auf den Arbeitnehmer zielt (z.B. **Maschinenkontrolle**). Zulässig ist eine Überwachung auch, wenn sie für den Arbeitnehmer sichtbar ist, sodass er sich darauf nicht nur einstellen, sondern ihr auch gelegentlich ausweichen kann (MünchArbR/*Blomeyer* § 97 Rz. 7). Zulässig ist auch die in einem **öffentlichen Ladengeschäft durchgeführte Videoüberwachung** zur Aufklärung und Verhütung von Warenverlusten durch Eigentumsdelikte der Kunden und der Mitarbeiter, wenn Inventurdifferenzen vorhanden sind (*ArbG Ludwigshafen* 6.6.2002 NZA-RR 2004, 16; s.a. *BAG* 26.8.2008 EzA § 87 BetrVG 2001 Überwachung Nr. 2 = NZA 2008, 1187; *LAG Köln* 29.9.2007 – 4 Sa 772/06 – ArbuR 2008, 118 LS; s.u. Rn. 2892 ff.).

2878 Nicht gerechtfertigt ist die Überwachung demgegenüber zu dem Zweck, eine sorgfältige Arbeit zu gewährleisten, wohl aber dann, wenn sie aus Sicherheitsgründen (z.B. **Bankschalter**) durchgeführt wird, oder wenn sie auf den maschinellen Arbeitsvorgang (z.B. Maschinensicherheitskontrolle) zielt und nur mittelbar den Arbeitnehmer kontrolliert.

2879 Entscheidend ist das berechtigte Sachinteresse des Arbeitgebers an bestimmten Informationen, nicht jedoch die rasche und kostengünstige Art der Verfügbarkeit der Informationen (vgl. *Röckl/Fahl* NZA 1998, 1035 ff.).

2880 **In jedem Fall muss der Arbeitnehmer über die Überwachung generell informiert werden** (GK-BetrVG/*Wiese* § 87 Rz. 345; *Wiese* ZfA 1971, 287).

2881 Im Streitfall zwischen Arbeitgeber und Arbeitnehmer bedarf es hinsichtlich der Einhaltung der tatsächlichen Voraussetzungen des Verhältnismäßigkeitsprinzips substantiierten Sachvortrages durch den Arbeitgeber (*BAG* 7.10.1987 DB 1988, 403).

2882 Zur Überwachung von Arbeitnehmer-e-mails vgl. *Raffler/Hellich* NZA 1997, 862 ff.; *Schimmelpfennig/Wenning* DB 2006, 2290 ff.; *Wolf/Mulert* BB 2008, 442 ff.; *Maties* NJW 2008, 2219 ff.; *Dann/Gastell* NJW 2008, 2945 ff.; s.u. Rn. 2892 ff.

bb) Abhören von Telefongesprächen; Mithören von Gesprächen über eine Bürosprechanlage

2883 Das Abhören dienstlicher und privater Telefongespräche ist generell unzulässig (*Wiese* ZfA 1971, 289 ff.; **a.A.** *LAG BW* DB 1977, 776; zur Arbeitnehmerkontrolle in Call-Centern s. *Jordan/Bissels/Löw* BB 2008, 2626 ff.).
Das Mithören oder Mithörenlassen eines Telefongesprächs z.B. durch Zweithörer, Lautsprecher, ist mit konkreter Kenntnis des Arbeitnehmers grds. zulässig, nicht aber, wenn es ausdrücklich oder konkludent als vertraulich bezeichnet ist (s.o. Kap. 1 Rn. 294).

2884 Weitergehend wird in der Literatur (*Zöller/Greger* § 286 Rz. 15b) angenommen, dass das Mithören von Telefongesprächen durch Dritte ohne Bekanntgabe dieses Umstandes an den Gesprächspartner dessen Persönlichkeitsrecht zwar bei Gesprächen erkennbar persönlichen Inhalts, also mit vertraulichen Charakter berührt, nicht aber bei sonstigen Gesprächen. Denn das Mithören über Lautsprecher oder einen zweiten Kopfhörer ist inzwischen derart verbreitet, dass die Kenntnis hiervon zu unterstellen ist und es dem Gesprächspartner zugemutet werden kann, den Wunsch, Dritte am Gespräch nicht zu beteiligen, ausdrücklich zu äußern (*BGH* NJW 1982, 1398; **a.A.** *LAG Hamm* 1.9.1995 LAGE § 611 BGB Persönlichkeitsrecht Nr. 7).

Auch Telefongespräche, die der Arbeitnehmer von seinem **Dienstapparat** aus führt, unterliegen dem Schutz durch das allgemeine Persönlichkeitsrecht. Der Schutz des gesprochenen Wortes wird auch nicht durch die Kenntnis einer Mithörmöglichkeit beseitigt. **Deshalb kann nicht von einer Einwilligung in ein keinem der Gesprächspartner bekanntes Mithören, etwa durch den Arbeitgeber, ausgegangen werden** (*BVerfG* 19.12.1991 AP Nr. 24 zu § 611 BGB Persönlichkeitsrecht). 2885

Lässt der Arbeitgeber einen Dritten über eine **Bürosprechanlage** eine Unterredung mit einem Arbeitnehmer, dem er kündigen will, ohne dessen Wissen mithören, so verletzt er u.U. das Persönlichkeitsrecht, wenn der Arbeitgeber dem Arbeitnehmer zu erkennen gegeben hat, dass er die Unterredung vertraulich behandeln wolle. Das ist dann der Fall, wenn die Unterredung unter vier Augen im Büro des Arbeitgebers hinter geschlossener Türe stattfindet (*BAG* 2.6.1982 EzA Art. 2 GG Nr. 2). 2886

Zusammenfassend hat das *BAG* (29.10.1997 EzA § 611 BGB Persönlichkeitsrecht Nr. 12; zust. *Löwisch/Wallisch* SAE 1998, 289 ff.; krit. *Kopke* NZA 1999, 917 ff.) in diesem Zusammenhang folgende **Grundsätze** aufgestellt: 2887

- Das heimliche Mithörenlassen von Telefongesprächen zwischen Arbeitnehmer und Arbeitgeber **ist im Allgemeinen unzulässig.** Es verletzt das Persönlichkeitsrecht des Gesprächpartners. Auf diese Weise erlangte Beweismittel dürfen nicht verwendet werden (s.u. Rn. 2953 f.), es sei denn, es ist eine Situation gegeben, in der dem **Interesse an der Beweiserhebung über das stets bestehende »schlichte« Beweisinteresse hinaus, eine besondere Bedeutung für die Rechtsverwirklichung einer Partei zukommt,** z.B. wenn sich der Beweisführer in einer **Notwehrsituation** oder in einer **notwehrähnlichen Lage** befindet (*BVerfG* 9.10.2002 EzA § 611 BGB Persönlichkeitsrecht Nr. 15).
- Wer jemanden mithören lassen will, hat seinen Gesprächspartner vorher darüber zu informieren. Deshalb muss im Streitfall der Beweis erbracht werden, dass der Telefonpartner dem Mithören zugestimmt hat (*LAG SchlH* 5.4.2005 – 2 Sa 40/05 – ArbuR 2006, 133 LS).

Dieser ist **nicht** gehalten, sich seinerseits **vorsorglich zu vergewissern**, dass niemand mithört.

- Art. 6 Abs. 1 EMRK – Gebot der Waffengleichheit im gerichtlichen Verfahren – gebietet **nicht die Vernehmung des heimlich mithörenden Zeugen.** Das gilt jedenfalls dann, wenn die Partei, die ihn hat mithören lassen, keinen gewichtigen Grund dafür hatte, dies zu tun. Denn dann hat sie ihre Beweisnot durch das Unterlassen des Hinweises auf das Zuschalten der Mithöranlage selbst verursacht.

cc) Erfassung von Telefondaten

Bei Dienstgesprächen ist die Erfassung der Telefondaten (Zahl, Zeitpunkt, Gebühreneinheiten usw.) grds. zulässig, weil nur das Arbeitsverhalten des Arbeitnehmers, nicht aber seine Persönlichkeit unmittelbar betroffen ist. 2888

Für die Zielnummer gilt das dann nicht, wenn der Gesprächspartner des Arbeitnehmers ein berechtigtes Interesse an der Geheimhaltung hat und der Arbeitnehmer selbst sogar zur Geheimhaltung seinem Gesprächsteilnehmer gegenüber verpflichtet ist (z.B. gem. § 203 Abs. 1 StGB; *BAG* 13.1.1987 EzA § 87 BetrVG Kontrolleinrichtung Nr. 17). 2889

Den Dienstgesprächen gleichzustellen sind **Privatgespräche aus dienstlichem Anlass** (z.B. Mitteilung an Familienangehörige, dass sich die Heimkehr aus dienstlichen Gründen verspätet). Hier kann auch die Angabe der Zielnummer verlangt werden, weil das Interesse des 2890

Arbeitgebers an der Verhinderung von Missbrauch überwiegt (*BAG* 27.5.1986 EzA § 87 BetrVG Kontrolleinrichtung Nr. 16).

2891 Zulässig ist ferner die Erfassung der Daten der abgehenden **reinen Privatgespräche** nach Zahl, Zeitpunkt, Dauer usw. Die Zielnummer darf dagegen nur erfasst werden, wenn das der Arbeitnehmer (z.B. zur Überprüfung der Kosten) wünscht (*BAG* 27.5.1986 EzA § 87 BetrVG Kontrolleinrichtung Nr. 16).

dd) Video-Überwachung; Überwachung der Einhaltung des vertraglichen Verbots privater Internetnutzung

2892 Ein Video-Spähangriff eines Arbeitgebers gegen eine Kassiererin eines Einzelhandelsbetriebes verstößt jedenfalls dann gegen das allgemeine Persönlichkeitsrecht, wenn vor Beginn des Angriffs **kein durch Tatsachen begründeter Tatverdacht** einer vorsätzlichen schweren Vertragsverletzung oder Straftat gerade gegen diese, sondern nur ein **pauschaler Verdacht** gegen die gesamte Belegschaft bestanden hat (*BAG* 26.8.2008 EzA § 87 BetrVG 2001 Überwachung Nr. 2 = NZA 2008, 1187; *LAG Köln* 29.9.2007 – 4 Sa 772/06 – ArbuR 2008, 118 LS; *LAG BW* 6.5.1999 BB 1999, 1439; ebenso *Maschmann* NZA 2002, 13 ff.; vgl. auch *LAG Hamm* 24.7.2001 NZA-RR 2002, 464); der Eingriff in das allgemeine Persönlichkeitsrecht muss, sofern er nicht durch eine ausdrückliche gesetzliche Regelung (s.u. Rn. 2944) gestattet ist, auf Grund schutzwürdiger Belange anderer Grundrechtsträger, insbesondere des Arbeitgebers, gerechtfertigt sein.

2893 Bei einer Kollision des allgemeinen Persönlichkeitsrechts des Arbeitnehmers mit den schutzwürdigen Interessen des Arbeitgebers ist eine umfassende Güterabwägung unter Berücksichtigung der Umstände des Einzelfalles erforderlich. Das zulässige Maß eines Eingriffs in das allgemeine Persönlichkeitsrecht bestimmt sich nach dem Grundsatz der Verhältnismäßigkeit. Danach muss die Regelung geeignet, erforderlich und angemessen sein, um den erstrebten Erfolg zu erreichen. Für die Angemessenheit einer grundrechtsbeschränkenden Maßnahme ist die Eingriffsintensität mitentscheidend (vgl. *BAG* 26.8.2008 EzA § 87 BetrVG 2001 Überwachung Nr. 2 = NZA 2008, 1187; *BAG* 27.3.2003 EzA § 611 BGB 2002 Persönlichkeitsrecht Nr. 1; *LAG Köln* 29.9.2007 – 4 Sa 772/06 – ArbuR 2008, 118 LS; vgl. dazu *Wessel* FA 2006, 108 ff.).
Bei einer Videoüberwachung ist u.a. von Bedeutung,
- wie viele Personen ihr ausgesetzt sind,
- ob diese anonym oder bekannt sind,
- ob sie einen Anlass für den Eingriff gegeben haben,
- insbesondere ob sie einer bereits begangenen oder drohenden Straftat oder Rechtsgutsverletzung verdächtig sind,
- wo die Überwachungsmaßnahmen stattfinden,
- wie lange und intensiv sie sind und
- welche Technik dabei eingesetzt wird (*BAG* 29.6.2004 EzA § 611 BGB 2002 Persönlichkeitsrecht Nr. 2 = NZA 2004, 1278 = BAG Report 2005, 15 m. Anm. *Oetker*; vgl. auch *BAG* 27.3.2003 EzA § 611 BGB 2002 Persönlichkeitsrecht Nr. 1; *ArbG Ludwigshafen* 6.6.2002 NZA-RR 2004, 16; *ArbG Hmb.* 20.2.2004 NZA-RR 2005, 520; *Bayreuther* NZA 2005, 1038 ff.; s. auch *LAG Köln* 19.1.2005 – 7 TaBV 53/04 – EzA-SD 24/05 S. 16 LS für die Anforderungen an eine Betriebsvereinbarung).

2894 Eine Notwehrsituation oder eine notwehrähnliche Lage kann die Videoüberwachung **dann rechtfertigen**, wenn diese sich **gegen einen konkreten Angreifer** richtet; das Hausrecht allein rechtfertigt andererseits die Videoüberwachung von Arbeitnehmern während der Arbeitszeit nicht (*BAG* 26.8.2008 EzA § 87 BetrVG 2001 Überwachung Nr. 2 = NZA 2008, 1187; 29.6.2004 EzA § 611 BGB 2002 Persönlichkeitsrecht Nr. 2 = NZA 2004, 1278 = BAG Report 2005, 15 m. Anm. *Oetker*; 14.12.2004 EzA § 87 BetrVG 2001 Überwachung Nr. 4 = NZA 2005, 839 LS; vgl. auch *ArbG Ludwigshafen* 6.6.2002 NZA-RR 2004, 16).

Das *ArbG Hmb.* (20.2.2004 NZA-RR 2005, 520) hat angenommen, dass **eine offene Videoüberwachung** als milderes Mittel in Betracht kommt. Danach ist die Behauptung, durch offene Videoüberwachung könnten auf Heimlichkeit angelegte Delikte nicht verhindert werden, zunächst eine bloße Vermutung. Der Arbeitgeber hat deshalb im Einzelnen darzulegen, warum eine offene Videoüberwachung nicht zum gleichen Aufklärungsergebnis hätte führen können. 2895

Dient die Videoüberwachung dem Zweck, die **Entwendung von Postsendungen zu verhindern**, so sind das Postgeheimnis, das Eigentum der Postkunden und die eigenen wirtschaftlichen Interessen des Arbeitgebers als hohe (Grund-)Rechtsgüter und schutzwürdige Belange zu Gunsten des Arbeitgebers im konkreten Einzelfall zu beachten (*BAG* 14.12.2004 EzA § 87 BetrVG 2001 Überwachung Nr. 4 = NZA 2005, 839 LS). 2896
Diese ausgewogen differenzierenden Grundsätze lassen sich auch auf Überwachungsmaßnahmen übertragen, mit denen der Arbeitgeber die **Einhaltung eines vertraglich vereinbarten Verbots der privaten Internetnutzung feststellen** will (vgl. dazu *Ernst* NZA 2002, 588 ff.; *Wolf/Mulert* BB 2008, 442 ff.).

ee) »Zuverlässigkeitstests«

Der Arbeitgeber hat das Recht, seine Mitarbeiter zu kontrollieren. Auf die Probe stellen darf er sie aber nur, wenn gegen sie der **konkrete Verdacht** einer gegen den Arbeitgeber gerichteten Straftat oder einer schweren Arbeitspflichtverletzung besteht. Ehrlichkeitstests **ohne konkreten Kontrollanlass** sind dagegen nur zulässig, wenn der Arbeitgeber **keine andere Möglichkeit** hat, sich von der Rechtschaffenheit seiner im Außendienst oder vergleichbar »unbeaufsichtigt« tätigen Mitarbeiter zu überzeugen. Der Mitarbeiter darf nicht nur mit dem Ziel auf die Probe gestellt werden, ihn »hereinzulegen«. Unzulässig ist auch die Anwendung strafbarer oder sonst verwerflicher Mittel. Der Arbeitgeber darf dem Mitarbeiter zwar die günstige Gelegenheit zur Begehung einer Straftat verschaffen, er darf ihn aber nicht dazu anstiften. **Die Grenze zwischen noch erlaubter Herausforderung und unzulässiger Verführung lässt sich nur im Einzelfall unter Berücksichtigung sämtlicher Umstände bestimmen** (*Maschmann* NZA 2002, 13 ff.). 2897

ff) Persönlichkeitsanalysen

Anzuwenden sind diese Grundsätze auch bei Persönlichkeitsanalysen (s.o. Kap. 2 Rn. 334 ff.), ärztlichen Untersuchungen, genetischen Analysen, Torkontrollen mit Leibesvisitationen, Befragungen beim Einstellungsverfahren (s.o. Kap. 2 Rn. 247 ff.) und bei der Verpflichtung des Arbeitgebers zu Auskünften gegenüber Dritten (s.o. Kap. 2 Rn. 338 ff.). 2898

gg) Mobbing

(1) Begriffsbestimmung

Aus arbeitswissenschaftlicher Sicht umfasst der Begriff »Mobbing« eine konfliktbelastete Kommunikation am Arbeitsplatz zwischen Arbeitnehmern oder zwischen ihnen und den Vorgesetzten, bei der jemand **systematisch** und oft über einen längeren Zeitraum **mit dem Ziel oder dem Ergebnis des Ausstoßes aus der Gemeinschaft direkt** oder indirekt angegriffen wird und dies als Diskriminierung empfindet. Die zahlreichen in Betracht kommenden Handlungen können darin bestehen, dass der Betroffene tätlich angegriffen oder auch nur geringschätzig behandelt, von der Kommunikation ausgeschlossen, beleidigt oder diskriminiert wird. Für den Arbeitgeber besteht die Nebenpflicht aus dem Arbeitsverhältnis, das Opfer derartiger Belästigungen und Attacken zu schützen und allgemein für ein ausgeglichenes Betriebsklima zu sorgen (*LAG RhPf* 19.2.2004 EzA-SD 12/04 S. 15 LS = NZA-RR 2004, 232; s. *Sasse* BB 2008, 1450 ff.). 2899

2900 Bei dem Begriff Mobbing handelt es sich **nicht** um einen **eigenständigen juristischen Tatbestand** (*LAG Bln.* 15.7.2004 – 16 Sa 2280/03 – EzA-SD 23/04 S. 8 = NZA-RR 2005, 13; vgl. dazu *Abeln/Gaudernack* LAG Report 2005, 225 ff.); Mobbing ist weder ein Rechtsbegriff noch eine Anspruchsgrundlage (*BAG* 16.5.2007 EzA § 611 BGB 2002 Persönlichkeitsrecht Nr. 6 = NZA 2007, 1154). Die rechtliche Einordnung der unter diesen Begriff zusammenzufassenden Verhaltensweisen beurteilt sich ausschließlich danach, ob diese die tatbestandlichen Voraussetzungen einer Rechtsvorschrift erfüllen, aus der sich die gewünschte Rechtsfolge herleiten lässt (vgl. *LAG Bln.* 1.11.2002 – 19 Sa 940/02 – EzA-SD 1/03, S. 6 LS = ARST 2003, 212 LS = NZA-RR 2003, 232, u. *LAG Bln.* 6.3.2003 LAGE Art. 2 GG Persönlichkeitsrecht Nr. 8).

2901 Die juristische Bedeutung der durch den Begriff Mobbing gekennzeichneten Sachverhalte besteht darin, der Rechtsanwendung Verhaltensweisen zugänglich zu machen, die bei **isolierter Betrachtung** der einzelnen Handlungen die **tatbestandlichen Voraussetzungen** von Anspruchs-, Gestaltungs- und Abwehrrechten nicht oder nicht in einem der Tragweite des Falles angemessenem Umfang erfüllen können. Ob ein Fall von Mobbing vorliegt, hängt von den Umständen des Einzelfalles ab. Dabei ist eine **Abgrenzung** zu dem im gesellschaftlichen Umgang im Allgemeinen **üblichen oder rechtlich erlaubten** und deshalb hinzunehmenden **Verhalten erforderlich**. Denn nicht jede Meinungsverschiedenheit oder Auseinandersetzung zwischen Kollegen und/oder Vorgesetzten und Untergebenen kann den Begriff »Mobbing« erfüllen, weil es dem **Zusammenarbeiten** mit anderen Menschen **immanent** ist, dass sich **Reibungen und Konflikte** ergeben, ohne dass diese Ausdruck des Ziels sind, den Anderen systematisch in seiner Wertigkeit gegenüber Dritten oder sich selbst zu verletzen (*LAG SchlH* 19.3.2002 EzA-SD 10/02, S. 9 LS = NZA-RR 2002, 457; *LAG Hamm* 25.6.2002 – 18(11) Sa 1295/01 – EzA-SD 20/02, S. 8 LS = NZA-RR 2003, 8; *Benecke* NZA-RR 2003, 225 ff.).

2902 Mobbing kann folglich nur angenommen werden, wenn **systematische und zielgerichtete Anfeindungen gegen den Arbeitnehmer vorliegen**. Daran fehlt es, wenn es in der Entwicklung einer im Wesentlichen psychisch bedingten Konfliktsituation zu einer Eskalation kommt, auf die der Arbeitgeber mit einem – im Einzelfall – nicht mehr sozial-adäquaten Exzess reagiert, z.B. einer unberechtigten Suspendierung von der Arbeitsleistung und nachfolgenden rechtswidrigen Versetzung (*LAG Thüringen* 10.6.2004 – 1 Sa 148/01 – EzA-SD 18/04 S. 12 LS = ZTR 2004, 596 = LAG Report 2004, 347). Diese **wechselseitige Betroffenheit berechtigter Vertragsinteressen** der Parteien des Arbeitsverhältnisses wird **völlig verkannt**, wenn zur »Mobbingbekämpfung … **ein auf das Prinzip der 'Nulltoleranz' gegründeter und als verhaltensstrukturelles Steuerungsmittel wirksamer Mobbingrechtsschutz gefordert« wird** (unzutr. daher *LAG Thüringen* 28.6.2005 – 5 Sa 63/04 – EzA-SD 18/05 S. 10 LS = ArbuR 2006, 31; vgl. dazu *Hohmann* NZA 2006, 530 ff.).

2903 ► **Beispiel:**
Beruft sich eine Arbeitnehmerin auf vermeintliche Rechte nach dem AGG und wird ihr dann durch Führungskräfte u.a. nahe gelegt:
- über ihre **berufliche Zukunft nachzudenken**,
- ihre arbeitsvertraglichen Verpflichtungen einzuhalten, obwohl keine Pflichtverletzungen vorlagen,
- künftig per Videoschaltung an Konferenzen teilzunehmen, obwohl dies für andere Arbeitnehmer mit gleichem Anfahrtsweg nicht gilt,
- sich zu überlegen, ob sie einen lang dauernden Prozess gesundheitlich durchstehe,

dann liegt darin ein herabwürdigendes und einschüchterndes Vorgehen, das eine schwerwiegende Persönlichkeitsrechtsverletzung darstellt (*LAG Bln.-Bra.* 26.11.2008 LAGE § 22 AGG Nr. 1).

Arbeitsrechtlich erfasst der Begriff Mobbing allerdings nur fortgesetzte, aufeinander aufbauende oder ineinander übergreifende, der Anfeindung, Schikane oder Diskriminierung dienende Verhaltensweisen, die nach Art und Ablauf im Regelfall einer übergeordneten, von der Rechtsordnung nicht gedeckten Zielsetzung förderlich sind und jedenfalls in ihrer Gesamtheit das allgemeine Persönlichkeitsrecht oder andere ebenso geschützte Rechte, wie die Ehre oder die Gesundheit des Betroffenen verletzen. Ein vorgefasster Plan ist nicht erforderlich (*LAG Thüringen* 10.4.2001 NZA-RR 2001, 347; 10.6.2004 – 1 Sa 148/01 – EzA-SD 18/04 S. 12 LS = ZTR 2004, 596 = LAG Report 2004, 347; *LAG Hamm* 25.6.2002 – 18(11) Sa 1295/01 – EzA-SD 20/02, S. 8 LS = NZA-RR 2003, 8; *LAG Bln.* 6.3.2003 LAGE Art. 2 GG Persönlichkeitsrecht Nr. 8; vgl. dazu *Aigner* BB 2001, 1354 ff.; *Kerst-Würkner* ArbuR 2001, 251 ff.; *Ruberg* ArbuR 2002, 201 ff.; vgl. auch *ArbG Ludwigshafen* 6.11.2000 ARST 2001, 188 LS). 2904

Der Begriff lässt sich auch als eine konfliktbelastete Kommunikation am Arbeitsplatz unter Kollegen oder zwischen Vorgesetzten und Untergebenen beschreiben, bei der die angegriffene Person unterlegen ist und von einer oder einigen Personen systematisch, oft und während einer längeren Zeit mit dem Ziel und/oder dem Effekt des Ausstoßens aus dem Arbeitsverhältnis direkt oder indirekt angegriffen wird und dies als Diskriminierung empfindet. Es ist einerseits erforderlich, dass sich das Verhalten gegen eine oder mehrere bestimmte Personen richtet und andererseits, dass das Verhalten systematisch erfolgt. Es muss sich folglich aus einer Kette von Vorfällen ein System erkennen lassen (*LAG SchlH* 19.3.2002 EzA-SD 10/02, S. 9 LS = NZA-RR 2002, 457; *Benecke* NZA-RR 2003, 225 ff.).

Handelt es sich bei den vom Arbeitnehmer für das Vorliegen von Mobbing vorgetragenen Handlungen des Arbeitgebers überwiegend um die **Auseinandersetzung um unterschiedliche Rechtsansichten**, z.B. über den Umfang des Weisungsrechts des Arbeitgebers oder Rechte anlässlich der Ausübung des Betriebsratsamtes, ergibt sich aus der Menge der Auseinandersetzungen allein noch keine verwerfliche Motivation des Arbeitgebers. Vielmehr handelt es sich bei derartigen rechtlichen Auseinandersetzungen um **im Arbeitsleben normale Konflikte**, die unter Zuhilfenahme der Arbeitsgerichte geklärt werden. Es entspricht insoweit einer typischen arbeitsrechtlichen Konfliktsituation, dass ein engagierter Betriebsratsvorsitzender weit mehr im Angriffsfeld des Arbeitgebers steht, als ein Arbeitskollege ohne Funktion, ohne dass diese Angriffssituation automatisch als systematische Anfeindung einzuordnen ist. Selbst wenn Sachstreitigkeiten schließlich vom Arbeitgeber auf Grund seiner Persönlichkeitsstruktur und seines Rollenverständnisses **in unangemessener, teils intoleranter Form ausgetragen werden**, ergibt sich aus der Art und Weise der Konfliktführung noch nicht per se eine verwerfliche Motivation des Arbeitgebers, die automatisch als Mobbing einzuordnen ist (*LAG SchlH* 1.4.2004 NZA-RR 2005, 15). Gleiches gilt bei **kritischen Äußerungen des Arbeitgebers** über die Arbeitsleistung des Arbeitnehmers und das Androhen von Sanktionen bei Fehlleistungen (s. dazu *LAG Nbg.* 5.9.2006 – 6 Sa 537/04 – EzA-SD 25/06 S. 8 LS); insoweit kann es an der für das Mobbing typischen, verschiedene einzelne Handlungen **zusammenfassenden Systematik fehlen**, wenn ein Arbeitnehmer von verschiedenen Vorgesetzten, die nicht zusammenwirken und die zeitlich aufeinanderfolgen, **kritisiert oder schlecht beurteilt wird** (*BAG* 16.5.2007 EzA § 611 BGB 2002 Persönlichkeitsrecht Nr. 6 = NZA 2007, 1154). Verhaltensweisen von Arbeitgebern oder Vorgesetzten (§ 278 BGB), die der vermeintlich gemobbte Arbeitnehmer **provoziert hat**, sind nicht in die Prüfung eines Mobbingverhaltens einzubeziehen; an der erforderlichen Systematik kann es auch dann fehlen, wenn zwischen den einzelnen Teilakten **lange zeitliche Zwischenräume** liegen (*BAG* 16.5.2007 EzA § 611 BGB 2002 Persönlichkeitsrecht Nr. 6 = NZA 2007, 1154).

Auch eine **gesundheitliche Prädisposition** eines Opfers von Mobbing kann gegen die Ursächlichkeit des Mobbing-Verhaltens für eine Erkrankung sprechen (*Sächs. LAG* 17.2.2005 – 2 Sa 751/03 – EzA-SD 12/05, S. 12 LS = ArbuR 2006, 131 LS).

(2) Inhalt des Schutzrechts; Zurückbehaltungsrecht

2905 Die Arbeitnehmer sind in der Konsequenz des von der Verfassung vorgegebenen humanitären Wertesystems verpflichtet, das durch Art. 1, 2 GG geschützte Recht auf Achtung der Würde und der freien Entfaltung der Persönlichkeit der anderen bei ihrem Arbeitgeber beschäftigten Arbeitnehmer nicht durch Eingriffe in deren Persönlichkeits- und Freiheitssphäre zu verletzen; dies gilt auch deshalb, weil sie dem Arbeitgeber keinen Schaden zufügen dürfen (*LAG Thüringen* 15.2.2001 NZA-RR 2001, 577 m. Anm. *Etzel* ArbuR 2002, 231). Der **Arbeitnehmer hat** nämlich seinerseits **einen Anspruch darauf**, dass ihn der Arbeitgeber auch **vor Gefahren psychischer Art schützt**. Er kann verlangen, dass er vor systematischen Anfeindungen und vor schikanösem Verhalten durch Kollegen oder Vorgesetzte geschützt wird. Der Arbeitgeber muss sich gem. **§ 278 BGB** auch das Verhalten solcher Personen zurechnen lassen, die als Vorgesetzte in seinem Namen handeln. Die Ausübung des Zurückbehaltungsrechts in Bezug auf Arbeitsleistung stellt einen Schaden für den Arbeitgeber dar, weil es geeignet ist, Druck auf den Arbeitgeber zur Lösung eines Arbeitsplatzkonflikts auszuüben. Dieser ist aber nur erforderlich, wenn der Arbeitnehmer einseitig einer schikanösen Behandlung durch den Arbeitgeber ausgesetzt ist und die **Eskalation am Arbeitsplatz nicht mit verursacht hat** (*LAG Nds.* 3.5.2000 NZA-RR 2000, 517; vgl. auch *ArbG Duisburg* 29.6.2000 NZA-RR 2001, 304: Allein die rechtswidrige Ausübung des Direktionsrechts durch den Arbeitgeber ist noch kein Mobbing).

2906 Macht der Arbeitnehmer insoweit ein Zurückbehaltungsrecht geltend, so muss er im Streitfall die konkreten Tatsachen vortragen, aus denen er die »Mobbing-Situation« ableitet (*BAG* 23.1.2007 – 9 AZR 557/06 – EzA-SD 11/2007 S. 16 LS = NZA 2007, 1166).

(3) Schadensersatz; Eigenkündigung

2907 Ansprüche auf Schadensersatz (und Schmerzensgeld) wegen Arbeitsunfähigkeit, die der Arbeitnehmer auf Mobbing zurückführt, können nur begründet sein, wenn der Arbeitnehmer zumindest Pflichtwidrigkeiten des Arbeitgebers oder ihm nach §§ 278, 831 BGB zurechenbarer Arbeitskollegen belegen kann (vgl. *ArbG Dresden* 7.7.2003 – 5 Ca 5954/02 – ArbuR 2004, 76 LS: Anspruch in erheblicher Höhe; insgesamt abl. *Sächsisches LAG* 17.2.2005 – 2 Sa 751/03 – EzA-SD 12/05, S. 12 LS). Fehlerhafte Weisungen des Vorgesetzten, wie die Arbeitsleistung zu erbringen ist, stellen keine Pflichtwidrigkeiten dar. Der Arbeitgeber ist auch nicht aus Gründen der Fürsorgepflicht gegenüber dem Arbeitnehmer gehalten, die sachliche Richtigkeit der Weisungen des Vorgesetzten zu überprüfen. Nimmt der Arbeitnehmer sich die fehlerhafte Weisung so zu Herzen, dass er davon arbeitsunfähig wird, bestehen keine Schadensersatzansprüche gegen den Arbeitgeber (*LAG Nbg.* 2.7.2002 LAGE Art. 2 GG Persönlichkeitsrecht Nr. 4 = ZTR 2002, 540 = NZA-RR 2003, 121; *Benecke* NZA-RR 2003, 225 ff.). Behauptet folglich eine Arbeitnehmerin, sie sei durch fortgesetzte Herabsetzungen und Schikanen ihres Arbeitgebers seelisch krank geworden, muss sie im Prozess um Schadensersatz und Schmerzensgeld **die beanstandeten Verhaltensweisen so konkret darlegen und beweisen, das in jedem Einzelfall beurteilt werden kann, ob diese Verhaltensweisen jedenfalls einerseits rechtswidrige und schuldhafte Überschreitungen des Direktionsrechts gewesen sind und andererseits zudem der Handelnde damit zu rechnen hatte, dass sein Verhalten eine Erkrankung der Arbeitnehmerin verursachen könnte** (*LAG Bln.* 15.7.2004 – 16 Sa 2280/03 – EzA-SD 23/04 S. 8 = NZA-RR 2005, 13; *Sächs. LAG* 17.2.2005 – 2 Sa 751/03 – EzA-SD 12/05, S. 12 LS; vgl. dazu *Federhoff-Rink* FA 2005, 330 ff.; *LAG SchlH* 28.3.2006 NZA-RR 2006, 402)
Auch bei Maßnahmen aus Anlass einer Betriebsänderung muss für einen Schadensersatzanspruch wegen Mobbings erkennbar sein, dass sie gegen die Person des Arbeitnehmers gerichtet waren und nicht bloß den Inhalt oder den Bestand dessen Arbeitsverhältnisses betrafen. Dafür genügt die Wahrnehmung vermeintlicher Rechte nicht, wenn aus dabei gemachten Fehlern nicht zu schließen ist, dass der Arbeitnehmer damit gezielt zermürbt werden sollte (*LAG Bln.* 17.1.2003 – 6 Sa 1735/02 – EzA-SD 6/03, S. 10 LS = ARST 2004, 20 LS; *Benecke* NZA-RR 2003, 225 ff.).

Bei dem festzustellenden Verschulden des Arbeitgebers ist auch zu beachten, dass der Arbeitnehmer **grds. die Möglichkeit hat, sich gegen unrechtmäßige Arbeitsanweisungen tatsächlich und rechtlich zur Wehr zu setzen.** Es ist deshalb auch zu prüfen, ob es dem Arbeitnehmer zumutbar war, sich beim Arbeitgeber über Mobbing-Handlungen zu beschweren und entsprechende Abhilfe zu fordern. Das gebietet letztlich auch die Schadensminderungspflicht (*LAG SchlH* 28.3.2006 NZA-RR 2006, 402).

Wahrheitswidrige Angaben einer vorgesetzten Person über einen Arbeitnehmer, die zu dessen Entlassung führen, begründen einen Anspruch des Entlassenen gegen den Vorgesetzten auf Ersatz des Verdienstausfalls und sonstiger Schäden (*LAG Hamm* 30.11.2000 – 8 Sa 878/00 –; zur Haftung durch den Dienstherrn bei Mobbing gegenüber Beamten *BGH* 1.8.2002 NZA 2002, 1214). Bei der Beurteilung, ob dem Arbeitnehmer eine billige Entschädigung in Geld zu gewähren ist, kann im Übrigen auch eine **bereits gezahlte, außergewöhnlich hohe Abfindung** berücksichtigt werden (*LAG Köln* 13.1.2005 – 6 Sa 1154/04 – EzA-SD 12/05, S. 13 LS). **2908**

Zur Anwendung von Ausschlussfristen s.u. Rn. 4839 m.w.N. u. *BAG* 16.5.2007 EzA § 611 BGB 2002 Persönlichkeitsrecht Nr. 6 = NZA 2007, 1154. **2909**

Kündigt der Arbeitnehmer wegen Beleidigungen oder Nötigungen durch einen Kollegen das Arbeitsverhältnis selbst, so wird von diesem Kollegen dem Arbeitnehmer gegenüber weder ein Recht an seinem Arbeitsplatz i.S.d. § 823 Abs. 1 BGB verletzt, noch hat er gegenüber dem Kollegen gem. § 823 Abs. 2 BGB einen Anspruch auf Ersatz des Verdienstausfalls, der infolge der Eigenkündigung eintritt (*BAG* 18.1.2007 EzA § 823 BGB 2002 Nr. 6 = NZA 2007, 1167). **2910**

(4) Schmerzensgeld; Zuweisung eines anderen Arbeitsplatzes

Die fortgesetzte und schwerwiegende Verletzung des Persönlichkeitsrechts eines Arbeitnehmers durch das von einem Vorgesetzten begangene Mobbing begründet einen Schmerzensgeldanspruch **sowohl gegenüber dem Arbeitgeber als auch gegenüber dem Vorgesetzten** (Gesamtschuldner; *LAG RhPf* 16.8.2001 – 6 Sa 415/01– NZA-RR 2002, 121; insgesamt abl. *Sächs. LAG* 17.2.2005 – 2 Sa 751/03 – EzA-SD 12/05, S. 12 LS; s. jetzt *BAG* 25.10.2007 EzA § 611 BGB 2002 Persönlichkeitsrecht Nr. 7 = NZA 2008, 223; s. dazu *Bieder* DB 2008, 638 ff.). Das gilt z.B. dann, wenn ein **schuldhaftes dienstliches Verhalten** eines Vorgesetzten dazu führt, das ein ihm unterstellter Mitarbeiter **psychisch erkrankt** und sich der Arbeitgeber des Vorgesetzten als Erfüllungsgehilfen bedient hat. Die Beurteilung allerdings, ob ein Gesamtverhalten eines Vorgesetzten als eine einheitliche Verletzung von Rechten des unterstellten Arbeitnehmers zu qualifizieren ist oder ob einzelne Handlungen oder Verhaltensweisen des Vorgesetzten für sich genommen oder in der Gesamtschau einen rechtsverletztenden Charakter haben, unterliegt der revisionsgerichtlich nur eingeschränkt überprüfbaren tatrichterlichen Würdigung (*BAG* 25.10.2007 EzA § 611 BGB 2002 Persönlichkeitsrecht Nr. 7 = NZA 2008, 223). **2911**

Die Höhe des Schmerzensgeldes wegen etlicher Verletzungen des Persönlichkeitsrechts ist nicht am Gehalt des »Gemobbten«, sondern an der **Rechtsprechung der Zivilgerichte** bei Herabwürdigungen und Körperverletzungen zu orientieren (*LAG RhPf* 16.8.2001 – 6 Sa 415/01 – NZA-RR 2002, 121; **a.A.** *ArbG Ludwigshafen* 6.11.2000 ARST 2001, 188 LS; vgl. auch *Benecke* NZA-RR 2003, 225 ff.; vgl. auch *ArbG Dresden* 7.7.2003 – 5 Ca 5954/02 – ArbuR 2004, 114.: Anspruch in erheblicher Höhe; ähnlich ausf. *Wickler* ArbuR 2004, 87 ff.). Bei der Beurteilung, ob dem Arbeitnehmer eine billige Entschädigung in Geld zu gewähren ist, kann im Übrigen auch eine **bereits gezahlte, außergewöhnlich hohe Abfindung** berücksichtigt werden (*LAG Köln* 13.1.2005 – 6 Sa 1154/04 – EzA-SD 12/05, S. 13 LS = NZA-RR 2005. 575; s.o. Rn. 2907). **2912**

Der Arbeitnehmer kann andererseits nach Auffassung des *ArbG Lübeck* (7.9.2000 – 2 Ca 1850b/00; zur Darlegungslast s. Rn. 2907, 2921 und *LAG Bln.* 15.7.2004 – 16 Sa 2280/03 – EzA-SD 23/04 S. 8 = NZA-RR 2005, 13) vom Arbeitgeber nur dann Schmerzensgeld wegen **2913**

Mobbing beanspruchen, wenn er konkret darlegt, dass es sich bei den Vorgehensweisen des Arbeitgebers um **dauerhafte, systematische degradierende oder beleidigende Handlungen** handelt und er dadurch eine psychische Gesundheitsbeeinträchtigung erleidet. Maßnahmen, die arbeitsrechtlich zulässig sind, können grds. nicht Grundlage eines Schmerzensgeldanspruchs sein. Gleiches gilt für nur einzelne rechtswidrige Maßnahmen.

2914 Es besteht auch dann **kein Anspruch** auf Schmerzensgeld wegen Mobbings, wenn der Arbeitgeber einen suchtkranken Arbeitnehmer **nicht ausreichend** bezüglich seines Verhaltens gegenüber dem Arbeitnehmer **überwacht**, aber darauf beruhende Gesundheitsstörungen oder schwere Verletzungen des Persönlichkeitsrechts des Arbeitnehmers nicht dargetan sind (*LAG BW* 5.3.2001 – 15 Sa 106/00).

2915 Die **Zuweisung eines gleichwertigen Arbeitsplatzes**, an dem der gemobbte Arbeitnehmer nicht mehr den Weisungen des vorgesetzten Täters untersteht, kann der Arbeitnehmer insoweit **nur dann verlangen, wenn ein solcher Arbeitsplatz vorhanden ist** (*BAG* 25.10.2007 EzA § 611 BGB 2002 Persönlichkeitsrecht Nr. 7 = NZA 2008, 223).

(5) Anspruch auf Beschädigtenversorgung nach dem Gesetz über die Entschädigung für Opfer von Gewalttaten (OEG)

2916 § 1 Abs. 1 OEG setzt u.a. voraus, dass eine Person durch einen vorsätzlichen, rechtswidrigen tätlichen Angriff eine gesundheitliche Schädigung erlitten hat. Einzelne »Mobbing«-Aktivitäten können aber nur ausnahmsweise als tätliche Angriffe i.S.d. OEG angesehen werden (*BSG* 14.2.2001 – B 9 VG 4/00 R).

(6) Kündigungsgrund

2917 Mobbing kann auch ohne Abmahnung und unabhängig davon, ob es in diesem Zusammenhang zu einer Störung des Betriebsfriedens gekommen ist, die außerordentliche Kündigung eines Arbeitsverhältnisses rechtfertigen. Voraussetzung dafür ist, dass das allgemeine Persönlichkeitsrecht, die Ehre oder die Gesundheit des Mobbingopfers in **schwerwiegender Weise verletzt** werden. Je intensiver das Mobbing erfolgt, umso schwerwiegender und nachhaltiger wird die Vertrauensgrundlage für die Fortführung des Arbeitsverhältnisses gestört. Muss der Mobbingtäter erkennen, dass das Mobbing zu einer Erkrankung des Opfers geführt hat und setzt dieser ungeachtet dessen das Mobbing fort, dann kann für eine auch nur vorübergehende Weiterbeschäftigung des Täters regelmäßig kein Raum mehr bestehen (*LAG Thüringen* 15.2.2001 NZA-RR 2001, 577 m. Anm. *Etzel* ArbuR 2002, 231; zur Eigenkündigung des gemobbten Arbeitnehmers vgl. *LAG Hessen* 27.3.2001 NZA-RR 2002, 581).

2918 Da es aus rechtlicher Sicht bei Mobbing um die Verletzung des allgemeinen Persönlichkeitsrechts und/oder der Ehre und/oder der Gesundheit geht und die in Betracht kommenden Rechtsfolgen das Vorliegen eines **bestimmten medizinischen Befundes nicht in jedem Fall voraussetzen**, ist nach Auffassung des *LAG Thüringen* (15.2.2001 NZA-RR 2001, 577 m. Anm. *Etzel* ArbuR 2002, 231) jedenfalls für die juristische Sichtweise – Anerkennung als Kündigungsgrund – nicht unbedingt eine bestimmte Mindestlaufzeit oder wöchentliche Mindestfrequenz der Mobbinghandlungen erforderlich.

2919 Für die Einhaltung der Frist des **§ 626 Abs. 2 BGB** kommt es entscheidend auf die Kenntnis desjenigen Ereignisses an, dass das letzte, den Kündigungsentschluss auslösende Glied in der Kette vorangegangener weiterer, in Fortsetzungszusammenhang stehender Pflichtverletzungen bildet (*LAG Thüringen* 15.2.2001 NZA-RR 2001, 577 m. Anm. *Etzel* ArbuR 2002, 231).

2920 Zu beachten ist in diesem Zusammenhang, dass der gemobbte Arbeitnehmer die **Entlassung des Mobbingtäters** (im konkret entschiedenen Einzelfall eines Chefarztes) **nicht verlangen kann** (*BAG* 25.10.2007 EzA § 611 BGB 2002 Persönlichkeitsrecht Nr. 7 = NZA 2008, 223).

(7) Darlegungs- und Beweislast

Voraussetzung für alle in Betracht kommenden Anspruchsgrundlagen sind Handlungen, die der Arbeitnehmer bei Bestreiten des Arbeitgebers konkret darlegen und beweisen muss (*BAG* 16.5.2007 EzA § 611 BGB 2002 Persönlichkeitsrecht Nr. 6 = NZA 2007, 1154), dadurch kausal verursachte Verletzungen der Rechtsgüter des Arbeitnehmers (*BAG* 16.5.2007 EzA § 611 BGB 2002 Persönlichkeitsrecht Nr. 6 = NZA 2007, 1154), ein zurechenbarer Schaden und ein Verschulden des Arbeitgebers, der insbes. bei psychischen Gesundheitsverletzungen des Arbeitnehmers diese voraussehen können muss (*LAG Bln.* 1.11.2002 LAGE Art. 2 GG Persönlichkeitsrecht Nr. 6 = ARST 2003, 212 LS = NZA-RR 2003, 232; vgl. auch *Benecke* NZA-RR 2003, 225 ff.). 2921

In einem Prozess auf Schmerzensgeld wegen »Mobbing« gegen den direkten Vorgesetzten und den Arbeitgeber trägt der Arbeitnehmer bspw. die Darlegungs- und Beweislast für die Rechtsgutsverletzung und den eingetretenen Schaden. Der Arbeitnehmer muss die klagebegründenden Tatsachen bzgl. aller anspruchsbegründender Tatsachen so vortragen, dass es der Beklagten möglich ist, zu erkennen, auf welche konkreten – nach Zeit und Ort identifizierbaren – Tatsachen sich die Anspruchstellung bezieht (*ArbG München* 25.9.2001 NZA-RR 2002, 123). Die Beweisführung kann u.U. den Regeln des prima-facie-Beweises folgen, wenn es sich um einen typischen Geschehensablauf handelt. Ein solcher liegt nicht vor, wenn für einen Zeitraum von 3\2 Jahren neun Vorfälle behauptet werden, weil damit nicht schlüssig der Tatbestand der dauernden Rechtsgutsverletzung, der »fortgesetzten aufeinander aufbauenden und ineinander übergreifenden, der Anfeindung, Schikane oder Diskriminierung dienenden Verhaltensweisen von Kollegen oder Vorgesetzten« dargelegt ist (*LAG Brem.* 17.10.2002 LAGE Art. 2 GG Persönlichkeitsrecht Nr. 5 = NZA-RR 2003, 234). 2922
Befindet sich der Arbeitnehmer zudem bereits im Stadium der Arbeitsunfähigkeit, so bedarf es besonderer Darlegungen dafür, dass weitere behauptete Pflichtwidrigkeiten des Arbeitgebers oder des Vorgesetzten kausal für das Weiterbestehen der (psychischen und psychosomatischen) Erkrankungen des Arbeitnehmers (als Voraussetzung für einen Schadensersatzanspruch) gegeben sind (*LAG Nbg.* 2.7.2002 LAGE Art. 2 GG Persönlichkeitsrecht Nr. 4 = ZTR 2002, 540 = NZA-RR 2003, 121).

d) Wahrung der Ehre des Arbeitnehmers

Der Arbeitgeber ist auch verpflichtet, die Ehre des Arbeitnehmers zu wahren. **Unzulässig ist deshalb jede Art der Kundgabe von Nichtachtung oder Missachtung, üble Nachrede oder Minderung des Ansehens**, z.B. auch durch eine ehrenrührige unbegründete Überwachung des Arbeitnehmers, die in den Augen der Mitarbeiter darauf schließen lässt, dass gegen ihn der Verdacht auf unerlaubte Handlungen oder Straftaten besteht (*Wiese* ZfA 1971, 297). 2923

Beispiele: 2924

- Allein der Ausspruch einer **rechtsunwirksamen** betriebsbedingten **Kündigung** durch den Arbeitgeber verletzt den Arbeitnehmer **nicht** in seinem Persönlichkeitsrecht. Das ist nur dann der Fall, wenn die Kündigung den Arbeitnehmer über den bloßen Kündigungsausspruch hinaus in seinem Persönlichkeitsrecht beeinträchtigt; dafür trägt der Arbeitnehmer die Darlegungs- und Beweislast (*BAG* 24.4.2008 EzA § 611 BGB 2002 Persönlichkeitsrecht Nr. 8).
- Ein Arbeitgeber, der eine rechtsunwirksame **Kündigung** im Laufe eines Kündigungsschutzprozesses **zurückgenommen** und dann dem Arbeitnehmer unter Verstoß gegen das Direktionsrecht neue Tätigkeiten zugewiesen hat, hat einen daraufhin vom Arbeitnehmer verübten **Selbstmord** nicht adäquat kausal verursacht. Dies gilt nicht, wenn objektiv erkennbare Anhaltspunkte für eine Suizidgefährdung des Arbeitnehmers vorgelegen haben (*BAG* 24.4.2008 EzA § 611 BGB 2002 Persönlichkeitsrecht Nr. 8).

- Wirkt ein Arbeitgeber an einem Presseartikel mit, in dem eine Arbeitnehmerin des Betriebes in massivster Weise in ihrer Ehre beeinträchtigt wird (**Kennzeichnung als faulste Mitarbeiterin Deutschlands**), so begründet dies u.U. einen Anspruch auf Schmerzensgeld (im konkreten Einzelfall in Höhe von 4.000 DM wegen der nur geringen Verbreitung des Artikels; *LAG Hamm* 3.9.1997 LAGE § 847 BGB Nr. 3; aufgehoben und an das LAG zurückverwiesen durch *BAG* 18.2.1999 NZA 1999, 645: s.u. Rn. 2947). Die **Pressefreiheit** (Art. 5 Abs. 1 S. 2 GG) **vermag keine derartigen ehrverletzenden Berichte** über Tatsachen aus der Intimsphäre eines Arbeitnehmers **zu rechtfertigen** (*BAG* 18.2.1999 NZA 1999, 645).
- Das *LAG Düsseld.* (27.5.1998 NZA 1998, 578; vgl. dazu *Kern* NZA 2000, 125 ff.) hat ein Schmerzensgeld in Höhe von 3000 DM für eine **Steißbeinfraktur** für angemessen erachtet, die durch einen Tritt der Vorgesetzten in das Gesäß einer Mitarbeiterin verursacht wurde und mit einem fünftägigen Krankenhausaufenthalt sowie einer sechswöchigen Arbeitsunfähigkeit verbunden war.

e) Schutz vor sexueller Belästigung am Arbeitsplatz

aa) BeschSchG (bis 17.8.2006)

2925 Gem. § 4 Abs. 1 Nr. 1 des Gesetzes zum Schutz der Beschäftigten vor sexueller Belästigung am Arbeitsplatz (Beschäftigtenschutzgesetz) vom 24.6.1994 (*Nipperdey* Arbeitsrecht I Nr. 109; vgl. dazu *Marzodko/Rinne* ZTR 2000, 305 ff.; *Mästle* BB 2002, 250 ff.) ist der Arbeitgeber verpflichtet, bei sexuellen Belästigungen (zur Begriffsbestimmung vgl. § 2 Abs. 2 dieses Gesetzes; vgl. *Linde* BB 1994, 2412 ff.) die im Einzelfall angemessenen arbeitsrechtlichen Maßnahmen wie Abmahnung, Umsetzung (vgl. dazu *ArbG Hmb.* 23.2.2005 NZA-RR 2005, 306), Versetzung oder Kündigung (s. dazu *LAG Hamm* 22.10.1996 NZA 1997, 769) zu ergreifen (s.u. Kap. 4 Rn. 1302 ff.). Den persönlichen Anwendungsbereich des Gesetzes bestimmt § 1 Abs. 2; Ziel ist es, die Würde von Frauen und Männern durch den Schutz vor sexueller Belästigung am Arbeitsplatz zu wahren (§ 1 Abs. 1). Zur Auslegung des Tatbestandsmerkmals »am Arbeitsplatz« vgl. ausf. *Schlachter* NZA 2001, 121 ff.

2926 Gem. § 2 Abs. 2 S. 1 BeschSchG ist eine sexuelle Belästigung am Arbeitsplatz jedes vorsätzliche, sexuell bestimmte Verhalten, das die Würde von Beschäftigten am Arbeitsplatz verletzt. Dazu gehören u.a. sexuelle Handlungen und Aufforderungen zu diesen sowie sexuell bestimmte körperliche Berührungen und Bemerkungen sexuellen Inhalts, die von den Betroffenen erkennbar abgelehnt werden. Diese Ablehnung muss nach außen in Erscheinung treten; eine erkennbare Ablehnung kann sich allerdings auch aus den Umständen ergeben (*BAG* 25.3.2004 EzA § 626 BGB 2002 Nr. 6 = NZA 2004, 1214). So ist z.B. der **»Klaps« mit dem Handrücken auf den Po geeignet**, den Tatbestand einer sexuellen Belästigung darzustellen (*LAG Köln* 7.7.2005 EzA-SD 7/06 S. 12 LS = NZA-RR 2006, 237; s.a. instr. *LAG SchlH* 27.9.2006 – 3 Sa 163/06 – EzA-SD 25/06 S. 8 LS). Legt ein Vorgesetzter einer ihm unterstellten Arbeitnehmerin unerwartet und unaufgefordert im Dienst unter vier Augen **pornografische Bilder mit der Aufforderung** vor, **solche auch von ihr fertigen zu können**, was sofort zurückgewiesen wird, und ergänzt er seine Ausführungen gleichwohl dahin, die Fotos sehe ja keiner, greift er unerwünscht in die Intimsphäre dieser Arbeitnehmerin ein und begeht damit eine sexuelle Belästigung. Insoweit ist das Bildungsniveau der betroffenen Arbeitnehmerin ebenso unbeachtlich wie der Umstand, ob die Arbeitnehmerin BILD-Leserin ist und manchmal einen burschikosen Umgangsstil zeigt (*LAG SchlH* 27.9.2006 – 3 Sa 163/06 – ArbuR 2007, 145 LS).

2927 Die Arbeitnehmer haben gem. § 3 des Gesetzes ein **Beschwerderecht** gegenüber dem Arbeitgeber, wenn sie sich am Arbeitsplatz sexuell belästigt fühlen. Auf die **Unterlassung von Behauptungen**, die Gegenstand eines derartigen Beschwerdeverfahrens nach dem BeschSchG sind, besteht kein Anspruch. Das gilt nur dann nicht, wenn die Behauptungen bewusst unwahr oder leichtfertig aufgestellt wurden (*LAG Hessen* 28.6.2000 NZA-RR 2001,

79; vgl. dazu *Linde* ArbuR 2001, 272 ff.). Das *LAG Köln* (7.7.2005 EzA-SD 7/06 S. 12 LS = NZA-RR 2006, 237) hat angenommen, dass ein Anspruch auf Widerruf der Behauptung einer sexuellen Belästigung voraussetzt, dass die Behauptung **nachweislich unwahr ist**. Für den Anspruch auf Unterlassung einer solchen Behauptung hat es dagegen ausreichen lassen, dass die Behauptung nicht erweislich wahr ist.

§ 2 BeschSchG ist ein **Schutzgesetz i.S.v. § 823 Abs. 2 BGB** (MünchArbR/*Blomeyer* § 97 Rz. 35). Der sich daraus u.U. ergebende Anspruch richtet sich sowohl gegen den Belästiger als auch – bei Verschulden (z.B. durch Einstellung unzuverlässiger Personen, Fehlen vorbeugender Maßnahmen gegen sexuelle Belästigung in seinem Betrieb, fehlendes Einschreiten gegen einen Belästiger nach einer Beschwerde) – gegen den Arbeitgeber. Steht ein Verstoß **objektiv fest**, hat der **Arbeitgeber Umstände darzulegen**, wonach ihn kein Verschulden trifft (*Mästle* NJW 2001, 3317 ff.). Als Rechtsfolge kommen bei Verletzung der den Arbeitgeber treffenden Pflichten Schadensersatzansprüche einschließlich Schmerzensgeld in Betracht (MünchArbR/*Blomeyer* § 97 Rz. 35). 2928

Ergreift der Arbeitgeber keine oder **offensichtlich ungeeignete Maßnahmen** zur Unterbindung der sexuellen Belästigung, sind die belästigten Beschäftigten berechtigt, ihre **Tätigkeit** am betreffenden Arbeitsplatz ohne Verlust des Arbeitsentgelts und der Bezüge **einzustellen**, soweit dies zu ihrem Schutz erforderlich ist (§ 4 Abs. 2 BeschSchG; vgl. dazu APS/*Preis* § 4 BeschSchG Rz. 7 ff.). Zu beachten ist, dass die Ausübung des Zurückbehaltungsrechts mit **erheblichen Unsicherheiten** belastet ist, **weil das Recht in zulässiger Weise ausgeübt werden muss**. Eine vom Gericht später nicht bestätigte Einschätzung, dass es sich um eine sexuelle Belästigung gehandelt hat, birgt folglich das Risiko von Sanktionen wie Entgeltkürzung, Abmahnung oder Kündigung. Der Belästigte muss selbst beurteilen, ob der Arbeitgeber keine Maßnahmen ergriffen hat, was er zum Teil (z.B. bei der Abmahnung des Belästigers) nicht beurteilen kann. Darüber hinaus muss er beurteilen, ob die ergriffenen Maßnahmen offensichtlich ungeeignet waren. Eine Glaubhaftmachung und damit gem. § 294 ZPO auch eine eidesstattliche Versicherung als Beweismittel der Belästigung reichen allerdings wegen der Anlehnung an das Maßregelungsverbot aus (APS/*Preis* § 4 BeschSchG Rz. 11; *Linde* BB 1994, 2417). Alle Beschäftigten tragen zudem das **Risiko**, bei einer falschen Einschätzung und Beurteilung der Tatbestandsvoraussetzungen wegen Arbeitsverweigerung **abgemahnt** und ggf. **entlassen** zu werden. Erfolgreicher als die Wahrnehmung des Rechts aus § 4 Abs. 2 BeschSchG ist wohl der Weg über die **Beschwerde** gem. § 85 BetrVG, da sich der Betriebsrat effizienter für Abhilfe einsetzen kann (APS/*Preis* § 4 BeschSchG Rz. 12). 2929

Der Arbeitgeber darf zudem die belästigten Beschäftigten **nicht benachteiligen**, weil sie sich gegen eine sexuelle Belästigung gewehrt und in zulässiger Weise ihre Rechte ausgeübt haben (§ 4 Abs. 3 BeschSchG). 2930

bb) §§ 1 ff. AGG (ab dem 18.8.2006)

Das BeschSchG ist durch das AGG zum 17.8.2006 aufgehoben und mit Wirkung ab dem 18.8.2006 ohne inhaltliche Änderung ersetzt worden (s. § 33 AGG und dazu u. Rn. 4961 ff.). 2931

f) Freie Gestaltung des Äußeren

Das Persönlichkeitsrecht des Arbeitnehmers schließt auch das Recht auf freie Gestaltung des Äußeren (insbes. Kleidung, Haartracht usw.) ein. **Es wird allerdings durch eine entsprechende Rücksichtspflicht gegenüber dem Arbeitgeber beschränkt.** 2932

So darf z.B. eine ungewöhnliche Haartracht des Arbeitnehmers keine Unfallgefahr bilden oder Kunden abstoßen. Auch insoweit muss im Wege der Verhältnismäßigkeitsprüfung im Einzelfall eine Güter- und Interessenabwägung stattfinden (MünchArbR/*Blomeyer* § 97 Rz. 22; vgl. *OVG RhPf* 22.9.2003 ArbuR 2004, 31: Ein Polizist – Beamter – darf keinen Pferdeschwanz tragen m. abl. Anm. *Walter* ArbuR 2004, 32 ff.). 2933

Der Arbeitnehmer ist insoweit gem. § 242 BGB nach Treu und Glauben mit Rücksicht auf die Verkehrssitte verpflichtet, **sein Äußeres den Gegebenheiten des Arbeitsverhältnisses anzupassen**. Denn auf Grund des Arbeitsvertrages ist der Arbeitnehmer zur Einordnung, d.h. zur Übernahme einer durch den Arbeitsvertrag festgelegten Funktion innerhalb eines 2934 fremden Arbeits- oder Lebensbereichs verpflichtet; er schuldet daher ein Gesamtverhalten, das darauf gerichtet ist, nach Maßgabe der von ihm übernommenen Funktion die berechtigten Interessen des Arbeitgebers nicht zu schädigen und im Rahmen des Zumutbaren wahrzunehmen. Dies gilt besonders dann, wenn der **Arbeitgeber auf Kunden und deren Vorstellungen Rücksicht zu nehmen hat** und unter anderem durch die äußere Erscheinung seines Personals eine Aussage über Image, Stil und Trend des Unternehmens treffen will (vgl. *BAG* 8.8.1989 EzA § 87 BetrVG 1972 Betriebliche Ordnung Nr. 13).

2935 Einschränkungen können sich auch aus gesetzlichen Vorschriften ergeben. § 57 Abs. 4 S. 1 SchulG NW ist z.B. Ausdruck des staatlichen Neutralitätsgebots. Diese Regelung knüpft an einen **abstrakten Gefährdungstatbestand** an; sie will abstrakten Gefahren vorbeugen, um damit sicherzustellen, dass konkrete Gefahren für die Neutralität der Schule unterbunden werden. Diese Regelung verstößt weder gegen Art. 3 noch gegen Art. 4 GG und steht auch in Einklang mit Art. 9 EMRK (*LAG Düsseld.* 10.4.2008 LAGE Art. 4 GG Nr. 6). Trägt eine Sozialpädagogin anstelle des zuvor getragenen islamischen Kopftuchs eine **Baskenmütze**, die das Haar, den Haaransatz und die Ohren komplett verdeckt, so verstößt sie gegen dieses Neutralitätsgebot und kann deswegen abgemahnt werden (*LAG Düsseld.* 10.4.2008 LAGE Art. 4 GG Nr. 6).

g) Außerdienstliches Verhalten

2936 Hinsichtlich des außerdienstlichen Verhaltens kann der Arbeitgeber grds. keine Verhaltensanforderungen stellen. Ausnahmen gelten nur dann, wenn durch den Arbeitsvertrag auch der außerdienstliche Verhaltensbereich ausdrücklich und zulässigerweise individualvertraglich geregelt ist (z.B. in **Kirchen** oder **Tendenzunternehmen**; MünchArbR/*Blomeyer* § 97 Rz. 24).

h) Schutz der Freiheitssphäre des Arbeitnehmers

2937 Hinsichtlich der Freiheitssphäre (Schutz der Persönlichkeitsrechte des Arbeitnehmers) werden insbes. die Freiheitsrechte der Art. 2 ff. GG (z.B. das Grundrecht auf Meinungsfreiheit, Art. 5 Abs. 1 GG) relevant (s. dazu ausf. Kap. 1 Rn. 298 ff.).

2938 Der Arbeitgeber hat diesbezüglich nicht nur eigene Beeinträchtigungen zu unterlassen, sondern mit seiner Organisationsgewalt auch sicherzustellen, dass Persönlichkeitsverletzungen durch Betriebsangehörige grds. unterbleiben (vgl. *Blomeyer* ZfA 1972, 104 ff.).

2939 Er ist daher insbes. verpflichtet, Arbeitnehmer vor Belästigungen durch Kollegen, Vorgesetzte und auch Kunden zu schützen, z.B. durch organisatorische Maßnahmen; ggf. hat er auch personelle Konsequenzen zu ziehen (vgl. *Bertelsmann* AiB 1987, 133 f.; zur sexuellen Belästigung s.o. Rn. 2925). Allerdings darf Eingangspost, die neben der Adresse des Arbeitgebers auch den Namen des Arbeitnehmers aufweist, jedoch den **Vermerk »persönlich«** oder »vertraulich« vermissen lässt, ohne Verletzung des Briefgeheimnisses und des allgemeinen Persönlichkeitsrechts vom Sekretariat des Geschäftsführers geöffnet werden; ein Unterlassungsanspruch dagegen besteht nicht (*LAG Hamm* 19.2.2003 NZA-RR 2003, 346).

2940 Der Arbeitgeber hat im Übrigen in den Grenzen des Verhältnismäßigkeitsprinzips **alles zu unternehmen, was die Kreativität seiner Arbeitnehmer fördert und ihre Selbstständigkeit und Selbstbestimmung erweitert** (MünchArbR/*Blomeyer* § 97 Rz. 29; vgl. auch § 81 Abs. 3 SGB IX).

i) Rechtswidrige Kündigung durch den Arbeitgeber

2941 Eine rechtswidrige Kündigung kann als Pflichtverletzung einen Schadensersatzanspruch begründen, wenn ihr Ausspruch verschuldet ist. Das ist allerdings dann nicht der Fall, wenn die Kündigung auf einem vertretbaren Rechtsstandpunkt des Arbeitgebers beruht. Ist die

Rechtslage nicht eindeutig, handelt der kündigende Arbeitgeber solange nicht fahrlässig, wie er auf die Wirksamkeit der Kündigung vertrauen durfte. Entscheidend ist, ob er mit vertretbaren Gründen zu der Annahme gelangen durfte, die Kündigung werde sich als rechtsbeständig erweisen (*BAG* 17.7.2003 – 8 AZR 486/02 – EzA-SD 22/03, S. 9 LS)

Diese Grundsätze gelten auch dann, wenn eine **ordentliche Kündigung** nicht mit der korrekten Frist ausgesprochen worden ist und ein Schaden gerade dadurch entstanden ist. (*BAG* 17.7.2003 a.a.O.). **2942**

2943 Verursacht ein Arbeitgeber schuldhaft wegen des Ausspruchs einer rechtswidrigen Kündigung die Beendigung des sozialrechtlichen Beschäftigungsverhältnisses und die Inanspruchnahme von Arbeitslosengeld auf Grund Gleichwohlgewährung und kommt es vor Ablauf der sozialrechtlichen Rahmenfrist zum Eintritt einer erneuten Arbeitslosigkeit und Minderungen des Arbeitslosengeldes, weil Bemessungszeiträume und das Lebensalter des Arbeitnehmers vor der Gleichwohlgewährung zugrunde gelegt werden, ist der Arbeitgeber nach den Grundsätzen der pFV (jetzt § 280 BGB n.F.) schadensersatzpflichtig (*BAG* 17.7.2003 a.a.O.).

j) Sanktion von Pflichtverletzungen

aa) Unterlassungsanspruch

Hinsichtlich der Verletzung des Persönlichkeitsrechts durch den Arbeitgeber hat der Arbeitnehmer einen Unterlassungsanspruch, wenn die Schutzpflichtverletzung bevorsteht oder wenn Wiederholungsgefahr besteht (§ 611 BGB i.V.m. der verletzten Schutzpflicht). **2944**

So kann z.B. die Wiederholung von wahren Tatsachenbehauptungen, die geeignet sind, den Betroffenen herabzusetzen, untersagt werden, **wenn kein schutzwürdiges Interesse an der öffentlichen Weiterverbreitung** besteht. Das ist insbes. dann anzunehmen, wenn die Verbreitung ausschließlich aus Gründen der **Vergeltung** für vermeintlich früher zugefügtes Unrecht geschieht (*BAG* 26.8.1997 EzA § 1004 BGB Nr. 6; s. *OLG Hamm* 31.5.2007 – 27 U 229/06 – EzA-SD 14/2007 S. 9 LS zur Mitteilung ehrverletzender Kündigungsgründe bzgl. eines GmbH-Geschäftsführers). **2945**

bb) Beseitigungsanspruch

Analog §§ 12, 861, 862, 1004 BGB kommt ein sog. quasi negatorischer Beseitigungsanspruch in Betracht, der sich auf die Beseitigung diffamierender Unterlagen und auf den Widerruf der ehrverletzenden Äußerungen richtet. **2946**

cc) Schadensersatzanspruch; Schmerzensgeld

Aus pFV (jetzt §§ 280 ff., 241 Abs. 2 BGB n.F.), § 823 Abs. 1 BGB, § 823 Abs. 2 BGB i.V.m. § 185 StGB kann sich ein Schadensersatzanspruch ergeben; analog § 847 BGB (jetzt inhaltlich nicht gleich lautend § 253 Abs. 2 BGB) kommt bei schweren Persönlichkeitsverletzungen zudem auch die Zahlung eines Schmerzensgeldes in Betracht (*BAG* 18.12.1984 EzA § 611 BGB Persönlichkeitsrecht Nr. 2; s.o. Rn. 2924 zu *LAG Hamm* 3.9.1997 LAGE § 847 BGB Nr. 3). Das *LAG Bln.* (5.3.1997 NZA-RR 1998, 488) hat 10.000 DM für den fett gedruckten Text in einem Anzeigenblatt über eine **»eingebildete« Krankheit** einer Anzeigenvertreterin dieses Journals als angemessenen Ausgleich für die Beeinträchtigung des Persönlichkeitsrechts angesehen. Zu beachten ist in diesem Zusammenhang aber, dass eine Verurteilung zur Zahlung von Schmerzensgeld wegen Mittäterschaft oder Beihilfe zu einer unerlaubten Handlung stets die **tatrichterliche Feststellung eines Tatbeitrags** voraussetzt (*BAG* 18.2.1999 NZA 1999, 645; vgl. dazu *Kern* NZA 2000, 124 ff.). Das *ArbG Köln* (3.2.2000 ArbuR 2000, 473; vgl. dazu *Kittner* ArbuR 2000, 474) hat angenommen, dass einem Arbeitnehmer, dem gegenüber eine **rechtsunwirksame Kündigung** ausgesprochen worden ist, **2947** deren Unwirksamkeit dem Arbeitgeber hätte bekannt sein müssen (Fehlen der Zustimmung des Integrationsamtes gem. §§ 85, 91 SGB IX), ein Schmerzensgeldanspruch wegen Verletzung des allgemeinen Persönlichkeitsrechts zustehen kann. Es hat den Arbeitgeber im konkret entschiedenen Einzelfall zur Zahlung von 1.000 DM/Monat verurteilt. Gleiches gilt, wenn der Arbeitgeber das vom Arbeitnehmer im Verlauf des lange bestehenden Arbeitsverhältnisses erworbene berufliche und **soziale Selbstverständnis grundlos massiv beeinträchtigt**; die Höhe des Schmerzensgeldes errechnet sich unter Zugrundelegung der Dauer der erlittenen Beeinträchtigung und der Höhe der monatlichen Nettovergütung des Arbeitnehmers, die seine berufliche Position widerspiegelt (*ArbG Ludwigshafen* 6.11.2000 ARST 2001, 188 LS; **a.A.** *LAG RhPf* 16.8.2001 – 6 Sa 415/01 –; s. oben Rn. 2911).

dd) Zurückbehaltungsrecht

2948 Ferner kann dem Arbeitnehmer u.U. ein Zurückbehaltungsrecht an seiner Arbeitsleistung zustehen (§ 273 Abs. 1 BGB; s.o. Rn. 305 ff.).

2949 Eine Sonderregelung enthält § 4 Abs. 2 Beschäftigtenschutzgesetz bei Untätigkeit des Arbeitgebers bei sexueller Belästigung am Arbeitsplatz.

ee) Beschwerderecht

2950 Zudem hat er ein Beschwerderecht (§ 84 Abs. 1 S. 1 BetrVG).

2951 Auch insoweit enthält § 3 Beschäftigtenschutzgesetz eine Sonderregelung bei sexueller Belästigung am Arbeitsplatz.

ff) Kündigungsrecht des Arbeitnehmers

2952 Bei schweren Persönlichkeitsverletzungen kommt u.U. eine außerordentliche Kündigung des Arbeitnehmers (§ 626 Abs. 1 BGB) in Betracht.

gg) Beweisverwertungsverbot

2953 Lässt der Arbeitgeber einen Dritten über eine Bürosprechanlage eine Unterredung mit einem Arbeitnehmer, dem er kündigen will, ohne dessen Wissen mithören, so darf der Dritte über den gesamten Inhalt der Unterredung nicht als Zeuge vernommen werden, wenn der Arbeitgeber dem Arbeitnehmer zu verstehen gegeben hatte, dass er die Unterredung als vertraulich behandeln wolle (*BAG* 2.6.1982 EzA Art. 2 GG Nr. 2).

2954 Auch die gerichtliche Verwertung von Kenntnissen, die der Arbeitgeber aus dem verbotswidrigen Mithören eines Telefongesprächs des Arbeitnehmers von einem dienstlichen Telefonapparat gewonnen hat, verletzt das Recht des Arbeitnehmers am eigenen Wort (*BVerfG* 19.12.1991 EzA § 611 BGB Persönlichkeitsrecht Nr. 10).

2955 In der gerichtlichen Verwertung von Kenntnissen und Beweismitteln, die unter Verstoß gegen das Persönlichkeitsrecht erlangt sind, liegt regelmäßig ein Eingriff in das Grundrecht aus Art. 2 Abs. 2 i.V.m. Art. 1 Abs. 1 GG. Ob dieser gerechtfertigt ist, richtet sich nach dem Ergebnis der Abwägung zwischen dem gegen die Verwertung streitenden Persönlichkeitsrecht und einem dafür sprechenden Interesse des Beweisführers (*BVerfG* 19.12.1991 EzA § 611 BGB Persönlichkeitsrecht Nr. 10; 9.10.2002 EzA § 611 BGB Persönlichkeitsrecht Nr. 15; vgl. auch *Zöller/Greger* § 286 Rz. 15b; *BAG* 29.10.1997 EzA § 611 BGB Persönlichkeitsrecht Nr. 12 [vgl. dazu oben Rn. 2887 ff.]; *Löwisch/Wallisch* SAE 1998, 289 ff.; krit. *Kopke* NZA 1999, 917 ff.).

2956 Auch gegenüber der Vernehmung eines Zeugen, der ohne Wissen und Genehmigung eines der Telefonierenden ein Telefonat über eine Zimmersprechanlage mithörte, besteht u.U. ein Beweisverwertungsverbot (*BVerfG* 9.10.2002 EzA § 611 BGB Persönlichkeitsrecht Nr. 15; *BAG* 29.10.1997 EzA § 611 BGB Persönlichkeitsrecht Nr. 12; *LAG Hamm* 1.9.1995 LAGE § 611 BGB Persönlichkeitsrecht Nr. 7; s.o. Rn. 2887 ff.; ebenso *LAG Hamm* 11.3.1997 NZA-

RR 1998, 114 für die Verwertung von Tatsachen, die der Arbeitgeber durch eine der Verschwiegenheitspflicht unterliegenden Person [Rechtsanwalt] ohne Zustimmung des Arbeitnehmers erfahren hat; **a.A.** *LAG Düsseld.* 24.4.1998 DB 1998, 1522 LS).

Gleiches gilt: 2957

- Nicht unbedingt für die Verwertung der unter Verletzung des Persönlichkeitsrechts des Arbeitnehmers gemachten **Videoaufzeichnungen** im Kündigungsschutzverfahren zur Begründung der Kündigung und zu Beweiszwecken (*BAG* 27.3.2003 EzA § 611 BGB 2002 Persönlichkeitsrecht Nr. 1 = NZA 2003, 1193 m. Anm. *Wedder* ArbuR 2005, 457 ff.; vgl. dazu *Bayreuther* NZA 2005, 1038 ff.; *Wessel* FA 2006, 108 ff.; ebenso *LAG Köln* 26.2.1999 ARST 1999, 235 für verdeckte Videoaufnahmen aus konkretem Anlass; vgl. auch *Sächsisches LAG* 12.6.2003 LAGE § 3 EFZG Nr. 5; **a.A.** *LAG Hamm* 24.7.2001 – 11 Sa 1524/00 – NZA-RR 2002, 464; *LAG BW* 6.5.1999 BB 1999, 1439; *LAG Köln* 30.8.1996 BB 1997, 476; instruktiv *Ernst* NZA 2002, 585 ff. zu Überwachungsmaßnahmen bei vermuteter verbotener privater Internetnutzung; vgl. dazu *ArbG Hannover* 28.4.2005 NZA-RR 2005, 420). 2958

> Das BAG (27.3.2003 EzA § 611 BGB 2002 Persönlichkeitsrecht Nr. 1) geht zwar auch davon aus, dass z.B. die heimliche Videoüberwachung eines Arbeitnehmers durch den Arbeitgeber einen Eingriff in das durch Art. 2 Abs. 1 GG geschützte allgemeine Persönlichkeitsrecht des Arbeitnehmers darstellt. Dieser Eingriff führt aber dann nicht zu einem Beweisverwertungsverbot, wenn z.B. der konkrete Verdacht einer strafbaren Handlung oder einer anderen schweren Verfehlung zu Lasten des Arbeitgebers besteht, weniger einschneidende Mittel zur Aufklärung des Verdachts ausgeschöpft sind, die verdeckte Videoüberwachung praktisch das einzig verbleibende Mittel darstellt und insgesamt nicht unverhältnismäßig ist (s.a. BAG 26.8.2008 EzA § 87 BetrVG 2001 Überwachung Nr. 2=NZA 2008, 1187). 2959

- für die Verwertung eines unter dem Druck eines unzulässigen **Video-Spähangriffs** vom Arbeitgeber erlangten unspezifischen Geständnisses einer Kassiererin (*LAG BW* 6.5.1999 BB 1999, 1439). 2960
- für die Verwertung des Ergebnisses einer ohne Kenntnis und ohne Einwilligung des Betroffenen erhobenen **DNA-Analyse** für eine außerordentliche Verdachtskündigung, die wegen der Verbreitung anonymer Schreiben mit beleidigendem Inhalt in der Dienststelle ausgesprochen werden soll (*VGH BW* 28.11.2000 ArbuR 2001, 469; vgl. dazu *Roos* ArbuR 2001, 470 ff.). 2961

Andererseits besteht **kein Beweisverwertungsverbot** bei **heimlich gefertigten Bild- und Tonaufnahmen** dann, wenn ein konkreter Tatverdacht gegen den Arbeitnehmer besteht (*Maschmann* NZA 2002, 13 ff.). 2962

Lädt ein Arbeitnehmer während der Arbeitszeit **pornografisches Bildmaterial** aus dem Internet, das er auf Datenträgern des Arbeitgebers speichert und nutzt er den Internet-Zugang zum Einrichten einer Web-Page sexuellen Inhalts, so besteht dann kein Beweisverwertungsverbot, wenn der Arbeitgeber die auf seinen Datenträgern gespeicherten Daten festgestellt und gesichert hat (*ArbG Hannover* 1.12.2000 NZA 2001, 1022; ebenso für die Weiterleitung derartiger Dateien *ArbG Hannover* 28.4.2005 NZA-RR 2005, 420; krit. dazu *Weißgerber* NZA 2003, 1005 ff.). 2963

Darüber hinaus wird auch die Auffassung vertreten, dass **mitbestimmungswidrig erlangte Beweismittel** (z.B. bei einem Verstoß gegen § 87 Abs. 1 Nr. 1, 6, § 94 BetrVG; vgl. dazu *BAG* 29.6.2004 EzA § 611 BGB 2002 Persönlichkeitsrecht Nr. 2 = NZA 2004, 1278 = BAG Report 2005, 15 m. Anm. *Oetker*; *Bayreuther* NZA 2005, 1038 ff.).) wegen der Schutzrichtung der materiellen Mitbestimmungsrechte des Betriebsrats regelmäßig nicht verwertet werden dürfen, es sei denn, sie dienen der Entlastung des Arbeitnehmers (*Fischer* BB 1999, 154 ff.; *Maschmann* NZA 2002, 13 ff.; *Lerch/Weinbrenner* FA 2008, 229 ff.; s. auch *LAG Brem.* 28.7.2005 – 3 Sa 98/05 – ArbuR 2005, 466 LS: Verwertungsverbot für »Kommt/Geht-Daten« eines Arbeitnehmers, die von Dritten maschinell erfasst werden, ohne dass Arbeitgeber und Betriebsrat des Beschäftigungsbetriebes eine Betriebsvereinbarung über die Verwer- 2964 tung dieser Daten abgeschlossen haben; **a.A.** ausf. u. zutr. *Schlewing* NZA 2004, 1071 ff.; *Rhotert* BB 1999, 1378 ff.; *Altenburg/Leister* NJW 2006, 469 ff.). Das *BAG* (27.3.2003 EzA § 611 BGB 2002 Persönlichkeitsrecht Nr. 1; vgl. auch *ArbG Hmb.* 20.2.2004 NZA-RR 2005, 520; vgl. dazu *Wessel* FA 2006, 108 ff.) hat angenommen, dass dann, wenn die **Videoüberwachung** entgegen § 87 Abs. 1 Nr. 6 BetrVG **ohne** vorherige **Zustimmung des Betriebsrates** durchgeführt worden ist, sich aus diesem Verstoß jedenfalls **dann kein eigenständiges Beweisverwertungsverbot** ergibt, wenn der **Betriebsrat** der Verwendung des Beweismittels und der darauf gestützten Kündigung **zustimmt** und die Beweisverwertung nach den allgemeinen Grundsätzen gerechtfertigt ist.

2965 Für die Verwertung betriebsverfassungswidrig erlangter Informationen in einem Kündigungsschutzprozess gilt Folgendes:
Beachtet der Arbeitgeber das Mitbestimmungsrecht des Betriebsrats nach § 87 Abs. 1 Nr. 1 BetrVG oder sich aus einer Betriebsvereinbarung z.B. über die Durchführung von Personenkontrollen ergebenden Pflichten nicht, so führt dieser Umstand **nicht dazu,** dass der Arbeitgeber die unstreitige Tatsache eines im Besitz der Arbeitnehmerin während einer Personenkontrolle aufgefundenen Gegenstandes – z.B. eines nicht bezahlten Lippenstiftes – in einem Kündigungsschutzprozess **nicht verwerten kann.** Denn ein »Sachvortragsverwertungsverbot« kennt das deutsche Zivilprozessrecht nicht. Das ArbG ist an ordnungsgemäß in den Prozess eingeführten Sachvortrag der Parteien gebunden. Insbesondere unstreitige Tatsachen muss es berücksichtigen und darf einen Parteivortrag nicht ohne gesetzliche Grundlage unbeachtet und unverwertet lassen (*BAG* 13.12.2007 EzA § 626 BGB 2002 Nr. 20 = NZA 2008, 1008).

2966 Schließlich ist es verfassungsrechtlich **nicht geboten**, das z.B. eine Tonbandaufnahme selbst betreffende Verwertungsverbot auf die **Aussage eines Zeugen zu erstrecken**, der nicht über den Inhalt des Tonbands Auskunft gibt, sondern über das von ihm selbst geführte Gespräch, selbst wenn er es in rechtswidriger Weise per Tonband aufgenommen hat und als Erinnerungsstütze nutzt. Denn Beweismittel ist die Zeugenaussage, nicht der Tonbandmitschnitt (*BVerfG* 31.7.2001 EzA § 611 BGB Persönlichkeitsrecht Nr. 14 = NZA 2002, 284).

IV. Personalakten

1. Begriffsbestimmung

2967 Der Begriff der Personalakte wird vom Gesetzgeber nicht definiert, sondern als bekannt vorausgesetzt.

2968 Personalakten sind alle über einen Arbeitnehmer bestehenden und ihn persönlich betreffenden Unterlagen des Arbeitgebers. Maßgebend ist nicht die Bezeichnung »Personalakte« (Personalakte im formellen Sinn), sondern allein der Inhalt der den Arbeitnehmer betreffenden Vorgänge (Personalakte im materiellen Sinne; vgl. GK-BetrVG/*Wiese* § 83 Rz. 10; s. *BAG* 16.10.2007 EzA § 241 BGB 2002 Nr. 1 = NZA 2008, 367; zu elektronischen Personalakten s. *Diller/Schuster* DB 2008, 928 ff.).
Zu den Personalakten gehören nur Unterlagen, die sich auf den Arbeitnehmer beziehen und in einem inneren Zusammenhang zu dem Arbeitsverhältnis stehen.

2. Entscheidung über die Führung von Personalakten

2969 **Dem Arbeitgeber steht es frei, überhaupt Personalakten zu führen.** Er kann auch jeweils frei darüber entscheiden, ob ein Vermerk gemacht wird oder Unterlagen angelegt und verwahrt werden sollen. Gleiches gilt für die **Art und Weise der Personalaktenführung**; deshalb fehlt für einen Anspruch des Arbeitnehmers auf Paginierung (fortlaufende Nummerierung) – auch durch einen öffentlichen Arbeitgeber – eine Anspruchsgrundlage (*BAG* 16.10.2007 EzA § 241 BGB 2002 Nr. 1 = NZA 2008, 367).

3. Inhalt der Personalakte

a) Zulässige Informationen über den Arbeitnehmer

Zum Inhalt der Personalakte gehören **alle tatsächlichen Angaben über den Arbeitnehmer** (Bewerbungsunterlagen, Zeugniskopien, Arbeitsbescheinigungen, Lebensläufe, Personalfragebogen, Arbeitsvertrag mit Anstellungsschreiben, Aufzeichnungen, die im Laufe des Arbeitsverhältnisses angefertigt wurden, z.B. über Krankheitszeiten, Freistellungen, Schriftwechsel, Lohn- und Gehaltsbescheinigungen, Pfändungs- und Überweisungsbeschlüsse, Abtretungserklärungen, Urlaubsunterlagen usw.). **2970**

Zu den Personalakten gehören ferner **alle Unterlagen, die das Verhältnis des Arbeitnehmers zu Dritten**, insbes. zu Ämtern und Behörden **betreffen** (z.B. Lohnsteuer- und Versicherungsunterlagen). **2971**

Erfasst sind schließlich auch alle während des Arbeitsverhältnisses angefallenen **Beurteilungen, Bewertungen und Zeugnisse** des Arbeitnehmers (MünchArbR/*Freitag* § 188 Rz. 26ff.). **2972**

Hinsichtlich der Beurteilung von Gesundheitsdaten des Arbeitnehmers gelten folgende Grundsätze (*BAG* 12.9.2006 EzA § 611 BGB Persönlichkeitsrecht Nr. 4 = NZA 2007, 269 m. krit. Anm. *Kammerer* ArbuR 2007, 189ff.): **2973**

- Der Arbeitgeber hat ein berechtigtes Interesse an der Vollständigkeit der von ihm geführten Personalakte. Das gilt auch für sensible Daten über die Persönlichkeit und die Gesundheit des Arbeitnehmers, z.B. bei einer Sucht/Alkoholerkrankung. Denn solche Erkrankungen können bei negativer Gesundheitsprognose eine krankheitsbedingte Kündigung des Arbeitnehmers sozial rechtfertigen (§ 1 KSchG).
- Einer ungeschützten Aufbewahrung von Gesundheitsdaten steht allerdings das allgemeine Persönlichkeitsrecht des Arbeitnehmers (Art. 2, 1 GG) entgegen. Es schützt vor der Erhebung und Weitergabe von Befunden über den Gesundheitszustand, die seelische Verfassung und den Charakter.
- Der Arbeitgeber ist zur Vermeidung eines Entfernungsanspruchs (§§ 12, 862, 1004 BGB) verpflichtet, sensible Daten über den Arbeitnehmer in besonderer Weise aufzubewahren. Sie sind gegen zufällige Kenntnisnahme z.B. durch Aufbewahrung in einem verschlossenen Umschlag zu schützen; der informationsberechtigte Personenkreis ist zu beschränken.
- Der Grundsatz der Vollständigkeit der Personalakte steht dem nicht entgegen, denn die Personalakte bleibt vollständig. Bei berechtigtem Anlass können der Umschlag geöffnet und die Daten eingesehen werden.
- Wie der Arbeitgeber den Schutz sensibler Personaldaten gewährt, hat er grundsätzlich selbst zu bestimmen. Unterbleibt diese Bestimmung, geht sie auf den Arbeitnehmer über (Rechtsgedanken aus §§ 316, 264 Abs. 2 BGB).

b) Unzulässige Informationen über den Arbeitnehmer

Nicht Gegenstand der Personalakten sind diejenigen Teile der ärztlichen Gutachten und der Unterlagen der Betriebsärzte, die die Befunde enthalten, die der ärztlichen Schweigepflicht unterliegen und sich nicht in der Hand des Arbeitgebers befinden (vgl. § 8 Abs. 1 S. 3 ASiG [MünchArbR/*Blomeyer* § 98 Rz. 5]; jedenfalls im öffentlichen Dienst sind aber ärztliche Gutachten im Übrigen grds. zu den Personalakten zu nehmen [MünchArbR/*Freitag* § 188 Rz. 31]; s. aber jetzt *BAG* 12.9.2006 EzA § 611 BGB Persönlichkeitsrecht Nr. 4 = NZA 2007, 269; s.o. Rn. 2970). **2974**

Gleiches gilt für Unterlagen und Vermerke, die mit dem Arbeitsverhältnis in keinem inneren Zusammenhang stehen (z.B. ein **Strafurteil, das ein außerdienstliches Verhalten** des Arbeitnehmers [z.B. Verkehrsunfall] gegenüber dem Arbeitgeber als Privatperson **betrifft**). **2975**

2976 Voraussetzung ist aber, dass das abgeurteilte außerdienstliche Verhalten nicht für die künftige dienstliche Verwendbarkeit des Arbeitnehmers von Bedeutung ist.

2977 Zu beachten sind zudem die Wertungen des BZRG, nach dem bestimmte Verurteilungen nicht in ein Führungszeugnis aufgenommen werden (vgl. *BAG* 9.2.1977 EzA § 611 BGB Fürsorgepflicht Nr. 21 gegen *BAG* 17.1.1956 AP Nr. 1 zu § 611 BGB Fürsorgepflicht), sodass sie auch nicht Gegenstand der Personalakte sein können.

2978 Der notwendige individuelle Bezug fehlt schließlich bei allen Unterlagen, die den Betriebsrat als Organ oder die Tätigkeit der Betriebsratsmitglieder in ihrer Eigenschaft als solche betreffen, es sei denn, die Unterlagen stehen ausschließlich mit einzelnen Arbeitnehmern im Zusammenhang (MünchArbR/*Blomeyer* § 98 Rz. 5).

c) Entscheidung über die Aufnahme von Informationen in die Personalakte

2979 Über die Aufnahme von Vorgängen und Unterlagen in die Personalakten ist im Wege der **Verhältnismäßigkeitsprüfung** zu entscheiden; dabei sind die Interessen beider Seiten zu berücksichtigen.

2980 **Berichte über die dienstliche Tätigkeit sind so zu erstellen, dass sie ein möglichst objektives Bild von der Person und der Leistung des Arbeitnehmers ergeben.**

2981 Der Arbeitnehmer hat im Übrigen einen Anspruch darauf, dass die Dienstleistungsberichte sowohl hinsichtlich der tatsächlichen Angaben zutreffend sind, als auch hinsichtlich der Bewertung von Führung und Leistung nach pflichtgemäßem Ermessen des Arbeitgebers erstellt werden (*BAG* 25.2.1959 AP Nr. 6 zu § 611 BGB Fürsorgepflicht).

d) Anhörungspflicht des Arbeitnehmers?

2982 Der Arbeitnehmer im öffentlichen Dienst ist vor der Aufnahme von Beschwerden und Behauptungen tatsächlicher Art, die für ihn ungünstig sind oder für ihn nachteilig werden können, anzuhören, insbes. bei Abmahnungen (vgl. § 13 Abs. 2 BAT; *BAG* 16.11.1989 EzA § 611 BGB Abmahnung Nr. 19).

2983 Der Arbeitnehmer kann aber auch in der Privatwirtschaft vor der Aufnahme nachteiliger Angaben verlangen, dass ihm **Gelegenheit zur Stellungnahme** gegeben wird; ferner müssen die Angaben begründet werden (MünchArbR/*Blomeyer* § 98 Rz. 10).

e) Vollständigkeit der Personalakten?

2984 Das im Beamtenrecht bestehende Prinzip der Vollständigkeit der Personalakten, wonach der Vorgesetzte im Rahmen seines Beurteilungsspielraums alle Vorgänge in die Personalakte aufzunehmen hat, die in innerem Zusammenhang mit dem Beamtenverhältnis stehen, gilt auch für die Arbeiter und Angestellten des öffentlichen Dienstes (*BAG* 25.4.1972 AP Nr. 9 zu § 611 BGB Öffentlicher Dienst; MünchArbR/*Freitag* § 188 Rz. 26; s. aber die differenzierende Rechtsprechung des *BAG* 12.9.2006 EzA § 611 BGB Persönlichkeitsrecht Nr. 4 = NZA 2007, 269; s.o. Rn. 2970), **nicht** aber **in der Privatwirtschaft**, weil der Arbeitgeber insoweit zur Führung von Personalakten nicht verpflichtet ist (GK-BetrVG/*Wiese* § 83 Rz. 17).

2985 Im Hinblick auf die weitgehenden Verpflichtungen des Arbeitgebers nach dem Nachweisgesetz lässt sich aber nunmehr durchaus die Auffassung vertreten, dass eine Verpflichtung des Arbeitsgebers zur Führung einer Personalakte – jedenfalls im durch das Nachweisgesetz vorgesehenen Umfang – besteht.

4. Wahrung der Vertraulichkeit durch den Arbeitgeber

a) Normative Grundlagen

Die Vorschriften des BDSG insbes. zur Wahrung der Vertraulichkeit sind zwar nicht anwendbar, weil Akten und Aktensammlungen grds. keine Dateien im Sinne dieser Vorschrift sind, es sei denn, dass sie durch automatisierte Verfahren umgeordnet und ausgewertet werden können (§ 3 Abs. 2 S. 2 BDSG; s.u. Rn. 3031 ff.). 2986

Die Verpflichtung des Arbeitgebers zur Wahrung der Vertraulichkeit folgt aber unabhängig davon aus dem **Recht des Arbeitnehmers auf Achtung seiner Persönlichkeit**.

b) Umgang mit Personalakten

Deshalb dürfen die Personalakten **nicht allgemein zugänglich** sein, sie müssen ferner **sorgfältig verwahrt** werden. 2987

Der Kreis der mit Personalakten befassten Mitarbeiter muss möglichst eng gehalten werden. Besonders »sensible« Daten (z.B. Angaben über den Gesundheitszustand, die Persönlichkeit des Arbeitnehmers) bedürfen des verstärkten Schutzes vor der Einsichtnahme Dritter (vgl. *BAG* 15.7.1987 EzA § 611 BGB Persönlichkeitsrecht Nr. 5; 4.4.1990 EzA § 611 BGB Persönlichkeitsrecht Nr. 19). 2988

Die Personalaktenführung und -aufbewahrung muss den abgestuften Vertraulichkeitsanforderungen Rechnung tragen, sodass etwa bei der routinemäßigen Bearbeitung von Personalangelegenheiten (z.B. Urlaubserteilung) in Daten der höheren Vertraulichkeitsstufe (z.B. über den Gesundheitszustand) nicht zufällig Einsicht genommen werden kann. 2989

c) Verhältnis zum Betriebsrat

Im Hinblick auf § 80 **Abs. 2 S. 2 BetrVG** ist die gebotene Vertraulichkeit gegenüber dem Betriebsrat problematisch. 2990

Denn diesem steht zwar kein § 83 Abs. 1 BetrVG vergleichbares Einsichtsrecht zu (*BAG* 20.12.1988 EzA § 80 BetrVG Nr. 33), wohl aber ein Anspruch auf Information über individuelle Angelegenheiten, soweit sie zur Erfüllung der gesetzlichen Aufgaben der Arbeitnehmervertretung erforderlich sind und keine schutzwürdigen Interessen des Arbeitnehmers (Persönlichkeitsrecht), gemessen am Verhältnismäßigkeitsgrundsatz, entgegenstehen (vgl. *Kraft* ZfA 1983, 188 ff.). 2991

Das *BAG* (27.2.1968 AP Nr. 1 zu § 58 BetrVG) hat in diesem Zusammenhang angenommen, dass der Arbeitgeber verpflichtet ist, dem Betriebsrat die ihm bekannt gewordenen Fälle der Schwangerschaft von Arbeitnehmerinnen entgegen § 5 Abs. 1 S. 2 MuSchG unaufgefordert mitzuteilen, auch gegen den Willen der Arbeitnehmerin (abl. dazu MünchArbR/*Blomeyer* § 98 Rz. 14). 2992

d) Verhältnis zu Dritten; Rechts- und Amtshilfe von Behörden

Strikt zu wahren hat der Arbeitgeber die Vertraulichkeit gegenüber Dritten. Er darf generell keinerlei personenbezogene Daten ohne ausdrückliche Einwilligung des Arbeitnehmers an Dritte weitergeben (*BAG* 18.12.1984 EzA § 611 BGB Persönlichkeitsrecht Nr. 2; Arbeitsvertrag und Personalakte dürfen einem Arbeitgeber, bei dem sich der Arbeitnehmer bewerben will, nicht gezeigt werden). 2993

Die Weiterleitung des von dem Arbeitnehmer des öffentlichen Dienstes in Kenntnis seiner Bedeutung und seiner Funktion ausgefüllten Fragebogens an das Bundesamt für Verfassungsschutz zum Zwecke der **Sicherheitsüberprüfung** verletzt jedoch nicht das allgemeine Persönlichkeitsrecht des Arbeitnehmers (*BAG* 17.5.1983 EzA Art. 2 GG Nr. 3). 2994

Andererseits ist das *BAG* (15.7.1960 AP Nr. 1 zu Art. 35 GG) davon ausgegangen, dass sich die Behörde eines Landes rechtswirksam durch Vertrag mit einem der ausgeschiedenen Arbeitnehmer verpflichten kann, Bundes- oder Landesbehörden keine Aus- 2995 künfte über ihn zu geben, solchen Behörden auch die Personalakten des Arbeitnehmers nicht zugänglich zu machen.

2996 Gerichte haben jedenfalls im Rahmen der bei ihnen durchgeführten Prozesse das Recht, Personalakten von Amts wegen nach pflichtgemäßem Ermessen beizuziehen (§ 134 ZPO; *BAG* 13.2.1974 AP Nr. 4 zu § 70 BAT).

5. Aufbewahrungspflicht?

2997 Für die aufgenommenen Daten besteht eine Aufbewahrungspflicht nur insoweit, als dies der Persönlichkeitsschutz des Arbeitnehmers erfordert.
Grds. aufzubewahren sind die Erklärungen des Arbeitnehmers zum Inhalt der Personalakte gem. § 83 Abs. 2 BetrVG, andere Unterlagen ferner dann, wenn es sich um eine laufende Angelegenheit handelt, nicht aber, wenn die Angelegenheit als erledigt gilt.

2998 In diesem Fall kommt die Aufbewahrung nur bei berechtigtem Interesse des Arbeitnehmers in Betracht (GK-BetrVG/*Wiese* § 83 Rz. 41 unter Hinweis auf § 242 BGB).

2999 Nach Beendigung des Arbeitsverhältnisses wird i.d.R. ein berechtigtes Interesse des Arbeitnehmers fehlen, soweit nicht gesetzliche Vorschriften (z.B. § 41 Abs. 1 S. 9 EStG für die Aufbewahrung von Lohnkonten) entgegenstehen (MünchArbR/*Blomeyer* § 98 Rz. 16).

6. Einsichtsrecht des Arbeitnehmers

3000 Als Konsequenz des allgemeinen Persönlichkeitsschutzes im Arbeitsverhältnis hat der Arbeitnehmer ein Einsichtsrecht in seine Personalakten.

3001 Im öffentlichen Dienst ist dies konkretisiert durch tarifliche Normen (z.B. § 13 BAT), soweit ein Betriebsrat besteht, folgt es aus § 83 BetrVG, wonach der Arbeitnehmer zusätzlich zur Einsichtnahme ein Mitglied des Betriebsrates hinzuziehen kann.
Da es sich insoweit um eine individualrechtliche Vorschrift handelt, gilt sie auch dann, wenn im Betrieb kein Betriebsrat besteht.

3002 Das Einsichtsrecht bezieht sich auf sämtliche Personalakten im materiellen Sinne. Es besteht allerdings dann nicht, wenn sich die Unterlagen bestimmungsgemäß in der Hand Dritter befinden.

3003 Bei Unterlagen, die mehrere Arbeitnehmer betreffen (z.B. Gehaltslisten), ist ein Einsichtsrecht dann nicht gegeben, wenn bei einer Einsichtnahme unvermeidlich die Gefahr der Verletzung der Vertraulichkeit hinsichtlich der Daten anderer Arbeitnehmer besteht (MünchArbR/*Blomeyer* § 98 Rz. 18).

7. Recht auf Gegendarstellung

3004 Das Einsichtsrecht des Arbeitnehmers wird ergänzt durch einen Anspruch auf Aufnahme einer Erklärung (Gegendarstellung) zu den Personalakten (§§ 13 BAT, 83 Abs. 2 BetrVG).

3005 Der Arbeitgeber ist verpflichtet, die Gegenerklärung der Personalakte beizufügen, auch dann, wenn die Personalakte nicht unrichtig ist oder wenn die Gegendarstellung nach seiner Auffassung unzutreffende Tatsachenbehauptungen oder Werturteile enthält.
Andererseits kann der Arbeitgeber die Aufnahme einer beleidigenden Äußerung ablehnen.

3006 Der Arbeitnehmer kann ferner die Aufnahme von Erklärungen dann nicht verlangen, wenn sie mit seinem Arbeitsverhältnis in keinem Zusammenhang stehen (z.B. Angaben über Nebentätigkeiten). Insofern kann der Arbeitgeber ein Prüfungsrecht ausüben.

Keine Verpflichtung besteht für den Arbeitgeber auch dann, wenn ihm die Aufnahme (z.B. bei umfangreichen Aktenstücken, die mit dem Arbeitsverhältnis nur in losem Zusammenhang stehen und deren Aufbewahrung erhebliche Umstände bereitet) unzumutbar ist (MünchArbR/*Blomeyer* § 98 Rz. 20). 3007

8. Widerruf; Berichtigungs-, Entfernungsanspruch

a) Widerruf; Berichtigungsanspruch

Nach dem Grundsatz von Treu und Glauben hat der Arbeitgeber das allgemeine Persönlichkeitsrecht des Arbeitnehmers in Bezug auf Ansehen, soziale Geltung und berufliches Fortkommen zu beachten. 3008

> Bei einem objektiv rechtswidrigen Eingriff in sein Persönlichkeitsrecht hat der Arbeitnehmer analog §§ 242, 1004 BGB Anspruch auf Widerruf bzw. Beseitigung der Beeinträchtigung (*BAG* 27.11.1985 EzA § 611 BGB Fürsorgepflicht Nr. 38). 3009

Als Nebenpflicht des Arbeitgebers zum Schutz der Persönlichkeitssphäre hat der Arbeitnehmer zudem einen **Anspruch auf Berichtigung** einer unberechtigten Angabe oder Unterlage (*BAG* 25.2.1959 AP Nr. 6 zu § 611 BGB Fürsorgepflicht). 3010

b) Entfernungsanspruch

Der Arbeitgeber ist schließlich verpflichtet, unrichtige bzw. unzulässige Angaben und Unterlagen aus den Personalakten zu entfernen bzw. zu ersetzen. 3011

aa) Anspruchsgrundlagen

Dieser Anspruch folgt aus der **Fürsorgepflicht** des Arbeitgebers (*BAG* 27.11.1985 EzA § 611 BGB Fürsorgepflicht Nr. 38) sowie aus der **analogen Anwendung der §§ 12, 862, 1004 BGB** (*BAG* 13.4.1988 EzA § 611 BGB Fürsorgepflicht Nr. 47; s. zu Gesundheitsdaten *BAG* 12.9.2006 EzA § 611 BGB Persönlichkeitsrecht Nr. 4 = NZA 2007, 269 und oben Rn. 2970). 3012

> Es handelt sich um zwei verschiedene Anspruchsgrundlagen, was z.B. für die Anwendung tariflicher Ausschlussfristen, die nur für vertragliche, aber nicht für deliktische Ansprüche gelten, Auswirkungen hat (MünchArbR/*Blomeyer* § 98 Rz. 22). 3013

bb) Unrichtige Tatsachenbehauptungen

Der Anspruch ist gegeben bei objektiv unrichtigen Tatsachenbehauptungen und Rügen (z.B. Abmahnungen), die **geeignet sind, den Arbeitnehmer in seinem beruflichen Fortkommen zu beeinträchtigen** (*BAG* 15.1.1986 EzA § 611 BGB Fürsorgepflicht Nr. 39). 3014

Gleiches gilt für Personalbeurteilungen und für objektiv ungerechtfertigte Betriebsbußen (*BAG* 5.12.1975 EzA § 87 BetrVG Betriebliche Ordnung Nr. 1). 3015

cc) Verstoß gegen formelle Vorschriften

Der Anspruch ist auch dann gegeben, wenn die Vermerke oder Unterlagen in den Personalakten infolge eines **Verstoßes gegen formelle Vorschriften** (z.B. Anhörungsrecht des Arbeitnehmers) unzulässig erfolgt bzw. aufgenommen worden sind (*BAG* 16.11.1989 EzA § 611 BGB Abmahnung Nr. 19). 3016

dd) Wegfall des schutzwürdigen Interesses des Arbeitgebers

> Eine Entfernung z.B. eines auf einer wahren Sachverhaltsdarstellung beruhenden Schreibens aus der Personalakte kann u.U. sogar bei berechtigter Aufnahme bzw. Eintragung dann verlangt werden, wenn das schutzwürdige Interesse des Arbeitgebers an einem 3017

dauernden Verbleib der Eintragung in der Personalakte weggefallen ist und infolge des weiteren Verbleibs in der Personalakte die Gefahr besteht, dass der Arbeitnehmer in seiner beruflichen Entwicklung beeinträchtigt wird (*BAG* 13.4.1988 EzA § 611 BGB Fürsorgepflicht Nr. 47).

3018 Ein derartiger Anspruch kann sich aus der Fürsorgepflicht des Arbeitgebers ergeben. Denn dieser hat bei allen seinen Maßnahmen, auch soweit er Rechte ausübt, auf das Wohl und die berechtigten Interessen seines Arbeitnehmers Rücksicht zu nehmen. Deshalb muss er unter Umständen besondere Maßnahmen treffen, die die Entstehung eines Schadens, insbes. eine Beeinträchtigung des Fortkommens seines Arbeitnehmers verhindern können. Der Umfang dieser Fürsorgepflicht lässt sich im Einzelfall nur auf Grund einer eingehenden Abwägung der beiderseitigen Interessen bestimmen. Deshalb kann der Arbeitnehmer z.B. die **Entfernung eines – inhaltlich zutreffenden – Schriftwechsels** verlangen, der seine Teilnahme an einem Warnstreik und den darauf beruhenden Abzug des Gehalts für vier Stunden betrifft, wenn der Arbeitnehmer ausdrücklich erklärt, auf das Entgelt keinen Anspruch zu erheben und eine anwendbare tarifliche Ausschlussfrist bereits abgelaufen ist.

3019 Das schutzwürdige Interesse des Arbeitgebers entfällt z.B. auch dann, wenn eine **Wiederholung des berechtigt abgemahnten Verhaltens** auf Grund einer inzwischen erfolgten **»Bewährung« des Arbeitnehmers nicht mehr zu besorgen ist**. Angesichts der Relativität dieser Voraussetzungen kann jedoch nicht auf einen Zeitablauf, d.h. auf einen absolut bestimmbaren Zeitraum abgestellt werden (*BAG* 13.4.1988 EzA § 611 BGB Fürsorgepflicht Nr. 47; s.u. Kap. 4 Rn. 2353 ff.).

3020 Eine »Fristenregelung« kann allerdings durch Betriebsvereinbarung vorgesehen werden, wenn dort ausdrücklich festgelegt wird, dass eine missbilligende Äußerung nur für eine bestimmte Zeit Wirkung haben soll.

ee) Beendigung des Arbeitsverhältnisses

3021 Fraglich ist, ob der Tilgungsanspruch mit der Beendigung des Arbeitsverhältnisses untergeht.

3022 Da im Arbeitsrecht nachwirkende Vertragspflichten bestehen können, muss der Tilgungsanspruch nicht zwangsläufig erlöschen. Die Geltendmachung richtet sich dann ausschließlich nach dem Ergebnis einer Abwägung des Arbeitnehmerinteresses an der Löschung aller im nachteiligen Akteneinträge bzw. Unterlagen auf der einen und dem Interesse des Arbeitgebers an fortbestehender Information, etwa für den Fall der Wiedereinstellung, auf der anderen Seite (zur Entfernung einer Abmahnung s.u. Kap. 4 Rn. 2353).

ff) Verwirkung

3023 Der Tilgungsanspruch unterliegt allerdings wie jeder andere Anspruch der Verwirkung.

gg) Erfüllung des Tilgungsanspruchs

3024 Der Vollzug des Tilgungsbegehrens besteht in der **vollständigen Entfernung** der betreffenden Unterlagen aus den Personalakten.

3025 Enthält ein Schreiben mehrere Angaben, von denen einige zu tilgen sind, so ist das gesamte Schreiben zu entfernen und ggf. durch ein **korrigiertes zu ersetzen** (*BAG* 13.3.1991 EzA § 611 BGB Abmahnung Nr. 20).

3026 Ist dies aus tatsächlichen Gründen nicht möglich, z.B. bei einem Vermerk in einer Liste, die nicht ersetzt werden kann, so muss der **Vermerk** so **unkenntlich gemacht werden**, dass er nicht mehr verwertbar ist.

Der Tilgungsanspruch erfasst nach Auffassung von *Blomeyer* (MünchArbR § 98 Rz. 27) jedoch nicht jenes Schriftstück, aus dem hervorgeht, dass eine unberechtigt aufgenommene Unterlage (z.B. eine Abmahnung) aus den Personalakten entfernt worden ist. 3027

c) Rechtsschutzmöglichkeiten des Arbeitnehmers

Steht eine Eintragung oder die Aufnahme von Unterlagen in die Personalakte bevor, kann der Arbeitnehmer gegen den Arbeitgeber **Unterlassungsklage** erheben, wenn er der Auffassung ist, dass die Aufnahme rechtlich unzulässig ist (§ 1004 Abs. 1 S. 2 BGB analog). 3028

Der bei den alliierten Streitkräften beschäftigte Arbeitnehmer kann wegen Verletzung seines Persönlichkeitsrechts nicht die Streitkräfte selbst, wohl aber die BRD als Prozessstandschafterin für die Stationierungsstreitkräfte auf Unterlassung verklagen. Im Vollstreckungsverfahren hat die Prozessstandschafterin dann darzulegen, dass sie das für sie Mögliche getan hat, um auf die Beachtung des Persönlichkeitsrechts hinzuwirken (*BAG* 15.5.1991 EzA § 1004 BGB Nr. 3). 3029
Nach Aufnahme in die Personalakte sind neben der gerichtlichen Durchsetzung des Tilgungsanspruchs Schadensersatzansprüche (pFV, jetzt §§ 280 ff., 241 Abs. 2 BGB n.F.; §§ 823 Abs. 1, 847 BGB; jetzt inhaltlich nicht gleich lautend § 253 Abs. 2 BGB) einschließlich eines Schmerzensgeldanspruchs möglich.

Schadensersatzansprüche kommen auch dann in Betracht, wenn der Arbeitgeber gegen das Gebot der Vertraulichkeit (z.B. durch die Überlassung der Personalakte an einen Dritten) verstößt. Jedenfalls ein Anspruch auf Zahlung eines Schmerzensgeldes (§ 847 BGB; jetzt inhaltlich nicht gleich lautend § 253 Abs. 2 BGB) besteht aber dann nicht, wenn die Rechtsgutsverletzung keinerlei Nachteile verursacht hat und aus der Sicht des Arbeitgebers auch den Interessen des Arbeitnehmers dienen sollte (*BAG* 18.12.1984 EzA § 611 BGB Persönlichkeitsrecht Nr. 2). 3030

V. Datenschutz im Arbeitsverhältnis

1. Grundlagen

a) Mögliche Inhalte von »Elektronischen Personalakten«

An die Stelle der manuell geführten Personalakten sind in der Praxis meist elektronische Personalinformationssysteme (»Elektronische Personalakten«) getreten. 3031

Sie beschränken sich entweder darauf, die Anforderungen, die für die Lohn- und Gehaltsabrechnung, die Erfüllung öffentlich-rechtlicher Auskunfts- und Meldepflichten, die Einstellung und Versetzung von Arbeitnehmern, ihre Beförderung und ihre Kündigung gestellt werden, zu erfüllen (administrative Personalinformationssysteme). 3032

Darüber hinausgehend können sie aber auch die Aufgaben der Personalplanung (z.B. Bedarf an Arbeitnehmern, Anwerbungs- und Einsatzmöglichkeiten, Übersichten über Freistellungen, Urlaub usw.) unterstützen (sog. dispositive Personalinformationssysteme). 3033

b) Aufgabe des Datenschutzes im Arbeitsrecht

Die Aufgabe des Datenschutzes im Arbeitsrecht besteht darin, **die Erhebung und Verarbeitung von Personaldaten auf das betrieblich erforderliche Höchstmaß zu begrenzen und eine effektive Datenschutzkontrolle durch den Ausbau individueller Rechte und durch die Stärkung der Kontrollorgane zu gewährleisten**. Das ist erforderlich, weil Art. 2 Abs. 1 i.V.m. Art. 1 Abs. 1, 14 GG kein absolutes Verbot der Erhebung oder Verarbeitung personenbezogener Daten durch den Arbeitgeber vorsehen. 3034

c) Recht auf »informationelle Selbstbestimmung«

3035 Hinsichtlich des Arbeitnehmers ist insoweit das »Recht auf informationelle Selbstbestimmung« zu beachten.

3036 **Das bedeutet für den Einzelnen, grds. selbst entscheiden zu können, wann und innerhalb welcher Grenzen persönliche Lebenssachverhalte offenbart werden dürfen** (*BVerfG* 15.12.1983 BVerfGE 65, 43).

3037 Da das informationelle Selbstbestimmungsrecht eine datenschutzbezogene Ausprägung des allgemeinen Persönlichkeitsrechts ist (vgl. *BAG* 4.4.1990 EzA § 611 BGB Persönlichkeitsrecht Nr. 9), muss es im Arbeitsverhältnis die gleiche Wirkung entfalten wie das allgemeine Persönlichkeitsrecht: Als absolutes Recht ist es gem. **§ 823 Abs. 1 BGB** geschützt und beeinflusst die Schutz- bzw. Nebenpflichten (Fürsorgepflicht) des Arbeitgebers. Ferner beeinflusst es die den Betriebspartnern gem. **§ 75 BetrVG** obliegenden gesetzlichen Schutzpflichten (MünchArbR/*Blomeyer* § 99 Rz. 5).

3038 Allerdings muss der Arbeitnehmer im Arbeitsverhältnis **Einschränkungen** hinnehmen, die sich auch aus **überwiegenden betrieblichen Interessen** ergeben können.

d) Normative Grundlagen

3039 Normative Grundlage für den Datenschutz im Arbeitsverhältnis ist mangels speziellerer gesetzlicher Regelungen das **BDSG**, ergänzt für die Arbeitnehmer im Landes- und Kommunaldienst (§ 12 Abs. 2 BDSG) durch die Landesdatenschutzgesetze (zu supranationalen Rechtsgrundlagen im Datenschutz, denen bislang keine praktische Bedeutung zukommt, s.o. Kap. 1 Rn. 626).

3040 § 1 Abs. 5 BDSG enthält eine **kollisionsrechtliche Bestimmung**. Danach ist zu unterscheiden:

- befindet sich die »verantwortliche Stelle« in einem anderen EU-Mitgliedsstaat, so ist das dortige Recht anzuwenden, es sei denn, die Erhebung, Verarbeitung oder Nutzung erfolgt durch eine inländische Niederlassung. Die Mitgliedsstaaten des europäischen Wirtschaftsraumes (Norwegen, Island, Liechtenstein) sind gleichgestellt;
- befindet sich die verantwortliche Stelle in einem Drittstaat, so ist das BDSG immer anwendbar, wenn die Erhebung, Verarbeitung oder Nutzung im Inland erfolgt.

2. Allgemeine Rechtsgrundsätze des personenbezogenen Datenschutzes

a) Anwendungsbereich des BDSG

3041 Das BDSG gilt für die Erhebung, Verarbeitung und Nutzung personenbezogener Daten durch nichtöffentliche Stellen, wenn dabei entweder Datenverarbeitungsanlagen eingesetzt werden, oder die Dateien in oder aus nicht automatisierten Dateien verarbeitet, genutzt oder dafür erhoben werden (**§§ 1 Abs. 2 Nr. 3, 27 ff. BDSG**).

3042 Erfasst sind alle Arbeitgeber der Privatwirtschaft sowie die Kapitalgesellschaften, deren Anteile sich zwar in öffentlicher Hand befinden, die aber von ihrer Rechtsform her privatrechtlich organisiert sind. Das BDSG gilt auch für die Datenverarbeitung durch **Betriebsräte**; insoweit gelten allerdings nicht die Kontrollbefugnisse des betrieblichen Datenschutzbeauftragten gem. §§ 36, 37 BDSG (*BAG* 11.11.1997 NZA 1998, 385; vgl. dazu *Kort* SAE 1998, 200 ff.).

3043 Zur Übermittlung von Arbeitnehmerdaten bei einem beabsichtigten Unternehmenskauf s. instr. *Braun/Wybitul* BB 2008, 782 ff.

b) Personenbezogene Daten

3044 Personenbezogene Daten sind alle **Einzelangaben über persönliche oder sachliche Verhältnisse einer bestimmten oder bestimmbaren natürlichen Person** (§ 3 Abs. 1 BDSG).

3045 Nicht erfasst sind nur Daten, die keinen Bezug zu einem bestimmten Arbeitnehmer aufweisen. Für den Personenbezug genügt es, wenn sich die **Identität des Arbeitnehmers unmittelbar unter Zuhilfenahme von Zusatzwissen** durch die verantwortliche Stelle **fest-**

stellen lässt (z.B. bei durch eine Telefondatenerfassungsanlage aufgezeichneten Angaben über die von einer Nebenstelle geführten Gespräche eines bestimmten Arbeitnehmers; vgl. *BAG* 1.8.1990 DB 1991, 47).

Dies gilt z.B. auch für eine Telefonzielnummer, wenn sie erfasst wird, da sich die Person 3046
des Angerufenen i.d.R. mit einem vertretbaren Aufwand ermitteln lässt (sog. doppelter Personenbezug; *BAG* 27.5.1986 EzA § 87 BetrVG 1972 Kontrolleinrichtung Nr. 16).

c) Automatisierte Verarbeitung; nicht automatisierte Datei

> Automatisierte Verarbeitung ist gem. § 3 Abs. 2 S. 1 BDSG die Erhebung, Verarbeitung 3047
> oder Nutzung personenbezogener Daten unter Einsatz von Datenverarbeitungsanlagen. Eine nicht automatisierte Datei gem. § 3 Abs. 2 S. 2 BDSG ist eine Sammlung personenbezogener Daten, die gleichartig aufgebaut ist und nach bestimmten Merkmalen geordnet, umgeordnet und ausgewertet werden kann.

Sind Daten nicht Bestandteil einer nicht automatisierten Datei, unterfallen sie dem BDSG 3048
nur dann, wenn sie offensichtlich aus einer automatisierten Verarbeitung entnommen worden sind (§ 27 Abs. 2 BDSG).

Abweichend vom materiellen Personalaktenbegriff des Arbeitsrechts (s.o. Rn. 2970) ist die 3049
äußere Form der Aufbewahrung für die Abgrenzung der Datei unerheblich. Auch standardisierte Personalfragebögen sind deshalb Bestandteil einer nicht automatisierten Datei, wenn sie im Rahmen einer gleichartigen Sammlung von Personalfragebögen z.B. in einem Sammelordner aufbewahrt werden (*BAG* 6.6.1984 EzA Art. 2 GG Nr. 4).

> Nicht erfasst ist aber jedenfalls die herkömmliche, manuell geführte Personalakte, die 3050
> z.B. chronologisch oder alphabetisch geordnet ist (*BAG* 4.4.1990 EzA § 611 BGB Persönlichkeitsrecht Nr. 9; vgl. auch *LAG Brem.* 6.12.1996 ZTR 1997, 141; *Däubler* NZA 2001, 875).

Eine Sonderregelung enthält § 12 Abs. 4 BDSG für die Arbeitnehmer des **öffentlichen** 3051
Dienstes. Soweit es um ihre Daten geht, ist das BDSG unabhängig von dem verwendeten Speichermedium anwendbar (krit. dazu *Däubler* NZA 2001, 875).

d) Ausschluss für persönliche und familiäre Tätigkeiten

Das BDSG ist nicht anwendbar, wenn die Erhebung, Verarbeitung und Nutzung ausschließ- 3052
lich für persönliche oder familiäre Tätigkeiten erfolgt (§ 1 Abs. 2 Nr. 3 a.E.). Der Einzelne kann sich also z.B. ein Verzeichnis der Adressen seiner Freunde und Bekannten anlegen; sobald eine solche Datei jedoch für berufliche Zwecke verwendet wird, gilt etwas anderes (vgl. *Däubler* NZA 2001, 875).

e) Schutzumfang des BDSG; gesetzliche Erlaubnistatbestände

Das Gesetz gilt nicht nur für die **Datenverarbeitung**, sondern auch für die **Datenerhebung** 3053
und **-nutzung** (§ 1 Abs. 2 BDSG).

Die Datenverarbeitung und -nutzung bedarf entweder einer **Erlaubnis oder Anordnung** 3054
durch das BDSG oder einer anderen Rechtsvorschrift oder der **Einwilligung** des Betroffenen (§§ 4 Abs. 1, 4 a i.V.m. § 28 BDSG).

f) Subsidiarität des BDSG

Das BDSG ist (vgl. § 1 Abs. 3 S. 1) gegenüber anderen Rechtsvorschriften des Bundes, die 3055
eine Erlaubnis z.B. bei den gesetzlichen Auskunfts- und Meldepflichten des Arbeitgebers gegenüber den Behörden enthalten, subsidiär, tritt also hinter ihnen zurück.

3056 Aufgrund ihrer normativen Wirkung gehören zu diesen Rechtsvorschriften des Bundes auch die datenschutzrechtlichen Bestimmungen in Tarifverträgen, Betriebsvereinbarungen, Dienstvereinbarungen und Einigungsstellensprüchen.

3057 So ist z.B. die Verarbeitung von personenbezogenen Daten der Arbeitnehmer datenschutzrechtlich schon dann zulässig, wenn sie durch eine Betriebsvereinbarung oder durch einen Spruch der Einigungsstelle erlaubt wird (*BAG* 27.5.1986 EzA § 87 BetrVG 1972 Kontrolleinrichtung Nr. 16).

3058 Betriebsvereinbarung oder Spruch der Einigungsstelle können auch zu Ungunsten der Arbeitnehmer vom BDSG abweichen. Sie müssen sich lediglich im Rahmen der Regelungskompetenz der Betriebspartner halten und den Grundsätzen über den Persönlichkeitsschutz des Arbeitnehmers im Arbeitsverhältnis Rechnung tragen (*BAG* 27.5.1986 EzA § 87 BetrVG 1972 Kontrolleinrichtung Nr. 16).

3. Datenerhebung

a) Begriffsbestimmung

3059 Datenerhebung ist die der Datenspeicherung vorgelagerte Phase der Beschaffung von Daten über den Betroffenen (**§ 3 Abs. 3 BDSG**), etwa durch Fragen oder Fragebögen. Nicht erfasst ist die Lieferung von Daten durch den Betroffenen oder Dritte ohne Anforderung. Erhoben sind auch Daten, die z.B. durch die **systematische Auswertung und Verknüpfung der vorhandenen Datenbestände**, also durch Verarbeitung personenbezogener Dateien, gewonnen werden. Gem. § 4 Abs. 2 S. 2 BDSG (für öffentliche Stellen vgl. § 13 Abs. 1a BDSG) gilt der Vorrang der Direktermittlung der Daten beim Betroffenen.

b) Mittelbare Beschränkung

3060 Für den nichtöffentlichen Bereich ergibt sich eine mittelbare Beschränkung der Informationsbeschaffungsmöglichkeiten des Arbeitgebers insofern, als dieser die arbeitsrechtlichen Grenzen des Fragerechts (s.o. Kap. 2 Rn. 247 ff.) zu beachten hat.

3061 Die Erhebung von **Bewerberdaten** ist zwar gem. § 28 Abs. 1 BDSG zulässig; der Arbeitgeber kann sich auf ein »vertragsähnliches Vertrauensverhältnis mit dem Betroffenen« stützen. Die Zwecke der Datenerhebung müssen zudem konkret festgelegt werden; insofern kommt die Feststellung der Eignung/Nichteignung für die zu besetzende Stelle in Betracht. Das BDSG enthält aber **keine Aussage** darüber, **welche Angaben** im Rahmen des »Anbahnungsverhältnisses« verlangt werden können, so dass die Grundsätze über das Fragerecht (s.o. Kap. 2 Rn. 247 ff.) weiterhin gelten (vgl. *Däubler* NZA 2001, 876).

3062 Die **Einschaltung Dritter** ist gem. § 4 Abs. 2 Nr. 2a BDSG **nur dann** gestattet, wenn der **Geschäftszweck** des Arbeitgebers **eine solche Erhebung erforderlich macht** und keine Anhaltspunkte dafür bestehen, dass **überwiegende schutzwürdige Interessen des Betroffenen beeinträchtigt werden**. Das kann z.B. dann der Fall sein, wenn es Anhaltspunkte für unrichtige Angaben des Bewerbers gibt, oder wenn Aussagen über die bisherige berufliche Tätigkeit (z.B. in Zeugnissen) so unspezifisch sind, dass der Arbeitgeber sich kein sicheres Bild von der Qualifikation des Bewerbers machen kann. Die Einschaltung der Ämter für Verfassungsschutz ist nur in sicherheitsempfindlichen Bereichen möglich, wo der Arbeitgeber i.d.R. seinerseits verpflichtet ist, nur sicherheitsüberprüfte Personen zu beschäftigen, da er anderenfalls weitere Staatsaufträge (z.B. im Rüstungssektor) oder seine Betriebsgenehmigung (z.B. bei kerntechnischen Anlagen) aufs Spiel setzen würde (Sicherheitsüberprüfungsgesetz vom 20.9.1994 BGBl. I, S. 867; vgl. *Däubler* NZA 2001, 876).

3063 Erforderlich ist im Übrigen im Rahmen einer **Verhältnismäßigkeitsprüfung** eine Güter- und Interessenabwägung zwischen dem Informationsinteresse des Arbeitgebers einer- und dem Persönlichkeitsschutzrecht des Arbeitnehmers andererseits (vgl. *BAG* 6.6.1984 EzA Art. 2 GG Nr. 4).

> Die Daten müssen einen unmittelbaren Bezug zum bestehenden oder künftigen Arbeitsverhältnis aufweisen; der Umfang der Datenerhebung wird durch die Erfordernisse des konkreten Arbeitsverhältnisses beschränkt (vgl. *BAG* 19.5.1983 EzA § 123 BGB Nr. 23). **3064**

4. Datenverarbeitung und -nutzung

a) Begriffsbestimmungen

Erfasst ist gem. § 3 Abs. 4, 5 BDSG die Speicherung, Veränderung, Übermittlung, Sperrung, **3065**
Löschung und Nutzung personenbezogener Daten.

b) Zulässigkeit von Datenverarbeitung und -nutzung

aa) Der Zweckbestimmung des Vertragsverhältnisses dienen

Zulässig ist die Datenverarbeitung und -nutzung, wenn sie der Zweckbestimmung eines Ver- **3066**
tragsverhältnisses, z.B. des Arbeitsverhältnisses oder eines vertragsähnlichen Vertrauensverhältnisses dient (**§ 28 Abs. 1 S. 1 Nr. 1 BDSG**). Entscheidend ist der von beiden Vertragspartnern gemeinsam verfolgte Zweck, der sich aus den abgegebenen Willenserklärungen im Zweifelsfall durch Auslegung ermitteln lässt. Aus der Formulierung »dient« folgt, dass die **bloße Nützlichkeit** für das Arbeitsverhältnis **nicht genügt**; nur das für das Arbeitsverhältnis Erforderliche wird durch diese Regelung gedeckt (*Däubler* NZA 2001, 876).

Bei der Erhebung sind zudem gem. § 28 Abs. 1 S. 2 BDSG die vom Arbeitgeber **verfolgten** **3067**
Zwecke konkret festzulegen, also die Zwecke im Einzelnen, die mit einer Datenerhebung verbunden sind.

bb) Erweiterung des Verarbeitungsrahmens durch Einwilligung

Im Einzelfall kann ein Bedarf bestehen, Arbeitnehmerdaten für Zwecke zu erheben, die sich **3068**
nicht oder jedenfalls nicht eindeutig aus dem Arbeitsverhältnis ergeben. Will der Arbeitgeber z.B. Namen, Qualifikation, Erreichbarkeit und Foto bestimmter Beschäftigter ins **Internet** stellen, um damit zu werben, bedarf es der Einwilligung des Arbeitnehmers, weil § 28 Abs. 1 S. 1 Nr. 1 BDSG als Rechtsgrundlage nicht ausreicht.

Gem. § 4a BDSG ist **Voraussetzung für die Einwilligung** des Arbeitnehmers, dass **3069**

- sie grds. schriftlich erfolgt,
- der Einwilligende über den Gegenstand seiner Erklärung ausreichend informiert ist,
- die Einwilligung auf der freien Entscheidung des Betroffenen beruht (vgl. *Däubler* NZA 2001, 877).

cc) Wahrung berechtigter Interessen

Erforderlich ist die Wahrung berechtigter Interessen der speichernden Stellen, wenn kein **3070**
Grund zu der Annahme besteht, dass dadurch überwiegende schutzwürdige Belange des Betroffenen beeinträchtigt werden.

Ein berechtigtes Interesse des Arbeitgebers an der Einführung eines **Personalinformati-** **3071**
onssystems liegt z.B. darin, dass so **die benötigten Arbeitnehmerdaten in wirtschaftlich sinnvoller Weise schnell und kostengünstig gewonnen werden können** (*BAG* 11.3.1986 EzA § 87 BetrVG 1972 Kontrolleinrichtung Nr. 15). Insoweit kommt auch eine Verarbeitung oder Nutzung der Daten von Dritten in Betracht, die nicht in Vertrags- bzw. Vertrauensbeziehungen stehen. Auf diese Weise kann z.B. die **Erfassung der Zielnummern bei Dienst- und Privatgesprächen** gerechtfertigt sein (vgl. *BAG* 27.5.1986 EzA § 87 BetrVG 1972 Kontrolleinrichtung Nr. 16), oder eine Auskunft zwischen Arbeitgebern über Daten nicht angestellter oder ausgeschiedener Arbeitnehmer, etwa innerhalb von Konzernen.

dd) Allgemein zugängliche Quellen; wissenschaftliche Forschung

3072 **Keine Beschränkungen** bestehen, wenn die Daten allgemein zugänglichen Quellen entnommen werden oder der Arbeitgeber sie veröffentlichen dürfte (§ 28 Abs. 1 S. 1 Nr. 3 BDSG), sowie bei Datenverarbeitung oder -nutzung, die zur Durchführung wissenschaftlicher Forschung erforderlich ist (§ 28 Abs. 1 S. 1 Nr. 4 BDSG).

ee) Sonderregelungen für sensitive Daten

3073 Gem. § 3 Abs. 9 BDSG ist die Erhebung und Verarbeitung bestimmter, besonders sensibler Daten nur unter **ganz engen Voraussetzungen** zulässig (Angaben über die rassische und ethnische Herkunft, politische Meinungen, religiöse oder philosophische Überzeugungen, Gewerkschaftszugehörigkeit, Gesundheit, Sexualleben). Erforderlich ist die **Einwilligung** des Betroffenen, die sich ausdrücklich auf diese Daten beziehen muss (§ 28 Abs. 6 i.V.m. § 4a Abs. 3 BDSG), d.h. dass eine konkludente, aus den Umständen rückschließbare Erklärung nicht ausreicht (*Däubler* NZA 2001, 878). Darüber hinaus sieht § 28 Abs. 6 BDSG vier Gründe vor, die die Erhebung und Verarbeitung rechtfertigen können:
- der Betroffene kann seine Einwilligung nicht selbst erteilen;
- der Betroffene hat die Daten offenkundig öffentlich gemacht;
- sie ist zur Geltendmachung, Ausübung oder Verteidigung rechtlicher Ansprüche erforderlich und es besteht kein Grund zu der Annahme, dass das schutzwürdige Interesse des Betroffenen an dem Ausschluss der Erhebung usw. überwiegt,
- wenn dies zur Durchführung wissenschaftlicher Forschung erforderlich ist (vgl. *Däubler* NZA 2001, 878).

3074 § 28 Abs. 7 BDSG enthält Sonderregelungen für den Gesundheitsbereich; § 28 Abs. 9 BDSG für Organisationen, die politische, philosophische, religiöse oder gewerkschaftliche Zwecke verfolgen.

3075 Soweit diese Verarbeitungsmöglichkeiten nicht eingreifen, kommt eine Einwilligung nach § 4a BDSG in Betracht (s.o. Rn. 3068).

ff) Videoüberwachung

3076 Für **öffentlich zugängliche Räume** wie Ladenpassagen, Kaufhäuser, Gaststätten, Tankstellen und Bankfilialen enthält § 6b BDSG eine Sonderregelung: Eine vom Arbeitgeber initiierte Videoüberwachung ist **nur zulässig**, wenn sie der **Wahrnehmung des Hausrechts dient**, also den Zutritt Unbefugter verhindern will, oder zur Wahrnehmung berechtigter Interessen für konkret festgelegte Zwecke erforderlich ist (z.B. Abwehr von Diebstählen). Die Konkretheit des Zwecks muss bestimmt werden, so dass die Erforderlichkeit überprüfbar wird. Kommen auch andere Mittel wie das Auslösen akustischer Signale beim Verlassen ohne Bezahlung in Betracht, muss die Videoüberwachung unterbleiben. Auch müssen die berechtigten Interessen objektiv vorliegen; die bloße Befürchtung, es könne zu Diebstählen kommen, genügt nicht. § 6b Abs. 2 BDSG verlangt, dass die Beobachtung und ihr Veranlasser durch geeignete Maßnahmen erkennbar gemacht werden. Soweit Daten verarbeitet werden, ist dies grds. nur zur Erreichung des verfolgten Zwecks zulässig (§ 6b BDSG; vgl. *Däubler* NZA 2001, 878). Auf die Videoüberwachung an einem **nicht öffentlich zugänglichen Arbeitsplatz** ist § 6b BDSG weder unmittelbar noch entsprechend anwendbar (*BAG* 29.6.2004 EzA § 611 BGB 2002 Persönlichkeitsrecht Nr. 2 = NZA 2004, 1278 = BAG Report 2005, 15 m. Anm. *Oetker*; *Bayreuther* NZA 2005, 1038 ff.).

gg) Automatisierte Einzelentscheidungen

3077 Gem. § 6a BDSG sind Entscheidungen unzulässig, die ausschließlich auf einer automatisierten Auswertung von Daten beruhen, die der Bewertung einzelner Persönlichkeitsmerkmale dienen.

hh) Verwendung von Chipkarten

Werden im Betrieb mobile personenbezogene Speicher- und Verarbeitungsmedien, also insbes. Chipkarten benutzt, so muss der Betroffene nach § 6c Abs. 1 BDSG umfassend über die Funktionsweise dieses Mediums unterrichtet und gem. § 6c Abs. 2 BDSG in die Lage versetzt werden, durch Benutzung von Lesegeräten im Einzelnen nachzuvollziehen, was über ihn gespeichert ist und welche Datenverarbeitungsvorgänge stattgefunden haben (vgl. *Däubler* NZA 2001, 879). 3078

c) Datenspeicherung

Datenspeicherung (vgl. § 3 Abs. 4 S. 2 Nr. 1 BDSG) ist nach Maßgabe der vertraglichen Zweckbestimmung in den Grenzen des Verhältnismäßigkeitsprinzips zulässig, wenn sie zur Erfüllung des konkreten Arbeitsvertragszwecks erforderlich ist (vgl. *BAG* 22.10.1986 EzA § 23 BDSG Nr. 4). 3079

Es bedarf eines besonderen vertragsbezogenen Speicherungsinteresses des Arbeitgebers. Die Angemessenheit muss im Wege einer Güter- und Interessenabwägung ermittelt werden, die insbesondere auch die schutzwürdigen Belange des Arbeitnehmers berücksichtigt (*BAG* 22.10.1986 EzA § 23 BDSG Nr. 4). 3080

Für die im üblichen **Personalfragebogen** enthaltenen Daten bedeutet dies, dass gespeichert werden kann das **Geschlecht, der Familienstand, Ausbildungsdaten und Sprachkenntnisse, Krankheits- und sonstige Fehlzeiten**. 3081

Nach Auffassung von *Blomeyer* (MünchArbR § 99 Rz. 29; **a.A.** *LAG BW* DB 1985, 2567) können sowohl die Konfession des Arbeitnehmers als auch die Ableistung des Wehrdienstes gespeichert werden. 3082

Die Speicherung von Telefondaten, insbes. von Zielnummern kann, soweit zwischen dem Arbeitgeber und dem Angerufenen kein Vertrags- oder vertragsähnliches Vertrauensverhältnis besteht, wie z.B. bei Geschäftspartnern, allenfalls durch § 28 Abs. 1 S. 1 Nr. 2 BDSG gerechtfertigt sein (*LAG Düsseld.* DB 1984, 2624; **a.A.** *LAG Hamm* DB 1986, 702, 703; offen gelassen durch *BAG* 27.5.1986 EzA § 87 BetrVG 1972 Kontrolleinrichtung Nr. 16). 3083

d) Datenveränderung

Eine Datenveränderung (**§ 3 Abs. 4 S. 2 Nr. 2 BDSG**), d.h. vor allem die Auswertung der Daten mehrerer oder vieler Arbeitnehmer zu einem anderen Zweck als ursprünglich geplant und die Verknüpfung von Daten aus verschiedenen Dateien ist in den Grenzen des Verhältnismäßigkeitsprinzips im Rahmen der Zweckbestimmung des Vertragsverhältnisses statthaft. 3084

Die Veränderung muss nicht durch den konkreten Vertragszweck geboten sein. Vielmehr genügt ein **berechtigtes Interesse** des Arbeitgebers bezogen auf den Zweck der Durchführung des Arbeitsverhältnisses (*BAG* 11.3.1986 EzA § 87 BetrVG 1972 Kontrolleinrichtung Nr. 15). Veränderungen dürfen jedoch nicht erfolgen, wenn bereits die Speicherung der Daten unzulässig war (§ 28 Abs. 1 S. 2 BDSG). 3085

e) Datenübermittlung

Datenübermittlung ist das **Bekanntgeben gespeicherter oder durch Datenverarbeitung gewonnener personenbezogener Daten an einen Dritten** (vgl. § 3 Abs. 4 ff. BDSG), wobei betriebsinterne Stellen im Rahmen der betrieblichen Funktions- und Aufgabenverteilung (z.B. der Betriebsrat, der Betriebsarzt und der betriebliche Datenschutzbeauftragte) eine rechtliche Einheit mit dem Arbeitgeber bilden, also nicht Dritte sind, sofern die Übermittlung im Rahmen der Funktion dieser Stellen erfolgt. 3086

Konzernverbundene Unternehmen sind dagegen stets Dritte. 3087

f) Nutzung von Daten

3088 Nutzung von Daten ist die Verwendung personenbezogener Daten, soweit es sicht nicht um Verarbeitung handelt (**§ 3 Abs. 5 BDSG**). Erfasst sind Fälle des schlichten Umgangs mit personenbezogenen Daten, die keiner speziellen Verarbeitungsphase zugeordnet werden können, wie etwa die reine Aufgabenerledigung (z.B. Ausstellen einer Bescheinigung).

g) Zulässigkeit von Übermittlung und Nutzung

3089 Übermittlung und Nutzung sind nur unter den Voraussetzungen des § 28 BDSG zulässig.

3090 **Beispiele:**

- Der Arbeitsvertrag rechtfertigt insbes. die Übermittlung von Personaldaten an rechtlich selbstständige Träger der betrieblichen Altersversorgung (z.B. Unterstützungs- und Pensionskassen), an Banken zur Abwicklung der bargeldlosen Lohnzahlung, an gemeinsame Einrichtungen der Tarifvertragsparteien, an Unternehmen im Konzernverbund, sofern sich das Vertragsverhältnis ausnahmsweise auch auf das als Übermittlungsadressat fungierende Konzernunternehmen bezieht (z.B. bei Abordnung innerhalb eines Konzerns); dies gehört noch zu dem für das Arbeitsverhältnis Erforderlichen (vgl. *Däubler* NZA 2001, 876).
- Von der Zweckbestimmung des laufenden oder abgelaufenen Arbeitsverhältnisses nicht gedeckt ist dagegen die Übermittlung von Arbeitnehmerdaten an zentrale Auskunftsstellen der Arbeitgeber, an Gewerkschaften zur Erleichterung der Erhebung von Gewerkschaftsbeiträgen oder an Versicherungsunternehmen zu Werbezwecken.
- Die Übermittlung kann seitens der speichernden Stelle ferner geschehen, wenn und soweit dies zur Wahrung ihrer eigenen berechtigten Interessen erforderlich ist und nicht durch überwiegende schutzwürdige Interessen des Betroffenen ausgeschlossen ist (§ 28 Abs. 1 S. 2 Nr. 2 BDSG).
- Berücksichtigt ist hier das einseitige, d.h. nicht von der Zweckbestimmung des Arbeitsverhältnisses gedeckte Übermittlungsinteresse des Arbeitgebers (z.B. an der Publikation von Personaldaten bei der Weitergabe an die Werkszeitung; MünchArbR/*Blomeyer* § 99 Rz. 34).

3091 **Darüber hinaus gelten nach § 28 Abs. 3 BDSG vier erweiterte Zulässigkeitstatbestände:**

3092 ▶ Die Übermittlung und Nutzung von Daten ist auch zulässig, soweit dies zur **Wahrung berechtigter Interessen eines Dritten oder öffentlicher Interessen** erforderlich ist. In Betracht kommt dies etwa bei der Erteilung von Auskünften zwischen Arbeitgebern z.B. bei der Übermittlung von Leistungs- und Verhaltensdaten ausgeschiedener Arbeitnehmer für Stellenbewerbungen.

3093 ▶ Zulässig ist die Übermittlung sog. **»harmloser Daten«**, das sind listenmäßig oder sonst wie zusammengefasste Daten über Angehörige einer Personengruppe.

3094 ▶ Bei diesen Gründen muss **hinzukommen**, dass kein Grund zur Annahme besteht, dass der Betroffene ein schutzwürdiges Interesse am Ausschluss der Übermittlung hat (§ 28 Abs. 3 S. 1 BDSG); insoweit ist stets eine Interessenabwägung erforderlich.

3095 ▶ Ferner ist die Datenübermittlung oder -nutzung auch für **wissenschaftliche Zwecke** zulässig (§ 28 Abs. 3 Nr. 2 BDSG).

h) Übermittlung in das Ausland

3096 Gem. § 4b Abs. 1 BDSG ist die Übermittlung in andere EU-Mitgliedsstaaten unter denselben Voraussetzungen wie an eine verantwortliche Stelle im Inland möglich. Die Tätigkeit muss sich allerdings ganz oder teilweise im Anwendungsbereich des EG-Rechts bewegen. Gleichgestellt sind die Staaten des Europäischen Wirtschaftsraumes sowie die Organe der Gemeinschaft. Die Übermittlung in Drittstaaten folgt denselben Grundsätzen, wenn dort ein angemessenes Datenschutzniveau besteht; ob dies der Fall ist, muss die verantwortliche Stelle gem. § 4b Abs. 3 BDSG selbst prüfen. Fehlt es daran, ist die Datenübermittlung nach dem Ausnahmekatalog des § 4c BDSG zulässig (vgl. dazu *Däubler* NZA 2001, 879).

5. Individualrechte der betroffenen Arbeitnehmer

Zwar ist die Überwachung der gesetzlichen Datenschutzbestimmungen grds. Aufgabe einer Aufsichtsbehörde (§ 38 BDSG). 3097

Gleichwohl gewährt das BDSG dem Betroffenen darüber hinaus zahlreiche subjektive **Informations- und Korrekturrechte**, die ihn in die Lage versetzen sollen, die Einhaltung des gesetzlichen Datenschutzes beim Umgang mit seinen persönlichen Daten durch die verantwortliche Stelle selbst zu kontrollieren und sicherzustellen. 3098

a) Benachrichtigungsanspruch

Dazu gehören insbes. ein Benachrichtigungsanspruch hinsichtlich der **erstmaligen Speicherung** und der Art seiner personenbezogenen Daten, der Zweckbestimmung der Erhebung, Verarbeitung oder Nutzung, sowie der Identität der verantwortlichen Stelle (**§ 33 Abs. 1 BDSG**, vgl. aber auch die Ausnahmen gem. § 33 Abs. 2 BDSG), die auch gegenüber Dritten hinsichtlich der Speicherung ihrer Daten besteht. 3099

Eine Verletzung dieser Pflicht ist zwar eine Ordnungswidrigkeit (§ 44 Abs. 1 Nr. 3 BDSG), führt jedoch nicht zur Unzulässigkeit der Speicherung und berechtigt nicht zur Ausübung der Rechte auf Berichtigung, Sperrung oder Löschung (*BAG* 22.10.1986 EzA § 23 BDSG Nr. 4). 3100

b) Auskunftsanspruch

Vorgesehen ist auch ein Auskunftsanspruch über die zu seiner Person gespeicherten Daten sowie deren Herkunft und Empfänger, soweit auch diese Angaben gespeichert sind (**§ 34 Abs. 1 S. 1 Nr. 1 BSDG)** einschließlich der Auskunft über den Zweck der Speicherung und über die Personen und Stellen, an die die Daten übermittelt werden. 3101

Das Auskunftsersuchen des Arbeitnehmers bedarf **weder** einer **Form noch** einer **Begründung** und **kann jederzeit** – auch wiederholt – **gestellt werden**. 3102

Die Auskunft ist grds. schriftlich **(§ 34 Abs. 3 BDSG)** und grds. unentgeltlich (§ 34 Abs. 5 BDSG) zu erteilen. Die Auskunftspflicht kann ausnahmsweise entfallen, wenn das Interesse an der Wahrung des Geschäftsgeheimnisses überwiegt **(§ 34 Abs. 1, 2 BDSG)**. 3103

c) Berichtigungsanspruch

Der Berichtigungsanspruch **(§ 35 Abs. 1 BDSG)** erfasst nicht nur objektiv unrichtige, sondern auch solche Daten, die infolge eines verzerrenden Zusammenhangs ein **»schiefes Bild«** der Realität wiedergeben (z.B. Aufzeichnung von Fehlzeiten ohne Angabe der Gründe). Die **Beweislast** für die Richtigkeit der verarbeiteten Daten trägt grds. der Arbeitgeber. 3104

Für die Berichtigung ist keine Frist gesetzt, sie hat aber entsprechend dem Verhältnismäßigkeitsprinzip innerhalb angemessener Zeit, u.U. sogar unverzüglich zu erfolgen, je nachdem, wie wichtig das unrichtige Datum für die Betroffenen und damit die Gefahr für die Persönlichkeitssphäre des Arbeitnehmers ist. Die **Beweislast** für die tatsächliche Durchführung der Berichtigung trägt der Arbeitgeber (MünchArbR/*Blomeyer* § 99 Rz. 47). 3105

d) Löschungsanspruch

Der Arbeitnehmer kann gem. **§ 35 Abs. 2 BDSG** die Löschung durch Unkenntlichmachung der relevanten eingespeicherten Daten (§ 3 Abs. 5 Nr. 5 BDSG) verlangen. 3106

Voraussetzung ist, dass 3107

- ihre **Speicherung** (von Anfang an) **ungerechtfertigt** oder derzeit nicht mehr gerechtfertigt ist, oder
- der **Speicherzweck weggefallen** ist (z.B. nach einer ergebnislosen Bewerbung), oder

– es sich um **sensible Daten** handelt (die die persönlichen Verhältnisse des Arbeitnehmers besonders berühren, z.B. Angaben über gesundheitliche Verhältnisse, strafbare Handlungen, religiöse oder politische Anschauungen), und ihre Richtigkeit vom Arbeitgeber nicht bewiesen werden kann.

3108 Trotz Wegfalls des Speicherungszwecks kann die Löschung jedoch nicht verlangt werden, wenn die Speicherstelle eine **Aufbewahrungspflicht** zu erfüllen hat oder die Löschung nicht oder nur mit unverhältnismäßig hohem Aufwand möglich ist (§ 35 Abs. 3 Nr. 1, 3 BDSG),

3109 **Im Übrigen kann der Arbeitgeber jederzeit bestimmte Daten selbstständig löschen, soweit nicht schutzwürdige Interessen des Betroffenen entgegenstehen** (§ 35 Abs. 3 Nr. 2 BDSG). Dies ist z.B. dann der Fall, wenn der Arbeitnehmer Ansprüche geltend macht, die nur mit Hilfe der zu löschenden Daten bewiesen werden können. Die Löschung hat so zu erfolgen, dass die **Lesbarkeit der Daten** endgültig **entfällt**.

e) Sperrungsanspruch

3110 Der Sperrungsanspruch (**§ 35 Abs. 4 BDSG**) ist vorgesehen, wenn der Arbeitnehmer die Richtigkeit seiner gespeicherten personenbezogenen Daten bestreitet und sich weder ihre Richtigkeit noch die Unrichtigkeit feststellen lässt.

3111 Die Sperrung tritt an die Stelle der Löschung, wenn die Daten für die Erfüllung des Speicherungszwecks zwar nicht mehr erforderlich sind, der Löschung aber Aufbewahrungspflichten entgegenstehen.

3112 Insoweit müssen die gesperrten Daten gekennzeichnet, d.h. mit einem entsprechenden Vermerk versehen werden, um ihre weitere Verarbeitung oder Nutzung einzuschränken (§ 3 Abs. 5 Nr. 4 BDSG).

f) Verhältnis zum Gegendarstellungsanspruch

3113 Fraglich ist, inwieweit durch den Berichtigungs- und Sperrungsanspruch der gem. § 83 Abs. 2 BetrVG gegebene Gegendarstellungsanspruch verdrängt wird, weil das BDSG einen entsprechenden Anspruch nicht kennt.

3114 Nach Auffassung von *Wiese* (GK-BetrVG § 83 Rz. 56 ff.) stehen §§ 35 Abs. 2, 3, 4 BDSG und § 83 Abs. 2 BetrVG **nebeneinander**, sodass der Arbeitnehmer je nach seiner Interessenlage wahlweise vorgehen kann.

g) Widerspruchsrecht

3115 Gem. § 35 Abs. 5 BDSG hat der Betroffene ein Widerspruchsrecht: Überwiegt sein schutzwürdiges Interesse wegen seiner besonderen persönlichen Situation das Interesse der verantwortlichen Stelle an der Erhebung, Verarbeitung oder Nutzung der Daten, so muss diese unterbleiben. Etwas anderes gilt dann, wenn der Arbeitgeber auf Grund einer Rechtsnorm zu einem entsprechenden Vorgehen verpflichtet ist, wenn er z.B. im Rahmen der Abführung von Lohnsteuer und Sozialversicherungsbeiträgen bestimmte Daten verarbeiten muss (vgl. *Däubler* NZA 2001, 880).

6. Schadensersatz- und Unterlassungsansprüche des Betroffenen

3116 Da die öffentlich-rechtlichen Pflichten des Arbeitgebers nach dem BDSG zugleich seine arbeitsvertraglichen Nebenpflichten bestimmen, stellt die Verletzung des BDSG i.d.R. auch eine Vertragsverletzung dar, sodass Ansprüche aus pFV (jetzt §§ 280 ff., 241 Abs. 2 BGB n.F.) oder cic (jetzt § 311 Abs. 3, 4 BGB n.F.) in Betracht kommen. Deliktische Ansprüche können sich aus § 823 Abs. 1 BGB, § 823 Abs. 2 BGB i.V.m. Vorschriften des BDSG ergeben, sofern der jeweils verletzten Bestimmung Schutzgesetzcharakter zukommt.

3117 Im Bereich des öffentlichen Dienstes sehen §§ 7, 8 BDSG eine verschuldensunabhängige Gefährdungshaftung vor.

Soweit keine speziellen Ansprüche aus dem BDSG bestehen, kommt für den Arbeitnehmer ein **Unterlassungsanspruch** in Betracht, gerichtet auf die Unterlassung des Eingriffs in sein Persönlichkeitsrecht und ggf. auf Beseitigung der Folgen (§§ 12, 862, 1004 BGB analog). Voraussetzung ist neben einem widerrechtlichen Eingriff das Vorliegen einer Wiederholungsgefahr (vgl. MünchArbR/*Blomeyer* § 99 Rz. 58). 3118

7. Betrieblicher Datenschutzbeauftragter

a) Zweck

Der betriebliche Datenschutzbeauftragte (§§ 4 f.ff. BDSG) bildet für den privaten Arbeitgeber neben dem Betriebsrat ein Organ der sog. **Eigenkontrolle**, die ihrerseits durch die Fremdkontrolle der Aufsichtsbehörde ergänzt wird; sie ist inzwischen auch für Behörden gegeben (§ 4 f.Abs. 1 BDSG). 3119

Arbeitgeber sind nach § 4 f.Abs. 1 BDSG verpflichtet, einen Datenschutzbeauftragten zu bestellen, wenn personenbezogene Daten automatisiert verarbeitet werden und damit regelmäßig mindestens fünf (seit dem 26.8.2006: zehn), im Fall der nichtautomatisierten Datenverarbeitung mindestens 20 Arbeitnehmer, ständig beschäftigt sind. Finden Datenverarbeitungsvorgänge statt, die einer Vorabkontrolle unterliegen (§ 4d BDSG), ist ein Datenschutzbeauftragter auch dann zu bestellen, wenn nicht mehr als 4 Arbeitnehmer mit der automatischen Erhebung usw. beschäftigt sind (§ 4 f.Abs. 1 S. 6 BDSG). Soweit ein betrieblicher Datenschutzbeauftragter existiert, entfällt die Meldepflicht gem. § 4d Abs. 2 BDSG). 3120

b) Bestellung

Die Bestellung, die von der vertraglichen Anstellung zu unterscheiden ist, unterliegt der konstitutiven Schriftform (§ 4 fAbs. 1 S. 1 BDSG). Der Beauftragte kann, muss aber nicht dem Unternehmen angehören. Er muss jedoch die zur Erfüllung seiner Aufgaben erforderliche Fachkunde und Zuverlässigkeit besitzen (§ 36 Abs. 2 BDSG); der Umfang der erforderlichen Fachkunde richtet sich nach dem Umfang und dem Schutzbedarf der tatsächlich stattfindenden Datenverarbeitung (§ 4f Abs. 2 BDSG n.F. ab 26.8.2006). 3121

Er ist der Unternehmensleitung unmittelbar zu unterstellen. Seine Bestellung unterliegt nicht der Mitwirkung des Betriebsrats, kann aber, je nach Aufgabendefinition, bei Personen, die dem Betrieb bereits angehören, als Versetzung gem. § 99 Abs. 1 BetrVG zustimmungsbedürftig sein (*LAG München* NJW 1979, 1847). 3122

c) Rechtsstellung

Der Beauftragte ist in Fragen des Datenschutzes **weisungsfrei** und darf wegen der Erfüllung seiner Aufgaben auch **nicht benachteiligt werden** (§ 4 f.Abs. 3 BDSG). Eine Kontrolle durch den Betriebsrat gem. § 80 BetrVG ist damit nicht vereinbar. Zur Rechtsstellung externer Beauftragter, die durch Geheimnisträger bestellt werden s. § 4f Abs. 2 S. 3, Abs. 4a BDSG u. § 203 Abs. 2 StGB (seit 26.8.2006). 3123

Die Bestellung kann nur bei Vorliegen eines wichtigen Grundes entsprechend § 626 BGB oder auf Verlangen der Aufsichtsbehörde widerrufen werden (§ 4 f.Abs. 3 S. 4 BDSG). § 626 Abs. 2 BGB ist nicht anwendbar. Der Widerruf bezieht sich allein auf die Bestellung, sodass das Arbeitsverhältnis unberührt bleibt. 3124
Soweit allerdings der Widerrufsgrund zugleich eine Verletzung der Vertragspflichten durch den Beauftragten darstellt, muss auch eine Kündigung in Betracht kommen.
Umgekehrt kann eine Verletzung der Vertragspflichten zwar die Kündigung rechtfertigen, stellt aber nicht zwangsläufig einen Widerrufsgrund dar (s.u. Kap. 4 Rn. 855 ff.).

3125 Der Arbeitgeber ist dem Beauftragten gegenüber zur **Unterstützung** bei der Aufgabenerfüllung verpflichtet, soweit dies erforderlich ist (§ 4 f.Abs. 5 BDSG).

d) Befugnisse

3126 Dem Datenschutzbeauftragten steht eine **umfassende Kontrollkompetenz hinsichtlich der Ausführung datenschutzrechtlicher Vorschriften** zu (§ 4g Abs. 1 S. 1 BDSG).

3127 Zu betonen ist (u.a.) die Überwachung der Verarbeitungsprogramm-Anwendung, die Anleitung des Personals und die beratende Mitwirkung bei der Auswahl des Personals. Er hat die Vorabkontrolle gem. § 4d BDSG durchzuführen und zudem die Angaben, die ohne seine Bestellung gem. § 4e BDSG der Aufsichtsbehörde gemeldet werden müssen, in geeigneter Weise für jedermann verfügbar zu halten.

3128 Zwar hat der Beauftragte keine eigene Entscheidungskompetenz. Hat er aber **Zweifel**, ob im Betrieb datenschutzrechtliche Normen eingehalten wurden, kann er sich gem. § 4g Abs. 1 S. 2 BDSG an die **Aufsichtsbehörde** wenden. Der Arbeitgeber muss den Beauftragten über Vorhaben der Datenverarbeitung rechtzeitig unterrichten.

3129 Die Befugnisse des Datenschutzbeauftragten erstrecken sich allerdings nicht auf die Datenverarbeitung durch **Betriebsräte** (*BAG* 11.11.1997 NZA 1998, 385; vgl. dazu *Kort* SAE 1998, 200 ff.; s.o. Rn. 3041).

8. Staatliche Aufsicht

a) Aufsichtsbehörde

3130 Die Fremdkontrolle obliegt einer von der jeweiligen Landesbehörde einzusetzenden Aufsichtsbehörde **(§ 38 Abs. 6 BDSG)**.

3131 **Die Behörde kann jederzeit aus eigener Initiative tätig werden, also nicht nur dann, wenn hinreichende Anhaltspunkte für einen Verstoß gegen Datenschutzvorschriften vorliegen (§ 38 Abs. 1 BDSG).**

3132 Zur Durchführung ihrer Aufgaben stehen der Aufsichtsbehörde **Auskunfts-, Nachschau- und Einsichtsrechte** gegenüber speichernden Stellen zu, im Hinblick auf die Bereiche Datensicherung und Bestellung des Datenschutzbeauftragten auch besondere **Anordnungs- und Eingriffsrechte** (§ 38 Abs. 3, 4, 5 BDSG). Seit dem 26.8.2006 besteht auch ein **Recht** des Datenschutzbeauftragten bzw. der Geschäfts-/Behördenleitung **auf Beratung** gegenüber der Datenschutzaufsichtsbehörde (§§ 4g Abs. 1 S. 3, 38 Abs. 1 S. 2 BDSG; s. dazu *Gola/Klug* NJW 2007, 118 ff.).

b) Meldepflicht und Vorabkontrolle

3133 Gem. § 4d Abs. 1 BDSG (zum Schwellenwert s. insoweit § 4d Abs. 3 BDSG) sind automatisierte Verarbeitungen vor ihrer Inbetriebnahme der zuständigen Aufsichtsbehörde zu melden (§ 4e BDSG). Soweit automatisierte Verarbeitungen besondere Risiken für die Rechte und Freiheiten der Betroffenen aufweisen, erfolgt nach § 4d Abs. 5 BDSG eine Vorabkontrolle hinsichtlich der Vereinbarkeit mit dem Datenschutzrecht. Sie ist vor allem bei der Verarbeitung sensitiver oder solcher Daten notwendig, die dazu bestimmt sind, die Persönlichkeit des Betroffenen zu bewerten (vgl. *Däubler* NZA 2001, 880).

9. Übergangsvorschrift

3134 Gem. § 45 BDSG müssen Erhebungen, Verarbeitungen oder Nutzungen personenbezogener Daten, die am Tag nach der Verkündung der Neufassung des BDSG (23.5.2001) bereits begonnen haben, innerhalb von drei Jahren an die Neuregelung angepasst werden.

VI. Recht am Arbeitsergebnis

1. Grundlagen

a) Sacheigentum des Arbeitgebers

Da die Bezahlung der Arbeitstätigkeit zur Erzielung eines bestimmten Arbeitsergebnisses erfolgt, über das der Arbeitgeber verfügen kann, steht ihm dieses ebenso wie das Recht am Arbeitsergebnis zu. Er erwirbt als Hersteller i.S.d. § 950 BGB unmittelbar und originär Sacheigentum (*BAG* 24.11.1960 AP Nr. 1 zu § 11 LitUrhG). 3135
Eigentum erwirbt der Arbeitgeber auch an hergestellten Mustern, Modellen und Zeichnungen, Filmnegativen, Tonträgern, an den Werkstücken urheberrechtlich geschützter Werke (z.B. ihm vorgelegten Manuskripten, technischen Zeichnungen, Computerprogrammen usw.).

Das folgt mittelbar aus **§ 28 Abs. UrhG**, der Herausgabeansprüche des Urhebers gegenüber dem Besitzer des Originals oder einer Vervielfältigung des Stücks ausschließt und ihm nach Abs. 1 nur ein sog. Zugangsrecht sichert (MünchArbR/*Sack* § 100 Rz. 4). 3136

b) Zugangs-, Benutzungsrecht des Arbeitnehmers

Neben dem Zugangsrecht des Urhebers gem. § 25 UrhG kann sich u.U. für den Arbeitnehmer (trotz Beendigung des Arbeitsverhältnisses) nach § 242 BGB ein Besitzrecht gem. § 986 BGB ergeben, damit er z.B. eine Erfindung vollenden kann. 3137

Ein **Besitzrecht** kann auch an Kopien geschäftlicher Unterlagen des vormaligen Arbeitgebers bestehen, wenn er auf diese zur Beweisführung in einem anhängigen Prozess über eine Erfindervergütung für eine vom vormaligen Arbeitgeber in Anspruch genommene Diensterfindung angewiesen ist (RGZ 105, 317 f.; *BGH* 21.12.1989 WM 1990, 810). 3138

c) Herstellen außerhalb der arbeitsvertraglich geschuldeten Tätigkeit

Stellt der Arbeitnehmer zwar in der Arbeitszeit bzw. am Arbeitsplatz, jedoch nicht in Erfüllung arbeitsvertraglich geschuldeter Tätigkeit Sachen her, so erwirbt er auch das Eigentum daran. 3139
Dies gilt z.B. dann, wenn ein Krankenhausarzt in der Arbeitszeit eine Kartei anlegt, die ausschließlich seiner privaten wissenschaftlichen Forschung dient (*BAG* 26.10.1951 NJW 1952, 61).

d) Recht an immateriellen Arbeitsleistungen des Arbeitnehmers

aa) Begriffsbestimmungen

Das Recht des Arbeitgebers am Arbeitsergebnis umfasst grds. **auch das Recht an immateriellen Arbeitsleistungen** des Arbeitnehmers. 3140

Das gilt uneingeschränkt für immaterialgüterrechtlich nicht geschützte Leistungen, die in Erfüllung arbeitsvertraglicher Pflichten erbracht werden (z.B. technische Verbesserungsvorschläge, Leistungen auf dem Gebiet der Werbung; qualifizierte technische Verbesserungsvorschläge, § 20 ArbNErfG; vgl. dazu *BGH* 23.10.2001 NZA-RR 2002, 203: Computerprogramm). 3141

Bei immaterialgüterrechtlich geschützten Leistungen, das sind Arbeitsergebnisse, die patent-, gebrauchsmuster-, geschmacksmuster-, urheberrechtlich oder in anderer Weise immaterialgüterrechtlich geschützt sind bzw. durch Eintragung und Hinterlegung geschützt werden können, gilt dieser Grundsatz an sich zwar auch. 3142

bb) Schöpferprinzip

3143 Daneben besteht aber das sog. Schöpferprinzip, wonach Immaterialgüterrechte originär beim Schöpfer (z.B. Urheber, Erfinder) der geschützten bzw. schutzfähigen Leistung entstehen. Es gilt auch für Leistungen, die in Erfüllung arbeitsvertraglicher Pflichten erbracht worden sind.

Der Arbeitnehmer erwirbt originär alle Rechte an der Erfindung und das Recht auf ein Patent oder Gebrauchsmuster (vgl. §§ 6 ff. PatG, § 13 Abs. 3 GebrMG i.V.m. §§ 6 ff. PatG). Gleiches gilt für Urheberrechte (vgl. §§ 7, 29 UrhRG). Bei der Feststellung der insoweit anspruchsbegründenden Tatsache, dass der Kläger Arbeitnehmererfinder oder -miterfinder ist, darf im **Rahmen der freien Beweiswürdigung** (§ 286 ZPO) die Benennung durch den Arbeitgeber anlässlich der Anmeldung der Diensterfindung als Hinweis darauf berücksichtigt werden (*BGH* 4.4.2006 NZA-RR 2006, 474).

Sacheigentum und immaterielles Eigentum fallen folglich auseinander.

cc) Recht des Arbeitgebers auf derivativen Erwerb

3144 Soweit die Immaterialgüterrechte originär beim Arbeitnehmer entstanden sind, hat der Arbeitgeber ein **Recht auf abgeleiteten (derivativen) Erwerb der immateriellen Nutzungsrechte** an den Leistungen.

3145 Der Erwerb von Nutzungsrechten erfolgt durch einseitige Erklärung des Arbeitgebers. Die Inanspruchnahme kann uneingeschränkt oder beschränkt erfolgen. Bei Urheberrechten hat der Arbeitgeber gegen den Arbeitnehmer einen Anspruch auf Rechtsübertragung.

dd) Vergütungspflicht des Arbeitgebers

3146 Urheberrechtlich oder geschmacksmusterrechtlich geschützte bzw. schutzfähige Leistungen sind grds. durch den Arbeitslohn abgegolten.

3147 Nur bei **Sonderleistungen**, die über die arbeitsvertraglichen Pflichten hinausgehen, bei Sonderverwertungen oder bei Leistungen, mit denen der Arbeitgeber einen besonders großen Gewinn erzielt (§ 36 UrhG) kann der Urheber an sich eine zusätzliche Vergütung verlangen.

3148 Dagegen ist dem Arbeitnehmer nach §§ 9 ff. ArbNErfG eine angemessene Vergütung zu bezahlen, wenn der Arbeitgeber eine patent- oder gebrauchsmusterfähige Erfindung eines Arbeitnehmers in Anspruch nimmt. Denn der Arbeitnehmer hat dem Arbeitgeber im Wettbewerb ein gesetzliches Monopol verschafft (Monopoltheorie): Allein der Arbeitgeber ist bei patent- oder gebrauchsmusterrechtlich geschützten Erfindungen berechtigt bzw. bei den qualifizierten technischen Verbesserungsvorschlägen (§ 20 Abs. 1 ArbNErfG) in der Lage, die technische Neuerung zu nutzen und so einen Wettbewerbsvorsprung vor seinen Konkurrenten zu erlangen (MünchArbR/*Sack* § 100 Rz. 25).

2. Das Recht der Arbeitnehmererfindungen

a) ArbNErfG

3149 Das ArbNErfG regelt sowohl Arbeitnehmererfindungen, die **patent- und gebrauchsmusterfähig** sind, als auch **technische Verbesserungsvorschläge**, die die Voraussetzungen des Patent- und Gebrauchsmusterschutzes nicht erfüllen (§§ 2, 3 ArbNErfG).

3150 Die Vorschriften des ArbNErfG können nach § 22 **nicht im Voraus zu Ungunsten der Arbeitnehmer abbedungen** werden. Nach der Meldung bzw. Mitteilung von Erfindungen und Verbesserungsvorschlägen sind jedoch abweichende Vereinbarungen zulässig (§ 22 Abs. 2 ArbNErfG).

b) Patent- und gebrauchsmusterfähige Diensterfindungen

aa) Begriffsbestimmung

Gem. **§ 4 Abs. 2 ArbNErfG** liegt eine Diensterfindung vor, wenn sie von einem Arbeitnehmer während der Dauer des Arbeitsverhältnisses gemacht (fertig gestellt) wurde, d.h. für den Durchschnittsfachmann ohne Aufwand weiterer erfinderischer Überlegungen ausführbar ist (*BGH* 10.10.1970 AP Nr. 2 zu § 4 ArbNErfG). **3151**

bb) Erfindung während des Arbeitsverhältnisses; Beweislast

Die Beweislast dafür, dass die Erfindung während des Arbeitsverhältnisses gemacht wurde, trägt der **Arbeitgeber**. **3152**

Wenn für eine Erfindung kurze Zeit nach dem Ausscheiden aus dem Betrieb ein Patent oder Gebrauchsmuster angemeldet worden ist, so ist ein **Beweis des ersten Anscheins** gegeben (*Schaub* Arbeitsrechtshandbuch § 115 II 3). **3153**

Erfindungen, die erst **nach Beendigung eines Arbeitsverhältnisses** vollendet werden, sind ausnahmsweise ebenso zu behandeln wie Diensterfindungen während des Arbeitsverhältnisses, wenn der Arbeitnehmer, um den Verpflichtungen aus dem ArbNErfG zu entgehen, die Vollendung der Erfindung pflichtwidrig auf die Zeit nach der Beendigung des Arbeitsverhältnisses hinauszögert oder wenn er eine vorzeitige Beendigung (Kündigung) des Arbeitsverhältnisses provoziert hat (pFV, jetzt §§ 280 ff., 241 Abs. 2 BGB n.F. i.V.m. § 249 BGB, vgl. *BGH* 21.10.1980 AP Nr. 3 zu § 4 ArbNErfG). **3154**

cc) Notwendiger Bezug zur Arbeitstätigkeit bzw. zum Betrieb

Die Diensterfindung muss entweder aus der dem Arbeitnehmer im Betrieb arbeitsvertraglich obliegenden Tätigkeit entstanden sein (sog. »Obliegenheitserfindung« oder **»Auftragserfindung«**) oder maßgeblich auf Erfahrungen oder Arbeiten des Betriebes beruhen (sog. **»Erfahrungserfindung«**). **3155**

Obliegenheitserfindungen sind alle Erfindungen, die mit dem Aufgabenbereich des Arbeitnehmers eng zusammenhängen und die ihre Ursache in der Tätigkeit in diesem Aufgabenbereich haben. Dagegen liegt eine Erfahrungserfindung nur dann vor, wenn für die Erfindung betriebsinterne Erfahrungen maßgebliche Bedeutung hatten, die außerdem über dem allgemeinen Stand der Technik liegen. **3156**

Anregungserfindungen, die nicht aus der dem Arbeitnehmer obliegenden Tätigkeit folgen, sondern nur durch diese angeregt wurden, gehören nicht zu den Diensterfindungen. Es handelt sich um freie Erfindungen, die jedoch den Einschränkungen der §§ 18, 19 ArbNErfG (Mitteilungs-, Anbietungspflicht) unterliegen (§ 4 Abs. 3 ArbNErfG). **3157**

dd) Patent- und Gebrauchsmusterfähigkeit

Die Erfindung muss nach **§ 2 ArbNErfG** patent- oder gebrauchsmusterfähig sein. **3158**

Fraglich ist, ob die Schutzvoraussetzungen des inländischen Patent- oder Gebrauchsmusterrechts erfüllt sein müssen, oder ob eine **ausländische Schutzfähigkeit** der Diensterfindung genügt. Nach Auffassung von *Sack* (MünchArbR § 101 Rz. 15) ist zwar der Wortlaut des § 2 ArbNErfG insoweit offen. Sowohl die Monopoltheorie als auch die Regelung von Auslandsschutzrechten durch § 14 ArbNErfG sprechen aber für eine weite, auch ausländische Schutzrechte umfassende Auslegung des § 2 ArbNErfG. Zur Rechtslage bei einer Diensterfindung, an der mehrere Arbeitnehmer als Miterfinder beteiligt sind und die nur gegenüber einem von ihnen mangels rechtzeitiger Inanspruchnahme frei geworden ist s. *OLG Düsseld.* 25.8.2005 NZA-RR 2006, 205). **3159**

ee) Meldepflicht

Der Arbeitnehmer muss eine schutzfähige Diensterfindung nach § 5 ArbNErfG dem Arbeitgeber unverzüglich und schriftlich melden, **selbst** dann, **wenn die Schutzfähigkeit zweifelhaft ist.** **3160**

3161 Erfasst ist jede für die Schutzrechtsanmeldung reife Erfindung, auch wenn sie noch nicht fabrikationsreif ist; den Inhalt der Meldung regelt § 5 Abs. 2, 3 ArbNErfG. Jedenfalls dann, wenn ein Arbeitnehmer eine bereits gemeldete Diensterfindung, an der er als Miterfinder beteiligt ist, **in einer Weise fortentwickelt**, die den Gegenstand der Erfindung durch eigenständig erfinderische oder zumindest schöpferische Ergänzungen **wesentlich verändert** und infolgedessen auch eine wesentliche Veränderung der Anteile der Miterfinder bewirkt, **bedarf es einer erneuten Meldung** der Diensterfindung nach § 5 Abs. 1 ArbNErfG (*BGH* 5.10.2005 NZA-RR 2006, 90). Fehlt es an einer ordnungsgemäßen Meldung der Diensterfindung durch den Arbeitnehmererfinder, kann die vom Arbeitgeber einzuhaltende Frist zur Inanspruchnahme mit der Anmeldung der Erfindung zum Schutzrecht zu laufen beginnen; bei der Frist zur Inanspruchnahme der Diensterfindung handelt es sich um eine Ausschlussfrist (*BGH* 4.4.2006 NZA-RR 2006, 474).

3162 Vorgesehen ist auch **eine Frist**, innerhalb derer der Arbeitgeber **die vermeintliche Nicht-Ordnungsgemäßheit der Meldung monieren muss.**

3163 Diese Zwei-Monatsfrist wird allerdings nicht in Gang gesetzt, wenn der Arbeitnehmer eine Diensterfindung arglistig in einer Weise (z.B. beim Patentamt) anmeldet, die den Arbeitgeber davon abhält, sie in Anspruch zu nehmen (*BGH* 19.5.2005 NZA 2005, 1246).
Auf das Schriftformerfordernis kann **wirksam verzichtet** werden (*OLG Karlsruhe* 12.2.1997 NZA-RR 1997, 396).

ff) Inanspruchnahme durch den Arbeitgeber; Rechtsfolgen

(1) Begriffsbestimmung

3164 Der Arbeitgeber kann die Diensterfindung nach **§ 6 ArbNErfG** durch schriftliche Erklärung (die bloße Benutzung der Erfindung genügt diesen Anforderungen nicht) unbeschränkt in Anspruch nehmen. Der Arbeitnehmer kann auf die Schriftform verzichten, insbes. auch durch konkludentes Verhalten. Dies ist besonders nahe liegend, wenn auch die Meldung gem. § 5 ArbNErfG (s.o. Rn. 3160) nur mündlich erfolgt ist (*OLG Karlsruhe* 12.2.1997 NZA-RR 1997, 396).

3165 Gem. § 7 Abs. 1 ArbNErfG erwirbt er die **wirtschaftlichen Verwertungsrechte bzw. Nutzungsrechte**, während die **Erfinderpersönlichkeitsrechte**, insbes. das Recht auf Erfinderbenennung gem. § 37 PatG **beim Arbeitnehmererfinder verbleiben** (*BGH* 20.6.1978 AP Nr. 1 zu § 36 PatG).

(2) Verpflichtung zur Anmeldung

aaa) Grundlagen

3166 Gem. **§ 13 ArbNErfG** ist der Arbeitgeber verpflichtet, unverzüglich im Inland ein Patent und hilfsweise zumindest ein Gebrauchsmuster für die Erfindung anzumelden. Das gilt auch dann, wenn er den Gegenstand der Erfindung nicht für schutzfähig hält.

3167 Der Arbeitgeber muss bei der Anmeldung eines Schutzrechts den Arbeitnehmer auch als Erfinder benennen (§ 37 PatG i.V.m. der ErfinderbenennungsVO [BGBl. 1982 I S. 525]).

bbb) Rechtsfolge der Verletzung der Anmeldepflicht

3168 Kommt der Arbeitgeber dieser Verpflichtung nicht nach, so kann der Arbeitnehmer nach **§ 13 Abs. 3 ArbNErfG** die **Anmeldung** der Diensterfindung **für den Arbeitgeber auf dessen Namen und Kosten** vornehmen.

3169 Der Arbeitgeber haftet zudem für eintretende Schäden aus pFV (jetzt §§ 280 ff., 241 Abs. 2 *BGB n.F.*), *§ 823 Abs. 2 BGB* i.V.m. § 13 Abs. 1 ArbNErfG (*BGH* 9.1.1964 AP Nr. 1 zu § 10 ArbNErfG).

ccc) Verzicht auf Anmeldung

Unter den Voraussetzungen des § 13 **Abs. 2 ArbNErfG** kann der Arbeitgeber von der Anmeldung absehen. 3170

Das ist insbes. dann der Fall (§ 17 ArbNErfG), wenn berechtigte Belange des Betriebes es erfordern, eine gemeldete Diensterfindung nicht bekannt werden zu lassen und wenn der Arbeitgeber ihre Schutzfähigkeit gegenüber dem Arbeitnehmer anerkennt. 3171

Wird ihm nach Erklärung dieses Anerkenntnisses schutzrechtsschädliches Material bekannt, so kann er sich nicht auf den Wegfall der Geschäftsgrundlage (jetzt § 313 BGB n.F.) berufen (*BGH* 2.6.1987 GRUR 1987, 901). 3172

ddd) Anmeldung im Ausland

Gem. **§ 14 Abs. 1 ArbNErfG** ist der Arbeitgeber berechtigt, aber nicht verpflichtet, auch im Ausland Schutzrechte zu beantragen. 3173

(3) Nichtangriffspflicht des Arbeitnehmers

Der Arbeitnehmer darf ein auf seiner Erfindung beruhendes Patent oder Gebrauchsmuster seines Arbeitgebers weder mit einem Patentnichtigkeits- bzw. Gebrauchsmusterlöschungsverfahren angreifen, noch in einem Prozess über Vergütungsansprüche die Vernichtbarkeit des Schutzrechts einwenden (*BGH* 2.6.1987 GRUR 1987, 902). 3174

Dies gilt auch nach Beendigung des Arbeitsverhältnisses, solange der Arbeitnehmer einen durchsetzbaren Vergütungsanspruch hat oder dieser bereits voll abgegolten worden ist, selbst dann, wenn der ausgeschiedene Arbeitnehmer ein Interesse daran hat, dass seine Erfindung von ihm selbst oder von seinem neuen Arbeitgeber ohne Zustimmung des früheren Arbeitgebers verwertet werden kann (*BGH* 2.6.1987 GRUR 1987, 902). 3175

Die Nichtangriffspflicht ergibt sich aus den durch das ArbNErfG geregelten besonderen Rechtsbeziehungen zwischen dem Arbeitgeber und dem Arbeitnehmer (*BGH* 2.6.1987 GRUR 1987, 902). 3176

(4) Aufgabe der Schutzrechte

Gem. **§ 16 ArbNErfG** kann der Arbeitgeber das Schutzrecht oder die Schutzrechtsanmeldung, wenn er es nicht weiterverfolgen bzw. nicht aufrecht erhalten will, auf den Arbeitnehmer übertragen, u.U. aufgeben oder sich ein nicht ausschließliches Recht zur Benutzung der Diensterfindung gegen angemessene Vergütung vorbehalten. 3177

Nach vollständiger Erfüllung der Vergütungsansprüche trifft den Arbeitgeber dagegen keine Mitteilungs- und Übertragungspflicht gem. § 16 Abs. 1 ArbNErfG mehr (*BGH* 20.11.1962 AP Nr. 3 zu § 12 ArbNErfG). 3178

Der Arbeitgeber, der auf seine Rechte aus einer Diensterfindung seines Arbeitnehmers verzichtet, kann gegen das Patent, das diesem für seine Diensterfindung erteilt worden ist, Patentnichtigkeitsklage erheben (*BGH* 15.5.1990 AP Nr. 2 zu § 16 ArbNErfG). 3179

gg) Beschränkte Inanspruchnahme

(1) Begriffsbestimmung

Gem. **§ 7 Abs. 2 ArbNErfG** kann sich der Arbeitgeber auf die beschränkte Inanspruchnahme der Erfindung beschränken. Er erwirbt dann nur ein obligatorisches, nicht ausschließliches Recht zur Benutzung der Diensterfindung. Das Recht, ein Patent oder Gebrauchsmuster anzumelden oder davon abzusehen, verbleibt dem Arbeitnehmer. 3180

(2) Verlangen nach unbeschränkter Inanspruchnahme oder Freigabe

3181 Das sich aus der beschränkten Inanspruchnahme ergebende Nutzungsrecht des Arbeitgebers kann die Verwertung durch den Arbeitnehmer erheblich beeinträchtigen, z.B. dadurch, dass der Arbeitgeber die Erfindung (noch) nicht nutzt und deshalb auch (noch) keine Vergütung zu zahlen braucht, während potentielle Lizenznehmer nur an einer ausschließlichen Lizenz interessiert sind, der die beschränkte Inanspruchnahme durch den Arbeitgeber im Wege steht.

3182 Deshalb kann der Arbeitnehmer gem. §7 Abs. 2 S. 2 ArbNErfG vom Arbeitgeber verlangen, die Diensterfindung **entweder innerhalb einer Frist von zwei Monaten unbeschränkt in Anspruch zu nehmen oder sie vollständig freizugeben.**

(3) Inhalt des Benutzungsrechts

3183 Das Benutzungsrecht gem. §7 Abs. 2 ArbNErfG sichert dem Arbeitgeber **alle Benutzungsarten**, auf die sich ein Schutzrecht für die Erfindung bezieht. Es ist allerdings an den Betrieb des Arbeitgebers gebunden. Grds. ist nur die unmittelbare Nutzung der Erfindung gestattet, nicht jedoch eine mittelbare Benutzung durch Kunden des Arbeitgebers (*BGH* 23.4.1974 AP Nr. 1 zu §16 ArbNErfG).

(4) Erteilung von Lizenzen; Veräußerungsbefugnis

3184 Der Arbeitnehmer hat das Recht, Dritten nicht ausschließliche, d.h. sog. einfache Lizenzen zu erteilen, während der Arbeitgeber dazu nur mit Zustimmung des Arbeitnehmers befugt ist.
Der Arbeitnehmer kann sein Patent oder Gebrauchsmuster auch an Dritte veräußern, selbst an Konkurrenten des Arbeitgebers. Dessen Benutzungsbefugnis wird durch die beschränkte Inanspruchnahme allerdings nicht eingeschränkt.

(5) Eigene Benutzung der Erfindung

3185 Das arbeitsvertragliche Konkurrenzverbot steht i.d.R. einer eigenen Benutzung der Erfindung durch den Arbeitnehmer entgegen. Denn es wird durch die Vorschriften des ArbNErfG nicht berührt (vgl. §25 ArbNErfG).

hh) Bedenkzeit des Arbeitgebers; Verfügungsverbot

3186 Der Arbeitgeber hat eine viermonatige Bedenkzeit, in der er sich entscheiden muss, ob er die Diensterfindung in Anspruch nimmt **(§8 Abs. 1 Nr. 3 ArbNErfG)**.

3187 Zum Schutz des Arbeitgebers in dieser Zeit sieht §7 Abs. 3 ArbNErfG vor, dass Verfügungen des Arbeitnehmers über seine Erfindung (z.B. Lizenzen) ihm gegenüber unwirksam sind, soweit seine Rechte beeinträchtigt werden (**relatives Verfügungsverbot** i.S.d. §135 BGB).

3188 Der gute Glaube Dritter an die Verfügungsbefugnis des Arbeitnehmers wird nicht geschützt (*Herschel* RdA 1982, 267).

ii) Vergütungsanspruch des Arbeitnehmers

(1) Grundlagen

3189 Mit der Erklärung der unbeschränkten Inanspruchnahme der Diensterfindung entsteht ein gesetzlicher Anspruch des Arbeitnehmers auf eine angemessene Vergütung, auch dann, wenn der Arbeitgeber die Diensterfindung im Betrieb (noch) nicht benutzt.
Bei der beschränkten Inanspruchnahme entsteht ein Vergütungsanspruch dagegen erst mit der tatsächlichen Benutzung der Erfindung (§§9, 10 ArbNErfG).
Vergütungsansprüche werden nach §26 ArbNErfG durch die Auflösung des Arbeitsverhältnisses nicht berührt.

Die Vergütungsansprüche bestehen grds. nur für die Laufzeit des Schutzrechts. Etwas anderes kann ausnahmsweise dann gelten, wenn eine Erfindung erst in den letzten Jahren der Laufzeit des Schutzrechts ausgewertet worden ist, die Nutzung auch nach Ablauf des Schutzrechts erfolgt und die Vorzugsstellung auf Grund besonderer Umstände noch weiter andauert (vgl. MünchArbR/*Sack* § 101 Rz. 51). 3190

(2) Berechnung der Vergütung

aaa) Berechnungskriterien bei uneingeschränkter Inanspruchnahme

§ 9 Abs. 2 ArbNErfG regelt die Kriterien der Berechnung einer angemessenen Vergütung bei unbeschränkter Inanspruchnahme (s. *BGH* 4.12.2007 NZA-RR 2008, 317). 3191

Entscheidend ist zunächst die wirtschaftliche Verwertbarkeit der Erfindung **(Erfindungswert)**. Für deren Berechnung nach **§ 11 ArbNErfG** bestehen Richtlinien des Bundesministers für Arbeit und Soziales für Arbeitnehmererfindungen im privaten Dienst von 1959 i.d.F. von 1983 (BAnz. Nr. 169 vom 9.9.1984, S. 2) und auf sie bezugnehmende Richtlinien für den öffentlichen Dienst von 1960 (BAnz. Nr. 237 vom 8.12.1960). 3192

Dabei handelt es sich allerdings nur um **Empfehlungen** zur Erzielung eines angemessenen Ergebnisses, von denen abgewichen werden darf (*BGH* 4.10.1988 GRUR 1990, 271; zur Berücksichtigung der Verwertung durch die Konzernmuttergesellschaft vgl. *OLG München* 8.2.2001 NZA-RR 2001, 268).

Der Erfindungswert wird bestimmt durch: 3193

- die Feststellung des **marktüblichen Lizenzsatzes** für entsprechende Erfindungen (Lizenzanalogie; vgl. zum Auskunftsanspruch insoweit im Konzern *BGH* 16.4.2002 NZA-RR 2002, 594),
- die Feststellung des erfassbaren **betrieblichen Nutzens** abzüglich der Einführung- und Investitionskosten, und, falls diese Methoden nicht in Betracht kommen,
- eine **Schätzung des Erfindungswertes**, d.h. durch Berücksichtigung des Preises, den der Betrieb zum Erwerb der Erfindung hätte aufwenden müssen.

Negativ zu berücksichtigen sind Aufgaben und Stellung des Arbeitnehmers im Betrieb sowie der Anteil des Betriebs an dem Zustandekommen der Erfindung **(Anteilsfaktor)**. Festzustellen ist zudem, inwieweit die Erfindung nach Art und Erfindungshöhe über das hinausgeht, was billigerweise bereits durch den **Arbeitslohn abgegolten** ist. 3194

Der Anteilsfaktor kann **2–90%** betragen, wobei entscheidend ist, inwieweit der Arbeitnehmer auf Erfahrungen, Arbeiten und den sonstigen Ressourcen des Betriebes aufgebaut hat und inwieweit seine eigene schöpferische Leistung maßgeblich war (MünchArbR/*Sack* § 101 Rz. 59 f.). 3195

bbb) Unwirksamkeit der Festsetzung; Anpassung bei Änderung wesentlicher Umstände

War die Festsetzung der Vergütung nach **§ 12 Abs. 4 ArbNErfG** von Anfang an in erheblichem Maße unbillig, dann ist sie nach § 23 Abs. 1 S. 2 ArbNErfG unwirksam (zu den Modalitäten der Berufung darauf vgl. § 23 Abs. 2 ArbNErfG). 3196

Bei nachträglicher wesentlicher Änderung der Umstände kann nach **§ 12 Abs. 1 ArbNErfG** die Einwilligung in die Anpassung der Vergütung (Erhöhung, Einschränkung) gefordert werden. Das kommt insbes. dann in Betracht, wenn sich die Verwertungsmöglichkeiten durch andere Erfindungen oder neue Märkte unerwartet erweitert haben oder wenn die Erfindung durch neue Erfindungen überholt und wirtschaftlich wertlos geworden ist. 3197

Eine Anpassung kann dann für die gesamte Zeit nach Änderung der maßgeblichen Umstände verlangt werden. Gem. § 12 Abs. 6 S. 2 ArbNErfG besteht jedoch kein Anspruch auf Rückzahlung bereits geleisteter Vergütung (*BGH* 5.12.1974 GRUR 1976, 92 f.). 3198

ccc) Einseitige Festsetzung durch den Arbeitgeber

Kommt gem. § 12 Abs. 1 ArbNErfG über die Art und Höhe der Vergütung innerhalb angemessener Zeit keine einvernehmliche Regelung zustande, so hat sie der Arbeitgeber nach **§ 12 Abs. 3 ArbNErfG** einseitig durch eine begründete schriftliche Erklärung an den Arbeitnehmer festzusetzen und entsprechend der Festsetzung zu zahlen. 3199

3200 Zuvor hat er **Rechnung zu legen**. Der Umfang bestimmt sich nach den Grundsätzen von Treu und Glauben aus dem Zweck der Rechnungslegung. Der Arbeitnehmererfinder kann in diesem Zusammenhang von seinem Arbeitgeber nicht unbeschränkt alle Angaben verlangen, die zur Ermittlung der angemessenen Erfindervergütung irgendwie hilfreich und nützlich sind oder sein könnten (*BGH* 13.11.1997 NZA 1998, 313).

3201 ▶ **Beispiel:**
Wird ein Erfindungsgegenstand sowohl separat wie auch als Teil einer umfassenden Gesamtvorrichtung vertrieben, wobei insoweit ein gesonderter »Nettoverkaufspreis« des Erfindungsgegenstandes nicht ausgewiesen ist, so ist es dem Arbeitgeber nicht zumutbar, die **interne Herstellungskostenkalkulation** für alle Baugruppen der Gesamtvorrichtung mit sämtlichen Einzelteilen vorzulegen, wenn der dazu erforderliche Aufwand nicht mehr in einem sinnvollen Verhältnis zu dem dadurch für den Erfinder erzielbaren Nutzen einer genaueren Ermittlung der ihm geschuldeten angemessenen Vergütung steht. Wird eine Software, die ein spezielles Verfahren erst ermöglicht, als Bestandteil einer Vorrichtung geliefert, können zur Ermittlung des Wertes der Erfindung die Wertsteigerung der Vorrichtung und der mit ihr erzielte Gewinn auch dann herangezogen werden, wenn die Vorrichtung auch ohne Software betrieben werden kann (*BGH* 13.11.1997 NZA 1998, 313; vgl. seit dem 1.7.2002 aber § 69b UrhRG u. dazu *Grobys/Foerstl* NZA 2002, 1015 ff.).

3202 Haben sich Arbeitgeber und Arbeitnehmererfinder über einen bestimmten Abrechnungsmodus geeinigt oder hat der Arbeitnehmererfinder diesem über längere Zeit hin nicht widersprochen, so kann er billigerweise nur die Angaben verlangen, die üblicherweise im Rahmen dieses Berechnungsmodus erforderlich sind (*BGH* 17.5.1994 AP Nr. 4 zu § 12 ArbNErfG).

3203 **Der Arbeitnehmer hat einen klagbaren Anspruch auf Festsetzung der Vergütung, die spätestens bis zum Ablauf von 3 Monaten nach Erteilung des Schutzrechts zu erfolgen hat** (s. *BGH* 4.12.2007 NZA-RR 2008, 317).

3204 Haben **Miterfinder** im Rahmen der Erfindungsmeldung gemeinsam ihre Anteile genannt, so darf der Arbeitgeber bei der Festsetzung der Vergütung von der Richtigkeit dieser Anteile jedenfalls dann ausgehen, wenn keine Anhaltspunkte für die Unrichtigkeit oder Unverbindlichkeit der gemeinsamen Mitteilung ersichtlich sind (*BGH* 17.5.1994 AP Nr. 4 zu § 12 ArbNErfG).

3205 Ob für die **Verjährung** des festgesetzten Betrages § 195 BGB oder aber § 196 BGB gilt,hat der *BGH* (25.11.1980 AP Nr. 5 zu § 9 ArbNErfG) offen gelassen; inzwischen bestimmt sich die maßgebliche Verjährungsfrist nach §§ 195 ff. BGB n.F.; s.u. Rn. 4656 ff.). Jedenfalls beginnt mit der einseitigen Festsetzung der Vergütung durch den Arbeitgeber gem. § 12 Abs. 3 ArbNErfG keine Verjährung des über den festgesetzten Betrag hinausgehenden Vergütungsanspruchs nach § 196 BGB, weil es an der Vergleichbarkeit des Vergütungsanspruchs mit den in § 196 BGB aufgezählten Ansprüchen fehlt, und zwar sowohl hinsichtlich des Entstehungsgrundes (keine Gegenleistung für eine vertragliche geschuldete Leistung) als auch hinsichtlich des Charakters der Ansprüche (*BGH* 25.11.1980 AP Nr. 5 zu § 9 ArbNErfG; s.u. Rn. 4656 ff.).

ddd) Berechnung bei beschränkter Inanspruchnahme

3206 Gem. § 10 ArbNErfG gilt **§ 9 Abs. 2 ArbNErfG** für die beschränkte Inanspruchnahme **entsprechend**.

3207 Allerdings ist nur die tatsächliche wirtschaftliche Verwertung der Erfindung für die Bemessung der Vergütung erheblich; die unausgenutzte wirtschaftliche Verwertbarkeit ist nicht zu berücksichtigen. Die Anwendung eines Schutzrechts durch den Arbeitnehmer ist keine Anspruchsvoraussetzung. Wird allerdings die Erfindung von Konkurrenten berechtigterweise genutzt, dann kann die Höhe der Vergütung auf Null reduziert werden (*BGH* 9.1.1964 AP Nr. 1 zu § 10 ArbNErfG).

(3) Nachträgliche Feststellung der fehlenden Schutzfähigkeit

Erweist sich die Erfindung zu einem späteren Zeitpunkt als nicht schutzfähig, so gelten, da der **Gesetzgeber** diese Frage bei der unbeschränkten Inanspruchnahme nicht, bei der beschränkten Inanspruchnahme in § 10 Abs. 1 ArbNErfG **nur teilweise geregelt hat**, nach der Rechtsprechung (vgl. MünchArbR/*Sack* § 101 Rz. 70–78) folgende Grundsätze: 3208

aaa) Vor der Erteilung des Schutzrechts

Vor der Erteilung eines Schutzrechts hat der Arbeitnehmer einen **Vergütungsanspruch, sobald der Arbeitgeber die Diensterfindung benutzt** (*BGH* 28.6.1962 AP Nr. 2 zu § 12 ArbNErfG). Der Einwand der Schutzunfähigkeit kann vor einer entsprechenden rechtskräftigen patentamtlichen oder gerichtlichen Entscheidung nicht geltend gemacht werden (vgl. § 10 Abs. 1 ArbNErfG für die beschränkte Inanspruchnahme). 3209

Vor der rechtskräftigen Klärung ist allerdings nur eine sog. **»vorläufige Vergütung«** zu zahlen, die dem Arbeitnehmer zwar endgültig verbleibt, jedoch bis zur Schutzrechtserteilung wegen des Risikos, dass dieses versagt wird, wesentlich niedriger sein kann als die nach Schutzrechtserteilung endgültig zu berechnende Vergütung. **Gleiches gilt bei unbeschränkter Inanspruchnahme** (*BGH* 30.3.1971 AP Nr. 2 zu § 9 ArbNErfG). 3210

Vor der Benutzung der Erfindung bestehen dagegen bei unbeschränkter Inanspruchnahme **abweichend von § 9 ArbNErfG keine Vergütungsansprüche, wenn die Schutzfähigkeit der Erfindung streitig ist**. Bei der Berechnung der vorläufigen Vergütung ist **nur die tatsächliche Benutzung der Erfindung zu berücksichtigen**. Ist das Fehlen der Schutzfähigkeit allerdings offensichtlich, so sind Vergütungsansprüche dem Arbeitgeber nach § 242 BGB nicht zumutbar (*BGH* 15.5.1990 GRUR 1990, 668). 3211

bbb) Nach rechtskräftiger Zurückweisung einer Patentanmeldung

Nach einer rechtskräftigen Zurückweisung einer Patentanmeldung entstehen für Nutzungshandlungen nach Rechtskraft keine Vergütungsansprüche. Insoweit kommt allenfalls ausnahmsweise ein Vergütungsanspruch gem. **§ 20 ArbNErfG** (technische Verbesserungsvorschläge; vgl. *BGH* 23.10.2001 NZA-RR 2002, 203: Computerprogramm) in Betracht. 3212

Für **Benutzungshandlungen vor Rechtskraft** ist dagegen ein Vergütungsanspruch gegeben, sowohl bei beschränkter (§ 10 Abs. 2 ArbNErfG) als auch bei unbeschränkter Inanspruchnahme, weil der Arbeitnehmer insoweit nicht schlechter stehen darf als bei der beschränkten Inanspruchnahme (*BGH* 2.6.1987 GRUR 1987, 902). 3213

Noch nicht erfüllte Vergütungsansprüche für Benutzungshandlungen vor Rechtskraft kann der Arbeitnehmer auch nach der rechtskräftigen Zurückweisung der Patentanmeldung geltend machen (*BGH* 30.3.1971 AP Nr. 2 zu § 9 ArbNErfG). 3214

Bereits gezahlte Vergütung muss der Arbeitnehmer nach **§ 12 Abs. 6 S. 2 ArbNErfG** nicht zurückzahlen, auch wenn sie die geschuldete Vergütung übersteigt. Dies gilt sowohl für die beschränkte wie auch für die unbeschränkte Inanspruchnahme (*BGH* 30.3.1971 AP Nr. 2 zu § 9 ArbNErfG). 3215

ccc) Nach der Schutzrechtserteilung

Nach der Schutzrechtserteilung kann sich der Arbeitgeber nicht auf das Fehlen der Schutzrechtsvoraussetzungen berufen, solange dies nicht rechtskräftig festgestellt ist (**§ 10 Abs. 2 ArbNErfG** für die beschränkte Inanspruchnahme; gleiches gilt für die unbeschränkte Inanspruchnahme [*BGH* 23.6.1977 AP Nr. 3 zu § 9 ArbNErfG]. Zur Berechnung der Vergütung s.o. Rn. 3191 ff.). 3216

ddd) Nichtigkeit des Patents; Löschung des Gebrauchsmusters

Wird ein erteiltes Patent für nichtig erklärt und ein Gebrauchsmuster gelöscht, so entfällt die Vergütungspflicht nur für Benutzungshandlungen nach Rechtskraft der Entscheidung. **Vergütungsansprüche, die vor der Rechtskraft durch Benutzung der Erfindung begründet worden sind, bleiben dagegen unberührt** (*BGH* 2.6.1987 GRUR 1987, 902). 3217

jj) Auslandsverwertung inländischer Diensterfindungen

(1) Grundlagen

3218 Die unbeschränkte Inanspruchnahme der Diensterfindung **(§ 14 Abs. 1 ArbNErfG)** gibt dem Arbeitgeber **entsprechende Befugnisse auch im Ausland**.

3219 Gewährt eine ausländische Rechtsordnung nur dem Erfinder das Recht auf ein Patent, kann der Arbeitgeber vom Arbeitnehmer die Übertragung der ausländischen Erfinderrechte verlangen, sofern dies die betreffende ausländische Rechtsordnung zulässt (§ 14 Abs. 1 ArbNErfG).

3220 Will der Arbeitgeber dagegen keine ausländischen Schutzrechte erwerben, dann muss er dem Arbeitnehmer die Diensterfindung **unaufgefordert freigeben** (**§ 14 Abs. 2 ArbNErfG**; dort sind auch die Modalitäten der Freigabeerklärung geregelt).

3221 Mit der Freigabe kann sich der Arbeitgeber auch ein nicht ausschließliches Recht zur Benutzung der Diensterfindung in den betreffenden ausländischen Staaten gegen angemessene Vergütung vorbehalten (**§ 14 Abs. 3 ArbNErfG**). Dabei handelt es sich um eine einfache, **obligatorische Lizenz**, die keine Unterlizenzen erlaubt. Deshalb kann der Arbeitnehmer mit seinem ausschließlichen Nutzungsrecht den Import von Produkten verhindern, die unter Benutzung seiner Diensterfindung hergestellt worden sind, soweit es sich beim Importeur nicht um seinen Arbeitgeber handelt.

3222 Auch kann der Arbeitnehmer im Lande seines Schutzrechts die Verwendung von Produkten seines Arbeitgebers durch Dritte verhindern, soweit dies die Benutzung seiner Diensterfindung voraussetzt (*BGH* 23.4.1974 AP Nr. 1 zu § 16 ArbNErfG; abl. dazu MünchArbR/*Sack* § 101 Rz. 89 ff. insbes. im Hinblick auf die wirtschaftlichen Konsequenzen dieser Auffassung).

(2) Anwendbare Vorschriften

3223 Neben § 14 ArbNErfG ist nach Auffassung von *Sack* (MünchArbR § 101 Rz. 85) **auch § 16 ArbNErfG** (Aufgabe der Schutzrechtsanmeldung) **zu berücksichtigen**.

3224 Mit dem Erwerb eigener Schutzrechte für einen ausländischen Staat kann der Arbeitnehmer alle von ihm nicht autorisierten Benutzungshandlungen in dem betreffenden Staat untersagen. Dazu gehören auch Importe durch den inländischen Arbeitgeber. Ist deutsches Arbeitnehmer-Erfindungsrecht anwendbar, so kann der Arbeitnehmer auch Importe seines inländischen Arbeitgebers im betreffenden ausländischen Staat, in dem der Arbeitnehmer Schutzrechte hat, mit diesen ausländischen Schutzrechten abwehren, jedoch nur für den Fall, dass sich der Arbeitgeber gem. § 14 Abs. 3, § 16 Abs. 3 ArbNErfG ein nicht ausschließliches Benutzungsrecht vorbehalten hat.

(3) Befugnisse des Arbeitgebers nach unbeschränkter Inanspruchnahme

3225 Aus dem Zweck des § 14 ArbNErfG ergibt sich für den Arbeitgeber nach unbeschränkter Inanspruchnahme vor der Erteilung eines ausländischen Schutzrechts die Befugnis, seine ausländischen Rechte auf Schutzrechtserteilung ohne Zustimmung des Arbeitnehmers durch Veräußerung zu verwerten (MünchArbR/*Sack* § 101 Rz. 88).

(4) Beschränkte Inanspruchnahme

3226 Im Rahmen der nur beschränkten Inanspruchnahme der Erfindung (§ 7 Abs. 2 ArbNErfG) gelten die gleichen Grundsätze, wenn der Arbeitnehmer ein inländisches bzw. ausländisches Schutzrecht erworben hat. Denn der Begriff der nicht ausschließlichen Benutzung ist in § 7 Abs. 2 ArbNErfG ebenso auszulegen ist wie in den §§ 14 Abs. 3, 16 Abs. 3 ArbNErfG.

3227 Der Arbeitnehmer ist daher berechtigt, den von Dritten durchgeführten Import oder Export von Waren des Arbeitgebers zu unterbinden oder Abnehmer von Produkten des Arbeitgebers die für den sinnvollen Gebrauch der Produkte erforderliche Benutzung der Diensterfindung zu untersagen (MünchArbR/*Sack* § 101 Rz. 92).

(5) Berücksichtigung als Inlandsverwertung; zusätzliche Vergütung?

Hat der Arbeitgeber auch Auslandsschutzrechte erworben und liefert er im Inland hergestellte Ware ins Ausland, dann sind diese Benutzungshandlungen bei der Berechnung der Vergütung als Inlandsverwertung zu berücksichtigen. 3228

Die hinzukommende ausländische Benutzungshandlung in Form des ausländischen Vertriebsrechts rechtfertigt keine Erhöhung der Vergütung. 3229

Verwertet der Arbeitgeber dagegen seine ausländischen Schutzrechte durch Erzeugung im Ausland oder durch Lizenzvergaben im Ausland, so erhöht sich der Erfindungswert entsprechend. 3230

Gleiches gilt für die Nichtverwertung einer im Ausland für den Arbeitgeber geschützten Erfindung, obwohl sie verwertbar ist. 3231

Haben der Arbeitgeber und Arbeitnehmer im Ausland dagegen keine Schutzrechte erworben, dann kommt auch keine Vergütung für die ausländische Benutzung des Erfindungsgedankens für den ausländischen Vertrieb der im schutzrechtsfreien Ausland hergestellten Erzeugnisse in Betracht (MünchArbR/*Sack* § 101 Rz. 93 f.). 3232

kk) Haftung des Arbeitgebers

Gehen Rechte an der durch ein technisches Schutzrecht geschützten Diensterfindung weder durch ordnungsgemäße Inanspruchnahme noch durch eine Vereinbarung zwischen dem Arbeitnehmererfinder und dem Arbeitgeber auf diesen über, **haftet der die geschützte Erfindung benutzende Arbeitgeber jedenfalls nach Bereicherungsrecht**. Wird die Diensterfindung in einem ausländischen Staat benutzt, in dem der Arbeitgeber ein technisches Schutzrecht nicht angemeldet hat, kommt ein Ersatzanspruch aus pFV in Betracht, wenn der Arbeitgeber den Arbeitnehmererfinder nicht rechtzeitig darauf hingewiesen hat, dort die Diensterfindung selbst zum Schutzrecht anzumelden (*BGH* 4.4.2006 NZA-RR 2006, 474). 3233

c) Freie Erfindungen

aa) Originär freie Erfindungen

Originär freie Erfindungen sind solche, die die **Voraussetzungen einer Diensterfindung von vornherein nicht erfüllen**. Sie können vom Arbeitgeber nicht in Anspruch genommen werden, es bestehen jedoch nach § 4 Abs. 3 i.V.m. §§ 18, 19 ArbNErfG **Mitteilungs- und Anbietungspflichten**. 3234

Durch die Annahme des Angebots einer nicht ausschließlichen Lizenz auf Benutzung der Erfindung zu angemessenen Bedingungen kommt ein Lizenzvertrag zustande. 3235

bb) Frei gewordene Erfindungen

Wird eine Diensterfindung nach Maßgabe des § 8 ArbNErfG frei, so kann der Arbeitnehmer ohne die Beschränkungen der §§ 18, 19 ArbNErfG, jedoch nur in den sonstigen, sich aus dem Arbeitsverhältnis ergebenden Grenzen (z.B. eines persönlichen Wettbewerbsverbots) darüber verfügen. 3236

Im öffentlichen Dienst können gem. § 40 Nr. 3 ArbNErfG im öffentlichen Interesse Verwertungsbeschränkungen vorgenommen werden. 3237

cc) Erfindungen von Hochschullehrern und wissenschaftlichen Assistenten; die gesetzliche Neuregelung

Für Erfindungen von Hochschullehrern und wissenschaftlichen Assistenten galt bislang gem. § 42 Abs. 1 ArbNErfG a.F., dass es sich um freie Erfindungen handelte. Damit stand diesen Personen die freie Verfügungsbefugnis über die von ihnen im Rahmen ihrer dienstlichen Tätigkeit gemachten Erfindungen zu, lediglich (wirtschaftlich) eingeschränkt durch das Recht des Dienstherrn auf angemessene Beteiligung am Ertrag, das § 42 Abs. 2 ArbNErfG a.F. nebst entsprechenden Mitteilungspflichten dann vorsah, wenn dabei Mittel des Dienstherrn verwendet worden waren. 3238

3239 Dieses »Hochschullehrerprivileg« ist durch das Gesetz zur Änderung des Gesetzes über Arbeitnehmererfindungen v. 18.1.2002 (BGBl. I S. 414) abgeschafft worden. Die gesetzliche Neuregelung des § 42 ArbNErfG n.F. eröffnet den Hochschulen die Möglichkeit, Diensterfindungen der an der Hochschule Beschäftigten zur Verwertung an sich zu ziehen; die Regelung ist verfassungsgemäß (*OLG Braunschweig* 10.11.2005 NZA-RR 2006, 313). Dem Erfinder steht als Ausgleich dafür neben einer Vergütung in Höhe von 30% der durch die Verwertung seitens der Hochschule erzielten Einnahmen auch ein nichtausschließliches Benutzungsrecht im Rahmen seiner Lehr- und Forschungstätigkeit an der Diensterfindung zu (vgl. dazu *Beyerlein* NZA 2002, 1020 ff.).

d) Vorschläge zur Rationalisierung und für technische Verbesserungen

aa) Rechtsstellung des Arbeitgebers

3240 Vorschläge von Arbeitnehmern zur Rationalisierung oder für technische Verbesserungen, die nicht patent- oder gebrauchsmusterfähig sind, stehen dem Arbeitgeber **originär** zu. Er kann sie ohne Rechtsübertragung durch den Arbeitnehmer und ohne Erklärung bei der Inanspruchnahme verwerten, wenn es sich um »dienstliche« Verbesserungsvorschläge handelt.

bb) Begriffsbestimmung; Mitteilungspflicht

3241 Technische Verbesserungsvorschläge sind jedenfalls **alle technischen Erfindungen**. Erfasst sind nach einer in der Literatur vertretenen Auffassung (*Gaul* BB 1983, 1358) auch Entdeckungen, die geeignet sind, den innerbetrieblichen Stand der Technik zu verbessern.

3242 Nicht erfasst sind dagegen Verbesserungsvorschläge auf organisatorischem oder kaufmännischem Gebiet, ebenso wenig urheberrechtsfähige schöpferische Leistungen, z.B. im Zusammenhang mit der Entwicklung von Computerprogrammen (zum Erwerb von Schutzrechten und Vergütungsansprüchen in diesem Zusammenhang ausf. *Benecke* NZA 2002, 883 ff.).

3243 Der Arbeitnehmer hat die Pflicht, entsprechende Vorschläge aus seinem Aufgabenbereich dem Arbeitgeber **unverzüglich mitzuteilen**.

cc) Vergütungsanspruch

3244 Gem. § 20 **Abs. 1 ArbNErfG** hat der Arbeitnehmer u.U. Anspruch auf eine angemessene besondere Vergütung.

(1) Vorzugsstellung des Arbeitgebers

3245 Dem Arbeitgeber muss eine ähnliche Vorzugsstellung gewährt werden wie durch ein gewerbliches Schutzrecht. Erforderlich ist eine **gewisse tatsächliche Monopolstellung**, die es ihm faktisch ermöglicht, den Vorschlag unter Ausschluss von Mitbewerbern allein zu verwerten (*BGH* 26.11.1968 AP Nr. 2 zu § 20 ArbNErfG). Die **Dauer** der Vorzugsstellung ist bei der Höhe der Vergütung zu berücksichtigen.

3246 Die Monopolstellung besteht, wenn es gelingt, den Verbesserungsvorschlag des Arbeitnehmers oder die Art der Verwertung geheim zu halten. Der Arbeitgeber ist allerdings nicht verpflichtet, ihn geheim zu halten. Nicht erforderlich ist, dass der Verbesserungsvorschlag ein Betriebsgeheimnis darstellt (*BGH* 26.11.1968 AP Nr. 2 zu § 20 ArbNErfG).

3247 Die erforderliche Vorzugsstellung liegt nicht vor, wenn die Kenntnisse Dritten zwar nicht ohne weiteres zugänglich sind, jedoch **kein Mitbewerber** vorhanden ist, für den der Verbesserungsvorschlag von Interesse sein könnte z.B. wegen der Kosten für die Realisierung des Vorschlags (MünchArbR/*Sack* § 101 Rz. 131).

(2) Tatsächliche Verwertung des Verbesserungsvorschlages

Der Arbeitgeber muss den Verbesserungsvorschlag tatsächlich verwerten, d.h. seine Vorteile tatsächlich nutzen, einschließlich der Vergabe von »Lizenzen« und der Veräußerung des Know-how. Es genügt nicht, dass der Vorschlag nur geprüft und erprobt wird (*BAG* 30.4.1965 AP Nr. 1 zu § 20 ArbNErfG). 3248

Der Arbeitnehmer hat, vorausgesetzt der Arbeitgeber handelt nicht rechtsmissbräuchlich oder willkürlich, **keinen Anspruch auf Verwertung** seines Verbesserungsvorschlags durch den Arbeitgeber. Allerdings können **betriebliche Prämienregelungen** nicht nur auf die tatsächliche Verwertung, sondern auch auf die innerbetriebliche Verwertbarkeit abstellen (*BAG* 30.4.1965 AP Nr. 1 zu § 20 ArbNErfG). 3249

(3) Feststellung und Festsetzung der Vergütung

Für die Feststellung und die Festsetzung der Vergütung gelten §§ 9, 12 ArbNErfG entsprechend (**§ 20 Abs. 1 ArbNErfG**). 3250

dd) Ausschluss des Vergütungsanspruchs; Sonderleistung des Arbeitnehmers

Verbesserungsvorschläge, die das Ergebnis der arbeitsvertraglich geschuldeten Arbeitsleistung sind, ohne für den Arbeitgeber eine Monopolstellung zu begründen, lösen grds. keine zusätzlichen Vergütungsansprüche des Arbeitnehmers aus. 3251

Etwas anderes gilt jedoch bei einer **besonderen schöpferischen Leistung**, die eine über den vertraglichen Rahmen hinausgehende Sonderleistung darstellt und dem Arbeitgeber bei der Benutzung einen **nicht unerheblichen Vorteil** bringt. Insoweit besteht ein Vergütungsanspruch gegen den Arbeitgeber, auch wenn er keine schutzrechtsähnliche Vorzugsstellung erlangt. 3252

Die Höhe der Vergütung hängt vom tatsächlichen wirtschaftlichen Vorteil, den die Verwertung des Vorschlags dem Unternehmen bringt, ab. Meist wird der **einjährige Netto-Nutzen** als Bezugsgröße verwendet (vgl. *BAG* 30.4.1965 AP Nr. 1 zu § 20 ArbNErfG). 3253

e) Sonderregelungen für den öffentlichen Dienst

Für Arbeitnehmer in nicht privatrechtlich organisierten Unternehmen der öffentlichen Hand, ferner für Beamte, Soldaten, Hochschullehrer und Assistenten an Hochschulen sehen §§ 40 ff. ArbNErfG Sonderregelungen vor. 3254

3. Urheberrechtlich geschützte Werke

a) Arbeitsvertraglich geschuldete Werke

aa) Normative Grundlagen

Gem. **§ 43 UrhG** sind die Vorschriften über die Einräumung von Nutzungsrechten durch den Urheber (§§ 31–42 UrhG) auch dann anzuwenden, wenn der Urheber das Werk (z.B. ein Computerprogramm, vgl. *BAG* 13.9.1983 AP Nr. 2 zu § 43 UrhG) **in Erfüllung seiner Verpflichtung aus einem Arbeits- oder Dienstverhältnis geschaffen hat**, soweit sich aus dem Inhalt oder dem Wesen des Arbeits- oder Dienstverhältnisses nichts anderes ergibt. Regelungen der maßgeblichen Fragen des Arbeitnehmer-Urheberrechts fehlen jedoch (vgl. dazu *Balle* NZA 1997, 868 ff.; *Benecke* NZA 2002, 883; zum Namensnennungsrecht des angestellten Werkschöpfers vgl. *Schwab* NZA 1999, 1254 ff.). 3255

bb) Arbeitsvertragliche Verpflichtung zur Erstellung eines Werks

> Die arbeitsvertragliche Verpflichtung zur Erstellung eines Werks kann sich allgemein aus der betrieblichen Funktion des Arbeitnehmers, aus seinem Berufsbild, aus der Verwendbarkeit des Werkes für den Arbeitgeber, aus der Branchenüblichkeit und aus sonstigen objektiven Umständen ergeben. 3256

cc) Urheberrecht; Sacheigentum

3257 Nach dem Urheber- oder Schöpferprinzip erwirbt der Werkschöpfer das gesamte Urheberrecht an einem Werk in allen seinen Ausstrahlungen, d.h. alle Urheber- Persönlichkeitsrechte stehen auf jeden Fall dem Schöpfer zu. Es ist selbst untrennbarer Bestandteil des Urheberrechts, sodass auch der originäre Erwerb des Urheberrechts an der Gesamtheit dem Urheber gebührt (vgl. dazu *Grobys/Foerstl* NZA 2002, 1015 ff.).

3258 Der Schöpferbegriff des **§ 7 UrhG** verweist bei Arbeitsverhältnissen nicht auf den Arbeitgeber, sondern auf den angestellten Urheber. Damit **fallen Sacheigentum (das dem Arbeitgeber zusteht) und Urheberrechte am arbeitsvertraglich geschuldeten Werk eines angestellten Urhebers auseinander.**

dd) Übertragungspflicht

(1) Normative Grundlagen

3259 Der Arbeitnehmer ist allerdings in den Grenzen der sog. **Zweckübertragungstheorie** gem. **§ 31 UrhG** verpflichtet, die Urheber-**Nutzungsrechte** an Werken, die er in Erfüllung arbeitsvertraglicher Verpflichtungen geschaffen hat, dem Arbeitgeber **zu übertragen** (Übertragungspflicht; *BAG* 13.9.1983 AP Nr. 2 zu § 43 UrhG).

3260 Die Übertragung der Nutzungsrechte erfolgt **i.d.R. stillschweigend** mit der Ablieferung des Werkes (*BGH* 22.2.1974 NJW 1974, 906). Dies gilt z.B. auch für die Herstellung einer **Schaufensterdekoration** für ein Einzelhandelsunternehmen durch einen angestellten Dekorateur (*BAG* 12.3.1997 EzA § 43 UrhG Nr. 1).

(2) Vorausverfügungen

3261 Sie kann aber auch bereits durch den Arbeitsvertrag ausdrücklich oder implizit vor der Ablieferung des Werks durch Vorausverfügung erfolgen (vgl. dazu *Riesenhuber* NZA 2004, 1363 ff.).

3262 Nach der Zweckübertragungstheorie i.S.d. § 31 Abs. 4, 5 UrhG erwirbt der Arbeitgeber die Nutzungsrechte nur in den Grenzen, die vereinbart sind bzw. sich aus dem Zweck des Arbeitsvertrages und den betrieblichen Zwecken ergeben. **Er erwirbt folglich nur diejenigen Nutzungsrechte, die er für seine betrieblichen oder dienstlichen Zwecke benötigt.**

(3) Wirkung der Übertragung

3263 Durch die Übertragung erhält der Arbeitgeber **ausschließliche Nutzungsrechte**, abweichend von § 38 Abs. 3 UrhG auch für Beiträge, die einer Zeitung überlassen worden sind.

3264 Eine **Weiterübertragung an Dritte ist nur mit** ausdrücklicher oder stillschweigender **Zustimmung des Urhebers** zulässig, es sei denn, dass der betriebliche Tätigkeits- und Aufgabenbereich (z.B. Rundfunkanstalten) die Weiterübertragung erfasst. Von einer stillschweigenden arbeitsrechtlichen Zustimmung des Arbeitnehmers ist dann auszugehen, wenn sich die Weiterübertragung aus dem Wesen des Arbeitsverhältnisses, insbes. aus den dem Arbeitnehmer bekannten betrieblichen Zielsetzungen ergibt. Das ist z.B. dann der Fall, wenn der Arbeitnehmer Software zu entwickeln hat, die der Arbeitgeber durch Vergabe an Dritte verwerten will (MünchArbR/*Sack* § 103 Rz. 46; vgl. seit dem 1.7.2002 aber § 69b UrhRG u. dazu *Grobys/Foerstl* NZA 2002, 1015 ff.).

(4) Urheber-Persönlichkeitsrechte

3265 Die daneben bestehenden Urheber-Persönlichkeitsrechte sind grds. **unveräußerlich und nicht übertragbar.**

3266 Allerdings kann der Urheber in Grenzen, auch im Voraus, auf ihre Geltendmachung verzichten bzw. die Wahrnehmung seiner persönlichkeitsrechtlichen Befugnisse dem Arbeitgeber einräumen.

aaa) Veröffentlichungsrecht

Zu diesen Persönlichkeitsrechten gehören das Veröffentlichungsrecht (**§ 12 UrhG**), das die Befugnis enthält, zu bestimmen, **ob und wie** sein Werk zu veröffentlichen ist. **3267**

Es ist zugleich persönlichkeits- und vermögensrechtlicher Natur, sodass der angestellte Urheber dem Arbeitgeber die Möglichkeit zur Veröffentlichung insoweit einräumen muss, als er zur Übertragung der Nutzungsrechte verpflichtet ist (*BGH* BGHZ 15, 258). Dem Arbeitnehmer verbleibt aber grds. das Recht zu bestimmen, **wann er sein Werk für veröffentlichungsreif hält**. **3268**

bbb) Urheber-Anerkennung, -Benennung

Daneben besteht das unverzichtbare Recht auf Urheber-Anerkennung (**§ 13 UrhG**) sowie auf Urheber-Benennung, das allerdings abdingbar ist und z.B. bei Geschäftsberichten, Gebrauchsanweisungen, EDV-Programmen i.d.R. auch ausdrücklich oder stillschweigend abbedungen wird. **3269**

Gleiches gilt für **Ghostwriter** im Gegensatz zu der Veröffentlichung von Forschungsergebnissen, bei denen im Hochschulbereich ein Verzicht auf die Urheber-Benennung nach § 24 HRG nicht möglich ist. **3270**

ccc) Änderungs-, Entstellungsverbot

§§ 14, 39 UrhG sehen ein Änderungs- und Entstellungsverbot vor. Insoweit kann dem Arbeitgeber allerdings die Befugnis zur Änderung eingeräumt werden, sich diese zudem aus Treu und Glauben ergeben (§ 39 Abs. 2 UrhG). **3271**

Bei Entstellungen seines Werks, durch die die berechtigten geistigen oder persönlichen Interessen, insbes. das Ansehen oder der Ruf des Arbeitnehmers gefährdet werden, kann er seine **Namensnennung untersagen**. **3272**

ddd) Rückrufsrecht

Das gem. **§ 41 UrhG** bestehende Rückrufsrecht wegen Nichtausübung der Nutzungsrechte durch den Arbeitgeber kommt aus wirtschaftlichen Gründen i.d.R. nicht in Betracht, weil der Arbeitnehmer für seine Arbeitsleistung bereits entlohnt wurde. Es besteht aber dann, wenn er ein schutzwürdiges Interesse an der Veröffentlichung und der Nennung seines Namens hat oder wenn eine Verwertungspflicht des Arbeitgebers vereinbart worden ist. **3273**

Ein Rückrufsrecht wegen gewandelter Überzeugung (**§ 42 UrhG**) wird i.d.R. dann nicht bestehen, wenn die Nennung des Namens des Arbeitnehmers unterbleibt. **3274**

eee) Zugangsrecht

Gem. **§ 25 UrhG** hat der Urheber Anspruch darauf, dass ihm sein Werk zugänglich gemacht wird, soweit dies zur Herstellung von Vervielfältigungsstücken erforderlich ist und berechtigte Interessen des Besitzers nicht entgegenstehen (Zugangsrecht). **3275**

Der Zugang kann einem Arbeitnehmer versagt werden, wenn er nach dem Ausscheiden aus dem Betrieb ein eigenes **Konkurrenzunternehmen** gegründet hat oder für ein solches tätig ist und der beanspruchte Zugang eigenen oder fremden Wettbewerb im Verhältnis zum ehemaligen Arbeitgeber fördern soll. **3276**

ee) Vergütungsanspruch; Auswirkungen der gesetzlichen Neuregelung

(1) Grundlagen

> Eine zusätzliche Vergütung kann der Arbeitnehmer grds. nicht verlangen, weil mit dem Arbeitsentgelt auch die Einräumung der Urheber-Nutzungsrechte und die Verwertung arbeitsvertraglich geschuldeter Werke abgegolten ist. **3277**

3278 Nur bei Vorliegen besonderer Umstände kann der Anspruch auf eine zusätzliche Vergütung gerechtfertigt sein, insbes. dann, wenn:
- dies für bestimmte Verwertungshandlungen arbeits- oder tarifvertraglich **festgelegt** wurde;
- der Arbeitgeber das Werk über den vereinbarten Zweck hinaus wirtschaftlich verwertet (**Sonderverwertung**);
- ein **grobes Missverhältnis** des Arbeitslohns zu den Erträgnissen aus der Nutzung des Werkes besteht (§ 36 UrhG analog; vgl. MünchArbR/*Sack* § 103 Rz. 60).

3279 ▶ **Beispiel:**
Nimmt ein Einzelhandelsunternehmen mit einer von seinem angestellten Dekorateur gestalteten Schaufensterdekoration an einem von einem Lieferanten veranstalteten Wettbewerb teil, so hat der Angestellte keinen Anspruch auf Wertersatz oder eine Sondervergütung, wenn der Arbeitgeber einen Preis (Erholungsreise im Wert von 3.500 Euro) gewinnt (*BAG* 12.3.1997 EzA § 43 UrhG Nr. 1).

(2) Arbeitsrechtliche Gründe für eine zusätzliche Vergütung

3280 Aus arbeitsrechtlichen Gründen kann eine zusätzliche Vergütung geschuldet sein z.B. bei quantitativer Mehrleistung (**Mehrarbeit, Überstunden**; s.o. Rn. 81 ff.).

3281 Leistet zudem ein Arbeitnehmer, der für einfache Schreib- und Hilfsarbeiten bei der Fertigstellung eines Buchmanuskripts eingestellt und bezahlt worden ist, einen wesentlichen schöpferischen Beitrag an der Erstellung des Manuskripts, so steht ihm hierfür die übliche Vergütung (**§ 612 BGB**) zu. Diese Vergütung kann nach Maßgabe des § 8 Abs. 3 UrhG berechnet werden (*BGH* 11.11.1977 AP Nr. 30 zu § 612 BGB).

3282 Dagegen kann ein als Statiker eingestellter Arbeitnehmer eine Sondervergütung für Computer-Programme nicht verlangen, die er zur besseren Berechnung von Statistiken mit Zustimmung des Arbeitgebers in der Arbeitszeit mit dessen Mitteln geschaffen hat und für die der Arbeitgeber eigens einen vom Arbeitnehmer ausgewählten Computer angeschafft hat. Zwar waren die Programme nicht arbeitsvertraglich geschuldet, der Arbeitnehmer war aber nach Treu und Glauben verpflichtet, sie dem Arbeitgeber zu überlassen. Da nicht klargestellt war, dass sie nur gegen ein zusätzliches Entgelt geschaffen werden sollten, **musste der Arbeitgeber nicht mit einer zusätzlichen Vergütungspflicht rechnen** (*BAG* 13.9.1983 AP Nr. 2 zu § 43 UrhG).

3283 Seit dem 1.7.2002 sehen nunmehr aber §§ 32, 32 a UrhRG einen Anspruch auf angemessene Vergütung und ggf. eine weitere Vergütung vor. Ziel dieser Neuregelung ist die Stärkung der vertraglichen Stellung von freischaffenden Urhebern und Künstlern sowie die Herstellung einer angemessenen wirtschaftlichen Beteiligung an der Verwertung ihrer Werke (vgl. § 11 S. 2 UrhG; BT-Drs. 14/6433 S. 7; BT-Drs. 14/8058 S. 1 f.). Urheber und ausübende Künstler in Arbeitsverhältnissen standen dagegen nicht im Mittelpunkt der Reformüberlegungen. Der Gesetzgeber sieht ihren Schutz jedenfalls in Teilbereichen – z.B. der Medienwirtschaft – hinreichend gewährleistet, insbesondere dort, wo Arbeitnehmer oder arbeitnehmerähnliche Personen durch Tarifverträge geschützt sind. Urheber in Arbeitsverhältnissen sind aber von der gesetzlichen Neuregelung nicht ausgenommen. Zwar ist § 43 UrhRG nicht stärker mit den allgemeinen Vorschriften über die Einräumung und Abgeltung von Nutzungsrechten verbunden worden. Ausgangspunkt für die Anwendung des UrhRG auf Arbeitsverträge bleibt also diese gesetzliche Regelung, die Ansatzpunkte dafür, dass die Neuregelung für Arbeitsverhältnisse nicht gelten könnte, nicht erkennen lässt (*Grobys/Foerstl* NZA 2002, 1015 ff.).

b) Arbeitsvertraglich nicht geschuldete Werke

An arbeitsvertraglich nicht geschuldeten Werken erwirbt der Arbeitnehmer originär alle Urheberrechte; § 43 UrhG ist nicht anwendbar. 3284

Nach Auffassung von *Sack* (MünchArbR § 103 Rz. 66) ist der Arbeitnehmer nicht verpflichtet, die während der Dauer des Arbeitsverhältnisses geschaffenen Werke dem Arbeitgeber anzubieten, wenn sie im Arbeitsbereich des Betriebs verwendbar sind. Ihn trifft zwar das arbeitsrechtliche Wettbewerbsverbot; aus diesem folgt jedoch grds. **keine Anbietungspflicht**. 3285

Verwertet der Arbeitgeber ein vom Arbeitnehmer nicht geschuldetes Werk und zieht er daraus nicht unerhebliche Vorteile, so trifft ihn, wenn nichts anderes vereinbart wurde, eine **gesonderte Vergütungspflicht**; sie kann sich auch aus den konkreten Umständen des Einzelfalles ergeben (*BAG* 24.11.1960 AP Nr. 1 zu § 11 LitUrhG). 3286

4. Geschützte Leistungen ausübender Künstler i.S.d. §§ 73 ff. UrhG

a) Grundlagen

Der originäre Erwerb der in §§ 73 ff. UrhG vorgesehenen Leistungsschutzrechte für Rundfunk- und Fernsehübertragungen, Vervielfältigungen usw. findet beim ausübenden **Künstler** statt, **auch wenn dieser die Leistungen im Rahmen eines Arbeitsverhältnisses erbracht hat**. 3287

Gem. **§ 79 UrhG** entscheidet vorbehaltlich abweichender einzel- oder kollektivvertraglicher Regelungen das Wesen des Arbeits- oder Dienstverhältnisses darüber, in welchem Umfang und unter welchen Bedingungen der Arbeitgeber die Darbietungen selbst benutzen oder anderen die Benutzung gestatten darf. 3288

Gem. **§ 78 UrhG** kann auch eine stillschweigende Übertragung erfolgen. 3289

Bei Bühnenangehörigen folgt aber z.B. die Befugnis zur Aufnahme der Darbietung auf Bildträger nicht ohne weiteres aus dem Wesen des Arbeitsverhältnisses. Erforderlich ist vielmehr eine besondere individual- oder kollektivvertragliche Regelung. 3290

b) Nutzung nicht geschuldeter Leistungen

Für die Nutzung arbeitsvertraglich nicht geschuldeter Leistungen der ausübenden Künstler bedarf es unter den Voraussetzungen der **§§ 74, 75, 76 Abs. 1 UrhG** deren Einwilligung. Eine Sonderregelung besteht gem. § 80 UrhG für Aufführungen von Gruppen von Künstlern. 3291

Bei Filmwerken bedarf es einer derartiger Einwilligung nicht; es genügt die Einwilligung in die Aufnahme (§ 92 UrhG). 3292

c) Vergütungsansprüche

Zusätzliche Vergütungsansprüche bestehen grds. nicht. Etwas anderes gilt nur dann, wenn **Sonderleistungen** erbracht werden, die arbeitsvertraglich nicht geschuldet sind. Gleiches gilt für **Sonderverwertungen**, z.B. die Rundfunkübertragung einer arbeitsvertraglich geschuldeten Bühnenaufführung. 3293

Soweit es der Einwilligung der ausübenden Künstler bedarf, kann und wird dies i.d.R. von einer besonderen Vergütung abhängig gemacht werden. Entsprechendes gilt für Funksendungen, nicht aber für Filmwerke (**§ 92 UrhG**). 3294

d) Verbot der Entstellung des Werks

Gem. **§ 83 UrhG** kann der Künstler auch die Entstellung oder eine andere Beeinträchtigung der Darbietung untersagen, die geeignet ist, sein Ansehen oder seinen Ruf als ausübender Künstler zu gefährden. 3295

e) Anspruch auf Namensnennung

3296 Ein Anspruch auf Namensnennung kann sich aus **einzel- oder kollektivvertraglichen Vereinbarungen, aus Branchengepflogenheiten und aus Treu und Glauben** ergeben (z.B. die Namensnennung von Solisten oder Dirigenten im Programmheft oder in der Rundfunkansage einer Aufführung).

3297 Wird die gebotene Namensnennung unterlassen, kann der Betroffene den Ersatz des nachweisbaren Vermögensschadens verlangen (*BAG* 28.4.1960 AP Nr. 1 zu § 847 BGB).

f) Fertigung einer Kopie

3298 Tarifvertragliche Regelungen sehen die Möglichkeit der Anfertigung einer Kopie der Aufzeichnung des Arbeitgebers vor, wenn damit kein unzumutbarer Aufwand für diesen verbunden ist; **ein gesetzlicher Anspruch besteht nicht**.

5. Begrenzung der Rechte der angestellten Urheber und ausübenden Künstler

3299 Die Ausübung der Leistungsschutzrechte von angestellten Urhebern und auszuübenden Künstlern wird beschränkt durch Leistungsschutzrechte von Veranstaltern (§ 81 UrhG), Tonträgerherstellern (§ 85 UrhG), Sende-Unternehmen (§ 87 UrhG) und Filmherstellern (§ 94 UrhG; urheberrechtliche Besonderheiten bei angestellten Filmschaffenden erörtert *Meiser* NZA 1998, 291 ff.).

6. Geschmacksmusterfähige Werke und typographische Schriftzeichen

a) Grundlagen

3300 Gem. **§ 2 GeschMG** gilt bei Mustern und Modellen, die von den in einer inländischen gewerblichen Anstalt (Unternehmen, Handwerksbetrieb) beschäftigten Zeichnern, Malern, Bildhauern usw. im Auftrag oder für Rechnung des Eigentümers der gewerblichen Anstalt angefertigt wurden, der Letztere, wenn durch Vertrag nichts anderes bestimmt ist, als der Urheber.

3301 Gleiches gilt für die Herstellung geschützter typographischer Schriftzeichen durch angestellte Schöpfer geschmacksmusterfähiger Werke (**Art. 2 Abs. 1 SchriftzeichenG** [BGBl. 1981 II S. 382]).

b) Rechtserwerb

3302 Der Arbeitgeber erwirbt mit der Anmeldung der Fertigstellung **originär** das Geschmacksmusterrecht bzw. Schriftzeichenrecht.

c) Geschmacksmuster-Persönlichkeitsrechte

3303 Obwohl gesetzlich nicht geregelt, bestehen Geschmacksmuster-Persönlichkeitsrechte des Arbeitnehmers, auch wenn sie wesentlich **schwächer ausgeprägt** sind als dessen Urheber-Persönlichkeitsrechte. Der Arbeitnehmer hat grds. ein Recht auf Urheberanerkennung, je nach den Umständen des Einzelfalles auf Urheberbezeichnung auf dem Werk, dagegen grds. keinen Anspruch auf Urheberbenennung.

3304 Bei der gewerblichen Verwertung seiner Schöpfung muss der Arbeitnehmer notwendige Änderungen hinnehmen. Er kann sich allerdings dagegen wehren, als Urheber des geänderten Werkes benannt zu werden (MünchArbR/*Sack* § 103 Rz. 97 ff.).

d) Rechtsstellung des Arbeitgebers

3305 Den Arbeitgeber trifft grds. keine Ausführungs- und Benutzungspflicht; der Arbeitnehmer hat bei einem vom Arbeitgeber angemeldeten Geschmacksmuster auch keinen Anspruch auf Benennung im Musterregister.

Der Arbeitgeber ist schließlich berechtigt, aber nicht verpflichtet, eine Anmeldung als Geschmacksmuster vorzunehmen, es sei denn, dass eine abweichende Vereinbarung oder ein besonderes Schutzbedürfnis insoweit besteht. Der Urheberselbst ist keinesfalls zur Anmeldung berechtigt (MünchArbR/*Sack* § 103 Rz. 104). **3306**

e) Keine zusätzliche Vergütung

Eine Anspruchsgrundlage für zusätzliche Vergütungsansprüche des Arbeitnehmers besteht nicht. **3307**

f) Freie Geschmacksmuster

Für freie Geschmacksmuster gelten die Grundsätze des Arbeitnehmer-Urheberrechts für arbeitsvertraglich nicht geschuldete Werke entsprechend. **3308**

VII. Recht der betrieblichen Altersversorgung

1. Grundlagen

a) Begriffsbestimmungen

Der Begriff »betriebliche Altersversorgung« umfasst nach der Definition in § 1 Abs. 1 S. 1 BetrAVG alle Leistungen der Alters-, Invaliditäts- oder Hinterbliebenenversorgung, die einem Arbeitnehmer und bestimmten Nicht-Arbeitnehmern (vgl. § 17 Abs. 1 BetrAVG) aus Anlass seines Arbeitsverhältnisses oder einer Tätigkeit für das Unternehmen auf Grund einzel-, kollektivvertraglicher Vereinbarung oder gesetzlicher Regelung zugesagt worden sind (*Griebeling* Rz. 95; zu Leistungen, die der Arbeitgeber zur Absicherung des Krankheitsrisikos im Alter verspricht vgl. *Stegmüller* NZA 1998, 287 ff.). Die betriebliche Altersversorgung deckt bestimmte biometrische Risiken (Alter – sog. Langlebigkeitsrisiko, Tod, Invalidität) ab (s. *BAG* 28.10.2008 – 3 AZR 317/07 – FA 2008, 376 LS). Sie umfasst nicht andere Lebensrisiken wie etwa Krankheitsrisiken. **Die zugesagte Leistung muss einem Versorgungszweck dienen**. Unter einer »Versorgung« sind alle Leistungen zu verstehen, die den **Lebensstandard** des Arbeitnehmers oder seiner Hinterbliebenen im **Versorgungsfall**, wenn auch nur zeitweilig, **verbessern sollen**. Auf die Bezeichnung der Leistung und sonstige Formalien kommt es nicht an. Ebenso wenig spielt es eine Rolle, aus welchen Gründen und aus welchem Anlass die Versorgungsleistung versprochen wurde (*BAG* 28.10.2008 – 3 AZR 317/07 – FA 2008, 376 LS). **3309**

Auch spielt es für den Begriff der betrieblichen Altersversorgung keine Rolle, ob Geld- oder Sachleistungen erbracht werden. Ebenso wenig kommt es darauf an, ob einmalige oder laufende Leistungen erbracht werden und in welchen Zeitabständen dies geschieht. Deshalb gehören die den Rentnern gewährten Stromdeputate und Weihnachtsgelder zur betrieblichen Altersversorgung, nicht aber die Übernahme eines Teils anderweitig nicht gedeckter Krankheitskosten (*BAG* 12.12.2006 – 3 AZR 475/05 – EzA-SD 26/06, S. 10 = FA 2007, 57 LS).

Es hängt weder von der Bezeichnung einer in Aussicht gestellten Geldleistung noch von den in einer betrieblichen Versorgungsordnung dafür vorgesehenen Rechtsfolgen ab, ob diese Leistung dem sozialen Schutz des Betriebsrentengesetzes und der hierzu entwickelten Rechtsprechung unterfällt. Entscheidend ist allein, ob die Leistung die Begriffsmerkmale des § 1 BetrAVG erfüllt (*BAG* 28.10.2008 – 3 AZR 317/07 – FA 2008, 376 LS). Dafür kommt es darauf an, ob die Zusage einem Versorgungszweck dient, die Leistungspflicht durch einen der im Betriebsrentengesetz genannten biologischen Ereignisse ausgelöst werden soll und ob es sich um die Zusage eines Arbeitgebers aus Anlass eines Arbeitsverhältnisses handelt (*BAG* 18.2.2003 EzA § 1 BetrAVG Ablösung Nr. 35; *BAG* 28.10.2008 – 3 AZR 317/07 – FA 2008, 376 LS; vgl. auch *LAG Nbg.* 15.8.2001 NZA-RR 2002, 208: Zahlung einer betrieblichen Erwerbsunfähigkeits-/Berufsunfähigkeitsrente).

Die Durchführung der betrieblichen Altersversorgung kann unmittelbar über den Arbeitgeber oder über einen der in § 1b Abs. 2–4 BetrAVG genannten Versorgungsträger (Direktversicherung, Pensionskasse, Pensionsfonds, Unterstützungskasse) erfolgen.
Betriebliche Altersversorgung liegt gem. § 1 Abs. 2 BetrAVG (i.d.F. ab 1.1.2002) **auch dann** vor, wenn
- der Arbeitgeber sich verpflichtet, bestimmte Beiträge in eine Anwartschaft auf Alters-, Invaliditäts- oder Hinterbliebenenversorgung umzuwandeln (**beitragsorientierte Leistungszusage**),
- der Arbeitgeber sich verpflichtet, Beiträge zur Finanzierung von Leistungen der betrieblichen Altersversorgung an einen Pensionsfonds, eine Pensionskasse oder eine Direktversicherung zu zahlen und für Leistungen zur Altersversorgung das planmäßig zuzurechnende Versorgungskapital auf der Grundlage der gezahlten Beiträge (Beiträge und die daraus erzielten Erträge), mindestens die Summe der zugesagten Beiträge, soweit sie nicht rechnungsmäßig für einen biometrischen Risikoausgleich verbraucht wurden, hierfür zur Verfügung zu stellen (**Beitragszusage mit Mindestleistung**) oder
- künftige Entgeltansprüche in eine wertgleiche Anwartschaft auf Versorgungsleistungen umgewandelt werden (**Entgeltumwandlung**).

Der Versorgungsfall kann durch Eintritt in den Altersruhestand, Invalidität und Tod ausgelöst werden (*BAG* 8.5.1990 EzA § 7 BetrAVG Nr. 35).

b) Freiwillige, betrieblich veranlasste Sozialleistungen

3310 Es handelt sich um eine i.d.R. freiwillige Sozialleistung, sie kann aber auch z.B. in für allgemeinverbindlich erklärten Tarifverträgen begründet sein oder sich aus § 613a BGB (s.u. Rn. 4377 ff.) oder dem Gleichbehandlungsgrundsatz ergeben (s.o. Kap. 1 Rn. 392 ff.; *Griebeling* Rz. 84 ff.).

3311 Sie ist dann betrieblich veranlasst, wenn die Zusage als Gegenleistung für erbrachte oder zu erbringende Betriebstreue angesehen werden kann und der Zusageempfänger irgendeine Tätigkeit für das die Versorgungszusage aussprechende Unternehmen geleistet hat oder leisten wird.

3312 Auch eine Versorgungszusage vor Beginn oder nach Beendigung eines Arbeitsverhältnisses kann aus Anlass eines Arbeitsverhältnisses erfolgt sein (*BAG* 8.5.1990 EzA § 7 BetrAVG Nr. 35).

c) Zweck betrieblicher Altersversorgung; Versorgung, Entgeltcharakter

3313 Sozialpolitischer Zweck ist die Verringerung der Differenz zwischen der durch die gesetzliche Rentenversicherung getragenen Grundversorgung und der optimalen Versorgung eines Rentners (Versorgungslücke; vgl. *Griebeling* Rz. 92 ff.).

3314 Für die Unternehmen ist betriebliche Altersversorgung darüber hinaus **Teil der betrieblichen Personalpolitik**, durch die Mitarbeiter an das Unternehmen gebunden, leistungsfähiger Nachwuchs gewonnen und die Motivation der Belegschaft verbessert werden soll.

3315 Das Ruhegeld hat folglich Versorgungs- und Entgeltcharakter. Betriebliche Altersversorgung ist Gegenleistung für die während des Arbeitsverhältnisses erbrachte Betriebstreue. Daneben verfolgt die Altersversorgung jedoch auch den Zweck, den Lebensstandard, den der Arbeitnehmer vor Eintritt des Versorgungsfalles erreicht hatte, aufrechtzuerhalten, u.U. auch dann, wenn er praktisch erst eine relativ geringe Arbeitsleistung für den Arbeitgeber erbracht hat (z.B. in Fällen einer ohne Wartezeit zugesagten Berufs- oder Erwerbsunfähigkeitsrente; vgl. *BVerfG* 19.10.1983 EzA § 242 BGB Ruhegeld Nr. 102; *BAG* 10.3.1972 AP Nr. 156 zu § 242 BGB).

d) Ausgestaltungsformen betrieblicher Altersversorgung

Betriebliche Versorgungsleistungen werden i.d.R. als **wiederkehrende Geldleistungen** gewährt (vgl. *Griebeling* Rz. 36 ff.). 3316

Möglich sind jedoch auch Zusagen auf **einmalige Kapitalzahlungen**, wenn sie dem Zweck dienen, Arbeitnehmer im Alter und bei Invalidität zu versorgen oder ihre Hinterbliebenen zu unterstützen. Ein entsprechender Vertragswille wird nichtallein dadurch ausgeschlossen, dass eine vertragliche Abfindungsregelung den Versorgungszweck außer Acht lässt (*BAG* 30.9.1986 EzA § 1 BetrAVG Nr. 47). 3317

Auch **Nutzungsrechte und Sachleistungen** können Versorgungsleistungen sein, z.B. Kohledeputate oder Wohnrechte in Werkswohnungen, andere Sozialleistungen dann, wenn sie der Versorgung des Arbeitnehmers dienen sollen, z.B. Weihnachtsgelder, die an Ruhegeldempfänger gezahlt werden (*BAG* 19.5.1981 EzA § 16 BetrAVG Nr. 11). 3318

Versicherungen des Arbeitgebers zu Gunsten des Arbeitnehmers gehören dann dazu, wenn sie zur Versorgung des Arbeitnehmers abgeschlossen sind (Personenversicherung). 3319

Trägt ein Arbeitgeber die **Krankenversicherungsbeiträge** seiner Pensionäre, so kann auch das eine Leistung der betrieblichen Altersversorgung gem. §§ 1 ff. BetrAVG sein (*LAG Hessen* 22.4.1998 NZA-RR 1999, 205). 3320

e) Abgrenzungsfragen

Die gesetzlichen Voraussetzungen des § 1 BetrAVG sind z.B. erfüllt, wenn ein Betriebsrentner die Zusage erhält, zusammen mit der Dezemberrente ein Rentnerweihnachtsgeld in Höhe einer monatlichen Gesamtversorgungsleistung zu erhalten (s. *BAG* 12.12.2006 EzA § 1 BetrAVG Betriebliche Übung Nr. 8). Dem steht auch nicht entgegen, wenn eine Versorgungsordnung für den Bezug des Rentnerweihnachtsgeldes eine Betriebstreue bis zum Eintritt des Versorgungsfalles verlangt. Diese Regelung ist vielmehr wegen Verstoßes gegen § 1b BetrAVG n.F. unwirksam (§ 17 Abs. 3 S. 3 BetrAVG; *BAG* 18.2.2003 EzA § 1 BetrAVG Ablösung Nr. 35). Erhalten zudem Empfänger von betrieblichen Versorgungsleistungen »ein Weihnachtsgeld in Höhe ihrer Bruttoversorgungsbezüge« eines Bezugsmonats, so handelt es sich regelmäßig auch insoweit um eine Leistung der betrieblichen Altersversorgung. Eine entsprechende Regelung in einer Betriebsvereinbarung ist deshalb nach den für eine Rechtskontrolle ablösender Neuregelungen entwickelten Grundsätzen gegen eine Verschlechterung geschützt (*BAG* 18.2.2003 NZA 2004, 99; s.u. Rn. 3517 ff.). Auch der **verbilligte Strombezug** der Betriebsrentner zählt zu den Leistungen der betrieblichen Altersversorgung; insoweit ist es unerheblich, ob eine derartige Leistung auch den aktiven Mitarbeitern gewährt wird (*BAG* 12.12.2006 EzA § 1 BetrAVG Nr. 89 = NZA-RR 2007, 653). Nichts anderes gilt für die Einräumung eines Personalrabatts an **Ruheständler** (*BAG* 19.2.2008 EzA § 1 BetrAVG Betriebliche Übung Nr. 9 = NZA-RR 2008, 597). 3321

Dagegen sind Übergangsgelder (vgl. §§ 62 ff. BAT; vgl. *BAG* 18.3.2003 NZA 2004, 1064 LS, wenn Voraussetzung das »Ausscheiden im Einvernehmen mit der Firma« ist), Überbrückungszahlungen, Gnadengehälter, **die den Einkommensverlust des ausgeschiedenen Arbeitnehmers für den Fall einer vorzeitigen Beendigung der Tätigkeit ausgleichen, keine Leistungen der betrieblichen Altersversorgung, weil kein Versorgungszweck intendiert ist**. Die Zahlung eines solchen Übergangsgeldes soll nach Beendigung des Arbeitsverhältnisses den Übergang in ein anderes Arbeitsverhältnis erleichtern (*BAG* 26.4.1988 EzA § 7 BetrAVG Nr. 25). 3322

Auch **Überbrückungsbeihilfen** bis zum Erreichen eines in der Versorgungszusage festgelegten Versorgungsfalls »Alter« sind keine Leistungen der betrieblichen Altersversorgung i.S.d. BetrAVG, selbst wenn sie in der Zusage als Ruhegehälter bezeichnet worden sind. Von einer Überbrückungsbeihilfe, nicht einer Leistung der betrieblichen Altersversorgung ist auszugehen, wenn die betreffenden Zahlungen zwar **nur für den Fall** versprochen werden, dass das Arbeitsverhältnis nach Vollendung des 60. Lebensjahres des Arbeitnehmers **aufgehoben** 3323 worden ist, zugleich aber unter die **Bedingung** gestellt werden, dass das Arbeitsverhältnis unter **Mitwirkung der Arbeitgeberin** aufgelöst wurde und die Leistungen davon abhängig sind, dass weder Gehälter noch Übergangsgelder gezahlt werden (*BAG* 3.11.1998 EzA § 7 BetrAVG Nr. 56). Gleiches gilt für **Beihilfen im Krankheitsfall** (*BAG* 12.12.2006 EzA § 1 BetrAVG Nr. 89 = NZA-RR 2007, 653) sowie für **ein Sterbegeld** in Form eines Beitrags zu den Bestattungskosten (*BAG* 19.9.2006 EzA § 1 BetrAVG Nr. 87 = NZA 2007, 1127 LS).

3324 **Andererseits** kann auch eine als »Übergangsgeld« oder »Übergangszuschuss« (*BAG* 18.3.2003 NZA 2004, 1064 LS) bezeichnete Leistung eine Leistung der betrieblichen Altersversorgung sein, **wenn sie als Voraussetzung den Eintritt in den Ruhestand vorsieht und ungeachtet ihrer Bezeichnung ausschließlich der Versorgung des Leistungsempfängers im Alter dienen soll**. Das ist z.B. dann der Fall, wenn der Arbeitgeber ausscheidenden Mitarbeitern für die Fälle des Erreichens der Altersgrenze oder vorzeitig eintretender Invalidität bzw. bei vorzeitigem Tod den Hinterbliebenen ein einmaliges »Übergangsgeld« verspricht. Die Bezeichnung »Übergangsgeld« ist unerheblich. **Entscheidend ist der Zweck der Leistung** (*BAG* 10.8.1993 EzA § 1 BetrAVG Nr. 66; s.a. *BAG* 28.10.2008 – 3 AZR 317/07 – FA 2008, 376 LS).

3325 Keine Leistungen der betrieblichen Altersversorgung sind **Vorruhestandsleistungen**, weil sie nur der Versorgung vor Eintritt des Versorgungsfalles dienen (*Griebeling* Rz. 96), sowie **Abfindungen**, insbes. aus Anlass einer Kündigung. Gleiches gilt für Hilfeleistungen, die von einer **Unterstützungskasse** bei einer **wirtschaftlichen Notlage** von Arbeitnehmern oder deren Hinterbliebenen gewährt werden (*LAG Bln.* 15.11.1999 NZA-RR 2000, 99). Etwas anderes gilt, wenn eine regelmäßig wiederkehrende Leistung einen durch eine vorzeitige Kündigung entstandenen Versorgungsbedarf auffüllt und diese Leistung erst vom Erreichen der Altersgrenze für den Bezug des vorgezogenen Altersruhegeldes an aus der gesetzlichen Sozialversicherung gezahlt wird (*BAG* 8.5.1990 EzA § 7 BetrAVG Nr. 35). Auch die **Zusatzrente nach dem TV ÜV-Cockpit**, wonach Arbeitnehmer eine Übergangsversorgung erhalten, wenn sie auf Grund der im MTV bestimmten Altersgrenze aus dem Arbeitsverhältnis ausscheiden und mindestens zehn Dienstjahre vollendet haben, ist keine Leistung der betrieblichen Altersversorgung i.S.v. § 1 Abs. 1 BetrAVG (*BAG* 27.2.2002 EzA § 4 TVG Luftfahrt Nr. 5; 18.5.2004 EzA § 4 TVG Luftfahrt Nr. 9 = NZA 2005, 375).

2. Begründung und Ausgestaltung der betrieblichen Altersversorgung

a) Die Begründung betrieblicher Versorgungsansprüche

aa) Der Verpflichtungstatbestand

(1) Grundlagen

3326 Eine Ruhegeldverpflichtung entsteht für die Zeit bis zum 1.1.2001 nur dann, wenn dafür ein besonderer Verpflichtungstatbestand, eine Versorgungszusage, besteht (vgl. *Griebeling* Rz. 76 ff.).

In Betracht kommen insbes. einzelvertragliche Regelungen, z.B. auch als Gesamtzusage (vgl. dazu *LAG Düsseld.* 11.9.2003 ARST 2004, 97) oder vertragliche Einheitsregelung (s.o. Kap. 1 Rn. 380 ff.). Wird eine freiwillige Leistung im Wege der Gesamtzusage versprochen und dabei darauf hingewiesen, die Leistungsgewährung sei »im Einvernehmen mit dem Gesamtbetriebsrat beschlossen« worden, so liegt darin in aller Regel der Vorbehalt einer künftigen Abänderung durch Betriebsvereinbarung (*BAG* 10.12.2002 EzA § 1 BetrAVG Ablösung Nr. 37 = NZA 2004, 272).

Möglich sind auch sog. Blankettzusagen des Arbeitgebers, bei denen nur sein Wille objektiv erkennbar ist, überhaupt eine Versorgungszusage erteilen zu wollen (*LAG Düsseld.* 18.2.2003 NZA-RR 2003, 600). **Der Arbeitgeber verpflichtet sich, eine Altersversorgung zu gewähren, behält sich die Festlegung der Bedingungen – gem. § 315 BGB – aber vor** (*BAG* 19.7.2005 EzA § 1 BetrAVG Betriebliche Übung Nr. 7 = NZA 2005, 1431 LS).

Grundsätzlich erzeugt allerdings ein bloßes Inaussichtstellen einer Versorgungszusage noch keine rechtserhebliche Verpflichtung. Es bedarf vielmehr des darüber hinausgehenden erkennbaren Bindungswillens des Arbeitgebers, eine mittelbare oder unmittelbare Versorgungszusage gewähren zu wollen. Entsprechend erzeugt auch eine interne Willensbildung des Arbeitgebers, eine Versorgung gewähren zu wollen, eine rechtliche Bindung erst dann, wenn die Zusage dem Begünstigten auch tatsächlich erteilt worden ist; insofern genügt allerdings bereits der objektiv erkennbare Wille, eine Versorgungszusage erteilen zu wollen (*LAG Düsseld.* 18.2.2003 NZA-RR 2003, 600). Die Ausfüllung einer derartigen Zusage durch Festlegung der Versorgungsbedingungen unterliegt nach § 315 Abs. 3 S. 2 BGB **billigem Ermessen** (*BAG* 23.11.1978 EzA § 242 BGB Ruhegeld Nr. 77; 19.7.2005 EzA § 1 BetrAVG Betriebliche Übung Nr. 7 = NZA 2005, 1431 LS) und letztlich einer gerichtlichen Ermessenskontrolle. Der Arbeitgeber hat bei der Ausgestaltung der Versorgungsrechte nicht nur die rechtsgeschäftlich verbindlichen Vorgaben, sondern auch die von ihm geweckten Vorstellungen und Erwartungen zu berücksichtigen (*BAG* 19.11.2002 EzA § 1 BetrAVG Nr. 85). 3327

Ist eine derartige Blankettzusage erteilt und legt der Arbeitgeber in gewissen Abständen während des laufenden Arbeitsverhältnisses Pensionshöchstbeträge fest, auf deren Basis die spätere betriebliche Altersrente berechnet werden soll, so ist folglich auch unter Berücksichtigung dessen, dass nur eine Blankettzusage erteilt wurde, zu prüfen, ob **er sich dadurch hinsichtlich des Anpassungsmodus** für die Pensionshöchstbeträge **binden will und eine betriebliche Übung entsteht** (*BAG* 19.7.2005 EzA § 1 BetrAVG Betriebliche Übung Nr. 7 = NZA 2005, 1431 LS). Zu beachten ist in diesem Zusammenhang, dass eine **Verletzung des Mitbestimmungsrechts** des Betriebsrats gem. § 87 Abs. 1 Nr. 10 BetrVG – Änderung der Verteilungsgrundsätze – keine über die bestehende Vertragsgrundlage hinausgehenden Ansprüche des Arbeitnehmers begründet. Der Arbeitgeber ist dann auch nicht verpflichtet, wegen der Verletzung der Mitbestimmungsrechte sein billiges Ermessen in bestimmter Weise auszuüben (*BAG* 19.7.2005 EzA § 1 BetrAVG Betriebliche Übung Nr. 7 = NZA 2005, 1431 LS). 3328

Andererseits spricht alles dagegen, dass **Tarifvertragsparteien** eine – vorläufig unbestimmte – **Blankettzusage** auf Leistungen der betrieblichen Altersversorgung geben. Die Arbeitsgerichte wären zudem nicht befugt, ein solches Blankett anstelle der Tarifvertragsparteien nach § 315 Abs. 3 BGB auszufüllen (*BAG* 19.12.2000 EzA § 1 BetrAVG Nr. 76). 3329

(2) Ab 1.1.2001: Der Entgeltumwandlungsanspruch

Inzwischen hat der Gesetzgeber allerdings durch § 1a BetrAVG rückwirkend ab dem 1.1.2001 einen **Rechtsanspruch** des Arbeitnehmers gegen den Arbeitgeber auf **Entgeltumwandlung** (vgl. dazu unten Rn. 3427 ff.) eingeführt. Voraussetzung ist, dass es sich um eine in der Rentenversicherung der Arbeiter oder Angestellten pflichtversicherte Person handelt (§ 17 Abs. 1 S. 3 BetrAVG). Die Höhe des Anspruchs beträgt **bis zu 4%** der jeweiligen Beitragsbemessungsgrenze in der Rentenversicherung. Soweit bereits eine durch Entgeltumwandlung finanzierte betriebliche Altersversorgung besteht, ist der Anspruch des Arbeitnehmers auf Entgeltumwandlung ausgeschlossen (§ 1a Abs. 2 BetrAVG). Ist der Betrag nicht voll ausgeschöpft, besteht ein entsprechender Auffüllungsanspruch des Arbeitnehmers (vgl. *Blomeyer* NZA 2001, 917; *Reinecke* NJW 2001, 3513 ff.; *Klemm* NZA 2002, 1123 ff.; s.u. Rn. 3427 ff.). 3330

Diese Regelungen gelten gem. § 1 Abs. 2 Nr. 4 BetrAVG (ab dem 1.1.2003) entsprechend, wenn der Arbeitnehmer Beiträge aus seinem Arbeitsentgelt zur Finanzierung von Leistungen der betrieblichen Altersversorgung an einen Pensionsfonds, eine Pensionskasse oder eine Direktversicherung leistet und die Zusage des Arbeitgebers auch die Leistungen aus diesen Beiträgen umfasst. Voraussetzung dafür ist aber, dass die zugesagten Leistungen aus diesen Beiträgen im Wege der Kapitaldeckung finanziert werden. 3331

bb) Form

3332 **Arbeitsrechtlich besteht keine Formbedürftigkeit.** Auch die einem Geschäftsführer einer GmbH formlos erteilte Ruhegeldzusage ist, da Formvorschriften weder nach dem GmbHG noch nach dem BetrAVG bestehen, dienstvertraglich grds. wirksam (*BAG* 20.12.1992 AP Nr. 5 zu § 1 BetrAVG Unverfallbarkeit).

Steuerrechtlich ist jedoch die **Schriftform** der Versorgungszusage für die Bildung von Pensionsrückstellungen vorgeschrieben **(§ 6a Abs. 3 EStG).**

cc) Einzelfragen

3333 Verspricht der Arbeitgeber eine Lebensversicherung nach einer Betriebszugehörigkeit von 10 Jahren abzuschließen, so erteilt er damit eine Versorgungszusage i.S.d. § 1 BetrAVG (*BAG* 19.4.1983 EzA § 1 BetrAVG Lebensversicherung Nr. 1).

3334 Verspricht er eine **Versorgung wie im öffentlichen Dienst**, so muss er für deren Leistungen **einstehen**, selbst dann, wenn zwar die Versicherungs- und Leistungsvoraussetzungen gegeben sind, die Versorgungseinrichtung den Abschluss einer wirksamen Versicherung aber leugnet. Unerheblich ist dann auch, ob der Arbeitgeber Mitglied der VBL werden kann (*BAG* 23.2.1988 EzA § 1 BetrAVG Zusatzversorgung Nr. 1).

3335 Eine **pauschale einzelvertragliche Verweisung** auf die Regelungen des **BAT** (z.B. »Auf das Arbeitsverhältnis finden die Vorschriften des BAT und die ihn ändernden und ergänzenden Regelungen Anwendung«) enthält noch **keine Versorgungszusage**, auch wenn § 46 BAT i.V.m. den speziellen Versorgungstarifverträgen eine Zusatzversorgung vorsieht (*BAG* 29.7.1986 AP Nr. 16 zu § 1 BetrAVG Zusatzversorgungskassen).

3336 Voraussetzung ist aber, dass der Arbeitgeber nicht Mitglied der Zusatzversorgungskasse des öffentlichen Dienstes werden kann. Das Gegenteil gilt, wenn er für den fraglichen Zeitraum in der Lage war, den Arbeitnehmer bei der VBL zu versichern. Verweist daher der Anstellungsvertrag eines ABM-Arbeitnehmers auf den BAT und die diesen ergänzenden Tarifverträge ohne Vorbehalt, so kann sich im Wege der Vertragsauslegung auch ergeben, dass damit der ABM-Arbeitnehmer einen Anspruch auf Versorgung durch die VBL haben soll (*BAG* 15.9.1992 AP Nr. 39 zu § 1 BetrAVG Zusatzversorgungskassen).

3337 Verweisen die Arbeitsvertragsparteien nur auf **einzelne Bestimmungen** eines Tarifvertrages, in denen die zusätzliche Altersversorgung nicht geregelt ist, so ist im Zweifel davon auszugehen, dass sie **keine zusätzliche Altersversorgung** vereinbart haben (*BAG* 23.2.1988 EzA § 3 TVG Bezugnahme auf Tarifvertrag Nr. 2).

dd) Betriebliche Übung

(1) Grundlagen

3338 Ein Anspruch auf betriebliche Altersversorgung kann sich auch aus einer betrieblichen Übung (vgl. dazu oben Kap. 1 Rn. 441 ff.; ausf. *Reinecke* BB 2004, 1625 ff.) ergeben.

3339 Nach der ausdrücklichen Anerkennung der betrieblichen Übung als Rechtsquelle durch den Gesetzgeber (§ 1b Abs. 1 S. 4 BetrAVG) steht im Bereich der betrieblichen Altersversorgung die Verpflichtung aus einer ausdrücklichen Versorgungszusage einer auf betrieblicher Übung beruhenden Versorgungsverpflichtung gleich (*BAG* 29.4.2003 EzA § 1 BetrAVG Betriebliche Übung Nr. 4; s. dazu krit. *Gelhaar* BB 2008, 835 ff.). Danach kommt es auf ein gleichförmiges und wiederholtes Verhalten des Arbeitgebers an, das den Inhalt der Arbeitsverhältnisse gestaltet und geeignet ist, vertragliche Ansprüche auf eine Leistung zu begründen, wenn die Arbeitnehmer aus dem Verhalten des Arbeitgebers schließen durften, ihnen werde die Leistung auch künftig gewährt (*BAG* 23.4.2002 EzA

§ 1 BetrAVG Betriebliche Übung Nr. 2); entscheidend ist, ob die Begünstigten **dem Verhalten des Arbeitgebers einen Verpflichtungswillen entnehmen können**. Daneben sind auch **Art, Bedeutung und Begleitumstände** der üblich gewordenen Leistung zu berücksichtigen (*BAG* 19.2.2008 EzA § 1 BetrAVG Betriebliche Übung Nr. 9 = NZA-RR 2008, 597). Auf die subjektiven, für den Begünstigten nicht erkennbaren Vorstellungen des Arbeitgebers und damit auf die interne Entscheidungfindung kommt es nicht an (*BAG* 19.2.2008 EzA § 1 BetrAVG Betriebliche Übung Nr. 9 = NZA-RR 2008, 597). Dementsprechend müssen auch sog. Freiwilligkeitsvorbehalte, die das Entstehen einer betrieblichen Übung verhindern sollen, gegenüber den Begünstigten hinreichend klar zum Ausdruck gebracht werden (*BAG* 12.12.2006 EzA § 1 BetrAVG Betriebliche Übung Nr. 8); Gleiches gilt für Bedingungen, Änderungs- und Widerrufsvorbehalte (*BAG* 19.2.2008 EzA § 1 BetrAVG Betriebliche Übung Nr. 9 = NZA-RR 2008, 597). Auch die **speziellen Kenntnisse** und das **Verständnis des einzelnen Versorgungsanwärters** oder -empfängers sind **nicht maßgeblich**. Deshalb spielt es keine Rolle, über welche zusätzlichen Informationen der Kläger aufgrund seiner Tätigkeit im Aufsichtsrat und Gesamtbetriebsrat verfügte; das Verhalten des Arbeitgebers ist losgelöst von den Umständen des Einzelfalls nach objektiven Kriterien auszulegen (*BAG* 31.7.2007 – 3 AZR 189/06 – EzA-SD 5/2008 S. 11 LS = NZA-RR 2008, 263).

Es muss also ein schutzwürdiges Vertrauen beim Arbeitnehmer auf Zahlung einer Betriebsrente begründet worden sein (vgl. *Griebeling* Rz. 121 ff.). Zudem bestimmt und begrenzt die bisherige Handhabung des Arbeitgebers insoweit seine Verpflichtung (*BAG* 19.11.2002 EzA § 1 BetrAVG Nr. 84). Zu beachten ist, dass eine betriebliche Übung, die dem versorgungspflichtigen Arbeitgeber **keinen Entscheidungsspielraum belässt** und ihn unabhängig von der Belastbarkeit des Unternehmens zum vollen Ausgleich des Geldwertverlustes verpflichtet, einen **Ausnahmetatbestand** darstellt. Das Verhalten des Arbeitgebers muss dann schon deutlich auf einen entsprechenden Verpflichtungswillen hinweisen (*BAG* 25.4.2006 EzA § 16 BetrAVG Nr. 49 = NZA-RR 2007, 310). 3340

Die betriebliche Übung unterscheidet sich von der Gesamtzusage im Wesentlichen dadurch, dass es hier keiner ausdrücklichen Erklärung des Arbeitgebers bedarf (*BAG* 18.3.2003 EzA § 1 BetrAVG Ablösung Nr. 39). Erfolgt eine Leistungsgewährung dagegen auf Grund ausdrücklich vereinbarter Anspruchsgrundlagen, z.B. einer Gesamtzusage, ist für die Annahme einer daneben bestehenden betrieblichen Übung regelmäßig kein Raum (*BAG* 10.12.2002 NZA 2003, 1360 LS). **Unter einer Gesamtzusage ist die an alle Arbeitnehmer oder an einen nach abstrakten Merkmalen bestimmten Teil von ihnen in allgemeiner Form gerichtete Erklärung des Arbeitgebers, zusätzliche Leistungen erbringen zu wollen, zu verstehen.** Eine ausdrückliche **Annahmeerklärung** des in der Gesamtzusage enthaltenen Angebots wird nicht erwartet; ihrer bedarf es auch **nicht**. Das in der Gesamtzusage liegende Angebot wird über § 151 BGB ergänzender Inhalt des Arbeitsvertrages (*BAG* 18.3.2003 EzA § 1 BetrAVG Ablösung Nr. 39; 19.5.2005 EzA § 1 BetrAVG Betriebliche Übung Nr. 6 = NZA 2005, 889). 3341

Die verpflichtende Wirkung einer betrieblichen Übung tritt zu Gunsten derjenigen aktiven Arbeitnehmer ein, die unter ihrer Geltung in dem Betrieb gearbeitet haben. Solche Arbeitnehmer können darauf vertrauen, dass die Übung nach ihrem Ausscheiden bei Eintritt des Versorgungsfalles fortgeführt wird. Dabei kommt es grds. nicht darauf an, dass der Anspruchsteller bereits als Betriebsrentner selbst schon in die Übung einbezogen war (*BAG* 29.4.2003 EzA § 1 BetrAVG Betriebliche Übung Nr. 4). Die betriebliche Übung kann zudem auch noch nach Eintritt des Versorgungsfalles zustande kommen und Leistungen umfassen, die in der Leistungsordnung (ausdrückliche Versorgungszusage) nicht vorgesehen sind. Dies gilt jedoch nicht, wenn die Leistungen lediglich in fehlerhafter Anwendung der Leistungsordnung erbracht werden (*BAG* 29.4.2003 EzA § 1 BetrAVG Betriebliche Übung Nr. 4). Auch **Betriebsrentner** können also auf Grund betrieblicher Übung z.B. einen **Rechtsanspruch auf Beihilfen im Krankheitsfall** erwer- 3342 ben. Dabei schließt die wiederholte Kennzeichnung einer Leistung als »freiwillig« allein die Entstehung eines Rechtsanspruchs aus betrieblicher Übung nicht von vornherein aus (*BAG* 19.5.2005 EzA § 1 BetrAVG Betriebliche Übung Nr. 6 = NZA 2005, 889).

3343 Zahlt ein Arbeitgeber jahrelang (acht Jahre) ein 13. Ruhegehalt, das in der Versorgungsordnung nicht vorgesehen war, so begründet er damit eine betriebliche Übung zu Gunsten der Versorgungsberechtigten. Diese erwerben eine entsprechende Anwartschaft schon vor Eintritt des Versorgungsfalles. Die Versorgungsleistungen auf Grund einer derartigen betrieblichen Übung können nur unter den gleichen Voraussetzungen widerrufen werden wie ausdrücklich zugesagte Betriebsrenten.
Veranlasst der Arbeitgeber durch die **Weitergabe von Datensätzen**, dass ein Drittunternehmen einen **Personalrabatt** weitergewährt, so kann dadurch eine ergänzende betriebliche Übung entstehen (*BAG* 19.2.2008 EzA § 1 BetrAVG Betriebliche Übung Nr. 9 = NZA-RR 2008, 597).

3344 Neben der betrieblichen Übung, bei Eintritt in den Ruhestand Ruhegelder zu zahlen (Zahlungsübung), findet sich **auch die betriebliche Übung, dass der Arbeitgeber unter bestimmten Voraussetzungen ein Ruhegeld zusagt (Zusageübung)**.

3345 Eine betriebliche Übung z.B., wonach alle Arbeitnehmer innerhalb bestimmter Fristen übereinstimmende schriftliche Versorgungszusagen erhalten, begründet eine Versorgungsanwartschaft und setzt die Unverfallbarkeitsfristen des § 1 bzw. § 1b BetrAVG (s. dazu Rn. 3642 ff.) in Lauf. Ob und wann die schriftliche Zusage im Einzelfall erteilt wird, ist unerheblich (*BAG* 29.10.1985 EzA § 1 BetrAVG Nr. 38). Auch aus einer betrieblichen Übung, eine Altersversorgung jeweils **erst im Versorgungsfall zuzusagen**, kann sich eine unverfallbare Anwartschaft auf betriebliche Altersversorgung ergeben (*LAG Hessen* 15.8.2001 – 8 Sa 1098/00 – EzA-SD 7/02, S. 13 LS = NZA-RR 2002, 266). Ist es Inhalt einer solchen gleichförmigen betrieblichen Praxis, allen Mitarbeitern, die mindestens eine zehnjährige Betriebszugehörigkeit aufzuweisen haben, nachfolgend eine betriebliche Altersversorgung zu versprechen, so kommt es nicht darauf an, dass die Versorgungszusage stets zum gleichen Zeitpunkt (also etwa genau nach zehn Jahren) gemacht wird. Entscheidend ist, dass alle Mitarbeiter, in deren Person die Voraussetzungen der (internen) Versorgungsrichtlinie vorliegen, eine Versorgungszusage erhalten. Die Versorgungszusagen selbst dürfen **gebündelt und/oder rückwirkend auf den Ablauf einer bestimmten Wartefrist** datiert werden. Solche Verfahrensfragen stehen der Annahme einer betrieblichen Übung nicht entgegen (*BAG* 25.6.2002 EzA § 1 BetrAVG Betriebliche Übung Nr. 3 = NZA 2003, 875).

3346 Eine betriebliche Übung **kann auch im Rahmen einer bestehenden Zusage entstehen**, z.B. bei der Betriebsrentenberechnung. Auch bei wiederholten und offensichtlichen Abweichungen eines solchen Verhaltens (hier: Betriebsrentenberechnungen) von einer Versorgungsordnung ist andererseits aber der Schluss, der Arbeitgeber wolle sich damit für die Zukunft auch über die Versorgungsordnung hinaus verpflichten, unzulässig, wenn das Verhalten stets mit einer wiederholten und genauen Verweisung auf die Berechnungsvorschriften verbunden ist. Daraus kann dann lediglich geschlossen werden, dass deren Vollzug gewollt ist, jedoch offensichtlich Fehler dabei unterlaufen sind (*BAG* 23.4.2002 EzA § 1 BetrAVG Betriebliche Übung Nr. 2).

3347 Andererseits führt es **nicht ohne weiteres** zu einer betrieblichen Übung, wenn ein Arbeitgeber die **Höchstbeträge** des Ruhegeldes für außertarifliche Angestellte **über längere Zeit entsprechend der Gehaltsentwicklung erhöht**. Es bedarf vielmehr konkreter Anhaltspunkte dafür, dass sich der Arbeitgeber verpflichten wollte, auch in Zukunft dieselben Bemessungsfaktoren beizubehalten (*LAG Hessen* 2.6.2004 – 8 Sa 1771/03 – EzA-SD 24/04 S. 14 LS = LAG Report 2004, 357).

Ist eine Regelung der betrieblichen Altersversorgung durch betriebliche Übung entstanden, kann sie nicht ohne weiteres in gleicher Weise abgeändert werden, wenn dies den Arbeitnehmern erkennbar ist, also insbesondere ohne Mitbestimmung des Betriebsrats (so *LAG Hessen* 26.1.2005 – 8 Sa 945/04 – LAG Report 2005, 286 LS gegen *LAG Hessen* 2.6.2004 – 8 Sa 1771/03 – EzA-SD 24/04 S. 14 LS = LAG Report 2004, 357). **3348**
Das *BAG* (31.7.2007 – 3 AZR 189/06 – EzA-SD 5/2008 S. 11 LS = NZA-RR 2008, 263) hat **offen gelassen**, unter welchen Voraussetzungen im Betriebsrentenrecht eine betriebliche Übung durch eine **geänderte betriebliche Übung beendet werden** kann. Denn im konkret entschiedenen Einzelfall fehlte bereits ein stillschweigendes Angebot des Versorgungsschuldners zum Abschluss eines Änderungsvertrages. Die Versorgungsberechtigten hatten folglich keine Veranlassung, einer Änderung ihrer Versorgungsrechte zu widersprechen (*BAG* 31.7.2007 – 3 AZR 189/06 – EzA-SD 5/2008 S. 11 LS = NZA-RR 2008, 263).

(2) Darlegungs- und Beweislast

Beruft sich der **Arbeitnehmer** auf eine derartige betriebliche Übung, so trägt er für das Vorliegen ihrer tatsächlichen Voraussetzungen die Darlegungs- und Beweislast. **3349**

Weil er aber oft nur weiß, dass ein Teil der Kollegen eine Versorgung erhält, muss er nicht alle Details vortragen. Es genügt, dass er zunächst die Umstände darlegt, die den äußeren Eindruck einer festen Übung erwecken oder auf eine bestimmte Gruppenbildung hindeuten. Im Anschluss daran hat der Arbeitgeber seine Praxis offen zu legen und ggf. den Anschein einer Übung oder einer bestimmten Gruppenbildung zu erschüttern (*BAG* 29.10.1985 EzA § 1 BetrAVG Nr. 38). **3350**

(3) Gerichtliche Überprüfung

Die Prüfung der Frage, ob und mit welchem Inhalt Ansprüche von Arbeitnehmern auf künftige Gewährung von Leistungen aus betrieblicher Übung erwachsen, hat das *BAG* (16.9.1998 AP BGB § 242 Betriebliche Übung Nr. 54 = EzA § 242 BGB Betriebliche Übung Nr. 41; 16.4. 1997 AP BGB § 242 Betriebliche Übung Nr. 53 = EzA § 242 BGB Betriebliche Übung Nr. 39) bislang **in erster Linie als tatrichterliche Aufgabe** gesehen. Dementsprechend hat es angenommen, dass im Revisionsrechtszug nur überprüft werden kann, ob der angenommene Erklärungswert des tatsächlichen Verhaltens den Auslegungsregeln der §§ 133, 157 BGB entspricht, ob er mit den Gesetzen der Logik und den allgemeinen Erfahrungssätzen vereinbar ist und ob vom Berufungsgericht auch alle von ihm festgestellten wesentlichen Umstände des Einzelfalles berücksichtigt sind. Dafür spricht, dass nach der ständigen Rechtsprechung die betriebliche Übung in die Einzelarbeitsverhältnisse eingeht und so die Arbeitsverträge ergänzt (17.9.1970 BAGE 22, 429). **3351**

Wegen des lang andauernden, gleichförmigen und oft den gesamten Betrieb erfassenden Charakters der betrieblichen Übung erwägt das *BAG* (25.6.2002 EzA § 1 BetrAVG Betriebliche Übung Nr. 3 = NZA 2003, 875) inzwischen aber, wie bei Formularverträgen die gefundenen Auslegungsergebnisse einer vollen revisionsrechtlichen Überprüfung zu unterziehen (18.10.1972 AP BAT §§ 22, 23 Lehrer Nr. 3; 1.3.1972 AP BGB § 242 Betriebliche Übung Nr. 11 = EzA § 242 BGB Betriebliche Übung Nr. 3). **3352**

ee) Weitere Anspruchsgrundlagen

Ansprüche auf betriebliche Altersversorgung können sich zudem ergeben aus dem Grundsatz der **Gleichbehandlung** (s.o. Kap. 1 Rn. 392 ff.), aus **Tarifverträgen** (selten im Bereich der Privatwirtschaft, vgl. z.B. die ZVK des Baugewerbes, häufig dagegen im öffentlichen Dienst) sowie **Betriebsvereinbarungen** und **freiwilligen Versorgungsregelungen** mit dem **3353**

Sprecherausschuss der Leitenden Angestellten, u.U. auch aus dem Gesichtspunkt des **Vertrauensschutzes** (*Griebeling* Rz. 275 f.).

3354 Problematisch ist die Rechtslage dann, wenn durch Tarifvertrag vorgesehen ist, dass die Leistungen von einer gemeinsamen Einrichtung der Tarifvertragsparteien (z.B. der ZVK des Baugewerbes) i.S.v. § 4 Abs. 2 TVG (als Versicherungsverein auf Gegenseitigkeit) erbracht werden sollen und der Arbeitgeber (GmbH) durch Verschmelzung mit anderen Gesellschaften aus dem betrieblichen Geltungsbereich der (Bau-)Tarifverträge ausscheidet. Dadurch erlischt die Mitgliedschaft des ursprünglichen Unternehmens im Arbeitgeberverband. Es erlischt auch das Versicherungsverhältnis des Arbeitnehmers mit der Zusatzversorgungskasse. Schließlich sind §§ 3 Abs. 3 TVG (Fortbestehen der Tarifbindung bis zur Beendigung des Tarifvertrages), 4 Abs. 5 TVG (Nachwirkung) auf gemeinsame Einrichtungen gem. § 4 Abs. 2 TVG nicht anzuwenden.

3355 Andererseits führt aber das Ausscheiden des Arbeitgebers aus dem betrieblichen Geltungsbereich der Tarifverträge (für das Baugewerbe) **nicht zum Wegfall seiner Versorgungsverpflichtung**. Denn die durch Verschmelzung entstandene Gesellschaft ist **Rechtsnachfolgerin** des ursprünglichen Arbeitgebers. Sie hat die Verbindlichkeiten des bisherigen Arbeitgebers zu erfüllen. Zu den aus dem Arbeitsvertrag zu erfüllenden Verpflichtungen gehört auch das Versorgungsversprechen. Das gilt auch bei tarifvertraglich begründeten Ansprüchen auf Versorgungsleistungen, die über eine gemeinsame Versorgungseinrichtung (Zusatzversorgungskasse) erfüllt werden.

3356 Kann der Arbeitgeber seine Arbeitnehmer nicht mehr bei der Zusatzversorgungskasse versichern und für sie Beiträge entrichten, muss er selbst im Versorgungsfall gleichwertige Leistungen erbringen (*BAG* 5.10.1993 EzA § 1 BetrAVG Zusatzversorgungskassen Nr. 6; ebenso *BAG* 18.9.2001 EzA § 613a BGB Nr. 205 für einen Teilbetriebsübergang).

ff) Besonderheiten im öffentlichen Dienst; Aufklärungspflichten

(1) Grundlagen

3357 Insbesondere im öffentlichen Dienst wurden durch Tarifverträge **tarifliche Versorgungskassen** errichtet (zur aktuellen Ablösung des Gesamtversorgungssystems im öffentlichen Dienst durch die Altersvorsorge-Tarifverträge vom 1.3.2002 instruktiv *Rengler* NZA 2004, 817 ff.).

3358 Allein aus dem Beitritt des öffentlichen Arbeitgebers zu einer Zusatzversorgungskasse kann der Arbeitnehmer noch kein Recht herleiten, an dem Versorgungswerk der Kasse beteiligt zu werden. Dies gilt auch, wenn der Arbeitgeber nach der Satzung der Kasse verpflichtet ist, den Arbeitnehmer anzumelden.

3359 Hat aber der Arbeitgeber seinen Beitritt zur Zusatzversorgungskasse im Betrieb verlautbart und praktiziert, in dem einige Arbeitnehmer angemeldet worden sind, dann hat der Arbeitnehmer, der die satzungsmäßigen Voraussetzungen erfüllt, einen vertraglichen Anspruch darauf, dass der Arbeitgeber ihn zur Kasse anmeldet, sofern deren Satzung dies zulässt. Der Arbeitgeber kann die Anmeldung auch nicht von einer längeren Beschäftigungsdauer des Arbeitnehmers oder von sonstigen Voraussetzungen abhängig machen, die in der Satzung der Kasse nicht vorgesehen sind (*BAG* 10.3.1992 EzA § 611 BGB Fürsorgepflicht Nr. 58).

(2) Aushändigung der Satzung

3360 Arbeitgeber, die an der Versorgungsanstalt des Bundes und der Länder (VBL) beteiligt sind, müssen jedem ihrer Arbeitnehmer die Satzung der Versorgungseinrichtung aushändigen.

Eine schuldhafte Verletzung dieser Pflicht kann zu **Schadensersatzansprüchen** führen, wenn Arbeitnehmer aus Unkenntnis sinnvolle Versicherungsanträge nicht stellen und dadurch einen Versorgungsschaden erleiden.

Die Pflichtverletzung des Arbeitgebers ist aber dann nicht ursächlich für den Versorgungsschaden, wenn der unterlassene Versicherungsantrag zu einem Zeitpunkt hätte gestellt werden müssen, zu dem seine Zweckmäßigkeit auch für einen Sachkundigen zweifelhaft war (*BAG* 15.10.1985 EzA § 611 BGB Fürsorgepflicht Nr. 41). 3361

(3) Belehrungs- und Aufklärungspflichten

Bestehen im öffentlichen Dienst **verschiedene Versorgungswege** (z.B. Versicherung entweder bei der Versicherungsanstalt des Arbeitgebers, einer Körperschaft des öffentlichen Rechts oder Höherversicherung in der gesetzlichen Rentenversicherung), so hat der Arbeitgeber darüber **aufzuklären**. 3362

Neu eingestellte Arbeitnehmer müssen z.B. über bestehende Versorgungsmöglichkeiten, d.h. über die bestehenden Zusatzversorgungsmöglichkeiten und die Mittel und Wege zu ihrer Ausschöpfung belehrt werden. Die Belehrungspflicht erstreckt sich allerdings regelmäßig nicht auf die Zweckmäßigkeit zur Auswahl stehender Gestaltungsmöglichkeiten. Dieser Hinweis- und Belehrungspflicht genügt der Arbeitgeber dadurch, dass er die Vorschriften der Versorgungsregelung bei Beginn des Arbeitsverhältnisses dem Arbeitnehmer zur Kenntnis bringt, insbes. ihm ein entsprechendes Satzungsexemplar aushändigt (*BAG* 17.12.1991 EzA § 611 BGB Fürsorgepflicht Nr. 57). 3363

Berät der Arbeitgeber allerdings den Arbeitnehmer bei seiner Versorgungsplanung, erteilt er z.B. Ratschläge über die Zweckmäßigkeit des Versorgungsweges, **so muss diese Belehrung richtig, eindeutig und vollständig sein**. Wenn der Arbeitgeber nur auf die beitragsrechtlichen Lasten einer Nachversicherung hinweist, jedoch wesentliche Rentenvorteile, die sich daraus ergeben, verschweigt, ist eine solche Belehrung unvollständig und irreführend. **Der** dadurch **schuldhaft verursachte Versorgungsschaden muss ersetzt werden** (*BAG* 17.4.1984 AP Nr. 2 zu § 1 BetrAVG Zusatzversorgungskassen; 18.12.1984 AP Nr. 3 zu § 1 BetrAVG Zusatzversorgungskassen; 13.12.1988 EzA § 611 BGB Fürsorgepflicht Nr. 53; vgl. auch *LAG Köln* 18.1.2001 – 6 Sa 657/00 – zur Haftung bei Nichtaufklärung über nicht mehr anwendbare Tarifverträge; zur Hinweispflicht nach Ausspruch einer Kündigung durch den Arbeitgeber vgl. *BAG* 23.9.2003 EzA § 611 BGB 2002 Fürsorgepflicht Nr. 1). 3364

Im Einzelfall kann der Arbeitgeber auch verpflichtet sein, den Arbeitnehmer nach Ablauf einer zweijährigen Betriebszugehörigkeit **darauf aufmerksam zu machen, dass er nunmehr innerhalb der Frist von einem Monat den Antrag auf Aufnahme in die Pensionskasse stellen müsse**. Denn von einem Arbeitnehmer kann nicht erwartet werden, dass er sich zwei Jahre im Voraus den Beginn der Antragsfrist notiert oder sich merkt. Dem Arbeitgeber kann die Überwachung einer solchen Frist jedenfalls dann zugemutet werden, wenn er für andere Arbeitnehmer, die Pflichtmitglieder bei der Pensionskasse werden, ohnehin die Frist überwachen muss und wenn der Arbeitnehmer sich bereits zu Beginn des Arbeitsverhältnisses bereit erklärt hat, der Pensionskasse beizutreten (*BAG* 17.12.1991 EzA § 611 BGB Fürsorgepflicht Nr. 57). 3365

Diese Grundsätze gelten auch für Arbeitnehmer eines in einer **privaten Rechtsform betriebenen Unternehmens einer Kommune**. Ein derartiger Arbeitgeber, der einem Arbeitnehmer eine vergleichende Modellrechnung voraussichtlicher Versorgungsansprüche anbietet, um dessen tarifvertraglich eingeräumte Wahlentscheidung zu unterstützen, aus einer bestehenden Versorgungszusage in ein anderes Versorgungssystem zu wechseln, haftet deshalb für eine etwaige Unrichtigkeit dieser Modellrechnung. Ergibt sich aus dieser Modellrechnung zu Unrecht, dass die Versorgungsalternative günstiger ist als die bestehende Zusage und wechselt der Arbeitnehmer daraufhin in dieses Versorgungssystem, muss der Arbeitgeber ihn so stellen, wie er nach der ursprünglichen Versorgungszusage gestanden hätte (*BAG* 21.11.2000 EzA § 611 BGB Fürsorgepflicht Nr. 61 = NZA 2002, 618). 3366

3367 Erhält andererseits ein leitender Mitarbeiter ein Schreiben, in welchem er auf eine in der Anlage beigefügte Neuregelung der Bestimmungen für Ruhegehaltszusagen an leitende Angestellte hingewiesen wird, hat er sich von deren Inhalt auch dann Kenntnis zu verschaffen, wenn diese Neuregelung dem Anschreiben nicht beigefügt sein sollte. Jedenfalls in einer vom Arbeitgeber für leitende Angestellte aufgestellten allgemeinen Versorgungsordnung ist es von Rechts wegen nicht zu beanstanden, wenn für einen Anspruch auf vorgezogenes betriebliches Altersruhegeld ab Bezug der vorgezogenen gesetzlichen Rente verlangt wird, dass der Arbeitnehmer innerhalb von drei Monaten ab diesem Zeitpunkt beim Arbeitgeber einen entsprechenden Antrag stellt, und dass die Zahlung der betrieblichen Versorgungsleistungen bei verspäteter Antragstellung erst mit dem Monat der Antragstellung beginnt (vgl. auch § 99 SGB VI; *BAG* 18.2.2003 EzA § 1 BetrAVG Nr. 83).

b) Die Durchführungs-, Gestaltungsformen der betrieblichen Altersversorgung

3368 Betriebsrentenrechtlich ist zwischen der **Versorgungszusage** (§ 1 Abs. 1 S. 1 BetrAVG), der Bestimmung des internen oder externen **Durchführungsweges** (§ 1 Abs. 1 S. 2 BetrAVG) und dem aus der **Einstandspflicht** (§ 1 Abs. 1 S. 3 BetrAVG) folgenden **Verschaffungsanspruch** als Erfüllungsanspruch zu unterscheiden. Der Arbeitnehmer hat einen Anspruch auf Einhaltung des Durchführungsweges dann, wenn sich dies aus den für den Betriebsrentenanspruch maßgeblichen Regelungen ergibt (*BAG* 12.6.2007 EzA § 1 BetrAVG Nr. 90 = NZA-RR 2008, 537).

aa) Unmittelbare Versorgungszusage

(1) Grundlagen

3369 Bei der unmittelbaren Versorgungszusage (Direkt-Pensionszusage) **verpflichtet sich der Arbeitgeber, einem Arbeitnehmer oder mehreren Arbeitnehmern nach Eintritt des Versorgungsfalles Versorgungsleistungen selbst zu erbringen** (vgl. *Griebeling* Rz. 567 ff.). **Der Arbeitgeber haftet unmittelbar mit seinem Betriebsvermögen**; die Finanzierung erfolgt i.d.R. durch Pensionsrückstellungen.

3370 Versorgungsleistungen aus unmittelbaren Versorgungszusagen können durch Verbände branchenspezifisch einander angeglichen und in ihrer Verwaltung **zentralisiert werden**, ohne dadurch ihren Charakter als unmittelbare Versorgungszusage zu verändern. So existieren der Bochumer Verband für den Bergbau, der Essener Verband für die Eisen- und Stahlindustrie sowie der Duisburger Verband für das Speditionsgewerbe.

3371 Die Deckungsmittel verbleiben bei den einzelnen Unternehmen; die versorgungsrechtlichen Beziehungen verändern sich dadurch nicht.

(2) Berechnung

3372 **Die Höhe des dem Arbeitnehmer zustehenden Versorgungsanspruchs bestimmt sich nach Maßgabe der jeweiligen Versorgungszusage.**
I. d. R. wird festgelegt, was zu den ruhegehaltsfähigen Bezügen gehört, und davon ein bestimmter %-Satz als Ruhegeld unter Berücksichtigung insbes. der Zusagedauer bzw. der Betriebszugehörigkeit angesetzt. Überstundenvergütungen, die nach dem jeweiligen Arbeitsanfall bemessen werden, zählen ebenso wenig wie die Vergütungen für unterschiedlich anfallende Rufbereitschaften zu den »regelmäßigen monatlichen Bezügen« i.S.d. vorliegenden Versorgungsordnung. Inwieweit eine Versorgungszusage den bisherigen Lebensstandard sichern will, hängt vor allem davon ab, welche Vergütungsbestandteile nach der konkreten Versorgungsordnung als versorgungsfähig bezeichnet werden. Das Versorgungsziel ergibt sich durch Auslegung, bei der Wortlaut und Systematik im Vordergrund stehen (*BAG* 19.11.2002 EzA § 1 BetrAVG Nr. 84).

Rechnet z.B. eine Versorgungsordnung Kindergeld, als Unterstützungen und Beihilfen gewährte Zulagen, Überstundenentgelte und sonstige für Sonderleistungen gewährte »Sondervergütungen« nicht zu den ruhegehaltsfähigen Bezügen, so fällt auch ein pauschaler Auslandszuschlag, dessen Höhe § 55 BBesG entspricht, nicht darunter (*BAG* 23.10.1990 EzA § 1 BetrAVG Nr. 62). Bei einer derartigen Regelung in einer Versorgungsordnung haben es der Arbeitgeber bzw. die Betriebspartner grds. in der Hand, **durch die Bezeichnung** einer neu eingeführten Arbeitgeberleistung **über deren Ruhegeldfähigkeit zu entscheiden**, wenn sie diese Leistungen auch entsprechend der gewählten Bezeichnung ausgestalten (*BAG* 24.4.2001 EzA § 1 BetrAVG Nr. 75; zur Auslegung dieses Begriffs der Ruhegeldfähigkeit in Betriebsvereinbarungen s. *BAG* 24.1.2006 – 3 AZR 479/04 – EzA-SD 8/06 S. 12 LS = NZA 2006, 1128 LS). Knüpft eine als Betriebsvereinbarung ergangene Versorgungsordnung eine zusätzliche Versorgung zudem an den Teil des Einkommens des Arbeitnehmers, **»der die Beitragsbemessungsgrenze der gesetzlichen Angestelltenversicherung übersteigt«** und sieht gleichzeitig vor, dass »in der Höhe schwankende Zuwendungen« bei der Zusatzversorgung nicht zu berücksichtigen sind, erfordert der Zweck der Regelung nicht die Einbeziehung von Zuschlägen zur Sonntags-, Feiertags- und Nachtarbeit in die Berechnung der betrieblichen Altersversorgung. Diese Zuschläge sind in der gesetzlichen Altersversorgung weitgehend beitragsfrei und stehen insoweit von vornherein neben der Systematik der Beitragszahlung und damit der gesetzlichen Altersversorgung (*BAG* 18.10.2005 EzA § 1 BetrAVG Nr. 86 = NZA 2006, 1064 LS). Auch wenn eine Ruhelohnordnung bestimmte **»als Beihilfe gewährte Zahlungen«** aus den »ruhegeldfähigen Bezügen« ausnimmt, haben es die Betriebspartner grds. in der Hand, durch die Bezeichnung einer neu eingeführten Arbeitgeberleistung über deren Ruhegeldfähigkeit zu entscheiden, wenn sie diese Leistung auch entsprechend der gewählten Bezeichnung ausgestalten (*BAG* 24.4.2001 EzA § 1 BetrAVG Nr. 78). Ebenso hängt es vom Inhalt der Versorgungszusage ab, ob die erlaubte **Privatnutzung eines Geschäftswagens** bei der Betriebsrentenberechnung zu berücksichtigen ist (*BAG* 21.8.2001 EzA § 1 BetrAVG Nr. 78 = NZA 2002, 394); zu den **»zuletzt erhaltenen Bezügen«** als Grundlage der Rentenberechnung gehören jedenfalls i.d.R. nicht zusätzlich der Wert der Privatnutzung eines Dienstwagens und eines kostenfreien »Haustrunks«, wenn die »Bezüge« mit einem bestimmten Betrag im Arbeitsvertrag aufgeführt sind (*LAG Hessen* 3.12.2003 NZA-RR 2005, 99). 3373

Die **Einmalzahlungen in der Versicherungswirtschaft** für die Zeit vor Inkrafttreten der prozentualen Gehaltserhöhungen auf Grund der Tarifvereinbarungen vom 4. Juli 1997 und 20. März 1999 waren nach der dem Senat vorliegenden Versorgungsordnung nicht als Änderung der »Bezüge der im aktiven Dienst stehenden Mitarbeiter« anzusehen und führten deshalb zu keiner Neuberechnung der Betriebsrente (*BAG* 11.12.2001 EzA § 1 BetrAVG Nr. 82). 3374

Bestimmt eine Versorgungsordnung, dass für die Berechnung der Betriebsrenten das »**Bruttoarbeitsentgelt** i.S.d. gesetzlichen Rentenversicherung (§ 160 RVO)« maßgebend sein soll, so bedeutet das im Zweifel, dass auch eine Arbeitnehmererfindungsvergütung zu berücksichtigen ist (*BAG* 9.7.1985 EzA § 2 BetrAVG Nr. 7; zu »regelmäßigen, monatlichen Bezügen« vgl. *LAG Köln* 10.8.2001 – 11 Sa 1006/00 – EzA-SD 1/02, S. 14 LS). Bleiben nach der Versorgungsordnung »Überstunden- und Mehrarbeitsvergütungen, Gratifikationen oder sonstige einmalige Zuwendungen« bei der Ermittlung des für die Betriebsrente maßgeblichen **Durchschnittsbruttogehalts außer Betracht,** so zählen zu den »sonstigen einmaligen Zuwendungen« auch die jährlichen Sonderzahlungen, die der Kläger nach dem Tarifvertrag über die tarifliche Absicherung eines Teiles eines 13.Monatseinkommens erhielt (*BAG* 20.3.2001 EzA § 1 BetrAVG Nr. 77). **Arbeitgeberfinanzierte Beiträge zu einer Direktversicherung** sind regelmäßig keine »Bezüge« des Arbeitnehmers, weil der Arbeitgeber mit ihnen keine Leistung an den Arbeitnehmer erbringt, sondern eine eigene Verpflichtung gegenüber der Versicherung erfüllt mit dem Ziel, dem bezugsberechtigten Arbeitnehmer den versprochenen Versicherungsanspruch zu verschaffen (*BAG* 24.4.2001 EzA § 1 BetrAVG Nr. 78). Ist nach dem Wortlaut einer Betriebsvereinbarung auf den monatlichen Durchschnittsnettoverdienst abzustellen, so kommt es für die Beantwortung der Frage, ob dabei auch sog. Einmalzahlungen, wie das tarifliche Urlaubsgeld oder die jährliche Sonderzuwendung zu berück- 3375 sichtigen ist, auch auf den erkennbaren Sinn und Zweck der Regelung an; auch die bisherige betriebliche Handhabung kann herangezogen werden (*LAG Bln.* 6.5.2003 – 3 Sa 325/03 – EzA-SD 13/03, S. 13 LS).

3376 Verweist eine Versorgungsordnung auf die »**tarifliche Arbeitszeit**« für die Bestimmung des Berechnungsentgelts, so ist darunter die regelmäßige tarifliche Wochenarbeitszeit zu verstehen. Tariflich zwar zugelassene, aber individuell zu vereinbarende längere Arbeitszeiten fallen nicht darunter. Die Einführung einer Obergrenze für das rentenfähige Einkommen ist zudem ein tragfähiger sachlicher Grund dafür, einzelne Einkommensbestandteile nicht in die Rentenberechnung einzubeziehen (*BAG* 15.2.2005 EzA § 4 TVG Metallindustrie Nr. 131 = NZA 2005, 1208 LS).

3377 Zulässig ist allerdings gem. § 1 Abs. 2 Nr. 1 BetrAVG i.d.F. ab 1.1.2002 (zuvor § 1 Abs. 6 BetrAVG) seit dem 1.1.1999 auch die bereits zuvor praktizierte **beitragsorientierte Leistungszusage**, die nicht eine Versorgungsleistung, sondern einen Versorgungsbeitrag zum Gegenstand hat (vgl. *Blomeyer* NZA 1998, 913).

3378 Zu den Grundsätzen, die Arbeitgeber und Betriebsrat bei dem Aufstellen einer Versorgungsordnung durch Betriebsvereinbarung zu beachten haben, gehört der **Grundsatz der Gleichbehandlung** (s. oben Kap. 1 Rn. 419 und unten Rn. 3501 ff.); dieser Grundsatz gilt auch für die Ermittlung der für die Berechnung der Betriebsrente maßgeblichen Bemessungsgrundlagen, also des rentenfähigen Arbeitsverdienstes. Dabei können einzelne Lohnbestandteile unberücksichtigt bleiben, wenn es dafür sachliche Gründe gibt.

3379 Insoweit gelten folgende **Grundsätze** (*BAG* 17.2.1998 EzA § 1 BetrAVG Gleichbehandlung Nr. 15):
- Arbeitgeber und Betriebsrat können den Versorgungsbedarf so beschreiben, dass nur das Festgehalt, nicht auch Provisionen, zum rentenfähigen Arbeitsverdienst gehören.
- Der Ausschluss von variablen Lohnbestandteilen aus der Bemessungsgrundlage kann durch Gründe der Klarheit und der einfachen Handhabung gerechtfertigt sein.
- Die Grenze der zulässigen Gestaltung einer Betriebsvereinbarung ist aber dann überschritten, wenn die Gruppe der Außendienstmitarbeiter (vgl. *LAG Düsseld.* 29.6.2001 NZA-RR 2002, 39) tatsächlich keine oder keine angemessene Betriebsrente erhalten kann.

(3) Vertragliche Bezugnahme auf »die geltenden Bestimmungen« bzw. auf gesetzliche Vorschriften oder auf eine »gleichwertige Versorgung«

3380 Wird in einem Arbeitsvertrag Versorgung nach den beim Arbeitgeber geltenden Bestimmungen versprochen, sind die die Versorgung regelnden Dienst (Betriebs-)Vereinbarungen gemeint; im Zweifel sind die **jeweils geltenden** gemeint Es handelt sich also **i.d.R. um eine dynamische Verweisung**. Eine derartige Jeweiligkeitsklausel gilt auch noch für die Betriebsrenten (*BAG* 23.9.1997 EzA § 1 BetrAVG Ablösung Nr. 14). Diese Grundsätze gelten auch bei der Verweisung auf den »jeweils geltenden Tarifvertrag«.

3381 Eine dynamische Verweisung auf gesetzliche Vorschriften kann im Übrigen dazu führen, dass Regelungen gelten, die der Arbeitgeber selbst nicht schaffen könnte. Der Gesetzgeber hat einen weitergehenden Gestaltungsspielraum als der Arbeitgeber bei der Ausübung eines Leistungsbestimmungsrechts und der Vorformulierung von Arbeitsbedingungen. Auch der Inhalt arbeitsvertraglich übernommener gesetzlicher Regelungen unterliegt keiner Angemessenheits- und Billigkeitskontrolle, wenn die Verweisungsvereinbarung nicht zu beanstanden ist, sondern für ein ausgewogenes, interessengerechtes Versorgungsmodell – mit einem Berechnungsmodus für eine Gesamtversorgungsobergrenze – sorgt (*BAG* 20.4.2004 – 3 AZR 266/02 – NZA-RR 2005, 95). **Es ist auch rechtlich unbedenklich, wenn auf Tarifverträge verwiesen wird** (*BAG* 27.6.2006 EzA § 1

BetrAVG Ablösung Nr. 45 = NZA 2006, 1285). Gleiches gilt, wenn durch einen **Änderungstarifvertrag** nach Erteilung der Versorgungszusage, in der auf die Versorgungstarifverträge in ihrer jeweiligen Fassung verwiesen worden war, eine Nettogesamtversorgungsobergrenze eingeführt wird (*BAG* 27.6.2006 – 3 AZR 196/05, 212/05 – EzA-SD 14/06, S. 3).
Verweist eine Betriebsvereinbarung auf eine **»gleichwertige« Versorgung** nach einem bestimmten Stand der VBL Satzung, so ist eine Auslegung dahin gehend möglich, dass nur die grundlegenden Wertungen der VBL-Satzung in der maßgeblichen Fassung, nicht jedoch alle Einzelregelungen in ihrer konkreten Ausgestaltung in Bezug genommen werden (*BAG* 21.2.2006 – 3 AZR 77/05 – EzA-SD 10/06 S. 13 LS = FA 2006, 215 LS).

bb) Direktversicherung

(1) Begriffsbestimmung

Gem. **§ 1b Abs. 2 BetrAVG** liegt eine Direktversicherung vor, wenn für die betriebliche 3382
Altersversorgung eine Lebensversicherung auf das Leben des Arbeitnehmers durch den Arbeitgeber abgeschlossen ist und der Arbeitnehmer oder seine Hinterbliebenen hinsichtlich der Leistungen des Versicherers ganz oder teilweise bezugsberechtigt sind (vgl. *Griebeling* Rz. 572 ff.). Nach Auffassung von Schaub (Arbeitsrechtshandbuch § 81 XVI 1) zählen auch Versicherungen auf das Leben der **Hinterbliebenen** des Arbeitnehmers, Unfallzusatz- oder Invaliditäts-Zusatzversicherungen sowie selbstständige Berufsunfähigkeitsversicherungen und selbstständige Unfallversicherungen auf den Todes- oder Invaliditätsfall zu den Direktversicherungen i.S.d. BetrAVG.

Nicht ausgeschlossen ist es, dass der Arbeitnehmer an der Beitragszahlung beteiligt 3383
wird (vgl. § 2 Abs. 2 S. 1 BetrAVG).

(2) Abgrenzungsfragen

Erfasst sind auch sog. **Gehaltsverwendungsversicherungen**, bei denen die Prämien der 3384
Versicherung vereinbarungsgemäß durch den Arbeitgeber anstelle eines Teils der Vergütung gezahlt werden. Denn zu den Merkmalen einer betrieblichen Altersversorgung gehören das Versprechen einer Leistung zum Zwecke der Versorgung, ein den Versorgungsanspruch auslösendes Ereignis wie Alter, Invalidität oder Tod sowie die Zusage an einen Arbeitnehmer durch einen Arbeitgeber aus Anlass des Arbeitsverhältnisses. Es gibt kein weiteres einschränkendes ungeschriebenes Tatbestandsmerkmal »zusätzlich zum Barlohn entrichtete, freiwillige Arbeitgeberleistungen«. Der Arbeitnehmer kann deshalb auf einen Teil seines Gehalts verzichten mit der Maßgabe, dass der Arbeitgeber dafür einen Versicherungsvertrag abschließt (*BAG* 26.6.1990 EzA § 1 BetrAVG Nr. 59); seit dem 1.1.1999 ergibt sich dies allgemein, also nicht nur beschränkt auf die Direktversicherung im Bereich der betrieblichen Altersversorgung aus dem **neu eingeführten § 1 Abs. 5 BetrAVG** (vgl. dazu *Wohlleben* DB 1998, 1230 ff.; *Söffing/Nommensen* DB 1998, 1285 ff.; *Blomeyer* NZA 1998, 911 ff.; *Höfer/Meier* BB1998, 1894 ff.; *Höfer* DB 1998, 2266 ff.; *Blumenstein/Krekeler* DB 1998, 2600 ff.); **seit dem 1.1.2002 aus § 1 Abs. 2 Nr. 3, § 1a BetrAVG.**
Eine Entgeltumwandlung in diesem Sinne setzt voraus, dass **im Umwandlungszeitpunkt bereits eine Rechtsgrundlage für den betroffenen Entgeltanspruch bestand** (*BAG* 8.6.1999 EzA § 1 BetrAVG Lebensversicherung Nr. 8; vgl. *Blomeyer* NZA 2000, 281 ff.)

I. d. R. ist dann davon auszugehen, dass der Arbeitgeber dem Arbeitnehmer arbeitsver- 3385
traglich eine von vornherein unentziehbare Rechtsposition einräumen und damit die Unverfallbarkeit der Anwartschaft zusagen wollte (*BAG* 8.6.1993 EzA § 1 BetrAVG Lebensversicherung Nr. 4; vgl. *Blomeyer* DB 1994, 882 ff.).

3386 Räumt der Arbeitgeber dem Arbeitnehmer zwar ein unwiderrufliches Bezugsrecht auf die Rechte aus einer für ihn zu Versorgungszwecken abgeschlossenen Lebensversicherung ein, behält er sich aber vor, alle Versicherungsleistungen für sich in Anspruch zu nehmen, wenn das Arbeitsverhältnis vor Unverfallbarkeit der Versorgungsanwartschaft endet (sog. **eingeschränkt unwiderrufliches Bezugsrecht**), so trifft er mit der Ausübung dieses bereits vertraglich fest umrissenen Rechts keine Leistungsbestimmung i.S.d. § 315 BGB. Die Inanspruchnahme der Versicherungsleistungen durch den Arbeitgeber unterliegt daher nicht der Billigkeitskontrolle (*BAG* 23.10.1990 EzA § 315 BGB Nr. 38).

3387 Nicht erfasst sind **Rückdeckungsversicherungen**, die der Arbeitgeber abschließt, um das Risiko der von ihm selbst eingegangenen Versorgungsverpflichtungen auf einen Versicherer auszulagern, ebenso wenig Versicherungsverträge, bei denen der Arbeitnehmer selbst Versicherungsnehmer ist, auch dann nicht, wenn der Arbeitgeber die Beiträge an den Versicherer zahlt und wenn die Versicherung im Rahmen eines Gruppenversicherungsvertrages abgeschlossen wird (*BAG* 14.7.1972 AP Nr. 2 zu § 242 BGB Ruhegehalt- Lebensversicherung; 10.3.1992 EzA § 1 BetrAVG Lebensversicherung Nr. 3).

(3) Überblick über die Rechtsbeziehungen im Dreiecksverhältnis

3388 Zwischen Arbeitgeber, Versicherungsunternehmen und Unternehmer besteht ein Dreiecksverhältnis.

aaa) Versicherungsverhältnis zwischen Arbeitgeber und Versicherer; Vertragsübernahme

3389 Zunächst besteht ein Versicherungsverhältnis zwischen Arbeitgeber und Versicherer, bei dem der Arbeitgeber auf das Leben des Arbeitnehmers einen Einzel- oder Gruppenversicherungsvertrag abschließt.

3390 Nach Auffassung von *Förster/Rühmann* (MünchArbR § 105 Rz. 32) ist gem. § 159 Abs. 2 VVG zur Gültigkeit des Vertrages die **schriftliche Einwilligung des versicherten Arbeitnehmers** erforderlich. Allerdings kann bei Gruppenversicherungen auf das Zustimmungserfordernis verzichtet werden, wenn die versicherten Arbeitnehmer einen unmittelbaren Anspruch auf die Versicherungsleistungen haben oder vom Arbeitgeber über den Vertrag und seine wesentlichen Einzelheiten unterrichtet worden sind. Bei einer zur Erfüllung einer beitragsorientierten Leistungszusage i.S.v. § 1 Abs. 2 Nr. 1 BetrAVG genommenen Direktversicherung kann der Versicherer im Übrigen die **Zustimmung zur Vertragsübernahme** durch einen neuen Arbeitgeber des versicherten Arbeitnehmers **nur in Ausnahmefällen verweigern** (*OLG Karlsruhe* 17.2.2006 NZA-RR 2006, 318).

bbb) Bezugsrechtsverhältnis zwischen Arbeitnehmer und Versicherer

3391 Daneben besteht ein Bezugsrechtsverhältnis zwischen Arbeitnehmer und Versicherer. Die Anwartschaft auf die Versicherungsleistung **(Bezugsrecht)** ist **widerruflich**, wenn nicht ausdrücklich ein unwiderrufliches Bezugsrecht vereinbart wurde (§ 166 Abs. 1 VVG). Bei widerruflichem Bezugsrecht kann der Arbeitgeber **einseitig die Person des Bezugsberechtigten verändern** (*LAG RhPf* 28.2.2003 NZA-RR 2004, 258), er kann die Rechte aus dem Versicherungsvertrag **abtreten, verleihen oder verpfänden.**

3392 Nach Eintritt der Unverfallbarkeitsvoraussetzungen ist der Widerruf des Bezugsrechts allerdings zwar versicherungsrechtlich noch möglich, arbeitsrechtlich jedoch unwirksam mit der Folge entsprechender Schadensersatzansprüche des Arbeitnehmers (*BAG* 28.7.1987 EzA § 1 BetrAVG Lebensversicherung Nr. 2; *LAG RhPf* 28.2.2003 NZA-RR 2004, 258). Fällt der Arbeitgeber in Konkurs, so wird das im Rahmen der Versorgungszusage eingeräumte eingeschränkt widerrufliche Bezugsrecht des Arbeitnehmers **strikt unwiderruflich.** Die Erklärung des Insolvenzverwalters, er trete in den Versicherungsvertrag nicht ein und kündige ihn, führt dann zwar zur Beendigung des Versicherungsvertrages; das unwiderrufliche Bezugsrecht des Arbeitnehmers setzt sich jedoch an dem Auflösungsguthaben (Rückkaufswert) fort (*OLG Düsseld.* 30.1.2001 NZA-RR 2001, 601; **a.A.** *LAG RhPf* 28.2.2003 NZA-RR 2004, 258).

Regeln die Vereinbarungen, dass der Arbeitnehmer die Versicherung nach Ausscheiden aus den Diensten des Arbeitgebers nach Vollendung des 59. Lebensjahres oder – zuvor – bei Erwerb einer unverfallbaren Anwartschaft fortführen kann, so liegt für den Fall des Ausscheidens infolge Konkurses vor Vollendung des 59. Lebensjahres und ohne unverfallbare Anwartschaft, jedoch mit einem unwiderruflichen Bezugsrecht für den Rückkaufswert, eine planwidrige Lücke der Direktversicherungsvereinbarung vor. Sie ist im Wege ergänzender Vertragsauslegung dahin zu schließen, dass der Arbeitnehmer den Lebensversicherungsvertrag als Versicherungsnehmer auf eigene Kosten unter der Voraussetzung fortführen darf, dass er die zwischenzeitlich aufgelaufenen Prämien nachzahlt (*OLG Düsseld.* 30.1.2001 NZA-RR 2001, 601). Der Arbeitnehmer, der infolge seiner **Erwerbsunfähigkeit** auf die Auszahlung des Rückkaufswertes dringend angewiesen ist, ist durch § 2 Abs. 2 S. 5 BetrAVG ohne Verstoß gegen Art. 14 GG gehindert, den Rückkaufswert auf Grund einer Kündigung des Versicherungsvertrages vor dem festgesetzten Auszahlungszeitpunkt in Anspruch zu nehmen (*OLG Düsseld.* 14.5.2002 NZA-RR 2003, 214). **3393**

Beim **unwiderruflichen Bezugsrecht** erwirbt der Arbeitnehmer ein durch den Eintritt des Versorgungsfalles bedingtes, vom Arbeitgeber nicht mehr beeinflussbares Recht auf die Leistungen aus dem Versicherungsvertrag. Eine wirtschaftliche Nutzung durch den Arbeitgeber ist nur mit Zustimmung des Arbeitnehmers zulässig. Das Bezugsrecht kann auch teilweise widerruflich und teilweise unwiderruflich gestaltet sein **(gespaltenes Bezugsrecht)**, etwa hinsichtlich verschiedener Leistungsarten oder in Bezug auf den Grundanspruch und die Überschussanteile. **3394**

ccc) Versorgungsverhältnis zwischen Arbeitgeber und Arbeitnehmer; Insolvenz; Anfechtung

Schließlich besteht ein Versorgungsverhältnis zwischen Arbeitgeber und Arbeitnehmer. Aufgrund der Versorgungsverpflichtung hat der Arbeitgeber dafür **Sorge zu tragen**, dass der Arbeitnehmer im Versorgungsfall **die Versicherungsleistungen erhält**. **3395**

Überträgt der Arbeitgeber innerhalb des letzten Monats vor dem Antrag auf Eröffnung des Insolvenzverfahrens über sein Vermögen seine Rechte als Versicherungsnehmer aus einer Direktversicherung auf den versicherten Arbeitnehmer, so kann der Insolvenzverwalter im Wege der Insolvenzanfechtung **die Zurückgewährung zur Insolvenzmasse verlangen**, wenn dem Arbeitnehmer noch keine unverfallbare Anwartschaft i.S.d. BetrAVG zustand (§§ 129, 131, 143, 146 InsO). **Denn der Arbeitgeber gewährt dem Arbeitnehmer dann eine Befriedigung, auf die er keinen Anspruch hat**. Die Ansprüche des Insolvenzverwalters auf Rückübertragung zur Insolvenzmasse oder Wertersatz verjähren grds. innerhalb von zwei Jahren seit der Eröffnung des Insolvenzverfahrens; tarifvertragliche Ausschlussfristen finden auf diese Ansprüche keine Anwendung (*BAG* 19.11.2003, NZA 2004, 208). **3396**

cc) Pensionskasse

(1) Begriffsbestimmung; Organisation

Eine Pensionskasse ist eine **rechtsfähige Versorgungseinrichtung**, die dem Arbeitnehmer oder seinen Hinterbliebenen auf ihre Leistungen der betrieblichen Altersversorgung einen **Rechtsanspruch** gewährt (§ 1b Abs. 3 S. 1 BetrAVG; vgl. *Griebeling* Rz. 600 ff.). **3397**

Die Pensionskassen sind zur Versorgung der Arbeitnehmer im öffentlichen Dienst als öffentlich-rechtliche Körperschaften organisiert (Zusatzversorgungseinrichtungen, z.B. die VBL), im Übrigen in der Praxis als VVaG, die als privatrechtliche Versicherungsunternehmen der Versicherungsaufsicht durch das BAV unterliegen. Eine Pensionskasse kann Versorgungsträger für einen oder mehrere Arbeitgeber (Trägerunternehmen) sein. **3398**

Unterschieden werden können Betriebs-, Firmen- (die Mitarbeiter eines Unternehmens umfassend), Konzern- und Gruppenpensionskassen (Mitarbeiter mehrerer rechtlich selbstständiger Unternehmen ohne einheitliche Leitung umfassend). **3399**

(2) Rechtsbeziehungen im Dreiecksverhältnis zwischen Arbeitgeber, Arbeitnehmer und Pensionskasse

3400 Auch bei der Pensionskasse besteht zwischen Arbeitgeber, Arbeitnehmer und Pensionskasse ein Dreiecksverhältnis.

3401 Der Arbeitgeber ist Träger der Pensionskasse und finanziert deren Leistungen, zum Teil unter Beteiligung der Arbeitnehmer zur Aufbringung des notwendigen Beitragsaufkommens.
Der Arbeitnehmer ist Versicherter und Versicherungsnehmer in der Pensionskasse. Ihm steht ein Bezugsrecht für die Versicherungsleistungen zu.

3402 Der Abschluss des Versicherungsvertrages erfolgt i.d.R. durch den Arbeitgeber im Wege der **Anmeldung**. Aus dem Beitritt des Arbeitgebers zu einer Pensionskasse kann der Arbeitnehmer jedoch nicht das Recht ableiten, an dem Versorgungswerk der Kasse beteiligt zu werden (*BAG* 12.7.1968 AP Nr. 128 zu § 242 BGB Ruhegehalt). Versicherungs- und Mitgliedschaftsverhältnis des Arbeitnehmers werden durch die allgemeinen Versicherungsbedingungen und Satzungen der Pensionskassen sowie durch das VVG, das VAG, das BGB und das Genossenschaftsrecht geregelt. Eine Pensionskasse hat insoweit grds. **nur für die Leistungen** einzustehen, die sie **nach ihrer Satzung** versprochen hat und für die Beiträge erbracht wurden. Muss auf Grund zwingender betriebsrentenrechtlicher Vorgaben eine höhere Versorgungsleistung erbracht werden, als sie die Pensionskassenregelung vorsieht, muss der **Arbeitgeber selbst für den Spitzenbetrag einstehen**. Etwas anderes kann nur unter besonderen Umständen des Einzelfalls gelten. Darüber hinaus schuldet auch die Pensionskasse und nicht nur der Arbeitgeber auf Grund europarechtlicher Vorgaben ein diskriminierungsfreies Verhalten (*BAG* 19.11.2002 EzA Art. 141 EG-Vertrag 1999 Nr. 11; 23.3.2004 – 3 AZR 279/03 – EzA-SD 17/04 S. 13 LS).

3403 Die **Satzung** einer Pensionskasse kann im Übrigen z.B. Bestimmungen darüber enthalten, ob ein versichertes Mitglied **nach Beendigung** des Beschäftigungsverhältnisses mit dem Trägerunternehmen als **freiwilliges Mitglied** in der Pensionskasse mit dem Recht auf Fortführung der Versicherung bleiben kann, auch wenn die Anwartschaft des Mitglieds auf Grund gesetzlicher Bestimmungen noch nicht unverfallbar geworden ist. Hängt die Fortführung der Versicherung in diesen Fällen von der Genehmigung des Vorstandes der Kasse ab, muss die Entscheidung analog § 315 BGB nach billigem Ermessen getroffen werden.

3404 Die Pensionskasse kann bei ihrer Entscheidung über die Fortführung der Versicherung die Interessen des Trägerunternehmens, dem das Mitglied angehört hat, berücksichtigen.

3405 Es entspricht der Billigkeit, wenn der Arbeitgeber (Trägerunternehmen) die Genehmigung von einer Mindestbetriebszugehörigkeit von fünf Jahren abhängig macht (*BAG* 4.5.1993 EzA § 1 BetrAVG Nr. 64).

3406 In den Versicherungsbedingungen einer Pensionskasse (kleinerer Versicherungsverein auf Gegenseitigkeit, § 189 Abs. 1 VVG) kann das **Recht** des Versicherungsnehmers, die **Versicherung zu kündigen** und die Auszahlung der Prämienreserve zu verlangen (§§ 165, 176 VVG), **ausgeschlossen** werden. Eine solche Regelung verstößt weder gegen Art. 12 Abs. 1, 2 Abs. 1 GG noch gegen § 39 BGB (*BAG* 13.5.1997 EzA § 1 BetrAVG Pensionskasse Nr. 1).

(3) Verpflichtungen des Arbeitgebers

3407 Aufgrund des Versorgungsverhältnisses ist der Arbeitgeber verpflichtet, alles zu unternehmen, damit sein Arbeitnehmer im Versorgungsfall **Versorgungsleistungen** aus der Pensionskasse erhält.

3408 *Hat der Arbeitgeber dem* Arbeitnehmer eine Versorgungszusage erteilt, so **haftet** er für deren Erfüllung auch dann, wenn er diesen nicht über die Pensionskasse versichern kann (vgl. *BAG* 29.7.1986 AP Nr. 16 zu § 1 BetrAVG Zusatzversorgungskassen).

dd) Unterstützungskasse

(1) Begriffsbestimmung; Ausschluss eines Rechtsanspruchs

Nach § 1b Abs. 4 BetrAVG sind Unterstützungskassen **rechtsfähige Versorgungseinrichtungen**, die eine betriebliche Altersversorgung durchführen und – im Gegensatz zur Pensionskasse – auf ihre Leistungen **keinen Rechtsanspruch** gewähren (vgl. *Griebeling* Rz. 606 ff.). Sie werden i.d.R. in der Rechtsform eines e. V. oder einer GmbH betrieben. 3409

Der Ausschluss des Rechtsanspruchs wird allerdings nur als ein an sachliche Gründe gebundenes Widerrufsrecht verstanden, sodass den Arbeitnehmern u.U. durchaus Ansprüche auf die zugesagten Leistungen zustehen (*BVerfG* 16.2.1987 AP Nr. 13 zu § 1 BetrAVG Unterstützungskasse Nr. 13; *BAG* 18.4.1989 EzA § 1 BetrAVG Unterstützungskasse Nr. 7). 3410

Anwartschaften auf Leistungen der betrieblichen Altersversorgung können aber nur begründet werden, wenn mit der Leistung ein **Versorgungszweck** verfolgt wird, wenn der Versorgungsanspruch durch ein biologisches Ereignis (Alter, Invalidität oder Tod) ausgelöst wird und sie aus Anlass eines Arbeitsverhältnisses zugesagt wird. Sieht die Satzung einer Unterstützungskasse nur **einmalige oder laufende Beihilfen** in außergewöhnlichen unverschuldeten wirtschaftlichen Notlagen vor, handelt es sich nicht um Zusagen auf Leistungen der betrieblichen Altersversorgung (*BAG* 25.10.1994 EzA § 1 BetrAVG Nr. 68). 3411

Soweit eine **Betriebsvereinbarung** auf die Leistungsrichtlinien einer Unterstützungskasse verweist, handelt es sich im Zweifel um eine **dynamische Verweisung**; eine einzelvertragliche statische Versorgungszusage muss demgegenüber deutlich zum Ausdruck gebracht werden (*BAG* 19.11.2002 EzA § 1 BetrAVG Nr. 85). 3412

(2) Trägerunternehmen

Trägerunternehmen können ein Unternehmen, mehrere Unternehmen eines Konzerns **(Konzernunterstützungskasse)** oder mehrere voneinander unabhängige Unternehmen **(Gruppenunterstützungskasse)** sein. Trägerunternehmen ist der Arbeitgeber, der der Unterstützungskasse **Zuwendungen leistet** (§ 7 Abs. 1 S. 2 BetrAVG). 3413

Auf die bloß formale Mitgliedschaft im Verein kommt es nicht an. 3414

Eine Gruppenunterstützungskasse, die z.B. als eingetragener Verein das satzungsmäßige Ziel verfolgt, Arbeitnehmer ihrer Trägerunternehmen zu versorgen, muss die entsprechenden Renten allerdings **nur solange zahlen** wie die Arbeitgeber der versorgungsberechtigten Arbeitnehmer Mitglied ist. 3415

Scheidet ein Arbeitgeber aus dem Kreis der Trägerunternehmen aus, so muss er die laufenden Rentenzahlungen anstelle der Gruppenunterstützungskasse selbst übernehmen (*BAG* 3.2.1987 EzA § 1 BetrAVG Unterstützungskasse Nr. 6; 11.2.1992 EzA § 1 BetrAVG Unterstützungskasse Nr. 9). 3416

(3) Pflichten des Arbeitgebers

Der Arbeitgeber ist wegen der starken Abhängigkeit der Unterstützungskasse vom Trägerunternehmen verpflichtet, dafür zu sorgen, dass sie die versprochenen Leistungen auch erbringen kann; andernfalls muss er **selbst** dem Arbeitnehmer gegenüber **einstehen** (*BAG* 3.2.1987 EzA § 1 BetrAVG Unterstützungskasse Nr. 6). 3417

Das gilt insbes. dann, wenn er die Unterstützungskasse nicht ausreichend dotiert, die Auszahlung von Leistungen der Kasse vereitelt oder den Rechtsschein erweckt, die Unterstützungskasse werde mit Sicherheit leisten. 3418

3419 Es ist mit der Idee der materiellen Gerechtigkeit, die Bestandteil des Rechtsstaatsprinzips ist, nicht zu vereinbaren, wenn es dem Arbeitgeber nach Entgegennahme der Betriebstreue des Arbeitnehmers gestattet wäre, die Gegenleistung mit dem Hinweis zu verweigern, die Unterstützungskasse sei nicht leistungsfähig und er selbst habe sich zu nichts verpflichtet (*BVerfG* 16.2.1987 AP Nr. 13 zu § 1 BetrAVG Unterstützungskassen).

(4) Rechtsverhältnis zwischen Arbeitgeber und Unterstützungskasse

3420 Zwischen Arbeitgeber und Unterstützungskasse besteht ein **Auftragsverhältnis**, die Versorgung der Arbeitnehmer entsprechend dem Leistungsplan durchzuführen. Anwendbar sind **§§ 670, 669 BGB** (Aufwendungsersatzanspruch, Vorschusspflicht).

(5) Rechtsverhältnis zwischen Arbeitnehmer und Unterstützungskasse

3421 Das Rechtsverhältnis zwischen dem Arbeitnehmer und der Unterstützungskasse bestimmt sich i.d.R. nach Maßgabe von sog. Leistungs- oder **Versorgungsrichtlinien**. Bei der **Auslegung** derartiger Versorgungsrichtlinien, z.B. einer vom Arbeitgeber eingeschalteten Gruppenunterstützungskasse, gilt die **Unklarheitenregel**. Bleiben nach der Auslegung von Bestimmungen zum Geltungsbereich Zweifel (z.B. hinsichtlich der Frage, ob auch Heimarbeiter erfasst sind), welches von mehreren Auslegungsergebnissen gilt, muss sich der Arbeitgeber an der für ihn ungünstigeren Auslegung festhalten lassen, soweit er nicht die Betroffenen über einen hiervon abweichenden Inhalt belehrt hat (*BAG* 27.1.1998 EzA § 1 BetrAVG Unterstützungskasse Nr. 10).

3422 Die Leistungsrichtlinien stehen unter dem Vorbehalt einer generellen Änderung und können deshalb – unter Beachtung des Mitbestimmungsrechts des Betriebsrats nach § 87 Abs. 1 Nr. 8 BetrVG – in der gleichen Form, in der sie erlassen wurden, durch neue Leistungsrichtlinien ersetzt werden. Bei der Abänderung sind Recht und Billigkeit, insbes. der Vertrauensschutzgedanke zu beachten. Die Gründe, die für die Änderung sprechen, sind gegen die Belange derjenigen Arbeitnehmer abzuwägen, deren Besitzstände geschmälert werden sollen.

3423 Im Streitfall muss der Arbeitgeber, der mit der Neuregelung mehrere Regelungsziele verfolgt, für jedes Regelungsziel **im Einzelnen darlegen**, welche Änderungen der Leistungsrichtlinien dadurch veranlasst sind. Sollen die Kosten von Leistungsverbesserungen durch Leistungsminderungen an anderen Stellen ausgeglichen werden, so ist eine **Aufstellung der geschätzten Mehr- und Minderkosten** vorzulegen (*BAG* 8.12.1981 EzA § 242 Ruhegeld Nr. 97). Sieht ein Tarifvertrag vor, dass Leistungen einer gemeinsamen Einrichtung (ZVK für das Baugewerbe) auf Leistungen der betrieblichen Altersversorgung angerechnet werden können, müssen dann, wenn die Altersversorgung über eine Unterstützungskasse gewährt wird, deren Leistungsrichtlinien entsprechend geändert werden.

3424 Die Leistungsrichtlinien werden bei einer Unterstützungskasse, die in der Rechtsform einer GmbH betrieben wird, i.d.R. vom **Geschäftsführer** auf der Grundlage der Satzung der Gesellschaft beschlossen.

3425 Für die Bekanntmachung des Beschlusses im Betrieb oder Unternehmen ist **keine besondere Form** vorgeschrieben. Es genügt, wenn der Arbeitgeber die Arbeitnehmer durch Rundschreiben unterrichtet. Es kommt nicht darauf an, ob ein einzelner Arbeitnehmer tatsächlich Kenntnis von der Änderung erhalten hat.

ee) Erweiterung der Durchführungs-, Gestaltungsformen durch das Rentenreformgesetz 1999

3426 Mit Wirkung ab dem 1.1.1999 hat der Gesetzgeber die Gestaltungs- und Durchführungsformen der betrieblichen Altersversorgung erweitert; durch das Rentenreformgesetz ist § 1 BetrAVG ergänzt worden (zum Regierungsentwurf vgl. krit. *Blomeyer* DB 1997, 1921 ff.; NZA 1997, 961 ff., wonach insbes. eine von § 2 Abs. 1 BetrAVG abweichende Sonderregelung für den Fall des vorzeitigen Ausscheidens fehlt; *Hanau/Arteaga/Kessel* DB 1997, 1401 ff.; eher zust. *Doetsch/Förster/Rühmann* DB 1998, 258 ff.):

- Gem. § 1 Abs. 5 BetrAVG a.F. (jetzt § 1 Abs. 2 Nr. 3 BetrAVG) liegt betriebliche Altersversorgung auch vor, wenn künftige Entgeltansprüche in eine wertgleiche (s. dazu *Hopfner* DB 2007, 1810 ff.; *Reich/Rutzmoser* DB 2007, 2314 ff.). Anwartschaft auf Versorgungsleistungen umgewandelt werden (Entgeltumwandlung; s.o. Rn. 3330 ff.; vgl. dazu *Wohlleben* DB 1998, 1230 ff.; *Söffing/Nommensen* DB 1998, 1285 ff.; *Blomeyer* NZA 2000, 281 ff.; *Klemm* NZA 2002, 1123 ff.); 3427
- gem. § 1 Abs. 6 BetrAVG a.F. (jetzt § 1 Abs. 2 Nr. 1 BetrAVG) gilt Gleiches dann, wenn der Arbeitgeber sich verpflichtet, bestimmte Beträge in eine Anwartschaft auf Alters-, Invaliditäts- oder Hinterbliebenenversorgung umzuwandeln (beitragsorientierte Leistungszusage).

ff) Änderungen im Zuge des Altersvermögensgesetzes vom 26.6.2001

(1) Die Entgeltumwandlung

Die Möglichkeit der Entgeltumwandlung (s.o. Rn. 3330, 3427, 3439 ff.) ist nunmehr in § 1 Abs. 2 Nr. 3 BetrAVG definiert (zur Begriffsbestimmung s.o. Rn. 3427; zur umstr. **»Zillmerung« von Lebensversicherungsverträgen** s. *LAG München* 15.3.2007 LAGE § 1 BetrAVG Nr. 24 = NZA 2007, 813; **a.A.** *LAG München* 11.7.2007 NZA 2008, 362; krit. *Cisch/Kruip* NZA 2007, 786 ff.; *Döring/Grau* BB 2007, 1564 ff.; *Kollroß/Frank* DB 2007, 1145 ff.; *Diller* NZA 2008, 338 ff.). 3428

aaa) Die Höhe des umzuwandelnden Entgeltbetrags

Die Höhe des umzuwandelnden Entgeltbetrags wird grds. von den Vertragspartnern bestimmt. Umgewandelt werden dürfen aber nur Ansprüche auf **Arbeitsentgelt**, für die bereits eine Rechtsgrundlage besteht, die aber noch nicht erdient sind (vgl. *Blomeyer* DB 2001, 1413; *Kemper/Kisters-Kölkes* Rz. 225.; *Klemm* NZA 2002, 1123 ff.). Bildet ein **Tarifvertrag** die Rechtsgrundlage, ist eine Tariföffnungsklausel erforderlich für alle Entgeltumwandlungen, die nach dem 29.6.2001 vereinbart werden (§§ 17, 30 h BetrAVG; vgl. *Kemper/Kisters-Kölkes* Rz. 58). 3429

bbb) Anwartschaft auf Versorgungsleistungen

Der künftige Entgeltanspruch muss umgewandelt werden in eine **Anwartschaft auf Versorgungsleistungen.** Rechtsgrundlage ist i.d.R. eine **einzelvertragliche Vereinbarung** (§ 1 Abs. 2 Nr. 3 BetrAVG); eine Umwandlung durch Tarifvertrag oder Betriebsvereinbarung ist grds. nicht möglich (vgl. *Blomeyer* DB 2001, 1416). 3430

Für die Durchführung der Umwandlung stehen **drei Möglichkeiten** zur Verfügung (vgl. *Blomeyer* NZA 2001, 916 ff.; *Reinecke* NJW 2001, 3513 ff.; *Kemper/Kisters-Kölkes* Rz. 9 ff., 227 ff.; *Klemm* NZA 2002, 1123 ff.): 3431

- **Leistungszusage**: Der Arbeitgeber kann sich verpflichten, dem Arbeitnehmer für den Versorgungsfall einen Anspruch auf Alters-, Invaliditäts- und/oder Hinterbliebenenversorgung zu verschaffen. Schaltet er dazu einen externen Versorgungsträger ein, haftet er für die korrekte Durchführung (§ 1 Abs. 1 S. 1, 3 BetrAVG); der Arbeitgeber hat also auch bei einer abgeschlossenen Direktversicherung **dann einzustehen, wenn diese nicht leistet**. Dies ist verfassungsgemäß. Prüfungsmaßstab ist Art. 12 GG. In die Berufsfreiheit wird aber nicht in unzumutbarer Weise eingegriffen. Das Risiko des Arbeitgebers, nach § 1 Abs. 1 S. 3 BetrAVG in Anspruch genommen zu werden, ist klein. Er hat es zudem auch in der Hand, es z.B. durch die Wahl des Versicherungsträgers zu begrenzen (*BAG* 12.6.2007 – 3 AZR 14/06 – EzA-SD 19/2007 S. 8 LS = NZA-RR 2007, 650). 3432
- **Beitragsorientierte Leistungszusage**: Bei ihr wird die zugesagte Leistung nicht unmittelbar festgelegt, sondern entsprechend einem vereinbarten Beitrag des Arbeitgebers berechnet; für sie gelten im Übrigen die gleichen Bestimmungen zur Unverfallbarkeit der Anwartschaft (§ 1 Abs. 2 Nr. 1 BetrAVG). 3433

3434 ▶ **Beitragszusage mit Mindestleistung**: Ab dem 1.1.2002 kann der Arbeitgeber auch eine Beitragszusage erteilen, allerdings nur in Verbindung mit Direktversicherung (der Arbeitnehmer kann dann nicht den Versicherungsträger wählen, *BAG* 19.7.2005 EzA § 1a BetrAVG Nr. 1 = NZA-RR 2006, 372), Pensionskasse oder Pensionsfonds (§ 1 Abs. 2 Nr. 2 BetrAVG). Der Arbeitgeber ist verpflichtet, im Versorgungsfall dafür zu sorgen, dass mindestens die eingezahlten Beiträge für die Versorgung bereit gestellt werden, soweit sie nicht rechnungsmäßig für einen biometrischen Risikoausgleich zur Verfügung stehen. Bei einem Ausscheiden des Arbeitnehmers vor dem Versorgungsfall bleibt die »Anwartschaft« grds. aufrechterhalten. Ihre Höhe richtet sich aber nur nach dem dem Arbeitnehmer planmäßig zuzurechnenden Versorgungskapital auf der Grundlage der bis zu seinem Ausscheiden geleisteten Beiträge einschließlich der bis dahin erzielten Erträge. Die Anwartschaft muss außerdem mindestens die Summe der bis dahin zugesagten Beträge betragen, soweit sie nicht rechnungsmäßig für einen biometrischen Risikoausgleich verbraucht wurden (§ 2 Abs. 5b BetrAVG i.d.F. ab 1.1.2002; vgl. *Kemper/Kisters-Kölkes* Rz. 74, 143).

ccc) Durchführung der Umwandlungsvereinbarung

3435 Für die Durchführung der Umwandlungsvereinbarung stehen **bis zum 31.12.2001 die bisher bekannten vier und ab dem 1.1.2002 bis zu fünf verschiedene Durchführungswege** zur Verfügung (vgl. *Blomeyer* NZA 2001, 916 ff.; *Reinecke* NJW 2001, 3512 ff.):

3436 ▶ Die Verwendung von **Direktzusagen** und Leistungen von **Unterstützungskassen** ist allerdings nur in Kombination mit Leistungszusagen oder beitragsorientierten Leistungszusagen, nicht aber mit Beitragszusagen möglich (§ 1 Abs. 2 Nr. 2 BetrAVG i.d.F. ab 1.1.2002). Denn insoweit fehlt ein externer und vom Arbeitgeber unabhängiger Versorgungsträger, an den die Beiträge abgeführt werden können.
Die Anwartschaft wird **sofort unverfallbar** (§ 1b Abs. 5 BetrAVG; *Kemper/Kisters-Kölkes* Rz. 260 ff.). Die Höhe richtet sich, soweit die aufrechtzuerhaltende Anwartschaft auf einer nach dem 31.12.2000 erteilten Leistungs- oder beitragsorientierten Leistungszusage beruht (§ 30g BetrAVG), nach den bis zum Ausscheiden aus dem Arbeitsverhältnis umgewandelten Entgeltbestandteilen (§ 2 Abs. 5a BetrAVG). Diese Regelung, die einen zusätzlichen Aufwand des Arbeitgebers in bestimmten Fällen verhindert, kann auch für ältere Zusagen einvernehmlich vereinbart werden (vgl. *Blomeyer* NZA 2001, 916).

3437 ▶ Die Umwandlung in **Anwartschaften auf Direktversicherungs- und Pensionskassenleistungen** ist generell und ab dem 1.1.2002 auch im Rahmen von Beitragszusagen mit Mindestleistung zulässig (§ 1 Abs. 2 Nr. 2 BetrAVG i.d.F. ab 1.1.2002). Als Ersatz für die insoweit nicht erforderliche sofortige Unverfallbarkeit ist dem Arbeitnehmer schon mit Beginn der Entgeltumwandlung (ab dem 1.1.2001) ein unwiderrufliches Bezugsrecht einzuräumen. Die Überschüsse dürfen nur zur Verbesserung der Leistung verwendet werden; dem ausgeschiedenen Arbeitnehmer muss das Recht zur Fortsetzung der Versicherung oder Versorgung mit eigenen Beiträgen eingeräumt und das Recht zur Verpfändung, Abtretung oder Beleihung durch den Arbeitgeber ausgeschlossen werden (§ 1b Abs. 5 BetrAVG).

3438 ▶ Neu ist ab dem 1.1.2002 die Möglichkeit, die Versorgung durch einen **Pensionsfonds** durchzuführen (§ 1 Abs. 1 S. 2 i.V.m. § 1b Abs. 3 S. 1 BetrAVG; vgl. *Kemper/Kisters-Kölkes* Rz. 29 ff.); auf seine Leistungen hat der Pensionsfonds dem Arbeitnehmer einen **Rechtsanspruch** einzuräumen (§ 112 Abs. 1 Nr. 3 VAG). Das **Haftungsrisiko** des Arbeitgebers ist allerdings besonders **hoch**: bei Kapitalverlusten besteht für Leistungszusagen die Gefahr, dass der Arbeitgeber die Differenz zwischen der zugesagten und der tatsächlichen Leistung aufzubringen hat (vgl. *Blomeyer* NZA 2001, 916).
Pensionsfonds können sowohl mit Leistungszusagen als auch mit Beitragszusagen kombiniert werden. Auf Leistungszusagen sind grds. die gleichen Vorschriften anzuwenden wie auf Pensionskassenzusagen: der Arbeitnehmer kann im Versorgungsfall die zugesagte Leistung verlangen, für die der Arbeitgeber ggf. einzustehen hat (§ 1 Abs. 1 S. 2 i.V.m. § 1b Abs. 3 S. 1 BetrAVG i.d.F. ab 1.1.2002). Bei einem Ausscheiden des Arbeitnehmers aus

dem Arbeitsverhältnis vor dem Versorgungsfall bleibt die Anwartschaft gegenüber dem Arbeitgeber ratierlich insoweit aufrechterhalten, als sie über die vom Pensionsfonds auf der Grundlage der nach dem geltenden Pensionsplan i.S.v. § 112 Abs. 1 S. 2 i.V.m. § 113 Abs. 2 Nr. 5 VAG berechnete Deckungsrückstellung hinausgeht (§ 2 Abs. 3a BetrAVG). Zur Errichtung und die Kosten von Pensionsfonds vgl. *Blomeyer* NZA 2001, 817.

(2) Der Entgeltumwandlungsanspruch (§ 1a BetrAVG)

Siehe zunächst oben Rn. 3330, 3427 f. 3439

aaa) Wahl des Durchführungsweges

Die Wahl des Durchführungsweges erfolgt grds. durch Vereinbarung (§ 1a Abs. 1 S. 2 BetrAVG; s. dazu *BAG* 12.6.2007 EzA § 1a BetrAVG Nr. 2 = NZA-RR 2007, 650). Entscheidet sich der Arbeitgeber für eine Direktversicherung, einen Pensionsfonds oder eine Pensionskasse, hat der Arbeitnehmer keine Auswahl. Auch die vom externen Versorgungsträger angebotenen Beitrags- und Leistungskonditionen sind nicht verhandelbar. Ist dagegen der Arbeitgeber lediglich bereit, eine unmittelbare Versorgungszusage oder eine Unterstützungskassenzusage abzugeben, kann der Arbeitnehmer den Abschluss einer Direktversicherung verlangen (§ 1a Abs. 1 S. 3 BetrAVG); die Wahl des Versicherers obliegt dem Arbeitgeber. Nicht geregelt ist, wie weitgehend der Arbeitgeber auf Grund der **Fürsorgepflicht** die Arbeitnehmer **beraten** muss (vgl. *Blomeyer* NZA 2001, 918; *Reinecke* NJW 2001, 3512 ff.). 3440

bbb) Mindestbetrag

Um dem Arbeitnehmer zumindest eine **gering-substanzielle Versorgungsanwartschaft** zu verschaffen und den Arbeitgeber vor relativ hohen Verwaltungskosten für Miniaturentgeltumwandlung zu schützen, muss der Arbeitnehmer jährlich einen Betrag von **mindestens 1/160 der Bezugsgröße** nach § 18 Abs. 1 SGB IV für seine betriebliche Altersversorgung verwenden (§ 1a Abs. 1 S. 4 BetrAVG, dies sind für 2002 ca. 175 Euro; vgl. *Kemper/Kisters-Kölkes* Rz. 224). Im Übrigen kann der Arbeitgeber verlangen, dass während eines laufenden Kalenderjahres gleich bleibende monatliche Beträge verwendet werden (§ 1a Abs. 1 S. 5 BetrAVG). 3441

ccc) Verhältnis zur staatlich geförderten Eigenvorsorge

Die Entgeltumwandlung kann vom Arbeitnehmer grds. **parallel zur staatlich geförderten Eigenvorsorge** durchgeführt werden. Gem. § 1a Abs. 3 BetrAVG hat er aber auch die Möglichkeit, beide zu **kombinieren**. Er kann also für die Entgeltumwandlung die staatliche Förderung in Anspruch nehmen. Um zu verhindern, dass die Förderung dann über den Arbeitgeber läuft, sind dafür nur die Durchführungswege Direktversicherung, Pensionskasse oder Pensionsfonds zugelassen. Der Arbeitnehmer kann somit entweder Entgeltumwandlung mit steuer- und bis Ende 2008 auch beitragsfreiem Aufwand verlangen oder nach Versteuerung und Beitragszahlung den Sonderausgabenabzug bzw. die Zulage in Anspruch zu nehmen. Diese Wahlmöglichkeit entfällt jedoch stets dann, wenn bereits eine Entgeltumwandlung in Direktzusagen oder Unterstützungskassenzusagen in der förderungswerten Höhe erfolgt war (vgl. *Blomeyer* NZA 2001, 918). 3442

ddd) Verhältnis zu tariflichen Regelungen

Gem. § 17 Abs. 3 BetrAVG sind **wesentliche Fragen**, die in einem Entgeltumwandlungsvertrag zu regeln sind, durch **Tarifvertrag nicht abänderbar**. Das gilt zum einen für den Anspruch des Arbeitnehmers auf Abschluss eines Entgeltumwandlungsvertrages bis zur Höhe der im Gesetz vorgesehenen Beträge. Zum anderen können die versicherungsförmigen Durchführungswege innerhalb dieser Größenordnung durch Tarifverträge nicht ausgeschlossen werden. Schließlich kann dem Arbeitgeber nicht das Recht genommen werden, die Versorgung über einen Pensionsfonds, eine Pensionskasse oder eine Direktversicherung 3443 anzubieten. Alle übrigen Bedingungen können demgegenüber sowohl in individualrechtlichen Vereinbarungen zwischen Arbeitgebern und Arbeitnehmern als auch in Tarifverträgen geregelt werden. Das gilt vor allem für Entgeltumwandlungen oberhalb der förderungsfähigen Aufwendungen und für tarifliche Regelungen über die Beteiligung des Arbeitgebers an der Begründung von Anwartschaften (vgl. ausf. *Heither* NZA 2001, 1275 ff.).

3444 **Zur steuer- und sozialversicherungsrechtlichen Behandlung** vgl. ausf. *Blomeyer* NZA 2001, 918 ff.

gg) Änderungen durch das Hüttenknappschaftliche Zusatzversicherungs-Neuregelungs-Gesetz vom 21.6.2002

3445 Das HZvNG sieht vor, dass es sich auch dann um betriebliche Altersversorgung i.S.d. BetrAVG handelt, wenn der Arbeitnehmer Beiträge aus seinem Arbeitsentgelt zur Finanzierung von Leistungen der betrieblichen Altersversorgung an einen Pensionsfonds, eine Pensionskasse oder eine Direktversicherung leistet und die Zusage des Arbeitgebers auch die Leistungen an diesen Beiträgen umfasst (§ 1 Abs. 2 Nr. 4 1. Hs. BetrAVG). Dabei sind die Regelungen für Entgeltumwandlung für Zusagen, die nach dem 31.12.2002 erteilt werden (§ 30e Abs. 1 BetrAVG) entsprechend anzuwenden, soweit die zugesagten Leistungen aus diesen Beiträgen im Wege der Kapitaldeckung finanziert werden.

hh) Änderungen durch das Alterseinkünftegesetz vom 5.7.2004

3446 Gem. § 1a Abs. 4 BetrAVG hat der Arbeitnehmer ab dem 1.1.2005 nunmehr das Recht, die Versicherung oder Versorgung **mit eigenen Beiträgen fortzusetzen**, wenn er bei fortbestehendem Arbeitsverhältnis kein Arbeitsentgelt erhält. Der Arbeitgeber steht auch für die Leistungen aus diesen Beträgen ein; die Regelungen über die Entgeltumwandlung gelten entsprechend. Der Gesetzgeber will damit die betriebliche Altersversorgung während Beschäftigungszeiten ohne Arbeitsentgelt verbessern. Besonders während der Elternzeit, aber z.B. auch während des Krankengeldbezugs oder bei befristeter Erwerbsminderung könnte ansonsten kein Arbeitsentgelt für Ansprüche auf betriebliche Altersversorgung eingesetzt werden. Da die Elternzeit weit überwiegend von Frauen in Anspruch genommen wird, geht diese Lücke in der betrieblichen Altersversorgung bislang hauptsächlich zu ihren Lasten. Künftig soll deshalb sichergestellt werden, dass der Arbeitnehmer während dieser Zeiten seine Betriebsrente selbst fortführen kann und die Versorgungszusage des Arbeitgebers auch diese Zahlungen mit umfasst (BT-Drs. 15/2150 S. 52; vgl. dazu *Langohr-Plato/Teslau* NZA 2004, 1297 ff.).

c) Die Ausgestaltung der betrieblichen Altersversorgung

aa) Leistungsarten

(1) Der Normalfall

3447 Die betriebliche Altersrente macht den Anspruch auf Leistungen vom **Erreichen eines bestimmten** (i.d.R. der Vollendung des 65., jetzt 67.) **Lebensjahres** abhängig, kann aber auch an ein anderes Lebensalter geknüpft werden, solange die danach gewährte Rente noch als zur Alterssicherung bestimmt charakterisiert werden kann (s.o. Rn. 3313 ff.).

(2) Invaliditätsrente

3448 Allerdings kann auch eine **Invalidenrente** gewährt werden, wenn es dem Arbeitnehmer vor Erreichen der Altersgrenze auf Grund geistiger, seelischer oder körperlicher Behinderung unmöglich wird, seine Arbeitsleistung in der vertragsgemäßen Weise zu erbringen. Dabei wird in der Praxis, auch wenn dies nicht zwingend ist, häufig an die **Begriffe der Erwerbsunfähigkeit** (§ 44 Abs. 2 SGB VI) und **Berufsunfähigkeit** (§ 43 Abs. 2 SGB VI; vgl. *BAG* 24.6.1998 EzA § 1 BetrAVG Invaliditätsrente Nr. 1) **angeknüpft**, deren Nachweis durch Vorlage des Rentenbescheides des Sozialversicherungsträgers erfolgt. Sagt der Arbeitgeber eine Betriebsrente wegen Berufsunfähigkeit zu, ohne die Berufsunfähigkeit zu definieren, so will er damit i.d.R. den **sozialversicherungsrechtlichen Begriff** übernehmen. Dies gilt auch insoweit, als in der gesetzlichen Rentenversicherung die Berufsunfähigkeit von den Verhältnissen auf dem Arbeitsmarkt abhängt. Eine ausschließlich medizinische Betrachtung der Berufsunfähigkeit scheidet jedenfalls dann aus, wenn die Versorgungszusage nach Bekanntwerden der Beschlüsse des Großen Senats des *BSG* vom 11.12.1969 (BSGE 30, 167 u. 192) erteilt wurde. Ist ein Arbeitnehmer erwerbsunfähig, so ist er auch berufsunfähig (*BAG* 14.12.1999 EzA § 1 BetrAVG Invalidität Nr. 2).

Der Arbeitgeber muss bei der Ausgestaltung der betrieblichen Invaliditätsversorgung insbes. die Unverfallbarkeitsvorschriften der §§ 1, 2 BetrAVG beachten. Die betriebliche Invaliditätsversorgung kann deshalb z.B. nicht davon abhängig gemacht werden, dass bei Eintritt der Invalidität das Arbeitsverhältnis noch besteht (*BAG* 20.11.2001 EzA § 1 BetrAVG Invalidität Nr. 3). 3449

Beispiele: 3450

- Wird eine betriebliche Invaliditätsrente für den Fall zugesagt, dass der Arbeitnehmer infolge Berufunfähigkeit ausscheidet, so kommt es auf die **Form der Vertragsbeendigung nicht an**. Stimmt ein schwer behinderter Arbeitnehmer einem Auflösungsvertrag zu, weil er sich nicht mehr ausreichend leistungsfähig fühlt, und führt sein Leiden schließlich zur Anerkennung der Berufsunfähigkeit, so sind damit die vertraglichen Voraussetzungen der betrieblichen Invaliditätsrente erfüllt (*BAG* 13.7.1982 AP Nr. 1 zu § 1 BetrAVG Invaliditätsrente).
- Der Eintritt des Versorgungsfalles der Invalidität kann auch von der Voraussetzung abhängig gemacht werden, dass nicht nur Berufs- oder Erwerbsunfähigkeit eingetreten ist, sondern das **Arbeitsverhältnis geendet** hat oder die Versetzung in den Ruhestand erfolgt ist oder dass der gesetzliche Sozialversicherungsträger die Rentenzahlungen aufgenommen hat (*BAG* 5.6.1984 EzA § 242 BGB Ruhegeld Nr. 108; 15.10.1985 EzA § 1 BetrAVG Nr. 35; 14.1.1986 § 1 BetrAVG Nr. 36).
- Vorgesehen werden kann, dass der Versorgungsfall der Invalidität (Berufs- oder Erwerbsunfähigkeit) erst dann eintritt, wenn die **Pflicht des Arbeitgebers, wegen einer Erkrankung des Arbeitnehmers den Lohn fortzuzahlen, endet**. In einem solchen Fall hat die Feststellung des Rentenversicherungsträgers, Berufs- oder Erwerbsunfähigkeit sei zu einem früheren Zeitpunkt eingetreten, für den Eintritt des Versorgungsfalles keine Bedeutung (*BAG* 6.6.1989 EzA § 1 BetrAVG Nr. 53).
- Eine betriebliche Versorgungsordnung kann auch vorsehen, dass eine Invaliditätsrente nur geschuldet wird, wenn die **Invalidität nach Vollendung eines bestimmten Mindestalters** (z.B. 50. Lebensjahr) eintritt (*BAG* 20.10.1987 EzA § 1 BetrAVG Nr. 50).
- Sieht eine Versorgungsordnung erhöhte Versorgungsleistungen für Arbeitnehmer vor, deren Arbeitsverhältnis »wegen« oder »infolge« Berufsunfähigkeit beendet wird, so ist diese Regelung auch dann anzuwenden, wenn ein Arbeitnehmer, der noch vor Beendigung des Arbeitsverhältnisses berufsunfähig geworden ist, deshalb ausscheidet, weil er auf Grund seines Gesundheitszustandes nicht mehr die geschuldete Arbeitsleistung erbringen kann. **Die Feststellung der Berufsunfähigkeit durch den Sozialversicherungsträger muss bei Ausspruch der Kündigung oder beim Abschluss des Aufhebungsvertrages noch nicht vorliegen.** Wenn nach der Versorgungsordnung die Entscheidung des Sozialversicherungsträgers für das Vorliegen einer Berufsunfähigkeit und für den Zeitpunkt, in dem der Versicherungsfall eintritt, maßgebend ist, so hat der später zugegangene Rentenbescheid ebenso wie im Sozialversicherungsrecht lediglich feststellende Bedeutung (*BAG* 14.8.1990 EzA § 1 BetrAVG Nr. 60).
- Erhält ein Versorgungsberechtigter aus der Sozialversicherung lediglich wegen Ausübung einer selbstständigen Tätigkeit statt einer Erwerbsunfähigkeitsrente die niedrigere **Berufsunfähigkeitsrente**, so kann eine ergänzende Vertragsauslegung dazu führen,

dass er sich auf seine betriebliche Invaliditätsversorgung die gesetzliche Erwerbsunfähigkeitsrente anrechnen lassen muss (*BAG* 20.11.2001 EzA § 1 BetrAVG Invalidität Nr. 3).

- Auch bei der Berechnung der Unverfallbarkeit einer betrieblichen Invaliditätsrente gilt § 2 BetrAVG. Änderungen einer Versorgungsordnung, bei denen in eine **bereits erdiente Anwartschaft** auf Bezug von Invaliditätsrente eingegriffen wird, sind **unzulässig**, wenn sie **unverhältnismäßig sind** und schützenswertes Vertrauen verletzen. Dies gilt auch bei einem Eingriff in eine bereits erdiente Dynamik (*LAG Düsseld.* 8.1.2004 NZA-RR 2004, 548 = LAG Report 2004, 223 LS).
- Es ist auch zulässig, in einer tariflichen Versorgungsordnung den Beginn einer Invaliditätsrente für gesetzlich rentenversicherte Arbeitnehmer an den **vom gesetzlichen Rentenversicherer genannten Tag des Leistungsfalles unabhängig davon zu knüpfen, ob das Arbeitsverhältnis dann bereits beendet ist**, auch wenn bei von der Versicherungspflicht befreiten Arbeitnehmern auf das Ausscheiden aus dem Arbeitsverhältnis abgestellt wird (*BAG* 18.9.2007 – 3 AZR 391/06 – EzA-SD 26/2007 S. 13 LS = NZA-RR 2008, 156 = FA 2008, 57 LS).

(3) Hinterbliebenenversorgung

aaa) Grundlagen

3451 Möglich ist auch die Gewährung einer Hinterbliebenenversorgung für Witwen, Witwer und Waisen. Anwartschaften auf eine Hinterbliebenenversorgung werden unter den Voraussetzungen des § 1b Abs. 1 BetrAVG unverfallbar. Ihre Höhe ergibt sich aus der Versorgungsvereinbarung. Die Hinterbliebenen eines **vorzeitig ausgeschiedenen** Arbeitnehmers haben Anspruch auf eine **Teilrente**, die beim Fehlen günstigerer Vereinbarungen nach § 2 Abs. 1 BetrAVG berechnet wird (*BAG* 15.12.1998 EzA § 1 BetrAVG Hinterbliebenenversorgung Nr. 7).

3452 Der im Todesfall bezugsberechtigte Partner, nicht notwendig Ehepartner, z.B. einer Lebensversicherung, kann in der Versorgungsregelung konkret benannt sein. Es kann aber auch z.B. der Ehepartner ohne weitere Benennung bedacht sein. Bei einer derartigen Regelung ist Anspruchsberechtigter derjenige Ehepartner, mit dem der Versorgungsberechtigte zum Zeitpunkt seines Todes verheiratet war (*BAG* 7.9.1956 AP Nr. 17 zu § 242 BGB Ruhegehalt; *BGH* 29.1.1981 AP Nr. 4 zu § 242 BGB Ruhegehalt-Lebensversicherung).

3453 **Beispiele:**

- Sieht eine Versorgungszusage vor, dass eine nach altem Scheidungsrecht geschiedene Ehefrau (nach Maßgabe des »Verschuldensprinzips«) eines verstorbenen Arbeitnehmers »unter Berücksichtigung des bisherigen Unterhalts« Unterstützung erhalten kann, so muss der Arbeitgeber eine Entscheidung nach **billigem Ermessen** treffen, wenn die Voraussetzungen einer solchen »Kann-Bestimmung« erfüllt sind. Dabei bilden die früheren Unterhaltsansprüche der geschiedenen Ehefrau im Zweifel keine starre Grenze (*BAG* 8.6.1982 EzA § 242 BGB Ruhegeld Nr. 99).
- Eine Versorgungsordnung kann auch rechtswirksam vorsehen, dass Hinterbliebenenversorgung nur geleistet wird, wenn die **Ehe** des versorgungsberechtigten Arbeitnehmers zur Zeit seines Todes **mindestens zwei Jahre bestanden** hat. Ob diese Regelung ohne weiteres auch dann gilt, wenn der versorgungsberechtigte Arbeitnehmer seine Frau nach einer Scheidung erneut geheiratet hat, hat das *BAG* (11.8.1987 EzA § 1 BetrAVG Hinterbliebenenversorgung Nr. 2) offen gelassen. Jedenfalls müsste eine ergänzende Vertragsauslegung davon ausgehen, dass die Betriebspartner für eine solche Fallgestaltung einen geeigneten Vermutungstatbestand geschaffen hätten, um sog. **»Versorgungsehen«** von der Hinterbliebenenversorgung auszuschließen.

- Sieht eine betriebliche Versorgungsordnung den Ausschluss vom Bezug des Witwengeldes vor, »wenn der **Verdacht einer Versorgungsehe** nahe liegt«, so muss der Verdacht auf objektiven und nachprüfbaren Tatsachen beruhen. Er kann durch ebenfalls objektive und nachprüfbare Tatsachen erschüttert werden. Die Darlegungs- und Beweislast dafür, dass plausible Gründe bestehen, die es rechtfertigen anzunehmen, Versorgungsgesichtspunkte hätten bei der Heirat keine oder jedenfalls keine bestimmende Rolle gespielt, obliegt dem Versorgungsberechtigten (*BAG* 4.7.1989 EzA § 1 BetrAVG Hinterbliebenenversorgung Nr. 3).
- Ist nach einer Versorgungsordnung ein Anspruch auf Witwenversorgung davon abhängig, dass die Ehe durch das Ableben des früheren Arbeitnehmers aufgelöst wurde und die Eheleute zu diesem Zeitpunkt **nicht voneinander getrennt gelebt** haben, so ist der Anspruch auf Witwenversorgung dann ausgeschlossen, wenn die Eheleute im Nachversorgungsfall i.S.d. §§ 1566 Abs. 2, 1567 Abs. 1 BGB getrennt gelebt haben.
- Eine solche Regelung ist **auch** dann **rechtswirksam, wenn sie nicht mit einer ausdrücklichen Härteklausel verbunden ist** (*BAG* 28.3.1995 EzA § 1 BetrAVG Hinterbliebenenversorgung Nr. 4).
- Ist in einer Versorgungszusage eine Witwenrente für die **namentlich genannte Ehefrau** des Versorgungsberechtigten vorgesehen, kann er nach Versterben der Ehefrau und seiner Wiederverheiratung keine Witwenrente für seine zweite Ehefrau beanspruchen, es sei denn, die Umstände bei Abschluss der Versorgungsregelung rechtfertigten eine andere Auslegung (*LAG Hamm* 29.7.1997 DB 1928).
- Die Regelung in einer Pensionsordnung, die den Anspruch **auf Witwenrente** davon abhängig macht, dass die Begünstigte im Zeitpunkt des Todes des Arbeitnehmers das 50. Lebensjahr vollendet hat, ist von Rechts wegen nicht zu beanstanden. Von der wortlautgetreuen Anwendung dieser Regelung kann nicht allein unter Berufung darauf abgesehen werden, dass die Witwe beim Tode ihres Mannes nur wenige Monate weniger als 50 Jahre alt war oder dass die Ehe bis dahin viele Jahre gedauert hatte. Beide Sachverhalte rechtfertigen nicht die Annahme einer planwidrigen und deshalb im Wege der teleologischen Reduktion der anspruchseinschränkenden Regelung zu beseitigenden Härte im Einzelfall (*BAG* 19.2.2002 EzA §1 BetrAVG Hinterbliebenenversorgung Nr. 10 = NZA 2002, 1286).
- Eine Tarifnorm, die dem »überlebenden Ehegatten« eine **»Witwen- und Wittwerrente«** zubilligt, ist auf eingetragene Lebenspartner nicht entsprechend anwendbar (*LAG Köln* 19.7.2006 – 7 Sa 139/06 – ZTR 2007, 267 LS; s. aber jetzt *EuGH* 1.4.2008 – C-267/06 – EzA-SD 8/2008 S. 11 LS = NZA 2008, 459).
- Der Ausschluss einer Betriebsrente des Arbeitnehmers bei vorsätzlicher oder leichtfertiger **Herbeiführung der Dienstunfähigkeit** enthält keine die Hinterbliebenenversorgung ausschließende Freitodklausel (*BAG* 29.1.1991 AP Nr. 13 zu § 1 BetrAVG Hinterbliebenenversorgung).
- Eine derartige **Freitodklausel** verstößt weder gegen § 169 VVG, noch gegen Art. 3 GG, ist also nicht von vorne herein unwirksam (*LAG Köln* 15.7.2004 LAG Report 2005, 199). Der Arbeitgeber ist **grds. frei** darin, **bestimmte Versorgungsfälle auszuklammern**, wobei er – bei einer auf einer Betriebsvereinbarung beruhenden Versorgungsordnung – gemeinsam mit dem Betriebsrat die Grundsätze von Recht und Billigkeit nach **§ 75 BetrVG** zu beachten hat. Es bedeutet insoweit keine sachfremde Ungleichbehandlung, wenn Hinterbliebene im Falle des Freitodes eines Arbeitnehmers aus der Versorgungsregelung herausgenommen werden, um den Arbeitgeber davor zu schützen, vorzeitig und länger Versorgungsleistungen erbringen zu müssen. Allerdings ist der Ausschlusstatbestand des Freitodes **im Zweifel restriktiv** auszulegen (*LAG Köln* 15.7.2004 LAG Report 2005, 199). Eine derartige Regelung muss des Weiteren auch im Rahmen der §§ 242, 315 BGB überprüft werden, was dazu führt, einen Teilanspruch dann zu bejahen, wenn eine Vorgängerversorgungsordnung über Jahre hinweg keinen Leistungsausschluss bei Selbstmord vorgesehen hatte (*LAG RhPf* 16.9.1996 DB 1997, 1140 LS).
- Sagt der Arbeitgeber seinen Arbeitnehmern eine Witwenversorgung zu, so muss er auch eine gleich hohe **Witwerversorgung** zusagen; ihr Ausschluss verstößt gegen den

Grundsatz der Lohngleichheit von Männern und Frauen (s.o. Rn. 756 ff.). Eine Frist zur Einführung der Witwerversorgung steht dem Arbeitgeber in einem solchen Fall nicht zu. Den Frauen kann nicht – auch nicht übergangsweise – ein Teil des Lohnes vorenthalten werden, der den Männern unter im Übrigen gleichen Voraussetzungen gezahlt wird (*BAG* 5.9.1989 AP Nr. 8 zu § 1 BetrAVG Hinterbliebenenversorgung).

- Bestimmt eine Versorgungsordnung, dass der Anspruch auf Witwen- oder Witwerrente mit **Wiederverheiratung** endet, ist aber im Gegensatz zu § 46 Abs. 3 SGB VI (früher § 1291 Abs. 2 RVO, § 68 AVG) kein Wiederaufleben des Anspruchs nach Auflösung der zweiten Ehe vorgesehen, so liegt keine Regelungslücke vor. Art. 3 Abs. 1, 6 Abs. 1 GG gebieten keine Wiederauflebensvorschrift. Betriebliche Altersversorgungen müssen nicht die in § 46 Abs. 3 SGB VI enthaltene familienpolitische Maßnahme ergänzen (*BAG* 16.4.1997 EzA § 1 BetrAVG Hinterbliebenenversorgung Nr. 5).
- Eine **Spätehenklausel**, wonach der hinterbliebene Ehegatte keine Unterstützung erhält, wenn die Ehe erst nach Eintritt des Arbeitnehmers in den Ruhestand geschlossen wird, ist rechtlich nicht zu beanstanden. Soll sie sich auch auf bereits erteilte Versorgungszusagen und schon zurückgelegte Beschäftigungszeiten erstrecken, so reichen dafür sachliche Gründe aus. Sie können vorliegen, wenn der Arbeitgeber im Zusammenhang mit der verfassungsrechtlich und europarechtlich notwendigen Verbesserung der Witwerversorgung zur Verringerung des damit verbundenen Mehraufwandes diese Spätehenklausel einführt (*BAG* 26.8.1997 EzA § 1 BetrAVG Ablösung Nr. 17). Nichts anderes gilt, wenn die Versorgungsordnung für die Gewährung einer Witwen- oder Witwerversorgung voraussetzt, dass die Ehe mindestens zehn Jahre bestanden hat, wenn sie **nach Vollendung des 50. Lebensjahres des verstorbenen Ehegatten** geschlossen worden ist. Denn eine derartige Regelung dient einer sachlich gerechtfertigten Risikobegrenzung (*BAG* 28.7.2005 EzA § 1 BetrAVG Hinterbliebenenversorgung Nr. 12 m. Anm. *Nicolai* SAE 2007, 185 ff.).
- **Fraglich** ist allerdings, ob **derartige Klauseln europarechtlich unbedenklich** sind (s. *EuGH* 22.11.2005 EzA § 14 TzBfG Nr. 21). Das *BAG* (27.6.2006 EzA EG-Vertrag 1999 Richtlinie 2000/78 Nr. 2 = NZA 2006, 1276; s. dazu *Konzen* SAE 2007, 194 ff.) hat deshalb mit einem Vorlagebeschluss den EuGH angerufen, um festzustellen, ob eine Diskriminierung wegen des Alters gegeben ist.
- Der *EuGH* (23.9.2008 – C-42/06 – NZA 2008, 1119; s. dazu *Preis/Temming* NZA 2008, 1209 ff.; *Bauer/Arnold* NJW 2008, 3377 ff.) hat dazu aber lediglich festgestellt, dass das Gemeinschaftsrecht kein Verbot der Diskriminierung aus Gründen des Alters, dessen Schutz die Gerichte der Mitgliedsstaaten zu gewährleisten haben, enthält, wenn die möglicherweise diskriminierende Behandlung keinen gemeinschaftsrechtlichen Bezug aufweist. Ein solcher Bezug folgt danach weder aus Art. 13 EGV, noch – unter Umständen wie denen des Ausgangsverfahrens – durch die RL 2000/78/EG vor Ablauf der dem betreffenden Mitgliedsstaat für die Umsetzung der RL gesetzten Frist.
- Das *BAG* (26.9.2000 EzA § 1 BetrAVG Hinterbliebenenversorgung Nr. 8) hat offen gelassen, ob die Bestimmung in einer Versorgungsordnung, wonach ein Anspruch auf Hinterbliebenenversorgung nur dann besteht, wenn der Verstorbene den Unterhalt seiner Familie überwiegend bestritten hat, wirksam ist (sog. »**Hauptenährerklausel**«). Bedenken bestehen dagegen im Hinblick auf das Verbot der **mittelbaren Diskriminierung wegen des Geschlechts**, aber auch wegen des **Bestimmtheitsgebots**. Für die Feststellung der Haupternährereigenschaft eines verstorbenen früheren Arbeitnehmers oder Betriebsrentners ist aber jedenfalls im Zweifel eine Gesamtbetrachtung geboten. Eine Entscheidung allein nach der wirtschaftlichen Situation der Familie unmittelbar vor dem Nachversorgungsfall ist regelmäßig nicht gewollt.
- Nicht zu beanstanden ist es aber jedenfalls, wenn eine Versorgungsordnung Ansprüche für Hinterbliebene **nur** einräumt, soweit deren **familienrechtliche Beziehungen** zu den begünstigten Arbeitnehmern bereits **während des Arbeitsverhältnisses** bestanden (*BAG 19.12.2000* EzA § 1 BetrAVG Hinterbliebenenversorgung Nr. 9; ebenso *LAG Hessen* 3.11.1999 ARST 2000, 235 LS).

- Ein **Ausschluss nichtehelicher Kinder** von Waisenrenten ist gem. § 6 Abs. 5 GG unwirksam. Die Zahlungspflicht für Waisenrenten wird i.d.R. an die Bezugsberechtigung nach dem Bundeskindergeldgesetz gekoppelt; ein **Entfallen** der Waisenrente **bei Heirat der Waise** verstößt gegen Art. 6 GG (*LAG Hamm* 20.5.1980 DB 1980, 1550).

bbb) Gerichtliche Geltendmachung

Der Arbeitnehmer selbst hat i.S.d. § 256 ZPO ein rechtliches Interesse an der alsbaldigen Feststellung, dass seiner Ehefrau nach seinem Tod eine Witwenrente zusteht (*BAG* 26.8.1997 EzA § 1 BetrAVG Ablösung Nr. 17). 3454

bb) Versorgungsmodelle

In der Praxis existieren vor allem folgende Versorgungsmodelle (*Griebeling* Rz. 465 ff.): 3455

(1) Gesamtversorgungssysteme

Gesamtversorgungssysteme, die **zusammen mit der gesetzlichen Rentenversicherung** eine **Gesamtversorgung** der Betriebsrentner ergeben sollen. Bei **Anrechnungssystemen** wird eine hohe Betriebsrente vom Arbeitgeber versprochen, auf die allerdings insbes. die Rente aus der gesetzlichen Rentenversicherung angerechnet wird. 3456

Bei **Limitierungssystemen** werden betriebliche Versorgungsleistung und Sozialversicherungsrente getrennt ermittelt, aber in ihrer Gesamtheit auf einen bestimmten Prozentsatz des ruhegehaltfähigen Einkommens begrenzt (Höchstbegrenzungsregelung). 3457

(2) Bezügeabhängige Versorgungsmodelle

Bezügeabhängige Versorgungsmodelle sind i.d.R. als **Endgehaltspläne** konzipiert, indem sie davon ausgehen, dass einem Arbeitnehmer ein **bestimmter Prozentsatz** (10% oder 15%) des letzten Bruttoeinkommens als Betriebsrente gewährt wird. 3458

Insoweit kann zwar auch dienstzeitunabhängig ein bestimmter Prozentsatz des letzten Einkommens gewährt werden; meist baut sich jedoch die Versorgungsleistung durch **gehaltsprozentuale Steigerungsbeträge** pro Dienstjahr bis zum Erreichen eines Höchstanspruchs nach Ableistung eines vollen Berufslebens auf. 3459

(3) Festbetragssysteme

Festbetragssysteme gewähren den Arbeitnehmern einen bestimmten Festbetrag oder sehen einen bestimmten DM-Betrag **für jedes zurückgelegte Dienstjahr** vor (dienstzeitabhängiges Versorgungsmodell). 3460

Möglich ist auch eine Unterscheidung nach dem gewährten Arbeitsentgelt dadurch, dass die Versorgungsberechtigten entsprechend ihren Aktivbezügen in **verschiedene Versorgungsgruppen** aufgeteilt werden, denen alternativ Steigerungsbeträge pro Dienstjahr zugeordnet werden (einkommensgruppen- oder tarifgruppenbezogene Nominalbetragssysteme). 3461

Bei Eckwertsystemen wird lediglich für eine bestimmte Einkommensteuergröße ein Euro-Steigerungsbetrag pro Dienstjahr definiert und die von dieser Einkommensgröße abweichenden ruhegeldfähigen Einkommen zu dieser Größe ins Verhältnis gesetzt. 3462

(4) Karrieredurchschnittspläne

Karrieredurchschnittspläne sagen für **jedes Dienstjahr einen Steigerungsbetrag** von z.B. 1% des jeweils bezogenen Einkommens zu, der als Nominalbetrag festgeschrieben wird. Die Endrente ergibt sich aus der aufaddierten Summe der jährlich erdienten Steigerungsbeträge. 3463

(5) Beitragsabhängige Versorgungssysteme

Beitragsabhängige Versorgungssysteme haben die **Vorgabe eines** bestimmten **Beitragsvolumens** zum Inhalt, **das der Arbeitgeber für Versorgungszwecke zu reservieren verspricht**. 3464

3465 Sie orientieren sich z.B. an einem Fixbetrag oder einem konstanten Verhältnis zum jeweiligen rentenfähigen Arbeitsverdienst.

(6) Ergebnisorientierte Versorgungssysteme

3466 Ergebnisorientierte Versorgungssysteme gewähren den Mitarbeitern eine **nach versicherungsmathematischen Grundsätzen errechnete Versorgungszusage**, für die i.d.R. ein bestimmter **Anteil des Jahresüberschusses** als Barwert zur Verfügung gestellt wird.

cc) Rechtliche Schranken

3467 Als rechtliche Schranken entsprechender Versorgungsregelungen kommen insbes. Art. 6 GG, Art. 3 GG, Art. 119 EWG-Vertrag (jetzt Art. 141 EGV; vgl. dazu ausführlich oben Kap. 1 Rn. 301 ff.) sowie bei Betriebsvereinbarungen eine gerichtliche Billigkeitskontrolle (§ 75 BetrVG) in Betracht. Daneben ist auch der Gleichbehandlungsgrundsatz zu beachten (s.o. Kap. 1 Rn. 392 ff.).

(1) Art. 119 EWG-Vertrag (jetzt Art. 141 EGV)

3468 Der *EuGH* (17.5.1990 EzA Art. 119 EWG-Vertrag Nr. 4; zur Berechnung einer Betriebsrente danach s. *LAG Nds.* 13.1.2006 LAGE Art. 141 EG-Vertrag 1999 Nr. 2) geht davon aus, dass die auf Grund eines privaten Betriebsrentensystems gezahlten Renten in den Anwendungsbereich des Art. 119 EWG-Vertrag (jetzt Art. 141 EGV) fallen. Diese Auslegung hängt weder vom Zweck der nationalen Rechtsvorschriften ab, nach denen der Anschluss an ein solches Rentensystem für obligatorisch erklärt werden kann, noch davon, dass der Arbeitgeber gegen die Entscheidung, diesen Anschluss für obligatorisch zu erklären, Beschwerde eingelegt hat, oder davon, dass bei den Arbeitnehmern eine Untersuchung im Hinblick auf eine mögliche Beantragung einer Befreiung von der Anschlusspflicht durchgeführt worden ist (*EuGH* 24.10.1996 EzA Art. 119 EWG-Vertrag Nr. 44).

aaa) Das Bilka-Urteil vom 13.5.1986; Umsetzung durch das BAG

3469 Aufgrund eines Vorlagebeschlusses des *BAG* (5.6.1984 EzA § 242 BGB Gleichbehandlung Nr. 35) hat der *EuGH* (13.5.1986 EzA § 46 BAT Zusätzliche Alters- und Hinterbliebenenversorgung Nr. 2) für den **Ausschluss von Teilzeitbeschäftigten** aus sowie die **inhaltliche Ausgestaltung** der betrieblichen Altersversorgung folgende **Grundsätze** aufgestellt:

- Ein Kaufhausunternehmen, das Teilzeitbeschäftigte von der betrieblichen Altersversorgung ausschließt, verletzt Art. 119 EWG-Vertrag (jetzt Art. 141 EGV), wenn diese Maßnahmen wesentlich mehr Frauen als Männer trifft, es sei denn, das Unternehmen legt dar, dass sie auf Faktoren beruhen, die objektiv gerechtfertigt sind und nichts mit einer Diskriminierung auf Grund des Geschlechts zu tun haben.
- Ein Kaufhausunternehmen kann nach Art. 119 EWG-Vertrag (jetzt Art. 141 EGV) die Anwendung einer Lohnpolitik, durch die Teilzeitbeschäftigte unabhängig von ihrem Geschlecht von der betrieblichen Altersversorgung ausgeschlossen werden, damit rechtfertigen, dass es möglichst wenige Teilzeitkräfte beschäftigen will, sofern feststeht, dass die zu diesem Zweck gewählten Mittel einem wirklichen Bedürfnis des Unternehmens dienen und zur Erreichung dieses Zieles geeignet und erforderlich sind.
- Der Arbeitgeber ist nach Art. 119 EWG-Vertrag (jetzt Art. 141 EGV) nicht verpflichtet, die für seine Beschäftigten vorgesehene Versorgungsordnung so auszugestalten, dass die für Arbeitnehmer mit familiären Verpflichtungen bestehenden besonderen Schwierigkeiten, die Voraussetzungen für die Gewährung einer Betriebsrente zu erfüllen, berücksichtigt werden.

Im Anschluss daran hat das *BAG* (4.3.1989 EzA § 1 BetrAVG Gleichberechtigung Nr. 4; 23.1.1990 EzA § 1 BetrAVG Gleichberechtigung Nr. 6; 20.11.1990 EzA § 1 BetrAVG Gleichberechtigung Nr. 8; 5.10.1993 EzA § 1 BetrAVG Lebensversicherung Nr. 5) in verfassungsrechtlich unbedenklicher Weise (*BVerfG* 28.9.1992 AP Nr. 32 zu Art. 119 EWG-Vertrag; vgl. auch *EuGH* 10.2.2000 EzA Art. 141 EG-Vertrag Nr. 1; 10.2.2000 EzA Art. 141 EG-Vertrag Nr. 2; 10.2.2000 EzA Art. 141 EG-Vertrag Nr. 3; *Lörcher* ArbuR 2000, 168 ff.; *Kuppel* BB 2000, 2150 ff.) diese Grundsätze für die BRD wie folgt umgesetzt: 3470

- Art. 119 EWG-Vertrag (jetzt Art. 141 EGV) ist unmittelbar geltendes Recht in den Mitgliedstaaten der EG und verbietet nicht nur Vergütungsregelungen, die unmittelbar nach dem Geschlecht der Arbeitnehmer differenzieren. Auch eine mittelbare Diskriminierung verstößt gegen das Lohngleichheitsgebot, das auch für betriebliche Versorgungsregelungen gilt.
- Der objektive Tatbestand einer mittelbaren Diskriminierung liegt dann vor, wenn eine Vergütungsregelung zwar unterschiedslos auf Männer und Frauen anzuwenden ist, aber Arbeitnehmer ausnimmt und dabei auf Gruppenmerkmale abstellt, die aus geschlechtsspezifischen Gründen wesentlich mehr Frauen als Männer erfüllen. Das ist z.B. bei einer Versorgungsregelung anzunehmen, wenn sie Teilzeitbeschäftigte generell ausnimmt oder eine 15-jährige Wartezeit verlangt, die nur Vollzeitbeschäftigte erfüllen können.
- Eine mittelbare Diskriminierung kann auch gegeben sein, wenn nur Teilzeitbeschäftigte mit weniger als 30 Wochenstunden ausgeschlossen werden. Das *BAG* (23.1.1990 EzA § 1 BetrAVG Gleichberechtigung Nr. 6) hat zunächst offen gelassen, ob für den Ausschluss von geringfügig Beschäftigten eine Ausnahme gilt.
- Jedenfalls kann ein Arbeitgeber, der Leistungen der betrieblichen Altersversorgung über eine Lebensversicherung (Direktversicherung) zusagt, je nach dem Umfang der regelmäßigen Arbeitszeit der begünstigten Arbeitnehmer Gruppen bilden, die die Höhe der Versicherungsleistung und der dafür aufzubringenden Versicherungsprämien bestimmen. Bei einer versicherungsförmigen Versorgung wird die Einteilung der Arbeitnehmer in voll-, überhalbzeitig und unterhalbzeitig Beschäftigte dem Lohngleichheitsgebot des Art. 119 EWG-Vertrag (jetzt Art. 141 EGV) gerecht (*BAG* 5.10.1993 EzA § 1 BetrAVG Lebensversicherung Nr. 5).
- Ist der objektive Tatbestand einer mittelbaren Diskriminierung gegeben, muss der Arbeitgeber zur Rechtfertigung seiner Regelung darlegen und beweisen, dass die Differenzierung einem wirklichen, unabweisbaren Bedürfnis des Unternehmens dient und für die Erreichung dieses Ziels geeignet und unter Berücksichtigung der Bedeutung des Grundsatzes der Lohngleichheit nach den Grundsätzen der Verhältnismäßigkeit erforderlich ist. Nicht jeder noch so geringfügige finanzielle Vor- oder Nachteil stellt ein wirkliches Bedürfnis dar. Vielmehr müssen erhebliche Kostenvor- oder -nachteile die differenzierende Regelung erfordern.
- Verstößt eine Versorgungsregelung gegen das Lohngleichheitsgebot, weil sie Teilzeitbeschäftigte diskriminiert, so ist nicht die gesamte Versorgungsordnung nichtig, sondern nur die diskriminierende Sonderbestimmung. Die Kostensteigerung, die durch die Einbeziehung der Teilzeitbeschäftigten entsteht, kann der Arbeitgeber nur für die Zukunft durch eine anpassende Betriebsvereinbarung korrigieren. In der Vergangenheit erdiente Versorgungsansprüche und Anwartschaften müssen hingegen nach der alten Versorgungsordnung berechnet werden.
- Der Arbeitgeber kann auch für die Beseitigung der mittelbaren Diskriminierung keine Anpassungsfrist beanspruchen. Denn insbes. die Rechtslage in der BRD und die bisherige Rechtsprechung ließen kein schutzwürdiges Vertrauen darauf entstehen, dass mittelbar diskriminierende Regelungen in betrieblichen Versorgungsordnungen wenigstens zeitweilig wirksam sind.

bbb) Das Barber-Urteil vom 17.5.1990

3471 Es verstößt andererseits aber auch gegen den EWG-Vertrag (jetzt EGV), wenn ein **wegen Arbeitsmangels entlassener Mann** nur einen Anspruch auf eine **im normalen Rentenalter fällige Rente hat**, während eine **Frau** unter den gleichen Umständen auf Grund der Anwendung einer nach dem Geschlecht unterschiedlichen Altersvoraussetzung, wie sie auch im gesetzlichen Altersrentensystem vorgesehen ist, **Anspruch auf eine sofort fällige Rente** hat. Der Grundsatz des gleichen Entgelts muss für jeden Bestandteil des Entgelts und nicht nur auf Grund einer globalen Beurteilung der den Arbeitnehmern eingeräumten Vorteile gewährleistet sein.

3472 Insoweit kann Art. 119 EWG-Vertrag (jetzt Art. 141 EGV) von den nationalen Gerichten herangezogen werden. Denn sie haben den Schutz der Rechte zu gewährleisten, die diese Bestimmung den Einzelnen einräumt, unter anderem auch dann, wenn ein Betriebsrentensystem einem Mann nach seiner Entlassung nicht die sofort fällige Rente gewährt, die einer Frau im gleichen Fall gewährt würde (vgl. jetzt mit Wirkung vom 1.1.1999 § 30a BetrAVG).

3473 Die unmittelbare Wirkung des Art. 119 EWG-Vertrag (jetzt Art. 141 EGV) kann allerdings nicht ins Feld geführt werden, um mit Wirkung von einem Zeitpunkt vor Erlass dieser Entscheidung (17.5.1990) einen Rentenanspruch geltend zu machen. Dies gilt nicht für Arbeitnehmer oder ihre anspruchsberechtigten Angehörigen, die vor diesem Zeitpunkt nach dem anwendbaren nationalen Recht eine Klage oder eine gleichwertige Forderung erhoben haben (*EuGH* 17.5.1990 EzA Art. 119 EWG-Vertrag Nr. 20; abl. *Griebeling* Rz. 247 ff. u. NZA 1996, 449 ff.; *Berenz* NZA 1994, 433 ff.; zu den praktischen Auswirkungen vgl. *Berenz* BB 1996, 530 ff.).

ccc) Die zeitliche Beschränkung der unmittelbaren Anwendung des Art. 119 EWG-Vertrag (jetzt Art. 141 EGV) im nationalen Recht; Rechtsfolgen

3474 Die zeitliche Beschränkung dieses Urteils gilt auch für Hinterbliebene und betriebliche Systeme, die nicht an die Stelle gesetzlicher Rentensysteme getreten sind, für Leistungen, die nicht von der Dauer der tatsächlichen Beschäftigungszeit abhängen, dagegen nur dann, wenn das sie auslösende Ereignis vor dem 17.5.1990 eingetreten ist (*EuGH* 6.10.1993 EzA Art. 119 EWG-Vertrag Nr. 11; 28.9.1994 EzA Art. 119 EWG-Vertrag Nr. 21; 28.9.1994 EzA Art. 119 EWG-Vertrag Nr. 22; 28.9.1994 EzA Art. 119 EWG-Vertrag Nr. 23).
Sie gilt jedenfalls weder für den Anspruch auf Anschluss an ein Betriebsrentensystem (*EuGH* 28.9.1994 EzA Art. 119 EWG-Vertrag Nr. 22), noch für den Anspruch auf Zahlung einer Altersrente im Falle eines Arbeitnehmers, der unter Verstoß gegen Art. 119 EWGV (jetzt Art. 141 EGV) vom Anschluss an ein solches System ausgeschlossen worden ist (*EuGH* 24.10.1996 EzA Art. 119 EWG-Vertrag Nr. 44).

3475 Folglich können sich sowohl die Arbeitnehmer als auch ihre anspruchsberechtigten Angehörigen gegenüber den dem Grundsatz der Gleichbehandlung verpflichteten Trägern der betrieblichen Altersversorgung auf die **unmittelbare Wirkung** von Art. 119 EWG-Vertrag (jetzt Art. 141 EGV) **berufen**. Diese sind **verpflichtet, von allen vom innerstaatlichen Recht zur Verfügung gestellten Mitteln, wie einer Klage vor den nationalen Gerichten, Gebrauch zu machen, um jegliche Diskriminierung im Bereich des Entgelts zu beseitigen**. Insoweit gelten folgende **Grundsätze** (vgl. *EuGH* 14.12.1993 EzA Art. 119 EWG-Vertrag Nr. 16; 28.9.1994 EzA Art. 119 EWG-Vertrag Nr. 21; 28.9.1994 EzA Art. 119 EWG-Vertrag Nr. 22; 28.9.1994 EzA Art. 119 EWG-Vertrag Nr. 23; 13.12.1994 EzA Art. 119 EWG-Vertrag Nr. 25; 24.10.1996 EzA Art. 119 EWG-Vertrag Nr. 44; ausf. u. krit. dazu *Blomeyer* NZA 1995, 49 ff.; vgl. mit Wirkung vom 1.1.1999 jetzt § 30a BetrAVG; krit. dazu *Blomeyer* NZA 1998, 914 f.; zu Verfahrensfragen vgl. *EuGH* 16.5.2000 NZA 2000, 889):

▶ Es verstößt gegen Art. 119 EWG-Vertrag (jetzt Art. 141 EGV), wenn ein Arbeitnehmer im Rahmen eines ergänzenden betrieblichen Versorgungssystems auf Grund der Festsetzung eines **je nach Geschlecht unterschiedlichen Rentenalters** erst in einem höheren Alter als eine Arbeitnehmerin in der gleichen Lage Anspruch auf eine Betriebsrente hat (*EuGH* 14.12.1993 EzA Art. 119 EWG-Vertrag Nr. 16). 3476

▶ Für die **zwischen der Feststellung der Diskriminierung** durch den EuGH **und nach dem In-Kraft-Treten der Maßnahmen** zu ihrer Beseitigung zurückgelegten Beschäftigungszeiten erfordert eine ordnungsgemäße Durchführung des Grundsatzes des gleichen Entgelts, dass den benachteiligten Arbeitnehmern **dieselben Vergünstigungen** gewährt werden, wie sie den übrigen Arbeitnehmern zugute kamen. Für Beschäftigungszeiten **nach dem In-Kraft-Treten** der genannten Maßnahmen steht Art. 119 EWG-Vertrag (jetzt Art. 141 EGV) dagegen einer **Wiederherstellung der Gleichheit durch Kürzung** der Vergünstigungen, die den bevorzugten Arbeitnehmern zugute kamen, nicht entgegen. Was schließlich **vor dem 17.5.1990** liegende Beschäftigungszeiten anbelangt, so sah das Gemeinschaftsrecht **keine** Verpflichtung vor, die Maßnahmen rechtfertigen könnte, durch die den bevorzugten Arbeitnehmern gewährte Vergünstigungen **nachträglich eingeschränkt** werden (s. auch *BAG* 18.3.1997 EzA Art. 119 EWG-Vertrag Nr. 47). 3477

▶ Das nationale Gericht hat unter Berücksichtigung der Pflichten, die der Arbeitgeber und etwaige Treuhänder nach den innerstaatlichen Rechtsvorschriften haben, über die ordnungsgemäße Durchführung von Art. 119 EWG-Vertrag (jetzt Art. 141 EGV) zu wachen. 3478

▶ Etwaige Probleme, die sich aus der Unzulänglichkeit der von den Treuhändern verwalteten Mittel für die Angleichung der Leistungen ergeben, sind auf der Grundlage des nationalen Rechts und im Lichte des Grundsatzes des gleichen Entgelts zu lösen. 3479

▶ Die Verwendung je nach Geschlecht **unterschiedlicher versicherungsmathematischer Faktoren** im Rahmen der durch Kapitalansammlung erfolgenden Finanzierung von betrieblichen Versorgungssystemen fällt nicht in den Anwendungsbereich des Art. 119 EWG-Vertrag. (jetzt Art. 141 EGV) Ungleichheiten in der Höhe der Kapitalbetragszahlungen oder der -ersatzleistungen, deren Wert sich nur nach Maßgabe der Finanzierungsmodalitäten des Systems bestimmen lässt, können deshalb ebenfalls nicht anhand von Art. 119 EWG-Vertrag (jetzt Art. 141 EGV) geprüft werden. 3480

▶ Der in Art. 119 EWG-Vertrag (jetzt Art. 141 EGV) verankerte Grundsatz der Gleichbehandlung gilt **für alle von betrieblichen Systemen erbrachten Rentenleistungen**, ohne dass danach zu unterscheiden ist, welcher Art von Beiträgen die genannten Leistungen zuzuordnen sind, den Arbeitgeberbeiträgen oder den Arbeitnehmerbeiträgen. Zusätzliche Leistungen, die auf freiwilligen Beitragszahlungen der Arbeitnehmer beruhen, fallen jedoch nicht in den Anwendungsbereich des Art. 119, soweit ein Betriebsrentensystem den ihm angeschlossenen Personen lediglich den erforderlichen organisatorischen Rahmen hierfür zur Verfügung stellt. 3481

▶ Bei einer **Übertragung von Rentenansprüchen** von einem betrieblichen System auf ein anderes auf Grund des Arbeitsplatzwechsels eines Arbeitnehmers muss das zweite System dann, wenn dieser Arbeitnehmer das Rentenalter erreicht, die Leistungen, zu deren Zahlung es sich durch die Zustimmung zu der genannten Übertragung verpflichtet hat, erhöhen, um die Art. 119 zuwiderlaufenden nachteiligen Auswirkungen zu beseitigen, die sich für den Arbeitnehmer daraus ergeben, dass das übertragene Kapital auf Grund einer diskriminierenden Behandlung im Rahmen des ersten Systems unzureichend war. Dies gilt für Leistungen, die für Beschäftigungszeiten nach dem 17.5.1990 geschuldet werden. 3482

▶ Art. 119 EWG-Vertrag (jetzt Art. 141 EGV) gilt **nicht** für Systeme, denen immer **nur Angehörige eines Geschlechts** angeschlossen waren (*EuGH* 28.9.1994 EzA Art. 119 EWG-Vertrag Nr. 23). 3483

▶ Ein Arbeitnehmer, der Anspruch auf den **rückwirkenden Anschluss** an ein Betriebsrentensystem hat, kann sich der Zahlung der Beiträge für den betreffenden Anschlusszeitraum nicht entziehen. 3484

▶ Arbeitnehmern, die ihren Anspruch auf Teilnahme an einem Betriebsrentensystem geltend machen, können die **innerstaatlichen Fristen für die Rechtsverfolgung** entgegengehalten werden, sofern sie für derartige Klagen nicht ungünstiger sind als für gleichartige Kla- 3485 gen, die das innerstaatliche Recht betreffen, und sofern sie die Ausübung des Gemeinschaftsrechts nicht praktisch unmöglich machen.

3486 ▶ Das dem Vertrag über die Europäische Union (von **Maastricht**) beigefügte Protokoll Nr. 2 (das **Barber-Protokoll** mit folgendem Wortlaut: »Im Sinne des Art. 119 gelten Leistungen auf Grund eines betrieblichen Systems der sozialen Sicherheit nicht als Entgelt, sofern und soweit sie auf Beschäftigungszeiten vor dem 17.5.1990 zurückgeführt werden können, außer im Fall von Arbeitnehmern oder deren anspruchsberechtigten Angehörigen, die vor diesem Zeitpunkt eine Klage bei Gericht oder ein gleichwertiges Verfahren nach geltendem einzelstaatlichen Recht anhängig gemacht haben.«) zu Art. 119 des Vertrages zur Gründung der Europäischen Gemeinschaft **hat keine Auswirkung auf den Anspruch auf Anschluss an ein Betriebsrentensystem**, der sich weiterhin nach dem Urteil vom 13.5.1986 in der Rechtssache 170/84 *(Bilka)* richtet. Denn das Protokoll enthält nach Auffassung des *EuGH* (28.9.1994 EzA Art. 119 EWG-Vertrag Nr. 22) im Wesentlichen dieselbe Auslegung des Urteils Barber und erstreckt diese auf sämtliche Leistungen auf Grund eines betrieblichen Systems der sozialen Sicherheit und macht sie zum Bestandteil des Vertrages, geht aber ebenso wenig wie das Urteil Barber auf die Voraussetzungen für den Anschluss an diese betrieblichen Systeme ein und regelt diese folglich nicht.

3487 ▶ Art. 119 EWG-Vertrag (jetzt Art. 141 EGV) verwehrt es einem Arbeitgeber, der dieerforderlichen Maßnahmen trifft, um dem Barber-Urteil nachzukommen, das **Rentenalter der Frauen** in Bezug auf Beschäftigungszeiten zwischen dem 17.5.1990 und dem Zeitpunkt des In-Kraft-Tretens der genannten Maßnahmen auf das der Männer **anzuheben**. Für Beschäftigungszeiten nach dem letztgenannnten Zeitpunkt hindert ihn Art. 119 dagegen nicht daran, so vorzugehen. Für Beschäftigungszeiten vor dem 17.5.1990 sah das Gemeinschaftsrecht keine Verpflichtung vor, die Maßnahmen rechtfertigen könnte, durch die die Frauen gewährten Vergünstigungen nachträglich eingeschränkt werden (s.o. Rn. 3477).
Die von einem Arbeitgeber im Anschluss an das Urteil Barber zur Beseitigung der Diskriminierung auf dem Gebiet der Betriebsrenten beschlossene Anhebung des Rentenalters der Frauen auf das der Männer in Bezug auf Leistungen, die auf Grund zukünftiger Beschäftigungszeiten geschuldet werden, kann nicht mit Maßnahmen – und seien es Übergangsmaßnahmen – verbunden werden, die die nachteiligen Auswirkungen begrenzen sollen, die eine solche Anhebung für Frauen haben kann.

3488 ▶ Es verstößt gegen Art. 119 EWG-Vertrag (jetzt Art. 141 EGV), wenn ein Rentensystem unter Berufung auf **seine eigenen Schwierigkeiten** oder die des betreffenden Unternehmens eine nachträgliche Anhebung des Rentenalters der Frauen für Beschäftigungszeiten zwischen dem 17.5.1990 und dem In-Kraft-Treten der Maßnahmen vornimmt, durch die das System die Gleichstellung herbeigeführt hat (*EuGH* 28.9.1994 EzA Art. 119 EWG-Vertrag Nr. 21).

3489 ▶ Der in Art. 119 EWG-Vertrag (jetzt Art. 141 EGV) und der Richtlinie 75/117/EWG des Rates vom 10.2.1975 zur Angleichung von Rechtsvorschriften der Mitgliedstaaten über die Anwendung des Grundsatzes des gleichen Entgelts für Männer und Frauen niedergelegte Grundsatz des gleichen Entgelts für Männer und Frauen verbietet es nicht, den **Bezug einer Rente einer hauptberuflichen**, sozial gesicherten **Position gleichzustellen**, wenn diese Rente auf Grund von Erwerbsausfall durch Kindererziehung gemindert ist (*EuGH* 13.12.1994 EzA Art. 119 EWG-Vertrag Nr. 25).

3490 ▶ **Versorgungszusagen mit unterschiedlichem Rentenzugangsalter für Männer und Frauen** verstoßen für eine **Übergangszeit** zwar nicht gegen Art. 3 Abs. 3 GG. Nach Art. 3 Abs. 2 GG dürfen die bisher noch für Frauen bestehenden Nachteile in der beruflichen Entwicklung durch die Festsetzung eines früheren Rentenalters ausgeglichen werden (*BAG* 18.3.1997 EzA Art. 119 EWG-Vertrag Nr. 47). Sie verstoßen aber gegen Art. 119 EWGV (jetzt Art. 141 EGV). Diese Bestimmung geht auch deutschen gesetzlichen Regelungen vor und verdrängt das entgegenstehende deutsche Recht. Das gilt für die Berechnung einer Invaliditätsrente, die nach einer theoretischen Altersgrenze zu berechnen ist, ebenso wie für die Berechnung des Unverfallbarkeitsfaktors nach § 2 Abs. 1 BetrAVG. Darauf kann sich ein benachteiligter Mann aber **nur berufen**, soweit bei der Berechnung seiner Betriebsrente **Beschäftigungszeiten nach dem 17.5.1990 zu berücksichtigen sind.** Diese Grenzziehung durch Europäischen Gerichtshof und Bundesarbeitsgericht gilt **entsprechend auch für eine betriebliche Versorgungsregelung, die zwar für Männer und Frauen dasselbe Rentenzugangsalter 65 vorsieht, für den Fall einer vorgezogenen Inanspruchnahme der Betriebsrente (§ 6 BetrAVG) aber für Frauen niedrigere versicherungsmathematische Abschläge vorsieht als für Männer.** Eine solche Regelung legt den Frauen ebenso wie ein unterschiedliches Rentenzugangsalter nahe, früher in den Ruhestand zu wechseln. Sie führt jedoch zu einer geringeren Differenz der Betriebsrenten, die von Männern und Frauen zum gleichen Zeitpunkt unter ansonsten gleichen Bedingungen in Anspruch genommen werden. Für die Zeit bis zum 17. Mai 1990 dürfen daher der Berechnung der vorgezogenen Betriebsrente – erst recht – unterschiedlich hohe versicherungsmathematische Abschläge zu Grunde gelegt werden (*BAG* 23.9.2003 EzA § 1 BetrAVG Gleichberechtigung Nr. 13 = BAG Report 2005, 8; s.a. *BAG* 29.4.2008 EzA § 2 BetrAVG Nr. 30 = NZA 2008, 1417).

- Jedenfalls soweit ein Betriebsrentenanspruch auf Beschäftigungszeiten vor dem 17.5.1990 beruht, ist ein Arbeitgeber nicht aus Gründen der Gleichbehandlung verpflichtet, einem **schwer behinderten Arbeitnehmer** ebenso wie einer Arbeitnehmerin die Möglichkeit zu geben, betriebliche Altersrente mit Vollendung des 60. Lebensjahres **ohne Abschläge in Anspruch zu nehmen** (*BAG* 23.5.2000 EzA § 1 BetrAVG Gleichbehandlung Nr. 32). 3491
- Der **Unverfallbarkeitsfaktor** nach § 2 Abs. 1 BetrAVG ist für Beschäftigungszeiten vor und nach dem 17.5.1990 dann unterschiedlich zu berechnen: Für Beschäftigungszeiten vor dem 17.5.1990 ist von einer möglichen Betriebszugehörigkeit bis zum 65. Lebensjahr auszugehen, für die Zeit danach bis zum 60. Lebensjahr (Rentenzugangsalter für Frauen). Entsprechendes gilt für die Berechnung der Invalidenrente, bei der eine erreichbare (»theoretische«) Altersrente zu berücksichtigen ist (*BAG* 3.6.1997 EzA Art. 119 EWG-Vertrag Nr. 45). 3492
- Es ist kein Verstoß gegen Europarecht oder Art. 3 GG, ebenso wenig wie gegen § 612 Abs. 3 BGB gegeben, wenn die betriebliche Versorgungsordnung zwar **dasselbe Rentenzugangsalter für Männer und Frauen festlegt**, für den Fall der vorgezogenen Inanspruchnahme der Betriebsrente vor Erreichen dieser festen Altersgrenze aber für Frauen niedrigere – versicherungsmathematische – Abschläge als für Männer vorsieht (*BAG* 23.9.2003 – 3 AZR 304/02). 3493
- Art. 119 EWG-Vertrag (jetzt Art. 141 EGV) ist dahin auszulegen, dass Einrichtungen wie die **Pensionskassen** deutschen Rechts, die damit betraut sind, Leistungen eines Betriebsrentensystems zu erbringen, die **Gleichbehandlung** von Männern und Frauen **sicherzustellen haben, auch wenn** Arbeitnehmern, die auf Grund ihres Geschlechts diskriminiert sind, gegenüber ihren unmittelbaren Versorgungsschuldnern, den Arbeitgebern, als Parteien der Arbeitsverträge, ein **insolvenzgeschützter**, die Diskriminierung ausschließender **Anspruch zusteht** (*EuGH* 9.10.2001 EzA Art. 141 EG-Vertrag 1999 Nr. 7 = NZA 2001, 1301). 3494

Diese Entscheidung hat das *BAG* (19.11.2002 EzA Art. 141 EG-Vertrag 1999 Nr. 11 = NZA 2003, 380) inzwischen wie folgt in das bundesdeutsche Recht umgesetzt: 3495

- Auch eine betriebliche Witwer- oder Witwenrente ist eine sonstige Vergütung i.S.d. Art. 141 Abs. 2 S. 1 EGV. Die zusätzliche geldwerte Sicherheit, die ein Arbeitnehmer oder eine Arbeitnehmerin durch ein betriebliches Versprechen auf Hinterbliebenenversorgung erhält, ist Teil der vom Arbeitnehmer im Arbeitsverhältnis erdienten Vergütung. Dies gilt auch dann, wenn die Versorgungsleistung durch eine vom Arbeitgeber eingeschaltete selbstständige Versorgungseinrichtung wie eine Pensionskasse erbracht werden soll. 3496
- Eine Pensionskasse ist ebenso wie der Arbeitgeber selbst an die europarechtlichen Diskriminierungsverbote gebunden (*EuGH* 9.10.2001 – Rs C-379/99 – Slg. I 2001, 7275 = AP BetrAVG § 1 Pensionskasse Nr. 5 = EzA Art. 141 EGV Nr. 7). 3497
- Es stellt eine unmittelbare Frauendiskriminierung (Art. 141 EGV) dar, wenn nur der Anspruch auf Witwerrente, nicht der auf Witwenrente an die zusätzliche Bedingung geknüpft ist, dass die frühere Beschäftigte den Unterhalt der Familie überwiegend bestritten hat. 3498

3499 ▶ Eine derart diskriminierende Beschränkung des Leistungsanspruchs darf weder vom Arbeitgeber, noch von einer von ihm eingeschalteten Pensionskasse angewendet werden.

3500 ▶ Ist der Europäische Gerichtshof in einer Frage nach der Auslegung des EG-Vertrages nach Art. 234 EGV angerufen worden, ist seine Erkenntnis für das mit dem Ausgangsverfahren befasste Gericht bindend; nationale Bestimmungen, die im Widerspruch zu den Regelungen des EG-Vertrages in der verbindlichen Auslegung des Gerichtshofs stehen, dürfen nicht angewendet werden.

(2) Gleichbehandlungsgrundsatz; § 4 Abs. 1 TzBfG; Art. 3 Abs. 1 GG

aaa) Verstoß gegen den Gleichbehandlungsgrundsatz

3501 Vgl. zunächst oben Kap. 1 Rn. 308, 307

3502 **Beispiele:**

- ▶ **Im Konzern** kommt eine unternehmensübergreifende Anwendung des Gleichbehandlungsgrundsatzes bei Sozialleistungen allenfalls dann in Betracht, wenn vom herrschenden Unternehmen ausgehend bestimmte Leistungen üblicherweise **konzerneinheitlich erbracht** werden und auf den Fortbestand dieser Übung ein **schützenswertes Interesse der Arbeitnehmer** der Konzernunternehmen entstanden ist (*BAG* 21.11.2006 – 3 AZR 309/05 – EzA-SD 17/2007 S. 12 LS).
- ▶ Eine Versorgungsregelung, die Leistungen von der Bedingung abhängig macht, dass die Begünstigten bei Beginn des Arbeitsverhältnisses ein bestimmtes **Höchsteintrittsalter** noch nicht überschritten haben, verstößt nicht gegen den Gleichbehandlungsgrundsatz und steht auch nicht im Widerspruch zu § 75 Abs. 1 S. 2 BetrVG (*BAG* 14.1.1986 EzA § 1 BetrAVG Nr. 40). Diese Entscheidung verletzt auch nicht Art. 3 Abs. 1 GG (*BVerfG* 27.11.1989 AP Nr. 5a zu § 1 BetrAVG Gleichbehandlung).
- ▶ Ein Arbeitgeber kann auch ohne Verstoß gegen den Gleichbehandlungsgrundsatz Arbeitnehmer eines Geschäftsbereichs von der betrieblichen Altersversorgung ausnehmen, wenn die **verschiedenen Geschäftsfelder**, auf denen er tätig ist, für das Unternehmen von **unterschiedlicher wirtschaftlicher Bedeutung** sind (*LAG RhPf* 25.8.2000 NZA-RR 2001, 434).
- ▶ Der Gleichbehandlungsgrundsatz ist aber dann verletzt, wenn der Arbeitgeber ohne sachlichen Grund mit einem **Teil der Arbeitnehmer die Anwendbarkeit eines Tarifvertrages** und damit die Geltung der sich daraus ergebenden Rechte und Pflichten u.a. auch hinsichtlich einer betrieblichen Altersversorgung **vereinbart**, ohne selbst tarifgebunden zu sein. Gegenstand der Prüfung, ob der Gleichbehandlungsgrundsatz verletzt wurde, sind einzelne Ansprüche oder Rechte eines Arbeitnehmers (*BAG* 25.4.1995 EzA § 1 BetrAVG Gleichbehandlung Nr. 8). Wendet der Arbeitgeber die einschlägigen Tarifnormen auf alle Arbeitnehmer zudem **unabhängig von ihrer Gewerkschaftszugehörigkeit** an, so hat er auf Grund des Gleichbehandlungsgrundsatzes auch den nicht tarifgebundenen Arbeitnehmern die tariflichen Leistungen zu gewähren (*BAG* 20.3.2001 EzA § 1 BetrAVG Zusatzversorgung Nr. 15).
- ▶ Wird ein **entlassener Beamter auf Probe** wegen seines Widerspruchs und seiner Anfechtungsklage gegen die Entlassungsverfügung bis zum rechtskräftigen Abschluss des verwaltungsgerichtlichen Verfahrens weiterbeschäftigt, so kann er für diese Zeit nicht die für Angestellte des öffentlichen Dienstes vorgesehene Zusatzversorgung verlangen. Denn zwischen den Parteien besteht dann keine arbeitsrechtliche Beziehung; ein faktisches Arbeitsverhältnis kommt auch nicht dadurch zustande, dass der Dienstherr davon absieht, die sofortige Vollziehung der Entlassungsverfügung anzuordnen. Es verstößt auch nicht gegen Art. 3 Abs. 1 GG, dass die in diesem Fall erzwungene vorläufige Weiterbeschäftigung des entlassenen Beamten zu **keiner Zusatzversorgung** bei der VBL führt (*BAG* 20.3.2001 EzA § 1 BetrAVG Zusatzversorgung Nr. 15).
- ▶ *Es besteht keine Rechtsgrundlage* für eine **Nachversicherung** in der Zusatzversorgung für **ausgeschiedene Beamte**. Das gilt auch dann, wenn der Mitarbeiter anschließend beim selben Dienstherrn als Arbeitnehmer weiterbeschäftigt wird. Im Verhältnis von

Arbeitnehmern und Beamten fehlt es, was Versorgungsansprüche angeht, an der für die Anwendung des Art. 3 Abs. 1 GG erforderlichen Vergleichbarkeit (*BAG* 21.3.2001 ZTR 2001, 371). Deshalb verstößt auch der Ausschluss von Arbeitnehmern, denen eine Anwartschaft bzw. ein Anspruch auf beamtenrechtliche Versorgung in Höhe der Mindestversorgung zusteht, nicht gegen Art. 3 GG (*LG Karlsruhe* 23.3.2001 ZTR 2001, 372).

- Eine durch Tarifvertrag geregelte Altersversorgung kann aber **auch Bestandteil eines übergreifenden Entgeltsystems** sein und ist dann in dessen Rahmen zu beurteilen. Haben die Tarifvertragsparteien z.B. Entgelthöhe und Entgeltstruktur für verschiedene Arbeitnehmergruppen aus sachlichen Gründen grundlegend unterschiedlich geregelt, so kann dies gleichzeitig eine unterschiedliche Altersversorgung rechtfertigen (*LAG Hessen* 23.10.1996 DB 1997, 1930 f.).
- Arbeitnehmer, deren Arbeitsverhältnisse rechtswirksam auf ein Jahr befristet sind (z.B. **ABM-Kräfte** nach §§ 91 ff. AFG [jetzt §§ 260 ff. SGB III]) dürfen von Zusagen auf Leistungen der betrieblichen Altersversorgung ausgenommen werden (*BAG* 13.12.1994 EzA § 1 BetrAVG Gleichbehandlung Nr. 5).
- Dagegen verstößt es gegen den Gleichbehandlungsgrundsatz, Arbeitnehmer allein deshalb aus einem betrieblichen Versorgungswerk auszunehmen, weil sie in einem **zweiten Arbeitsverhältnis** stehen. Für eine solche Benachteiligung gibt es keinen sachlich rechtfertigenden Grund (*BAG* 22.11.1994 EzA § 1 BetrAVG Gleichbehandlung Nr. 6). § 3n BAT nebst Protokollerklärung verstößt zudem gegen § 2 Abs. 1 BeschFG (jetzt § 4 Abs. 1 TzBfG) insoweit, als **nebenberuflich nicht geringfügig beschäftigte** Angestellte von einem derartigen Ausschluss betroffen sind (*BAG* 9.10.1996 EzA § 2 BeschFG 1985 Nr. 50).
- Der Ausschluss von Arbeitnehmern, die auf Grund der **Zusammenrechnung mehrerer geringfügiger Beschäftigungen** der gesetzlichen Rentenversicherung unterliegen (§ 8 Abs. 2 SGB IV), von der Zusatzversorgung im öffentlichen Dienst ist sachlich nicht gerechtfertigt (*BAG* 16.3.1993 EzA § 1 BetrAVG Gleichbehandlung Nr. 3).
- Das Verbot unterschiedlicher Behandlung wegen der Teilzeitarbeit (§ 2 Abs. 1 BeschFG; jetzt § 4 Abs. 1 TzBfG), das das Gebot der Gleichbehandlung für den Bereich der Teilzeitarbeit konkretisiert, gilt auch gegenüber **teilzeitbeschäftigten Arbeitnehmern, die in unterschiedlichem zeitlichen Umfang** beschäftigt werden (etwa unter oder noch über 50% der regelmäßigen Wochenarbeitszeit). Der Ausschluss auch derartiger unterhalbzeitig und unter 18 Wochenstunden teilzeitbeschäftigter Arbeitnehmer von Leistungen der betrieblichen Altersversorgung bedarf sachlicher Gründe (s. aber Rn. 3509). **In Betracht kommen z.B. Arbeitsleistung, Qualifikation, Berufserfahrung oder unterschiedliche Anforderungen am Arbeitsplatz.** Es ist unerheblich, mit welchen rechtstechnischen Mitteln der Ausschluss derjenigen Arbeitnehmer, die weniger als die Hälfte der regelmäßigen Wochenarbeitszeit tätig sind, erreicht wird, also z.B., ob der Ausschluss erreicht wird durch Einschränkung des persönlichen Geltungsbereichs eines Tarifvertrages oder durch eine ausdrückliche Ausnahmeregelung im Tarifvertrag.
- Das Verbot einer Ungleichbehandlung ohne sachliche Rechtfertigung galt auch in Bezug auf Teilzeitbeschäftigte nicht erst seit dem In-Kraft-Treten des BeschFG am 1.5.1985. Denn § 2 Abs. 1 BeschFG (jetzt § 4 Abs. 1 TzBfG) konkretisiert lediglich ohnehin geltendes Recht zur Verfassungsmäßigkeit dieser Rechtsprechung vgl. *BVerfG* 5.8.1998 NZA 1998, 1245).
- Eine tarifliche Regelung stellt als solche noch keinen sachlichen Grund für einen ungerechtfertigten Ausschluss von Arbeitnehmergruppen von tariflichen Leistungen dar. Denn die Gestaltungsfreiheit der Tarifvertragsparteien hat ihre Grenzen im übergeordneten zwingenden Recht.
- Der Ausschluss teilzeitbeschäftigter Arbeitnehmer von der Zusatzversorgung im öffentlichen Dienst ist auch nicht deshalb gerechtfertigt, weil ein System der kaufkraftstabilen Gesamtversorgung entwickelt wurde. Auch scheitert der Anspruch nicht an einem fehlenden Versorgungsbedarf (*BAG* 29.8.1989 EzA § 2 BeschFG 1985 Nr. 3; 28.7.1992 EzA § 1 BetrAVG Gleichbehandlung Nr. 2; 25.10.1994 EzA § 2 BeschFG 1985 Nr. 38).

- Demgegenüber war der bis zum 31.3.1979 geltende Ausschluss aller **nicht vollbeschäftigter Fleischbeschautierärzte** aus der tarifvertraglichen Zusatzversorgung im öffentlichen Dienst nicht gleichheitswidrig, da er den für diese Beschäftigungsverhältnisse typischen Besonderheiten angemessen Rechnung trug (*BAG* 26.8.1997 NZA 1998, 265). Gleiches gilt für den Ausschluss von Angestellten im Geltungsbereich des TV über die Regelung der Rechtsverhältnisse der amtlichen **Tierärzte und Fleischkontrolleure** außerhalb öffentlicher Schlachthöfe. Etwas anderes gilt nur dann, wenn Angestellte im Geltungsbereich dieses Tarifvertrages auf Dauer ausschließlich oder im Wesentlichen Tätigkeiten gegen Stundenvergütung verrichten (*BAG* 4.4.2000 NZA 2002, 917).
- Eine Gemeinde muss Arbeitnehmern im **öffentlichen Dienst** eine tariflich geregelte Zusatzversorgung nicht verschaffen, wenn sie es **ablehnen**, die **übrigen tariflichen Bedingungen** für das Arbeitsverhältnis **zu übernehmen** und auf einer höheren als der tariflichen Vergütung bestehen (*BAG* 25.2.1999 EzA § 242 BGB Gleichbehandlung Nr. 82).

3503 Für die Differenzierung zwischen Arbeitern und Angestellten bei Leistungen von Unterstützungskassen gilt Folgendes (*BAG* 10.12.2002 EzA § 1 BetrAVG Gleichbehandlung Nr. 26 = NZA 2004, 321; *LAG Köln* 27.3.2008 – 13 Sa 39/08 – EzA-SD 25/2008 S. 5 LS = NZA-RR 2008, 652; vgl. dazu *Rebhahn* SAE 2005, 119 ff.):

- Auch Unterstützungskassen sind verpflichtet, über die jeweilige Versorgungsordnung hinaus die Versorgungszusage des Unternehmens nach allgemeinen arbeitsrechtlichen Grundsätzen umzusetzen. Dies schließt die Pflicht zur Gleichbehandlung ein, weil sich bei Einschaltung der Unterstützungskasse der Arbeitgeber einer von ihm abhängigen, wenn auch rechtlich selbstständigen Unterstützungseinrichtung bedient, um die von ihm übernommenen Versorgungsverpflichtungen zu erfüllen.
- Eine Ungleichbehandlung von Arbeitern und Angestellten in der betrieblichen Altersversorgung, die ausschließlich und allein mit ihrem verschiedenen Status begründet wird, verletzt den durch Art. 3 Abs. 1 GG geprägten Gleichbehandlungsgrundsatz des § 1b Abs. 1 S. 4 BetrAVG.
- Der im Rechtsstaatsprinzip des Art. 20 Abs. 3 GG verankerte Vertrauensschutz gebietet es jedoch, die Versorgungsschuldner einer betrieblichen Altersversorgung bis einschließlich 30.6.1993 in ihrem Vertrauen zu schützen, eine allein an den unterschiedlichen Status anknüpfende Differenzierung zwischen Arbeitern und Angestellten sei noch tragfähig. Sie konnten jedoch nicht damit rechnen, ihnen werde eine längere Anpassungsfrist eingeräumt als dem Gesetzgeber.
- In seltenen Ausnahmefällen kann die an sich statusbezogene Differenzierung zwischen Angestellten und Arbeitern Kürzel für eine dahinterstehende sachlich gerechtfertigte Unterscheidung sein. Dann darf jedoch die Versorgungsordnung dem angegebenen dahinterstehenden Differenzierungsgrund nicht widersprechen.

3504 In Anwendung dieser Grundsätze hat das *LAG Köln* (27.3.2008 – 13 Sa 39/08 – EzA-SD 25/2008 S. 5 LS = NZA-RR 2008, 652) angenommen, dass eine **Versorgungsordnung**, nach der **Arbeiter und Angestellte** hinsichtlich des **Steigerungssatzes**, um den sich die Betriebsrente für jedes anrechenbare Dienstjahr erhöht, **unterschiedlich** behandelt werden, **den Gleichbehandlungsgrundsatz verletzt**. Diese am Status anknüpfende Ungleichbehandlung der Arbeiter hinsichtlich der Bewertung der anrechenbaren Dienstjahre ist nicht ausnahmsweise wegen eines unterschiedlichen Versorgungsbedarfs von Arbeitern und Angestellten gerechtfertigt. Denn dieser Differenzierungsgrund steht im Widerspruch zu der im konkreten Einzelfall maßgeblichen Versorgungsordnung. Darüber hinaus führt danach die am Status anknüpfende typisierende Regelung bei einer beträchtlichen Zahl von betroffenen Arbeitern zu einer stärkeren Belastung und damit unzulässigen Benachteiligung gegenüber den Angestellten.

bbb) Rechtsfolgen

§ 2 Versorgungs-TV i.V.m. § 3q BAT in der bis zum 31.12.1987 geltenden Fassung, § 3 Versorgungs-TV für die Arbeitnehmer der Deutschen Bundespost, § 20 TV Tierärzte und Fleischkontrolleure in öffentlichen Schlachthöfen, § 5 Abs. 3 TV Versorgung der Arbeitnehmer des Bundes und der Länder sowie der Versorgungstarifvertrag für Arbeitnehmer kommunaler Verwaltungen und Betriebe sind wegen Verstoßes gegen den Gleichheitssatz (Art. 3 Abs. 1 GG) jedenfalls insoweit unwirksam, als alle unterhälftig beschäftigten Teilzeitkräfte (einschließlich derer, die erst auf Grund der Zusammenrechnung mehrerer geringfügiger Beschäftigungen der gesetzlichen Rentenversicherungspflicht unterliegen) bzw. Arbeitnehmer, die im jeweils vorangegangenen Kalenderjahr nicht mindestens eine Stundenvergütung für 1000 Stunden erhalten haben, von Leistungen der betrieblichen Altersversorgung ausgeschlossen worden sind. Gleiches gilt für § 3n BAT nebst Protokollerklärung insoweit, als nebenberuflich nicht geringfügig beschäftigte Angestellte von einem derartigen Ausschluss betroffen sind (*BAG* 9.10.1996 EzA § 2 BeschFG 1985 Nr. 50; ebenso *LAG Düsseld.* 1.9.1998 NZA-RR 1999, 258 für § 35 BMT AWO in der bis 31.12.1997 geltenden Fassung). Im Übrigen ist der Versorgungs-TV einschließlich der den Versorgungsanspruch begründenden Grundregel wirksam (*BAG* 7.3.1995 EzA § 1 BetrAVG Gleichbehandlung Nr. 9; 16.1.1996 EzA Art. 3 GG Nr. 50; 27.2.1996 EzA § 1 BetrAVG Gleichbehandlung Nr. 10; 12.3.1996 EzA § 1 BetrAVG Gleichbehandlung Nr. 11; 13.5.1997 EzA § 1 BetrAVG Gleichbehandlung Nr. 12; 26.8.1997 NZA 1998, 265; s. auch Kap. 1 Rn. 308, 419). 3505

Hat der Arbeitgeber teilzeitbeschäftigte Arbeitnehmer unter Verletzung des Gleichbehandlungsgrundsatzes von der Zusatzversorgung ausgeschlossen, so ist er verpflichtet, ihnen eine **gleichwertige Versorgung** zu verschaffen. Kann der Arbeitnehmer nicht nachversichert werden, so muss der Arbeitgeber selbst eintreten. Entstehen dem Versorgungsberechtigten in diesem Zusammenhang **weitere Nachteile** (z.B. indem er mit zusätzlich zu entrichtenden Steuern belastet wird), so sind auch diese vom **Arbeitgeber** auszugleichen (*LAG Hamm* 14.7.1998 BB 1998, 1851). Der Anspruch setzt nicht voraus, dass der Arbeitgeber schuldhaft gehandelt hat. Denn der Arbeitnehmer, der Gleichbehandlung begehrt, verlangt nicht Schadensersatz, sondern Erfüllung des Anspruchs auf Gleichbehandlung. 3506

Wenn tarifvertragliche Ausschlussvorschriften unwirksam sind, ergibt sich der Erfüllungsanspruch des Arbeitnehmers allerdings nicht aus dem Gleichbehandlungsgrundsatz, sondern aus den verbleibenden wirksamen Versorgungsregelungen des Tarifvertrages. 3507

Der Arbeitnehmer kann verlangen, dass der Grundsatz der Gleichbehandlung **von Beginn des Arbeitsverhältnisses an** beachtet wird, auch wenn er Jahre zurück liegt, die Folgen der Verletzung sich aber heute erst zeigen. Die Rechtslage ließ **kein schutzwürdiges Vertrauen** darauf entstehen, **dass teilzeitbeschäftigte Arbeitnehmer ohne sachlichen Grund benachteiligt werden dürfen**. Das Interesse des Arbeitgebers, von zusätzlichen finanziellen Belastungen und Verwaltungsaufwand verschont zu bleiben, verdient keinen Vorrang gegenüber dem Interesse der benachteiligten Teilzeitkräfte an der uneingeschränkten Beachtung des Gleichheitssatzes. Eine Überforderung der Beklagten im konkret entschiedenen Einzelfall durch die rückwirkende Anwendung des Gleichheitssatzes war zudem nicht ersichtlich (*BAG* 7.3.1995 EzA § 1 BetrAVG Gleichbehandlung Nr. 9; die Rechtsprechung des BAG in diesem Zusammenhang ist verfassungsmäßig: *BVerfG* 19.5.1999 EzA § 1 BetrAVG Gleichberechtigung Nr. 1; vgl. auch *EuGH* 10.2.2000 EzA EG-Vertrag 1999 Art. 141 Nr. 1; 10.2.2000 EzA EG-Vertrag 1999 Art. 141 Nr. 2; 10.2.2000 EzA EG-Vertrag 1999 Art. 141 Nr. 3; *Lörcher* ArbuR 2000, 168 ff.; *Kuppel* BB 2000, 2150 ff.). 3508

Zunächst offen gelassen hat das *BAG* (28.7.1992 EzA § 1 BetrAVG Gleichbehandlung Nr. 2), ob auch **Arbeitnehmer, deren Arbeitszeit unter der Geringfügigkeitsgrenze gem. § 8 SGB IV lag**, eine Zusatzversorgung verlangen können. Inzwischen (27.2.1996 EzA § 1 BetrAVG Gleichbehandlung Nr. 10; 12.3.1996 EzA § 1 BetrAVG Gleichbehandlung Nr. 11; 13.5.1997 EzA § 1 BetrAVG Gleichbehandlung Nr. 12) hat es diese Frage **verneint, weil es zu der Auffassung gelangt ist, dass es jedenfalls bei der als Gesamtversorgungssystem** 3509

ausgestalteten Zusatzversorgung im öffentlichen Dienst sachliche Gründe für den Ausschluss geringfügig Beschäftigter gibt, zumal die Anknüpfung an das Sozialversicherungsrecht dem Leistungszweck dieser Altersversorgung Rechnung trägt. Sie ergänzt die Rentenversicherung und ist dementsprechend mit ihr verzahnt. Auch für Beschäftigungszeiten bis zum 31.3.1991 kommt es auf die Rentenversicherungspflicht an, obwohl die Versorgungsregelung damals noch nicht auf die rentenversicherungsrechtliche Geringfügigkeitsgrenze (nunmehr § 8 SGB IV) abstellten, sondern weitergehend Teilzeitbeschäftigte bis zu einer Arbeitszeit von 18 Wochenstunden von der Zusatzversorgung ausnahmen. Denn die Unwirksamkeitsfolge ist bei Tarifnormen unter Berücksichtigung des zum Ausdruck gebrachten Regelungszwecks auf das rechtlich Gebotene zu begrenzen (*BAG* 27.2.1996 EzA § 1 BetrAVG Gleichbehandlung Nr. 10; ebenso *BAG* 22.5.2001 EzA § 1 BetrAVG Gleichbehandlung Nr. 21 für die Herausnahme sozialversicherungsfreier ordentlicher Studenten aus dem VTV der Deutschen Bundespost; **a.A.** *LAG Hmb.* 28.6.2000 ArbuR 2001, 314).

3510 Aufgrund der Neuregelung des Rechts der geringfügigen Beschäftigung mit Wirkung zum 1.4.1999 ist der tarifvertragliche Ausschluss jedenfalls **bis zum 31.3.1999 sachlich gerechtfertigt**. Dies gilt auch, soweit die Geringfügigkeit der Beschäftigung nach der bis zum 31.3.1999 geltenden Fassung des § 8 Abs. 1 Nr. 1 SGB IV darauf beruhte, dass der Verdienst daraus 1/6 des Gesamteinkommens des Arbeitnehmers nicht überstieg (*BAG* 22.2.2000 EzA § 1 BetrAVG Gleichbehandlung Nr. 18).

3511 Auch ein Verstoß gegen den Gleichbehandlungsgrundsatz durch eine vom Arbeitgeber geschaffene Versorgungsordnung (Ausschluss von Außendienstmitarbeitern) führt nicht zur Nichtigkeit der gesamten Ordnung, sondern dazu, dass die **einschränkenden Bestimmungen entfallen**, die eine Arbeitnehmergruppe ohne sachlichen Grund benachteiligen. Dies gilt jedenfalls für in der Vergangenheit abgeschlossene Sachverhalte, bei denen der Arbeitgeber keine andere Möglichkeit, Gleichbehandlung herzustellen, hat, als durch eine »Anpassung« nach oben (*BAG* 9.12.1997 EzA § 1 BetrAVG Gleichbehandlung Nr. 16; *LAG Düsseld.* 29.6.2001 NZA-RR 2002, 39).

3512 Die in Maastricht beschlossene **Protokollerklärung zu Art. 119 EWG-Vertrag** (jetzt Art. 141 EGV) hat lediglich den zeitlichen Anwendungsbereich des Art. 119 EWG-Vertrag (jetzt Art. 141 EGV; s.o. Rn. 3486), nicht aber die Geltung daneben anwendbarer nationaler Schutzvorschriften wie Art. 3 Abs. 1 GG eingeschränkt (*BAG* 7.3.1995 EzA § 1 BetrAVG Gleichbehandlung Nr. 9).

3513 Dadurch ist es dem Arbeitgeber des öffentlichen Dienstes allerdings nicht verwehrt, den Ausschluss unterhälftig, aber oberhalb der Grenze des § 8 SGB IV beschäftigter Angestellter im Hinblick auf den Gleichbehandlungsgrundsatz nunmehr mit anderen Kriterien als der Teilzeitbeschäftigung sachlich zu rechtfertigen. Nach dem Zweck der Zusatzversorgung im öffentlichen Dienst ist der Ausschluss eines teilzeitbeschäftigten wissenschaftlichen Mitarbeiters von der Zusatzversorgung sachlich gerechtfertigt, wenn seine Einstellung nach dem übereinstimmenden Willen beider Vertragspartner von vornherein nur für einen vorübergehenden Zeitraum und nicht auf unbestimmte Zeit beabsichtigt war (*LAG Saarland* 29.11.1995 LAGE § 1 BetrAVG Gleichbehandlung Nr. 7).

3514 Weil es Ausdruck der Gleichbehandlung ist, dass die Teilzeitarbeit lediglich nach dem zeitlichen Anteil der Arbeitsleistung im Vergleich zur Vollzeitarbeit vergütet wird, können Teilzeitkräfte **nicht eine gleich hohe betriebliche Altersversorgung** fordern wie Vollzeitkräfte (*BAG* 25.10.1994 EzA § 2 BeschFG 1985 Nr. 38).

ccc) Umsetzung des Verschaffungsanspruchs

3515 Inhaltlich ist der Arbeitgeber verpflichtet, die z.B. bisher zu Unrecht aus der Altersversorgung ausgeschlossenen Teilzeitkräfte bei der zuständigen Zusatzversorgungskasse **nachzuversichern** und die Umlagen nach zu entrichten. Kommt er dem nach, ist der Verschaffungsanspruch erfüllt. Gibt es einen einheitlich vorgesehenen Durchführungsweg für eine betriebliche Altersversorgung nicht, ist es dem **Arbeitgeber freigestellt**, **auf welche Weise** er dem Arbeitnehmer die auf Grund des Gleichbehandlungsgrundsatzes geschuldete Versorgungsleistung verschafft (*LAG Nds.* 18.7.2003 NZA-RR 2004, 206 = LAG Report 2004, 62; 14.3.2003 NZA-RR 2004, 259 LS); andererseits kann dem Versorgungsberechtigten **u.U. auch ein Anspruch auf Einhaltung** eines bestimmten vorgesehenen **Durchführungsweges** zustehen (*BAG* 12.12.2006 EzA § 1 BetrAVG Zusatzversorgung Nr. 18). Den **Ausgleich steuerlicher Nachteile** umfasst der Verschaffungsanspruch nicht. Führt der Arbeitgeber auf Grund eines unverschuldeten **Rechtsirrtums** die Umlagen verspätet ab, so steht dem Arbeitnehmer nach § 286 BGB kein Schadensersatzanspruch wegen Verzugs zu. Der Arbeitgeber verletzt nicht seine Sorgfaltspflichten, wenn er bei einer unklaren Rechtslage von der Wirksamkeit der tarifvertraglichen Regelungen ausgeht. Soweit der Arbeitgeber durch die verspätete Abführung der Umlage von seiner tarifvertraglichen Verpflichtung zur Übernahme der Pauschal(Lohn- und Kirchen-)Steuer frei wird, steht dem Arbeitnehmer allerdings ein **Bereicherungsanspruch** nach § 812 Abs. 1 S. 1 Alt. 2 BGB zu (*BAG* 14.12.1999 ZTR 2000, 559).

ddd) Prozessuale Fragen

3516 Die Arbeitnehmer haben schon vor Eintritt des Versorgungsfalles ein rechtliches Interesse an der alsbaldigen Feststellung des Inhalts ihrer Versorgungsrechte. Auch wenn der Versorgungsfall eingetreten ist und eine Leistungsklage möglich ist, kann noch ein Feststellungsinteresse (§ 256 Abs. 1 ZPO) bestehen. Voraussetzung ist, dass auf diesem Wege eine sachgemäße, einfache Erledigung der aufgetretenen Streitpunkte zu erreichen ist und prozesswirtschaftliche Erwägungen gegen einen Zwang zur Leistungsklage sprechen, z.B. bei einem ungewöhnlich hohen Aufwand bei der Bezifferung des Leistungsanspruchs, wenn gerade die Verpflichtung dem Grunde nach zwischen den Parteien zunächst nur im Streit steht (*BAG* 7.3.1995 EzA § 1 BetrAVG Gleichbehandlung Nr. 9; *BAG* 18.9.2001 EzA § 613a BGB Nr. 205). Ansonsten handelt es sich vor Eintritt des Versorgungsfalles um eine **Klage auf eine zukünftige Leistung**; bei einer Nachfristsetzung gem. § 283 Abs. 1 BGB a.F. beginnt die gesetzte Frist erst mit der Fälligkeit der Leistung zu laufen, bei einem Versorgungsverschaffungsanspruch also erst mit dem Eintritt des Versorgungsfalles (*LAG SchlH* 18.2.2004 NZA-RR 2004, 601). Macht der Arbeitnehmer zusätzlich einen Anspruch auf einen **bestimmten Durchführungsweg** geltend, handelt es sich mit dem Verschaffungsanspruch um **zwei voneinander** zu **unterscheidende Streitgegenstände** (s. *BAG* 12.12.2006 EzA § 1 BetrAVG Zusatzversorgung Nr. 18).

3. Abwicklung betrieblicher Versorgungsverpflichtungen

a) Abänderung und Einschränkung von betrieblichen Versorgungszusagen

aa) Schließung des Versorgungswerks

3517 Erscheint dem Arbeitgeber das Risiko der Fortsetzung seiner bisherigen Zusagepraxis zu groß, kann er das Versorgungswerk für neu eintretende Arbeitnehmer schließen. Hat der Arbeitgeber bislang individualrechtliche Zusagen erteilt, genügt es, **Zusagen einfach nicht mehr zu erteilen**.

3518 Die **Änderung einer Gesamtzusage** muss allerdings ebenso wie die Aufhebung einer betrieblichen Übung eindeutig erklärt werden (s.o. Rn. 754 ff.).

bb) Kündigung von Versorgungszusagen

3519 Individualrechtlich bereits begründete Versorgungszusagen können im Wege der Änderungskündigung unter den Voraussetzungen des **§ 2 KSchG** verändert werden. Im Hinblick auf die Vielzahl auszusprechender Änderungskündigungen sowie des zu beachtenden besonderen Kündigungsschutzes für bestimmte Arbeitnehmergruppen kommt diese Möglichkeit aber nur selten in Betracht (vgl. *BAG* 8.12.1981 EzA § 242 BGB Ruhegeld Nr. 96). Eine Teilkündigung etwa nur der Versorgungszusage ist rechtlich unzulässig (s.u. Kap. 4 Rn. 2971).

cc) Kündigung von Betriebsvereinbarungen

3520 Der Arbeitgeber kann eine Betriebsvereinbarung, soweit nichts anderes vereinbart ist, mit einer Frist von drei Monaten kündigen. Die Kündbarkeit wird durch Vereinbarung eines allgemeinen steuerunschädlichen Widerrufsvorbehaltes nicht ausgeschlossen. Eine Nachwirkung tritt grds. nicht ein (**§ 77 Abs. 5, 6 BetrVG;** *BAG* 17.8.2004 EzA § 1 BetrAVG Betriebsvereinbarung Nr. 5 = BAG Report 2005, 32 LS; 9.12.2008 – 3 AZR 384/07; *LAG Bln.-Bra.* 25.9.2008 LAGE § 1 BetrAVG Nr. 25). Das gilt insbesondere dann, wenn der Arbeitgeber im **engen zeitlichen Zusammenhang** mit dem Auslaufen der Kündigungsfrist **keine vergleichbare betriebsverfassungsrechtliche Neuregelung anstrebt** (*LAG Bln.-Bra.* 25.9.2008 LAGE § 1 BetrAVG Nr. 25). Die Ausübung des Kündigungsrechts bedarf **keiner Rechtfertigung** (*BAG* 17.8.2004 EzA § 1 BetrAVG Betriebsvereinbarung Nr. 5 = BAG Report 2005, 32) und unterliegt **keiner inhaltlichen Kontrolle**. Dies gilt unabhängig vom Regelungsgegenstand, also auch dann, wenn es um eine betriebliche Altersversorgung geht. Die Kündigung einer Betriebsvereinbarung über betriebliche Altersversorgung bewirkt eine Schließung des Versorgungswerks für die Zukunft. Nach Schließung des Versorgungswerks für neu Eintretende erwerben die Mitarbeiter keine Versorgungsanwartschaft mehr, die zum Zeitpunkt des Wirksamwerdens der Kündigung nicht zum Kreis der von der Versorgungszusage Begünstigten gehören, z.B. ein Auszubildender ohne Anspruch auf Übernahme wenn der Pensionsplan nur für »jeden Arbeiter und Angestellten, der in einem ständigen Dienstverhältnis« zur Arbeitgeberin »steht« gilt (*BAG* 17.8.2004 EzA § 1 BetrAVG Betriebsvereinbarung Nr. 5). Aber auch Arbeitnehmer, die zum Zeitpunkt des Ausspruchs der Kündigung durch die Betriebsvereinbarung begünstigt wurden, sind von der Kündigung betroffen (*BAG* 11.5.1999 EzA § 1 BetrAVG Betriebsvereinbarung Nr. 1; 17.8.1999 EzA § 1 BetrAVG Betriebsvereinbarung Nr. 2; *LAG Köln* 8.4.2003 NZA-RR 2003, 657; vgl. dazu *Blomeyer/Vienken* RdA 2000, 370 ff.).

3521 Möglich ist sowohl der Ausschluss der **Kündigung der Betriebsvereinbarung**, als auch die Vereinbarung einer gesetzlich nicht vorgesehenen **Nachwirkung**; dafür bedarf es aber jeweils deutlicher Anhaltspunkte (*BAG* 21.8.2001 NZA 2002, 576).

3522 Das *BAG* (18.4.1989 EzA § 77 BetrVG 1972 Nr. 28; 10.3.1992 EzA § 77 BetrVG 1972 Nr. 46; 11.5.1999 EzA § 1 BetrAVG Betriebsvereinbarung Nr. 1; 17.8.1999 EzA § 1 BetrAVG Betriebsvereinbarung Nr. 2; 21.8.2001 EzA § 1 BetrAVG Betriebsvereinbarung Nr. 4; 18.9.2001 EzA § 1 BetrAVG Ablösung Nr. 31; tw. abw. *LAG Hessen* 16.7.1997 – 8 Sa 382/95; vgl. dazu krit. *Herbst* ArbuR 2000, 389 ff.; *Langohr-Plato* BB 2000, 1885 ff.; ausf. *Kort* NZA 2004, 889 ff.) unterscheidet aber zwischen der Kündbarkeit einer Betriebsvereinbarung und den Rechtsfolgen einer Kündigung. Denn Betriebsvereinbarungen über Leistungen der betrieblichen Altersversorgung unterscheiden sich von Betriebsvereinbarungen über andere freiwillige Leistungen. Jedenfalls **wirkt** die Kündigung einer Betriebsvereinbarung über betriebliche Altersversorgung vorbehaltlich einer Inhaltskontrolle anhand der Grundsätze des Vertrauensschutzes und der Verhältnismäßigkeit **im Zweifel für die bis zu diesem Zeitpunkt aktiven Arbeitnehmer so, als wären sie zum Zeitpunkt des Wirksamwerdens vorzeitig aus dem Arbeitsverhältnis ausgeschieden; ihre weitere Betriebstreue steigert die Versorgungsanwartschaft dann nicht mehr** (*BAG* 25.5.2004 EzA § 2 BetrAVG Nr. 21).

3523 Leistungen der betrieblichen Altersversorgung erhält der Arbeitnehmer nämlich erst, wenn er seinerseits vorgeleistet hat. Die Leistung, die durch die Versorgung entgolten wird, ist die dem Arbeitgeber während der gesamten Dauer des Arbeitsverhältnisses erwiesene Betriebstreue, die Gesamtheit der ihm erbrachten Dienste. Die vom Arbeitgeber zugesagte Gegenleistung kann nicht wegfallen, ohne dass es dafür rechtlich billigenswerte Gründe gibt.

3524 Das gilt auch, wenn die betriebliche Altersversorgung in einer Betriebsvereinbarung zugesagt wird. Die auf Grund der gekündigten Betriebsvereinbarung erworbenen Besitzstände der betroffenen Arbeitnehmer werden kraft Gesetzes nach den Grundsätzen der **Verhältnismäßigkeit** und des **Vertrauensschutzes** geschützt. **Je stärker in Besitzstände eingegriffen wird, desto gewichtiger müssen die Änderungsgründe sein.**

3525 Die Änderungsgründe sind ebenso abzustufen wie bei der Ablösung einer Betriebsvereinbarung durch eine neue Betriebsvereinbarung (*BAG* 18.4.1989 EzA §77 BetrVG 1972 Nr. 28; 10.3.1992 EzA §77 BetrVG 1972 Nr. 46; 11.5.1999 EzA §1 BetrAVG Betriebsvereinbarung Nr. 1; 17.8.1999 EzA §1 BetrAVG Betriebsvereinbarung Nr. 2; 21.8.2001 EzA §1 BetrAVG Betriebsvereinbarung Nr. 4 = NZA 2002, 576; 10.9.2002 EzA §1 BetrAVG Ablösung Nr. 34 = SAE 2004, 27 m. Anm. *Vienken* SAE 2004, 35 ff.; 18.3.2003 SAE 2004, 280 m. Anm. *Eichenhofer* SAE 2004, 284 ff.; 19.4.2005 EzA §1 BetrAVG Ablösung Nr. 43 = NZA-RR 2005, 598; *LAG Bln.-Bra.* 25.9.2008 LAGE §1 BetrAVG Nr. 25; abl. *Roßmanith* DB 1999, 634 ff.; krit. *Herbst* ArbuR 2000, 388 f.; s.u. Rn. 3574 ff.):

- Die Kündigung kann eine **dienstzeitunabhängige Dynamik** der bestehenden Versorgungsanwartschaften nur bei Vorliegen triftiger Gründe beseitigen (*BAG* 21.8.2001 EzA §1 BetrAVG Betriebsvereinbarung Nr. 4 = NZA 2002, 576). Sieht die Betriebsvereinbarung eine Anpassung in Anlehnung an §16 BetrAVG vor, so bleibt die dienstzeitunabhängige Dynamik erhalten. Da bereits die vereinbarte Anpassungsregelung einer ungünstigen wirtschaftlichen Lage des Unternehmens Rechnung trägt, fehlen wirtschaftlich triftige Gründe für eine Beseitigung dieser Regelung. Für den Wegfall der noch nicht erdienten dienstzeitabhängigen Zuwächse genügen sachlich-proportionale Gründe (*BAG* 21.8.2001 EzA §1 BetrAVG Betriebsvereinbarung Nr. 4).
- Der bereits erdiente und nach den Grundsätzen des §2 BetrAVG errechnete Teilbetrag kann nur in seltenen Ausnahmefällen aus zwingenden Gründen entzogen werden. Eine verschlechternde Neuregelung greift auf der ersten Besitzstandsstufe in den erdienten Besitzstand ein, wenn der Arbeitnehmer bei seinem späteren Ausscheiden aus dem Betrieb auf der Grundlage der ablösenden Neuregelung weniger erhält, als er nach der abgelösten Regelung erhalten würde, wäre er zum Ablösungsstichtag mit einer unverfallbaren Versorgungsanwartschaft vorzeitig ausgeschieden. Ein Eingriff in die erdiente Dynamik liegt vor, wenn die letztlich auf der Grundlage der Neuregelung erreichte Betriebsrente unter dem zum Ablösungsstichtag erlangten erdienten Besitzstand unter Aufrechterhaltung der Dynamik bis zum Ausscheidenstermin bleibt (*BAG* 18.2.2003 EzA §1 BetrAVG Ablösung Nr. 35). Wird die Kürzung auf wirtschaftliche Gründe gestützt, so muss sich der Arbeitgeber in einer schweren, konkursgleichen wirtschaftlichen Notlage befinden. Auch der Abbau einer planwidrig eingetretenen Überversorgung rechtfertigt es, den erdienten Teilwert zu schmälern (vgl. auch *BVerfG* 3.12.1998 NZA-RR 1999, 204 u. *BAG* 12.3.1996 DB 1997, 939 zum Abbau einer Überversorgung durch das Hmb.er Ruhegeldgesetz; vgl. auch *BAG* 28.5.2002 NZA 2003, 1198 zur rechtmäßigen Einführung eines Beitrags durch Änderung dieses Gesetzes). Das Vertrauen auch der rentennahen Arbeitnehmer auf eine Gesamtversorgung von mehr als 100% des letzten Nettoeinkommens ist in einem solchen Fall nicht schutzwürdig.
- Zuwächse, die sich aus variablen Berechnungsfaktoren (»Ruhegehaltsfähiges Einkommen«) ergeben, können nur aus triftigen Gründen geschmälert werden, soweit sie zeitanteilig erdient sind.

Dringende betriebliche Bedürfnisse nichtwirtschaftlicher Art können triftige Gründe sein, wenn ohne Schmälerung des Gesamtaufwands für die Versorgung Leistungskürzungen durch Leistungsverbesserungen aufgewogen werden, die dazu dienen sollen, eine eingetretene Verzerrung des Leistungsgefüges zu beseitigen, oder durch eine Verbesserung des Vertrauensschutzes (*BAG* 11.9.1990 EzA §1 BetrAVG Ablösung Nr. 3). Die Dauer einer für das In-Kraft-Treten einer Neuregelung festgesetzten Übergangsfrist darf nicht auf sachfremden Erwägungen beruhen. Wirtschaftlich triftige Gründe fehlen, wenn bereits nach der **vereinbarten Dynamisierungsregelung** bei einer langfristigen Substanzgefährdung des Unternehmens eine Erhöhung der Versorgungsanwartschaften unterbleiben darf (BAG 21.8.2001 EzA § 1 BetrAVG Betriebsvereinbarung Nr. 4 = NZA 2002, 576).

- Für Eingriffe in Zuwachsraten, die noch nicht erdient sind, genügen sachlich-proportionale Gründe (*BAG* 19.4.2005 EzA § 1 BetrAVG Ablösung Nr. 43 = NZA-RR 2005, 598). Sachliche Gründe liegen insbes. dann vor, wenn nach Erlass der alten Versorgungsordnung Änderungen der Sach- und Rechtslage eingetreten sind, die bei grundsätzlichem Festhalten am Versorgungsziel Kürzungen nahe legen. Es geht insoweit darum, die **Willkürfreiheit des Eingriffs** zu belegen. Dafür wird regelmäßig der allgemeine Hinweis auf wirtschaftliche Schwierigkeiten nicht ausreichen. Diese sind im Einzelnen darzulegen. Anderweitige nahe liegende Einsparmöglichkeiten müssen zumindest erwogen und ihre Unterlassung plausibel erklärt werden. Eines ausgewogenen Sanierungsplans bedarf es allerdings nicht (*BAG* 10.9.2002 SAE 2004, 27 m. Anm. *Vienken* SAE 2004, 35 ff.; 19.4.2005 EzA § 1 BetrAVG Ablösung Nr. 43 = NZA-RR 2005, 598). Es genügt vielmehr, wenn sich die **Kürzungen** bei der betrieblichen Altersversorgung **in einen Zusammenhang anderer Maßnahmen einfügen, die insgesamt der Kostenersparnis dienen** (*BAG* 19.4.2005 EzA § 1 BetrAVG Ablösung Nr. 43 = NZA-RR 2005, 598). Auch muss die Notwendigkeit von Einsparungen in der ablösenden Betriebsvereinbarung auch nicht ausdrücklich erwähnt sein (*BAG* 19.4.2005 EzA § 1 BetrAVG Ablösung Nr. 43 = NZA-RR 2005, 598). Sachlich-proportionale Gründe liegen deshalb bereits dann vor, wenn ein unabhängiger Sachverständiger Feststellungen getroffen hat, die einen dringenden Sanierungsbedarf begründen. Allenfalls offensichtliche und ergebnisrelevante Fehler oder die Erstellung der Bilanz entgegen den anerkannten Regeln können der Annahme entgegenstehen, ein Eingriff zu Sanierungszwecken sei nicht willkürlich erfolgt (*BAG* 18.9.2001 EzA § 1 BetrAVG Ablösung Nr. 31). Andererseits können sachlich-proportionale Gründe für Eingriffe in dienstzeitabhängige Zuwächse dann fehlen, wenn sich aus der ablösenden Versorgungsordnung auch nach Anwendung der Unklarheitenregel nicht ergibt, wie hoch die erreichbare Vollrente ist (*BAG* 18.3.2003 EzA § 1 BetrAVG Ablösung Nr. 39).
- Die Betriebsrente eines vorzeitig aus dem Arbeitsverhältnis ausgeschiedenen Arbeitnehmers darf nicht niedriger sein als der ihm vor seinem Ausscheiden im Zusammenhang mit einer ablösenden Neuregelung des Versorgungswerks garantierte Versorgungsbesitzstand. Er darf diesen nicht mehr nach § 2 Abs. 1 BetrAVG zeitanteilig kürzen (*BAG* 16.12.2003 EzA § 1 BetrAVG Ablösung Nr. 41).
- Soweit danach die Wirkungen der Kündigung einer Betriebsvereinbarung über betriebliche Altersversorgung beschränkt sind, bleibt sie als Rechtsgrundlage erhalten. **Die nach der Kündigung verbleibenden Rechtspositionen genießen unverändert den Schutz des § 77 Abs. 4 BetrVG.**

3526 Auch für Eingriffe in Versorgungszusagen im Jahre 1968 ist bei der Prüfung aus heutiger Sicht von der vom *BAG* (17.11.1992 EzA § 1 BetrAVG Unterstützungskasse Nr. 10) vorgenommenen Dreiteilung der Besitzstände auszugehen. Die Prüfungsmaßstäbe haben sich inhaltlich nicht verändert, sie wurden durch die neuere Rechtsprechung nur konkretisiert.

3527 Das *BAG* (17.8.1999, 21.8.2001 EzA § 1 BetrAVG Betriebsvereinbarung Nr. 2, 4) geht davon aus, dass der **Betriebsrat** befugt ist, im arbeitsgerichtlichen Beschlussverfahren **feststellen** zu lassen, **welche Wirkungen die Kündigung hat** und in welchem Umfang die Betriebsvereinbarung noch fortgilt. Es spricht danach alles dafür, dass die Entscheidung über einen solchen Antrag auch den **Arbeitgeber** und die betroffenen **Arbeitnehmer** im Verhältnis zueinander **bindet**. Eine konkrete Billigkeitskontrolle im Individualverfahren ist dadurch allerdings nicht ausgeschlossen.

dd) Widerruf der Versorgungszusage; Zugang des Widerrufs

Der einschneidendste Eingriff in eine Versorgungszusage ist der Widerruf der Versorgungsanwartschaft bzw. des Versorgungsanspruchs (vgl. *Höfer* ART Rz. 347 ff.). Zusagen dürfen insoweit so widerrufen werden, wie sie erteilt werden können. Es reicht aus, wenn der Widerruf – bei einer Gesamtzusage – gegenüber den Arbeitnehmern in einer Form verlautbart wird, die den einzelnen Arbeitnehmer typischerweise in die Lage versetzt, von der Erklärung Kenntnis zu nehmen. Im Rahmen der betrieblichen Altersversorgung ist dieses Zugangserfordernis auch nicht abdingbar. **Der Arbeitgeber darf eine Leistungsordnung nicht ändern, ohne es dem Arbeitnehmer zu ermöglichen, von dem Inhalt der Änderung Kenntnis zu nehmen** (§ 242 BGB, nunmehr § 307 BGB; *BAG* 24.1.2006 EzA § 1 BetrAVG Gleichbehandlung Nr. 28 = NZA 2006, 1432 LS; s.a. *BAG* 9.12.2008 – 3 AZR 384/07). 3528

Das Recht, eine Versorgungszusage ganz oder teilweise widerrufen zu dürfen, kann sich aus ausdrücklich vereinbarten Widerrufsvorbehalten ergeben. Aber auch unabhängig davon berechtigen allgemeine Rechtsgrundsätze zum Widerruf, nämlich das aus § 242 BGB entwickelte Rechtsinstitut des Wegfalls der Geschäftsgrundlage (vgl. jetzt § 313 BGB n.F.) sowie die Gesichtspunkte der Zumutbarkeit und des Rechtsmissbrauchs. 3529

Früher enthielten Versorgungszusagen den Hinweis, dass ihr jederzeitiger Widerruf vorbehalten würde oder dass Leistungen der betrieblichen Altersversorgung freiwillig und ohne Rechtsanspruch gewährt würden. Bei derartigen Vorbehalten kann der Arbeitgeber jedoch keine steuerlich wirksamen Pensionsrückstellungen gem. § 6a EStG bilden. 3530

(1) Steuerunschädliche Widerrufsvorbehalte

Als steuerunschädlich werden von der Finanzverwaltung nur folgende Vorbehalte **anerkannt** (Abschnitt 41 Abs. 4 EStR 2005; s. *LAG Köln* 14.8.2007 NZA-RR 2008, 267): 3531
- Vorbehalt der Kürzung oder Einstellung der Leistungen, wenn sich die bei Erteilung der Pensionszusage maßgebenden Verhältnisse, insbes. die wirtschaftliche Lage des Unternehmens, nachhaltig so wesentlich geändert haben, dass der Firma, dem Unternehmen die Aufrechterhaltung der zugesagten Leistungen auch unter objektiver Beachtung der Belange des Pensionsberechtigten nicht mehr zugemutet werden kann, oder
- der Personenkreis, die Beiträge, die Leistungen oder das Pensionierungsalter der gesetzlichen Sozialversicherung und anderen Versorgungseinrichtungen mit Rechtsanspruch sich wesentlich ändern, oder
- die rechtliche, insbes. steuerrechtliche Behandlung der Aufwendungen, die zur planmäßigen Finanzierung der Versorgungsleistungen gemacht werden oder gemacht worden sind, sich so wesentlich ändern, dass der Firma die Aufrechterhaltung der zugesagten Leistungen nicht mehr zugemutet werden kann, oder
- der Pensionsberechtigte Handlungen begeht, die in grober Weise gegen Treu und Glauben verstoßen oder zu einer fristlosen Entlassung berechtigen würden.

(2) Arbeitsrechtliche Gründe zum Widerruf

aaa) Vereinbarter Widerruf; Wegfall der Geschäftsgrundlage (§ 313 BGB)

Eine Versorgungsvereinbarung, nach der ein Arbeitnehmer bei weiterer Betriebstreue eine höhere Versorgung erreichen kann, kann der Arbeitgeber nur widerrufen, wenn er sich den Widerruf vertraglich vorbehalten hatte oder wenn die Geschäftsgrundlage (s. dazu *BAG* 24.1.2006 EzA § 1 BetrAVG Gleichbehandlung Nr. 28 = NZA 2006, 1432 LS; *LAG Köln* 14.8.2007 NZA-RR 2008, 267) für diese Vereinbarung weggefallen ist. Der allgemeine Vorbehalt, die zugesagten Leistungen zu kürzen oder einzustellen, wenn die wirtschaftliche Lage des Unternehmens sich nachhaltig so wesentlich verschlechtert, 3532

> dass dem Unternehmen eine Aufrechterhaltung der zugesagten Leistungen nicht mehr zugemutet werden kann, enthält nur den Hinweis auf Kürzungs- oder Widerrufsmöglichkeiten wegen Wegfalls der Geschäftsgrundlage.

bbb) Wirtschaftliche Notlage

3533 In erster Linie kommen **wirtschaftliche Gründe** des Arbeitgebers für einen Widerruf der Versorgungszusage in Betracht.

3534
> Nach der Rechtsprechung des *BAG* (26.4.1988 EzA § 1 BetrAVG Geschäftsgrundlage Nr. 1) war der Wegfall der Geschäftsgrundlage (vgl. jetzt § 313 BGB n.F.) gleichbedeutend mit dem Begriff der wirtschaftlichen Notlage i.S.d. § 7 Abs. 1 Nr. 5 BetrAVG a.F., d.h. der Bestand des Unternehmens musste wegen wirtschaftlicher Schwierigkeiten ernsthaft gefährdet sein.

3535 Die Belastung des Arbeitgebers musste infolge einer wirtschaftlichen Notlage so groß werden, dass ihm als Schuldner der Versorgungszusage **nicht zugemutet werden konnte, seine vertraglichen Verpflichtungen zu erfüllen.** Sachliche Gründe reichten nicht aus, den Widerruf einer Versorgungszusage zu rechtfertigen, die dem Arbeitnehmer einen Rechtsanspruch auf die zugesagten Leistungen einräumt (*BAG* 26.4.1988 EzA § 1 BetrAVG Geschäftsgrundlage Nr. 1).

3536 Der Sicherungsfall der wirtschaftlichen Notlage, an dem sich die Rechtsprechung orientiert hatte, ist durch § 7 BetrAVG n.F. mit Wirkung ab dem 1.1.1999 allerdings **ersatzlos gestrichen** worden (s.u. Rn. 3986), weil er nach Auffassung des Gesetzgebers **kaum praktische Bedeutung** erlangt hat (vgl. *Höfer* § 7 BetrAVG Rz. 2989.4; *Blomeyer* NZA 1998, 915 f.). Konsequenz daraus ist nach Auffassung des *LAG Köln* (26.4.2002 LAGE § 7 BetrAVG Nr. 13 = NZA-RR 2002, 604), dass der Arbeitgeber **nunmehr nicht mehr ohne einen außergerichtlichen Vergleich** mit dem PSV und dem Betriebsrentner die Versorgungszusage wegen wirtschaftlicher Notlage widerrufen kann. Gleiches gilt bei der **vorherigen Zustimmung** des Pensions-Sicherungs-Vereins sowie dann, wenn eine **gerichtliche Entscheidung** über die Einstandspflicht des PSV vom Versorgungsschuldner erstritten wurde (*LAG Nbg.* 29.10.2003 NZA-RR 2004, 320 = LAG Report 2004, 140). Auch das *BAG* (17.6.2003 EzA § 7 BetrAVG Nr. 69) geht insoweit jetzt ebenfalls davon aus, dass das Recht zum Widerruf wegen wirtschaftlicher Notlage nunmehr **nicht mehr besteht** und ein solches Recht **auch nicht** auf die in einer Versorgungsordnung aufgenommenen **steuerunschädlichen Vorbehalte gestützt** werden kann. Denn diese Vorbehalte wirken nur deklaratorisch; sie begründen kein eigenständiges Recht zum Widerruf (*BAG* 17.6.2003 EzA § 7 BetrAVG Nr. 69). Dem stehen Grundsätze des Vertrauensschutzes nicht entgegen (*BAG* 31.7.2007 EzA § 7 BetrAVG Nr. 72).

ccc) Verhältnismäßigkeitsprinzip

3537 Nach Maßgabe einer am Verhältnismäßigkeitsprinzip orientierten **Einzelfallüberprüfung** ist unter Berücksichtigung der berechtigten Interessen von Arbeitgeber und Arbeitnehmer im Rahmen einer **Dreistufentheorie** ebenso zu unterscheiden wie bei der Kündigung oder Änderung einer Betriebsvereinbarung (*BAG* 17.3.1987 EzA § 1 BetrAVG Nr. 48; zum Widerruf der betrieblichen Altersversorgung beim DGB vgl. *LAG Düsseld.* 5.7.2000 LAGE § 1 BetrAVG Ablösung Nr. 6; s.o. Rn. 3525). Zur Konkretisierung dieser Grundsätze ist lediglich auf Folgendes hinzuweisen:

- Eine Kürzung des bereits erdienten und nach Maßgabe des § 2 BetrAVG errechneten Teilbetrages kommt ausnahmsweise z.B. dann in Betracht, wenn zugleich der **Pensionssicherungsverein zur Übernahme der ausfallenden Versorgungsverpflichtung verpflichtet ist.** I. d. R. ist jedenfalls ein Widerruf von Versorgungsanwartschaften, sobald diese bereits erdient worden sind, erst bei wirtschaftlicher Notlage möglich (*BAG* 26.4.1988 EzA § 1 BetrAVG Geschäftsgrundlage Nr. 1);

– Um einen triftigen Grund für die Kürzung von Zuwächsen aus variablen Berechnungsfaktoren zu rechtfertigen, müssen die wirtschaftlichen Belange des Arbeitgebers mindestens so schwer wiegen, dass das Unternehmen eine **Anpassung an die Kaufkraftentwicklung nach § 16 BetrAVG verweigern könnte**, weil langfristig die Substanz des Unternehmens gefährdet erscheint und mildere Mittel nicht in Betracht kommen (*BAG* 18.4.1989 EzA § 1 BetrAVG Unterstützungskasse Nr. 7; abl. *Blomeyer* SAE 1986, 100, RdA 1986, 81). 3538

ddd) Besonderheiten bei konzernangehörigen Unternehmen

Handelt es sich bei dem Not leidenden Unternehmen um eine konzernabhängige Gesellschaft, so ist ihre **wirtschaftliche Notlage dem herrschenden Unternehmen dann nicht zuzurechnen, wenn bei der Entstehung der Verluste das Konzerninteresse keine Rolle gespielt hat**, insbes. bei der Entscheidung der wirtschaftlichen Krise noch keine Leitungsmacht der Konzernobergesellschaft bestand (*BAG* 16.3.1993 EzA § 7 BetrAVG Nr. 46). Denn wenn die wirtschaftliche Lage für den Bestand und die Entwicklung eines betrieblichen Versorgungsanspruchs von Bedeutung ist, kommt es grds. auf die Situation beim **Versorgungsschuldner** an, auch **wenn dieser konzerngebunden** ist (*LAG Köln* 21.8.2001 – 13 (10) Sa 1222/00, – 13 (8) Sa 14/01). 3539

Beim Widerruf von Versorgungsleistungen einer Unterstützungskasse ist i.d.R. für die Beurteilung des Vorliegens sachlicher Gründe für den Widerruf auf die wirtschaftliche Lage ihres **Trägerunternehmens** abzustellen. Dagegen ist **ausnahmsweise** die wirtschaftliche Lage des **Konzerns** maßgeblich, wenn das Trägerunternehmen mit seiner **wirtschaftlichen Betätigung** in einen Konzern eingebunden und **speziell auf dessen Bedürfnisse zugeschnitten ist** (*BAG* 18.4.1989 EzA § 1 BetrAVG Unterstützungskassen Nr. 7). Auch kann eine wirtschaftliche Notlage des Mutterunternehmens zu einer wirtschaftlichen Notlage der Tochter führen, wenn die Versorgungsschuldnerin auf Grund einer durch Arbeitsteilung begründeten Abhängigkeit vom Mutterunternehmen bei dessen Konkurs oder Liquidation **nicht mehr lebensfähig wäre**; gleiches gilt auch bei einer anderweitigen **sehr engen wirtschaftlichen Verflechtung** der beiden Unternehmen (*LAG Köln* 21.8.2001 – 13 (10) Sa 1222/00 – 13 (8) Sa 14/01). 3540

eee) Wegfall bzw. Störung der Geschäftsgrundlage wegen Änderungen des Rentenniveaus; Gesetzesänderungen; Änderung in Bezug genommener Richtlinien; Überversorgung?

Neben der Gefährdung der Unternehmenssubstanz ist der Widerruf von Versorgungsanwartschaften auch bei Vorliegen anderer sachlicher Gründe u.U. möglich. In Betracht kommt dies insbes. bei **Gesamtversorgungssystemen**, wenn sich entweder **Änderungen** der gesetzlichen Rentenversicherung ergeben oder wenn die Sozialversicherungsbeiträge und Steuern aktiver Arbeitnehmer in einem bei Errichtung der Versorgungsordnung unvorhergesehenen Ausmaß steigen und die Gesamtversorgung an einen bestimmten Prozentsatz des letzten Bruttoeinkommens gekoppelt ist. In beiden Fällen besteht die Möglichkeit, dass Betriebsrentner höhere Einkommen erzielen als vergleichbare aktive Arbeitnehmer (sog. **Überversorgung**). **Andererseits** kann es bei Verschlechterung des Versorgungsniveaus in der gesetzlichen Rentenversicherung bei Gesamtversorgungszusagen zu einer **erheblichen Mehrbelastung** des Arbeitgebers kommen bzw. zur Unterversorgung der Arbeitnehmer. 3541

Eine Rentenreform allein gewährt dem Arbeitgeber zwar noch kein Recht zur Kürzung des betrieblichen Ruhegeldes (*BAG* 7.4.1959 AP Nr. 46 zu § 242 BGB Ruhegehalt). Verfolgt die Versorgungszusage jedoch erkennbar den Zweck, den Arbeitnehmern die Aufrechterhaltung ihres Lebensstandards nach Eintritt in den Ruhestand zu ermöglichen (Gesamtversorgungssystem), so wird dieser Zweck verfehlt, wenn es zu einer stärkeren Steigerung des Lebensstandards der Versorgungsempfänger z.B. durch Steigerung von Sozialversicherungsabgaben und Steuern bei aktiven Arbeitnehmern gegenüber vergleichbaren Arbeitnehmern kommt. 3542

Ein Arbeitgeber, der eine Gesamtversorgungszusage erteilt hat, bringt allerdings damit zum Ausdruck, dass er für ein **bestimmtes Versorgungsniveau** einstehen will. Dies stellt die Übernahme eines **gesteigerten Risikos** dar. Davon kann er sich nur unter besonders **strengen Voraussetzungen** lösen. Die Grenze des vom Arbeitgeber zu tragenden Risikos ist erst bei einer **Mehrbelastung von 50 % überschritten**. Bei kollektiven Versorgungszusagen ist auf die Entwicklung der wirtschaftlichen Belastung in dem Zeitraum zwischen der Schaffung des Versorgungswerks und dem Zeitpunkt, zu dem eine Anpassung verlangt wird, abzustellen; ob eine Äquivalenzstörung vorliegt, ist grundsätzlich unternehmensbezogen anhand eines Barwertvergleichs festzustellen. Dieser hat sich auf die Gesamtheit der nach der bisherigen Regelung versorgten Betriebsrentner und auf den Anpassungsstichtag zu beziehen. Zu vergleichen sind die wirtschaftliche Belastung, die sich bei Zugrundelegung der Rechtslage bei Schaffung des Versorgungswerks ergeben würde, und die tatsächliche wirtschaftliche Belastung, die sich bei Zugrundelegung der Rechtslage zum Anpassungsstichtag ergibt (*BAG* 19.2.2008 EzA § 1 BetrAVG Geschäftsgrundlage Nr. 4 = NZA-RR 2008, 601).

3543 Ist nach Maßgabe dieser Kriterien eine Regelungslücke der Versorgungszusage gegeben, muss sie nach den Regeln der **ergänzenden Vertragsauslegung** (§§ 133, 157 BGB) oder des **Wegfalls bzw. Störung der Geschäftsgrundlage** (§ 313 BGB) geschlossen werden (*BAG* 13.11.2007 EzA § 1 BetrAVG Geschäftsgrundlage Nr. 3 = NZA-RR 2008, 520; 29.1.2008 EzA § 87 BetrVG Betriebliche Lohngestaltung Nr. 14; 19.2.2008 EzA § 1 BetrAVG Geschäftsgrundlage Nr. 4 = NZA-RR 2008, 601; s.a. *LAG Düsseld.* 27.6.2008 – 9 Sa 1142/07 – EzA-SD 18/2008 S. 12 LS; MünchArbR/*Förster/Rühmann* § 106 Rz. 15; s. aber *LAG Köln* 1.8.2006 – 13 Sa 570/06 – ArbuR 2007, 60 LS: nur in krassen Ausnahmefällen); der Arbeitgeber kann eine Anpassung der Versorgungsregelungen verlangen (*BAG* 19.2.2008 EzA § 1 BetrAVG Geschäftsgrundlage Nr. 4 = NZA-RR 2008, 601).

3544 Werden allerdings in einer Versorgungszusage außerhalb des Arbeitsvertrages liegende Regelwerke (wie Richtlinien einer Unterstützungskasse) in Bezug genommen, so wird üblicherweise dynamisch auf die Richtlinien in ihrer jeweiligen Fassung verwiesen. Ohne nähere Bestimmung stehen Vorschriften eines in Bezug genommenen Regelwerkes unter dem Vorbehalt ihrer Abänderbarkeit. Bei einer Stichtagregelung bedeutet die Nähe zur Schnittgrenze als solche noch keinen Härtefall, der zur teleologischen Reduktion der anspruchseinschränkenden Regelung führen müsste (*BAG* 12.10.2004 EzA § 1 BetrAVG Unterstützungskasse Nr. 13 = NZA 2005, 1320 LS).

3545 **Beispiele:**

► Enthält eine Versorgungsordnung eine **Bruttogesamtversorgungsobergrenze**, nach der die Betriebsrente niedriger ist als das Nettoeinkommen vergleichbarer Arbeitnehmer, tritt eine Störung der Geschäftsgrundlage jedenfalls dann ein, wenn dieses Nettoeinkommen durch spätere tatsächliche oder gesetzliche Änderungen überschritten wird. Die deshalb nach billigem Ermessen statthafte Anpassung darf aber in die geltende Vereinbarung nicht stärker eingreifen, als es durch die Anpassung an die Grundlagen der ursprünglichen Vereinbarung geboten ist. Bei Versorgungsregelungen mit kollektiver Wirkung darf der Arbeitgeber eine **pauschalierende Anpassung** vornehmen; weitergehende Eingriffe können auch nicht durch Betriebsvereinbarung vorgenommen werden. § 315 Abs. 3 BGB ist dann einschränkend dahingehend auszulegen, dass bei komplexen Versorgungssystemen mit kollektiver Wirkung zwar die Anpassungsentscheidung gerichtlicher Kontrolle unterliegt, das Gericht jedoch nicht seine Entscheidung an die Stelle einer unwirksamen Anpassungsentscheidung setzen kann (*BAG* 13.11.2007 EzA § 1 BetrAVG Geschäftsgrundlage Nr. 3 = NZA-RR 2008, 520). In einem derartigen Fall hat der Arbeitgeber darzulegen und zu beweisen, auf welchen **Grundlagen er die Anpassungsentscheidung getroffen hat** und inwieweit sie angemessen ist (*BAG* 13.11.2007 – 3 AZR 717/06 – EzA-SD 7/2008 S. 16 LS = ZTR 2008, 320).

- Soll durch eine Änderungsvereinbarung eine **Überversorgung** der Arbeitnehmer zwischen ihrem Ausscheiden aus dem Arbeitsverhältnis aufgrund einer vereinbarten **Altersgrenze** und dem Eintritt der **Regelaltersgrenze** nach dem SGB VI abgebaut werden und führen **spätere gesetzliche Änderungen** dazu, dass die Arbeitnehmer während dieses Zeitraums unterversorgt sind, ist aufgrund dieser Planwidrigkeit wegen der damit verbundenen Zweckverfehlung die Geschäftsgrundlage gestört. Dadurch erwächst dem Arbeitgeber ein einseitiges Leistungsbestimmungsrecht, das er nach billigem Ermessen ausüben kann. Die Ausübung muss der Versorgungsberechtigte sich entgegenhalten lassen, wenn er Ansprüche geltend macht. Unabhängig davon kann er aus der Störung keine weitergehenden Rechte geltend machen, als es durch die Anpassung der ursprünglichen Vereinbarung geboten ist (*BAG* 29.1.2008 EzA § 87 BetrVG Betriebliche Lohngestaltung Nr. 14).
- Eine einheitsvertragliche Versorgungsverordnung, die volldynamische Betriebsrenten mit einer Gesamtversorgungsobergrenze von 75% der Aktivenbezüge vorsieht, kann wegen Wegfalls der Geschäftsgrundlage an die veränderte Rechtslage angepasst werden, wenn die Abzüge für Steuern und Sozialversicherungsbeiträge insgesamt um ca. 50% steigen und dies zur Folge hat, dass Betriebsrentner über eine Gesamtversorgung von 115% der Nettobezüge vergleichbarer aktiver Arbeitnehmer verfügen.
- Eine denkbare und auch nicht ohne weiteres unbillige Form der Anpassung, bei der das Mitbestimmungsrecht des Betriebsrats gem. § 87 Abs. 1 Nr. 10 BetrVG zu beachten ist, besteht darin, die Bezugsgröße der Ruhegeldberechnung zu ändern und an die Stelle der Bruttobezüge die Nettobezüge der aktiven Arbeitnehmer zu setzen (*BAG* 9.7.1985 EzA § 1 BetrAVG Nr. 37; vgl. auch *BAG* 15.2.2005 EzA § 4 TVG Metallindustrie Nr. 131 = NZA 2005, 1208 LS: Die Einführung einer Obergrenze für das rentenfähige Einkommen – s.o. Rn. 3373 – ist ein tragfähiger sachlicher Grund dafür, einzelne Einkommensbestandteile nicht in die Rentenberechnung einzubeziehen).
- Insoweit kann also ein Wegfall der Geschäftsgrundlage auch dann eintreten, wenn der von den Parteien vorausgesetzte Zweck einer Versorgung auf dem Niveau eines Netto-Aktiven-Einkommens bereits unabhängig von der vertraglich geschuldeten Leistung – durch Änderungen im Steuer- und Sozialversicherungsrecht – eintritt (*BAG* 9.7.1985 EzA § 1 BetrAVG Nr. 37).
- Der Wegfall der Geschäftsgrundlage z.B. wegen planwidriger Überversorgung löst ein **Anpassungsrecht** des Arbeitgebers aus. Die »planwidrige Überversorgung« ist insoweit ein relativer, auf die konkrete Versorgungsordnung abstellender Begriff. Dabei sind nur die versorgungsfähigen Vergütungsbestandteile zu berücksichtigen (*BAG* 22.10.2002 EzA § 1 BetrAVG Ablösung Nr. 36). Das Anpassungsrecht besteht auch gegenüber den mit einer unverfallbaren Versorgungsanwartschaft ausgeschiedenen Arbeitnehmern; die Veränderungssperre des § 2 Abs. 5 BetrAVG (s. zum Tarifvorbehalt § 17 Abs. 3 S. 1 BetrAVG und dazu *BAG* 13.12.2005 – 3 AZR 478/04 – EzA-SD 7/06 S. 19 LS = NZA 2006, 456; 27.3.2007 – 3 AZR 60/06 – EzA-SD 21 S. 11 LS = NZA 2008, 133) steht dem nicht entgegen. Der Arbeitgeber ist nicht gehindert, bei der Ausübung des Anpassungsrechts gegenüber den mit einer unverfallbaren Versorgungsanwartschaft ausgeschiedenen Arbeitnehmern die zulässigen Anpassungsregelungen einer Betriebsvereinbarung oder eines Spruchs der Einigungsstelle zu übernehmen. Ob überhaupt eine planwidrige Überversorgung vorliegt, hängt von dem in der jeweiligen Versorgungsordnung angestrebten **Versorgungsgrad** ab. Wenn das Versorgungsziel z.B. einer Gesamtzusage festgestellt werden soll, kommt es nicht auf die tatsächlichen Verhältnisse bei Beginn des einzelnen Arbeitsverhältnisses an; **maßgeblicher Zeitpunkt ist vielmehr die Erteilung der Gesamtzusage** (*BAG* 28.7.1998 EzA § 1 BetrAVG Ablösung Nr. 18), bzw. der Errichtung der Versorgungsordnung (*BAG* 22.10.2002 EzA § 1 BetrAVG Ablösung Nr. 36).

Die **Anpassungsregelungen** müssen sich an den **Grundprinzipien der bisherigen Versorgungsordnung** ausrichten. Das Anpassungsrecht des Arbeitgebers dient nicht dazu, die Versorgungsordnung umzustrukturieren und veränderte Gerechtigkeitsvorstellungen zu verwirk- 3546 lichen. Billigte die Versorgungsordnung allen Versorgungsberechtigten unabhängig von ihrer Dienstzeit einen bestimmten Versorgungsgrad zu, so darf eine neue, nach Dienstzeit gestaffelte Gesamtversorgungsobergrenze bei Versorgungsberechtigten mit kürzerer Dienstzeit **nicht zu einem geringeren Versorgungsgrad als ursprünglich vorgesehen führen** (*BAG* 28.7.1998 NZA 1999, 780). Sieht eine Übergangsregelung die **Einführung einer Gesamtversorgungsobergrenze auch für langjährig beschäftigte Arbeitnehmer** vor, die hohe Ruhegeldanwartschaften erworben haben, so muss diese erst recht für Anwartschaftsinhaber gelten, die zum Ablösungsstichtag eine geringere Anwartschaft erworben haben und daher weniger schutzwürdig waren (*BAG* 15.11.2005 – 3 AZR 481/04 – EzA-SD 8/06 S. 12).

3547 Haben die Arbeitsvertragsparteien zur Vermeidung einer zusätzlichen Überversorgung vereinbart, dass eine neu gewährte **übertarifliche Zulage** abweichend von der Versorgungsordnung **nicht zum ruhegeldfähigen Gehalt zählt**, so steht dem Arbeitgeber nur noch wegen der verbleibenden Überversorgung ein Anpassungsrecht zu. Wenn er später die Überversorgung durch Absenkung der Gesamtversorgungsobergrenze vollständig abbaut und bei der Festsetzung der neuen Prozentsätze die bereits vereinbarte Eindämmung der Überversorgung unberücksichtigt lässt, muss er auch die übertarifliche Zulage **wieder zum pensionsfähigen Gehalt rechnen** (*BAG* 9.11.1999 EzA § 1 BetrAVG Nr. 71).

3548 Demgegenüber ist ein **Abwicklungsvertrag**, in dem sich der Arbeitgeber verpflichtet hat, durch bestimmte Gesetzesänderungen eingetretene Verschlechterungen der vorgezogenen gesetzlichen Altersrente **auszugleichen**, regelmäßig nicht unter dem Gesichtspunkt einer Änderung der Geschäftsgrundlage anzupassen, wenn der **Gesetzgeber weitere Verschlechterungen** der vorgezogenen Altersrente beschließt. Bürdet der Gesetzgeber den Empfängern der gesetzlichen Altersrente für den Fall einer vorgezogenen Inanspruchnahme bestimmte Nachteile auf, haben sie diese selbst zu tragen und können sie regelmäßig nicht auf den Arbeitgeber abwälzen (*BAG* 20.6.2001 EzA § 242 BGB Geschäftsgrundlage Nr. 6).

3549 Ein rechtsgeschäftlicher Verzicht auf das Anpassungsrecht wegen planwidriger Überversorgung ergibt sich in diesem Zusammenhang nicht schon daraus, dass der Arbeitgeber zunächst von einer Änderung der Versorgungsregelungen abgesehen hat. Dies ist vor allem bei öffentlich-rechtlichen Rechtsträgern die Ausnahme. Allein dadurch, dass der Arbeitgeber längere Zeit nicht gegen eine Überversorgung eingeschritten ist, verwirkt er andererseits noch nicht sein Anpassungsrecht. Insbesondere bei einer der Beamtenversorgung angeglichenen Zusatzversorgung fehlt i.d.R. ein schutzwürdiger Vertrauenstatbestand. Auch bei der Nettoobergrenze sind Typisierungen, Pauschalierungen und Generalisierungen zulässig. Individuelle Steuerfreibeträge müssen nicht in die Berechnung des Nettovergleichseinkommens einbezogen werden. Die Einführung eines versicherungsmathematischen Abschlags war zwar keine geeignete Maßnahme zum Abbau der Überversorgung, aber angesichts des vorliegenden Versorgungsziels (Gewährung einer beamtenähnlichen Zusatzversorgung) eine angemessene Reaktion auf die zwischenzeitlichen Gesetzesänderungen im Betriebsrenten-, Sozialversicherungs- und Beamtenversorgungsrecht. Da die vorliegende Versorgungsordnung auf den Strukturprinzipien des Beamtenversorgungsrechts aufbaute, durften die künftigen Steigerungssätze dem Beamtenversorgungsrecht angeglichen werden. Der Senat hat offen gelassen, ob dies auf einer ergänzenden Vertragsauslegung oder einer Anpassung wegen Störung der Geschäftsgrundlage beruht (*BAG* 22.10.2002 EzA § 1 BetrAVG Ablösung Nr. 36).

3550 Eine dynamische Verweisung auf gesetzliche Vorschriften kann im Übrigen dazu führen, dass **Regelungen** gelten, die der **Arbeitgeber selbst nicht schaffen könnte**. Der Gesetzgeber hat einen **weitergehenden Gestaltungsspielraum** als der Arbeitgeber bei der Ausübung eines Leistungsbestimmungsrechts und der Vorformulierung von Arbeitsbedingungen. Auch der Inhalt arbeitsvertraglich übernommener gesetzlicher Regelungen unterliegt keiner Angemessenheits- und Billigkeitskontrolle, wenn die Verweisungsvereinbarung nicht zu beanstanden ist, sondern für ein ausgewogenes, interessengerechtes Versorgungsmodell – mit einem Berechnungsmodus für eine Gesamtversorgungsobergrenze – sorgt (*BAG* 20.4.2004 – 3 AZR 266/02 – NZA-RR 2005, 95 = FA 2005, 54 LS).

fff) Treuepflichtverletzung des Arbeitnehmers

Wegen Treuepflichtverletzungen des Arbeitnehmers kommt ein Widerruf von Altersversorgungsleistungen durch den Arbeitgeber auch auf Grund eines Vorbehaltes, die Leistungen zu kürzen oder einzustellen, »wenn der Versorgungsberechtigte Handlungen begeht, die in grober Weise gegen Treu und Glauben verstoßen oder zu einer fristlosen Entlassung berechtigen würden« (s.o. Rn. 3531), **nur sehr eingeschränkt** in Betracht (vgl. dazu *Aldenhoff/Hilderink* NZA-RR 2004, 281 ff.; zu den abweichenden Anforderungen **im öffentlichen Dienst**, insbesondere bei gesetzlichen Regelungen zum Erlöschen von Zusatzversorgungsansprüchen wegen rechtskräftiger strafgerichtlicher Verurteilung s. *BAG* 21.11.2006 EzA § 18 BetrAVG Nr. 12 = FA 2007, 149 LS). 3551

► **Beispiel:** 3552
Hat ein leitender Angestellter durch weisungswidriges Verhalten einen hohen Schaden verursacht, so rechtfertigt dies allein noch nicht den Widerruf der Versorgungszusage. Vielmehr kommt es darauf an, ob die gesamten Umstände einen so schwerwiegenden Vorwurf ergeben, dass die Berufung des Arbeitnehmers auf die Versorgungszusage des Arbeitgebers wegen der Art und Schwere seines Verstoßes gegen die Treuepflicht als rechtsmissbräuchlich erscheint (*BAG* 11.5.1982 EzA § 1 BetrAVG Nr. 23; 8.2.1983 EzA § 1 BetrAVG Rechtsmissbrauch Nr. 1; 3.4.1990 EzA § 1 BetrAVG Rechtsmissbrauch Nr. 2; 8.5.1990 EzA § 1 BetrAVG Rechtsmissbrauch Nr. 3; *OLG München* 25.1.2005 DB 2005, 2198 m. Anm. *Greth* DB 2005, 2199 f. und *Schumann* DB 2005, 2200).

Es muss ein besonders gewichtiger Verstoß gegen Dienstpflichten vorliegen; die Verfehlungen des Arbeitnehmers müssen letztlich so schwer wiegen, dass sich **die erbrachte Betriebstreue für den Arbeitgeber** wegen der Zufügung eines schweren, die Existenz bedrohenden Schadens **als wertlos** (*BAG* 29.1.1991 AP Nr. 13 zu § 1 BetrAVG Hinterbliebenenversorgung; ebenso *BGH* 25.11.1996 NZA-RR 1997, 147, 17.12.2001 NZA 2002, 511; *LAG Hessen* 31.5.2000 LAGE § 1 BetrAVG Rechtsmissbrauch Nr. 4; *LAG Hmb.* 18.8.2004 NZA-RR 2005, 150 = LAG Report 2005, 254 LS; *OLG München* 25.1.2005 DB 2005, 2198 m. Anm. *Greth* DB 2005, 2199 f. und *Schumann* DB 2005, 2200), **oder erheblich entwertet erweist** (*BGH* 13.12.1999 EzA § 1 BetrAVG Rechtsmissbrauch Nr. 4). 3553

Der Widerruf einer Versorgungszusage ist **kein fristgebunden auszuübendes Gestaltungsrecht**, sondern findet seine Grundlage in dem Einwand rechtsmissbräuchlichen Verhaltens, den der Verpflichtete dem Begehren des Berechtigten mit Rücksicht auf dessen schwerwiegendes Fehlverhalten entgegensetzen kann (*BGH* 13.12.1999 EzA § 1 BetrAVG Rechtsmissbrauch Nr. 4).Ein Rechtsmissbrauch in diesem Sinne kann **weder aus der Schädigung als solcher** noch aus der **Schadenshöhe allein** hergeleitet werden. **Ebenso wenig reicht ein wichtiger Grund zur fristlosen Kündigung aus** (ebenso *BGH* 25.11.1996 NZA-RR 1997, 147, 17.12.2001 NZA 2002, 511; *LAG Köln* 28.4.2000 NZA-RR 2000, 656), selbst wenn im Arbeitsvertrag vorgesehen ist, dass der Anspruch auf Ruhestandsbezüge erlischt, wenn Gründe eintreten, die die fristlose Kündigung rechtfertigen würden. 3554

Zu beachten ist stets, dass der Widerruf einer Versorgungszusage **nicht dazu dient, auf einfachem und schnellem Weg einen Schadensersatzanspruch zu befriedigen** (*BAG* 8.5.1990 EzA § 1 BetrAVG Rechtsmissbrauch Nr. 3; *LAG Hmb.* 18.8.2004 NZA-RR 2005, 150 = LAG Report 2005, 254 LS). 3555

Weitere Beispiele: 3556

► **Fahrlässige Fehlleistungen** des Arbeitnehmers, der sich über Hinweise und Warnungen hinwegsetzt, reichen nicht aus. Auf Selbstüberschätzung und Überaktivität zurückzuführende Leistungsmängel wiegen nicht so schwer, dass sie zur Verweigerung der Hinterbliebenenversorgung berechtigen, auch wenn sie ein Verschulden nicht ausschließen (*BAG* 29.1.1991 AP Nr. 13 zu § 1 BetrAVG Hinterbliebenenversorgung).

- Ein Pförtner, der nach über 20 Dienstjahren seinen Arbeitsplatz verliert, weil er in den letzten 9 Monaten **Unterschlagungen** in einer Gesamthöhe von etwa 30.000,– DM gedeckt hat, handelt nicht arglistig, wenn er sich auf eine unverfallbare Versorgungsanwartschaft beruft (*BAG* 8.2.1983 EzA § 1 BetrAVG Rechtsmissbrauch Nr. 1).
- Missbraucht dagegen der Arbeitnehmer seine Stellung über lange Zeit hinweg dazu, den **Arbeitgeber zu schädigen** und erweist sich die von ihm erbrachte Betriebstreue deshalb im Rückblick als wertlos, kann dies den Einwand rechtsmissbräuchlichen Verhaltens begründen (*BAG* 8.5.1990 EzA § 1 BetrAVG Rechtsmissbrauch Nr. 3).
- Ein Arbeitnehmer handelt arglistig, wenn er sich auf die Unverfallbarkeit seiner Versorgungsanwartschaft beruft, obwohl er die erforderliche Betriebszugehörigkeitsdauer nur durch das **Vertuschen schwerer Verfehlungen** (z.B. der laufenden Erpressung unterstellter Gastarbeiter) erreichen konnte. In einem solchen Fall kann der Arbeitgeber die Versorgungszusage widerrufen, sobald die Verfehlungen zu seiner Gewissheit festgestellt sind (*BAG* 8.2.1983 EzA § 1 BetrAVG Nr. 24).
- Auch die Aufnahme einer Tätigkeit des Ruheständlers in einem **Konkurrenzunternehmen** des Arbeitgebers kann den Einwand des arglistigen Verhaltens begründen. Im Rahmen einer Einzelfallüberprüfung ist aber auch der Verzicht des Arbeitgebers auf ein Wettbewerbsverbot sowie die Höhe der Betriebsrente zu berücksichtigen. Unangemessene Reaktionen sind nicht erlaubt. Enttäuschung oder Verärgerung über einen früheren Mitarbeiter dürfen nicht ausschlaggebend sein (*BAG* 3.4.1990 EzA § 1 BetrAVG Rechtsmissbrauch Nr. 2).
- Ausreichend kann es aber sein, wenn der Pensionär versucht, durch **Wettbewerb** die wirtschaftliche Existenzgrundlage seines ehemaligen Arbeitgebers zu vernichten (*BGH* 7.1.1971 AP Nr. 151 zu § 242 BGB Ruhegehalt).
- Rechtsmissbräuchlich handelt auch der aus der Versorgungszusage Berechtigte, der das Unternehmen, aus dessen Erträgen seine Pension bezahlt werden soll**, fortgesetzt schädigt** (z.B. anerkannt bei einem Schaden von 6 Millionen DM) und dadurch dessen **wirtschaftliche Grundlage gefährdet** (*BGH* (25.11.1996 NZA-RR 1997, 147).
- Gleiches gilt, wenn der Arbeitnehmer **erhebliche immaterielle Schäden** des Arbeitgebers verbunden mit einer Schädigung der Allgemeinheit verursacht, z.B. durch die **langjährige Bestechlichkeit** eines für Führerscheinprüfungen zuständigen TÜV-Sachverständigen. Das *LAG Köln* (12.6.1997 NZA-RR 1998, 7) hat im konkret entschiedenen Einzelfall zudem angenommen, dass die Erklärung des Widerrufs bereicherungsrechtlich auch Wirkungen für die Vergangenheit entfaltet.
- Unverfallbare Versorgungsansprüche eines Sparkassendirektors können nicht durch eine Vertragsklausel entzogen werden, nach der der Begünstigte jede Versorgung verliert, wenn er nach Ablauf der Amtsperiode eine **Wiederbestellung ablehnt** (*BGH* 29.5.2000 NZA 2001, 266).
- Der Widerruf einer Versorgungszusage kann auch **nur teilweise gerechtfertigt** sein. Hat ein Arbeitnehmer seine Vertragspflichten **vorsätzlich gröblichst verletzt**, seinen Arbeitgeber dadurch geschädigt und ist eine außerordentliche Kündigung nur unterblieben, weil der Arbeitnehmer dies erfolgreich vertuscht hat, so kann der Widerruf der Versorgungszusage jedenfalls ab diesem Zeitpunkt gerechtfertigt sein (*LAG Hessen* 31.5.2000 LAGE § 1 BetrAVG Rechtsmissbrauch Nr. 4).

ggg) Einzelvertraglich vereinbarte weitergehende Widerrufsrechte; Teilwiderruf; § 305c BGB

3557 Eine nach **§ 1b BetrAVG** unverfallbar gewordene Versorgungsanwartschaft kann wegen Treuepflichtverletzung des Arbeitnehmers nur noch dann widerrufen werden, wenn eine **unzulässige Rechtsausübung** gegeben ist (s.o. Rn. 3551 ff.).

3558 **Weitergehende vertraglich vereinbarte Widerrufsrechte wegen Vertragsverletzungen sind dagegen unwirksam** (*BAG* 3.4.1990 EzA § 1 BetrAVG Rechtsmissbrauch Nr. 2).

Für eine vertragliche Änderungsklausel in einem Formulararbeitsvertrag hat das *BAG* (23.9.2003 EzA § 305c BGB 2002 Nr. 1 = NZA 2005, 72 LS = BAG Report 2004, 365) folgende Grundsätze aufgestellt: 3559

- Enthält eine vertragliche Versorgungszusage eine Änderungsklausel, die verschiedene Änderungssachverhalte aufführt (Gesetz, Tarifvertrag usw.), jedoch Betriebsvereinbarungen nicht erwähnt, ist regelmäßig davon auszugehen, dass die Versorgungszusage nicht »betriebsvereinbarungsoffen« ist, also nicht durch Betriebsvereinbarung abgeändert werden kann.
- Überraschende Vertragsklauseln in Formulararbeitsverträgen und allgemeinen Arbeitsbedingungen werden nicht Vertragsbestandteil (jetzt § 305c Abs. 1 BGB n.F.). Überraschend ist eine Vertragsklausel, die so ungewöhnlich ist, dass der Vertragspartner des Verwenders mit ihnen nicht zu rechnen braucht. Zwischen den durch die Umstände bei Vertragsschluss begründeten Erwartungen und dem tatsächlichen Vertragsinhalt muss ein deutlicher Widerspruch bestehen. Dabei sind alle Umstände zu berücksichtigen, insbesondere das äußere Erscheinungsbild des Vertrags.
- Die Unklarheitenregel (jetzt § 305c Abs. 2 BGB n.F.) gilt auch für Klauseln, die den Arbeitgeber berechtigen sollen, seine Beiträge zur Finanzierung von Leistungen zur betrieblichen Altersversorgung zu reduzieren.
- Gesetzesänderungen können zwar eine Störung der Geschäftsgrundlage darstellen. Hat sich jedoch die Gesetzeslage im Verhältnis zur Zeit des Vertragsabschlusses nicht geändert, wird dadurch eine Störung der Geschäftsgrundlage (jetzt § 313 BGB n.F.) nicht begründet. Eine Veränderung bei der Gesetzeshandhabung genügt dafür nicht.

ee) Einzel- und kollektivvertragliche Änderungen von Versorgungszusagen

Einvernehmlichen Änderungen der Versorgungszusage sind durch die zwingenden Bestimmungen des BetrAVG in erheblichem Maße Grenzen gesetzt (s.u. Rn. 3642 ff.). 3560

(1) Das Verhältnis von vertraglicher Einheitsregelung, betrieblicher Übung zur Betriebsvereinbarung

aaa) Grundlagen

Da Versorgungszusagen häufig durch vertragliche Einheitsregelungen erteilt werden, oder auf Grund einer betrieblichen Übung erwachsen, stellt sich in der Praxis die Frage, **ob sie trotz des Günstigkeitsprinzips durch eine (verschlechternde) Betriebsvereinbarung ersetzt werden können** (vgl. *Griebeling* Rz. 868 ff.). Dies hat für den Arbeitgeber insbes. den Vorteil, dass bei Widerspruch der betroffenen Arbeitnehmer nicht der Ausspruch von Massenänderungskündigungen erforderlich ist, deren soziale Rechtfertigung zudem zweifelhaft sein kann. 3561

Das *BAG* (8.12.1981 EzA § 242 BGB Ruhegeld Nr. 96) hat zunächst angenommen, dass eine betriebliche Versorgungsordnung in Form einer vertraglichen Einheitsregelung durch eine Betriebsvereinbarung ersetzt werden kann, und zwar auch zum Nachteil der Arbeitnehmer. Zu beachten seien allerdings die Grundsätze von Recht und Billigkeit sowie der Vertrauensschutzgedanke. 3562

Es hat diese Grundsätze dann (*BAG* 12.8.1982 EzA § 77 BetrVG 1972 Nr. 9; 17.6.2008 – 3 AZR 663/06 – EzA-SD 20/2008 S. 11 LS; 17.6.2008 – 3 AZR 254/07 – EzA-SD 21/2008 S. 10 LS) dahin präzisiert, dass durch Betriebsvereinbarungen nach § 88 BetrVG – im Gegensatz zu Betriebsvereinbarungen nach § 87 Abs. 1 BetrVG – in entgegenstehende oder weitergehende einzelvertragliche Rechte zu Lasten der Arbeitnehmer nur dann eingegriffen werden könne, wenn die Einzelarbeitsverträge unter dem Vorbehalt einer ablösenden Betriebsvereinbarung stehen, also »betriebsvereinbarungsoffen« sind. Das ist dann nicht der Fall, wenn in einer vertraglichen Versorgungszusage auf **Satzung und Versicherungsbedingungen verwiesen wird** und es in den »Schlussbestimmungen« heißt, die jeweils gültigen Betriebsvereinbarungen seien **»Bestandteil dieses Vertrages«** (*BAG* 3563

17.6.2008 – 3 AZR 663/06 – EzA-SD 20/2008 S. 11 LS; 17.6.2008 – 3 AZR 409/06 – EzA-SD 21/2008 S. 9 LS = FA 2008, 377 LS = NZA 2008, 1244); für den Arbeitnehmer günstigere Regelungen sind dagegen natürlich stets möglich (*BAG* 17.6.2008 – 3 AZR 409/06 – EzA-SD 21/2008 S. 9 LS = FA 2008, 377 LS).

3564 Aufgrund eines Vorlagebeschlusses (*BAG* 8.12.1982 EzA § 77 BetrVG 1972 Nr. 11) hat der **Große Senat des** ***BAG*** (16.9.1986 EzA § 77 BetrVG 1972 Nr. 17; ebenso *BAG* 23.10.2001 EzA § 1 BetrAVG Ablösung Nr. 30 = NZA 2003, 986; *BAG* 17.6.2003 EzA § 1 BetrAVG Ablösung Nr. 40; ebenso z.B. *LAG Köln* 18.2.2004 LAG Report 2004, 383 LS; zur Ablösung durch eine Konzernbetriebsvereinbarung *BAG* 24.1.2006 EzA § 1 BetrAVG Ablösung Nr. 46 = NZA-RR 2007, 595) schließlich folgende **Grundsätze** aufgestellt:

- Vertraglich begründete Ansprüche der Arbeitnehmer auf Sozialleistungen (also auch auf Leistungen der betrieblichen Altersversorgung), die auf eine vom Arbeitgeber gesetzte Einheitsregelung oder eine Gesamtzusage zurückgehen, können durch eine nachfolgende Betriebsvereinbarung in den Grenzen von Recht und Billigkeit beschränkt werden, wenn die Neuregelung insgesamt bei kollektiver Betrachtung – bezogen auf die Belegschaft insgesamt, nicht aber auf den einzelnen Arbeitnehmer – nicht ungünstiger ist. In einem zweiten Schritt ist zu prüfen, ob die Ablösung auch einer **materiellen Rechtskontrolle** standhält, z.B. nach den Grundsätzen der Verhältnismäßigkeit und des Vertrauensschutzes.
- Ist demgegenüber die nachfolgende Betriebsvereinbarung insgesamt ungünstiger, ist sie nur zulässig, soweit der Arbeitgeber wegen eines vorbehaltenen Widerrufs oder Wegfalls der Geschäftsgrundlage die Kürzung oder Streichung der Sozialleistungen verlangen kann.
- Es kommt nicht darauf an, ob die in einer solchen Betriebsvereinbarung geregelten Angelegenheiten der erzwingbaren Mitbestimmung unterliegen (§ 87 Abs. 1 BetrVG) oder nur als freiwillige Betriebsvereinbarungen (§ 88 BetrVG) zustande kommen.
- Ein kollektiver Günstigkeitsvergleich zwischen einem durch Gesamtzusage begründeten Versorgungswerk, das durch Widerruf für neu in den Betrieb eintretende Mitarbeiter geschlossen worden war, und einer geänderten Versorgungsordnung, die wieder für alle Mitarbeiter geöffnet ist, kann **nicht ohne weiteres** in der Weise vorgenommen werden, dass **dem Aufwand** für das geschlossene Versorgungswerk mit der naturgemäß sinkenden Zahl von Versorgungsberechtigten der Aufwand gegenübergestellt wird, der auf unbestimmte Zeit für das wieder geöffnete Versorgungswerk aufzubringen ist (*BAG* 17.6.2003 EzA § 1 BetrAVG Ablösung Nr. 40).
- Aus den **Umständen des Einzelfalls** kann sich ergeben, dass es sich bei Widerruf und Neubegründung nach dem Willen des Arbeitgebers in der Sache um einen gestreckten Ablösungsvorgang gehandelt hat. Dann ist der Aufwand, der für die ursprüngliche Versorgungsregelung ohne deren zwischenzeitliche Schließung zu erbringen gewesen wäre, mit dem für die Neuordnung erforderlichen zu vergleichen.
- Unabhängig davon ist bei **Neueröffnung eines Versorgungswerks** nach dessen zwischenzeitlicher Schließung stets auch zu berücksichtigen, dass auch das neue Versorgungswerk für Neueintretende wieder geschlossen werden kann. Deshalb ist grds. der Aufwand aus dem geschlossenen Versorgungswerk mit dem zu vergleichen, der sich bei nächstmöglicher Schließung des neuen Versorgungswerks durch Kündigung der ablösenden Betriebsvereinbarung ergäbe (*BAG* 17.6.2003 EzA § 1 BetrAVG Ablösung Nr. 40).

Wurden vor dieser Entscheidung des Großen Senats auf vertraglicher Grundlage eingeführte betriebliche Versorgungsordnungen durch Betriebsvereinbarungen abgelöst und die Rechte der Arbeitnehmer insgesamt bei kollektiver Betrachtung verschlechtert, so kann im Einzelfall gleichwohl die Wirksamkeit der Neuregelung zu bejahen sein, wenn die Betriebspartner auf die Geeignetheit des Ablösungsmittels (Betriebsvereinbarung) vertrauen durften und die Neuregelung ihrerseits einer inhaltlichen Kontrolle unter den Gesichtspunkten der Verhältnismäßigkeit und des Vertrauensschutzes standhält (*BAG* 20.11.1990 EzA § 77 BetrVG 1972 Nr. 38).

Jedenfalls **bis zum Bekanntwerden der Entscheidung vom 12.8.1982** (*BAG* 12.8.1982 EzA §77 BetrVG 1972 Nr. 9) durften die Betriebspartner davon ausgehen, dass eine Betriebsvereinbarung ein geeignetes rechtliches Mittel sei, eine auf einer Gesamtzusage oder einer vertraglichen Einheitsregelung beruhende (vertragliche) Versorgungsregelung abzulösen und insgesamt ungünstiger zu gestalten (*BAG* 20.11.1990 EzA §77 BetrVG 1972 Nr. 38). 3565

Aufgrund der vom Großen Senat aufgestellten Grundsätze kann **nunmehr** durch Betriebsvereinbarung **auch der bereits erdiente Teilwert geschmälert werden** (s.o. Rn. 3525), um eine auf einer vertraglichen Einheitsregelung beruhende planwidrig eingetretene Überversorgung abzubauen. Denn das Vertrauen rentennaher Arbeitnehmer auf eine Gesamtversorgung von mehr als **100% des letzten Nettoeinkommens** ist in einem solchen Fall nicht schutzwürdig. 3566

Eine Begrenzung der Gesamtversorgung auf 100% der letzten Nettobezüge als aktiver Arbeitnehmer verstößt auch nicht deshalb gegen das Übermaßverbot, weil bei der Berechnung der maßgeblichen Bezüge das dem aktiven Arbeitnehmer gezahlte Urlaubsgeld unberücksichtigt bleibt (*BAG* 9.4.1991 EzA §1 BetrAVG Ablösung Nr. 5). 3567

Eine Neuregelung hält nicht immer schon dann einem kollektiven Günstigkeitsvergleich stand, wenn der Arbeitgeber **gleich hohe Beträge wie bisher aufwendet**. Bei einer Ablösung durch ein arbeitnehmerfinanziertes System (Entgeltumwandlung) mit Arbeitgeberzuschüssen ist auch zu berücksichtigen, inwieweit der Arbeitgeber durch die Entgeltumwandlung Sozialversicherungsbeiträge einspart (*BAG* 23.10.2001 EzA §1 BetrAVG Ablösung Nr. 30). 3568

Die Ablösung von Ansprüchen, die auf Grund einer betrieblichen Übung entstanden sind, durch eine verschlechternde Betriebsvereinbarung richtet sich nach denselben Regeln wie die Ablösbarkeit einer Gesamtzusage. Im Grundsatz gilt das Günstigkeitsprinzip, das eine verschlechternde Neuregelung durch Betriebsvereinbarung ausschließt. Anders verhält es sich nur (*BAG* 18.3.2003 EzA §1 BetrAVG Ablösung Nr. 39), 3569

- wenn in der einzelvertraglichen Rechtsgrundlage selbst eine Möglichkeit für eine kollektivrechtliche Verschlechterung eröffnet worden ist,
- wenn die kollektivrechtliche Neuregelung sich bei kollektiver Gesamtbetrachtung als nicht ungünstiger darstellt, als die aus gebündeltem Individualverhalten entstandene betriebliche Regelung,
- wenn Gesamtzusage, vertragliche Einheitsregelung oder betriebliche Übung auf Grund einer Störung der Geschäftsgrundlage ihre »Verbindlichkeit« verloren haben und deshalb eine betriebliche Neuregelung erforderlich ist.

Im Übrigen spricht viel dafür, dass die Anwendung des kollektiven Günstigkeitsvergleichs voraussetzt, dass das Unternehmen, in dem die abgelöste Altregelung galt, und das Unternehmen, in dem die ablösende Neuregelung gelten soll, zumindest in der Grundstruktur identisch sind (*BAG* 18.3.2003 EzA §1 BetrAVG Ablösung Nr. 39).

Aber auch wenn eine verschlechternde Ablösbarkeit durch Betriebsvereinbarung an sich eröffnet ist, muss weiter geprüft werden, inwieweit die Grundsätze des Vertrauensschutzes und der Verhältnismäßigkeit gewahrt worden sind. Bei einem Eingriff nur in künftige Zuwächse genügen für dessen Rechtfertigung sachlich-proportionale Gründe. Sie fehlen auch dann, wenn die Neuregelung es dem Begünstigten nicht mehr erlaubt, die von ihm erreichbare Vollrente aus der Regelung selbst abzuleiten und darauf aufbauend für seine Versorgungssituation im Alter vorzusorgen (*BAG* 18.3.2003 EzA §1 BetrAVG Ablösung Nr. 39).

bbb) Wegfall der Geschäftsgrundlage

Mit einer Gesamtversorgungszusage z.B. **übernimmt der Arbeitgeber grds. das Risiko, dass sich in Zukunft die Berechnungsgrundlagen für die Altersversorgung** – insbesondere die Steigerung der Sozialversicherungsrente – **anders entwickelt, als es im Zeitpunkt der Zusage absehbar war.** Nach Abgabe eines solchen Gesamtversorgungsversprechens kann sich der Arbeitgeber folglich nur in krassen Ausnahmefällen auf den Wegfall der Geschäftsgrundlage berufen (*LAG Köln* 5.12.2005 ZTR 2006, 344 LS = ArbuR 2006, 212 LS). 3570

3571 Wenn der Arbeitgeber wegen des von ihm behaupteten Wegfalls der Geschäftsgrundlage eines durch Gesamtzusage errichteten Versorgungswerks gleichwohl eine verschlechternde Neuregelung schaffen will, ist die **Einigungsstelle** zuständig, falls sich Arbeitgeber und Betriebsrat nicht einigen. **Der Betriebsrat darf seine Mitwirkung an einer Neuregelung nicht verweigern.** Er muss mit dem Arbeitgeber notfalls unter dem Vorbehalt der vertragsrechtlich zulässigen Umsetzung der Regelung verhandeln (*BAG* 23.9.1997 DB 1998, 779).

3572 Die Frage, ob die Geschäftsgrundlage tatsächlich weggefallen ist, ist entscheidend für den Umfang der der Einigungsstelle zustehenden **Regelungsbefugnis**. Ist sie weggefallen, kann die Einigungsstelle eine vorbehaltlose Neuregelung treffen.

3573 Die Geschäftsgrundlage ist weggefallen, wenn:
- sich die zugrunde gelegte **Rechtslage** nach Erteilung der Zusage **ganz wesentlich und unerwartet geändert** hat und dies beim Arbeitgeber zu **erheblichen Mehrbelastungen** geführt hat;
- der bei der Versorgungszusage erkennbare **Versorgungszweck** dadurch **verfehlt** wird, dass die unveränderte Anwendung der Zusage zu einer gegenüber dem ursprünglichen Versorgungsziel planwidrig eintretenden **Überversorgung** führen würde.

In derartigen Fällen kann die anpassende Neuregelung auch **in zeitanteilig erdiente Besitzstände** eingreifen. Sie muss sich dabei an den Zielen der ursprünglichen Regelung orientieren, auf deren Einhaltung die Arbeitnehmer vertrauen durften (*BAG* 23.9.1997 DB 1998, 779; krit. dazu *Schmidt* SAE 1998, 298 ff.).

(2) Ablösung einer Betriebsvereinbarung durch eine neue Betriebsvereinbarung

aaa) Grundlagen

3574 Wird eine Betriebsvereinbarung abgeschlossen, die eine ältere Betriebsvereinbarung ablösen soll, so gilt nicht das Günstigkeitsprinzip, sondern die **Zeitkollisionsregel: Die jüngere Norm ersetzt die ältere** (*BAG* 28.6.2005 NZA 2005, 1431 LS); die Betriebspartner können also eine Angelegenheit, die sie durch Betriebsvereinbarung geregelt haben, **für die Zukunft auch zu Ungunsten der Arbeitnehmer neu regeln** (*BAG* 13.3.2007 – 1 AZR 232/06 – FA 2008, 92 LS = NZA 2007, 1015 LS).

3575 Bei der Änderung steht den Betriebsparteien zwar ein **Regelungsspielraum** zu. Führt die ablösende Betriebsvereinbarung jedoch zu einer Kürzung von Versorgungsanwartschaften, unterliegt sie einer Billigkeits- und Rechtskontrolle. Abzuwägen sind die Änderungswünsche gegen die Bestandsschutzinteressen der betroffenen Arbeitnehmer. Die Grundsätze der **Verhältnismäßigkeit** und des **Vertrauensschutzes** sind zu beachten. Je stärker in Besitzstände eingegriffen wird, desto schwerer müssen die Änderungsgründe sein (*BAG* 22.5.1990 EzA § 1 BetrAVG Nr. 2). Auch insoweit gilt die sog. Drei-Stufen-Theorie (*BAG* 17.3.1987 EzA § 1 BetrAVG Nr. 48; 23.10.1990 EzA § 1 BetrAVG Ablösung Nr. 4; s.o. Rn. 3525; vgl. auch *LAG Hamm* 17.12.1996 NZA-RR 1997, 183; *Langohr-Plato* BB 2000, 1885 ff.; *Rengier* BB 2004, 2185 ff.; abl. *Roßmanith* DB 1999, 634 ff.).

3576 Der Vertrauensschutz ist jedoch dann nicht besonders hoch zu veranschlagen, wenn die beim Eintritt des Arbeitnehmers geltende Versorgungsordnung noch wirksam die Möglichkeit zum **Widerruf »nach freiem Belieben«** vorsah (vgl. *BAG* 14.12.1956 1 AZR 531/55). Die Einführung einer zeit-ratierlichen Kürzung bei vorzeitigem Ausscheiden und eines versicherungsmathematischen Abschlags bei vorzeitiger Inanspruchnahme durch eine nachfolgende Betriebsvereinbarung in eine ursprünglich als frei widerruflich konzipierte Versorgungsordnung hält der Billigkeitskontrolle nach Auffassung des *LAG Köln* (30.1.1998 LAGE § 1 BetrAVG Betriebsvereinbarung Nr. 2; **a.A.** *LAG Bln.* 8.7.2005 LAG Report 2005, 331 für eine auf dem sog. Baukastenprinzip beruhende Versorgungszusage: nur nachträglich eingefügter versicherungsmathematischer Abschlag) deshalb stand.

3577 Wenn durch Änderung einer Betriebsvereinbarung die betriebliche Altersversorgung von Rentenleistungen auf **Kapitalleistungen umgestellt** wird, rechtfertigt es dies andererseits jedoch noch nicht, eine Hinterbliebenenversorgung in der neuen Betriebsvereinbarung dahingehend zu beschränken, dass sie nur noch beim Tode eines **Versorgungsanwärters** und nicht mehr beim Tode eines **Betriebsrentners** gewährt wird (*BAG* 21.11.2000 EzA § 1 BetrAVG Ablösung Nr. 26 = NZA 2002, 851).

Diese Grundsätze gelten an sich auch für Betriebsvereinbarungen, in denen eine **Rentenanpassung** entsprechend der Entwicklung der tariflichen Entgelte und der aktiven Arbeitnehmer **ersetzt wird** durch eine Regelung, nach der die Betriebsrente nur noch entsprechend der **Entwicklung der Lebenshaltungskosten** steigt. 3578

Auf einen solchen nur die Rentenentwicklung betreffenden Eingriff sind aber nicht die konkretisierenden Grundsätze anzuwenden, die für den Eingriff in Versorgungsanwartschaften entwickelt worden sind. Der Eingriff ist regelmäßig bereits dann gerechtfertigt und rechtswirksam, wenn es für ihn **sachlich nachvollziehbare** und **Willkür ausschließende Gründe** gibt (*BAG* 16.7.1996 EzA § 1 BetrAVG Ablösung Nr. 13; 26.8.1997 EzA § 1 BetrAVG Ablösung Nr. 17). 3579

Für die Umstellung des **Zahlungstermins** einer Betriebsrente (vom Anfang auf das Ende des Monats) in einer Betriebsvereinbarung genügen sachliche Gründe (*BAG* 23.9.1997 EzA § 1 BetrAVG Ablösung Nr. 14). 3580

Der unverfallbare Teil der Anwartschaft ist ferner nach **§ 7 Abs. 2 BetrAVG** gegen die Insolvenz des Arbeitgebers geschützt. Dieser Schutz wird nicht dadurch geschmälert, dass eine ablösende Betriebsvereinbarung schon vor dem Insolvenzfall verringerte Steigerungsraten und dadurch eine gekürzte Vollrente einführt (*BAG* 12.3.1991 EzA § 2 BetrAVG Nr. 11). 3581

Sehen die Betriebspartner von einem ausnahmsweise möglichen Eingriff in zeitanteilig erdiente Besitzstände ab, kann auch der **PSV keine entsprechenden Abschläge** vornehmen, wenn er auf Grund einer späteren Insolvenz anstelle des Arbeitgebers in Anspruch genommen wird (*BAG* 22.9.1987 EzA § 1 BetrAVG Ablösung Nr. 1, 21.3.2000 NZA 2001, 387; 18.3.2003 EzA § 2 BetrAVG Nr. 1; vgl. dazu *Höfer* RdA 2001, 121 ff.; *Rengier* BB 2004, 2185 ff.). 3582

bbb) Rechtslage im Verhältnis des Arbeitgebers zu Ruheständlern

Eine Betriebsvereinbarung über betriebliche Ruhegelder, die Einschränkungen der betrieblichen Leistungen vorsieht, **wirkt nicht** hinsichtlich derjenigen früheren Arbeitnehmer, die beim In-Kraft-Treten der neuen Betriebsvereinbarung **bereits im Ruhestand leben** und Bezüge nach einer früheren Regelung erhalten. 3583

Mit seinem Ausscheiden erwirbt der Arbeitnehmer, dessen Ansprüche auf einer Betriebsvereinbarung beruhen, gegen den Arbeitgeber einen selbstständigen schuldrechtlichen Anspruch. Dieser Anspruch besteht über die Geltungsdauer der Betriebsvereinbarung hinaus (*BAG* 25.10.1988 EzA § 77 BetrVG 1972 Nr. 26). 3584

▶ **Beispiel:** 3585
Gewährt eine Betriebsvereinbarung Ansprüche auf **Beihilfen** im Krankheitsfall gleichermaßen für aktive Arbeitnehmer und Pensionäre, so kann eine ablösende Betriebsvereinbarung nicht mehr in die Besitzstände derjenigen Pensionäre eingreifen, die sich bei In-Kraft-Treten der ablösenden Regelung bereits im **Ruhestand** befanden. Denn diese erwerben bei Eintritt in den Ruhestand einen entsprechenden Individualanspruch, der betrieblicher Gestaltung nur noch insoweit zugänglich ist, als auch die aktive Belegschaft Kürzungen hinnehmen muss (*BAG* 13.5.1997 EzA § 77 BetrVG 1972 Ruhestand Nr. 1; hinsichtlich der Begründung krit. dazu *Waltermann* NZA 1998, 505 ff.).

Inzwischen hat das BAG seine Rechtsprechung **geringfügig** modifiziert: Bei Änderungen nach Eintritt des Versorgungsfalles ist nicht ein dreistufiges Prüfungsraster anzuwenden, sondern auf die dem zugrunde liegenden Prinzipien der Verhältnismäßigkeit und des Vertrauensschutzes zurückzugreifen. Sie führen dazu, dass nach Eintritt des Versorgungsfalles i.d.R. nur noch geringfügige Verschlechterungen der zugesagten Hinterbliebenenversorgung gerechtfertigt sein können (*BAG* 12.12.2006 EzA § 1 BetrAVG Betriebliche Übung Nr. 8). Davon kann bei einer bisher nicht vorgesehenen Kürzung einer Witwenrente um 3586 die Hälfte ihres Ausgangsbetrages keine Rede sein (*BAG* 12.10.2004 EzA § 1 BetrAVG Hinterbliebenenversorgung Nr. 11 = NZA 2005, 580 = BAG Report 2005, 321). Die auf eine Störung der Geschäftsgrundlage gestützten Änderungen der Versorgungsregelungen müssen sich auch insoweit an den Grundprinzipien der bisherigen Versorgungsordnung ausrichten. Die Einführung eines dem bisherigen Versorgungssystem fremden Differenzierungsmerkmals stellt eine mit der Störung der Geschäftsgrundlage nicht zu rechtfertigende Umstrukturierung dar (*BAG* 12.10.2004 EzA § 1 BetrAVG Hinterbliebenenversorgung Nr. 11 = NZA 2005, 580 = BAG Report 2005, 321).

(3) Ablösung einer vertraglichen Einheitsregelung durch einen Tarifvertrag

3587 Gegen die Ablösung von Versorgungszusagen, die auf einer betrieblichen Einheitsregelung beruhen, durch einen Tarifvertrag bestehen jedenfalls dann **keine Bedenken**, wenn in dem Tarifvertrag die vertraglich **bereits erworbenen Rechte** aufrechterhalten und die Leistungen **insgesamt verbessert werden** (*BAG* 16.2.1993 EzA § 87 BetrVG 1972 Lohngestaltung Nr. 41; s.a. *BAG* 27.2.2007 EzA Art. 9 GG Nr. 90 = NZA 2007, 1371).

(4) Ablösung eines Tarifvertrages durch einen neuen Tarifvertrag

3588 Eine betriebliche Altersversorgung, die auf Grund eines Tarifvertrages zu gewähren ist, steht unter dem Vorbehalt von dessen Änderung. Im Verhältnis von zwei aufeinander folgenden Tarifverträgen gilt die **Zeitkollisionsregel**. Die Tarifvertragsparteien können eine Tarifnorm sowohl **zu Gunsten wie auch zum Nachteil des betroffenen Arbeitnehmers ändern**. Die jüngere Norm ersetzt die ältere (*BAG* 24.8.1993 NZA 1994, 807; *BAG* 27.6.2006 – 3 AZR 196/05, 212/05 – EzA-SD 14/06, S. 3); so kann z.B. durch die Einführung einer Nettogesamtversorgungsobergrenze der Abbau einer Überversorgung gerechtfertigt sein (*BAG* 27.6.2006 – 3 AZR 196/05, 212/05 – a.a.O.).

3589 Das gilt im Zweifel auch dann, wenn der Versorgungsfall bereits eingetreten ist (zutr. *LAG Hmb.* 19.1.2005 NZA-RR 2005, 432). Möglich sind auch Änderungen durch einen neuen Tarifvertrag zum Nachteil der Versorgungsempfänger.

3590 Den Tarifvertragsparteien steht bei der Ausgestaltung von Besitzstandsregelungen ein weiter Gestaltungsspielraum zu (*BAG* 20.2.2001 EzA § 1 BetrAVG Ablösung Nr. 29; 17.6.2008 – 3 AZR 409/06 – EzA-SD 21/2008 S. 9 LS = FA 2008, 377 LS = NZA 2008, 1244; s. dazu krit. *Houben* ArbuR 2007, 239 ff.).

3591 Verschlechternde Tarifverträge sind von den Gerichten nur daraufhin zu überprüfen, ob sie gegen das Grundgesetz, gegen zwingendes Gesetzesrecht, gegen die guten Sitten oder gegen tragende Grundsätze des Arbeitsrechts verstoßen (*BAG* 21.11.2006 – 3 AZR 309/05 – EzA-SD 17/2007 S. 12 LS). Andererseits dürfen die Tarifvertragsparteien in die bei Beendigung des Arbeitsverhältnisses **bereits erdiente Ausgangsrente i.d.R. nicht eingreifen**, soweit nicht bereits vor Entstehung des Anspruchs besondere Anhaltspunkte für verschlechternde Eingriffe der Tarifvertragsparteien bestanden (*BAG* 21.8.2007 – 3 AZR 102/06 – EzA-SD 24/2007 S. 12 LS = NZA 2008, 182).

3592 Eingriffe in bestehende Versorgungsrechte müssen jedoch den Grundsätzen der **Verhältnismäßigkeit** und des **Vertrauensschutzes** genügen (*BAG* 17.6.2008 – 3 AZR 409/06 – EzA-SD 21/2008 S. 9 LS = FA 2008, 377 LS = NZA 2008, 1244). Das zur Überprüfung von Eingriffen in Versorgungsanwartschaften entwickelte dreistufige Prüfungsschema, insbesondere bei Betriebsvereinbarungen (s.o. Rn. 3525) kann allerdings nicht unbesehen auf derartige Tarifverträge angewendet werden. Dies ergibt sich aus der verfassungsrechtlich geschützten Tarifautonomie, die eine Billigkeitskontrolle von Tarifverträgen nicht zulässt (*BAG* 21.11.2006 – 3 AZR 309/05 – EzA-SD 17/2007 S. 12 LS; 17.6.2008 – 3 AZR 409/06 – EzA-SD 21/2008 S. 9 LS = FA 2008, 377 LS = NZA 2008, 1244). Die an das Gewicht der Änderungsgründe zu stellenden Anforderungen hängen gleichwohl auch bei Tarifverträgen von den Nachteilen ab, die dem Versorgungsberechtigten durch die Änderung der Versorgungsregelungen entstehen. Wird nicht in den erdienten Besitzstand einer Versorgungsanwartschaft eingegriffen und sind die Eingriffe nicht schwerwiegend, so reicht jeder sachliche Grund aus (*BAG* 27.2.2007 EzA Art. 9 GG Nr. 90 = NZA 2007, 1371; *BAG* 28.7.2005 EzA § 1 BetrAVG Ablösung Nr. 44 = NZA 2006, 336 m. Anm. *Lange* SAE 2006, 295). Die Regelungsbefugnis der Tarifvertragsparteien erfasst insoweit auch das sich an das Arbeitsverhältnis **anschließende Versorgungsverhältnis** (*BAG* 21.11.2006 – 3 AZR 309/05 – EzA-SD 17/2007 S. 12 LS); die Regelungsbefugnis erfasst also auch Betriebsrentner (*BAG* 17.6.2008 – 3 AZR 409/06 – EzA-SD 21/2008 S. 9 LS = FA 2008, 377 LS = NZA 2008, 1244). Dem steht nicht entgegen, dass Betriebsrentner bereits aus dem Arbeitsleben ausgeschieden sind. Soweit in laufende Betriebsrenten eingegriffen wird, rechtfertigt sich dies daraus, dass gewerkschaftlich organisierte Betriebsrentner einen auf § 18 AGG gestützten Anspruch darauf haben, an den tarifpolitischen Entscheidungsprozessen, soweit sie sie betreffen, ebenso mitzuwirken wie Gewerkschaftsmitglieder, die noch aktive Arbeitnehmer sind. Alles andere wäre eine an das Alter anknüpfende unzulässige Diskriminierung (*BAG* 17.6.2008 – 3 AZR 409/06 – EzA-SD 21/2008 S. 9 LS = FA 2008, 377 LS = NZA 2008, 1244).

Beispiele: 3593

- Soll eine planwidrig eingetretene Überversorgung abgebaut werden, darf auch in Ansprüche auf Zahlung der laufenden Rente eingegriffen werden. Die Belange der Bezieher einer dynamischen Rente werden hinreichend geschützt, wenn die Umstellung schrittweise so vorgenommen wird, dass Lohnerhöhungen der aktiven Arbeitnehmer solange nicht zur Anpassung der Rente führen, bis der Betrag der nettolohnbezogenen Obergrenze erreicht ist (*BAG* 24.8.1993 EzA § 1 BetrAVG Ablösung Nr. 10; s.a. *BAG* 17.6.2008 – 3 AZR 409/06 – EzA-SD 21/2008 S. 9 LS = FA 2008, 377 LS = NZA 2008, 1244).
- Die Tarifvertragsparteien können auch, um einen stärkeren Abbau der Überversorgung zu erreichen, frühere **Besitzstandsregelungen verschlechtern** (*BAG* 20.2.2001 EzA § 1 BetrAVG Ablösung Nr. 24).
- Durch eine **Abschmelzungsregelung**, die dazu dient, den Abbau einer Überversorgung zu verstärken und zu beschleunigen, werden ohne besondere Anhaltspunkte für das Gegenteil auch Berufs- und Erwerbsunfähigkeitsrenten erfasst (*BAG* 20.2.2001 EzA § 1 BetrAVG Ablösung Nr. 28).
- Ersatzkassen zählen zu den Sozialversicherungsträgern und haben deshalb die Gebote der Wirtschaftlichkeit und Sparsamkeit zu beachten. Diese Gebote rechtfertigen es, auch eine planmäßige Überversorgung abzubauen und die Zusatzversorgung auf das im öffentlichen Dienst übliche Niveau zurückzuführen (*BAG* 19.11.2002 EzA § 1 BetrAVG Ablösung Nr. 38; 25.5.2004 – 3 AZR 123/03 – EzA-SD 3/05 S. 16 LS).
- Haben die Tarifvertragsparteien beginnend mit dem 1.10.2003 für 15 Monate abweichend von der vorher geltenden Regelung die Gesamtversorgung der Betriebsrentner und der aus gesundheitlichen Gründen beurlaubten Arbeitnehmer von der Einkommensentwicklung der aktiven Arbeitnehmer abgekoppelt, ist das nicht zu beanstanden. Denn ein sachlicher Grund dafür war schon deshalb gegeben, weil die Tarifvertragsparteien eine Überversorgung eingegrenzt haben (*BAG* 28.7.2005 EzA § 1 BetrAVG Ablösung Nr. 44 = NZA 2006, 336).

(5) Betriebsübergang; Ablösung einer tariflichen Regelung durch Betriebsvereinbarung ?

Tariflich geregelte Ansprüche auf Versorgung, die im Arbeitsvertrag des Arbeitnehmers mit 3594
dem Betriebsveräußerer in Bezug genommen worden sind, gelten nach einem Betriebsübergang auch im übergegangenen Arbeitsverhältnis gem. § 613a Abs. 1 S. 1 BGB vertraglich weiter. Das hat zur Folge, dass sie nicht durch eine beim Betriebserwerber bestehende Betriebsvereinbarung mit dem gleichen Regelungsgegenstand abgelöst werden können; eine sog. **Über-Kreuz-Ablösung** kommt **nicht in Betracht** (*BAG* 13.11.2007 EzA § 613a BGB 2002 Nr. 88 = NZA 2008, 600).

ff) Besitzstandsschutz

(1) Grundlagen

3595 Selbst dann, wenn Änderungen der Versorgungszusagen möglich sein sollten, ist auf Grund des Entgeltcharakters der betrieblichen Altersversorgung der vom Arbeitnehmer bis zum Ablösungsstichtag erworbene Besitzstand zu schützen.

3596 Erdiente Versorgungsanwartschaften sind grds. als Gegenleistung für bereits erbrachte Betriebstreue ähnlich schützenswert wie **Eigentumspositionen** vor entschädigungslosen Enteignungen. Dabei ist nicht zu unterscheiden zwischen verfallbaren und unverfallbaren Anwartschaften; ein Eingriff in die erdiente Anwartschaft ist nur in seltenen Ausnahmefällen aus zwingenden Gründen möglich (zur Drei-Stufen-Theorie s.o. Rn. 3525).

(2) Berechnung des bereits erdienten Teilwertes

3597 Für die Berechnung des bereits erdienten Teilwertes ist auf das ratierliche Berechnungsverfahren gem. **§ 2 BetrAVG** zurückzugreifen (*BAG* 8.12.1981 EzA § 242 BGB Ruhegeld Nr. 97; 17.4.1985 EzA § 1 BetrAVG Unterstützungskasse Nr. 2; s.u. Rn. 3713 ff.).

(3) Anwartschaftsdynamik

3598 Wird in einer Versorgungszusage eine Altersversorgung ausschließlich in **Abhängigkeit vom letzten Einkommen** zugesagt, **so steigt der zukünftige Betriebsrentenanspruch mit jeder Einkommenserhöhung. Diese Anwartschaftsdynamik genießt gleichfalls einen besonderen Vertrauensschutz.**

3599 Der über § 2 BetrAVG hinausgehende Anwartschaftsbetrag wird noch einmal in eine sog. zeitanteilig erdiente Dynamik und Steigerungsbeträge unterteilt, die ausschließlich von der weiteren Betriebszugehörigkeit des Arbeitnehmers abhängen (*BAG* 18.4.1989 EzA § 1 BetrAVG Unterstützungskasse Nr. 7).

3600 Der Schutz des Berechnungsfaktors »ruhegehaltsfähiges Entgelt« bei dynamischen Versorgungssystemen beruht darauf, dass nicht die fortdauernde Betriebstreue vergütet, sondern der **Versorgungsbedarf flexibel erfasst wird.** Im Gegensatz zur dienstzeitabhängigen Steigerungsrate ist eine solche lohn- oder gehaltsabhängige Dynamik, soweit hierfür bereits Betriebstreue geleistet worden ist, im Zeitpunkt der Ablösung bereits erdient.

3601 Eingriffe in diese erdiente Dynamik, die denkbar sind z.B. durch Festschreibung des ruhegehaltsfähigen Einkommens auf den Neuordnungsstichtag oder bei Veränderung der Definition des ruhegehaltsfähigen Einkommens, kommen nur bei Vorliegen triftiger Gründe in Betracht.

3602 **Liegen sie nicht vor, ist der Teilwert des § 2 BetrAVG entsprechend der ursprünglich zugesagten Gehaltsentwicklung zu steigern** (krit. dazu *Loritz* Anm. zu *BAG* 17.4.1985 EzA § 1 BetrAVG Unterstützungskasse Nr. 2, ZfA 1989, 1 ff.; *Blomeyer* SAE 1986, 98, RdA 1986, 81; zust. *Griebeling* NZA 1989 Beil. Nr. 3, S. 33; zur Drei-Stufen-Theorie s.o. Rn. 3525).

(4) Eingriffe in dienstzeitabhängige Steigerungsbeträge

3603 Sachliche Gründe zur Änderung der Versorgungszusage berechtigen den Arbeitgeber lediglich zu Eingriffen in dienstzeitabhängige Steigerungsbeträge (zur 3-Stufen-Theorie s.o. Rn. 3525).

3604 **Er muss nachvollziehbar erkennen lassen, welche Umstände und Erwägungen ihn zur Änderung der Versorgungszusage bewogen haben** (*BAG* 17.4.1985 EzA § 1 BetrAVG Unterstützungskasse Nr. 2).

(5) Besonderheiten bei Unterstützungskassen

Der Ausschluss des Rechtsanspruchs bei Unterstützungskassen ist nur als Vorbehalt des Widerrufs aus sachlichen Gründen anzuerkennen. Es gelten die Grundsätze des Vertrauensschutzes und der Verhältnismäßigkeit(*BAG* 17.4.1985 EzA § 1 BetrAVG Unterstützungskasse Nr. 1; 23.4.1985 EzA§ 1 BetrAVG Unterstützungskasse Nr. 2; 22.4.1986 EzA § 1 BetrAVG Unterstützungskasse Nr. 3; 18.4.1989 EzA § 1 BetrAVG Unterstützungskasse Nr. 7; 17.11.1992 EzA § 1 BetrAVG Unterstützungskasse Nr. 10; zur 3-Stufen-Theorie Rn. 3525). 3605

Steht die verschlechternde Versorgungsregelung der Unterstützungskasse erkennbar im Zusammenhang mit dem Angebot einer neuen zusätzlichen Versorgung, so kann die ausdrückliche Annahme dieses Angebots als stillschweigende Zustimmung zu den gleichzeitigen Verschlechterungen zu verstehen sein (*BAG* 17.4.1985 EzA § 1 BetrAVG Unterstützungskasse Nr. 2). 3606

Für den **Teilwiderruf einer Unterstützungskassenversorgung** hat das *BAG* (11.12.2001, 10.9.2002 EzA § 1 BetrAVG Ablösung Nr. 31, 32, 34) folgende Grundsätze aufgestellt: 3607

- Ein Versorgungsbesitzstand, in den nur aus zwingendem Grund eingegriffen werden kann, wird nur erworben, wenn der Arbeitnehmer Beschäftigungszeiten in schätzenswertem Vertrauen auf den ungeschmälerten Fortbestand der bisherigen Versorgungszusage zurücklegt.
- Ein triftiger Grund, der einen Eingriff in die erdiente Dynamik einer Versorgungszusage rechtfertigen kann, liegt vor, wenn ein unveränderter Fortbestand des Versorgungswerks langfristig zu einer Substanzgefährdung des Versorgungsschuldners führen würde. Dies ist insbes. dann der Fall, wenn die Kosten des bisherigen Versorgungswerks nicht mehr aus den Unternehmenserträgen und etwaigen Wertzuwächsen des Unternehmensvermögens erwirtschaftet werden können, so dass eine die Entwicklung des Unternehmens beeinträchtigende Substanzaufzehrung droht.
- Ein Eingriff in die erdiente Dynamik dadurch, dass der Berechnungsfaktor »Endgehalt« auf einen Ablösungsstichtag festgeschrieben wird, liegt nur dann vor, wenn der begünstigte Arbeitnehmer im Ergebnis auf der Grundlage der ablösenden Neuregelung weniger erhält, als er bis zum Ablösungsstichtag unter Berücksichtigung des in der abgelösten Regelung festgelegten Bemessungsfaktors und bei Aufrechterhaltung der dort vorgesehenen Dynamik erdient hatte. Sieht eine ablösende Neuregelung die Möglichkeit weiterer Steigerungen der Versorgungsanwartschaft vor, kann deshalb regelmäßig erst mit Eintritt des Versorgungsfalles festgestellt werden, ob im Ergebnis in die erdiente Dynamik eingegriffen worden ist.
- Bei einem gewerkschaftlichen Dachverband, der nicht am Markt zur Gewinnerzielung tätig ist, gelten insoweit Besonderheiten, als ihm im Wesentlichen nur Beiträge der Mitgliedsgewerkschaften als Einkünfte zur Verfügung stehen. Darüber hinaus genießt ein solcher Verband den verfassungsrechtlichen Schutz der Koalitionsfreiheit aus Art. 9 Abs. 3 GG.
- Wird eine endgehaltsbezogene Versorgungsordnung durch eine beitragsorientierte Versorgungsordnung abgelöst, auf Grund derer sich die Anwartschaften der Arbeitnehmer mit erdientem – entsprechend § 2 Abs. 1, Abs. 5 BetrAVG berechnetem – Besitzstand weiter erhöhen, so kann regelmäßig erst bei Ausscheiden des Arbeitnehmers festgestellt werden, ob ein Eingriff in die erdiente Dynamik vorliegt. Daran fehlt es, wenn der begünstigte Arbeitnehmer im Versorgungsfall zumindest das erhält, was er zum Ablösungsstichtag bei Aufrechterhaltung der Dynamik des Berechnungsfaktors »Gehalt« erreicht hatte.
- Für einen sachlich gerechtfertigten Eingriff in künftige, dienstzeitabhängige Zuwächse bedarf es keines ausgewogenen Sanierungsplanes des Arbeitgebers.

b) Wechsel des Versorgungsschuldners

3608 Zu den Rechtsfragen, die durch den Wechsel des Versorgungsschuldners durch Gesamtrechtsnachfolge, rechtsgeschäftliche Schuldübernahme und Betriebsübergang auftreten, s.u. Rn. 4377 ff.

c) Die (persönliche) Haftung von Unternehmern für betriebliche Versorgungsverpflichtungen

aa) Normative Grundlagen

3609 Schuldner der Versorgungsverpflichtung ist der **Arbeitgeber**, bei einem Unternehmen also der Träger des Unternehmens (vgl. *Griebeling* Rz. 631 ff.).

3610 Dies ist bei Einzelkaufleuten dieser selbst; seine Haftung beschränkt sich nicht auf das Betriebsvermögen (*BAG* 5.11.1965 AP Nr. 4 zu § 242 BGB Ruhegehalt). Gesellschafter einer OHG und Komplementär einer KG haften im Gegensatz zu Gesellschaftern einer Kapitalgesellschaft (z.B. einer GmbH) unmittelbar mit ihrem Privatvermögen; dagegen haften Kommanditisten nur beschränkt bis zur Höhe ihrer Einlage (§§ 128 ff., 161 Abs. 1, 171 ff. HGB, § 278 AktG).

bb) Haftung des persönlich haftenden Gesellschafters (§ 128 HGB)

(1) Grundlagen

3611 Gem. § 128 HGB haftet der persönlich haftende Gesellschafter für Versorgungsverbindlichkeiten, die vor oder während seiner Zugehörigkeit zur Gesellschaft begründet worden sind.

3612 Da unerheblich für die Entstehung ist, ob bestimmte tatsächliche Umstände oder der Eintritt einer Bedingung fehlen, entsteht ein Anspruch bereits mit Erteilung der Versorgungszusage, nicht erst mit Eintritt des Versorgungsfalls oder Fälligkeit der einzelnen Betriebsrentenzahlungen (*BAG* 28.11.1989 EzA § 128 HGB Nr. 5).

(2) Verjährung bei Ausscheiden aus der Gesellschaft

3613 Scheidet ein Gesellschafter aus einer Personengesellschaft aus, so verjähren gem. § 159 Abs. 1 HGB die Ansprüche aus Verbindlichkeiten der Gesellschaft 5 Jahre nach Eintragung des Ausscheidens des Gesellschafters in das Handelsregister. Wird der Anspruch erst nach der Eintragung fällig, so beginnt die Verjährung mit dem Zeitpunkt der Fälligkeit, **§ 159 Abs. 3 HGB**.

3614 Da Ansprüche aus Versorgungsverbindlichkeiten bereits mit der Erteilung der Versorgungszusage entstehen (s.o. Rn. 3609), wäre der ehemals persönlich haftende Gesellschafter u.U. **noch Jahrzehnte nach seinem Ausscheiden** dem Risiko einer Haftung für Verbindlichkeiten der Personengesellschaft ausgesetzt, auch wenn die Einzelansprüche aus dem Ruhestandsverhältnis erst lange nach dem Ausscheiden aus der Gesellschaft fällig werden.

(3) Entwicklung der Rechtsprechung

3615 Davon ist das *BAG* (21.7.1977 EzA § 128 HGB Nr. 1) zunächst auch ausgegangen. Sodann hat es (*BAG* 3.5.1983 EzA § 1 BetrAVG Nr. 25) angenommen, dass § 159 HGB auf die besonderen Haftungsprobleme bei Dauerschuldverhältnissen nicht zugeschnitten ist und daher eine auszufüllende **Regelungslücke** vorliegt. Dieser Auffassung hat sich der *BGH* (19.5.1983 AP Nr. 5, 6, 7 zu § 128 HGB) angeschlossen.

3616 Ist – wie bei Arbeits- und Ruhestandsverhältnissen – eine Kündigung für den Gläubiger unzumutbar bzw. unmöglich, so haftet der ehemalige Personengesellschafter bei Dauerschuldverhältnissen nicht für solche Ansprüche, die erst 5 Jahre nach seinem Ausscheiden fällig werden. Werden sie innerhalb der 5-Jahresfrist fällig, verbleibt es bei der 5-jährigen Verjährungsfrist des § 159 Abs. 2 HGB, sodass ausgeschiedene Personengesellschafter maximal bis zu einem Zeitraum von zehn Jahren im Risiko bleiben.

Diese Haftungsbegrenzung wird aber nicht auf ehemalige persönlich haftende Gesellschafter ausgedehnt, die als Kommanditisten in der Gesellschaft verbleiben und die Geschäfte der KG als Geschäftsführer einer Komplementär-GmbH weiterführen (*BGH* 19.5.1983 AP § 128 HGB Nr. 6).
Entsprechendes gilt dann, wenn der ausgeschiedene persönlich haftende Gesellschafter weiterhin in der Lage ist, die Geschicke der KG zu bestimmen.

Unklar ist allerdings, ob hierzu die Stellung als Geschäftsführer der Komplementär-GmbH erforderlich ist, oder die Position eines Mehrheitsgesellschafters ausreicht (vgl. *BAG* 3.5.1983 EzA § 1 BetrAVG Nr. 25; 28.11.1989 EzA § 128 HGB Nr. 5). **3617**

Jedenfalls führt ein Zurücktreten in die Kommanditistenstellung ohne die Übernahme von Geschäftsführungsbefugnissen zur Enthaftung nach fünf Jahren (*BGH* 19.5.1983 AP § 128 HGB Nr. 7). **3618**

Gehen die Gesellschaftsanteile ohne Liquidation der Gesellschaft auf eine Person über, so haftet der Übernehmer für die Schulden der Gesellschaft aber jedenfalls nicht als früherer Gesellschafter, sondern als neuer Schuldner der Gesellschaftsgläubiger (*BAG* 24.3.1998 EzA § 25 HGB Nr. 3; *BGH* 10.12.1990 AP Nr. 1 zu § 27 HGB). **3619**

(4) Das Nachhaftungsbegrenzungsgesetz

Für alle **nach dem 26.3.1994 begründeten Verbindlichkeiten** gelten nunmehr bei Änderungen des Haftungsstatus des persönlich haftenden Unternehmers die Regelungen des Nachhaftungsbegrenzungsgesetzes (Gesetz vom 28.10.1994 BGBl. I S. 3210). **3620**

Im Kern wird danach die fünfjährige Verjährungsfrist der alten gesetzlichen Vorschriften in Erweiterung der Rechtsprechungslösung durch BAG und BGH durch eine **Haftungsausschlussfrist von fünf Jahren** abgelöst (vgl. *LAG Düsseld.* 14.12.2000 NZA-RR 2001, 406). **3621**

Dies ergibt sich nunmehr: **3622**
- für die Haftung des aus der OHG ausgeschiedenen Gesellschafters aus § 160 Abs. 1, 2 HGB n.F.,
- für den Wechsel des persönlich haftenden Gesellschafters in die Kommanditistenstellung aus § 160 Abs. 3, 1 HGB n.F.,
- für den Fall des Wechsels vom persönlich haftenden Gesellschafter zum geschäftsführenden Kommanditisten einer GmbH & Co KG aus § 160 Abs. 3 S. 2 HGB n.F.,
- für den früheren Inhaber, dessen Handelsgeschäft unter Beibehaltung der Firma vom Erwerber fortgeführt wird, aus § 26 HGB n.F.,
- für den Einzelkaufmann, der in die Stellung eines Kommanditisten überwechselt, aus § 28 Abs. 3 i.V.m. § 26 HGB n.F.,
- für die Enthaftung bei Umwandlung einer Personenhandelsgesellschaft in eine Kapitalgesellschaft aus §§ 45, 49 Abs. 4 UmwG n.F.,
- für die Enthaftung bei Umwandlung eines Einzelunternehmens in eine Kapitalgesellschaft aus §§ 56 f. Abs. 2 UmwG n.F., sowie
- für den ausgeschiedenen Gesellschafter einer BGB-Gesellschaft aus § 736 Abs. 2 BGB n.F.

Offen ist, ob das Nachhaftungsbegrenzungsgesetz auch den Fall der Auflösung der BGB-Gesellschaft erfasst (vgl. *Höfer* ART Rz. 978.5). **3623**

Das Nachhaftungsbegrenzungsgesetz gilt **ohne Einschränkung** für die Fälle, in denen die Verbindlichkeit **nach dem 26.3.1994 entstanden** ist (maßgeblich ist die Erteilung der Versorgungszusage; *BAG* 27.6.2007 EzA § 128 HGB n.F. Nr. 1 = NZA-RR 2008, 35) und der **Wechsel in der Unternehmerstellung** ebenfalls nach diesem Zeitpunkt in der dem jeweiligen Unternehmen entsprechenden Form durch Eintragung in das Handelsregister (bzw. durch Information der Gläubiger bei der BGB-Gesellschaft) **publiziert** worden ist. **3624**

3625 Für Fälle, in denen der Wechsel im Haftungsstatus nach dem 26.3.1994 eintritt, aber bereits zuvor begründete Verpflichtungen (Altverbindlichkeiten) bestehen, sehen Art. 35 ff. EGHGB, § 65a Abs. 2 UmwG n.F. **Übergangsregelungen** vor.

3626 Nach dem Inkrafttreten des Nachhaftungsbegrenzungsgesetzes besteht keine Rechtfertigung mehr für eine Haftungsbegrenzung i.S.d. zur früheren Rechtslage entwickelten Kündigungstheorie (*BAG* 19.5.2004 EzA § 160 HGB Nr. 1 = NZA 2004, 1045; s.o. Rn. 3615 f.).

(5) Weitergeltung alten Rechts

3627 Nach wie vor anwendbar sind die von der Rechtsprechung des BAG und des BGH entwickelten Rechtsgrundsätze für die Fälle, in denen persönlich haftende Unternehmer auch nach In-Kraft-Treten des Nachhaftungsbegrenzungsgesetzes nicht von dessen Schutzbereich erfasst werden und es daher bei der Haftung nach dem alten Recht verbleibt.

3628 Das gilt insbesondere:
- bei der **Auflösung der Personenhandelsgesellschaft** sowie
- für die Haftung für Altverbindlichkeiten aus **laufenden Versorgungsverhältnissen** und gegenüber mit **unverfallbarer Anwartschaft Ausgeschiedenen**, wenn das Ausscheiden oder der Wechsel des Gesellschafters vor dem 26.3.1994 in das Handelsregister eingetragen worden ist (vgl. ausf. *Höfer* ART Rz. 975 ff.).

cc) Haftung im Konzern

3629 Auch ohne Abschluss eines Beherrschungs- oder Gewinnabführungsvertrages haftet das herrschende Unternehmen für Verbindlichkeiten des beherrschten Unternehmens, wenn ein **qualifiziert faktischer Konzern** (§ 303 AktG) vorliegt. Voraussetzung dafür ist, dass das beherrschende Unternehmen die Geschäfte des beherrschten Unternehmens **dauernd und umfassend geführt** hat.

3630 Im Einzelfall kann auch der Allein- oder Mehrheitsgesellschafter einer GmbH, der gleichzeitig deren alleiniger Geschäftsführer ist und sich außerdem als Einzelkaufmann unternehmerisch betätigt, für Versorgungsansprüche eines Arbeitnehmers gegen die vermögenslos gewordene und im Handelsregister gelöschte GmbH nach den Haftungsregeln des qualifiziert faktischen Konzerns haften (*BAG* 6.10.1992 EzA § 303 AktG Nr. 3; s.o. Kap. 1 Rn. 258 ff.).

d) Verfügungen des Arbeitnehmers über Versorgungsansprüche

aa) Grundlagen

3631 Die Aufhebung einer Versorgungszusage kann außer durch einseitige Maßnahmen des Arbeitgebers in nur sehr beschränktem Umfang durch Verfügung des Arbeitnehmers geschehen. Für eine Anwartschaft, die der Arbeitnehmer nach § 1b Abs. 1–3, 5 BetrAVG bei Beendigung des Arbeitsverhältnisses behält, kann ihm mit Zustimmung des Arbeitnehmers eine einmalige Abfindung gewährt werden, wenn die Voraussetzungen des § 3 Abs. 1 S. 2–6 BetrAVG gegeben sind (**§ 3 Abs. 1 S. 1 BetrAVG**; vgl. dazu Rn. 3770 ff.).

3632 Durch diese zwingende Regelung werden Aufhebungs-, Abfindungs- oder Erlassverträge in ihrer Wirksamkeit beschränkt. Aus § 3 BetrAVG ergibt sich zudem, dass ein Arbeitnehmer auf eine Versorgungsanwartschaft, die schon nicht abgefunden werden darf, erst recht nicht verzichten kann (*BAG* 22.9.1987 EzA § 3 BetrAVG Nr. 2; s.u. Rn. 3770 ff.).

bb) Verzicht auf eine unverfallbare Anwartschaft während eines laufenden Arbeitsverhältnisses?

3633 Fraglich ist, ob während eines laufenden Arbeitsverhältnisses auf eine unverfallbare Anwartschaft verzichtet werden darf.

Einerseits hat das *BAG* (20.10.1987 EzA § 1 BetrAVG Nr. 51) einen Verzichtsvertrag 1\2 Jahre vor Beendigung des Arbeitsverhältnisses für **unwirksam** erachtet. 3634

Andererseits (*BAG* 14.8.1990 EzA § 17 BetrAVG Nr. 5) ist es davon ausgegangen, dass § 3 BetrAVG zwar nicht nur die Abfindung, sondern auch den entschädigungslosen Erlass einer Versorgungsanwartschaft verbietet, dass dies aber **nicht für fortbestehende Arbeitsverhältnisse** gilt. § 3 BetrAVG verbietet danach Abfindungen und Erlassverträge nur, wenn sie in einem Zusammenhang mit der Beendigung des Arbeitsverhältnisses stehen. Voraussetzung für seine Anwendung ist, dass bei Beendigung des Arbeitsverhältnisses der Versorgungsfall noch nicht eingetreten und der Arbeitnehmer **objektiv noch Versorgungsanwärter** ist (*BAG* 21.3.2000 EzA § 3 BetrAVG Nr. 6 = NZA 2001, 1308). 3635

cc) Abtretung, Verpfändung

Der Versorgungsberechtigte kann Versorgungsansprüche und -anwartschaften abtreten und verpfänden, soweit die Ansprüche nicht unpfändbar sind (**§§ 400, 1274 Abs. 2 BGB**). 3636

Zu beachten sind jedoch die Pfändungsfreigrenzen der **§§ 850 ff. ZPO** sowie die in vielen Versorgungsregelungen vorgesehenen (vgl. § 399 BGB) Abtretungs- und Verpfändungsverbote. 3637

e) Aufrechnung des Arbeitgebers

Zwar findet gem. § 394 S. 1 BGB die Aufrechnung gegen eine Forderung nicht statt, soweit sie der Pfändung nicht unterworfen ist. Die Berufung eines Betriebsrentners auf dieses Verbot ist aber wegen **Rechtsmissbrauchs** nach § 242 BGB regelmäßig dann unzulässig, wenn der Arbeitgeber gegen eine Ruhegehaltsforderung mit einer Schadensersatzforderung aus **vorsätzlicher unerlaubter Handlung** aufrechnen will. Es ist aber stets anhand der **Umstände des Einzelfalles** zu untersuchen, ob und inwieweit der den gesetzlichen Aufrechnungsgrenzen zu entnehmende Sozialschutz gegenüber den schützenswerten Interessen des Geschädigten zurücktreten muss. Hierbei sind die **Interessen des Versorgungsberechtigten und seiner Angehörigen** sowie die **Interessen der Allgemeinheit** auf der einen und das **Ausgleichsinteresse des** geschädigten **Arbeitgebers** auf der anderen Seite miteinander abzuwägen (*BAG* 18.3.1997 EzA § 394 BGB Nr. 3). 3638

> Die individuellen Schutzinteressen des Schädigers müssen jedenfalls dann zurücktreten, wenn der vorsätzlich verursachte Schaden so hoch ist, dass er ihn unter normalen Umständen nicht ausgleichen kann, falls ihm der pfändungsfreie Teil seines Einkommens verbleibt. 3639

Im Interesse der Allgemeinheit darf der Geschädigte regelmäßig jedoch durch Aufrechnung nicht so weit in Versorgungsansprüche eingreifen, dass der Anspruchsberechtigte auf Sozialhilfe angewiesen ist, sodass die Schadensersatzansprüche bei wirtschaftlicher Betrachtungsweise teilweise aus Mitteln der öffentlichen Hand befriedigt werden. Dem Schädiger muss deshalb das Existenzminimum verbleiben, das in Anlehnung an § 850d ZPO unter Berücksichtigung sonstiger Einkünfte zu ermitteln ist (*BAG* 18.3.1997 EzA § 394 BGB Nr. 3). 3640

f) Fälligkeit von Betriebsrenten

Betriebsrenten sind entsprechend dem **Rechtsgedanken des § 614 BGB** nach Ablauf des Zeitraums, für die sie zu leisten sind, fällig, soweit nichts anderes vereinbart ist. Ab diesem Zeitpunkt tritt Verzug ein, wenn der Versorgungsschuldner nicht leistet (*BAG* 31.7.2007 – 3 AZR 372/06 – EzA-SD 23/2007 S. 14 LS = FA 2008, 92 LS = NZA 2008, 320 LS). 3641

4. Das Gesetz zur Verbesserung der betrieblichen Altersversorgung (Betriebsrentengesetz – BetrAVG)

a) Unverfallbarkeit der Versorgungsanwartschaft

aa) Unverfallbarkeit dem Grunde nach (§ 1b BetrAVG)

(1) Begriffsbestimmung

3642 Eine Versorgungsanwartschaft ist unverfallbar, wenn ein Arbeitgeber die Anwartschaft auch dann aufrechterhalten muss, wenn der Arbeitnehmer vor Eintritt eines Versorgungsfalles aus dem die Grundlage des Versorgungsversprechens bildenden Arbeitsverhältnis ausscheidet (vgl. *Griebeling* Rz. 344).

aaa) Zusagen vor dem 1.1.2001

3643 Dies ist gem. **§ 1 Abs. 1 S. 1 BetrAVG** a.F. bei Arbeitsverhältnissen, die nach dem In-Kraft-Treten des BetrAVG am 22.12.1974 (vgl. § 26 BetrAVG) beendet worden sind, dann der Fall, wenn ein Arbeitnehmer, dem eine betriebliche Altersversorgung zugesagt worden ist, **nach Vollendung des 35. Lebensjahres ausscheidet** und entweder die **Versorgungszusage** für ihn **mindestens zehn Jahre** bestanden hat oder der Beginn der **Betriebszugehörigkeit** mindestens **zwölf Jahre** zurückliegt und die **Versorgungszusage** für ihn mindestens **drei Jahre** bestanden hat (**§ 1 Abs. 1 BetrAVG** a.F.; **dies verstößt nicht gegen das Lohngleichheitsgebot des Art. 141 EGV:** *BAG* 18.10.2005 EzA EG-Vertrag 1999 Art. 141 Nr. 19 = NZA 2006, 1159; zur Rechtslage vor In-Kraft-Treten des BetrAVG vgl. *BAG* 10.3.1972 AP Nr. 156 zu § 242 BGB Ruhegehalt). Betriebszugehörigkeit i.S.d. § 30 f.BetrAVG bedeutet die **durchgehende Tätigkeit für ein und denselben Vertragspartner**. Fälle der Betriebsnachfolge (z.B. § 613a BGB) sind mit umfasst. Diese Regelung ist **mit höherrangigem Recht vereinbar**. Sie verstößt insbesondere weder gegen Art. 3 GG noch gegen das europarechtliche Lohngleichheitsgebot. Denn eine etwaige Ungleichbehandlung ist durch **objektive Faktoren gerechtfertigt**, die nichts mit einer Diskriminierung auf Grund des Geschlechts zu tun haben. Ursprünglich waren Regelungen, wonach der Arbeitgeber nur dann betriebliche Altersversorgung gewähren muss, wenn der Arbeitnehmer bis zum Versorgungsfall dem Unternehmen angehört, unbeschränkt zulässig. Mit der Unverfallbarkeitsvorschrift des § 1 Abs. 1 BetrAVG a.F. hat der Gesetzgeber die Vertragsfreiheit der Arbeitgeber zu Gunsten des Sozialschutzes der Arbeitnehmer eingeschränkt. **Er hat seinen Gestaltungsspielraum nicht dadurch überschritten, dass er lange vor der Regelaltersgrenze erworbene Anwartschaften für weniger schutzwürdig hielt als später erworbene** (*BAG* 18.10.2005 – 3 AZR 506/04).

3644 Nicht ausreichend ist in diesem Zusammenhang im übrigen grds. das frühere Bestehen eines Vertragsverhältnisses zu einem anderen Unternehmen desselben Konzerns (*LAG Köln* 7.3.2003 – 4 Sa 954/02 – EzA-SD 12/03, S. 19 LS = ARST 2003, 262 LS).

3645 Daneben besteht gem. § 1 Abs. 1 S. 2 BetrAVG a.F. eine zweite selbstständige Möglichkeit, eine unverfallbare Versorgungsanwartschaft zu erwerben. Voraussetzung hierfür ist eine **von einer Versorgungszusage begleitete Beschäftigungszeit beliebiger Dauer**, das **Ausscheiden des Arbeitnehmers auf Grund einer Vorruhestandsregelung** sowie die für den Arbeitnehmer sich aus der Versorgungszusage ergebende **Möglichkeit, bei Verbleib im Arbeitsverhältnis bis zum Versorgungsfall einen Betriebsrentenanspruch zu erwerben** (vgl. *BAG* 28.3.1995 EzA § 1 BetrAVG Nr. 70).

3646 Diese Unverfallbarkeitsvoraussetzungen sind **zu Gunsten der Arbeitnehmer verbessert** worden, **die vor dem 1.1.2001 eine Versorgungszusage erhalten haben und die am 1.1.2001 in einem Arbeitsverhältnis standen.** Sie behalten bei einem vorzeitigen Ausscheiden ihre Anwartschaft auch dann, wenn die Versorgungszusage ab dem 1.1.2001 **fünf Jahre** bestanden hat und bei Beendigung des Arbeitsverhältnisses **das 30. Lebensjahr vollendet** ist. Diese »Altzusagen« sind also **spätestens am 1.1.2006 unverfallbar** (§ 30f. BetrAVG). Für die am 1.1.2001 aktiven Arbeitnehmer, die zwischen dem 1.1.2001 und dem 31.12.2005 ausscheiden, bleibt es dagegen bei den alten Unverfallbarkeitsvoraussetzungen (vgl. *Kemper/Kisters-Kölkes* Rz 106 f.).

bbb) Zusagen nach dem 31.12.2000

Voraussetzungen für die Unverfallbarkeit von Zusagen, die nach dem 31.12.2000 erteilt worden sind: 3647
- die Vollendung des **Mindestalters 30, mindestens fünfjähriger Zusagebestand** (§ 1b Abs. 1 S. 1 BetrAVG);
- das **Ausscheiden auf Grund einer Vorruhestandsregelung und die Möglichkeit, ohne das vorherige Ausscheiden die Voraussetzungen für den Bezug von Leistungen der betrieblichen Altersversorgung erfüllen zu können.**

Diese Unverfallbarkeitsregeln gelten für alle Arbeitnehmer, denen **erstmals nach dem** 3648 **31.12.2000** eine arbeitgeberseitige betriebliche Altersversorgung zugesagt wurde (Neuzusagen, § 30 f. BetrAVG; vgl. *Kemper/Kisters-Kölkes* Rz. 103 f.).

Der Sinn dieser Regelung besteht darin, einen **Anreiz für Vorruhestandsvereinbarungen** 3649 zu schaffen. Es soll vermieden werden, dass Arbeitnehmer die Möglichkeit, Vorruhestand in Anspruch zu nehmen, deshalb ausschlagen, weil sie mit dem Übergang in den Vorruhestand Betriebsrentenansprüche verlieren, die sie bei Fortbestand des Arbeitsverhältnisses gehabt hätten (BT-Drs. 10/880, S. 21; BT-Drs. 10/1175, S. 32).

Zur Unverfallbarkeit von Direktzusagen und auf Leistungen von Unterstützungskassen 3650 gerichteten Zusagen auf der Grundlage von Entgeltumwandlungsvereinbarungen s.o. Rn. 3330, 3428 ff.

(2) Zwingendes Recht

Die Unverfallbarkeitsvorschriften des § 1b BetrAVG sind zwingendes Recht (§ 17 Abs. 3 3651 BetrAVG); **vertragliche Verbesserungen** zu Gunsten des Arbeitnehmers sind jedoch ohne weiteres möglich. Denn § 1b BetrAVG bestimmt nur, unter welchen Voraussetzungen eine Ruhegeldanwartschaft unverfallbar wird, nicht aber z.B., dass eine Anwartschaft verfällt, wenn diese Voraussetzungen nicht vorliegen. Wird in einer Ruhegeldzusage deshalb der Bestand des Arbeitsverhältnisses bei Eintritt des Versorgungsfalles nicht vorausgesetzt und ist darin auch keine sonstige Bestimmung über die Verfallbarkeit enthalten, bleibt die Anwartschaft auch nach dem Ende des Arbeitsverhältnisses bestehen, ohne dass es auf die Voraussetzungen des § 1b BetrAVG ankäme (*LAG Hessen* 21.8.1996 NZA-RR 1997, 218).

(3) Beginn des Laufs der Unverfallbarkeitsfrist bei unmittelbarer Versorgungszusage

§ 1b Abs. 1 BetrAVG enthält eine Grundregelung für die Unverfallbarkeit einer Anwartschaft aus einer unmittelbaren Versorgungszusage. 3652

> Der Lauf der Unverfallbarkeitsfrist beginnt mit der Erteilung der Versorgungszusage (bei einer Gesamtzusage, einer Betriebsvereinbarung oder Tarifvertrag), z.B. mit der Aufnahme der Tätigkeit des Arbeitnehmers. Der erste Geltungstag kann dabei in Betriebsvereinbarungen und Tarifverträgen hinausgeschoben, aber auch zurückdatiert werden. 3653
> Scheidet ein Arbeitnehmer mit einer unverfallbaren Versorgungsanwartschaft aus einem ersten Arbeitsverhältnis aus und begründet er später mit **demselben Arbeitgeber** ein **weiteres Arbeitsverhältnis**, das nicht nahtlos an das erste Arbeitsverhältnis anknüpft, so beginnt die Unverfallbarkeitsfrist für die im zweiten Arbeitsverhältnis erteilte Versorgungszusage mit dem **Beginn dieses neuen Arbeitsverhältnisses** (*LAG Köln* 15.1.2008 NZA-RR 2008, 487).

Eine Betriebsvereinbarung, die ein Versorgungswerk neu einführt, begründet grds. entspre- 3654 chende Versorgungszusagen i.S.d. § 1b Abs. 1 BetrAVG erst mit ihrem **Zustandekommen** (*BAG* 6.3.1984 EzA § 1 BetrAVG Nr. 31). Bestimmt die Betriebsvereinbarung als Zeitpunkt des In-Kraft-Tretens ein Datum vor dem Vertragsabschluss, so bedeutet das im Zweifel, dass auch die entsprechenden Versorgungszusagen zeitlich vorverlegt und die Unverfallbarkeitsfristen damit abgekürzt werden sollen. Diese Auslegungsregeln gelten aber dann nicht, wenn die Versorgungsordnung ausdrücklich bestimmt, dass der Zeitpunkt des In-Kraft-Tretens zwar für bereits eingetretene Versorgungsfälle maßgebend ist, dass es aber für die Versorgungsanwartschaften und deren Verfallbarkeit bei den Grundsätzen des Betriebsrentenrechts verbleibt (*BAG* 6.3.1984 EzA § 1 BetrAVG Nr. 31).

3655 Sieht eine betriebliche Versorgungsordnung vor, dass unter bestimmten zeitlichen Voraussetzungen genau bezeichnete Einzelzusagen förmlich zu erteilen sind, so beginnt der Lauf der Unverfallbarkeitsfrist i.S.d. § 1b Abs. 1 BetrAVG nicht erst dann, wenn eine förmliche Einzelzusage tatsächlich erteilt wird. Schon die betriebliche Versorgungszusage selbst enthält in einem solchen Fall eine Versorgungszusage i.S.d. § 1b Abs. 1 BetrAVG (*BAG* 15.12.1981 EzA § 1 BetrAVG Nr. 14).

3656 Die Versorgungsverpflichtung auf Grund einer **betrieblichen Übung** beginnt dann, wenn der Arbeitgeber in der Entscheidung darüber, ob er die Leistungen erbringen will, nicht mehr frei ist. Folgt der Anspruch dagegen aus dem Grundsatz der Gleichbehandlung, ist entscheidend, wann den anderen vergleichbaren Arbeitnehmern Versorgungszusagen durch den Arbeitgeber erteilt wurden (MünchArbR/*Förster/Rühmann* § 107 Rz. 10).

aaa) Abhängigkeit von Bedingungen; Inaussichtstellen einer Versorgungszusage

3657 Wird die **Aufnahme** in ein Versorgungswerk oder die ausdrückliche Erteilung einer Versorgungszusage **von bestimmten Bedingungen abhängig gemacht**, etwa einer **Mindestbetriebszugehörigkeit** (Vorschaltzeit), **so sind derartige Zeiten bei der Beurteilung des Beginns der Unverfallbarkeitsfrist nicht zu beachten**, unabhängig davon, ob es sich um Einzelzusagen oder abstrakt-generelle Versorgungsordnungen handelt (*BAG* 15.12.1981 EzA § 1 BetrAVG Nr. 14; 20.4.1982 EzA § 1 BetrAVG Nr. 20).

3658 Deshalb kann z.B. eine im Arbeitsvertrag enthaltene Versorgungszusage auch aufschiebend bedingt für die Zeit nach Ablauf einer sechsmonatigen Probezeit erteilt werden; die Wartefrist beginnt dann erst mit der Fortsetzung des Arbeitsverhältnisses nach Ablauf der Probezeit (*LAG Bln.* 10.10.2002 – 16 Sa 1162/02 – EzA-SD 2/03, S. 22 LS = NZA-RR 2003, 490). Das ist aber dann nicht der Fall, wenn das Arbeitsverhältnis auf unbestimmte Zeit geschlossen wurde und dem Arbeitgeber im fortbestehenden Arbeitsverhältnis nach Ablauf der Frist, die üblicherweise als Vorschaltzeit bezeichnet wird, kein Entscheidungsspielraum verbleibt, ob er die Versorgungszusage erteilt oder nicht; die Probezeit zählt dann mit (*BAG* 24.2.2004 – 3 AZR 5/03).

bbb) Weiteres Beispiel: Prokura

3659 Wird einem Arbeitnehmer mit Prokura eine Versorgungszusage für den Fall in Aussicht gestellt, dass er zu einem **bestimmten späteren Zeitpunkt noch Prokurist** sein sollte, kann dies für die Bestandsfestigkeit seiner Versorgungsanwartschaft zweierlei bedeuten (*BAG* 20.4.1982 AP Nr. 12 zu § 1 BetrAVG Wartezeit):

- Stellt die Ankündigung nur auf die handelsrechtliche Vertretungsbefugnis i.S.d. §§ 48 ff. HGB ab, so liegt noch keine Versorgungszusage vor, weil der Arbeitgeber seine **Entscheidungsfreiheit nach § 52 HGB behält**;
- bezieht sich die Ankündigung hingegen auf eine bestimmte arbeitsvertragliche Funktion, die mit der Formalrechtsstellung eines Prokuristen verbunden ist, und kann dem Arbeitnehmer die Funktion allenfalls im Wege der **Änderungskündigung** entzogen werden, so hängen die angekündigten Versorgungsleistungen nur noch von der Dauer des Arbeitsverhältnisses ab, sodass bereits eine Zusage i.S.d. § 1b Abs. 1 BetrAVG anzunehmen ist.

(4) Berechnung der Zusagedauer

Die Berechnung der Zusagedauer erfolgt nach **§§ 187 ff. BGB**. Die 10- bzw. 3-Jahres-Frist muss **bis auf den letzten Tag** erfüllt sein (*BAG* 21.1.2003 EzA § 1b BetrAVG Nr. 1; vgl. *Griebeling* Rz. 365 ff.; zur Rechtslage im Falle eines Betriebsübergangs gem. § 613a BGB vgl. *Hambach* NZA 2000, 291 ff.; s.u. Rn. 3688 f.). Ein Unterschreiten der Frist auch nur um wenige Tage lässt eine unverfallbare Anwartschaft nicht entstehen, selbst dann, wenn die Versorgungsregelung eine **Härtefallklausel** vorsieht. Denn Härtefallklauseln haben den Zweck, auch für ungewöhnliche Sonderfälle befriedigende Lösungswege zu eröffnen. Sie begründen jedoch keine Pflicht des Arbeitgebers, tragende Entscheidungen der Versorgungsordnung abzuändern. Deshalb ist das Erlöschen einer verfallbaren Versorgungsanwartschaft wenige Monate vor der Altersgrenze für sich allein noch kein Härtefall, und zwar auch dann nicht, wenn das Arbeitsverhältnis aus betrieblichen Gründen beendet wurde (*BAG* 29.3.1983 EzA § 1 BetrAVG Nr. 26). Setzt eine Versorgungsordnung also für eine bestimmte Höhe des Betriebsrentenanspruchs eine »Beschäftigung ohne Unterbrechung« für einen bestimmten Zeitraum voraus, so wirken Beschäftigungslücken zwischen zwei befristeten Arbeitsverhältnissen anspruchsschädlich; die Wirksamkeit befristeter Arbeitsverträge aus den Jahren 1991 bis 1993 hätte nach dem In-Kraft-Treten des BeschFG 1996 bis spätestens 21.10.1996 geltend gemacht werden müssen. Das TzBfG findet auf derartige zurückliegende Sachverhalte keine Anwendung (*BAG* 19.4.2005 – 3 AZR 128/04 – EzA-SD 14/05 S. 14 LS = NZA 2005, 840 LS; vgl. dazu *Ars/Teslau* NZA 2006, 297 ff.). 3660

Nur wenn der Arbeitgeber wider **Treu und Glauben** den Fristeintritt verhindert, gilt die Fristerfüllung gem. **§ 162 BGB** als eingetreten (*BAG* 7.8.1975 EzA § 242 BGB Ruhegeld Nr. 44). 3661

Diese Grundsätze gelten selbst dann, wenn mehrere Arbeitsverhältnisse in einem engen sachlichen Zusammenhang stehen, zwischen ihnen aber ein zeitlicher Abstand besteht (*BAG* 14.8.1980 EzA § 1 BetrAVG Nr. 11); für die damit neu in Gang gesetzte Wartezeit sind die **Zeiten vor der Unterbrechung** grds. **verloren** (*LAG Köln* 25.6.1999 NZA-RR 2000, 42, auch zu Zeiten bei einem konzernangehörigen Auslandsunternehmen). Auf den Grund und die Dauer der Unterbrechung kommt es nicht an (*BAG* 22.2.2000 EzA § 1 BetrAVG Nr. 72 = NZA 2001, 1310). Für die gesetzlichen Unverfallbarkeitsfristen spielt es insoweit keine Rolle, dass die neue Versorgungszusage vor Beendigung des früheren Arbeitsverhältnisses erteilt worden ist. Sie wird erst mit dem Beginn des neuen Arbeitsverhältnisses wirksam (*BAG* 21.1.2003 EzA § 1b BetrAVG Nr. 1). Bestimmt eine Versorgungsordnung, dass bei **Unterbrechungen des Arbeitsverhältnisses** die Zeit vor der Unterbrechung nur ruhegeldfähig sein soll, wenn dies ausdrücklich schriftlich bestätigt wird, darf ein Arbeitnehmer, der aus persönlichen Gründen ausgeschieden und erst nach drei Monaten wieder eingestellt worden war, die Gewährung einer Treueprämie und einer Jubiläumszuwendung nicht ohne weiteres als Anerkennung einer ruhegeldfähigen Vordienstzeit verstehen (*BAG* 29.9.1987 EzA § 1 BetrAVG Nr. 49). 3662

Eine Unterbrechung des Arbeitsverhältnisses liegt dann nicht vor, wenn es nur ruht, d.h. dass ohne Beendigung des Arbeitsverhältnisses lediglich die wechselseitigen Hauptpflichten entfallen (*BAG* 30.5.2006 EzA § 2 BetrAVG Nr. 26; 25.4.2006 EzA § 2 BetrAVG Nr. 27; *LAG Köln* 17.1.2005 – 2 Sa 906/04 – EzA-SD 7/05, S. 16 LS; s. ausf. Rn. 3991 ff., 4004 ff.). Das ist andererseits aber dann nicht der Fall, wenn der Arbeitnehmer durch eigene Kündigung das Arbeitsverhältnis beendet; eine anschließende Rückkehrvereinbarung ändert daran nichts. Die Wiedereinstellung des Arbeitnehmers ist mit dem Ruhen dann vergleichbar, wenn die Arbeitgeber- oder Arbeitnehmerkündigung von vornherein einer lediglich vorübergehenden Beendigung des Arbeitsverhältnisses dient und dementsprechend bereits die Kündigung mit einer Rückkehrvereinbarung verknüpft ist (*BAG* 21.1.2003 EzA § 1b BetrAVG Nr. 1). Allein die Vereinbarung der Anrechnung früherer Zusage- und Beschäftigungszeiten löst noch nicht die gesetzliche Unverfallbarkeit aus; insbes. müssen die beiden Arbeitsverhältnisse »nahtlos« einander anschließen (*BAG* 21.1.2003 EzA § 1b BetrAVG Nr. 1). 3663

3664 Eine Zusammenrechnung erfolgt aber jedenfalls dann, wenn mehrere befristete Arbeitsverhältnisse bestanden haben, deren **Befristung unwirksam** war und bei denen nur vorübergehend die Arbeitsleistung nicht abgerufen worden ist (*BAG* 14.3.1989 EzA § 1 BetrAVG Gleichberechtigung Nr. 4).

3665 Führt der **Konkursverwalter** das Arbeitsverhältnis mit einem Arbeitnehmer fort, dem eine betriebliche Altersversorgung zugesagt ist, so kann die Versorgungsanwartschaft nach der Eröffnung des Konkursverfahrens unverfallbar werden und ein Rechtsanspruch auf die Versorgungsleistung entstehen (*BAG* 15.12.1987 EzA § 1 BetrAVG Nr. 52; 20.10.1987 EzA § 1 BetrAVG Nr. 51; 20.10.1987 EzA § 1 BetrAVG Nr. 50).

(5) Zusage im Geltungsbereich des BetrAVG

3666 Die Versorgungszusage muss für den Anwartschaftsberechtigten während der maßgeblichen Frist dem Geltungsbereich des BetrAVG unterlegen haben. Die gesetzlichen Unverfallbarkeitsvorschriften verlangen ein durchlaufendes Arbeitsverhältnis (*BAG* 21.1.2003 EzA § 1b BetrAVG Nr. 1; s.o. Rn. 3660).

3667 Bei einem **Statuswechsel** eines Versorgungsberechtigten von einer Arbeitnehmertätigkeit zu einer Unternehmertätigkeit, die nicht § 17 Abs. 1 S. 2 BetrAVG unterfällt (s.u. Rn. 4104 ff.) bzw. umgekehrt, geht der *BGH* (21.8.1990 NZA 1991, 311) von einer Zusammenzählung unabhängig vom jeweiligen Status aus. Nach Auffassung von *Förster/Rühmann* (MünchArbR § 107 Rz. 17) kommt dies dagegen nicht in Betracht, weil die Tätigkeit für diese Zeit nicht auf einem Arbeits- oder Dienstverhältnis i.S.d. § 17 Abs. 1 S. 2 BetrAVG beruht.

3668 Allerdings kann ein Versorgungsanwärter bei mehrfachem Wechsel zwischen Unternehmer- und Arbeitnehmereigenschaft die Unverfallbarkeitsfrist auch durch die Zusammenrechnung der Arbeitnehmerzeiten erfüllen (*BGH* 4.5.1981 AP Nr. 9 zu § 1 BetrAVG Wartezeit).

(6) Bestehen der Versorgungszusage bei Fristablauf

3669 Weitere Voraussetzung ist, dass die betriebliche Versorgungszusage bei Fristablauf tatsächlich noch besteht. Denn **bis zum Ablauf** der 10-Jahres-Frist steht es den Arbeitsvertragsparteien **grds. frei, Regelungen über die Beseitigung des betrieblichen Versorgungsanspruchs zu treffen**, soweit dieser nicht auf einer Betriebsvereinbarung oder einem Tarifvertrag beruht.

(7) Auswirkung von Änderungen des Inhalts der Zusage

3670 Eine Änderung des Inhalts der Versorgungszusage **unterbricht nicht** die gesetzliche Unverfallbarkeitsfrist (**§ 1b Abs. 1 S. 3 BetrAVG**). Dies galt nach Maßgabe der alten Fristenregelung (s.o. Rn. 3643 f.) sowohl für die 10-Jahres-Frist als auch für die 3-Jahres-Frist; für Letztere ist es lediglich auf Grund eines Redaktionsversehens des Gesetzgebers nicht ausdrücklich vorgesehen (*BAG* 12.12.1981 EzA § 1 BetrAVG Nr. 13).

3671 Unter Änderung wird i.d.R. die **Erhöhung der Leistungszusage** verstanden. Daraus folgt ein **Prinzip der Einheit der Versorgungszusage** mit der Folge, dass neue Unverfallbarkeitsfristen bei Erteilung zusätzlicher Versorgungszusagen, etwa beim Abschluss weiterer Direktversicherungen, nicht in Betracht kommen (*BAG* 12.2.1981 AP Nr. 5 zu § 1 BetrAVG; *BVerfG* 15.3.1982 AP Nr. 5a zu § 1 BetrAVG; *BGH* 28.9.1981 AP Nr. 12 zu § 7 BetrAVG). **Gleiches gilt für die Änderung des Durchführungswegs**, z.B. von einer Unterstützungskasse zu einer wesentlich höheren Direktzusage, selbst dann, wenn die ursprünglich zugesagte Unterstützungskassenrente nicht wegfallen, sondern nur angerechnet werden sollte (*BAG* 28.4.1981 EzA § 1 BetrAVG Nr. 22) sowie für Änderungen der Rechtsgrundlage (Ablösung einer vertraglichen Einheitsregelung durch eine Betriebsvereinbarung).

(8) Zusagedauer und Betriebszugehörigkeit

Die Dauer der Zusage (**§ 1b Abs. 1 S. 1 BetrAVG**) hat eine praktische Bedeutung insbes. bei der Neueinführung einer betrieblichen Altersversorgung (vgl. *BAG* 20.3.1980 EzA § 1 BetrAVG Nr. 7). Denn das aufgestellte zusätzliche Erfordernis einer fünf **jährigen Zusagedauer verhindert, dass auch bei langjähriger Betriebszugehörigkeit neu erteilte Versorgungszusagen sofort unverfallbar und insolvenzgeschützt werden.** 3672

(9) Tätigkeit in anderen Betrieben des Unternehmens/Konzerns

Die maßgebliche Betriebszugehörigkeit kann auch in einem anderen Betrieb desselben Unternehmens zurückgelegt werden, bei einem anderen Konzernunternehmen jedenfalls dann, wenn daneben weiterhin ein ruhendes Arbeitsverhältnis mit dem die betriebliche Altersversorgung zusagenden Unternehmen besteht. 3673

Ob eine derartige arbeitsrechtliche Rechtsbeziehung auch dann bestehen muss, wenn der Arbeitnehmer seine Arbeitsleistung bei dem anderen Konzernunternehmen im Interesse und **auf Veranlassung der Konzernobergesellschaft**, die die Versorgungszusage erteilt hat, erbringt, hat das *BAG* (25.10.1988 EzA § 7 BetrAVG Nr. 26) **offen** gelassen. Jedenfalls setzt sich die Betriebszugehörigkeit dann fort, wenn im Arbeitsvertrag ein Wechsel zu einer anderen Konzerngesellschaft vorgesehen ist und **zum bisherigen Arbeitgeber** im Konzernverbund **eine Verbindung bestehen bleibt**, z.B. in Form einer weiter bestehenden Leitungsfunktion in der Konzernspitze, ein **Rückkehrrecht** (*LAG Hessen* 27.6.2001 – 8 Sa 393/99). 3674

Als anwartschaftsbegründende Zeiten der Betriebszugehörigkeit und als berücksichtigungsfähige Zeiten der Tätigkeit für ein fremdes Unternehmen i.S.d. §§ 1b Abs. 1 S. 1, 17 Abs. 1 S. 2 BetrAVG kommen Zeiten in Betracht, in denen ein Mitarbeiter für eine **Vorgründungs-GmbH** tätig geworden ist. Diese berücksichtigungsfähige Tätigkeit muss auf Dauer angelegt sein, einen nicht ganz unerheblichen Umfang erreicht haben und auf Grund einer vertraglichen Bindung erbracht worden sein. Tätigkeiten dieser Art sind bei der Ermittlung der Dauer der Betriebszugehörigkeit zusammenzurechnen. Es ist **unerheblich**, ob der Begünstigte als **Geschäftsführer** der GmbH oder als **Arbeitnehmer** tätig geworden ist (*BAG* 21.8.1990 EzA § 1 BetrAVG Nr. 61; s.u. Rn. 4104 ff.). 3675

(10) Gesetzliche Anrechnung von Vordienstzeiten

Gem. **§§ 12 Abs. 1 i.V.m. § 6 Abs. 2–4 ArbPlSchG, § 78 ZDG, § 8 Abs. 3 SVG** sind Zeiten des Grundwehrdienstes, einer Wehrübung, des Zivildienstes u.U. bei der Berechnung der Betriebszugehörigkeit zu berücksichtigen, wenn der Arbeitnehmer unmittelbar im Anschluss an den Dienst ein Arbeitsverhältnis beginnt und sodann sechs Monate lang dem Betrieb angehört. Sinn dieser Regelung ist es, die betreffenden Arbeitnehmer mit den übrigen Kollegen im Betrieb **gleichzustellen** (vgl. *BAG* 23.11.1973 AP Nr. 22 zu § 611 BGB Kriegsdienstzeiten). 3676

Eine vergleichbare Regelung sieht **§ 4 AbgG** für Zeiten der Tätigkeit als Abgeordneter im Deutschen Bundestag vor; entsprechende Vorschriften finden sich auch in den Abgeordnetengesetzen der Länder. 3677

§ 9 Abs. 3 BVSG-NRW, § 9 Abs. 4 BVSG-Saarl. enthalten Regelungen über die Anrechnung von Beschäftigungszeiten im Bergbau für den neuen Arbeitgeber mit einem außerbergbaulichen Beschäftigungsbetrieb (vgl. *BAG* 7.6.1988 NZA 1989, 302). 3678

Zeiten der gesetzlichen **Elternzeit** führen nur zum Ruhen des Arbeitsverhältnisses, unterbrechen den Lauf der Unverfallbarkeitsfrist gem. § 1b BetrAVG und die Dauer der Betriebszugehörigkeit i.S.d. § 2 BetrAVG nicht. Der Arbeitgeber ist allerdings nicht daran gehindert, Zeiten der Elternzeit von Steigerungen einer Anwartschaft auf Leistungen der betrieblichen Altersversorgung (dienstzeitabhängige Berechnung) auszunehmen. Eine solche Versorgungszusage stellt keine durch Art. 119 EWG-Vertrag (jetzt Art. 141 EGV) verbotene Diskriminierung der Frauen dar (*BAG* 15.2.1994 EzA § 1 BetrAVG Gleichberechtigung Nr. 9). 3679

Wird nach der Entbindung erneut ein Arbeitsverhältnis mit demselben Arbeitgeber begründet, so wird die Vordienstzeit kraft der gesetzlichen Fiktion des **§ 10 Abs. 2 S. 1 MuSchG** angerechnet. 3680

(11) Vertragliche Anrechnung von Vordienstzeiten

3681 Eine vertragliche Anrechnung von Vordienstzeiten bei früheren Arbeitgebern oder bei demselben Arbeitgeber ist als eine für den Arbeitnehmer günstige Abrede ohne weiteres zulässig. Eine entsprechende Vereinbarung kann sich auch **aus den Umständen** ergeben; eine Verpflichtung des Arbeitgebers dazu besteht jedoch im Allgemeinen nicht (*BAG* 9.3.1982 EzA § 1 BetrAVG Nr. 18).

3682 Im Zweifel ist bei einer vertraglichen Anrechnung von Vordienstzeiten davon auszugehen, dass sie sich nicht nur auf die Höhe der Betriebsrente auswirken soll, sondern auch auf die Betriebszugehörigkeit i.S.d. § 1b Abs. 1 BetrAVG.
Soll die Unverfallbarkeitsfrist dagegen trotz Anrechnung nicht abgekürzt werden, so muss dies der Arbeitgeber zum Ausdruck bringen (*BAG* 16.3.1982 EzA § 1 BetrAVG Nr. 19).

3683 Das gilt aber dann nicht, wenn eine Altersversorgung nach **beamtenrechtlichen Grundsätzen** zugesagt wird, da das Beamtenrecht keine Unverfallbarkeit der Versorgungsanwartschaft kennt (*BAG* 23.4.1985 NZA 1986, 468).

(12) Insolvenzschutz bei gesetzlicher oder vertraglicher Anrechnung von Vordienstzeiten

3684 Die Anrechnung von Vordienstzeiten führt nicht nur zur vertraglichen Vereinbarung der Unverfallbarkeit, sondern darüber hinaus – ausnahmsweise – zum gesetzlichen Insolvenzschutz, **wenn die Vordienstzeit von einer Versorgungszusage begleitet war und die von einer Versorgungszusage begleitete Vordienstzeit an die insolvenzgeschützte Versorgungszusage heranreicht** (*BAG* 26.9.1989 EzA § 7 BetrAVG Nr. 31; *LAG Köln* 14.10.2003 – 13 Sa 262/03 – ARST 2004, 260 LS = NZA-RR 2005, 48; s. aber a. *LAG Köln* 10.9.2007 – 14 Sa 343/07 – ArbuR 2008, 161 LS).

(13) Ausscheiden vor Eintritt des Versorgungsfalles

3685 Erforderlich ist weiterhin, dass der Arbeitnehmer vor Eintritt des Versorgungsfalles ausscheidet. Erfolgt ein Ausscheiden wegen des Versorgungsfalles, so liegt ein Leistungsanspruch auf Grund der Versorgungsregelung vor.

3686 Scheidet ein Arbeitnehmer vor Eintritt des Versorgungsfalles mit einer unverfallbaren Anwartschaft aus, so ist die Anwartschaft vom Arbeitgeber nach **§ 2 BetrAVG anteilig zu berechnen und mit ihrem Teilwert aufrechtzuerhalten**.

3687 Diese Pflicht hat auch ein **öffentlicher Arbeitgeber**, der in eine von einem privaten Arbeitgeber begründete Versorgungsverpflichtung nach § 613a BGB eingetreten ist. Eine Nachversicherung des ausgeschiedenen Arbeitnehmers bei einer Zusatzversorgungseinrichtung des öffentlichen Dienstes nach § 18 Abs. 2 Nr. 6, Abs. 6 BetrAVG durch den öffentlichen Arbeitgeber kommt in diesen Fällen nicht in Betracht (*BAG* 27.10.1992 EzA § 2 BetrAVG Nr. 13).

(14) Verhältnis zu Wartezeiten

aaa) Grundsätze

3688 Versorgungsordnungen können vorsehen, dass ein Arbeitnehmer Versorgungsansprüche erst nach einer gewissen **Mindestdienstzeit** oder einem **Mindestalter** erwirbt (Wartezeit; *BAG* 19.4.2005 EzA § 1b BetrAVG Nr. 3 = NZA 2005, 840 LS; vgl. *Griebeling* Rz. 398 ff.), selbst dann, wenn die Wartezeit 20 oder 25 Jahre beträgt (*BAG* 9.3.1982 EzA § 1 BetrAVG Nr. 18; *LAG Frankf./M.* 20.4.1988 DB 1988, 2650).

3689 Wartezeiten stellen Leistungsvoraussetzungen dar, die angeben, wann der Arbeitnehmer Versorgungsansprüche erwirbt (*BAG* 19.4.2005 EzA § 1b BetrAVG Nr. 3 = NZA 2005, 840 LS).

- Ein Arbeitgeber kann eine sog. qualifizierte Wartezeit festlegen, die eine »**tatsächlich geleistete Dienstzeit**« von zehn Jahren verlangt und dabei nur drei Monate einer dem Grunde nach festgestellten Erwerbsunfähigkeit berücksichtigt, wenn in dieser Zeit das Arbeitsverhältnis noch bestand. Eine solche Regelung schließt einen Anspruch auf Invalidenrente aus, wenn der Arbeitnehmer zwar mehr als zehn Jahre in einem Arbeitsverhältnis zum Arbeitgeber stand, bevor er wegen Invalidität ausschied, diese aber schon nach weniger als neun Jahren dem Grunde nach festgestellt wurde und der Arbeitnehmer danach auch tatsächlich nicht mehr tätig war. Ob dies auch dazu führt, dass bei gleicher Fallkonstellation ein Anspruch auf betriebliche Altersversorgung auf Grund einer unverfallbaren Versorgungsanwartschaft ausgeschlossen ist, hat das *BAG* (20.2.2001 EzA § 1 BetrAVG Nr. 74) offen gelassen.

Dagegen ergibt sich aus der Unverfallbarkeitsfrist lediglich, ob der Arbeitnehmer eine erdiente Versorgungsanwartschaft bei Ausscheiden aus dem Arbeitsverhältnis behält.

Um eine Umgehung der Unverfallbarkeitsfristen durch lange Wartezeiten zu verhindern, sieht § 1b Abs. 1 S. 5 BetrAVG vor, dass ein Arbeitnehmer, der mit einer unverfallbaren Anwartschaft vorzeitig ausscheidet, eine vorgesehene Wartezeit auch noch nach Beendigung des Arbeitsverhältnisses erfüllen kann.

- Soweit die Unverfallbarkeit **von der Dauer der Betriebszugehörigkeit** abhängt (§ 30 f. BetrAVG), sind die Beschäftigungszeiten beim **Veräußerer und beim Erwerber zusammenzurechnen**. Erhalten andererseits Arbeitnehmer **nach einem Betriebsübergang erstmals eine Versorgungszusage**, so kann der neue Arbeitgeber bei der Aufstellung von Berechnungsregeln die Beschäftigungszeit beim früheren Arbeitgeber als wertbildenden Faktor außer Ansatz lassen (*BAG* 19.4.2005 EzA § 1b BetrAVG Nr. 3 = NZA 2005, 840 LS).

Soweit eine Versorgungsregelung nicht vorschreibt, dass die Wartezeit bis zum 65. Lebens- 3690
jahr erfüllt sein muss, kann die Wartezeit auch noch **nach Vollendung des 65. Lebensjahres** zurückgelegt werden (*BAG* 3.5.1983 EzA § 1 BetrAVG Nr. 25).

Auch bei Ausscheiden eines Arbeitnehmers aus dem Arbeitsverhältnis mit Eintritt des 3691
Versorgungsfalles, etwa **Invalidität**, bleibt die unverfallbare Anwartschaft auf eine Altersrente aufrecht erhalten (*BAG* 9.11.1973 AP Nr. 163 zu § 242 BGB Ruhegehalt); die Wartezeit kann er noch erfüllen. Bei Erreichen der Altersgrenze entsteht dann ein Anspruch auf zeitanteilig gekürzte Altersrente (*BAG* 18.3.1986 EzA § 1 BetrAVG Nr. 41).

Bestimmt eine Ruhegeldordnung, dass ein Versorgungsfall (Invalidität) nicht schon beim 3692
Eintreten von Berufs- und Erwerbsunfähigkeit vorliegen soll, dass vielmehr darüber hinaus die **Versetzung in den Ruhestand** oder die **Aufnahme der Rentenzahlung** durch den gesetzlichen Sozialversicherungsträger erforderlich ist, so kann eine vorgeschriebene Wartezeit auch von berufs- oder erwerbsunfähigen Arbeitnehmern noch bis zur Beendigung des Arbeitsverhältnisses erfüllt werden (*BAG* 15.10.1985 EzA § 1 BetrAVG Nr. 35; 14.1.1986 EzA § 1 BetrAVG Nr. 36).

Sieht eine Versorgungsordnung vor, dass der Versorgungsfall der Invalidität erst mit der 3693
Beendigung des Arbeitsverhältnisses eintritt, so kann der Versorgungsberechtigte die Wartezeit auch dann noch zurücklegen, wenn der Sozialversicherungsträger den Versicherungsfall auf einen Zeitpunkt vor Ablauf der Wartezeit festgelegt hat (*BAG* 9.1.1990 EzA § 1 BetrAVG Nr. 54).

Nach dem TV über die Altersversorgung im Bayerischen Rundfunk ist die Wartezeit eine 3694
Anspruchsvoraussetzung für Erwerbsunfähigkeitsrenten. Sie kann **nach dem Eintritt des Versorgungsfalles nicht mehr** erfüllt werden (*BAG* 19.12.2000 EzA § 1 BetrAVG Nr. 76).

Nimmt ein von einer Versorgungszusage Begünstigter die vollen Leistungen der gesetzli- 3695
chen Rentenversicherung in Anspruch, ist damit der betriebsrentenrechtliche Versorgungsfall »Alter« eingetreten. Dies gilt auch dann, wenn der Begünstigte in rentenversicherungsrechtlich zulässigem geringfügigem Umfang für seinen Arbeitgeber weiterarbeitet und die Versorgungsleistungen bis zu seinem endgültigen Ausscheiden nicht in Anspruch

nimmt. Das den Versorgungsanspruch vermittelnde Arbeitsverhältnis ist beendet, der Arbeitnehmer aus dem Erwerbsleben ausgeschieden. Setzt ein solcher »technischer Rentner« sein geringfügiges Beschäftigungsverhältnis auch bei einem Betriebserwerber noch einige Zeit fort, geht das bereits begründete Ruhestandsverhältnis auf diesen nicht über. Der Betriebserwerber kann auch die Versorgungsansprüche des »technischen Rentners« nicht schuldbefreiend nach § 4 Abs. 1 BetrAVG ohne Zustimmung des Trägers der gesetzlichen Insolvenzsicherung übernehmen (*BAG* 18.3.2003 EzA § 7 BetrAVG Nr. 68 = NZA 2004, 848).

bbb) Die »Zusage der Zusage«

3696 Für die Beurteilung von Unverfallbarkeit und Wartezeit gelten bei einer sog. »**Zusage der Zusage**« folgende Grundsätze (*BAG* 24.2.2004 EzA § 1b BetrAVG Nr. 2 = NZA 2004, 789):

- Sagt der Arbeitgeber dem Arbeitnehmer im Arbeitsverhältnis zu, ihm nach einer festgelegten Zeitspanne eine Versorgungszusage zu erteilen, und verbleibt dem Arbeitgeber nach deren Ablauf kein Entscheidungsspielraum, ob er die Zusage erteilt oder nicht, so beginnt die Unverfallbarkeitsfrist schon mit dem Zeitpunkt der »Zusage der Zusage«.
- Die Unverfallbarkeitsfrist ist eine der privatautonomen Gestaltung zu Lasten der Arbeitnehmer entzogene gesetzliche Mindestbeschäftigungszeit, die ein Arbeitnehmer bis zu einem vorzeitigen Ausscheiden aus dem Arbeitsverhältnis zurückgelegt haben muss, um zumindest einen Teil der versprochenen Versorgung beanspruchen zu können.
- Wartezeit i.S.d. Betriebsrentengesetzes ist eine privatautonom festgelegte Mindestbeschäftigungszeit, die ein Arbeitnehmer nach dem Willen des Arbeitgebers im Beschäftigungsverhältnis zurückgelegt haben muss, um den vollen Betriebsrentenanspruch zu erwerben. Der Arbeitgeber ist bei der Festlegung einer solchen Wartezeit frei, so lange er sich damit nicht in Widerspruch zu höherrangigem Recht setzt.
- Hat ein Arbeitgeber einem Arbeitnehmer die Zusage erteilt, er werde ihm in Zukunft eine Versorgungszusage geben, handelt es sich um eine Vorschaltzeit. Sie kann bei einer entsprechenden Regelung in der Versorgungsordnung als Verlängerung einer für den Vollanspruch verlangten Wartezeit wirken. Ob bereits während der Vorschaltzeit die Unverfallbarkeitsfrist zu laufen beginnt, hängt davon ab, inwieweit die »Zusage einer Zusage« ein einer Versorgungszusage entsprechendes Vertrauen des Arbeitnehmers begründet, es hänge nur noch von der weiteren Beschäftigung im Betrieb und dem Erreichen des Versorgungsfalls ab, ob er einen Versorgungsanspruch erwirbt oder nicht. Die »Zusage einer Zusage« steht einer Versorgungszusage i.S.d. § 1 Abs. 1 BetrAVG a.F. (= § 1b Abs. 1 BetrAVG n.F.) mit der Folge eines Beginns der Unverfallbarkeitsfrist dann gleich, wenn der Arbeitgeber auf ihrer Grundlage keinen Entscheidungsspielraum mehr hat, ob er die Zusage nach Ablauf der Vorschaltzeit erteilt oder nicht. Auf die Länge der Vorschaltzeit kommt es nicht an. Dies gilt auch dann, wenn eine arbeitsvertragliche Probezeit innerhalb eines unbefristeten Arbeitsverhältnisses als Vorschaltzeit festgelegt ist.

(15) Besonderheiten der Direktversicherung

3697 Diese Grundsätze gelten an sich auch für die betriebliche Altersversorgung über eine Direktversicherung (vgl. § 1b Abs. 2 BetrAVG), z.B. für die Veränderung der Versorgungszusage (§ 1b Abs. 1 S. 3 BetrAVG), auch dann, wenn der Arbeitgeber im Laufe des Arbeitsverhältnisses weitere Direktversicherungen für denselben Arbeitnehmer abschließt (*BAG* 12.2.1981 EzA § 1 BetrAVG Nr. 13).

Da Versorgungszusage und Abschluss des Versicherungsvertrages nicht notwendig zeitlich zusammenfallen müssen, gilt als Zeitpunkt der Erteilung der Versorgungszusage der Versicherungsbeginn, bei dessen vertraglich möglicher Rückdatierung frühestens jedoch der Beginn der Betriebszugehörigkeit. 3698

Der Versicherungsbeginn bezeichnet den Beginn des Zeitraums, für den eine Prämie zu zahlen ist. **Ein Hinausschieben des Versicherungsbeginns ist nicht mit Wirkung für den Beginn des Laufs der Unverfallbarkeitsfristen möglich** (*BAG* 19.4.1983 EzA § 1 BetrAVG Lebensversicherung Nr. 1). 3699

Sagt der Arbeitgeber dagegen dem Arbeitnehmer eine Altersversorgung durch Direktversicherung zu, ohne dieses Versprechen zu vollziehen, so ist der Arbeitnehmer so zu behandeln, als hätte er eine unmittelbare Versorgungszusage erhalten (*BAG* 19.4.1983 EzA § 1 BetrAVG Lebensversicherung Nr. 1). 3700

aaa) Pflichten des Arbeitgebers bei Unverfallbarkeit; Beendigung des Arbeitsverhältnisses

Ist die Anwartschaft unverfallbar, so ist der Arbeitgeber arbeitsrechtlich, nicht aber versicherungsrechtlich, verpflichtet, das Bezugsrecht zu Gunsten des Arbeitnehmers wegen der Beendigung des Arbeitsverhältnisses nicht zu widerrufen. 3701

Widerruft ein Arbeitgeber deshalb das Bezugsrecht aus einem Lebensversicherungsvertrag, weil das Arbeitsverhältnis mit dem begünstigten Arbeitnehmer geendet hat, und war die entsprechende Versorgungsanwartschaft bereits unverfallbar, so kann der Arbeitnehmer **Schadensersatz** verlangen. Nach dem Grundsatz der Naturalrestitution (§ 249 BGB) muss der Arbeitgeber ihm eine **beitragsfreie Versicherungsanwartschaft** verschaffen, deren Wert dem widerrufenen Beitragsrecht bei Beendigung des Arbeitsverhältnisses entspricht (*BAG* 28.7.1987 EzA § 1 BetrAVG Lebensversicherung Nr. 2). 3702

§ 1b Abs. 2 S. 1 BetrAVG beschränkt sich auf die Beendigung des Arbeitsverhältnisses, das Widerrufsverbot gilt also **nicht für das bestehende Arbeitsverhältnis**. Dies ist nach der Rechtsprechung des *BAG* (26.2.1991 EzA § 43 KO Nr. 2) kein redaktionelles Versehen, sondern entspricht auch dem sonstigen Inhalt und dem Zweck des § 1b BetrAVG. Diese Vorschrift regelt, wie sich die Beendigung des Arbeitsverhältnisses vor Eintritt des Versorgungsfalles auf die Versorgungsanwartschaft auswirkt. Der Arbeitnehmer behält unter bestimmten Voraussetzungen trotz der Beendigung des Arbeitsverhältnisses seine Versorgungsanwartschaft. Ziel ist es, die Wirksamkeit von Verfallklauseln einzuschränken. Außerdem sollen rechtliche Gestaltungen verhindert werden, die zu einem vergleichbaren Ergebnis führen. 3703

Eine Klausel, nach der das Bezugsrecht durch die Beendigung des Arbeitsverhältnisses nach Erfüllung der Unverfallbarkeitsvoraussetzungen auflösend bedingt ist, ist gem. **§ 1b Abs. 2 S. 2 BetrAVG** unwirksam (§ 134 BGB). 3704

bbb) Teilwiderruf des Bezugsrechts?

Soweit die Direktversicherung über eine **Einmalprämie** finanziert wird, ist ein Teilwiderruf des Bezugsrechts möglich, soweit die in der Versicherungssumme enthaltene Entlohnung der Betriebszugehörigkeit noch nicht erdient ist (*LAG Hamm* 16.12.1980 DB 1981, 851). 3705

ccc) Haftung des Arbeitgebers

Hat der Arbeitgeber die Ansprüche aus dem Versicherungsvertrag abgetreten, beliehen oder verpfändet, so ist er beim Ausscheiden eines Arbeitnehmers nach Erfüllung der Unverfallbarkeitsvoraussetzungen arbeitsrechtlich verpflichtet, diesen bei Eintritt des Versicherungsfalles so zu stellen, als ob die Belastungen nicht erfolgt wären (**§ 1b Abs. 2 S. 3 BetrAVG**). 3706

Verstößt der Arbeitgeber gegen die gesetzlichen Auflagen, so ist er dem Arbeitnehmer zum **Schadensersatz** verpflichtet. 3707

(16) Pensionskasse

3708 Für die Voraussetzungen der Unverfallbarkeit bei einer Pensionskasse gilt gem. **§ 1b Abs. 3 BetrAVG** § 1b Abs. 1 BetrAVG entsprechend.

3709 Soweit die Arbeitnehmer am Beitragsaufkommen zur Finanzierung der von der Pensionskasse in Aussicht gestellten Leistung beteiligt werden, gilt § 1b Abs. 3 BetrAVG aber grds. **nur für den durch Beiträge des Arbeitgebers finanzierten Anteil der Leistungen**. Scheidet der Arbeitnehmer vor Eintritt der Unverfallbarkeit aus, so müssen ihm die durch **eigene Beitragszahlungen finanzierten Leistungen erhalten bleiben**, z.B. durch Rückgewährung dieser Beträge einschließlich einer angemessenen Verzinsung (vgl. MünchArbR/*Förster/Rühmann* § 107 Rz. 44).

(17) Unterstützungskasse

3710 Voraussetzung der Unverfallbarkeit bei einer Unterstützungskasse ist die Dauer der Zugehörigkeit zum Kreis der Begünstigten.

3711 Die Aufnahme in diesen Kreis (§ 1b Abs. 4 S. 2 BetrAVG) erfolgt dann, wenn der Arbeitnehmer die Zugehörigkeitsvoraussetzungen erfüllt. Es ist unschädlich, dass die Unterstützungskasse keinen Rechtsanspruch auf ihre Leistungen gewährt (*BAG* 25.10.1994 EzA § 1 BetrAVG Nr. 68).

3712 Nach Eintritt der Unverfallbarkeitsvoraussetzungen werden ausscheidende Arbeitnehmer denjenigen Arbeitnehmern gleichgestellt, die im Betrieb verbleiben.

bb) Höhe der unverfallbaren Versorgungsanwartschaft

(1) Ratierliches Berechnungsverfahren

3713 Scheidet der Arbeitnehmer vorzeitig aus dem Arbeitsverhältnis aus, hat er also noch nicht diejenigen Arbeitsleistungen erbracht, auf die die gesamte Versorgungszusage des Arbeitgebers zugeschnitten war, erwirbt er **nicht den vollen Rentenanspruch** im Versorgungsfall, sondern nur einen Anspruch auf einen **Teilbetrag**, dessen Höhe sich nach **§ 2 BetrAVG** bestimmt. Die Möglichkeit, die Betriebsrente wegen vorzeitigem Ausscheiden nach § 2 BetrAVG zu kürzen, besteht **ohne Rücksicht** darauf, ob sie in der Versorgungszusage **vorbehalten** oder auch nur **erwähnt** wird. Das diesbezügliche Schweigen der Zusage macht diese weder überraschend i.S.v. § 3 AGBG (jetzt § 305e Abs. 1 BGB n.F.) noch unklar i.S.v. § 5 AGBG (jetzt § 305e Abs. 2 BGB n.F.; *LAG Köln* 14.7.2000 NZA-RR 2001, 546).

3714 Allerdings enthält § 2 BetrAVG **nur Mindestnormen, d.h. für den Arbeitnehmer günstigere Regelungen sind ohne weiteres zulässig**. Die Rente eines vorzeitig ausgeschiedenen Arbeitnehmers ist folglich nur dann nach § 2 BetrAVG zu berechnen, wenn sie vom Bestand des Arbeitsverhältnisses bis zum Versorgungsfall abhing (Verfallklausel), die Versorgungszusage auf das BetrAVG verwies oder diese Berechnung für den Arbeitnehmer günstiger ist (*LAG Hessen* 24.3.2004 NZA-RR 2005, 47).

(2) Tarifdispositivität; Günstigkeitsprinzip

3715 Das ratierliche Berechnungsverfahren (zur Berechnung s.u. Rn. 3717 ff.) ist tarifdispositiv (vgl. § 17 Abs. 3 BetrAVG); es gilt ferner dann nicht, wenn die Versorgungsregelung dem einzelnen Mitarbeiter für den Fall des vorzeitigen Ausscheidens höhere Leistungen zuerkennt (*BAG* 21.6.1979 EzA § 2 BetrAVG Nr. 2), selbst dann, wenn die günstigere Regelung aus einer Versorgungsordnung vor In-Kraft-Treten des BetrAVG stammt (*BGH* 18.3.1982 DB 1982, 2292).

Ein Tarifvertrag kann aber für die Berechnung einer vorgezogen in Anspruch genommenen Betriebsrente des vorzeitig ausgeschiedenen Arbeitnehmers die fehlende Betriebstreue zwischen dem vorgezogenen Ruhestand und der festen Altersgrenze grds. auch zweifach mindernd berücksichtigen. Denn die Tarifvertragsparteien sind an die Wertung des § 2 Abs. 1 S. 1 BetrAVG, die grds. eine zweite zeitratierliche Kürzung zwischen vorgezogener Inanspruchnahme und fester Altersgrenze ausschließt, nicht gebunden (§ 17 Abs. 3 BetrAVG; *BAG* 24.7.2001 EzA § 2 BetrAVG Nr. 18; 18.11.2003 EzA § 6 BetrAVG Nr. 26). Das gilt auch dann, wenn der Tarifvertrag den Arbeitnehmern einen Anspruch auf vorgezogene Altersrente unabhängig von den Voraussetzungen des § 6 BetrAVG, also auch schon vor Inanspruchnahme der gesetzlichen Altersrente gibt (*BAG* 24.7.2001 EzA § 2 BetrAVG Nr. 18).

(3) Vom Arbeitgeber finanzierter Teil des Versorgungsanspruchs

3716 Das ratierliche Berechnungsverfahren betrifft grds. nur die durch Arbeitgeberbeiträge finanzierten Teile des Versorgungsanspruchs.

(4) Berechnung des Wertes der unverfallbaren Anwartschaft bei einer unmittelbaren Versorgungszusage

aaa) Grundlagen

3717 Um den Wert der unverfallbaren Anwartschaft zu berechnen, ist die tatsächliche zur insgesamt möglichen Betriebszugehörigkeit ins Verhältnis zu setzen (Teilanspruch [T] = Vollanspruch [V] \x tatsächliche Betriebszugehörigkeit [m]/erreichbare Betriebszugehörigkeit [n]; vgl. MünchArbR/*Förster/Rühmann* § 107 Rz. 51; s.a. *BAG* 29.4.2008 EzA § 2 BetrAVG Nr. 30 = NZA 2008, 1417).

3718 Eine ratierliche Kürzung muss **auch dann** erfolgen, wenn ein Arbeitnehmer mit einer unverfallbaren Anwartschaft aus dem Arbeitsverhältnis ausscheidet, der nach den Steigerungssätzen der maßgeblichen Versorgungsregelung im Zeitpunkt der Beendigung des Arbeitsverhältnisses **bereits die mögliche Höchstrente erdient** hat; das gilt auch im Falle einer **Kappung der Rentenhöhe**, also wenn die Versorgungsordnung für jedes Jahr der Beschäftigung einen festen Betrag oder einen bestimmten Prozentsatz des letzten Gehalts vorsieht, dies aber in der Höhe begrenzt und der Arbeitnehmer bei seinem Ausscheiden diesen Betrag **bereits an sich erdient** hat (*BAG* 17.9.2008 – 3 AZR 1061/06 – FA 2008, 342 LS). Der **Arbeitnehmer** ist für eine davon **abweichende, ihm günstigere Zusage darlegungs- und beweispflichtig** (*BAG* 12.3.1985 EzA § 2 BetrAVG Nr. 6).

3719 Die Zusage einer von § 2 Abs. 1 BetrAVG abweichenden Berechnung der unverfallbaren Versorgungsanwartschaft (Verzicht auf zeitanteilige Kürzung) kann i.d.R. nur dann angenommen werden, wenn dies deutlich zum Ausdruck gebracht wird. Bei der Auslegung einer einzelvertraglichen Vereinbarung zur betrieblichen Altersversorgung sind dann sowohl die Zusammenhänge zwischen dieser Vereinbarung und einer allgemein für das Unternehmen geltenden Versorgungsordnung als auch der Sprachgebrauch des Betriebsrentenrechts zu berücksichtigen.

3720 **Beispiele:**

- Der Begriff »Mindestrente« meint häufig nur den Versorgungsanspruch bei Fortbestehen des Arbeitsverhältnisses bis zum Eintritt des Versorgungsfalles und sagt nichts darüber aus, ob die unverfallbare Versorgungsanwartschaft bei vorzeitigem Ausscheiden aus dem Arbeitsverhältnis zeitanteilig zu berechnen ist, wie es § 2 Abs. 1 BetrAVG vorsieht (*BAG* 4.10.1994 EzA § 2 BetrAVG Nr. 14).
- Zum Verlust der Kürzungsmöglichkeit – etwa durch stillschweigenden Verzicht – führt auch **nicht die Tatsache**, dass die Versorgungszusage die Höhe der erreichbaren Vollrente mit zunehmender Dauer der Betriebszugehörigkeit nur bis zu einer bestimmten

Grenze anwachsen lässt (**Progressionsstopp**). Die Progressionsobergrenze wird dadurch auch nicht zur »festen Altersgrenze«, deren Erreichung ein rentenunschädliches Ausscheiden ermöglicht (*LAG Köln* 14.7.2000 NZA-RR 2001, 546).

bbb) Effektive Betriebszugehörigkeit; Anrechnung von Vordienstzeiten

3721 Abzustellen ist auf die effektive Zeit der Betriebszugehörigkeit nach Tagen, zulässig ist aber auch eine Berechnung nach Monaten (*BAG* 22.2.1983 EzA § 7 BetrAVG Nr. 11) bzw. nach Jahren. Maßgeblich ist dabei nicht nur die ruhegeldfähige Beschäftigungszeit, sondern die gesamte Betriebszugehörigkeit einschließlich der Berufsausbildung (*BAG* 19.11.2002 EzA § 1 BetrAVG Ablösung Nr. 38). Die Nichtberücksichtigung von **Kindererziehungszeiten** verstößt insoweit nicht gegen europäisches oder nationales Gesetzesrecht. Es ist durch **sachliche Gründe gerechtfertigt**, wenn der Arbeitgeber derartige Zeiten z.B. von der Berechnung einer Besitzstandszulage bei der betrieblichen Altersversorgung ausnimmt, Zeiten des Zivil- und Wehrdienstes dagegen berücksichtigt. Denn diese unterschiedliche Behandlung erfolgt bereits in der Gestaltung der gesetzlichen Rente und schlägt auch auf die betriebliche Altersversorgung durch (*LAG SchlH* 25.3.2008 – 2 Sa 469/07 – EzA-SD 24/2008 S. 13 LS).

3722 Die gesetzliche Anrechnung von Vordienstzeiten wirkt sich nach den meisten Vorschriften (Ausnahmen: § 8 Abs. 3 SVG, § 4 AbgG) **auch auf den Unverfallbarkeitsfaktor m/n aus**, und zwar sowohl hinsichtlich der tatsächlichen wie der möglichen Betriebszugehörigkeit.

3723 Zur vertraglichen Anrechnung von Vordienstzeiten s.o. Rn. 3681 ff.

ccc) Mögliche Betriebszugehörigkeit

3724 Die mögliche Betriebszugehörigkeit bestimmt sich vom **tatsächlichen Beginn** der Betriebszugehörigkeit **bis zur Vollendung des 65. Lebensjahres** oder bis zu einem früheren Zeitpunkt, wenn dieser in der Versorgungsregelung als feste Altersgrenze vorgesehen ist. Nicht ausreichend ist die Einräumung eines Wahlrechts für den Arbeitnehmer; vielmehr erfordert der Begriff »feste Altersgrenze« einen festen vertraglich vorgesehenen Endtermin (*BAG* 6.3.1984 EzA § 1 BetrAVG Nr. 31).

ddd) Ermittlung des Vollanspruchs

3725 Mit Hilfe der jeweiligen betrieblichen Versorgungsregelung ist der Rentenbetrag zu ermitteln, der sich bei einer unterstellten weiteren Tätigkeit im Betrieb bis zum Eintritt des Versorgungsfalles ergeben hätte.

3726 § 2 Abs. 5 BetrAVG (s. zum Tarifvorbehalt § 17 Abs. 3 S. 1 BetrAVG und dazu *BAG* 13.12.2005 – 3 AZR 478/04 – EzA-SD 7/06, S. 19 LS = NZA 2006, 456) **friert grds. alle Bemessungsgrundlagen für die Berechnung der Betriebsrente** eines vor Eintritt des Versorgungsfalles ausgeschiedenen Arbeitnehmers **auf den Zeitpunkt seines Ausscheidens ein.** Daher ist für die Berechnung einer in der Versorgungsordnung vorgesehenen Versorgungsobergrenze das letzte ruhegehaltsfähige Einkommen des Arbeitnehmers maßgeblich; diese Berechnungsweise verletzt den Arbeitnehmer nicht in der durch Art. 12 Abs. 1 GG gewährten Berufsfreiheit (zutr. *LAG Nds.* 10.6.2005 LAGE § 2 BetrAVG Nr. 11). **Veränderungen der Bemessungsgrundlagen bleiben** also, soweit sie nach dem Ausscheiden des Arbeitnehmers eintreten, **außer Betracht.** Für die Berechnung der fiktiven Sozialversicherungsrente ist daher auf das im Zeitpunkt des Ausscheidens oder des Eintritts des Sicherungsfalls geltende Sozialversicherungsrecht abzustellen (*BAG* 24.10.2006 EzA § 2 BetrAVG Nr. 28 = NZA 2007, 1391 LS). Gem. § 2 Abs. 5 BetrAVG ist allerdings des Weiteren danach zu differenzieren, ob sich die Bemessungsgrundlagen für die Leistungen der betrieblichen Altersversorgung nach dem Ausscheiden des Arbeitnehmers ändern können (dann bleiben sie für die Berechnung außer Betracht) oder ob sie bereits bei Ausscheiden des Arbeitnehmers feststehen. Dementsprechend sind alle vertraglich vorgesehenen und bereits feststehenden Veränderungen des Versorgungsanspruchs bis zum Erreichen der Altersgrenze zu berücksichtigen (vgl. *BAG*

18.3.2003 EzA § 2 BetrAVG Nr. 1; 17.8.2004 EzA § 2 BetrAVG Nr. 22 zur gleichzeitigen Inanspruchnahme der vorgezogenen Altersrente; s. jetzt *BAG* 11.12.2007 – 3 AZR 127/07 – EzA-SD 6/2008 S. 12 LS = FA 2008, 188 LS = NZA 2008, 431 LS zum **Festschreibeeffekt** bei Veränderungen der Bemessungsgrundlagen nach dem Ausscheiden aus dem Arbeitsverhältnis; *Rolfs* NZA 2008, 553 ff.).

Sind etwa neben einem Grundbetrag bestimmte **Steigerungsbeträge** in Abhängigkeit von der Dienstzeit vorgesehen, so sind auch die Jahre zwischen dem Ausscheiden und dem Erreichen der Altersgrenze zu berücksichtigen. Dagegen ist bei einem **bezügeabhängigen System** die Gehaltsentwicklung nach dem Ausscheiden des Arbeitnehmers irrelevant. 3727

Bemisst sich die Höhe der Versorgungsleistung bei Eintritt eines Versorgungsfalles nach dem **Einkommensdurchschnitt mehrerer Jahre** vor Erreichen der Altersgrenze, so ist dieser Durchschnitt für das vor dem Ausscheiden des Arbeitnehmers bezogenen Einkommen zu bilden (MünchArbR/*Förster/Rühmann* § 107 Rz. 57). 3728

Sieht eine Versorgungsordnung zur Ermittlung der bei Betriebstreue bis zum Versorgungsfall erreichbaren Vollrente eine **sog. aufsteigende Berechnung** vor, so bedeutet dies schließlich nicht, dass deshalb der Wert einer unverfallbaren Anwartschaft »aufsteigend« bis zum Zeitpunkt des vorzeitigen Ausscheidens zu berechnen wäre. Enthält die Versorgungsordnung für diesen Fall **keine entsprechende Regelung**, ist grds. **die erreichbare Vollrente aufsteigend – bis zum Versorgungsfall – zu ermitteln und der sich ergebende Betrag sodann zeitanteilig im Verhältnis der tatsächlich erreichten zu der bis zur Altersgrenze erreichbaren Beschäftigungszeit zu kürzen** (*BAG* 15.2.2005 – 3 AZR 298/04 – EzA-SD 10/05 S. 11 LS; s.a. *BAG* 29.4.2008 EzA § 2 BetrAVG Nr. 30 = NZA 2008, 1417). 3729

Ist die betriebliche Altersversorgung wie bei Gesamtversorgungssystemen von der Höhe der Rente der gesetzlichen Rentenversicherung abhängig, so ist diese grds. auch auf den Leistungsstand hochzurechnen, der sich bei Erreichen der Altersgrenze bei einem Verbleiben im Unternehmen ergeben hätte. 3730

Gem. § 2 Abs. 5 S. 2 BetrAVG kann die Berechnung entweder auf Grund des für Pensionsrückstellungen vom Bundesminister der Finanzen zugelassenen Näherungsverfahrens oder auf Antrag des Arbeitnehmers individuell erfolgen (zur individuellen Berechnung der Sozialversicherungsrente auf Verlangen des Arbeitnehmers vgl. §§ 66, 109 SGB VI, bis 1992 §§ 1255, 1258 RVO). § 2 Abs. 5 S. 2 BetrAVG setzt die **Errechnung einer fiktiven Sozialversicherungsrente voraus**; nicht abzustellen ist auf die im Zeitpunkt des Ausscheidens oder – im Rahmen der Insolvenzsicherung – bei Eintritt des Sicherungsfalles erworbene Rentenanwartschaft (*BAG* 24.10.2006 EzA § 2 BetrAVG Nr. 28 = NZA 2007, 1391 LS). 3731

Für die Bewertung der Sozialversicherungs- und Betriebsrente dürfen **nicht unterschiedliche Zeitpunkte** festgesetzt werden (*BAG* 20.3.1984 EzA § 242 BGB Ruhegeld Nr. 104). 3732

Zu beachten ist, dass von der Veränderungssperre des § 2 Abs. 5 BetrAVG **zu Gunsten des Arbeitnehmers abgewichen werden kann** (§ 17 Abs. 3 S. 3 BetrAVG). Die Parteien eines Arbeitsverhältnisses können daher vereinbaren, dass die erworbene Betriebsrentenanwartschaft **nach dem Ausscheiden des Versorgungsberechtigten dynamisiert wird**. Ohne deutliche Anhaltspunkte kann eine solche Abweichung aber nicht unterstellt werden. Insbesondere das Fehlen eines Hinweises auf die Veränderungssperre in der Versorgungsordnung ist kein »deutlicher Anhaltspunkt« in diesem Sinne (*BAG* 15.11.2005 – 3 AZR 521/04 – EzA-SD 9/06 S. 14 LS = NZA-RR 2006, 482). 3733

eee) Anrechnung von Renten

aaaa) Alte Rechtslage (bis *BAG* 21.3.2006)

Bei der Berechnung der unverfallbaren Anwartschaft eines aus dem Arbeitsverhältnis ausscheidenden Arbeitnehmers auf Leistungen der betrieblichen Altersversorgung können Ren- 3734 ten aus der gesetzlichen Rentenversicherung zu berücksichtigen sein. Das ist u.a. dann der Fall, wenn Betriebsrente und Renten aus der gesetzlichen Rentenversicherung eine **Obergrenze** nicht übersteigen dürfen (vgl. *LAG Nds.* 25.10.2002 NZA-RR 2004, 41). Insoweit können im Rahmen von **Gesamtversorgungssystemen** auch die Altersentschädigungen ehemaliger Abgeordneter z.B. der Bremischen Bürgerschaft auf Leistungen der betrieblichen Altersversorgung angerechnet werden; aus dem Teilzeitcharakter der dortigen Mandatsausübung folgt kein Anrechnungsverbot (*BAG* 23.9.2003 ZTR 2004, 323).

3735 Die Versorgungszusage ist dann danach auszulegen, welchen **Sinn und Zweck** eine solche Höchstbegrenzungsklausel **im Hinblick auf die Berechnung der erdienten Teilrente** hat (*BAG* 8.5.1990 EzA § 6 BetrAVG Nr. 14; s. jetzt aber *BAG* 21.3.2006 EzA § 2 BetrAVG Nr. 24 = NZA 2006, 1220).

3736 Ist der **Gesamtversorgungsbedarf Bestandteil der Versorgungszusage**, wird also insbes. die Differenz zwischen der zu erwartenden Rente aus der gesetzlichen Sozialversicherung, z.B. 75% der ruhegeldfähigen Bezüge, versprochen, so sind zunächst **Sozialversicherungsrente und Betriebsrente hochzurechnen und an der Höchstgrenze zu messen.** Der entsprechend **geminderte Betrag der Betriebsrente** ist dann **ratierlich zu kürzen**. Diese Berechnungsvorschrift gilt erst recht dann, wenn neben der Höchstgrenze auch eine Mindestrente im Gesamtversorgungssystem vorgesehen ist (*BAG* 10.1.1984 EzA § 6 BetrAVG Nr. 7).

3737 **Limitierungsklauseln**, die nur eine unerwünschte Überversorgung vermeiden sollen, sind dagegen so auszulegen, dass die **Höchstbegrenzungsklausel bei der Berechnung der Vollrente außer Betracht bleibt**. Nur wenn auch die zeitanteilig gekürzte Teilrente zusammen mit der Sozialversicherungsrente eine überhöhte Gesamtversorgung ergibt, ist eine nochmalige Kürzung gerechtfertigt (abl. *Blomeyer* Anm. zu *BAG* AP Nr. 2 zu § 2 BetrAVG).

3738 Im Übrigen gelten nach der Rechtsprechung des *BAG* (12.11.1991 EzA § 2 BetrAVG Nr. 12; 9.12.1997 EzA § 2 BetrAVG Nr. 15, 28.7.1998 EzA § 1 BetrAVG Ablösung Nr. 18) folgende Grundsätze:

- Maßgebend für die Berechnung der Anwartschaft sind die Verhältnisse im Zeitpunkt des Ausscheidens. Das gilt auch für die Berechnung der später zu erwartenden Sozialversicherungsrente.
- Für die Berechnung der zu erwartenden Sozialversicherungsrente kann der Arbeitgeber auf das in § 2 Abs. 5 S. 2 BetrAVG beschriebene Näherungsverfahren zurückgreifen, wenn nicht der ausgeschiedene Arbeitnehmer die Anzahl der im Zeitpunkt des Ausscheidens erreichten Entgeltpunkte nachweist. Weder der Arbeitgeber noch der ausgeschiedene Arbeitnehmer können das Näherungsverfahren gegen den Willen des Vertragspartners durchsetzen. Weist der Arbeitnehmer die Anzahl der im Zeitpunkt seines Ausscheidens erreichten sozialversicherungsrechtlichen Entgeltpunkte nach, darf der Arbeitgeber das Näherungsverfahren nicht mehr anwenden. Erbringt der Arbeitnehmer den Nachweis nicht, steht dem Arbeitgeber ein Wahlrecht zu, das er gem. § 315 BGB nach billigem Ermessen ausüben muss. Hat der Arbeitgeber die individuelle Berechnung gewählt, so trifft den Arbeitnehmer die arbeitsvertragliche Nebenpflicht, dem Arbeitgeber die benötigten sozialversicherungsrechtlichen Unterlagen auf dessen Kosten zu beschaffen.
- Der auf diese Weise ermittelte Wert der Anwartschaft ist mit dem Zeitwertfaktor i.S.v. § 2 Abs. 1 BetrAVG (Verhältnis von tatsächlicher zu möglicher Betriebszugehörigkeit) zu multiplizieren. Beim Zeitwertfaktor kommt es insoweit nicht nur auf die ruhegeldfähige Beschäftigungszeit, sondern auf **die gesamte Betriebszugehörigkeit** einschließlich der Berufsausbildung an (*BAG* 19.11.2002 NZA 2004, 265).
- Tritt der Versorgungsfall »Alter 65« ein, wird aus der so berechneten Anwartschaft ein Anspruch. Für die Berechnung von Renten für andere Versorgungsfälle gelten diese Grundsätze entsprechend.

3739 Zu beachten ist, dass dann, wenn nach Maßgabe dieser Grundsätze die »Sozialrente« zu berücksichtigen ist, die **vom Arbeitnehmer erdiente** und **nicht** die in Folge eines Versorgungsausgleichs **geminderte** oder erhöhte gesetzliche **Rente anzurechnen** ist. Denn eine Versorgungsordnung, die im Gesamtversorgungssystem die mindernde Berücksichtigung der Sozialrente anordnet, meint damit die insgesamt erdiente gesetzliche Rente, an deren Finanzierung sich der Arbeitgeber beteiligt hat. An wen diese Rente letztlich ausgezahlt wird, ist für die Betriebsrente unerheblich (*BAG* 20.3.2001 EzA § 5 BetrAVG Nr. 31; *LAG Nds.* 25.10.2002 NZA-RR 2004, 41).

bbbb) Neue Rechtslage (ab *BAG* 21.3.2006)

Inzwischen hält das *BAG* (21.3.2006 EzA § 2 BetrAVG Nr. 24 = NZA 2006, 1220 m. Anm *Rolfs/de Groot* SAE 2007, 244 ff.) daran, dass Höchstbegrenzungsklauseln im Zweifel erst auf den zeitanteilig gekürzten Betrag anzuwenden sind, nicht mehr fest. Nunmehr gilt Folgendes: Soweit bei der Berechnung der Betriebsrente des vorzeitig ausgeschiedenen Arbeitnehmers eine Rente der gesetzlichen Rentenversicherung zu berücksichtigen ist, sind Zeiten bis zum Ausscheiden nach der tatsächlichen Rentenbiografie und fiktive Zeiten bis zur festen Altersgrenze nach dem letzten Einkommen beim Ausscheiden zu berechnen. Dabei ist das letzte Monatseinkommen zugrunde zu legen. Etwas anderes gilt, wenn dieses für das Einkommen des Arbeitnehmers nicht typisch ist, weil Jahressonderleistungen zu berücksichtigen sind oder das Einkommen schwankt. In diesen Fällen ist nach den Umständen des Einzelfalles auf Grund eines Durchschnittszeitraumes das typische Arbeitsentgelt zu ermitteln. 3740

Nach Auffassung des *LAG Bln.* (7.7.2006 NZA-RR 2007, 29) können insoweit eine **eigene Betriebsrente** und **Hinterbliebenenversorgung** auf Grund einer Betriebsrente nach der Satzung einer Unterstützungskasse aufeinander angerechnet werden, sofern dies **nicht zum völligen Wegfall** einer Betriebsrente führt. 3741

fff) Berechnung bei Invalidität und Tod des ausgeschiedenen Arbeitnehmers

Tritt bei einem mit einer unverfallbaren Anwartschaft aus dem Unternehmen ausgeschiedenen Arbeitnehmer vor Erreichen der Altersgrenze einer der Versorgungsfälle »Tod« oder »Invalidität« ein, erfolgt die Berechnung des Anspruchs ebenfalls gem. § 2 Abs. 1 BetrAVG nach dem **ratierlichen Berechnungsverfahren**. Nur bzgl. des zu **erwartenden Vollanspruchs** ist auf die in der Versorgungsordnung vorgesehene **Invaliden- oder Hinterbliebenenrente abzustellen**. Das führt bei Arbeitnehmern, die kurz nach dem Ausscheiden aus dem Unternehmen Invalide werden, zu erheblich geringeren Versorgungsleistungen im Verhältnis zu Arbeitnehmern, die bis zum Eintritt des Versorgungsfalls im Betrieb verblieben sind. 3742

Die Anwendung des § 2 Abs. 1 BetrAVG kann dazu führen, dass die zwischen Versorgungsfall und fester Altersgrenze fehlende Betriebstreue zweifach anspruchsmindernd berücksichtigt wird (*BAG* 21.8.2001 EzA § 2 BetrAVG Nr. 17 = NZA 2002, 1395; 15.2.2005 – 3 AZR 298/04 – EzA-SD 10/05 S. 11 LS); die Rechtsprechung des BAG zur Berechnung der vorgezogenen Betriebsrente des vorzeitig ausgeschiedenen Arbeitnehmers (*BAG* 23.1.2001 EzA § 6 BetrAVG Nr. 24; 24.7.2001 EzA § 6 BetrAVG Nr. 25; s.u. Rn. 3881, 3882) hat daran nichts geändert. Verweist eine Versorgungszusage für die Betriebsrentenberechnung der vor Eintritt des Versorgungsfalles mit unverfallbarer Anwartschaft ausgeschiedenen Arbeitnehmer pauschal auf das BetrAVG, so sind dessen Berechnungen auch im Versorgungsfall der Invalidität anzuwenden. Ein Verzicht auf eine gesetzlich ausdrücklich vorgesehene zeitanteilige Kürzung kann regelmäßig nur dann angenommen werden, wenn dies deutlich zum Ausdruck gebracht wurde, wofür der Arbeitnehmer darlegungs- und beweispflichtig ist. Nur im Fall sehr weit formulierter Versorgungszusagen bedarf es für die Anwendung gesetzlicher Kürzungsmöglichkeiten unmissverständlicher Kürzungsvorbehalte in der Versorgungszusage selbst (*BAG* 21.8.2001 EzA § 2 BetrAVG Nr. 17). 3743

3744 Die gesetzlich unverfallbare Anwartschaft auf Invaliditäts- oder Todesfall-Leistungen ist gem. **§ 2 Abs. 1 S. 2 BetrAVG** der Höhe nach begrenzt auf den Betrag, den der Arbeitnehmer oder seine Hinterbliebenen erhalten hätten, wenn im Zeitpunkt des Ausscheidens der Versorgungsfall eingetreten wäre (MünchArbR/*Förster/Rühmann* § 107 Rz. 67 f.).

(5) Berechnung der Höhe bei einer Direktversicherung

aaa) Ergänzungsanspruch

3745 Bei Direktversicherungen hat der Arbeitnehmer nicht nur einen Anspruch auf die von dem Versicherer nach dem Versicherungsvertrag auf Grund der Beiträge des Arbeitgebers zu erbringende Versicherungsleistung, soweit sie bis zum Zeitpunkt des Ausscheidens vom Arbeitgeber zu erbringen waren. Vielmehr kann er darüber hinaus die Differenz zwischen diesem Anspruch auf die Versicherungsleistung und dem vom Arbeitgeber zu finanzierenden Teilanspruch nach § 2 Abs. 1 BetrAVG (Ergänzungsanspruch) verlangen.

3746 Denn der Versicherungsbeginn fällt häufig nicht mit dem Beginn der Betriebszugehörigkeit zusammen. Zudem reicht das in den ersten Versicherungsjahren bei einer Direktversicherung angesammelte geschäftsplanmäßige Deckungskapital in vielen Fällen nicht aus, den nach dem ratierlichen Berechnungsverfahren, das an sich auch bei der Direktversicherung gelten soll, zu ermittelnden Anspruch abzudecken.

bbb) Versicherungsrechtliche Lösung

3747 Ein derartiger Ergänzungsanspruch **widerspricht dem** vorrangig bei der Direktversicherung vom Arbeitgeber verfolgten **Ziel**, betriebsfremde **Risiken** auf ein Unternehmen der Versicherungswirtschaft **auszulagern**. Deshalb hat er die Möglichkeit **(§ 2 Abs. 2 S. 2, 3 BetrAVG)**, die Ansprüche auf die vom Versicherer auf Grund des Versicherungsvertrages zu erbringende Versicherungsleistung zu beschränken **(versicherungsvertragliche Lösung)**.

ccc) Mitteilungspflichten bei der versicherungsrechtlichen Lösung; soziale Auflagen

3748 Will der Arbeitgeber die versicherungsrechtliche Lösung wählen, so hat er dies dem Arbeitnehmer und dem Versicherer innerhalb von drei Monaten seit dem Ausscheiden des Arbeitnehmers mitzuteilen (§ 2 Abs. 2 S. 3 BetrAVG); gegenüber dem Versicherer ist Schriftform vorgeschrieben (§ 12 Abs. 1 ALB). Innerhalb der **Ausschlussfrist von drei Monaten** muss der Arbeitgeber auch die zur Erfüllung der drei sozialen Auflagen erforderlichen Erklärungen abgegeben haben.

3749 Der Arbeitgeber muss:

3750 ▶ dem Arbeitnehmer spätestens drei Monate nach dem Ausscheiden ein **unwiderrufliches Bezugsrecht** eingeräumt haben, etwa vorgenommene Befreiungen und Abtretungen der Rechte aus dem Versicherungsvertrag bis zum Fristablauf rückgängig gemacht und vorhandene Beitragsrückstände ausgeglichen haben.

3751 ▶ Die **Überschussanteile** aus dem Versicherungsvertrag müssen vom Beginn der Versicherung an, frühestens jedoch vom Beginn der Betriebszugehörigkeit an, **nur zur Verbesserung der Versicherungsleistung** verwendet werden (§ 2 Abs. 2 S. 2 Nr. 2 BetrAVG), um dem Arbeitnehmer von vornherein eine dem Versicherungsnehmer angenäherte Stellung zu verschaffen.

3752 ▶ Der ausgeschiedene Arbeitnehmer muss nach dem Versicherungsvertrag das **Recht zur Fortsetzung der Versicherung mit eigenen Beiträgen** haben (§ 2 Abs. 2 S. 2 Nr. 3 BetrAVG), um insoweit einen Anreiz zur Eigenvorsorge in Ergänzung der betrieblichen Altersversorgung zu schaffen.

3753 **§ 2 Abs. 2 S. 4–6 BetrAVG** stellen Verbotsgesetze i.S.d. **§ 134 BGB** dar; Beleihungen und Abtretungen sind daher nichtig (MünchArbR/*Förster/Rühmann* § 107 Rz. 83).

Erfüllt der Arbeitgeber die sozialen Aufgaben der versicherungsrechtlichen Lösung **nicht**, ist die Höhe der unverfallbaren Anwartschaft **ratierlich** gem. § 2 Abs. 2 S. 1 BetrAVG **zu berechnen**. 3754

ddd) Verfügungsbeschränkungen des Arbeitnehmers

Da dem Arbeitnehmer bei der versicherungsrechtlichen Lösung weitgehend die Stellung eines Versicherungsnehmers eingeräumt wird, hat er es selbst in der Hand, die Versicherung fortzusetzen oder über sie zu verfügen. 3755

Um die bestehende Anwartschaft für den Versorgungszweck zu erhalten, hat der Gesetzgeber durch **§ 2 Abs. 2 S. 4–6 BetrAVG** mehrere Verfügungsbeschränkungen für den Arbeitnehmer angeordnet. 3756

Danach ist eine Abtretung, Beleihung oder Verpfändung der Ansprüche aus dem Versicherungsvertrag dem Arbeitnehmer verboten, soweit das geschäftsplanmäßige Deckungskapital durch Beitragszahlungen des Arbeitgebers gebildet worden ist. 3757

Davon sind nach Auffassung von *Förster/Rühmann* (MünchArbR § 107 Rz. 80) auch Überschussanteile erfasst, die durch Arbeitgeberbeiträge ausgelöst worden sind. 3758

Im Falle der Kündigung der Versicherung durch den Arbeitnehmer wird sie gem. § 2 Abs. 2 S. 5 BetrAVG in eine prämienfreie Versicherung umgewandelt. 3759

Den Rückkaufwert darf der Arbeitnehmer in Höhe des durch Beitragszahlungen des Arbeitgebers gebildeten geschäftsplanmäßigen Deckungskapitals nicht vor der zum Zeitpunkt der vertraglich vorgesehenen Fälligkeit der Versicherung in Anspruch nehmen. 3760

Der Anspruch auf **Auszahlung des Rückkaufwertes** einer vom Arbeitgeber abgeschlossenen Lebensversicherung ist nach Kündigung auch dann gem. § 2 Abs. 2 S. 5, 6 BetrAVG ausgeschlossen, wenn der Arbeitgeber den von ihm gezahlten Prämienbetrag vereinbarungsgemäß vom Gehalt des Arbeitnehmers einbehält (*OLG Frankf.* 12.8.1998 NZA 1999, 1279). 3761

(6) Berechnung der Höhe bei einer Pensionskasse

aaa) Grundlagen

Da Pensionskassen ihrer Art nach Lebensversicherungsunternehmen sind, wird in **§ 2 Abs. 3 BetrAVG** die Berechnung der unverfallbaren Anwartschaft weitgehend **ähnlich** der Regelung für **Direktversicherungen** in § 2 Abs. 2 BetrAVG gestaltet. Auch insoweit ist also eine ratierliche Berechnungsmöglichkeit sowie eine versicherungsrechtliche Lösung vorgesehen. 3762

bbb) Besonderheiten bei der versicherungsrechtlichen Lösung

Die versicherungsrechtliche Lösung bei Pensionskassen unterscheidet sich von der bei Direktversicherungen jedoch dadurch, dass eine Bezugsberechtigung des Arbeitgebers oder eine Abtretung oder Beleihung des Rechts aus dem Versicherungsvertrag nicht vorkommt und damit die **erste soziale Auflage** des § 2 Abs. 2 BetrAVG **entfällt**. Weiterhin fallen bei zahlreichen Pensionskassen keine Überschussanteile an. Hinsichtlich der Verwendung von Überschussanteilen kann die **zweite Auflage** anders als bei der Direktversicherung auch dadurch erfüllt werden, dass der Versorgungsanspruch des Arbeitnehmers während der Tätigkeit beim Arbeitgeber der **Entwicklung seines Arbeitsentgelts** folgt. 3763

Nach Auffassung von *Förster/Rühmann* (MünchArbR § 107 Rz. 88) muss die Versorgungsanwartschaft **nicht beständig** mit dem gleichen Prozentsatz und zum gleichen Zeitpunkt **wie das Arbeitsentgelt** des Arbeitnehmers **steigen**. Vielmehr ist eine **halbdynamische Versorgungszusage** ausreichend, bei der den Arbeitnehmern bei Eintritt des Versorgungsfalles ein bestimmter Prozentsatz des zuletzt vor der Pensionierung bezogenen ruhegeldfähigen Einkommens (zur Auslegung dieses Begriffs in Betriebsvereinbarungen s. *BAG* 24.1.2006 – 3 AZR 479/04 – EzA-SD 8/06 S. 12 LS = NZA 2006, 1128 LS) versprochen wird. Eine Dynamisierung ist für Einkommensbestandteile unterhalb der Beitragsbemessungsgrenze in der gesetzlichen Rentenversicherung erforderlich, nicht dagegen für Gehaltsbestandteile darüber, ebenso wenig nach Ausscheiden des Arbeitnehmers aus dem Unternehmen. 3764

(7) Berechnung der Höhe bei Unterstützungskassen

3765 Bei Unterstützungskassen gilt grds. nur das ratierliche Berechnungsverfahren (**§ 2 Abs. 4 BetrAVG**). Eine versicherungsrechtliche Lösung kann nicht gewählt werden.

cc) Auskunftspflichten

(1) Rechtslage bis zum 31.12.2004

3766 Gem. **§ 2 Abs. 6 BetrAVG** hat der Arbeitgeber oder der sonstige Versorgungsträger über das Bestehen und die Höhe einer unverfallbaren Anwartschaft dem ausgeschiedenen Arbeitnehmer Auskunft zu erteilen. Sie soll allerdings **lediglich zur Klarstellung der Rechtslage** dienen; es handelt sich weder um ein abstraktes noch um ein deklaratorisches Schuldanerkenntnis (*Höfer* § 2 Rz. 2056). Auch einem als solchem erkennbaren **Begleitschreiben zu einer Rentenauskunft** kommt regelmäßig **kein eigener Erklärungswert** zu (*BAG* 17.6.2003 EzA § 2 BetrAVG Nr. 20; vgl. allerdings auch zur Abgrenzung einer unverbindlichen Versorgungsauskunft von einer bindenden Versorgungszusage *LAG Köln* 2.5.2002 NZA-RR 2002, 546).

3767 Hat sich der Arbeitnehmer allerdings in seiner Versorgungsplanung auf die Richtigkeit der Auskunft verlassen, können ihm **u.U. Schadensersatzansprüche** gegen den Arbeitgeber erwachsen (*BAG* 8.11.1983 EzA § 2 BetrAVG Nr. 4).

3768 Hat der Arbeitgeber die individuelle Berechnung (s.o. Rn. 3738) gewählt, so trifft den Arbeitnehmer die arbeitsvertragliche **Nebenpflicht**, dem Arbeitgeber die benötigten sozialversicherungsrechtlichen **Unterlagen** auf dessen Kosten **zu beschaffen**. Solange der Arbeitnehmer dieser Pflicht nicht nachkommt, kann der Arbeitgeber die Auskunft verweigern. Streiten ausgeschiedene Arbeitnehmer mit dem Arbeitgeber über den Inhalt ihrer Versorgungsansprüche, so darf der Arbeitgeber bei der Auskunft von den nach seiner Ansicht geltenden Bestimmungen ausgehen. Ein Anspruch auf Erteilung einer neuen Auskunft kommt erst dann in Betracht, wenn der Inhalt der Versorgungsansprüche durch rechtskräftige gerichtliche Entscheidung oder durch Einigung der Parteien geklärt ist (*BAG* 9.12.1997 EzA § 2 BetrAVG Nr. 15).

(2) Rechtslage ab dem 1.1.2005

3769 Das inhaltlich beschränkte Auskunftsrecht gem. § 2 Abs. 6 BetrAVG entfällt mit dem 31.12.2004 ersatzlos und wird ab dem 1.1.2005 durch einen **weitergehenden Auskunftsanspruch** gem. § 4a BetrAVG ersetzt. Danach ist der Arbeitgeber nunmehr nicht erst bei der Beendigung des Arbeitsverhältnisses, sondern bereits im laufenden Arbeitsverhältnis verpflichtet, dem Arbeitnehmer bei einem berechtigten Interesse auf dessen Verlangen hin schriftliche Informationen über seine betriebliche Altersversorgung zu erteilen. Die gesetzliche Information ist also nunmehr kein zwingender Automatismus mehr, sondern setzt ein entsprechend begründetes Begehren des Arbeitnehmers voraus. Die Auskunftsverpflichtung erstreckt sich inhaltlich nach § 4a Abs. 1 BetrAVG sowohl darauf, »in welcher Höhe aus der bisher erworbenen unverfallbaren Anwartschaft bei Erreichen der in der Versorgungsregelung vorgesehenen Altersgrenze ein Anspruch auf Altersversorgung besteht« (Nr. 1), als auch auf die »Höhe des Übertragungswertes« nach § 4 Abs. 5 BetrAVG (Nr. 2), sofern ein Anspruch auf Übertragung gem. § 4 Abs. 3 BetrAVG besteht (vgl. *Reinecke* DB 2006, 555 ff.; *Förster/Cisch* BB 2004, 2126 ff.; s. dazu Rn. 3811 ff.).

b) Abfindungsverbot; Erweiterung der Abfindungsmöglichkeiten ab dem 1.1.1999; Änderungen durch das Alterseinkünftegesetz vom 5.7.2004

aa) Grundlagen

3770 Gem. **§ 3 BetrAVG** a.F. waren Verträge über den Verzicht auf die Versorgungsanwartschaft gegen Zahlung einer entsprechenden Entschädigung bei Beendigung des Arbeitsverhältnisses grds. verboten (Abfindungsverbot).

Deshalb verstieß eine Versorgungsregelung, wonach unverfallbare Versorgungsanwartschaften bei vorzeitiger Vertragsbeendigung ohne Rücksicht auf die Zusagedauer abzufinden sind, gegen § 3 BetrAVG und war folglich nichtig. 3771
Das galt auch dann, wenn die Abfindung so bemessen war, dass sie den Barwert einer nach § 2 BetrAVG berechneten Teilrente überstieg.

In einem solchen Fall war nicht ohne weiteres anzunehmen, dass die Parteien neben der gesetzlich vorgeschriebenen Teilrente eine Teilabfindung vereinbart hätten, wenn ihnen die Unzulässigkeit ihrer Abfindungsregelung bewusst gewesen wäre (*BAG* 22.3.1983 EzA § 3 BetrAVG Nr. 1). 3772

Nur ausnahmsweise und unter sehr eng begrenzten Voraussetzungen galt gem. § 3 BetrAVG etwas anderes. 3773

Eine Versorgungsanwartschaft, die gem. § 3 Abs. 1 BetrAVG nicht abgefunden werden durfte, konnte auch **nicht wirksam erlassen** werden (*BAG* 22.9.1987 EzA § 3 BetrAVG Nr. 2). 3774

Bei einer **mehr als 10-jährigen Zusagedauer** kam eine Abfindung auch mit Zustimmung des Arbeitnehmers nicht mehr in Betracht. 3775

bb) Unverfallbare Anwartschaft

Das Abfindungsverbot galt grds. für unverfallbare Anwartschaften **in allen vier Durchführungswegen**; bei Unterstützungskassenleistungen war aber an die zehnjährige Zugehörigkeit des Arbeitnehmers zum Kreis der Begünstigten anzuknüpfen. 3776

Weil die Versorgungsanwartschaft einerseits jünger als zehn Jahre, andererseits unverfallbar sein muss, war eine Abfindung nur bei Anwartschaften möglich, die nach § 1 Abs. 1 2. Alt. BetrAVG unverfallbar geworden sind. 3777

cc) Zulässige Abfindungsvereinbarungen nach altem und neuem Recht

(1) Rechtslage bis zum 31.12.1998

Unabhängig von der Zusagedauer war eine Abfindung mit Zustimmung des Arbeitnehmers gem. **§ 3 Abs. 1 S. 3 BetrAVG** dann möglich, **wenn ihm die Beiträge zur gesetzlichen Rentenversicherung erstattet worden waren** (z.B. Ausländern, die zwischen dem 1.10.1983 und 30.9.1984 den Geltungsbereich des Gesetzes auf Dauer verlassen haben, Gesetz zur Förderung der Rückkehrbereitschaft von Ausländern vom 28.11.1983 BGBl. I S. 1377). 3778

Dem Abfindungsverbot unterlagen nicht laufende Versorgungsleistungen, verfallbare Anwartschaften, Anwartschaften, die vertraglich, nicht aber gesetzlich unverfallbar waren, Anwartschaften aus Arbeitsverhältnissen, die vor In-Kraft-Treten des BetrAVG beendet worden waren (§§ 26, 32 S. 1 BetrAVG), sowie unverfallbare Anwartschaften während des Bestehens des Arbeitsverhältnisses (*BAG* 14.8.1990 EzA § 17 BetrAVG Nr. 5; *LAG Köln* 19.10.2001 NZA-RR 2002, 434). Voraussetzung der Anwendung des Abfindungsverbots ist, dass **bei Beendigung** des Arbeitsverhältnisses der **Versorgungsfall noch nicht eingetreten** und der Arbeitnehmer **objektiv noch Versorgungsanwärter** ist (*BAG* 21.3.2000 EzA § 3 BetrAVG Nr. 6). 3779

Der Arbeitnehmer hatte weder einen Anspruch auf Abschluss einer Abfindungsvereinbarung, noch musste er einem entsprechenden Angebot des Arbeitgebers zustimmen. 3780

Sozialplanabfindungen sind jedenfalls regelmäßig nicht dazu bestimmt, unverfallbare Versorgungsanwartschaften abzugelten (*BAG* 30.10.1980 EzA § 112 BetrAVG 1972 Nr. 20). 3781

(2) Rechtslage vom 1.1.1999 – 31.12.2004

3782 Ausgehend von der Erkenntnis, dass der Gesetzeswortlaut dem eigentlichen Zweck der Regelung, die Abfindung von geringfügigen Anwartschaften zu erleichtern, keineswegs entsprach, die Vorschrift also als **missglückt** anzusehen ist, ist **§ 3 BetrAVG mit Wirkung ab dem 1.1.1999 grundlegend geändert** worden.

3783 Maßgeblich ist nunmehr der **Wert der monatlichen Versorgungsleistung**. Ein einseitiges Abfindungsrecht wird beiden Parteien zugestanden für monatliche Renten bis zur Höhe von 1% der monatlichen Bezugsgröße nach § 18 SGB IV (am 1.1.997 42,70 DM in den alten und 36,40 DM in den neuen Bundesländern). Die **Obergrenze** für Kapitalleistungen liegt bei 12/10 der Bezugsgröße. Zusätzlich werden Abfindungsvereinbarungen für zulässig erklärt, die die zweifache Höhe dieser Grenze nicht überschreiten. Bis zum 4-fachen ist eine Abfindungsvereinbarung dann zulässig, wenn der Abfindungsbetrag unmittelbar zur Zahlung **von Beiträgen zur gesetzlichen Rentenversicherung** oder zum **Aufbau einer Versorgungsleistung** bei einer Direktversicherung oder Pensionskasse verwendet wird.

3784 Auch **Anwartschaften aus Entgeltumwandlung** können bei Beendigung des Arbeitsverhältnisses des Arbeitnehmers mit seiner Zustimmung gem. § 3 Abs. 1 S. 3 BetrAVG abgefunden werden. Der monatliche Wert, der nach § 3 Abs. 2 BetrAVG (s.u. Rn. 3795) berechnet wird, darf dann aber 2% der monatlichen Bezugsgröße nicht übersteigen.

3785 Aufrechterhalten geblieben ist die Abfindungsmöglichkeit in den Fällen, in denen die Beiträge zur gesetzlichen Rentenversicherung (wegen Heimkehr in das Ausland) erstattet worden sind.

3786 Der Teil einer Anwartschaft, der auf **Zeiten während eines Insolvenzverfahrens** beruht, kann zudem ohne Zustimmung des Arbeitnehmers abgefunden werden, wenn die Betriebstätigkeit vollständig eingestellt und das Unternehmen liquidiert wird. Die Abfindung ist dann gesondert auszuweisen und einmalig zu zahlen. Damit soll die Liquidation eines Unternehmens im Insolvenzverfahren erleichtert werden.

3787 § 3 BetrAVG ist auch **weiterhin während des Bestehens eines Arbeitsverhältnisses nicht anzuwenden**; dies folgt zwar nicht aus dem Wortlaut der Neuregelung, wird aber in der Begründung als selbstverständlich vorausgesetzt (*BAG* 11.12.2001 EzA § 1 BetrAVG Nr. 80; zum Regierungsentwurf krit. *Blomeyer* DB 1997, 1921 ff.; NZA 1997, 961 ff.; NZA 1998, 913 f.; *Hanau/Arteaga/Kessel* DB 1997, 1401 ff.; eher zust. *Doetsch/Förster/Rühmann* DB 1998, 258 ff.; *Blumenstein/Krekeler* DB 1998, 2600 ff.). Es findet also nur Anwendung auf Vereinbarungen, die im **Zusammenhang mit der Beendigung des Arbeitsverhältnisses** getroffen werden. Im laufenden Arbeitsverhältnis kann der Arbeitnehmer dagegen auch auf in der Vergangenheit erdiente, verfallbare oder unverfallbare Anwartschaften wirksam verzichten (*BAG* 21.1.2003 EzA § 3 BetrAVG Nr. 9 = NZA 2004, 331; 24.1.2006 EzA § 3 BetrAVG Nr. 11 = NZA 2007, 278; ebenso für einen Teilverzicht *BAG* 14.6.2005 EzA § 3 BetrAVG Nr. 10 = NZA-RR 2006, 336 LS).

3788 § 3 BetrAVG ist auch dann nicht anwendbar, wenn die betriebliche Altersversorgung lediglich umgestaltet wird und die neuen Versorgungsleistungen wirtschaftlich gleichwertig sind. Dabei kommt es auf den durch Auslegung zu ermittelnden Inhalt der getroffenen Vereinbarungen an (*BAG* 20.11.2001 EzA § 3 BetrAVG Nr. 8). Obwohl das betriebsrentenrechtliche Abfindungsverbot grds. auch Handelsvertreter schützt, ist es auch nicht auf solche Vereinbarungen anzuwenden, die während des laufenden Arbeitsverhältnisses und ohne Rücksicht auf dessen Beendigung abgeschlossen worden sind (z.B. bei der Vereinbarung einer auflösenden Bedingung der Ausgleichsanspruchsstellung nach § 89b HGB; *BGH* 21.5.2003 NZA 2003, 920).

(3) Rechtslage ab dem 1.1.2005

aaa) Grundlagen

3789 Ausgehend von der Überlegung, dass die **Bedeutung von Betriebsrenten** für die Alterssicherung **zunimmt**, sollen demgegenüber in Zukunft – ab dem 1.1.2005 – den Beschäftigten **Anwartschaften** auf betriebliche Altersversorgung bis zum Rentenbeginn und laufende

Betriebsrenten **bis zum Lebensende erhalten bleiben** (BT-Drs. 15/2510, S. 52); die betriebliche Altersversorgung soll also künftig vor einem vorzeitigen Konsum bewahrt werden (*Höfer* DB 2004, 1426; *Matthießen* ArbuR 2005, 81 ff.).

bbb) Neuregelung der abfindbaren Bagatellanwartschaft

Deshalb liegt nach der gesetzlichen Neuregelung ab dem 1.1.2005 eine abfindbare Bagatellanwartschaft nur noch dann vor, wenn die beim Erreichen der vereinbarten Altersgrenze zu zahlende monatliche Altersrente 1% bzw. bei Kapitalleistungen 120% der monatlichen Bezugsgröße gem. § 18 SGB IV nicht übersteigt. Ausgehend von der 2004 geltenden aktuellen Bezugsgröße sind damit nur noch Rentenanwartschaften bis maximal 24,15 € (20,30 € in den neuen Bundesländern) bzw. Kapitalleistungen bis maximal 2.898 € (2.436 € in den neuen Bundesländern) abfindbar. Weitergehende Abfindungsmöglichkeiten bestehen entgegen der bisherigen Rechtslage nicht mehr (*Langohr-Plato/Teslau* NZA 2004, 1299 f.; *Förster/Cisch* BB 2004, 2126 ff.; *Höfer* DB 2004, 1426 ff.). **3790**

ccc) Abfindung gegen den Willen des Arbeitnehmers

Liegt die Anwartschaft **unterhalb dieser Bagatellgrenze**, kann der **Arbeitgeber sie einseitig abfinden**. Eine Zustimmungspflicht des Arbeitnehmers besteht nicht, auch dann nicht, wenn die Zusage auf einer Entgeltumwandlungsvereinbarung beruht. Entgegen der bisherigen Regelung in § 3 Abs. 1 S. 3 Nr. 4 BetrAVG kann der Versorgungsberechtigte also zur Aufgabe seiner Versorgungsansprüche gezwungen werden (*Langohr-Plato/Teslau* NZA 2004, 1299 f.). **3791**

ddd) Vorrang des Rechtsanspruchs auf Übertragung

Als Ausgleich für diese zwangsweise Abfindung enthält § 3 Abs. 2 BetrAVG nunmehr einen **gesetzlich zwingenden Vorrang des Rechtsanspruchs auf Übertragung**. Die Abfindung durch den Arbeitgeber ist dann unzulässig, wenn der Arbeitnehmer von seinem Recht auf Übertragung der Anwartschaft (§ 4 Abs. 3 BetrAVG) Gebrauch macht. **3792**

eee) Abfindung laufender Leistungen

Gem. §§ 3 Abs. 1, 30 g Abs. 2 BetrAVG gelten diese Regelungen erstmals auch entsprechend für die Abfindbarkeit laufender Leistungen, die **erstmals nach dem 31.12.2004 zur Auszahlung gelangen**. Lediglich bereits vor dem 1.1.2005 erstmals gezahlte Renten können nach wie vor in unbegrenzter Höhe abgefunden werden (*Langohr-Plato/Teslau* NZA 2004, 1299 f.; *Höfer* DB 2004, 1426 ff.). **3793**

fff) Zulässige Abfindungsmöglichkeiten

Nicht vom Abfindungsverbot erfasst ist die Möglichkeit **3794**
- vertraglich unverfallbare Versorgungsanwartschaften und
- Anwartschaften im laufenden Arbeitsverhältnis abzufinden, wenn die Zahlung nicht im zeitlichen oder sachlichen Zusammenhang mit dessen Beendigung erfolgt;
- der Abfindung auf Verlangen des Versorgungsberechtigten, ohne dass es der Zustimmung des Arbeitgebers bedarf, wenn dem Arbeitnehmer die Beiträge zur Sozialversicherung erstattet worden sind;
- der Abfindung des Teils der Anwartschaft ohne Zustimmung des Arbeitnehmers, der während eines Insolvenzverfahrens erdient worden ist, wenn die Betriebstätigkeit vollständig eingestellt und das Unternehmen liquidiert wird (*Langohr-Plato/Teslau* NZA 2004, 1299 f.; *Förster/Cisch* BB 2004, 2126 ff.; s. dazu *LAG BW* 3.7.2007 LAGE § 3 BetrAVG Nr. 2 = NZA-RR 2008, 153).

dd) Höhe der Abfindung

3795 Gem. **§ 3 Abs. 2 BetrAVG a.F.** wurde (bis zum 31.12.2004) die Abfindung nach dem Barwert der nach § 2 BetrAVG bemessenen künftigen Versorgungsleistung im Zeitpunkt der Beendigung des Arbeitsverhältnisses berechnet.

3796 Bei Ansprüchen aus Direktversicherungen oder gegenüber Pensionskassen berechnete sie sich nach dem geschäftsplanmäßigen Deckungskapital im Zeitpunkt der Beendigung des Arbeitsverhältnisses (§ 3 Abs. 2 S. 2 BetrAVG a.F.).

3797 **Mit Wirkung ab dem 1.1.2005 ist diese Regelung gestrichen und durch einen Verweis in § 3 Abs. 6 BetrAVG auf § 4 Abs. 5 BetrAVG ersetzt worden. Für die Berechnung künftiger Abfindungen gelten also nunmehr die Regelungen zur Ermittlung des »Übertragungswertes« im Falle der Übertragung einer Versorgungsanwartschaft bei Beendigung des Arbeitsverhältnisses gem. § 4 Abs. 5 BetrAVG entsprechend** (*Langohr-Plato/Teslau* NZA 2004, 1300; *Förster/Cisch* BB 2004, 2126 ff.).

ee) Gerichtlicher Vergleich

3798 Sind die Voraussetzungen oder die Höhe des Versorgungsanspruchs streitig, so kann über beides in den Grenzen des § 138 BGB (grobes Missverhältnis hinsichtlich des beiderseitigen Nachgebens) ein gerichtlicher Vergleich abgeschlossen werden, ohne dass dadurch § 3 Abs. 1 BetrAVG verletzt wird. Auch eine Einigung, wonach keine Versorgungsrechte bestehen, wird weder durch § 17 Abs. 3 S. 3 BetrAVG noch durch § 3 Abs. 1 BetrAVG verboten. Es genügt, wenn die Parteien zuvor über die tatsächlichen Voraussetzungen des Anspruchs auf betriebliche Altersversorgung ohne abschließende Klärung gestritten haben (*BAG* 18.12.1984 EzA § 17 BetrAVG Nr. 2; 30.7.1985 EzA § 138 BGB Nr. 18).
Das gilt auch dann, wenn im Vergleich Versorgungsansprüche ausgeschlossen werden und stattdessen ein Abfindungsanspruch wegen des Verlustes des Arbeitsplatzes erhöht wird (*BAG* 23.8.1994 EzA § 3 BetrAVG Nr. 4).

ff) Rechtsfolgen des Verstoßes gegen § 3 BetrAVG

3799 Ein Verstoß gegen § 3 BetrAVG führt zur Nichtigkeit der Abfindungsvereinbarung gem. **§ 134 BGB**. Das gilt z.B. auch für eine Vereinbarung zwischen Arbeitgeber und Arbeitnehmer über die **Verrechnung künftiger Rentenansprüche** mit Ansprüchen auf eine Abfindung gem. §§ 9, 10 KSchG. Der Arbeitnehmer kann dann im Versorgungsfall seine Betriebsrente ungekürzt verlangen (*BAG* 24.3.1998 EzA § 3 BetrAVG Nr. 5; 21.3.2000 EzA § 3 BetrAVG Nr. 6). Das gilt z.B. auch für den Fall, dass eine in einem **Aufhebungsvertrag** vereinbarte **Abfindung** für den Verlust des Arbeitsplatzes mit der bis zur Vollendung des 60. Lebensjahres entstehenden **betrieblichen Invaliditätsrente verrechnet** werden soll (*BAG* 17.10.2000 EzA § 3 BetrAVG Nr. 7). Dem Arbeitgeber kann jedoch nach § 812 Abs. 1 S. 2 BGB ein **Bereicherungsanspruch** gegen den Arbeitnehmer auf Rückzahlung der Abfindung zustehen; § 817 S. 2 BGB schließt diesen Anspruch nicht aus (*BAG* 17.10.2000 EzA § 3 BetrAVG Nr. 7; vgl. auch *LAG Köln* 3.3.1997 NZA-RR 1997, 397; **a.A.** *Braun* NJW 1983, 1591). Allerdings führt § 3 BetrAVG nur zur Aufrechterhaltung der bei Abschluss des Abfindungsvertrages bereits bestehenden Versorgungszusagen; die Regelung dient nicht deren Erhöhung (*BAG* 20.11.2001 EzA § 3 BetrAVG Nr. 8).

c) Übertragung unverfallbarer Anwartschaften

aa) Zweck des § 4 BetrAVG

3800 Gem. § 4 BetrAVG kann der Arbeitgeber aufrechtzuerhaltende Anwartschaften unter Zustimmung des Arbeitnehmers auf bestimmte, in Abs. 1 S. 2 genannte **andere Versorgungsträger** übertragen. Dem Arbeitnehmer soll eine Bonitätsprüfung der die Versorgungsschuld übernehmenden Person nicht zugemutet werden und eine ausreichende Haftungsmasse erhalten bleiben. Die Regelung dient ferner dem Schutz des PSV vor unerwünschten Haftungsrisiken (*BAG* 17.3.1987 EzA § 4 BetrAVG Nr. 3).

Deshalb ist das Übertragungsverbot des § 4 Abs. 1 BetrAVG auf **alle insolvenzgeschützten Versorgungsanwartschaften und -ansprüche** auszudehnen. Da sich der Insolvenzschutz auch auf unverfallbare Anwartschaften in bestehenden Arbeitsverhältnissen erstreckt, können Anwartschaften **nicht innerhalb bestehender Arbeitsverhältnisse** übertragen werden (MünchArbR/*Förster/Rühmann* § 108 Rz. 17). Darüber hinaus gebietet der Schutzzweck des § 4 BetrAVG eine Ausdehnung des Übertragungsverbots – selbst bei Zustimmung des Ruheständlers – auf **laufende Versorgungsleistungen** (*BAG* 26.6.1980 EzA § 4 BetrAVG Nr. 1; 17.3.1987 EzA § 4 BetrAVG Nr. 3). **Dagegen** sind **verfallbare Anwartschaften** und solche, die nicht insolvenzgeschützt sind, ohne die Beschränkungen des § 4 BetrAVG übertragbar (*BAG* 4.8.1981 EzA § 4 BetrAVG Nr. 2). 3801

bb) Übernahme durch andere Versorgungsträger

(1) Rechtslage bis zum 31.12.2004

aaa) Grundlagen

Eine Übernahme der Versorgungsanwartschaft durch andere Versorgungsträger als die in § 4 BetrAVG genannten (jedes Unternehmen, bei dem der ausgeschiedene Arbeitnehmer beschäftigt wird, Unternehmen der Lebensversicherung, Pensionskassen, öffentlich-rechtlicher Versorgungsträger) ist gem. **§ 4 Abs. 1 S. 2 BetrAVG gegenüber dem Arbeitnehmer unwirksam, selbst wenn er zugestimmt hat** (vgl. *LAG Nbg.* 26.7.2005 NZA-RR 2006, 94 für den Fall, dass weder die Arbeitnehmer noch der PSV zugestimmt haben). 3802

Da andererseits insolvenzsicherungspflichtiger Arbeitgeber (vgl. §§ 7 ff. BetrAVG) derjenige ist, der selbst oder über Versorgungseinrichtungen Leistungen der betrieblichen Altersversorgung erbringt, ohne dass dabei unmittelbar ein Arbeitsverhältnis zwischen dem Berechtigten und dem Versorgungsschuldner bestehen muss, **verliert der Arbeitnehmer** bei Übernahme der Versorgungsverpflichtung durch einen Dritten, bei dem der ausgeschiedene Arbeitnehmer nicht beschäftigt ist, **nicht den Insolvenzschutz**. Damit wird es an sich unnötig, Arbeitnehmer vor der Übertragung von Versorgungsverbindlichkeiten an einen Dritten durch Übertragungsverbot zu schützen. 3803

Weil § 4 BetrAVG zu einem Zeitpunkt eingeführt worden ist, als das Gesetz keine Vorschriften zur Insolvenzsicherung enthielt (§§ 7 ff. BetrAVG), ist eine teleologische Reduktion des § 4 BetrAVG dahingehend geboten, dass Übertragungen von Versorgungsverbindlichkeiten (gleich ob Anwartschaften oder Ansprüche) auf andere als die in § 4 genannten Versorgungsträger auch dann wirksam vereinbart werden können, wenn nicht nur die Versorgungsberechtigten zustimmen, sondern auch der Pensionssicherungsverein (*BAG* 26.6.1980 EzA § 4 BetrAVG Nr. 1; 17.3.1987 EzA § 4 BetrAVG Nr. 3). 3804

Beispiele: 3805

- Wird in einem Betriebsübernahmevertrag vereinbart, dass der Betriebserwerber den bereits fälligen Versorgungsschulden beitritt und danach die Betriebsrentner veranlassen muss, den Betriebsveräußerer von der Haftung freizustellen, so handelt es sich um eine Umgehung des § 4 BetrAVG. Die vorgesehenen Erlassverträge zu Gunsten des Betriebsveräußerers sind nur wirksam, wenn der PSV zustimmt (*BAG* 17.3.1987 EzA § 4 BetrAVG Nr. 3).
  Demgegenüber ist der **Pensionssicherungsverein** der Auffassung, dass er rechtlich eine solche Zustimmung nicht abgeben darf. Er **weigert sich** deshalb **generell, seine Zustimmung zu erteilen** (vgl. *Höfer* § 4 Rz. 2233 ff.).
- Nimmt ein von einer Versorgungszusage Begünstigter die **vollen Leistungen der gesetzlichen Rentenversicherung in Anspruch**, ist damit der betriebsrentenrechtliche **Versorgungsfall »Alter« eingetreten**. Dies gilt auch dann, wenn der Begünstigte in ren-

tenversicherungsrechtlich zulässigem geringfügigem Umfang für seinen Arbeitgeber weiterarbeitet und die Versorgungsleistungen bis zu seinem endgültigen Ausscheiden nicht in Anspruch nimmt. Das den Versorgungsanspruch vermittelnde Arbeitsverhältnis ist beendet, der Arbeitnehmer aus dem Erwerbsleben ausgeschieden. Setzt ein solcher »technischer Rentner« sein geringfügiges Beschäftigungsverhältnis auch bei einem Betriebserwerber noch einige Zeit fort, geht das bereits begründete Ruhestandsverhältnis auf diesen nicht über. Der Betriebserwerber kann auch die Versorgungsansprüche des »technischen Rentners« nicht schuldbefreiend nach § 4 Abs. 1 BetrAVG ohne Zustimmung des Trägers der gesetzlichen Insolvenzsicherung übernehmen (*BAG* 18.3.2003 EzA § 7 BetrAVG Nr. 68 = NZA 2004, 848).

bbb) Übertragung auf eine Unterstützungskasse

3806 Wegen des fehlenden Rechtsanspruchs auf Versorgungsleistungen ist eine Übertragung auf eine Unterstützungskasse grds. nicht möglich. Etwas anderes gilt gem. **§ 4 Abs. 2 BetrAVG,** wenn der vorzeitig ausgeschiedene Arbeitnehmer bereits Anspruch auf Gewährung von Versorgungsleistungen nach § 2 Abs. 4 BetrAVG hat.

3807 Soweit darüber hinaus die unverfallbare Versorgungsanwartschaft bereits vor dem Übertragungsakt von einer Unterstützungskasse aufrecht zu erhalten war, kann sie auch von einer **anderen Unterstützungskasse übernommen** werden. Allerdings muss der Träger dann, wenn nur der Arbeitnehmer und nicht auch der Pensionssicherungsverein der Übertragung zustimmt, den Arbeitnehmer **auch beschäftigen**; eine Übertragung einer Direktzusage auf die Unterstützungskasse des neuen Arbeitgebers des Versorgungsberechtigten verstößt jedenfalls gegen § 4 BetrAVG (MünchArbR/*Förster/Rühmann* § 108 Rz. 24).

ccc) Übertragung auf Verlangen des Arbeitnehmers

3808 Um es dem Arbeitnehmer zu ermöglichen, im Versorgungsfall eine Versorgung »aus einer Hand« zu erhalten, kann er nunmehr nach § 4 Abs. 4 BetrAVG **bei oder nach einem Arbeitgeberwechsel** verlangen, dass sein bisheriger Arbeitgeber den Barwert der unverfallbaren Anwartschaft auf seinen neuen Arbeitgeber oder dessen Versorgungsträger überträgt. Voraussetzung ist, dass der neue Arbeitgeber ihm freiwillig eine dem bisherigen Barwert wertmäßig entsprechende Zusage erteilt. Das »Verlangen« kann auch noch nach dem Ausscheiden erklärt werden; eine Frist zur Geltendmachung ist gesetzlich nicht vorgesehen. Mit der Erteilung der Zusage durch den neuen Arbeitgeber erlischt die Verpflichtung des früheren Arbeitgebers (vgl. *Blomeyer* NZA 2001, 917).

ddd) Der Übertragungsvorgang; Ausnahmen vom Zustimmungserfordernis des Begünstigten

3809 Nach der Zustimmung des Arbeitnehmers geht die Versorgungsverbindlichkeit inhaltlich unverändert auf den neuen Versorgungsträger über (**§§ 414, 415 BGB**). Angesichts der unterschiedlichen Ausgestaltung betrieblicher Versorgungszusagen einer- und Versorgungszusagen über Direktversicherungen oder Pensionskassen andererseits kommt aber eine deckungsgleiche Übertragung der Verpflichtung nur selten in Betracht; es sind **inhaltliche Änderungen** erforderlich.

3810 Ausreichend ist, dass eine neue Verbindlichkeit begründet wird, die wertmäßig der erdienten Versorgungsanwartschaft entspricht. Die Inhaltsänderung bedurfte nach § 4 BetrAVG a.F. bis zum 31.12.1998 in jedem Fall der gesonderten Zustimmung des Versorgungsberechtigten. Dies gilt auf Grund der neu eingeführten Regelung des § 4 Abs. 3 BetrAVG mit Wirkung ab dem **1.1.1999** aber **nicht mehr für den Fall der Betriebseinstellung mit Unternehmensliquidation**. Unmittelbare Versorgungszusagen und Unterstützungskassenzusagen können in diesem Fall fortan von einer Unterstützungskasse auch ohne Zustimmung des Versorgungsempfängers/Arbeitnehmers übernommen werden. Diese muss aber durch einen **Lebensversicherer** oder eine **Pensionskasse kongruent rückgedeckt** sein. Es muss ferner für den Versorgungsempfänger oder -anwärter aus der Rückdeckung ein **Pfandrecht** begründet und sichergestellt werden, dass die **Überschussanteile ab Rentenbeginn** für den

Versorgungsempfänger verwendet werden (vgl. *Blomeyer* NZA 1998, 914 f.; zum Regierungsentwurf vgl. krit. *Blomeyer* DB 1997, 1921 ff.; NZA 1997, 961 ff., insbes. weil durch den Wegfall des Arbeitgebers durch die Liquidation auch der Insolvenzschutz gem. § 7 BetrAVG ebenso wie die Anpassungsprüfungspflicht gem. § 16 BetrAVG entfällt; *Hanau/Arteaga/Kessel* DB 1997, 1401 ff.; eher zust. *Doetsch/Förster/Rühmann* DB 1998, 258 ff.).

(2) Rechtslage ab dem 1.1.2005

aaa) Grundlagen

Nach der Neufassung des § 4 Abs. 2 BetrAVG ist wie bislang die einvernehmliche Übernahme der Versorgungsverpflichtung durch den Folgearbeitgeber im Wege der haftungsbefreienden Schuldübernahme durch einen dreiseitigen Vertrag möglich. Die Zusage kann auch auf einem anderen Durchführungsweg als zuvor gewählt fortgesetzt werden (*Langohr-Plato/Teslau* NZA 2004, 1301; *Förster/Cisch* BB 2004, 2126 ff.; *Höfer* DB 2004, 1426 ff.). Im Gegensatz zur bisherigen Regelung gestattet § 4 BetrAVG künftig nur noch die haftungsbefreiende Schuldübernahme durch den Folgearbeitgeber. Die bislang vorgesehenen weiteren Übernahmemöglichkeiten durch eine Pensionskasse, eine Lebensversicherung oder einen öffentlich-rechtlichen Versorgungsträger wurden – da praktisch bedeutungslos – gestrichen (*Langohr-Plato/Teslau* NZA 2004, 1301). **3811**

bbb) Portabilität

Mit der zum 1.1.2005 neu eingeführten sog »Portabilität« soll die Mobilität der Arbeitnehmer gefördert und die Ansprüche der Versorgungsberechtigten möglichst nur auf einen Versorgungsträger konzentriert werden. Dabei wird nicht wie nach altem Recht die Versorgungszusage selbst, sondern nur deren Wert übertragen und als Einmalprämie in das Versorgungssystem des neuen Arbeitgebers eingebracht. Er kann vom neuen Arbeitgeber zur Finanzierung eines völlig anderen Versorgungsplans verwendet werden; eine inhaltliche Identität von Leistungsarten, Leistungsumfang und/oder Leistungsvoraussetzungen ist nicht erforderlich. Konsequenz ist der rechtliche Untergang der ursprünglichen Versorgungsverpflichtung beim alten Arbeitgeber (vgl. § 4 Abs. 6 BetrAVG) und zur Erteilung einer davon haftungsrechtlich unabhängigen Neuzusage, auf die die Regelungen zur Entgeltumwandlung entsprechend Anwendung finden, § 4 Abs. 2 Nr. 2 BetrAVG (vgl. *Langohr-Plato/Teslau* NZA 2004, 1353). Das Gesetz unterscheidet dabei zwischen freiwilliger Portabilität und dem Rechtsanspruch des Arbeitnehmers; vorgesehen ist zudem die Bestimmung des Übertragungswertes (vgl. ausf. *Langohr-Plato/Teslau* NZA 2004, 1355 f.; *Reichenbach/Jocham* BB 2008, 1786 ff.). **3812**

ccc) Erweiterung der Auskunftsansprüche

Durch § 4a BetrAVG hat der Gesetzgeber die **Auskunftsansprüche** des Versorgungsberechtigten wesentlich erweitert (s.o. Rn. 3766 ff.). **3813**

cc) Rechtsfolgen der Übertragung

Die Rechtsfolgen der Übertragung bestimmen sich nach **§§ 417, 418 BGB**; die Unverfallbarkeitsfristen beginnen nicht neu (vgl. § 1b Abs. 1 S. 3 BetrAVG). Auch der Insolvenzschutz wird grds. nicht berührt. **3814**

Ist der Übernehmer neuer Arbeitgeber des Arbeitnehmers, trägt er die Beitragspflicht zum Pensionssicherungsverein gem. § 10 BetrAVG; im Zweifel obliegt ihm auch die Anpassungsprüfungspflicht des § 16 BetrAVG. **3815**

Geht die Versorgungsverpflichtung auf einen Versicherer über, so verbleibt die Anpassungsprüfungspflicht beim bisherigen Arbeitgeber. **3816**

dd) Rechtsfolgen von Verstößen gegen § 4 BetrAVG

3817 Eine Übertragung, die gegen § 4 BetrAVG verstößt, ist gem. **§ 134 BGB** nichtig. Allerdings kann die fehlgeschlagene Schuldübernahme als kumulativer Schuldbeitritt zu bewerten sein, sodass der Versorgungsberechtigte auch den Übernehmenden in Anspruch nehmen kann. Der bisherige Arbeitgeber bleibt aber jedenfalls weiterhin zur Beitragszahlung an den Pensionssicherungsverein verpflichtet (MünchArbR/*Förster/Rühmann* § 108 Rz. 30).

d) Anrechungsverbot

aa) Zweck der gesetzlichen Regelung

3818 Um den Arbeitgeber nicht durch Eigenvorsorgemaßnahmen des Arbeitnehmers zu entlasten, dürfen nach § 5 Abs. 2 BetrAVG Leistungen der betrieblichen Altersversorgung durch Anrechnung oder Berücksichtigung anderer Versorgungsbezüge, soweit sie auf eigenen Beiträgen des Versorgungsempfängers beruhen, nicht gekürzt werden.

3819 Zu den Versorgungsbezügen, die auf eigenen Beiträgen des Versorgungsempfängers beruhen, können z.B. solche aus **privaten Lebensversicherungen** des Arbeitnehmers, Gehaltverwendungsversicherungen, Direktversicherungen, Pensionskassen bei demselben Arbeitgeber, soweit auch tatsächlich auf Eigenbeiträgen des Arbeitnehmers beruhend, **Versorgungsleistungen von Berufsverbänden**, Leistungen aus der Weiterführung betrieblicher Versorgungszusagen eines früheren Arbeitgebers durch den Arbeitnehmer selbst oder Leistungen aus der Höherversicherung oder der freiwilligen Versicherung in der gesetzlichen Rentenversicherung gehören.

3820 **Beispiele:**

- Deshalb dürfen Leistungen einer Krankengeldtageversicherung auf eine wegen Berufsunfähigkeit gewährte Betriebsrente nicht angerechnet werden, wenn die Beiträge vom Arbeitnehmer allein erbracht werden. Die Vorschrift, die eine entsprechende Anrechnung vorsieht, ist wegen Verstoßes gegen den Gleichbehandlungsgrundsatz unwirksam (*BAG* 25.10.1983 EzA § 5 BetrAVG Nr. 11).
- Dagegen kann die Anrechnung eines Leistungszuschlags der gesetzlichen Knappschaftsversicherung auf eine betriebliche Gesamtversorgung jedenfalls für solche Fälle vorgesehen werden, in denen das erhöhte Verletzungsrisiko des früheren Bergmannes durch eine beamtenähnliche Versorgung voll abgesichert ist (*BAG* 8.4.1986 EzA § 5 BetrAVG Nr. 15).
- § 5 Abs. 2 BetrAVG verbietet nur die Anrechnung von Versorgungsbezügen, die auf Beiträgen des Arbeitnehmers beruhen; dies trifft aber auf die **Versorgung von Abgeordneten** nicht zu (*BAG* 23.9.2003 – 3 AZR 465/02).

bb) Erfasste Leistungen der betrieblichen Altersversorgung

3821 Das Anrechnungsverbot gilt nicht für Renten aus den gesetzlichen Rentenversicherungen, soweit sie auf Pflichtbeiträgen beruhen, sowie für sonstige Versorgungsbezüge, die mindestens zur Hälfte auf Beiträgen oder Zuschüssen des Arbeitgebers beruhen (vgl. § 5 Abs. 2 BetrAVG).

3822 Zulässig ist eine betriebliche Versorgungsregelung, die so konzipiert ist, dass bei Eintritt eines Versorgungsfalles auf Grund der Höhe der anzurechnenden anderweitigen Versorgungsleistungen eine **Betriebsrente erst gar nicht entsteht** (*LAG Düsseld.* 7.5.1980 DB 1980, 2090).

3823 Dies gilt auch für eine Versorgungsregelung, die als Ruhegeld die **Differenz zwischen** dem **Arbeitsentgelt** eines bestimmten Jahres und der nach dem Eintritt des Versorgungsfalles gezahlten **Sozialversicherungsrente** vorsieht, selbst wenn dies durch die Dynamik der Sozialversicherungsrente zur Auszehrung der Anwartschaft führt (MünchArbR/*Förster/Rühmann* § 109 Rz. 3 f.).

Allerdings darf eine Versorgungsordnung bei der Bemessung des Versorgungsanspruchs nicht auf den Zeitpunkt der Beendigung des Arbeitsverhältnisses und für die Berücksichtigung der Sozialversicherungsrente auf den Zeitpunkt des Versorgungsfalles abstellen, da eine solche Regelung die mit einer unverfallbaren Anwartschaft ausgeschiedenen Arbeitnehmer schlechter stellt als die im Betrieb verbliebenen Arbeitnehmer und damit gegen den **Gleichbehandlungsgrundsatz** verstößt (*BAG* 20.3.1984 EzA § 242 BGB Ruhegeld Nr. 104). 3824

cc) Einzelfragen

(1) Tarifliche Regelungen

Ein tarifvertragliches Versorgungswerk kann bestimmen, dass die tariflichen Versorgungsleistungen auf die Leistungen bereits bestehender betrieblicher Versorgungswerke anrechenbar sind (*BAG* 19.7.1983 AP Nr. 1 zu § 1 BetrAVG Zusatzversorgungskasse gegen *BAG* 14.8.1980 AP Nr. 12 zu § 242 BGB Ruhegehalt-Unterstützungskasse). 3825

Eine derartige Regelung mit dem Wortlaut »Die Leistungen der Kasse können auf Leistungen aus betrieblichen Altersversorgungen angerechnet werden« bewirkt nicht unmittelbar die Kürzung betrieblicher Ruhegelder. Sie gibt nur die Möglichkeit, bestehende Ruhegelder an die neue tarifrechtliche Lage anzupassen und die Anrechnung von Renten der Zusatzversorgungskasse auf Betriebsrenten einzuführen. Dazu bedarf es einer Erklärung des Arbeitgebers. Diese muss in genereller Form abgegeben werden, wenn die bestehenden Versorgungsrechte auf einer betrieblichen Versorgungsordnung beruhen. 3826
Hat der Arbeitgeber nach Errichtung der Zusatzversorgungskasse jahrelang keine Anrechnung der Kassenrente vorgesehen und sogar die betriebliche Versorgungsordnung geändert, ohne die neue tarifrechtliche Lage zu berücksichtigen, so dürfen die Arbeitnehmer darauf vertrauen, dass sie die versprochene Betriebsrente neben der tariflichen Kassenrente beziehen sollen (*BAG* 19.7.1983 AP Nr. 1 zu § 1 BetrAVG Zusatzversorgungskassen).

Sollen dagegen nach einer geänderten Versorgungsordnung Leistungen der ZVK für das Baugewerbe auf die Betriebsrente angerechnet werden, ist i.d.R. eine Anrechnung nur in dem Umfang möglich, in dem ein Versorgungsberechtigter solche Leistungen **tatsächlich erhält**. Erhalten Hinterbliebene keine Leistungen von der ZVK mehr, dürfen sie bei der Berechnung der Hinterbliebenenrente nicht berücksichtigt werden (*BAG* 11.2.1992 AP Nr. 33 zu § 1 BetrAVG Unterstützungskassen). 3827

(2) Anrechnung von Einkünften

Eine Versorgungszusage kann auch vorsehen, dass Einkünfte des Versorgungsberechtigten aus **selbstständiger und unselbstständiger Tätigkeit** auf die Versorgungsleistungen angerechnet werden; zu beachten sind allerdings die Grenzen des Willkürverbots sowie des Gleichbehandlungsgrundsatzes (*BAG* 9.7.1991 EzA § 5 BetrAVG Nr. 26). 3828

(3) Karenzentschädigungen

Karenzentschädigungen aus Wettbewerbsverboten können auf eine Betriebsrente angerechnet werden. Voraussetzung ist aber, dass dies **klar zum Ausdruck gebracht wird** (*BAG* 26.2.1985 EzA § 74 HGB Nr. 45). 3829

Ob andererseits eine Betriebsrente gem. § 74c HGB auf die Karenzentschädigung anzurechnen ist, hat das *BAG* (26.2.1985 EzA § 74 HGB Nr. 45) zwar bezweifelt, letztlich aber offen gelassen (vgl. dazu *Bauer/Diller* BB 1997, 990 ff.). 3830

(4) Renten

aaa) Grundlagen

3831 Sieht eine betriebliche Versorgungsregelung vor, dass die »Rente aus der gesetzlichen Rentenversicherung« bei der Ermittlung einer Gesamtversorgungsobergrenze berücksichtigt werden soll, so ist damit im Zweifel der Betrag der Bruttorente gemeint (*BAG* 10.3.1992 EzA § 5 BetrAVG Nr. 28; 14.12.1999 EzA § 1 BetrAVG Invalidität Nr. 2). Der Zuschuss des Rentenversicherungsträgers zur Kranken- und Pflegeversicherung erhöht den Bruttobetrag der Rente nicht (*BAG* 14.12.1999 EzA § 1 BetrAVG Invalidität Nr. 2). Wenn insoweit nicht die Brutto-, sondern die Nettoversorgung maßgebend sein soll, muss dies in der Versorgungsordnung Ausdruck finden (*BAG* 5.10.1999 EzA § 17 BetrAVG Nr. 7). Im Rahmen eines Gesamtversorgungssystems kann die gesetzliche Altersrente auch insoweit angerechnet werden, als sie auf der Anrechnung von Kindererziehungszeiten beruht (*BAG* 5.12.1995 EzA § 5 BetrAVG Nr. 29).
Die Anrechnung ist unabhängig davon zulässig, ob der Arbeitnehmer früher bei anderen Arbeitgebern sozialversicherungspflichtig beschäftigt gewesen ist (*BAG* 17.5.1988 EzA § 5 BetrAVG Nr. 19). Der auf dem Wegfall der Berlinzulage beruhende geringere Anstieg der Nettolöhne kann bei der Ermittlung der reallohnbezogenen Obergrenze zu berücksichtigen sein (*BAG* 23.5.2000 NZA 2001, 1076).

3832 Sieht ein Gesamtversorgungssystem die Berücksichtigung »**der Sozialrente**« vor, so ist die vom Arbeitnehmer erdiente und nicht die in Folge eines Versorgungsausgleichs geminderte oder erhöhte gesetzliche Rente anzurechnen (*BAG* 20.3.2001 NZA 2002, 274).

3833 **Beispiele:**

- Setzt sich die betriebliche Altersrente aus einem dienstzeitunabhängigen Sockelbetrag und aus dienstzeitabhängigen Steigerungsbeträgen zusammen, dürfen Versorgungsleistungen aus **vorangegangenen Arbeitsverhältnissen** auf den Sockelbetrag angerechnet werden. Eine solche Anrechnungsregelung verstößt nicht gegen § 5 Abs. 2 BetrAVG und den Gleichbehandlungsgrundsatz. Versorgungsansprüche des Arbeitnehmers gegen eine von einem früheren Arbeitgeber finanzierte Unterstützungskasse beruhen nicht auf eigenen Beiträgen des Arbeitnehmers. Es ist nicht willkürlich, wenn derjenige Arbeitnehmer ein höheres Ruhegeld erhält, dem es nicht gelungen ist, in früheren Arbeitsverhältnissen eine betriebliche Altersversorgung mindestens in Höhe des kürzbaren Sockelbetrages zu erwerben (*BAG* 20.11.1990 EzA § 5 BetrAVG Nr. 24).
- Eine auf Pflichtbeiträgen beruhende Rente kann auch dann angerechnet werden, wenn erst durch **freiwillige Beiträge** die Wartezeit für die gesetzliche Rente erfüllt worden ist. Allerdings bleibt sie dann in dem Umfang, in dem die Sozialversicherungsrente aus den freiwilligen Beiträgen fließt, von der Anrechnung ausgenommen (*BAG* 19.2.1976 EzA § 242 BGB Ruhegeld Nr. 49).
- Eine Anrechnung einer Sozialversicherungsrente ist möglich, wenn sie zum Teil auf einer **Zweitbeschäftigung** beruht, für die keine betriebliche Altersversorgung gewährt wird (*BGH* 16.10.1985 BB 1986, 880). Sie braucht auch grds. nicht um den Beitragsanteil zur Krankenversicherung der Rentner gekürzt zu werden (*BAG* 10.3.1992 EzA § 5 BetrAVG Nr. 28).
- Zu den anrechenbaren Renten zählen die **Renten der Arbeiter und Angestellten** und die aus der knappschaftlichen Rentenversicherung, **nicht** dagegen das **Altersruhegeld für Landwirte** (nach dem Gesetz über eine Altershilfe für Landwirte, GAL; *BAG* 5.9.1989 AP Nr. 32 zu § 5 BetrAVG; nach *BVerwG* 26.6.1986 AP Nr. 6 zu § 55 BeamtVG ist das Altersgeld für Landwirte nicht in die Rentenberechnung gem. § 55 BeamtVG einzubeziehen). Denn dieses Altersruhegeld ist mit Leistungen aus den gesetzlichen Rentenversicherungen nicht vergleichbar. Versorgungsordnungen, in denen dem Arbeitnehmer eine Gesamtversorgung zugesagt wird und die deshalb die Anrechnung von Renten aus den gesetzlichen Rentenversicherungen auf die Betriebsrente vorsehen, erfassen das

Altersruhegeld nur bei eindeutigem Wortlaut (*BAG* 5.9.1989 AP Nr. 32 zu § 5 BetrAVG).

► Nach der Leistungsordnung des **Bochumer Verbandes** sind Sozialversicherungsrenten, soweit sie auf beitragslosen Versicherungszeiten beruhen, nur zu dem Teil auf die Betriebsrente anzurechnen, der dem Verhältnis von pflichtversicherten zu freiwillig versicherten Beitragszeiten (jeweils nach Werteinheiten) entspricht. Diese Regel gilt auch beim Zusammentreffen von Renten aus verschiedenen Versicherungszweigen (Wanderrenten), wobei die Verteilungsquote auf die Gesamtrente zu beziehen ist (*BAG* 28.6.1983 EzA § 5 BetrAVG Nr. 9).

bbb) Beamtenähnliche Grundversorgung

Sollen Renten aus der gesetzlichen Rentenversicherung auf eine beamtenähnliche Gesamtversorgung angerechnet werden, bedarf es hierfür einer **besonderen Rechtsgrundlage**. Die Arbeitsvertragsparteien des öffentlichen Dienstes können vereinbaren, dass Renten aus der gesetzlichen Rentenversicherung nur angerechnet werden, soweit sie im öffentlichen Dienst erworben sind. 3834

Die **Höhe des anrechnungsfähigen Betrages** ergibt sich daraus, dass die Summe der bis zur Ermittlung der für den Versicherten maßgebenden Rentenbemessungsgrundlage zugrunde gelegten Verhältniswerte (Werteinheiten) für in die Zeit des Arbeitsverhältnisses fallende und zu berücksichtigende Zeiten zu der Summe der insgesamt zugrunde gelegten Werteinheiten ins Verhältnis gesetzt wird (*BAG* 16.8.1988 EzA § 5 BetrAVG Nr. 21; s. auch *LAG Nds.* 15.9.2006 NZA-RR 2007, 94 zu einer **vertraglichen Zusage auf Ausgleich der Differenz** der tatsächlichen Altersbezüge und 75 % des letzten Bruttomonatsentgelts bei einem Arbeitgeber im öffentlichen Dienst). 3835

(5) Kinderzuschuss; Kindergeld

Soweit an Rentenberechtigte, die vor dem 1.1.1984 anspruchsberechtigt waren, ein **Kinderzuschuss** nach § 39 Abs. 1 AVG bzw. § 1262 Abs. 1 RVO (ab 1.1.1992 § 270 SGB VI) gezahlt wird, **kann** dieser **angerechnet werden**, da er nicht aus Beiträgen des Arbeitnehmers finanziert wird (*BAG* 16.8.1988 EzA § 5 BetrAVG Nr. 20). Allerdings verstößt eine Anrechnung gegen den Gleichbehandlungsgrundsatz, wenn die betriebliche Altersversorgung keinen Familienzuschlag enthält, der den Kinderzuschuss mindestens erreicht (*BAG* 21.8.1980 EzA § 242 Ruhegeld Nr. 89). 3836

Das **Kindergeld** nach § 1 BKGG, das für neue Renten den Kinderzuschuss ersetzt, stellt **dagegen** eine **anrechnungsfreie Sozialleistung** dar. Es verstößt aber gegen den Gleichbehandlungsgrundsatz, wenn hinsichtlich der Anrechnung von Kindergeldzuschüssen und Kindergeldern z.B. in einem Versorgungstarifvertrag Unterschiede gemacht werden. Die Anrechnungsfreiheit des Kindergeldes führt damit über den Gleichbehandlungsgrundsatz auch zur Anrechnungsfreiheit des Kinderzuschusses (*BAG* 16.8.1988 EzA § 5 BetrAVG Nr. 20). 3837

dd) Anrechnung bei geringerer Beteiligung des Arbeitgebers

Beruhen die Versorgungsbezüge zu weniger als der Hälfte auf Beiträgen oder Zuschüssen des Arbeitgebers, so kann nur eine Anrechnung gem. **§ 5 Abs. 2 S. 1 BetrAVG** vorgenommen werden, d.h. der auf eigenen Beiträgen des Versorgungsempfängers beruhende Teil des Gesamtanspruchs ist nicht in die Anrechnung einzubeziehen. 3838

ee) Sonstige Anrechnungsverbote

§ 5 BetrAVG stellt **keine abschließende Regelung** dar. Daneben kommen auch Anrechnungsbegrenzungen nach sonstigen gesetzlichen Vorschriften und allgemeinen Rechtsgrundsätzen (Gleichbehandlung, Willkürverbot) zur Anwendung. 3839

(1) Unfall-, Verletztenrenten

aaa) Grundlagen

3840 Renten aus der gesetzlichen Unfallversicherung, zu der allein der Arbeitgeber beitragspflichtig ist, unterliegen nicht dem Anrechnungsverbot (*BAG* 29.7.2003 NZA 2005, 712 LS). Eine Unfallrente kann allerdings nur dann anrechenbar sein, wenn sie dazu bestimmt ist, **Verdienstminderungen** zu ersetzen (*BAG* 29.7.2003 NZA 2005, 712 LS). Das gilt auch bei schwer behinderten Menschen; das SGB IX steht dem nicht entgegen (*BAG* 19.7.1983 EzA § 5 BetrAVG Nr. 6). Dagegen verstößt es gegen das Gleichbehandlungsgebot, wenn auch der Teil der Unfallrente angerechnet wird, der **immaterielle Schäden und sonstige Einbußen** ausgleicht (*BAG* 29.7.2003 NZA 2005, 712 LS).

3841 Da die gesetzliche Unfallversicherung keine Aufteilung der Verletztenrente je nach dem Zweck der Bezüge kennt, kommt es auf die **Aufteilung durch die betriebliche Versorgungsregelung** an. Ist diese unbillig oder enthält sie keine Regelung, so gilt der Maßstab des BetrAVG entsprechend: Derjenige Teil der Unfallrente ist anrechnungsfrei, der der Grundrente eines Versorgungsberechtigten nach dem BVersG bei vergleichbarer Minderung der Erwerbsfähigkeit entspricht. Diese teilweise Anrechnung der Verletztenrente ist sowohl bei Gesamtversorgungszusagen mit Anrechnungsklausel als auch bei Gesamtversorgungsobergrenzen sowie bei normalen Anrechnungsklauseln in Versorgungszusagen zulässig (*BAG* 19.7.1983 EzA § 5 BetrAVG Nr. 5; 19.7.1983 EzA § 5 BetrAVG Nr. 6; 24.3.1987 EzA § 5 BetrAVG Nr. 16).

bbb) Partielle Anrechnung

3842 Zulässig ist im Allgemeinen auch eine Regelung in einer Versorgungsordnung, dass die Verletztenrente der gesetzlichen Unfallversicherung im Rahmen einer Gesamtversorgung zur Hälfte angerechnet wird (*BAG* 10.4.1984 EzA § 5 BetrAVG Nr. 12).
Unbillig und daher unwirksam ist aber z.B. eine betriebliche Versorgungsregelung, die sich darauf beschränkt, bei der Anrechnung von Unfallrenten die Höchstgrenze der Gesamtversorgung um 10% der ruhegehaltsfähigen Bezüge anzuheben (*BAG* 19.7.1983 EzA § 5 BetrAVG Nr. 6).

3843 Eine partielle Anrechnung der Unfallrente ist auch dann möglich, wenn eine Verletztenrente auf Grund einer **Minderung der Erwerbsfähigkeit** von 30% oder weniger gezahlt wird. Die teilweise Anrechnung wird nicht dadurch ausgeschlossen, dass sich der Unfallgeschädigte seinen Anspruch auf die Verletztenrente abfinden lässt. Die Anrechnung ist auch dann zulässig, wenn der Abfindungsbetrag inzwischen – rechnerisch – durch Anrechnung auf die betrieblichen Versorgungsleistungen aufgezehrt ist (*BAG* 23.2.1988 EzA § 5 BetrAVG Nr. 18; 6.6.1989 EzA § 5 BetrAVG Nr. 22).

3844 Wenn die Verletztenrente zum **Ruhen der Altersrente** aus der gesetzlichen Rentenversicherung geführt hat (§ 93 SGB VI) und der ruhende Teil der gesetzlichen Altersrente einen höheren Betrag ergibt als der anrechenbare Teil der Verletztenrente, kann der versorgungspflichtige Arbeitgeber mindestens den Teil der Verletztenrente anrechnen, der dem ruhenden Teil der gesetzlichen Altersrente entspricht (*BAG* 8.11.1983 EzA § 5 BetrAVG Nr. 8).

ccc) Unerheblichkeit des Unfallzeitpunktes

3845 Für die Anrechenbarkeit der Unfallrente ist es unerheblich, ob sie wegen eines Arbeitsunfalls aus der Zeit vor der Begründung des Arbeitsverhältnisses, aus dem die betriebliche Altersversorgung resultiert, folgt und während der Dauer des Arbeitsverhältnisses neben dem Lohn gezahlt wurde (*BAG* 23.2.1988 EzA § 5 BetrAVG Nr. 18).

ddd) Hinterbliebenenversorgung

Die Grundsätze der beschränkten Anrechenbarkeit von Verletztenrenten sind im Bereich der Hinterbliebenenversorgung **nicht anwendbar.** Gesetzliche Unfallwitwenrenten können auf Leistungen der betrieblichen Hinterbliebenenversorgung zumindest dann angerechnet werden, **wenn Unfallwitwen wenigstens ein Versorgungsvorsprung** vor anderen Hinterbliebenenrenten erhalten bleibt (*BAG* 6.8.1985 EzA § 5 BetrAVG Nr. 14). 3846

(2) Spezialgesetzliche Anrechnungsverbote

Spezialgesetzliche Anrechnungsverbote finden sich in **§ 123 SGB IX, § 83 BVersG** und **§ 2 BSHG** (vgl. dazu *BAG* 10.7.1980 EzA § 242 BGB Ruhegeld Nr. 88). 3847

e) Auszehrungsverbot

aa) Begriffsbestimmung

Nach § 5 Abs. 1 BetrAVG dürfen die bei Eintritt des Versorgungsfalls festgesetzten Leistungen der betrieblichen Altersversorgung nicht mehr dadurch gemindert oder entzogen werden, dass Beträge, um die sich andere Versorgungsbezüge nach diesem Zeitpunkt durch Anpassung an die wirtschaftliche Entwicklung erhöhen, angerechnet oder bei Begrenzung der Gesamtversorgung auf einen Höchstbetrag berücksichtigt werden. Eine Auszehrung in diesem Sinne liegt vor, **wenn die Betriebsrenten unter den bei Eintritt des Versorgungsfalles festgesetzten Betrag sinken**. Die vom selben Arbeitgeber gewährten Versorgungsleistungen sind dabei i.d.R. auch dann als **Einheit** anzusehen, wenn sie auf verschiedene Versorgungsformen verteilt sind (*BAG* 5.10.1999 EzA § 17 BetrAVG Nr. 7). 3848

bb) Erfasste Leistungen

Betroffen von diesem Auszehrungsverbot sind **nur laufende Leistungen** der betrieblichen Altersversorgung, **nicht** dagegen **Anwartschaften** (*BAG* 18.12.1975 EzA § 242 BGB Ruhegeld Nr. 48). 3849

Der bei der Pensionierung festgesetzte Betrag darf bei einem **Gesamtversorgungssystem** auch dann nicht wegen der Anpassung der Sozialversicherungsrenten unterschritten werden, wenn die Gesamtversorgung selbst dynamisiert ist, selbst wenn eine Gesamtversorgungsobergrenze überschritten wird (*BAG* 13.7.1978 EzA § 5 BetrAVG Nr. 2). Zulässig ist jedoch ein Auf und Ab der betrieblichen Versorgungsleistungen oberhalb der erstmalig festgesetzten Summe. 3850

Das Auszehrungsverbot **gilt nicht für Angestellte des öffentlichen Dienstes**, die Anspruch auf eine dynamische Gesamtversorgung haben (§ 18 Abs. 1 S. 1 BetrAVG). Diese besondere gesetzliche Regelung verstößt nicht gegen Art. 3 Abs. 1 GG (*BAG* 28.6.1983 EzA § 5 BetrAVG Nr. 9). 3851

cc) Andere Versorgungsbezüge

Andere Versorgungsbezüge i.S.d. § 5 Abs. 1 BetrAVG sind alle gesetzlichen und privatrechtlichen Versorgungsleistungen, also auch Betriebsrenten aus unverfallbaren Anwartschaften von **Vorarbeitgebern**, nicht dagegen Versorgungsleistungen desselben Arbeitgebers. Soll nach der Versorgungszusage eine **Sozialversicherungsrente** auf die betriebliche Altersversorgung angerechnet werden, **so gilt dies auch für eine kapitalisierte Auszahlung der sozialversicherungsrechtlichen Rente** (*LAG Köln* 16.7.2004 NZA-RR 2005, 381). 3852

3853 ► **Beispiel:**
Im Rahmen von Gesamtversorgungssystemen können auch die **Altersentschädigungen ehemaliger Abgeordneter** der Bremischen Bürgerschaft auf Leistungen der betrieblichen Altersversorgung angerechnet werden. Aus dem Teilzeitcharakter der Mandatsausübung folgt kein Anrechnungsverbot (*BAG* 23.9.2003 EzA § 5 BetrAVG Nr. 33 = NZA 2004, 851).

dd) Leistungserhöhungen

3854 Vom Auszehrungsverbot betroffen sind Leistungserhöhungen, die **in Anpassung an die wirtschaftliche Entwicklung** vorgenommen werden, insbes. die Anpassung laufender Leistungen aus der gesetzlichen Rentenversicherung auf Grund der Rentenanpassungsgesetze, aber auch die Anpassung gem. § 16 BetrAVG oder auf Grund von vertraglichen Dynamisierungsklauseln.

3855 **Nicht betroffen** sind Erhöhungen, die auf **persönlichen Gründen** beruhen, etwa auf einem Wechsel von der Berufs- zur Erwerbsunfähigkeit oder bei Eintritt eines zusätzlichen Versorgungsfalles.

ee) Rechtsfolgen bei Verstößen gegen § 5 BetrAVG

3856 § 5 Abs. 1 BetrAVG entgegenstehende vertragliche Regelungen sind gem. **§ 134 BGB** nichtig. Bei einer rechtswidrigen Kürzung von Versorgungsleistungen hat der Betriebsrentner Anspruch auf den Differenzbetrag zwischen der festgesetzten und der gekürzten Rente. Bei rechtswidriger Anrechnung besteht ein entsprechender Nachforderungsanspruch. Allerdings kann gem. § 17 Abs. 3 S. 1 BetrAVG in **Tarifverträgen** vom Auszehrungsverbot abgewichen werden. Eine derartige Abweichung muss nicht als solche gekennzeichnet werden. Es genügt, dass sich dies **zweifelsfrei** aus den tarifvertraglichen Regelungen **ergibt**. Abweichungen in diesem Sinne berühren nicht die Unverfallbarkeitsregelung des § 1 Abs. 1 BetrAVG, an die auch die Tarifvertragsparteien gebunden sind (*BAG* 5.10.1999 EzA § 17 BetrAVG Nr. 7).

f) Flexible Altersgrenze

aa) Möglichkeiten der vorzeitigen Altersrente aus der gesetzlichen Rentenversicherung

(1) Normative Regelungen

3857 Die Möglichkeiten zur Inanspruchnahme der vorzeitigen Altersrente aus der gesetzlichen Rentenversicherung ergeben sich aus **§ 45 SGB VI** (Bergmannsrenten), **§§ 36, 41 Abs. 2, 77 Abs. 2 SGB VI** (für langjährig Versicherte), **§ 37 SGB VI** (Schwerbehinderte i.S.d. § 68 SGB IX), **§ 23 Abs. 2 SGB VI** (Berufsunfähige), **§ 44 Abs. 2 SGB VI** (Erwerbsunfähige), **§ 61 SGB VI** (langjährig unter Tage beschäftigte Bergleute), **§§ 38, 39, 41 Abs. 1 SGB VI** (weibliche Versicherte); s.u. Kap. 8 Rn. 239 ff.

3858 Die flexible Altersgrenze lag bis zum 31.12.2007 zwischen 60 und 65 Jahren (Regelaltersgrenze) je nach der im Einzelfall anwendbaren normativen Regelung sowie nach dem Geburtsdatum des Arbeitnehmers; ab dem 1.1.2008 liegt sie zwischen 62 und 67 Jahren.

(2) Zweck und Voraussetzungen der gesetzlichen Regelung

3859 Hintergrund des § 6 BetrAVG ist die mit den Rentenreformgesetzen vom 16.10.1972 (BGBl. I S. 1965) eingeführte und durch Gesetz vom 18.12.1989 (BGBl. I S. 2261) neu geregelte flexible Altersgrenze (vgl. *Griebeling* Rz. 493 ff.).

3860 Voraussetzung ist die sich aus dem Rentenbescheid des Rentenversicherungsträgers ergebende **Berechtigung, die vorzeitige Altersrente zu beziehen.** Erforderlich ist, dass die gesetzliche Altersrente **in voller Höhe** in Anspruch genommen wird. Der Bezug einer Teilrente nach § 42 SGB VI löst noch keine Ansprüche nach § 6 BetrAVG aus (MünchArbR/*Förster/Rühmann* § 110 Rz. 10).

§ 6 BetrAVG enthält keine Regelung zur Berechnung der vorgezogenen Betriebsrente eines Betriebsrentners, der vorzeitig mit einer unverfallbaren Versorgungsanwartschaft aus dem Arbeitsverhältnis ausgeschieden ist. Wenn eine Versorgungsordnung die Berechnung der vorgezogenen Betriebsrente eines bis zum vorgezogenen Ruhestand betriebstreuen Arbeitnehmers regelt, wegen des Eintritts der Unverfallbarkeit aber nur dem Grunde nach auf die Regelungen des BetrAVG verweist, sind die erstgenannten Regeln nicht ohne weiteres auch auf die Berechnung des Anwartschaftswertes zu übertragen. Der Arbeitgeber kann in einem solchen Fall auf die Rechtsgedanken des § 2 Abs. 1 BetrAVG zurückgreifen, darf die fehlende Betriebstreue des Arbeitnehmers zwischen dem Eintritt in den vorgezogenen Ruhestand und dem Erreichen der festen Altersgrenze aber nicht zweimal mindernd berücksichtigen (*BAG* 7.9.2004 EzA § 6 BetrAVG Nr. 27 = NZA 2005, 895 LS). 3861
Insoweit wird der **geringeren Betriebszugehörigkeit** meist durch **analoge Anwendung des § 2 Abs. 1 BetrAVG** (m/n-Kürzung) **Rechnung getragen.** § 6 BetrAVG **zwingt aber nicht dazu**, diesen Weg zu beschreiten. Der fehlenden Betriebszugehörigkeit kann auch durch eine **aufsteigende Berechnung** oder auf andere angemessene Weise **Rechnung getragen** werden. Die Erhöhung des rechtlich unproblematischen versicherungsmathematischen Abschlags von 0,5 % pro Monat der vorgezogenen Inanspruchnahme der Betriebsrente um weitere 0,1 % auf insgesamt 0,6 % als Ausgleich der geringeren Betriebszugehörigkeit ist z.B. angemessen, denn dies ist für den Versorgungsberechtigten günstiger als eine zeitratierliche Kürzung analog § 2 Abs. 1 BetrAVG (*BAG* 29.4.2008 EzA § 2 BetrAVG Nr. 30 = NZA 2008, 1417).

(3) Erfüllung der Leistungsvoraussetzungen der betrieblichen Altersversorgung

Vorgezogene betriebliche Altersleistungen kann ein Arbeitnehmer nur in Anspruch nehmen, wenn er zum Zeitpunkt des Rentenbeginns Leistungen der betrieblichen Altersversorgung beanspruchen kann oder ein solcher Anspruch entstehen kann, weil etwa vorgeschriebene Wartezeiten noch erfüllt werden können. 3862

Ist seine Wartezeit, die bis zum 65. Lebensjahr (ab dem 1.1.2008 bis zum 67. Lebensjahr) noch zurückgelegt werden kann, nicht erfüllt, kann der Arbeitnehmer Leistungen der betrieblichen Altersversorgung nach Ablauf der Wartezeit verlangen (*BAG* 28.2.1989 EzA § 6 BetrAVG Nr. 12). 3863

Der Arbeitnehmer muss bei seinem Ausscheiden alle anderen Leistungsvoraussetzungen der Versorgungsordnung erfüllt haben. Die Versorgungsanwartschaft muss zwar noch nicht unverfallbar gewesen sein (*BAG* 28.2.1989 EzA § 6 BetrAVG Nr. 12), jedoch darf sie **nicht vorher erloschen** sein, etwa durch Ausscheiden des Arbeitnehmers aus dem Betrieb vor Eintritt der Unverfallbarkeit, ohne dass der Arbeitnehmer gleichzeitig eine vorzeitige Altersrente beantragt (*BAG* 21.6.1979 EzA § 6 BetrAVG Nr. 2). 3864

Das gem. § 6 Abs. 1 BetrAVG notwendige Verlangen des Arbeitnehmers ist bei **Insolvenz** an den PSV zu richten (*BGH* 9.6.1980 EzA § 17 BetrAVG Nr. 2). 3865

bb) Höhe der vorgezogenen betrieblichen Altersleistung

(1) Grundlagen

Die Höhe der vorgezogenen betrieblichen Altersleistung **regelt § 6 BetrAVG nicht** (*BAG* 7.9.2004 EzA § 6 BetrAVG Nr. 27 = NZA 2005, 895 LS; s.o. Rn. 3857). Sie kann in der **Versorgungsvereinbarung** festgelegt werden; die Regelung muss aber jedenfalls vor Eintritt des Arbeitnehmers in den Ruhestand erfolgen. Der Arbeitgeber muss zudem **deutlich machen, welches gekürzte betriebliche Altersruhegeld** der Arbeitnehmer erhält, wenn er sein Recht aus § 6 BetrAVG geltend macht (*BAG* 1.6.1978 EzA § 6 BetrAVG Nr. 1). Fehlt eine vertragliche Regelung, so ist nach den Regeln der ergänzenden Vertragsauslegung **(§§ 133, 157 BGB)** zu verfahren. 3866

3867 Die Auslegungsregeln, die das *BAG* (12.11.1991 EzA § 2 BetrAVG Nr. 12) für die Berechnung einer nach § 6 BetrAVG vorzeitig in Anspruch genommenen Betriebsrente und die Behandlung einer in einer Versorgungsordnung enthaltenen Höchstbegrenzungsklausel aufgestellt hat (s.u. Rn. 3257), gelten im hier maßgeblichen Zusammenhang nur insoweit, als die betriebliche Versorgungsregelung bzw. die zwischen den Parteien getroffenen Vereinbarungen keine eigene billigenswerte Bestimmung getroffen hat (*BAG* 28.3.1995 EzA § 6 BetrAVG Nr. 17; 29.7.1997 EzA § 6 BetrAVG Nr. 20; 20.3.2001 EzA § 6 BetrAVG Nr. 22).

3868 Nicht zu beanstanden ist z.B. eine Versorgungsregelung, die für die Berechnung der vorzeitigen Altersrente auf die **tatsächlich im Zeitpunkt des Ausscheidens erdiente Rente** abstellt und auf versicherungsmathematische Abschläge und auf eine zeitratierliche Kürzung verzichtet (*BAG* 29.7.1997 EzA § 6 BetrAVG Nr. 19; vgl. auch *BAG* 7.9.2004 EzA § 6 BetrAVG Nr. 27 = NZA 2005, 895 LS). Andererseits kann auch im Falle des Versorgungsfalles **wegen Invalidität** eine **zweifache Kürzung** der Betriebsrente, nämlich zum einen wegen des vorgezogenen Rentenbezugs und zum anderen wegen des vorzeitigen Ausscheidens vereinbart werden (*LAG Nds.* 27.6.2003 LAG Report 2005, 231).

(2) Lebensversicherungen; Pensionskassen

3869 Lebensversicherungsunternehmen und Pensionskassen müssen das bei der Inanspruchnahme vorhandene geschäftsplanmäßige Deckungskapital nach versicherungsmathematischen Grundsätzen verrenten. Dabei wird i.d.R. kein Stornoabzug wegen des vorgezogenen Zahlungsbeginns vorgenommen. Andererseits wird die für den Versicherungsfall vorgesehene Schlussdividende entsprechend reduziert ausgezahlt.

3870 Ein auf Männer beschränkter versicherungsmathematischer Abschlag für die vorzeitige Inanspruchnahme von Altersrente ist wirksam, soweit er Führungszeiten vor dem 17.5.1990 (vgl. zu diesem Zeitpunkt Rn. 3471 f.) betrifft (*BAG* 23.3.1999 EzA § 1 BetrAVG Gleichbehandlung Nr. 17; 23.9.2003 EzA § 1 BetrAVG Gleichberechtigung Nr. 13).

(3) Direktzusagen; Unterstützungskassen

aaa) Ermessensspielraum des Arbeitgebers

3871 Bei Direktzusagen und Unterstützungskassenleistungen hat der Arbeitgeber einen Ermessensspielraum, soweit er das Mitbestimmungsrecht des Betriebsrats beachtet.

3872 Er kann z.B. von einer Kürzung des vorgezogenen betrieblichen Altersruhegeldes absehen, um einen Anreiz für ein frühzeitiges Ausscheiden seiner Arbeitnehmer zu schaffen (*BAG* 1.6.1978 EzA § 6 BetrAVG Nr. 1).

bbb) Berechnungsmethoden

3873 Soweit in der Versorgungszusage Steigerungsbeträge für Beschäftigungsjahre zwischen dem 60. und 65. Lebensjahr vorgesehen sind, wird die Betriebsrente bereits dadurch geringer, dass der Arbeitnehmer diese Beträge nicht mehr erdienen kann.
Der Arbeitgeber kann auch die erbrachte und die zu erwartende Betriebszugehörigkeit ins Verhältnis zueinander setzen und den in entsprechender Anwendung des § 2 BetrAVG zu errechnenden Teilwert auszahlen.

3874 Beide Berechnungsmethoden **berücksichtigen nur die verringerte Betriebszugehörigkeit des Arbeitnehmers, nicht jedoch die längere Rentenbezugszeit**. Der vorzeitige Bezug von Altersleistungen wird damit wie ein Fall eines mit einer unverfallbaren Anwartschaft ausgeschiedenen Arbeitnehmers behandelt und stellt keine Kürzung im eigentlichen Sinn dar.

Dennoch ist diese ratierliche Kürzung ohne ausdrückliche abweichende Regelung die einzig zulässige Berechnungsmethode (*BAG* 1.6.1978 EzA § 6 BetrAVG Nr. 1; 13.3.1990 EzA § 6 BetrAVG Nr. 13), vgl. aber *BAG* 21.3.2000 NZA 2001, 387; *Höfer* RdA 2001, 121 ff.). 3875

ccc) Versicherungsmathematische Abschläge Grundlagen

Allerdings sind **auf Grund entsprechender Vereinbarung** mit dem Arbeitnehmer oder mit dem Betriebsrat (§ 87 Abs. 1 Nr. 10 BetrVG) versicherungsmathematische Abschläge bei der Inanspruchnahme vorgezogener betrieblicher Altersleistungen zulässig (*BAG* 24.6.1986 EzA § 6 BetrAVG Nr. 10; s.a. *BAG* 29.4.2008 EzA § 2 BetrAVG Nr. 30 = NZA 2008, 1417). **Derartige Abschläge können isoliert und neben einer ratierlichen Kürzung entsprechend § 2 BetrAVG vereinbart werden.** 3876

Ziel einer versicherungsmathematischen Kürzung ist die Herstellung der Wertgleichheit der auszuzahlenden Betriebsrente und der Ausgleich des Zinsverlusts und der längeren Rentenlaufzeit mit der ursprünglich zugesagten Betriebsrente. Diese Methode führt zu einer Kürzung des erreichten Anspruchs zwischen 0,4% und 0,7% pro Monat der vorzeitigen Inanspruchnahme vor Vollendung des 65. Lebensjahres (MünchArbR/*Förster*/*Rühmann* § 110 Rz. 20 m.w.N.). 3877

Eine derartige Vereinbarung bzw. Ergänzung der maßgeblichen Bestimmungen muss **bis zum Eintritt des Arbeitnehmers in den Ruhestand** erfolgen. Denn spätestens ab diesem Zeitpunkt entsteht für ihn ein Vertrauenstatbestand, in den der Arbeitgeber grds. nicht mehr eingreifen darf (*BAG* 24.6.1986 EzA § 6 BetrAVG Nr. 10). 3878

Beispiele: 3879

- Sieht eine Versorgungsordnung Festrenten in Verbindung mit einer Gesamtversorgungsobergrenze vor, wird jedoch der Sonderfall der **flexiblen Altersgrenze nicht geregelt**, so darf der Arbeitgeber die Renten der vorzeitig pensionierten Arbeitnehmer zwar zeitanteilig kürzen, jedoch **keinen versicherungsmathematischen Abschlag** vornehmen. Eine weitere Kürzung auf Grund der Höchstbegrenzungsklausel kommt im Zweifel nur dann in Betracht, wenn die zeitanteilig gekürzte Festrente die Gesamtversorgungsobergrenze übersteigt (*BAG* 24.6.1986 EzA § 6 BetrAVG Nr. 10).
- Ein Sozialplan, der den betroffenen Arbeitnehmern eine Abfindung oder eine vorgezogene Pensionierung zur Wahl anbietet, kann von Regelungen einer bestehenden Versorgungsordnung abweichen, um Wertungswidersprüche zu vermeiden. So ist es nicht zu beanstanden, wenn für diejenigen Arbeitnehmer, die sich für die **Abfindungslösung** entscheiden und **gleichzeitig die flexible Altersgrenze** in Anspruch nehmen (§ 6 BetrAVG), ein **versicherungsmathematischer Abschlag** eingeführt wird, obwohl die bestehende Versorgungsordnung einen solchen nicht vorsieht (*BAG* 25.2.1986 EzA § 6 BetrAVG Nr. 11).
- Schreibt eine Versorgungsordnung vor, dass sowohl bei einer Dienstunfähigkeitsrente als auch nach dem Übergang von ihr zur vorzeitigen Altersrente kein versicherungsmathematischer Abschlag vorgenommen wird, so ergibt sich daraus i.d.R., dass auch dann ein versicherungsmathematischer Abschlag zu unterbleiben hat, wenn der Arbeitnehmer **von Anfang an die Voraussetzungen einer Dienstunfähigkeits- und einer vorzeitigen Altersrente erfüllt.** Der Verzicht auf den Abschlag trägt dem Entgelt- und Versorgungscharakter der betrieblichen Altersversorgung Rechnung und berücksichtigt, weshalb der Arbeitnehmer die erwartete Betriebstreue nicht erbringt (*BAG* 22.11.1994 EzA § 1 BetrAVG Nr. 69).
- Sollen nach einer Versorgungsordnung aus dem Jahre 1971 die Arbeitnehmer bei Erreichen der »Altersgrenze zum Bezug von Altersruhegeld nach den derzeit geltenden Sozialversicherungsgesetzen« oder dann, wenn »ein Betriebsangehöriger ... nach Erreichen der gesetzlichen Voraussetzungen (RVO) für das Altersruhegeld ... ausscheidet«, betriebliche Altersrente erhalten, so kann eine **Frau mit Vollendung des 60. Lebensjah-**

res die volle Betriebsrente beanspruchen, es sei denn, die Versorgungsordnung enthält für diesen Fall eine unmissverständliche Kürzungsregelung. Durch das In-Kraft-Treten des BetrAVG hat sich die bereits nach der Versorgungsordnung bestehende Rechtslage nicht verändert. Die Versorgungsordnung ist nicht lückenhaft geworden, sodass für eine ergänzende Vertragsauslegung kein Raum ist (*BAG* 25.10.1988 EzA § 2 BetrAVG Nr. 10; 21.8.1990 EzA § 6 BetrAVG Nr. 16).

(4) Ausscheiden mit unverfallbarer Anwartschaft

3880 Nimmt ein mit einer unverfallbaren Versorgungsanwartschaft (nach Erreichen der flexiblen Altersgrenze) ausgeschiedener Arbeitnehmer später eine vorgezogene betriebliche Altersrente in Anspruch, so ist eine **vertraglich vereinbarte Berechnung** der Höhe vorgezogener betrieblicher Altersleistungen **auch auf ihn anzuwenden**. Eine **gesetzliche Berechnungsregel** gibt es dafür nicht (*BAG* 24.7.2001 EzA § 6 BetrAVG Nr. 25 m. Anm. *Steinmeyer* RdA 2002, 315).

3881 Zusätzlich durfte dann diese Rente noch einmal zeitanteilig um den Unverfallbarkeitsfaktor gekürzt werden (*BAG* 13.3.1990 EzA § 6 BetrAVG Nr. 13; 12.3.1991 AP Nr. 11 zu § 2 BetrAVG); nach *BAG* 21.3.2000 NZA 2001, 387 = EzA § 6 BetrAVG Nr. 24 erwog der Senat allerdings, diese Rechtsprechung aufzugeben. Dies ist mit Urteil vom 23.1.2001 (EzA § 6 BetrAVG Nr. 23 = NZA 2002, 94 m. Anm. *Eichenhofer* SAE 2002, 38; ebenso 24.7.2001 EzA § 6 BetrAVG Nr. 25 m. Anm. *Steinmeyer* RdA 2002, 315; *LAG Köln* 4.11.2002 NZA-RR 2003, 380; 5.2.2003 NZA-RR 2004, 150; 12.12.2006 EzA § 1 BetrAVG Nr. 88 = NZA-RR 2007, 434; vgl. dazu *Grabno/Bodi* BB 2001, 2425 ff.; krit. *Höfer* DB 2001, 2045 ff.; zur Invalidenrente vgl. *BAG* 21.8.2001 EzA § 2 BetrAVG Nr. 17; s.a. *LAG Nds.* 10.11.2006 NZA-RR 2007, 148) inzwischen geschehen. Nunmehr gelten folgende Grundsätze:

- Bei der Berechnung der vorgezogenen in Anspruch genommenen Betriebsrente des vorzeitig ausgeschiedenen Arbeitnehmers darf die fehlende Betriebstreue zwischen dem vorgezogenen Ruhestand und der in der Versorgungsordnung festgelegten festen Altersgrenze **grds. nicht zweifach mindernd berücksichtigt** werden.
- Ausgangspunkt für die Anspruchsberechnung ist die bis zum Erreichen der festen Altersgrenze erreichbare **Vollrente.** Sie ist im Hinblick auf das vorzeitige Ausscheiden wegen der deshalb fehlenden Betriebstreue nach § 2 BetrAVG zu **kürzen,** falls die Versorgungsordnung keine für den Arbeitnehmer günstigere Berechnungsweise vorsieht.
- Der so ermittelte Besitzstand zum Zeitpunkt des vorzeitigen Ausscheidens kann ein **zweites Mal** wegen des früheren und längeren Bezugs der Altersrente gekürzt werden. Soweit die **Versorgungsordnung das vorsieht,** kann ein versicherungsmathematischer Abschlag vorgenommen werden. Fehlt eine solche Bestimmung, kann die Kürzung stattdessen **in der Weise** erfolgen, dass die **fehlende Betriebstreue** zwischen vorgezogener Inanspruchnahme und fester Altersgrenze **zusätzlich mindernd berücksichtigt** wird. Diese Kürzung ist als »**unechter versicherungsmathematischer Abschlag**« anzusehen. Sie erfolgt in der Weise, dass die **Zeit zwischen dem Beginn der Betriebszugehörigkeit und der vorgezogenen Inanspruchnahme der Betriebsrente in Bezug gesetzt wird zu der Zeit vom Beginn der Betriebszugehörigkeit bis zum Erreichen der festen Altersgrenze.** Damit werden die wirtschaftlichen Belastungen des Arbeitgebers durch die längere Inanspruchnahme der Betriebsrente berücksichtigt (*BAG* 12.12.2006 EzA § 1 BetrAVG Nr. 88 = NZA-RR 2007, 434).

Sieht eine Versorgungsordnung bei einem Arbeitnehmer, der im Arbeitsverhältnis sowohl teilzeit- als auch vollzeitbeschäftigt war, vor, dass die Vollrente unter Berücksichtigung eines Herabsetzungsfaktors berechnet wird, der sich aus dem Verhältnis der insgesamt vereinbarten zur tariflichen Arbeitszeit ergibt, ist die Teilrente des vorzeitig mit einer unverfallbaren Versorgungsanwartschaft ausgeschiedenen Arbeitnehmers auf der Grundlage des bis zu dessen Ausscheiden tatsächlich erreichten durchschnittlichen Beschäftigungsgrades zu ermitteln. In einem solchen Fall ist es unzulässig, die zuletzt vereinbarte Teilzeit für die Zeit bis zum Erreichen der festen Altersgrenze zu fingieren und auf dieser Grundlage den Herabsetzungsfaktor zu ermitteln (*BAG* 24.7.2001 § 6 BetrAVG Nr. 25 m. Anm. *Steinmeyer* RdA 2002, 315).

– Bei der Berechnung der vorgezogenen Betriebsrente eines **vorzeitig mit unverfallbarer Anwartschaft** aus dem Arbeitsverhältnis ausgeschiedenen Arbeitnehmers stehen die **Grundwertungen des BetrAVG zwingend** einer **zweifachen mindernden Berücksichtigung** der fehlenden Betriebstreue zwischen dem vorgezogenen Eintritt in den Ruhestand und der festen Altersgrenze **entgegen, wenn zugleich versicherungsmathematische Abschläge vorgesehen sind** (*BAG* 23.3.2004 – 3 AZR 279/03 – EzA-SD 17/04 S. 13 LS = NZA 2005, 375 LS).

Der arbeitsrechtliche Gleichbehandlungsgrundsatz verpflichtet den Arbeitgeber in diesem **3882** Zusammenhang nicht, eine **besonders günstige Anspruchsberechtigung** für Arbeitnehmer, die vorgezogen Betriebsrente in Anspruch nehmen, nachdem sie bis zu diesem Zeitpunkt betriebstreu geblieben sind, auch anteilig an Arbeitnehmer **weiterzugeben**, die vorzeitig aus dem Betrieb ausgeschieden sind und dann vorgezogen Betriebsrente in Anspruch nehmen. Denn für eine derartige Ungleichbehandlung gibt es sachliche Gründe (*BAG* 23.1.2001 EzA § 6 BetrAVG Nr. 24 = NZA 2002, 94).

Diese Grundsätze gelten auch dann, wenn der PSV für eine im **Insolvenzfall** unverfallbare **3883** Versorgungsanwartschaft einstehen muss (*BAG* 12.3.1991 AP Nr. 11 zu § 2 BetrAVG).

(5) Besonderheiten bei Direktversicherungen; Verschaffungsanspruch

Hat der Arbeitgeber als Versicherungsnehmer in einem Lebensversicherungsvertrag dem **3884** Arbeitnehmer lediglich ein **widerrufliches Bezugsrecht** auf die Versicherungsleistungen eingeräumt, so **gehört der Anspruch auf die Versicherungsleistung im Konkurs des Arbeitgebers zur Konkursmasse** (§ 1 Abs. 1 KO). Das gilt **auch** dann, wenn der Arbeitnehmer **nach § 6 BetrAVG** vorzeitiges Altersruhegeld aus der gesetzlichen Rentenversicherung in Anspruch nimmt.

§ 6 BetrAVG regelt nur das arbeitsrechtliche Versorgungsverhältnis, schafft jedoch kei- **3885** nen weiteren Versicherungsfall i.S.d. § 166 VVG, sodass dem Arbeitnehmer bei vorzeitiger Inanspruchnahme des Altersruhegeldes kein unmittelbarer Anspruch gegen den Versicherer auf Auszahlung der Versicherungsleistungen zusteht. Ihm steht vielmehr aus dem arbeitsrechtlichen Versorgungsverhältnis lediglich ein schuldrechtlicher Verschaffungsanspruch gegen den Arbeitgeber zu. Dieser muss durch die vorzeitige Beendigung des Versicherungsvertrages für die Auszahlung der Versorgungsleistungen an den Arbeitnehmer sorgen (*BAG* 28.3.1995 EzA § 1 BetrAVG Lebensversicherung Nr. 6).

(6) Gesamtversorgungszusagen; Höchstbegrenzungsklauseln

Nimmt ein Arbeitnehmer vorgezogenes betriebliches Altersruhegeld bei Bestehen einer **3886** **Gesamtversorgungszusage** in Anspruch, so würde sich ohne vertragliche Regelung bereits wegen der verringerten Sozialversicherungsrente der Anspruch auf Betriebsrente erhöhen. Sieht die Versorgungsordnung keine versicherungsmathematischen Abschläge vor, sondern nur eine Kürzung entsprechend § 2 BetrAVG, so muss die Versorgungszusage dahin ausgelegt werden, ob sie nur eine Berechnungsvorschrift beinhaltet oder die Versorgung begrenzen will.

Bei **Limitierungsklauseln** ist auch bei einer vorgezogenen betrieblichen Altersgrenze eine **3887** Kürzung auf Grund der Gesamtversorgungsobergrenze nur dann zulässig, wenn die zeitanteilig gekürzte Rente die Obergrenze übersteigt (*BAG* 25.10.1983 EzA § 2 BetrAVG Nr. 5; 24.6.1986 § 6 BetrAVG Nr. 10).

Eine **Höchstbegrenzungsklausel** in einer Versorgungsordnung ist im Zweifel dahin aus- **3888** zulegen, dass Voll- oder Teilrenten zunächst unabhängig von der Höchstbegrenzungsklausel zu berechnen sind, und dass diese Renten erst bei Überschreiten der Höchstgrenzen zu kürzen sind (*BAG* 8.5.1990 EzA § 6 BetrAVG Nr. 14; s. jetzt aber *BAG* 21.3.2006 EzA § 2 BetrAVG Nr. 24 = NZA 2006, 1220).

(7) Rechtslage bei fehlender Regelung

3889 Enthält die Versorgungszusage keine Regelung bzgl. der Höhe vorgezogener betrieblicher Altersleistungen, so ist die dadurch entstehende Lücke bei **Versorgungszusagen aus der Zeit vor In-Kraft-Treten des BetrAVG** durch die **entsprechende Anwendung von § 2 BetrAVG** zu schließen (*BAG* 13.3.1990 EzA § 6 BetrAVG Nr. 13). Dieser Auslegungsgrundsatz gilt jedoch dann nicht, wenn sich aus der **Versorgungsordnung Anhaltspunkte** dafür ergeben, wie die Parteien diesen Punkt **geregelt haben würden**, wenn sie ihn bedacht hätten.

3890 ► **Beispiel:**
Verweist eine betriebliche Versorgungszusage in allen Einzelzeiten auf das Beamtenversorgungsrecht, so ist sie ergänzend dahin auszulegen, dass Arbeitnehmer, die bereits die Höchstpension erreicht haben, keine Kürzungen hinnehmen müssen.

3891 Alle anderen Arbeitnehmer verlieren dagegen durch den vorzeitigen Ruhestand die noch fehlenden Steigerungsbeträge (*BAG* 10.1.1984 EzA § 6 BetrAVG Nr. 8).

(8) Pensionssicherungsverein

3892 Auf Grund der abweichenden Interessenlage in der Insolvenz ist der PSV auch dann berechtigt, versicherungsmathematische Abschläge in Höhe von 0,5% für jeden Monat des Bezugs vor Vollendung des 65. Lebensjahres vorzunehmen, wenn dies in der Versorgungsordnung nicht vorgesehen ist (*BAG* 20.4.1982 EzA § 6 BetrAVG Nr. 5).

(9) Erwerbstätigkeit des Arbeitnehmers

3893 Gem. **§ 6 S. 2 BetrAVG** können die Leistungen der betrieblichen Altersversorgung eingestellt werden, wenn die Altersrente aus der gesetzlichen Rentenversicherung wieder wegfällt oder auf einen Teilbetrag beschränkt wird. Das ist der Fall, wenn die **Hinzuverdienstgrenzen des § 34 SGB VI überschritten** werden. Gibt der Arbeitnehmer die rentenschädliche Erwerbstätigkeit wieder auf, lebt der Anspruch auf vorgezogene Altersrente aus der gesetzlichen Rentenversicherung wieder auf.

3894 Nach **§ 6 S. 3 BetrAVG** ist der ausgeschiedene Arbeitnehmer verpflichtet, die maßgeblichen Tatsachen unverzüglich anzuzeigen.

g) Anpassung von Versorgungsleistungen

aa) Zweck der gesetzlichen Regelung

3895 Mit der Pflicht zur Anpassungsprüfung durch den Arbeitgeber gem. **§ 16 BetrAVG** soll den Betriebsrentnern ein **Verfahren zur Anpassung ihrer Versorgungsleistungen** zur Verfügung gestellt werden, mit dem sie trotz des Verlusts ihrer Arbeitskampffähigkeit und damit der Möglichkeit kollektivrechtlicher Maßnahmen den **Kaufkraftschwund in etwa ausgleichen können** (*Griebeling* Rz. 520 ff.; ausf. *Lieb* DB 2004, Beil. Nr. 4, S. 1 ff.).

3896 Der nach § 16 BetrAVG im Rahmen seiner wirtschaftlichen Möglichkeiten vom Arbeitgeber auszugleichende Anpassungsbedarf der Betriebsrentner wird der Höhe nach begrenzt durch den Anstieg der Nettoentgelte der aktiven Arbeitnehmer im Prüfungszeitraum. Dabei war der Arbeitgeber jedenfalls auf der Grundlage des § 16 BetrAVG a.F. (bis 31.12.1998) berechtigt, diesen Anstieg anhand der Entwicklung der Nettoarbeitsentgelte einer in einer bestimmten Entgeltgruppe eingruppierten repräsentativen Arbeitnehmergruppe mit mittlerem Einkommen zu ermitteln. Der Senat hat nicht entschieden, ob eine solche Berechnungsweise ausnahmsweise dann unzulässig ist, wenn andere dem Einzelfall näher liegende Berechnungsmethoden zu einem deutlich anderen Ergebnis führen (*BAG* 10.9.2002 EzA § 16 BetrAVG Nr. 41). Das BAG hat offen gelassen, ob eine solche Berechnungsmethode auch auf der Grundlage von § 16 Abs. 2 Nr. 2 BetrAVG n.F. (s.u. Rn. 3967) statthaft ist.

bb) Anpassungsgegenstand

§ 16 BetrAVG bezieht sich auf **laufende Leistungen der betrieblichen Altersversorgung**, dagegen weder auf Versorgungsanwartschaften, einmalige Kapitalleistungen, die der Arbeitnehmer selbst ertragbringend anlegen kann, noch auf Sachleistungen. Etwas anderes gilt aber dann, wenn die **Sachleistungen in eine Geldleistungen** umgewandelt werden. Denn als Anpassungsmaßstab kann dann sowohl die Inflationsrate als auch die Preisentwicklung der ersetzten Sachleistung herangezogen werden (vgl. *BAG* 30.3.1973 AP Nr. 4, 5 zu § 242 BGB Ruhegehalt-Geldentwertung; 1.7.1976 EzA § 16 BetrAVG Nr. 2; 15.9.1977 EzA § 16 BetrAVG Nr. 6; 11.8.1981 EzA § 16 BetrAVG Nr. 12). 3897

Lösen betriebliche Versorgungsansprüche bei Erreichen einer bestimmten Altersgrenze **Übergangsgelder** oder Überbrückungszahlungen ab, so unterliegen die dann beginnenden Versorgungsansprüche gleichermaßen der Anpassungsprüfungspflicht. 3898

Dagegen unterliegen gem. § 16 Abs. 6 BetrAVG n.F. der Anpassung nicht, monatliche Raten im Rahmen eines Auszahlungsplanes sowie Renten ab Vollendung des 65. Lebensjahres im Anschluss an einen Auszahlungsplan. 3899

cc) Berechtigte und Verpflichtete

(1) Grundlagen

Von § 16 BetrAVG erfasst sind alle **Versorgungsempfänger**, die während der aktiven Dienstzeit die Voraussetzungen des § 17 Abs. 1 BetrAVG erfüllt haben sowie deren **Hinterbliebene**. 3900

War der Anspruchsberechtigte **z. T. als Arbeitnehmer und z. T. als Unternehmer** tätig, so kommt die Anpassungspflicht nur für den Teil einer Versorgungsrente in Frage, der auf einen Zeitraum entfällt, in dem der Berechtigte in einer Arbeitnehmer- oder arbeitnehmerähnlichen Stellung tätig gewesen ist. Jedoch kann es billigem Ermessen entsprechen, bei völligem Überwiegen der in solcher Eigenschaft geleisteten Dienste oder umgekehrt die ganze Rente ausschließlich nach § 16 BetrAVG anzupassen oder sie allein nach den von der Rechtsprechung entwickelten Grundsätzen gem. § 242 BGB an die gestiegenen Lebenshaltungskosten anzugleichen (*BGH* 6.4.1981 AP Nr. 12 zu § 16 BetrAVG). 3901

Anspruchsverpflichtet ist unabhängig vom Durchführungsweg der betrieblichen Altersversorgung stets der **Arbeitgeber** selbst, nicht ein selbstständiger Versorgungsträger. Im Konzern ist derjenige Arbeitgeber anpassungsverpflichtet, der dem Versorgungsberechtigten die Zusage erteilt hat (*BAG* 19.5.1981 EzA § 16 BetrAVG Nr. 11). Bei Gesamtrechtsnachfolge geht die Anpassungsprüfungspflicht auf den Rechtsnachfolger über. Wird eine unverfallbare Anwartschaft gem. § 4 BetrAVG auf einen **Nachfolgearbeitgeber** übertragen, so geht im Zweifel auch die Verpflichtung zur Anpassung auf ihn über. Gleiches gilt für den **Erben** des ehemals einzelkaufmännisch tätigen früheren Arbeitgebers, selbst wenn er dessen Geschäft nicht weiterführt (*BAG* 9.11.1999 EzA § 16 BetrAVG Nr. 33). Auch wenn ein Arbeitsverhältnis im Wege des **Betriebsüberganges** auf einen Betriebserwerber übergeht, **tritt dieser in die Anpassungsverpflichtung ein**; etwas anderes gilt nur dann, wenn besondere Vereinbarungen zwischen Arbeitgeber und Arbeitnehmer vor einem Betriebsübergang vorliegen (*BAG* 21.2.2006 EzA § 613a BGB 2002 Nr. 54 = NZA 2007, 931). 3902

Auch das Unternehmen, das liquidiert wurde und dessen einzig verbliebener Gesellschaftszweck die Abwicklung seiner Versorgungsverbindlichkeiten ist (**Rentnergesellschaft**), hat eine Anpassung der Betriebsrenten zu prüfen und hierüber nach billigem Ermessen zu entscheiden (*BAG* 23.10.1996 EzA § 16 BetrAVG Nr. 31; zur Ausgliederung von Versorgungsverpflichtungen in eine Rentnergesellschaft s. *BAG* 11.3.2008 EzA § 4 BetrAVG Nr. 7). 3903

(2) Öffentlicher Dienst

3904 Arbeitnehmer, die bei einer Versorgungseinrichtung des öffentlichen Dienstes pflichtversichert waren, sind von der Anpassung ihrer Bezüge nach § 16 BetrAVG ausgeschlossen, wenn sie satzungsgemäß eine nach dem Entgelt der aktiven Arbeitnehmer dynamisierte Versorgungsrente erhalten können **(§ 18 Abs. 1 S. 1 Nr. 1 BetrAVG)**. Diese Sonderregelung für die Anpassung von Ruhegeldern gilt auch für Rentner, deren Arbeitsverhältnis schon vor In-Kraft-Treten des BetrAVG geendet hat (*BAG* 5.2.1981 EzA § 18 BetrAVG Nr. 2).

(3) Anpassung in den neuen Bundesländern

3905 § 16 BetrAVG ist im Beitrittsgebiet nur anzuwenden, wenn die Zusagen auf Leistungen der betrieblichen Altersversorgung **nach dem 31.12.1991** erteilt wurden. Dabei ist die Erfüllung bereits entstandener Verpflichtungen keine Begründung eines Anspruchs. Für die bis zum 31.12.1991 erteilten Zusagen schließt der Einigungsvertrag (Anl. I Kap. VIII Sachgebiet A Abschnitt III Nr. 16) nicht nur eine auf § 16 BetrAVG, sondern im Regelfall auch eine auf § 242 BGB gestützte Verpflichtung zur Anpassung laufender Leistungen aus. Die auf § 242 BGB beruhende vorgesetzliche Rechtsprechung des BAG hat nämlich in der abschließenden Regelung des § 16 BetrAVG ihre konkrete gesetzliche Ausprägung gefunden (*BAG* 24.3.1998 EzA § 16 BetrAVG Nr. 32).

dd) Prüfungszeitpunkt und -zeitraum

3906 Der von § 16 BetrAVG sowohl für den Anpassungsbedarf wie die reallohnbezogene Obergrenze vorgegebene Prüfungszeitraum ist **zwingend und steht nicht zur Disposition des Arbeitgebers** (*BAG* 25.4.2006 EzA § 16 BetrAVG Nr. 47 = NZA-RR 2007, 376).

3907 **Das Ende** der nach § 16 BetrAVG vorgesehenen Drei-**Jahres-Frist** berechnet sich nach **§§ 187 ff. BGB.**

3908 Da eine auf den individuellen Fristablauf bezogene Überprüfung für den Arbeitgeber einen unverhältnismäßig hohen Verwaltungsaufwand bedeuten würde, können die Anpassungsprüfungen an einem einheitlichen Stichtag innerhalb oder am Ende des Kalenderjahres vorgenommen werden (*BAG* 28.4.1992 EzA § 16 BetrAVG Nr. 22; *BAG* 10.9.2002 EzA § 16 BetrAVG Nr. 41). Eine derartige gebündelte Anpassungsprüfung und -entscheidung kann im Extremfall bei einer erstmaligen Rentenfestsetzung dazu führen, dass die nächste Anpassungsprüfung erst nach drei Jahren und elf Monaten erfolgt (MünchArbR/*Förster/Rühmann* § 112 Rz. 13; z. T. [*Neef* NZA 1984, 14; *Schaub* Arbeitsrechtshandbuch § 81 VII 3 f.] wird demgegenüber eine halbjährliche Zusammenfassung gefordert).

3909 Bei einer erstmaligen Anpassungsprüfung kann der Prüfungszeitraum – sofern kein Missbrauch vorliegt – auch verkürzt werden, um sie auf einen einheitlichen Drei-Jahres-Rhythmus zu bringen.

3910 Für **Altrenten**, die am 1.1.1975 bereits 3 Jahre und länger liefen, hat das *BAG* (1.7.1976 EzA § 16 BetrAVG Nr. 1) als ersten Prüfungsstichtag den 1.1.1975 festgesetzt, sodass insoweit ein fester Anpassungsrhythmus besteht.

ee) Ermittlung des Anpassungsbedarfs

(1) Grundlagen

3911 Der Anpassungsbedarf i.S.d. § 16 BetrAVG wird auf Grund des Preisindexes für die Lebenshaltung von 4-Personen-Haushalten von Arbeitern und Angestellten mit mittlerem Einkommen bestimmt. Er entsteht unabhängig davon, ob die Inflationsrate eine bestimmte Opfergrenze überschreitet. Eine Minusanpassung ist weder bei Deflation noch bei schlechter wirtschaftlicher Lage möglich.

Bei der Berechnung des Anpassungsbedarfs darf weder ein Abschlag wegen normaler Geldentwertung vorgenommen, noch der Preisindex um bestimmte Faktoren bereinigt werden (*BAG* 16.12.1976, *BGH* 5.10.1978 AP Nr. 4, 6 zu § 16 BetrAVG; vgl. *Langohr-Plato* BB 1997, 1634 ff.; BB 1999, 2134 ff.). 3912

(2) Freiwillige oder vertraglich vereinbarte Anpassungsleistungen

Freiwillige oder vertraglich vorgesehene **Anpassungsleistungen verringern grds. den Anpassungsbedarf**. Das kommt in Betracht z.B. bei volldynamischen Zusagen oder Zusagen mit festgelegten Steigerungsraten. 3913

Soll die Betriebsrente ohne weiteres entsprechend dem **Lebenshaltungskostenindex** oder dem Preis oder dem Wert eines andersartigen Gutes oder einer bestimmten Leistung angepasst werden, stellt eine derartige Anpassungsklausel eine nach § 3 WährG genehmigungspflichtige Wertsicherungsklausel (zur Darlegungs- und Beweislast für die Vereinbarung einer solchen Klausel bemerkenswert *BAG* 13.11.2007 – 3 AZR 636/06 – EzA-SD 6/2008 S. 11 LS = FA 2008, 189 LS = NZA-RR 2008, 457) dar. Genehmigungsfrei sind dagegen sog. **Spannungs- oder Spannenklauseln**, die das Ruhegeld an gleichartige Leistungen, etwa vergleichbare Beamten- oder Angestelltengehälter oder -pensionen oder Altersrenten aus der Sozialversicherung anbinden (*BAG* 16.10.1975 EzA § 242 BGB Ruhegeld Nr. 46). 3914

Loyalitäts- oder Verhandlungsklauseln, das sind Absichtserklärungen des Arbeitgebers, eine Anpassung der Versorgungsleistungen von Zeit zu Zeit zu prüfen mit der Folge, dass unter bestimmten Voraussetzungen mit dem Berechtigten über eine Anpassung der Betriebsrente zu verhandeln und im Falle des Scheiterns der Verhandlungen eine Neufestsetzung durch einen Sachverständigen vorzunehmen ist, führen grds. nicht zum Wegfall der Anpassungsprüfung nach § 16 BetrAVG (MünchArbR/*Förster*/*Rühmann* § 112 Rz. 20). 3915

(3) Veränderungen in der gesetzlichen Rentenversicherung

Verbessert sich die Versorgungssituation des Versorgungsempfängers auf Grund eigener Leistungen oder Zuwendungen Dritter, hat dies grds. keinen Einfluss auf den Anpassungsbedarf. Dieser ist betriebsrentenimmanent zu bestimmen, sodass alle externen Faktoren bei der Anpassungsprüfung nicht zu berücksichtigen sind **(Abkopplungstheorie)**. 3916

Deshalb sind Veränderungen im Leistungssystem der gesetzlichen Rentenversicherung für die Bemessung des Anpassungsbedarfs irrelevant. Umgekehrt haben auch nachträgliche Belastungen der Betriebsrenten mit Abgaben (Steuern, Krankenversicherungsbeitrag der Rentner) keinen Einfluss (*BAG* 15.9.1977 EzA § 16 BetrAVG Nr. 6; 14.2.1989 EzA § 16 BetrAVG Nr. 20). 3917

(4) Obergrenzen

Bei Gesamtversorgungsmodellen mit absoluter (die Gesamtversorgung übersteigt das Nettoeinkommen eines vergleichbaren aktiven Arbeitnehmers) oder relativer Obergrenze (die Gesamtversorgung würde stärker steigen als das Nettoeinkommen eines vergleichbaren aktiven Arbeitnehmers) kann der Anpassungsbedarf nicht unter Hinweis auf die gestiegenen Sozialversicherungsrenten reduziert werden. 3918

Denn dadurch würde der Arbeitgeber von seinen Verpflichtungen durch die Sozialversicherungsgesetzgebung befreit. Zudem würden gerade **kleine Betriebsrenten** nur relativ geringfügig angepasst (*BAG* 25.9.1980 EzA § 16 BetrAVG Nr. 10). 3919

Gleichwohl kann die Entwicklung der Arbeitseinkommen der aktiven Arbeitnehmer nicht völlig unberücksichtigt bleiben. Wenn die Reallohnentwicklung der aktiven Belegschaft im Unternehmen während des Berechnungszeitraums unterhalb der Inflationsrate 3920 bleibt, so können auch die Betriebsrentner keinen vollen Inflationsausgleich verlangen (*BAG* 11.8.1981 EzA § 16 BetrAVG Nr. 12).

3921 Verdiensteinbußen, die sich am Anpassungsstichtag nicht mehr auswirken, spielen aber jedenfalls für die reallohnbezogene Obergrenze nach § 16 BetrAVG keine Rolle (*BAG* 23.5.2001 EzA § 16 BetrAVG Nr. 35).

3922 **Bei der notwendigen Gruppenbildung** zur Anwendung der reallohnbezogenen Obergrenze hat der Arbeitgeber einen **weitgehenden Entscheidungsspielraum**. Es genügt, dass **klare, verdienstbezogene Abgrenzungskriterien** die Einteilung als sachgerecht erscheinen lassen. Der auf dem Wegfall der Berlinzulage beruhende geringere Anstieg der Nettolöhne kann bei der Ermittlung der reallohnbezogenen Obergrenze zu berücksichtigen sein (*BAG* 23.5.2001 EzA § 16 BetrAVG Nr. 36).

ff) Die wirtschaftliche Lage des Arbeitgebers

(1) Keine übermäßige Belastung des Arbeitgebers

3923 Gem. § 16 Abs. 1 BetrAVG darf der Arbeitgeber bei seiner Anpassungsentscheidung die **eigene wirtschaftliche Lage** berücksichtigen; das gilt nach einem Betriebsübergang auch für den beim Betriebsveräußerer erworbenen Teil des Versorgungsanspruchs. Der Arbeitgeber hat insoweit einen **Beurteilungsspielraum**. Allerdings muss die **Prognose des Arbeitgebers realitätsgerecht und vertretbar sein** (*BAG* 25.4.2006 EzA § 16 BetrAVG Nr. 49 = NZA-RR 2007, 310); ist Versorgungsschuldner ein **verschmolzenes Unternehmen**, kann es bei der Anpassungsprüfung insoweit auch auf die wirtschaftliche Entwicklung des ursprünglich selbstständigen Unternehmens ankommen (*BAG* 31.7.2007 EzA § 16 BetrAVG Nr. 52). Der Arbeitgeber kann eine Anpassung der Betriebsrenten nach § 16 BetrAVG ganz oder teilweise ablehnen, soweit dadurch eine übermäßige Belastung des Unternehmens verursacht würde (*BAG* 10.9.2002 EzA § 16 BetrAVG Nr. 41). Insoweit kann zur Beurteilung der wirtschaftlichen Lage auf die Grundsätze zurückgegriffen werden, die zu **Eingriffen in die »erdiente Dynamik« aufgestellt** worden sind. Liegen infolge der wirtschaftlichen Lage Gründe vor, die solche Eingriffe rechtfertigen, so kann der Arbeitgeber auch die Anpassung laufender Betriebsrenten ablehnen (*BAG* 13.12.2005 EzA § 16 BetrAVG Nr. 44 m. Anm. *Rößler* NZA-RR 2007, 1 ff.).

Das ist auch dann der Fall, wenn die Wettbewerbsfähigkeit des Unternehmens gefährdet würde. Das ist nicht nur dann der Fall, wenn keine angemessene Eigenkapitalverzinsung erwirtschaftet wird, sondern auch wenn das Unternehmen nicht mehr über genügend Eigenkapital verfügt (vgl. ausf. *BAG* 18.2.2003 EzA § 16 BetrAVG Nr. 42; *LAG Nds.* 11.11.2005 LAGE § 16 BetrAVG n.F. Nr. 10 = NZA-RR 2006, 152).

Die Substanz des Unternehmens muss erhalten bleiben, seine gesunde wirtschaftliche Entwicklung darf nicht verhindert und die Arbeitsplätze dürfen nicht durch eine langfristige Auszehrung in Gefahr gebracht werden (*BAG* 14.2.1989 EzA § 16 BetrAVG Nr. 21).

Dabei ist nicht entscheidend die Belastung aus der Anhebung einer individuellen Versorgungsleistung, sondern die Gesamtbelastung aller zur Prüfung anstehenden Versorgungsleistungen. Maßgebend sind nur die Erträge und Wertzuwächse des dem Unternehmen gewidmeten Vermögens (*BAG* 9.11.1999 EzA § 16 BetrAVG Nr. 33). Wertzuwächse sind insoweit nur dann zu berücksichtigen, wenn sie **zu bilanzieren** sind und **ohne Gefährdung der Wettbewerbsfähigkeit und der Arbeitsplätze** verwertet werden können (*BAG* 18.2.2003 EzA § 16 BetrAVG Nr. 42).

Eine übermäßige Belastung des Unternehmens ist anzunehmen, wenn es mit einiger Wahrscheinlichkeit unmöglich sein wird, den Teuerungsausgleich aus den Erträgen und dem Wertzuwachs in der Zeit nach dem Anpassungsstichtag aufzubringen. Das Unternehmen kann nicht auf eine Kreditaufnahme zur Deckung des Anpassungsbedarfs ver-

wiesen werden. Nicht erforderlich für den Ausschluss einer Anpassung der Betriebsrenten an die Kaufkraftentwicklung gem. § 16 BetrAVG ist es, dass sich der Arbeitgeber in einer wirtschaftlichen Notlage befindet (*BAG* 19.5.1981 EzA § 16 BetrAVG Nr. 11).
Auch nach Einstellung seiner unternehmerischen Aktivitäten sind der frühere Arbeitgeber und sein Rechtsnachfolger **nicht verpflichtet**, die Anpassungsleistungen durch **Eingriffe in die Vermögenssubstanz** zu finanzieren (*BAG* 9.11.1999 EzA § 16 BetrAVG Nr. 33).

Die wirtschaftliche Lage lässt sich nicht beschränkt auf einen Stichtag erfassen. Die maßgebenden Daten können nur im Zeitablauf gewürdigt werden. Erforderlich ist folglich eine **langfristige Prognose**, gestützt auf die Unternehmensentwicklung der zurückliegenden Zeit, wie sie auch bei der Unternehmensberatung und Kreditgewährung gefordert wird (*BAG* 17.1.1980 EzA § 16 BetrAVG Nr. 9; 31.1.1984 EzA § 16 BetrAVG Nr. 15; 23.4.1985 EzA § 16 BetrAVG Nr. 16; 23.4.1985 EzA § 16 BetrAVG Nr. 17; krit. dazu *Neef* NZA 2003, 993 ff.). Als repräsentativer Zeitraum ist insoweit die Dauer von i.d.R. **mindestens drei Jahren** anzusehen. Aber auch dieser Mindestzeitraum kann sich dann als nicht ausreichend erweisen, wenn die spätere Entwicklung zu berechtigten Zweifeln an der Vertretbarkeit der Prognose des Arbeitgebers führt (*BAG* 25.4.2006 EzA § 16 BetrAVG Nr. 49 = NZA-RR 2007, 310). 3924

Der Arbeitgeber hat, ausgehend von den Verhältnissen am Prüfungsstichtag, die voraussichtliche wirtschaftliche Entwicklung des Unternehmens und die Auswirkungen eines Teuerungsausgleichs abzuschätzen. Wirtschaftliche Daten nach dem Anpassungsstichtag sind nur insoweit von Bedeutung, als sie eine frühere Prognose bestätigen oder entkräften. Nicht vorhersehbare, veränderte Rahmenbedingungen oder spätere, zum Anpassungsstichtag noch nicht absehbare Betriebsstilllegungen spielen keine Rolle (*BAG* 17.10.1995 EzA § 16 BetrAVG Nr. 29). Wesentliche Grundlagen der Beurteilung sind die **Bilanzen, Gewinn- und Verlustrechnungen sowie die Lageberichte der Unternehmen unter Einbeziehung der Zukunftsaussichten** (MünchArbR/*Förster*/*Rühmann* § 112 Rz. 30 ff.). 3925
In diesem Zusammenhang verändert die Verschmelzung von Gesellschaften weder den maßgeblichen Beurteilungszeitpunkt – Anpassungsstichtag – noch die Kriterien für die Anpassung der laufenden Betriebsrenten. Führt die **Fusion** folglich zu einer **Verbesserung der wirtschaftlichen Verhältnisse** des Anpassungsschuldners, so wirkt sich dies **zu Gunsten der Betriebsrentner** aus (*BAG* 31.7.2007 – 3 AZR 810/05 – EzA-SD 16/2007 S. 10 LS).

Diese Grundsätze gelten **auch** dann, **wenn der Arbeitgeber in der Vergangenheit keinen vollen Geldwertausgleich gewährt hat und deshalb eine nachholende Anpassung zu prüfen ist**. Da in diesem Fall die Gefahr besteht, dass der Anpassungsstau den wirtschaftlich wieder gestärkten Arbeitgeber überfordert, ist seine Leistungsfähigkeit besonders sorgfältig zu prüfen (*BAG* 28.4.1992 EzA § 16 BetrAVG Nr. 22; 21.8.2001 EzA § 16 BetrAVG Nr. 39; vgl. *Dernberger/Förster* BB 1993, 70 ff.). 3926

Die **nachholende Anpassung** betrifft die Höhe des Versorgungsbedarfs und besagt, dass – bezogen auf einen Anpassungstermin – nicht nur die Teuerung in den letzten drei Jahren, sondern der Kaufkraftverlust seit Rentenbeginn zu berücksichtigen ist (*BAG* 17.4.1996 EzA § 16 BetrAVG Nr. 30; 21.8.2001 EzA § 16 BetrAVG Nr. 39). Eine nachholende Anpassung in diesem Sinne liegt nur dann vor, wenn der Arbeitgeber wegen der wirtschaftlichen Lage seines Unternehmens die Belange der Versorgungsempfänger **nicht oder nur teilweise berücksichtigt hat** und die dadurch entstehende Lücke bei späteren Anpassungsentscheidungen geschlossen wird (*BAG* 21.8.2001 EzA § 16 BetrAVG Nr. 39). 3927

Davon ist eine **nachträgliche Anpassung** zu unterscheiden. Durch eine nachträgliche Anpassung soll die Betriebsrente bezogen auf einen früheren Anpassungsstichtag unter Berücksichtigung der damaligen wirtschaftlichen Lage des Unternehmens erhöht werden 3928

(*BAG* 18.2.2003 EzA § 16 BetrAVG Nr. 42; s.a. *LAG Nds.* 11.11.2005 LAGE § 16 BetrAVG n.F. Nr. 10 = NZA-RR 2006, 152).

3929 Insoweit gelten nach der Rechtsprechung des *BAG* (17.4.1996 EzA § 16 BetrAVG Nr. 30) folgende **Grundsätze:**

- Wenn der Versorgungsempfänger die Anpassungsentscheidung des Arbeitgebers für unrichtig hält, muss er dies vor dem nächsten Anpassungsstichtag dem Arbeitgeber gegenüber wenigstens außergerichtlich geltend machen. Mit dem nächsten Anpassungsstichtag entsteht ein neuer Anspruch auf Anpassungsprüfung und -entscheidung. Der Anspruch auf Korrektur einer früheren Anpassungsentscheidung erlischt.
- Hat der Arbeitgeber bis zum nächsten Anpassungsstichtag die Betriebsrenten weder erhöht, noch sich zur Anpassung ausdrücklich geäußert, so hat er damit stillschweigend erklärt, dass er zum zurückliegenden Anpassungsstichtag keine Anpassung vornimmt. Die Erklärung des Versorgungsschuldners, nicht anpassen zu wollen, gilt nach Ablauf von drei Jahren ab Anpassungstermin als abgegeben. Der Versorgungsberechtigte kann die stillschweigend abgelehnte Anpassungsentscheidung bis zum übernächsten Anpassungstermin rügen.
- Bei der Prüfung der wirtschaftlichen Lage des Unternehmens ist unter anderem zu berücksichtigen:

Beurteilungsgrundlage für die erforderliche Prognose ist die wirtschaftliche Entwicklung des Unternehmens in der Zeit vor dem Anpassungsstichtag, soweit daraus Schlüsse für die weitere Entwicklung gezogen werden können. Nicht vorhersehbare, neue Rahmenbedingungen und sonstige unerwartete, spätere Veränderungen der wirtschaftlichen Verhältnisse des Unternehmens bleiben unberücksichtigt
Für eine einigermaßen zuverlässige Prognose muss die bisherige Entwicklung über einen längeren, repräsentativen Zeitraum von i.d.R. mindestens drei Jahren ausgewertet werden.
Der am Anpassungsstichtag absehbare Investitionsbedarf, auch für Rationalisierungen und die Erneuerung von Betriebsmitteln, ist zu berücksichtigen.
Scheingewinne bleiben unberücksichtigt.

3930 Die **Betriebssteuern** verringern die verwendungsfähigen Mittel. Bei den Steuern von Einkommen ist zu beachten, dass nach einer Anpassungsentscheidung die Rentenerhöhungen den steuerpflichtigen Gewinn verringern.
Eine **angemessene Eigenkapitalverzinsung** ist i.d.R. nötig und für die Anpassung der Betriebsrenten nach § 16 BetrAVG von entscheidender Bedeutung (*BAG* 23.5.2000 EzA § 16 BetrAVG Nr. 37; so auch *ArbG Siegburg* 12.3.1996 DB 1996, 1731 m. ausf. Anm. *Pauly*; *ders.* DB 1996, 2081; *Hartauer* DB 1996, 2080). Sie besteht aus einem **Basiszins** und einem **Risikozuschlag.** Der Basiszins entspricht der Umlaufrendite öffentlicher Anleihen. Der Risikozuschlag beträgt für alle Unternehmen einheitlich 2%. Ein Geldentwertungsabschlag darf unterbleiben (*BAG* 23.5.2000 EzA § 16 BetrAVG Nr. 37).
Die **Höhe** der Eigenkapitalverzinsung richtet sich nach dem **vorhandenen Eigenkapital.** Eine unzureichende Eigenkapitalverzinsung ist aber nicht der einzige Grund, der nach § 16 BetrAVG eine Nichterhöhung der Betriebsrente rechtfertigen kann. Die fehlende Belastbarkeit kann sich auch aus einer Eigenkapitalauszehrung ergeben. Verlustvorträge sind dabei zu berücksichtigen (*BAG* 23.5.2000 EzA § 16 BetrAVG Nr. 35).
Der Arbeitgeber darf deshalb jedenfalls dann von einer Anpassung der Betriebsrente absehen, wenn das Eigenkapital **unter das Stammkapital der Gesellschaft sank**, daraufhin die Gesellschafter durch zusätzliche Einlagen eine Kapitalrücklage bildeten, die anschließend erzielten Gewinne nicht ausgeschütteten, sondern zur Verbesserung der Eigenkapitalausstattung verwandt wurden und trotzdem das Stammkapital bis zum nächsten Anpassungsstichtag ohne die Kapitalrücklage voraussichtlich nicht wieder erreicht wird (*BAG* 23.1.2001 EzA § 16 BetrAVG Nr. 38).

Auch nach Einstellung seiner unternehmerischen Aktivitäten kann der Versorgungsschuldner eine angemessene Verzinsung seines Eigenkapitals in Anspruch nehmen, bevor er zusätzliche Versorgungslasten durch Anpassung der Betriebsrenten an die Kaufkraftentwicklung übernimmt. Als angemessene Eigenkapitalverzinsung kommt jedoch nur der **Zinssatz** in Betracht, der sich bei einer **langfristigen Anlage festverzinslicher Wertpapiere** erzielen lässt. Zu einem **Risikozuschlag** besteht **nur bei einem aktiven Unternehmer** Anlass. Zum maßgeblichen Eigenkapital zählt nicht das zur Begleichung der Versorgungsverbindlichkeiten erforderliche Kapital. Soweit hieraus Erträge erwirtschaftet werden, sind sie in vollem Umfang zur Finanzierung der Anpassungslast heranzuziehen (*BAG* 9.11.1999 EzA § 16 BetrAVG Nr. 33).

Soweit Gesellschafter einer GmbH als Geschäftsführer tätig sind, kann dafür eine **angemessene Vergütung** angesetzt werden. Der Unternehmerlohn darf das bei Fremdgeschäftsführern Übliche nicht überschreiten. 3931

(2) Einzelfragen

Bei der Beurteilung der wirtschaftlichen Lage des Unternehmens kommt es auf seine **Ertragskraft im Ganzen** an. Für sich genommen nicht aussagekräftig ist deshalb eine Einschränkung des Personalbestandes, die Schließung einer Unterstützungskasse oder einzelne negative Bilanzergebnisse. Einzelne Handelsbilanzen und Betriebsergebnisberechnungen, die mit Verlusten abschließen, dürfen nicht isoliert betrachtet werden. Es muss erkennbar werden, auf welche Weise und auf Grund welcher wirtschaftlicher Vorgaben die Ergebnisse dargestellt sind. 3932

Schwankungen müssen im Hinblick auf eine **langfristige Prognose** der Unternehmensentwicklung erklärt werden. Jedenfalls dann, wenn das Unternehmen über Jahre hinweg erhebliche Verluste erlitten hat oder Sanierungsmaßnahmen erforderlich gewesen sind, entfällt ein Anspruch auf eine Anpassung, wobei jedoch stets die Zukunftsentwicklung im Auge zu behalten ist. 3933

Als Argumente kommen in Betracht die **fehlende Dividendenausschüttung** und eine **Herabsetzung des Grundkapitals** zur Verringerung der Schuldenlast. Die Zahlung von **Gratifikationen** an aktive und pensionierte Arbeitnehmer schließt dagegen eine schlechte wirtschaftliche Lage des Arbeitgebers nicht aus. 3934

Zu beachten ist auch, ob das Unternehmen in der Vergangenheit auf Grund der wirtschaftlichen Situation in der Lage war, die erforderlichen **Pensionsrückstellungen** vorzunehmen und damit gewisse Steuervorteile zu erzielen (*BAG* 23.4.1985 EzA § 16 BetrAVG Nr. 16; 23.4.1985 EzA § 16 BetrAVG Nr. 17; vgl. dazu *Neef* NZA 2003, 993 ff.). 3935

Offen gelassen hat das *BAG* (23.10.1996 EzA § 16 BetrAVG Nr. 31), ob bei einem nicht mehr werbend tätigen Unternehmen, das liquidiert worden ist und dessen Gesellschaftszweck nur noch die Abwicklung seiner Versorgungsverbindlichkeiten ist (Rentnergesellschaft), zur Finanzierung der Anpassungslasten gem. § 16 BetrAVG auch ein angemessener **Eingriff in die Vermögenssubstanz** geboten ist. Nach Auffassung des *LAG Hamm* (3.2.1998 LAGE § 16 BetrAVG Nr. 8) richtet sich dies nach dem zum jeweiligen Anpassungsstichtag **ermittelten Barwert sämtlicher Versorgungslasten**. Wegen der nicht sicher vorausschaubaren Zinsentwicklung und etwaiger Steigerungen der Lebenserwartung ist die Abwicklungsgesellschaft danach berechtigt, von einem sich möglicherweise ergebenden Überschuss einen angemessenen Reservebetrag zurückzuhalten und nicht für die Anpassung bereitzustellen. 3936

Inzwischen hat das *BAG* (25.6.2002 EzA § 16 BetrAVG Nr. 40) insoweit folgende Grundsätze aufgestellt: 3937

- Grds. trifft auch eine Abwicklungsgesellschaft, also ein Unternehmen, das hauptsächlich mit der Nachbearbeitung ehemaliger Geschäftstätigkeit und der Betreuung von Betriebsrentnern befasst ist, die Pflicht zur Anpassungsprüfung gem. § 16 BetrAVG.

Eine Gleichstellung unternehmerisch nicht mehr aktiver Gesellschaften mit insolventen Unternehmen ist nicht gerechtfertigt.

- Eine Anpassung an die gestiegenen Betriebsrenten kann jedoch ganz oder teilweise abgelehnt werden, wenn und soweit dadurch das Unternehmen des Versorgungsschuldners übermäßig belastet würde. Werden Unternehmenserträge aus werbender Tätigkeit nicht mehr erzielt und verfügt der Versorgungsschuldner auch nicht über sonstige Einkünfte, die für eine Anpassung der Betriebsrenten herangezogen werden könnten, ist es regelmäßig nicht möglich, den Teuerungsausgleich aus den Erträgen des Unternehmens und dessen Wertzuwachs in der Zeit nach dem Anpassungsstichtag aufzubringen. Auch eine Abwicklungsgesellschaft ist nicht verpflichtet, die Kosten der Anpassung aus der Vermögenssubstanz aufzubringen.
- War bei Einstellung der werbenden Geschäftstätigkeit und dem Übergang zur Abwicklungsgesellschaft die Geschäftslage schlecht und von hohen Verlusten geprägt, so dass bereits zuvor das betriebliche Altersversorgungs-Werk geschlossen werden musste, und wurden auch keine gewinnbringenden oder später wieder gewinnbringenden Geschäftsbereiche auf andere Konzerngesellschaften übertragen, so fehlt es für einen Berechnungsdurchgriff im Konzern an der Voraussetzung, dass sich durch die Ausübung der Leitungsmacht seitens der Konzernmutter ein konzerntypisches Risiko verwirklicht hat. Allein in der fehlenden Ausstattung der Abwicklungsgesellschaft mit Rücklagen für Anpassungen gem. § 16 BetrAVG konnte dies im Streitfall nicht gesehen werden, denn eine Anpassungsverpflichtung hat für das beherrschende Unternehmen wegen seiner damals schlechten wirtschaftlichen Situation auch im Zeitpunkt des Übergangs zur Abwicklungsgesellschaft nicht bestanden.
- Die aus Anlass des Übergangs zur Abwicklungsgesellschaft durchgeführte Übertragung von Geschäftsbereichen auf andere Konzerngesellschaften rechtfertigt für sich allein nicht ein schützenswertes Vertrauen der Betriebsrentner darauf, die Konzernobergesellschaft werde die Versorgungsverbindlichkeiten der Abwicklungsgesellschaft, Anpassungsleistungen eingeschlossen, so erfüllen wie die Ansprüche ihrer eigenen Betriebsrentner. Eine derartige Übertragung von Geschäftsaktivitäten schafft keinen neuen oder weiteren Anpassungsschuldner i.S.v. § 16 BetrAVG.

(3) Die wirtschaftliche Lage im Konzern; neue Rechtsprechung; Patronatserklärung

3938 Auf die wirtschaftliche Lage der Konzernmutter ist – ausnahmsweise – dann abzustellen (sog. **Berechnungsdurchgriff**; *BAG* 19.5.1981 EzA § 16 BetrAVG Nr. 11; 14.2.1989 EzA § 16 BetrAVG Nr. 21; 4.10.1994 EzA § 16 BetrAVG Nr. 28; *LAG BW* 30.12.2004 – 2 Sa 38/04 – EzA-SD 7/05, S. 16 LS), wenn bei Vorliegen eines Beherrschungs- und Gewinnabführungsvertrages die **wirtschaftliche Abhängigkeit** des beherrschten Unternehmens so vollständig ist, dass seine wirtschaftliche Lage für den Rechtsverkehr überhaupt nicht zählt.

3939 Das ist ausnahmsweise dann **nicht der Fall, wenn das in Anspruch genommene Unternehmen entweder wirtschaftlich unbeeinflusst** handeln konnte oder trotz der wirtschaftlichen Einbindung in den Konzern so gehandelt hat, wie es unter **Wahrung der eigenen Interessen als selbstständige Gesellschaft** gehandelt hätte (*BAG* 14.2.1989 EzA § 16 BetrAVG Nr. 21).

3940 Die für das Abstellen auf die wirtschaftliche Lage des Konzerns maßgebliche enge wirtschaftliche Verknüpfung kann auch ohne Abschluss eines Beherrschungs- oder Gewinnabführungsvertrages bei einem **qualifiziert faktischen Konzern** vorliegen. Voraussetzung dafür ist, dass das herrschende Unternehmen die Geschäfte des beherrschten Unternehmens dauernd und umfassend geführt hat (*BAG* 28.4.1992 EzA § 16 BetrAVG Nr. 23; s.o. Kap. 1 Rn. 258 ff.). Hinzu kommen muss, dass das herrschende Unternehmen die Leitungsmacht in einer Weise ausgeübt hat, die keine **angemessene Rücksicht auf die Belange der abhängigen Gesellschaft** nimmt (*BAG* 23.10.1996 EzA § 16 BetrAVG Nr. 31; *LAG BW* 30.12.2004 – 2 Sa 38/04 – EzA-SD 7/05, S. 16 LS).

► **Beispiel:** 3941
Eine mangelnde Rücksichtnahme auf die Belange der abhängigen Gesellschaft kann auch darin liegen, dass das herrschende Unternehmen das beherrschte Unternehmen veranlasst, Gewinn bringende Geschäftsbereiche auszugliedern und zu verselbstständigen. Dagegen ist der Vorwurf mangelnder Rücksichtnahme auf die Interessen der abhängigen Gesellschaft nicht berechtigt, wenn ein bisher verlustreicher Geschäftsbereich ausgegliedert wird oder wenn neu gebildete Gesellschaften zur Gewinnabführung an das den Geschäftsbereich abgebende Unternehmen verpflichtet werden (*BAG* 14.12.1993 EzA § 16 BetrAVG Nr. 26).

Bei der Beurteilung der wirtschaftlichen Lage des herrschenden Unternehmens im Wege des Berechnungsdurchgriffs kann seine Konzernbindung an eine weitere Konzernobergesellschaft von Bedeutung sein. Ergibt sich hieraus, dass die Betriebsrentner des Mutterunternehmens sich für einen Anpassungsanspruch auf einen Berechnungsdurchgriff zur Konzernobergesellschaft berufen könnten, kommt dies auch den Betriebsrentnern des Tochterunternehmens zugute (doppelter Berechnungsdurchgriff; *BAG* 4.10.1994 EzA § 16 BetrAVG Nr. 28). 3942

Nachdem der *BGH* (17.9.2001 BGHZ 149, 10 ff.) **diesen Haftungsansatz allerdings ausdrücklich aufgegeben hat, folgt auch im Arbeitsrecht der Schutz der abhängigen GmbH gegenüber Eingriffen ihrer Gesellschafter nicht mehr aus dem Haftungssystem des Konzernrechts des AktG. An dessen Stelle ist nunmehr die Ausfallhaftung wegen existenzvernichtenden Eingriffs gegeben** (*BAG* 28.7.2005 EzA § 16 BetrAVG Nr. 45 = NZA 2006, 1008 LS). Auf die wirtschaftlichen Verhältnisse eines anderen **konzernrechtlich verbundenen** Unternehmens kommt es jedenfalls **nur dann** an, wenn entweder ein entsprechender **Vertrauenstatbestand** geschaffen wurde, oder die **konzernrechtlichen Verflechtungen** einen sog. Berechnungsdurchgriff rechtfertigen; das *BAG* (25.4.2006 EzA § 16 BetrAVG Nr. 49 = NZA-RR 2007, 310; s.a. *LAG Düsseld.* 22.8.2007 LAGE § 16 BetrAVG Nr. 11: nicht maßgeblich ist die wirtschaftliche Lage des gesamten Konzerns) hat angekündigt, bei gegebenem Anlass wegen der **neueren Rechtsprechung zur Durchgriffshaftung bei »existenzgefährdenden Eingriffen«** die Voraussetzungen des Berechnungsdurchgriffs zu überprüfen. 3943

Eine »**Patronatserklärung**« eines verbundenen Unternehmens gegenüber dem PSV, mit der die Zahlungsfähigkeit der sich in einer wirtschaftlichen Notlage befindlichen Gesellschaft gesichert werden soll, wird bei der Überprüfung der wirtschaftlichen Leistungsfähigkeit der Gesellschaft **nicht berücksichtigt**, wenn bei abweichender Betrachtung gerade **zusätzliche Verbindlichkeiten** begründet würden (*LAG Nds.* 28.3.2008 BB 2008, 1850). 3944

(4) Gewerkschaften als Arbeitgeber

Gewerkschaften dürfen die ihnen zur Verfügung stehenden Mittel nur zu den satzungsgemäßen koalitionspolitischen Zwecken verwenden. Bei der Festlegung und Erfüllung ihrer Aufgaben sind sie durch das Grundrecht der Koalitionsfreiheit (Art. 9 Abs. 3 GG) geschützt. Eine Überprüfung und Bewertung solcher Entscheidungen steht den Arbeitsgerichten jedenfalls dann nicht zu, wenn es nur um die Aufrechterhaltung der bisherigen Aktivitäten geht (*BAG* 13.12.2005 EzA § 16 BetrAVG Nr. 44 = NZA 2007, 39 m. Anm. *Rößler* NZA-RR 2007, 1 ff.). 3945

(5) Belange des Versorgungsempfängers

Bei der Anpassungsprüfung sind als Belange des Versorgungsempfängers nur solche Umstände zu berücksichtigen, die **durch die Teuerung seit Eintritt des Versorgungsfalles bedingt** sind. Nicht zu berücksichtigen sind deshalb besondere individuelle Dienste oder persönliche Opfer des Versorgungsberechtigten während des aktiven Arbeitsverhältnisses, da sonst die Verteilungsgrundsätze der Versorgungsordnung im Rahmen der Anpassungsprüfung verändert würden (*BAG* 31.1.1984 EzA § 16 BetrAVG Nr. 15). 3946

3947 Der Arbeitgeber ist auch nicht verpflichtet, bei der Anpassung auf die individuelle Belastung eines Rentners mit überdurchschnittlich hohen Steuern und mit einem Krankenversicherungsbeitrag Rücksicht zu nehmen (*BAG* 14.2.1989 EzA § 16 BetrAVG Nr. 20).

gg) Die Anpassungsentscheidung des Arbeitgebers

(1) Zweistufigkeit der Überprüfung

3948 Die Anpassungsentscheidung des Arbeitgebers nach § 16 BetrAVG erfolgt zweistufig: Zunächst ist zu prüfen, ob die Betriebsrente in ihrem Wert noch der ursprünglich zugesagten Versorgung entspricht.
Im Anschluss daran hat der Arbeitgeber eine Entscheidung nach billigem Ermessen zu treffen, die insbes. die Belange des Versorgungsempfängers und seine wirtschaftliche Lage berücksichtigt.

(2) Ausgleich des Anpassungsbedarfs?

aaa) Grundlagen

3949 Der Anpassungsbedarf ist grds. in **voller Höhe** auszugleichen bis zur reallohnbezogenen Obergrenze, soweit dies auf Grund der bisherigen wirtschaftlichen Entwicklung auch in Zukunft für das Unternehmen **tragbar** ist.

3950 Insoweit widerspricht es nicht der Billigkeit, wenn der Arbeitgeber die Renten nur bis zur durchschnittlichen Steigerungsrate der Reallöhne der aktiven Arbeitnehmer anpasst. Die Belange der Versorgungsempfänger sind schon dann ausreichend berücksichtigt, wenn die Renten bis hin zur »reallohnbezogenen Obergrenze« angehoben werden (*BAG* 14.2.1989 EzA § 16 BetrAVG Nr. 20). Aufschluss über die wirtschaftliche Lage des Unternehmens lässt sich dabei allerdings **nicht aus den Einkommensverhältnissen einzelner Arbeitnehmer** oder Arbeitnehmergruppen entnehmen (*LAG Nds.* 23.2.2000 NZA-RR 2001, 272).

3951 Nach § 16 BetrAVG bilden **»laufende Leistungen«** der betrieblichen Altersversorgung den Gegenstand der Anpassungsprüfung. Das bedeutet aber nicht, dass auch der Teuerungsausgleich nur rentenförmig geleistet werden dürfte. **Einmalige Zahlungen sind zulässig, wenn die wirtschaftliche Lage des Arbeitgebers eine Anpassung nur in dieser Form erlaubt** (*BAG* 31.1.1984 EzA § 16 BetrAVG Nr. 15). Ist ein vollständiger Ausgleich des Anpassungsbedarfs nicht möglich, kommt folglich auch ein **partieller Ausgleich** durch Teilanpassung aller Betriebsrenten oder eine Einmalzahlung in Betracht, ferner eine Betriebsrentenerhöhung unter Vorbehalt sowie die Differenzierung zwischen einzelnen Versorgungsempfängergruppen sowie schließlich der Verzicht auf eine Anpassung (vgl. *BAG* 31.1.1984 EzA § 16 BetrAVG Nr. 15).

bbb) Anpassungsmaßstab

3952 Bei der Entscheidung des Arbeitgebers ist dann, wenn in der Vergangenheit kein voller Geldwertausgleich gewährt wurde, bei Folgeprüfungen von der Höhe des Kaufkraftverlusts seit Rentenbeginn bis zum Anpassungsstichtag und nicht von einem Anpassungsbedarf lediglich der letzten drei Jahre auszugehen (*BAG* 28.4.1992 EzA § 16 BetrAVG Nr. 22; 28.4.1992 EzA § 16 BetrAVG Nr. 23; 28.4.1992 EzA § 16 BetrAVG Nr. 24; 21.8.2001 EzA § 16 BetrAVG Nr. 39; 10.9.2002 EzA § 16 BetrAVG Nr. 41; zur Rechtslage ab dem 1.1.1999 s.u. Rn. 3967).

Das folgt aus dem **Zweck des § 16 BetrAVG**. Diese Bestimmung soll durch **Ausgleich des Kaufkraftverlusts** dazu beitragen, die **Gleichwertigkeit von Leistung und Gegenleistung** aufrechtzuerhalten. Der Arbeitnehmer kann auf Grund der zuvor erbrachten Leistungen erwarten, dass ihm der **volle wirtschaftliche Wert der Gegenleistung während des Bezugs der Rente** erhalten bleibt (*BAG* 28.4.1992 EzA § 16 BetrAVG Nr. 22). Andererseits kann die Anpassung der Betriebsrenten an die Kaufkraftentwicklung abgelehnt werden, soweit ein Unternehmen dadurch übermäßig belastet würde (*LAG Nds.* 23.2.2000 NZA-RR 2001, 272). 3953

Der Anpassungsbedarf ist auch dann mit dem Kaufkraftverlust **ab Rentenbeginn** zu berechnen, wenn der Arbeitgeber die Betriebsrente zunächst stärker erhöht hatte, als er nach § 16 BetrAVG verpflichtet war. Der Arbeitnehmer kann nicht verlangen, dass die Teuerung auf der Grundlage einer überhöhten Rentenzahlung ausgeglichen wird. 3954

Bei der ersten durch § 16 BetrAVG vorgeschriebenen Anpassung zum 1.1.1975 muss sich der Arbeitnehmer mit dem hälftigen Ausgleich des Kaufkraftverlustes begnügen. Für die nachfolgenden Anpassungsprüfungen entspricht eine Anhebung der Pension im Umfange der seit 1.1.1975 eingetretenen Verteuerung billigem Ermessen i.S.v. § 16 BetrAVG (*BAG* 28.4.1992 EzA § 16 BetrAVG Nr. 24). 3955

(3) Streitbeendender Charakter der Entscheidung; Einzelfragen

Mit der Anpassungsentscheidung des Arbeitgebers wird, sofern sie billigem Ermessen entspricht, die **Geschäftsgrundlage der Versorgungsgewährung neu konkretisiert**. 3956

Hat der Arbeitgeber innerhalb des Drei-Jahres-Zeitraums die Betriebsrenten angepasst, so kann er diese Erhöhung auf die Anpassungsleistung anrechnen. Etwas anderes gilt aber dann, wenn die Erhöhung nicht den Inflationsausgleich bezweckt hat, sondern eine **strukturelle Veränderung des Versorgungssystems** beinhaltet (*BAG* 11.8.1981 EzA § 16 BetrAVG Nr. 12). 3957

Hat er den Anpassungsbedarf nicht voll ausgeglichen, so braucht er seine Entscheidung nicht zu korrigieren, wenn sich die wirtschaftliche Lage des Unternehmens **positiver entwickelt**, als zum Entscheidungszeitpunkt prognostiziert (*LAG Hamm* 1.7.1986 LAGE § 16 BetrAVG Nr. 3). Zu beachten ist, dass der Anspruch auf Korrektur einer früheren Anpassung mit dem nächsten Anpassungsstichtag **erlischt, wenn er nicht zuvor geltend gemacht worden ist** (*LAG Düsseld.* 7.3.2006 – 16 Sa 1334/05 – EzA-SD 9/06 S. 15 LS unter Hinweis auf *BAG* 17.8.2004 – 3 AZR 367/03 – n.v.). 3958

Zu den Besonderheiten der Ruhegeldanpassung nach der Leistungsordnung des Bochumer Verbandes vgl. *BAG* 27.8.1996 EzA § 1 BetrAVG Ablösung Nr. 12; 12.6.2007 EzA § 16 BetrAVG Nr. 50 = NZA-RR 2008, 616 LS; 21.8.2007 EzA § 16 BetrAVG Nr. 51 = NZA-RR 2008, 199. 3959

hh) Gerichtliche Durchsetzung; Darlegungs- und Beweislast; Verwirkung des Klagerechts

Hält der Versorgungsempfänger die Anpassungsentscheidung des Arbeitgebers für unrichtig, muss er dies grds. vor dem nächsten Anpassungsstichtag dem Arbeitgeber gegenüber wenigstens außergerichtlich geltend machen; ohne eine solche Rüge erlischt mit dem nächsten Anpassungsstichtag der Anspruch auf Korrektur einer früheren Anpassungsentscheidung. **Das Klagerecht ist dann verwirkt**. Wenn die Anpassungsentscheidung rechtzeitig gerügt worden ist, muss der Arbeitgeber mit einer umfassenden gerichtlichen Nachprüfung rechnen. Weder die dem § 16 BetrAVG zu entnehmende Befriedungsfunktion noch der Grundsatz der Verwirkung (§ 242 BGB) liefern dann eine tragfähige Begründung dafür, nur die geltend gemachten Fehler zu berücksichtigen (*BAG* 25.4.2006 EzA § 16 BetrAVG Nr. 48 = NZA-RR 2007, 374; 21.8.2007 EzA § 16 BetrAVG Nr. 51 = NZA-RR 2008, 199). 3960

Hat der Arbeitgeber keine ausdrückliche Anpassungsentscheidung getroffen, gilt die Erklärung, nicht anpassen zu wollen, nach Ablauf von drei Jahren als abgegeben. Deshalb kann der Versorgungsempfänger diese nachträgliche Entscheidung bis zum über-

nächsten Anpassungstermin rügen (*BAG* 25.4.2006 EzA § 16 BetrAVG Nr. 48 = NZA-RR 2007, 348; 21.8.2007 EzA § 16 BetrAVG Nr. 51 = NZA-RR 2008, 199).
Der Versorgungsempfänger oder auch sein Interessenverband (z.B. der Verband der Führungskräfte – VDF) können insoweit **auch eine Vereinbarung** treffen, wonach die **Rügefrist** bis zum Eintritt eines bestimmten Ereignisses – z.B. die Entscheidung in einem Musterprozess – **unterbrochen wird.** Wird dabei eine ausdrückliche Vereinbarung über das weitere Vorgehen nicht getroffen, so lebt das Rügerecht nach Eintritt der Bedingung nicht zeitlich unbegrenzt wieder auf. Maßgeblich ist dann die Auslegung der Vereinbarung unter Berücksichtigung der beiderseitigen Interessen. Im konkret entschiedenen Einzelfall hätte nach *BAG* (25.4.2006 NZA-RR 2007, 487; 21.8.2007 EzA § 16 BetrAVG Nr. 51 = NZA-RR 2008, 199) eine weitere Rüge bis zu dem auf das Bekanntwerden der Entscheidung folgenden Anpassungsstichtag, also innerhalb einer Frist von knapp drei Jahren, erfolgen müssen.

3961 Trifft der Arbeitgeber entgegen § 16 BetrAVG keine Anpassungsentscheidung oder entspricht seine Entscheidung nicht billigem Ermessen, so kann der Anpassungsanspruch im Übrigen **klageweise durchgesetzt** werden. Hat der Versorgungsempfänger die Anpassungsentscheidung rechtzeitig gerügt, so ist er grds. gehalten, **bis zum Ablauf des nächsten auf die Rügefrist folgenden Anpassungszeitraums Klage zu erheben; der Klage muss andererseits nicht eine außergerichtliche Rüge vorausgehen** (*BAG* 21.8.2007 EzA § 16 BetrAVG Nr. 51 = NZA-RR 2008, 199). Der Arbeitgeber kann i.d.R. erwarten, dass allerdings nach erfolgter Rüge im Anschluss an den Rügezeitraum binnen dreier Jahre gerichtlich gegen die Anpassungsentscheidung vorgegangen wird (*BAG* 25.4.2006 EzA § 16 BetrAVG Nr. 48 = NZA-RR 2007, 348). Bei einer auf § 16 BetrAVG gestützten Anpassungsklage ist insoweit **kein bezifferter Leistungsantrag** nötig.

3962 § 253 Abs. 2 Nr. 2 ZPO ist genügt, wenn der Kläger den anspruchsbegründenden Sachverhalt und einen Mindestbetrag der Anpassung angibt (*BAG* 17.10.1995 EzA § 16 BetrAVG Nr. 29). Die Klage auf Erhöhung der Betriebsrente ab einem bestimmten Tag beschränkt sich auf die ab diesem Zeitpunkt gebotene Anpassung. Wenn auch Anpassungen zu späteren Stichtagen in den Rechtsstreit einbezogen werden sollen, ist eine Klageerweiterung erforderlich (*BAG* 17.10.1995 EzA § 16 BetrAVG Nr. 29).

3963 **Die Höhe des Anpassungsbedarfs ist vom Versorgungsempfänger zu beweisen.**

3964 Der **Arbeitgeber** hat darzulegen und zu beweisen, dass der **Nettolohnanstieg** der Arbeitnehmer (vgl. dazu *Reichenbach/Grüneklee* DB 2006, 446 ff.) u.U. **niedriger ist als die Inflationsrate**, ferner, dass die Anpassung zu einer **übermäßigen wirtschaftlichen Belastung** führen würde; mit anderen Worten er trägt die Darlegungs- und Beweislast dafür, dass seine Anpassungsentscheidung billigem Ermessen entspricht (*BAG* 25.4.2006 EzA § 16 BetrAVG Nr. 48 = NZA-RR 2007, 348).

3965 Kann der Arbeitgeber dem nur nachkommen, indem er Betriebs- oder Geschäftsgeheimnisse preisgibt, muss ihn das Gericht mit den Mitteln des Prozessrechts schützen, z.B. durch den zeitweisen Ausschluss der Öffentlichkeit, sowie strafbewehrte Schweigegebote (§ 52 ArbGG, §§ 172, 174 Abs. 2 GVG; vgl. *BAG* 23.4.1985 EzA § 16 BetrAVG Nr. 17).

ii) Maßgeblicher Zeitpunkt; Bündelung von Prüfungsterminen

3966 Maßgeblich für die Beurteilung der Anpassungsentscheidung sind die Verhältnisse zum Zeitpunkt der **Entscheidung des Arbeitgebers**, der alle in einem Unternehmen anfallenden Prüfungstermine zu einem einheitlichen jährlichen Termin bündeln kann (*BAG* 21.8.2001 EzA § 16 BetrAVG Nr. 39); möglich ist es auch, **alle drei Jahre eine gebündelte Anpassungsent-**

scheidung zu treffen (vgl. *BAG* 30.8.2005 EzA § 16 BetrAVG Nr. 43 = NZA-RR 2006, 485 m. Anm. *Rößler* NZA-RR 2007, 1 ff.; 12.6.2007 EzA § 16 BetrAVG Nr. 50 = NZA-RR 2008, 616 LS). Etwas anderes gilt allerdings hinsichtlich der Beurteilung der wirtschaftlichen Lage. Insoweit ist auch die im **Laufe des Rechtsstreits eingetretene wirtschaftliche Entwicklung** zu berücksichtigen (*BAG* 23.4.1985 EzA § 16 BetrAVG Nr. 16; 23.4.1985 EzA § 16 BetrAVG Nr. 17).

jj) Einschränkungen und Ausnahmen von der Anpassungspflicht

(1) Rentenreformgesetz 1999

Durch das Rentenreformgesetz 1999 hat der Gesetzgeber mit Wirkung vom **1.1.1999** folgende Einschränkungen und Ausnahmen von der Anpassungspflicht vorgesehen(vgl. *Blomeyer* NZA 1998, 917 f.; *Höfer* BB 1998, 2362 ff.; *Blumenstein/Krekeler* DB 1998, 2600 ff.; *Kemper/Kisters-Kölkes* Rz. 204 ff.); auch danach gilt allerdings als Maßstab die **Entwicklung vom Rentenbeginn bis zum Anpassungsstichtag** (*BAG* 30.8.2005 EzA § 16 BetrAVG Nr. 43 = NZA-RR 2006, 485 m. Anm. *Rößler* NZA-RR 2007, 1 ff.; 25.4.2006 EzA § 16 BetrAVG Nr. 47 = NZA-RR 2007, 376; *LAG Düsseld.* 11.6.2004 DB 2005, 59 m. Anm. *Feudner* DB 2005, 50): 3967

- Gem. § 16 Abs. 2 BetrAVG gilt die Anpassungsverpflichtung als erfüllt, wenn die Anpassung nicht geringer ist als der Anstieg des Preisindexes von Vier-Personen-Haushalten von Arbeitern und Angestellten mit mittlerem Einkommen oder der Nettolöhne vergleichbarer Arbeitnehmergruppen des Unternehmens im Prüfungszeitraum. Eine Nachholungspflicht bei zu Recht unterbliebener Anpassung besteht nicht (§ 16 Abs. 4 S. 1 BetrAVG). Eine Anpassung gilt als zu Recht unterblieben, wenn der Arbeitgeber dem Versorgungsempfänger die wirtschaftliche Lage des Unternehmens schriftlich dargelegt, der Versorgungsempfänger nicht binnen drei Kalendermonaten nach Zugang der Mitteilung schriftlich widersprochen hat und er auf die Folgen eines nicht fristgemäßen Widerspruchs hingewiesen wurde (krit. *Blomeyer* NZA 1997, 967, wonach die Regelung nicht praktikabel ist). Gem. § 30c Abs. 2 BetrAVG gilt § 16 Abs. 4 BetrAVG nicht für vor dem 1.1.1999 zu Recht unterbliebene Anpassungen. Die Neuregelung zur nachholenden Anpassung (§ 16 Abs. 4 S. 1 BetrAVG) hat den **Prüfungszeitraum nicht grds. verändert**. Eine nachholende Anpassung nach dieser Bestimmung liegt nur dann vor, wenn der Arbeitgeber wegen der wirtschaftlichen Lage seines Unternehmens die Belange der Versorgungsempfänger nicht oder nur teilweise berücksichtigt hat und die dadurch entstehende Lücke bei späteren Anpassungsentscheidungen geschlossen wird (*BAG* 25.4.2006 EzA § 16 BetrAVG Nr. 47 = NZA-RR 2007, 376).
- Gem. § 16 Abs. 3 Nr. 1 BetrAVG entfällt die Anpassungsverpflichtung, wenn der Arbeitgeber sich verpflichtet, die laufenden Leistungen jährlich um wenigstens 1% anzupassen; dies gilt allerdings nur für laufende Leistungen, die auf Zusagen beruhen, die nach dem 31.12.1998 erteilt werden (krit. deshalb *Blomeyer* NZA 1997, 966 ff.).
- Gem. § 16 Abs. 3 Nr. 2 BetrAVG gilt gleiches dann, wenn die betriebliche Altersversorgung über eine Direktversicherung oder über eine Pensionskasse durchgeführt wird, ab Rentenbeginn alle auf den Rentenbestand entfallende Überschussanteile zur Erhöhung der laufenden Leistungen verwendet werden und zur Berechnung der garantierten Leistung der nach § 65 Abs. 1 Nr. 1 VAG festgesetzte Höchstzinssatz zur Berechnung der Deckungsrückstellung nicht überschritten werden.

(2) Altersvermögensgesetz vom 26.6.2001

Gem. § 16 Abs. 3 Nr. 3 BetrAVG ist der Arbeitgeber bei einer Beitragszusage zur Anpassungsprüfung der laufenden Renten nicht verpflichtet. Der Gesetzgeber **vertraut auf laufende Kapitalerträge**, die allerdings hinsichtlich der vom Arbeitgeber u.U. aufzubringenden Mindestleistung nicht anfallen. Bei Leistungszusagen unter Einschaltung von Lebensversi- 3968 cherern ist dagegen i.d.R. gewährleistet, dass die zugesagte Leistung auch erreicht wird (vgl. *Blomeyer* NZA 2001, 916; *Reinecke* NJW 2001, 3517; *Kemper/Kisters-Kölkes* Rz. 213; *Klemm* NZA 2002, 416 ff.).

3969 Bei Leistungszusagen, d.h. nicht bei Beitragszusagen, hat der Arbeitgeber ab dem 1.1.2001 die laufenden Leistungen – auch die der Pensionsfonds – jährlich mindestens um 1% anzupassen oder bei Direktversicherungs- bzw. Pensionskassenversorgung sämtliche Überschussanteile zur Erhöhung der laufenden Leistungen zu verwenden (§ 16 Abs. 5 i.V.m. Abs. 3 Nr. 1, 2 BetrAVG)

h) Insolvenzsicherung

aa) Zweck und Ausgestaltung der gesetzlichen Insolvenzsicherung

3970 Zweck der Insolvenzsicherung gem. §§ 7 ff. BetrAVG ist insbes. der Schutz der Versorgungsempfänger – unabhängig davon, ob ihr Arbeitsverhältnis bis zum Versorgungsfall fortbestand oder schon vorher endete (*BAG* 8.6.1999 EzA § 7 BetrAVG Nr. 60) – und Arbeitnehmer vor dem Verlust ihrer Ansprüche und Anwartschaften auf Leistungen der betrieblichen Altersversorgung, wenn das Unternehmen, das die Versorgungszusage erteilt hat, zahlungsunfähig wird (vgl. *Griebeling* Rz. 696 ff.).

3971 Träger der Insolvenzsicherung ist der PSV als VVaG, bei dem die Arbeitnehmer und Rentner durch den Arbeitgeber versichert sind. Der Arbeitgeber ist seinerseits Versicherungsnehmer beim PSV und diesem gegenüber beitragspflichtig.

3972 Der Versicherungsanspruch wird ausgelöst durch bestimmte, in § 7 BetrAVG **enumerativ aufgezählte Sicherungsfälle**. Versicherungsansprüche von Arbeitnehmern bestehen auch dann, wenn der Arbeitgeber keine Beitragszahlungen an den PSV geleistet hat. Umgekehrt kann die Zahlung von Beiträgen allein keinen Versicherungsanspruch auslösen (*BGH* 1.6.1981 AP Nr. 7 zu § 17 BetrAVG).

3973 Eine freiwillige Versicherung für den Insolvenzfall beim PSV ist rechtlich unzulässig, da die Insolvenzsicherung als gesetzliche Versicherung **nicht disponibel** ist (*BAG* 22.9.1987 EzA § 1 BetrAVG Ablösung Nr. 1).

3974 Nur die Arbeitnehmer, die **bei Eintritt des Sicherungsfalles** i.S.v. § 7 Abs. 1 BetrAVG **alle Voraussetzungen** für den Bezug einer Leistung der betrieblichen Altersversorgung erfüllt haben, genießen bei Insolvenz ihres Schuldners Versicherungsschutz nach Maßgabe des § 7 Abs. 1 BetrAVG. Diese Arbeitnehmer sind **Versorgungsempfänger** i.S. dieser Vorschrift (*BAG* 26.1.1999 EzA § 7 BetrAVG Nr. 59).

3975 Mit dem Eintritt des Versicherungsfalles erwirbt der Arbeitnehmer gegen den Träger der Insolvenzsicherung einen Versicherungsanspruch (Insolvenzsicherungsanspruch), der an die Stelle des Versorgungsanspruchs tritt. Der Versorgungsberechtigte kann dann seine Ansprüche nur noch gegen diesen geltend machen (*BAG* 12.4.1983 EzA § 9 BetrAVG Nr. 1).

3976 Steht dagegen auf Grund eines **rechtskräftigen Urteils** fest, dass der Arbeitnehmer von seinem Arbeitgeber keine Leistungen der betrieblichen Altersversorgung fordern kann, wirkt sich dieses Urteil auch auf die Einstandspflicht des Pensions-Sicherungs-Vereins nach § 7 BetrAVG aus. Die Insolvenz des Arbeitgebers führt dann nämlich zu keinem Ausfall von Versorgungsansprüchen, weil es an der in § 7 Abs. 1, 2 BetrAVG geforderten Ursächlichkeit fehlt (*BAG* 23.3.1999 EzA § 7 BetrAVG Nr. 58).

bb) Die Sicherungsfälle

(1) Grundlagen

Gem. § 7 BetrAVG sind Sicherungsfälle neben der Eröffnung des Insolvenzverfahrens die Abweisung des Konkurs(Insolvenz)antrags mangels Masse sowie der außergerichtliche Vergleich (vgl. *LAG Nbg.* 29.10.2003 – 2 Sa 398/03 – EzA-SD 4/04, S. 16 LS) des Arbeitgebers mit seinen Gläubigern, wenn ihm der PSV zustimmt (vgl. *Griebeling* Rz. 700 ff.). Ein außergerichtlicher Vergleich in diesem Sinne (§ 7 Abs. 1 S. 3 Nr. 2 BetrAVG) besteht aus einer Vielzahl von Einzelverträgen zwischen dem Schuldner und seinen Gläubigern. Dies gilt auch im Betriebsrentenrecht (*BAG* 9.11.1999 EzA § 7 BetrAVG Nr. 63). 3977

(2) Vollständige Beendigung der Betriebstätigkeit

aaa) Grundlagen

Daneben ist die vollständige Beendigung der Betriebstätigkeit erfasst, wenn **kein Insolvenzantrag gestellt** worden ist und ein **Insolvenzverfahren** offensichtlich **mangels Masse, die die Kosten eines Insolvenzverfahrens decken könnte, nicht in Betracht kommt.** 3978

Beendigung der Betriebstätigkeit ist die Einstellung des mit dem Betrieb verfolgten arbeitstechnischen und unternehmerischen Zwecks unter Aufhebung der organisatorischen Einheit des Betriebes. Ungeschriebenes Tatbestandsmerkmal ist das Vorliegen des Insolvenzgrundes (*BAG* 20.11.1984 EzA § 7 BetrAVG Nr. 22). Ausreichend ist es z.B. wenn die Versorgungsleistungen unter Hinweis auf die Vermögenslosigkeit eingestellt sind und der Träger der Insolvenzsicherung von den gesamten Umständen unterrichtet wird (*BAG* 11.9.1980 AP Nr. 7 zu § 7 BetrAVG). Die offensichtliche Masselosigkeit ist eine anspruchsbegründende Tatbestandsvoraussetzung. Es kommt nicht darauf an, über welche Kenntnisse der Betriebsrentner und der PSV verfügen. Entscheidend sind die objektiven Verhältnisse (*BAG* 9.12.1997 EzA § 7 BetrAVG Nr. 55). 3979

Nicht erforderlich ist, dass bereits bei der Betriebseinstellung offensichtlich keine die Kosten des Insolvenzverfahrens deckende Masse vorhanden war. Es genügt, dass die Insolvenz **später eintritt** und zur **Masselosigkeit** führt (*BAG* 20.11.1984 EzA § 7 BetrAVG Nr. 22). Die Einstandspflicht des PSV entsteht in dem Zeitpunkt, in dem **alle Tatbestandsvoraussetzungen** des § 7 Abs. 1 S. 3 Nr. 3 BetrAVG vorliegen. Auch ein später gestellter Insolvenzantrag führt nicht dazu, dass der Insolvenzschutz des § 7 Abs. 1 S. 3 Nr. 3 BetrAVG rückwirkend entfällt (*BAG* 9.12.1997 EzA § 7 BetrAVG Nr. 55). § 7 Abs. 1 S. 3 Nr. 3 BetrAVG gilt analog, wenn ein Verein durch Austritt aller seiner Mitglieder die Insolvenzfähigkeit verliert (*BAG* 28.1.1986 EzA § 7 BetrAVG Nr. 19). 3980

Die **Feststellung, ob ein Insolvenzantrag mangels Masse überflüssig ist**, obliegt dem **PSV** nach Unterrichtung durch den Versorgungsberechtigten und den Arbeitgeber (*BAG* 11.9.1980 EzA § 7 BetrAVG Nr. 7). 3981

bbb) Verfahrensfragen; Feststellungsklage

Ist die Betriebstätigkeit vollständig beendet und wird der Arbeitgeber außerdem zahlungsunfähig, so müssen die betroffenen Betriebsrentner nicht selbst klären, ob ein Insolvenzantrag geboten oder mangels Masse sinnlos erscheint. Sie können sich darauf beschränken, den **PSV von der Betriebs- und Zahlungseinstellung zu unterrichten**. Der PSV muss dann die gesicherten Versorgungsrechte gem. **§ 9 Abs. 2 S. 1 BetrAVG** auf sich überleiten und als Gläubiger die insolvenzrechtlich gebotenen Entscheidungen treffen (*BAG* 20.11.1984 EzA § 7 BetrAVG Nr. 15). 3982

Andererseits besteht zwischen dem Versorgungsempfänger oder -anwärter einer betrieblichen Altersversorgung und dem PSV als Träger der Insolvenzsicherung bereits **vor Eintritt** 3983 des **Sicherungsfalls** (§ 7 Abs. 1 BetrAVG) ein **feststellungsfähiges (bedingtes) Rechtsverhältnis i.S.v. § 256 Abs. 1 ZPO** (*BGH* 25.10.2004 NZA 2005, 782).

(3) Wirtschaftliche Notlage des Arbeitgebers (bis 31.12.1998)

3984 Sicherungsfall war (bis zum 31.12.1998) schließlich auch die wirtschaftliche Notlage des Arbeitgebers, soweit ein Gericht oder der PSV **eine Kürzung oder die Einstellung von Versorgungsleistungen für zulässig erklärt hatte.**

3985 Zu den insoweit aufgetretenen Rechtsfragen s. zuletzt 6. Aufl. Rz. 3108 ff. = S. 899–901 u. *BAG* 31.7.2007 – 3 AZR 372/06 – EzA-SD 23/2007 S. 14 LS = FA 2008, 92).

3986 Der Sicherungsfall der wirtschaftlichen Notlage ist durch § 7 BetrAVG n.F. mit Wirkung ab dem 1.1.1999 ersatzlos gestrichen worden (s.u. Rn. 3986), weil er nach Auffassung des Gesetzgebers kaum praktische Bedeutung erlangt hat (vgl. *Höfer* § 7 BetrAVG Rz. 2989.4; *Blomeyer* NZA 1998, 915 f.). Konsequenz daraus ist nach Auffassung des *LAG Köln* (26.4.2002 LAGE § 7 BetrAVG Nr. 13 = NZA-RR 2002, 604), dass der Arbeitgeber nunmehr nicht mehr ohne einen außergerichtlichen Vergleich mit dem PSV und dem Betriebsrentner die Versorgungszusage wegen wirtschaftlicher Notlage widerrufen kann. Gleiches gilt bei der **vorherigen Zustimmung** des Pensions-Sicherungs-Vereins sowie dann, wenn eine **gerichtliche Entscheidung** über die Einstandspflicht des PSV vom Versorgungsschuldner erstritten wurde (*LAG Nbg.* 29.10.2003 NZA-RR 2004, 320 = LAG Report 2004, 140). Auch das *BAG* (17.6.2003 EzA § 7 BetrAVG Nr. 69) geht insoweit jetzt ebenfalls davon aus, dass das Recht zum Widerruf wegen wirtschaftlicher Notlage nunmehr nicht mehr besteht und ein solches Recht auch nicht auf die in einer Versorgungsordnung aufgenommenen steuerunschädlichen Vorbehalte gestützt werden kann. Denn diese Vorbehalte wirken nur deklaratorisch; sie begründen kein eigenständiges Recht zum Widerruf (*BAG* 17.6.2003 EzA § 7 BetrAVG Nr. 69). Dem stehen Grundsätze des Vertrauensschutzes nicht entgegen (*BAG* 31.7.2007 – 3 AZR 373/06 – EzA-SD 24/2007 S. 12 LS).

(4) Besonderheiten bei der Umstrukturierung von Firmen

3987 Die Verpflichtung eines Arbeitgebers (oder dessen Erben) für die von ihm begründete Versorgungsschuld erlischt nicht dadurch, dass der Arbeitgeber sein Unternehmen in eine KG einbringt. Die KG haftet zusätzlich nach **§ 28 Abs. 1 S. 1 HGB** für die im Betrieb des Geschäfts entstandenen Verbindlichkeiten. Der bisherige Geschäftsinhaber und die KG werden Gesamtschuldner. Die Haftung wird nicht durch § 613a Abs. 2 S. 2 BGB eingeschränkt; § 28 HGB geht als spezielle Regelung vor (*BAG* 23.1.1990 EzA § 28 HGB Nr. 1).

Ist der Arbeitnehmer jedoch aus den Diensten eines Einzelunternehmens ausgeschieden, bevor dieses in eine KG eingebracht wurde, bleibt Arbeitgeber i.S.d. Insolvenzschutzes (§ 7 Abs. 1 S. 1 BetrAVG) der frühere Einzelunternehmer.

Solange dem versorgungsberechtigten Arbeitnehmer ein zahlungsfähiger früherer Arbeitgeber gegenübersteht, muss er sich an diesen halten. Der PSV muss nicht eintreten (*BAG* 29.1.1991 EzA § 7 BetrAVG Nr. 40).

Erst wenn auch beim früheren Arbeitgeber ein Sicherungsfall i.S.v. § 7 Abs. 1 S. 1, 3 BetrAVG eingetreten ist, kommt eine Einstandspflicht des PSV in Betracht.

3988 ► **Beispiel:**

Übernimmt der einzige persönlich haftende Gesellschafter einer KG den Gesellschaftsanteil des einzigen Kommanditisten (Übernahmevereinbarung), erlischt die Gesellschaft. Der Übernehmer wird Alleininhaber des Gesellschaftsvermögens und deshalb auch Versorgungsschuldner der Arbeitnehmer, die mit Versorgungsanwartschaften aus dem Arbeitsverhältnis mit der KG ausgeschieden sind. Wird er insolvent, können die versorgungsberechtigten Arbeitnehmer den PSV in Anspruch nehmen (*BAG* 29.1.1991 EzA § 7 BetrAVG Nr. 40).

(5) Besonderheiten für Alt- und Übergangsfälle bei Unterstützungskassen

Besonderheiten gelten für Rentner, deren Arbeitsverhältnis vor In-Kraft-Treten des BetrAVG begründet worden ist (sog. Altfälle), sowie für Rentner, bei denen die Versorgungszusage bereits vor In-Kraft-Treten des BetrAVG erteilt war, der Versorgungsfall aber erst unter Geltung des BetrAVG eingetreten ist (sog. Übergangsfälle). **3989**

Denn bei ihnen können Unterstützungskassenleistungen nicht erst wegen einer wirtschaftlichen Notlage des Arbeitgebers, sondern **bereits aus triftigen Gründen widerrufen werden** (*BVerfG* 19.10.1983 EzA § 242 BGB Ruhegeld Nr. 102; 14.1.1987 EzA § 1 BetrAVG Unterstützungskasse Nr. 5). **3990**

cc) Voraussetzungen des Insolvenzsicherungsanspruchs

(1) Gesicherte Anspruchsberechtigte

Gesicherte Anspruchsberechtigte sind die Versorgungsempfänger, deren Ansprüche auf Leistungen der betrieblichen Altersversorgung **nicht oder nicht vollständig** erfüllt werden. Das ist z.B. auch bei einem gerichtlich bestätigten Vergleich nach Maßgabe der VglO (jetzt InsO) der Fall, der eine **Vergleichsquote von 70%** vorsieht, sodass die Betriebsrentner einen um 30% geminderten Anspruch vom Arbeitgeber erhalten (*BAG* 14.2.1989 EzA § 7 BetrAVG Nr. 29; zu einer »interfamiliären Versorgungszusage« vgl. *LAG Köln* 19.7.2002 NZA-RR 2003, 259). **3991**

Dieser Teilerlass der Forderung wirkt über das Vergleichsverfahren hinaus. Der Arbeitgeber bleibt von der Pflicht zur Zahlung des erlassenen Teils befreit. Wird der erlassene Teil vom Träger der Insolvenzsicherung nicht vollständig gesichert, weil die zu sichernde Anwartschaft auf den Insolvenzstichtag festgeschrieben wird und spätere Gehaltssteigerungen keine Berücksichtigung finden, so trifft den Arbeitgeber auch hinsichtlich des Ausfalles bei der Rentensteigerung, die auf den erlassenen Teil entfällt, keine Ausfallhaftung (*BAG* 15.1.1991 EzA § 7 BetrAVG Nr. 39). **3992**

Erfasst sind auch diejenigen Personen, die nach Erfüllung der Voraussetzungen der Versorgungsordnung für einen Leistungsbezug **weitergearbeitet haben** (*BAG* 5.10.1982 EzA § 7 BetrAVG Nr. 9), ebenso Arbeitnehmer, deren Antrag auf **Erwerbsunfähigkeit** mit Wirkung auf einen Zeitpunkt vor Insolvenzeintritt genehmigt worden ist (*BAG* 5.10.1982 EzA § 7 BetrAVG Nr. 9). **3993**

Inhaber von nach **§ 1 BetrAVG** unverfallbaren Versorgungsanwartschaften und ihre Hinterbliebenen haben gem. § 7 Abs. 2 BetrAVG bei Eintritt des Versorgungsfalles einen Anspruch gegen den Träger der Insolvenzsicherung. **3994**

Das BetrAVG verwendet insoweit für die Voraussetzungen und die Höhe gesetzlich unverfallbarer Versorgungsanwartschaften einen **einheitlichen Begriff der Betriebszugehörigkeit**; sie ist beim Zeitwertfaktor ebenso zu berechnen wie bei den Unverfallbarkeitsfristen nach § 1 Abs. 1 BetrAVG in der bis zum 31.12.1998 geltenden Fassung i.V.m. § 30f BetrAVG n.F. Deshalb bilden die Dienstzeiten in einem unterbrochenen Arbeitsverhältnis für den gesetzlichen Mindestschutz unverfallbarer Versorgungsanwartschaften keine Einheit; das gilt auch für kürzere Unterbrechungen des Arbeitsverhältnisses. Entscheidend ist insoweit nicht die tatsächliche Beschäftigung, sondern das rechtliche Fortbestehen des Arbeitsverhältnisses, so dass bei einem ruhenden Arbeitsverhältnis keine Unterbrechung vorliegt. Allerdings ist die Wiedereinstellung eines Arbeitnehmers nach Abschluss seines Studiums vom Ruhen des Arbeitsverhältnisses zu unterscheiden. Eine dem Ruhen des Arbeitsverhältnisses vergleichbare Fallgestaltung setzt zumindest voraus, dass nach dem Ausscheiden aus dem Arbeitsverhältnis beiderseitige vertragliche Verpflichtungen bestehen, die eine Wiederbegründung des Arbeitsverhältnisses sicherstellen, und dass diese Bindungen nicht erst nachträglich geschaffen werden, sondern bereits bei Beendigung des Arbeitsverhältnisses bestehen (*BAG* 25.4.2006 EzA § 2 BetrAVG Nr. 27; **3995**

30.5.2006 EzA § 2 BetrAVG Nr. 26). Ein ruhensähnlicher Sachverhalt liegt insoweit auch dann nicht vor, wenn das Arbeitsverhältnis durch einen Aufhebungsvertrag endet, dessen Ziel nicht die Überleitung in den Ruhestand, sondern in erster Linie die Trennung war (*BAG* 30.5.2006 EzA § 2 BetrAVG Nr. 26).

3996 Bei einem **Wechsel von einer Arbeitnehmertätigkeit zu einer nicht insolvenzgeschützten Tätigkeit** kann sich der Insolvenzschutz nur auf den Teil des betrieblichen Versorgungsanspruchs erstrecken, der auf die Arbeitnehmer- bzw. Nicht-Arbeitnehmertätigkeit i.S.d. § 17 Abs. 1 S. 2 BetrAVG entfällt (*BGH* 16.12.1981 AP Nr. 5 zu § 17 BetrAVG). Gleiches gilt im **umgekehrten Fall**, sodass selbst dann, wenn die Versorgungszusage auch die vorhergehende Betriebstreue als Gesellschafter umfassen soll, der PSV im Insolvenzfall die Versorgungsleistungen für die Zeit der unternehmerischen Tätigkeit zeitanteilig kürzen kann (*BGH* 2.4.1990 WM 1990, 1114).

(2) Gesicherte Versorgungsleistungen

3997 Gegen Insolvenz gesichert sind die in § 7 Abs. 1 BetrAVG genannten Leistungsarten der betrieblichen Altersversorgung (Direktzusage, Direktversicherung [soweit der Arbeitgeber die Ansprüche aus dem Versicherungsvertrag abgetreten, beliehen oder verpfändet hat], Leistungen von Unterstützungskassen; vgl. *Griebeling* Rz. 744 ff.). Erfasst sind auf Grund des Altersvermögensgesetzes vom 26.6.2001 nunmehr auch **Pensionsfondszusagen**, soweit die subsidiäre Haftung des Arbeitgebers infolge seiner Insolvenz nicht realisiert werden kann (vgl. *Blomeyer* NZA 2001, 917). Zu beachten ist, dass ein hinreichend dotierter Pensionsfonds die Möglichkeit hat, binnen eines Monats nach dem Sicherungsfall beim Bundesaufsichtsamt für das Versicherungswesen zu beantragen, die Ansprüche der Arbeitnehmer selbst zu erfüllen (§ 8 Abs. 1a S. 3 BetrAVG i.d.F. ab 1.1.2002).
Soweit §§ 7–10 BetrAVG den Arbeitgeber nennen, meinen sie ganz allgemein denjenigen, der selbst oder über Versorgungseinrichtungen Leistungen der betrieblichen Altersversorgung zusagt und erbringt. Trägerunternehmen ist i.d.R. der Arbeitgeber als Gläubiger des Anspruchs auf Arbeitsleistung (*BAG* 25.10.1988 EzA § 7 BetrAVG Nr. 26).

3998 Um betriebliche Altersversorgung handelt es sich aber auch dann, wenn der Versorgungsschuldner nicht der unmittelbare Arbeitsvertragspartner des berechtigten Arbeitnehmers ist, weil eine **Konzern-Muttergesellschaft** eine zentrale Unterstützungskasse führt, die konzerneinheitliche Versorgungsleistungen an die Arbeitnehmer ihrer Tochtergesellschaften erbringt. Innerhalb eines Konzerns kann die Konzernobergesellschaft, die zunächst alleiniger Arbeitgeber war, Trägerunternehmen i.S.d. § 7 Abs. 2 S. 2 BetrAVG bleiben, wenn der Arbeitnehmer in ihrem Interesse und auf ihre Veranlassung ein Arbeitsverhältnis zu einer Tochtergesellschaft begründet und die Konzernobergesellschaft die Versorgungszusage aufrechterhält (*BAG* 25.10.1988 EzA § 7 BetrAVG Nr. 26).

3999 Wird ein Arbeitnehmer von der Konzern-Muttergesellschaft mit einer Versorgungszusage zu einer ausländischen Verkaufsgesellschaft entsandt, die zwar ihrerseits einen Arbeitsvertrag schließt, aber nicht in die Versorgungsverpflichtung eintritt, und fällt die Konzern-Muttergesellschaft später in Konkurs, muss der PSV die Versorgungsanwartschaft übernehmen (*BAG* 6.8.1985 EzA § 7 BetrAVG Nr. 16).

4000 In die Berechnung der Unverfallbarkeit nach § 1 Abs. 1 BetrAVG werden auch die Zeiten einbezogen, in denen der Arbeitnehmer bei einer **ausländischen Tochtergesellschaft** beschäftigt wurde, wenn die Versorgungsanwartschaft von der inländischen Konzernobergesellschaft aufrechterhalten wurde (*BAG* 25.10.1988 EzA § 7 BetrAVG Nr. 26).

Erfasst sind auch Ansprüche auf Naturalleistungen, Deputate und einmalige Leistungen, unabhängig vom jeweiligen konkreten Insolvenzrisiko (MünchArbR/*Förster*/*Rühmann* § 111 Rz. 24). 4001
Der PSV muss einen Versorgungsanspruch in vollem Umfang erfüllen, wenn der Konkurs nach Eintritt des Versorgungsfalles, aber vor Fälligkeit des ersten Rentenbeitrages eröffnet wird.

In diesem Zeitraum lässt auch die Veräußerung des Betriebes durch den Insolvenzverwalter den Insolvenzschutz des Versorgungsanspruchs unberührt (*BAG* 5.10.1982 EzA § 7 BetrAVG Nr. 9). 4002

Nicht dem Insolvenzschutz unterliegen dagegen Leistungen von Pensionskassen, wenn der sie auslösende Beendigungstatbestand des Arbeitsverhältnisses (z.B. ein Aufhebungsvertrag) nichts mit dem Arbeitsverhältnis des Klägers und dem daraus folgenden Versorgungsbedarf zu tun hat. 4003

► **Beispiel:** 4004
Wird der angestellte Leiter eines Unternehmens schon mit 56 Jahren unter Fortzahlung seiner Bezüge entlassen, weil die Kreditgeber dies im Rahmen eines Sanierungsprogramms verlangen, so sind die monatlichen Zahlungen bis zur vorgesehenen Altersgrenze u.U. kein betriebliches Ruhegeld mit gesetzlichem Insolvenzschutz, weil die Gründe, die zu dem Rentenanspruch geführt haben (Verlangen der Kreditgeber) nichts mit dem Arbeitsverhältnis und dem daraus folgenden Versorgungsbedarf zu tun haben (*BAG* 2.8.1983 EzA § 7 BetrAVG Nr. 13).

(3) Gesicherte Versorgungsanwartschaften

aaa) Grundlagen

Der gesetzliche Insolvenzschutz des § 7 Abs. 2 BetrAVG greift dann, aber auch nur dann ein, **wenn eine unverfallbare Versorgungsanwartschaft zum Zeitpunkt des Sicherungsfalls besteht**. Die gesetzliche Regelung **beschränkt** den Insolvenzschutz zudem auf den **gesetzlichen Mindestschutz** unverfallbarer Versorgungsanwartschaften und enthält **keine Öffnungsklausel** für günstigere Versorgungsvereinbarungen; die Berechnungsgrundsätze der §§ 7 Abs. 2, 2 Abs. 1, 2, 5 BetrAVG stehen nicht zur Disposition der Vertrags-, Betriebs- und Tarifpartner (*BAG* 25.4.2006 EzA § 2 BetrAVG Nr. 27; 30.5.2006 EzA § 2 BetrAVG Nr. 26). Das Vorliegen der Voraussetzungen im Zeitpunkt einer späteren Beendigung des Arbeitsverhältnisses durch den Insolvenzverwalter genügt folglich nicht (*LAG Köln* 13.1.2005 NZA-RR 2005, 546). Insolvenzgesichert sind auch unverfallbare Versorgungsanwartschaften i.S.v. § 1b Abs. 1 BetrAVG, unabhängig davon, ob der Arbeitnehmer bereits ausgeschieden oder noch im Betrieb verblieben ist. Eine nach § 1b Abs. 1 S. 2 BetrAVG (Ausscheiden auf Grund einer Vorruhestandsregelung; darunter sind nur **solche Regelungen zu verstehen**, die sich **im Rahmen des inzwischen außer Kraft getretenen Vorruhestandsgesetzes bewegen**: *LAG Köln* 11.11.2005 NZA-RR 2006, 266) unverfallbare Versorgungsanwartschaft ist mit dem Übergang in den Vorruhestand insolvenzgeschützt. 4005
Darauf, ob der Arbeitnehmer bei Verbleib im Arbeitsverhältnis bis zum Insolvenzfall Insolvenzschutz nach §§ 7 Abs. 2, 1 b Abs. 1 S. 1 BetrAVG erlangt hätte, kommt es nicht an (*BAG* 28.3.1995 EzA § 1 BetrAVG Nr. 70).

Erfasst sind auch vor In-Kraft-Treten des BetrAVG **kraft Richterrechts** unverfallbar gewordene Anwartschaften (*BGH* 16.10.1980 EzA § 7 BetrAVG Nr. 5, *BGH* 7.7.1986 AP Nr. 34 zu § 7 BetrAVG; *BVerfG* 10.3.1988 AP Nr. 34a, 38a, 38b, 38 c zu § 7 BetrAVG), **nicht** dagegen **Anwartschaften, deren Unverfallbarkeit vertraglich vereinbart ist** (*BAG* 3.8.1978 EzA § 7 BetrAVG Nr. 1; 26.9.1989 EzA § 7 BetrAVG Nr. 30, 22.2.2000 EzA § 1 BetrAVG Nr. 72; s.a. *LAG Köln* 10.9.2007 – 14 Sa 343/07 – ArbuR 2008, 161 Ls.). 4006

4007 Allerdings kann mit der vertraglichen Vereinbarung der Anrechnung von Vordienstzeiten eine Unverfallbarkeit erreicht werden, die dann dem gesetzlichen Insolvenzschutz unterliegt, wenn die anzurechnende Vordienstzeit bereits von einer Versorgungszusage begleitet war und bis an die darauf folgende Dienstzeit herangereicht hat (*BAG* 26.9.1989 EzA § 7 BetrAVG Nr. 31). Bei einer derartigen Anrechnungsabrede muss klar zum Ausdruck kommen, dass die Anrechnung der Vordienstzeit nicht für die Unverfallbarkeit gelten soll. Geschieht dies nicht und wird eine Vordienstzeit ohne Einschränkung angerechnet, so ist das als Versprechen zu werten, die angerechnete Zeit als Betriebszugehörigkeit auch für die Unverfallbarkeit zu berücksichtigen (*BGH* 24.10.1996 NZA-RR 1997, 263).

4008 War die verfallbare Versorgungsanwartschaft aus einem früheren Arbeitsverhältnis jedoch schon **geraume Zeit erloschen,** so kann die Anrechnung der entsprechenden Betriebszugehörigkeit zwar zur Unverfallbarkeit, nicht aber zum Insolvenzschutz der neuen Versorgungsanwartschaft führen (*BAG* 11.1.1983 EzA § 7 BetrAVG Nr. 12). Eine Erstreckung des Insolvenzschutzes auf Grund der Anrechnung von Vordienstzeiten ist ferner dann ausgeschlossen, wenn der betreffende Arbeitnehmer bereits auf Grund der **Vordienstzeiten allein eine kraft Gesetzes unverfallbare Versorgungsanwartschaft erlangt** hatte (*BAG* 28.3.1995 EzA § 1 BetrAVG Nr. 70).

4009 Bei der Berechnung der Versorgungsanwartschaft nach § 7 Abs. 2, § 2 BetrAVG ist von dem **bis zur festen Altersgrenze erreichbaren Versorgungsanspruch** auszugehen. Eine Weiterarbeit des Versorgungsanwärters über die feste Altersgrenze hinaus kann den Versorgungsanspruch nicht mehr schmälern (*BAG* 14.12.1999 EzA § 7 BetrAVG Nr. 61).

bbb) Besonderheiten bei Unterstützungskassen

4010 Wird die Versorgung über eine Unterstützungskasse abgewickelt, so gelten nach der Rechtsprechung des *BAG* (14.12.1993 EzA § 7 BetrAVG Nr. 47) folgende **Grundsätze:**

- Die Leistungspflicht des PSV beginnt grds. mit dem Eintritt des Sicherungsfalles (seit dem 1.1.1999 gem. § 7 Abs. 1a S. 1 BetrAVG mit dem Beginn des Kalendermonats, der auf den Sicherungsfall folgt).
- Die wirtschaftliche Lage der Unterstützungskasse ist nicht entscheidend. Maßgeblich ist vielmehr, dass der Sicherungsfall beim Trägerunternehmen (Arbeitgeber) eingetreten ist.
- Maßgeblicher Zeitpunkt für den Eintritt des Sicherungsfalles des außergerichtlichen Vergleichs (§ 7 Abs. 1 S. 3 Nr. 3 BetrAVG) ist der Zeitpunkt, in dem der Arbeitgeber seine Zahlungsunfähigkeit sämtlichen Gläubigern bekannt gibt. Die Einstellung der Zahlungen allein reicht nicht aus.
- Im Interesse der Rechtssicherheit sind Absprachen zwischen dem insolventen Arbeitgeber und dem PSV innerhalb von Grenzen zulässig. Den Parteien steht ein Ermessensspielraum zu.
- Wird die Versorgung über eine Unterstützungskasse zugesagt, ist der Arbeitgeber nicht verpflichtet, jede Änderung der Versorgungsrichtlinien jedem betroffenen Arbeitnehmer persönlich mitzuteilen. Eine allgemeine Bekanntmachung im Betrieb oder Unternehmen reicht aus. Der betroffene Arbeitnehmer muss nur die Möglichkeit haben, von der Änderung Kenntnis zu nehmen.

ccc) Besonderheiten bei Direktversicherungen

4011 Bei Bestehen einer Direktversicherung besteht bei **unwiderruflichem Bezugsrecht** Insolvenzschutz nur bei dessen **Beeinträchtigung durch Abtretung, Beleihung oder Pfändung**. Im Übrigen bedarf es dessen nicht, weil der Anspruch bereits vor Insolvenzeröffnung aus dem Vermögen des Arbeitgebers ausgeschieden ist; der Arbeitnehmer kann Aussonderung

(§ 43 KO) verlangen; maßgeblich ist insoweit die versicherungsrechtliche Ausgestaltung des Anspruchs (*LAG München* 20.10.2006 – 11 Sa 727/05 – EzA-SD 2/2007 S. 11 LS). Einbußen, die dem Arbeitnehmer dadurch entstanden sind, dass der Arbeitgeber die **Beiträge an den Versicherer nicht gezahlt hat**, waren nach Auffassung des *BAG* (17.11.1992 EzA § 7 BetrAVG Nr. 45) dagegen nicht insolvenzgesichert. Die damit gegebene Schutzlücke für die Versorgungsberechtigten (abl. deshalb *Blomeyer* NZA 1997, 965 f.) hat der Gesetzgeber durch die neu eingefügte Vorschrift des § 7 Abs. 1a BetrAVG mit Wirkung **ab dem 1.1.1999 geschlossen** (vgl. *Blomeyer* NZA 1998, 915 f.; *Blumenstein/Kerkeler* DB 1998, 2602 ff.). Nunmehr sind auch die bei einer Direktversicherung denkbaren Prämienrückstände in den Anwendungsbereich des BetrAVG und damit auch in den Insolvenzschutz einbezogen.

Gleiches gilt bei einem unwiderruflichen Bezugsrecht, das durch Vorbehalte eingeschränkt 4012
ist **(eingeschränkt unwiderrufliches Bezugsrecht)**, falls die Voraussetzungen der Vorbehalte nicht erfüllt sind; es besteht also ein **Aussonderungsrecht zu Gunsten des Arbeitnehmers** (*BGH* 8.6.2005 – IV ZR 30/04; 3.5.2006 – IV ZR 134/05; s. aber oben Rn. 1390. Das *BAG* (22.5.2007 EzA § 1b BetrAVG Nr. 4 = NZA 2007, 1169) teilt diese Auffassung allerdings nicht und hat insoweit den Gemeinsamen Senat der obersten Gerichtshöfe des Bundes angerufen, denn der Zweck der Vorbehalte entfällt in der Insolvenz (*LAG Nds.* 24.11.2006 – 10 Sa 946/06 B – EzA-SD 1/2007 S. 11 LS). Die dem Arbeitgeber vom Arbeitnehmer eingeräumte Befugnis, Vorauszahlungen des Versicherers auf die Versicherungsleistungen »während der Dauer des Arbeitsverhältnisses« entgegenzunehmen, erlischt mit der Beendigung des Arbeitsverhältnisses und kann nicht in die Insolvenzmasse fallen, wenn das Arbeitsverhältnis vorher beendet wurde (*BAG* 26.6.1990 EzA § 7 BetrAVG Nr. 36; 26.6.1990 EzA § 43 KO Nr. 1). Selbst wenn das Arbeitsverhältnis nicht beendet wird, fällt sie nicht in die Insolvenzmasse, sondern erlischt spätestens mit der Eröffnung des Insolvenzverfahrens über das Vermögen des Arbeitgebers (*BAG* 26.6.1990 EzA § 7 BetrAVG Nr. 36; 26.6.1990 EzA § 43 KO Nr. 1). Inzwischen geht das *BAG* (31.7.2007 – 3 AZR 446/05 – EzA-SD 24/2007 S. 13 LS = NZA-RR 2008, 32) davon aus, dass die Zugehörigkeit der Rechte aus dem Versicherungsvertrag insoweit bei Insolvenz des Arbeitgebers zur Insolvenzmasse oder zum Vermögen des Arbeitnehmers **allein von der Ausgestaltung des Versicherungsverhältnisses abhängt, bei der neben den Interessen des Arbeitgebers als Versicherungsnehmer auch die des Arbeitnehmers als versicherter Person zu berücksichtigen sind.** Knüpft das eingeschränkt unwiderrufliche Bezugsrecht an die gesetzlichen Unverfallbarkeitsvorschriften an, so entfällt das Widerrufsrecht mit der Unverfallbarkeit.

Kein Insolvenzschutz besteht dagegen bei nur widerruflichem Bezugsrecht, weil dem 4013
Arbeitnehmer kein Aussonderungsrecht nach § 47 InsO zusteht, selbst dann nicht, wenn die Anwartschaft auf die Versicherungsleistungen bereits unverfallbar ist. Schadensersatzansprüche des Arbeitnehmers, die durch den Widerruf des Bezugsrechts durch den Insolvenzverwalter, der mit dem Widerruf nur seinen insolvenzrechtlichen Pflichten gem. § 80 InsO nachkommt, entstanden sind, sind keine Masseschulden i.S.d. § 55 InsO (vgl. *LAG Köln* 13.11.2002 NZA-RR 2003, 550). Allerdings erhält der Arbeitnehmer, der im Sicherungsfall (Insolvenz des Arbeitgebers) eine **unverfallbare Anwartschaft** hat, einen **Anspruch gegen den Pensionssicherungsverein gem. § 7 Abs. 2 S. 1 BetrAVG** (*BAG* 26.2.1991 EzA § 43 KO Nr. 2; **a.A.** *LAG BW* 8.3.1990 BB 1990, 1000).

Bei nur widerruflichem Bezugsrecht gehört der Anspruch auf die Versicherungsleistung 4014
in der Insolvenz des Arbeitgebers aber jedenfalls zur Insolvenzmasse gem. § 35 InsO (*BAG* 28.3.1995 EzA § 1 BetrAVG Lebensversicherung Nr. 6). Das gilt auch bei einer sog. Gehaltsumwandlung (*BAG* 17.10.1995 EzA § 1 BetrAVG Lebensversicherung Nr. 7).

dd) Der Insolvenzsicherungsanspruch gegen den PSV

(1) Akzessorietät; Fälligkeit

4015 Mit dem Eintritt des Sicherungsfalls entsteht ein **versicherungsrechtlicher Anspruch** des Versorgungsempfängers bzw. Versorgungsanwärters, **dessen Bestehen und Umfang vom Versorgungsanspruch abhängig ist** (Akzessorietät).

4016 Die Ansprüche gegen den PSV entstehen mit dem **Insolvenzstichtag;** seit dem 1.1.1999 gem. § 7 Abs. 1a S. 1 BetrAVG mit dem **Beginn des Kalendermonats**, der auf den Eintritt des Sicherungsfalles folgt. Die Fälligkeit tritt an sich mit dem Eintritt des Sicherungsfalles ein, soweit nicht die Pensionszusage eine spätere Fälligkeit vorsieht (*BGH* 21.3.1983 AP Nr. 16 zu § 7 BetrAVG); dagegen sieht der PSV seine Leistungen erst als fällig an, wenn er sie dem Versorgungsberechtigten gem. § 9 Abs. 1 BetrAVG mitgeteilt hat (MünchArbR/*Förster/Rühmann* § 111 Rz. 39).

4017 Mit Wirkung ab dem 1.1.1999 sieht § 7 Abs. 1 S. 3 BetrAVG nunmehr die entsprechende Anwendung des § 11 VVG vor, sodass der Versorgungsempfänger u.U. bereits vor Fälligkeit **Abschlagszahlungen** verlangen kann (vgl. *Höfer* § 7 BetrAVG Rz. 2989.5).

aaa) Betriebsrentner

4018 Trifft der Insolvenzfall einen Betriebsrentner, muss der Träger der Insolvenzsicherung nach § 7 Abs. 1 BetrAVG in dem Umfang eintreten, der sich aus der Versorgungszusage des Arbeitgebers ergibt. Erbringt statt dem Arbeitgeber der PSV Leistungen nach dem BetrAVG, so ist dieser im Allgemeinen nicht verpflichtet, Betriebsrenten nach § 16 BetrAVG anzupassen. Enthält die Zusage aber eine unabhängig von § 16 BetrAVG bestehende Anpassungspflicht des Arbeitgebers, wie etwa bei den Versorgungsregelungen nach den Richtlinien des Essener Verbandes, besteht diese Pflicht auch für den PSV (*BAG* 15.2.1994 EzA § 7 BetrAVG Nr. 48; 22.11.1994 EzA § 7 BetrAVG Nr. 50; 8.6.1999 EzA § 7 BetrAVG Nr. 60).

4019 ▶ **Beispiel:**
Eine Anpassungsklausel in einer betrieblichen Versorgungsordnung, die zu einer Dynamisierung der Betriebsrente führt, ist auch vom PSV zu beachten (z.B. bei Wertsicherungs- und Spannenklauseln; *BAG* 22.3.1983 EzA § 16 BetrAVG Nr. 14). Gleiches gilt, wenn der Anpassungsanspruch des Versorgungsberechtigten sich aus betrieblicher Übung ergibt oder wenn dem Arbeitgeber bei vertraglich vorgesehener Anpassung ein Ermessensspielraum eingeräumt ist.

4020 **Der PSV ist dann zur Anpassung verpflichtet, nicht dagegen bei einer bloß vertraglichen Verpflichtung zur Prüfung** (*BAG* 30.8.1979 EzA § 7 BetrAVG Nr. 3; 3.3.1987 EzA § 16 BetrAVG Nr. 16).

bbb) Inhaber einer Versorgungsanwartschaft

4021 Der Anspruch für den Inhaber einer im Insolvenzfall unverfallbaren Versorgungsanwartschaft gegen den Träger der Insolvenzsicherung richtet sich gem. § 7 Abs. 2 S. 3 nach **§ 2 Abs. 1, 2, 5 BetrAVG. Danach sind die im Zeitpunkt des Sicherungsfalles bestehenden Bemessungsgrundlagen auf den Zeitpunkt des Versorgungsfalles hochzurechnen.** Diese Vorschriften gehen von einem unveränderten Fortbestand eines Arbeitsverhältnisses und der Bemessungsgrundlagen aus.

4022 Das Risiko, kein gleichwertiges Arbeitsverhältnis mehr eingehen und keine gleichwertige Altersversorgung für die Zeit nach dem Sicherungsfall mehr erwerben zu können, trägt der Arbeitnehmer. Insoweit genießt er keinen Insolvenzschutz (*BAG* 12.3.1991 EzA § 7 BetrAVG Nr. 41).

Damit sind Veränderungen der Bemessungsgrundlagen für die Berechnung des Betriebsrentenanspruchs, die nach dem Insolvenzfall, aber vor dem Versorgungsfall eintreten, für die Berechnung des Anspruchs gegen den Träger der Insolvenzsicherung unerheblich. Eine vertraglich versprochene Anpassung der Rentenanwartschaft nach variablen Bezugsgrößen, wie etwa den Gruppenbeträgen des Essener Verbandes, ist damit nicht insolvenzgesichert. Diese Begrenzung der Insolvenzsicherung ist verfassungsrechtlich nicht zu beanstanden (*BAG* 4.4.2001 EzA § 7 BetrAVG Nr. 65).

Die Veränderungssperre des § 2 Abs. 5 BetrAVG (s. zum Tarifvorbehalt § 17 Abs. 3 S. 1 **4023** BetrAVG und dazu *BAG* 13.12.2005 – 3 AZR 478/04 – EzA-SD 7/06 S. 19 LS = NZA 2006, 456; 27.3.2007 – 3 AZR 60/06 – EzA-SD 21 S. 11 LS = NZA 2008, 133) wirkt im Rahmen des Insolvenzschutzes nach § 7 Abs. 2 BetrAVG und führt dazu, dass eine nach dem Ausscheiden aus dem Arbeitsverhältnis vereinbarte Änderung der Versorgungsregelung für die Insolvenzsicherung **keine Rolle mehr spielt** (*BAG* 21.1.2003 EzA § 1b BetrAVG Nr. 1). Sie bezieht sich auch auf die Höhe eines versicherungsmathematischen Abschlags. Maßgebend für die Berechnung des Altersruhegeldes ist deshalb der in der Versorgungsordnung vorgesehene Abschlag zum Zeitpunkt des Ausscheidens des Arbeitnehmers aus dem Arbeitsverhältnis (*LAG Düsseld.* 3.4.2003 NZA-RR 2003, 553). Zudem muss der Träger der gesetzlichen Insolvenzsicherung weder einen irrtümlichen noch einen bewussten Verzicht auf eine zeitratierliche Berechnung (§ 2 Abs. 1 BetrAVG) des die Versorgung Versprechenden gegen sich gelten lassen, wenn der Sicherungsfall vor dem Versorgungsfall eingetreten ist (*BAG* 17.6.2003 EzA § 7 BetrAVG Nr. 20).

Sie wirkt schließlich nicht nur bis zum Eintritt des Versorgungsfalles. **Auch Veränderun- 4024 gen der Bemessungsgrundlagen nach Eintritt des Versorgungsfalls sind für die Berechnung des Teilanspruchs gegenüber dem Träger der Insolvenzsicherung unbeachtlich** (*BAG* 22.11.1994 EzA § 7 BetrAVG Nr. 50).

► **Beispiel:** **4025**
Beantragt der Arbeitnehmer, der mit einer unverfallbaren Anwartschaft aus dem Arbeitsverhältnis ausgeschieden ist, nach Eröffnung des Konkursverfahrens über das Vermögen seines Arbeitgebers vorgezogenes Altersruhegeld, kann der PSV bei der Bemessung der Versorgungsleistungen Erhöhungen des Gehalts nach Beendigung des Arbeitsverhältnisses außer Acht lassen und den in der Leistungsordnung vorgesehenen versicherungsmathematischen Abschlag wegen vorzeitigen Bezugs des Altersruhegeldes vornehmen (*BAG* 26.4.1988 EzA § 7 BetrAVG Nr. 25).

(2) Haftung für Rückstände

Der PSV hat für die Begleichung rückständiger Versorgungsleistungen einzustehen, soweit **4026** die Nichterfüllung auf den **insolvenzbedingten Zahlungsschwierigkeiten** des Arbeitgebers beruht (*BAG* 30.10.1980 EzA § 1 BetrAVG Nr. 12).

Der *BGH* (14.7.1980 AP Nr. 5 zu § 7 BetrAVG; ebenso *LAG Köln* 10.6.1999 NZA 1999, **4027** 1106) hat die Haftung des PSV allerdings in Anlehnung an § 59 Abs. 1 Nr. 3 KO auf **6 Monate seit Eröffnung des Konkursverfahrens** begrenzt. Nicht entscheidend ist der Zeitpunkt der Antragstellung (*LAG Köln* NZA 1999, 1106).

Zu beachten ist insoweit jetzt § 7 Abs. 1a S. 3 BetrAVG. Danach haftet der PSV insbeson- **4028** dere nicht für rückständige Ansprüche auf eine betriebliche Invalidenrente, die früher als sechs Monate vor dem Eintritt der regulären Einstandspflicht des PSV nach § 7 Abs. 1a S. 1 BetrAVG entstanden sind. Das gilt auch dann, wenn die Betriebsrentenordnung vorsieht, dass der Tatbestand der Erwerbsunfähigkeit u.a. durch eine entsprechende Anerkennung seitens des Sozialversicherungsträgers nachgewiesen werden kann und diese Anerkennung erst innerhalb eines Sozialgerichtsverfahrens innerhalb von sechs Monaten vor Eintritt der Insolvenz des Arbeitgebers erfolgt (*LAG Köln* 16.3.2005 – 7 Sa 1260/04 – EzA-SD 24/05 S. 18 LS = NZA-RR 2006, 42).

(3) Anspruchsumfang bei Versorgungsleistungen

aaa) Grundlagen

4029 Der Träger der Insolvenzsicherung hat gem. § 7 Abs. 1 BetrAVG im Sicherungsfall seine Leistung an den berechtigten Versorgungsempfänger oder dessen Hinterbliebenen grds. so zu erbringen, wie sie der Arbeitgeber auf Grund seiner Versorgungszusage schuldet. Erst die nach § 7 Abs. 1 BetrAVG ermittelte Versicherungsleistung wird begrenzt (*BGH* 11.10.2004 NZA 2005, 113). Die gesicherten Leistungen waren nach **§ 7 Abs. 3 BetrAVG** a.F. bis zum 31.12.1998 der Höhe nach begrenzt auf das dreifache der im Zeitpunkt der ersten Fälligkeit geltenden Beitragsbemessungsgrenze der gesetzlichen Rentenversicherung (für 1995 auf 23 400 DM in den alten 19 200 DM/Monat in den neuen Bundesländern). Seit dem 1.1.1999 ist die Höchstgrenze reduziert auf das Dreifache der monatlichen Bezugsgröße gem. § 18 SGB IV (12.180 DM bzw. 9.870 DM; vgl. *BGH* 11.10.2004 NZA 2005, 114 LS; *Höfer* § 7 BetrAVG Rz. 2914 ff.). Bei Kapitalleistungen sieht § 7 Abs. 3 S. 2 BetrAVG eine Umrechnung des Kapitalbetrags in einen fiktiven Rentenanspruch vor (MünchArbR/*Förster/Rühmann* § 111 Rz. 42).

4030 Für die Fälle der **Entgeltumwandlung** (§ 1b Abs. 5 BetrAVG; vgl. dazu *Blomeyer* NZA 2000, 281 ff.; *Wohlleben* DB 1998, 1230 ff.; *Söffing/Nommensen* DB 1998, 1285 ff.) sah § 7 Abs. 3 S. 3 BetrAVG n.F. mit Wirkung vom 1.1.1999 eine Höchstbegrenzung auf 3/10 der monatlichen Bezugsgröße gem. § 18 SGB IV (1997 1281 DM/Monat) vor; sie betrug damit nur 10% der normalen Höchstgrenze, wenn nicht eine mindestens gleichwertige Beteiligung des Arbeitgebers an der Finanzierung vorlag (vgl. *Blomeyer* NZA 1998, 915 f. zum Regierungsentwurf vgl. krit. *Blomeyer* DB 1997, 1921 ff.; NZA 1997, 961 ff.; *Hanau/Arteaga/Kessel* DB 1997, 1401 ff.; eher zust. *Doetsch/Förster/Rühmann* DB 1998, 258 ff.). Gem. § 30b BetrAVG gilt diese Regelung nur für Ansprüche gegen den PSV, die auf Zusagen beruhen, die nach dem 31.12.1998 erteilt werden.

4031 Sie entfiel zudem für die ab dem 1.1.2001 erteilten Zusagen zum Schutz des Arbeitnehmers insoweit, als die Höhe des umgewandelten Entgelts **4%** der jeweiligen Beitragsbemessungsgrenze in der Rentenversicherung, d.h. den Höchstbetrag des Entgeltumwandlungsanspruchs (§ 1a BetrAVG; s.o. Rn. 3330, 3428 ff.) **nicht überstieg** (§ 7 Abs. 3 S. 4 BetrAVG).

4032 § 7 Abs. 3 S. 3, 4 BetrAVG sind durch Gesetz vom 21.6.2002 (HzvNG) gestrichen worden; für ab dem 1.1.2002 gegebene Zusagen gilt jetzt § 7 Abs. 5 S. 2. BetrAVG (s.u. Rn. 4054).

4033 Zu beachten ist in diesem Zusammenhang, dass die der nationalen gesetzlichen Regelung zugrunde liegende RL 80/987 (s.o. Kap. 1 Rn. 676) dahin auszulegen ist, dass sie es einem Mitgliedsstaat nicht erlaubt, die Zahlungsverpflichtung der Garantieeinrichtung auf einen Betrag zu begrenzen, der den notwendigen Lebensunterhalt der betroffenen Arbeitnehmer deckt und von dem die Zahlungen abgezogen werden, die der Arbeitgeber während des von der Garantie erfassten Zeitraums geleistet hat (*EuGH* 4.3.2004 NZA 2004, 425).

bbb) Nichtarbeitnehmer

4034 Bei Nichtarbeitnehmern i.S.d. § 17 Abs. 1 S. 3 BetrAVG hängt die Angemessenheit der Höhe der Versorgungsleistungen entsprechend § 7 Abs. 5 BetrAVG davon ab, ob die Leistungen über das Maß dessen hinausgehen, was bei einem Fremdgeschäftsführer unter sonst gleichen Verhältnissen, bei gleicher Leistung und gleich langer Tätigkeit für das Unternehmen objektiv üblich und wirtschaftlich vernünftig gewesen wäre (*BGH* 14.7.1980 AP Nr. 3 zu § 17 BetrAVG).

ccc) Keine Veränderung der Versorgungszusage

4035 Der PSV haftet auch dann für Versorgungsleistungen, wenn sich aus der Versorgungszusage eine relative oder absolute Überversorgung ergibt. Da er nicht in die Arbeitgeberstellung eintritt, hat er **keine Befugnis zur Veränderung der Versorgungszusage** (*BAG* 22.9.1987 EzA § 1 BetrAVG Ablösung Nr. 1).

ddd) Versorgungsleistungen des Arbeitgebers

Leistungen der betrieblichen Altersversorgung, die der Arbeitgeber oder sonstige Träger der Versorgung nach Eintritt des Sicherungsfalles noch erbringen oder zu erbringen haben, werden gem. **§ 7 Abs. 4 BetrAVG** angerechnet (insbes. im Falle des Vergleichs, sowie bei Teilleistungsfähigkeit des Arbeitgebers bei wirtschaftlicher Notlage). § 7 Abs. 4 S. 3 BetrAVG sieht mit Wirkung seit dem 1.1.1999 nunmehr weiterhin vor, dass der PSV in Zukunft auch lediglich für einen **begrenzten Zeitraum** die Leistungen in voller Höhe übernehmen kann, wenn im Insolvenzplan vorgesehen ist, dass der Arbeitgeber oder der sonstige Träger der Versorgung die Leistungen von einem bestimmten Zeitpunkt an selbst zu erbringen hat (vgl. *Höfer* § 7 BetrAVG Rz. 2989.7). 4036

Im **Insolvenzverfahren** dagegen erbringt der PSV die Leistungen und macht die Insolvenzquote gem. § 9 Abs. 3 BetrAVG gegen den insolventen Arbeitgeber geltend; zur nur redaktionellen Neufassung dieser Regelung ab dem 1.1.1999 vgl. *Höfer* § 9 BetrAVG Rz. 3096.1). 4037

(4) Anspruchsumfang bei Versorgungsanwartschaften

Die Berechnung der Höhe des Insolvenzsicherungsanspruchs richtet sich nach **§ 7 Abs. 2 S. 3, 4 i.V.m. § 2 Abs. 1 BetrAVG**. Diese Grundsätze stehen **nicht zur Disposition der Vertragspartner** (*BAG* 25.4.2006 EzA § 2 BetrAVG Nr. 27); **der gesetzliche Mindestschutz kann folglich nicht durch eine Beschränkung der von der Betriebszugehörigkeit zu unterscheidenden versorgungsfähigen Beschäftigungszeit verringert werden** (*BAG* 30.5.2006 EzA § 2 BetrAVG Nr. 26). 4038

Der gesetzliche Mindestschutz berechnet sich danach in zwei Schritten (*BAG* 30.5.2006 EzA § 2 BetrAVG Nr. 26): 4039
- Zunächst ist durch Hochrechnen die ohne das vorzeitige Ausscheiden anfallende sog. Vollrente zu ermitteln, wobei die Veränderungssperre des § 2 Abs. 5 BetrAVG zu beachten ist. Insoweit ist der Pensionssicherungsverein an die Vertragsgestaltung gebunden.
- Der nächste Rechenschritt besteht in einer Kürzung der sog. Vollrente um den Zeitwert/Unverfallbarkeitsfaktor, der in § 2 Abs. 1 i.V.m. § 7 Abs. 2 S. 3 BetrAVG eigenständig geregelt ist. Er stellt auf die Betriebszugehörigkeit ab. Soweit die Berechnungsregel des § 7 Abs. 2 i.V.m. § 2 Abs. 1 BetrAVG also – wie bei der Dauer des Arbeitsverhältnisses – an vertragliche Vereinbarungen anknüpft, sind die auch vom PSV zu beachten (*BAG* 14.12.1999 EzA § 7 BetrAVG Nr. 63).

Beispiele: 4040

- ▶ Zulässigerweise **angerechnete Vordienstzeiten** werden bei der Berechnung nach § 2 Abs. 1 BetrAVG wie eigene Betriebszugehörigkeit beim insolventen Arbeitgeber behandelt (*BAG* 8.5.1984 EzA § 7 BetrAVG Nr. 14).
- ▶ Tritt auf Grund einer durchgeführten Neuregelung eines Versorgungswerks eine Verschlechterung der erreichbaren Endrenten i.S.v. § 2 Abs. 1 BetrAVG ein, z.B. weil sich die Steigerungssätze für noch ausstehende Dienstjahre gemindert haben, so kann sich rechnerisch eine geringere unverfallbare Anwartschaft als vor der Neuordnung ergeben.
- ▶ Den Pensionssicherungsverein **bindet** eine Vereinbarung **nicht, die über die** oben dargestellten **Berechnungsgrundsätze hinausgeht** (*BAG* 30.5.2006 EzA § 2 BetrAVG Nr. 26).
- ▶ Tritt nach dem Ablösungsstichtag ein Insolvenzfall ein, kann jedoch der durch die Neuregelung bereits zeitanteilig gekürzte Teilbetrag nicht noch einmal vom PSV nach § 7 Abs. 2 BetrAVG, bezogen auf den Insolvenzstichtag, gekürzt werden (*BAG* 22.9.1987 EzA § 1 BetrAVG Ablösung Nr. 1; 21.3.2000 NZA 2001, 387; 18.3.2003 EzA § 2 BetrAVG Nr. 1).

4041 § 7 Abs. 2 BetrAVG **begrenzt** lediglich **die gesetzliche Einstandspflicht des PSV. Das Versorgungsverhältnis bleibt unverändert fortbestehen.** Den nicht insolvenzgeschützten Teil der Altersversorgung können die Betriebsrentner von ihrem früheren Arbeitgeber verlangen. Eine vertragliche Übernahme der nach § 7 Abs. 2 BetrAVG nicht insolvenzgeschützten Versorgungspflichten durch den PSV bedarf der Genehmigung der Versorgungsberechtigten gem. § 415 Abs. 1 BGB (*BAG* 9.11.1999 EzA § 7 BetrAVG Nr. 63).

(5) Rechtsmissbräuchliche Inanspruchnahme

aaa) Begriffsbestimmung; Voraussetzungen

4042 Der PSV ist verpflichtet, Verbesserungen der Versorgungszusage durch den Arbeitgeber hinzunehmen und für eine unverfallbare Versorgungsanwartschaft Insolvenzschutz leisten, sofern nicht einer der Fälle des Versorgungsmissbrauchs i.S.d. § 7 Abs. 5 BetrAVG vorliegt (vgl. *LAG Köln* 28.2.2005 NZA-RR 2005, 486; *Griebeling* Rz. 779 ff.).

4043 § 7 Abs. 5 BetrAVG greift dann ein, wenn nach den Umständen des Einzelfalles **objektiv die Annahme gerechtfertigt ist, dass es der alleinige oder überwiegende Zweck der Versorgungszusage oder ihrer Verbesserung war, den PSV in Anspruch zu nehmen** (*BAG* 8.5.1990 EzA § 7 BetrAVG Nr. 35, 24.11.1998 NZA 1999, 650). Das gilt auch dann, wenn der Arbeitnehmer **vorzeitig aus dem Arbeitsverhältnis ausscheidet**, um mit Vollendung des 60. Lebensjahres die vorgezogene Altersrente in der gesetzlichen Rentenversicherung in Anspruch nehmen zu können und der Arbeitgeber die Zeit vom vorzeitigen Ausscheiden bis zur Vollendung des 65. Lebensjahres als versorgungssteigernde Dienstzeit anerkennt (*BAG* 10.3.1992 EzA § 7 BetrAVG Nr. 43; ebenso generell für die Vereinbarung von Nachdienstzeiten *LAG Köln* 28.2.2005 NZA-RR 2005, 486). Das *BAG* (30.5.2006 – 3 AZR 205/05 – EzA-SD 12/06, S. 3) geht inzwischen davon aus, dass Nachdienstzeitenvereinbarungen den PSV nur in Ausnahmefällen binden, etwa bei einem ruhensähnlichen Sachverhalt. Werden im Übrigen die durch die **Beleihung einer Lebensversicherung** gewonnenen Mittel dem Betrieb zugeführt, um ihn zu sanieren, kann es grds. nicht der überwiegende Zweck der Beleihung gewesen sein, den PSV in Anspruch zu nehmen (*LAG Köln* 19.7.2002 NZA-RR 2003, 259).

4044 Auch die Anpassung einer Betriebsrente gem. § 16 BetrAVG kann andererseits als »Verbesserung« der Missbrauchsregelung des § 7 Abs. 5 BetrAVG unterfallen. Voraussetzung ist aber stets, dass es sich um eine »vereinbarte« Verbesserung handelt. Eine solche Vereinbarung liegt dann nicht vor, wenn durch streitiges, rechtskräftiges Urteil die Anpassung in einem außerhalb des Karenzzeitraums von zwei Jahren vor Insolvenzeröffnung liegenden Anpassungszeitpunkt festgestellt wird (*BAG* 18.3.2003 EzA § 7 BetrAVG Nr. 67). Ob dies in gleicher Weise auch für nicht streitige Urteile gelten kann, hat das *BAG* (18.3.2003 EzA § 7 BetrAVG Nr. 67) offen gelassen.
Als Indizien kommen die Unangemessenheit der Versorgungszusage, verwandtschaftliche oder geschäftliche Verbindungen von Arbeitgeber und Arbeitnehmer, die wirtschaftliche Lage des Arbeitgebers bei Erteilung oder Verbesserung der Versorgungszusage, oder eine Anpassungsentscheidung nach § 16 BetrAVG in Betracht, wenn zu diesem Zeitpunkt das Unternehmen bereits konkursreif war.

4045 **Beispiele:**

- Der Versicherungsschutz entfällt dann nicht, wenn die Entscheidung des Arbeitgebers, laufende Renten zu erhöhen, vertretbar ist. Ihm steht bei seinen Entscheidungen nach § 16 BetrAVG ein Beurteilungsspielraum hinsichtlich der unbestimmten Rechtsbegriffe und darüber hinaus noch ein Ermessensspielraum zu (*BAG* 29.11.1988 EzA § 7 BetrAVG Nr. 27).

- Erteilt ein unwiderruflich bezugsberechtigter Arbeitnehmer nachträglich dem Arbeitgeber die Zustimmung zur Beleihung der Ansprüche aus dem Lebensversicherungsvertrag und entsteht dadurch eine Versorgungslücke, so schließt dies allein den Insolvenzschutz noch nicht wegen fehlender Schutzbedürftigkeit aus. Nach § 7 Abs. 5 BetrAVG besteht jedoch dann kein Insolvenzschutz wegen missbräuchlicher Beleihung, wenn der Arbeitnehmer am Missbrauch beteiligt war (*BAG* 26.6.1990 EzA § 1 BetrAVG Nr. 59).
- Ist dem Arbeitnehmer ein sog. eingeschränkt unwiderrufliches Bezugsrecht eingeräumt worden, so kann der Arbeitgeber bereits auf Grund der mit dem Bezugsrecht verbundenen Vorbehalte die Ansprüche aus dem Versicherungsvertrag beleihen. Eine weitere Zustimmung des Arbeitnehmers ist nicht erforderlich. Auf die Wirksamkeit und damit auch auf die Anfechtbarkeit einer zusätzlich erteilten Zustimmung des Arbeitnehmers zur Beleihung kommt es nicht an.
- Allein die Zustimmung des Arbeitnehmers zur Beleihung der Ansprüche aus dem Versicherungsvertrag führt nicht zum Wegfall des Insolvenzschutzes. Die Voraussetzungen eines Versicherungsmissbrauchs sind in § 7 Abs. 5 BetrAVG geregelt. Nach § 7 Abs. 5 S. 1 BetrAVG verliert der Arbeitnehmer nur dann den Insolvenzschutz, wenn er mit dem Arbeitgeber missbräuchlich zusammenwirkt und den missbilligten Zweck der Beleihung zumindest erkennen kann. Davon ist auszugehen, wenn sich für ihn die Erkenntnis aufdrängen musste, wegen der wirtschaftlichen Lage des Arbeitgebers sei ernsthaft damit zu rechnen, dass die Zusage nicht erfüllt werde (*BAG* 19.2.2002 EzA § 7 BetrAVG Nr. 66). Diese Voraussetzung ist nicht erfüllt, wenn dem Arbeitnehmer zwar wirtschaftliche Schwierigkeiten seines Arbeitgebers bekannt sind, er aber angenommen hat und auch annehmen durfte, dass die vorgesehene Sanierung erfolgreich sein werde und die Insolvenzsicherung nicht in Anspruch genommen werden müsse (*BAG* 17.10.1995 EzA § 7 BetrAVG Nr. 52).

bbb) Darlegungs- und Beweislast; Missbrauchsvermutungen; Ausnahmen

Die Darlegungs- und Beweislast für das Vorliegen eines Missbrauchstatbestandes trifft den **PSV**. **4046**

Im Hinblick auf die tatsächlichen Schwierigkeiten, dem nachzukommen, enthält § 7 Abs. 5 S. 2 BetrAVG eine **widerlegbare Vermutung** für den Fall, dass bei Erteilung oder Verbesserung der Versorgungszusage wegen der wirtschaftlichen Lage des Arbeitgebers ernsthaft zu erwarten war, dass die Zusage nicht erfüllt werden kann (vgl. dazu *BAG* 8.5.1990 EzA § 7 BetrAVG Nr. 35; 19.2.2002 EzA § 7 BetrAVG Nr. 66). **4047**

Der Versicherungsschutz scheidet jedoch nicht schon dann aus, wenn die wirtschaftliche Lage des Arbeitgebers im Zeitpunkt der Verbesserung schlecht war. **Entscheidend kommt es darauf an, ob beabsichtigt war, den gesetzlichen Insolvenzschutz zu missbrauchen.** Dieser Zweck darf unter den Voraussetzungen des § 7 Abs. 5 S. 2 BetrAVG vermutet werden (*BAG* 29.11.1988 EzA § 7 BetrAVG Nr. 27). **4048**

Maßgeblicher Zeitpunkt für die Beurteilung der Rechtslage ist der, in dem die Zusage verändert wird. Diese Vermutung kann insbes. durch den Nachweis entkräftet werden, dass die subjektiven Voraussetzungen des § 7 Abs. 5 S. 1 BetrAVG (Missbrauchsabsicht) nicht vorliegen (*BAG* 19.2.2002 EzA § 7 BetrAVG Nr. 66). **4049**

> § 7 Abs. 5 S. 3 BetrAVG sieht schließlich eine unwiderlegliche Missbrauchsvermutung für alle Leistungsverbesserungen im letzten Jahr (*BAG* 24.11.1998 NZA 1999, 650; vgl. dazu *Kreßel* SAE 1999, 324 ff.) gem. § 7 Abs. 5 S. 3 BetrAVG n.F. seit dem 1.1.1999 in den letzten zwei Jahren; vgl. dazu *Höfer* § 7 BetrAVG Rz. 2989.10) vor Eintritt des Sicherungsfalles vor, wenn diese größer gewesen sind als in dem vorangegangenen Jahr. **4050**
> Das gilt selbst dann, wenn die Rentenerhöhung auf einer Anpassungsentscheidung gem. § 16 BetrAVG beruht und der Arbeitgeber dazu rechtskräftig verurteilt worden ist (*BAG* 26.4.1994 EzA § 16 BetrAVG Nr. 27).

4051 **Steigerungen der Bemessungsgrundlage** (ruhegehaltsfähiges Endgehalt) werden von dieser Regelung **nicht erfasst** (*BAG* 20.7.1993 EzA § 1 BetrAVG Unverfallbarkeit Nr. 4; *LAG Köln* 27.6.2001 NZA-RR 2002, 102). § 7 Abs. 5 S. 3 BetrAVG kann auf Beleihungen einer Lebensversicherung nicht entsprechend angewandt werden (*BAG* 26.6.1990 AP Nr. 11 zu § 1 BetrAVG Lebensversicherung; 17.10.1995 EzA § 7 BetrAVG Nr. 52).

4052 Sieht ein Auflösungsvertrag vor, dass der ausscheidende Arbeitnehmer bei künftigen Verbesserungen der betrieblichen Altersversorgung gleichgestellt werden soll, kommt es für den Insolvenzschutz nicht auf den Zeitpunkt dieser Gleichstellungszusage, sondern allein darauf an, wann die maßgebliche Regelung verbessert worden ist. Geschieht das innerhalb der Jahresfrist des § 7 Abs. 5 S. 3 BetrAVG, so wird die Verbesserung nicht vom gesetzlichen Insolvenzschutz erfasst, und zwar weder für den ausgeschiedenen Arbeitnehmer noch für die übrige Belegschaft (*BAG* 2.6.1987 EzA § 7 BetrAVG Nr. 24).

4053 § 7 Abs. 5 S. 3 BetrAVG **schließt** schließlich **Insolvenzschutz nicht nur für Verbesserungen von Versorgungszusagen aus**, sondern betrifft auch solche Vereinbarungen, durch die unabhängig von früheren Zusagen eine neue Leistung der betrieblichen Altersversorgung versprochen wird (*BAG* 24.11.1998 EzA § 7 BetrAVG Nr. 57 = NZA 1999, 650; vgl. dazu *Kreßel* SAE 1999, 324 ff.).

4054 § 7 Abs. 3 S. 3, 4 BetrAVG gilt nicht für ab dem 1.1.2002 gegebene Zusagen, soweit bei Entgeltumwandlung Beiträge von bis zu 4% der Beitragsbemessungsgrenze in der Rentenversicherung der Arbeiter und Angestellten für eine betriebliche Altersversorgung verwendet werden (§ 7 Abs. 5 S. 3 2. Hs. BetrAVG).

4055 Zum 1.1.2005 hat der Gesetzgeber § 7 Abs. 5 S. 3 BetrAVG um **eine zweite Ausnahme erweitert**. Danach **gilt** die **unwiderlegbare Missbrauchsvermutung** auch **nicht** »für im Rahmen von Übertragungen gegebene Zusagen, soweit der Übertragungswert die Beitragsbemessungsgrenze in der Rentenversicherung der Arbeiter und Angestellten nicht übersteigt«. Dieser Wert beträgt für 2004 61.800 €. Da die gesetzliche Regelung keinen Bezug auf Übertragungen i.S.v. § 4 Abs. 3 BetrAVG (Rechtsanspruch auf Portabilität) nimmt, erfasst der Ausnahmetatbestand auch solche Übertragungen, die auf freiwilliger Basis erfolgt sind (zutr. *Langohr-Plato/Teslau* NZA 2004, 1358).

ccc) Katastrophenfälle

4056 In Katastrophenfällen kann der Träger der Insolvenzsicherung gem. § 7 Abs. 6 BetrAVG mit Zustimmung des BAV die Leistungen nach billigem Ermessen abweichend von § 7 BetrAVG festsetzen.

ee) Durchführung der Insolvenzsicherung

(1) Mitteilungs- und Auskunftspflichten; Verfahren

4057 Die notwendigen Mitteilungs- und Auskunftspflichten des Konkursverwalters und des Arbeitgebers sieht **§ 11 BetrAVG** vor.

4058 Der PSV ist sodann nach **§ 9 Abs. 1 BetrAVG** verpflichtet, den Berechtigten schriftlich über den Inhalt und den Umfang seiner Versorgungsansprüche und -anwartschaften zu informieren **(Leistungsbescheid)**. Dieser Bescheid hat für den Berechtigten grds. nur rechtsbestätigende Funktion (*BGH* 3.2.1986 AP Nr. 4 zu § 9 BetrAVG).

4059 In den Sicherungsfällen des § 7 Abs. 1 S. 3 Nr. 1, 3, 4, 5 BetrAVG wirkt das Mitteilungsschreiben allerdings konstitutiv, da die Eintrittspflicht von der Übernahmeerklärung des PSV abhängig gemacht wird (MünchArbR/*Förster/Rühmann* § 111 Rz. 59).

(2) Anmeldepflicht

Unterbleibt die Mitteilung durch den PSV, so hat der versorgungsberechtigte **Arbeitnehmer** 4060 spätestens 1 Jahr nach dem Sicherungsfall seinen Anspruch oder seine Anwartschaft beim PSV anzumelden. Auf den Eintritt des Versorgungsfalles kommt es nicht an (*BAG* 21.3.2000 EzA § 9 BetrAVG Nr. 8). Hat der Berechtigte einen Anwartschaftsausweis erhalten, ist der PSV nur durch die **Verjährungsvorschriften** (§ 196 Abs. 1 Nr. 8, 9 BGB; jetzt §§ 195 ff. BGB n.F.) **vor der Geltendmachung von Ansprüchen für lange zurückliegende Zeiträume geschützt** (*BAG* 21.3.2000 EzA § 9 BetrAVG Nr. 8). Unterbleibt die Anmeldung, so können Leistungen erst einen Monat nach erfolgter Anmeldung beansprucht werden, soweit die Versäumung der Ausschlussfrist vom Versorgungsberechtigten verschuldet war (**§ 9 Abs. 1 S. 2 BetrAVG**).

(3) Abwicklung über Lebensversicherungen; Pensionsfonds

Gem. **§ 8 Abs. 1 BetrAVG** besteht die Möglichkeit, Unternehmen der Lebensversicherungs- 4061 branche bei der Durchführung der Insolvenzsicherung zu beteiligen.

Wenn die betriebliche Altersversorgung über den Durchführungsweg Pensionsfonds 4062 abgewickelt wird, besteht im Falle der Insolvenz des Arbeitgebers gem. § 8 Abs. 1a BetrAVG die Möglichkeit, unter bestimmten Voraussetzungen die an sich bestehende Einstandspflicht des PSV auf den Pensionsfonds zu übertragen und die betrieblichen Versorgungsleistungen unmittelbar vom Pensionsfonds erfüllen zu lassen. Dies setzt neben der Darlegung des Pensionsfonds, dass die dauernde Erfüllbarkeit der zugesagten Versorgungsleistungen sichergestellt ist und dies durch eine Genehmigung der Aufsichtsbehörde (Bundesanstalt für Finanzdienstleistungsaufsicht) dokumentiert wird, einen entsprechenden Antrag gegenüber dieser Behörde voraus. Dieser Antrag war an eine **Frist** von einem Monat nach Eintritt des Sicherungsfalles gebunden (bis zum 31.12.2004); seit dem 1.1.2005 beträgt sie nunmehr **drei Monate** (vgl. *Langohr-Plato/Teslau* NZA 2004, 1358).

(4) Abfindung von Anwartschaften

Unverfallbare Anwartschaften von geringer Zusagedauer (weniger als 10 Jahre vor Eintritt 4063 des Sicherungsfalles) kann der PSV analog § 3 Abs. 2 BetrAVG abfinden (**§ 8 Abs. 2 BetrAVG**). Erforderlich ist weder die Zustimmung des Versorgungsberechtigten (*BAG* 16.12.1986 EzA § 387 BGB Nr. 2) noch das Ausscheiden des Arbeitnehmers aus dem Betrieb.

§ 8 Abs. 2 BetrAVG ist mit Wirkung vom 1.1.1999 neu gefasst worden: 4064
Eine Abfindung ist nunmehr zusätzlich auch dann möglich, wenn – unabhängig von der Dauer der Anwartschaft – die Monatsrente 1% der monatlichen Bezugsgröße gem. § 18 SGB IV, bei Kapitalleistungen 12/10 der Bezugsgröße, nicht überschreitet. Darüber hinaus kann dem Arbeitnehmer mit seiner Zustimmung eine einmalige Abfindung auch dann gewährt werden, wenn ihm die Beiträge zur gesetzlichen Rentenversicherung erstattet worden sind (vgl. dazu *Höfer* § 8 BetrAVG Rz. 3023.1 ff.).

Entscheidet sich der PSV nach § 8 Abs. 2 BetrAVG für eine Abfindung, kann er ohne zeit- 4065 liche Beschränkung mit Gegenansprüchen gegen den versorgungsberechtigten Arbeitnehmer aufrechnen. Er muss diesem jedoch (analog § 850i ZPO) einen aufrechnungsfreien Betrag belassen, soweit das zur Sicherung der Grundversorgung erforderlich ist (*BAG* 16.12.1986 EzA § 387 BGB Nr. 2).

(5) Gesetzlicher Forderungsübergang

aaa) Grundlagen

§ 9 Abs. 2 BetrAVG sieht einen gesetzlichen Forderungsübergang der Versorgungsansprüche 4066 auf den PSV vor, soweit der Arbeitnehmer ihn in Anspruch nehmen kann (vgl. dazu *Berenz*

DB 2004, 1098 ff.); die Versorgungsansprüche gehen also nur insoweit auf den PSV über, als er nach § 7 BetrAVG einstandspflichtig ist (*BAG* 9.11.1999 EzA § 7 BetrAVG Nr. 63). **Damit kann allein der PSV noch Versorgungsansprüche gegen den Arbeitgeber geltend machen; der Arbeitnehmer verliert seinen Anspruch** (*BAG* 12.4.1983 EzA § 9 BetrAVG Nr. 1).

4067 Erfasst sind alle Versorgungsansprüche und -anwartschaften (auch bei betrieblicher Altersversorgung durch Unterstützungskassen, *BAG* 6.10.1992 EzA § 9 BetrAVG Nr. 6), die dem Versorgungsberechtigten gegenüber seinem Arbeitgeber zustehen, einschließlich akzessorischer Sicherungsrechte.

4068 Die Forderung geht grds. in voller Höhe auf den PSV über, unabhängig davon, ob und in welchem Umfang er sie gegenüber dem Versorgungsberechtigten befriedigt.

4069 Nach **§ 7 Abs. 1 S. 1 BetrAVG** hat der PSV bei Eröffnung des Insolvenzverfahrens über das Vermögen des Arbeitgebers die Betriebsrente so zu zahlen, wie sie dem Arbeitnehmer zugesagt worden ist. Der Anspruch vermindert sich nicht um Ansprüche des Arbeitnehmers gegen einen Dritten, die sich daraus ergeben, dass dieser der Schuld des Arbeitgebers vor dem gesetzlichen Forderungsübergang beigetreten ist. Die durch den Schuldbeitritt des Dritten entstandene Forderung geht wie auch sonstige zur Sicherung der Betriebsrente eingeräumte Rechte auf den PSV über.

4070 Der Arbeitnehmer erhält mit Eröffnung des Insolvenzverfahrens einen neuen zahlungsfähigen Schuldner (PSV). Dieser kann sich nach dem Übergang der Forderungen aus dem Versorgungsversprechen und dem Schuldbeitritt an den Versorgungsschuldner und an den dieser Schuld beitretenden Dritten halten (*BAG* 12.12.1989 EzA § 9 BetrAVG Nr. 3).

4071 Der Forderungsübergang gegen den Dritten ist allerdings in der Höhe begrenzt auf die Leistungsverpflichtung des PSV nach § 7 BetrAVG.

4072 Im **Konkurs des Arbeitgebers** hatte der gesetzliche Forderungsübergang zur Folge, dass der **PSV als Konkursgläubiger am Konkursverfahren** z.B. mit dem Recht **teilnimmt**, vorweg aus der Masse Berichtigung der Forderungen auf Leistungen der betrieblichen Altersversorgung zu verlangen.

4073 Rückständige Versorgungsansprüche für die letzten sechs Monate waren gem. **§ 59 Abs. 1 Nr. 3d KO** Masseschulden (*BAG* 6.9.1988 EzA § 59 KO Nr. 16).

4074 Die auf den PSV übergegangenen Versorgungsansprüche und Versorgungsanwartschaften wandelten sich im Konkursfall in einen Zahlungsanspruch um, der nach **§ 69 KO** zu schätzen ist (*BAG* 11.10.1988 EzA § 69 KO Nr. 1; *BGH* 10.7.1997 NZA 1997, 1113; vgl. dazu *Neumann* BB 1997, 2658 ff.). Gem. § 9 Abs. 2 S. 3 BetrAVG werden mit Wirkung ab dem 1.1.1999 im Anschluss an die Rechtsprechung des *BGH* (10.7.1997 NZA 1997, 1113) die übergegangenen Anwartschaften als unbedingte Forderungen nach § 45 InsO geltend gemacht. Gem. § 9 Abs. 4 BetrAVG n.F. kann in einem Insolvenzplan, der die Fortführung des Unternehmens oder eines Betriebes vorsieht, für den PSV eine besondere Gruppe gebildet werden (ausf. dazu *Höfer* § 9 BetrAVG Rz. 3096.1 ff.; *Blomeyer* NZA 1998, 915 f.).

4075 Die kapitalisierten Ansprüche unterliegen der regelmäßigen Verjährungsfrist von 30 Jahren (**§ 195 BGB**; *BAG* 7.11.1989 EzA § 9 BetrAVG Nr. 2; bzw. **jetzt nach § 18a BetrAVG n.F.**).

4076 Sind die Voraussetzungen des § 9 Abs. 2 BetrAVG erfüllt, ohne dass bislang Konkurs(Insolvenz)antrag gestellt worden ist, kann der **PSV** selbst die **Eröffnung des Konkurs(Insolvenz)verfahrens beantragen** (*BAG* 20.11.1984 EzA § 7 BetrAVG Nr. 15). § 9 Abs. 5 BetrAVG n.F. sieht nunmehr mit Wirkung ab dem 1.1.1999 für den PSV die Möglichkeit der sofortigen Beschwerde gegen den Beschluss, durch den das Insolvenzverfahren eröffnet wird, vor.

bbb) Einstellung der Leistungen

Der PSV kann seine Leistungen einstellen, wenn er gegenüber dem Versorgungsberechtigten seine **Einstandspflicht zu Unrecht bejaht hat**. Aus Gründen des Vertrauensschutzes haftet er dann aber für den Schaden, der dem Versorgungsberechtigten daraus entstanden ist, dass er auf die Gültigkeit der Zusage vertraut hat (*BGH* 3.2.1986 AP Nr. 4 zu § 9 BetrAVG). **4077**

(6) Schutz des Versorgungsberechtigten

Nach **§ 9 Abs. 2 S. 2 BetrAVG** kann der Forderungsübergang vom PSV nicht zum Nachteil des Berechtigten geltend gemacht werden. **4078**

Im Fall der Übersicherung ist der PSV verpflichtet, den zur Befriedigung des Leistungsanspruchs nicht notwendigen Teil des Sicherungsrechts an den Versorgungsberechtigten zu übertragen. **4079**

Soweit der Träger der Insolvenzsicherung Ansprüche des Versorgungsberechtigten bestreitet, ist er auf dessen Verlangen verpflichtet, die übergegangenen Ansprüche an ihn abzutreten oder ihn zu ermächtigen, einen Rechtsstreit gegen die Insolvenzmasse im eigenen Namen zu führen. **4080**

Der Versorgungsberechtigte hat dann die Wahl, ob er sich an den Träger der Insolvenzsicherung halten oder zunächst Befriedigung aus der Insolvenzmasse suchen will (*BAG* 12.4.1983 EzA § 9 BetrAVG Nr. 1). **4081**

(7) Gesetzlicher Vermögensübergang bei Unterstützungskassen

Tritt der Sicherungsfall bei einem Trägerunternehmen einer Unterstützungskasse ein, geht neben der Forderung des Arbeitnehmers gegen den Arbeitgeber gem. § 9 Abs. 2 BetrAVG auch das Vermögen der Unterstützungskasse gem. **§ 9 Abs. 3 BetrAVG** einschließlich der Verbindlichkeiten auf den PSV über. **4082**

Zum Vermögen der Unterstützungskasse kann eine **Darlehensforderung** gegen das Trägerunternehmen gehören (*BAG* 6.10.1992 EzA § 9 BetrAVG Nr. 6). **4083**

Forderungs- und Vermögensübergang dienen demselben Zweck: Der PSV soll schadlos gestellt werden, soweit er Versorgungsleistungen erbringt, die das Trägerunternehmen der Unterstützungskasse nicht mehr sicherstellen kann. **4084**

Es geht stets das **gesamte Vermögen** der Unterstützungskasse auf den PSV **über**. Bei der Berechnung der nach § 9 Abs. 2 BetrAVG übergehenden Forderungen ist derjenige Betrag abzusetzen, der tatsächlich aus dem Vermögen der Kasse erzielt werden kann. **4085**

In der Insolvenz des Trägerunternehmens ist daher zunächst das Kassenvermögen festzustellen. Seine Höhe – eventuell in Höhe der Insolvenzquote – bestimmt die Höhe der von den Arbeitnehmern nach § 9 Abs. 2 BetrAVG auf den PSV übergegangenen Forderungen (*BAG* 6.10.1992 EzA § 9 BetrAVG Nr. 6). **4086**

Das Vermögen der (deutschen) Unterstützungskasse eines ausländischen Trägerunternehmens geht auf den PSV über, wenn über das inländische Vermögen des Trägerunternehmens das Insolvenzverfahren eröffnet wird. Das gilt selbst dann, wenn die Unterstützungskasse noch über hinreichende finanzielle Mittel verfügt, um die bestehenden Versorgungsverbindlichkeiten zu erfüllen (*BAG* 12.2.1991 EzA § 9 BetrAVG Nr. 4). **4087**

Gem. § 9 Abs. 3 BetrAVG hat der PSV gegen eine **Unterstützungskasse mit mehreren Trägerunternehmen** einen Anspruch auf Zahlung eines Betrages, der dem Teil des Vermögens der Kasse entspricht, der auf das Trägerunternehmen entfällt, bei dem der Sicherungsfall eingetreten ist. Welche Vermögensanteile den einzelnen Trägerunternehmen zustehen, bestimmt sich nach den von den Beteiligten getroffenen Vereinbarungen. **4088**

4089 Wird der Verpflichtungsumfang und die Höhe der Forderungen der Kasse gegen die einzelnen Trägerunternehmen buchmäßig getrennt und gesondert verwaltet, so entspricht der Vermögensanteil der einzelnen Trägerunternehmen im Zweifel der Höhe des betreffenden Dotierungsanspruchs. Die übrigen Trägerunternehmen haften dann nicht solidarisch mit ihren Vermögensanteilen für den Ausgleichsanspruch des PSV (*BAG* 22.10.1991 EzA § 9 BetrAVG Nr. 5).

4090 Der Vermögensübergang tritt auch dann ein, wenn die Unterstützungskasse **noch keine laufenden Leistungen erbringt**, sondern bei ihr lediglich unverfallbare Anwartschaften bestehen.

ff) Träger der Insolvenzsicherung

4091 Träger der Insolvenzsicherung ist der **PSV** (mit Sitz in Köln), der als Versicherungsunternehmen der Aufsicht der Bundesanstalt für Finanzdienstleistungsaufsicht (§ 14 Abs. 1 BetrAVG) unterliegt.

4092 Das Versicherungsverhältnis mit dem PSV entsteht durch Gesetz zu dem Zeitpunkt, zu dem bei dem Arbeitgeber eine **sicherungspflichtige** und damit beitragspflichtige **betriebliche Altersversorgung** besteht, d.h. bei Neueinführung einer betrieblichen Altersversorgung mit Eintritt des ersten Versorgungsfalls oder der ersten unverfallbaren Anwartschaft.

4093 Das Vorliegen dieser Voraussetzungen hat der Arbeitgeber dem PSV innerhalb von drei Monaten mitzuteilen **(§ 11 Abs. 1 S. 1 BetrAVG)**.

4094 Hinsichtlich der Beitreibung der Beiträge ist der PSV als **beliehenes Unternehmen mit hoheitlichen Befugnissen** ausgestattet. Er kann insoweit Verwaltungsakte erlassen, ist aber an Recht und Gesetz gebunden, und hat insbes. die Grundrechte zu beachten (*BVerfG* 18.12.1987 DB 1988, 1905).

gg) Finanzierung der Insolvenzsicherung; gesetzliche Neuregelung vom 2.12.2006

4095 Die Finanzierung der Insolvenzsicherung erfolgt im Interesse der Rechtsklarheit im Wege der Erhebung von relativ **gleichmäßigen Beiträgen bei allen Arbeitgebern, die eine betriebliche Altersversorgung in einer sicherungspflichtigen Form durchführen**, die im Wesentlichen nur nach der Zahl der Versorgungsberechtigten differieren.

4096 Nach **§ 17 Abs. 2 BetrAVG** entfällt eine Beitragspflicht bei nicht insolvenzgefährdeten Arbeitgebern des öffentlichen Dienstes. Insoweit haben fast alle Bundesländer gesetzliche Bestimmungen beschlossen, nach denen der Konkurs für die meisten Körperschaften, Stiftungen und Anstalten des öffentlichen Rechts für unzulässig erklärt wird, sodass eine Betragspflicht zum PSV entfällt.

4097 Die Mittel für die Durchführung der Insolvenzsicherung werden gem. **§ 10 BetrAVG** auf der Grundlage eines Beitragsbescheides (Verwaltungsakt) aufgebracht.

4098 Die zu erhebenden Beiträge berechnen sich nach einem modifizierten Kapitalwertumlageverfahren. Danach müssen die Beiträge eines Jahres die Deckungsmittel für alle neuen Renten, die in diesem Geschäftsjahr zu Lasten der Insolvenzsicherung zu laufen beginnen, bereitstellen (§ 10 Abs. 2 BetrAVG). Aufgrund der Neufassung des § 10 Abs. 2 BetrAVG durch das Gesetz zur Änderung des Betriebsrentengesetzes und anderer Gesetze vom 2.12.2006 (BGBl. I S. 2742 ff.) wird nunmehr **auch ein Beitrag für die auf Grund eingetretener Insolvenzen zu sichernden Anwartschaften erhoben**; auf Grund des neu eingeführten § 30i BetrAVG wird dieser zusätzliche Barwert der bis zum 31.12.2005 auf Grund eingetretener Insolvenzen zu sichernden Anwartschaften einmalig auf die beitragspflichtigen Arbeitgeber entsprechend § 10 Abs. 3 BetrAVG umgelegt und erhoben (s. dazu *Hoppenrath/Berenz* DB 2007, 630 ff.; *Wenderoth* DB 2007, 2713 ff.); diese Regelung ist verfassungsrechtlich unbedenklich (*VG Stuttg.* 24.4.2008 BB 2008, 1292; *VG Neustadt/W.* 11.2.2008 DB 2008, 878).

4099 Jeder beitragspflichtige Arbeitgeber hat gem. **§ 11 Abs. 2 BetrAVG** jährlich dem PSV bis spätestens 30. September die Berechnung der Beitragsbemessungsgrundlage auf der Basis von § 10 Abs. 3 BetrAVG zu melden. Maßgeblich sind Bewertungsgrundsätze des Steuerrechts (§ 10 Abs. 3 BetrAVG).

Eine Sonderregelung hinsichtlich der **Säumniszuschläge**, der **Zinsen** und der **Verjährung** 4100
enthält § 10a BetrAVG (seit dem 1.1.1999; vgl. *Blomeyer* NZA 1998, 916).

Beiträge zur Insolvenzsicherung können auch nach Beendigung der Sicherungspflicht 4101
des Insolvenzsicherungspflichtigen für in der Vergangenheit liegende Zeiträume erhoben werden, in denen eine Sicherungspflicht noch bestand (*VG SchlH* 10.10.1990 AP Nr. 2 zu § 10 BetrAVG).

Das BetrAVG enthält allerdings keine Rechtsgrundlage dafür, einen Freistellungsanspruch in 4102
Form eines Sonderbeitragsbescheides gegenüber einem inzwischen sanierten Vergleichsschuldner geltend zu machen (*Hess. VGH* 4.9.1990 AP Nr. 1 zu § 10 BetrAVG).

Die Regelung von § 7 Abs. 1, 2 i.V.m. § 10 Abs. 1, 3 BetrAVG ist **verfassungsrechtlich** 4103
unbedenklich (*BVerfG* 24.2.1987 AP Nr. 14 zu § 1 BetrAVG Unterstützungskassen).

i) Persönlicher Geltungsbereich des BetrAVG

aa) Grundlagen

Vom persönlichen Geltungsbereich erfasst sind neben Arbeitnehmern einschließlich der 4104
zu ihrer Berufsausbildung Beschäftigten gem. § 17 Abs. 1 S. 2 BetrAVG auch Nicht-Arbeitnehmer, wenn ihnen Leistungen der Alters- oder Hinterbliebenenversorgung aus Anlass ihrer Tätigkeit (vgl. dazu *LAG Köln* 7.3.2003 – 4 Sa 954/02 – EzA-SD 12/03, S. 19 LS) für ein Unternehmen und als Entgelt dafür zugesagt worden sind (vgl. *Griebeling* Rz. 58 ff.). Das ist dann nicht der Fall, wenn eine GmbH nur ihren **Gesellschaftern** eine Versorgung verspricht und wenn deren Art und Höhe bei Beschäftigten, die nicht Gesellschafter sind, wirtschaftlich nicht vertretbar wäre (*BAG* 25.1.2000 EzA § 17 BetrAVG Nr. 9).
Es handelt sich um Personen, die zur Wahrung ihres bisherigen Lebensstandards in besonderem Maße auf die betriebliche Altersversorgung angewiesen sind und die ähnlich den Arbeitnehmern wegen der regelmäßig stärkeren Position ihres Vertragspartners keinen oder nur geringen Einfluss auf die inhaltliche Ausgestaltung der betrieblichen Versorgungszusage nehmen können.

Es muss sich um Personen handeln, bei denen die Versorgungsleistungen ihren Grund in der 4105
Arbeit für ein fremdes Unternehmen haben. Das Merkmal »aus Anlass ihrer Tätigkeit für das Unternehmen« ist nur dann erfüllt, wenn die Tätigkeit **auf Grund von vertraglichen Beziehungen zwischen dem Begünstigten und dem Unternehmen erbracht wird**. Es reicht insbesondere nicht aus, dass sie diesem wirtschaftlich zugute kommt (*BAG* 20.4.2004 EzA § 17 BetrAVG Nr. 10 = NZA 2005, 927 = BAG Report 2005, 39).

Versorgungsberechtigte werden nur dann vom Geltungsbereich des BetrAVG ausgenom- 4106
men, wenn ihre Ansprüche auf Dienstleistungen für ein Unternehmen beruhen, das man im Hinblick auf den Vermögenseinsatz und unternehmerischen Einfluss als ihr eigenes betrachten muss (*BGH* 9.6.1980 AP Nr. 2 zu § 17 BetrAVG; s.u. Rn. 4108 ff.).

Erfasst sind deshalb auch arbeitnehmerähnliche Personen, Selbstständige und Fremdge- 4107
schäftsführer, die kapitalmäßig nicht an ihrer Gesellschaft beteiligt sind. Maßgeblich sind jeweils die Verhältnisse im Einzelfall; **eine schematische Abgrenzung ist untauglich** (*Griebeling* Rz. 64).

bb) Abgrenzungsfragen

(1) Persönlich haftende Gesellschafter

4108 § 17 Abs. 1 S. 2 BetrAVG gilt nicht für Personen, die nach der Stärke ihrer kapital- und einflussmäßigen Bindung an das Unternehmen, aus dem sie die Versorgung erhalten sollen, nach der Verkehrsanschauung ebenso wie ein Einzelkaufmann als Unternehmer anzusprechen und damit für das eigene Unternehmen tätig sind. Darunter fallen i.d.R. die persönlich haftenden Gesellschafter in einer Personengesellschaft und in einer Kapitalgesellschaft jeder geschäftsführende Mehrheitsgesellschafter, aber auch mehrere nicht ganz unbedeutend beteiligte Gesellschafter-Geschäftsführer, die zusammen über die Mehrheit verfügen, mit der sie gemeinsam einer Gesellschaft ihren Willen aufzwingen können (*BGH* 9.6.1980 AP Nr. 4 zu § 17 BetrAVG; 9.3.1981 AP Nr. 6 zu § 17 BetrAVG).

4109 In einer typischen **GmbH & Co KG**, bei der die GmbH keinen eigenen Betrieb unterhält, sondern nur die Geschäfte der KG zu leiten hat, sind für die Frage, ob ein geschäftsführender Gesellschafter als Unternehmer zu behandeln ist und daher nicht unter § 17 Abs. 1 S. 2 BetrAVG einzuordnen ist, diese Gesellschaften als **wirtschaftliche Einheit** zu betrachten (*BGH* 9.6.1980 AP Nr. 4 zu § 17 BetrAVG). Ist der Geschäftsführer beider Gesellschaften auch Gesellschafter beider Gesellschaften, so ist zu dem Anteil an der Personengesellschaft die mittelbare Beteiligung an der GmbH insoweit hinzuzurechnen, wie diese an der KG beteiligt ist (*BGH* 4.5.1981 AP Nr. 9 zu § 1 BetrAVG Wartezeit).

4110 Hat die GmbH dagegen einen **eigenen Geschäftsbetrieb**, so ist darauf abzustellen, wer die Versorgungszusage erteilt hat und ob der Gesellschafter diese Gesellschaft beherrscht (*BGH* 9.6.1980 AP Nr. 4 zu § 17 BetrAVG).

4111 Für die Frage, ob einem geschäftsführenden Gesellschafter wegen seiner Unternehmereigenschaft der Insolvenzschutz zu versagen ist, kommt es nicht auf den Zeitpunkt der Versorgungszusage, sondern darauf an, inwieweit das **Ruhegeld durch eine Tätigkeit als Arbeitnehmer und inwieweit es durch eine solche als Unternehmer erdient** worden ist (*BGH* 9.6.1980 AP Nr. 4 zu § 17 BetrAVG). Denn Versorgungsansprüche z.B. für die Tätigkeit als Komplementär unterfallen nicht dem Insolvenzschutz der §§ 7 ff. BetrAVG, wohl aber solche, die er zuvor als Arbeitnehmer erworben hat (*BGH* 16.2.1981 AP Nr. 5 zu § 17 BetrAVG). Insoweit ist eine Quotelung vorzunehmen (*BGH* 9.3.1981 AP Nr. 6 zu § 17 BetrAVG).

4112 Die Anwendung des § 17 BetrAVG kommt dann in Betracht, wenn der Gesellschafter lediglich **angestellter Komplementär** ist, also lediglich im Außenverhältnis als Gesellschafter auftritt, jedoch nur geringfügig am Kapital beteiligt und im Innenverhältnis von der persönlichen Haftung freigestellt ist und wie ein Angestellter an die Entscheidungen der die Gesellschaft beherrschenden Kommanditisten gebunden ist (*BGH* 9.6.1980 EzA § 17 BetrAVG).

4113 Allein- und Mehrheitsgesellschafter einer Kapitalgesellschaft (AG, GmbH) sind Unternehmer (*BGH* 14.7.1980 AP Nr. 3 zu § 17 BetrAVG). Mehrheitsgesellschafter ist jeder, der mindestens 50% der Anteile besitzt.
Minderheitsgesellschafter haben i.d.R. innerhalb des Unternehmens keine so herausragende Stellung, dass sie das Unternehmen, für das sie arbeiten, als ihr eigenes betrachten können. Allerdings kann ein Vorstandsmitglied als Unternehmer zu behandeln sein, das zwar weder über die Kapital- noch regelmäßig über die Stimmenmehrheit verfügt, aber auf Grund von Vorzugsaktien bei Satzungsänderungen und der Besetzung des Aufsichtsrates mehr als 50% der Stimmen hält.

4114 Ein **Minderheitsgesellschafter**, der zusammen mit einem Mehrheitsgesellschafter die Geschäfte der Kapitalgesellschaft führt, genießt dagegen den Schutz des BetrAVG, da der Mehrheitsgesellschafter auch ohne ihn seinen Willen in der Gesellschaft durchsetzen kann (*BGH* 25.9.1989 AP Nr. 19 zu § 17 BetrAVG).

(2) Kommanditisten

Für Kommanditisten gelten die für Gesellschafter von Kapitalgesellschaften entwickelten Grundsätze entsprechend (vgl. *BGH* 1.2.1999 NZA 1999, 380). 4115

(3) GmbH-Geschäftsführer

Der Geschäftsführer einer GmbH, der an dieser Gesellschaft nicht unmittelbar, sondern als Mitglied einer **BGB-Gesellschaft** und einer **Erbengemeinschaft** nur mittelbar in Höhe von weniger als 8% beteiligt ist und zudem die Willensbildung in diesen Gesamthandsgemeinschaften nicht allein bestimmen kann, ist nicht Mitunternehmer, sondern genießt wegen der ihm erteilten Versorgungszusage der Gesellschaft Insolvenzschutz i.S.v. § 17 Abs. 1 S. 2 BetrAVG (*BGH* 2.6.1997 NZA 1997, 1055). 4116

Nach Auffassung des *BAG* (16.4.1997 EzA § 17 BetrAVG Nr. 6) ist maßgeblich, dass der Geschäftsführer und Gesellschafter bei der **Führung des Unternehmens keine rechtliche Möglichkeit zu beherrschendem Einfluss** hat. Das ist nicht nur dann der Fall, wenn dem Versorgungsberechtigten während seiner Tätigkeit für das Unternehmen ein Mehrheitsgesellschafter gegenüberstand, sondern auch dann, wenn ihm ein anderer Minderheitsgesellschafter gegenübersteht, der aber auf Grund einer Stimmrechtsverteilungsregelung im Gesellschaftsvertrag die Mehrheit der Stimmen auf sich vereint. 4117

cc) Unabdingbarkeit; Tarifdispositivität

§§ 1 ff. BetrAVG sind grds. unabdingbare Mindestnormen; §§ 1a, 2–5, 16, 27, 28 BetrAVG sind allerdings tarifdispositiv (§ 17 Abs. 3 BetrAVG; vgl. *Griebeling* Rz. 179 ff.). Eine einzelvertragliche Vereinbarung, die den Anspruch auf Invaliditätsrente davon abhängig macht, dass das **Arbeitsverhältnis bei Eintritt der Berufsunfähigkeit noch besteht**, ist folglich nichtig (*BAG* 24.6.1998 EzA § 1 BetrAVG Invaliditätsrente Nr. 1). 4118

dd) Zeitlicher Geltungsbereich

Das BetrAVG ist am 22.12.1974, hinsichtlich der Insolvenzschutzbestimmungen am 1.1.1975 in den alten Bundesländern in Kraft getreten (**§ 32 BetrAVG**). In den **neuen Bundesländern** gilt es auf Grund des Einigungsvertrages (Anl. I Kap. VIII Sachgebiet A Abschnitt II Nr. 16) seit dem 1.1.1992. Aus dieser Regelung des Einigungsvertrages folgt aber nicht, dass für Versorgungszusagen aus der Zeit **vor dem 1.1.1992** bundesdeutsches Recht generell unanwendbar ist. Denn das BetrAVG regelt das Recht der betrieblichen Altersversorgung nicht abschließend. Daneben gelten die allgemeinen Regeln des Arbeitsrechts, die gem. Art. 8 des Einigungsvertrages am 3.10.1990 für das Beitrittsgebiet in Kraft getreten sind. Für Zusagen der betrieblichen Altersversorgung aus dem Beitrittsgebiet ist daher das Recht der betrieblichen Altersversorgung anzuwenden, soweit es nicht im BetrAVG geregelt ist. Zu den anzuwendenden Regeln gehören die vorgesetzliche Rechtsprechung des *BAG* zur Unverfallbarkeit (10.3.1972 EzA § 242 BGB Ruhegeld Nr. 11), zum Teuerungsausgleich (12.3.1965 AP Nr. 1 zu § 242 BGB Ruhegehalt-Geldentwertung) sowie zum Widerruf von Versorgungszusagen und zur Einstellung und Kürzung von Versorgungsleistungen (*Griebeling* Rz. 918 f.). 4119

Die **Neuerteilung einer früheren Zusage** nach dem 1.1.1992 lässt die Zusage nach Auffassung von *Förster/Rühmann* (MünchArbR § 113 Rz. 20) in den neuen Bundesländern in den Geltungsbereich des BetrAVG fallen. 4120

Unabhängig vom Datum der Zusage können die **Zusagefristen des § 1 BetrAVG** (a.F.) **dort aber frühestens am 1.1.1992 beginnen**. Die vorher zurückgelegte Betriebszugehörigkeit ist im Rahmen der alternativen Unverfallbarkeitsvoraussetzungen zu berücksichtigen, wenn die Identität des Unternehmens aufrechterhalten bleibt. 4121

5. Auswirkungen des AGG (ab 18.8.2006)

Fraglich ist, wie sich das AGG auf das Recht der betrieblichen Altersversorgung auswirkt. 4122
Einerseits enthält es eine offensichtlich europarechtswidrige Bereichsausnahme (§ 2 Abs. 2

S. 2 AGG), andererseits sieht § 10 S. 3 Nr. 4 AGG eine Regelung für Altersgrenzen in diesem Zusammenhang vor (s. dazu ausf. Rn. 4961 ff.). Das *BAG* (11.12.2007 – 3 AZR 249/06 – FA 2008, 57 [Pressemitteilung des BAG]) geht davon aus, dass das AGG **auch in der betrieblichen Altersversorgung gilt**. § 2 Abs. 2 S. 2 AGG enthält danach lediglich eine **Kollisionsregel** zwischen beiden Gesetzen: Soweit sich aus dem BetrAVG Anknüpfungen an die vom AGG erfassten Merkmale, z.B. Alter, ergeben, soll es dabei verbleiben. Das BetrAVG enthält solche Vorschriften z.B. hinsichtlich der Unverfallbarkeit der Betriebsrente und indem es eine feste Altersgrenze voraussetzt.

C. Betriebsinhaberwechsel; Arbeitgeberwechsel

I. Gesamtrechtsnachfolge

1. Grundlagen

4123 Der Betriebsinhaberwechsel kann das Ergebnis einer rechtsgeschäftlichen Einzelrechtsnachfolge oder einer Gesamtrechtsnachfolge sein. Eine Gesamtrechtsnachfolge kommt in Betracht bei Ausscheiden eines Gesellschafters aus einer Zwei-Personen-Handelsgesellschaft (BGHZ 48, 206; 113, 134; für die Anwendung des § 613a BGB im Falle der Anwachsung gem. § 738 BGB *LAG BW* 31.1.2007 – 22 Sa 5/06 – n. rkr.; offen gelassen in der Revision: *BAG* Urt. v 21.2.2008 – 8 AZR 157/07 – FD-ArbR 2008, 262392 = FA 2008, 238 LS) und in den gesetzlich geregelten Fällen, d.h. im Erbfall (§ 1922 BGB Tod des Arbeitgebers), auf Grund eines Spezialgesetzes (vgl. z.B. *BAG* 8.5.2001 EzA § 613a BGB Nr. 198; 2.3.2006 EzA § 613a BGB 2002 Nr. 48; 28.9.2006 – 8 AZR 441/05 – AP BGB § 419 Funktionsnachfolge Nr. 26) und bei der Übertragung und Umwandlung von Unternehmen (§§ 1 ff. UmwG).

2. Umwandlung von Unternehmen

a) Umwandlungsformen

4124 Das seit dem 1.1.1995 geltende Umwandlungsrecht (§§ 1 ff. UmwG) sieht für Rechtsträger mit Sitz im Inland im Wesentlichen vier Typen von Umwandlungen vor:

aa) Verschmelzung von Rechtsträgern

4125 Grundform der Umwandlung ist die Verschmelzung von Rechtsträgern. Dabei **übertragen** ein oder mehrere **Rechtsträger** (übertragender Rechtsträger) **das gesamte Vermögen** als Ganzes **auf einen anderen** schon bestehenden oder auf einen neu zu gründenden (aufnehmenden) **Rechtsträger**. Die übertragenden Rechtsträger erlöschen dabei im Wege der Auflösung ohne Abwicklung (§§ 2–122 UmwG).

bb) Aufspaltung

4126 Bei der Aufspaltung (§ 123 Abs. 1 UmwG) erlischt der übertragende Rechtsträger. Er **teilt sein gesamtes Vermögen auf** und überträgt es jeweils als Ganzes auf mindestens zwei andere schon bestehende oder neu gegründete Rechtsträger.

cc) Abspaltung

4127 Bei der Abspaltung (§ 123 Abs. 2 UmwG) bleibt der übertragende Rechtsträger bestehen und **überträgt nur bestimmte Vermögensteile**, insbes. Betriebe oder Betriebsteile, auf ein oder mehrere schon bestehende oder neu gegründete Rechtsträger.

4128 Sowohl bei Aufspaltung als auch bei Abspaltung wird das Vermögen gegen Gewährung von Anteilen oder Mitgliedschaften an die Anteilsinhaber des übertragenden Rechtsträgers übertragen.

dd) Ausgliederung

Die Ausgliederung (§ 123 Abs. 3 UmwG) unterscheidet sich von der Abspaltung und Aufspaltung dadurch, dass die im Gegenzug zur Vermögensübertragung gewährten Anteile des übernehmenden Rechtsträgers nicht an die Anteilseigner gehen, sondern **in das Vermögen des übertragenden Rechtsträgers** selbst fallen. **4129**

ee) Vermögensübertragung, Formwechsel

Möglich ist schließlich auch eine Vermögensübertragung (§§ 174 ff. UmwG für Bund und Länder, Gebietskörperschaften und Versicherungsunternehmen) sowie ein Formwechsel (§§ 190 ff. UmwG), bei dem lediglich die gesellschaftsrechtliche Form gewechselt, nicht aber Vermögen übertragen wird. **4130**

b) Rechtsfolgen für die Arbeitnehmer

aa) Übergang des Arbeitsverhältnisses und Widerspruchsrecht

Bei einer Universalsukzession tritt der neue Rechtsinhaber kraft Gesetzes in alle nicht ausschließlich persönlichen Rechte und Pflichten des früheren Inhabers ein. Die Rechte und Pflichten aus Arbeitsverhältnissen werden von diesem Übergang in den gesetzlichen Bestimmungen über die geregelten Fälle der Gesamtrechtsnachfolge nicht ausgeschlossen. **4131**

Ein Ausschluss der Übertragbarkeit wäre allenfalls aus § 613 S. 2 BGB abzuleiten. Nach dieser Vorschrift ist der Anspruch auf Dienste im Zweifel nicht übertragbar. Nach allgemeiner Ansicht (ErfK/*Preis* § 613 BGB Rz. 1 m.w.N.) ist dieser gesetzliche Ausschluss der Übertragbarkeit in der Anwendung beschränkt auf die Auslegung von Vereinbarungen und verhindert nicht die kraft Gesetzes eintretenden Wirkungen der Gesamtrechtsnachfolge. Für den **rechtsgeschäftlichen** Betriebsübergang ordnet § 613a Abs. 1 S. 1 BGB den Übergang der Arbeitsverhältnisse ausdrücklich an. Die Richtlinie 2001/23/EG Art. 1 I unterscheidet nicht zwischen Betriebsübergängen durch Einzel- oder Gesamtrechtsnachfolge. Nach der Rechtsprechung des *EuGH* (Urt. v. 26.9.2000 NZA 2000, 1327) wird jeder Inhaberwechsel auf Grund vertraglicher Beziehungen erfasst, d.h. auch gesellschaftsvertraglich veranlasste. Ausgenommen von der Anwendung des § 613a BGB sind damit die Gesamtrechtsnachfolge kraft Gesetzes und auf Grund eines Hoheitsaktes (*BAG* 8.5.2001 EzA § 613a BGB Nr. 198). Ob § 613a BGB auf die gesetzlich angeordnete Gesamtrechtsnachfolge analog anzuwenden ist (abl. *BAG* 2.3.2006 EzA § 613a BGB 2002 Nr. 48; ebenso *BAG* 28.9.2006 – 8 AZR 441/05 – AP BGB § 419 Funktionsnachfolge Nr. 26), hat Bedeutung für die Frage, ob auch in diesem Fall die Arbeitnehmer nach § 613a Abs. 5 BGB zu unterrichten sind und ihnen nach § 613a Abs. 6 BGB ein Widerspruchsrecht zusteht. Im häufigsten praktischen Anwendungsfall, der Gesamtrechtsnachfolge nach dem UmwG, gibt § 324 UmwG die Antwort durch einen Verweis auf § 613a BGB. Verweist ein Spezialgesetz dagegen nur auf § 613a Abs. 1–4 BGB finden die Abs. 5 und 6 keine Anwendung (*BAG* 2.3.2006 EzA § 613a BGB 2002 Nr. 48). **4132**

Die Begründungen für den Übergang von Arbeitsverhältnissen im Falle einer Umwandlung nach dem UmwG sind im Schrifttum uneinheitlich. Das UmwG ordnet den Übergang von Arbeitsverhältnissen anlässlich einer Umwandlung nicht ausdrücklich an. § 324 UmwG lässt § 613a Abs. 1 und Abs. 4–6 BGB »unberührt«. Nach verbreiteter Ansicht soll § 613a BGB unmittelbar oder entsprechend anzuwenden sein, weil mit den Umwandlungsverträgen »im Rahmen« vertraglicher Beziehungen die Arbeitgeberverpflichtungen übertragen werden (vgl. zum Meinungsstand ErfK/*Preis* § 613a BGB Rz. 178–181 m.w.N.; ausführlich *Willemsen* in Willemsen/Hohenstatt/Schweibert, Umstrukturierung und Übertragung von Unternehmen, 3. Aufl., Rz. B 88 ff.). **4133**

Nach der Rechtsprechung des *BAG* (25.5.2000 EzA § 613a BGB Nr. 190) bedeutet der Verweis des § 324 UmwG auf § 613a Abs. 1 BGB, dass die Umwandlung nicht der gegenüber dem Betriebsübergang speziellere Tatbestand ist. Diese Klarstellung unterstellt, dass sowohl die Gesamtrechtsnachfolge selbst als auch § 613a BGB nebeneinander den Übergang der Arbeitsverhältnisse bewirken können. Die Voraussetzungen des § 613a BGB sollen deshalb auch im Umwandlungsfall selbstständig zu prüfen sein. Im konkreten Fall leitete das BAG **4134** daraus die Konsequenz ab, dass schon vor Wirksamwerden der Umwandlung ein Betriebsübergang i.S.v. § 613a Abs. 1 BGB eintreten könne. Werde ein Betrieb vor Wirksamwerden einer Umwandlung durch Nutzungsüberlassung oder Verpachtung (auch konkludent) an den aufnehmenden Rechtsträger übertragen, greife § 613a BGB unberührt von der später wirksam werdenden Umwandlung ein.

4135 Diese Entscheidung hat erhebliche praktische Bedeutung, da häufig die tatsächliche Leitungsmacht über einen Betrieb oder Betriebsteil zu einem anderen Zeitpunkt auf den aufnehmenden Rechtsträger übertragen wird, als die Gesamtrechtsnachfolge eintritt. Im Umwandlungsvertrag vereinbarte zurückliegende Stichtage bewirken nicht rückwirkend den Übergang der Arbeitsverhältnisse. Die Arbeitsverhältnisse gehen nach §§ 20, 324 UmwG i.V.m. § 613a BGB mit der Eintragung der Umwandlung in das Handelsregister auf den neuen Arbeitgeber über. Der Eintragungszeitpunkt ist nicht genau vorhersehbar. Zugleich sind aber verschiedene praktische Schritte von der Meldung des Arbeitgeberwechsels an die Sozialversicherung bis zur Änderung des Briefbogens zu terminieren. Dies führt nicht selten zu einem arbeitsrechtlichen Stichtag, an dem unter Umständen in einer Gesamtschau die Voraussetzungen eines rechtsgeschäftlichen Betriebsübergangs vorliegen.

4136 Wird vor dem Wirksamwerden einer Umwandlung (Zeitpunkt: Eintragung im Handelsregister) dem aufnehmenden Rechtsträger durch einen Betriebsführungsvertrag o. Ä. die tatsächliche Leitungsmacht über einen Betrieb oder Betriebsteil übertragen, bewirkt nicht erst die Umwandlung, sondern schon zuvor dieses Rechtsgeschäft den Übergang der Arbeitsverhältnisse.

4137 Der Formwechsel nach § 119 UmwG führt nicht zu einem Inhaberwechsel, da der Rechtsträger identisch bleibt. Sind Gegenstand einer Abspaltung oder Ausgliederung Vermögenswerte, die sich nicht unter den Begriff eines Betriebsteils i.S.v. § 613a Abs. 1 BGB fassen lassen, gehen Arbeitsverhältnisse auf Grund der Gesamtrechtsnachfolge über, soweit die beteiligten Rechtsträger dies im Rahmen ihrer Zuordnungsfreiheit vereinbaren (s. dazu *Mengel* Umwandlungen im Arbeitsrecht 1997, S. 217).

4138 Wird durch Umwandlung ein Betrieb oder ein Betriebsteil übertragen, sind die Mitarbeiter nach § 324 UmwG, § 613a Abs. 5 BGB zu unterrichten (s. dazu Rn. 4287 ff.). Den Mitarbeitern steht ein **Widerspruchsrecht** zu (§ 324 UmwG, § 613a Abs. 6 BGB, s. dazu Rn. 4274 ff.). Dies gilt nicht, wenn der übertragende Rechtsträger erlischt (*BAG* 21.2.2008 – 8 AZR 157/07 – FD-ArbR 2008, 262392 = FA 2008, 238 LS).

4139 Unabhängig vom Willen der Arbeitnehmer ist die Zuordnung von Versorgungsverbindlichkeiten in einem Spaltungsplan im Rahmen einer Umwandlung (*BAG* 22.2.2005 EzA § 126 UmwG Nr. 1; anders *LG Hmb.* 8.12.2005 ZIP 2005, 2331).

bb) Inhalt der übergehenden Arbeitsverhältnisse

4140 Der Übergang der Arbeitsverhältnisse vollzieht sich i.d.R. nach § 613a Abs. 1 BGB. Dies bedeutet, dass wie beim rechtsgeschäftlichen Übergang Rechte und Pflichten aus dem Arbeitsverhältnis übertragen werden und Rechte und Pflichten aus Kollektivverträgen transformiert werden, soweit sie nicht nach § 613a Abs. 1 S. 3 oder 4 BGB durch andere Abmachungen abgelöst werden (s. dazu Rn. 4343 ff.).

4141 Ein Unterschied zwischen dem rechtsgeschäftlichen Betriebsübergang nach § 613a Abs. 1 BGB und dem Betriebsübergang durch Umwandlung nach § 324 UmwG, § 613a Abs. 1 BGB ergibt sich für den Fall, dass der übertragende Rechtsträger Partei eines **Haustarifvertrages** war und der aufnehmende Rechtsträger nicht selbst einen Haustarifvertrag abgeschlossen hat. Das BAG hat unter Verweis auf die Gesamtrechtsnachfolge bei einer Umwandlung entschieden, dass der aufnehmende Rechtsträger in die Parteistellung des Arbeitgebers im Haustarifvertrag eintritt (*BAG* 24.6.1998 EzA § 20 UmwG Nr. 1 m. Anm. *Rieble*). Es kommt deshalb – anders als bei der rechtsgeschäftlichen Betriebs(teil)übertragung – nicht zur Transformation der Bedingungen eines Haustarifvertrages nach § 613a Abs. 1 S. 2 BGB, weil der

Haustarifvertrag gem. § 20 Abs. 1 S. 1 UmwG als solcher den Erwerber kollektivrechtlich im Rahmen der Gesamtrechtsnachfolge bindet.

cc) Kündigungsschutz

Eine Sonderregelung trifft § 323 Abs. 1 UmwG für den Fall der Spaltung oder Teilübertragung hinsichtlich der kündigungsrechtlichen Stellung der Arbeitnehmer. Sie soll dem Arbeitnehmer für die Dauer von **zwei Jahren** erhalten bleiben. 4142

Die Bedeutung dieser Vorschrift ist in der Praxis nicht groß. Sie bewirkt lediglich, dass der Schutz vor sozial ungerechtfertigter Kündigung (§ 1 KSchG) weiter gilt, auch wenn in dem Betrieb nach der Spaltung weniger als sechs bzw. elf Arbeitnehmer (vgl. § 23 Abs. 1 KSchG) beschäftigt sind. In den typischen Umwandlungsfällen beschäftigen die beteiligten Rechtsträger mehr Arbeitnehmer. 4143

§ 323 Abs. 1 UmwG bezieht sich ausdrücklich auf die **kündigungsrechtliche** Stellung der Arbeitnehmer. Der Wortlaut verbietet, darunter die **tatsächlichen Voraussetzungen** des Kündigungsschutzes zu verstehen. So wäre es mit dem Wortlaut des § 323 Abs. 1 UmwG nicht zu vereinbaren, bei einer betriebsbedingten Kündigung die Sozialauswahl fiktiv auch auf die Arbeitnehmer in anderen abgespaltenen oder übertragenen Betriebe zu erstrecken (so aber *Bachner* NJW 1995, 2884). Ein solches Verständnis des § 323 Abs. 1 UmwG wäre im Übrigen völlig unpraktikabel. Soweit die Spaltung eines Rechtsträgers nicht mit der Spaltung des Betriebes verbunden ist, wird schon durch § 1 Abs. 2 Nr. 2 BetrVG für die an der Spaltung oder an einer Teilübertragung beteiligten Rechtsträger ein gemeinsamer Betrieb i.S.d. KSchG vermutet. Jedenfalls solange das Bundesarbeitsgericht seine Rechtsprechung (*BAG* 13.6.1985 EzA § 1 KSchG Nr. 41) beibehält, wonach die Sozialauswahl im gemeinsamen Betrieb betriebsbezogen vorzunehmen ist, gewährt § 323 Abs. 1 UmwG in dieser Fallgruppe keinen zusätzlichen Kündigungsschutz. 4144

§ 323 Abs. 1 UmwG schützt nicht den Bestand tarifvertraglicher Unkündbarkeitsregelungen (**a.A.** *Wlotzke* DB 1995, 44). § 613a Abs. 1 S. 2–4 BGB regelt abschließend die Geltung von Kollektivvereinbarungen nach einem Betriebsübergang. Werden Rechte aus bisherigen Kollektivvereinbarungen gem. § 613a Abs. 1 S. 3 oder S. 4 BGB abgelöst, wäre es verfehlt, § 323 Abs. 1 UmwG systemwidrig punktuell den Schutz des Bestandes einzelner Kündigungsregelungen zuzuweisen und damit die mit § 613a Abs. 1 S. 3 BGB beabsichtigte Vereinheitlichung von Arbeitsbedingungen zu durchbrechen. 4145

c) Folgen für Arbeitnehmervertretungen

aa) Betriebsrat

Bleibt die betriebsorganisatorische Struktur erhalten, bleiben alle Betriebsräte in den Betrieben im Amt. Die Umwandlung wirkt sich insoweit nicht aus. Gem. § 1 Abs. 2 Nr. 2 BetrVG wird nach der Spaltung ein gemeinsamer Betrieb vermutet, wenn sich die Organisation des betroffenen Betriebes nicht wesentlich geändert hat. 4146

bb) Gesamt- und Konzernbetriebsrat

Da die an Umwandlungen beteiligten Unternehmen typischerweise häufig mehr als einen Betrieb unterhalten, sind hier die **Auswirkungen des Inhaberwechsels auf den Gesamtbetriebsrat und ggf. Konzernbetriebsrat** von besonderer Bedeutung. 4147

Der Gesamtbetriebsrat des übertragenden Rechtsträgers besteht (in geänderter Besetzung) fort, wenn z.B. in Folge einer Abspaltung oder Ausgliederung bei dem übertragenden Rechtsträger mindestens zwei Betriebe erhalten bleiben. Besteht im Unternehmen des aufnehmenden Rechtsträgers ein Gesamtbetriebsrat, können die Betriebsräte der übertragenen Betriebe dorthin Mitglieder entsenden, § 47 Abs. 2 BetrVG. Ist dort ein Gesamtbetriebsrat noch nicht gebildet, ist er zu errichten, wenn durch die Übernahme der Betriebe die Voraussetzungen zur Errichtung eines Gesamtbetriebsrates geschaffen werden. 4148

Das *BAG* hat in seinem Beschluss vom 5.6.2002 (EzA § 47 BetrVG 1972 Nr. 9) offen gelassen, ob der im Unternehmen des Veräußerers gebildete Gesamtbetriebsrat beim neuen 4149

Arbeitgeber fortbestehen kann, wenn dieser alle Betriebe des bisherigen Inhabers übernehme und selbst keine Betriebe unterhält.

4150 Der Gesamtbetriebsrat ist eine Dauereinrichtung. Die Umstrukturierung eines Unternehmens erfordert gerade nicht die Neuerrichtung des Gesamtbetriebsrates (*Thüsing* DB 2004, 2474 [2480]; **a.A.** *Hohenstatt/Müller-Bonanni* NZA 2003, 766 [767]).

4151 So ausdrücklich *BAG* vom 16.3.2005 (EzA § 51 BetrVG 2001 Nr. 2):
(1) Der Gesamtbetriebsrat ist eine Dauereinrichtung mit wechselnder Mitgliedschaft. Er hat – anders als der Betriebsrat – keine Amtszeit und bleibt über die Wahlperiode der einzelnen Betriebsräte hinaus bestehen. Das Amt des Gesamtbetriebsrats als Gremium endet grds. nur dann, wenn die Voraussetzungen für seine Errichtung entfallen (vgl. *BAG* 5.6.2002 EzA § 47 BetrVG 1972 Nr. 9 = BAGE 101, 273 = AP BetrVG 1972 § 47 Nr. 11, zu B I 1 der Gründe). Ein Betriebsübergang lässt die Rechtsstellung des für den Betrieb gewählten Betriebsrats jedenfalls solange unberührt, wie die Identität des Betriebs beim neuen Arbeitgeber fortbesteht (*BAG* 5.6.2002 EzA § 47 BetrVG 1972 Nr. 9, zu B II 1 der Gründe). Besteht bei dem übernehmenden Unternehmen ein Gesamtbetriebsrat, hat der Betriebsrat des übernommenen Betriebs seine Vertreter in diesen zu entsenden (ErfK/*Eisemann* 5. Aufl., § 47 BetrVG Rz. 6; *Fitting* BetrVG 22. Aufl., § 47 Rz. 17). Es erhöht sich dann die Mitgliederzahl des Gesamtbetriebsrats.
(2) Nach diesen Grundsätzen endete das Amt des Gesamtbetriebsrats nicht. Denn die Voraussetzungen für seine Errichtung nach § 47 Abs. 1 BetrVG lagen weiterhin vor. Hiernach hatten die Betriebsräte der übernommenen Betriebe, deren Rechtsstellung durch den Betriebsinhaberwechsel unberührt geblieben ist, nunmehr ihre Vertreter in den auf 29 Mitglieder vergrößerten Gesamtbetriebsrat zu entsenden.

4152 Die Anpassung an geänderte betriebliche Strukturen innerhalb des Unternehmens ist durch das Entsenderecht gem. § 47 Abs. 2 BetrVG gewährleistet. Der Gesamtbetriebsrat ist unternehmensbezogen. Er muss neu konstituiert werden, auch wenn sämtliche Betriebe eines Rechtsträgers auf einen anderen Rechtsträger übertragen werden, der bis dahin selbst keine Betriebe unterhält.

4153 Hinsichtlich der Bildung von **Konzernbetriebsräten** ist zu prüfen, ob im Konzern eines übertragenden Rechtsträgers auch nach der Umstrukturierung noch die Voraussetzungen zur Errichtung eines Konzernbetriebsrates vorliegen und ob durch Veränderungen bei dem oder den aufnehmenden Rechtsträgern erstmals die Voraussetzungen zur Errichtung eines Konzernbetriebsrates erfüllt werden oder zusätzliche Vertreter in einen schon bestehenden Konzernbetriebsrat zu entsenden sind.

d) Beteiligungsrechte der Arbeitnehmervertretungen

aa) §§ 111 ff. BetrVG: Interessenausgleich und Sozialplan

4154 Mitbestimmungsrechte des Betriebsrates gem. § 111 ff. BetrVG werden nur ausgelöst, wenn gleichzeitig mit der Umwandlung eine Betriebsänderung umgesetzt werden soll. Dabei ist der gesellschaftsrechtliche Vorgang der Umwandlung von der Betriebsänderung zu trennen. Diese Trennung gewinnt insbes. dann an Bedeutung, wenn anlässlich einer Betriebsänderung Mitarbeiter wirtschaftliche Nachteile auch durch einen Betriebsinhaberwechsel infolge einer Umwandlung befürchten (*BAG* 25.1.2000 EzA § 112 BetrVG 1972 Nr. 106). Enthält ein Interessenausgleich bei einer Umwandlung eine Namensliste, ist die Zuordnung der Arbeitnehmer zu Betrieben oder Betriebsteilen nur noch auf grobe Fehler hin gerichtlich überprüfbar, § 323 Abs. 2 UmwG.

bb) § 106 BetrVG: Unterrichtung des Wirtschaftsausschusses

4155 Unabhängig davon, ob eine Betriebsänderung vorliegt, ist der Wirtschaftsausschuss nach § 106 Abs. 3 Nr. 8 BetrVG rechtzeitig und umfassend über eine beabsichtigte Umwandlung zu informieren.

cc) Zuleitung des Verschmelzungs-/Spaltungsvertrages

(1) Inhalt des Vertrages

Die Folgen einer Umwandlung sind nach § 5 Abs. 1 Nr. 9 UmwG (für die Spaltung § 126 Abs. 1 Nr. 11 UmwG) im Umwandlungsvertrag anzugeben. Es sind mindestens diejenigen Folgen anzugeben, die durch die Umwandlung unmittelbar bewirkt werden. Zu diesen unmittelbaren Folgen zählen der Übergang der Arbeitsverhältnisse auf einen neuen Rechtsträger, die Auswirkung der Umwandlung auf tarifvertraglich oder durch Betriebsvereinbarung begründete Ansprüche und auf die Struktur der Arbeitnehmervertretungen (*Lutter/ Drygala* UmwG, 3. Aufl., § 5 Rz. 51). Ein bloßer Verweis auf § 613a BGB wird nicht für ausreichend gehalten, um den Inhalt der übergehenden Arbeitsverhältnisse zu beschreiben (vgl. *Joost* ZIP 1995, 976 ff.). Es empfiehlt sich deshalb zusätzlich zusammenzufassen, zu welchen Bedingungen die Arbeitsverhältnisse fortgeführt werden, d.h. welche Tarifverträge und Betriebsvereinbarungen nach der Umwandlung gelten. Die Anforderungen an die vollständige, umfassende und richtige Angabe sämtlicher Auswirkungen einer Umwandlung auf den Inhalt der Arbeitsverhältnisse dürfen allein deshalb nicht übersteigert werden, da einige zentralen Rechtsfragen in diesem Zusammenhang nicht annähernd verlässlich geklärt sind, wie z.B. die Fortgeltung von Gesamt- und Konzernbetriebsvereinbarungen (*BAG* 18.9.2002 EzA § 613a BGB 2002 Nr. 5; s. dazu *Röder/Haußmann* DB 1999, 1754; *Rieble/Gutzeit* NZA 2003, 233) oder die Auswirkungen der arbeitsvertraglichen Bezugnahme auf Tarifverträge nach einem Betriebsübergang (*BAG* 14.12.2005 EzA § 3 TVG Bezugnahme auf Tarifvertrag Nr. 32, dazu *Bauer/Haußmann* DB 2005, 2815; bisher *BAG* 30.8.2000 EzA § 3 TVG Bezugnahme auf Tarifvertrag Nr. 13; 21.2.2001 EzA § 613a BGB Nr. 195 und 13.11.2002 EzA § 3 TVG Bezugnahme auf Tarifvertrag Nr. 25). 4156

Nach einer u. E. unzutreffenden Auffassung soll der Verschmelzungsvertrag auch solche Folgen für die Arbeitnehmer und ihre Vertretungen beschreiben, die mittelbar durch eine Umwandlung begründet werden (*Bachner* NJW 1995 2881 [2886]; *Däubler* RdA 1995 137 [138]; *Wlotzke* DB 1995 45; **a.A.** *Lutter/Drygala* UmwG, 3. Aufl., § 5 Rz. 65 m.w.N.). Vorsorglich sind im Hinblick auf den Meinungsstand jedoch mindestens die schon geplanten Betriebsänderungen zu nennen: 4157

Muster: 4158

- Mit dem Wirksamwerden der Verschmelzung gehen sämtliche Arbeitsverhältnisse, die mit dem übertragenden Rechtsträger bestehen, gem. §§ 20, 324 UmwG i.V.m. § 613a BGB mit allen Rechten und Pflichten auf den aufnehmenden Rechtsträger über. Am ... waren bei dem übertragenden Rechtsträger ... Arbeitnehmer beschäftigt.
- Für die Arbeitnehmer, deren Arbeitsverhältnisse auf den aufnehmenden Rechtsträger übergehen, gelten die bei dem übertragenden Rechtsträger erreichten oder anerkannten Dienstzeiten als beim aufnehmenden Rechtsträger verbrachte Dienstzeiten.
- Die mit dem aufnehmenden Rechtsträger bisher bestehenden Arbeitsverhältnisse bleiben von der Verschmelzung unberührt.
- Kündigungen wegen der Verschmelzung und des damit verbundenen Betriebsübergangs sind nach § 613a Abs. 4 BGB ausgeschlossen. Betriebsänderungen in Folge der Verschmelzung sind derzeit nicht geplant.
- Die örtlichen Betriebsräte in den Betrieben beider an der Verschmelzung beteiligten Rechtsträger bleiben unverändert bestehen. Der bei dem übertragenden Rechtsträger gebildete Wirtschaftsausschuss und der Gesamtbetriebsrat gehen unter. Der bei dem aufnehmenden Rechtsträger gebildete Gesamtbetriebsrat besteht fort. Die Betriebsräte der Betriebe des übertragenden Rechtsträgers entsenden Vertreter in den Gesamtbetriebsrat des aufnehmenden Rechtsträgers.
- Die Geltung örtlicher Betriebsvereinbarungen wird durch die Verschmelzung nicht berührt. Der aufnehmende und der übertragende Rechtsträger haben mit den Gesamtbetriebsräten beider Rechtsträger eine Überleitungsvereinbarung zur Geltung von Gesamtbetriebsvereinbarungen geschlossen. Darin ist geregelt, dass die Gesamtbe-

triebsvereinbarungen im Unternehmen des aufnehmenden Rechtsträgers in ihrem Geltungsbereich auf die bis zur Verschmelzung existierenden Betriebe dieses Unternehmens beschränkt werden und die Gesamtbetriebsvereinbarungen des übertragenden Rechtsträgers in ihrem Geltungsbereich auf die bis zur Verschmelzung existierenden Betriebe dieses Unternehmens als Gesamtbetriebsvereinbarung fortgeführt werden.
- Keiner der an der Verschmelzung beteiligten Rechtsträger ist tarifgebunden. Die Verschmelzung ist deshalb ohne Auswirkung auf die Geltung von Tarifverträgen. Soweit in den übergehenden Arbeitsverhältnissen punktuell zur Eingruppierung, Vergütungshöhe oder Anzahl der Urlaubstage auf tarifliche Bestimmungen verwiesen wird, gelten diese Vereinbarungen gem. § 324 UmwG i.V.m. § 613a Abs. 1 Satz 1 BGB auch nach der Verschmelzung.
- Ein Konzernbetriebsrat, Europäischer Betriebsrat oder mitbestimmter Aufsichtsrat ist bei keinem der beteiligten Rechtsträger gebildet.

4159 Dem Registergericht ist anlässlich der Eintragung der Umwandlung eine inhaltliche Überprüfung der Angaben nach herrschender Auffassung nicht gestattet (offen gelassen in *OLG Düsseld.* NZA 1998, 766; *Engelmeyer* DB 1996, 2542; *Willemsen* NZA 1996, 791, *Stratz* in Schmitt/Hörtnagl/Stratz UmwG, 5. Aufl., § 5 Rz. 88). Streitig ist, ob Angaben nach § 5 Abs. 1 Nr. 9 UmwG entbehrlich sind, wenn in keinem an einer Umwandlung beteiligten Unternehmen ein Betriebsrat errichtet ist (so *LG Stuttg.* WiB 1996, 994; **a.A.** *Stratz* a.a.O., § 5 Rz. 89). Ein Prüfungsrecht des Registerrichters wird bei offensichtlicher Unrichtigkeit, oder wenigstens für den Fall einer vollständigen Auslassung dieser Angaben angenommen (*Lutter/Drygala* UmwG, § 5 Rz. 107; *Stratz* a.a.O., § 5 Rz. 87). Das Registergericht kann darüber hinaus nicht die Richtigkeit der Angaben prüfen. Dazu fehlen ihm die spezifischen arbeitsrechtlichen Kenntnisse, insbesondere auch Tatsachenkenntnisse als Voraussetzung der Geltung von Kollektivvereinbarungen. In der Praxis prüfen Registergerichte allerdings gelegentlich, ob die Angaben insofern vollständig sind, als zu jeder denkbaren individual- oder kollektivarbeitsrechtlichen Folge entweder eine Beschreibung der Änderung oder eine sog. Negativerklärung (*OLG Düsseld.* NZA 1998, 766) im Vertragstext zu finden ist. Diese Anforderung geht über den Wortlaut des Gesetzes hinaus. Gefordert ist die Beschreibung der Auswirkung einer Umwandlung, nicht die Feststellung, inwieweit sie keine Auswirkungen hat. Betriebsräte treten gelegentlich unmittelbar an den Registerrichter heran und beanstanden die arbeitsrechtlichen Angaben im Umwandlungsvertrag. Die Unklarheiten bei der Bestimmung der im Umwandlungsvertrag notwendigen Angaben hat den Betriebsräten also ein taktisches Spiel eröffnet. Für den Unternehmer empfiehlt es sich deshalb, die Angaben ausführlich und sorgfältig vorzubereiten und ihre Vollständigkeit durch sog. Negativerklärungen zu beteuern, um ansonsten zu befürchtende Verzögerungen bei der Eintragung zum Handelsregister sicher auszuschließen.

(2) Zuleitung des Vertrages

4160 Der Vertrag oder sein Entwurf ist dem Betriebsrat **einen Monat** vor der Gesellschafterversammlung zuzuleiten, die über die Umwandlung beschließt. Zuleitungsadressat kann entweder der örtliche Betriebsrat, der Gesamtbetriebsrat oder ein Konzernbetriebsrat sein. Entscheidend für die Zuständigkeit ist, welche Einheiten in welchem Umfang von der beabsichtigten Umwandlung betroffen sind. Auch hier empfiehlt sich in der Praxis vorsorglich die Zuleitung an alle in Betracht kommenden Gremien. Der zuständige Betriebsrat kann auf die Zuleitung selbst nicht verzichten. Er kann aber auf die rechtzeitige Zuleitung verzichten (*OLG Naumburg* BB 2003, 2756; *LG Stuttg.* GmbHR 2000, 622; *Pfaff* DB 2002, 686).

e) Gläubigerschutz

4161 *Der spezielle arbeitsrechtliche* Haftungsbund zwischen bisherigem Arbeitgeber und Betriebsnachfolger (§ 613a Abs. 2 BGB) ist in Umwandlungsfällen nicht anzuwenden. Denn nach § 324 UmwG bleiben nur die Abs. 1 und 4, 5 und 6 des § 613a BGB unberührt. In den

Fällen der **Verschmelzung** und **Vollübertragung** haftet der übernehmende Rechtsträger deshalb für alle gegenwärtigen und künftigen Ansprüche aus dem Arbeitsverhältnis im Wege der **Gesamtrechtsnachfolge.** Zusätzlich bestimmt § 22 UmwG, dass der Gesamtrechtsnachfolger hinsichtlich der noch nicht fälligen Ansprüche Sicherheit zu leisten hat, wenn eine Gefährdung glaubhaft gemacht wird. Nach § 22 Abs. 2 UmwG sind davon Versorgungsansprüche und Versorgungsanwartschaften ausgenommen, da für sie der Insolvenzschutz nach § 7 BetrAVG gilt. Bei **Spaltungen** und **Teilübertragungen** findet eine Verringerung der Haftungsmasse statt. Deshalb schreibt § 133 Abs. 1 UmwG die gesamtschuldnerische Haftung der beteiligten übernehmenden Rechtsträger für die bisher begründeten Verbindlichkeiten des übertragenden Rechtsträgers vor. Die nach rechtsgeschäftlicher Betriebsnachfolge gem. § 613a Abs. 2 BGB geltende generelle Mithaftung des bisherigen Arbeitgebers entfällt (*Wlotzke* DB 1995, 44).

Nur für die besonders gefährdende **Aufspaltung** in Anlage- und Betriebsgesellschaft ist eine **begrenzte Mithaftung der Anlagegesellschaft** in § 134 Abs. 1 UmwG geregelt. Einbezogen in die Mithaftung sind Sozialplan- und Nachteilsausgleichsansprüche, auch wenn sie bis zu fünf Jahre nach der Spaltung begründet werden. Nach § 134 Abs. 2 UmwG werden in die gesamtschuldnerische Haftung weiterhin einbezogen »vor ... der Spaltung begründete Versorgungsverpflichtungen«. Unklar ist, in welcher Höhe für die Versorgungszusagen gehaftet wird. In Betracht kommt eine Haftung nur für den Teil, der vor der Spaltung erdient worden ist (vgl. *Düwell* NZA 1996, 397 m.w.N.). **4162**

II. § 25 HGB

Gem. § 25 HGB haftet der Erwerber (durch Rechtsgeschäft, z.B. Kauf, Schenkung, wobei auch eine Unwirksamkeit des Erwerbsgeschäfts unerheblich ist) eines (vollkaufmännischen, §§ 1 ff. HGB) Handelsgeschäfts bei Firmenfortführung für alle im Betrieb des Geschäfts begründeten Verbindlichkeiten des früheren Inhabers. Insoweit können lediglich **einzelne Verbindlichkeiten** übergehen, nicht aber das Arbeitsverhältnis als Ganzes. **4163**

§ 25 HGB sieht daher für den Erwerber lediglich die Haftung für einzelne, bereits begründete Verbindlichkeiten aus dem Arbeitsverhältnis vor. Die Haftung des früheren Inhabers bleibt bestehen. Es handelt sich also um eine kumulative Schuldübernahme kraft Gesetzes. Veräußerer und Erwerber haften als **Gesamtschuldner** (vgl. MünchArbR/*Wank* § 119 Rz. 9 ff.). **4164**

III. Rechtsgeschäftlicher Betriebsübergang (§ 613a BGB)

1. Grundlagen

a) Gemeinschaftsrecht der EU

§ 613a BGB wurde 1972 im Rahmen einer Neufassung des BetrVG in das BGB aufgenommen. 1980 wurde die Betriebsübergangsrichtlinie **77/187/EWG** vom 14.2.1977 umgesetzt, indem § 613a BGB durch das arbeitsrechtliche EG-Anpassungsgesetz vom 13.8.1980 in Abs. 1 um die S. 2–4 und um den Abs. 4 ergänzt wurde. Mit der Bekanntmachung des Umwandlungsgesetzes zum 1.1.1995 wurde § 613a Abs. 3 BGB neu gefasst (BGBl. I 1994, S. 3210). Durch die Richtlinie **98/50/EG** vom 29.6.1998 (ABlEG 1998, Nr. L 201, S. 88) wurde die Betriebsübergangsrichtlinie 77/187/EWG abgeändert. Die zwischenzeitlich vorliegende Rechtsprechung des EuGH wurde in weiten Teilen kodifiziert und insbes. erstmals eine Definition des Betriebsübergangs in den Richtlinientext eingefügt (von *Roetteken* NZA 2001, 415). **4165**

Die Richtlinien 77/187/EWG und 98/EG sind jetzt – inhaltlich unverändert – in der **Richtlinie 2001/23/EG** vom 13.3.2001 (ABlEG 2001 Nr. L 82, S. 16) zusammengefasst worden (von *Roetteken* NZA 2001, 415). Zum 1.4.2002 wurde der § 613a BGB um zwei weitere Absätze ergänzt. Mit der Unterrichtungspflicht in § 613a BGB wurden nach der Gesetzesbegründung (BT-Drs. 14/7760, S. 5 ff.) die europarechtlichen Vorgaben des Art. VI der Richtli- **4166** nie 2001/23/EG umgesetzt (*Willemsen/Lembke* NJW 2002, 1159). Die Neuregelung geht jedoch über die Anforderungen der Richtlinie hinaus (*Bauer/v. Steinau-Steinrück* ZIP 2002, 457). Diese verlangt nämlich grds. nur eine Information der Arbeitnehmervertretung. Die Arbeitnehmer müssen hingegen nur in Ausnahmefällen unterrichtet werden. Demgegenüber sieht § 613a BGB stets eine Unterrichtung der Arbeitnehmer vor.

4167 Bei der Auslegung des § 613a BGB sind die Grundsätze der gemeinschaftsrechts- oder richtlinienkonformen Auslegung zu beachten, da mit dieser Norm die Vorgaben einer EG-Richtlinie umgesetzt werden sollen. Das Gebot der gemeinschaftskonformen Auslegung folgt aus dem Grundsatz der Gemeinschaftstreue gem. Art. 10 EG i.V.m. dem Umsetzungsgebot gem. Art. 249 Abs. 3 EG. Es wird allseits akzeptiert und ist mit deutschem Verfassungsrecht vereinbar (*BAG* 30.3.2004 EzA § 113 BetrVG 2001 Nr. 4). Die nationalen Gerichte sind im Rahmen der **richtlinienkonformen Auslegung** verpflichtet, alles zu tun, was in ihrer Zuständigkeit liegt, um zu einem Ergebnis zu gelangen, das mit dem von der Richtlinie verfolgten Ziel vereinbar ist (*EuGH* 5.10.2004 EzA EGV Richtlinie 93/104 Nr. 1 = RIW 2005, 54 ff.).

4168 Das Gebot der richtlinienkonformen Auslegung hat allerdings seine **Grenzen**. Es gilt nur innerhalb der Grenzen richterlicher Gesetzesauslegung. Diese werden bestimmt durch die allgemeinen Auslegungsregeln. Insoweit gilt nichts anderes als für die verfassungskonforme Auslegung. Lassen der Wortlaut, die Entstehungsgeschichte, der Gesamtzusammenhang und Sinn und Zweck des Gesetzes mehrere Deutungen zu, von denen jedenfalls eine zu einem verfassungsgemäßen bzw. gemeinschaftsrechtskonformen Ergebnis führt, so ist eine Auslegung geboten, die mit dem Grundsatz bzw. dem Gemeinschaftsrecht in Einklang steht. Die verfassungs- und gemeinschaftsrechtskonforme Auslegung darf jedoch zu dem Wortsinn und dem klar erkennbaren Willen des Gesetzgebers nicht in Widerspruch treten. Der Gehalt einer nach Wortsinn, Systematik und Zweck eindeutigen Regelung kann nicht im Wege der richtlinienkonformen Auslegung in sein Gegenteil verkehrt werden. (*BAG* 30.3.2004 EzA § 113 BetrVG 2001 Nr. 4). Diese Auslegungsgrenze, die das BAG zutreffend zieht, steht in Übereinstimmung mit der Rechtsprechung des EuGH. Dieser hat mehrfach ausgeführt, das innerstaatliche Gericht habe das nationale Gesetz unter voller Ausschöpfung des Beurteilungsspielraums, den ihm das nationale Recht einräume, und soweit wie möglich richtlinienkonform auszulegen (*BAG* 18.2.2003 EzA § 7 ArbZG Nr. 4 m.w.N. der EuGH-Rspr.).

b) Zweck der Regelung

4169 § 613a BGB ist eine Schutzvorschrift zugunsten der Arbeitnehmer, mit der **drei Hauptziele** verfolgt werden. Zum einen soll sichergestellt werden, dass der Arbeitnehmer sein Arbeitsverhältnis nicht verliert, wenn sein Arbeitsplatz bei einem anderen Inhaber fortbesteht (ErfK/*Preis* § 613a BGB Rz. 2). Zum anderen soll durch § 613a BGB die Kontinuität des Betriebsrates gewährleistet werden (*BAG* 17.1.1980 EzA § 613a BGB Nr. 24). Schließlich bezweckt § 613a BGB die Verteilung der Haftungsrisiken zwischen dem bisherigen und dem neuen Inhaber (*BAG* 17.1.1980 EzA § 613a BGB Nr. 24).

c) Zwingendes Recht

4170 § 613a BGB ist eine Norm **zwingenden Rechts**. So kann zu Lasten des Arbeitnehmers weder der Übergang der Arbeitsverhältnisse noch die Haftung des Erwerbers durch eine Vereinbarung zwischen dem alten und dem neuen Arbeitgeber ausgeschlossen werden (*BAG* 29.10.1975 EzA § 613a BGB Nr. 4; 14.7.1981 EzA § 613a BGB Nr. 31).

4171 Allerdings gilt dies nur dann, wenn der Tatbestand des § 613a BGB vorliegt und damit die zwingenden, im Gesetz vorgesehenen Rechtsfolgen eintreten. Die beteiligten Unternehmen können jedoch durch die richtige Gestaltung des maßgeblichen Sachverhaltes das Vorliegen eines Betriebsüberganges auf der Tatbestandsseite beeinflussen.

So kann in den Fällen, in denen die Übernahme der Hauptbelegschaft Voraussetzung für das Vorliegen eines Betriebsübergangs ist, § 613a BGB vermieden werden, wenn die Belegschaft nicht oder nicht im erforderlichen Umfang übernommen wird (*BAG* 13.11.1997 EzA § 613a BGB Nr. 154; *Müller-Glöge* NZA 1999, 449). Bei einem Produktionsbetrieb wird der Betriebsübergang insbes. dann vermieden, wenn der Erwerber die sächlichen Betriebsmittel nicht übernimmt oder die wirtschaftliche Einheit sofort auflöst. Diese **Gestaltungsmöglichkeiten** sind legitim. So wie jeder Arbeitnehmer entscheiden kann, ob er ein Auto kauft oder least, können die beteiligten Unternehmen entscheiden, ob sie den Weg des § 613a BGB gehen oder nicht. Gehen sie ihn, sind allerdings die Rechtsfolgen des § 613a BGB zwingend. **4172**

Grds. unwirksam ist deshalb eine **Vereinbarung zwischen den Arbeitsvertragsparteien** im Arbeitsvertrag, wonach der Übergang der Arbeitsverhältnisse generell ausgeschlossen ist (Staudinger/*Richardi* § 613a Rz. 33 m.w.N.; **a.A.** *Gaul* BB 1979, 1668). Die Vereinbarung ist allerdings dann wirksam, wenn sie auf Wunsch des Arbeitnehmers aufgenommen wurde, damit das Arbeitsverhältnis in jedem Fall beim ausgesuchten Arbeitgeber verbleibt (so auch ErfK/*Preis* § 613a BGB Rz. 82). Gleiches gilt, wenn der Sachverhalt zum Zeitpunkt des Vertragsabschlusses zumindest in Grundzügen konkret absehbar war. Wenn der Arbeitnehmer widersprechen kann, kann er in Kenntnis eines konkreten Überganges auch eine entsprechende Vereinbarung mit dem Arbeitgeber schließen (s. hierzu auch Rn. 4284). **4173**

Auch ein **Aufhebungsvertrag** im Zusammenhang mit einem Betriebsübergang kann gem. § 134 BGB nichtig sein. Nicht jeder Aufhebungsvertrag, der im zeitlichen Zusammenhang mit einem Betriebsübergang abgeschlossen wird, ist allerdings nichtig. Im Gegenteil sind Aufhebungsverträge im Zusammenhang mit einem Betriebsübergang grundsätzlich sehr wohl möglich. Mit dem Abschluss eines Aufhebungsvertrages verwirklichen die Vertragsparteien die ihnen zustehende Vertragsfreiheit. Der Arbeitgeber ist im Übrigen befugt, Rechtsgeschäfte so zu gestalten, dass § 613a BGB nicht eingreift (*BAG* 18.8.2005 EzA § 613a BGB 2002 Nr. 40 m. Anm. *Naber*; s.o. Rn. 4170). Nichtigkeit ist deshalb nur zu bejahen, wenn der Aufhebungsvertrag objektiv der Umgehung der zwingenden Rechtsfolgen des § 613a BGB dient. **4174**

Eine **objektive Umgehung** des § 613a BGB liegt dann vor, wenn die Arbeitnehmer mit dem Hinweis auf eine geplante Betriebsveräußerung und Arbeitsplatzgarantien des Erwerbers (z.B. bestehende Arbeitsplatzangebote) veranlasst werden, ihre Arbeitsverhältnisse mit dem Betriebsveräußerer selbst zu kündigen oder Auflösungsverträge abzuschließen, um dann mit dem Betriebserwerber neue Arbeitsverträge abschließen zu können (*BAG* 18.8.2005 EzA § 613a BGB 2002 Nr. 40 m. Anm. *Naber*). Verboten sind auch Aufhebungsverträge aus Anlass des Betriebsübergangs, wenn sie von Veräußerer und Erwerber allein deshalb veranlasst werden, um dem bestehenden Kündigungsverbot auszuweichen (*BAG* 28.4.1987 EzA § 613a BGB Nr. 67 – **Lemgoer Modell**). Unwirksam sind schließlich alle Vertragsgestaltungen, deren objektive Zielsetzung in der **Beseitigung der Kontinuität des Arbeitsverhältnisses** bei gleichzeitigem Erhalt des Arbeitsplatzes besteht (*BAG* 10.12.1998 EzA § 613a BGB Nr. 175). In all diesen Fällen können sich die Arbeitnehmer später auf die Unwirksamkeit der Aufhebungsverträge und der Abreden mit dem Erwerber berufen. Ihnen stehen alle bisherigen Rechte aus dem früheren Arbeitsverhältnis zu. Dies kann z.B. im Bereich der betrieblichen Altersversorgung weit reichende Konsequenzen haben. **4175**

Keine Umgehung liegt vor, wenn der Aufhebungsvertrag auf das **endgültige Ausscheiden des Arbeitnehmers aus dem Betrieb** gerichtet ist. Der Arbeitnehmer hat die Möglichkeit, der Überleitung seines Arbeitsverhältnisses zu widersprechen. Er hat deshalb auch die Möglichkeit, sein Arbeitsverhältnis, sei es mit dem Veräußerer oder dem Erwerber, einvernehmlich zu beenden. Solche Verträge werden deshalb in der Rechtsprechung des BAG ohne Rücksicht auf ihre sachliche Berechtigung als wirksam angesehen (*BAG* 18.8.2005 EzA § 613a BGB 2002 Nr. 40 m. Anm. *Naber*; 10.12.1998 EzA § 613a BGB Nr. 175). **4176**

Ob der Aufhebungsvertrag der Beseitigung der Kontinuität des Arbeitsverhältnisses trotz Erhalt des Arbeitsplatzes dient oder auf ein endgültiges Ausscheiden gerichtet war, ist in der Praxis nicht selten schwierig abzugrenzen. Das Bundesarbeitsgericht stellt zur **Abgrenzung dieser Fallgruppen** darauf ab, ob zum Zeitpunkt des Abschlusses des Aufhebungsvertrags Arbeitnehmer und Betriebserwerber bereits ein neues Arbeitsverhältnis begründet hatten **4177** oder dem Arbeitnehmer zumindest ein solches verbindlich in Aussicht gestellt war. Fehle es daran, bestehe lediglich die mehr oder weniger begründete Erwartung des Arbeitnehmers, in ein Arbeitsverhältnis mit dem Betriebserwerber treten zu können. Der Vertragsschluss komme in diesem Fall einem Risikogeschäft gleich und diene nicht der Unterbrechung der Kontinuität des Arbeitsverhältnisses (zuletzt *BAG* 18.8.2005 EzA § 613a BGB 2002 Nr. 40 m. Anm. *Naber*). Das BAG hat sich in diesem Urteil sehr intensiv mit den kritischen Stimmen in der Literatur (s. nur ErfK/*Preis* § 613a BGB Rz. 159) auseinandergesetzt und ausdrücklich an seiner Rechtsprechung festgehalten.

4178 Grds. können die Arbeitsvertragsparteien, sei es vor oder nach dem Betriebsübergang, den Vertragsinhalt einvernehmlich abändern (statt aller Staudinger/*Richardi-Annuß* § 613a Rz. 32; KR-*Pfeiffer* § 613a BGB Rz. 102). Vereinbarungen, die zum Nachteil des Arbeitnehmers vom bisherigen Arbeitsvertrag abweichen, indem sie z.B. auf bisherige betriebliche Sozialleistungen für die Zukunft verzichten, unterlagen nach bisheriger Auffassung des BAG einer Inhaltskontrolle, weil immer die Gefahr bestehe, dass Veräußerer oder Erwerber den Arbeitnehmern mit dem Verlust der Arbeitsplätze drohen und auf diese Weise eine Vereinbarung erzwingen (*BAG* 12.5.1992 EzA § 613a BGB Nr. 104; ErfK/*Preis* § 613a BGB Rz. 83). Die Arbeitnehmer seien deshalb bei einem Betriebsübergang besonders schutzbedürftig (*BAG* 12.5.1992 EzA § 613a BGB Nr. 104). Das BAG prüfte aus diesem Grund bei **Vereinbarungen im Zusammenhang mit einem Betriebsübergang,** ob für die Änderungen zum Nachteil der Arbeitnehmer ein sachlicher Grund vorliegt oder ob sie allein aus Gründen des Betriebsüberganges erfolgten (*BAG* 12.5.1992 EzA § 613a BGB Nr. 104). Dabei sollte zu berücksichtigen sein, auf wessen Initiative die Vertragsänderung zurückging (*BAG* 28.4.1987 EzA § 613a BGB Nr. 67). Die gleichen Grundsätze galten auch für Erlassverträge, die der Erwerber mit Arbeitnehmern über ihre beim Veräußerer erdienten Versorgungsanwartschaften abschloss (*BAG* 12.5.1992 EzA § 613a BGB Nr. 104).

4179 Dieser Rechtsprechung konnte nur eingeschränkt gefolgt werden. Während eine Drucksituation vor dem Betriebsübergang noch vorstellbar ist, gilt dies für die Zeit nach dem Betriebsübergang nicht mehr. Ist das Arbeitsverhältnis erst einmal nach § 613a BGB auf den Erwerber übergegangen, unterscheidet sich dieses Arbeitsverhältnis in nichts von einem anderen Arbeitsverhältnis. Nach dem Betriebsübergang ist eine besondere Schutzbedürftigkeit der übergeleiteten Arbeitnehmer nicht mehr gegeben, eine besondere Inhaltskontrolle deshalb nicht gerechtfertigt (so auch Staudinger/*Richardi-Annuß* § 613a BGB Rz. 32). Dieser Kritik hat das BAG jetzt Rechnung getragen. In seinem Urteil vom 7.11.2007 (EzA § 613a BGB 2002 Nr. 79) hat das *BAG* festgestellt, dass eine einzelvertragliche Vereinbarung, mit der Arbeitnehmer und Erwerber nach dem Betriebsübergang die Vergütung für die Zukunft absenken, keines sie rechtfertigenden **Sachgrundes** bedarf. Ob dies auch dann gilt, wenn auf bereits erworbene Ansprüche oder Anwartschaften verzichtet werden soll, hat das BAG ausdrücklich offen gelassen.

2. Voraussetzungen des Betriebsübergangs

a) Betrieb

aa) Frühere BAG-Rechtsprechung

4180 Bis zum Jahre **1997** definierte das BAG den Betrieb als organisatorische Einheit, innerhalb derer ein Arbeitgeber allein oder mit seinen Arbeitnehmern mit Hilfe von sächlichen oder immateriellen Mitteln bestimmte arbeitstechnische Zwecke fortgesetzt verfolgt (*BAG* 9.2.1994 EzA § 613a BGB Nr. 115). Diese allgemeingültige Begriffsbestimmung wurde im Hinblick auf § 613a BGB dahingehend modifiziert, dass die Arbeitnehmer nicht zum Tatbestand der Norm gehörten. Der Übergang der Arbeitsverhältnisse war in ständiger Rechtsprechung des BAG Rechtsfolge, nicht jedoch Tatbestandsvoraussetzung des § 613a BGB (*BAG* 22.5.1985 EzA § 613a BGB Nr. 45 = AP Nr. 42 zu § 613a BGB).

4181 Entscheidende Voraussetzung für den Betriebsübergang war damit der **Betriebsmittelübergang**, wobei es für die Frage, welche Betriebsmittel für die Erfüllung der arbeitstechnischen Zwecke wesentlich sind, auf die jeweilige Eigenart des Betriebes ankam (*BAG*

27.7.1994 EzA § 613a BGB Nr. 123). Bei Einzelhandelsgeschäften waren dies Betriebsform und Warensortiment (*BAG* 30.10.1986 EzA § 613a BGB Nr. 58), bei Handels- und Dienstleistungsbetrieben kam es in erster Linie auf immaterielle Betriebsmittel wie Kundenstamm, Kundenlisten, Geschäftsbeziehungen zu Dritten, Know-how und Goodwill etc. an (*BAG* 29.9.1988 EzA § 613a BGB Nr. 85). Bei Produktionsunternehmen war schließlich der Übergang der wesentlichen sächlichen (Maschinen- und Einrichtungsgegenstände) und immateriellen Betriebsmittel erforderlich (*BAG* 22.5.1985 EzA § 613a BGB Nr. 45). Ein Betriebsübergang wurde immer dann angenommen, wenn der Erwerber mit den übernommenen Betriebsmitteln in der Lage war, den Betrieb weiterzuführen (*BAG* 15.11.1978 EzA § 613a BGB Nr. 21).

Trotz der Tendenz des BAG durch eine weitgehende Entmaterialisierung des Betriebsbegriffes den Anwendungsbereich des § 613a BGB weit zu fassen, hielt es in ständiger Rechtsprechung an der Differenzierung zwischen **Betriebsübergang** und **Funktionsnachfolge** fest. Von der Funktionsnachfolge unterscheide sich die Betriebsübernahme dadurch, dass der Erwerber nicht nur bloße Aufgaben (Funktionen) übernehme, sondern auch die zu ihrer Erledigung bereits vorhandene konkrete Betriebsorganisation übertragen werde. Das BAG hat es in mehreren Entscheidungen abgelehnt, die alleinige Übernahme von Funktionen durch Erteilung von Aufträgen an Dritte als Betriebs-(teil)übergang anzusehen (*BAG* 8.10.1990 EzA § 613a BGB Nr. 91). Ein Betriebsübergang wurde in diesen Fällen verneint, da weder sächliche noch immaterielle Betriebsmittel auf den Erwerber übergingen. 4182

bb) EuGH-Rechtsprechung

Im **Spijkers-Urteil** vom 18.3.1986 (*EuGH* Slg. 1986, 1119) erarbeitete der EuGH folgende Grundsätze: 4183
Entscheidend sei, dass die **wirtschaftliche Einheit ihre Identität bewahre**. Dies sei dann der Fall, wenn der Betrieb mit derselben oder einer gleichartigen Geschäftstätigkeit tatsächlich weitergeführt oder wieder aufgenommen werde. Hierzu müssten sämtliche den betreffenden Vorgang kennzeichnende Tatsachen berücksichtigt werden. Dazu gehörten namentlich die Art des betreffenden Unternehmens oder Betriebs, der Übergang oder Nichtübergang der materiellen Aktiva, wie Gebäude und bewegliche Güter, der Wert der immateriellen Aktiva zum Zeitpunkt des Übergangs, die Übernahme oder Nichtübernahme der Hauptbelegschaft durch den neuen Inhaber, der Übergang oder Nichtübergang der Kundschaft sowie der Grad der Ähnlichkeit zwischen der vor und der nach dem Übergang verrichteten Tätigkeit und die Dauer einer eventuellen Unterbrechung dieser Tätigkeit. Alle Umstände seien stets nur Teilaspekte einer globalen Bewertung, die nicht isoliert beurteilt werden könnten.

Der EuGH **bestätigte** diese Grundsätze mehrfach (s. nur Stichting-Urteil *EuGH* 4184
15.5.1992 NZA 1994, 207 oder die Watson Rask-Entscheidung *EuGH* 12.11.1992 EzA § 613a BGB Nr. 124). Insgesamt blieb die EuGH-Rechtsprechung in Deutschland weitgehend unbeachtet.

Dies änderte sich 1994. Mit seiner **Christel Schmidt**-Entscheidung vom 14.4.1994 4185
(*EuGH* 14.4.1994 EzA § 613a BGB Nr. 114) wich der EuGH von seinen bisherigen Grundsätzen ab. In dieser Entscheidung vertrat der EuGH die Auffassung, dass bereits dann, wenn ein Unternehmen durch Vertrag einem anderen Unternehmen die Verantwortung für die Erledigung der früher von ihm selbst (durch eine einzige Arbeitnehmerin) wahrgenommenen Reinigungsaufgaben überträgt, Art. 1 Abs. 1 der EWG-Richtlinie Nr. 77/187 des Rates vom 14.2.1977 anzuwenden sei. In der Begründung führte der EuGH u.a. aus, eine Übertragung von Vermögenswerten sei nicht erforderlich. Entscheidend sei vielmehr die Gleichartigkeit der vor und nach der Übertragung ausgeführten Aufgaben.

4186 Die Entscheidung wurde in Deutschland überwiegend und zum Teil sehr heftig **abgelehnt** (*LAG Düsseld.* 22.8.1995 EzA § 613a BGB Nr. 113; *LAG SchlH* 10.2.1995 LAGE § 613a BGB Nr. 39; *Bauer* BB 1994, 1433; *Voss* NZA 1995, 205 ff.; *Henssler* NZA 1994, 913 ff.; *Röder/Baeck* NZA 1994, 542 ff.; *Willemsen* DB 1995, 924; *Buchner* DB 1994, 1417 ff.; *Gaul* ZTR 1995, 344 ff.; **a.A.***LAG Hamm* 11.10.1994 LAGE § 613a BGB Nr. 37; *Zuleeg* RdA 1996, 73 f.; *Heilmann* ArbuR 1996, 168 ff.). Aufgrund dieser Entscheidung drohte die bisher allgemein akzeptierte Differenzierung des BAG zwischen Betriebsübergang einerseits und Funktionsnachfolge andererseits hinfällig zu werden. Dies hätte für die Praxis weit reichende Folgen gehabt. Jede Auftragsvergabe hätte danach einen Betriebs-(teil)übergang darstellen können.

4187 Die Kritik blieb nicht ohne Wirkung. Bereits im **Urteil vom 19.9.1995** (NZA 1995, 1031) stellte der *EuGH* klar, dass der Übergang einer auf Dauer angelegten Einheit nur dann vorliege, wenn sie mit der Übertragung einer organisierten Gesamtheit von Faktoren einherginge, die eine dauerhafte Fortsetzung der Tätigkeiten oder bestimmter Tätigkeiten des übertragenen Unternehmens erlaube. Diese Voraussetzungen hatten bei Christel Schmidt nicht vorgelegen. Unabhängig von der Frage, ob ein einzelner Arbeitnehmer überhaupt eine übertragungsfähige organisatorische Teileinheit darstellen kann, hatte Frau Schmidt der Überleitung ihres Arbeitsverhältnisses auf das Reinigungsunternehmen gerade widersprochen.

4188 Die zentrale Entscheidung, mit der der EuGH die Christel Schmidt-Entscheidung wieder zurücknahm, ist die **Ayse Süzen-Entscheidung vom 11.3.1997** (*EuGH* 11.3.1997 EzA § 613a BGB Nr. 145). Diese Entscheidung, die vom Plenum des EuGH getroffen wurde, erging auf Grund eines Vorlagebeschlusses des *ArbG Bonn* (EuZW 1995, 651). In dieser Entscheidung stellte der EuGH klar, dass eine reine Auftragsvergabe keinen Betriebsübergang darstellt.

4189 Im Einzelnen führte der EuGH zur Begründung aus:

»13. Die Anwendung der Richtlinie setzt voraus, dass es um den Übergang einer **auf Dauer angelegten** wirtschaftlichen Einheit geht, deren Tätigkeiten nicht auf die Ausführung eines bestimmten Vorhabens beschränkt ist … Der Begriff Einheit bezieht sich dabei auf eine **organisierte Gesamtheit von Personen und Sachen zur Ausübung einer wirtschaftlichen Tätigkeit mit eigener Zielsetzung**

14. Bei der Prüfung, ob eine Einheit übergegangen ist, müssen sämtliche den betreffenden Vorgang kennzeichnenden Tatsachen berücksichtigt werden …

15. Wie die Mehrheit der Verfahrensbeteiligten vorgetragen hat, erlaubt allein der Umstand, dass die von dem alten und dem neuen Auftragnehmer erbrachten Dienstleistungen ähnlich sind, nicht den Schluss, dass der Übergang einer wirtschaftlichen Einheit vorliege. Eine Einheit darf nämlich nicht als bloße Tätigkeit verstanden werden. **Ihre Identität ergibt sich auch aus anderen Merkmalen wie ihrem Personal, ihren Führungskräften, ihrer Arbeitsorganisation, ihren Betriebsmethoden und gegebenenfalls den ihnen zur Verfügung stehenden Betriebsmitteln.**

16. Der bloße Verlust eines Auftrages an einen Mitbewerber stellt daher für sich genommen keinen Übergang i.S.d. Richtlinien dar …

17. Zwar gehört der Übergang von Betriebsmitteln auch zu den Kriterien, die von dem innerstaatlichen Gericht bei der Beurteilung der Frage zu berücksichtigen sind, ob tatsächlich ein Unternehmensübergang vorliegt; das Fehlen derartiger Betriebsmittel schließt aber den Übergang i.S.d. Richtlinien nicht notwendigerweise aus …

18. Wie in TZ 14 des vorliegenden Urteils ausgeführt, hat das innerstaatliche Gericht bei der Bewertung der maßgeblichen Tatsachen u.a. die Art des betroffenen Unternehmens oder Betriebs zu berücksichtigen. Den für das Vorliegen eines Übergangs i.S.d. Richtlinien maßgeblichen Kriterien kommt notwendigerweise **je nach der ausgeübten Tätigkeit und selbst nach den Produktions- oder Betriebsmethoden**, die in den betreffenden Unternehmen, Betrieb oder Betriebsteil angewendet werden, unterschiedliches Gewicht zu …

20. Zu den Umständen, die bei der Feststellung eines Überganges i.S.d. Richtlinien zu berücksichtigen sind, gehören außer dem Grad der Ähnlichkeit zwischen den vor und nach dem Übergang verrichteten Tätigkeiten und der Art des betreffenden Unternehmens oder Betriebes u.a. auch die Übernahme oder **Nicht-Übernahme der Hauptbelegschaft durch den neuen Unternehmensinhaber.** ...
21. Soweit in bestimmten Branchen, in denen es im Wesentlichen auf die menschliche Arbeitskraft ankommt, eine Gesamtheit von Arbeitnehmern, die durch eine gemeinsame Tätigkeit dauerhaft verbunden sind, eine wirtschaftliche Einheit darstellt, kann eine solche Einheit ihre Identität über ihren Übergang hinaus bewahren, wenn der neue Unternehmensinhaber nicht nur die betreffende Tätigkeit weiterführt, sondern auch einen nach Zahl und Sachkunde wesentlichen Teil des Personals übernimmt, das der Vorgänger gezielt bei dieser Tätigkeit eingesetzt hatte.«

Der EuGH stellt damit klar, dass eine **reine Funktionsnachfolge** keinen Betriebsübergang begründet. Ein Betriebsübergang kann immer nur dann vorliegen, wenn eine wirtschaftliche Einheit übertragen wird und die Identität der wirtschaftlichen Einheit gewahrt bleibt. Die reine Auftragsvergabe begründet damit noch keinen Betriebsübergang. Stets muss die organisatorische Einheit, mit der bisher der Auftrag erfüllt wurde, übertragen werden. Nur wenn diese organisatorische Einheit ihre Identität beim neuen Auftragnehmer wahrt, kann ein Betriebs-(teil)übergang vorliegen. **4190**

In einem anderen entscheidenden Punkt blieb der EuGH jedoch bei seiner Rechtsprechung, nämlich dass bei **betriebsmittelarmen** Betrieben die Übernahme eines nach Zahl und Sachkunde wesentlichen Teils des Personals im Rahmen der Gesamtabwägung entscheidende Bedeutung erlangen und im Ergebnis einen Betriebsübergang begründen kann. Der EuGH stellte damit klar, dass er bei seiner Rechtsprechung bleibt, wonach der Übergang der Arbeitsverhältnisse nicht nur Rechtsfolge eines Betriebsübergangs ist, sondern bereits auf der Tatbestandseite zu beachten ist und insbesondere bei betriebsmittelarmen Betrieben einen Betriebsübergang begründen kann. **4191**

cc) Neue BAG-Rechtsprechung

Die Entscheidung des EuGH vom 11.3.1997 (*EuGH* 11.3.1997 EzA § 613a BGB Nr. 145) hatte die erhoffte **klarstellende und befriedende Wirkung**. Das BVerfG (*BVerfG* 13.6.1997 EzA Art. 177 EWG-Vertrag Nr. 1) verweigerte die Annahme einer Verfassungsbeschwerde. Der EuGH habe die Problematik abschließend beantwortet. Für die nationalen Gerichte bestehe keine Vorlagepflicht mehr. Auf Anfrage des EuGH nahm der 8. Senat des BAG durch Beschluss vom 22.5.1997 (*BAG* 22.5.1997 EzA § 613a BGB Nr. 149; vgl. dazu *Wank* SAE 1998, 209 ff.) seine Vorlage zurück. Die aufgeworfenen Auslegungsfragen könnten mit Hilfe der Entscheidung vom 11.3.1997 beantwortet werden. **4192**

Ein Betriebsübergang i.S.d. § 613a BGB liegt seit dem Urteil vom 22.5.1997 (EzA § 613a BGB Nr. 149) nach der neuen Rechtsprechung des BAG dann vor, wenn die zugrunde liegende **wirtschaftliche Einheit ihre Identität** wahrt. Mit dieser Formulierung hat das BAG die Rechtsprechung des EuGH übernommen. In dem entscheidenden Urteil vom 26.6.1997 (EzA § 613a BGB Nr. 151; zust. *Annuß* BB 1998, 1582 ff.; krit. dazu *Schiefer* NZA 1998, 1095 ff.) hat das *BAG* folgenden Leitsatz aufgestellt **4193**

»Der Begriff 'Einheit' bezieht sich auf eine organisatorische Gesamtheit von Personen und Sachen zur Ausübung einer wirtschaftlichen Tätigkeit mit eigener Zielsetzung. Er darf nicht als bloße Tätigkeit verstanden werden. Ihre Identität ergibt sich auch aus anderen Merkmalen, wie ihrem Personal, ihren Führungskräften, ihrer Arbeitsorganisation, ihren Betriebsmethoden und gegebenenfalls den ihr zur Verfügung stehenden Betriebsmitteln.« **4194**

4195 Das BAG verwendet damit nicht mehr den zu engen Betriebsbegriff, sondern spricht nur noch von der zugrunde liegenden **wirtschaftlichen Einheit**. Dieser Rechtsprechung ist zuzustimmen. Der neue Ansatz wird dem Normzweck des § 613a BGB eher gerecht, als die bisherige primär betriebsmittelbezogene Betrachtung (ErfK/*Preis* § 613a BGB Rz. 6).

b) Betriebsteil

4196 Die vom EuGH und BAG entwickelten Grundsätze zum Betriebsübergang gelten auch für den Betriebsteilübergang (*EuGH* 11.3.1997 EzA § 613a BGB Nr. 145; *BAG* 17.4.2003 EzA § 613a BGB 2002 Nr. 11). Betriebsteile sind Teileinheiten (Teilorganisationen) des Betriebes. In Abgrenzung zur Veräußerung einzelner Anlage- oder Umlaufgüter ist es erforderlich, dass es sich um eine selbstständig abtrennbare organisatorische Untergliederung handelt, mit der innerhalb des betriebstechnischen Gesamtzwecks ein Teilzweck verfolgt wird, auch wenn es sich hierbei um eine untergeordnete Hilfsfunktion (z.B. Kantinenbetrieb) handelt (*BAG* 22.7.2004 EzA § 613a BGB 2002 Nr. 27; 17.4.2003 EzA § 613a BGB 2002 Nr. 11). Das Merkmal Teilzweck dient dabei zur Abgrenzung der organisatorischen Teileinheit. Im Teilbetrieb müssen nicht andersartige Zwecke als im übrigen Betrieb verfolgt werden (*BAG* 26.8.1999 EzA § 613a BGB Nr. 185). **Notwendig ist allerdings eine eigenständige abgrenzbare Organisation zur Erfüllung des Teilzwecks.** Eine betriebliche Teilorganisation liegt nicht schon dann vor, wenn einzelne Betriebsmittel ständig dem betreffenden Teilzweck zugeordnet sind, auf Dauer in bestimmter Weise eingesetzt werden und dieselben Arbeitnehmer ständig die entsprechenden Arbeiten durchführen (*BAG* 26.8.1999 EzA § 613a BGB Nr. 185).

4197 Voraussetzung für einen Betriebsteilübergang ist, dass die übernommene Teilorganisation bereits **beim Veräußerer** die Qualität eines Betriebsteils hatte (*BAG* 22.7.2004 EzA § 613a BGB 2002 Nr. 27; 17.4.2003 EzA § 613a BGB 2002 Nr. 11). Es reicht nicht aus, wenn der Erwerber mit einzelnen, bislang nicht teilbetrieblich organisierten Betriebsmitteln erst einen Betrieb oder Betriebsteil gründet (*BAG* 22.7.2004 EzA § 613a BGB 2002 Nr. 27). Ist es infolge der Übernahme einer solchen Teileinheit nicht mehr möglich, den verbleibenden Betrieb sinnvoll zu führen, so hat das nicht zur Folge, dass der Erwerber der Teileinheit in die Rechte und Pflichten aus den Arbeitsverhältnissen aller Arbeitnehmer des früheren Betriebes eintritt (*BAG* 13.11.1997 EzA § 613a BGB Nr. 156).

c) Übergang

4198 Ein Betriebsübergang i.S.d. § 613a BGB liegt nur dann vor, wenn
- die übertragene wirtschaftliche Einheit **ihre Identität wahrt** und
- die wirtschaftliche Einheit **tatsächlich fortgeführt** wird.

aa) Wahrung der Identität

(1) Grundsatz

4199 Ein Betriebsübergang liegt nur dann vor, wenn die maßgebliche wirtschaftliche Einheit beim Übergang auf einen neuen Inhaber **ihre Identität wahrt**. Um feststellen zu können, ob die wirtschaftliche Einheit ihre Identität bewahrend übergegangen ist, sind nach neuerer Rechtsprechung **alle den betreffenden Vorgang kennzeichnenden Tatsachen** zu bewerten.

4200 »Ein Betriebsübergang i.S.d. § 613a BGB liegt vor, wenn ein neuer Rechtsträger die wirtschaftliche Einheit unter Wahrung von deren Identität fortführt. Ob ein im Wesentlichen unveränderter Fortbestand der organisierten Gesamtheit 'Betrieb' bei dem neuen Inhaber anzunehmen ist, richtet sich nach den Umständen des konkreten Falles. Zu den maßgeblichen Tatsachen hierfür zählen insbes. die Art des betreffenden Betriebs, der Übergang der materiellen Betriebsmittel wie Gebäude und bewegliche Güter sowie deren Wert und Bedeutung, die Übernahme der immateriellen Betriebsmittel und der vorhandenen Organisation, der Grad der Ähnlichkeit mit der Betriebstätigkeit des bisherigen Inhabers, in betriebsmittelarmen Betrieben die Weiterbeschäftigung der Hauptbelegschaft, der Übergang von Kundschaft und Lieferantenbeziehungen und die Dauer einer eventuellen Unterbrechung der Betriebstätigkeit (st. Rspr. des Senats im Anschluss an *EuGH* 11.3.1997 EzA § 613a BGB Nr. 145).«

So oder vergleichbar leitet der 8. Senat des BAG seine Prüfung ein. Das Zitat ist der Entscheidung des *BAG* vom 5.2.2004 (EzA § 613a BGB 2002 Nr. 23) entnommen. **4201**

Das BAG verlangt damit in Übereinstimmung mit der Rechtsprechung des EuGH im Rahmen der Gesamtabwägung der Umstände des Einzelfalls die Prüfung folgender **sieben Kriterien**: **4202**

1. Art des betreffenden Betriebs oder Unternehmens;
2. Übergang der materiellen Betriebsmittel;
3. Übernahme der immateriellen Betriebsmittel und der vorhandenen Organisation;
4. Weiterbeschäftigung der Hauptbelegschaft durch den Erwerber;
5. Übernahme der Kundschaft und Lieferantenbeziehungen;
6. Grad der Ähnlichkeit zwischen den vor- und nach dem Übergang verrichteten Tätigkeiten;
7. Dauer einer eventuellen Unterbrechung dieser Tätigkeit.

Diese Kriterien sind lediglich Teilaspekte der vorzunehmenden **Gesamtbewertung**. Für das Vorliegen eines Betriebsüberganges kommt es nicht darauf an, ob alle Merkmale gleichzeitig gegeben sind. Vielmehr können je nach Sachlage einzelne Merkmale besonderes Gewicht besitzen (so zutr. *Müller-Glöge* NZA 1999, 449). **4203**

(2) Die Kriterien im Einzelnen

Die **Art des betreffenden Betriebs oder Unternehmens** (Kriterium Nr. 1) ist maßgeblich für die Gewichtung der übrigen Kriterien im Rahmen der Gesamtbewertung (*EuGH* 11.3.1997 EzA § 613a BGB Nr. 145). Hieraus ergibt sich z.B. der wesentliche Inhalt der Arbeitsorganisation, deren Weiternutzung durch den Erwerber den Betriebsübergang charakterisiert (*Bauer/v. Steinau-Steinrück* in: Hölters Handbuch des Unternehmens- und Beteiligungskaufs Teil V, Rz. 36). Je nach Art des Unternehmens stehen entweder die Betriebsmittel oder die Belegschaft im Vordergrund und sind im Rahmen der Gesamtabwägung von unterschiedlichem Gewicht (*BAG* 6.4.2006 EzA § 613a BGB 2002 Nr. 49). Nach der jeweiligen Eigenart des Betriebs richtet es sich, ob und ggf. welche materiellen Betriebsmittel identitätsprägend sind (*BAG* 15.2.2007 EzA § 613a BGB 2002 Nr. 64). **4204**

Der **Übergang der materiellen Betriebsmittel** (Kriterium Nr. 2) kann insbesondere bei Produktionsunternehmen eine wesentliche Indizfunktion haben. Sächliche Betriebsmittel sind nach der Rechtsprechung des BAG wesentlich, wenn bei wertender Betrachtungsweise ihr Einsatz den eigentlichen Kern des zur Wertschöpfung erforderlichen Funktionszusammenhangs ausmacht und wenn sie z.B. bei der Vergabe von Aufträgen unverzichtbar zur auftragsgemäßen Verrichtung der Tätigkeiten sind (*BAG* 15.2.2007 EzA § 613a BGB 2002 Nr. 64). Aber auch der Übergang wesentlicher Betriebsmittel begründet nicht stets einen Betriebsübergang. Im Rahmen einer Gesamtbewertung kommt es auch darauf an, ob der Erwerber über die Betriebsmittel hinaus die Arbeitsorganisation übernimmt und fortsetzt (*BAG* 22.5.1997 EzA § 613a BGB Nr. 149). Bei einem Produktionsbetrieb kann es deshalb für die Wahrung der wirtschaftlichen Einheit entscheidend sein, ob der Erwerber neben den materiellen Betriebsmitteln die beim Veräußerer gebildete betriebliche Organisation übernimmt und im wesentlichen unverändert beibehält oder ob er die Produktion mittels der in seinem Betrieb bereits bestehenden Organisation fortführt und die übernommenen Wirtschaftsgüter in die vorhandene Organisation seiner Produktion eingliedert oder gar veräußert (*BAG* 16.5.2002 EzA § 613a BGB Nr. 210). Nur im ersten Fall wahrt die wirtschaftliche Einheit ihre Identität. **4205**

4206 Der wirtschaftlichen Einheit sind nicht nur die Betriebsmittel zuzurechnen, an denen das Eigentum übertragen bzw. erworben wird. Auch Betriebsmittel, die nicht im Eigentum des Betriebsinhabers stehen, die dieser aber auf Grund einer mit Dritten getroffenen Nutzungsvereinbarung zur Erfüllung seines Betriebszweckes einsetzen kann, können relevant sein (*BAG* 11.12.1997 EzA § 613a BGB Nr. 160). Die Nutzungsvereinbarung kann als Pacht, Nießbrauch oder als untypischer Vertrag ausgestaltet sein. Wesentlich war nach der früheren Rechtsprechung des BAG, dass dem Berechtigten die Betriebsmittel zur **eigenwirtschaftlichen Nutzung** überlassen waren. Erbringe ein Auftragnehmer nur eine (Dienst-)Leistung an fremden Geräten und Maschinen innerhalb fremder Räume, ohne dass ihm die Befugnis eingeräumt sei, über Art und Weise der Nutzung der Betriebsmittel in eigenwirtschaftlichem Interesse zu entscheiden, handele es sich nicht um Betriebs-, sondern um Arbeitsmittel, die kein Indiz für die Wahrung der Identität der wirtschaftlichen Einheit seien (*BAG* 11.12.1997 EzA § 613a BGB Nr. 160).

4207 Dieser Ansatz des BAG wurde auf Vorlage des ArbG Düsseldorf vom *EuGH* mit Urteil v. 15.12.2005 (EzA § 613a BGB 2002 Nr. 41) abgelehnt. Der EuGH hat in diesem Urteil entschieden, dass die Überlassung der Betriebsmittel zur eigenwirtschaftlichen Nutzung **kein relevanter Gesichtspunkt** im Rahmen der Prüfung eines möglichen Betriebsmittelübergangs ist. Leider unterlässt es der EuGH, sich mit den Argumenten des BAG auseinanderzusetzen. Der EuGH beschränkt sich auf die lapidare Begründung, das Kriterium der eigenwirtschaftlichen Nutzung ergebe sich weder aus dem Wortlaut der Richtlinie noch aus den Zielen, nämlich dem Schutz der Arbeitnehmer bei einem Unternehmens- oder Betriebswechsel. Der EuGH verkennt zum einen, dass die von ihm erarbeiteten sieben Kriterien sich ebenfalls nicht allesamt wörtlich der Richtlinie entnehmen lassen. Zum anderen verkennt er, dass das von ihm selbst erarbeitete Kriterium der »Art des Unternehmens« eine solche Differenzierung zumindest nahe legt, wenn nicht sogar verlangt.

4208 In seinem Urteil vom 6.4.2006 (EzA § 613a BGB 2002 Nr. 49, bestätigt im Urteil vom 15.2.2007 EzA § 613a BGB 2002 Nr. 64), folgt nunmehr das *BAG* der Rechtsprechung des EuGH und stellt fest, dass bei der Prüfung, ob ein Betriebsübergang gegeben ist, das Merkmal der eigenwirtschaftlichen Nutzung der sächlichen Betriebsmittel **nicht** mehr heranzuziehen ist. Es bleibt aber dabei, dass den materiellen Betriebsmitteln insbes. je nach Art des Betriebes ein unterschiedliches Gewicht zukommt. Es ist nach dieser Entscheidung im Einzelfall zu prüfen, welche Bedeutung die materiellen Betriebsmittel haben, ob sie den eigentlichen Kern des zur Wertschöpfung erforderlichen Funktionszusammenhangs ausmachen (ausf. *Willemsen/Müntefering* NZA 2006, 1185).

4209 Dem **Wert der übergegangenen immateriellen Aktiva** (Kriterium Nr. 3) kommt ebenfalls Indizfunktion zu. Werden immaterielle Aktiva (Patente, Gebrauchsmusterrechte, Schutzrechte, Warenzeichen, Marken, Lizenzen, »Know-how«, »Goodwill« etc.) übernommen, kann dies ein Indiz für einen Betriebsübergang sein. Voraussetzung ist dabei, dass die immateriellen Aktiva einen gewissen Wert haben (*BAG* 13.11.1997 EzA § 613a BGB 166; *Bauer/v. Steinau-Steinrück* in: Hölters Handbuch des Unternehmens- und Beteiligungskaufs Teil V, Rz. 38). In der Praxis können die immateriellen Aktiva den Wert der materiellen Aktiva weit übersteigen (ErfK/*Preis* § 613a BGB Rz. 23).

4210 Während nach der früheren Rechtsprechung des BAG die **Übernahme von Arbeitnehmern** (Kriterium Nr. 4) der Rechtsfolgenseite zuzurechnen war, ist dieses Kriterium nun auch auf der Tatbestandseite zu prüfen. Das Maß der Indizwirkung hängt dabei von der Betriebsmittelintensität der von den Beschäftigten zu verrichtenden Arbeit ab. Bei **betriebsmittelarmen** und dienstleistungsorientierten Branchen und Arbeitszwecken, in denen es wesentlich auf die menschliche Arbeitskraft ankommt, kann eine durch ihre gemeinsame Tätigkeit dauerhaft verbundene Gesamtheit von Arbeitnehmern eine »wirtschaftliche Einheit« darstellen (*BAG* 22.5.1997 EzA § 613a BGB Nr. 149). Darum kann in diesen Fällen auch allein die Nichtübernahme des Personals zum Ausschluss eines Betriebsüberganges führen. Anderes gilt bei **betriebsmittelintensiven** Tätigkeiten. Hier kann ein Betriebsübergang nicht allein deshalb ausgeschlossen werden, weil die Beschäftigten nicht vom Erwerber übernommen wurden. Gleiches gilt in diesen Fällen für die Begründung eines Betriebsüberganges. Bei betriebsmittelintensiven Tätigkeiten hängt das

Vorliegen eines Betriebsübergangs nicht allein von der Übernahme des Personals ab (*BAG* 22.7.2004 EzA § 613a BGB 2002 Nr. 27).

In jedem Fall muss es sich aber zur Wahrung der wirtschaftlichen Einheit um einen »nach Zahl und Sachkunde wesentlichen Teil des Personals« handeln, damit dem Merkmal der Personalübernahme überhaupt eine Indizwirkung zukommt (*BAG* 10.12.1998 EzA § 613a BGB Nr. 174; *Müller-Glöge* NZA 1999, 449). **Es besteht eine Wechselbeziehung zwischen Zahl und Qualität** (*Müller-Glöge* NZA 1999, 449). Bei einem hohem Qualifikationsgrad und entsprechendem Spezialwissen kann bereits die Übernahme eines kleineren Teils des Personals Indizfunktion für den Betriebsübergang haben. Bei Arbeitsplätzen, die keine hohen Anforderungen an die Qualifikation stellen, genügt ein Anteil von 75% der früheren Belegschaft noch nicht zur Annahme des Übergangs der Hauptbelegschaft. Dies gilt zumindest dann, wenn der neue Auftragnehmer die frühere Arbeitsorganisation nicht aufrecht erhält (*BAG* 10.12.1998 EzA § 613a BGB Nr. 174; bestätigt im Urteil v. 24.5.2005 EzA § 613a BGB 2002 Nr. 37). Einen Anteil von mehr als 85 % hat das *BAG* in seiner Entscheidung vom 11.12.1997 (EzA § 613a BGB Nr. 159) ausreichen lassen. Aber auch wenn 100% der Belegschaft übernommen werden, die Arbeitnehmer aber nicht in der bisherigen Arbeitsorganisation, sondern z.B. in einem anderen Betrieb eingesetzt werden, wird die Identität der wirtschaftlichen Einheit nicht gewahrt (*Müller-Glöge* NZA 1999, 449). Voraussetzung ist nämlich stets, dass der Erwerber die übernommene Einheit im Wesentlichen unverändert fortführt (s. hierzu Rn. 4222). 4211

Dem **Übergang der Kundschaft** (Kriterium Nr. 5) kommt insbesondere in der Dienstleistungsbranche erhebliches Gewicht bei der Prüfung zu, ob eine ihre Identität wahrende Einheit übergegangen ist. So wird bei Einzelhandelsbetrieben der Erhalt der regelmäßig durch Geschäftslage, Warensortiment und Betriebsform geprägten Kundenbeziehungen als entscheidend angesehen (*BAG* 2.12.1999 EzA § 613a BGB Nr. 188). Einem Übergang der Kundschaft steht es im Hinblick auf die positive Indizwirkung gleich, wenn der Erwerber vor Betriebsübergang alleiniger Auftraggeber des Veräußerers war und er den Betriebszweck nach der Übernahme wieder in eigener Regie verfolgt (*BAG* 22.7.2004 EzA § 613a BGB 2002 Nr. 27) 4212

Der **Grad der Ähnlichkeit der vor und nach der Übernahme verrichteten Tätigkeit** (Kriterium Nr. 6) hat nur eine eingeschränkte Bedeutung. Die Funktionsnachfolge allein, d.h. die Übertragung der Aufgabe begründet nämlich noch keinen Betriebsübergang (s. hierzu Rn. 4228). Allein aus dem Umstand, dass die von dem alten und dem neuen Auftragnehmer erbrachten Leistungen ähnlich sind, kann also nicht gefolgert werden, es liege der Übergang einer wirtschaftlichen Einheit vor (ErfK/*Preis* § 613a BGB Rz. 32). Vor diesem Hintergrund kann, wenn die entscheidenden Kriterien für eine Wahrung der Identität sprechen, das Kriterium Nr. 6 das Bild nur abrunden, eine Entscheidung für einen Betriebsübergang jedoch nicht begründen. 4213

Anders ist die Rechtslage, wenn der Erwerber **eine im Wesentlichen andere betriebliche Tätigkeit** ausübt (*BAG* 13.5.2004 EzA § 613a BGB 2002 Nr. 26). Eine wesentliche Änderung der Tätigkeit geht meist mit einem Wechsel des **Betriebszwecks** und einer **Änderung der Arbeitsabläufe** einher. Nicht selten führt dies dann auch zu einem neuen **Kundenkreis**. All dies spricht dann gegen einen Betriebsübergang. Das BAG hatte einen solchen Sachverhalt bei einem Produktionsbetrieb zu beurteilen und verneinte im Ergebnis einen Betriebsübergang. Der Betriebszweck hatte sich grundlegend geändert, da Schuhe nicht mehr in großen Mengen, sondern nur noch als Prototypen sowie Schuhkollektionen bis zur Produktreife gefertigt wurden. In diesem Zusammenhang sanken sowohl Produktion als auch Belegschaft auf je ein 1/3 der vorherigen Stärke. Der Kundenkreis hatte sich auf Grund der Umstellung ebenfalls geändert. All dies hatte zu einer derart geänderten organisatorischen Struktur der zugrunde liegenden Einheit geführt, dass das BAG zu dem Ergebnis kam, die wirtschaftliche Einheit sei nicht mehr identisch. Das BAG kam zu diesem Ergebnis, obwohl die sächlichen Betriebsmittel des Produktionsbetriebes übergegangen waren. 4214

Die **Dauer einer Unterbrechung der betrieblichen Tätigkeiten** (Kriterium Nr. 7) kann Indizwirkung gegen das Vorliegen eines Betriebsübergangs entfalten, soweit sie erheblich ist. Je länger die Unterbrechung dauert, desto stärker spricht dies gegen einen Betriebsübergang. 4215

Entscheidend ist, ob die Unterbrechung mit dazu beigetragen hat, eine bestehende funktionsfähige wirtschaftliche Einheit zu zerschlagen. In diesem Zusammenhang kommt es nicht allein auf die Dauer der Unterbrechung an (ErfK/*Preis* § 613a BGB Rz. 35). Wie lange eine Unterbrechung sein muss, um einen Beitrag zur Zerschlagung der wirtschaftlichen Einheit leisten zu können, hängt insbesondere von der Art des jeweiligen Betriebes ab. Bei einem Lebensmittelgeschäft geht der Kundenkreis sicherlich schneller verloren, als bei einem Modefachgeschäft. Die Unterbrechung muss im Ergebnis so lange sein, dass bei Wiederaufnahme der Tätigkeit davon ausgegangen werden muss, dass sich der alte Kundenstamm anderweitig orientiert hat und deshalb nun ein neuer Kundenstamm aufgebaut werden muss.

(3) Unveränderte Organisation

4216 Nach der Rechtsprechung des BAG liegt ein Betriebs-(teil)übergang nur dann vor, wenn der Erwerber gerade die beim Veräußerer betrieblich bzw. teilbetrieblich organisierte Einheit übernimmt und im Wesentlichen unverändert fortführt. Nur unter dieser Voraussetzung nutzt der Erwerber die bereits beim Veräußerer vorhandene Organisationseinheit, zieht er die Früchte aus der bereits beim Übergang vorhandenen Struktur. Nur in diesem Fall ist es gerechtfertigt, ihn mit den Rechtsfolgen des § 613a BGB zu belasten. Diese Voraussetzung hat in der Praxis erhebliche Bedeutung, da der Erwerber durch eine entsprechende **Organisationsänderung** einen Betriebsübergang vermeiden kann.

4217 Eine im Wesentlichen unveränderte Fortführung des Betriebes oder Betriebsteils liegt dann nicht vor, wenn der Erwerber die vom Veräußerer geschaffene Organisation **nicht übernimmt**, sondern die ihm übertragenen Aufgaben in einer eigenen andersartigen, entweder schon bestehenden oder auch neu gebildeten Organisation erbringt, eventuell an einem anderen Ort. Dies hat das *BAG* in seiner Entscheidung vom 26.6.1997 (EzA § 613a BGB Nr. 151) entschieden.

4218 Nicht selten fällt in der Praxis eine **wesentliche Änderung der Arbeitsorganisation** mit einer Änderung des Betriebszwecks zusammen (s. hierzu Rn. 4214). Ein sehr anschaulicher und plastischer Fall hierzu findet sich im *BAG*-Urteil vom 11.9.1997 (EzA § 613a BGB Nr. 153 = NZA 1998, 31). Sechs Monate nach der Schließung des gutbürgerlichen deutschen Speiselokals wurde ein arabisches Spezialitätenrestaurant mit arabischen Mitarbeitern, arabischer Musik und Bauchtanz (allerdings nur samstags) eröffnet. Der 8. Senat hat zutreffend neben der bereits erheblichen Unterbrechung einen Wechsel der Betriebsmethoden und der Arbeitsorganisation bejaht. Aus diesen Gründen kam der Übernahme der materiellen Betriebsmittel, wie der vermieteten Gebäude und der sonstigen übernommen beweglichen Güter keine für die Wahrung der Identität ausschlaggebende Bedeutung zu.

4219 Gleiches gilt auch für **Dienstleistungsbetriebe**, bei denen neben der Arbeitsorganisation die Belegschaft prägend ist. Wird zwar der überwiegende Teil der alten Belegschaft übernommen, jedoch die Arbeitsorganisation grundlegend verändert, kann dies einem Betriebsübergang entgegenstehen (*Müller-Glöge* NZA 1999, 449).

4220 ► **Beispiel:**

Das Reinigungsunternehmen, das den Auftrag zur Reinigung eines Hochhauses bekommt, übernimmt alle in diesem Objekt eingesetzten Arbeitnehmer des Vorgängers. Diese werden allerdings nicht in dem bisherigen Hochhaus eingesetzt, sondern auf andere Objekte des Reinigungsunternehmens verteilt. In dem Hochhaus werden bereits vorhandene eigene Arbeitnehmer tätig. Die beim bisherigen Auftragnehmer vorhandene Arbeitsorganisation wird nicht fortgeführt. Ein Betriebsübergang liegt trotz Übernahme der Hauptbelegschaft nicht vor.

4221 Die Änderung der Arbeitsorganisation steht einem Betriebsübergang allerdings nur dann entgegen, wenn die Änderung **so wesentlich** ist, dass der Erwerber die bisherigen Strukturen im Ergebnis nicht mehr nutzt. Eine nur geringfügige Änderung, wie z.B. die Verbesserung der Arbeitsmethoden durch die Einführung eines neuen EDV-Systems, genügt nicht, wenn sich hierdurch die Arbeitsorganisation nicht grundlegend verändert (*BAG* 22.7.2004 EzA § 613a BGB 2002 Nr. 27; 21.8.2008 – 8 AZR 407/07 – FA 2008, 312).

bb) Fortführung der wirtschaftlichen Einheit

In seinen Entscheidungen vom 18.3.1999 (EzA §613a BGB Nr. 177 und EzA §613a BGB Nr. 178) hat das *BAG* klargestellt, dass allein die **Möglichkeit** der Fortführung eines Betriebes **nicht** ausreicht, um einen Betriebsübergang zu begründen. 4222

Der Leitsatz der Entscheidung EzA §613a BGB Nr. 177 lautet: 4223
»Die Rückgabe eines verpachteten Betriebes an den Verpächter nach Ablauf des Pachtverhältnisses kann nur dann einen Betriebsübergang darstellen, wenn der Verpächter den Betrieb tatsächlich weiterführt. Die bloße Möglichkeit, den Betrieb selbst unverändert fortführen zu können, erlaubt nicht die Annahme eines Betriebsüberganges (Anpassung der Senatsrechtsprechung an die Rechtsprechung des EuGH). (...)«

In den Entscheidungsgründen führt das *BAG* aus: 4224
»Vielmehr bedarf es der Übernahme einer wirtschaftlichen Einheit (...). Wesentliches Kriterium für den Übergang ist die tatsächliche Weiterführung oder Wiederaufnahme der Geschäftstätigkeit beim Wechsel der natürlichen oder juristischen Person, die für den Betrieb verantwortlich ist. (...) Führt der Verpächter den an ihn zurückgefallenen Betrieb auch nicht vorübergehend, können zwar materielle und immaterielle Betriebsmittel auf ihn übergehen; er übt die wirtschaftliche Tätigkeit mit eigener Zielsetzung aber nicht aus. Er nutzt nicht die vorhandene Organisation, übernimmt weder die Hauptbelegschaft noch die Kundschaft. Ohne jegliche Ausübung einer betrieblichen Tätigkeit geht der Betrieb regelmäßig nicht auf ihn über. Der Betriebsübergang kann sich dagegen auf den neuen Pächter vollziehen, wenn er die Betriebstätigkeit fortsetzt oder wieder aufnimmt. Dessen wesentlich andere Betriebstätigkeit, völlig neue betriebliche Organisation oder die erhebliche Unterbrechung der Betriebstätigkeit können dem Betriebsübergang entgegenstehen. Schließt danach schon die gänzlich andersartige Betriebstätigkeit oder -organisation den Betriebsübergang aus, wenn die bisherige Einheit auch nicht zeitweise genutzt wird, so liegt erst recht kein Betriebsübergang vor, wenn überhaupt keine betriebliche Tätigkeit entfaltet wird.«

Die Identität der wirtschaftlichen Einheit kann somit nur dann gewahrt sein, wenn sich der Erwerber die bisher beim Veräußerer bestehende organisatorische Einheit **tatsächlich** zu Nutze macht. Damit kommt es entscheidend auf die Absichten des Erwerbers im Zeitpunkt der Übernahme der tatsächlichen Leitungsmacht an (vgl. *Willemsen/Annuß* Anm. zu *BAG* 18.3.1999 AP Nr. 189 zu §613a BGB). 4225

Ein Betriebs-(teil)übergang liegt danach in folgenden Fällen **nicht** vor: 4226
- Der Erwerber führt die wirtschaftliche Einheit nicht fort. Er legt z.B. den Betrieb unmittelbar nach Erlangung der tatsächlichen Leitungsmacht über die Betriebsmittel still.
- Der Erwerber übernimmt die betriebliche Organisation des Veräußerers nicht bzw. verändert sie in erheblichem Maße. Der Erwerber »zerschlägt« unmittelbar nach Erlangung der tatsächlichen Leitungsmacht über die Betriebsmittel die beim Veräußerer bestehende Organisation, indem er z.B. übernommene Betriebsmittel an Dritte weiterveräußert (vgl. *Müller-Glöge* NZA 1999, 452).
- Der Erwerber gliedert den erworbenen Betrieb vollständig in die Organisationsstruktur des eigenen Unternehmens ein (*BAG* 6.4.2006 EzA §613a BGB 2002 Nr. 52).

Mit dieser Rechtsprechung hat das BAG seine alte Rechtsprechung aufgegeben. Entscheidend sind nicht die Übernahme der wesentlichen Betriebsmittel und die damit verbundene **bloße Möglichkeit** der unveränderten Betriebsfortführung durch den Erwerber. Entscheidend ist nicht der Erwerb der Betriebsmittel als solcher, sondern vielmehr die Ausnutzung der ggf. durch diese **mitverkörperten Betriebsorganisation**. Diese ist tragendes und unver- 4227 zichtbares Element eines Betriebsüberganges. **Ohne tatsächliche Nutzung der vom Vorgänger konkret geschaffenen Arbeitsorganisation gibt es letztlich keinen Betriebsübergang** (s. hierzu ausf. und sehr instruktiv *Willemsen/Willemsen* Umstrukturierung, G Rz. 75 ff.).

cc) Funktionsnachfolge

4228 Das BAG hat inzwischen mehrfach festgestellt, dass eine **reine Funktionsnachfolge** bzw. Aufgabenübertragung keinen Betriebsübergang begründet. Neben der Aufgabe muss stets auch die zugrunde liegende Organisation bzw. wirtschaftliche Einheit übertragen und fortgesetzt werden (s. nur: *BAG* 13.11.1997 EzA § 613a BGB Nr. 154). Dieser Rechtsprechung ist zuzustimmen. Der Schutz der betroffenen Arbeitnehmer ist nur da geboten, wo die betriebliche Einheit fortbesteht. Die Neuvergabe eines Auftrags (Funktionsnachfolge) ist zunächst nur die Folge des Wettbewerbs auf einem freien Dienstleistungsmarkt. Der Übergang einer wirtschaftlichen Einheit setzt neben einer etwaigen Auftragsnachfolge die Feststellung zusätzlicher Umstände voraus, die in der Gesamtwürdigung die Annahme des Fortbestands der wirtschaftlichen Einheit rechtfertigen. Eine Tätigkeit ist noch keine wirtschaftliche Einheit (*BAG* 14.8.2007 EzA § 613a BGB 2002 Nr. 74).

dd) Betriebsstilllegung

4229 Eine Betriebsstilllegung ist die **Auflösung** der zwischen Arbeitgeber und Arbeitnehmer bestehenden **Betriebs- und Produktionsgemeinschaft** (*BAG* 3.9.1998 – 8 AZR 439/97 –, n.v.; 10.10.1996 EzA § 1 KSchG Betriebsbedingte Kündigung Nr. 87). Betriebsstilllegung und Betriebsübergang schließen sich grds. gegenseitig aus (*BAG* 16.5.2002 EzA § 613a BGB Nr. 210). Ist der Betrieb einmal tatsächlich stillgelegt, kann er nicht mehr übergeleitet werden. Wird ein Betrieb übergeleitet, wird er gerade nicht stillgelegt. Beides geht nicht. Anders ist die Rechtslage, wenn der Arbeitgeber die Stilllegung des Betriebes erst beschlossen hat, sie jedoch noch nicht vollzogen ist. In dieser Phase kann es trotz des Stilllegungsbeschlusses tatsächlich später noch zu einem Betriebsübergang kommen.

4230 Offensichtlich aus Angst, die Schutzfunktion des § 613a BGB könne unterlaufen werden, hält die Rechtsprechung diese Konzeption nicht konsequent durch. Nach der Rechtsprechung ist es nicht ausgeschlossen, dass es auch **nach Vollzug der Betriebsstilllegung** noch zu einem Betriebsübergang kommt (*BAG* 13.11.1997 EzA § 613a BGB Nr. 154).

4231 Plant der Arbeitgeber, den Betrieb stillzulegen, muss er mit dem Ausspruch der Kündigungen nicht warten, bis die Stilllegung vollzogen ist. Es kommt auch eine Kündigung wegen **beabsichtigter Stilllegung** des Betriebes in Betracht. Die geplante Stilllegung eines Betriebes stellt ein dringendes betriebliches Erfordernis nach § 1 Abs. 2 S. 1 KSchG dar, sofern die Planung endgültig und abschließend ist (*BAG* 10.10.1996 EzA § 1 KSchG Betriebsbedingte Kündigung Nr. 87). Die Planungen müssen so greifbar und konkret sein, dass im Zeitpunkt des Ausspruchs der Kündigung auf Grund einer vernünftigen, betriebswirtschaftlichen Betrachtung davon auszugehen ist, zum Zeitpunkt des Kündigungstermins sei der Betrieb stillgelegt (*BAG* 16.5.2002 EzA § 613a BGB Nr. 210). Die Rechtsprechung verneint allerdings einen endgültigen Stilllegungsentschluss, solange der Unternehmer noch ernsthafte Verhandlungen über eine Veräußerung des Betriebs führt (*BAG* 27.4.1995 EzA § 613a BGB Nr. 126). Selbst wenn diese Verhandlungen später scheitern sollten, ändert dies nichts daran, dass ein endgültiger Stilllegungsbeschluss nicht vorlag.

4232 Hat der Arbeitgeber ernsthaft und endgültig beschlossen, den Betrieb stillzulegen und daraufhin die betriebsbedingten Kündigungen ausgesprochen, bleiben diese auch dann wirksam, wenn es später doch noch zu einem Betriebsübergang kommt. Maßgeblich für die Beurteilung der Wirksamkeit der Kündigungen ist der Zeitpunkt des Ausspruchs der Kündigungen. Spätere Entwicklungen können nicht im Nachhinein zur Unwirksamkeit einer zunächst wirksamen Kündigung führen (*BAG* 19.6.1991 EzA § 613a BGB Nr. 98). Die Unwirksamkeit der Kündigung kann auch nicht aus einer Umgehung von § 613a Abs. 1 und 4 BGB hergeleitet werden, solange zum **Zeitpunkt des Ausspruchs der Kündigung** (*BAG* 13.11.1997 EzA § 613a BGB Nr. 154) der ernstliche und endgültige Stilllegungsentschluss vorlag.

Bei dieser Konstellation kommt jedoch ein Anspruch des Arbeitnehmers auf **Wiedereinstellung/Fortsetzung** des Arbeitsverhältnisses gegenüber dem Arbeitgeber bzw. Erwerber in Betracht. In den Fällen, in denen die wirksame betriebsbedingte Kündigung auf einer Prognose des Arbeitgebers beruht, hat der Arbeitnehmer nach zwischenzeitlich gefestigter Rechtsprechung des BAG einen Anspruch auf Fortsetzung des Arbeitsverhältnisses, wenn sich die Prognose **noch während des Laufs der Kündigungsfrist** als falsch herausstellt und der Arbeitgeber mit Rücksicht auf die Wirksamkeit der Kündigung noch keine Dispositionen getroffen hat und ihm die unveränderte Fortsetzung des Arbeitsverhältnisses zumutbar ist (*BAG* 27.2.1997 EzA § 611 BGB Einstellungsanspruch Nr. 9). Der für den Betriebsübergang zuständige 8. Senat des Bundesarbeitsgerichtes hat sich dieser Rechtsprechung des 2. Senats in seinem Urteil vom 13.11.1997 (EzA § 613a BGB Nr. 154) und zwischenzeitlich mehrfach bestätigt (zuletzt *BAG* 21.8.2008 – 8 AZR 407/07 – FA 2008, 312 LS) angeschlossen. **4233**

Umstritten ist die Rechtslage, wenn es erst **nach Ablauf der Kündigungsfrist** zu einem Betriebsübergang kommt. Der 2. Senat hat den Wiedereinstellungsanspruch bei einer nach Ablauf der Kündigungsfrist eintretenden Veränderung zumindest dann verneint, wenn nach Ablauf der Kündigungsfrist ein ganz neuer Kausalverlauf in Gang gesetzt werde (*BAG* 4.12.1997 EzA § 1 KSchG Wiedereinstellungsanspruch Nr. 3). Der 7. Senat hat einen Wiedereinstellungsanspruch bei einer nach Ablauf der Kündigungsfrist eintretenden Veränderung der tatsächlichen Umstände ausdrücklich verneint (*BAG* 6.8.1997 EzA § 1 KSchG Wiedereinstellungsanspruch Nr. 2; bestätigt 28.6.2000 EzA § 1 KSchG Wiedereinstellungsanspruch Nr. 5). Der für den Betriebsübergang zuständige 8. Senat des BAG hat für den Fall eines durch willentliche Übernahme der Hauptbelegschaft herbeigeführten Betriebsübergangs das Bestehen eines Fortsetzungs-/Wiedereinstellungsanspruchs des Arbeitnehmers gegenüber dem Erwerber auch nach Ablauf der Kündigungsfrist bejaht (*BAG* 13.11.1997 EzA § 613a BGB Nr. 154). Ob dies auch in den Fällen gilt, in denen es auf Grund der Übernahme von materiellen und immateriellen Betriebsmitteln nach Ablauf der Kündigungsfrist zu einem Betriebsübergang kommt, hat der 8. Senat ausdrücklich offen gelassen (so zuletzt *BAG* 13.5.2004 EzA § 613a BGB 2002 Nr. 25). In der Literatur wird dies insbes. mit dem Hinweis auf den Umstand, dass nicht jede Unterbrechung der Geschäftstätigkeit einem Betriebsübergang entgegensteht, überwiegend bejaht (*Müller-Glöge* NZA 1999, 449; ErfK/*Preis* § 613a BGB Rz. 165). **4234**

Differenzierter ist die Rechtslage in der **Insolvenz**. Während die herrschende Meinung den Wiedereinstellungsanspruch bei einem Betriebsübergang innerhalb der Kündigungsfrist auch in der Insolvenz bejaht, lehnt sie ihn bei einem Betriebsübergang nach Ablauf der Kündigungsfrist ab (*BAG* 13.5.2004 EzA § 613a BGB 2002 Nr. 25 m.w.N.). Einem solchen Anspruch stehe die Intention des deutschen Insolvenzrechts entgegen, die Sanierung eines Unternehmens zu ermöglichen und eine Zerschlagung wirtschaftlicher Werte zu verhindern. Diese Entscheidung hat der 8. Senat in seinem Urteil vom 28.10.2004 (EzA § 613a BGB 2002 Nr. 30) bestätigt. Auch aus europarechtlichen Gründen sei ein Wiedereinstellungsanspruch nicht geboten. **4235**

Der Arbeitnehmer hat **unverzüglich**, d.h. ohne schuldhaftes Zögern gem. § 121 BGB, nach Kenntniserlangung von den, den Betriebsübergang ausmachenden Umständen sein Fortsetzungsverlangen gegenüber dem Betriebserwerber geltend zu machen. Die Rechtsprechung bejaht eine unverzügliche Geltendmachung, wenn der Arbeitnehmer im Anschluss an § 4 KSchG sein Begehren innerhalb von **drei Wochen** geltend macht (*BAG* 12.11.1998 EzA § 613a BGB Nr. 171). **4236**

ee) Betriebsverlegung

Eine Betriebsverlegung liegt vor, wenn lediglich die **örtliche Lage** des Betriebes verändert wird, sich somit die räumliche Lage der organisatorischen Einheit verändert. Ansonsten bleibt die Einheit unverändert. Die Betriebsverlegung per se steht damit einem Betriebsübergang nicht entgegen. Die räumliche Verlagerung kann aber zu einer Betriebsstilllegung führen, wenn sie zu einem Identitätsverlust führt. Dies ist z.B. dann möglich, wenn die Haupt- **4237** belegschaft die Verlegung nicht mitmacht und ausscheidet oder z.B. bei Einzelhandelsgeschäften die bisherigen Kundenbeziehungen durch die Ortsverlagerung verloren gehen (*BAG* 2.12.1999 EzA § 613a BGB Nr. 188). In diesem Fall liegt kein Betriebsübergang vor.

ff) Zusammenfassung

4238 Die Rechtsprechung des BAG hat sich nach der Entscheidung »Ayse Süzen« in einigen grundlegenden Punkten entscheidend geändert. Dies ist in der Praxis zu beachten. Ein Rückgriff auf frühere Entscheidungen ist nur eingeschränkt möglich.

4239 Die **wesentlichen Eckpunkte dieser Rechtsprechung** sind:

- Die konkrete **wirtschaftliche Einheit** muss beim Erwerber ihre **Identität** wahren.
- Die vom EuGH und BAG erarbeiteten **sieben Punkte** sind zu prüfen. Die Prüfung ist mit einer **Gesamtbewertung** abzuschließen. Keine Fokussierung mehr auf Betriebsmittel. Die Übernahme der Hauptbelegschaft kann bei betriebsmittelarmen Einheiten entscheidendes Kriterium sein.
- Eine reine **Funktionsnachfolge** begründet keinen Betriebsübergang; die zugrunde liegende wirtschaftliche Einheit wird in diesem Fall nicht übertragen.
- Die vorhandene Arbeitsorganisation bzw. Betriebsmethoden müssen vom Erwerber im Wesentlichen unverändert weiter genutzt werden. Allein die **Fortführungsmöglichkeit** genügt nicht. Verändert der Erwerber sofort die zugrunde liegende Organisation grundlegend oder legt er die Einheit gar still, steht dies einem Betriebsübergang entgegen.

d) Betriebsinhaberwechsel

4240 **Inhaber** eines Betriebs oder eines Betriebsteils ist, wer im eigenen Namen einen bestimmten arbeitstechnischen Zweck verfolgt (*BAG* 6.2.1985 EzA § 613a BGB Nr. 44). Dabei kann es sich um eine natürliche Person, eine Personengesellschaft (GbR, KG, OHG) oder eine juristische Person des privaten (AG, GmbH, Genossenschaft) oder öffentlichen Rechts handeln (*BAG* 26.6.1997 EzA § 613a BGB Nr. 151).

4241 Maßgeblich ist ein **Wechsel der Rechtspersönlichkeit** des Betriebsinhabers (*BAG* 3.5.1983 NJW 1983, 2283; 12.11.1998 AP Nr. 186 zu § 613a BGB). § 613a BGB findet auch auf den Übergang zwischen zwei Gesellschaften desselben Konzerns Anwendung (*EuGH* 2.12.1999 EzA § 613a BGB Nr. 186). Ein alleiniger Wechsel der Rechtsform hat keinen Einfluss auf die Identität des Betriebsinhabers. Die formwechselnde Umwandlung nach §§ 190 ff. UmwG stellt deshalb keinen Betriebsübergang dar (ErfK/*Preis* § 613a BGB Rz. 44).

4242 Ein **Gesellschafterwechsel** in Personengesellschaften (GbR, OHG oder KG) berührt die Identität der Gesellschaft als Rechtssubjekt nicht, so dass kein Betriebsübergang vorliegt. Diese Grundsätze gelten auch bei einem vollständigen Gesellschafterwechsel (*BAG* 12.7.1990 EzA § 613a BGB Nr. 90). Etwas anderes gilt dann, wenn alle Gesellschafter die alte Gesellschaft auflösen und dann den Betrieb auf eine neu gebildete Gesellschaft übertragen. Da nun die Identität beider Gesellschaften nicht mehr gegeben ist, gilt § 613a BGB selbst dann, wenn in beiden Gesellschaften die identischen Gesellschafter vertreten sind (*BGH* 8.11.1965 BGHZ 44, 229).

e) Übergang durch Rechtsgeschäft

aa) Rechtsgeschäft

4243 Nach dem eindeutigen Wortlaut des § 613a BGB findet die Regelung nur Anwendung, wenn der Betrieb durch **Rechtsgeschäft** auf einen neuen Inhaber übergeht. Der Begriff des Rechtsgeschäfts ist nach ständiger Rechtsprechung des BAG und EuGH weit auszulegen. Er erfasst *alle Fälle*, in denen die für den Betrieb verantwortliche natürliche oder juristische Person, welche die Arbeitgeberverpflichtung gegenüber den Beschäftigten eingeht, im Rahmen vertraglicher oder sonstiger rechtsgeschäftlicher Beziehungen wechselt, ohne dass unmittelbare Vertragsbeziehungen zwischen dem bisherigen Inhaber und dem Erwerber bestehen müssen (*BAG* 10.6.1988 AP Nr. 82 zu § 613a BGB; *EuGH* 7.3.1996 AP Nr. 9 zu EWG-Richtlinie 77/187 [Merckx und Neuhuys, Nr. 27 f., 30]).

> Das *BAG* (25.5.2000 EzA § 613a BGB Nr. 190) formuliert in Übereinstimmung mit dem EuGH wie folgt: **4244**
> »Der Übergang durch Rechtsgeschäft erfasst alle Fälle einer Fortführung der wirtschaftlichen Einheit im Rahmen vertraglicher oder sonst rechtsgeschäftlicher Beziehungen, ohne dass unmittelbare Vertragsbeziehungen zwischen dem bisherigen Inhaber und dem Erwerber bestehen müssen.«

Ein Rechtsgeschäft i.S.d. § 613a BGB muss den Erwerber in die Lage versetzen, die betroffene wirtschaftliche Einheit als neuer Inhaber leiten zu können. Hierzu muss ihm die erforderliche **Organisations- und Leitungsmacht** eingeräumt werden. Der notwendige Inhalt des Rechtsgeschäftes hängt damit letztendlich von der Art der übergehenden Einheit ab. **4245**

Eine **unmittelbare** rechtsgeschäftliche Beziehung zwischen Erwerber und Veräußerer ist nicht erforderlich. Es ist auch nicht notwendig, dass die Übertragung der Leitungsmacht in einem **einheitlichen Rechtsgeschäft** erfolgt. Nach der ständigen Rechtsprechung des BAG genügt für die Anwendung des § 613a BGB ein **Bündel von Rechtsgeschäften**, wenn diese in ihrer Gesamtheit auf die Übernahme eines funktionsfähigen Betriebes gerichtet sind (*BAG* 11.12.1997 EzA § 613a BGB Nr. 159). Ist die Übernahme der Hauptbelegschaft das maßgebliche Kriterium liegt ein rechtsgeschäftlicher Übergang z.B. bei einem Reinigungsauftrag dann vor, wenn das neu beauftragte Reinigungsunternehmen die Hauptbelegschaft einvernehmlich weiterbeschäftigt (*BAG* 11.12.1997 EzA § 613a BGB Nr. 159). **4246**

Unerheblich ist, ob das Rechtsgeschäft **wirksam** ist. Entscheidend ist allein die wissentliche und willentliche Übernahme der Leitungsmacht. Der Erwerber tritt deshalb auch dann nach § 613a Abs. 1 S. 1 BGB in die Rechte und Pflichten aus den im Zeitpunkt des Übergangs bestehenden Arbeitsverhältnissen ein, wenn er beim Vertragsabschluss geschäftsunfähig war und das dem Betriebsübergang zugrunde liegende Rechtsgeschäft deshalb nach § 104 Abs. 2 BGB rechtsunwirksam ist. In diesem Fall kommt es entscheidend darauf an, dass der Erwerber den Betrieb tatsächlich übernommen und im eigenen Namen fortgeführt hat (*BAG* 6.2.1985 EzA § 613a BGB Nr. 44). **4247**

Die **häufigsten zugrunde liegenden Rechtsgeschäfte** in der Praxis sind: Verkauf, Verpachtung, Nießbrauch, Schenkung, Leihe und sonstige Überlassungen zur Nutzung. Bei einem Bündel von Rechtsgeschäften sind daneben die Übernahme des Mietobjektes und die Weiterbeschäftigung der Arbeitnehmer von Bedeutung. **4248**

bb) Abgrenzungsfragen

Mit der Verwendung des Begriffs des Rechtsgeschäftes wollte der Gesetzgeber bewusst den Geltungsbereich des § 613a BGB auf **rechtsgeschäftliche** Betriebsübergänge beschränken. Die Fälle der **Universalsukzession kraft Gesetzes** (*BAG* 10.3.1982 AP Nr. 1 zu § 104 KVLG) oder der Überleitung auf Grund eines **sonstigen Hoheitsaktes** sollten von der Anwendung der Vorschrift ausgeschlossen sein (*BAG* 10.6.1988 AP Nr. 82 zu § 613a BGB). So führt das *BAG* in seiner Entscheidung vom 8.5.2001 (EzA § 613a BGB Nr. 187) zu einer **gesetzlichen Ausgliederung** eines Betriebes aus dem Vermögen eines Landes auf eine Anstalt des öffentlichen Rechts kurz und knapp aus: **4249**

> »Ein Übergang des Arbeitsverhältnisses nach § 613a BGB setzt den Übergang eines Betriebes 'durch Rechtsgeschäft' voraus. Vom sachlichen Geltungsbereich der Norm sind daher Betriebsübergänge ausgenommen, die im Wege der Gesamtrechtsnachfolge kraft Gesetzes oder eines sonstigen Hoheitsaktes vollzogen werden. So ist es hier.« **4250**

4251 § 613a BGB greift somit grds. nicht ein, wenn die Rechtsnachfolge **kraft Gesetzes** eintritt (*BAG* 2.3.2006 EzA § 613a BGB 2002 Nr. 48), also in den Fällen einer landesgesetzlichen Umwandlung, der Gesamtrechtsnachfolge (z.B. Erbfolge), wenn jemand als Insolvenzverwalter oder Testamentsvollstrecker an die Stelle des Arbeitgebers tritt, beim Erwerb im Wege der Zwangsvollstreckung oder im Wege der Zwangsversteigerung, die nicht kraft Rechtsgeschäfts, sondern kraft Hoheitsakts erfolgt.

4252 In der Literatur ist umstritten, ob § 613a BGB auf die Fälle der Gesamtrechtsnachfolge **analog** anzuwenden ist (s. ausf. ErfK/*Preis* § 613a BGB Rz. 181). In Anbetracht des eindeutigen Gesetzeswortlautes ist dies nicht möglich. In dem für die Praxis wichtigsten Fall der Gesamtrechtsnachfolge nach dem UmwG enthält § 324 UmwG eine gesetzliche Regelung (s. hierzu C/Rn. 4132 ff.)

4253 »Zu dem gleichen Ergebnis kommt das BAG bei einer Überleitung auf Grund eines **Verwaltungsaktes.** Zu der Frage, ob im Zusammenhang mit der Bestellung eines neuen Notars ein Betriebsübergang vorliegt, hat das *BAG* in seiner Entscheidung vom 26.8.1999 (EzA § 613a BGB Nr. 187) festgestellt, dass die Errichtung einer Notarstelle ein verwaltungsinterner Vorgang ist. Die Übertragung der Notarbefugnis erfolge durch einen Hoheitsakt, nämlich einen – begünstigenden – Verwaltungsakt der Landesjustizverwaltung (vgl. § 111 BNotO). Ein solches Verwaltungshandeln könne einen rechtsgeschäftlichen Betriebsübergang i.S.v. § 613a BGB nicht begründen.«

4254 Dagegen ist § 613a BGB anwendbar, wenn der Zwangsverwalter den Betrieb **verpachtet.** Er darf den Betrieb mit Zustimmung des Schuldners auch selbst fortführen; auch insoweit gilt § 613a BGB (*BAG* 14.10.1982 EzA § 613a BGB Nr. 38). Übernimmt der Ersteher eines Betriebsgrundstücks nach dem Zuschlag in der Zwangsversteigerung den von dem Zwangsverwalter bis zur Beendigung der Zwangsversteigerung fortgeführten Gewerbebetrieb des Schuldners, so tritt er in die mit dem Zwangsverwalter bestehenden Arbeitsverhältnisse ein.

4255 Da § 613a BGB nicht zwingend ein privatrechtliches Rechtsgeschäft erfordert, können auch rechtsgeschäftliche Übertragungen mit **öffentlich-rechtlichem Charakter**, z.B. auf Grund eines **öffentlich-rechtlichen Vertrages** unter § 613a BGB fallen (ErfK/*Preis* § 613a BGB Rz. 62). § 613a BGB findet deshalb auch auf den durch **Verwaltungsvereinbarung** geregelten Übergang einer Schule von einem öffentlichen Träger auf einen anderen öffentlichen Träger Anwendung. Dem steht die damit verbundene, nach den Schulgesetzen vorgegebene Änderung der Schulform nicht entgegen (*BAG* 7.9.1995 EzA § 613a BGB Nr. 136). Dies bedeutet z.B. für Privatisierungen, dass wie folgt zu differenzieren ist: Erfolgt die Privatisierung mit Hilfe eines Vertrages, findet § 613a BGB unstreitig Anwendung. Beruht die Privatisierung auf Gesetz oder Verwaltungsakt, findet § 613a BGB mangels Rechtsgeschäft keine Anwendung.

f) Zeitpunkt des Übergangs

4256 Der Übergang des Betriebs oder Betriebsteils ist vollzogen, wenn der Erwerber die als wirtschaftliche Einheit organisierten materiellen, immateriellen und personellen Mittel **tatsächlich** im eigenen Namen nutzt und fortführt oder anders formuliert: wenn die Inhaberschaft, mit der die Verantwortung für den Betrieb der übertragenen Einheit verbunden ist, vom Veräußerer auf den Erwerber übergeht (*BAG* 27.10.2005 EzA § 613a BGB 2002 Nr. 42 im Anschluss an *EuGH* 26.5.2005 NZA 2005, 681 [Celtec]).

4257 Allein die **Möglichkeit**, die Inhaberschaft/Leitungsmacht auszuüben, genügt nicht, sie muss vielmehr tatsächlich vom Erwerber ausgeübt werden. Allein der dingliche Vollzug (z.B. Eigentumsübergang) ist deshalb nicht ausschlaggebend. Die sich aus diesem Vollzug ergebenden Rechte müssen vielmehr auch tatsächlich genutzt werden. Aus den gleichen Gründen kommt es auch nicht auf das **obligatorische Rechtsgeschäft** an. Allein der Abschluss des obligatorischen Rechtsgeschäfts besagt noch nicht, dass ab diesem Zeitpunkt der Erwerber die wirtschaftliche Einheit tatsächlich bereits nutzt und fortführt.

In der Praxis wird der Zeitpunkt des Betriebsübergangs meist **vertraglich** festgelegt. Der Zeitpunkt des Betriebsübergangs kann allerdings nicht durch Vereinbarung zwischen dem Veräußerer und dem Erwerber auf einen beliebigen Zeitpunkt verlegt werden (*BAG* 27.10.2005 EzA § 613a BGB 2002 Nr. 42). Geht die Verfügungsmacht am Tag X auf den Erwerber über, können die Parteien nicht vereinbaren, dass der Betriebsübergang erst zwei Wochen später erfolgt. Wollen die Parteien den Betriebsübergang nicht am Tag X vorliegen haben, müssen sie vereinbaren, dass der Erwerber die Verfügungsmacht erst später erhält und ausübt. 4258

Der Annahme eines Betriebsübergangs bzw. seines Zeitpunkts stehen mögliche **vertragliche Gestaltungsrechte** (Rücktrittsrecht, Widerrufsrecht) grds. nicht entgegen. Die Einräumung eines Rücktrittsrechts, das dem Erwerber zusteht, hat deshalb keine Auswirkungen auf den Betriebsübergang, wenn dieser tatsächlich vollzogen wurde, also die Verfügungsmacht tatsächlich übergeleitet wurde. Der Betriebsübergang bleibt nicht so lange in der Schwebe, bis klar ist, ob der Rücktritt ausgeübt wird oder nicht (*BAG* 15.12.2005 EzA § 613a BGB 2002 Nr. 45). 4259

Soweit der Übergang der Betriebsmittel **schrittweise** erfolgt, erfolgt der Betriebsübergang in dem Zeitpunkt, in dem die wesentlichen, zur Fortführung des Betriebs erforderlichen Betriebsmittel übergegangen sind und die Entscheidung über den Betriebsübergang nicht mehr rückgängig gemacht werden kann (*BAG* 16.2.1993 EzA § 613a BGB Nr. 106). 4260

3. Rechtsfolgen des Betriebsüberganges

a) Übergang der Arbeitsverhältnisse

Nach § 613a Abs. 1 S. 1 BGB tritt der Erwerber in die Rechte und Pflichten aus dem im Zeitpunkt des Betriebsübergangs bestehenden **Arbeitsverhältnis** ein. Das Arbeitsverhältnis wird kraft Gesetzes auf den neuen Betriebsinhaber übergeleitet. Das Arbeitsverhältnis mit dem bisherigen Arbeitgeber erlischt. Der Betriebsübergang führt damit zu einem gesetzlichen **Vertragspartnerwechsel auf Arbeitgeberseite**. 4261

Erfasst werden **alle Arbeitsverhältnisse**, also Vollzeit- und Teilzeitarbeitsverhältnisse ebenso wie befristete, Aushilfsarbeits-, Nebenbeschäftigungs-, Probearbeits- und Ehegattenarbeitsverhältnisse. Das Gesetz differenziert auch nicht zwischen Angestellten, Arbeitern und Auszubildenden. **Leitende Angestellte** stehen ebenfalls in einem Arbeitsverhältnis. Auch **ruhende** Arbeitsverhältnisse sind bestehende Arbeitsverhältnisse und werden deshalb übergeleitet. Aus diesem Grund werden **Altersteilzeitverhältnisse** auch in der Freistellungsphase erfasst (*BAG* 31.1.2008 EzA § 613a BGB 2002 Nr. 89). 4262

> Im Ergebnis fallen alle Arbeitsverhältnisse unter den persönlichen Geltungsbereich des § 613a BGB. 4263

Da § 613a BGB ausdrücklich von »Arbeitsverhältnissen« spricht, werden Personen, die nicht in einem Arbeitsverhältnis, sondern z.B. in einem **freien Dienstverhältnis** stehen, nicht von einem Betriebsübergang erfasst (*BAG* 13.2.2003 EzA § 613a BGB 2002 Nr. 8). Dies gilt z.B. für Handelsvertreter i.S.d. § 84 HGB und für **vertretungsberechtigte Organmitglieder** juristischer Personen (Vorstandsmitglieder von Aktiengesellschaften, GmbH-Geschäftsführer). Da die Stellung von Organmitgliedern in hohem Maße vom persönlichen Vertrauen der Gesellschafter bzw. der Hauptversammlung und des Aufsichtsrates abhängig ist, kommt auch eine analoge Anwendung des § 613a BGB nicht in Betracht (*BAG* 13.2.2003 EzA § 613a BGB 2002 Nr. 2). Etwas anderes gilt für ein eventuell mit dem Organ noch bestehendes **ruhendes Arbeitsverhältnis** (s. hierzu *BAG* 8.6.2000 EzA § 5 ArbGG 1979 Nr. 35; *Baeck/Hopfner* DB 2000, 1914; *Bauer* GmbHR 2000, 767). Wurde bei einer **GmbH & Co. KG** der Dienstvertrag des Geschäftsführers mit der KG abgeschlossen, hängt es von der konkreten Ausgestaltung und Vertragsdurchführung ab, ob ein Arbeitsverhältnis mit der KG begründet wurde (*BAG* 10.7.1980 DB 1981, 276; 15.4.1982 NJW 1983, 2405). Die Geschäftsführerstellung bei der GmbH geht in keinem Fall mit über. 4264

4265 **Für Heimarbeiter und arbeitnehmerähnliche Personen** (§12 a TVG, §5 ArbGG, §2 BUrlG) gilt §613a BGB nicht, da sie gerade keine Arbeitnehmer sind. Aufgrund der strukturellen Unterschiede zu Arbeitsverhältnissen scheidet auch eine analoge Anwendung des §613a BGB aus (*BAG* 24.3.1998 EzA §613a BGB Nr. 165).

4266 Ob **Leiharbeitsverhältnisse** nach §613a BGB übergehen, hängt davon ab, ob der Betrieb oder Betriebsteil des Verleihers oder des Entleihers übertragen wird. Bei einer erlaubten Arbeitnehmerüberlassung stehen die Leiharbeitnehmer nur mit dem Verleiher in einem Arbeitsverhältnis. Bei einer Übertragung des Betriebs oder Betriebsteils des Verleihers findet deshalb §613a BGB ohne Einschränkung Anwendung. Bei einer Übertragung des Betriebs oder Betriebsteils des Entleihers werden die Arbeitsverhältnisse der Leiharbeitnehmer nicht erfasst, da die Leiharbeitnehmer nicht in einem Arbeitsverhältnis zum Entleiher stehen. Etwas anderes gilt nur dann, wenn nach §10 Abs. 1 AÜG ein Arbeitsverhältnis zwischen Entleiher und Arbeitnehmer fingiert wird.

4267 Umstritten ist die Rechtslage bei einem **nachvertraglichen Wettbewerbsverbot**, wenn zum Zeitpunkt des Betriebsübergangs das Arbeitsverhältnis bereits beendet ist und nur noch das nachvertragliche Wettbewerbsverbot besteht. Ein nachvertragliches Wettbewerbsverbot begründet kein Arbeitsverhältnis. Nach dem Wortlaut findet §613a BGB keine Anwendung. In Anbetracht der völlig unterschiedlichen Interessen der beteiligten Personen scheidet nach richtiger Auffassung auch eine entsprechende Anwendung aus (*LAG Frankf.* 3.5.1993 NZA 1994, 1033; *Bauer/Diller* Wettbewerbsverbote, 3. Aufl., Rz. 684 ff.).

4268 Erfasst werden nur die Arbeitsverhältnisse, die **zum Zeitpunkt des Betriebsüberganges** mit dem Veräußerer bestehen.

4269 Ist das Arbeitsverhältnis zum Zeitpunkt des Betriebsübergangs bereits **beendet**, wird es vom Betriebsübergang nicht erfasst. Insoweit ist der Gesetzeswortlaut eindeutig (*BAG* 11.11.1986 EzA §613a BGB Nr. 61). Endet das Arbeitsverhältnis am 31.12.01 um 24 Uhr und findet am 1.1.02 um 0 Uhr ein Betriebsübergang statt, war das Arbeitsverhältnis zum Zeitpunkt des Betriebsübergangs bereits beendet und geht deshalb nicht über. Etwas anderes gilt nur dann, wenn das Arbeitsverhältnis vom Erwerber nahtlos fortgesetzt wird. Das BAG hat dies in einem Fall, in dem das Arbeitsverhältnis zwar wirksam auf das Ende des Tages vor dem Betriebsübergang befristet war, es jedoch vom Erwerber nahtlos durch Abschluss eines neuen Arbeitsverhältnisses fortgesetzt wurde, bejaht. In diesem Fall handele es sich um ein »einheitliches Arbeitsverhältnis« (*BAG* 19.5.2005 EzA §613a BGB 2002 Nr. 33).

4270 Ist das Arbeitsverhältnis **gekündigt**, besteht es noch bis zum Ablauf der Kündigungsfrist. Liegt der Zeitpunkt des Betriebsübergangs vor Ablauf der Kündigungsfrist, geht das gekündigte Arbeitsverhältnis auf den Erwerber über (*BAG* 22.2.1978 EzA §613a BGB Nr. 18), da es zu diesem Zeitpunkt noch besteht.

4271 Alle Arbeitsverhältnisse, die zum Zeitpunkt des Betriebsüberganges bestehen, werden erfasst. Eine **Wartezeit**, wie z.B. im Kündigungsschutzgesetz, gibt es nicht. Die Arbeitnehmer können sich mit Beginn der Betriebszugehörigkeit auf den Schutz des §613a BGB berufen (*BAG* 13.2.2003 EzA §613a BGB 2002 Nr. 8).

4272 **Ruhestandsverhältnisse** setzten eine Beendigung des Arbeitsverhältnisses voraus. Sie werden deshalb nicht von einem Betriebsübergang erfasst. Dies hat zur Folge, dass der Erwerber Versorgungsansprüche von Arbeitnehmern, die bereits vor dem Betriebsübergang in den Ruhestand getreten sind, nicht erfüllen muss. Dasselbe gilt für Versorgungsanwartschaften von Arbeitnehmern, die bereits vor dem Betriebsübergang ausgeschieden sind. Für diese Ansprüche haftet der Veräußerer allein und zeitlich unbeschränkt.

4273 Der Übergang des Arbeitsverhältnisses setzt voraus, dass es dem übertragenen Betrieb oder Betriebsteil zuzurechnen ist. Keine **Zuordnungsprobleme** bestehen, wenn ein kompletter Betrieb übertragen wird. Anders ist die Situation bei **Betriebsteilübergängen**. Hier stellt sich insbes. bei Arbeitnehmern, die dem Betriebsteil zwar nicht organisatorisch zugeordnet sind, dennoch aber ganz oder zumindest teilweise für den ausgegliederten Betriebsteil tätig sind (Buchhaltung, Stabsfunktionen, EDV, Aushilfe bei gelegentlichen Engpässen usw.), die Frage, ob diese Arbeitnehmer vom Betriebsteilübergang erfasst werden. Das BAG vertrat früher die sog. **Schwerpunkttheorie** (*BAG* 25.6.1985 EzA § 613a BGB Nr. 86). Der Arbeitnehmer wurde dem Betriebsteil zugeordnet, für den er überwiegend seine Arbeitsleistung erbrachte. Heute stellt das *BAG* (13.11.1997 EzA § 613a BGB Nr. 156) ausschließlich auf die **organisatorische Anbindung** ab und hat sich damit dem EuGH (vgl. *EuGH* 7.2.1985 – Rs 186/83 – Slg. 1985, 519 [528]; 12.11.1992 AP Nr. 5 zu EWG-Richtlinie Nr. 77/187) angeschlossen. Danach genügt es nicht, wenn der Arbeitnehmer überwiegend für den übertragenen Betriebsteil tätig war. Der Arbeitnehmer muss vielmehr organisatorisch in diesem Betriebsteil eingegliedert gewesen sein. Dies setzt regelmäßig eine entsprechende **Zuordnungsentscheidung** des Arbeitgebers voraus (*BAG* 25.9.2003 EzA § 613a BGB 2002 Nr. 12). Unproblematisch ist die Rechtslage schließlich dann, wenn sich alle Beteiligten einig sind. Dies gilt auch dann, wenn die Beteiligten eine vom Gesetz abweichende Zuordnung finden.

b) Das Widerspruchsrecht der Arbeitnehmer

aa) Richterrechtliches Widerspruchsrecht

Nach § 613a BGB setzt der Eintritt des Betriebserwerbers in die Rechte und Pflichten des zum Zeitpunkt des Betriebsübergangs bestehenden Arbeitsverhältnisses nicht die **Einwilligung** (Zustimmung oder Genehmigung) des Arbeitnehmers voraus. **4274**

Allerdings kann der Arbeitnehmer nach der ständigen Rechtsprechung des BAG (vgl. nur *BAG* 30.10.1986 EzA § 613a BGB Nr. 54) der bevorstehenden oder bereits eingetretenen Rechtsfolge des Arbeitgeberwechsels **widersprechen**. Dieses Widerspruchsrecht wurde vom BAG durch eine verfassungskonforme Auslegung des § 613a Abs. 1 BGB entwickelt. Aus Art. 12 GG folgt nach Auffassung des BAG das Grundrecht des Arbeitnehmers, sich einen ihm genehmen Arbeitgeber auszuwählen. Ein sachlicher Grund ist für die Wirksamkeit des Widerspruchs nicht erforderlich. **4275**

Diese Rechtsprechung wurde vom ***EuGH*** gebilligt (16.12.1992 EzA § 613a BGB Nr. 105). **4276** Art. 3 Abs. 1 Betriebsübergangsrichtlinie verwehre es einem Arbeitnehmer, der im Zeitpunkt des Überganges i.S.v. Art. 1 Abs. 1 der Richtlinie beim Veräußerer beschäftigt ist, nicht, dem Übergang eines Arbeitsvertrages oder Arbeitsverhältnisses auf den Erwerber zu widersprechen. Die Richtlinie 77/187/EWG verpflichte die Mitgliedstaaten jedoch nicht, die Aufrechterhaltung des Arbeitsvertrages oder Arbeitsverhältnisses mit dem Veräußerer für den Fall vorzusehen, dass ein Arbeitnehmer sich frei dafür entscheidet, das Arbeitsverhältnis nicht mit dem Erwerber fortzusetzen. Die Richtlinie stehe dem andererseits auch nicht entgegen. Es sei Sache der Mitgliedstaaten, zu bestimmen, was in einem solchen Fall mit dem Arbeitsvertrag oder dem Arbeitsverhältnis mit dem Veräußerer geschehe (ebenso *EuGH* 7.3.1996 EzA § 613a BGB Nr. 138; 12.11.1998 EzA § 613a BGB Nr. 168; ausf. dazu *Commandeur* NJW 1996, 2537 ff.).

bb) Widerspruchsrecht nach § 613a Abs. 6 BGB

Mit dem § 613a Abs. 6 BGB hat der Gesetzgeber im Wesentlichen die Rechtsprechung des BAG kodifiziert. Dem Arbeitnehmer steht nun ein gesetzlich verankertes Widerspruchsrecht zu. **4277**

Das Widerspruchsrecht setzt grundsätzlich einen **rechtsgeschäftlichen** Betriebsübergang **4278** nach § 613a BGB voraus. Geht das Arbeitsverhältnis auf Grund eines anderen Tatbestandes auf einen neuen Arbeitgeber über, besteht es grundsätzlich nicht. Ordnet z.B. ein Gesetz zwingend die Überleitung von Arbeitsverhältnissen vom Land auf eine Stiftung öffentlichen Rechts an, steht den Arbeitnehmern kein Widerspruchsrecht zu, wenn der Gesetzgeber bewusst kein Widerspruchsrecht eingeräumt hat (*BAG* 2.3.2006 EzA § 613a BGB 2002 Nr. 48). Eine analoge Anwendung des § 613a Abs. 6 BGB kommt wegen des Fehlens einer

Regelungslücke nicht in Betracht. Kein Widerspruchsrecht steht dem Arbeitnehmer auch bei einem umwandlungsbedingten Erlöschen des übertragenden Rechtsträgers zu (*Graef* NZA 2006, 1078, 1081). Obwohl nach § 324 UmwG § 613a Abs. 1, 4 bis 6 BGB durch die Wirkungen der Eintragung einer Verschmelzung, Spaltung oder Vermögensübertragung unberührt bleiben, gebietet die Auslegung der Normen, ein Widerspruchsrecht des Arbeitnehmers zu verneinen. Auch ohne Widerspruchsrecht sind die Grundrechte des Arbeitnehmers bei einem Wechsel des Betriebsinhabers durch die bestehenden Kündigungsmöglichkeiten ausreichend gewahrt.

4279 Der Widerspruch muss innerhalb **eines Monats** nach Zugang der Unterrichtung nach Abs. 5 erklärt werden. Maßgebend für die Einhaltung der Frist ist der Zugang beim Widerspruchsadressaten. Die Frist ist eine **Ausschlussfrist**, auf die die §§ 187 ff. BGB Anwendung finden. Nach Fristablauf kann der Widerspruch nicht mehr wirksam ausgeübt werden (*Willemsen/Lembke* NJW 2002, 1160).

4280 Der Widerspruch muss **schriftlich** erklärt werden. Schriftlich bedeutet Schriftform i.S.d. § 126 BGB (*Bauer/v. Steinau-Steinrück* ZIP 2002, 457). Der Widerspruch muss also vom Arbeitnehmer eigenhändig unterschrieben sein. Wird die Schriftform nicht gewahrt, ist der Widerspruch nach § 125 BGB nichtig. Die Schriftform verlangt keine Begründung des Widerspruchs. Auch aus Abs. 6 ergibt sich keine Verpflichtung des Arbeitnehmers, den Widerspruch zu begründen. Dies ist auch richtig, da ein sachlicher Grund für die Ausübung des Widerspruchsrechts nicht erforderlich ist. Es handelt sich um eine privatautonome Entscheidung des Arbeitnehmers (*BAG* 30.9.2004 EzA § 613a BGB 2002 Nr. 28). Ihm kann gegen seinen Willen kein neuer Arbeitgeber aufgezwungen werden.

4281 Der Widerspruch ist als einseitige und empfangsbedürftige Willenserklärung **bedingungsfeindlich**. Er kann sowohl gegenüber dem Veräußerer als auch gegenüber dem Erwerber erklärt werden. Ein einmal erklärter Widerspruch kann auf Grund seines Rechtscharakters als einseitiges Gestaltungsrecht nach Zugang nicht mehr widerrufen werden. Er kann nur noch durch eine Einigung zwischen Arbeitnehmer, Veräußerer und Erwerber wieder aufgehoben werden (*BAG* 30.10.2003 EzA § 613a BGB 2002 Nr. 16; ErfK/*Preis* § 613a BGB Rz. 92).

4282 Die **Widerspruchsfrist** beginnt nach Zugang der Unterrichtung gem. § 613a Abs. 5 BGB zu laufen. Allein die Unterrichtung des Arbeitnehmers ist für den Fristlauf von Bedeutung. Die Unterrichtung des Betriebsrates oder der tatsächliche Vollzug des Betriebsüberganges lösen die Widerspruchsfrist nicht aus. Der Abs. 5 verlangt eine Unterrichtung **vor** dem Betriebsübergang. Dennoch setzt auch eine Unterrichtung nach dem Betriebsübergang die Monatsfrist in Gang (*BAG* 13.7.2006 EzA § 613a BGB 2002 Nr. 56 = NZA 2006, 1268). Erfolgt keine oder keine ordnungsgemäße Unterrichtung, beginnt die Widerspruchsfrist nicht zu laufen (*BAG* 13.7.2006 EzA § 613a BGB 2002 Nr. 56 = NZA 2006, 1268).

4283 Das Widerspruchsrecht steht dem **Arbeitnehmer** zu. Das Recht kann also weder von den **Tarifvertragsparteien** noch vom **Betriebsrat** ausgeübt werden (Staudinger/*Richardi-Annuß* § 613a BGB Rz. 140). Gleiches gilt für einen Verzicht auf das Widerspruchsrecht. In einer kollektiven Regelung kann nicht auf das Widerspruchsrecht verzichtet werden (*Bonani* ArbRB 2002, 19).

4284 Auch die Regelungsbefugnis der Arbeitsvertragsparteien ist eingeschränkt. Ein abstrakter **Vorausverzicht**, z.B. im Arbeitsvertrag für alle künftigen Betriebsübergänge, ist unzulässig. In diesem Fall hat der Arbeitnehmer überhaupt keine Entscheidungsgrundlage. Anders ist ein Verzicht anlässlich eines konkret bevorstehenden Übergangs (*BAG* 19.3.1998 EzA § 613a BGB Nr. 163). Ein solcher Verzicht kann auch in einem Arbeitsvertrag vereinbart werden, wenn z.B. der Arbeitnehmer kurz vor dem Betriebsübergang in Kenntnis dessen eingestellt wird. Ein gleichwohl ausgesprochener Widerspruch wäre nicht nur vertragswidrig, sondern auch unwirksam und unbeachtlich. Dasselbe gilt, wenn der Arbeitnehmer mit dem bisherigen Arbeitgeber oder mit dem neuen Arbeitgeber den Übergang des Arbeitsverhältnisses vereinbart hat (vgl. *BAG* 15.2.1984 EzA § 613a BGB Nr. 39). Ein wirksamer Verzicht setzt nicht voraus, dass der Arbeitnehmer ordnungsgemäß nach Abs. 5 unterrichtet wurde (ErfK/*Preis* § 613a BGB Rz. 102; **a.A.** *Nehls* NZA 2003, 827). Dies wäre ein Eingriff in die Vertragsfreiheit, der auch zum Schutz des Arbeitnehmers nicht erforderlich ist. Der Arbeitnehmer muss keinen Verzicht im Voraus erklären, er kann die Unterrichtung abwarten und dann entscheiden.

4285 Die **Ausübung des Widerspruchsrechts kann** nach § 242 BGB **rechtsmissbräuchlich sein** (*BAG* 15.2.1984 EzA § 613a BGB Nr. 39). Die zwei wichtigsten Fälle in der Praxis sind der Widerspruch, der erst Monate oder gar Jahre nach dem Betriebsübergang erklärt wird (s. hierzu Rn. 4308 ff.), sowie der Massenwiderspruch.

4286 Nicht jeder **Massenwiderspruch** ist per se unwirksam. Der Massenwiderspruch kann ein zufälliges Ereignis sein, wenn zwar mehrere Arbeitnehmer widersprechen, aber jeder für sich aus individuellen Gründen zu diesem Ergebnis gelangt ist. Rechtsmissbräuchlich wird der Massenwiderspruch erst dann, wenn der Widerspruch zur Erreichung unzulässiger Ziele eingesetzt wird. Eine Rechtsausübung kann nämlich dann missbräuchlich sein, wenn ihr kein schutzwürdiges Eigeninteresse zugrunde liegt, sie somit als Vorwand für die Erreichung vertragsfremder oder unlauterer Zwecke dient oder nur den Zweck hat, einem anderen Schaden zuzufügen (§ 226 BGB). Übt eine Vielzahl von Arbeitnehmern das Widerspruchsrecht aus, kann sich demgemäß aus der Zweckrichtung der Widerspruchsausübung, soweit sie nicht im Schwerpunkt auf die Verhinderung des Arbeitgeberwechsels, sondern bspw. von der Motivation getragen ist, den Betriebsübergang als solchen zu verhindern oder aber Vergünstigungen zu erzielen, auf die die Arbeitnehmer keinen Rechtsanspruch haben, ein rechtsmissbräuchliches Handeln ergeben. Die Verhinderung des Betriebsübergangs würde die grundgesetzlich geschützte unternehmerische Entscheidungsfreiheit des Arbeitgebers beeinträchtigen (*BAG* 30.9.2004 AP § 613a BGB Nr. 275; Staudinger/*Richardi-Annuß* § 613a BGB Rz. 142; darüber hinausgehend *Krause* RdA 2006, 228 [232], der auch einen Einzelwiderspruch als rechtsmissbräuchlich betrachtet, wenn dieser etwa von einem Know-how-Träger eingesetzt wird, um für sich Sondervorteile zu erlangen).

cc) Unterrichtungspflicht nach § 613a Abs. 5 BGB

(1) Wortlaut

4287 Nach § 613a Abs. 5 BGB hat der bisherige Arbeitgeber oder der neue Inhaber die von einem Übergang betroffenen Arbeitnehmer in Textform zu unterrichten über:
1. den Zeitpunkt oder den geplanten Zeitpunkt des Übergangs,
2. den Grund für den Übergang,
3. die rechtlichen, wirtschaftlichen und sozialen Folgen des Übergangs für die Arbeitnehmer sowie
4. die hinsichtlich der Arbeitnehmer in Aussicht genommenen Maßnahmen.

(2) Sinn und Zweck der Regelung

4288 Der Arbeitgeber hat den Arbeitnehmer im Rahmen des § 613a Abs. 5 BGB so zu informieren, dass dieser sich über die Person des Übernehmers und über die in § 613a Abs. 5 genannten Umstände ein Bild machen kann. Er soll durch die Unterrichtung eine ausreichende Wissensgrundlage für die Ausübung oder Nichtausübung seines Widerspruchsrechts erhalten (*BAG* 13.7.2006 EzA § 613a BGB 2002 Nr. 56 = NZA 2006, 1268). Hierzu muss die Unterrichtung vollständig und richtig, transparent und auch für einen juristischen Laien verständlich sein (*Hohenstatt/Grau* NZA 2007, 13). Hat der Arbeitnehmer die in Abs. 5 vorgesehenen Informationen vollständig erhalten, kann er entscheiden, ob er zum neuen Inhaber mitgehen oder beim alten Arbeitgeber bleiben möchte. Im zweiten Fall besteht das Risiko einer betriebsbedingten Kündigung, da der Arbeitsplatz wegen des Betriebsübergangs entfallen ist (*Willemsen/Lembke* NJW 2002, 1159).

(3) Rechtsnatur

4289 Die bisherige Rechtsprechung des *BAG* (22.4.1993 EzA § 613a BGB Nr. 111) ging davon aus, dass es sich bei der Unterrichtungspflicht um eine **Obliegenheit** handelt. Der Gesetzeswortlaut (hat ... zu unterrichten) und Sinn und Zweck der Regelung sprechen jedoch dafür, dass es sich nicht nur um eine Obliegenheit, sondern um eine **echte Rechtspflicht** handelt (ErfK/*Preis* § 613a BGB Rz. 94; *Willemsen/Lembke* NJW 2002, 1159; **a.A.** *Bauer/v. Steinau-Steinrück* ZIP 2002, 457). Das BAG hat zwischenzeitlich bejaht, dass es sich bei § 613a Abs. 5 BGB um eine Rechtspflicht und nicht lediglich um eine Obliegenheit handelt, so dass deren Verletzung auch Schadensersatzansprüche des Arbeitnehmers auslösen kann (*BAG* 24.5.2005 EzA § 613a BGB 2002 Nr. 35).

(4) Schuldner der Unterrichtung

4290 Sowohl der bisherige als auch der neue Betriebsinhaber sind zur Unterrichtung verpflichtet. Das Gesetz geht davon aus, dass nicht beide Personen gleichzeitig und gemeinsam unterrichten müssen. Nach dem Gesetzestext genügt es vielmehr, wenn entweder der alte oder der neue Inhaber unterrichtet. Veräußerer und Erwerber sind damit **Gesamtschuldner i.S.d. §§ 421 ff. BGB** (*Willemsen/Lembke* NJW 2002, 1159). Es genügt, wenn einer von ihnen die Arbeitnehmer ordnungsgemäß unterrichtet. Dies wirkt nach § 422 Abs. 1 S. 1 BGB auch für den anderen Arbeitgeber (*Willemsen/Lembke* NJW 2002, 1159). Es ist ausreichend, wenn sich erst aus beiden Unterrichtungstexten die vollständige Information ergibt (*Bauer/v. Steinau-Steinrück* ZIP 2002, 457). In der Praxis müssen sowohl der alte als auch der neue Betriebsinhaber zusammenwirken, um eine vollständige Unterrichtung zu gewährleisten. Die Unterrichtung erfolgt regelmäßig in einem gemeinsam erstellten Schreiben.

(5) Adressat der Unterrichtung

4291 Die **vom Betriebsübergang betroffenen Arbeitnehmer** sind zu unterrichten. Betroffen sind die Arbeitnehmer, deren Arbeitsverhältnisse kraft Gesetzes auf den neuen Betriebsinhaber übergehen (s. hierzu Rn. 4321 ff.). Die Unterrichtung muss gegenüber den Arbeitnehmern selbst erfolgen. Eine Unterrichtung des Betriebsrates ersetzt die Unterrichtung nach Abs. 5 nicht.

(6) Form der Unterrichtung

4292 Die Unterrichtung muss **in Textform i.S.d. neuen § 126b BGB** erfolgen. § 126b BGB erfordert eine in Schriftzeichen lesbare Erklärung, verlangt allerdings im Gegensatz zu § 126 BGB keine Unterschrift. Der Aussteller der Erklärung und der Abschluss der Erklärung müssen z.B. durch eine Namensnennung oder eingescannte Unterschrift erkennbar sein. In aller Regel ist dies eine Urkunde, die per Post, Telefax oder E-Mail übermittelt wird. Die Erklärung muss nicht ausgedruckt sein. Es genügt, wenn der Empfänger sie auf dem Bildschirm lesen kann (*Bauer/v. Steinau-Steinrück* ZIP 2002, 457). Die Unterrichtung muss dem Arbeitnehmer zugehen. Die Monatsfrist beginnt erst mit dem Zugang der Unterrichtung zu laufen. Darlegungs- und beweispflichtig für den Zugang ist der Arbeitgeber, d.h. der Veräußerer und Erwerber (*Nehls* NZA 2003, 822). Bei dem Unterrichtungsschreiben kann es sich um ein Standardscheiben handeln. Eine individuelle Unterrichtung der einzelnen Arbeitnehmer ist grundsätzlich nicht erforderlich (*BAG* 13.7.2006 EzA § 613a BGB 2002 Nr. 56 = NZA 2006, 1268). Allerdings muss der Arbeitgeber nach dieser Entscheidung des BAG auch bei einer standardisierten Unterrichtung auf etwaige Besonderheiten des Arbeitsverhältnisses hinweisen (ausf. *Hohenstatt/Grau* NZA 2007, 13). Ein Standardschreiben ist deshalb in der Praxis nur dann völlig unproblematisch, wenn alle Fälle gleichgelagert sind. Werden bei verschiedenen Fallgruppen diese alle in einem Standardschreiben abgearbeitet, müssen die Arbeitgeber beachten, dass ihr Schreiben nur dann vor dem BAG Bestand haben wird, wenn es transparent und für einen juristischen Laien verständlich ist. In vielen Fällen ist es deshalb sinnvoller, für die einzelnen Fallgruppen (Tarifbindung ja/nein, unterschiedliche Bezugnahmeklauseln usw.) jeweils eigene Standardschreiben zu verwenden.

(7) Zeitpunkt der Unterrichtung

Die betroffenen Arbeitnehmer sind **vor** dem Betriebsübergang zu unterrichten. Unterbleibt dies, besteht die Verpflichtung auch nach dem Betriebsübergang fort. Sie ist ggf. noch nach dem Betriebsübergang vorzunehmen, um den Lauf der Widerspruchsfrist in Gang zu setzen (ausführlich *Göpfert/Winzer* ZIP 2008, 761; *Willemsen/Lembke* NJW 2002, 1159). Zu den Auswirkungen auf die Widerspruchsfrist nach Abs. 6 s.o. Rn. 4282. **4293**

(8) Inhalt der Unterrichtung

aaa) Erwerber und Gegenstand des Betriebsübergangs

Der Arbeitnehmer muss zunächst darüber informiert werden, auf welchen **neuen Arbeitgeber** sein Arbeitsverhältnis übergehen soll. Hierzu muss der Erwerber grundsätzlich mit Firmenbezeichnung, Rechtsform und Anschrift genannt werden (*BAG* 13.7.2006 EzA § 613a BGB 2002 Nr. 56 = NZA 2006, 1268). Die Gesellschafter und Handelsregisternummer müssen nicht angegeben werden (*Hohenstatt/Grau* NZA 2007, 13). **4294**

Nach der Rechtsprechung des BAG haben der Veräußerer und der Erwerber die Arbeitnehmer über den **Gegenstand des Betriebsübergangs** (konkreter Betrieb oder Betriebsteil) zu unterrichten (*BAG* 13.7.2006 EzA § 613a BGB 2002 Nr. 56 = NZA 2006, 1268). Der Arbeitnehmer muss in der Lage sein, beurteilen zu können, ob er tatsächlich von dem Betriebsübergang betroffen ist. **4295**

bbb) Zeitpunkt oder geplanter Zeitpunkt des Übergangs

Dieser Punkt ist unproblematisch. Steht der **Zeitpunkt** noch nicht hundertprozentig fest, genügt die Mitteilung des derzeit geplanten Zeitpunktes, da sich der Inhalt der Unterrichtung nach dem Kenntnisstand des Veräußerers und Erwerbers richtet (*BAG* 13.7.2006 EzA § 613a BGB 2002 Nr. 56 = NZA 2006, 1268). Ändert sich dieser später, führt dies nicht zu einer nicht ordnungsgemäßen Unterrichtung. Maßgeblich ist das Planungsstadium zum Zeitpunkt der Unterrichtung. Ein Anspruch auf ergänzende Aufklärung kann sich allenfalls dann ergeben, wenn es sich auf Grund einer späteren Veränderung nicht mehr um denselben Betriebsübergang handelt, bspw. weil der Betrieb auf einen anderen Erwerber übergeht (*BAG* 13.7.2006 EzA § 613a BGB 2002 Nr. 56). **4296**

ccc) Grund des Übergangs

Was das Gesetz unter »Grund« für den Betriebsübergang versteht, wird nicht gesagt. Insbesondere kann dem Wortlaut nicht entnommen werden, ob der Rechtsgrund oder die wirtschaftlichen Gründe mitgeteilt werden müssen. Das *BAG* (13.7.2006 EzA § 613a BGB 2002 Nr. 56 = NZA 2006, 1268) hat jetzt entschieden, dass die Nennung des **Rechtsgrundes** (Kaufvertrag, Pachtvertrag) für den Betriebsübergang alleine nicht genügt. Es ist danach vielmehr erforderlich, auch die **unternehmerischen Gründe/Erwägungen** für den Betriebsübergang mitzuteilen, um dem Arbeitnehmer eine sachgerechte Ausübung seines Widerspruchsrechtes zu ermöglichen. Im konkreten Fall ließ das BAG die Angabe des Veräußerers, den Betrieb aus wirtschaftlichen Gründen nicht selbst fortführen zu wollen, ausreichen. Damit wussten die Arbeitnehmer, dass es beim bisherigen Arbeitgeber keine Arbeitsplätze mehr geben wird. **4297**

ddd) Rechtliche, wirtschaftliche und soziale Folgen für die Arbeitnehmer

Dieser Punkt bereitet in der Praxis meist die größten Schwierigkeiten, da diese Folgen nicht selten sehr komplex und schwierig darzustellen sind. Im Regelfall dürfen sich Veräußerer und Erwerber nicht auf die Wiedergabe des Gesetzestextes beschränken, sondern müssen konkret über die **unmittelbaren und eventuell mittelbaren Folgen** des Betriebsübergangs informieren. Erste wesentliche unmittelbare Folge ist der Eintritt des Erwerbers in die Rechte und Pflichten aus dem Arbeitsverhältnis (*BAG* 13.7.2006 EzA § 613a BGB 2002 Nr. 56 = NZA 2006, 1268; *Hohenstatt/Grau* NZA 2007, 13). Nähere Erläuterungen hierzu sind, da sich auf **4298** der individualvertraglichen Ebene in den meisten Fällen nichts ändert, nicht notwendig. Nur wenn es hier zu Änderungen kommt, sind nähere Ausführungen erforderlich. Die Entscheidung des BAG vom 13.7.2006 macht aber sehr anschaulich deutlich, wie schnell Fehler passiert sind. Bereits der Hinweis, der Erwerber habe sich **verpflichtet**, alle vom Betriebsübergang betroffenen Arbeitsverhältnisse mit allen Rechten und Pflichten zu übernehmen, ist nach der Auffassung des Achten Senats dazu geeignet, die Korrektheit der Unterrichtung in Frage zu stellen. Beim Arbeitnehmer könnte nämlich der Eindruck erweckt werden, die Fortgeltung der Vertragsbedingungen stehe im Belieben des Erwerbers (*BAG* 13.7.2006 EzA § 613a BGB 2002 Nr. 56 = NZA 2006, 1268). Tatsächlich geht aber das Arbeitsverhältnis kraft Gesetzes über. Der Arbeitgeber muss zudem auf das Haftungssystem nach § 613a Abs. 2 BGB hinweisen, demzufolge der bisherige Arbeitgeber gesamtschuldnerisch mit dem neuen Arbeitgeber nur für Verpflichtungen nach § 613a Abs. 1 BGB haftet, soweit sie vor dem Zeitpunkt des Übergangs entstanden sind und vor Ablauf von einem Jahr nach dem Betriebsübergang fällig werden (*BAG* 20.3.2008 – 8 AZR 1016/06 – FA 2008, 333 LS).

4299 Zweiter zentraler Punkt sind die Auswirkungen des Betriebsübergangs auf die beim Veräußerer geltenden **Kollektivvereinbarungen**, also Tarifverträge und Betriebsvereinbarungen. Hier ist insbesondere darzustellen, welche Kollektivvereinbarungen beim Erwerber fortbestehen und welche durch kollektive Regelungen, die beim Erwerber bestehen, abgelöst werden. Soweit die Regelungen fortgelten, muss erläutert werden, ob die Normen kollektivrechtlich oder individualvertraglich fortwirken (*BAG* 13.7.2006 EzA § 613a BGB 2002 Nr. 56 = NZA 2006, 1268). Eine detaillierte Bezeichnung einzelner Tarifverträge und Betriebsvereinbarungen ist nach der Entscheidung des achten Senats jedoch nicht nötig, da sich der Arbeitnehmer, nach Erhalt der Information, selbst näher erkundigen kann. Den Arbeitnehmern sollte in diesem Zusammenhang gesagt werden, wo sie sich näher erkundigen können. In der Praxis empfiehlt es sich dennoch, zumindest die ablösenden und die abgelösten Kollektivvereinbarungen den Arbeitnehmern – eventuell in einer Anlage zum Unterrichtungsschreiben – detailliert mitzuteilen. Da die Arbeitnehmer auch über die wirtschaftlichen Folgen zu unterrichten sind, müssen auch die wirtschaftlichen Auswirkungen einer Ablösung dargelegt werden. Schließlich empfiehlt es sich in diesem Zusammenhang auch die Folgen des Betriebsübergangs für die betriebsverfassungsrechtlichen Organe darzustellen. So ist es für den betroffenen Arbeitnehmer eventuell von Interesse, ob der Betriebsrat im Amt bleibt oder zumindest ein Übergangsmandat besitzt. Weitere konkrete unmittelbare Folge des geplanten Überganges ist die Gesamtschuldnerschaft des Erwerbers und des Veräußerers nach § 613a Abs. 2 BGB. Diese ist deshalb darzustellen. Gleiches gilt für die kündigungsrechtliche Situation, wenn die Möglichkeit von Kündigungen im Raum steht (*BAG* 13.7.2006 EzA § 613a BGB 2002 Nr. 56 = NZA 2006, 1268).

4300 Das BAG nimmt an, dass der Arbeitgeber unter bestimmten Umständen auch verpflichtet ist, den Arbeitnehmer über die **mittelbaren** Folgen des Betriebsübergangs zu unterrichten (*BAG* 13.7.2006 EzA § 613a BGB 2002 Nr. 56). Das bereitet in der Praxis oftmals besondere Schwierigkeiten. Eine Unterrichtungspflicht hinsichtlich mittelbarer Folgen bejahte das BAG bislang in folgenden Fällen: Sozialplanansprüche, die dem Arbeitnehmer bei Ausübung des Widerspruchsrechts zustehen können (*BAG* 13.7.2006 EzA § 613a BGB 2002 Nr. 56); Unterrichtung das Betriebserwerber Immobilien/Grundvermögen nicht übernimmt, sondern diese im Rahmen einer Vereinbarung mit einem Dritten nutzt (*BAG* 31.1.2008 – 8 AZR 407/07 – FA 2008, 312). Eine grundsätzliche Unterrichtung hinsichtlich der wirtschaftlichen und finanziellen Lage des Betriebserwerbers verlangt das BAG jedoch nicht (*BAG* 31.1.2008 – 8 AZR 407/07 – FA 2008, 312).

4301 Letztendlich muss der Arbeitnehmer über das **Widerspruchsrecht** selbst und die **Art**, wie der Widerspruch nach § 613a Abs. 6 BGB auszuüben ist, unterrichtet werden. Es ist auf die **Schriftform** hinzuweisen, auf die **Frist** und darauf, dass neuer wie alter Arbeitgeber als **Adressaten** in Betracht kommen (*BAG* 20.3.2008 – 8 AZR 1016/06 – FA 2008, 333). Der Arbeitnehmer muss auch über die **Folgen** eines Widerspruchs unterrichtet werden. Diese *Pflicht* wird vom BAG mit Sinn und Zweck der Unterrichtungspflicht begründet, dem Arbeitnehmer eine ausreichende Wissengrundlage für die Ausübung seines Widerspruchsrechts zu verschaffen. Die Frage, ob ein Arbeitnehmer im Falle seines Widerspruchs mit einer Kündigung rechnen muss und ob ihm für diesen Fall gegebenenfalls eine Abfindung aus einem Sozialplan zusteht, ist für seine Willensbildung von erheblicher Bedeutung.

Die Beurteilung der **rechtlichen Folgen** für den Arbeitnehmer sind zum Teil sehr schwierig und in der Literatur sehr umstritten. Gibt es mehrere vertretbare Auffassungen, ist eine Unterrichtung über komplexe Rechtsfragen dann nicht fehlerhaft, wenn der Arbeitgeber bei angemessener Prüfung der Rechtslage, die ggf. die Einholung von Rechtsrat über die höchstrichterliche Rechtsprechung beinhaltet, eine rechtlich vertretbare Position gegenüber dem Arbeitnehmer vertritt (*BAG* 13.7.2006 EzA § 613a BGB 2002 Nr. 56 = NZA 2006, 1268). **4302**

eee) In Aussicht genommene Maßnahmen

Zu den hinsichtlich der Arbeitnehmer in Aussicht genommenen Maßnahmen gehören nach der Gesetzesbegründung (BR-Drs. 831/01, S. 24) Weiterbildungs- und andere Maßnahmen, welche die berufliche Entwicklung der Arbeitnehmer betreffen. Eine Begrenzung auf diese Art von Maßnahmen kann dem Gesetzestext allerdings nicht entnommen werden. **4303**

Letztendlich dürften alle Maßnahmen, die sich zum Zeitpunkt der Unterrichtung bereits im Planungsstadium befinden und sich auf die Arbeitsverhältnisse beziehen, hierunter fallen. Diese Auffassung vertritt auch das BAG. In Aussicht genommen seien Maßnahmen frühestens dann, wenn ein Stadium konkreter Planung erreicht sei. Sind im Zeitpunkt der Unterrichtung Maßnahmen noch nicht einmal geplant, ist auch keine Unterrichtung erforderlich (*BAG* 13.7.2006 EzA § 613a BGB 2002 Nr. 56). Plant also ein Erwerber einen Abbau der Belegschaft, um Synergien nach dem Betriebsübergang zu nutzen, ist hierüber zu unterrichten (**a.A.** *Bauer/v. Steinau-Steinrück* ZIP 2002, 457). **4304**

Maßgeblich ist der **konkrete Planungsstand bei den beteiligten Unternehmen**. Entscheidend ist nicht, was ein verständiger Unternehmer in dieser Situation planen würde, sondern nur, was tatsächlich in Aussicht genommen wird. Wie bei der Betriebsratsanhörung nach § 102 BetrVG gilt auch hier der Grundsatz der **subjektiven Determinierung**. Für die Bestimmung des maßgeblichen Planungsstandes ist auf **beide Unternehmen** abzustellen. Der Umfang der Unterrichtung kann nicht auf den Horizont des die Unterrichtung tatsächlich durchführenden Unternehmens beschränkt werden. Aus diesem Grund ist es unabdingbar, dass sich die beiden beteiligten Unternehmen vorher genau abstimmen und ihrerseits informieren. **4305**

Der Arbeitnehmer sollte schließlich auch auf eine im Falle des Widerspruchs beabsichtigte **Kündigung** hingewiesen werden, obwohl diese eigentlich gerade keine Folge des Betriebsübergangs, sondern des Widerspruchs ist. **4306**

Muster: **4307**
Betr.: Betriebsübergang zur T-F GmbH
Sehr geehrte ...
die T-Gruppe, zu der auch die B-GmbH gehört, strukturiert ihren Logistikbereich um. Dies ist notwendig, um die Wirtschaftlichkeit des Logistikbereichs der T-Gruppe zu sichern. Für die B-GmbH bedeutet dies zum einen, dass die beiden Unternehmensbereiche, nämlich »a + o« und »T-F« rechtlich und organisatorisch separiert werden. Des Weiteren sollten bestimmte administrative Funktionen der B-GmbH sowie der beiden ebenfalls zur T-Gruppe gehörenden Gesellschaften »ML AG« und der »S GmbH« in einer neuen T-Service GmbH zusammengefasst werden. Von der Gründung der Service-Gesellschaft sind nur Mitarbeiter in A. betroffen.
Diese Organisationsänderung stellt eine Betriebsänderung dar. Wir haben deshalb mit dem Gesamtbetriebsrat der B-GmbH einen Interessenausgleich verhandelt und am 14. Oktober 2008 abgeschlossen. Als Mitarbeiter der B-GmbH sind Sie von der Organisationsänderung und dem damit verbundenen Betriebsübergang betroffen. Ihr Arbeitsverhältnis geht auf die neue T-F GmbH gem. § 613a BGB über. Aus diesem Grund möchten wir Sie mit diesem Überleitungsschreiben über die für Sie daraus resultierenden wesentlichen Folgen informieren.

1. Damit die T-F GmbH ihre Tätigkeit zum 1. Januar 2009 aufnehmen kann, werden die Einheiten, die dem Unternehmensbereich T-F zuzuordnen sind, zum 1. Januar 2009 von der B-GmbH auf die T-F GmbH übertragen. Mit Wirksamwerden dieser Überleitung geht auch Ihr Arbeitsverhältnis zum 1. Januar 2009 auf die T-F GmbH über. Sie sind in dem Unternehmensbereich T-F tätig. Ihr Arbeitsverhältnis geht nach § 613a BGB auf die T-F GmbH, vertreten durch den Geschäftsführer Nicolas Bäck über. Die T-F GmbH tritt also in vollem Umfang in das mit Ihnen bestehende Arbeitsverhältnis mit allen individualvertraglichen Rechten und Pflichten ein. Dies bedeutet z.B., dass Ihre bisherigen Beschäftigungszeiten bei der T-F GmbH weiterhin Bestand haben. Sie erhalten weiterhin Ihr arbeitsvertraglich vereinbartes Gehalt, die Kündigungsfristen bleiben unverändert.
2. Das Arbeitsverhältnis kann auf Grund des Betriebsüberganges weder durch die B-GmbH noch durch die T-F GmbH wirksam gekündigt werden. Auch aus sonstigen Gründen ist keine betriebsbedingte Kündigung geplant. Insbesondere wird es auf Grund der Segmentierung nicht zu betriebsbedingten Kündigungen kommen. Die B-GmbH hat dies mit dem Gesamtbetriebsrat im Interessenausgleich vom 14. Oktober 2005 so auch ausdrücklich vereinbart. Das Recht zur betriebsbedingten Kündigung im Falle Ihres Widerspruchs gegen den Übergang Ihres Arbeitsverhältnisses wird hiervon nicht berührt. Das Recht zur Kündigung des Arbeitsverhältnisses aus anderen Gründen (z.B. verhaltensbedingte Gründe) bleibt ebenfalls unberührt.
3. Sie sind bisher dem Betrieb XY-Niederlassung zugeordnet. Dieser Betrieb geht auf die T-F GmbH über. Der bisherige Betriebsrat bleibt im Amt, da der Betrieb unverändert fortbesteht. Die für Ihre Niederlassung geltenden Betriebsvereinbarungen gelten deshalb auch bei der T-F GmbH nach dem Betriebsübergang kollektivrechtlich fort. Dies gilt sowohl für die Betriebsvereinbarungen, die der örtliche Betriebsrat, als auch der Gesamtbetriebsrat abgeschlossen haben. Dies gilt z.B. für die freiwillige Gesamtbetriebsvereinbarung über eine Jahressonderzahlung. Sie nehmen auch diese Ansprüche zur T-F GmbH mit.
4. Die B-GmbH ist in ihrer Region tarifgebunden. Die T-F GmbH wird nicht tarifgebunden sein. Die bestehenden tariflichen Ansprüche werden auf Grund des Betriebsübergangs in individualvertragliche Ansprüche transformiert und von Ihnen zur T-F GmbH mitgenommen. Es werden die tarifvertraglichen Ansprüche transformiert, die zum Zeitpunkt des Betriebsüberganges bestehen. Insoweit bleibt Ihnen der zu diesem Zeitpunkt bestehende Besitzstand erhalten. Künftige Änderungen des Tarifvertrages haben Ihnen gegenüber keine Wirkungen mehr.
5. Die T-F GmbH wird ihren Sitz in A., Untere Oberstraße 55 haben. Die B-GmbH hat sich mit dem Gesamtbetriebsrat über die Organisationsstruktur des neuen Betriebes geeinigt. Im Interessenausgleich vom 14. Oktober 2008 ist ausdrücklich vereinbart worden, dass es im Zusammenhang mit dieser neuen Organisationsstruktur und ihrer Zuordnung der Mitarbeiter zu keinen wirtschaftlichen Nachteilen bei den betroffenen Mitarbeitern kommt.
6. Die T-F GmbH haftet ab dem Zeitpunkt des Betriebsüberganges (1. Januar 2009) uneingeschränkt für alle auch rückständigen Ansprüche aus Ihrem Arbeitsverhältnis. Die B-GmbH haftet für solche Verpflichtungen, die vor dem Betriebsübergang entstanden sind und vor Ablauf eines Jahres danach fällig werden; soweit sie nach dem Zeitpunkt des Betriebsüberganges fällig werden, haftet die B-GmbH jedoch nur in dem Umfang, der dem im Zeitpunkt des Überganges abgelaufenen Teil ihres Bemessungszeitraums entspricht.
7. Sie haben die Möglichkeit, dem Übergang Ihres Arbeitsverhältnisses innerhalb von einem Monat nach Zugang dieses Schreibens zu widersprechen. Der Widerspruch hat zur Folge, dass Ihr Arbeitsverhältnis mit der B-GmbH weiter bestehen bleibt. Sie sollten allerdings bedenken, dass auf Grund des Betriebsüberganges Ihr bisheriger Arbeitsplatz bei der B-GmbH nicht mehr vorhanden sein wird. Die Aufgaben des Unternehmensbereiches T-F werden auf die T-F GmbH übertragen. Sie werden künf-

tig von der B-GmbH nicht mehr wahrgenommen. Eine betriebsbedingte Kündigung durch die B-GmbH ist deshalb im Falle Ihres Widerspruches grundsätzlich möglich und notwendig.
Der Widerspruch kann sowohl gegenüber der B-GmbH als auch gegenüber der T-F GmbH erklärt werden.
Sollten Sie weitere Fragen bezüglich des Betriebsüberganges haben, stehen Ihnen Herr ..., Telefon ... aus dem Bereich Personal B-GmbH und Herr ... gerne zur Verfügung.

B-GmbH und T-F GmbH
Ich stimme dem Übergang in auf die T-F GmbH zu.
☐ Ich widerspreche dem Übergang auf die T-F GmbH.
☐ Äußern Sie sich nicht innerhalb dieser Frist, gilt die Zustimmung als erteilt.

Datum Unterschrift des Mitarbeiters

(9) Fehlerhafte Unterrichtung

Die Unterrichtung muss **vollständig und formgerecht** erfolgen. Fehlt es hieran, wird die einmonatige Widerspruchsfrist gem. § 613a Abs. 6 S. 1 nicht in Gang gesetzt (*BAG* 24.5.2005 EzA § 613a BGB 2002 Nr. 35). Damit die Monatsfrist zu Laufen beginnt, muss die Unterrichtung also ordnungsgemäß, d.h vollständig sein. Beginnt die Monatsfrist nicht zu laufen, besteht grds. **keine zeitliche Grenze** für die Ausübung des Widerspruchsrechts. Eine Begrenzung kann sich lediglich aus allgemeinen Grundsätzen, insbes. nach den **Grundsätzen der Verwirkung**, ergeben (ausf. hierzu *BAG* 15.2.2007 EzA § 613a BGB 2002 Nr. 64). 4308

Die Verwirkung ist ein Sonderfall der **unzulässigen Rechtsausübung**. Mit der Verwirkung wird die illoyal verspätete Geltendmachung von Rechten ausgeschlossen. Ein solches Vertrauen kann sich bilden, wenn der Gläubiger längere Zeit seine Rechte nicht geltend macht (Zeitmoment). Dabei muss der Berechtigte unter Umständen untätig geblieben sein und den Eindruck erweckt haben, dass er sein Recht nicht mehr geltend machen wolle, so dass der Verpflichtete sich darauf einstellen durfte, nicht mehr in Anspruch genommen zu werden (Umstandsmoment; *BAG* 15.2.2007 EzA § 613a BGB 2002 Nr. 64; 24.7.2008 – 8 AZR 73/07 – FA 2009, 23). Das **Zeitmoment** ist jedenfalls erfüllt, wenn zwischen der Unterrichtung und dem Widerspruch des Arbeitnehmers ein Zeitraum von über 15 Monaten liegt (*BAG* 24.7.2008 – 8 AZR 73/07 – FA 2009, 23). Allein die widerspruchslose Fortsetzung des Arbeitsverhältnisses mit dem Betriebserwerber erfüllt nicht das Umstandsmoment (*BAG* 24.7.2008 – 8 AZR 73/07 – FA 2009, 23 –), ebenso nicht, wenn der Arbeitnehmer sein Widerspruchsrecht nicht unmittelbar nach dem Insolvenzantrag des Erwerbers ausgeübt hat (*BAG* 24.7.2008 – 8 AZR 73/07 – FA 2009, 23). Das Umstandsmoment kann aber erfüllt sein, wenn der Arbeitnehmer selbst über die Beendigung seines Arbeitsverhältnisses disponiert, indem er z.B. eine Vertragsänderung oder einen Aufhebungsvertrag mit dem Erwerber vereinbart oder eine von diesem nach dem Betriebsübergang erklärte Kündigung hingenommen hat (*BAG* 24.7.2008 – 8 AZR 73/07 – FA 2009, 23), d.h. weder Kündigungsschutzklage erhoben noch in sonstiger Weise die Unwirksamkeit der Kündigung gegenüber dem Veräußerer oder dem Erwerber geltend gemacht hat (*BAG* 24.7.2008 – 8 AZR 73/07 – FA 2009, 23). 4309

Der Veräußerer und der Erwerber sind für die Erfüllung der Unterrichtungspflicht **darlegungs- und beweispflichtig**. Entspricht eine Unterrichtung zunächst formal den Anforderungen des § 613a Abs. 5 BGB und ist sie nicht offensichtlich fehlerhaft, ist es Sache des Arbeitnehmers, einen Mangel näher darzulegen. Hierzu ist er im Rahmen einer abgestuften Beweislast nach § 138 Abs. 3 ZPO verpflichtet. Gelingt ihm dies, müssen die Unterrichtungsverpflichteten die Einwände des Arbeitnehmers mit entsprechenden Darlegungen und Beweisantritten entkräften (*BAG* 13.7.2006 EzA § 613a BGB 2002 Nr. 56 = NZA 2006, 1268). 4310

4311 Eine unterbliebene oder fehlerhafte Unterrichtung führt auch unter Berücksichtigung des Grundsatzes von Treu und Glauben (§ 242 BGB) nicht zur **Unwirksamkeit einer eventuell ausgesprochenen Kündigung**. Der Arbeitnehmer ist im Falle einer nicht ordnungsgemäßen Unterrichtung dadurch, dass die Widerspruchsfrist nicht zu laufen beginnt, ausreichend geschützt. Der Schutz des Arbeitnehmers verlangt es nicht, dem Arbeitgeber das Recht zu nehmen, einen betriebsbedingten Kündigungsgrund geltend zu machen (*BAG* 24.5.2005 EzA § 613a BGB 2002 Nr. 35). Eine fehlerhafte Unterrichtung kann jedoch unter Umständen einen **Schadensersatzanspruch** des betroffenen Arbeitnehmers auslösen. Voraussetzung ist jedoch das Vorliegen eines Schadens (*BAG* 31.1.2008 EzA § 613a BGB 2002 Nr. 85). Kann der Arbeitnehmer jedoch durch Ausübung seines noch bestehenden Widerspruchsrechts den Eintritt des Schadens vermeiden, fehlt es an der Kausalität zwischen Falschinformation und Nichtausübung des Widerspruchsrechts und infolgedessen auch an einer Kausalität zwischen Falschinformation und Schadenseintritt (*BAG* 20.3.2008 – 8 AZR 1016/06 – FA 2008, 333).

dd) Rechtsfolgen des Widerspruchs

4312 Widerspricht der Arbeitnehmer form- und fristgerecht **vor dem Betriebsübergang**, geht sein Arbeitsverhältnis nicht auf den Erwerber über. Er bleibt Arbeitnehmer des Veräußerers, ohne dass damit allerdings ein besonderer Bestandsschutz verbunden wäre. Der bisherige Betriebsinhaber hat die Möglichkeit, soweit der Arbeitsplatz wegen des Betriebs- oder Betriebsteilübergangs weggefallen ist und er nicht über freie, vergleichbare Weiterbeschäftigungsmöglichkeiten verfügt, den widersprechenden Arbeitnehmern betriebsbedingt zu kündigen (*BAG* 19.3.1998 EzA § 613a BGB Nr. 163). Die Kündigung scheitert nicht an § 613a Abs. 4 BGB, da wesentliche Ursache für die Kündigung nicht der Betriebsübergang, sondern der Widerspruch des Arbeitnehmers ist (ErfK/*Preis* § 613a BGB Rz. 106).

4313 Wird der Widerspruch fristgerecht erst **nach dem Betriebsübergang** erklärt, ist die Rechtsfolge umstritten. Nach überwiegender Auffassung wirkt der Widerspruch auf den Zeitpunkt des Betriebsübergangs zurück (ErfK/*Preis* § 613a BGB Rz. 105 m.w.N.). Hiergegen wird eingewendet, der Widerspruch sei ein Gestaltungsrecht und wirke grds. nur ex nunc. Eine Rückwirkung müsse gesetzlich geregelt sein. Dies sei nicht der Fall. Eine Rückwirkung sei auch nicht zum Schutz des Arbeitnehmers geboten (s. ausf. *Rieble* NZA 2004, 1). In einer Entscheidung vom 13.7.2006 (EzA § 613a BGB 2002 Nr. 56 = NZA 2006, 1268) setzt sich der Achte Senat des BAG ausführlich mit der Frage des Zeitpunkts der Wirkung des Widerspruchs und den dazu im Schrifttum vertretenen Meinungen auseinander und kommt zu dem Ergebnis, der Widerspruch wirke auf den Zeitpunkt des Betriebsübergangs zurück. Dies entspreche der ständigen Rechtsprechung des *BAG* (22.4.1993 EzA BGB § 613a Nr. 112; 22.4.1993 EzA BGB § 613a Nr. 111; 30.10.1986 EzA BGB § 613a Nr. 54) sowie der überwiegenden Auffassung im Schrifttum zu § 613a BGB a.F. (vgl. u.a. MüKo-BGB/*Müller-Glöge* § 613a Rz. 122; ErfK/*Preis* § 613a BGB Rz. 101; *Worzalla* NZA 2002, 353, 358; *Franzen* RdA 2002, 258, 270). Dahingegen hält der Senat die Einwände *Riebles* (NZA a.a.O.) für unberechtigt. Zwar wirke die Ausübung von Gestaltungsrechten regelmäßig nur für die Zukunft. Dies sei darin begründet, dass eine Rückwirkung den Grundsätzen rechtlicher Klarheit in dem zurückliegenden Zeitraum widerspreche und eine Rückabwicklung bereits vollzogener Rechtsverhältnisse zu Schwierigkeiten führen könne. Andererseits sei eine Rückabwicklung nach der Ausübung von Gestaltungsrechten dem Bürgerlichen Recht nicht fremd (Verweis auf § 142 BGB). Entscheidend sei, ob die Rückwirkung zum Schutz des Ausübungsbefugten geboten ist. So liege es im Falle des Widerspruchsrechts nach § 613a Abs. 6 BGB. Das Widerspruchsrecht solle verhindern, dass dem Arbeitnehmer ein Arbeitgeber aufgezwungen werde, und zwar auch nicht vorübergehend durch eine verspätete Unterrichtung. Die Informationsverpflichtung diene gerade dazu, dem Arbeitnehmer Kenntnis über die Grundlagen für die Ausübung dieser Wahlmöglichkeit zu verschaffen. Hätten der Veräußerer und der Erwerber dieser Verpflichtung nicht ausreichend und ordnungsgemäß Genüge getan, so sei der Arbeitnehmer schutzwürdig.

Eine Ausübung des Widerspruchsrechts ist sogar noch nach der Beendigung des Arbeitsverhältnisses wirksam möglich. Das Recht zum Widerspruch entfällt grundsätzlich nicht, wenn das Arbeitsverhältnis nach dem Betriebsübergang beendet wird (*BAG* 20.3.2008 – 8 AZR 1016/06 – FA 2008, 333). 4314

Muss der Veräußerer auf Grund des Widerspruches betriebsbedingt kündigen, da er den widersprechenden Arbeitnehmer nicht weiterbeschäftigen kann, stellt sich stets die Frage nach einer **Sozialauswahl**. Diese Auswahl ist **betriebsbezogen** vorzunehmen. 4315

Wird ein **ganzer Betrieb** übertragen und werden alle widersprechenden Arbeitnehmer betriebsbedingt entlassen, entfällt eine Sozialauswahl. In diesem Fall muss nur geprüft werden, ob eine Weiterbeschäftigungsmöglichkeit in einem anderen Betrieb des Unternehmens nach § 1 Abs. 2 KSchG besteht. 4316

Beschäftigt der bisherige Betriebsinhaber nach einem **Betriebsteilübergang** noch Arbeitnehmer im Betrieb, hat er vor Ausspruch betriebsbedingter Kündigungen grds. eine Sozialauswahl nach § 1 Abs. 3 KSchG durchzuführen. Die Sozialauswahl kann dazu führen, dass der widersprechende Arbeitnehmer auf Grund seiner Sozialdaten auf einem anderen Arbeitsplatz weiterzubeschäftigen ist und der Arbeitgeber diesem anderen Arbeitnehmer kündigen muss, da er ihn nicht weiterbeschäftigen kann. Dieser Arbeitnehmer verliert also seinen Arbeitsplatz, obwohl er nicht die Möglichkeit hatte, sein Arbeitsverhältnis mit dem Erwerber fortzusetzen. Das BAG hat es ausdrücklich abgelehnt, in diesen Fällen von einer Sozialauswahl generell ganz abzusehen (*BAG* 18.3.1999 EzA § 1 KSchG Soziale Auswahl Nr. 40). Nach Auffassung des *BAG* (18.3.1999 EzA § 1 KSchG Soziale Auswahl Nr. 40) zur alten Rechtslage sind die Gründe, die den Arbeitnehmer zu seinem Widerspruch bewogen haben, mit der sozialen Schutzbedürftigkeit der vergleichbaren Arbeitnehmer abzuwägen. Je geringer die Unterschiede in der sozialen Schutzbedürftigkeit im Übrigen sind, desto gewichtiger müssen die Gründe des widersprechenden Arbeitnehmers sein. Nur wenn dieser einen baldigen Arbeitsplatzverlust oder eine baldige wesentliche Verschlechterung seiner Arbeitsbedingungen bei dem Erwerber zu befürchten hat, könne er einen Arbeitskollegen, der nicht ganz erheblich weniger schutzbedürftig ist, verdrängen. 4317

Diese Rechtsprechung wird vom BAG für die Zeit nach der Neuregelung der Sozialauswahlkriterien zum 1.1.2004 zutreffend nicht mehr aufrechterhalten. Seit dem 1.1.2004 ist die Sozialauswahl auf vier Kriterien beschränkt. Die Auflistung in § 1 Abs. 3 KSchG ist abschließend. Dies schließt die Berücksichtigung der Gründe für den Widerspruch im Rahmen der Sozialauswahl aus (*BAG* 31.5.2007 – 2 AZR 218/06). 4318

Muss der alte Betriebsinhaber einem widersprechenden Arbeitnehmer betriebsbedingt kündigen, kommt es nicht selten vor, dass er diesen Arbeitnehmer während der Kündigungsfrist nicht mehr beschäftigen kann, da der Betriebsübergang bereits vor Ablauf der – eventuell sehr langen – Kündigungsfrist vollzogen wurde. In diesem Fall stellt sich die Frage, ob der Arbeitnehmer bei einem entsprechenden Angebot des neuen Betriebsinhabers gezwungen ist, dieses Angebot anzunehmen, um Nachteile auf Grund des **§ 615 S. 2 BGB** zu vermeiden. Das *BAG* hat dies in seinem Urteil vom 19.3.1999 (EzA § 613a BGB Nr. 163) zutreffend bejaht. 4319

Ein böswilliges Unterlassen des Erwerbs beim neuen Betriebsinhaber (§ 615 S. 2 BGB) ist nicht schon deswegen ausgeschlossen, weil der Arbeitnehmer das Widerspruchsrecht wirksam ausgeübt hat. 4320

c) Individualrechtliche Folgen auf Seiten des Arbeitnehmers

Nach § 613a Abs. 1 S. 1 BGB tritt der Erwerber in die Rechte und Pflichten aus dem Arbeitsverhältnis ein. Dieser Wortlaut ist zu eng. Das Arbeitsverhältnis geht als Vertragsverhältnis insgesamt auf den neuen Inhaber über (*Bauer/v. Steinau-Steinrück* in Hölters, Handbuch des Unternehmens- und Beteiligungskaufs, Teil V Tz. 146). 4321

4322 Mit dem Arbeitsverhältnis gehen die **individualvertraglichen Rechte und Pflichten** auf den Erwerber über. Individualvertraglich ändert sich für den Arbeitnehmer grds. nichts: Er nimmt alle individualvertraglichen Ansprüche mit. Gleiches gilt aber auch für seine individualvertraglichen Pflichten. Auch diese gehen mit und bestehen künftig gegenüber dem Erwerber. Der Arbeitnehmer ist deshalb nunmehr gegenüber dem Erwerber zur **Arbeitsleistung** verpflichtet. Der Erwerber muss seinerseits gegenüber dem Arbeitnehmer die **Entgeltansprüche**, die sich aus dem Arbeitsvertrag ergeben, erfüllen. Im **Ergebnis** kann zusammengefasst werden: Alles was konstitutiv im Arbeitsvertrag geregelt ist, wie z.B. **Dauer der Arbeitszeit, Höhe der Vergütung, eventuelle Jahressonderzahlungen, sonstige Sozialleistungen, Art der Tätigkeit und Umfang des Direktionsrechtes**, bleibt auch nach dem Betriebsübergang unverändert bestehen. Genau dies ist Sinn und Zweck des § 613a BGB. Änderungen dieser vertraglichen Regelungen sind nur nach allgemeinen Grundsätzen, also entweder einvernehmlich oder im Wege der Änderungskündigung möglich. Ein generelles **einseitiges Änderungsrecht des Erwerbers** gibt es, auch nach einem Jahr, **nicht** (s. hierzu Rn. 4352).

4323 Auch die beim Veräußerer aufgebaute **Betriebszugehörigkeit** bleibt dem Arbeitnehmer erhalten (ErfK/*Preis* § 613a BGB Rz. 76). Ein Mitarbeiter, der zum Zeitpunkt des Betriebsüberganges eine zwanzigjährige Betriebszugehörigkeit aufweist, nimmt diese Betriebszugehörigkeit mit. Die beim Betriebsveräußerer erbrachten Beschäftigungszeiten sind deshalb z.B. auch bei der Berechnung der Wartezeit nach § 1 Abs. 1 KSchG für eine vom Erwerber ausgesprochene Kündigung oder im Rahmen der Sozialauswahl zu berücksichtigen (*BAG* 27.6.2002 EzA § 1 KSchG Nr. 55).

4324 Hiervon zu trennen ist jedoch die Frage, ob beim neuen Arbeitgeber ebenfalls das KSchG auf das übergehende Arbeitsverhältnis Anwendung findet. Der auf Grund der Belegschaftsstärke bei dem abgebenden Arbeitgeber über § 23 Abs. 1 S. 2 KSchG vermittelte Kündigungsschutz besteht nach dem Übergang des Arbeitsverhältnisses auf den neuen Arbeitgeber nur dann fort, wenn bei diesem die Voraussetzungen des § 23 Abs. 1 S. 2 KSchG vorliegen. Ein Fortbestand des Kündigungsschutzes trotz Unterschreiten des Schwellenwertes gem. § 23 Abs. 1 KSchG beim neuen Arbeitgeber folgt nach zutreffender Auffassung weder aus § 613a Abs. 1 BGB noch aus einer analogen Anwendung des § 323 Abs. 1 UmwG. Der im Arbeitsverhältnis mit dem Betriebsveräußerer auf Grund der Zahl der beschäftigten Arbeitnehmer erwachsene Kündigungsschutz nach dem Kündigungsschutzgesetz geht nicht mit dem Arbeitsverhältnis gem. § 613a Abs. 1 S. 1 BGB auf den Betriebserwerber über, wenn in dessen Betrieb die Voraussetzungen des § 23 Abs. 1 KSchG nicht vorliegen. Das Erreichen des Schwellenwertes des § 23 Abs. 1 KSchG und der dadurch entstehende Kündigungsschutz sind kein Recht i.S.d. § 613a Abs. 1 S. 1 KSchG (*BAG* 15.2.2007 EzA § 613a BGB 2002 Nr. 65).

4325 Der Erwerber tritt ferner in Ansprüche auf Grund **betrieblicher Übung** ein (*BAG* 3.11.2004 – 5 AZR 73/04 – n.v.). Liegen die Voraussetzungen einer betrieblichen Übung vor, entstehen vertragliche Ansprüche auf die üblich gewordene Leistung. Diese Ansprüche gehen ebenfalls im Rahmen eines Betriebsüberganges mit auf den Erwerber über. Der Erwerber ist also an eine bereits vor dem Betriebsübergang begründete betriebliche Übung gebunden (ErfK/*Preis* § 613a BGB Rz. 74 m.w.N.). Ist die betriebliche Übung noch nicht bindend geworden, sondern erst im Entstehen, gilt der bis zum Zeitpunkt des Betriebsübergangs entstandene Vertrauenstatbestand auch gegenüber dem Erwerber. Er hat es damit in der Hand, den Vertrauenstatbestand zu vollenden oder ihn abzubrechen und den Eintritt einer Bindung zu verhindern (ErfK/*Preis* § 613a BGB Rz. 74 m.w.N.). Hinsichtlich der Möglichkeit, sich über eine negative betriebliche Übung von der Bindung wieder zu lösen, gelten auch für den Erwerber die allgemeinen Grundsätze.

4326 Gleiches gilt im Ergebnis für Leistungen, die auf einer **Gesamtzusage** basieren. Eine Gesamtzusage begründet ebenfalls individualvertragliche Ansprüche. Diese gehen deshalb nach § 613a BGB auf den Erwerber über.

4327 Da sich § 613a BGB auf Rechte und Pflichten beschränkt, die **im Arbeitsverhältnis** begründet sind, werden solche Rechtsverhältnisse nicht erfasst, die auf einem besonderen separaten Rechtsakt beruhen, wie z.B. Prokuren, Handlungsvollmachten, Aufsichtsratsmandate oder Titel, wie z.B. Direktor. Die gleichen Grundsätze gelten auch bei sonstigen Zusagen und Regelungen, wie z.B in einem **Aktienoptionsplan**. Wurden die Aktienoptionen vom Arbeitgeber z.B. im Rahmen einer Gesamtzusage gewährt, sind sie wie andere Leistungszusagen des Arbeitgebers zu behandeln. Es handelt sich in diesem Fall um Ansprüche aus dem Arbeitsverhältnis, die von § 613a BGB erfasst werden (ErfK/*Preis* § 613a BGB Rz. 73). Hat jedoch nicht der Arbeitgeber, sondern ein Konzernunternehmen (meist Konzernmutter) in einem Aktienoptionsplan eigenständig Verpflichtungen gegenüber Arbeitnehmern übernommen, die im Betrieb eines anderen zum Konzern gehörenden Unternehmens beschäftigt sind, so gehen diese Verpflichtungen im Falle eines Betriebsüberganges nicht auf den Erwerber über, da sie nicht Gegenstand des Arbeitsverhältnisses mit dem Veräußerer sind (*BAG* 12.2.2003 EzA § 613a BGB 2002 Nr. 3). Der Arbeitnehmer muss diese Ansprüche, wie auch vor dem Betriebsübergang, gegenüber dem vertragsschließenden Konzernunternehmen geltend machen (ErfK/*Preis* § 613a BGB Rz. 73).

Hinsichtlich des Übergangs von **Arbeitnehmerdarlehen** ist zu differenzieren: Wenn das Darlehen zu den Rechten und Pflichten aus dem Arbeitsverhältnis gehört, kann es auf den Erwerber übergehen. Dies ist insbesondere dann der Fall, wenn der Arbeitgeber dem Arbeitnehmer ein Darlehen als Lohn- oder Gehaltsvorschuss gegeben hat (*BAG* 21.1.1999 – 8 AZR 373/97 – n.v.). Soweit jedoch ein separater Darlehensvertrag geschlossen wurde, der eigenständig und unabhängig von dem Arbeitsverhältnis ist, geht dieser Darlehensvertrag nicht mit über. **4328**

Da sämtliche im Arbeitsverhältnis begründeten Vergütungsbestandteile nach § 613a Abs. 1 S. 1 BGB übergehen, ist der Erwerber auch verpflichtet, **Mietkosten** zu erstatten, einen **Mietzuschuss** zu zahlen oder eine günstige **Mietwohnung** zu beschaffen. Diese Verpflichtung besteht lediglich dann nicht, soweit die Werkswohnungen im **Eigentum** des **Veräußerers** stehen, da der Erwerber die Wohnungen weder kraft Gesetzes erwirbt und auch der Mietvertrag nicht auf ihn übergeht (*Bauer/v. Steinau-Steinrück* in: Hölters Handbuch des Unternehmens- und Beteiligungskaufs, Teil V, Rn. 274). **4329**

Auch ein Anspruch auf Ermäßigung beim Erwerb der betrieblich hergestellten Waren, sog. **Personalrabatt**, ist grundsätzlich übergangsfähig. Stellt der Erwerber die preisgeminderten Waren nach dem Betriebsübergang allerdings nicht oder nicht mehr selbst her, entfällt dieser Anspruch (*BAG* 7.9.2004 EzA § 611 BGB 2002 Personalrabatt Nr. 1). In dieser Entscheidung hat das BAG zutreffend festgestellt, dass die Einräumung eines sog. Personalrabatts regelmäßig unter dem vertraglichen Vorbehalt steht, dass der Arbeitgeber die preisgeminderte Ware selbst herstellt. **4330**

Da die Arbeitsverhältnisse auf den Erwerber übergehen, besteht auch grds. kein **Zeugnisanspruch** nach § 109 GewO gegenüber dem Veräußerer. Wird allerdings nur ein Betriebsteil übertragen und gehen die Vorgesetzten des Arbeitnehmers nicht mit über, wird ein Anspruch des Arbeitnehmers auf Erteilung eines **Zwischenzeugnisses** nach Treu und Glauben wohl angenommen werden müssen. **4331**

Während das **gesetzliche Wettbewerbsverbot** nach § 60 HGB ohne weiteres nach § 613a Abs. 1 S. 1 BGB auf den Erwerber übergeht, sind die Auswirkungen eines Betriebsübergangs auf **nachvertragliche Wettbewerbsverbote** nach §§ 74 ff. HGB umstritten. Ein Übergang nach § 613a BGB scheidet aus, wenn zum Zeitpunkt des Betriebsübergangs das Arbeitsverhältnis bereits beendet ist und das nachvertragliche Wettbewerbsverbot bereits zu laufen begonnen hat (*Bauer/Diller* Wettbewerbsverbote, Rz. 684 ff.). Das Wettbewerbsverbot bleibt jedoch gegenüber dem Veräußerer bestehen (s. hierzu auch Rn. 4267). **4332**

Soweit das Arbeitsverhältnis zum Zeitpunkt des Betriebsübergangs noch besteht, gehört ein **nachvertragliches Wettbewerbsverbot** grds. zu den Rechten und Pflichten aus dem Arbeitsverhältnis, in die der Erwerber nach § 613a Abs. 1 S. 1 BGB eintritt (ganz h.M., statt aller *Bauer/Diller* Wettbewerbsverbote, Rz. 669). Durch den Betriebsübergang ändert sich allerdings der Inhalt des Wettbewerbsverbots dahingehend, dass sich der Arbeitnehmer nunmehr einer Konkurrenz zum Erwerber enthalten muss. **4333**

Die übergehenden Arbeitnehmer behalten ihre individualvertraglichen Rechte und Pflichten auch dann, wenn sie in eine bestehende Betriebsorganisation integriert werden. Die Arbeitnehmer können nicht verlangen, dass ihre Arbeitsbedingungen an das Niveau im **4334**

Betrieb des Erwerbers angepasst werden. Umgekehrt können auch die Arbeitnehmer des aufnehmenden Betriebes nicht verlangen, dass ihnen die gleichen Konditionen gewährt werden, wie den übernommenen Arbeitnehmern (*BAG* 25.8.1976 EzA § 242 BGB Gleichbehandlung Nr. 11; 30.8.1979 EzA § 613a BGB Nr. 23). Die Rechtswirkungen, die in § 613a BGB vorgesehen sind, stellen einen **sachlichen Grund** für diese Ungleichbehandlung dar, so dass kein Verstoß gegen den Gleichbehandlungsgrundsatz vorliegt. Nur wenn der Arbeitgeber später neue Vergütungsstrukturen oder neue Leistungen schafft, ist er an den Gleichbehandlungsgrundsatz gebunden (*BAG* 31.8.2005 EzA § 613a BGB 2002 Nr. 39). Für die Gewährung neuer Leistungen (freiwillige Lohnerhöhung) hat das *BAG* in seinem Urteil vom 14.3.2007 (– 4 AZR 460/06) festgestellt, dass allein die Anknüpfung an die Gruppe der Stammbelegschaft einerseits und die der übernommenen Arbeitnehmer andererseits keinen sachlichen Grund für eine Differenzierung darstellt. Ein sachlicher Grund für die Differenzierung könne jedoch in der Anpassung unterschiedlicher Arbeitsbedingungen der Stammbelegschaft und der durch § 613a Abs. 1 S. 2 BGB übernommenen Arbeitnehmer liegen. Die Herstellung einheitlicher Arbeitsbedingungen durch den Ausgleich von Nachteilen und die Angleichung an die Bedingungen der übernommenen Belegschaft rechtfertige eine differenzierte Behandlung der verschiedenen Gruppen. Die Angleichung sei auch dann legitim, wenn sie durch den Gleichbehandlungsgrundsatz nicht zwingend gefordert wird.

d) Rechtsfolgen auf Seiten des Erwerbers

4335 Der Erwerber tritt in das Arbeitsverhältnis in dem **Zustand** ein, wie es zwischen Veräußerer und Arbeitnehmer bestand. Ihm stehen nunmehr auch die aus dem Arbeitsverhältnis etwa erwachsenen Gestaltungsrechte (z.B. Kündigungsrecht, Anfechtungsrecht) und Ansprüche (Herausgabe von Geschäftsunterlagen, Unterlassen von Wettbewerb) zu.

4336 Der Erwerber **haftet für alle Ansprüche der übernommenen Arbeitnehmer**, unabhängig davon, ob sie vor oder nach dem Betriebsübergang entstanden und/oder fällig geworden sind (*Bauer/v. Steinau-Steinrück* in: Hölters Handbuch des Unternehmens- und Beteiligungskaufs, Teil V, Rz. 241). Für die Ansprüche, die nach dem Betriebsübergang entstanden sind, ist dies offensichtlich. Insoweit trifft den neuen Inhaber eine primäre unbeschränkte Haftung. Die Haftung für Ansprüche vor dem Betriebsübergang ist ebenfalls nicht begrenzt. Insbesondere der Jahresfrist des § 613a Abs. 2 BGB kann keine Begrenzung entnommen werden. Diese Regelung betrifft ausschließlich das Innenverhältnis zwischen Erwerber und Veräußerer (*Bauer/v. Steinau-Steinrück* a.a.O., Teil V, Rz 160). Der Erwerber haftet deshalb im Außenverhältnis gegenüber dem Arbeitnehmer für Rückstände stets und ohne zeitliche Begrenzung (*Bauer/v. Steinau-Steinrück* a.a.O., Teil V, Rz. 241).

4337 Der Erwerber haftet nicht für **rückständige Sozialversicherungsbeiträge oder Lohnsteuer**, da es sich hierbei nicht um Verpflichtungen aus dem Arbeitsverhältnis, sondern um Verpflichtungen öffentlich-rechtlicher Natur handelt (ErfK/*Preis* § 613a BGB Rz. 81).

4338 Der Erwerber haftet nicht für Ansprüche von Arbeitnehmern, die zum Zeitpunkt des Betriebsüberganges bereits **ausgeschieden** waren. Das gilt z.B. auch dann, wenn das provisionspflichtige Geschäft erst von dem Betriebserwerber ausgeführt wird (*BAG* 11.11.1986 EzA § 613a BGB Nr. 60).

e) Rechtsfolgen auf Seiten des Veräußerers

4339 Für Forderungen aus Arbeitsverhältnissen, die zum Zeitpunkt des Betriebsüberganges bereits **beendet** waren, haftet der Veräußerer allein und zeitlich unbeschränkt (*Bauer/v. Steinau-Steinrück* a.a.O., Teil V, Rz. 243).

4340 Der Veräußerer scheidet mit dem Betriebsübergang aus dem Arbeitsverhältnis aus. Ab diesem Zeitpunkt ist er nicht mehr Arbeitgeber der übergehenden Arbeitnehmer. Hat der Veräußerer jedoch vor dem Betriebsübergang eine Kündigung ausgesprochen, so ist er trotz des Verlustes seiner Arbeitgeberstellung in einem **Kündigungsschutzprozess** passiv legitimiert und befugt, einen Auflösungsantrag zu stellen. Der Auflösungszeitpunkt muss dann allerdings vor dem Betriebsübergang liegen (*BAG* 24.5.2005 EzA § 613a BGB 2002 Nr. 32; ausführlich hierzu ErfK/*Preis* § 613a BGB Rz. 176).

Der Veräußerer haftet uneingeschränkt weiterhin für Forderungen der Arbeitnehmer, die **vor** dem Betriebsübergang entstanden sind und fällig waren. Für derartige Ansprüche haftet der Veräußerer in voller Höhe (*Staudinger/Richardi* § 613a BGB Rz. 211). Da für diese Forderungen auch der Erwerber haftet, besteht insoweit ein Gesamtschuldverhältnis. 4341

Der Veräußerer haftet nach § 613a Abs. 2 S. 1 BGB schließlich neben dem Erwerber als Gesamtschuldner für Forderungen der Arbeitnehmer, die zwar **vor** dem Betriebsübergang entstanden sind, aber erst innerhalb **eines Jahres** nach dem Betriebsübergang fällig werden. Allerdings haftet der Veräußerer nur in dem Umfang, der dem im Zeitpunkt des Betriebsübergangs abgelaufenen Bemessungszeitraum entspricht (§ 613a Abs. 2 S. 2 BGB). 4342

f) Fortgeltung von Kollektivnormen nach § 613a Abs. 1 S. 2 bis 4 BGB

aa) Prinzip der Transformation § 613a Abs. 1 S. 2 BGB

Die Normen aus Tarifverträgen und Betriebsvereinbarungen gelten nur, wenn und soweit die jeweiligen Voraussetzungen vorliegen. Der Tarifvertrag gilt zwingend, wenn beide Seiten tarifgebunden sind (§ 4 Abs. 1 TVG) und unter den Geltungsbereich des Tarifvertrages fallen. Letzteres ist auch für die Geltung einer Betriebsvereinbarung erforderlich. Hieran ändert § 613a BGB nichts. Der Gesetzgeber konnte nicht regeln, dass die beim Veräußerer geltenden Kollektivnormen auch beim Erwerber kollektivrechtlich fortgelten. Er hat deshalb zu einem **dogmatischen Trick** gegriffen. Die beim Veräußerer geltenden Kollektivnormen werden in **individualvertragliche Ansprüche transformiert** (§ 613a Abs. 1 S. 2 BGB). 4343

> Der Arbeitnehmer nimmt nach § 613a Abs. 1 S. 2 BGB die bisher kollektivrechtlich normierten Ansprüche als individualvertragliche Ansprüche mit. 4344

bb) Ausschluss der Transformation

Die Transformation ist dann nicht notwendig, wenn die Normen auch beim Erwerber kollektivrechtlich gelten oder es zu dem betreffenden Regelungsgegenstand beim Erwerber eine eigene **kollektive Regelung** gibt (§ 613a Abs. 1 S. 3 BGB). Die Betriebsvereinbarung ist durch § 613a BGB bei dem Erwerber vor einer Ablösung durch eine andere Kollektivregelung nicht stärker geschützt, als bei dem Veräußerer (*BAG* 18.11.2003 EzA § 77 BetrVG 2001 Nr. 9). Eine kollektive Regelung ist jede Regelung in einem Tarifvertrag und einer Betriebsvereinbarung, unabhängig davon, ob sie vom Betriebsrat, Gesamt- oder Konzernbetriebsrat abgeschlossen wurde. Dabei wird die Transformation einer vom Veräußerer mit dem Betriebsrat abgeschlossenen Vereinbarung auf Erwerberseite nicht nur durch eine Betriebsvereinbarung, sondern auch durch eine Gesamt- oder Konzernvereinbarung und sogar durch einen Tarifvertrag, der den gleichen Gegenstand regelt, verhindert. 4345

Dies galt nach herrschender Meinung auch im umgekehrten Fall. Der 1. Senat des *BAG* hat in seinem Beschluss vom 22.3.2005 (EzA § 77 BetrVG 2001 Nr. 10) Zweifel an dieser »**Über-Kreuz-Ablösung**« geäußert. Der 3. Senat des *BAG* (13.11.2007 EzA § 613a BGB 2002 Nr. 87) hat nun für den Bereich der **betrieblichen Altersversorgung** entschieden, dass tarifvertraglich begründete Ansprüche auf Leistungen der betrieblichen Altersversorgung nicht durch eine beim Erwerber geltende Betriebsvereinbarung abgelöst werden können. Der Sinn und Zweck des § 613a BGB bestehe darin, dem Arbeitnehmer bei einem Betriebsübergang die bisherigen Arbeitsbedingungen zu erhalten. Betriebsvereinbarungen zur betrieblichen Altersversorgung seien nur teilmitbestimmt; der Arbeitgeber bestimmt allein über die Dotierung. Schon aus diesem Grunde komme eine Ablösung tariflich begründeter Versorgungsansprüche durch Betriebsvereinbarung im Wege der sog. Überkreuzablösung nicht in Betracht. Es bleibt abzuwarten, ob das BAG diese Grundsätze auch auf Leistungen außerhalb der betrieblichen Altersversorgung ausweitet. In jedem Fall ist jedoch stets zu prüfen, ob die Betriebsvereinbarung in Anbetracht des § 77 Abs. 3 BetrVG überhaupt wirksam ist. 4346

4347 Unerheblich ist für die Ablösung, ob die Regelung beim Erwerber günstiger oder ungünstiger ist. Es ist **kein Günstigkeitsvergleich** anzustellen (*BAG* 16.5.1995 EzA § 613a BGB Nr. 127). Insoweit gilt allein das **Ordnungsprinzip** (*BAG* 28.6.2005 EzA § 77 BetrVG 2001 Nr. 12). In jedem Fall muss die neue kollektive Regelung normativ gelten. Eine individualvertragliche Regelung, auch in Form einer Gesamtzusage oder betrieblichen Übung, genügt nicht.

4348 Die herrschende Meinung ist sich im Ergebnis darin einig, dass die Transformation nur **Auffangcharakter** hat (statt aller: *Bauer/v. Steinau-Steinrück* a.a.O., Teil V, Rz. 322; ErfK/*Preis* § 613a BGB Rz. 109). Zur Transformation kommt es nur, wenn die kollektive Regelung nach dem Betriebübergang nicht kollektiv fort gilt und es beim Erwerber zu dem betreffenden Regelungsgegenstand keine kollektive Regelung gibt. § 613a BGB sichert den Vorrang der kollektivrechtlichen Regelungen beim Betriebserwerber vor denen des Betriebsveräußerers, die sonst nach § 613a Abs. 1 S. 2 BGB Inhalt der Arbeitsverhältnisse würden (*BAG* 1.8.2001 EzA § 613a BGB Nr. 199).

cc) Inhalt der Transformation

4349 Die Transformation erfasst nur den **normativen Teil des Tarifvertrages** oder **der Betriebsvereinbarung**. Unter den Begriff der Betriebsvereinbarung fallen auch Gesamt- und Konzernbetriebsvereinbarungen (ErfK/*Preis* § 613a BGB Rz. 115). Schuldrechtliche Absprachen einer Betriebsvereinbarung werden nicht transformiert. Auch aus dem normativen Teil werden nur die Rechtsnormen transformiert, die Rechte und Pflichten aus dem Arbeitsverhältnis regeln (ErfK/*Preis* § 613a BGB Rz. 118). Letztendlich gelten damit nur sog. **Inhaltsnormen** individualvertraglich fort. Demgegenüber werden Abschluss-, Betriebs-, betriebsverfassungsrechtliche Normen und Normen über gemeinsame Einrichtungen grds. nicht transformiert (*Bauer/v. Steinau-Steinrück* a.a.O., Teil V, Rz. 318). Diese regeln im Zweifelsfall nicht Rechte und Pflichten aus dem Arbeitsverhältnis, sondern Fragen der Ordnung des Betriebes, der Organisationsgewalt des Arbeitgebers, sowie Fürsorgemaßnahmen zugunsten der Belegschaft insgesamt. Typische Betriebsnormen sind z.B. Arbeitszeitregelungen hinsichtlich der Lage der Arbeitszeit. **Regelungsabreden** werden ebenfalls nicht erfasst. Sie haben keine normative Wirkung (*Bauer/v. Steinau-Steinrück* a.a.O., Teil V, Rz. 315).

4350 Es werden nur die kollektiven Regelungen transformiert, die **zum Zeitpunkt des Betriebsüberganges gelten**. Insoweit ist die Transformation **statisch**. Nach dem Betriebsübergang beim Veräußerer in Kraft tretende kollektive Regelungen gelten nicht mehr, sie werden von der Transformation nicht erfasst (*BAG* 4.8.1999 EzA § 613a BGB Nr. 184). Der Arbeitnehmer nimmt also an der Weiterentwicklung der Rechte und Pflichten der bisherigen Kollektivvereinbarung nicht mehr teil (ErfK/*Preis* BGB § 613a Rz. 117).

4351 Zum Zeitpunkt des Betriebsübergangs geltende Regelungen sind auch kollektivrechtliche Inhaltsnormen, die nur noch **nachwirken**. Sie gelten noch, wenn auch nicht zwingend. Auch **nachwirkende Inhaltsnormen** werden deshalb transformiert (*BAG* 1.8.2001 EzA § 613a BGB Nr. 199). Da nachwirkende Normen keine zwingende Wirkung haben, können sie bereits vor Ablauf der Jahresfrist einzelvertraglich abgeändert werden (ErfK/*Preis* BGB § 613a Rz. 121).

dd) Jahresfrist

(1) Geltungsbereich der Jahresfrist

4352 Transformierte Regelungen dürfen nicht **vor Ablauf eines Jahres** nach dem Betriebsübergang zum Nachteil der Arbeitnehmer geändert werden. Diese Jahresfrist ist sicherlich die am häufigsten verkannte Frist im deutschen Arbeitsrecht. Mindestens jeder zweite Arbeitgeber geht davon aus, dass er im ersten Jahr nach einem Betriebsübergang nichts zum Nachteil der Arbeitnehmer verändern kann, d.h. im ersten Jahr alles unverändert bleibt. Der zweite Irrglaube ist, dass der Erwerber nach Ablauf des ersten Jahres, in dem sich nichts verändert hat, nun alles einseitig so ändern darf, wie er dies möchte. Beides ist falsch. **Die Jahresfrist gilt nur für transformierte Regelungen**. Ansonsten gibt es weder eine Jahresfrist noch irgendwie geartete erleichterte Änderungsbedingungen nach Ablauf eines Jahres. Dies gilt sowohl für kollektive Regelungen, die auch nach dem Betriebsübergang kollektiv fort gelten (z.B. Betriebsvereinbarungen) als auch für individualvertragliche Regelungen. Letztere können nach allgemeinen Grundsätzen nur einvernehmlich oder mit Hilfe einer Änderungskündigung abgeändert werden. Eine betriebsbedingte Änderungskündigung ist in der Praxis im Normalfall nicht Erfolg versprechend und viel zu aufwendig.

(2) Änderungssperre innerhalb des Jahres

Innerhalb der Jahresfrist dürfen die transformierten Regelungen in Anbetracht des § 613a Abs. 1 S. 4 BGB nicht mit Hilfe **einzelvertraglicher Vereinbarungen** zum Nachteil der Arbeitnehmer abgeändert werden (*BAG* 1.8.2001 EzA § 613a BGB Nr. 199). **4353**

Von dieser einjährigen Änderungssperre macht das Gesetz **in zwei Fällen in § 613a Abs. 1 S. 4 BGB eine Ausnahme**. Nach der ersten Ausnahmeregelung entfällt die Änderungssperre in dem Moment, in dem der Tarifvertrag oder die Betriebsvereinbarung nicht mehr gilt, d.h. die Normen keine zwingende Wirkung mehr entfalten und deshalb nur noch nach § 4 Abs. 5 TVG oder § 77 Abs. 6 BetrVG nachwirken (ErfK/*Preis* § 613a BGB Rz. 121). Die **zweite** Ausnahmeregelung lässt eine Änderung vor Ablauf der Jahresfrist zu, wenn bei fehlender beiderseitiger Tarifgebundenheit im Geltungsbereich eines anderen Tarifvertrages dessen Anwendung zwischen dem neuen Inhaber und dem Arbeitnehmer vereinbart wird. **4354**

Von diesen Regelungen völlig unberührt ist der Fall des **§ 613a Abs. 1. S. 3 BGB**. Genauso wie eine kollektive Regelung beim Erwerber die Transformation dann verhindert, wenn sie zum Zeitpunkt des Betriebsüberganges normativ gilt, beendet sie die Transformation, wenn sie erst später beim Erwerber gilt, z.B. weil dieser erst später in den Arbeitgeberverband eintritt oder erst später eine entsprechende Betriebsvereinbarung abschließt. Dies gilt sowohl während als auch nach Ablauf der Jahresfrist. Gab es also beim Veräußerer eines Betriebsteils, der nach dem Betriebsübergang in den Betrieb des Erwerbers integriert wird, eine Betriebsvereinbarung Jahressonderzahlung und hatte der Erwerber keine entsprechende kollektive Regelung, wurden diese Ansprüche in individualvertragliche Regelungen transformiert. Schließt der Erwerber später mit seinem Betriebsrat eine Betriebsvereinbarung Jahressonderzahlung ab, löst diese die transformierten Regelungen ab. Dies gilt unabhängig davon, ob die neue Regelung für die Arbeitnehmer günstiger oder ungünstiger ist; insoweit gilt nicht das Günstigkeits-, sondern das **Ordnungsprinzip** (*BAG* 28.6.2005 EzA § 77 BetrVG 2001 Nr. 12). **4355**

(3) Möglichkeiten nach Ablauf der Jahresfrist

Nach Ablauf der Jahresfrist dürfen die transformierten Regelungen einvernehmlich mit Hilfe eines Änderungsvertrages auch zum Nachteil der Arbeitnehmer abgeändert werden. Stimmt der Arbeitnehmer dem nicht zu, bleibt auf individualvertraglicher Ebene nur die betriebsbedingte Änderungskündigung. Insoweit gelten die allgemeinen Voraussetzungen des § 2 KSchG. In der Praxis liegen diese Voraussetzungen meist nicht vor. Auf die Möglichkeit der Beendigung der Transformation nach § 613a Abs. 1 S. 3 BGB wurde bereits verwiesen. **4356**

g) Besonderheiten bei Betriebsvereinbarungen

Zu einer Transformation von Betriebsvereinbarungen kommt es insbes. dann nicht, wenn die **Identität des Betriebes** beim Betriebsübergang gewahrt wird. Geht der Betrieb als Ganzes auf den Erwerber über, bleibt der Betriebsrat im Amt und es gelten die Betriebsvereinbarungen kollektivrechtlich weiter (*BAG* 5.2.1991 EzA § 613a BGB Nr. 93). Diese Fortgeltung **4357** wird damit begründet, dass der neue Inhaber als Folge des Betriebsüberganges in vollem Umfang in die Arbeitgeberstellung seines Vorgängers und damit auch in dessen betriebsverfassungsrechtliche Stellung als **Partei** der Betriebsvereinbarungen eintritt (*BAG* 5.2.1991 EzA §613a BGB Nr. 93). Dieser Fall ist unproblematisch und unstreitig. Bleiben Betrieb und (damit) Betriebsrat beim Erwerber unverändert bestehen, gelten die Betriebsvereinbarungen, die der Betriebsrat abgeschlossen hat unverändert kollektiv fort.

4358 Diesen Ansatz hat das *BAG* in seinem Beschluss vom 18.9.2002 (EzA §613a BGB 2002 Nr. 5) konsequent angewendet und unter Berufung auf §21a BetrVG für die Praxis weit reichende Folgerungen gezogen. Es hat zum einen festgestellt, dass auch **Gesamtbetriebsvereinbarungen** kollektiv fortgelten können. Je nach Konstellation bleiben die Gesamtbetriebsvereinbarungen als solche (Übertragung aller oder zumindest mehrerer Betriebe und kein Betrieb beim Erwerber) oder als Einzelbetriebsvereinbarungen (Übertragung nur eines Betriebes oder Betrieb beim Erwerber vorhanden) bestehen (*Mues* DB 2003, 1273; *Rieble* NZA 2003, 233; *Meyer* ZIP 2004, 545). Die gleichen Grundsätze gelten auch für **Konzernbetriebsvereinbarungen**. Zum Schicksal des Gesamtbetriebsrates s.o. Rn. 4147.

4359 Des Weiteren hat das BAG in seiner Entscheidung vom 18.9.2002 festgestellt, dass in einem vom Betrieb des Veräußerers abgespaltenen **Betriebsteil**, der vom Erwerber nach der Übernahme als selbstständiger Betrieb geführt wird, die im ursprünglichen Betrieb bestehenden Einzel- und Gesamtbetriebsvereinbarungen normativ, also kollektiv weiter gelten, wenn der Betrieb betriebsratsfähig ist. In diesem Fall hat der abgebende Betriebsrat ein Übergangsmandat nach §21a BetrVG. In der neuen Einheit wird es wieder einen Betriebsrat geben. Vor diesem Hintergrund ist die Rechtsprechung des BAG überzeugend.

4360 Nur soweit die betriebsverfassungsrechtliche Identität im obigen Sinne **nicht** erhalten bleibt, kommt es zu der in § 613a Abs. 1 S. 2 BGB vorgesehenen Transformation der Betriebsvereinbarungen. Dies ist insbes. dann der Fall, wenn der Betrieb oder Betriebsteil in einen anderen Betrieb des Erwerbers integriert wird (ErfK/*Preis* §613a BGB Rz. 116). Die Transformation wird regelmäßig zu einer unterschiedlichen Regelung der Arbeitsbedingungen von übernommenen Arbeitnehmern und den bereits beim Erwerber beschäftigten Arbeitnehmern führen. Als von den Beschäftigten besonders sensibel wahrgenommen wird dabei die Frage der Rechtmäßigkeit einer ungleichen Vergütung für dieselbe Tätigkeit. Hier hat das Bundesarbeitsgericht Klarheit geschaffen, indem es in diesen Fällen die Verletzung des **Gleichbehandlungsgrundsatzes** verneint (*BAG* 31.8.2005 EzA § 613a BGB 2002 Nr. 39). Der Arbeitgeber vollzieht nur die sich aus §613a Abs. 1 BGB ergebenden Rechtsfolgen und trifft keine eigenständige Regelung. Dies gilt auch bei der gleichzeitigen Übernahme mehrerer Betriebe zwischen den jeweils dort Beschäftigten.

4361 Da **freiwillige Betriebsvereinbarungen** nach §77 Abs. 6 BetrVG keine Nachwirkung entfalten, sondern nach dem Auslaufen der Kündigungsfrist erlöschen, unterliegen sie einer nur begrenzten Transformation. Die Arbeitnehmer sollen durch die Transformation nicht schlechter, aber auch nicht besser gestellt werden. Soweit der Veräußerer die freiwilligen Betriebsvereinbarungen vor dem Betriebsübergang gekündigt hat, kommt eine Fortgeltung ohnehin nur noch in Betracht, wenn das Ende der Kündigungsfrist in die Zeit nach dem Betriebsübergang fällt. Im Falle der kollektiven Fortgeltung erlischt die freiwillige Betriebsvereinbarung mit dem Ablauf der Kündigungsfrist. Im Falle der Transformation fallen die fortgeltenden Regelungen der freiwilligen Betriebsvereinbarung ersatzlos weg, ohne dass es einer Änderungskündigung bedarf (*Bauer/v. Steinau-Steinrück* NZA 2000, 505).

h) Besonderheiten bei Tarifverträgen

aa) Grundsatz

4362 Tarifverträge müssen nur transformiert werden, soweit sie beim Erwerber nicht kollektiv weiter gelten (*BAG* 24.6.1998 EzA §20 UmwG Nr. 1). Der **Verbandstarifvertrag** gilt dann kollektivrechtlich fort, wenn der Betrieb(steil) auch nach dem Betriebsübergang unter seinen Geltungsbereich fällt und beiderseitige Tarifgebundenheit von Arbeitnehmern und Arbeitgebern gem. § 3 TVG besteht oder diese durch die Allgemeinverbindlicherklärung nach § 5 Abs. 4 TVG ersetzt ist. Da die Verbandsmitgliedschaft des Veräußerers als höchstpersönliches Recht – auch bei Umwandlungsfällen – nicht im Wege der Gesamtrechtsnachfolge auf den Erwerber übergeht (*BAG* 24.6.1998 EzA § 20 UmwG Nr. 1), setzt eine kollektivrechtliche Bindung des Erwerbers entweder die Mitgliedschaft im zuständigen Arbeitgeberverband oder die Allgemeinverbindlichkeit des Tarifvertrages voraus.

► **Beispiel:** 4363
Ist der Erwerber ebenso wie der Veräußerer Mitglied im Arbeitgeberverband Metall, gilt der Metall-Tarifvertrag auch nach dem Betriebsübergang für die tarifgebundenen Arbeitnehmer kollektivrechtlich.

Bei einem **Firmentarifvertrag** wird der Erwerber eines Betriebes oder Betriebsteils nicht Vertragspartner des Firmentarifvertrages. Der Erwerber tritt nur in die Rechte und Pflichten aus den bestehenden Arbeitsverhältnissen ein; nur insoweit wird er Rechtsnachfolger des Veräußerers. **Die Stellung als Tarifvertragspartei eines Firmentarifvertrages wird nicht von § 613a BGB erfasst.** Ein Firmentarifvertrag wirkt deshalb im Rahmen des § 613a BGB nicht kollektivrechtlich fort (*BAG* 20.6.2001 EzA § 3 TVG Nr. 25). Ein Firmentarifvertrag wirkt kollektivrechtlich nur bei der Gesamtsrechtsnachfolge in ein Unternehmen fort, da der Rechtsnachfolger hier in die Rechtsstellung seines Vorgängers einrückt (*BAG* 24.6.1998 EzA § 20 UmwG Nr. 1). 4364

bb) Tarifwechsel

Im Regelfall ist der Erwerber nicht an den Tarifvertrag des Veräußerers gebunden. In diesem Fall werden die Inhaltsnormen nach **§ 613a Abs. 1 S. 2 BGB** in arbeitsvertragliche Regelungen transformiert. Es werden die tarifvertraglichen Regelungen transformiert, die zum Zeitpunkt des Betriebsübergangs bestanden. Später in Kraft tretende Tarifverträge werden nicht mehr mitgenommen. Für die übernommenen Arbeitnehmer gelten deshalb auch die tariflichen Regelungen, die rückwirkend auf einen Zeitpunkt vor dem Betriebsübergang in Kraft gesetzt werden, nicht mehr (*BAG* 13.9.1994 EzA § 613a BGB Nr. 125). 4365

Die Transformation unterbleibt nach § 613a Abs. 1 S. 3 BGB nur, wenn nicht nur der Arbeitgeber, sondern **auch** die Arbeitnehmer an den Tarifvertrag des Erwerbers gebunden sind. Diese **kongruente** Tarifgebundenheit ist nur dann gegeben, wenn der Tarifvertrag für allgemeinverbindlich erklärt wurde (§ 5 TVG) oder der Arbeitnehmer Mitglied der tarifvertragschließenden Gewerkschaft ist. Da ein Wechsel der Arbeitnehmer in die zuständige Gewerkschaft eher unwahrscheinlich ist, ist diese Voraussetzung in der Praxis regelmäßig nur erfüllt, wenn die Gewerkschaft, die den Verbandstarifvertrag des Veräußerers abgeschlossen hat, auch Vertragspartner des bei dem Erwerber geltenden Tarifvertrages ist. 4366

In der Literatur (*Hromadka/Maschmann/Wallner* Tarifwechsel Rz. 345 ff. m.w.N.) ist in den letzten Jahren sehr intensiv die Frage erörtert worden, ob auch eine **einseitige Tarifbindung des neuen Arbeitgebers** die Transformation des Tarifvertrages verhindert. Diese Diskussion hat das *BAG* mit seinem Urteil vom 21.2.2001 (EzA § 613a BGB Nr. 195) für die Praxis beendet. Das BAG hat klargestellt, dass § 613a Abs. 1 S. 3 BGB die kongruente Tarifgebundenheit sowohl des neuen Betriebsinhabers als auch des Arbeitnehmers voraussetzt. Die einseitige Tarifbindung des Erwerbers steht damit einer Transformation nicht entgegen. 4367

Auch tarifvertragliche Ansprüche eines Arbeitnehmers, die nach § 613a Abs. 1 S. 2 BGB Inhalt des Arbeitsverhältnisses mit dem Betriebserwerber geworden sind, können später durch einen Tarifvertrag, an den dann Betriebserwerber **und** Arbeitnehmer gebunden sind, oder durch eine Betriebsvereinbarung eingeschränkt werden (*BAG* 16.5.1995 EzA § 613a BGB Nr. 127). In diesem Fall wird die Transformation beendet. Es gilt bei Regelungsidentität ausschließlich der neue Tarifvertrag oder die neue Betriebsvereinbarung. Die neue kollektive Regelung löst die transformierte Regelung allerdings nur ab, wenn sie denselben Regelungsgegenstand betrifft oder dahin auszulegen ist, dass sie die arbeitsvertraglich fortgeltende Tarifvertragsregelung dieses Gegenstandes ablösen soll (*BAG* 22.1.2003 EzA § 613a BGB 2002 Nr. 1). 4368

cc) Einzelvertragliche Bezugnahme auf einen Tarifvertrag

(1) Grundsatz

4369 Ist der Arbeitnehmer nicht tarifgebunden, gilt ein Tarifvertrag bis zum Zeitpunkt des Betriebsüberganges in vielen Fällen kraft **individualvertraglicher** Bezugnahme. Die tarifgebundenen Arbeitgeber wissen nicht, welche Arbeitnehmer tarifgebunden sind. Sie wollen bei der Anwendung des Tarifvertrages auch nicht differenzieren. Sie vereinbaren deshalb mit allen Arbeitnehmern, dass die Tarifverträge XY oder die jeweils für den Betrieb maßgeblichen Tarifverträge – ergänzend – Anwendung finden.

4370 Die Bezugnahme auf einen Tarifvertrag führt nicht dazu, dass der Tarifvertrag gem. § 3 TVG unmittelbar und zwingend gilt. Es handelt sich um eine **individualvertragliche** Vereinbarung. Der Tarifvertrag gilt kraft individualvertraglicher Vereinbarung als arbeitsvertragliche Regelung. Es stellt sich deshalb im Zusammenhang mit dem Betriebsübergang allein die Frage, mit welchem Inhalt diese Bezugnahmeklausel nach dem Betriebsübergang weiter gilt. Die Fortgeltung der individualvertraglichen Bezugnahme auf den Tarifvertrag beurteilt sich allein nach § 613a Abs. 1 S. 1 BGB und nicht nach § 613a Abs. 1 S. 2–4 BGB. Anlässlich eines Betriebsübergangs muss durch Auslegung ermittelt werden, welche Wirkung die Bezugnahmeklausel im Verhältnis zwischen dem neuen Betriebsinhaber und dem Arbeitnehmer hat.

(2) Verschiedene Bezugnahmeklauseln

4371 Mit einer Vielzahl von Begriffen wird zwischen verschiedenen Arten von Bezugnahmeklauseln unterschieden. Die Bezeichnungen beschreiben teilweise den **Wortlaut** der Bezugnahmeklauseln, teilweise den **Regelungszweck** oder die von der Rechtsprechung entwickelten **Auslegungsgrundsätze** und damit die **Rechtsfolgen** einer Bezugnahmeklausel [s. dazu ausführlich Kap. 11 Rn. 197 ff.].

4372 Die gewählte Bezugnahmeklausel hat je nachdem, ob der Erwerber verglichen mit dem bisherigen Betriebsinhaber an den gleichen, einen anderen oder gar keinen Tarifvertrag gebunden ist, Einfluss auf die Weitergeltung der in Bezug genommenen tarifvertraglichen Regelungen nach dem Betriebsübergang. Folgende Fallkonstellationen sind zu unterscheiden:

(3) Erwerber ist an den gleichen Verbandstarifvertrag gebunden

4373 In dieser Fallgestaltung wirkt sich die Formulierung der Bezugnahmeklauseln auf die Geltung von Tarifverträgen nach einem Inhaberwechsel **nicht** aus. Sowohl die sog. große dynamische Bezugnahmeklausel als auch die sog. kleine dynamische Bezugnahmeklausel führen zum gleichen Ergebnis. Auf das Arbeitsverhältnis findet dasselbe Verbandstarifvertragwerk in seiner jeweiligen Fassung – weiterhin – Anwendung. Sollte der Veräußerer mit einem Teil seiner Arbeitnehmer, die er z.B. im Rahmen eines Betriebsteilsübergangs übernommen hat, die Geltung eines branchenfremden Tarifvertrages vereinbart haben, ändert sich ebenfalls nichts. Wurde ein **branchenfremdes** Tarifwerk im Arbeitsvertrag in Bezug genommen, gilt diese Vereinbarung auch nach dem Betriebsübergang. Eine korrigierende Auslegung der Verweisungsklausel dahin, dass der Tarifvertrag gilt, dem der jeweilige Arbeitgeber unterliegt, ist nicht möglich (*BAG* 25.10.2000 EzA § 613a BGB Nr. 195). Es bleibt bei der Geltung des branchenfremden Tarifvertrages.

(4) Erwerber ist nicht tarifgebunden

4374 Ist der Erwerber nicht tarifgebunden, werden für die tarifgebundenen Arbeitnehmer die beim Veräußerer geltenden Tarifnormen transformiert in arbeitsvertragliche Rechte, § 613a Abs. 1 Satz 2 BGB. Diese Transformation ist statisch, d.h. künftige Tarifabschlüsse bleiben unberücksichtigt. Maßgeblich sind allein die Inhalte der Tarifverträge, die zum Zeitpunkt der Transformation gem. §§ 3 Abs. 1, 4 Abs. 1 TVG unmittelbar und zwingend galten. Daraus folgt für vor Inkrafttreten des Schuldrechtsreformgesetzes abgeschlossene Arbeitsverträge, dass ein weiter reichender dynamischer arbeitsvertraglicher Verweis auf Tarifverträge wegen seines Zwecks als **Gleichstellungsabrede** einschränkend auszulegen ist. Aus den dynamisch formulierten Bezugnahmeklauseln werden durch Auslegung statische Bezugnahmeklauseln (*BAG* 4.8.1999 EzA § 613a BGB Nr. 184; 29.8.2001 EzA § 613a BGB Nr. 201; 26.9.2001 EzA § 3 TVG Bezugnahme auf Tarifvertrag Nr. 19). Anderes gilt für Arbeitsverträge, die nach dem 1.1.2002 abgeschlossen wurden (*BAG* 14.12.2005 EzA § 3 TVG Bezugnahme auf Tarifvertrag Nr. 32). Hier muss die Gleichstellungsfunktion für den Arbeitnehmer erkennbar Vertragsinhalt geworden sein. Dies hat der 4. Senat des *BAG* in seinem Urteil vom 18.4.2007 (EzA § 3 TVG Bezugnahme auf Tarifvertrag Nr. 35) entschieden. Eine einzelvertraglich vereinbarte dynamische Bezugnahme auf einen bestimmten Tarifvertrag sei jedenfalls dann, wenn eine Tarifgebundenheit des Arbeitgebers an den im Arbeitsvertrag genannten Tarifvertrag nicht in einer für den Arbeitnehmer erkennbaren Weise zur auflösenden Bedingung der Vereinbarung gemacht worden ist, eine **konstitutive** Verweisungsklausel, die durch einen Verbandsaustritt des Arbeitgebers oder einen sonstigen Wegfall seiner Tarifgebundenheit (Betriebsübergang) nicht berührt wird (»unbedingte zeitdynamische Verweisung«).

(5) Erwerber ist an einen anderen Tarifvertrag gebunden

Die **große dynamische Bezugnahmeklausel** führt in dieser Fallgestaltung zum Tarifwechsel. Da der jeweils einschlägige Tarifvertrag vereinbart wurde, gilt nunmehr der Tarifvertrag, an den der Erwerber gebunden ist. Dies ist der für den Betrieb nunmehr einschlägige Tarifvertrag. Die große dynamische Klausel ist eine zulässige Tarifwechselklausel (*BAG* 25.10.2000 EzA § 3 TVG Bezugnahme auf Tarifvertrag Nr. 15; 16.10.2002 EzA § 3 TVG Bezugnahme auf Tarifvertrag Nr. 22). Dies gilt auch für Verträge, die nach Inkrafttreten der Schuldrechtsreform abgeschlossen wurden. Die Tarifwechselklausel verstößt weder gegen das Transparenzgebot noch die Unklarheitenregelung. Ein Arbeitnehmer, der eine Tarifwechselklausel unterschrieben hat, kann hinreichend klar erkennen, dass ein anderer Tarifvertrag zur Geltung gelangen kann, wenn die Tarifbindung des Arbeitgebers oder eine andere Voraussetzung der unmittelbaren und zwingenden Tarifgeltung wegfällt. 4375

Demgegenüber führt die **kleine dynamische Bezugnahmeklausel** nicht zu einem Tarifwechsel. Nach dem Urteil des BAG vom 30.8.2000 (EzA § 3 TVG Bezugnahme auf Tarifvertrag Nr. 13) führt die Gleichstellungsfunktion nicht dazu, dass bei Geltung eines anderen Tarifvertrages bei dem neuen Inhaber des Betriebs, dessen Tarifvertrag ebenfalls in Bezug genommen wird. Die vertraglich vereinbarte Gleichstellung beschränke sich entsprechend dem Wortlaut der Bezugnahmeklausel auf die darin genannten Tarifverträge (*BAG* 29.8.2007 – 4 AZR 765/05). Der neue Tarifvertrag wird nur dann einbezogen, wenn sich aus besonderen Umständen ergibt, dass die Arbeitsvertragsparteien dies wollten (*BAG* 30.8.2000 EzA § 3 TVG Bezugnahme auf Tarifvertrag Nr. 13; 25.10.2000 EzA § 3 TVG Bezugnahme auf Tarifvertrag Nr. 15). Nach den Entscheidungen des *BAG* vom 14.12.2005 (EzA § 3 TVG Bezugnahme auf Tarifvertrag Nr. 32) und vom 29.8.2007 (– 4 AZR 765/05) gilt der in Bezug genommene Tarifvertrag, falls der zuletzt genannte Ausnahmefall nicht vorliegt, statisch weiter, wenn der Arbeitsvertrag vor Inkrafttreten des Schuldrechtsreformgesetzes abgeschlossen wurde. Wurde der Arbeitsvertrag nach dem 1.1.2002 abgeschlossen, behält die dynamische Bezugnahme auch nach dem Betriebsübergang ihre Dynamik. Dieses Ergebnis ist unbefriedigend und nicht in allen Fällen überzeugend. Gilt nämlich der neue Tarifvertrag für die auf Grund ihrer Gewerkschaftsmitgliedschaft tarifgebundenen übergeleiteten Arbeitnehmer ohne schriftlichen Arbeitsvertrag (= Vergleichsgruppe), da die Gewerkschaft (z.B. ver.di) beide Tarifverträge abgeschlossen hat, ist nicht einzusehen, warum der Gleichlauf der beiden Arbeitnehmergruppen hier nicht gegeben sein soll. Anders ist die Situation, wenn der neue Tarifvertrag auch für die tarifgebundenen übergeleiteten Arbeitnehmer (= Vergleichsgruppe) nicht gilt. 4376

i) Altersversorgung

Im Bereich der **betrieblichen Altersversorgung** gelten ebenfalls die allgemeinen obigen Grundsätze. 4377

aa) Ausgeschiedene Arbeitnehmer

4378 Der Erwerber tritt nicht in die Versorgungsansprüche ein, wenn der Arbeitnehmer zum Zeitpunkt des Betriebsübergangs bereits **ausgeschieden** ist. Nur bestehende Arbeitsverhältnisse werden von § 613a BGB erfasst.

bb) Individualvertragliche Ansprüche aktiver Arbeitnehmer

4379 In einem bestehenden Arbeitsverhältnis gehen **individualvertraglich begründete Ansprüche** auf Altersversorgung, unabhängig davon, ob sie auf einer individuellen Direktzusage, Gesamtzusage, betrieblichen Übung oder dem Gleichbehandlungsgrundsatz beruhen nach § 613a Abs. 1 S. 1 BGB auf den Erwerber über. Insoweit gelten keine Besonderheiten. Neben den unverfallbaren Anwartschaften nach § 1b BetrAVG tritt der Erwerber auch in noch verfallbare Anwartschaften ein. Das Schicksal dieser Zusagen beim Erwerber beurteilt sich nach allgemeinen Grundsätzen. Insoweit gelten keine Besonderheiten.

cc) Kollektivrechtliche Ansprüche aktiver Arbeitnehmer

4380 Auch hier gelten die **allgemeinen Grundsätze**. Es ist zunächst zu prüfen, ob die Zusage nach dem Betriebsübergang kollektivrechtlich fortgilt. Falls ja, gibt es keine Probleme. Falls nicht, wird die Zusage grds. nach § 613a Abs. 1 S. 2 BGB transformiert. In diesem Fall ist entscheidend, ob es beim Erwerber eine kollektive Regelung gibt, welche die Transformation verhindert. Ist dies nicht der Fall, nimmt der Arbeitnehmer seine kollektivrechtlich begründete Zusage als individualvertraglichen Anspruch zum Erwerber mit. Gibt es beim Erwerber eine kollektive Versorgungsordnung, gilt diese für die übernommenen Arbeitnehmer ab dem Zeitpunkt des Betriebsüberganges, soweit sich aus der Versorgungsordnung des Erwerbers nichts anderes ergibt. Auch insoweit gelten die allgemeinen Grundsätze.

4381 Der Erwerber eines Betriebes ist nach § 613a BGB nicht verpflichtet, bei der Berechnung von Versorgungsleistungen auf Grund einer eigenen Versorgungszusage solche Beschäftigungszeiten anzurechnen, die von ihm übernommene Arbeitnehmer bei einem früheren Betriebsinhaber zurückgelegt haben. Er ist bei der Aufstellung von Berechnungsregeln frei, Vorbeschäftigungszeiten als wertbildende Faktoren außer Ansatz zu lassen. Unabdingbare Rechtsfolge eines Betriebsübergangs nach § 613a BGB ist lediglich, dass Vordienstzeiten beim Betriebsveräußerer bei der kraft Gesetzes entstehenden unverfallbaren Versorgungsanwartschaft mitberücksichtigt werden (*BAG* 24.7.2001 EzA § 613a BGB Nr. 204).

4382 Beinhaltet die beim Erwerber geltende Versorgungsordnung eine **Wartezeitregelung**, die zur Begründung von Versorgungsansprüchen eine bestimmte Zugehörigkeitsdauer zum Betrieb voraussetzt, so verstößt es nicht gegen den Schutzzweck des § 613a BGB, wenn die Zeiten vor dem Betriebsübergang außer Betracht bleiben. Das gilt selbst dann, wenn der Arbeitnehmer auf Grund der zu kurzen Zeit bis zu seiner Pensionierung überhaupt nicht mehr in den Genuss von Versorgungsleistungen kommen kann, weil er im Zeitpunkt des Betriebsübergangs schon zu alt war (*BAG* 19.4.2005 EzA § 1b BetrAVG Ablösung Nr. 3).

4383 Rechnet der Erwerber die beim Veräußerer zurückgelegten Zeiten nicht an, stellt sich die Frage, was mit den Anwartschaften passiert, die der Arbeitnehmer beim Veräußerer erworben hat. Hierzu gelten nach dem Urteil des *BAG* vom 24.7.2001 (EzA § 613a BGB Nr. 204) folgende **Grundsätze**:
»1. Auch bei der Verdrängung einer im veräußerten Betrieb geltenden Betriebsvereinbarung über Leistungen der Betrieblichen Altersversorgung durch eine beim Erwerber geltende Betriebsvereinbarung nach § 613a Abs. 1 S. 3 BGB ist der bis zum Betriebsübergang erdiente Versorgungsbesitzstand aufrechtzuerhalten.
2. Dies bedeutet nicht, dass der bis zum Betriebsübergang erdiente Besitzstand vom Betriebsübernehmer stets zusätzlich zu der bei ihm erdienten Altersversorgung geschul-

> det wäre. Die gebotene Besitzstandswahrung führt grds. nur insoweit zu einem erhöhten Versorgungsanspruch, wie die Ansprüche aus der Neuregelung im Versorgungsfall hinter dem zurückbleiben, was bis zum Betriebsübergang erdient war.«

Die beim Veräußerer erworbenen Anwartschaften werden demnach zwar aufrechterhalten, allerdings nur im Sinne einer **Besitzstandswahrung**. Sie werden nicht generell zusätzlich zu den beim Erwerber erworbenen Anwartschaften geschuldet. **4384**

dd) Mittelbare Versorgungszusagen

Probleme ergeben sich vor allem bei **mittelbaren Versorgungszusagen** (Unterstützungskassen, Pensionskassen, Pensionsfonds und Direktversicherungen), wenn der Erwerber nicht in der Lage ist, die Versorgung in ihrer jetzigen Form weiterzuführen. Das BAG wendet § 613a Abs. 1 S. 1 BGB grds. nur auf das **Grundverhältnis** (Verhältnis zwischen Arbeitgeber und Arbeitnehmer) an (*BAG* 5.5.1977 EzA § 613a BGB Nr. 13; 15.3.1979 EzA § 613a BGB Nr. 22). Das **Deckungsverhältnis** (Verhältnis zwischen dem Arbeitgeber und dem mittelbaren Versorgungsträger) wird nach dieser Rechtsprechung nicht von § 613a BGB erfasst. Bediente sich der Veräußerer einer Unterstützungskasse, verbleibt diese beim Veräußerer. Der Erwerber muss den übernommenen Arbeitnehmern eine entsprechende Versorgung »verschaffen«. **4385**

j) Besonderheiten in der Insolvenz des Arbeitgebers

Nachdem während der früher geltenden Konkursordnung die Anwendbarkeit von § 613a BGB in Insolvenzfällen höchst umstritten war, stellt **§ 128 InsO** die Anwendbarkeit von § 613a BGB nunmehr klar. Das europäische Recht steht dem auch nicht entgegen. Auch wenn der EuGH für die Richtlinie 77/187 entschieden hat, dass deren Anwendung auf Veräußerungen durch den Konkursverwalter nicht geboten ist, steht es den Mitgliedstaaten frei, unabhängig hiervon die Grundsätze der Richtlinie auf einen solchen Übergang anzuwenden (*EuGH* 7.2.1985 ZIP 1985, 824). **4386**

§ 613a BGB ist in der Insolvenz allerdings nur dann uneingeschränkt anwendbar, soweit es um den Schutz der Arbeitsplätze und die Kontinuität des Betriebsrats geht (**Bestandsschutzfunktion**). Die von § 613a BGB vorgesehene **Haftungsverteilung** findet jedoch keine Anwendung für solche Ansprüche, die bei Insolvenzöffnungen bereits entstanden waren. Da der insolvenzrechtliche Grundsatz der gleichen Gläubigerbefriedigung anderenfalls durchbrochen würde, haben insoweit die insolvenzrechtlichen Verteilungsgrundsätze Vorrang (*BAG* 13.7.1994 EzA § 40 BetrVG 1972 Nr. 70). **4387**

Für den Bereich der **betrieblichen Altersversorgung** findet § 613a BGB nur dann eingeschränkte Anwendung, sofern der Betriebsübergang nach Eröffnung des Insolvenzverfahrens stattfindet. In diesem Fall schuldet der Erwerber im Versorgungsfall nur den bei ihm seit Betriebsübergang **zeitanteilig** erdienten Teil (*BAG* 4.7.1989 EzA § 1 BetrAVG Nr. 31). Wurde das Insolvenzverfahren erst nach dem Betriebs-(teil)übergang eröffnet, haftet der Erwerber für sämtliche bisher entstandenen Ansprüche ohne Einschränkungen. **4388**

Die mit Eröffnung des Insolvenzverfahrens eintretende Haftungsbeschränkung des Erwerbers bleibt auch dann bestehen, wenn das Insolvenzverfahren später mangels einer die Kosten des Verfahrens deckenden Masse nach **§ 207 InsO** eingestellt wird (*BAG* 11.2.1992 NZA 1993, 20). Das gilt allerdings nicht, wenn die Eröffnung des Insolvenzverfahrens von vornherein mangels Masse abgelehnt wurde (*BAG* 11.2.1992 EzA § 613a BGB Nr. 97). **4389**

Im Hinblick auf einen Wiedereinstellungsanspruch nach einer Kündigung durch den Insolvenzverwalter hat das BAG wiederholt klargestellt, dass nach Ablauf der Kündigungsfrist ein solcher gegen den Betriebserwerber nicht geltend gemacht werden kann (s. hierzu Rn. 4235). **4390**

D. Sonderformen von Arbeitsverhältnissen

I. Arbeit auf Abruf (§ 12 TzBfG)

1. Begriffsbestimmung

4391 § 4 BeschFG (bis 31.12.2000) bzw. jetzt § 12 TzBfG (ab 1.1.2001) gestattet als einzige gesetzlich vorgesehene Form der Abrufarbeit die flexible Verteilung des vereinbarten Arbeitsdeputates. Der Arbeitgeber bestimmt einseitig die Lage der Arbeitszeit (vgl. dazu *EuGH* 12.10.2004 EzA EG-Vertrag 1999 Richtlinie 97/81 Nr. 1 = NZA 2004, 1325; *Nicolai* DB 2004, 2812 ff.); der Umfang des Arbeitsdeputats ergibt sich dagegen aus dem Arbeitsvertrag. Enthält der Vertrag keine Festlegung, wird nach § 4 Abs. 1 BeschFG, jetzt § 12 TzBfG eine Wochenarbeitszeit von 10 Stunden fingiert. Nach Auffassung des *LAG RhPf* (1.3.2000 ZTR 2000, 570; ebenso *LAG Köln* 7.12.2001 LAGE § 12 TzBfG Nr. 1 = NZA-RR 2002, 415; s. aber Rn. 4392) ist § 4 Abs. 1 BeschFG analog anwendbar, wenn in einem Arbeitsvertrag keine Vereinbarung über den (Mindest-)Umfang der Arbeitsleistung erfolgt ist, sondern diese statt dessen jeweils im Einzelfall durch die Vertragsparteien erfolgen sollen. Denn der Schutzzweck der Norm gebietet es, sie auch auf solche Vertragsgestaltungen anzuwenden, die dem Arbeitgeber die Möglichkeit eröffnen, durch die fehlende Unterbreitung von Arbeitsangeboten das Arbeitsverhältnis faktisch zu suspendieren.

Seit dem 1.1.2001 muss gem. § 12 Abs. 1 S. 2 TzBfG zwischen den Parteien eine Vereinbarung über die Dauer der wöchentlichen und täglichen Arbeitszeit erfolgen; kommt es nicht dazu, muss der Arbeitgeber die Arbeitsleistung des Arbeitnehmers jeweils für mindestens drei aufeinander folgende Stunden in Anspruch nehmen (§ 12 Abs. 1 S. 4 TzBfG; vgl. dazu *Busch* NZA 2001, 593 ff.). Die Arbeitsvertragsparteien können auch wirksam vereinbaren, dass der Arbeitnehmer **über die vertragliche Mindestarbeitszeit hinaus** Arbeit auf Abruf leisten muss; die insoweit einseitig vom Arbeitgeber abrufbare Arbeit des Arbeitnehmer **darf allerdings nicht mehr als 25 % der vereinbarten wöchentlichen Arbeitszeit betragen.** Damit verlagert der Arbeitgeber abweichend von § 615 BGB einen **Teil seines Wirtschaftsrisikos** auf den Arbeitnehmer. Bei der Angemessenheitsprüfung sind das Interesse des Arbeitgebers an einer Flexibilisierung der Arbeitsdauer und das Interesse des Arbeitnehmers an einer festen Regelung der Dauer der Arbeitszeit und der sich daraus ergebenden Arbeitsvergütung angemessen zum Ausgleich zu bringen (*BAG* 7.12.2005 EzA § 12 TzBfG Nr. 2 = NZA 2006, 423; das ist nach *BVerfG* 23.11.2006 NZA 2007, 85 verfassungsrechtlich nicht zu beanstanden; vgl. dazu *Preis/Lindemann* NZA 2006, 632 ff.; *Bauer/Günther* DB 2006, 950 ff.; *Benecke* ArbuR 2006, 337 ff.; *Zundel* NJW 2006, 2304 ff.; **a.A.** ausdrücklich *LAG BW* 8.12.2005 ArbuR 2006, 211 LS; abl. auch *Decruppe/Utess* ArbuR 2006, 347 ff.). Dazu kann auf die **Grundsätze** zurückgegriffen werden, die das *BAG* (12.1.2005 EzA § 308 BGB 2002 Nr. 1; s. dazu *Benecke* ArbuR 2006, 337 ff.) zur **Wirksamkeit von Widerrufsvorbehalten aufgestellt hat** (*BAG* 7.12.2005 EzA § 12 TzBfG Nr. 2 = NZA 2006, 423):

- Eine formularmäßig im Arbeitsvertrag verwendete Klausel, mit der sich der Arbeitgeber den **jederzeitigen unbeschränkten Widerruf** übertariflicher Lohnbestandteile und anderer Leistungen vorbehält, ist gem. § 307 Abs. 1 S. 2 u. § 308 Nr. 4 BGB **unwirksam.**
- Die Vereinbarung ist **nur dann wirksam**, wenn der **widerrufliche Anteil unter 25 bis 30 % der Gesamtvergütung liegt und der Widerruf nicht grundlos erfolgen soll.**
- Die widerrufliche Leistung muss **nach Art und Höhe eindeutig** sein. Die Vertragsklausel muss zumindest die Richtung angeben, aus der der Widerruf möglich sein soll (wirtschaftliche Gründe, Leistung oder Verhalten des Arbeitnehmers).
- Diese Anforderungen gelten seit dem 1.1.2003 auch für Formulararbeitsverträge, die vor dem 1.1.2002 abgeschlossen worden sind. Fehlt es bei einem solchen Altvertrag an dem geforderten Mindestmaß einer Konkretisierung der Widerrufsgründe, kann die entstandene Lücke im Vertrag durch eine ergänzende Vertragsauslegung geschlossen

werden. Eine Bindung des Arbeitgebers an die vereinbarte Leistung ohne Widerrufsmöglichkeit würde rückwirkend unverhältnismäßig in die Privatautonomie eingreifen (*BAG* 12.1.2005 EzA § 308 BGB 2002 Nr. 1 = NZA 2005, 466 = BAG Report 2005, 132; **a.A.** insoweit *LAG Hamm* 11.5.2004 – 19 Sa 2132/03 – EzA-SD 15/04 S. 4 LS = NZA 2004, 1047 LS = NZA-RR 2004, 515; s. dazu *Feuerborn* SAE 2007, 59 ff.).

- Es liegt nahe, dass die Parteien des Arbeitsvertrages bei Kenntnis der neuen gesetzlichen Anforderungen die Widerrufsmöglichkeit zumindest bei wirtschaftlichen Verlusten des Arbeitgebers vorgesehen hätten.
- Neben der Inhaltskontrolle nach den §§ 305 ff. BGB findet weiterhin die Ausübungskontrolle im Einzelfall gem. § 315 BGB statt.

Zu beachten ist aber, dass eine Kombination von Rahmenvereinbarung und einzelnen befristeten Arbeitsverhältnissen auch für arbeitsvertragliche Beziehungen grds. möglich ist. Die Arbeitsvertragsparteien sind also insbes. nicht gezwungen, stattdessen ein Abrufarbeitsverhältnis gem. § 12 TzBfG zu begründen (*BAG* 31.7.2002 EzA § 12 TzBfG Nr. 1; s. dazu *Strasser/Melf* ArbuR 2006, 342 ff.).

2. Flexible Arbeitszeitdauer

Eine **flexible Arbeitszeitdauer** kann nach der Rechtsprechung des *BAG* (12.3.1992 EzA § 4 BeschFG 1985 Nr. 1) demgegenüber nur dann vereinbart werden, wenn der einschlägige Tarifvertrag dies ausdrücklich gestattet. Denn gem. § 6 Abs. 1, 2 S. 1 BeschFG ist § 4 BeschFG, jetzt gem. § 12 Abs. 3 TzBfG, § 12 Abs. 1 TzBfG auch zum Nachteil des Arbeitnehmers tarifdisponibel (vgl. KDZ/*Zwanziger* § 12 TzBfG Rz. 29 ff.; *Viethen* NZA 2001 Sonderbeil. zu Heft 24, S. 8). Allerdings muss der einschlägige Tarifvertrag überhaupt Regelungen über die tägliche und wöchentliche Arbeitszeit und die Mindestankündigungsfrist enthalten. Das Gesetz stellt also Mindestanforderungen an Tarifverträge, die Arbeit auf Abruf regeln. Hinsichtlich möglicher Vereinbarungen über die wöchentliche und tägliche Arbeitszeit gelten gegenüber den für das Einzelarbeitsverhältnis anwendbaren Beschränkungen gewisse Erleichterungen. Es ist nicht eine bestimmte Arbeitszeit festzulegen, sondern es sind Regelungen über die tägliche und wöchentliche Arbeitszeit zu treffen. Es gilt deshalb (vgl. KDZ/*Zwanziger* § 12 TzBfG Rz. 29 ff.): 4392

- Die Tarifvertragsparteien müssen zwar festlegen, welche wöchentliche Arbeitszeit maßgebend ist. Das setzt zum einen voraus, dass überhaupt eine wochenbezogene Arbeitszeit festgelegt wird. Die Tarifvertragsparteien sind aber in der näheren Ausgestaltung der wochenbezogenen Arbeitszeit freier als die Arbeitsvertragsparteien. Denkbar ist z.B. ein Arbeitszeitkorridor mit einer Mindest- und Höchstarbeitszeit, soweit er nicht dem Arbeitgeber ein praktisch volles Entscheidungsrecht zugesteht – ein Arbeitszeitkorridor zwischen 0 und 40 Stunden (vgl. *Kliemt* NZA 2001, 70);

Das *BAG* (16.11.2000 NZA 2002, 112 LS; zu Bandbreitenregelungen, die mehr als zehn Arbeitsstunden annehmen, z.B. 15–19/Woche vgl. *Rudolf* NZA 2002, 1012 ff.) hat insoweit angenommen, dass dann, wenn ein Tarifvertrag bestimmt, dass sich die Arbeitszeit nach dem Arbeitsanfall richtet, ohne zugleich eine bestimmte Dauer der Arbeitszeit festzulegen, § 4 Abs. 1 BeschFG, wonach eine wöchentliche Arbeitszeit von zehn Stunden als vereinbart gilt, nicht anwendbar ist. Eine solche Regelung ist danach auch nicht wegen Verstoßes gegen zwingende Vorschriften des Kündigungs- und Kündigungsschutzrechts unwirksam.

- Hinsichtlich der täglichen Arbeitszeit müssen die Tarifvertragsparteien eine Mindestheranziehungsdauer pro Arbeitstag festlegen. Eine andere Form der Regelung der täglichen Arbeitszeit ist nicht denkbar;
- Die von den Tarifvertragsparteien festgelegte Ankündigungsfrist (s.u. Rn. 4400 f.) darf nicht so kurz sein, dass es sich praktisch um keine Ankündigungsfrist mehr handelt. Selbst wenn die gesamten vier Tage, die zwischen dem Tag der Ankündigung und der ver-

langten Arbeit liegen müssen, wegfallen, wäre eine Ankündigung am Vortag notwendig. Daran sind auch die Tarifvertragsparteien gebunden.

4393 Demgegenüber wird in der Literatur (MünchArbR/*Schüren* § 165 Rz. 3; s. aber *BAG* 16.11.2000 NZA 2002, 112 u. oben Rn. 4392) die Auffassung vertreten, dass eine variable Arbeitszeitdauer nicht nur die dem Arbeitsverhältnis zugrunde liegende Verteilung des Entgeltrisikos erheblich verschiebt, sondern auch den Vertragsinhaltsschutz von § 2 KSchG aufhebt. § 2 KSchG ist aber nicht tarifdisponibel.

4394 Die einzelvertragliche Vereinbarung, wonach einerseits eine regelmäßige wöchentliche Arbeitszeit von 30 Stunden gilt, der Arbeitnehmer andererseits jedoch verpflichtet ist, auf Anforderung des Arbeitgebers auch darüber hinaus zu arbeiten, wird daher z. T. als sog. Bandbreitenregelung gem. § 134 BGB unwirksam angesehen, weil sie eine Umgehung zwingender gesetzlicher Vorschriften des Kündigungsschutzes darstellt. Anstelle der unwirksamen Arbeitszeitregelung ist die fortan maßgebliche Arbeitszeit aus der bisherigen Abwicklung des Arbeitsverhältnisses unter Berücksichtigung der Begleitumstände des Einzelfalles abzuleiten. Als Anknüpfungspunkt bietet sich dafür eine Durchschnittsberechnung der in der Vergangenheit angefallenen Arbeitsstunden an (*LAG Düsseld.* 17.9.2004 LAGE § 315 BGB 2002 Nr. 1).

3. Keine Beschränkung auf Teilzeitarbeitsverhältnisse?

4395 § 4 BeschFG, jetzt § 12 TzBfG beschränkt sich nicht auf Teilzeitbeschäftigungsverhältnisse, obwohl sich die Vorschrift im Abschnitt »Teilzeitarbeit« des BeschFG, jetzt TzBfG befindet. Dennoch lässt ihr Wortlaut keine arbeitszeitabhängige Beschränkung des Geltungsbereichs zu. Zudem kann Abrufarbeit auf Grund der fortschreitenden Arbeitszeitverkürzung mit Vollzeitarbeit auch im Rahmen des ArbZG praktiziert werden (MünchArbR/*Schüren* § 165 Rz. 4, 5; **a.A.** GK-TzA/*Mikosch* § 4 Rz. 17; *LAG Hessen* 17.1.1997 NZA-RR 1997, 487 für § 4 Abs. 2 BeschFG). Andererseits lässt sich durchaus auch die Auffassung vertreten, dass eine Anwendung auf Vollzeitkräfte wegen der Einordnung der Norm im Abschnitt »Teilzeitarbeit« des TzBfG, eines Gesetzes, das sich allein mit Teilzeitarbeit und Befristung beschäftigt, nicht ohne weiteres geboten ist. Auch der Zweck der Vorschrift verlangt keine vollständige Übertragung auf Vollzeitkräfte. Denn die Regelung soll den Arbeitnehmern einmal einen gewissen Mindesteinsatz garantieren und zum anderen ihre Arbeitszeitsouveränität sichern. Hinsichtlich des ersten Gesichtspunkts sind Vollzeitkräfte nicht schutzwürdig. Auch Vollzeitkräfte haben aber andererseits, ebenso wie Teilzeitkräfte, ein Interesse daran, nicht von jetzt auf gleich zur Arbeit herangezogen zu werden. Deshalb ist zwar nicht § 12 Abs. 1, wohl aber § 12 Abs. 2 TzBfG analog auf Vollzeitkräfte anwendbar (*Löwisch* BB 1985, 1204; KDZ/*Zwanziger* § 12 TzBfG Rz. 8).

4. Verteilung der Arbeitszeit; Nichtausschöpfung des Arbeitsdeputats

4396 Die Verteilung der Arbeitszeit im Abrechnungszeitraum ist dem **Direktionsrecht** des Arbeitgebers überlassen.

4397 Regelmäßig wird das Arbeitsdeputat pro Monat festgelegt, andererseits ist auch die Vereinbarung eines Jahresdeputats möglich.

4398 Der Nichtabruf der Arbeit, die Nichtausschöpfung des Arbeitsdeputats führt ohne weiteres zum **Annahmeverzug** des Arbeitgebers (§ 615 BGB). Es ist seine Sache, die Arbeitsleistung unter Einhaltung der Abruffrist im Bezugszeitraum so zu verteilen, dass das Deputat vollständig aufgebraucht wird. Der Arbeitnehmer ist gem. § 296 BGB nicht verpflichtet, seine Arbeitskraft ausdrücklich anzubieten, wenn ein Abruf im Bezugszeitraum unterbleibt (*Hanau* RdA 1987, 28 f.).

4399 Die einseitige Leistungsbestimmung des Arbeitgebers ist gem. **§ 315 Abs. 1 BGB** nach billigem Ermessen zu treffen.

5. Ankündigungsfrist

Gem. **§ 4 Abs. 2 BeschFG**, jetzt § 12 Abs. 2 TzBfG muss der Arbeitgeber den Arbeitseinsatz mindestens vier Tage im Voraus ankündigen. Gerade durch diese Ankündigungsfrist wird der Unterschied zur Arbeits- und Rufbereitschaft klargestellt. Die Frist berechnet sich nach §§ 186 ff., 193 BGB (GK-TzA/*Mikosch* § 4 Rz. 74 ff.). Sie dient dem Schutz der Dispositionsfreiheit des Arbeitnehmers über seine Zeit. Sie ist die unterste Grenze für einen ordnungsgemäßen Abruf. Von Notfallsituationen abgesehen ist es deshalb nicht rechtsmissbräuchlich, sich auf die Einhaltung der Mindestabruffrist zu berufen. **Wird die Frist nicht eingehalten, ist der Abruf unwirksam und entfaltet keine Regelungswirkung.** Er lässt insbes. auch das noch verbleibende Arbeitsdeputat unberührt (KDZ/*Zwanziger* § 12 TzBfG Rz. 23). **4400**

6. Mindestdauer der Arbeitseinsätze

Nach **§ 4 Abs. 3 BeschFG** war der Arbeitgeber im Zweifel verpflichtet, nur Arbeitseinsätze von mindestens drei Stunden anzuordnen, gem. § 12 TzBfG muss der vertragliche vereinbarte Rahmen, ansonsten ebenfalls mindestens drei Stunden eingehalten werden. **4401**

Bei einem Verstoß gegen § 4 Abs. 3 BeschFG, jetzt § 12 Abs. 1 TzBfG ist der Abruf nach Auffassung von *Mikosch* (GK-TzA § 4 Rz. 81, 91) insgesamt unverbindlich. Er wird in ein Angebot an den Arbeitnehmer umgedeutet, eine verkürzte Arbeitszeit zu vereinbaren. Zudem kann der Arbeitgeber unter Einhaltung der Ankündigungsfrist die Arbeitszeit auf das maßgebliche Mindestmaß aufstocken (KDZ/*Zwanziger* § 12 TzBfG Rz. 20). Demgegenüber ist nach Auffassung von *Wlotzke* (NZA 1984, 219) jede unzulässige Weisung dieser Art in eine gesetzeskonforme Anordnung mit dreistündiger Beschäftigungsdauer umzudeuten. Wird trotzdem weniger Arbeitsleistung angenommen, weil der Bedarf nur entsprechend gering ist, kommt der Arbeitgeber hinsichtlich der Restzeit in Annahmeverzug (§ 615 Abs. 1 BGB). Außerdem wird sie voll auf das Arbeitsdeputat angerechnet. **4402**

7. Arbeitsentgelt ohne Arbeitsleistung

Da der Arbeitgeber von seinem Leistungsbestimmungsrecht kaum so Gebrauch machen wird, dass ein **gesetzlicher Feiertag** als Tag zu leistender Abrufarbeit bestimmt wird, wird in der Literatur (MünchArbR/*Schüren* § 165 Rz. 49 ff.; abl. GK-TzA/*Mikosch* § 4 Rz. 208 f.) eine **Durchschnittsberechnung** vorgeschlagen, ähnlich wie sie der Gesetzgeber in § 11 EFZG für die Heimarbeiter vorgesehen hat. Damit soll verhindert werden, dass der Arbeitgeber Feiertagsvergütung nur bezahlen muss, wenn er aus Ungeschick bei der Festlegung der Arbeitszeit einen Feiertag übersehen hat. **4403**

Aus ähnlichen Überlegungen heraus soll im **Krankheitsfall**, insbes. wenn die Krankheit in Zeiten hineinreicht, für die noch kein Arbeitsabruf verbindlich festgelegt ist, auf der Basis der hypothetischen Arbeitszeitlage abgerechnet werden, also danach, wie der Arbeitgeber Arbeit abgerufen hätte, wenn der Arbeitnehmer nicht erkrankt gewesen wäre. Ist das nicht möglich, oder mit großen Schwierigkeiten verbunden, so soll nach dem Durchschnittsprinzip abgerechnet werden. Dazu wird das (noch) zur Verfügung stehende Arbeitsdeputat rechnerisch auf jeden potentiellen Arbeitstag in der Abrechnungseinheit verteilt und der Durchschnittswert ermittelt. Für jeden dieser potentiellen Arbeitstage, der in der Abrechnungseinheit wegen Krankheit ausfällt, kürzt man das verbleibende, noch abrufbare Arbeitsdeputat um diesen Durchschnittswert (GK-TzA/*Mikosch* § 4 Rz. 104). **4404**

Andererseits stellt es keine Benachteiligung der Abrufarbeitnehmer dar, wenn der Arbeitgeber die Arbeitseinsätze zeitlich so legt, dass der Arbeitnehmer **seinen sonstigen Verpflichtungen in der Freizeit nachkommen kann** (vgl. KDZ/*Zwanziger* § 12 TzBfG Rz. 34 f.). Allerdings gilt § 616 BGB, wenn der Arbeitgeber bereits von seiner Abrufbefugnis Gebrauch gemacht hat und der Arbeitnehmer in dieser Zeit aus persönlichen Gründen verhindert ist. **4405**

Zur Berechnung des Umfangs des Urlaubsanspruchs s.o. Rn. 2183 ff. **4406**

II. Arbeitsplatzteilung (§ 13 TzBfG)

1. Begriffsbestimmung

4407 Bei der Arbeitsplatzteilung regeln die Arbeitsverträge der beteiligten Arbeitnehmer **Arbeitsdeputat, Arbeitsaufgaben und das zur Arbeitsplatzteilung notwendige Zusammenwirken.** Im Normalfall handelt es sich um zwei Teilzeitbeschäftigungsverhältnisse mit gleichen Arbeitsaufgaben. Das Zusammenwirken besteht, abgesehen von der Koordination bei der Leistungserbringung, in der gruppeninternen Verteilung der Arbeitsdeputate. Diese Verteilung ist notwendig, damit der geteilte Vollzeitarbeitsplatz durchgehend besetzt wird (Arbeitszeitplanung). Die Gemeinsamkeit der Arbeitsleistung besteht beim Jobsharing darin, dass **die Arbeitnehmer die Aufgabe eines Arbeitsplatzes zeitmäßig untereinander verteilen.**

2. Lage der Arbeitszeit

4408 Die Lage der Arbeitszeit wird durch einen **Arbeitszeitplan** bestimmt, den die beteiligten Arbeitnehmer gemeinsam erstellen (Zeitsouveränität). Er orientiert sich an dem zeitlichen Rahmen, der durch den Vollzeitarbeitsplatz vorgegeben ist. Die Leistungsbestimmung erfolgt gem. § 317 BGB. Sie ist deshalb atypisch, weil sie innerhalb des einzelnen Arbeitsverhältnisses nicht durch den Arbeitnehmer allein erfolgt, sondern gemeinsam mit dem als Dritten einzuordnenden Teamkollegen. Die Arbeitszeit muss nach billigem Ermessen unter Berücksichtigung der Anforderungen des Arbeitsplatzes verteilt werden. Ist die Leistungsbestimmung offensichtlich unbillig, kann nach § 319 Abs. 1 S. 2 BGB eine gerichtliche Regelung herbeigeführt werden.

4409 Eine **Abweichung** von der Verteilung kommt wegen ihrer Gestaltungswirkung nur noch **einvernehmlich mit dem Arbeitgeber** in Betracht (MünchArbR/*Schüren* § 167 Rz. 18 ff.).

3. Vertretungstätigkeit

4410 § 5 Abs. 1 BeschFG, ab 1.1.2001 § 13 TzBfG regelt die Vertretungsarbeit. Vereinbart der Arbeitgeber mit zwei oder mehr Arbeitnehmern, dass diese sich die Arbeitszeit an einem Arbeitsplatz teilen, so sind bei Ausfall eines Arbeitnehmers die anderen in die Arbeitsplatzteilung einbezogenen Arbeitnehmer zu seiner Vertretung nur auf Grund einer für den einzelnen Vertretungsfall geschlossenen Vereinbarung verpflichtet.

4411 Allerdings kann die Pflicht zur Vertretung auch vorab für den Fall eines dringenden betrieblichen Bedürfnisses vereinbart werden. Der Arbeitnehmer ist jedoch zur Vertretung nur verpflichtet, wenn sie ihm im Einzelfall zumutbar ist.

4412 Diese Regelung ist nicht dahin zu verstehen, dass im Gegensatz zum eindeutigen Verbot in § 4 Abs. 1 BeschFG, jetzt § 12 TzBfG doch ein variables Arbeitszeitdeputat zugelassen wird. Vielmehr soll nur bestätigt werden, dass arbeitsvertraglich die Verpflichtung eines Arbeitnehmers begründet werden kann, in begrenztem Umfang über das vereinbarte, persönliche Arbeitsdeputat hinaus Mehrarbeit zu leisten. Wesentlich für die **Zumutbarkeit** im Einzelfall ist die zeitliche Lage, der Umfang sowie die vom Arbeitgeber eingehaltene Ankündigungsfrist. Nach Auffassung von *Schüren* (MünchArbR § 167 Rz. 34) kann gewöhnlich bei Einhaltung einer Ankündigungsfrist von vier Tagen in Anlehnung an § 4 Abs. 1 BeschFG, jetzt § 12 TzBfG die Leistung von Vertretungsarbeit verlangt werden. Etwas anderes kann aber im Einzelfall z.B. dann gelten, wenn ein Arbeitnehmer Kinderbetreuungspflichten ausnahmsweise für eine bestimmte Zeit nicht delegieren kann.

4413 Gem. § 13 Abs. 4 TzBfG sind tarifvertragliche Abweichungen auch zu Ungunsten des Arbeitnehmers zulässig, wenn der Tarifvertrag Regelungen über die Vertretung des Arbeitnehmers enthält. Im Geltungsbereich solcher Tarifverträge können auch nicht tarifgebundene Arbeitgeber und Arbeitnehmer die Anwendung dieser tarifvertraglichen Regelungen vereinbaren (vgl. *Viethen* NZA 2001 Sonderbeil. zu Heft 24, S. 8).

4. Entgelt ohne Arbeitsleistung

Hinsichtlich der Entgeltfortzahlung bei Krankheit, persönlicher Verhinderung, kann auf die für die Arbeit auf Abruf entwickelten Grundsätze (s.o. Rn. 4391) Bezug genommen werden (vgl. ausf. *Zietsch* NZA 1997, 526 ff.). **4414**

5. Kündigungsverbot

Gem. **§ 5 Abs. 2 BeschFG, jetzt § 13 Abs. 2 TzBfG** ist im Falle der Arbeitsplatzteilung die Kündigung eines Arbeitnehmers wegen des Ausscheidens eines anderen Arbeitnehmers aus der Arbeitsplatzteilung unwirksam. Das Recht zur Änderungskündigung wegen des Ausscheidens eines anderen Arbeitnehmers aus der Arbeitsplatzteilung sowie zur Kündigung des Arbeitsverhältnisses aus anderen Gründen bleibt allerdings unberührt. **4415**

Entfällt also z.B. zeitgleich mit dem Ausscheiden eines Teammitglieds der Bedarf für die Arbeitsleistung des gesamten Teams aus betrieblichen Gründen, so ist die betriebsbedingte Kündigung auch des verbliebenen Teammitglieds möglich. **4416**

§ 5 Abs. 2 BeschFG, jetzt § 13 Abs. 2 TzBfG gilt **unabhängig von der Anwendbarkeit des KSchG**, also auch in Kleinbetrieben sowie vor Ablauf der sechsmonatigen Wartefrist. **4417**

III. Gruppenarbeitsverhältnis

1. Begriffsbestimmung

Ein Gruppenarbeitsverhältnis liegt dann vor, wenn die Arbeitsleistung nicht von einem Arbeitnehmer allein, sondern von mehreren Arbeitnehmern (der Gruppe) gemeinsam erbracht und geschuldet wird. Sie müssen eine gemeinsame Arbeitsaufgabe erfüllen. Wenn jeder Arbeitnehmer im Rahmen eines Arbeitsvertrages eine abgegrenzte Arbeitsaufgabe hat, liegt keine Gruppenarbeit vor. **4418**

Zu unterscheiden sind Betriebsgruppen, die vom Arbeitgeber zusammengestellt werden und Eigengruppen, in denen sich die Arbeitnehmer selbst organisiert und gemeinsam dem Arbeitgeber zum Abschluss des Arbeitsvertrages angeboten haben. **4419**

2. Betriebsgruppen

a) Rechtsgrundlage

Häufig handelt es sich bei der Betriebsgruppe um eine **Akkordgruppe**, die gebildet wurde, um den Akkordlohn aus der Gesamtleistung der in der Gruppe zusammengeschlossenen Arbeitnehmer zu berechnen. Der Arbeitgeber ist kraft seines **Direktionsrechts**, sofern keine vertraglichen Abreden entgegenstehen, berechtigt, aus bei ihm beschäftigten Arbeitnehmern eine Gruppe zusammenzustellen. Ohne vertragliche Vereinbarung hat er aber nicht die Befugnis, einseitig statt Einzelentlohnung Gruppenentlohnung festzusetzen (*Schaub* Arbeitsrechtshandbuch § 182 I 2). **4420**

b) Rechtsstellung der einzelnen Arbeitnehmer

Die einzelvertraglichen Ansprüche, insbes. der Vergütungsanspruch bleiben durch die Bildung der Betriebsgruppe sowohl dem Grunde als auch der Höhe nach unberührt. **4421**

Das einzelne Gruppenmitglied hat im Übrigen keine isolierte Arbeitsaufgabe, sondern die vertragliche Pflicht, sich an der Erfüllung der gemeinsamen Aufgabe zu beteiligen. Insoweit muss er nicht nur den auf ihn entfallenden Teil der Arbeit sachgerecht leisten, sondern im Rahmen des Zumutbaren darauf hinwirken, etwaige Schlechtleistungen anderer Gruppenmitglieder zu verhindern (MünchArbR/*Marschall* § 171 Rz. 6). **4422**

c) Haftung; Darlegungs- und Beweislast

4423 Folglich verteilt sich bei der Haftung einer Arbeitsgruppe die Beweislast zwischen Arbeitgeber und Arbeitnehmer nach Gefahrenbereichen.

4424 Den Arbeitgeber trifft die Darlegungs- und Beweislast dafür, dass ihm ein Schaden durch vertragswidrige Schlechtleistung der Gruppe verursacht wurde.
Jedes einzelne Gruppenmitglied kann sich, wenn ihm dieser Beweis gelungen ist, entlasten, indem es darlegt und beweist, dass es selbst die von ihm geschuldete Arbeitsleistung erbracht und den Schaden auch nicht durch Verletzung arbeitsvertraglicher Nebenpflichten mit verursacht hat (*BAG* 28.7.1972 AP Nr. 7 zu § 282 BGB). Im Gruppenarbeitsverhältnis wurde § 282 BGB a.F. analog angewendet, sodass der auf Schadensersatz wegen Verletzung einer Vertragspflicht in Anspruch genommene Vertragsteil die Beweislast für fehlendes Verschulden dann trägt, wenn die Schadensursache in seinem Gefahrenbereich liegt.

d) Auflösung, Veränderung der Betriebsgruppe

4425 Der Arbeitgeber kann im Rahmen seines Direktionsrechts die von ihm zusammengesetzte Betriebsgruppe auflösen oder ihren Bestand durch den Austausch von Arbeitnehmern verändern (MünchArbR/*Marschall* § 171 Rz. 10).

3. Eigengruppe

a) Begriffsbestimmung; Beispiele

4426 Bei der Eigengruppe schließt sich eine Mehrzahl von Arbeitnehmern bereits vor Eintritt in das Arbeitsverhältnis zusammen und bietet als Gruppe ihre Arbeitsleistung dem Arbeitgeber an. Das Arbeitsverhältnis besteht, sofern nichts Abweichendes vereinbart wird, zwischen Arbeitgeber und Eigengruppe.

4427 **Beispiele** für Eigengruppen sind Bauarbeitergruppen, z.B. Maurer- oder Putzkolonnen, ein Hausmeister- oder Heimleiterehepaar, auch Musikkapellen kommen in Betracht. Allerdings sieht der Bundesmanteltarifvertrag für Musikkapellen vor (§ 2 Abs. 2), dass Arbeitgeber jedes Kapellenmitglieds grds. der Betriebsinhaber ist, mit dem der Vertrag der Kapelle abgeschlossen wurde.

b) Entgeltansprüche; Haftung

4428 **Der Lohnanspruch steht der gesamten Eigengruppe zu.** Ein einzelnes Mitglied hat nicht das Recht, den gesamten Lohn der Gruppe oder eine unteilbare Leistung vom Arbeitgeber zu fordern.

4429 Ob eine **gesamtschuldnerische Haftung** der einzelnen Gruppenmitglieder für wechselseitiges Verschulden besteht (§§ 421 ff. BGB), ist Sache der **Vertragsauslegung.** Bei einer Eigengruppe haften die einzelnen Mitglieder für die Schlechtleistung anderer jedenfalls eher als bei der Betriebsgruppe.

c) Kündigung und Kündigungsschutz

4430 Grds. kann der Arbeitgeber die Eigengruppe **nur als Gesamtheit kündigen**; Gleiches gilt für die Kündigung der Eigengruppe, soweit nichts anderes vereinbart worden ist, da die Arbeitsleistung nicht getrennt erbracht werden kann. Vor einer Kündigung sind allen Gruppenmitgliedern Abmahnungen auszusprechen. Ebenso wie die Kündigung kann auch die Abmahnung gegenüber allen Gruppenmitgliedern ausgesprochen werden, auch wenn lediglich ein individuelles Fehlverhalten eines Gruppenmitglieds vorliegt (*LAG SA* 8.3.2000 NZA-RR 2000, 528).

Wird die von der Eigengruppe geschuldete Leistung durch das Verhalten eines Gruppenmitglieds unmöglich (wird z.B. durch das schlechte Spiel eines Musikkapellenmitglieds die Gesamtleistung der Kapelle minderwertig), so kann der gesamten Eigengruppe gekündigt werden, wenn die Restgruppe die vertraglich ausbedungene Gesamtleistung nicht mehr erbringen kann (*LAG Düsseld.* 6.9.1956 AP Nr. 12 zu § 626 BGB). 4431

Andererseits wird aber auch der für ein Gruppenmitglied bestehende **besondere Kündigungsschutz** (z.B. § 9 MuSchG, *BAG* 21.10.1971 AP Nr. 1 zu § 611 BGB Gruppenarbeitsvertrag) auf alle Gruppenmitglieder **ausgedehnt**. 4432

d) Auflösung der Eigengruppe; Mitgliederwechsel

Die Eigengruppe löst sich durch übereinstimmende Willenserklärungen selbst auf; die Auflösung kann den Arbeitgeber zur fristlosen Kündigung der Gruppenmitglieder berechtigen, wenn sie zu einer Leistungsminderung führt. Die Eigengruppe kann ihre Mitglieder austauschen, es sei denn, dass etwas anderes vereinbart ist. 4433

IV. Mittelbares Arbeitsverhältnis

1. Begriffsbestimmung

Ein mittelbares Arbeitsverhältnis liegt vor, wenn ein Arbeitnehmer von einem Mittelsmann beschäftigt wird, der seinerseits selbst Arbeitnehmer eines Dritten ist, und der Arbeitnehmer mit Wissen des Unternehmers unmittelbar für diesen Arbeit leistet. 4434

Erforderlich ist: 4435

- ein **Unterordnungsverhältnis** zwischen dem mittelbaren Arbeitnehmer und dem Hauptarbeitnehmer,
- eine **Einstellung** mit Duldung des mittelbaren Arbeitgebers,
- ein unmittelbarer **wirtschaftlicher Nutzen** des mittelbaren Arbeitgebers aus der Arbeitsleistung des mittelbaren Arbeitnehmers,
- dass die Arbeitsleistung des mittelbaren Arbeitnehmers die **Erfüllung der dem Mittelsmann** als Hauptarbeitnehmer arbeitsvertraglich **obliegenden Pflichten** darstellt (MünchArbR/*Marschall* § 172 Rz. 12 ff.).

2. Inhaltliche Ausgestaltung

Hinsichtlich der inhaltlichen Ausgestaltung gelten, wenn der Vertrag zwischen mittelbarem Arbeitnehmer und Mittelsmann keine Bestimmungen enthält, folgende Auslegungsgrundsätze: 4436

Das **Direktionsrecht** steht grds. dem Mittelsmann zu. Demgegenüber steht es dem mittelbaren Arbeitgeber weitgehend zu, wenn der mittelbare Arbeitnehmer unmittelbar in dessen Betrieb arbeitet. 4437

Schuldner der Vergütung ist der Mittelsmann als Arbeitgeber. Ausnahmsweise hat der mittelbare Arbeitnehmer aber einen unmittelbaren Lohnanspruch gegen den mittelbaren Arbeitgeber, wenn eine missbräuchliche Inanspruchnahme der Rechtsform des mittelbaren Arbeitsverhältnisses gegeben ist. Das ist dann der Fall, wenn die Mittelsmänner unternehmerische Entscheidungen nicht treffen und keinen Gewinn erzielen können (*BAG* 20.7.1982 EzA § 611 BGB Mittelbares Arbeitsverhältnis Nr. 1). 4438

Neben den allgemeinen Gründen für die **Beendigung eines Arbeitsverhältnisses** endet das mittelbare Arbeitsverhältnis auch dann, wenn das unmittelbare Arbeitsverhältnis zwischen Mittelsmann und mittelbarem Arbeitgeber endet, es sei denn, dass etwas anderes vereinbart worden ist. Eine Kündigung des Arbeitsverhältnisses des mittelbaren Arbeitnehmers ist im Übrigen nur durch und gegenüber dem Mittelsmann möglich, weil er Vertragspartner und Arbeitgeber ist. Folglich ist auch gegen ihn eine Kündigungsschutzklage zu richten. 4439

V. Leiharbeitsverhältnis (nichtgewerbsmäßige Arbeitnehmerüberlassung)

1. Begriffsbestimmungen

4440 Ein Leiharbeitsverhältnis liegt vor, wenn ein Arbeitgeber (Verleiher) seinen Arbeitnehmer (Leiharbeitnehmer) einem Dritten (Entleiher) nichtgewerbsmäßig zur Arbeitsleistung überlässt.

4441 Die Überlassung erfolgt dann nicht gewerbsmäßig, wenn der Verleih nur **gelegentlich und nicht in Wiederholungsabsicht** geschieht, ferner dann, wenn es an einer **Gewinnerzielungsabsicht** des Verleihers **fehlt**.

4442 An der Gewinnerzielungsabsicht fehlt es z.B., wenn sich der Verleiher nur die reinen Personalkosten vom Entleiher erstatten lässt (*BAG* 21.3.1990 EzA § 1 AÜG Nr. 2; s. aber auch *LAG SchlH* 18.6.2008 LAGE § 99 BetrVG 2001 Nr. 6 zu Umgehungsgeschäften im Konzern).

2. Vermutung für Arbeitsvermittlung; Rechtsfolgen

4443 Gem. **§ 1 Abs. 2 AÜG** wird dann, wenn Arbeitnehmer Dritten zur Arbeitsleistung überlassen werden, ohne dass der Überlassende die üblichen Arbeitgeberpflichten (Lohnzahlungspflicht, Erholungsurlaub, Entrichtung von Sozialversicherungsbeiträgen) oder das Arbeitgeberrisiko übernimmt, **vermutet, dass der Überlassende Arbeitsvermittlung betreibt**.

4444 ► **Beispiel:**
Bedient sich z.B. die Bundesrepublik Deutschland zur Durchführung von Zivildienstlehrgängen in von ihr geführten Zivildienstschulen solcher Lehrkräfte, die ihr von Dritten als deren Arbeitnehmer vertraglich zur Verfügung gestellt werden, so handelt es sich um unerlaubte, nichtgewerbsmäßige Arbeitnehmerüberlassung (*BAG* 1.6.1994 EzA § 1 AÜG Nr. 3).

3. Widerlegung der Vermutung

4445 Für die Widerlegung der Vermutung aus § 1 Abs. 2 AÜG ist erforderlich, dass nach der gesamten Gestaltung und Durchführung der vertraglichen Beziehungen auf Grund einer wertenden Einzelfallbetrachtung davon auszugehen ist, dass der Schwerpunkt des Arbeitsverhältnisses auch noch nach Ablauf der Überlassungsfrist im Verhältnis zum überlassenden Arbeitgeber liegt (vgl. *BAG* 21.3.1990 EzA § 1 AÜG Nr. 2; vgl. auch *Behrend* NZA 2002, 372 ff.).

4446 Entscheidend ist die Zielrichtung des Gesetzgebers, zu vermeiden, dass Dauerarbeitsplätze bei einem Entleiher mit Leiharbeitnehmern besetzt werden (BT-Drs. VI 2303 S. 12). Davon ausgehend hat das *BAG* (21.3.1990 EzA § 1 AÜG Nr. 2) auf die Dauer des Arbeitsverhältnisses mit dem überlassenden Arbeitgeber, Grund und Dauer der einzelnen Überlassungen, Häufigkeit und Dauer der Unterbrechungen der Überlassungen, einzelvertragliche Zusicherung einer Bestandsgarantie durch den überlassenden Arbeitgeber sowie die Art der vom Arbeitnehmer beim Entleiher ausgeübten Arbeiten abgestellt.

4447 Nimmt ein überlassener Arbeitnehmer beim Entleiher daher **Daueraufgaben** wahr, die bei einer unmittelbaren Anstellung eine Befristung des Arbeitsverhältnisses sachlich nicht rechtfertigen können, so hat sich der Schwerpunkt des Arbeitsverhältnisses vom überlassenden Arbeitgeber zum Entleiher verlagert und die Vermutung ist nicht widerlegt (*BAG* 21.3.1990 EzA § 1 AÜG Nr. 2).

4. Inhalt und Ausgestaltung des Leiharbeitsverhältnisses

4448 **Der Inhalt des nicht gewerbsmäßigen Leiharbeitsverhältnisses und seine Ausgestaltung sind gesetzlich nicht geregelt.** Es ist jedoch davon auszugehen, dass das Direktionsrecht des Arbeitgebers auf den Entleiher übergeht, soweit es sich auf die Ausführung der Arbeit beim

Entleiher bezieht und dass den Entleiher die arbeitsschutzrechtlichen Pflichten sowie gem. § 28a Abs. 4 SGB IV die sozialversicherungsrechtlichen Meldepflichten treffen (Münch-ArbR/*Marschall* § 172 Rz. 42 ff.).

VI. Gewerbsmäßige Arbeitnehmerüberlassung

1. Grundlagen

4449 Der gewerbsmäßigen Arbeitnehmerüberlassung wird nach §§ 1 ff. AÜG auf dem Arbeitsmarkt nur eine **begrenzte Funktion** zugebilligt, nämlich einen **vorübergehenden Arbeitskräftebedarf zu decken und zeitlich begrenzte Arbeitswünsche von Arbeitnehmern** (z.B. Schülern, Studenten) **zu erfüllen**. Weiterhin soll das – freilich inzwischen eingeschränkte – Monopol der Bundesagentur für Arbeit hinsichtlich der Arbeitsvermittlung (§§ 291 ff. SGB III) sowie durch vorbeugende und zusätzliche Haftungsvorschriften das Aufkommen der Beiträge zur Sozialversicherung und zur Lohnsteuer gesichert werden (vgl. Münch-ArbR/*Marschall* § 174 Rz. 3 ff.).

4450 Insgesamt zeigt zuletzt die Einrichtung von Personal-Service-Agenturen mit dem Ziel, eine Arbeitnehmerüberlassung zur Vermittlung von Arbeitslosen in Arbeit durchzuführen (§ 37c SGB III), eine deutlich positivere Grundeinstellung gegenüber der Arbeitnehmerüberlassung durch den Gesetzgeber (vgl. dazu *Bauer/Kretz* NJW 2003, 537 ff.; *Reipen* BB 2003, 787 ff.; *Kokemoor* NZA 2003, 239).

4451 Das AÜG enthält keine umfassende Kodifikation aller rechtlichen Aspekte der Arbeitnehmerüberlassung, sondern trifft nur solche Regelungen, in denen das Recht der Arbeitnehmerüberlassung vom allgemeinen Gewerbe-, Arbeits- oder sonstigem Recht abweicht.

4452 **Sonderregelungen** für die gewerbsmäßige Arbeitnehmerüberlassung enthalten **§ 1b AÜG** (Verbot der gewerbsmäßigen Arbeitnehmerüberlassung im Baugewerbe für bestimmte Arbeiten seit dem 29.9.1994 mit Ausnahme der sog. Kollegenhilfe; seit dem 1.1.2004 (vgl. aber die Übergangsregelung in § 19 AÜG n.F.; vgl. dazu *Kokemoor* NZA 2003, 239; krit. *Böhm* NZA 2003, 828 ff.) mit einer Sonderregelung für Betriebe mit einem Geschäftssitz in einem anderen Mitgliedsstaat des Europäischen Wirtschaftsraumes; vgl. *Sahl/Bachner* NZA 1994, 1063 ff.; *Düwell* BB 1995, 1082), **§ 28e Abs. 2 SGB IV** (Haftung des Entleihers für die Sozialversicherungsbeiträge des Leiharbeitnehmers als gesamtschuldnerischer Bürge) sowie **§ 42d Abs. 6 EStG** (Haftung des Entleihers für die Lohnsteuer des Leiharbeitnehmers).

2. Begriffsbestimmung

4453 Gem. § 1 Abs. 1 S. 1 AÜG bedürfen Arbeitgeber, die Dritten Arbeitnehmer gewerbsmäßig zur Arbeitnehmerüberlassung überlassen wollen, der **Erlaubnis**.

4454 Arbeitnehmerüberlassung i.S.d. AÜG liegt dann vor, wenn sich der drittbezogene Personaleinsatz auf Seiten des Vertragsarbeitgebers darauf beschränkt, einem Dritten den Arbeitnehmer zur Förderung von dessen Betriebszwecken zur Verfügung zu stellen. Für die Abordnung von Arbeitnehmern zu einer zur Herstellung eines Werkes gebildeten **Arbeitsgemeinschaft** enthält § 1 Abs. 1 S. 2 AÜG eine Sonderregelung, die unter bestimmten Voraussetzungen die Annahme von Arbeitnehmerüberlassung ausschließt und die inzwischen für Arbeitgeber mit Geschäftssitz in einem anderen Mitgliedsstaat des Europäischen Wirtschaftsraums durch § 1 Abs. 1 S. 3 AÜG ergänzt worden ist (s.u. Rn. 4483).

Das setzt voraus, dass mindestens drei Beteiligte vorhanden sind, nämlich Arbeitgeber (Verleiher), Arbeitnehmer (Leiharbeitnehmer) und Dritter (Entleiher). I. S. d. § 1 Abs. 1 AÜG wird ein Arbeitnehmer allerdings nicht bereits dann einem Dritten zur Arbeitsleistung »überlassen«, wenn er auf Grund seines Arbeitsvertrages Weisungen des Dritten zu befolgen hat. Erforderlich ist vielmehr zumindest, dass er innerhalb der Betriebsorganisation des Dritten für diesen und nicht weiterhin allein für seinen Arbeitgeber tätig wird. Letzteres ist der Fall, wenn der Arbeitnehmer durch seine Arbeitsleistung nach wie vor ausschließlich Pflichten erfüllt, die seinem Arbeitgeber gegenüber fremden Auftraggebern obliegen (*BAG* 22.6.1994 EzA § 1 AÜG Nr. 4). Gleiches gilt, wenn die beteiligten Arbeitgeber im Rahmen einer unternehmerischen Zusammenarbeit mit dem Einsatz ihrer Arbeitnehmer jeweils ihre eigenen Betriebszwecke verfolgen (*BAG* 25.10.2000 EzA § 10 AÜG Nr. 10 m. Anm. *Schüren/Behrend* RdA 2002, 108).

4455 Arbeitnehmerüberlassung i.S.d. AÜG setzt zumindest das Vorliegen einer – wenn auch konkludenten – **Vereinbarung zwischen dem Vertragsarbeitgeber und dem Dritten** voraus, nach der der Arbeitnehmer für den Dritten tätig werden soll.

4456 Das Bestehen von **Weisungsrechten** des Dritten und die **Eingliederung** des Arbeitnehmers in dessen Betriebsorganisation werden erst für die Frage **erheblich, ob** die Vereinbarung zwischen dem Vertragsarbeitgeber und dem Dritten als **Arbeitnehmerüberlassungsvertrag oder als eine sonstige Vertragsform** des drittbezogenen Personaleinsatzes (insbes. als Werkvertrag; s.u. Rn. 4462 ff.) **anzusehen** ist (*BAG* 26.4.1995 EzA § 1 AÜG Nr. 6). Der **Einsatz eines Arbeitnehmers der Muttergesellschaft bei einer Tochtergesellschaft** ist keine Arbeitnehmerüberlassung i.S.d. AÜG, wenn die Tochtergesellschaft nicht über eine eigene Betriebsorganisation verfügt, oder mit der Muttergesellschaft einen Gemeinschaftsbetrieb führt (*BAG* 3.12.1997 EzA § 1 AÜG Nr. 9; vgl. dazu *Windbichler* SAE 1999, 84 f.). Die Durchführung der einem öffentlichen Träger obliegenden **Jugendhilfemaßnahmen** durch einen bei einem freien Träger angestellten Arbeitnehmer ist jedenfalls dann nicht am AÜG zu messen, wenn sich das Zusammenwirken beider Träger auf der Grundlage des SGB VIII vollzieht (*BAG* 11.6.1997 EzA § 1 AÜG Nr. 8). Gleiches gilt, wenn der Arbeitnehmer von einem für Rechnung der Gemeinde tätigen Sanierungsträger im Rahmen städtebaulicher Sanierungsmaßnahmen nach dem Baugesetzbuch tätig wird (*LAG Köln* 10.2.2000 ZTR 2000, 274 LS).

3. Rechtsbeziehungen zwischen den Beteiligten

4457 **Der Verleiher hat die Arbeitgeberrechte gegenüber dem Arbeitnehmer. Er tritt lediglich das Recht auf die Arbeitsleistung des Arbeitnehmers sowie das Direktionsrecht mit dem Verleih ganz oder teilweise an den Entleiher ab**; der Umfang der Abtretung richtet sich nach den Vereinbarungen im Arbeitnehmerüberlassungsvertrag zwischen Verleiher und Entleiher. Meist erhält der Entleiher ein Weisungsrecht hinsichtlich der Arbeitsausführung, während der Verleiher das Direktionsrecht hinsichtlich Arbeitsdauer, Arbeitszeit, Beendigung des Tätigwerdens beim Entleiher und der Aufnahme einer neuen Tätigkeit bei demselben oder einem anderen Entleiher erhält.

4. Überlassung von Auszubildenden

4458 Erfasst ist nur die Überlassung von **Arbeitnehmern** zur Arbeitsleistung. Grds. zulässig ist daher die Überlassung von Auszubildenden an einen Dritten, wenn diese zu ihrer eigenen Ausbildung überlassen werden (*BVerwG* 18.3.1982 EzAÜG Nr. 109). Erforderlich ist nicht eine Ausbildung i.S.d. BBiG. Allerdings muss es sich um eine echte Ausbildung handeln, durch die der betroffene Arbeitnehmer eine objektiv feststellbare und von ihm gegenüber Dritten nachweisbare zusätzliche Ausbildung erfahren hat, wie z.B. der Erwerb eines Schweißerzeugnisses (MünchArbR/*Marschall* § 174 Rz. 19).

5. Entsendung im Rahmen eines Werkvertrages; Abgrenzungsfragen

4459 Keine Arbeitnehmerüberlassung liegt bei der Entsendung eines Arbeitnehmers durch seinen Arbeitgeber (Werkunternehmer) zu einem Dritten als Besteller im Rahmen eines Werkvertrages (§§ 631, 278 BGB) vor, bei dem ein Erfolg, d.h. ein Ergebnis geschuldet wird und nicht die reine Arbeitsleistung ohne abgrenzbares und feststellbares Ergebnis (vgl. *BSG* 11.2.1988 AP Nr. 10 zu § 1 AÜG).

Maßgeblich für die Abgrenzung ist weder die von den Parteien gewünschte Rechtsfolge, noch die Bezeichnung des Vertrages durch die Parteien, sondern der **tatsächliche Inhalt der Vereinbarung, der sich aus dem Wortlaut des Vertrages und dessen tatsächlicher Abwicklung ergebende wirkliche Wille der Vertragspartner**, sofern die auf Seiten der Vertragsparteien zum Vertragsabschluss berechtigten Personen die abweichende Vertragspraxis kannten und sie zumindest geduldet haben (*BAG* 6.8.2003 EzA § 1 AÜG Nr. 13; *BGH* 25.6.2002 NZA 2002, 1086 m. Anm. *Schüren/Riederer/Frfr. v. Paar* SAE 2004, 61 ff.; *BAG* 15.6.1983 AP Nr. 5 zu § 10 AÜG; 30.1.1991 EzA § 10 AÜG Nr. 3; 9.11.1994 EzA § 10 AÜG Nr. 8). 4460

Die Parteien können die zwingenden Schutzvorschriften des AÜG nicht dadurch umgehen, dass sie einen vom tatsächlichen Geschäftsinhalt abweichenden Vertragstyp wählen (*BGH* 25.6.2002 NZA 2002, 1086 m. Anm. *Schüren/Riederer/Frfr. v. Paar* SAE 2004, 61 ff.). Widersprechen sich die ausdrücklichen Vereinbarungen der Vertragsparteien und die praktische Durchführung, ist die tatsächliche Durchführung des Vertrages maßgebend. Insoweit sind allerdings einzelne Vorgänge der Vertragsabwicklung zur Feststellung eines vom Vertragswortlaut abweichenden Geschäftsinhalts nur geeignet, wenn es sich dabei nicht um untypische Einzelfälle, sondern um beispielhafte Erscheinungsformen einer durchgehend geübten Vertragspraxis handelt (*BAG* 6.8.2003 EzA § 1 AÜG Nr. 13). 4461

Maßgeblich sind (vgl. *BAG* 6.8.2003 EzA § 1 AÜG Nr. 13; zu darauf aufbauenden Verwaltungsvorschriften der Bundesagentur für Arbeit sowie des BMA vgl. *Marschner* NZA 1995, 668 ff.) folgende Kriterien: 4462

Für einen **Werkvertrag** spricht die **Übernahme einer Gewährleistung** für ein bestimmtes Ergebnis der Arbeiten. Andererseits schließt der Ausschluss der Gewährleistung des Unternehmens für Mängel des Werkes gem. § 637 BGB das Vorliegen eines Werkvertrages nicht aus. Trotz ausgeschlossener Gewährleistung kann deshalb ein Werkvertrag vorliegen, wenn das vereinbarte Werk besondere Risiken aufweist, die vorher nicht erkennbar sind, sodass wirtschaftlich ein Ausschluss der Gewährleistungsansprüche sinnvoll erscheint. Gleiches gilt, wenn üblicherweise die Haftung vom Werkunternehmer nicht übernommen oder jedenfalls beschränkt wird, wie dies z.B. in der Bauwirtschaft (§ 13 Teil B VOB) der Fall ist. 4463

- Die Übernahme der **Vergütungsgefahr** bei zufälligem Untergang des Werks spricht (vgl. § 644 Abs. 1 BGB) für einen Werkvertrag, ebenso wenn der Unternehmer **Art und Einteilung der Arbeiten** selbst bestimmen kann, insbes. auch, wie viele und welche Erfüllungsgehilfen, mit welchen Geräten und zu welcher Zeit er zum Erreichen des Erfolges einsetzt. 4464
- Für **Arbeitnehmerüberlassung** spricht dagegen, wenn bestimmte **namentlich benannte Arbeitnehmer entsandt werden müssen** oder wenn der angebliche Besteller sich ein **Mitspracherecht bei der Erteilung von Urlaub oder Freizeit** an die angeblichen Erfüllungsgehilfen sichert. 4465
- Das Weisungsrecht des Werkbestellers (vgl. § 645 BGB) ist auf die Herstellung des jeweils geschuldeten Werks gegenständlich beschränkt. Sobald seine **Weisungen** darüber hinausgehen, spricht dies für Arbeitnehmerüberlassung (s. *LAG Düsseld.* 10.3.2008 – 17 Sa 856/07 – FA 2008, 279 LS). 4466
- Wird die **Vergütung** für die Arbeiten **nach der Zahl der geleisteten Arbeitsstunden** bemessen, so spricht dies für Arbeitnehmerüberlassung. Denn bei einer Abrechnung nach Zeiteinheiten wird die Arbeitsleistung von Arbeitnehmern für eine bestimmte Zeit geschuldet, bei der Abrechnung nach Ergebnissen ist hingegen ein Erfolg i.S.d. Werkvertragsrechts Vertragsgegenstand. Andererseits schließt auch eine Abrechnung nach Maßeinheiten (z.B. Bauten, Quadratmetern) die Annahme einer Arbeitnehmerüberlassung nicht aus. 4467
- Arbeitnehmerüberlassung liegt dann vor, wenn der Werkunternehmer **nicht über die betrieblichen und personellen Voraussetzungen** verfügt, die Tätigkeit der von ihm zur Erfüllung seiner vertraglichen Pflichten im Betrieb eines Dritten eingesetzten Arbeitnehmer vor Ort zu organisieren und ihnen Weisungen zu erteilen (*BAG* 9.11.1994 EzA § 10 AÜG Nr. 8; s.a. *LAG Düsseld.* 10.3.2008 – 17 Sa 856/07 – FA 2008, 279 LS). 4468

4469 Die vertragliche Festlegung eines zeitlichen Rahmens für die Erbringung der vereinbarten Leistungen im Betrieb reicht als Vorgabe von äußeren Umständen, wann und wo die geschuldeten Arbeiten durchzuführen sind, nicht aus, um eine Eingliederung der die Leistung erbringenden Personen in den Betrieb und dessen Organisation zu begründen (*BAG* 13.5.1992 NZA 1993, 357).

4470 ▶ Der **ständige Einsatz von Wachleuten** eines gewerblichen Bewachungsunternehmens zur Bewachung von Bundeswehreinrichtungen ist auch dann keine Arbeitnehmerüberlassung, wenn die Ausführung der zu leistenden Wachdienste einschließlich der Verhaltenspflichten des Wachpersonals in dem zugrunde liegenden Bewachungsvertrag im Einzelnen genau festgelegt ist und das Bewachungsunternehmen nur solche Wachleute einsetzen darf, für die eine entsprechende Genehmigung der zuständigen militärischen Dienststelle vorliegt (*BAG* 31.3.1993 EzA § 10 AÜG Nr. 5).

4471 ▶ Bei einer als Werkvertrag bezeichneten Vereinbarung zwischen einem **deutschen und einem polnischen Unternehmen** über Stahlbauarbeiten, gem. dem das deutsche Unternehmen dem polnischen Unternehmen die Arbeitskräfte benennt, die eingestellt werden, der Betriebsleiter des deutschen Unternehmens die Arbeitskräfte einarbeitet, sie mit Werkzeug und Arbeitskleidung versorgt und die Arbeitszeit festlegt, handelt es sich um einen Arbeitnehmerüberlassungsvertrag, der bei Gewerbsmäßigkeit und Fehlen der Erlaubnis unwirksam ist und bei dem die polnische Seite lediglich Anspruch aus Bereicherung hat, dessen Höhe ggf. zu schätzen ist (*BGH* 21.1.2003 NZA 2003, 616).

4472 **Insgesamt dürfen diese Kriterien nicht isoliert gewertet werden, vielmehr ist eine wertende Gesamtbetrachtung erforderlich.**

6. Entsendung im Rahmen eines Dienstvertrages

4473 Arbeitnehmerüberlassung liegt auch dann nicht vor, wenn Arbeitnehmer im Rahmen eines Dienstvertrags (§§ 611 ff. BGB) als Erfüllungsgehilfen bei dem Dritten (Dienstberechtigten) selbstständige Dienstleistungen erbringen und das dienstleistende Unternehmen die Dienste **unter eigener Verantwortung und nach eigenem Plan** durchführt.

4474 Das kann z.B. dann der Fall sein, wenn unter räumlicher Trennung vom übrigen Betrieb des Dienstberechtigten und von dessen Arbeitnehmern ein abgrenzbarer Teil des Post- oder Abrechnungsverkehrs erledigt wird und der Dienstverpflichtete für die ordnungsgemäße Abwicklung die Verantwortung trägt (*BAG* 14.8.1985 EzA AÜG Nr. 186).

4475 Etwas **anderes** gilt aber dann, wenn die Arbeitnehmer **in die Betriebsorganisation des angeblichen Dienstberechtigten einbezogen werden** (*LAG Düsseld.* 10.3.2008 – 17 Sa 856/07 – FA 2008, 279 LS; MünchArbR/*Marschall* § 174 Rz. 39 ff.).

7. Begriff der Gewerbsmäßigkeit

4476 Mit Ausnahme von § 1 Abs. 2 AÜG gelten die Vorschriften des AÜG nur bei gewerbsmäßiger Arbeitnehmerüberlassung (§ 1 Abs. 1 AÜG).

4477 Die Das setzt voraus, dass die Tätigkeit auf die Erzielung unmittelbarer oder mittelbarer wirtschaftlicher Vorteile gerichtet (Gewinn, Verringerung von Verlusten; nicht dagegen bei Überlassungen an die öffentliche Hand unter reiner Erstattung der Personalkosten, *BAG* 21.3.1990 EzA § 1 AÜG Nr. 2), auf eine gewisse Dauer angelegt ist (es genügt der Verleih einer Arbeitskraft auf längere Zeit, es sei denn, dass sich aus den Gesamtumständen ergibt, dass die Absicht wiederholter Überlassung nicht besteht) und selbstständig (d.h. für eigene Rechnung und auf eigene Verantwortung) erfolgt (vgl. *BGH* 21.1.2003 NZA 2003, 616).

Die Es genügt, wenn ein Unternehmer aus der Arbeitnehmerüberlassung **wirtschaftliche Vorteile** erzielen will und sie nicht nur gelegentlich, sondern **auf Dauer** betreibt. 4478

Die Diese Voraussetzungen sind aber jedenfalls dann **nicht erfüllt**, wenn ein Arbeitgeber **seiner Ehefrau eine Arbeitnehmerin für deren Betrieb unentgeltlich überlässt**, damit diese sich der Pflege des gemeinsamen Kindes widmen kann (*LAG Bln.* 8.12.2006 – 6 Sa 1230/06 – EzA-SD 2/2007 S. 8 LS). 4479

8. Erlaubnisvorbehalt

a) Grundlagen

Die gewerbsmäßige Arbeitnehmerüberlassung ist grds. nur mit einer Erlaubnis (Verleihererlaubnis) der Bundesagentur für Arbeit rechtlich zulässig (§§ 1 Abs. 1 S. 1, 17 AÜG; zum Erlöschen der Erlaubnis bei der Verschmelzung des Erlaubnisträgers mit einem anderen Unternehmen s. *LAG Düsseld.* 25.8.2008 – 17 Sa 153/08 – EzA-SD 22/2008 S. 8 LS). 4480

Die Deutsche i.S.d. Art. 116 GG sowie die Staatsangehörigen von Mitgliedsländern der EG haben einen Anspruch auf ihre Erteilung, sofern keine Versagensgründe nach § 3 AÜG vorliegen. Bei Nicht-EG-Ausländern sowie Gesellschaften oder juristischen Personen, die entweder nicht nach deutschem Recht gegründet sind oder weder ihren satzungsmäßigen Sitz oder ihre Hauptverwaltung noch ihre Hauptniederlassung in der BRD haben, steht die Erteilung der Verleihererlaubnis im Ermessen der Erlaubnisbehörde (s. aber jetzt § 1 Abs. 1 S. 3 AÜG mit der Übergangsregelung in § 19 AÜG n.F.; vgl. dazu *Kokemoor* NZA 2003, 239; krit. *Böhm* NZA 2003, 828 ff.). 4481

b) Territorialitätsprinzip

Die Erlaubnispflicht gilt nach dem Territorialitätsprinzip für jede gewerbsmäßige Arbeitnehmerüberlassung in der BRD, sowohl wenn Verleiher vom Ausland aus an inländische Entleiher Leiharbeitnehmer überlassen, als auch wenn inländische Verleiher Entleihern im Ausland Arbeitnehmer gewerbsmäßig überlassen. Das AÜG gilt auch für alle Seeschiffer unter der Bundesflagge sowie für die nach § 13a Flaggenrechtsgesetz zur Führung der Bundesflagge berechtigten Kauffahrteischiffe, die in das internationale Seeschiffsregister eingetragen sind, sowie für deutsche Luftfahrzeuge, die in die Luftfahrzeugrolle nach § 2 Abs. 1 Luftverkehrsgesetz eingetragen sind. 4482

c) Abordnung an Arbeitsgemeinschaften

Gem. § 1 Abs. 1 S. 2 AÜG ist die Abordnung von Arbeitnehmern zu einer zur Herstellung eines Werkes gebildeten Arbeitsgemeinschaft keine Arbeitnehmerüberlassung, wenn der Arbeitgeber deren Mitglied ist, für alle Mitglieder Tarifverträge desselben Wirtschaftszweiges gelten und alle Mitglieder auf Grund des Arbeitsgemeinschaftsvertrages zur selbstständigen Erbringung von Vertragsleistungen verpflichtet sind. 4483

Die Für einen Arbeitgeber mit Geschäftssitz in einem anderen Mitgliedsstaat des Europäischen Wirtschaftsraums ist die Abordnung darüber hinaus auch dann keine Arbeitnehmerüberlassung, wenn für ihn deutsche Tarifverträge desselben Wirtschaftszweigs wie für die anderen Mitglieder der Arbeitsgemeinschaft nicht gelten, er aber die übrigen Voraussetzungen des § 1 Abs. 1 S. 2 AÜG erfüllt (§ 1 Abs. 1 S. 3 AÜG ab 1.1.2004; vgl. aber die Übergangsregelung in § 19 AÜG n.F.; vgl. dazu *Kokemoor* NZA 2003, 239; krit. *Böhm* NZA 2003, 828 ff.). 4484

Es handelt sich insoweit um eine **unwiderlegbare gesetzliche Fiktion** mit der Folge, dass nicht nur die im AÜG geregelte Erlaubnispflicht entfällt, sondern auch die Einschränkung der Arbeitnehmerüberlassung im Baubereich durch § 1b AÜG oder die Anwendung von Vorschriften in anderen Gesetzen (z.B. § 28a Abs. 4 SGB IV). 4485

d) Arbeitnehmerüberlassung zur Vermeidung von Kurzarbeit

4486 Das AÜG gilt gem. § 1 Abs. 3 Nr. 1 auch nicht für die Arbeitnehmerüberlassung zwischen Arbeitgebern **desselben Wirtschaftszweiges** zur Vermeidung von Kurzarbeit oder Entlassungen, wenn ein für den Entleiher und Verleiher geltender Tarifvertrag dies vorsieht und (Nr. 2) zwischen Konzernunternehmen i.S.d. § 18 AktG, wenn der Arbeitnehmer seine Arbeit vorübergehend nicht bei seinem Arbeitgeber leistet.

4487 Gleiches gilt für die Überlassung in das Ausland, wenn der Leiharbeitnehmer in ein auf der Grundlage zwischenstaatlicher Vereinbarungen begründetes **Gemeinschaftsunternehmen** verliehen wird, an dem der Verleiher beteiligt ist (Nr. 3). Diese Ausnahmen gelten nicht für die Betriebe des Baugewerbes (§ 1 Abs. 3 S. 1 AÜG).

4488 Keiner Erlaubnis bedarf ein Arbeitgeber mit weniger als fünfzig Beschäftigten (§ 1a AÜG), der zur Vermeidung von Kurzarbeit oder Entlassungen an einen Arbeitgeber einen Arbeitnehmer bis zur Dauer von zwölf Monaten überlässt, wenn er die Überlassung vorher schriftlich der Bundesagentur für Arbeit angezeigt hat. (vgl. MünchArbR/*Marschall* § 174 Rz. 7; vgl. auch *Groeger* DB 1998, 470 ff.). Den Inhalt der Anzeige regelt § 1a Abs. 2 AÜG.

e) Gemischte Verträge

4489 Nicht dem AÜG unterliegen Verträge, die die gewerbsmäßige Arbeitnehmerüberlassung nur als **eindeutige Nebenleistung** (z.B. beim Vermieten von hochwertigen Baumaschinen mit Personal) im Rahmen eines gemischten Vertrages vorsehen. Denn bei derartigen Verträgen folgt der Vertrag regelmäßig den Regeln des überwiegenden Vertragsbestandteils.

4490 ► **Beispiel:**
Die Gebrauchsüberlassung von Flugzeugen einschließlich fliegenden Personals stellt keine gewerbliche Arbeitnehmerüberlassung dar (*BAG* 17.2.1993 EzA § 10 AÜG Nr. 6).

f) Sonderregelungen

4491 Spezielle Gesetze/Vorschriften, die das AÜG ausschließen, sind das Gesetz über die Schaffung eines besonderen Arbeitgebers für Hafenarbeiter, durch das Gesamthafenbetriebe zugelassen worden sind (s.o. Kap. 1 Rn. 239 ff.), §§ 9, 25 PersbfG, §§ 10, 80 Güterkraftverkehrsgesetz für die Personen- und Güterbeförderung sowie § 34a GewO (Bewachungsunternehmen). Auch die Personalgestellung eines Bundeslandes an das Bundesamt für die Anerkennung ausländischer Flüchtlinge auf Grund der Spezialregelung des § 5 Abs. 5 AsylVfG ist nicht an den Vorschriften des AÜG zu messen (*BAG* 5.3.1997 EzA § 1 AÜG Nr. 7).

g) Das Erlaubnisverfahren; materielle Voraussetzungen

4492 Die Verleihererlaubnis setzt nach § 2 Abs. 1 AÜG einen schriftlichen **Antrag** voraus (zum Antragsverfahren sowie der Erteilung der Erlaubnis vgl. §§ 2 ff., 17 AÜG).

4493 **Materielle Voraussetzungen**, die der Inhaber (natürliche oder juristische Personen) erfüllen muss, sind neben der notwendigen **Zuverlässigkeit** (d.h. dass zu erwarten ist, dass er die Arbeitnehmerüberlassung gesetzmäßig ausüben wird) in **§ 3 Abs. 1 Nr. 1–3, Abs. 2, Abs. 3 AÜG** geregelt. § 3 Abs. 1 Nr. 1 AÜG nennt mit dem Sozialversicherungsrecht, dem Lohnsteuerrecht, dem Arbeitsvermittlungsrecht im weiteren Sinne, dem Arbeitsschutzrecht und dem Arbeitsrecht, soweit es die Pflichten des Arbeitgebers betrifft, Rechtsgebiete, die für eine ordnungsgemäße Tätigkeit des Verleihers von besonderer Bedeutung sind, sodass im Falle der Nichtbeachtung dieser Normen Unzuverlässigkeit i.S.d. AÜG vorliegt und die Verleihererlaubnis zu versagen ist.

4494 Seit dem 1.1.2004 (vgl. aber die Übergangsregelung in § 19 AÜG n.F.; vgl. dazu *Kokemoor* NZA 2003, 239; krit. *Böhm* NZA 2003, 828 ff.) sieht § 3 Abs. 1 Nr. 3 AÜG n.F. es als weiteren Versagungsgrund an, wenn dem Leiharbeitnehmer für die Zeit der Überlassung an den Entleiher die im Betrieb dieses Entleihers für einen vergleichbaren Arbeitnehmer des Entleihers geltenden wesentlichen Arbeitsbedingungen einschließlich des

Arbeitsentgelts nicht gewährt, es sei denn, der Verleiher gewährt dem zuvor arbeitslosen Leiharbeitnehmer für die Überlassung an einen Entleiher für die Dauer von insgesamt höchstens sechs Wochen mindestens ein Nettoarbeitsentgelt in Höhe des Betrages, den der Leiharbeitnehmer zuletzt als Arbeitslosengeld erhalten hat; letzteres gilt nicht, wenn mit demselben Verleiher bereits ein Leiharbeitsverhältnis bestanden hat. Ein Tarifvertrag kann abweichende Regelungen zulassen. Im Geltungsbereich eines solchen Tarifvertrages können nicht tarifgebundene Arbeitgeber und Arbeitnehmer die Anwendung der tariflichen Regelungen vereinbaren (vgl. krit. dazu *Bauer/Kretz* NJW 2003, 537 ff.; *Hümmerich/Holthausen/Welslau* NZA 2003, 9 ff.; *Grobys/Schmidt/Brocker* NZA 2003, 777 ff.).

Die in **§ 3 Abs. 1 Nr. 3–6 AÜG a.F.** genannten Versagungsgründe (Abschluss unzulässig befristeter Arbeitsverträge[nach der Neuregelung durch das AFRG kommt ohne Vorliegen eines sachlichen Grundes seit dem 1.4.1997 allerdings eine wiederholte Befristung dann in Betracht, wenn sich das wiederholte Arbeitsverhältnis unmittelbar an einen mit demselben Verleiher geschlossenen Arbeitsvertrag anschließt; vgl. dazu *Groeger* DB 1998, 470 ff.; *Postler* NZA 1999, 179 ff.], unzulässige Wiedereinstellung, Beschränkung der Dauer des Arbeitsverhältnisses auf die Zeit der erstmaligen Überlassung an einen Entleiher, wodurch das Arbeitgeberrisiko entfällt [sog. Synchronisationsverbot], Verstoß gegen die zeitliche Begrenzung der Überlassung des Arbeitnehmers für länger als zwölf [seit 1.1.2002: 24] aufeinander folgende Monate an einen Verleiher; vgl. dazu *Düwell* BB 2002, 99; *Behrend* NZA 2002, 372 ff.) sind durch die Neufassung des AÜG seit dem 1.1.2004 ersatzlos gestrichen worden (vgl. dazu *Bauer/Kretz* NJW 2003, 539 ff.). 4495

Das hat die aktuelle Rechtsfrage aufgeworfen, ob eine dauerhafte Kostensenkung in einzelnen Unternehmen eines Konzerns dadurch erreicht werden kann, dass Arbeitnehmer mit »teuren« Arbeitsbedingungen Konzernunternehmen mit »kostengünstigeren« Arbeitsbedingungen nach Maßgabe des neuen AÜG dauerhaft überlassen werden können (dafür *Willemsen/Annuß* BB 2005, 437 ff.; *Helms/Lipinski* BB 2004, 2409 ff.; dagegen *Brors/Schüren* BB 2004, 2745 ff.). Nach Auffassung des *LAG Bln.* (7.1.2005 BB 2005, 672 LS) spricht jedenfalls viel dafür, in Leiharbeit auf Selbstkostenbasis zur Verlagerung von Personalkosten in den Bereich der Sachkosten durch Einschaltung einer Konzernschwester einen Missbrauch der Gestaltungsform zu sehen. 4496

9. Weitere Pflichten des Verleihers

§§ 7, 8 AÜG begründen besondere Pflichten des Verleihers, die eine Überwachung seiner Tätigkeit durch die Bundesagentur für Arbeit erleichtern sollen und die arbeitsrechtlich von Bedeutung sind, weil ihre Verletzung zum Widerruf der Verleiherlaubnis führen kann. Insoweit handelt es sich um eine **Anzeigepflicht** (§ 7 Abs. 1 AÜG), die die Feststellung erleichtern soll, ob durch einen Wechsel der Geschäftsräume, die für die Ausübung der Verleihtätigkeit vorgesehen sind, ein Versagungsgrund i.S.d. § 3 Abs. 1 Nr. 1, 2 AÜG durch eine örtliche und räumliche Veränderung gegeben ist. § 7 Abs. 2 AÜG begründet **Auskunfts-, Vorlage- und Aufbewahrungspflichten** für Auskünfte, die zur Durchführung des AÜG erforderlich sind, hinsichtlich der Vorlage geschäftlicher Unterlagen sowie deren Aufbewahrung für drei Jahre (z.B. Geschäftsbücher, Bilanzen). 4497

Der Inhaber einer Verleiherlaubnis ist zudem einem **Nachschaurecht** der Bundesagentur unterworfen (§ 7 Abs. 3 AÜG) und muss u.U. auch **Durchsuchungen** dulden (§ 7 Abs. 4 AÜG). 4498

Gem. § 8 AÜG sind den Verleihern umfangreiche **statistische Meldepflichten** auferlegt, um Erkenntnisse zu gewinnen über den Umfang, die Zusammensetzung und die Entwicklung der gewerbsmäßigen Arbeitnehmerüberlassung. 4499

Die Verletzung der nach dem AÜG bestehenden gewerberechtlichen Pflichten des Verleihers ist mit **Bußgeld** (§ 16 Abs. 1 Nr. 1–8 AÜG) bedroht, sie kann auch zur Versagung bzw. zum Widerruf der Verleiherlaubnis führen (§ 5 Abs. 1 Nr. 2 AÜG). 4500

10. Besonderheiten des Arbeitsverhältnisses zwischen Verleiher und Leiharbeitnehmer

a) Aushändigung einer Urkunde; Inhalt

4501 Gem. **§ 11 AÜG** richtet sich der Nachweis der wesentlichen Vertragsbedingungen nach dem NachweisG (s.o. Kap. 2 Rn. 399 ff.). Zusätzlich ist seit dem 1.1.2004 (vgl. aber die Übergangsregelung in § 19 AÜG n.F.; vgl. dazu *Kokemoor* NZA 2003, 239; krit. *Böhm* NZA 2003, 828 ff.) in den Nachweis aufzunehmen
- Firma und Anschrift des Verleihers, die Erlaubnisbehörde sowie Ort und Datum der Erteilung nach § 1 AÜG,
- Art und Höhe der Leistungen für Zeiten, in denen der Leiharbeitnehmer nicht verliehen ist.

4502 Ausländische Leiharbeitnehmer haben gem. § 11 Abs. 2 S. 2 AÜG die Urkunde in ihrer Muttersprache zu erhalten.

4503 Daneben sind gem. **§ 9 Nr. 2–4 AÜG** bestimmte Vereinbarungen unwirksam; auf Grund der Neuregelung des § 9 Nr. 2 AÜG ist deshalb seit dem 1.1.2004 (vgl. aber die Übergangsregelung in § 19 AÜG n.F.; vgl. dazu *Kokemoor* NZA 2003, 239; krit. *Böhm* NZA 2003, 828 ff.) eine Vereinbarung unwirksam, die für den Leiharbeitnehmer für die Zeit der Überlassung an den Entleiher die im Betrieb dieses Entleihers für einen vergleichbaren Arbeitnehmer des Entleihers geltenden wesentlichen Arbeitsbedingungen einschließlich des Arbeitsentgelts nicht gewährt (»Equal-Pay-Gebot«; das ist verfassungsrechtlich nicht zu beanstanden: *BVerfG* 29.12.2004 BB 2005, 495 m. Anm. *Lembke*; vgl. auch *Benkert* BB 2004, 998 ff.; *Röder/Krieger* DB 2006, 2122 u. DB 2007, 170; *Böhm* DB 2007, 169 ff.; s. dazu auch *BAG* 19.9.2007 EzA § 13 AÜG Nr. 1 = NZA-RR 2008, 231), es sei denn, der Verleiher gewährt dem **zuvor arbeitslosen Leiharbeitnehmer** für die Überlassung an einen Entleiher für die Dauer von insgesamt höchstens sechs Wochen mindestens ein Nettoarbeitsentgelt in Höhe des Betrages, den der Leiharbeitnehmer zuletzt als Arbeitslosengeld erhalten hat; letzteres gilt nicht, wenn mit demselben Verleiher bereits ein Leiharbeitsverhältnis bestanden hat. Ein **Tarifvertrag** kann abweichende Regelungen zulassen. Im Geltungsbereich eines solchen Tarifvertrages können nicht tarifgebundene Arbeitgeber und Arbeitnehmer die Anwendung der tariflichen Regelungen vereinbaren (krit. dazu *Hümmerich/Holthausen/Welslau* NZA 2003, 9 ff.; *Grobys/Schmidt/Brocker* NZA 2003, 777 ff.; *Buchner* DB 2004, 1042 ff.; *Däubler* DB 2008, 1914 ff.). Zweifelhaft ist aber in diesem Zusammenhang inzwischen, ob eine **gestaffelte Bezugnahme** zunächst auf die Zeitarbeitstarifverträge, die mit der Christlichen Gewerkschaft abgeschlossen worden sind und subsidiär, weil deren Tariffähigkeit zweifelhaft erscheint, dann auf die Tarifverträge, die mit den Gewerkschaften des DGB abgeschlossen worden sind, zulässig ist (vgl. dazu *Brors* BB 2006, 101 ff.).

4504 Gem. § 11 Abs. 4 AÜG sind zusätzlich bestimmte nach allgemeinem Arbeitsrecht zulässige Vertragsgestaltungen untersagt (z.B. der Ausschluss oder die Beschränkung des Anspruchs des Leiharbeitnehmers auf Vergütung bei Annahmeverzug des Verleihers gem. § 615 S. 1 BGB). Damit soll z.B. verhindert werden, dass der Verleiher das Beschäftigungsrisiko auf den Leiharbeitnehmer abwälzt. Der Ausschluss der Beschränkung des Anspruchs aus § 615 BGB schließt es nach Auffassung von *Brötzmann/Musial* (NZA 1997, 17 ff.) aber nicht aus, eine **tägliche Meldepflicht** – deren Verletzung zum Entfallen eines Anspruchs gem. § 615 BGB im Falle des dadurch bedingten Nichteinsatzes führt – mit dem Leiharbeitnehmer zu vereinbaren. Dieser wird nicht unzumutbar belastet; zwar ist er verpflichtet, sich ständig für einen Einsatz bereitzuhalten, dies ist aber die spezifische Besonderheit des Arbeitnehmerüberlassungsvertrages und findet ihren Ausgleich – unabhängig von einem tatsächlich eingetretenen Einsatz – in einem Entgeltanspruch. Durch die Regelung der Meldepflicht wird es dem Arbeitgeber danach überhaupt erst möglich, das Arbeitspotential der Mitarbeiter leistungsmäßig zu erfassen.

b) Leistungsverweigerungsrecht

Gem. **§ 11 Abs. 5 AÜG** kann der Leiharbeitnehmer, um zu verhindern, dass er gegen seinen Willen bei Streiks oder Aussperrungen im Entleiherbetrieb eingesetzt wird, die Arbeitsleistung verweigern. Voraussetzung ist allerdings, dass der Entleiher unmittelbar vom **Arbeitskampf** betroffen ist. Der Verleiher hat den Leiharbeitnehmer auf das Recht, die Arbeitsleistung zu verweigern, hinzuweisen (§ 11 Abs. 5 S. 2 AÜG). Nach Auffassung des *LAG Frankf./M.* (17.11.1983 EzAÜG Nr. 137; offen gelassen von *LAG Köln* 10.12.1998 NZA 1999, 991 LS) kann aus § 9 Nr. 3 AÜG die grundsätzliche Wertung entnommen werden, dem Verleiher müsse zugemutet werden, das Arbeitsverhältnis auch bei fehlender Beschäftigungsmöglichkeit über einen Zeitraum von drei Monaten aufrechtzuerhalten und zu erfüllen. 4505

c) Sonstige Pflichten des Verleihers

Letztlich hat der Verleiher dem Leiharbeitnehmer ein **Merkblatt** der Bundesagentur für Arbeit über den wesentlichen Inhalt des AÜG (§ 11 Abs. 2 S. 1, 3 AÜG) auf eigene Kosten auszuhändigen sowie ihn über den **Wegfall der Verleiherlaubnis** und damit zusammenhängende **Abwicklungsfristen** bzgl. der Verleihtätigkeit zu unterrichten (§ 11 Abs. 3 AÜG). 4506

11. Rechtsbeziehungen zwischen Verleiher und Entleiher

Neben den allgemeinen zivilrechtlichen Vorschriften ist der Vertrag zwischen Verleiher und Entleiher nach § 12 Abs. 1 S. 1 AÜG **schriftlich abzuschließen** (§§ 125 ff. BGB). In diesem Vertrag hat der Verleiher zu erklären, ob er eine Verleiherlaubnis besitzt (§ 12 Abs. 1 S. 2 AÜG; vgl. *Benkert* BB 2004, 998 ff.). Er hat weiterhin anzugeben, welche besonderen Merkmale die für den Leiharbeitnehmer vorgesehene Tätigkeit hat und welche berufliche Qualifikation dafür erforderlich ist, sowie (seit dem 1.1.2004; vgl. aber die Übergangsregelung in § 19 AÜG n.F.; vgl. dazu *Kokemoor* NZA 2003, 239; krit. *Böhm* NZA 2003, 828 ff.) welche im Betrieb des Entleihers für einen vergleichbaren Arbeitnehmer des Entleihers wesentlichen Arbeitsbedingungen einschließlich des Arbeitsentgelts gelten. Eine Vereinbarung, die es dem Entleiher untersagt, den Leiharbeitnehmer zu einem Zeitpunkt einzustellen, in dem dessen Arbeitsvertrag zum Verleiher nicht mehr besteht, ist zudem nach § 9 Nr. 4 AÜG unwirksam. Danach ist auch eine vertragliche Bestimmung unwirksam, wonach der Entleiher dem Verleiher eine **Vermittlungsprovision** zu zahlen hat, wenn er den Leiharbeitnehmer vor Ablauf der gesetzlich geregelten maximalen Überlassungsdauer von zwölf Monaten oder innerhalb von sechs Monaten nach der Überlassung übernimmt (*BGH* 3.7.2003 EzA § 9 AÜG Nr. 2 = NZA 2003, 1025; *LG Mannheim* 29.8.2002 NZA-RR 2003, 317; vgl. auch *AG Hmb.* 20.11.2001 NZA-RR 2002, 239). Dieses Urteil des *BGH* (3.7.2003 EzA § 9 AÜG Nr. 2) **hat der Gesetzgeber allerdings inzwischen zum Anlass genommen, § 9 Nr. 3 AÜG** in der vom 1.1.2004 an geltenden Fassung **dahingehend zu ändern**, dass nunmehr – entgegen der Auffassung des BGH – klargestellt ist, **dass die Vereinbarung einer angemessenen Vergütung zwischen Verleiher und Entleiher für die nach vorangegangenem Verleih oder mittels vorangegangenem Verleih erfolgte Vermittlung nicht gegen das Gesetz verstößt** (vgl. dazu *Böhm* DB 2004, 1150 ff.). Der *BGH* (7.12.2006 NZA 2007, 571; zust. *Düwell/Dahl* FA 2007, 330 ff.; s.a. *Lembke/Fesenmeyer* DB 2007, 801 ff. u. *EuGH* 11.1.2007 NZA-RR 2007, 267) hat deshalb inzwischen seine bisherige Rechtsauffassung **ausdrücklich aufgegeben**. 4507

Zwischen dem Verleiher und dem Entleiher von unter Verstoß gegen § 1 AÜG überlassenen Arbeitnehmern besteht kein Gesamtschuldverhältnis; ein Ausgleichsanspruch nach § 426 BGB ist infolgedessen ausgeschlossen (*BGH* 18.7.2000 – X ZR 62/98). 4508

Gem. **§ 12 Abs. 2 AÜG** muss der Verleiher den Entleiher unverzüglich über den Zeitpunkt des Wegfalls der Verleiherlaubnis unterrichten. 4509

12. Rechtsbeziehungen zwischen Entleiher und Leiharbeitnehmer

Der Leiharbeitnehmer ist Arbeitnehmer des Verleihers, und nicht des Entleihers. **Allerdings wird diesem ausdrücklich oder stillschweigend das Direktionsrecht des Verleiharbeitgebers abgetreten, soweit es die Arbeitsausführung während der Überlassung beim Entleiher betrifft** (s.o. Rn. 4457). 4510

4511 Gem. § 11 Abs. 6 AÜG unterliegt die Tätigkeit des Leiharbeitnehmers nicht nur den für den Betrieb des Entleihers geltenden **öffentlich-rechtlichen Arbeitsschutzvorschriften**, sondern die sich daraus ergebenden Pflichten für den Arbeitgeber obliegen auch dem Entleiher unbeschadet der Pflichten des Verleihers.

4512 Gem. § 13 AÜG (seit dem 1.1.2004; vgl. aber die Übergangsregelung in § 19 AÜG n.F.; vgl. dazu *Kokemoor* NZA 2003, 239; krit. *Böhm* NZA 2003, 828 ff.) hat der Leiharbeitnehmer einen Anspruch auf Auskunft über die im Betrieb des Entleihers für einen vergleichbaren Arbeitnehmer des Entleihers geltenden **wesentlichen Arbeitsbedingungen einschließlich des Arbeitsentgelts**. Der Leiharbeitnehmer soll damit die Möglichkeit erhalten, die **ihm** von seinem Arbeitgeber **gezahlte Vergütung an derjenigen von vergleichbaren** (§ 9 Nr. 2 AÜG) **Stammarbeitnehmern des Entleiher-Unternehmens zu messen**. Die Auskunft gem. § 13 AÜG enthält deshalb grundsätzlich auch eine Aussage über die Vergleichbarkeit der eigenen Tätigkeit mit derjenigen der verglichenen Stammarbeitnehmer. Macht ein Leiharbeitnehmer gegenüber seinem Arbeitgeber einen **Verstoß gegen das Equal-Pay-Gebot** klageweise geltend, genügt es zunächst, wenn er eine Auskunft des entleihenden Unternehmens über den dort gezahlten Vergleichslohn gem. § 13 AÜG **vorlegt**. Es ist dann Sache des Leiharbeitgebers, die **Richtigkeit dieser Auskunft**, insbesondere die Vergleichbarkeit der Tätigkeit oder die Höhe der dort bescheinigten Vergütung **substantiiert zu bestreiten** (*BAG* 19.9.2007 EzA § 13 AÜG Nr. 1 = NZA-RR 2008, 231).

4513 Den Entleiher treffen im Übrigen über den Bereich des öffentlich-rechtlichen Arbeitsschutzes hinaus bestimmte **Obhutspflichten**, die insbes. die Organisation und Überwachung des Arbeitsablaufs betreffen. Sie sind jedoch geringer als gegenüber einem eigenen Arbeitnehmer, weil der Leiharbeitnehmer nicht in einem Arbeitsverhältnis zum Entleiher steht. **Sie beschränken sich auf die tatsächlichen Einwirkungsmöglichkeiten des Entleihers** auf die Arbeitsleistung im Entleiherbetrieb (MünchArbR/*Marschall* § 175 Rz. 85 ff.).

13. Auswirkungen illegaler Arbeitnehmerüberlassung

a) Grundlagen

4514 **Illegaler Verleih, z.B. im Baubereich** (Verstoß gegen § 1b AÜG) **berührt die Wirksamkeit und Gültigkeit des Arbeitsvertrages zwischen Leiharbeitnehmer und Verleiher nicht, wenn der Verleiher nur eine Erlaubnis nach § 1 AÜG hat.** In derartigen Fällen kommt ein **Arbeitsverhältnis** zwischen dem Entleiher und dem Leiharbeitnehmer **nicht zustande**; eine analoge Anwendung der §§ 9, 10 AÜG kommt nicht in Betracht (*BAG* 13.12.2006 EzA § 10 AÜG Nr. 12 = NZA 2007, 751). Dagegen sind gem. **§ 9 Abs. 1 AÜG** Verträge zwischen Verleihern und Leiharbeitnehmern **unwirksam, wenn der Verleiher nicht über diese Erlaubnis verfügt.**

4515 Der illegal verliehene und überlassene Arbeitnehmer hat keinen Anspruch auf Arbeitslohn oder andere vertragliche Ansprüche gegen den Verleiher. Allerdings kann der illegale Verleiher bereits gezahlten Arbeitslohn von dem illegal verliehenen Arbeitnehmer nicht zurückverlangen.

4516 Das nichtige Arbeitsverhältnis zwischen Verleiher und Leiharbeitnehmer hat gem. § 10 Abs. 2, 3 AÜG trotz der Nichtigkeit noch gewisse rechtliche Auswirkungen. Vorgesehen ist ein **Ersatzanspruch des Arbeitnehmers in Höhe des Schadens, den er dadurch erleidet, dass er auf die Gültigkeit des Vertrages vertraut hat.** Ferner hat der Verleiher dann, wenn er das vereinbarte Arbeitsentgelt insgesamt oder zum Teil bereits an den Leiharbeitnehmer gezahlt hat, auch sonstige Teile des Arbeitsentgelts, die bei einem wirksamen Arbeitsvertrag für den Leiharbeitnehmer an einen anderen zu zahlen gewesen wären (z.B. Sozialabgaben), an den anderen zu zahlen. **Insoweit gilt der Verleiher neben dem Entleiher als Arbeitgeber; beide haften als Gesamtschuldner.**

§ 16 AÜG sieht **Ordnungswidrigkeitstatbestände** für das illegale Überlassen oder Tätigwerdenlassen eines Leiharbeitnehmers vor. Für die illegale Ausländerbeschäftigung und illegalen Verleih enthält § 15 AÜG eine **Strafvorschrift.** 4517

Illegale Arbeitnehmerüberlassung in diesem Sinne ist dann gegeben, wenn ausländische Werkvertragsarbeitnehmer für werksvertragsfremde Arbeiten eingesetzt werden, ebenso dann, wenn sie sich bei grds. erlaubten Werkvertragsarbeiten mit fremden Arbeitnehmern vermischen (*LG Oldenburg* 8.7.2004 NZA-RR 2005, 354 LS). 4518

b) Gesetzlich fingiertes Arbeitsverhältnis zwischen Entleiher und Leiharbeitnehmer

aa) Eintritt der Fiktion

Ist der Vertrag zwischen einem Verleiher und einem Leiharbeitnehmer nach § 9 Abs. 1 AÜG unwirksam, so gilt unabhängig vom Willen der Beteiligten auf Grund gesetzlicher Fiktion ein Arbeitsverhältnis zwischen Entleiher und Leiharbeitnehmer zu dem zwischen dem Entleiher und dem Verleiher für den Beginn der Tätigkeit vorgesehenen Zeitpunkt als zustande gekommen; die Beschäftigung des Arbeitnehmers für die Dauer eines Monats reicht insoweit aus: *LAG Düsseld.* 25.8.2008 – 17 Sa 153/08 – EzA-SD 22/2008 S. 8 LS). 4519

Tritt die Unwirksamkeit erst **nach Aufnahme der Tätigkeit** beim Entleiher ein, so gilt das Arbeitsverhältnis zwischen Entleiher und Leiharbeitnehmer mit dem Eintritt der Unwirksamkeit als zustande gekommen (§ 10 Abs. 1 S. 1 AÜG). 4520

Die gesetzliche Fiktion trat gem. § 13 AÜG auch dann ein, wenn eine Vermutung nach § 1 Abs. 2 AÜG nicht widerlegt werden kann (*BAG* 23.11.1988 EzA § 3 AÜG Nr. 1). Neben dem Arbeitsverhältnis zwischen dem Entleiher und dem Leiharbeitnehmer bestand das vertraglich begründete Arbeitsverhältnis mit dem Verleiher fort. Der Arbeitnehmer war nicht verpflichtet, ein Wahlrecht zu Gunsten eines von beiden Arbeitsverhältnissen auszuüben und das andere Arbeitsverhältnis zu beenden (*BAG* 19.3.2003 EzA § 1 AÜG Nr. 12). Durch das AFRG ist § 13 AÜG aber mit Wirkung vom 1.4.1997 aufgehoben worden. Fraglich war deshalb, ob damit der Rechtsprechung des *BAG* (23.11.1988 EzA § 3 AÜG Nr. 1) die Grundlage entzogen worden ist (dafür *Groeger* DB 1998, 470 ff.). 4521

Das *BAG* (28.6.2000 EzA § 1 AÜG Nr. 10; vgl. dazu *Hager* SAE 2000, 317 ff.; *Ulber* ArbuR 2001, 150 ff.; *Düwell* BB 2002, 99; krit. *Mohr/Pomberg* DB 2001, 590 ff.) geht davon aus, dass nunmehr auf Grund der Gesetzesänderung in den Fällen der nach § 1 Abs. 2, 3 Abs. 1 Nr. 6 AÜG vermuteten Arbeitsvermittlung zwischen dem Leiharbeitnehmer und dem Entleiher kein Arbeitsverhältnis mehr entsteht, weil es an der dafür erforderlichen gesetzlichen Grundlage fehlt. Denn die Fiktion eines Arbeitsverhältnisses lässt sich weder mit § 1 Abs. 2 AÜG allein noch mit einer entsprechenden Anwendung des § 10 Abs. 1 S. 1 AÜG begründen. Das Außer-Kraft-Treten von § 13 AÜG am 31.3.1997 hatte allerdings auf bereits entstandene Arbeitsverhältnisse zwischen dem Entleiher und dem Leiharbeitnehmer keinen Einfluss (*BAG* 19.3.2003 EzA § 1 AÜG Nr. 12). 4522

Liegt nach dem Geschäftsinhalt gewerbliche und deshalb nach § 1 Abs. 1 AÜG erlaubnisbedürftige Arbeitnehmerüberlassung vor, so treten beim Fehlen der behördlichen Erlaubnis die in § 9 Nr. 1 und § 10 Abs. 1 AÜG angeordneten Rechtsfolgen ohne Rücksicht darauf ein, ob sich das Vorliegen eines Arbeitnehmerüberlassungsvertrages bereits aus den ausdrücklichen Vereinbarungen der Vertragsparteien oder erst aus der davon abweichenden Vertragsdurchführung ergibt und ob der Vertragsarbeitgeber seine Arbeitgeberpflichten gegenüber seinem in dem Betrieb des Dritten eingesetzten Arbeitnehmer korrekt erfüllt (*BAG* 30.1.1991 EzA § 10 AÜG Nr. 3). 4523

4524 **Die gesetzliche Fiktion ist unabdingbar.** Sie wird auch durch das grundsätzliche Verbot der gewerbsmäßigen Arbeitnehmerüberlassung in Betriebe des Baugewerbes (§ 1b AÜG) nicht ausgeschlossen; der Entleiher ist daher – bei Fehlen einer Erlaubnis – verpflichtet, für die überlassenen Leiharbeitnehmer Beiträge zu den Sozialkassen des Baugewerbes abzuführen (*BAG* 8.7.1998 EzA § 10 AÜG Nr. 9).

Wird die Erlaubnis nach Eintritt der Fiktion erteilt, so können die kraft der Fiktion eingetretenen **Rechtsfolgen nicht mehr beseitigt werden**, da dies mit dem Schutz des Leiharbeitnehmers nicht vereinbar wäre (MünchArbR/*Wank* § 123 Rz. 26).

4525 Hat der Verleiher gleichwohl in Unkenntnis der Fiktion noch Leistungen aus dem Arbeitsvertrag an den Leiharbeitnehmer erbracht, so kommt im Verhältnis des Verleihers zum Leiharbeitnehmer eine **bereicherungsrechtliche Rückabwicklung wegen der Grundsätze über das faktische Arbeitsverhältnis nicht in Betracht**. Der Verleiher kann jedoch vom Entleiher gem. §§ 267, 812 BGB die Herausgabe dessen verlangen, was dieser durch die Befreiung von seinen Verpflichtungen erspart hat. Denn der Leiharbeitnehmer hat gegen den Entleiher keinen Anspruch auf eine weitere Vergütung der bereits bezahlten Arbeit, sodass ein Anspruch gegen ihn durch die Zahlung des Verleihers erlischt (*BGHZ* 75, 299).

bb) Inhalt des fingierten Arbeitsverhältnisses

4526 Den Inhalt des fingierten Arbeitsverhältnisses regelt **§ 10 Abs. 1 S. 2–5 AÜG** umfassend. Das gilt auch für die **Art der Tätigkeit und den Arbeitsort**. Gem. § 10 Abs. 1 S. 3 AÜG gilt jedoch die zwischen dem Verleiher und dem Entleiher vorgesehene **Arbeitszeit** als vereinbart. Außerdem hat der Leiharbeitnehmer gegen den Entleiher gem. § 10 Abs. 1 S. 5 AÜG mindestens Anspruch auf das mit dem Verleiher vereinbarte **Arbeitsentgelt**.

4527 Diese Vorschrift greift so lange ein, wie die nach § 10 Abs. 1 S. 4 AÜG zu bemessende Vergütung niedriger liegt. Sie begründet aber **keinen Anspruch** des Leiharbeitnehmers dahingehend, **dass ihm ein bei Zustandekommen des Arbeitsverhältnisses mit dem Entleiher bestehender Vergütungsvorsprung vor vergleichbaren Arbeitnehmern des Entleihers ungeschmälert erhalten bleiben**. Erhöht sich folglich die gem. § 10 Abs. 1 S. 5 AÜG geschuldete Vergütung z.B. durch Tariflohnerhöhungen, so entfällt ein entsprechender »Gehaltsvorsprung« spätestens dann, wenn das gem. § 10 Abs. 1 S. 4 AÜG das vom Verleiher an sich geschuldete Arbeitsentgelt erreicht (*BAG* 21.7.1993 EzA § 10 AÜG Nr. 7).

4528 Gem. § 10 Abs. 5 AÜG a.F. hatte der Leiharbeitnehmer (ab 1.1.2002 bis 31.12.2003; vgl. dazu *Behrend* NZA 2002, 372 ff.) bei einer gem. § 3 Abs. 1 Nr. 6 AÜG länger als zwölf aufeinander folgende Monate dauernden Überlassung an denselben Entleiher Anspruch auf die in dessen Betrieb geltenden Arbeitsbedingungen einschließlich des Arbeitsentgelts für vergleichbare Arbeitnehmer; § 10 Abs. 1 S. 5 AÜG gilt entsprechend. Diese Regelung ist nach Auffassung des Gesetzgebers deshalb gerechtfertigt, weil bei einer ein Jahr überschreitenden Tätigkeit eines Leiharbeitnehmers in demselben Entleiherbetrieb die tatsächliche Verbindung zum Entleiherbetrieb so stark zunimmt, dass es nicht gerechtfertigt erscheint, ihn von den Arbeitsbedingungen im Entleiherbetrieb auszunehmen. Den berechtigten Interessen des Leiharbeitnehmers soll dadurch Rechnung getragen werden, dass ihm mindestens das mit dem Verleiher vereinbarte Arbeitsentgelt weiter zusteht (vgl. *Düwell* BB 2002, 99).
Der Leiharbeitnehmer nimmt danach deshalb z.B. auch an einem in dieser Zeit durch Betriebsvereinbarung begründeten betrieblichen Versorgungswerk teil (*BAG* 18.2.2003 EzA § 10 AÜG Nr. 11). Inzwischen hat der Leiharbeitnehmer ab dem 1.1.2004 (vgl. aber die Übergangsregelung in § 19 AÜG n.F.; vgl. dazu *Kokemoor* NZA 2003, 239; krit. *Böhm* NZA 2003, 828 ff.) generell im Falle der Unwirksamkeit der Vereinbarung mit dem Verleiher nach § 9 Nr. 2 AÜG n.F. Anspruch auf die Gewährung der im Betrieb des Entleihers für einen vergleichbaren Arbeitnehmer des Entleihers geltenden wesentlichen Arbeitsbedingungen einschließlich des Arbeitsentgelts (*Schüren/Behrend* NZA 2003, 521 ff.; *Kokemoor* NZA 2003, 239; krit. dazu *Rieble/Klebeck* NZA 2003, 23 ff.; zur Verfassungsmäßigkeit dieser Regelung vgl. *BVerfG* 29.12.2004 NZA 2005, 153; krit. dazu

Bayreuther NZA 2005, 341 ff.); **Abweichungen von dem damit vorgesehenen Gleichbehandlungsgrundsatz sind also praktisch nur möglich, wenn der betroffene Leiharbeitnehmer zustimmt** (s. *BAG* 12.1.2006 DB 2006, 1114; krit. *Röder/Krieger* DB 2006, 2122 ff.).

Lohnforderungen aus einem nach § 10 Abs. 1 AÜG fingierten Arbeitsvertrag, die der Arbeitnehmer gegenüber dem Entleiher geltend macht, werden erst dann i.S.d. **Ausschlussklausel** des § 16 BRTV-Bau fällig, wenn der Entleiher seine Schuldnerstellung eingeräumt hat (*BAG* 27.7.1983 AP Nr. 6 zu § 10 AÜG). Soweit das AÜG keine Sonderregelungen enthält, treffen den Entleiher im Rahmen des fingierten Arbeitsverhältnisses sämtliche Arbeitgeberpflichten im Rahmen des Arbeits-, **Steuer- und Sozialversicherungsrechts** (vgl. aber § 42d Abs. 6–8 EStG). **4529**

Der Entleiher ist deshalb z.B. verpflichtet, für die illegal überlassenen Leiharbeitnehmer **Beiträge zu den Kassen des Baugewerbes** abzuführen. Dem steht auch nicht entgegen, dass Arbeitnehmerüberlassung im Baugewerbe grds. unzulässig ist (*BAG* 8.7.1998 EzA § 10 AÜG Nr. 9; s.o. Rn. 4452). **4530**

Die **Dauer** des fingierten Arbeitsverhältnisses richtet sich nach den Vereinbarungen zwischen Verleiher und Entleiher. Leiharbeitnehmer und Entleiher sind jedoch nicht daran gehindert, einen neuen Arbeitsvertrag abzuschließen, ohne an die inhaltlichen Vorgaben des § 10 AÜG gebunden zu sein und damit das fiktive Arbeitsverhältnis zu beenden (*BAG* 19.12.1979 EzA § 10 AÜG Nr. 2). **4531**

cc) Beendigung des fingierten Arbeitsverhältnisses

Ein kraft gesetzlicher Fiktion nach § 10 Abs. 1 AÜG zwischen dem Leiharbeitnehmer und dem Entleiher zustande gekommenes Arbeitsverhältnis **steht einem vertraglich begründeten Arbeitsverhältnis gleich** und kann, wenn es unbefristet ist, nur durch Kündigung oder durch Auflösungsvertrag beendet werden (*BAG* 30.1.1991 EzA § 10 AÜG Nr. 3). **4532**

Nach Eintritt der Fiktion des § 10 AÜG, also während des Bestehens eines Arbeitsverhältnisses, kann dieses fingierte Arbeitsverhältnis modifiziert oder aufgelöst werden (Grundsatz der Vertragsfreiheit). Auch eine Kündigung durch den Entleiher nach Maßgabe der §§ 626 BGB, 1 KSchG ist möglich. Andererseits ist auch der Leiharbeitnehmer berechtigt, das fingierte Arbeitsverhältnis aus wichtigem Grund zu kündigen. Denn die Fiktion des § 10 Abs. 1 AÜG führt dazu, dass er gegen oder zumindest ohne seinen Willen seinen Arbeitgeber kraft Gesetzes gewechselt hat. **4533**

dd) Darlegungs- und Beweislast; Verwirkung

Will ein in einem Drittbetrieb eingesetzter **Arbeitnehmer** geltend machen, zwischen ihm und dem Inhaber des Drittbetriebes gelte gem. § 10 Abs. 1 i.V.m. § 9 Nr. 1 AÜG ein Arbeitsverhältnis als zustande gekommen, und ist streitig, ob sein Einsatz in dem Drittbetrieb auf Grund eines Arbeitnehmerüberlassungsvertrages oder eines Dienst- oder Werkvertrags erfolgt ist (s.o. Rn. 4462 ff.), so muss er **diejenigen Umstände darlegen und beweisen, aus denen sich das Vorliegen von Arbeitnehmerüberlassung ergibt**. **4534**

Das Recht eines Leiharbeitnehmers, sich gegenüber dem Entleiher darauf zu berufen, infolge unerlaubter Arbeitnehmerüberlassung gelte zwischen ihnen nach § 10 Abs. 1 AÜG ein Arbeitsverhältnis als zustande gekommen, kann nach Treu und Glauben **verwirken** (*BAG* 30.1.1991 EzA § 10 AÜG Nr. 3; *LAG Köln* 3.6.2003 – 13 Sa 2/03 – EzA-SD 22/03, S. 15 LS). **4535**

c) Auswirkungen auf den Vertrag zwischen Verleiher und Entleiher

Verträge zwischen Verleiher und Entleiher, die auf Arbeitnehmerüberlassung gerichtet sind, ohne dass der Verleiher eine Verleiherlaubnis hat, sind nach § 9 Nr. 1 AÜG unwirksam. Werden Arbeitnehmer Dritten zur Arbeitsleistung überlassen und verstößt der Überlassene **4536** gegen § 1 Abs. 2 AÜG, so wird Arbeitsvermittlung vermutet. Kann der Überlassende die Vermutung nicht widerlegen, bzw. sind die §§ 291 ff. SGB III nicht gegeben, so verstößt der auf Überlassung des Arbeitnehmers gerichtete Vertrag gegen § 291 SGB III und ist nach § 134 BGB nichtig.

4537 **Das nichtige Vertragsverhältnis ist nach §§ 812 ff. BGB abzuwickeln.**

VII. Geringfügig Beschäftigte i.S.d. § 8 Abs. 1 SGB IV

1. Arbeitsrechtliche Einordnung

4538 Bei den geringfügig Beschäftigten i.S.d. § 8 Abs. 1 SGB IV handelt es sich arbeitsrechtlich **regelmäßig um Teilzeitbeschäftigte** (s.o. Kap. 1 Rn. 66). Für sie gelten daher arbeitsrechtlich die gleichen Grundsätze und Bestimmungen, wie für Arbeitnehmer in Teilzeitbeschäftigungsverhältnissen (vgl. z.B. bzgl. des Kündigungsschutzes Kap. 4 Rn. 1856 ff.; bzgl. der Urlaubsansprüche und des Urlaubsumfangs Rn. 2135 ff., 2183 ff.; bzgl. des Gleichbehandlungsgrundsatzes Kap. 1 Rn. 417, 428 ff.).

2. Sozialversicherungsrechtliche Behandlung

4539 (vgl. Übersicht über die Auswirkungen der Neuregelung der geringfügigen Beschäftigung zum 1.4.1999 NZA 1999, Heft 8 IX; zur aktuellen Entwicklung vgl. FA 2003, 265 u. *Rolfs* NZA 2003, 65 ff.).

a) Grundsätze

4540 Eine geringfügige Beschäftigung liegt nach § 8 Abs. 1 SGB IV vor, wenn:
- das **Arbeitsentgelt regelmäßig im Monat einen Betrag von 400,– € (ab dem 1.4.2003) nicht übersteigt** (§ 8 Abs. 1 Nr. 1 SGB IV),
- **oder die Beschäftigung innerhalb eines Jahres seit ihrem Beginn höchstens zwei Monate oder 50 Arbeitstage** beträgt. Im zweiten Fall ist weiter Voraussetzung, dass die Beschäftigung nicht berufsmäßig ausgeübt wird und 400,– € im Monat (ab dem 1.4.2003) nicht überschreitet (§ 8 Abs. 1 Nr. 2 SGB IV).

4541 Bezüglich der Arbeitsentgeltgrenze ist auf das **regelmäßige Arbeitsentgelt** abzustellen, wie es im Arbeitsvertrag vereinbart ist oder wie es sich bei schwankender Arbeitszeit aus einer Schätzung ergibt. Bei der Schätzung ist auf den Verdienst der letzten drei Monate abzustellen, oder, sofern das Arbeitsverhältnis noch nicht solange besteht, auf den Arbeitsverdienst vergleichbarer Arbeitnehmer in diesem Zeitraum. Zum regelmäßigen Arbeitsentgelt zählen auch **anteilig Sonderzahlungen**, wie z.B. Weihnachtsgratifikationen, Urlaubsgeld etc. Dabei genügt, dass ein Anspruch auf diese Gelder besteht; eine tatsächliche Auszahlung muss noch nicht erfolgt sein.

4542 Berufsmäßig i.S.d. § 8 Abs. 1 Nr. 2 SGB IV ist eine Beschäftigung dann, wenn sie für die betroffene Person nicht von untergeordneter wirtschaftlicher Bedeutung ist.

4543 **Beispiele:**

- ▶ Nur gelegentliche Beschäftigungen, z.B. zwischen Ableistung des Abiturs und Aufnahme eines Studiums sind i.d.R. nicht berufsmäßig.
- ▶ Gleiches gilt für Personen, die noch nicht ins regelmäßige Erwerbsleben eingetreten sind, z.B. Schüler, Studenten, Arbeitslose, die nicht arbeitslos gemeldet sind.
- ▶ Wird ein als arbeitslos gemeldeter Arbeitnehmer in einer kurzfristigen Beschäftigung tätig, ist dies hingegen berufsmäßig.
- ▶ Gleiches gilt für eine kurzfristige Beschäftigung während einer Elternzeit oder eines unbezahlten Urlaubs.

4544 Die Versicherungsfreiheit besteht allerdings, wie schon nach der Rechtslage vor der Neuregelung zum 1.4.1999, nicht für Personen, die im Rahmen einer betrieblichen Ausbildung, wegen Kurzarbeit oder wegen einer stufenweisen Eingliederung in das Erwerbsleben nach § 74 SGB V nur geringfügig beschäftigt werden (§§ 27 Abs. 2 S. 2 SGB III, 7 SGB V. 5 Abs. 2 SGB VI). Ausnahmen bestehen hinsichtlich der Rentenversicherungspflicht für Praktikanten, die als Studierende einer Hoch- oder Fachhochschule ein Praktikum ableisten § 5 Abs. 3 SGB V).

Werden geringfügige Beschäftigungen ausschließlich in Privathaushalten ausgeübt, gilt gem. § 8a SGB IV (seit dem 1.4.2003) ebenfalls § 8 SGB IV. Eine geringfügige Beschäftigung im Privathaushalt liegt vor, wenn diese durch einen privaten Haushalt begründet ist und die Tätigkeit sonst gewöhnlich durch Mitglieder des privaten Haushalts erledigt wird (§ 8a S. 2 SGB IV). 4545

Mehrere geringfügig entlohnte **dauerhafte Beschäftigungen** i.S.d. § 8 Abs. 1 Nr. 1 SGB IV werden in der Sozialversicherung grds. (s. aber jetzt § 8 Abs. 2 S. 1 SGB IV n.F. ab dem 1.4.2003) zusammengerechnet. Wird auf Grund der Zusammenrechnung die Zeit- oder Entgeltgrenze des § 8 SGB IV überschritten, liegt insgesamt keine geringfügige Beschäftigung mehr vor. Gleiches gilt, wenn neben der geringfügigen Beschäftigung eine Hauptbeschäftigung ausgeübt wird. **Eine Zusammenrechnung erfolgt** hingegen nicht, wenn neben einer geringfügig entlohnten dauerhaften Beschäftigung eine geringfügige Beschäftigung mit nur kurzfristiger Beschäftigung i.S.d. § 8 Abs. 1 Nr. 2 SGB IV erfolgt. 4546

Liegt auf Grund einer Zusammenrechnung keine geringfügige Beschäftigung mehr vor, hat dies zur Folge, dass **sämtliche Beschäftigungsverhältnisse der Versicherungspflicht für die Kranken- und Rentenversicherung unterliegen**. Die Höhe der nunmehr zu zahlenden Pflichtbeiträge zu den Sozialversicherungen bestimmt sich dann nach dem insgesamt erzielten Arbeitsentgelt. 4547

In der **Arbeitslosenversicherung** gilt bei Ausübung mehrerer geringfügiger Beschäftigungen grds. dasselbe. Es erfolgt aber keine Zusammenrechnung einer Haupt- mit einer Nebentätigkeit. Selbst wenn die Entgeltgrenzen i.d.F. überschritten werden, bleibt die geringfügige Beschäftigung hinsichtlich der Arbeitslosenversicherung versicherungsfrei. 4548

Wird bei der Zusammenrechnung festgestellt, dass die Voraussetzungen einer geringfügigen Beschäftigung nicht mehr vorliegen, tritt die Versicherungspflicht (seit dem 1.4.2003) gem. § 8 Abs. 2 S. 3 SGB IV erst mit dem Tage der Bekanntgabe der Feststellung durch die Einzugsstelle oder einen Träger der Rentenversicherung ein (vgl. dazu *Röwekamp* FA 2003, 267 f.). 4549

b) Krankenversicherung

Geringfügig Beschäftigte sind gem. § 7 SGB V in dieser Beschäftigung versicherungsfrei. Insoweit besteht eine besondere Zusammenrechnungsregel (§ 7 Abs. 1 S. 2 SGB V). Trotz der Versicherungsfreiheit hat der Arbeitgeber für Arbeitnehmer nach § 8 Abs. 1 Nr. 1, nicht aber für solche nach § 8 Abs. 1 Nr. 2 SGB IV gem. § 249b S. 1 SGB V einen Pauschalbeitrag in Höhe von 11 % (ab 1.7.2006 13 %; s. dazu *Hanau* NZA 2006, 809; *Franke* NZA 2006, 1143 ff.) des Arbeitsentgelts zur gesetzlichen Krankenversicherung zu entrichten, wenn der Arbeitnehmer aus anderen Gründen, z.B. wegen einer versicherungspflichtigen Hauptbeschäftigung oder als Familienangehöriger (§ 10 SGB V) versichert ist. In Privathaushalten beträgt der Pauschalbetrag 5% (§ 249b S. 2 SGB V). Ein zusätzlicher Leistungsanspruch wird dadurch jedoch nicht begründet (ErfK/*Rolfs* § 8 SGB IV Rz. 26); diese gesetzliche Regelung ist verfassungsgemäß (*BSG* 25.1.2006 FA 2006, 159 LS). Eine Abwälzung des Pauschalbeitrages auf den Arbeitnehmer ist unzulässig (*ArbG Kassel* 13.1.2000 DB 2000, 479). 4550

c) Rentenversicherung

4551 Für geringfügig Beschäftigte besteht gem. § 5 Abs. 2 SGB VI Versicherungsfreiheit in dieser Beschäftigung. Der Arbeitgeber hat gleichwohl für Arbeitnehmer nach § 8 Abs. 1 Nr. 1, nicht aber für solche nach § 8 Abs. 1 Nr. 2 SGB IV gem. § 172 Abs. 3 SGB VI einen Pauschalbeitrag von 12% (ab 1.7.2006 15 %; s. dazu *Hanau* NZA 2006, 809; *Franke* NZA 2006, 1143 ff.) zu entrichten, aus dem der Arbeitnehmer »Zuschläge zu Entgeltpunkten« erwirbt, die seine Rentenanwartschaft steigern. Ansprüche auf Rente wegen verminderter Erwerbsfähigkeit werden durch den Pauschalbeitrag allerdings ebenso wenig begründet wie solche auf Rehabilitationsleistungen. In Privathaushalten beträgt der Pauschalbetrag 5% (§ 172 Abs. 3a SGB VI).

4552 Der Beschäftigte kann aber gem. § 5 Abs. 2 S. 2 SGB VI jederzeit mit ex-nunc-Wirkung auf die Versicherungsfreiheit verzichten, wenn er dies dem Arbeitgeber gegenüber schriftlich erklärt. Der Verzicht gilt für die gesamte Dauer des Beschäftigungsverhältnisses sowie aller übrigen parallel ausgeübten geringfügigen Beschäftigungsverhältnisse und kann nicht widerrufen werden. Er ist nur für Arbeitnehmer nach § 8 Abs. 1 Nr. 1, nicht aber für solche nach § 8 Abs. 1 Nr. 2 SGB IV möglich. Auf die Verzichtsmöglichkeit muss der Arbeitgeber im Vertragsnachweis hinweisen (§ 2 Abs. 1 S. 3 NachwG). Macht der Arbeitnehmer von dieser Möglichkeit Gebrauch, muss er die Differenz zwischen dem vom Arbeitgeber zu tragenden Pauschalbeitrag und dem gewöhnlichen Beitrag (2003: 19,5% vom Arbeitsentgelt, mindestens jedoch von 155 €, § 163 Abs. 8 SGB VI) tragen, wird dadurch jedoch leistungsrechtlich jedem gewöhnlichen Versicherten gleichgestellt (ErfK/*Rolfs* § 8 SGB IV Rz. 27 f.).

d) Unfallversicherung

4553 Die Unfallversicherung kennt keine Geringfügigkeitsgrenze, in ihr ist jeder Beschäftigte unabhängig vom Umfang der Tätigkeit versichert (ErfK/*Rolfs* § 8 SGB IV Rz. 29).

e) Pflegeversicherung

4554 In der Pflegeversicherung bleibt es für geringfügig Beschäftigte bei der Versicherungsfreiheit. Eine besondere Zusammenrechnungsregelung existiert nicht. Auch einen Pauschalbeitrag muss der Arbeitgeber nicht entrichten (ErfK/*Rolfs* § 8 SGB IV Rz. 30).

f) Arbeitslosenversicherung

4555 Geringfügig Beschäftigte sind gem. § 27 Abs. 2 SGB III in dieser Beschäftigung versicherungsfrei. Abweichend von § 8 Abs. 2 SGB IV sind geringfügige und nicht geringfügige Beschäftigungen nicht zusammenzurechnen. Versicherungsfreiheit kann ausnahmsweise auch beim Überschreiten der in § 8 Abs. 1 Nr. 1 SGB IV genannten 400 €-Grenze eintreten bzw. bestehen bleiben (§ 27 Abs. 5 SGB III), wenn die Beschäftigung weniger als 15 Stunden in der Woche ausgeübt wird und gleichzeitig ein Anspruch auf Arbeitslosengeld oder -hilfe besteht (§ 27 Abs. 5 SGB III; ErfK/*Rolfs* § 8 SGB IV Rz. 31).

g) Gleitzone (Arbeitsentgelt zwischen 400,01 € und 800 €/Monat; ab 1.4.2003)

4556 Die zum 1.4.2003 neu eingeführte Gleitzone (§ 20 Abs. 2 SGB IV) kennzeichnet sich dadurch, dass der Arbeitnehmer zwar in allen Zweigen der Sozialversicherung versicherungspflichtig ist, dass aber der Arbeitnehmeranteil am Gesamtsozialversicherungsbeitrag gleitend von 4,15% auf 20,83% ansteigt; die Abgabenbelastung beginnt also für den Arbeitnehmer moderat. Der Arbeitgeberanteil bleibt dagegen unverändert (vgl. ausf. ErfK/*Rolfs* § 20 SGB IV Rz. 1 ff.; *Rolfs* NZA 2003, 65 ff.).

3. Steuerrechtliche Behandlung

4557 Grds. ist der Arbeitgeber nach §§ 38 Abs. 3, 41 a EStG verpflichtet, die Lohnsteuer zu berechnen und vom Lohn einzubehalten (s.o. Rn. 773 ff.). Bei Nichterfüllung dieser öffentlich rechtlichen Verpflichtung haftet er den Finanzbehörden gegenüber (§ 42d EStG). Der Arbeitnehmer kann allerdings vorab **eine sog. Freistellungsbescheinigung** beim Finanzamt beantragen. Nach Vorlage derselben ist eine Auszahlung des gesamten Geringverdienerlohnes ohne Steuerabzug möglich. Ergibt sich erst nachträglich, dass auf Grund anderer positiver Einnahmen doch eine Versteuerung durchzuführen ist, hat dies auf Grund der vom Arbeitnehmer abzugebenden Einkommensteuerklärung nachträglich zu erfolgen.

Entfällt für einen geringfügig beschäftigten Arbeitnehmer die Steuerfreiheit oder erhält er **4558** keine Freistellungsbescheinigung, besteht ein Wahlrecht. Entweder ist die Regelbesteuerung über Lohnsteuerkarte vorzunehmen. Der Geringverdienerlohn kann aber auch der **Pauschalbesteuerung** unterworfen werden (§ 40a Abs. 1, 2 EStG; s. dazu *Hanau* NZA 2006, 809). Diese ist dann allerdings zusätzlich zu den pauschalierten Beiträgen zur Renten- und Krankenversicherung zu entrichten.

Ob ein Arbeitgeber verpflichtet ist, im Falle einer steuerpflichtigen geringfügigen Beschäf- **4559** tigung das Einkommen des Arbeitnehmers pauschal zu versteuern und die Steuern selbst zu tragen, richtet sich insoweit allein nach dem Arbeitsvertrag der Parteien (*BAG* 24.6.2003 EzA § 125 BGB 2002 Nr. 2).

Denn § 40a Abs. 2, 3, 5 EStG verpflichtet den Arbeitgeber nicht, die pauschale Lohn- **4560** steuer wirtschaftlich zu tragen. Vielmehr ist zwischen dem öffentlich-rechtlichen Steuerschuldverhältnis und dem Arbeitsverhältnis zu unterscheiden. Arbeitsrechtlich kann die pauschale Lohnsteuer auf den Arbeitnehmer abgewälzt werden. Bei einer Bruttolohnabrede hat der Arbeitnehmer sie im Innenverhältnis zu tragen, wenn nicht die Übernahme der Steuer durch den Arbeitgeber vereinbart ist. Das gilt auch für Formulararbeitsverträge. Die Abwälzung der Pauschalsteuer auf den Arbeitnehmer verstößt auch nicht gegen das Verbot der Benachteiligung von Teilzeitbeschäftigten (*BAG* 1.2.2006 EzA § 611 BGB 2002 Nettolohn, Lohnsteuer Nr. 2 = NZA 2006, 682).

4. Meldepflicht

Für die geringfügig Beschäftigten gelten ab dem 1.4.1999 **dieselben Meldepflichten wie für** **4561** **normal Beschäftigte**. Das früher bestehende besondere Meldeverfahren gibt es nicht mehr. Die gilt auch für bereits vor dem 1.4.1999 beschäftigte Arbeitnehmer in geringfügigen Beschäftigungsverhältnissen. Die Meldungen sind der **zuständigen Einzugsstelle** gegenüber abzugeben. Dies ist die gesetzliche Krankenversicherung, bei der der Arbeitnehmer versichert ist, bzw. zuletzt versichert war. War er bislang nicht gesetzlich krankenversichert, kann der Arbeitgeber eine gesetzliche Krankenkasse wählen.

E. Berufsausbildungsverhältnis

I. Normative Grundlagen

Normative Grundlagen des Berufsbildungsrechts sind **§§ 1 ff. BBiG** sowie **§§ 21–44 b HwO**. **4562** Durch § 3 Abs. 2 Nr. 1 BBiG wird nunmehr klargestellt, dass sich die Vorschriften des BBiG nicht auf die Berufsbildung beziehen, die in berufsqualifizierenden Studiengängen auf der Grundlage des HRG und der Hochschulgesetze der Länder durchgeführt wird. Auf Grund von § 5 BBiG, § 25 HwO sind im Bereich des Handwerks über 150 Ausbildungsordnungen ergangen, im Bereich der gewerblichen und industriellen Wirtschaft über 160 Ausbildungsberufe durch Rechtsverordnung staatlich anerkannt und im Einzelnen geregelt worden.

Daneben sind für Jugendliche, die eine Ausbildung durchlaufen, die Vorschriften des **4563** JArbSchG anwendbar. Es gilt ferner das BUrlG, das ArbPlSchG, das BetrAVG, das VermögensbildungsG, BetrVG, PersVG, SGB III, BEEG, SGB IV.

4564 Gem. § 10 Abs. 2 BBiG sind auf den Berufsausbildungsvertrag, soweit sich aus seinem Wesen und Zweck und aus dem BBiG nichts anderes ergibt, die für den Arbeitsvertrag geltenden Rechtsvorschriften anzuwenden. Daraus folgt die Anwendbarkeit des ArbZG, des Eignungsübungsgesetzes, des WPflG, des ZDG, des MuSchG, des SGB IX, des TVG sowie des BGB. Anwendung finden auch alle Vorschriften über den technischen Arbeitsschutz.

4565 **Allerdings ist § 113 BGB auf Berufsausbildungsverhältnisse nicht anzuwenden.** Ein Minderjähriger kann nicht von den Personensorgeberechtigten zur Eingehung eines Lehrverhältnisses ermächtigt werden, da bei einem Berufsausbildungsverhältnis der Ausbildungszweck den besonderen Schutz des Minderjährigen bei der Auswahl des Lehrberufs, beim Abschluss des Ausbildungsvertrages sowie bei der Durchführung und Beendigung der Ausbildung notwendig macht (MünchArbR/*Natzel* § 177 Rz. 110).

II. Duales System

4566 Von Bedeutung sind auch die Schulgesetze der Länder, soweit sie Bestimmungen über die Berufsschulen enthalten. Das BBiG geht insoweit vom Zusammenwirken der betrieblichen und der schulischen Ausbildung aus, regelt jedoch nur die Bereiche der betrieblichen und außerschulischen Berufsbildung. Deshalb gilt gem. § 3 Abs. 1 BBiG das BBiG nur insoweit für die Berufsbildung, als diese nicht in berufsbildenden Schulen durchgeführt wird, die den Schulgesetzen der Länder unterstehen. Das sog. duale System der Berufsausbildung **besteht** folglich **aus dem Lernort Betrieb und dem Lernort Schule**.

III. Der Berufsausbildungsvertrag

1. Rechtsnatur und Begründung

4567 Der Berufsausbildungsvertrag ist nach Auffassung von *Richardi* (MünchArbR § 28 Rz. 25) ein **atypischer Dienstvertrag**. Soweit es um die arbeitsrechtliche Seite der Berufsausbildung geht, enthalten §§ 10–26 BBiG Sondervorschriften. Der Ausbildungszweck gibt dem Berufsausbildungsverhältnis seinen Inhalt. Darin unterscheidet es sich von einem Arbeitsverhältnis, das ein Arbeitnehmer eingeht, um sich selbst in seiner Ausbildung zu vervollkommnen. Es ist aber ein echtes Arbeitsverhältnis; denn wer sich der Berufsausbildung unterzieht, wird zum Zweck der Ausbildung im Dienste eines anderen beschäftigt, was ihn vom Schüler oder Studenten unterscheidet.

4568 Demgegenüber handelt es sich nach Auffassung von *Natzel* (MünchArbR § 177 Rz. 126–188) **nicht um einen Arbeitsvertrag**. Danach ist das Berufsbildungsrecht weitgehend dem Arbeitsrecht entwachsen mit der Maßgabe, dass dem Auszubildenden, weil es sich nicht um ein Arbeitsverhältnis handelt, **kein Streikrecht** zusteht, ferner, dass die **Regelungen über Kurzarbeit nicht anwendbar** sind und die Ausbildungsvergütung kein Arbeitsentgelt, sondern lediglich einen Beitrag für die Durchführung der Kosten der Ausbildung und einen Ansporn für den Auszubildenden darstellt, sich um seine Ausbildung zu bemühen.

4569 Das *BAG* (10.7.2003 NZA 2004, 269) geht ebenfalls davon aus, dass es sich nicht um ein Arbeitsverhältnis handelt, weil unterschiedliche Vertragspflichten bestehen. Denn Inhalt des Arbeitsverhältnisses ist die Pflicht zur Erbringung der vertraglich geschuldeten Arbeitsleistung gegen Zahlung eines Entgelts. Demgegenüber ist der Auszubildende verpflichtet, sich ausbilden zu lassen, während die Hauptpflicht des Ausbilders (§ 14 BBiG) darin besteht, dem Auszubildenden die für das Erreichen des Ausbildungsziels erforderlichen Kenntnisse und Fertigkeiten zu vermitteln.

Ein Berufsausbildungsverhältnis wird durch eine vertragliche Abmachung zwischen dem Ausbildenden und dem Auszubildenden begründet. Beim Minderjährigen ist zu beachten, dass § 113 BGB nicht gilt (s.o. Rn. 4565). 4570

Gem. § 10 Abs. 5 BBiG können mehrere natürliche und juristische Personen zur Erfüllung der vertraglichen Verpflichtungen in einem Ausbildungsverbund zusammenwirken. Dadurch soll es u.a. kleinen und mittelständischen Unternehmen, die auf Grund des internationalen Wettbewerbsdrucks das notwendige Ausbildungsspektrum nicht anbieten können, ermöglicht werden ihre Ausbildungspotentiale zu bündeln und zugleich eine breit angelegte, am Berufsprinzip ausgerichtete Ausbildung zu sichern (BT-Drs. 15/4752 zu Nr. 9; *Taubert* FA 2005, 108; *Hänlein* NZA 2006, 348 ff.; *Stück/Mühlhausen* NZA-RR 2006, 169 ff.). 4571
Allerdings stellt ein Berufsausbildungsvertrag dann ein **nichtiges Scheingeschäft** dar, wenn er nur abgeschlossen wurde, um Zugang zu einer Ausbildung in einem von einem Dritten getragenen Ausbildungsverbund zu verschaffen und beide Vertragspartner des Ausbildungsvertrages weder dessen Erfüllung beabsichtigten, noch eine (Teil-) Ausbildung tatsächlich durchgeführt werden (*LAG Hamm* 24.10.2006 – 9 Sa 1033/05 – EzA-SD 25/06 S. 8 LS = NZA-RR 2007, 64).

2. Grenzen der vertraglichen Regelungsbefugnis

Gem. **§ 12 BBiG** sind alle Vereinbarungen, die den Auszubildenden für die Zeit nach Beendigung des Berufsausbildungsvertrages in der Ausübung seiner erlernten Tätigkeit beschränken, nichtig, es sei denn, dass er sich innerhalb der letzten (drei § 5 Abs. 1 S. 2 BBiG a.F.; auf Grund des durch das arbeitsrechtliche Beschäftigungsförderungsgesetzes geänderten § 5 Abs. 1 S. 2 BBiG n.F. [vgl. dazu *Rolfs* NZA 1996, 1136 f.] mit Wirkung vom 1.10.1996; ab 1.4.2005 § 12 Abs. 1 S. 2 BBiG) **sechs** Monate des Berufsausbildungsverhältnisses dazu verpflichtet, nach dessen Beendigung mit dem Auszubildenden ein Arbeitsverhältnis einzugehen. Gleiches gilt für eine Vereinbarung, die den Auszubildenden verpflichtet, für die Berufsausbildung eine Entschädigung zu zahlen (§ 12 Abs. 2 Nr. 1 BBiG). Nichtig ist ferner die Vereinbarung von Vertragsstrafen (§ 12 Abs. 2 Nr. 2 BBiG). Beiden Vertragsparteien verboten ist auch die Vereinbarung über den Ausschluss oder die Beschränkung von Schadensersatzansprüchen (§ 12 Abs. 2 Nr. 3 BBiG). Regelungen, die zu einer Besserstellung des Jugendlichen führen, sind aber gem. § 18 BBiG zulässig. Auch auf bereits entstandene Schadensersatzansprüche kann verzichtet werden. Unzulässig ist jedoch gem. § 12 Abs. 2 Nr. 4 BBiG auch die Festsetzung der Höhe eines Schadensersatzes in Pauschalbeträgen. 4572

§ 12 Abs. 1 S. 1 BBiG gilt entsprechend, wenn durch eine Rückzahlungsvereinbarung mittelbarer Druck auf den Auszubildenden ausgeübt wird, der seine Berufsfreiheit unverhältnismäßig einschränkt (*BAG* 25.4.2001 EzA § 5 BBiG Nr. 8 = NZA 2002, 1396 m. Anm. *Schlachter* RdA 2002, 186). Ist Ziel einer Ausbildung die erfolgreiche Ablegung der Prüfung zur Handelsassistentin und das Bestehen der Abschlussprüfung zur **Kauffrau im Einzelhandel** Voraussetzung für die Zulassung zu dieser Prüfung, liegt ein Berufsausbildungsverhältnis i.S.d. §§ 10 ff. BBiG vor, wenn die Ausbildung zur Handelsassistentin nach bestandener Abschlussprüfung zur Kauffrau im Einzelhandel nicht fortgesetzt wird. 4573

Das Berufsbildungsgesetz geht für die Berufsausbildung vom Grundsatz des dualen Systems aus, das durch ein Zusammenwirken von betrieblicher und schulischer Ausbildung gekennzeichnet ist. Kosten, die dem Ausbildenden bei der Ausbildung entstehen, hat er zu tragen. Eine Vereinbarung, die den Auszubildenden zur Erstattung solcher Ausbildungskosten verpflichtet, ist nach § 10 Abs. 2 Nr. 1 BBiG nichtig. Nicht erfasst werden von dieser Vorschrift Kosten, die im Zusammenhang mit dem Besuch einer staatlichen Berufsschule entstehen. Diese sind dem schulischen Bereich zuzuordnen und vom Auszubildenden zu tragen. Veranlasst der Ausbildende den Auszubildenden, an Stelle der staatlichen Berufsschule eine andere Bildungseinrichtung zu besuchen und fallen deshalb Kosten an, hat der Ausbildende diese zu tragen. Eine Abrede, die den Auszubildenden verpflichtet, diese Kosten dem Aus- 4574 bildenden zu erstatten, ist als Vereinbarung über die Verpflichtung zur Zahlung einer Entschädigung für die Berufsausbildung nach § 10 Abs. 2 Nr. 1 BBiG nichtig (*BAG* 25.7.2002 EzA § 5 BBiG Nr. 9).

4575 Der Mangel in der Berechtigung des Ausbildenden, Auszubildende einzustellen oder auszubilden (§§ 28 ff. BBiG) berührt die Wirksamkeit des Ausbildungsvertrages nicht (§ 10 Abs. 4 BBiG). Allerdings kann der Auszubildende den Vertrag kündigen und u.U. gem. § 23 Abs. 1 BBiG Schadensersatzansprüche geltend machen.

3. Schriftliche Niederlegung des Ausbildungsvertrages

4576 Gem. **§ 11 BBiG** hat der Ausbildende unverzüglich nach Abschluss des Berufsausbildungsvertrages, spätestens vor Beginn der Berufsausbildung, den wesentlichen Inhalt des Vertrages schriftlich niederzulegen; die Niederlegung **in elektronischer Form** ist ausgeschlossen (§ 11 Abs. 1 BBiG). § 11 Abs. 1 S. 2 BBiG sieht vor, **welche Einzelheiten mindestens aufzunehmen sind.**

4577 Enthalten sein müssen insbes. Angaben über Art, Planmäßigkeit und Ziel der Ausbildung mit einer sachlichen und zeitlichen Gliederung, Beginn und Dauer der Berufsausbildung (einschließlich Angaben über eine etwaige Verkürzung der Ausbildungsdauer gem. §§ 7, 8 BBiG), die Dauer der regelmäßigen täglichen Ausbildungszeit, Ausbildungsmaßnahmen außerhalb der Ausbildungsstätte, die Dauer der Probezeit (mindestens 1, höchstens 3 Monate [§ 20 BBiG: max. 4 Monate], auch dann, wenn sich das Ausbildungsverhältnis an ein Arbeitsverhältnis anschließt, *BAG* 16.12.2004 EzA § 15 BBiG Nr. 14). Zahlung und Höhe der Vergütung (vgl. § 17 BBiG), die Dauer des Urlaubs, die Voraussetzungen, unter denen der Berufsausbildungsvertrag gekündigt werden kann sowie ein in allgemeiner Form gehaltener Hinweis auf die Tarifverträge, Betriebs- oder Dienstvereinbarungen, die auf das Berufsausbildungsverhältnis anzuwenden sind.

4578 Findet z.B. in einem Ausbildungsbetrieb ein Tarifvertrag Anwendung, hat der Ausbilder den Auszubildenden in einer Niederschrift gem. § 11 Abs. 1 Nr. 9 BBiG hierauf **hinzuweisen**. Eines gesonderten Hinweises auf eine im Tarifvertrag geregelte Ausschlussfrist bedarf es nicht. Erfüllt der Ausbilder nicht seine Hinweispflicht aus § 11 Abs. 1 Nr. 9 BBiG, haftet er dem Auszubildenden nach den allgemeinen Vorschriften auf Schadenersatz. Das gilt auch, wenn es der Ausbilder unterlässt, den Auszubildenden auf einen Tarifvertrag hinzuweisen, der erst nach Beginn der Berufsausbildung infolge Allgemeinverbindlicherklärung auf das Ausbildungsverhältnis Anwendung findet. Bei der Prüfung eines **Schadenersatzanspruches** wegen Verletzung gesetzlicher Hinweispflichten im Ausbildungsverhältnis ist davon auszugehen, dass der Auszubildende bei ausreichender Information seine **Eigeninteressen in vernünftiger Weise wahrt.** Deshalb ist zu vermuten, dass er eine tarifliche Ausschlussfrist beachtet hätte, wenn er auf die Geltung des Tarifvertrags hingewiesen worden wäre. Diese Vermutung kann der Ausbilder widerlegen (*BAG* 24.10.2002 EzA § 4 BBiG Nr. 2 = NZA 2004, 105).

4579 Die Niederschrift muss von den Vertragsparteien bzw. dem gesetzlichen Vertreter eines Minderjährigen unterzeichnet werden (§ 11 Abs. 2 BBiG).

4580 Mit dieser Vorschrift wird jedoch **keine Schriftform i.S.d. § 125 BGB** für den Berufsausbildungsvertrag vorgeschrieben. Wird eine Niederschrift folglich nicht angefertigt, den Beteiligten nicht zur Unterschrift vorgelegt und ausgehändigt, so berühren diese Verstöße nicht die Wirksamkeit des mündlich geschlossenen Vertrages; daran hat auch die Nachweisrichtlinie RL 91/533/EWG nichts geändert (*BAG* 21.8.1997 EzA § 4 BBiG Nr. 1).

IV. Pflichten des Ausbildenden

1. Ausbildungspflicht (§ 14 Abs. 1 Nr. 1 BBiG)

Der Ausbildende hat dafür zu sorgen, dass dem Auszubildenden die berufliche Handlungsfähigkeit vermittelt wird, die zum Erreichen des Ausbildungszieles erforderlich sind und die Berufsausbildung in einer durch ihren Zweck gebotenen Form planmäßig, zeitlich und sachlich gegliedert so durchzuführen, dass das Ausbildungsziel in der vorgesehenen Ausbildungszeit erreicht werden kann. Inhalt und Umfang der Ausbildung werden mittelbar durch die auf der Ermächtigungsgrundlage des **§ 5 BBiG** ergangenen **Rechtsverordnung** über die Ausbildungsberufe geregelt. **Ausbildungsberufsbild** und **Ausbildungsrahmenplan** beschreiben in Form einer Empfehlung die Ausbildungspflichten des Ausbildenden. Er muss diese Verpflichtungen durch einen betrieblichen Ausbildungsplan konkretisieren. 4581

Gem. § 14 Abs. 1 Nr. 2 BBiG muss der Ausbildende entweder **selbst ausbilden oder einen Ausbilder ausdrücklich damit beauftragen**. 4582

Gem. § 14 Abs. 2 BBiG dürfen dem Auszubildenden nur **Verrichtungen** übertragen werden, **die dem Ausbildungszweck dienen und seinen körperlichen Kräften angemessen sind**. Allerdings ist auch die Übertragung von **Neben- und Hilfstätigkeiten** zulässig, soweit sie in der Ausbildungsstätte anfallen und von allen Auszubildenden und anderen Arbeitnehmern ohne Gefährdung des Ausbildungszwecks in gleichem Umfang übernommen werden. 4583

2. Ausbildungsmittel

Gem. § 14 Abs. 1 Nr. 3 BBiG hat der Ausbildende dem Auszubildenden kostenlos die Ausbildungsmittel, insbes. Werkzeuge und Werkstoffe zur Verfügung zu stellen, die zur Berufsausbildung und dem Ablegen von Zwischen- und Abschlussprüfung erforderlich sind. Jegliche Kostenbeteiligung des Auszubildenden oder seiner Eltern ist unzulässig. Dabei erfolgt allerdings nur eine leihweise Bereitstellung, die Überlassung des Besitzes, nicht aber ein Eigentumsübergang. 4584

Nach zutr. Auffassung des *LAG SchlH* (14.2.2006 NZA-RR 2006, 461) verstößt es gegen § 14 Abs. 1 S. 3 BBiG, wenn die Parteien eines Berufsausbildungsverhältnisses vereinbaren, dass der **Auszubildende dem Ausbilder die Kosten** für das für das Gesellenstück benötigte Material **ersetzt**.

Nach Beendigung der Ausbildung sind die Ausbildungsmittel an den Ausbildenden **zurückzugeben** (MünchArbR/*Natzel* § 178 Rz. 87). 4585

Bücher oder Ausbildungsmittel, die im **Berufsschulunterricht** benutzt werden sollen, braucht der Ausbildende jedoch **nicht zur Verfügung zu stellen**. 4586

Die in § 14 Abs. 1 Nr. 3 BBiG genannten Ausbildungsmittel müssen schließlich zum Ablegen der vorgeschriebenen Abschluss- und Zwischenprüfung zur Verfügung gestellt werden, auch soweit solche nach Beendigung des Ausbildungsverhältnisses stattfinden. 4587

Fraglich ist, ob der Auszubildende **Eigentum an dem von ihm erstellten Prüfungsstück** erwirbt. Das *BAG* (3.3.1960 AP Nr. 2 zu § 23 HandwO) hat es als möglich angesehen, dass der Auszubildende Hersteller i.S.d. § 950 BGB sein kann, weil der Ausbildende Ausbildungsmittel und Werkzeuge kostenlos zur Verfügung stellen muss; das *LAG München* (8.8.2002 NZA-RR 2003, 187) hat dies offen gelassen, aber angenommen, dass sich Ausbilder und Auszubildender jedenfalls vorab über die Frage des Eigentumserwerbs am Prüfungsstück einigen können. Jedenfalls kommt ein **Eigentumsübergang an dem Gesellenstück** nach § 950 BGB dann nicht in Betracht, wenn das Gesellenstück nicht fertig gestellt worden ist. Eine nachwirkende Obhutspflicht des Ausbilders aus dem Ausbildungsverhältnis besteht andererseits nach Ablauf von zwei Monaten nach dem Beendigungsdatum nicht mehr (*LAG SchlH* 14.2.2006 NZA-RR 2006, 461). 4588

3. Nebenpflichten

4589 Der Ausbildende hat den Auszubildenden zum **Besuch der Berufsschule** sowie zum **Führen von Berichtsheften** (das geführte Berichtsheft ist gem. § 43 Abs. 1 Nr. 2 BBiG: vorgeschriebene schriftliche Ausbildungsnachweise), § 36 HwO Voraussetzung für die Zulassung zur Abschlussprüfung) **anzuhalten**, soweit solche im Rahmen der Berufsausbildung verlangt werden, und diese durchzusehen.

4590 Schließlich hat er gem. § 14 Abs. 1 Nr. 5 BBiG dafür zu sorgen, dass der Auszubildende charakterlich gefördert sowie sittlich und körperlich nicht gefährdet wird (vgl. dazu MünchArbR/*Natzel* § 178 Rz. 91 ff.). Ferner muss der Auszubildende für die **Teilnahme am Berufsschulunterricht, an Prüfungen und Ausbildungsmaßnahmen außerhalb der Ausbildungsstätte freigestellt werden** (§ 15 BBiG; § 9 JArbSchG). Die Freistellung von der betrieblichen Ausbildung umfasst notwendigerweise auch die Zeiträume, in denen der Auszubildende zwar nicht am Berufsschulunterricht teilnehmen muss, aber **wegen des Schulbesuchs** aus tatsächlichen Gründen **gehindert** ist, **im Ausbildungsbetrieb an der betrieblichen Ausbildung teilzunehmen**. Dies betrifft insbes. die Zeiten des notwendigen Verbleibs an der Berufsschule während der unterrichtsfreien Zeit und die notwendigen Wegezeiten zwischen Berufsschule und Ausbildungsbetrieb (*BAG* 26.3.2001 EzA § 7 BBiG Nr. 1; vgl. dazu *Sandmann* SAE 2001, 280 f.). Seit dem Außerkrafttreten des § 9 Abs. 4 JArbSchG zum 1.3.1997 fehlt es an einer Anrechnungsregelung, so dass die Summe der Berufsschulzeiten und der betrieblichen Ausbildungszeiten für volljährige Auszubildende kalenderwöchentlich größer als die regelmäßige tarifliche wöchentliche Ausbildungszeit sein kann (*BAG* 26.3.2001 EzA § 7 BBiG Nr. 1; 13.2.2003 EzA § 77 BetrVG 2001 Nr. 1 = NZA 2003, 984).

4. Vergütungspflicht

4591 Gem. § 17 BBiG hat der Ausbildende dem Auszubildenden eine angemessene Vergütung zu gewähren (vgl. dazu *Opolony* BB 2000, 510 ff.; zur Neufassung ab dem 1.4.2005 *Litterscheid* NZA 2006, 639 ff.). Sie ist nach seinem Lebensalter so zu bemessen, dass sie mit fortschreitender Berufsausbildung, mindestens jährlich, ansteigt. Maßgeblicher Zeitpunkt für die Überprüfung der Angemessenheit ist der der Fälligkeit, nicht der des Vertragsabschlusses (*BAG* 30.9.1998 EzA § 10 BBiG Nr. 4). Der Anspruch ist gem. § 25 BBiG unabdingbar und steht allein dem Auszubildenden zu, auch wenn er minderjährig ist. Der Bundestagsausschuss für Arbeit (BT-Drs. V/4260 zu § 10 S. 9) ist davon ausgegangen, dass die Vergütung ein **Zuschuss zu den Lebenshaltungskosten** sein soll, ohne diese zur vollen Deckung zu bringen.

4592 Nach der Rechtsprechung (*BAG* 19.2.2008 EzA § 10 BBiG Nr. 14 = NZA 2008, 828; 22.1.2008 NZA-RR 2008, 565) kommen ihr regelmäßig die Funktionen eines **Unterhaltsbeitrags**, einer **Entlohnung** der erbrachten Leistungen und der **Heranbildung von Nachwuchskräften** zu. Diese Funktionen treten zurück, wenn durch öffentliche Mittel oder Spendengelder **zusätzliche Ausbildungsplätze** für Personengruppen **finanziert werden**, die eine Ausbildung ohne die Förderung nicht erfolgreich durchführen könnten (*BAG* 22.1.2008 NZA-RR 2008, 565).

4593 Jedenfalls reicht der Bezug auf branchenübliche Sätze, tarifliche Vergütungen, regelmäßig aus; **eine Ausbildungsvergütung, die sich an einem entsprechenden Tarifvertrag ausrichtet, ist stets als angemessen anzusehen** (*BAG* 24.10.2002 EzA § 10 BBiG Nr. 8 = NZA 2003, 1204; 15.12.2005 EzA § 10 BBiG Nr. 11 = NZA 2007, 1391 LS). Denn die Angemessenheit der Vergütung wird unter Abwägung der Interessen beider Vertragspartner und unter Berücksichtigung der besonderen Umstände des Einzelfalls festgestellt. Hierbei ist auf die Verkehrsanschauung abzustellen. Wichtigster Anhalt dafür sind die einschlägigen Tarifverträge. Es ist sachgerecht, als Vergleichsmaßstab auch für die nicht tarifgebundenen Parteien Tarifverträge heranzuziehen, weil sie von den Tarifvertragsparteien ausgehandelt worden sind und anzunehmen ist, dass die Interessen beider Seiten hinreichend berücksichtigt worden sind (*BAG* 25.7.2002 EzA § 10 BBiG Nr. 9; 15.12.2005 EzA § 10 BBiG Nr. 11 = NZA 2007, 1391 LS; *Sächs. LAG* 30.9.2005 LAGE § 10 BBiG 2005 Nr. 1).

Ausbildungsvergütungen werden regelmäßig für alle Ausbildungsverhältnisse unabhängig davon, für welchen Ausbildungsberuf die Ausbildung erfolgt, in den entsprechenden Tarifverträgen des jeweiligen Gewerbezweiges geregelt. Eine Differenzierung danach, welchen Abschluss die Ausbildung zum Ziel hat, erfolgt nach den einschlägigen Tarifverträgen nicht. Entscheidend kommt es nur auf das Gewerbe bzw. den Industriezweig an, in dem die Ausbildung stattfindet (*BAG* 15.12.2005 EzA § 10 BBiG Nr. 11 = NZA 2007, 1391 LS). 4594

Eine vertraglich vereinbarte Ausbildungsvergütung ist dann **nicht mehr angemessen**, wenn 4595
sie die in einem für den Ausbildungsbetrieb an sich einschlägigen, aber im konkreten Einzelfall nicht anwendbaren **Tarifvertrag enthaltene Vergütung um mehr als 20% unterschreitet** (*BAG* 10.4.1991 EzA § 10 BBiG Nr. 2, 25.7.2002 EzA § 10 BBiG Nr. 9; *LAG SchlH* 7.11.2006 – 5 Sa 159/06 – EzA-SD 1/2007 S. 6 LS; s.a. *ArbG Hmb.* 18.6.2008 – 11 Ca 2159/07 – ArbuR 2008, 404 LS: die Einhaltung dieser Grenze führt nicht automatisch dazu, dass die Vergütung angemessen ist), **es sei denn, die Ausbildung wird zu 100 % von der öffentlichen Hand finanziert** (*BAG* 19.2.2008 EzA § 10 BBiG Nr. 14 = NZA 2008, 828: Unterschreitung des Tarifniveaus um **deutlich mehr als 20 %** bei Fianzierung durch Zuschüsse der Bundesagentur für Arbeit; 11.10.1995 EzA § 10 BBiG Nr. 3; 22.1.2008 NZA-RR 2008, 565; krit. *Natzel/Natzel* SAE 1997, 116 ff.). Denn die Begrenztheit der öffentlichen Mittel und das gesamtgesellschaftliche Interesse, möglichst vielen arbeitslosen Jugendlichen zu einer Ausbildung zu verhelfen, rechtfertigen eine geringere Höhe der Ausbildungsvergütung (*BAG* 22.1.2008 NZA-RR 2008, 565).

Die Besonderheit der **Krankenhausfinanzierung** durch Budgetierung beschränkt die 4596
Angemessenheitskontrolle allerdings nicht. Denn die angemessene Ausbildungsvergütung orientiert sich nicht am Budget, sondern ist bei der Festlegung des Budgets zu berücksichtigen. Zwar kann ausnahmsweise eine höhere Unterschreitung ausnahmsweise noch angemessen sein, z.B. dann, wenn Ausbildungsplätze für Personengruppen geschaffen werden, die sonst nur unter erheblichen Schwierigkeiten einen Ausbildungsplatz finden könnten, und die Ausbildung teilweise oder vollständig durch öffentliche Gelder finanziert wird. Dies hat das *BAG* (19.2.2008 EzA § 10 BBiG Nr. 14 = NZA 2008, 828) im konkret entschiedenen Einzelfall aber verneint, in dem die Beklagte die Klägerin als **Gesundheits- und Krankenpflegerin** ausbildete und die vereinbarte Ausbildungsvergütung das Tarifniveau um **35,65 % unterschritt**. Denn allein die Tatsache, dass der Ausbildungsträger im Krankenhausbereich nur über beschränkte finanzielle Mittel in Form eines ihm zugewiesenen Budgets verfügt, rechtfertigt keine Befreiung von der Pflicht, eine angemessene Ausbildungsvergütung zu gewähren. Der reguläre Ausbildungsmarkt darf durch derartige Ausnahmen nicht verfälscht werden (*BAG* 19.2.2008 EzA § 10 BBiG Nr. 14 = NZA 2008, 822).

Sind in einem Berufsausbildungsvertrag konkret bezifferte Vergütungssätze für das jewei- 4597
lige Ausbildungsjahr als angemessene Ausbildungsvergütung vereinbart, liegt eine hierauf bezogene eigenständige Vergütungsvereinbarung auch dann vor, wenn abschließend bestimmt ist, dass mindestens die jeweils gültigen Tarifsätze gelten. Eine nach Vertragsschluss erfolgte Absenkung der Tarifsätze mindert nicht die vertraglich geschuldete Ausbildungsvergütung (*BAG* 26.9.2002 EzA § 10 BBiG Nr. 6 = NZA 2003, 435).

Fehlt eine tarifliche Regelung, kann zur Ermittlung der angemessenen Vergütung auf 4598
Empfehlungen von Kammern und Innungen zurückgegriffen werden (*BAG* 30.9.1998 EzA § 10 BBiG Nr. 4). Liegt die Ausbildungsvergütung um mehr als 20 % unter den Empfehlungen z.B. einer Rechtsanwaltskammer, so ist zu vermuten, dass sie nicht mehr angemessen ist (*BAG* 30.9.1998 EzA § 10 BBiG Nr. 4). Wird eine Ausbildung, deren **praktischer Teil bei Drittbetrieben** (z.B. des Maler- und Lackiererhandwerks) erfolgt, bei einem **gemeinnützigen Verein**, dessen Zweck die Förderung der beruflichen Bildung ist und der über kein eigenes Vermögen verfügt, zu 100 % über **Zuwendungen der öffentlichen Hand finanziert**, so kann auch eine um 45 % unter einer tariflichen Ausbildungsvergütung eines entsprechenden praktischen Ausbildungsbetriebs liegende Ausbil-

dungsvergütung noch angemessen i.S.d. § 17 BBiG sein (*LAG Bra.* 2.7.1999 – 4 Sa 129/99; **a.A.** *LAG SchlH* 7.11.2006 – 5 Sa 159/06 – EzA-SD 1/2007 S. 6 LS), **sofern kein Missbrauch** der durch §§ 240 ff. SGB III **bereitgestellten öffentlichen Förderungsmöglichkeiten** durch den Träger der Ausbildung erkennbar ist; dabei ist es unerheblich, wie der Maßnahmeträger organisiert ist (*LAG Hamm* 24.10.2006 LAGE § 17 BBiG 2005 Nr. 1).
Auch das *BAG* (24.20.2002 EzA § 8 BBiG Nr. 8) geht davon aus, dass bei Ausbildungsverhältnissen, die ausschließlich durch öffentliche Gelder und private Spenden zur Schaffung zusätzlicher Ausbildungsplätze finanziert werden und zudem für einen nicht tarifgebundenen Ausbilder mit keinerlei finanziellen Vorteilen verbunden sind, die vereinbarte Vergütung die tariflich geregelte Ausbildungsvergütung erheblich unterschreiten darf. Die Angemessenheit bestimmt sich vor allem dann nicht allein nach den tariflichen Sätzen, wenn der Auszubildende auf einem zusätzlich geschaffenen Ausbildungsplatz ausgebildet wird und ohne diesen einen qualifizierten Berufsabschluss nicht hätte erreichen können. Andererseits ist eine Ausbildungsvergütung, die weniger als 80 % der tariflichen Vergütung beträgt, bei Ausbildungsverhältnissen, die nicht durch öffentliche Gelder finanziert werden, i.d.R. nicht mehr angemessen i.S.d. gesetzlichen Regelung (*BAG* 8.5.2003 EzA § 10 BBiG Nr. 10 = NZA 2003, 1343).

4599 In einem **vollständig** von der Bundesagentur für Arbeit **finanzierten Ausbildungsverhältnis** zwischen einer überbetrieblichen Bildungseinrichtung und einem beruflichen Rehabilitanten (öffentlich finanziertes, dreiseitiges Ausbildungsverhältnis) kann auch die Nichtanwendung von § 17 Abs. 1 S. 1 BBiG mit der Folge geboten sein, dass Vergütungsansprüche des auszubildenden Rehabilitanten nicht bestehen (*BAG* 15.11.2000 EzA § 10 BBiG Nr. 5). Ist dem Auszubildenden die Berufsausbildung als **Maßnahme der Arbeits- und Berufsförderung** Behinderter bei einer gemeinnützigen Bildungseinrichtung von der Bundesagentur für Arbeit bewilligt worden, kann die Zahlung von Ausbildungsvergütung an deren Leistungen gebunden werden. Im ausschließlich von der Bundesagentur für Arbeit finanzierten Berufsausbildungsverhältnis mit einem gemeinnützigen Bildungsträger ist § 17 Abs. 1 S. 1 BBiG auch unter Berücksichtigung des Art. 7 Nr. 5 ESC wegen des Vorrangs der sozialrechtlichen Regelungen der Leistungsgewährung nicht anzuwenden (*BAG* 16.1.2003 EzA § 10 BBiG Nr. 7 = NZA-RR 2003, 607).

4600 Wird in einer auf Grund der §§ 8, 9 BBiG erlassenen **AnrechnungsVO** Regelungen durch die zuständige Stelle) eine bestimmte Zeit im schulischen Berufsgrundbildungsjahr oder in einer Berufsfachschule als erstes Jahr der Berufsausbildung auf die Ausbildungszeit angerechnet, so gilt die Verkürzungszeit hinsichtlich der Vergütung im Maße ihrer Anrechnung als abgeleistete Zeit eines Berufsausbildungsverhältnisses (*BAG* 8.12.1982 EzA § 29 BBiG Nr. 1). Etwas anderes gilt aber für die Fälle einer vereinbarten Verkürzung der Ausbildungszeit gem. § 8 Abs. 1 BBiG (*BAG* 8.12.1982 EzA § 29 BBiG Nr. 1).

4601 Gewährt der Ausbildende **Sachleistungen**, so können sie in Höhe der nach § 14 SGB IV festgesetzten Sachbezugswerte angerechnet werden, jedoch nicht über 75% der Bruttovergütung hinaus (§ 17 Abs. 2 BBiG).

4602 Gem. **§ 17 Abs. 3 BBiG** ist eine über die vereinbarte regelmäßige tägliche Arbeitszeit hinausgehende Beschäftigung besonders zu vergüten; gemäß § 17 Abs. 3 2. Hs. BBiG kann auch ein Freizeitausgleich erfolgen.

4603 **§ 19 BBiG** regelt die **Fortzahlung der Vergütung trotz Nichtleistung**. Sie erfolgt insbes. für die Zeit der Freistellung gem. § 15 BBiG sowie für die Dauer von bis zu sechs Wochen, wenn der Auszubildende sich für die Berufsausbildung bereit hält, diese aber ausfällt oder aus einem sonstigen, in seiner Person liegenden Grund unverschuldet verhindert ist, seine Pflichten aus dem Berufsausbildungsverhältnis zu erfüllen. Gem. § 12 Abs. 1 S. 2 BBiG fand im Übrigen das **EFZG** Anwendung, wenn er infolge einer unverschuldeten Krankheit, einer *Maßnahme der medizinischen* Vorsorge oder der Rehabilitation, einer Sterilisation oder eines Abbruchs der Schwangerschaft durch einen Arzt an der Berufsausbildung nicht teilnehmen kann. In § 19 BBiG (ab dem 1.4.2005) ist der Hinweis auf das EFZG entfallen, weil

§§ 1 ff. EFZG ohnehin unmittelbar anwendbar sind (vgl. *Taubert* FA 2005, 108). Daneben gelten auch die Vorschriften über den Annahmeverzug des Arbeitgebers (§§ 293 ff. BGB; *BAG* 15.3.2000 EzA § 14 BBiG Nr. 10; *LAG Sachsen* 11.5.2005 LAG Report 2005, 357).

Aus §§ 15, 19 BBiG folgt bei Überschneidungen von Zeiten des Besuchs der Berufsschule und betrieblicher Ausbildung, dass der Besuch des **Berufsschulunterrichts** der betrieblichen Ausbildung **vorgeht**. Dies bedeutet zugleich die Ersetzung der Ausbildungszeit, so dass eine **Nachholung** der so ausfallenden betrieblichen Ausbildungszeiten von Gesetzes wegen **ausgeschlossen ist** (*BAG* 26.3.2001 EzA § 7 BBiG Nr. 1). 4604

5. Kosten der Berufsausbildung

Die Kosten einer Berufsausbildung i.S.d. §§ 10 ff. BBiG hat der Ausbildende zu tragen. 4605
Dazu zählen auch die Kosten für Verpflegung und Unterkunft des Auszubildenden, die dadurch entstehen, dass die praktische Berufsausbildung nicht im Ausbildungsbetrieb, sondern an einem anderen Ort vorgenommen wird. Dies gilt auch, wenn sich die gesamte praktische Ausbildung außerhalb des Ausbildungsbetriebes vollzieht (*BAG* 21.9.1995 EzA § 5 BBiG Nr. 7).

Nach §§ 15, 19 Abs. 1 Nr. 1 BBiG hat der Ausbilder den Auszubildenden für die Teilnahme am Berufsschulunterricht freizustellen und Vergütung für diese Zeit weiterzuzahlen. Daraus folgt keine Pflicht des Ausbilders, dem Auszubildenden zusätzlich die Kosten des Berufsschulbesuchs zu erstatten. Zu den vom Ausbilder zu tragenden Ausbildungskosten gehören die betrieblichen Sach- und Personalkosten. Der Ausbilder hat auch für Kosten aufzukommen, die für die im Rahmen der betrieblichen Berufsausbildung notwendigen außerbetrieblichen Lehrgänge entstehen. Aus dem dualen System der Berufsausbildung nach dem BBiG folgt, dass die Kosten für die Teilnahme am auswärtigen Berufsschul-Blockunterricht, die nicht auf Veranlassung des Ausbilders erfolgt, der Auszubildende trägt. Das widerspricht nicht dem Prinzip der Kostenfreiheit der Ausbildung (*BAG* 26.9.2002 EzA § 6 BBiG Nr. 3 = NZA 2003, 1403). 4606

6. Rechtsfolgen der Verletzung der Ausbildungspflicht; Darlegungs- und Beweislast

Beruht das Nichtbestehen der Abschlussprüfung auf Verstößen des Ausbildenden gegen diese Pflichten, hat der Auszubildende insbes. wegen der nicht vermittelten Fertigkeiten und Kenntnisse die Prüfung nicht bestanden, so hat er einen **Schadensersatzanspruch** (*BAG* 11.12.1964 AP Nr. 22 zu § 611 BGB Lehrverhältnis). Für das Verschulden des Ausbildenden gelten **§§ 276, 278 BGB; der Ausbildende hat gem. § 282 BGB darzulegen, dass ihn selbst kein Verschulden trifft** (*BAG* 10.6.1976 EzA § 6 BBiG Nr. 2). Darzulegen ist vom Auszubildenden insbes. auch die **Kausalität der Ausbildungsmängel für den Misserfolg bei der Prüfung** (*BAG* 10.6.1976 EzA § 6 BBiG Nr. 2). 4607

Das *LAG Köln* (30.10.1998 NZA 1999, 317) hat weiterhin angenommen, dass ein Schadensersatzanspruch wegen unzureichender Ausbildung zudem grds. einen **gescheiterten Prüfungsversuch** voraussetzt, woran es beim vorzeitigen Abbruch der Ausbildung durch den Auszubildenden fehlt. Jedenfalls muss der Auszubildende dann substantiiert darlegen und beweisen, dass er das vereinbarte Berufsziel bei hypothetischer Fortsetzung des Ausbildungsverhältnisses nicht erreicht hätte. 4608

Zur Darlegung eines Mitverschuldens des Auszubildenden genügt seitens des Ausbildenden nicht der pauschale Vorwurf der Lernunwilligkeit; es muss konkret vorgetragen werden, was der Auszubildende selbst versäumt hat (*BAG* 10.6.1976 EzA § 6 BBiG Nr. 2). Das *BAG* (10.6.1976 EzA § 6 BBiG Nr. 2) hat auch die Berücksichtigung von Versäumnissen der Eltern eines minderjährigen Auszubildenden für möglich erachtet. 4609

4610 Die **Höhe des Schadens** bemisst sich nach der Differenz der gezahlten Vergütung zu dem Einkommen, das der Auszubildende als Geselle in der Zeit zwischen dem Misserfolg der Prüfung und der erfolgreichen Wiederholungsprüfung hätte erzielen können. Dieser entgangene Verdienst ist zu ersetzen. Daneben sind **§§ 823 ff. BGB** anwendbar.

7. Nichtübernahme in ein Anschlussarbeitsverhältnis

4611 **Der Arbeitgeber kann frei darüber entscheiden, ob und mit wem er ein Arbeitsverhältnis eingehen möchte.** Er ist deshalb z.B. auch als Ausbildender i.S.d. BBiG grds. in seiner Entscheidung frei, ob er einen Auszubildenden im Anschluss an die Ausbildung in ein Arbeitsverhältnis übernimmt (*BAG* 20.11.2003 EzA § 611 BGB 2002 Arbeitgeberhaftung Nr. 1).

4612 Ein Auszubildender, der eine **Verletzung des Ausbildungsvertrages** geltend macht, hat daher z.B. grds. **keinen Anspruch auf Schadensersatz** wegen der durch die Nichtübernahme in ein festes Arbeitsverhältnis entfallenen Vergütung (*BAG* 20.11.2003 EzA § 611 BGB 2002 Arbeitgeberhaftung Nr. 1).

V. Pflichten des Auszubildenden

4613 Gem. **§ 13 S. 1 BBiG** hat sich der Auszubildende zu bemühen, die Fertigkeiten und Kenntnisse zu erwerben, die erforderlich sind, um das Ausbildungsziel zu erreichen. Er ist, ohne dass dies in § 13 BBiG zum Ausdruck kommt, nach Maßgabe des Ausbildungsvertrages bzw. der weitestgehend in Bezug genommenen Ausbildungsordnung verpflichtet, ein **Berichtsheft** zu führen. Zu beachten ist, dass gem. § 43 Abs. 1 Nr. 2 BBiG (vorgeschriebene schriftliche Ausbildungsnachweise), § 36 Abs. 1 Nr. 2 HwO nur derjenige zur Abschlussprüfung zugelassen wird, der die vorgeschriebenen Berichtshefte geführt hat.

4614 Gem. § 13 S. 2 Nr. 1 BBiG hat der Auszubildende die ihm im Rahmen seiner Berufsausbildung **aufgetragenen Verrichtungen sorgfältig auszuführen**. Gem. § 13 S. 2 Nr. 2 BBiG hat er **an Ausbildungsmaßnahmen teilzunehmen**, für die er nach § 14 BBiG freigestellt ist (insbes. für den Besuch der Berufsschule sowie Zwischen- und Abschlussprüfungen). Ein gesetzlicher Zwang, sich der Zwischen- oder Abschlussprüfung zu unterziehen, besteht allerdings nicht. Andererseits steht dem Auszubildenden kein Anspruch auf die Ausbildungsvorprüfung zu, wenn er sich **nicht mehr für die praktische Berufsausbildung bereit hält** und dem Ausbildenden nicht mehr die Teilnahme an der praktischen Berufsausbildung anbietet (*LAG Köln* 4.5.2006 NZA-RR 2006, 635).

4615 Gem. § 13 Abs. 2 Nr. 3 BBiG hat der Auszubildende den **Weisungen zu folgen**, die ihm im Rahmen der Berufsausbildung vom Ausbildenden, vom Ausbilder oder von anderen weisungsberechtigten Personen erteilt werden, er hat ferner die für die Ausbildungsstätte geltende Ordnung zu beachten (Nr. 4), Werkzeug, Maschinen und sonstige Einrichtungen pfleglich zu behandeln (Nr. 5) sowie über Betriebs- und Geschäftsgeheimnisse Stillschweigen zu wahren (Nr. 6).

VI. Beendigung des Berufsausbildungsverhältnisses

1. Ablauf der vertraglichen Dauer; Bestehen der Prüfung

4616 **Regelmäßig endet das Berufsausbildungsverhältnis mit dem Ablauf der vereinbarten Ausbildungszeit (§ 21 Abs. 1 BBiG), ohne dass es einer Kündigung bedarf.** Das gilt auch dann, wenn der Auszubildende an der Abschlussprüfung nicht teilnimmt bzw. dann, wenn die Abschlussprüfung auf einen späteren Zeitpunkt anberaumt ist, denn das BBiG sieht für diesen Fall **keine automatische Verlängerung** des Berufsausbildungsverhältnisses vor. Das Ausbildungsverhältnis verlängert sich dann weder von selbst, noch auf Verlangen des Auszubildenden (*BAG* 13.3.2007 EzA § 14 BBiG a.F. Nr. 14 = NZA 2007, 1391 LS; *LAG BW*

14.12.2005 – 10 Sa 51/05 – EzA-SD 14/06 S. 9 LS). Gem. § 21 Abs. 1 S. 2 BBiG n.F. endet es im Falle der Stufenausbildung mit Ablauf der letzten Stufe. Damit wird berücksichtigt, dass eine Berufsausbildung in Form einer Stufenausbildung nach § 5 Abs. 2 Nr. 1 BBiG n.F. einen Ausbildungsvertrag über die gesamte Regelausbildungsdauer bis zum Abschluss einer anerkannten Berufsausbildung voraussetzt (*Taubert* FA 2005, 108).

Ein **vorzeitiges Ende** der Ausbildungszeit kann durch das Ablegen der Prüfung erreicht 4617
werden (*BAG* 16.6.2005 EzA § 14 BBiG a.F. Nr. 13 = NZA 2006, 680). Denn dann liegt kein Grund vor, den Auszubildenden noch bis zum festgesetzten oder vereinbarten Ende der Ausbildungszeit an das Berufsausbildungsverhältnis zu binden. Üblich ist, dass Prüfungen mit der mündlichen oder schriftlichen Bekanntgabe des Prüfungsergebnisses durch die zuständige Prüfungskommission abschließen. Die bloße Erbringung der Prüfungsleistungen genügt nicht ohne weiteres (*BAG* 7.10.1971 EzA § 14 BBiG Nr. 1).

Von daher ist die Abschlussprüfung erst dann bestanden, wenn der Prüfungsausschuss 4618
über das Ergebnis der Prüfung einen Beschluss gefasst und diesen bekannt gegeben hat (*BAG* 16.6.2005 EzA § 14 BBiG a.F. Nr. 13 = NZA 2006, 680). Dem entspricht z.B. § 21 APO. Danach stellt der Prüfungsausschuss gemeinsam die Ergebnisse der einzelnen Prüfungsleistungen sowie das Gesamtergebnis fest. Er soll dem Prüfungsteilnehmer am letzten Prüfungstag mitteilen, ob er die Prüfung »bestanden« oder »nicht bestanden« hat. Darüber wird dem Prüfungsteilnehmer unverzüglich eine vom Vorsitzenden zu unterzeichnende Bescheinigung ausgehändigt und dabei als Termin des Bestehens bzw. Nichtbestehens der Tag der letzten Prüfungsleistung eingesetzt. Damit bestehen keine Bedenken dagegen, den Tag der letzten Prüfungsleistung als Termin des Bestehens bzw. Nichtbestehens der Prüfung einzusetzen, sofern an diesem Tag auch der Prüfungsausschuss das Gesamtergebnis festgestellt hat (*BAG* 16.6.2005 EzA § 14 BBiG a.F. Nr. 13 = NZA 2006, 680).

Auch der **Gesetzgeber** hat sich inzwischen **mit dieser Fragestellung beschäftigt. Gem. § 21** 4619
Abs. 2 BBiG endet das Berufsausbildungsverhältnis mit der Bekanntgabe des **Ergebnisses durch den Prüfungsausschuss, wenn der Auszubildende vor Ablauf der Ausbildungszeit die Abschlussprüfung besteht.**

2. Tarifliche Regelungen

Im Hinblick auf § 24 BBiG wird in Tarifverträgen häufig eine Bestimmung getroffen, 4620
wonach den Auszubildenden, die vor Beendigung der vereinbarten Ausbildungszeit die Abschlussprüfung bestanden haben, mit dem auf das Bestehen der Prüfung folgenden Arbeitstag die ihrer Lohn- bzw. Gehaltsgruppe entsprechende Vergütung zu zahlen ist. Insoweit geht das *BAG* (16.2.1994 EzA § 14 BBiG Nr. 6; 16.2.1994 EzA § 14 BBiG Nr. 7; 16.2.1994 EzA § 14 BBiG Nr. 8 mit abl. Anm. *Weber*) davon aus, dass die **Abschlussprüfung dann bestanden ist, wenn das Prüfungsverfahren abgeschlossen und das Prüfungsergebnis dem Prüfling mitgeteilt worden ist.**

§ 47 BBiG ermächtigt allerdings die zuständige Stelle, in der Prüfungsordnung einen 4621
anderen Zeitpunkt festzusetzen, an dem die Abschlussprüfung als bestanden gilt. Bestimmen Prüfungsordnungen, dass in der den Prüflingen auszuhändigenden Bescheinigung als Termin des Bestehens bzw. Nichtbestehens der Tag der letzten Prüfungsleistung einzusetzen ist, so ist diese Bestimmung insoweit unwirksam, als dieser Tag vor dem Ende der Feststellung des Gesamtergebnisses der Prüfung liegt. Maßgebend ist dann dieser Tag. Entsprechend besteht bei einer tariflichen, oben skizzierten Vergütungsregelung, kein Anspruch auf den Facharbeiterlohn für die Zeit bis zur Feststellung des Gesamtergebnisses der Prüfung durch den Prüfungsausschuss (*BAG* 16.2.1994 EzA § 14 BBiG Nr. 6).

3. Wiederholungsprüfungen

4622 Besteht der Auszubildende die Abschlussprüfung nicht, kann er sie **zweimal wiederholen** (§ 37 Abs. 1 S. 2 BBiG). Gem. **§ 21 Abs. 3 BBiG** verlängert sich dann das Berufsausbildungsverhältnis auf sein Verlangen bis zur nächstmöglichen Wiederholungsprüfung, höchstens jedoch um ein Jahr.

4623 Der Anspruch entsteht mit Kenntnis des Auszubildenden vom Nichtbestehen der Abschlussprüfung; vor Ablauf der im Berufsausbildungsvertrag vereinbarten Ausbildungszeit ist die Geltendmachung des Verlängerungsanspruchs nicht fristgebunden. Macht der Auszubildende dagegen einen während des Berufsausbildungsverhältnisses entstandenen Anspruch auf Verlängerung erst nach Ablauf der vereinbarten Ausbildungszeit geltend, verlängert sich das Ausbildungsverhältnis nur dann bis zum nächstmöglichen Wiederholungstermin, wenn das Verlangen unverzüglich erklärt wird. Das kann auch dann noch der Fall sein, wenn der Auszubildende die Verlängerung erst nach einer angemessenen Überlegungsfrist verlangt hat, um sich über seinen weiteren beruflichen Werdegang klar zu werden oder sich der Zugang seiner Erklärung aus von ihm nicht zu vertretenden Umständen verzögert hat (*BAG* 23.9.2004 EzA § 14 BBiG Nr. 12 = NZA 2005, 413 = BAG Report 2005, 277).

4624 Das gilt selbst dann, wenn auf Grund des Ergebnisses der Prüfung mit Sicherheit zu erwarten ist, dass der Auszubildende auch die Wiederholungsprüfung nicht besteht (*LAG Hamm* 14.7.1976 DB 1977, 126). Die Verlängerung tritt kraft Gesetzes ein; eines entsprechenden Vertrages mit dem Auszubildenden oder eines privatrechtsgestaltenden Bescheides der zuständigen Stelle bedarf es nicht (*LAG Bln.* 25.2.2000 NZA-RR 2001, 243). Die nächste Prüfung in diesem Sinn ist nicht die zeitlich sofort an die misslungene Prüfung anschließende, sondern diejenige, die unter Berücksichtigung von Treu und Glauben in sinnvoller Verwendung der davor liegenden Zeit den erneuten Versuch eines Prüfungsabschlusses erfolgreich erwarten lässt. Dabei ist i.d.R. von einem Zeitraum von ca. 1/2 Jahr auszugehen (MünchArbR/*Natzel* § 178 Rz. 251).

4625 Wird auch die erste Wiederholungsprüfung nicht bestanden, so verlängert sich das Berufsausbildungsverhältnis bis zur **zweiten Wiederholungsprüfung**, wenn der Auszubildende ein Fortsetzungsverlangen stellt und diese noch innerhalb **der Höchstfrist von einem Jahr nach dem Ende der ursprünglichen Ausbildungszeit abgelegt** wird (*BAG* 26.9.2001 EzA § 14 BBiG Nr. 11). Die Beendigungswirkung tritt unabhängig davon ein, ob die zweite Wiederholungsprüfung bestanden oder nicht bestanden wird (*BAG* 15.3.2000 EzA § 14 BBiG Nr. 10; vgl. dazu *Jacobs* SAE 2001, 276 ff.). **Unerheblich** ist auch, ob der Auszubildende überhaupt **zu der Prüfung angetreten ist** (*LAG Bln.* 25.2.2000 NZA-RR 2001, 243). Die weitere Verlängerung des Ausbildungsverhältnisses auf Verlangen des Auszubildenden führt nicht dazu, dass die Ausbildung über eine Gesamtfrist von 1 Kalenderjahr an Verlängerung hinaus fortgesetzt wird (*LAG Düsseld.* 9.6.1998 LAGE § 14 BBiG Nr. 3; MünchArbR/*Natzel* § 178 Rz. 253; **a.A.** *LAG Bln.* 25.2.2000 NZA-RR 2001, 243).

4626 § 21 Abs. 3 BBiG gilt analog dann, wenn der Auszubildende **krankheitsbedingt** an der Prüfung **nicht teilnehmen konnte** (*BAG* 30.9.1998 EzA § 14 BBiG Nr. 8), sodass sich auch dann das Ausbildungsverhältnis auf sein Verlangen hin bis zur nächstmöglichen Wiederholungsprüfung, höchstens um ein Jahr verlängert.

4. Aufhebungsvertrag

4627 Das Berufsausbildungsverhältnis kann **jederzeit** einvernehmlich durch schriftlichen Aufhebungsvertrag beendet werden; § 623 BGB gilt wegen § 10 Abs. 2 BBiG auch für die Aufhebung des Berufsausbildungsvertrages, sowie für Volontäre und Praktikanten (APS/*Preis* § 623 BGB Rz. 5; zur Kündigung von Praktikantenverträgen s. *Hirdina* NZA 2008, 916 ff.).

5. Kündigung des Ausbildungsvertrages

Siehe Kap. 4 Rn. 878 ff. 4628

6. Schadensersatz bei vorzeitiger Beendigung, insbesondere Kündigung

Wird das Berufsausbildungsverhältnis **nach der Probezeit vorzeitig gelöst**, so können sowohl **Ausbildender als auch Auszubildender voneinander Ersatz des Schadens verlangen**, wenn der andere den Grund für die Auflösung zu vertreten hat (s. *BAG* 8.5.2007 EzA § 16 BBiG Nr. 4 für die Kündigung des Ausbilders). **Nicht notwendig ist die rechtliche Beendigung des Ausbildungsverhältnisses.** Es genügt, wenn sich eine Vertragspartei nach Ablauf der Probezeit endgültig vom Berufsausbildungsverhältnis löst, indem sie ihre sich daraus ergebenden Pflichten dauerhaft nicht mehr erfüllt (tatsächliche Beendigung des Berufsausbildungsverhältnisses; *BAG* 17.7.2007 EzA § 16 BBiG Nr. 5). 4629

Die gesetzliche Regelung gilt nicht im Falle der Kündigung des Auszubildenden, wenn er die Ausbildung aufgeben oder sich für eine andere Berufstätigkeit ausbilden lassen will. Die fristlose Kündigung während der Probezeit zieht im Übrigen keinerlei Schadensersatzansprüche nach sich (vgl. § 22 BBiG). 4630

Der Schadensersatzanspruch nach § 23 BBiG setzt nur voraus, dass das Berufsausbildungsverhältnis nach Ablauf der Probezeit durch einen Umstand, den der **andere Teil zu vertreten hat, vorzeitig beendet** wird. Die tatsächliche Beendigung, z.B. durch Ausscheiden unter Vertragsbruch, genügt. Eine wirksame Kündigung kann nicht verlangt werden (*BAG* 17.8.2000 EzA § 16 BBiG Nr. 3). 4631

Löst der **Auszubildende** das Berufsausbildungsverhältnis nach der Probezeit schuldhaft vorzeitig, so kann der Ausbildende **Ersatz der Aufwendungen** verlangen, die er nach den Umständen für erforderlich halten durfte. Dazu gehören die Aufwendungen für die ersatzweise Beschäftigung eines ausgebildeten Arbeitnehmers nicht. Denn Ausbildungs- und Arbeitsverhältnis können wegen der ganz unterschiedlichen Pflichtenbindung nicht gleichgesetzt werden (*BAG* 17.8.2000 EzA § 16 BBiG Nr. 3). 4632

Der Anspruch aus **§ 23 BBiG** ist unabdingbar (§ 25 BBiG). Auch die Anfechtung eines Ausbildungsvertrages gem. **§§ 119, 123 BGB** fällt unter den Tatbestand des § 23 BBiG (MünchArbR/*Natzel* § 178 Rz. 296). 4633

Der Anspruch muss innerhalb einer Frist von **drei Monaten** nach Beendigung des Berufsausbildungsverhältnisses geltend gemacht werden; andernfalls erlischt er (§ 23 Abs. 2 BBiG). Maßgebend für den Fristbeginn ist das **vertragsgemäße rechtliche Ende des Berufsausbildungsverhältnisses** i.S.v. § 21. § 23 Abs. 2 BBiG enthält keinen eigenständigen, von § 14 BBiG a.F. abweichenden Begriff der Beendigung des Berufsausbildungsverhältnisses (*BAG* 17.7.2007 EzA § 16 BBiG Nr. 5). 4634

§ 23 BBiG erfasst nur den **Erfüllungsschaden**, d.h. dass der Auszubildende **die bis zum vertraglich vereinbarten Beendigungszeitpunkt** des Berufsausbildungsverhältnisses **ausfallende Ausbildungsvergütung verlangen kann.** Bei der Schadensermittlung ist das nicht ordnungsgemäß erfüllte Berufsausbildungsverhältnis nach §§ 249 ff. BGB mit einem ordnungsgemäßen zu vergleichen. Ersatzfähig sind deshalb auch Aufwendungen, die notwendig sind, um die Ausbildung in einer anderen Ausbildungsstätte fortzusetzen (*BAG* 17.7.2007 EzA § 16 BBiG Nr. 5; s.a. *ArbG Hmb.* 10.12.2007 – 29 Ca 114/07 – ArbuR 2008, 118 LS). Auf den eingetretenen Nachteil wird jedoch im Rahmen des adäquat kausalen Vorteilsausgleichs dasjenige **angerechnet**, was er in dieser Zeit durch eine **anderweitige Tätigkeit erworben hat**, die er bei Fortsetzung seines Berufsausbildungsverhältnisses nicht hätte ausüben können (*BAG* 8.5.2007 EzA § 16 BBiG Nr. 4; s. aber auch *LAG Nds.* 14.8.2006 NZA-RR 2007, 348: Verdienstausfallschaden begrenzt auf den Zeitraum, um den sich die Ausbildung konkret verlängert, d.h. auf den Verlust eines Ausbildungsjahres). Nicht ersetzt wird zudem der **Vertrauensschaden** wegen Verletzung vorvertraglicher Pflichten; für die Erstattung derartiger Ansprüche kommt allgemeines Schadensersatzrecht zur Anwendung, das gem. § 10 Abs. 2 BBiG durch § 23 BBiG nicht ausgeschlossen ist. 4635

Ein Anspruch aus § 311 Abs. 3, 4 BGB n.F. (s.o. Kap. 2 Rn. 232 ff.) setzt die Verletzung einer Verpflichtung aus dem vorvertraglichen Rechtsverhältnis voraus. Stellt die zuständige 4636

Stelle z.B. Anforderungen für die künftige Eintragung von Berufsausbildungsverträgen gem. §§ 34 ff. BBiG auf, so begründet das eine **Aufklärungspflicht** des Ausbildenden bei Vertragsschluss nur, wenn sich aus den Anforderungen ein Risiko für die Vertragsdurchführung ergibt (*BAG* 17.7.1997 EzA § 16 BBiG Nr. 2).

7. Übergang in ein Arbeitsverhältnis (§ 24 BBiG)

4637 **Wird der Auszubildende im Anschluss an das Berufsausbildungsverhältnis beschäftigt, ohne dass hierüber ausdrücklich etwas vereinbart worden ist, so gilt ein Arbeitsverhältnis auf unbestimmte Zeit begründet** (§ 24 BBiG). Auf welche Art und Weise das Lehrverhältnis geendet hat, ist für die Anwendung der Vorschrift gleichgültig. Allerdings muss der frühere Auszubildende tatsächlich die Arbeit aufgenommen haben; das bloße Anbieten seiner Arbeitskraft reicht nicht aus. Erforderlich ist weiterhin, dass die Arbeit **mit Wissen und Wollen** oder nach den Weisungen **des Arbeitgebers** durchgeführt wird. Voraussetzung ist in jedem Fall, dass der Ausbilder überhaupt **Kenntnis von der Beendigung** des Ausbildungsverhältnisses **hat** (*LAG Bln.-Bra.* 20.4.2007 – 13 Sa 330/07 – EzA-SD 14/2007 S. 11 LS) Erfährt der Arbeitgeber von der nicht gewollten Weiterarbeit, so muss er unverzüglich widersprechen (vgl. dazu *Felder* FA 2000, 339 ff.).

4638 Wird der Auszubildende i.S.d. § 24 BBiG beschäftigt, so hat er **daraus auch im Fall des Annahmeverzugs** des Arbeitgebers grds. **Anspruch auf den üblichen Facharbeiterlohn** (*BAG* 16.6.2005 EzA § 14 BBiG a.F. Nr. 13 = NZA 2006, 680).

VII. Andere Vertragsverhältnisse (§ 26 BBiG)

4639 Soweit nicht ein Arbeitsverhältnis vereinbart ist, gelten für Personen, die eingestellt werden, um berufliche Kenntnisse, Fertigkeiten oder Erfahrungen zu erwerben, ohne dass es sich um eine Berufsausbildung i.S.d. BBiG handelt, §§ 10–25 BBiG mit der Maßgabe, dass die gesetzliche Probezeit abgekürzt, auf die Vertragsniederschrift verzichtet und bei vorzeitiger Auflösung des Vertragsverhältnisses nach Ablauf der Probezeit abweichend von § 23 Abs. 1 S. 1 BBiG Schadensersatz nicht verlangt werden kann. Ein **anderes Vertragsverhältnis** i.S.d. § 26 BBiG kann **jedes Vertragsverhältnis** sein, das dem **Erwerb beruflicher Kenntnisse, Fertigkeiten oder Erfahrungen** der eingestellten Person **dient**, soweit es sich um keine Berufsausbildung in einem anerkannten Ausbildungsberuf und um kein Arbeitsverhältnis handelt. Eingestellt wird eine Person i.S. dieser Norm nur dann, wenn sie durch ein Mindestmaß an Pflichtenbindung an der Erreichung des Betriebszwecks mitwirken muss (*BAG* 17.7.2007 EzA § 19 BBiG Nr. 5 = NZA 2008, 416).

4640 Von dieser Regelung sind also solche Lernenden erfasst, denen für ihre berufliche Tätigkeit berufliche Kenntnisse und Fertigkeiten in einem begrenzten Umfang vermittelt werden müssen, was nicht den weiten Rahmen des § 1 Abs. 2 BBiG ausfüllt und auch nicht nach Maßgabe der Ausbildungsordnung geschehen würde. Betroffen sind insbes. **Praktikanten** (die eine Zeit lang in einem Betrieb praktisch arbeiten, um sich dadurch zur Vorbereitung auf einen Beruf die notwendigen praktischen Kenntnisse und Erfahrungen anzueignen (z.B. Masseure, medizinische Bademeister, Krankengymnasten, med.-techn. Assistentinnen) und **Volontäre**, die eine Ausbildung allein aus eigenem Interesse für ein bestimmtes Gebiet oder einen Beruf betreiben, ohne jedoch eine vollständige Berufsausbildung anzustreben.

4641 Ein Ausbildungsverhältnis i.S.v. § 26 BBiG liegt nur dann vor, wenn bei **typischer Betrachtung erstmals Kenntnisse, Fertigkeiten oder Erfahrungen vermittelt werden.** Das ist dann nicht der Fall, wenn regelmäßig eine Vorausbildung oder berufliche Praxis der neuen Mitarbeiter gegeben ist und diese von Anfang an neben der qualifizierten Ausbildung zum Versicherungsfachmann in ganz erheblichem Umfang leistungsorientiert Arbeitsleistungen erbringen und dafür eine ausgesprochen hohe Vergütung einschließlich Provisionszahlung beziehen; in einem derartigen Fall ist eine Klausel zur Rückzahlung von Ausbildungskosten grds. zulässig. Ob das zugrunde liegende Rechtsverhältnis ein § 26

BBiG ausschließendes Arbeitsverhältnis ist, bestimmt sich unter Berücksichtigung aller Aspekte des Einzelfalls nach dem Schwerpunkt des Vertragsverhältnisses (*LAG SchlH* 27.2.2001 FA 2001, 185).

Demgegenüber ist die Vereinbarung eines Arbeitsverhältnisses dann anzunehmen, wenn die Leistung von Arbeit und die Zahlung von Entgelt Schwerpunkt des Beschäftigungsverhältnisses ist. Entscheidend kommt es auf die Gewichtung der vertraglichen Absprachen an. Steht die Arbeitsleistung im Vordergrund und findet daneben eine Aus- oder Fortbildung des Arbeitnehmers statt, kommt § 26 BBiG nicht zur Anwendung (*BAG* 5.12.2002 EzA § 19 BBiG Nr. 4). **4642**

Gem. § 26 BBiG wird die Anwendbarkeit des § 24 BBiG über die Folgen der Weiterarbeit auf sonstige Arbeitsverhältnisse zum Erwerb beruflicher Fertigkeiten, Kenntnisse, Fähigkeiten und Erfahrungen beschränkt. Damit sollte in Abwägung mit den Interessen der Vertragspartner ein Weiterbeschäftigungsanspruch in einem Praktikanten- oder Volontärverhältnis als unangemessen ausgeschlossen werden (vgl. *Taubert* FA 2005, 109). **4643**

VIII. Fortbildungsvertrag

§§ 53 ff. BBiG, § 42 HwO enthalten keine Regeln für den Abschluss und Inhalt eines Fortbildungsvertrages. Die Fortbildung kann sowohl im Rahmen des bestehenden Arbeitsverhältnisses als auch auf Grund eines eigens zu diesem Zweck geschlossenen Vertrages erfolgen. **4644**

I. d. R. trägt der Arbeitgeber die **Kosten** der Fortbildung; ein **Vergütungsanspruch** besteht nur bei entsprechender Vereinbarung; der Arbeitgeber muss den Arbeitnehmer allerdings für die Fortbildung **freistellen**. **4645**

IX. Umschulungsvertrag

Die Umschulung kann durch die Behörden der Arbeitsverwaltung oder durch andere öffentlich-rechtliche Rehabilitationsträger als Kostenträger durchgeführt werden. Zwischen dem Träger der Umschulungsmaßnahme und dem Umschüler wird ein Ausbildungsvertragsverhältnis begründet; ein weiteres Rechtsverhältnis besteht zwischen Umschulungsträger und Kostenträger. Andererseits kann die Umschulung auch in einem Betrieb erfolgen, der sie im Auftrag und für Rechnung des Kostenträgers vornimmt. **4646**

Schließlich kann auch ein betriebliches Umschulungsverhältnis durch Vertrag zwischen Arbeitgeber und Arbeitnehmer als Berufsbildungsvertrag begründet werden, wenn die Umschulung allein durch den Betrieb durchgeführt und finanziert wird. **4647**

Die Umschulung muss entweder zur Vorbereitung auf eine berufliche Tätigkeit oder zu einem anerkannten Ausbildungsberuf führen (§§ 58 ff. BBiG). Diese Umschulungsverhältnisse unterliegen nicht §§ 1 ff. BBiG. **4648**

Die Umschulung muss nach Inhalt, Art, Ziel und Dauer den besonderen Erfordernissen der beruflichen Erwachsenenbildung entsprechen. Regelmäßig verpflichtet sich der Arbeitgeber, den Arbeitnehmer mit bereits abgeschlossener Berufsbildung zusätzliche Kenntnisse und Fertigkeiten zur Ausübung eines weiteren Berufs zu vermitteln. Auch ob ein Umschüler sich einer Abschlussprüfung unterziehen muss, richtet sich nach den getroffenen Vereinbarungen. **4649**

Die gesetzlich nicht geregelte Dauer der Maßnahme soll i.d.R. nicht länger als zwei Jahre betragen (MünchArbR/*Natzel* § 178 Rz. 397). **4650**

Umschulungsverträge sind regelmäßig keine Arbeitsverhältnisse, so dass für ihre **Aufhebung** auch **nicht § 623 BGB anwendbar ist** (*BAG* 19.1.2006 EzA § 623 BGB 2002 Nr. 5 = NZA 2007, 97). Allerdings kann eine Umschulung auch im Rahmen eines Arbeitsverhältnisses stattfinden, für das dann § 623 BGB gilt (*BAG* 19.1.2006 EzA § 623 BGB 2002 Nr. 5 = NZA 2007, 97; s.a. *ArbG Chemnitz* 3.6.2004 NZA-RR 2004, 573). **4651**

X. Ordnung der Berufsbildung; zuständige Behörden

4652 Alle Ausbildungsordnungen werden in Form einer **Rechtsverordnung** in Kraft gesetzt, die gem. §§ 4 ff. BBiG (§ 25 HwO) vom Bundesminister der Wirtschaft oder dem sonst zuständigen Fachminister im Einvernehmen mit ersterem erlassen werden. Sie haben bindende Wirkung für alle an der Ausbildung Beteiligten und dienen als Rechtsgrundlage für eine geordnete und einheitliche Berufsausbildung.

4653 **§ 5 BBiG, § 25 Abs. 2 HwO regeln die Mindestinhalte der Ausbildungsordnung** (Bezeichnung des Ausbildungsberufes, der Ausbildungsdauer, des Ausbildungsberufsbildes sowie der Prüfungsanforderungen).

4654 Für einen anerkannten Ausbildungsberuf darf nur nach der Ausbildungsordnung ausgebildet werden (§ 4 Abs. 2 BBiG, § 27 Abs. 1 HwO). In anderen als in anerkannten Ausbildungsberufen dürfen Jugendliche unter 18 Jahren nicht ausgebildet werden, soweit die Berufsbildung nicht auf den Besuch weiterführender Bildungsgänge vorbereitet (§ 4 Abs. 3 BBiG). Etwas anderes gilt aber für Praktika vor dem Besuch von Hochschulen und Fachhochschulen.

4655 **Zuständige Stelle** für die Überwachung der Berufsausbildung, die Beratung der Auszubildenden und Ausbildenden, die Regelung der Berufsausbildung sowie für das Prüfungswesen sind insbes. die Handwerkskammern (§ 23 HwO), die Industrie- und Handelskammern (§ 71 BBiG), Rechtsanwalts-, Patentanwalts-, Notarkammern (§ 71 BBiG), Wirtschaftsprüfer-, Steuerberater-, Ärzte-, Zahnärzte-, Apothekerkammern (§ 71 BBiG). Im öffentlichen Dienst bestimmt für den Bund die oberste Bundesbehörde für ihren Geschäftsbereich die zuständige Stelle (§ 73 BBiG). Eine Sonderregelung enthält § 75 BBiG für Kirchen und sonstige Religionsgemeinschaften des öffentlichen Rechts. Im Übrigen sind die nach Landesrecht zuständigen Behörden maßgeblich (vgl. MünchArbR/*Natzel* § 180 Rz. 22 ff.).

F. Einreden und Einwendungen

I. Verjährung

1. Grundlagen

4656 Das Verjährungsrecht ist durch das Gesetz zur Modernisierung des Schuldrechts **grundlegend neu geregelt** worden. Arbeitsverträge, die **nach dem 31.12.2001 geschlossen** werden, unterliegen **dem neuen Recht**. Dies folgt ohne weiteres aus dem In-Kraft-Treten des Gesetzes zum 1.1.2002. Gem. Art. 229 § 5 S. 1 EGBGB gilt aber für Schuldverhältnisse, die **vor dem 1.1.2002** entstanden sind, weiter das **bisherige Recht**. Um eine Anpassung zu ermöglichen, sieht Art. 229 § 5 S. 2 EGBGB vor, dass für sie das neue Recht erst **ab dem 1.1.2003** gilt; dies gilt auch für Arbeitsverhältnisse (vgl. *Däubler* NZA 2001, 1330 ff.; zu den Übergangsvorschriften s.u. Rn. 4664).

2. Das neue Verjährungsrecht

a) Die regelmäßige Verjährungsfrist

4657 Gem. § 195 BGB n.F. beträgt die regelmäßige Verjährungsfrist **drei Jahre**. Die darin liegende Verkürzung auf 10% der bisher maßgeblichen Frist (s.u. Rn. 4665 ff.) wird dadurch relativiert, dass der **Beginn der Frist hinausgeschoben ist**. Gem. § 199 Abs. 1 BGB n.F. ist Voraussetzung für den Fristbeginn nicht nur, dass der Anspruch **entstanden**, also i.d.R. fällig ist. Vielmehr muss der Gläubiger **die den Anspruch begründenden Umstände und die Person des Schuldners kennen** oder in Folge grober Fahrlässigkeit nicht kennen. Zu einem objektiven muss daher ein subjektives Element kommen. Damit soll dem Gläubiger eine ausreichende Möglichkeit eröffnet werden, sich um die Durchsetzung seines Anspruchs zu kümmern. Außerdem **beginnt der Lauf der Frist** erst **mit dem Ende des Jahres**, in dem diese beiden Voraussetzungen eingetreten sind.

Diese regelmäßige Verjährungsfrist gilt **auch für Ansprüche aus dem Arbeitsverhältnis** (z.B. den Ersatzurlaubsanspruch; *BAG* 11.4.2006 EzA § 7 BUrlG Nr. 116 = NZA 2007, 56 LS). Die Sonderregelungen der §§ 196, 197 BGB a.F. sind abgeschafft worden. Die Verjährungsfrist für Entgeltansprüche des Arbeitnehmers verlängert sich von zwei auf drei Jahre. Für den Arbeitgeber verkürzt sich die Verjährungsfrist, weil § 196 Nr. 8, 9 BGB a.F. seine Ansprüche nur insoweit erfasste, als es um die Rückgewähr von Vorschüssen ging (vgl. *Däubler* NZA 2001, 1330). **4658**

§ 199 Abs. 4 BGB n.F. sieht eine **Höchstfrist von zehn Jahren** vor, die von der Entstehung des Anspruchs an läuft und bei deren Überschreitung die Verjährung in jedem Fall eintritt. Für Schadensersatzansprüche enthält § 199 Abs. 2, 3 BGB n.F. eine Sonderregelung, da der Schadenseintritt und damit die Entstehung eines Anspruchs sehr spät erfolgen kann. § 199 Abs. 2 BGB sieht deshalb bei Verletzung von Leben, Körper, Gesundheit und Freiheit eine dreißigjährige Frist vor. Bei anderen Schadensersatzansprüchen tritt die Verjährung spätestens zehn Jahre nach ihrer Entstehung oder ohne Rücksicht auf den Entstehenszeitpunkt dreißig Jahre nach dem die Haftung auslösenden Ereignis ein. **4659**

b) Hemmung und Neubeginn

Die Hemmung der Verjährung hat nunmehr einen höheren Stellenwert als nach dem bisherigen Recht (vgl. *Däubler* NZA 2001, 1331). Denn außer den Fällen der **Rechtsverfolgung** nach § 204 Abs. 1 BGB n.F. erfasst sie auch den Fall, dass zwischen dem Schuldner und dem Gläubiger **Verhandlungen** über den Anspruch oder die ihn begründenden Umstände **schweben**. Während ihrer Dauer ist die Verjährung nach § 203 S. 1 BGB n.F. so lange gehemmt, bis die eine oder die andere Seite die Fortsetzung des Meinungsaustausches verweigert. Liegen die Verhandlungen nahe am Ende der Frist, so muss dem Gläubiger nach ihrer Beendigung zumindest ein Zeitraum von zwei Monaten bleiben. **4660**

Die Beendigung der Hemmung regelt § 204 Abs. 2 BGB. Nicht jeder Prozessstillstand führt insoweit zu einer Beendigung der Verjährungsunterbrechung wegen Nichtbetreibens, § 211 Abs. 2 BGB a.F. (§ 204 Abs. 2 BGB n.F.). Besteht für das Untätigbleiben ein triftiger Grund, endet die Hemmung der Verjährung nicht. Betreiben die Parteien einen Prozess jedoch nicht weiter, weil sie einen Musterprozess abwarten wollen, liegt kein triftiger Grund vor. In diesem Fall läuft die Verjährung nur dann nicht neu an, wenn die Parteien ein materiell-rechtliches Stillhalteabkommen (pactum de non petendo) abschließen (*BAG* 22.4.2004 EzA § 204 BGB 2002 Nr. 1 = NZA 2005, 656 LS). **4661**

Ein **Neubeginn der Verjährung** tritt nach § 212 Abs. 1 BGB n.F. nur **noch dann** ein, wenn der Schuldner dem Gläubiger gegenüber **anerkennt** oder wenn eine gerichtliche oder behördliche **Vollstreckungshandlung** vorgenommen oder beantragt wird. **4662**

c) Betriebliche Altersversorgung

Nach der neu eingeführten Regelung des § 18a BetrAVG verjährt der Anspruch auf Leistungen aus der betrieblichen Altersversorgung in dreißig Jahren. Gem. § 18a S. 2 BetrAVG unterliegen Ansprüche auf regelmäßig wiederkehrende Leistungen der regelmäßigen Verjährungsfrist (d.h. nach § 195 BGB n.F. einer Frist von drei Jahren; *LAG SchlH* 21.12.2004 NZA-RR 2005, 320), so dass die dreißig Jahre nur für das Stammrecht gelten. Damit wird die Rechtsprechung des BAG (s.u. Rn. 4675) festgeschrieben und dem Schutzzweck der betrieblichen Altersversorgung Rechnung getragen (vgl. *Däubler* NZA 2001, 1331). **4663**

Zu beachten ist, dass § 18a S. 2 BetrAVG lediglich **Leistungen** betrifft, die **dem Betriebsrentner unmittelbar zugute kommen** und deshalb der kürzeren Verjährungsfrist unterworfen werden. Alle übrigen betriebsrentenrechtlichen Ansprüche fallen unter § 18a S. 1 BetrAVG und verjähren folglich in dreißig Jahren; dazu gehören auch Ansprüche auf Einhaltung des Durchführungsweges, z.B. auf Abführung von Beiträgen (*BAG* 12.6.2007 EzA § 1 BetrAVG Nr. 90 = NZA-RR 2008, 537).

d) Übergangsvorschriften

4664 Soweit Arbeitsverhältnisse bereits im Jahre 2001 bestanden, ändert sich die Rechtslage erst mit dem 1.1.2003 (s.o. Rn. 4656; **a.A.** für ab dem 1.1.2002 entstehende arbeitsrechtliche Ansprüche Frankfurter Handbuch/*Ziemann* F/Rz. 25). Denn dann greift das neue Recht ein; ebenso aber auch die Übergangsvorschrift des Art. 229 § 6 EGBGB. Nach Art. 229 § 6 Abs. 1 EGBGB gilt grds. das neue Verjährungsrecht; dieses Prinzip wird jedoch durch Ausnahmen durchbrochen. Sind die Fristen nachneuem Recht länger als nach altem – z.B. bei Entgeltansprüchen der Arbeitnehmer – so tritt nach § 6 Abs. 3 in Bezug auf bereits entstandene Ansprüche keine Verlängerung ein. Ist umgekehrt die neue Frist kürzer – z.B. bei Ansprüchen des Arbeitgebers aus pVV (jetzt §§ 280 ff., 241 Abs. 2 BGB n.F.) – so gilt nach § 6 Abs. 4 die kürzere Frist. Würde die längere Frist des bisherigen Rechts schließlich vorher ablaufen, soll sich daran nichts ändern (vgl. *Däubler* NZA 2001, 1331).

3. Das alte Verjährungsrecht

a) Erfasste Ansprüche – Arbeitsvergütung und ähnliche Leistungen

4665 Ansprüche auf Arbeitsvergütung verjähren ebenso wie solche auf
- Verzugslohn (§ 615 S. 1 BGB),
- Aufwendungsersatz gem. § 670 BGB (*BAG* 15.10.1965 AP Nr. 5 zu § 196 BGB),
- Karenzentschädigung gem. § 74 HGB (*BAG* 3.4.1984 EzA § 196 BGB Nr. 5),
- Zahlung einer Erschwerniszulage im Flugsicherungsdienst (*BAG* 7.5.1986 AP Nr. 12 zu § 4 BAT),
- Vorruhestandsleistungen nach dem Vorruhestandstarifvertrag für das Baugewerbe (*BAG* 14.6.1994 EzA § 196 BGB Nr. 8) sowie
- Vorstellungskosten aus Anlass der Eingehung des Arbeitsverhältnisses (*LAG Nbg.* 29.9.2003 NZA-RR 2004, 290 = LAG Report 2004, 220 LS)

gem. § 196 Nr. 8, 9 i.V.m. § 202 BGB in zwei Jahren, beginnend mit dem Ende des Jahres, in dem die Arbeitsvergütung fällig geworden ist (*BAG* 7.5.1986 AP Nr. 12 zu § 4 BAT). Auch bei einer rückwirkenden Vergütungserhöhung beginnt die Verjährung mit der Entstehung des Anspruchs (z.B. mit der Bekanntgabe der Neufassung von Lehrerrichtlinien), nicht schon mit dem Datum, auf das die Vergütungserhöhung rückwirkend bezogen ist (*LAG Bln.* 1.7.2003 ZTR 2004, 164 LS).
§ 196 Abs. 1 Nr. 8 BGB gilt nach Auffassung des *LAG Köln* (28.5.1999 ZTR 2000, 43 LS) über seinen Wortlaut hinaus auch für Gratifikationen.

4666 **§ 196 Abs. 1 Nr. 8 BGB gilt ferner für die Rückgewähr von Vorschüssen** und Abschlagszahlungen (*LAG Hamm* 5.12.2003 LAG Report 2004, 254 LS); Gleiches gilt
- für den Anspruch auf einen Zuschuss zum Mutterschaftsgeld (*LAG Bln.* 14.1.2000 NZA-RR 2000, 362)
- für den Anspruch auf Zahlung eines Handgeldes im Zusammenhang mit einem Vereinswechsel eines Berufsfußballspielers (*LAG Hamm* 5.4.2000 NZA-RR 2000, 411).

4667 Der Bereicherungsanspruch des Arbeitgebers wegen versehentlicher **Lohnüberzahlung** verjährt dagegen gem. **§ 195 BGB** (*BAG* 20.9.1972 AP Nr. 5 zu § 195 BGB; 14.3.2000 EzA § 87a HGB Nr. 3; *ArbG Cottbus* 24.11.1995 NZA-RR 1996, 446: § 196 Abs. 1 Nr. 9 BGB; *Graf* ArbuR 2000, 249 ff.; vgl. auch *BGH* 18.7.2000 – X ZR 62/98 –: Der aus der Tilgung einer Schuld erwachsene Bereicherungsanspruch unterliegt der für diese Schuld geltenden Verjährungsfrist). Auch Abfindungen, die (auf Grund eines Sozialplans) als Entschädigung für den Verlust des Arbeitsplatzes gezahlt werden, unterliegen § 195 BGB. Denn sie sind kein Äquivalent für die erbrachte Arbeitsleistung des Arbeitnehmers und daher kein Gehalt oder Lohn i.S.v. § 196 Abs. 1 Nr. 8, 9 BGB. Sie sollen nicht Leistungen entgelten, die der Arbeitnehmer erbracht hat. Sie bezwecken vielmehr den – zukunftsgerichteten – Ausgleich oder die Milderung der Nachteile, die dem Arbeitnehmer durch eine Betriebsänderung entstehen (*BAG* 30.10.2001 EzA § 112 BetrVG 1972 Nr. 109; *LAG Nds.* 26.1.2001 NZA-RR 2001, 240; *LAG*

Hamm 24.10.2000 NZA-RR 2001, 290; **a.A.** *LAG Köln* 28.5.1999 ZTR 2000, 43 LS: § 196 Abs. 1 Nr. 8 BGB). Dies gilt jedenfalls dann, wenn die im Sozialplan selbst vorgenommene Zweckbestimmung die Einordnung der Abfindung als Gegenleistung für geleistete Dienste des Arbeitnehmers ausschließt (*Thüringer LAG* 21.2.2001 – 6/9 Sa 866/98). Nichts anderes gilt dann, wenn die Abfindung nicht in einem Sozialplan, sondern per Gesamtzusage oder individuell versprochen wird (*BAG* 20.1.2005 – 2 AZR 627/03 – EzA-SD 22/05 S. 7 LS = NZA 2005, 1207 LS; *LAG Köln* 13.8.2003 – 7 Sa 497/03 – ARST 2004, 190 LS = ArbuR 2004, 165 LS), sowie dann, wenn die Abfindung in einem vor dem 1.1.2002 abgeschlossenen Aufhebungsvertrag vereinbart wird. Ist die Abfindung demgegenüber dazu bestimmt, bestehende oder zukünftige Lohnansprüche abzugelten, ist § 196 Abs. 1 Nr. 8 BGB a.F. anwendbar (*BAG* 15.6.2004 NZA 2005, 295 = BAG Report 2004, 415 LS).

Fraglich ist, nach welchen Vorschriften sich die Verjährung von Vergütungsansprüchen **4668**
aus dem **ArbNErfG** bestimmt. Nach der Rechtsprechung des *BGH* (25.11.1980 AP Nr. 5 zu § 9 ArbNErfG) gilt **§ 195 BGB**, solange ihre Höhe noch nicht definitiv feststeht, d.h. sowohl vor der Feststellung von Vergütungsansprüchen nach § 12 Abs. 1 ArbNErfG, als auch vor ihrer einseitigen Festsetzung gem. § 12 Abs. 3 ArbNErfG, als auch nach der einseitigen Festsetzung gem. § 12 Abs. 3 ArbNErfG, wenn rechtzeitig nach § 12 Abs. 4 ArbNErfG Widerspruch gegen die Festsetzung erhoben worden ist. Ob etwas anderes nach einer verbindlichen Konkretisierung der Vergütungsansprüche (§ 12 Abs. 1, Abs. 4 S. 2 ArbNErfG) gilt, hat der *BGH* (25.11.1980 AP Nr. 5 zu § 9 ArbNErfG) bislang offen gelassen.

Ansprüche von Arbeitnehmern im öffentlichen Dienst auf Gewährung von Beihilfen ver- **4669**
jähren gem. § 195 BGB in dreißig Jahren (*BAG* 29.10.1998 EzA § 195 BGB Nr. 2).

Schadensersatzansprüche **4670**

Für Ansprüche aus **pVV** (jetzt: §§ 280 ff., 241 Abs. 2 BGB) gilt § 195 BGB, für solche aus **unerlaubter Handlung** § 852 BGB; die Verjährungsfrist für Ansprüche aus § 823 Abs. 2 BGB i.V.m. § 2 Abs. 1 BeschFG 1985 wegen einer Benachteiligung als Teilzeitkraft hat nicht erst mit dem Bekanntwerden der Entscheidung des *BAG* (12.6.1996 EzA § 2 BeschFG 1985 Nr. 49), wonach § 2 Abs. 1 BeschFG als Schutzgesetz i.S.d. § 823 Abs. 2 BGB anzusehen ist, begonnen (*BAG* 24.10.2001 EzA § 852 BGB Nr. 1).

► **Beispiel:** **4671**

Ist dem Arbeitnehmer die Privatnutzung eines Firmenfahrzeugs gestattet und verursacht er schuldhaft einen Verkehrsunfall bei einer Privatfahrt, so ist zweifelhaft, welche Verjährungsvorschrift für den Schadensersatzanspruch des Arbeitgebers eingreift.

Nach Auffassung des *BAG* (11.4.1984 NJW 1985, 759) sind insoweit §§ 558, 606 BGB auch nicht analog anzuwenden.

Zwar ist der Zweck dieser Vorschriften, die Abwicklung beendeter Gebrauchsüberlassungs- **4672**
verhältnisse so schnell wie möglich klarzustellen, auch auf andere Gebrauchsüberlassungsverhältnisse entsprechend anzuwenden. Das Arbeitsverhältnis ist aber kein derartiges Gebrauchsüberlassungsverhältnis, sondern wird von der Arbeitspflicht des Arbeitnehmers und der Vergütungspflicht des Arbeitgebers geprägt. Hinter diese Hauptpflichten treten Gebrauchsüberlassungen, die im Rahmen eines Arbeitsverhältnisses erfolgen, in ihrer Bedeutung zurück. Auch mit der Rückgabe der überlassenen Sache laufen die Haupt- und sonstigen Nebenpflichten i.d.R. weiter. Ein Bedürfnis nach rascher Klärung des Zustandes der überlassenen Sache zur Zeit ihrer Rückgabe ist zwar auch im Arbeitsverhältnis anzuerkennen. Es wäre misslich, wenn etwa der Arbeitgeber längere Zeit nach der Rückgabe geltend machen könnte, die überlassene Sache sei zu diesem Zeitpunkt beschädigt gewesen. Indessen wird diesem Klärungsbedürfnis im Arbeitsverhältnis i.d.R. durch tarifliche Ausschlussfristen Rechnung getragen.

Demgegenüber hat das *LAG RhPf* (Urteil vom 9.11.1987 – 7 Sa 573/86 – n.v.; ebenso *LAG* **4673**
BW 3.2.1978 DB 1978, 703) die Auffassung vertreten, dass **§§ 558, 606 BGB jedenfalls dann anwendbar sind, wenn der mutmaßliche Parteiwille bei einem derartigen typengemisch-**

ten Vertrag dafür spricht, dass die private Nutzungsmöglichkeit und ihre rechtliche Gestaltung als abspaltbare und stets für sich betrachtete Nebensächlichkeit des Arbeitsverhältnisses gedacht war und nicht etwa als Bestandteil des Arbeitsverhältnisses, der nur mit diesem stehen und fallen konnte. Treffen die Parteien über die Ausgestaltung des gewollten Nutzungsverhältnisses keine ausdrückliche Vereinbarung, sind aber gesetzliche Regelungen für die unentgeltliche private Nutzung vorhanden, ist davon auszugehen, dass sich die Parteien überall dort, wo sie nichts anderes vereinbart haben, der einschlägigen gesetzlichen Regelung unterwerfen wollen. Daneben ist § 852 BGB für Ansprüche aus § 823 Abs. 1, 2 BGB nicht anwendbar.

4674 **Zeugnisanspruch**

Der Anspruch des Arbeitnehmers auf Erteilung eines Zeugnisses verjährt gem. **§ 195 BGB** innerhalb von dreißig Jahren nach Beendigung des Arbeitsverhältnisses (Münch ArbR/*Wank* § 128 Rz. 38).

4675 **Betriebliche Altersversorgung**

Das **Rentenstammrecht** in der betrieblichen Altersversorgung unterliegt der regelmäßigen Verjährung gem. § 195 BGB (30 Jahre).

Lediglich für die **laufenden Rentenzahlungen** gilt **§ 196 Abs. 1 Nr. 8, 9 BGB** bei Arbeitnehmern (*BAG* 15.9.1992 AP Nr. 39 zu § 1 BetrAVG Zusatzversorgung, 25.1.2000 NZA 2001, 504) bzw. **§ 197 BGB** bei Organmitgliedern juristischer Personen (*BAG* 7.12.1961 AP Nr. 2 zu § 611 BGB Abhängigkeit; 5.2.1971 AP Nr. 10 zu § 242 BGB Betriebliche Übung).

Erstattungsansprüche des Arbeitgebers wegen **Verletzung der Auskunftspflichten** des ehemaligen Arbeitnehmers (Versorgungsberechtigten) im Rahmen der betrieblichen Altersversorgung verjähren gleichfalls gem. § 195 BGB (*BAG* 27.3.1990 EzA § 276 BGB Nr. 36).

b) Hemmung und Unterbrechung der Verjährung; Kündigungsschutzklage

4676 Gem. § 209 BGB wird die Verjährung des Anspruchs durch seine **gerichtliche Geltendmachung** unterbrochen. Der Erhebung der Klage steht insbes. die Zustellung eines Mahnbescheides im Mahnverfahren gleich (§ 209 Abs. 2 Nr. 1 BGB).

4677 Die Verjährung wird auch dann unterbrochen, wenn vor ihrem Ablauf ein **Mahnbescheid** beim unzuständigen ArbG beantragt, auf entsprechenden Antrag das Verfahren an das zuständige ArbG abgegeben und der von diesem erlassene Mahnbescheid nach Ablauf der Verjährungsfrist demnächst zugestellt wird (*BAG* 13.5.1987 EzA § 209 BGB Nr. 3).

4678 Zu beachten ist, dass die Voraussetzungen des § 209 BGB durch eine erhobene Kündigungsschutzklage (§ 4 KSchG, § 256 ZPO) hinsichtlich der sich aus § 615 BGB ergebenden Zahlungsansprüche (§ 196 Abs. 1 Nr. 9 BGB) nicht erfüllt sind (*BAG* 7.11.1991 EzA § 209 BGB Nr. 5; 7.11.2002 EzA § 206 BGB 2002 Nr. 1 = NZA 2003, 964).

4679 Hat der Arbeitnehmer **Lohnzahlungsklage** erhoben, dann aber wegen einer vorgreiflichen Kündigungsschutzklage den Prozess auf Zahlung des Entgelts aus Annahmeverzug des Arbeitgebers im Hinblick auf weitere ausgesprochene und beim Arbeitsgericht angegriffene Kündigungen **trotz rechtskräftiger Erledigung der vorgreiflichen Kündigungsschutzklage nicht weiterbetrieben** (§ 211 Abs. 2 BGB), **so endet die an sich gegebene Verjährungsunterbrechung gem. § 209 BGB**. Mit dem Ende der Unterbrechung beginnt sofort und nicht erst zum Jahresende (§ 201 BGB) eine neue zweijährige Verjährungsfrist (*BAG* 29.3.1990 EzA § 211 BGB Nr. 1; 18.3.1997 EzA § 196 BGB Nr. 10; 24.6.1999 ZTR 2000, 140).

Der **Verfassungsbeschwerde** kommt keine verjährungsunterbrechende Wirkung zu. § 209 Abs. 1 BGB ist weder unmittelbar noch analog anwendbar. Die Verfassungsbeschwerde stellt kein weiteres zusätzliches Rechtsmittel dar. Als außerordentlichem Rechtsbehelf kommt ihr kein Suspensiveffekt zu. Sie hemmt den Eintritt der formellen und materiellen Rechtskraft nicht. Die Vorschriften der §§ 202 bis 207 BGB beruhen auf dem Grundsatz, dass die Verjährung so lange nicht gegen den Gläubiger laufen darf, als er sein Recht nicht durchsetzen kann. Dass der Gläubiger zur klageweisen Durchsetzung seines Rechts außer Stande ist, kann auf verschiedenen Gründen beruhen. Dem tragen die §§ 202 ff. BGB Rechnung, indem sie zwischen den verschiedenen Erscheinungsformen nach Grund und Folgen differenzieren. An die Annahme »höherer Gewalt« i.S.d. § 203 BGB (mit der Folge der Hemmung der Verjährung; s. dazu instr. *LAG RhPf* 30.11.2007 DB 2008, 592) sind strenge Anforderungen zu stellen. Der Begriff entspricht im Wesentlichen dem unabwendbaren Zufall i.S.d. § 233 Abs. 1 ZPO (in der bis zum 30.6.1977 geltenden Fassung). Höhere Gewalt i.S.d. § 203 Abs. 2 BGB liegt jedoch stets nur dann vor, wenn die Verhinderung auf Ereignissen oder Umständen beruht, die auch durch die äußerste, vernünftiger Weise noch zu erwartende Sorgfalt nicht hätte vermieden werden können. Schon das geringste Verschulden schließt höhere Gewalt aus. Die auf Verfassungsbeschwerde eines Arbeitnehmers vom Bundesverfassungsgericht aufgehobene – zunächst rechtskräftige – Abweisung einer Kündigungsschutzklage ist als solche nicht »höhere Gewalt« i.S.d. § 203 Abs. 2 BGB. Sie hemmt die Verjährungsfrist für vom Ausgang des Kündigungsschutzprozesses abhängige Annahmeverzugsansprüche nicht, wenn der Kläger keinerlei Anstrengungen zur Wahrung der Verjährungsfrist unternommen hat, obwohl er dazu in der Lage war (*BAG* 7.11.2002 EzA § 206 BGB 2002 Nr. 1 = NZA 2003, 964). **4680**

4. Prozessuale Fragen

Nach der Vollendung der Verjährung ist der Schuldner berechtigt, die Leistung zu verweigern (**§ 222 Abs. 1 BGB**). Es handelt sich um eine Einrede, die **nur dann berücksichtigt werden kann, wenn der Berechtigte sie ausdrücklich erhebt**. Eine Berücksichtigung von Amts wegen kommt selbst dann nicht in Betracht, wenn das Vorliegen der tatsächlichen Voraussetzungen der Einrede zwischen den Parteien unstreitig ist, der Berechtigte sie aber gleichwohl nicht – auch nicht konkludent – erhoben hat. **4681**

Nimmt der Kläger zu einer früher vom Beklagten erhobenen Einrede der Verjährung in einem folgenden Schriftsatz Stellung, so wird die Tatsache der Erhebung der Einrede Inhalt seines Vorbringens. Wenn die geltend gemachte Forderung verjährt ist, so ist die Klage nunmehr unschlüssig. Sie muss auch bei weiterer Säumnis des Beklagten abgewiesen werden (*BAG* 14.6.1994 EzA § 196 BGB Nr. 8). **4682**

5. Einwand des Rechtsmissbrauchs

Die Verjährungsvorschriften dienen dem **Rechtsfrieden** und der **Sicherheit des Rechtsverkehrs**. Daher sind an die Voraussetzungen eines Verstoßes gegen Treu und Glauben bei der Berufung auf Verjährungsvorschriften **strenge Maßstäbe** anzulegen (*BAG* 7.11.2007 EzA § 242 BGB Rechtsmissbrauch Nr. 4 = NZA-RR 2008, 399). **4683**

Der Einwand des Rechtsmissbrauchs (§ 242 BGB) gegen die Erhebung der Einrede der Verjährung kommt aber dann in Betracht, **wenn der Schuldner den Gläubiger durch sein Verhalten, sei es auch unabsichtlich, von der rechtzeitigen Klage abgehalten** (*BAG* 3.4.1984 EzA § 196 BGB Nr. 5) oder nach **objektiven Maßstäben** zu der **Annahme veranlasst** hat, er werde den Anspruch auch ohne Rechtsstreit **vollständig erfüllen** (*BAG* 7.11.2007 EzA § 242 BGB Rechtsmissbrauch Nr. 4 = NZA-RR 2008, 399). Der Einwand ist aber nur erfolgreich, wenn das Verhalten des Schuldners **ursächlich** für die Fristversäumung des Gläubigers geworden ist (*BAG* 18.3.1997 EzA § 196 BGB Nr. 10). **4684**

4685 **Schweigen und Untätigkeit rechtfertigen das Unwerturteil einer unzulässigen Rechtsausübung regelmäßig nicht.** Ein Rückschluss auf die uneingeschränkte Leistungsbereitschaft des Schuldners ist nur gerechtfertigt, wenn sich aus den gesamten Umständen klar und eindeutig ergibt, der Schuldner werde die Forderung trotz des Eintritts der Verjährung erfüllen. Grundsätzlich besteht keine Verpflichtung, angesichts der drohenden Verjährung auf eine fehlende Leistungsbereitschaft hinzuweisen (*BAG* 7.11.2007 EzA § 242 BGB Rechtsmissbrauch Nr. 4 = NZA-RR 2008, 399).

II. Verwirkung

1. Begriffsbestimmung

4686 Auch im Arbeitsverhältnis gelten die allgemeinen Grundsätze der Verwirkung (§ 242 BGB); es handelt sich um eine **Einwendung**, die vom ArbG **von Amts wegen** zu berücksichtigen ist.

4687 Danach verstößt die Geltendmachung eines Rechts dann gegen Treu und Glauben,

- wenn der Gläubiger längere Zeit zugewartet hat, obwohl er in der Lage war, das Recht geltend zu machen (**Zeitmoment**; vgl. *BAG* 24.7.2008 EzA § 613a BGB 2002 Nr. 93 = NZA 2008, 1294; 15.2.2007 NZA 2007, 793; 12.12.2006 EzA § 242 BGB 2002 Verwirkung Nr. 1 = NZA 2007, 396; 13.7.2006 NZA 2006, 1406; *LAG Köln* 3.6.2003 ARST 2004, 90 LS = LAG Report 2004, 30; 17.6.2003 NZA-RR 2004, 38; *LAG Nbg.* 20.7.2005 NZA-RR 2006, 162),
- der Schuldner nach dem Verhalten des Gläubigers davon ausgehen konnte, Ansprüche würden nicht mehr gestellt werden (**Umstandsmoment**; *BAG* 24.7.2008 EzA § 613a BGB 2002 Nr. 93 = NZA 2008, 1294; *BAG* 28.5.2002 EzA § 242 BGB Verwirkung Nr. 2; 21.1.2003 EzA § 3 BetrAVG Nr. 3; 15.2.2007 NZA 2007, 793; 12.12.2006 EzA § 242 BGB 2002 Verwirkung Nr. 1 = NZA 2007, 396; *BGH* 10.9.2002 NZA-RR 2003, 253; *LAG Düsseld.* 14.1.2002 FA 2002, 217 LS; *LAG Köln* 17.6.2003 NZA-RR 2004, 38; 29.9.2003 – 13 Ta 280/03 – ARST 2004, 210 LS; *LAG Nbg.* 20.7.2005 NZA-RR 2006, 162),
- er sich darauf eingestellt hat, nicht mehr in Anspruch genommen zu werden und daraufhin eigene Dispositionen getroffen hat (*BAG* 18.2.2003 EzA § 10 AÜG Nr. 11; 19.3.2003 EzA § 1 AÜG Nr. 12) bzw. ihm auf Grund sonstiger besonderer Umstände nicht zuzumuten ist, sich auf die nunmehr geltend gemachten Ansprüche einzulassen (**Zumutbarkeitsmoment**; *BAG* 15.9.1992 EzA § 46 BAT Zusätzliche Alters- und Hinterbliebenenversorgung Nr. 22; 25.4.2001 EzA § 242 BGB Verwirkung Nr. 1; 19.3.2003 EzA § 1 AÜG Nr. 12; 15.2.2007 NZA 2007, 793; 12.12.2006 EzA § 242 BGB 2002 Verwirkung Nr. 1 = NZA 2007, 396; *LAG Köln* 23.5.2002 ARST 2003, 65 LS; *LAG Nbg.* 20.7.2005 NZA-RR 2006, 162; vgl. dazu *Kettler* NZA 2001, 930 ff.; *Schäfer* Die Abwicklung des beendeten Arbeitsverhältnisses, Rz. 207 ff.; vgl. auch *LAG Köln* 6.7.2001 – 11 Sa 373/01 – EzA-SD 1/02, S. 9 LS; 28.1.2002 – 2 Sa 272/01 – EzA-SD 12/02, S. 11 LS = NZA-RR 2002, 458).

Zwischen diesen Umständen und dem erforderlichen Zeitablauf besteht eine **Wechselwirkung.** Der erforderliche **Zeitablauf kann umso kürzer sein, je gravierender die Umstände sind** (*BAG* 24.7.2008 EzA § 613a BGB 2002 Nr. 93 = NZA 2008, 1294), **und umgekehrt** sind an diese Umstände desto geringere Anforderungen zu stellen, je länger der abgelaufene Zeitraum ist (*BAG* 12.12.2006 EzA § 242 BGB 2002 Verwirkung Nr. 1 = NZA 2007, 396).

2. Einzelfragen

4688 Die Verwirkung kann neben Zahlungsansprüchen insbes. auch das Recht des Arbeitnehmers, sich auf **einzelne Unwirksamkeitsgründe** (z.B. Formmängel, einen Verstoß gegen § 613a Abs. 4, 6 BGB; s. dazu *BAG* 24.7.2008 EzA § 613a BGB 2002 Nr. 93 = NZA 2008, 1294;

13.7.2006 NZA 2006, 1406; 24.7.2008 – 8 AZR 175/05 – EzA-SD 24/2008 S. 12 LS; *LAG Köln* 5.10.2007 NZA-RR 2008, 5) einer Kündigung zu berufen (*BAG* AP Nr. 64 zu § 626 BGB), ausschließen. Gleiches gilt für die Nichtbeachtung des **gesetzlichen Kündigungstermins** durch den Arbeitgeber (*BAG* 21.8.2008 EzA § 613a BGB 2002 Nr. 95).

Bei Ansprüchen auf **Erfindervergütung** nach dem ArbNErfG werden diese Voraussetzungen allerdings nur in seltenen Ausnahmefällen gegeben sein (*BGH* 23.6.1977 AP Nr. 3 zu § 9 ArbNErfG). Ist eine Vereinbarung über die Erfindervergütung nicht getroffen und kommt der Arbeitgeber seiner Pflicht zur Vergütungsfestsetzung nicht nach, so stellt das Zuwarten des Arbeitnehmererfinders mit der Geltendmachung des Vergütungsanspruchs für sich allein keinen Umstand dar, der ein schutzwürdiges Vertrauen des Arbeitgebers dahin begründen kann, der Arbeitnehmererfinder werde auch in Zukunft keinen Vergütungsanspruch geltend machen (*BGH* 10.9.2002 NZA-RR 2003, 253). **4689**

Der Verwirkung unterliegt auch der Anspruch des Arbeitnehmers auf Erteilung eines **Zeugnisses** (*BAG* 17.2.1988 EzA § 630 BGB Nr. 12). **4690**

Zur Verwirkung des Rechts des Arbeitnehmers, die gem. § 123 BGB gegebene Nichtigkeit des Aufhebungsvertrages klageweise geltend zu machen s.u. Kap. 6. **4691**

Beispiele: **4692**

- Ein **jahrelanges Untätigbleiben eines von einer Versetzung betroffenen Arbeitnehmers** führt zur Verwirkung des Rechts, die Unwirksamkeit der Ausübung des Direktionsrechts geltend zu machen (*LAG Nbg.* 20.7.2005 NZA-RR 2006, 162); Gleiches gilt für einen Anspruch, der sich auf die **Beschäftigung** an dem bis zur Versetzung zugewiesenen Arbeitsplatz richtet (*BAG* 12.12.2006 EzA § 242 BGB 2002 Verwirkung Nr. 1 = NZA 2007, 396).
- Lässt ein im Ausland eingesetzter Arbeitnehmer Besuche des Geschäftsführers der persönlich haftenden Gesellschafterin seiner Arbeitgeberin (KG) ungenutzt, um aufgelaufene Forderungen geltend zu machen, so begründet dies noch kein schutzwürdiges Vertrauen. Ebenso wenig kann ein Arbeitgeber darauf vertrauen, dass er nach Beendigung des Arbeitsverhältnisses nicht mehr in Anspruch genommen werde, wenn der Arbeitnehmer während der Kündigungsfrist zunächst nur solche Forderungen geltend macht, die mit der Abwicklung des Arbeitsverhältnisses unmittelbar zusammenhängen (z.B. Resturlaub, Zeugnis, Ausfüllung der Lohnsteuerkarte; *BAG* 28.5.2002 EzA § 242 BGB Verwirkung Nr. 2).
- Wenn die angeblich fehlerhafte Eingruppierung 24,5 Jahre zurückliegt und unangefochten ist, kann das Rückgruppierungsrecht verwirkt sein. Das Umstandsmoment ist erfüllt, wenn die angeblich fehlerhafte Eingruppierung mehrfach – auch nach zusätzlicher Arbeitsplatzüberprüfung – bestätigt und durch Zubilligung eines Bewährungsaufstiegs bekräftigt wird. Das Zumutbarkeitsmoment ist erfüllt, wenn der Angestellte in einem vorgerückten Alter ist, in dem eine neue berufliche Karriere nicht mehr begonnen werden kann, sein Hinweis glaubhaft ist, Arbeitsangebote aus der privaten Wirtschaft im Vertrauen auf die ihm zugesicherte Vergütungsgruppe geprüft zu haben und durch die Rückgruppierung seine Altersplanung in die Irre zu gehen droht (*LAG Köln* 23.5.2002 ARST 2003, 65 LS). Andererseits verstößt eine **korrigierende Rückgruppierung** jedenfalls dann noch nicht gegen Treu und Glauben, wenn seit Beginn der fehlerhaften Eingruppierung etwa fünf Jahre vergangen sind, der Arbeitgeber nicht zum Ausdruck gebracht hat, dass er eine **übertarifliche Vergütung** gewähren oder beibehalten wollte und die Verschlechterung des Vergütungsanspruchs durch eine zeitlich begrenzte Zulage jedenfalls teilweise ausgeglichen wird (*BAG* 26.1.2005 – 4 AZR 487/03 – ZTR 2005, 584).
- Für die Begründung des stets erforderlichen Umstandsmoments hat das *BAG* (17.2.1988 EzA § 630 BGB Nr. 12) darauf hingewiesen, dass von dem Arbeitnehmer, der sich zunächst innerhalb eines Zeitraums von weniger als einem Jahr dreimal um die Ausstellung eines Zeugnisses mit einem bestimmten Inhalt bemüht, nicht angenommen werden kann, dass er sodann über fast zwei Jahre hinweg untätig bleibt, obwohl er mit dem Inhalt des schließlich übersandten Zeugnisses nicht einverstanden ist. Dies muss umso

mehr gelten, als der Kläger selbst davon ausging, die Ausstellung eines qualifizierten Zeugnisses werde »in nächster Zeit« erfolgen. Folglich hat der Kläger bei objektiver Bewertung den Eindruck erweckt, er wolle seine Rechte nicht weiter verfolgen, sodass der Arbeitgeber darauf vertrauen durfte, er werde mit weiteren Forderungen auf Ergänzung oder Änderung des ihm erteilten Zeugnisses nicht mehr hervortreten. Darauf konnte er sich einstellen. Die Lebenserfahrung spricht dafür, dass dies auch geschehen ist.

- Beim Zeugnisberichtigungsanspruch reicht ein **Untätigkeitszeitraum von zwölf Monaten** grds. aus, um das Zeitmoment zu erfüllen. Hat ein Arbeitnehmer sein Berichtigungsbegehren zunächst unter Fristsetzung mit Klageandrohung geltend gemacht und dann in der Folgezeit trotz definitiver Ablehnung durch den Arbeitgeber sein Berichtigungsbegehren ohne ausdrückliche Zurückstellung nicht weiterverfolgt, gleichzeitig aber mit dem Arbeitgeber einen intensiven Schriftwechsel und mehrere Gespräche über die von ihm auszuübende Tätigkeit geführt, ist auch das erforderliche Umstandsmoment gegeben (*LAG Köln* 8.2.2000 ZTR 2000, 330 = NZA-RR 2001, 130).
- Vermittelt der Arbeitgeber unmittelbar nach Kenntnisnahme des Vertragsverstoßes etwa durch eine **allgemein gehaltene Äußerung**, z.B. eine technische Mitteilung, dass die Angelegenheit für ihn damit abgeschlossen sei, ist das für die Verwirkung erforderliche Zeitmoment bereits nach dreieinhalb Monaten der Untätigkeit bis zum Ausspruch der Abmahnung erfüllt (*LAG Köln* 29.9.2003 – 13 Ta 280/03 – ARST 2004, 210 LS = ArbuR 2004, 235 LS).
- Zur Feststellung, ob der Arbeitnehmer das Recht verwirkt hat, das Bestehen eines Arbeitsverhältnisses geltend zu machen, sind das Zeitmoment und das Umstandsmoment ohne kausalen Bezug zueinander zu prüfen. Ist das Zeitmoment nicht erfüllt, kommt das Umstandsmoment nicht zum Tragen. **Ist das Zeitmoment erfüllt** (z.B. bei einer Klageerhebung erst nach 22 Monaten), **kann das Umstandsmoment nicht deshalb verneint werden, weil der Arbeitgeber vor Ablauf des Zeitmoments über den Arbeitsplatz disponiert hat** (*BAG* 2.12.1999 EzA § 242 BGB Prozessverwirkung Nr. 3).
- Das Recht, im Falle unerlaubter Arbeitnehmerüberlassung den Bestand des Arbeitsverhältnisses zum Verleiher geltend zu machen, kann verwirken (*BAG* 19.3.2003 EzA § 1 AÜG Nr. 12; *LAG Düsseld.* 2.6.2005 – 11 Sa 218/05 – EzA-SD 16/05 S. 13 LS; diff. *BAG* 18.2.2003 EzA § 10 AÜG Nr. 11: es spricht mehr dafür, die sich aus einem solchen Arbeitsverhältnis ergebenden Rechte einer Verwirkung zu unterwerfen, soweit dies rechtlich möglich ist; wegen der Eilbedürftigkeit kann das Zeitmoment schon nach drei Monaten gegeben sein. Das Verhaltensmoment kann dadurch erfüllt sein, dass der Leiharbeitnehmer sein Vertragsverhältnis zum Verleiher löst und damit auch gegenüber dem Entleiher zum Ausdruck bringt, dass er sich nicht mehr dessen Direktionsrecht unterworfen sieht (*LAG Köln* 28.1.2002 – 2 Sa 272/01 – EzA/SD 12/2002, S. 11 LS = NZA-RR 2002, 458); wegen der Eilbedürftigkeit der Klärung des Bestandes des Arbeitsverhältnisses kann das Zeitelement aber jedenfalls nach einem Jahr gegeben sei (*LAG Köln* 3.6.2003 – 13 Sa 2/03 – EzA-SD 22/03, S. 15 LS = LAG Report 2004, 30).
- Wer **keine Kenntnis** von einem möglichen Anspruch eines Dritten hat, kann auf das Ausbleiben einer entsprechenden Forderung allenfalls allgemein, nicht aber konkret hinsichtlich eines bestimmten Anspruchs vertrauen (*BAG* 25.4.2001 EzA § 242 BGB Verwirkung Nr. 1; 18.2.2003 EzA § 10 AÜG Nr. 11). Den Schutz vor unbekannten Forderungen hat das Verjährungsrecht zu gewährleisten, nicht aber der Grundsatz von Treu und Glauben (*BAG* 18.2.2003 EzA § 10 AÜG Nr. 11).
- Prozessverwirkung kann eintreten, wenn ein Arbeitnehmer erstmals **nach neun Monaten** geltend macht, das Arbeitsverhältnis sei **nach Ablauf der Befristung während einiger Tage** i.S.d. § 625 BGB **fortgesetzt worden** (*LAG Köln* 27.6.2001 – 3 Sa 220/01).
- Hat ein Arbeitnehmer sich bei Beendigung des Arbeitsverhältnisses **ausdrücklich die Geltendmachung** z.B. von Überstundenvergütung **vorbehalten**, so tritt mangels zusätzlicher Umstände keine Verwirkung ein (*LAG Bln.* 22.11.1996 NZA 1997, 943 LS).

Das *LAG SchlH* (18.9.1997 ARST 1998, 65) hat hinsichtlich der Verwirkung von **Überstundenvergütung** eines LKW-Fahrers folgende Grundsätze aufgestellt: **4693**
Bei der Geltendmachung von Überstunden ist insbes. die Kontrollmöglichkeit zu beachten. Ein Kraftfahrer, der ständig unterwegs ist und nur schwer kontrolliert werden kann, wird seine Ansprüche früher geltend machen müssen als ein Arbeitnehmer, der ständiger Kontrolle und Aufsicht unterliegt. Wer Überstunden erst 3 bis 19 Monate nach der behaupteten Ableistung und 3 Monate nach Beendigung des Arbeitsverhältnisses vergütet verlangt, hat die Ansprüche regelmäßig verwirkt, wenn er regelmäßig monatlich Lohnabrechnungen erhalten und das Fehlen von Überstundenvergütung nie beanstandet hat. Das gilt umso mehr, wenn der Kraftfahrer die Tachoscheiben, aus denen sich möglicherweise die Überstundenleistungen auch ableiten lassen, dem Arbeitgeber erstmals nach Beendigung des Arbeitsverhältnisses zugänglich macht.

Das *LAG Köln* (29.10.1999 NZA 2000, 724 LS) hat einen Anspruch auf Überstundenvergütung als verwirkt angesehen, der bei seiner erstmaligen Geltendmachung **über zehn Monate alt war** und mit dessen Geltendmachung der Arbeitgeber nicht mehr zu rechnen brauchte. Gleiche gilt erst recht für Ansprüche auf Überstundenvergütung geringeren Umfangs, wenn sie erstmals zehn Monate nach Beendigung des Arbeitsverhältnisses geltend gemacht werden, **regelmäßige Entgeltabrechnungen stets widerspruchslos hingenommen** wurden und der Arbeitgeber in der Schlussabrechnung die vom Arbeitnehmer zunächst in geringerem Umfang geltend gemachten Überstunden trotz abweichender eigener Ermittlung akzeptiert und vergütet hat (*LAG Köln* 5.2.1999 ARST 1999, 237). **4694**

Ist einer Arbeitnehmerin einzelvertraglich eine **Qualifikationszulage** zugesagt worden und hat der Arbeitgeber deren Zahlung **einseitig eingestellt**, verwirken die monatlich fällig werdenden und tarifvertraglich nicht verfallenen Ansprüche auch dann nicht, wenn die Arbeitnehmerin sie **fast fünf Jahre nicht außergerichtlich** und weitere **zwei Jahre nicht gerichtlich** geltend gemacht hat, wenn nicht weitere Umstände hinzutreten, die die Erfüllung der Ansprüche für den Arbeitgeber unzumutbar erscheinen lassen. Insbesondere dann, wenn zwei Kollegen der Arbeitnehmerin dieselben Ansprüche klageweise verfolgen, kann der Arbeitgeber regelmäßig nicht darauf vertrauen, alle anderen Arbeitnehmer würden die Streichung klaglos hinnehmen (*BAG* 14.2.2007 EzA § 242 BGB 2002 Verwirkung Nr. 2 = NZA 2007, 690). **4695**

Das *OLG Düsseld.* (17.12.1996 NZA-RR 1998, 387) hat angenommen, dass dann, wenn ein Arbeitnehmer, dessen Kündigung durch den alten Arbeitgeber gem. § 613a Abs. 4 BGB unwirksam war, es ablehnt, mit dem neuen Inhaber einen neuen Arbeitsvertrag unter Aufgabe der bisherigen Rechte zu schlechteren Arbeitsbedingungen abzuschließen und sich stattdessen arbeitslos meldet, nach rund **zwei Jahren** der Anspruch auf Fortentrichtung des Lohns und auf Beschäftigung verwirkt sei. **4696**

Sofern der Arbeitnehmer einem Betriebsübergang wirksam widersprochen hat und gleichwohl seine Arbeit kommentarlos bei dem Betriebserwerber aufnimmt, also das Arbeitsverhältnis mit dem neuen Arbeitgeber unverändert fortsetzt, kann er sich nach z.T. vertretener Auffassung zumindest nach Ablauf von mehr als drei Monaten nicht mehr auf den Fortbestand des Arbeitsverhältnisses mit dem alten Arbeitgeber, dem Betriebsveräußerer berufen. Denn dann ist das aus dem Widerspruch des Arbeitnehmers folgende Recht auf Fortsetzung des Arbeitsverhältnisses mit dem alten Arbeitgeber verwirkt (*LAG SchlH* 30.10.2002 – 5 Sa 206 c/02 – EzA-SD 2/03, S. 10 LS). Das *BAG* (24.7.2008 – 8 AZR 175/05 – EzA-SD 24/2008 S. 12 LS) geht davon aus, dass allein die **widerspruchslose Weiterarbeit** des Arbeitnehmers beim Betriebserwerber **keine Verwirkung** begründet. Das für die Verwirkung erforderliche Umstandsmoment kann **aber** dann vorliegen, wenn sich der Arbeitnehmer gegen eine vom Betriebserwerber ausgesprochene **Kündigung** seines Arbeitsverhältnisses **weder gerichtlich noch außergerichtlich zur Wehr gesetzt hat** und wenn dies dem Betriebserwerber bekannt geworden ist (*BAG* 24.7.2008 EzA-SD 24/2008 S. 12 LS). **4697**

Generell ist das Widerspruchsrecht gem. § 613a BGB verwirkt, wenn der **Verpflichtete annehmen durfte**, er **werde nicht mehr in Anspruch genommen** (*BAG* 20.3.2008 – 8 AZR 1016/06 – EzA-SD 18/2008 S. 8 = FA 2008, 333; s.a. *BAG* 24.7.2008 EzA § 613a BGB 2002 Nr. 93 = NZA 2008, 1294). Fehlt es andererseits an dem Umstandsmoment, kann – je nach den Umständen des Einzelfalls – ein Widerspruch auch fast ein Jahr nach dem Vollzug des Betriebsübergangs noch möglich sein (*LAG Köln* 5.10.2007 NZA-RR 2008, 5).

4698 Hat ein als Paketauslieferer tätiger Kläger zunächst nach Beendigung des Vertragsverhältnisses **etwas über ein Jahr lang nichts von sich hören lassen**, in einem Schreiben mit der Behauptung, Arbeitnehmer gewesen zu sein, für den »Beiträge zu den Sozialversicherungen zu entrichten sind«, unter ausdrücklichem Vorbehalt, »eine Klage zum zuständigen ArbG und SG« zu erheben, außergerichtlich restliche Zahlungsansprüche geltend gemacht, diese dann aber doch vor den Zivilgerichten eingeklagt, so setzt er sich zu seinem vorangegangenen Tun in Widerspruch, wenn er sich, nachdem er vor den Zivilgerichten die nach dem unstreitigen Vorbringen der Beklagten deutlich höhere Subunternehmervergütung erzielt hat, plötzlich auf den Standpunkt stellt, nicht Subunternehmer, sondern Arbeitnehmer gewesen zu sein. Ein sodann geltend gemachter Zeugnisanspruch ist in diesem Fall verwirkt (*LAG Hamm* 9.9.1999 NZA-RR 2000, 575).

4699 Wird ein Arbeitnehmer unter Fortzahlung der Vergütung in einen (Nicht-) Beschäftigungsbetrieb mit der Aufgabe der **Qualifizierung und Vermittlung versetzt**, ist für eine Verwirkung das Zeitmoment erfüllt, wenn der Arbeitnehmer keinen Widerspruch erhebt und sich **mehr als zwei Jahre versetzungskonform verhält**. Beim Umstandsmoment ist die potenzielle Belastung des Arbeitgebers durch andere Arbeitnehmer in vergleichbarer Lage zu berücksichtigen (*ArbG Bln.* 9.11.2005 LAGE § 242 BGB 2002 Nr. 2).

3. Kollektivvertragliche Rechte

4700 Die Verwirkung von Rechten aus Tarifverträgen und Betriebsvereinbarungen ist ausgeschlossen (**§§ 4 Abs. 4 S. 2 TVG, 77 Abs. 4 S. 3 BetrVG**).

4701 Dies bezieht sich aber nur auf die Verwirkung wegen Zeitablaufs; der Einwand der allgemeinen Arglist sowie der unzulässigen Rechtsausübung auf Grund eines »venire contra factum proprium« wird dagegen von § 4 Abs. 4 S. 2 TVG nicht erfasst. In diesen Fällen verstößt die Rechtsausübung gegen Treu und Glauben und ist daher unzulässig (*BAG* 9.8.1990 EzA § 4 TVG Ausschlussfristen Nr. 88).

III. Ausschluss-, Verfallfristen

1. Grundlagen

a) Begriffsbestimmung

4702 Unter Ausschluss- oder Verfallfrist wird insbes. eine in Tarifverträgen (vgl. § 4 Abs. 4 S. 3 TVG), Betriebsvereinbarungen (vgl. § 77 Abs. 4 S. 2, 4 BetrVG) oder Einzelverträgen enthaltene zumeist recht kurze Frist verstanden, innerhalb der ein Anspruch oder ein sonstiges Recht (u.U. auch schriftlich oder zusätzlich gerichtlich) geltend gemacht werden muss, weil er bzw. es andernfalls nach Fristablauf erlischt bzw. verfällt (vgl. *Bauer* NZA 1987, 441; zum beachtlichen Regressrisiko des Rechtsanwalts bei Ausschlussfristen vgl. *Ganz/Schrader* NZA 1999, 570 ff.). Die Fristberechnung erfolgt nach §§ 187 Abs. 1, 188 Abs. 2 BGB (*BAG* 19.4.2005 EzA § 4 TVG Ausschlussfristen Nr. 178 = ZTR 2006, 138). **Ausschlussfristen betreffen** insoweit nicht die Entstehung und den Inhalt von Rechten, sondern ihren **zeitlichen Bestand**. Vorbehaltlich einer abweichenden Regelung im Tarifvertrag gelten sie für **alle mit oder nach Inkrafttreten des Tarifvertrags fällig werdenden Ansprüche** (*BAG* 26.9.2007 – 5 AZR 881/06 – EzA-SD 23/2007 S. 15 LS = NZA 2008, 192 LS).

b) Zweck der Ausschlussfristen

Zweck der Ausschlussfristen ist es, nach Fälligkeit arbeitsrechtlicher Ansprüche möglichst schnell Gewissheit über die Rechtsbeziehungen zwischen den Arbeitsvertragsparteien zu gewinnen und die gegenseitigen Forderungen rasch abzuwickeln (vgl. *BAG* 8.6.1983 EzA § 4 TVG Ausschlussfristen Nr. 55). **4703**

Es soll alsbald Klarheit darüber geschaffen werden, ob noch Ansprüche aus dem Arbeitsverhältnis bestehen (krit. dazu *Fenski* BB 1987, 2293; für die Abschaffung von Ausschlussfristen *Vögele* NZA 1988, 1990; abl. dazu *Kiefer* NZA 1988, 785). **4704**

c) Vertragsauslegung; inhaltliche Grenzen; Auswirkungen der Schuldrechtsreform

aa) Zum alten Recht

I. d. R. sind Ausschlussfristen eindeutig bestimmt. Zwingend ist dies allerdings nicht. Enthält z.B. ein Formulararbeitsvertrag eine einzelvertraglich vereinbarte Ausschlussfrist, nach der Ansprüche »innerhalb der tariflichen Frist/von zwei Monaten« geltend zu machen sind, und den Anwenderhinweis, Nichtzutreffendes sei zu streichen, so steht allein das der wirksamen Einbeziehung der Klausel in den Arbeitsvertrag nicht entgegen. Welche Bedeutung der Umstand hat, dass keine Streichungen vorgenommen worden sind, ist dann durch Auslegung zu ermitteln (*BAG* 18.3.2003 NZA 2003, 1359 LS). **4705**

Extrem kurze Fristen konnten auch nach altem Recht schon sittenwidrig sein und gegen Treu und Glauben verstoßen (*BAG* 16.11.1965 AP Nr. 30 zu § 4 TVG Ausschlussfristen). Das war bei einer zweistufigen Ausschlussfrist, die für jede Stufe einen Zeitraum von **zwei Monaten** vorsieht, allerdings nicht der Fall (*BAG* 16.11.1965 a.a.O.; vgl. auch *BAG* 22.9.1999 EzA § 4 TVG Ausschlussfristen Nr. 132; **a.A.** *ArbG Hmb.* 18.5.1998 DB 1998, 1523). **4706**

Tarifvertragliche ein- oder zweistufige Ausschlussfristen unterliegen nicht der AGB-Kontrolle, wenn der Tarifvertrag normativ gilt. Bei einer Geltung kraft einzelvertraglicher Bezugnahmeklausel entfällt die AGB-Kontrolle nur bei einer Globalverweisung, d.h. der Bezugnahme auf einen gesamten fachlich und räumlich einschlägigen Tarifvertrag (vgl. ausf. *Lakies* NZA 2004, 569 ff.; vgl. auch *Hümmerich* NZA 2003, 755 ff.; *Schrader* NZA 2003, 349 ff.; s.o. Kap. 1 Rn. 574 ff., 710, insbesondere auch zur zulässigen Dauer von Ausschlussfristen). **4707**

bb) Zum neuen Recht nach der Schuldrechtsreform

Siehe oben Kap. 1 Rn. 576 ff. und unten Rn. 4878 f. **4708**

d) Ein-, zweistufige Ausschlussfristen; je nach Anspruch unterschiedliche Ausschlussfristen

Bei den Ausschlussklauseln (die auch gegenüber dem Rechtsnachfolger des Gläubigers der jeweiligen Forderung [Krankenkasse, Bundesagentur für Arbeit in Höhe des gezahlten Arbeitslosengeldes im Falle der sog. »Gleichwohlgewährung«, *BAG* 19.2.2003 EzA § 4 TVG Ausschlussfristen Nr. 164, Versicherung] gelten [*BAG* 19.11.1968 AP § 4 TVG Ausschlussfristen Nr. 40; 24.5.1973 AP § 4 TVG Ausschlussfristen Nr. 52; *LAG Köln* 17.3.2004 LAG Report 2005, 36]) kann zwischen sog. **ein- und zweistufigen Ausschlussklauseln** unterschieden werden. **4709**

4710 Gem. § 17 Abs. 2 MTV Chemie als Beispiel einer einstufigen Ausschlussklausel müssen die Ansprüche beider Seiten aus dem Arbeitsverhältnis innerhalb von 3Monaten nach Fälligkeit schriftlich geltend gemacht werden. Nach Ablauf dieser Frist ist die Geltendmachung ausgeschlossen. Gem. § 17 Abs. 3 MTV Chemie müssen die Ansprüche im Falle des Ausscheidens spätestens einen Monat nach Beendigung des Arbeitsverhältnisses geltend gemacht werden.

4711 Bei zweistufigen Ausschlussklauseln verfallen z.B. alle beiderseitigen Ansprüche aus dem Arbeitsverhältnis und solche, die mit dem Arbeitsverhältnis in Verbindung stehen, wenn sie nicht innerhalb einer Frist von z.B. 2 Monaten nach der Fälligkeit schriftlich geltend gemacht werden. Lehnt die Gegenpartei den Anspruch ab oder erklärt sie sich nicht innerhalb von 2 Wochen nach der Geltendmachung so verfällt er, wenn er nicht innerhalb von 2 Monaten nach der Ablehnung oder dem Fristablauf gerichtlich geltend gemacht wird. Ist in einem Tarifvertrag für die Ingangsetzung der 2. Stufe eine Schriftform für **die endgültige Ablehnung** der Forderung vorgesehen, so **genügt dem ein Schriftsatz nicht**, mit dem die Abweisung der Kündigungsschutzklage beantragt wird, ohne auf die Berechtigung bereits vom Arbeitnehmer geltend gemachter Ansprüche auf Verzugslohn einzugehen. **Diesem Antrag fehlt dann die mit dem Erfordernis einer schriftlichen Ablehnung verbundene Warn- und Signalfunktion** (*LAG Bln.* 18.3.2004 ArbuR 2004, 354 LS).

4712 Soweit der Beginn der zweiten Stufe auf eine **Ablehnung bzw. Überlegungsfrist der Gegenpartei abstellt**, beginnt nach z. T. vertretener Auffassung (*Thüringer LAG* 27.9.2000 ZTR 2001, 184 LS) der Lauf der an die erste Frist anknüpfenden zweiten Ausschlussfrist für die gerichtliche Geltendmachung mit der Ablehnung oder dem Ablauf der Überlegungsfrist auch für noch nicht fällige Ansprüche, **wenn Grund und Umfang des Anspruchs** zu diesem Zeitpunkt **feststehen**. Demgegenüber geht das *BAG* (26.9.2001 EzA § 4 TVG Bauindustrie Nr. 111 = NZA 2002, 1218) davon aus, dass dann, wenn der Arbeitnehmer einen Anspruch vor Fälligkeit schriftlich geltend gemacht hat, die Frist für die gerichtliche Geltendmachung bei einer zweistufigen Ausschlussfrist nicht vor der Fälligkeit des Anspruchs beginnt.

4713 Erklärt der Arbeitgeber, die vom Arbeitnehmer geltend gemachten Ansprüche auf ihre Berechnung **überprüfen zu wollen**, so liegt darin **weder ein Schweigen noch eine Ablehnung**, sodass der Arbeitnehmer nicht gehalten ist, zur Wahrung einer zweistufigen tariflichen Ausschlussfrist Klage zu erheben (*LAG Bln.* 4.5.2001 NZA-RR 2001, 648).

4714 **Der Schuldner kann bei einer zweistufigen Anschlussfrist ohne vorangegangene schriftliche Erklärung der Geltendmachung des Gläubigers nicht durch die Erklärung, er lehne die Forderung ab, die Frist für die gerichtliche Geltendmachung in Lauf setzen** (*BAG* 7.12.1983 EzA § 4 TVG Ausschlussfristen Nr. 57). Gleiches gilt, wenn der Schuldner die Erfüllung noch vor Fälligkeit der Leistung **endgültig ablehnt**. Denn dadurch ergäbe sich eine **unzulässige Verkürzung der dem Gläubiger zustehenden Überlegungsfrist** (*LAG SchlH* 23.3.2004 – 2 Sa 530/03 – EzA-SD 13/04, S. 9 LS = NZA-RR 2004, 571).

4715 Wird bei einer zweistufigen tariflichen Verfallfrist eine diese wahrende **Klage zurückgenommen**, so führt eine erneute Klage nach Ablauf der Ausschlussfrist nicht dazu, dass sie durch die neue Klage als eingehalten gilt. § 212 Abs. 2 S. 1 BGB ist insoweit analog anwendbar (*BAG* 11.7.1990 EzA § 4 TVG Ausschlussfristen Nr. 84 gegen *BAG* 24.5.1973 AP Nr. 52 zu § 4 TVG Ausschlussfristen); dies gilt auch für vertraglich vereinbarte Verfallfristen (*LAG Nds.* 10.5.2001 NZA-RR 2002, 319).

4716 Die Tarifvertragsparteien können **auch je nach Anspruch unterschiedliche Ausschlussfristen** vorsehen. So hat das *BAG* (25.10.1995 EzA § 4 TVG Einzelhandel Nr. 33) z.B. für den Fall, dass sich die Bezahlung nach einer tariflichen Eingruppierung bestimmt, die nach Tarifgruppen und -stufen erfolgt, angenommen, dass die Ausschlussklausel des § 10 Nr. 5 MTV Einzelhandel in Bayern, die eine dreimonatige Einspruchsfrist gegen die Eingruppierung in eine Beschäftigungs- oder Lohngruppe vorsieht, nicht den Nachzahlungsanspruch wegen Einstufung in eine zu niedrige Tarifstufe, sondern nur den Nachzahlungsanspruch von Lohn und Gehalt wegen Eingruppierung in eine zu niedrige Tarifgruppe erfasst. Der Verfall des erstgenannten Anspruchs richtet sich nach der allgemeinen Verfallklausel des § 24 Nr. 2 MTV.

e) Einseitige tarifliche Ausschlussfristen

4717 Einseitige tarifliche Ausschlussfristen, nach denen nur Ansprüche des Arbeitnehmers, nicht aber solche des Arbeitgebers dem tariflichen Verfall unterliegen, verstoßen nicht gegen Art. 3 Abs. 1 GG. Dies gilt selbst dann, wenn davon nicht nur tarifliche Ansprüche, sondern darüber hinaus alle Ansprüche des Arbeitnehmers aus dem Arbeitsverhältnis erfasst werden (*BAG* 27.9.1967 AP Nr. 1 zu § 1 TVG Tarifverträge: Fernverkehr; 4.12.1997 EzA § 4 TVG Ausschlussfristen Nr. 127; s.u. Rn. 4875 ff.). Das *LAG SchlH* (22.9.2004 – 3 Sa 245/03 – EzA-SD 23/04 S. 8 LS = ArbuR 2005, 36 LS; ebenso *LAG Nds.* 18.3.2005 – 10 Sa 1990/04 – EzA 13/2005, S. 4 LS = NZA-RR 2005, 401 = LAG Report 2005, 193, wenn nicht ausnahmsweise ein Ausgleich für den Arbeitnehmer durch andere Vorteile erfolgt) geht demgegenüber davon aus, dass jedenfalls nach der Schuldrechtsreform **formularmäßig vereinbarte einseitige Ausschlussfristen, die nur für Arbeitnehmer gelten, gegen § 307 Abs. 1 BGB n.F. verstoßen** (s. ausf. Kap. 1 Rn. 589; ebenso jetzt *BAG* 25.5.2005 EzA § 307 BGB 2002 Nr. 3; 28 9. 2005 EzA § 307 BGB 2002 Nr. 8, m. gemeinsamer Anm. *Mohr* SAE 2006, 156 ff.; s.u. Rn. 4878).

f) Unterschiedliche Ausschlussfristen für Arbeiter und Angestellte

4718 Der Gleichheitssatz des Art. 3 Abs. 1 GG ist nicht allein dadurch verletzt, dass die Tarifvertragsparteien die Ausschlussfristen in den Tarifverträgen für gewerbliche Arbeitnehmer bzw. für Angestellte eines bestimmten Wirtschaftszweiges unterschiedlich geregelt haben (*BAG* 4.12.1997 EzA § 4 TVG Ausschlussfristen Nr. 127).

g) Berücksichtigung von Amts wegen

4719 Unabhängig davon, ob der einschlägige Tarifvertrag für allgemeinverbindlich erklärt worden ist, ist im Rechtsstreit **das Vorliegen der Voraussetzungen einer Ausschlussfrist von Amts wegen zu berücksichtigen** (vgl. *LAG Köln* 5.2.1998 NZA-RR 1998, 453). Hinsichtlich der Einhaltung von Ausschlussfristen muss der Arbeitnehmer **bei Anwendbarkeit eines Tarifvertrages konkrete Tatsachen insoweit vortragen**. Eines Berufens auf die Nichteinhaltung der Frist durch den Arbeitgeber bedarf es nicht. Hat der Arbeitgeber andererseits auf die Einhaltung »verzichtet«, wird dadurch die **Einhaltung der Ausschlussfrist** als anspruchsbegründendes Tatbestandsmerkmal **fingiert** (*BAG* 25.1.2006 EzA § 4 TVG Einzelhandel Nr. 55 = NZA 2007, 472 LS).

4720 Das Arbeitsgericht ist aber ohne Vorliegen näherer konkreter Anhaltspunkte nicht verpflichtet nachzuprüfen, ob im jeweiligen Einzelfall überhaupt ein Tarifvertrag anwendbar ist (*BAG* 12.7.1972 AP Nr. 51 zu § 4 TVG Ausschlussfristen). Deshalb muss eine Partei, die sich auf den Ablauf einer tariflichen Ausschlussfrist beruft, die Voraussetzungen des anzuwendenden Tarifvertrages in den Tatsacheninstanzen darlegen (*BAG* 15.6.1993 EzA § 4 TVG Ausschlussfristen Nr. 104).

4721 Wird andererseits dem Gericht im Laufe eines Rechtsstreits, und zwar sogar erst nach mehrmaliger Zurückverweisung der Sache durch das Revisionsgericht bekannt, dass das streitige Arbeitsverhältnis einem Tarifvertrag unterliegt, so muss es eine in diesem enthaltene Ausschlussfrist beachten. Es muss allerdings, um eine Überraschungsentscheidung zu vermeiden, den Parteien Gelegenheit geben, zur Frage der Ausschlussfrist Stellung zu nehmen (*BAG* 12.7.1972 AP Nr. 51 zu § 4 TVG Ausschlussfristen).

h) Schriftform

4722 Fordert ein Tarifvertrag zur Wahrung einer tariflichen Ausschlussfrist die schriftliche Geltendmachung (z.B. § 23 RTV Gebäudereinigerhandwerk), so ist hierzu nach Auffassung des *LAG Hamm* (22.5.1997 LAGE § 4 TVG Ausschlussfristen Nr. 43) die Übermittlung eines Telefaxes nicht ausreichend.

4723 Diese Auffassung kann im Hinblick auf § 126 Abs. 3 i.V.m. § 126a BGB n.F. **nicht aufrechterhalten werden.** Denn danach kann – wenn §§ 125 ff. BGB überhaupt Anwendung finden (dagegen inzwischen *BAG* 11.10.2000 EzA § 4 TVG Ausschlussfristen Nr. 134; vgl. dazu *Gragert/Wiehe* NZA 2001, 311 ff; *Schmitt* SAE 2001, 306 ff.; s.u. Rn. 4769 f.) die schriftliche Form sogar durch die **elektronische Form ersetzt** werden, indem der Aussteller der Erklärung dieser seinen Namen hinzufügt und das elektronische Dokument mit einer qualifizierten Signatur nach dem Signaturgesetz (v. 16.5.2001 BGBl. I S. 876) versieht. Deshalb wird z. T. auch die Geltendmachung **per E-Mail** als ausreichend angesehen (*ArbG Krefeld* 31.10.2005 – 5 Ca 2199/05 –, n.v.; vgl. dazu *Peetz/Rose* DB 2006, 2346 ff.).

2. Beginn der Ausschlussfrist

a) Grundlagen

4724 Für den Beginn der Ausschlussfrist wird zumeist auf die Fälligkeit des Anspruchs – grundsätzlich **unabhängig von der Kenntnis des Arbeitnehmers** vom Bestehen des Anspruchs (*BAG* 13.12.2007 EzA § 4 TVG Ausschlussfristen Nr. 189 = NZA 2008, 478) – abgestellt; davon ist insbes. dann auszugehen, wenn die Arbeitsvertragsparteien diesen Zeitpunkt nicht ausdrücklich festgelegt haben (*BAG* 18.3.2003 NZA 2003, 1359 LS). Insoweit ist z.B. ein Anspruch auf Vergütung aus einem **Arbeitszeitkonto** frühestens zum **Ablauf des Verteilungszeitraums** fällig, so dass auch erst zu diesem Zeitpunkt eine Ausschlussfrist zu laufen beginnt (*LAG Nds.* 29.4.2005 NZA-RR 2005, 589).

4725 Die Fälligkeit i.S. einer tarifvertraglichen Ausschlussfrist kann von einer Abrechnung durch den Anspruchsgegner abhängen. Das ist dann der Fall, wenn der Anspruchsberechtigte die Höhe seiner Ansprüche ohne diese Abrechnung nicht erkennen kann (*BAG* 27.2.2002 EzA § 138 BGB Nr. 30). Fälligkeit einer tariflichen Leistung (z.B. einer Abfindung) tritt erst dann ein, wenn der maßgebende Tarifvertrag wirksam geworden, also unterzeichnet worden ist (§§ 1 Abs. 2 TVG, 126 Abs. 2 BGB). Denn eine Leistung ist erst fällig, wenn der Gläubiger sie verlangen kann (*BAG* 20.3.1997 NZA 1997, 896; *Schäfer* Die Abwicklung des beendeten Arbeitsverhältnisses, Rz. 142; s.u. auch Rn. 4712 zu zweistufigen Ausschlussfristen). Eine Geltendmachung kann aber auch vor Fälligkeit erfolgen (*BAG* 20.6.2002 EzA § 611 BGB Arbeitgeberhaftung Nr. 11); sie ist andererseits aber erst möglich, wenn der Anspruch bereits entstanden ist (*BAG* 10.7.2003 EzA § 4 TVG Ausschlussfristen Nr. 168; 11.12.2003 – 6 AZR 539/02). Abgesehen von dem Sonderfall der fristwahrenden Geltendmachung durch Erhebung einer Kündigungsschutzklage ist (z.B. im Rahmen des § 18 Abs. 4 TV-DRK für die Geltendmachung von Überstundenvergütung) eine die tarifliche Ausschlussfrist wahrende Geltendmachung **vor dem Entstehen des Anspruchs nicht möglich** (*BAG* 9.3.2005 EzA § 4 TVG Rotes Kreuz Nr. 5 = NZA 2005, 1016 LS). Ein Anspruch auf Abfindung nach § 113 Abs. 2 BetrVG wird auch dann mit der Beendigung des Arbeitsverhältnisses fällig, wenn über die Kündigung, die zur Beendigung des Arbeitsverhältnisses geführt hat, **noch ein Kündigungsschutzprozess anhängig ist,** und später rechtskräftig die Wirksamkeit der Kündigung festgestellt wird (*BAG* 3.8.1982 EzA § 113 BetrVG 1972 Nr. 10).

Bestimmt eine tarifliche Ausschlussklausel, dass Ansprüche aus dem Arbeitsverhältnis innerhalb einer Frist von sechs Monaten ab Fälligkeit und bei Beendigung des Arbeitsverhältnisses innerhalb von acht Wochen nach Beendigung schriftlich und im Fall der Ablehnung anschließend innerhalb von sechs Monaten gerichtlich geltend zu machen sind, so beginnt der Fristablauf für alle Ansprüche, die erst mit oder nach Beendigung des Arbeitsverhältnisses entstehen, mit ihrer Fälligkeit (*BAG* 21.6.2005 EzA § 7 BUrlG Nr. 113 = NZA 2006, 232 LS). **4726**

Tarifliche Verfallklauseln können auch vorsehen, dass die Frist zur gerichtlichen Geltendmachung von Zahlungsansprüchen, die während eines Kündigungsschutzprozesses fällig werden und von seinem Ausgang abhängen, erst mit der **rechtskräftigen Entscheidung im Kündigungsschutzprozess beginnt** (vgl. *BAG* 8.8.2000 NZA 2000, 1237). In einem derartigen Fall tritt die Fälligkeit nicht mit Rechtskraft des später vom BVerfG aufgehobenen Urteils ein, sondern erst mit Rechtskraft des Urteils, das nach der Zurückverweisung nach § 95 Abs. 2 BVerfGG in dem dann fortgesetzten Verfahren ergeht. Das gilt auch dann, wenn der Arbeitgeber die erfolgreiche Verfassungsbeschwerde eingelegt hatte (*BAG* 16.1.2003 EzA § 4 TVG Ausschlussfristen Nr. 166 = NZA 2004, 344 LS). **4727**

Bestimmt ein Tarifvertrag, dass die Ausschlussfrist für **Ansprüche auf Zuschläge** z.B. für Mehrarbeit mit Vorlage der Gehaltsabrechnung beginnt, in der sie zu berücksichtigen waren, so beginnt ihr Lauf erst dann, wenn der Anspruch auf Erteilung der Abrechnung verfallen ist (*BAG* 27.11.1984 EzA § 4 TVG Ausschlussfristen Nr. 64). Folglich verfällt der Anspruch dann nicht, wenn der Abrechnungsanspruch nicht innerhalb einer Ausschlussfrist geltend zu machen ist (*BAG* 8.8.1985 EzA § 4 TVG Ausschlussfristen Nr. 69). **4728**

Ist das Urlaubsentgelt auf Grund einer tariflichen Regelung **vor Beginn** der urlaubsbedingten Arbeitsbefreiung **auszuzahlen**, beginnt damit an sich auch der Lauf einer **Ausschlussfrist**. Besteht im Betrieb allerdings die Übung, das Urlaubsentgelt erst mit dem Gehalt des laufenden Monats oder der Gehaltsabrechnung von Mitte des nächsten Monats auszuzahlen, so ist davon auszugehen, dass die Forderung bis dahin gestundet ist. Der Lauf der Ausschlussfrist beginnt jedenfalls dann erst mit dem im Betrieb üblichen Auszahlungstermin (*BAG* 18.5.1999 EzA § 11 BUrlG Nr. 43). **4729**

Beginnt die Ausschlussfrist mit dem **Ausscheiden aus dem Betrieb**, so ist auf die rechtliche Beendigung des Arbeitsverhältnisses, nicht auf das **tatsächliche Ausscheiden** des Arbeitnehmers aus dem Betrieb (z.B. nach Ablauf der Kündigungsfrist) abzustellen (*BAG* 22.9.1999 EzA § 4 TVG Ausschlussfristen Nr. 132), selbst dann, wenn er gegen die Kündigung Klage erhoben hat (**a.A.** *LAG Düsseld.* 12.1.1988 BB 1988, 768). **4730**

Zu beachten ist, dass eine Ausschlussfrist, deren Lauf mit der Beendigung des Arbeitsverhältnisses beginnt, auf Ansprüche, die erst nach der Beendigung entstehen, nicht sinnvoll angewendet werden kann und folglich derartige Ansprüche nicht erfasst (*BAG* 19.12.2006 EzA § 4 TVG Ausschlussfristen Nr. 187). **4731**

Im Falle eines Betriebsübergangs nach **§ 613a BGB** scheidet der bisherige Arbeitgeber aus dem Arbeitsverhältnis aus. Eine tarifliche Ausschlussfrist für Ansprüche gegen ihn, die an das Ausscheiden aus dem Arbeitsverhältnis anknüpft, beginnt daher mit dem **Zeitpunkt des Betriebsübergangs** zu laufen (*BAG* 10.8.1994 EzA § 4 TVG Ausschlussfristen Nr. 105). Verfolgt ein Arbeitnehmer Entgeltansprüche gegenüber einem Betriebsübernehmer, weil dieser nach Betriebsübergang mit der Annahme der Dienste in Verzug gekommen ist, so hat er dafür die Ausschlussfristen eines für allgemeinverbindlich erklärten Tarifvertrages zu wahren. Der Arbeitnehmer kann sich dann regelmäßig **nicht darauf berufen**, zunächst die **Rechtskraft** eines wegen des Betriebsübergangs geführten Feststellungsverfahrens **abzuwarten** (*BAG* 12.12.2000 NZA 2001, 1082); Annahmeverzugsansprüche werden also auch im Falle eines Betriebsübergangs so fällig, wie wenn die Arbeit tatsächlich erbracht worden wäre (*BAG* 13.2.2003 EzA § 4 TVG Ausschlussfristen Nr. 162). Allerdings beginnt der Lauf einer auf die Fälligkeit des Anspruchs abstellenden Ausschlussfrist **nicht vor Kenntnis des** **4732**

Arbeitnehmers von der Person des neuen Arbeitgebers. Der Arbeitgeber, der den Verfall des Anspruchs geltend macht, muss deshalb **darlegen** und ggf. beweisen, dass der **Arbeitnehmer** diese **Kenntnis** zu einem verfallsrelevanten Zeitpunkt **hatte** (*LAG Nbg.* 8.1.2008 – 7 Sa 443/07 – ZTR 2008, 215).

4733 Muss nach einer tariflichen Ausschlussklausel bereits der auf **Freistellung** des Arbeitnehmers von Schadensersatzansprüchen eines durch ihn bei einer betrieblich veranlassten Tätigkeit geschädigten Dritten gerichtete Anspruch geltend gemacht werden, läuft ab dessen Übergang in einen Zahlungsanspruch keine neue Ausschlussfrist (*BAG* 16.3.1995 EzA §4 TVG Ausschlussfristen Nr. 110).

4734 **Bei einer zweistufigen Ausschlussfrist beginnt die Frist der zweiten Stufe nicht zu laufen, bevor der Anspruch fällig wird** (*BAG* 22.1.2008 EzA §4 TVG Ausschlussfrist Nr. 190 = NZA-RR 2008, 525).

b) Schadensersatzansprüche

4735 Schadensersatzansprüche werden zum Teil (vgl. z.B. §17 Abs. 5 MTV Chemie) ausdrücklich von der Anwendung der Ausschlussfristen ausgenommen (s.u. Rn. 4833 ff.).

4736 Enthält ein Tarifvertrag (z.B. §70 BAT) dagegen keine besondere Regelung für Schadensersatzansprüche, sondern erfasst »Ansprüche aus dem Arbeitsverhältnis«, so wird ein solcher i.S.d. Ausschlussfrist frühestens fällig, wenn er feststellbar ist und geltend gemacht werden kann. Das ist der Fall, sobald der Geschädigte in der Lage ist, sich den erforderlichen Überblick ohne schuldhaftes Zögern zu verschaffen. Für Schadensersatzansprüche eines Arbeitnehmers wegen **Mobbings** beginnt die tarifliche Ausschlussfrist gem. §70 BAT wegen der **systematischen, sich aus mehreren Handlungen zusammensetzenden Verletzungshandlung** regelmäßig erst mit der **zeitlich letzten Mobbing-Handlung** (*BAG* 16.5.2007 EzA §611 BGB 2002 Persönlichkeitsrecht Nr. 6 = NZA 2007, 1154), spätestens aber mit dem Ausscheiden des Arbeitnehmers aus dem Arbeitsverhältnis (*LAG Köln* 3.6.2004 ArbuR 2004, 436 LS = LAG Report 2004, 352 LS; *Sächsisches LAG* 17.2.2005 – 2 Sa 751/03 – EzA-SD 12/05, S. 12 LS)

4737 Schuldhaftes Zögern ist im Übrigen regelmäßig dann nicht anzunehmen, wenn ein Arbeitgeber, der durch strafbare Handlungen von Arbeitnehmern geschädigt wurde, vor der Geltendmachung seiner Schadensersatzansprüche zunächst den Ausgang eines Strafverfahrens abwartet, von dem er sich eine weitere Aufklärung des streitigen Sachverhalts versprechen darf (*BAG* 26.5.1981 EzA §4 TVG Ausschlussfristen Nr. 47).

4738 Fälligkeit tritt ein, sobald der Gläubiger vom Schadensereignis Kenntnis erlangt hat oder bei Beachtung der gebotenen Sorgfalt Kenntnis erlangt hätte und die betreffende Forderung dem Grunde nach benennbar und wenigstens annähernd bezifferbar ist (*BAG* 26.5.1981 EzA §4 TVG Ausschlussfristen Nr. 47; 16.5.1984 EzA §4 TVG Ausschlussfristen Nr. 58).

4739 Die Anforderungen an die vom Gläubiger zu beachtende Sorgfalt und insbes. die Anlässe, auf Grund derer der Arbeitgeber die Arbeitsweise der Arbeitnehmer zu überprüfen hat, hängen von der **jeweiligen Fallgestaltung** ab.

4740 Der Arbeitgeber braucht z.B. in aller Regel einen Angestellten, der die Arbeitsvergütungen einer großen Zahl von Arbeitnehmern selbstständig zu errechnen und den dabei anfallenden Schriftwechsel selbstständig zu erledigen hat, nicht jeweils beim Ausscheiden eines einzelnen Arbeitnehmers daraufhin zu kontrollieren, ob er das Arbeitsentgelt des Ausscheidenden ordnungsgemäß abgerechnet hat.

4741 Die **Darlegungs- und Beweislast** für die Verletzung der Kontrollpflicht obliegt dem Schuldner (*BAG* 16.5.1984 EzA §4 TVG Ausschlussfristen Nr. 58).

Ein **Steuerverzögerungsschaden** wird frühestens mit Bekanntgabe des Steuerbescheides fällig, mit der die – progressionsbedingt erhöhte – Steuer gefordert wird. Ob zu diesem Zeitpunkt eine weitere Frist hinzutritt, innerhalb der ein Arbeitnehmer seinen Steuerschaden unter Einschaltung sachverständiger Personen berechnen kann, bleibt offen (*BAG* 20.6.2002 EzA § 611 BGB Arbeitgeberhaftung Nr. 11). 4742

c) Rückwirkung von Ausschlussfristen

Nach der Rechtsprechung des *BAG* (14.7.1965 AP Nr. 5 zu § 1 TVG Tarifverträge: BAVA) können die Tarifvertragsparteien Ausschlussfristen auch rückwirkend einführen, wenn der in der Zukunft liegende Teil der Frist genügend Zeit zur Geltendmachung der Forderungen lässt. Das gilt insbes. dann, wenn die der Ausschlussfrist unterliegenden Rechte (Ansprüche) auch rückwirkend entstanden sind. 4743

Tritt die Tarifbindung der Parteien eines Arbeitsverhältnisses erst nach Vertragsschluss ein oder erfasst ein Tarifvertrag ein Arbeitsverhältnis erst danach, so werden die bis zum Zeitpunkt der Tarifgeltung entstehenden Ansprüche von einer tariflichen Ausschlussklausel aber jedenfalls dann nicht erfasst, wenn sich die Klausel keine ausdrückliche Rückwirkung beimisst (*BAG* 26.9.1990 EzA § 4 TVG Ausschlussfristen Nr. 87). 4744

d) Zahlung »unter Vorbehalt«

Durch einseitige Erklärung, er zahle »unter Vorbehalt«, und in der widerspruchslosen Entgegennahme des Arbeitsentgelts durch den Arbeitnehmer liegt nicht die Vereinbarung, dass der Beginn der Ausschlussfrist des § 70 BAT hinausgeschoben wird. 4745

Unter welchen Voraussetzungen eine solche Vereinbarung anzunehmen ist und ob sie zulässig ist, hat das *BAG* (27.3.1996 EzA § 4 TVG Ausschlussfristen Nr. 124) offen gelassen. 4746

3. Kenntnis des Arbeitnehmers/Arbeitgebers

a) Tarifliche Normen; § 8 TVG

Fraglich ist, ob die Parteien Kenntnis von Inhalt und Anwendbarkeit einer tariflichen Ausschlussfrist haben müssen. 4747

Nur vereinzelt (z.B. gem. § 16 Abs. 2 S. 2 MTV Einzelhandel Rheinland-Pfalz a.F.; ab 2003 ist das nicht mehr der Fall) wird die Anwendbarkeit der Ausschlussfrist ausdrücklich ausgeschlossen für den Fall, dass der Arbeitgeber mit dem Arbeitnehmer den Arbeitsvertrag nicht mit einem bestimmten Mindestinhalt schriftlich abschließt und der Tarifvertrag nicht an geeigneter Stelle im Betrieb zur Einsicht ausgelegt, ausgehängt oder allen Mitarbeitern ausgehändigt wird. 4748

Einer derartigen Verpflichtung genügt der Arbeitgeber nicht dadurch, dass er den Tarifvertrag zusammen mit Arbeitsanweisungen in einen allgemein zugänglichen, mit »Info« beschrifteten Ordner ablegt (*BAG* 11.11.1998 EzA § 4 TVG Ausschlussfristen Nr. 128). Müssen auf Grund einer tariflichen Regelung des Weiteren die Voraussetzungen »Aushändigung des Tarifvertrags« und »entsprechende Eingruppierung im Arbeitsvertrag« kumulativ vorliegen, erfüllt die **Bezifferung der Gehaltshöhe** im Arbeitsvertrag die zweite Voraussetzung nicht, da sie keinen schriftlichen Niederschlag enthält von welcher tariflichen Eingruppierung nach Tarifgruppe und Tätigkeitsjahr die Arbeitsvertragsparteien ausgehen (*LAG RhPf* 6.5.2005 NZA-RR 2005, 534).

§ 8 TVG sieht im Übrigen zwar vor, dass die Arbeitgeber verpflichtet sind, die für ihren Betrieb maßgeblichen Tarifverträge an geeigneter Stelle im Betrieb auszulegen, d.h. dass der Arbeitgeber dem Arbeitnehmer auf Anforderung das entsprechende Regelwerk zugänglich machen muss (*LAG Nbg.* 25.11.2004 NZA-RR 2005, 377). Dieser Verpflichtung kommt der 4749

Arbeitgeber nur nach, wenn er die Arbeitnehmer **deutlich darauf hinweist, wo sie die Tarifverträge** zu den betriebsüblichen Zeiten **einsehen können.** Die Arbeitnehmer müssen in diesen Zeiten **ungehindert Zugang** zu den genannten Räumlichkeiten haben. Sie müssen die gut sichtbaren und eindeutig gekennzeichneten Tarifverträge ohne ausdrückliches Verlangen ungestört einsehen können (*LAG Nds.* 7.12.2000 LAGE § 8 TVG Nr. 1; *LAG Nbg.* 9.12.2004 ZTR 2005, 204 LS). Dabei handelt es sich aber nur um eine **Ordnungsvorschrift** von deren Einhaltung die Wirksamkeit tariflicher Normen nicht abhängt. Es handelt sich auch nicht um ein Schutzgesetz i.S.d. § 823 Abs. 2 BGB (*BAG* 30.9.1970 AP Nr. 2 zu § 70 BAT; *LAG RhPf* 16.7.2002 NZA-RR 2003, 30; *LAG Nds.* 7.12.2000 LAGE § 8 TVG Nr. 1; **a.A.** *LAG Hessen* 17.10.2001 ARST 2002, 208 = NZA-RR 2002, 427: Arbeitnehmer ist so zu stellen, als wären Ansprüche nicht nach einer im Tarifvertrag enthaltenen Verfallklausel verfallen).

4750 Deshalb verwehrt es ein Verstoß gegen § 8 TVG dem Arbeitgeber nicht, sich auf den Verfall tariflich geregelter Ansprüche zu berufen, wenn er den Arbeitnehmer zumindest auf die Geltung des Tarifvertrages, in dem sich die Ausschlussfrist befindet, hingewiesen hat. Dann ist ein Einschreiten der Gerichte zur Wahrung der Rechtsordnung nicht geboten. Vielmehr ist es dem Arbeitnehmer zuzumuten, sich zur Wahrung seiner Rechte um den Inhalt des ihm benannten Tarifvertrages zu kümmern (*LAG Nds.* 7.12.2000 LAGE § 8 TVG Nr. 1; *LAG Brem.* 9.11.2000 NZA-RR 2001, 98; zust. *Hohenhaus* NZA 2001, 1107 ff.; vgl. auch *Schrader* NZA 2003, 349 ff.).

4751 **Im Übrigen laufen Ausschlussfristen unabhängig von der Kenntnis der Parteien** (*BAG* 16.8.1983 EzA § 4 TVG Ausschlussfristen Nr. 56). Inzwischen hat das *BAG* (11.11.1998 EzA § 4 TVG Ausschlussfristen Nr. 128; vgl. dazu *Fischer* BB 2000, 354 ff.; *Stein* BB 2000, 457 ff.) aber ausdrücklich **offen gelassen**, ob an der Entscheidung vom 5.11.1963 (AP Nr. 1 zu § 1 TVG Bezugnahme auf den Tarifvertrag) festzuhalten ist, wonach der Arbeitgeber seiner Verpflichtung aus § 8 TVG dadurch genügt, dass er den Tarifvertrag dem Arbeitnehmer zugänglich macht.

4752 Inzwischen (*BAG* 23.1.2002 EzA § 2 NachwG Nr. 3; 5.11.2003 EzA § 2 NachwG Nr. 6; ebenso *LAG München* 10.3.2005 – 3 Sa 727/04 – EzA-SD 10/05, S. 6 LS; *LAG RhPf* 16.7.2002 NZA-RR 2003, 30; s. dazu *Lorenz* FA 2007, 268) geht das BAG jedenfalls davon aus, dass die Ausschlussfrist auch dann gilt, wenn die Verpflichtung zur Auslage des Tarifvertrages im Betrieb verletzt wird; der Arbeitnehmer hat danach auch keinen Schadensersatzanspruch. Denn der Zweck des § 8 TVG ist die Ermöglichung der Kenntnisnahme von Tarifverträgen. Normzweck ist dagegen nicht, zu verhindern, dass der Arbeitnehmer wegen seiner Unkenntnis Vermögensnachteile erleidet. Die Auslegungspflicht dient nicht dem Schutz des Einzelnen. Ebenso wenig, wie Gesetzesunkenntnis zur Unanwendbarkeit der gesetzlichen Regelung führt, kann sich der Arbeitnehmer auf die bloße Unkenntnis tariflicher Verfallklauseln berufen. Der Arbeitnehmer ist also gehalten, sich selbst rechtzeitig und umfassend über den Inhalt der auf sein Arbeitsverhältnis anzuwendenden Gesetze und Kollektivverträge zu informieren (*LAG RhPf* 16.7.2002 NZA-RR 2003, 30).

4753 Demgegenüber wird zum Teil (*ArbG Frankf.* 19.2.1988 DB 1988, 1951; *Fenski* BB 1987, 2293) die Auffassung vertreten, dass der Arbeitgeber dann, wenn er seine Pflicht zur Information gem. § 8 TVG nicht erfüllt hat, sich auf die Ausschlussfrist nicht berufen kann. Der Arbeitnehmer soll nach den Grundsätzen der pFV (jetzt §§ 280 ff., 241 Abs. 2 BGB n.F.) i.V.m. § 249 BGB so gestellt werden, als hätte er die Ausschlussfrist eingehalten. Dies gilt aber nicht im Verhältnis zu organisierten Arbeitnehmern, da diese auf Grund des leichten Zugangs zu Informationen nicht auf die Kenntnisnahme angewiesen sind.

4754 In diesem Zusammenhang ist besonders problematisch, dass bei der **Allgemeinverbindlicherklärung** eines Tarifvertrages, also der Erstreckung eines Tarifvertrages einschließlich seiner Ausschlussfristen auch auf nicht tarifgebundene Arbeitnehmer, keine Pflicht besteht, die Tarifverträge zumindest zu veröffentlichen (vgl. *Hagemeier/Kempen/Zachert/Zilius* § 5 Rz. 18).

b) Informationspflicht des Arbeitgebers?

Der Arbeitgeber ist nicht auf Grund der ihm obliegenden Fürsorgepflicht verpflichtet, den Arbeitnehmer wegen der Anwendbarkeit oder der Änderung tariflicher Vorschriften zu informieren; es handelt sich auch nicht um eine Obliegenheit des Arbeitgebers (*BAG* 23.1.2002 EzA § 2 NachwG Nr. 3). **4755**

Der Arbeitnehmer hat sich vielmehr grds. selbst die zur Wahrung seiner Rechte erforderlichen Kenntnisse zu verschaffen. In der unterbliebenen Unterrichtung über tarifliche Änderungen liegt daher allein noch kein Umstand, der dem Arbeitgeber die Berufung auf die tarifliche Ausschlussfrist als rechtsmissbräuchlich verwehrt (*LAG Frankf./M.* 13.9.1990 NZA 1991, 896). **4756**

4. Geltendmachung des Anspruchs

Die Geltendmachung eines Anspruchs im hier maßgeblichen Sinne ist keine Willenserklärung, sondern eine **einseitige rechtsgeschäftsähnliche Handlung**. Für deren Auslegung gelten §§ 133, 157 BGB entsprechend (*BAG* 11.12.2003 EzA § 4 TVG Ausschlussfristen Nr. 170). **4757**

a) Inhaltliche Anforderungen; Geltendmachung durch Dritte

Der **Zweck** tariflicher Ausschlussfristen besteht darin, **Rechtssicherheit und Rechtsklarheit zu schaffen**. Deshalb gehört zur Geltendmachung die **Angabe des konkreten Anspruchsgrundes**. Der Gläubiger muss seinen Anspruch nach Grund und Höhe so genau wie möglich bezeichnen; zumindest die ungefähre Höhe der Forderung muss genannt werden (*BAG* 17.7.2003 – 8 AZR 486/02 – EzA-SD 22/03, S. 9 LS; *LAG Nds.* 26.6.2000 ZTR 2006, 661); Gleiches gilt für den Zeitraum, für den er verfolgt wird. **4758**

All dies muss mit der für den Schuldner notwendigen Deutlichkeit ersichtlich gemacht werden. Deshalb müssen die Art des Anspruchs sowie die Tatsachen, auf die der Anspruch gestützt wird, erkennbar sein. Eine rechtliche Begründung ist dagegen nicht erforderlich (*BAG* 22.4.2004 – 8 AZR 652/02 – ZTR 2004, 532). Bei einer Anspruchshäufung muss sich die Geltendmachung, wenn tarifvertraglich nichts anderes geregelt ist, auf jeden einzelnen Anspruch beziehen, auch wenn die Teilansprüche auf einem einheitlichen Anspruchsgrund beruhen (*BAG* 22.6.2005 EzA § 4 TVG Ausschlussfristen Nr. 179). **4759**

Denn der Schuldner soll anhand der Geltendmachung erkennen können, welche Forderung erhoben wird. Werden mehrere Ansprüche geltend gemacht, müssen sich die Beschreibungen des Anspruchsgrundes auf jeden einzelnen Anspruch (Zeitraum, ungefähre Höhe) beziehen (*BAG* 18.3.1999 ZTR 1999, 420; *LAG Hessen* 19.6.2001 FA 2002, 118), es sei denn, dass der Anspruchsgegner Grund und Höhe des Anspruchs ohnehin kennt (*LAG Hessen* 19.6.2001 a.a.O.). Macht ein Arbeitnehmer z.B. gegen den Arbeitgeber **die Zahlung einer Zulage** zu seiner Vergütung geltend, so liegt darin grds. **keine Geltendmachung** eines **Anspruchs auf Vergütung nach einer bestimmten höheren Vergütungsgruppe**; die Ausschlussfrist zur Geltendmachung eines solchen Anspruchs wird dadurch nicht gewahrt (*BAG* 22.4.2004 – 8 AZR 652/02 – ZTR 2004, 532). Ist **nur der Anspruchsgrund streitig**, ist die Angabe der ungefähren Höhe ausnahmsweise dann entbehrlich, wenn es ersichtlich nur darum geht, die Anspruchsvoraussetzungen zu klären. Dazu kann es ausreichen, wenn der Arbeitnehmer in einem Statusprozess (VHS-Lehrerin) die Vergütung nach BAT verlangt, **4760** wenn unstreitig ist, dass vergleichbare Lehrer nach BAT IV a vergütet werden (*LAG Nds.* 26.6.2000 ZTR 2006, 661). Für die Geltendmachung gegenüber dem Schuldner ist zusätzlich erforderlich, dass er zunächst **zur Erfüllung des Anspruchs aufgefordert wird** (*LAG Hessen* 19.6.2001 FA 2002, 118). Die Aufforderung braucht zwar nicht wörtlich erklärt zu werden (*Schäfer* Die Abwicklung des beendeten Arbeitsverhältnisses, Rz. 152 ff.).

4761 **Beispiele:**

- Es reicht jedoch nicht aus, wenn der Arbeitgeber aufgefordert wird, eine Abrechnung zu erteilen (*BAG* 5.11.2003 EzA § 2 NachwG Nr. 6), auch dann nicht, wenn der Tarifvertrag auch eine Pflicht zur Erteilung einer Abrechnung vorsieht (*LAG Nbg.* 11.3.2003 – 6 Sa 237/02 – FA 2004, 224 LS = NZA-RR 2004, 33); Gleiches gilt für das Verlangen, eine Anrechnung einer Tariflohnerhöhung auf eine freiwillige Zulage »in schriftlicher Form zu begründen« und eine solche Anrechnung »noch einmal zu überdenken« (*BAG* 5.4.1995 EzA § 4 TVG Ausschlussfristen Nr. 111).
- Ebenso wenig genügt die an den Arbeitgeber gerichtete schriftliche **Bitte »um Prüfung«**, ob die Voraussetzungen eines näher bezeichneten Anspruchs vorliegen (*BAG* 10.12.1997 DB 1998, 682; abl. dazu *Strack* BB 1998, 1063 f.). Gleiches gilt für ein Schreiben, mit dem ein Angestellter des öffentlichen Dienstes um **Mitteilung** der für ihn zutreffenden **Vergütungs- und Fallgruppe** der Anlage 1 a zum BAT bittet (*LAG Hamm* 4.6.1998 ZTR 1998, 514 LS). Auch wenn ein Arbeitnehmer nur die Anerkennung weiterer Beschäftigungszeiten fordert, wird damit eine tarifliche Ausschlussfrist für konkrete Zahlungsansprüche, z.B. Abfindungsbeträge, nicht gewahrt (*BAG* 18.3.1999 ZTR 1999, 420).
- Auch die **Aufforderung, künftig Karenzentschädigung in bestimmter Höhe zu zahlen**, reicht jedenfalls dann nicht aus, wenn sich der Arbeitnehmer entsprechend § 74c HGB monatlich anderweitigen Verdienst anrechnen lassen muss (*LAG Nbg.* 21.2.2007 – 6 Sa 576/04 – EzA-SD 8/2007 S. 11 LS = NZA-RR 2007, 428).
- Gleiches gilt für die nach einer Arbeitgeberkündigung vom Arbeitnehmer an seinen Arbeitgeber gerichtete Aufforderung, bei der Abwicklung des Arbeitsverhältnisses **»tariflich zustehende Sonderzahlungen« zu »berücksichtigen«**. Dies ist **keine ausreichende Geltendmachung** des Anspruchs auf eine tariflich vorgesehene Weihnachtszuwendung. Denn der Gläubiger muss die Entscheidung darüber, was ihm »zusteht«, selber treffen und muss das Ergebnis seiner Prüfung zu erkennen geben (*LAG Köln* 9.4.1999 ARST 2000, 47 LS).
- Reicht die **mündliche Geltendmachung** eines Anspruchs aus, so liegt eine hinreichende Zahlungsaufforderung aber regelmäßig dann vor, wenn der Arbeitnehmer beim Empfang der Lohnabrechnung **bemängelt**, ein bestimmter **Lohnbestandteil fehle**. Einer solchen Erklärung muss der Arbeitgeber entnehmen, der Arbeitnehmer verlange Abrechnung und Zahlung auch dieses Lohnbestandteils (*BAG* 20.2.2001 EzA § 4 TVG Ausschlussfristen Nr. 139 = NZA 2002, 567).
- Wird nach dem einschlägigen Tarifvertrag die dort geregelte Ausschlussfrist gewahrt, wenn der Anspruch »**durch den Betriebsrat** dem Grunde nach geltend gemacht ist«, so reicht es jedenfalls hinsichtlich zurückliegender Dienstjubiläen aus, wenn der Betriebsrat innerhalb der Frist der Einstellung der Zahlungen mit dem Hinweis widerspricht, die betroffenen Arbeitnehmer hätten einen individuellen vertraglichen Anspruch auf das Jubiläumsgeld (*BAG* 23.10.2002 EzA § 611 BGB Gratifikation, Prämie Nr. 168).

4762 Reicht diese Geltendmachung durch den Betriebsrat nach dem Wortlaut der Tarifnorm bis zur Erfüllung der Ansprüche auch für »sich anschließende Ansprüche«, so können vom Betriebsrat für die Arbeitnehmer auch noch nicht entstandene Ansprüche geltend gemacht und damit dem Verfall entzogen werden (*BAG* 28.4.2004 EzA § 4 TVG Ausschlussfristen Nr. 172 = ZTR 2004, 540 = NZA 2005, 599 LS).

4763 Ob die Geltendmachung eines Anspruchs durch den **Betriebsrat** auch dann, wenn dies nicht ausdrücklich im Tarifvertrag vorgesehen ist, ausreicht, hat das *BAG* (20.2.2001 EzA § 4 TVG

Ausschlussfristen Nr. 139) dagegen offen gelassen. In der Literatur (*Hagemeier/Kempen/Zachert/Zilius* § 4 Rz. 236; **a.A.** *Wiedemann/Stumpf* § 4 Rz. 436) wird dies z. T. mit der Begründung bejaht, dass alle Ansprüche auch durch vollmachtlose Vertreter in Geschäftsführung ohne Auftrag (§§ 677 ff. BGB) geltend gemacht werden können, wenn dies dem wirklichen oder mutmaßlichen Willen des Arbeitnehmers entspricht. Demgegenüber hat das *LAG SchlH* (16.4.1998 ARST 1998, 172) angenommen, dass eine schriftliche Zahlungsaufforderung des Betriebsrats einen Zahlungsanspruch nicht vor dem Verfall bewahren kann, weil der Betriebsrat **lediglich Rechtssubjekt im eigenen Wirkungskreis** ist und in Bezug auf Individualansprüche des einzelnen Arbeitnehmers weder kraft Gesetzes noch kraft Bevollmächtigung zur Vertretung befugt ist.

Andererseits hat das *LAG Bra.* (17.5.2000 NZA-RR 2002, 201) angenommen, dass der Arbeitgeber eine schriftliche Geltendmachung eines Lohnanspruchs durch einen vom Arbeitnehmer bevollmächtigten Gewerkschaftssekretär nicht wegen fehlender Vorlage einer Vollmacht nach § 174 S. 1 BGB zurückweisen kann. Auch das *BAG* (14.8.2002 EzA § 4 TVG Ausschlussfristen Nr. 156) geht davon aus, dass eine analoge Anwendung von § 174 BGB auf die Geltendmachung von Ansprüchen zur Wahrung tariflicher Ausschlussfristen nicht gerechtfertigt ist. Allerdings muss die Geltendmachung durch einen bevollmächtigten Vertreter erfolgen; analog § 180 S. 1 BGB ist ein Handeln eines Vertreters ohne Vertretungsmacht unzulässig (*BAG* 14.8.2002 EzA § 4 TVG Ausschlussfristen Nr. 156). 4764

Sind nach den Bestimmungen eines Tarifvertrages Ansprüche »gegenüber der Personalabteilung« oder einer »entsprechenden zuständigen Stelle« geltend zu machen, so reicht dafür die Geltendmachung gegenüber einem Prozessbevollmächtigten des Arbeitgebers aus, soweit ein mit dem Anspruch in Zusammenhang stehender Prozess geführt wird (*BAG* 27.2.2002 EzA § 4 TVG Metallindustrie Nr. 125). 4765

Der Schuldner muss im Übrigen jedenfalls erkennen können, um welche Art Forderung es sich handelt. Für diese Spezifizierung genügt es, dass der zugrunde liegende tatsächliche Sachverhalt geschildert wird. Eine genaue Bezifferung des Anspruchs ist nicht erforderlich, jedoch muss i.d.R. die erhobene Forderung mindestens annähernd der Höhe nach bezeichnet sein. Der Schuldner muss die Höhe der Forderung in etwa erkennen oder berechnen können, weil er andernfalls keine konkrete Grundlage für seine Reaktion hat. 4766

Es genügt im Übrigen nicht, dass ihm irgendein Betrag mitgeteilt oder bekannt wird, der erheblich unter dem liegt, den der Gläubiger von ihm verlangen will (*BAG* 8.2.1972 AP Nr. 49 zu § 4 TVG Ausschlussfristen). Diesen Anforderungen genügt grds. auch eine überhöhte Forderung, es sei denn, dass die Geltendmachung dadurch gänzlich unbestimmt wird. Bei besonderer Schwierigkeit der Berechnung führt eine Zuvielforderung andererseits jedenfalls dann nicht zur Unbestimmtheit, wenn der Schuldner die Erklärung des Gläubigers als Aufforderung zur Bewirkung der tatsächlich geschuldeten Leistung verstehen muss und der Gläubiger zur Annahme der gegenüber seinen Vorstellungen geringeren Leistung bereit ist (*BAG* 20.6.2002 EzA § 611 BGB Arbeitgeberhaftung Nr. 11). 4767

Etwas anderes gilt dann, wenn sich der Betrag für den Schuldner mühelos errechnen lässt, ihm ohnehin bereits bekannt ist oder wenn die Gegenseite die hierfür von ihr zu liefernden Angaben verweigert (*BAG* 16.3.1966 AP Nr. 33 zu § 4 TVG Ausschlussfristen; 8.1.1970 AP Nr. 43 zu § 4 TVG Ausschlussfristen; 16.12.1971 AP Nr. 48 zu § 4 TVG Ausschlussfristen).

Reicht nach einer tariflichen Regelung (z.B. § 63 Unterabs. 2 BMT-G II) für denselben Sachverhalt die einmalige Geltendmachung des Anspruchs aus, um die Ausschlussfrist auch für später fällig werdende Leistungen unwirksam zu machen, ist erforderlich, dass bei unveränderter rechtlicher und tatsächlicher Lage Ansprüche aus einem bestimmten, ständig gleichen Grundtatbestand herzuleiten sind (z.B. ständige Zulagen, Vergütungsansprüche bei 4768 unzutreffender Eingruppierung). Sog. unständige Bezüge, die nicht monatlich wiederkehrend oder in unterschiedlicher Höhe anfallen, betreffen nicht denselben Sachverhalt und werden von einer derartigen Regelung folglich nicht erfasst (*BAG* 10.7.2003 EzA § 4 TVG Ausschlussfristen Nr. 168).

b) Schriftliche Geltendmachung

4769 Soweit die schriftliche Geltendmachung verlangt wird, handelt es sich nach Auffassung von *Hagemeier/Kempen/Zachert/Zilius* (§ 4 Rz. 239 m.w.N.) um eine **konstitutive Schriftform**, deren Nichteinhaltung zur Nichtigkeit der Geltendmachung führt (§ 125 BGB), nicht aber nur um eine deklaratorische Schriftform zu Beweiszwecken. Jedenfalls stellt eine nicht unterschriebene Aufstellung keine schriftliche Geltendmachung i.S. einer tarifvertraglichen Ausschlussfrist dar (*BAG* 17.9.2003 EzA § 4 TVG Ausschlussfristen Nr. 169 = NZA-RR 2004, 644). Voraussetzung für eine schriftliche Geltendmachung ist, dass dem Arbeitgeber **mindestens ein urheberrechtlich dem Anspruchsteller zuzuordnendes anspruchsbegründendes Schriftstück vorgelegen** hat und beim Arbeitgeber **in irgendeiner Form verblieben** ist. Dem genügt es **nicht**, wenn der Arbeitnehmer ein – unvollständiges – **Antragsformular** ausfüllt, es mit dem Arbeitgeber erörtert und dann **komplett wieder an sich nimmt**, ohne dass darüber ein Vorgang angelegt wird (*LAG SchlH* 8.11.2007 – 3 Sa 272/07 – EzA-SD 2/2008 S. 14 LS).

4770 Auch ist die Wirksamkeit einer Übermittlung eines Anspruchsschreibens per Fax nicht ausgeschlossen. Denn das *BAG* (11.10.2000 EzA § 4 TVG Ausschlussfristen Nr. 134; ebenso *BAG* 14.8.2002 EzA § 130 BGB Nr. 29; *BAG* 17.9.2003 EzA § 4 TVG Ausschlussfristen Nr. 169 = NZA-RR 2004, 644; vgl. dazu *Gragert/Wiehe* NZA 2001, 311 ff.; *Schmitt* SAE 2001, 306 ff.) geht jedenfalls für diesen Fall davon aus, dass §§ 125, 126 BGB weder unmittelbar, noch analog anwendbar sind, weil die Erhebung eines Anspruchs i.S. z.B. der tariflichen Ausschlussfrist des § 16 BRTV-Bau keine Willenserklärung, sondern eine einseitige rechtsgeschäftsähnliche Handlung ist. Auch Normzweck und Interessenlage sind auf die Übermittlung eines Anspruchsschreibens per Fax nicht übertragbar. Denn angesichts der im Geschäftsleben festzustellenden Üblichkeit der Erklärungsübermittlung per Telefax besteht kein Grund, das Erfordernis der Originalunterschrift analog § 126 BGB auf Geltendmachungsschreiben zu übertragen, die ihren Sinn und Zweck auch dann erfüllen, wenn sie lediglich die bildliche Wiedergabe der Originalunterschrift enthalten. Gem. § 126 Abs. 3 i.V.m. § 126a BGB n.F. (i.V.m. dem SignaturG) ist zudem inzwischen die Einhaltung der Schriftform in elektronischer Form möglich (s.o. Rn. 4723). Da die Geltendmachung eines Anspruchs den Schuldner an seine Leistungspflicht erinnern soll, erfordert die Wahrung der Ausschlussfrist allerdings den Zugang des Geltendmachungsschreibens beim Schuldner. § 130 Abs. 1 BGB ist auf die Geltendmachung entsprechend anwendbar. Einem Sendebericht mit dem »OK-Vermerk« kommt in diesem Zusammenhang nicht der Wert eines Anscheinsbeweises zu. Hierzu bedarf es näherer Darlegungen zur Art und Weise der Versendung des Telefaxes und zu den verwendeten Geräten (*BAG* 14.8.2002 EzA § 130 BGB Nr. 29).
Die **Anmeldung von Masseforderungen** zur Insolvenztabelle wahrt eine tarifliche Ausschlussfrist, die eine schriftliche Geltendmachung verlangt (*BAG* 15.2.2005 EzA § 55 InsO Nr. 9 = NZA 2005, 1124).

4771 Verlangt der Tarifvertrag die schriftliche Geltendmachung von Ansprüchen, dann genügt die Aufforderung, diese Ansprüche abzurechnen, zur Einhaltung der Verfallfrist selbst dann nicht, wenn der Tarifvertrag auch die Pflicht zur Erteilung einer Abrechnung vorsieht (*LAG Nbg.* 11.3.2003 – 6 Sa 237/02 – FA 2004, 29 LS).

c) Erhebung der Kündigungsschutzklage

aa) Einstufige Ausschlussfristen

Die Erhebung der Kündigungsschutzklage kann bei einer einstufigen Ausschlussfrist, die nur die formlose oder schriftliche Geltendmachung des Anspruchs fordert, ausreichendes Mittel zur Geltendmachung für Ansprüche sein, die während des Kündigungsschutzprozesses fällig werden und von seinem Ausgang abhängen (*BAG* 22.2.1978 EzA § 4 TVG Ausschlussfristen Nr. 33; 13.9.1984 EzA § 4 TVG Ausschlussfristen Nr. 62; 5.11.2003 EzA § 615 BGB 2002 Nr. 6; *LAG Hamm* 7.11.2002 NZA-RR 2003, 484). Dies gilt z.B. für Ansprüche aus Verzugslohn (*BAG* 11.12.2001 EzA § 4 TVG Ausschlussfristen Nr. 145; *LAG Köln* 5.7.2002 NZA-RR 2003, 308), auch im öffentlichen Dienst, denn auch **der öffentliche Arbeitgeber** muss sich darauf einstellen, dass mit der Erhebung der Kündigungsschutzklage zukünftige Arbeitsentgeltansprüche geltend gemacht werden (*BAG* 26.2.2003 EzA § 4 TVG Ausschlussfristen Nr. 161), nicht dagegen für Ansprüche auf Ersatz eines Steuerschadens, den der Arbeitnehmer wegen des Zahlungsverzuges des Arbeitgebers erleidet (*BAG* 20.6.2002 EzA § 611 BGB Arbeitgeberhaftung Nr. 11). Unschädlich ist es in diesem Zusammenhang, wenn die Geltendmachung durch die Kündigungsschutzklage vor Fälligkeit erfolgt. Denn der Lauf eventuell vom Tarifvertrag vorgesehener weiterer Fristen setzt in diesem Fall mit der Fälligkeit ein (*LAG Köln* 7.7.2002 NZA-RR 2003, 308). Erfasst sind aber nur solche Ansprüche, die **für den Arbeitgeber erkennbar mit dem Fortbestand des Arbeitsverhältnisses im Normalfall verbunden sind**. Deshalb bedürfen z.B. Zahlungsansprüche, die zusätzlich auf eine **unrichtige Eingruppierung** gestützt werden, einer gesonderten, darauf gestützten Geltendmachung, auch dann, wenn sie während des Kündigungsrechtsstreits fällig werden (*BAG* 14.12.2005 EzA § 4 TVG Ausschlussfristen Nr. 184 = NZA 2006, 998). 4772

Voraussetzung ist aber, dass die Klage dem Arbeitgeber vor Ablauf der Ausschlussfrist zugestellt wird; **§ 270 Abs. 3 ZPO – jetzt §167 ZPO – gilt insoweit nicht**, auch nicht analog (*BAG* 8.3.1976 EzA § 4 TVG Ausschlussfristen Nr. 26). Ist durch die Erhebung der Kündigungsschutzklage die tarifliche Frist gewahrt, so müssen nach Rechtskraft des Urteils im Kündigungsschutzprozess die tariflichen Lohnansprüche nicht erneut innerhalb der tariflichen Ausschlussfrist geltend gemacht werden, wenn der Tarifvertrag dies nicht ausdrücklich vorsieht (*BAG* 9.8.1990 EzA § 4 TVG Ausschlussfristen Nr. 88). 4773

Zu beachten ist aber, dass z.B. hinsichtlich der aus § 615 BGB sich ergebenden Lohnzahlungsansprüche durch die Kündigungsschutzklage **die Verjährung** (§ 196 Abs. 1 Nr. 8 BGB) **nicht unterbrochen wird** (*BAG* 7.11.1991 EzA § 209 BGB Nr. 5; s.o. Rn. 4676). 4774

Auch §§ 211, 212 BGB sind nicht entsprechend anwendbar. Die eine einstufige Ausschlussfrist wahrende Wirkung der Kündigungsschutzklage entfällt deshalb weder durch Klagerücknahme noch dadurch, dass der Kündigungsschutzprozess ohne triftigen Grund nicht betrieben wird und deshalb in Stillstand gerät (*BAG* 7.11.1991 EzA § 4 TVG Ausschlussfristen Nr. 93). 4775

Ein Rechtsanwalt, der einen Arbeitnehmer in einem Kündigungsschutzprozess vertritt, muss zur Sicherung der Lohnansprüche seines Mandanten aufklären, ob und inwieweit eine tarifliche Ausschlussklausel Anwendung findet (*BAG* 29.3.1983 AP Nr. 6 zu § 11 ArbGG 1979 Prozessvertreter). 4776

bb) Hemmung der Ausschlussfrist durch Erhebung der Kündigungsschutzklage

Bei einer zweistufigen Ausschlussfrist genügt die Erhebung der Kündigungsschutzklage grds. nur zur Wahrung der ersten Stufe; erforderlich ist deshalb für die Einhaltung der zweiten Stufe i.d.R. die gesonderte gerichtliche Geltendmachung des Anspruchs. Aus- 4777 nahmsweise genügt die Kündigungsschutzklage aber auch bei einer zweistufigen Ausschlussfrist, wenn der Lauf der zweiten Frist für die Dauer des Kündigungsschutzprozesses gehemmt ist (*BAG* 5.11.2003 EzA § 615 BGB 2002 Nr. 6).

4778 Eine besondere tarifliche Verfallklausel, nach der abweichend von der allgemeinen Regelung der Lauf von Lohn/Ausschlussfristen »im Fall der Erhebung einer Kündigungsschutzklage« bis zur rechtskräftigen Entscheidung über das Weiterbestehen des Arbeitsverhältnisses gehemmt ist, erfasst jedoch **nicht den Fall**, dass ein **Arbeitnehmer** wegen einer vom **Arbeitgeber** behaupteten **Eigenkündigung** des Arbeitnehmers eine **allgemeine Feststellungsklage auf den Fortbestand des Arbeitsverhältnisses erhebt** (*BAG* 24.8.1999 NZA 2000, 818; vgl. *Groeger* NZA 2000, 793 ff.; *Boecken* SAE 2001, 59 ff.; **a.A.** *LAG Hamm* 7.11.2002 NZA-RR 2003, 484). Gleiches gilt für eine tarifliche Verfallklausel, nach der die Frist zur gerichtlichen Geltendmachung von Zahlungsansprüchen, die während eines Kündigungsschutzprozesses fällig werden und von seinem Ausgang abhängen, erst mit der rechtskräftigen Entscheidung im Kündigungsschutzprozess beginnt (*BAG* 8.8.2000 NZA 2000, 1237).

cc) Zweistufige Ausschlussfristen; keine Wiedereinsetzung in den vorigen Stand

(1) Rechtsentwicklung; allgemeine Grundsätze

4779 Auch die zweite Stufe einer tarifvertraglichen Ausschlussfrist (Klagefrist) wird i.d.R. durch eine **Ablehnung vor Fälligkeit nicht in Gang gesetzt**. Anders ist es nur dann, wenn der Gläubiger seinerseits bereits zuvor den Anspruch geltend gemacht hat. Denn dann verzichtet er auf die ihm zustehende Überlegungsfrist. Lehnt der Arbeitgeber vor Fälligkeit z.B. die Leistung von Entgeltfortzahlung ab und dokumentiert er dies später in den Lohnabrechnungen für die betreffenden Zeiträume, so stellt dies eine ausreichende schriftliche Ablehnung der Leistung dar, die die Klagefrist in Gang setzt (*LAG SchlH* 4.4.2006 – 2 Sa 548/05 – EzA-SD 11/06 S. 16 LS).

4780 Kann bei einer zweistufigen Ausschlussklausel durch die Erhebung der Kündigungsschutzklage die erste Stufe gewahrt werden für Ansprüche, die vom Ausgang des Kündigungsschutzprozesses abhängen, so beginnt eine daran anknüpfende weitere tarifliche Ausschlussfrist für die gerichtliche Geltendmachung bereits mit der Erklärung des Arbeitgebers, er beantrage, die Kündigungsschutzklage abzuweisen, auch wenn nach dem Tarifvertrag der Fristbeginn nur von der (u.U. schriftlichen) Ablehnung der Ansprüche des Arbeitnehmers durch den Arbeitgeber abhängt (*BAG* 26.4.2006 EzA § 4 TVG Ausschlussfristen Nr. 185 = NZA 2006, 845 gegen *BAG* 11.12.2001 EzA § 4 TVG Ausschlussfristen Nr. 145). Einer unmittelbar auf die Ansprüche selbst bezogenen ausdrücklichen Ablehnungserklärung des Arbeitgebers bedarf es dann nicht (*BAG* 13.9.1984 EzA § 4 TVG Ausschlussfristen Nr. 62).
Der Lauf der vom Arbeitnehmer einzuhaltenden Klagefrist setzt auch nicht voraus, dass der Arbeitgeber nicht nur den Fortbestand des Arbeitsverhältnisses leugnet, sondern auch in einer schriftlichen Erklärung für den Arbeitnehmer erkennbar die Ablehnung der vom Arbeitnehmer geltend gemachten Ansprüche z.B. auf Verzugslohn zum Ausdruck gebracht hat (*BAG* 26.4.2006 EzA § 4 TVG Ausschlussfristen Nr. 185 = NZA 2006, 845 gegen *BAG* 11.12.2001 EzA § 4 TVG Ausschlussfristen Nr. 145).

4781 Erklärt der Arbeitgeber demgegenüber nur, die vom Arbeitnehmer geltend gemachten Ansprüche auf ihre Berechtigung **überprüfen zu wollen**, so liegt darin weder ein Schweigen noch eine Ablehnung (*LAG Bln.* 4.5.2001 – 6 Sa 299/01 –); eine gerichtliche Geltendmachung ist dann nicht erforderlich.

4782 **Der Notwendigkeit gerichtlicher Geltendmachung im Falle einer wirksamen Ablehnung des Anspruchs genügt grds. nur die fristgerecht erhobene Zahlungsklage**; die Kündigungsschutzklage wahrt die Ausschlussfrist auch dann nicht, wenn die Ansprüche vom

Fortbestand des Arbeitsverhältnisses abhängen (*BAG* 22.2.1978 EzA § 4 TVG Ausschlussfristen Nr. 33; 16.8.1983 EzA § 4 TVG Ausschlussfristen Nr. 56; 23.2.1988 EzA § 81 ArbGG Nr. 13; *ArbG Halle* 20.11.2003 NZA-RR 2004, 188; **a.A.** *LAG Nds.* 23.11.1984 DB 1985, 708; vgl. ausf. *Kosnopfel* BB 1988, 1818; s. aber *BAG* 19.3.2008 EzA § 307 BGB 2002 Nr. 34 = NZA 2008, 758). Da während einer Aussetzung eines Rechtsstreits eine **wirksame Klageerweiterung nicht in Betracht kommt**, liegt es nahe, dass deswegen auch die gerichtliche Geltendmachung eines Anspruchs i.S. einer tariflichen Ausschlussklausel **nicht durch Klageerweiterung während der Aussetzung erfolgen kann** (*BAG* 9.7.2008 EzA § 249 ZPO 2002 Nr. 1).

Eine **unbezifferte, zulässige Leistungsklage** ist ebenfalls ausreichend, wenn das Gesetz einen unbestimmten Antrag zulässt (vgl. § 10 KSchG, § 113 Abs. 3 BetrVG; s.u. Rn. 4827 ff.), ebenso eine **zunächst unzulässige Leistungsklage**, die nach Ablauf der zweistufigen Ausschlussfrist durch Aufnahme eines bestimmten Zahlungsantrags zulässig gemacht wird, wenn die für die Höhe des Anspruchs geltend gemachten Tatsachen in der Klage so mitgeteilt worden sind, dass für den Beklagten die Berechnung des Betrages ohne weiteres möglich ist und die Bezifferung des Klageantrags jederzeit im Rahmen der ZPO nachgeholt werden kann. Eine **Stufenklage** reicht aus, wenn der Anspruch erst nach einer Auskunft des Schuldners beziffert werden kann (*BAG* 23.2.1977 EzA § 4 TVG Ausschlussfristen Nr. 29). **4783**

Ausreichend ist auch eine **zulässige allgemeine Feststellungsklage**, wenn sie geeignet ist, den gesamten von den Parteien unterschiedlich beurteilten Streitstoff zu klären. Auch die Streitverkündung gegenüber dem Anspruchsgegner kann als gerichtliche Geltendmachung ausreichend sein (*BAG* 16.1.2003 EzA § 4 TVG Ausschlussfristen Nr. 166 = NZA 2004, 344 LS). **4784**

Demgegenüber genügt eine **unzulässige Feststellungsklage** nicht (*BAG* 29.6.1989 EzA § 4 TVG Ausschlussfristen Nr. 78). Auch eine Feststellungsklage, die nur einzelne Vorfragen klärt, aber mögliche weitere Streitfragen nicht zur Entscheidung stellt, wahrt die einzuhaltende Frist nicht. Zudem wirkt eine Klageänderung oder -erweiterung nicht als Geltendmachung auf den Zeitpunkt der früheren Klageerhebung zurück (*BAG* 16.1.2002 EzA § 12 EFZG Nr. 1). **4785**

Ein **Mahnbescheidsantrag**, der versehentlich **nicht beim ArbG eingeht**, sondern dem Beklagten zugeht, wahrt nicht die Frist für die gerichtliche Geltendmachung; den Beklagten trifft auch keine Rechtspflicht, den Gegner auf die fehlerhafte Zustellung hinzuweisen (*LAG Nds.* 4.11.2003 LAG Report 2004, 282). **4786**

Das Stellen eines **Antrags auf Bewilligung von Prozesskostenhilfe** unter gleichzeitiger Einreichung eines Entwurfs der Klageschrift und vollständiger Unterlagen über die persönlichen und wirtschaftlichen Verhältnisse des Antragstellers wahrt nach Auffassung des *LAG Nds.* (– 16 a Ta 119/99) rückwirkend eine tarifliche Ausschlussfrist, die die gerichtliche Geltendmachung eines Anspruchs verlangt, sofern unverzüglich nach positiver oder negativer Entscheidung über den Antrag die Klage zugestellt wird. Dies soll sich aus einer Auslegung des § 270 Abs. 3 ZPO (jetzt § 167 ZPO) am Maßstab von Art. 3 Abs. 1 GG i.V.m. dem Rechtsstaatsgrundsatz (Art. 20 Abs. 3 GG) ergeben. Das *LAG Bln.* (4.5.2001 – 6 Sa 299/01) hat zudem angenommen, dass dann, wenn sich der **Arbeitgeber rügelos auf eine erst im Gütetermin unterzeichnete Klageerweiterung des Arbeitnehmers einlässt**, die dadurch gem. § 295 ZPO eintretende Heilung auf den Zeitpunkt der Einreichung bei Gericht zurück wirkt. Eine tarifliche Ausschlussfrist soll danach jedenfalls dann als gewahrt angesehen werden können, wenn sie erst wenige Tage zuvor abgelaufen ist und eine im Zeitpunkt der Heilung erfolgte Zustellung noch als »demnächst« i.S.d. § 270 Abs. 3 ZPO (jetzt § 167 ZPO) anzusehen wäre. **4787**

Verlangt die Ausschlussfrist gerichtliche Geltendmachung des Anspruchs, so entfällt die fristwahrende Wirkung der Klageerhebung, wenn die Klage zurückgenommen wird. Eine erneute Klage nach Ablauf der Verfallfrist führt dann nicht dazu, dass die Verfallfrist als durch die erste Klage eingehalten gilt. § 212 Abs. 2 S. 1 BGB a.F. ist im Rahmen zweistufiger tariflicher Ausschlussfristen nicht entsprechend anwendbar (*BAG* 19.2.2003 EzA § 4 TVG Ausschlussfristen Nr. 164). **4788**

4789 Nicht ausreichend ist auch eine **allgemeine Statusklage** nach § 256 ZPO, die ohne Bezug zu einem konkreten Beendigungsgrund darauf gerichtet ist, die Begründung eines Arbeitsverhältnisses feststellen zu lassen (*BAG* 25.10.1989 EzA § 72a ArbGG 1979 Nr. 56).

4790 Der **Klageabweisungsantrag des Arbeitgebers in einem Kündigungsschutzprozess** enthält nicht zugleich die (nach § 70 BAT-O) erforderliche schriftliche Geltendmachung für Ansprüche des Arbeitgebers auf Rückgewähr solcher Leistungen, die er für die Zeit nach der rechtskräftig festgestellten Beendigung des Arbeitsverhältnisses rechtsgrundlos dem Arbeitnehmer erbracht hat (*BAG* 19.1.1999 NZA 1999, 1040). Andererseits stellt aber der nach der zur **Abwendung der Zwangsvollstreckung** erfolgten Zahlung von Arbeitsentgelt auf Grund eines noch nicht rechtskräftigen (landes-)arbeitsgerichtlichen Urteils gestellte Antrag im Revisionsverfahren, das zur Zahlung verurteilende Urteil aufzuheben und das die Klage abweisende Urteil des Arbeitsgerichts wiederherzustellen, eine Geltendmachung i.S.d. § 70 BAT dar (*BAG* 19.3.2003 EzA § 717 ZPO 2002 Nr. 1).

4791 Ein auf **Weiterbeschäftigung gerichteter Klageantrag** enthält auch dann keine gerichtliche Geltendmachung von Zahlungsansprüchen, wenn in dem Antrag die Arbeitsbedingungen wie die Zahl der wöchentlichen Arbeitsstunden und die Höhe des Stundenlohnes angegeben sind, zu denen die Weiterbeschäftigung erfolgen soll (*BAG* 8.8.2000 NZA 2000, 1237).

4792 Zu beachten ist, dass dann, wenn ein Arbeitnehmer zunächst eine zweistufige Ausschlussfrist durch rechtzeitige gerichtliche Geltendmachung wahrt und dann die **Klage teilweise zurücknimmt**, die fristwahrende Wirkung entfällt. Das gilt auch im Verhältnis zur Bundesagentur für Arbeit, auf die Lohnansprüche in Höhe der zwischenzeitlichen Leistungen übergegangen sind (*Sächs. LAG* 20.2.2002 ARST 2002, 255 LS).

4793 Bei der Versäumung einer arbeitsvertraglich vereinbarten Frist zur gerichtlichen Geltendmachung eines Anspruchs scheidet eine analoge Anwendung der Vorschriften über die Wiedereinsetzung in den vorigen Stand nach §§ 233 ff. ZPO aus (*BAG* 18.11.2004 EzA § 4 TVG Ausschlussfristen Nr. 175 = NZA 2005, 516 = BAG Report 2005, 164; *LAG Hamm* 16.9.2003 NZA-RR 2004, 375 = LAG Report 2004, 91).

4794 Zu beachten ist, dass dann, wenn **die erste Stufe** einer vertraglichen Ausschlussfristenregelung, wonach mit dem Arbeitsverhältnis in Verbindung stehende Ansprüche binnen drei Monaten nach Fälligkeit schriftlich geltend gemacht werden müssen, der **AGB-Kontrolle standhält**, die **Unwirksamkeit der zweiten Stufe**, die eine **zu kurze Frist** für die gerichtliche Geltendmachung vorsieht, die Wirksamkeit der ersten Stufe nicht beeinträchtigt wird, wenn die **Klausel teilbar** ist und auch ohne die unwirksame Regelung **weiterhin verständlich und sinnvoll bleibt** (*BAG* 12.3.2008 EzA § 307 BGB 2002 Nr. 33 = NZA 2008, 700; s.o. Kap. 1 Rn. 576 ff.).

(2) Zweistufige Ausschlussfrist in Allgemeinen Geschäftsbedingungen

4795 Ist in den AGB des Arbeitgebers geregelt, dass von der Gegenseite – nach schriftlicher Geltendmachung – abgelehnte Ansprüche binnen einer Frist von drei Monaten einzuklagen sind, um deren Verfall zu verhindern, genügt auch für die **zweite Stufe** die **Erhebung der Kündigungsschutzklage**, um das Erlöschen der vom Ausgang des Kündigungsrechtsstreits abhängigen Annahmeverzugsansprüche des Arbeitnehmers zu verhindern. Dies folgt bei AGB aus einer Anwendung der **Unklarheitenregel des § 305c Abs. 2 BGB** sowie des **Transparenzgebots aus § 307 Abs. 1 S. 2 BGB** (*BAG* 19.3.2008 EzA § 307 BGB 2002 Nr. 34 = NZA 2008, 758; s. dazu *Matthiessen* NZA 2008, 1165 ff.).

5. Erfasste Ansprüche; Auslegung

a) Grundlagen; prozessuale Konsequenzen

4796 **Ausschlussfristen sollen grds. nur für Geschäfte des täglichen Lebens** (das sind Verträge, bei denen die Person des Vertragspartners unerheblich ist, weil sie sofort abgewickelt werden) **gelten, bei denen der durch Fristversäumnis eintretende Rechtsverlust nicht allzu**

schwer wiegt (*BAG* 12.1.1974 EzA § 70 BAT Nr. 1). Sie gelten auch für den Rechtsnachfolger, auf den ein Anspruch kraft Gesetzes übergegangen ist, z.B. die Bundesagentur für Arbeit (*LAG Köln* 17.3.2004 LAG Report 2005, 36).

In der Praxis beschränkt sich die Ausschlussfrist jedoch regelmäßig nicht nur auf die tarifvertraglichen Rechte z.B. einschließlich des Urlaubs- und Urlaubsabgeltungsanspruchs (vgl. GK-BUrlG/*Bleistein* § 1 Rz. 138 ff.; **a.A.** GK-BUrlG/*Bachmann* § 7 Rz. 206 ff.), sie erstreckt sich vielmehr regelmäßig auch auf Ansprüche aus Betriebsvereinbarungen, auf einzelvertragliche Ansprüche (insbes. auf über- und außertariflichen Arbeitsbedingungen) sowie auf gesetzliche Ansprüche (z.B. Urlaub, Entgeltfortzahlung; § 12 EFZG steht dem nicht entgegen: *BAG* 25.5.2005 EzA § 307 BGB 2002 Nr. 3 = NZA 2005, 1111, Aufwendungsersatz; vgl. *Hagemeier/Kempen/Zachert/Zilius* § 4 Rz. 226; MünchArbR/*Schulin* § 85 Rz. 24; *BAG* 1.12.1967 AP Nr. 17 zu § 76 BGB [für Aufwendungsersatz gem. § 670 BGB]; vgl. aber auch *BAG* 16.1.2002 EzA § 12 EFZG Nr. 1.). 4797

Von einer möglichst umfassenden Reichweite der Ausschlussklausel ist auszugehen, wenn von **»allen beiderseitigen Ansprüchen aus dem Arbeitsverhältnis«** oder von »allen Ansprüchen aus dem Arbeitsverhältnis« die Rede ist (vgl. *Bauer* NZA 1987, 440). Einer derartigen Ausschlussfrist unterfallen alle gesetzlichen und vertraglichen Ansprüche, die die Arbeitsvertragsparteien aufgrund ihrer durch den Arbeitsvertrag begründeten Rechtsstellung gegeneinander haben (*BAG* 22.1.2008 EzA § 4 TVG Ausschlussfrist Nr. 190 = NZA-RR 2008, 525); erfasst werden dann z.B. auch Ansprüche auf **Karenzentschädigung** nach §§ 74 ff. HGB (*LAG Nbg.* 21.2.2007 – 6 Sa 576/04 – EzA-SD 8/2007 S. 11 LS = NZA-RR 2007, 42), sowie Prämienansprüche für betriebliche Verbesserungsvorschläge (*BAG* 22.1.2008 EzA § 4 TVG Ausschlussfrist Nr. 190 = NZA-RR 2008, 525). Eine Ausgleichsklausel, wonach »sämtliche Ansprüche aus dem Arbeitsverhältnis und seiner Beendigung abgegolten sind«, erfasst grundsätzlich auch Ansprüche auf Aktienoptionen, wenn die Bezugsrechte vom Arbeitgeber eingeräumt wurden (*BAG* 28.5.2008 EzA § 307 BGB 2002 Nr. 35 = NZA 2008, 1066). 4798

Von der Formulierung, »gegenseitige Ansprüche« seien fristgebunden, werden regelmäßig sowohl Ansprüche des Arbeitnehmers als auch Ansprüche des Arbeitgebers aus dem Arbeitsverhältnis erfasst (*BAG* 18.3.2003 NZA 2003, 1359 LS). Ein **Steuerverzögerungsschaden**, der dem Arbeitnehmer auf Grund des Zahlungsverzuges des Arbeitgebers bzw. dessen verspäteter Lohnzahlung entsteht, ist ein »Anspruch aus dem Arbeitsverhältnis« (*BAG* 20.6.2002 EzA § 611 BGB Arbeitgeberhaftung Nr. 11 = NZA 2003, 268). Demgegenüber erfasst z.B. die Ausschlussfrist des § 14.1 MTV Betriebsküchen, nach der Ansprüche »aus diesem Tarifvertrag« innerhalb von drei Monaten schriftlich geltend gemacht werden müssen, keine Vergütungsansprüche nach dem EntgeltTV Betriebsküchen (*LAG Bra.* 19.6.1997 NZA-RR 1998, 368; ebenso *BAG* 4.6.2003 EzA § 4 TVG Ausschlussfristen Nr. 165 generell für das Verhältnis von MTV zu EntgeltTV). Auch dann, wenn die tarifliche Ausschlussfrist für »Ansprüche aus diesem Tarifvertrag« gilt, werden von ihr nur tarifliche, nicht aber vertragliche und gesetzliche Ansprüche der Arbeitnehmer und Arbeitgeber erfasst (*BAG* 15.11.2001 EzA § 611 BGB Arbeitnehmerhaftung Nr. 68). Eine im Rahmen der Anwendung eines Tarifvertrages »für das Angestelltenverhältnis« geltende Ausschlussfrist gilt zudem nicht für Ansprüche, die erst nach der Beendigung des Arbeitsverhältnisses entstehen (*BAG* 20.1.2004 – 9 AZR 43/03 – ZTR 2004, 203).

Wegen der weit reichenden Wirkung der Ausschlussfristen für den Gläubiger eines Anspruchs sind sie bei Unklarheiten über den sachlichen Umfang der erfassten Ansprüche eng auszulegen (*BAG* 27.3.1958 AP Nr. 4, 5 zu § 670 BGB; 17.7.1958 AP Nr. 10 zu § 611 BGB Lohnanspruch). 4799

Zu beachten ist, dass zum schlüssigen Vortrag einer Forderung, die einer Ausschlussfrist unterliegt, auch die **Darlegung ihrer fristgerechten Geltendmachung** gehört. Denn die 4800

Einhaltung der tariflichen Verfallfrist ist eine materiell-rechtliche Voraussetzung für den Fortbestand des Anspruchs (*BAG* 22.1.2008 EzA § 4 TVG Ausschlussfrist Nr. 190 = NZA-RR 2008, 525; s.a. oben Rn. 4719 ff.).

b) Abgerechneter Lohn; Insolvenz des Arbeitgebers; Rückzahlungsansprüche; Annahmeverzug

4801 Bestimmt ein Tarifvertrag, dass die Frist z.B. mit der Aushändigung der Lohnabrechnung beginnt, so betrifft dies nicht den in der Lohnabrechnung ausgewiesenen Auszahlungsbetrag (*BAG* 20.10.1982 EzA § 4 TVG Ausschlussfristen Nr. 53; *LAG Köln* 14.9.1999 ZTR 2000, 183 LS; zum Abrechnungsanspruch bei einem Arbeitszeitkonto s. *LAG Nbg.* 27.3.2008 EzA-SD 25/2008 S. 13 LS). Dieser braucht nach dem Zweck der tariflichen Ausschlussfrist nicht mehr fristgerecht geltend gemacht zu werden. Etwas anderes gilt auch dann nicht, wenn der Arbeitgeber die Lohnabrechnung nach ihrer Erteilung widerrufen hat, Gegenansprüche erhebt oder aus anderen Gründen die Zahlung verweigert. Denn durch dieses Verhalten wird der einmal erreichte Zweck der Ausschlussfrist nicht wieder rückwirkend beseitigt.

4802 Wollte man vom Gläubiger verlangen, seine in der Lohnabrechnung bereits saldierte Forderung nochmals geltend zu machen, so würde man ihm damit eine **überflüssige Förmelei** abverlangen (*BAG* 21.4.1993 EzA § 4 TVG Ausschlussfristen Nr. 103; **a.A.** jedenfalls nach dem Leitsatz der Entscheidung *BAG* 29.5.1985 EzA § 4 TVG Ausschlussfristen Nr. 66. In den Entscheidungsgründen hat das BAG diese Frage offen gelassen, weil ihre Beantwortung im konkreten Einzelfall nicht entscheidungserheblich war).

4803 Gleiches gilt dann, wenn der Arbeitgeber dem Arbeitnehmer mitteilt, dass er »die Lohnzahlungspflicht korrigieren (werde)«, weil diese Erklärung dahin ausgelegt werden kann, dass der Arbeitgeber sämtliche noch offenen Lohnansprüche, die der Höhe nach unstreitig sind, anerkennt. Ausschlussfristen sind folglich auch dann nicht vom Arbeitnehmer einzuhalten (*LAG Nbg.* 10.5.2005 – 7 Sa 622/04 – EzA-SD 16/05 S. 14 LS = NZA-RR 2005, 492).

4804 Etwas anderes gilt nach Auffassung des *LAG Bln.* (26.11.1990 NZA 1991, 440) aber jedenfalls dann, wenn der Arbeitgeber in der erteilten Lohnabrechnung zum Ausdruck bringt, den ausgewiesenen Betrag nicht zahlen zu wollen. Das ist z.B. dann der Fall, wenn der Arbeitgeber **mit Übersendung der Abrechnung zugleich eine Aufrechnung mit Gegenansprüchen erklärt**; die Abrechnung ist dann nicht vorbehaltlos erteilt, so dass die in ihr enthaltenen Ansprüche zur Wahrung einer Ausschlussfrist geltend gemacht werden müssen (*BAG* 27.10.2005 EzA § 4 TVG Ausschlussfristen Nr. 182 = NZA 2006, 259).

4805 Zu beachten ist, dass jedenfalls Einwendungen gegen die Richtigkeit der Lohnabrechnung innerhalb der Ausschlussfrist geltend zu machen sind. § 70 BAT erfasst auch den Anspruch auf **Übergangsgeld**, das einem Angestellten des öffentlichen Dienstes beim Ausscheiden aus dem Arbeitsverhältnis zusteht (*BAG* 8.9.1999 ZTR 2000, 273).

4806 Vergütungsansprüche eines **freien Mitarbeiters**, der gerichtlich seine **Anerkennung als Arbeitnehmer durchgesetzt** hat, unterliegen einer Verfallfrist auch, soweit sie für Zeiträume entstanden sind, in denen der Status noch streitig war (*LAG Köln* 13.8.1999 NZA-RR 2000, 201 LS).

4807 Das *BAG* (8.6.1983 EzA § 4 TVG Ausschlussfristen Nr. 55) hat offen gelassen, ob Ausschlussfristen auch dann noch anwendbar sind, wenn ein Betrieb aus wirtschaftlichen Gründen die Lohn- und Gehaltszahlungen an die Arbeitnehmer einstellt.

4808 Die zur Zeit der Eröffnung des Insolvenzverfahrens über das Vermögen des Arbeitgebers bestehenden Forderungen eines Arbeitnehmers sind Insolvenzforderungen (§ 38 InsO), die zur Tabelle (§§ 174 ff. InsO) angemeldet werden müssen. Neben diesen gesetzlichen Regelungen können aber jedenfalls tarifliche Ausschlussfristen, die dem Erhalt und der Befriedigung der Forderung dienen (z.B. § 16 BRTV-Bau) nicht mehr angewendet werden (*BAG* 18.12.1984 AP Nr. 88 zu § 4 TVG Ausschlussfristen; *LAG Hamm* 20.3.1998 NZA-RR 1999, 370). Führt jedoch der Insolvenzverwalter den in Insolvenz gegangenen Betrieb des Gemeinschuldners fort und tritt er als Rechtsnachfolger des Arbeitgebers in die bestehenden Arbeitsverhältnisse ein, müssen Forderungen, die ein Arbeitnehmer als Massegläubiger zeitlich nach der Eröffnung des Insolvenzverfahrens erwirbt, nach den tariflichen Ausschlussfristen fristgerecht geltend gemacht und ggf. eingeklagt werden. Hat ein Arbeitnehmer im Fall einer zweistufigen Ausschlussfrist seine Forderung form- und fristgerecht geltend gemacht, wird durch diese Geltendmachung die Klagefrist der zweiten Stufe in Gang gesetzt. Durch eine erneute spätere schriftliche Geltendmachung, auch wenn sie noch fristgerecht erfolgt, kann der Lauf der Klagefrist nicht hinausgeschoben werden, weil tarifliche Verfallfristen nicht einseitig verlängert werden können (*LAG Hamm* 20.3.1998 NZA-RR 1999, 370).

Verfolgt ein Arbeitnehmer **gegenüber einem Betriebsübernehmer Entgeltansprüche**, weil **4809** dieser nach Betriebsübergang mit der Annahme der Dienste in Verzug gekommen ist, so hat er dafür die Ausschlussfristen eines anwendbaren, weil für allgemein verbindlich erklärten Tarifvertrages zu wahren. Der Arbeitnehmer kann sich dann regelmäßig nicht darauf berufen, zunächst die Rechtskraft eines wegen des Betriebsübergangs geführten Feststellungsverfahrens abzuwarten (*BAG* 12.12.2000 EzA § 5 TVG Ausschlussfristen Nr. 135).

Zu beachten ist, dass tarifliche Ausschlussfristen auch bei Forderungen zu wahren sind, **4810** **die nicht der Pfändung unterliegen**. Wird eine unpfändbare Forderung folglich erst nach Ablauf der Ausschlussfrist geltend gemacht, ist sie verfallen (*BAG* 25.7.2002 EzA § 5 BBiG Nr. 9).

c) Entfernung von Abmahnungen

Ansprüche des Arbeitnehmers aus der Verletzung seines Persönlichkeitsrechts fallen als **4811** absolute Rechte dann nicht unter eine tarifliche Ausschlussfrist, wenn diese ihrem Wirkungsbereich nach sich auf Ansprüche aus dem Arbeitsvertrag oder dem Arbeitsverhältnis beschränkt (*BAG* 15.7.1987 EzA § 611 BGB Persönlichkeitsrecht Nr. 5).

Das ist z.B. dann der Fall, wenn der Anspruch des Arbeitnehmers auf Widerruf bzw. Entfer- **4812** nung einer Abmahnung aus der Personalakte auf eine Verletzung des Persönlichkeitsrechts gestützt wird (MünchArbR/*Blomeyer* § 98 Rz. 25; **a.A.** *LAG Düsseld.* 23.11.1987 DB 1988, 450). Dagegen sind an sich auch **Abmahnungen** erfasst, wenn der Anspruch auf Entfernung auf die Verletzung der Fürsorgepflicht gestützt wird.

Das *BAG* (8.2.1988 EzA § 70 BAT Nr. 28; 12.1.1989 EzA Art. 9 GG Arbeitskampf Nr. 73) **4813** ist zunächst davon ausgegangen, dass ein Entfernungsanspruch des Arbeitnehmers hinsichtlich einer Abmahnung unter die tarifliche Ausschlussfrist des § 70 BAT falle, weil es sich um einen Anspruch aus dem Arbeitsverhältnis handele.

Zwar trifft es danach zu, dass das allgemeine Persönlichkeitsrecht ein absolutes Recht ist **4814** und nicht den Ausschlussfristen für arbeitsvertragliche Ansprüche unterliegt. Das allgemeine Persönlichkeitsrecht des Klägers ist aber nicht verletzt, wenn die Beklagte dem Kläger nur die Verletzung arbeitsvertraglicher Pflichten vorwirft. Die Ausschlussfrist beginnt mit dem Zeitpunkt, in dem der Arbeitnehmer von der Abmahnung Kenntnis erlange.

Inzwischen hat das *BAG* (14.12.1994 EzA § 4 TVG Ausschlussfristen Nr. 109) seine Auf- **4815** fassung aufgegeben. Es hat dies damit begründet, dass Abmahnungen in der Personalakte die weitere berufliche Entwicklung des Arbeitnehmers nachhaltig beeinflussen und zu einer dauerhaften und nachhaltigen Gefährdung seiner Rechtsstellung beitragen können. Diese Beeinträchtigung dauert so lange fort, wie sich die Abmahnung in der Personalakte befindet.

4816 **Da Abmahnungen meist keine unmittelbaren Auswirkungen haben, drängt sich für den Arbeitnehmer die Notwendigkeit, dagegen vorzugehen, auch nicht in derselben Weise auf, wie etwa bei nicht erfüllten Zahlungsansprüchen.** Weiter ist in diesem Zusammenhang zu beachten, dass der Arbeitgeber – wenn auch nur in Ausnahmefällen – verpflichtet sein kann, auch ein auf einer wahren Sachverhaltsdarstellung beruhendes Schreiben aus der Personalakte zu entfernen, wenn es für die weitere Beurteilung des Arbeitnehmers überflüssig geworden ist und ihn in seiner beruflichen Entwicklungsmöglichkeit fortwirkend beeinträchtigen kann (*BAG* 27.1.1988 ZTR 1988, 309; 13.4.1988 EzA § 611 BGB Fürsorgepflicht Nr. 47; 8.2.1989 ZTR 1989, 236). Für einen so begründeten Anspruch ließe sich aber ein Fälligkeitszeitpunkt, ab dem die Ausschlussfrist zu laufen beginnt, kaum mit Sicherheit bestimmen. Das ist mit dem Sinn und Zweck der Ausschlussfristen nicht vereinbar (ähnlich *Schaub* NJW 1990, 872 [877]).

4817 **Im Hinblick auf § 70 BAT bedeutet dies, dass der Entfernungsanspruch immer neu entsteht, solange sich die Abmahnung in der Personalakte befindet.**

d) Vorruhestandsleistungen; Betriebliche Altersversorgung

4818 § 16 BRTV-Bau ist auf Ansprüche des ausgeschiedenen Arbeitnehmers auf **Vorruhestandsleistungen** nach dem VRTV-Bau nicht anwendbar (*BAG* 5.9.1995 EzA § 4 TVG Ausschlussfristen Nr. 117).

4819 Nicht erfasst von Ausschlussfristen sind regelmäßig auch die **Stammrechte** betrieblicher Altersversorgung (*BAG* 28.7.1987 EzA § 1 BetrAVG Lebensversicherung Nr. 2; 15.9.1992 AP Nr. 39 zu § 1 BetrAVG Zusatzversorgung).

4820 Fraglich ist aber, inwieweit **Versorgungsleistungen** von Ausschlussfristen erfasst werden. Das *BAG* (29.3.1983 AP Nr. 11 zu § 70 BAT) hat einerseits angenommen, dass § 70 Abs. 2 BAT nicht für laufende Versorgungsbezüge gilt. Andererseits soll § 16 BRTV-Bau auch die monatlich fällig werdenden Rentenbeträge der betrieblichen Altersversorgung (*BAG* 19.7.1983 AP Nr. 1 zu § 1 BetrAVG Zusatzversorgungskasse) erfassen.

4821 **Maßgeblich ist die Auslegung der jeweiligen Ausschlussfrist**, die je nach dem Wortlaut und dem Gesamtzusammenhang, in dem sie steht, unterschiedlich beurteilt werden muss. Vielfach beginnt der Lauf der Ausschlussfrist mit dem Ende des Arbeitsverhältnisses. Solche Ausschlussfristen haben den Zweck, die beiderseitigen Rechte und Pflichten möglichst umfassend zu bereinigen, sobald die Zusammenarbeit endet. Sie beziehen sich daher im Zweifel nicht auf Ansprüche, die von vornherein nur für die Zeit nach Beendigung des Arbeitsverhältnisses begründet werden, wie z.B. Ansprüche auf Karenzentschädigung und Versorgungsansprüche.

4822 Nach § 16 Nr. 1 BRTV-Bau z.B. sollen dagegen alle beiderseitigen Ansprüche und solche, die mit dem Arbeitsverhältnis in Verbindung stehen, verfallen, wenn sie nicht innerhalb von zwei Monaten nach der Fälligkeit gegenüber der anderen Vertragspartei schriftlich erhoben werden. Diese Vorschrift ist denkbar weit gefasst und verfolgt offensichtlich das Ziel, möglichst alle mit dem Arbeitsverhältnis zusammenhängenden Ansprüche, also auch laufende Versorgungsansprüche, schnell abzuwickeln, wann immer sie fällig werden.

4823 Nicht erfasst werden tarifliche Versorgungsansprüche im Baugewerbe, weil diese keine »beiderseitigen Ansprüche aus dem Arbeitsverhältnis« sind, weil sie über die ZVK in Wiesbaden abgewickelt werden (*BAG* 19.7.1983 AP Nr. 1 zu § 1 BetrAVG Zusatzversorgungskasse).

4824 Inzwischen geht das *BAG* (27.2.1990 EzA § 4 TVG Ausschlussfristen Nr. 83; 8.9.1999 ZTR 2000, 273; 4.4.2001 EzA § 4 TVG Ausschlussfristen Nr. 141 für Ansprüche der Hinterbliebenen auf Sterbegeld; ebenso *LAG Hamm* 15.6.1999 NZA-RR 1999, 600; für Ausgleichsansprüche aus Alterssicherung vgl. *BAG* 15.9.2004 EzA § 4 TVG Metallindustrie Nr. 130) allerdings davon aus, dass Ansprüche auf Leistungen der betrieblichen Altersversorgung einschließlich monatlich fällig werdender laufender Rentenzahlungen nur dann tariflichen Ausschlussfristen unterliegen, wenn sich dies eindeutig und unmissverständlich aus dem Tarifvertrag ergibt. Im Zweifel ist davon auszugehen, dass die Tarifver-

tragsparteien Versorgungsansprüche keinen tariflichen Ausschlussfristen unterwerfen. Diese Auslegungsregel gilt auch dann, wenn der Verzicht auf einen als Schadensersatz geschuldeten Versorgungsverschaffungsanspruch in Rede steht (*BAG* 17.10.2000 EzA § 1 BetrAVG Nr. 71); insoweit ist davon auszugehen, dass eine Auslegung, wonach eine allgemein gefasste Ausschlussfristenregelung auch Versorgungsverschaffungsansprüche mit umfasst, nur ganz ausnahmsweise in Betracht kommt (*BAG* 7.3.1995 EzA § 1 BetrAVG Gleichbehandlung Nr. 9; 26.1.1999 EzA § 1 BetrAVG Zusatzversorgung Nr. 10; 18.9.2001 EzA § 613a BGB Nr. 205 = NZA 2002, 1391).
Der Anspruch auf Einhaltung eines vereinbarten Durchführungsweges der betrieblichen Altersversorgung unterfällt generell nicht den üblichen tariflichen Ausschlussfristen. Denn die Folgen einer unterbliebenen Einhaltung des Durchführungsweges, z.B. durch unterbliebene Beitragszahlung, zeigen sich erst im Versorgungsfall. Wegen dieses zeitlichen Auseinanderfallens können Ausschlussfristen ihren Zweck, die Rechtslage umgehend und schnell zu klären, nicht erfüllen (*BAG* 12.6.2007 EzA § 1 BetrAVG Nr. 90).

e) Beschäftigungsanspruch

Nicht erfasst ist der Beschäftigungsanspruch des Arbeitnehmers (*BAG* 15.5.1991 EzA § 4 TVG Ausschlussfristen Nr. 91). Denn ihm wird auf Grund der Ableitung aus § 613 BGB i.V.m. § 242 BGB, ausgefüllt durch die Wertentscheidung der Art. 1, 2 GG, der Schutz der absoluten Rechte zuerkannt (s.o. Rn. 2676 ff.). Absolute Rechte fallen aber nicht unter eine tarifliche Ausschlussklausel, die ihren Wirkungsbereich nur auf Ansprüche aus dem Arbeitsvertrag oder dem Arbeitsverhältnis erstreckt. Eine Verletzung des Persönlichkeitsrechts ist wegen der Notwendigkeit des Schutzes der Persönlichkeit ein Tatbestand eigener Art, der neben der Verletzung von Pflichten aus dem Arbeitsvertrag steht. **4825**

Dieser Beschäftigungsanspruch entsteht zudem während des Arbeitsverhältnisses fortlaufend und ist auch deswegen einer tariflichen Ausschlussfrist nicht zugänglich, denn eine Ausschlussfrist erfasst nur in der Vergangenheit bereits entstandene Ansprüche und soll dazu dienen, diese fristgerecht zu erfüllen (*BAG* 15.5.1991 EzA § 4 TVG Ausschlussfristen Nr. 91). **4826**

f) Abfindungsansprüche

Erfasst werden dagegen Abfindungsansprüche des entlassenen Arbeitnehmers gem. **§ 113 Abs. 2 BetrVG** (*BAG* 22.9.1982 EzA § 4 TVG Ausschlussfristen Nr. 52). **4827**

Bei einer zweistufigen Ausschlussklausel genügt für die ordnungsgemäße Geltendmachung in der zweiten Stufe die Erhebung einer Klage, die die Höhe der zu zahlenden Abfindung in das Ermessen des Gerichts stellt, jedenfalls dann, wenn die für die Bemessung der Abfindung maßgeblichen Umstände in der Klageschrift mitgeteilt werden (*BAG* 22.2.1983 EzA § 4 TVG Ausschlussfristen Nr. 54). **4828**

Erfasst eine tarifliche Ausschlussfrist allgemein Ansprüche aus dem Arbeitsverhältnis, so gilt sie auch für einen Anspruch auf Zahlung einer einmaligen Abfindung aus einem **Sozialplan** anlässlich der Beendigung des Arbeitsverhältnisses (*BAG* 30.11.1994 EzA § 4 TVG Ausschlussfristen Nr. 108); es handelt sich insoweit um einen **»Anspruch aus dem Arbeitsverhältnis«**. Dies gilt aber **nicht in gleicher Weise**, wenn sich die Ausschlussfrist auf **»vertragliche Ansprüche aus dem Arbeitsverhältnis« bezieht** (*BAG* 13.2.2007 EzA § 47 BetrVG 2001 Nr. 4 = NZA 2007, 825). **4829**

Bestimmt eine zweistufige Ausschlussklausel, dass ein Anspruch zwei Monate nach Fälligkeit bzw. nach Beendigung des Arbeitsverhältnisses schriftlich geltend zu machen ist, so kann die Geltendmachung rechtswirksam auch schon vor diesen Ereignissen erfolgen. **4830**

Bei vorzeitiger schriftlicher Geltendmachung beginnt die Frist für eine tariflich geregelte vierzehntägige Bedenkzeit des Arbeitgebers und für die sich daran anschließende gerichtliche Geltendmachung allerdings nicht ab dem Zeitpunkt der schriftlichen Geltendmachung, sondern erst ab der Fälligkeit des Anspruches zu laufen (*BAG* 27.3.1996 EzA § 4 TVG Ausschlussfristen Nr. 123).

4831 Bei bereits ausgeschiedenen Mitarbeitern beginnt die Ausschlussfrist nach Auffassung des *LAG Bln.* (24.3.1993 NZA 1994, 425) regelmäßig erst dann, wenn sie von dem Sozialplan Kenntnis erlangen und ihre Rechte geltend machen können.

4832 Gelten tarifliche Ausschlussfristen für »Ansprüche aus dem Arbeitsverhältnis«, werden im Zweifel auch **Abfindungsansprüche** auf Grund eines außergerichtlichen Vergleichs erfasst, der nach der Erhebung einer Kündigungsschutzklage abgeschlossen worden ist (*LAG Bln.* 27.7.1998 NZA-RR 1999, 38).

g) Schadensersatzansprüche

4833 Fraglich ist auch nach der Rechtsprechung des *BAG*, inwieweit Schadensersatzansprüche erfasst werden (vgl. *Busemann* Die Haftung des Arbeitnehmers gegenüber dem Arbeitgeber und Dritten, Rz. 102 ff.).

4834 Einerseits (28.6.1967 AP Nr. 36 zu § 4 TVG Ausschlussfristen) wird davon ausgegangen, dass ein Schadensersatzanspruch aus einer unerlaubten Handlung (§ 823 Abs. 1 BGB) von einer Ausschlussfrist, die sich nur auf Ansprüche aus dem Arbeitsverhältnis bezieht, nicht erfasst wird (ebenso *LAG Hessen* 16.4.1997 NZA-RR 1998, 216; s.o. Rn. 4735). Andererseits (8.2.1972 AP Nr. 49 zu § 4 TVG Ausschlussfristen) sollen zu den Ansprüchen aus Arbeitsverträgen, auf die in einer allgemeinen Fassung eine tarifliche Ausschlussfrist verweist, auch solche gehören, die sowohl auf pFV (jetzt §§ 280 ff., 241 Abs. 2 BGB n.F.) wie auf Delikt gestützt werden, einschließlich von Ansprüchen aus vorsätzlich begangenen strafbaren Handlungen (*BAG* 6.5.1969 AP Nr. 42 zu § 4 TVG Ausschlussfristen).

4835 Das *LAG SchlH* (13.1.2001 – 3 Sa 655/00) hat angenommen, dass eine Ausschlussklausel, nach der »alle gegenseitigen Ansprüche aus dem Arbeitsverhältnis verfallen«, sofern sie nicht innerhalb einer bestimmten Frist geltend gemacht werden, neben vertraglichen Erfüllungs- und Schadensersatzansprüchen auch solche aus **unerlaubter Handlung** erfasst, sofern vertragliche und deliktische Schadensersatzansprüche auf einem einheitlichen Lebenssachverhalt beruhen.

4836 Die Ausschlussfrist des § 70 Abs. 2 BAT gilt jedenfalls nicht für den Anspruch des Arbeitnehmers gegen den Arbeitgeber auf Verschaffung einer **Zusatzversorgung** bei der VBL und auch nicht für einen Schadensersatzanspruch gegen den Arbeitgeber wegen unterlassener Zusatzversorgung (*BAG* 12.1.1974 EzA § 70 BAT Nr. 1).

4837 Anwendbar ist eine tarifliche Ausschlussfrist demgegenüber für eine Schadensersatzforderung, die sich daraus ergibt, dass der Arbeitgeber nach abgeschlossenem Rechtsstreit über die Wirksamkeit einer Arbeitgeberkündigung die rückständigen Löhne in einer Summe im Folgejahr auszahlt; dieser Anspruch ist auch nicht mit der Erhebung der Kündigungsschutzklage bereits geltend gemacht. Die Frist hinsichtlich des Schadensersatzes auf Grund der steuerlichen Nachteile beginnt spätestens mit Zugang der Steuererklärung zu laufen (*LAG RhPf* 6.3.1996 ZTR 1997, 229 LS).

4838 Die Geltendmachung eines Anspruchs auf einen **Zuschuss zum Mutterschaftsgeld** genügt nicht, um einen auf Falschauskunft des Arbeitgebers gestützten **Schadensersatzanspruch** wegen entgangenen Verdienstes in Höhe dieses Zuschusses vor dem Verfall auf Grund einer tariflichen Ausschlussfrist zu bewahren (*LAG Bln.* 17.3.2000 NZA-RR 2000, 361).

Für Schadensersatzansprüche eines Arbeitnehmers wegen **Mobbing** beginnt die tarifliche Verfallfrist gem. § 70 BAT spätestens mit dem **Ausscheiden** aus dem Arbeitsverhältnis (*LAG Köln* 3.6.2004 ZTR 2004, 643). Im Übrigen ist davon auszugehen, dass eine wirksam vertraglich vereinbarte Ausschlussfrist zwar grundsätzlich auch für **Schadensersatz- und Entschädigungsansprüche** wegen Verletzung des allgemeinen Persönlichkeitsrechts und damit für Ansprüche aus mobbingbedingten Verletzungshandlungen gilt. Dabei sind jedoch die **Besonderheiten von Mobbing** insofern zu beachten, als eine **Gesamtschau** vorzunehmen ist, ob einzelne Verletzungen des allgemeinen Persönlichkeitsrechts ein übergreifendes systematisches Vorgehen darstellen. Länger zurückliegende Vorfälle sind zu berücksichtigen, soweit sie in einem Zusammenhang mit den späteren »Mobbing«-Handlungen stehen (*BAG* 16.5.2007 EzA § 611 BGB 2002 Persönlichkeitsrecht Nr. 6 = NZA 2007, 1154). 4839

Begehrt ein Arbeitnehmer zulässigerweise gem. § 256 ZPO die **Feststellung**, dass der Arbeitgeber für **zukünftige Schäden**, die der Arbeitnehmer noch nicht beziffern kann, haftet, kommt **vor dem Eintritt dieser Schäden** ein **Verfall** des Schadensersatzanspruchs aufgrund einer Ausschlussfrist **nicht in Betracht**, auch wenn die Rechtsgutsverletzung zu einem früheren Zeitpunkt eingetreten ist (z.B. Ersatz künftiger Personenschäden als Folge einer in der Vergangenheit liegenden Hepatitis-C-Infektion; *BAG* 14.12.2006 EzA § 618 BGB 2002 Nr. 2 = NZA 2007, 262). 4840

h) Miet-, Kauf-, Darlehensverträge

Ansprüche aus selbstständig neben dem Arbeitsverhältnis abgeschlossenen anderen bürgerlich-rechtlichen Verträgen werden i.d.R. von einer Ausschlussklausel, die sich auf alle Ansprüche aus dem Arbeitsverhältnis oder solche, die mit dem Arbeitsverhältnis in Verbindung stehen, nicht erfasst (so *LAG Köln* 27.4.2001 NZA-RR 2002, 369 ausdrücklich für einen Rückzahlungsanspruch aus einem Arbeitgeberdarlehen). 4841

Dazu gehören Ansprüche aus Miet- oder Kaufverträgen, die der Arbeitgeber mit dem Arbeitnehmer zwar mit Rücksicht auf dessen Firmen- oder Betriebszugehörigkeit abschließt, für die das Arbeitsverhältnis aber keine rechtliche Bedeutung hat (*BAG* 20.1.1982 EzA § 4 TVG Ausschlussfristen Nr. 48). 4842

Von einer Ausschlussfrist, die sich auf **sämtliche Ansprüche** aus dem Arbeitsverhältnis bezieht, werden Ansprüche des Arbeitgebers auf Darlehensrückzahlung aber jedenfalls dann erfasst, **wenn das Darlehen dem Arbeitnehmer im Hinblick auf das zwischen den Parteien bestehende Arbeitsverhältnis und für dessen Zwecke gewährt worden ist** (*BAG* 18.6.1980 AP Nr. 68 zu § 4 TVG Ausschlussfristen), also mit dem Bestand des Arbeitsverhältnisses verknüpft ist (*LAG Köln* 18.5.2000 NZA-RR 2001, 174), bzw. wenn sich aus dem Darlehensvertrag ergibt, dass dieser seine **Grundlage in der arbeitsvertraglichen Beziehung der Parteien** hat (*LAG Nds.* 9.11.1999 NZA-RR 2000, 484). Das ist z.B. dann der Fall, wenn das Darlehen mit Rücksicht auf das Arbeitsverhältnis niedriger als marktüblich zu verzinsen ist (*BAG* 20.2.2001 EzA § 4 TVG Ausschlussfristen Nr. 140 für § 16 BRTV-Bau: »Ansprüche, die mit dem Arbeitsverhältnis in Verbindung stehen«). Andererseits erfasst eine Ausschlussfrist, nach der vertragliche Ansprüche aus dem Arbeitsverhältnis innerhalb bestimmter Fristen geltend zu machen sind, nicht Zinsforderungen aus Arbeitgeberdarlehen (*BAG* 28.2.1999 EzA § 611 BGB Inhaltskontrolle Nr. 7; ebenso für Rückzahlungsansprüche *LAG Köln* 27.4.2001 ZTR 2001, 475 LS). Das lässt sich insgesamt **dahin präzisieren**, dass ein Anspruch des Arbeitgebers von einer Verfallklausel für alle beiderseitigen Ansprüche aus dem Arbeitsverhältnis und solche, die mit dem Arbeitsverhältnis in Verbindung stehen, **dann nicht erfasst** ist, wenn **das Arbeitsverhältnis für den Inhalt oder den Bestand des Darlehensvertrags ohne** 4843

Bedeutung ist. Sind die Darlehenskonditionen dagegen wegen des Arbeitsverhältnisses günstiger als üblich oder wird das Darlehen vertragsgemäß ausschließlich zum Erwerb von Aktien der Muttergesellschaft gewährt und die Darlehenssumme unmittelbar an die Aktiengesellschaft gezahlt, so besteht eine hinreichende Verbindung zum Arbeitsverhältnis (*BAG* 4.10.2005 EzA § 611 BGB 2002 Arbeitgeberhaftung Nr. 3 = NZA 2006, 545).

i) Feiertagsentgelt; Entgeltfortzahlung

4844 Eine tarifliche Verfallklausel, die nur tarifliche Ansprüche erfasst, bezieht sich nicht auf einen Vergütungsanspruch für die wegen eines Feiertages ausgefallene Arbeit (§§ 1, 2 EFZG), weil es sich dann um einen gesetzlichen, nicht um einen tariflichen Anspruch handelt, selbst dann, wenn die Vergütung selbst tariflich geregelt ist (*BAG* 10.12.1986 EzA § 4 TVG Ausschlussfristen Nr. 71).

4845 Demgegenüber hat das *BAG* (16.1.2002 EzA § 12 EFZG Nr. 1) für einen Anspruch auf Entgeltfortzahlung folgende Grundsätze aufgestellt:
- Der gesetzliche Entgeltfortzahlungsanspruch im Krankheitsfall ist der während der Arbeitsunfähigkeit aufrecht erhaltene Vergütungsanspruch und teilt dessen rechtliches Schicksal
- Wenn die Tarifvertragsparteien den Vergütungsanspruch tariflich geregelt haben, handelt es sich bei der tariflich vorgesehenen Verpflichtung zur Fortzahlung des Arbeitsentgelts ebenfalls um einen tariflichen Anspruch, der ebenso wie der Vergütungsanspruch einer tariflichen Ausschlussklausel unterliegt.
- Erfasst die tarifliche Ausschlussklausel in einem Manteltarifvertrag »alle übrigen Ansprüche«, sind das jedenfalls die Ansprüche aus dem Manteltarifvertrag und die mit ihm konkurrierenden gesetzlichen Ansprüche.

j) Urlaub; Urlaubsgeld

4846 Urlaubsentgelt unterliegt grds. tariflichen und vertraglichen Verfallfristen. Denn es ist das während der urlaubsbedingten Freistellung weitergezahlte Arbeitsentgelt des Arbeitnehmers (*BAG* 22.1.2002 EzA § 13 BUrlG Nr. 58). Deshalb erfasst eine tarifliche Ausschlussklausel, nach der »sämtliche gegenseitigen Ansprüche aus dem Arbeitsverhältnis« fristgebunden geltend zu machen sind, auch den Anspruch des Arbeitnehmers auf Zahlung von Urlaubsentgelt (*BAG* 19.4.2005 EzA § 4 TVG Ausschlussfristen Nr. 178 = ZTR 2006, 138). Eine tarifliche Ausschlussfrist, nach der gegenseitige Ansprüche aller Art aus dem Arbeitsverhältnis – ausgenommen Lohnansprüche – nur innerhalb einer Ausschlussfrist von einem Monat seit Fälligkeit des Anspruchs schriftlich geltend gemacht werden können, ist andererseits auf Urlaubs- und Urlaubsabgeltungsansprüche nicht anzuwenden. Im **noch laufenden Urlaubsjahr** ist der Arbeitnehmer nicht verpflichtet, nach dem Entlassungstermin die Urlaubsabgeltung des Urlaubs für dieses Jahr innerhalb geltender tariflicher Ausschlussfristen geltend zu machen (*LAG Nbg.* 13.2.2004 NZA-RR 2005, 37; 12.1.2004 LAG Report 2004, 329).

4847 Erfasst ist dagegen ein nach Ablauf des Urlaubsjahres oder des Übertragungszeitraumes entstehender Schadensersatzanspruch, der entweder auf Gewährung von Urlaub (Ersatzurlaubsanspruch) oder auf Zahlung gerichtet ist. Eine schriftliche **Mahnung** des Arbeitnehmers, ihm Urlaub zu gewähren, wahrt die tarifliche Ausschlussfrist (*BAG* 24.11.1992 EzA § 4 TVG Ausschlussfristen Nr. 102).

4848 Hat der **schwer behinderte Mensch** für den Urlaubsanspruch die Ausschlussfrist gewahrt, so braucht er den nach Eintritt der Unmöglichkeit an seine Stelle tretenden Ersatzurlaubsanspruch nicht noch einmal geltend zu machen (*BAG* 22.10.1991 EzA § 47 SchwbG Nr. 1).

Andererseits können Tarifvertragsparteien für den mit der Beendigung des Arbeitsverhältnisses an die Stelle des Urlaubsanspruchs tretenden **Abgeltungsanspruch** jedenfalls im Umfang des tariflichen Urlaubsanspruchs Ausschlussfristen vereinbaren (*BAG* 25.8.1992 EzA § 4 TVG Ausschlussfristen Nr. 101). 4849

Hat der Arbeitgeber die Gewährung von Urlaub zu Unrecht verweigert und schuldet er deshalb dem Arbeitnehmer wegen des zum 31. März des Folgejahres erloschenen Urlaubsanspruchs **Ersatzurlaub**, erfasst die vom Arbeitnehmer innerhalb der tariflichen Ausschlussfrist erhobene **Klage auf Zahlung von Urlaubsentgelt** als Schadensersatz **auch** den erst nach Ablauf der Ausschlussfrist im Rechtsstreit geltend gemachten **Anspruch auf Urlaubsgewährung** (*BAG* 16.3.1999 EzA § 7 BUrlG Nr. 107). 4850

Haben die Tarifvertragsparteien den Anspruch auf ein zusätzliches **Urlaubsgeld** geregelt, so ist im Zweifel anzunehmen, dass innerhalb der für tarifliche Geldansprüche vereinbarten Verfallfrist alle mit der Berechnung und Zahlung des Urlaubsgeldes zusammenhängenden Fragen geklärt werden sollen (vgl. *BAG* 9.12.2003 NZA 2004, 623 LS). Dazu gehören insbes. Streitigkeiten über die **zutreffende Forderungshöhe**. Nach Ablauf der Ausschlussfrist ist deshalb sowohl die Geltendmachung einer nicht vollständigen Erfüllung des Anspruchs als auch einer Überzahlung ausgeschlossen (*BAG* 19.1.1999 NZA 1999, 1107). 4851

k) Zeugnis-, Zeugnisberichtigungsanspruch

§ 70 Abs. 2 BAT erfasst auch den Zeugnisanspruch, weil es sich um einen Anspruch handelt, der aus dem Arbeitsverhältnis abgeleitet wird (*BAG* 23.2.1983 EzA § 70 BAT Nr. 15; abl. MünchArbR/*Wank* § 128 Rz. 136). Ebenso erfasst eine einzelvertragliche Ausschlussklausel, die »alle Ansprüche, die sich aus dem Arbeitsverhältnis ergeben« betrifft, auch den Anspruch auf Berichtigung des qualifizierten Arbeitszeugnisses (*LAG Hamm* 10.4.2002 NZA-RR 2003, 463). 4852

l) Teilzeitanspruch des Arbeitnehmers

Der Arbeitszeitverringerungsanspruch nach § 8 TzBfG ist ein Anspruch eigener Art mit eigenen Fristenregelungen, auf den Ausschlussfristen generell nicht anwendbar sind (*LAG Nds.* 18.11.2002 LAGE § 8 TzBfG Nr. 11). 4853

m) Ansprüche des Arbeitgebers; Erstattungsansprüche gegenüber Sozialkassen

Ansprüche des Arbeitgebers auf **Rückzahlung von Arbeitsentgelt** und von **vermögenswirksamen Leistungen**, die versehentlich nach Beendigung des Arbeitsverhältnisses durch Banküberweisung dem Arbeitnehmer gutgebracht worden sind, fallen unter den in § 16 Abs. 1 BRTV-Bau enthaltenen Rechtsbegriff »Ansprüche aus dem Arbeitsverhältnis und solche, die mit dem Arbeitsverhältnis in Verbindung stehen« (*BAG* 8.9.1998 EzA § 72a ArbGG Nr. 85; ebenso *BAG* 1.10.2002 EzA § 4 TVG Ausschlussfristen Nr. 157 = NZA 2003, 568 für einen aus §§ 812 ff. BGB folgenden Anspruch auf Grund eines Vorschusses auf ein letztlich nicht geschuldetes Urlaubsgeld und einer Ausschlussfrist für »tarifliche Ansprüche«). Deshalb verfällt der Anspruch auf Rückzahlung von Arbeitsentgelt grds. dann, wenn der Arbeitgeber ihn nicht fristgerecht geltend macht (*BAG* 10.3.2005 EzA § 4 TVG Ausschlussfristen Nr. 176 = NZA 2005, 812). 4854

> Sieht eine tarifliche Ausschlussklausel z.B. den Verfall von »Ansprüchen aus Mehrarbeit« vor, so zählt dazu i.d.R. auch ein Anspruch auf Rückzahlung einer irrtümlich gezahlten Mehrarbeitsvergütung. Sollen nur Ansprüche des Arbeitnehmers erfasst werden, muss dies deutlich zum Ausdruck kommen (*BAG* 14.9.1994 EzA TVG § 4 Ausschlussfristen Nr. 106). 4855

Der Anspruch des Arbeitgebers auf Rückzahlung überzahlter Vergütung wird im Zeitpunkt der Überzahlung **fällig**, wenn die Vergütung fehlerhaft berechnet worden ist, obwohl die maßgebenden Umstände bekannt waren oder hätten bekannt sein müssen, der Arbeitgeber 4856 also vor allem **trotz Kenntnis der maßgebenden Berechnungsgrundlagen die Vergütung irrtümlich fehlerhaft berechnet hat** (*BAG* 10.3.2005 EzA § 4 TVG Ausschlussfristen Nr. 176 = NZA 2005, 812; 16.10.2007 NZA-RR 2008, 214). Denn von diesem Zeitpunkt an kann die zuviel gezahlte Summe zurückgefordert werden. Auf die Kenntnis des Arbeitgebers von seinem Rückzahlungsanspruch kommt es regelmäßig nicht an (*BAG* 1.6.1995 EzA § 4 TVG Ausschlussfristen Nr. 114; 31.1.2002 EzA § 4 TVG Ausschlussfristen Nr. 153; 19.2.2004 EzA § 4 TVG Ausschlussfristen Nr. 174; vgl. auch *BAG* 28.1.1999 ZTR 1999, 471 zur Rückzahlung einer überzahlten Aufwandsentschädigung). § 70 BAT-O betrifft auch Rückzahlungsansprüche, die dem Arbeitgeber aus **wiederholten eingruppierungswidrigen Überzahlungen** zustehen (*Sächs. LAG* 20.10.1999 ZTR 2000, 273 LS). Macht der Arbeitgeber die Rückzahlung überzahlter Beträge unter Hinweis auf eine fehlerhafte Eingruppierung geltend, so wird dadurch allerdings nicht die Ausschlussfrist für Rückzahlungsansprüche **aus künftigen** Überzahlungen gewahrt (*BAG* 17.5.2001 EzA § 4 TVG Ausschlussfristen Nr. 136 = NZA 2002, 910). Ausnahmsweise können jedoch Entstehen und Fälligkeit des Anspruchs zeitlich auseinanderfallen. Denn die Fälligkeit eines Anspruchs setzt voraus, dass der Gläubiger in der Lage ist, die tatsächlichen Voraussetzungen seines Anspruchs zu erkennen und ihn wenigstens annähernd zu beziffern (*BAG* 19.2.2004 EzA § 4 TVG Ausschlussfristen Nr. 174). Solange der Arbeitgeber nicht erkennen kann, dass die tatsächlichen Voraussetzungen eines Rückzahlungsanspruchs eingetreten sind, tritt die Fälligkeit nicht ein. Andererseits muss der Gläubiger jedoch ohne schuldhaftes Zögern die Voraussetzungen dafür schaffen, dass er seinen Anspruch beziffern kann. Nicht schuldhaft handelt ein Arbeitgeber, der den Anspruch auf Rückzahlung überzahlter Abfindung nicht geltend machen kann, weil der Arbeitnehmer es pflichtwidrig unterlassen hat, die den Rückzahlungsanspruch begründenden tatsächlichen Umstände dem Arbeitgeber mitzuteilen (z.B. die zweiundfünfzigwöchige Arbeitslosigkeit als Voraussetzung eines Anspruchs auf gesetzliche Altersrente (*BAG* 31.1.2002 EzA § 4 TVG Ausschlussfristen Nr. 153). Gleiches gilt dann, wenn der Arbeitnehmer die **allein ihm bekannten tatbestandlichen Voraussetzungen** eines Vergütungsbestandteils – Wegfall der Berechtigung zum Bezug des Ortszuschlags der Stufe 2 – **pflichtwidrig nicht mitteilt** (*BAG* 19.2.2004 EzA § 4 TVG Ausschlussfristen Nr. 174), sowie insgesamt dann, wenn der Arbeitgeber die **Überzahlung nicht erkennen** kann, weil der **Berechnungsfehler in der Sphäre des Arbeitnehmers** liegt. Fälligkeit tritt dann erst ein, wenn der Arbeitgeber von den rechtsbegründenden Tatsachen Kenntnis erlangt; für die Rückforderung der Vergütung angestellter Lehrer kommt es dann bei Tatbeständen, die in der Sphäre des Arbeitnehmers liegen, auf die Kenntnis der Beschäftigungsdienststelle an. Diese wird i.d.R. durch den Schulleiter repräsentiert (*BAG* 16.10.2007 NZA-RR 2008, 214).

4857 Zuvor ist das *BAG* (23.2.1983 EzA § 70 BAT Nr. 15; ebenso jetzt *BAG* 10.3.2005 EzA § 4 TVG Ausschlussfristen Nr. 176 = NZA 2005, 812; vgl. auch *BAG* 28.1.1999 ZTR 1999, 471; **a.A.** *LAG Düsseld.* 11.6.1997 NZA-RR 1998, 80) bereits davon ausgegangen, dass der Ablauf einer bei Fälligkeit beginnenden tariflichen Ausschlussfrist (z.B. § 70 BAT) nach § 242 BGB nicht zum Verfall des Rückzahlungsanspruchs führt, wenn der Arbeitnehmer es pflichtwidrig unterlassen hat, dem Arbeitgeber Umstände mitzuteilen, die die Geltendmachung des Rückzahlungsanspruchs innerhalb der Ausschlussfrist ermöglicht hätten (s.a. *BAG* 6.9.2006 NZA 2007, 526). Zu einer solchen Mitteilung ist der Arbeitnehmer verpflichtet, wenn er bemerkt hat, dass er eine gegenüber sonst ungewöhnlich hohe Zahlung erhalten hat, deren Grund er nicht klären kann. Die Einwendung des Rechtsmissbrauchs fällt in einem derartigen Fall aber dann weg, wenn der Arbeitgeber **von anderer Seite Umstände erfährt, die ihn den wirklichen Sachverhalt erkennen lassen oder ihn hätten veranlassen müssen, Nachforschungen** zum wirklichen Sachverhalt anzustellen und er dennoch über einen längeren Zeitraum weiter untätig bleibt (*BAG* 23.5.2001 EzA § 818 BGB Nr. 12). Erhält der Arbeitgeber **anderweitig Kenntnis** von dem Überzahlungstatbestand, beginnt **nicht eine neue Ausschlussfrist** (s.a. *BAG* 6.9.2006 NZA 2007, 526). Der Arbeitgeber muss dann seinen Rückzahlungsanspruch allerdings innerhalb einer kurzen, nach den Umständen des Falles sowie **Treu und Glauben** zu bestimmenden Frist, in der nach dem Tarifvertrag gebotenen Form, geltend machen (*BAG* 10.3.2005 EzA § 4 TVG Ausschlussfristen Nr. 176 = NZA 2005, 812).

Ein Anspruch auf Rückzahlung von Vergütung wird im Falle **rückwirkender Verrentung** des Arbeitnehmers i.S.d. tariflichen Ausschlussfrist frühestens mit der **Zustellung des Rentenbescheides** fällig (*BAG* 11.10.2006 – 5 AZR 755/05 – FA 2007, 119 LS = ZTR 2007, 145). 4858

Eine zweistufige vertragliche Verfallklausel, nach der alle Ansprüche, die sich aus dem Arbeitsverhältnis ergeben, binnen einer Frist von 6 Monaten seit ihrer Fälligkeit geltend zu machen und im Falle ihrer Ablehnung durch die Gegenpartei binnen einer Frist von zwei Monaten einzuklagen sind, erfasst auch den Anspruch des Arbeitgebers auf Rückzahlung von Ausbildungskosten. Lehnt der Arbeitnehmer den vom Arbeitgeber angemeldeten Erstattungsanspruch vor dessen Fälligkeit ab, beginnt die Frist zur gerichtlichen Geltendmachung mit Eintritt der Fälligkeit. Haben die Parteien vereinbart, dass Ausbildungskosten vom Arbeitnehmer zu erstatten sind, wenn das Arbeitsverhältnis auf Grund einer Kündigung des Arbeitnehmers vor Ablauf einer bestimmten Frist beendet wird, entsteht der Erstattungsanspruch nicht mit dem Zugang der Kündigungserklärung, sondern erst mit der Beendigung des Arbeitsverhältnisses (*BAG* 18.11.2004 EzA § 4 TVG Ausschlussfristen Nr. 175 = NZA 2005, 516 = BAG Report 2005, 164). 4859
Gleiches gilt für **Schadensersatzansprüche des Arbeitgebers gegen den Arbeitnehmer.** Beginnt der Fristablauf mit der Fälligkeit des Schadensersatzsanspruchs, so ist der Anspruch in diesem Sinne fällig, wenn der Gläubiger ihn annähernd beziffern kann. Der Fälligkeit steht nicht entgegen, wenn der Gläubiger bei Kenntnis aller haftungsbegründenden Umstände zunächst einen Dritten in Anspruch nahm, von dessen alleiniger Haftung er ausging (*BAG* 27.10.2005 EzA § 4 TVG Ausschlussfristen Nr. 181 = NZA 2006, 257).
Ein Schadensersatzanspruch des Arbeitgebers gegen den Arbeitnehmer wegen der **Beschädigung eines Firmenwagens** während eines erlaubten privaten Abstechers bei Rückkehr von einem auswärtigen Einsatz wird von einer tarifvertraglichen Verfallfrist für Ansprüche erfasst, die mit dem Arbeitsverhältnis in Verbindung stehen (*LAG Bln.* 23.2.2007 – 6 Sa 1998/06 – EzA-SD 10/2007 S. 22 LS = NZA-RR 2007, 424 LS).

Die Ausschlussfrist für Erstattungsansprüche des Arbeitgebers gegenüber der Sozialkasse nach § 9 Abs. 3 S. 1 VTV (Sozialkassenverfahren Gerüstbaugewerbe) findet nach Satz 2 nur dann keine Anwendung, wenn der Arbeitgeber erstmals zur Meldung und Beitragszahlung herangezogen wird. Es reicht nicht aus, dass er für einen in der Vergangenheit liegenden Zeitraum Beiträge nachentrichten soll. Er muss auch kumulativ rückwirkend zur Nachmeldung aufgefordert werden. Dies trifft nicht auf einen Arbeitgeber zu, der bereits am Sozialkassenverfahren teilgenommen hat, dann aber seine Tarifunterworfenheit bestreitet. Seine rechtskräftige Verurteilung führt nicht zu einem rückwirkenden Heranziehen zur Meldung. Die Erstattungsansprüche für Urlaubsgeld und Lohnausgleich nach §§ 9 und 12 VTV setzen gem. § 14 Abs. 4 VTV nicht nur ein rechnerisch ausgeglichenes Beitragskonto des Arbeitgebers voraus. Erforderlich ist weiterhin, dass er auch vollständig seiner Meldepflicht nach § 15 VTV nachgekommen ist. Ansonsten könnte er durch unzureichende Meldungen ein ausgeglichenes Beitragskonto vortäuschen (*BAG* 5.11.2002 EzA § 4 TVG Ausschlussfristen Nr. 160 = NZA 2003, 982). 4860

Bei der Versäumung einer arbeitsvertraglich vereinbarten Frist zur gerichtlichen Geltendmachung eines Anspruchs scheidet eine analoge Anwendung der Vorschriften über die Wiedereinsetzung in den vorigen Stand nach §§ 233 ff. ZPO aus (*BAG* 18.11.2004 EzA § 4 TVG Ausschlussfristen Nr. 175 = NZA 2005, 516 = BAG Report 2005, 164). 4861

n) Aufrechnung

Die Aufrechnung erfolgt durch einseitige, empfangsbedürftige und bedingungsfeindliche Willenserklärung (§ 388 BGB), die bewirkt, dass die Forderungen, soweit sie sich decken, in dem Zeitraum als erloschen gelten, in dem sie sich zur Aufrechnung geeignet gegenüberstan- 4862 den (§ 389 BGB). Die Aufrechnungserklärung kann **auch einer Ausschlussfrist unterfallen.** Sie ist grds. formfrei (§ 388 BGB); auch wenn z.B. ein Tarifvertrag eine schriftliche Geltendmachung von Ansprüchen vorsieht, gilt dies nicht auch für die Aufrechnungserklärung (*BAG* 1.2.2006 – 5 AZR 395/05 – EzA-SD 8/06 S. 6 LS = ZTR 2006, 319; **a.A.** *LAG Düsseld.* 6.1.1971 DB 1971, 1015; 22.7.1971 DB 1972, 242; ErfK/*Preis* § 611 BGB Rz. 666).

4863 Mit Forderungen, die im Zeitpunkt der Aufrechnungserklärung durch Ablauf einer tariflichen Ausschlussfrist erloschen sind, kann **nicht aufgerechnet** werden; § 390 S. 2 BGB ist nicht entsprechend anwendbar (*BAG* 18.1.1962 AP Nr. 2; 30.3.1973 AP Nr. 3; 30.3.1973 AP Nr. 4 zu § 390 BGB; ErfK/*Preis* § 611 BGB Rz. 667).

o) Zinsen

4864 Werden gesetzliche Zinsen gemeinsam mit der Hauptsacheforderung eingeklagt, ist wegen der Akzessorietät zur Hauptsacheforderung eine schriftliche Geltendmachung innerhalb einer einstufigen Ausschlussfrist nicht erforderlich. Werden die Zinsansprüche dagegen außerhalb des Hauptsacheprozesses eingeklagt, unterfallen sie derartigen Ausschlussfristen. Macht der Kläger im Prozess auf Feststellung der Vergütungspflicht nach einer bestimmten Vergütungsgruppe geltend die Beklagte habe die Ansprüche »ab Rechtshängigkeit zu verzinsen«, so genügt dies der schriftlichen Geltendmachung des Anspruchs auf Prozesszinsen. Dies gilt auch dann, wenn der Zinsantrag später zurückgenommen wird und die Prozesszinsen in einem späteren Prozess als Hauptforderung eingeklagt werden (*LAG Nbg.* 7.10.2003 ZTR 2004, 375 LS).

p) Wiedereinstellungsanspruch

4865 Ein **tariflicher Wiedereinstellungsanspruch** nach einer alljährlichen witterungsbedingten Kündigung eines Saisonarbeitsverhältnisses unterfällt einer tariflichen Ausschlussfrist, wonach **alle beiderseitigen Ansprüche aus dem Arbeitsverhältnis und solche, die in Zusammenhang mit dem Arbeitsverhältnis stehen, verfallen**, wenn sie nicht innerhalb von zwei Monaten nach der Fälligkeit gegenüber der anderen Vertragspartei schriftlich geltend gemacht werden (*BAG* 1.12.2004 EzA § 4 TVG Malerhandwerk Nr. 4 = NZA 2005, 1080 LS).

q) Ehegattenarbeitsverhältnis

4866 Auch für Ansprüche aus einem Ehegattenarbeitsverhältnis gelten **keine Besonderheiten.** Insbesondere ist § 207 Abs. 1 BGB, wonach die Verjährung bei Ansprüchen zwischen Ehegatten gehemmt ist, solange die Ehe besteht, nicht analog auf einstufige Ausschlussfristen anzuwenden, die eine formlose oder schriftliche Geltendmachung der Ansprüche verlangen. Es ist also auch in einem Ehegattenarbeitsverhältnis zu verlangen, dass fällige Ansprüche bei Nichterfüllung formlos bzw. schriftlich geltend gemacht werden (*LAG BW* 26.2.2007 – 4 Sa 63/06 – EzA-SD 7/2007, S. 11 LS = LAGE § 207 BGB 2002 Nr. 1).

6. Arglistige Berufung auf die Ausschlussfrist; Geltendmachung des Anspruchs

4867 Die Berufung auf den Ablauf der Ausschlussfrist kann arglistig sein (§ 242 BGB; *BAG* 22.6.2005 – 10 AZR 459/04 – EzA-SD 22/05 S. 16 LS = NZA 2005, 1319 LS; 27.2.2002 EzA § 138 BGB Nr. 30; *LAG Hamm* 16.9.2003 LAG Report 2004, 91; *LAG Nds.* 4.11.2003 LAG Report 2004, 282). Das gilt sowohl für Ansprüche des Arbeitnehmers, als auch für Ansprüche des Arbeitgebers. **§ 242 BGB** greift insoweit aber **nur dann ein**, wenn der Schuldner den Gläubiger durch **aktives Tun oder pflichtwidriges Unterlassen** von einer tarifgerechten **Geltendmachung abhält** (*BAG* 22.1.2008 EzA § 4 TVG Ausschlussfrist Nr. 190 = NZA-RR 2008, 525).

4868 **Arglist liegt insbes. dann vor, wenn der Arbeitgeber selbst schuldhaft eine Abrechnung verzögert, ohne die der Arbeitnehmer seine Ansprüche nicht erheben oder erkennen kann** (*BAG* 6.11.1985 EzA § 4 TVG Ausschlussfristen Nr. 67).

Die Berufung auf eine Ausschlussfrist, die die gerichtliche Geltendmachung verlangt, verstößt gegen Treu und Glauben, wenn der Schuldner während ihres Laufes den Eindruck erweckt, eine gerichtliche Klärung des Anspruchs sei entbehrlich, sich jedoch nach Ablauf der Frist auf die Verfallklausel beruft. 4869
In diesem Sinne widersprüchlich verhält sich ein Arbeitgeber, der den Arbeitnehmer während eines Kündigungsschutzprozesses vorsorglich zur Auskunft über anderweitigen Verdienst auffordert, um eine nach Beendigung des Arbeitsverhältnisses geschuldete Karenzentschädigung abrechnen zu können, der die erteilten Auskünfte auch nicht anzweifelt, aber dann nach seinem Obsiegen im Kündigungsschutzprozess den Ablauf der Ausschlussfrist rügt (*BAG* 18.12.1984 EzA § 4 TVG Ausschlussfristen Nr. 61). Gleiches gilt erst recht dann, wenn der Arbeitgeber den Arbeitnehmer dazu veranlasst hat, den Anspruch nicht innerhalb der maßgeblichen Verfallfrist geltend zu machen (*BAG* 5.6.2003 EzA § 4 TVG Ausschlussfristen Nr. 167).

Andererseits verstößt die Berufung des Arbeitgebers auf die Ausschlussfrist nicht allein deswegen gegen Treu und Glauben, weil er dem Arbeitnehmer eine **unzutreffende Auskunft** über das Bestehen seines Anspruchs gegeben hat (*BAG* 22.1.1997 EzA § 4 TVG Ausschlussfristen Nr. 125). Gleiches gilt dann, wenn es um Vergütungsansprüche eines freien Mitarbeiters geht, der gerichtlich seine Anerkennung als Arbeitnehmer durchgesetzt hat, die für Zeiträume entstanden sind, in denen **sein Status noch streitig war**, auch wenn der Arbeitgeber dem Mitarbeiter den Arbeitnehmerstatus abgesprochen hat (*LAG Köln* 13.8.1999 NZA-RR 2000, 201). Der Arbeitgeber kann sich zudem gegenüber der Entgeltforderung eines Arbeitnehmers auch dann auf eine tarifliche Ausschlussfrist berufen, wenn eine von ihm vorgenommene Kürzung von Arbeitsentgelt auf einer Betriebsvereinbarung beruht, die gegen die Regelungssperre des § 77 Abs. 3 BetrVG verstößt (*BAG* 26.4.2001 EzA § 4 TVG Ausschlussfristen Nr. 149). Wenn ein Anspruch wegen Nichteinhaltung einer Ausschlussfrist bereits verfallen ist, kann zudem ein zeitlich nachfolgendes Verhalten des Schuldners nicht dazu führen, dass seine im Prozess vorgebrachte Einwendung, der Anspruch sei verfallen, als Verstoß gegen § 242 BGB angesehen wird (*BAG* 22.6.2005 EzA § 4 TVG Ausschlussfristen Nr. 179 = NZA 2005, 1319 LS). Die Berufung auf die Ausschlussfrist stellt aber dann eine **unzulässige Rechtsausübung** dar, wenn die zum Verfall des Anspruchs führende Untätigkeit des Arbeitnehmers durch ein Verhalten des Arbeitgebers veranlasst worden ist. Die bloße Unkenntnis des Arbeitnehmers über die rechtlichen oder tatsächlichen Voraussetzungen eines Anspruchs ist hingegen für den Verfall auf Grund einer Ausschlussfrist unbeachtlich (*BAG* 5.8.1999 ZTR 2000, 36). 4870

Es verstößt zudem i.d.R. gegen Treu und Glauben, wenn sich ein Arbeitnehmer darauf beruft, der Gläubiger habe bei der Geltendmachung einer Schadensersatzforderung die gültige ein- oder zweistufige Ausschlussfrist nicht gewahrt, falls der Arbeitnehmer die Forderung zuvor deklaratorisch anerkannt hat. Dies gilt auch dann, wenn der Schuldner das deklaratorische Schuldanerkenntnis später anficht (*BAG* 10.10.2002 EzA § 4 TVG Ausschlussfristen Nr. 158 = NZA 2003, 329). 4871

Wird der Anspruch des Arbeitgebers auf Rückzahlung überzahlter Vergütung von einer tariflichen Ausschlussfrist erfasst, steht dem Anspruchsverfall nicht der Einwand unzulässiger Rechtsausübung entgegen, wenn das Unterlassen des Arbeitnehmers, die offenbare Überzahlung dem Arbeitgeber mitzuteilen, dem Arbeitgeber es weder erschwert noch unmöglich gemacht hat, selbst die Überzahlung zu erkennen und den Rückzahlungsanspruch fristgerecht geltend zu machen (*LAG Düsseld.* 14.4.2004 – 12 Sa 177/04 – EzA-SD 14/04 S. 10 LS = FA 2004, 283 LS). Die Anwendung von Treu und Glauben setzt also im hier maßgeblichen Zusammenhang voraus, dass das **pflichtwidrige Unterlassen** des Arbeitnehmers **für das Untätigbleiben** des Arbeitgebers **ursächlich wird**. Das ist aber nur so lange der Fall, wie der Arbeitgeber **nicht anderweitig** vom Tatbestand der Überzahlung Kenntnis erlangt. Abzustellen ist auf die Kenntnis des gesetzlichen Vertreters der Klägerin, eines Mitarbeiters mit Personalverantwortung oder einer 4872 sonstigen Person, die nach der Arbeitsorganisation der Klägerin dazu berufen ist, die Vergütungsangelegenheiten des betroffenen Arbeitnehmers in eigener Verantwortung zu erledigen (*BAG* 6.9.2006 ZTR 2007, 89).

4873 Die Wirkungen einer tariflichen Ausschlussfrist treten grundsätzlich **auch dann ein**, wenn ein Arbeitnehmer erst **später** infolge einer Entscheidung des BVerfG **Kenntnis von dem Bestehen seines Anspruchs erlangt**. Hat der Arbeitgeber insoweit einen vertretbaren Rechtsstandpunkt eingenommen, darf er sich ohne Verstoß gegen Treu und Glauben (§ 242 BGB) auf die Ausschlussfrist berufen (*BAG* 13.12.2007 EzA § 4 TVG Ausschlussfristen Nr. 189 = NZA 2008, 478).

4874 Kann dagegen gegenüber der Berufung auf die Ausschlussfrist der Einwand von Treu und Glauben erhoben werden, müssen nach Wegfall der den Arglisteinwand begründenden Umstände die Ansprüche innerhalb einer kurzen, nach den Umständen des Falles sowie Treu und Glauben zu bestimmenden Frist in der nach dem Tarifvertrag gebotenen Form geltend gemacht werden. Es läuft keine neue Ausschlussfrist (*BAG* 13.2.2003 EzA § 4 TVG Ausschlussfristen Nr. 162).

7. Einzelvertraglich vereinbarte Ausschlussfristen; Auswirkungen der Schuldrechtsreform

a) Zum alten Recht

4875 Die einzelvertragliche Vereinbarung einer Verfallklausel für nicht durch Tarifvertrag begründete und darüber hinaus abdingbare gesetzliche Ansprüche (nicht abdingbar sind z.B. die gesetzlichen Urlaubsansprüche, § 13 BUrlG; vgl. *BAG* 18.11.2003 EzA § 613a BGB 2002 Nr. 19 = BAG Report 2004, 234) war im Rahmen der Vertragsfreiheit gem. §§ 241, 305 BGB grds. zulässig.

4876 Eine solche Klausel unterlag aber einer **Inhaltskontrolle** gem. § 138 BGB (Sittenwidrigkeit). Zu prüfen war, ob sie gleichermaßen auf beide Parteien des Arbeitsverhältnisses Anwendung fand, ob sie inhaltlich ausgewogen war und nicht Rechte des Arbeitnehmers einseitig beschnitt (*BAG* 24.3.1988 EzA § 4 TVG Ausschlussfristen Nr. 72; *LAG Köln* 28.6.2000 ZTR 2001, 74 LS), also ob der Inhalt des Vertrages für eine Seite ungewöhnlich belastend und als Interessenausgleich offensichtlich unangemessen war (*BAG* 27.2.2002 EzA § 138 BGB Nr. 30). Das war z.B. bei einer zweistufigen Ausschlussfrist von zwei Monaten nach Fälligkeit für die Geltendmachung sowie zwei weiteren Monaten für die gerichtliche Geltendmachung nach Ablehnung der Erfüllung des Anspruchs durch den Arbeitgeber nicht der Fall (*BAG* 24.3.1988 EzA § 4 TVG Ausschlussfristen Nr. 72; *LAG Nds.* 10.5.2001 NZA-RR 2002, 319). Gleiches galt für eine zweistufige Verfallklausel, wonach alle beiderseitigen Ansprüche aus dem Arbeitsverhältnis verfielen, wenn sie nicht innerhalb eines weiteren Monats nach der Ablehnung oder Ablauf einer zweiwöchigen Äußerungsfrist gerichtlich geltend gemacht wurden (*BAG* 27.2.2002 EzA § 138 BGB Nr. 30; *LAG Köln* 28.6.2000 ZTR 2001, 74 LS). Eine vertraglich vereinbarte Ausschlussfrist war auch nicht schon deshalb als sittenwidrig zu erachten, weil berufsbedingt längere Abwesenheitszeiten ihre Einhaltung erschwerten (*BAG* 27.2.2002 EzA § 138 BGB Nr. 30).

4877 Nach Auffassung des *ArbG Heilbronn* (2.7.1986 NZA 1987, 466; abl. *Bauer* NZA 1987, 440) waren dagegen einzelvertraglich vereinbarte einseitige Verfallklauseln im Arbeitsvertrag generell unwirksam. Demgegenüber hielt das *LAG Köln* (18.11.1996 BB 1997, 1263) eine einzelvertragliche Verfallklausel, die eine schriftliche Geltendmachung innerhalb von drei Monaten nach Fälligkeit verlangte und bei der nach Ablehnung des Anspruchs durch die Gegenpartei dieser innerhalb eines weiteren Monats einzuklagen war, nach einer **gerichtlichen Billigkeitskontrolle** für wirksam. Gleiches galt für eine **Verfallklausel in einem Formulararbeitsvertrag** für alle beiderseitigen Ansprüche aus dem Arbeitsverhältnis und solchen, die mit ihm in Verbindung standen; eine derartige Regelung erfasste auch den monatlich fällig werdenden Anspruch auf Karenzentschädigung (*BAG* 17.6.1997 EzA

§ 74 HGB Nr. 60). Auch eine formulararbeitsvertragliche Verfallklausel, die die schriftliche Geltendmachung von Ansprüchen aus dem Arbeitsverhältnis innerhalb eines Monats nach Fälligkeit eines Anspruchs und bei Ablehnung des Anspruchs oder Nichtäußerung binnen zweier Wochen die gerichtliche Geltendmachung innerhalb eines weiteren Monats verlangte, war zulässig. Eine Inhaltskontrolle anhand des AGBG kam wegen § 23 Abs. 1 AGBG nicht in Betracht; ein Verstoß gegen §§ 134, 138, 242 BGB war nicht ersichtlich (*BAG* 13.12.2000 EzA § 611 BGB Inhaltskontrolle Nr. 8 m. Anm. *Preis* RdA 2002, 42 ff.). Andererseits waren aber jedenfalls einseitige, nur den Arbeitnehmer belastende einzelvertragliche Ausschlussfristen dann unwirksam, **wenn ein gekündigter Haustarifvertrag zweiseitig wirkende Verfallfristen vorsah** (*BAG* 2.3.2004 EzA § 87 BetrVG 2002 Betriebliche Lohngestaltung Nr. 4 = NZA 2004, 853 = BAG Report 2004, 295 m. Anm. *Stein* SAE 2005, 169 ff.; vgl. dazu *Preis* NZA 2004, 1014 ff.).

b) Zum neuen Recht nach der Schuldrechtsreform

An der Ablehnung einer Inhaltskontrolle anhand des AGBG kann ohnehin wegen § 310 Abs. 4 S. 2 BGB n.F. für ab dem 1.1.2002 neu begründete und ab 1.1.2003 auch für andere Arbeitsverhältnisse nicht mehr festgehalten werden (s. aber ausf. Kap. 1 Rn. 580 ff.). **Insofern spricht nach teilweise vertretener Auffassung viel dafür, einstufige einzelvertragliche vorformulierte Ausschlussfristen generell oder jedenfalls solche, die kürzer als sechs Monate sind** (vgl. dazu *Schrader* NZA 2003, 349 ff.; für eine generelle Unwirksamkeit wegen § 305c Abs. 1 BGB *Linnenkohl* ArbuR 2004, 42; s. auch *BAG* 31.8.2005 EzA § 6 ArbZG Nr. 6 = NZA 2006, 324; s.a. Kap. 1 Rn. 589, s.o. Rn. 4717 zur Rspr. des BAG)**, als unangemessene Benachteiligung des Arbeitnehmers i.S.d. § 307 Abs. 1 BGB anzusehen mit der Konsequenz, dass sie nicht wirksam vereinbart sind (a.A.** *LAG Nds.* 18.3.2005 – 10 Sa 1990/04 – EzA 13/2005, S. 4 LS = NZA-RR 2005, 401 = LAG Report 2005, 193). **Des Weiteren sind nach z. T. vertretener Auffassung zweistufige einzelvertragliche und vorformulierte Ausschlussfristen unabhängig von der Länge gem. § 309 Nr. 13 BGB unwirksam** (vgl. ausf. *Preis* NZA 2004, 1014 ff.; *Lakies* NZA 2004, 569 ff.; *LAG Köln* 27.8.2004 – 4 Sa 178/04 – EzA-SD 2/05 S. 9 LS = ArbuR 2005, 115 LS; **a.A.** *LAG RhPf* 17.8.2004 NZA-RR 2005, 242; *ArbG Stralsund* 27.4.2004 LAGE § 307 BGB 2002 Nr. 3 m. Anm. *Matthiessen/Shea* DB 2004, 1366 ff.; *ArbG Halle* 20.11.2003 NZA-RR 2004, 188; *Schrader* NZA 2003, 349 ff.; s. aber ausf. Kap. 1 Rn. 575 ff., 710 ff.; s.o. Rn. 4717 insbes. **zur a.A. des BAG**: *BAG* 25.5.2005 EzA § 307 BGB 2002 Nr. 3; 28.9.2005 EzA § 307 BGB 2002 Nr. 8 m. gemeinsamer Anm. *Mohr* SAE 2006, 156 ff.). **Eine Klausel, die für den Beginn der Ausschlussfrist nicht die Fälligkeit der Ansprüche berücksichtigt, sondern allein auf die Beendigung des Arbeitsverhältnisses abstellt, benachteiligt aber jedenfalls den Arbeitnehmer unangemessen und ist deshalb gem. § 307 Abs. 1 S. 1 BGB unwirksam** (*BAG* 1.3.2006 NZA 2006, 783). 4878

8. Ausschlussfristen in Betriebsvereinbarungen; Verhältnis zu tarifvertraglichen Ausschlussfristen

Der Tarifvorbehalt nach **§ 77 Abs. 3 BetrVG** bezieht sich nicht nur auf »materielle Arbeitsbedingungen«. 4879

Sind Ausschlussfristen für die Geltendmachung von Ansprüchen aus dem Arbeitsverhältnis tarifvertraglich geregelt, so können durch Betriebsvereinbarung (auch für die Geltendmachung von Akkordlohnansprüchen) keine Ausschlussfristen geregelt werden, sofern nicht die tarifliche Regelung insoweit eine Öffnungsklausel enthält (*BAG* 9.4.1991 EzA BetrVG § 77 Nr. 39). 4880

IV. Ausgleichsquittung

1. Grundsätze

a) Typischer Inhalt von Ausgleichsquittungen

4881 Anlässlich der Beendigung von Arbeitsverhältnissen unterzeichnen Arbeitnehmer nicht selten sog. Ausgleichsquittungen. Diese werden i.d.R. vom Arbeitgeber **vorformuliert**. Zum Teil werden auch **Formulare** verwendet.

4882 In einer Ausgleichsquittung bestätigt der Arbeitnehmer zunächst i.d.R. den Empfang seiner Arbeitspapiere und weiterer Leistungen (§ 368 BGB).
Mehr oder weniger deutlich erklärt er darüber hinaus, dass ihm aus dem Arbeitsverhältnis und seiner Beendigung keine Ansprüche und Rechte mehr zustehen, unabhängig davon, ob sie ihm bekannt oder nicht bekannt sind (*Schäfer* Die Abwicklung des beendeten Arbeitsverhältnisses, Rz. 184 ff.).

b) Zweck der Ausgleichsquittung

4883 **Die Ausgleichsquittung soll in jedem Fall einen Schlussstrich unter das Arbeitsverhältnis ziehen:** Aus Kosten- und Rationalisierungsgründen will sich der Arbeitgeber nicht nur davor schützen, vom Arbeitnehmer nachträglich auf Leistungen in Anspruch genommen zu werden, sondern er will bereits jedem Streit darüber vorbeugen, ob solche dem Arbeitnehmer überhaupt noch zustehen.

4884 Sinn der Ausgleichsquittung ist es in erster Linie, dass der Arbeitnehmer das Bestehen von Zahlungsansprüchen gegen seinen Arbeitgeber verneint, also von Lohnansprüchen, Prämien, Zulagen und Spesenersatz, anteiligem 13. Monatsgehalt, aber auch z.B. von Ansprüchen auf Entgeltfortzahlung, Urlaubsgeld und Urlaubsabgeltung.

4885 Die Ausgleichsquittung soll dies zudem sofort bewirken, bevor z.B. einschlägige tarifliche Ausschlussfristen ablaufen (vgl. *Plander* DB 1986, 1873).

c) Normative Bedeutung

aa) Möglicher rechtsgeschäftlicher Inhalt

4886 Mit dem ersten Teil der Erklärung verschafft sich der Arbeitgeber zu Beweiszwecken eine Quittung. Mit dem zweiten Teil lässt er erklären, dem Arbeitnehmer stünden auch sonst keinerlei Ansprüche mehr zu.

4887 Soweit diesem Wortlaut zuwider solche Rechte aber tatsächlich noch bestanden, kann die Erklärung nach der gem. §§ 133, 157 BGB durchzuführenden Auslegung (*BAG* 27.8.1970 AP Nr. 33 zu § 133 BGB) i.V.m. ihrer Annahme durch den Arbeitgeber je nach Inhalt und Zweck einen **vorsorglichen Erlassvertrag** (§ 397 Abs. 1 BGB), ein **konstitutives negatives Schuldanerkenntnis** (§ 397 Abs. 2 BGB), ein **deklaratorisches negatives Schuldanerkenntnis** (§ 397 Abs. 2 BGB), einen **Vergleich** (§ 779 BGB), eine bestätigende Wissenserklärung, einen **Aufhebungsvertrag** (s. *BAG* 19.4.2007 NZA 2007, 1227: Klageverzichtsvereinbarungen als Auflösungsvertrag i.S.d. § 623 BGB), ein pactum de non petendo (**Klageverzichtsvertrag**) oder die **Vereinbarung einer Klagerücknahme** beinhalten (*BAG* 3.5.1979 EzA § 4 KSchG n.F. Nr. 15; s.a. *BAG* 7.11.2007 EzA § 397 BGB 2002 Nr. 2 = NZA 2008, 355).

4888 **Beispiele:**

- Eine auf einem Quittungsblock handschriftlich verfasste Erklärung, dass – nach Auszahlung der zuvor quittierten Beträge – »keine weiteren Ansprüche« mehr gegen den Arbeitgeber bestünden, kann als ein negatives Schuldanerkenntnis nach § 397 Abs. 2

BGB ausgelegt werden, das Überstundenvergütung aus dem beendeten Arbeitsverhältnis erfasst (*LAG Köln* 22.11.1996 NZA-RR 1997, 123).

► Die Erklärung in einer Ausgleichsquittung, »dass **sämtliche Ansprüche aus dem Arbeitsverhältnis** mit der Firma ... und dessen Beendigung, gleich nach welchem Rechtsgrund sie entstanden sein mögen, abgegolten und erledigt sind« ist gleichfalls als **negatives Schuldanerkenntnis** i.S.v. § 397 Abs. 2 BGB anzusehen (*BAG* 23.2.2005 – 4 AZR 139/04 – EzA-SD 16/05 S. 16 LS = FA 2005, 354 LS = NZA 2005, 1193).

bb) Auslegung im Einzelfall

Da sich der Arbeitgeber durch die Ausgleichsquittung eine günstigere Rechtsposition verschaffen will, liegt es an ihm, eine genaue Ausdrucksweise zu wählen und auf diese Weise die Rechtsnatur der Erklärung zu verdeutlichen. Ob z.B. ein rechtsgeschäftliches deklaratorisches negatives Schuldanerkenntnis, das nur das bestätigt, was nach Auffassung der Parteien ohnehin rechtens war, oder nur eine bestätigende Wissenserklärung vorliegt, richtet sich nach dem **Verständnis eines redlichen Erklärungsempfängers**. Dieser ist nach Treu und Glauben verpflichtet (§ 242 BGB), unter Berücksichtigung aller ihm erkennbaren Umstände mit gehöriger Aufmerksamkeit zu prüfen, **was der Erklärende gemeint hat**. Zu berücksichtigen ist ferner der **Grundsatz der nach beiden Seiten hin interessengerechten Auslegung** (*BAG* 7.11.2007 EzA § 397 BGB 2002 Nr. 2 = NZA 2008, 355). 4889

Im Übrigen ist bei der Auslegung der Ausgleichsquittung gem. §§ 133, 157 BGB nicht allein am Wortlaut der Erklärung zu haften. Vielmehr sind alle tatsächlichen Begleitumstände der Erklärung zu berücksichtigen, die für die Frage von Bedeutung sein können, welchen Willen der Erklärende bei seiner Erklärung gehabt hat und wie sie vom Empfänger zu verstehen war. Ein Verzicht des Arbeitnehmers als Gläubiger auf Rechte oder ein Erlass von Ansprüchen ist nach der Lebenserfahrung im Allgemeinen nicht zu vermuten; insoweit sind hohe Anforderungen zu stellen. Selbst bei eindeutig erscheinender Erklärung des Gläubigers darf ein Verzicht nicht angenommen werden, ohne dass bei der Feststellung zum erklärten Vertragsinhalt sämtliche Begleitumstände berücksichtigt worden sind (*BAG* 7.11.2007 EzA § 397 BGB 2002 Nr. 2 = NZA 2008, 355; krit. *Böhm* NZA 2008, 919 ff.). Das Gleiche gilt für ein konstitutives negatives Schuldanerkenntnis, denn auch in diesem Fall würde sich der Arbeitnehmer noch vorhandener Ansprüche begeben. 4890

Deshalb muss sich nach dem Wortlaut der Erklärung und den Begleitumständen klar ergeben, dass und in welchem Umfang der Arbeitnehmer ihm bekannte oder mögliche Ansprüche aufgibt (vgl. für den Verzicht auf die Erhebung der Kündigungsschutzklage *LAG Hamm* 9.10.2003 LAG Report 2004, 11). Das gilt insbesondere dann, wenn feststeht, dass eine Forderung entstanden ist (*BAG* 7.11.2007 EzA § 397 BGB 2002 Nr. 2 = NZA 2008, 355). Wenn der Arbeitgeber weiß, dass der Arbeitnehmer außer der Pflicht, den Empfang der Arbeitspapiere zu quittieren, keinen Anlass hat, auf Ansprüche zu verzichten, so muss er auch erkennen, dass er mit seiner Unterschrift keine eigene spontane Erklärung abgibt, sondern nur eine i.d.R. vorformulierte Erklärung unterschreibt, die ihm oft nach Wortlaut und Begleitumständen nicht deutlich macht, dass von ihm ein Verzicht auf mögliche Ansprüche erwartet wird. 4891

Hat der Arbeitnehmer bei der Beendigung des Arbeitsverhältnisses in einer Ausgleichsquittung z.B. bestätigt, dass er seine Arbeitspapiere und den Restlohn erhalten hat, und hat er zugleich die auf dem Formular vorgedruckte Erklärung unterschrieben, dass damit alle seine Ansprüche aus dem Arbeitsverhältnis abgegolten seien und er keine Forderungen gegen die Firma – ganz gleich aus welchem Rechtsgrund – mehr habe, so hat er damit den Empfang der Papiere quittiert und möglicherweise die Richtigkeit der Lohnabrechnung anerkannt. Ein weitergehender Verzicht, insbes. auf einen etwaigen Entgeltfortzahlungsanspruch kann in einer solchen »Erklärung« nur dann gesehen werden, wenn sich aus den Umständen ergibt, dass der Arbeitnehmer diese Bedeutung seiner Unterschrift erkannt hat (*BAG* 20.8.1980 EzA § 9 LFZG Nr. 7). 4892

4893 Im Zweifel gilt deshalb die Auslegungsregel, dass die Ausgleichsquittung eine Quittung im Rechtssinne und ein deklaratorisches negatives Schuldanerkenntnis enthält (*BAG* 20.8.1980 EzA § 9 LFZG Nr. 7; vgl. auch *BAG* 28.7.2004 EzA § 611 BGB 2002 Aufhebungsvertrag Nr. 4 = NZA 2004, 1098 = BAG Report 2004, 359; *Schäfer* Die Abwicklung des beendeten Arbeitsverhältnisses, Rz. 187).

4894 Etwas anderes gilt aber dann, wenn sich aus den Umständen ergibt, dass der Arbeitnehmer eine weitergehende Bedeutung seiner Unterschrift erkannt hat (*BAG* 11.6.1976 EzA § 9 LFZG Nr. 4).

4895 Haben sich die Parteien zuvor darüber gestritten, ob zwischen ihnen noch Ansprüche bestehen, so stellt sich die Ausgleichsquittung als **Vergleich** dar (*Wiedemann/Stumpf* TVG § 4 Rz. 329).

4896 Besonderheiten gelten bei Ausgleichsquittungen und Abgeltungserklärungen **im Zusammenhang mit einem Aufhebungsvertrag. Sie sind im Interesse klarer Verhältnisse grds. weit auszulegen** (*BAG* 28.7.2004 EzA § 611 BGB 2002 Aufhebungsvertrag Nr. 4 = NZA 2004, 1098 = BAG Report 2004, 359).

4897 ▶ **Beispiel:**
Wird in einem Aufhebungsvertrag vom Arbeitnehmer zugleich der Erhalt der Arbeitspapiere bestätigt und im Anschluss an den Aufhebungsvertrag zusätzlich eine **umfassende Ausgleichsquittung** unterzeichnet, so erfasst diese i.d.R. auch den vertraglichen Anspruch des Arbeitnehmers auf ein **anteiliges 13. Monatsgehalt** (*BAG* 28.7.2004 EzA § 611 BGB 2002 Aufhebungsvertrag Nr. 4 = NZA 2004, 1098 = BAG Report 2004, 359). Die drucktechnische Hervorhebung einer dem Wortlaut nach umfassenden Ausgleichsquittung sowie die separate Unterzeichnung durch den Arbeitnehmer ohne Zeitdruck sind Umstände, die i.d.R. der Annahme entgegenstehen, der Arbeitnehmer habe nur den Erhalt der Arbeitspapiere quittieren, nicht aber eine Abgeltung aller Ansprüche aus dem Arbeitsverhältnis bestätigen bzw. vereinbaren wollen. Dies gilt umso mehr, wenn der Arbeitnehmer den Erhalt der Arbeitspapiere bereits in einer vorangestellten Erklärung bestätigt und die folgende Ausgleichsquittung die Möglichkeit vorgesehen hat, noch offene Vergütungsansprüche zu benennen (*BAG* 28.7.2004 a.a.O.).

cc) Ausgleichsquittungen von Minderjährigen

4898 Da es sich bei allen genannten Gestaltungsformen um Rechtsgeschäfte handelt, ist die Ausgleichsquittung eines Minderjährigen ohne Einwilligung der Eltern nur im Falle der Ermächtigung zur Arbeit nach **§ 113 BGB** wirksam.

4899 Hat der gesetzliche Vertreter selbst den Arbeitsvertrag abgeschlossen, so ist die Ausgleichsquittung eines Minderjährigen nicht durch § 113 BGB gedeckt (MünchArbR/*Wank* § 127 Rz. 6).

dd) Tarifliche Ansprüche

4900 Gem. **§ 4 Abs. 4 S. 1 TVG** unverzichtbare Tarifansprüche können von einer Ausgleichsquittung nicht erfasst werden.

4901 Unberührt davon bleiben aber Vergleiche über die tatsächlichen Voraussetzungen eines tarifvertraglich oder sonst zwingend geregelten Lohnanspruchs (z.B. wegen zwischen den Parteien streitiger Überstunden oder der Zahl nach streitiger Resturlaubstage bei Urlaubsabgeltung; *BAG* 21.12.1972 EzA § 9 LohnFG Nr. 2; 20.8.1980 EzA § 9 LohnFG Nr. 6.

4902 Wurden Ansprüche aus einem Tarifvertrag nur auf Grund einer Bezugnahmeerklärung im Einzelarbeitsvertrag vereinbart, so kann darauf durch eine Ausgleichsquittung verzichtet werden (MünchArbR/*Wank* § 127 Rz. 11).

ee) Rechtsfolgen einer Ausgleichsquittung

Nach dem Abschluss eines **Vergleichs**, der auf der unzutreffenden Beurteilung eines nicht kontroversen Sachverhalts beruht, sind Ansprüche aus dem streitigen Sachverhalt ausgeschlossen. Der **Erlassvertrag** führt zum Erlöschen der Forderungen, ebenso das **konstitutive negative Schuldanerkenntnis**. 4903

Das negative **deklaratorische Schuldanerkenntnis** hingegen führt nicht zum Erlöschen der Forderung, wohl aber zur Umkehr der Beweislast. Nunmehr muss der Arbeitnehmer beweisen, dass die Forderung noch besteht. Auch gegenüber einer Quittung ist der Beweis des Arbeitnehmers möglich, dass er die quittierte Leistung nicht erhalten hat. Beweist er, dass er die Quittung im Voraus erteilt hat, ist bereits damit der Beweiswert der Quittung entkräftet. 4904

Ist in einer Ausgleichsquittung z. T. auf unverzichtbare Ansprüche verzichtet worden, so bleiben die wirksamen Teile der Ausgleichsquittung entgegen § 139 BGB aufrechterhalten (MünchArbR/*Wank* § 127 Rz. 21; **a.A.** *Hagemeier/Kempen/Zachert/Zilius* § 4 TVG Rz. 204). 4905

ff) Vereinbarkeit mit §§ 307, 310 BGB n.F.

Auf eine ab dem 1.1.2002 unterzeichnete Ausgleichsquittung, die als negatives Schuldanerkenntnis i.S.v. § 397 Abs. 2 BGB anzusehen ist, sind §§ 305 ff. BGB anzuwenden; das gilt auch dann, wenn das Arbeitsverhältnis vor dem 1.1.2003 begründet worden ist (*BAG* 23.2.2005 – 4 AZR 139/04 – EzA-SD 16/05 S. 16 LS = NZA 2005, 1193). Eine in einer Ausgleichsquittung enthaltene Verzichtserklärung auf alle Ansprüche des Arbeitnehmers aus dem Arbeitsverhältnis und seiner Beendigung kann wegen des Erscheinungsbildes der Ausgleichsquittung eine Überraschungsklausel (§ 305c Abs. 1 BGB; *BAG* 23.2.2005 – 4 AZR 139/04 – EzA-SD 16/05 S. 16 LS = NZA 2005, 1193; s.o. Kap. 1 Rn. 575 ff.) sein und – mangels verständlicher und klarer Darstellung der wirtschaftlichen Folgen – gegen das Transparenzgebot (§ 307 Abs. 1 S. 2 BGB) verstoßen (*LAG Düsseld.* 13.4.2005 LAGE § 307 BGB 2002 Nr. 6 = ArbuR 2006, 67 m. Anm. *Pauli*). Das gilt auch dann, wenn der Verzicht **nicht ausreichend klar** erkennen lässt, **welche Ansprüche erfasst sein sollen** (*LAG Bln.-Bra.* 5.6.2007 LAGE § 307 BGB 2002 Nr. 13 = FA 2008, 22 LS). 4906

Zumindest eine **untergeschobene formularmäßig verwandte Ausgleichsquittung**, die eine unentgeltliche Verzichtserklärung des Arbeitnehmers ohne kompensatorische Gegenleistung des Arbeitgebers beinhaltet, stellt eine unangemessene Benachteiligung i.S.d. § 307 Abs. 1 S. 1 BGB n.F. dar. Sie ist folglich unwirksam. Diesem Ergebnis stehen auch keine im Arbeitsrecht geltenden rechtlichen Besonderheiten entgegen nach § 310 Abs. 4 S. 2 BGB entgegen (*LAG SchlH* 24.9.2003 – 3 Sa 6/03 – EzA-SD 23/03, S. 7 LS = NZA-RR 2004, 74 = LAG Report 2004, 42 m. Anm. *v. Steinau-Steinrück* BB 2004, 611 f.; *LAG Bln.-Bra.* 5.6.2007 LAGE § 307 BGB 2002 Nr. 13 = FA 2008, 22 LS). Ebenso ist auszugehen, dass eine Ausgleichsquittung in vorformulierten Vertragsbedingungen gem. § 307 Abs. 1 BGB unwirksam ist, wenn der Arbeitnehmer für einen Klageverzicht nichts erhält (*LAG Hmb.* 29.4.2004 NZA-RR 2005, 151 = ArbuR 2005, 115 LS; *LAG Düsseld.* 13.4.2005 LAGE § 307 BGB 2002 Nr. 6 = ArbuR 2006, 67 m. Anm. *Pauli*; *ArbG Bln.* 14.10.2005 – 28 Ca 12710/05 – ArbuR 2006, 36 LS; so jetzt ausdrücklich *BAG* 6.9.2007 EzA § 307 BGB 2002 Nr. 29 = NZA 2008, 219). 4907

2. Einzelfragen

a) Kündigungsschutzklage

aa) Vor der Schuldrechtsreform

4908 Grds. konnte der Arbeitnehmer **nach Zugang** der Kündigungserklärung – allerdings nicht im Voraus, weder vor Beginn des Arbeitsverhältnisses noch nach dessen Beginn für eine zukünftige Kündigung (KR/*Friedrich* § 4 Rz. 296) – **auf Erhebung und Durchführung einer Kündigungsschutzklage**, auch im Wege einer Ausgleichsquittung **verzichten**. Das setzte aber voraus, dass der Verzichtswille in der Urkunde selbst unmissverständlich zum Ausdruck kam (*LAG Köln* 24.11.1999 LAGE § 4 KSchG Nr. 4; 22.2.2000 NZA-RR 2001, 85; *Schäfer* Die Abwicklung des beendeten Arbeitsverhältnisses, Rz. 193 ff.).

4909 An die Eindeutigkeit wurden besonders **strenge Anforderungen** gestellt, wenn er bereits eine Kündigungsschutzklage erhoben hatte. Denn es konnte nicht ohne weiteres angenommen werden, dass ein Arbeitnehmer, der sich gerade entschlossen hatte, gerichtlich gegen eine Kündigung vorzugehen, einige Tage später den rechtsgeschäftlichen Willen hatte, von einer Durchführung der Klage Abstand zu nehmen. Er musste z.B. erklären, er wolle auf das Recht verzichten, den Fortbestand des Arbeitsverhältnisses geltend zu machen, oder er wolle eine mit diesem Ziel erhobene Klage nicht mehr durchführen (*BAG* 29.6.1978 EzA § 4 KSchG n.F. Nr. 13).

4910 Allein die Formulierung, dass keine Ansprüche »aus dem Arbeitsverhältnis« oder »aus dem Arbeitsverhältnis und seiner Beendigung« oder »aus Anlass der Beendigung des Arbeitsverhältnisses« mehr bestehen, genügte diesen Anforderungen nicht (*BAG* 3.5.1979 EzA § 4 KSchG Nr. 15 gegen *BAG* 25.9.1969 AP Nr. 36 zu § 3 KSchG).

4911 Unterschrieb ein entlassener Arbeitnehmer dagegen die Klausel: **»Ich erhebe gegen die Kündigung keine Einwendungen«**, so lag darin ein wirksamer **Verzicht** auf den Kündigungsschutz. Das galt auch dann, wenn der Arbeitnehmer bereits Kündigungsschutzklage erhoben hatte, dies dem Arbeitgeber jedoch zur Zeit der Vorlage der Ausgleichsquittung unbekannt war. Es war dann nicht erforderlich, dass die Ausgleichsquittung zusätzlich den Vermerk enthielt, der Arbeitnehmer nehme seine Klage zurück. Auch die auf dem Kündigungsschreiben enthaltene und vom Arbeitnehmer unterschriebene Erklärung: **»Zur Kenntnis genommen und hiermit einverstanden«** stellte einen solchen Klageverzicht dar (*LAG Köln* 22.2.2000 NZA-RR 2001, 85). Dagegen reicht die Formulierung in einer Ausgleichsquittung »von meinem Recht, das Fortbestehen des Arbeitsverhältnisses geltend zu machen« nach der Schuldrechtsreform **nicht aus, denn Zweifel bei der Auslegung gehen zu Lasten des Arbeitgebers**; zudem lässt sich die Auffassung vertreten, dass es sich um eine unangemessene Benachteiligung des Arbeitnehmers handelt, weil für den Klageverzicht keine Gegenleistung des Arbeitgebers erkennbar ist (*ArbG Bln.* 14.10.2005 – 28 Ca 12710/05 – ArbuR 2006, 36 LS; s.o. Rn. 4905 und unten Rn. 4913).

4912 Zu beachten ist, dass die Erklärung, auf die Erhebung einer Kündigungsschutzklage zu verzichten, **keinen Verzicht** auf **die Einhaltung der ordentlichen Kündigungsfrist bedeutet**. Sollte ein derartiger Vertrag zudem auf den Verzicht auf die Einhaltung der zwingenden tariflichen Kündigungsfrist hinauslaufen, ist er wegen Verstoßes gegen § 4 Abs. 4 TVG teilnichtig (*LAG Nds.* 26.1.1999 LAGE § 4 KSchG Verzicht Nr. 4).

bb) Nach der Schuldrechtsreform

4913 Siehe o. Rn. 4905.

4914 Insoweit ist davon auszugehen, dass eine **unangemessene Benachteiligung** des Arbeitnehmers nach § 307 Abs. 1 BGB regelmäßig dann gegeben ist, wenn der Arbeitnehmer im unmittelbaren Anschluss an eine **Arbeitgeberkündigung ohne Gegenleistung** in einem vom Arbeitgeber vorgelegten Formular auf die Erhebung einer **Kündigungsschutzklage verzichtet**. Denn durch einen solchen Klageverzicht wird von der gesetzlichen Regelung des § 4 S. 1 KSchG abgewichen; ohne Gegenleistung benachteiligt ein solcher formularmäßiger Verzicht den Arbeitnehmer unangemessen (so jetzt ausdrücklich *BAG* 6.9.2007 EzA § 307 BGB 2002 Nr. 29 = NZA 2008, 219).

b) Urlaub

Nicht möglich ist der Verzicht auf Urlaub und Urlaubsentgelt im Umfang des BUrlG durch Ausgleichsquittung, unabhängig davon, ob er vor oder nach der Beendigung des Arbeitsverhältnisses erfolgt (§ 13 BUrlG; *Schäfer* Die Abwicklung des beendeten Arbeitsverhältnisses, Rz. 176, 198; **a.A.** MünchArbR/*Wank* § 127 Rz. 13, der unter Bezugnahme auf die Rechtsprechung des *BAG* [AP Nr. 2, 3 zu§ 9 LohnFG] zum Entgeltfortzahlungsrecht [s.u. Rn. 4918] einen Verzicht auf Urlaubsabgeltung in einer Ausgleichsquittung nach Beendigung des Arbeitsverhältnisses für zulässig erachtet). **4915**

Etwas anderes gilt aber für Urlaubsansprüche, die über dem gesetzlichen Mindesturlaub **4916** (§§ 1, 3 BUrlG) liegen (*BAG* 31.5.1990 EzA § 13 BUrlG Nr. 49), soweit nicht § 4 Abs. 4 TVG eingreift.

c) Entgeltfortzahlungsansprüche

Siehe oben Rn. 4906 zu den Auswirkungen der Schuldrechtsreform. **4917**

Trotz § 12 EFZG kommt dagegen ein Verzicht auf Entgeltfortzahlungsansprüche dann in **4918** Betracht, wenn der Arbeitnehmer **nach Beendigung des Arbeitsverhältnisses** eine entsprechende Erklärung abgegeben hat (s.o. Rn. 2055 ff.). Denn der Zweck des § 12 EFZG besteht darin, dass der infolge seiner abhängigen Stellung in seiner Entscheidungsfreiheit beschränkte Arbeitnehmer davor geschützt werden soll, unter einem wirklichen oder auch nur vermeintlichen Druck seines Arbeitgebers Rechte preiszugeben, die ihm kraft Gesetzes zustehen. Der Schutz ist aber nach Auffassung des *BAG* (11.6.1976 EzA § 9 LohnFG Nr. 4; 20.8.1980 EzA § 9 LohnFG Nr. 7) nur so lange gerechtfertigt, wie die Abhängigkeit besteht, also nur für die Dauer des Arbeitsverhältnisses (*Schäfer* Die Abwicklung des beendeten Arbeitsverhältnisses, Rz. 195).

Sofern ein Fall des § 8 Abs. 1 S. 1 EFZG vorliegt, haben Ausgleichsquittungen, die Arbeit- **4919** nehmer aus Anlass der Beendigung des Arbeitsverhältnisses unterzeichnen, hinsichtlich der erst später fällig werdenden Teilansprüche auf Entgeltfortzahlung keine rechtliche Wirkung. Die Teilansprüche müssen damit erst nach dem Ende des Arbeitsverhältnisses fällig geworden sein. Dadurch allein wird der besondere Entgeltfortzahlungsanspruch in der Praxis des Arbeitslebens wirksam geschützt (*BAG* 20.8.1980 EzA § 6 LFZG Nr. 14).

d) Lohnansprüche bei Betriebsübergang

Ein Verzicht auf einen Teil des Lohnanspruchs aus Anlass eines Betriebsübergangs (§ 613a **4920** BGB) ist nur dann zulässig, wenn dafür bei Anlegung eines strengen Maßstabes **sachliche Gründe** vorliegen.

Als sachlicher Grund kommt die Notwendigkeit in Betracht, den Erwerb Not leidender **4921** Betriebe zu ermöglichen (*BAG* 27.4.1988 EzA § 613a BGB Nr. 70).

e) Vergütung für Arbeitnehmererfindungen

Ausgleichsquittungen erfassen nicht ohne weiteres Vergütungen gem. § 26 ArbNErfG, weil **4922** derartige Ansprüche unabhängig von der Beendigung des Arbeitsverhältnisses bestehen (MünchArbR/*Sack* § 101 Rz. 50).

f) Betriebliche Altersversorgung

4923 Einer allgemein gehaltenen Ausgleichsquittung ist ebenso wenig wie einer allgemein gehaltenen Ausgleichsklausel in einem Vergleich ein Verzicht auf Ansprüche aus der betrieblichen Altersversorgung zu entnehmen (*BAG* 9.11.1973 EzA § 242 BGB Ruhegehalt Nr. 28). Denn solche Ansprüche entziehen sich wegen ihrer Dimension und Bedeutung für den Arbeitnehmer dem Geltungsbereich einer Ausgleichsquittung. Der Arbeitgeber kann nicht damit rechnen, dass ein Arbeitnehmer eher beiläufig und ohne besonderen Anlass auf seine Altersversorgung verzichtet (*BAG* 9.11.1973 EzA § 242 BGB Ruhegehalt Nr. 28). Versorgungsansprüche haben meistens einen hohen Wert und deren Erhaltung und Erfüllung ist für den daraus Berechtigten oft von sehr großer Bedeutung. Deshalb ist der Verzicht auf solche Ansprüche für den Arbeitnehmer ein großes Opfer (*Schäfer* Die Abwicklung des beendeten Arbeitsverhältnisses, Rz 197).

4924 Etwas anderes gilt aber dann, wenn die Versorgungsansprüche, -anwartschaften besonders genannt werden (*BAG* 27.2.1990 EzA § 1 BetrAVG Nr. 56); wirksam ist dies aber nur in den Grenzen des § 3 BetrAVG (s. § 17 Abs. 3 BetrAVG).

g) Karenzentschädigung

4925 Eine Ausgleichsquittung, die mit der Feststellung endet, dass dem Arbeitnehmer keine weiteren Ansprüche aus dem Arbeitsverhältnis sowie dessen Beendigung zustehen, enthält **im Zweifel keinen Verzicht auf Rechte aus einem nachvertraglichen Wettbewerbsverbot** (*BAG* 20.10.1981 EzA § 74 HGB Nr. 39).

4926 Denn bei Ansprüchen auf Karenzentschädigung muss der Arbeitnehmer im Allgemeinen nach Treu und Glauben nicht davon ausgehen, dass eine Ausgleichsquittung mit der Feststellung, weitere Ansprüche bestünden nicht, auch alle Rechte aus einer Wettbewerbsvereinbarung abschneiden soll. **Für diese ist es nämlich kennzeichnend, dass sie erst nach Beendigung des Arbeitsverhältnisses fällig werden.** Sie sind von vornherein für die an das Arbeitsverhältnis anschließende Karenzzeit geschaffen worden. Hingegen sind Ausgleichsquittungen gerade umgekehrt dazu bestimmt, die Abwicklung des beendeten Arbeitsverhältnisses zu erleichtern und rückblickend etwa bestehende Unklarheiten zu beseitigen. **Deshalb wäre es ganz ungewöhnlich, wenn sich eine Ausgleichsquittung auch auf Ansprüche bezöge, die erst nach Beendigung des Arbeitsverhältnisses wirksam werden sollten.** Das Gegenteil muss klar zum Ausdruck gebracht werden (*Schäfer* Die Abwicklung des beendeten Arbeitsverhältnisses, Rz. 199).

3. Anfechtung der Ausgleichsquittung; Widerruf

4927 Hat der Arbeitnehmer ohne entsprechenden Verzichtswillen eine Ausgleichsquittung mit der Folge unterzeichnet, dass ein an sich noch gegebener Anspruch gegen den Arbeitgeber erloschen ist, so geht sein Bestreben regelmäßig dahin, ihre Wirkung zu beseitigen und die noch ausstehende Leistung des Arbeitgebers zu erhalten.

4928 Einige Tarifverträge geben dem Arbeitnehmer das Recht, eine einmal erteilte Ausgleichsquittung innerhalb einer bestimmten Frist zu widerrufen (vgl. MünchArbR/*Wank* § 127 Rz. 26).

4929 Im Übrigen kann das in einer Ausgleichsquittung liegende Angebot bzw. die Annahme unter den Voraussetzungen der §§ 119 ff., 123 f. BGB angefochten werden (*BAG* 25.9.1969 AP Nr. 36 zu § 3 KSchG; 6.4.1977 EzA § 4 KSchG n.F. Nr. 12).

4930 Zu beachten ist, dass das Vorliegen der tatsächlichen Voraussetzungen der Anfechtungsnormen vom ArbG nicht bereits dann überprüft wird, wenn nach dem Sachvortrag ein Anfechtungsgrund gegeben sein könnte. **Erforderlich ist, dass die Anfechtung der Ausgleichsquittung auch tatsächlich erklärt wird.**

a) § 119 Abs. 1 BGB

Möglich ist insoweit ein Irrtum über den Erklärungsinhalt (§ 119 Abs. 1 BGB), wenn der Arbeitnehmer behauptet und beweist, **dass er nur den Empfang der Arbeitspapiere und z.B. des Restlohnes quittieren wollte**, sodass er sich eine bestimmte, aber unrichtige Vorstellung von dem Inhalt des unterzeichneten Schriftstücks gemacht hat (*BAG* 27.8.1970 AP Nr. 33 zu § 133 BGB). Macht er sich dagegen vom Inhalt der Ausgleichsquittung **gar keine Vorstellung**, so kommt § 119 Abs. 1 BGB nicht in Betracht (*BAG* 27.8.1970 AP Nr. 33 zu § 133 BGB; *Schäfer* Die Abwicklung des beendeten Arbeitsverhältnisses, Rz. 201 ff.). 4931

b) § 123 Abs. 1 BGB

Eine Anfechtung wegen widerrechtlicher Drohung (§ 123 Abs. 1 BGB) kommt insbes. dann in Frage, wenn der Arbeitgeber sich weigert, Restlohn und Arbeitspapiere ohne Unterzeichnung der Ausgleichsquittung auszuhändigen und der Arbeitnehmer sie daraufhin unterzeichnet (*Schäfer* Die Abwicklung des beendeten Arbeitsverhältnisses, Rz. 206 ff.). 4932

c) Ausländische Arbeitnehmer; Sprachrisiko

Fraglich ist, ob diese Grundsätze auch für ausländische Arbeitnehmer gelten, die eine in deutscher Sprache gehaltene Ausgleichsquittung unterzeichnet haben, ohne dass sie ihnen vorher übersetzt wurde (*Schäfer* Die Abwicklung des beendeten Arbeitsverhältnisses, Rz. 189 ff.). Ein Arbeitgeber kann sich auf Grund seiner **Fürsorgepflicht** auf die Wirksamkeit einer von einem ausländischen Arbeitnehmer unterzeichneten Ausgleichsquittung dann nicht berufen, wenn er **weiß oder erkennen muss**, dass der Arbeitnehmer den Inhalt der Erklärung wegen fehlender Sprachkenntnisse **nicht versteht**. Ein Arbeitnehmer mit qualifizierter Berufsausbildung (indischer Ingenieur), der sich seit zehn Jahren in der BRD aufhält und deutsch nicht nur sprechen, sondern auch lesen kann, ist aber jedenfalls an die von ihm unterzeichnete Ausgleichsquittung gebunden (*LAG Köln* 24.11.1999 LAGE § 4 KSchG Nr. 4). 4933

Ist ein ausländischer Arbeitnehmer **der deutschen Sprache** so weit **mächtig**, dass er das, was ihm erklärt oder zum Durchlesen vorgelegt wird, verstehen kann oder hätte verstehen können, wenn er es durchgelesen hätte, so ist er im Hinblick auf die Wirksamkeit einer Ausgleichsquittung nach Auffassung des *LAG Hamm* (14.12.1984 NZA 1985, 292) nach den **gleichen Grundsätzen** wie ein deutscher Arbeitnehmer zu behandeln. Er kann sich also nicht auf § 119 Abs. 1 BGB berufen (*LAG Hamm* 2.1.1976 EzA § 119 BGB Nr. 9). 4934

Teilweise wird demgegenüber vom Arbeitgeber verlangt, dass entweder eine Erklärung in der Muttersprache des Arbeitnehmers oder aber eine **Übersetzung** des Inhalts durch einen Dolmetscher erfolgt (*LAG Düsseld.* 2.11.1971 EzA § 626 BGB n.F. Nr. 18). 4935

Unterzeichnet der Arbeitnehmer die Ausgleichsquittung und musste der Arbeitgeber erkennen, dass er sie nicht verstanden hat, so fehlt es jedenfalls i.d.R. bereits an einem Geschäftswillen, sodass ein Vertrag nicht zustande kommt (*LAG BW* AR-Blattei ES 290 Nr. 5 = D-Blatt »Ausgleichsquittung: Entsch. 5«). 4936

Darüber hinaus wird dem Arbeitgeber teilweise die **Darlegungs- und Beweislast** dafür auferlegt, dass der ausländische Arbeitnehmer die deutschsprachige Ausgleichsquittung auch verstanden hat oder der deutschen Sprache ausreichend mächtig ist, weil er Rechte aus der Ausgleichsquittung herleitet (*LAG Hamm* 2.1.1976 EzA § 305 BGB Nr. 8; *LAG Bln.* 17.4.1978 EzA § 397 BGB Nr. 3). 4937

4. Darlegungs- und Beweislast

Der Verzichtswille ist im Streitfall von demjenigen darzulegen und zu beweisen, der sich auf eine wirksame Ausgleichsquittung beruft. Steht fest, dass eine Ausgleichsquittung vom Arbeitnehmer erteilt wurde und beruft sich der Arbeitnehmer auf deren Nichtigkeit oder Anfechtbarkeit, so trägt er für die maßgeblichen Tatsachen die Beweislast (*Neumann* DB 1960, 1455). 4938

5. Bereicherungsanspruch

4939 Bestand noch eine Forderung des Arbeitnehmers gegen den Arbeitgeber, von der er nichts wusste, so kann er gem. **§ 812 Abs. 2 BGB** ein in der Ausgleichsquittung liegendes konstitutives Schuldanerkenntnis zurückverlangen (*BAG* 6.4.1977 EzA § 4 KSchG n.F. Nr. 12).

4940 Auch in den übrigen Fällen, in denen die Ausgleichsquittung zu Unrecht abgegeben wurde, besteht ein Rückforderungsanspruch des Arbeitnehmers.

V. Ausschlussklauseln im (außergerichtlichen und gerichtlichen) Vergleich

4941 Häufig vereinbaren die Parteien in einem (außergerichtlichen oder gerichtlichen) Vergleich neben der Beendigung des Arbeitsverhältnisses und der Regelung von Zahlungsansprüchen usw. eine sog. Abgeltungsklausel.

4942 ► **Beispiel:**
Die Parteien schlossen zur Beilegung aller zwischen ihnen bestehenden (Rechts-)Streitigkeiten einen gerichtlichen Vergleich mit folgendem Inhalt:
»1. Die Parteien sind sich einig, dass ihr Arbeitsverhältnis zum 31.3.1994 sein Ende gefunden hat.
2. Dem Kläger wird der im Verfahren … Ga …/94 beantragte Bildungsurlaub gewährt.
3. Der Kläger wird seinen Arbeitsplatz und die Geschäfte ordnungsgemäß übergeben.
4. Die Parteien sind sich einig, dass sämtliche Urlaubsansprüche des Klägers mit dieser Vereinbarung erfüllt sind.
5. Für den Verlust des Arbeitsplatzes zahlt die Beklagte entsprechend §§ 9, 10 KSchG, § 3 Nr. 9 EStG eine Abfindung in Höhe von 50 000 DM.
6. Mit der Erfüllung dieses Vergleichs sind die Verfahren … Ga …/94 und … Ca …/94 sowie alle beiderseitigen finanziellen Ansprüche der Parteien aus dem beendeten Arbeitsverhältnis – bekannt oder unbekannt – erledigt.«

4943 In diesem Vergleich ist insbes. in Ziff. 1 keine Regelung darüber enthalten, dass der Kläger für den Monat März eine Vergütung erhalten sollte. Urlaubsentgelt hatte der Kläger im vertraglich vereinbarten Umfang erhalten. Die Klage des Klägers auf Zahlung von Gehalt bzw. verdienten Provisionen für den Monat März 1994 hat das *LAG RhPf* deshalb im Hinblick auf die Ausgleichsklausel (Urteil v. 2.10.1995 – 11 Sa 634/95) abgewiesen (vgl. auch *LAG Sachsen* 7.6.2000 NZA-RR 2001, 410: Vereinbarung einer bezahlten Freistellung begründet keinen Entgeltanspruch, wenn der Arbeitnehmer – nach Ablauf der Sechs-Wochen-Frist des EFZG – bis zum Beendigungszeitpunkt arbeitsunfähig erkrankt). Auch wenn die Parteien in einem Abfindungsvergleich mit einer umfassenden Ausgleichsklausel u.a. vereinbaren, dass die Beklagte an den Kläger bis zum (ordentlichen) Beendigungszeitpunkt »die **vertragsgemäße Vergütung** in Höhe von insgesamt 23.875 DM brutto« bezahlt, dann liegt bzgl. der Vergütung eine **vertragliche Festlegung der gesamten Nachzahlungsbeträge** vor. Der Arbeitnehmer kann folglich nicht nachträglich geltend machen, er habe bei der Berechnung **ein Monatsgehalt vergessen** und darüber hinaus schulde ihm der Arbeitgeber noch eine vertraglich begründete Jahressondervergütung und ein Urlaubsgeld (*LAG RhPf* 6.5.2003 NZA-RR 2004, 302).

4944 Generell ist in diesem Zusammenhang zu beachten, dass dann, wenn sich der Arbeitgeber in einem (z.B. gerichtlichen) Vergleich verpflichtet, das Arbeitsverhältnis bis zu dessen Beendigung »ordnungsgemäß abzurechnen«, dadurch mangels anderer Anhaltspunkte ein Vergütungsanspruch nicht selbstständig begründet wird. Vielmehr betrifft die Abrechnung dann nur die nach anderen Rechtsgrundlagen bestehenden Ansprüche (*BAG* 19.5.2004 EzA § 615 BGB 2002 Nr. 6 = BAG Report 2004, 315; s.a. *LAG Hamm* 11.2.2008 – 8 Sa 1592/07 – EzA-SD 11/2008 S. 6 LS).

1. Auswirkungen der Ausgleichsklausel

Die Ausgleichsklausel in Ziff. 6 des Vergleichs hat den Zweck, das streitige Rechtsverhältnis abschließend zu regeln (vgl. *BAG* 5.4.1973 AP § 794 ZPO Nr. 22; 10.5.1978 EzA § 794 ZPO Nr. 3; vgl. auch *LAG München* 24.4.1997 BB 1998, 269; dies gilt nicht für eine Klausel mit dem Wortlaut »Damit ist der Rechtsstreit ... erledigt« [*LAG Köln* 28.10.1994 NZA 1995, 739 LS]). Dieser die Gerichtspraxis in den Tatsacheninstanzen (vgl. § 57 Abs. 2 ArbGG) beherrschende Zweck – Schaffung klarer Verhältnisse (vgl. *BAG* 28.7.2004 EzA § 611 BGB 2002 Aufhebungsvertrag Nr. 4 = NZA 2004, 1098) – wird aber nur erreicht, wenn die Klausel grds. weit ausgelegt wird in dem Sinne, dass alle Verpflichtungen, die nicht von dieser Klausel erfasst werden sollen, ausdrücklich und unmissverständlich im Vergleich selbst bezeichnet werden müssen, ohne dass es weiterer Zusätze bedarf wie »bekannt oder unbekannt« oder »gleich aus welchem Rechtsgrund« (*ArbG Bln.* 31.8.2005 – 7 Ga 18429/05 – EzA-SD 22/05 S. 9). Über die Tragweite des Vergleichs darf es keine Unklarheit geben, sonst kann er seine Friedensfunktion nicht erfüllen. Das gilt auch für Ansprüche, die sich erst aus den Bedingungen des Vergleichs selbst ergeben können (zu den Auswirkungen auf Insolvenzgeldansprüche s.o. Rn. 1425 ff.; vgl. *Busemann* Die Haftung des Arbeitnehmers gegenüber dem Arbeitgeber und Dritten, Rz. 89 ff.). **4945**

So ist das *BAG* (5.4.1973 AP § 794 ZPO Nr. 22) z.B. davon ausgegangen, dass dann, wenn im Vergleichswege das Ende des Arbeitsverhältnisses vorverlegt wird, dem Arbeitgeber durch eine allgemeine Ausgleichsklausel der Anspruch auf Rückzahlung des Gehalts abgeschnitten wird, das er für drei Monate, die nach dem im Vergleich vereinbarten Beendigungstermin lagen, ohne Rechtsgrund gezahlt hatte. **4946**

Im vom *BAG* am 10.5.1978 (EzA § 794 ZPO Nr. 3) entschiedenen Fall wurde das Ende des Arbeitsverhältnisses durch den Vergleich hinausgeschoben; der damit begründeten Lohnforderung stand jedoch wiederum die Ausgleichsklausel im Wege. **4947**

Diese Grundsätze hat das *LAG RhPf* (2.10.1995 – 11 Sa 634/95) auf den Beispielsfall übertragen. Hinsichtlich der Frage, ob der Arbeitnehmer ohne entsprechende eindeutige Vereinbarung weitere Entgeltansprüche geltend machen kann, besteht wegen der gleichen Sach- und Interessenlage der Parteien keine Veranlassung, beide Lebenssachverhalte unterschiedlich zu behandeln. Deshalb erfasst die Ausgleichsklausel nicht nur sich aus der Regelung im Vergleich selbst ergebende Ansprüche, sondern erst recht allgemeine Entgelt- und Provisionsansprüche. **4948**

Ein »Anspruch aus dem Arbeitsverhältnis« in einem Beendigungsvergleich ist auch ein etwaiger bereicherungsrechtlicher Rückzahlungsanspruch des Arbeitgebers im Falle der nachträglichen Feststellung eines einheitlichen Arbeitsverhältnisses eines zunächst als »freier Mitarbeiter« und später als »Arbeitnehmer« Beschäftigten, auch wenn der Arbeitgeber daran bei Vergleichsabschluss nicht dachte, er aber damit rechnen konnte (*ArbG Bln.* 31.8.2005 – 7 Ga 18429/05 – EzA-SD 22/05 S. 9). **4949**

Eine Ausnahme kommt zwar in Betracht für Ansprüche auf betriebliches Ruhegeld und möglicherweise für Zeugnisansprüche (*BAG* a.a.O.), sowie für Ansprüche auf Herausgabe und Berichtigung von Arbeitspapieren, **weil sich solche Ansprüche wegen ihrer Bedeutung für den Arbeitnehmer i.d.R. dem Geltungsbereich einer allgemeinen Ausgleichsquittung entziehen**. Denn der Arbeitgeber kann nicht damit rechnen, dass ein Arbeitnehmer im Rahmen einer allgemeinen Ausgleichsklausel eher beiläufig ohne besonderen Anlass auf seine Altersversorgung, vielleicht auch auf ein Zeugnis verzichtet. Im Beispielsfall ging es jedoch um die unmittelbaren wirtschaftlichen Folgen der verschiedenen Arbeitsrechtsstreitigkeiten zwischen den Parteien sowie der von der Beklagten erklärten ordentlichen Kündigung. Es war deshalb nahe liegend und geboten, den strittigen Entgeltanspruch entweder unmittelbar im Vergleich zu regeln oder von der Geltung der Ausgleichsklausel ausdrücklich auszunehmen oder eine Ausgleichsklausel insgesamt abzulehnen. **4950**

4951 **Die Untätigkeit des (anwaltlich vertretenen) Klägers ließ daher nur den Schluss zu, dass auch mögliche Ansprüche auf weitere Provisionszahlungen von der Ausgleichsklausel des Vergleichs erfasst werden sollten.**

4952 Nach Auffassung des *LAG Hamm* (28.4.1995 LAGE § 794 ZPO Ausgleichsklausel; **a.A.** *OLG Düsseld.* 9.7.1997 NZA-RR 1998, 1 für einen Aufhebungsvertrag eines GmbH-Geschäftsführers) erfasst eine derartige Formulierung, die noch den Zusatz enthält »mit Ausnahme der Ansprüche auf betriebliche Altersversorgung« nicht den Anspruch auf Rückzahlung eines **Arbeitgeberdarlehens.** Das *LAG Köln* (9.9.1997 NZA 1998, 280 LS) hat angenommen, dass von einer in einem Abfindungsvergleich vereinbarten Ausgleichsklausel regelmäßig Ansprüche aus einem beim Gericht eingeleiteten Verfahren auf Kostenerstattung nicht erfasst werden. Andererseits erfasst eine derartige Ausgleichsklausel keine unstreitig bestehenden Lohnansprüche, die noch nicht abgerechnet sind und über die kein Streit besteht. Ein Verzicht, bei dem die Parteien im Rahmen eines Erlassvertrages von dem Bestand der Forderung ausgehen und vereinbaren, dass diese nicht mehr erfüllt werden soll, kann nicht angenommen werden. An die Feststellung des Willens, auf eine Forderung zu verzichten, sind vielmehr strenge Anforderungen zu stellen; der Verzicht auf ein Recht ist nicht zu vermuten (*LAG Hamm* 7.12.2000 NZA-RR 2002, 15).

4953 Besonderheiten bestehen bei einem bestehenden **Wettbewerbsverbot:** Eine allgemeine Ausgleichsklausel in einem außergerichtlichen Vergleich zur Beendigung eines Kündigungsschutzrechtsstreits erfasst i.d.R. auch Ansprüche aus einem Wettbewerbsverbot (ebenso für eine Abgeltungsklausel in einem Aufhebungsvertrag *BAG* 19.11.2003 NZA 2004, 554 m. krit. Anm. *Bauer/Diller* BB 2004, 1274 ff.). Eine anderweitige Auslegung kann sich aus Umständen vor oder bei Abschluss des Vergleichs oder dem Verhalten der Parteien danach ergeben. Jedenfalls ist eine Auslegung durch das Berufungsgericht, die zum Fortbestand des Wettbewerbsverbots einerseits und zum Verzicht auf Karenzentschädigung andererseits führt, widersprüchlich (*BAG* 31.7.2002 EzA § 74 HGB Nr. 64). Das *LAG Hamm* (22.4.2005 – 7 Sa 2220/04 – EzA-SD 13/05, S. 5 LS) hat daraufhin angenommen, dass dann, wenn ein Verzicht auf die Karenzentschädigung gegeben ist, mit dieser Erklärung aber das Wettbewerbsverbot nicht insgesamt aufgehoben wird, eine derartige einseitige Auslegung zu einem widersprüchlichen Ergebnis führen würde, nämlich zu einem entschädigungslosen Wettbewerbsverbot. Folglich soll eine interessengerechte Auslegung der Ausgleichsklausel zu der Feststellung führen, dass das nachvertragliche Wettbewerbsverbot umfassend fortbesteht. Das *BAG* (8.3.2006 EzA § 74 HGB Nr. 67 = NZA 2006, 854) hat diese Entscheidung auf der Grundlage bestätigt, **dass Klauseln in Vergleichen i.d.R. nichttypische Erklärungen sind, die in der Revision nur eingeschränkt überprüfbar sind daraufhin, ob gegen anerkannte Auslegungsregeln, Erfahrungssätze und Denkgesetze verstoßen worden ist, ob Verfahrensvorschriften eingehalten worden sind oder wesentliche Umstände unberücksichtigt wurden; gemessen daran war die Ausgangsentscheidung nicht zu beanstanden.**
Vorstellungskosten aus Anlass der Eingehung eines Arbeitsverhältnisses werden, wenn sich aus den Umständen nichts anderes ergibt, von einer Ausgleichsklausel in einem gerichtlichen Vergleich erfasst, die eine Erledigung »aller eventueller finanzieller Ansprüche aus dem Arbeitsverhältnis und seiner Beendigung« vorsieht (*LAG Nbg.* 29.9.2003 NZA-RR 2004, 290 = LAG Report 2004, 220 LS).

2. Rechtsnatur und Auslegung der Ausgleichsklausel

4954 Eine Klausel des zuvor zitierten Inhalts (s.o. Rn. 4942; vgl. zu den dadurch u.U. auftretenden Rechtsfragen *Diller* FA 2000, 270 ff.) ist nach Auffassung des *LAG München* (24.4.1997 BB 1998, 269) i.d.R. als **negatives konstitutives Schuldanerkenntnis** i.S.d. § 397 Abs. 2 BGB zu qualifizieren (**a.A.** *LAG Düsseld.* 7.12.2000 NZA-RR 2002, 15: deklaratorisches negatives Schuldanerkenntnis). Wird dieses Schuldanerkenntnis in Kenntnis einer möglichen bestehenden Forderung abgegeben, so scheidet eine Rückforderung wegen ungerechtfertigter Bereicherung aus.

Die Formulierung »Mit Erfüllung dieser Vereinbarung …« kann danach nicht dahingehend ausgelegt werden, dass es sich insoweit um eine Bedingung handelt, deren Herbeiführen ins Belieben der Beklagten gestellt ist. Denn Bedingung i.S.d. § 158 BGB ist das Abhängigmachen eines Rechtsgeschäfts von einem zukünftigen ungewissen Ereignis. »Mit Erfüllung dieser Vereinbarung« bedeutet daher – vom insoweit nicht eindeutigen Wortlaut noch gedeckt – nichts anderes, als dass **über die in der Vereinbarung genannten Ansprüche hinaus zwischen den Parteien keine weiteren Ansprüche mehr bestehen** (abl. *Lücke* BB 1998, 271 ff.). Der Arbeitgeber kann deshalb nicht mit einer für ihn eventuell bestehenden Rückzahlungsforderung gegen den Arbeitnehmer mit einer von ihm zu zahlenden Abfindungssumme an den Arbeitnehmer aus einer Aufhebungsvereinbarung aufrechnen. 4955

Eine Ausgleichsklausel, die **alle Ansprüche aus einem beendeten Arbeitsverhältnis sowie aus sämtlichen sonstigen Rechtsbeziehungen** der Parteien bereinigt, erfasst nach Auffassung des *LAG Bln.* (5.6.1996 NZA-RR 1997, 124) i.d.R. zwar alle wirtschaftlich mit dem Arbeitsverhältnis verbundenen Ansprüche. Sie kann aber **nicht** dahin ausgelegt werden, dass sie auch **die Aufgabe oder Übertragung von Eigentumsrechten** (z.B. Herausgabe eines Fahrzeugscheins, zweier PKW-Schlüssel sowie des PKW) zum Inhalt hat. Sollen von ihr auch dingliche Rechte erfasst werden, so bedarf es insoweit einer klaren und eindeutigen Regelung. 4956

Das *BAG* (31.7.2002 EzA § 74 HGB Nr. 63, 64; ebenso *LAG Nbg.* 29.9.2003 NZA-RR 2004, 290; für eine Abgeltungsklausel in einem Aufhebungsvertrag *BAG* 19.11.2003 NZA 2004, 554 m. krit. Anm. *Bauer/Diller* BB 2004, 1274 ff.; 7.9.2004 EzA § 74 HGB Nr. 66 = NZA 2005, 1376 LS m. Anm. *Buchner* SAE 2007, 1 ff.; *LAG Bln.* 26.8.2005 – 6 Sa 633/05 – EzA-SD 23/05 S. 5 LS = NZA-RR 2006, 67) hat inzwischen in diesem Zusammenhang für die notwendige Auslegung anhand der §§ 133, 157 BGB (*BAG* 8.3.2006 EzA § 74 HGB Nr. 67 = NZA 2006, 854) folgende Grundsätze aufgestellt: 4957

- Ausgleichsklauseln sind im Interesse klarer Verhältnisse grds. weit auszulegen, um den angestrebten Vergleichsfrieden sicherzustellen.
- Sieht eine allgemeine Ausgleichsklausel vor, dass mit dem Vergleich alle gegenseitigen Ansprüche aus dem Arbeitsverhältnis und seiner Beendigung erledigt sein sollen, so sind von diesem Wortlaut grds. auch Ansprüche aus einem Wettbewerbsverbot erfasst. Eine Auslegung, die zum Fortbestand des Wettbewerbsverbots einerseits und zum Verzicht auf Ansprüche auf Karenzentschädigung andererseits führt, ist widersprüchlich.
- Die zum Verzicht auf Ansprüche aus betrieblicher Altersversorgung entwickelten Auslegungsregeln sind auf diese Ansprüche nicht anwendbar.
- Dies schließt nicht aus, dass aus weiteren Umständen, z.B. Art und Inhalt der Vorverhandlungen sowie Verhalten nach Vertragsschluss, auf einen anderen Willen der Parteien geschlossen werden kann.

So werden z.B. **Vorstellungskosten** aus Anlass der Eingehung des Arbeitsverhältnisses dann, wenn sich aus den Umständen nichts anderes ergibt, von einer Ausgleichsklausel in einem gerichtlichen Vergleich erfasst, die eine Erledigung »aller eventueller finanzieller Ansprüche aus dem Arbeitsverhältnis und dessen Beendigung« vorsieht (*LAG Nbg.* 29.9.2003 NZA-RR 2004, 290). Die Regelung in einem Aufhebungsvertrag, wonach sämtliche Ansprüche des Arbeitnehmers aus seinem Arbeitsverhältnis und aus Anlass von dessen Beendigung – gleich aus welchem Rechtsgrund – abgegolten sein sollen, kann auch etwaige **Schadensersatz- oder Entschädigungsansprüche** des Arbeitnehmers gegen seinen Vorgesetzten wegen sog. **Mobbings** erfassen (*LAG Bln.* 26.8.2005 – 6 Sa 633/05 – EzA-SD 23/05 S. 5 LS = NZA-RR 2006, 67). 4958

Für die Reichweite einer Ausgleichsklausel – z.B. in einem Aufhebungsvertrag – kann es auch von Bedeutung sein, ob die Parteien ein **unverbindliches** – weil unzulässig bedingtes – **Wettbewerbsverbot** (ausf. dazu Kap. 9 Rn. 128) vereinbart haben. Vereinbaren die Parteien in einer Aufhebungsvereinbarung in den ersten Ziffern des Vertrages die befristete Fortsetzung des Arbeitsverhältnisses und die für diese Zeit wechselseitig geschuldeten Leistungen, 4959 so kann die im Text folgende Klausel, nach der »weitergehende Ansprüche nicht bestehen, insbesondere ...« als konstitutives negatives Schuldanerkenntnis anzusehen sein, dass auch das an sich gegebene Wahlrecht des Arbeitnehmers (s.u. Kap. 9 Rn. 128) zum Erlöschen bringt (*BAG* 7.9.2004 EzA § 74 HGB Nr. 66 = NZA 2005, 1376 LS m. Anm. *Buchner* SAE 2007, 1 ff.).

3. Rechtsmissbrauch

4960 Vereinbaren Arbeitgeber und Arbeitnehmer im Zusammenhang mit einer einvernehmlichen Beendigung des Arbeitsverhältnisses eine Ausgleichsklausel, kann die Berufung darauf rechtsmissbräuchlich sein. Das hat das *LAG Düsseld.* (28.8.2001 ARST 2002, 81) z.B. in einem Fall angenommen, dass nach Vertragsschluss bis dahin nicht bekannte vorsätzlich begangene Vermögensdelikte des Arbeitnehmers aufgedeckt wurden (gewerbsmäßiger Betrug in Höhe von ca. 180.000 DM). Denn der Arbeitnehmer, der durch eine vorsätzliche pFV und eine vorsätzliche unerlaubte Handlung seinem bisherigen Arbeitgeber einen Schaden zufügt, verstößt gegen Treu und Glauben, wenn er, um für sich einen Rechtsvorteil zu erzielen, seinen früheren Arbeitgeber an einer Erklärung festhalten will, die dieser bei Kenntnis des Sachstandes in dieser Form nicht abgegeben hätte.

G. Antidiskriminierungsrecht

I. Grundsätzliche Bedeutung

4961 Nach langer Diskussion ist am 18.8.2006 das Allgemeine Gleichbehandlungsgesetz AGG in Kraft getreten. Es hat – verspätetet – mehrere EU-Richtlinien zur Antidiskriminierung umgesetzt. Umgangssprachlich wird das AGG häufig als »Antidiskriminierungsgesetz« bezeichnet, diesen Namen trugen frühere Entwürfe.

4962 Das AGG verbietet umfassend die Diskriminierung im Arbeitsleben. Es reicht jedoch darüber hinaus und betrifft nicht nur freie Mitarbeiter, Organmitglieder und selbstständig Tätige, sondern enthält auch einen dritten Abschnitt mit rein zivilrechtlichen Diskriminierungsverboten bei Massengeschäften (Versicherungsverträge, Mietverträge etc.).

4963 Der Gedanke der Antidiskriminierung war dem deutschen Recht nicht neu (krit. gegenüber den gesetzgeberischen Zielen *Picker* ZfA 2005, 167 ff.). Schon vorher gab es die Diskriminierungsverbote wegen des **Geschlechts** (§§ 611a, 611 b BGB) sowie wegen **Schwerbehinderung** (§ 81 Abs. 2 SGB IX), diese Vorschriften sind durch das AGG aufgehoben worden. Daneben hatte die Rechtsprechung über die zivilrechtlichen Generalklauseln (§§ 133, 242 BGB) i.V.m. dem Gleichheitsgebot des Art. 3 GG in krassen Fällen der Diskriminierung wegen **sexueller Identität**, **Religion** oder **Rasse/ethnischer Herkunft** geholfen. Dem deutschen Recht **neu** war dagegen das Verbot der **Altersdiskriminierung**. Noch nachvollziehbar ist dabei das Verbot, Ältere schlechter zu behandeln als Jüngere. Bis zum Inkrafttreten des AGG hatte dagegen in Deutschland niemand Anstoß daran genommen, dass Arbeitgeber, Betriebspartner und Tarifparteien bewusst Ältere besser gestellt haben als Jüngere. Ganz im Gegenteil basierten viele gesetzliche und tarifvertragliche Regeln auf bewusster Differenzierung zwischen verschiedenen Altersgruppen und Besserstellung der Älteren (man denke nur an die Sozialauswahl nach § 1 Abs. 3 KSchG, die verbreiteten tariflichen Unkündbarkeitsregeln, nach Alter gestaffelte Abfindungsfaktoren in Sozialplänen, Altersgrenzen in Tarifverträgen etc.). Dies entsprach gemeinsamen Gerechtigkeitsüberzeugungen sowohl der Arbeitgeber- als auch der Arbeitnehmerseite. Nach Inkrafttreten des AGG ist die Anknüpfung an das Alter als Differenzierungskriterium grundsätzlich unzulässig, also auch eine Begünstigung der Älteren gegenüber den Jüngeren. Es verwundert daher nicht, dass das Hauptproblem des AGG die Umsetzung des Verbots der Altersdiskriminierung ist. Das Verbot der Altersdiskriminierung sieht *Preis* (NZA 2006, 410) als **das** arbeitsrechtliche Thema der nächsten Jahre. Interessanterweise ist die amerikanische Rechtsordnung, die gemeinhin als der Geburtsort der Diskriminierungsverbote angesehen wird, bei der Altersdiskriminierung ganz anders konzipiert: Der Age Discrimination Act kennt kein Verbot der Diskriminierung Jüngerer. Er verbietet lediglich die Diskriminierung Älterer, wobei die Diskriminierungsgrenze bei 40 Jahren gezogen wird (*Wiedemann/Thüsing* NZA 2002, 1236 m.w.N.).

Häufig übersehen wird, dass die Diskriminierungsverbote des AGG einen reinen Negativkatalog darstellen. Das AGG **bedeutet nicht** im Umkehrschluss, dass der Arbeitgeber sämtliche Personalentscheidungen nach **streng objektiven Kriterien** treffen müsste. Das AGG ist kein Anti-Willkür-Gesetz. Deshalb ist es insbesondere bei Einstellungen dem Arbeitgeber auch nach Inkrafttreten des AGG keinesfalls verwehrt, sich an nicht messbaren, rein subjektiven Kriterien zu orientieren, also sich z.B. für den sympathischeren oder optisch attraktiveren, gesundheitlich leistungsfähigeren oder robusteren Bewerber zu entscheiden. Eine strenge Bindung an objektive Kriterien gilt über Art. 33 GG nur für die öffentlichen Arbeitgeber. 4964

Der beklagenswerte Gesetzgebungs-Dilettantismus der letzten Jahrzehnte hat im AGG einen traurigen neuen Höhepunkt erreicht (»eines zivilisierten Rechtsstaats unwürdig«, *Willemsen/Schweibert* NJW 2006, 2686). Das Gesetz strotzt nur so von Widersprüchen, Unklarheiten und Denkfehlern. Schon wenige Wochen nach dem Inkrafttreten wurden einige der gröbsten handwerklichen Schnitzer durch ein Korrekturgesetz (BGBl. 2006 I, 2742) geflickt, die meisten blieben jedoch bestehen. Überdies leidet das AGG unter einem ganz grundsätzlichen Webfehler. Im Grunde hat der Gesetzgeber mit der Schaffung des AGG seine Aufgabe, die europäischen Antidiskriminierungsrichtlinien in deutsches Recht umzusetzen, glatt verfehlt. Er hat im Wesentlichen nur die Richtlinien zusammengefasst und abgeschrieben. Richtig wäre gewesen, das gesamte einfache Gesetzesrecht daraufhin zu durchforsten, wo Widersprüche zu den Antidiskriminierungsrichtlinien vorliegen, und dann die betroffenen Einzelnormen zu ändern. Stattdessen hat der Gesetzgeber sich darauf beschränkt, im AGG allgemeine Grundsätze aufzustellen und es der Praxis überlassen, die vielfältigen Widersprüche zwischen dem AGG und anderen Gesetzen zu lösen. Am augenfälligsten war dies bei der – inzwischen Gott lob wieder gestrichenen – Bestimmung des § 10 S. 3 Nr. 6 AGG a.F. Dort fand sich eine – inhaltlich äußerst schwammige – Bestimmung, wie künftig das Kriterium des Alters bei der Sozialauswahl nach § 1 Abs. 3 KSchG zu handhaben sei. Das war natürlich gesetzgeberischer Unsinn, der richtige Weg wäre eine entsprechende Änderung des § 1 Abs. 3 KSchG gewesen. 4965

II. Benachteiligungen

Zentraler Anknüpfungspunkt des AGG ist der Begriff der »**Benachteiligung**«. Benachteiligung ist umgangssprachlich dasselbe wie »Diskriminierung«. Ob eine Benachteiligung vorliegt, ist anhand eines objektiven Vergleichsmaßstabs zu beurteilen, nicht nach dem subjektiven Empfinden des Betroffenen (»subjektive Mimosensicht«, *Wisskirchen* DB 2006, 1491). 4966

1. Begriff der Benachteiligung

Die Benachteiligung kann die Zufügung eines Nachteils (Versetzung, Kündigung, Widerruf einer Zulage) sein, aber auch das Vorenthalten eines Vorteils (Verweigerung einer Gehaltserhöhung). Eine Benachteiligung kann auch in einer Unterlassung liegen (z.B. unterlassene Beförderung). Eine Benachteiligung liegt vor, wenn eine andere Person in einer vergleichbaren Situation besser behandelt wird als der Betroffene. Nach § 3 Abs. 1 AGG ist der Vergleich zu ziehen mit einer gegenwärtigen, vergangenen oder hypothetischen Behandlung einer anderen Person in vergleichbarer Situation (»*erfährt, erfahren hat oder erfahren* 4967 *würde«*). Zwischen diesen drei Alternativen besteht ein logisches Rangverhältnis (*Bauer/Göpfert/Krieger* § 3 Rz. 17; ausf. *Däubler* ZfA 2006, 481 ff.): Lässt sich eine gegenwärtige Ungleichbehandlung feststellen, kommt es auf in der Vergangenheit liegende Ereignisse nicht an, und erst wenn auch diese fehlen, darf hypothetisch ein mögliches Verhalten des Arbeitgebers als Vergleichsmaßstab herangezogen werden.

4968 Bei einer Einzelfallentscheidung (verhaltens- oder personenbedingte Kündigung, Versetzung wegen Fehlverhaltens, Verweigerung einer Gehaltserhöhung) ist die Feststellung einer Benachteiligung vergleichsweise einfach. Mit dem betroffenen Arbeitnehmer sind alle anderen Arbeitnehmer vergleichbar, die – bis auf das verbotene Diskriminierungsmerkmal – die gleichen personenbedingten Eigenschaften oder Verhaltensweisen aufweisen. Schwieriger ist es bei einer Auswahlentscheidung (Einstellung, Sozialauswahl bei Kündigung). Hier kommt es bei positiven Auswahlentscheidungen nach der Rechtsprechung nicht auf Kausalität an. So kann ein Stellenbewerber bereits dadurch benachteiligt werden, dass er nicht in die engere Auswahl einbezogen wird, auch wenn er letztlich die Stelle bei benachteiligungsfreier Auswahl nicht bekommen hätte (*BAG* 5.2.2004 EzA § 611a BGB Nr. 3 = NZA 2004, 540). Die Benachteiligung liegt schon darin, dass der Bewerber von vorne herein »keine faire Chance« hatte und Opfer einer »Negativauslese« geworden ist. Umgekehrt kann bei einer negativen Auswahlentscheidung (Sozialauswahl bei betriebsbedingter Kündigung) eine Benachteiligung bereits dann vorliegen, wenn der Arbeitgeber auf Grund eines unzulässigen Diskriminierungsmerkmals einzelne Arbeitnehmer aus der Negativauswahl herausnimmt (z.B. die Sozialauswahl auf ausländische Mitarbeiter beschränkt), auch wenn sich das nicht kausal auswirkt, weil auch bei diskriminierungsfreier Auswahl der gleiche Arbeitnehmer zur Entlassung angestanden hätte (ausf. *Diller/Krieger/Arnold* NZA 2006, 887).

2. Mittelbare Benachteiligung

4969 Bedeutsam ist die Differenzierung zwischen **mittelbarer** und **unmittelbarer Benachteiligung**. Während die unmittelbare Benachteiligung, also das unmittelbare Ansetzen an einem der nach § 1 AGG verbotenen Diskriminierungsmerkmale, fast nie zu rechtfertigen ist, liegt die **Rechtfertigungsschwelle für die mittelbare Benachteiligung niedriger** (vgl. § 3 Abs. 2 AGG). Eine mittelbare Benachteiligung liegt vor, wenn eine Ungleichbehandlung an ein dem Anschein nach neutrales und objektives Merkmal geknüpft wird, dadurch aber typischerweise die Angehörigen einer geschützten Gruppe besonders stark betroffen sind. Das kann nur durch statistischen Vergleich ermittelt werden (*BAG* 2.12.1992 EzA Art. 119 EWG-Vertrag Nr. 7 = AP 28 zu § 23a BAT; 23.2.1994 EzA Art. 119 EWG-Vertrag Nr. 18 = AP 51 zu Art. 119 EWG-Vertrag). Die absoluten Zahlen der betroffenen Personen sind irrelevant, es kommt allein auf die Relation an. Nach überwiegender Meinung besteht eine Vermutung für eine mittelbare Diskriminierung, sobald ein Relationsunterschied von über 75 % besteht (*Bauer/Göpfert/Krieger* § 3 Rz. 26 m.w.N.). Die Benachteiligung von Teilzeitbeschäftigten z.B. ist eine mittelbare Diskriminierung von Frauen, da Teilzeitbeschäftigte ganz überwiegend Frauen sind. Wer wegen schlechter Deutschkenntnisse benachteiligt, benachteiligt mittelbar Angehörige anderer Rassen bzw. anderer ethnischer Herkunft (*Wisskirchen* DB 2006, 1491). Wer Leistungen erst ab 20jähriger Betriebsgehörigkeit gewährt, benachteiligt mittelbar jüngere Arbeitnehmer. Arbeitszeitregelungen oder Kleidervorschriften sind häufig eine mittelbare Diskriminierung religiöser Gruppen (*Hanau* ZIP 2006, 2191; *Bauer/Göpfert/Krieger* § 3 Rz. 38), wobei aber häufig eine Rechtfertigung in Betracht kommt.

3. (Sexuelle) Belästigung

4970 § 3 Abs. 3 AGG erklärt auch **Belästigungen** zu Benachteiligungen i.S.d. AGG. Erfolgt eine Belästigung aus *einem* der in § 1 AGG genannten verbotenen Gründe, gilt deshalb die Belästigung als verbotene Benachteiligung und löst die Rechtsfolgen des AGG aus. Das Gesetz ist hier systemwidrig. Die Belästigung unterscheidet sich von der Benachteiligung dadurch, dass es keinen Vergleich mit anderen Personen oder Personengruppen gibt (eine Belästigung liegt beispielsweise auch dann vor, wenn im Kleinbetrieb der Arbeitgeber alle Beschäftigten des Betriebes gleichermaßen belästigt). Allerdings erfasst das AGG nur solche Belästigungen, die aus einem der verbotenen Diskriminierungsgründe erfolgen, nicht also unspezifisches Mobbing. Eine Belästigung kann verbaler und nonverbaler Art sein, neben körperlichen Übergriffen (Klaps auf den Po, Angrabschen) kommen auch Drohungen, Verleumdungen, Beleidigungen und abwertende Äußerungen in Betracht. § 3 Abs. 3 AGG erfasst nur unerwünschte Verhaltensweisen, also nicht solche, die einvernehmlich erfolgen. Eine Unerwünschtheit muss aber nicht ausdrücklich von der betroffenen Person geäußert sein, sondern es reicht, wenn aus Sicht eines objektiven Beobachters davon ausgegangen werden muss, dass das Handeln von der betreffenden Person nicht erwünscht ist. Des Weiteren setzt § 3 Abs. 3 AGG voraus, dass die Würde der betreffenden Person verletzt wird, insbes. indem ein *»v. Einschüchterungen, Anfeindungen, Erniedrigungen, Entwürdigungen oder Beleidigungen gekennzeichnetes Umfeld geschaffen«* wird. Typische Fälle sind das Schaffen einer ausländerfeindlichen Arbeitsumgebung durch ständige verbale Anfeindungen.

Ein Sonderfall der Belästigung ist die in § 3 Abs. 4 AGG geregelte **sexuelle Belästigung.** 4971
§ 3 Abs. 4 AGG wurde inhaltlich aus dem früheren Beschäftigtenschutzgesetz (BeSchG) übernommen, welches durch das AGG aufgehoben wurde. Die Verweisung auf § 2 Abs. 1 Nr. 1 bis 4 AGG ist nicht recht nachvollziehbar; gemeint ist offensichtlich, dass das Verbot der sexuellen Belästigung für den gesamten Bereich des Arbeitsrechts gelten soll. Problematisch bei der sexuellen Belästigung ist die Abgrenzung zu Handlungen in der Privatsphäre, die nicht unter das Gesetz fallen (*LAG Bln.* 3.3.2006 – 13 Sa 1906/05; ausf. *Bauer/Göpfert/Krieger* § 3 Rz. 50). Betriebsausflüge und -feiern, die erfahrungsgemäß besonders anfällig für sexuelle Belästigungen sind, gehören wohl noch in den Schutzbereich des AGG. Das Gleiche gilt, wenn Mitarbeiter genötigt werden, sich mit Vorgesetzten außerhalb der Arbeitszeit zu treffen. In der Praxis liegt das Hauptproblem beim Tatbestandsmerkmal »unerwünscht«. Der Arbeitsplatz ist neben dem Studium statistisch der wichtigste Heiratsmarkt. Liebschaften zwischen Arbeitskollegen sind ebenso wenig verboten wie sexuelle Beziehungen. Das gilt nicht nur zwischen Arbeitskollegen untereinander, sondern auch zwischen Vorgesetzten und Untergebenen. Jede Liebesbeziehung setzt aber voraus, dass einer den Anfang macht. Das bloße Ansprechen eines Arbeitskollegen, aber auch eines/einer Untergebenen im Hinblick auf private und/oder amouröse Kontakte kann deshalb von § 3 Abs. 4 AGG nicht verboten sein, wenn sie in angemessener und üblicher Form erfolgt. So wird beispielsweise die Frage »Darf ich Sie privat zum Essen einladen?« grds. nicht zu beanstanden sein, während ein unvermitteltes »Ich hätte Lust, mit Ihnen ins Bett zu gehen« normalerweise als Belästigung empfunden wird und unter § 3 Abs. 4 AGG fällt. Aus an sich unbedenklichen Annäherungsversuchen wird aber dann eine verbotene Belästigung nach § 3 Abs. 4 AGG, wenn der Betroffene deutlich ablehnend reagiert (und nicht nur mit Ablehnung kokettiert), die Annäherungsversuche aber trotzdem beharrlich fortgesetzt werden (*LAG SchlH* 27.9.2006 – 3 Sa 163/06 – EzA-SD 25/06, S. 8). Auch bei Komplimenten ist sorgfältig abzugrenzen zwischen noch Erlaubtem (»Sie sind heute aber schick angezogen«) und Grenzüberschreitungen (»Sie sehen heute aber scharf aus«), wobei aber grds. ein objektiver Maßstab anzulegen ist und eine Rücksichtnahme auf besonders empfindsame Mitarbeiter erst dann erforderlich ist, wenn diese sich ausdrücklich ablehnend verhalten. Nach dem ausdrücklichen Gesetzestext kann auch das sichtbare Anbringen von pornografischen Darstellungen eine sexuelle Belästigung sein. Der Begriff der »Pornografie« ist hier im engen Sinne zu verstehen, so dass die verbreiteten Pin-up-Kalender noch nicht darunter fallen.

4. Anweisung zur Benachteiligung

§ 3 Abs. 5 AGG erstreckt den Begriff der »Benachteiligung« auf die »Anweisung eines ande- 4972
ren zur Benachteiligung«. Diese Regelung ist nur verständlich im Hinblick auf § 15 Abs. 1 S. 2 AGG (ausf. s.u. Rn. 5050). Danach setzt die Haftung des Arbeitgebers auf Schadensersatz dessen Vertretenmüssen voraus. Der Arbeitgeber haftet grds. nur nach § 31 BGB für seine gesetzlichen Vertreter (Geschäftsführer, Vorstandsmitglieder) und über § 278 für die

jeweiligen Vorgesetzten des Mitarbeiters (*BGH* 21.4.1954 BGHZ 13, 111, 113). Wegen Belästigungen, die von Arbeitskollegen begangen werden, käme eine Haftung des Arbeitgebers allenfalls wegen Organisationsverschuldens in Betracht (*Bauer/Göpfert/Krieger* § 15 Rz. 19). Diese Lücke schließt in gewissem Umfang § 3 Abs. 5 AGG, wonach die Anstiftung oder die arbeitsvertragliche Weisung an einen Arbeitnehmer, einen Dritten zu belästigen, unmittelbar als Belästigung anzusehen ist. Geht die Anstiftung/Weisung von einem Vorgesetzten des Betroffenen aus, ist deshalb dafür das Unternehmen nach § 15 AGG haftbar.

III. Verbotene Diskriminierungsmerkmale

4973 § 1 AGG zählt die unzulässigen Diskriminierungsgründe abschließend auf. Die Diskriminierungsverbote gelten allerdings auch für solche Diskriminierungen, die mit den in § 1 AGG genannten Merkmalen in untrennbarem Zusammenhang stehen, wer z.B. wegen Hautfarbe oder Sprache diskriminiert, diskriminiert wegen Rasse/ethnischer Herkunft. Das AGG ist dagegen nicht analog anwendbar auf sonstige Diskriminierungen, auch wenn sie allgemein von der Rechtsordnung als ungerechtfertigt anerkannt sind, z.B. die Diskriminierung wegen Gewerkschaftszugehörigkeit, Krankheit, parteipolitischer Ausrichtung, Vorstrafen oder Familienstand (*Bauer/Göpfert/Krieger* § 1 Rz. 57). In diesen Bereichen kann man jedoch über die Generalklauseln des Zivilrechts (§§ 138, 242 BGB) zur Nichtigkeit von Rechtsgeschäften kommen. Verfehlt ist die Auffassung, die im AGG vorgesehenen besonderen Erlaubnistatbestände hinsichtlich bestimmter Diskriminierungen müssten im Umkehrschluss bedeuten, dass diese Erlaubnistatbestände bei anderen als den vom AGG erfassten Diskriminierungen ausgeschlossen seien. So kann bspw. aus dem Umstand, dass nach Art. 9 Abs. 2 AGG die Religionsgemeinschaften von ihren Arbeitnehmern loyales Verhalten und Einhaltung der religiösen Regeln verlangen können, nicht im Umkehrschluss gefolgert werden, die vom AGG nicht erfassten politischen Parteien, Zeitungsverlage oder Tarifparteien dürften von ihren Mitarbeitern nach Inkrafttreten des AGG kein tendenzkonformes Verhalten mehr verlangen (so aber *Wisskirchen* DB 2006, 1492).

1. Rasse/ethnische Herkunft

4974 Die genaue Abgrenzung des Diskriminierungsmerkmals »Rasse/ethnische Herkunft« macht Schwierigkeiten. Es geht um die Zugehörigkeit zu anderen Kulturkreisen (Zigeuner), zu Volksgruppen mit anderem Aussehen (Farbige, Asiaten), zu anderen Sprachgruppen. »Rasse« ist mit einem treffenden Wort von *Hanau* (ZIP 2006, 2189) alles, was ein Rassist dafür hält. Untrennbar mit Rassendiskriminierung verbunden sind Diskriminierungen wegen Hautfarbe und Sprache (*Bauer/Göpfert/Krieger* § 1 Rz. 56). Die Grenzen sind fließend, man denke beispielsweise an die alte Frage, ob Juden oder Sikh eine Rasse/ethnische Gruppe oder eine Religionsgemeinschaft (oder beides) sind. Auf die Staatsangehörigkeit kommt es nicht an, im Anknüpfen an die Staatsbürgerschaft kann aber eine mittelbare Diskriminierung wegen Rasse/ethnischer Herkunft liegen. Verboten sind auch innerdeutsche Diskriminierungen, etwa wegen landsmannschaftlichen Dialekts (»Sachsen kommen mir nicht ins Haus«).

2. Geschlecht

4975 Das Differenzierungsverbot hinsichtlich des »Geschlechts« schützt sowohl Männer als auch Frauen, daneben auch Transsexuelle (*Annuß* BB 2006, 1630). § 3 Abs. 1 S. 2 AGG stellt klar, dass die Benachteiligung einer Frau wegen Schwangerschaft oder Mutterschaft als Benachteiligung wegen des Geschlechts gilt.

3. Religion/Weltanschauung

4976 Die Diskriminierung wegen »Religion oder Weltanschauung« schützt auch Atheisten. Scientology mag keine Religion sein, dürfte aber jedenfalls eine Weltanschauung sein. Nicht geschützt sind dagegen (partei-)politische Überzeugungen, allenfalls in extremen politischen

Randbereichen mag die Grenze zur Weltanschauung fließend werden. Die Grenze des AGG ist erreicht bei Religionen oder Weltanschauungen, die mit der freiheitlich demokratischen Grundordnung des GG nicht vereinbar sind (»Al Quaida«) oder mit anderen Diskriminierungsverboten kollidieren (so kann z.B. ein radikaler Moslem nicht geltend machen, seine Religion verbiete ihm die Arbeit unter einer weiblichen Vorgesetzten). Kultische Handlungen (z.B. Selbstverstümmelung) sind nicht geschützt, wenn sie nicht in einen übergeordneten religiösen Gesamtzusammenhang eingebettet sind (*Bauer/Göpfert/Krieger* § 1 Rz. 32). Hauptanwendungsfälle der (mittelbaren) religiösen Diskriminierung sind Arbeitszeitvorschriften und Kleidervorschriften (Schichtsysteme ohne Rücksicht auf Gebetszeiten, Verbot des Tragens von Kopftuch oder Burqua; vgl. *ArbG Hmb.* 3.1.1996 AuR 1996, 243: Kündigung eines Sikh, der in einem Fast-Food-Restaurant seinen traditionellen Turban statt der vom Unternehmen vorgeschriebenen Papierfaltmütze trug). Es ist anerkannt, dass die Erfordernisse eines reibungslosen Betriebsablaufs eine Rücksichtnahme auf die Besonderheiten der einzelnen Religionsgruppen häufig nicht zulassen (in einen Fließbandbetrieb sind muslimische Gebetspausen kaum einzubauen). Das Rücksichtnahmegebot geht nicht so weit, dass der Arbeitgeber verpflichtet wäre, Arbeitnehmern wegen ihrer Religion Vorteile einzuräumen, also ihnen z.B. zusätzliche Pausen für Gebete zu gewähren (*Wisskirchen* DB 2006, 1495). Wenn jedoch der Arbeitgeber gegenüber einer religiösen Gruppe besonders großzügig ist (Arbeitsbefreiung an Aschermittwoch oder Dreikönig), können andere Religionsgruppen das Gleiche fordern.

4. Behinderung

Vorsicht ist geboten beim Diskriminierungskriterium der »Behinderung«. Sie darf nicht ver- **4977**
wechselt werden mit der amtlich festgestellten Schwerbehinderung i.S.d. SGB IX, die einen Behinderungsgrad von mindestens 50 % voraussetzt. Wie sich aus den EU-Richtlinien ergibt, ist der Behinderungsbegriff des AGG erheblich weiter und umfasst entsprechend § 2 Abs. 1 S. 1 SGB IX **jede auf Dauer bestehende Störung einer wichtigen Körperfunktion**. Erforderlich ist aber stets ein Bezug zum Berufsleben (ausf. *Düwell* BB 2006, 1741). Deshalb ist unter »Behinderung« nur eine solche Einschränkung zu verstehen, die von dem für das Lebensalter typischen Zustand länger als sechs Monate abweichen wird, auf physische, geistige oder psychische Beeinträchtigungen zurückzuführen ist und ein Hindernis für die Teilhabe des Betroffenen am Berufsleben bildet (*EuGH* 11.7.2006 *Chaçon Navas* NZA 2006, 839; ausf. dazu *Domröse* NZA 2006, 1320). Eine lang andauernde Krankheit ist keine Behinderung (*EuGH* a.a.O.), ebenso wenig häufige Kurzerkrankungen oder Suchtkrankheiten (*Bauer/Göpfert/Krieger* § 1 Rz. 44). Die Ausschreibung eines Arbeitsplatzes »nur für Nichtraucher« verletzt deshalb nicht Art. 1 AGG. Entgegen einem weit verbreiteten Irrtum verbietet das AGG nicht die Benachteiligung/Bevorzugung wegen Aussehen/Attraktivität. Der Arbeitgeber kann sich also ohne weiteres bei der Einstellung einer Stewardess oder eines Verkäufers für den besser aussehenden Bewerber entscheiden, solange er dabei nur nicht einen schwerbehinderten Bewerber diskriminiert. Benachteiligung »wegen Behinderung« liegt auch bei Benachteiligung wegen eines **behinderten Familienangehörigen** vor (*EuGH* 17.7.2008 – C-303/06 – NZA 2008, 932 »Coleman«).

5. Alter

Das Diskriminierungsverbot wegen »Alters« schützt sowohl Junge als auch Alte. **4978**

6. Sexuelle Identität

Bei der »sexuellen Identität« geht es um die Diskriminierung Homosexueller, Bisexueller, **4979**
aber auch Heterosexueller (Nicht-Einstellung eines Heterosexuellen als Bedienung in einem Schwulen-Café). Gesetzlich verbotene Neigungen wie Pädophilie oder Nekrophilie sind nicht geschützt. Ebenfalls nicht geschützt sind bestimmte sexuelle Praktiken oder ein bestimmtes sexuelles Verhalten, etwa der Besuch von Swingerclubs (*Bauer/Göpfert/Krieger*

§ 1 Rz. 53 gegen *Annuß* BB 2006, 1630). Unterscheidungen zwischen Ledigen und Verheirateten sind keine mittelbare Benachteiligung wegen sexueller Identität (*Bauer/Göpfert/Krieger* § 1 Rz. 57).

IV. Anwendungsbereich

4980 Der Anwendungsbereich des AGG ist außerordentlich unsystematisch und verwirrend geregelt. Mehrere Normen greifen ineinander, vermischen dabei jedoch Regeln bzgl. des Anwendungsbereichs mit inhaltlichen Regeln.

1. Persönlicher Anwendungsbereich

4981 Das AGG gilt nicht nur für **Arbeitnehmer**, **Auszubildende** und **Arbeitnehmerähnliche** (§ 6 Abs. 1 Nr. 1–3 AGG). Es gilt auch für den »Zugang zur Beschäftigung«, also auch für **Stellenbewerber** (ausf. *Adomeit/Mohr* NJW 2007, 179), sowie für ausgeschiedene Arbeitnehmer/Betriebsrentner (§ 6 Abs. 1 S. 2 AGG). Im Bereich der Bewerbung/Personalauswahl geht das Gesetz in § 6 Abs. 3 AGG sogar noch einen Schritt weiter und schützt auch die Bewerbung als **Organmitglied** oder als **Selbstständiger** (Franchisenehmer, Einfirmenvertreter; dazu *Budde* BB 2007, 731), nicht aber als **Gesellschafter** (*Schroeder/Diller* NZG 2006, 728). Der ausdrücklich auf »Zugang zur Erwerbstätigkeit und Aufstieg« beschränkte Schutz der Organmitglieder umfasst nicht denklogisch auch den »Abstieg«, kann also nicht entgegen dem Wortlaut auf die Entlassung/Abberufung ausgedehnt werden (*Willemsen/Schweibert* NJW 2006, 2584; ausf. *Eßler/Baluch* NZG 2007, 321). Ob allerdings die Entscheidung des deutschen Gesetzgebers europarechtskonform ist, Organmitglieder nur bei Bewerbung/Aufstieg gegen Diskriminierung zu schützen, nicht aber während der Tätigkeit und vor allem bei ihrer Beendigung, ist zweifelhaft. Der deutsche Gesetzgeber ist hier von dem deutschen Verständnis ausgegangen, dass Organmitglieder keine »Arbeitnehmer« sind. Das ist aber der falsche Ansatzpunkt, da der Begriff des »Arbeitnehmers« in europarechtlichen Normen zwingend europarechtlichen Grundsätzen folgen muss. Da der EuGH vor allem auf die Weisungsabhängigkeit abstellt, spricht einiges dafür, dass zumindest GmbH-Geschäftsführer (vgl. § 35 GmbHG) europarechtlich als Arbeitnehmer zu sehen sind, und sie deshalb europarechtlich Diskriminierungsschutz auch während der Tätigkeit und bei deren Beendigung genießen müssen (vgl. *Mankowski* IPrax 2004, 167; *Bauer/Göpfert/Krieger* DB 2005, 595, 597; zur Sittenwidrigkeit der diskriminierenden Kündigung eines GmbH-Geschäftsführers *LG Frankf.* 7.3.2001 NZA-RR 2001, 298). Bei **Leiharbeitnehmern** gilt der Diskriminierungsschutz sowohl gegenüber dem Verleiher als auch gegenüber dem Entleiher (§ 6 Abs. 2 S. 2 AGG).

2. Sachlicher Anwendungsbereich

a) Allgemeines

4982 Das AGG gilt nach § 2 Abs. 1 Nr. 1 und 2 grundsätzlich für den gesamten Bereich des Arbeitsrechts, von der **Bewerbung** bis zum **Ausscheiden**. Geschützt sind auch **Teilzeit-**, Zweit- und **Nebentätigkeiten** sowie die Arbeitnehmerüberlassung (vgl. § 6 Abs. 2 S. 2 AGG). Ausdrücklich einbezogen ist auch die **Beförderung** (»beruflicher Aufstieg«). Der Begriff der »Beschäftigungs- und Arbeitsbedingungen« in Nr. 1 ist ein Auffangtatbestand und erfasst sämtliche Arbeitsbedingungen, vor allem Arbeitszeit, sämtliche Vergütungsbestandteile sowie die Art der Arbeitsleistung (Kleidung, Auftreten, Arbeitsaufgaben etc.). Nrn. 5–7 beziehen ausdrücklich den Sozialschutz, soziale Vergünstigungen sowie die Bildung in den Schutzbereich des AGG ein. Dies richtet sich vor allem an die öffentlich-rechtlichen Sozialleistungssysteme, betrifft aber auch besondere Sozialeinrichtungen und Sozialleistungen des Arbeitgebers sowie betriebliche Bildungsmaßnahmen.

4983 Nach der ausdrücklichen Regelung in § 2 Abs. 3 AGG sperrt das AGG nicht die Geltung sonstiger Benachteiligungsverbote außerhalb der Diskriminierungsverbote des § 1. So gilt beispielsweise das Verbot der Schlechterstellung **befristet beschäftigter** Arbeitnehmer aus

§ 4 Abs. 2 TzBfG weiter, ebenso der allgemeine arbeitsrechtliche Gleichbehandlungsgrundsatz, der die willkürliche Ungleichbehandlung verbietet (*Bauer/Göpfert/Krieger* § 2 Rz. 52 m.w.N.).

b) Betriebliche Altersversorgung

Nach § 2 Abs. 2 S. 2 soll das AGG nicht für die **betriebliche Altersversorgung** gelten. Diese Ausnahme ist einerseits evident europarechtswidrig (*Rengier* NZA 2006, 1251; *Cisch/Böhm* BB 2007, 602; *Thüsing* BetrAV 2006, 704; *Steinmeyer* ZfA 2007, 27), andererseits wirkt sie sich nicht aus, da die Rechtsprechung ohnehin über §§ 133, 242 i.V.m. Art. 3 GG Diskriminierungsverbote im Betriebsrentenrecht bereits flächendeckend durchgesetzt hat. Offen sind nur noch Randfragen wie Altersabstandsklauseln/Spätehenklauseln (Vorlage an den EuGH durch *BAG* 27.6.2006 EzA EG-Vertrag 1999 Richtlinie 2000/78 Nr. 2; dazu *Rengier* NZA 2006, 1255; vom *EuGH* 23.9.2008 NZA 2008, 119 »Bartsch« offen gelassen). Unzulässig ist der Ausschluss gleichgeschlechtlicher Lebenspartnerschaften von Versorgungssystemen (*BAG* 14.1.2009 – 3 AZR 20/07 -: unzulässig). Streitig ist die Rechtfertigung der gesetzlichen Mindestaltersgrenze für die Unverfallbarkeit (§ 1b Abs. 1 BetrAVG [30 Jahre]), darin könnte eine unmittelbare Altersdiskriminierung oder eine mittelbare Geschlechtsdiskriminierung liegen (verneinend *BAG* 18.10.2005 DB 2006, 1014). Immerhin wird die Bereichsausnahme des § 2 Abs. 2 S. 2 AGG dazu führen, dass die Rückwirkungssperre der *Barber*-Entscheidungen (keine rückwirkende Gleichbehandlung der Geschlechter für Zeiten vor 1990) unangetastet bleibt. 4984

c) Kündigungen

Gem. § 2 Abs. 4 AGG sollen für **Kündigungen** ausschließlich die Bestimmungen zum allgemeinen und besonderen Kündigungsschutz gelten. Auch diese Ausnahme ist klar europarechtswidrig, Kern der umzusetzenden EU-Richtlinien ist vor allem der Schutz vor Diskriminierung bei Kündigungen. § 2 Abs. 4 AGG kann richtlinienkonform nur dergestalt angewendet werden, dass der Geltungsbereich des AGG gegenüber den Regelungen des allgemeinen und besonderen Kündigungsschutzes so weit zurücktreten muss, wie dies EU-rechtlich gerade noch vertretbar ist. Was das im Einzelnen heißt, wird die Rechtsprechung zu klären haben. Schon nach bisheriger Rechtsprechung von BAG und BVerfG waren Arbeitnehmer **außerhalb des Anwendungsbereichs des Kündigungsschutzgesetzes** durch die zivilrechtlichen Generalklauseln der §§ 138, 242 gegen eine sittenwidrige Kündigung geschützt, so konnte z.B. wegen Homosexualität oder Zugehörigkeit zu einer bestimmten Religionsgemeinschaft nicht gekündigt werden (*BAG* 23.6.1984 EzA § 242 BGB Nr. 39 = NZA 1994, 1080; *BVerfG* 27.1.1998 EzA § 23 KSchG Nr. 17 = NZA 1998, 470; *LG Frankf.* 7.3.2001 NZA-RR 2001, 298). Bei dieser Rechtsprechung muss es auch nach Inkrafttreten des AGG bleiben. Eine Kündigung in der Wartezeit (§ 1 KSchG) oder im Kleinbetrieb (§ 23 KSchG), die wegen eines nach § 1 AGG verbotenen Grundes ausgesprochen wird, ist deshalb unwirksam (egal ob man das Ergebnis aus § 134 BGB i.V.m. § 7 AGG oder wegen § 2 Abs. 4 AGG nur aus §§ 138, 242 BGB herleitet). Die Sperre des § 2 Abs. 4 AGG bei Kündigungen wirkt sich in solchen Fällen also nicht auf die Beurteilung der Kündigung selbst aus. Sie hat aber Auswirkungen auf die Rechtsfolgen, in dem sie weitergehende Ansprüche nach dem AGG (insbes. Entschädigung nach § 15 Abs. 2 AGG) ausschließt (*Diller/Krieger/Arnold* NZA 2006, 888). Schwieriger wird es **im Geltungsbereich des Kündigungsschutzgesetzes**. Im Regelfall fehlt zwar bei einer diskriminierenden Kündigung zugleich der nach § 1 Abs. 1 KSchG erforderliche sozial gerechtfertigte Kündigungsgrund. Aber auf der Rechtsfolgenseite würde die Anwendung des AGG weiter gehen, insbesondere wegen des Entschädigungsanspruchs aus § 15 Abs. 2 AGG. Hier bestehen keine Bedenken, die besonderen Rechtsfolgen des AGG (insbesondere die Entschädigung nach § 15 Abs. 2 AGG) gem. § 2 Abs. 4 AGG zu sperren und es bei der Unwirksamkeit der Kündigung nach § 1 KSchG zu belassen. Schwierige Probleme stellen sich auch, wenn subjektive Diskriminierungsabsicht vorliegt, aber objektive Kündigungsgründe gegeben sind (ausf. *Diller/Krieger/Arnold* NZA 2006, 887). Würde man § 2 Abs. 4 4985

AGG hier wörtlich nehmen, bliebe die Kündigung wirksam und der Verstoß des Arbeitgebers gegen die Diskriminierungsverbote folgenlos. Dieses Ergebnis wäre unvereinbar mit den europäischen Richtlinien, die stets eine wirksame Sanktion verlangen. Deshalb erscheint die richtige Lösung, dass das Arbeitsverhältnis zwar gem. § 1 KSchG geendet hat und kein Anspruch auf Wiedereinstellung oder Schadensersatz für entgehende Gehälter besteht, aber eine Entschädigung nach § 15 Abs. 2 AGG gefordert werden kann. Für fristlose Kündigungen (§ 626 BGB) gilt jeweils das Gleiche wie für unter § 1 KSchG fallende Kündigungen.

3. Zeitlicher Geltungsbereich/Inkrafttreten

4986 Nach seinem § 33 gilt das AGG nur für solche Benachteiligungen, die nach seinem Inkrafttreten (18. August 2006) begangen worden sind. Für die Zeit davor bleibt es bei der Geltung der §§ 611a, b und 612 Abs. 3 BGB sowie des Beschäftigtenschutzgesetzes, wohl auch bei § 81 Abs. 2 SGBIX (zu dem diesbezüglichen Redaktionsversehen des Gesetzgebers *Bauer/Göpfert/Krieger* § 33 Rz. 7). Entscheidend für den Zeitpunkt einer Benachteiligung ist die Benachteiligungshandlung, also die maßgebliche Entscheidung des Arbeitgebers (*Bauer/Göpfert/Krieger* § 33 Rz. 8 ff., auch zur Würdigung von Indiztatsachen aus der Zeit vor Inkrafttreten des AGG).

V. Rechtfertigung von Benachteiligungen

1. Struktur der Rechtfertigungsgründe

4987 Von zentraler Bedeutung für das AGG ist, inwieweit Benachteiligungen gerechtfertigt sein können. § 4 AGG stellt dazu die – eigentlich selbstverständliche – Regel auf, dass eine gesonderte Rechtfertigung für jede Benachteiligung erforderlich ist. Wird ein Arbeitnehmer aus **mehreren** in § 1 AGG genannten **Gründen** benachteiligt, so muss der Arbeitgeber für jeden dieser Gründe eine Rechtfertigung haben, wenn er Ansprüche aus dem AGG abwehren will. Weigert sich der Arbeitgeber bspw., behinderte Frauen einzustellen, nützt ihm die Darlegung nichts, dass wegen der spezifischen Anforderungen der Stelle die Einstellung eines Behinderten nicht möglich ist, wenn er nicht zugleich darlegen kann, warum auch Frauen für die Stelle grundsätzlich nicht in Betracht kommen. Insoweit ist von Bedeutung, dass in der Diskriminierung wegen ethnischer Herkunft häufig auch eine mittelbare Diskriminierung wegen der Religion steckt und umgekehrt.

4988 Eine **unmittelbare Diskriminierung**, die direkt an einem der verbotenen Diskriminierungsmerkmale ansetzt, kann nach § 8 AGG nur dann gerechtfertigt sein, wenn sie wegen der Art der auszuübenden Tätigkeit oder der Bedingungen ihrer Ausübung eine »wesentliche und entscheidende berufliche Anforderung darstellt, sofern der Zweck rechtmäßig und die Anforderungen angemessen sind«. Erleichterte Rechtfertigungsmöglichkeiten enthält § 9 für die unterschiedliche Behandlung wegen Religion oder Weltanschauung bei Religionsgemeinschaften und § 10 AGG für die Rechtfertigung von Altersdiskriminierung. Die Rechtfertigung einer lediglich **mittelbaren** Diskriminierung ist in § 3 Abs. 2 AGG geregelt, sie ist erheblich einfacher als die Rechtfertigung einer unmittelbaren Diskriminierung. Schließlich eröffnet § 5 AGG die Möglichkeit der gezielten Förderung benachteiligter Gruppen (Affirmative Action).

2. Rechtfertigung einer unmittelbaren Benachteiligung

4989 Die Hürden für die Rechtfertigung einer unmittelbaren Benachteiligung nach § 8 AGG sind hoch. Der *EuGH* hat zur Gleichbehandlung von Frauen und Männern immer die Auffassung vertreten, dass Rechtfertigungsgründe eng auszulegen sind und stets dem Grundsatz der Verhältnismäßigkeit genügen müssen (15.5.1986 Slg. 1986, 1651). Insbesondere reichen sachliche Gründe zur Rechtfertigung nicht aus. Vielmehr ist eine mittelbare Benachteiligung nur dann zu rechtfertigen, wenn sie wegen der Art der auszuübenden Tätigkeit oder der

Bedingungen ihrer Ausübung eine wesentliche und entscheidende berufliche Anforderung darstellt, sofern der Zweck rechtmäßig und die Anforderungen angemessen sind.

a) Systematik von § 8 AGG

§ 8 Abs. 1 AGG zeichnet sich durch eine bemerkenswerte Anhäufung unbestimmter Rechtsbegriffe aus, überdies hat es der Gesetzgeber versäumt, die Terminologie der EU-Richtlinien in die Begrifflichkeiten des deutschen Arbeitsrechts zu übersetzen. Mit Begriffen wie »wesentlich«, »entscheidend«, »rechtmäßiger Zweck« und »angemessene Anforderung« kann man letztlich Alles und Nichts begründen. Möglicherweise (*Bauer/Göpfert/Krieger* § 8 Rz. 13 ff.) ist in folgenden Prüfungsschritten vorzugehen: Die Benachteiligung muss zunächst auf einem **unternehmerischen Konzept** beruhen, welches rechtmäßige Zwecke verfolgt, d.h. **nicht willkürlich** ist. Ein solches unternehmerisches Konzept liegt z.B. vor, wenn Differenzierungen nach Geschlecht und Alter bei Schauspielern, Berufssportlern, Striptease-Tänzern, Boy-Group Bands o. Ä. verlangt werden. Das Merkmal der »Angemessenheit« setzt das vom Arbeitgeber verfolgte unternehmerische Konzept **ins Verhältnis** zu der für die betroffene Gruppe entstehende Diskriminierung. Überdies muss die vom Arbeitgeber vorgegebene berufliche Anforderung »wesentlich« und »entscheidend« sein. Die berufliche Anforderung muss also einerseits **für das jeweilige Berufsbild prägend** sein, andererseits muss die betreffende berufliche Anforderung **nicht nur erwünschter Nebeneffekt** der Tätigkeit sein, sondern integraler Bestandteil der entgoltenen Leistung (*Thüsing* RdA 2001, 321). Den Unterschied verdeutlicht der Vergleich zwischen einer Tänzerin in einem Striplokal und einer Flugbegleiterin (Stewardess). Eine Organisationsentscheidung, wonach der Arbeitgeber mit dem Sexappeal seiner Flugbegleiterinnen werben und deshalb nur junge hübsche Frauen einstellen will, verstößt gegen das AGG, weil die eigentliche Aufgabe des Flugbegleitpersonals nicht der Sexappeal ist, sondern das Bedienen der Passagiere, die Hilfestellung beim Ein- und Aussteigen sowie das Handling von eventuellen Notfällen. Eine Striptease-Bar dagegen darf entscheiden, nur junge hübsche Frauen einzustellen, weil Geschlecht und Aussehen die zentrale Anforderung der Tätigkeit betreffen (Beispiel nach *Bauer/Göpfert/Krieger* § 8 Rz. 25). **4990**

b) Rechtfertigung wegen Customer Preference

Besonders umstritten ist das Problem der »Customer Preference«. Dies betrifft Fälle, in denen ein bestimmtes Geschlecht oder ein bestimmtes Alter von Kunden oder sonstigen Dritten eher akzeptiert wird als das andere. Ein anerkennenswerter Differenzierungsgrund kann hier nur dann vorliegen, wenn es nicht nur um Mutmaßungen geht, sondern der Kundengeschmack tatsächlich belegbar ist. Auch muss man vom Arbeitgeber erwarten, dass er nicht jeder diskriminierenden Vorstellung von Kunden oder sonstigen Dritten ohne weiteres nachgibt und seine Einstellungspolitik danach richtet. Deshalb kann z.B. die Einstellung eines Sachsen als Verkäufer im Rheinland nicht mit dem Argument verweigert werden, sein sächsischer Akzent werde auf die Kunden »irgendwie komisch« wirken. Auch ist eine Altersdiskriminierung nicht schon dann gerechtfertigt, wenn in einem Geschäft für »junge Mode« das überwiegend jugendliche Publikum tendenziell eher junge Verkäufer erwartet. Auch kann die Einstellung weiblicher Außendienstmitarbeiter nicht mit dem Argument abgelehnt werden, die Kundschaft erwarte, zum Zwecke der Kundenpflege auch in Sexclubs ausgeführt zu werden (*ArbG Hmb.* 7.3.1985 DB 1985, 1402). Es gibt aber eine Opfergrenze für den Arbeitgeber. Wenn beispielsweise in arabischen Ländern Frauen als Geschäftspartner schlechterdings nicht akzeptiert werden, kann der Arbeitgeber nicht gezwungen sein, eine Frau als »Gebietsrepräsentantin Naher Osten« einzustellen (*Däubler* AiB 2006, 616). **4991**

c) Rechtfertigung wegen besonderer Schutzvorschriften

4992 Nach § 8 Abs. 2 AGG kann die Vereinbarung einer geringeren Vergütung für gleiche Arbeit wegen eines unzulässigen Differenzierungskriteriums nicht dadurch gerechtfertigt werden, dass wegen dieses Differenzierungskriteriums besondere Schutzvorschriften gelten. Die Vorschrift ist ein Beispiel für die beklagenswerte gesetzgeberische Qualität des AGG. Der alte § 612 Abs. 3 BGB, der ausdrücklich das Gebot der gleichen Vergütung für Männer und Frauen vorsah, wurde gestrichen. Dabei wurde übersehen, dass § 8 Abs. 2 AGG keine Anspruchsgrundlage ist, sondern lediglich eine Sonderregelung zur Rechtfertigung von Benachteiligungen. Der umgangssprachlich mit »gleicher Lohn für gleiche Arbeit« umschriebene Grundsatz der Lohngleichheit ist in Deutschland seit dem Inkrafttreten des AGG nicht mehr gesetzlich geregelt. § 8 Abs. 2 AGG läuft im Grunde nur darauf hinaus, dass der Arbeitgeber Mehraufwendungen zum Schutz bestimmter Beschäftigtengruppen nicht durch Lohnabzug auf diese umlegen darf. Zu denken ist insbesondere an Beschäftigungsverbote für Mütter und Schwangere, besondere Schutzvorschriften für Behinderte (Zusatzurlaub etc.) oder für Jugendliche (vgl. die Nachw. bei *Bauer/Göpfert/Krieger* § 8 Rz. 49).

d) Rechtfertigung einer Geschlechtsdiskriminierung

4993 Folgende **Fallgruppen** einer gerechtfertigten Geschlechtsdiskriminierung werden diskutiert:

- Sozialpädagogische oder therapeutische Konzepte, etwa die Einstellung ausschließlich weiblicher Bediensteter für ein Frauenhaus oder ausschließlich männlicher Sozialarbeiter für die Resozialisierung männlicher Strafgefangener (unzutr. *ArbG Hamm* 6.9.1984 DB 1984, 2700);
- Beraterin bei einem Dienstleistungsunternehmen, dessen erklärtes Ziel die Beratung von Frauen in besonderen frauenspezifischen Lebenssituationen ist (*ArbG Bonn* 8.3.2001 NZR-RR 2002, 100, fraglich;
- Pädagogisches Konzept, wonach die Betreuung von Schülern aus sozialen Brennpunkten durch Angehörige beiderlei Geschlechts erfolgen soll (dazu *LAG Düsseld.* 1.2.2002 LAGE § 611a BGB n.F. Nr. 5);
- Gleichbestellungsbeauftragte gem. § 5 Gemeindeordnung Nordrhein-Westfalen (zu Unrecht abgelehnt von *BAG* 12.11.1998 EzA § 611a BGB Nr. 14);
- Betreuung weiblicher Strafgefangener ausschließlich durch weibliche Aufseher (*EuGH* 30.6.1988 Slg. 1988, 3559);
- Schauspielrollen, Mannequins, Tänzer, Sänger;
- Rücksichtnahme auf das Schamgefühl der Kunden, etwa wenn ausschließlich weibliches Personal Damen-Badebekleidung oder -Unterwäsche verkaufen soll (*LAG Köln* 19.7.1996 AuR 1996, 504);
- Frauenreferentin bei einer politischen Partei (*LAG Bln.* 14.1.1998 NZA 1998, 312);
- Geschäftsführerin eines Frauenbundes (*ArbG München* 14.2.2001 NZA-RR 201, 265;
- Hebamme (bejaht vom *EuGH* 21.5.1985 NJW 1985, 2078);
- Pflegerin in einer Belegarztklinik, in der zu 95 % gynäkologische Operationen mit ganz überwiegend muslimischen Patientinnen durchgeführt werden (*ArbG Hmb.* 10.4.2001 – 20 Ca 188/2000, zit. bei *Schleusener/Suckow/Voigt* § 8 AGG Rz. 12);
- Pflegekraft auf einer Station, auf der zu 90 % Frauen gepflegt werden und auch der Bereich der Intimpflege betroffen ist (*ArbG Bonn* 31.3.2001 – 5 Ca 2781/00, zit. bei *Schleusener/Suckow/Voigt* § 8 AGG Rz. 14).

4994 Unproblematisch ist die Differenzierung nach dem Geschlecht auch, wenn der Einsatz des jeweils anderen Geschlechts **verboten** wäre, so z.B. bei Berufssportlern in Herren- bzw. Frauenmannschaften. **Nicht** zulässig ist die Geschlechtsdifferenzierung in Bezug auf **schwere körperliche Arbeiten**. Natürlich sind Frauen häufig nicht in der Lage, schwere körperliche Arbeiten auszuführen. Aber das trifft auch auf viele Männer zu. Deshalb ist die körperliche Leistungsfähigkeit zwar ein legitimes Auswahlkriterium und niemand muss eine zierliche Frau als Eisenbieger einstellen. Unzulässig ist es aber, Frauen von vornherein nicht in die Auswahl für solche Berufe einzubeziehen (*Wisskirchen* DB 2006, 1492; *LAG Köln* 8.11.2000 NZA-RR 2001, 232).

e) Rechtfertigung der Diskriminierung wegen Behinderung

Im Bereich der Behinderung ist eine unmittelbare Diskriminierung erheblich leichter zu rechtfertigen. Es gibt nun einmal viele Berufe, die besondere geistige oder körperliche Fähigkeiten oder eine besondere Konstitution erfordern. Ein Rollstuhlfahrer kommt für eine Position als Berufsfußballspieler, Gerüstbauer oder Streifenpolizist eben nicht in Frage. Auch der Gesichtspunkt der Gefahrenabwehr spielt eine Rolle, etwa bei Piloten, Lkw-Fahrern, Fluglotsen oder Feuerwehrmännern. Allerdings ist jeweils nach Art und Schwere der Behinderung zu differenzieren. Während Geh- oder Sehbehinderung die Ausübung vieler Berufe ausschließt, sind sogar behinderte Piloten denkbar, wenn die Behinderung beispielsweise im Verlust des Geruchs-/Geschmacksvermögens liegt. Welche beruflichen Anforderungen für die jeweilige Tätigkeit aufgestellt werden, obliegt jeweils dem Arbeitgeber, der dabei nach richtiger Auffassung (*Bauer/Göpfert/Krieger* § 8 Nr. 34) einen erheblichen Beurteilungsspielraum hat. So ist z.B. nicht zu beanstanden, wenn der Arbeitgeber für eine Stelle als Sekretärin/in eine Leistungsfähigkeit von »300 Anschlägen pro Minute« aufstellt, auch wenn dadurch Behinderte benachteiligt sind (*BAG* 15.2.2005 EzA § 81 SGB IX Nr. 6 = SAE 2006, 310). **4995**

f) Rechtfertigung der Diskriminierung wegen sexueller Identität

Eine Benachteiligung wegen der sexuellen Identität wird kaum je gerechtfertigt sein. So wird beispielsweise selbst der Betreiber eines Schwulencafés oder einer Lesbenbuchhandlung heterosexuelle Bewerber trotz der möglicherweise vorhandenen Erwartungshaltung der Kunden (s.o. Stichwort »Customer Preference«, s.o. Rn. 4991) nicht ablehnen dürfen. **4996**

g) Rechtfertigung der Diskriminierung wegen Rasse/ethnischer Herkunft

Umstritten ist die Rechtfertigung einer Benachteiligung wegen Rasse/ethnischer Herkunft unter dem Gesichtspunkt der **Authentizität**. Darf etwa ein Chinarestaurant einen Farbigen als Kellner ablehnen und muss ein Thai-Massagesalon eine polnische Masseuse einstellen? (verneinend *Bauer/Göpfert/Krieger* § 8 Rz. 42). Geht es nur um das Lokalkolorit, wird man solche Gesichtspunkte wohl als unbeachtliche »Customer Preference« (s.o. Rn. 4991) ansehen müssen. Anders kann es allenfalls sein, wenn man einer Person ohne einschlägige ethnische Herkunft die Leistungserbringung schlicht nicht zutraut. Aber chinesisch kochen kann man lernen, so dass der Koch in einem Chinarestaurant nicht unbedingt Chinese sein muss. Und auch bei einem Studio für »tibetanische Heilkunde« erwartet das Publikum nicht notwendig einen Tibeter. Eine Diskriminierung bestimmter ethnischer Gruppen wird auch dann nicht gerechtfertigt sein, wenn auf Grund bestimmter tradierter Rivalitäten eine **Störung des Betriebsfriedens** droht (z.B. bei gleichzeitiger Beschäftigung von Juden und Palästinensern oder von Griechen und Türken). Das AGG will solchen ethnischen Klischees gerade vorbeugen und verweist den Arbeitgeber darauf, hier im Einzelfall Abhilfe zu schaffen (*Wisskirchen* DB 2006, 1493 Fn. 21). **4997**

h) Rechtfertigung der Altersdiskriminierung

aa) Übersicht

Einen langen Ausnahmekatalog enthält das AGG hinsichtlich der Altersdiskriminierung. Die in § 10 AGG nominierten Ausnahmen, bei denen eine Differenzierung hinsichtlich des Alters zulässig ist, beziehen sich auf bestehende Gesetze, tarifübliche Regelungen sowie tradierte Gerechtigkeitsüberzeugungen der deutschen Arbeitswelt. § 10 AGG **4998** senkt die Schwelle für die Rechtfertigung einer Altersdiskriminierung ab, hier soll jede Ungleichbehandlung zulässig sein, wenn sie nur **»objektiv und angemessen und durch ein legitimes Ziel gerechtfertigt«** ist. Der Ausnahmekatalog des § 10 AGG läuft darauf hinaus, in weiten Teilen das allgemeine Diskriminierungsverbot »wegen Alters« letztlich wieder zu konterkarieren und die Bevorzugung Älterer gegenüber Jüngeren in vielerlei Hinsicht doch wieder zu erlauben. »Altes Alter« ist dem Gesetzgeber – zu Recht! – tendenziell schutzwürdiger als »junges Alter«.

4999 § 10 AGG folgt der »Regelbeispieltechnik«. Zunächst werden in Sätzen 1 und 2 allgemeine Voraussetzungen aufgestellt, unter denen eine Ungleichbehandlung wegen des Alters zulässig ist. Diese Voraussetzungen sind erheblich weicher als die nach § 8 AGG für die Rechtfertigung wegen anderer Diskriminierungsmerkmale. In Satz 3 Nrn. 1 bis 6 folgen dann Beispiele für gerechtfertigte Altersdifferenzierungen. Im Anwendungsbereich dieser Regelbeispiele braucht nach richtiger Ansicht nicht mehr geprüft zu werden, ob die allgemeinen Voraussetzungen des § 10 S. 1 und 2 vorliegen (**a.A.** *Bauer/Göpfert/Krieger* § 10 Rz. 25). § 10 Abs. 3 AGG zählt folgende **Regelbeispiele** auf:

bb) Berufliche Eingliederung, Förderung, Schutz (Nr. 1)

5000 § 10 S. 3 Nr. 1 AGG erlaubt die Festlegung besonderer Bedingungen für Einstellung, Beschäftigung, Entlohnung und Beendigung des Arbeitsverhältnisses, um die berufliche Eingliederung von Jugendlichen, älteren Beschäftigten oder Personen mit Fürsorgepflichten zu fördern oder zu schützen. Hierhin gehören beispielsweise Altersteilzeitverträge, die den gleitenden Übergang älterer Arbeitnehmer in die Verrentung sicherstellen. Auch tarifliche Regelungen zur Übernahme von Auszubildenden fallen unter Nr. 1 (wären aber wohl auch als Affirmative Action nach § 5 AGG zulässig, s.u. Rn. 5022). Kritisch ist dagegen § 622 Abs. 2 S. 2 BGB, wonach bei der Berechnung der gesetzlichen Kündigungsfrist Beschäftigungszeiten vor Vollendung des 25. Lebensjahres nicht berücksichtigt werden dürfen. Die Vorschrift war schon vor Inkrafttreten des AGG kaum noch zu rechtfertigen, jetzt erst recht nicht mehr (*Willemsen/Schweibert* NJW 2006, 2586; s.u. Rn. 5015). Zulässig, weil dem Schutz älterer Arbeitnehmer dienend, dürfte die in Tarifverträgen teilweise vorgesehene Staffelung der Dauer der wöchentlichen Arbeitszeit nach dem Lebensalter sein (*Bauer/Göpfert/Krieger* § 10 Rz. 28). Hierhin gehört auch die vom EuGH verworfene Regelung des § 14 Abs. 3 TzBfG, wonach Arbeitsverhältnisse mit älteren Arbeitnehmern befristet werden durften (*EuGH* 22.11.2005 EzA § 14 TzBfG Nr. 21 = NZA 2005, 1345; *Mangold*). Nach Auffassung des EuGH war der mit Art. 14 Abs. 3 TzBfG bezweckte Effekt, nämlich die berufliche Eingliederung arbeitsloser älterer Arbeitnehmer, zwar grundsätzlich ein legitimes objektives angemessenes Ziel. Nach Auffassung des EuGH hatte der Gesetzgeber jedoch bei der Bestimmung der eingesetzten Mittel seinen Ermessensspielraum überschritten, weil keine Höchstgrenze für die Dauer bzw. die Verlängerung der Befristungen vorgesehen war und die Zulässigkeit der Befristung auch nicht von einer vorangegangenen Arbeitslosigkeit oder deren Dauer abhängig gemacht worden war. Damit hat der EuGH eine an der Struktur des jeweiligen Arbeitsmarkts und der persönlichen Situation der Betroffenen ausgerichtete Prüfung der Zweck-Mittel-Relation gefordert (ausf. *Bauer/Arnold* NJW 2006, 8). Der Gesetzgeber wird das bei der geplanten Neuregelung des § 14 Abs. 3 TzBfG zu beachten haben.

cc) Mindestanforderungen bei Einstellung (Nr. 2)

5001 § 10 S. 3 Nr. 2 AGG erlaubt die Festlegung von **Mindestanforderungen an Alter, Berufserfahrung oder Dienstalter für eine Einstellung oder bestimmte Vorteile**. Dass es gerechtfertigt sein muss, für bestimmte Positionen eine Mindestbeschäftigungszeit oder eine Mindestberufserfahrung zu verlangen, ist selbstverständlich. Je verantwortungsvoller, schwieriger und besser bezahlt eine Position ist, desto größere Bedeutung hat die vorangegangene Berufserfahrung. Kaum denkbar ist jedoch, dass das Erreichen eines bestimmten Alters als Bedingung einer Einstellung gerechtfertigt sein könnte. Ähnlich ist es bei Vergütungssystemen. Dass diese mit zunehmender Dienstzeit und zunehmender Berufserfahrung steigende Vergütungen oder sinkende Wochenarbeitszeiten (*Löwisch* DB 2006, 1730) vorsehen können, ist anerkannt, auch wenn darin eine mittelbare Altersdiskriminierung liegt (zuletzt *EuGH* 3.10.2006 *Cadman* DB 2006, 2350; vgl. *Löwisch* DB 2006, 1730). Kaum vertretbar dürfte es allerdings sein, die Vergütung oder einen automatischen Aufstieg ausschließlich ans Alter zu knüpfen.

dd) Höchstalter bei Einstellung (Nr. 3)

§ 10 S. 3 Nr. 3 AGG erlaubt die Festsetzung eines **Höchstalters für die Einstellung** auf Grund **spezieller Ausbildungsanforderungen** eines bestimmten Arbeitsplatzes oder auf Grund der **Notwendigkeit einer angemessenen Beschäftigungszeit vor dem Eintritt in den Ruhestand**. Bei speziellen Ausbildungsanforderungen eines bestimmten Arbeitsplatzes geht es typischerweise um »**Traineeprogramme**«, die auf einen langfristigen Karriereweg innerhalb eines Unternehmens gerichtet und deshalb sehr breit über alle Geschäftsbereiche angelegt sind. Von solchen Programmen kann der Arbeitgeber ältere Mitarbeiter ausschließen. Zu vielen Berufen muss ein Schul-/Hochschulabsolvent zunächst innerbetrieblich weitergebildet werden. Dabei kann eine vorangehende Berufstätigkeit bei anderen Unternehmen eher hinderlich denn nützlich sein. So ist bspw. die Tätigkeit in einer wirtschaftsberatenden Großkanzlei so verschieden von der eines Einzelanwalts, dass Großkanzleien beschließen können, nur Berufseinsteiger bis zu einem gewissen Alter einzustellen. In den genannten Fällen wird aber ohnehin meist keine feste Altersgrenze festgelegt, sondern durch Anknüpfen an die konkrete Lebenssituation lediglich mittelbar das Alter tangiert (**»Berufsanfänger«, »Hochschulabsolvent« etc.**). Dann liegt allenfalls eine mittelbare Altersdiskriminierung vor, die ohnehin über § 3 Abs. 2 AGG leichter zu rechtfertigen ist. 5002

Bei der zweiten Alternative der Nr. 3, einer **angemessenen Beschäftigungszeit vor dem Eintritt in den Ruhestand**, geht es um den Zugang zu Berufen, die eine **aufwändige innerbetriebliche Ausbildung** voraussetzen. Diese ist einem Arbeitgeber nicht zuzumuten, wenn das Arbeitsverhältnis kurz nach Abschluss der Ausbildung durch Eintritt in den Ruhestand enden würde. Paradebeispiel ist die Pilotenausbildung. Man kann von einer Fluggesellschaft nicht verlangen, einen 56,5-Jährigen einzustellen und drei Jahre lang zum Piloten zu schulen, wenn dieser ein halbes Jahr nach dem Ausbildungsende die (derzeit noch übliche) tarifliche Altersgrenze von 60 für Piloten erreichen und ausscheiden würde (*Bauer/Göpfert/Krieger* § 10 Rz. 34). Nr. 3 ist aber auch außerhalb formalisierter Ausbildungen anwendbar. Wenn etwa ein einzustellender Personalchef oder Vertriebsleiter typischerweise zwei Jahre braucht, bis er die Belegschaft bzw. die Außendienstler gut genug kennt, um seine Tätigkeit vernünftig ausüben zu können, dann kann der Arbeitgeber bei der Einstellung ein gewisses Höchstalter festlegen. In der Literatur (*Bauer/Göpfert/Krieger* § 10 Rz. 34) wird als Faustformel vorgeschlagen, dass der Arbeitgeber festlegen kann, dass die verbleibende Beschäftigungszeit nach dem Ende der Ausbildungs- bzw. Einarbeitungszeit mindestens dreimal so lang sein muss wie die Ausbildungs- bzw. Einlernzeit selbst. 5003

ee) Altersgrenzen im BetrAVG (Nr. 4)

§ 10 S. 3 Nr. 4 AGG erlaubt Altersgrenzen bei Systemen der betrieblichen Altersversorgung (ausf. *Rengier* NZA 2006, 1254 ff.). Gesetzestechnisch ist das völlig verunglückt, da gemäß der Ausnahmeregelung in § 2 Abs. 2 das AGG eigentlich für die betriebliche Altersversorgung gar nicht gelten soll (s.o. Rn. 4984), die Regelung hätte also ins BetrAVG gehört. Dass es im Bereich der betrieblichen Altersversorgung zulässig ist, den Bezug bestimmter Leistungen vom Erreichen eines bestimmten Alters abhängig zu machen (betriebliche Altersrente ab 65), ist nie bezweifelt worden. Das gilt auch für Invaliditätsleistungen, die davon abhängig gemacht werden können, dass bei Eintritt der Invalidität ein bestimmtes Lebensalter erreicht ist. Zulässig ist auch, die Mitgliedschaft in Versorgungssystemen von bestimmten Altersgrenzen abhängig zu machen. So bleibt bspw. § 1b Abs. 1 S. 1 BetrAVG wirksam, wonach Anwartschaften auf betriebliche Altersversorgung nicht entstehen, wenn der Arbeitnehmer bereits vor Erreichen des 30. Lebensjahres das Unternehmen wieder verlässt. Ebenso kann geregelt werden, dass ältere Arbeitnehmer nicht mehr in die betriebliche Altersversor- 5004 gung einbezogen werden, wenn sie erst oberhalb einer gewissen Altersgrenze in das Unternehmen eintreten und ohnehin keine nennenswerten Ansprüche mehr erwerben könnten.

ff) Altersgrenzen für die Beendigung von Arbeitsverhältnissen (Nr. 5)

5005 Besonders umstritten in den Diskussionen vor Inkrafttreten des AGG waren tarifliche und einzelvertragliche Altersgrenzen. § 10 S. 3 Nr. 5 AGG bestimmt dazu jetzt, dass solche Regelungen weiterhin zulässig sind, § 41 SGB VI soll allerdings davon unberührt bleiben. Im Einzelnen bedeutet dies, dass die üblichen auf das **Erreichen des 65. Lebensjahres** gezogenen Altersgrenzen in Einzelarbeitsverträgen und vor allem Tarifverträgen weiterhin **wirksam bleiben** (an ihrer Stelle werden nach der Neuregelung des Renteneintrittsalters Regelungen bzgl. des 67. Lebensjahres treten). Europarechtlich ist § 10 S. 3 Nr. 5 AGG entgegen einer weit verbreiteten Auffassung unproblematisch, da nach Erwägungsgrund 14 der EG-Richtlinie 2000/78 einzelstaatliche Bestimmungen über die Festsetzung von Altersgrenzen für den Eintritt in den Ruhestand unberührt bleiben. Tatsächlich ist nicht zu verkennen, dass Altersgrenzen ein legitimes Ziel verfolgen, nämlich den Arbeitsmarkt für den Zugang jüngerer Arbeitnehmer offen zu halten. Allerdings ist insbesondere im angelsächsischen Rechtskreis die Überzeugung verbreitet, Altersgrenzen seien generell altersdiskriminierend und unzulässig (*Wiedemann/Thüsing* NZA 2002, 1238; *Thüsing* NZA 2001, 1064).

5006 Der Hinweis auf § 41 SGBVI bedeutet, dass es nach wie vor grundsätzlich unzulässig ist, ein Arbeitsverhältnis statt auf den Zeitpunkt des Bezugs der Regelaltersrente (derzeit 67 Jahre) bereits auf ein niedrigeres Alter zu befristen, in dem der Arbeitnehmer nur vorgezogene (gekürzte) Altersrente in Anspruch nehmen kann. Eine Befristung auf ein geringeres Alter als 67 ist nach § 41 S. 2 SGBVI nur dann wirksam, wenn sie innerhalb der letzten drei Jahre vor dem geplanten Ausscheidenszeitpunkt abgeschlossen oder vom Arbeitnehmer bestätigt worden ist.

5007 Nicht unter § 10 S. 3 Nr. 5 AGG fallen Altersgrenzen, die nichts mit der gesetzlichen Altersversorgung oder dem Offenhalten des Arbeitsmarkts zu tun haben, sondern die in besonders gefährlichen und gefährdenden Berufen aus Gründen der **Gefahrenabwehr** ein niedrigeres Höchstalter vorsehen. Dies betrifft insbes. die im Bereich der Luftfahrt verbreiteten Altersgrenzen von 60 Jahren für Cockpit-Besatzungen. Diese Altersgrenzen sind – auch nach der Einschränkung der öffentlich-rechtlichen Flugverbote für über 60-jährige Piloten – von der Rechtsprechung immer als wirksam angesehen worden, da es medizinischen Erfahrungswerten entspreche, dass Fehlleistungen ab einem Alter von 60 zunehmen (zuletzt *BAG* 27.11.2002 EzA § 620 BGB 2002 Altersgrenze Nr. 1 = NZA 2003, 812; 21.7.2004 EzA § 620 BGB – Altersgrenze Nr. 5; ausf. *Schmidt/Senne* RdA 2002, 87 f.). Die Rechtfertigung ergibt sich hier sowohl aus § 8 AGG (»wesentliche und entscheidende berufliche Anforderung«) als auch aus der Generalklausel des § 10 S. 1 und 2 AGG. Für Kabinenpersonal sind dagegen spezielle Altersgrenzen nicht gerechtfertigt (*BAG* 31.7.2002 EzA Art. 9 GG Nr. 78 = NZA 2002, 1155).

gg) Differenzierungen in Sozialplänen (Nr. 6)

5008 § 10 S. 3 Nr. 6 (ursprünglich Nr. 8) erlaubt in gewissem Umfang und unter bestimmten Voraussetzungen alters- und dienstzeitabhängige Differenzierungen in Sozialplänen. Die Regelung muss entsprechend für freiwillige Sozialpläne gelten, die außerhalb von Betriebsänderungen nach § 111 Nr. 1 bis 5 BetrVG die Folgen betriebsbedingter Kündigungen abfedern (*Löwisch* DB 2006, 1730; *Bauer/Göpfert/Krieger* § 10 Rz. 51). Das Gleiche muss für entsprechende Richtlinien nach dem SprAuG sowie für Tarifsozialpläne gelten, jedenfalls über § 10 S. 1 und 2 AGG. Nr. 6 privilegiert entgegen dem Wortlaut (»oder«) auch solche Sozialpläne, die gleichzeitig (»und/oder«) nach Alter und Betriebszugehörigkeit differenzieren (*Bauer/Göpfert/Krieger* § 10 Rz. 52 gegen *Löwisch* DB 2006, 1731). Nr. 6 knüpft an die allgemein anerkannte »Überbrückungsfunktion« des Sozialplans (*BAG* 31.7.1996 EzA § 112

BetrVG NR. 86 = NZA 1997, 166) an und erlaubt zwei – an sich völlig konträre Abweichungen – vom Gebot der altersneutralen Dotierung. Auf der einen Seite dürfen ältere Arbeitnehmer (und/oder solche mit längerer Beschäftigungsdauer) höhere Sozialplanleistungen erhalten als jüngere mit niedrigerer Betriebszugehörigkeit, weil ältere Arbeitnehmer typischerweise schwerer vermittelbar sind und deshalb eines besseren/längeren Schutzes bedürfen (erste Alternative). Gleichzeitig ist es aber wegen der Überbrückungsfunktion des Sozialplans auch zulässig, dass diejenigen älteren Arbeitnehmer keine oder nur noch geringe Sozialplanleistungen erhalten, die unmittelbar oder gegebenenfalls nach Bezug von Arbeitslosengeld in Altersrente gehen können (zweite Alternative).

Welche der in der Praxis üblichen Sozialplangestaltungen unter § 10 Satz 3 Nr. 6 AGG noch zulässig sind, ist angesichts des unklaren Regelungsinhalts und der Vielzahl der verwendeten unbestimmten Rechtsbegriffe nicht prognostizierbar. Wenn das Gesetz beispielsweise von den »*wesentlich vom Alter abhängenden Chancen auf dem Arbeitsmarkt*« als Rechtfertigungsgrund spricht, muss dann im Einzelfall nachgewiesen werden, dass in der betreffenden Region und Branche die Chancen auf dem Arbeitsmarkt wesentlich vom Alter abhängen oder ist diese Formulierung nur inhaltslose Gesetzeslyrik mit der Folge, dass stets ohne weitere Prüfung unterstellt werden kann, dass die Arbeitsmarktchancen vom Alter abhängen und deshalb eine Differenzierung zulässig ist? Genauso unklar ist, ob die »*verhältnismäßig starke*« (?) Betonung des Alters tatsächlich – wie es der Wortlaut nahe legt – Voraussetzung der Rechtfertigung nach § 10 S. 3 Nr. 6 AGG sein soll oder ob nicht bei verhältnismäßig geringer Betonung des Alters erst recht die Sozialplanregelung wirksam sein muss. 5009

Letztlich spricht einiges dafür, dass im Wesentlichen all das weiter zulässig sein wird, was in der Praxis verbreitet ist, nämlich: 5010
- gleiche Abfindung für jeden betroffenen Arbeitnehmer ohne Berücksichtigung von Alter und Betriebszugehörigkeit,
- Formel »Monatsgehalt x Dienstjahre x Faktor«
- Formel »(Monatsgehalt x Dienstjahre x Alter): Divisor«.

Bei richtigem Verständnis von § 10 S. 3 Nr. 6 AGG müssen aber auch Sozialplanstaffelungen zulässig sein, die Alter und Betriebszugehörigkeit zwar anspruchserhöhend berücksichtigen, aber nicht linear. So wird beispielsweise auch künftig nichts einzuwenden sein gegen Sozialpläne, die **altersunabhängige Mindestbeträge (»Sockel«)** vorsehen oder die zu berücksichtigenden Lebensjahre und/oder Dienstjahre auf einen bestimmten **Höchstbetrag kappen** (*BAG* 19.10.1999 EzA § 112 BetrVG Nr. 102 = AP 135 zu § 112 BetrVG zur früheren Rechtslage). Unabhängig von § 10 S. 3 Nr. 6 AGG problematisch dürfte dagegen das Herausrechnen von Erziehungszeiten/Elternzeiten sein, weil hier regelmäßig eine mittelbare Frauendiskriminierung vorliegen dürfte. Unabhängig von § 10 S. 3 Nr. 6 AGG wird auch künftig nichts dagegen einzuwenden sein, wenn **Teilzeitbeschäftigte** Abfindungen nur anteilig erhalten und **geringfügig Beschäftigte** ganz aus Sozialplänen herausgenommen werden (*Bauer/Göpfert/Krieger* § 10 Rz. 55). Nicht diskriminierend sind Sozialplanzuschläge für Schwerbehinderte sowie für Unterhaltspflichten (Spitzfindige könnten zwar in Kinderzuschlägen eine mittelbare Diskriminierung Homosexueller sehen, aber dies wäre jedenfalls sachlich gerechtfertigt, weil nicht an der Kinderzahl angeknüpft wird, sondern an den diesbezüglichen Unterhaltspflichten). 5011

In der zweiten Alternative gestattet § 10 S. 3 Nr. 6 AGG den **Ausschluss von Sozialplanleistungen** für solche **älteren Beschäftigten**, die wirtschaftlich abgesichert sind, weil sie, ggf. nach Bezug von Arbeitslosengeld, **rentenberechtigt** sind. Entgegen dem Wortlaut muss nach Sinn und Zweck der Vorschrift nicht nur eine völlige Herausnahme gerechtfertigt sein, sondern auch eine Reduzierung der Leistungen (*LAG Köln* 4.6.2007 – 14 Sa 201/07 – BB 2007, 2572; *Bauer/Göpfert/Krieger* § 10 Rz. 54), dies entspricht auch der bisherigen Rechtslage (*BAG* 31.7.1996 EzA § 112 BetrVG Nr. 86 = NZA 1996, 165; krit. *Leuchten* NZA 2002, 1260; *Fischer* DB 2002, 1997). Das Gesetz stellt nur auf die Rentenberechtigung ab, ohne dass es darauf ankäme, ob es sich um Regelaltersrente oder (gekürzte) vorgezogene Altersrente handelt. Auch stellt das Gesetz klar, dass solche Arbeitnehmer von Sozialplanleistun- 5012 gen ausgeschlossen werden können, die zwar noch nicht sofort in (vorgezogene) Rente gehen können, aber nahtlos nach Bezug von Arbeitslosengeld. Die finanzielle Einbuße wegen des gegenüber dem Nettogehalt niedrigeren Arbeitslosengelds braucht also nicht ausgeglichen zu werden. Nr. 6 ist entsprechend anwendbar, wenn zwar der nahtlose Übergang vom Arbeitsverhältnis ins Arbeitslosengeld und von dort in die Altersrente nicht gelingt, aber die dazwischen liegenden, nicht durch Sozialleistungen abgedeckten Zeiträume nur sehr kurz sind; in solchen Fällen kann sich der Sozialplan darauf beschränken, diese Zeiten finanziell zu überbrücken (*BAG* 11.11.2008 – 1 AZR 475/07). Bei schwerbehinderten Menschen ist zu berücksichtigen, dass sie regelmäßig schon mit 60 Jahren in Rente gehen können (**a.A.** *Fischer* DB 2002, 1997). Fraglich ist, ob sich aus der zweiten Alternative des § 10 S. 3 Nr. 6 AGG ergibt, dass lineare Steigerungen der Abfindung mit zunehmendem Alter wegen Benachteiligung der Jüngeren unzulässig sind, wenn für rentennahe Jahrgänge keine Abschläge vorgesehen sind (s. *Annuß* BB 2006, 1634).

hh) Sozialauswahl nach § 1 Abs. 3 KSchG

5013 Schon im Vorfeld besonders heftig umstritten waren die Auswirkungen des Verbots der Altersdiskriminierung auf die Sozialauswahl nach § 1 Abs. 3 KSchG sowie auf tarifvertragliche Unkündbarkeitsregelungen. Die ursprünglich in § 10 S. 3 Nr. 6 und 7 AGG a.F. enthaltenen Regelungen sind durch das Korrekturgesetz vom 2.12.2006 (BGBl. I S. 2742) wieder gestrichen worden. Sie waren gesetzestechnisch unvereinbar mit § 2 Abs. 4 AGG, wonach das gesamte AGG für Kündigungen nicht gilt (s.o. Rn. 4985). Für die Praxis ist durch diese Streichung nichts gewonnen. Die Unklarheiten sind eher noch größer als vorher, da sich der Gesetzgeber aus unerfindlichen Gründen nicht getraut hat, die gestrichenen Regelungen ins KSchG zu übernehmen (wo sie ohnehin systematisch hingehört hätten, vgl. oben Rn. 4965). Im Hinblick auf die Sozialauswahl wird in der Literatur so gut wie alles vertreten (gute Übersicht bei *Gaul/Bonanni* BB 2008, 318). Während einige der Auffassung sind, das Alter dürfe überhaupt nicht mehr berücksichtigt werden, vertreten andere die Auffassung, gegenüber dem bisherigen Verständnis von § 1 Abs. 3 KSchG ändere sich – jedenfalls nach der Streichung von § 10 S. 3 Nr. 6 a.F. – gar nichts (*Bauer/Göpfert/Krieger* § 10 Rz. 41 ff). Zur richtigen Lösung gelangt man, wenn man vom Wortlaut des § 1 Abs. 3 KSchG ausgeht. Dort steht das Alter ausdrücklich als eines der zu berücksichtigenden Kriterien. Dabei geht der Normbefehl der gestrichenen Nr. 6 a.F., wonach dem Alter kein genereller Vorgang gegenüber den anderen Auswahlkriterien zukommen durfte, ohnehin an der Praxis und der Rechtsprechung des BAG vorbei, weil dem Alter nie ein genereller Vorrang gegenüber anderen Auswahlkriterien zugute gekommen war (ErfK/*Ascheid*, § 1 KSchG Nr. 485). Wegen des klaren Wortlauts des § 1 Abs. 3 KSchG käme man an der Berücksichtigung des Alters bei der Sozialauswahl nur dann vorbei, wenn die Vorschrift europarechtswidrig wäre. Das ist sie aber schon deshalb nicht, weil i.S.v. § 10 S. 1 und 2 AGG mit zunehmendem Alter tendenziell die Chancen auf dem Arbeitsmarkt sinken und deshalb der Schutz der Älteren vor Kündigungen geboten ist. Bedenklich wäre allerdings eine Bevorzugung älterer Arbeitnehmer bei Kündigungen auch dann, wenn diese schon rentennah sind, sie also unmittelbar oder nach Bezug von Arbeitslosengeld Altersrente in Anspruch nehmen können. Hier läge in der Parallelwertung zu Nr. 6 n.F. (Nr. 8 a.F.) nahe, eine unzulässige Privilegierung der Älteren gegenüber den Jüngeren anzunehmen, was durch europarechtskonforme einschränkende Auslegung von § 1 Abs. 3 KSchG zu korrigieren wäre. Die Sozialauswahl nach **Altersgruppen** ist nach richtiger Ansicht weiterhin zulässig (*LAG Nds.* 13.7.2007 LAGE § 2 AGG Nr. 3; *Bauer/Krieger* NZA 2007, 674). Im Übrigen ändert das Inkrafttreten des AGG nichts daran, dass die Sozialauswahl nach § 1 Abs. 3 KSchG eine Auswahlentscheidung ist, bei der der Arbeitgeber einen erheblichen **Wertungsspielraum** hat; die Sozialauswahl muss nur »ausreichend« vorgenommen werden (*BAG* 5.12.2002 EzA § 1 KSchG Soziale Auswahl Nr. 49 = NZA 2003, 791 und 2. 6. 2005 EzA § 1 KSchG Soziale Auswahl Nr. 63 = NJW 2006, 315).

ii) Unkündbarkeit

Der ebenfalls durch das Korrekturgesetz vom 2.12.2006 gestrichene § 10 S. 3 Nr. 7 a.F. betraf die Rechtfertigung einzelvertraglicher oder tarifvertraglicher Unkündbarkeitsregeln, nach denen ab einem bestimmten Alter, gegebenenfalls kombiniert mit einer gewissen Mindestdienstzeit, die ordentliche Kündigung ausgeschlossen ist (vgl. § 34 Abs. 2 TVöD: Ausschluss der ordentlichen Kündigung ab Alter 40 bei mindestens 15 Jahren Dienstzeit). Nr. 7 a.F. hatte solche Unkündbarkeitsregeln für wirksam gehalten, sofern sie nicht im Einzelfall im Rahmen der Sozialauswahl den Kündigungsschutz anderer Beschäftigter grob fehlerhaft mindern. Der Gesetzgeber hatte sich also für die Lösung entschieden, Unkündbarkeitsregeln grundsätzlich für wirksam zu erklären und sie lediglich im Einzelfall durch die Grundsätze der Sozialauswahl nach § 1 Abs. 3 KSchG zu überspielen. Da der Gesetzgeber diese Regelung zwar im AGG gestrichen, aber (unverständlicherweise) nicht ins KSchG übernommen hat, steht die Praxis vor der ungelösten Frage, wie sie künftig mit Alterssicherung umgehen soll. Denkbar wäre die Lösung, individual- und tarifvertragliche Unkündbarkeitsregelungen nach wie vor für **an sich wirksam** zu halten (so *LAG BW* 15.3.2007 – 21 Sa 97/06 – juris), sie jedoch in Grenzfällen europarechtskonform dahingehend **einschränkend auszulegen**, dass sie nicht zu einer **groben Unbilligkeit** gegenüber nicht altersgesicherten Arbeitnehmern führen dürfen. Das entspräche im Wesentlichen dem Prüfungsmaßstab, den die Arbeitsgerichte bei Vorliegen einer Namensliste nach § 1 Abs. 5 KSchG im Verhältnis zu § 1 Abs. 3 KSchG vornehmen (ähnlich *Bauer/Göpfert/Krieger* Nachtrag S. 6). Sollte dagegen die Rechtsprechung zu dem Ergebnis kommen, dass individual- und tarifvertragliche Unkündbarkeitsregelungen generell diskriminierend sind, würde sich die spannende Frage nach der Fehlerkorrektur stellen. An sich ist allgemeiner Grundsatz des Diskriminierungsrechts, dass eine diskriminierende Bevorzugung einer Personengruppe dadurch ausgeglichen wird, dass der jeweilige Vorteil auch den diskriminierten Arbeitnehmern zugute kommt. Bei einer diskriminierenden Unkündbarkeitsregelung würde das heißen, dass sämtliche Arbeitnehmer unkündbar wären. Ein wahrhaft absurdes Ergebnis! Deshalb müsste die Fehlerkorrektur hier ausnahmsweise so erfolgen, dass die Regelung insgesamt unwirksam ist und kein Mitarbeiter unkündbar ist. 5014

jj) Kündigungsfristen

Als **unproblematisch** werden die mit zunehmender Betriebszugehörigkeit steigenden Kündigungsfristen des § 622 Abs. 2 BGB angesehen (z.B. *Willemsen/Schweibert* NJW 2006, 2586). Unhaltbar dürfte dagegen § 622 Abs. 2 S. 2 BGB sein, wonach bei den Betriebszugehörigkeitszeiten für die Berechnung der Kündigungsfrist nur die Zeiten **nach Vollendung des 25. Lebensjahres** zählen sollen (*LAG Bln.* 24.7.2007 – 7 Sa 561/07 – BB 2008, 283; *LAG Düsseld.* 21.11.2007 BB 2008, 116; *Willemsen/Schweibert* a.a.O.; *Preis* NZA 2006, 408). 5015

i) Rechtfertigung von Diskriminierung wegen Religion/Weltanschauung

Ebenso wie § 10 AGG besondere Rechtfertigungsmöglichkeiten für bestimmte Formen der Altersdiskriminierung enthält, sieht § 9 AGG für die Diskriminierung wegen Religion und Weltanschauung großzügigere Rechtfertigungsregelungen vor (ausf. *Belling* NZA 2004, 885 zur Gesetzgebungsgeschichte und den europarechtlichen Vorgaben). Dabei geht es vor allem um den Schutz des Selbstverwaltungsrechts der Kirchen und der übrigen Religionsgesellschaften (Art. 140 GG i.V.m. Art. 136 ff. Weimarer Reichsverfassung). 5016

aa) Differenzierung nach Religionszugehörigkeit

§ 9 Abs. 1 AGG erlaubt den Religionsgemeinschaften eine unterschiedliche Behandlung der Beschäftigten nach Religion und Weltanschauung, wenn die geforderte Religion oder Weltanschauung nach Art der Tätigkeit und im Hinblick auf das Selbstbestimmungsrecht der 5017

Religionsgemeinschaft eine gerechtfertigte berufliche Anforderung darstellt. Der Wortlaut stellt klar, dass es nicht auf einen objektiven Maßstab ankommt, sondern auf das Selbstverständnis der Religionsgemeinschaft. Darüber hinaus muss man bei Abs. 1 nach der Art der Tätigkeit differenzieren. Je näher eine Tätigkeit dem **»verkündungsnahen Bereich«** (*Bauer/Göpfert/Krieger* § 9 Rz. 14) steht, desto eher ist eine Differenzierung gerechtfertigt. So darf beispielsweise die katholische Kirche oder eine muslimische Glaubensgemeinschaft sicherlich darauf bestehen, dass ihre Religionslehrer dem zu lehrenden Glauben selbst angehören. Ob dagegen auch der Hausmeister oder die Putzfrau der Kirche dem »richtigen« Glauben angehören, ist unerheblich und rechtfertigt eine Differenzierung nicht (*Wisskirchen* DB 2006, 1492). Geschützt von § 9 Abs. 1 AGG sind nicht nur die Kirchen/Religionsgemeinschaften selbst, sondern auch die ihnen **zugeordneten Einrichtungen** ohne Rücksicht auf ihre Rechtsform. Entscheidender Maßstab ist das Ausmaß der institutionellen Verbindung zwischen der Einrichtung und der Religionsgemeinschaft. Von Abs. 1 geschützt sind beispielsweise auch Hospitäler als karitative Einrichtungen der katholischen Kirche (*BVerfG* 11.10.1977 EzA § 118 BetrVG Nr. 15 = BVerfGE 46, 73) sowie kirchliche Bildungseinrichtungen (*BVerfG* 21.9.1976 AP 5 zu Art. 140 GG). Der geschützte Bereich ist aber enger als bspw. bei § 118 BetrVG.

5018 § 9 Abs. 1 AGG erlaubt den Religionsgemeinschaften nur die Differenzierung hinsichtlich der Religionszugehörigkeit bzw. der Zugehörigkeit zu einer bestimmten Weltanschauung. Andere Differenzierungen dagegen sind nicht von § 9 Abs. 1 privilegiert und deshalb nur über die allgemeinen Rechtfertigungsregeln des § 8 AGG aufrecht zu erhalten. Das Gebot der katholischen Kirche, dass Priester männlich sein müssen, ist deshalb über § 9 Abs. 1 AGG nicht zu rechtfertigen.

bb) Verhaltenspflichten

5019 § 9 Abs. 2 erlaubt Religionsgemeinschaften, von ihren Beschäftigten ein loyales und aufrichtiges Verhalten zu fordern. Mit Diskriminierung im eigentlichen Sinn hat dies nichts zu tun. Abs. 2 erweitert aber Abs. 1 dahingehend, dass die Religionsgemeinschaften von ihren Mitarbeitern nicht nur die formale Zugehörigkeit zu ihrer Religion/Weltanschauung verlangen dürfen, sondern auch die Einhaltung der daraus folgenden religiösen Regeln. So kann beispielsweise die katholische Kirche eine zweite Eheschließung (*BAG* 14.10.1980 EzA § 14 KSchG Tendenzbetrieb Nr. 10 = AP 7 zu Art. 140 GG), die Heirat eines geschiedenen Mannes (*BAG* 31.10.1984 EzA § 1 KSchG Tendenzbetrieb Nr. 16 = AP 20 zu Art. 140 GG) oder den Kirchenaustritt (*BAG* 4.3.1980 EzA § 1 KSchG Tendenzbetrieb Nr. 9 = AP 4 zu Art. 140 GG) untersagen und bei Zuwiderhandlung abmahnen oder kündigen.

3. Rechtfertigung von mittelbarer Benachteiligung

5020 Bei einer nur mittelbaren Diskriminierung reicht es für die Rechtfertigung, dass die Ungleichbehandlung durch ein rechtmäßiges Ziel sachlich gerechtfertigt ist und die Mittel zur Erreichung des Ziels angemessen und erforderlich sind (§ 3 Abs. 2 AGG). So kann man z.B. ohne weiteres von einer Sekretärin fehlerfreies Deutsch verlangen, auch wenn man damit mittelbar Ausländer benachteiligt. Genauso unproblematisch ist es regelmäßig, Führungspositionen nicht in Teilzeit auszuschreiben, auch wenn dies mittelbar Frauen benachteiligt, oder dafür langjährige Berufserfahrung zu verlangen, was wiederum mittelbar jüngere Arbeitnehmer benachteiligt. Häufig gerechtfertigt ist auch die mittelbare Diskriminierung religiöser Gruppen durch Arbeitszeit- oder Kleidervorschriften. Allein auf den (vermeintlichen) Kundengeschmack abzustellen, reicht als Rechtfertigung sicher nicht (vgl. die Kopftuch-Entscheidung des *BAG* 10.10.2002 EzA § 1 KSchG Verhaltensbedingte Kündigung Nr. 58 = DB 2003, 830). Näher liegt die Rechtfertigung, wenn eine **religiös motivierte Kleidung** nicht mit dem (vermeintlichen) Kundengeschmack kollidiert, sondern mit einer betriebseinheitlichen Kleidervorschrift (vgl. *ArbG Hmb.* 3.1.1996 AuR 1996, 243: Kündigung eines Sikh, der in einem Fast-Food-Restaurant statt der vom Arbeitgeber geforderten Papierfaltmütze seinen traditionellen Turban trug). Auch das Tragen einer Burqua durch eine Verkäuferin muss der Arbeitgeber nicht hinnehmen, da ein Kunde zumindest in der

Lage sein muss, Augenkontakt mit einer Verkäuferin aufzunehmen. Regelmäßig gerechtfertigt sind auch bestimmte **Arbeitszeitregelungen** und Schichtpläne, auch wenn sie mit religiösen Gebetszeiten kollidieren.

Bei der mittelbaren Diskriminierung ist gesetzessystematisch die Rechtfertigungsmöglichkeit nicht unabhängig vom Tatbestand geregelt, sondern das Fehlen einer Rechtfertigung ist Teil des Tatbestandes: Eine mittelbare Diskriminierung liegt nur vor, wenn ein an sich objektives Differenzierungskriterium eine geschützte Personengruppe besonders benachteiligt und dies nicht durch ein rechtmäßiges Ziel sachlich gerechtfertigt und zur Erreichung dieses Ziels angemessen und erforderlich ist (§ 3 Abs. 2 AGG). Diese abweichende Gesetzessystematik hat Bedeutung für die **Beweislastverteilung**. Der Anspruchsteller ist nach §§ 22 AGG vollumfänglich beweispflichtig für das Vorliegen einer Benachteiligung, eine Beweislastumkehr sieht das Gesetz nur hinsichtlich des Motivs des Arbeitgebers vor. Wenn also bei der mittelbaren Diskriminierung das Fehlen eines Rechtfertigungsgrundes Voraussetzung dafür ist, dass überhaupt eine Benachteiligung vorliegt, dann muss folglich der Arbeitnehmer die fehlende Rechtfertigung beweisen (*Bauer/Göpfert/Krieger* § 3 Rz. 37). Allerdings muss der beklagte Arbeitgeber im Prozess jedenfalls den Hintergrund einer gewählten Differenzierung erläutern. **5021**

4. Affirmative Action

Eine Ausnahme vom allgemeinen Benachteiligungsverbot enthält § 5 AGG. Danach ist die sog. »Affirmative Action« erlaubt, also die Ungleichbehandlung mit dem Ziel, bestehende Nachteile wegen eines Diskriminierungsgrundes zu verhindern oder auszugleichen. Hierunter fallen z.B. Programme zur Förderung von Frauen, Ausländern oder Schwerbehinderten in Bereichen, in denen sie bislang unterrepräsentiert sind. Dass der Gesetzgeber zur Förderung benachteiligter Personengruppen besondere Maßnahmen ergreifen kann, die zu einer Benachteiligung anderer Personen führen können, war immer anerkannt (vgl. Art. 141 Abs. 4 EG). Ob es allerdings europarechtlich zulässig ist, wenn der deutsche Gesetzgeber diese Möglichkeit im Sinn einer Öffnungsklausel an den einzelnen Arbeitgeber weitergibt, ist umstritten (bezweifelnd *Annuß* BB 2006, 1634). Die Brisanz dieser Ausnahmevorschrift ist nicht zu verkennen, letztlich ist sie eine **Blankovollmacht für die Konterkarierung des Gesetzes** (*Willemsen/Schweibert* NJW 2006, 2588). Das Kernproblem der Affirmative Action ist, dass fast alle nach § 1 AGG verbotenen Diskriminierungsmerkmale antinomisch sind: Wer ein Geschlecht bevorzugt, benachteiligt das andere. In jeder Bevorzugung einer ethnischen Gruppe liegt eine Benachteiligung der anderen, das Gleiche gilt für Religion, Alter und sexuelle Identität. Nur bei der Affirmative Action zugunsten Behinderter liegt es anders, hierin kann keine verbotene Diskriminierung Nichtbehinderter liegen, weil diese durch § 1 AGG nicht geschützt sind. Soll nun § 5 AGG tatsächlich so weit reichen, dass sich z.B. ein türkischer Unternehmer darauf berufen kann, dass türkische Arbeitnehmer in Deutschland häufig diskriminiert werden und es auf dem Arbeitsmarkt schwerer haben und er deshalb nur Türken einstellen will? **5022**

Nach § 5 ist eine Affirmative Action nur insoweit zulässig, als es sich um »geeignete« und »angemessene« Maßnahmen handelt. Ein Bezug zum Unternehmen ist nicht erforderlich. Der Arbeitgeber oder die Betriebs- oder Tarifparteien können deshalb auch aus **Allgemeinwohlinteresse** bestimmte ansonsten benachteiligte Personengruppen fördern, auch wenn sich dies betrieblich nicht unmittelbar positiv auswirkt (Beispiel: Frauenförderprogramme). Nach Auffassung des *EuGH* (17.10.1995 EzA Art. 3 GG Nr. 47 = NJW 1995, 109) darf die Förderung einer ansonsten benachteiligten Personengruppe nicht so weit gehen, dieser einen absoluten Vorrang einzuräumen. So wäre bspw. eine Regelung, wonach unabhängig von der Qualifikation eines Bewerbers stets Frauen, Ausländer, Homosexuelle oder ältere/jüngere Arbeitnehmer eingestellt werden sollen, nicht mehr nach § 5 AGG gerechtfertigt. Zulässig ist dagegen eine Regelung, nach der bei gleicher Eignung Personen der benachteiligten Gruppe bevorzugt berücksichtigt werden sollen. Allgemein für zulässig gehalten werden tarifvertrag- **5023** liche Regelungen betr. die **Übernahme von Auszubildenden**, auch wenn dies ältere Arbeitnehmer um Einstellungsmöglichkeiten bringt oder sie gar ihren Arbeitsplatz kostet. Desgleichen werden **Jugend- oder Frauenförderpläne** allgemein für zulässig gehalten, obwohl sie zu Lasten älterer Arbeitnehmer bzw. der Männer gehen.

5024 Völlig offen ist, welche Bedeutung § 5 AGG bei der **Bevorzugung/Förderung älterer Arbeitnehmer** haben wird. Viele der seit Jahrzehnten in Deutschland üblichen betrieblichen und tariflichen Regeln dienen dazu, die auf dem Arbeitsmarkt krass benachteiligte Personengruppe der älteren Arbeitnehmer zu schützen und zu fördern. Hierin gehört beispielsweise die tarifliche Unkündbarkeit ab einem bestimmten Alter, die Berücksichtigung des Lebensalters bei der Sozialauswahl nach § 1 Abs. 3 KSchG oder höhere Abfindungen für Ältere in Sozialplänen. Über § 5 AGG könnten solche Regelungen möglicherweise aufrechterhalten werden, obwohl sie Jüngere benachteiligen.

VI. Organisationspflichten des Arbeitgebers

1. Übersicht

5025 Die §§ 11 und 12 AGG regeln besondere Organisationspflichten des Arbeitgebers. Zunächst verlangt § 11 AGG, dass ein Arbeitsplatz nicht unter Verstoß gegen § 7 Abs. 1 AGG ausgeschrieben werden darf. § 12 AGG verpflichtet den Arbeitgeber zu umfangreichen präventiven Schutzmaßnahmen, insbesondere Schulung der Mitarbeiter. Des Weiteren verpflichten § 12 Abs. 3 und 4 AGG den Arbeitgeber, die Belegschaft aktiv vor Benachteiligungen zu schützen und eingetretene Benachteiligungen abzustellen.

2. Pflicht zur neutralen Stellenausschreibung

5026 § 11 AGG verbietet, einen Arbeitsplatz unter Verstoß gegen § 7 Abs. 1 AGG auszuschreiben. Inhaltlich entspricht das dem früheren § 611b BGB (Verbot der geschlechtsspezifischen Stellenausschreibung), wobei § 11 AGG das Gebot der neutralen Stellenausschreibung auf alle in § 1 AGG genannten Diskriminierungsmerkmale ausdehnt. In diesem Zusammenhang ist auch § 7 Abs. 1 TzBfG zu beachten, der nach wie vor eine Verpflichtung zur Ausschreibung von geeigneten Arbeitsplätzen als Teilzeitarbeitsplätze vorsieht. § 11 AGG gilt sowohl für die öffentliche als auch für die innerbetriebliche Ausschreibung, unabhängig davon, ob der Betriebsrat eine innerbetriebliche Ausschreibung nach § 93 BetrVG gefordert hat. Aus dem Begriff der Stellenaus»schreibung« folgt, dass es sich um Ausschreibungen in Textform (Schwarzes Brett, Zeitung, Internet-Stellenbörse, Homepage) handeln muss, wogegen mündliche Informationen über freie Arbeitsstellen, etwa auf den inzwischen verbreiteten Karrierebörsen, nicht unter § 11 AGG fallen. § 11 AGG begründet keine Pflicht zu Stellenausschreibungen in Textform, der Arbeitgeber kann freie Stellen auch durch Mundpropaganda besetzen. Nach Auffassung des *BAG* (5.2.2004 EzA § 611 A BGB Nr. 3 = NZA 2004, 544) haftet der Arbeitgeber für Verstöße auch dann, wenn er die Anzeige nicht selbst schaltet, sondern sich anderer bedient (Bundesagentur für Arbeit, Headhunter, Personalberatungsunternehmen; ausf. *Adomeit/Mohr* NJW 2007, 2522 und *Diller* NZA 2007, 649).

5027 § 11 AGG verlangt zunächst – wie der frühere § 611b BGB – die geschlechtsneutrale Ausschreibung, also beispielsweise durch Verwendung des Zusatzes »(m/w)« oder sowohl der männlichen als auch der weiblichen Form (»Pilot/in«). Zu beachten sind aber auch alle sonstigen Diskriminierungsverbote, so darf beispielsweise kein »junger Kollege« oder keine »deutsche Reinigungskraft« gesucht werden. § 11 AGG erfasst auch die Fälle der mittelbaren Diskriminierung, so darf beispielsweise nicht eine »Putzhilfe mit perfekten Deutschkenntnissen« (mittelbare Diskriminierung wegen ethnischer Herkunft) oder »Verkaufskraft ohne Kopftuch« (mittelbare Diskriminierung wegen Religion) gesucht werden. Allerdings geht § 11 AGG nur so weit, als nicht Rechtfertigungsgründe nach §§ 3, 8 bis 10 AGG vorliegen. Ist bei der Bewerberauswahl eine direkte oder mittelbare Diskriminierung auf Grund besonderer Umstände erlaubt, kann selbstverständlich auch schon die Stellenausschreibung entsprechende Einschränkungen enthalten.

Besondere Rechtsfolgen für den Fall der Verletzung sieht § 11 AGG nicht vor, insbesondere ist eine diskriminierende Stellenausschreibung keine Ordnungswidrigkeit. Bedeutung hat ein Verstoß gegen § 11 AGG dagegen nach ständiger Rechtsprechung im Rahmen der Beweislastumkehr nach § 22 AGG: Eine gegen § 11 AGG verstoßende Stellenausschreibung indiziert die Diskriminierung (*BAG* 5.2.2004 EzA § 611 A BGB Nr. 3 = NZA 2004, 543; *BVerfG* 16.11.1993 BVerfGE 89, 276, jeweils zu § 611b BGB). Der nach § 22 AGG mögliche Gegenbeweis wird dem Arbeitgeber kaum je gelingen. Diese Rechtsprechung hat zum Phänomen des sog. »AGG-Hopping« (dazu *Diller* BB 2006, S. 1968, s.a. unten Rn. 5057) geführt. 5028

3. Pflicht zur Schulung/Hinweispflicht

Die durch § 12 AGG begründeten präventiven Handlungspflichten des Arbeitgebers wirken auf den ersten Blick wie »Soft law«, sie sind sämtlich nicht durch Bußgeldandrohungen sanktioniert. Häufig wird aber übersehen, dass sie große Bedeutung im Rahmen der Zuerkennung und Bemessung von Schadensersatz- und Entschädigung nach § 15 AGG haben werden, insbesondere im Hinblick auf **Organisationsverschulden** (ausf. *Grobys* NJW 2006, 2950). Was vom Arbeitgeber an Präventivmaßnahmen verlangt werden kann, hängt von Größe, Struktur und Branche des Unternehmens ab (i.E. *Grobys* NJW 2006, 2950; *Göpfert/Siegrist* ZIP 2006, 1710). Die besondere Hinweis- und Hinwirkungspflicht in § 12 Abs. 2 S. 1 AGG ist als Obliegenheit ausgestaltet. Es handelt sich um eine nicht erzwingbare Sollvorschrift, auch der Betriebsrat hat insoweit kein Initiativrecht. Kommt der Arbeitgeber seinen Hinweis- und Hinwirkungspflichten nicht nach, verliert er jedoch die Möglichkeit des § 12 Abs. 2 S. 2 AGG, durch Hinweis auf ausreichend durchgeführte Schulungen der Mitarbeiter den Vorwurf des Organisationsverschuldens (s.u. Rn. 5050) abzuschneiden. 5029

Dass der Arbeitgeber nach § 12 Abs. 2 S. 1 AGG seiner Hinweis- und Hinwirkungspflicht insbesondere im Rahmen der »beruflichen Aus- und Fortbildung« nachkommen soll, bedeutet nicht, dass er hierzu unbedingt gesonderte Veranstaltungen abhalten müsste. Es reicht, dass er allgemeine Schulungsveranstaltungen dazu nutzt, in geeigneter Form auch auf die Unzulässigkeit von Benachteiligungen hinzuweisen (*Bauer/Göpfert/Krieger* § 12 Rz. 15). Der Ausschluss des Organisationsverschuldens nach § 12 Abs. 2 S. 2 AGG setzt allerdings eine **gewisse Intensität** (»Schulung«) voraus, ein paar eingestreute Hinweise werden dafür nicht ausreichen. Im Übrigen setzt »Schulung« eine gewisse Systematisierung der Wissensvermittlung voraus, bei der Fragen gestellt und Feedback gegeben werden kann (*Bauer/Göpfert/Krieger* § 12 Rz. 20). Das bloße Aushändigen von Informations-Merkblättern oder das Einstellen des AGG-Textes ins Intranet wird ebenso wenig reichen (**a.A.** *Wisskirchen* DB 2006, 1496; *Ostrowicz/Scholz* DB 2006 Heft 32, S. III) wie das Abspielen von Video-Schulungsbändern. Auch wird man verlangen müssen, dass die »Schulung« alle wesentlichen Aspekte des AGG abgedeckt und in gewissem zeitlichen Abstand wiederholt wird (im einzelnen *Göpfert/Siegrist* ZIP 2006, 1716). Nach richtiger Auffassung fallen Schulungen nach § 12 Abs. 2 AGG nicht unter den Begriff der betrieblichen Aus- und Fortbildung nach § 96 BetrVG, so dass der Betriebsrat kein Mitbestimmungsrecht bei der Bestellung und Abberufung der Ausbilder und der Auswahl der Teilnehmer (§ 98 Abs. 2 und 3 BetrVG) hat (*Bauer/Göpfert/Krieger* § 12 Rz. 25). Im Übrigen kann die sog. »Training Defense« des § 12 Abs. 2 S. 2 AGG dem Arbeitgeber nach richtiger Auffassung (*Willemsen/Schweibert* NJW 2006, 2590; *Göpfert/Siegrist* ZIP 2006, 1715) nur insoweit zugute kommen, als es um präventive Schutzpflichten geht. Hat der Arbeitgeber dagegen von Verstößen Kenntnis, muss er gem. Abs. 3 die geeigneten Maßnahmen zur Unterbindung treffen, wenn er sich nicht den Vorwurf des Organisationsverschuldens gefallen lassen will. 5030

4. Pflicht zum Abstellen von Benachteiligungen

5031 Bei Verstößen verpflichtet § 12 Abs. 3 AGG den Arbeitgeber zu den *»im Einzelfall geeigneten, erforderlichen und angemessenen Maßnahmen«*, um die Verstöße zu unterbinden. Hat der Arbeitgeber von einem **konkreten Verstoß Kenntnis**, muss er eingreifen. Das Gesetz nennt ausdrücklich als Beispiele die Abmahnung, Umsetzung, Versetzung oder Kündigung. Welche Maßnahmen die richtigen sind, hängt jeweils von den konkreten Umständen des Einzelfalls ab. Reagiert der Arbeitgeber auf gleichartige Verstöße mit verschiedenen Maßnahmen (indem er z.B. Übergriffe auf Ausländer toleriert, nicht aber auf Homosexuelle), kann die Reaktion des Arbeitgebers selbst wiederum eine Benachteiligung i.S.d. § 7 AGG darstellen (*Göpfert/Siegrist* ZIP 2006, 1714 f.). Aus der allgemeinen Schutzpflicht des Abs. 1 ergibt sich darüber hinaus die Verpflichtung, **Verdachtsmomenten** nachzugehen. Lässt sich allerdings der Sachverhalt nicht aufklären und bleibt das Vorliegen einer Benachteiligung unklar, so ist der Arbeitgeber nicht dazu verpflichtet, gegen den vermeintlichen Benachteiliger ins Blaue hinein Maßnahmen zu ergreifen (*Göpfert/Siegrist* ZIP 2006, 1714). Umstritten ist, ob der Arbeitgeber verpflichtet ist, nach anglo-amerikanischem Vorbild ein Frühwarnsystem zu installieren, z.B. mit anonym anwählbaren Beschwerde-Hotlines oder Ähnlichem.

5032 Die Pflicht zur Unterbindung von Diskriminierungen im Rahmen der Verhältnismäßigkeit trifft den Arbeitgeber nach § 12 Abs. 4 AGG auch gegenüber **betriebsfremden Dritten** (Kunden, Lieferanten etc.). Leiharbeiter und freie Mitarbeiter gelten dagegen nicht als betriebsfremde Dritte i.S.d. § 12 Abs. 4 AGG, sondern als Beschäftigte nach § 6 AGG, so dass hier § 12 Abs. 3 einschlägig ist, nicht Abs. 4 (*Bauer/Göpfert/Krieger* § 12 Rz. 39). Bei seinen Reaktionen muss der Arbeitgeber abwägen zwischen dem Schutz des Beschäftigten einerseits und den Kundenbeziehungen andererseits. So wird man bspw. von ihm verlangen können, dass er mündlich oder schriftlich an den benachteiligenden Dritten appelliert, Benachteiligungen (z.B. Beschimpfungen) zu unterlassen. Zu beachten ist, dass Abs. 4 (Benachteiligung durch Dritte) gesetzessystematisch anders strukturiert ist als Abs. 3 (Benachteiligung durch Mitarbeiter). Bei Abs. 3 ist der Arbeitgeber verpflichtet, die Benachteiligung zu »unterbinden«. Er hat zwar ein Ermessen hinsichtlich der zu ergreifenden Maßnahmen, aber diese müssen letztlich zum Erfolg führen. Bei Abs. 4 (Benachteiligung durch Dritte) gehen dagegen die Pflichten des Arbeitgebers nicht so weit. Er muss sich nur um den »Schutz« des Betroffenen bemühen. Gelingt es ihm mit angemessenen Mitteln nicht, die Benachteiligung zu unterbinden, muss er keine unverhältnismäßigen Maßnahmen ergreifen. Es gibt also eine »Opfergrenze«, oberhalb derer der Arbeitgeber nicht mehr verpflichtet ist, um jeden Preis die Benachteiligung abzustellen. So kann z.B. je nach den Umständen des Einzelfalles die Kündigung einer wichtigen Kunden- oder Lieferantenbeziehung nicht verlangt werden, um eine nicht wesentlich ins Gewicht fallende Belästigung zu unterbinden (*Göpfert/Siegrist* ZIP 2006, 1714). Auf jeden Fall kann der Arbeitgeber gestaffelt vorgehen, d.h. zunächst versuchen mit milderen Maßnahmen zum Erfolg zu kommen.

5. Aushang/Bekanntmachungspflicht

5033 Nach § 12 Abs. 5 AGG hat der Arbeitgeber den Text des AGG sowie des § 61 ArbGG (Klagefrist von drei Monaten) im Betrieb in geeigneter Weise bekannt zu machen, ebenso die für die Behandlung von Beschwerden nach § 13 AGG zuständige Beschwerdestelle (dazu *Gach/Julis* BB 2007, 773). Dabei kann der Arbeitgeber die geeignete Form der Bekanntmachung selbst wählen (Schwarzes Brett, Intranet). Ein Verstoß gegen § 12 Abs. 5 AGG ist sanktionslos und führt auch nicht zu einer Beweislastumkehr.

VII. Rechtsfolgen einer Benachteiligung

1. Übersicht

5034 Wie so vieles ist auch die Rechtsfolgenseite des AGG unsystematisch und unzusammenhängend geregelt. Die wesentlichen Sanktionsvorschriften sind neben dem Beschwerderecht des § 13 AGG das Leistungsverweigerungsrecht des Benachteiligten nach § 14 AGG sowie die

Ansprüche auf Entschädigung und Schadensersatz nach § 15 AGG. Diese Normen hängen jedoch untrennbar zusammen mit § 7 AGG. § 7 AGG enthält zunächst die zentrale Kernaussage des Gesetzes, nämlich das Verbot der Benachteiligung aus einem der in § 1 AGG genannten Gründe. Zugleich enthalten § 7 Abs. 2 und 3 AGG aber auch grundsätzliche Aussagen zu den Rechtsfolgen einer verbotenen Benachteiligung.

2. Verbot der Benachteiligung

§ 7 Abs. 1 AGG verbietet jede Benachteiligung, also gem. den Begriffsbestimmungen in § 3 AGG nicht nur die unmittelbare oder mittelbare Benachteiligung, sondern auch die (sexuelle) Belästigung sowie eine Anweisung zur Benachteiligung (§ 3 Abs. 1 bis 5 AGG). Das Benachteiligungsverbot des § 7 Abs. 1 AGG richtet sich nicht nur gegen den Arbeitgeber, dessen gesetzliche Vertreter und die Vorgesetzten des Arbeitnehmers, sondern gegen Jedermann, also z.B. auch gegenüber Arbeitskollegen, Kunden des Arbeitgebers oder eine Gewerkschaft. Das AGG sagt aber nicht, dass eine solche Verletzung durch Dritte spezifische Rechtsfolgen auslöst, in Betracht kommt aber z.B. eine Verletzung des allgemeinen Persönlichkeitsrechts. Dagegen ist § 7 Abs. 1 AGG nach richtiger Auffassung **nicht Schutzgesetz i.S.d. § 823 Abs. 2 BGB**, denn das würde die Systematik des AGG auf den Kopf stellen (*Hanau* ZIP 2006, 220; zutreffend *OLG Frankf.* 26.8.1999 NJW-RR 2000, 976 zum früheren § 2 BeSchG). Erfolgt die Benachteiligung durch einen Arbeitskollegen, ergibt sich auch keine Haftung des Arbeitgebers aus dem Gedanken des Vertrages mit Schutzwirkung zugunsten Dritter (*Bauer/Göpfert/Krieger* § 7 Rz. 7). 5035

Der zweite Halbsatz von § 7 Abs. 1 stellt klar, dass eine verbotene Benachteiligung auch dann vorliegt, wenn der Benachteiligende das Vorliegen eines in § 1 AGG geschützten Grundes nur annimmt. Benachteiligt beispielsweise der Arbeitgeber eine Kopftuch tragende Frau in der **irrigen Annahme**, sie sei Muslima, sind die Rechtsfolgen des AGG einschlägig, auch wenn die Frau einer anderen Religion angehört. Diese Regelung als »neuartiges Gesinnungszivilrecht« zu verurteilen (*Adomeit* NJW 2006, 2171) ist zwar verständlich, übersieht aber, dass es bei dieser Regelung auch um Opferschutz geht. Das Opfer soll nicht eine Beweisaufnahme über seine Religion, ethnische Herkunft oder gar sexuelle Orientierung über sich ergehen lassen müssen. Spiegelt allerdings ein Arbeitnehmer das Vorliegen eines Diskriminierungsmerkmals bewusst vor in der Hoffnung, diskriminiert zu werden und dann Anspruch auf Entschädigung zu haben, verliert er diesen Anspruch aus dem Gesichtspunkt des Rechtsmissbrauchs. 5036

Nach § 7 Abs. 1 AGG liegt ein Verstoß gegen das Benachteiligungsverbot nur vor, wenn die Diskriminierung kausal war (»wegen«). Dabei schadet es jedoch nicht, wenn der Arbeitgeber aus einem »Motivbündel« gehandelt hat und das diskriminierende Motiv dabei jedenfalls nicht unbedeutend war (*BVerfG* 16.11.1993 NZA 1994, 745; *Diller/Krieger/Arnold* NZA 2006, 892). Besondere Probleme entstehen bei Entscheidungen, die nicht ein Einzelner trifft, sondern ein Gremium (i.E. *Bauer/Göpfert/Krieger* § 7 Rz. 16). 5037

3. Unwirksamkeit von Vereinbarungen/Anpassung

§ 7 Abs. 2 AGG ordnet an, dass Vereinbarungen unwirksam sind, die gegen das Benachteiligungsverbot des § 7 Abs. 1 AGG verstoßen. Die Vorschrift wiederholt im Grunde genommen nur § 134 BGB, sie gilt sowohl für Einzelvereinbarungen als auch für Betriebsvereinbarungen, Tarifverträge und sonstige kollektive Regelungen. Eine Übergangsfrist sieht das AGG nicht vor, so dass mit Inkrafttreten des Gesetzes diskriminierende Vereinbarungen auch dann unwirksam werden, wenn sie aus der Zeit vor Inkrafttreten des AGG stammen. Allerdings ergreift die Unwirksamkeit nicht rückwirkend die Zeit vor Inkrafttreten des AGG. Betrifft die Unwirksamkeit einzelne Klauseln eines umfassenden Vertragswerks, so ist anhand der allgemeinen Auslegungsregeln, der üblichen salvatorischen Klauseln und der zu § 139 BGB entwickelten Grundsätze zu prüfen, ob die Vereinbarung im Übrigen wirksam bleibt (instruktiv dazu *BAG* 15.1.1955 AP 4 zu Art. 3 GG). 5038

5039 Keine Aussage enthält das AGG dazu, ob eine nach § 7 Abs. 2 AGG unwirksame Klausel **»nach oben« oder »nach unten« anzupassen** ist. Hat bspw. der Arbeitgeber eine Zusatzprämie von 100 Euro für alle männlichen Betriebsangehörigen ausgelobt, so könnte man den Verstoß gegen § 7 Abs. 2 AGG entweder dadurch heilen, dass auch die Frauen die 100 Euro bekommen oder dadurch, dass auch die Männer sie nicht bekommen. Sowohl das BAG als auch der EuGH, die sich in der Vergangenheit mit gleichen Entgeltansprüchen von Männern und Frauen zu befassen hatten, haben jeweils »nach oben« angepasst (*BAG* 7.3.1995 EzA § 1 BetrAVG Gleichbehandlung Nr. 9 = AP 26 zu § 1 BetrAVG Gleichbehandlung; *EuGH* 7.2.1991 EzA § 119 EWG-Vertrag Nr. 1 = AP 25 zu § 23a BAT). Daraus kann jedoch nicht die allgemeine Regel abgeleitet werden, eine Anpassung nach oben sei der einzig gangbare Weg. Vielmehr wird man auf das Regel-Ausnahme-Verhältnis abstellen müssen. Eine Anpassung nach oben ist sicherlich der richtige Weg, wenn der Masse der Belegschaft eine bestimmte Vergünstigung gewährt wird, die nur einer diskriminierten Minderheit verwehrt wird. Anders liegt es, wenn nur einer kleinen Minderheit eine Vergünstigung gewährt wird. Sieht beispielsweise ein Tarifvertrag oder eine Betriebsvereinbarung vor, dass Mitarbeiter über 60 eine Sonderzahlung erhalten, fünf Stunden pro Woche weniger arbeiten müssen und ordentlich unkündbar sind, so wäre es ein absurdes Ergebnis, wenn – unterstellt man eine unzulässige Altersdiskriminierung – auch alle jüngeren Mitarbeiter die Zulage bekommen und weniger arbeiten müssten und die gesamte Belegschaft unkündbar wäre (*Thüsing* NZA 2006, 775). Bei einer Anpassung »nach unten« müssten allerdings die Grundsätze des Vertrauensschutzes beachtet werden, so kämen wohl nur ein Abschmelzen der unrechtmäßig zugesagten Leistung für die Zukunft in Betracht, nicht aber eine Rückforderung für die Vergangenheit. Nach anderer Auffassung ist hinsichtlich einer Anpassung »nach oben« oder »nach unten« danach zu differenzieren, ob eine Begünstigung oder eine Benachteiligung vorliegt, und dies soll sich aus der jeweils verwendeten Formulierung ableiten (*Bauer/Göpfert/Krieger* § 7 Rz. 31). Angesichts der Zufälligkeiten der jeweils gewählten Formulierung ist das kaum überzeugend.

5040 Hat der Arbeitgeber einem oder mehreren Arbeitnehmern vertraglich besondere Leistungen zugesagt, kann er sie nicht nachträglich mit der Begründung verweigern, die Nichtgewährung solcher Leistungen an andere Arbeitnehmer verstoße gegen das AGG (*LAG BW* 23.4.2007 – 15 Sa 116/06 – NZA-RR 2007, 630 und 15.3.2007 – 21 Sa 97/06 – juris).

4. Benachteiligung als Vertragsverletzung

5041 § 7 Abs. 3 AGG erklärt eine Benachteiligung nach Abs. 1 durch den Arbeitgeber oder andere Arbeitnehmer zu einer Verletzung vertraglicher Pflichten. § 7 Abs. 3 AGG hängt unmittelbar zusammen mit dem Schadensersatzanspruch nach § 15 Abs. 1 AGG, wegen § 7 Abs. 3 AGG ergäbe sich der Schadensersatzanspruch aber auch schon aus § 280 BGB (der gem. § 32 AGG ausdrücklich neben den Normen des AGG anwendbar bleibt). Ist der Arbeitgeber eine juristische Person, haftet er auch für die von den **gesetzlichen Vertretern** begangene Benachteiligung (§ 31 BGB). Des Weiteren haftet der Arbeitgeber für Benachteiligungen durch die **unmittelbaren Vorgesetzten** über § 278 BGB (Erfüllungsgehilfen). Die Haftung nach § 278 BGB setzt allerdings voraus, dass der Vorgesetzte in Wahrnehmung der dem Arbeitgeber obliegenden Pflichten handelt (vgl. *BGH* 3.6.1993 BGHZ 123, 14). Fraglich kann das insbesondere bei sexueller Belästigung sein, die häufig mit der eigentlichen Arbeit und den dazu ergangenen Arbeitsanweisungen nichts zu tun hat (*Bauer/Göpfert/Krieger* § 7 Rz. 38). Eine Haftung des Arbeitgebers kommt hier häufig allenfalls dann in Betracht, wenn ihm ein Organisationsverschulden als eigenes Verschulden zuzurechnen ist. Insoweit ist von Bedeutung, ob der Arbeitgeber seinen Hinweis- und Schulungspflichten nach § 12 AGG genügt hat. Im Übrigen gelten für die i.V.m. § 7 Abs. 3 bestehenden Schadensersatzansprüche die näheren Regelungen des § 15 AGG, insbesondere dessen Beschränkungen (siehe unten). Dagegen haftet der Arbeitgeber nicht ohne weiteres für Benachteiligungen, die durch andere nicht vorgesetzte Arbeitnehmer verübt werden, insbes. durch **Arbeitskollegen**, aber auch durch **Dritte (Kunden)**.

§ 7 Abs. 3 AGG stellt klar, dass eine verbotene Benachteiligung nicht nur eine Verletzung des Arbeitsvertrages des benachteiligten Arbeitnehmers ist. Erfolgt die Benachteiligung durch andere Arbeitnehmer, verletzen auch diese ihren Arbeitsvertrag. Das kann zu arbeitsrechtlichen Sanktionen (Abmahnung etc.) bis hin zu einer fristlosen Kündigung führen, je nach Schwere des Verstoßes. Eine Vertragsverletzung liegt auch dann vor, wenn der benachteiligende Arbeitnehmer auf Anweisung gehandelt hat, weil eine rechtswidrige Weisung nicht beachtet werden muss; gleichwohl wird bei Handlung auf Weisung nur in Extremfällen eine arbeitsrechtliche Sanktion gerechtfertigt sein. Dass die Benachteiligung eines anderen Mitarbeiters seitens des Benachteiligenden eine Verletzung von dessen Arbeitsvertrag ist, führt im Übrigen dazu, dass sich der **handelnde Arbeitnehmer gegenüber dem Arbeitgeber schadensersatzpflichtig** macht (ausf. *Bauer/Evers* NZA 2006, 897 f.). Das arbeitsvertragliche Haftungsprivileg (vgl. *BAG* 16.2.1995 EzA § 611 BGB Arbeitnehmerhaftung Nr. 60 = NZA 1995, 565) gilt hier nicht, da es sich regelmäßig um vorsätzliche Handlungen handelt und überdies kein Bezug zu der besonderen Gefahrgeneigtheit des Arbeitsverhältnisses besteht. Die besondere Beweiserleichterung des § 22 AGG kommt dem Arbeitgeber allerdings nicht zugute, wenn er gegen den benachteiligenden Arbeitnehmer vorgeht. Das kann zu der misslichen Situation führen, dass er wegen der Beweislastregel des § 22 dem (angeblich) benachteiligten Arbeitnehmer Schadensersatz oder Entschädigung nach § 15 AGG zahlen muss, der Arbeitgeber dagegen mit der Kündigung oder dem Regressanspruch gegen den (vermeintlich) benachteiligenden Arbeitskollegen aus Beweislastgründen scheitert. 5042

5. Beschwerderecht/Beschwerdestelle

Nach § 13 AGG kann jeder Beschäftigte sich bei den zuständigen Stellen des Betriebes wegen einer Benachteiligung beschweren, egal ob diese von Vorgesetzten, anderen Mitarbeitern oder Dritten ausgeht. Nach § 16 AGG darf niemand wegen einer solchen Beschwerde benachteiligt werden. Der Arbeitgeber kann, muss aber nicht, eine besondere **Beschwerdestelle** benennen (dazu *Gach/Julis* BB 2007, 773; zur Frage der Mitbestimmung des Betriebsrats *VGH Kassel* 20.3.2008 NZA-RR 2008, 554; *LAG Nbg.* 19.2.2008 DB 2009, 71). Unterbleibt dies, kann der Arbeitnehmer sich an »geborene« Beschwerdestellen wie den Personalchef, den Betriebsrat, die Schwerbehindertenvertretungen, einen Gleichstellungsbeauftragten oder jeden Vorgesetzten wenden. Denkbar, aber nicht verpflichtend ist die Einrichtung einer anonymen **»Antidiskriminierungs-Hotline«**, sei es innerbetrieblich oder konzernübergreifend. § 13 Abs. 2 AGG stellt klar, dass das betriebsverfassungsrechtliche Beschwerdeverfahren nach § 85 BetrVG unberührt bleibt. 5043

6. Leistungsverweigerungsrecht

Nach § 14 AGG hat der benachteiligte Arbeitnehmer unter bestimmten Voraussetzungen ein Leistungsverweigerungsrecht. Dieses wird durch Fernbleiben von der Arbeit ausgeübt, während die Pflicht des Arbeitgebers zur vollen Gehaltszahlung bestehen bleibt. Als milderes Mittel muss auch eine zeitweilige oder teilweise Leistungsverweigerung in Betracht kommen. Wird ein Auslieferungsfahrer beispielsweise nur von einem einzigen Kunden belästigt, so kann von ihm verlangt werden, die restliche Tour zu fahren und nur die Belieferung des ihn belästigenden Kunden zu verweigern (**a.A.** *Bauer/Göpfert/Krieger* § 14 Rz. 13). Als Nebenpflicht aus dem Arbeitsvertrag muss der Arbeitnehmer den Arbeitgeber von Umfang und Grund des Leistungsverweigerungsrechts rechtzeitig informieren, er kann nicht einfach zu Hause bleiben und erst auf Nachfrage sein Fernbleiben von der Arbeit mit § 14 AGG rechtfertigen. Nach dem klaren Wortlaut des § 14 AGG besteht das Leistungsverweigerungsrecht **nur bei einer (sexuellen) Belästigung** nach § 3 Abs. 3 und 4 AGG, **nicht** dagegen bei einer unmittelbaren oder mittelbaren **Benachteiligung** (§ 3 Abs. 1 und 2 AGG), wegen des klaren Gesetzeswortlauts ist auch keine analoge Anwendung möglich. 5044

Die Leistungsverweigerung nach § 14 AGG setzt voraus, dass tatsächlich eine Belästigung objektiv vorliegt, nicht nur nach der subjektiven Vorstellung des Betroffenen. Fraglich ist, ob 5045 dem Arbeitnehmer auch hier die Beweiserleichterung des § 22 AGG zugute kommt. Das mag man für richtig halten, soweit es darum geht, ob der Arbeitgeber auf die Leistungsverweigerung mit einer Kündigung reagieren darf. Dagegen wird man den Vergütungsanspruch des Arbeitnehmers wohl davon abhängig machen müssen, dass dieser unabhängig von § 22 AGG den vollen Beweis dafür erbringt, dass eine Belästigung vorlag.

5046 Die Leistungsverweigerung setzt voraus, dass der Arbeitgeber keine oder offensichtlich ungeeignete Maßnahme zur Abhilfe ergriffen hat, für die offensichtliche Ungeeignetheit gilt ein objektiver Maßstab (*Bauer/Göpfert/Krieger* § 14 Rz. 6). Bei der Auswahl der Maßnahmen hat der Arbeitgeber einen Beurteilungsspielraum, insbes. kann er zunächst versuchen, mit milderen Maßnahmen zum Erfolg zu kommen. Er muss nicht gleich mit Kanonen auf Spatzen schießen. Allerdings verpflichtet § 12 Abs. 3 AGG den Arbeitgeber letztlich dazu, ohne Rücksicht auf die Verhältnismäßigkeit solche Maßnahmen anzuwenden, die zum Erfolg führen. Mit der Ausübung des Leistungsverweigerungsrechts muss der Arbeitnehmer also gegebenenfalls warten, bis der Arbeitgeber verschiedene Maßnahmen zur Abstellung der Belästigung nacheinander durchprobiert hat, sofern diese Maßnahmen nicht aus objektiver Sicht offensichtlich ungeeignet sind. Des Weiteren steht das Leistungsverweigerungsrecht unter dem Vorbehalt, dass es zum Schutz des Arbeitnehmers erforderlich ist. Es darf dem Arbeitnehmer also kein milderes Mittel zu seinem Schutz zur Verfügung stehen. Dies bedeutet, dass man vom Arbeitnehmer verlangen muss, dass er sich zunächst innerbetrieblich um Abhilfe bemüht (z.B. durch Beschwerde nach § 13 AGG), bevor er zum scharfen Schwert der Leistungsverweigerung greift. Je nach den Umständen wird man vom Arbeitnehmer auch verlangen können, dass er selbst Vorschläge für eine wirksame Unterbindung der Belästigung macht, z.B. durch Versetzung, geänderte Arbeitszeiten oder Änderung von Unterstellungsverhältnissen.

5047 Trotz der Beweislasterleichterung des § 22 AGG ist die Leistungsverweigerung nach § 14 AGG für den Arbeitnehmer ein **riskantes Vorgehen**. Denn erweist die Leistungsverweigerung wegen des Fehlens eines oder mehrerer Tatbestandsmerkmale des § 14 AGG als unberechtigt, droht eine fristlose Kündigung wegen Arbeitsverweigerung, jedenfalls nach vorhergehender Abmahnung. Überdies entfällt bei ungerechtfertigter Leistungsverweigerung der Vergütungsanspruch.

5048 Nach der ausdrücklichen Regelung in § 14 Abs. 2 AGG bleibt das **Leistungsverweigerungsrecht nach § 273 BGB** unberührt. § 273 BGB ist insoweit weiter als § 14 Abs. 1 AGG, als danach die Zurückbehaltung der Arbeitsleistung auch wegen einer mittelbaren oder unmittelbaren Benachteiligung nach § 3 Abs. 1 und 2 AGG in Betracht kommt. Überdies verlangt § 273 BGB keinen Konnex zwischen der Leistungsverweigerung und der Beseitigung der Benachteiligung, vielmehr kann das Leistungsverweigerungsrecht nach § 273 BGB z.B. auch ausgeübt werden, wenn der Arbeitgeber mit finanziellen Leistungen (z.B. einer Entschädigung nach § 15 Abs. 2 AGG) in Verzug ist. Allerdings steht nach ständiger Rechtsprechung des Bundesarbeitsgerichts die Ausübung des Leistungsverweigerungsrechts hinsichtlich der Arbeitsleistung unter dem Vorbehalt von Treu und Glauben, insbes. muss die Verhältnismäßigkeit gewahrt bleiben.

7. Schadenersatz/Entschädigung nach § 15 AGG

a) Übersicht

5049 Die zentrale Rechtsfolgennorm des AGG ist § 15 AGG. Abs. 1 regelt den Anspruch auf Ersatz des materiellen Schadens, der aus einer Benachteiligung entsteht; ein entsprechender Anspruch würde sich aber auch aus § 7 Abs. 3 AGG i.V.m. § 280 BGB ergeben. Von besonderer Bedeutung ist der Entschädigungsanspruch des § 15 Abs. 2 AGG für erlittene immaterielle Schäden. Durch das Anknüpfen an den Begriff des »Schadens« hat der Gesetzgeber deutlich gemacht, dass auch bei Abs. 2 die vom Arbeitnehmer erlittenen Nachteile im Vordergrund stehen, also die Zuerkennung hoher Entschädigungen zum Zwecke der Abschreckung (»**punitive damages**«) nicht in Betracht kommt. Nach herrschender, aber nicht unbestrittener Auffassung ist der Anwendungsbereich der Abs. 1 und 2 des § 15 AGG nicht deckungsgleich. Während ein Schadenersatzanspruch nach Abs. 1 immer auch die Anwendbarkeit des Abs. 2 eröffnet, soll Abs. 2 anders als Abs. 1 kein Verschulden voraussetzen, so dass der Arbeitgeber bei unverschuldeter Benachteiligung zwar nicht auf Schadenersatz nach Abs. 1 haftet, aber möglicherweise auf Entschädigung nach Abs. 2. Neben § 15 Abs. 1 und 2 AGG bleiben die allgemeinen zivilrechtlichen Anspruchsgrundlagen (insbes. § 280 BGB und 1004 BGB) anwendbar. Die Beschränkungen der Schadenersatzansprüche dem Umfang nach (§ 15 Abs. 6) sowie die engen formalen Voraussetzungen für die außergerichtliche (§ 15 Abs. 4 AGG) und gerichtliche (§ 61b Abs. 1 ArbGG) Geltendmachung gelten jedoch nach ihrem Sinn und Zweck auch für Ansprüche außerhalb des AGG (*Bauer/Göpfert/Krieger* § 15 Rz. 67).

b) Schadenersatz nach § 15 Abs. 1 AGG

aa) Verschulden

§ 15 Abs. 1 AGG ist eine Rechtsgrundverweisung. Der Arbeitgeber haftet entgegen dem missverständlichen Wortlaut nicht unabhängig davon auf Schadenersatz, wer gegen ein Benachteiligungsverbot verstoßen hat, sondern nur, wenn der Verstoß von ihm selbst oder Personen ausgeht, für die er nach allgemeinen zivilrechtlichen Vorschriften mit haftet. § 15 Abs. 1 S. 2 stellt klar, dass den Arbeitgeber für Verstöße von Kunden und Lieferanten **weder eine Garantiehaftung noch eine Gefährdungshaftung** trifft. Eigenes Verschulden hat der Arbeitgeber, wenn er eine natürliche Person ist, nach § 276 BGB zu vertreten. Nach § 31 BGB haftet die juristische Person auch für die **gesetzlichen Vertreter**, also insbes. für GmbH-Geschäftsführer und AG-Vorstandsmitglieder. Allerdings hat die Rechtsprechung § 31 BGB erweitert auf selbstständig agierende Leiter selbstständiger Betriebsabteilungen, z.B. Filialleiter im Selbstbedingungsladen (*OLG München* 27.2.1973 VersR 1974, 269). Über § 278 BGB (Erfüllungsgehilfe) haftet der Arbeitgeber auch für die **Vorgesetzten** des betroffenen Mitarbeiters, sofern sie die Benachteiligung im Rahmen ihrer Vorgesetztenfunktion und nicht nur »bei Gelegenheit« begehen. Ein Vertretenmüssen des Arbeitgebers für Benachteiligungen, die von **gleichgeordneten Arbeitskollegen** begangen werden, sieht weder das allgemeine Zivilrecht noch das AGG vor (ausf. *Bauer/Evers* NZA 2006, 894; *Bauer/Göpfert/Krieger* § 15 Rz. 20). Allerdings kann sich die Haftung des Arbeitgebers aus **Organisationsverschulden** ergeben (dazu *Annuß* BB 2006, 1635; *Bauer/Göpfert/Krieger* § 15 Rz. 17). In diesem Zusammenhang bekommt § 12 Abs. 1 und 2 AGG Bedeutung. Hat der Arbeitgeber die Beschäftigten in geeigneter Weise zum Zwecke der Verhinderung von Benachteiligungen geschult, gilt dies als Erfüllung seiner Organisationspflichten nach § 12 Abs. 1 AGG, dann scheidet eine Haftung wegen Organisationsverschuldens aus (sog. »**Training Defence**«). Aus der negativen Formulierung des § 15 Abs. 1 S. 2 AGG (*»dies gilt nicht«*) ergibt sich, dass der benachteiligte Arbeitnehmer nicht den Beweis für das Verschulden des Arbeitgebers oder dessen Erfüllungsgehilfen zu führen hat, sondern der Arbeitgeber sich entlasten muss. Das entspricht der allgemeinen Beweislastverteilung des Vertragsrechts (§ 280 BGB). In Verbindung mit § 12 AGG bedeutet dies, dass der Arbeitgeber, wenn er sich über § 12 AGG entlasten will, den Beweis für ausreichende Schulung der Beschäftigten zu führen hat (*Bauer/Göpfert/Krieger* § 15 Rz. 22). 5050

bb) Umfang des Ersatzanspruchs

Der Umfang des Schadenersatzanspruchs aus § 15 Abs. 1 AGG richtet sich grds. nach §§ 249 ff. BGB. Zu ersetzen ist das »positive Interesse«, eine Obergrenze für die Höhe des Schadenersatzanspruchs sieht § 15 Abs. 1 AGG nicht vor. Für die Höhe des Schadens ist grundsätzlich der betroffene Arbeitnehmer beweispflichtig, wobei er gegebenenfalls von der 5051

Beweiserleichterung des § 287 ZPO profitiert. Problematisch ist das Fehlen einer Obergrenze im Falle einer Benachteiligung wegen **Nichteinstellung** bzw. **Nichtbeförderung**. Theoretisch wäre der ersatzpflichtige Schaden der Verdienst bzw. die Verdienstdifferenz bis zum Lebensende oder jedenfalls bis zur regelmäßigen Altersgrenze, wobei allerdings wegen der Schadenminderungspflicht aus § 254 BGB der Arbeitnehmer verpflichtet wäre, nach vergleichbaren offenen Stellen zu suchen und diese gegebenenfalls anzunehmen (*Bauer/Evers* NZA 2006, 895). Es liegt jedoch nahe, hier die Rechtsprechung des BAG zu § 628 BGB heranzuziehen. Der Schaden wäre dann begrenzt auf diejenigen Gehälter, die bis zum nächsten ordentlichen Kündigungstermin angefallen wären, zuzüglich einer Entschädigung nach den üblichen Grundsätzen (§ 1a KSchG) in den Höchstgrenzen der §§ 9, 10 KSchG (*BAG* 26.7.2001 EzA § 628 BGB Nr. 19 und 22.4.2004 EzA § 628 BGB 2002 Nr. 4; vgl. *Hanau* ZIP 2006, 2200; *Bauer/Evers* NZA 2006, 895). Bei einer Benachteiligung wegen Nichteinstellung ist erwogen worden, dem Arbeitnehmer als Schadenersatz lediglich das Gehalt für zwei Wochen zuzusprechen, da ja der Arbeitgeber während der Wartezeit des § 1 KSchG jederzeit ohne Angabe von Gründen mit einer Kündigungsfrist von zwei Wochen (§ 622 Abs. 3 BGB) hätte kündigen können (Einwand des rechtmäßigen Alternativverhaltens, *Bauer/Göpfert/Krieger* § 15 Rz. 28), hinzu käme dann natürlich noch eine Entschädigung nach Abs. 2.

cc) Kein Anspruch auf Einstellung/Beförderung

5052 § 15 Abs. 1 AGG wird ergänzt durch Abs. 6. Dieser schränkt den Grundsatz der Naturalrestitution (§ 249 BGB) in einem wesentlichen Punkt ein. Benachteiligt der Arbeitgeber bei der Einstellung oder Beförderung, begründet dies keinen Anspruch auf Begründung eines Arbeitsverhältnisses oder Berufsausbildungsverhältnisses bzw. auf beruflichen Aufstieg. Der Arbeitnehmer ist also nach dem Grundsatz **»dulde und liquidiere«** auf die Geltendmachung seiner finanziellen Einbußen beschränkt. Allerdings kann er gegebenenfalls eine **zusätzliche Entschädigung nach Abs. 2** wegen Persönlichkeitsverletzung geltend machen. Im Übrigen spricht einiges dafür, dass der Arbeitgeber den Spieß umdrehen und dem Arbeitnehmer freiwillig entgegen Abs. 6 die Einstellung bzw. Beförderung nachträglich anbieten kann. Dann ist unter dem Gesichtspunkt der Naturalrestitution (§ 249 BGB) der Schaden des Arbeitnehmers vollständig kompensiert, dieser kann also nicht die Einstellung/Beförderung ablehnen und stattdessen auf das entgangene Gehalt klagen.

c) Entschädigung nach § 15 Abs. 2 AGG

aa) Voraussetzungen/Verschulden

5053 Nach § 15 Abs. 2 AGG kann der benachteiligte Arbeitnehmer – ggf. neben dem Schadenersatz nach Abs. 1 – wegen der erlittenen Nicht-Vermögensschäden eine angemessene Entschädigung in Geld verlangen. Im Umkehrschluss aus § 15 Abs. 1 S. 2 AGG ergibt sich, dass nach der Vorstellung des Gesetzgebers hier ein **Verschulden des Arbeitgebers nicht Anspruchsgrundlage ist**. Dies entspricht der Rechtsprechung des *EuGH* (22.4.1997 EzA § 611a BGB Nr. 12 = NZA 1997, 645 *Draempaehl*), wonach im Bereich der Geschlechtsdiskriminierung Verstöße unabhängig von einem Verschulden sanktioniert sein müssen, um eine wirksame Abschreckung zu bewirken. Es mag sein, dass deshalb tatsächlich der Entschädigungsanspruch nach § 15 Abs. 2 AGG kein Verschulden des Arbeitgebers voraussetzt (*Willemsen/Schweibert* NJW 2006, 2589; *Richardi* NZA 2006, 885; *Bauer/Göpfert/Krieger* § 15 Rz. 32). Daraus aber eine schrankenlose Garantiehaftung des Arbeitgebers abzuleiten, geht zu weit und dürfte einen unzulässigen Eingriff in die Grundrechtspositionen des Arbeitgebers (Art. 12, 14 GG) darstellen. Richtigerweise können dem Arbeitgeber nur solche Benachteiligungen zugerechnet werden, die sich jedenfalls in seinem Verantwortungsbereich abspielen. Das bedeutet einerseits, dass den Arbeitgeber keine Garantiehaftung für Benachteiligungen Dritter trifft, sofern er gem. § 12 Abs. 4 AGG die geforderten Maßnahmen zum Schutz der Beschäftigten ergriffen hat. Streitig ist allerdings, ob bei Diskriminierung durch **Dritte**

(Headhunter) der Arbeitgeber oder der Dritte ersatzpflichtig ist (*Diller* NZA 2007, 649; *Simon/Greßlin* BB 2007, 1782). Ein Anspruch auf Entschädigung scheidet nach § 15 Abs. 2 AGG aus, wenn den Arbeitgeber, seine Organe und Erfüllungsgehilfen kein unmittelbares Verschulden trifft und im Übrigen der Arbeitgeber seinen Schulungspflichten nach § 12 Abs. 1 und 2 AGG nachgekommen ist (*Willemsen/Schweibert* NJW 2006, 2590; missverständlich insoweit *Bauer/Göpfert/Krieger* § 15 Rz. 33). Die Entschädigung ist **steuerfrei**, was zu Missbrauch einlädt (*Bauer/Günther* NJW 2007, 113; *Cornelius/Lipinski* BB 2007, 496).

bb) Bemessung

Bei der Bemessung der Entschädigungshöhe sind alle Umstände des Einzelfalls zu berück- **5054**
sichtigen. Ist kein immaterieller Schaden eingetreten, insbesondere keine Beeinträchtigung des allgemeinen Persönlichkeitsrechts, kann die Entschädigung auch »null« betragen. Allerdings wird bei einem Verstoß gegen ein Benachteiligungsverbot der Eintritt eines immateriellen Schadens nach herrschender Auffassung vermutet (*Bauer/Göpfert/Krieger* § 15 Rz. 34). Eine Entschädigung setzt auch nicht voraus, dass die Folgen eines Verstoßes die Schwere einer Persönlichkeitsrechtsverletzung erreichen.

Im Einzelnen sind bei der Bemessung der Entschädigungshöhe folgende Gesichtspunkte **5055**
abzuwägen:
- wirtschaftliche Leistungsfähigkeit des Arbeitgebers,
- Schwere der Verletzung, insbesondere Grad der psychischen Beeinträchtigung beim Belästigten. Entschädigungserhöhend können dabei auch Umstände gewertet werden, die sich außerhalb der Sphäre des Arbeitgebers bewegen, wie z.B. Presseberichterstattung.
- Ausgleich für materielle Schäden. Hat der Arbeitnehmer bereits einen hohen Betrag als Schadenersatz nach § 15 Abs. 1 AGG erhalten, tritt die Genugtuungsfunktion der Entschädigung zurück.
- Abschreckung. Nach der Rechtsprechung des *EuGH* (22.4.1997 EzA § 611a BGB Nr. 12 = NZA 1997, 645) müssen Verstöße des Arbeitgebers gegen die Diskriminierungsverbote abschreckend sanktioniert sein. Das bedeutet, dass Bagatellentschädigungen nicht europarechtskonform sind. Außerhalb des Bagatellbereichs hat die EuGH-Rechtsprechung jedoch keine Auswirkungen, insbes. fordert sie nicht exorbitant hohe Entschädigungen.
- Genugtuung/Wiedergutmachung. Entschädigungsmindernd können z.B. Entschuldigungen des Arbeitgebers oder ähnliche symbolische Gesten gewertet werden.
- Verschuldensgrad. Wegen der Genugtuungsfunkion wird die Entschädigung bei Vorsatz oder grober Fahrlässigkeit höher ausfallen als bei leichter Fahrlässigkeit oder gar unverschuldeten Benachteiligungen (vgl. aber zur Zurechnung oben Rn. 5053).
- Höhe der Vergütung. Es ist zwar nicht einzusehen, warum die sexuelle Belästigung einer Putzfrau »billiger« sein soll als die einer Investmentbankerin (Beispiel bei *Bauer/Göpfert/Krieger* § 15 Rz. 36). Gleichwohl muss sich jede Entschädigung an den Einkommensverhältnissen, dem Arbeitsumfeld und den Lebensumständen des konkreten Arbeitnehmers orientieren.

Nach allgemeiner Meinung ist nicht zu erwarten, dass § 15 Abs. 2 AGG den deutschen **5056**
Arbeitgebern **»amerikanische Verhältnisse«** bescheren wird. Vielmehr wird allgemein davon ausgegangen, dass die Arbeitsgerichte bei der Festlegung der Entschädigungssummen die Relation zu den üblichen Schmerzensgeldleistungen bei Körperverletzungen und Verletzungen des Persönlichkeitsrechts im Auge behalten werden (*Bauer/Evers* NZA 2006, 896).

cc) Entschädigung bei verweigerter Einstellung/AGG-Hopping

Für den Fall der Nichteinstellung eines Bewerbers (ausf. *Adomeit/Mohr* NZA 2007, 179) **5057**
begrenzt § 15 Abs. 2 S. 2 AGG die Entschädigung auf drei Monatsgehälter. Das entspricht

dem früheren § 611a Abs. 3 Satz 1 BGB. Die Monatsgehälter sind nach richtiger Ansicht (*Bauer/Göpfert/Krieger* § 15 Rz. 36) entsprechend § 10 Abs. 3 KSchG zu berechnen, so dass die Obergrenze de facto ein **Viertel der Gesamtjahresbruttovergütung** beträgt (da Entschädigungen steuerfrei sind, kann die Entschädigung insgesamt bis zu einer halben Nettojahresvergütung ausmachen!). Die Obergrenze des § 15 Abs. 2 S. 2 AGG greift jedoch nur ein, wenn der Bewerber auch bei benachteiligungsfreier Auswahl nicht eingestellt worden wäre, die Beweislast hierfür trägt der Arbeitgeber (*EuGH* 22.4.1997 EzA § 611a BGB Nr. 12 = NZA 1997, 645). Wäre dagegen der benachteiligte Bewerber ansonsten eingestellt worden, kann er vollen Schadenersatz nach § 15 Abs. 1 und unbeschränkte Entschädigung nach § 15 Abs. 2 AGG verlangen.

5058 Mit Entschädigungsklagen wegen angeblicher Einstellungsdiskriminierung wird **Missbrauch** betrieben, seit es § 611a BGB gab. Manche Kläger bewerben sich serienmäßig gezielt auf **Stellenanzeigen mit diskriminierungsrelevantem Inhalt** oder nutzen Fehler im Umgang mit ihrer **Schwerbehinderteneigenschaft** aus. Ihr Ziel ist nicht die Stelle, sondern die Absage nebst Entschädigungsforderung. Die Verteidigung gegen solche **»AGG-Hopper«** (dazu *Diller* BB 2006, 1968 sowie NZA 2007, 1321) ist schwierig. Immerhin hat das BAG entschieden, dass derjenige nicht »Bewerber« ist und deshalb keinen Entschädigungsanspruch hat, wer die Stelle nicht ernsthaft wollte, sondern von vornherein auf Entschädigung aus war (*BAG* 12.11.1998 EzA § 611a BGB Nr. 14 = BB 1999, 372). Allerdings muss aus europarechtlichen Gründen der Arbeitgeber den Beweis der mangelnden Ernsthaftigkeit führen. **Typische Indizien** für missbräuchliches »AGG-Hopping« ist die Bewerbung aus ungekündigter Position auf eine geringer dotierte Stelle, Über- bzw. Unterqualifikation, unvollständige oder unordentliche Bewerbungen oder nur Kurzbewerbung, ungefragtes Offenbaren diskriminierungsrelevanter Eigenschaften (insb. Schwerbehinderung, dazu *Diller* NZA 2007, 1321) oder sonstiger Einstellungshindernisse, Verwendung virtueller Adressen/Postfachadressen, Nichtwahrnehmung von Vorstellungsgesprächen, Drohung mit der Einschaltung von Presse und Antidiskriminierungsverbänden sowie gezielte serienmäßige Bewerbungen auf Stellenanzeigen mit entgegen § 11 AGG diskriminierenden Einstellungsbedingungen (ausf. m. zahlr. Nachw. *Diller* BB 2006, 1968). Im Verdachtsfall kann eine Anfrage beim bundesweiten AGG-Archiv **(www.agg-hopping.de)** helfen, Serien-»Bewerber« aufzuspüren.

d) Beweislast

5059 Dreh- und Angelpunkt für das gesamte Diskriminierungsrecht ist die Beweislastverteilung nach § 22 AGG. Besondere Bedeutung hat sie im Bewerbungsverfahren. Die tiefgreifendsten Änderungen des Arbeitslebens durch das Inkrafttreten des AGG gibt es bei der Organisation und Durchführung professionellen Bewerbungsmanagements.

aa) Übersicht

5060 Die Beweislastverteilung des § 22 AGG gilt nach herrschender Auffassung für alle im AGG geregelten Ansprüche, also nicht nur für Schadenersatz und Entschädigung nach §§ 15 Abs. 1 und 2 AGG, sondern auch im Hinblick auf Unterlassungs- oder Folgenbeseitigungsansprüche (§ 7 AGG i.V.m. § 1004 BGB), bei der Geltendmachung eines Leistungsverweigerungsrechts nach § 14 AGG sowie für den Anspruch gegen den Arbeitgeber auf Tätigwerden nach § 12 Abs. 3 und 4 AGG (unklar *Bauer/Göpfert/Krieger* § 22 Rz. 5). Es spricht viel dafür, dass die Beweislastregel des § 22 AGG auch bei der Auslegung der zivilrechtlichen Generalklauseln (§§ 138, 242 BGB) anwendbar ist, soweit es um den Schutz vor diskriminierenden Kündigungen außerhalb des Anwendungsbereichs des KSchG geht (*Diller/Krieger/Arnold* NZA 2006, 888 Fn. 3).

bb) Funktionsweise des § 22 AGG

Oft übersehen wird, dass § 22 AGG keineswegs die Beweislast z.B. eines Schadenersatzprozesses nach § 15 Abs. 1 AGG vollständig zu Lasten des Arbeitgebers umdreht. Vielmehr greift § 22 AGG nur hinsichtlich eines **einzigen Tatbestandsmerkmals**, nämlich des **Benachteiligungsmotivs** (ausf. zur Reichweite des § 22 AGG *Hoentzsch* DB 2006, 2631; *Grobys* NZA 2006, 898; *v. Medem* NZA 2007, 545). Das bedeutet, dass bei einer Schadenersatzklage nach § 15 Abs. 1 AGG der Arbeitnehmer die volle Beweislast für sämtliche anderen Tatbestandsmerkmale einer erfolgreichen Klage trägt. 5061

Insbesondere muss der Arbeitnehmer beweisen, 5062
- dass das AGG persönlich, sachlich und zeitlich anwendbar ist,
- dass eine Benachteiligung vorlag,
- dass ein Schaden entstanden ist,
- in welcher Höhe der Schaden eingetreten ist (hier allerdings Beweiserleichterung nach § 287 ZPO),
- dass die Geltendmachungs- und Klagefristen nach § 15 Abs. 4 und § 61b ArbGG gewahrt sind.

Gerade die Darlegung, dass tatsächlich eine Benachteiligung vorliegt, ist **für den Arbeitnehmer häufig nicht einfach**. Insbesondere trifft ihn bei einer behaupteten mittelbaren Benachteiligung die volle Beweislast dafür, dass überwiegend eine geschützte Gruppe betroffen ist (*Grobys* NZA 2006, 900). 5063

Unabhängig von § 22 AGG trägt hingegen der Arbeitgeber bereits nach anderen Vorschriften des Gesetzes die Beweislast. Dies betrifft etwa: 5064
- das Vorliegen eines Rechtfertigungsgrunds nach §§ 5, 3 Abs. 2, 8, 9 oder 10 AGG,
- das Fehlen des Vertretenmüssens bei § 15 Abs. 1 S. 2 AGG.

Im Anwendungsbereich des § 22 AGG, also beim Streit um das Motiv einer vom Arbeitnehmer dargelegten und ggf. bewiesenen Benachteiligung, geht es um eine Tatsache, die wie jede innere Tatsache einem unmittelbaren Beweis nicht zugänglich ist. Ein Motiv kann man nur **mittelbar durch Indizien** beweisen. § 22 AGG erspart es dem Arbeitnehmer, so viele Indizien vorzutragen und gegebenenfalls zu beweisen, dass nach der vollen Überzeugung des Gerichts (§ 286 ZPO) das Benachteiligungsmotiv bewiesen ist. Vielmehr lässt es § 22 AGG genügen, dass der Arbeitnehmer so viele bzw. so starke Indizien darlegt und beweist, dass nach Überzeugung des Gerichts das Vorliegen eines nach § 1 AGG verbotenen Motivs **überwiegend wahrscheinlich** ist. Allerdings: Werden die vom Arbeitnehmer vorgetragenen **Indizien bestritten**, hat sie der Arbeitnehmer zur vollen Überzeugung des Gerichts (§ 286 ZPO) zu beweisen, **ohne dass ihm** irgendwelche **Beweiserleichterungen zugute kommen** (*BAG* 24.4.2008 NZA 2008, 1351). Liegt ein ausreichendes Indiz (s. Rn. 5067 ff.) vor, spielt keine Rolle, ob es der Arbeitgeber **schuldhaft** oder unverschuldet gesetzt hat. Unbeabsichtigte Fehler von Dritten oder von **Mitarbeitern der Personalabteilung** sind dem Arbeitgeber zuzurechnen und führen nicht zum Wegfall der Indizwirkung (*BAG* 16.9.2008 – 9 AZR 791/07). 5065

Erst wenn der Arbeitnehmer so viele bzw. so starke Indizien vorgetragen und gegebenenfalls bewiesen hat, dass das Gericht von der überwiegenden Wahrscheinlichkeit für die Kausalität zwischen der Benachteiligung und einem in § 1 AGG genannten verbotenen Motiv überzeugt ist, greift § 22 AGG. Es obliegt nun dem **Arbeitgeber**, entgegengesetzte Indizien darzulegen und ggf. zu beweisen, so dass das Gericht zu seiner **vollen Überzeugung** (§ 286 ZPO) zum Ergebnis gelangt, die Benachteiligung beruhe doch nicht auf dem in § 1 AGG genannten verbotenen Motiv. Es liegt auf der Hand, dass, wenn der Arbeitnehmer erst einmal die Hürde der überwiegenden Wahrscheinlichkeit genommen hat, es dem Arbeitgeber nur in Ausnahmefällen gelingen wird, den gegenteiligen Vollbeweis zu führen. Schulfall des erfolgreichen Gegenbeweises ist die unter Verstoß gegen § 11 AGG nur in weiblicher Form 5066 ausgeschriebene Stelle (»Sekretärin«). Erhält ein männlicher Bewerber eine Absage, so ist bereits auf Grund der geschlechtsspezifischen Stellenausschreibung eine überwiegende Vermutung dafür begründet, dass die Absage auf einer nach § 1 AGG unzulässigen Geschlechtsdiskriminierung beruhte. Kann der Arbeitgeber hingegen nachweisen, dass er auf die Stelle einen (anderen) Mann eingestellt hat, ist der Gegenbeweis voll erbracht und die Entschädigungsklage wird abgewiesen.

cc) Beispiele für Beweislastumkehr

5067 Welche Auswirkungen das AGG letztlich auf das Arbeitsleben haben wird, hängt ganz entscheidend davon ab, wie hoch die Gerichte die Hürden für die Darlegung einer überwiegenden Wahrscheinlichkeit im Rahmen des § 22 AGG hängen werden.

5068 **Im Einzelnen dürfte Folgendes gelten:**

5069 ▶ Schon nach bisherigem Recht (§ 611b BGB) begründete eine **unzulässige geschlechtsspezifische Stellenanzeige** ein hinreichendes Indiz dafür, dass ein abgelehnter Bewerber des anderen Geschlechts gerade aus diesem Grund nicht eingestellt wurde (*BAG* 5.2.2004 EzA § 611a BGB Nr. 3 = NZA 2004, 540). Nach Inkrafttreten des AGG gilt dies nach ganz herrschender Meinung für jede nach § 11 AGG fehlerhafte Ausschreibung (*Bauer/Göpfert/Krieger* § 22 Rz. 11). Ist bspw. eine Stelle unzulässigerweise für »junge Nachwuchskraft zwischen 20 und 30 Jahre« ausgeschrieben worden und bekommt ein 40jähriger Bewerber eine Absage, spricht eine überwiegende Wahrscheinlichkeit dafür, dass dies gerade wegen des Alters geschah.

5070 ▶ **Offenbart ein Bewerber** ungefragt in den Bewerbungsunterlagen oder während eines Vorstellungsgesprächs, dass er **einer nach § 1 AGG geschützten Gruppe angehört**, begründet dies entgegen einer weit verbreiteten Ansicht keineswegs eine überwiegende Wahrscheinlichkeit dafür, dass eine Absage gerade wegen des Diskriminierungsmerkmals erfolgte (vgl. *BAG* 24.4.2008 NZA 2008, 1351 für die vergleichbare Problematik bei einer Beförderungsentscheidung). Outet sich bspw. ein Bewerber ungefragt als behindert, homosexuell, Zigeuner oder Scientologe und bekommt er die Stelle nicht, reicht das allein nicht aus, um die Beweislastumkehr nach § 22 AGG auszulösen. Denn es gibt keine Vermutung dafür, dass ein Arbeitgeber verbotenerweise diskriminiert. Ganz im Gegenteil ist von der Vermutung auszugehen, dass ein vernünftiger Arbeitgeber im Zweifel ohne Rücksicht auf irgendwelche Diskriminierungsmerkmale den jeweils bestqualifizierten Bewerber einstellt, egal ob er einer geschützten Gruppe angehört oder nicht. Hinzukommen müssten also noch weitere Indizien, etwa dass der abgelehnte schwerbehinderte oder homosexuelle Bewerber besser qualifiziert war als derjenige, der die Stelle letztlich bekommen hat (*Bauer/Göpfert/Krieger* § 22 Rz. 10). Keine generelle Regel lässt sich im Hinblick auf Fragen in Personalfragebögen oder Bewerbungsgesprächen aufstellen, die im Zusammenhang mit den in § 1 AGG genannten Diskriminierungsgründen stehen. Hier ist jeweils nach den Umständen des Einzelfalls zu differenzieren. Fragt der Arbeitgeber direkt und ohne betrieblichen Bezug nach einem besonders sensiblen Diskriminierungsmerkmal (»Sind Sie schwul?«/»Sind Sie Scientologe?«) und erhält der Bewerber nach Bejahung einer solchen Frage eine Absage, spricht einiges dafür, dass die Absage auf der Antwort auf diese Frage beruht. Anders ist es aber nach allgemeiner Lebenserfahrung, wenn sich der Arbeitgeber nach weniger sensiblen Umständen wie etwa dem Alter, dem Familienstand oder den sportlichen Aktivitäten erkundigt. So muss z.B. die Frage nach Familienstand oder sportlichen Aktivitäten keineswegs der Ausforschung einer möglichen Homosexualität oder Behinderung dienen, sie kann genauso gut Smalltalk sein oder auf Neugier beruhen.

5071 ▶ Der **abgelehnte Bewerber** hat grds. keinen Anspruch auf Auskunft über den Grund der Absage (*Grobys* NZA 2006, 903). Eine Pflicht zur Mitteilung der Gründe besteht entgegen einer verbreiteten Meinung auch nicht bei der Ablehnung eines behinderten Bewerbers nach § 81 Abs. 1 S. 9 SGB IX (*Diller* NZA 2007, 1321). Unabhängig davon kann allein aus der Tatsache, dass der Arbeitgeber keine Begründung nennt oder sich hinter einer **nichtssagenden Begründung** verschanzt (»Wir haben uns für einen anderen/besser geeigneten Bewerber entschieden« etc.) nicht auf das Vorliegen einer unzulässigen Diskriminierung nach § 1 AGG geschlossen werden; das Gleiche gilt, wenn der Arbeitgeber trotz Nachfrage nicht bereit ist, die Absage näher zu erläutern.

▶ Geradezu abwegig ist die – leider insbes. in nichtjuristischen Medien häufig zu lesende – Auffassung, die Aufforderung zur Vorlage eines **Bewerbungsfotos** sei allein schon ausreichendes Indiz dafür, dass die Absage eines älteren oder ausländischen Mitbewerbers gerade wegen der – aus dem Lichtbild hervorgehenden – Eigenschaft als Ausländer oder Älterer erfolgt sei. Viel wahrscheinlicher ist, dass der Arbeitgeber versucht, – wie es nun mal der menschlichen Natur entspricht –, durch Betrachten des Fotos bereits auf bestimmte persönliche Eigenschaften wie Lebendigkeit, Neugier, Aufgeschlossenheit etc. zu schließen. 5072

Abfällige Äußerungen über geschützte Personengruppen (z.B. das Erzählen von Blondinen-, Schwulen- oder Ausländerwitzen) reicht für sich allein nicht als Diskriminierungsindiz aus (*Grobys* NZA 2006, 902). 5073
Unterrichtet der Arbeitgeber entgegen § 81 Abs. 1 S. 4 SGB IX die **Schwerbehindertenvertretung** von der Bewerbung eines Schwerbehinderten nicht oder schaltet er entgegen § 81 Abs. 1 S. 2 SGB IX die Bundesagentur nicht ein, soll dies ein ausreichendes Indiz für eine verbotene Benachteiligung wegen Behinderung sein (*BAG* 15.2.2005 NZA 2005, 870; 16.9.2008 – 9 AZR 791/07; *LAG Nds.* 24.4.2006 – 4 Sa 1077/07 – juris; ausf. *Düwell* BB 2006, 1743; krit. *Diller* NZA 2007, 1321). Das gilt natürlich nur, wenn der Arbeitgeber die Schwerbehinderung kannte.
Lädt der öffentliche Arbeitgeber entgegen § 82 Abs. 2 SGB IX einen **schwerbehinderten Bewerber nicht zum Vorstellungsgespräch** ein, kann das die verbotene Benachteiligung wegen Behinderung indizieren (*BAG* 16.9.2008 9 AZR 791/07; *LAG Nds.* 24.4.2008 4 Sa 1077/07 juris). Für private Arbeitgeber gilt das nicht.
Allein das Vorliegen einer **Schwangerschaft** ist nicht ausreichendes Indiz dafür, dass gerade wegen dieser Schwangerschaft ein männlicher Mitbewerber bei einer Beförderungsentscheidung vorgezogen wurde (*BAG* 24.4.2008 NZA 2008, 1351 gegen *LAG Bln.* 19.10.2006 EzA-SD 25/06, S. 7).

Von enormer Bedeutung wird sein, ob langfristig die Gerichte die **Beweisführung mittels Statistik** als ausreichend ansehen werden (bejahend *LAG Bln.* 6.11.2008 NZA 2009, 43; verneinend *LAG München* 7.8.2008 – 3 Sa 112/07 – juris; dazu *Grobys* NZA 2006, 902). Erhält bspw. ein Ausländer eine Absage auf seine Bewerbung beim Automobilhersteller A, ist dann sein Vortrag ein ausreichendes Indiz für eine Ausländerdiskriminierung, dass in der gesamten Automobilbranche der Ausländeranteil in der Belegschaft im Schnitt 35 % beträgt, beim Automobilhersteller A dagegen nur 20 %? Angesichts der Tatsache, dass Statistik immer die Summe von Zufälligkeiten ist, wird es so einfach nicht sein (diff. *Boeschel* EuZW 2005, 266). Anders kann es dagegen bei »Nullquoten« sein. Beschäftigt ein Unternehmen keinen einzigen Ausländer, keine einzige Frau oder keinen einzigen Schwerbehinderten, kann das je nach den Umständen des Einzelfalls, insbesondere im Zusammenspiel mit anderen Indizien, für eine verbotene Diskriminierung sprechen. Unabhängig davon ist eine Statistik umso aussagekräftiger, je konkreter sie sich auf die jeweilige Branche, die jeweilige Region, die jeweilige Größenklasse des Arbeitgebers etc. bezieht. Unabhängig davon sind statistische Relationen natürlich hinsichtlich solcher Diskriminierungskriterien relativ wertlos, bei denen eine hohe Dunkelziffer besteht (z.B. Homosexualität, Behinderung etc.). 5074

dd) Keine Präklusion

Entgegen einer weit verbreiteten Auffassung gibt es keine Präklusion des Arbeitgebers hinsichtlich der Gründe für eine erfolgte Personalentscheidung. Insbesondere kommt nicht in Betracht, dem Arbeitgeber die Berufung auf Gründe für die Ablehnung eines Bewerbers abzuschneiden, die er dem Bewerber auf Anfrage nicht mitgeteilt hat (ausf. *Hanau* ZIP 2006, 2194; *Grobys* NZA 2006, 901; **a.A.** aber *LAG Hessen* 7.11.2005 NZA-RR 2006, 312). Aller- 5075 dings kann der Arbeitgeber eine benachteiligende Maßnahme nicht nachträglich damit rechtfertigen, dass er die Maßnahme alternativ auf zulässige Gründe hätte stützen können. Die Sanktionen des AGG entfallen nicht schon dann, wenn es möglich gewesen wäre, eine getroffene Maßnahme auf zulässige Gründe zu stützen. Entscheidend ist, ob die Maßnahme in dem Zeitpunkt, in dem sie getroffen wurde, auch tatsächlich aus zulässigen Motiven heraus zustande gekommen ist. Dabei hat der Arbeitgeber grds. die Möglichkeit, die Auswahl nach seinem Belieben vorzunehmen. Der eine mag den Bewerber mit vielseitiger Biografie vorziehen, der anderen den mit stetigem Lebenslauf (*Hanau* ZIP 2006, 2195 m. Hinw. auf *BVerfG* 16.11.1982 EzA Art. 3 GG Nr. 13 = BVerfGE 89, 276). Hat der Arbeitgeber jedoch aus einem nach § 1 AGG verbotenen Motiv heraus gehandelt, nützt es ihm nichts, wenn er später darlegt, dass es zulässige, rechtfertigende Gründe gegeben hätte, aus denen er zur gleichen Entscheidung hätte gelangen können. Bei nachgeschobenen Gründen prüft die Rechtsprechung deshalb besonders genau, ob der Grund nicht nur vorgeschoben ist (*BVerfG* 16.11.1993 NZA 1994, 745; *BAG* 5.2.2004 EzA § 611a BGB Nr. 3 = NZA 2004, 544; ausf. *Göpfert/Siegrist* ZIP 2006, 1716; vgl. auch *Wisskirchen* DB 2006, 1496).

5076 Eine besondere Rolle spielt hier die Dokumentation von Entscheidungen bei Einstellungsverfahren. Wird bspw. ein Bewerber abgelehnt, der sich in den Bewerbungsunterlagen oder im Vorstellungsgespräch als Homosexueller geoutet hat, trägt der Arbeitgeber häufig im Prozess lang und breit vor, an welchen Mängeln die Bewerbung gelitten hat und warum der tatsächlich eingestellte Bewerber besser qualifiziert war. Dabei wird häufig übersehen, dass es auf diese Frage nicht ankommt. Erheblich ist allein, ob der Arbeitgeber den Bewerber wegen eines verbotenen Merkmals nach § 1 AGG tatsächlich abgelehnt hat. Das lässt sich am besten dadurch widerlegen, dass die damalige Auswahlentscheidung in den Personalakten dokumentiert ist. Die Gerichte stehen erfahrungsgemäß nachträglichen Rechtfertigungsversuchen, die sich nicht durch schriftliche Dokumentation der getroffenen Entscheidung belegen lassen, sehr kritisch gegenüber.

e) Schadenersatz/Entscheidung bei Benachteiligung durch kollektive Vereinbarungen

5077 Nach § 15 Abs. 3 AGG trifft den Arbeitgeber eine Entschädigungspflicht bei Benachteiligungen, die durch die Anwendung kollektiver Vereinbarungen eintreten, nur dann, wenn er vorsätzlich oder grob fahrlässig gehandelt hat. Kollektive Vereinbarungen sind insbesondere Tarifverträge, Betriebsvereinbarungen und Richtlinien nach dem SprAuG. Hintergrund der Regelung ist die vermutete »höhere Richtigkeitsgewähr« kollektivrechtlicher Regelungen. Eine Rolle spielt aber auch, dass der Arbeitgeber häufig nur geringen Einfluss auf das Zustandekommen solcher Regelungen hatte. Nach richtiger Auffassung ist bei Tarifverträgen unerheblich, ob sie unmittelbar gelten oder nur kraft vertraglicher Verweisung (*Bauer/Göpfert/Krieger* § 15 Rz. 42). Nach richtiger Auffassung gilt die Haftungserleichterung entgegen dem unklaren Wortlaut nicht nur für die Haftung auf Entschädigung nach § 15 Abs. 2 AGG, sondern auch für den materiellen Schadenersatz nach Abs. 1 (*Bauer/Evers* NZA 2006, 897). Für den Arbeitgeber ist es deshalb gegebenenfalls günstiger, riskante Regelungen in die Form einer Betriebsvereinbarung oder eines Haustarifvertrages zu gießen, z.B. in Auswahlrichtlinien nach § 95 BetrVG.

5078 Grobe Fahrlässigkeit setzt voraus, dass sich dem Arbeitgeber das Vorliegen einer unzulässigen Benachteiligung hätte aufdrängen müssen. Handelt der Arbeitgeber in einer schwierigen Rechtsfrage gemäß einer vertretbaren Rechtsansicht, scheidet grobe Fahrlässigkeit regelmäßig aus (*BAG* 8.8.1989 EzA § 95 BetrVG Nr. 18 = AP 18 zu § 95 BetrVG; 14.11.1989 EzA § 99 BetrVG Nr. 85 = AP 76 zu § 99 BetrVG). Bei allgemeinverbindlichen Tarifverträgen, auf die der Arbeitgeber keinen Einfluss nehmen konnte und die durch staatlichen Hoheitsakt in Kraft getreten sind, scheidet grobe Fahrlässigkeit regelmäßig aus (*v. Steinau-Steinrück/Schneider/Wagner* NZA 2005, 31).

f) Ausschlussfrist

Für Ansprüche auf Schadensersatz oder Entschädigung nach § 15 Abs. 1 und 2 AGG gilt eine **zweistufige Ausschlussfrist**, die unnötigerweise auf zwei verschiedene Gesetze aufgesplittet wurde. **5079**

aa) Frist zur Geltendmachung

Nach § 15 Abs. 4 AGG müssen die Ansprüche innerhalb einer Frist von **zwei Monaten schriftlich geltend gemacht** werden. Nach § 61b Abs. 1 ArbGG muss eine **Klage** innerhalb von **drei Monaten** nach der schriftlichen Geltendmachung erhoben werden. Die Frist für die schriftliche Geltendmachung muss entgegen dem Wortlaut nicht nur für Ansprüche aus § 15 Abs. 1 und 2 AGG gelten, sondern auch für konkurrierende andere vertragliche Schadensersatz- bzw. Entschädigungsansprüche (z.B. aus § 280 BGB i.V.m. § 7 Abs. 3 AGG; *Bauer/Evers* NZA 2006, 897; *Bauer/Göpfert/Krieger* § 16 Rz. 67), nicht aber für Unterlassungs- und Beseitigungsansprüche aus § 1004 BGB (*Bauer/Evers* a.a.O.). Die Geltendmachungsfrist beginnt mit der **Kenntniserlangung** des Benachteiligten von der Benachteiligung. Bei fortgesetztem Verhalten wird es ausreichen, wenn der letzte Vorfall innerhalb der Zwei-Monats-frist liegt. Fristbeginn setzt Kenntnis voraus. Kennenmüssen im Sinne grober Fahrlässigkeit reicht nicht. Eine andere Fristberechnung sieht § 15 Abs. 4 S. 2 AGG bei einer Bewerbung oder einer Beförderung vor, hier beginnt die Frist erst mit **Zugang der Ablehnung** zu laufen, was zu einer Endloshaftung des Arbeitgebers führen kann, wenn er Stellenbewerbern keine Absage schickt. **5080**

Für die Praxis von besonderer Bedeutung ist, dass der Arbeitgeber, will er sich auf Fristablauf berufen, die Ingangsetzung der Frist durch den **Zugang der Ablehnung beweisen** muss. Da normalerweise kein Arbeitgeber Ablehnungsschreiben gegen Empfangsbekenntnis oder Einschreiben/Rückschein versendet, wird ihm dieser Beweis regelmäßig nicht gelingen. Deshalb läuft § 15 Abs. 4 AGG bei der Ablehnung einer Bewerbung regelmäßig leer. **5081**

Nach herrschender Auffassung ist entgegen § 126 BGB die schriftliche Geltendmachung auch in »einfacher Textform« möglich, also z.B. durch **Fax** (*BAG* 11.10.2000 EzA § 4 TVG Ausschlussfristen Nr. 134 = NJW 2001, 989). Zustellung der Klage an den Arbeitgeber innerhalb der Frist ersetzt die schriftliche Geltendmachung (*BAG* 9.8.1990 EzA § 4 TVG Ausschlussfristen Nr. 88 = NZA 1991, 226), **§ 174 BGB** (Zurückweisung mangels Beifügung einer Vollmachtsurkunde) wird nicht anwendbar sein (vgl. *BAG* 14.8.2002 EzA § 4 TVG Ausschlussfristen Nr. 156 = NZA 2002, 1344). Die Geltendmachung muss hinreichend konkret sein (zu den Einzelheiten *Bauer/Göpfert/Krieger* § 15 Rz. 56), die Höhe des Anspruchs muss jedenfalls mit einer ungefähren Größenordnung mitgeteilt werden (*BAG* 8.2.1972 DB 1972, 978), bei Anspruchshäufungen (Schadensersatz nach § 15 Abs. 1 und Entschädigung nach § 15 Abs. 2 AGG) muss jeder Anspruch grob beziffert werden. **5082**

Gem. § 15 Abs. 4 S. 1 AGG können die Tarifvertragsparteien abweichende Geltendmachungsfristen regeln. Dabei spielt keine Rolle, ob der Tarifvertrag normativ oder nur kraft vertraglicher Verweisung gilt. **Tarifliche Ausschlussfristen**, egal ob sie kürzer oder länger als zwei Monate sind oder für das Ingangsetzen der Frist an andere Ereignisse anknüpfen, gehen stets vor (*Bauer/Göpfert/Krieger* § 15 Rz. 61). Kürzere **einzelvertragliche** Ausschlussfristen gehen nicht vor, längere dagegen nach § 31 AGG schon (unzutr. *Bauer/Göpfert/Krieger* § 15 Rz. 62). Im Übrigen ist § 203 BGB (Fristhemmung bei Verhandlungen über den Anspruch) nicht analog anwendbar, die Parteien können aber einzelvertraglich eine Fristhemmung vereinbaren. **5083**

bb) Klagefrist

5084 Zusätzlich zur Zweimonatsfrist nach § 15 Abs. 4 AGG gilt die dreimonatige Klagefrist nach § 61b Abs. 1 ArbGG, der Geltungsbereich beider Fristen ist identisch. Für den Fristbeginn kommt es bei § 61b ArbGG nur auf die Geltendmachung an, ob und wie der Arbeitgeber reagiert ist unerheblich. Nach § 270 Abs. 3 ZPO wird die Frist durch Eingang der Klage beim Arbeitsgericht gewahrt, wenn sie danach alsbald zugestellt wird. Eine Wiedereinsetzung in den vorherigen Stand oder eine nachträgliche Zulassung entsprechend § 5 KSchG ist nicht vorgesehen. Unerklärlicherweise ist § 61b Abs. 1 ArbGG anders als § 15 Abs. 4 AGG nicht tarifdispositiv. Enthält ein **Tarifvertrag** eine **zweistufige Ausschlussfrist**, so geht folglich auf der ersten Stufe die tarifliche Frist des § 15 Abs. 4 AGG vor, auf der zweiten Stufe dagegen die Frist des § 61b Abs. 1 ArbGG der tariflichen Frist (**a.A.** *Bauer/Göpfert/Krieger* § 15 Rz. 64).

g) Prozessuale Geltendmachung

5085 Schadenersatz und Entschädigung sind im Prozess durch Leistungsklage geltend zu machen. Dabei kann die Entschädigungsklage unbeziffert erhoben werden, der Kläger muss jedoch ausreichende Tatsachen für die Bemessung des Anspruchs vortragen und die ungefähre Größenordnung angeben (*BGH* 10.10.2002 NJW 2002, 3769; *BAG* 15.2.1005 EzA § 81 SGB IX Nr. 6 = SAE 2006, 390). Zuständig ist das ArbG (§ 2 Abs. 1 Nr. 3 c ArbGG). Klagt dagegen der abgelehnte Bewerber gegen einen zwischengeschalteten Dritten (z.B. Headhunter) auf Auskunft über den potentiellen Arbeitgeber, sind die Zivilgerichte zuständig (*BAG* 27.8.2008 – 5 AZB 71/08 – FA 2008, 382 LS).

8. Maßregelungsverbot

5086 § 16 AGG enthält ein Maßregelungsverbot, Beschäftigte dürfen nicht wegen der Inanspruchnahme ihrer Rechte aus dem AGG benachteiligt werden. Das Benachteiligungsverbot erstreckt sich auf Personen, die den Arbeitnehmer bei der Wahrnehmung seiner Rechte unterstützen oder als Zeuge aussagen. § 16 ArbGG geht insoweit über das allgemeine Maßregelungsverbot aus § 612a BGB hinaus, als es nicht darauf ankommen soll, dass die Rechte »in zulässiger Weise« ausgeübt werden. Das kann aber nicht so zu verstehen sein, dass auch völlig **willkürliche** oder **querulatorische** Klagen folgenlos bleiben müssten. Das Maßregelungsverbot bezieht sich auf die Geltendmachung von Entschädigung/Schadensersatz, auf Beschwerden sowie auf eine Leistungsverweigerung nach § 14 AGG, desgleichen auf die Ankündigung solcher Schritte (*Bauer/Göpfert/Krieger* § 16 Rz. 8). Die nach § 16 AGG verbotene »Benachteiligung« wegen der Geltendmachung von Rechten hat mit der Benachteiligung nach § 3 AGG nichts zu tun, sondern bezeichnet schlicht jede Art von denkbaren Sanktionen. § 16 AGG ist ein gesetzliches Verbot i.S.d. § 134 BGB, so dass unzulässige Maßregelungen unwirksam sind. Darüber hinaus können unwirksame Maßregelungen eine Vertragsverletzung sein und Schadensersatzansprüche nach § 280 Abs. 1 BGB auslösen. § 16 Abs. 2 AGG steht zwar auch unter der Überschrift »Maßregelungsverbot«, regelt jedoch teilweise ganz andere Sachverhalte. Nach dieser Vorschrift kann die Zurückweisung oder Duldung benachteiligender Verhaltensweisen durch den Arbeitnehmer nicht als Grundlage für eine Entscheidung herangezogen werden, die diesen Arbeitnehmer berührt. Dem Gesetzgeber ist hier offensichtlich ein Redaktionsversehen unterlaufen, da das Gesetz nicht ernsthaft eine eventuelle Begünstigung/Belohnung oder Entschädigung (vgl. § 15 Abs. 2 AGG!) verbieten kann, die der Arbeitgeber einem benachteiligten Arbeitnehmer als Ausgleich für die Benachteiligung gewährt. Verboten sein kann schlechterdings nur eine negative Maßnahme. § 16 Abs. 2 AGG stellt klar, dass negative Maßnahmen nicht nur gegenüber solchen Arbeitnehmern zulässig sind, die sich gegen eine Benachteiligung wehren (das ergäbe sich schon aus dem allgemeinen Maßregelungsverbot des Abs. 1), sondern auch gegenüber solchen, die eine **Benachteiligung dulden**. So darf beispielsweise einem Arbeitnehmer, der eine Benachteiligung duldet, nicht die Eignung für höhere Aufgaben abgesprochen werden.

§ 16 Abs. 3 AGG regelt, dass für das Maßregelungsverbot § 22 AGG entsprechend gelten soll. Der Sinn der Regelung ist unklar. Die Vorschrift wird wohl so zu verstehen sein, dass für die Geltendmachung einer verbotenen Maßregelung der Vortrag von Indizien ausreicht, die eine Maßregelung vermuten lassen (*Göpfert/Siegrist* ZIP 2006, 1715). 5087

VIII. Aufgaben des Betriebsrats

Gem. § 75 BetrVG haben Arbeitgeber und Betriebsrat gemeinsam darüber zu wachen, dass die Arbeitnehmer nach den Grundsätzen von Recht und Billigkeit behandelt werden und jede diskriminierende Benachteiligung unterbleibt. Bei Schaffung des AGG wurden sämtliche in § 1 AGG genannten Benachteiligungsverbote auch in § 75 BetrVG eingefügt. Parallel dazu fordert § 17 Abs. 1 AGG die Betriebsparteien, aber auch die Tarifvertragsparteien, noch einmal besonders auf, im Rahmen ihrer Aufgaben und Handlungsmöglichkeiten an der Vermeidung von Diskriminierung mitzuwirken (ausf. *Hayen* AiB 2006, 730). Der Betriebsrat hat nach § 80 BetrVG auch darüber zu wachen, dass im Betrieb keine unzulässigen Diskriminierungen vorkommen. Zur Prüfung möglicher Ungleichbehandlungen kann er sein **Einsichtsrecht in die Gehaltslisten** nach § 80 Abs. 2 S. 2 BetrVG wahrnehmen (*Hayen* AiB 2006, 780). Einer diskriminierenden **Einstellung** kann der Betriebsrat nach § 99 BetrVG widersprechen (*Däubler* AiB 2006, 617; zur Mitbestimmung bei der Ausgestaltung des **Beschwerdeverfahrens** und der **Beschwerdestelle** *LAG Hmb.* 17.4.2007 LAGE § 13 AGG Nr. 1 = NZA-RR 2007, 413). In betriebsratsfähigen Betrieben können gem. § 17 Abs. 2 AGG bei groben Verstößen des Arbeitgebers **Unterlassungsansprüche durch den Betriebsrat** oder eine im Betrieb vertretene Gewerkschaft geltend gemacht werden (z.B. *Hess. LAG* 6.3.2008 – 9 TABV 251/07 – Beck RS 2008, 54494; ausf. dazu *Klumpp* NZA 2006, 904; *Besgen* BB 2007, 213; *Besgen/Roloff* NZA 2007, 670). § 17 Abs. 2 AGG verweist für die Voraussetzungen eines Unterlassungsanspruchs auf § 23 Abs. 3 S. 1 BetrVG, daraus ergibt sich – zusätzlich zu dem ausdrücklichen Wortlaut von § 17 Abs. 2 AGG – das Erfordernis eines groben Verstoßes, was nach der Rechtsprechung bedeutet, dass der Verstoß objektiv erheblich und offensichtlich schwerwiegend sein muss (*BAG* 29.2.2000 EzA § 97 BetrVG Betriebliche Lohngestaltung Nr. 69 = AP 105 zu § 87 BetrVG Lohngestaltung). In der Regel ist dafür eine wiederholte und beharrliche Pflichtverletzung erforderlich, nur im Ausnahmefall reicht eine einzelne besonders krasse Pflichtverletzung (*BAG* 14.11.1989 AP 76 zu § 99 BetrVG). Falsches Handeln des Arbeitgebers bei einer schwierigen und ungeklärten Rechtsfrage im Einklang mit einer vertretbaren Rechtsansicht reicht auf keinen Fall für einen groben Verstoß (*BAG* 8.8.1989 EzA § 95 BetrVG Nr. 18 = AP 18 zu § 95 BetrVG). Rätselhaft ist § 17 Abs. 2 S. 2 AGG, wonach der **Betriebsrat** mit einem Unterlassungsantrag **nicht Ansprüche des benachteiligten Arbeitnehmers geltend machen** darf. Offensichtlich ist, dass § 17 Abs. 2 S. 2 AGG eine gesetzliche Prozessstandschaft des Betriebsrats für die Arbeitnehmer ausschließen will. Der Betriebsrat soll nicht Ansprüche der Arbeitnehmer an sich reißen können, ggf. sogar gegen deren Willen. Zu weitgehend erscheint andererseits die Auffassung, dass Ansprüche des Betriebsrats immer dann ausgeschlossen sind, wenn der einzelne Beschäftigte durch eine Individualklage das gleiche Rechtsschutzziel erreichen könnte, ggf. zusammen mit anderen Beschäftigten (*Hayen* AiB 2006, 737; **a.A.** *Bauer/Göpfert/Krieger* § 17 Rz. 22). Denn dann liefe § 17 Abs. 2 S. 1 AGG angesichts des dichten Netzes des Individualrechtsschutzes gegen benachteiligende Maßnahmen regelmäßig leer. Jedenfalls kann die Einschränkung des § 17 Abs. 2 Satz 2 AGG nicht gelten, wenn ohnehin ein Fall des § 23 BetrVG vorliegt, also ein grober Verstoß des Arbeitgebers gegen Pflichten aus dem BetrVG. Zu den Pflichten aus dem BetrVG gehört auch der Gleichbehandlungsgrundsatz des § 75 BetrVG. Diese Argumente sprechen dafür, § 17 Abs. 2 S. 2 AGG restriktiv zu verstehen und nur die gezielte Geltendmachung individueller Ansprüche durch den Betriebsrat abzuschneiden, nicht aber allgemein gefasste Unterlassungsansprüche auf Grund von Benachteiligungen mit kollektiven Bezug (*Klumpp* NZA 2006, 906; dazu auch *Besgen* BB 2007, 213; *Besgen/Roloff* NZA 2007, 670). 5088

IX. Antidiskriminierungsverbände

5089 § 23 AGG regelt die Schaffung und Tätigkeit von Antidiskriminierungsverbänden. Nach § 23 Abs. 1 AGG sind Antidiskriminierungsverbände Personenzusammenschlüsse, die – nicht gewerbsmäßig und auf Dauer – die besonderen Interessen von benachteiligten Personen oder Personengruppen nach Maßgabe von § 1 AGG wahrnehmen. Über Rolle und Aufgaben der Antidiskriminierungsverbände ist im Gesetzgebungsverfahren heftig gestritten worden. Besondere Bedeutung hat die Frage erlangt, ob sich Antidiskriminierungsverbände die individuellen Ansprüche von (vermeintlich) benachteiligten Arbeitnehmern/Stellenbewerbern abtreten lassen und sie dann im eigenen Namen verfolgen können. Die ursprünglich vorgesehene Möglichkeit einer Abtretung wurde im Verlauf des Gesetzgebungsverfahrens ausdrücklich gestrichen. Im Umkehrschluss ergibt sich deshalb ein **Abtretungsverbot** (§ 399 BGB; *Willemsen/Schweibert* NJW 2006, 2592). Antidiskriminierungsverbände können deshalb nur als Beistände im arbeitsgerichtlichen Verfahren auftreten (§ 23 Abs. 2 AGG), also auch nicht als echte Prozessvertreter oder gar in Prozessstandschaft (ausf. *Thüsing/Burg* ZTR 2007, 71). In der Praxis werden vermeintlich offiziell wirkende Antidiskriminierungsverbände mitunter von Anwälten aus rein kommerziellen Interessen gegründet.

X. Antidiskriminierungsstelle des Bundes

5090 Die §§ 25 ff. AGG haben eine neue Behörde ins Leben gerufen, nämlich die Antidiskriminierungsstelle des Bundes, die beim Bundesministerium für Familie, Senioren, Frauen und Jugend errichtet ist (krit. *Philipp* NVwZ 2006, 1235). Die wesentlichen Aufgaben ergeben sich aus § 27 AGG: Wer der Ansicht ist, wegen eines in § 1 AGG genannten Grundes benachteiligt worden zu sein, kann sich an die Antidiskriminierungsstelle des Bundes wenden. Diese kann gem. § 27 Abs. 2 AGG nicht nur die Betroffenen informieren, sondern sie kann auch eine gütliche Beilegung zwischen den Beteiligten anstreben, in diesem Rahmen kann sie gem. § 28 AGG auch die Beteiligten um Stellungnahme ersuchen. Echte **exekutive Aufgaben** hat die Antidiskriminierungsstelle dagegen **nicht**, so kann sie weder streitschlichtend tätig werden, noch gegen Arbeitgeber, die gegen das AGG verstoßen, Bußgelder oder ähnliche Sanktionen verhängen. Die in Diskriminierungsverfahren häufig von Arbeitnehmerseite vorgebrachte Drohung, die Antidiskriminierungsstelle des Bundes einzuschalten, ist deshalb ein stumpfes Schwert.

XI. Diskriminierung bei Verbandsbeitritt

5091 § 18 AGG erweitert den Diskriminierungsschutz auf die Mitgliedschaft in einer Tarifvertragspartei. Gewerkschaften und Arbeitgeberverbände dürfen also Aufnahmegesuche nicht aus den in § 1 AGG genannten Gründen ablehnen. Für Arbeitgeberverbände hat dies kaum praktische Bedeutung, weil die Diskriminierungsverbote des § 1 AGG sich nur auf natürliche Personen beziehen, die Mitglieder der Arbeitgeberverbände aber ganz überwiegend Unternehmen sind. Für die Ablehnung der Aufnahme gilt die Beweislastumkehr des § 22 AGG (*Bauer/Göpfert/Krieger* § 18 Rz. 27).

XII. Auswirkungen des AGG auf Organisation der Bewerberauswahl

5092 Wie dargestellt hat das AGG vor allem Auswirkungen auf die Organisation von Bewerbungsverfahren. In der Zeit nach Inkrafttreten des AGG sind die Arbeitgeber mit einer Fülle widersprüchlicher Tipps und Hinweise bombardiert worden, wie künftig Auswahlverfahren diskriminierungsfrei und rechtssicher zu gestalten seien. Viele dieser gut gemeinten Ratschläge schießen weit über das Ziel hinaus und haben den Arbeitgebern suggeriert, sie müssten künftig zur Vermeidung von Diskriminierungsklagen enormen bürokratischen Aufwand treiben. Tatsächlich lässt sich bei Beherzigung einiger Grundregeln das Risiko von Diskriminierungsklagen gering halten (ausf. *Schrader* DB 2006, 2571; *Schrader/Schubert* Das neue

AGG, 2007). Zunächst einmal ist jeder Arbeitgeber gut beraten, bei der **Formulierung von Stellenanzeigen** (Stellenausschreibungen auf der Homepage nicht vergessen!) peinlich genau auf § 11 AGG zu achten. Stellenausschreibungen dürfen keine unmittelbar diskriminierenden Inhalte (»Bewerber zwischen 20 und 30 Jahre«, »Sekretärin«, »Baggerfahrer«) enthalten, auch bei mittelbar diskriminierenden Einschränkungen (»mit perfekten Deutschkenntnissen« etc.) sollte man vorsichtig sein. Des Weiteren ist Vorsicht geboten bei **Fragen des Arbeitgebers**, sei es im Einstellungsgespräch oder in Personalfragebögen. Die Frage nach einem bestimmten diskriminierungsrelevanten Kriterium kann ein Indiz dafür sein, dass die Antwort für den Arbeitgeber von Interesse ist (*Röder/Krieger* FA 2006, 202). Entgegen den bisher üblichen Gepflogenheiten sollte auch nicht die Einsendung eines Fotos verlangt werden (*Schrader* DB 2006, 2571). Geradezu abwegig ist allerdings die Anmutung, das Nichtzurückschicken eines unverlangt **eingesendeten Fotos** sei bereits ein Indiz für Diskriminierung wegen Alter oder ethnischer Herkunft. Vorsicht ist geboten bei der **Begründung von Absagen**. Am sichersten ist es, sich hinter einer unverfänglichen Formulierung wie »Wir haben uns für einen besser geeigneten Bewerber entschieden« zu verschanzen. Ein Auskunftsanspruch eines abgelehnten Bewerbers besteht, abgesehen vom Sonderfall des § 81 Abs. 1 S. 9 SGB IX, grds. nicht, auch nicht auf Grund des AGG (*Bauer/Göpfert/Krieger* § 2 Rz. 22 und § 22 Rz. 11).

Wichtig ist, dass der Arbeitgeber gerade bei Bewerbern, die ein diskriminierungsrelevantes **5093** Merkmal aufweisen, die **Gründe für seine Ablehnung dokumentiert**. Dies betrifft sowohl harte Fakten wie Kenntnisse und Fähigkeiten, Ausbildung, Zeugnisse als auch weiche Fakten wie den persönlichen Eindruck. Eine ausreichende Dokumentation ist deswegen wichtig, da ein Gericht im Zweifel unterstellt, dass nachträglich Gründe nachgeschoben wurden (*BAG* 5.2.2004 EzA § 611a BGB Nr. 3 = DB 2004, 1944; vgl. *Hanau* ZIP 2006, 2194; *Bauer/Göpfert/Krieger* § 2 Rz. 25).

Outet sich im Bewerbungsgespräch ein Bewerber unaufgefordert als einer nach § 1 AGG **5094** geschützten Gruppe zugehörig (z.B. als Homosexueller, Scientologe oder Behinderter), sollte der Arbeitgeber schlicht erklären, dies spiele für seine Auswahlentscheidung keine Rolle. Diese Aussage kann selbstverständlich dadurch konterkariert werden, dass sich der Arbeitgeber bei diesem Punkt fleißig Notizen macht.

Dem Schutz des Arbeitgebers dient die kurze Ausschlussfrist des § 15 Abs. 4 AGG von **5095** zwei Monaten, die mit dem Zugang der Ablehnung beginnt. Der Arbeitgeber ist für den Zugang der Ablehnungsentscheidung beweispflichtig. Hier muss sorgfältig abgewogen werden zwischen dem Aufwand, den eine Dokumentation des Zugangs bedeutet (z.B. Versendung per Einschreiben/Rückschein) und der Sicherheit, die das Ingangsetzen der Frist bewirkt (*Wisskirchen* DB 2006, 1494).

Kapitel 4
Die Beendigung des Arbeitsverhältnisses

Übersicht — Rn.

A. Übersicht

1 Das Arbeitsverhältnis endet:
- auf Grund einer ordentlichen/außerordentlichen Kündigung des Arbeitnehmers oder des Arbeitgebers,
- auf Grund gerichtlicher Auflösung des Arbeitsverhältnisses gem. §§ 9, 10 KSchG auf Antrag von Arbeitgeber, Arbeitnehmer oder übereinstimmendem Antrag von beiden Vertragsparteien,
- auf Grund eines Aufhebungsvertrages,
- auf Grund Zeitablaufs bei Vereinbarung eines befristeten Arbeitsverhältnisses,
- infolge Zweckerreichung bei vereinbarter Zweckbefristung,
- infolge Eintritts einer auflösenden Bedingung bei Vereinbarung eines auflösend bedingten Arbeitsverhältnisses,
- durch den Tod des Arbeitnehmers (vgl. § 613 S. 1 BGB), grds. nicht dagegen durch den Tod des Arbeitgebers, denn dann treten die Erben gem. § 1922 BGB in das Arbeitsverhältnis ein. Etwas anderes gilt aber dann, wenn die Arbeitsleistung nach ihrem Inhalt das Leben des Arbeitgebers voraussetzt (z.B. bei der Tätigkeit als Pfleger, Privatsekretär, Haushälterin, s.o. Kap. 2 Rn. 437 ff.).

Nicht in Betracht kommt eine Beendigung des Arbeitsverhältnisses durch **Rücktritt** gem. 2
§ 323 BGB, weil diese Vorschrift durch die Kündigungsschutznormen des BGB, des KSchG sowie durch Sonderregelungen z.B. in §§ 85 ff. SGB IX, § 9 MuSchG usw. insgesamt verdrängt werden. Gleiches gilt grds. für das Verhältnis zum Wegfall der Geschäftsgrundlage (jetzt § 313 BGB n.F.) zu § 626 BGB, § 1 KSchG (MünchArbR/*Wank* § 118 Rz. 6 f.).

Ausnahmsweise kann sich allerdings ein Arbeitnehmer gem. § 313 BGB n.F. wegen **Weg-** 3
falls der Geschäftsgrundlage nicht auf das Fehlen einer Kündigungserklärung oder eines anderen Beendigungstatbestandes berufen, wenn der ganze Vertrag gegenstandslos geworden ist. Das ist der Fall, wenn der Zweck des Arbeitsverhältnisses durch äußere Ereignisse endgültig oder doch für unabsehbare Zeit, für Arbeitgeber und Arbeitnehmer erkennbar, unerreichbar geworden ist (*BAG* 24.8.1995 EzA § 242 BGB Geschäftsgrundlage Nr. 6).

Diese Voraussetzungen hat das *BAG* (24.8.1995 EzA § 242 BGB Geschäftsgrundlage Nr. 6) 4
bejaht bei einem Arbeitnehmer, der in der ehemaligen DDR 1978 am Arbeitsplatz von der Staatssicherheit festgenommen und im August 1979 unmittelbar aus der Haft in die BRD abgeschoben worden war. Nach der Wende begehrte er 1992 die Wiedereinstellung in seinem ehemaligen Betrieb mit der Begründung, dass eine Kündigung des Arbeitsverhältnisses nicht ausgesprochen worden war.

Das *BAG* (24.8.1995 EzA § 242 BGB Geschäftsgrundlage Nr. 6) ist davon ausgegangen, 5
dass mit der Einwilligung des Klägers in die Abschiebung und deren tatsächlichen Vollzug **jede tatsächliche Grundlage des Arbeitsverhältnisses entfallen ist.** Denn der Kläger konnte ab diesem Zeitpunkt angesichts der tatsächlichen Verhältnisse mindestens für unabsehbare Zeit nicht mehr damit rechnen, dass er seinem früheren Arbeitgeber wieder zur Verfügung stehen würde.

B. Die Erklärung der Kündigung durch den Arbeitgeber

I. Die Kündigungserklärung

1. Inhaltliche und förmliche Voraussetzunge

a) Schriftform der Kündigungserklärung

6 Gem. § 623 BGB bedarf die Kündigung des Arbeitsverhältnisses seit dem 1.5.2000 (zum alten Recht vgl. 2. Aufl. Rn. 6 ff.) zu ihrer Wirksamkeit generell entgegen der bisherigen Rechtslage der Schriftform (vgl. dazu *Eberle* NZA 2003, 1121 ff.).

aa) Normzweck

7 Für die Kündigung kommt § 623 BGB (vgl. auch §§ 68a, 78 Abs. 3 S. 1 SeemG) eine Warnfunktion zu; Arbeitgeber und Arbeitnehmer sollen nicht unüberlegt das Arbeitsverhältnis beenden. Zusätzlich wird klargestellt, dass eine Kündigung tatsächlich erklärt ist. Daneben hat § 623 BGB eine Beweisfunktion (vgl. APS/*Preis* § 623 BGB Rz. 2 f.; KDZ/*Däubler* § 623 BGB Rz. 5 f.; *Richardi/Annuß* NJW 2000, 1231 ff.; *Rolfs* NJW 2000, 1227 ff.; *Trittin/Backmeister* DB 2000, 621). Die in § 623 BGB angeordnete Schriftform der Kündigung soll zudem **Rechtssicherheit für die Vertragsparteien** und eine **Beweiserleichterung** im Rechtsstreit bewirken. Durch das in § 126 Abs. 1 BGB vorgesehene Erfordernis der eigenhändigen Unterschrift wird der Aussteller der Urkunde erkennbar. Die Unterschrift stellt eine unzweideutige Verbindung zwischen der Urkunde und dem Aussteller her. Der Erklärungsempfänger erhält die Möglichkeit zu überprüfen, wer die Erklärung abgegeben hat und ob die Erklärung echt ist (*BAG* 24.1.2008 EzA § 622 BGB 2002 Nr. 4 = NZA 2008, 521; 21.4.2005 EzA § 623 BGB 2002 Nr. 4).

bb) Anwendungsbereich

(1) Grundlagen

8 Tatbestandsvoraussetzung für die Anwendbarkeit des § 623 BGB ist zunächst, dass es sich um ein **Arbeitsverhältnis** handelt. Wegen § 10 Abs. 2 BBiG gilt die Norm aber auch für den **Berufsausbildungsvertrag** (vgl. dazu *Gotthardt/Beck* NZA 2002, 876 ff. und unten Rn. 890) sowie für Volontäre und Praktikanten i.S.d. § 26 BBiG. § 623 BGB wird durch Sonderregelungen im Rahmen ihres jeweiligen Anwendungsbereichs (z.B. § 22 Abs. 3 BBiG, § 9 Abs. 3 MuSchG, §§ 62, 78 SeemG) verdrängt.

9 Entscheidender Zeitpunkt für die Beurteilung der Rechtslage ist bei Kündigungen der **Zugang**; deshalb erfasst § 623 BGB nicht Kündigungen, die vor dem 1.5.2000 dem Erklärungsempfänger zugegangen sind (*BAG* 6.7.2000 NZA 2001, 718).

(2) Erfasste Beendigungstatbestände

10 § 623 BGB erfasst (vgl. APS/*Preis* § 623 BGB Rz. 5 ff.; KDZ/*Däubler* § 623 BGB Rz. 8 ff.; *Schaub* NZA 2000, 344 ff.; *Sander/Siebert* ArbuR 2000, 292 ff. [330 ff.]):
- die ordentliche/außerordentliche Arbeitnehmer- und Arbeitgeberkündigung,
- die ordentliche/außerordentliche Änderungskündigung (*BAG* 16.9.2004 EzA § 623 BGB 2002 Nr. 2 = BAG Report 2005, 115; s.u. Rn. 2945),
- die Kündigung durch den Insolvenzverwalter (§ 113 InsO),
- einen **Arbeitgeberwechsel** hinsichtlich der Beendigung des Arbeitsverhältnisses zum alten Arbeitgeber (*LAG Köln* 19.6.2006 – 14 Sa 250/06 – EzA-SD 23/06, S. 11 LS = NZA-RR 2007, 127);
- das Lossagungsrecht gem. § 12 KSchG (s. dazu *BAG* 25.10.2007 EzA § 12 KSchG Nr. 3 = NJW 2008, 1466), da es sich um ein fristgebundenes Sonderkündigungsrecht handelt.

(3) Nicht erfasste Tatbestände

§ 623 BGB erfasst dagegen **nicht** (vgl. APS/*Preis* § 623 BGB Rz. 5 ff.; KDZ/*Däubler* § 623 BGB Rz. 8 ff.; *Schaub* NZA 2000, 344 ff.; *Sander/Siebert* ArbuR 2000, 292 ff., 330 ff.): 11
- die **Teilkündigung**, da sie nicht zur Beendigung des Arbeitsverhältnisses führt,
- **Modifikationen des Kündigungsrechts**, z.B. den Ausschluss der ordentlichen Kündigung,
- die **Abmahnung** (krit. dazu *Sander/Siebert* ArbuR 2000, 333),
- die **Auflösungserklärung des Eingliederungsvertrages** (§ 232 Abs. 2 SGB III; ebenso *Müller-Glöge/v. Senden* AuA 2000, 199; *Krabbenhöft* DB 2000, 1567; **a.A.** *Richardi/Annuß* NJW 2000, 1232; KDZ/*Däubler* § 623 BGB Rz. 8),
- die **Anfechtung** des Arbeitsvertrages,
- das **Lossagungsrecht** vom faktischen Arbeitsverhältnis sowie
- die Beendigung des Rechtsverhältnisses zwischen einem Auftraggeber und einer **arbeitnehmerähnlichen** Person (*Preis/Gotthardt* NZA 2000, 349; *Müller-Glöge/v. Senden* AuA 2000, 199; *Krabbenhöft* DB 2000, 1567; **a.A.** KDZ/*Däubler* § 623 BGB Rz. 9);
- eine **Vereinbarung über den Klageverzicht und Abfindungszahlung** im Anschluss an eine formwirksame arbeitgeberseitige Kündigung bei anschließendem Streit um die Wirksamkeit der Kündigung (*LAG Hamm* 9.10.2003 NZA-RR 2004, 242 = LAG Report 2004, 11; **a.A.** aber *BAG* 19.4.2007 EzA § 611 BGB 2002 Aufhebungsvertrag Nr. 7 = NZA 2007, 1227: Auflösungsvertrag bei Klageverzicht und über den Ablauf der Kündigungsfrist hinausreichendem Kündigungstermin);
- die **Aufhebung eines Umschulungsvertrages** i.S.v. §§ 1 Abs. 4, 47 BBiG a.F. (*BAG* 19.1.2006 EzA § 623 BGB 2002 Nr. 5 = NZA 2007, 97);
- die Kündigung von GmbH-Geschäftsführern und AG-Vorständen (vgl. *Zimmer* BB 2003, 1334 ff.).

cc) Wirksamkeitserfordernis

Die gesetzliche Schriftform ist im hier maßgeblichen Zusammenhang nach dem eindeutigen Wortlaut der Regelung ein konstitutives Wirksamkeitserfordernis, das weder durch die Arbeitsvertragsparteien, noch durch einen Tarifvertrag oder durch eine Betriebsvereinbarung abbedungen werden kann (*BAG* 16.9.2004 EzA § 623 BGB 2002 Nr. 1 = NZA 2005, 162 = BAG Report 2005, 271; vgl. *Sander/Siebert* ArbuR 2000, 291; *Lakies* BB 2000, 667). Demgegenüber setzt die Wirksamkeit einer Kündigung grds. nicht voraus, dass in der schriftlichen Kündigungserklärung die **Kündigungsgründe mitgeteilt** werden (*BAG* 16.9.2004 EzA § 242 BGB 2002 Kündigung Nr. 5; s.u. Rn. 52 ff.). 12

Möglich ist allerdings, dass **strengere Formvorschriften**, z.B. eine schriftliche Begründungspflicht oder besondere Zugangserfordernisse, vereinbart werden. Analog § 622 Abs. 6 BGB ist dies aber nicht nur einseitig zu Lasten des Arbeitnehmers statthaft (APS/*Preis* § 623 BGB Rz. 20). 13

Nach einer in der Literatur (*Preis* Grundfragen der Vertragsgestaltung im Arbeitsrecht, 1993, S. 412 f.) bereits zum alten Schuldrecht vertretenen Auffassung kommt demgegenüber aber ein **Formulararbeitsvertrag** als Grundlage der Vereinbarung einer **strengeren Formvorschrift nicht in Betracht**, da dies dem in § 11 Nr. 16 AGBG zum Ausdruck gekommenen allgemeinen Rechtsgedanken widerspräche. Nach dieser – inzwischen aufgehobenen – Vorschrift sind Bestimmungen unwirksam, die für Anzeigen und Erklärungen eine strengere Form als die Schriftform oder besondere Zugangserfordernisse aufstellen. 14

Inzwischen lässt sich dies aus **§ 310 Abs. 4 S. 2 BGB n.F. i.V.m. § 309 Nr. 13 BGB n.F.** ableiten, denn die früheren Regelungen des AGBG sind inzwischen in das BGB eingefügt und ihre Anwendbarkeit auf Arbeitsverträge ist vom Gesetzgeber ausdrücklich angeordnet worden. Besonderheiten des Arbeitsrechts stehen diesem Ergebnis ersichtlich nicht entgegen. 15

dd) Kündigung

(1) Allgemeine Voraussetzungen

16 Die Kündigung muss in der Form des § 126 BGB erfolgen, d.h. das Kündigungsschreiben muss vom Aussteller **eigenhändig durch Namensunterschrift** oder mittels notariell beglaubigten Handzeichens unterzeichnet sein (*BAG* 21.4.2005 EzA § 623 BGB 2002 Nr. 4 = NZA 2005, 865 = BAG Report 2005, 269; vgl. ausf. APS/*Preis* § 623 BGB Rz. 21 ff.).

(2) Anforderungen an Urkunde und Unterschrift

17 Erforderlich ist, dass:
- die Kündigung in einer **Urkunde** niedergelegt ist,
- die **Unterschrift** die voranstehende Kündigungserklärung deckt, deshalb unterhalb des Textes steht und sie räumlich abschließt (vgl. *BGH* 20.11.1990 NJW 1991, 487),
- die Namensunterschrift die Person des **Ausstellers erkennbar** macht,
- der Aussteller die Kündigung **eigenhändig** durch Namensunterschrift unterzeichnet (zur Unterzeichung durch einen Prozessbevollmächtigten vgl. *LAG Nds.* 30.11.2001 NZA-RR 2002, 242), so dass weder Stempel, Faksimile, andere technische Hilfsmittel (z.B. Schreibmaschine; das gilt auch dann, wenn sie mit Dienstsiegel und beigefügter Paraphe eines nicht kündigungsberechtigten Bediensteten beglaubigt ist *LAG Köln* 16.5.1997 ZTR 1997, 517 LS), noch Telegramm, Telefax (*LAG RhPf* 21.1.2004 LAG Report 2005, 43; *LAG Düsseld.* 27.5.2003 LAGE § 623 BGB 2002 Nr. 1; *ArbG Hannover* 17.1.2001 NZA-RR 2002, 245 für den Aufhebungsvertrag), SMS (*LAG Hamm* 17.8.2007 – 10 Sa 512/07 – ArbuR 2007, 444 LS) oder E-mail genügen (KDZ/*Däubler* § 623 BGB Rz. 22; vgl. auch *ArbG Frankf./M.* 9.1.2001 – 8 Ca 5663/00). Gleiches gilt für eine Kündigungserklärung mit nur eingescannter Unterschrift (*LAG Köln* 19.6.2001 – 13 Sa 571/00 – ARST 2002, 117 LS = NZA-RR 2002, 164; s.u. Rn. 27; zur Übergabe einer Kopie statt des Originals vgl. *LAG Hamm* 4.12.2003 LAGE § 623 BGB 2002 Nr. 3 = NZA-RR 2004, 189 = LAG Report 2004, 37 m. Anm. *Müller* BB 2004, 1343 f. u. *BAG* 4.11.2004 EzA § 130 BGB 2002 Nr. 4 = NZA 2005, 513 = BAG Report 2005, 174; *LAG Düsseld.* 18.4.2007 LAGE § 1 KSchG Soziale Auswahl Nr. 55; s.u. Rn. 83). Dieses Erfordernis **verlangt nicht**, dass **unmittelbar bei Abgabe** der schriftlichen Erklärung für den Erklärungsempfänger die Person des Ausstellers feststehen muss. Dieser soll **nur identifiziert werden können**. Dazu bedarf es **nicht der Lesbarkeit des Namenszuges**. Vielmehr genügt ein die Identität des Unterschreibenden ausreichend kennzeichnender Schriftzug, der individuelle und entsprechend charakteristische Merkmale aufweist, die die Nachahmung erschweren (*BAG* 24.1.2008 EzA § 622 BGB 2002 Nr. 4 = NZA 2008, 521).
- alle Erklärenden die schriftliche Willenserklärung unterzeichnen (*BAG* 21.4.2005 EzA § 623 BGB 2002 Nr. 4 = NZA 2005, 865 = BAG Report 2005, 269; *LAG BW* 1.9.2005 – 11 Sa 7/05 – EzA-SD 22/05 S. 14 LS; s. aber u. Rn. 18).

(3) Stellvertretung; Bote

18 Ein Vertreter kann mit dem Namen des Vollmachtgebers unterzeichnen. Unterschreibt er mit dem eigenen Namen, so muss die Stellvertretung in der Urkunde zum Ausdruck kommen (vgl. APS/*Preis* § 623 BGB Rz. 26; KDZ/*Däubler* § 623 BGB Rz. 24).

19 Es bedarf bei der Unterzeichnung durch einen Vertreter eines das Vertretungsverhältnis hinreichend deutlich **zum Ausdruck bringenden Zusatzes** (*BAG* 21.4.2005 EzA § 623 BGB 2002 Nr. 4 NZA 2005, 865 = BAG Report 2005, 269; *LAG RhPf* 19.12.2007 NZA-RR 2008, 403). Sind z.B. in dem Kündigungsschreiben einer Gesellschaft bürgerlichen Rechts alle Gesellschafter sowohl im Briefkopf als auch maschinenschriftlich in der Unterschriftszeile aufgeführt, so reicht es zur Wahrung der Schriftform nicht aus, wenn

lediglich ein Teil der GbR-Gesellschafter ohne weiteren Vertretungszusatz das Kündigungsschreiben handschriftlich unterzeichnet. Denn eine solche Kündigungserklärung enthält keinen hinreichend deutlichen Hinweis darauf, dass es sich nicht lediglich um den Entwurf eines Kündigungsschreibens handelt, der versehentlich von den übrigen Gesellschaftern noch nicht unterzeichnet ist (*BAG* 21.4.2005 EzA § 623 BGB 2002 Nr. 4 = NZA 2005, 865 = BAG Report 2005, 269).
Stellt der Bevollmächtigte seiner Unterschrift das Kürzel **»i.A.«** voran, kann dies **ohne Klärung** des Vertretungsverhältnisses folglich **zur Unwirksamkeit der Kündigung führen** (*LAG RhPf* 19.12.2007 NZA-RR 2008, 403).

Auch das Kündigungsschreiben einer GmbH, das von einem Geschäftsführer oder Prokuristen, der die Gesellschaft nur gemeinsam mit einem weiteren Geschäftsführer oder Prokuristen vertreten kann, allein unterzeichnet wird, kann gem. § 623 BGB formunwirksam sein. Die Schriftform ist jedenfalls dann nicht gewahrt, wenn der Geschäftsführer über der Unterschriftenzeile »Geschäftsführung« unterzeichnet und **kein Vertretungsvermerk** erfolgt. Denn dann bleibt für den Erklärungsempfänger offen, ob der Unterzeichnende ohne Vertretungsmacht handelte, ob er bevollmächtigt war oder aber ob sich die Kündigung im Entwurfsstadium befand, weil sie noch von einem weiteren Vertretungsberechtigten unterzeichnet werden sollte (*LAG BW* 1.9.2005 – 11 Sa 7/05 – EzA-SD 22/05 S. 14 LS). Die Schriftform ist nach Auffassung des *ArbG Aachen* (30.1.2007 NZA-RR 2007, 364) zudem bei einer **GbR** als Arbeitgeber dann nicht gewahrt, wenn nur ein **Teil der Gesellschafter** ohne weiteren Vertretungszusatz das Kündigungsschreiben unterzeichnen. 20

Nicht ausreichend ist auch die Unterschrift eines bloßen Erklärungsboten. Die Verwendung der Abkürzung »i. A.« statt »i. V.« indiziert ein Handeln als Bote. Bei der Abgrenzung von Bote und Vertreter sind darüber hinaus auch die weiteren begleitenden Umstände und die soziale Stellung des Handelnden maßgeblich zu berücksichtigen. Je untergeordneter und je weniger mit eigenen Entscheidungsspielräumen in Personalangelegenheiten verbunden die Stellung im Betrieb ist, desto eher ist bei der Verwendung der Abkürzung »i. A.« im Zusammenhang mit der Unterzeichnung einer Kündigung ein Handeln als Bote anzunehmen (*Klein* NZA 2004, 1198 ff.). 21
Das *BAG* (13.12.2007 EzA § 623 BGB 2002 Nr. 9 = NZA 2008, 403) geht inzwischen insoweit allerdings davon aus, dass dann, wenn ein Angestellter des Arbeitgebers auf einem Briefbogen des Arbeitgebers eine Kündigung unterzeichnet, dies dafür spricht, dass der Angestellte als Vertreter des Arbeitgebers und nicht als dessen Bote gehandelt hat. Daran ändert der Zusatz »i. A.« vor der Unterschrift i.d.R. nichts.

(4) Inhaltliche Anforderungen

Inhaltlich muss das Schreiben nicht das Wort Kündigung enthalten; ausreichend ist, dass vom **Empfängerhorizont her der Wille, das Arbeitsverhältnis durch einseitige Gestaltungserklärung für die Zukunft lösen zu wollen, eindeutig** zum Ausdruck kommt. Zur Angabe des Kündigungsgrundes verpflichtet § 623 BGB ebenso wenig wie zur Angabe der Kündigungsfrist (s. dazu *LAG Köln* 6.10.2005 NZA-RR 2006, 353). Bleibt allerdings unklar, ob eine außerordentliche oder eine ordentliche Kündigung gewollt ist, führt dies dazu, dass es sich im Zweifel um eine ordentliche Kündigung als die normale Beendigungsmöglichkeit des Arbeitsverhältnisses handelt (s.u. Rn. 46 ff.; *LAG Köln* 6.10.2005 NZA-RR 2006, 353); formnichtig ist eine derartige Kündigung jedoch nicht, denn die Kündigung als solche steht fest (APS/*Preis* § 623 BGB Rz. 30). 22

(5) Änderungskündigung

23 Bei der Änderungskündigung ist die Schriftform auch für das Änderungsangebot zu beachten (*BAG* 16.9.2004 EzA § 623 BGB 2002 Nr. 2 = BAG Report 2005, 115; *LAG Köln* 26.9.2003 LAGE § 623 BGB 2002 Nr. 2a = LAG Report 2004, 41; s.u. Rn. 2945). Denn es handelt sich um einen tatsächlich und rechtlich einheitlichen Tatbestand, der lediglich aus zwei Willenserklärungen zusammengesetzt ist. Nicht formbedürftig ist dagegen die Annahme durch den Arbeitnehmer, denn der Änderungsvertrag als solcher ist nicht formbedürftig (APS/*Preis* § 623 BGB Rz. 32; *Caspers* RdA 2001, 30; *Dassau* ZTR 2000, 390; *Däubler* AiB 2000, 1567; *Müller-Glöge/v. Senden* AuA 2000, 202; **a.A.** *Sanden/Siebert* ArbuR 2000, 291). Dabei kommt es nicht darauf an, ob Kündigung und Änderungsangebot in einem Schriftstück zusammengefasst sind (KDZ/*Däubler* § 623 BGB Rz. 11).

(6) Kündigung durch konkludentes Verhalten

24 Eine Kündigung durch schlüssiges Verhalten ist nunmehr gem. § 623 BGB **kaum noch möglich**, es sei denn, dass das konkludente Verhalten das Formerfordernis erfüllt.

25 Das kann z.B. dann der Fall sein (vgl. APS/*Preis* § 623 BGB Rz. 33), wenn:

- **prozessuales Vorbringen** in einem Rechtsstreit eine Kündigung darstellt, weil die andere Partei daraus unmissverständlich auf einen Kündigungswillen schließen kann,
- der Kündigende oder sein Bevollmächtigter die für den Kündigungsempfänger bestimmte Abschrift **eigenhändig unterschreibt** oder
- die für das Gericht bestimmte **Urschrift** eigenhändig unterzeichnet ist und der Kündigungsempfänger eine mit einem Beglaubigungsvermerk versehene Abschrift erhält, wenn der Beglaubigungsvermerk vom Verfasser des Schriftsatzes, der die Kündigung enthält, eigenhändig unterzeichnet ist.

26 Demgegenüber ist eine von einer Arbeitnehmerin mündlich ausgesprochene fristlose Kündigung auch dann nicht geeignet, das Arbeitsverhältnis zu beenden, wenn sie mit dem zweifachen, gegenüber dem Arbeitgeber ausgesprochenen Zitat von Götz von Berlichingen verbunden ist (*ArbG Nbg.* 5.6.2001 – 12 Ca 2734/01).

(7) Elektronische Form

27 Gem. § 623 BGB (vgl. auch §§ 68a, 78 Abs. 2 S. 2 SeemG) ist **ausdrücklich** die Möglichkeit **ausgeschlossen**, eine Kündigung in elektronischer Form (§§ 126 Abs. 3, 126 a BGB n.F. i.V.m. dem SignaturG) zu erklären. Denn – so jedenfalls die Auffassung des Gesetzgebers – die elektronische Form besitzt in der Gegenwart eine **geringere Warnfunktion** als die traditionelle Schriftform (KDZ/*Däubler* § 623 BGB Rz. 4; vgl. dazu *Gotthardt/Beck* NZA 2002, 876 ff.).

(8) Notarielle Beurkundung; gerichtlicher Vergleich

28 Anwendbar sind schließlich auch §§ 126 Abs. 4, 127 a BGB (Ersetzung der Schriftform durch Beurkundung, Ersetzung der notariellen Beurkundung durch einen gerichtlichen Vergleich).

ee) Beweislast

29 Wer sich nunmehr auf eine Kündigung beruft, muss die Einhaltung des § 623 BGB beweisen (APS/*Preis* § 623 BGB Rz. 55).

ff) Vollständigkeits- und Richtigkeitsvermutung

Der Inhalt einer Urkunde (vgl. § 416 ZPO) hat die Vermutung der Vollständigkeit und Richtigkeit für sich (*BGH* 14.10.1988 NJW 1989, 898). Dies ist insbes. beim Abschluss von Aufhebungsverträgen zu beachten. Die Vermutung ist zwar **widerlegbar**; an den Beweis sind jedoch **strenge Anforderungen** zu stellen (APS/*Preis* § 623 BGB Rz. 56). 30

gg) Rechtsfolge der Nichteinhaltung der Schriftform: Nichtigkeit

(1) Grundlagen

Die Nichtbeachtung der gesetzlichen Form des § 623 BGB hat gem. § 125 S. 1 BGB die **Nichtigkeit** der Kündigung zur Folge. **Die Möglichkeit einer Heilung besteht nicht.** Die Nichtigkeitsfolge tritt i.d.R. auch dann ein, wenn im Einzelfall **einem, mehreren oder gar allen Schutzzwecken des § 623 BGB auf andere Weise Genüge getan ist.** Die gesetzlichen Formvorschriften sind gegenüber der Erfüllung der Schutzzwecke, die zu ihrer Normierung geführt haben, **verselbständigt** (*BAG* 16.9.2004 EzA § 623 BGB 2002 Nr. 1 = NZA 2005, 162). 31

(2) Kündigung

Bis die Kündigung formwirksam wiederholt wird, besteht das Arbeitsverhältnis **unverändert fort.** Für den Arbeitnehmer gilt nicht die Drei-Wochen-Frist des § 4 S. 1 KSchG für die Geltendmachung der Formunwirksamkeit der Kündigung, da es sich um einen sonstigen Mangel i.S.v. § 13 Abs. 3 KSchG handelt (APS/*Preis* § 623 BGB Rz. 57). 32

hh) Durchbrechung der Formnichtigkeit in Ausnahmefällen

(1) Grundsätze

Die Nichtigkeitsfolge des § 125 BGB ist durch den Grundsatz von **Treu und Glauben** (§ 242 BGB) eingeschränkt (vgl. *Eberle* NZA 2003, 1121 ff.; *Henssen* DB 2006, 1513 ff.). Die Berufung auf die Nichteinhaltung der Form kann ausnahmsweise eine **unzulässige Rechtsausübung** darstellen. Grundsätzlich ist die Einhaltung der gesetzlich vorgeschriebenen Form jedoch zu beachten. **Wenn die Formvorschriften des bürgerlichen Rechts nicht ausgehöhlt werden sollen, kann ein Formmangel nur ausnahmsweise nach § 242 BGB als unbeachtlich angesehen werden** (*BAG* 16.9.2004 EzA § 623 BGB 2002 Nr. 1 = NZA 2005, 162 = BAG Report 2005, 271; *LAG Nds.* 11.10.2004 ArbuR 2005, 236 LS = LAG Report 2005, 170). 33

Zwar hat im Grundsatz jede Partei die Rechtsnachteile selbst zu tragen, die sich aus der Formnichtigkeit eines Rechtsgeschäfts ergeben. Etwas anderes gilt aber dann, wenn es nach den Beziehungen der Parteien und den gesamten Umständen mit Treu und Glauben unvereinbar wäre, das Rechtsgeschäft am Formmangel scheitern zu lassen; das Ergebnis muss für die Parteien nicht nur hart, sondern **schlechthin untragbar** sein (*BAG* 26.9.1957 AP Nr. 2 zu § 74 HGB; 27.3.1987 EzA § 242 BGB Betriebliche Übung Nr. 22). 34

Dieser Grundsatz ist zu § 313 BGB entwickelt worden, er gilt aber auch für gesetzliche Formvorschriften im **Arbeitsrecht** (vgl. *BAG* 27.3.1987 EzA § 242 BGB Betriebliche Übung Nr. 22; APS/*Preis* § 623 BGB Rz. 66; *Preis/Gotthardt* NZA 2000, 348 ff.). 35

(2) Fallgruppen (Überblick)

36 § 242 BGB ist nicht anwendbar,

- wenn beide Parteien den **Formmangel kannten** (*BGH* 22.6.1973 NJW 1973, 1455), ebenso wenig
- bei **beidseitiger Unklarheit** (*BAG* 22.8.1979 AP Nr. 6 zu § 4 BAT).

Etwas anderes gilt aber dann, wenn der Vertragspartner seine **Machtstellung** dazu **ausgenutzt** hat, die Formwahrung zu verhindern (*BGH* 27.10.1967 BGHZ 48, 396). Dafür müssen neben der Arbeitgeberstellung z.B. aber **deutliche weitere Anhaltspunkte** im konkreten Einzelfall gegeben sein (APS/*Preis* § 623 BGB Rz. 69).

§ 242 BGB kann auch dann zur Anwendung gelangen (vgl. APS/*Preis* § 623 BGB Rz. 78),

- wenn der Arbeitgeber beim Arbeitnehmer den **Eindruck erweckt,** die Zusage – z.B. einer Abfindung – solle auch ohne Rücksicht auf die vorgeschriebene Form eingehalten werden (*BAG* 10.9.1975 EzA § 23a BAT Nr. 2; **a.A.** APS/*Preis* § 623 BGB Rz. 69;
- wenn eine Partei die andere über die Formbedürftigkeit des Rechtsgeschäfts **getäuscht** hat, um sich später ggf. zu ihrem Vorteil auf die Unwirksamkeit berufen zu können (*BAG* 7.5.1986 AP Nr. 12 zu § 4 BAT);
- wenn sich eine Partei **widersprüchlich** verhält (vgl. *BAG* 4.12.1997 EzA § 626 BGB Eigenkündigung Nr. 1). Das ist z.B. dann der Fall, wenn der durch Telefax gekündigte Arbeitnehmer zunächst selbst mit einem Fax gegenüber seinem Arbeitgeber reagiert hat und dabei dies als »Schriftform« betrachtet. Der Arbeitnehmer verstößt dann gegen Treu und Glauben, wenn er sich dann bei einer Faxkündigung auf § 623 BGB beruft (*ArbG Bln.* 1.3.2002 NZA-RR 2002, 522);
- wenn die Nichterfüllung oder Rückabwicklung eines Vertrages dazu führen würde, dass die **wirtschaftliche Existenz** einer Partei, die gutgläubig auf die Rechtswirksamkeit des Geschäfts vertraut hat, **gefährdet oder vernichtet** würde (*BGH* 15.11.1960 WM 1961, 179; 19.11.1982 BGHZ 85, 315).

Ein Arbeitnehmer handelt **dann nicht treuwidrig** i.S.d. § 242 BGB, wenn er sich auf die fehlende Schriftform der Beendigung des Arbeitsverhältnisses mit dem alten Arbeitgeber bei einem vertraglichen Arbeitgeberwechsel beruft, **nachdem er einige Zeit unter Leitung des neuen Arbeitgebers gearbeitet**, aber bereits zu Beginn deutlich gemacht hat, er wünsche eine diesbezügliche Ergänzung seines schriftlichen Arbeitsvertrages (*LAG Köln* 19.6.2006 – 14 Sa 250/06 – EzA-SD 23/06, S. 11 LS = NZA-RR 2007, 127).

(3) Besonderheiten bei Kündigungen

37 **Die Vorschrift des § 623 BGB nimmt bewusst in Kauf, dass auch unstreitig im Ernst – aber eben nur mündlich – abgegebene Auflösungserklärungen wirkungslos sind. Dann kann aber die Berufung auf die fehlende Schriftform nicht allein mit der Begründung, die Beendigungserklärung sei ernsthaft gewesen, für treuwidrig erklärt werden** (*BAG* 16.9.2004 EzA § 623 BGB 2002 Nr. 1 = NZA 2005, 162). Auch der Umstand, dass der Kündigungsempfänger eine formwidrig erklärte Kündigung widerspruchslos entgegen nimmt und sich **erst später auf die Schriftform beruft,** stellt noch **keinen Verstoß gegen Treu und Glauben** dar (*BAG* 19.5.1988 EzA § 613a BGB Nr. 82). Vielmehr müssen **besondere Umstände** vorliegen, damit ein Rechtsmissbrauch angenommen werden kann (APS/*Preis* § 623 BGB Rz. 73).

38 Das kann z.B. dann der Fall sein, wenn:

- dem Kündigenden im Gerichtstermin in Anwesenheit des Erklärenden eine einfache Fotokopie übergeben wird oder eine Einsicht in das Original möglich ist; der Erklärungsempfänger von Aufklärungsmöglichkeiten aber keinen Gebrauch macht, die Erklärung auch nicht unverzüglich wegen Nichteinhaltung der Form zurückweist, sondern sich **erst geraume Zeit später** auf den Formmangel beruft (*BAG* 20.8.1998 EzA § 127 BGB Nr. 1; vgl. auch *LAG Hamm* 4.12.2003 LAGE § 623 BGB 2002 Nr. 3 = NZA-RR 2004, 189);

- der Arbeitnehmer eine **Eigenkündigung mehrmals,** auch auf Vorhaltungen der anderen Seite, ernsthaft und nicht nur einmalig spontan ausgesprochen hat, sich aber nachträglich auf den Formmangel beruft (*BAG* 4.12.1997 EzA § 626 BGB Eigenkündigung Nr. 1);
- der Arbeitgeber formwidrig kündigt, der **Arbeitnehmer die Kündigung hinnimmt,** eine neue Stelle angetreten hat, der Arbeitgeber sich dann auf den Formmangel beruft und den Arbeitnehmer zur Wiederaufnahme der Arbeit unter Unterlassung der neuen Beschäftigung auffordert (*BAG* 4.12.1997 EzA § 626 BGB Eigenkündigung Nr. 1);
- der Kündigungsempfänger die **mündlich ausgesprochene Kündigung schriftlich bestätigt,** er sich aber später auf den Formmangel beruft (APS/*Preis* § 623 BGB Rz. 75).

Zu berücksichtigen ist bei allen diesen Fallkonstellationen stets, dass das Recht, sich auf die Unwirksamkeit der Kündigung zu berufen, **verwirkt** werden kann. Insoweit gelten die allgemeinen Grundsätze (vgl. ausf. Kap. 3 Rn. 4686 ff.). 39

b) Eindeutigkeit des Beendigungswillens

aa) Grundlagen

Die Kündigung muss den Beendigungswillen eindeutig zum Ausdruck bringen (ausf. APS/*Preis* Grundlagen D Rz. 33 ff.; *Busemann/Schäfer* a.a.O., Rz. 20 ff.). **Der Gekündigte muss Klarheit über die Auflösung des Arbeitsverhältnisses erhalten**. Deshalb bestehen z.B. gegen die Annahme einer Kündigung erhebliche Bedenken, wenn in einem Schreiben lediglich von einer »vorübergehenden Ausstellung« die Rede ist (*LAG RhPf* 14.7.2004 NZA-RR 2005, 274). 40

Dies kann ausdrücklich – was stets zu empfehlen ist – aber auch stillschweigend geschehen. Bei **konkludent erklärten Willenserklärungen** findet das Gewollte nicht unmittelbar in einer Erklärung Ausdruck, vielmehr nimmt der Erklärende Handlungen vor, die lediglich mittelbar den Schluss auf einen bestimmten Rechtsfolgewillen zulassen. Ob ein bestimmtes voluntatives Verhalten eine Willenserklärung darstellt oder beinhaltet und ggf. welchen Inhalt sie aufweist, ist durch **Auslegung gem. §§ 133, 157 BGB** zu ermitteln. Im Hinblick auf § 623 BGB kommen konkludent erklärte Kündigungen seit dem 1.5.2000 allerdings nur noch ausnahmsweise in Betracht (s.o. Rn. 7 ff.). 41

Ein konkludentes Verhalten ist – **vorbehaltlich der Einhaltung der Schriftform** – dann, aber auch nur dann als Kündigungserklärung anzuerkennen, wenn der Empfänger das gezeigte Verhalten nach **Treu und Glauben** und mit Rücksicht auf die **Verkehrssitte** zweifelsfrei als Kündigungserklärung auffassen durfte bzw. musste und dieses für den Erklärenden bei gehöriger Sorgfalt erkennbar war (*Frölich* NZA 1997, 1273; zu den nach dem alten Recht auftretenden Zweifelsfällen vgl. 2. Aufl. Rz. 10c ff.). 42

Die **»Bestätigung« einer angeblichen Eigenkündigung** des Arbeitnehmers durch den Arbeitgeber, mit der dieser mitteilt, der Arbeitnehmer habe zu einem bestimmten Zeitpunkt die Arbeit eingestellt, oder er sei unentschuldigt der Arbeit ferngeblieben, weswegen er das Arbeitsverhältnis als beendet betrachte, ist regelmäßig nicht als Kündigungserklärung anzusehen (*LAG Nbg.* 8.2.1994 LAGE § 620 BGB Kündigungserklärung Nr. 4). Es handelt sich i.d.R. lediglich um die Äußerung einer **Rechtsansicht** des Arbeitgebers dahingehend, dass er ein bestimmtes tatsächliches Verhalten des Arbeitnehmers als Eigenkündigung bewertet, nicht aber um eine darüber hinausgehende Willenserklärung (*LAG Köln* 3.2.1995 LAGE § 620 BGB Kündigungserklärung Nr. 5). Ein Bestätigungsschreiben mit diesem Inhalt kann nur so ausgelegt werden, dass der Arbeitgeber der Meinung ist, das Arbeitsverhältnis sei bereits durch Erklärungen oder Handlungen des Arbeitnehmers beendet. Ein Bestätigungs- 43 schreiben kann auch **nicht** in eine Kündigungserklärung **umgedeutet werden**, da die Voraussetzungen des § 140 BGB i.d.R. nicht vorliegen (*LAG Köln* 3.2.1995 LAGE § 620 BGB Kündigungserklärung Nr. 5). Ein in einem derartigen Bestätigungsschreiben gleichzeitig ausgesprochenes **Hausverbot** kann ebenfalls nicht als Kündigung gewertet werden, wenn dieses Hausverbot auf der Annahme gründet, das Arbeitsverhältnis sei bereits beendet.

44 Der Beendigungszeitpunkt muss bei der ordentlichen Kündigung nicht aus der Kündigungserklärung hervorgehen; es genügt, dass er sich aus dem Gesetz, einem Tarifvertrag oder aus einer sonstigen Vereinbarung ergibt.

45 Die als ordentliche Kündigung erkennbare Kündigung ist daher Kündigung zum nächstzulässigen Zeitpunkt, sofern sie nicht ausdrücklich oder konkludent erst für einen späteren Zeitpunkt gelten soll.

bb) Ordentliche Kündigung; außerordentliche Kündigung; Abgrenzung

46 Da für die ordentliche und die außerordentliche Kündigung unterschiedliche Wirksamkeitsvoraussetzungen (§§ 1 ff. KSchG, § 626 BGB) sowie ein unterschiedlicher Beendigungszeitpunkt gelten, **muss aus der Kündigungserklärung selbst hervorgehen, ob sie als ordentliche oder außerordentliche Kündigung gewollt ist** (vgl. *LAG Frankf./M.* 16.6.1983 BB 1984, 786; APS/*Preis* Grundlagen E Rz. 3 ff.).

47 Für die außerordentliche Kündigung genügt der erkennbare Wille zur sofortigen fristlosen Beendigung des Arbeitsverhältnisses nur dann, wenn nicht andere fristlose Beendigungstatbestände wie Nichtigkeit, Anfechtung (§§ 134, 138, 119 ff., 123 BGB) in Betracht kommen.

48 Sind solche möglich, so muss mit der Kündigungserklärung erkennbar der Wille zum Ausdruck kommen, aus wichtigem Grund zu kündigen, d.h. von der sich aus § 626 Abs. 1 BGB ergebenden besonderen Kündigungsbefugnis Gebrauch zu machen. Der dahingehende Wille kann sich aus der ausdrücklichen Bezeichnung der Erklärung (z.B. als fristlose Kündigung) oder aus sonstigen Umständen der Erklärung selbst, insbes. einer beigefügten Begründung ergeben (*BAG* 13.1.1982 EzA § 626 BGB n.F. Nr. 81). Der Arbeitgeber muss sich also auf einen wichtigen Grund zur vorzeitigen Auflösung des Arbeitsverhältnisses berufen.

49 Hat der Kündigende das Arbeitsverhältnis dagegen mit **ordentlicher Frist** gekündigt und ist diese Kündigung wegen des tariflichen Ausschlusses des ordentlichen Kündigungsrechts unwirksam, so kann in dieser Kündigung nicht ohne weiteres eine außerordentliche Kündigung gesehen werden, selbst wenn der Kündigende einen wichtigen Grund hatte (*BAG* 29.8.1991 AP Nr. 58 zu § 102 BetrVG 1972; *LAG Köln* 4.7.1996 LAGE § 620 BGB Kündigungserklärung Nr. 6).

cc) Außerordentliche Kündigung mit Auslauffrist

50 Die außerordentliche Kündigung wird regelmäßig als fristlose Kündigung erklärt. Der Kündigungsberechtigte kann aber auch aus wichtigem Grund mit einer Frist kündigen (insoweit handelt es sich um eine sog. **außerordentliche Kündigung mit sozialer Auslauffrist)**, die der ordentlichen Kündigungsfrist nicht entsprechen muss (vgl. *LAG Köln* 28.8.2002 LAGE § 626 BGB Nr. 144). Wird aber die ordentliche Kündigungsfrist eingehalten, so muss **klargestellt werden, dass auf das Recht zur außerordentlichen Kündigung nicht verzichtet worden ist** (vgl. *BAG* 13.1.1982 EzA § 626 BGB n.F. Nr. 81; vgl. *Busemann/Schäfer*, a.a.O., Rz. 123).

51 Fehlt es an einer derartigen eindeutigen Erklärung, so kann das Arbeitsverhältnis bereits aus diesem Grund nicht durch außerordentliche Kündigung beendet werden, ohne dass es darauf ankommt, ob ein wichtiger Grund i.S.d. § 626 BGB vorliegt (*BAG* 19.6.1980 EzA § 620 BGB Nr. 47). Die Wirksamkeit dieser Kündigung ist dann ausschließlich nach den Maßstäben einer ordentlichen Kündigung (vgl. § 1 KSchG) zu prüfen.

c) Angabe der Kündigungsgründe

Nicht erforderlich ist grds. als Wirksamkeitsvoraussetzung die Angabe der Kündigungsgründe im Einzelnen (*BAG* 16.9.2004 EzA § 242 BGB 2002 Kündigung Nr. 5 = NZA 2005, 1263 LS). 52

Allerdings hat der Arbeitgeber gem. § 626 Abs. 2 S. 3 BGB dem Arbeitnehmer die Gründe für die außerordentliche Kündigung auf Verlangen unverzüglich (§ 121 BGB) mitzuteilen. Insoweit handelt es sich aber nicht um eine Wirksamkeitsvoraussetzung der außerordentlichen Kündigung. 53

Etwas anderes gilt gem. § 22 Abs. 3 BBiG für Berufsausbildungsverhältnisse (s.u. Rn. 890 ff.) sowie gem. **§ 9 Abs. 3 MuSchG** seit dem 1.1.1997 (s.u. Rn. 646 ff.). 54

Auch können tarifliche Normen einen Anspruch auf Mitteilung der Kündigungsgründe vorsehen. Ob es sich insoweit um eine Wirksamkeitsvoraussetzung der Kündigung (konstitutive Schriftform), mit der Folge der Unwirksamkeit der Kündigung (*BAG* 27.3.2003 EzA § 125 BGB 2002 Nr. 1 = NZA 2003, 1055 LS), oder nur um eine Beweiserleichterung (deklaratorische Schriftform) handelt, ist im Wege der Auslegung der fraglichen Normen zu ermitteln. 55

Weil der **Zweck** einer derartigen Regelung, wie sie sonst nur ausnahmsweise vorgesehen ist, **i.d.R. darin besteht**, dem Kündigungsempfänger die **Möglichkeit** einzuräumen, sich anhand der Mitteilung der Gründe darüber schlüssig zu werden, ob er die **Kündigung hinnimmt oder nicht**, ist sie **i.d.R. konstitutiv**. Dabei müssen die Gründe nachvollziehbar mitgeteilt werden; sie müssen so genau bezeichnet sein, dass der Kündigungsempfänger hinreichend klar erkennen kann, auf welchen Tatsachen der Kündigungsentschluss des Arbeitgebers beruht (*BAG* 27.3.2003 EzA § 125 BGB 2002 Nr. 1 = NZA 2003, 1055 LS). Hinsichtlich der Anforderungen i.E. kann auf die Ausführungen zu § 22 Abs. 3 BBiG, § 9 MuSchG verwiesen werden (s.u. Rn. 646 ff., 890 ff.). 56

Beispiele: 57

- Sieht ein Tarifvertrag vor, dass die Kündigungsgründe im Kündigungsschreiben genannt werden müssen, müssen sie gem. § 54 BMT-G II jedenfalls so genau bezeichnet sein, dass im Prozess nicht ernsthaft streitig werden kann, auf **welchen Lebenssachverhalt** die Kündigung gestützt war; allein die Bezugnahme auf ein inhaltlich nicht näher umschriebenes Gespräch reicht dafür nicht (*BAG* 10.2.1999 EzA § 125 BGB Nr. 14).
- Auch die **bloße Bezeichnung** im Kündigungsschreiben **als »betriebsbedingt«** ist keine dem Formerfordernis des § 54 BAT-O genügende Angabe des Kündigungsgrundes. Ob die konkrete Bezugnahme auf ein dem Arbeitnehmer zuvor übergebenes Schriftstück ausreicht, in dem die Kündigungsgründe im Einzelnen ausgeführt wurden, hat das *BAG* (10.2.1999 EzA § 125 BGB Nr. 13) offen gelassen.

Fraglich ist, ob die Pflicht zur Angabe des Kündigungsgrundes auch Ausführungen zu der vom Arbeitgeber getroffenen Sozialauswahl umfasst. Weitere Angaben zur Sozialauswahl im Kündigungsschreiben sind aber jedenfalls dann entbehrlich, wenn dem Arbeitnehmer die Gründe der vom Arbeitgeber getroffenen Sozialauswahl aus einem Vorprozess bekannt sind (*BAG* 27.3.2003 EzA § 125 BGB 2002 Nr. 1 = NZA 2003, 1055 LS). 58

d) Auslegung der Erklärung des Arbeitgebers

Für die Auslegung der nicht notwendig als Kündigung bezeichneten Willenserklärung ist zu fragen, ob der Kündigungsempfänger das Verhalten des anderen bei vernünftiger Würdigung und unter Berücksichtigung von Treu und Glauben und der Verkehrssitte als Kündigung verstehen musste (*BAG* 12.9.1974 AP Nr. 1 zu § 44 TVAL II). 59

60 **Entscheidend ist, welche Art der Kündigung der Kündigende tatsächlich erklärt hat;** es kommt nicht darauf an, zu welcher Art von Kündigung er befugt war. **Beendigungserklärungen beider Seiten sind grds. restriktiv auszulegen,** sowohl wegen der rechtsgestaltenden Wirkung der Kündigung als auch wegen der einschneidenden Folgen der Beendigung des Arbeitsverhältnisses (MünchArbR/*Wank* § 118 Rz. 3).

e) Grundsatz der Klarheit

61 Für die Kündigung gilt der Grundsatz der Klarheit, d.h. der Beendigungswille und -zeitpunkt müssen sich eindeutig, zumindest im Wege der Auslegung unter Zuhilfenahme von Gesetz, Tarifvertrag oder einzelvertraglicher Vereinbarung ergeben.

62 Daraus folgt die **grundsätzliche Bedingungsfeindlichkeit der Kündigung.** Auch die **Verbindung einer Kündigung mit einer unzulässigen (auflösenden) Bedingung** führt zur Unwirksamkeit der Kündigung.

63 ► **Beispiel:**
Erklärt der Arbeitgeber mit der Kündigung des Arbeitsverhältnisses zugleich, die Kündigung **werde gegenstandslos, wenn ein auslaufender Bewachungsauftrag neu erteilt werde**, so handelt es sich i.d.R. um eine auflösende Bedingung. Durch sie wird der Kündigungsempfänger in eine ungewisse Lage versetzt; die Kündigung ist dann nicht genügend bestimmt und klar und deshalb unwirksam. Zudem wäre wegen der Ungewissheit der Möglichkeit einer Weiterbeschäftigung im Anwendungsbereich des KSchG selbst eine unbedingte Kündigung gem. § 1 Abs. 2 KSchG als sog. Vorratskündigung sozial ungerechtfertigt (*BAG* 15.3.2001 EzA § 620 BGB Kündigung Nr. 2).

64 Zulässig sind dagegen Kündigungen unter sog. Potestativbedingungen, weil es bei ihnen der Arbeitnehmer selbst in der Hand hat, ob er die Kündigung wirksam werden lässt oder nicht. Deshalb werden derartige Kündigungen allgemein als wirksam angesehen (*LAG Köln* 6.2.2002 – 8 Sa 1059/01 – EzA-SD 8/02, S. 5 LS = NZA-RR 2003, 18).

65 Eine praktisch bedeutsame, normativ geregelte **Ausnahme** von der Bedingungsfeindlichkeit bildet die **Änderungskündigung** gem. § 2 KSchG, weil der Kündigungsempfänger unmittelbar überblicken kann, ob die Kündigung wirksam wird oder nicht (MünchArbR/*Wank* § 118 Rz. 46).

66 Eine aufschiebend bedingte Kündigungserklärung ist auch im Übrigen dann zulässig, wenn der Bedingungseintritt vom Kündigungsempfänger ohne Schwierigkeit zweifelsfrei festgestellt werden kann. Das *LAG BW* (28.4.1966 DB 1966, 908 LS) hat z.B. eine fristlose Kündigung unter der Bedingung, dass der Arbeitnehmer am folgenden Tag nicht zur Arbeit erscheint, als wirksame Kündigung betrachtet, da der Arbeitnehmer die Ungewissheit über die Beendigung des Arbeitsverhältnisses durch sein eigenes Verhalten beseitigen konnte.

67 Teilt der Arbeitgeber dagegen einem erkrankten Arbeitnehmer schriftlich mit, dass das Personal wegen **schlechter Auftragslage vorübergehend reduziert werden müsse,** weshalb einzelne Belegschaftsmitglieder nunmehr rückständigen Urlaub nähmen oder ihren Wehrdienst anträten, und schließt er daran die Bitte an, sich nach der Wiedergenesung für einige Zeit arbeitslos zu melden, so kann darin mangels hinreichender Abgrenzung von der bloßen Suspendierung keine Kündigung gesehen werden, wenn dem Arbeitnehmer überdies in Aussicht gestellt wird, im Falle der Geschäftsbelebung umgehend benachrichtigt zu werden (*LAG Hamm* 7.7.1994 LAGE § 620 BGB Kündigungserklärung Nr. 3).

68 Eine ordentliche Kündigung ist in aller Regel dahin auszulegen, dass sie das Arbeitsverhältnis zum zutreffenden Termin beenden soll. Das gilt auch dann, wenn sie ihrem Wortlaut nach zu einem früheren Termin gelten soll. Nur dann, wenn auch aus der Kündigung und den im Rahmen der Auslegung zu berücksichtigenden Umständen des Einzelfalles ein Wille des Arbeitgebers ergibt, die Kündigung nur zum erklärten Zeitpunkt gegen sich gelten zu lassen, scheidet eine Auslegung aus. Der Kündungstermin

ist dann ausnahmsweise integraler Bestandteil der Willenserklärung und muss innerhalb der Klagefrist des § 4 S. 1 KSchG angegriffen werden (s.u. Rn. 1746). Dann scheidet aber auch eine Umdeutung aus, da ein derart klar artikulierter Wille des Arbeitgebers nicht den Schluss auf einen mutmaßlichen Willen, wie ihn § 140 BGB erfordert, zulässt (*BAG* 15.12.2005 EzA § 4 KSchG n.F. Nr. 72 = NZA 2006, 791).

f) Vorsorgliche Kündigung; Abgrenzung zur »Bestätigung der Kündigung« und zur Berufung auf die Befristung des Arbeitsvertrages; doppelt verlautbarte Kündigung

Die vorsorgliche Kündigung ist dagegen **eine unbedingte Kündigung** (*LAG Köln* 6.10.2005 NZA-RR 2006, 353). Der Kündigende behält sich lediglich entweder intern vor, dass er sie rückgängig machen will, wenn sie sich wegen der Veränderung der wirtschaftlichen Verhältnisse (z.B. durch neue Aufträge) als nicht erforderlich erweisen sollte. Sie kann auch für den Fall der Unwirksamkeit einer bereits ausgesprochenen Kündigung erklärt werden, wobei sie dann statt des Nachschiebens von Kündigungsgründen gewählt werden kann (*LAG Köln* 6.2.2002 – 8 Sa 1059/01 – EzA-SD 8/02, S. 5 LS = NZA-RR 2003, 18). **Bleibt unklar, in welcher Art und zu welchem Zeitpunkt gekündigt ist, gilt die Kündigung auch insoweit als ordentliche** (*LAG Köln* 6.10.2005 NZA-RR 2006, 353). 69

In Betracht kommt sie auch bei Eintritt neuer Tatsachen, auf die eine zuvor bereits erklärte Kündigung nicht gestützt werden kann, z.B. weil sie erst nach Zugang der Kündigung eingetreten sind (vgl. MünchArbR/*Wank* § 118 Rz. 47 f.). 70

Fraglich ist, ob auch in der **»Bestätigung« einer Kündigung** eine (weitere) vorsorgliche Kündigung gesehen werden kann, oder ob es sich nur um eine Erklärung mit deklaratorischem Inhalt handelt. Maßgeblich für die Beurteilung dieser Frage sind die Umstände des Einzelfalles. 71

Die Formulierung, eine Kündigung zu wiederholen, bedeutet zwar nach dem Wortsinn, sie noch einmal auszusprechen (*BAG* 13.11.1958 AP Nr. 17 zu § 3 KSchG). Für die Auslegung sind aber alle weiteren Begleitumstände zu würdigen, die für die Frage, welcher Wille der Beteiligte bei seiner Erklärung gehabt hat, von Bedeutung sind und dem Erklärungsempfänger bekannt waren (*BAG* 21.3.1988 EzA § 4 KSchG Nr. 33; *LAG Düsseld.* 7.12.1995 LAGE § 130 BGB Nr. 20). Auch die spätere Reaktion einer Partei auf eine von ihr abgegebene Willenserklärung kann für deren Auslegung von Bedeutung sein (*BAG* 17.4.1970 AP Nr. 32 zu § 133 BGB). 72

Es spricht gegen eine erneute, in ihrem rechtlichen Bestand von der ersten Kündigung unabhängige Kündigung, wenn der Kündigende mit der »Wiederholung« der Kündigung nur die beim mündlichen Ausspruch gescheiterte Übergabe des Kündigungsschreibens nachholen will und wenn er sich im Rechtsstreit nur darauf beruft, dem Gekündigten sei vorsorglich noch einmal eine schriftliche Kündigung zugeleitet worden (*BAG* 4.12.1986 – 2 AZR 33/86 – n.v.). Auch ein **Schreiben, das eine bereits mündlich ausgesprochene fristlose Kündigung lediglich »bestätigt«**, sich dabei sprachlich der Vergangenheitsform bedient (»wurde Ihnen ... ausgesprochen«) und keinen neuen Kündigungstermin benennt, sondern den ursprünglichen Kündigungstermin wiederholt, ist nicht als erneute Kündigungserklärung auszulegen. Dies gilt selbst dann, wenn sie sich auf später eingetretene Kündigungsgründe beruft (*LAG Köln* 18.4.1997 NZA-RR 1998, 15). Demgegenüber enthält ein zweites Kündigungsschreiben dann eine eigenständige neue Kündigungserklärung, wenn in dem Schreiben das Datum, bis zu dem Arbeitsmittel zurückgegeben werden sollen, entsprechend dem späteren Zustellungsdatum der zweiten Kündigung verändert wurde und das erste Kündigungsschreiben eine fristlose, das zweite dagegen eine fristlose und eine hilfsweise ausgesprochene ordentliche Kündigung enthält (*LAG Brem.* 17.9.2001 ARST 2002, 91 LS = NZA-RR 2002, 186). 73

74 **Formulierungshinweis:**

Kommt nach Maßgabe dieser Grundsätze das Vorliegen einer weiteren Kündigung in Betracht, sollte im Hinblick auf §§ 13, 4, 7 KSchG der Klageantrag der Kündigungsschutzklage hilfsweise auch darauf erstreckt werden, z.B. durch die Formulierung »2. hilfsweise für den Fall, dass im Schreiben des Arbeitgebers vom ... eine eigenständige, vom Klageantrag Nr. 1 nicht erfasste Kündigung enthalten sein sollte, festzustellen, dass das zwischen den Parteien bestehende Arbeitsverhältnis auch durch die Arbeitgeberkündigung vom ... nicht aufgelöst worden ist.«

75 **Bestätigt der Arbeitgeber einem Arbeitnehmer dessen angeblich ausgesprochene Kündigung, so liegt darin i.d.R. keine eigene Kündigung** des Arbeitgebers. Das gilt in jedem Fall dann, wenn der Arbeitgeber in der später erstellten Bescheinigung für die Agentur für Arbeit bestätigt, das Arbeitsverhältnis habe durch Kündigung des Arbeitnehmers geendet (*LAG Köln* 20.3.2006 NZA-RR 2006, 642).

76 Die Mitteilung des Arbeitgebers, ein **befristet abgeschlossener Arbeitsvertrag** solle **nicht verlängert werden,** oder eine mit der Befristung begründete Ablehnung der Weiterbeschäftigung ist i.d.R. dann **keine vorsorgliche Kündigung, wenn die Wirksamkeit der Befristung zwischen den Parteien noch nicht streitig ist** (*BAG* 26.4.1979 EzA § 620 BGB Nr. 39).

77 Möglich ist auch, dass die Auslegung von zwei Kündigungsschreiben ergibt, dass der Arbeitgeber **lediglich eine (doppelt verlautbarte) Kündigungserklärung abgegeben hat,** deren Zugang er auf zwei verschiedenen Wegen sicherstellen wollte. In einem derartigen Fall reicht es aus, dass der Arbeitnehmer gegen diese doppelt verlautbarte Kündigungserklärung nur einmal rechtzeitig nach §§ 4, 7 KSchG Klage erhebt. Dies gilt auch dann, wenn beide Kündigungsschreiben an zwei aufeinander folgenden Tagen abgeschickt werden und deshalb unterschiedliche Daten tragen (*BAG* 6.9.2007 EzA § 626 BGB 2002 Nr. 18 = NZA 2008, 636).

Weitergehend hat das *LAG Bln.-Bra.* (5.3.2008 LAGE § 4 KSchG Nr. 54 = NZA-RR 2008, 468) angenommen, dass dann, wenn der Arbeitgeber unter **demselben Datum** aufgrund desselben Sachverhalts in zwei getrennten Schreiben eine **Tat- und eine Verdachtskündigung** ausspricht, die gegen die Tatkündigung gerichtete Kündigungsschutzklage auch die Verdachtskündigung erfasst.

g) Ort und Zeit der Kündigungserklärung

78 Vorschriften über Ort und Zeit der Kündigung bestehen nicht. Fraglich ist die Rechtslage, wenn eine **Kündigung zur Unzeit** erfolgt (vgl. APS/*Preis* Grundlagen D Rz. 50).

79 Da insoweit nur die Umstände der Kündigungserklärung betroffen sind und es nicht um die Berechtigung der Kündigung als solcher geht, gilt grds. § 627 Abs. 2 S. 2 BGB. **Die Kündigung ist zwar wirksam, der Kündigende ist aber zum Schadensersatz verpflichtet.**

80 Nur in extremen Fällen wird die Unwirksamkeit der Kündigung nach § 242 BGB in Betracht gezogen, wenn die Persönlichkeit des Empfängers durch die Art der Kündigung besonders herabgesetzt wird (vgl. *LAG Brem.* 29.10.1985 BB 1986, 393).

81 Das ist bei einer Kündigung am Heiligen Abend noch nicht der Fall (*BAG* 14.11.1984 EzA § 242 BGB Nr. 38; s.a. dazu unten Rn. 1783).

2. Zugang der Kündigungserklärung

82 Der Zeitpunkt des Zugangs der Kündigung ist grds. der maßgebliche Zeitpunkt für die Beurteilung ihrer Rechtmäßigkeit (*BAG* 19.5.1988 EzA § 613a BGB Nr. 82; *Sächs. LAG* 14.12.2005 LAGE § 125 InsO Nr. 9; ausf. APS/*Preis* Grundlagen D Rz. 52 ff.; *Busemann/Schäfer* a.a.O., Rz. 35 ff.; s. aber u. Rn. 2017 ff.).

a) Zugang unter Anwesenden

Für den Zugang der Kündigungserklärung gelten die allgemeinen Grundsätze: **Unter Anwesenden geht die Kündigung zu, sobald sie der Empfänger vernimmt.** 83

Zu beachten ist, dass wegen § 623 BGB seit dem 1.5.2000 eine mündlich erklärte Kündigung praktisch nicht mehr wirksam sein kann. 84

Wird einem Anwesenden ein Kündigungsschreiben übergeben, so wird die Kündigung damit wirksam; auch insoweit handelt es sich um eine Kündigung unter Anwesenden (*BAG* 16.2.1983 EzA § 123 BGB Nr. 21). 85

Für den Zugang einer schriftlichen Kündigungserklärung unter Anwesenden ist nicht darauf abzustellen, ob der Empfänger die Verfügungsgewalt über das Schriftstück dauerhaft erlangt hat. Es genügt vielmehr die Aushändigung und Übergabe des Schriftstücks, sodass der Empfänger in der Lage ist, vom Inhalt der Erklärung Kenntnis zu nehmen. Mit der Übergabe der Kündigungserklärung ist dem grundsätzlichen Interesse an rechtzeitiger Information, auf dem das Zugangserfordernis beruht, genügt. Das Gesetz will sicherstellen, dass in Fällen einer empfangsbedürftigen Willenserklärung erst mit rechtzeitiger Informationsmöglichkeit des Empfängers die Willenserklärung auch wirksam wird. Für den Zugang eines Schriftstücks unter Anwesenden ist es deshalb ausreichend, wenn es dem Adressaten nur zum Durchlesen überlassen wird, es sei denn, dem Empfänger ist die für ein Verständnis nötige Zeit nicht verblieben. Ob der Arbeitnehmer das Kündigungsschreiben tatsächlich gelesen hat, ist unerheblich; für den Zugang genügt es, dass die Erklärung in den Bereich des Empfängers gelangt und dieser die Möglichkeit hat, von ihr Kenntnis zu nehmen. Tut er das nicht, geht dies zu seinen Lasten (*BAG* 4.11.2004 EzA § 130 BGB 2002 Nr. 4 = NZA 2005, 513 = BAG Report 2005, 174; **a.A.** *LAG Hamm* 4.12.2003 LAG Report 2004, 37 m. Anm. *Müller* BB 2004, 1343 f.; *LAG* Düsseld. 18.4.2007 LAGE § 1 KSchG Soziale Auswahl Nr. 55 zur Übergabe einer Kopie und der Vorlage des Originals zur Einsicht). 86

Das gilt auch dann, wenn einem ausländischen Arbeitnehmer, der nicht lesen kann, ein in deutscher Sprache gehaltenes ausführliches Kündigungsschreiben übergeben wird (KR/*Friedrich* § 4 KSchG Rz. 101; **a.A.** *LAG Hamm* 24.3.1988 LAGE § 5 KSchG Nr. 32: Zugang erst nach Ablauf einer angemessenen Frist, die nach Treu und Glauben zur Erlangung einer Übersetzung erforderlich ist). Denn § 130 Abs. 1 BGB lässt eine individualisierende Betrachtungsweise, die auf die besonderen Behinderungen des Empfängers abstellt, von einer Erklärung tatsächlich Kenntnis zu nehmen, nicht zu. Dem Schutz sprachunkundiger Ausländer ist durch nachträgliche Zulassung der Kündigungsschutzklage gem. § 5 KSchG Rechnung zu tragen (s.u. Rn. 993 ff.). 87

b) Zugang unter Abwesenden

aa) Begriffsbestimmung

Unter Abwesenden richtet sich der Zugang der Kündigung nach § 130 BGB. Es gilt die allgemeine Regel, dass eine Erklärung dem Empfänger dann zugegangen ist, wenn sie so in seinen Machtbereich gelangt ist, dass er unter gewöhnlichen Umständen davon Kenntnis nehmen konnte (*BAG* 16.3.1988 EzA § 130 BGB Nr. 16). Der Empfänger einer Kündigung kann sich zudem nach Treu und Glauben (§ 242 BGB) nicht auf den fehlenden oder verspäteten Zugang der Kündigung berufen, **wenn er die Zugangsverzögerung selbst zu vertreten hat.** Er muss sich dann so behandeln lassen, als habe der Kündigende z.B. entsprechende Fristen gewahrt. Dies gilt allerdings nur dann, wenn der Kündigende alles Erforderliche und ihm Zumutbare getan hat, damit seine Kündigung den Adressaten erreichen konnte. Eine Zugangsvereitelung in diesem Sinne liegt z.B. dann vor, wenn dem Arbeitgeber während der gesamten Dauer des Arbeitsverhältnisses die **richtige Anschrift des Arbeitnehmers nicht bekannt** war. Denn der Arbeitnehmer hatte, nachdem er von der Absicht, ihm zu kündigen, erfahren hatte, dem Arbeitgeber **erneut bei** 88

Übersendung einer Arbeitsunfähigkeitsbescheinigung als seine Adresse eine Wohnung angegeben, aus der er schon vor Beginn des Arbeitsverhältnisses **ausgezogen war** und unter der die Zustellung des Kündigungsschreibens erfolglos blieb (*BAG* 22.9.2005 EzA § 130 BGB 2002 Nr. 5 = NZA 2006, 204). Etwas anderes gilt aber dann, wenn der Arbeitgeber, um die ordentliche Kündigungsfrist auszunutzen, dem Arbeitnehmer am letzten Tag des Monats die Kündigungserklärung persönlich am Arbeitsplatz übergeben will, **dieser aber kurz vor Arbeitsschluss bereits gegangen ist** (*LAG Köln* 10.4.2006 – 14 (4) Sa 61/06 – EzA-SD 21/06, S. 5 LS = NZA-RR 2006, 466).

bb) Nachweispflicht des Arbeitgebers

89 **Der Arbeitgeber hat den vollen Beweis des Zugangs einer Kündigung unter Abwesenden zu führen.** Denn wenn ein gewöhnlicher Brief der Post zur Beförderung übergeben wird, so gibt es keinen Anscheinsbeweis dafür, dass er auch zugegangen ist (*BAG* 14.7.1960 AP Nr. 3 § 130 BGB). Bei einer Zugangsvereitelung einer Kündigungserklärung muss der Kündigende beweisen, dass die gescheiterte **Übermittlung auf ein Verhalten** des **Adressaten zurückzuführen** ist. Dies setzt den Nachweis voraus, **dass der Adressat von einer unmittelbar** bevorstehenden Kündigung Kenntnis hat (*LAG München* 15.12.2004 – 10 Sa 246/04 – LAG Report 2005, 206 = FA 2005, 223 LS).

90 Insoweit trifft den Absender neben dem Risiko, dass der Brief auf dem Postweg verloren geht, auch das Risiko, wenn eine schriftliche Kündigungserklärung wegen ungenügender Frankierung oder falscher Anschrift oder wegen Nachportos den Empfänger nicht erreicht.

91 Andererseits reicht es aus, dass der Empfänger unter gewöhnlichen Umständen von der Kündigung Kenntnis nehmen konnte. Nicht notwendig ist, dass er auch tatsächlich Kenntnis nimmt.

92 So reicht es z.B. bei einem Brief aus, wenn er in seinen Briefkasten gelangt ist, gleichgültig ob er den Briefkasten leert oder auch ob er vom Grundstück abwesend ist. Auch fehlende Sprachkenntnis gehört zum Risiko des Empfängers (s.o. Rn. 83; KR/*Friedrich* § 4 KSchG Rz. 101). Daran ändert sich auch nichts, wenn dem Erklärenden derartige Gründe bekannt sind (*BAG* 16.3.1988 EzA § 130 BGB Nr. 16). Verfügt ein Haus mit **mehreren Mietparteien** über keine Briefkästen und erfolgt die Postzustellung üblicherweise durch Einwurf in den dafür vorgesehenen **Briefschlitz der Haustür**, ist ein auf diesem Weg per Boten zugestelltes Kündigungsschreiben in den Machtbereich des Empfängers gelangt und diesem zugegangen. Auf die tatsächliche Kenntnisnahme des Empfängers kommt es nicht an (*LAG Düsseld.* 19.9.2000 ARST 2001, 68 LS). Ist nach dem eigenen Vorbringen des Empfängers sichergestellt, dass ihn die auf diesem Weg zugestellte Post auch tatsächlich nicht erreicht, kann er unter dem Gesichtspunkt der Zugangsvereitelung nach § 242 BGB nicht geltend machen, ein in den Briefschlitz eingeworfenes Kündigungsschreiben habe ihn nicht erreicht (*LAG Düsseld.* 19.9.2000 ARST 2001, 68 LS).

cc) Zugangszeitpunkt

(1) Leerung des Briefkastens; Postfach

93 Ein durch einen Boten nach der ortsüblichen, aber noch zur allgemein üblichen Postzustellzeit in den Hausbriefkasten des Arbeitnehmers eingeworfenes Kündigungsschreiben geht diesem noch am selben Tag zu (*LAG Nbg.* 5.1.2004 LAGE § 130 BGB 2002 Nr. 1 = ARST 2004, 183=NZA-RR 2004, 631; ebenso *LAG Hamm* 26.5.2004 LAGE § 130 BGB 2002 Nr. 1 = LAG Report 2004, 319 LS: etwa 2 Stunden nach dem üblichen Posteinwurf). Hält sich der Arbeitnehmer während einer Krankheit oder einer sonstigen Arbeitsfreistellung gewöhnlich zu Hause auf, so ist allerdings von ihm nach der Verkehrsanschauung nicht zu erwarten, dass er nach den allgemeinen Postzustellungszeiten seinen Wohnungsbriefkasten nochmals überprüft.

Wird ein Kündigungsschreiben deshalb erst erhebliche Zeit nach der allgemeinen Postzustellung in seinen Wohnungsbriefkasten geworfen (z.B. um 16.30 Uhr), so geht ihm die Kündigung erst am nächsten Tag zu (*BAG* 8.12.1983 EzA § 130 BGB Nr. 13). Eine Kündigung, die **am letzten Tag** der Sechs-Monatsfrist des § 1 Abs. 1 KSchG um **16 Uhr** in den Wohnungsbriefkasten des Arbeitnehmers eingelegt wird, geht aber unabhängig davon jedenfalls dann **noch an diesem Tag zu**, wenn der Arbeitnehmer nach vorangegangenen Verhandlungen über einen Aufhebungsvertrag **damit rechnen musste**, dass der Arbeitgeber ihm das Kündigungsschreiben noch durch Boten überbringen lässt (*LAG Bln.* 11.12.2003 – 16 Sa 1926/03 – ARST 2004, 235 LS = NZA-RR 2004, 528). 94

Ist im Arbeitsvertrag der Hauptwohnsitz des Arbeitnehmers aufgeführt und unterhält dieser einen Zweitwohnsitz am Arbeitsort, an den das Kündigungsschreiben adressiert ist, so kann ein Arbeitgeber ohne Hinzutreten besonderer Umstände nicht annehmen, dass der Arbeitnehmer in jeder dieser Wohnungen Vorkehrungen getroffen hat, die es ihm ermöglichen, sich zeitnah Kenntnis von einem Kündigungsschreiben zu verschaffen (*LAG Düsseld.* 7.12.1995 LAGE § 130 BGB Nr. 20). 95

Für den Zugang reicht es aus, wenn ein Bote den Brief mangels Verfügbarkeit eines Hausbriefkastens nach vergeblichem Klingeln auffällig zwischen Glasscheibe und Metallgitter der von der Straße her nicht einsehbaren Haustür des Einfamilienhauses des Empfängers steckt, das zur Straßenseite hinter einem umfriedeten Vorgarten mit verschlossenem – wenn auch nicht abgeschlossenem – Gartentörchen liegt (*LAG Hamm* 25.2.1993 NZA 1994, 32). Insoweit liegt eine arglistige Vereitelung des Zugangs des Kündigungsschreibens mit der Folge, dass der Zustellungsversuch als Zugang zu werten wäre, dann nicht vor, wenn sich am Briefkasten und am Klingelschild des mit einer Kündigung rechnenden Arbeitnehmers zwar keine Namensschilder befinden, der regelmäßige Zusteller die Post jedoch dem Empfänger ständig zustellt und lediglich ein am Tage der Zustellung des Kündigungsschreibens eingesetzter Aushilfszusteller den Brief mit dem Vermerk »Empfänger unbekannt« an den Arbeitgeber zurückgehen lässt (*LAG Brem.* 17.9.2001 ARST 2002, 91 LS = NZA-RR 2002, 186). 96

Unterhält ein Arbeitnehmer bei der Post ein **Postfach**, so ist von einem Zugang des Kündigungsschreibens, das der Arbeitgeber dort einwerfen lässt, jedenfalls nach **Ablauf der Leerungszeit**, die im Postfachvertrag üblicherweise festgelegt ist, auszugehen (*LAG Köln* 4.12.2006 NZA-RR 2007, 323). 97

(2) Empfangsbote; Abgrenzungen

> Wird eine Willenserklärung durch Einschaltung einer Mittelsperson dem Adressaten zugeleitet, hängt der Zugang davon ab, ob es sich bei der Person, gegenüber der die Erklärung abgegeben wird, um einen Empfangsvertreter, um einen Erklärungsvertreter oder um einen Erklärungsboten handelt. 98

Der Erklärungsbote steht auf der Seite des Absenders. Die Willenserklärung geht erst dann zu, wenn sie der Erklärungsbote dem Adressaten zuleitet. Das Risiko, dass er die Willenserklärung nicht oder mit verändertem Inhalt weitergibt, trägt der Absender. Empfangsvertreter und Empfangsbote stehen auf der Seite des Empfängers. 99

► **Beispiel:** 100
Übergibt ein Arbeitgeber einem **minderjährigen Arbeitnehmer** das an die Eltern gerichtete Kündigungsschreiben mit der Bitte, dieses den Eltern zu übergeben, so handelt der Minderjährige als **Erklärungsbote** des Arbeitgebers (*LAG SchlH* 20.3.2008 LAGE § 130 BGB 2002 Nr. 6).

Wird die Erklärung gegenüber einem vom Empfänger bevollmächtigten Empfangsvertreter (§ 164 Abs. 3 BGB) abgegeben, müssen die Zugangsvoraussetzungen für dessen Person erfüllt sein. 101

102 Wird die Erklärung gegenüber einem Empfangsboten abgegeben, so ist sie in den Machtbereich des Empfängers gelangt; nach der Rechtsprechung des *BGH* (NJW-RR 1989, 757) ist Zugangszeitpunkt der, in dem regelmäßig die Weitergabe an ihn zu erwarten ist. Das Risiko, dass der Empfangsbote die Erklärung nicht, verspätet oder falsch weiterleitet, trägt der Adressat (vgl. *Herbert* NZA 1994, 391 ff.).

103 Nach der Verkehrsanschauung ist Voraussetzung für die Eigenschaft als Empfangsbote zum einen eine persönliche oder vertragliche Beziehung zum Adressaten, durch die die Person zum anderen auf gewisse Dauer in einer räumlichen Beziehung zu diesem steht (z.B. Ehegatten, in der Wohnung des Empfängers lebende Familienangehörige und Haushaltsmitglieder sowie die in einem Betrieb beschäftigten kaufmännischen Angestellten; vgl. *Herbert* NZA 1994, 392).

104 Lehnt ein als Empfangsbote anzusehender Familienangehöriger (z.B. die Mutter) des abwesenden Arbeitnehmers die Annahme eines Kündigungsschreibens des Arbeitgebers ab, so muss der Arbeitnehmer die Kündigung nur dann als zugegangen gegen sich gelten lassen, wenn er auf die Annahmeverweigerung, etwa durch vorherige Absprache mit dem Angehörigen, Einfluss genommen hat. Das gilt selbst dann, wenn die Empfangsbotin das Schreiben von einem (im konkreten Einzelfall nicht als Empfangsboten anzusehenden Onkel der Arbeitnehmerin) zunächst entgegengenommen und dann ungeöffnet an die Post zurückgeleitet hat (*BAG* 11.11.1992 EzA § 130 BGB Nr. 24).

105 Demgegenüber hat *Bickel* (Anm. zu *BAG* 11.11.1992 AP Nr. 18 zu § 130 BGB; abl. auch *Herbert* NZA 1994, 392 ff.) darauf hingewiesen, dass es allgemeiner Meinung entspricht, dass eine schriftliche rechtsgeschäftliche Erklärung ihrem Adressaten (auch) dann zugeht (§ 130 Abs. 1 S. 1 BGB), wenn sie einem Empfangsboten übergeben, ausgehändigt wird. Mit der Übergabe aber z.B. an die Mutter als Empfangsbotin der Arbeitnehmerin ist die Kündigung zugegangen; der einmal erfolgte Zugang kann nicht wieder rückgängig gemacht werden.

(3) Längere Abwesenheit des Arbeitnehmers

106 Ein an die Heimatanschrift des Arbeitnehmers gerichtetes Kündigungsschreiben geht diesem grds. auch dann zu, wenn dem Arbeitgeber bekannt ist, dass er während seines Urlaubs verreist ist (*BAG* 24.6.2004 EzA § 102 BetrVG 2001 Nr. 9 = NZA 2004, 1330) oder sich in Untersuchungshaft oder Auslieferungshaft befindet.

107 Dafür spricht zum einen die mit den Bedürfnissen des rechtsgeschäftlichen Verkehrs schwer zu vereinbarende Unsicherheit einer konkreten Erwartung des Erklärenden von der Kenntnisnahme durch den Empfänger. Es gibt keine allgemein gültigen Erfahrungswerte über das konkrete Urlaubsverhalten der Arbeitnehmer. Auch ist der Arbeitnehmer i.d.R. nicht verpflichtet, dem Arbeitgeber mitzuteilen, ob und wohin er während des Urlaubs verreist, andererseits kann der Arbeitgeber nicht gehalten sein, sich über das individuelle Urlaubsverhalten seiner Arbeitnehmer Kenntnis zu verschaffen. Hinzu kommt die mit den subjektiven Vorstellungen einer Partei stets verbundene Darlegungs- und Beweisschwierigkeit im Prozess.

108 Der Arbeitnehmer ist im Hinblick auf die Drei-Wochen-Frist gem. §§ 4, 7 KSchG dann gehalten, nach Rückkehr aus dem Urlaub gem. § 5 KSchG die **nachträgliche Zulassung der Kündigungsschutzklage** zu beantragen (*BAG* 16.3.1988, 2.3.1989 EzA § 130 BGB Nr. 16, 22 gegen *BAG* 16.12.1980 EzA § 130 BGB Nr. 10; zust. *Schukai/Ramrath* SAE 1989, 182; krit. *Popp* DB 1989, 1133), sofern das KSchG überhaupt anwendbar ist und die Sozialwidrigkeit der Kündigung bzw. die Unwirksamkeit der außerordentlichen Kündigung gem. § 626 Abs. 1, 2 BGB geltend gemacht werden soll.

(4) Einschreiben

aaa) Einschreiben; ab 1.9.1997 »Übergabe-Einschreiben«

Bei Einschreibebriefen ist grds. erforderlich, dass der Brief selbst den Empfänger oder einen Empfangsberechtigten erreicht (*BAG* 20.7.1979 EzA § 130 BGB Nr. 5). 109

Vorteil dieser Zustellungsart ist andererseits, dass bei der Verwendung eines Einschreibens mit Rückschein der dem Kündigenden obliegende Beweis des Zugangs sicher geführt werden kann. Um den möglichen Einwand des Arbeitnehmers, er habe zwar ein Einschreiben erhalten, darin habe sich aber entweder nichts oder jedenfalls kein Kündigungsschreiben befunden, widerlegen zu können, sollte der Arbeitgeber allerdings z.B. einen schriftlichen Vermerk der Sekretärin, die das Schreiben gefertigt und nach Unterschrift in den Umschlag gegeben und diesen verschlossen hat, fertigen lassen, um so nachweisen zu können, welchen Inhalt der Einschreibebrief hatte. 110

Wurde niemand angetroffen und **erhält der Empfänger nur einen Benachrichtigungszettel der Post, so ist die Kündigung noch nicht zugegangen, sondern erst mit der tatsächlichen Aushändigung des Briefes** (*BAG* 15.11.1962 AP Nr. 4 zu § 130 BGB; *LAG Hessen* 6.11.2000 NZA-RR 2001, 637). 111

Geht dem Arbeitnehmer eine Arbeitgeberkündigung per Einschreiben zu, so ist die Klagefrist des § 4 KSchG auch dann grds. ab der Aushändigung des Einschreibebriefs zu berechnen, wenn der Postbote den Arbeitnehmer nicht antrifft und dieser das Einschreiben zwar nicht alsbald, aber noch **innerhalb der ihm von der Post mitgeteilten Aufbewahrungsfrist** beim zuständigen Postamt **abholt** oder abholen lässt (*BAG* 25.4.1996 EzA § 130 BGB Nr. 27; zur Klagefrist s.u. Rn. 963 ff.). 112

Jedoch kann die Nichtabholung oder die verspätete Abholung von der Post **rechtsmissbräuchlich** sein, sodass in diesem Fall der Zugangsvereitelung die Kündigungserklärung als zugegangen gilt (*BAG* 27.10.1982 NJW 1983, 929; *LAG Hessen* 6.11.2000 NZA-RR 2001, 637). 113

Kündigt der Arbeitgeber z.B. unmittelbar nach Erteilung der Zustimmung des Integrationsamtes dem schwer behinderten Arbeitnehmer fristlos durch Einschreiben, das nach erfolglosem Zustellversuch bei der Postanstalt niedergelegt, nach Ablauf der siebentägigen Lagefrist an den Arbeitgeber zurückgesandt und erst dann dem Arbeitnehmer zugestellt wird, dann kann es dem Arbeitnehmer je nach den Umständen nach Treu und Glauben verwehrt sein, sich darauf zu berufen, die Kündigung sei nicht unverzüglich i.S.d. § 91 Abs. 5 SGB IX erklärt worden, wenn ihm der Benachrichtigungsschein über die Niederlegung des Einschreibebriefs bei der Postanstalt (z.B. durch Einwurf in den Hausbriefkasten) i.S.d. § 130 BGB zugegangen ist. Das ist der Fall, wenn er weiß, dass bei dem Integrationsamt ein Zustimmungsverfahren anhängig ist, er den Benachrichtigungsschein tatsächlich auch erhält oder er die Unkenntnis von dessen Zugang zu vertreten hat. Hierbei ist zu berücksichtigen, dass er **in dem Zeitraum, in dem er mit einer Kündigung rechnen muss, seine Post sorgfältig durchzusehen hat** (*BAG* 3.4.1986 EzA § 18 SchwbG Nr. 7). Gleiches gilt, wenn er aus dem Verfahren vor dem Integrationsamt weiß, dass ihm eine fristlose Kündigung zugehen wird und ihm ein Benachrichtigungsschreiben der Post zugegangen ist bzw. er die Unkenntnis von dessen Zugang zu vertreten hat (*BAG* 7.11.2002 EzA § 130 BGB 2002 Nr. 1). 114

In einem solchen Fall trifft den Kündigenden zunächst die Darlegungs- und Beweislast für alle Tatsachen, die den Einwand begründen, der Arbeitnehmer berufe sich treuwidrig auf den verspäteten Zugang der Kündigung. 115

Steht der Zugang des Benachrichtigungsscheins an den Arbeitnehmer fest, so reicht es nicht mehr aus, wenn dieser pauschal bestreitet, davon tatsächlich Kenntnis erlangt zu haben. Er muss vielmehr konkrete Umstände vortragen, aus denen sich ergibt, dass er von dem Benachrichtigungsschein ohne sein Verschulden keine Kenntnis erlangt hat (*BAG* 3.4.1986 EzA § 18 SchwbG Nr. 7). 116

117 Diese Grundsätze gelten seit dem 1.9.1997 für das nach wie vor mögliche, inhaltlich gleich ausgestaltete **»Übergabe-Einschreiben«** (vgl. *Dübbers* NJW 1997, 2503 ff.; *Reichert* NJW 2001, 2523 ff.).

bbb) »Einwurf-Einschreiben«

118 Neben dem »Übergabe-Einschreiben« besteht seit dem 1.9.1997 aber nunmehr auch die Möglichkeit, einen Brief per »Einwurf-Einschreiben« durch die Post befördern zu lassen. Es wird mit der Tagespost in den **Hausbriefkasten** oder das Postfach des Empfängers eingeworfen. Dieser Einwurf wird von dem Mitarbeiter der Deutschen Post AG mit einer genauen **Datums- und Uhrzeitangabe dokumentiert**; einer Unterschriftsleistung des Empfängers bedarf es entgegen der bisherigen Praxis nicht mehr. Der dabei gefertigte Auslieferungsbeleg wird dann in einem Lesezentrum zentral für Deutschland eingescannt, sodass die genauen Auslieferungsdaten zur Verfügung stehen. Unter einer für Deutschland einheitlichen Telefonnummer (z.Zt. 01 805/290 690) kann dann der jeweilige Postkunde unter Angabe der auf seinem Aufgabebeleg erkennbaren Kennziffer den genauen Zeitpunkt des Einwurfs in den Briefkasten erfragen. Zwar wird das Original des Auslieferungsbeleges beim Scannvorgang zerstört, allerdings besteht die Möglichkeit, gegen eine Gebühr auch einen schriftlichen Datenauszug zu erhalten, mit dem dann der exakte Einwurfzeitpunkt vor Gericht schriftlich belegt werden kann (*Neuvians/Mensler* BB 1998, 1206 f.).

119 Dieses Einschreiben geht dem Empfänger folglich mit Einwurf in den Hausbriefkasten zu, sodass der Absender damit nunmehr einen Zugang seiner Kündigung bewirken kann, ohne unter Umständen die Abholung bei der Post abwarten zu müssen; zugleich kann nach z. T. vertretener Auffassung gem. § 418 ZPO der volle Beweis des Einwurfs des Schreibens geführt werden, der durch den Gegenbeweis der unrichtigen Beurkundung widerlegbar ist (vgl. *Dübbers* NJW 1997, 2503 ff.).

120 Demgegenüber ist darauf hinzuweisen, dass die Post inzwischen als AG geführt wird, sodass lediglich § 416 ZPO in Betracht kommt (zutr. *Bauer/Diller* NJW 1988, 2795 f.; *Berger-Delhey* ZTR 1999, 164; *Reichert* NJW 2001, 2523 ff.; *Friedrich* FA 2002, 104 ff.). Allerdings hat der Kündigungsempfänger, der einen vom **Auslieferungsbeleg abweichenden Zugang** behauptet, einen Geschehensablauf darzulegen, der eine gewisse Wahrscheinlichkeit für einen späteren Zugang beinhaltet (*LAG Berlin-Bra.* 12.3.2007 – 10 Sa 1945/06 – ZTR 2007, 468 LS).

121 Allerdings ist mit dem Auslieferungsbeleg nicht der Beweis erbracht, dass sich in dem zugestellten Umschlag tatsächlich auch das Kündigungsschreiben befand (*Hohmeister* BB 1998, 1478). Um eine **durchgehende Beweiskette** zu erreichen, muss der Arbeitgeber deshalb zumindest veranlassen, dass über den Inhalt des Kündigungsschreibens, die Einkuvertierung und die Übergabe in den Postlauf eine kurze Notiz gefertigt wird (*Laber* FA 1998, 172; vgl. auch *Friedrich* FA 2002, 104 ff.). Denn bei der Zustellung eines Kündigungsschreibens durch Einwurfeinschreiben hat dann der Kündigungsempfänger, der einen vom Auslieferungsbeleg **abweichenden Zugang** behauptet, einen Geschehensablauf darzulegen, der eine **gewisse Wahrscheinlichkeit** für einen späteren Zugang beinhaltet (*LAG Berlin-Bra.* 12.3.2007 – 10 Sa 1945/06 – EzA-SD 14/2007 S. 6 LS; s.o. Rn. 119).

dd) Gerichtsvollzieher

122 In Betracht kommt gem. § 132 Abs. 1 BGB i.V.m. §§ 166 ff. ZPO auch die Zustellung der Kündigungserklärung durch den Gerichtsvollzieher. Mit dem Zustellungsauftrag erhält dann der Gerichtsvollzieher vom Kündigenden das offene **Original der Kündigungserklärung** und mindestens eine Abschrift, die der Gerichtsvollzieher als mit dem Original identisch beglaubigt. Sodann stellt er das Original durch Übergabe zu und fertigt darüber ein Protokoll, aus dem sich Ort, Datum und Uhrzeit sowie die näheren Modalitäten der Übergabe ergeben. Dieses Protokoll wird dem Kündigenden anschließend mit der beglaubigten Kopie

der Kündigungserklärung ausgehändigt, sodass er es im Prozess als **Urkundsbeweis** verwenden kann (vgl. *Hohmeister* BB 1998, 1478).

ee) Zustellung durch Boten

Insbesondere dann, wenn ein kurzfristiger, sicherer, **nachweisbarer Zugang der Kündigungserklärung** unbedingt erforderlich ist (z.B. wenn eine Kündigung bei einer Kündigungsfrist von sechs Monaten zum Jahresende noch am 30.6. erklärt werden und an diesem Tag zugehen soll, der Arbeitnehmer aber krankheits- oder urlaubsbedingt nicht im Betrieb anwesend ist), erfolgt in der Praxis nicht selten die Zustellung durch einen, oder, um vor allem hinsichtlich der Beweiskraft des rechtzeitigen Zugangs sicher sein zu können, durch **zwei als besonders zuverlässig eingeschätzte Arbeitnehmer als Boten**. Einer der Arbeitnehmer protokolliert dann den eigentlichen Zustellungsvorgang nach beteiligten Personen, Datum und Uhrzeit schriftlich zu Beweiszwecken (vgl. *Hohmeister* BB 1998, 1477 ff.; *Berger-Delhey* ZTR 1999, 164). 123

Allerdings ist zu berücksichtigen, dass entsprechende Bekundungen den Einwand des Arbeitnehmers, er habe zwar einen Umschlag erhalten, darin habe sich aber kein Kündigungsschreiben befunden, nur dann widerlegen können, wenn den zustellenden Arbeitnehmern der Inhalt des Kündigungsschreibens zur Kenntnis gebracht worden und der zugestellte Umschlag in ihrem Beisein verschlossen und ihnen ausgehändigt worden ist (s.o. Rn. 109). 124

3. Vertretung; Unterzeichnung mit »i.A.« oder »i.V.«

Bei juristischen Personen, bei OHG und KG erfolgt die Kündigung durch das vertretungsberechtigte Organ (z.B. den Geschäftsführer der GmbH, die persönlich haftenden Gesellschafter der KG). Bei Gesamtvertretung müssen alle Organmitglieder entweder zusammenwirken oder jedenfalls der Kündigungserklärung durch ein Organmitglied zustimmen (s. instr. *Zimmermann* ZTR 2007, 119 ff.). 125

Ist der Gesellschafter einer GmbH zugleich deren Arbeitnehmer, so kann in seinem Arbeitsvertrag wirksam auch vereinbart werden, dass zu einer fristgerechten Kündigung die vorherige Zustimmung der Gesellschafterversammlung erforderlich ist. Eine solche Regelung stellt keine unzulässige Beschränkung der Vertretungsbefugnis des GmbH-Geschäftsführers dar (*BAG* 28.4.1994 EzA § 37 GmbH-Gesetz Nr. 1). 126

Zur Passivvertretung (z.B. als Adressat einer Kündigungserklärung) ist auch bei Gesamtvertretung jedes Organmitglied allein berufen (*BAG* 15.11.1976 EzA § 15 BBiG Nr. 3). 127

Sieht der Gesellschaftsvertrag einer GmbH zudem vor, dass der Geschäftsführer zur Vornahme aller Geschäfte und Rechtshandlungen, die der Betrieb der Gesellschaft nicht gewöhnlich mit sich bringt, der **Zustimmung der Gesellschafterversammlung** bedarf, so ist i.d.R. auch die außerordentliche Kündigung des Arbeitsverhältnisses einer im Innenverhältnis mit umfassenden Befugnissen ausgestatteten Mitgesellschafterin und Prokuristin zustimmungsbedürftig. Auf eine entsprechende gesellschaftsvertragliche Beschränkung der Befugnisse des Geschäftsführers kann sich die Mitgesellschafterin und Prokuristin auch im Kündigungsschutzprozess berufen; die fehlende Zustimmung der Gesellschafterversammlung ist ggf. ein **sonstiger Unwirksamkeitsgrund** i.S.v. § 13 Abs. 3 KSchG (*BAG* 11.3.1998 EzA § 37 GmbHG Nr. 2). 128

Wird im Übrigen eine Kündigungserklärung für den Arbeitgeber von einem Vertreter mit dem Zusatz **»i.A.«** unterzeichnet, ergibt sich daraus allein **noch nicht**, dass der Erklärende lediglich als **Bote** gehandelt hat. Es mag zwar im Einzelfall eher dafür sprechen, dass der Unterzeichnete nicht selbst handelnd wie ein Vertreter die Verantwortung für den Inhalt des von ihm unterzeichneten Kündigungsschreibens übernehmen will, 129 während der Zusatz »i.V.« darauf hindeutet, dass der Erklärende selbst für den Vertretenen handelt. Dabei ist auch zu berücksichtigen, dass im allgemeinen nichtjuristischen Sprachgebrauch nicht immer hinreichend zwischen »Auftrag« und »Vertretung« unterschieden wird. Oftmals werden die Zusätze »i.A.« und »i.V.« lediglich verwendet, um **unterschiedliche Hierarchieebenen** auszudrücken. Maßgeblich sind deshalb gem. §§ 133, 157 BGB die Gesamtumstände. Der so ermittelte rechtsgeschäftliche Vertretungswille muss in der Urkunde jedenfalls andeutungsweise Ausdruck gefunden haben (*BAG* 13.12.2007 EzA § 623 BGB 2002 Nr. 9 = NZA 2008, 403).

130 Betreibt ein **Rechtsanwalt eine Anwaltskanzlei selbstständig,** ohne dass die anderen im Briefkopf der Kanzlei aufgeführten Anwälte auf die tägliche Arbeit und die Personalentscheidungen erkennbar Einfluss nehmen, kann er einem von ihm angestellten Rechtsanwalt die (Schein-)sozietät wirksam kündigen, ohne nach § 174 BGB eine Vollmacht der anderen Mitglieder der (Schein-)sozietät vorzulegen (*BAG* 6.2.1997 EzA § 174 BGB Nr. 11).

131 Die **Kündigung gegenüber einem Minderjährigen** wird wirksam, wenn sie dem **gesetzlichen Vertreter** zugeht. Auch im Falle der Partei kraft Amtes (z.B. beim Insolvenzverwalter) muss die Kündigung dieser gegenüber erfolgen (vgl. MünchArbR/*Wank* § 118 Rz. 16).

132 Ein Minderjähriger kann unter den Voraussetzungen der §§ 112, 113 BGB selbst kündigen, andernfalls benötigt er gem. § 107 BGB die Zustimmung des gesetzlichen Vertreters, da sonst die Kündigung unwirksam ist (§ 111 BGB).

133 Die Kündigungserklärung eines **Vertreters ohne Vertretungsmacht ist unwirksam**. Eine Heilung durch nachträgliche Genehmigung ist auch unter Berücksichtigung der allgemeinen Regelungen der §§ 189 S. 2 BGB, 177 Abs. 1 BGB nicht möglich (so *LAG Köln* 16.11.2005 – 8 Sa 832/05 – EzA-SD 9/06, S. 12 LS).

134 Kommen **mehrere Vertretene** in Betracht, in deren Namen der Vertreter eine Kündigungserklärung abgegeben haben kann, so ist in entsprechender Anwendung des § 164 Abs. 1 S. 2 BGB die Erklärung des Vertreters gem. §§ 133, 157 BGB **unter Berücksichtigung aller Umstände auszulegen**. Dabei ist für die Auslegung entscheidend, wie der Gekündigte die Erklärung nach Treu und Glauben und unter Berücksichtigung der Verkehrssitte verstehen musste (*BAG* 19.4.2007 – 2 AZR 180/06 – EzA-SD 21/2007 S. 12 LS = NZA-RR 2007, 571 = FA 2007, 387 LS).

a) Kündigungserklärung durch Bevollmächtigte

aa) Zurückweisung der Kündigung

135 Wird die Kündigung durch einen Bevollmächtigten erklärt, so ist **§ 174 BGB zu** beachten (vgl. ausf. APS/*Preis* Grundlagen D Rz. 90 ff.); diese Regelung findet auch im öffentlichen Dienst Anwendung (*BAG* 20.9.2006 EzA § 174 BGB 2002 Nr. 5 = NZA 2007, 377; s.u. Rn. 148). Zu beachten ist allerdings, dass diese Regelung **nur für rechtsgeschäftlich bevollmächtigte Vertreter** gilt. Beruht die Vertretungsmacht dagegen nicht auf der Erteilung einer Vollmacht durch den Vertretenen, sondern auf **gesetzlicher Grundlage** – z.B. bei der Vertretung einer AOK durch ihren Vorstand oder eines einzelnen Vorstandsmitglieds einer AOK – **scheidet eine Zurückweisung grds. aus** (*BAG* 20.9.2006 EzA § 174 BGB 2002 Nr. 5 = NZA 2007, 377; 10.2.2005 EzA § 174 BGB 2002 Nr. 3 = NZA 2005, 1207 LS = ZTR 2005, 658).

136 Bei rechtsgeschäftlicher Bevollmächtigung ist eine Kündigung, die ein Bevollmächtigter einem anderen gegenüber vornimmt, dagegen unwirksam, wenn der Bevollmächtigte eine Vollmachtsurkunde nicht oder nur in beglaubigter Abschrift, in Fotokopie oder in Faxkopie (*LAG Düsseld.* 22.2.1995 LAGE § 174 BGB Nr. 7 unter Hinweis auf *BGH* NJW 1981, 1210 u. *OLG Hamm* NJW 1991, 1185) vorlegt oder zu den Gerichtsakten reicht und der Kündigungsempfänger die Kündigung aus diesem Grunde unverzüglich (d.h. ohne schuldhaftes Zögern, § 121 Abs. 1 BGB) zurückweist. Andererseits kommt die Unwirksamkeit einer Kündigung nach § 174 S. 1 BGB dann nicht in Betracht, wenn der Gekündigte nur die **Kündigungsbefugnis des Kündigenden an sich** verneint, **nicht**

aber deren Nachweis durch Vorlage einer wirksamen Vollmachtsurkunde fordert (*BAG* 19.4.2007 – 2 AZR 180/06 – EzA-SD 21/2007 S. 12 LS = NZA-RR 2007, 571 = FA 2007, 387 LS).

Nach Auffassung des *BGH* (4.2.1981 AP Nr. 5 zu § 174 BGB) gilt § 174 BGB selbst bei Zustellung der Willenserklärung durch den Gerichtsvollzieher. **137**

Die Zurückweisung erfolgt i.d.R. dann nicht »unverzüglich«, wenn sie erst **nach Ablauf der Drei-Wochen-Frist** des § 4 KSchG erfolgt (*BAG* 11.3.1999 ZTR 1999, 420); gleiches gilt, wenn sie in einer fristgerechten Kündigungsschutzklage erklärt wird, die erst nach dem Ablauf dem Arbeitgeber zugestellt wird (*LAG Köln* 20.2.1997 LAGE § 174 BGB Nr. 10). Zu beachten ist, dass eine Zurückweisung aber auch nach Maßgabe der Umstände des konkreten Einzelfalls bereits nach **weniger als zwei Wochen** nicht mehr unverzüglich sein kann (*BAG* 5.4.2001 EzA § 626 BGB n.F. Nr. 187). Demgegenüber ist eine Zeitspanne zwischen dem Zugang der Kündigung und dem Zugang des Rügeschreibens nach § 174 S. 1 BGB von **wenigen Tagen bis zu einer Woche** nicht zu beanstanden (*LAG Hessen* 12.3.2001 FA 2001, 207). **138**

Die **Zurückweisung** der Kündigung aus diesem Grund braucht zwar **nicht ausdrücklich** zu erfolgen. Sie muss sich aber aus der **Begründung** oder aus **anderen Umständen eindeutig** und für den Kündigenden zweifelsfrei ergeben (*BAG* 18.12.1980 EzA § 174 BGB Nr. 4). **139**

bb) Kenntnis des Kündigungsgegners

Die Zurückweisung ist gem. § 174 S. 2 BGB jedoch ausgeschlossen, wenn der Vollmachtgeber den anderen von der Bevollmächtigung in Kenntnis gesetzt hatte. Wirksam zurückweisen kann der Empfänger die Kündigung also nur, **wenn er keine Gewissheit hat, ob der Erklärende wirklich bevollmächtigt ist und der Vertretene die Erklärung gegen sich gelten lassen muss** (*BAG* 3.7.2003 EzA § 1 KSchG Verhaltensbedingte Kündigung Nr. 61 = BAG Report 2004, 141). **140**

Die Mitteilung der Bevollmächtigung kann schon im Formulararbeitsvertrag enthalten sein. Das gilt selbst dann, wenn der Arbeitsvertrag nicht vom Arbeitgeber selbst, sondern für diesen von dem Bevollmächtigten unterzeichnet ist (*LAG Bln.* 25.7.2002 – 16 Sa 823/02 – EzA-SD 24/02, S. 14 LS = ARST 2003, 190 LS = NZA-RR 2003, 538 LS; **a.A.** wohl *LAG Köln* 3.5.2002 – 4 Sa 1285/01 – EzA-SD 24/02, S. 14 LS = ARST 2003, 190 LS = NZA-RR 2003, 194). Ob ein Aushang über die Bevollmächtigung für Kündigungen am schwarzen Brett ausreicht, ist fraglich (»nicht ohne weiteres« *LAG Köln* 3.5.2002 – 4 Sa 1285/01 – EzA-SD 24/02, S. 14 LS = ARST 2003, 190 LS = NZA-RR 2003, 194; ebenso *LAG Bln.* 28.6.2006 – 15 Sa 632/06 – EzA-SD 19/06 S. 9 LS = NZA-RR 2007, 15). Im Übrigen reicht es aus, wenn der Arbeitgeber den Kündigenden in eine Stelle berufen hat, die üblicherweise mit dem Kündigungsrecht verbunden ist. Das ist z.B. der Fall durch die Bestellung zum Prokuristen, Generalbevollmächtigten oder zum Leiter der Personalabteilung. Beim Personalleiter gilt dies auch dann, wenn es um die **Kündigung eines Abteilungsleiters** geht, der auf derselben Ebene wie der Personalleiter arbeitet (*LAG Nds.* 19.9.2003 NZA-RR 2004, 195 = LAG Report 2004, 70). **141**

Das gilt auch dann, wenn der Arbeitgeber selbst den Arbeitnehmer eingestellt hat, während die Kündigung vom Leiter der Personalabteilung ausgesprochen wird. Denn es gibt keinen Erfahrungssatz, dass die Befugnis zur Einstellung und die Befugnis zur Entlassung zusammenfallen (*BAG* 30.5.1972 EzA § 174 BGB Nr. 1). **142**

Der Grundsatz, dass es bei der Kündigung durch den Leiter der Personalabteilung nicht der Vorlage einer Vollmachtsurkunde bedarf, gilt auch dann, wenn die Vollmacht des Abteilungsleiters im Innenverhältnis, z.B. auf Grund einer internen Geschäftsordnung, eingeschränkt ist (*BAG* 29.10.1992 EzA § 174 BGB Nr. 10). **143**

144 Der **Leiter einer Niederlassung** eines Unternehmens des Transportgewerbes ist regelmäßig nach der Verkehrsanschauung als den gewerblichen Arbeitnehmern gegenüber kündigungsberechtigt anzusehen (*LAG Hessen* 20.6.2000 NZA-RR 2000, 585). Anders ist es aber dann, wenn in einem Unternehmen die Personalabteilung bei einem Konzernunternehmen konzentriert ist. Dann kann von einem Niederlassungsleiter, dem 23 Arbeitnehmer unterstehen, nicht angenommen werden, dass er schon aufgrund seiner Stellung zur Kündigung berechtigt ist (*LAG Bln.* 28.6.2006 – 15 Sa 632/06 – EzA-SD 19/06, S. 9 LS = NZA-RR 2007, 15). Gleiches gilt für einen **externen Unternehmensberater**, der zur Erstellung einer Sanierungsanalyse und ggf. eines Sanierungskonzepts im Betrieb tätig wird (*LAG Köln* 3.8.1999 ARST 2000, 93 LS).

145 Führt der **Gesamtvollstreckungsverwalter** den Betrieb längere Zeit fort und beschäftigt er den bisherigen Personalleiter in gleicher Funktion weiter, so ist bei einer Kündigung durch den Personalleiter gleichfalls die Vorlage einer Vollmachtsurkunde nicht erforderlich (*BAG* 22.1.1998 EzA § 174 BGB Nr. 13).

146 Wird die Kündigung von einem **Prokuristen** des Arbeitgebers ausgesprochen, dessen Prokura im Handelsregister eingetragen und vom Registergericht gem. § 10 Abs. 1 HGB bekannt gemacht worden ist, so bedarf es gleichfalls für die Wirksamkeit der Kündigung nicht der Vorlage einer Vollmachtsurkunde durch den Prokuristen nach Maßgabe des § 174 S. 1 BGB. Vielmehr hat der Arbeitgeber in einem solchen Fall seine Belegschaft i.S.d. § 174 S. 2 BGB über die von der Prokura umfasste Kündigungsberechtigung in Kenntnis gesetzt. Der Gekündigte muss die Prokuraerteilung gem. § 15 Abs. 2 HGB gegen sich gelten lassen. Das gilt auch dann, wenn der Prokurist entgegen § 51 HGB nicht mit einem die Prokura andeutenden Zusatz (»ppa.«) unterzeichnet (*BAG* 11.7.1991 EzA § 174 BGB Nr. 9; **a.A.** *Lux* NZA-RR 2008, 393 ff.).

147 Diese Grundsätze gelten jedoch grds. **nicht für einen Sachbearbeiter** der Personalabteilung (*BAG* 30.5.1978 EzA § 174 BGB Nr. 2). Weder die Stellung des **Kaufmännischen Leiters** der Niederlassung eines Automobilherstellers, noch die des **Serviceleiters** ist üblicherweise mit der Vollmacht versehen, Werkstattpersonal zu entlassen (*LAG Hessen* 4.9.1997 NZA-RR 1998, 396). Der Arbeitgeber kann die Mitarbeiter von einer Bevollmächtigung eines Angestellten (Leiter einer Senioreneinrichtung) zum Ausspruch von Kündigungen auch dadurch in Kenntnis setzen, dass er bei der **Amtseinführung,** an der die Belegschaft teilnimmt, auf die **Kündigungsbefugnis hinweist.** Auch Arbeitnehmer, die bei der Amtseinführung nicht anwesend waren, müssen sich dann so behandeln lassen, als hätten sie von der Bevollmächtigung Kenntnis gehabt (*LAG Köln* 7.7.1993 NZA 1994, 419).

cc) Kündigung im öffentlichen Dienst

148 § 28 Abs. 2 S. 1 SächsGemO, wonach über die Entlassung von Gemeindebediensteten der Gemeinderat im Einvernehmen mit dem Bürgermeister entscheidet, stellt keine Arbeitnehmerschutzbestimmung dar, deren Verletzung in dem Kündigungsschutzverfahren eines Gemeindebediensteten einem Auflösungsantrag der Gemeinde entgegen steht. Ein Verstoß gegen § 28 Abs. 3 SächsGemO führt auch nicht zur Nichtigkeit einer durch den Bürgermeister allein ausgesprochenen Kündigung (*BAG* 27.9.2001 EzA § 322 ZPO Nr. 13 = NZA 2002, 1171).

149 Auch bei Ausspruch einer Kündigung im Bereich des öffentlichen Dienstes gilt andererseits § 174 BGB, d.h., auch bei der Kündigung eines Arbeitsverhältnisses durch einen Bevollmächtigten des Arbeitgebers im öffentlichen Dienst ist **grds. die Vorlage einer Vollmachtsurkunde erforderlich** (*BAG* 12.1.2006 EzA § 1 KSchG Verhaltensbedingte Kündigung Nr. 68 = NZA 2006, 980), es sei denn, die Bevollmächtigung beruht auf gesetzlicher Grundlage (*BAG* 20.9.2006 EzA § 174 BGB 2002 Nr. 5 = NZA 2007, 377).

150 Das Zurückweisungsrecht nach § 174 S. 1 BGB ist nach § 174 S. 2 BGB nur dann ausgeschlossen, wenn der Vollmachtgeber demjenigen, gegenüber dem das einseitige Rechtsgeschäft vorgenommen werden soll, die **Bevollmächtigung vorher mitgeteilt hat**. Eine kon-

kludente Mitteilung genügt, die Erlangung der Kenntnis auf anderem Wege dagegen nicht. Ein »In-Kenntnis-Setzen« kann insbes. nicht durch einen Hinweis des Vertreters auf seine Vertreterstellung wirksam erfolgen (auch bei der Kündigung eines Arbeitsverhältnisses durch einen Bevollmächtigten des Arbeitgebers im öffentlichen Dienst ist grds. die Vorlage einer Vollmachtsurkunde erforderlich (*BAG* 12.1.2006 EzA § 1 KSchG Verhaltensbedingte Kündigung Nr. 68 = NZA 2006, 980). Es hängt insoweit jeweils von den konkreten Umständen ab, ob mit der Stellung eines **Sachbearbeiters** einer mit Personalangelegenheiten befassten Abteilung einer Behörde das Kündigungsrecht derart verbunden ist, dass die Arbeitnehmer, die mit ihm zu tun haben, von seiner Kündigungsvollmacht i.S.d. § 174 S. 2 BGB in Kenntnis gesetzt sind (*BAG* 29.6.1989 EzA § 174 BGB Nr. 6). Auch der **Referatsleiter** innerhalb der Personalabteilung einer Behörde gehört nicht ohne weiteres zu dem Personenkreis, der nach § 174 S. 2 BGB – wie der Personalabteilungsleiter – als Bevollmächtigter des Arbeitgebers gilt (*BAG* 20.8.1997 EzA § 174 BGB Nr. 12). Gleiches gilt für den **Leiter einer** von einer Kommune, die 17.000 Arbeitnehmer beschäftigt und eine eigene Hauptverwaltung mit Haupt- und Personalabteilung besitzt, betriebenen **Sonderschule**, der das Kündigungsschreiben mit »i. A.« unterzeichnet hat (*LAG Hamm* 11.1.1999 ZTR 1999, 232 LS). Andererseits kann in einer Großstadt die Beendigung eines Arbeitsverhältnisses mit einfachen Büro- bzw. Reinigungskräften jedenfalls durch ordentliche Kündigung ebenso ein **Geschäft der »laufenden Verwaltung« sein**, wie der Abschluss eines Arbeitsvertrages. Von daher kann der **Amtsleiter** in einer Großstadt unter Berücksichtigung der Bestimmungen einer Allgemeinen Dienst- und Geschäftsanweisung für die Stadtverwaltung kündigungsbefugt sein, so dass es einer Vollmachtsvorlage nicht bedarf (*LAG Hessen* 7.12.2000 ARST 2001, 193 = NZA-RR 2002, 194). § 174 S. 1 BGB ist auch auf eine Kündigungserklärung nicht anwendbar, die ein Vorgesetzter **auf Grund** der ihm durch eine satzungsgemäß erlassene **Geschäftsordnung für eine Körperschaft des öffentlichen Rechts** als Arbeitgeberin ausspricht (*LAG Hessen* 18.7.2006 NZA-RR 2007, 195). Ist in einer größeren Verwaltung die Personalabteilung lediglich für die Sachbearbeitung und für Grundsatzfragen zuständig, während die Federführung in Personalfragen den einzelnen Abteilungsleitern vorbehalten bleibt, so sind gegenüber den Arbeitnehmern ihrer Abteilung die einzelnen Abteilungsleiter, nicht jedoch der Leiter der Personalabteilung kündigungsbefugt. Die Abteilungsleiter können deshalb nach § 174 S. 2 BGB bei entsprechender Kenntnis des Arbeitnehmers ohne Vollmachtsvorlage kündigen (*BAG* 7.11.2002 EzA § 174 BGB 2002 Nr. 1).

Die einem **Landrat** nach Maßgabe einer Landkreisordnung eingeräumte Einzelvertretungsmacht bezieht sich auch auf die Abgabe von Kündigungserklärungen gegenüber den beim Landkreis beschäftigten Arbeitnehmern. Die fehlende Mitwirkung des Kreistages hat keinen Einfluss auf die ihm zustehende Vertretungsmacht, sondern berührt nur die von der Außenvertretung zu trennende interne Pflichtenbindung (*BAG* 14.11.1984 AP Nr. 89 zu § 626 BGB). **151**

Schreibt eine Gemeindeordnung vor, dass eine schriftliche außerordentliche Kündigung gegenüber einem Angestellten nur rechtsverbindlich ist, wenn das Kündigungsschreiben vom **Gemeindedirektor** und dem **Ratsvorsitzenden** schriftlich unterzeichnet und mit dem Dienstsiegel versehen ist, so handelt es sich insoweit nicht um eine gesetzliche Formvorschrift, sondern um eine Vertretungsregelung. Das Dienstsiegel steht in derartigen Fällen als Legitimationszeichen einer Vollmachtsurkunde i.S.d. § 174 S. 1 BGB gleich. **152**

Unterbleibt die Dokumentation der Vertretungsmacht durch Beifügung des Dienstsiegels bei einer schriftlichen außerordentlichen Kündigung, kann der Arbeitnehmer diese entsprechend § 174 S. 1 BGB unverzüglich aus diesem Grunde zurückweisen (*BAG* 29.6.1988 EzA § 174 BGB Nr. 5). Gleiches gilt für die Vorschrift des § 54 Abs. 3 S. 2 sowie des § 101 Abs. 2 S. 1 GO NW, wonach Arbeitsverträge und sonstige Erklärungen zur Regelung der Rechtsverhältnisse von Angestellten und Arbeitern neben der Unterschrift des Gemeindedirektors oder seines Stellvertreters noch der Unterzeichnung durch einen weiteren vertretungsberechtigten Beamten oder Angestellten bedürfen bzw. die Bestellung und Abberufung von Prüfern des Rechnungsprüfungsamtes durch den Gemeinderat zu erfolgen hat. **153**

Eine Gleichsetzung von Dienstsiegel und Dokumentation der Vertretungsmacht kommt aber dann in Betracht, wenn der Vertreter unter seiner Amtsbezeichnung handelt; im Übri- **154** gen neigt das *BAG* (20.8.1997 EzA § 174 BGB Nr. 12) inzwischen zu der Auffassung, dass **eine das Beifügen einer schriftlichen Vollmacht ersetzende Wirkung des Dienstsiegels generell abzulehnen** ist.

155 Für die Kündigung eines Angestellten eines (bayerischen) Zweckverbandes ist gem. § 38 Abs. 2 KommZG der **Verbandsausschuss** zuständig. Dieser kann die Kündigungsbefugnis – jedenfalls ohne eine entsprechende Regelung in der Verbandssatzung – nicht wirksam auf den Verbandsvorsitzenden übertragen (*LAG Nbg.* 15.3.2004 – 9 (5) Sa 841/02 – FA 2004, 287 LS = ZTR 2004, 492 LS).

156 Zu beachten ist, dass es dem Ausschluss der Zurückweisung nach § 174 S. 2 BGB nicht entgegensteht, dass die Person des Vertreters aus dem Kündigungsschreiben, wegen **Unleserlichkeit der Unterschrift** und fehlender Angabe des Namens, in lesbarer Form nicht erkennbar ist (*BAG* 20.9.2006 EzA § 174 BGB 2002 Nr. 5 = NZA 2007, 377).

157 Die ohne hinreichende Vertretungsmacht erklärte außerordentliche Kündigung kann vom Vertretenen mit rückwirkender Kraft nach § 184 BGB nur innerhalb der 2-wöchigen Ausschlussfrist des § 626 Abs. 2 BGB geheilt werden (*BAG* 26.3.1986 EzA § 626 BGB n.F. Nr. 99; 4.2.1987 EzA § 626 BGB n.F. Nr. 106; *LAG Nbg.* 15.3.2004 – 9 (5) Sa 841/02 – FA 2004, 287 LS = ZTR 2004, 492 LS).

dd) Gesamtvertretung

158 Zwei Geschäftsführer, die nur zusammen zur Vertretung einer GmbH berufen sind, können ihre Gesamtvertretung so ausüben, dass einer den anderen intern **formlos zur Abgabe einer Willenserklärung ermächtigt** und der zweite Geschäftsführer allein die Willenserklärung abgibt.

159 Dafür sind aber §§ 174, 180 BGB entsprechend anzuwenden, sodass ein Arbeitnehmer, dem einer von mehreren Gesamtvertretern einer GmbH kündigt, die Kündigung unverzüglich mit der Begründung zurückweisen kann, eine Ermächtigungsurkunde sei nicht vorgelegt worden (*BAG* 18.12.1980 EzA § 174 BGB Nr. 4; ebenso für zwei andere Personen in Gesamtvertretung *LAG Bln.* 28.6.2006 – 15 Sa 632/06 – EzA-SD 19/06, S. 9 LS = NZA-RR 2007, 15).

160 Besitzen zwei Prokuristen **Gesamtprokura**, so können sie die Befugnis, Kündigungserklärungen abzugeben, an Dritte delegieren. Hiervon ist aber dann nicht auszugehen, wenn das Kündigungsschreiben nur von einem der Prokuristen und dem Dritten unterzeichnet ist. Der Empfänger kann eine derartige Kündigungserklärung folglich nach § 174 S. 1 BGB zurückweisen (*LAG RhPf* 10.12.1996 DB 1997, 1723 LS). Nach § 5 Abs. 7 des Bayerischen Sparkassengesetzes (SpKG) sind Urkunden, die von zwei nach Maßgabe des Unterschriftenverzeichnisses der Sparkasse Zeichnungsberechtigten unterschrieben sind, ohne Rücksicht auf die Einhaltung sparkassenrechtlicher Vorschriften rechtsverbindlich. Dies gilt auch für Kündigungen gegenüber Sparkassenmitarbeitern (*BAG* 21.2.2002 EzA § 4 KSchG n.F. Nr. 63).

ee) Vollmacht des Rechtsanwalts; insbes. die Prozessvollmacht

161 Bei einer einem Rechtsanwalt erteilten außergerichtlichen Vollmacht hängt es von ihrem Umfang ab, ob er auch zum Ausspruch einer Kündigung berechtigt ist.

162 Im Interesse der Rechtssicherheit und Rechtsklarheit muss die Vollmachtsurkunde für den Erklärungsgegner eindeutig den Umfang der rechtsgeschäftlichen Vertretungsmacht erkennen lassen, d.h. sie muss nach ihrem Inhalt als Ermächtigung zur Vornahme des betreffenden Rechtsgeschäfts geeignet sein (*BAG* 31.8.1979 EzA § 174 BGB Nr. 3).

Eine Prozessvollmacht gem. § 81 ZPO ermächtigt auch zu materiell-rechtlichen Willenserklärungen, wenn sie im Prozess abzugeben waren (z.B. Aufrechnung, Wandlung, Minderung, Anfechtung, Kündigung, Rücktritt). 163
Auch wenn Erklärungen außerhalb des Prozesses abgegeben werden, können sie Prozesshandlungen sein, sofern sie im Dienst der Rechtsverfolgung oder Rechtsverteidigung des jeweiligen Rechtsstreits stehen.
Die Prozesspartei kann den Umfang der ihrem Prozessbevollmächtigten erteilten Vollmacht über den gesetzlichen Rahmen hinaus auch erweitern. Ob das im Einzelfall geschehen ist, muss durch Auslegung nach § 133 BGB ermittelt werden.

Waren **zwei** auf denselben Grund gestützte **Kündigungen** mit **Formfehlern** behaftet (fehlende Anhörung des Personalrats; unzulässige Bedingung) und deshalb unwirksam, so kann die im Rechtsstreit um die Wirksamkeit der zweiten Kündigung dem Prozessbevollmächtigten des Arbeitgebers erteilte **Prozessvollmacht** auch eine **dritte Kündigung** decken, die der Prozessbevollmächtigte während des Rechtsstreits um die zweite Kündigung erklärt, wenn sie wiederum auf **denselben Kündigungsgrund** gestützt wird. In einem solchen Fall kann der Arbeitnehmer die Kündigung nicht deshalb zurückweisen, weil keine Vollmachtsurkunde vorgelegt worden ist (*BAG* 10.8.1977 EzA § 81 ZPO Nr. 1). 164

Ein abgemahnter Arbeitnehmer muss während der **»Bewährungszeit«**, in der eine ihm erteilte Abmahnung Gültigkeit hat, mit einer Kündigung rechnen. Die im Abmahnungsprozess vom Arbeitgeber erteilte **Prozessvollmacht** bevollmächtigt den Prozessbevollmächtigten zu einer umfassenden Interessenvertretung und nach Auffassung des *LAG Hamm* (7.12.1999 – 4 Sa 327/99) daher auch zum Ausspruch einer Kündigung. 165

Eine als bekannt vorauszusetzende Bevollmächtigung i.S.d. § 174 S. 2 BGB liegt dagegen **nicht** vor, wenn der **Insolvenzverwalter** als Partei kraft Amtes einem **soziierten Rechtsanwalt** im Einzelfall die Befugnis zum Ausspruch der Kündigung erteilt. Mangels besonderer Kündigungsvollmacht kann die Kündigung deshalb nach § 174 S. 1 BGB zurückgewiesen werden (*LAG Köln* 31.8.2000 – 6 Sa 862/00). 166

ff) Kündigung durch Vereinsvertreter

Wird die Kündigung durch einen besonderen Vereinsvertreter i.S.d. § 30 BGB erklärt, dem satzungsmäßig Kündigungsbefugnis erteilt ist, dann bedarf es für ihre Wirksamkeit nicht der Vorlage einer Vollmachtsurkunde nach § 174 S. 1 BGB (*BAG* 18.1.1990 EzA § 174 BGB Nr. 7). 167

gg) Vorläufiger Insolvenzverwalter

Die Kündigung eines Arbeitsverhältnisses stellt nach § 21 Abs. 2 Nr. 2 2. Alternative InsO eine Verfügung i.S.d. amtsgerichtlich angeordneten Zustimmungsvorbehalts dar. Ohne die Zustimmung des vorläufigen Insolvenzverwalters vorgenommene Verfügungen sind nach § 24 i.V.m. § 81 Abs. 1 S. 1 InsO absolut unwirksam. Der Arbeitnehmer kann die Kündigung als einseitiges Rechtsgeschäft in entsprechender Anwendung der §§ 182 Abs. 3, 111 S. 2 und 3 BGB mit der Rechtsfolge der Unwirksamkeit zurückweisen, wenn der Arbeitgeber die Einwilligung des vorläufigen Insolvenzverwalters nicht in schriftlicher Form vorgelegt hat (*BAG* 10.10.2002 EzA § 21 InsO Nr. 1 = NZA 2003, 909). 168

b) Prozessuale Geltendmachung

Die Unwirksamkeit der Kündigung gem. § 174 BGB konnte bis zum 31.12.2003 als **sonstiger Mangel i.S.d. § 13 Abs. 3 KSchG** außerhalb des normalen Kündigungsschutzes geltend gemacht werden. **Der Einhaltung der Drei-Wochen-Frist gem. §§ 4, 7, 13 KSchG bedurfte es folglich auch bei Anwendbarkeit des KSchG nicht** (vgl. KR/*Friedrich* § 13 KSchG Rz. 284 ff.). **Seit dem 1.1.2004 ist das auf Grund der gesetzlichen Neufassung der §§ 4, 7, 13 KSchG u.U. nicht mehr der Fall; die Klagefrist gilt möglicherweise auch für die Gel-** 169

tendmachung der Unwirksamkeit der Kündigung nach § 174 BGB (vgl. KR/*Rost* § 7 KSchG Rz. 21 ff. s.a. Rn. 1746 m.w.N.).

c) Empfangsbefugnis dritter Personen

170 Soweit es um den Zugang von kündigungsrelevanten Mitteilungen an den Arbeitgeber geht (wie z.B. die Mitteilung der Schwerbehinderteneigenschaft des Arbeitnehmers), gelten diese Grundsätze entsprechend (*BAG* 5.7.1990 EzA § 15 SchwbG 1986 Nr. 4).

171 Der Anwalt des Gekündigten gilt im Übrigen mit der Erteilung der Vollmacht für den Kündigungsschutzprozess auch als Bevollmächtigter seines Mandanten für die Entgegennahme evtl. weiterer Kündigungserklärungen (*LAG Düsseld.* 13.1.1999 ZInsO 1999, 544).

172 Geht daher im Verlaufe des Prozesses eine weitere Kündigungserklärung seinem Rechtsanwalt zu, dann ist sie dem Arbeitnehmer auch dann zugegangen, wenn er im konkreten Gerichtstermin nicht anwesend war (*BAG* 27.1.1988 EzA § 4 KSchG n.F. Nr. 33).

4. »Rücknahme der Kündigung«

a) Inhaltsbestimmung

173 Da mit dem Zugang der Kündigung ihre Gestaltungswirkung unmittelbar herbeigeführt wird, kann der Kündigende die einmal erfolgte Kündigung nicht einseitig zurücknehmen (*BAG* 19.8.1982 EzA § 9 KSchG a.F. Nr. 14; vgl. ausf. APS/*Preis* Grundlagen D Rz. 138 ff.; *Berrisch* FA 2007, 6 ff.; für die Anwendung dieses Grundsatzes auch bei der Abmahnung unzutr. *LAG Bln.* 16.2.2006 LAGE § 611 BGB 2002 Abmahnung Nr. 4).

174 Allerdings handelt es sich bei einer derartigen Erklärung des Kündigenden um ein **Angebot,** entweder ein neues Arbeitsverhältnis einzugehen oder das alte Arbeitsverhältnis zu verlängern, bei bereits abgelaufener Kündigungsfrist mit rückwirkender Kraft.

175 Nimmt der Kündigungsadressat das Angebot an (z.B. durch ausdrückliche Erklärung, stillschweigendes oder schlüssiges Handeln, insbes. durch Wiederaufnahme der Arbeit mit Wissen und ohne Widerspruch des Arbeitgebers), so liegt darin entweder der **Abschluss eines neuen Arbeitsvertrages oder die einverständliche Fortsetzung des alten Arbeitsverhältnisses** (vgl. KR/*Friedrich* § 4 KSchG Rz. 51 ff. m.w.N.; *Thüsing* ArbuR 1996, 245 ff.).

176 Demgegenüber kann nach Auffassung des *LAG Hamm* (14.3.1995 LAGE § 615 BGB Nr. 43) eine gem. § 9 Abs. 1 S. 1 MuSchG unwirksame Kündigung aus den Gründen des § 134 BGB vom Arbeitgeber zurückgenommen werden, da sie von Anfang an zur Rechtsgestaltung nicht geeignet ist.

b) Erklärung im Kündigungsschutzprozess

177 Erklärt der Arbeitgeber die »Rücknahme« im Kündigungsschutzprozess, so handelt es sich grds. nicht um ein Anerkenntnis des Arbeitgebers i.S.d. § 307 ZPO, sondern um das Angebot, das Arbeitsverhältnis zu unveränderten Bedingungen fortzusetzen.

178 In der Erhebung der Kündigungsschutzklage liegt jedenfalls keine antizipierte Zustimmung des Arbeitnehmers zur Rücknahme der Kündigung durch den Arbeitgeber (*BAG* 19.8.1982 EzA § 9 KSchG a.F. Nr. 14).

179 Denn der Arbeitnehmer kann auch die Absicht haben, nicht bei diesem Arbeitgeber weiterzuarbeiten und seine Rechte aus §§ 9, 12 KSchG geltend zu machen (MünchArbR/*Wank* § 118 Rz. 38).

c) Verhalten des Arbeitnehmers; Rechtswirkungen

Durch die »Rücknahme der Kündigung« durch den Arbeitgeber entfällt nicht das Rechtsschutzinteresse für die anhängige Kündigungsschutzklage, ebenso wenig die Befugnis, gem. § 9 KSchG die Auflösung des Arbeitsverhältnisses zu beantragen (*BAG* 19.8.1982 EzA § 9 KSchG a.F. Nr. 14). In der Stellung des Auflösungsantrags gem. § 9 KSchG liegt dann i.d.R. die Ablehnung des Arbeitgeberangebots, die Wirkung der Kündigung einverständlich rückgängig zu machen und das Arbeitsverhältnis fortzusetzen. **180**

Nimmt der Arbeitnehmer das Angebot dagegen an, so ist der Rechtsstreit in der Hauptsache erledigt; das Rechtsschutzinteresse des Arbeitnehmers für die Kündigungsschutzklage entfällt (*LAG Frankf./M.* 24.5.1991 NZA 1992, 747). **181**

Voraussetzung ist dafür allerdings nach Auffassung von *Friedrich* (KR § 4 KSchG Rz. 64), dass der Arbeitgeber die Kündigung gerade wegen ihrer Unwirksamkeit zurücknimmt. Andernfalls hat der Arbeitnehmer trotz formeller Rücknahme der Kündigung ein Interesse an der Klärung, ob sie rechtswirksam war, weil er sonst befürchten muss, dass ihm später die zurückgenommene Kündigung vorgehalten und zur Stützung einer späteren, weiteren Kündigung herangezogen wird. **182**

Trotz Vorliegens eines förmlichen Anerkenntnisses i.S.d. § 307 Abs. 1 ZPO und trotz Vertragsangebots kann der Arbeitnehmer gem. § 12 KSchG die Fortsetzung des Arbeitsverhältnisses durch Erklärung gegenüber dem alten Arbeitgeber verweigern (KR/*Friedrich* § 4 KSchG Rz. 73). **183**

Nimmt der Arbeitgeber eine unwirksame Kündigungserklärung zurück und erhebt der Arbeitnehmer im Hinblick darauf keine Kündigungsschutzklage, so wird die eigentlich unwirksame Kündigung nach §§ 4, 7 KSchG wirksam. **184**

In der Berufung des Arbeitgebers auf §§ 4, 7 KSchG liegt jedoch ein widersprüchliches Verhalten, die Kündigung entfaltet daher gem. § 242 BGB keine Rechtswirkungen (MünchArbR/*Wank* § 118 Rz. 38; zu taktischen Überlegungen in diesem Zusammenhang vgl. *Fischer* NZA 1999, 459 ff.). **185**

5. »Annahme der Kündigung«

Die aus freien Stücken abgegebene und nicht vom Arbeitnehmer vorformulierte Erklärung des Arbeitnehmers, eine vom Arbeitgeber ausgesprochene Kündigung zu »akzeptieren«, kann auszulegen sein als Erklärung, eine eventuelle Unwirksamkeit der Kündigung nicht geltend machen zu wollen (**Vergleich oder Klageverzichtsvertrag**). Das gilt jedenfalls dann, wenn eine Kündigung ausdrücklich als fristlose nicht, wohl aber als ordentliche akzeptiert wird, verbunden mit der Aufforderung an den Arbeitgeber, das Arbeitsverhältnis zur Vermeidung einer arbeitsgerichtlichen Klage abzuwickeln. Mangels entgegenstehender Anhaltspunkte erstreckt sich dieser Verzicht auf alle Unwirksamkeitsgründe einschließlich der bei Abgabe der Erklärung noch nicht bekannten (z.B. Schwangerschaft, *LAG Köln* 7.11.1997 NZA 1998, 824). **186**

II. Kündigungsfristen

1. Entstehungsgeschichte des § 622 BGB a.F.

§ 622 BGB a.F. sah unterschiedliche Grundkündigungsfristen für Arbeiter und Angestellte vor (zwei Wochen bzw. sechs Wochen zum Quartalsende, mindestens aber einen Monat zum Monatsende). Für länger beschäftigte Arbeitnehmer sahen § 622 BGB a.F. einerseits, das AngKG andererseits für Arbeiter und Angestellte jeweils unterschiedlich verlängerte Kündigungsfristen vor. Schließlich wurden bei der Berechnung der maßgeblichen Beschäftigungsdauer bei Arbeitern nur Zeiten nach Vollendung des 35. Lebensjahres berücksichtigt, wäh- **187** rend bei Angestellten bereits Zeiten nach Vollendung des 25. Lebensjahres zählten (vgl. APS/*Linck* § 622 BGB Rz. 2).

188 Durch Beschluss vom 30.5.1990 (EzA § 622 BGB a.F. Nr. 27) hatte das *BVerfG* insbesondere festgestellt, dass § 622 Abs. 2 BGB a.F. insgesamt mit dem allgemeinen Gleichheitssatz (Art. 3 Abs. 1 GG) unvereinbar ist, soweit hiernach die Kündigungsfristen für Arbeiter kürzer sind als für Angestellte.

189 Am 15.10.1993 ist daraufhin das **Kündigungsfristengesetz** (KündFG v. 7.10.1993 BGBl. I S. 1668) in Kraft getreten. Danach sind sämtliche Kündigungsfristen von Arbeitern und Angestellten durch Änderung des § 622 BGB **vereinheitlicht.** Enthalten ist zudem eine **Übergangsvorschrift** (Art. 222 EGBGB).

2. Überblick über die gesetzliche Regelung

a) Grundkündigungsfrist

190 § 622 Abs. 1 BGB sieht nunmehr eine Grundkündigungsfrist von vier Wochen (= 28 Tage; vgl. *Hromadka* BB 1993, 2373) einheitlich für das Arbeitsverhältnis eines Arbeiters oder eines Angestellten in den ersten beiden Beschäftigungsjahren vor. Sie ist verbunden mit zwei Kündigungsterminen zum 15. oder zum Ende eines Kalendermonats.
Bei Arbeitgebern mit i.d.R. nicht mehr als 20 Arbeitnehmern kann davon abweichend eine Kündigungsfrist von vier Wochen ohne festen Kündigungstermin vereinbart werden (§ 622 Abs. 5 S. 1 Nr. 2).

b) Verlängerte Kündigungsfristen; Wartezeit

191 Bei den **verlängerten Kündigungsfristen** nach § 622 Abs. 2 BGB wird am Kündigungstermin zum Ende eines Kalendermonats festgehalten. Geregelt ist insoweit (nur) die **vom Arbeitgeber einzuhaltende Kündigungsfrist** gegenüber länger beschäftigten Arbeitnehmern. Die Neuregelung sieht einen allmählichen stufenweisen Übergang von kürzeren Fristen zu Beginn des Arbeitsverhältnisses zu längeren Fristen in Abhängigkeit von der Dauer der Betriebs- bzw. Unternehmenszugehörigkeit (Wartezeiten) vor.

192 Die verlängerten Kündigungsfristen beginnen bereits nach 2-jähriger Betriebszugehörigkeit mit einer Frist von einem Monat zum Ende eines Kalendermonats. Über insgesamt sieben Stufen wird nach 20-jähriger Betriebszugehörigkeit die Höchstdauer von sieben Monaten zum Ende eines Kalendermonats erreicht (vgl. APS/*Linck* § 622 BGB Rz. 51 ff.).

193 Zu beachten ist, dass der gesetzlich vorgegebene Kündigungstermin (z.B. in § 622 Abs. 2 S. 1 Nr. 5 BGB) **nicht zur Disposition der Arbeitsvertragsparteien steht**. Eine Kündigung kann deshalb nicht zu einem anderen Zeitpunkt als dem Monatsende ausgesprochen werden. Das gilt auch dann, wenn der Arbeitgeber mit längerer als der gesetzlichen Frist kündigt und das Arbeitsverhältnis hätte zu einem früheren Monatsende kündigen können (*BAG* 12.7.2007 – 2 AZR 492/05 – EzA-SD 5/2008 S. 5 LS = NZA 2008, 476). **Allerdings** kann das Recht des Arbeitnehmers, sich auf die **Nichtbeachtung** des Kündigungstermins durch den Arbeitgeber **zu berufen, verwirken** (*BAG* 21.8.2008 EzA § 613a BGB 2002 Nr. 95).

c) Berechnung der Wartezeit

194 Bei der Berechnung der Betriebszugehörigkeit werden – jedenfalls bis zum 17.8.2006 – nur die Zeiten **nach der Vollendung des 25. Lebensjahres** des Arbeitnehmers berücksichtigt. **Ob das nach Inkrafttreten des AGG aufrechterhalten werden kann – wegen des Verbots der Diskriminierung wegen des Alters – ist ausgesprochen zweifelhaft** (s.o. Kap. 3 Rn. 4961 ff.; *Schleusener* NZA 2007, 358 ff.; für die Europarechtswidrigkeit *LAG Berlin-Bra.* 24.7.2007 LAGE § 622 BGB 2002 Nr. 2 = NZA-RR 2008, 17 mit der Konsequenz der Nichtanwend-

barkeit; ebenso *LAG SchlH* 28.5.2008 – 3 Sa 31/08 – EzA-SD 17/2008 S. 8 LS; **a.A.** *LAG RhPf* 31.7.2008 – 10 Sa 295/08 – EzA-SD 19/2008 S. 5 LS; *ArbG Lörrach* 23.1.2007 – 1 Ca 426/06 – ArbuR 2007, 184 LS; s. dazu Tavakoli/Westhausen DB 2008, 702 ff.). Das *LAG Düsseld.* (21.11.2007 LAGE § 622 BGB 2002 Nr. 3; s.a. *LAG RhPf* 31.7.2008 – 10 Sa 295/08 – EzA-SD 19/2008 S. 5 LS; s. dazu *Tavakoli/Westhausen* DB 2008, 702 ff.) hat aufgrund eines **Vorlagebeschlusses** diese Frage dem EuGH zur Entscheidung vorgelegt.

Die Wartezeiten nach Vollendung des 25. Lebensjahres bestimmen sich nach der **rechtlichen Dauer** des Arbeitsverhältnisses. Tatsächliche Unterbrechungen der Beschäftigung (z.B. durch Erkrankung, unbezahlten Urlaub) wirken sich folglich auf die Dauer des Arbeitsverhältnisses nicht aus. Rechtliche Unterbrechungen sind jedenfalls dann unerheblich, wenn das ursprünglich begründete Arbeitsverhältnis zwar rechtlich beendet wird, sich daran ohne zeitliche Unterbrechung aber ein weiteres Arbeitsverhältnis mit demselben Arbeitgeber anschließt (*BAG* 23.9.1976 EzA § 1 KSchG Nr. 35). 195

Beispiele: 196

- Wird ein Arbeitsverhältnis z.B. nach 20 Jahren beendet, damit der Arbeitnehmer einen Meisterlehrgang absolviert, und wird er nach erfolgreichem Abschluss der Prüfung auf Grund einer entsprechenden Zusage des Arbeitgebers als Meister wieder eingestellt, können die verlängerten Kündigungsfristen anzuwenden sein, wenn dem Arbeitnehmer nach zwei weiteren Beschäftigungsjahren in seiner neuen Funktion wegen Streichung einer Meisterstelle betriebsbedingt gekündigt wird. Die vorherigen Beschäftigungszeiten als Geselle sind für die Berechnung der Kündigungsfristen zu berücksichtigen, wenn zwischen den Arbeitsverhältnissen ein enger sachlicher und zeitlicher Zusammenhang besteht und/oder wenn die Parteien bei der Neubegründung des Arbeitsverhältnisses eine konkludente Anrechnungsvereinbarung getroffen haben (*LAG Nds.* 25.11.2002 NZA-RR 2003, 531).
- Schließt der Insolvenzverwalter eines insolventen Betriebs **mit sämtlichen Arbeitnehmern Aufhebungsverträge** mit geringen Abfindungen (z.B. 20% eines Monatsgehalts) und werden die Arbeitnehmer unmittelbar im Anschluss an den vereinbarten Ausscheidenszeitpunkt von einem Betriebsübernehmer **wieder eingestellt**, so ist die **bisherige Betriebszugehörigkeit** trotz des Aufhebungsvertrages im neuen Beschäftigungsverhältnis **anzurechnen** (*LAG Nbg.* 19.4.2005 LAGE § 622 BGB 2002 Nr. 1 = NZA-RR 2005, 469).

Im Übrigen bestimmt sich die Auswirkung rechtlicher Unterbrechungen des Arbeitsverhältnisses für die Berechnung der Dauer nach § 622 Abs. 2 S. 1 BGB nach den für die Berechnung der Wartezeit nach § 1 KSchG entwickelten Grundsätzen (s.u. Rn. 1862 ff.). Beschäftigungszeiten bei demselben Arbeitgeber sind folglich nur dann zu berücksichtigen, wenn zwischen den einzelnen Arbeitsverhältnissen ein **enger zeitlicher und sachlicher Zusammenhang** gegeben ist (*LAG RhPf* 12.10.2005 NZA-RR 2006, 186). Die Tätigkeit als **Geschäftsführer** ist bei einem nahtlos sich anschließenden Arbeitsverhältnis jedenfalls **dann** bei der Berechnung der Kündigungsfrist mit zu berücksichtigen, wenn der Geschäftsführer seine **ganze Arbeitskraft** in den Dienst der Gesellschaft stellen musste und **keinen beherrschenden Einfluss** auf die Gesellschaft hatte (*LAG RhPf* 17.11.2007 – 9 Sa 684/07 – DB 2008, 1632 LS). 197

Ein **Berufsausbildungsverhältnis**, aus dem der Auszubildende in ein Arbeitsverhältnis übernommen wurde, ist insoweit zu berücksichtigen, als die Ausbildung im Unternehmen **nach der Vollendung des 25. Lebensjahres** des Auszubildenden erfolgte (*BAG* 2.12.1999 EzA § 622 BGB n.F. Nr. 60; vgl. dazu *Natzel* SAE 2000, 350 ff.). 198

3. Geltungsbereich

a) Zahl der Beschäftigten

Anwendungsvoraussetzung des § 622 BGB ist das Vorliegen eines Arbeitsverhältnisses. Die Regelung gilt auch für **Teilzeitbeschäftigte** und für **geringfügig Beschäftigte.** In **Kleinunternehmen** (wenn der Arbeitgeber i.d.R. nicht mehr als 20 Arbeitnehmer ausschließlich der 199 zu ihrer Berufsausbildung Beschäftigten, das sind auch Umschüler, Anlernlinge, Volontäre und Praktikanten beschäftigt) kann gem. § 622 Abs. 5 S. 1 Nr. 2 BGB eine **kürzere Grundkündigungsfrist** vereinbart werden. Sie darf allerdings vier Wochen nicht unterschreiten (vgl. APS/*Linck* § 622 BGB Rz. 18 ff.).

b) Teilzeitbeschäftigte

200 Bei der Berücksichtigung der maßgeblichen Zahl der Beschäftigten waren (wie auch im Rahmen des 23 Abs. 1 KSchG) Teilzeitbeschäftigte nur dann zu berücksichtigen, wenn ihre regelmäßige Arbeitszeit wöchentlich 10 Stunden oder monatlich 45 Stunden übersteigt (§ 622 Abs. 5 S. 1 Nr. 2 BGB). Maßgeblich ist im Übrigen die Zahl der Beschäftigten, die der Arbeitgeber zum Zeitpunkt des Zugangs der Kündigung i.d.R. beschäftigt; sie ist durch einen Blick auf die Beschäftigtenzahl in der Vergangenheit und durch eine Einschätzung deren voraussichtlicher künftiger Entwicklung zu ermitteln.

201 Weil der Gesetzgeber dem Vorschlag der gruppenmäßigen Anrechnung der Teilzeitbeschäftigten zur Feststellung der maßgeblichen Arbeitnehmerzahl nicht gefolgt ist, war durch ihre Herausnahme bei der Feststellung der maßgeblichen Beschäftigtenzahl fraglich, ob diese Regelung mit europarechtlichen Normen (insbes. Art. 119 EWG-Vertrag, jetzt Art. 141 EGV) vereinbar ist.

202 Inzwischen hat der Gesetzgeber § 23 Abs. 1 KSchG durch das arbeitsrechtliche Beschäftigungsförderungsgesetz mit Wirkung vom 1.10.1996 dahin geändert, dass bei der Feststellung der Zahl der beschäftigten Arbeitnehmer gem. § 622 Abs. 5 S. 1 Nr. 2 BGB teilzeitbeschäftigte Arbeitnehmer mit einer regelmäßigen wöchentlichen Arbeitszeit von nicht mehr als 10 Stunden mit 0,25, nicht mehr als 20 Stunden mit 0,5 und nicht mehr als 30 Stunden mit 0,75 zu berücksichtigen sind.

203 Der Gesetzgeber hat schließlich mit Wirkung vom 1.1.1999 durch das sog. KorrekturG die Berücksichtigung von **Teilzeitbeschäftigung** nochmals dahin modifiziert, dass **Mitarbeiter mit einer wöchentlichen Arbeitszeit von nicht mehr als zehn Stunden nicht mit 0,25, sondern mit 0,5 zu berücksichtigen** sind (vgl. *Däubler* NJW 1999, 601 ff.).

c) Arbeitnehmerähnliche Personen

204 **§ 622 BGB gilt** unmittelbar nur für Arbeitnehmer, **nicht** dagegen **für arbeitnehmerähnliche Personen**. Eine analoge Anwendung ist für Geschäftsführer einer GmbH nur dann geboten, wenn sie am Kapital der GmbH nicht beteiligt sind (*BGH* 29.1.1981 AP Nr. 14 zu § 622 BGB; **a.A.** *Hümmerich* NJW 1995, 1178), bzw. die ihre **ganze Arbeitskraft in den Dienst der Gesellschaft stellen** müssen und **keinen beherrschenden Einfluss** auf die GmbH haben (*LAG Köln* 18.11.1998 NZA-RR 1999, 300).

d) Begrenzter Kündigungsschutz durch Kündigungsfristen und -termine

205 Sachlich enthält § 622 BGB eine Einschränkung des Grundsatzes der Vertragsbeendigungsfreiheit durch sofort mögliche ordentliche Kündigung durch die Bindung der Kündigung an Kündigungsfristen und Kündigungstermine.

206 Die Einführung von Kündigungsfristen i.V.m. Kündigungsterminen gewährt beiden Vertragspartnern einen zeitlich begrenzten Kündigungsschutz (*BAG* 18.4.1985 EzA § 622 BGB a.F. Nr. 21).

e) Ordentliche Änderungskündigung

207 § 622 BGB gilt auch für ordentliche Änderungskündigungen (*BAG* 12.1.1994 EzA § 622 BGB a.F. Nr. 47).

f) Übergangsvorschrift

Nach Maßgabe der in der Übergangsvorschrift des Art. 222 EGBGB genannten Voraussetzungen gilt die Neufassung des § 622 BGB auch für Kündigungen, die vor dem 15.10.1993 erklärt worden sind. 208

Sie gilt bundesweit und mithin auch in den Fällen, in denen sich die Frist für die vor jenem Zeitpunkt erklärte Kündigung nach § 55 AGB-DDR bestimmt hat.

Sie gilt ferner auch für vor dem In-Kraft-Treten des KündFG gegenüber Arbeitern ausgesprochene (ordentliche) Änderungskündigungen, bei denen nur um den Zeitpunkt des Wirksamwerdens der Vertragsänderung gestritten wird (*BAG* 12.1.1994 EzA § 622 BGB a.F. Nr. 47). 209

4. Berechnung der Kündigungsfristen

a) Anwendbarkeit der §§ 186 ff. BGB

Für die Berechnung der in § 622 BGB geregelten Fristen und Termine gelten §§ 186–193 BGB (vgl. APS/*Linck* § 622 BGB Rz. 37 ff.). Gem. § 187 Abs. 1 BGB ist der Tag, an dem die Kündigung zugeht, nicht in die Berechnung der Kündigungsfrist mit einzubeziehen. Folglich muss eine Kündigung bereits einen Tag vor Beginn der Kündigungsfrist zugegangen sein, wenn sie zum nächstmöglichen Kündigungstermin wirken soll. 210

Ist der jeweils letzte Tag vor Beginn der Kündigungsfrist ein Samstag, Sonntag oder Feiertag, dann führt das nicht dazu, dass die Kündigung analog § 193 BGB auch noch am nächsten Werktag erklärt werden kann (*BAG* 28.9.1972 AP Nr. 2 zu § 193 BGB). 211

Das Fristende bestimmt sich nach § 188 BGB. Insoweit ist es unerheblich, ob der letzte Tag auf einen Samstag, Sonntag oder Feiertag fällt, weil sich § 193 BGB nicht auf das Ende der Kündigungsfrist bezieht (KR/*Spilger* § 622 BGB Rz. 139). 212

Ist die Kündigungsfrist nicht eingehalten, so wirkt die Kündigung im Zweifel zu dem nächsten zulässigen Termin (*BAG* 18.4.1985 EzA § 622 BGB a.F. Nr. 21). Denn eine ordentliche Kündigung ist in aller Regel dahin auszulegen, dass sie das Arbeitsverhältnis **zum zutreffenden Termin beenden** soll. Das gilt auch dann, wenn sie ihrem Wortlaut nach zu einem **früheren Termin** gelten soll. Nur dann, wenn sich auch aus der Kündigung und den im Rahmen der Auslegung zu berücksichtigenden Umständen des Einzelfalles ein Wille des Arbeitgebers ergibt, die Kündigung nur zum erklärten Zeitpunkt gegen sich gelten zu lassen, scheidet eine Auslegung aus. Der Kündungstermin ist dann ausnahmsweise integraler Bestandteil der Willenserklärung und muss innerhalb der Klagefrist des § 4 S. 1 KSchG angegriffen werden (s.u. Rn. 1746). Dann scheidet aber auch eine Umdeutung aus, da ein derart klar artikulierter Wille des Arbeitgebers nicht den Schluss auf einen mutmaßlichen Willen, wie ihn § 140 BGB erfordert, zulässt (*BAG* 15.12.2005 EzA § 4 KSchG n.F. Nr. 72 = NZA 2006, 791). 213

b) Vorzeitige Kündigung

Der Kündigende ist nicht verpflichtet, mit dem Ausspruch der Kündigung bis zum letzten Tage vor Beginn der Frist zum nächstmöglichen Termin zu warten; er kann auch vor diesem Zeitpunkt oder mit einer längeren als der einschlägigen Frist kündigen (sog. vorzeitige Kündigung; vgl. APS/*Linck* § 622 BGB Rz. 67 f.). 214

Bedenklich ist eine derartige verfrühte Kündigung aber dann, wenn die Kündigung an dem letztmöglichen Zeitpunkt für die Einhaltung der Kündigungsfrist erschwert oder gar ausgeschlossen wäre. Wenn der Arbeitgeber nur deswegen vorzeitig gekündigt hat, um die Kündigung noch vor Ablauf der Wartezeit des § 1 KSchG auszusprechen, ist er nach dem Rechtsgedanken des § 162 BGB u.U. gehindert, sich auf den fehlenden Kündigungsschutz zu berufen (s.u. Rn. 1802 ff.). 215

5. Einzelvertragliche Regelungen

a) Verkürzung der Kündigungsfristen und Änderung der Kündigungstermine

aa) Grundlagen

216 Die gesetzliche Grundkündigungsfrist von vier Wochen ist eine grds. nicht abdingbare Mindestkündigungsfrist (vgl. § 622 Abs. 5 S. 2 BGB). Gleiches gilt für die vom Arbeitgeber einzuhaltenden verlängerten Kündigungsfristen. Auch dürfen einzelvertraglich keine zusätzlichen, über das Gesetz hinausgehenden Kündigungstermine vereinbart werden (vgl. ausf. APS/*Linck* § 622 BGB Rz. 145 ff.). Andererseits ist die **einzelvertragliche Vereinbarung von Kündigungsfrist und -termin** mangels anderer Anhaltspunkte **regelmäßig als Einheit** zu betrachten. Für den erforderlichen Günstigkeitsvergleich zwischen der vertraglichen und der gesetzlichen Regelung ist daher ein Gesamtvergleich vorzunehmen (*BAG* 4.7.2001 EzA § 622 BGB n.F. Nr. 63 = NZA 2002, 380; vgl. APS/*Linck* § 622 BGB Rz. 177 ff.).

217 **Ausnahmen** sehen insoweit aber **§ 622 Abs. 3–5 BGB** vor für die Sonderfälle einer vereinbarten Probezeit, einer vorübergehenden Einstellung zur Aushilfe, einer Beschäftigung in Kleinunternehmen oder einer Vereinbarung der Anwendung entsprechender tarifvertraglicher Bestimmungen. Nach § 622 Abs. 4 BGB kann durch Tarifvertrag von den gesetzlichen Regelungen der Kündigungsfristen in § 622 Abs. 2 BGB **abgewichen werden**. Damit sind auch Regelungen zugelassen, die von der in § 622 Abs. 2 BGB vorgesehenen Staffelung nach der Dauer der Betriebszugehörigkeit abweichen. Die Tarifvertragsparteien sind danach **nicht verpflichtet**, für Arbeitnehmer mit längerer Beschäftigungsdauer **verlängerte Kündigungsfristen vorzusehen**; sie dürfen jedenfalls für Arbeitnehmer in Kleinbetrieben einheitliche Kündigungsfristen von 6 Wochen zum Ende eines Kalendermonats vereinbaren. Es besteht weder gem. Art. 3 GG noch gem. Art. 12 GG ein Differenzierungsgebot zugunsten älterer Arbeitnehmer (*BAG* 23.4.2008 EzA § 622 BGB 2002 Nr. 5 = NZA 2008, 960).

218 **§ 622 Abs. 6 BGB** enthält schließlich den allgemeinen Grundsatz, dass die ordentliche Kündigung durch den Arbeitnehmer gegenüber der des Arbeitgebers nicht erschwert werden darf. Deshalb darf für die Kündigung des Arbeitsverhältnisses durch den Arbeitnehmer einzelvertraglich keine längere Frist vereinbart werden als für die Kündigung durch den Arbeitgeber; bei der Prüfung, ob eine Kündigungsfrist zu Ungunsten des Arbeitnehmers länger ist, sind auch die vereinbarten Kündigungstermine zu berücksichtigen.

219 Ein Verstoß gegen § 622 Abs. 6 BGB ist nach Sinn und Zweck dieser Vorschrift dann anzunehmen, wenn im Falle einer ausnahmsweise an sich statthaften Vereinbarung der Arbeitgeber jederzeit, der Arbeitnehmer dagegen nur zu bestimmten Terminen oder nicht vor einem bestimmten Termin kündigen darf (*BAG* 9.3.1972 EzA § 622 BGB a.F. Nr. 6).

220 Werden unzulässig kurze Kündigungsfristen oder unzulässig viele Kündigungstermine – für den Arbeitgeber – vereinbart, so tritt an die Stelle dieser unwirksamen Vereinbarung nicht die gesetzliche Regelung (**a.A.** *Preis/Kramer* DB 1993, 2126). Vielmehr muss dann auch der Arbeitgeber **analog § 89 Abs. 2 HGB die längere Frist** für den Arbeitnehmer bei einer längeren Frist für ihn **einhalten**, kann also nicht mit der für ihn, den Arbeitgeber, vorgesehenen vertraglich kürzeren Kündigungsfrist kündigen (*BAG* 2.6.2005 EzA § 622 BGB 2002 Nr. 3 = NZA 2005, 1176; *LAG Hamm* 22.4.2004 LAG Report 2004, 306).

bb) Vereinbarte Probezeit (§ 622 Abs. 3 BGB)

221 Die Kündigungsfrist während einer vereinbarten **Probezeit,** soweit diese sechs Monate nicht übersteigt (*BAG* 24.1.2008 EzA § 622 BGB 2002 Nr. 4 = NZA 2008, 521), beträgt **(unverkürzbar) zwei Wochen ohne Bindung an einen Termin.** Hinsichtlich der Einhaltung der Frist von sechs Monaten ist auf den Zeitpunkt der Kündigungserklärung abzustellen, auch wenn das Ende der Kündigungsfrist erst nach Ablauf von sechs Monaten eintritt (vgl. APS/

Linck § 622 BGB Rz. 79 ff.). Die Vereinbarung einer Probezeit ist auch im Rahmen eines befristeten Arbeitsverhältnisses nach dem TzBfG möglich (*BAG* 4.7.2001 EzA § 620 BGB Kündigung Nr. 4; 24.1.2008 EzA § 622 BGB 2002 Nr. 4 = NZA 2008, 521). Möglich ist eine Probezeitvereinbarung nach § 622 Abs. 3 BGB, allerdings nur zu Beginn einer Vertragsbeziehung. Denn die Dauer eines Vertragsverhältnisses, an das sich ein neu vereinbartes Vertragsverhältnis anschließt, steht der Vereinbarung einer Probezeit mit der Wirkung des § 622 Abs. 3 BGB entgegen (*LAG BW* 28.2.2002 LAGE § 622 BGB Nr. 42).

Die Wirksamkeit einer Probezeitvereinbarung nach § 622 Abs. 3 BGB hängt vorbehaltlich abweichender tarifvertraglicher Bestimmungen nach § 622 Abs. 4 BGB **allein davon ab**, dass die Probezeitdauer **sechs Monate nicht übersteigt**. Daran hat sich auch durch die **Schuldrechtsreform nichts geändert**: Die in einem Formulararbeitsvertrag vereinbarte Probezeit von dieser Dauer unterliegt gem. § 307 Abs. 3 S. 1 BGB nicht der Inhaltskontrolle nach § 307 Abs. 1 BGB. Denn durch die formularmäßige Vereinbarung einer für beide Vertragsteile gleichermaßen geltenden sechsmonatigen Probezeit nutzen die Parteien lediglich die gesetzlich zur Verfügung gestellten Möglichkeiten und weichen davon nicht ab; eine einzelfallbezogene Angemessenheitsprüfung der vereinbarten Dauer findet nicht statt (*BAG* 24.1.2008 EzA § 622 BGB 2002 Nr. 4 = NZA 2008, 521). 222

Vereinbart sein kann die Probezeit zudem durch Tarifvertrag oder Betriebsvereinbarung. Die Frist von zwei Wochen bedarf keiner besonderen Vereinbarung; sie tritt als Folge einer vereinbarten Probezeit automatisch ein (KDZ/*Zwanziger* § 622 BGB Rz. 14). Die verkürzte Kündigungsfrist gilt für beide Teile, nicht nur für den Arbeitgeber. 223

Vereinbaren die Parteien im Arbeitsvertrag eine Probezeit und – ohne weiteren Zusatz – eine Kündigungsfrist von sechs Wochen zum Quartalsende, so kann das Arbeitsverhältnis innerhalb der vereinbarten Probezeit i.d.R. mit einer kürzeren tariflichen oder gesetzlichen Kündigungsfrist gekündigt werden. Das folgt nach Auffassung des *LAG Düsseld.* (20.10.1995 NZA 1996, 1156) aus der Rechtsprechung des *BAG* (NZA 1998, 58; s.o. Kap. 2 Rn. 442 ff.), wonach die Vereinbarung eines Probearbeitsverhältnisses i.d.R. auch die stillschweigende Vereinbarung der gesetzlichen zulässigen Mindestkündigungsfrist enthält. 224

Die Vereinbarung einer Frist von zwei Wochen (ohne festen Endtermin) für die Dauer von bis zu sechs Monaten nach Beginn eines unbefristeten Arbeitsverhältnisses kann im Zweifel zugleich als die stillschweigende Vereinbarung einer Probezeit i.S.d. § 622 Abs. 3 BGB auszulegen sein (KR/*Spilger* § 622 BGB Rz. 155). 225

cc) Vorübergehende Einstellung zur Aushilfe (§ 622 Abs. 5 S. 1 Nr. 1 BGB)

(1) Allgemeine Voraussetzungen

Die gesetzliche Grundkündigungsfrist nach § 622 Abs. 1 BGB kann vertraglich dann abgekürzt werden, wenn ein Arbeitnehmer zur vorübergehenden Aushilfe eingestellt wird und das Arbeitsverhältnis nicht über die Zeit von drei Monaten hinaus fortgesetzt wird (vgl. APS/*Linck* § 622 BGB Rz. 146 ff.). 226

Dies gilt nach § 11 Abs. 4 AÜG nicht für Arbeitnehmerüberlassung i.S.d. AÜG. 227

(2) Aushilfsarbeitsverhältnis; vorübergehender Bedarf

Ein Aushilfsarbeitsverhältnis will der Arbeitgeber ausdrücklich von vornherein nicht auf Dauer eingehen, sondern nur, um einen vorübergehenden Bedarf an Arbeitskräften zu decken, der nicht durch den normalen Betriebsablauf, sondern durch den Ausfall von Stammkräften oder einen zeitlich begrenzten zusätzlichen Arbeitsanfall begründet ist (*BAG* 22.5.1986 EzA § 622 BGB a.F. Nr. 24; 19.6.1988 EzA § 1 BeschFG Nr. 5). 228

229 Der Tatbestand des vorübergehenden Bedarfs muss **objektiv** gegeben sein. Es müssen objektiv erkennbare Umstände vorliegen, die deutlich machen, dass nur eine vorübergehende Tätigkeit in Betracht kommt, oder die zumindest geeignet sind, die erkennbare Annahme des Arbeitgebers zu rechtfertigen, es sei nur mit einem vorübergehenden Bedürfnis für die Tätigkeit zu rechnen (*BAG* 22.5.1986 EzA § 622 BGB a.F. Nr. 24).

230 § 622 Abs. 5 S. 1 Nr. 1 BGB setzt nicht voraus, dass die Parteien zunächst damit gerechnet haben, das Arbeitsverhältnis werde nicht länger als drei Monate dauern. Es kann vielmehr bei jedem Aushilfsarbeitsverhältnis die Frist für die Kündigung in den ersten drei Monaten verkürzt werden (KR/*Spilger* § 622 BGB Rz. 161).

(3) Darlegungs- und Beweislast

231 Das Vorliegen der Voraussetzungen für die Annahme eines Aushilfsarbeitsverhältnisses muss der **Arbeitgeber** im Prozess darlegen und beweisen (KR/*Spilger* § 622 BGB Rz. 160).

(4) Verkürzung der Kündigungsfrist

232 **Für die ersten drei Monate kann die Kündigungsfrist unter den Voraussetzungen des § 622 Abs. 5 S. 1 Nr. 1 BGB unbeschränkt verkürzt werden.** Es kann auch eine entfristete sofortige ordentliche Kündigung vereinbart werden (*BAG* 22.5.1986 EzA § 622 BGB a.F. Nr. 24; vgl. APS/*Linck* § 622 BGB Rz. 153 ff.). Diese Verkürzungsmöglichkeit bezieht sich allerdings nur auf die Grundkündigungsfrist des § 622 Abs. 1 BGB.

233 Die Kündigungsfristen für ältere Arbeitnehmer (§ 622 Abs. 2 BGB) sind auch in einem Aushilfsverhältnis nicht durch Vertrag, sondern nur durch Tarifverträge abdingbar.

(5) Fehlen einer ausdrücklichen Vereinbarung

234 Ist ein Arbeitnehmer zur vorübergehenden Aushilfe eingestellt worden und haben die Parteien über die Kündigungsfrist keine ausdrückliche Vereinbarung getroffen, so kann bei einer nicht eindeutigen Auslegung der vertraglichen Vereinbarung nicht davon ausgegangen werden, dass die Parteien bereits durch den Vorbehalt der vorübergehenden Beschäftigung die Kündigungsfrist im Zweifel abkürzen wollten.

235 Denn es ist zwar Sinn und Zweck der gesetzlichen Bestimmung, ihnen die Möglichkeit zu geben, die gesetzlichen Mindestfristen abzukürzen. Allein daraus, dass die Aushilfsklausel den Parteien deutlich macht, dass keine Beschäftigung auf Dauer beabsichtigt ist, kann aber nicht auf die Vorstellung und den Willen geschlossen werden, eine entfristete Kündigung zu vereinbaren (KR/*Spilger* § 622 BGB Rz. 164 ff.; *Staudinger/Preis* § 622 Rz. 33; **a.A.** *Stahlhacke/Preis* Rz. 416). **Im Zweifel bleibt es folglich bei der gesetzlichen Grundkündigungsfrist von vier Wochen.**

(6) Abweichende Kündigungstermine

236 Zulässig ist unter den Voraussetzungen des § 622 Abs. 5 S. 1 Nr. 1 BGB auch eine Vereinbarung über **abweichende Kündigungstermine.** Zwar sieht diese Regelung nur eine Verkürzung der Kündigungsfristen vor; dies beruht jedoch auf einem Redaktionsversehen (ebenso zur gleichen Problemlage nach altem Recht *BAG* 22.5.1986 EzA § 622 BGB a.F. Nr. 24).

(7) Beendigung des Arbeitsverhältnisses nach Ablauf von drei Monaten

237 Die vereinbarte Frist bzw. der abweichende Kündigungstermin gilt auch dann, wenn das Arbeitsverhältnis durch die Kündigung erst nach Ablauf von drei Monaten beendet wird. **Entscheidend ist allein der Zeitpunkt des Zugangs der Kündigung** (KR/*Spilger* § 622 BGB Rz. 167).

dd) Kleinunternehmen (§ 622 Abs. 5 S. 1 Nr. 2 BGB)

In Kleinunternehmen (mit i.d.R. nicht mehr als 20 Arbeitnehmern) kann eine vierwöchige Kündigungsfrist ohne festen Endtermin vereinbart werden. Dies gilt jedoch nur für die Grundkündigungsfrist in § 622 Abs. 1 BGB, nicht aber für die verlängerten Fristen des § 622 Abs. 2 BGB (*Adomeit/Thau* NZA 1994, 14; APS/*Linck* § 622 BGB Rz. 159 ff.). **238**

Durch das arbeitsrechtliche Beschäftigungsförderungsgesetz ist § 622 Abs. 5 S. 1 Nr. 2 BGB dahin geändert worden, dass bei der Feststellung der Zahl der beschäftigten Arbeitnehmer teilzeitbeschäftigte Arbeitnehmer mit einer regelmäßigen wöchentlichen Arbeitszeit von nicht mehr als 10 Stunden (die zuvor nicht berücksichtigt wurden) mit 0,25, nicht mehr als 20 Stunden mit 0,5 (statt wie zuvor mit 1,0) und nicht mehr als 30 Stunden mit 0,75 (statt wie zuvor mit 1,0) zu berücksichtigen sind. **239**

Durch das sog. »KorrekturG« ist die Berücksichtigung von Teilzeitbeschäftigten mit Wirkung ab dem 1.1.1999 wie folgt modifiziert worden: **240**
Teilzeitbeschäftigte, die nicht mehr als zehn Stunden pro Woche arbeiten, werden zukünftig nicht mit 0,25, sondern mit 0,5 berücksichtigt.

b) Verlängerung der Kündigungsfristen und Änderung der Kündigungstermine (§ 622 Abs. 5 S. 2 BGB)

Nach dem Grundsatz der Vertragsfreiheit ist es zulässig, vertraglich längere Kündigungsfristen und weiterreichende Kündigungstermine zu vereinbaren. Allerdings darf die Frist für den Arbeitnehmer nicht länger sein als für die Kündigung durch den Arbeitgeber (**§ 622 Abs. 6 BGB**; vgl. APS/*Linck* § 622 BGB Rz. 171 ff.). **241**

§ 624 BGB setzt für den zeitlichen Ausschluss des Kündigungsrechts des Arbeitnehmers eine **Höchstgrenze von fünf Jahren,** nach deren Ablauf er das Arbeitsverhältnis mit einer Frist von sechs Monaten kündigen kann. **242**

Bei einer Kündigungsfrist, die zwar die nach § 624 BGB gesetzten Grenzen einhält, aber wesentlich länger als die gesetzliche Regelung (§ 622 BGB) ist, hängt es von einer Abwägung aller Umstände ab, ob sie das Grundrecht des Arbeitnehmers aus Art. 12 Abs. 1 GG verletzt oder sonst eine unangemessene Beschränkung seiner beruflichen und wirtschaftlichen Bewegungsfreiheit darstellt (*BAG* 17.10.1969 EzA § 60 HGB Nr. 2). **243**

c) Vereinbarung der Anwendung abweichender tarifvertraglicher Bestimmungen (§ 622 Abs. 4 S. 2 BGB)

aa) Allgemeine Voraussetzungen

Zweck der einzelvertraglichen Inbezugnahme eines Tarifvertrages ist es, eine dem einschlägigen Tarifvertrag entsprechende einheitliche Gestaltung der Kündigungsvorschriften zu gewährleisten. **244**

Die erwünschte einheitliche betriebliche Ordnung kann aber nur dann erreicht werden, wenn die zulässige Bezugnahme auf den für den Arbeitnehmer und Arbeitgeber im Falle der (gerade nicht gegebenen) beiderseitigen Tarifbindung geltenden Tarifvertrag beschränkt ist (vgl. APS/*Linck* § 622 BGB Rz. 135 ff.).

§ 622 Abs. 4 S. 2 BGB stellt das dadurch sicher, indem er sachlich die Vereinbarung des einschlägigen Tarifvertrages fordert. Durch die Bezugnahme auf den Tarifvertrag wird nur die fehlende Tarifunterworfenheit der Parteien des Arbeitsvertrages ersetzt. Der Tarifvertrag, auf den verwiesen wird, muss deshalb im Übrigen alle für den (zeitlichen, persönlichen, räumlichen, fachlichen und persönlichen) Geltungsbereich wesentlichen Kriterien erfüllen, d.h. bei einer beiderseitigen Tarifgebundenheit einschlägig und anwendbar sein. **245**

246 Deshalb kann die Anwendung »fremder Tarifverträge« nicht vereinbart werden, auch wenn sie günstiger sind als der einschlägige Tarifvertrag (vgl. KR/*Spilger* § 622 BGB Rz. 180 ff.).

bb) Umfang der vereinbarten Inbezugnahme

247 Nach Auffassung von *Spilger* (KR § 622 BGB Rz. 185 f. m.w.N.) muss die tarifliche Regelung der ordentlichen Kündigung insgesamt vereinbart, d.h. der **»Regelungskomplex Kündigung«** in Bezug genommen werden. Demgegenüber kann nach Auffassung von *Staudinger/Preis* (§ 622 BGB Rz. 45) auch eine **bestimmte Frist** ausgewählt werden.

248 Für die Notwendigkeit der Inbezugnahme eines vollständigen Regelungskomplexes Kündigung spricht, dass Tarifverträge einen tatsächlichen Machtausgleich schaffen und deshalb eine materielle Richtigkeitsgewähr bieten. Diese Vermutung ist bei einer einzelvertraglich übernommenen Tarifregelung aber nicht gerechtfertigt, wenn nur einzelne Kündigungsbestimmungen übernommen werden.

249 Andererseits ist es **nicht erforderlich, dass der Tarifvertrag insgesamt übernommen wird.**

Möglich ist auch die Verweisung auf einen nachwirkenden Tarifvertrag. Eine derartige Bezugnahme muss jedoch deutlich auf einen nachwirkenden Tarifvertrag hinweisen. Dazu reicht die Verweisung auf einen »den Arbeitgeber bindenden« Tarifvertrag nicht aus (*BAG* 18.8.1982 – 5 AZR 281/80 – n.v.; zit. nach KR/*Hillebrecht/Spilger* 4. Aufl., § 622 BGB Rz. 188).

cc) Form

250 Die Vereinbarung bedarf keiner besonderen Form.

d) Rechtsfolgen unwirksamer oder lückenhafter Vereinbarungen

251 Verstoßen Vereinbarungen über Kündigungsfristen oder -termine gegen §§ 622, 624 BGB, so berührt das die Wirksamkeit des Arbeitsvertrages im Übrigen nicht.

252 Gleiches gilt, wenn die Parteien eine von der gesetzlichen Regelung abweichende Vereinbarung angestrebt, sich aber doch darüber nicht geeinigt haben, sofern sie sich trotz der lückenhaften Vereinbarung sofort binden wollten (*BAG* 16.11.1979 EzA § 154 BGB Nr. 1).

253 An die Stelle der nichtigen oder lückenhaften Vereinbarung treten diejenigen gesetzlich zulässigen Termine und Vereinbarungen, die dem Willen der Parteien am meisten entsprechen.

254 Sachlich gesehen geht es bei einer unwirksamen Vereinbarung um eine beschränkte Umdeutung nach § 140 BGB, bei der unter Berücksichtigung des ursprünglichen Willens der Parteien (Zweck der getroffenen Regelung) und ihrem mutmaßlichen Willen (Vereinbarung bei Kenntnis der Unwirksamkeit) eine den Interessen beider Parteien entsprechende Bestimmung des Vertragsinhalts vorzunehmen ist. An diesem Zweck ist auch die bei einem Einigungsmangel über die Kündigungsfrist erforderliche ergänzende Vertragsauslegung nach § 157 BGB auszurichten (*BAG* 16.11.1979 EzA § 154 BGB Nr. 1).

255 Haben die Parteien die Kündigungsfrist für beide Teile unzulässig verkürzt, so kommt die Grundkündigungsfrist von vier Wochen ihren Vorstellungen am nächsten.

256 Bei ungleichen, gegenüber den gesetzlichen Fristen verlängerten Kündigungsfristen ist, obwohl § 622 Abs. 6 BGB nur noch zu Gunsten des Arbeitnehmers gilt, daran festzuhalten, dass im Zweifel die längere Kündigungsfrist für beide Parteien maßgebend ist (KR/*Spilger* § 622 BGB Rz. 202; KDZ/*Zwanziger* § 622 BGB Rz. 50).

Haben die Parteien vereinbart, der Arbeitgeber könne zu jedem Monatsende, der Arbeitnehmer aber nur zum Schluss eines jeden zweiten Monats, zum Quartalsschluss usw. kündigen, ist im Zweifel anzunehmen, dass beide Parteien jeweils nur zu dem vereinbarten späteren Termin kündigen dürfen (KR/*Spilger* § 622 BGB Rz. 205). 257

6. Tarifvertragliche Regelungen (§ 622 Abs. 4 S. 1, Abs. 6 BGB)

a) Grundlagen

Nach **§ 622 Abs. 4 S. 1 BGB** können von § 622 Abs. 1–3 BGB abweichende Regelungen durch **Tarifvertrag** vereinbart werden. Die Tarifvertragsparteien sind gem. § 622 Abs. 6 BGB allerdings auch an das Benachteiligungsverbot zu Lasten der Arbeitnehmer gebunden (vgl. APS/*Linck* § 622 BGB Rz. 101 ff.; für eine analoge Anwendung auf kirchliche Arbeitsvertragsrichtlinien *LAG Bln.* 23.2.2007 LAGE § 18 KSchG Nr. 1). 258

Maßgeblich für die Tarifdispositivität ist für den Gesetzgeber die Überlegung gewesen, die Kündigungsfristen könnten für gewisse Bereiche (z.B. für die Bauwirtschaft) zu starr sein. Das Schutzbedürfnis der Arbeitnehmer bei tarifvertraglichen Regelungen wird als hinreichend gewahrt angesehen, weil sich aus der tariflichen Praxis ergebe, dass kürzere Fristen vereinbart werden, wenn die Besonderheiten des Wirtschaftszweiges oder der Beschäftigungsart dies notwendig macht. Entscheidend sind also praktische Bedürfnisse, verbunden mit der Erwartung, dass die Tarifvertragsparteien (wie bisher) von der Möglichkeit abweichender tariflicher Regelungen nur unter ausreichender Berücksichtigung der Schutzinteressen der Arbeitnehmer Gebrauch machen (BT-Drs. 12/4902, S. 9). Diese Überlegungen sind nachvollziehbar, ob allerdings ernsthaft Kündigungsfristen von einem Tag in der Probezeit sachlich gefordert sind (z.B. § 20 BMT-Fernverkehr; vgl. dazu *LAG Bln.* 28.10.2005 – 13 Sa 1555/05 – EzA-SD 8/06, S. 9 LS) darf bezweifelt werden. 259

Im Übrigen sind auch die Tarifvertragsparteien an Art. 3 Abs. 1 GG gebunden. Sie dürfen deswegen hinsichtlich der Fristen keine Differenzierung zwischen Arbeitern und Angestellten vornehmen, die nicht durch sachliche Merkmale gerechtfertigt sind (*BAG* 21.3.1991 EzA § 622 BGB a.F. Nr. 31; 16.9.1993 EzA § 622 BGB a.F. Nr. 45; APS/*Linck* § 622 BGB Rz. 121 ff.). 260

b) Abgrenzung zwischen konstitutiven und deklaratorischen tarifvertraglichen Regelungen

Der Vorrang des § 622 Abs. 4 S. 1 BGB gilt nur für Tarifnormen i.S.d. § 4 TVG. 261

Bei tarifvertraglichen Bestimmungen, die inhaltlich mit außertariflichen Normen, insbes. den gesetzlichen Vorschriften über Kündigungsfristen, übereinstimmen oder auf sie verweisen, ist durch Auslegung zu ermitteln, ob die Tarifvertragsparteien hierdurch eine selbstständige, d.h. in ihrer normativen Wirkung von der außertariflichen Norm unabhängige konstitutive Regelung treffen wollten oder ob die Übernahme gesetzlicher Vorschriften nur rein deklaratorischen Charakter in Gestalt einer sog. neutralen Klausel hat (vgl. *BAG* 21.3.1991 EzA § 622 BGB a.F. Nr. 31; 5.10.1995 EzA § 622 BGB a.F. Nr. 52; APS/*Linck* § 622 BGB Rz. 116 ff.). 262

Bei einer neutralen Klausel bestimmt sich die Zulässigkeit einer abweichenden einzelvertraglichen Vereinbarung nicht nach § 4 Abs. 3 TVG, sondern danach, ob die außertarifliche Norm zwingenden Charakter hat. 263

Eine selbstständige Regelung ist regelmäßig dann anzunehmen, wenn die Tarifvertragsparteien eine im Gesetz nicht oder anders enthaltene Regelung übernehmen, die sonst nicht für die betroffenen Arbeitnehmer gelten würde (*BAG* 16.9.1993 EzA § 622 BGB a.F. Nr. 45). Für einen rein deklaratorischen Charakter der Übernahme spricht dagegen, wenn einschlägige gesetzliche Vorschriften wörtlich oder inhaltlich übernommen werden. 264

265 Bei fehlenden gegenteiligen Anhaltspunkten ist dann davon auszugehen, dass es den Tarifvertragsparteien darum gegangen ist, im Tarifvertrag eine unvollständige Darstellung der Rechtslage zu vermeiden. Sie haben dann die unveränderte gesetzliche Regelung im Interesse der Klarheit und Übersichtlichkeit in den Tarifvertrag aufgenommen, um die Tarifgebundenen möglichst umfassend über die zu beachtenden Rechtsvorschriften zu unterrichten (*BAG* 16.9.1993 EzA § 622 BGB a.F. Nr. 45).

266 **Beispiele:**

- § 12.1.2 BRTV Bau i.d.F. vom 10. September 1992 stellt keine eigenständige tarifliche Regelung der verlängerten Kündigungsfristen für ältere gewerbliche Arbeitnehmer mit längerer Betriebszugehörigkeit dar, sondern verweist nur auf den jeweiligen Gesetzeswortlaut des § 622 Abs. 2 BGB. Vereinbaren die Tarifpartner lediglich eine eigenständige tarifliche Grundkündigungsfrist und verweisen hinsichtlich der verlängerten Kündigungsfristen auf das Gesetz, so spricht dies im Zweifel dafür, dass sie auch die Entscheidung darüber, ab welcher Beschäftigungszeit verlängerte Kündigungsfristen eingreifen sollen, dem Gesetzgeber überlassen wollten (*BAG* 14.2.1996 EzA § 622 BGB Nr. 53).
- Vereinbaren die Tarifpartner kürzere als die gesetzlichen Kündigungsfristen des § 622 BGB, so bleibt es ihrer tarifautonomen Entscheidung überlassen, in Teilbereichen die jeweiligen gesetzlichen Kündigungsfristen als Mindestschutz für die Arbeitnehmer bestehen zu lassen. Soweit § 17 Nr. 2 MTV Arbeiter der baden-württembergischen Textilindustrie auf die verlängerten gesetzlichen Kündigungsfristen Bezug nimmt, handelt es sich um eine deklaratorische Verweisung auf die jeweilige Fassung des § 622 Abs. 2 BGB.
  Nach In-Kraft-Treten des Kündigungsfristengesetzes finden deshalb die verlängerten Kündigungsfristen des § 622 Abs. 2 BGB a.F. einschließlich der ersten Erhöhungsstufe nach zwei Beschäftigungsjahren Anwendung (*BAG* 14.2.1996 NZA 1997, 97).
- Die Tarifregelung des § 2 MTV-Angestellte südbay. Textilindustrie enthält keine konstitutive Regelung der Kündigungsfristen für ältere Angestellte. Denn die im Wesentlichen inhaltsgleiche Übernahme der verlängerten Kündigungsfristen nach § 2 Abs. 1 Angestelltenkündigungsschutzgesetz durch § 2 MTV-Angestellte südbay. Textilindustrie spricht gegen einen eigenen Normsetzungswillen der Tarifvertragsparteien. Ein bloßes Beibehalten der bisherigen tariflichen Regelung der Kündigungsfristen nach dem Inkrafttreten des Kündigungsfristengesetzes im Jahr 1993 führt nicht – ohne Bestätigung des Regelungswillens der Tarifvertragsparteien – automatisch zu einer konstitutiven Weitergeltung (*BAG* 7.3.2002 EzA § 622 BGB Tarifvertrag Nr. 3).

267 Offen gelassen hat das *BAG* (5.10.1995 EzA § 622 BGB a.F. Nr. 52), ob die Zulassung abweichender tariflicher Regelungen in ansonsten zwingenden gesetzlichen Vorschriften eine dem Gesetz inhaltsgleiche eigenständige tarifliche Normsetzung ausschließt.

c) Inhalt und Grenzen der Regelungsbefugnis

aa) Verkürzung der Grundkündigungsfrist

268 Die Regelungsbefugnis der Tarifvertragsparteien enthält keine Einschränkung für bestimmte Gruppen von Arbeitnehmern oder Arten von Arbeitsverhältnissen. Sie gewährleistet auch keine verkürzten Mindestfristen, sodass die Kündigungsfrist auf Stunden oder auf jede andere Frist verkürzt werden kann. Es **kann sogar eine entfristete Kündigung (sofortige ordentliche Kündigung) vereinbart werden** (*BAG* 2.8.1978 AP Nr. 1 zu § 55 MTL II; 4.6.1987 EzA § 1 KSchG Soziale Auswahl Nr. 25; 28.4.1988 EzA § 622 BGB Nr. 25; APS/*Linck* § 622 BGB Rz. 109).

269 Voraussetzung für eine entfristete ordentliche Kündigung ist nicht, dass Gründe vorliegen, die denen eines wichtigen Grundes gem. § 622 Abs. 1 BGB entsprechen. Voraussetzung ist allerdings, dass in den Tarifverträgen eindeutig entfristete ordentliche Kündigungen und keine wichtigen Gründe i.S.d. § 626 BGB geregelt werden (KR/*Spilger* § 622 BGB Rz. 212).

Vereinbaren die Tarifpartner kürzere als die gesetzlichen Kündigungsfristen des § 622 BGB, so können sie auch in Teilbereichen die jeweiligen gesetzlichen Kündigungsfristen als Mindestschutz für die Arbeitnehmer bestehen lassen (*BAG* 14.2.1996 EzA § 622 BGB a.F. Nr. 54). 270

bb) Tarifdispositivität der verlängerten Kündigungsfristen

Fraglich ist, ob auch die verlängerten Kündigungsfristen für ältere Arbeitnehmer gem. § 622 Abs. 2 BGB uneingeschränkt der Regelung durch die Tarifpartner unterliegen. 271

Da § 622 Abs. 4 S. 1 BGB keine Einschränkungen enthält, liegt keine Regelungslücke vor, sodass sich die **Tariföffnungsklausel grds. auch auf die verlängerten Fristen für ältere Arbeitnehmer** erstreckt. 272

Teilweise (*Richardi* ZfA 1971, 88; APS/*Linck* § 622 BGB Rz. 113) wird wegen des damit eindeutigen Gesetzeswortlauts deshalb angenommen, dass auch die Kündigung für ältere Arbeitnehmer entfristet werden kann oder die für sie geltenden Fristen denen der übrigen Arbeitnehmer voll angeglichen werden können. 273

Demgegenüber ist nach Auffassung von *Spilger* (KR § 622 BGB Rz. 214) die Zielsetzung des Gesetzgebers zu beachten, ältere Arbeitnehmer durch längere Fristen stärker zu schützen. Deshalb können die Tarifvertragsparteien zwar auch die längeren Fristen älterer Arbeitnehmer verkürzen, sie müssen ihnen aber gegenüber der Grundkündigungsfrist verlängerte Fristen zubilligen. 274

cc) Kündigungstermine

Nicht nur die Kündigungsfristen, sondern auch die Kündigungstermine sind tarifdispositiv. 275

d) Geltung tariflicher Kündigungsvorschriften

Insoweit ist nach den allgemeinen Grundsätzen davon auszugehen, dass Voraussetzung für die Anwendung tariflicher Kündigungsvorschriften in einem konkreten Arbeitsverhältnis entweder die beiderseitige Tarifgebundenheit (§§ 3, 4 TVG), die Allgemeinverbindlichkeit der tariflichen Regelung (§ 5 TVG) oder deren einzelvertragliche Vereinbarung zwischen den Arbeitsvertragsparteien ist. 276

Gem. § 622 Abs. 4 S. 2 BGB gelten abweichende tarifvertragliche Bestimmungen zwischen nicht tarifgebundenen Arbeitgebern und Arbeitnehmern, wenn ihre Anwendung zwischen ihnen vereinbart ist, allerdings nur im Geltungsbereich eines solchen Tarifvertrages (s.o. Rn. 245). 277

Nehmen die Parteien eines schriftlichen Arbeitsvertrages darin im Übrigen **hinsichtlich einzelner Punkte** (u.a. Vereinbarung von tariflichem Lohn) **auf eine insgesamt auf den Tarifvertrag verweisende Arbeitsordnung Bezug**, so wird damit **weder** die **Arbeitsordnung** insgesamt, noch der **Tarifvertrag** und insbes. auch nicht die darin geregelte Kündigungsfrist in der Probezeit **zum Inhalt** des Vertrages (*LAG Köln* 19.8.1999 ZTR 2000, 274). 278

e) Dynamische Verweisung

Die Bestimmung des § 2 Nr. 6 MTV gewerblicher Arbeitnehmer der nordrheinischen Textilindustrie vom 10. Mai 1978 (»Die beiderseitige Kündigungsfrist beträgt, sofern ein Gesetz oder dieser Tarifvertrag nichts anderes bestimmt, zwei Wochen zum Schluss der Kalenderwoche«) kann nicht im Sinne einer dynamischen Verweisung auf die jeweils im Verhältnis zum Tarifvertrag günstigere gesetzliche Regelung verstanden werden. Es handelt sich vielmehr um eine **eigenständige konstitutive Regelung** mit einer im Verhältnis zu § 622 BGB a.F. günstigeren Regelung für gewerbliche Arbeitnehmer (*BAG* 29.1.1997 EzA § 4 TVG Textilindustrie Nr. 9). 279

f) Tarifvertrag und günstigere Individualabsprache

aa) Grundlagen

280 Gem. **§ 4 Abs. 3 TVG** sind vom Tarifvertrag abweichende vertragliche Abreden zulässig, wenn sie eine Änderung zu Gunsten des Arbeitnehmers enthalten **(Günstigkeitsprinzip).**

281 Für die insoweit erforderliche Prüfung müssen nach einem individuellen Maßstab unter objektiver Würdigung die Kündigungsvorschriften (Kündigungsfrist, Kündigungstermin) des Tarifvertrages und die vertragliche Regelung insgesamt miteinander verglichen werden (sog. Gruppenvergleich; APS/*Linck* § 622 BGB Rz. 179; KR/*Spilger* § 622 BGB Rz. 42; **a.A.** *Preis/Kramer* DB 1993, 2129: Vergleich nur der Kündigungsfrist, nicht auch der durch den Kündigungstermin mitbestimmten Gesamtbindungsdauer). Das *LAG Nds.* (8.2.2000 NZA-RR 2000, 428) hat eine einzelvertragliche Vereinbarung einer Kündigungsfrist von **drei Monaten zum Monatsende** in einem Fall für unwirksam erachtet, in dem der kraft beiderseitiger Tarifbindung geltende Tarifvertrag lediglich eine Kündigungsfrist von einem Monat zum 15. des Monats oder zum Monatsende vorgesehen hat. Denn der **Vorteil der verlängerten Kündigungsfrist traf den 32-jährigen Kläger, der ledig und ungebunden war,** während eines Lebensabschnitts, in dem die Bereitschaft des Arbeitsplatzwechsels höher lag und die Chance, verhältnismäßig schnell eine neue Stelle zu finden, größer war. Zudem wurde die dennoch unter Umständen drohende vorübergehende Arbeitslosigkeit durch die nur geringfügige Verlängerung der Kündigungsfrist nicht nennenswert abgemildert. Finanziell wäre der Differenzzeitraum unter Berücksichtigung des Anspruchs auf Arbeitslosengeld nicht signifikant gewesen.

282 Ziff. 13 MTV für die holz- und kunststoffverarbeitende Industrie im nordwestdeutschen Raum der BRD v. 24.1.1997 ändert § 622 Abs. 1 BGB ab, indem die Grundkündigungsfrist abweichend geregelt wird; im Übrigen wird auf das Gesetz verwiesen. Eine im Arbeitsvertrag vereinbarte beiderseitige längere Kündigungsfrist ist einzuhalten; sie verstößt nicht gegen das Günstigkeitsprinzip des § 4 Abs. 3 TVG. Denn dieses ist bei einer beiderseitigen längeren vertraglichen Kündigungsfrist nicht anwendbar, wenn die tarifliche Regelung lediglich die Grundkündigungsfrist des § 622 Abs. 1 BGB abändert und es im Übrigen – auch hinsichtlich der konkret einzuhaltenden Frist im Einzelfall – bei der gesetzlichen Regelung belässt. Längere Kündigungsfristen können vertraglich auch auf die Kündigung des Arbeitsverhältnisses durch den Arbeitnehmer erstreckt werden. Das ist mit § 622 Abs. 6 BGB vereinbar, weil diese Regelung den Arbeitnehmer vor einer Schlechterstellung, nicht aber vor einer Gleichstellung mit den für den Arbeitgeber geltenden Kündigungsfristen schützt (*BAG* 29.8.2001 EzA § 622 BGB Tarifvertrag Nr. 2).

bb) Nachwirkungszeitraum

283 Tariflichen Kündigungsfristenbestimmungen bleibt der Vorrang vor den gesetzlichen Bestimmungen auch im Nachwirkungszeitraum (§ 4 Abs. 5 TVG) erhalten. Die Nachwirkung erstreckt sich allerdings nicht auf solche Arbeitsverhältnisse, die erst in diesem Zeitraum begründet werden (*BAG* 29.1.1975 EzA § 4 TVG Nachwirkung Nr. 3; **a.A.** KR/*Spilger* § 622 BGB Rz. 244 f.).

g) Verfassungswidrigkeit unterschiedlicher tariflicher Kündigungsfristen und Wartezeiten für Arbeiter und Angestellte

284 Das *BVerfG* (30.5.1990 EzA § 622 BGB a.F. Nr. 27) hat nicht entschieden, ob und inwieweit Tarifverträge, die eine § 622 Abs. 2 BGB a.F. entsprechende Regelung enthalten, von Verfassungs wegen im Hinblick auf Art. 3 Abs. 1 GG Beschränkungen unterliegen können.

285 Es hat lediglich darauf hingewiesen, dass der von tarifvertraglichen Regelungen erfasste Personenkreis mit den Großgruppen der Angestellten und Arbeiter nicht identisch ist. Tarifverträge betreffen jeweils nur einen bestimmten Ausschnitt aus dem Gesamtspektrum der Arbeitnehmerschaft (vgl. APS/*Linck* § 622 BGB Rz. 114 ff.).

aa) Bindung der Tarifpartner an Art. 3 GG

Wenn in Tarifverträgen Kündigungsfristen eigenständig (also konstitutiv, nicht lediglich deklaratorisch durch Übernahme der gesetzlichen Regelung) geregelt sind, haben die Arbeitsgerichte in eigener Kompetenz zu prüfen, ob die Kündigungsregelung im Vergleich zu den für Angestellte geltenden Bestimmungen mit dem Gleichheitssatz des Art. 3 GG zu vereinbaren sind (*BAG* 21.3.1991, 16.9.1993 EzA § 622 BGB a.F. Nr. 31, 32, 33, 45). 286

Die Tarifvertragsparteien sind durch § 622 Abs. 4 S. 1 BGB nicht zu Regelungen ermächtigt, die dem Gesetzgeber selbst durch die Verfassung verboten sind und den Art. 3 GG verletzen. Andererseits verlangt der Gleichheitssatz keine völlige Gleichstellung für Arbeiter mit den Angestellten. Verlangt wird lediglich, dass **Ungleichbehandlung und rechtfertigender Grund in einem angemessenen Verhältnis zueinander stehen** (*BAG* 23.1.1992 EzA § 622 BGB a.F. Nr. 40, 41, 42). 287

bb) Prüfungsmaßstab

Nach der Rechtsprechung des *BAG* (21.3.1991, 23.1.1992, 4.3.1993, 16.9.1993 EzA § 622 BGB a.F. Nr. 31, 32, 33, 40, 41, 42, 44, 45) gilt für die Überprüfung der Frage, ob sachliche Differenzierungsgründe für die Ungleichbehandlung zwischen Arbeitern und Angestellten vorliegen, folgender Maßstab: 288

(1) Gruppenspezifisch ausgestaltete unterschiedliche Regelungen

An sachlichen Gründen für unterschiedliche Regelungen fehlt es, wenn eine schlechtere Rechtsstellung der Arbeiter auf einer pauschalen Differenzierung zwischen den Gruppen der Angestellten und der Arbeiter beruht. 289

Sachlich gerechtfertigt sind nur hinreichend gruppenspezifisch ausgestaltete unterschiedliche Regelungen, die z.B. entweder nur eine verhältnismäßig kleine Gruppe nicht intensiv benachteiligen oder funktions-, branchen- und betriebsspezifischen Interessen beider Seiten oder zumindest der Arbeitgeber im Geltungsbereich eines Tarifvertrages durch die Einführung verkürzter Kündigungsfristen für Arbeiter entsprechen (z.B. die überwiegende [etwa 75% der Beschäftigten] Beschäftigung von Arbeitern in der Produktion). 290

Durch diese Beispiele werden andere sachliche Differenzierungsgründe jedoch nicht ausgeschlossen. 291

Dieser Prüfungsmaßstab gilt sowohl für unterschiedliche Grundfristen als auch für ungleich verlängerte Fristen für Arbeiter und Angestellte mit längerer Betriebszugehörigkeit und höherem Lebensalter. Er ist insbes. auch auf unterschiedliche Wartezeiten für die verlängerten Fristen zu erstrecken.

Zunächst möglicherweise erhebliche Unterschiede zwischen Angestellten und Arbeitern hinsichtlich ihrer Schutzbedürftigkeit oder einem betrieblichen Interesse an einer flexiblen Personalplanung und -anpassung verlieren bei längerer Betriebszugehörigkeit erheblich an Gewicht. 292

(2) Gestaltungsspielraum der Tarifvertragsparteien; nur beschränkte Bedeutung der Richtigkeitsgewähr tariflicher Kündigungsregelungen

Die Tarifvertragsparteien haben auf Grund der Öffnungsklauseln eine sachlich begrenzte, insbes. auch an Art. 3 GG zu messende Gestaltungsfreiheit. Dabei ist es jedoch nicht Sache der Gerichte, zu prüfen, ob sie jeweils die »gerechteste und zweckmäßigste Regelung« ver- 293 einbart haben. **Die gerichtliche Kontrolle beschränkt sich vielmehr darauf, ob die tarifliche Regelung die Grenzen des Gestaltungsspielraums der Tarifpartner überschreitet,** was nur dann der Fall ist, wenn die Differenzierungen festgelegt werden, für die sachlich einleuchtende Gründe nicht ersichtlich sind (*BAG* 1.6.1983 AP Nr. 5 zu § 611 BGB Deputat).

294 Ergeben sich weder aus dem Wortlaut noch aus der Systematik der einschlägigen tariflichen Regelung noch aus dem Sachvortrag insbes. des Arbeitgebers konkrete Anhaltspunkte für sachliche Differenzierungen, so kann allerdings die Verfassungsmäßigkeit unterschiedlicher Regelungen zu Lasten der Arbeiter **nicht** allein mit dem **Grundsatz einer Richtigkeitsgewähr** begründet werden (*BAG* 16.9.1993 EzA § 622 BGB a.F. Nr. 45). Denn diesem Grundsatz kommt im Bereich unterschiedlicher Kündigungsregelungen zwischen Arbeitern und Angestellten nur eine beschränkte Bedeutung zu. Die Auffassung der betroffenen Kreise allein kann nämlich nach der Würdigung des *BVerfG* (30.5.1990 EzA § 622 BGB a.F. Nr. 27) sachwidrige Differenzierungen gerade nicht rechtfertigen. Erforderlich sind vielmehr **konkrete Anhaltspunkte für sachgerechte Differenzierungen und eine »nähere Einsicht« in die Gründe für das Zustandekommen von Tarifverträgen** (*BVerfG* 30.5.1990 EzA § 622 BGB a.F. Nr. 27).

cc) Darlegungs- und Beweislast; Amtsermittlung

295 Zwar ist bei der Prüfung der Verfassungsmäßigkeit eines Tarifvertrages durch die Arbeitsgerichte nicht auf die Darlegungs- und Beweislast der Parteien im engeren Sinne abzustellen. Dennoch trifft sie schon im eigenen Interesse eine Prozessförderungspflicht, indem der Arbeitgeber aus dem Tarifvertrag nicht ersichtliche sachliche Differenzierungsgründe für die verschlechterte Rechtsstellung der Arbeiter vorzutragen und der Arbeitnehmer, soweit ihm das möglich ist (vgl. § 138 Abs. 4 ZPO), dazu sachlich Stellung zu nehmen hat.

296 Wird die Verfassungswidrigkeit tariflicher Vorschriften von einer Partei angesprochen oder vom Gericht bezweifelt, dann haben die ArbG nach den Grundsätzen des § 293 ZPO von Amts wegen die näheren für unterschiedliche Fristen maßgeblichen Umstände, die für oder gegen die Verfassungswidrigkeit sprechen, zu ermitteln, und zwar insbes. durch Einholung von Auskünften der Tarifpartner (*BAG* 16.9.1993 EzA § 622 BGB a.F. Nr. 45).

297 Kommt als Differenzierungsgrund u.a. die personalwirtschaftliche Flexibilität im produktiven Bereich in Betracht, so ist jedenfalls zu klären, wie hoch in der Produktion bzw. im Verwaltungsbereich jeweils prozentual der Anteil der beschäftigten Arbeiter und der der Angestellten ist und ob dieses Verhältnis im Falle eines Tarifvertrages im Geltungsbereich verschiedener Industriezweige (Unterbranchen) im Wesentlichen einheitlich ist (*BAG* 16.9.1993 EzA § 622 BGB a.F. Nr. 45).

h) Beispiele aus der Rechtsprechung

298 Vgl. APS/*Linck* § 622 BGB Rz. 129 ff.

aa) Verfassungsmäßige Regelungen

299 Für verfassungsmäßig erachtet hat das BAG insbes. folgende unterschiedliche Kündigungsfristenregelungen für Arbeiter und Angestellte:

300 ▶ Grundfrist von **sieben Tagen** bei einer Betriebszugehörigkeit von bis zu sechs Monaten für Arbeiter im Verhältnis zu sechs Wochen zum Quartalsende für Angestellte gem. § 12 Nr. 3b RTV für Arbeiter der Gartenbaubetriebe in SchlH vom 3.4.1990 (Bedürfnis an einer witterungs- und saisonbedingten flexiblen Personalplanung im produktiven Bereich, in dem überwiegend Arbeiter tätig sind, *BAG* 23.1.1992 EzA § 622 BGB a.F. Nr. 40; **a.A.** *Goergens* AiB 1992, 658 ff.).

301 ▶ Grundkündigungsfrist von **zwei Wochen zum Wochenende** gem. § 2 Nr. 6 MTV Nordrheinische Textilindustrie (Bedürfnis nach flexibler Personalplanung im produktiven

Bereich wegen produkt-, mode- und saisonbedingter Auftragsschwankungen bei Arbeitern, die im Gegensatz zu den Angestellten überwiegend nur in der Produktion tätig sind, *BAG* 23.1.1992 EzA § 622 BGB n.F Nr. 41; ebenso für die gleiche Frist gem. § 22 Nr. 1 MTV gewerbliche Arbeitnehmer Bekleidungsindustrie *LAG Hamm* 3.5.1996 NZA-RR 1997, 143).

▶ Aus den gleichen Gründen verstößt die verlängerte Kündigungsfrist nach 5-jähriger Betriebszugehörigkeit von **einem Monat zum Monatsende** gem. § 17 Nr. 2 MTV Arbeiter der baden-württembergischen Textilindustrie, gemessen an der für Angestellte geltenden Kündigungsfrist von drei Monaten zum Quartalsende nicht gegen Art. 3 GG; gleiches gilt für die verlängerte Frist des § 2 Nr. 6 MTV Arbeiter Nordrheinische Textilindustrie vom 10.3.1978 (*BAG* 19.3.1992 – 2 AZR 529/91 – n.v.; zit. nach KR/*Spilger* § 622 BGB Rz. 256). 302

▶ Zu beachten ist, dass dies nicht ohne weiteres auch für die **verlängerten Kündigungsfristen** desselben Tarifvertrages gilt. Denn die im gleichen Maße erbrachte Betriebstreue der Arbeiter erfordert dann zumindest gleiche Stufen der Wartezeiten auf Grund abgeleisteter Betriebszugehörigkeit wie bei den Angestellten (*BAG* 11.8.1994 EzA § 622 BGB a.F. Nr. 51). 303

▶ Grundkündigungsfrist von **zwölf Werktagen** gem. § 12 Nr. 1.1 BRTV-Bau (ausschließliche Beschäftigung der Arbeiter im Produktionsbereich rechtfertigt ein besonderes Interesse der Arbeitgeberseite, auf Konjunktureinbrüche und Auftragsrückgänge unmittelbar und ohne erhebliche Verzögerung reagieren zu können, (*BAG* 2.4.1992 EzA § 622 BGB a.F. Nr. 43). 304

▶ Die tarifliche Grundkündigungsfrist für Chemiearbeiter von **vierzehn Tagen** (§ 11a MTV Chemische Industrie). Das Bedürfnis nach erhöhter personalwirtschaftlicher Flexibilität stellt bei einem ganz überwiegenden Anteil von Arbeitern in der Produktion der chemischen Industrie einen sachlichen Grund für die kürzeren Kündigungsfristen innerhalb der ersten 2 Jahre des Arbeitsverhältnisses dar. Das Flexibilitätsargument trägt auch die Verkürzung der Frist nicht nur für betriebs-, sondern auch für personen- und verhaltensbedingte Kündigungen, weil es den Tarifpartnern um eine einheitliche Regelung der Frist geht (*BAG* 4.3.1993 EzA § 622 BGB a.F. Nr. 44; 16.9.1993 EzA § 622 BGB a.F. Nr. 45). 305

▶ Grundkündigungsfrist von **vierzehn Tagen** für Arbeiter nach § 20 Nr. 1a) MTV Eisen-, Metall-, Elektro- und Zentralheizungsindustrie Nordrhein-Westfalen (objektiv vorliegendes anerkennenswertes Bedürfnis nach personalwirtschaftlicher Flexibilität in der Produktion, wenn die Arbeiter auch angesichts neuartiger Fertigungsverfahren (z.B. Einsatz elektronischer Technologien, just-in-time-Fertigung) überwiegend in der Produktion und die Angestellten im Verwaltungsbereich tätig sind, *BAG* 10.3.1994 EzA § 622 BGB a.F. Nr. 50). 306

▶ Grundkündigungsfrist von **vierzehn Tagen** gem. § 4 Nr. 4.1 MTV Hotel- und Gaststättengewerbe für gewerbliche Arbeitnehmer wegen des in weiten Teilen der Branche bestehenden Flexibilitätsbedürfnisses (*LAG Köln* 10.3.1995 LAGE § 622 BGB Nr. 30). 307

▶ Grundkündigungsfrist von **drei Tagen in der Probezeit** für Arbeiter, dagegen von **vier Wochen bei Angestellten** nach dem MTV Systemgastronomie, weil nach Auskunft der tarifschließenden Gewerkschaft gegen einen zufrieden stellenden Entgeltabschluss den Wünschen der Arbeitgeberseite bei der Kündigungsfrist nachgegeben worden ist (*BAG* 29.10.1998 EzA Art. 3 GG Nr. 80). 308

bb) Verfassungswidrige Regelungen

▶ **§ 13 Nr. 9a MTV 1980 für Arbeiter, Angestellte und Auszubildende in der Eisen-, Metall-, Elektro- und Zentralheizungsindustrie** Nordrhein-Westfalen sowie § 8 MTV Gewerbliche Bayerische Metallindustrie vom 9.5.1982 (Die Wartefristen für die verlängerten Fristen älterer Arbeitnehmer wurden gegenüber denen der Angestellten ohne sachlichen Grund deutlich verkürzt, wobei bereits Zweifel bestehen, ob sich die Tariföffnung überhaupt auf die Wartezeiten bezieht; *BAG* 21.3.1991 EzA § 622 BGB a.F. Nr. 33; 29.8.1991 EzA § 622 BGB a.F. Nr. 35; 10.3.1994 EzA § 622 BGB a.F. Nr. 48). 309

310 ▶ Verlängerte Kündigungsfrist für ältere Arbeitnehmer nach § **21 MTV Brauereien** Nordrhein-Westfalen (*BAG* 7.4.1993 – 2 AZR 408/92 (A) – n.v.).

311 ▶ Verfassungswidrig ist auch die zweiwöchige Kündigungsfrist des § **8 MTV gewerblicher Arbeitnehmer Bayerische Metallindustrie** (*BAG* 10.3.1994 PersV 1994, 763).

i) Auswirkungen des KündFG auf die Beurteilung der Verfassungsmäßigkeit tariflicher Kündigungsregelungen

312 In der Literatur (KR/*Spilger* § 622 BGB Rz. 260) wird die Rechtsprechung des BAG (s.o. Rn. 299 ff.) grds. dahingehend bewertet, dass **sachliche Differenzierungsgründe nach Zweck und Auswirkungen tariflicher Regelungen bei unterschiedlichen Grundfristen eher anzuerkennen sind als bei verlängerten Kündigungsfristen.**

313 Im Hinblick auf *BAG* 11.8.1994 EzA § 622 BGB a.F. Nr. 51 wird aber die Auffassung vertreten, dass sich nunmehr eine Abkehr von der bisher geübten Zurückhaltung bei der Beurteilung ungleicher tariflicher Grundkündigungsfristen ankündigt.

314 Denn das BAG hat in der zitierten Entscheidung ausdrücklich offen gelassen, ob auch bei Vorliegen eines Flexibilitätsbedürfnisses in Zukunft angesichts des KündFG noch der im Streitfall große Unterschied der Kündigungsfrist von zwei Wochen ohne Termin für Arbeiter im Vergleich zu sechs Wochen zum Quartal für Angestellte sachlich zu rechtfertigen ist.

315 Selbst wenn das Bedürfnis nach flexibler Personalplanung im produktiven Bereich wegen produkt-, mode- und saisonbedingter Auftragsschwankungen eine kürzere tarifliche Grundkündigungsfrist für überwiegend in der Produktion tätige Arbeiter im Vergleich zu der für Angestellte günstigeren Regelung rechtfertigen würde, so gilt dies nach der Rechtsprechung des *BAG* (11.8.1994 EzA § 622 BGB a.F. Nr. 51) nicht ohne weiteres auch für die verlängerten Kündigungsfristen desselben Tarifvertrages (§ 2 Nr. 6 MTV Arbeiter Nordrheinische Textilindustrie). Denn die im gleichen Maße erbrachte Betriebstreue der Arbeiter erfordert dann zumindest gleiche Stufen der Wartezeiten auf Grund abgeleisteter Betriebszugehörigkeit wie bei den Angestellten.

316 Nach Auffassung von *Spilger* (KR § 622 BGB Rz. 260) dürften insgesamt sachlich begründete, unterschiedliche Kündigungsfristen von Arbeitern und Angestellten hinsichtlich ihrer Diskrepanz an den neuen Vorgaben des KündFG zu messen sein.

317 Denn die Tarifautonomie gilt nicht schrankenlos. Der Rechtfertigungsdruck ungleichbehandelnder Tarifregelungen ist danach mit dem In-Kraft-Treten des KündFG am 15.10.1993 zumindest gestiegen. Weder mit § 622 Abs. 4 S. 1 BGB a.F. noch mit der dahinter stehenden Tarifautonomie aus Art. 9 Abs. 3 GG werden sich künftig nennenswerte Ungleichbehandlungen rechtfertigen lassen. Das gilt auch für solche Altregelungen, für die nach der Entscheidung des BVerfG und seit dem In-Kraft-Treten des KündFG am 15.10.1993 im jeweiligen Einzelfall unter Berücksichtigung der Tariflaufzeiten objektiv hinreichend Zeit für eine verfassungskonforme Neuregelung bestanden hat, die ungenutzt verstrichen ist.

j) Auswirkungen verfassungswidriger Kündigungsregelungen

318 Wenn eine tarifliche Kündigungsregelung wegen Verstoßes gegen Art. 3 GG nichtig ist, dann liegt eine **unbewusste Regelungslücke** vor, die von den Gerichten durch ergänzende **Auslegung** zu schließen ist (vgl. APS/*Linck* § 622 BGB Rz. 128).

319 Nach In-Kraft-Treten des KündFG (zur Rechtslage vor In-Kraft-Treten des KündFG, vgl. *BAG* 29.8.1991 EzA § 622 BGB a.F. Nr. 35) sind Tariflücken, die durch verfassungswidrige tarifliche Kündigungsfristen entstanden sind, durch die gesetzlichen Kündigungsfristen der Neufassung des § 622 BGB zu schließen (*BAG* 10.3.1994 EzA § 622 BGB a.F. Nr. 48; 11.8.1994 EzA § 622 BGB a.F. Nr. 51; s.a. *LAG RhPf* 27.3.2008 – 10 Sa 669/07 – EzA-SD 25/2008 S. 3 LS).

320 Gem. Art. 222 EGBGB gilt dies auch für solche Fälle, in denen noch ein Rechtsstreit über diese Fragen anhängig ist (*BAG* 10.3.1994 EzA § 622 BGB a.F. Nr. 48).

7. Auswirkungen des KündFG auf Altkündigungen und auf Altregelungen

a) Altkündigungen (Art. 222 EGBGB)

Bei einer vor dem 15.10.1993 zugegangenen Kündigung gilt gem. Art. 222 EGBGB die Neufassung des § 622 BGB, wenn am 15.10.1993 das Arbeitsverhältnis noch nicht beendet ist und die Regelung der Neufassung für den Arbeitnehmer günstiger als die zuvor geltenden gesetzlichen Vorschriften ist oder ein Rechtsstreit nach näherer Maßgabe der gesetzlichen Regelungen anhängig ist. **321**

Erfasst sind auch vor dem In-Kraft-Treten des KündFG ausgesprochene ordentliche Änderungskündigungen, bei denen nur um den Zeitpunkt des Wirksamwerdens der Vertragsänderung gestritten wird (12.1.1994 EzA § 622 BGB a.F. Nr. 47). **322**

Eine Sonderregelung für Angestellte enthält Art. 222 Nr. 2b EGBGB. Sie erhalten in dem noch anhängigen Verfahren nur die kürzeren Fristen des KündFG, nicht die längeren Fristen des aufgehobenen AngKG; dagegen bestehen keine verfassungsrechtlichen Bedenken (*BAG* 17.3.1994 EzA § 622 BGB a.F. Nr. 49). Allerdings gelten die Fristen des aufgehobenen AngKG, wenn diese für den Angestellten günstiger sind und die Anwendbarkeit sowie die Voraussetzungen des § 2 Abs. 1 S. 1 AngKG zwischen den Parteien nicht streitig sind (zu Fragen der Verfassungsmäßigkeit der Übergangsvorschrift des Art. 222 EGBGB, die inzwischen durch Zeitablauf keine praktische Bedeutung mehr hat, vgl. KR/*Spilger* § 622 BGB Rz. 276 ff.). **323**

b) Altregelungen für weiterhin bestehende Arbeitsverhältnisse

aa) Fehlen einer gesetzlichen Regelung

Für einzelvertragliche und tarifvertragliche Regelungen der Kündigungsfristen in weiter bestehenden Arbeitsverhältnissen fehlt eine gesetzliche Regelung des Verhältnisses zu der Neufassung des § 622 BGB. **324**

bb) Vertraglich vereinbarte Kündigungsfristen

Verweist eine Klausel im Arbeitsvertrag auf die »gesetzlichen Kündigungsfristen«, so gelten, auch wenn der Arbeitsvertrag vor In-Kraft-Treten des KündFG abgeschlossen worden ist, für diesen Arbeitsvertrag nunmehr die neuen gesetzlichen Kündigungsfristen (*Preis/Kramer* DB 1993, 2130). Gleiches gilt für die Klausel »die Kündigungsfrist ist die gesetzliche, d.h. die Kündigung muss sechs Wochen vor dem Ende eines Quartals erfolgen« (*LAG Düsseld.* 26.9.2000 – 8 Sa 1223/00; *ArbG Krefeld* 13.7.2000 EzA § 622 BGB n.F. Nr. 60). **325**

Benennt die Klausel dagegen konkret die Fristdauer von **»sechs Wochen zum Schluss des Kalendervierteljahres«**, so kommt dieser Altregelung i.d.R. **konstitutive Bedeutung** zu (*Kramer* ZIP 1994, 937; *Diller* NZA 2000, 297 ff.). Gleiches gilt für die Formulierung »gesetzliche Kündigungsfrist von sechs Wochen zum Quartalsende« (*LAG Düsseld.* 26.9.2000 – 8 Sa 1223/00; *ArbG Krefeld* 13.7.2000 EzA § 622 BGB n.F. Nr. 60). **326**

Derartige konstitutive Regelungen bleiben von der Neufassung des § 622 BGB unberührt. **327**
Denn weil in der Vereinbarung das Wort »Gesetz« nicht vorkommt, sondern ausschließlich eine konkrete Frist benannt wird, muss aus der Sicht eines Durchschnittsarbeitnehmers auch eben diese Frist gelten, selbst wenn die nunmehr zwischenzeitlich geänderte gesetzliche Frist kürzer ist. Dasselbe gilt jedoch auch für die Formulierung »gesetzliche Kündigungsfrist von sechs Wochen zum Quartalsende«, weil die konkrete Festlegung der Frist die Bezugnahme auf das Gesetz überwiegt (*Preis/Kramer* DB 1993, 2130). Ist die nunmehrige Frist dagegen länger, bedarf es bei einer konstitutiven Quartalskündigungsfrist eines **Günstigkeitsvergleichs i.S. einer Gesamtbetrachtung** von Kündigungsfristen und -terminen (vgl. *Diller* NZA 2000, 295 ff.).

328 Wurde vertraglich eine Kündigungsfrist von sechs Wochen zum Quartalsende vereinbart, beträgt aber die gesetzliche Kündigungsfrist sieben Monate zum Monatsende, ist Letztere günstiger, so dass allein die gesetzliche Frist gilt (*LAG Nbg.* 13.4.1999 NZA-RR 2000, 80).

cc) Tarifnormen

329 Bei **tariflichen Normen,** die inhaltlich mit gesetzlichen Normen übereinstimmen oder auf sie verweisen, ist ebenfalls jeweils durch Auslegung zu ermitteln, ob die Tarifvertragsparteien eine selbstständige, d.h. in ihrer normativen Wirkung von der außertariflichen Norm unabhängige **eigenständige Regelung** treffen wollten. Diese Regelung muss im Tarifvertrag einen hinreichend erkennbaren Ausdruck gefunden haben.

330 Das ist regelmäßig dann anzunehmen, wenn die Tarifvertragsparteien eine im Gesetz nicht oder anders enthaltene Regelung vereinbaren oder eine gesetzliche Regelung übernehmen, die sonst nicht für die betroffenen Arbeitsverhältnisse gelten würde.

331 Für einen rein deklaratorischen Charakter der Übernahme spricht dagegen, wenn einschlägige gesetzliche Vorschriften wörtlich oder inhaltlich übernommen werden oder nur auf sie verwiesen wird (*BAG* 4.3.1993 EzA § 622 BGB a.F. Nr. 44; 16.9.1993 EzA § 622 BGB a.F. Nr. 45).

332 Tarifvertragliche Regelungen hinsichtlich der Kündigungsfristen können auch in einen konstitutiven und in einen deklaratorischen Teil aufgespalten werden (*BAG* 4.3.1993 EzA § 622 BGB a.F. Nr. 44). Deshalb sind die Grundkündigungsfristen sowie die verlängerten Kündigungsfristen sowie die noch fortbestehenden Kündigungsfristen von Arbeitern und Angestellten jeweils gesondert daraufhin zu überprüfen, ob und inwieweit eine konstitutive oder deklaratorische Regelung vorliegt. Die Abweichung der Regelung vom Gesetz bei einer Gruppe macht die Regelung der anderen nicht notwendigerweise konstitutiv.

333 Liegt eine deklaratorische Regelung vor, gilt die Neufassung des § 622 BGB (*BAG* 5.10.1995 NZA 1996, 325; 14.2.1996 EzA § 622 BGB a.F. Nr. 53).
Liegt eine wirksame konstitutive Regelung vor, so gilt diese und nicht die Neufassung des § 622 BGB. Ist die konstitutive Regelung unwirksam, gilt i.d.R. die gesetzliche Neufassung.
Liegt eine Mischform vor, gilt für die Arbeitnehmergruppe mit der deklaratorischen Teilregelung die Neufassung. Die konstitutive Teilregelung ist nur im Falle ihrer Wirksamkeit weiterhin anwendbar, andernfalls gilt auch insoweit die Neuregelung (KR/*Spilger* § 622 BGB Rz. 285 m.w.N.).

334 § 12 Nr. 1, 2 BRTV Bau enthält z.B. keine eigenständige tarifliche Regelung der verlängerten Kündigungsfristen für ältere gewerbliche Arbeitnehmer mit längerer Betriebszugehörigkeit, sondern verweist nur auf den (jeweiligen) Gesetzeswortlaut, in der derzeitigen Fassung des Tariftextes vom 10.9.1992 vom Wortlaut her noch auf § 622 Abs. 2 BGB a.F. Vereinbaren die Tarifpartner lediglich eine eigenständige tarifliche Grundkündigungsfrist und verweisen sie hinsichtlich der verlängerten Fristen auf das Gesetz durch dessen wörtliche Wiedergabe, so spricht dies im Zweifel dafür, dass sie auch die Entscheidung darüber, ab welcher Beschäftigungszeit (erstmals nach zwei Jahren nach § 622 Abs. 2 BGB a.F. statt nach fünf Jahren nach § 622 Abs. 2 BGB a.F.) verlängerte Kündigungsfristen eingreifen sollen, dem Gesetzgeber überlassen wollten, dass auch insoweit nur eine deklaratorische Regelung gegeben ist (*BAG* 14.2.1996 EzA § 622 BGB a.F. Nr. 53).

III. Beschränkung des Rechts zur Erklärung einer Kündigung

1. Tarifnormen, Betriebsvereinbarungen

335 **Durch Tarifnormen kann das Recht zur ordentlichen Kündigung des Arbeitgebers eingeschränkt werden.** Derzeit bestehen vor allem Kündigungsbeschränkungen zum Schutz älterer Arbeitnehmer, **Rationalisierungsschutzabkommen** sowie Normen zum Schutz

gewerkschaftlicher Vertrauensleute (vgl. §§ 53, 55 BAT, 58 MTB II, 58 MTL II, SchutzTV; Anh. B zum Manteltarifvertrag für die holz- und kunststoffverarbeitende Industrie Rheinland-Pfalz).

Zum Schutz älterer Arbeitnehmer werden in Tarifverträgen entweder die Kündigungsfristen über die gesetzlichen hinaus verlängert oder nach Erreichen eines bestimmten Lebensalters und einer bestimmten Betriebszugehörigkeit das Recht des Arbeitgebers, ordentlich zu kündigen, ausgeschlossen (vgl. z.B. § 53 Abs. 3 BAT). 336

Die tarifliche Beschränkung betriebsbedingter Kündigungen gilt im Zweifel **unabhängig davon**, ob der Arbeitnehmer den **allgemeinen Kündigungsschutz** nach dem KSchG genießt (*BAG* 13.6.1996 EzA § 4 TVG Luftfahrt Nr. 2). 337

► **Beispiel:** 338
Der TV Schutzabkommen Bordpersonal der Deutschen Lufthansa AG und der Condor Flugdienst GmbH beschränkt auch für Fluglehrer in den ersten sechs Monaten des Arbeitsverhältnisses die Möglichkeit von Kündigungen auf Grund von Betriebsänderungen i.S.v. § 94 TV Personalvertretung und von entsprechenden Änderungen für nicht erhebliche Teile der Belegschaft (*BAG* 13.6.1996 EzA § 4 TVG Luftfahrt Nr. 2).

Zum Teil wird allerdings ausnahmsweise die ordentliche Kündigung dann zugelassen, wenn der betroffene Arbeitnehmer unter den Geltungsbereich eines Sozialplans fällt (vgl. *BAG* 9.5.1985 EzA § 4 TVG Metallindustrie Nr. 25; 8.8.1985 EzA § 1 KSchG Soziale Auswahl Nr. 21). 339

Verfassungsrechtliche Bedenken bestehen dagegen nicht; unzulässig ist lediglich der tarifliche Ausschluss der außerordentlichen Kündigung. 340

Insbesondere liegt keine unzulässige Differenzierung zwischen organisierten und nicht organisierten Arbeitnehmern vor, weil es dem Arbeitgeber nicht verwehrt ist, die Vergünstigung auch nicht organisierten Arbeitnehmern zu gewähren. Im öffentlichen Dienst ist dies durch die einzelvertragliche Vereinbarung der Anwendung von Tarifnormen üblich (vgl. KR/*Spilger* § 622 BGB Rz. 111). 341

Nach Auffassung des *LAG SA* (6.3.1997 NZA 1998, 684) soll aber die Klausel in einem tarifvertraglichen Maßregelungsverbot nach Beendigung eines Arbeitskampfes wirksam sein, wonach die außerordentlichen Kündigungen gegenüber den Arbeitnehmern, die aus betriebswirtschaftlicher Sicht nicht wieder eingestellt werden können, in **ordentliche betriebsbedingte Kündigungen** umgewandelt werden. 342

In einem **Firmen-Tarifvertrag** kann gewerkschaftlichen Vertrauensleuten grds. ein besonderer Kündigungsschutz eingeräumt und Sonderurlaub sowie Freistellung aus Anlass der Gewerkschaftsarbeit zugestanden werden. Die Grenzen normativer Tarifmacht werden nicht überschritten, wenn die ordentliche Kündigung ausgeschlossen wird. Ob gleichwohl bei anstehenden betriebsbedingten Kündigungen Vertrauensleute in die soziale Auswahl einzubeziehen sind, ist eine Frage, die die generelle Wirksamkeit einer solchen Tarifnorm nicht berührt. Dem Arbeitgeber wird auch die außerordentliche Kündigung nicht unzulässig erschwert, wenn der Tarifvertrag entsprechend § 102 Abs. 6 BetrVG die Zustimmung des Betriebsrats voraussetzt (*LAG Düsseld.* 25.8.1995 LAGE Art. 9 GG Nr. 11). 343

Durch **Betriebsvereinbarung** kann die Wirksamkeit einer Kündigung des Arbeitgebers von der ausdrücklichen Zustimmung des Betriebsrats abhängig gemacht werden (§ 102 Abs. 6 BetrVG). Ferner können durch Betriebsvereinbarung Kündigungsfristen verlängert werden; soweit diese allerdings durch Tarifvertrag geregelt sind, ist § 77 Abs. 3 BetrVG zu beachten. Dagegen ist eine Verkürzung der vom Arbeitgeber einzuhaltenden Kündigungsfristen durch Betriebsvereinbarung nicht möglich, weil § 622 BGB die Sonderregelung dem Tarifvertrag vorbehält. 344

In Betriebsvereinbarungen können nach Auffassung von *Berkowsky* (MünchArbR § 122 Rz. 87 ff.) nicht weitergehende Kündigungsbeschränkungen ähnlich wie in Tarifverträgen getroffen werden, insbes. kann die Kündigungsmöglichkeit für einzelne Arbeitnehmer oder für bestimmte Gruppen von Arbeitnehmern weder eingeschränkt noch sogar ausgeschlossen werden. Denn eine gesetzliche Legitimation dafür ist nicht ersichtlich. 345

2. Gesetzliche Vorschriften

346 Einen **gesetzlichen Ausschluss** des Rechts des Arbeitgebers zur ordentlichen Kündigung enthalten **§ 15 KSchG, § 22 BBiG** nach Ablauf der Probezeit.

347 **§§ 85, 91 SGB IX, § 9 MuSchG, § 18 BEEG** enthalten den **grundsätzlichen Ausschluss** sowohl einer ordentlichen als auch einer außerordentlichen Kündigung, vorbehaltlich einer vor Ausspruch der Kündigung einzuholenden Zustimmung einer Verwaltungsbehörde.

348 Daneben enthalten vor allem **§ 626 BGB, § 1 KSchG Einschränkungen** des Kündigungsrechts des Arbeitgebers.

3. Einzelvertraglicher Kündigungsschutz

349 Inwieweit durch Individualarbeitsvertrag gegenüber dem Gesetz abweichende Regelungen möglich sind, ergibt sich teilweise aus dem Gesetz selbst (vgl. § 622 Abs. 3, Abs. 5, Abs. 6 BGB).

350 Im Übrigen gilt das Arbeitnehmerschutzprinzip. Grds. sind Abweichungen gegenüber der gesetzlichen Regelung, die für den Arbeitnehmer günstig sind, zulässig, während Einschränkungen des gesetzlichen Kündigungsschutzes unzulässig sind.

351 Ausgeschlossen ist die ordentliche Kündigung z.B. dann, wenn das Arbeitsverhältnis zeitlich oder durch seine Zweckbestimmung **befristet** ist und die Parteien sich nicht ausdrücklich die Möglichkeit der ordentlichen Kündigung vorbehalten haben (*BAG* 19.6.1980 EzA § 620 BGB Nr. 47).

352 **Die Zusage einer Lebensstellung** enthält i.d.R. noch nicht den Ausschluss der ordentlichen Kündigung. Darauf kann es aber hindeuten, wenn ein Arbeitnehmer langfristig als Betriebsleiter beschäftigt und ihm eine Sicherstellung im Alter durch die Zusage eines Ruhegeldes gewährt wird (*BAG* 12.10.1954 AP Nr. 1 zu § 52 Regelungsgesetz).

353 Der Hinweis, der Arbeitnehmer werde für eine Dauer- oder Lebensstellung eingestellt, kann auch die schwächere Wirkung haben, dass die ordentliche Kündigung nur für eine angemessene Zeit ausgeschlossen sein soll (*BAG* 7.11.1968 EzA § 66 HGB Nr. 2).

354 Die ordentliche Kündigung kann auch dadurch eingeschränkt werden, dass sie nur bei **bestimmten Kündigungsgründen** zulässig sein soll. Derartige Regelungen dürfen aber nicht den sozialen Schutz anderer Arbeitnehmer beseitigen, weil der Kündigungsschutz einschließlich der Grundsätze für die soziale Auswahl nicht abdingbar ist (KR/*Spilger* § 622 BGB Rz. 118).

C. Die Rechtswirksamkeit der außerordentlichen Arbeitgeberkündigung

355 Hat der Arbeitgeber eine ordnungsgemäß zugegangene außerordentliche Kündigung erklärt, so kann diese insbes. unwirksam sein, wenn sie an sog. **sonstigen Unwirksamkeitsgründen,** die vorab zu prüfen sind, leidet, z.B.:

- weil ein bestehender Betriebsrat vor Ausspruch der Kündigung nicht gem. § **102 BetrVG** ordnungsgemäß angehört worden ist oder
- im Falle des § **103 BetrVG** der Kündigung nicht ausdrücklich zugestimmt hat (vgl. auch § 15 KSchG),
- die gem. **§ 9 MuSchG, § 18 BEEG, § 91 SGB IX** erforderliche vorherige Zustimmung einer Behörde (zumeist des Gewerbeaufsichtsamtes bzw. des Integrationsamtes) nicht eingeholt worden ist oder
- die Voraussetzungen der **§§ 613a Abs. 4 S. 1 BGB, 612a BGB, § 2 Abs. 1, 2 ArbPlSchG, Art. 48 Abs. 2 GG, § 26 ArbGG, § 20 SGG, § 9 Abs. 2 des Gesetzes über die Erweiterung des Katastrophenschutzes, § 9 Abs. 2 Zivilschutzgesetz, § 5 Abs. 2 BeschFG** (jetzt § 13 Abs. 2 TzBfG) gegeben sind bzw.
- gem. § 11 der Bergmannsversorgungsscheingesetze die Zustimmung der Zentralstelle fehlt.

Die außerordentliche Kündigung des Arbeitgebers ist ferner dann unwirksam, wenn entweder die Voraussetzungen des **§ 626 Abs. 2 BGB** oder des **§ 626 Abs. 1 BGB** nicht gegeben sind und sich der Arbeitnehmer ggf. **fristgerecht darauf beruft (§§ 13, 4, 7 KSchG).** 356

I. Sonstige Unwirksamkeitsgründe

1. Beteiligung des Betriebsrats/Personalrats

a) Rechtsgrundlagen

Die Beteiligung des Betriebsrats/Personalrats bestimmt sich nach den §§ 102, 103 BetrVG, §§ 69 ff., 79 BPersVG sowie der vergleichbaren Vorschriften der jeweiligen Bundesländer, z.B. §§ 73 ff., 82 LPersVG RhPf (ausf. *Busemann/Schäfer* a.a.O., Rz. 67 ff.). 357

Soweit das KSchG anwendbar ist, handelte es sich bei der Geltendmachung der Unwirksamkeit der Beteiligung des Betriebsrats/Personalrats bis zum 31.12.2003 um einen sonstigen Unwirksamkeitsgrund i.S.d. § 13 Abs. 3 KSchG, der nicht innerhalb der 3-Wochenfrist gem. § 13 Abs. 1, 4, 7 KSchG geltend gemacht werden musste (vgl. KR/*Etzel* 6. Aufl., § 102 BetrVG Rz. 184). **Seit dem 1.1.2004 ist das auf Grund der Neufassung der §§ 4, 13 KSchG unabhängig von der Anwendbarkeit des KSchG nicht mehr der Fall; es gilt die Drei-Wochen-Frist.** 358

Gem. § 102 BetrVG ist der Betriebsrat vor jeder Kündigung, auch der zwischen Arbeitgeber und Arbeitnehmer in einem Personalgespräch verabredeten (*BAG* 28.6.2005 EzA § 102 BetrVG 2001 Nr. 14 = NZA 2006, 48), durch den Arbeitgeber anzuhören. Gem. § 103 BetrVG bedarf die außerordentliche Kündigung in besonderen Fällen der Zustimmung des Betriebsrats (vgl. auch § 15 KSchG). Dabei muss der Arbeitgeber den Betriebsrat desjenigen Betriebes anhören, zu dessen Belegschaft der zu kündigende Arbeitnehmer gehört (*BAG* 12.5.2005 EzA § 102 BetrVG 2001 Nr. 13 = NZA 2005, 1358 zur betriebsverfassungsrechtlichen Zuordnung von zur Berufsausbildung beschäftigten Personen). 359

Eine Zuständigkeit des **Gesamtbetriebsrats** gem. § 50 BetrVG kommt grds. **nicht** in Betracht. Das gilt selbst dann, wenn ein Arbeitnehmer dem Übergang seines Arbeitsverhältnisses auf einen neuen Betriebsinhaber widerspricht und daraufhin der bisherige Betriebsinhaber mit der Begründung kündigt, dass keine Weiterbeschäftigungsmöglichkeit besteht, ohne den Arbeitnehmer zuvor einem anderen Betrieb seines Unternehmens zuzuordnen. Das gilt selbst dann, wenn der Widerspruch des Arbeitnehmers dazu führt, dass zu der Kündigung **keiner der im Unternehmen des bisherigen Betriebsinhabers gebildeten Einzelbetriebsräte anzuhören ist** (*BAG* 21.3.1996 EzA § 102 BetrVG 1972 Nr. 91). 360

Gem. § 79 Abs. 1 S. 1 BPersVG wirkt der Personalrat bei der ordentlichen Kündigung des Arbeitnehmers mit. 361

Insoweit ist nach Mitteilung der Kündigungsgründe durch den Arbeitgeber eine eingehende Erörterung der Kündigung mit dem Personalrat vorgesehen. Die Anforderungen an die zwar nicht ausdrücklich vorgesehene, aber aus der notwendigen Erörterung mit dem Personalrat folgende Unterrichtung entsprechen denen des § 102 Abs. 1 BetrVG (KR/*Etzel* §§ 72, 79, 108 BPersVG Rz. 15). 362

Unterbleibt die Erörterung der beabsichtigten Maßnahme (Kündigung) mit dem Dienststellenleiter, so berührt dies die Wirksamkeit der Maßnahme jedenfalls dann nicht, wenn der Personalrat eine Erörterung nicht wünscht (*BAG* 3.2.1982 AP Nr. 1 zu § 72 BPersVG). Wird das Verfahren zur Beteiligung des Personalrats nicht durch den Dienststellenleiter, sondern durch einen **personalvertretungsrechtlich nicht zuständigen Vertreter des Dienststellenleiters eingeleitet**, so führt dies nicht zur Unwirksamkeit der Kündigung, wenn der Personalrat den Fehler nicht gerügt, sondern zu der beabsichtigten Kündigung – nur aus anderen 363

Gründen – abschließend Stellung genommen hat (*BAG* 25.2.1998 – 2 AZR 226/97 – gegen *BAG* 19.3.1983 AP Nr. 1 zu § 66 LPVG NW). **Denn** er **verliert dann sein Rügerecht** und kann den Vertretungsmangel nicht mehr nachträglich beanstanden. Ein möglicher Vertretungsmangel ist dann auch im Außenverhältnis unbeachtlich, und zwar nicht nur in den Fällen der Mitbestimmung, sondern auch in denen der Mitwirkung des Personalrats (*BAG* 19.4.2007 – 2 AZR 180/06 – EzA-SD 21/2007 S. 12 LS = NZA-RR 2007, 571).

364 Unwirksam ist die Kündigung aber dann, wenn der Personalrat wegen nicht ordnungsgemäßer Vertretung der Dienststelle **widerspricht** (*BAG* 29.10.1998 EzA § 79 BPersVG Nr. 1).

365 Vor fristlosen Entlassungen und außerordentlichen Kündigungen ist der Personalrat dagegen gem. § 79 Abs. 3 BPersVG zur anzuhören, diese Regelung entspricht § 102 Abs. 1 BetrVG.

366 Bei der Kündigung von **im Ausland beschäftigten Ortskräften** braucht der Personalrat des Auswärtigen Amtes dagegen nicht beteiligt zu werden (§§ 91, 79 Abs. 3 BPersVG; *BAG* 21.11.1996 NZA 1997, 493).

b) Begriffsbestimmungen

367 Anhörung bedeutet mehr als bloße Information, jedoch weniger als Beratung. Der Arbeitgeber ist verpflichtet, etwaige Bedenken des Betriebsrats, die dieser rechtzeitig vorträgt, zur Kenntnis zu nehmen, auf sie einzugehen, sie zu erwägen, auf ihre Begründetheit zu überprüfen und ernsthaft in seine Kündigungsüberlegungen einzubeziehen.

368 Dem steht allerdings nicht entgegen, dass der Arbeitgeber bereits vor der Entgegennahme der Reaktion des Betriebsrats seinen Kündigungsentschluss abschließend gefasst hat (*BAG* 28.9.1978 EzA § 102 BetrVG 1972 Nr. 39).

369 Dem Betriebsrat sind gem. § 102 Abs. 1 BetrVG die Gründe für die Kündigung mitzuteilen. Dazu gehört im Allgemeinen nicht die Vorlage von Beweismaterial. Etwas anderes ergibt sich auch nicht aus § 80 Abs. 2 BetrVG (*BAG* 26.1.1995 EzA § 102 BetrVG 1972 Nr. 87). Die Anhörung bedarf auch dann nicht der Schriftform bzw. der Übergabe vorhandener schriftlicher Unterlagen, wenn der Kündigungssachverhalt ungewöhnlich komplex ist (*BAG* 6.2.1997 EzA § 102 BetrVG 1972 Nr. 96).

c) Auslandseinsatz

370 § 102 BetrVG gilt auch bei der Kündigung der nicht nur vorübergehend im Ausland eingesetzten Arbeitnehmerin (Reiseleiterin), jedenfalls dann, wenn sie nach wie vor dem Inlandsbetrieb zuzuordnen ist.

371 Ob der Inlandsbezug eines solchen Arbeitsverhältnisses erhalten geblieben ist, hängt von den **Umständen des Einzelfalles** ab. Maßgeblich ist insbes. die Dauer des Auslandseinsatzes, die Eingliederung in den Auslandsbetrieb, das Bestehen und die Voraussetzungen eines Rückrufrechts zum Inlandseinsatz sowie der sonstige Inhalt der Weisungsbefugnis des Arbeitgebers (*BAG* 7.12.1989 EzA § 102 BetrVG 1972 Nr. 74; vgl. APS/*Koch* § 102 BetrVG Rz. 11 ff.).

d) Rechtsfolgen fehlerhafter Beteiligung

372 Gem. § 102 Abs. 1 S. 3 BetrVG, § 79 Abs. 4 BPersVG ist die ohne Beteiligung des Betriebs- oder Personalrats erfolgte Kündigung unwirksam (vgl. *BAG* 16.3.2000 EzA § 108 BPersVG Nr. 2). Das gilt auf Grund einer ausdehnenden Auslegung dieser Vorschrift auch dann, wenn das Anhörungsverfahren nicht wirksam eingeleitet oder durchgeführt und abgeschlossen worden ist (*BAG* 16.9.1993 EzA § 102 BetrVG 1972 Nr. 84; 4.6.2003 EzA § 209 InsO Nr. 1; 6.10.2005 EzA § 102 BetrVG 2001 Nr. 16 = NZA 2006, 990; LAG BW 11.8.2006 LAGE § 102 BetrVG 2001 Nr. 5; APS/*Koch* § 102 BetrVG Rz. 151 ff.; s. aber Rn. 460 ff.).

Wegen der einschneidenden Bedeutung der Kündigung hat das BetrVG 1972 die Rechtsstellung des Betriebsrats und damit seine kollektive Schutzfunktion erheblich verstärkt und zugleich den kollektiven Schutz mit dem individualrechtlichen Schutz verknüpft (vgl. § 1 Abs. 2 S. 2 KSchG). **Der Arbeitgeber kann folglich** die **Kündigung erst dann aussprechen, wenn das Mitbestimmungsverfahren abgeschlossen ist.** Für §§ 108 Abs. 2 BPersVG, 74 Abs. 3, 72 Abs. 4 PersVG Brandenburg bedeutet das, dass der Arbeitgeber die Zustellung der schriftlichen Begründung des die Zustimmung ersetzenden Beschlusses der Einigungsstelle nicht abwarten muss (*BAG* 2.2.2006 EzA § 1 KSchG Betriebsbedingte Kündigung Nr. 144 = NZA 2007, 352 LS). 373

e) Funktionsfähigkeit des Betriebsrats; Betriebsstilllegung

Damit der Arbeitgeber vor einer beabsichtigten Kündigung das Anhörungsverfahren nach § 102 BetrVG durchführen kann, ist jedoch nicht nur das Vorhandensein eines Betriebsrats erforderlich, sondern **der Betriebsrat muss auch funktionsfähig** sein. 374

Ein funktionsunfähiger Betriebsrat kann keine Mitwirkungsrechte ausüben; der Arbeitgeber kann hier grds. ohne Anhörung des Betriebsrats die Kündigung aussprechen (vgl. aber *LAG SchlH* 21.12.2004 NZA-RR 2005, 309 = LAG Report 2005, 287 LS: Auch wenn der dreiköpfige Betriebsrat wegen Rücktritts zweier Mitglieder handlungsunfähig ist, bedarf eine Änderungskündigung gegenüber dem verbliebenen Betriebsratsmitglied der Zustimmung des Betriebsrats bzw. der Ersetzung durch das ArbG). 375

Der Betriebsrat ist **funktionsunfähig,** wenn alle Betriebsrats- und Ersatzmitglieder gleichzeitig nicht nur kurzfristig an der Ausübung ihres Amtes verhindert sind, d.h. nicht in der Lage sind, Betriebsratsaufgaben wahrzunehmen (z.B. wegen Krankheit, Urlaub oder Dienstreisen). 376

Für den neu gewählten Betriebsrat besteht nach Beginn der Amtszeit bis zur Wahl des Betriebsratsvorsitzenden und seines Stellvertreters in der konstituierenden Sitzung Funktionsunfähigkeit (*BAG* 23.8.1984 EzA § 102 BetrVG 1972 Nr. 59). 377

Der Arbeitgeber ist dann, wenn die Amtszeit des neu gewählten Betriebsrats bereits begonnen, sich dieser aber noch nicht konstituiert hat, auch **nicht verpflichtet,** mit dem Ausspruch der Kündigung eines Arbeitnehmers **zu warten**, bis er sich konstituiert hat (*BAG* 23.8.1984 EzA § 102 BetrVG 1972 Nr. 59). 378

Demgegenüber ist es dem Arbeitgeber nach Auffassung von *Etzel* (KR § 102 BetrVG Rz. 24b) nach dem Grundsatz der vertrauensvollen Zusammenarbeit im Allgemeinen zuzumuten, dann, wenn damit zu rechnen ist, dass die Funktionsfähigkeit des Betriebsrats alsbald wieder hergestellt ist, dies abzuwarten und das Anhörungsverfahren z.B. erst nach der Konstituierung des Betriebsrats einzuleiten. Dem ist zuzustimmen, da auch die Amtszeit des Betriebsrats von seiner Konstituierung unabhängig ist. Allerdings kann der Arbeitgeber vor der Wahl des Vorsitzenden und seines Stellvertreters jedes Betriebsratsmitglied über seine Kündigungsabsicht unterrichten. Mit dem Zugang der Mitteilung hat er dann das Beteiligungsverfahren eingeleitet. Aufgabe der neu gewählten Betriebsratsmitglieder bzw. des Wahlvorstands ist es, innerhalb der Äußerungsfristen des § 102 Abs. 2 BetrVG die Handlungs- bzw. Beschlussfähigkeit herbeizuführen. Bis zum Ablauf der Äußerungsfrist muss der Arbeitgeber mit dem Kündigungsausspruch warten (APS/*Koch* § 102 BetrVG 1972 Rz. 45). 379

Ist nur ein Teil der Mitglieder und Ersatzmitglieder verhindert, der Betriebsrat aber nicht beschlussfähig (§ 33 Abs. 2 BetrVG), so nimmt der Restbetriebsrat analog § 22 BetrVG die Mitbestimmungsrechte wahr (*BAG* 18.8.1982 EzA § 102 BetrVG 1972 Nr. 48). 380

Ist das einzige Betriebsratsmitglied erkrankt (Betriebsobmann), so ist der Arbeitgeber verpflichtet, dieses auch außerhalb des Betriebes vor einer beabsichtigten Kündigung anzuhö- 381 ren, wenn er es nur wenige Tage zuvor an einer Personalangelegenheit beteiligt hat, die denselben Arbeitnehmer betraf (*BAG* 15.11.1984 EzA § 102 BetrVG 1972 Nr. 58).

382 Auch nach der **Stilllegung des Betriebs** durch den Insolvenzverwalter und der damit verbundenen Beendigung der Amtszeit des Betriebsrats ist der Betriebsrat nach § 102 BetrVG zu beteiligen, wenn der **Insolvenzverwalter** einem **Arbeitnehmer kündigen will**, den er über den Zeitpunkt der Betriebsstilllegung hinaus für **Abwicklungsarbeiten** beschäftigt hat; insoweit besteht ein **Restmandat** des Betriebsrats (*BAG* 26.7.2007 NZA 2008, 112).

f) Personalausschüsse

383 Der Betriebsrat kann gem. § 28 Abs. 1 BetrVG seine Mitwirkungsrechte bei Kündigungen nach § 102 BetrVG auch auf einen von ihm gebildeten **Personalausschuss** übertragen (*BAG* 12.7.1984 EzA § 102 BetrVG 1972 Nr. 57; vgl. APS/*Koch* § 102 BetrVG Rz. 70 ff.).

384 Daneben können Betriebsrat und Arbeitgeber gem. § 28 Abs. 3 BetrVG auch paritätische Personalausschüsse für Arbeiter und Angestellte bilden.

385 Der Betriebsrat kann seinen Mitgliedern in diesen paritätischen Ausschüssen ebenfalls seine Mitwirkungsrechte nach § 102 BetrVG zur selbstständigen Wahrnehmung übertragen, wenn er ausschließlich – und zwar alle – Mitglieder in die paritätischen Ausschüsse entsendet, die auch dem Personalausschuss angehören. Hört der Arbeitgeber nur den paritätischen Ausschuss zu einer beabsichtigten Kündigung an, so ist diese jedenfalls dann nicht wegen Verletzung von § 102 BetrVG unwirksam, wenn sämtliche Mitglieder des Betriebsrats im paritätischen Ausschuss der Kündigung zugestimmt haben (*BAG* 12.7.1984 EzA § 102 BetrVG 1972 Nr. 57).

g) Verfahrensgang

aa) Unterrichtung des Betriebsrats; Adressat

386 Die Unterrichtung durch den Arbeitgeber über die beabsichtigte Kündigung, d.h. der Kündigungsentschluss muss gefasst sein (s. *ArbG Hmb.* 8.1.2008 – 19 Ca 281/07 – ArbuR 2008, 276 LS) hat gegenüber dem **Vorsitzenden des Betriebsrats,** im Verhinderungsfall gegenüber dessen Stellvertreter – grds. während der Arbeitszeit – zu erfolgen (*BAG* 6.10.2005 EzA § 102 BetrVG 2001 Nr. 16 = NZA 2006, 990; APS/*Koch* § 102 BetrVG Rz. 69 ff.).

387 Der Betriebsratsvorsitzende oder (bei seiner Verhinderung) der Stellvertreter sind berechtigt, aber grds. nicht verpflichtet, eine Mitteilung des Arbeitgebers nach § 102 Abs. 1 BetrVG innerhalb der Arbeitszeit und außerhalb der Betriebsräume entgegenzunehmen.

388 Die widerspruchslose Entgegennahme einer derartigen Mitteilung des Arbeitgebers setzt aber auch dann die Wochenfrist des § 102 Abs. 2 S. 1 BetrVG in Lauf, wenn sie außerhalb der Arbeitszeit und außerhalb der Betriebsräume erfolgt (*BAG* 27.8.1982 EzA § 102 BetrVG 1972 Nr. 49).

389 Hat der Betriebsrat einen Personalausschuss gebildet, so kann – neben dem Betriebsratsvorsitzenden – die Unterrichtung durch den Arbeitgeber auch gegenüber dem **Vorsitzenden des Personalausschusses** erfolgen.

390 Unterrichtet der Arbeitgeber sonstige Betriebsratsmitglieder, so liegt keine ordnungsgemäße Unterrichtung vor. Ein solches Betriebsratsmitglied gilt lediglich als Erklärungsbote im Verhältnis zum Vorsitzenden des Betriebsrats. Der Arbeitgeber trägt folglich das Risiko, dass seine entsprechenden Mitteilungen nicht fristgemäß und inhaltlich zutreffend an den Vorsitzenden weitergeleitet werden (*BAG* 27.6.1985 EzA § 102 BetrVG 1972 Nr. 60).

bb) Abschluss des Anhörungsverfahrens

Der Arbeitgeber darf erst nach Abschluss des Anhörungsverfahrens und ggf. erteilter Zustimmung durch den Betriebsrat die Kündigung des Arbeitsverhältnisses aussprechen (*BAG* 13.11.1975 EzA § 102 BetrVG 1972 Nr. 20). Die Äußerungsfristen für den Betriebsrat sind nach §§ 187 Abs. 1, 188 Abs. 1, 2 BGB zu berechnen (*BAG* 8.4.2003 EzA § 102 BetrVG 2001 Nr. 3 = NZA 2003, 961). **391**

(1) Begriffsbestimmung

Das Anhörungsverfahren ist dann abgeschlossen, wenn die Äußerungsfrist gem. § 102 Abs. 2 BetrVG (eine Woche für die ordentliche, drei Tage für die außerordentliche Kündigung) abgelaufen ist oder der Betriebsrat bereits vorher eine sachlich-inhaltliche Stellungnahme abgegeben hat (vgl. *LAG Bln.* 12.7.1999 NZA-RR 1999, 485). Der Arbeitgeber kann nach einer abschließenden Stellungnahme die Kündigung auch dann vor Ablauf der Frist des § 102 BetrVG aussprechen, wenn die Stellungnahme **fehlerhaft zustande** gekommen ist (*BAG* 24.6.2004 EzA § 102 BetrVG 2001 Nr. 9 = NZA 2004, 1330 = BAG Report 2005, 12). **392**
Hat der Arbeitgeber angesichts der besonderen Umstände des Einzelfalles – z.B. wegen eines schwerwiegenden tätlichen Angriffs auf einen Vorgesetzten als Kündigungsgrund – Bedenken oder gar einen Widerspruch des Betriebsrats nicht zu erwarten, ist bereits mit der mündlich erteilten Zustimmung, ungeachtet der Ankündigung einer schriftlichen Stellungnahme das Verfahren zur Anhörung des Betriebsrats abgeschlossen, weil die schriftliche Stellungnahme die mündlich erteilte Zustimmung nur noch fixieren sollte (*LAG Nds.* 27.9.2002 NZA-RR 2003, 76).

Das Anhörungsverfahren kann **ausnahmsweise bereits vor Fristablauf** und ohne sachliche Stellungnahme abgeschlossen sein, wenn der Betriebsrat eine mündliche oder schriftliche Erklärung des Inhalts abgegeben hat, dass er **eine weitere Erörterung des Falles nicht wünscht,** keine weitere Erklärung mehr abgeben will und darin eine abschließende Stellungnahme liegt. Das ist z.B. dann der Fall, wenn er dem Arbeitgeber mitteilt, dass er **beschlossen** hat, **die Anhörungsfrist verstreichen zu lassen** (*LAG Hessen* 18.6.1997 LAGE § 626 BGB Nr. 14): **393**

Erklärt der Betriebsrat dies allerdings nicht ausdrücklich, so ist durch Auslegung zu ermitteln, ob eine bestimmte Äußerung oder ein bestimmtes Verhalten diesen Erklärungswert hat. Dabei kann insbes. die Übung des Betriebsrats von maßgeblicher Bedeutung sein. **394**

Diese Voraussetzungen können z.B. erfüllt sein, wenn der Betriebsrat am letzten Tag der gesetzlichen Anhörungsfrist das Anhörungsschreiben des Arbeitgebers, versehen mit einem handschriftlichen Eingangsvermerk, ohne weitere Bemerkung zurückgibt (*BAG* 12.3.1987 EzA § 102 BetrVG 1972 Nr. 71). **395**

Die Anhörungsfrist wird auch dann gewahrt, wenn die Arbeitgeberin am letzten Tag der Frist vor Fristablauf ein Kündigungsschreiben an einen Kurierdienst zur Zustellung am folgenden Tag übergibt. Denn das Kündigungsschreiben hat den Machtbereich der Arbeitgeberin durch die Übergabe an den Kurierdienst noch nicht verlassen, wenn dieser telefonisch erreichbar und die Zustellung der Sendung noch verhinderbar ist (*LAG Düsseld.* 19.7.2002 – 18 Sa 451/02 – EzA-SD 23/02, S. 8 LS), wenn der Betriebsrat wider Erwarten doch zu der Kündigungsabsicht Stellung nimmt (*BAG* 8.4.2003 EzA § 102 BetrVG 2001 Nr. 3 = NZA 2003, 961; krit. hinsichtlich der Begründung *Reiter* NZA 2003, 954). **396**

(2) Rechtsfolge verfrühter Kündigung

397 **Eine vor Abschluss des Anhörungsverfahrens ausgesprochene Kündigung ist unheilbar nichtig** (§ 102 Abs. 1 S. 3 BetrVG). Auch eine nachträgliche Anhörung oder gar die nachträgliche und ausdrückliche Zustimmung des Betriebsrats vermögen daran nichts zu ändern (*BAG* 28.2.1974 EzA § 102 BetrVG 1972 Nr. 8).

(3) Kombination von außerordentlicher und ordentlicher Kündigung

398 Erklärt der Arbeitgeber gleichzeitig eine außerordentliche und hilfsweise eine ordentliche Kündigung, so muss zum einen dem Betriebsrat gegenüber **eindeutig klargestellt** werden, dass es um die Anhörung zu **zwei Kündigungserklärungen** geht.

399 Zum anderen muss sowohl für die außerordentliche Kündigung die 3-Tagefrist als auch für die ordentliche Kündigung die Ein-Wochen-Frist eingehalten werden, wenn der Betriebsrat vor Fristablauf keine Stellungnahme abgibt.

(4) Besonderheiten bei Massenentlassungen

400 Die einwöchige Anhörungsfrist für die ordentliche Kündigung gem. § 102 Abs. 2 S. 1 BetrVG verlängert sich trotz der damit i.d.R. verbundenen erheblichen Mehrbelastung des Betriebsrats auch bei **Massenentlassungen** nicht automatisch um einen bestimmten Zeitraum.

401 Sie kann allerdings, ohne dass ein entsprechender Anspruch des Betriebsrats bestünde, durch **Vereinbarung mit dem Arbeitgeber verlängert** werden (*BAG* 14.8.1986 EzA § 102 BetrVG 1972 Nr. 69).

402 Kommt eine derartige Vereinbarung nicht zustande, so kann die Berufung des Arbeitgebers auf die Einhaltung der Anhörungsfrist aber bei Massenentlassungen **rechtsmissbräuchlich** (§ 242 BGB) sein. Hierfür reichen objektive Umstände wie die Zahl der Kündigungen und die sich hieraus für die Bearbeitung im Betriebsrat ergebenden Schwierigkeiten jedoch nicht aus.

403 Wesentlich ist, ob der Betriebsrat innerhalb der Wochenfrist vom Arbeitgeber eine Fristverlängerung für einen bestimmten Zeitraum verlangt hat und wie sich beide Betriebspartner bis zur formellen Einleitung des Anhörungsverfahrens verhalten haben. Das Verhalten des Arbeitgebers ist z.B. dann nicht rechtsmissbräuchlich, wenn das Verhalten des Betriebsrats die Annahme rechtfertigt, dass die Verlängerung der Frist deshalb begehrt wird, um den Ausspruch der Kündigungen zu verzögern und dadurch für die betroffenen Arbeitnehmer eine gewisse Verlängerung des Arbeitsverhältnisses zu erreichen.

cc) Ausspruch der Kündigung; erneute Anhörung bei weiterer Kündigung

404 Die Kündigung muss nach Abschluss des Anhörungsverfahrens nicht unbedingt in engem zeitlichen Zusammenhang mit der Anhörung erfolgen.

405 Es genügt, wenn trotz Zeitablaufs zwischen Anhörung und Kündigung der Kündigungssachverhalt **unverändert** geblieben ist, insbes. keine weiteren Gründe eingetreten sind (*BAG* 26.5.1977 EzA § 102 BetrVG 1972 Nr. 30).

406 Scheitert eine Kündigung, zu der der Betriebsrat ordnungsgemäß angehört worden ist und der er ausdrücklich und vorbehaltlos zugestimmt hat, am fehlenden Zugang an den Kündigungsgegner, so ist vor einer erneuten Kündigung die erneute Anhörung des Betriebsrats dann entbehrlich, wenn sie in engem zeitlichen Zusammenhang (17 Tage) ausgesprochen und auf **denselben Sachverhalt** gestützt wird (*BAG* 11.10.1989 EzA § 102 BetrVG 1972 Nr. 78; APS/*Koch* § 102 BetrVG Rz. 24 ff.).

407 Hat der Arbeitgeber vor Einschaltung des Integrationsamtes den Personalrat zur fristlosen Kündigung eines schwer behinderten Arbeitnehmers angehört, so ist bei unverändertem Sachverhalt eine erneute Personalratsanhörung auch dann nicht erforderlich, wenn die

Zustimmung des Integrationsamtes erst nach einem jahrelangen verwaltungsgerichtlichen Verfahren erteilt wird (*BAG* 18.5.1994 EzA § 611 BGB Abmahnung Nr. 31).

Allerdings hat das *LAG Hamm* (7.2.2001 – 2 Sa 200/00) andererseits angenommen, dass das vom Arbeitgeber eingeleitete Anhörungsverfahren grds. **nur für diejenige Kündigung** Wirksamkeit entfalten kann, für die es eingeleitet worden ist (so jetzt auch *BAG* 10.11.2005 EzA § 626 BGB 2002 Nr. 11 = NZA 2006, 491). Denn nach § 102 Abs. 1 BetrVG besteht eine **Anhörungspflicht** des Arbeitgebers **vor jeder Kündigung**. Nach Sinn und Zweck der Vorschrift, dem Betriebsrat Gelegenheit zu geben, auf den Kündigungsentschluss des Arbeitgebers Einfluss zu nehmen, ist dann, wenn die Kündigung ausgesprochen und dem Arbeitnehmer zugegangen ist, das **Anhörungsverfahren verbraucht** (*BAG* 3.4.2008 EzA § 102 BetrVG 2001 Nr. 16 = NZA 2008, 807; 10.11.2005 EzA § 626 BGB 2002 Nr. 11 = NZA 2006, 491); das gilt **insbesondere** dann, wenn der Arbeitgeber wegen Bedenken gegen die Wirksamkeit der ersten Kündigung **vorsorglich erneut kündigt** (*BAG* 3.4.2008 EzA § 102 BetrVG 2001 Nr. 16 = NZA 2008, 807). Der Betriebsrat muss deshalb nochmals angehört werden, wenn der Arbeitgeber eine erneute Kündigung aussprechen will, **auch wenn er sie auf den gleichen Sachverhalt stützen will** (*BAG* 10.11.2005 EzA § 626 BGB 2002 Nr. 11 = NZA 2006, 491; ebenso *LAG Köln* 18.3.2004 ArbuR 2004, 396 LS = LAG Report 2005, 85; *LAG BW* 6.9.2004 LAGE § 91 SGB IX Nr. 2 = NZA-RR 2005, 297; s.a. *BAG* 12.1.2006 EzA § 1 KSchG Verhaltensbedingte Kündigung Nr. 68 = NZA 2006, 980 zu Art. 77 BayPersVG); entscheidend ist, dass der Betriebsrat bei jeder vom Arbeitgeber beabsichtigten Kündigung seine ihm gesetzlich eingeräumten Rechte unter Ausschöpfung der dafür vorgesehenen Fristen wahrzunehmen in der Lage sein muss. Dem ist Genüge getan, wenn sich eine Anhörung für den Betriebsrat erkennbar auf eine noch auszusprechende Kündigung bezieht. Das gilt auch dann, wenn der Arbeitgeber ein Anhörungsformular benutzt, das sich ursprünglich auf eine bereits ausgesprochene Kündigung bezog (*BAG* 3.4.2008 EzA § 102 BetrVG 2001 Nr. 16 = NZA 2008, 807). 408

409 Wird eine **nach § 174 BGB zurückgewiesene Kündigung** vom Vertreter des Arbeitgebers anschließend unter Verwendung des gleichen Schreibens – jedoch unter Beifügung der erforderlichen Vollmacht – **erneut ausgesprochen**, so ist auch nach Auffassung des *LAG Köln* (30.3.2004 ZTR 2004, 606 LS = ArbuR 2004, 396 LS = LAG Report 2005, 94 LS) vor Ausspruch der zweiten Kündigung eine **erneute Anhörung** des Betriebsrats erforderlich (s.a. *BAG* 12.1.2006 EzA § 1 KSchG Verhaltensbedingte Kündigung Nr. 68 = NZA 2006, 980).

410 Jedenfalls ist dann eine erneute Anhörung des Betriebsrats ohnehin erforderlich, wenn die erstmalige Anhörung des Betriebsrats nicht ordnungsgemäß erfolgt ist, z.B. weil dem Betriebsrat weder die Personalien des betroffenen Arbeitnehmers noch die einzuhaltende Kündigungsfrist mitgeteilt worden sind (*BAG* 16.9.1993 EzA § 102 BetrVG 1972 Nr. 84; abl. *Rink* NZA 1998, 80).

411 Kündigt auf Seiten des Arbeitgebers ein Bevollmächtigter, so ist die Kündigung regelmäßig dem Arbeitgeber zuzurechnen, auch wenn bei Ausspruch der Kündigung auf das Vertretungsverhältnis nicht ausdrücklich hingewiesen wird. Tauchen in einem derartigen Fall beim Arbeitgeber nachträglich **Zweifel** auf, ob ihm die Kündigung durch den Bevollmächtigten zugerechnet werden kann und wiederholt er daraufhin selbst die Kündigung, so leitet er damit einen **neuen Kündigungsvorgang** ein und hat deshalb den Betriebsrat **erneut anzuhören** (*BAG* 31.1.1996 EzA § 102 BetrVG 1972 Nr. 90; ebenso *Sächs. LAG* 26.7.2001 ZTR 2001, 526 für § 78 Sächs. PersVG).

412 Ist dagegen die »erste« Kündigung dem Arbeitnehmer unstreitig **nicht zugegangen**, so hat diese nicht zu Rechtswirkungen geführt; vor einer »erneuten« Kündigung bedarf es **keiner nochmaligen Anhörung** (*BAG* 6.2.1997 EzA § 102 BetrVG 1972 Nr. 95).

413 **Leitet der Arbeitgeber die Anhörung des Betriebsrats zur (ordentlichen) Kündigung mit dem Hinweis ein, die Kündigung solle erst nach Abschluss eines Interessenausgleichs und Sozialplans erfolgen, so ist eine zwar nach Abschluss des Interessenausgleichs, aber vor dem Abschluss des Sozialplans ausgesprochene Kündigung**

nicht mehr von dieser Anhörung gedeckt (*BAG* 27.11.2003 EzA § 102 BetrVG 2001 Nr. 6 = BAG Report 2004, 279 LS).

414 Kommt es andererseits bei einer fristlosen, hilfsweise fristgemäß ausgesprochenen Kündigung, die an einem **Formmangel** scheitert, zu einer **einheitlichen Anhörung** des Betriebsrats, kann in diesem Fall eine weitere ordentliche Kündigung ohne nochmalige Anhörung des Betriebsrats ausgesprochen werden, wenn dem Betriebsrat eindeutig mitgeteilt wurde, dass seine Anhörung zu einer hilfsweisen ordentlichen Kündigung erfolgt, die »erst nach Zustimmung der Zentralstelle für den Bergmannsversorgungsschein NRW erfolgen soll« (*LAG Hamm* 4.9.2007 LAGE § 102 BetrVG 2001 Nr. 7).

dd) Ausscheidendes Betriebsratsmitglied

415 Scheidet ein Betriebsratsmitglied **während eines Zustimmungsersetzungsverfahrens** nach § 103 BetrVG auf Grund einer Neuwahl des Betriebsrats aus diesem Gremium aus, ist für die außerordentliche Kündigung durch den Arbeitgeber eine **erneute Anhörung** des Betriebsrats **nicht erforderlich** (*BAG* 8.6.2000 EzA § 103 BetrVG 1972 Nr. 106).

ee) Beendigungstatbestände ohne Anhörung des Betriebsrats

416 § 102 BetrVG gilt – ebenso wie die Parallelvorschriften des BPersVG oder der LPersVG – nicht bei der Beendigung des Arbeitsverhältnisses wegen Zeitablaufs (§ 620 Abs. 1 BGB), durch Aufhebungsvertrag, Arbeitnehmerkündigung, Anfechtung und der Geltendmachung der Nichtigkeit des Arbeitsvertrages.

417 Gleiches gilt für die **Teilkündigung,** die an sich nur die Ausübung eines Widerrufsvorbehaltes darstellt (vgl. *BAG* 4.2.1958 AP Nr. 1 zu § 620 BGB Teilkündigung), nicht aber auf die Beendigung des Arbeitsverhältnisses zielt (s.u. Rn. 2965 ff.).

418 Nicht erfasst ist i.d.R. auch die mit der **Befristung** des Arbeitsverhältnisses begründete Ablehnung der Weiterbeschäftigung durch den Arbeitgeber und eine dahingehende Mitteilung an den Arbeitnehmer.

419 Denn die Mitteilung, ein befristet abgeschlossener Arbeitsvertrag solle nicht verlängert werden, oder eine mit der Befristung begründete Ablehnung der Weiterbeschäftigung ist i.d.R. dann keine vorsorgliche Kündigung, wenn die Wirksamkeit der Befristung zwischen den Parteien noch nicht streitig ist (*BAG* 26.4.1979 EzA § 620 BGB Nr. 39). Nach – **abzulehnender** – Auffassung des *LAG Nds.* (17.2.2004 LAG Report 2004, 189) soll § 102 BetrVG auch dann nicht anwendbar sein, wenn die Vertragsparteien die **Beendigung des Arbeitsverhältnisses vereinbaren** und diese Vereinbarung durch **Kündigung und Abwicklungsvertrag** umgesetzt wird, weil es sich dann in der Sache um nichts anderes handeln soll als um einen Aufhebungsvertrag.

420 Anwendbar ist § 102 BetrVG dagegen jedenfalls auf die **Änderungskündigung,** weil es sich (auch) um eine echte Beendigungskündigung handelt (vgl. APS/*Koch* § 102 BetrVG Rz. 23 ff.).

ff) Kündigung von Heimarbeitern

421 § 102 BetrVG ist anwendbar bei der Kündigung des Rechtsverhältnisses eines **Heimarbeiters, der hauptsächlich für den Betrieb arbeitet.**

422 Verletzt der Arbeitgeber seine Pflicht zur ordnungsgemäßen Anhörung des Betriebsrats, ist die Kündigung des Heimarbeitsverhältnisses nach § 102 Abs. 1 S. 3 BetrVG unwirksam.

423 Berücksichtigt der Arbeitgeber bei der Auswahl der zu kündigenden Heimarbeiter soziale Gesichtspunkte, so hat er dem Betriebsrat die entsprechenden Daten aller Heimarbeiter mitzuteilen, die er in die Auswahlentscheidung einbezogen hat (*BAG* 7.11.1995 EzA § 102 BetrVG 1972 Nr. 88).

h) Inhaltliche Anforderungen

aa) Mitteilung der persönlichen Angaben

Der Arbeitgeber muss die **Person** des zu kündigenden Arbeitnehmers, seine **wesentlichen Sozialdaten** (Dauer der Betriebszugehörigkeit, Familienstand, Unterhaltspflichten; s. *BAG* 24.11.2005 EzA § 1 KSchG Krankheit Nr. 51 = NZA 2006, 665), ggf. ob der Ehepartner in einem Arbeitsverhältnis steht, **besonderen Kündigungsschutz begründende Umstände** (z.B. Schwangerschaft, Schwerbehinderteneigenschaft; vgl. *BAG* 16.9.1993 EzA § 102 BetrVG 1972 Nr. 84) angeben (*BAG* 6.10.2005 EzA § 1 KSchG Verhaltensbedingte Kündigung Nr. 66 = NZA 2006, 431; *Hess. LAG* 29.8.2003 ArbuR 2004, 476 LS = LAG Report 2004, 87; krit. *Oppertshäuser* NZA 1997, 920 ff.; s.u. Rn. 444). Eine Mitteilung der sozialen Daten ist aber **entbehrlich,** wenn sie dem Betriebsrat **bereits bekannt** sind. Der Arbeitgeber muss nur die **ihm bekannten persönlichen Daten** des Arbeitnehmers mitteilen, diese allerdings auch dann, wenn der Arbeitnehmer diesbezüglich einer **arbeitsvertraglichen Meldepflicht** nicht nachgekommen ist (*LAG Hessen* 29.8.2003 ArbuR 2004, 476 LS = LAG Report 2004, 87). Er ist jedoch **nicht verpflichtet,** insoweit **Nachforschungen** anzustellen (*LAG SchlH* 1.4.1999 LAGE § 1 KSchG Soziale Auswahl Nr. 30). Denn insbes. die Steuerkarte ist ein **amtliches Dokument,** sodass sich der Arbeitgeber grds. im Rahmen der Betriebsratsanhörung auf die Richtigkeit der darin vermerkten persönlichen Daten des Arbeitnehmers verlassen darf, sofern er keine gegenteilige Kenntnis hat (*BAG* 24.11.2005 EzA § 1 KSchG Krankheit Nr. 51 = NZA 2006, 665). Den Arbeitnehmer trifft die Obliegenheit, seine persönlichen Daten wie Anschrift, Familienstand und Anzahl unterhaltsberechtigter Personen dem Arbeitgeber mitzuteilen (*LAG SchlH* 10.8.2004 NZA-RR 2004, 582 = LAG Report 2004, 351 LS; *Kleinebrink* DB 2005, 2522 ff.). 424

Teilt der Arbeitgeber deshalb im Rahmen der Anhörung mit, der Arbeitnehmer habe »laut Steuerkarte« keine unterhaltsberechtigten Kinder und entspricht dies seinem Kenntnisstand, so ist die Anhörung auch dann nicht fehlerhaft, wenn der Arbeitnehmer in Wahrheit unterhaltsberechtigte Kinder hat (*BAG* 24.11.2005 EzA § 1 KSchG Krankheit Nr. 51 = NZA 2006, 665). 425

Eine ordnungsgemäße Anhörung des Personalrats erfordert i.d.R. auch dann, wenn es um die **Annahme von Schmiergeldern** als Kündigungsgrund geht, die Mitteilung der Personaldaten des Arbeitnehmers, soweit der Personalrat diese nicht bereits kennt; dies gilt insbes. bei tariflicher Unkündbarkeit (*BAG* 21.6.2001 EzA § 626 BGB Unkündbarkeit Nr. 7). 426

Der Wirksamkeit einer außerordentlichen Kündigung steht die fehlende Mitteilung der genauen Sozialdaten des zu kündigenden Arbeitnehmers an den Betriebsrat aber andererseits jedenfalls dann nicht entgegen, wenn es dem Arbeitgeber wegen der Schwere der Kündigungsvorwürfe (Annahme von Schmiergeldern in Höhe von 1,4 Mio DM zuzüglich weiterer Sachleistungen durch den Arbeitnehmer) auf die genauen Daten ersichtlich nicht ankommt, der Betriebsrat zudem die ungefähren Daten kennt und er daher die Kündigungsabsicht des Arbeitgebers ausreichend beurteilen kann (*BAG* 15.11.1995 EzA § 102 BetrVG 1972 Nr. 89; APS/*Koch* § 102 BetrVG Rz. 92 ff.). Andererseits kann der Arbeitgeber bei einer beabsichtigten personenbedingten Kündigung die Mitteilung der Sozialdaten **nicht kraft seiner subjektiven Determination,** auf alle Fälle kündigen zu wollen, für entbehrlich erklären. Die Mitteilung der Sozialdaten ist **nur dann entbehrlich,** wenn der Arbeitgeber dem Betriebsrat mitteilt, er habe sich entschlossen, **überhaupt keine Interessenabwägung durchzuführen** (*LAG Hessen* 29.8.2003 ArbuR 2004, 476 LS = LAG Report 2004, 87). 427

bb) Art der Kündigung

Mitzuteilen ist auch die **Art der Kündigung** (außerordentliche, ordentliche Kündigung, außerordentliche oder ordentliche Änderungskündigung). 428

Das gilt auch im Falle der beabsichtigten Kündigung eines »unkündbaren« Arbeitnehmers, wenn der Arbeitgeber ohne jede Erläuterung eine nach der objektiven Rechtslage nur 429 außerordentlich mögliche Kündigung unter Einhaltung einer Auslauffrist aussprechen will (*BAG* 29.8.1991 EzA § 102 BetrVG 1972 Nr. 82, abl. *Rink* NZA 1998, 79; vgl. APS/*Koch* § 102 BetrVG Rz. 99 f.).

cc) Kündigungsfrist, -termin

430 Das *BAG* (28.2.1974 EzA § 102 BetrVG 1972 Nr. 8) hat zunächst angenommen, dass auch die Kündigungsfrist und der Kündigungstermin als der Zeitpunkt, zu dem gekündigt werden soll, angegeben werden müssen.

431 Inzwischen geht das *BAG* (29.1.1986, 16.9.1993 EzA § 102 BetrVG 1972 Nr. 64, 84) davon aus, dass zwar die **Angabe der Kündigungsfrist,** aber **nicht die Angabe ihres Endtermins** verlangt werden kann. Denn es ist nicht sicher, zu welchem Zeitpunkt die beabsichtigte Kündigung zugehen wird, sodass häufig der Endtermin der Kündigungsfrist noch nicht feststeht.

432 Auch ist die Unterrichtung des Betriebs- bzw. Personalrats **nicht allein deshalb fehlerhaft, weil der Arbeitgeber eine unrichtige Kündigungsfrist oder einen unrichtigen Endtermin angegeben hat,** zu dem die Kündigung wirksam werden kann (*BAG* 24.10.1996 EzA § 102 BetrVG 1972 Nr. 92).

433 Die Angabe der Kündigungsfrist ist im Übrigen **entbehrlich,** wenn sie dem Betriebsrat bekannt ist oder er über die tatsächlichen Umstände für die Berechnung der maßgeblichen Kündigungsfristen **unterrichtet ist** (*BAG* 29.3.1990 EzA § 102 BetrVG 1972 Nr. 79). Davon ist im Allgemeinen auszugehen, z.B. wenn der Arbeitgeber erklärt, er wolle ordentlich kündigen, und dem Betriebsrat bekannt ist, dass im Betrieb die tariflichen Kündigungsfristen angewendet werden (vgl. *BAG* 24.10.1996 EzA § 102 BetrVG 1972 Nr. 92).

434 Mit Urteil vom 27.4.2006 (EzA § 1 KSchG Personenbedingte Kündigung Nr. 19 = NZA 2007, 288 LS) ist das BAG davon ausgegangen, dass die Beteiligung des Personalrats grundsätzlich **auch dann fehlerhaft** ist, wenn dem Personalrat **nicht in ausreichendem Maße offen gelegt worden ist, zu welchem Zeitpunkt die Kündigung wirken soll**. Dazu soll es jedoch nicht stets erforderlich sein, dass der konkrete Kündigungstermin genannt wird. Denn der Personalrat ist i.d.R. ausreichend informiert, wenn die für den zu kündigenden Arbeitnehmer geltende Kündigungsfrist feststeht und der Arbeitgeber außerdem klarstellt, dass die Kündigung in naher Zukunft ausgesprochen werden soll.

435 Zur ordnungsgemäßen Anhörung des Betriebsrats im Falle der betriebsbedingten Änderungskündigung gehört aber jedenfalls dann die Angabe der Kündigungsfristen der betroffenen Arbeitnehmer, wenn sich **erst daraus die Tragweite** der geplanten personellen Maßnahme (z.B. Reduzierung des Weihnachtsgeldes), bezogen auf das laufende oder das nachfolgende Kalenderjahr, **ermitteln lässt** (*BAG* 29.3.1990 EzA § 102 BetrVG 1972 Nr. 79; abl. *Rink* NZA 1998, 79 f.).

436 Nach Auffassung des *LAG Hamm* (14.3.1995 LAGE § 102 BetrVG 1972 Nr. 51) ist die Mitteilung einer gegenüber der gesetzlichen Regelung einzelvertraglich verlängerten Kündigungsfrist nicht erforderlich (APS/*Koch* § 102 BetrVG Rz. 101 ff.).

dd) Kündigungsgründe

(1) Allgemeine Anforderungen

437 Der Arbeitgeber muss dem Betriebsrat die **Gründe für die Kündigung** mitteilen (§ 102 Abs. 1 S. 2 BetrVG; vgl. ausf. *Becker-Schaffner* DB 1996, 426 ff.). Dabei ist zu beachten, dass die Substantiierungspflicht im Kündigungsschutzprozess nicht das Maß für die Unterrichtungspflicht des Arbeitgebers nach § 102 BetrVG ist (*LAG Hamm* 20.10.2005 – 8 Sa 205/05 – FA 2006, 189 LS). Der Umfang der Unterrichtungspflicht orientiert sich an dem vom Zweck des Kündigungsschutzprozesses zu unterscheidenden Zweck des Anhörungsverfahrens. Es zielt nicht darauf ab, die selbstständige Überprüfung der Wirksamkeit der Kündigung zu gewähren. Der Betriebsrat ist kein »Gericht«, das über Anträge des Arbeitgebers entscheidet, sondern er soll Partner des Arbeitgebers in einem zwar institutionalisierten, aber vertrauensvoll zu führenden betrieblichen Gespräch sein (*BAG* 28.8.2003 EzA § 102 BetrVG 2001 Nr. 4).

Mit Kündigungsgründen sind folglich nicht nur die wichtigsten Kündigungsgründe gemeint, vielmehr hat der Arbeitgeber den Betriebsrat über alle Tatsachen und subjektiven Vorstellungen zu unterrichten, die ihn zu der Kündigung veranlassen (*BAG* 24.11.1983 EzA § 102 BetrVG 1972 Nr. 54). Bei einer beabsichtigten außerordentlichen Kündigung gegenüber einem angestellten Arzt wegen sexuellen Missbrauchs von Patientinnen gehören zur notwendigen ausreichenden Information über die Tatvorwürfe z.B. Angaben über die **äußeren Umstände der Untersuchungen**, über die **konkreten Beschwerden der Patientinnen** sowie über die Art und Weise der dem Arbeitnehmer vorgeworfenen Untersuchungshandlungen (*LAG Köln* 29.11.2005 NZA-RR 2006, 443). Denn § 102 BetrVG soll dem Betriebsrat die Möglichkeit geben, durch seine Stellungnahme auf den Willen des Arbeitgebers einzuwirken und ihn durch Darlegung von Gegengründen u.U. von seiner Planung, den Arbeitnehmer zu entlassen, abzubringen (vgl. *BAG* 28.2.1974 EzA § 102 BetrVG 1972 Nr. 8). Andererseits muss der Arbeitgeber dem Betriebsrat nur diejenigen Gründe mitteilen, **die nach seiner subjektiven Sicht die Kündigung rechtfertigen und für seinen Kündigungsentschluss maßgebend sind** (*BAG* 13.5.2004 EzA § 102 BetrVG 2001 Nr. 7 = NZA 2004, 1037 = BAG Report 2004, 330; 15.7.2004 EzA § 1 KSchG Soziale Auswahl Nr. 54 = BAG Report 2004, 367; 16.9.2004 EzA § 102 BetrVG 2001 Nr. 10 = BAG Report 2005, 41; s.u. Rn. 444 ff.). Das ist auch dann der Fall, wenn er kündigungsrechtlich **objektiv erhebliche Tatsachen nicht mitteilt, weil er darauf die Kündigung zunächst nicht stützen will**. Denn eine nur bei objektiver Würdigung unvollständige Mitteilung führt nicht zur Unwirksamkeit der Kündigung nach § 102 BetrVG (*BAG* 11.12.2003 EzA § 102 BetrVG 2001 Nr. 5 = BAG Report 2004, 187). Demgegenüber genügt die **Mitteilung von Scheingründen oder die unvollständige Mitteilung von Kündigungsgründen** – insbes. unter bewusster Verschweigung der wahren Kündigungsgründe – nicht. Kommen andererseits aus der Sicht des Arbeitgebers mehrere Kündigungssachverhalte und Kündigungsgründe in Betracht, so führt ein bewusstes Verschweigen eines – von mehreren – Sachverhalten nicht zur Unwirksamkeit der Anhörung (*BAG* 16.9.2004 EzA § 102 BetrVG 2001 Nr. 10 = BAG Report 2005, 41; *LAG BW* 11.8.2006 LAGE § 102 BetrVG 2001 Nr. 5; s.a. *LAG Hamm* 20.10.2005 – 8 Sa 205/05 – FA 2006, 189 LS). 438

Wenn dem Betriebsrat insoweit Gelegenheit gegeben werden soll, sich zu der beabsichtigten Kündigung zu äußern, dann muss er die Wirksamkeit dieser Kündigung auch beurteilen können. Das ist aber nur möglich, wenn er alle Tatsachen kennt, auf die der Arbeitgeber seine Kündigung stützt. Dazu gehören auch dem Arbeitgeber bekannte, **seinen Kündigungsgründen widerstreitende Umstände** (*LAG SA* 5.11.1996 NZA-RR 1997, 325; vgl. ausf. KR/*Etzel* § 102 BetrVG Rz. 62), z.B. **Entlastungszeugen** für Fehlverhalten des Arbeitnehmers (*LAG Köln* 30.9.1993 LAGE § 102 BetrVG 1972 Nr. 36) oder eine **Gegendarstellung** des Arbeitnehmers (*BAG* 31.8.1989 EzA § 102 BetrVG 1972 Nr. 75; vgl. dazu *LAG Köln* 5.6.2000 NZA-RR 2001, 168 LS zu § 72a NWPersVG). Andererseits ist der Umstand, dass der Arbeitgeber **zeitgleich mit dem Personalrat** den **Arbeitnehmer anhört**, dessen Stellungnahme aber dem Personalrat nicht mitgeteilt hat, dann unerheblich, wenn das LAG von der Revision nicht angegriffen festgestellt hat, der Arbeitgeber sei zur Kündigung schon vor der Anhörung fest entschlossen gewesen, es habe sich unmissverständlich nicht um eine nur vorläufige bzw. vorsorgliche Anhörung des Personalrats gehandelt (*BAG* 21.7.2005 EzA § 102 BetrVG 2001 Nr. 15 = NZA-RR 2006, 331). 439

Äußert der Arbeitgeber bei einer geplanten Kündigung andererseits wegen unentschuldigten Fehlens eine Vermutung zu dem Beweggrund des Arbeitnehmers für das Fehlen, so ist er auch verpflichtet, dem Betriebsrat ihm bekannte, gegen diese Vermutung sprechende und ein anderes Gesamtbild zeichnende Umstände mitzuteilen. Der Arbeitgeber kann den Mangel unzureichender Unterrichtung des Betriebsrats aber dadurch beheben, dass er aus eigener Initiative oder auf Grund einer Rückfrage des Betriebsrats die **vollständige Unterrichtung nachholt**; die Frist des § 102 BetrVG läuft dann erst ab dem Zeitpunkt der vollständigen Unterrichtung (*LAG SchlH* 15.4.1997 NZA-RR 1997, 483; s.a. *LAG Hamm* 20.10.2005 – 8 Sa 205/05 – FA 2006, 189 LS). Entlastende Umstände muss er auch dann dem Betriebsrat 440 mitteilen, wenn er von ihnen erst **nach Beginn des Anhörungsverfahrens**, aber vor Ausspruch der Kündigung erfährt; dies muss innerhalb der Anhörungsfrist erfolgen, oder, wenn dies nicht möglich ist, muss ein neues Anhörungsverfahren durchgeführt werden (*LAG BW* 11.8.2006 – 2 Sa 10/06 – ArbuR 2006, 411 LS).

441 Die maßgeblichen Tatsachen muss der Arbeitgeber dem Betriebsrat **substantiiert** mitteilen. **Die pauschale Angabe von Kündigungsgründen oder die Angabe eines Werturteils allein genügen nicht** (vgl. *BAG* 27.6.1985 EzA § 102 BetrVG 1972 Nr. 60). Angaben wie »Arbeitsverweigerung«, »hohe Krankheitszeiten«, »ungenügende Arbeitsleistung«, »fehlende Führungsqualitäten« sind folglich nicht ausreichend (*LAG SchlH* 30.10.2002 NZA-RR 2003, 310 = ArbuR 2004, 396 LS).

442 Folglich muss der Arbeitgeber die aus seiner Sicht die Kündigung begründenden Umstände (*BAG* 15.7.2004 EzA § 1 KSchG Soziale Auswahl Nr. 54 = BAG Report 2004, 367; 16.9.2004 EzA § 102 BetrVG 2001 Nr. 10 = BAG Report 2005, 41) so genau und umfassend darlegen, dass der Betriebsrat ohne zusätzliche eigene Nachforschungen in der Lage ist, selbst die Stichhaltigkeit der Kündigungsgründe zu prüfen und sich über seine Stellungnahme schlüssig zu werden (vgl. *BAG* 13.7.1978 EzA § 102 BetrVG 1972 Nr. 35; *LAG Hamm* 11.1.2006 – 3 Sa 9/05 – FA 2006, 189 LS; APS/*Koch* § 102 BetrVG Rz. 104 ff.).

443 Nicht möglich ist eine wirksame Anhörung des Betriebsrats zu einem vom Arbeitnehmer zwar angekündigten, aber noch nicht eingetretenen Verhalten, wenn nicht die Ankündigung selbst, sondern nur das zu erwartende Verhalten vom Arbeitgeber als Kündigungsgrund genannt wird (*BAG* 19.1.1983 EzA § 102 BetrVG 1972 Nr. 50).

(2) Subjektive Determinierung der Mitteilungspflicht des Arbeitgebers

444 Zu berücksichtigen ist aber, dass der Arbeitgeber im Rahmen des § 102 BetrVG nur die **aus seiner Sicht** tragenden Umstände mitteilen muss (*BAG* 15.7.2004 EzA § 1 KSchG Soziale Auswahl Nr. 54 = BAG Report 2004, 367; 16.9.2004 EzA § 102 BetrVG 2001 Nr. 10 = BAG Report 2005, 41).

445 Eine Verletzung der Mitteilungspflicht liegt deshalb nur dann vor, wenn er dem Betriebsrat bewusst ihm bekannte und seinen Kündigungsentschluss (mit)bestimmende Tatsachen vorenthält, die nicht nur eine Ergänzung oder Konkretisierung des mitgeteilten Sachverhalts darstellen, sondern diesem erst das Gewicht eines Kündigungsgrundes geben oder weitere eigenständige Kündigungsgründe beinhalten (APS/*Koch* § 102 BetrVG Rz. 88 ff.). Das ist nicht der Fall, wenn er **kündigungsrechtlich objektiv erhebliche Tatsachen nicht mitteilt, weil er darauf die Kündigung zunächst nicht stützen will.** Denn eine nur bei objektiver Würdigung unvollständige Mitteilung führt nicht zur Unwirksamkeit der Kündigung nach § 102 BetrVG (*BAG* 11.12.2003 EzA § 102 BetrVG 2001 Nr. 5 = BAG Report 2004, 187). Demgegenüber genügt die Mitteilung von Scheingründen oder die unvollständige Mitteilung von Kündigungsgründen – insbes. unter bewusster Verschweigung der wahren Kündigungsgründe – nicht. Kommen andererseits aus der Sicht des Arbeitgebers mehrere Kündigungssachverhalte und Kündigungsgründe in Betracht, so führt ein bewusstes Verschweigen einer – von mehreren – Sachverhalten nicht zur Unwirksamkeit der Anhörung (*BAG* 16.9.2004 EzA § 102 BetrVG 2001 Nr. 10 = BAG Report 2005, 41). Allerdings führt die subjektive Determination nicht dazu, dass der Arbeitgeber auf eine Mitteilung persönlicher Gründe ganz verzichten darf, auch wenn er sie nicht berücksichtigt. Der Arbeitgeber muss deshalb **im Allgemeinen das Lebensalter und die Dauer der Betriebszugehörigkeit sowie einen eventuellen Sonderkündigungsschutz als unverzichtbare Daten für die Beurteilung der Kündigung dem Betriebsrat mitteilen.** Das gilt auch für einen verhaltensbedingten Kündigungsgrund, da dem Betriebsrat keine persönlichen Umstände vorenthalten werden dürfen, die sich im Rahmen der Interessenabwägung zu Gunsten des Arbeitnehmers auswirken können (*BAG* 6.10.2005 EzA § 1 KSchG Verhaltensbedingte Kündigung Nr. 66 = NZA 2006, 431).

Gleiches gilt, wenn der Arbeitgeber aus seiner Sicht **unrichtige oder unvollständige Sachdarstellungen** unterbreitet (*BAG* 18.5.1994, 22.9.1994 EzA § 102 BetrVG 1972 Nr. 85, 86). Damit wird es dem Arbeitgeber insbes. verwehrt, dem Betriebsrat den Sachverhalt irreführend zu schildern, »damit sich die Kündigungsgründe als möglichst überzeugend darstellen« (*ArbG Bln.* 25.1.2002 NZA-RR 2003, 85). 446

Beispiele: 447

- Teilt der Arbeitgeber als Kündigungsgrund mit, der Arbeitnehmer habe während seiner attestierten Arbeitsunfähigkeit vom 4.-17.3.1996 täglich in einer Gaststätte gearbeitet, dann ist dies eine bewusst unrichtige oder unvollständige Darstellung dann, wenn der Kläger lediglich an fünf Tagen observiert worden war und nur an drei Tagen zeitweise bei Arbeiten in einer Gaststätte gesehen wurde (*LAG BW* 24.6.1997 DB 1997, 1825). Andererseits ist der Betriebsrat dann ordnungsgemäß angehört, wenn die Beweisaufnahme ergibt, dass die Vertragspflichtverletzung nicht an dem im Anhörungsverfahren mitgeteilten Datum, sondern früher erfolgt ist (*LAG Nds.* 25.5.2004 LAG Report 2005, 207).
- Weitergehend ist die Anhörung des Betriebsrats ordnungsgemäß, wenn ihm zwar ein Sachverhalt mitgeteilt wird, der **nicht den tatsächlichen Gegebenheiten entspricht**, den zu beurteilenden Sachverhalt in seiner Schwere und in seinen Wirkungen aber **nicht verändert** (*LAG SchlH* 24.7.2001 – 1 Sa 78/01).
- Teilt der Arbeitgeber **objektiv kündigungsrechtlich erhebliche Tatsachen** dem Betriebsrat deswegen nicht mit, weil er sie bei seinem Kündigungsentschluss für **unerheblich oder entbehrlich** hält, dann ist zwar die **Anhörung des Betriebsrats ordnungsgemäß** erfolgt (*BAG* 18.12.1980 EzA § 102 BetrVG 1972 Nr. 44).

> Die objektiv unvollständige Unterrichtung verwehrt es dem Arbeitgeber aber, im Kündigungsschutzprozess Gründe nachzuschieben, die über die Erläuterung des dem Betriebsrat mitgeteilten Sachverhalts hinausgehen (*LAG SchlH* 1.9.2004 LAGE § 102 BetrVG 2001 Nr. 4 = NZA-RR 2004, 635 = LAG Report 2004, 375). 448

Dies führt mittelbar zur Unwirksamkeit der Kündigung, wenn der verwertbare Sachverhalt die Kündigung nicht trägt, d.h. wenn es der sachlichen Rechtfertigung der Kündigung nach § 1 KSchG oder § 626 BGB bedarf und dazu der (zuvor dem Betriebsrat) mitgeteilte Kündigungssachverhalt nicht ausreicht (sog. **»subjektive Determinierung der Mitteilungspflicht des Arbeitgebers«**; vgl. *BAG* 1.4.1981, 22.9.1994 EzA § 102 BetrVG 1972 Nr. 45, 86; 11.12.2003 EzA § 102 BetrVG 2001 Nr. 5 = BAG Report 2004, 187; *LAG SchlH* 30.10.2002 NZA-RR 2003, 310; erläuternd *Berkowsky* NZA 1996, 1065 ff.; zust. *Rink* NZA 1998, 78). 449

Unterrichtet der Arbeitgeber deshalb z.B. den Betriebsrat von einer beabsichtigten betriebsbedingten Änderungskündigung mit dem Ziel, eine unselbstständige Betriebsabteilung wegen hoher Kostenbelastung zu sanieren, nur über die wirtschaftlichen Verhältnisse des unselbstständigen Betriebsteils, nicht aber zugleich über die Ertragslage des gesamten Betriebes, dann kann er sich im Kündigungsschutzprozess jedenfalls nicht auf ein dringendes Sanierungsbedürfnis des Betriebes berufen (*BAG* 11.10.1989 EzA § 1 KSchG Betriebsbedingte Kündigung Nr. 64). 450

Informiert der Arbeitgeber gem. § 102 BetrVG **nicht auch über Begleitumstände**, die dem an sich eine Kündigung tragenden Sachverhalt ein besonderes Gewicht verleihen und für die Interessenabwägung erhebliche Bedeutung haben (können), so sind diese Begleitumstände bei der Prüfung der Berechtigung der Kündigung nicht verwertbar. Ohne wenigstens einen Hinweis auf das Vorliegen solcher Begleitumstände ist der **Betriebsrat mit diesen nicht befasst** und braucht insbes. nicht von sich aus solche Umstände zu ermitteln, indem er die ihm übergebenen Unterlagen auf solche Umstände hin prüft und auswertet (*LAG Hessen* 15.9.1998 NZA 1999, 269 LS). 451

Demgegenüber ist nach Auffassung von *Berkowsky* (MünchArbR § 147 Rz. 49 ff.; abl. auch *Kraft* FS Kissel, S. 616 ff.) diese Verquickung von formellem Anhörungsverfahren und materiellem Kündigungsschutzverfahren rechtlich nicht begründbar. Danach ist die Anhö- 452 rung des Betriebsrats in diesen Fällen unvollständig, wenn der Arbeitgeber nicht alle ihm bekannten und im Prozess vorgetragenen kündigungsbegründenden Umstände mitgeteilt hat, sodass die Unwirksamkeit der Kündigung aus § 102 Abs. 1 BetrVG folgt. Das *ArbG Bln.* (24.11.2000 NZA-RR 2001, 198) hat schließlich angenommen, dass dann, wenn dem Betriebsrat im Rahmen der Anhörung **objektiv falsche Tatsachen** mitgeteilt werden, z.B. die Zahl der krankheitsbedingten Fehltage bei einer beabsichtigten krankheitsbedingten Kündigung, die sodann ausgesprochene Kündigung **unwirksam** ist.

453 Im Kündigungsschutzprozess sind jedenfalls auch solche Tatsachen verwertbar, die der Arbeitgeber dem Betriebsrat im Anhörungsverfahren erst **auf Nachfrage** mitteilt. Dies gilt zumindest dann, wenn der Arbeitgeber vor der Kündigung nochmals die Frist des § 102 Abs. 2 BetrVG bzw. die abschließende Stellungnahme des Betriebsrats abwartet (*BAG* 6.2.1997 EzA § 102 BetrVG 1972 Nr. 96).

(3) Vorkenntnis des Betriebsrats

454 **Andere Anforderungen** an den Umfang der Mitteilungspflicht sind dann geboten, wenn der **Betriebsrat bereits vor der erfolgten Anhörung über den erforderlichen Kenntnisstand verfügt,** um sich über die Stichhaltigkeit der Kündigungsgründe ein Bild zu machen und um eine Stellungnahme dazu abgeben zu können und dies der Arbeitgeber weiß oder nach den gegebenen Umständen jedenfalls als sicher ansehen kann. Entscheidend ist insoweit, dass für den Betriebsrat der »**Kündigungsgrund**« i.S. eines aus mehreren Tatsachen und einer groben rechtlichen Einordnung gebildeten Begründungszusammenhangs **erkennbar wird, auf den der Arbeitgeber** sich **stützen will** (*BAG* 11.12.2003 EzA § 102 BetrVG 2001 Nr. 5).

455 Denn dann wird es den Grundsätzen der vertrauensvollen Zusammenarbeit gem. § 2 Abs. 1 BetrVG widersprechen, wenn vom Arbeitgeber gleichwohl nochmals eine detaillierte Begründung verlangt würde (*BAG* 28.8.2003 EzA § 102 BetrVG 2001 Nr. 4). Dies gilt zumindest dann, wenn es sich um den aktuellen, d.h. um den mit der konkret beabsichtigten Kündigung sachlich und zeitlich im Zusammenhang stehenden Kenntnisstand handelt.

Im Rahmen des Anhörungsverfahrens muss sich der Betriebsrat allerdings grds. nur das Wissen eines zur Entgegennahme von Erklärungen gem. § 26 Abs. 3 S. 2 BetrVG berechtigten (insbes. des Vorsitzenden oder seines Stellvertreters im Falle der Verhinderung des Vorsitzenden) oder hierzu ausdrücklich ermächtigten Betriebsratsmitglieds zurechnen lassen (*BAG* 27.6.1985 EzA § 102 BetrVG 1972 Nr. 60). Gleiches gilt dann, wenn der Arbeitgeber nach den gegebenen Umständen es als **sicher annehmen kann, dass dem Betriebsratsvorsitzenden die kündigungsrelevanten Umstände bei Einleitung des Anhörungsverfahrens bereits bekannt sind** (*LAG RhPf* 30.6.2005 NZA-RR 2005, 629).

(4) Bedeutung der Reaktion des Betriebsrats

456 Für die Wirksamkeit der Anhörung ist es im Übrigen **unerheblich, ob der Betriebsrat der beabsichtigten Kündigung widerspricht,** ob ein erhobener Widerspruch des Betriebsrats erheblich i.S.d. § 102 Abs. 3 BetrVG ist oder nicht und ob der Betriebsrat, wenn er die gegebenen Informationen nicht für ausreichend gehalten hat, keine weiteren Angaben ausdrücklich angefordert hat.

457 Denn der Arbeitgeber ist verpflichtet, den maßgeblichen Sachverhalt näher so zu umschreiben, dass der Betriebsrat ohne eigene Nachforschungen oder Rückfragen die Stichhaltigkeit der Kündigungsgründe überprüfen kann.

458 Unterlässt es der Arbeitgeber aber, den Betriebsrat über die Gründe der Kündigung zu unterrichten, z.B. in der irrigen oder vermeintlichen Annahme, dass dieser bereits über den erforderlichen und aktuellen Kenntnisstand verfügt, so liegt keine ordnungsgemäße Einleitung des Anhörungsverfahrens vor (*BAG* 27.6.1985 EzA § 102 BetrVG 1972 Nr. 60).

459 Andererseits geht das *LAG Köln* (7.8.1998 NZA-RR 2000, 32) davon aus, dass dann, wenn der Betriebsrat der beabsichtigten Kündigung ausdrücklich **zugestimmt** hat, die Ordnungsgemäßheit der Anhörung nicht mit der Begründung in Frage gestellt werden kann, die zutreffenden Mitteilungen an den Betriebsrat seien **nicht substantiiert** gewesen, solange durch weggelassene Einzelheiten **kein verfälschendes Bild** vom Kündigungstatbestand entsteht.

i) Fehler im Verantwortungsbereich des Betriebsrats

aa) Grundlagen; Abgrenzung der Verantwortungsbereiche von Betriebsrat und Arbeitgeber

Ist die Anhörung des Betriebsrats aus Gründen fehlerhaft, die in seinem Verantwortungsbereich liegen, so ist das für die Wirksamkeit der Anhörung und damit die Kündigung ohne Bedeutung (*BAG* 24.6.2004 EzA § 102 BetrVG 2001 Nr. 9 = NZA 2004, 1330 = BAG Report 2005, 12; 6.10.2005 EzA § 102 BetrVG 2001 Nr. 16 = NZA 2006, 990; *LAG Köln* 9.12.2004 – 5 (7) Sa 925/04 – EzA-SD 7/05, S. 13 LS), selbst wenn sie dem Arbeitgeber bekannt sind, es sei denn, dass er sie selbst veranlasst bzw. beeinflusst hat (*BAG* 18.8.1982 EzA § 102 BetrVG 1972 Nr. 48; 24.6.2004 EzA § 102 BetrVG 2001 Nr. 9 = NZA 2004, 1330 = BAG Report 2005, 12; 6.10.2005 EzA § 102 BetrVG 2001 Nr. 16 = NZA 2006, 990; APS/*Koch* § 102 BetrVG Rz. 153 ff.; vgl. auch *Haas* FA 2007, 362 ff.; s. aber unten Rn. 474 zum Personalrat). 460

Das gilt auch dann, wenn der Arbeitgeber nach den Umständen **weiß, erkennen oder zumindest vermuten** kann, dass die Behandlung der Angelegenheit durch den Betriebsrat nicht ordnungsgemäß erfolgt ist (*BAG* 16.1.2003 EzA § 102 BetrVG 2001 Nr. 1 = NZA 2003, 927; 24.6.2004 EzA § 102 BetrVG 2001 Nr. 9 = NZA 2004, 1330 = BAG Report 2005, 12; 6.10.2005 EzA § 102 BetrVG 2001 Nr. 16 = NZA 2006, 990; *LAG Köln* 9.12.2004 – 5 (7) Sa 925/04 – EzA-SD 7/05, S. 13 LS). Teilt z.B. der Betriebsratsvorsitzende, obwohl vom Arbeitgeber umfassend informiert, dem Betriebsratsgremium vor der Beschlussfassung nicht mit, dass der Arbeitnehmer vor einer verhaltensbedingten Kündigung mehrfach ordnungsgemäß abgemahnt worden ist, ist die Kündigung nicht unwirksam. Denn der Arbeitgeber hat seiner Unterrichtungspflicht durch die Information des Betriebsratsvorsitzenden genügt (*LAG SchlH* 26.9.2002 ARST 2003, 190 LS).

Zu den Fehlern im Verantwortungsbereich des Betriebsrats gehören auch die fehlerhafte Besetzung des Betriebsrats (*BAG* 24.6.2004 EzA § 102 BetrVG 2001 Nr. 9 = NZA 2004, 1330 = BAG Report 2005, 12; *LAG Köln* 1.7.2004 LAGE § 102 BetrVG 2001 Nr. 1 = LAG Report 2004, 373), die Entscheidung im Umlaufverfahren (*LAG Düsseld.* 22.11.2001 NZA-RR 2003, 280; s. aber u. Rn. 463) statt in einer ordnungsgemäß einberufenen Sitzung, die Befassung des nicht zuständigen Betriebsausschusses statt des Betriebsrats mit der Sache (*LAG Köln* 1.7.2004 LAGE § 102 BetrVG 2001 Nr. 1 = LAG Report 2004, 373) oder die Teilnahme des Arbeitgebers an der Betriebsratssitzung. 461

Ist der Arbeitgeber während der auf sein Verlangen einberufenen Sitzung des Betriebsrats, in der die beabsichtigte Kündigung des Arbeitnehmers behandelt wird, auch bei der Beschlussfassung anwesend, dann führt dies nicht zur Unwirksamkeit der Kündigung nach § 102 Abs. 1 BetrVG. Das gilt jedenfalls dann, wenn er den Betriebsrat weder veranlasst hat, sofort eine abschließende Stellungnahme abzugeben, noch davon abgehalten hat, eine weitere Sitzung ohne seine Anwesenheit durchzuführen (*BAG* 24.3.1977 EzA § 102 BetrVG 1972 Nr. 28). 462

Zum Verantwortungsbereich des Arbeitgebers gehört es allerdings, wenn der Betriebsratsvorsitzende oder ein sonstiges Betriebsratsmitglied fristgemäß Stellung nimmt, der Arbeitgeber aber weiß, dass eine Betriebsratssitzung nicht stattgefunden hat (*BAG* 28.3.1974 EzA § 102 BetrVG 1972 Nr. 9; 6.10.2005 EzA § 102 BetrVG 2001 Nr. 16 = NZA 2006, 990). 463

Der vorgeschriebenen Anhörung ist auch dann nicht genügt, wenn der Arbeitgeber trotz erkennbar nicht ordnungsgemäßen Zustandekommens der Beteiligung des Personalrats vor Ablauf der gesetzlichen Äußerungsfrist die Kündigung ausspricht. Eine telefonische Unterrichtung im Umlaufverfahren ist keine ordnungsgemäße Unterrichtung. Der Arbeitgeber trägt das Risiko eines Verfahrensfehlers, wenn er die Äußerungsfristen nicht einhält und kündigt, solange nicht zumindest nach außen der Anschein einer ordnungsgemäß zu Stande gekommenen Stellungnahme des Personalrats auf Grund wirksamer Beschlussfassung gegeben ist (*LAG Düsseld.* 22.11.2001 NZA-RR 2003, 280). Gleiches gilt dann, wenn in Wahrheit keine Stellungnahme des Betriebsratsgremiums, sondern nur eine persönliche Äußerung des Betriebsratsvorsitzenden vorliegt oder der Arbeitgeber den Fehler des Betriebsrats durch unsachgemäßes Verhalten selbst veranlasst hat. Der Arbeitgeber muss andererseits aber nicht allein auf Grund des Umstandes, dass bereits kurz (hier: zwölf Minuten) nach Übermittlung des Anhörungsschreibens per Telefax an den Betriebsrat eine Antwort gleichfalls per Telefax erfolgt, davon ausgehen, es liege nur eine persönliche Äußerung des Betriebsratsvorsitzenden vor (*BAG* 16.1.2003 EzA § 102 BetrVG 2001 Nr. 1 = NZA 2003, 927).

464 Nach Auffassung des *LAG Brem.* (26.10.1982 AP Nr. 26 zu § 102 BetrVG 1972) ist das auch dann der Fall, wenn der Betriebsrat einen Personalausschuss bildet, obwohl die gesetzlichen Voraussetzungen dafür (§§ 27, 28 BetrVG) nicht gegeben sind. Denn der Arbeitgeber muss diese Normen kennen und den Betriebsrat ggf. auf sie hinweisen.

465 Unterlässt es der Personalrat, dem Beschäftigten im Beteiligungsverfahren Gelegenheit zur Äußerung zu geben, so wirkt sich dies nicht zu Lasten des Arbeitgebers aus. Denn dieser Mangel fällt in den Zuständigkeits- und Verantwortungsbereich des Personalrats (*BAG* 3.2.1982 AP Nr. 1 zu § 72 BPersVG).

466 Ist die abschließende Stellungnahme des anzuhörenden Personalrats entgegen zwingender gesetzlicher Regelung (z.B. § 31 Abs. 2 S. 2 SachsAnhPersVG) lediglich durch ein **gruppenfremdes Personalratsmitglied** unterzeichnet, so ist dies allein der Sphäre des Personalrats zuzurechnen und macht die Anhörung nicht unwirksam (*BAG* 13.6.1996 NZA 1997, 545).

467 Nach Auffassung des *LAG Köln* (14.12.1995 NZA-RR 1976, 376) ist die Betriebsratsanhörung dann nicht fehlerhaft, wenn der Arbeitgeber, der **von Fehlern** im Verantwortungsbereich des Betriebsrats (Beschlussfassung ohne Unterrichtung sämtlicher Mitglieder des Betriebsrats) **Kenntnis hat**, mit dem Ausspruch einer fristlosen Kündigung **wartet, bis die Frist von drei Tagen gem. § 102 Abs. 2 S. 3 BetrVG verstrichen ist**.

bb) Verhältnis zum Zustimmungsersetzungsverfahren (§ 103 BetrVG)

468 Diese Grundsätze sind auf das Zustimmungsersetzungsverfahren gem. § 103 BetrVG nicht übertragbar. Denn die erforderliche Zustimmung zur Kündigung (vgl. auch § 15 KSchG) setzt einen an sich wirksamen Beschluss voraus.

469 Zwar darf der Arbeitgeber nach den Grundsätzen des Vertrauensschutzes grds. auf die Wirksamkeit eines Zustimmungsbeschlusses vertrauen, wenn der Betriebsratsvorsitzende oder sein Stellvertreter ihm die Zustimmung mitteilen. Das gilt aber dann nicht, wenn der Arbeitgeber die Tatsachen kennt oder kennen muss, aus denen sich die Unwirksamkeit des Beschlusses ergibt.

470 Eine Erkundigungspflicht des Arbeitgebers besteht allerdings nicht (*BAG* 23.8.1984 EzA § 103 BetrVG 1972 Nr. 30; vgl. APS/*Linck* § 103 BetrVG Rz. 20).

471 Der Arbeitgeber genügt im Übrigen seinen Mitteilungspflichten nach § 102 BetrVG, wenn er zunächst – zutreffend oder irrtümlich – ein Verfahren nach § 103 BetrVG einleitet und den Betriebsrat entsprechend unterrichtet, im Kündigungszeitpunkt aber zweifelsfrei feststeht, dass ein Schutz nach § 103 BetrVG nicht besteht und deshalb für eine außerordentliche Kündigung nur eine Anhörung nach § 102 BetrVG erforderlich ist. Umgekehrt kann eine Anhörung nach § 102 BetrVG die Einleitung des Zustimmungsersetzungsverfahrens grds. nicht ersetzen, es sei denn, der Betriebsrat hat in Kenntnis des Vorliegens der Voraussetzungen des Sonderkündigungsschutzes von sich aus die Zustimmung nach § 103 BetrVG erteilt. In diesem Fall muss aber die Information des Arbeitgebers über den Kündigungsgrund nach § 102 BetrVG auch den inhaltlichen Anforderungen an eine inhaltliche Unterrichtung des Betriebsrats nach § 103 BetrVG entsprechen und die Interessenvertretung um den besonderen Kündigungsschutz des zu kündigenden Arbeitnehmers wissen (*BAG* 17.3.2005 EzA § 28 BetrVG 2001 Nr. 1 = NZA 2005, 1064).

cc) Verzicht auf das Anhörungsverfahren

Weder der Betriebsrat noch der Arbeitnehmer können auf die Durchführung des Anhörungsverfahrens verzichten, noch können Tarifverträge oder Betriebsvereinbarungen entsprechendes vorsehen. 472

Etwas anderes gilt aber dann, wenn der gekündigte Arbeitnehmer die Nichtanhörung des Betriebsrats ausdrücklich gefordert hat. Denn dann liegt ein Verstoß gegen das Verbot widersprüchlichen Verhaltens gem. § 242 BGB (venire contra facium proprium) vor, wenn er sodann die Kündigung wegen fehlender Anhörung des Betriebsrats angreift (GK-BetrVG/*Raab* § 102 Rz. 84 ff.) 473

j) Personalvertretungsrechtliche Vorschriften

Auch die Unwirksamkeit gem. **§ 79 Abs. 4 BPersVG** bzw. vergleichbarer landesrechtlicher Vorschriften tritt nicht nur dann ein, wenn eine Mitbestimmung überhaupt nicht stattgefunden hat, sondern auch dann, **wenn der Personalrat nur mangelhaft beteiligt worden ist,** z.B. wenn die Verfahrensvorschriften des BPersVG nicht eingehalten worden sind. So liegt z.B. eine ordnungsgemäße Anhörung des Personalrats nach § 28 Abs. 2 NdsPersVG dann **nicht** vor, wenn **lediglich der Vorsitzende** des Personalrats die Stellungnahme unterschrieben hat. Denn danach muss **auch das der Gruppe angehörende Mitglied** diese unterschreiben. Dieser Mangel berührt zwar den Verantwortungsbereich des Personalrats, ist aber für den **Arbeitgeber offensichtlich** und geht damit zu seinen Lasten (*LAG Nds.* 28.4.2008 NZA-RR 2008, 615). 474

Erforderlich ist, dass der Personalrat rechtzeitig und umfassend von der beabsichtigten Maßnahme unterrichtet wird und ihm unaufgefordert die erforderlichen Unterlagen vorgelegt werden. Die ausgesprochene Kündigung ist deshalb auch dann unwirksam, wenn der Personalrat zwar der Maßnahme zugestimmt hat, er aber zuvor nur unvollständig unterrichtet worden ist (vgl. KR/*Etzel* §§ 72, 79, 108 BPersVG Rz. 53 ff. m.w.N.); **insoweit gelten die gleichen Grundsätze wie im Rahmen des § 102 BetrVG** (s.o. Rn. 437 ff.). 475

Der Personalrat kann im Rahmen des Mitwirkungsverfahrens bei einer ordentlichen Kündigung des Arbeitgebers nach §§ 72, 79 Abs. 1 BPersVG Einwendungen gegen die beabsichtigte Kündigung nicht nur auf die in § 79 Abs. 1 S. 3 BPersVG aufgeführten Tatbestände stützen, sondern auch andere Gründe hierfür vortragen und bei Ablehnung durch die Dienststelle gem. § 72 Abs. 4 BPersVG die Entscheidung der übergeordneten Dienststelle beantragen (*BAG* 29.9.1983 AP Nr. 1 zu § 79 BPersVG). 476

Zu beachten ist, dass z.B. das Hessische PersVG (§§ 69, 77) das Erfordernis der Zustimmung des Personalrats als **Wirksamkeitsvoraussetzung der ordentlichen Kündigung** eines Angestellten bei einer Körperschaft des öffentlichen Rechts vorsieht. Das *LAG Hessen* (6.5.2003 ZTR 2004, 271) hat insoweit die Auffassung vertreten, dass diese Regelungen gegen das Demokratieprinzip (Art. 20, 28 GG) verstoßen und deshalb unwirksam sind. 477

Für die zivilen Beschäftigten bei den **alliierten Streitkräften** gilt gem. Art. 56 Abs. 9 ZA-NTS das BPersVG grds. entsprechend. Insoweit ist Arbeitgeber der bei den Stationierungsstreitkräften beschäftigten Arbeitnehmer der jeweilige Entsendestaat. Das Hauptquartier als oberste Dienstbehörde ist verpflichtet, mit der Hauptbetriebsvertretung zu verhandeln, wenn die Bezirksbetriebsvertretung gegen beabsichtigte Kündigungen in einer Dienststelle eingewandt hat, es müsse vor Ausspruch der Kündigungen geprüft werden, ob nicht in einer anderen Dienststelle eine Möglichkeit zur Weiterbeschäftigung bestehe (*BAG* 9.2.1993 AP Nr. 17 zu Art. 56 ZA-NTS). 478

k) Darlegungs- und Beweislast

aa) Grundlagen

Ist streitig, ob die Anhörung des Betriebsrats vor Ausspruch der Kündigung ordnungsgemäß erfolgt ist, so trägt der **Arbeitgeber** dafür die Darlegungs- und Beweislast (*BAG* 19.8.1975 EzA § 102 BetrVG 1972 Nr. 15; *Busemann* NZA 1987, 581; APS/*Koch* § 102 BetrVG Rz. 163 ff.; KR/*Etzel* § 102 BetrVG Rz. 192; vgl. auch *ArbG Koblenz* 5.2.1997 NZA-RR 479

1997, 485; **a.A.** *BAG* 16.1.1987 EzA § 1 KSchG Betriebsbedingte Kündigung Nr. 48, das sich allerdings mit der zuvor zitierten Entscheidung des *BAG* nicht auseinandersetzt; *Eich* DB 1975, 1706; *Spitzweg/Lücke* NZA 1995, 408 f.). Zu beachten ist aber insoweit, dass der Arbeitgeber im Prozess **nicht von sich aus** – gleichsam vorauseilend – **sämtliche Schritte des von ihm befolgten Anhörungsverfahrens darlegen** und möglichen Einwänden mit ausführlichen Gegeneinwänden und entsprechenden Beweisantritten zuvorkommen muss (*BAG* 6.10.2005 EzA § 102 BetrVG 2001 Nr. 16 = NZA 2006, 990).

bb) Überprüfung von Amts wegen?

480 Die ordnungsgemäße Anhörung des Betriebsrats wird **nicht von Amts wegen** geprüft (*BAG* 14.10.1982 EzA § 613a BGB Nr. 38; 23.6.1983 EzA § 1 KSchG Krankheit Nr. 12; *Busemann* NZA 1987, 582; KR/*Etzel* § 102 BetrVG Rz. 192; **a.A.** *Spitzweg/Lücke* NZA 1995, 406). **Deshalb muss der Arbeitnehmer zunächst die ordnungsgemäße Anhörung des Betriebsrats bestreiten, damit die entsprechende Darlegungslast des Arbeitgebers ausgelöst wird.** Er muss ferner darlegen, dass überhaupt ein funktionsfähiger Betriebsrat existiert (*BAG* 23.6.2005 EzA § 102 BetrVG 2001 Nr. 12 = NZA 2005, 1233; *ArbG Mainz* 25.9.1997 BB 1998, 106; s. dazu *Mühlhausen* NZA 2006, 967 ff.; *Griebeling* NZA 2007, 540 ff.), was nach Auffassung von *Busemann* (NZA 1987, 581) allerdings i.d.R. konkludent durch das übliche pauschale Bestreiten der Betriebsratsanhörung (meist mit Nichtwissen, *BAG* 9.10.1986 – 2 AZR 649/85 – n.v., zitiert nach KR/*Etzel* § 102 BetrVG Rz. 192; **a.A.** KR/*Etzel* a.a.O.; krit. auch *Mühlhausen* NZA 2006, 967 ff.) erfolgt.

481 **Danach hat der Arbeitgeber die Darlegungslast dafür, dass er die ihm gem. § 102 BetrVG obliegenden Pflichten ordnungsgemäß erfüllt,** insbes. auch den Betriebsrat nicht bewusst irreführend informiert **hat** (*BAG* 22.9.1994 EzA § 102 BetrVG 1972 Nr. 86; 23.6.2005 EzA § 102 BetrVG 2001 Nr. 12 = NZA 2005, 1233; **a.A.** für den Fall eines Interessenausgleichs mit Namensliste [§ 1 Abs. 5 KSchG analog]: *Gelhaar* DB 2008, 1496 ff.), bzw. dass die Anhörung ausnahmsweise unterbleiben konnte (§ 105 BetrVG).

cc) Inhaltliche Anforderungen

482 Der Arbeitgeber erfüllt seine Darlegungspflicht nur dann, wenn er konkrete Tatsachen vorträgt, aus denen das ArbG auf eine ordnungsgemäße Betriebsratsanhörung schließen kann.

483 Gegenstand des Beweises ist nicht der Rechtsbegriff »Anhörung«, sondern die ihn ausfüllenden Tatsachen. **Deshalb ist der pauschale Sachvortrag, der Betriebsrat wurde ordnungsgemäß angehört, Beweis: Zeugen X, Y, ungenügend, weil nicht hinreichend bestimmt, sodass eine Beweisaufnahme nicht in Betracht kommt.**

484 Zwar richtet sich im Einzelfall der Umfang der Darlegungslast des Arbeitgebers auch nach der Einlassung des Arbeitnehmers. Gleichwohl muss der Arbeitgeber i.d.R. darlegen, wann genau, durch wen, wem gegenüber und mit welchem genauen Inhalt dem Betriebsrat die Kündigungsabsicht mitgeteilt wurde. Des Weiteren ist darzulegen, ob die Fristen des § 102 Abs. 1 S. 1, 3 BetrVG eingehalten wurden oder eine fristverkürzende abschließende Stellungnahme des Betriebsrats vorlag.

485 **Unterlässt der Arbeitgeber ausreichenden Sachvortrag in tatsächlicher Hinsicht, dann ist die Kündigung als unwirksam anzusehen,** da eine Wirksamkeitsvoraussetzung nicht dargelegt ist. Den hier zu stellenden Anforderungen genügt der Arbeitgeber allerdings zunächst dann, wenn er auf im Schriftsatz an das Arbeitsgericht im einzelnen dargestellte Umstände Bezug nimmt und pauschal vorträgt, dies alles habe er dem Betriebsrat mitgeteilt (*LAG Nbg.* 4.2.2003 LAGE § 626 BGB Nr. 148).

dd) Einlassung des Arbeitnehmers

Hat der Arbeitgeber dagegen die betriebsverfassungsrechtliche Wirksamkeitsvoraussetzung des § 102 Abs. 1 BetrVG hinreichend dargelegt, dann muss sich der **Arbeitnehmer** zu dem diesbezüglichen Tatsachenvortrag des Arbeitgebers erklären (§ 138 Abs. 2 ZPO; *BAG* 23.6.2005 EzA § 102 BetrVG 2001 Nr. 12 = NZA 2005, 1233). 486

Er muss nach den **Grundsätzen der abgestuften Darlegungslast** deutlich machen, welche der detaillierten Angaben des Arbeitgebers er aus welchem Grund weiterhin bestreiten will. Nur soweit es um Tatsachen außerhalb seiner eigenen Wahrnehmung geht, kann der Arbeitnehmer sich dabei gem. **§ 138 Abs. 4 ZPO** auf Nichtwissen berufen; ein **pauschales Bestreiten** des Arbeitnehmers ohne jede Begründung **genügt dagegen nicht** (*BAG* 16.3.2000 EzA § 626 BGB n.F. Nr. 179; 23.6.2005 EzA § 102 BetrVG 2001 Nr. 12 = NZA 2005, 1233; KR/*Etzel* § 102 BetrVG Rz. 192; krit. dazu *Mühlhausen* NZA 2002, 644 ff.). Denn gegenüber der prozessualen Mitwirkungspflicht des § 138 Abs. 2 ZPO stellt § 138 Abs. 4 ZPO eine **Ausnahmeregelung dar, die in ihren Voraussetzungen eng auszulegen ist**. Der Arbeitnehmer muss deshalb i.E. bezeichnen, ob er rügen will, der Betriebsrat sei entgegen der Behauptung des Arbeitgebers überhaupt nicht angehört worden oder in welchen Punkten er die tatsächlichen Erklärungen des Arbeitgebers über die Betriebsratsanhörung für falsch oder die dem Betriebsrat mitgeteilten Tatsachen für unvollständig hält (*BAG* 23.6.2005 EzA § 102 BetrVG 2001 Nr. 12 = NZA 2005, 1233). Das *LAG Köln* (7.8.1998 NZA-RR 2000, 32; ähnlich *Mühlhausen* NZA 2002, 650) hat demgegenüber angenommen, dass ein Bestreiten mit Nichtwissen nicht zulässig ist, wenn sich die Partei das fehlende Wissen in zumutbarer Weise selbst verschaffen kann, z.B. durch Nachfrage beim Betriebsrat. 487

Je nachdem, wie substantiiert der Arbeitnehmer diesen Sachvortrag bestreitet, muss der Arbeitgeber seine Darstellung noch um weitere Einzelheiten ergänzen. Dies ermöglicht dann eine Beweisaufnahme durch das Gericht über die tatsächlich streitigen Tatsachen (*BAG* 23.6.2005 EzA § 102 BetrVG 2001 Nr. 12 = NZA 2005, 1233). Führt der Arbeitnehmer insbes. detailliert aus, bestimmte konkret genannte Punkte seien nicht mitgeteilt worden, muss der Arbeitgeber darauf eingehen. Macht er dies nicht, geht dies zu seinen Lasten (zutr. *LAG Nbg.* 4.2.2003 LAGE § 626 BGB Nr. 148). 488

ee) Vorkenntnis des Betriebsrats

Auch soweit der Arbeitgeber im Prozess geltend macht, der Betriebsrat habe die maßgeblichen Kündigungsgründe **bereits gekannt, darf er sich nicht mit pauschalem Sachvortrag begnügen.** 489

Er muss vielmehr darlegen, wann dem Betriebsratsvorsitzenden oder einer sonstigen Person, deren Wissen sich der Betriebsrat zurechnen lassen muss, jeweils welche konkreten Sachverhalte mitgeteilt bzw. sonst bekannt geworden sind, die in ihrer Zusammenfassung die Kündigungsgründe bilden (vgl. *Busemann* NZA 1987, 581). Dem genügt der vom Arbeitgeber gebrachte Sachvortrag »All diese Tatsachen sind dem Betriebsrat bereits bei Anhörung bekannt gewesen oder aber ihm von Fr. S im Zusammenhang mit der Anhörung mündlich mitgeteilt worden«, nicht (*LAG Köln* 11.1.2002 ARST 2002, 233 LS). 490

l) Zustimmungsbedürftige Kündigungen auf Grund Betriebsvereinbarung (§ 102 Abs. 6 BetrVG) oder Tarifvertrag

Gem. § 102 Abs. 6 BetrVG können Arbeitgeber und Betriebsrat vereinbaren, dass Kündigungen der Zustimmung des Betriebsrats bedürfen, um wirksam zu sein (freiwillige Betriebsvereinbarung; vgl. dazu *Mauer/Schüßler* BB 2000, 2518 ff.; APS/*Koch* § 102 BetrVG Rz. 176 ff.). Eine derartige Vereinbarung ist auch dann einzuhalten, wenn Massenkündigungen (z.B. ins- 491 gesamt 355 betriebsbedingte Kündigungen) ausgesprochen werden (*LAG Köln* 29.7.2004 LAGE § 1 KSchG Soziale Auswahl Nr. 45a).

492 Gegen eine die Zustimmung verweigernde Entscheidung des Betriebsrats kann der Arbeitgeber dann grds. die Einigungsstelle anrufen, auch wenn die Betriebsvereinbarung dies nicht ausdrücklich vorsieht (KR/*Etzel* § 102 BetrVG Rz. 252 ff.); die Entscheidung der Einigungsstelle ist durch das ArbG überprüfbar. Schließt die Betriebsvereinbarung die Anrufung der Einigungsstelle ausdrücklich aus, so kann der Arbeitgeber gegen die Ablehnung des Betriebsrats zur Überprüfung dieser Entscheidung das ArbG anrufen (MünchArbR/*Berkowsky* § 147 Rz. 60).

493 Das ArbG hat die Entscheidung des Betriebsrats oder der Einigungsstelle voll nachzuprüfen und die Zustimmung zu ersetzen, wenn die Kündigung sachlich gerechtfertigt ist (KR/*Etzel* § 102 BetrVG Rz. 258).

494 Soll das Verfahren zur Anhörung des Betriebsrats bei Kündigungen gem. § 102 Abs. 6 BetrVG z.B. durch **Beratung** im Falle eines Widerspruchs des Betriebsrats erweitert werden, so muss eine dem § 102 Abs. 1 S. 3 BetrVG entsprechende **Sanktion** bei Verstoß gegen eine solche Beratungspflicht in der betreffenden Betriebsvereinbarung deutlich geregelt werden (*BAG* 6.2.1997 EzA § 102 BetrVG 1972 Nr. 97).

495 Auch **Tarifnormen** können den Ausspruch einer Kündigung von der Zustimmung des Betriebsrats abhängig machen. Dies gilt z.B. gem. § 15 Nr. 5 MTV Einzelhandel RhPf jedenfalls für den Ausspruch einer ordentlichen Arbeitgeberkündigung. Diese Regelung und der tariflich für den Konfliktfall vorgesehene direkte Zugang zu den Arbeitsgerichten unter Umgehung der Einigungsstelle sind zulässig und verstoßen weder gegen Art. 12 Abs. 1 GG noch gegen Art. 14 Abs. 1 GG (*BAG* 21.6.2000 NZA 2001, 271; zust. *Gutzeit* SAE 2001, 172 ff.).

496 Liegt eine Regelung vor, wonach Kündigungen der Zustimmung des Betriebsrats bedürfen und dass bei Meinungsverschiedenheiten die **Einigungsstelle** entscheidet, kann der Arbeitgeber seine Mitteilungen zu den Kündigungsgründen auch noch im Verfahren vor der Einigungsstelle vervollständigen (*BAG* 7.12.2000 EzA § 1 KSchG Betriebsbedingte Kündigung Nr. 108).

m) Der Sonderfall: die außerordentliche Kündigung eines ordentlich unkündbaren Arbeitnehmers

497 Das *BAG* (5.2.1998 EzA § 626 BGB Unkündbarkeit Nr. 2; zust. *Schleusener* SAE 1998, 218 ff.; abl. *LAG Hessen* 8.3.2001 ZTR 2001, 532 LS: methodische und durchgreifende verfassungsrechtliche Bedenken) geht davon aus, dass sich Betriebs- und Personalratsbeteiligung bei einer außerordentlichen Kündigung gegenüber einem tariflich unkündbaren Arbeitnehmer **weitgehend an den etwas schärferen Regeln über die Beteiligung bei ordentlichen Kündigungen** zu orientieren hat. Denn andernfalls würde sich im Ergebnis der tarifliche Ausschluss der ordentlichen Kündigung gegen den betreffenden Arbeitnehmer auswirken, würde man die Mitwirkung des Betriebs- und Personalrats nur an den erleichterten Voraussetzungen bei einer außerordentlichen Kündigung messen. Der darin liegende **Wertungswiderspruch** lässt sich nur durch eine entsprechende Anwendung der Vorschriften über die Mitwirkung bei ordentlichen Kündigungen vermeiden. Folglich hat der Betriebsrat ein **Widerspruchsrecht**, auf das § 102 Abs. 2–5 BetrVG anzuwenden ist. Zudem gilt für die Stellungnahme nicht die Drei-Tage-Frist nach § 102 Abs. 2 S. 3 BetrVG, sondern die **Wochenfrist** nach § 102 Abs. 2 S. 3 BetrVG.

n) Überprüfung durch das Revisionsgericht

498 Bei der Mitteilung des Arbeitgebers an den Betriebsrat über eine in Aussicht genommene Kündigung handelt es sich um eine **atypische Willenserklärung**. Das Revisionsgericht kann deshalb ihre Auslegung durch das Berufungsgericht nur eingeschränkt daraufhin überprüfen, ob das Berufungsgericht Auslegungsregeln, Erfahrungssätze oder Denkgesetze verletzt oder wesentliche Umstände unberücksichtigt gelassen hat (*BAG* 22.9.2005 EzA § 1 KSchG Nr. 58 = NZA 2006, 429).

2. Mitwirkung des Betriebsrats bei der Kündigung von Mandatsträgern (§ 103 BetrVG, § 15 KSchG)

a) Grundsätze

aa) Zweck der gesetzlichen Regelung

Die in § 15 KSchG näher bezeichneten Personengruppen (Mitglieder der betriebsverfassungs- und personalvertretungsrechtlichen Vertretungen der Arbeitnehmerschaft sowie der an ihrer Wahl beteiligten Organe) genießen einen über den allgemeinen Kündigungsschutz hinausgehenden, **besonderen Kündigungsschutz.** Dieser soll gewährleisten, dass die **Funktion der betriebsverfassungsrechtlichen/personalvertretungsrechtlichen Organe vor sachwidrigen Eingriffen des Arbeitgebers – insbes. durch Entlassung der beteiligten Personenkreise – geschützt wird:** 499

- Zum einen sollen die Funktionsträger ihre Aufgabe, die Belange der Belegschaft gegenüber dem Arbeitgeber zu vertreten, ohne Beeinflussung durch ihn und **ohne Furcht vor Maßregelungen** erfüllen können. 500
- Darüber hinaus soll die Funktion dieser Organe auch dadurch geschützt werden, dass an sich sozial gerechtfertigte **Kündigungen verhindert werden.** 501
- Der weitgehende Ausschluss des Kündigungsrechts des Arbeitgebers soll auch die **Kontinuität der Arbeit der Arbeitnehmervertretung** für die gesamte Amtszeit sichern. Dem dient es insbes., dass eine grds. zulässige außerordentliche Kündigung der Zustimmung des Betriebsrats bzw. Personalrats bedarf. Damit wird sichergestellt, dass Funktionsträger nicht durch unbegründete Kündigungen zumindest zeitweise aus dem Betrieb herausgedrängt werden können. 502
- Soweit der Kündigungsschutz schließlich über den Ablauf der Amtszeit hinausreicht, soll eine **Abkühlung eventuell aufgetretener Kontroversen** mit dem Arbeitgeber erreicht werden. Zudem soll der nachwirkende Kündigungsschutz bewirken, dass die ehemaligen Organmitglieder ohne Sorge um ihren Arbeitsplatz den **beruflichen Anschluss** wiedererlangen können (vgl. BT-Drs. VI/1786 S. 60). 503

bb) Rechtsfolgen fehlender Zustimmung

Eine Kündigung, zu der die – ordnungsgemäß zustande gekommene – Zustimmung des Betriebsrats nicht eingeholt worden und die auch nicht gerichtlich rechtskräftig ersetzt worden ist, ist nichtig. 504
Der Arbeitnehmer brauchte diese Nichtigkeit im Geltungsbereich des KSchG bis zum 31.12.2003 nicht innerhalb der Klagefrist des § 4 KSchG geltend zu machen (§ 13 Abs. 1, 3 KSchG a.F.).
Seit dem 1.1.2004 ist das Gegenteil auf Grund der Neufassung der §§ 4, 13 KSchG zutreffend, unabhängig vom Geltungsbereich des KSchG, allerdings mit der Verlängerungsmöglichkeit des § 6 KSchG. Denn § 4 KSchG findet auch Anwendung auf Arbeitnehmer, die vom betrieblichen Geltungsbereich des KSchG (§ 23) nicht erfasst werden oder auf solche, deren Arbeitsverhältnis noch keine sechs Monate bestanden hat. Gleiches gilt für den Fall, dass der Arbeitnehmer die Unwirksamkeit einer außerordentlichen Kündigung geltend machen will (APS/*Ascheid* § 4 KSchG Rz. 14).

cc) Inhaltliche Ausgestaltung des Schutzes der Mandatsträger

(1) Grundsätze

Die Kündigung eines Betriebs-, Personalratsmitglieds bzw. des Mitglieds eines Wahlvorstandes ist, soweit das KSchG überhaupt anwendbar ist (§§ 1, 23 KSchG), gem. § 15 Abs. 1 bis 3 KSchG beginnend mit der Bekanntgabe des Wahlergebnisses (APS/*Linck* § 15 KSchG Rz. 61; GK-BetrVG/*Kreutz* § 21 Rz. 10; **a.A.** *Hess/Schlochauer/Glaubitz* 5. Aufl., § 2 Rz. 9) für die Dauer der Mitgliedschaft in diesen Gremien grds. (vgl. auch § 15 Abs. 4, 5 KSchG) nur als 505 außerordentliche Kündigung überhaupt zulässig und auch dann nur mit Zustimmung des Betriebsrats möglich.

506 Ein Betriebsratsmitglied genießt den besonderen Kündigungsschutz des § 15 Abs. 1 S. 1 KSchG auch dann, wenn zwar bereits vor Ausspruch der Kündigung durch Beschluss des ArbG seine Nichtwählbarkeit (wegen seines Status als leitender Angestellter) festgestellt worden war, diese gerichtliche Entscheidung aber erst später rechtskräftig geworden ist (*BAG* 29.9.1983 EzA § 15 KSchG n.F. Nr. 32).

507 Gem. **§ 103 BetrVG** bedarf die außerordentliche Kündigung von Mitgliedern dieser Gremien stets der **Zustimmung des Betriebsrats.**

508 Vor der außerordentlichen Kündigung eines **Betriebsobmannes** muss der Arbeitgeber dann, wenn ein gewähltes Ersatzmitglied für den Betriebsrat fehlt, analog § 103 Abs. 2 BetrVG im Beschlussverfahren die Zustimmung beim ArbG einholen (*BAG* 16.12.1982 EzA § 103 BetrVG 1972 Nr. 29). Das *ArbG Hmb.* (24.1.1997 EzA § 40 BetrVG 1972 Nr. 78) ist davon ausgegangen, dass in einem derartigen Fall für den Arbeitgeber **keine Kostentragungspflicht** für erstinstanzlich angefallene Anwaltskosten des am Beschlussverfahren beteiligten und obsiegenden Betriebsobmannes besteht.

509 Nach Auffassung des *BAG* (11.7.2000 EzA § 103 BetrVG 1972 Nr. 42 gegen *BAG* 21.9.1989 EzA § 99 BetrVG 1972 Nr. 76; vgl. dazu *Franzen* SAE 2001, 269 ff.) war eine analoge Anwendung des § 103 BetrVG auch für **auf Dauer gedachte Versetzungen** von Betriebsratsmitgliedern gegen ihren Willen von einem Betrieb des Unternehmens in einen anderen nicht möglich (s. aber jetzt § 103 Abs. 3 BetrVG; s.u. Kap. 12 Rn. 724).

510 Es soll durch § 103 BetrVG unmöglich gemacht werden, dass betriebsverfassungsrechtliche Amtsträger durch außerordentliche Kündigung willkürlich aus dem Betrieb entfernt und durch Verfahrensverschleppung, durch Rechtsmittel usw. dem Betrieb entfremdet werden und keine Aussicht auf Wiederwahl haben (zu den praktischen Problemen vgl. anschaulich *Diller* NZA 1998, 1163 f. u. NZA 2004, 579 ff.).

511 Dieser besondere Kündigungsschutz endet mit der Mitgliedschaft in der jeweiligen Arbeitnehmervertretung.

512 Darüber hinaus ist nach Beendigung der Amtszeit – je nach dem bekleideten Amt – bis zu 12 bzw. 6 Monaten nur eine außerordentliche Kündigung zulässig, ohne dass es allerdings der Zustimmung des Betriebsrats bedarf. Dann bedarf es nur des Verfahrens gem. § 102, nicht des Verfahrens gem. § 103 BetrVG (vgl. *BAG* 29.3.1977 EzA § 102 BetrVG 1972 Nr. 27).

(2) Besonderheiten bei sog. Massenänderungskündigungen?

513 Nach der Rechtsprechung des *BAG* (7.10.2004 EzA § 15 KSchG n.F. Nr. 57 = NZA 2005, 156 = BAG Report 2005, 312) gilt der Kündigungsschutz nach § 15 KSchG uneingeschränkt für sog. Massenänderungskündigungen.

Im Einzelnen gilt danach folgendes:

- Auch wenn der Arbeitgeber aus betriebsbedingten Gründen allen oder der Mehrzahl der Arbeitnehmer des Betriebes kündigt und ihnen eine Weiterarbeit zu schlechteren Arbeitsbedingungen anbietet, rechtfertigt ein solcher Massentatbestand nicht ausnahmsweise eine ordentliche Kündigung gegenüber Betriebsratsmitgliedern und den anderen durch § 15 KSchG geschützten Amtsträgern.
- § 15 KSchG schließt abgesehen von den Sonderfällen der Betriebsstilllegung und der Stilllegung einer Betriebsabteilung (§ 15 Abs. 4, 5 KSchG) eine ordentliche Kündigung gegenüber diesem Personenkreis völlig aus und lässt nur eine außerordentliche Kündigung aus wichtigem Grund zu.
- Eine außerordentliche Kündigung ist während der Amtszeit des Betreffenden nach § 103 BetrVG nur mit Zustimmung des Betriebsrats bzw. deren Ersetzung durch die Arbeitsgerichte zulässig. Diese im Interesse des (Betriebsrats-)Amts und der ungestör-

ten Amtsführung geschaffene generelle Regelung lässt keine Einschränkung für sog. Massenänderungskündigungen zu.
- Eine außerordentliche mit notwendiger Auslauffrist zu erklärende Änderungskündigung gegenüber einem Betriebsratsmitglied kommt etwa dann in Betracht, wenn ohne die Änderung der Arbeitsbedingungen ein sinnlos gewordenes Arbeitsverhältnis über einen erheblichen Zeitraum nur durch Gehaltszahlungen fortgesetzt werden müsste und der Arbeitgeber möglicherweise sogar eine unternehmerische Entscheidung, bestimmte Arbeitsplätze einzusparen, wegen des Beschäftigungsanspruchs des Mandatsträgers nicht vollständig umsetzen könnte.

(3) Rechtsnatur der Zustimmungserklärung des Betriebsrats

Die Zustimmung des Betriebsrats zur außerordentlichen Kündigung eines Betriebsratsmitglieds nach § 103 BetrVG ist **keine Zustimmung i.S.d. §§ 182 ff. BGB**. Das Betriebsratsmitglied kann daher die Kündigung nicht nach § 182 Abs. 3 BGB i.V.m. § 111 S. 2, 3 BGB zurückweisen, weil ihm der Arbeitgeber die vom Betriebsrat erteilte Zustimmung nicht in schriftlicher Form vorlegt (*BAG* 4.3.2004 EzA § 103 BetrVG 2001 Nr. 3 = NZA 2004, 717 = BAG Report 2004, 266). 514

Im Einzelnen: 515
- Ob eine gesetzliche Vorschrift den Begriff »Zustimmung« i.S. eines Verweises auf die §§ 182 ff. BGB verwendet, ist jeweils durch Auslegung zu ermitteln. Sonderbestimmungen über einzelne Zustimmungstatbestände gehen vor.
- Eine solche, die Anwendbarkeit von § 182 ff. BGB, § 111 BGB ausschließende Sonderregelung enthält § 103 BetrVG.
- Der Arbeitgeber ist nicht verpflichtet, dem außerordentlich zu kündigenden Betriebsratsmitglied die vom Betriebsrat erteilte Zustimmung in schriftlicher Form vorzulegen. Die Zustimmung des Betriebsrats nach § 103 BetrVG ist keine Zustimmung i.S.d. §§ 182 ff. BGB.

dd) Wahlbewerber; Wahlvorstand

(1) Grundlagen; Beginn und Ende des besonderen Kündigungsschutzes

Der besondere Kündigungsschutz für **Wahlvorstände beginnt jedenfalls im Zeitpunkt ihrer Bestellung, für Wahlbewerber im Zeitpunkt der Aufstellung des Wahlvorschlags.** 516

Ein Wahlvorstand in diesem Sinne liegt vor, wenn die Wahl eingeleitet ist und der Wahlvorschlag den Formerfordernissen einer gültigen Wahl entspricht oder allenfalls Mängel vorliegen, die zu beheben sind; der besondere Kündigungsschutz nach § 15 Abs. 3 KSchG besteht also schon dann, wenn der Wahlvorschlag lediglich behebbare Mängel aufweist (*BAG* 17.3.2005 EzA § 28 BetrVG 2001 Nr. 1 = NZA 2005, 1064). Das *ArbG Weiden* (19.7.2006 – 4 Ca 49/06 – ArbuR 2007, 59 LS) hat angenommen, dass der Kündigungsschutz nicht deswegen entfällt, weil bereits die Einladung zur Wahlversammlung die gesetzlich geforderten Angaben nicht erfüllt, der Aushang der Einladung unterbleibt oder der Wahlvorschlag aus zwei losen Blättern besteht, sofern dem Wahlbewerber die Verstöße gegen die Wahlgrundsätze nicht angelastet werden können. 517

Ist ein Wahlvorstand für die Betriebsratswahl bestellt und liegt für den Wahlbewerber ein Wahlvorschlag mit der erforderlichen Zahl von Stützunterschriften vor (§ 14 Abs. 5 BetrVG), so hat er von da an den besonderen Kündigungsschutz des § 15 Abs. 3 KSchG. Dieser entfällt nicht dadurch, dass die Vorschlagsliste durch spätere Streichung von Stützunterschriften (§ 8 Abs. 2 Nr. 3 WahlO) ungültig wird (*BAG* 5.12.1980 EzA § 15 KSchG n.F. Nr. 25); der besondere gesetzliche Schutz – mit der Folge u.a. eines notwendigen Zustimmungsersetzungsverfahrens – greift **auch dann** ein, **wenn der Arbeitgeber keine Kenntnis von der Bewerbung hat** (*LAG Berlin-Bra.* 2.3.2007 LAGE § 15 KSchG Nr. 18). 518

519 Der besondere Kündigungsschutz des Wahlbewerbers setzt im Übrigen zumindest dessen **Wählbarkeit** voraus. Ob es auf die Wählbarkeit im Zeitpunkt der Aufstellung des Wahlvorschlags oder im Zeitpunkt der Wahl ankommt, bleibt offen (*BAG* 26.9.1996 EzA § 15 KSchG n.F. Nr. 45; vgl. APS/*Linck* § 15 KSchG Rz. 73 ff.).

520 Ein unheilbar nichtiger Wahlvorschlag erfüllt diese Voraussetzungen dagegen nicht.

521 **Der besondere Kündigungsschutz** gem. § 15 Abs. 3 S. 1 KSchG (Kündigung nur aus wichtigem Grund sowie Notwendigkeit der Zustimmung des Betriebsrats) **endet jeweils mit der Bekanntgabe des Wahlergebnisses.** Vor seiner Bekanntgabe endet er dann, wenn der Wahlvorschlag wegfällt, wenn etwa ein Wahlbewerber zurücktritt bzw. die Kandidatur zurücknimmt (*BAG* 17.3.2005 EzA § 28 BetrVG 2001 Nr. 1 = NZA 2005, 1064), ein Mangel nicht innerhalb der Frist von § 8 Abs. 2 WO geheilt wird oder der Wahlvorschlag nicht fristgerecht beim Wahlvorstand eingereicht wird (vgl. MünchArbR/*Berkowsky* § 157 Rz. 18 ff.). **Danach greift der befristete Kündigungsschutz im Nachwirkungszeitraum gem. § 15 Abs. 3 S. 2 KSchG ein** (Kündigung nur aus wichtigem Grund möglich, ohne Notwendigkeit der Zustimmung des Betriebsrats).

522 Nach Beendigung des nachwirkenden Kündigungsschutzes kann der Arbeitgeber dem erfolglosen Wahlbewerber/Wahlvorstandsmitglied dagegen wieder wie jedem anderen Arbeitnehmer kündigen (*BAG* 14.2.2002 EzA § 611 BGB Arbeitgeberhaftung Nr. 10). Er ist insbes. **nicht gehindert, die Kündigung auf Pflichtverletzungen** (z.B. verbale und tätliche Auseinandersetzungen mit Arbeitskollegen) des Arbeitnehmers zu stützen, die dieser **während der Schutzfrist** begangen hat und die **erkennbar nicht im Zusammenhang mit der Wahlbewerbung** stehen (*BAG* 13.6.1996 EzA § 15 KSchG Nr. 44). Erfolgt unter diesen Umständen eine wirksame Kündigung, kann der Funktionsträger einen Schadensersatzanspruch nicht auf eine frühere Verletzung der Übernahmeverpflichtung des § 15 Abs. 5 S. 1 KSchG stützen. Denn auch dieses Übernahmegebot ist zeitlich befristet (*BAG* 14.2.2002 EzA § 611 BGB Arbeitgeberhaftung Nr. 10).

(2) Amtsniederlegung von Mitgliedern des Wahlvorstandes

523 Nach Auffassung des *BAG* (9.10.1986 EzA § 15 KSchG n.F. Nr. 35) erwerben sogar Mitglieder des Wahlvorstandes, die vor Durchführung der Betriebsratswahl ihr Amt niederlegen, **vom Zeitpunkt der Amtsniederlegung an** den 6-monatigen nachwirkenden Kündigungsschutz des § 15 Abs. 3 S. 2 KSchG.

524 Dafür spricht der Zweck der gesetzlichen Regelung, denn der Gesetzgeber ist davon ausgegangen, dass auch der Wahlvorstand bei der Ausübung seines Amtes in Konflikt mit dem Arbeitgeber geraten kann. Deshalb bedürfen seine Mitglieder ebenfalls wie die Betriebsratsmitglieder nach Beendigung des Amtes noch eines Schutzes gegen ordentliche Kündigungen.

(3) Besonderer Kündigungsschutz für Wahlbewerber für den Wahlvorstand?

525 Wird der Wahlvorstand von einer Betriebsversammlung gewählt, so ist ein Wahlbewerber zur Wahl eines Wahlvorstandes aufgestellt, sobald ein Arbeitnehmer den betreffenden (wählbaren) Arbeitnehmer als Kandidaten zur Wahl vorschlägt. Bestellt das Arbeitsgericht den Wahlvorstand, so ist ein Wahlbewerber zur Wahl eines Wahlvorstandes aufgestellt, sobald ein Antragsberechtigter einen an das ArbG gerichteten Vorschlag für die Zusammensetzung des Wahlvorstandes unterzeichnet. Ein Arbeitnehmer, der zwar zu seiner Wahl vorgeschlagen wird, eine Kandidatur jedoch ablehnt, gilt keinesfalls als Wahlbewerber i.S.v. § 15 KSchG. Besonderer Kündigungsschutz gilt für ihn folglich nicht.

526 **Fraglich ist aber, ob im Übrigen der Kündigungsschutz für Wahlbewerber auch für Bewerber für das Amt des Wahlvorstandes gilt.**

527 Nach Auffassung von *Berkowsky* (MünchArbR § 157 Rz. 9) wird der Begriff des Wahlbewerbers von § 15 Abs. 3 KSchG im Hinblick auf den Wahlvorschlag gebraucht, den es bei der Wahl zum Wahlvorstand nicht gibt. Auch besteht sachlich kein Schutzbedürfnis. Denn eine Kündigung wegen der Kandidatur wäre offensichtlich sozial- und betriebsverfassungswidrig (§ 20 Abs. 2 BetrVG). Auch besteht nicht die Gefahr, mit dem Arbeitgeber in inhaltliche Interessenkollisionen zu geraten.

Demgegenüber gilt der Grund für den besonderen Kündigungsschutz für Wahlbewerber, nicht aus Furcht vor Entlassung vor einer Bewerbung zurückzuschrecken, nach Auffassung von *Etzel* (KR § 103 BetrVG Rz. 13) auch hier. Deshalb besteht kein sachlicher Grund dafür, den umfassenden Begriff »Wahlbewerber« nicht auch auf Wahlbewerber für das Amt des Wahlvorstandes zu erstrecken. 528

(4) Gewerkschaftsbeauftragte als Wahlvorstandsmitglieder

Fraglich ist, ob § 15 Abs. 3 KSchG, § 103 BetrVG auch für ein gem. § 16 Abs. 1 S. 6 BetrVG von einer im Betrieb vertretenen Gewerkschaft beauftragtes betriebsangehöriges und nicht stimmberechtigtes Mitglied des Wahlvorstandes gilt. 529

Dafür spricht nach Auffassung von *Kreutz* (GK-BetrVG § 16 Rz. 51; **a.A.** *Engels/Natter* BB 1989, Beil. Nr. 8, S. 21) entscheidend, dass die entsandten Gewerkschaftsbeauftragten vom Zeitpunkt des Wirksamwerdens ihrer Entsendung an Mitglieder des Wahlvorstandes sind. 530

(5) Nichtigkeit der Wahl zum Wahlvorstand sowie zum Betriebsrat

Jedenfalls genießen die in einer **nichtigen Wahl** gewählten Wahlvorstandsmitglieder **nicht den besonderen Kündigungsschutz** des § 15 Abs. 3 KSchG, **ebenso wenig die in einer nichtigen Wahl gewählten Betriebsratsmitglieder** (*BAG* 7.5.1986 EzA § 103 BetrVG 1972 Nr. 31; 27.4.1976 EzA § 19 BetrVG 1972 Nr. 8). 531

(6) Begrenzung des Nachwirkungszeitraums

Den Umstand, dass die Ausübung des Amtes des Wahlvorstandes im Hinblick auf seine Funktionen und die zeitlich begrenzte Dauer der Amtszeit weniger Konfliktstoff in sich birgt als das Amt des gewählten Betriebsrats, hat der Gesetzgeber durch die Begrenzung des Nachwirkungszeitraums auf **sechs Monate** berücksichtigt (vgl. *BAG* 14.2.2002 EzA § 611 BGB Arbeitgeberhaftung Nr. 10). 532

Die Mitglieder des Wahlvorstandes befinden sich zur Zeit der Niederlegung ihres Amtes ebenfalls in einer Lage, die sie nach der Wertung des Gesetzgebers in Konflikt mit dem Arbeitgeber bringen kann und deshalb eine **»Abkühlungsphase«** erforderlich macht. 533

Sie haben sich bis zu diesem Zeitpunkt für die Einleitung und Durchführung der Wahl ohne Rücksicht darauf einsetzen müssen, ob dem Arbeitgeber die getroffenen Entscheidungen, z.B. die Zulassung bestimmter Wahlbewerber oder Wählerlisten, genehm gewesen sind. 534

> Für das zurückgetretene Wahlvorstandsmitglied setzt jedoch der nachwirkende Kündigungsschutz des § 15 Abs. 3 S. 2 KSchG bereits vom Zeitpunkt des Rücktritts ein und nicht erst mit der Bekanntgabe des Wahlergebnisses. 535

Insoweit ist diese Vorschrift nach Sinn und Zweck der gesetzlichen Gesamtregelung entgegen ihrem Wortlaut einschränkend auszulegen (sog. teleologische Reduktion, *BAG* 9.10.1986 EzA § 15 KSchG n.F. Nr. 35). 536

ee) Nachwirkender Kündigungsschutz für Betriebsratsmitglieder

Der nachwirkende Kündigungsschutz für Betriebsratsmitglieder gem. § 15 Abs. 1 S. 2 KSchG ist nicht auf die Fälle der Beendigung der Amtszeit als Kollegialorgan (§§ 21, 24 Abs. 1 Nr. 1 BetrVG) beschränkt, sondern **gilt auch** in den Fällen des § 24 Abs. 1 Nr. 2 bis 4 BetrVG, insbes. also **bei der Niederlegung des Betriebsratsamtes** durch das gewählte Betriebsratsmitglied (*BAG* 5.7.1979 EzA § 15 KSchG n.F. Nr. 22). 537

Im Hinblick auf die einheitliche gesetzliche Regelung ist davon auszugehen, dass auch während des nachwirkenden Kündigungsschutzes ordentliche Gruppen- und Massenänderungskündigungen ausgeschlossen sind (*BAG* 29.1.1981, 9.4.1987 EzA § 15 KSchG n.F. Nr. 26, 37). 538

539 Demgegenüber geht *Etzel* (KR § 15 KSchG Rz. 18a) davon aus, dass im Nachwirkungszeitraum eine Besserstellung der ehemaligen Amtsträger gegenüber den Arbeitskollegen sachlich nicht gerechtfertigt und vom Gesetzeszweck nicht gedeckt ist. Auch nach der Rechtsprechung des *BAG* (6.3.1986 EzA § 15 KSchG n.F. Nr. 34) kann jedenfalls dann, wenn der Arbeitgeber dadurch die Arbeitsbedingungen eines Amtsträgers denen einer Gruppe von Arbeitnehmern anpassen will, zu der auch der Amtsträger gehört, eine außerordentliche Änderungskündigung gerechtfertigt sein.

ff) Ersatzmitglieder des Betriebsrats

540 Der nachwirkende Kündigungsschutz steht auch dem Ersatzmitglied zu, das für ein vorübergehend verhindertes Mitglied in das Gremium einrückt, also als Vertreter zur Betriebsratsarbeit herangezogen wird (*BAG* 12.2.2004 EzA § 15 KSchG n.F. Nr. 56 = NZA 2005, 600 LS = BAG Report 2004, 264) und nach Beendigung des Vertretungsfalles wieder aus dem Gremium ausscheidet (*BAG* 6.9.1979 EzA § 15 KSchG n.F. Nr. 23; vgl. ausf. *Uhmann* NZA 2000, 576 ff.; insgesamt zum Verhältnis von § 103 zu § 102 BetrVG in derartigen Fällen *Zumkeller* NZA 2001, 823 ff.).

541 Eine zeitweilige Verhinderung eines Personalratsmitglieds an der Ausübung seines Amtes liegt i.d.R. vor, wenn es sich krankgemeldet hat und dem Dienst fernbleibt. In diesem Falle tritt das nächstberufene Ersatzmitglied anstelle des abwesenden Personalratsmitglieds in den Personalrat ein und erwirbt damit den besonderen Kündigungsschutz des § 15 Abs. 1 KSchG.

542 Das gilt selbst dann, wenn sich später herausstellt, dass das ordentliche Personalratsmitglied **nicht arbeitsunfähig krank war** und deshalb unberechtigt dem Dienst ferngeblieben ist (*BAG* 5.9.1986 EzA § 15 KSchG n.F. Nr. 36), **also ein Vertretungsfall in Wahrheit nicht vorgelegen hat** (*BAG* 12.2.2004 EzA § 15 KSchG n.F. Nr. 56 = NZA 2005, 600 LS = BAG Report 2004, 264; *LAG Köln* 14.7.2004 LAG Report = ArbuR 2005, 236 LS). **Ausgeschlossen** ist der Schutz des § 15 KSchG aber dann, wenn der Vertretungsfall **durch kollusive Absprachen zum Schein herbeigeführt wird** (*BAG* 5.9.1986 EzA § 15 KSchG n.F. Nr. 36) oder das Ersatzmitglied weiß bzw. sich ihm **aufdrängen muss, dass kein Vertretungsfall vorliegt** (*BAG* 12.2.2004 EzA § 15 KSchG n.F. Nr. 56 = NZA 2005, 600 LS = BAG Report 2004, 264; *LAG Köln* 14.7.2004 LAG Report = ArbuR 2005, 236 LS).

543 Nichts anderes gilt auch dann, wenn das **Ersatzmitglied** während dieser Zeit **selbst vorübergehend verhindert ist,** wenn die Zeit der Verhinderung im Verhältnis zu der Dauer des Vertretungsfalles nicht erheblich ist (*BAG* 9.11.1977, 6.9.1979 EzA § 15 KSchG n.F. Nr. 13, 23; **a.A.** KR/*Etzel* § 103 BetrVG Rz. 49: Dauer ist unerheblich; stets voller Kündigungsschutz; vgl. dazu ausf. *Uhmann* NZA 2000, 581 ff.). Denn das Ersatzmitglied steht während des Vertretungsfalles einem Vollmitglied gleich. Es kann wie jedes andere Betriebsratsmitglied in Konflikte mit dem Arbeitgeber geraten und verdient zusätzlich auch den nachwirkenden Kündigungsschutz, wenn es nach Beendigung des Vertretungsfalles aus seinem Amt ausscheidet. Seine »Amtszeit« ist damit i.S.d. § 15 KSchG – zumindest vorläufig – beendet. **Auf die Dauer der Vertretungstätigkeit kommt es nicht an.** Das bedeutet praktisch, dass das Ersatzmitglied nach Beendigung eines auch nur kurzfristigen Vertretungsfalles für die Dauer von einem Jahr bzw. bei Mitgliedern des Wahlvorstandes von sechs Monaten nachwirkenden Kündigungsschutz genießt. Tritt während dieses Zeitraums wieder ein Vertretungsfall ein, so erlangt das Ersatzmitglied nach Beendigung des Vertretungsfalles wiederum für die Dauer von einem Jahr bzw. sechs Monaten – vom Ende des letzten Vertretungsfalles an gerechnet – nachwirkenden Kündigungsschutz (KR/*Etzel* § 15 KSchG Rz. 65).

544 § 15 Abs. 1 KSchG ist sogar bereits **vor Beginn des Nachrückens** anwendbar, wenn sich das Ersatzmitglied auf eine Betriebsratssitzung bereits vor dem Eintritt des (eigenen) Verhinderungsfalles **vorbereiten muss.** Dies ist die Zeit ab der Ladung; i.d.R. sind jedoch drei Arbeitstage als Vorbereitungszeit ausreichend (*BAG* 17.1.1979 EzA § 15 KSchG n.F. Nr. 21).

Etwas anderes gilt allerdings dann, wenn das nachgerückte Ersatzmitglied während der gesamten Dauer des Vertretungsfalles selbst an der Amtsausübung verhindert war oder aus sonstigen Gründen keine Betriebsratstätigkeit wahrnahm, z.B. weil keine Aufgaben angefallen sind. Übt das Ersatzmitglied keine Betriebsratstätigkeit aus, erlangt es zwar während der Dauer des Vertretungsfalles den Kündigungsschutz eines Vollmitglieds (§ 103 BetrVG; s. dazu oben Rn. 499 ff.; s. aber auch Rn. 543). Nach Beendigung des Vertretungsfalles entfällt aber ein nachwirkender Kündigungsschutz. Denn infolge fehlender Betriebsratstätigkeit des Ersatzmitglieds konnte es dann zu keinen Konflikten mit dem Arbeitgeber kommen; auch ist das Ersatzmitglied nicht durch eine Amtsausübung in seiner beruflichen Entwicklung zurückgeworfen worden. Damit ist kein sachlicher Grund ersichtlich, diesem Ersatzmitglied nachwirkenden Kündigungsschutz zu gewähren (*BAG* 6.9.1979 EzA § 15 KSchG n.F. Nr. 23; KR/*Etzel* § 15 KSchG Rz. 65a). 545

Behauptet der Arbeitnehmer, er habe **als Ersatzmitglied** an einer Sitzung des Betriebsrats teilgenommen und wird diese Tatsache vom Arbeitgeber **substantiiert bestritten**, muss der Kläger im Einzelnen darlegen, dass er gem. § 25 BetrVG als Ersatzmitglied des Betriebsrats zu Recht herangezogen wurde. Dies gilt insbesondere dann, wenn nach eigenem Vortrag des Klägers an der Sitzung mehr als die erforderliche Anzahl von Ersatzmitgliedern teilgenommen haben (*LAG Brem.* 5.9.2008 – 4 Sa 110/08 – Prozesskostenhilfeverfahren). 546

gg) Weitere Gremien der Betriebsverfassung

Der besondere betriebsverfassungsrechtliche Kündigungsschutz gilt entsprechend für in **Heimarbeit** beschäftigte Mitglieder des Betriebsrats bzw. der **Jugend- und Auszubildendenvertretung** sowie für Mitglieder des Wahlvorstandes (§ 29a HAG). Vertrauensmänner und -frauen der **Schwerbehinderten** besitzen kraft gesetzlicher Verweisung den gleichen Kündigungsschutz wie Mitglieder des Betriebs- bzw. Personalrats (§ 96 Abs. 3 SGB IX). 547

Dies gilt auch für Wahlbewerber und Mitglieder des Wahlvorstandes (KR/*Etzel* § 103 BetrVG Rz. 13).

hh) Ausnahmen vom nachwirkenden Kündigungsschutz

Vom nachwirkenden Kündigungsschutz ausgenommen sind Amtsträger nach § 15 KSchG, deren Mitgliedschaft durch eine gerichtliche Entscheidung beendet worden ist. 548

Der nachwirkende Kündigungsschutz entfällt also, wenn die Betriebsratswahl erfolgreich **angefochten** worden ist (KR/*Etzel* § 103 BetrVG Rz. 20). 549

Der nachwirkende Kündigungsschutz entfällt auch dann, wenn die Arbeitnehmervertretung durch rechtskräftige gerichtliche Entscheidung **aufgelöst** worden ist oder das betreffende Mitglied durch gerichtliche Entscheidung ausgeschlossen worden ist. 550

Allerdings bleibt der nachwirkende Kündigungsschutz Wahlvorstandsmitgliedern und Wahlbewerbern dann erhalten, wenn zwar die Betriebsratswahl nichtig, die Bestellung zu Mitgliedern des Wahlvorstandes bzw. die Wahlbewerbung als solche aber ordnungsgemäß erfolgt ist (KR/*Etzel* § 15 KSchG Rz. 67). 551

ii) Kündigungsschutz bei der Einladung zur Betriebsversammlung bzw. wegen des Antrags auf Bestellung eines Wahlvorstandes

Auf Grund der Neuregelung des § 15 Abs. 3a KSchG haben (ab dem 1.8.2001) auch Arbeitnehmer, die insbes. zu einer Betriebsversammlung gem. § 17 Abs. 3 BetrVG bzw. zu einer Wahlversammlung gem. § 17a Abs. 3 S. 2 BetrVG einladen oder die Bestellung eines Wahlvorstandes (insbes. gem. §§ 16 Abs. 2, 17 Abs. 4, 17 a Abs. 4 BetrVG) beantragen, einen besonderen Kündigungsschutz. Ihnen kann in der Zeit von der Einladung oder Antragstellung bis zur Bekanntgabe des Wahlergebnisses nur aus wichtigem Grund gekündigt werden. 552

Der besondere Schutz gilt allerdings nur für die ersten drei in der Einladung oder Antragstellung aufgeführten Arbeitnehmer. Wird das betriebsverfassungsrechtliche Gremium nicht gewählt, besteht der Kündigungsschutz vom Zeitpunkt der Einladung der Antragstellung an für drei Monate (vgl. dazu *Nägele/Nestel* BB 2002, 354 ff.).

b) Wichtiger Grund beim Betriebsratsmitglied

aa) Abgrenzung zwischen arbeitsvertraglichen und betriebsverfassungsrechtlichen Pflichten

553 Der wichtige Grund i.S.d. § 626 Abs. 1 BGB kann nur in einem Verstoß gegen die arbeitsvertraglichen Pflichten, auch Nebenpflichten liegen. Bei Verstößen gegen Amtspflichten kommt nur § 23 Abs. 1 BetrVG in Betracht (*BAG* 22.8.1974 EzA § 103 BetrVG 1972 Nr. 6).

554 Stellt eine Handlung zugleich eine Amtspflichtverletzung und eine Verletzung arbeitsvertraglicher Pflichten dar, so ist eine außerordentliche Kündigung möglich, wenn die **Vertragsverletzung für sich betrachtet einen wichtigen Grund** i.S.v. § 626 Abs. 1 BGB **darstellt** (*BAG* 22.8.1974 EzA § 103 BetrVG 1972 Nr. 6).

bb) Prüfungsmaßstab für die Unzumutbarkeit

(1) Ordentliche Kündigungsfrist

555 Im Rahmen des wichtigen Grundes ist an sich zu prüfen, ob dem Arbeitgeber die Fortsetzung des Arbeitsverhältnisses bis zum Ablauf der Kündigungsfrist zugemutet werden kann (s.u. Rn. 1120 ff.).

556 Da die ordentliche Kündigung des Arbeitsverhältnisses aber ausgeschlossen ist, solange der besondere Kündigungsschutz besteht, ist dieser Prüfung an sich die Fortsetzung des Arbeitsverhältnisses i.d.R. bis zum 65. Lebensjahr (bei Männern) bei Bestehen einer entsprechenden, meist tariflichen Altersgrenze zugrunde zu legen. Dennoch ist nach der bisherigen Rechtsprechung des *BAG* (6.3.1986 EzA § 15 KSchG n.F. Nr. 34; 18.2.1993 EzA § 15 KSchG n.F. Nr. 40) **diejenige Kündigungsfrist (fiktiv) zugrunde zu legen, die ohne den besonderen Kündigungsschutz für den betroffenen Arbeitnehmer gelten würde.**

557 Denn die Tatsache, dass die ordentliche Kündigung ausgeschlossen ist, darf nicht zum Nachteil des betroffenen Arbeitnehmers berücksichtigt werden.

558 Ob das BAG an dieser Rechtsauffassung festhalten wird, ist fraglich. Denn inzwischen hat es sie **ausdrücklich** (*BAG* 21.6.1995 EzA § 15 KSchG n.F. Nr. 43; vgl. dazu APS/*Dörner* § 626 BGB Rz. 42 ff.; *Hilbrandt* NZA 1998, 1258 ff.; *Weber/Lohr* BB 1999, 2350 ff.) **jedenfalls für die außerordentliche betriebsbedingte Änderungskündigung aufgegeben**; zur aktuellen Entwicklung s.u. Rn. 1148 ff.

559 Zur Begründung hat das *BAG* (21.6.1995 EzA § 15 KSchG n.F. Nr. 43) darauf verwiesen, dass die Einhaltung einer derartigen hypothetisch zu veranschlagenden Kündigungsfrist vom eingeschränkten Schutzzweck der Normen der §§ 2, 15 KSchG her gesehen nicht zu fordern ist. Dafür spricht der generelle Effekt der beabsichtigten Umstrukturierungsmaßnahme sowie die erstrebte Gleichbehandlung der Arbeitnehmer. Dem besonderen Kündigungsschutz des § 15 KSchG ist Rechnung getragen, weil der Fortbestand und die Stetigkeit der jeweiligen Arbeitnehmervertretung gesichert ist. Da es nicht um die Beendigung des Arbeitsverhältnisses, sondern »nur« um seine inhaltliche Umgestaltung geht, relativiert sich folglich die Zumutbarkeitsprüfung. Erforderlich ist, dass die vorgesehene Änderung der Arbeitsbedingungen für den Arbeitgeber unabweisbar und dem Arbeitnehmer zumutbar ist.

560 Nach Auffassung von *Hilbrandt* (NZA 1997, 465 ff.) belegt die Begründung der Entscheidung, dass sie sich **allein auf betriebsbedingte Massenänderungskündigungen** bezieht. Die Einzeländerungskündigung muss danach – nach wie vor – strengeren Anforderungen unterworfen werden (s.u. Rn. 2987 ff.)

(2) »Strengerer Maßstab«

Nach Auffassung des *BAG* (16.10.1986 EzA § 626 BGB n.F. Nr. 105; abl. *LAG Köln* 28.11.1996 NZA 1997, 1166 LS; *Leutze* DB 1993, 2590ff.) ist im Übrigen an die Berechtigung der fristlosen Entlassung ein »strengerer Maßstab« anzulegen als bei einem Arbeitnehmer, der dem Betriebsrat nicht angehört. 561

Dadurch soll die freie Betätigung des Betriebsratsmitglieds in seinem Amt gewährleistet werden. 562

Denn eine Verletzung der Pflichten aus dem Arbeitsvertrag, die im Rahmen der Amtstätigkeit begangen wird, kann aus einer Konfliktsituation heraus entstanden sein, der der Arbeitnehmer, der nicht Betriebsratsmitglied ist, nicht ausgesetzt ist. Das gilt z.B. für Beleidigungen im Verlauf schwieriger und erregter Auseinandersetzungen. Die damit ermöglichte Tat- und Situationsgerechtigkeit ist keine verbotene Besserstellung des Betriebsratsmitglieds, sondern nur die Folge der Beachtung der besonderen Sachlage (*BAG* 16.10.1986 EzA § 626 BGB n.F. Nr. 105). 563

Dafür spricht, dass dann, wenn das Verhalten des Betriebsratsmitglieds sowohl gegen Amts- wie auch gegen Arbeitsvertragspflichten verstößt, die durch § 23 Abs. 1 BetrVG bezweckte Absicherung, die Konsequenzen für das Betriebsratsamt nur bei groben Pflichtverletzungen zulässt, nicht mittelbar dadurch beseitigt werden darf, dass die außerordentliche Kündigung zugelassen wird, obwohl eine grobe Amtspflichtverletzung zu verneinen ist (so unter Hinweis auf § 24 Abs. 1 Nr. 3 BetrVG, GK-BetrVG/*Wiese* § 23 Rz. 23). 564

cc) Beispiele

Selbst bei Anlegung eines besonders strengen Prüfungsmaßstabes ist die **Bereitschaft** eines Arbeitnehmers, der Betriebsratsmitglied ist, in einem Rechtsstreit gegen seinen Arbeitgeber **vorsätzlich falsch auszusagen,** an sich geeignet, eine außerordentliche Kündigung zu rechtfertigen. Auch im Rahmen der Interessenabwägung nach § 626 BGB ist dieses Verhalten nicht allein wegen des Betriebsratsamtes anders zu beurteilen als das entsprechende Verhalten eines nicht durch § 15 KSchG geschützten Arbeitnehmers (*BAG* 16.10.1986 EzA § 626 BGB n.F. Nr. 105). 565

Verzehrt andererseits ein **Betriebsratsmitglied Speisen**, die nicht mehr an Restaurantgäste veräußert werden können, sondern entweder in den Müll geworfen werden oder zum Verzehr durch die Belegschaft freigegeben werden, ohne ausdrückliche Zustimmung aber in Anwesenheit eines zur Freigabe berechtigten Managers, so kann in der Einzelfallabwägung auch der **Fortbestand** des Arbeitsverhältnisses **zumutbar** sein. Das kann insbesondere dann der Fall sein, wenn eine unklare Weisungslage besteht, das ungenehmigte Verzehren in der Vergangenheit folgenlos geblieben ist und wegen der Öffentlichkeit der Tat keinerlei Unrechtsbewusstsein bestand (*LAG Köln* 15.10.2007 – 2 TaBV 33/07 – ArbuR 2008, 229 LS). 566

Auch kann das Arbeitsverhältnis eines Betriebsratsmitglieds in aller Regel nach § 15 Abs. 1 S. 1 KSchG, § 626 BGB **nicht wegen häufiger krankheitsbedingter Fehlzeiten** außerordentlich gekündigt werden (*BAG* 18.2.1993 EzA § 15 KSchG n.F. Nr. 40). 567

Die **fortgesetzte Störung des Betriebsfriedens**, bei der zusätzlich das Gebot der vertrauensvollen Zusammenarbeit der Betriebsratsmitglieder untereinander verletzt wird, kann einen wichtigen Grund darstellen (*LAG Köln* 28.11.1996 NZA 1997, 1166 LS). 568

Nimmt ein (bisher freigestelltes) Betriebsratsmitglied ein auf mehrere Jahre befristetes Wahlamt als gewerkschaftlicher Landesvorsitzender an, ohne dass ihn der Arbeitgeber von seinen arbeitsvertraglichen Pflichten freistellt, kann dieser Umstand eine außerordentliche Kündigung rechtfertigen (*LAG Bln.* 16.10.1995 LAGE § 15 KSchG Nr. 13). 569

c) Ordentliche Kündigung bei Betriebsstilllegung oder Stilllegung einer Betriebsabteilung

aa) Inhalt und Zweck der gesetzlichen Regelung

570 In Ausnahme vom grundsätzlichen Kündigungsverbot während des besonderen Kündigungsschutzes ist die ordentliche Kündigung dann zulässig, wenn ihr eine Betriebsstilllegung oder die Stilllegung einer Betriebsabteilung zugrunde liegt und eine anderweitige Beschäftigung des Funktionsträgers nicht in Betracht kommt (§ 15 Abs. 4, 5 KSchG).

571 Zwar spricht das Gesetz in diesem Zusammenhang nur davon, dass die »Kündigung« zulässig ist. Damit ist aber ausschließlich die ordentliche Kündigung gemeint (*BAG* 29.3.1977 EzA § 102 BetrVG 1972 Nr. 27).

572 Ziel ist es, sicherzustellen, dass auch unter dem besonderen Kündigungsschutz eine kündigungsrechtliche Gleichbehandlung gegenüber den anderen Arbeitnehmern möglich ist, zumal **auch die Funktionsträger in einem stillgelegten Betrieb keine Funktion mehr auszuüben hätten** (MünchArbR/*Berkowsky* § 157 Rz. 57; APS/*Linck* § 15 KSchG Rz. 157).

573 Diese Regelung gilt auch für die durch § 15 Abs. 3a KSchG geschützten Initiatoren einer Betriebsratswahl; auch ihnen kann also im Fall der Betriebsstilllegung unter den Voraussetzungen des § 15 Abs. 4 KSchG ordentlich gekündigt werden. Denn die Nichterwähnung von § 15 Abs. 3a KSchG in § 15 Abs. 4 KSchG beruht auf einem Redaktionsversehen, steht dem also nicht entgegen (*BAG* 4.11.2004 EzA § 15 KSchG n.F. Nr. 58 = NZA 2005, 656 LS; *LAG Nbg.* 29.1.2004 – 5 Sa 607/03 – EzA-SD 7/04, S. 11 LS = LAG Report 2004, 210).

bb) Betriebsbegriff

574 Zugrunde gelegt wird der **allgemeine Betriebsbegriff.** Deshalb gelten auch die Grundsätze über das Vorliegen eines gemeinsamen Betriebes mehrerer Unternehmen für die Kündigung von Mitgliedern der Betriebsverfassungsorgane wegen Stilllegung des Betriebes oder einer Betriebsabteilung nach § 15 Abs. 4, 5 KSchG (*BAG* 5.3.1987 EzA § 15 KSchG n.F. Nr. 38).

cc) Betriebsstilllegung

(1) Begriffsbestimmung

575 Eine Betriebsstilllegung setzt voraus, dass die Einstellung der betrieblichen Arbeit und die Auflösung der Produktionsgemeinschaft für unabsehbare oder für eine im Voraus festgelegte, aber relativ lange Zeit erfolgt (*BAG* 14.10.1982 EzA § 15 KSchG n.F. Nr. 29). Werden nach Einstellung der Produktion die Arbeitsverhältnisse der im Betrieb beschäftigten Arbeitnehmer gekündigt, so liegt i.d.R. eine Auflösung der zwischen Arbeitgeber und Arbeitnehmer bestehenden Betriebs- und Produktionsgemeinschaft vor, wenn im Kündigungszeitpunkt davon auszugehen ist, dass eine eventuelle Wiederaufnahme der Produktion erst nach einem längeren, wirtschaftlich nicht unerheblichen Zeitraum erfolgen kann, dessen Überbrückung mit weiteren Vergütungszahlungen dem Arbeitgeber nicht zugemutet werden kann (*BAG* 21.6.2001 NZA 2002, 212).

576 Die bloße Verlegung des Betriebes ist nicht ohne weiteres mit einer Betriebsstilllegung verbunden. Maßgeblich ist, ob wesentliche Teile der Belegschaft am neuen Standort erhalten bleiben oder nicht (KR/*Etzel* § 15 KSchG Rz. 79).

(2) Weiterbeschäftigung in einem anderen Betrieb des Unternehmens

577 Fraglich ist, ob der von einer Betriebsstilllegung betroffene Funktionsträger einwenden kann, er könne in einem anderen Betrieb des Unternehmens weiterbeschäftigt werden. Denn § 1 KSchG ist insoweit neben § 15 KSchG nicht anwendbar.

Da aber kein Grund ersichtlich ist, den Funktionsträger nach § 15 KSchG gegenüber Arbeitnehmern, auf die § 1 KSchG anwendbar ist, schlechter zu stellen, ist im Wege der ergänzenden Gesetzesauslegung davon auszugehen, dass **auch eine Kündigung nach § 15 Abs. 4 KSchG nicht möglich ist, wenn für diesen Arbeitnehmer eine Weiterbeschäftigungsmöglichkeit in einem anderen Betrieb des Unternehmens besteht** (*BAG* 13.8.1992 EzA § 15 KSchG n.F. Nr. 39: »Auslegung über den Wortlaut der Bestimmung hinaus«). 578

Kann nur ein Teil der nach § 15 KSchG geschützten Funktionsträger in anderen Betrieben des Unternehmens weiterbeschäftigt werden, so sind für die Auswahl der zu übernehmenden Arbeitnehmer die Grundsätze der Sozialauswahl bei betriebsbedingten Kündigungen anzuwenden (KR/*Etzel* § 15 KSchG Rz. 94). 579

(3) Kündigung frühestens zum Zeitpunkt der Betriebsschließung

Die ordentliche Kündigung kann grds. unter Einhaltung der Kündigungsfrist zum Zeitpunkt der Betriebsschließung erfolgen; allerdings ist eine ggf. anwendbare längere Kündigungsfrist einzuhalten (*BAG* 23.4.1980 EzA § 15 KSchG n.F. Nr. 24). 580

Erfolgt die Betriebsschließung sukzessive, so dürfen die nach § 15 KSchG geschützten Personen grds. erst zum letztmöglichen Zeitpunkt entlassen werden (*BAG* 26.10.1967 AP Nr. 17 zu § 13 KSchG). 581

Zu einem **früheren Zeitpunkt** können dem besonderen Kündigungsschutz unterliegende Personen aber dann gekündigt werden, wenn dies durch **zwingende betriebliche Erfordernisse** bedingt ist. Das ist nur dann der Fall, wenn für den betroffenen Arbeitnehmer **überhaupt keine Beschäftigungsmöglichkeit** mehr vorhanden ist, weder im bisherigen Arbeitsbereich noch in einem anderen. Ein besetzter Arbeitsplatz, den der geschützte Arbeitnehmer einnehmen könnte, muss für ihn freigekündigt werden (KR/*Etzel* § 15 KSchG Rz. 106). 582

Fraglich ist allerdings, ob der geschützte Arbeitnehmer insoweit absoluten Vorrang genießt (dafür *Matthes* DB 1980, 169 f.) oder ob in diesen Fällen die sozialen Belange des anderen Arbeitnehmers und die berechtigten betrieblichen Interessen an seiner Weiterbeschäftigung gegen die Interessen der Belegschaft und des geschützten Arbeitnehmers an seiner Weiterbeschäftigung gegeneinander abzuwägen sind (dafür KR/*Etzel* § 15 KSchG Rz. 126). 583

(4) Beteiligung des Betriebsrats

Bei einer ordentlichen Kündigung nach § 15 Abs. 4, 5 KSchG ist eine Zustimmung des Betriebsrats nach § 103 BetrVG i.V.m. § 15 Abs. 1 bis 3 KSchG nicht erforderlich. Der Betriebsrat ist allerdings gem. § 102 Abs. 1 BetrVG anzuhören (*BAG* 20.1.1984 EzA § 15 KSchG n.F. Nr. 33). 584

dd) Stilllegung einer Betriebsabteilung

(1) Begriffsbestimmung

Eine Betriebsabteilung i.S.v. § 15 Abs. 5 KSchG ist ein organisatorisch abgegrenzter Teil eines Betriebes, der eine personelle Einheit erfordert, dem eigene technische Betriebsmittel zur Verfügung stehen und der einen eigenen Betriebszweck verfolgt, der auch in einem bloßen Hilfszweck bestehen kann (APS/*Linck* § 15 KSchG Rz. 182). 585

Besteht ein Betrieb aus mehreren räumlich nahe beieinander liegenden Betriebsteilen und befinden sich in diesen Betriebsteilen organisatorisch abgrenzbare Arbeitseinheiten, die jeweils denselben Betriebszweck verfolgen, so bilden diese Arbeitseinheiten jeweils eine Betriebsabteilung i.S.d. § 15 Abs. 5 KSchG (*BAG* 20.1.1984 EzA § 15 KSchG n.F. Nr. 33). In 586 einem **überbetrieblichen Ausbildungszentrum** stellt der einzelne Ausbildungsbereich (Gewerk) keine Betriebsabteilung in diesem Sinne dar, da ein gemeinsamer arbeitstechnischer Zweck – die Aus- und Fortbildung der Teilnehmerinnen und Teilnehmer der Maßnahmen – verfolgt wird. Es fehlt auch an einer organisatorischen Einheit des Bereichs, wenn Ausbilder und Arbeitsmittel bereichsübergreifend eingesetzt werden, auch wenn dies nur im Rahmen der jeweiligen Grundausbildung erfolgt (*LAG Bra.* 12.10.2001 NZA-RR 2002, 520).

587 Fraglich ist, was dann gilt, wenn eine **Betriebsabteilung** nicht stillgelegt, sondern **veräußert wird.** *Etzel* (KR § 15 KSchG Rz. 125a) nimmt an, dass das Arbeitsverhältnis gem. **§ 613a BGB** auf den Erwerber übergeht und das **Betriebsratsamt** im alten Betrieb erlischt. Widerspricht das Betriebsratsmitglied dem Übergang des Arbeitsverhältnisses, kann der Veräußerer die mit den widersprechenden Arbeitnehmern verbleibende Rumpfbetriebsabteilung stilllegen und damit die Voraussetzungen für eine Anwendung des § 15 Abs. 5 KSchG schaffen. Das *LAG Düsseld.* (25.11.1997 LAGE § 15 KSchG Nr. 16) hält demgegenüber **§ 15 Abs. 5 KSchG** für **analog** anwendbar. Danach stellt die Weiterführung des Betriebsratsamtes einen sachlichen Grund für einen Widerspruch gegen einen Übergang des Arbeitsverhältnisses dar mit der Folge, dass der Arbeitgeber ggf. sogar einen geringwertigen Arbeitsplatz für das Betriebsratsmitglied frei kündigen muss. Etwas anderes gilt danach nur dann, wenn im Rahmen einer Interessenabwägung festzustellen ist, dass die sozialen Belange des hiervon betroffenen Arbeitnehmers in erheblichem Maße die des durch § 15 KSchG geschützten Arbeitnehmers überwiegen.

(2) Betriebsteil

588 Fehlt es bei einem aus mehreren räumlich nahe beieinander liegenden Betriebsteilen bestehenden Betrieb an der Verfolgung eines betriebsteilübergreifenden Betriebszwecks, so können **auch organisatorisch abgrenzbare Teile eines Betriebsteils, sofern sie jeweils eine personelle Einheit darstellen, über eigene technische Betriebsmittel verfügen und einen eigenen Betriebszweck verfolgen, eine Betriebsabteilung i.S.d. § 15 Abs. 5 KSchG darstellen** (*BAG* 20.1.1984 EzA § 15 KSchG n.F. Nr. 33).

589 Gelten Betriebsteile dagegen nach § 4 S. 1 BetrVG als selbstständiger Betrieb und besteht bei ihnen ein Betriebsrat, ist bei einer Stilllegung nicht § 15 Abs. 5, sondern § 15 Abs. 4 KSchG anzuwenden. Besteht in einem solchen Betriebsteil kein Betriebsrat, obwohl ein solcher hätte gewählt werden können, so ist er als Teil des Gesamtbetriebes anzusehen, sodass insoweit § 15 Abs. 5 KSchG Anwendung findet (KR/*Etzel* § 15 KSchG Rz. 122; MünchArbR/*Berkowsky* § 157 Rz. 79 f.).

(3) Fehlende Weiterbeschäftigungsmöglichkeit des Arbeitnehmers

590 Eine ordentliche Kündigung des dem besonderen Kündigungsschutz unterliegenden Arbeitnehmers ist bei **Stilllegung einer Betriebsabteilung** nur möglich, wenn der betreffende Arbeitnehmer in dieser Abteilung beschäftigt wird und es aus betrieblichen Gründen nicht möglich ist, den Arbeitnehmer in eine andere Betriebsabteilung zu übernehmen (**§ 15 Abs. 5 KSchG).** Er muss dem Arbeitnehmer **grds. eine gleichwertige Stelle** anbieten (*LAG Hamm* 13.6.2008 – 13 Sa 244/08 – EzA-SD 17/2008 S. 6 LS; **a.A.** *LAG RhPf* 13.11.2007 LAGE § 15 KSchG Nr. 20: u.U. auch ein höherwertiger Arbeitsplatz). Durch das Angebot eines geringerwertigen Arbeitsplatzes mit geringerer Entlohnung genügt er jedenfalls regelmäßig noch nicht seinen gesetzlichen Verpflichtungen (*BAG* 2.3.2006 EzA § 1 KSchG Betriebsbedingte Kündigung Nr. 145 = NZA 2006, 988; *Leuchten* NZA 2007, 585 ff.).

591 Um diese Weiterbeschäftigung zu ermöglichen, muss der Arbeitgeber vorrangig andere, nicht durch § 15 KSchG geschützte Arbeitnehmer kündigen und/oder die vorhandene Arbeit unter den verbleibenden Arbeitnehmern nach Maßgabe des Direktionsrechts so verteilen, dass der geschützte Arbeitnehmer in wirtschaftlich vertretbarer Weise eingesetzt werden kann (*BAG* 25.11.1981 EzA § 15 KSchG n.F. Nr. 27; 2.3.2006 EzA § 1 KSchG Betriebsbedingte Kündigung Nr. 145 = NZA 2006, 988; krit. dazu *Schleusener* DB 1998, 2368 ff.; vgl. APS/*Linck* § 15 KSchG Rz. 186 f.); der gleichwertige Arbeitsplatz in einer anderen Abteilung

muss also nicht frei sein (*BAG* 2.3.2006 EzA § 1 KSchG Betriebsbedingte Kündigung Nr. 145 = NZA 2006, 988; *LAG RhPf* 13.11.2007 LAGE § 15 KSchG Nr. 20). Ob dabei die Interessen des durch die erforderliche Freikündigung betroffenen Arbeitnehmers gegen die Interessen des Betriebsratsmitglieds und die Interessen der Belegschaft an der **Kontinuität der Besetzung des Betriebsrats** abzuwägen sind, hat das *BAG* (18.10.2000 EzA § 15 KSchG n.F. Nr. 51 m. Anm. *Wank* SAE 2002, 7 und *Krause* RdA 2002, 56; s. dazu *Horcher* NZA-RR 2006, 393 ff.; *Leuchten* NZA 2007, 585 ff.; dafür *LAG RhPf* 13.11.2007 LAGE § 15 KSchG Nr. 20) offen gelassen.

Dabei ist der Arbeitnehmer primär auf einem gleich gearteten und gleichwertigen Arbeits- 592
platz weiterzubeschäftigen. Ist ein solcher Arbeitsplatz vorhanden, genügt das Angebot eines geringer entlohnten Arbeitsplatzes nicht (*BAG* 1.2.1957 AP Nr. 5 zu § 13 KSchG).

(4) Angebot einer geringerwertigen Tätigkeit

Ist allerdings ein gleichwertiger Arbeitsplatz nicht vorhanden, so muss der Arbeitgeber 593
dem geschützten Arbeitnehmer eine Änderung der Arbeitsbedingungen anbieten, wenn nur ein geringerwertiger Arbeitsplatz zur Verfügung steht (*BAG* 25.11.1981 EzA § 15 KSchG n.F. Nr. 27). Der Arbeitgeber muss dann ggf. dem Mandatsträger eine Änderungskündigung aussprechen (*BAG* 2.3.2006 EzA § 1 KSchG Betriebsbedingte Kündigung Nr. 145 = NZA 2006, 988). Insoweit genießt der Mandatsträger nach dem Sinn und Zweck des § 15 KSchG grds. einen **Vorrang bei der Weiterbeschäftigung vor anderen – auch sonderkündigungsgeschützten – Arbeitnehmern.** Deshalb genießen die **aktiven Mandatsträger** einen **Vorrang vor den Ersatzmitgliedern** im Nachwirkungszeitraum bei der Weiterbeschäftigung auf einer anderen Stelle in einer anderen Abteilung. Eine innerbetriebliche Weiterbeschäftigungspflicht des Arbeitgebers entfällt nur, wenn dem Arbeitgeber die Übernahme in eine andere Abteilung »aus betrieblichen Gründen« ausnahmsweise nicht möglich ist (*BAG* 2.3.2006 EzA § 1 KSchG Betriebsbedingte Kündigung Nr. 145 = NZA 2006, 988).

Nimmt der geschützte Arbeitnehmer das Angebot nicht an und kündigt der Arbeitgeber 594
daraufhin nach § 15 Abs. 5 KSchG ordentlich, so kann der Arbeitnehmer die Unwirksamkeit dieser Kündigung nicht mehr mit der Behauptung geltend machen, er hätte auf dem angebotenen, aber von ihm abgelehnten Arbeitsplatz weiterbeschäftigt werden können.

Er kann jedoch vortragen, der Arbeitgeber hätte ihm einen anderen, mit einer weniger ein- 595
schneidenden Änderung der Arbeitsbedingungen verbundenen Arbeitsplatz anbieten können (MünchArbR/*Berkowsky* § 157 Rz. 87).

(5) Darlegungs- und Beweislast

Der Arbeitgeber trägt die volle Darlegungs- und Beweislast (*BAG* 25.11.1981 EzA § 15 596
KSchG n.F. Nr. 27; *LAG RhPf* 13.11.2007 LAGE § 15 KSchG Nr. 20).

Denn das Gesetz bestimmt insoweit als Grundsatz eine Pflicht des Arbeitgebers zur Über- 597
nahme des Betriebsratsmitglieds in eine andere Betriebsabteilung. Nur für den weiteren Ausnahmefall, dass dies nicht möglich ist, erlaubt es die Kündigung. Bei diesem engen Ausnahmetatbestand ist der Arbeitgeber verpflichtet, materiell alle denkbaren Übernahmemöglichkeiten besonders eingehend zu prüfen und prozessual den Umfang der von ihm angestellten Überlegungen und ihr Ergebnis so substantiiert darzulegen, dass das Gericht zu der notwendigen Überzeugung gelangen kann, der Ausnahmetatbestand der Unmöglichkeit der Übernahme liege tatsächlich vor (*BAG* 25.11.1981 EzA § 15 KSchG n.F. Nr. 27; *LAG RhPf* 13.11.2007 LAGE § 15 KSchG Nr. 20).

Jedoch ist die Intensität seiner Darlegungslast davon abhängig, wie substantiiert der 598
Arbeitnehmer die Möglichkeit seiner Weiterbeschäftigung konkretisiert (§ 138 Abs. 2 ZPO).

Will der Arbeitgeber unter Berufung auf § 15 Abs. 5 KSchG wegen Schließung einer 599
Abteilung kündigen, muss er darlegen, dass der Betrieb **überhaupt aus mehreren vonein-**

ander abgrenzbaren Abteilungen besteht. Ist zudem streitig, ob der Arbeitnehmer zuvor in die zu schließende Abteilung versetzt worden ist, muss der Arbeitgeber auch die Voraussetzungen für die Rechtswirksamkeit der Versetzung darlegen (*LAG Köln* 26.6.2006 – 14 Sa 111/06 – EzA-SD 25/06 S. 3 LS = NZA-RR 2006, 575). Darüber hinaus muss er darlegen, **welche Arbeiten** in den übrigen Betriebsabteilungen **noch anfallen** und dass es auch bei Kündigung anderer – nicht durch § 15 KSchG geschützter – Arbeitnehmer und Umverteilung der Arbeit unter den verbleibenden Arbeitnehmern nicht möglich gewesen wäre, den gekündigten Arbeitnehmer in **wirtschaftlich vertretbarer Weise** einzusetzen. Eine Bevorzugung ist insoweit ausgeschlossen, weil die Mandatsträger nicht begünstigt werden, sondern ihre ursprünglichen Arbeitsbedingungen behalten (*LAG Hmb.* 26.3.2008 – 5 Sa 91/06 – EzA-SD 26/2008 S. 3 LS).

600 Hinsichtlich des Ausmaßes der vom Arbeitgeber in die Betrachtung einzubeziehenden Arbeitsplätze ist zu beachten, dass dann, wenn er dem Betriebsrat und seinen Mitgliedern gegenüber so auftritt, als betreibe er mit anderen Unternehmen zusammen einen **Gemeinschaftsbetrieb**, er sich im Hinblick auf den Sonderkündigungsschutz der Betriebsratsmitglieder (§ 15 KSchG) **so behandeln lassen muss, als bestehe ein Gemeinschaftsbetrieb** (*BAG* 18.10.2000 EzA § 15 KSchG n.F. Nr. 51 m. Anm. *Wank* SAE 2002, 7 und *Krause* RdA 2002, 56).

(6) Schutz der Funktionsträger bei Teilbetriebsübergang und gleichzeitiger Stilllegung des Restbetriebes

601 Beschließt ein Arbeitgeber, Betriebsabteilungen auf einen Erwerber zu übertragen und gleichzeitig die verbleibenden Abteilungen stillzulegen, so hat er gem. § 15 Abs. 5 KSchG geschützte Funktionsträger im Rahmen des betrieblich Möglichen **in die zu übertragenden Abteilungen zu übernehmen** mit der Folge, dass deren Arbeitsverhältnisse auf den Erwerber übergehen (*LAG SA* 16.3.1999 NZA-RR 1999, 574). Kommt der Veräußerer dieser Verpflichtung bis zum Zeitpunkt des Betriebsübergangs **nicht nach**, geht das Arbeitsverhältnis des geschützten Funktionsträgers nach Auffassung des *LAG SA* (16.3.1999 NZA-RR 1999, 574) in erweiternder Auslegung von § 613a BGB **gleichwohl auf den Erwerber über**, sofern der Funktionsträger nicht widerspricht.

d) Das Zustimmungsersetzungsverfahren

aa) Verfahrensfragen hinsichtlich der Entscheidung des Betriebsrats, Betriebsausschusses

602 Im Rahmen des Zustimmungsverfahrens gem. § 103 Abs. 1 BetrVG ist das selbst betroffene Betriebsratsmitglied nicht nur von der Abstimmung im Betriebsrat ausgeschlossen, sondern auch von der dieser vorausgehenden Beratung (*BAG* 26.8.1981 EzA § 103 BetrVG 1972 Nr. 27).

603 Für das somit rechtlich verhinderte Betriebsratsmitglied ist ein **Ersatzmitglied** gem. § 25 Abs. 1 S. 2 BetrVG zu laden.

604 Ist kein Ersatzmitglied für das betroffene Betriebsratsmitglied eingeladen worden, nimmt dieses vielmehr an der Beratung über die eigene Kündigung teil, so ist der Betriebsratsbeschluss über die Kündigung nichtig.

605 Unschädlich ist es dagegen, wenn bei Teilnahme des Ersatzmitglieds das betroffene Betriebsratsmitglied Gelegenheit erhält, zu den Vorwürfen des Arbeitgebers Stellung zu nehmen (*BAG* 23.8.1984 EzA § 103 BetrVG 1972 Nr. 30).

606 Der Betriebsrat darf seine Zustimmungsbefugnis gem. § 103 BetrVG nach z. T. vertretener Auffassung wegen der Bedeutung des Verfahrens **nicht** auf einen **Personalausschuss** übertragen; die Kündigung eines Betriebsratsmitglieds nur mit Zustimmung des Personalausschusses ist folglich unwirksam (*LAG Köln* 28.8.2001 – 13 Sa 19/01 – ZTR 2002, 46 LS).

Das *BAG* (17.3.2005 EzA § 28 BetrVG 2001 Nr. 1 = NZA 2005, 1064) ist dem nicht gefolgt. Die Übertragung ist sowohl auf einen Betriebsausschuss nach § 27 Abs. 2 BetrVG als auch auf einen besonderen Ausschuss nach § 28 BetrVG grds. zulässig. Allerdings muss das Zustimmungsrecht dem Ausschuss ausdrücklich übertragen worden sein. Im schriftlichen Übertragungsbeschluss müssen die übertragenen Befugnisse so genau umschrieben werden, dass der Zuständigkeitsbereich des Ausschusses eindeutig feststeht. 607

bb) Rechtsfolgen von Verfahrensfehlern

Wenn der Arbeitgeber das Zustimmungsverfahren beim Betriebsrat bzw. Personalrat nicht ordnungsgemäß abgewickelt hat, so ist die Kündigung unheilbar nichtig, selbst wenn der Betriebsrat der Kündigung zugestimmt hatte. 608

Das schließt auch Verfahrensfehler des Betriebsrats ein. Denn die Grundsätze, die für die Berücksichtigung der Mängel beim Anhörungsverfahren nach § 102 BetrVG entwickelt worden sind (sog. Sphärentheorie), sind auf das Zustimmungsverfahren nach § 103 Abs. 1 BetrVG nicht übertragbar, weil die erforderliche Zustimmung zur Kündigung (§ 15 KSchG) an sich einen wirksamen Beschluss voraussetzt (*BAG* 23.8.1984 EzA § 103 BetrVG 1972 Nr. 30; vgl. APS/*Linck* § 103 BetrVG Rz. 20). 609

Nach den Grundsätzen des Vertrauensschutzes darf der Arbeitgeber zwar grds. auf die Wirksamkeit eines Zustimmungsbeschlusses nach § 103 BetrVG vertrauen, wenn ihm der Betriebsratsvorsitzende oder sein Vertreter mitteilt, der Betriebsrat habe die beantragte Zustimmung erteilt. Das gilt aber dann nicht, wenn der Arbeitgeber die Tatsachen kennt oder kennen muss, aus denen die Unwirksamkeit des Beschlusses folgt. 610

► **Beispiel:** 611
Der Arbeitgeber kann sich bei Kenntnis davon, dass nicht der Betriebsrat, sondern nur der Personalausschuss der Kündigung zugestimmt hat, **nicht auf Vertrauensschutz** berufen (*LAG Köln* 28.8.2001 – 13 Sa 19/01 – ZTR 2002, 46 LS).

Hat der Arbeitgeber einen Zustimmungsantrag nach § 103 Abs. 1 BetrVG gestellt und auf die spontane Zustimmungserklärung des Betriebsratsvorsitzenden hin vor Ablauf von drei Tagen gekündigt, so muss er erneut die Zustimmung des Betriebsrats beantragen, wenn er wegen Bedenken gegen die Wirksamkeit der ersten Kündigung eine weitere Kündigung aussprechen will. Ein stattdessen gestellter Zustimmungsersetzungsantrag ist unzulässig (*BAG* 24.10.1996 EzA § 103 BetrVG 1972 Nr. 37). 612

Eine besondere Erkundigungspflicht des Arbeitgebers im Hinblick auf Verfahrensfehler besteht andererseits nicht (*BAG* 23.8.1984 EzA § 103 BetrVG 1972 Nr. 30). 613

Die Nichtigkeit der Kündigung ist bis zum 31.12.2003 eine Unwirksamkeit »aus anderen Gründen« i.S.d. § 13 Abs. 3 KSchG, die außerhalb der Klagefrist der §§ 13 Abs. 1, 4, 7 KSchG geltend gemacht werden konnte (vgl. KR/*Etzel* § 15 KSchG Rz. 38). 614
Seit dem 1.1.2004 ist das Gegenteil auf Grund der Neufassung der §§ 4, 13 KSchG zutreffend, unabhängig vom Geltungsbereich des KSchG, allerdings mit der Verlängerungsmöglichkeit des § 6 KSchG. Denn § 4 KSchG findet auch Anwendung auf Arbeitnehmer, die vom betrieblichen Geltungsbereich des KSchG (§ 23) nicht erfasst werden oder auf solche, deren Arbeitsverhältnis noch keine sechs Monate bestanden hat. Gleiches gilt für den Fall, dass der Arbeitnehmer die Unwirksamkeit einer außerordentlichen Kündigung geltend machen will (APS/*Ascheid* § 4 KSchG Rz. 14).

cc) Analoge Anwendung des § 103 Abs. 2 BetrVG

615 Vor der außerordentlichen Kündigung des **einzigen Betriebsratsmitglieds** muss der Arbeitgeber dann, wenn ein gewähltes Ersatzmitglied fehlt, **analog § 103 Abs. 2 BetrVG** im Beschlussverfahren die Zustimmung durch das ArbG ersetzen lassen (*BAG* 14.9.1994 EzA § 102 BetrVG 1972 Nr. 36).

dd) Einleitung des Beschlussverfahrens

616 Lehnt der Betriebsrat die Zustimmung zur außerordentlichen Kündigung ab, so kann der Arbeitgeber im Beschlussverfahren (§ 2a ArbGG) gem. § 103 Abs. 2 BetrVG, § 15 KSchG die gerichtliche Ersetzung der Zustimmung geltend machen (vgl. dazu *Fischermeier* ZTR 1998, 433 ff.; APS/*Linck* § 103 BetrVG Rz. 22 ff

617 Der Arbeitnehmer ist an dem Verfahren zu beteiligen (§ 103 Abs. 2 BetrVG). Der Arbeitgeber muss es innerhalb der **2-Wochenfrist des § 626 Abs. 2 BGB** einleiten, um sein Kündigungsrecht nicht zu verlieren (*BAG* 18.8.1977 EzA § 103 BetrVG 1972 Nr. 20).

618 Verweigert der Betriebsrat bei einem schwer behinderten Menschen, der zugleich Betriebsratsmitglied ist, die Zustimmung zu einer außerordentlichen Kündigung, ist das Beschlussverfahren auf Ersetzung der Zustimmung nach § 103 Abs. 2 BetrVG analog § 91 Abs. 5 SGB IX **unverzüglich nach Erteilung der Zustimmung durch das Integrationsamt** oder nach Eintritt der Zustimmungsfiktion (§ 91 Abs. 3 S. 2 SGB IX) einzuleiten (*BAG* 22.1.1987 EzA § 103 BetrVG 1972 Nr. 32; *LAG RhPf* 5.10.2005 NZA-RR 2006, 245).

619 Der Zustimmungsantrag nach § 103 Abs. 2 BetrVG ist unheilbar nichtig, wenn er unter der Bedingung gestellt wird, dass der Betriebsrat die Zustimmung zu der beabsichtigten außerordentlichen Kündigung verweigert (*BAG* 7.5.1986 EzA § 103 BetrVG 1972 Nr. 31).

620 Auch ein vor der Entscheidung des Betriebsrats gestellter unbedingter (vorsorglicher) Ersetzungsantrag ist unzulässig und wird nicht mit der Zustimmungsersetzung zulässig. Durch einen solchen Antrag wird deshalb insbes. die Ausschlussfrist des § 626 Abs. 2 BGB nicht gewahrt (*BAG* 7.5.1986 EzA § 103 BetrVG 1972 Nr. 31).

ee) Prüfungsmaßstab für das ArbG

621 Das ArbG hat in vollem Umfang das Vorliegen der Voraussetzungen des § 626 Abs. 1 BGB zu überprüfen und im Rahmen der notwendigen umfassenden Interessenabwägung auch die möglichen kollektiven Interessen der Belegschaft an diesem Arbeitnehmer mit seiner betriebsverfassungsrechtlichen Funktion in die Betrachtung mit einzubeziehen (*BAG* 22.8.1974 EzA § 103 BetrVG 1972 Nr. 6).

ff) Kündigung nach Rechtskraft der Entscheidung

622 **Die Erklärung der Kündigung ist erst nach Rechtskraft der Entscheidung zulässig** (*BAG* 11.11.1976 EzA § 103 BetrVG 1972 Nr. 17).

623 Ausnahmsweise kann die Kündigung jedoch auch schon vor Eintritt der Rechtskraft der gerichtlichen Entscheidung ausgesprochen werden, wenn das LAG in seinem die Zustimmung ersetzenden Beschluss die Rechtsbeschwerde nicht zugelassen hat und sich aus den Gründen der zugestellten Entscheidung ergibt, dass die allein in Betracht kommende Nichtzulassungsbeschwerde wegen Divergenz offensichtlich unstatthaft ist (*BAG* 25.1.1979 EzA § 103 BetrVG 1972 Nr. 22; s. ausf. u. Rn. 1094 f.).

624 Ist, wie i.d.R., die **Frist gem. § 626 Abs. 2 BGB inzwischen abgelaufen, muss die Erklärung der Kündigung unverzüglich (§ 121 BGB) analog § 91 Abs. 5 SGB IX erfolgen** (*BAG* 24.4.1975 EzA § 103 BetrVG 1972 Nr. 8).

625 Hat der Betriebsrat die Zustimmung zunächst verweigert, sie sodann nach Einleitung des Beschlussverfahrens nach § 103 Abs. 2 BetrVG aber doch noch erteilt, so muss der Arbeitge-

ber die Kündigung unverzüglich aussprechen, nachdem er von der nachträglichen Zustimmung Kenntnis erlangt hat (*BAG* 17.9.1981 EzA § 103 BetrVG 1972 Nr. 28).

gg) Verfahrensfragen des Beschlussverfahrens

Im Beschlussverfahren sind zwar wegen des nach § 83 Abs. 1 ArbGG geltenden Untersuchungsgrundsatzes die Vorschriften über Geständnis und Nichtbestreiten einer Behauptung (§§ 138 Abs. 3, 288 ZPO) nicht unmittelbar anzuwenden (vgl. auch *LAG Düsseld.* 7.1.2004 LAG Report 2004, 137: nur beschränkte Anwendbarkeit des Untersuchungsgrundsatzes). Es bedarf aber gleichwohl i.d.R. dann keiner Beweisaufnahme, wenn die Beteiligten einen Sachverhalt übereinstimmend vortragen oder das substantiierte Vorbringen eines Beteiligten von dem anderen nicht abgestritten wird oder sich an dessen Richtigkeit keine Zweifel aufdrängen (*BAG* 10.12.1992 EzA § 103 BetrVG 1972 Nr. 33). Der Arbeitgeber kann unbeschränkt **neue Kündigungsgründe** in das Zustimmungsersetzungsverfahren einführen, sofern er vorher die neuen Kündigungsgründe dem **Betriebsrat** mitgeteilt und ihm Gelegenheit zur Stellungnahme gegeben hat (*BAG* 23.4.2008 EzA § 103 BetrVG 2001 Nr. 6 = NZA 2008, 1081). Das gilt auch, wenn die neuen Gründe erst im **Beschwerdeverfahren** nachgeschoben werden (*LAG Nbg.* 12.3.1999 NZA-RR 1999, 413; anders *LAG Nbg.* 2.8.2007 – 5 TaBV 67/06 – ArbuR 2007, 364 LS: Nachschieben nur, wenn die Gründe nachträglich entstanden oder bekannt geworden sind und zuvor der Betriebsrat um Zustimmung ersucht wurde). Ob für das Nachschieben die Zwei-Wochen-Frist des § 626 Abs. 2 BGB gilt, hat das *LAG Nbg.* (12.3.1999 NZA-RR 1999, 413) offen gelassen. **626**

Der Betriebsrat kann die von ihm zunächst verweigerte oder nicht erteilte Zustimmung auch nach Einleitung des Verfahrens nach § 103 Abs. 2 BetrVG jedenfalls dann noch nachträglich erteilen, wenn die Voraussetzungen des § 626 Abs. 1 BGB erfüllt sind (*BAG* 17.9.1981 EzA § 103 BetrVG 1972 Nr. 28; vgl. APS/*Linck* § 103 BetrVG Rz. 24 ff.). **627**

Das Zustimmungsersetzungsverfahren ist **nicht nach § 148 ZPO wegen eines anderweitigen Kündigungsschutzverfahrens auszusetzen**, das eine nach vorheriger Zustimmung des Betriebsrats ausgesprochene Kündigung wegen eines späteren Fehlverhaltens des Betriebsratsmitglieds zum Gegenstand hat (zutr. *LAG Köln* 7.2.2007 LAGE § 103 BetrVG 2001 Nr. 5). **628**

Erklärt der **Arbeitgeber** im Verfahren nach § 103 Abs. 2 BetrVG die Hauptsache für **erledigt**, nachdem der Betriebsrat die zunächst verweigerte Zustimmung später erteilt hat, während der beteiligte Funktionsträger, dessen Kündigung beabsichtigt ist, der Erledigung widerspricht, dann ist vom Gericht auf Grund einer Anhörung der Beteiligten nur darüber zu entscheiden, ob ein erledigendes Ereignis – die Zustimmung des Betriebsrats – eingetreten ist. Denn das Beschlussverfahren nach § 103 Abs. 2 BetrVG wird durch die nachträgliche Zustimmung durch den Betriebsrat erledigt (*BAG* 17.9.1981 EzA § 103 BetrVG 1972 Nr. 28; 23.6.1993 EzA § 103 BetrVG 1972 Nr. 34). **629**

> Ersetzt das Gericht gem. § 103 Abs. 2 BetrVG die vom Betriebsrat verweigerte Zustimmung zur außerordentlichen Kündigung, so kann das betroffene Betriebsratsmitglied das hiergegen statthafte Rechtsmittel (Beschwerde bzw. zugelassene Rechtsbeschwerde, §§ 87 Abs. 1, 92, 92 a ArbGG) auch dann einlegen, wenn der Betriebsrat die gerichtliche Entscheidung hinnimmt (*BAG* 10.12.1992 EzA § 103 BetrVG 1972 Nr. 33). **630**

Der Antrag des Arbeitgebers auf Ersetzung der Zustimmung des Betriebsrats wird **unzulässig**, wenn während des laufenden Beschlussverfahrens das Arbeitsverhältnis mit dem Betriebsratsmitglied beendet wird (*BAG* 27.6.2002 EzA § 103 BetrVG 1972 Nr. 43 gegen *BAG* 10.2.1977 BAGE 29, 7; *BAG* 24.11.2005 EzA § 103 BetrVG 2001 Nr. 5 = NZA-RR 2006, 392 LS); nichts anderes gilt, wenn das Betriebsratsmitglied seinen Sonderkündigungsschutz in dieser Zeit verliert und ggf. später wieder neu erwirbt, z.B. als nachgerücktes Ersatzmitglied nach einer Neuwahl (*LAG München* 14.9.2005 – 10 TaBV 11/04 – EzA-SD 2/06 S. 15 LS). Soll die außerordentliche Kündigung, für die der Arbeitgeber die Zustimmung des Betriebsrats benötigt, lediglich vorsorglich für den Fall ausgesprochen werden, dass das **631**

Arbeitsverhältnis nicht durch eine vorausgegangene Kündigung bereits beendet ist, so besteht das Rechtsschutzinteresse allerdings so lange fort, wie über die vorausgegangene Kündigung noch nicht rechtskräftig entscheiden ist (*BAG* 24.11.2005 EzA § 103 BetrVG 2001 Nr. 5 = NZA-RR 2006, 392 LS).

hh) Verhältnis zum Kündigungsschutzverfahren; Rechtskraft

632 Die Rechtskraft der Entscheidung im Beschlussverfahren steht der Kündigungsschutzklage nicht als negative Prozessvoraussetzung entgegen.

633 Sie hat aber **präjudizielle Wirkung** im anschließenden Kündigungsschutzprozess. **Der Arbeitnehmer kann deshalb keine Gesichtspunkte mehr vorbringen, die er im Beschlussverfahren bereits geltend gemacht hat oder hätte geltend machen können** (*BAG* 24.4.1975 EzA § 103 BetrVG 1972 Nr. 8; vgl. dazu APS/*Linck* § 103 BetrVG Rz. 40 ff.; *Weber/Lohr* BB 1999, 2350 ff.). Er kann sich also grds. nicht mehr auf Kündigungshindernisse berufen, die er **schon im Zustimmungsersetzungsverfahren hätte einwenden können** (*BAG* 15.8.2002 EzA § 103 BetrVG 1972 Nr. 44). Diese Bindungswirkung gilt jedoch nicht in einem Kündigungsschutzprozess über eine auf denselben Sachverhalt gestützte ordentliche Kündigung, die der Arbeitgeber nach Beendigung des Sonderkündigungsschutzes ausgesprochen hat (*BAG* 15.8.2002 EzA § 103 BetrVG 1972 Nr. 44). Sie gilt auch **nicht** für solche **Kündigungshindernisse, die** – wie die fehlende Zustimmung des Integrationsamtes zur Kündigung eines schwerbehinderten Menschen – **noch nach Abschluss** des betriebsverfassungs- bzw. personalvertretungsrechtlichen **Zustimmungsersetzungsverfahrens beseitigt werden können**. Auch die erst später mit Rückwirkung festgestellte Schwerbehinderung ist als neue Tatsache im Kündigungsschutzprozess berücksichtigungsfähig (*BAG* 11.5.2000 EzA § 21 SchwbG 1986 Nr. 11).

634 Demgegenüber hat das *ArbG Trier* (9.4.2003 NZA-RR 2003, 535) angenommen, dass es dem schwer behinderten Betriebsratsmitglied im Rahmen einer Kündigungsschutzklage gegen eine fristlose Kündigung gem. § 242 BGB verwehrt ist, sich auf den ihm gem. §§ 85, 91 SGB IX zustehenden Sonderkündigungsschutz zu berufen, wenn er trotz sicherer Kenntnis seiner Schwerbehinderteneigenschaft im Zustimmungsersetzungsverfahren keine Mitteilung an den Arbeitgeber macht.

635 Die nicht rechtskräftige **Verurteilung eines Betriebsratsmitglieds** ist im Übrigen **keine neue Tatsache**, die eine Ersetzung der Zustimmung des Betriebsrats zur außerordentlichen Kündigung des Betriebsratsmitglieds zulassen würde, wenn bereits in einem früheren Verfahren die Zustimmungsersetzung rechtskräftig mit der Begründung versagt wurde, die Tatvorwürfe **seien nicht erwiesen**. Dagegen kann die Zustimmungsersetzung in einem neuerlichen arbeitsgerichtlichen Beschlussverfahren dann geboten sein, wenn das Betriebsratsmitglied wegen der Tatvorwürfe inzwischen **rechtskräftig strafrechtlich verurteilt** wurde (*BAG* 16.9.1999 EzA § 103 BetrVG 1972 Nr. 40; vgl. auch *LAG Düsseld.* 8.12.1999 ArbuR 2000, 191).

ii) Betriebsbedingte Kündigungen nach § 15 Abs. 4, 5 KSchG bei tariflicher Unkündbarkeit

636 Im Falle der sog. tariflichen Unkündbarkeit (Ausschluss der ordentlichen Kündigung) eines Betriebsratsmitglieds bedarf es für dessen (außerordentliche) betriebsbedingte Kündigung nach § 15 Abs. 4, 5 KSchG nicht der Zustimmung des Betriebsrats. Dies ist im Verfahren nach § 103 Abs. 2 BetrVG auch ohne dahingehenden ausdrücklichen Antrag des Arbeitgebers in der den Ersetzungsantrag abweisenden Entscheidung – ggf. nach Hinweis gem. § 139 ZPO – festzustellen. Diese Entscheidung präjudiziert auch für ein nachfolgendes Kündigungsschutzverfahren, dass es einer Zustimmung des Betriebsrats zur Kündigung nicht bedurfte (*BAG* 18.9.1997 EzA § 15 KSchG n.F. Nr. 46; vgl. dazu *Hilbrandt* NZA 1998, 1259 ff.; *Eckert* SAE 1999, 141 ff.)

e) Besonderheiten bei Tendenzträgern

§ 103 Abs. 1 BetrVG gilt auch dann, wenn ein **Tendenzträger** zugleich Mandatsträger ist, aber **aus nicht tendenzbezogenen** (z.B. wegen Leistungsmängeln) **Gründen** gekündigt werden soll (*BAG* 3.11.1982 EzA § 15 KSchG n.F. Nr. 78). 637

Kündigungsrechtlich erhebliche tendenzbezogene Leistungsstörungen liegen insoweit nur dann vor, wenn die von einem Tendenzträger erbrachte Arbeitsleistung als solche dem Tendenzzweck zuwiderläuft. Um nicht tendenzbezogene und damit tendenzneutrale Leistungsstörungen handelt es sich dann, wenn bei einem Tendenzträger Leistungsmängel auftreten, die **keinen unmittelbaren Bezug zu dem verfolgten Tendenzzweck** haben. Das ist z.B. dann der Fall, wenn ein Solo- und Erster Hornist in einem Symphonieorchester Töne weggelassen und falsche Töne insbes. im hohen Tonbereich gespielt hat (*BAG* 3.11.1982 EzA § 15 KSchG n.F. Nr. 78). 638

Fraglich ist aber, wie zu verfahren ist, wenn der Tendenz-Mandatsträger aus **tendenzbezogenen Gründen** gekündigt werden soll. 639

Nach der Rechtsprechung des *BAG* (28.8.2003 EzA § 118 BetrVG 2001 Nr. 3 = NZA 2004, 501 = BAG Report 2004, 161; ebenso MünchArbR/*Berkowsky* § 147 Rz. 41 f.; krit. hinsichtlich des Begriffs des Tendenzträgers *Dzida/Hohenstatt* NZA 2004, 1084 ff.) kommt bei einer Kündigung aus tendenzbezogenen Gründen weder ein Zustimmungsrecht des Betriebsrats noch das Gebot der Zustimmungsersetzung durch das ArbG in Betracht. Allerdings muss der Arbeitgeber dann den Betriebsrat gem. § 102 Abs. 1 BetrVG anhören. Nach Auffassung von *Richter* (DB 1991, 2667) kann der Betriebsrat einer solchen Kündigung auch analog § 102 Abs. 3 BetrVG aus tendenzfreien Gründen widersprechen. Zu beachten ist in diesem Zusammenhang, dass die **Kündigung** eines Tendenzträgers **als solche noch keine tendenzbezogene Maßnahme ist.** Es spricht auch keine tatsächliche Vermutung dafür, dass die Kündigung eines Tendenzträgers stets aus tendenzbezogenen Gründen erfolgt. Bei »Mischtatbeständen«, d.h. bei einem Kündigungsgrund, der sowohl tendenz- als auch nicht tendenzbezogene Aspekte aufweist, wird regelmäßig das Zustimmungserfordernis des Betriebsrats nicht zu verlangen sein. Ansonsten könnte die Tendenzverwirklichung erheblich beeinträchtigt werden (*BAG* 28.8.2003 EzA § 118 BetrVG 2001 Nr. 3). 640

f) Verhältnis zu sonstigen Kündigungsschutzvorschriften

Neben § 15 Abs. 4, 5 KSchG sind die allgemeinen Kündigungsschutzvorschriften des KSchG, insbes. also § 1 KSchG, nicht anwendbar. 641

Deshalb scheidet auch eine **Auflösung** des Arbeitsverhältnisses gegen Zahlung einer Abfindung **nach §§ 9, 10 KSchG** aus (KR/*Etzel* § 15 KSchG Rz. 112). 642

Andererseits brauchte der Arbeitnehmer, der die Unwirksamkeit der Kündigung nach § 15 Abs. 4, 5 KSchG geltend macht, die **Klagefrist nach § 4 KSchG** bis zum 31.12.2003 **nicht einzuhalten** (*BAG* 1.2.1957 AP Nr. 5 zu § 13 KSchG, MünchArbR/*Berkowsky* § 157 Rz. 92). 643

Seit dem 1.1.2004 ist das Gegenteil auf Grund der Neufassung der §§ 4, 13 KSchG zutreffend, unabhängig vom Geltungsbereich des KSchG, allerdings mit der Verlängerungsmöglichkeit des § 6 KSchG. Denn § 4 KSchG findet auch Anwendung auf Arbeitnehmer, die vom betrieblichen Geltungsbereich des KSchG (§ 23) nicht erfasst werden oder auf solche, deren Arbeitsverhältnis noch keine sechs Monate bestanden hat. Gleiches gilt für den Fall, dass der Arbeitnehmer die Unwirksamkeit einer außerordentlichen Kündigung geltend machen will (APS/*Ascheid* § 4 KSchG Rz. 14). 644

Demgegenüber sind **§§ 13, 4, 9, 10 KSchG für den Fall einer außerordentlichen Kündigung des geschützten Personenkreises nach § 15 Abs. 1, 2, 3 KSchG anwendbar** (KR/*Etzel* § 15 KSchG Rz. 140). 645

Sonstige Kündigungsschutzvorschriften (§§ 18–22 KSchG, §§ 85 ff. SGB IX, § 9 MuSchG, § 18 BEEG, § 2 ArbPlSchG) **gelten ohne Einschränkungen** (KR/*Etzel* § 15 KSchG Rz. 141 f.).

3. Der besondere Kündigungsschutz schwangerer Frauen (§ 9 MuSchG)

a) Struktur der gesetzlichen Regelung; Schriftform

646 Gem. § 9 Abs. 1 S. 1 MuSchG ist die Kündigung gegenüber einer Frau während der Schwangerschaft und bis zum Ablauf von vier Monaten nach der Entbindung unzulässig (vgl. APS/*Rolfs* § 9 MuSchG Rz. 43 ff.). Der nachwirkende Kündigungsschutz ist insoweit nur dann gegeben, wenn eine **Entbindung**, und sei es auch eine Totgeburt, auch **tatsächlich vorliegt**; eine erlittene Fehlgeburt löst nicht den nachwirkenden Kündigungsschutz aus (*BAG* 16.2.1973 NJW 1973, 1431; 18.1.2000 NZA 2000, 1157; *LAG Hmb.* 26.11.2003 NZA-RR 2005, 72; KR/*Bader* § 9 MuSchG Rz. 31; **a.A.** *Kittner/Däubler/Zwanziger* § 9 MuSchG Rz. 15; krit. APS/*Rolfs* § 9 MuSchG Rz. 24 ff.). Keine Entbindung stellt nach z. T. vertretener Auffassung aber jedenfalls ein Schwangerschaftsabbruch dar (*LAG München* 14.7.2004 – 5 Sa 241/04 – FA 2005, 220 LS). Dem ist das *BAG* (15.12.2005 EzA § 9 MuSchG n.F. Nr. 41 = NZA 2006, 994) in dieser Allgemeinheit jedoch nicht gefolgt. Es geht davon aus, dass eine Entbindung i.S.d. § 9 Abs. 1 S. 1 MuSchG u.a. in Anlehnung an entsprechende personenstandsrechtliche Bestimmungen (§ 21 Abs. 2 PStG i.V.m. § 29 Abs. 2 PStV) dann anzunehmen ist, wenn die Leibesfrucht ein Gewicht von mindestens 500 Gramm hat. Dabei spielt es auch weiterhin keine Rolle, ob das Kind lebend oder tot geboren wird. Das gilt auch bei einer medizinisch indizierten vorzeitigen Beendigung der Schwangerschaft. Denn dies entspricht dem Sinn und Zweck von § 9 Abs. 1 MuSchG, u.a. einen Schutz für die durch die Schwangerschaft und den Geburtsvorgang entstehenden Belastungen der Frau zu gewähren (*BAG* 15.12.2005 EzA § 9 MuSchG n.F. Nr. 41).

647 Voraussetzung für den besonderen Kündigungsschutz ist des Weiteren, dass dem Arbeitgeber zur Zeit der Kündigung die Schwangerschaft oder Entbindung **bekannt war** oder **innerhalb zweier Wochen nach Zugang der Kündigung mitgeteilt wird.** § 9 MuSchG enthält insoweit ein **absolutes Kündigungsverbot.** Voraussetzung ist aber ferner, dass die Frau bei Zugang der Kündigung auch **tatsächlich schwanger** gewesen ist; steht fest, dass dies nicht der Fall war, kann die Kündigung nicht gem. § 9 Abs. 1 MuSchG unzulässig sein (*LAG Nds.* 12.5.1997 NZA-RR 1997, 460).

648 Die Kündigung kann auch nicht während der Verbotszeit zu deren Ende ausgesprochen werden. Der Arbeitgeber muss vielmehr ihren Ablauf abwarten (MünchArbR/*Berkowsky* § 160 Rz. 2).

649 Gem. § 9 **Abs. 3 MuSchG** kann allerdings die zuständige oberste Landesbehörde oder die von ihr bestimmte Stelle (i.d.R. das Gewerbeaufsichtsamt) die außerordentliche ebenso wie die ordentliche Kündigung **ausnahmsweise für zulässig erklären.**

650 § 9 MuSchG gilt auch dann, wenn der Arbeitgeber das Arbeitsverhältnis einer Schwangeren vor dessen Aktualisierung durch die Arbeitsaufnahme fristgemäß kündigt (*LAG Düsseld.* 30.9.1992 NZA 1993, 1041).

651 Liegt die behördliche Zustimmung vor, so kann der Arbeitgeber das Arbeitsverhältnis kündigen; nach der gesetzlichen Neuregelung des § 9 MuSchG muss die Kündigung aber schriftlich (insoweit handelt es sich um ein **konstitutives Schriftformerfordernis**) unter Angabe des zulässigen Kündigungsgrundes erfolgen; fraglich ist, ob die Angabe des Kündigungsgrundes ebenfalls konstitutiven oder nur deklaratorischen Charakter haben soll (vgl. *Preis* NZA 1997, 1260; vgl. APS/*Rolfs* § 9 MuSchG Rz. 88 ff.).

652 **Die Erklärung der Kündigung in elektronischer Form** (s.o. Rn. 8) ist **ausgeschlossen,** ebenso die Begründung der Kündigung. Denn auch wenn das Formerfordernis des § 623 BGB den Kündigungsgrund nicht erfasst, gilt der Ausschluss der elektronischen Form gleichwohl auch insoweit, weil die Begründung der Kündigung in § 9 MuSchG Teil des Formerfordernisses für die Kündigung ist (zutr. *Gotthardt/Beck* NZA 2002, 876 ff.).

653 Die Zulässigkeitserklärung der zuständigen Behörde muss **zum Kündigungszeitpunkt vorliegen,** aber noch nicht bestandskräftig sein. Der Widerspruch der schwangeren Arbeitnehmerin dagegen hat zwar aufschiebende Wirkung (§ 80 Abs. 1 VwGO). Er führt aber nicht

zur Unwirksamkeit der Kündigung. Denn durch den Suspensiveffekt des Widerspruchs entfallen die Rechtswirkungen der Zulässigkeitserklärung nur vorläufig; sie ist für den Fall des Widerspruchs »schwebend wirksam« (*BAG* 17.6.2003 EzA § 9 MuSchG n.F. Nr. 39 = NZA 2003, 1329 = BAG Report 2004, 67; 17.6.2003 – 2 AZR 404/02 – EzA-SD 1/04, S. 6).

b) Fristberechnung für den Beginn des Kündigungsschutzes; Darlegungs- und Beweislast

Zur Feststellung des Beginns der Schwangerschaft und damit auch für die Geltung des absoluten Kündigungsverbotes des § 9 Abs. 1 S. 1 MuSchG ist von dem Zeugnis eines Arztes oder einer Hebamme auszugehen und von dem darin angegebenen voraussichtlichen Tag der Niederkunft um 280 Tage zurückzurechnen (*BVerfG* 27.10.1983 EzA § 9 MuSchG n.F. Nr. 25). 654

Dabei ist der voraussichtliche Entbindungstag nicht mitzuzählen (*BAG* 12.12.1985 EzA § 9 MuSchG n.F. Nr. 26). 655

Die ärztliche Bescheinigung über den mutmaßlichen Tag der Entbindung hat einen hohen Beweiswert. Die Schwangere genügt ihrer Darlegungslast für das Bestehen einer Schwangerschaft im Kündigungszeitpunkt zunächst durch Vorlage einer solchen Bescheinigung, wenn der Zugang der Kündigung innerhalb von 280 Tagen vor diesem Termin liegt. **Der Arbeitgeber kann jedoch den Beweiswert der Bescheinigung erschüttern und Umstände darlegen und beweisen, auf Grund derer es der gesicherten wissenschaftlichen Erkenntnis widersprechen würde, von einer Schwangerschaft der Arbeitnehmerin bei Kündigungszugang auszugehen.** Die Arbeitnehmerin muss dann **weiteren Beweis** führen und ist ggf. gehalten, ihre **Ärzte von der Schweigepflicht zu entbinden** (*BAG* 7.5.1998 EzA § 9 MuSchG n.F. Nr. 35; vgl. auch *LAG Köln* 21.1.2000 NZA-RR 2001, 303; *ArbG Köln* 13.8.2003 NZA-RR 2004, 633). 656

c) Ausschluss der Anwendbarkeit

§ 9 MuSchG n.F. galt bis zum 31.12.1996 nicht für in Familienhaushalten mit häuslichen Arbeiten beschäftigte Frauen. Mit Wirkung ab dem 1.1.1997 hat der Gesetzgeber die Rechtsstellung der Hausangestellten nunmehr der der übrigen Arbeitnehmerinnen angeglichen (vgl. *Sowka* NZA 1997, 297; *Zmarzlik* DB 1997, 476). Modifizierte Regelungen gelten für in Heimarbeit beschäftigte Frauen (§ 9 Abs. 1 S. 2, 3 MuSchG). 657

§ 9 MuSchG gilt nicht, auch nicht entsprechend, für die Mitteilung des Arbeitgebers, das Arbeitsverhältnis nicht verlängern zu wollen, wenn auf das Arbeitsverhältnis zwischen den Parteien ein Tarifvertrag Anwendung findet, wonach sich das befristete Arbeitsverhältnis um jeweils ein Jahr (eine Spielzeit) verlängert, wenn der Arbeitgeber nicht rechtzeitig eine Nichtverlängerungsmitteilung ausspricht (*BAG* 30.11.1990 NZA 1992, 925). 658

d) Kenntnis des Arbeitgebers

aa) Nichteinhaltung der Zweiwochenfrist

Gem. **§ 9 Abs. 1 S. 1 2. Alt. MuSchG** ist das Überschreiten der Frist von zwei Wochen nach Zugang der Kündigung (*LAG Nds.* 22.1.2007 LAGE § 4 KSchG Nr. 53) dann unschädlich, wenn es auf einem **von der Frau nicht zu vertretenden Grund** beruht und die Mitteilung **unverzüglich nachgeholt** wird. 659

Diese Regelung wurde am 30.6.1989 in das MuSchG eingefügt und geht auf Entscheidungen des *BVerfG* (13.11.1979 EzA § 9 MuSchG n.F. Nr. 17; 22.10.1980 AP Nr. 7, 8 zu § 9 MuSchG 1968) zurück, wonach trotz Nichteinhaltung der früher vorgesehenen starren, Ausnahmen nicht enthaltenden Zwei-Wochen-Frist § 9 MuSchG entgegen dem Wortlaut auch dann anzuwenden war, wenn die Mitteilung an den Arbeitgeber unverschuldet innerhalb der Zwei-Wochen-Frist unterblieben, danach aber unverzüglich (§ 121 BGB, ohne schuldhaftes Zögern) nachgeholt worden war. 660

bb) Verschulden der Arbeitnehmerin

661 Schuldhaftes Verhalten der Arbeitnehmerin liegt insoweit nur dann vor, wenn es auf einen gröblichen Verstoß gegen das von einem verständigen Menschen im eigenen Interesse billigerweise zu erwartende Verhalten zurückzuführen ist (Verschulden gegen sich selbst; *BAG* 16.5.2002 EzA § 9 MuSchG n.F. Nr. 37; 26.9.2002 EzA § 9 MuSchG n.F. Nr. 38; vgl. APS/*Rolfs* § 9 MuSchG Rz. 37 f.).

662 Das ist z.B. nicht der Fall, wenn die Schwangere **erst nach Ablauf der Zweiwochenfrist von der Schwangerschaft erfährt.** Auch die Unkenntnis vom Beginn der Schwangerschaft ist deshalb an sich geeignet, eine schuldhafte Verzögerung der nachgeholten Mitteilung auszuschließen (*BAG* 20.5.1988 EzA § 9 MuSchG n.F. Nr. 27).

663 Beruht die Unkenntnis allerdings darauf, dass die Schwangere zwingende Anhaltspunkte für eine Schwangerschaft nicht beachtet und sich nicht untersuchen lässt, so ist i.d.R. ein den Kündigungsschutz ausschließendes Verschulden gegen sich selbst anzunehmen. Dieses ist jedoch nicht bei jeder Zyklusstörung der Fall (*BAG* 6.10.1983 EzA § 9 MuSchG n.F. Nr. 23). Eine unverschuldete Versäumung der Zwei-Wochen-Frist kann nicht nur vorliegen, wenn die Frau während dieser Frist keine Kenntnis von ihrer Schwangerschaft hat, sondern auch dann, wenn sie ihre Schwangerschaft beim Zugang der Kündigung kennt oder während des Laufs der Zwei-Wochen-Frist von ihr erfährt und durch sonstige Umstände an der rechtzeitigen Mitteilung unverschuldet gehindert ist (*BAG* 26.9.2002 EzA § 9 MuSchG n.F. Nr. 38).

664 Einen solchen gröblichen Verstoß stellt es auch nicht dar, wenn die Schwangere die Bescheinigung über die Schwangerschaft mit normaler Post an den Arbeitgeber versendet und der Brief dann aus ungeklärter Ursache verloren geht. Denn mit einem Verlust des Briefes auf dem Beförderungswege muss die Schwangere nicht von vornherein rechnen (*BAG* 16.5.2002 EzA § 9 MuSchG n.F. Nr. 37).

665 Eine schwangere Frau handelt nach Auffassung des *LAG Nbg.* (17.3.1993 NZA 1993, 946 LS) nicht schuldhaft, wenn sie trotz Kenntnis des Bestehens einer Schwangerschaft mit der entsprechenden Mitteilung an den Arbeitgeber zuwartet, bis sie vom Arzt eine Schwangerschaftsbestätigung erhält, aus der sie deren Beginn entnehmen kann.

666 § 9 Abs. 1 S. 1 2. Hs. MuSchG gilt **unabhängig davon**, ob die Arbeitnehmerin bei Kündigungszugang **Kenntnis von ihrer Schwangerschaft** hatte.

667 Geht einer schwangeren Arbeitnehmerin während ihres Urlaubs eine Kündigung zu und teilt sie dem Arbeitgeber unverzüglich nach Rückkehr aus dem Urlaub ihre Schwangerschaft mit, so ist die Überschreitung der Zweiwochenfrist des § 9 Abs. 1 S. 1 2. Hs. MuSchG nicht allein deshalb als verschuldet anzusehen, weil die Arbeitnehmerin es unterlassen hat, dem Arbeitgeber ihre Schwangerschaft vor Urlaubsantritt anzuzeigen (*BAG* 13.6.1996 EzA § 9 MuSchG n.F. Nr. 34).

cc) Unverzügliche Nachholung der Mitteilung; inhaltliche Anforderungen

668 Erfährt die schwangere Arbeitnehmerin während des Laufs der gesetzlichen Mitteilungspflicht von ihrer Schwangerschaft, kann sie – sofern die Unkenntnis von der Schwangerschaft nicht von ihr zu vertreten ist – von der Möglichkeit nach § 9 Abs. 1 S. 1 2. Hs. MuSchG Gebrauch machen. Die Einräumung einer – kurzen – Überlegungsfrist ist wegen Art. 6 Abs. 4 GG angezeigt. Eine unverzügliche Nachholung der Mitteilung gegenüber dem Arbeitgeber kann gegeben sein, wenn sie innerhalb einer Woche ab Kenntniserlangung von der Schwangerschaft erfolgt (*BAG* 26.9.2002 EzA § 9 MuSchG n.F. Nr. 38).

669 Dabei kann im Übrigen aber weder auf eine Mindestfrist (in der die Verzögerung der Mitteilung regelmäßig als unverschuldet anzusehen ist) noch auf eine Höchstfrist (bei deren Ablauf stets von einem schuldhaften Zögern auszugehen ist) abgestellt werden. Entscheidend sind vielmehr die besonderen Umstände des konkreten Falles (*BAG* 20.5.1988 EzA § 9 MuSchG

n.F. Nr. 27). Deshalb kann es u.U. noch als unverzüglich anzusehen sein, wenn zwischen Kenntniserlangung der Arbeitnehmerin und der nachgeholten Mitteilung an den Arbeitgeber **13 Kalendertage** liegen (*LAG Hamm* 17.10.2006 LAGE § 9 MuSchG Nr. 26).

Die nachträgliche Mitteilung der Schwangerschaft muss das Bestehen einer Schwangerschaft im Zeitpunkt des Zugangs der Kündigung oder die Vermutung einer solchen zum Inhalt haben (vgl. APS/*Rolfs* § 9 MuSchG Rz. 39). **670**

Die Mitteilung der Schwangerschaft ohne Rücksicht darauf, ob der Erklärungsempfänger ihr auch das Bestehen dieses Zustandes zum Zeitpunkt des Zugangs der Kündigung entnehmen kann, genügt nicht. **671**

Teilt die Arbeitnehmerin ausdrücklich nur das Bestehen einer Schwangerschaft mit, so hängt es von den **Umständen des Einzelfalles** ab, ob die Mitteilung dahin verstanden werden musste, dass die Schwangerschaft bereits bei Zugang der Kündigung bestanden habe (*BAG* 15.11.1990 EzA § 9 MuSchG n.F. Nr. 28). **672**

Vor der Änderung des § 9 MuSchG am 30.6.1989 ist das *BAG* (27.10.1983 EzA § 9 MuSchG n.F. Nr. 24; zust. *Griebeling* NZA 2002, 844 f.) davon ausgegangen, dass eine schuldhafte Verzögerung der Mitteilung nicht bereits darin liegt, dass die Arbeitnehmerin alsbald nach Kenntnis von der Schwangerschaft einen Prozessbevollmächtigten mit der Klageschrift gegen die bis dahin nicht angegriffene Kündigung des Arbeitgebers beauftragt und die Schwangerschaft nur in der Klageschrift mitteilt. Die Arbeitnehmerin hat danach auch weder für Hindernisse bei der Übermittlung der Mitteilung, an denen sie kein Verschulden trifft, noch für ein zur Verzögerung der Mitteilung führendes **Verschulden eines von ihr beauftragten geeigneten Bevollmächtigten** einzustehen. **673**

dd) Darlegungs- und Beweislast

Eine schwangere Arbeitnehmerin ist darlegungs- und beweispflichtig dafür, dass sie ohne Verschulden die zweiwöchige Mitteilungsfrist des § 9 Abs. 1 S. 1 MuSchG versäumt hat. Entsprechendes gilt für die unverzügliche Nachholung der Mitteilung (*BAG* 13.1.1982 EzA § 9 MuSchG n.F. Nr. 20). **674**

e) Zustimmung der obersten Landesbehörde

aa) Rechtsfolgen fehlender Zustimmung

Eine Kündigung ohne die vorherige Zustimmung der zuständigen obersten Landesbehörde oder der von ihr bestimmten Stelle (i.d.R. das Gewerbeaufsichtsamt) ist unheilbar nichtig (*BAG* [GS] 26.4.1956 AP Nr. 5 zu § 9 MuSchG). Es handelt sich um einen sonstigen Unwirksamkeitsgrund i.S.d. § 13 Abs. 3 KSchG, der inzwischen innerhalb der Drei-Wochen-Frist (§ 4 KSchG n.F.) geltend gemacht werden muss (vgl. KR/*Friedrich* § 13 KSchG Rz. 212; APS/*Rolfs* § 9 MuSchG Rz. 59 ff.). **675**

bb) Prüfungsmaßstab

(1) »Besonderer Fall«

Ein »besonderer« Grund i.S.d. § 9 Abs. 3 MuSchG a.F. für die ausnahmsweise Zulässigkeit einer Kündigung liegt nur dann vor, wenn außergewöhnliche Umstände es rechtfertigen, die vom MuSchG grds. als vorrangig angesehenen Interessen der werdenden Mutter hinter die des Arbeitgebers an einer außerordentlichen, einer ordentlichen oder einer Änderungskündigung zurücktreten zu lassen (*BVerwG* 18.8.1977 AP Nr. 5 zu § 9 MuSchG 1968; vgl. APS/*Rolfs* § 9 MuSchG Rz. 74 ff.). **676**

677 Insoweit müssen zu dem arbeitsrechtlichen Kündigungsgrund weitere Umstände hinzutreten, sodass z.B. allein das Fernbleiben von der Arbeit ohne entsprechende Urlaubsbewilligung nicht ausreicht, obwohl es sich arbeitsrechtlich um einen Kündigungsgrund handelt (*OVG Lüneburg* 5.12.1990 AP Nr. 18 zu § 9 MuSchG 1968).

678 Aufgrund der Neufassung des § 9 Abs. 3 MuSchG kommt es seit dem 1.1.1997 darauf an, ob ein besonderer Fall, der nicht mit dem Zustand der Frau während der Schwangerschaft oder ihrer Lage bis zum Ablauf von vier Monaten nach der Entbindung nicht in Zusammenhang steht, vorliegt. Eine wesentliche sachliche Änderung der Rechtslage ist damit aber wohl nicht verbunden (vgl. *Zmarzlik* DB 1997, 476).

(2) Kriterien der notwendigen Interessenabwägung

679 Die zuständige Verwaltungsbehörde hat daher stets eine **Interessenabwägung** zu treffen, die allerdings nicht unter spezifisch arbeitsvertraglichen, sondern unter Zugrundelegung von **mutterschutzrechtlichen Erwägungen** zu erfolgen hat. Maßgebliches Beurteilungskriterium ist dementsprechend – anders als bei § 626 BGB – nicht die Zumutbarkeit der Weiterbeschäftigung für den Arbeitgeber.

680 Vielmehr hat die Arbeitsbehörde sich insbes. an dem mit dem Kündigungsverbot verfolgten gesetzgeberischen Zweck zu orientieren, der Arbeitnehmerin während der Schutzfristen des § 9 Abs. 1 MuSchG möglichst die materielle Existenzgrundlage zu erhalten und die mit einer Kündigung in dieser Zeitspanne verbundenen besonderen psychischen Belastungen zu vermeiden.

681 Entscheidend ist daher, ob ein **Ausnahme-Sachverhalt** vorliegt, **auf Grund dessen der Schwangeren die materiellen und immateriellen Belastungen der Kündigung in der Schutzfrist zugemutet werden können**. Das ist dann der Fall, wenn das Interesse des Arbeitgebers an der Auflösung des Arbeitsverhältnisses innerhalb der Schutzfristen wesentlich überwiegt. Diese Voraussetzungen sind dann erfüllt, wenn es **trotz des besonderen Zustandes** der Frau nicht vertretbar erscheint, den Arbeitgeber **darauf zu verweisen**, er möge das **Verstreichen der Kündigungsschutzzeit abwarten und dann erst kündigen** (vgl. APS/*Rolfs* § 9 MuSchG Rz. 80 f.).

682 Ein »besonderer Fall« i.S.d. § 9 Abs. 3 MuSchG liegt dann vor, wenn der Betrieb stillgelegt wird, da den Interessen des Arbeitgebers an der Auflösung des Arbeitsverhältnisses während der Schutzfrist des § 9 MuSchG der Vorrang vor dem Interesse der Arbeitnehmerin an der Erhaltung ihres Arbeitsplatzes gebührt (*VG Hannover* 12.12.2000 NZA-RR 2002, 136); die gesetzlichen Voraussetzungen können demgegenüber bei einem bloßen Verdacht einer Straftat i.d.R. nicht bejaht werden (*VG Frankf.* 16.11.2001 NZA-RR 2002, 638).

683 Im Falle einer türkischen Arbeitnehmerin, die vom 25.4. bis 30.6.1988 wegen Schwangerschaftsbeschwerden krankgeschrieben war, danach die Arbeit nicht wieder aufgenommen hatte, sondern in die Türkei gefahren war, von wo sie erst Anfang August 1988 zurückkehrte, war zwischen Arbeitgeber und Arbeitnehmerin streitig, ob für diese Zeit Urlaub gewährt worden war oder nicht.

684 Zu berücksichtigen war u.a., inwieweit der Arbeitgeber möglicherweise den (unzutreffenden) Eindruck erweckt hat, als würde ein etwa beantragter Urlaub bewilligt werden. Ferner wurde das Bestreben der Arbeitnehmerin, vor ihrer Niederkunft nochmals in die Türkei zu fahren, um sich dort evtl. Ratschläge bei ihrer Mutter zu holen, **als in ihrer Situation verständlich** angesehen. Beachtlich ist auch, dass es sich offenbar um den letzten Termin handelte, um den Jahresurlaub noch vor dem generellen Beschäftigungsverbot nach dem MuSchG zu nehmen.

685 Andererseits hat das *OVG Lüneburg* (5.12.1990 AP Nr. 18 zu § 9 MuSchG 1968) berücksichtigt, dass nicht erkennbar war, dass die **Interessen des Arbeitgebers** durch das Fernbleiben von der Arbeit gravierend beeinträchtigt worden wären. Denn die Arbeitnehmerin war im entschiedenen Einzelfall ohnehin seit Wochen krank und konnte daher langfristig nicht in den Arbeitsprozess eingeplant werden. Zwar können danach im Sommer in der Haupturlaubszeit (Juli, August) sicherlich leicht Engpässe eintreten, aber ernsthafte Schwierigkeiten waren vom Arbeitgeber nicht substantiiert behauptet worden. Nicht außer Betracht bleiben

konnte in diesem Zusammenhang nach Auffassung des *OVG Lüneburg* (5.12.1990 AP Nr. 18 zu § 9 MuSchG 1968), dass die Arbeitnehmerin immerhin **seit sechs Jahren** beim Arbeitgeber **beschäftigt** war, ohne dass irgendwelche Schwierigkeiten aufgetreten wären.

Einige Bundesländer haben zur Sicherstellung einer einheitlichen Verwaltungspraxis bei der Erteilung der Ausnahmegenehmigung nach § 9 Abs. 3 MuSchG **allgemeine Verwaltungsvorschriften** erlassen. Inhaltlich stimmen sie weitgehend überein; der Erlass zum Kündigungsschutz des Ministers für Arbeit, Gesundheit und Soziales von Nordrhein-Westfalen vom 11.2.1981 – III A-8413 (III Nr. 8/81) ist z.B. abgedruckt bei APS/*Rolfs* § 9 MuSchG Rz. 101. 686

(3) Gegenstand der Zustimmung; ordentliche Kündigung

Als »besonderer« Fall können im Übrigen nicht nur solche Kündigungssachverhalte angesehen werden, die den Arbeitgeber gem. § 626 BGB zum Ausspruch einer außerordentlichen Kündigung berechtigen. 687

Die zuständige Behörde kann vielmehr auch eine vom Arbeitgeber beabsichtigte ordentliche Kündigung für zulässig erklären. Auch eine beabsichtigte außerordentliche oder ordentliche Änderungskündigung kann Gegenstand einer Zulässigerklärung sein (KR/*Bader* § 9 MuSchG Rz. 121 m.w.N.). 688

cc) Wirkung der Zustimmung

Die Wirkung der behördlichen Zulässigerklärung besteht in der Aufhebung der für den Arbeitgeber geltenden Kündigungssperre. Der Bescheid besagt im Übrigen aber nichts darüber, ob die beabsichtigte Kündigung mit den sonstigen Vorschriften des individuellen oder kollektiven Kündigungsschutzrechts in Einklang steht. 689

Dies zu prüfen ist allein Sache der ArbG, die andererseits aber nicht befugt sind, eine fehlende Zulässigerklärung zu ersetzen oder zu prüfen, ob sie zu Recht erfolgt oder abgelehnt worden ist. 690

Das ArbG hat nur festzustellen, ob der Verwaltungsakt vor Ausspruch der Kündigung erlassen und nicht aufgehoben oder nicht erlassen, nichtig oder aufgehoben ist. 691

Auch ein noch nicht bestandskräftiger Zulassungsbescheid befreit von dem Kündigungsverbot (*LAG RhPf* 14.2.1996 LAGE § 9 MuSchG Nr. 21), denn Widerspruch und Anfechtungsklage gegen den Bescheid haben keine aufschiebende Wirkung (**a.A.** *BAG* 17.6.2003 EzA § 9 MuSchG Nr. 39 = NZA 2003, 1329); der Arbeitgeber ist deshalb auch nicht gehalten, vor Ausspruch der Kündigung die sofortige Vollziehbarkeit des angegriffenen Verwaltungsakts zu erwirken (*LAG Hamm* 27.11.2002 NZA-RR 2003, 529). Zwar fehlt im MuSchG eine § 88 Abs. 4 SGB IX entsprechende Regelung, der einen interessenmäßig gleichgelagerten Fall regelt. Es kann aber nicht davon ausgegangen werden, dass der Gesetzgeber völlig unterschiedliche Lösungen wollte, sondern eher davon, dass eine § 88 Abs. 4 SGB IX nachempfundene Regelung im MuSchG übersehen wurde. Nach Auffassung von *Bader* (KR § 9 MuSchG Rz. 127; ebenso APS/*Rolfs* § 9 MuSchG Rz. 84) kommt dies wegen §§ 80, 80 a VwGO jedoch **nur dann** in Betracht, wenn die Behörde **die sofortige Vollziehbarkeit des Bescheides angeordnet hat**, da Widerspruch und Anfechtungsklage der Arbeitnehmerin vor dem VG nach Maßgabe dieser Normen doch eine aufschiebende Wirkung zukommt. 692

Das *BAG* (17.6.2003 EzA § 9 MuSchG Nr. 39 = NZA 2003, 1329; vgl. dazu *Schäfer* NZA 2004, 833 ff.) geht davon aus, dass zwar aufschiebende Wirkung eintritt. Diese führt aber nicht zur Unwirksamkeit der Kündigung. Denn durch den Suspensiveffekt des Widerspruchs entfallen die Rechtswirkungen der Zulässigkeitserklärung nur vorläufig. **Bis zur Bestands- bzw. Rechtskraft ist die ausgesprochene Kündigung dann allerdings nur** 693

schwebend wirksam (*BAG* 17.6.2003 EzA § 9 MuSchG Nr. 39 = NZA 2003, 1329; vgl. dazu *Schäfer* NZA 2004, 833 ff.). Das *BAG* (25.3.2004 EzA § 9 MuSchG n.F. Nr. 40 = BAG Report 2004, 319; ebenso *LAG Hamm* 4.3.2005 LAG Report 2005, 351 LS) geht insoweit davon aus, dass mit der Zulässigerklärung nach § 9 Abs. 3 MuSchG zunächst ein ausreichender Bescheid vorliegt, auf Grund dessen der Arbeitgeber die Kündigung erklären kann. Die ausgesprochene Kündigung kann allerdings erst rechtswirksam werden, wenn der Bescheid auch seine »innere Wirksamkeit« entfaltet und bestandskräftig ist.

dd) Verfahrensfragen; Klagefrist (ab 1.1.2004)

694 Gegen den **Bescheid der Verwaltungsbehörde** ist je nach dem Inhalt der Entscheidung entweder für den Arbeitgeber oder für den Arbeitnehmer der **Verwaltungsrechtsweg** (§ 40 Abs. 1 VwGO) nach Durchführung eines ggf. vorher vorgesehenen Widerspruchsverfahrens gegeben. Das *OVG Münster* (8.8.1997 NZA-RR 1998, 195) hat allerdings angenommen, dass der Rechtsbehelf der Schwangeren gegen die Zustimmung zur Kündigung wegen Widerspruchs zum früheren Verhalten eine **unzulässige Rechtsübung** darstellen kann. Das ist danach jedenfalls dann der Fall, wenn die Schwangere weiß, dass der Betrieb endgültig stillgelegt wird, eine weitere Beschäftigungsmöglichkeit nicht besteht und sie in Kenntnis des Kündigungsschutzes eine Abfindung in Höhe des im Sozialplan vorgesehenen Betrages annimmt, wenn die Abfindung ausdrücklich mit »für den Verlust des Arbeitsplatzes« bezeichnet ist.

695 Die ArbG sind gem. § 148 ZPO **nicht verpflichtet**, ein von der Arbeitnehmerin eingeleitetes Kündigungsschutzverfahren bis zum Ablauf des Verwaltungsstreitverfahrens **auszusetzen** (*BAG* 26.9.1991 EzA § 1 KSchG Personenbedingte Kündigung Nr. 10 gegen *BAG* 25.11.1980 EzA § 580 ZPO Nr. 1).

696 Wird im verwaltungsgerichtlichen Verfahren rechtskräftig nachträglich die Zustimmung versagt, so bedeutet dies für den zwischenzeitlich zu Ungunsten der Arbeitnehmerin rechtskräftig abgeschlossenen arbeitsgerichtlichen Prozess einen **Restitutionsgrund** i.S.d. § 580 ZPO (*BAG* 25.11.1980 EzA § 580 ZPO Nr. 1; 26.9.1991 EzA § 1 KSchG Personenbedingte Kündigung Nr. 10).

697 Gem. § 5 Abs. 1 S. 2 KSchG in der ab dem 1.1.2004 geltenden Fassung ist dann, wenn eine Frau von ihrer Schwangerschaft aus einem von ihr nicht zu vertretenden Grund erst nach Ablauf der Frist des § 4 S. 1 KSchG Kenntnis erlangt, die Kündigungsschutzklage nachträglich zuzulassen (vgl. *LAG Düsseld.* 10.2.2005 NZA-RR 2005, 382; *LAG Nds.* 22.1.2007 EzA § 4 KSchG Nr. 53). Diese Regelung ist zum 1.1.2004 erforderlich geworden, weil auf Grund der Neufassung der §§ 4, 13 KSchG auch die Unwirksamkeit einer Kündigung gem. § 9 MuSchG und auch außerhalb des Anwendungsbereichs des KSchG nunmehr im Gegensatz zum alten Recht innerhalb der Klagefrist (mit der Verlängerungsmöglichkeit nach § 6 KSchG) geltend gemacht werden muss (*LAG Düsseld.* 10.2.2005 NZA-RR 2005, 382; *Sächs. LAG* 11.1.2006 – 2 Ta 340/05 – EzA-SD 14/06, S. 12 LS). Zu beachten ist dann allerdings **§ 4 S. 4 KSchG**: Soweit die Kündigung der Zustimmung einer Behörde bedarf, läuft die Klagefrist erst ab dem Zeitpunkt, zu dem die Entscheidung dem Arbeitnehmer bekannt gegeben ist; sie wird nicht in Lauf gesetzt, wenn der Arbeitgeber nicht vor Ausspruch der Kündigung die behördliche Zustimmung beantragt hat, obgleich ihm der den besonderen Kündigungsschutz begründende Umstand bekannt war (*LAG Hamm* 22.9.2005 – 8 Sa 974/05 – FA 2006, 190; **a.A.** *LAG Nbg.* 4.12.2006 – 7 Ta 207/06 – EzA-SD 7/2007, S. 10 LS = NZA-RR 2007, 194: § 4 S. 4 KSchG nicht einschlägig). Fehlt es im Fall des § 9 Abs. 3 MuSchG zur Zeit der Kündigung an dieser Kenntnis und führt der Arbeitnehmer erst durch entsprechende Mitteilung die Unwirksamkeit der Kündigung herbei, ist § 4 S. 4 KSchG dagegen nicht einschlägig (*LAG Düsseld.* 10.2.2005 NZA-RR 2005, 382; *LAG Nds.* 22.1.2007 EzA § 4 KSchG Nr. 53); die Klagefrist läuft dann ab Zugang der Kündigung (vgl. dazu *Schmidt* NZA 2004, 79 ff.; *Zeising/Kröpelin* DB 2005, 1626 ff.).

§ 4 S. 4 KSchG **gilt** auch dann – erst recht – **nicht**, wenn die Arbeitnehmerin zunächst selbst **keine Kenntnis** von der Schwangerschaft hatte, sondern diese erst nach Kündigungsausspruch erlangt. Geschieht dies ohne von der Arbeitnehmerin zu vertretendem Grund erst **kurz vor Ablauf der Klagefrist**, muss ihr nach Auffassung des *LAG SchlH* (13.5.2008 – 3 Ta 56/08 – EzA-SD 16/2008 S. 3 LS) eine **Überlegungsfrist** von 3 Werktagen zugebilligt werden, um abzuwägen, ob sie angesichts der für sie neuen Situation und des nun entstandenen Sonderkündigungsschutzes Kündigungsschutzklage erheben will. Sie ist danach dann nicht verpflichtet, innerhalb der verbleibenden Restzeit der noch laufenden Klagefrist sich ihre neue rechtliche Situation zu vergegenwärtigen und die Klage – ggf. auch nur vorsorglich zur Wahrung der Klagefrist – einzureichen. Versäumt sie durch die Inanspruchnahme der Überlegungszeit die Klagefrist, so ist die Klage auf ihren Antrag hin im Regelfall nachträglich zuzulassen, soweit Klage und Zulassungsantrag nach Ablauf von drei Werktagen eingereicht werden.

4. Besonderer Kündigungsschutz von Arbeitnehmern in der Elternzeit (§ 18 BEEG)

a) Grundlagen

Gem. § 18 Abs. 1 S. 1 BEEG darf der Arbeitgeber das Arbeitsverhältnis ab dem Zeitpunkt, von dem an Elternzeit verlangt worden ist, höchstens jedoch acht Wochen vor Beginn und während der Elternzeit nicht kündigen. Auch insoweit handelt es sich um einen sonstigen Unwirksamkeitsgrund i.S.d. § 13 Abs. 3 KSchG, der nach altem Recht – bis zum 31.12.2003 – nicht innerhalb der Dreiwochenfrist geltend gemacht werden musste (KR/*Friedrich* § 13 KSchG Rz. 212; zum neuen Recht s.u. Rn. 702). Der besondere Kündigungsschutz besteht auch für ein in der Elternzeit begründetes Teilzeitarbeitsverhältnis mit demselben Arbeitgeber (vgl. *Stichler* BB 1995, 355), **nicht aber für Arbeitsverhältnisse mit einem anderen Arbeitgeber** i.S.d. § 15 Abs. 4 S. 2 BEEG (*BAG* 2.2.2006 EzA § 18 BErzGG Nr. 8 = NZA 2006, 678). Die Kündigung ist auch dann mangels Genehmigung der für den Arbeitsschutz zuständigen Behörde gem. § 18 BEEG, § 134 BGB nichtig, wenn die oder der Elternzeitberechtigte in einem zweiten Arbeitsverhältnis den Rest der beim früheren Arbeitgeber noch nicht vollständig genommenen Elternzeit gem. §§ 15, 16 BEEG geltend gemacht hat (*BAG* 11.3.1999 SAE 2000, 74; vgl. dazu *Weber* SAE 2000, 76 ff.). § 18 Abs. 1 BEEG gilt auch für solche Arbeitsverhältnisse, die nach der Geburt des Kindes begründet werden, wenn der Arbeitnehmer Erziehungsurlaub in Anspruch nimmt (*BAG* 27.3.2003 EzA § 18 BErzGG Nr. 6 = NZA 2004, 155 m. Anm. *Brors* SAE 2004, 43 ff.). Das gilt auch für Teilzeitbeschäftigte, die zwar keinen Erziehungsurlaub in Anspruch nehmen, aber Anspruch auf Erziehungsgeld nach dem BEEG haben oder nur wegen Überschreitens der Verdienstgrenzen gem. §§ 5, 6 BEEG nicht haben. Offen gelassen hat das *BAG* (27.3.2003 EzA § 18 BErzGG Nr. 6 = NZA 2004, 155 m. Anm. *Brors* SAE 2004, 43 ff.) die Beantwortung der Frage, ob der Sonderkündigungsschutz nach § 18 BEEG auch ein Arbeitsverhältnis erfasst, das neben einem bei der Geburt des Kindes bestehenden Arbeitsverhältnis später begründet wird. 698

Gem. **§ 18 Abs. 1 S. 2 BEEG** kann die zuständige Behörde allerdings in besonderen Fällen die Kündigung während der Elternzeit **ausnahmsweise für zulässig erklären.** 699

Hinsichtlich der Voraussetzungen und des Verfahrens kann auf die Ausführungen zu § 9 MuSchG verwiesen werden. Die Wirksamkeit der Zulässigerklärung durch die zuständige Behörde kann, wenn eine Nichtigkeit des Bescheids nicht in Betracht kommt, **nur im Widerspruchsverfahren** und ggf. im Verfahren vor den Arbeitsgerichten nachgeprüft werden. An den bestandskräftigen Verwaltungsakt sind die Arbeitsgerichte gebunden (*BAG* 20.1.2005 EzA § 18 BErzGG Nr. 7 = NZA 2005, 687). Wird die Zustimmung ordnungsgemäß erteilt und ist eine zunächst vom Prozessbevollmächtigten des Arbeitgebers ausgesprochene Kündigung mangels Vorlage einer Originalvollmacht gem. **§ 174 BGB unwirksam**, so 700 muss der Arbeitgeber für eine sodann folgende Kündigung, der der gleiche Sachverhalt zugrunde liegt, **nicht noch einmal bei der Behörde die Zulässigerklärung beantragen**. Denn nach Auffassung des *LAG Köln* (21.4.2006 – 11 Sa 143/06 – EzA-SD 17/06 S. 9 LS = NZA-RR 2006, 469 LS) ist das behördliche Verfahren insofern nicht vergleichbar mit der Anhörung des Betriebsrats nach § 102 BetrVG (»vor jeder Kündigung«).

701 Der Bundesminister für Arbeit und Soziales hat am 2.1.1986 zum Kündigungsschutz bei Elternzeit **allgemeine Verwaltungsvorschriften** erlassen (BAnz. 1986, S. 4, abgedr. bei KR/*Bader* § 18 BEEG u. APS/*Rolfs* § 18 BEEG Rz. 29).

702 Danach liegt ein »besonderer Fall« dann vor, wenn es gerechtfertigt ist, dass das nach § 18 Abs. 1 S. 1 BEEG als vorrangig angesehene Interesse des Arbeitnehmers am Fortbestand des Arbeitsverhältnisses wegen außergewöhnlicher Umstände hinter die Interessen des Arbeitgebers zurücktritt (§ 1).

703 Das ist gem. § 2 der Verwaltungsvorschrift insbes. der Fall bei einer dauerhaften Betriebsstilllegung (*BAG* 20.1.2005 EzA § 18 BErzGG Nr. 7 = NZA 2005, 687; vgl. *OVG Münster* 21.3.2000 NZA-RR 2000, 406), der Schließung von Betriebsabteilungen, einer Existenzgefährdung des Betriebes durch den Fortbestand des Arbeitsverhältnisses sowie besonders schweren Verstößen des Arbeitnehmers gegen seine arbeitsvertraglichen Pflichten, die zur Unzumutbarkeit der Fortsetzung des Arbeitsverhältnisses führen (s. *VGH BW* 20.2.2007 LAGE § 18 BErzGG Nr. 5 = NZA-RR 2007, 290).

704 Kündigt der Insolvenzverwalter einem in Erziehungsurlaub befindlichen Arbeitnehmer, so kann dieser das Fehlen der gesetzlichen Zulässigkeitserklärung bis zur Grenze der Verwirkung jederzeit geltend machen, wenn ihm die entsprechende Entscheidung der zuständigen Behörde nicht bekannt gegeben worden ist (*BAG* 3.7.2003 EzA § 113 InsO Nr. 14 = NZA 2003, 1335); seit dem 1.1.2004 ist allerdings, wie zuvor schon im Insolvenzfall gem. § 113 Abs. 2 InsO a.F. die Klagefrist zu beachten (§§ 13, 6, 4 KSchG n.F.). Zu **beachten** ist dann andererseits **§ 4 S. 4 KSchG**: Soweit die Kündigung der Zustimmung einer Behörde bedarf, läuft die Klagefrist erst ab dem Zeitpunkt, zu dem die Entscheidung dem Arbeitnehmer bekannt gegeben ist; sie wird nicht in Lauf gesetzt, wenn der Arbeitgeber nicht vor Ausspruch der Kündigung die behördliche Zustimmung beantragt hat, obgleich ihm der den besonderen Kündigungsschutz begründende Umstand bekannt war (vgl. dazu *Schmidt* NZA 2004, 79 ff.; *Bauer/Powietzka* NZA-RR 2004, 513 f.; *Zeising/Kröpelin* DB 2005, 1626 ff.).

705 Für den Fall einer vom Arbeitgeber behaupteten dauerhaften **Betriebsstilllegung** ist zu beachten, dass nur die **Arbeitsgerichte** verbindlich feststellen können, ob ein Betrieb stillgelegt oder auf einen anderen Inhaber gem. § 613a BGB übergegangen ist. Ist streitig, ob ein Betrieb stillgelegt worden oder auf einen anderen Inhaber übergegangen ist, darf die **zuständige Behörde** die Zulässigerklärung gem. § 18 BEEG **nicht** mit der Begründung **verweigern**, der Betrieb sei von einem anderen Inhaber übernommen worden. Wie zu entscheiden ist, wenn die betriebliche Änderung erst bevorsteht, hat das *OVG Münster* (21.3.2000 NZA-RR 2000, 406) offen gelassen.

706 Zu beachten ist, dass die Verwaltungsvorschriften v. 2.1.1986 **nicht den Kündigungsschutz der betreffenden Arbeitnehmer erweitern.** Sie begründen nicht die Pflicht des Arbeitgebers, bei Ausspruch einer Kündigung wegen Betriebsstilllegung eine soziale Auslauffrist bis zum Ende des Erziehungsurlaubs einzuräumen (*BAG* 20.1.2005 EzA § 18 BErzGG Nr. 7 = NZA 2005, 687).

b) Zeitlicher Geltungsbereich des besonderen Kündigungsschutzes; Geltendmachung durch den Arbeitnehmer; Rechtsmissbrauch

707 Maßgeblich für den Beginn des besonderen Kündigungsschutzes gem. § 18 BEEG ist der Tag der Geltendmachung, frühestens jedoch ein Zeitpunkt acht Wochen vor Beginn der Elternzeit (*BAG* 17.2.1994 EzA § 611 BGB Abmahnung Nr. 30; zur besonderen Situation insoweit bei Adoption eines Kindes s. *LAG Nds.* 12.9.2005 NZA-RR 2006, 346).

Zu beachten ist aber, dass die Geltendmachung nur dann zur Begründung des Kündigungsschutzes führt, wenn sie **nach § 16 BEEG wirksam erfolgt** ist; insbes. ist der Anspruch nach § 16 Abs. 1 BEEG spätestens vier Wochen vor Beginn der Elternzeit unter konkreter Nennung der Zeiträume der Inanspruchnahme zu erheben. Das **schriftliche Verlangen** nach Elternzeit ist **Wirksamkeitsvoraussetzung** für die Inanspruchnahme von Elternzeit (*BAG* 26.6.2008 EzA § 18 BErzGG Nr. 9 = NZA 2008, 1241). Nach Auffassung des *LAG Köln* (29.8.1996 NZA-RR 1997, 418) kann die Erklärung, es werde Elternzeit für die Dauer der Zahlung des Erziehungsgeldes in Anspruch genommen, als Erklärung über den beanspruchten Zeitraum jedenfalls dann ausreichen, wenn sich der **Beginn der Elternzeit** um eine wegen Frühgeburt verlängerte Schutzfrist **hinausschiebt** und dies dem Arbeitgeber bekannt ist. Im konkret entschiedenen Einzelfall wurde die Elternzeit durch den Vater aus diesem Grund erst zwölf Wochen nach der Niederkunft angetreten. 708

Im Übrigen führt eine verspätete Geltendmachung nicht zum Erlöschen des Elternzeitanspruchs, sondern nur zu einer Verschiebung des Urlaubsbeginns (*BAG* 17.2.1994 EzA § 611 BGB Abmahnung Nr. 30). Das *LAG Bln.* (15.12.2004 – 17 Sa 1463/04 – EzA-SD 6/05 S. 7 LS = NZA-RR 2005, 474 = LAG Report 2005, 147) hat zudem angenommen, dass der Arbeitnehmer nicht unverzüglich nach Eintritt der Voraussetzungen für den Anspruch auf Elternzeit sich auf einen besonderen Kündigungsschutz berufen muss; er hat danach insoweit allenfalls eine **Frist von zwei Wochen** nach Zugang der Kündigung einzuhalten (analog § 9 Abs. 1 MuSchG). 709

Versäumt es der Arbeitnehmer, die Elternzeit in der gesetzlich vorgeschriebenen Form zu beantragen, besteht grds. **kein gesetzlicher Sonderkündigungsschutz** nach § 18 BEEG. **Allerdings** kann ein Berufen des Arbeitgebers auf die fehlende Schriftform im Einzelfall ein **rechtsmissbräuchliches Verhalten** i.S.v. § 242 BGB sein (*BAG* 26.6.2008 EzA § 18 BErzGG Nr. 9 = NZA 2008, 1241). 710

Da § 18 BEEG hinsichtlich des Kündigungsschutzes zwischen dem Kündigungsschutz vor Beginn und während der Elternzeit unterscheidet, muss angenommen werden, dass die Kündigungsschutzwirkung des § 18 BEEG selbst dann nicht nachträglich ex tunc, sondern lediglich ex nunc wegfällt, wenn die Elternzeit (z.B. wegen einer Abrede gem. § 16 Abs. 3 BEEG) gar nicht in Anspruch genommen wird. Wegen dieser weit reichenden Wirkung der Geltendmachung kommt ihr eine Bindungswirkung zu mit der Folge, dass sie nicht mehr einseitig widerrufen werden kann. Spätestens tritt eine solche Bindungswirkung mit dem Erreichen der 4-wöchigen Vorfrist des § 16 Abs. 1 BEEG ein (KR/*Bader* § 18 BEEG Rz. 23). Andererseits führt ein **Antrag auf Verlängerung** der bereits festgelegten Elternzeit **nicht zu einer Vorverlagerung** des Kündigungsschutzes nach § 18 Abs. 1 BEEG (*LAG Bln.* 15.12.2004 – 17 Sa 1729/04 – EzA-SD 6/05 S. 7 LS = NZA-RR 2005, 474 = LAG Report 2005, 147). 711

Besteht zwischen der Mitteilung an den Arbeitnehmer, dass sein Arbeitsplatz künftig wegfalle, und dem Antrag des Arbeitnehmers auf Durchführung von Elternzeit ein **enger sachlicher und zeitlicher Zusammenhang** und sprechen die Umstände aus der Sicht des Arbeitgebers dafür, dass der Antrag nicht zuletzt wegen des besonderen Kündigungsschutzes erfolgt, so rechtfertigt dies gleichwohl nicht den Schluss, dass der Arbeitnehmer in Wirklichkeit nur dieses Ziel verfolgt; Rechtsmissbrauch liegt nicht vor (*LAG Nds.* 2.7.2004 NZA-RR 2005, 250). 712

Zum Antritt der Elternzeit bedarf es keiner Zustimmungserklärung des Arbeitgebers. Bei Vorliegen der Anspruchsvoraussetzungen (§ 15 BEEG) sowie bei rechtzeitiger Geltendmachung (§ 16 BEEG) kann der Arbeitnehmer zu dem beantragten Zeitpunkt der Arbeit fernbleiben. 713

Bleibt der Arbeitnehmer unzulässigerweise schon zuvor der Arbeit fern, so liegt darin eine Verletzung des Arbeitsvertrages. Soweit der Arbeitgeber darauf erst nach Beginn des Kündigungsschutzes nach § 18 BEEG mit einer Kündigung reagiert, ist § 18 BEEG gleichwohl anwendbar (*BAG* 17.2.1994 EzA § 611 BGB Abmahnung Nr. 30; KR/*Bader* § 18 BEEG Rz. 23). 714

c) Verhältnis zum Mutterschutz gem. § 9 MuSchG

715 Die Kündigungsverbote nach § 9 Abs. 1 MuSchG und § 18 BEEG bestehen nebeneinander, sodass der Arbeitgeber bei Vorliegen von Mutterschaft und zusätzlich Elternzeit für eine Kündigung der Zulässigerklärung der Arbeitsschutzbehörde nach beiden Vorschriften bedarf.

716 Zwar stimmt der Wortlaut der beiden Ausnahmevorschriften überein. Für das Erfordernis einer ausdrücklichen Zustimmungserklärung (u.U. derselben Behörde) spricht insbes. die unterschiedliche Zwecksetzung der beiden Kündigungsverbote: § 18 BEEG soll die Intention des Gesetzgebers umsetzen, einerseits eine wirtschaftliche Existenzgefährdung des Arbeitgebers zu verhindern, andererseits es einem Elternteil – sowohl Vater wie Mutter – zu ermöglichen, sich in der ersten Lebensphase des Kindes dessen Betreuung und Erziehung zu widmen. Das Gesetz gewährt unter bestimmten Voraussetzungen dem betreuenden Elternteil, der vor der Geburt des Kindes in einem Arbeitsverhältnis steht, einen Anspruch auf Erziehungsgeld und räumt ihm einen Anspruch auf Elternzeit ein.

717 Demgegenüber besteht das Anliegen des mutterschutzrechtlichen Kündigungsschutzes darin, der werdenden Mutter und der Wöchnerin trotz ihrer etwa mutterschaftsbedingten Leistungsminderung oder Arbeitsunfähigkeit den Arbeitsplatz als wirtschaftliche Existenzgrundlage zu erhalten. Dem mutterschutzrechtlichen Kündigungsschutz kommt allerdings insoweit eine Doppelfunktion zu, als er neben den aufgezeigten wirtschaftlichen Schutzbelangen der Arbeitnehmerin diese zugleich vor den psychischen Belastungen eines Kündigungsschutzprozesses schützen will (*BAG* 31.3.1993 EzA § 9 MuSchG Nr. 32).

d) Verwirkung

718 Das Recht, sich auf das Fehlen der nach § 18 BEEG erforderlichen Zulässigkeitserklärung zu berufen, unterliegt der Verwirkung. Je nach den Umständen ist es dem Arbeitgeber nicht zumutbar, sich auf die nach mehrjähriger Prozessdauer in der letzten mündlichen Verhandlung erhobene Rüge, § 18 Abs. 1 S. 2 BEEG sei verletzt, einzulassen (*BAG* 25.3.3004 EzA § 9 MuSchG n.F. Nr. 40).

5. Die Neuregelung 2008: Besonderer Kündigungsschutz in der Pflegezeit

719 Am 17.10.2007 hat das Bundeskabinett den Entwurf eines Pflege-Weiterentwicklungsgesetzes verabschiedet, der auch Regelungen zur Pflegezeit enthält; die Neuregelung ist – modifiziert – am 1.7.2008 in Kraft getreten. Vorgesehen ist u.a. das Recht von Arbeitnehmern, zu einer längeren Pflege naher Angehöriger in häuslicher Umgebung in Unternehmen mit mehr als 15 Beschäftigten (analog zu § 15 Abs. 7 Nr. 1 BEEG und § 8 Abs. 7d TzBfG zählen die zur Berufsausbildung Beschäftigten nicht mit; s. *Düwell* FA 2008, 108 ff.) bis zu sechs Monaten Pflegezeit in Anspruch zu nehmen (§ 5 PflegeZG). Dabei können Arbeitnehmer zwischen einer vollständigen und einer teilweisen Freistellung von der Arbeit wählen. Der Arbeitgeber darf dann das Arbeitsverhältnis **vom ersten Tag seines Bestandes** an (krit. dazu *Preis/Weber* NZA 2008, 82 ff.) von der Ankündigung bis zur Beendigung der kurzzeitigen Arbeitsverhinderung (s. dazu oben Kap. 3 Rn. 1623) oder der Pflegezeit nicht kündigen. Allerdings kann die für den Arbeitsschutz zuständige oberste Landesbehörde in besonderen Fällen – z.B. einer beabsichtigte Betriebsstilllegung – ausnahmsweise eine Kündigung für zulässig erklären. Dabei ist eine Beschränkung dieses besonderen Kündigungsschutzes auf die Zeit nach Ablauf der Wartezeit des § 1 KSchG nicht vorgesehen (s. i.E. *Schwerdle* ZTR 2007, 655 ff.; *Preis/Weber* NZA 2008, 82 ff.; *Preis/Nehring* NZA 2008, 729 ff.; *Linck* BB 2008, 2738 ff.; *Düwell* FA 2008, 108 ff.; *Böggemann* FA 2008, 357 ff.; *Müller* BB 2008, 1058 ff.; *Freihube/Sasse* DB 2008, 1320 ff.; für eine teleologische Reduktion – gegen den ausdrücklichen Willen des Gesetzgebers – *Rose/Dörstling* DB 2008, 2137 ff.).

6. Besonderer Kündigungsschutz von schwer behinderten Arbeitnehmern (§§ 85, 91 SGB IX); Prävention (§ 84 SGB IX)

a) Anwendungsbereich; Ausgestaltung

Gem. § 85 SGB IX bedarf die Kündigung des schwer behinderten Menschen (vgl. §§ 68 ff. SGB IX) der vorherigen Zustimmung des Integrationsamtes. Gem. § 91 SGB IX gilt dies auch für außerordentliche Kündigungen. § 91 SGB IX gilt auch für eine außerordentliche Kündigung mit notwendiger Auslauffrist gegenüber einem ordentlich unkündbaren Arbeitnehmer (*BAG* 15.5.2005 EzA § 91 SGB IX Nr. 1 = NZA 2005, 1173). 720

Auch ein schwer behinderter Mensch, der in einem nach § 19 Abs. 2 Hs. 1 Nr. 1 BSHG begründeten Arbeitsverhältnis steht, genießt den besonderen Kündigungsschutz nach §§ 85, 91 SGB IX (*BAG* 4.2.1993 EzA § 21 SchwbG 1986 Nr. 1). 721

Zu beachten ist insoweit allerdings, dass §§ 85, 91 SGB IX nicht anwendbar sind, sofern das Arbeitsverhältnis zum Zeitpunkt des Zugangs der Kündigungserklärung ohne Unterbrechung **noch nicht länger als sechs Monate bestanden hat** (§ 90 Abs. 1 Nr. 1 SGB IX; *BAG* 22.9.2005 EzA § 130 BGB 2002 Nr. 5 = NZA 2006, 204); das gilt auch dann, wenn der Arbeitnehmer gem. § 242 BGB wegen Zugangsvereitelung so zu behandeln ist, als sei ihm die Kündigung innerhalb der ersten sechs Monate des Arbeitsverhältnisses zugegangen (*BAG* 22.9.2005 EzA § 130 BGB 2002 Nr. 5 = NZA 2006, 204). Auf diese Wartezeit sind allerdings Zeiten eines vorangegangenen Arbeitsverhältnisses mit demselben Arbeitgeber trotz einer sechswöchigen Unterbrechung anzurechnen, wenn ein **enger sachlicher Zusammenhang** besteht. Ein solcher Zusammenhang ist z.B. bei einer Lehrerin für Sonderpädagogik selbst dann zu bejahen, wenn der Unterricht zwar an unterschiedlichen Schultypen, ohne Beschäftigung in den Schulferien, aber an Schulen der Schulform Sonderschule erteilt wird (*LAG Düsseld.* 16.11.2005 LAGE § 90 SGB IX Nr. 2; bestätigt durch *BAG* 19.6.2007 EzA § 90 SGB IX Nr. 2 = NZA 2007, 1103). 722

Die fehlende vorherige Zustimmung des Integrationsamtes stellte einen **sonstigen Unwirksamkeitsgrund i.S.d. § 13 Abs. 3 KSchG dar** (vgl. KR/*Friedrich* § 13 KSchG Rz. 211). 723

Seit dem 1.1.2004 gilt dagegen gem. §§ 13, 4, 6 KSchG n.F. die Klagefrist auch für die Geltendmachung der Unwirksamkeit der Kündigung wegen fehlender Zustimmung des Integrationsamtes (vgl. *Griebeling* NZA 2005, 501 f.). Zu beachten ist dann allerdings § 4 S. 4 KSchG: Soweit die Kündigung der Zustimmung einer Behörde bedarf, läuft die Klagefrist erst ab dem Zeitpunkt, zu dem die Entscheidung dem Arbeitnehmer bekannt gegeben ist; sie wird nicht in Lauf gesetzt, wenn der Arbeitgeber nicht vor Ausspruch der Kündigung die behördliche Zustimmung beantragt hat, obgleich ihm der den besonderen Kündigungsschutz begründende Umstand bekannt war (*BAG* 13.2.2008 EzA § 4 KSchG n.F. Nr. 83 = NZA 2008, 1055). Der Arbeitnehmer kann die Unwirksamkeit der Kündigung dann **bis zur Grenze der Verwirkung gerichtlich geltend machen** (*BAG* 13.2.2008 EzA § 4 KSchG n.F. Nr. 83 = NZA 2008, 1055). Fehlt es dagegen zur Zeit der Kündigung an dieser Kenntnis, und führt der Arbeitnehmer erst durch entsprechende Mitteilung die Unwirksamkeit der Kündigung herbei, ist § 4 S. 4 KSchG demgegenüber nicht einschlägig; die Klagefrist läuft ab Zugang der Kündigung. Denn eine Entscheidung des Integrationsamtes war **nicht erforderlich** und konnte dem Arbeitnehmer deshalb auch nicht bekannt gegeben werden (*BAG* 13.2.2008 EzA § 4 KSchG n.F. Nr. 83 = NZA 2008, 1055; vgl. dazu APS/*Ascheid* § 4 KSchG Rz. 102; *Schmidt* NZA 2004, 79 ff.; *Griebeling* NZA 2005, 501 f.; *Zeising/Kröpelin* DB 2005, 1626 ff.). Der Arbeitnehmer muss sich dann zur Erhaltung seines Sonderkündigungsschutzes innerhalb von **drei Wochen nach Zugang** der Kündigung auf diesen Sonderkündigungsschutz berufen. Tut er dies nicht, so kann er sich darauf nach Fristablauf nicht mehr berufen und damit ist der eigentlich gegebene Nichtigkeitsgrund nach § 134 BGB i.V.m. § 85 SGB IX geheilt (*BAG* 13.2.2008 EzA § 4 KSchG n.F. Nr. 83 = NZA 2008, 1055).

Teilt der Arbeitnehmer dem Arbeitgeber seinen Schwerbehindertenstatus bzw. seine Gleichstellung innerhalb der Drei-Wochen-Frist **mit**, dann kann er sich zwar auf den **Sonderkündigungsschutz** berufen. **Allerdings** muss er zugleich auch die **Klagefrist** des § 4 S. 1 KSchG **einhalten**, denn zum Zeitpunkt des Zugangs der Kündigung war dem Arbeitgeber der Sonderkündigungsschutz nicht bekannt und er konnte eine Zustimmung nicht beantragen; § 4 S. 4 KSchG gilt also auch insoweit nicht (*BAG* 13.2.2008 EzA § 4 KSchG n.F. Nr. 83 = NZA 2008, 1055).

b) Auslandsbezug

724 Einer Zustimmung bedarf es jedoch nicht bei einem reinen Auslandsarbeitsverhältnis eines schwer behinderten Menschen, das nach Vertrag und Abwicklung auf ausländische Baustellen beschränkt ist und keinerlei Ausstrahlung auf den inländischen Betrieb hat, selbst wenn die Anwendbarkeit deutschen Rechts vereinbart ist und die Kündigung im Bundesgebiet ausgesprochen wird (*BAG* 30.4.1987 EzA § 12 SchwbG Nr. 15).

c) Verfahren

725 Gem. § 91 Abs. 2 SGB IX kann die Zustimmung zur außerordentlichen Kündigung nur innerhalb von **zwei Wochen nach Kenntnis** des Arbeitgebers von den für die Kündigung maßgeblichen Tatsachen beantragt werden; maßgebend ist der Antragseingang bei des Integrationsamtes.

726 Diese Frist gilt auch dann, wenn **die ordentliche Kündigung tarifvertraglich ausgeschlossen** ist. Für einen mit einem zurückgenommenen Zustimmungsantrag inhaltsgleichen Zweitantrag läuft keine neue Antragsfrist. Den Arbeitgeber trifft zudem die Obliegenheit, die für ihn maßgeblichen Kündigungsgründe innerhalb der Antragsfrist zu benennen. Ein Nachschieben von Kündigungsgründen ist grds. nicht zulässig (*VGH BW* 5.8.1996 NZA-RR 1997, 90 LS).

727 Ist der Arbeitnehmer vor Kenntnis von dessen Schwerbehinderung bei einer beabsichtigten Verdachtskündigung bereits zum Verdacht (im konkret entschiedenen Einzelfall des Betruges) angehört worden, beginnt die Frist zur Antragstellung nach § 91 Abs. 2 SGB IX **mit Kenntnis des Arbeitgebers von der Schwerbehinderung**. Eine erneute Stellungnahme des Arbeitnehmers ist nicht erforderlich, insbes. dann nicht, wenn er bei seiner ersten Anhörung bereits jede Tatbeteiligung abgestritten hat (*LAG Köln* 4.8.2003 ArbuR 2004, 37 LS = ZTR 2004, 212 LS = LAG Report 2004, 72).

aa) Prüfungsmaßstab; Verhältnis zum Präventionsverfahren (§ 84 SGB IX)

728 Bei der außerordentlichen Kündigung soll das Integrationsamt gem. § 91 Abs. 4 SGB IX die Zustimmung zur Kündigung erteilen, wenn ein wichtiger Grund gegeben ist, der nicht im Zusammenhang mit der Behinderung steht (vgl. *VGH Mannheim* 24.11.2005 NZA-RR 2006, 183; *LAG Köln* 4.8.2003 ZTR 2004, 212 LS = LAG Report 2004, 72; *OVG Hmb.* 14.11.1986 NZA 1987, 566; KR/*Etzel* § 91 SGB IX Rz. 19 ff.; *Moll* NZA 1987, 550; zum Verfahren vgl. ausf. *Seidel* DB 1996, 1409 ff.).

729 Steht der Grund nicht im Zusammenhang mit der Schwerbehinderung, so soll das Integrationsamt im Regelfall die **Zustimmung erteilen** (§ 91 Abs. 4 SGB IX).

730 Das ist z.B. dann der Fall, wenn ein dauerhafter Wegfall der Beschäftigungsmöglichkeit für den Arbeitnehmer vorliegt, ein Dauerstörtatbestand, der dadurch gekennzeichnet ist, dass der Arbeitgeber zu Gehaltszahlungen verpflichtet bleibt, ohne den Arbeitnehmer einsetzen zu können, so dass mit jeder weiteren Gehaltszahlung, der keine Gegenleistung des Arbeitnehmers gegenübersteht, eine weitere Störung des Arbeitsverhältnisses eintritt und das Maß der Unzumutbarkeit für den Arbeitgeber wächst (*VG Frankf. a.M.* 17.8.2001 NZA-RR 2002, 469).

Nur bei Vorliegen von Umständen, die den Fall als atypisch erscheinen lassen, darf das Integrationsamt nach pflichtgemäßem Ermessen entscheiden (*VGH Mannheim* 24.11.2005 NZA-RR 2006, 183). 731

Ein atypischer Fall liegt dann vor, wenn die außerordentliche Kündigung den schwer behinderten Menschen in einer die Schutzzwecke des SGB IX berührenden Weise besonders hart trifft, ihm im Vergleich zu der Gruppe der schwer behinderten Menschen im Falle einer außerordentlichen Kündigung mit der ihm dadurch zugemuteten Belastung ein Sonderopfer abverlangt wird. Das ist z.B. dann nicht der Fall, wenn der Kündigungsgrund nur in einem **mittelbaren Zusammenhang mit der Behinderung** steht (Beschaffungskriminalität eines suchtkranken Arbeitnehmers); das Ermessen des Integrationsamtes ist dann nicht eingeschränkt. Auch bei Bestehen eines derartigen mittelbaren Zusammenhangs kann das Integrationsamt andererseits auf Grund der Besonderheiten des Einzelfalles zur Erteilung der Zustimmung verpflichtet sein (*BVerwG* 23.5.2000 NZA-RR 2000, 587). 732

Ob ein atypischer Fall vorliegt, ist als Rechtsvoraussetzung im Rechtsstreit von den Verwaltungsgerichten zu überprüfen und zu entscheiden (*BVerwG* 10.9.1992 EzA § 21 SchwbG 1986 Nr. 4). 733

Dagegen hat das Integrationsamt nicht über das Vorliegen eines wichtigen Grundes i.S.d. § 626 Abs. 1 BGB zu urteilen (*VGH Mannheim* 24.11.2005 NZA-RR 2006, 183). 734

Das *BVerwG* (2.7.1992 NZA 1993, 123) hat allerdings offen gelassen, ob dann etwas anderes gilt, wenn die vom Arbeitgeber geltend gemachten Gründe eine außerordentliche Kündigung ohne jeden vernünftigen Zweifel in rechtlicher und tatsächlicher Hinsicht offensichtlich nicht zu rechtfertigen vermögen. Der *VGH Mannheim* (24.11.2005 NZA-RR 2006, 183) hat dies für den Fall bejaht, dass sich die Unwirksamkeit der Kündigung jedem Kundigen **geradezu aufdrängt**. 735

Wichtig ist, dass die Zustimmung des Integrationsamtes zur Kündigung eines schwerbehinderten Arbeitnehmers nicht voraussetzt, dass der Arbeitgeber das **Präventionsverfahren** nach § 84 SGB IX **durchgeführt** hat (*BayVGH* 14.11.2006 – 9 V 06.1431 – ZTR 2008, 173; zust. *BVerwG* 29.8.2007 – 5 B 77.07 – ZTR 2008, 175 in der Entscheidung über die Nichtzulassung der Revision gegen diese Entscheidung). 736

bb) Ablauf des Verwaltungsverfahrens

(1) Zweiwochenfrist

Gem. **§ 91 Abs. 3 SGB IX** hat das Integrationsamt die Entscheidung über die Zustimmung zur außerordentlichen Kündigung **innerhalb von zwei Wochen** nach Antragseingang zu treffen. Zuvor sind gem. §§ 91 Abs. 1, 87 Abs. 2 SGB IX – neben der **Anhörung** des schwer behinderten Menschen – **Stellungnahmen** des zuständigen Arbeitsamtes, des Betriebs- oder Personalrates und der Schwerbehindertenvertretung einzuholen. Die Einholung der Stellungnahme des Arbeitsamtes kann durch das Integrationsamt auch im Widerspruchsverfahren mit heilender Wirkung **nachgeholt** werden. Das Integrationsamt kann allerdings, wenn die vom Arbeitsamt angeforderte Stellungnahme innerhalb einer gesetzten oder angemessenen Frist nicht eingeht, auch ohne sie über den Antrag des Arbeitgebers auf Zustimmung entscheiden (*BVerwG* 11.11.1999 NZA 2000, 146). 737

Wird innerhalb dieser Frist eine Entscheidung nicht getroffen, so gilt die Zustimmung als erteilt. 738

Diese Voraussetzungen sind dann nicht erfüllt, wenn die ablehnende Entscheidung innerhalb der Frist gem. § 91 Abs. 3 S. 2 SGB IX den Machtbereich des Integrationsamtes verlassen hat (*BAG* 16.3.1983 EzA § 18 SchwbG Nr. 6). Die Zustimmungsfiktion greift insbes. auch dann nicht ein, wenn das Integrationsamt die ablehnende Entscheidung über den Antrag des Arbeitgebers auf Zustimmung zur fristlosen Kündigung des schwer behinderten 739

Arbeitnehmers innerhalb der Frist des § 91 Abs. 3 S. 1 SGB IX zur Post gegeben hat (*BAG* 9.2.1994 EzA § 21 SchwbG 1986 Nr. 5).

740 Fingierte Zustimmungen gem. § 91 Abs. 3 S. 2 SGB IX sind ebenso wie tatsächlich erteilte Zustimmungen privatrechtsgestaltende Verwaltungsakte, die mit Widerspruch und Anfechtungsklage (§§ 42, 68 ff. VwGO) vor den **Verwaltungsgerichten** anfechtbar sind (*BVerwG* 10.9.1992 EzA § 21 SchwbG 1986 Nr. 4).

(2) Umdeutung

741 Hat das Integrationsamt lediglich die Zustimmung zur außerordentlichen Kündigung erteilt, dann kann die daraufhin ausgesprochene außerordentliche Kündigung nicht in eine ordentliche Kündigung umgedeutet werden (*LAG Köln* 12.8.1998 LAGE § 626 BGB Nr. 121, *LAG Bln.* 9.7.1984 DB 1985, 874), d.h. die Zustimmung kann nicht in eine solche zur ordentlichen Kündigung umgedeutet werden (*LAG SchlH* 8.9.1998 LAGE § 21 SchwbG Nr. 2).

(3) Auszubildende

742 Für die außerordentliche Kündigung eines **schwer behinderten Auszubildenden** gelten §§ 85, 91 SGB IX ebenfalls (*BAG* 10.12.1987 EzA § 18 SchwbG Nr. 8).

(4) Vorsorglicher Verwaltungsakt

743 Das Integrationsamt ist berechtigt, bei noch ungewisser, weil zwar beantragter, aber noch nicht festgestellter Schwerbehinderteneigenschaft des Arbeitnehmers über Anträge des Arbeitgebers auf Zustimmung zur außerordentlichen Kündigung zu entscheiden (sog. vorsorglicher Verwaltungsakt, *BVerwG* 15.12.1988 EzA § 15 SchwbG 1986 Nr. 6).

744 Zum Verfahren im Übrigen kann auf die Ausführungen zu § 9 MuSchG verwiesen werden.

cc) Verfahren nach Zustimmung bzw. Ablehnung des Integrationsamtes

745 Bei der Entscheidung über den Widerspruch gegen die Zustimmung zur Kündigung eines schwer behinderten Arbeitnehmers ist der der Kündigung zu Grunde liegende historische Sachverhalt maßgebend (*BVerwG* 7.3.1991 EzA § 15 SchwbG 1986 Nr. 4).

746 Stimmt das Integrationsamt der außerordentlichen Kündigung eines schwer behinderten Arbeitnehmers zu, **so kann die Kündigung wirksam an sich erst nach Zustellung des Zustimmungsbescheides an den Arbeitgeber erklärt werden, wenn die gleichen Grundsätze wie bei der ordentlichen Kündigung gelten würden** (vgl. *BAG* 16.10.1991 EzA § 18 SchwbG 1986 Nr. 2; *LAG BW* 6.9.2004 LAGE § 91 SGB IX Nr. 2 = NZA-RR 2005, 297). Die Wirksamkeit der Kündigung scheitert aber jedenfalls schon nicht daran, dass das Kündigungsschreiben vor der Zustellung des Zustimmungsbescheides abgesandt wurde, wenn es dem schwer behinderten Menschen erst nach der Zustellung des Bescheides zuging (*BAG* 15.5.1997 EzA § 123 BGB Nr. 48).

747 Er kann im Übrigen jedenfalls dann bereits die Kündigung nach § 91 Abs. 5 SGB IX erklären, wenn das Integrationsamt ihre Entscheidung innerhalb der 2-Wochenfrist des § 91 Abs. 3 SGB IX tatsächlich getroffen und mündlich oder fernmündlich bekannt gegeben hat (*BAG* 15.11.1990 EzA § 21 SchwbG 1986 Nr. 3; 15.5.2005 EzA § 91 SGB IX Nr. 1 = NZA 2005, 1173; 19.6.2007 EzA § 91 SGB IX Nr. 4 = NZA 2007, 1153; **a.A.** *LAG Hamm* 9.11.2000 – 8 Sa 1016/00); einer **vorherigen Zustellung der Entscheidung** des Integrationsamtes **bedarf es nicht**. Denn anders als bei einer ordentlichen Kündigung bedarf es der Zustellung der schriftlichen Entscheidung des Integrationsamtes vor dem Zugang der Kündigungserklärung nicht. § 91 SGB IX enthält eine von § 88 SGB IX abweichende speziellere Regelung (*BAG* 15.5.2005 EzA § 91 SGB IX Nr. 1 = NZA 2005, 1173). Dies gilt auch im Fall einer außerordentlichen Kündigung unter Gewährung einer Auslauffrist gegenüber einem ordentlich unkündbaren schwer behinderten Arbeitnehmer (*BAG* 12.8.1999 EzA § 21 SchwbG 1986 Nr. 9; 15.5.2005 EzA § 91 SGB IX Nr. 1 = NZA 2005, 1173). Voraussetzung ist

allerdings, dass das Integrationsamt die **förmliche schriftliche Entscheidung getroffen hat, die nur noch zugestellt werden muss**; die mündliche Weitergabe einer noch nicht schriftlich vorliegenden Entscheidung reicht nicht aus (*LAG Düsseld.* 29.1.2004 – 5 Sa 1588/03 – EzA-SD 10/04 S. 16 LS = NZA-RR 2004, 406 = LAG Report 2004, 218). Erklärt also der Arbeitgeber, dem seitens des Integrationsamtes auf telefonische Anfrage mitgeteilt worden ist, die Zustimmung **werde voraussichtlich** erteilt, der Bescheid sei aber noch nicht unterschrieben, die Kündigung vor Zugang des Zustimmungsbescheides unter Hinweis darauf, die Zustimmung gelte als erteilt, so ist diese Kündigung unwirksam (*LAG BW* 6.9.2004 LAGE § 91 SGB IX Nr. 2 = NZA-RR 2005, 297). Erklärt der Sachbearbeiter des Integrationsamtes innerhalb der Frist des § 91 Abs. 3 SGB IX **telefonisch** dem Arbeitgeber, das Integrationsamt wolle die Sache verfristen lassen, ist eine vor Ablauf der Zweiwochenfrist dem Arbeitnehmer zugegangene außerordentliche Kündigung nach §§ 91, 85 SGB IX, 134 BGB nichtig; das bloße **Verstreichenlassen** der Frist führt lediglich – allerdings erst **nach Fristablauf** – dazu, dass eine tatsächlich nicht getroffene **Zustimmungsentscheidung fingiert wird** (*BAG* 19.6.2007 EzA § 91 SGB IX Nr. 4 = NZA 2007, 1153; *LAG München* 9.11.2005 – 10 Sa 532/05 – ArbuR 2006, 171 LS).

Hat das Integrationsamt zugestimmt, so muss der Arbeitgeber den **Betriebsrat und die Schwerbehindertenvertretung (§ 95 Abs. 2 SGB IX) hören.** Kündigt der Arbeitgeber das Arbeitsverhältnis **nach Zugang** des Zustimmungsbescheides **erneut**, nachdem er es bereits vorher rechtsunwirksam gekündigt hatte, so ist diese weitere Kündigung dann nach z. T. vertretener Auffassung unwirksam, wenn der Betriebsrat nicht erneut angehört worden ist. Denn die vor der ersten Kündigung erfolgte Anhörung des Betriebsrats ist durch den Ausspruch dieser Kündigung verbraucht. In einem solchen Fall der Wiederholungskündigung ist der Betriebsrat erneut anzuhören (*LAG BW* 6.9.2004 LAGE § 91 SGB IX Nr. 2 = NZA-RR 2005, 297; ebenso *LAG Hamm* 7.2.2001 – 2 Sa 200/00; **a.A.** *BAG* 18.5.1994 EzA § 611 BGB Abmahnung Nr. 31; s.o. Rn. 405 ff.). 748

Anders als bei fehlerhafter Beteiligung des Betriebsrats ist die Kündigung eines schwer behinderten Menschen jedoch ohne vorherige Unterrichtung oder Anhörung der Schwerbehindertenvertretung (§§ 95 Abs. 2, 96 SGB IX) **weder wegen Fehlens einer Wirksamkeitsvoraussetzung noch wegen Verstoßes gegen ein gesetzliches Verbot** (**§ 134 BGB i.V.m. § 156 Abs. 1 Nr. 9 SGB IX) unwirksam.** 749

Denn die Anhörung der Schwerbehindertenvertretung hat sachlich nur die Bedeutung der Vorprüfung, weil die Rechte des schwer behinderten Arbeitnehmers voll durch das Integrationsamt und den Widerspruchsausschuss gewährleistet werden (*BAG* 28.7.1983 EzA § 22 SchwbG Nr. 1; 28.6.2007 EzA § 307 BGB 2002 Nr. 5 = NZA 2007, 1049). 750

Die außerordentliche Kündigung kann auch noch nach Ablauf der Zweiwochenfrist gem. § 626 Abs. 2 BGB erfolgen. **Nach Erteilung der Zustimmung muss sie aber unverzüglich ausgesprochen werden** (**§ 91 Abs. 5 SGB IX;** zum Verhältnis zu § 626 Abs. 2 BGB s. ausf. u. Rn. 1098 u. *BAG* 21.4.2005 EzA § 91 SGB IX Nr. 1 = NZA 2005, 991 = BAG Report 2005, 327). 751

> Wird die Zustimmung abgelehnt, kommt eine Kündigung nur dann in Betracht, wenn im Widerspruchsverfahren (vgl. § 119 SGB IX) der ablehnende Bescheid aufgehoben und die Zustimmung erteilt wird. Geschieht dies nicht und wird das Integrationsamt auf eine Verpflichtungsklage des Arbeitgebers gem. §§ 42, 113 VwGO zur Erteilung der Zustimmung verpflichtet, so ersetzt das Verpflichtungsurteil nach Auffassung des *LAG Saarl.* (14.4.1997 LAGE § 15 SchwbG Nr. 8) nicht die erforderliche Zustimmung. Vielmehr ist auch dann ein förmlicher Zustimmungsbescheid erforderlich, damit die Kündigungssperre entfällt. Die Zustimmung wird danach auch nicht analog § 894 ZPO mit Eintritt der Rechtskraft des verwaltungsgerichtlichen Urteils fingiert. 752

Hat das Integrationsamt die Zustimmung zur außerordentlichen Kündigung gegenüber einem Arbeitnehmer, der seine Anerkennung als Schwerbehinderter betreibt, **trotz Versäumung der Zweiwochenfrist** des § 91 Abs. 2 SGB IX erteilt, so ist dieser Mangel nach Auffassung des *LAG Hamm* (4.11.2004 – 8 Sa 292/04 – EzA-SD 7/05, S. 16 LS; **a.A.** *LAG Köln* 753

4.8.2003 ArbuR 2004, 37 LS = LAG Report 2004, 72) – von der Nichtigkeit des Bescheides abgesehen – nicht von den Arbeitsgerichten, sondern **allein im Widerrufs- und Klageverfahren** vor den Verwaltungsgerichten geltend zu machen. Die Anwendung des § 626 Abs. 2 BGB wird insoweit von den Regeln des § 91 Abs. 2, 5 SGB IX allerdings nicht verdrängt (s.u. Rn. 1051), erst recht entgegen *LAG Hamm* (4.11.2004 – 8 Sa 292/04 – EzA-SD 7/05, S. 16 LS) bleibt sie auch dann erhalten, wenn der Arbeitnehmer nach Ausspruch der Kündigung seinen Anerkennungsantrag und die verwaltungsgerichtliche Klage gegen den Zustimmungsbescheid des Integrationsamtes zurücknimmt.

dd) Kündigung nach Ablehnung des Antrags auf Anerkennung der Schwerbehinderteneigenschaft

754 War dem Arbeitgeber bei Kündigungsausspruch nicht bekannt, dass der schwer behinderte Arbeitnehmer einen Antrag auf Anerkennung als schwer behinderter Mensch gestellt hat, so muss das Verfahren gem. § 102 Abs. 1 BetrVG nicht wiederholt werden. Hat die zuständige Behörde den Antrag abgelehnt, so kann der Arbeitgeber ohne Zustimmung des Integrationsamtes eine Kündigung erklären, **auch wenn die Entscheidung angefochten worden ist** (*LAG Bln.* 24.6.1991 NZA 1992, 79).

ee) Das Gesetz zur Förderung der Ausbildung und Beschäftigung schwer behinderter Menschen (ab 1.5.2004)

755 Durch das Gesetz zur Förderung der Ausbildung und Beschäftigung schwer behinderter Menschen ergeben sich ab dem 1.5.2004 folgende Neuerungen:

Gem. § 89 Abs. 1 S. 1 i.V.m. § 89 Abs. 5 S. 1 SGB IX ist die Zustimmung des Integrationsamtes bei Kündigungen in Betrieben und Dienststellen, die nicht nur vorübergehend eingestellt oder aufgelöst werden, innerhalb eines Monats vom Tage des Eingangs des Antrags an zu treffen, wenn zwischen dem Tag der Kündigung und dem Tag, bis zu dem Gehalt oder Lohn gezahlt wird, mindestens drei Monate liegen. Wird innerhalb dieser Frist eine Entscheidung nicht getroffen, gilt die Zustimmung als erteilt. Nach § 88 Abs. 5 SGB IX i.V.m. § 88 Abs. 3 SGB IX kann der Arbeitgeber die Kündigung nur innerhalb eines Monats nach dem Zeitpunkt, zu dem die Zustimmung als erteilt gilt, erklären. Das kann bei unverändertem Kündigungsgrund, z.B. bei Zweifeln an der formellen Wirksamkeit der Kündigung aus anderen Gründen – innerhalb der Frist – auch mehrfach geschehen; **ein »Verbrauch« der Zustimmung des Integrationsamtes kommt in derartigen Fällen nicht in Betracht** (*BAG* 8.11.2007 EzA § 88 SGB IX Nr. 1 = NZA 2008, 471).Widerspruch und Anfechtungsklage gegen die als erteilt geltende Zustimmung haben keine aufschiebende Wirkung (§ 88 Abs. 5 S. 2, Abs. 4 SGB IX).

Entsprechendes gilt, wenn das Insolvenzverfahren über das Vermögen des Arbeitgebers eröffnet ist und die Voraussetzungen nach § 89 Abs. 3 Nr. 1–4 SGB IX vorliegen (§ 88 Abs. 5 SGB IX).

Nach § 90 Abs. 2a SGB IX finden die Vorschriften des Kapitel 4 zum Kündigungsschutz keine Anwendung, wenn im Zeitpunkt der Kündigung die Eigenschaft als schwer behinderter Mensch (das gilt auch für die gem. § 68 SGB IX gleichgestellten behinderten Menschen; *BAG* 1.3.2007 EzA § 90 SGB IX Nr. 1 = NZA 2008, 302; s. *Lorentz* FA 2007, 198 ff.; *Götting/Neumann* NZA-RR 2007, 281 ff.) nicht nachgewiesen ist (*BAG* 6.9.2007 EzA § 90 SGB IX Nr. 4 = NZA 2008, 407), was i.d.R. durch Vorlage eines **entsprechenden** – deklaratorischen – **Bescheides** erfolgt (*BAG* 13.2.2008 EzA § 4 KSchG n.F. Nr. 83 = NZA 2008, 1055) oder das Versorgungsamt nach Ablauf der Frist von § 69 Abs. 1 S. 2 SGB IX eine Feststellung wegen fehlender Mitwirkung nicht treffen konnte. Nachgewiesen ist eine Schwerbehinderung in diesem Sinne auch dann, wenn die Behinderung offenkundig ist (*BAG* 13.2.2008 EzA § 4 KSchG n.F. Nr. 83 = NZA 2008, 1055). Diese Änderungen richten sich gegen den Missbrauch des besonderen Kündigungsschutzes nach § 85 SGB IX durch Beantragung der Feststellung der Behinderung erst anlässlich einer unmittelbar bevorstehenden Kündigung (vgl. dazu *Rolfs/Barg* BB 2005, 1678 ff.; *Griebeling*

NZA 2005, 494 ff.; *Bauer/Powietzka* NZA-RR 2004, 505 ff.; *Striegel* FA 2005, 12 ff.; *Berger-Delhey* ZTR 2004, 625 f.; *Gravenhorst* NZA 2005, 803 ff.; *Schulze* ArbuR 2005, 252 ff.; *Grimm/Brock/Windeln* DB 2005, 282 ff.; *Düwell* BB 2004, 2811 ff.; krit. zur Verfassungsmäßigkeit *Großmann* ArbuR 2007, 70 ff.).
Der besondere Kündigungsschutz findet damit **nur dann Anwendung**, wenn die in § 69 Abs. 1 S. 2 SGB IX bestimmte **Drei-Wochen-Frist bei Kündigungszugang verstrichen** ist, d.h. der Arbeitnehmer muss zunächst den Antrag auf Anerkennung der Schwerbehinderteneigenschaft drei Wochen vor Zugang der Kündigung gestellt haben (*BAG* 29.11.2007 EzA § 90 SGB IX Nr. 3 = NZA 2008, 361; 6.9.2007 EzA § 90 SGB IX Nr. 4 = NZA 2008, 407).
Ein auf einen form- und fristgerecht eingereichten Antrag des Arbeitgebers ergehendes **Negativattest** beseitigt, jedenfalls wenn es **bestandskräftig** ist, ebenso wie die Zustimmung des Integrationsamtes die zunächst bestehende Kündigungssperre. Es muss dann aber vor dem Ausspruch der Kündigung bestandskräftig vorliegen (*BAG* 6.9.2007 EzA § 90 SGB IX Nr. 4 = NZA 2008, 407; *LAG Köln* 16.7.2008 – 3 Sa 190/08 – ArbuR 2008, 361 LS). Zu beachten ist, dass die **Zustimmung** des Integrationsamtes **nicht bereits** dann nach § 90 Abs. 2a SGB IX **entbehrlich** ist, wenn im Zeitpunkt der Kündigung eine – nicht rechtskräftige und später aufgehobene – Entscheidung des Versorgungsamtes vorliegt, mit der ein **unter 50 GdB liegender Grad** der Behinderung festgestellt wird. Denn das Gesetz ordnet den Verlust des Sonderkündigungsschutzes in solchen Fällen nicht an. Eine **so weitgehende Folge** wie die faktische Entziehung des Rechtsschutzes gegen unrichtige Feststellungen des Versorgungsamtes hätte das Gesetz **unmissverständlich und klar regeln müssen** (*BAG* 6.9.2007 EzA § 90 SGB IX Nr. 4 = NZA 2008, 407; s.a. *LAG SchlH* 11.12.2007 NZA-RR 2008, 408).

ff) Aussetzung des Kündigungsschutzverfahrens?

Es steht im pflichtgemäßen Ermessen des Gerichts, ob es den von einem schwer behinderten Arbeitnehmer anhängig gemachten Kündigungsschutzprozess gem. **§ 148 ZPO** aussetzt, solange über die Anfechtung der Zustimmung des Integrationsamtes zu der Kündigung noch nicht rechtskräftig entschieden ist, wenn es die Kündigung für sozial gerechtfertigt hält (*BAG* 26.9.1991 EzA § 1 KSchG Personenbedingte Kündigung Nr. 10 gegen *BAG* 25.11.1980 EzA § 580 ZPO Nr. 1, wonach ein Aussetzungsverbot in derartigen Fällen angenommen worden war; ebenso *LAG SchlH* 6.4.2004 – 5 Sa 400/03 – EzA-SD 15/04 S. 7 LS = NZA-RR 2004, 614 = LAG Report 2004, 216). **756**

Zu beachten ist allerdings, dass im Gegensatz zu personenbedingten Kündigungen ein ursächlicher Zusammenhang zwischen einer Schwerbehinderung und einer betriebsbedingten Kündigung wegen Wegfall des Arbeitsplatzes auf Grund einer Teilbetriebsstilllegung oder widersprochenen Teilbetriebsübergangs eher unwahrscheinlich ist, so dass in diesen Fällen dem arbeitsgerichtlichen Beschleunigungsgrundsatz i.d.R. der Vorrang vor einer Aussetzung zu geben ist (zutr. *LAG SchlH* 6.4.2004 a.a.O.). **757**

Zu beachten ist in diesem Zusammenhang im Übrigen, dass der nach Rechtskraft eines klageabweisenden Kündigungsschutzurteils erlassene Feststellungsbescheid des Versorgungsamtes, in dem eine zum Zeitpunkt der Kündigung bereits bestandene Schwerbehinderteneigenschaft festgestellt wird, einen Restitutionsgrund analog § 580 Nr. 7b ZPO darstellt (*BAG* 15.8.1984 EzA § 580 ZPO Nr. 2). Nichts anderes gilt, wenn die Anerkennung **nachträglich rückwirkend** auf einen Zeitpunkt vor Ausspruch der streitigen Kündigung erst durch die Widerspruchsbehörde oder im Zuge eines sozialgerichtlichen Verfahrens erfolgt (*LAG Köln* 19.9.2007 – 7 Sa 506/07 – ArbuR 2008, 276 LS). **758**

d) Kenntnis des Arbeitgebers; Rechtslage ab dem 1.5.2004

759 Zweifelhaft ist, ob der besondere Kündigungsschutz des schwer behinderten Arbeitnehmers von der **Kenntnis des Arbeitgebers** von der Schwerbehinderteneigenschaft (§ 68 Abs. 1 SGB IX) oder der Gleichstellung (§ 68 Abs. 2 SGB IX) abhängt; letztere ist ein konstitutiver Verwaltungsakt (§ 69 SGB IX), der seine Wirkung mit dem Eingang des entsprechenden Antrags entfaltet. Die Voraussetzungen einer Gleichstellung können für den Arbeitgeber nicht »offenkundig« sein, mit der Folge, dass sie auch ohne Feststellung nach § 69 SGB IX den Sonderkündigungsschutz entsprechend § 85 SGB IX auslösen.

760 Gem. § 68 Abs. 1 SGB IX folgt einerseits zwar unmittelbar aus dem Gesetz, wer zum Personenkreis der schwer behinderten Menschen gehört. Andererseits ist im Gegensatz zum früheren Schwerbeschädigtengesetz auch das Anerkennungs- und Feststellungsverfahren im SGB IX geregelt. Daraus hat das *BAG* (14.5.1982 EzA § 18 SchwbG Nr. 5, 19.1.1983, 30.6.1983 EzA § 12 SchwbG Nr. 11, 13) zum SchwbG 1979, ebenso zum SchwbG 1986 (*BAG* 5.7.1990 EzA § 15 SchwbG 1986 Nr. 3) folgende Grundsätze abgeleitet:

aa) Vorliegen weder einer Feststellung der Schwerbehinderung noch eines entsprechenden Antrages

761 Der besondere Kündigungsschutz für schwer behinderte Arbeitnehmer greift grds. nicht ein, wenn die Schwerbehinderteneigenschaft zur Zeit der Kündigung weder gem. § 69 SGB IX festgestellt ist, noch der Arbeitnehmer einen Antrag auf Erteilung des entsprechenden Bescheides gestellt hat (*BAG* 22.1.1987 NZA 1987, 563; 7.3.2002 EzA § 85 SGB IX Nr. 1; **a.A.** *LAG Nds.* 15.6.2000 LAGE § 15 SchwbG Nr. 9; *Großmann* NZA 1992, 241; *Mianowicz* RdA 1998, 281 ff.; KR/*Etzel* § 91 SGB IX Rz. 4a).

762 Dies gilt auch dann, wenn das Versorgungsamt die Schwerbehinderteneigenschaft rückwirkend auf einen Zeitpunkt vor der Kündigung feststellt (*BAG* 23.2.1978 EzA § 12 SchwbG Nr. 5).

Wird später die Schwerbehinderteneigenschaft festgestellt, so wird sie nur im Rahmen von § 1 KSchG bzw. § 626 Abs. 1 BGB bei der Beurteilung der sozialen Rechtfertigung der ordentlichen Kündigung bzw. der Unzumutbarkeit der Fortsetzung des Arbeitsverhältnisses berücksichtigt (*BAG* 23.2.1978 EzA § 12 SchwbG Nr. 5).

763 Ob daran nach dem 1.1.2004 festgehalten werden kann, ist zweifelhaft. Denn ab diesem Zeitpunkt gilt eine einheitliche Klagefrist gem. §§ 13, 4, 6 KSchG n.F. auch für die Geltendmachung der Unwirksamkeit einer Kündigung wegen fehlender Zustimmung durch das Integrationsamt (s.o. Rn. 721). Deshalb lässt sich die Auffassung vertreten, dass damit die Monatsfrist zur Mitteilung der Voraussetzungen des § 85 SGB IX nicht mehr vereinbar ist (*Schmidt* NZA 2004, 81 f.; s. jetzt *BAG* 12.1.2006 EzA § 85 SGB IX Nr. 5 = NZA 2006, 1035 und Rn. 780).

bb) Offenkundigkeit der Schwerbehinderung; Mitteilung über die beabsichtigte Antragstellung

764 Eine **Ausnahme** von diesem Grundsatz soll nach Auffassung von *Schaub* (Arbeitsrechtshandbuch 10. Aufl., § 179 I 1c) dann gelten, wenn die Schwerbehinderung wegen der Schwere der Behinderung (Verlust von Gliedmaßen, Blindheit) **offenkundig** ist. Dies soll sich daraus rechtfertigen, dass diese Umstände dem Arbeitgeber in jedem Falle bekannt sind und es bei dem SGB IX nicht mehr auf die Ursachen der Behinderung ankommt. Dem hat sich das *BAG* (7.3.2002 EzA § 85 SGB IX Nr. 1; 20.1.2005 EzA § 85 SGB IX Nr. 3 = NZA 2005, 689 = BAG Report 2005, 233; 13.2.2008 EzA § 4 KSchG n.F. Nr. 83 = NZA 2008, 1055) angeschlossen; gleichgestellt ist zudem der Fall, dass der Arbeitnehmer bereits vor Ausspruch der Kündigung den Arbeitgeber über seine körperlichen Beeinträchtigungen und über seine beabsichtigte Antragstellung beim Versorgungsamt informiert hat (*BAG* 7.3.2002 EzA § 85 SGB IX Nr. 1).

cc) Feststellung der Schwerbehinderung bzw. Vorliegen eines entsprechenden Antrags

> War im Zeitpunkt der Kündigung die Schwerbehinderung festgestellt oder ein entsprechender Antrag auf Feststellung beim Versorgungsamt gestellt, dann steht dem schwer behinderten Menschen der volle Sonderkündigungsschutz zu, auch wenn der Arbeitgeber von der Schwerbehinderung nichts weiß (*BAG* 19.4.1979 EzA § 12 SchwbG Nr. 6; 12.1.2006 EzA § 85 SGB IX Nr. 5 = NZA 2006, 1035). **765**

Der Arbeitnehmer kann aber die Schwerbehinderteneigenschaft gem. § 85 SGB IX dann nicht in Anspruch nehmen, wenn er zwar den Arbeitgeber von der Stellung eines Antrags unterrichtet, das Versorgungsamt aber nach Ablauf der Regelfrist zunächst durch bestandskräftigen Bescheid nur einen Grad der Behinderung von 40 und erst längere Zeit danach (1 1/2 Jahre) in zwei neueren Bescheiden schließlich einen bereits vor Ausspruch der Kündigung bestehenden Grad der Behinderung von 50 feststellt (*BAG* 16.8.1991 EzA § 15 SchwbG 1986 Nr. 5). **766**

dd) Mitteilungspflicht des Arbeitnehmers

Der Arbeitnehmer (nach Auffassung des *LAG Hamm* 10.9.2003 FA 2004, 92 LS = LAG Report 2004, 228 kann dies auch durch Mitteilung des Betriebsrats im Rahmen des § 102 BetrVG geschehen; ebenso *BAG* 20.1.2005 EzA § 85 SGB IX Nr. 3 = NZA 2005, 689 = BAG Report 2005, 233, nicht aber ansonsten zufällig von dritter Seite: *BAG* 1.3.2007 EzA § 1 KSchG Betriebsbedingte Kündigung Nr. 153) muss in den Fällen, in denen der Arbeitgeber **keine Kenntnis** hat (verborgene oder geringfügige Behinderung), nach Zugang der Kündigung innerhalb angemessener Frist gegenüber dem Arbeitgeber die festgestellte oder zur Feststellung beantragte Schwerbehinderteneigenschaft **geltend machen.** Adressat einer danach erforderlichen Mitteilung der festgestellten oder beantragten Schwerbehinderteneigenschaft kann auch ein Vertreter des Arbeitgebers sein, der kündigungsberechtigt ist oder eine ähnlich selbstständige Stellung bekleidet, nicht dagegen ein untergeordneter Vorgesetzter mit rein arbeitstechnischen Befugnissen (*BAG* 5.7.1990 EzA § 15 SchwbG 1986 Nr. 3). **767**

Sowohl für eine ordentliche wie für eine außerordentliche Kündigung war eine Frist von **einem Monat** angemessen (*BAG* 19.4.1979 EzA § 12 SchwbG Nr. 6; 31.8.1989 EzA § 15 SchwbG 1986 Nr. 1; 20.1.2005 EzA § 85 SGB IX Nr. 3 = NZA 2005, 689 = BAG Report 2005, 233; 12.1.2006 EzA § 85 SGB IX Nr. 5 = NZA 2006, 1035; 1.3.2007 EzA § 1 KSchG Betriebsbedingte Kündigung Nr. 153). Inzwischen liegt aber wegen der **Neufassung des § 4 KSchG** die Annahme einer **Drei-Wochen-Frist** nach Zugang der Kündigung nahe (*BAG* 13.2.2008 EzA § 4 KSchG n.F. Nr. 83 = NZA 2008, 1055; s.a. o. Rn. 762 u. unten Rn. 780 m.w.N.). **768**

Diese Frist darf der Arbeitnehmer **voll ausnutzen; verstreicht sie ungenutzt, ist der Sonderkündigungsschutz allerdings verwirkt** (*BAG* 1.3.2007 EzA § 1 KSchG Betriebsbedingte Kündigung Nr. 153). **Es ist in diesem Zusammenhang nicht ausreichend, wenn der Arbeitgeber innerhalb der Frist zufällig von dritter Seite von der Schwerbehinderung erfährt** (*BAG* 1.3.2007 EzA § 1 KSchG Betriebsbedingte Kündigung Nr. 153). Das *BAG* (16.1.1985 EzA § 12 SchwbG Nr. 14) hat allerdings offen gelassen, ob dies auch für die Mitteilung der festgestellten Schwerbehinderteneigenschaft gilt. **769**

Zu einem früheren Zeitpunkt braucht er den Arbeitgeber nur zu unterrichten, wenn er auf Grund besonderer Umstände damit rechnen muss, während des restlichen Laufs der Regelzeit hierzu nicht mehr in der Lage zu sein. **770**

Legt der Arbeitnehmer einen die Schwerbehinderteneigenschaft verneinenden Feststellungsbescheid des Versorgungsamtes vor, ohne auf einen zwischenzeitlich eingelegten Widerspruch hinzuweisen, so liegt hierin keine wirksame Geltendmachung des besonderen Kündigungsschutzes nach dem SGB IX (*BAG* 2.6.1982 EzA § 12 SchwbG Nr. 10). **771**

Andererseits steht der Sonderkündigungsschutz dem schwer behinderten Arbeitnehmer auch dann zu, wenn die Frist für den Widerspruch gegen einen die Schwerbehinderteneigenschaft verneinenden Bescheid des Versorgungsamtes nach Zugang der Kündigung abläuft, **772** der Arbeitnehmer innerhalb der Regelfrist von einem Monat nach Zugang der Kündigung die Rücknahme des Bescheides wegen fehlerhafter Sachbehandlung (§ 44 SGB IX) beantragt sowie dem Arbeitgeber hiervon Mitteilung macht und das Versorgungsamt dann durch einen neuen Bescheid die Schwerbehinderteneigenschaft mit Rückwirkung auf die Zeit vor der Kündigung feststellt (*BAG* 30.6.1983 EzA § 12 SchwbG Nr. 13).

ee) Einzelfragen

773 Zur Verdachtskündigung gegenüber einem Schwerbehinderten vgl. u. Rn. 1445.

774 Hat das Versorgungsamt einen Feststellungsbescheid abgelehnt und der Arbeitnehmer Widerspruch eingelegt, so muss er darauf hinweisen.

775 Beruft sich der Arbeitnehmer auf den Schwerbehindertenschutz, kann aber der Nachweis noch nicht nach § 69 SGB IX geführt werden, so wird bei einem entsprechenden Antrag des Arbeitgebers auf Zustimmung zur Kündigung i.d.R. ein Negativattest erteilt werden.

776 Das dem Arbeitgeber auf form- und fristgerecht gestellten Antrag erteilte Negativattest beseitigt die Kündigungssperre.

777 Analog § 91 Abs. 5 SGB IX muss die außerordentliche Kündigung dann aber auch unverzüglich nach Erteilen des Negativattestes erklärt werden (*BAG* 27.5.1983 EzA § 12 SchwbG Nr. 12).

778 Nach Auffassung des *BAG* (31.8.1989 EzA § 15 SchwbG 1986 Nr. 1) kann es i.d.R. nicht als rechtsmissbräuchlich angesehen werden, wenn der Arbeitnehmer erst kurze Zeit vor Zugang der Kündigung einen Antrag auf Feststellung der Schwerbehinderteneigenschaft stellt.

779 Demgegenüber handelt ein Betriebsratsmitglied treuwidrig, das im laufenden Verfahren wegen Zustimmung zur außerordentlichen Kündigung einen Bescheid über die Schwerbehinderteneigenschaft erhält, mit der Bekanntgabe an den Arbeitgeber aber zuwartet, bis nach Verwerfung der Nichtzulassungsbeschwerde die Zustimmung des Betriebsrats rechtskräftig ersetzt wird und der Arbeitgeber die Kündigung ausspricht, wenn dies in der Absicht erfolgt, erneut den Arbeitgeber in das Zustimmungsverfahren nach § 103 BetrVG zu zwingen. Er kann sich dann nicht auf die festgestellte Eigenschaft als schwer behinderter Mensch berufen mit der Folge, dass die außerordentliche Kündigung auch ohne Zustimmung des Integrationsamtes wirksam ist (*LAG RhPf* 9.10.2003 ZTR 2004, 268 LS).

ff) Das neue Recht ab dem 1.5.2004

780 Nach § 90 Abs. 2a SGB IX finden die Vorschriften des Kapitel 4 zum Kündigungsschutz keine Anwendung, wenn im Zeitpunkt der Kündigung die Eigenschaft als schwer behinderter Mensch nicht nachgewiesen ist (s. *BAG* 1.3.2007 EzA § 90 SGB IX Nr. 1 = NZA 2008, 302) oder das Versorgungsamt nach Ablauf der Frist von § 69 Abs. 1 S. 2 SGB IX eine **Feststellung wegen fehlender Mitwirkung nicht treffen konnte**. Diese Änderungen richten sich **gegen den Missbrauch des besonderen Kündigungsschutzes** nach § 85 SGB IX durch – die häufig aussichtslose – Beantragung der Feststellung der Behinderung erst anlässlich einer unmittelbar bevorstehenden Kündigung (s.a. o. Rn. 755 und u. Rn. 1745). Der besondere Kündigungsschutz findet damit nur dann Anwendung, wenn die in § 69 Abs. 1 S. 2 SGB IX bestimmte **Drei-Wochen-Frist** bei Kündigungszugang **verstrichen** ist, d.h. der Arbeitnehmer muss **zunächst** den **Antrag auf Anerkennung** der Schwerbehinderteneigenschaft drei Wochen vor **Zugang** der Kündigung gestellt haben (*BAG* 29.11.2007 EzA § 90 SGB IX Nr. 3 = NZA 2008, 361).

Der Arbeitgeber bedarf zur Kündigung gegenüber einem schwer behinderten Menschen folglich nicht der Zustimmung des Integrationsamtes (s. *LAG Düsseld.* 29.3.2006 – 17 Sa 1321/05 – FA 2006, 283 LS = ArbuR 2006, 373 LS; vgl. *Düwell* FA 2004, 202 u. BB 2004, 2811 ff.; *Griebeling* NZA 2005, 494 ff.; *Bauer/Powietzka* NZA-RR 2004, 505 ff.; *Rolfs/Barg* BB 2005, 1678 ff.; *Berger-Delhey* ZTR 2004, 625 f.; *Gravenhorst* NZA 2005, 803 ff.; *Schlewing* NZA 2005, 1218 ff.; *Grimm/Brock/Windeln* DB 2005, 282 ff.), wenn 781
- zum Zeitpunkt der beabsichtigten Kündigung die Eigenschaft als schwer behinderter Mensch nicht durch einen Schwerbehindertenausweis nachgewiesen ist,
- und auch nicht offenkundig ist, so dass es eines durch ein Feststellungsverfahren zu führenden Nachweises nicht bedarf,
- und der Nachweis über die Eigenschaft als schwer behinderter Mensch weder durch einen Feststellungsbescheid nach § 69 Abs. 1 SGB IX noch durch diesem Bescheid gleichstehende Feststellungen nach § 69 Abs. 2 SGB IX erbracht werden kann.

Ein auf einen form- und fristgerecht eingereichten Antrag des Arbeitgebers ergehendes **Negativattest** beseitigt, jedenfalls wenn es bestandskräftig ist, ebenso wie die Zustimmung des Integrationsamtes die zunächst bestehende Kündigungssperre. Es muss dann aber vor dem Ausspruch der Kündigung bestandskräftig vorliegen (*BAG* 6.9.2007 EzA § 90 SGB IX Nr. 4 = NZA 2008, 407). Zu beachten ist, dass die Zustimmung des Integrationsamtes nicht bereits dann nach § 90 Abs. 2a SGB IX entbehrlich ist, wenn im Zeitpunkt der Kündigung eine – nicht rechtskräftige und später aufgehobene – Entscheidung des Versorgungsamtes vorliegt, mit der ein unter 50 GdB liegender Grad der Behinderung festgestellt wird. Denn das Gesetz ordnet den Verlust des Sonderkündigungsschutzes in solchen Fällen nicht an. Eine so weitgehende Folge wie die faktische Entziehung des Rechtsschutzes gegen unrichtige Feststellungen des Versorgungsamtes hätte das Gesetz **unmissverständlich und klar regeln müssen** (*BAG* 6.9.2007 EzA § 90 SGB IX Nr. 4 = NZA 2008, 407). 782

Hat der Arbeitnehmer bereits so **rechtzeitig vor Zugang der Kündigung einen Antrag** gestellt und hat das Versorgungsamt, ohne dass den Antragsteller ein Verschulden trifft (zu den Mitwirkungspflichten des Arbeitnehmers insoweit s. *LAG SchlH* 11.12.2007 NZA-RR 2008, 408), entgegen der Fristenregelung des § 69 Abs. 1 SGB IX (s.u. Rn. 1745) **noch keine Feststellung** getroffen, dann hat der Arbeitgeber allerdings auch ohne festgestellte Schwerbehinderung das Zustimmungsverfahren einzuhalten; ein schwer behinderter Arbeitnehmer kann sich nur dann nicht auf den besonderen Kündigungsschutz berufen, wenn der **fehlende Nachweis** der Schwerbehinderung bei Zugang der Kündigung auf einer **fehlenden Mitwirkung im Anerkennungsverfahren beruht** (*LAG SchlH* 11.12.2007 NZA-RR 2008, 408; *ArbG Düsseld.* 29.10.2004 NZA-RR 2005, 138; *Schulze* ArbuR 2005, 252 ff.; dort finden sich auch Hinweise zur teilweise abweichenden Handhabung der Integrationsämter). Für den Arbeitgeber **entfällt damit** nach neuem Recht **das Risiko**, dass der Arbeitnehmer geltend machen kann, **er habe den besonderen Kündigungsschutz**, z.B. weil der Betriebsrat ihn im Rahmen der Anhörung nach § 102 BetrVG oder sonst im Vorfeld einer beabsichtigten Kündigung auf die Möglichkeit hingewiesen hat, einen Feststellungsantrag beim zuständigen Versorgungsamt zu stellen (vgl. *Düwell* FA 2004, 202).Trotz fehlenden Nachweises bleibt der Sonderkündigungsschutz dann nach § 90 Abs. 2a 2. Alt SGB IX bestehen, wenn das Fehlen des Nachweises nicht auf fehlender Mitwirkung des Arbeitnehmers beruht. Das Fehlen beruht allerdings nach dem Gesetz jedenfalls dann auf fehlender Mitwirkung, **wenn der Arbeitnehmer den Antrag auf Anerkennung oder Gleichstellung nicht mindestens drei Wochen vor der Kündigung gestellt hat; § 90 Abs. 2a 2. Alt SGB IX enthält insoweit die Bestimmung einer Vorfrist** (§ 90 Abs. 2a 2. Alt SGB IX). Der Sonderkündigungsschutz gilt im Übrigen auch dann, wenn das Integrationsamt die Schwerbehinderung nach einem zunächst verneinenden Bescheid erst **nach Widerspruch und Klageerhebung** nach Zugang der Kündigung **rückwirkend** auf den Zeitpunkt der Antragstellung, der vor Zugang der Kündigung liegt, feststellt (*LAG Düsseld.* 17.1.2006 – 8 Sa 1052/05 – EzA-SD 9/06 S. 15 LS; *Bitzer* NZA 2006, 1082; *LAG Köln* 16.6.2006 – 12 Sa 168/06 – ArbuR 2006, 412 LS = NZA-RR 2007, 133; *LAG SchlH* 11.12.2007 NZA-RR 2008, 408; **a.A.** *OVG Koblenz* 7.3.2006 NZA 2006, 1108). 783

784 Der Sonderkündigungsschutz beginnt nach Auffassung des *LAG BW* (14.6.2006 LAGE § 85 SGB IX Nr. 2 = ArbuR 2006, 412 LS) vor der Anerkennung eines Arbeitnehmers als **Gleichgestellter** frühestens nach Ablauf der kürzesten Frist des § 14 Abs. 2 SGB IX, d.h. frühestens drei Wochen nach Antragstellung.

785 Andererseits folgt aus § 90 Abs. 2a SGB IX **keine Verpflichtung des Arbeitnehmers, dem Arbeitgeber Kenntnis** von der **Schwerbehinderung oder der Gleichstellung zu verschaffen** (*ArbG Bonn* 25.11.2004 NZA-RR 2005, 193; *Schulze* ArbuR 2005, 252 ff.; **a.A.** wohl *LAG Hamm* 7.7.2005 – 8 Sa 2024/04 – EzA-SD 21/05 S. 10 LS).

786 Das *BAG* (12.1.2006 EzA § 85 SGB IX Nr. 5 = NZA 2006, 1035) erwägt allerdings nach der Neufassung des SGB IX und des § 4 KSchG die Regelfrist, innerhalb derer der Arbeitnehmer nach Zugang der Kündigung dem Arbeitgeber seine Schwerbehinderung oder den entsprechenden Feststellungsantrag mitteilen muss, nach Zugang der Kündigung in Angleichung an entsprechende gesetzliche Fristen auf drei Wochen festzusetzen; inzwischen hat es dies auch umgesetzt (*BAG* 13.2.2008 EzA § 4 KSchG n.F. Nr. 83 = NZA 2008, 1055).

(1) Prävention und Eingliederungsmanagement (§ 84 SGB IX)

787 Zu beachten ist im Zusammenhang mit der **Gesundheitsprognose bei schwer behinderten (und auch bei nicht schwer behinderten) Arbeitnehmern seit dem 1.5.2004 nunmehr § 84 SGB X. Unter Mitwirkung u.a. des Integrationsamtes bei schwer behinderten Arbeitnehmern sollen alle am Arbeitsverhältnis Beteiligten verpflichtet sein, geeignete Maßnahmen zu treffen, um eine Kündigung zu vermeiden** (vgl. dazu *Balders/Lepping* NZA 2005, 854 ff.).

(2) Gefährdung des Arbeitsverhältnisses schwer behinderter Arbeitnehmer

788 Gem. § 84 Abs. 1 SGB IX schaltet der Arbeitgeber bei Eintreten von personen-, verhaltens- oder betriebsbedingten Schwierigkeiten im Arbeits- oder sonstigen Beschäftigungsverhältnis, die zur Gefährdung dieses Verhältnisses führen können, möglichst frühzeitig die Schwerbehindertenvertretung sowie die betriebliche Interessenvertretung, das Integrationsamt, die Gemeinsame Servicestelle sowie die Werks- oder Betriebsärzte ein. Danach soll – nicht nur bei gesundheitlichen Störungen – mit Zustimmung des betroffenen behinderten Arbeitnehmers eine gemeinsame Klärung möglicher Maßnahmen durch alle Beteiligten (und den Arbeitgeber) erfolgen; es sollen alle Möglichkeiten und alle zur Verfügung stehenden Hilfen zur Beratung und mögliche finanzielle Leistungen erörtert werden, mit denen die Schwierigkeiten beseitigt werden können und das Arbeits- oder sonstige Beschäftigungsverhältnis möglichst dauerhaft fortgesetzt werden kann. Damit werden dem Arbeitgeber Maßnahmen abverlangt, die gerade dazu führen sollen, dass keine negative Gesundheitsprognose in Betracht kommt, die eine krankheitsbedingte Kündigung rechtfertigen könnte. Eine solche kommt erst dann in Betracht, wenn alle gesetzlichen Möglichkeiten ausgeschöpft sind und zu keinem anderen Ergebnis geführt haben.

Kündigt der Arbeitgeber, **ohne zuvor dieses Präventionsverfahren** durchzuführen, so führt dies für sich genommen nicht zur Unwirksamkeit der Kündigung; die Einhaltung des Verfahrens gem. § 84 Abs. 1 SGB IX ist **keine formelle Wirksamkeitsvoraussetzung** für Kündigungen gegenüber Schwerbehinderten. Die Vorschrift stellt lediglich eine **Konkretisierung des dem gesamten Kündigungsschutzrecht innewohnenden Verhältnismäßigkeitsgrundsatzes** dar, ist aber damit auch andererseits nicht nur bloße Ordnungsvorschrift mit bloßem Appellativcharakter, deren Missachtung in jedem Fall folgenlos bliebe. Ziel der gesetzlichen Prävention ist die frühzeitige Klärung, ob und welche Maßnahmen zu ergreifen sind, um eine möglichst dauerhafte Fortsetzung des Beschäftigungsverhältnisses zu erreichen; es geht letztlich um die Vermeidung eines Kündigungsausspruchs zur Verhinderung der Arbeitslosigkeit schwerbehinderter Menschen. Die Kündigung kann damit wegen Verstoßes gegen das Verhältnismäßigkeitsprinzip als sozial ungerechtfertigt zu beurteilen sein, wenn bei gehöriger Durchführung des Präventionsverfahrens Möglichkeiten bestanden hätten, eine Kündigung zu vermeiden. Im Umkehrschluss steht das Unterbleiben des Präventionsverfahrens einer Kündigung dann nicht entgegen, wenn die Kündigung auch durch dieses Verfahren nicht hätte verhindert werden können. Ist das Integrationsamt nach eingehender Prüfung zu dem Ergebnis gelangt, dass die Zustimmung zur Kündigung zu erteilen ist, kann nur bei Vorliegen besonderer Anhaltspunkte davon ausgegangen werden, ein Präventionsverfahren hätte die Kündigung verhindern können. Handelt es sich z.B. um **Pflichtverletzungen, stehen diese in keinem Zusammenhang zur Behinderung** und verspricht das Verfahren von vornherein keinen Erfolg, so braucht es nicht durchgeführt zu werden. Kann es dagegen im Arbeitsverhältnis auftretende Schwierigkeiten beseitigen, so kann die Unterlassung des Verfahrens zu Lasten des Arbeitgebers bei der Bewertung des Kündigungsgrundes Berücksichtigung finden. »Schwierigkeiten« in diesem Sinne können im Hinblick auf den Sinn des Präventionsverfahrens nur dann vorliegen, wenn es sich um **Unzuträglichkeiten** handelt, **die noch nicht den Charakter von Kündigungsgründen haben**. Denn nach dem Gesetz sollen die präventiven Maßnahmen eine Gefährdung des Arbeitsverhältnisses verhindern, also der Gefährdung und damit dem Entstehen von Kündigungsgründen zuvorkommen. Sind solche Gründe aber bereits entstanden, so können sie nicht mehr verhindert werden (*BAG* 7.12.2006 – 2 AZR 182/06 – EzA § 84 SGB IX Nr. 1 = NZA 2007, 617; s. dazu *Arnold/Fischinger* BB 2007, 1894 ff.; *Powietzka* BB 2007, 2184 ff.; *Bogun* ArbuR 2007, 276 ff.; *Namendorf/Natzel* FA 2008, 71 ff.).

(3) Prävention für alle Arbeitnehmer (Eingliederungsmanagment)

Für **alle Arbeitnehmer** gilt § 84 Abs. 2 SGB IX (vgl. *LAG Nds.* 25.10.2006 – 6 Sa 974/05 – **789**
EzA-SD 25/06 S. 3 LS = BB 2007, 719 m. Anm. *Hunold* BB 2007, 724; *Düwell* FA 2004, 201; *Nemendorf/Natzel* FA 2005, 162 ff.; *Braun* ZTR 2005, 630 ff.; *Gundermann/Oberberg* ArbuR 2007, 19 ff.; vgl. dazu krit. *Balders/Lepping* NZA 2005, 854 ff.; **a.A.** *Brose* DB 2005, 390 ff.: gilt nur für schwer behinderte Menschen; zur Frage einer Mitwirkungspflicht des Arbeitnehmers s. *Wetzling/Habel* NZA 2007, 1129 ff.).

Damit sieht das Gesetz einen frühen Beginn der Präventionspflicht des Arbeitgebers bei **790**
Krankheit vor. Sind Beschäftigte länger als sechs Wochen oder wiederholt arbeitsunfähig, klärt der Arbeitgeber mit der zuständigen Interessenvertretung, insbes. dem Betriebsrat, bei schwer behinderten Menschen außerdem mit der Schwerbehindertenvertretung, ggf. unter Hinzuziehung von Betriebs- oder Werksarzt, den örtlichen gemeinsamen Servicestellen und des Integrationsamtes mit Zustimmung und Beteiligung der betroffenen Personen die Möglichkeiten, wie die Arbeitsunfähigkeit überwunden werden und mit welchen Leistungen oder Hilfen erneuter Arbeitsunfähigkeit vorgebeugt und der Arbeitsplatz erhalten werden kann (betriebliches Eingliederungsmanagement). Auch insoweit werden nach z. T. vertretener Auffassung dem Arbeitgeber Maßnahmen abverlangt, die gerade dazu führen sollen, dass **keine negative Gesundheitsprognose in Betracht** kommt, die eine krankheitsbedingte Kündigung rechtfertigen könnte. Eine solche kommt erst dann in Betracht, wenn alle gesetzlichen Möglichkeiten ausgeschöpft sind und zu keinem anderen Ergebnis geführt haben; vor dem 1.5.2004 gab es einen derartigen Anspruch nicht (*LAG Nds.* 29.3.2005 – 1 Sa 1429/04 – EzA-SD 13/05, S. 8 LS = NZA-RR 2005, 523; **a.A.** *Namendorf/Natzel* DB 2005, 1794 ff.: keine Auswirkungen auf eine nachfolgende Kündigung); die Nichteinhaltung der gesetzlichen Voraussetzungen bedeutet danach einen zusätzlichen Unwirksamkeitsgrund für eine Arbeitgeberkündigung (*Brose* DB 2005, 390 ff.; *Braun* ZTR 2005, 630 ff.). **Demgegenüber** ist davon auszugehen, dass diese Norm **keine Auswirkungen auf das kündigungsrechtliche Ultima-Ratio-Prinzip** hat (zutr. SPV-*Preis* Rz. 1230a; *LAG Nbg.* 31.5.2006 – 4 (9) Sa 933/05 – ArbuR 2006, 412 LS = ZTR 2007, 108; unklar

LAG Bln. 27.10.2005 LAGE § 1 KSchG Krankheit Nr. 36a = NZA-RR 2006, 184: verstärkende Konkretisierung des ultima-ratio-Prinzips; ähnlich *LAG Nds.* 25.10.2006 – 6 Sa 974/05 – EzA-SD 25/06 S. 3 LS = BB 2007, 719 m. Anm. *Hunold* BB 2007, 724). Zwar können sozialrechtliche Normen u.U. kündigungsrechtliche Grundsätze bestätigen (vgl. § 2 Abs. 2 SGB III). Andererseits kann nicht jede Vorschrift ohne eine konkrete Rechtsfolgenanordnung arbeitsrechtliche Konsequenzen nach sich ziehen. Im Zweifel ist die Geltung und Wirkung einer Norm auf das jeweilige Gesetz beschränkt. Das gilt umso mehr, als dem Gesetzgeber sich die Verbindung zum Kündigungsschutz hätte aufdrängen müssen. Er hat aber gleichwohl keine Klarstellung der Rechtsfolgen vorgenommen. Auch die systematische Auslegung spricht gegen eine kündigungsschutzrechtliche Bedeutung der Norm. Denn mit § 85 SGB IX beginnt das »Kap: 4. Kündigungsschutz«. In den dort niedergelegten Normen sind die Auswirkungen des Schwerbehindertenschutzes auf das Kündigungsrecht des Arbeitgebers im Einzelnen geregelt. Da nicht davon ausgegangen werden kann, dass der Gesetzgeber bei der Einführung des § 84 Abs. 2 SGB IX das nachfolgende Kapitel schlicht übersehen hat, ist daraus der Umkehrschluss zu ziehen, dass § 84 Abs. 2 SGB IX eben keine kündigungsrechtliche Bedeutung hat und letztlich eine sanktionslose Verpflichtung des Arbeitgebers mit nur appellativem Charakter darstellt. Das *LAG Hamm* (29.3.2006 LAGE § 1 KSchG Krankheit Nr. 39) ist insoweit davon ausgegangen, dass ein Verstoß gegen § 84 Abs. 2 SGB IX jedenfalls dann nicht zur Unwirksamkeit der krankheitsbedingten Kündigung eines nicht schwerbehinderten Arbeitnehmers führt, wenn feststeht, dass die **Wiederherstellung der Arbeitsfähigkeit eines Arbeitnehmers völlig ungewiss** ist und eine Versetzungsmöglichkeit auf einen anderen leidensgerechten Arbeitsplatz nicht besteht.

Nach Auffassung des *BAG* (12.7.2007 EzA § 84 SGB IX Nr. 3 = NZA 2008, 173; 23.4.2008 EzA § 1 KSchG Krankheit Nr. 55 = NZA-RR 2008, 515; *ArbG Bln.* 10.9.2008 – 56 Ca 10703/08 – EzA-SD 22/2008 S. 3 LS; s. dazu *Arnold/Fischinger* BB 2007, 1894 ff.; *Tschöpe* NZA 2008, 398 ff.; *Kohte* DB 2008, 582 ff.; *Nebe* DB 2008, 1801 ff.) gilt insoweit Folgendes: Kündigt der Arbeitgeber, **ohne zuvor dieses Präventionsverfahren** durchzuführen, so führt dies **für sich genommen nicht zur Unwirksamkeit der Kündigung**; die Einhaltung des Verfahrens gem. § 84 Abs. 2 SGB IX ist **keine formelle Wirksamkeitsvoraussetzung** für Kündigungen gegenüber Schwerbehinderten (ebenso *LAG Nbg.* 21.6.2006 NZA-RR 2007, 75 = ZTR 2007, 108). Die Vorschrift stellt lediglich eine **Konkretisierung des** dem gesamten Kündigungsschutzrecht innewohnenden **Verhältnismäßigkeitsgrundsatzes** dar; danach ist eine Kündigung unverhältnismäßig und damit rechtsunwirksam, wenn sie durch **andere mildere Mittel vermieden werden kann**, d.h. wenn die Kündigung nicht zur Beseitigung der betrieblichen Beeinträchtigungen bzw. der eingetretenen Vertragsstörung geeignet oder nicht erforderlich ist (*BAG* 23.4.2008 EzA § 1 KSchG Krankheit Nr. 55 = NZA-RR 2008, 515). Es handelt sich damit also keineswegs nur um eine **bloße Ordnungsvorschrift** mit Appellativcharakter, deren Missachtung in jedem Fall folgenlos bliebe. Das betriebliche Eingliederungsmanagement ist zwar **für sich gesehen kein milderes Mittel** i.S.d. Verhältnismäßigkeitsgrundsatzes. Durch es können aber solche milderen Mittel, z.B. die Umgestaltung des Arbeitsplatzes oder eine Weiterbeschäftigung zu geänderten Arbeitsbedingungen auf einem anderen – ggf. durch Umsetzungen »freizumachenden« – Arbeitsplatz erkannt und entwickelt werden (*BAG* 23.4.2008 EzA § 1 KSchG Krankheit Nr. 55 = NZA-RR 2008, 515).

Führt der Arbeitgeber kein betriebliches Eingliederungsmanagement durch, kann dies Folgen für die Darlegungs- und Beweislast im Rahmen der Prüfung der betrieblichen Auswirkungen von erheblichen Fehlzeiten haben. Der Arbeitgeber kann sich dann nicht pauschal darauf berufen, ihm seien keine alternativen, der Erkrankung angemessenen Einsatzmöglichkeiten bekannt. Denn der Arbeitgeber darf aus seiner dem Gesetz widersprechenden **Untätigkeit keine darlegungs- und beweisrechtlichen Vorteile ziehen**. Es bedarf vielmehr eines umfassenden konkreten Sachvortrags des Arbeitgebers zu einem nicht mehr möglichen Einsatz des Arbeitnehmers auf dem bisher innegehabten Arbeitsplatz und einer nicht durchführbaren leidensgerechten Anpassung und Veränderung des

Arbeitsplatzes bzw. eines alternativen Einsatzes auf einem anderen Arbeitsplatz (*BAG* 12.7.2007 EzA § 84 SGB IX Nr. 3 = NZA 2008, 173; *ArbG Bln.* 10.9.2008 – 56 Ca 10703/08 – EzA-SD 22/2008 S. 3 LS).
Allerdings kann eine Kündigung nicht allein deshalb wegen Verstoßes gegen das Verhältnismäßigkeitsprinzip als sozial ungerechtfertigt qualifiziert werden, weil das betriebliche Eingliederungsmanagement nicht durchgeführt wurde. Es müssen vielmehr **auch bei gehöriger Durchführung** des BEM überhaupt **Möglichkeiten einer** alternativen **(Weiter-)Beschäftigung bestanden** haben, die eine Kündigung vermieden hätten. Folglich steht ein unterlassenes BEM einer Kündigung dann nicht entgegen, wenn sie auch durch das BEM nicht hätte verhindert werden können (*BAG* 23.4.2008 EzA § 1 KSchG Krankheit Nr. 55 = NZA-RR 2008, 515).

7. Kündigungsschutz Wehr- und Zivildienstleistender

a) Zweck der gesetzlichen Regelung

791 Das ArbPlSchG bezweckt, den Arbeitnehmer im Zusammenhang mit der allgemeinen Wehrpflicht sozial abzusichern. Ein wesentlicher Bestandteil dieses Schutzes ist das **Kündigungsverbot** nach § 2 ArbPlSchG für **Wehrpflichtige** (§ 1 WehrpflG) und **Zivildienstleistende** (§ 78 Abs. 1 Nr. 1 ZDG; vgl. APS/*Dörner* § 2 ArbPlSchG Rz. 1).

b) Tatbestandsvoraussetzungen

aa) Dienst in der Bundeswehr; Zivildienst; EU-Ausländer

792 Der Kündigungsschutz greift ein, wenn der Arbeitnehmer zum Dienst in der Bundeswehr der BRD herangezogen wird. Das ArbPlSchG gilt jedoch **grds. nicht für ausländische Arbeitnehmer in der BRD,** wenn sie zum Wehrdienst in ihrem Heimatland herangezogen werden (*BAG* 22.12.1982 EzA § 123 BGB Nr. 20).

793 Das ArbPlSchG ist aber **analog** auf Angehörige der übrigen **EG-Staaten** anzuwenden (*EuGH* 5.2.1969 AP Nr. 2 zu Art. 177 EWG-Vertrag; *BAG* 5.12.1969 EzA § 6 ArbPlSchG Nr. 1; vgl. APS/*Dörner* § 2 ArbPlSchG Rz. 2 ff.).

794 Den Kündigungsschutz des ArbPlSchG kann auch derjenige in Anspruch nehmen, der Zivildienst leistet.

795 Dies gilt nicht für Arbeitnehmer, die auch den Zivildienst aus Gewissensgründen verweigern und stattdessen eine Tätigkeit nach § 15a ZDG übernehmen (§ 78 Abs. 1 ZDG).

bb) Persönlicher und räumlicher Geltungsbereich

796 Erfasst werden Arbeitnehmer der privaten Wirtschaft sowie Arbeitnehmer des öffentlichen Dienstes, ferner Heimarbeiter, Beamte und Richter (§§ 8, 9 ArbPlSchG) sowie zivile Arbeitskräfte bei einer Truppe der drei alliierten Mächte.

797 Demgegenüber sind **Rundfunkmoderatoren**, die als freie Mitarbeiter von einer öffentlich-rechtlichen Rundfunkanstalt beschäftigt werden, auch soweit sie als arbeitnehmerähnliche Personen behandelt werden, keine Arbeitnehmer i.S.d. ArbPlSchG (*BVerwG* 22.4.1998 NZA-RR 1999, 63). Nicht erfasst werden auch Arbeitnehmer bei öffentlich-rechtlichen Religionsgemeinschaften und ihren Verbänden (§ 15 Abs. 1, 3 ArbPlSchG).

798 **Das ArbPlSchG gilt für den Bereich des Grundgesetzes der BRD,** nicht aber für Arbeitnehmer deutscher Staatsangehörigkeit, die bei einem ausländischen Arbeitgeber im Ausland beschäftigt sind (MünchArbR/*Berkowsky* § 158 Rz. 17; APS/*Dörner* § 2 ArbPlSchG Rz. 8 ff.).

cc) Zeitlicher Anwendungsbereich

799 Der besondere Kündigungsschutz gilt von der **Zustellung des Einberufungsbescheides bis zur Beendigung des Grundwehrdienstes,** ferner für **Pflichtwehrübungen** sowie für **freiwillige Wehrübungen** (nicht länger als sechs Wochen pro Kalenderjahr, § 10 ArbPlSchG).

800 Soldaten auf Zeit werden in der zunächst auf sechs Monate festgesetzten Dienstzeit sowie für die endgültig auf insgesamt nicht mehr als zwei Jahre festgesetzte Dienstzeit erfasst (§ 16a ArbPlSchG). Berufssoldaten werden nicht erfasst (vgl. APS/*Dörner* § 2 ArbPlSchG Rz. 9).

c) Rechtsfolgen

aa) Ruhen des Arbeitsverhältnisses

801 **Während der Einberufung zum Wehrdienst oder zu Wehrübungen ruht das Arbeitsverhältnis (§§ 1, 11 ArbPlSchG).** Es wird wieder aktiviert, sobald der Wehrdienst endet. Der Arbeitgeber hat den Arbeitnehmer dann wieder vertragsgemäß zu beschäftigen.

802 Das ArbPlSchG hat allerdings keinen Einfluss auf befristete Arbeitsverhältnisse, insbes. hindert es den Ablauf einer vereinbarten Befristung auch während des Wehrdienstes nicht (MünchArbR/*Berkowsky* § 158 Rz. 19; APS/*Dörner* § 2 ArbPlSchG Rz. 11).

bb) Verbot der ordentlichen Kündigung

803 Sind die Tatbestandsvoraussetzungen (s.o. Rn. 792) erfüllt, ist eine ordentliche Kündigung des Arbeitsverhältnisses unzulässig (§ 2 Abs. 1 ArbPlSchG).

804 Eine dennoch ausgesprochene Kündigung ist **nichtig.** Auch eine Betriebsstilllegung kann eine ordentliche Kündigung des Arbeitsverhältnisses nicht rechtfertigen. Der Arbeitgeber kann jedoch das Ende des Grundwehrdienstes abwarten und dann aus betriebsbedingten Gründen kündigen (KR/*Weigand* § 2 ArbPlSchG Rz. 19; APS/*Dörner* § 2 ArbPlSchG Rz. 12 f.).

cc) Verbot der Anlasskündigung; Kündigung aus sonstigen Gründen

805 Darüber hinaus darf der Arbeitgeber auch außerhalb dieses Zeitraums das Arbeitsverhältnis **nicht aus Anlass des Wehrdienstes** kündigen.

806 Die Kündigung gilt z.B. als aus Anlass des Wehrdienstes ausgesprochen, wenn sie im zeitlichen Zusammenhang mit diesem erfolgt und der Arbeitgeber keinen sonstigen hinreichenden Grund für die Kündigung darlegen kann (*LAG Frankf./M.* 7.3.1969 AP Nr. 1 zu § 2 ArbPlSchG). Dabei genügt es schon, wenn der Wehrdienst mitbestimmendes Motiv des Arbeitgebers ist (vgl. APS/*Dörner* § 2 ArbPlSchG Rz. 17).

807 Dagegen bleibt das Recht des Arbeitgebers zur Kündigung aus sonstigen Gründen unberührt.

808 Muss der Arbeitgeber allerdings betriebsbedingt Arbeitnehmer entlassen, so darf er den Wehrdienst eines Arbeitnehmers im Rahmen der Sozialauswahl jedenfalls nicht zu dessen Ungunsten berücksichtigen (§ 2 Abs. 2 S. 2 ArbPlSchG).

809 Nach Auffassung von *Berkowsky* (MünchArbR § 161 Rz. 26) darf er den Wehrdienst auch nicht zu Gunsten des Arbeitnehmers berücksichtigen, weil dies eine im Gesetz nicht vorgesehene Benachteiligung des an seiner Stelle zu entlassenden Arbeitnehmers bedeuten würde.

dd) Außerordentliche Kündigung

810 Das Recht zur **außerordentlichen Kündigung** aus wichtigem Grund wird an sich **nicht eingeschränkt** (§ 2 Abs. 3 ArbPlSchG).

811 Die Einberufung des Arbeitnehmers zum Wehrdienst selbst ist jedoch kein wichtiger Grund zur Kündigung (§ 2 Abs. 3 S. 2 ArbPlSchG).

812 Ist der Arbeitnehmer allerdings unverheiratet und in einem **Kleinbetrieb** mit fünf oder weniger Arbeitnehmern ausschließlich der zu ihrer Berufsausbildung Beschäftigten ange-

stellt, so kann die Einberufung nach dieser Norm ausnahmsweise einen wichtigen Grund abgeben, wenn dem Arbeitgeber infolge der Einstellung einer Ersatzkraft die Weiterbeschäftigung des Arbeitnehmers nach seiner Entlassung aus dem Wehrdienst nicht zugemutet werden kann (vgl. APS/*Dörner* § 2 ArbPlSchG Rz. 14 ff.).

Bei der Feststellung der maßgeblichen Zahl der Beschäftigten für die Anwendung dieser Norm sind nach dem durch das arbeitsrechtliche Beschäftigungsförderungsgesetz mit Wirkung vom 1.10.1996 geänderten § 2 Abs. 3 ArbPlSchG a.F. – wie gem. § 23 Abs. 1 KSchG a.F. und § 622 Abs. 5 S. 2 BGB a.F. – teilzeitbeschäftigte Arbeitnehmer mit einer regelmäßigen wöchentlichen Arbeitszeit von nicht mehr als 10 Stunden mit 0,25, nicht mehr als 20 Stunden mit 0,5 und nicht mehr als 30 Stunden mit 0,75 zu berücksichtigen. Der besondere Bestandsschutz für Arbeitnehmer gem. § 2 Abs. 3 S. 4 ArbPlSchG, die bereits am 1.5.1985 sich gegenüber ihrem Arbeitgeber auf § 2 Abs. 3 S. 2 ArbPlSchG berufen konnten, wurde aufgehoben. **813**

Durch das sog. KorrekturG hat der Gesetzgeber die Berücksichtigung von Teilzeitbeschäftigten ab dem 1.1.1999 geringfügig modifiziert: **814**
Teilzeitbeschäftigte, die nicht mehr als zehn Stunden wöchentlich arbeiten, werden zukünftig nicht mit 0,25, sondern mit 0,5 berücksichtigt (vgl. APS/*Moll* § 23 KSchG Rz. 23 ff.; APS/*Dörner* § 2 ArbPlSchG Rz. 16)

ee) Übernahme eines Auszubildenden

Nach § 2 Abs. 5 ArbPlSchG darf der Ausbildende die **Übernahme eines Auszubildenden** in ein Arbeitsverhältnis auf unbestimmte Zeit nach Beendigung des Berufsausbildungsverhältnisses nicht aus Anlass des Wehrdienstes ablehnen. **815**

Der Auszubildende hat insoweit über § 249 BGB einen Anspruch auf Abschluss eines unbefristeten Arbeitsvertrages, wenn der Arbeitgeber nicht gem. § 2 Abs. 2 S. 3 ArbPlSchG nachweisen kann, dass er den Auszubildenden nicht aus anderen Gründen nicht übernimmt (KR/*Weigand* § 2 ArbPlSchG Rz. 38; APS/*Dörner* § 2 ArbPlSchG Rz. 20). **816**

d) Klagefrist

Gem. § 2 Abs. 4 ArbPlSchG beginnt die dreiwöchige **Klagefrist** gem. § 4 KSchG erst zwei Wochen nach dem **Ende des Wehrdienstes** zu laufen, wenn dem Arbeitnehmer die Kündigung nach der Zustellung des Einberufungsbescheides oder während des Wehrdienstes zugeht. **817**

Zu beachten ist allerdings, dass dann, wenn der Arbeitnehmer die Unwirksamkeit der Kündigung geltend machen will, weil sie gegen den besonderen Kündigungsschutz des § 2 Abs. 1 ArbPlSchG verstößt, er bis zum 31.12.2003 nicht an die Einhaltung der Klagefrist gebunden war; insoweit handelte es sich um einen **sonstigen Unwirksamkeitsgrund i.S.d. § 13 Abs. 3 KSchG a.F.** (MünchArbR/*Berkowsky* § 158 Rz. 33; APS/*Dörner* § 2 ArbPlSchG Rz. 21). **818**

Seit dem 1.1.2004 ist das Gegenteil auf Grund der Neufassung der §§ 4, 13 KSchG zutreffend, unabhängig vom Geltungsbereich des KSchG, allerdings mit der Verlängerungsmöglichkeit des § 6 KSchG. Denn § 4 KSchG findet auch Anwendung auf Arbeitnehmer, die vom betrieblichen Geltungsbereich des KSchG (§ 23) nicht erfasst werden oder auf solche, deren Arbeitsverhältnis noch keine sechs Monate bestanden hat. Gleiches gilt für den Fall, dass der Arbeitnehmer die Unwirksamkeit einer außerordentlichen Kündigung geltend machen will (APS/*Ascheid* § 4 KSchG Rz. 14). **819**

8. Kündigungsschutz für Abgeordnete

a) Behinderungsverbot

820 Die »Abgeordnetenfreiheit« (aktives, passives Wahlrecht, Freiheit und Unabhängigkeit des gewählten Abgeordneten) ist ein konstitutives Grundprinzip der parlamentarischen Demokratie. Der Zugang zum Mandat und seine unbehinderte Ausübung ist deshalb geschützt; jegliche Beeinträchtigung der Mandatsausübung ist verfassungswidrig (vgl. Art. 48 GG).

821 Das verfassungsrechtliche Behinderungsverbot betrifft nicht nur den Staat, sondern unmittelbar auch privatrechtliche Beziehungen der Staatsbürger untereinander. Sowohl die einschlägigen Vorschriften des Grundgesetzes, die der Länderverfassungen als auch die einfachgesetzlichen Regelungen sind dabei stets im Licht des verfassungsrechtlichen Behinderungsverbots zu Gunsten des Wahlbewerbers oder des Mandatsträgers extensiv auszulegen (MünchArbR/*Berkowsky* § 159 Rz. 1).

b) Normative Regelungen

aa) Bundestag

822 Nach § 2 **AbgG** sind sowohl Benachteiligungen am Arbeitsplatz als auch die ordentliche Kündigung unzulässig. Darüber hinaus regelt das AbgG den Kündigungsschutz des Wahlbewerbers und einen nachwirkenden Kündigungsschutz für die Zeit nach Beendigung des Mandats.

(1) Persönlicher Geltungsbereich

823 Art. 48 GG und das AbgG gelten nur für die **Abgeordneten des Bundestages und die Wahlbewerber** für dieses Gremium. Erfasst werden insoweit auch arbeitnehmerähnliche Personen wie Heimarbeiter, Hausgewerbetreibende nach § 2 HAG, arbeitnehmerähnliche Handelsvertreter sowie freie Mitarbeiter nach § 12a TVG (KR/*Weigand* ParlKSch Rz. 31; APS/*Preis* Art. 48 GG Rz. 3 ff.).

(2) Zeitlicher Geltungsbereich

824 Der besondere Kündigungsschutz beginnt mit der Aufstellung des Bewerbers durch das dafür zuständige Organ der Partei oder mit der Einreichung des Wahlvorschlages. Wird der Bewerber nicht gewählt, so endet der besondere Kündigungsschutz, sobald seine Nichtwahl festgestellt ist. Der Kündigungsschutz gewählter Abgeordneter endet allerdings nicht bereits mit der Beendigung des Mandats, sondern erst ein Jahr nach dessen Beendigung (§ 2 Abs. 3 S. 4 AbgG).

(3) Kündigungsverbot

825 Nach Art. 48 Abs. 2 GG, § 2 Abs. 3 AbgG ist eine Kündigung oder Entlassung wegen der Annahme oder Ausübung des Mandats unzulässig.

826 Eine Kündigung ist wegen der Annahme oder Ausübung des Mandats ausgesprochen, wenn dieser Umstand das **Motiv** des Kündigenden war. Da es sich hier um eine innere Tatsache handelt, ist eine Kündigung dann als wegen des Mandats ausgesprochen anzusehen, wenn sie in einem **zeitlichen Zusammenhang mit der Kandidatur oder der Mandatsausübung** steht und der Arbeitgeber andere hinreichende Gründe für die Kündigung nicht nachweisen kann. Wegen eines Mandats ist eine Kündigung auch dann ausgesprochen, wenn sie vordergründig nicht auf das Mandat gestützt wird, sondern auf Umstände, die kausal mit der Bewerbung oder der Ausübung des Mandats in Beziehung stehen. Das betrifft insbes. das

erforderliche Fernbleiben vom Dienst oder die Äußerung von Meinungen und Ansichten, soweit diese mit der Bewerbung oder der Mandatsausübung im Zusammenhang stehen. **Ausgeschlossen sind sowohl die ordentliche wie die außerordentliche Kündigung.**

Darüber hinaus ist jede ordentliche Kündigung ausgeschlossen, solange der besondere Kündigungsschutz besteht, unabhängig von ihrem Grund. 827

Das Recht des Arbeitgebers, aus wichtigem Grund außerordentlich zu kündigen, bleibt allerdings unberührt (APS/*Preis* Art. 48 GG Rz. 10 ff.). 828

(4) Rechtsfolgen bei Verstößen gegen Art. 48 Abs. 2 GG, § 2 AbgG

Kündigungen, die gegen Art. 48 Abs. 2 GG, § 2 AbgG verstoßen, sind nichtig. Der gekündigte Arbeitnehmer konnte diese Nichtigkeit bis zum 31.12.2003 auch außerhalb der Klagefrist von § 4 KSchG geltend machen; es handelte sich um einen **sonstigen Unwirksamkeitsgrund i.S.d. § 13 Abs. 3 KSchG a.F.** (MünchArbR/*Berkowsky* § 159 Rz. 16; APS/*Preis* Art. 48 GG Rz. 17 f.). 829

Seit dem 1.1.2004 ist das Gegenteil auf Grund der Neufassung der §§ 4, 13 KSchG zutreffend, unabhängig vom Geltungsbereich des KSchG, allerdings mit der Verlängerungsmöglichkeit des § 6 KSchG. Denn § 4 KSchG findet auch Anwendung auf Arbeitnehmer, die vom betrieblichen Geltungsbereich des KSchG (§ 23) nicht erfasst werden oder auf solche, deren Arbeitsverhältnis noch keine sechs Monate bestanden hat. Gleiches gilt für den Fall, dass der Arbeitnehmer die Unwirksamkeit einer außerordentlichen Kündigung geltend machen will (APS/*Ascheid* § 4 KSchG Rz. 14). 830

bb) Landtage

Der besondere Kündigungsschutz für Landtagsabgeordnete ist in den einzelnen Bundesländern in **Landes-Abgeordnetengesetzen** geregelt. Die dortigen Regelungen entsprechen im Wesentlichen, insbes. im Hinblick auf den besonderen Kündigungsschutz, der Regelung von § 2 Abs. 3 AbgG (APS/*Preis* Art. 48 GG Rz. 4). 831

cc) Kommunale Mandatsträger

Der Kündigungsschutz im Bereich der Kommunalvertretung ist gesetzlich durchweg weniger ausgebildet als derjenige für Bundes- und Landesparlamentarier. Jedoch sind die Grundsätze der jeweiligen Landes-Abgeordnetengesetze auch auf Mitglieder und Bewerber für **Kommunalparlamente entsprechend anwendbar,** da auch das Mandat auf kommunaler Ebene über Art. 28 Abs. 2 GG institutionellen grundgesetzlichen Schutz genießt (vgl. MünchArbR/*Berkowsky* § 159 Rz. 21 mit einer Übersicht über die in den einzelnen Bundesländern geltenden gesetzlichen Regelungen). So können auch **Mitglieder des Ortsbeirates** einer Gemeinde in Rheinland-Pfalz bspw. gem. § 75 Abs. 8 S. 4 i.V.m. § 18a Abs. 4 GO Rheinland-Pfalz nur außerordentlich gekündigt werden. Erklärt der Arbeitgeber gleichwohl eine ordentliche Kündigung, ist diese unwirksam, ohne dass eine Überprüfung der Kündigungsgründe erfolgt (*LAG RhPf* 28.8.2000 ZTR 2001, 188 LS). 832

Gem. § 22 Abs. 9 S. 2 i.V.m. § 86 Abs. 3 S. 3 des Gesetzes über die Selbstverwaltung der Gemeinden und Landkreise in der DDR vom 17.5.1990 (GBl. I S. 255), das gem. Art. 9 Abs. 2 Einigungsvertrag i.V.m. Anlage II Kap. II Sachgebiet B Abschnitt I nach dem Beitritt der ehemaligen DDR zur BRD fortgegolten hat, ist es unzulässig, z.B. ein Mitglied des Kreistages auf Grund dieses Ehrenamtes zu kündigen. 833

Damit wird aber nicht jede Kündigung eines Arbeitsverhältnisses verboten, sondern nur solche Kündigungen erfasst, deren Gründe im Zusammenhang mit der Ausübung des Ehrenamtes stehen (*BAG* 30.6.1994 EzA Art. 48 GG Nr. 1). 834

dd) Europa-Parlament

835 In § 3 Abs. 3 des Europaabgeordnetengesetzes ist der Kündigungsschutz für Wahlbewerber und Mitglieder des Europaparlaments entsprechend § 2 Abs. 3 AbgG geregelt worden. Ihre kündigungsschutzrechtliche Stellung ist derjenigen für Bundesabgeordnete inhaltsgleich.

9. Besonderer Kündigungsschutz für Betriebsärzte, Fachärzte für Arbeitssicherheit, Datenschutz-, Immissionsschutzbeauftragte

a) Betriebsärzte, Fachkräfte für Arbeitssicherheit

aa) Kündigungsverbot

836 Gem. § 8 Abs. 1 ASiG dürfen Betriebsärzte und Fachkräfte für Arbeitssicherheit **wegen der Erfüllung der ihnen übertragenen Aufgaben nicht benachteiligt** werden. Dabei handelt es sich um ein einfaches personenbezogenes **Benachteiligungsverbot** mit Anknüpfungspunkt an einem betrieblichen Schutzauftrag, somit um ein **Kündigungsverbot**. Die Regelung bezweckt wegen der wirtschaftlichen Abhängigkeit des Betriebsarztes und der Fachkräfte für Arbeitssicherheit die Sicherstellung ihrer fachlichen Unabhängigkeit. Versuche einer sachwidrigen Einflussnahme sollen von Anfang an unterbunden werden (APS/*Preis* §§ 8, 9 ASiG Rz. 1).

837 Die Regelung hat allerdings nur eine **geringe praktische Bedeutung**. Denn erforderlich ist vor allem eine kausale Verknüpfung zwischen der fachlichen Tätigkeit des Beauftragten und der Kündigung. Dies ist i.d.R. mit erheblichen Beweisschwierigkeiten für den betroffenen Arbeitnehmer verbunden (APS/*Preis* §§ 8, 9 ASiG Rz. 5 ff.).

838 Daneben kommt sowohl dem Betriebsarzt als auch der Fachkraft für Arbeitssicherheit innerhalb gewisser Grenzen ein **amtsbezogener Kündigungsschutz** zugute (s.u. Rn. 839 ff.).

bb) Amtsbezogener Kündigungsschutz

839 Betriebsärzte und Fachkräfte für Arbeitssicherheit können nach § 9 Abs. 3 ASiG nur mit Zustimmung des Betriebsrats bestellt und abberufen werden, wobei die verweigerte Zustimmung nur durch die betriebliche Einigungsstelle ersetzt werden kann. Insoweit handelt es sich jedoch nur um die Bestellung und Abberufung im Hinblick auf die besondere Funktion eines Betriebsbeauftragten. Das Arbeitsverhältnis braucht davon nicht berührt zu werden. Der abberufene Betriebsarzt kann u.U. in einer anderen ärztlichen Funktion weiterbeschäftigt werden. Bei den Fachkräften für Arbeitssicherheit ist dies ohnehin leicht möglich.

840 Soll auch das Arbeitsverhältnis gekündigt werden, so richtet sich dies nach den allgemeinen Grundsätzen.

841 Nach der Rechtsprechung des *BAG* (24.3.1988 EzA § 9 ASiG Nr. 1; vgl. auch *LAG Brem.* 7.11.1997 NZA-RR 1998, 250 zum Verhältnis der Abberufung zu § 613a BGB; abl. *Bloesinger* NZA 2004, 467 ff.) ist davon auszugehen, dass dann, wenn das Arbeitsverhältnis eines Betriebsarztes aus Gründen gekündigt wird, die bei ganzheitlicher Betrachtung sachlich untrennbar mit der betriebsärztlichen Tätigkeit verbunden sind, die Kündigung nur Wirksamkeit erlangt, wenn der Betriebsrat der Abberufung nach § 9 Abs. 3 ASiG zugestimmt hat oder die fehlende Zustimmung im Einigungsstellenverfahren ersetzt worden ist; im Übrigen führt dagegen die fehlende Zustimmung weder nach dem Wortlaut noch nach dem Sinn und Zweck des § 9 Abs. 3 ASiG zur Unwirksamkeit einer – insbes. z.B. – betriebsbedingten Kündigung (*LAG Hamm* 14.6.2005 NZA-RR 2005, 640 = LAG Report 2005, 371).

842 Dieser Grundsatz ist nach der Gesetzeslage auch auf die Arbeitsverhältnisse der Fachkräfte für Arbeitssicherheit i.S.d. § 5 ASiG (Sicherheitsingenieure, -techniker und -meister) anzuwenden (*Wenzel* Kündigung und Kündigungsschutz, Rz. 588a).

Das Mitbestimmungsrecht des Betriebsrats gem. § 9 Abs. 3 ASiG wirkt sich somit als Bestandsschutz für das Arbeitsverhältnis des Betriebsarztes und der Fachkraft für Arbeitssicherheit aus, wenn der Arbeitgeber davon absieht, die Zustimmung des Betriebsrats zur Abberufung einzuholen und ersetzen zu lassen, und die Abberufung als bloße Folge einer Kündigung durchsetzen will. 843

Ein solches Vorgehen muss zur Unwirksamkeit der Beendigungskündigung führen, weil sonst der Zweck des Mitbestimmungsrechts gesetzwidrig eingeschränkt würde. Das gilt jedenfalls dann, wenn die Kündigungsgründe ihre Ursachen in der Tätigkeit des Betriebsarztes oder der Fachkraft für Arbeitssicherheit haben oder doch von der damit verbundenen Pflichtenkollision sachlich nicht getrennt werden können. 844

Stimmt der Betriebsrat dagegen dem Antrag auf Abberufung der Betriebsärztin zu, so ist eine vom Arbeitgeber daraufhin ausgesprochene betriebsbedingte Kündigung sozial gerechtfertigt, wenn für die Betriebsärztin kein anderer Arbeitsplatz zur Verfügung steht. Eine Interessenabwägung findet nicht statt, wenn festgestellt wird, dass eine von den Gerichten zu akzeptierende Unternehmensentscheidung vorliegt, die zum Wegfall des Arbeitsplatzes und damit zu einer Kündigung führt und die auch nicht offensichtlich unsachlich oder willkürlich ist (*LAG Brem.* 9.1.1998 NZA-RR 1998, 250; vgl. auch *LAG Bln.* 17.12.1999 ZTR 2000, 274 LS). 845

b) Sicherheitsbeauftragte

Gem. § 22 Abs. 2 SGB VII dürfen die Sicherheitsbeauftragten wegen der Erfüllung der ihnen übertragenen Aufgaben **nicht benachteiligt werden.** Zweck der Regelung ist es, den Sicherheitsbeauftragten vor **wirtschaftlichen Nachteilen** oder **sonstigen Sanktionen zu schützen;** dazu gehört auch und insbes. die Tätigkeit als Sicherheitsbeauftragter. Es soll verhindert werden, dass er aus Furcht vor Entlassung oder sonstigen Nachteilen an einer wirksamen Wahrnehmung seiner Aufgaben gehindert wird. Es handelt sich um ein **einfaches, statusbezogenes Benachteiligungsverbot** mit Anknüpfungspunkt an einen betrieblichen Schutzauftrag. Es beinhaltet einen gewissen Abberufungs- und Kündigungsschutz, dessen Grenze nicht das Schikaneverbot, sondern das Fehlen eines sachlichen Grundes für die Abberufung bzw. Kündigung ist (APS/*Preis* § 22 SGB VII Rz. 1 f.). 846

Erfasst sind bestellte Sicherheitsbeauftragte, denen die Aufgabe obliegt, den Arbeitgeber bei der **Durchführung der Maßnahmen zur Verhütung von Arbeitsunfällen und Berufskrankheiten zu unterstützen** und auf Risiken im Betrieb aufmerksam zu machen. Aufgrund des von der gesetzlichen Regelung geforderten Kausalzusammenhangs zwischen der arbeitgeberseitigen Benachteiligung sind die Beweisschwierigkeiten erheblich; der Sicherheitsbeauftragte trägt insoweit die Darlegungs- und Beweislast. In engen Grenzen ist allerdings eine Beweiserleichterung durch Anscheinsbeweis zu Gunsten des Arbeitnehmers denkbar (APS/*Preis* § 22 SGB VII Rz. 4 ff.; vgl. dazu *Becker/Kniep* NZA 1999, 243 ff.). 847

c) Immissionsschutzbeauftragte

Gem. § 58 Abs. 2 S. 1 BImSchG ist die Kündigung eines Immissionsschutzbeauftragten, der Arbeitnehmer des zur Bestellung eines Beauftragten verpflichteten Betreibers einer Anlage i.S.d. BImSchG ist, unzulässig, es sei denn, dass Tatsachen vorliegen, die den Betreiber zur Kündigung aus wichtigem Grund ohne Einhaltung einer Kündigungsfrist berechtigen. 848

Gem. § 58 Abs. 2 S. 2 BImSchG ist die Kündigung nach Abberufung als Immissionsschutzbeauftragter innerhalb eines Jahres, vom Zeitpunkt der Beendigung der Bestellung an gerechnet, unzulässig, es sei denn, dass Tatsachen vorliegen, die den Betreiber zur Kündigung aus wichtigem Grund ohne Einhaltung einer Kündigungsfrist berechtigen (vgl. APS/*Preis* § 58 BImSchG Rz. 14 ff.; *Schaub* DB 1993, 481 ff.; *Becker/Kniep* NZA 1999, 243 ff.). 849

850 Ein zum Immissionsschutzbeauftragten vom Arbeitgeber und Anlagenbetreiber bestellter Arbeitnehmer kann dieses Amt durch einseitige Erklärung jederzeit ohne Zustimmung des Arbeitgebers und ohne Rücksicht darauf niederlegen, ob er nach dem zugrunde liegenden Arbeitsverhältnis zur Fortführung des Amtes verpflichtet ist (*BAG* 22.7.1992 EzA § 58 BImSchG Nr. 1).

851 Eine solche Amtsniederlegung hat aber jedenfalls dann nicht den nachwirkenden Kündigungsschutz des § 58 Abs. 2 S. 2 BImSchG zur Folge, wenn sie nicht durch ein Verhalten des Arbeitgebers, etwa durch Kritik an der Amtsführung oder Behinderung in der Wahrnehmung seiner Amtspflichten, veranlasst worden, sondern allein von dem Arbeitnehmer selbst ausgegangen ist (*BAG* 22.7.1992 EzA § 58 BImSchG Nr. 1).

852 Vgl. auch zur Rechtsstellung des Störfall- und Gefahrschutzbeauftragten *Becker/Kniep* NZA 1999, 243 ff.

d) Abfallbeauftragte; Gewässerschutzbeauftragte

853 Mit Wirkung vom 6.10.1996 gilt gem. § 55 Abs. 3 des Kreislaufwirtschafts- und Abfallgesetzes § 58 Abs. 2 BImSchG (s.o. Rn. 848) auch für den Abfallbeauftragten, soweit er betriebsangehöriger Arbeitnehmer ist (vgl. *Ehrich* DB 1996, 1468 ff.). Die bis zu diesem Zeitpunkt noch geltenden §§ 11a ff. AbfG enthalten keinen besonderen Kündigungsschutz für den Abfallbeauftragten.

854 § 21 f. Abs. 2 Wasserhaushaltsgesetz sieht mit Wirkung vom 19.11.1996 auch einen besonderen Kündigungsschutz für den Gewässerschutzbeauftragten vor. Danach ist die Kündigung eines als Arbeitnehmer tätigen Gewässerschutzbeauftragten unzulässig, es sei denn, dass Tatsachen vorliegen, die den Benutzer zur Kündigung aus wichtigem Grund berechtigen. Nach der Abberufung von dieser Funktion ist die Kündigung innerhalb eines Jahres, vom Zeitpunkt der Beendigung an gerechnet, unzulässig, es sei denn, dass Tatsachen vorliegen, die den Benutzer zur Kündigung aus wichtigem Grund ohne Einhaltung einer Kündigungsfrist berechtigten (vgl. *Ehrich* DB 1996, 2625).

e) Datenschutzbeauftragte

855 Da die Tätigkeit des Datenschutzbeauftragten (§ 36 BDSG) die Sicherstellung der Vorschriften des Datenschutzes und nicht die Wahrnehmung betrieblicher Interessen bezweckt, lassen sich viele Situationen vorstellen, in denen die Ziele des Unternehmens mit denen des Datenschutzes in Konflikt geraten und die Geschäftsleitung mit der Tätigkeit des Datenschutzbeauftragten nicht einverstanden ist.

856 Daher sieht § 36 Abs. 2 S. 4 BDSG vor, dass die Bestellung des Datenschutzbeauftragten (die i.d.R. ein Angebot zur Abänderung des Arbeitsvertrages darstellt; *BAG* 13.3.2007 – 9 AZR 612/05 – EzA § 4f BDSG Nr. 1 = NZA 2007, 563; *Sächs. LAG* 8.7.2005 – 3 Sa 861/04 – EzA-SD 14/06 S. 9 LS; s. dazu Liedtke NZA-RR 2008, 505 ff.) nur auf Verlangen der Aufsichtsbehörde oder in entsprechender Anwendung des § 626 BGB widerrufen werden kann. Wird ein Arbeitnehmer mit seinem Einverständnis zum betrieblichen Datenschutzbeauftragten bestellt, ändert sich folglich sein Arbeitsvertrag. Er schuldet gegenüber seinem Arbeitgeber nunmehr zusätzlich die Tätigkeit als Datenschutzbeauftragter. Der Widerruf der Bestellung nach § 4f Abs. 3 S. 4 BDSG ist deshalb nur wirksam bei gleichzeitiger Teilkündigung der arbeitsvertraglichen Aufgabe als Datenschutzbeauftragter; diese Teilkündigung ist zulässig und im Hinblick auf das Benachteiligungsverbot des § 4f Abs. 3 S. 3 BDSG geboten (*BAG* 13.3.2007 EzA § 4f BDSG Nr. 1 = NZA 2007, 563; s. dazu *Liedtke* NZA-RR 2008, 505 ff.).

857 Der Gesetzgeber ist nach den Gesetzesmaterialien im Übrigen davon ausgegangen, dass das Amt des Datenschutzbeauftragten automatisch mit dem zugrunde liegenden Arbeitsverhältnis endet (*Rudolf* NZA 1996, 301).

858 Verlangt die Aufsichtsbehörde die Abberufung des Datenschutzbeauftragten, so berechtigt diese Aufforderung den Arbeitgeber zum Widerruf der Bestellung, gleichgültig, ob er sie

für berechtigt hält oder nicht. Es handelt sich um einen Verwaltungsakt mit Doppelwirkung, den der Datenschutzbeauftragte unabhängig vom Arbeitgeber anfechten kann (*Rudolf* a.a.O.).

Als Gründe, die eine Abberufung entsprechend §626 BGB rechtfertigen sind z.B. vorstellbar der bewusste Verstoß gegen datenschutzrechtliche Vorschriften oder gegen die Verschwiegenheitsverpflichtung. 859

Dem Betriebsrat steht insoweit kein Mitbestimmungsrecht zu. 860

Da sich §36 Abs. 3 S. 4 BDSG nur auf die Abberufung bezieht, ist fraglich, ob damit der Widerruf der Bestellung eingeschränkt werden und die Kündigung des zugrunde liegenden Arbeitsverhältnisses weiterhin möglich sein soll, ob der Datenschutzbeauftragte damit einen besonderen Kündigungsschutz erhalten hat oder ob eine ordentliche Kündigung nur insoweit ausgeschlossen ist, als die Kündigungsgründe mit der datenschützerischen Tätigkeit zusammenhängen. 861

Da das Amt des Datenschützers vom zugrunde liegenden Rechtsverhältnis abhängig ist (BR-Drs. 618/88, S. 137), ist ein eventueller Kündigungsschutz für seine Tätigkeit von besonderer praktischer Bedeutung. 862

Sinn und Zweck des §36 Abs. 3 BDSG ist die unabhängige Amtsführung des Datenschutzbeauftragten. 863

> Da die Bestellung nur aus wichtigem Grund widerrufen werden kann, kann das Arbeitsverhältnis nicht aus einem solchen Grund ordentlich gekündigt werden, der zwar im Zusammenhang mit der Amtsführung steht, der aber noch kein wichtiger Grund i.S.d. §626 BGB ist (*Ehrich* NZA 1993, 251). 864

Dabei kann kein Unterschied zwischen einem haupt- und einem nebenamtlichen Datenschutzbeauftragten gemacht werden (*Rudolf* NZA 1996, 301; s. *Sächs. LAG* 8.7.2005 – 3 Sa 861/04 – EzA-SD 14/06 S. 9 LS). 865

Wird dagegen die Kündigung auf Gründe gestützt, die mit der **Amtsführung nicht in Zusammenhang** stehen, wie z.B. Krankheit, ist zwischen dem haupt- und dem nebenamtlichen Datenschutzbeauftragten zu differenzieren. Der **hauptamtliche Datenschutzbeauftragte ist nicht kündbar,** da andernfalls §36 Abs. 3 BDSG umgangen würde. Gegenüber dem **nebenamtlichen Datenschutzbeauftragten ist eine ordentliche Kündigung aus Gründen, die nicht mit der Amtsführung zusammenhängen, ebenfalls unzulässig,** da sie die Beendigung des Amtes zur Folge hat. Allerdings stellt bei ihm die Beendigung des Arbeitsverhältnisses u.U. einen wichtigen Grund für den Widerruf der Bestellung dar (*Rudolf* a.a.O., m.w.N.) 866

Demgegenüber wird aber auch die Auffassung vertreten (APS/*Preis* §36 BDSG Rz. 13 f.; *Ehrich* CR 1993, 226), dass von einer strengen Trennung von Amt und Anstellung auszugehen ist. Deshalb ist bei jeder Art von Datenschutzbeauftragten zwar eine Kündigung ausgeschlossen, die auf Gründen aus dem Gebiet des Datenschutzes beruht. Aus anderen Gründen ist danach aber eine ordentliche Kündigung zulässig. 867

Das *LAG Nds.* (16.6.2003 NZA-RR 2004, 354) ist davon ausgegangen, dass eine ordentliche Kündigung eines betrieblichen Datenschutzbeauftragten **während der Probezeit** jedenfalls **keine Benachteiligung** des Beauftragten wegen der Erfüllung seiner Aufgaben darstellt. Ein genereller Kündigungsschutz ist danach abzulehnen, da eine gesetzliche Regelung für den Ausschluss jeglicher ordentlicher Kündigung nicht vorliegt. Auch §4f Abs. 3, 4 BDSG ist kein absolutes Kündigungsverbot für ordentliche Kündigungen zu entnehmen. Ein solcher besonderer Kündigungsschutz vom ersten Tag an würde eine Probezeitbeurteilung verhindern. 868

10. Kündigungsschutz im Berufsausbildungsverhältnis

a) Kündigung in der Probezeit

869 Das Berufsausbildungsverhältnis beginnt gem. § 20 BBiG mit einer Probezeit, die mindestens einen Monat und höchstens drei Monate (ab 1.4.2005 bis zu vier Monate) beträgt. Die Vereinbarung einer **Probezeit von drei Monaten** im Berufsausbildungsvertrag ist auch dann zulässig, wenn sich das Ausbildungsverhältnis **an ein Arbeitsverhältnis anschließt**. Die in dem vorangegangenen Arbeitsverhältnis zurückgelegte Zeit ist nicht auf die Probezeit anzurechnen, soweit die gesetzliche Mindestfrist von einem Monat überschritten wird (*BAG* 16.12.2004 EzA § 15 BBiG Nr. 14 = NZA 2005, 578). Nach Auffassung des *LAG RhPf* (19.4.2001 – 9 Sa 1507/00; ebenso *LAG Bln.* 30.4.2004 – 13 Sa 350/04 – EzA-SD 15/04 S. 8 LS) ist die Vereinbarung einer **neuen Probezeit** rechtlich zulässig, wenn ein Auszubildender **während der Lehrzeit den Arbeitgeber wechselt**. Denn der neue Betrieb muss sich ein eigenes Bild über die fachlichen und persönlichen Fähigkeiten des Auszubildenden machen können. Deshalb ist es danach konsequent, dem neuen Arbeitgeber ebenfalls die Möglichkeit zu geben, dem Auszubildenden ohne Angabe von Gründen jeder Zeit kündigen zu können. Dies ist aber nur während der Probezeit möglich. Die Verlängerung der Probezeit wurde für erforderlich erachtet, weil zu Beginn der Ausbildung Zeiten überbetrieblicher Ausbildung oder Berufsschulblockunterricht festgelegt werden könnten.

870 Da das reformierte Gesetz zum 1.4.2005 in Kraft getreten ist und für bereits begonnene Ausbildungsverhältnisse keine Übergangsvorschriften enthält, ist davon auszugehen, dass erst ab dem 1.4.2005 begonnene Berufsausbildungsverträge mit der verlängerten Probezeit abgeschlossen werden können und es bei früher abgeschlossenen Verträgen grds. bei der maximal dreimonatigen Probezeit bleibt (zutr. *Taubert* FA 2005, 108).

871 Während der **Probezeit** kann das Berufsausbildungsverhältnis **von beiden Seiten ohne Einhaltung einer Kündigungsfrist** gekündigt werden (§ 22 Abs. 1 BBiG; vgl. APS/*Biebl* § 22 BBiG Rz. 5 ff.). Dabei kann die Kündigung auch am letzten Tag der Probezeit zugehen (*LAG Bln.* 30.4.2004 – 13 Sa 350/04 – EzA-SD 15/04 S. 8 LS). § 22 Abs. 1 BBiG verstößt nicht gegen den Gleichheitssatz des Art. 3 Abs. 1 GG, obwohl eine Probezeitkündigung eines Arbeitsverhältnisses nur unter Einhaltung einer Kündigungsfrist von zwei Wochen (§ 622 Abs. 3 BGB) möglich ist (*BAG* 16.12.2004 EzA § 15 BBiG Nr. 14 = NZA 2005, 578).

872 Einer Begründung bedarf die Kündigung nicht, sie muss allerdings schriftlich erklärt werden § 22 Abs. 3 BBiG). Insoweit handelt es sich um eine entfristete ordentliche Kündigung (vgl. *Große* BB 1993, 2081 ff.).

873 Ein Berufsausbildungsverhältnis kann während der Probezeit auch unter Zubilligung einer **Auslauffrist** nach § 22 Abs. 1 BBiG wirksam ordentlich gekündigt werden. Die Auslauffrist muss dann allerdings so bemessen sein, dass sie nicht zu einer unangemessen langen Fortsetzung des Berufsausbildungsvertrages führt, der nach dem endgültigen Entschluss des Kündigenden nicht bis zur Beendigung der Ausbildung durchgeführt werden soll (*BAG* 10.11.1988 EzA § 15 BBiG Nr. 7).

874 Zulässig ist daher z.B. eine Kündigung am 24.10. zum 30.11. des gleichen Jahres (*BAG* 10.11.1988 EzA § 15 BBiG Nr. 7).

b) Kündigung nach Ablauf der Probezeit

875 Nach dem Ablauf der Probezeit ist nur noch eine außerordentliche Kündigung aus wichtigem Grund möglich. Die ordentliche Kündigung ist ausgeschlossen (§ 22 Abs. 2 Nr. 1 BBiG; ausf. *Busemann/Schäfer*, a.a.O., Rz. 116 ff.; APS/*Biebl* § 22 BBiG Rz. 14 ff.).

876 Allerdings können die Parteien jederzeit einen **Aufhebungsvertrag** schließen (vgl. *Große* BB 1993, 2081 ff.).

877 **In der Insolvenz** des Arbeitgebers dagegen kann das Ausbildungsverhältnis nach Ablauf der Probezeit i.d.R. nicht außerordentlich, sondern nur unter Einhaltung einer ordentlichen Kündigungsfrist vom Insolvenzverwalter aufgekündigt werden (*BAG* 27.5.1993 EzA § 22 KO Nr. 5).

aa) Wichtiger Grund für den Ausbildenden

(1) Prüfungsmaßstab

Dabei ist der wichtige Grund im Lichte des Zwecks des Berufsausbildungsverhältnisses, der Ausbildung des Auszubildenden, festzustellen. **Die zu § 626 BGB für allgemeine Arbeitsverhältnisse mit erwachsenen Arbeitnehmern geltenden Grundsätze können auf das Berufsausbildungsverhältnis nicht ohne weiteres übertragen werden.** 878

Nicht jeder Vorfall, der zur Kündigung eines Arbeitnehmers berechtigt, kann als wichtiger Grund zur fristlosen Entlassung eines Auszubildenden dienen. Denn die Nachteile, die den fristlos gekündigten Auszubildenden treffen, wiegen oft unverhältnismäßig schwerer als diejenigen, die der fristlos gekündigte Arbeitnehmer zu erwarten hat (zutr. *ArbG Essen* 27.9.2005 – 2 Ca 2427/05 – EzA-SD 4/06 S. 11 LS = NZA-RR 2006, 246). Deshalb sollte nach Auffassung von *Weigand* (KR, §§ 21, 22 BBiG Rz. 45 unter Hinweis auf *BAG* 22.6.1972 EzA § 611 BGB Ausbildungsverhältnis Nr. 1) vornehmlich darauf abgestellt werden, **inwieweit eine Verfehlung einer der Parteien die Fortsetzung des Berufsausbildungsvertrages von dessen Sinn und Zweck her unzumutbar macht.** 879

Dabei sind die Interessen der beiden Vertragspartner gegenüberzustellen und gegeneinander abzuwägen. 880

Bei der danach erforderlichen Interessenabwägung ist insbes. zu berücksichtigen, wie lange das Ausbildungsverhältnis bereits bestanden hat. Je länger dies der Fall ist, umso strengere Anforderungen sind an den wichtigen Grund für die Kündigung durch den Ausbildenden zu stellen. Von daher ist eine fristlose Kündigung kurz vor Abschluss der Ausbildung kaum noch möglich (zutr. *ArbG Essen* 27.9.2005 – 2 Ca 2427/05 – EzA-SD 4/06 S. 11 LS = NZA-RR 2006, 246; KR/*Weigand* §§ 21, 22 BBiG Rz. 45 f.). 881

Nach Auffassung des *LAG Köln* (26.6.1987 EzB § 15 Abs. 2 Nr. 1 BBiG Nr. 63) ist das Vorliegen eines wichtigen Grundes i.d.R. nur auf solche Umstände zu beschränken, die bei objektivierender Vorausschau ergeben, dass das Ausbildungsziel ernstlich gefährdet oder nicht mehr zu erreichen ist. Deshalb kommen **schlechte Leistungen** des Auszubildenden, der fast zwei Drittel der Ausbildungszeit absolviert hat, beim Absolvieren der Zwischenprüfung als wichtiger Grund nur dann in Frage, wenn **feststeht**, dass aufgrund der im Rahmen der Zwischenprüfung aufgetretenen Ausbildungslücken **das Bestehen der Abschlussprüfung ausgeschlossen ist** (zutr. *ArbG Essen* 27.9.2005 – 2 Ca 2427/05 – EzA-SD 4/06 S. 11 LS = NZA-RR 2006, 246). 882

(2) Strengere Anforderungen

Daneben sind an das Vorliegen eines wichtigen Grundes **strengere Anforderungen** zu stellen, weil es sich beim Auszubildenden i.d.R. um einen in der geistigen, charakterlichen und körperlichen Entwicklung befindlichen Jugendlichen handelt (*LAG Köln* 8.1.2003 LAGE § 15 BBiG Nr. 15 = ZTR 2004, 164 LS; *ArbG Essen* 27.9.2005 – 2 Ca 2427/05 – EzA-SD 4/06 S. 11 LS = NZA-RR 2006, 246). Bei der Beurteilung fehlerhaften Verhaltens ist zu berücksichtigen, dass es gerade auch zu den Pflichten des Ausbildenden gehört, den Auszubildenden auch charakterlich zu fördern und ihn von sittlichen und körperlichen Gefährdungen fern zu halten (§ 14 Abs. 1 Nr. 5 BBiG; vgl. *Große* BB 1993, 2081 ff.). 883

Demnach können Pflichtverletzungen und Fehlverhalten nicht zur fristlosen Kündigung berechtigen, solange der Ausbildende unter Berücksichtigung des Grades der geistigen, charakterlichen und körperlichen Reife des Auszubildenden nicht alle ihm zur Verfügung stehenden und zumutbaren Erziehungsmittel in zumutbaren Grenzen erschöpfend, aber erfolglos angewandt hat (*LAG BW* 21.3.1966 DB 1966, 747; 31.10.1996 NZA-RR 1997, 288). 884

885 Bei der Wahl der pädagogischen Maßnahmen sowie der erfolglosen Einschaltung des gesetzlichen Vertreters kann von dem Ausbildenden verlangt werden, dass er **nicht sofort zu den schärfsten Maßnahmen** greift. Eine Grenze der gebotenen Nachsicht besteht aber da, wo der Ausbildende vom Auszubildenden eine stark abwertende Geringschätzung erfährt (KR/*Weigand* §§ 21, 22 BBiG Rz. 46; APS/*Biebl* § 22 BBiG Rz. 14 f.).

886 Diese strengen Anforderungen an das Vorliegen eines wichtigen Grundes sind nach Auffassung des *LAG Köln* (26.6.1987 EzB § 15 Abs. 2 Nr. 1 BBiG Nr. 63) wegen der **geänderten gesellschaftlichen Stellung der Jugendlichen** und des oft fortgeschrittenen Lebensalters der Auszubildenden nur noch **zurückhaltend** anzuwenden.

887 Erforderlich ist jedenfalls vor Ausspruch einer Kündigung bei Leistungs- und Verhaltensmängeln eine einschlägige **Abmahnung** (zutr. *ArbG Essen* 27.9.2005 – 2 Ca 2427/05 – EzA-SD 4/06 S. 11 LS = NZA-RR 2006, 246). Das ist aber **ausnahmsweise** auch im Ausbildungsverhältnis dann **nicht geboten**, wenn es sich um **besonders schwerwiegende Pflichtverletzungen handelt**, deren Rechtswidrigkeit dem Auszubildenden ohne weiteres erkennbar und bei denen eine Hinnahme durch den Ausbildenden offensichtlich ausgeschlossen ist (*BAG* 17.6.1999 EzA § 15 BBiG Nr. 13).

888 **Beispiele:**

- Es kann ein Grund zur fristlosen Kündigung auch eines bereits weitgehend fortgeschrittenen Berufsausbildungsverhältnisses (1 3/4 Jahre) sein, wenn ein bei einer Großforschungsanstalt mit internationaler Verflechtung beschäftigter Auszubildender wiederholt neonazistische Thesen (z.B. durch Infragestellen der Anzahl der in deutschen KZs ermordeten Juden) über das USENET-NEWS-System, zu dem er zu Ausbildungszwecken Zugang haben muss, verbreitet.
- Einer vorherigen Abmahnung bedarf es nicht, wenn der Auszubildende bei einem vor Ausspruch der Kündigung geführten Personalgespräch, zu dessen Beginn ihm die Gefährdung des Ausbildungsverhältnisses klargemacht wird, jede Einsicht in die Tragweite seiner Aussage und seines Verhaltens vermissen lässt (*LAG Köln* 11.8.1995 LAGE § 15 BBiG Nr. 10).
- Das Stanzen eines Blechschildes mit der Inschrift »ARBEIT MACHT FREI – TÜRKEI SCHÖNES LAND« und das Anbringen dieses Schildes an der Werkbank eines türkischen Auszubildenden rechtfertigt, nachdem in Gegenwart des entlassenen Auszubildenden von einer Gruppe Auszubildender im Betrieb Lieder mit überaus massiven und rassistischen Tendenzen, wie u.a., das sog. Auschwitzlied, das von dem Konzentrationslager Auschwitz und den dorthin verbrachten Juden handelt, gesungen worden ist, ohne weiteres die außerordentliche Kündigung des Ausbildungsverhältnisses. Einer vorherigen Abmahnung bedarf es unter diesen Umständen nicht (*LAG Bln.* 22.10.1997 LAGE § 626 BGB Nr. 118; die Entscheidung wurde von *BAG* 1.7.1999 EzA § 15 BBiG Nr. 13 aufgehoben und zur erneuten Entscheidung an das LAG zur Prüfung zurückverwiesen, ob tatsächlich im konkreten Einzelfall eine Abmahnung entbehrlich war; vgl. dazu *Korinth* ArbuR 2000, 74 f.; *Schmitz-Scholemann* BB 2000, 926 ff.).
- Auch das Vorliegen einer Kette von Pflichtwidrigkeiten, die für sich allein noch keinen wichtigen Grund darstellen müssen, aber den Schluss rechtfertigen, dass der Auszubildende das Ausbildungsziel nicht erreichen wird und Sinn und Zweck der Ausbildung in Frage stellen (z.B. beim wiederholt verspäteten Abliefern des Berichtsheftes) kann eine fristlose Kündigung rechtfertigen (*ArbG Wesel* 14.11.1996 NZA-RR 1997, 291).

bb) Kündigung durch den Auszubildenden

889 Nach Ablauf der Probezeit kann auch der Auszubildende nur noch aus **wichtigem Grund** kündigen, zusätzlich jedoch dann, wenn er die **Berufsausbildung aufgeben** oder sich für eine **andere Berufstätigkeit** ausbilden lassen will. In diesem Fall hat er allerdings eine Kündigungsfrist von vier Wochen einzuhalten (§ 22 Abs. 2 Nr. 2 BBiG).

cc) Form der Kündigung

(1) Inhaltliche Anforderungen

Die Kündigung aus wichtigem Grund für beide Seiten sowie die Kündigung des Auszubildenden wegen Beendigung oder Wechsels der Ausbildung ist nur wirksam, wenn sie **schriftlich und unter konkreter Angabe der Kündigungsgründe im Kündigungsschreiben erfolgt** (§§ 125, 126 BGB). 890

Der obligatorische Begründungszwang erfasst **beide Vertragspartner** und dient auch den Interessen beider Vertragsteile. Dem Kündigungsempfänger soll deutlich erkennbar sein, worin der Grund für die Kündigung liegt, um ihm dadurch eine Überprüfung der Rechtswirksamkeit der Kündigung zu ermöglichen (*BAG* 22.2.1972 EzA § 15 BBiG Nr. 1). 891

Die gesetzliche Regelung verlangt, dass das **Kündigungsschreiben selbst oder zumindest ihm beigefügte Anlagen konkret und nachvollziehbar Tatsachen darstellen, auf die der Kündigende seinen Beendigungswillen stützt** (*LAG Köln* 8.1.2003 ZTR 2004, 164). Zwar ist keine volle Substantiierung zu verlangen, doch müssen die entsprechenden tatsächlichen Vorfälle so eindeutig geschildert sein, dass der Kündigungsempfänger sich darüber schlüssig werden kann, ob er die Kündigung anerkennen will oder nicht (*BAG* 22.2.1972 EzA § 15 BBiG Nr. 1). Der pauschale Hinweis auf Vorfälle in der Vergangenheit oder die Störung des Betriebsfriedens reicht zur Begründung der Kündigung nicht aus (*BAG* 25.11.1976 EzA § 15 BBiG Nr. 3; APS/*Biebl* § 22 BBiG Rz. 25 ff.). Das Kündigungsschreiben selbst oder ihm beigefügte Anlagen müssen konkret und nachvollziehbar Tatsachen darstellen, auf die der Kündigende seinen Beendigungswillen stützt (*LAG Köln* 8.1.2003 LAGE § 15 BBiG Nr. 15). Deshalb genügt auch die **bloße Bezugnahme im Kündigungsschreiben auf eine im Ausbildungsvertrag benannte Pflicht** des Auszubildenden – die Pflicht zur unverzüglichen Benachrichtigung bei Fernbleiben von der Praxisausbildung, vom Berufsschulunterricht oder von sonstigen Ausbildungsveranstaltungen sowie Pflicht zur Übersendung einer ärztlichen Arbeitsunfähigkeitsbescheinigung am darauf folgenden Arbeitstag bei einer Arbeitsunfähigkeit von mehr als drei Kalendertagen – **nicht** dem Formerfordernis des § 22 Abs. 3 BBiG. Erforderlich ist vielmehr die Benennung eines konkreten Fehlverhaltens des Auszubildenden unter kurzer, aber nachvollziehbarer Angabe des tatsächlichen Kündigungssachverhalts (*LAG Köln* 18.2.2004 ZTR 2004, 606 LS = ArbuR 2004, 355 LS = LAG Report 2005, 30 LS). 892

Nicht ausreichend ist auch die Bezugnahme im Kündigungsschreiben auf Erklärungen des Kündigenden gegenüber Dritten, wie z.B. eine Anzeige bei der Polizei (*LAG Nbg.* 21.6.1994 LAGE § 15 BBiG Nr. 8). Ebenso genügt es nicht, wenn in dem Kündigungsschreiben lediglich auf bereits mündlich mitgeteilte Kündigungsgründe Bezug genommen wird oder nur Werturteile mitgeteilt werden, denn damit ist der Formvorschrift des § 22 Abs. 3 BBiG nicht Genüge getan (*LAG Köln* 26.1.1982 EzA § 15 BBiG Nr. 5; KR/*Weigand* §§ 21, 22 BBiG Rz. 95). 893

Wenn der Arbeitnehmer im Kündigungsschreiben zwar einen Kündigungsgrund oder mehrere Kündigungsgründe schriftlich niedergelegt hat, die Begründung aber unvollständig ist, weil er von der Wiedergabe weiterer subjektiv erheblicher Kündigungsgründe oder -tatsachen eines im Kündigungsschreiben konkret angegebenen Kündigungsgrundes abgesehen hat, führt dies nicht gem. § 22 Abs. 3 BBiG zur Nichtigkeit der Kündigung. Denn dem Normzweck der Rechtsklarheit und Beweissicherung kann in diesem Fall dadurch Genüge getan werden, dass der Arbeitgeber nur solche Kündigungsgründe im Rechtsstreit geltend machen kann, die er im Kündigungsschreiben angegeben hat (*LAG Hmb.* 29.8.1997 LAGE § 15 BBiG Nr. 11; s.u. Rn. 895 ff.). 894

(2) Ausschluss weiteren Sachvortrags

895 Der Kündigende kann im Übrigen kündigungsbegründende Umstände, die er im Kündigungsschreiben nicht selbst aufgeführt hat, im Kündigungsschutzprozess nicht wirksam geltend machen. Er kann lediglich die im Kündigungsschreiben enthaltenen Umstände erläutern und präzisieren.

896 Das gilt selbst dann, wenn diese Umstände bereits vor Ausspruch der Kündigung entstanden, dem Kündigenden aber erst nach Ausspruch der Kündigung bekannt geworden sind (*LAG BW* 5.1.1990 DB 1990, 588); nach Sinn und Zweck des § 22 Abs. 3 BBiG ist ein Nachschieben derartiger weiterer Kündigungsgründe aber jedenfalls nur dann zuzulassen, wenn der Kündigende sie dem Gekündigten unverzüglich schriftlich mitgeteilt hat, nachdem er von ihnen Kenntnis erlangt hat (*LAG Hmb.* 29.8.1997 LAGE § 15 BBiG Nr. 11).

897 Die Erklärung der Kündigung in elektronischer Form (s.o. Rn. 8) ist ausgeschlossen, ebenso die Begründung der Kündigung. Denn auch wenn das Formerfordernis des § 623 BGB den Kündigungsgrund nicht erfasst, gilt der Ausschluss der elektronischen Form gleichwohl auch insoweit, weil die Begründung der Kündigung in § 22 Abs. 3 BBiG Teil des Formerfordernisses für die Kündigung ist (zutr. *Gotthardt/Beck* NZA 2002, 876 ff.).

c) Klagefrist?

898 Besteht für das konkrete Berufsausbildungsverhältnis ein **Schlichtungsausschuss** (§ 111 Abs. 2 ArbGG), vor dem eine Verhandlung stattfinden muss, so findet die Klagefrist nach §§ 4, 13 KSchG keine Anwendung (*BAG* 13.4.1989 EzA § 13 KSchG n.F. Nr. 4; 5.7.1990 EzA § 4 KSchG n.F. Nr. 39; 26.1.1999 EzA § 4 KSchG n.F. Nr. 58; *LAG Köln* 10.3.2006 LAGE § 5 KSchG Nr. 113 = NZA-RR 2006, 319). Das gilt selbst dann, wenn der Auszubildende die Unwirksamkeit der Kündigung wegen Fehlens eines wichtigen Grundes rechtlich geltend machen will (*BAG* 5.7.1990 EzA § 4 KSchG n.F. Nr. 39).

899 Im Übrigen waren bis zum 31.12.2003 §§ 4, 13 Abs. 1 S. 2 KSchG aber jedenfalls auf außerordentliche Kündigungen von Berufsausbildungsverhältnissen anzuwenden, wenn die Unwirksamkeit der Kündigung wegen Fehlens eines wichtigen Grundes geltend gemacht werden soll (*BAG* 5.7.1990 EzA § 4 KSchG n.F. Nr. 39; 26.1.1999 EzA § 4 KSchG n.F. Nr. 58).

900 Nach Auffassung von *Berkowsky* (MünchArbR § 160 Rz. 43 m.w.N.) galt die Klagefrist des § 4 KSchG aber dann nicht, wenn der Auszubildende lediglich sonstige Unwirksamkeitsgründe, insbes. die mangelnde Schriftform und Begründung der Kündigung gem. § 22 Abs. 3 BBiG geltend machen will.

901 Seit dem 1.1.2004 ist auf Grund der Neufassung der §§ 4, 13 KSchG die Klagefrist dann, wenn kein Schlichtungsausschuss besteht, generell einzuhalten (*LAG Köln* 10.3.2006 LAGE § 5 KSchG Nr. 113 = NZA-RR 2006, 319), unabhängig vom Geltungsbereich des KSchG, allerdings mit der Verlängerungsmöglichkeit des § 6 KSchG (vgl. APS/*Biebl* § 22 BBiG Rz. 33).

d) Kündigung vor Beginn der Berufsausbildung

902 Ein Berufsausbildungsvertrag kann entsprechend § 22 Abs. 1 BBiG bereits vor Beginn der Berufsausbildung von beiden Vertragsparteien **ordentlich entfristet** gekündigt werden, wenn die Parteien keine abweichende Regelung vereinbart haben und sich der Ausschluss der Kündigung vor Beginn der Ausbildung für den Ausbilder auch nicht aus den konkreten Umständen ergibt, z.B. der Abrede oder dem ersichtlichen gemeinsamen Interesse, die Aus-

bildung jedenfalls für einen bestimmten Teil der Probezeit tatsächlich durchzuführen (*BAG* 17.9.1987 EzA § 15 BBiG Nr. 6).

11. § 613a Abs. 4 BGB

a) Grundlagen

S. zunächst oben Kap. 3 Rn. 4165 ff. **903**

Soll ein Betrieb oder Betriebsteil übertragen werden, so ist es bei der Kalkulation ein oft erheblicher Posten in der Rechnung, inwieweit im Hinblick auf das Personal des Betriebes mit Anpassungskosten zu rechnen ist. **904**

Daraus entspringt das Interesse des Veräußerers, den Personalbestand vor dem Betriebsübergang zu senken und das Interesse des Erwerbers, einen Betrieb möglichst ohne Personalübergang, bei einer geplanten Betriebsfusion sogar mit einer Personalreduzierung, zu übernehmen. **905**

Der Gesetzgeber hat in § 613a Abs. 4 BGB das Interesse an der Erhöhung der Verkäuflichkeit eines Betriebes nicht allgemein missbilligt, sondern nur für den Fall, dass es dem in § 613a Abs. 1 BGB festgelegten Bestandsschutz bei einem Betriebsübergang zuwiderläuft. **906**

> Deshalb ist zwar eine Kündigung wegen des Betriebsübergangs unwirksam (*BAG* 27.10.2005 EzA § 613a BGB 2002 Nr. 42 = NZA 2006, 668). Soweit die Kündigung aber unabhängig davon – aus anderen Gründen – ohnehin zulässig ist, wird sie nicht durch den Betriebsübergang erschwert (MünchArbR/*Wank* § 125 Rz. 2 f.). **907**

Zur Rechtslage bei Funktionsübertragungen s.o. Kap. 3 Rn. 4228 ff.; s.u. Rn. 2399 f.

b) Eigenständiges Kündigungsverbot, Klagefrist (ab 1.1.2004)

Nach der Rechtsprechung des *BAG* (31.1.1985 EzA § 613a BGB Nr. 42) stellt die Regelung des § 613a Abs. 4 BGB ein **eigenständiges Kündigungsverbot i.S.v. § 13 Abs. 3 KSchG a.F.** sowohl für die außerordentliche, die ordentliche als auch für die Änderungskündigung (vgl. MünchArbR/*Wank* § 125 Rz. 64 ff.; APS/*Steffan* § 613a BGB Rz. 175; *Lipinski* NZA 2002, 75 ff.; auch des Ausbildungsverhältnisses, s. *BAG* 13.7.2006 EzA § 613a BGB 2002 Nr. 57) dar. Dagegen handelt es sich nicht nur um eine Regelung der Sozialwidrigkeit einer ordentlichen Kündigung, die nach dem Maßstab des § 1 KSchG zu beurteilen ist. **908**

§§ 13 Abs. 1, 4, 7 KSchG waren daher bis zum 31.12.2003 nicht anwendbar. Allerdings konnte das Klagerecht verwirkt werden (§ 242 BGB; MünchArbR/*Wank* § 125 Rz. 69). **909**

> Seit dem 1.1.2004 ist das Gegenteil auf Grund der Neufassung der §§ 4, 13 KSchG zutreffend, unabhängig vom Geltungsbereich des KSchG, allerdings mit der Verlängerungsmöglichkeit des § 6 KSchG. Denn § 4 KSchG findet auch Anwendung auf Arbeitnehmer, die vom betrieblichen Geltungsbereich des KSchG (§ 23) nicht erfasst werden oder auf solche, deren Arbeitsverhältnis noch keine sechs Monate bestanden hat. Gleiches gilt für den Fall, dass der Arbeitnehmer die Unwirksamkeit einer außerordentlichen Kündigung geltend machen will (APS/*Ascheid* § 4 KSchG Rz. 14; zu europarechtlichen Bedenken vgl. *Kamanabrou* NZA 2004, 950 ff.). **910**

c) Voraussetzungen

aa) Beschränkung auf die Kündigung des Arbeitsverhältnisses; Widerrufsmöglichkeit oder Vertragsanpassung bei einvernehmlicher Regelung?

> § 613a Abs. 4 BGB erfasst nur die Kündigung des Arbeitsverhältnisses durch den Arbeitgeber, nicht aber andere Beendigungstatbestände, z.B. Aufhebungsvertrag, Eigenkündigung des Arbeitnehmers. **911**

912 Fraglich ist aber, inwieweit dann, wenn Aufhebungsvertrag, Eigenkündigung oder auch die Zustimmung zu einer Vertragsänderung (Befristung, Wegfall von Leistungen) von bestimmten Voraussetzungen und Annahmen hinsichtlich des weiteren Fortbestandes des Betriebes ausgehen, diese sich nachträglich aber anders darstellen, unter Anwendung der Grundsätze über den Wegfall der Geschäftsgrundlage (jetzt § 313 BGB n.F.) eine Vertragsanpassung oder eine Widerrufsmöglichkeit dem Arbeitnehmer diejenige Entscheidungsfreiheit zurückgeben kann, die ihm vorher genommen worden ist.

913 Das kommt z.B. dann in Betracht, wenn sich der neue Arbeitgeber weigert, die alten Arbeitnehmer einzustellen, den Betrieb dann aber doch nicht stilllegt, sondern veräußert (MünchArbR/*Wank* § 125 Rz. 11).

bb) Kündigung wegen des Betriebsübergangs

(1) Begriffsbestimmung

914 Die (ordentliche oder außerordentliche) Kündigung durch den alten oder neuen Arbeitgeber ist i.S.d. § 613a Abs. 4 S. 1 BGB dann wegen des Betriebsübergangs erfolgt, wenn dieser der alleinige oder zumindest tragende Beweggrund oder die wesentliche Bedingung für die Kündigung und nicht nur der äußere Anlass ist und andere sachliche Gründe, die aus sich heraus die Kündigung zu rechtfertigen vermögen, nicht vorgebracht sind (*BAG* 27.10.2005 EzA § 613a BGB 2002 Nr. 42 = NZA 2006, 668; KR/*Pfeiffer* § 613a BGB Rz. 112; APS/*Steffan* § 613a BGB Rz. 178).

915 Insoweit kommt es nicht maßgeblich auf die Bezeichnung des Kündigungsgrundes durch den Arbeitgeber an, sondern darauf, **ob tatsächlich der Betriebsübergang der tragende Grund für die Kündigung gewesen ist** (*BAG* 19.5.1988 EzA § 613a BGB Nr. 82; 20.3.2003 EzA § 613a BGB 2002 Nr. 9 = NZA 2003, 1027; 27.10.2005 EzA § 613a BGB 2002 Nr. 42 = NZA 2006, 668; *Sächs. LAG* 14.12.2005 LAGE § 125 InsO Nr. 9; vgl. ausf. *Lipinski* NZA 2002, 75 ff.; *Hunold* NZA-RR 2003, 561 ff.).

916 § 613a Abs. 4 BGB besagt auch nicht zwingend, dass ein Betriebsübergang im nahen zeitlichen Zusammenhang mit dem Ausspruch der Kündigung stattfinden muss. Das Kündigungsverbot kann unter den oben dargestellten Voraussetzungen vielmehr auch dann eingreifen, wenn die Kündigung nach dem Betriebsübergang ausgesprochen wird (*BAG* 27.10.2005 EzA § 613a BGB 2002 Nr. 42 = NZA 2006, 668).

(2) Keine Ausnahme bei alternativer Betriebsstilllegung

917 Eine Ausnahme vom Anwendungsbereich dieser Vorschrift besteht auch dann nicht, wenn ohne den Betriebsübergang nur die Alternative der Betriebsstilllegung besteht. Dafür würde zwar sprechen, dass dem Arbeitnehmer durch den Bestandsschutz des § 613a Abs. 4 BGB dann mehr verschafft würde, als ihm im weiter bestehenden Arbeitsverhältnis zustünde. Deshalb wäre zu überlegen, ob dem Arbeitgeber oder auch dem Insolvenzverwalter dann die Möglichkeit offen steht, zum Zwecke der Herstellung der Verkäuflichkeit einige Arbeitnehmer zu kündigen, um dadurch die Kündigung aller anderen zu vermeiden.

918 Das *BAG* (26.5.1983 EzA § 613a BGB Nr. 34; 20.3.2003 EzA § 613a BGB 2002 Nr. 9 = NZA 2003, 1027) geht gleichwohl davon aus, dass § 613a Abs. 4 BGB auch bei einer Betriebsveräußerung durch den Insolvenzverwalter eingreift.

919 Andererseits hat das *BAG* (18.7.1996 EzA § 613a BGB Nr. 142; vgl. dazu *Sandmann* SAE 1997, 157 ff.) angenommen, dass eine **Kündigung wegen des Betriebsübergangs** (§ 613a Abs. 4 S. 1 BGB) **nicht vorliegt, wenn sie der Rationalisierung (Verkleinerung) des Betriebs zur Verbesserung der Verkaufschancen dient**. Ein Rationalisierungsgrund liegt

vor, wenn der Betrieb ohne die Rationalisierung stillgelegt werden müsste. Die Rationalisierung ist auch während einer Betriebspause möglich. Der Betriebsinhaber muss nicht beabsichtigen, den Betrieb selbst fortzuführen. Es hat seine Entscheidung damit begründet, dass der Betriebsinhaber, auch wenn er seinen Betrieb veräußern will, zuvor ein **eigenes Sanierungskonzept** verwirklichen kann (vgl. APS/*Steffan* § 613a BGB Rz. 181 ff.).

(3) Ablehnung der Übernahme wegen der Kosten oder der Person bestimmter Arbeitnehmer

Eine Kündigung durch den bisherigen Arbeitgeber wegen des Betriebsübergangs i.S.d. § 613a Abs. 4 BGB liegt auch dann vor, wenn sie damit begründet wird, der neue Betriebsinhaber habe die Übernahme eines bestimmten Arbeitnehmers, dessen Arbeitsplatz erhalten bleibt, deswegen abgelehnt, weil er **»ihm zu teuer sei«** (*BAG* 26.5.1983 EzA § 613a BGB Nr. 34; 20.3.2003 EzA § 613a BGB 2002 Nr. 9 = NZA 2003, 1027). Denn § 613a Abs. 4 BGB verbietet generell alle Kündigungen, die nur erfolgen, um das Unternehmen verkäuflich(er) zu machen. 920

Gleiches gilt, wenn der Erwerber sich weigert, die Betriebsübernahme zu akzeptieren, weil er von vornherein **bestimmte, namentlich benannte Arbeitnehmer nicht übernehmen** will (z.B. die Sekretärin des früheren Geschäftsführers). 921

Ist der Druck auf den Veräußerer manifest geworden, so liegt insoweit entweder eine unzulässige Vereinbarung zu Lasten Dritter oder eine vorsätzliche sittenwidrige Schädigung der Arbeitnehmerin vor, wenn der Erwerber etwas verlangt, was der Veräußerer nicht ohnehin selbst vollziehen könnte. Insoweit ist davon auszugehen, dass § 613a Abs. 4 S. 1 BGB ein **partielles Verbot der Druckkündigung** enthält (*BAG* 26.5.1983 EzA § 613a BGB Nr. 34; MünchArbR/*Wank* § 125 Rz. 17 f.). 922

Die **formularmäßige Verpflichtung eines Tankstellenpächters**, bei Beendigung des Tankstellenvertrages die mit Familienmitgliedern eingegangenen Arbeitsverhältnisse »auf seine Kosten zu beenden«, andernfalls den Verpächter oder den Nachfolgebetreiber »von allen daraus entstehenden Kosten freizuhalten bzw. entstandene Kosten zu erstatten«, ist unangemessen benachteiligend und daher gem. § 307 Abs. 1 S. 1 BGB unwirksam. Soweit damit die Kündigung der Arbeitsverhältnisse verlangt wird, ist die Verpflichtung zudem mit § 613a Abs. 1 i.V.m. § 613a Abs. 4 BGB unwirksam (*BGH* 23.3.2006 – III ZR 102/05 – EzA-SD 9/06 S. 5 LS = NZA 2006, 551). 923

(4) Kündigung vor dem Betriebsübergang; »greifbare Formen« der geplanten Maßnahme

Zumeist erfolgt die betriebsbedingte Kündigung vor Betriebsübergang. 924

> Nach der Rechtsprechung des *BAG* (28.4.1988 EzA § 613a BGB Nr. 80) ist der Arbeitgeber, der seinen Betrieb endgültig stilllegen will, nicht verpflichtet, mit dem Ausspruch der Kündigung abzuwarten, bis er die Produktion tatsächlich stillgelegt hat. 925
> Er kann die notwendigen Entlassungen vielmehr entsprechend der Einschränkung der Produktion oder der sonstigen betrieblichen Tätigkeit gestalten.
> Es kommt nur darauf an, dass nach seiner Planung zum Zeitpunkt des Auslaufens der Kündigungsfrist kein Beschäftigungsbedarf für den gekündigten Arbeitnehmer mehr besteht.

Weil insoweit kündigungsrechtlich maßgeblich auf die Planung des Arbeitgebers und seine Entschlüsse zur Zeit des Ausspruchs der Kündigung abgestellt wird, ist die **spätere tatsächliche Entwicklung für die Beurteilung der Rechtslage grds. irrelevant.** Das gilt auch zu Gunsten des Arbeitgebers bei geplanter Betriebsstilllegung und zu seinen Lasten bei geplantem Betriebsübergang. Bei dieser Fallgestaltung wirkt sich ein späteres Scheitern des erwarteten und eingeleiteten Betriebsübergangs ebenso wenig auf den Kündigungsgrund aus wie eine unerwartete spätere Betriebsfortführung, die einer vom Arbeitgeber endgültig geplanten und schon eingeleiteten oder bereits durchgeführten Betriebsstilllegung nach Ausspruch der Kündigung folgt (*BAG* 19.5.1988 EzA § 613a BGB Nr. 82; *Sächs. LAG* 14.12.2005 LAGE 926

§ 125 InsO Nr. 9). Erforderlich ist allerdings, dass die **geplante Betriebsstilllegung zum Zeitpunkt des Ausspruchs der Kündigung »greifbare Formen« angenommen haben muss** (*Sächs. LAG* 14.12.2005 LAGE § 125 InsO Nr. 9; vgl. APS/*Steffan* § 613a BGB Rz. 190 ff.).

(5) Kündigung des Veräußerers auf Grund eines Rationalisierungskonzepts des Erwerbers; Insolvenz

927 Zulässig ist insoweit eine Kündigung auf Grund eines Rationalisierungskonzepts, das vom Erwerber stammt, wenn dieses Konzept ebenfalls vom bisherigen Betriebsinhaber selbst entwickelt worden sein könnte (*BAG* 26.5.1983 EzA § 613a BGB Nr. 34) und die Durchführung im Zeitpunkt des Zugangs der Kündigung bereits greifbare Formen angenommen hat (*BAG* 20.3.2003 EzA § 613a BGB 2002 Nr. 9 = NZA 2003, 1027 m. Anm. *Meyer* SAE 2004, 176 ff.).

928 Fraglich ist, ob dem Betriebsveräußerer auch die Berufung auf das Rationalisierungskonzept eines Betriebserwerbers gestattet ist, welches nur nach dem Betriebsübergang sinnvoll durchgeführt werden kann (dafür *BAG* 26.5.1983 EzA § 613a BGB Nr. 34; KR/*Becker* 3. Aufl., § 1 KSchG Rz. 325a; *Vossen* BB 1984 1560; KR/*Griebeling* § 1 KSchG Rz. 534; APS/Steffan § 613a BGB Rz. 192; *Meyer* NZA 2003, 244 ff.; dagegen *Hillebrecht* NZA 1989, Beil. Nr. 4, S. 14 f.; krit. *LAG Köln* 17.6.2003 – 9 Sa 443/03 – EzA-SD 22/03, S. 8 LS = LAG Report 2004, 16: Erwerberkonzept allein reicht nicht aus). Der Schutzgedanke des § 613a Abs. 1 S. 1, Abs. 4 BGB steht einer solchen Kündigung des Betriebsveräußerers auf Grund eines Erwerberkonzepts nicht entgegen. Denn diese Vorschriften sollen den Erwerber daran hindern, bei der Übernahme der Belegschaft eine freie Auslese zu treffen. Dafür spricht, dass es **nicht Sinn und Zweck der gesetzlichen Regelung** sein kann, **den Erwerber** auch bei einer auf Grund betriebswirtschaftlicher Gesichtspunkte voraussehbar fehlenden Beschäftigungsmöglichkeit **zu verpflichten**, das Arbeitsverhältnis mit einem Arbeitnehmer **noch einmal künstlich zu verlängern**, bis er selbst die Kündigung aussprechen kann (*BAG* 26.5.1983 EzA § 613a BGB Nr. 34; 20.3.2003 EzA § 613a BGB 2002 Nr. 9 = NZA 2003, 1027 m. Anm. *Meyer* SAE 2004, 176 ff.; vgl. dazu *Hiekel* BAG Report 2005, 161 ff.). Allerdings bedarf es dann tatsächlich eines **Konzepts** oder **Sanierungsplans**, weil allein die Forderung des Erwerbers, die Belegschaft vor dem Betriebsübergang zu verkleinern, keinen Kündigungsgrund i.S.d. § 1 Abs. 2 KSchG darstellt (APS/*Steffan* § 613a BGB Rz. 193; *Schumacher-Mohr* NZA 2004, 629 ff.; krit. *Meyer* NZA 2003, 244 ff.).

Für die Wirksamkeit einer betriebsbedingten Kündigung des Veräußerers nach dem Sanierungskonzept des Erwerbers kommt es im übrigen aber – jedenfalls in der Insolvenz – nicht darauf an, ob das Konzept auch bei dem Veräußerer hätte durchgeführt werden können. Denn bei Sanierungsfällen ist der Betrieb häufig nicht mehr aus sich heraus sanierungsfähig (*BAG* 20.3.2003 EzA § 613a BGB 2002 Nr. 9 = NZA 2003, 1027 m. Anm. *Meyer* SAE 2004, 176 ff.; insoweit zust. *Annuß/Stamer* NZA 2003, 1247 ff.).

929 **Jedenfalls verstößt die Kündigung aufgrund eines eigenen Sanierungskonzepts des Veräußerers – Insolvenzverwalters – nicht gegen § 613a Abs. 4 BGB** (*BAG* 20.9.2006 EzA § 613a BGB 2002 Nr. 62 = NZA 2007, 387). Anders ist es aber dann, wenn der Insolvenzverwalter mit einem Arbeitnehmer **im** zeitlichen **Zusammenhang** mit einem Betriebsübergang einen **Aufhebungsvertrag** abschließt; dieser ist als unzulässige Umgehung des Kündigungsverbots des § 613a BGB unwirksam, wenn er nicht dem endgültigen Ausscheiden des Arbeitnehmers dient, sondern dazu, dass der neue Betriebsinhaber mit dem bisherigen Arbeitnehmer der Insolvenzschuldnerin einen neuen Arbeitsvertrag schließen kann (*BAG* 25.10.2007 EzA § 613a BGB 2002 Nr. 82 = NZA-RR 2008, 367).

d) Kündigung aus anderen Gründen

Da das Recht zur Kündigung aus anderen Gründen gem. § **613 a Abs. 4 S. 2 BGB** unberührt bleibt, kann sich der Arbeitgeber auf alle personen-, verhaltens- oder betriebsbedingten Gründe berufen, die ihren Ursprung in anderen betrieblichen Erfordernissen als denen des Betriebsübergangs haben. 930

So wird z.B. der Betriebserwerber bei Überbesetzung des fusionierten Betriebes eher die ihm unbekannten »erworbenen« Arbeitnehmer entlassen wollen, als seine Stammbelegschaft. 931

Fraglich ist deshalb, ob § 613a Abs. 4 BGB bereits dann anzuwenden ist, wenn die Kündigung unmittelbare Folge des Betriebsübergangs ist und der Arbeitgeber sich zur Begründung der Kündigung gerade auf den durchgeführten Betriebsübergang bezieht. 932

Nach Auffassung von *Wank* (MünchArbR § 125 Rz. 29) besteht der Zweck des § 613a Abs. 4 BGB lediglich darin, zu verhindern, dass der Arbeitnehmer **durch den Betriebsübergang** deshalb seinen Arbeitsplatz verliert, weil der Erwerber seine Beschäftigung ablehnt. Erfolgt die Kündigung dagegen **infolge des Betriebsüberganges,** so ist der Arbeitnehmer auf den allgemeinen Kündigungsschutz zu verweisen. 933

e) Rechtslage außerhalb des Geltungsbereichs des KSchG

Auch außerhalb des Geltungsbereichs der §§ 1 ff. KSchG (§ 1, 23 Abs. 1 KSchG) kann sich der Arbeitgeber nicht damit begnügen, auf seine Kündigungsfreiheit zu verweisen. Er muss vielmehr seine Motivation zur Kündigung darlegen, die eben nicht in dem Betriebsübergang liegen darf (*BAG* 8.9.1988 EzA § 102 BetrVG 1972 Nr. 73). Es genügt dann **jeder nachvollziehbare, nicht willkürlich erscheinende, sachliche Grund**, der den Verdacht einer bloßen Umgehung von § 613a Abs. 4 S. 1 BGB auszuschließen vermag (APS/*Steffan* § 613a BGB Rz. 179). Soweit der Arbeitgeber dabei auf sonstige tatsächliche Umstände verweist, hat der Arbeitnehmer darzulegen, diese Umstände seien tatsächlich nicht gegeben (MünchArbR/*Wank* § 125 Rz. 49). 934

f) Betriebsübergang an ausländische Erwerber

Beim Betriebsübergang an ausländische Erwerber ist es unerheblich, ob das dem Betriebsübergang zugrunde liegende Rechtsgeschäft nach deutschem oder ausländischem Recht zu beurteilen ist. 935

§ 613a BGB gilt jedenfalls dann, wenn der Betrieb im Inland verbleibt, da dann die verbleibenden Anknüpfungspunkte (Arbeitsvertrag und Betriebsort) zur Anwendung des deutschen Rechts führen. 936

Fraglich ist die Rechtslage dann, wenn der Betriebsübergang mit einer **Betriebsverlagerung ins Ausland** gekoppelt ist. 937

Widerspricht der Arbeitnehmer dem Betriebsübergang oder verweigert er von vornherein und endgültig eine Arbeitsaufnahme im Ausland, so kann der inländische Veräußerer nach den allgemeinen Grundsätzen betriebsbedingt kündigen, wenn er keine Weiterbeschäftigungsmöglichkeit mehr hat. 938

Ist der Arbeitnehmer dagegen zur Arbeitsaufnahme im Ausland bereit, so ist unklar, ob der ausländische Erwerber an § 613a BGB gebunden ist. Davon ist für den Bereich der EG auf Grund der EG-Richtlinie, die der gesetzlichen Regelung des § 613a BGB in der BRD zugrunde liegt, auszugehen (MünchArbR/*Wank* § 125 Rz. 75 m.w.N.). 939

g) Wiedereinstellungsanspruch

Kommt es nach Zugang der – wirksamen betriebsbedingten – Kündigung zu einem Betriebsübergang i.S.d. Rechtsprechung des EuGH, haben die gekündigten Arbeitnehmer, die in der Einheit beschäftigt waren, einen Anspruch gegen den neuen Auftragnehmer, zu unveränderten Arbeitsbedingungen unter Wahrung ihres Besitzstandes eingestellt zu werden (*BAG* 13.11.1997 EzA § 613a BGB Nr. 154; vgl. APS/*Steffan* § 613a BGB Rz. 184). Geht der Betrieb oder Betriebsteil dadurch auf den Erwerber über, dass er die Identität der wirtschaftlichen Einheit durch die Einstellung der **organisierten Hauptbelegschaft und deren Einsatz auf** 940

ihren alten Arbeitsplätzen mit unveränderten Aufgaben vornimmt, hat der Arbeitnehmer den Anspruch auf Fortsetzung des Arbeitsverhältnisses noch während des Bestehens oder zumindest unverzüglich **nach Kenntniserlangung** von den den Betriebsübergang ausmachenden tatsächlichen Umständen geltend zu machen. Das Fortsetzungsverlangen ist gegenüber dem Betriebserwerber zu erklären. Es darf nicht von Bedingungen abhängig gemacht werden, deren Eintritt vom Betriebserwerber nicht beeinflusst werden kann (*BAG* 12.11.1998 EzA § 613a BGB Nr. 171).

941 Ein Wiedereinstellungsanspruch besteht allerdings dann nicht, wenn berechtigte Interessen des neuen Betriebsinhabers entgegenstehen, z.B. wenn er den frei gewordenen Arbeitsplatz schon wieder besetzt hat. Die Berufung auf diesen – erneuten Wegfall des Arbeitsplatzes – ist dem Arbeitgeber aber gem. § 162 BGB dann verwehrt, wenn er den Arbeitsplatz in Kenntnis des Wiedereinstellungsverlangens treuwidrig besetzt und nicht eine den §§ 242, 315 BGB genügende Auswahlentscheidung getroffen hat. Dem Anspruch kann auch entgegenstehen, dass Merkmale eines Anforderungsprofils einen nachvollziehbaren Bezug zur Organisation und zum Inhalt der auszuführenden Arbeiten haben; ein Betriebsübernehmer kann dann ein geändertes Anforderungsprofil gegenüber einem Wiedereinstellungsanspruch einwenden (*BAG* 4.5.2006 EzA § 613a BGB 2002 Nr. 51).

942 Ein derartiger Anspruch besteht zudem **dann nicht**, wenn es **nach Ablauf der Kündigungsfrist** z.B. bei einer insolvenzbedingten Kündigung **zu einem Betriebsübergang kommt** (*BAG* 13.5.2004 EzA § 613a BGB 2002 Nr. 2; 28.10.2004 EzA § 613a BGB 2002 Nr. 30). Etwas anderes kann aber dann gelten, wenn der Betriebsübergang zwar erst **am Tage nach Ablauf der Kündigungsfrist** stattgefunden hat, die **Weiterbeschäftigungsmöglichkeit** jedoch schon **während des Laufs der Kündigungsfrist** entstanden ist. Denn dann ist die ursprünglich bei Ausspruch der Kündigung anzustellende Prognose bereits während des Laufs der Kündigungsfrist unzutreffend geworden. Der dann gegebene Fortsetzungsanspruch ist als Anspruch auf Wiedereinstellung durch den neuen Betriebsinhaber zu erfüllen. Der Arbeitnehmer muss ihn innerhalb eines Monats ab dem Zeitpunkt, in dem er von den, den Betriebsübergang ausmachenden, tatsächlichen Umständen Kenntnis erlangt, gegenüber dem bisherigen Arbeitgeber bzw. nach erfolgtem Betriebsübergang gegenüber dem Betriebserwerber geltend machen (*BAG* 21.8.2008 EzA § 613a BGB 2002 Nr. 95).

943 Wer im Zusammenhang mit einem Betriebsübergang aus dem Arbeitsverhältnis auf Grund eines **Aufhebungsvertrags ausgeschieden** ist, hat **keinen Fortsetzungsanspruch** gegen den Betriebsübernehmer, solange die Wirksamkeit des Aufhebungsvertrags nicht wegen Anfechtung, Wegfalls der Geschäftsgrundlage (jetzt § 313 BGB n.F.) oder aus einem anderen Grund beseitigt worden ist (*BAG* 10.12.1998 EzA § 613a BGB Nr. 175).

h) Darlegungs- und Beweislast

aa) Grundsätzliche Verteilung der Darlegungslast zwischen Arbeitgeber und Arbeitnehmer

944 Die für den Betriebsübergang maßgeblichen Tatsachen sind grds. von demjenigen vorzutragen und zu beweisen, der sich auf den Betriebsübergang beruft (*LAG Hmb.* 26.11.1984 BB 1985, 1667), also regelmäßig vom Arbeitnehmer.

945 Hierfür reicht es aus, Tatsachen vorzutragen, aus deren Gesamtheit geschlossen werden kann, dass der Erwerber den Betrieb mit den übernommenen Mitteln fortsetzt. Als solche Indiztatsachen sind anzusehen ein **enger zeitlicher Zusammenhang zwischen Betriebsübergang und Kündigung,** der **weiter bestehende enge räumliche Bezug** sowie das weiterhin bestehende **Ineinandergreifen von Arbeitsvorgängen** beim Betriebsveräußerer und Betriebsübernehmer, die Tatsache, dass der Geschäftsführer des Betriebsübernehmers gleichzeitig Prokurist des Betriebsveräußerers ist und die Tatsache, dass der Betrieb des Betriebsübernehmers nur aus den Mitarbeitern einer ehemaligen »Abteilung« des Betriebsveräußerers besteht und nicht dem KSchG unterliegt (*LAG Brem.* 12.7.2007 – 3 Sa 308/06 – EzA-SD 21/2007 S. 5 LS).

Der Arbeitgeber kann diesen Schluss widerlegen, indem er Tatsachen vorträgt und ggf. beweist, aus denen sich ergibt, dass er lediglich unter Einsatz erheblicher eigener Mittel tätig werden konnte. Der Darlegungslast ist insoweit nicht genügt, wenn vorgetragen wird, die Kündigung sei deshalb ausgesprochen worden, weil der Betriebsveräußerer als der Hauptauftragnehmer des Betriebserwerbers, bei dem der Kläger zuvor 17 Jahre in gleicher Position tätig war, mit den Leistungen des Klägers nicht zufrieden sei (*LAG Brem.* 12.7.2007 – 3 Sa 308/06 – EzA-SD 21/2007 S. 5 LS). **946**

Auch ist es Sache des Arbeitgebers, Tatsachen vorzutragen, aus denen sich ergibt, dass eine Ausnahme vom Tatbestand des Betriebsübergangs (z.B. eine Stilllegung) vorliegt. **947**

Sind die Regelvoraussetzungen des Betriebsübergangs dargelegt und bewiesen, so muss **Ausnahmen vom Betriebsübergang,** z.B. eine Stilllegung, **darlegen und beweisen, wer sich darauf beruft** (vgl. *BAG* 3.7.1986 EzA § 613a BGB Nr. 53). **948**

bb) Beweis des ersten Anscheins

Nach Auffassung des *BAG* (15.5.1985 EzA § 613a BGB Nr. 43; s.a. *LAG Brem.* 12.7.2007 LAGE § 613a BGB 2002 Nr. 14) spricht zudem dann, wenn der Arbeitnehmer, der einen Übergang des Arbeitsverhältnisses nach § 613a BGB bzw. die Unwirksamkeit einer Kündigung gem. § 613a Abs. 4 S. 1 BGB geltend macht, darlegt, dass der Betriebserwerber die wesentlichen Betriebsmittel nach Einstellung des Geschäftsbetriebes des bisherigen Geschäftsinhabers verwendet, um einen gleichartigen Geschäftsbetrieb zu führen, der Beweis des ersten Anscheins dafür, dass dies auf Grund eines Rechtsgeschäfts i.S.v. § 613a BGB geschieht. **949**

Bei Vorliegen eines Anscheinsbeweises greift allerdings keine Beweislastumkehr ein, vielmehr ist nur die ernsthafte Möglichkeit eines atypischen Geschehensablaufs zu beweisen (KR/*Pfeiffer* § 613a BGB Rz. 55 m.w.N.). **950**

Nach Auffassung des *LAG Brem.* (2.2.1982 AP Nr. 30 zu § 613a BGB) hat der Arbeitnehmer seiner Darlegungslast allerdings bereits dann genügt, wenn er eine Reihe von Tatsachen vorträgt, aus deren Gesamtheit geschlossen werden muss, dass der Nachfolger den Betrieb mit den übernommenen Mitteln fortsetzen kann. **951**

cc) Auswirkungen der konkreten prozessualen Situation; Bedeutung des Streitgegenstandes für die Darlegungs- und Beweislast

Darüber hinaus trägt an sich der **Arbeitnehmer die Darlegungs- und Beweislast hinsichtlich der notwendigen Kausalität zwischen Betriebsübergang und Kündigung** wenn er die Unwirksamkeit der Kündigung geltend macht (*BAG* 5.12.1985 EzA § 613a BGB Nr. 50). **952**

Dies gilt aber nur, wenn sich der Arbeitnehmer mit der **Feststellungsklage nach § 256 ZPO** allein auf den Unwirksamkeitsgrund nach § 613a Abs. 4 S. 1 BGB stützt. **953**

Macht er dagegen die **Sozialwidrigkeit der Kündigung** nach §§ 1, 4 KSchG geltend, so muss der Arbeitgeber nach § 1 Abs. 2 S. 4 KSchG die soziale Rechtfertigung beweisen. Der Arbeitnehmer muss deshalb im Verfahren nach §§ 1, 4 KSchG nicht gem. § 613a Abs. 4 S. 1 BGB darlegen und beweisen, dass die Kündigung nur wegen des Betriebsübergangs erfolgt ist, da, solange hieran Zweifel bleiben, dem Arbeitgeber der Nachweis der sozialen Rechtfertigung nicht gelungen ist (*BAG* 9.2.1994 EzA § 613a BGB Nr. 116; *LAG Köln* 21.1.2005 LAG Report 2005, 334 m. Anm. *Henssler/Heiden*; vgl. auch *LAG Hamm* 28.5.1998 NZA-RR 1999, 71 zum behaupteten Betriebsübergang vor Ausspruch der Kündigung und der Kombination von Anträgen nach §§ 1, 4 KSchG, § 256 ZPO). **954**

dd) Indizielle Bedeutung des zeitlichen Zusammenhangs zwischen Kündigung und Betriebsübergang

Hat der Arbeitnehmer die Unwirksamkeit nach § 613a Abs. 4 BGB darzulegen und zu beweisen, so genügt als erstes Indiz der Hinweis auf den **zeitlichen Zusammenhang mit dem Betriebsübergang.** **955**

956 Zur Widerlegung dieses Indizes reicht jede nachvollziehbare Begründung des Arbeitgebers aus, die einen sachlichen Grund dafür enthält, dass die Kündigung nur äußerlich formal mit dem Betriebsübergang verbunden, nicht aber materiell wegen des Betriebsübergangs erfolgt ist (*BAG* 5.12.1985 EzA § 613a BGB Nr. 50). Als sachlicher Grund kommt etwa eine ernsthafte und endgültige Stilllegungsabsicht in Betracht, wenn sie bereits durchgeführt wird.

957 Damit kann der Verdacht einer Kündigung wegen des Betriebsübergangs ausgeschlossen werden (*BAG* 31.1.1985 EzA § 613a BGB Nr. 42).

958 Der Arbeitnehmer kann den Vortrag des Arbeitgebers aber durch neuen Sachvortrag erschüttern.

ee) Betriebsübergang in der Kündigungsfrist; Wiedereröffnung des Betriebes

959 Kommt es jedoch bei einer zunächst geplanten Betriebsstilllegung noch innerhalb der Kündigungsfrist zu einem Betriebsübergang i.S.d. § 613a Abs. 1 S. 1 BGB, dann spricht, wie bei einer alsbaldigen Wiedereröffnung des Betriebs, eine **tatsächliche Vermutung gegen eine ernsthafte und endgültige Stilllegungsabsicht des veräußernden Betriebsinhabers zum Zeitpunkt der Kündigung** (*BAG* 27.9.1984 EzA § 613a BGB Nr. 40; 5.12.1985 EzA § 613a BGB Nr. 50; KR/*Pfeiffer* § 613a BGB Rz. 115).

960 In diesem Falle ist die Kündigung bereits nach § 1 Abs. 2 S. 1 KSchG sozial ungerechtfertigt, sodass es auf die zeitlich später eingreifende Norm des § 613a Abs. 4 S. 1 BGB nicht mehr ankommt.

12. Bergmannsversorgungsschein

961 In Nordrhein-Westfalen und im Saarland bedarf die ordentliche Kündigung eines Arbeitnehmers, der einen Bergmannsversorgungsschein besitzt, der Zustimmung durch die Zentralstelle für den Bergmannsversorgungsschein (§ 11 Gesetz NW v. 14.4.1971, GVBl. NW S. 125; § 11 Gesetz Saarland v. 11.7.1962, ABl. Saarland S. 605); zu beachten ist zur Geltendmachung der Unwirksamkeit der Kündigung seit dem 1.1.2004 die Klagefrist gem. **§ 4 KSchG n.F.**

962 In Nds. war zur Kündigung des Inhabers eines Bergmannsversorgungsscheins die Zustimmung des Integrationsamtes einzuholen, weil er den Schwerbehinderten gleichgestellt war (Gesetz Nds. v. 6.1.1949, GVBl. S. 15; vgl. APS/*Vossen* BergmannsVSG); dieses Gesetz ist jedoch am 11.12.2003 aufgehoben worden.

II. Klagefrist (§§ 13 Abs. 1, 4, 7 KSchG); Änderungen durch das Gesetz zu Reformen am Arbeitsmarkt vom 24.12.2003 (BGBl. I S. 3002 ff.)

1. Regelungsbereich des KSchG (§§ 1, 23 KSchG)

a) Grundsätze

aa) Materiell-rechtliche Ausschlussfrist

963 §§ 13 Abs. 1, 4, 7 KSchG enthalten nach überwiegend vertretener Auffassung eine materiell-rechtliche Ausschlussfrist (vgl. KR/*Friedrich* § 4 KSchG Rz. 136), deren Versäumung dazu führt, dass die Klage als unbegründet abzuweisen ist. Der Zweck der Klagefrist besteht darin, den Arbeitsvertragsparteien frühzeitig über die Wirksamkeit bzw. Unwirksamkeit einer Kündigung Klarheit und Rechtssicherheit zu verschaffen (*BAG* 23.4.2008 EzA § 4 KSchG n.F. Nr. 84 = NZA-RR 2008, 466).

964 Gleichwohl ist § 270 Abs. 3 ZPO (ab dem 1.8.2002 § 167 ZPO n.F.) anwendbar, sodass die Klagefrist auch dann gewahrt ist, wenn die Klage innerhalb von drei Wochen beim ArbG eingegangen ist und demnächst dem Arbeitgeber zugestellt wird (KR/*Friedrich* § 4 KSchG Rz. 140).

Wenn das KSchG anwendbar ist, d.h. das Arbeitsverhältnis ununterbrochen mehr als 6 Monate zwischen den Parteien besteht und es sich nicht um einen Kleinbetrieb i.S.d. § 23 KSchG handelt (s.u. Rn. 1850 ff.), dann muss der Arbeitnehmer die Unwirksamkeit der außerordentlichen Kündigung während der dreiwöchigen Ausschlussfrist des § 4 S. 1 KSchG oder innerhalb gem. §§ 5, 6 KSchG verlängerter Fristen geltend machen, da sonst die Unwirksamkeit der Kündigung geheilt wird (§ 13 Abs. 1 i.V.m. § 7 KSchG). 965

Gem. § 13 Abs. 1 S. 2 i.V.m. **§ 6 KSchG** kann der Arbeitnehmer dann, wenn er innerhalb der Drei-Wochen-Frist die Unwirksamkeit der Kündigung aus anderen als den in § 626 BGB bezeichneten Gründen, z.B. wegen nicht ordnungsgemäßer Anhörung des Betriebsrats, geltend gemacht hat, bis zum Schluss der mündlichen Verhandlung erster Instanz auch die Unwirksamkeit gem. § 626 BGB geltend machen. Ab dem 1.1.2004 sind §§ 4, 13 KSchG geändert worden, da § 4 KSchG nunmehr an sich alle Unwirksamkeitsgründe erfasst (s.u. Rn. 1746 ff.). Das ArbG soll ihn nach wie vor auf diese Möglichkeit hinweisen. Diese Regelung will den – häufig Rechtsunkundigen – Arbeitnehmer vor einem **unnötigen Verlust seines Kündigungsschutzes aus formalen Gründen schützen** (*BAG* 23.4.2008 EzA § 4 KSchG n.F. Nr. 84 = NZA-RR 2008, 466). 966

Nach Auffassung des *LAG Köln* (17.2.2004 – 5 Sa 1049/03 – EzA-SD 12/04 S. 11 LS = ZTR 2004, 379 = NZA-RR 2005, 136) gilt **§ 6 KSchG analog** dann, wenn ein Arbeitnehmer innerhalb von drei Wochen nach Zugang der Kündigung eine **Klage auf Weiterbeschäftigung** anhängig macht; er kann danach bis zum Schluss der mündlichen Verhandlung beim ArbG auch die Unwirksamkeit der Kündigung nach § 1 Abs. 2 KSchG geltend machen. 967

Insoweit kann der Wille des Arbeitnehmers, eine Beendigung des Arbeitsverhältnisses durch Kündigung nicht zu akzeptieren und sein Arbeitsverhältnis fortführen zu wollen, während der dreiwöchigen Klagefrist des § 4 S. 1 KSchG auch **ohne einen ausdrücklichen Hinweis** auf eine **ganz bestimmte Kündigungserklärung** für den Kündigenden hinreichend klar zum Ausdruck kommen, z.B. indem der Arbeitnehmer eine Leistungsklage erhoben hat, deren Anspruch zwingend die Unwirksamkeit der ausgesprochenen Kündigung voraussetzt (*BAG* 23.4.2008 EzA § 4 KSchG n.F. Nr. 84 = NZA-RR 2008, 466). Erhebt der Arbeitnehmer gegen eine erste Kündigung zu einem bestimmten Termin Kündigungsschutzklage, verbunden mit einem – vorläufigen – Weiterbeschäftigungsantrag, so wird eine auf dieselben Gründe gestützte zweite spätere, aber zum selben oder sogar einem früheren Beendigungstermin ausgesprochene Kündigung nicht nach § 7 KSchG wirksam, weil der Kläger diese nicht innerhalb der dreiwöchigen Klagefrist – sondern erst später – ausdrücklich angegriffen hat (*BAG* 23.4.2008 EzA § 4 KSchG n.F. Nr. 84 = NZA-RR 2008, 466). 968

Hat sich ein Arbeitnehmer allerdings für den Fall der Unwirksamkeit der außerordentlichen Kündigung damit einverstanden erklärt, dass das Arbeitsverhältnis mit Ablauf der bei einer ordentlichen Kündigung einzuhaltenden Kündigungsfrist endet, bleibt bei der Umdeutung der außerordentlichen in eine ordentliche Kündigung für die Verlängerung der Anrufungsfrist nach § 6 S. 1 KSchG kein Raum (*BAG* 13.8.1987 EzA § 140 BGB Nr. 12). 969

bb) Einzelfragen; wirksame Kündigungsschutzklage

An die Form einer Kündigungsschutzklage dürfen keine zu strengen Anforderungen gestellt werden; es ist ein großzügiger Maßstab anzulegen. Es gilt § 253 Abs. 1 S. 2 ZPO i.V.m. § 4 S. 1 KSchG; es genügt, dass aus der Klage ersichtlich ist, gegen wen sie sich richtet, wo der Kläger tätig war und dass er seine Kündigung nicht als berechtigt anerkennt (*BAG* 21.5.1981 EzA § 4 KSchG n.F. Nr. 19; 23.4.2008 EzA § 4 KSchG n.F. Nr. 84 = NZA-RR 2008, 466; vgl. APS/*Ascheid* § 4 KSchG Rz. 106 ff.; s. ausf. oben Kap. 1 Rn. 211 ff. m.w.N.). Ein ausdrücklich formulierter Antrag kann dann entbehrlich sein (*BAG* 13.12.2007 EzA § 4 KSchG n.F. Nr. 82 = NZA 2008, 589). 970

Für die Parteibezeichnung der Beklagten – des Arbeitgebers – gelten insoweit folgende Grundsätze (*BAG* 12.2.2004 EzA § 4 KSchG n.F. Nr. 66; s.a. *BAG* 21.9.2006 EzA § 4 KSchG n.F. Nr. 75 = NZA 2007, 405; 1.3.2007 – 2 AZR 525/05 – EzA § 4 KSchG n.F. Nr. 76 = NZA 2007, 1013):

- Die Parteien eines Prozesses werden vom Kläger in der Klageschrift bezeichnet. Ist die Bezeichnung nicht eindeutig, so ist die Partei durch Auslegung zu ermitteln. Selbst bei äußerlich eindeutiger, aber offenkundig unrichtiger Bezeichnung ist grds. diejenige Person als Partei angesprochen, die erkennbar durch die Parteibezeichnung betroffen werden soll; eine ungenaue oder erkennbar falsche Parteibezeichnung ist unschädlich und kann jederzeit von Amts wegen richtig gestellt werden (*BAG* 21.9.2006 EzA § 4 KSchG n.F. Nr. 75 = NZA 2007, 405);
- Ergibt sich in einem Kündigungsschutzprozess etwa aus dem der Klageschrift beigefügten Kündigungsschreiben, wer als beklagte Partei gemeint ist, so liegt eine nach § 4 S. 1 KSchG rechtzeitige Klage auch dann vor, wenn bei Zugrundelegung des bloßen Wortlauts der Klageschrift eine andere Person als Partei in Betracht zu ziehen wäre.
- Die durch das Grundgesetz gewährleisteten Verfassungsgarantien verbieten es, den Zugang zu den Gerichten in einer aus Sachgründen nicht mehr zu rechtfertigenden Weise zu erschweren. Deshalb darf die Klageerhebung nicht an unvollständigen oder fehlerhaften Bezeichnungen der Parteien scheitern, wenn diese Mängel in Anbetracht der jeweiligen Umstände letztlich keine vernünftigen Zweifel an dem wirklich Gewollten aufkommen lassen.
- Das gilt auch dann, wenn statt der richtigen Bezeichnung irrtümlich die Bezeichnung einer tatsächlich existierenden (juristischen oder natürlichen) Person gewählt wird, solange nur aus dem Inhalt der Klageschrift und etwaigen Anlagen unzweifelhaft deutlich wird, welche Partei tatsächlich gemeint ist (**a.A.** insoweit zutr. *LAG RhPf* 17.6.2002 – 7 Sa 167/02).

Wird allerdings innerhalb der Frist des § 4 KSchG ein **tatsächlich existierendes Unternehmen** verklagt, das nicht Arbeitgeber des Klägers ist, und werden Unterlagen (Arbeitsvertrag, Kündigungsschreiben), aus denen der wahre Arbeitgeber zu ersehen ist, erst nach Fristablauf nachgereicht, führt eine später vorgenommene Parteiberichtigung nicht zur Rechtzeitigkeit der Klage (*LAG Düsseld.* 15.2.2005 LAGE § 4 KSchG Nr. 51).

971 Es ist unschädlich, wenn sich eine Kündigungsschutzklage unrichtigerweise gegen eine vermeintliche fristlose Kündigung anstatt gegen eine tatsächlich ausgesprochene ordentliche Kündigung wendet, sofern der Arbeitgeber nur eine Kündigung zu dem vom Kläger beanstandeten Beendigungszeitpunkt erklärt hat (*BAG* 21.5.1981 EzA § 4 KSchG n.F. Nr. 19).

972 Den gesetzlichen Anforderungen genügt der Arbeitnehmer z.B. auch dann, wenn er innerhalb der Frist eine **Leistungsklage** erhebt und zugleich zum Ausdruck bringt, dass er die Unwirksamkeit der Kündigung geltend machen und den Feststellungsantrag noch in der ersten Instanz, wenn auch nach Ablauf der Drei-Wochen-Frist nachholt. Insoweit wird **§ 6 KSchG analog** angewendet (*BAG* 28.6.1973 EzA § 13 KSchG n.F. Nr. 1). Geht innerhalb der Frist des § 4 KSchG beim ArbG ein nicht unterzeichneter, jedoch im Übrigen den Erfordernissen einer Klageschrift entsprechender Schriftsatz ein, so kann der Mangel der Nichtunterzeichnung fristwahrend gem. § 295 ZPO geheilt werden (*BAG* 26.6.1986 EzA § 4 KSchG n.F. Nr. 25 gegen *BAG* 26.1.1976 EzA § 4 KSchG n.F. Nr. 9).

973 Eine ordnungsgemäße Klage liegt trotz **fehlender Unterschrift** zudem dann vor, wenn sich aus einem dem Klageentwurf beiliegenden Schriftstück ergibt, dass die Klage mit Wissen und Wollen des Verfassers bei Gericht eingegangen ist. Eine dem Klageentwurf beigefügte, vom Kläger eigenhändig unterschriebene Prozessvollmacht reicht hierfür nicht aus (*BAG* 26.1.1976 EzA § 4 KSchG n.F. Nr. 9). Demgegenüber genügt es, wenn die beiliegenden Doppel einen Beglaubigungsvermerk enthalten und dieser vom Verfasser eigenhändig unterzeichnet ist.

974 Auch ein **Rechtsbeistand** kann wirksam Klage zum Arbeitsgericht erheben; dessen Ausschluss gem. § 11 Abs. 3 ArbGG betrifft nur das Auftreten in der mündlichen Verhandlung,

nicht dagegen Prozesshandlungen außerhalb der mündlichen Verhandlung (*BAG* 26.9.1996 EzA § 11 ArbGG 1979 Nr. 13 gegen *BAG* 21.4.1988 EzA § 11 ArbGG 1979 Nr. 5).

Kündigt der Arbeitgeber dem Arbeitnehmer **schriftlich,** so wahrt dessen Klage auf Feststellung, das Arbeitsverhältnis sei durch die an diesem Tage ausgesprochene Kündigung nicht aufgelöst worden, die Klagefrist des § 4 KSchG regelmäßig auch für eine **mündliche Kündigung,** die der Arbeitgeber am selben Tag zuvor wegen desselben Sachverhalts bereits ausgesprochen hatte (*BAG* 14.9.1994 EzA § 4 KSchG n.F. Nr. 50; s. jetzt aber zu § 623 BGB o. Rn. 6 ff.). 975

Denn zum einen spricht in derartigen Fällen viel dafür, dass der Arbeitgeber nach dem Empfängerhorizont lediglich eine Kündigungserklärung abgegeben hat, also entweder die mündliche Erklärung lediglich die Androhung der schriftlichen Kündigung oder die schriftliche Erklärung nur die Bestätigung der mündlichen Kündigung dargestellt hat. Selbst wenn aber zwei selbstständige Kündigungen ausgesprochen worden sein sollten, so handelt es sich jedenfalls um einen einheitlichen Lebensvorgang. Klagt dann der Arbeitnehmer gegen die an diesem Tag ausgesprochene Kündigung, so muss dem Arbeitgeber von vornherein klar sein, dass er sich gegen die tatsächlich vorliegende Kündigung zur Wehr setzen will, unabhängig davon, ob diese nun in der mündlichen oder schriftlichen Erklärung oder in beiden Erklärungen zu sehen ist. Ob der Arbeitnehmer dann, u.U. noch dazu veranlasst durch eine entsprechende Formulierung des Kündigungsschreibens, in seiner Klage z.B. in erster Linie auf die schriftliche Kündigung Bezug nimmt, kann vom Sinn und Zweck der §§ 4 ff. KSchG her (dem Arbeitgeber alsbald Klarheit darüber zu verschaffen, ob er die Kündigung hinnimmt oder ihre Unwirksamkeit gerichtlich geltend machen will) keine Rolle spielen (*BAG* 14.9.1994 EzA § 4 KSchG n.F. Nr. 50). 976

Die Frist kann auch durch eine hilfsweise gegen den richtigen Arbeitgeber erhobene Kündigungsschutzklage gewahrt werden, obwohl eine eventuelle subjektive Klagehäufung unzulässig ist (*BAG* 31.3.1993 EzA § 4 KSchG n.F. Nr. 46). 977

Die Dreiwochenfrist ist auch dann gewahrt, wenn die Klage bei **einem örtlich unzuständigen ArbG** eingeht und an das zuständige ArbG verwiesen oder formlos abgegeben wird (*LAG Köln* 10.7.1998 NZA-RR 1998, 561; vgl. APS/*Ascheid* § 4 KSchG Rz. 59 ff.). Dabei ist es unerheblich, wenn die Verweisung/Abgabe erst nach Fristablauf erfolgt; allerdings muss **alsbald** nach Klageeinreichung die Zustellung an den Arbeitgeber stattgefunden haben (*LAG Bln.* 2.1.1984 EzA § 4 KSchG n.F. Nr. 24; *LAG Hamm* 13.10.1988 LAGE § 2 KSchG Nr. 7; vgl. ausf. KR/*Friedrich* § 4 KSchG Rz. 181 ff.; *Hilbrandt* NJW 1999, 3594 ff.). Ausreichend ist es auch, wenn der Kläger lediglich ausdrücklich darum bittet, die Klage an das örtlich zuständige ArbG weiterzuleiten (*BAG* 15.9.1977 – 2 AZR 33/76 – n.v.; zit. nach KR/*Friedrich* § 4 KSchG Rz. 181 ff.). 978

Die Frist wird auch durch die **Klageeinreichung vor dem ordentlichen Gericht** gewahrt, wenn die Klage an das ArbG verwiesen wird; die Erhebung der Kündigungsschutzklage vor dem ordentlichen Gericht wahrt die Drei-Wochen-Frist (*Kissel* NZA 1995, 349; KDZ/*Zwanziger* § 4 Rz. 49; KR/*Friedrich* § 4 KSchG Rz. 186; *Schaub* BB 1993, 1669; **a.A.** *Hueck/v. Hoyningen-Huene* § 4 Rz. 57). Entsprechendes gilt für die formlose Abgabe, wenn die Klage fristgerecht eingereicht war und vom ArbG demnächst (§ 270 Abs. 3 ZPO; jetzt § 167 ZPO) zugestellt wird (*LAG SA* 23.2.1995 LAGE § 4 KSchG Nr. 26), ebenso für Klageerhebung vor einem **Sozial- oder Verwaltungsgericht** (KR/*Friedrich* § 4 KSchG Rz. 187). Eine Klagezustellung ist aber jedenfalls dann nicht mehr als nach § 270 Abs. 3 ZPO (jetzt § 167 ZPO) demnächst als erfolgt anzusehen, wenn durch ein der Partei nach § 85 Abs. 2 ZPO zuzurechnendes Verschulden ihres Prozessbevollmächtigten (schuldhaft falsche Adressierung) die Klagezustellung erheblich länger als zwei Wochen verzögert worden ist (*BAG* 17.1.2002 EzA § 4 KSchG n.F. Nr. 62). 979

Ist zum Zeitpunkt der Klageerhebung ein Insolvenzverwalter bestellt, ist die Kündigungsschutzklage folglich gegen diesen in seiner Eigenschaft als Partei kraft Amtes zu erheben; eine Klage gegen die Schuldnerin wahrt nicht die Klagefrist des § 4 KSchG. Enthält die Klageschrift keinen Hinweis auf ein eröffnetes Insolvenzverfahren und die Bestellung des Insolvenzverwalters und wird vielmehr die Schuldnerin eindeutig als 980

Beklagte bezeichnet, kann die Klageschrift nur dahin aufgefasst und ausgelegt werden, dass sich die Klage allein gegen die Schuldnerin richten soll (*BAG* 21.9.2006 EzA § 4 KSchG n.F. Nr. 75 = NZA 2007, 405).

cc) Sonderregelungen für Besatzungsmitglieder in Schifffahrts- und Luftverkehrsbetrieben (§ 24 KSchG)

981 Für Besatzungsmitglieder von Betrieben der Schifffahrt und des Luftverkehrs sieht § 24 Abs. 3 KSchG vor, dass die Klage nach § 4 KSchG binnen drei Wochen, nachdem das Besatzungsmitglied zum Betriebssitz zurückgekehrt ist, zu erheben ist, **spätestens jedoch binnen sechs Wochen nach Zugang der Kündigung.**

982 Wird die Kündigung während der Fahrt ausgesprochen, so beginnt die sechswöchige Frist nicht vor dem Tag, an dem das Schiff oder das Luftfahrzeug einen deutschen Hafen oder Liegeplatz erreicht.

983 Das *BAG* (9.1.1986 AP Nr. 1 zu § 24 KSchG 1969) hat offen gelassen, ob die sechswöchige Klagefrist grds. bereits mit der Ankunft des Besatzungsmitglieds eines Seeschiffes in Deutschland beginnt, wenn ihm während der Fahrt gekündigt wird und er zurückkehrt, bevor das Schiff einen deutschen Hafen oder Liegeplatz erreicht. Denn auch bei einer restriktiven Auslegung des Gesetzes kann die Klagefrist in jedem Fall frühestens an dem Tag der tatsächlichen Ankunft des Seemanns beginnen. Das gilt auch dann, wenn er aus privaten Gründen (z.B. wegen Urlaubs) später nach Deutschland zurückkehrt, als es ihm möglich gewesen wäre.

b) Regelungsgehalt des § 13 Abs. 1 KSchG

aa) Beschränkung auf § 626 Abs. 1, 2 BGB

984 §§ 13 Abs. 1, 4, 7 KSchG a.F. (bis 31.12.2003) erfassten (*BAG* 8.6.1972 EzA § 1 KSchG Nr. 24; KR/*Friedrich* § 13 KSchG Rz. 61 f.; APS/*Biebl* § 13 KSchG Rz. 18 ff.), ohne dass sich dies dem Wortlaut der Vorschrift entnehmen lässt, nur das Vorliegen eines wichtigen Grundes gem. § 626 Abs. 1 BGB sowie die Einhaltung der Zweiwochenfrist gem. § 626 Abs. 2 BGB.

985 **Alle anderen Mängel – Mängel der Kündigungserklärung sowie die sog. sonstigen Unwirksamkeitsgründe – konnten außerhalb dieser Frist geltend gemacht werden.**

986 Seit dem 1.1.2004 ist das Gegenteil auf Grund der Neufassung der §§ 4, 13 KSchG zutreffend, unabhängig vom Geltungsbereich des KSchG (*LAG Köln* 23.6.2005 NZA-RR 2005, 19; s. aber ausf. unten Rn. 1746 ff. und *Fornasier/Werner* NJW 2007, 2729 ff.), also auch dann, wenn der Arbeitnehmer die sechsmonatige **Wartezeit** des § 1 Abs. 1 KSchG **nicht erfüllt hat** (*LAG Hamm* 11.5.2006 – 16 Sa 2151/05 – EzA-SD 20/06 S. 10 LS), allerdings mit der Verlängerungsmöglichkeit des § 6 KSchG (s. dazu *BAG* 8.11.2007 EzA § 4 KSchG n.F. Nr. 81 = NZA 2008, 936). Denn § 4 KSchG findet auch Anwendung auf Arbeitnehmer, die vom betrieblichen Geltungsbereich des KSchG (§ 23) nicht erfasst werden oder auf solche, deren Arbeitsverhältnis noch keine sechs Monate bestanden hat (*BAG* 9.2.2006 EzA § 4 KSchG n.F. Nr. 73 = NZA 2006, 1207). Gleiches gilt für den Fall, dass der Arbeitnehmer die Unwirksamkeit einer außerordentlichen Kündigung geltend machen will (APS/*Ascheid* § 4 KSchG Rz. 14).

bb) Bedeutung der Rechtskraft

987 Zu beachten ist auch § 322 ZPO (Rechtskraft). Mit der Rechtskraft des der Kündigungsschutzklage nach § 4 KSchG stattgebenden Urteils **steht fest**, dass das Arbeitsverhältnis

durch die angegriffene Kündigung **nicht aufgelöst** worden ist. Damit ist grundsätzlich **zugleich** entschieden, dass bei einer außerordentlichen Kündigung zum **Zeitpunkt des Zugangs** der Kündigung zwischen den Parteien ein **Arbeitsverhältnis bestanden hat**; dies verstößt weder gegen Art. 20 Abs. 3 noch gegen Art. 19 Abs. 4 GG (*BAG* 26.6.2008 – 6 AZN 648/07 – EzA-SD 18/2008 S. 3 LS = FA 2008, 319 LS = NZA 2008, 1145; s. dazu *Berkowsky* NZA 2008, 1112 ff.). Danach kann die im Kündigungsschutzprozess rechtskräftig unterlegene Partei (z.B. weil ein wichtiger Grund i.S.d. § 626 Abs. 1 BGB gegeben war) ein für sie günstigeres Ergebnis nicht mehr dadurch erreichen, dass sie in einem späteren Verfahren andere Tatsachen vorträgt, z.B. im Hinblick auf dieselbe Kündigung nunmehr behauptet, der Betriebsrat sei nicht ordnungsgemäß angehört worden (Präklusionsprinzip).

Deshalb müssen die Parteien bei einem Streit über eine Kündigung alles vortragen, was geeignet ist, mit ihrem Rechtstandpunkt durchzudringen (*BAG* 13.11.1958 AP Nr. 17 zu § 3 KSchG). 988

Ist danach die Kündigungsschutzklage rechtskräftig abgewiesen, so ist der unterlegene Arbeitnehmer daran gehindert, die Unwirksamkeit der Kündigung nunmehr aus anderen als den im Kündigungsschutzrechtsstreit vorgebrachten Gründen geltend zu machen. 989

Mit der Abweisung der Klage, also mit der Entscheidung, dass das Arbeitsverhältnis durch eine bestimmte außerordentliche Kündigung nicht aufgelöst wurde, ist nicht nur die Rechtswidrigkeit der Kündigung i.S.v. § 626 Abs. 1, 2 BGB verneint, sondern auch ihre Unwirksamkeit aus anderen Gründen. 990

Denn über die Frage, ob das Arbeitsverhältnis zu einem bestimmten Zeitpunkt bestanden hat oder nicht, ist nur einheitlich zu urteilen (KR/*Friedrich* § 4 KSchG Rz. 262 ff. m.w.N.). 991

Kündigt der Arbeitgeber das Arbeitsverhältnis **wiederholt fristlos** und legt er gegen ein klagestattgebendes Urteil des LAG Nichtzulassungsbeschwerde ein, so wird diese Beschwerde **unbegründet**, wenn nach Verkündung des Urteils des LAG das ArbG der gegen die **zweite Kündigung** gerichteten Klage **stattgibt** und diese Entscheidung **rechtskräftig** wird. Die möglichen Zulassungsgründe des § 72 Abs. 2 ArbGG sind dann nicht mehr entscheidungserheblich, weil durch die Entscheidung des ArbG rechtskräftig feststeht, dass zum Kündigungstermin ein Arbeitsverhältnis bestanden hat. Der Arbeitgeber kann den Eintritt dieser Rechtsfolgen verhindern, indem er die Aussetzung des Kündigungsrechtsstreits über die spätere Kündigung beantragt (§ 148 ZPO); einem derartigen Antrag ist regelmäßig stattzugeben. Gegen die Ablehnung der Aussetzung des Verfahrens besteht die Möglichkeit der sofortigen Beschwerde nach § 252 ZPO. Des Weiteren kann der Arbeitgeber die zur Begründung der ersten Kündigung verfassten Schriftsätze in den Rechtsstreit über die Wirksamkeit der zweiten Kündigung einführen und unter Bezugnahme darauf geltend machen, zum Termin der zweiten Kündigung habe kein Arbeitsverhältnis mehr bestanden. Gegen ein der Kündigungsschutzklage stattgebendes Urteil kann der Arbeitgeber Berufung einlegen (*BAG* 26.6.2008 – 6 AZN 648/07 – EzA-SD 18/2008 S. 3 LS = FA 2008, 319 LS = NZA 2008, 1145; s. *Berkowsky* NZA 2008, 1112 ff.). 992

c) Nachträgliche Zulassung der Kündigungsschutzklage (§§ 13 Abs. 1, 5 KSchG)

aa) Fristversäumnis; Verfahren

Gem. § 5 Abs. 1 KSchG ist dann, wenn der Arbeitnehmer nach erfolgter Kündigung trotz Anwendung aller ihm nach Lage der Umstände zuzumutenden Sorgfalt verhindert war, die Klage innerhalb von drei Wochen nach Zugang der Kündigung zu erheben, seine Klage nachträglich zuzulassen. An den Grad der geforderten Sorgfaltsbemühungen ist ein **strenger Maßstab** zu richten. Das gilt insbes. auch im Hinblick darauf, gegen wen die Kündigungsschutzklage zu richten ist, d.h. bei der Festlegung des richtigen und zu verklagenden Arbeitgebers (vgl. ausf. *LAG SchlH* 11.1.2006 LAGE § 5 KSchG Nr. 112 zur Divergenz zwischen Briefbogen, Firmenstempel und unterzeichnender Firma; s.a. Rn. 1008). 993

Gleiches gilt gem. § 5 Abs. 1 S. 2 KSchG in der ab dem 1.1.2004 geltenden Fassung dann, wenn eine Frau von ihrer Schwangerschaft aus einem von ihr nicht zu vertretenden Grund erst nach Ablauf der Frist des § 4 S. 1 KSchG Kenntnis erlangt. Diese Regelung ist zum 1.1.2004 erforderlich geworden, weil auf Grund der Neufassung der §§ 4, 13 KSchG auch die Unwirksamkeit einer Kündigung gem. § 9 MuSchG im Anwendungsbereich des KSchG nunmehr im Gegensatz zum alten Recht innerhalb der Klagefrist (mit der Verlängerungsmöglichkeit nach § 6 KSchG) geltend gemacht werden muss (vgl. zum Verfahren insoweit § 5 Abs. 2 bis 4 KSchG; ausf. *Busemann/Schäfer* a.a.O., Rz. 261 ff.; vgl. APS/*Ascheid* § 5 KSchG Rz. 91 ff.).

994 Im Antrag auf nachträgliche Zulassung der Kündigungsschutzklage müssen auch die Tatsachen für die Wahrung der Antragsfrist von zwei Wochen glaubhaft gemacht werden (*LAG Frankf./M.* 10.5.1991 NZA 1992, 619).

995 Auch wenn eine anwaltlich verfasste Kündigungsschutzklage nicht unterzeichnet worden ist, genügt nach Auffassung des *LAG Hamm* (21.12.1995 LAGE § 5 KSchG Nr. 73) für die Zulässigkeit des Antrags gem. § 5 Abs. 2 S. 1 2. Hs. KSchG auf nachträgliche Zulassung die Bezugnahme auf die betreffende Klageschrift.

bb) Fehlendes Verschulden

996 Nur wenn ein Arbeitnehmer nach erfolgter Kündigung **trotz Anwendung aller ihm nach Lage der Umstände zuzumutenden Sorgfalt** verhindert war, die Klage fristgerecht innerhalb von drei Wochen zu erheben, ist die Klage nachträglich zuzulassen. In diesem Zusammenhang ist es anerkannt, dass einem Arbeitnehmer bei der Verfolgung einer für ihn so wichtigen Angelegenheit – wird das Arbeitsverhältnis durch eine Arbeitgeberkündigung beendet oder nicht ? – eine **gesteigerte Sorgfalt** abverlangt werden kann. Grundsätzlich muss von dem Arbeitnehmer erwartet werden, dass er **alle Vorkehrungen** trifft, die in seiner Lage nach Empfang der Kündigung getroffen werden können (*LAG RhPf* 5.6.2008 – 3 Ta 77/08 – EzA-SD 17/2008 S. 6 LS).

997 Ein fehlendes Verschulden und damit ein Grund für die nachträgliche **Zulassung der Kündigungsschutzklage** ist z.B. dann gegeben, wenn ein Arbeitnehmer die Klage zunächst deshalb **falsch adressiert** hat, **weil er die falsche Anschrift des Arbeitsgerichts dem örtlichen Stadt- und Brancheninfo »Gewusst wo«, das die falsche Adresse enthielt, entnommen hat** (*LAG Köln* 12.4.2006 – 14 Ta 133/06 – EzA-SD 22/06 S. 22 LS = NZA-RR 2006, 492).

998 Einem gekündigten Arbeitnehmer, der eine Kündigung nicht akzeptieren will, ist bei fehlenden Rechtskenntnissen im Übrigen i.d.R. zuzumuten, sich rechtzeitig um Beratung bei einer zuverlässigen Stelle zu kümmern, um die Frist zur Anrufung des ArbG nach § 4 KSchG wahren zu können (zutr. *LAG München* 26.4.2005 – 11 Ta 427/04 – EzA-SD 14/05 S. 9 LS).

999 Auch die **Vorstellung des Arbeitnehmers**, es finde ein Betriebsübergang statt, führt nicht zum Ausschluss der Verpflichtung, gegenüber dem bisherigen kündigenden Arbeitgeber rechtzeitig eine Kündigungsschutzklage zu erheben (*LAG RhPf* 21.10.2004 LAG Report 2005, 275). Wird die Klagefrist allerdings wegen **urlaubsbedingter Ortsabwesenheit** des Arbeitnehmers versäumt, ist die nachträgliche Zulassung **i.d.R. geboten** (*LAG Nbg.* 23.8.2005 – 6 Ta 136/05 – EzA-SD 21/05 S. 15 LS = FA 2006, 126 LS; s.o. Rn. 106 ff.). Denn der Arbeitnehmer ist grds. nicht verpflichtet, für die Zeit der Urlaubsreise in seiner ständigen Wohnung besondere Vorkehrungen für den möglichen Zugang einer schriftlichen Kündigungserklärung und die Einhaltung der Klagefrist zu treffen. Das gilt bei Zugang der Kündigung während eines dreiwöchigen Urlaubs **auch dann, wenn Streit besteht, ob für den Zeitraum danach unbezahlter Urlaub gewährt worden ist oder nicht**. Auch falls die Behauptung des Arbeitgebers zutreffen sollte, es sei der Arbeitnehmerin erklärt worden, für

den Fall des Nichterhalts des Reinigungsauftrags müssten die Arbeitsverhältnisse beendet werden, liegt kein Sonderfall vor, in dem die Arbeitnehmerin ausnahmsweise dafür Sorge tragen müsste, dass sie auf ein in ihrer Abwesenheit in den Briefkasten eingeworfenes Kündigungsschreiben reagieren kann (*LAG Nbg.* 23.8.2005 – 6 Ta 136/05 – EzA-SD 21/05 S. 15 LS = FA 2006, 126 LS). Nach Auffassung des *LAG Köln* (9.2.2004 – 3 Ta 430/03 – EzA-SD 18/04 S. 12 LS = NZA-RR 2005, 215) sind insoweit zudem die Ortsabwesenheit wegen Urlaubs und die **Abwesenheit wegen unentschuldigten Fehlens grds. gleich zu behandeln**. Etwas anderes gilt nur dann, wenn er durch sonstiges Verschulden die rechtzeitige Kenntnisnahme oder gar den **Zugang der Kündigung vorsätzlich verhindert hatte** (*LAG Köln* 4.3.1996 LAGE § 5 KSchG Nr. 74; tw. **a.A.** *LAG Hamm* 28.3.1996 NZA-RR 1996, 454 bei vorübergehender Nichtbenutzung der Wohnung, wenn der Arbeitnehmer Anlass hatte, mit dem Zugang einer Kündigung während seiner Abwesenheit zu rechnen). Kündigt der Arbeitgeber einem Arbeitnehmer, der während eines im Ausland verbrachten Erholungsurlaubs erkrankt, durch ein an **die inländische Anschrift gerichtetes Schreiben**, so ist dem Arbeitnehmer, der aufgrund seiner Erkrankung erst nach Ablauf der Klagefrist zurückkehrt, jedenfalls dann nachträgliche Klagezulassung zu gewähren, **wenn er dem Arbeitgeber seine Faxanschrift und Postanschrift im Ausland mitgeteilt hatte** und der Arbeitgeber ihm dennoch keine Mitteilung über die Kündigung im Ausland hatte zukommen lassen (*LAG Köln* 30.5.2007 LAGE § 5 KSchG Nr. 116 = NZA-RR 2007, 521). Kehrt der Arbeitnehmer allerdings noch innerhalb der Drei-Wochen-Frist aus dem Urlaub zurück und erlangt er Kenntnis von der Kündigung, muss er in der noch **verbleibenden Zeit** Klage erheben; dies gilt jedenfalls dann, wenn ihm noch **eine Woche** bis zum Ablauf der Frist als Überlegungsfrist bleibt (*LAG Köln* 14.7.1997 NZA-RR 1998, 14). Nicht ausreichend ist es dagegen, wenn nur noch drei Tage verbleiben (*LAG München* NZA 1993, 266), ebenso wenig die Zeit von Samstag (Urlaubsrückkehr) bis Montag (Fristablauf; *LAG Thüringen* 19.4.2001 – 7 Ta 159/00 –). Ein Arbeitnehmer, der während einer urlaubsbedingten Ortsabwesenheit erkrankt und deshalb nicht rechtzeitig an seinen Wohnort zurückkehrt, hat jedenfalls grds. sicherzustellen, dass ihn rechtsgeschäftliche Erklärungen erreichen, die ihm nach Urlaubsende an seinem Wohnort zugehen. Die Versäumung der Klagefrist ist in diesem Fall nur dann unverschuldet, wenn ihm entsprechende Vorkehrungen tatsächlich oder persönlich nicht möglich oder nicht zumutbar waren (*LAG Nds.* 8.11.2002 LAGE § 4 KSchG Nr. 46 = NZA-RR 2003, 556; großzügiger *LAG Köln* 14.3.2003 LAGE § 5 KSchG Nr. 106a = NZA-RR 2006, 101 LS: Ortsabwesenheit wegen Arbeitsunfähigkeit reicht aus; ebenso *LAG Bln.* 23.8.2001 LAGE § 4 KSchG Nr. 46 = NZA-RR 2002, 355; *LAG Brem.* 30.6.2005 – 3 Ta 22/05 – EzA-SD 15/05 S. 8 LS = NZA-RR 2005, 633 = LAG Report 2005, 286 LS). Der Arbeitnehmer jedenfalls, **der einem Freund den Auftrag gibt**, seinen Briefkasten während seiner krankheitsbedingten Abwesenheit vom Wohnort zu leeren, aber **nur Behördenpost zu öffnen** und ihm deren Inhalt am Telefon vorzulesen, alle andere Briefe aber ungeöffnet in der Wohnung zu sammeln, **verletzt seine** nach § 5 KSchG zuzumutende **Sorgfaltspflicht**. Den Arbeitnehmer trifft also ein Verschulden an der verspäteten Klageerhebung, wenn während seiner Abwesenheit ein Kündigungsschreiben per Einwurfeinschreiben zugeht, dieses dem Briefkasten von einem Beauftragten entnommen, aber nicht geöffnet wird und erst nach seiner Rückkehr nach Fristablauf Klage erhoben wird (*LAG Brem.* 30.6.2005 – 3 Ta 22/05 – EzA-SD 15/05 S. 8 LS = NZA-RR 2005, 633 = LAG Report 2005, 286 LS). Insgesamt rechtfertigt ein **Klinikaufenthalt** allein noch keine nachträgliche Klagezulassung. Entscheidend ist allein, ob der Arbeitnehmer durch die Krankheit objektiv daran gehindert war, eine Klage zu formulieren oder sein Recht auf eine andere Weise wahrzunehmen. Maßgeblich ist zudem, ob die Behandlungssituation Außenkontakte – auch telefonischer Art – ausschloss oder jedenfalls in unzumutbarer Weise erschwert hat (*LAG SchlH* 5.2.2008 LAGE § 5 KSchG Nr. 118). Auch bei Vorliegen einer **psychischen Erkrankung** muss der Arbeitnehmer glaubhaft machen, während welcher Zeit und in welchem Umfang eine erhebliche Einschränkung des Urteilsvermögens bestanden hat (*LAG Köln* 28.12.2007 – 3 Ta 305/07 – ArbuR 2008, 232 LS).

Umgekehrt muss sich der Arbeitnehmer das **Verschulden** der während seiner Ortsabwe- 1000
senheit mit der Empfangnahme der Post betrauten **Empfangsboten** bei nicht rechtzeitiger

Weiterleitung entgegen einer von ihm erteilten Weisung **nicht zurechnen lassen**. § 85 Abs. 2 ZPO ist nicht anwendbar, ebenso wenig § 278 BGB (zutr. *LAG Köln* 28.12.2004 NZA-RR 2005, 384).

1001 Hat sich der gekündigte Arbeitnehmer zur Einleitung eines Kündigungsschutzverfahrens an ein **freigestelltes Betriebsratsmitglied** gewandt, das als ehrenamtlicher Gewerkschaftsfunktionär der Rechtsschutz gewährenden Gewerkschaft dafür zuständig ist, als Anlaufstelle Rechtsschutzanträge zu bearbeiten und an die Fachgewerkschaft weiterzuleiten, trifft ihn kein Eigenverschulden, wenn die Unterlagen durch ein einmaliges Versehen verspätet weitergegeben wurden und dadurch die Klagefrist versäumt ist. Dieses **Fremdverschulden** muss sich der Arbeitnehmer **nicht** nach § 85 Abs. 2 ZPO **anrechnen lassen**. Denn eine Tätigkeit im Rahmen der Abwicklung von Rechtsschutzanträgen reicht für eine Verschuldenszurechnung nicht aus (*LAG Köln* 15.4.2005 – 10 Ta 309/04 – ArbuR 2005, 387 LS).

1002 Die **Erkrankung eines Arbeitnehmers** allein – ohne Ortsabwesenheit – rechtfertigt nicht ohne weiteres die nachträgliche Zulassung der Kündigungsschutzklage (*LAG Bln.* 14.4.1999 – 9 Ta 498/99; ebenso für eine psychische Erkrankung *LAG Köln* 9.3.2006 – 14 Ta 21/06 – FA 2006, 189 LS). Erforderlich ist vielmehr, dass der Arbeitnehmer aufgrund der Krankheit außer Stande war, selbst Klage einzureichen und **keine andere Person** (Ehegatte, Lebenspartner, Verwandte, Freunde) **damit beauftragen konnte**. Von einem Arbeitnehmer, der trotz einer depressiven Angststörung in der Lage ist, sein privates Umfeld neu zu ordnen, kann verlangt werden, anwaltlichen Rat wegen einer Kündigung einzuholen oder sich an eine geeignete Stelle zu wenden (*LAG Nds.* 6.9.2005 NZA-RR 2007, 219).

1003 Auch eine Erkrankung nach Zugang der Kündigung führt nur dann zu einer nachträglichen Zulassung der verspätet erhobenen Kündigungsschutzklage, wenn sie den Arbeitnehmer tatsächlich objektiv an der rechtzeitigen Klageerhebung gehindert hat. Solange Krankheitsverlauf und Behandlungsmethode nicht entgegenstehen, besteht kein durchschlagender Grund, den Krankenhauspatienten von der Anforderung freizustellen, sich möglichst telefonisch beraten zu lassen (*LAG Düsseld.* 19.9.2002 NZA-RR 2003, 78; *LAG Köln* 1.3.2006 LAGE § 5 KSchG Nr. 112 = NZA-RR 2006, 492).

1004 Eine Kündigungsschutzklage ist aber dann nachträglich zuzulassen, wenn die Partei zwar schuldhaft **vergessen hat**, die innerhalb der Klagefrist eingereichte Klage zu unterschreiben, dies jedoch hätte rechtzeitig nachholen können, wenn sie vom Gericht einen im Rahmen des normalen Geschäftsgangs ohne weiteres noch vor Ablauf der Klagefrist möglichen **Hinweis erhalten** hätte. Die Pflicht zur Neutralität verbietet es dem Gericht danach nicht, schon vor Ablauf der Klagefrist einen Hinweis auf das Fehlen der Unterschrift zu geben (*LAG MV* 27.7.1999 LAGE § 5 KSchG Nr. 95).

1005 Die Klage ist nach Auffassung des *LAG Saarl.* (27.6.2002 NZA-RR 2002, 488) auch dann nachträglich zuzulassen, wenn ein Nichtkündigungsberechtigter auf die Frage des Arbeitnehmers, ob es zutreffend sei, dass »interne Rationalisierungsarbeiten« Gründe für die Kündigung darstellen, die »Schulter zuckt« und dadurch der Arbeitnehmer veranlasst wird, keine Klage einzureichen.

1006 Auch ein **unverschuldeter Rechtsirrtum** des gekündigten Arbeitnehmers über den Beginn der Drei-Wochen-Frist rechtfertigt die nachträgliche Zulassung. Unverschuldet ist der Rechtsirrtum jedoch nur dann, wenn aus Laiensicht eine abweichende Bewertung der Rechtslage ernsthaft nicht in Betracht kam und es deshalb vernünftigerweise auch nicht notwendig erschien, einen rechtskundigen Dritten um Rat zu fragen (*LAG SA* 22.6.1999 NZA 2000, 377 LS).

1007 Die verspätete Klageerhebung ist zudem dann verschuldet, wenn die Partei die Rechtbehelfsbelehrung des Integrationsamtes dahin versteht, zur Wahrung der Rechte gegenüber einer Kündigung sei der Widerspruch beim Integrationsamt ausreichend. Auch wenn das Integrationsamt zusätzlich noch auf die Notwendigkeit der rechtzeitigen Meldung bei der Agentur für Arbeit hinweist, wird nicht der Anschein erweckt, die Belehrung erfasse alle denkbaren Rechtsgebiete (*LAG Köln* 14.3.2005 ArbuR 2005, 237 LS).

Heißt es im Kündigungsschreiben, der Arbeitgeber »**behalte sich vor**«, die Kündigung bei bestimmtem Arbeitnehmerverhalten (z.B. der Durchführung einer stationären Entziehungskur) **zurückzunehmen**, so rechtfertigt es keine nachträgliche Zulassung der Kündigungsschutzklage, wenn der Arbeitnehmer auf rechtzeitige Klageerhebung verzichtet und sich stattdessen um die Erfüllung der Bedingung bemüht (*LAG Köln* 26.11.1999 ZTR 2000, 233). Gleiches gilt dann, wenn der Betriebsleiter des Arbeitgebers dem Arbeitnehmer erklärt haben soll: »Warte mal ab, vielleicht erledigt sich dies und **wir machen die Kündigung rückgängig**« (*LAG Köln* 19.4.2004 – 5 Ta 63/04 – EzA-SD 16/04 S. 12 LS = LAG Report 2005, 30 LS). Versäumt der Arbeitnehmer andererseits die Klagefrist **wegen laufender Vergleichsverhandlungen**, kann dies die nachträgliche Klagezulassung rechtfertigen, wenn der Arbeitgeber dabei den Eindruck erweckt hat, dass eine Kündigung noch nicht »verbindlich« und eine Anfechtung zunächst nicht veranlasst sei. Ist dieser Eindruck u.a. auch deshalb entstanden, weil dem Arbeitnehmer Kenntnisse über die Rechtsnatur einer einseitigen rechtsgeschäftlichen Willenserklärung oder die positive Kenntnis der Dreiwochenfrist fehlen, kann dies nicht allein dem Arbeitnehmer angelastet werden (zutr. *LAG München* 26.4.2005 – 11 Ta 427/04 – EzA-SD 14/05 S. 9 LS). Nichts anderes gilt dann, wenn der Arbeitnehmer die Klageerhebung versäumt, weil ihm der Betriebsleiter erklärt hat, **er könne die bereits erfolgte Kündigung zurückgeben**, sie werde zurückgenommen und er bekomme später eine neue Kündigung; das gilt auch, wenn die Kündigung zwar vom Insolvenzverwalter erklärt worden ist, dieser aber duldet, dass der Betriebsleiter die Erstellung eines neu gefassten Kündigungsschreibens ankündigt (*LAG Köln* 1.12.2006 – 9 Ta 415/06 – EzA-SD 3/2007 S. 3 LS). 1008

Ist ein **Kündigungsschreiben**, dass in Kopf- und Schlusszeile verschiedene Rechtspersonen ausweist, auch im übrigen so **verwirrend gestaltet**, dass nicht klar ist, wer der Erklärende ist, so kann allein schon deshalb ein Grund zur **nachträglichen Klagezulassung** gegeben sein, wenn der Arbeitnehmer gegen den falschen Arbeitgeber die Kündigungsschutzklage erhebt (*LAG Köln* 20.12.2001 ARST 2002, 188 LS; deutlich strenger *LAG SchlH* 11.1.2006 LAGE § 5 KSchG Nr. 112). 1009

Das *LAG Nbg.* (23.10.2003 LAGE § 5 KSchG Nr. 108) hat angenommen, dass dann, wenn eine Klagepartei **gleichzeitig einen PKH-Antrag und einen** für den Fall der Bewilligung **bedingten Kündigungsschutzantrag** stellt, der PKH-Bewilligung **keine Rückwirkung** zukommt. Wird über den PKH-Antrag erst nach Fristablauf entschieden, steht die fehlende Erfolgsaussicht der Kündigungsschutzklage fest. Auch die enttäuschte Hoffnung auf eine zeitnahe positive Entscheidung des ArbG stellt danach keinen Zulassungsgrund dar. 1010

Kennt der Arbeitnehmer die Klagefrist des § 4 KSchG nicht, so ist eine verspätet erhobene Kündigungsschutzklage trotz der strengen gesetzlichen Voraussetzungen, nach denen den Arbeitnehmer keinerlei Verschulden an der Nichteinhaltung der Frist treffen darf, dann nachträglich zuzulassen, wenn er eine **zur Rechtsauskunft geeignete und zuverlässige Stelle um Auskunft ersucht und dort eine falsche Rechtsberatung erfahren hat.** 1011

Geeignet und zuverlässig in diesen Fällen ist z.B. ein Rechtsanwalt (nicht aber dessen Büroangestellte, *LAG Düsseld.* 21.10.1997 NZA 1998, 728 LS), die Rechtsberatungsstelle einer Gewerkschaft oder die Rechtsantragsstelle eines Arbeitsgerichts, nicht dagegen der Betriebsrat oder der Betriebsratsvorsitzende (**a.A.** *LAG BW* 3.4.1998 LAGE § 5 KSchG Nr. 94; ebenso für den Personalrat und die Frist des § 1 Abs. 5 BeschFG *LAG Sachsen* 27.7.1998 NZA-RR 1999, 266). Das gilt hinsichtlich des Betriebsrats unabhängig davon, ob es sich um einen Groß- oder Kleinbetrieb handelt (APS/*Ascheid* § 5 KSchG Rz. 27 ff.; **a. A.** *Schaub* Arbeitsrechtshandbuch 10 Aufl., § 136 II 3), das um Auskunft ersuchte Betriebsratsmitglied von seiner beruflichen Tätigkeit freigestellt ist (vgl. § 38 BetrVG) oder auf Grund langjähriger Betriebsratstätigkeit über einschlägige Erfahrungen in individualrechtlichen Angelegenheiten verfügt (*LAG RhPf* 10.9.1984 NZA 1985, 430; *LAG Bln.* 17.6.1991 LAGE § 5 KSchG Nr. 52; *Ascheid* Rz. 729). Ebenso wenig kommt die Rechtsschutzversicherung des Arbeitnehmers in Betracht (*LAG Sachsen* 23.7.1998 NZA 1999, 112 LS). 1012

1013 Diese Auffassung dient insbes. dem praktischen Bedürfnis nach Rechtssicherheit, da sie schwierige und insbes. auch für den betroffenen Arbeitnehmer kaum nachvollziehbare Abgrenzungsfragen vermeidet.

1014 Demgegenüber ist nach Auffassung von *Friedrich* (KR § 5 KSchG Rz. 33) auf den jeweiligen Einzelfall abzustellen. Die nachträgliche Zulassung ist danach i.d.R. dann gerechtfertigt, wenn sich der Arbeitnehmer Rat suchend an den Betriebsrat gewandt und eine falsche Auskunft erhalten hat. Ein/e **Richter/in am Landgericht** ist jedenfalls grds. nicht als zuverlässige Stelle für die Erteilung von Auskünften in arbeitsrechtlichen Fragen anzusehen (*LAG Düsseld.* 25.7.2002 NZA-RR 2003, 101).

1015 Das *LAG Brem.* (31.10.2001 NZA 2002, 580) hat angenommen, dass für einen bei einem **deutschen Arbeitgeber in einem süd-osteuropäischen Land** (Rumänien) beschäftigten Arbeitnehmer, der dort eine fristlose Kündigung erhält, die deutsche Botschaft in diesem Land eine »zuverlässige Stelle« ist. Gibt der Mitarbeiter der Botschaft die Auskunft, die Kündigungsschutzklage müsse innerhalb von vier Wochen nach Zugang erhoben werden, trifft den Arbeitnehmer danach an der Versäumung der Dreiwochenfrist kein Verschulden, wenn er die Klage nach Ablauf der Drei-, aber vor Ablauf der Vierwochenfrist erhebt. Das gilt danach auch dann, wenn der Botschaftsmitarbeiter im Übrigen erklärt, er sei für die Anliegen des Arbeitnehmers nicht zuständig, da dieser US-Amerikaner ist.

1016 Beruft sich der Arbeitnehmer im Verfahren auf nachträgliche Zulassung einer Kündigungsschutzklage darauf, dass er vom Zugang der Kündigung keine Kenntnis gehabt habe, bedarf es der Darlegung und Glaubhaftmachung besonderer Umstände. Das ist etwa der Fall, wenn ein Familienmitglied die Kündigungserklärung in der Absicht bewusst zurückhält, den erkrankten Empfänger vor einer die Krankheit verschlimmernden Aufregung einige Zeit zu bewahren (*LAG Bln.* 4.1.1982 AP Nr. 3 zu § 5 KSchG 1969). Zu der üblichen Sorgfaltspflicht des Prozessbevollmächtigten (nicht des Arbeitnehmers bei rechtzeitiger Beauftragung: *LAG Köln* 13.6.2006 – 4 Ta 159/06 – EzA-SD 22/06 S. 22 LS = NZA-RR 2007, 33) bei Kündigungsschutzklagen gehört es mit Rücksicht auf Sinn und Zweck der §§ 4, 5 KSchG, dass er sich innerhalb **angemessener Frist** nach Übersendung der Klageschrift an das Gericht (z.B. nach vier bis fünf Wochen) davon überzeugt, dass die Klageschrift dort **eingegangen** ist.

1017 Das *LAG Hessen* (1.10.1996 NZA-RR 1997, 211) ist davon ausgegangen, dass sich unabhängig von diesem Prüfungsmaßstab aus dem Anspruch auf ein faires Verfahren (Art. 2 i.V.m. dem Rechtstaatsprinzip) die Notwendigkeit zur nachträglichen Klagezulassung ergeben kann, wenn die Klage **versehentlich an ein unzuständiges Gericht** (AG unter der Adresse des allein unter dieser Adresse ansässigen ArbG) **adressiert** ist und von diesem verzögert an das zuständige ArbG weitergeleitet wird.

1018 Die **Aufgabe eines Briefs in Taschkent** (Usbekistan) an den Rechtsanwalt des Arbeitnehmers in Deutschland mit dem Auftrag, gegen eine am Vortag zugegangene Kündigung Klage zu erheben, genügt, ausgehend von einer normalen Postlaufzeit von sieben Tagen, den Sorgfaltsanforderungen des § 5 KSchG. Eine Erkundigungspflicht beim Rechtsanwalt bestand jedenfalls 1999 mangels Zweifeln an der Zuverlässigkeit der Postbeförderung nicht (*LAG Hessen* 24.5.2000 ARST 2000, 282 LS).

1019 Beruft sich der Arbeitnehmer auf den Verlust des Klageschriftsatzes bei der Postbeförderung, so erfordert der Antrag auf nachträgliche Klagezulassung die Darlegung, dass die Klageschrift bereits der Post übergeben worden ist; der Absendevorgang muss dabei lückenlos dargestellt werden (*LAG Nbg.* 2.6.2003 – 5 Ta 78/03 – EzA-SD 15/03, S. 16 LS = NZA-RR 2003, 661 = ARST 2004, 63).

1020 Legt der Prozessvertreter das **Mandat nieder**, weil die Vergütung nicht gesichert ist, handelt es sich um Parteiverschulden, wenn dadurch die Kündigungsschutzklage zu spät eingereicht wird (*LAG Köln* 3.5.2001 ARST 2001, 284 LS = NZA-RR 2002, 438).

cc) Zurechnung des Verschuldens des Prozessbevollmächtigten?

1021 Fraglich ist, ob sich der Arbeitnehmer gem. § 85 Abs. 2 ZPO ein Verschulden seines Prozessbevollmächtigten, das zur Nichteinhaltung der Frist geführt hat, anrechnen lassen muss (APS/*Ascheid* § 5 KSchG Rz. 27 ff.).

Wegen der Wertung des § 7 KSchG, der für die Wahrung des Kündigungsschutzes auf »rechtzeitiges Geltendmachen« und damit maßgeblich auf den Formalakt (Prozesshandlung) der (fristgerechten) Klageerhebung abstellt, wurde zum Teil in der Rechtsprechung (*LAG Düsseld.* 21.3.1985 NZA 1986, 404 und 20.12.2002 NZA-RR 2003, 323; *LAG RhPf* 10.2.1982 NJW 1982, 2461; *LAG Köln* 8.5.1987 DB 1987, 1796; 10.7.1998 NZA-RR 1998, 561; 21.1.1999 NZA-RR 1999, 664; *LAG Nbg.* 12.3.2002 ARST 2002, 284 LS = NZA-RR 2002, 490; *LAG Köln* 3.11.2005 NZA-RR 2006, 325) und in der Literatur (vgl. *Dresen* NZA-RR 2004, 7 f.) davon ausgegangen, dass das Verschulden eines Prozessbevollmächtigten einer Versäumung der Klagefrist dem vertretenen Arbeitnehmer gem. § 85 Abs. 2 ZPO zugerechnet werden muss (ebenso *Tschöpe/Fleddermann* BB 1998, 157 ff.; *Griebeling* NZA 2002, 838; diff. *LAG Nds.* 27.7.2000 LAGE § 5 KSchG Nr. 98; 28.1.2003 NZA-RR 2004, 17: Anwendung nur nach bereits begründetem Prozessrechtsverhältnis; anders *LAG Nds.* 13.7.2005 LAGE § 78 ArbGG 1979 Nr. 1 = LAG Report 2005, 282 m. zust. Anm. *Schwab*: Zurechnung ab der Beauftragung des Prozessbevollmächtigten; a. auch *LAG BW* 8.8.2003 NZA-RR 2004, 43: keine Zurechnung bei fristgerecht eingereichter, aber nicht unterzeichneter Kündigungsschutzklage); das gilt auch für einen **Auszubildenden**, der sich gegen die fristlose Kündigung seines Ausbildungsverhältnisses bei fehlendem Schlichtungsausschuss (§ 111 Abs. 2 ArbGG) zur Wehr setzen möchte (*LAG Köln* 10.3.2006 – 3 Ta 47/06 – EzA-SD 9/06 S. 14 LS = NZA-RR 2006, 319). Diese Auffassung **teilt** das **nunmehr** wegen der Neuregelung des § 5 Abs. 4, 5 KSchG zum 1.4.2008 für derartige Fragen erstmals **zuständige** ***BAG*** (11.12.2008 – 2 AZR 472/08). 1022

Ein solches Verschulden ist z.B. dann gegeben, wenn die klägerischen Prozessbevollmächtigten trotz eines innerhalb der Klagefrist erhaltenen Hinweises der zuständigen Landwirtschaftskammer über das Nichtbestehen eines derartigen Ausschusses keine Klage erheben, sondern zusätzliche Auskünfte der örtlichen Industrie- und Handelskammer einholen (*LAG Köln* 10.3.2006 LAGE § 5 KSchG Nr. 113 = NZA-RR 2006, 319). Auch darf der mit der Erhebung einer Kündigungsschutzklage beauftragte Anwalt die Ermittlung des Ablaufs der Drei-Wochen-Frist nicht seinem Büropersonal überlassen. Hat er diese Aufgabe dennoch delegiert und wird ihm die Handakte noch während des Laufs der Frist vorgelegt, weil sich der Gegner nicht innerhalb eines diesem vorgegebenen Zeitraums zu einem Vergleichsangebot geäußert hat, so muss der Anwalt spätestens jetzt nochmals eigenverantwortlich den Fristablauf überprüfen. Das gilt erst recht dann, wenn die Handakte vorgelegt wird, um die Klageschrift zu erstellen (*LAG Köln* 3.11.2005 NZA-RR 2006, 325). 1023

Gleiches gilt bei einem **Verschulden im Rahmen des Verfahrens** auf **nachträgliche Zulassung der Kündigungsschutzklage** gem § 5 KSchG (*LAG Nds.* 13.7.2005 LAGE § 78 ArbGG 1979 Nr. 1 = LAG Report 2005, 282 m. zust. Anm. *Schwab*; *LAG Köln* 3.11.2005 NZA-RR 2006, 325). Das gilt bei einem gewerkschaftlich vertretenen Arbeitnehmer auch bei einem **Verschulden seiner Einzel- bzw. Fachgewerkschaft**, auch wenn nur der DGB-Rechtsschutz GmbH Prozessmandat erteilt wurde. Auch ein zur Klageerhebung aufgesuchter und den Arbeitnehmer zunächst betreuender Einzelgewerkschaftssekretär ist – einem Korrespondenzanwalt vergleichbar – seinerseits als insoweit mandatierter Bevollmächtigter i.S.d. § 85 Abs. 2 ZPO anzusehen (*LAG Düsseld.* 30.7.2002 – 15 Ta 282/02 – EzA-SD 19/02, S. 12 LS = NZA-RR 2003, 80; **a.A.** *LAG SchlH* 29.11.2007 – 5 Ta 263/07 – EzA-SD 6/2008 S. 15 LS = NZA-RR 2008, 139; und wohl für das Zulassungsverfahren *LAG Brem.* 26.5.2003 – 2 Ta 4/03 – EzA-SD 12/03, S. 18 LS = NZA 2004, 228). Daher kann grds. auch eine Zurechnung eines der Fachgewerkschaft zur Last zu legenden Verschuldens in Betracht kommen (*LAG Düsseld.* 20.12.2002 NZA-RR 2003, 323; vgl. auch *LAG BW* 12.7.2004 ArbuR 2004, 479; **a.A.** *LAG Köln* 13.6.2006 – 4 Ta 159/06 – EzA-SD 22/06 S. 22 LS = NZA-RR 2007, 33, wenn der Arbeitnehmer eine Prozessvollmacht für die DGB-Rechtsschutz-GmbH unterschreibt, die Einzelgewerkschaft die rechtzeitige Weiterleitung des Klageauftrags aber versäumt). 1024

1025 Selbst wenn man dieser Auffassung folgt, ist zu beachten, dass das Verschulden des Büropersonals dem Prozessbevollmächtigten dann nicht anzulasten ist, wenn er es ordnungsgemäß ausgewählt und überwacht – anderenfalls wäre ein wiederum anzurechnendes Organisationsverschulden anzunehmen (vgl. *Zöller/Vollkommer* § 85 ZPO Rz. 20 ff. m.w.N.). Der verspätete Eingang einer Kündigungsschutzklage beruht deshalb weder auf einem Verschulden der Partei noch ihres Prozessbevollmächtigten, wenn sie durch einen dem Büropersonal zuzurechnenden Versehen (»Zahlendreher« bei der Postleitzahl) verursacht worden ist (*LAG Köln* 21.4.1997 NZA-RR 1998, 13; vgl. auch *ArbG Kiel* 7.11.1997 NZA-RR 1998, 211: Organisationsverschulden bejaht, wenn auf Grund von falsch abgelegten Klageunterlagen durch eine Gewerkschaftsmitarbeiterin die Klagefrist versäumt wird; vgl. auch *LAG RhPf* 26.10.2000 NZA-RR 2001, 214). Gleiches gilt nach Auffassung des *Thüringer LAG* (10.12.2004 LAGE § 5 KSchG Nr. 110 = ArbuR 2005, 163 LS) dann, wenn der **rechtzeitige Klageauftrag** der Rechtsschutz gewährenden Einzelgewerkschaft bei der DGB Rechtsschutz GmbH deshalb erst nach Ablauf der Klagefrist des § 4 KSchG eingeht, weil er vom beauftragten **Kurierdienst in den falschen Briefkasten abgelegt** wurde. Die unterlassene Kontrolle des Eingangs begründet dann kein Organisationsverschulden. Bei dem Einwurf einer Klageschrift in den Nachtbriefkasten des Arbeitsgerichts zur Fristwahrung handelt es sich zudem um eine sehr **einfach strukturierte Tätigkeit, die ein Rechtsanwalt nicht selbst verrichten muss**, sondern einem erwachsenen Mitarbeiter ohne Darlegung einer besonderen Qualifikation übertragen darf. Deshalb stellt es kein Anwaltsverschulden dar, wenn ein Rechtsanwalt glaubhaft macht, dass er eine Büroangestellte mit dem rechtzeitigen Einwurf der Kündigungsschutzklage beauftragt hat, die Klage jedoch aus nicht aufzuklärenden Gründen nicht beim Arbeitsgericht eingegangen ist. Denn mit der Beauftragung hat der Rechtsanwalt alles Erforderliche getan, um die Frist zu wahren, so dass er auf den rechtzeitigen Eingang der Klageschrift beim Arbeitsgericht vertrauen durfte (*LAG RhPf* 5.5.2003 NZA-RR 2004, 495).

Von einem Rechtsanwalt, der sich und seine organisatorischen Vorkehrungen darauf eingerichtet hat, einen Schriftsatz weder selbst noch durch Boten oder per Post, sondern per Telefax zu übermitteln, kann beim Scheitern der gewählten Übermittlung – am letzten Tag der Frist und dem ersten erfolglosen Übermittlungsversuch um 14.14 Uhr – infolge eines **Defekts des Empfangsgeräts** oder wegen Leitungsstörungen zudem jedenfalls **nicht verlangt werden**, dass er innerhalb kürzester Zeit eine **andere** als die gewählte, vom Gericht offiziell eröffnete **Zugangsart sicherstellt** (*BVerfG* 25.2.2000 EzA § 5 KSchG Nr. 32 = NZA 2000, 789; 1.8.1996 EzA § 233 ZPO Nr. 37 gegen *BAG* 14.9.1994 EzA § 233 ZPO Nr 25).

Es stellt auch kein Verschulden des Anwalts dar, wenn er sich bei der Berufungseinlegung oder -begründung durch Telefax auf die von der Deutschen Telekom über Tonband angegebene **(falsche) Faxnummer des LAG** verlässt (*BAG* 25.1.2001 EzA § 233 ZPO Nr. 49). Andererseits endet die Pflicht des Rechtsanwalts zur Ausgangskontrolle fristwahrender Schriftsätze per Telefax **erst dann, wenn feststeht, dass der Schriftsatz wirklich übermittelt worden ist.** Mit Rücksicht auf die Risiken beim Einsatz eines Telefaxgeräts kommt der Rechtsanwalt seiner Verpflichtung zu einer wirksamen Ausgangskontrolle nur dann nach, wenn er seinen dafür zuständigen **Mitarbeitern die Weisung** erteilt, sich einen **Einzelnachweis ausdrucken zu lassen**, auf dieser Grundlage die **Vollständigkeit der Übermittlung zu prüfen** und die Notfrist im elektronischen Fristenkalender erst nach Kontrolle des Sendeberichts zu löschen (*Sächs. LAG* 23.2.2007 LAGE § 5 KSchG Nr. 115; s.a. *LAG Brem.* 20.6.2007 LAGE § 5 KSchG Nr. 116 = FA 2007, 360 LS bei fehlerhafter Faxnummer im Sendebericht trotz OK-Vermerk und richtig gewählter Nummer des ArbG bedeutet dies kein Verschulden des selbst handelnden Prozessbevollmächtigten).

Sofern im Hinblick auf die Bewilligung von Rechtsschutz in arbeitsrechtlichen Angelegenheiten einerseits und der Prozessführung andererseits eine **arbeitsteilig verabredete Organisation** zwischen einer Einzelgewerkschaft und der DGB Rechtsschutz GmbH besteht, kann sich Letztere als Prozessvertreter nicht ohne weiteres dadurch entlasten, dass Mängel bei Erhebung einer Kündigungsschutzklage in der Sphäre der Einzelgewerkschaft aufgetreten sind (*Sächs. LAG* 9.5.2000 FA 2001, 216).

Zum Teil (*LAG Hessen* 10.9.2002 – 15 Ta 98/02 – EzA-SD 2/03, S. 21 LS; *LAG Hmb.* 2.5.1986 BB 1986, 1020; 18.5.2005 NZA-RR 2005, 489 = LAG Report 2005, 255 LS; *LAG Hamm* 27.10.1994, 21.12.1995 LAGE § 5 KSchG Nr. 68, 73; *LAG Nds.* 27.7.2000 LAGE § 5 KSchG Nr. 98; *Berkowsky* NZA 1997, 355) wurde demgegenüber eine Zurechnung gem. § 85 Abs. 2 ZPO mit der Begründung abgelehnt, dass diese Norm nur prozessuale Wirkung zeitigt und die Klagefrist gem. § 4 KSchG demgegenüber als materiell-rechtliche Frist zu verstehen ist; diese Auffassung dürfte im Hinblick auf *BAG* 11.12.2008 (– 2 AZR 472/08) allerdings **nunmehr obsolet** sein. 1026

dd) Treuwidrige Berufung des Arbeitgebers auf die Versäumung der Klagefrist

Gem. § 242 BGB kann die Berufung des Arbeitgebers auf die Fristversäumnis treuwidrig sein, wenn er sie mit verursacht hat. So kommt z.B. der Leiter einer Schule zwar nicht als geeignete Stelle i.S.d. § 5 KSchG (s.o. Rn. 1012) in Betracht, weil er im Lager des Arbeitgebers steht. Rät er aber einem Lehrer in Unkenntnis der Klagefrist ab, den Klageweg zu beschreiten, wäre es treuwidrig, wenn sich das Land als Arbeitgeber auf die Versäumung der Klagefrist berufen könnte (*LAG BW* 3.4.1998 LAGE § 5 KSchG Nr. 94). 1027

ee) Formelle Voraussetzungen; Verfahrensfragen; Rechtskraftwirkung

Formelle Voraussetzungen für einen ordnungsgemäßen Antrag sind (vgl. APS/*Ascheid* § 5 KSchG Rz. 64 ff.): 1028

- Der Antrag ist nur innerhalb von zwei Wochen, nachdem der die Klage hindernde Umstand weggefallen ist, zulässig (§ 5 Abs. 2 S. 1 KSchG). Diese Frist beginnt nicht erst bei positiver Kenntnis des Arbeitnehmers von der Fristversäumung, sondern bereits dann, wenn er bei zumutbarer Sorgfalt Kenntnis von ihr hätte erlangen können. Dabei muss sich der Arbeitnehmer etwaige Versäumnisse seines Anwalts nach § 85 Abs. 2 ZPO zurechnen lassen (*LAG Hamm* 4.11.1996 NZA-RR 1997, 209; **a.A.** hinsichtlich der Anwendung des § 85 Abs. 2 ZPO KR/*Friedrich* § 5 KSchG Rz. 104a ff.). Es kommt also auf den **Kenntnisstand des Prozessbevollmächtigten des Klägers an, d.h. auf dessen Kennen oder Kennenmüssen**. Das Hindernis ist damit bereits dann behoben, wenn dem Prozessbevollmächtigten des Klägers mit der Ladung zum Gütetermin eine gerichtliche Mitteilung hinsichtlich des Datums des (verspäteten) Klageeingangs zugeht (*LAG Hessen* 11.3.2005 NZA-RR 2005, 322). Die Antragsfrist fängt auch dann zu laufen an, wenn ein Anwalt bei einer Wiedervorlage erkennen kann, dass nach mehr als zwei Monaten noch keine Reaktion des Gerichts, erst recht keine Ladung zum Gütetermin, erfolgt ist. Nicht maßgeblich ist, wann über den Nichteingang der Klageschrift positive Kenntnis gegeben war. Angesichts der **engen Zeitvorgabe, innerhalb der nach dem gesetzgeberischen Willen die Güteverhandlung durchzuführen ist**, führt eine Wiedervorlagefrist zur Überprüfung des Klageeingangs von mehr als 2,5 Monaten zur verschuldeten Unkenntnis vom fehlenden Klageeingang. Spätestens nach drei Wochen ohne Ladungseingang muss sich der Verlust der Klageschrift aufdrängen (*LAG Köln* 11.8.2004 LAG Report 2005, 29). Allerdings werden nur solche Fehlleistungen zugerechnet, die in der Zeit zwischen Annahme des Mandats bis zu dessen Beendigung stattgefunden haben (*LAG Brem.* 26.5.2003 LAGE § 85 ZPO 2002 Nr. 1 = NZA 2004, 228).
- Wird ein Antrag an ein **unzuständiges Gericht** gefaxt und leitet dieses den Antrag mit normaler Post an das ArbG weiter, so dass es dort **außerhalb der Frist** eingeht, so kann der Antrag nicht als rechtzeitig beim ArbG eingegangen behandelt werden. Eine Wiedereinsetzung wegen der Versäumung der Zwei-Wochen-Frist des § 5 Abs. 3

KSchG ist nicht statthaft (*LAG Köln* 14.3.2003 LAGE § 5 KSchG Nr. 106a = NZA-RR 2006, 101 LS).
- Nach Ablauf von sechs Monaten, vom Ende der versäumten Frist an gerechnet, kann der Antrag nicht mehr gestellt werden (§ 5 Abs. 3 S. 2 KSchG).
- Mit dem Antrag ist die Klageerhebung zu verbinden, wenn dies nicht schon geschehen ist (§ 5 Abs. 2 S. 1 KSchG).
- Der Antrag muss sowohl die Angabe der die nachträgliche Zulassung begründenden Tatsachen, als auch die Mittel der Glaubhaftmachung enthalten. Soll der Antrag auf eine arbeitsunfähigkeitsbedingte längere Ortsabwesenheit gestützt werden, so müssen neben den zuvor dargestellten Angaben auch die Gründe dafür genannt werden, warum die Ortsabwesenheit unverschuldet war (*LAG Köln* 14.3.2003 LAGE § 5 KSchG Nr. 106a = NZA-RR 2006, 101 LS). Die den Antrag begründenden Tatsachen sind dann allerdings nicht glaubhaft zu machen, wenn sie der **Arbeitgeber nicht bestreitet.** Ein Antrag ohne Angabe der Mittel für die Glaubhaftmachung binnen der gesetzlichen Zweiwochenfrist ist deshalb nicht endgültig unzulässig, sondern wird zulässig, wenn der Arbeitgeber die die nachträgliche Zulassung begründenden Tatsachen bis zum Zeitpunkt der Entscheidung nicht bestreitet (*LAG Nbg.* 4.12.2006 – 7 Ta 207/06 – EzA-SD 7/2007, S. 11 LS = NZA-RR 2007, 194).

1029 Der Antrag auf nachträgliche Zulassung der Kündigungsschutzklage ist stets ein **Hilfsantrag für den Fall, dass die Klage verspätet ist.** Nur wenn das Gericht die Klage für verspätet hält, darf es über den Antrag entscheiden (*BAG* 5.4.1984 EzA § 5 KSchG n.F. Nr. 21; *LAG SA* 22.10.1997 LAGE § 5 KSchG Nr. 92; vgl. auch *LAG SA* 23.4.1997 LAGE § 5 KSchG Nr. 93 für eine allgemeine Feststellungsklage gem. § 256 ZPO, die sich gegen eine Anfechtung des Arbeitgebers richtet und eine nachfolgend erklärte Kündigung, die der Arbeitnehmer erst nach Ablauf von drei Wochen in das Verfahren einführt). Hat das ArbG zu Unrecht eine Versäumung der Klagefrist des § 4 KSchG angenommen und den Antrag auf nachträgliche Zulassung der Klage zurückgewiesen, ist die Entscheidung vom Beschwerdegericht aufzuheben und festzustellen, dass die Kündigungsschutzklage rechtzeitig erhoben worden ist (*LAG Nbg.* 8.10.2001 NZA-RR 2002, 212).

1030 Im Zulassungsverfahren ist nicht zu prüfen, ob eine Kündigung vorliegt (*LAG Bln.* 4.11.2004 – 6 Ta 1733/04 – EzA-SD 25/04 S. 13 LS = NZA-RR 2005, 437), ob der Arbeitnehmer unter das KSchG fällt, oder ob er durch Unterzeichnung einer Ausgleichsquittung auf seinen Kündigungsschutz verzichtet hat (vgl. *Berkowsky* NZA 1997, 356 m.w.N.). Ebenso wenig ist im Falle des § 9 MuSchG zu prüfen, ab wann genau der Eintritt einer Schwangerschaft anzunehmen ist (*LAG Düsseld.* 10.2.2005 NZA-RR 2005, 382).

1031 Über den Antrag hat stets zunächst das ArbG zu entscheiden; das LAG kann im Zulassungsverfahren ausschließlich als Beschwerdeinstanz tätig werden; nach Eingang der Beschwerde ist zunächst erstinstanzlich eine (Nicht-)Abhilfeentscheidung zu treffen (§ 572 ZPO). Ob das Beschwerdegericht insbesondere zur Beschleunigung des Verfahrens in besonderen Fällen auch ohne Abhilfeentscheidung entscheiden kann (so *LAG Bln.* 16.4.2007 – 19 Ta 199/07 – EzA-SD 10/2007 S. 23 LS) ist im Hinblick auf den eindeutigen Gesetzeswortlaut der §§ 5 KSchG, 78 ArbGG, 572 ZPO zu bezweifeln; nach – klar gesetzeswidriger – Auffassung von *Quecke* (NZA 2007, 897 ff.) soll eine Abhilfeentscheidung insoweit gar nicht statthaft sein. Entscheidet das ArbG über den vorsorglichen Antrag auf nachträgliche Zulassung nicht, weil es die Kündigung bereits aus anderen Gründen i.S.d. § 13 Abs. 3 KSchG als rechtsunwirksam erachtet, so ist dieses Urteil auf die Berufung hin aufzuheben und die Sache an das ArbG zurückzuverweisen, wenn sich im Berufungsverfahren herausstellt, dass die vom ArbG bejahten anderen Unwirksamkeitsgründe nicht vorliegen (*LAG Nbg.* 19.9.1995 NZA 1996, 503). Gleiches – Aufhebung und Zurückverweisung – gilt, wenn der Antrag auf nachträgliche Zulassung – zulässiger Weise – erstmals in der Berufungsinstanz gestellt wird (*LAG Bra.* 13.3.1996 NZA-RR 1997, 212; *LAG BW* 13.5.2005 LAG Report 2005, 306).

Wird eine Kündigungsschutzklage erst im zweiten Rechtszug im Wege des Parteiwechsels gegen die richtige Partei gerichtet, so ist der Antrag gem. § 5 KSchG nach Auffassung des *LAG Hamm* (15.7.1993 NZA 1994, 288 LS) vor dem LAG anhängig zu machen. 1032

Das Verfahren über den Antrag auf nachträgliche Zulassung der Kündigungsschutzklage dient allein der Klärung der Frage, ob die verspätete Klageerhebung verschuldet ist. Daraus ergibt sich, dass allein die Feststellungen über die Verspätung und das Verschulden im Beschluss über die nachträgliche Zulassung der inneren Rechtskraft fähig sind, nicht aber andere Vorfragen – z.B. die des Zugangs der Kündigung (*LAG Köln* 30.5.2007 – 9 Ta 51/07 – EzA-SD 14/2007 S. 6 LS = NZA-RR 2007, 521 LS), mit denen sich das Gericht im Rahmen des Verfahrens über den Antrag auf nachträgliche Zulassung befasst (*BAG* 5.4.1984 EzA § 5 KSchG n.F. Nr. 21; **a.A.**. *LAG Hamm* 7.11.1985 AP Nr. 8 zu § 5 KSchG 1969: Rechtskraftwirkung auch hinsichtlich der Voraussetzungen zur Anwendung des KSchG sowie anderer vorgreiflicher, dem Antrag entgegenstehender Gesichtspunkte; *Berkowsky* NZA 1997, 356; *LAG Köln* 17.8.2001 – 7 Ta 47/01 –: Verspätung nicht Verfahrensgegenstand). 1033

Die Berufungskammer des LAG ist im Kündigungsschutzprozess analog § 318 ZPO an den Beschluss der Beschwerdekammer gebunden, mit dem die sofortige Beschwerde gem. § 5 KSchG gegen die Zurückweisung des Antrags auf nachträgliche Zulassung der Kündigungsschutzklage zurückgewiesen worden ist. Insoweit erstreckt sich die Bindungswirkung auch auf die Feststellung, dass die Kündigungsschutzklage verspätet ist (*BAG* 28.4.1983 EzA § 5 KSchG n.F. Nr. 20). 1034

Auch nach der zum 1.1.2002 in Kraft getretenen Änderung des Beschwerderechts (§§ 567 ff. ZPO n.F.; § 78 ArbGG n.F.) ist die Rechtsbeschwerde gegen eine Entscheidung des Landesarbeitsgerichts im Verfahren der nachträglichen Zulassung einer Kündigungsschutzklage nach § 5 KSchG nicht statthaft; auch die Zulassung der gesetzlich nicht vorgesehenen Rechtsbeschwerde durch das LAG führt nicht zu deren Statthaftigkeit (*BAG* 20.8.2002 EzA § 5 KSchG Nr. 34; 15.9.2005 NZA-RR 2006, 211; insgesamt **a.A.** *Schwab* NZA 2002, 1378 ff.; *Dietermann/Gaumann* NJW 2003, 799 ff.; *Gravenhorst* NZA 2006, 1199 ff.). 1035

ff) Neue Rechtslage seit 1.4.2008

Seit dem 1.4.2008 gelten neben den in die Neuauflage eingearbeiteten Änderungen des ArbGG auch die Neufassung von § 5 Abs. 4 KSchG sowie der neu eingeführte § 5 Abs. 5 KSchG. Das praktisch bedeutsame Verfahren über die nachträgliche Zulassung soll in der Regel mit dem Hauptsacheverfahren verbunden und gemeinsam entschieden werden. Erfolgt dies nicht, soll vorab ein Zwischenurteil ergehen, das – systemwidrig – gleich einem Endurteil angefochten werden kann. Ob damit eine Beschleunigung derartiger Verfahren erreicht werden kann, muss bezweifelt werden; allerdings ist zu befürworten, dass nunmehr erstmals ein Rechtsmittel (Revision oder Nichtzulassungsbeschwerde) zum BAG eröffnet ist (s. dazu instr. u. krit. *Schwab* FA 2008, 135; *Francken/Natter/Rieker* NZA 2008, 377 ff.). 1036

Mangels Übergangsregelung war die verfahrensrechtliche Handhabung in den Fällen zweifelhaft, in denen das ArbG vor dem 1.4.2008 zutreffend durch Beschluss entschieden hatte und dagegen Beschwerde eingelegt wurde, über die nach dem 1.4.2008 zu entscheiden war. **Richtig** erscheint es, in diesen Fällen mangels Vorhandensein einer Übergangsregelung auch in zweiter Instanz nach altem Recht – durch Beschluss – zu entscheiden (zutr. *Bader* NZA 2008, 620 ff., allerdings mit der Möglichkeit der Zulassung der Rechtsbeschwerde; **a.A.** *LAG BW* 7.5.2008 – NZA-RR 2008, 431; *Francken/Natter/Rieker* NZA 2008, 377 ff.: Urteil). 1037

2. Berufsausbildungsverhältnis

1038 Siehe hierzu die Ausführungen oben unter Rn. 869 ff.

3. Verwirkung des Klagerechts außerhalb des Anwendungsbereichs der §§ 1, 23 KSchG

1039 **Außerhalb des Regelungsbereichs der §§ 1, 23 KSchG** musste der Arbeitnehmer bei einer außerordentlichen Kündigung bis zum 31.12.2003 **nicht die Klagefrist und -form des § 4 KSchG einhalten** (*BAG* 17.8.1972 EzA § 626 BGB n.F. Nr. 22).

1040 Das Klagerecht des Arbeitnehmers konnte aber **verwirken** (vgl. 3. Aufl. D/Rz. 623 ff.; APS/*Ascheid* § 7 KSchG Rz. 30 ff.; APS/*Biebl* § 13 KSchG Rz. 62 ff.).

1041 Seit dem 1.1.2004 ist das Gegenteil auf Grund der Neufassung der §§ 4, 13 KSchG zutreffend, unabhängig vom Geltungsbereich des KSchG, allerdings mit der Verlängerungsmöglichkeit des § 6 KSchG. Denn § 4 KSchG findet auch Anwendung auf Arbeitnehmer, die vom betrieblichen Geltungsbereich des KSchG (§ 23) nicht erfasst werden oder auf solche, deren Arbeitsverhältnis noch keine sechs Monate bestanden hat (*BAG* 28.6.2007 EzA § 4 KSchG n.F. Nr. 77 = NZA 2007, 972). Gleiches gilt für den Fall, dass der Arbeitnehmer die Unwirksamkeit einer außerordentlichen Kündigung geltend machen will (APS/*Ascheid* § 4 KSchG Rz. 14). Für eine Verwirkung des Klagerechts ist daneben – trotz Einhaltung der Klagefrist – i.d.R. kein Raum.

III. Ausschlussfrist (§ 626 Abs. 2 BGB)

1. Grundsätze

a) Kenntnis des Arbeitgebers

aa) Zweck der gesetzlichen Regelung

1042 **Die außerordentliche Kündigung kann gem. § 626 Abs. 2 BGB nur innerhalb einer zweiwöchigen Frist erfolgen.**

1043 Zweck dieser Regelung ist es, den Kündigenden möglichst schnell zur Entscheidung über die Kündigung aus einem bestimmten Grund zu veranlassen. Denn ansonsten könnte die Unzumutbarkeit der Weiterbeschäftigung fraglich sein.

1044 Zudem soll der Kündigungsgegner frühzeitig die Konsequenzen des Vorliegens eines wichtigen Grundes für sein Arbeitsverhältnis erfahren (MünchArbR/*Wank* § 120 Rz. 129; APS/*Dörner* § 626 BGB Rz. 116 f.); dem betroffenen Arbeitnehmer soll **rasch Klarheit** darüber verschafft werden, ob **der Kündigungsberechtigte einen Sachverhalt zum Anlass für eine außerordentliche Kündigung nimmt** (*BAG* 1.2.2007 EzA § 626 BGB 2002 Verdacht strafbarer Handlung Nr. 3 = NZA 2007, 744; 17.3.2005 EzA § 626 BGB 2002 Nr. 9 = NZA 2006, 101).

1045 Die Ausschlussfrist ist gewahrt, wenn dem Kündigungsempfänger die Kündigungserklärung **innerhalb der Frist zugegangen ist.**

1046 Allerdings können Besonderheiten dann gelten, wenn gegenüber den Arbeitnehmern einer Kommune Kündigungsberechtigter der Gemeinderat bzw. ein nach Maßgabe einer Gemeindeordnung eingerichteter Personalausschuss ist. Tagt nämlich ein derartiger Ausschuss im Monatsrhythmus, so wird die Ausschlussfrist der § 54 Abs. 2 BAT, § 626 Abs. 2 BGB regelmäßig auch dann gewahrt, wenn die fristlose Kündigung eines Arbeitnehmers der Gemeinde in der nächsten ordentlichen Ausschusssitzung beschlossen wird, nachdem der Erste Bürgermeister von dem Kündigungssachverhalt Kenntnis erlangt hat (*BAG* 18.5.1994 EzA § 626 BGB Ausschlussfrist Nr. 6).

bb) Rechtsnatur der Ausschlussfrist; Einzelfragen; Verhältnis zu § 91 Abs. 2 S. 1 SGB IX

Die Regelung des **§ 626 Abs. 2 BGB ist zwingendes Recht,** sie kann weder durch Parteivereinbarung noch durch Tarifverträge abgeändert werden (*BAG* 12.4.1978 EzA § 626 BGB n.F. Nr. 64); sie gilt auch für die außerordentliche Kündigung aus wichtigem Grund von selbstständigen Dienstverhältnissen (*BGH* 19.11.1998 EzA § 626 BGB Ausschlussfrist Nr. 13). **1047**

Nicht anwendbar ist § 626 Abs. 2 BGB allerdings auf die fristlose Kündigung eines Handelsvertretervertrages aus wichtigem Grund nach § 89a HGB (*BAG* 3.5.1986 AP § 626 BGB Ausschlussfrist Nr. 23). **1048**

Ist dem Kündigungsgegner mit Ablauf der Zweiwochenfrist keine Kündigung zugegangen, so wird unwiderleglich vermutet, dass dem Kündigungsberechtigten die Fortsetzung des Arbeitsverhältnisses zumutbar ist. Die Ausschlussfrist kann daher als gesetzliche (bzw. tarifliche, vgl. z.B. § 54 Abs. 2 BAT) Konkretisierung der Verwirkung des Kündigungsgrundes angesehen werden (*BAG* 1.2.2007 EzA § 626 BGB 2002 Verdacht strafbarer Handlung Nr. 3 = NZA 2007, 744; 17.3.2005 EzA § 626 BGB 2002 Nr. 9 = NZA 2006, 101; 2.2.2006 EzA § 626 BGB 2002 Ausschlussfrist Nr. 1 = NZA-RR 2006, 440). Ohne Kenntnis des Kündigungsberechtigten vom Kündigungssachverhalt kann das Kündigungsrecht folglich nicht verwirken (*BAG* 1.2.2007 EzA § 626 BGB 2002 Verdacht strafbarer Handlung Nr. 3 = NZA 2007, 744; 9.1.1986 EzA § 626 BGB n.F. Nr. 98). **1049**

> Sie ist eine materiell-rechtliche Ausschlussfrist, ihre Versäumung führt zur Unwirksamkeit der außerordentlichen Kündigung (*BAG* 6.7.1972 EzA § 626 BGB n.F. Nr. 15). Eine Wiedereinsetzung in den vorigen Stand ist ausgeschlossen (*BAG* 28.10.1971 EzA § 626 BGB Nr. 8). **1050**

Nach Fristablauf können die verfristeten Kündigungsgründe allerdings noch zur Begründung einer **ordentlichen Kündigung** herangezogen werden (MünchArbR/*Wank* § 120 Rz. 130; **a. A.** *LAG Hamm* 16.10.1978 DB 1979, 607). **1051**

Hat der Arbeitgeber, der eine außerordentliche Kündigung gegenüber seinem Arbeitnehmer beabsichtigt, von einem Antrag des Arbeitnehmers auf Feststellung der Schwerbehinderteneigenschaft Kenntnis erlangt und kündigt er deshalb nicht innerhalb der Frist des § 626 Abs. 2 BGB, sondern beantragt innerhalb der Frist des § 91 Abs. 2 SGB IX die Zustimmung des Integrationsamtes, so darf sich der Arbeitnehmer nach **Treu und Glauben** auch dann nicht auf die Versäumung der Frist berufen, wenn er tatsächlich nicht schwer behindert war und es deshalb der Zustimmung des Integrationsamtes nicht bedurfte (*BAG* 27.2.1987 EzA § 626 BGB Ausschlussfrist Nr. 1; s.a. *LAG Hamm* 4.11.2004 – 8 Sa 292/04 – EzA-SD 7/05, S. 16 LS; s.o. Rn. 752). **1052**

> Allerdings hat das *BAG* (2.3.2006 EzA § 91 SGB IX Nr. 3 = NZA 2006, 1211 m. Anm. *Sandmann* SAE 2007, 215 ff.; 1.2.2007 EzA § 626 BGB 2002 Verdacht strafbarer Handlung Nr. 3 = NZA 2007, 744) inzwischen zum Verhältnis von § 91 Abs. 2 SGB IX und § 626 BGB folgende Grundsätze aufgestellt: **1053**
> - Mit der eigenständigen Prüfung der Ausschlussfrist des § 626 Abs. 2 BGB durch die Arbeitsgerichte ist keine Aussage über die verwaltungsrechtliche Frage verbunden, ob § 91 Abs. 2 SGB IX als Voraussetzung einer wirksamen Zustimmung des Integrationsamtes eingehalten ist.
> - Eine bereits eingetretene Versäumung der Frist des § 626 Abs. 2 BGB kann nicht allein dadurch »geheilt« werden, dass der Arbeitnehmer erst danach das Vorliegen einer Schwerbehinderung bzw. eine entsprechende Antragstellung mitteilt und sodann das Integrationsamt auf einen entsprechenden Antrag des Arbeitgebers hin die Zustimmung zu einer beabsichtigten außerordentlichen Kündigung erteilt.
> - Durch die Zustimmung des Integrationsamtes steht also nicht zugleich fest, dass die Zweiwochenfrist gewahrt ist (§ 626 Abs. 2 BGB). Denn die Fristen der §§ 626 Abs. 2 BGB, 91 Abs. 2 SGB IX stehen selbständig nebeneinander und verdrängen einander nicht (*BAG* 1.2.2007 EzA § 626 BGB 2002 Verdacht strafbarer Handlung Nr. 3 = NZA 2007, 744).

cc) Beginn der Frist

(1) Kenntnis der Kündigungstatsachen

1054 Die Frist gem. § 626 Abs. 2 BGB beginnt mit dem Zeitpunkt, in dem der Kündigungsberechtigte von den für die Kündigung maßgebenden Tatsachen **Kenntnis erlangt.**

1055 Erforderlich ist eine zuverlässige und möglichst vollständige positive Kenntnis der für die Kündigung maßgebenden Tatsachen (*BAG* 26.6.2008 EzA § 626 BGB 2002 Nr. 21 = NZA 2008, 1415; 5.6.2008 – 2 AZR 25/07 – EzA-SD 21/2008 S. 10 LS = FA 2008, 379; 1.2.2007 EzA § 626 BGB 2002 Verdacht strafbarer Handlung Nr. 3 = NZA 2007, 744; 2.2.2006 EzA § 626 BGB 2002 Ausschlussfrist Nr. 1 = NZA-RR 2006, 440; *LAG RhPf* 27.5.2004 LAG Report 2005, 40; *LAG Hamm* 28.11.2003 LAG Report 2004, 184), die ihm die Entscheidung ermöglicht, ob die Fortsetzung des Arbeitsverhältnisses zumutbar ist oder nicht (*BAG* 26.6.2008 EzA § 626 BGB 2002 Nr. 21 = NZA 2008, 1415; 2.3.2006 EzA § 91 SGB IX Nr. 3 = NZA 2006, 1211).

1056 Dazu gehören sowohl die **für als auch gegen die Kündigung sprechenden Umstände sowie** die Beschaffung und Sicherung möglicher Beweismittel für die ermittelte Pflichtverletzung (*BAG* 17.3.2005 EzA § 626 BGB 2002 Nr. 9 = NZA 2006, 101). Die Kenntnisnahme von **ersten Anhaltspunkten** für das Vorliegen eines Kündigungsgrundes **genügt nicht** (*LAG Hamm* 28.11.2003 LAG Report 2004, 184); selbst grob fahrlässige Unkenntnis schadet nicht (*BAG* 11.3.1976 EzA § 626 BGB n.F. Nr. 46; 5.12.2002 EzA § 123 BGB 2002 Nr. 1 = NZA 2003, 1055 LS; vgl. auch *OLG Karlsruhe* 28.4.2004 NZA 2005, 301); **ohne die umfassende Kenntnis des Kündigungsberechtigten vom Kündigungssachverhalt kann sein Kündigungsrecht nicht verwirken** (*BAG* 1.2.2007 EzA § 626 BGB 2002 Verdacht strafbarer Handlung Nr. 3 = NZA 2007, 744; s.o. Rn. 1047).

1057 Stützt der Arbeitgeber z.B. die Kündigung nicht auf die Verantwortung des Arbeitnehmers im öffentlichen Dienst für die Verbreitung ausländerfeindlicher Pamphlete, sondern auf seine erstmalige, nicht rechtskräftige Verurteilung wegen Volksverhetzung, so beginnt die Frist ab Kenntniserlangung des Arbeitgebers von der Verurteilung zu laufen (*BAG* 14.2.1996 EzA § 626 BGB n.F. Nr. 160; vgl. dazu APS/*Dörner* § 626 BGB Rz. 125; *Scheuring* ZTR 1999, 337 ff. u. 385 ff.).

1058 Informationen über eine **zulässige Vorbereitungshandlung** für einen später beabsichtigten **Wettbewerb** können nicht diejenigen Tatsachen sein, nach deren Kenntnis der Arbeitgeber zuverlässig beurteilen kann, ob ihm die Fortsetzung des Arbeitsverhältnisses mit dem Gekündigten zumutbar ist oder nicht. Maßgeblich ist vielmehr derjenige Sachverhalt, der den Arbeitgeber **zur Kündigung veranlasst hat** und aus seiner Sicht den Kündigungsgrund bildet (*BAG* 26.6.2008 EzA § 626 BGB 2002 Nr. 21 = NZA 2008, 1415).

(2) Hemmung der Frist bei Ermittlungen

1059 Ist die Frist bereits angelaufen, kann sie **gleichwohl gehemmt werden** (*BAG* 5.6.2008 – 2 AZR 25/07 – EzA-SD 21/2008 S. 10 LS = FA 2008, 379). Denn zur Erlangung dieser Kenntnis kann der Kündigungsberechtigte zunächst **Ermittlungen** anstellen, insbes. den Betroffenen anhören (*BAG* 2.2.2006 EzA § 626 BGB 2002 Ausschlussfrist Nr. 1 = NZA-RR 2006, 440; 2.3.2006 EzA § 91 SGB IX Nr. 3 = NZA 2006, 1211). Da das Ziel der gesetzlichen Regelung auch darin besteht, eine **hektische Eile** bei der Kündigung und insbes. eine **vorschnelle außerordentliche Kündigung zu verhindern**, ist der Arbeitgeber verpflichtet, den Sachverhalt und die Beweismittel zu überprüfen und sich angesichts der Schwere der gegen den Arbeitnehmer erhobenen Vorwürfe auch einen persönlichen Eindruck von Belastungszeugen zu verschaffen (*BAG* 1.2.2007 EzA § 626 BGB 2002 Verdacht strafbarer Handlung Nr. 3 = NZA 2007, 744; 17.3.2005 EzA § 626 BGB 2002 Nr. 9 = NZA 2006, 101; *LAG Nds.* 15.3.2002 NZA-RR 2003, 20).

Solange der Arbeitgeber die zur Sachverhaltsaufklärung nach pflichtgemäßem Ermessen notwendig erscheinenden Maßnahmen, z.B. in einem Fall von umfangreichen und über lange Zeit fortgesetzten Veruntreuungen Untersuchungen durchführt, insbes. Unterlagen oder Abrechnungen überprüft, um das Ausmaß des Schadens zu ermitteln kann die Ausschlussfrist nicht beginnen bzw. ist sie gehemmt (*BAG* 1.2.2007 EzA § 626 BGB 2002 Verdacht strafbarer Handlung Nr. 3 = NZA 2007, 744; *LAG Köln* 18.1.2002 – 11 Sa 522/01 – EzA-SD 13/02, S. 19 LS = ZTR 2002, 395). **1060**
Die Hemmung des Fristablaufs setzt aber voraus, dass die vom Arbeitgeber ergriffenen Maßnahmen vom Standpunkt eines verständigen Vertragspartners her zur genaueren Sachverhaltsermittlung erforderlich waren (MünchArbR/*Wank* § 120 Rz. 132; APS/*Dörner* § 626 BGB Rz. 127 ff.); die Ermittlungen sind zudem **unverzüglich und zeitnah mit der gebotenen Eile anzustellen**, andernfalls ist die außerordentliche Kündigung ausgeschlossen. Denn der Arbeitgeber weiß nunmehr, dass – aus seiner Sicht – ein Kündigungsgrund vorliegt und dass er kündigen kann. Innerhalb der Frist muss er dann entscheiden, ob er kündigen will und die Kündigung gegenüber dem Arbeitnehmer erklären (*BAG* 5.6.2008 – 2 AZR 25/07 – EzA-SD 21/2008 S. 10 LS = FA 2008, 379; 2.2.2006 EzA § 626 BGB 2002 Ausschlussfrist Nr. 1 = NZA-RR 2006, 440; 2.3.2006 EzA § 91 SGB IX Nr. 3 = NZA 2006, 1211; *LAG MV* 26.4.2006 – 2 Sa 487/05 – EzA-SD 17/06, S. 8 LS; *LAG RhPf* 27.5.2004 LAG Report 2005, 40). Es spielt insoweit **keine Rolle**, ob die Ermittlungsmaßnahmen **tatsächlich etwas zur Aufklärung des Sachverhalts beigetragen haben** oder im Ergebnis letztlich überflüssig waren. Kein Anlass für Ermittlungen besteht andererseits dann nicht (mehr), wenn der Sachverhalt geklärt oder vom Arbeitnehmer sogar zugestanden worden ist (*BAG* 1.2.2007 EzA § 626 BGB 2002 Verdacht strafbarer Handlung Nr. 3 = NZA 2007, 744; 5.12.2002 EzA § 123 BGB 2002 Nr. 1 = NZA 2003, 1055 LS). Allerdings ist die Ausschlussfrist nur solange gehemmt, wie der Kündigungsberechtigte die notwendig erscheinenden Aufklärungsmaßnahmen **mit der gebotenen Eile** auch **tatsächlich durchführt** (*BAG* 31.3.1993 EzA § 626 BGB Ausschlussfrist Nr. 5; 5.12.2002 EzA § 123 BGB 2002 Nr. 1 = NZA 2003, 1055 LS). Ein Zeitraum von **über zwei Monaten** ist insoweit regelmäßig zu lang, soweit nicht besondere Umstände vorliegen (*LAG Nds.* 16.9.2005 LAGE § 626 BGB 2002 Ausschlussfrist Nr. 1a = NZA-RR 2006, 131). Hat der Kündigungsberechtigte dagegen dennoch weitere Ermittlungen durchgeführt, muss er darlegen, **welche Tatsachenbehauptungen unklar** und daher ermittlungsbedürftig waren und **welche weiteren Ermittlungen** – zumindest aus damaliger Sicht – zur Klärung von Zweifeln angestellt worden sind; der Vortrag des Arbeitgebers, es seien insgesamt mehr als 12.000 Rechnungen und Sammelrechnungen mit mehreren Lieferscheinen zu prüfen gewesen, lässt insoweit ausnahmsweise bereits aufgrund des Umfangs der Unterlagen einen Überprüfungszeitraum von **gut zwei Monaten plausibel** erscheinen (*BAG* 1.2.2007 EzA § 626 BGB 2002 Verdacht strafbarer Handlung Nr. 3 = NZA 2007, 744).

Der Arbeitgeber darf aber auch z.B. die Beendigung eines Strafermittlungs- bzw. Strafverfahrens abwarten (*BAG* 17.3.2005 EzA § 626 BGB 2002 Nr. 9 = NZA 2006, 101; *LAG Hamm* 3.4.2008 – 3 Sa 207/07 – EzA-SD 15/2008 S. 5 LS), wenn er selbst die Schuld des Arbeitnehmers nicht abschließend feststellen kann (*BAG* 11.3.1976 EzA § 626 BGB n.F. Nr. 46); insbesondere kann er die Kündigung auf die **rechtskräftige Verurteilung** des Arbeitnehmers stützen (*BAG* 5.6.2008 – 2 AZR 25/07 – EzA-SD 21/2008 S. 10 LS = FA 2008, 379). Dies ist zwar ein rechtsstaatlich **nicht gebotenes**, in jedem Fall **aber** gerade im Interesse des Arbeitnehmers **angemessenes Vorgehen**. Der Arbeitgeber gibt damit zu erkennen, dass er die Kündigung nur auf einen zur rechtskräftigen Verurteilung im Strafverfahren ausreichenden Tatsachenstand stützen will und die rechtskräftige Verurteilung aus seiner Sicht ein eigenes Gewicht hat, das sie zu einem Element des Kündigungsgrundes macht (*BAG* 5.6.2008 – 2 AZR 25/07 – EzA-SD 21/2008 S. 10 LS = FA 2008, 379). **1061**

Der Arbeitgeber kann aber schließlich auch berechtigt sein, nach Einsicht in die staatsanwaltschaftlichen Akten eines größeren Korruptions-Komplexes das Ermittlungsverfahren **1062** und die evtl. Anklageerhebung im Einzelfall abzuwarten, ohne dass eine spätere Kündigung verfristet wäre (*LAG Hessen* 25.8.1994 LAGE § 626 BGB Ausschlussfrist Nr. 6; *LAG Hamm* 3.4.2008 – 3 Sa 207/07 – EzA-SD 15/2008 S. 5 LS = FA 2008, 285). Andererseits muss er nach **Einsicht in die Ermittlungsakten** mit der Kündigung nicht zuwarten (*LAG Hamm* 3.4.2008 – 3 Sa 207/07 – EzA-SD 15/2008 S. 5 LS = FA 2008, 285).

1063 Entschließt sich der Arbeitgeber dazu, den Aus- oder Fortgang eines Strafermittlungs- bzw. Strafverfahrens abzuwarten, so kann er dann aber nicht zu einem beliebigen, willkürlich gewählten Zeitpunkt außerordentlich kündigen. Will er vor Abschluss des Strafverfahrens kündigen, muss ein sachlicher Grund – z.B. die Kenntnis von neuen Tatsachen oder Beweismitteln – vorliegen (*BAG* 17.3.2005 EzA § 626 BGB 2002 Nr. 9 = NZA 2006, 101).

1064 Eine Hemmung der Frist tritt im Übrigen nicht dadurch ein, dass der Kündigungsberechtigte bei einem Rechtsanwalt **Rechtsrat zwecks Beurteilung** einholt, ob die bislang ermittelten **Indiztatsachen die beabsichtigte Kündigung tragen** oder weitere Aufklärungsmaßnahmen unternommen werden sollten (*LAG Hamm* 1.10.1998 LAGE § 626 BGB Ausschlussfrist Nr. 10).

1065 Für die Vorermittlungen gilt, anders als für die Anhörung des Arbeitnehmers (s.u. Rn. 1067), keine Regelfrist (*BAG* 10.6.1988 EzA § 626 BGB Ausschlussfrist Nr. 1).

1066 Keine Hemmung tritt auch dann ein, wenn der Informant des Kündigungsberechtigten mit der Verwertung der Informationen nicht einverstanden ist, sofern nicht aus bestimmten Rechtsgründen ein Verwertungsverbot besteht. Dies gilt auch für ein Ersuchen der Staatsanwaltschaft, durch die Einsicht in eine Ermittlungsakte gewonnene Erkenntnisse zunächst nicht zu verwerten (*LAG Hessen* 4.4.2003 NZA 2004, 1160 = ARST 2004, 259 LS).

(3) Anhörung des Arbeitnehmers

1067 Auch die sachdienliche **Anhörung des Arbeitnehmers** hemmt den Fristablauf, möglicherweise ist auch eine Mehrfachanhörung erforderlich. Denn die Anhörung ist zwar keine Wirksamkeitsvoraussetzung für die Tatkündigung (s.u. Rn. 1370), sie gehört aber regelmäßig zu den erforderlichen Aufklärungsmaßnahmen, damit der Arbeitnehmer Gelegenheit erhält, entlastende Umstände vorzutragen (*LAG Hamm* 7.6.2005 LAG Report 2005, 384 LS; *LAG Sachsen* 23.4.2007 – 3 Sa 301/06 – FA 2007, 358 LS).

1068 Um den Schutz des Kündigungsgegners durch die Ausschlusswirkung nicht mittels einer Hinauszögerung der Anhörung umgehen zu können, muss sie **innerhalb einer kurzen Frist erfolgen, die regelmäßig nicht länger als 1 Woche sein darf** (*BAG* 6.7.1972 EzA § 626 BGB n.F. Nr. 15; 2.3.2006 EzA § 91 SGB IX Nr. 3 = NZA 2006, 1211), berechnet ab dem Zeitpunkt, in dem der Kündigungsberechtigte von den für die Kündigung maßgebenden Tatsachen Kenntnis erlangt (APS/*Dörner* § 626 BGB Rz. 130). Allerdings kann die Frist bei **Vorliegen besonderer Umstände** auch überschritten werden (*BAG* 2.3.2006 EzA § 91 SGB IX Nr. 3 = NZA 2006, 1211).

(4) Kenntnis des Kündigungsberechtigten

1069 **Entscheidend ist die Kenntnis des zur Kündigung Berechtigten,** das ist jeder, der zur Kündigung des konkreten Arbeitnehmers befugt ist. Nach hessischem Gemeinderecht kommt es für den Beginn des Laufs der Ausschlussfrist auf die **Kenntnis des Gemeindevorstands** als Gremium an. Kenntnisse eines nicht kündigungsbefugten Personalamtes sind der Gemeinde nur zuzurechnen, wenn deren Nichtweitergabe an den Gemeindevorstand auf einem Organisationsmangel beruhte (*LAG Hessen* 4.4.2003 NZA 2004, 1160).

Bei Minderjährigkeit des Arbeitgebers ist die Kenntnis des gesetzlichen Vertreters entscheidend. 1070

Im Falle der Gesamtvertretung ist die Kenntnis eines Vertreters ausreichend (*BAG* 20.9.1984 EzA § 626 BGB n.F. Nr. 92; demgegenüber geht der *BGH* [15.6.1998 II ZR 318/96 gegen *BGH* 2.6.1997 DStR 1997, 1338 f.] für die außerordentliche Kündigung des Anstellungsvertrages eines GmbH-Geschäftsführers von der Notwendigkeit der **Kenntnis der Mitglieder der Gesellschaftsversammlung** aus, die nach deren Zusammentritt erlangt sein muss, oder des Vorstandes (*BGH* 10.9.2001 EzA § 611 BGB Abmahnung Nr. 43) aus; zur Zurechenbarkeit der Kenntnis konzern-, nicht betriebsangehöriger Dritter *LAG Hamm* 29.1.2001 – 16 Sa 998/00). 1071

Grds. reicht die Kenntnis dritter Personen ohne Entlassungsbefugnis für den Beginn der Ausschlussfrist nicht aus (*BAG* 28.10.1971 AP Nr. 1 zu § 626 BGB Ausschlussfrist). 1072

Hat der Dritte im Betrieb allerdings eine Stellung, die nach den Umständen des Einzelfalles erwarten lässt, dass er den Kündigungsberechtigten von dem Kündigungssachverhalt unterrichtet, so ist trotz unterlassener oder verzögerter Unterrichtung dem Kündigungsberechtigten die Kenntnis nach **Treu und Glauben** zuzurechnen, wenn die Information des Arbeitgebers durch eine **mangelhafte Organisation** des Betriebes verhindert wurde, obwohl eine andere Organisation sachgemäß gewesen wäre und dem Arbeitgeber zumutbar war (*BAG* 5.5.1977 EzA § 626 BGB n.F. Nr. 57; APS/*Dörner* § 626 BGB Rz. 131 f.; abl. MünchArbR/*Wank* § 120 Rz. 137, weil dadurch das gesetzliche Merkmal der Kenntnis durch das der fahrlässigen Unkenntnis ersetzt wird). 1073

b) Dauergründe

aa) Begriffsbestimmung

Problematisch ist die Frage des Fristbeginns bei sog. Dauergründen. § 626 Abs. 2 BGB gilt auch dann (*BAG* 18.5.2006 EzA § 2 KSchG Nr. 60 = NZA-RR 2007, 272); bedarf aber besonderer Auslegung. 1074

Bei Dauergründen handelt es sich z.B. um Pflichtverletzungen, die zu einem Gesamtverhalten zusammengefasst werden können. Hier beginnt die Ausschlussfrist mit dem letzten Vorfall, der ein weiteres und letztes Glied der Kette der Ereignisse bildet, die zum Anlass für eine Kündigung genommen werden. 1075

Das frühere Verhalten, das länger als zwei Wochen zurückliegt, ist aber ebenfalls zu berücksichtigen und zwar, anders als ein verfristeter Vorfall, nicht nur unterstützend (APS/*Dörner* § 626 BGB Rz. 133 ff.). Der Umstand allerdings, dass das **Vertrauensverhältnis** zwischen den Parteien möglicherweise **»auf Dauer« zerstört ist**, führt **nicht zu einem Dauertatbestand** im hier maßgeblichen Sinne. Denn es kommt nicht auf die Dauer des Vertrauensverlusts, sondern auf die Dauer der Tatsachen an, die den Vertrauensverlust hervorrufen (*BAG* 2.3.2006 EzA § 91 SGB IX Nr. 3 = NZA 2006, 1211). 1076

bb) Eigenmächtiger Urlaubsantritt; unentschuldigtes Fehlen

Nimmt der Arbeitnehmer z.B. **eigenmächtig Urlaub**, so beginnt die Ausschlussfrist des § 626 Abs. 2 BGB für eine hierauf gestützte außerordentliche Kündigung des Arbeitgebers aus wichtigem Grund mit der **Rückkehr des Arbeitnehmers** (*BAG* 25.2.1983 EzA § 626 BGB n.F. Nr. 83). Denn dann, wenn der Arbeitnehmer längere Zeit unbefugt der Arbeit fernbleibt, begeht er jeden Tag von neuem eine Vertragsverletzung. 1077

Erklärt der Arbeitgeber erst wenige Tage nach dem Urlaubsantritt, jedoch vor der Rückkehr des Arbeitnehmers die Kündigung, so muss nicht bereits der Antritt des Urlaubs ohne Rücksicht auf die Dauer des Fernbleibens der maßgebliche Grund für die Kündigung gewesen sein. Der Arbeitgeber kann aus verschiedenen Erwägungen eine Weile zugewartet haben, bevor er zu dem äußersten Mittel der fristlosen Entlassung griff. 1078

1079 Fehlt der Arbeitnehmer unentschuldigt, z.B. im Falle einer rechtswidrigen **Selbstbeurlaubung**, so beginnt die Frist frühestens mit **dem Ende der unentschuldigten Fehlzeit** (*BAG* 22.1.1998 EzA § 626 BGB Ausschlussfrist Nr. 11; s.a. *BAG* 13.3.2008 EzA § 1 KSchG Verhaltensbedingte Kündigung Nr. 73).

1080 Das lässt sich dahin **zusammenfassen, dass die Ausschlussfrist grds. nicht vor Beendigung des pflichtwidrigen Dauerverhaltens beginnt** (so *BGH* 20.6.2005 NZA 2005, 1415; s. aber u. Rn. 1081 ff.).

cc) Nicht abgeschlossener Dauerzustand

1081 **Bei nicht abgeschlossenen Dauerzuständen** (z.B. einer längerfristigen Erkrankung) kann der entscheidende Sachverhalt andererseits bereits abgeschlossen sein, sobald der Arbeitgeber weiß, dass der Arbeitnehmer nicht nur vorübergehend ausfällt und er sich darauf in seiner Personalplanung einstellen muss (KR/*Fischermeier* § 626 BGB Rz. 323 ff.).

1082 Allerdings geht das *BAG* (21.3.1996 EzA § 626 BGB Ausschlussfrist Nr. 10) davon aus, dass dann, wenn die **dauernde Unfähigkeit,** die vertraglichen Dienste zu erbringen, den Kündigungsgrund für eine außerordentliche Kündigung eines ordentlich unkündbaren Arbeitnehmers bildet, es sich um einen Dauerzustand handelt, bei dem es für die Einhaltung der Zweiwochenfrist **ausreicht,** dass er in den **letzten zwei Wochen vor Ausspruch der Kündigung angehalten hat** (*BAG* 25.3.2004 EzA § 626 BGB 2002 Unkündbarkeit Nr. 4 = NZA 2004, 1216). Ist jedoch ein **ordentlich unkündbarer Arbeitnehmer** in der Vergangenheit wegen unterschiedlicher Erkrankungen arbeitsunfähig gewesen und führt der Arbeitgeber nach dessen Arbeitsfähigkeit ein Krankengespräch mit ihm, nach dessen Inhalt er nach seiner Behauptung davon ausgehen muss, dass der Arbeitnehmer **auch in Zukunft** arbeitsunfähig krank sein werde, muss er die außerordentliche Kündigung mit Auslauffrist jedenfalls innerhalb von **zwei Wochen nach Kenntnis** von diesem Kündigungssachverhalt aussprechen; in diesem Fall ist kein sog. Dauertatbestand gegeben (zutr. *LAG Bln.* 7.4.2006 LAGE § 626 BGB 2002 Nr. 9).

dd) Wegfall der Beschäftigungsmöglichkeit

1083 Ist bei einem tariflich unkündbaren Arbeitnehmer ausnahmsweise eine außerordentliche Kündigung unter Einhaltung der ordentlichen Kündigungsfrist zulässig, weil sein Arbeitsplatz weggefallen ist und der Arbeitgeber ihn auch unter Einsatz aller zumutbaren Mittel, ggf. durch Umorganisation seines Betriebes nicht weiter beschäftigen kann, so ist § 626 Abs. 2 BGB nicht verletzt, da der Wegfall der Beschäftigungsmöglichkeit einen Dauertatbestand darstellt (*BAG* 5.2.1998 EzA § 626 BGB Unkündbarkeit Nr. 2; zust. *Schleusener* SAE 1998, 218 ff.). Bei einer auf **betriebliche Gründe** gestützten außerordentlichen Änderungskündigung wird zusammengefasst **nahezu immer ein Dauerzustand gegeben** sein, was in aller Regel zu der Beurteilung führt, dass die Frist eingehalten ist (*BAG* 18.5.2006 EzA § 2 KSchG Nr. 60 = NZA-RR 2007, 272).

2. Einzelfragen

a) § 102 BetrVG, § 79 BPersVG

1084 Die gem. § 102 BetrVG, § 79 BPersVG erforderliche Anhörung des Betriebs- bzw. Personalrats muss rechtzeitig vor Ablauf der Ausschlussfrist eingeleitet werden, da sie nicht um die Anhörungsfrist von drei Tagen verlängert wird.

1085 Der Arbeitgeber muss deshalb **spätestens am zehnten Tag** nach Kenntnis der für die Kündigung maßgebenden Tatsachen die Anhörung des Betriebsrats einleiten, um nach Ablauf der Anhörungsfrist von drei Tagen dann noch am folgenden letzten Tag der Ausschlussfrist die Kündigung aussprechen zu können.

1086 Muss ein personalvertretungsrechtliches **Mitbestimmungsverfahren** (einschließlich einer Erörterung und eines Einigungsversuchs zwischen Arbeitgeber und Personalrat) vor Ausspruch der Kündigung durchgeführt werden, so gilt § 91 **Abs. 5 SGB IX analog.** Der Arbeitgeber muss also unverzüglich (§ 121 BGB, d.h. ohne schuldhaftes Zögern) die Kündigung nach Abschluss des personalvertretungsrechtlichen Mitbestimmungsverfahrens erklären (*BAG* 21.10.1983 AP Nr. 16 zu § 626 BGB Ausschlussfrist; 2.2.2006 EzA § 626 BGB 2002 Ausschlussfrist Nr. 1 = NZA-RR 2006, 440; APS/*Dörner* § 626 BGB Rz. 145 f.). Hat der Arbeitgeber innerhalb der Frist des § 626 Abs. 2 BGB sowohl die erforderliche **Zustimmung** des Personalrats **beantragt**, als auch bei verweigerter Zustimmung das **weitere Mitbestimmungsverfahren eingeleitet**, so kann demgemäß die Kündigung auch nach Ablauf der Frist des § 626 Abs. 2 BGB erfolgen, wenn sie **unverzüglich nach Erteilung der Zustimmung** erklärt wird (*BAG* 2.2.2006 EzA § 626 BGB 2002 Ausschlussfrist Nr. 1 = NZA-RR 2006, 440). Es reicht dagegen nicht aus, dass der Arbeitgeber lediglich kurz vor Ablauf der Zweiwochenfrist beim Personalrat die Zustimmung zur Kündigung beantragt und nach Ablauf der Frist bei verweigerter Zustimmung das weitere Mitbestimmungsverfahren einleitet (*BAG* 8.6.2000 EzA § 626 BGB Ausschlussfrist Nr. 15). **Erforderlich ist jedenfalls die Kenntnis vom Abschluss des Mitbestimmungsverfahrens.** Der Arbeitgeber ist i.d.R. nicht verpflichtet, von sich aus Erkundigungen über Zeitpunkt und Inhalt der Entscheidung des Hauptpersonalrats einzuholen; insoweit ist § 91 Abs. 3 SGB IX nicht analog anzuwenden (*BAG* 2.2.2006 EzA § 626 BGB 2002 Ausschlussfrist Nr. 1 = NZA-RR 2006, 440).

b) § 15 KSchG, § 103 BetrVG

Soweit die außerordentliche Kündigung eines gem. § 15 Abs. 1–3 KSchG geschützten Amtsträgers erst zulässig ist, nachdem der Betriebs- oder Personalrat seine Zustimmung erteilt hat oder die verweigerte Zustimmung rechtskräftig ersetzt worden ist, ist § 626 Abs. 2 BGB anwendbar. 1087

Der Arbeitgeber muss deshalb noch **innerhalb der Ausschlussfrist ggf. das gerichtliche Verfahren auf Ersetzung der Zustimmung einleiten** (*BAG* 7.5.1986 EzA § 103 BetrVG 1972 Nr. 31). 1088

An die Stelle der gem. § 626 Abs. 2 BGB an sich maßgeblichen Kündigung tritt der Antrag auf gerichtliche Ersetzung der Zustimmung, für den auch § 270 Abs. 3 ZPO (jetzt § 167 ZPO) gilt. 1089

Zu beachten ist aber, dass **nur ein zulässiger Zustimmungsersetzungsantrag** nach § 103 Abs. 2 BetrVG die Ausschlussfrist des § 626 Abs. 2 BGB wahrt. Ein vor der Zustimmungsverweigerung des Betriebsrats gestellter Zustimmungsersetzungsantrag ist unzulässig und wird auch nicht dadurch zulässig, dass nachträglich die Zustimmung des Betriebsrats zu der beabsichtigten Kündigung beantragt wird (*BAG* 24.10.1996 EzA § 103 BetrVG 1972 Nr. 37). 1090

> Wird die Zustimmung rechtskräftig ersetzt, dann muss der Arbeitgeber analog § 91 Abs. 5 SGB IX unverzüglich die außerordentliche Kündigung aussprechen (*BAG* 18.8.1977 EzA § 103 BetrVG 1972 Nr. 20). 1091

Das Erfordernis der Rechtskraft folgt aus den für das Beschlussverfahren geltenden allgemeinen und **zwingenden Verfahrensgrundsätzen** über die Vollstreckbarkeit der im Beschlussverfahren ergehenden Entscheidungen und über den Eintritt ihrer Wirksamkeit. Die Zustimmungsersetzung beruht auf der Gestaltungs- oder Vollstreckungswirkung des gerichtlichen Beschlusses, die nicht vor einer rechtskräftigen Entscheidung eintreten kann (*BAG* 25.1.1979 EzA § 103 BetrVG 1972 Nr. 22). 1092

Fraglich ist aber, wann der Arbeitgeber kündigen darf bzw. muss, wenn der Arbeitnehmer gegen den Zustimmungsersetzungsbeschluss des LAG **Nichtzulassungsbeschwerde** zum BAG erhebt. 1093

> Das *BAG* (25.1.1979 EzA § 103 BetrVG 1972 Nr. 22; 25.10.1989 RzK II 3 Nr. 17; s.a. o. Rn. 622 ff.) geht insoweit davon aus, dass einerseits aus Gründen der **Rechtssicherheit** und -klarheit auf die Rechtskraft der Ersetzungsentscheidung als Kündigungsvoraussetzung nicht verzichtet werden kann. Andererseits soll aber dem betroffenen Arbeitneh- 1094

mer die Möglichkeit verwehrt werden, durch eine aussichtslose Nichtzulassungsbeschwerde den Ausspruch der Kündigung **über Gebühr hinauszuzögern.** Verlangt wird deshalb in diesen Fällen lediglich die »Unanfechtbarkeit« des Beschlusses, die bereits vor Eintritt der formellen Rechtskraft dann gegeben ist, wenn die Zustimmungsersetzung für die Beteiligten infolge **offensichtlicher Aussichtslosigkeit** des eingelegten Rechtsmittels bindend war. Ob der Arbeitgeber dann nicht nur berechtigt, sondern andererseits auch **verpflichtet** ist, nach Zustellung des Beschlusses des LAG **unverzüglich die Kündigung zu erklären,** hat das *BAG* (25.1.1979 EzA § 103 BetrVG 1972 Nr. 22; 25.10.1989 RzK II 3 Nr. 17) zunächst offen gelassen. Es hat dies inzwischen (*BAG* 9.7.1998 EzA § 103 BetrVG 1972 Nr. 39 = SAE 2000, 192; vgl. dazu *Kohte/Lenart* SAE 2000, 195 ff.; ebenso *LAG Hmb.* 2.9.1997 – 6 SA 12/97; *Eisenbeis* FA 1997, 34 ff.; APS/*Dörner* § 626 BGB Rz. 151) verneint. Denn eine solche Auffassung stünde im **Widerspruch zu der Ausgestaltung des arbeitsgerichtlichen Beschlussverfahrens,** wonach grds. in Betriebsverfassungssachen dauernde Auswirkungen erst an **formell rechtskräftige Beschlüsse** geknüpft werden; sie würde außerdem zu einer erheblichen Rechtsunsicherheit führen, weil der Arbeitgeber die **Aussichten eines gegnerischen Rechtsmittels zu prüfen hätte,** wofür in der Sache und außerdem rein zeitlich keine zuverlässigen Maßstäbe zur Prüfung aufgestellt werden können.

c) § 9 MuSchG, § 18 BEEG

1095 Nach diesen Vorschriften ist es ausreichend, aber auch erforderlich, dass der Arbeitgeber binnen 2 Wochen nach Kenntnis der Kündigungsgründe bei der zuständigen Behörde beantragt, die beabsichtigte außerordentliche Kündigung für zulässig zu erklären.

1096 Wird die Kündigung für zulässig erklärt, so muss sie der Arbeitgeber **analog § 91 Abs. 5 SGB IX** unverzüglich aussprechen (vgl. *LAG Hamm* 3.10.1986 DB 1987, 544). Der Erteilung der Zustimmung steht der Wegfall des Zustimmungserfordernisses gleich: **Ab Kenntnis** der zum Wegfall des Zustimmungserfordernisses führenden Ereignisse ist die Kündigung **unverzüglich** auszusprechen (*LAG Köln* 21.1.2000 NZA-RR 2001, 303).

1097 ► **Beispiel:**

Mangels entgegenstehender Informationen muss der Arbeitgeber davon ausgehen, dass der vom Arzt gem. § 5 Abs. 1 MuSchG attestierte »mutmaßliche Tag der Entbindung« auch der tatsächliche ist, so dass er damit rechnen muss, dass nach Ablauf von vier Monaten von diesem Tag an gerechnet das Kündigungsverbot des § 9 Abs. 1 MuSchG ausläuft und die Kündigung nicht mehr zustimmungspflichtig ist (*LAG Köln* 21.1.2000 NZA-RR 2001, 303).

d) §§ 85, 91 SGB IX; Verhältnis zu § 102 BetrVG

1098 Gem. § 91 Abs. 2 SGB IX kann die Zustimmung zur außerordentlichen Kündigung im Anwendungsbereich des SGB IX nur binnen zwei Wochen beim Integrationsamt beantragt werden. Nach Erteilung der Zustimmung muss sie grds. Unverzüglich – d.h. ohne schuldhaftes Zögern, § 121 BGB – ausgesprochen werden (**§ 91 Abs. 5 SGB IX**; vgl. dazu *Fenski* BB 2001, 570 ff.). Dem Arbeitgeber, der seinem rechtlich relevanten Verhalten eine dem Arbeitnehmer **günstige, nachvollziehbare Rechtsauffassung** in einer höchstrichterlich nicht entschiedenen Frage **zu Grunde legt,** kann in diesem Zusammenhang **kein Schuldvorwurf** gemacht werden (*BAG* 21.4.2005 EzA § 91 SGB IX Nr. 1 = NZA 2005, 991 = BAG Report 2005, 327). Im Übrigen kann der Arbeitgeber allerdings die Kündigungserklärungsfrist voll ausschöpfen. Liegt die Zustimmung also vor Ablauf der Frist gem. § 626 Abs. 2 BGB vor, muss der Arbeitgeber nicht unverzüglich kündigen. Denn § 91 Abs. 2 SGB IX ergänzt als speziellere Regelung § 626 Abs. 2 BGB nur nach Ablauf der Kündigungserklärungsfrist und führt nicht zu deren Verkürzung (*BAG* 15.11.2001 EzA § 21 SchwbG 1986 Nr. 12 m. Anm. *Joussen* SAE 2002, 316; 7.11.2002 EzA § 130 BGB 2002 Nr. 1 gegen *BAG* 22.1.1987 BAGE 55, 9; ebenso *LAG Hamm* 4.11.2004 – 8 Sa 292/04 – EzA-SD 7/05, S. 16 LS).

Ist die Frist des § 626 Abs. 2 BGB bereits abgelaufen, stellt § 91 Abs. 5 SGB IX sicher, dass der Arbeitgeber die Kündigung auch noch nach Ablauf der Frist des § 626 Abs. 2 BGB aussprechen kann. § 91 Abs. 5 SGB IX will dem Umstand Rechnung tragen, dass es dem Arbeitgeber eines zu kündigenden schwer behinderten Arbeitnehmers regelmäßig nicht möglich ist, bis zum Ablauf der zweiwöchigen Ausschlussfrist des § 626 Abs. 2 S. 1 BGB die Zustimmung des Integrationsamtes einzuholen. Die Vorschrift dient also dem Schutz des Arbeitgebers (*BAG* 21.4.2005 EzA § 91 SGB IX Nr. 1 = NZA 2005, 991 = BAG Report 2005, 327). **1099**

»Erklärt« i.S.d. § 91 Abs. 5 SGB IX ist eine Kündigung dann, wenn sie dem Arbeitnehmer gem. § 130 BGB **zugegangen ist**; die Absendung der Kündigungserklärung genügt nicht (*LAG RhPf* 31.3.2004 NZA-RR 2005, 71). **1100**

Der Arbeitgeber kann das Anhörungsverfahren gem. § 102 BetrVG nach dem Ende des Zustimmungsverfahrens oder nach dem Eintritt der Zustimmungsfiktion **einleiten**. In diesem Fall muss der Arbeitgeber jedoch, soweit keine besonderen Hinderungsgründe entgegenstehen, sofort nach Bekanntgabe der Zustimmungsentscheidung oder nach Eintritt der Zustimmungsfiktion das Anhörungsverfahren einleiten und **sofort nach Eingang der Stellungnahme** des Betriebsrats oder des Ablaufs der Drei-Tage-Frist des § 102 Abs. 2 S. 3 BetrVG die Kündigung erklären (*LAG RhPf* 31.3.2004 NZA-RR 2005, 71). **1101**

Erfolgt die notwendige Zustimmung des Integrationsamtes erst im Widerspruchsverfahren, ist für die Wahrung der Frist des § 626 Abs. 2 BGB nicht erst auf das Datum der Zustellung des schriftlichen Widerspruchsbescheides abzustellen. Denn der Arbeitgeber kann die außerordentliche Kündigung erklären, sobald die Entscheidung des Integrationsamtes »getroffen« ist. Das ist bereits dann der Fall, wenn das Integrationsamt dem Arbeitgeber die Entscheidung mündlich oder fernmündlich bekannt gegeben hat. Denn dann hat der Arbeitgeber sichere Kenntnis davon, dass das Integrationsamt in seinem Sinne entscheiden hat. Er braucht dann nicht mehr mit der Kündigung zu warten und darf es auch nicht, weil er ansonsten nicht unverzüglich kündigen würde. Zwar regelt § 91 Abs. 5 SGB IX nur die Zustimmung durch das Integrationsamt. Die weitgehende Übereinstimmung der Interessenlagen und Verfahrenskonstellationen rechtfertigt jedoch die Anwendung des in § 91 Abs. 5 SGB IX zum Ausdruck kommenden Rechtsgedankens auch dann, wenn die Zustimmung erst im Widerspruchsausschuss erteilt wird. Der Arbeitgeber kann – und muss – auch in diesem Fall bereits dann unverzüglich kündigen, wenn er sichere Kenntnis davon hat, dass der Widerspruchsausschuss die Zustimmung erteilt (*BAG* 21.4.2005 EzA § 91 SGB IX Nr. 1 = NZA 2005, 991 = BAG Report 2005, 327; **a.A.** *LAG BW* 16.3.2004 LAG Report 2005, 38). **1102**

IV. Materielle Voraussetzungen für eine außerordentliche Kündigung (§ 626 Abs. 1 BGB)

1. Grundsätze

a) Geltungsbereich des § 626 BGB; sonstige Regelungen einer außerordentlichen Kündigung

Der Geltungsbereich des § 626 BGB erstreckt sich auf alle Arten von Dienstverhältnissen einschließlich der Arbeitsverhältnisse. **1103**

Er findet gleichermaßen Anwendung auf **unbefristete und befristete Dienstverhältnisse und Arbeitsverhältnisse.** **1104**

Neben § 626 BGB bestehen nur noch wenige sonstige Regelungen: §§ 64 bis 69, 78 SeemG (für Schiffsbesatzungen und Kapitäne; § 67 SeemG enthält z.B. einen absoluten Kündigungsgrund: *BAG* 16.1.2003 EzA § 242 BGB 2002 Kündigung Nr. 3) sowie § 22 BBiG (für Berufsausbildungsverhältnisse; vgl. APS/*Dörner* § 626 BGB Rz. 2 ff.). **1105**

b) Zwingendes Recht

1106 § 626 Abs. 1 BGB ist für beide Vertragsteile **zwingendes Recht.** Er kann weder ausgeschlossen noch beschränkt werden (*BAG* 8.8.1963 AP Nr. 2 zu § 626 BGB Kündigungserschwerung).

1107 Im Kern ist die Möglichkeit zur außerordentlichen Kündigung verfassungsrechtlich geschützt (*BVerfG* 13.11.1979 EzA § 9 MuSchG n.F. Nr. 17). Insoweit ist jede einzel- und kollektivvertragliche Ausschließung und Beschränkung des außerordentlichen Kündigungsrechts nichtig. Das *ArbG Hamm* (19.6.2001 NZA-RR 2001, 612) hat deshalb angenommen, dass der **völlige Ausschluss der außerordentlichen Beendigungskündigung aus betriebsbedingten Gründen** durch einen Tarifvertrag im Lichte von Art. 12 Abs. 1 GG **verfassungswidrig** ist. Es hat den Arbeitgeber jedoch für verpflichtet angesehen, einen gleichwertigen Arbeitsplatz zu Gunsten des tariflich unkündbaren Arbeitnehmers freizukündigen, wenn dieser von einem weniger schutzwürdigen Arbeitnehmer besetzt ist.

aa) Verbot der unzumutbaren Erschwerung der Kündigung

1108 Unzulässig ist auch die unzumutbare Erschwerung des Kündigungsrechts für den bei Vorliegen der Voraussetzungen des § 626 BGB Kündigenden, z.B. durch Vertragsstrafenvereinbarungen, Verpflichtungen zur Zahlung von Abfindungssummen (*BGH* 3.7.2000 EzA § 626 BGB n.F. Nr. 181), zur Fortzahlung des Gehalts oder zur Rückzahlung von Urlaubsentgelt.

1109 Eine Beschränkung des § 626 Abs. 1 BGB ist auch nicht in der Weise möglich, dass vertraglich abschließend Gründe festgelegt werden, die alleine zur außerordentlichen Kündigung berechtigen sollen (vgl. APS/*Dörner* § 626 BGB Rz. 7 ff.).

bb) Konkretisierung einzelner Kündigungsgründe

1110 Möglich ist es allerdings, einzelne Kündigungsgründe im Rahmen des § 626 Abs. 1 BGB zu konkretisieren, doch kommt einer solchen Konkretisierung rechtlich keine § 626 Abs. 1 BGB ausschließende oder beschränkende Bedeutung zu.

1111 Sie kann dann allerdings in der Praxis eine Art **vorbeugende Warnfunktion** erfüllen (MünchArbR/*Berkowsky* § 122 Rz. 21).

1112 Auch im Übrigen sind einzel- und tarifvertragliche Regelungen, die das Recht einer Partei zur außerordentlichen Kündigung ausschließen oder einschränken, nicht völlig bedeutungslos.

1113 Sie können die **Schwerpunkte einer im Rahmen des § 626 Abs. 1 BGB immer vorzunehmenden Interessenabwägung durchaus verlagern,** weil sie deutlich machen, welche Aspekte die Tarifvertragsparteien z.B. als für den Bestand des Arbeitsverhältnisses besonders bedeutsam ansehen (*BAG* 22.11.1973 EzA § 626 BGB n.F. Nr. 33; APS/*Dörner* § 626 BGB Rz. 15).

cc) Verbot der Erweiterung des § 626 Abs. 1 BGB

1114 **Auch eine einzel- oder kollektivvertragliche Erweiterung des § 626 Abs. 1 BGB ist unzulässig.**

1115 Einer einzelvertraglichen Erweiterung stehen die zwingend festgelegten gesetzlichen Kündigungsfristen entgegen, die durch die bloße Festlegung eines Sachverhalts als wichtiger Grund umgangen werden können. Deshalb ist eine von den Arbeitsvertragsparteien getroffene Regelung, wonach der Arbeitgeber berechtigt ist, den Arbeitnehmer nach Erreichen eines bestimmten Alters »**vorzeitig zu pensionieren**« und so das aktive Arbeitsverhältnis zu beenden, wegen Gesetzesverstoßes (§§ 134, 626, 622 BGB) **nichtig** (*LAG Hessen* 20.9.1999 NZA-RR 2000, 413). Gleiches gilt generell für die **Vereinbarung eines Grundes als wichtiger Grund** i.S.d. § 626 BGB (*LAG Nbg.* 26.4.2001 ZTR 2001, 477 LS). Nichts anderes gilt für einen **vertraglich vereinbarten Ablösungsvorbehalt**, der ein einseitiges Gestaltungsrecht bedeutet, das der Arbeitgeber für den Fall ausüben können soll, dass ein bestimmter vertraglich vereinbarter Grund vorliegt, nämlich der Verlust des Vertrauens zu dem Arbeitnehmer. Die Abbestellung beschränkt sich dann anders als ein Widerrufsvorbehalt nicht auf die partielle Änderung einzelner Arbeitsbedingungen, sondern soll das Anstellungsverhältnis mit Wirkung ex nunc insgesamt beenden. **Damit rückt sie in die Nähe einer außerordentlichen Kündigung, ohne dass ein wichtiger Grund i.S.d. § 626 BGB vorliegen muss;** dies widerspricht dem Schutzzweck des § 626 BGB (*BAG* 9.2.2006 EzA § 308 BGB 2002 Nr. 3 = NZA 2006, 1046).

Im Gegensatz zu § 622 BGB sieht § 626 Abs. 1 BGB auch keine Tariföffnungsklausel vor. 1116

Der Kündigungsberechtigte kann allerdings nach Entstehen des Kündigungsgrundes auf sein Kündigungsrecht verzichten oder den Kündigungsgrund verzeihen (MünchArbR/*Wank* § 120 Rz. 26). 1117

Der Verzicht kann ausdrücklich oder konkludent durch eine empfangsbedürftige Willenserklärung des Kündigungsberechtigten erfolgen (*BAG* 6.3.2003 EzA § 626 BGB 2002 Nr. 3). In Betracht kommt insbes. auch der Verzicht durch Ausspruch einer Abmahnung (s.u. Rn. 2322 ff.). Ob dies mangels Warnfunktion auch für eine nicht mit einem ausdrücklichen Hinweis auf die Gefährdung des künftigen Bestandes des Arbeitsverhältnisses versehene bloße »Ermahnung« bzw. eine bloße Vertragsrüge anzunehmen ist, hat das *BAG* (6.3.2003 EzA § 626 BGB 2002 Nr. 3) offen gelassen. Ein Verzicht kann jedenfalls nur dann angenommen werden, wenn die Vertragsrüge deutlich und unzweifelhaft zu erkennen gibt, dass der Arbeitgeber den vertraglichen Pflichtenverstoß hiermit als ausreichend sanktioniert ansieht. Lässt der Arbeitgeber dagegen in seinem Schreiben selbst an keiner Stelle erkennen, dass er darin bereits eine in irgendeiner Weise abschließende Sanktion auf einen vom Arbeitnehmer begangenen Diebstahl sieht, kann allein aus der Überschrift »Abmahnung« nicht mit der notwendigen Eindeutigkeit gefolgert werden, dass der Arbeitgeber auf ein Kündigungsrecht verzichten wollte (*BAG* 6.3.2003 EzA § 626 BGB 2002 Nr. 3). 1118

dd) Verzicht auf den Kündigungsschutz

Siehe Rn. 1897 ff. 1119

c) Wichtiger Grund

aa) Begriffsbestimmung

Ein wichtiger Grund i.S.d. Generalklausel des § 626 Abs. 1 BGB für eine außerordentliche Kündigung liegt dann vor, wenn Tatsachen gegeben sind, auf Grund derer dem Kündigenden unter Berücksichtigung aller Umstände des Einzelfalles und unter Abwägung der Interessen beider Vertragsteile die Fortsetzung des Arbeitsverhältnisses bis zum Ablauf der Frist für eine ordentliche Kündigung oder bis zum Ablauf einer vereinbarten Befristung des Arbeitsverhältnisses nicht zugemutet werden kann (ausf. *Busemann/Schäfer* a.a.O., Rz. 128 ff.). Ein wichtiger Grund in diesem Sinne kann auch dann vorliegen, wenn dem Arbeitgeber zwar zunächst die Weiterbeschäftigung des Arbeitnehmers für einen **bestimmten Zeitraum, nicht jedoch bis zum Ablauf der Kündigungsfrist** oder bis zur vereinbarten Beendigung des Arbeitsverhältnisses **zumutbar ist** (*BAG* 13.4.2000 EzA § 626 BGB n.F. Nr. 180). 1120

Damit wird der wichtige Grund zunächst durch die objektiv vorliegenden Tatsachen bestimmt, die an sich geeignet sind, die Fortsetzung des Arbeitsverhältnisses unzumutbar zu machen (vgl. APS/*Dörner* § 626 BGB Rz. 21 ff.). 1121

bb) Objektive Belastung des Arbeitsverhältnisses

1122 Kündigungsgrund i.S.d. § 626 Abs. 1 BGB ist deshalb jeder Sachverhalt, der objektiv das Arbeitsverhältnis mit dem Gewicht eines wichtigen Grundes belastet (*BAG* 23.3.1972 EzA § 626 BGB n.F. Nr. 11; vgl. ausführlich KR/*Fischermeier* § 626 BGB Rz. 103 ff.).

1123 Entscheidend ist nicht der subjektive Kenntnisstand des Kündigenden, sondern der **objektiv vorliegende Sachverhalt,** der objektive Anlass.

1124 Berücksichtigt werden können nur die bis zum Ausspruch der Kündigung eingetretenen Umstände bei der Überprüfung der Frage, ob sie als Kündigungsgrund an sich geeignet sind (KR/*Fischermeier* § 626 BGB Rz. 108). Andererseits können auch **vor dem Beginn des Arbeitsverhältnisses liegende,** dem Arbeitgeber bei der Einstellung nicht bekannte **Umstände oder Ereignisse** (z.B. Bilanzmanipulationen des nach einer Fusion als Arbeitnehmer übernommenen Vorstands einer der fusionierten Betriebskrankenkassen) das Vertrauen des Arbeitgebers in die Zuverlässigkeit und Redlichkeit des Arbeitnehmers zerstören und deshalb einen wichtigen Grund zur außerordentlichen Kündigung darstellen (*BAG* 5.4.2001 EzA § 626 BGB n.F. Nr. 187).

cc) Objektive Unzumutbarkeit der Fortsetzung des Arbeitsverhältnisses

1125 Die danach zu berücksichtigenden Umstände müssen nach verständigem Ermessen die Fortsetzung des Arbeitsverhältnisses auch nicht für die Dauer der vorgesehenen Kündigungsfrist zumutbar erscheinen lassen (*BAG* 3.11.1955 AP Nr. 4 zu § 626 BGB).

1126 Bei der Bewertung des Kündigungsgrundes und bei der nachfolgenden Interessenabwägung ist ein **objektiver Maßstab** anzulegen, sodass subjektive Umstände, die sich aus den Verhältnissen der Beteiligten ergeben, nur auf Grund einer objektiven Betrachtung zu berücksichtigen sind.

dd) Zukunftsbezogenheit der Kündigung (Prognoseprinzip)

1127 Die danach maßgeblichen Umstände müssen sich konkret nachteilig auf das Arbeitsverhältnis auswirken. Da der Kündigungsgrund zukunftsbezogen ist und die Kündigung keine Sanktion für das Verhalten in der Vergangenheit darstellt, kommt es auf seine Auswirkungen auf die Zukunft an (*BAG* 12.1.2006 EzA § 1 KSchG Verhaltensbedingte Kündigung Nr. 67 = NZA 2006, 917; 12.1.2006 EzA § 1 KSchG Verhaltensbedingte Kündigung Nr. 68 = NZA 2006, 980).

1128 Deshalb muss die Fortsetzung des Arbeitsverhältnisses durch objektive Umstände oder die Einstellung oder das Verhalten des Gekündigten im Leistungsbereich, im Bereich der betrieblichen Verbundenheit aller Mitarbeiter, im persönlichen Vertrauensbereich (der Vertragspartner) oder im Unternehmensbereich **konkret beeinträchtigt** sein (*BAG* 28.10.1971 EzA § 626 BGB n.F. Nr. 7; 12.1.2006 EzA § 1 KSchG Verhaltensbedingte Kündigung Nr. 67 = NZA 2006, 917; 12.1.2006 EzA § 1 KSchG Verhaltensbedingte Kündigung Nr. 68 = NZA 2006, 980; KR/*Fischermeier* § 626 BGB Rz. 166 ff.; krit. dazu *Enderlein* RdA 2000, 325 ff.).

1129 Die negative Zukunftsprognose lässt sich aus **der Beharrlichkeit vergangener Pflichtverletzungen** und dem Ausmaß des Verschuldens des Arbeitnehmers ableiten (*LAG Hamm* 30.5.1996 NZA 1997, 1056 LS; krit. *Adam* NZA 1998, 284 ff.)

1130 Daraus folgt aber nicht, dass eine außerordentliche Kündigung nur bei Wiederholungsgefahr zulässig ist. Auch ein abgeschlossener Tatbestand ohne Wiederholungsgefahr kann u.U. wegen der Erschütterung des Vertrauensverhältnisses zur außerordentlichen Kündigung berechtigen (MünchArbR/*Wank* § 120 Rz. 30; insgesamt abl. zum Prognoseprinzip *Rüthers* NJW 1998, 1433 ff. u. 1895 f.; vgl. demgegenüber *Preis* NJW 1998, 1889 ff.; *Hanau* NJW 1998, 1895; *Löwisch* BB 1998, 1793 ff.).

ee) Zweistufigkeit der Überprüfung

Die erforderliche Überprüfung gem. § 626 Abs. 1 BGB vollzieht sich zweistufig: Zum einen muss ein Grund vorliegen, der unter Berücksichtigung der oben skizzierten Kriterien – aber ohne Berücksichtigung der besonderen Umstände des Einzelfalles (abl. deshalb *Stahlhacke/Preis* a.a.O., Rz. 453; *Preis* Prinzipien der Beendigung von Arbeitsverhältnissen, S. 478 f.; abl. auch *Rüthers* NJW 1998, 1436 ff.) – überhaupt an sich geeignet ist, eine außerordentliche Kündigung zu rechtfertigen. 1131
Insoweit handelt es sich um einen Negativfilter, d.h., dass bestimmte Kündigungsgründe eine außerordentliche Kündigung nicht rechtfertigen können.
Zum anderen muss dieser Grund im Rahmen einer Interessenabwägung unter besonderer Berücksichtigung aller Umstände des Einzelfalles, insbes. auch des Verhältnismäßigkeitsprinzips, zum Überwiegen der berechtigten Interessen des Kündigenden an der (i.d.R.) vorzeitigen Beendigung des Arbeitsverhältnisses führen (*BAG* 27.4.2006 EzA § 626 BGB 2002 Nr. 17 = NZA 2006, 1033; *LAG Bln.* 5.1.2005 – 17 Sa 1308/04 – EzA-SD 8/05, S. 12 LS; vgl. ausf. KR/*Fischermeier* § 626 BGB Rz. 87 ff., 235 ff. m.w.N. aus Rspr. u. Lit.).

Demgegenüber wird in der Literatur z. T. (MünchArbR/*Wank* § 120 Rz. 37 ff.; *Stahlhacke/Preis* a.a.O., Rz. 453) angenommen, dass die Grundgedanken des § 1 KSchG zur Auslegung des § 626 BGB herangezogen werden sollten, um zu einer dem § 1 KSchG entsprechenden Fallgruppenbildung nach personen-, verhaltens- und betriebsbedingten Gründen zu gelangen. Damit könnte anstelle einer spezifischen Interessenabwägung die Konkretisierung der Fallgruppen durch jeweils an deren Besonderheiten orientierten Rechtmäßigkeitsvoraussetzungen vorgenommen werden. 1132

2. Prüfungsmaßstab

a) Der Regelfall

Entscheidend ist die Unzumutbarkeit der Fortsetzung des Arbeitsverhältnisses bis zum Ablauf der Frist für eine ordentliche Kündigung bzw. bis zum Ende der vereinbarten Befristung (*LAG Bln.* 5.1.2005 – 17 Sa 1308/04 – EzA-SD 8/05, S. 12 LS; APS/*Dörner* § 626 BGB Rz. 34). 1133

Nach dem Verhältnismäßigkeitsprinzip ist die außerordentliche Kündigung »Ultima Ratio«, sodass sie dann nicht gerechtfertigt ist, wenn die Fortsetzung des Arbeitsverhältnisses bis zum Ablauf der ordentlichen Kündigungsfrist zumutbar ist, weil dann die ordentliche Kündigung ein milderes Mittel als die außerordentliche Kündigung darstellt (vgl. dazu krit. *Stückmann/Kohlepp* RdA 2000, 331 ff.). 1134

b) Ausschluss der ordentlichen Kündigung

Besonderheiten bestehen allerdings in den Fällen, in denen – zumeist auf Grund einer Tarifnorm – eine ordentliche Kündigung ausgeschlossen ist (krit. dazu insgesamt *Adam* NZA 1999, 846 ff., wonach ein derartiger Ausschluss tatsächlich gar nicht möglich ist; *ders.* ZTR 2008, 479 ff.); insoweit sind grundsätzlich **strenge Maßstäbe anzulegen** (*BAG* 11.3.1999 EzA § 626 BGB n.F. Nr. 177; *LAG Köln* 30.10.2006 – 14 Sa 158/06 – EzA-SD 1/2007 S. 5 LS). 1135

► **Beispiel:** 1136
Eine solche außerordentliche Kündigung kommt z.B. dann in Betracht, wenn eine Patientenbetreuerin in einer Vielzahl von Fällen unter Gefährdung der Gesundheitsinteressen der Patienten ihre Arbeit nicht oder nachlässig verrichtet und insgesamt vier Abmahnungen zu keiner Besserung führen (*LAG Köln* 30.10.2006 – 14 Sa 158/06 – EzA-SD 1/2007 S. 5 LS).

Bei der Interessenabwägung ist dann nicht auf die fiktive Frist für die ordentliche Kündigung, sondern auf die **tatsächliche künftige Vertragsbindung** abzustellen (*BAG* 14.11.1984 EzA § 626 BGB n.F. Nr. 93; 13.4.2000 EzA § 626 BGB n.F. Nr. 180; 21.6.2001 EzA § 626 BGB Unkündbarkeit Nr. 7; APS/*Dörner* § 626 BGB Rz. 35 ff.).

aa) Verhältnis von wichtigem Grund und Bindungsdauer

1137 Es ist davon auszugehen, dass das Gewicht des wichtigen Grundes **in umgekehrtem Verhältnis zur Bindungsdauer** steht (*BAG* 8.10.1957 AP Nr. 16 zu § 626 BGB).

1138 Daraus folgt andererseits aber nicht als feste Regel, dass eine außerordentliche Kündigung bei einer langfristigen Bindung (längere Dauer der Kündigungsfrist oder der Befristung oder Ausschluss der ordentlichen Kündigung) stets erleichtert ist, während dann, wenn eine kurzfristige Beendigung durch eine ordentliche Kündigung möglich ist oder infolge der Befristung demnächst eintritt, an eine außerordentliche Kündigung besonders strenge Anforderungen zu stellen sind.

1139 Ob sich die Länge der Kündigungsfrist oder die Dauer eines befristeten Vertrages erleichternd oder erschwerend für die Anerkennung eines wichtigen Grundes auswirkt, kann sachgerecht nur unter Berücksichtigung der Umstände des **jeweiligen Einzelfalles** entschieden werden (KR/*Fischermeier* § 626 BGB Rz. 298).

1140 Der tarifliche Ausschluss der ordentlichen Kündigung und die dadurch bedingte langfristige Vertragsbindung stellen aber jedenfalls Umstände dar, die bei einer außerordentlichen Kündigung des Arbeitgebers im Rahmen der einzelfallbezogenen Interessenabwägung entweder zu Gunsten oder zu Ungunsten des Arbeitnehmers zu berücksichtigen sind.

1141 Welche Betrachtungsweise im Einzelfall den Vorrang verdient, ist insbes. unter Beachtung von Sinn und Zweck des tariflichen Ausschlusses der ordentlichen Kündigung sowie unter Berücksichtigung der Art des Kündigungsgrundes zu entscheiden (*BAG* 14.11.1984, 28.3.1985 EzA § 626 BGB n.F. Nr. 93, 96).

bb) Differenzierung im Einzelfall

1142 Dabei ist danach zu differenzieren, ob die Kündigung auf Grund eines einmaligen Vorfalles oder aus einem sich ständig neu aktualisierenden Grund erfolgen soll.

1143 Handelt es sich um einen **einmaligen Vorfall,** dann ist zu Gunsten des Arbeitnehmers zu berücksichtigen, dass er durch die Entlassung eine besonders gesicherte Rechtsposition verlieren würde, sodass ein **besonders strenger Maßstab** anzulegen ist (*BAG* 3.11.1955 AP Nr. 4 zu § 626 BGB).

1144 Bei einer **dauerhaft geminderten oder entfallenden Leistungsfähigkeit** (oder bei einer Betriebsstilllegung) kann sich die lange Dauer der weiteren künftigen Belastung des Arbeitgebers hingegen dahin auswirken, dass die **lange Bindung die Fortsetzung des Arbeitsverhältnisses unzumutbar macht** (*BAG* 28.3.1985 EzA § 626 BGB n.F. Nr. 96).

1145 Demgegenüber wird in der Literatur (MünchArbR/*Berkowsky* § 122 Rz. 44) z. T. die Auffassung vertreten, dass eine teleologische Reduktion der die Kündigung ausschließenden Klausel zu erfolgen hat mit der Maßgabe, dass eine ordentliche betriebsbedingte Kündigung jedenfalls zu dem Zeitpunkt, zu dem der Wegfall der weiteren Beschäftigungsmöglichkeit endgültig und sicher feststeht, zulässig bleibt.

cc) Auslauffrist; ordentliche Kündigungsfrist

1146 Erweist sich danach die Dauer der Vertragsbindung für den Arbeitnehmer als nachteilig, so gebietet es der Zweck der besonderen Sicherung des Arbeitsplatzes, dem Arbeitnehmer auch bei außerordentlicher Kündigung einen Anspruch auf Einhaltung der gesetzlichen oder tariflichen ordentlichen Kündigungsfrist einzuräumen. Denn es würde einen **Wertungswiderspruch** darstellen, den Arbeitnehmer mit besonderem tariflichen Kündigungsschutz durch eine fristlose Kündigung schlechter zu stellen als den Arbeitnehmer, dem gegenüber eine ordentliche Kündigung zulässig ist und dem aus demselben Kündigungsgrund (z.B. Betriebsstilllegung) nur ordentlich gekündigt werden könnte. Mit einer **sozialen Auslauffrist**, von der das *BAG* (28.3.1985 EzA § 626 BGB n.F. Nr. 96) zunächst ausgegangen ist, also einem besonderen sozialen Entgegenkommen des Arbeitgebers, hat dies nach der inzwischen (*BAG* 5.2.1998 EzA § 626 BGB Unkündbarkeit Nr. 2; 10.2.1999 EzA § 15 KSchG n.F. Nr. 47 = SAE 2000, 135 ff.; 11.3.1999 EzA § 626 BGB n.F. Nr. 177; 12.8.1999 EzA § 626 BGB Verdacht strafbarer Handlung Nr. 8; 12.8.1999 EzA § 21 SchwbG 1986 Nr. 9; *LAG Köln* 16.10.2002 ARST 2003, 162 LS; vgl. dazu *Mummenhoff* SAE 2000, 139 ff.) vertretenen Auffassung freilich **nichts zu tun**.

Daraus folgt (vgl. *BAG* 12.8.1999 – 2 AZR 923/98; 18.10.2000 EzA § 626 BGB Krankheit Nr. 3; 18.1.2001 EzA § 626 BGB Krankheit Nr. 35): 1147

- Fristlos kann einem tariflich unkündbaren Arbeitnehmer nach § 626 BGB nur gekündigt werden, wenn dem Arbeitgeber bei einem vergleichbaren kündbaren Arbeitnehmer dessen Weiterbeschäftigung bis zum Ablauf der einschlägigen ordentlichen Kündigungsfrist unzumutbar wäre.
- Ist danach eine fristlose Kündigung gegenüber einem tariflich unkündbaren Arbeitnehmer ausgeschlossen, so ist in den Fällen, in denen bei einem kündbaren Arbeitnehmer nur eine ordentliche Kündigung in Betracht käme, bei dem tariflich unkündbaren Arbeitnehmer nur eine außerordentliche Kündigung unter Gewährung einer Auslauffrist, die der fiktiven ordentlichen Kündigungsfrist entspricht, möglich (*BAG* 21.6.2001 EzA § 626 BGB Unkündbarkeit Nr. 7).

dd) Besonderheiten bei der Kündigung von betriebsverfassungsrechtlichen Amtsträgern

Im Unterschied dazu ist im Rahmen des **§ 15 KSchG** auf die **fiktive Frist für eine ordentliche Kündigung** abzustellen. Bei der außerordentlichen fristlosen Kündigung eines gem. § 15 KSchG ordentlich unkündbaren Arbeitnehmers ist ebenso wie bei einem aus einem anderen Grund ordentlich unkündbaren Arbeitnehmer entscheidend, ob dem Arbeitgeber die Weiterbeschäftigung bis zum Ablauf der – fiktiven – ordentlichen Kündigungsfrist zugemutet werden kann. Denn zwar ist nach § 626 Abs. 1 BGB eine reale und nicht fiktive Zumutbarkeitsprüfung die Regel. Eine Ausnahme ist aber in den Fällen des § 15 KSchG notwendig (*BAG* 17.1.2008 EzA § 15 KSchG n.F. Nr. 62 = NZA 2008, 777). 1148

Denn der Arbeitgeber könnte sich sonst durch eine außerordentliche Kündigung leichter von einem nach § 15 KSchG geschützten Arbeitnehmer als von einem anderen Arbeitnehmer trennen, was dem Sinn des besonderen Kündigungsschutzes gem. § 15 KSchG widersprechen würde (*BAG* 6.3.1986 EzA § 15 KSchG n.F. Nr. 34); eine § 78 BetrVG widersprechende **Benachteiligung des geschützten Personenkreises wäre die Folge** (*BAG* 17.1.2008 EzA § 15 KSchG n.F. Nr. 62 = NZA 2008, 777). 1149

Im Beschluss vom 10.2.1999 (EzA § 15 KSchG n.F. Nr. 47) hatte das BAG weitergehend die **Aufgabe der bisherigen Rechtsprechung insgesamt angekündigt.** Danach sollte es geboten sein, auf die weitere absehbare Vertragsdauer, also z.B. auf den **frühest möglichen Kündigungszeitpunkt nach Ablauf der Amtszeit des Betriebsratsmitglieds** abzustellen (s. dazu zuletzt 7. Aufl. Rz. 674 ff.). Durch die Entscheidung vom 17.1.2008 (EzA § 15 KSchG n.F. Nr. 62 = NZA 2008, 777) hat sich das aber **inzwischen erledigt**. 1150

Um eine Schlechterstellung gegenüber ordentlich unkündbaren Arbeitnehmern zu vermeiden, wird in der Literatur z.T. die Auffassung vertreten, dass dem Betriebsratsmitglied jedoch die Kündigungsfrist, die ohne den besonderen Kündigungsschutz für ihn gelten würde, als soziale Auslauffrist einzuräumen ist, wenn dem Arbeitgeber die Weiterbeschäftigung **bis zum Ablauf dieser Kündigungsfrist zuzumuten** ist (KR/*Etzel* § 15 KSchG Rz. 22; ebenso KPK/*Bengelsdorf* § 15 Rz. 105; *Bernstein* a.a.O.; **a.A.** APS/*Dörner* § 626 BGB Rz. 47 ff.). 1151

1152 Demgegenüber geht das *BAG* (17.1.2008 EzA § 15 KSchG n.F. Nr. 62 = NZA 2008, 777) nunmehr davon aus, dass eine verhaltensbedingte außerordentliche Kündigung **mit notwendiger Auslauffrist** gegenüber dem nach § 15 KSchG geschützten Personenkreis **unzulässig ist**. Denn die Zulassung einer derartigen Kündigung mit Auslauffrist würde genau die **Benachteiligungsgefahr realisieren**, die der Gesetzgeber durch Schaffung des § 15 KSchG ausschalten wollte.

1153 Für die außerordentliche Kündigung gegenüber einem ehemaligen Betriebsratsmitglied wegen dauernder Arbeitsunfähigkeit bzw. aus personenbedingten Gründen hat das *BAG* (15.3.2001, 27.9.2001 EzA § 15 KSchG n.F. Nr. 52, 54) folgende Grundsätze aufgestellt:
- Dem Arbeitgeber ist es regelmäßig zumutbar, das Ende des nachwirkenden Kündigungsschutzes gem. § 15 Abs. 1 S. 2 KSchG abzuwarten und sodann ordentlich zu kündigen, wenn er das Arbeitsverhältnis mit einem ehemaligen Betriebsratsmitglied wegen dauernder krankheitsbedingter Arbeitsunfähigkeit beenden will.
- Ob § 15 KSchG die Möglichkeit einer außerordentlichen Kündigung mit notwendiger Auslauffrist generell ausschließt, bleibt offen (*BAG* 15.3.2001 EzA § 15 KSchG n.F. Nr. 52).
- Im Übrigen kann einem Betriebsratsmitglied fristlos nur gekündigt werden, wenn dem Arbeitgeber bei einem vergleichbaren Nichtbetriebsratsmitglied dessen **Weiterbeschäftigung bis zum Ablauf der einschlägigen ordentlichen Kündigungsfrist unzumutbar wäre** (*BAG* 27.9.2001 EzA § 15 KSchG n.F. Nr. 54).

1154 Zur betriebsbedingten außerordentlichen Änderungskündigung s.u. Rn. 3094 ff. m.w.N.

ee) Umdeutung

1155 Die Umdeutung einer außerordentlichen fristlosen Kündigung in eine außerordentliche Kündigung mit notwendiger Auslauffrist setzt grds. eine Beteiligung des Betriebs- bzw. Personalrats nach den für eine ordentliche Kündigung geltenden Bestimmungen voraus (*BAG* 18.10.2000 EzA § 626 BGB Krankheit Nr. 3).

ff) Änderungen der einschlägigen Tarifnormen

1156 Zu beachten ist, dass tarifvertragliche Regelungen – auch solche über einen Sonderkündigungsschutz – stets den **immanenten Vorbehalt ihrer nachträglichen Änderung durch Tarifvertrag in sich tragen**. Die Gestaltungsfreiheit der Tarifvertragsparteien ist dann allerdings durch den Grundsatz des Vertrauensschutzes der Normunterworfenen begrenzt; es gelten insoweit die gleichen Regelungen wie bei der Rückwirkung von Gesetzen. Deshalb kann z.B. der Gesichtspunkt des Vertrauensschutzes ausnahmsweise dann gegenüber einer tariflichen Neuregelung durchschlagen, wenn ein bereits erlangter Unkündbarkeitsstatus durch eine tarifliche Neuregelung nachträglich ganz wegfallen sollte. Ist demgegenüber bisher z.B. tarifvertraglich die ordentliche Kündigung nach entsprechender Beschäftigungszeit und ab einem bestimmten Lebensalter nicht ausnahmslos ausgeschlossen, sondern bleibt bei bestimmten Betriebsänderungen eine ordentliche Kündigung zulässig, so sind die Tarifvertragsparteien grds. nicht gehindert, die Ausnahmevorschrift über die Zulässigkeit betriebsbedingter Kündigungen an geänderte Verhältnisse anzupassen. Das Vertrauen des Arbeitnehmers, der die tariflichen Voraussetzungen für den Sonderkündigungsschutz (Betriebszugehörigkeit, Lebensalter) bereits erreicht hat, in die Aufrechterhaltung seines Sonderkündigungsschutzes im bisherigen Umfang steht einer solchen Modifizierung der tariflichen Regelung nicht entgegen (*BAG* 2.2.2006 EzA § 1 TVG Rückwirkung Nr. 7 = NZA 2006, 868).

gg) Einzelvertraglich vereinbarter Ausschluss der ordentlichen Kündigung

Für einen einzelvertraglich vereinbarten Ausschluss der ordentlichen Kündigung gilt Folgendes (*BAG* 25.3.2004 EzA § 626 BGB 2002 Unkündbarkeit Nr. 3 = BAG Report 2004, 322): 1157
- Der einzelvertraglich vereinbarte Ausschluss der ordentlichen Kündigung auch für einen längeren Zeitraum, ggf. bis zum Lebensende des Arbeitgebers, ist nicht wegen sittenwidriger Knebelung des Arbeitgebers nach § 138 BGB von vornherein unwirksam.
- Arbeitsverträge für die Lebenszeit einer Person oder für länger als fünf Jahre ohne Kündigungsmöglichkeit für den Arbeitgeber werden vom Gesetzgeber ausdrücklich als zulässige Vertragsgestaltung angesehen (§ 15 Abs. 4 TzBfG).
- Wird die Weiterbeschäftigung auf Lebenszeit dem Arbeitgeber unzumutbar, so sind die Voraussetzungen einer außerordentlichen Kündigung nach § 626 BGB, ggf. unter Gewährung einer notwendigen Auslauffrist, zu prüfen.
- Die Rechtsprechungsgrundsätze zum tariflichen Ausschluss der ordentlichen Kündigung sind nicht ohne weiteres auf einen vertraglichen Kündigungsausschluss für einen längeren Zeitraum bzw. auf eine entsprechende Befristung zu übertragen. An einer solchen individualvertraglichen Vereinbarung muss sich der Arbeitgeber eher festhalten lassen als an einer pauschalen, für alle Arbeitsverhältnisse einer Branche geltenden Tarifregelung, die dem Altersschutz dient und im extremen Ausnahmefall im einzelnen Arbeitsverhältnis zu einem unzumutbaren Ergebnis führen kann.

3. »An sich« zur außerordentlichen Kündigung geeigneter Kündigungsgrund

a) Maßgeblicher Beurteilungszeitpunkt; Sachverhaltsaufklärung?

Entscheidender Zeitpunkt für die Beurteilung ist grds. (ebenso wie bei der ordentlichen Kündigung) der **Zeitpunkt des Ausspruchs der Kündigung** (KR/*Fischermeier* § 626 BGB Rz. 108). 1158

Der Arbeitgeber ist vor Ausspruch einer außerordentlichen Kündigung, z.B. wegen angeblich geschäftsschädigender Äußerungen, nicht verpflichtet, dem betroffenen Arbeitnehmer ihn belastende Zeugen **gegenüberzustellen** (*BAG* 18.9.1997 EzA § 626 BGB n.F. Nr. 169). Denn entscheidend ist allein das **objektive Vorliegen entsprechender Tatsachen**, ohne dass es auf den subjektiven Kenntnisstand des Kündigenden ankommt. 1159

b) Keine »absoluten« Kündigungsgründe

Die in den früher bestehenden, inzwischen aufgehobenen gesetzlichen Vorschriften der §§ 123, 124 GewO, §§ 71, 72 HGB genannten Beispiele für wechselseitige wichtige Gründe (z.B. Anstellungsbetrug, Arbeitsvertragsbruch, beharrliche Arbeitsverweigerung, dauernde oder anhaltende Unfähigkeit zur Arbeitsleistung, grobe Verletzung der Treuepflicht als Kündigungsgrund für beide Parteien, Verstöße gegen das Wettbewerbsverbot, erhebliche Ehrverletzungen gegen den Arbeitgeber und Dienstverhinderung durch eine längere Freiheitsstrafe des Arbeitnehmers, fehlende Zahlung des Arbeitsentgelts, erhebliche Ehrverletzungen und Tätlichkeiten des Arbeitgebers gegen den Arbeitnehmer) sind als wichtige Hinweise für typische Sachverhalte anzuerkennen, die an sich geeignet sind, einen wichtigen Grund zur außerordentlichen Kündigung zu bilden. 1160

Sie begründen aber **keine** vom Gekündigten auszuräumende **tatsächliche Vermutung** für die Unzumutbarkeit der Fortsetzung des Arbeitsverhältnisses. Auch wenn ein bestimmter Kündigungssachverhalt einem in der früheren Kündigungsbestimmung als wichtiger Grund genannten Tatbestand entspricht, kann sich der Kündigende nicht darauf beschränken, auf die regelmäßigen Auswirkungen des typischen Sachverhalts zu verweisen, wenn der Gekün- 1161 digte eine konkrete Beeinträchtigung des Arbeitsverhältnisses bestreitet (KR/*Hillebrecht* 4. Aufl., § 626 BGB Rz. 60).

1162 **»Absolute Kündigungsgründe«,** die ohne eine besondere Interessenabwägung eine außerordentliche Kündigung rechtfertigen könnten, **bestehen folglich nicht** (*BAG* 15.11.1984 EzA § 626 BGB n.F. Nr. 95; anders dagegen z.B. § 67 SeemG: *BAG* 16.1.2003 EzA § 242 BGB 2002 Kündigung Nr. 3).

c) Systematisierung der Kündigungsgründe

1163 Systematisch kann nach Störungen im Leistungsbereich, im betrieblichen Bereich der Verbundenheit aller Mitarbeiter, im persönlichen Vertrauensbereich der Vertragspartner und im Unternehmensbereich unterschieden werden (KR/*Fischermeier* § 626 BGB Rz. 166 ff.; *Busemann/Schäfer* a.a.O., Rz. 128, 144 ff.; abl. *Stahlhacke/Preis* a.a.O., Rz. 453, weil damit zwar sicher alle Kündigungssachverhalte erfasst, aber nur bedingt eine normative Konkretisierung erreicht wird; APS/*Dörner* § 626 BGB Rz. 61 f.).

d) Dringende betriebliche Gründe

1164 **Dringende betriebliche Gründe,** zu denen der Fortfall des Arbeitsplatzes auf Grund einer Betriebsstilllegung gehört, **rechtfertigen,** wie sich aus § 1 Abs. 1 KSchG, dem Ultima-ratio-Prinzip sowie dem Grundsatz ergibt, dass der Arbeitgeber das Wirtschaftsrisiko nicht auf den Arbeitnehmer abwälzen darf, **grds. nur eine ordentliche Kündigung** (*BAG* 7.3.2002 EzA § 626 BGB n.F. Nr. 196; 21.4.2005 EzA § 626 BGB 2002 Nr. 8).

1165 Von daher stellt es keinen wichtigen Grund i.S.d. § 626 Abs. 1 BGB dar, wenn eine Dienststelle geschlossen oder der Dienstbetrieb wesentlich eingeschränkt wird (*LAG Köln* 31.1.2001 NZA-RR 2002, 146), ebenso wenig der bloße Hinweis des öffentlichen Arbeitgebers auf eine »angespannte Haushaltslage« (*BAG* 21.4.2005 EzA § 626 BGB 2002 Nr. 8). Gleiches gilt, wenn sich ein Motorradrennsportunternehmen kurzfristig entschließt, in der nächsten Rennsportsaison in einer anderen Rennklasse anzutreten und deshalb die auf ein Jahr befristet angestellte Motorradrennfahrerin mit sofortiger Wirkung entlassen will (*BAG* 7.3.2002 EzA § 626 BGB n.F. Nr. 196).

1166 Etwas anderes gilt aber dann, wenn die ordentliche Kündigung (insbes. auf Grund tarifvertraglicher Normen) ausgeschlossen und eine Versetzung des Arbeitnehmers in einen anderen Betrieb des Unternehmens nicht möglich ist. Denn dann könnte der Ausschluss der außerordentlichen Kündigung zur **unzumutbaren Belastung** des Arbeitgebers werden, wenn er die Arbeit nicht mehr in Anspruch nehmen kann, andererseits aber über Jahre hinweg zur Entgeltfortzahlung verpflichtet bleibt (*BAG* 28.3.1985 EzA § 626 BGB n.F. Nr. 96; 10.5.2007 EzA § 626 BGB 2002 Unkündbarkeit Nr. 15 = NZA 2007, 1278; vgl. auch *LAG Nds.* 27.4.2001 NZA-RR 2002, 555; 9.9.2005 – 16 Sa 37/05 – EzA-SD 23/05 S. 8 LS; *LAG Düsseld.* 5.1.2007 LAGE § 626 BGB 2002 Unkündbarkeit Nr. 2; *LAG Bln.-Bra.* 5.7.2007 LAGE § 2 KSchG Nr. 59 = ArbuR 2008, 75 LS).

1167 Insoweit gelten zusammengefasst folgende Grundsätze (*BAG* 13.6.2002 EzA § 615 BGB Nr. 110; 27.6.2002 EzA § 626 BGB Unkündbarkeit Nr. 8; 8.4.2003 EzA § 626 BGB 2002 Unkündbarkeit Nr. 2 = NZA 2003, 856; 24.6.2004 EzA § 626 BGB 2002 Unkündbarkeit Nr. 5 = ZTR 2005, 157 = NZA 2006, 696 LS; 24.6.2004 EzA § 626 BGB 2002 Unkündbarkeit Nr. 7 = NZA-RR 2005, 440 = ZTR 2005, 260; 21.4.2005 EzA § 626 BGB 2002 Nr. 8; 6.10.2005 EzA § 626 BGB 2002 Nr. 14 = NZA 2006, 879 LS; 10.5.2007 EzA § 626 BGB 2002 Unkündbarkeit Nr. 15 = NZA 2007, 1278; *LAG Nds.* 9.9.2005 – 16 Sa 37/05 – EzA-SD 23/05 S. 8 LS; *LAG Köln* 1.6.2005 – 3 Sa 1477/04 – EzA-SD 25/05 S. 14 LS; *LAG Nds.* 1.9.2006 NZA-RR 2007, 131; *LAG Düsseld.* 5.1.2007 LAGE § 626 BGB 2002 Unkündbarkeit Nr. 2; *LAG München* 15.11.2007 – 3 Sa 303/07 – EzA-SD 6/2008 S. 7 LS):

- Eine außerordentliche betriebsbedingte Kündigung mit Auslauffrist, die die tariflich ausgeschlossene ordentliche Kündigung ersetzt, kommt nur in extremen Ausnahmefällen in Betracht. In derartigen Fällen ist es dem Arbeitgeber **in erheblich weiterem Umfang als bei einer ordentlichen Kündigung zumutbar, die Kündigung durch geeignete andere Maßnahmen zu vermeiden** (s. *BAG* 10.5.2007 EzA § 626 BGB 2002 Unkündbarkeit Nr. 15 = NZA 2007, 1278).
- Es geht im Wesentlichen darum zu vermeiden, dass der tarifliche Ausschluss der ordentlichen Kündigung dem Arbeitgeber Unmögliches oder evident Unzumutbares aufbürdet.
- Dies kann vor allem dann der Fall sein, wenn der Arbeitgeber ohne außerordentliche Kündigungsmöglichkeit gezwungen wäre, ein sinnloses Arbeitsverhältnis über viele Jahre hinweg (notfalls bis zur Pensionsgrenze) allein durch Gehaltszahlungen, denen keine entsprechende Arbeitsleistung gegenübersteht, aufrechtzuerhalten. Es genügt insoweit allerdings nicht, darauf zu verweisen, der Arbeitsplatz werde »wegrationalisiert«. Der Arbeitgeber muss in einer solchen Situation vielmehr auch solche Umstände darlegen, die es als billigenswert erscheinen lassen, dass er entgegen der eingegangenen Vertragspflicht eine unternehmerische Umstrukturierung vornimmt (*LAG Berlin-Bra.* 5.7.2007 LAGE § 2 KSchG Nr. 59 = ArbuR 2008, 75 LS = NZA-RR 2008, 237).
- Nicht jede Umorganisation oder Schließung einer Teileinrichtung mit dem Wegfall von Arbeitsplätzen im öffentlichen Dienst kann zu einer außerordentlichen Kündigung führen.
- Besteht noch irgendeine Möglichkeit, die Fortsetzung eines völlig sinnentleerten Arbeitsverhältnisses (»Heizer auf der E-Lok«) etwa durch eine anderweitige Weiterbeschäftigung ggf. nach entsprechender Umschulung zu vermeiden, ist es dem Arbeitgeber regelmäßig zumutbar, diese andere Möglichkeit zu wählen. Ein dauerhaft unzumutbares Arbeitsverhältnis liegt auch dann noch nicht vor, wenn die bisherige Tätigkeit des Chefarztes einer pathologischen Abteilung einer Klinik durch **Übertragung dieser Aufgaben** (pathologische Untersuchungen) **auf Dritte entfallen ist** und der Zeitraum bis zum endgültigen Ausscheiden des Arbeitnehmers aufgrund der tariflichen Altersgrenze (§ 60 Abs. 1 BAT) deutlich unter fünf Jahren liegt (*BAG* 6.10.2005 EzA § 626 BGB 2002 Nr. 14 = NZA 2006, 879 LS).
- Hat der Arbeitgeber vor Ausspruch der Kündigung nicht alle Möglichkeiten ausgeschöpft, eine Weiterbeschäftigung des betroffenen Arbeitnehmers in der eigenen oder (Grundsatz der Einheit des öffentlichen Dienstes) auch in einer fremden Verwaltung zu versuchen, so ist eine Kündigung jedenfalls ausgeschlossen. Dies gilt erst recht, wenn der Arbeitgeber nicht einmal die Maßnahmen zur Vermeidung einer Beendigungskündigung ergriffen hat, zu denen er in dem vergleichbaren Fall von Rationalisierungsmaßnahmen tarifvertraglich verpflichtet ist. Der Arbeitgeber kann auch zur Freikündigung eines Arbeitnehmers verpflichtet sein, wenn nur so ein gleichwertiger Arbeitsplatz für den unkündbaren Arbeitnehmer angeboten werden kann (zutr. *LAG Nds.* 9.9.2005 – 16 Sa 37/05 – EzA-SD 23/05 S. 8 LS; s. auch *LAG München* 15.11.2007 – 3 Sa 303/07 – EzA-SD 6/2008 S. 7 LS); das gilt insbesondere dann, wenn auf der **Qualifikationsstufe des betroffenen Arbeitnehmers noch Arbeitsplätze vorhanden sind** (*LAG Nds.* 1.9.2006 NZA-RR 2007, 131).
- Bei der Abgrenzung, unter welchen Voraussetzungen eine außerordentliche Kündigung mit notwendiger Auslauffrist aus betriebsbedingten Gründen gegenüber einem tariflich ordentlich unkündbaren Arbeitnehmer zulässig ist, ist stets die besondere Ausgestaltung des tariflichen Sonderkündigungsschutzes zu berücksichtigen. Regeln die Tarifpartner im Einzelnen, unter welchen Voraussetzungen gegenüber einem sonst tariflich ordentlich unkündbaren Arbeitnehmer eine Beendigungs- oder Änderungskündigung aus betriebsbedingten Gründen zulässig ist, so lässt dies regelmäßig erkennen, dass nach dem Willen der Tarifpartner in erster Linie diese Kündigungsmöglichkeiten in Betracht kommen sollen, wenn aus betriebsbedingten Gründen eine Weiterbeschäftigung des Arbeitnehmers in seiner bisherigen Tätigkeit nicht mehr möglich ist.

- Diese Grundsätze gelten auch im Anwendungsbereich des § 55 BAT. Das bedeutet jedoch nicht, dass jede Umorganisation oder Schließung einer Teileinrichtung mit dem Wegfall von Arbeitsplätzen im öffentlichen Dienst entgegen § 55 Abs. 2 BAT zu einer außerordentlichen Kündigung führen kann. Entsprechend dem Sinn und Zweck der Tarifnorm, das Arbeitsverhältnis an ein Beamtenverhältnis anzunähern, sind als Mindestvoraussetzungen für die Wirksamkeit einer derartigen Kündigung die Grundsätze heranzuziehen, die die Tarifpartner im Tarifvertrag über den Rationalisierungsschutz für Angestellte vom 9.1.1987 (TV Rat) für einen Wegfall des Arbeitsplatzes infolge von Rationalisierungsmaßnahmen ausdrücklich vereinbart haben. Der öffentliche Arbeitgeber muss also mindestens die Bemühungen aufgebracht und umgesetzt haben, die die Tarifpartner im TV-Rat für Angestellte über den Wegfall von Arbeitsplätzen vorgesehen haben (*BAG* 6.10.2005 EzA § 626 BGB 2002 Nr. 14 = NZA 2006, 879 LS)
- Den Arbeitgeber trifft die Darlegungslast für die Unmöglichkeit der Weiterbeschäftigung und die mindestens den Anforderungen des TV Rat entsprechenden Bemühungen (*BAG* 6.10.2005 EzA § 626 BGB 2002 Nr. 14 = NZA 2006, 879 LS).
- Den Arbeitgeber trifft die Pflicht, mit allen zumutbaren Mitteln, ggf. auch durch eine entsprechende Umorganisation und das Freimachen geeigneter gleichwertiger Arbeitsplätze, eine Weiterbeschäftigung auch bei anderen Arbeitgebern des öffentlichen Dienstes zu versuchen. Er muss deshalb, wenn der ordentlich unkündbare Arbeitnehmer entsprechende Vorstellungen für seine Weiterbeschäftigung entwickelt, substantiiert darlegen, weshalb trotz der gegenüber dem Unkündbaren bestehenden besonderen Pflichten eine Weiterbeschäftigung nicht möglich oder nicht zumutbar gewesen ist (*BAG* 6.10.2005 EzA § 626 BGB 2002 Nr. 14 = NZA 2006, 879 LS).- Der Wegfall eines Arbeitsplatzes auf Grund der Schließung einer Zweigstelle – des Goethe-Instituts – rechtfertigt regelmäßig keine außerordentliche Kündigung i.S.d. § 626 Abs. 1 BGB (*BAG* 24.6.2004 ZTR 2005, 260 = NZA-RR 2005, 440)
- Bestehen **mehrere Möglichkeiten zur Änderung der Arbeitsbedingungen** nach Maßgabe anwendbarer tariflicher Rationalisierungsschutznormen, muss der Arbeitgeber nach dem Verhältnismäßigkeitsgrundsatz dem Arbeitnehmer diejenige Änderung anbieten, die den Gekündigten **am wenigsten belastet** (*LAG Düsseld.* 5.1.2007 LAGE § 626 BGB 2002 Unkündbarkeit Nr. 2).
- Ist der Arbeitgeber tariflich verpflichtet, dem Arbeitnehmer bei Wegfall seines Arbeitsplatzes die Weiterbeschäftigung auf einem **anderen freien Arbeitsplatz im Konzern zu verschaffen**, so ist die Kündigung eines ordentlich unkündbaren Arbeitnehmers, dessen bisherige Tätigkeit entfallen ist, regelmäßig unzulässig, wenn seine Weiterbeschäftigung unter geänderten angemessenen Vertragsbedingungen auf einem anderen zumutbaren Arbeitsplatz im Konzern möglich ist und der Arbeitnehmer dazu sein Einverständnis erklärt hat (s. *BAG* 10.5.2007 EzA § 626 BGB 2002 Unkündbarkeit Nr. 15 = NZA 2007, 1278).

1168 Das *BAG* (5.2.1998 EzA § 626 BGB Unkündbarkeit Nr. 2; 24.6.2004 EzA § 626 BGB 2002 Unkündbarkeit Nr. 5 = ZTR 2005, 157; zust. *Schleusener* SAE 1998, 218 ff.; vgl. auch *Groeger* NZA 1999, 850 ff.; so bereits *LAG Hamm* 11.10.1995 LAGE § 626 BGB Nr. 92) geht also davon aus, dass die außerordentliche Kündigung gegenüber einem tariflich unkündbaren Arbeitnehmer dann aus betriebsbedingten Gründen ausnahmsweise unter Einhaltung der ordentlichen Kündigungsfrist zulässig sein kann, wenn der Arbeitsplatz des Arbeitnehmers weggefallen ist und der Arbeitgeber den Arbeitnehmer auch unter Einsatz aller zumutbaren Mittel, ggf. durch Umorganisation seines Betriebes nicht weiter beschäftigen kann. Dabei kann eine längere Einarbeitung in ein völlig neues Sachgebiet für den Arbeitgeber unzumutbar sein, wenn sich die Arbeitnehmerin noch nicht entschieden hat, ob sie schon in absehbarer Zeit oder erst in einigen Jahren altersbedingt aus dem Arbeitsverhältnis ausscheiden will.

Diese Grundsätze zum tariflichen Ausschluss der ordentlichen Kündigung sind nicht ohne weiteres auf einen vertraglichen Kündigungsausschluss für einen überschaubaren Zeitraum bzw. auf eine entsprechende Befristung zu übertragen. An einer vereinbarten Bindung für jeweils ein Jahr, die auch dem Interesse des Arbeitgebers dient, muss sich dieser eher festhalten lassen als an einer pauschalen, für alle Arbeitsverhältnisse einer Branche geltenden Tarifregelung (*BAG* 7.3.2002 EzA § 626 BGB n.F. Nr. 196).

Das gilt auch dann, wenn der Arbeitnehmer einem Übergang seines Arbeitsverhältnisses auf einen Betriebserwerber widersprochen hat (*BAG* 17.9.1998 EzA § 626 BGB Unkündbarkeit Nr. 3; vgl. auch *Groeger* NZA 1999, 850 ff.; *Mauer/Schüßler* BB 2001, 470 f.). Auch dann muss der Arbeitgeber vor einer außerordentlichen Kündigung **alle zumutbaren, eine Weiterbeschäftigung ermöglichenden Mittel ausschöpfen**, selbst dann, wenn es um die Kündigung eines ordentlich nicht mehr kündbaren Arbeitnehmers geht, dessen Beschäftigung schon seit Jahren im Wege der Personalgestellung für eine andere Konzerngesellschaft erfolgte. In diesem Fall trifft den Arbeitgeber die Darlegungs- und Beweislast dafür, dass diese Beschäftigungsmöglichkeit, die unabhängig von dem eigenen Betrieb bestand, weggefallen ist. **Dies gilt umso mehr bei einem arbeitsvertraglich besonders ausgestalteten Sonderkündigungsschutz, der vor Ausspruch einer Kündigung wegen Wegfall der Beschäftigungsmöglichkeit vorsieht, dass die Versetzung in den einstweiligen Ruhestand entsprechend beamtenrechtlicher Vorschriften in Betracht gezogen wird** (*BAG* 29.3.2007 EzA § 626 BGB 2002 Unkündbarkeit Nr. 14 = NZA 2008, 48). Legt der »unkündbare« Arbeitnehmer im Übrigen dar, wie er sich eine anderweitige Beschäftigung vorstellt, so genügt es nicht, dass der Arbeitgeber das Bestehen entsprechender freier Arbeitsplätze in Abrede stellt. Er muss vielmehr ggf. unter Vorlegung der Stellenpläne substantiiert darlegen, weshalb das Freimachen eines geeigneten Arbeitsplatzes oder dessen Schaffung durch eine entsprechende Umorganisation nicht möglich oder nicht zumutbar gewesen sein soll. Auch das zu erwartende Freiwerden eines geeigneten Arbeitsplatzes auf Grund üblicher Fluktuation ist zu berücksichtigen (*BAG* 17.9.1998 EzA § 626 BGB Unkündbarkeit Nr. 3). 1169

Im Übrigen sind dagegen Gründe, die in den Bereich des **Unternehmerrisikos** fallen, grds. als Grund zur außerordentlichen Kündigung ungeeignet. Das gilt sowohl für die Eröffnung des Vergleichs- als auch des Insolvenzverfahrens (*BAG* 25.10.1968 AP Nr. 1 zu § 22 KO). Auch die Betriebsstilllegung ist nicht als wichtiger Grund geeignet, wenn ein Arbeitsvertrag – Engagement eines namhaften Regisseurs – auch auf Wunsch des Arbeitgebers noch wenige Monate vor der Schließung des Theaters für die Dauer von fünf Jahren ohne Kündigungsmöglichkeit befristet abgeschlossen worden ist (*LAG Köln* 12.6.1997 NZA-RR 1998, 255). Nichts anderes gilt für die Auflösung einer Dienststelle oder eine wesentliche Einschränkung des Dienstbetriebes (*LAG Köln* 31.1.2001 ZTR 2001, 474). 1170

Auch ein vom Erblasser begründetes – ordentlich nicht kündbares – befristetes Arbeitsverhältnis kann von dem Erben nicht aus wirtschaftlichen Gründen vorzeitig außerordentlich gekündigt werden, solange das Resterbe es erlaubt, die Nachlassverbindlichkeiten zu erfüllen (*LAG Nbg.* 12.1.2004 NZA-RR 2004, 400 = LAG Report 2004, 211). 1171

e) Gründe im Verhalten des Arbeitnehmers

Siehe zunächst unten Rn. 2181–2184. 1172

aa) Straftaten; Tätlichkeiten; Drohung mit Gewalt; Beleidigungen; Strafanzeige

Als Grund im Verhalten des Arbeitnehmers kommt z.B. die Entwendung einer **geringwertigen Sache**, die im Eigentum des Arbeitgebers steht (*BAG* 17.5.1984 EzA § 626 BGB n.F. Nr. 90; 12.8.1999 EzA § 626 BGB Verdacht strafbarer Handlung Nr. 8; 1173

13.12.2007 EzA §626 BGB 2002 Nr.20; **a.A.** *ArbG Hmb.* 27.8.1998 ArbuR 1998, 503: nur nach vorheriger Abmahnung; ebenso, da steuerbar beim Verzehr eines entwendeten Brötchens *LAG Düsseld.* 11.5.2005 – 12 (11) Sa 115/05 – EzA-SD 14/05 S.9 LS = NZA-RR 2005, 585) in Betracht (APS/*Dörner* §626 BGB Rz. 181 ff.). Auch ein **Spesenbetrug** und ein **Arbeitszeitbetrug** können selbst dann als Grund zur fristlosen Entlassung ausreichen, wenn es sich um einen einmaligen Vorfall mit **geringen finanziellen Auswirkungen** handelt (*BAG* 6.9.2007 EzA §626 BGB 2002 Nr. 18 = NZA 2008, 636; 13.12.2007 EzA §626 BGB 2002 Nr.20). Die Verletzung des Eigentums oder Vermögens des Arbeitgebers ist dann nicht nur »unter Umständen«, sondern stets, regelmäßig als an sich zur außerordentlichen Kündigung geeigneter Umstand anzusehen (**erste Stufe**). Auf Grund der durch den Arbeitsvertrag begründeten Nebenpflicht zur Loyalität hat der Arbeitnehmer auf die berechtigten Interessen des Arbeitgebers Rücksicht zu nehmen. **Diese Verpflichtung beinhaltet das Verbot, den Arbeitgeber rechtswidrig und vorsätzlich durch eine Straftat zu schädigen. Der Arbeitnehmer bricht durch die Eigentumsverletzung unabhängig vom Wert des Schadens in erheblicher Weise das Vertrauen des Arbeitgebers.** Erst die Würdigung, ob dem Arbeitgeber deshalb die Fortsetzung des Arbeitsverhältnisses bis zum Ablauf der ordentlichen Kündigungsfrist zuzumuten ist, kann dann zur Feststellung der Unwirksamkeit der außerordentlichen Kündigung führen (zweite Stufe; *BAG* 11.12.2003 EzA §626 BGB 2002 Nr.5 = NZA 2004, 486 = BAG Report 2004, 185; 16.12.2004 EzA §626 BGB 2002 Nr.7 = BAG Report 2005, 147 = NZA-RR 2005, 615 LS; *LAG Hessen* 29.10.2003 NZA-RR 2004, 131; *LAG RhPf* 27.5.2004 LAG Report 2005, 40; *Schlachter* NZA 2005, 433 ff.; APS/*Dörner* §626 BGB Rz. 181 ff.; *Reichel* ArbuR 2004, 250 ff.; *Schulte-Westenberg* NZA-RR 2005, 617 ff.). **Gleiches gilt für versuchte Eigentumsdelikte**; dabei kommt es nicht darauf an, ob alle strafrechtlichen Voraussetzungen erfüllt sind (zutr. *LAG RhPf* 27.5.2004 LAG Report 2005, 40). Denn entscheidend ist nicht die strafrechtliche Würdigung, sondern der mit der Vertragsverletzung verbundene schwere Vertrauensbruch (*BAG* 21.4.2005 EzA §91 SGB IX Nr.1).

1174 So muss z.B.:

1175 ▶ Ein Arbeitnehmer in einem Warenhausbetrieb normalerweise davon ausgehen, dass er mit einem **Diebstahl oder einer Unterschlagung auch geringwertiger Sachen** im Betrieb seines Arbeitgebers – auch ohne Abmahnung – seinen Arbeitsplatz aufs Spiel setzt (*BAG* 11.12.2003 EzA §626 BGB 2002 Nr.5 = NZA 2004, 486 = BAG Report 2004, 185; 13.12.2007 EzA §626 BGB 2002 Nr.20: Lippenstift).

1176 ▶ Gleiches gilt für eine **strafrechtlich bewehrte Pfandkehr gegen den Arbeitgeber** (*BAG* 16.12.2004 EzA §626 BGB 2002 Nr.7 = BAG Report 2004, 147 = NZA-RR 2005, 615 LS; *LAG Düsseld.* 7.1.2004 LAG Report 2004, 137).

1177 ▶ In Betracht kommt auch ein zu Lasten des Arbeitgebers **versuchter Prozessbetrug**. Denn ein Arbeitnehmer verletzt vertragliche Nebenpflichten, nämlich die dem Vertragspartner geschuldete Rücksichtnahme auf dessen Interessen (§241 Abs.2 BGB n.F.), wenn er im Rechtsstreit um eine Kündigung bewusst wahrheitswidrig vorträgt, weil er befürchtet, mit wahrheitsgemäßen Angaben den Prozess nicht gewinnen zu können (*BAG* 8.11.2007 EzA §626 BGB 2002 Nr.19).

1178 ▶ Die **Mitnahme von zwei Stücken gebratenen Fisch** im Wert von ca. DM 10,–, die vom Mittagessen übrig geblieben sind, durch die in einer Kantine als Küchenhilfe beschäftigte Mitarbeiterin zum Eigengebrauch und ohne die im Betrieb vorgesehene Genehmigung des Küchenleiters (*LAG Köln* 24.8.1995 LAGE §626 BGB Nr.86).

1179 ▶ Die **Entwendung eines Fladenbrotes** (*ArbG Paderborn* 17.12.1998 EzA §626 BGB n.F. Nr.175; ebenso für den Diebstahl eines Brotes im Wert von 2, 50€ durch einen Angestellten einer Bäckerei *LAG Düsseld.* 16.8.2005 NZA-RR 2006, 576).

1180 ▶ Die **mehrfache Entwendung von Lebensmitteln** zum sofortigen Verzehr aus dem Lager eines Lebensmittelhändlers durch einen Lagerarbeiter (*LAG Köln* 6.8.1999 NZA-RR 2000, 24),

- Die **Entwendung einer Flasche Weinbrand** durch einen Auslieferungsfahrer bei einem Kunden des Arbeitgebers (*LAG Köln* 11.8.1998 NZA-RR 1999, 415). 1181
- **Diebstahl von Heizöl** durch einen Hausmeister (*VGH BW* 11.12.2001 NZA-RR 2002, 390). 1182
- Die **Entwendung von Pkw-Ersatzteilen** aus dem Eigentum des Arbeitgebers bzw. der Versuch der Entwendung (*LAG Hessen* 29.10.2003 NZA-RR 2004, 131). 1183
- Ein **Ladendiebstahl** bzw. der Verdacht eines Ladendiebstahls im Beschäftigungsbetrieb, wenn sich das Altersteilzeitverhältnis in der Freistellungsphase befindet; ein Hausverbot wird auch dann der Interessenlage im Allgemeinen nicht gerecht (*LAG SchlH* 18.1.2005 NZA-RR 2005, 367). 1184
- Das gilt auch bei einem Diebstahl in einem räumlich entfernten **anderen Betrieb** des Arbeitgebers, auch außerhalb der Arbeitszeit (*BAG* 20.9.1984 EzA § 626 BGB n.F. Nr. 91). Steht die Tat nicht in innerem Zusammenhang mit der im Beschäftigungsbetrieb auszuübenden vertraglich geschuldeten Tätigkeit, so ist dies nicht für die Eignung als an sich zur außerordentlichen Kündigung geeigneter Umstand, sondern nur für den Grad ihrer Auswirkung auf das Arbeitsverhältnis von Bedeutung (*BAG* 20.9.1984 EzA § 626 BGB n.F. Nr. 91). 1185
- Handelt es sich dagegen um eine **Konzernschwester,** so muss das Arbeitsverhältnis durch das Delikt konkret beeinträchtigt sein (*BAG* 20.9.1984 EzA § 1 KSchG Verhaltensbedingte Kündigung Nr. 14; vgl. auch zur Berücksichtigung verhaltensbedingter Kündigungsgründe beim Vorarbeitgeber im Konzern *LAG Köln* 28.3.2001 NZA-RR 2002, 85). Das ist z.B. dann zu bejahen, wenn dem Arbeitnehmer ein Personalrabatt eingeräumt worden ist, der auch für das Kaufhaus der Konzernschwester gilt. Denn damit wird eine Verpflichtung des Arbeitnehmers begründet, das Eigentum an den Waren in diesen Kaufhäusern so zu achten, als wenn es solche des Arbeitgebers wären (*BAG* 20.9.1984 EzA § 626 BGB n.F. Nr. 91). 1186
- Haben allerdings **mehrere Arbeitnehmer Zugriff auf eine Kasse**, so können Fehlbeträge in der Kasse nicht ohne weiteres einem bestimmten Arbeitnehmer zugeordnet werden. Der Kündigungsgrund des Einbehaltens von Geld kann damit nicht hinreichend sicher festgestellt werden (*LAG Berlin-Bra.* 24.7.2007 LAGE § 622 BGB 2002 Nr. 2). 1187
- Bezieht der Arbeitgeber die in Betracht kommenden Arbeitnehmer (Kassierer/Innen) **nicht im gleichen Umfang in seine Kontrolle ein**, so fehlt es von vornherein an einer tragfähigen Grundlage zur Ermittlung einer »durchschnittlichen« Fehlerquote im Testkaufwesen des Hauses. Daher kann der Arbeitgeber in einem solchen Fall wegen festgestellter Verstöße bei Testkäufen gegenüber einer bestimmten Kassiererin keine vertragsrechtlichen Sanktionen herleiten und damit im Ergebnis zu Lasten der betroffenen Arbeitnehmer »mit zweierlei Maß« messen (*ArbG Bln.* 3.8.2007 – 28 Ca 6745/07 – ArbuR 2007, 364 LS) 1188
- Lässt eine **Kundin versehentlich ihre Tüte mit Backwaren an der Kasse liegen**, so ist die Ware nach Auffassung des *ArbG Regensburg* (11.7.2006 – 1 Ca 519/05 L – ArbuR 2007, 59 LS) ein »herrenloser« Gegenstand, dessen »Entsorgung« weder eine Unterschlagung gegenüber der Kundin noch gegenüber dem Arbeitgeber darstellen kann. Wenn also eine Kassiererin das Brot weggeworfen oder gar selbst verzehrt haben sollte, hat sie damit keine eine Kündigung rechtfertigende Straftat begangen. 1189
- Auch die **Veruntreuung von Firmengeldern** ist grds. geeignet, eine außerordentliche Kündigung zu rechtfertigen (*LAG SchlH* 26.11.2002 – 5 Sa 285e/02 – EzA-SD 1/03, S. 7; ebenso *LAG Köln* 18.1.2002 ZTR 2002, 395 für Veruntreuungen durch eine Kindergartenleiterin). 1190
- Gleiches gilt für die **versuchte Erschleichung einer unentgeltlichen Paketbeförderung** im Wert von 2, 50 €. Im konkret entschiedenen Einzelfall hat das *LAG SA* (6.12.2005 NZA-RR 2006, 411) aber sowohl die Tat als auch die Verdachtskündigung weder als außerordentliche noch als ordentliche für wirksam angesehen, weil das Weiterbeschäftigungsinteresse des seit 15 Jahren beschäftigten Arbeitnehmers, der einer Ehefrau und fünf minderjährigen Kindern zum Unterhalt verpflichtet ist, das Lösungsinteresse des Arbeitgebers überwog. 1191

1192 ▶ Eine **Steuerhinterziehung** in erheblicher Höhe (ca. 67.000,– DM) ist bei einem Angestellten einer Finanzbehörde als wichtiger Grund zur fristlosen Kündigung an sich geeignet. Das gilt auch dann, wenn der Angestellte die Hinterziehung gem. § 371 AO selbst angezeigt hat; dieser Umstand ist allerdings bei der Interessenabwägung zu berücksichtigen (*BAG* 21.6.2001 EzA § 626 BGB n.F. Nr. 189 = NZA 2002, 1030; s.a. *LAG Köln* 13.2.2006 – 14 (12) Sa 1338/05 – EzA-SD 12/06 S. 11 LS). Der wegen einer vorsätzlichen und im Zusammenhang mit dem Arbeitsverhältnis begangenen **Zoll- und Steuerstraftat** außerordentlich gekündigte Arbeitnehmer kann sich zudem grds. nicht darauf berufen, er habe nur ein entsprechendes Verhalten seines Arbeitgebers kopiert (*ArbG Brem.* 28.10.1998 NZA-RR 2003, 137).

1193 ▶ Die **mehrfache Entwendung und Benutzung** von im Betrieb des Arbeitgebers verwendetem **Versandmaterial** von geringem Wert (drei Briefumschläge im Wert von 0,03 DM) durch den Arbeitnehmer rechtfertigt dagegen i.d.R. nicht eine Kündigung ohne vorherige Abmahnung (*LAG Köln* 30.9.1999 ZTR 2000, 427; vgl. aber auch *ArbG Frankf./M.* 31.1.2001 NZA-RR 2001, 368: Diebstahl geringwertiger Sachen rechtfertigt ohne Abmahnung eine ordentliche Kündigung, wenn der betroffene Arbeitnehmer bei seiner Arbeit eine Vorbildfunktion auszuüben hat). Das *ArbG Hmb.* (2.10.2000 NZA-RR 2001, 416) hat angenommen, dass der Diebstahl einer geringwertigen Sache zum Nachteil des Arbeitgebers zwar an sich geeignet ist, einen wichtigen Grund für eine außerordentliche Kündigung darzustellen. Es hat aber sowohl eine außerordentliche als auch eine ordentliche Kündigung als **unverhältnismäßig** erachtet, weil es im konkret entschiedenen Einzelfall seitens des Arbeitnehmers an einem Vertragsverstoß von einem erforderlichen Gewicht gefehlt hat, der finanzielle Schaden des Arbeitgebers gering war (Verkaufspreis des entwendeten Salats 7,50 DM) und es nicht zu einer Betriebsablaufstörung gekommen ist.

1194 ▶ Verstößt der Arbeitnehmer gegen eine Formalbestimmung für die **Entnahme von Verbrauchsmaterialien** des Arbeitgebers (Auffüllen von Scheibenwaschkonzentrat in den Vorratsbehälter des Privatfahrzeugs eines Kfz-Mechanikers), ohne zum Zweck der Abrechnung einen Auftrag zu eröffnen und ohne den entsprechenden Gegenwert zu bezahlen, soll nach – nicht zutreffender – Auffassung des *ArbG Hmb.* (3.8.2004 NZA-RR 2005, 75) unter dem Gesichtspunkt der Tatkündigung kein wichtiger Grund gegeben sein, der eine außerordentliche Kündigung rechtfertigen würde. Der Verstoß gegen diese Anweisung soll danach die Kündigung erst nach Ausspruch einer Abmahnung rechtfertigen. Dass der Arbeitnehmer die Zahlung bis zum Mittag des übernächsten Tages noch nicht vorgenommen hat, spricht danach nicht in ausreichendem Maße dafür, dass der Arbeitnehmer die Zahlung tatsächlich nicht mehr vorgehabt hat.

1195 ▶ Sofern einer Verkäuferin, die **den Preis einer Ware vor dem Verkauf pflichtwidrig herabgezeichnet hat**, der Vorwurf bewusster Preismanipulation nicht nachzuweisen ist, rechtfertigt dagegen eine solche Pflichtverletzung ohne Hinzutreten weiterer dringender Verdachtsmomente und ohne vorherige Abmahnung i.d.R. weder eine außerordentliche noch eine ordentliche Kündigung (*LAG SchlH* 10.1.2006 NZA-RR 2006, 240).

1196 ▶ **Entfernt ein Filialleiter** – entgegen einer Anweisung – **abgeschriebene Waren vom Ladengrundstück** in der Absicht, sie einige Stunden später bei Arbeitsantritt zu bezahlen und zahlt er den regulären Kaufpreis vor Aufdeckung der Entfernung, so rechtfertigt auch dieses Verhalten regelmäßig weder eine außerordentliche noch eine ordentliche Kündigung noch eine Auflösung nach § 9 KSchG (*LAG Nbg.* 15.8.2006 – 7 Sa 857/05 – EzA-SD 23/06 S. 8 LS = FA 2007, 61).

1197 ▶ Das ein Flugzeugführer sich über einen längeren Zeitraum hinweg mehrfach und in erheblichem Umfang **falsche Arbeitszeiten aufschreibt**, ist andererseits geeignet, einen wichtigen Grund i.S.d. § 626 Abs. 1 BGB darzustellen (*ArbG Frankf./M.* 6.8.1999 NZA-RR 2000, 307). Auch ein Arbeitszeitbetrug verbunden mit dem dringenden **Verdacht langfristiger Gleizeitmanipulationen** rechtfertigt die außerordentliche Kündigung (*LAG Köln* 22.5.2003 LAGE § 626 BGB Nr. 151; *Schulte-Westenberg* NZA-RR 2005, 617 ff.; zum inkorrekten Ausfüllen eines Zeit- und Arbeitsberichts *ArbG Frankf. a.M.* 24.7.2001 NZA-RR 2002, 133). **Vereinbaren allerdings die Betriebsparteien ausdrücklich** in einer Betriebsvereinbarung zur Einführung eines Zeiterfassungssystems, dass die **erhobenen**

Daten nur zur Lohnabrechnung, nicht aber zur Verhaltenskontrolle verwendet werden dürfen, so kann sich der Arbeitgeber zur Begründung einer fristlosen Kündigung nicht auf die erhobenen Daten berufen (*LAG Köln* 4.11.2005 LAGE § 626 BGB 2002 Nr. 8 = NZA-RR 2006, 302).

▶ Auch der Verstoß eines Arbeitnehmers gegen seine Verpflichtung, die abgeleistete, vom Arbeitgeber sonst kaum sinnvoll kontrollierbare Arbeitszeit **korrekt zu stempeln**, ist an sich geeignet, einen wichtigen Grund zur außerordentlichen Kündigung i.S.v. § 626 Abs. 1 BGB darzustellen. Das gilt erst recht, wenn der Arbeitnehmer den Arbeitgeber vorsätzlich dadurch täuscht, dass er **einen anderen Arbeitnehmer veranlasst, an seiner Stelle die Stempeluhr zu betätigen** (*BAG* 24.11.2005 EzA § 626 BGB 2002 Nr. 12 = NZA 2006, 484). Dabei kommt es auch insoweit nicht entscheidend auf die strafrechtliche Würdigung, sondern auf den mit der Pflichtverletzung verbundenen schweren Vertrauensbruch an. Überträgt der Arbeitgeber den Nachweis der täglich bzw. monatlich geleisteten Arbeitszeit den Arbeitnehmern selbst (Selbstaufzeichnung) und füllt der Arbeitnehmer die dafür zur Verfügung gestellten Formulare wissentlich und vorsätzlich falsch aus, so stellt dies i.d.R. einen schweren Vertrauensbruch dar (*BAG* 21.4.2005 EzA § 91 SGB IX Nr. 1). Gleiches gilt dann, wenn ein **Außendienstmitarbeiter** während der Arbeitszeit seine **Privatwohnung aufsucht**, ohne, wie für Arbeitsunterbrechungen vorgesehen, in der Arbeitszeiterfassung eine entsprechende Korrektur vorzunehmen (*LAG Hamm* 30.5.2005 NZA-RR 2006, 353). 1198

▶ **Manipuliert ein Monteur** in dem überlassenen Dienstfahrzeug anlässlich der Fahrten zu Kunden **den Fahrtenschreiber**, indem er den Aufschreibevorgang unterbricht und zeitliche Verstellungen vornimmt, erfüllt dieses Verhalten den Straftatbestand der Fälschung einer technischen Aufzeichnung gem. § 268 StGB und stellt einen wichtigen Grund i.S.d. § 626 Abs. 1 BGB dar (*LAG RhPf* 27.1.2004 – 2 Sa 1221/03 – EzA-SD 12/04 S. 12 LS = NZA-RR 2004, 473 = LAG Report 2004, 287 LS). 1199

▶ Erklärt ein **Außendienstmitarbeiter** seinem Arbeitgeber, er habe **widersprüchliche Km-Angaben** in Reisekostenabrechnungen, Besuchsberichten und Tankbelegen auf Anraten seines Steuerberaters bewusst vorgenommen, damit eine Kontrolle nicht möglich sei, zerstört er die für eine Fortsetzung des Arbeitsverhältnisses auf Dauer notwendige Vertrauensbasis. Liegen andererseits keine Anhaltspunkte dafür vor, dass der im konkret entschiedenen Einzelfall 54 Jahre alte, seit 14 Jahren beschäftigte Mitarbeiter vorhatte, sich auf Kosten des Arbeitgebers zu bereichern, kann diesem die Einhaltung der ordentlichen Kündigungsfrist zugemutet werden (*LAG Köln* 2.3.1999 ARST 2000, 45). 1200

▶ Täuscht der Arbeitnehmer **fiktive Reisezeiten** als tatsächlich geleistet vor, verletzt er ebenso rechtswidrig und schuldhaft seine Vertragspflichten, wenn die Reisekostenregelung vorsieht, dass nur tatsächlich geleistete Reisezeiten als Arbeitszeiten geltend gemacht werden können und eine Zusage der Vergütung fiktiver Reisekosten nicht erfolgt ist. Eine derartige Pflichtverletzung ist schwerwiegend und an sich geeignet, eine außerordentliche Kündigung zu rechtfertigen. Liegt andererseits keine vorsätzliche, sondern nur eine fahrlässige Pflichtverletzung vor, kann auf ein Abmahnerfordernis vor Ausspruch der Kündigung nicht verzichtet werden (*LAG Nds.* 15.6.2004 NZA-RR 2004, 574). 1201

Dennoch rechtfertigt eine vom Arbeitnehmer zu seinen Gunsten erstellte fehlerhafte Spesenabrechnung auch dann den Vorwurf unredlichen Verhaltens bzw. eine außerordentliche Kündigung, wenn der Arbeitnehmer Spesen nicht hätte abrechnen wollen, eine Abrechnung jedoch auf Aufforderung durch seinen Arbeitgeber aus dem Gedächtnis erstellt und den Arbeitgeber nicht auf eine solche Unsicherheit der Richtigkeit der Abrechnung hinweist. Der wichtige Grund entfällt auch nicht dadurch, dass der Arbeitgeber eine Detektei nur zu dem Zweck beauftragt hatte, um dem Arbeitnehmer ggf. ein Spesenvergehen vorhalten zu können. Solches kann auch nicht zu Gunsten des Arbeitnehmers in der Interessenabwägung berücksichtigt werden (*LAG Nbg.* 28.3.2003 LAGE § 626 BGB Nr. 149; **a.A.** bei einem Versuch des Arbeitgebers, mit »geradezu detektivischen Mitteln« einen Abrechnungsbetrug nachzuweisen, weil er sich unter allen Umstän- 1202

den von dem Vorstandsmitglied trennen will *OLG Köln* 4.11.2002 LAGE § 626 BGB Nr. 145; abl. dazu *Diller* NZA 2006, 569 ff.).
Erstellt der Arbeitnehmer andererseits Reisekostenabrechnungen, die **unzutreffende Kilometerangaben** enthalten, und legt er diese dem Arbeitgeber zur Erstattung der Reisekosten vor, obwohl er weiß, dass seine Angaben jederzeit leicht nachprüfbar sind und er zumindest mit stichprobenartigen Kontrollen rechnen muss, so lässt dies einen Rückschluss auf das vorsätzliche Erstellen falscher Abrechnungen nicht zu. Vielmehr lässt sich aus einer derartigen Vorgehensweise nur schlussfolgern, dass der Arbeitnehmer nachlässig gehandelt hat. Eine derartige Nachlässigkeit rechtfertigt bei einem langjährig beschäftigten Arbeitnehmer in einem unbelasteten Arbeitsverhältnis, der regelmäßig beruflich veranlasste Fahrten unternehmen muss, nur eine Abmahnung und keine außerordentliche Kündigung, wenn die falschen Abrechnungen nur einen Bruchteil der insgesamt geleisteten beruflichen Fahrten betreffen (*LAG Nds.* 4.6.2004 LAG Report 2005, 103).

1203 ▶ Andererseits ist auch die **bewusst falsche Angabe des Arbeitnehmers über den Zugang eines Kündigungsschreibens** in einem Kündigungsschutzprozess geeignet, einen wichtigen Grund i.S.d. § 626 Abs. 1 BGB darzustellen, wenn sich der Arbeitnehmer daraus einen ungerechtfertigten rechtlichen Vorteil erschleichen will (*LAG Hessen* 10.5.2004 LAG Report 2005, 120); Gleiches gilt für die Abgabe einer **vorsätzlich falschen eidesstattlichen Versicherung** in einem Rechtsstreit mit dem Arbeitgeber (*BAG* 24.11.2005 EzA § 103 BetrVG 2001 Nr. 5 = NZA-RR 2006, 392 LS; s.a. auch *LAG Bln.* 5.3.2007 – 10 Sa 2109/06 – EzA-SD 12/2007 S. 8 LS).

1204 ▶ Hat ein im öffentlichen Dienst beschäftigter Arbeiter einen **versuchten Zigarettenautomatenaufbruch** zwar nicht bei seinem öffentlichen Arbeitgeber, sondern außerhalb dessen Bereichs begangen, dabei aber vorsätzlich Werkzeug des Arbeitgebers (Metallsäge, Bolzenschneider, Brecheisen), dessen Mitnahme ihm seitens seiner Vorgesetzten nur auf Grund seiner Angabe, er benötige das Werkzeug ausschließlich für private Zwecke, gestattet worden war, so gibt dieser versuchte Diebstahl in einem schweren Fall gem. § 243 Abs. 1 Nr. 2 StGB i.d.R. einen wichtigen Grund i.S.d. § 626 Abs. 1 BGB, § 53 Abs. 1 BMT-G II ab (*LAG Hamm* 7.12.2000 – 17 Sa 1447/00).

1205 ▶ **Rechtswidrige Manipulationen** einer in einer Personalabteilung tätigen Arbeitnehmerin zum Zweck der **Hinterziehung von Steuern und Sozialversicherungsabgaben**, auch wenn dies ggf. auf Weisung ihres unmittelbaren Vorgesetzten geschehen sind, stellen einen Verstoß gegen ihre arbeitsvertraglichen Pflichten und damit einen wichtigen Grund für eine verhaltensbedingte Kündigung dar (*LAG Hamm* 20.4.1998 NZA-RR 1999, 24).

1206 ▶ Die Tatsache, dass ein Arbeitnehmer den **Schreibdienst seiner Dienststelle für freiberufliche**, nicht genehmigte **Nebentätigkeiten** in Anspruch genommen hat und dass er darüber hinaus Kopien sowie Lichtpausen für seine Nebentätigkeiten hatte fertigen lassen, kommt als an sich zur außerordentlichen Kündigung geeigneter Umstand in Betracht (*LAG Hamm* 5.6.1998 NZA-RR 1999, 126).

1207 ▶ Auch die Verantwortung eines **Angestellten des öffentlichen Dienstes** für die **Verbreitung ausländerfeindlicher Pamphlete** ist an sich geeignet, eine außerordentliche Kündigung zu begründen (*BAG* 14.2.1996 EzA § 626 BGB n.F. Nr. 160; s.a. unten Rn. 1273 f.); Gleiches gilt für die erstmalige, nicht rechtskräftige Verurteilung des Arbeitnehmers wegen Volksverhetzung.

1208 ▶ Zur Beurteilung einer fristlosen Kündigung auf Grund von **Urkundenfälschungen** vgl. *BAG* 29.1.1997 EzA § 626 BGB n.F. Nr. 163.

1209 ▶ Es stellt einen wichtigen Grund i.S.d. § 626 Abs. 1 BGB (§ 54 BAT) dar, wenn ein Angestellter der Bundeswehr eine sog. **»Witzesammlung«**, die zu einem erheblichen Teil Judenwitze, Ausländerwitze und sexistische Frauenwitze von eklatant die Menschenwürde verachtendem Charakter enthält, über ein dienstliches Memo-System, in Kenntnis ihres Inhalts weiterverbreitet (*LAG Köln* 10.8.1999 ARST 2000, 162 LS).

1210 ▶ Auch **umfangreiche unerlaubt und heimlich geführte Privattelefonate** auf Kosten des Arbeitgebers kommen als wichtiger Grund in Betracht (*BAG* 4.3.2004 EzA § 103 BetrVG

2001 Nr. 3 = NZA 2004, 717; *LAG Hessen* 25.11.2004 LAGE § 1 KSchG Verhaltensbedingte Kündigung Nr. 85; *Schulte-Westenberg* NZA-RR 2005, 617 ff.). **Denn dem Arbeitnehmer** steht ohne besondere Erlaubnis **kein Anspruch auf die private Nutzung der betrieblichen Telefonanlage** zu. Insoweit entscheidet der Arbeitgeber alleine über die Einräumung der Privatnutzung an seinen Betriebsmitteln (*LAG RhPf* 9.7.2008 – 3 Ta 99/08 – EzA-SD 17/2008 S. 6 LS; s.a. *Koch* NZA 2008, 911 ff.). Das gilt aber **nicht ohne weiteres bei einem einzelnen privaten Telefonat.** Es muss dann entweder das kritikwürdige Verhalten auch in Zukunft zu erwarten oder so schwerwiegend gewesen sein, dass es sich selbst ohne Wiederholung auch künftig weiter belastend auf das Arbeitsverhältnis auswirkt (*LAG RhPf* 16.12.2005 LAGE § 1 KSchG Verhaltensbedingte Kündigung Nr. 90a; ebenso für die kurzfristige Verrichtung privater Angelegenheiten während der Arbeitszeit *LAG RhPf* 10.7.2008 – 10 Sa 209/08 – EzA-SD 18/2008 S. 3 LS: Abmahnung erforderlich). Ist das Führen von Privattelefonaten während der Arbeitszeit **erlaubt oder geduldet**, so ist eine Kündigung wegen **»übermäßiger Privattelefonate«** sowohl unter dem Gesichtspunkt der anfallenden Telefongebühren als auch wegen der Arbeitszeitversäumnis zudem regelmäßig nur nach vorangehender Abmahnung gerechtfertigt; allein bei kostenträchtigen Auslandsgesprächen oder 0190er-Anwahlen ist eine vorangehende **Abmahnung** entbehrlich (*LAG Hamm* 30.5.2005 NZA-RR 2006, 353).

▶ Der rechtswidrigen und schuldhaften Entwendung einer Sache steht nach Auffassung des *Sächs. LAG* (14.7.1999 – 2 Sa 34/99) das **arbeitsvertragswidrige und schuldhafte Kopieren von Daten** aus dem Bestand des Arbeitgebers auf einen privaten Datenträger gleich. Auch das **Speichern von »Hacker«-Dateien** kann einen Grund zur fristlosen Kündigung darstellen (*LAG Hamm* 4.2.2004 LAG Report 2004, 300). Gleiches gilt für die unerlaubte – durch entsprechende Dienstvereinbarung und Dienstanweisung verbotene – Installation einer Anonymisierungssoftware; damit verletzt der Arbeitnehmer seine arbeitsvertragliche Rücksichtnahmepflicht erheblich (*BAG* 12.1.2006 EzA § 1 KSchG Verhaltensbedingte Kündigung Nr. 68 = NZA 2006, 980). 1211

▶ Ob und in welcher Weise die **Benutzung betrieblicher Kommunikationseinrichtungen zu privaten Zwecken** arbeitsvertragswidrig ist, richtet sich primär nach den arbeitsvertraglichen Regelungen (*LAG Köln* 11.2.2005 – 4 Sa 1018/04 – EzA-SD 16/05 S. 6 LS = LAG Report 2005, 229 = NZA 2006, 106 LS). Nutzt der Arbeitnehmer das **Internet** entgegen einem ausdrücklichen Verbot des Arbeitgebers **für private Zwecke**, so stellt dies eine Pflichtverletzung dar, die eine Kündigung rechtfertigen kann (*LAG München* 14.4.2005 – 4 Sa 1203/04 – EzA-SD 25/05 S. 14 LS; instruktiv dazu *Ernst* NZA 2002, 585 ff.; *Kramer* NZA 2004, 457 ff.; *Fischer* ArbuR 2005, 91 ff.). Ohne ausdrückliche Regelung kann der Arbeitnehmer nach z. T. vertretener Auffassung (*LAG Köln* 11.2.2005 – 4 Sa 1018/04 – EzA-SD 16/05 S. 6 LS = LAG Report 2005, 229 = NZA 2006, 106 LS; *ArbG Frankf. a.M.* 2.1.2002 NZA 2002, 1093) davon ausgehen, dass er zur privaten Nutzung betrieblicher elektronischer Kommunikationsanlagen in angemessenem Umfang berechtigt ist, so lange diese nicht größere Teile der Arbeitszeit in Anspruch nimmt und keine spürbare Kostenbelastung für den Arbeitgeber auslöst. Folglich kommt eine auf die Privatnutzung derartiger Anlagen gestützte Kündigung erst in Betracht, wenn der Arbeitgeber vorher den Arbeitnehmer einschlägig abgemahnt (vgl. auch *LAG Köln* 17.2.2004 – 5 Sa 1049/03 – EzA-SD 12/04 S. 11 LS = ZTR 2004, 379 LS = NZA-RR 2005, 136) oder zumindest ein ausdrückliches Verbot ausgesprochen hat (vgl. ausf. *LAG RhPf* 12.7.2004 NZA-RR 2005, 303; *Mengel* NZA 2005, 752 ff.; **a.A.** *Koch* NZA 2008, 911 ff.). Wurde jedoch die private Nutzung vom Arbeitgeber genehmigt (zur inhaltlichen Ausgestaltung derartiger Regelungen vgl. *Dickmann* NZA 2003, 1009 ff.), kommt eine Kündigung nur in Betracht, wenn die Nutzung in einem Ausmaß erfolgt, von dem der Arbeitnehmer nicht annehmen durfte, sie sei noch von dem Einverständnis des Arbeitgebers gedeckt. Einer Abmahnung bedarf es in solchen Fällen nur dann nicht, wenn ein solches Ausmaß erreicht ist, dass von einer groben Pflichtverletzung auszugehen ist (*ArbG Wesel* 21.3.2001 NZA 2001, 786; noch weitergehend *LAG Köln* 15.12.2003 LAGE § 1 KSchG Verhaltensbedingte Kündigung Nr. 84: **einer Abmahnung bedarf es auch dann, wenn während der Arbeitszeit in nicht unwesentlichem Umfang E-Mails geschrieben werden, wenn es an** 1212

einer klaren betrieblichen Regelung fehlt (vgl. ausf. *LAG RhPf* 12.7.2004 NZA-RR 2005, 303; ähnlich *LAG Nbg.* 26.10.2004 FA 2005, 191 LS = LAG Report 2005, 176 für private Internetnutzung, wenn diese »**grundsätzlich nicht gestattet ist**«; vgl. dazu *Mengel* NZA 2005, 752 ff.). Selbst wenn man in derartigen Fällen eine verbotene private Internetnutzung in gewissem Umfang unterstellen kann, überwiegen im Rahmen des § 626 Abs. 1 BGB doch die Interessen des langjährig beschäftigten Arbeitnehmers am Bestand des Arbeitsverhältnisses, insbes. dann, wenn der Arbeitgeber **erhebliche Beeinträchtigungen dienstlicher Interessen nicht vortragen und belegen kann** (*LAG Nbg.* 26.10.2004 FA 2005, 191 LS = LAG Report 2005, 176). Liegt dagegen eine **ausdrückliche entgegenstehende Vereinbarung** vor, so ist der Arbeitgeber ohne vorherige Abmahnung bei einer Nutzung des Internets zu privaten Zwecken zur außerordentlichen Kündigung berechtigt (*ArbG Düsseld.* 1.8.2001 NZA 2001, 1386); etwas anderes kann sich aber aus der Interessenabwägung dann ergeben, **wenn dem Arbeitnehmer keine Schlechtleistung vorgeworfen wird und er länger als 30 Jahre beanstandungsfrei beschäftigt worden ist und zudem die ordentliche Kündigung tariflich ausgeschlossen ist. Ein – abstrakter – Ansehensverlust des Arbeitgebers** auf Grund des Abrufs pornografischer Seiten im Internet **rechtfertigt keine abweichende Beurteilung, solange kein strafrechtlich relevantes Verhalten gegeben** ist (*LAG RhPf* 9.5.2005 NZA-RR 2005, 634 = LAG Report 2005, 341). Demgegenüber kann aber jedenfalls ein Arbeitnehmer, der trotz ausdrücklichen Verbots der Internetnutzung sich über seine Kollegen Zugang zum Internet verschafft und unter Verwendung seiner dienstlichen E-Mail-Adresse durch das Herunterladen und Speichern von **kinderpornografischen Dateien** strafrechtlich relevante Handlungen i.S.d. § 184 f.(184b) StGB begeht, fristlos gekündigt werden (*LAG München* 14.4.2005 LAGE § 626 BGB 2002 Nr. 56).

1213 Das *BAG* (7.7.2005 – 2 AZR 281/04 – EzA-SD 26/05 S. 7 = NZA 2006, 98; s.a. *LAG SchlH* 27.6.2006 BB 2006, 2140 LS; zust. *Kramer* NZA 2006, 194 ff. und NZA 2007, 1338 ff.; *Wessel* FA 2006, 108 ff.; *Beckschulze* DB 2007, 1596 ff.; zu Recht krit. *Fischer* ArbuR 2006, 207 f. und ArbuR 2007, 109 f.; *Besgen* SAE 2006, 117 ff.; s.a. *BAG* 12.1.2006 EzA § 1 KSchG Verhaltensbedingte Kündigung Nr. 68 = NZA 2006, 980; 31.5.2007 EzA § 1 KSchG Verhaltensbedingte Kündigung Nr. 71 = NZA 2007, 923) hat insoweit inzwischen zusammenfassend folgende Grundsätze aufgestellt:

- Ein an sich zur außerordentlichen Kündigung geeigneter Umstand kann vorliegen, wenn der Arbeitnehmer das Internet während der Arbeitszeit zu privaten Zwecken in erheblichem zeitlichem Umfang nutzt und damit seine arbeitsvertraglichen Pflichten verletzt.
- Eine Verletzung der arbeitsvertraglichen Leistungspflicht sowie anderer vertraglicher Nebenpflichten kann sich insoweit aus verschiedenen Umständen ergeben, so insbes.
- durch eine Nutzung entgegen einem ausdrücklichen Verbot der Arbeitgebers,
- durch das Nichterbringen der arbeitsvertraglich geschuldeten Arbeitsleistung während des »Surfens« im Internet zu privaten Zwecken,
- durch das Herunterladen erheblicher Datenmengen aus dem Internet auf betriebliche Datensysteme (unbefugter download),
- durch die mit der privaten Nutzung entstehenden zusätzlichen Kosten,
- wegen einer Rufschädigung des Arbeitgebers, weil strafbare oder pornographische Darstellungen herunter geladen werden.
- Bei einer vom Arbeitgeber nicht gestatteten privaten Internetnutzung während der Arbeitszeit verletzt der Arbeitnehmer grds. seine (Hauptleistungs-) Pflicht zur Arbeit. Dabei wiegt eine Pflichtverletzung umso schwerer, je mehr der Arbeitnehmer bei der privaten Nutzung des Internets seine Arbeitspflicht in zeitlicher und inhaltlicher Hinsicht vernachlässigt.
- Nutzt der Arbeitnehmer während seiner Arbeitszeit das Internet in erheblichem zeitlichen Umfang (»ausschweifend«) zu privaten Zwecken, so kann er auch bei Fehlen eines ausdrücklichen Verbots grds. nicht darauf vertrauen, der Arbeitgeber werde dies tolerieren.

Für die ausdrücklich verbotene private Internetnutzung während der Arbeitszeit im öffentlichen Dienst gilt Folgendes (*BAG* 27.4.2006 EzA § 626 BGB 2002 Unkündbarkeit Nr. 11 = NZA 2006, 977):

- Ein Arbeitnehmer verstößt ganz erheblich gegen seine arbeitsvertraglichen Pflichten, wenn er ein ausdrückliches und fortlaufend wiederholtes Verbot des Arbeitgebers missachtet, das Internet privat zu nutzen und innerhalb von zwei Monaten fast täglich, insgesamt in erheblichem Umfang privat im Internet surft.
- Damit verletzt er grds. seine Hauptleistungspflicht. Die Pflichtverletzung wiegt dabei um so schwerer, je mehr der Arbeitnehmer bei der privaten Internetnutzung seine Arbeitspflicht in zeitlicher und inhaltlicher Hinsicht vernachlässigt.
- Die Gefahr einer Rufschädigung durch den Abruf pornografischer Seiten ist insbes. bei einem Arbeitnehmer im öffentlichen Dienst nicht nur unter Umständen, sondern stets ohne das Hinzutreten weiterer Umstände konkret gegeben und zu beachten; Angestellte im öffentlichen Dienst unterliegen zudem nach § 8 Abs. 1 BAT gegenüber Angestellten in der Privatwirtschaft gesteigerten Verhaltenspflichten.
- Bei der Prüfung der Frage, ob ein wichtiger Grund zur Kündigung eines ordentlich unkündbaren Arbeitnehmers vorliegt, geht es allein um die Abwägung, ob dem Arbeitgeber die Fortsetzung des Arbeitsverhältnisses bis zum Ablauf der »fiktiven« Kündigungsfrist noch zugemutet werden kann. Insoweit besteht insbes. kein Anlass, neben dem Alter und der Beschäftigungsdauer die ordentliche Unkündbarkeit des Arbeitnehmers erneut zu seinen Gunsten zu berücksichtigen und damit den ordentlich unkündbaren Arbeitnehmer besser zu stellen als einen Arbeitnehmer ohne diesen Sonderkündigungsschutz bei entsprechenden Einzelfallumständen und beiderseitigen Interessen.

▶ Eine Kündigung wegen **Weiterversendens einer privaten E-Mail** im Betrieb des Arbeitgebers ist wegen Fehlens einer vorherigen Abmahnung unwirksam, auch wenn zuvor in einer generellen internen Arbeitsanweisung das Versenden privater E-Mails verboten und eine außerordentliche Kündigung für den Fall des Zuwiderhandelns angedroht worden war (*LAG Hessen* 13.12.2001 LAGE § 626 BGB Nr. 136 = ZTR 2002, 292 LS; *ArbG Frankf./M.* 20.3.2001 – 5 Ca 4459/00). 1214

▶ Auch schon vor der Entscheidung des *BAG* (7.7.2005 a.a.O.) wurde die Auffassung vertreten, dass dann, wenn ein Arbeitnehmer während der Arbeitszeit **pornografisches Bildmaterial** aus dem **Internet** lädt, das er auf Datenträgern des Arbeitgebers speichert und er den Internet-Zugang zum Einrichten einer Web-Page sexuellen Inhalts nutzt, dies eine außerordentliche Kündigung rechtfertigen soll. Bei der Beurteilung der Schwere des Vertragsverstoßes ist danach zu berücksichtigen, dass ein derartiges Verhalten des Arbeitnehmers geeignet ist, das Ansehen des Arbeitgebers in der Öffentlichkeit zu beschädigen. Es bedarf dann nach Auffassung des *ArbG Hannover* (1.12.2000 NZA 2001, 1022; ebenso bei »ausschweifendem, systematischem Vorgehen über einen längeren Zeitraum« *ArbG Frankf. a.M.* 2.1.2002 NZA 2002, 1093; ebenso bei Weiterleitung von Dateien mit pornographischem Inhalt an Dritte *ArbG Hannover* 28.4.2005 NZA-RR 2005, 420) weder einer Abmahnung noch einer vorherigen ausdrücklichen Regelung. **Worin ein möglicher Ansehensverlust des Arbeitgebers bestehen soll, bleibt freilich offen.** Notwendig ist vielmehr eine differenzierte Betrachtung des konkreten Einzelfalls, also der genauen Beantwortung der Frage der Arbeitspflichtverletzung, deren Ausmaß, die Höhe des tatsächlich entstandenen Schadens in Relation gesetzt zu den Sozialdaten des Arbeitnehmers, insbes. der beanstandungsfreien Betriebszugehörigkeit, eines besonderen Kündigungsschutzes usw. Pauschale Lösungen verbieten sich wie stets im Kündigungsschutzrecht. 1215

▶ Jedenfalls stellt es keinen Kündigungsgrund dar, wenn ein Arbeitnehmer, dessen Arbeitgeber einen Personalabbau durch Aufhebungsverträge erreichen will, denen sog. »Trennungsgespräche« vorangehen, versucht, durch eine Internetanimation, die insbes. den Arbeitskollegen zugänglich ist, den Betrachter durch **Furcht und Schrecken erregende Bilder** (Atompilz, »Arbeit macht frei«, Aussonderung, Leichenberge, Guillotine, Blitz- 1216 schlag, Teddybär, Krokodil) in Aufregung zu versetzen und diese Aufregung auf das Thema »Trennungsgespräche« zu lenken; es handelt sich nicht um eine arbeitsvertragliche Pflichtverletzung (*BAG* 24.11.2005 ArbuR 2006, 171 LS).

1217 ▶ Der **tätliche Angriff** auf einen Vorgesetzten ist eine schwerwiegende Verletzung der arbeitsvertraglichen Nebenpflichten des Arbeitnehmers. Im Rahmen der Interessenabwägung ist dann vor allem zu beachten, dass der Arbeitnehmer den Vorgesetzten angegriffen, dadurch seine Missachtung gegenüber der Vorgesetzteneigenschaft gezeigt und ein hohes Maß an Aggressivität bewiesen hat (noch weitergehender *LAG Nds.* 27.9.2002 NZA-RR 2003, 76: allein entscheidend); gleiches gilt für Tätlichkeiten gegenüber Arbeitskollegen (*LAG Nds.* 25.5.2004 LAG Report 2005, 207; *LAG Köln* 27.10.2005 LAGE § 15 KSchG Nr. 19 = ZTR 2006, 243 LS; vgl. dazu *Schulte-Westenberg* NZA-RR 2005, 617 ff.). Denn ein tätlicher Angriff auf einen Arbeitskollegen stellt eine **schwere Verletzung der arbeitsvertraglichen Pflicht zur Rücksichtnahme** auf die Rechte und Interessen des anderen Arbeitnehmers dar; einer Abmahnung bedarf es dann regelmäßig nicht (*BAG* 6.10.2005 EzA § 1 KSchG Verhaltensbedingte Kündigung Nr. 66 = NZA 2006, 431). Eine ganz erhebliche Verletzung der vertraglichen Pflichten liegt auch vor, wenn der Angriff mit einem gefährlichen Werkzeug, z.B. einem Messer, durchgeführt wird. Eine solche Auseinandersetzung führt regelmäßig zu einer erheblichen Störung des Betriebsfriedens, die es dem Arbeitgeber unzumutbar macht, das Arbeitsverhältnis mit dem Angreifer fortzusetzen (*LAG Hamm* 20.9.1995 NZA-RR 1996, 291 LS); zum tätlichen Angriff auf einen Arbeitskollegen vgl. auch *BAG* 24.10.1996 ZTR 1997, 139.

1218 ▶ **Gießt** ein Müllwerker im Verlauf einer Auseinandersetzung über seinem Kollegen **eine Tasse heißen Tees aus**, liegt darin eine schwere Tätlichkeit, die zu erheblichen Verletzungen, insbes. in Form von Verbrennungen, führen kann, Das ist selbst dann ein an sich zur außerordentlichen Kündigung geeigneter Umstand, wenn der angegriffene Kollege den Streit provoziert hat und zuvor seinerseits dem anderen Arbeitnehmer warmen Kaffee ins Gesicht geschüttet hat. Denn jeder Arbeitnehmer, der sich mit Angriffswillen an einer tätlichen Auseinandersetzung unter Kollegen beteiligt, ohne dass eine eindeutige Notwehrlage bestanden hat, bewirkt oder fördert eine ernstliche Störung des Betriebsfriedens und der betrieblichen Ordnung. Das gilt auch dann, wenn der Umgangston z.B. unter Müllwerkern als »etwas rauer« beschrieben wird. Unter Berücksichtigung sämtlicher Umstände, insbes. den Ursachen des Streits und der Gefährlichkeit des Angriffs sowie seiner tatsächlichen Folgen, kann jedoch im Einzelfall ausnahmsweise eine Abmahnung als ausreichend angesehen werden, wenn Tatsachen eine störungsfreie Fortsetzung des Arbeitsverhältnisses und die Wiederherstellung des Betriebsfriedens prognostizieren lassen. Das setzt allerdings neben einem störungsfreien Arbeitsverhältnis in der Vergangenheit u.a. die gegenseitige Entschuldigung der beteiligten Arbeitnehmer voraus (*LAG Nds.* 5.8.2002 LAGE § 626 BGB Nr. 142 = NZA 2003, 75). Ähnlich kann es in einem vergleichbaren Fall aber sein, wenn der Arbeitgeber und auch der Betriebsrat die **Verhaltenseigenarten eines Arbeitnehmers** über ein Jahrzehnt lang reaktionslos hinnehmen, der von sich selbst sagt, er sei bei seinen Arbeitskollegen dafür bekannt, dass er schon mal lautstark schimpfe und notfalls auch einmal Schläge androhe; dies spricht tendenziell dafür, dass bei Überschreiten der Schwelle zur Tätlichkeit auch die Einhaltung einer ordentlichen Kündigungsfrist noch zumutbar sein kann (*LAG Köln* 11.12.2002 ARST 2004, 20 LS = NZA-RR 2003, 470).

1219 ▶ Eine außerordentliche Kündigung ist aber jedenfalls – ohne vorherige Abmahnung – gerechtfertigt, wenn ein Arbeitnehmer einen Arbeitskollegen **nach einem Wortwechsel geohrfeigt** und, nachdem sich dieser zum Gehen von ihm abgewandt hatte, **in den Hintern getreten hat** (*LAG Hessen* 2.7.2003 ArbuR 2004, 356 LS; ebenso für eine Ohrfeige gegenüber einer Arbeitskollegin *LAG Nds.* 25.5.2004 LAG Report 2005, 207).

1220 ▶ Wenn eine Altenpflegerin einen Heimbewohner in einer »**Notwehrsituation**« ohrfeigt, ist eine (fristlose oder ordentliche) Kündigung demgegenüber nicht gerechtfertigt (*LAG Köln* 20.12.2000 ARST 2001, 187). So gesehen ist also **nicht jede vorsätzlich oder fahrlässig begangene Körperverletzung** zum Nachteil einer zu betreuenden Person bei bisher mehrjähriger beanstandungsfreier Tätigkeit als Pflegekraft dazu geeignet, die Unzumutbarkeit der Fortsetzung des Arbeitsverhältnisses zu begründen; vielmehr ist eine Handlung im »Affekt« schuldmindernd zu berücksichtigen (*LAG Nbg.* 20.8.2004 ZTR 2005, 220 LS). Gleiches gilt je nach den Umständen des Einzelfalles, wenn eine **Kinderpflegerin**, die bei einer Kindertagesstätte in öffentlicher Trägerschaft angestellt ist, einem 1\2-jährigen Kleinkind im Abstand von einem Monat zweimal offen ins Gesicht schlägt; im konkret entschiedenen Einzelfall hat das *LAG SchlH* (14.1.2004 LAGE § 626 BGB 2002 Nr. 3; vgl. dazu *Schulte-Westenberg* NZA-RR 2005, 617 ff.) jedenfalls die fristlose Kündigung im Rahmen der Interessenabwägung für unwirksam erachtet. Auch die Bedrohung eines Vorgesetzten mit Tätlichkeiten und dem Tod durch den Arbeitnehmer stellen einen gravierenden arbeitsvertraglichen Pflichtverstoß dar, der eine außerordentliche Kündigung rechtfertigt (*LAG Hamm* 10.1.2006 LAGE § 626 BGB 2002 Nr. 10; zur Bedrohung eines Vorgesetzten mit einer Schusswaffe durch einen stark alkoholisierten Arbeitnehmer *LAG Düsseld.* 15.12.1997 LAGE § 626 BGB Nr. 116 u. 10.12.1998 – 13 Sa 1126/98). Deshalb kann die Bedrohung des Arbeitgebers durch den Arbeitnehmer, »**ihm die Schnauze einzuschlagen**«, »ihn kaputt zu schlagen«, einen wichtigen Grund abgeben (*LAG Düsseld.* 16.7.2003 LAGE § 626 BGB Nr. 150). Auch dann, wenn eine Produktionsmitarbeiterin ihrer im achten Monat hochschwangeren Vorgesetzten im Rahmen eines Disputes **droht**, sie solle sie in Ruhe lassen, sonst werde **sie ihr in den Bauch treten**, dann sei ihr Kind weg, ist ein wichtiger Grund i.S.d. § 626 Abs. 1 BGB gegeben, der auch im Rahmen der vorzunehmenden Interessenabwägung i.d.R. eine fristlose Kündigung rechtfertigt (*LAG RhPf* 5.7.2005 – 2 Sa 1054/04 – LAG Report 2005, 350 LS). Einem tariflich nicht mehr ordentlich kündbaren Busfahrer im öffentlichen Personennahverkehr, der an einer Kundendienstschulung teilgenommen hat, kann ohne Abmahnung fristlos gekündigt werden, wenn er ohne rechtfertigenden Grund einen Fahrgast als »Armleuchter« beschimpft und diesem zudem Schläge angedroht hat (*LAG Hamm* 22.11.2001 ZTR 2002, 240 LS). Gleiches gilt dann, wenn ein schwer behinderter, ordentlich nicht mehr kündbarer Mitarbeiter, **mit einem fünfzehn Zentimeter langen Messer vor einem Auszubildenden fuchtelt**, unabhängig davon, ob der Mitarbeiter dabei eine Drohung gegen den Auszubildenden oder suizidal gegen sich selbst ausgesprochen hat (*ArbG Bln.* 4.3.2004 – 96 Ca 26 619/03 – EzA-SD 11/04, S. 11 LS = NZA-RR 2004, 581).

▶ Wirksam kann eine fristlose Kündigung auch dann sein, wenn eine **Führungskraft** (Filialdirektor) erklärt, er werde die Versicherungsagenturen in seinem Bereich **»vor die Wand laufen lassen«**, sofern nicht eine »Einkommenserhöhung« erfolge. Denn die Forderung nach einem Geldbetrag stellt sich dann als eine durch nichts gerechtfertigte Nötigung gegenüber dem Arbeitgeber dar (*LAG SchlH* 27.5.2008 NZA-RR 2008, 573). **1221**

▶ Eine fristlose Kündigung kommt zudem dann in Betracht, wenn der Arbeitnehmer seine Pflichtverletzung nicht zu vertreten hat, z.B. den Messerangriff eines geistesgestörten Arbeitnehmers auf einen arglosen Arbeitskollegen (*LAG Köln* 17.4.2002 ZTR 2002, 446 LS). **1222**

Beleidigt ein Arbeitnehmer seinen Arbeitgeber, seinen Vertreter, einen Vorgesetzten oder seine Arbeitskollegen grob, d.h. wenn die Beleidigung nach Form und Inhalt eine erhebliche Ehrverletzung für den Betreffenden bedeutet, stellt dies einen erheblichen Verstoß gegen seine Pflichten aus dem Arbeitsverhältnis dar und kann einen wichtigen Grund für eine außerordentliche Kündigung an sich bilden (*BAG* 10.10.2002 EzA § 626 BGB 2002 Unkündbarkeit Nr. 1; 6.11.2003 EzA § 1 KSchG Verhaltensbedingte Kündigung Nr. 60, letztere Entscheidung zum Kündigungsgrund i.S.d. § 1 KSchG; s. dazu u. Rn. 2217 ff.; *LAG Köln* 27.10.2005 LAGE § 15 KSchG Nr. 19 = ZTR 2006, 243 LS; *LAG Bln.* 3.3.2006 – 13 Sa 1906/05 – EzA-SD 11/06 S. 12 LS). Allerdings ist bei der kündigungsrechtlichen Bewertung derartiger Entgleisungen stets Art. 5 Abs. 1, 2 GG, also das Grundrecht auf freie Meinungsäußerung zu beachten (*BAG* 6.11.2003 EzA § 1 KSchG Verhaltensbedingte Kündigung Nr. 60). **1223**
Das *BAG* (24.11.2005 EzA § 626 BGB 2002 Nr. 13 = NZA 2006, 650) hat zuletzt insoweit **folgende Grundsätze** aufgestellt:

– Vergleicht ein Arbeitnehmer die betrieblichen Verhältnisse und Vorgehensweisen des Arbeitgebers durch einen Arbeitnehmer (Betriebsratsmitglied) mit dem nationalsozia-

listischen Terrorsystem oder gar mit den in Konzentrationslagern begangenen Verbrechen ist dies an sich geeignet, einen wichtigen Grund i.S.d. § 626 Abs. 1 BGB zu bilden (ebenso *LAG SchlH* 29.8.2006 – 6 Sa 72/06 – EzA-SD 23/06 S. 8 LS).
- Denn die Gleichsetzung noch so umstrittener betrieblicher Vorgänge und der Vergleich des Arbeitgebers oder der für ihn handelnden Personen mit den vom Nationalsozialismus geförderten Verbechen und den Menschen, die diese Verbrechen begingen, stellt eine grobe Beleidigung der damit Angesprochenen und zugleich eine Verharmlosung des begangenen Unrechts und eine Verhöhnung seiner Opfer dar.
- Ob eine Meinungsäußerung allerdings tatsächlich einen derartigen Vergleich enthält, ist durch eine sorgfältige, den Wertgehalt des Art. 5 Abs. 1 GG berücksichtigende Sinnermittlung zu klären, die durch das Revisionsgericht in vollem Umfang nachprüfbar ist.
- Insoweit darf einer Äußerung kein Sinn beigelegt werden, den sie nicht besitzt. Bei mehrdeutigen Äußerungen muss eine ebenfalls mögliche Deutung mit überzeugenden Gründen ausgeschlossen werden. Bei Aussagen, die bildlich eingekleidet sind, müssen sowohl die Aussage der Einkleidung selbst als auch die Kernaussage je für sich dahin überprüft werden, ob sie die gesetzlichen Grenzen überschreiten.

1224 ▶ Grobe Beleidigungen und Tätlichkeiten können **auch dann ein wichtiger Grund** für eine fristlose Kündigung sein, wenn sie **unter Betriebsratsmitgliedern im Betriebsratsbüro** stattfinden. Bei der einzelfallorientierten Interessenabwägung sind dann allerdings u.a. der **betriebsbezogene Hintergrund** der Auseinandersetzung und die fehlende »Betriebsöffentlichkeit« zu berücksichtigen (*LAG Köln* 27.10.2005 LAGE § 15 KSchG Nr. 19 = ZTR 2006, 243 LS).

1225 ▶ Die **mehrfache Verweigerung des Grußes** gegenüber dem Arbeitgeber nach dessen vorherigem Gruß stellt insoweit keine grobe Beleidigung dar, die zum Ausspruch einer Kündigung berechtigen könnte (*LAG Köln* 29.11.2005 – 9 (7) Sa 657/05 – EzA-SD 9/06 S. 12 LS). Auch die **Titulierung eines Vorgesetzten als »Krücke«** genügt nicht; zu beachten ist der allgemein herrschende Umgangston im jeweiligen Belegschaftsteil. Gibt es hinreichende Anhaltspunkte dafür, dass ein herzlicher, aber rauer Umgangston herrscht, kann eine Abmahnung ausreichen (*ArbG Leipzig* 14.4.2005 ArbuR 2006, 127). Nach Auffassung des *LAG Hamm* (26.5.2006 – (19) Sa 195/06 – ArbuR 2006, 331 LS) rechtfertigt die **Beleidigung einer Arbeitskollegin** mit den Worten »Du dumme Sau« keine fristlose Kündigung, selbst dann nicht, wenn es sich um die Mitarbeiterin eines Firmenkunden handelt, wenn die Situation einer Meinungsverschiedenheit und Beleidigung unter Arbeitskollegen entspricht. Eine entsprechende Bemerkung soll nach *LAG Hamm* (28.2.2007 – 3 Sa 1944/06 – ArbuR 2007, 283) in einem **milderen Licht erscheinen**, wenn es sich bei den Gesprächspartnern um Personen handelt, die sich duzen. Das ist in dieser Form viel zu allgemein und abzulehnen; entscheidend kann stets nur die konkrete Gesprächssituation sein.

1226 ▶ Die Bezeichnung von Manager und Trainer eines Fußballvereins der 1. Bundesliga als »Diktatoren« durch einen Lizenzspieler in einem Fernsehinterview rechtfertigt dagegen nach Auffassung des *ArbG Bielefeld* (9.12.1997 EzA § 626 BGB n.F. Nr. 171) grds. ohne vorherige Abmahnung eine außerordentliche Kündigung. Gleiches gilt wegen der amtsbezogenen Loyalitäts- und Mäßigungspflicht auch für den Pressesprecher einer Stadt, der in einem Flugblatt den Bürgermeister dieser Stadt als »selbstherrlich und weinerlich« hinstellt und ihn zum Rücktritt auffordert (*LAG Bra.* 26.6.1997 ZTR 1998, 281 LS). Unterstellt ein Arbeitnehmer seinem Arbeitgeber »Machenschaften«, ist eine fristlose Kündigung geboten (*ArbG Frankf. a.M.* 8.8.2001 NZA-RR 2002, 245). Auch die **grobe Beleidigung** des Arbeitgebers mit dem Satz »Sie haben doch nur Bumsen im Kopf« kann ein Grund zur fristlosen Kündigung sein (*LAG Köln* 30.1.1998 ARST 1998, 163 LS). Gleiches gilt für die Beleidigung eines Vorgesetzten mit den Worten »du bist ein Arschloch« (*LAG RhPf* 8.11.2000 – 9 Sa 826/00; ebenso *LAG Nds.* 25.10.2004 – 5 TaBV 96/03 – LAG Report 2005, 287 LS = NZA-RR 2005, 530 bei einem Betriebsratsvorsitzenden; ebenso *LAG Köln* 18.4.2006 – 9 Sa 1623/

05 – EzA-SD 23/06, S. 8 LS für die wiederholte Erklärung eines Arbeitnehmers gegenüber dem Arbeitgeber, er sei »als Chef ein Ass, aber als Mensch ein Arschloch«); einer Abmahnung bedarf es in diesem Fall nicht (*ArbG Frankf.* 10.8.1998 NZA-RR 1999, 85). Nichts anderes kann u.U. für die Bemerkung eines Sachbearbeiters für Bauleitplanung zu seinem Vorgesetzten gelten »Sie lügen, wie Sie das immer machen«; im Rahmen der Interessenabwägung ist dann insbesondere – wie stets – zu berücksichtigen, **dass die Äußerung überlegt erfolgte und nicht im Rahmen einer emotional geprägten Auseinandersetzung** (*LAG Hessen* 1.9.2006 NZA-RR 2007, 245; s.a. *ArbG Mönchengladbach* 16.3.2007 NZA-RR 2007, 411 LS).

▶ Demgegenüber kann die Äußerung **gegenüber einem Qualitätsbeauftragten, dieser sei ein A ... loch** den Arbeitgeber aufgrund der Fürsorgepflicht auch dazu zwingen, vor Ausspruch der Kündigung einen Schlichtungsversucht zu unternehmen (*ArbG Halberstadt* 20.4.2005 ArbuR 2006, 127). 1227

▶ Verfasst ein Arbeitnehmer unmittelbar nach einem Personalgespräch, bei dem ihm Unregelmäßigkeiten bei der Arbeitszeiterfassung im Zusammenhang mit der Teilnahme an einer betrieblichen Karnevalsfeier vorgehalten werden, einen **erkennbar impulsiv gehaltenen Beschwerdebrief** an seinen Arbeitgeber und bezeichnet darin seinen Personalvorgesetzten als **»infantile Type«**, der »mit Vehemenz gegen ihn interveniere und ihn zum Ermittlungssubjekt herabwürdige, in der Absicht, ihn bei Kollegen verächtlich zu machen«, so ist bei der Gewichtung des Kündigungsgrundes das Vorgeschehen mit zu berücksichtigen. Stellt dies einen **einmaligen Vorfall in einem 35 Jahre bestehenden Arbeitsverhältnis** dar, so ist nach dem Ultima-Ratio-Prinzip regelmäßig von der Erforderlichkeit einer vorherigen Abmahnung auszugehen (*LAG Köln* 7.2.2007 LAGE § 103 BetrVG 2001 Nr. 5). Auch ein **offener Brief mit kritischen Äußerungen** des Arbeitnehmers im Rahmen eines betrieblichen Streits entzieht einer Äußerung noch nicht den Schutz der bei der Konkretisierung der arbeitsvertraglichen Rücksichtnahmepflicht (§ 241 Abs. 2 BGB) und ihrer möglichen Verletzung zu beachtenden Meinungsfreiheit. Bei der gebotenen Abwägung zwischen den wechselseitig betroffenen Rechtsgütern spielt es eine Rolle, ob die Meinungsäußerung im Rahmen einer öffentlichen Auseinandersetzung erfolgt ist und ob sie eine noch vertretbare Reaktion auf eine für den Arbeitnehmer nicht deutlich erkennbare Vorgehensweise der Arbeitgeberseite bzw. seines Organs enthält (*LAG RhPf* 25.8.2006 – 8 Sa 245/06 – ArbuR 2007, 104 LS). 1228

▶ Spricht ein Arbeitnehmer andererseits über einen in der ehemaligen DDR geborenen und dort lebenden Vorgesetzten von einer **»Scheiß-Stasimentalität«**, so sind diese Worte an sich geeignet, eine fristlose Kündigung zu rechtfertigen. Denn mit dem Hinweis auf eine »Scheiß-Stasimentalität« wird eine nicht hinnehmbare Verbindung zu den menschenverachtenden Methoden des Staatssicherheitsdienstes der ehemaligen DDR hergestellt; der betroffene Vorgesetzte wird damit ganz erheblich in seiner Ehre verletzt (*LAG Düsseld.* 5.3.2007 LAGE § 626 BGB 2002 Nr. 11). 1229

Die wahrheitswidrige Behauptung eines Arbeitnehmers, eine verheiratete Arbeitnehmerin und ihr Vorgesetzter hätten ein Verhältnis miteinander, stellt nicht nur eine Beleidigung der zu Unrecht Verdächtigten dar, sondern kann auch die Autorität des Vorgesetzten beschädigen und je nach den betrieblichen Gegebenheiten zu einer empfindlichen Störung des Betriebsfriedens führen, die im Einzelfall allein durch eine fristlose Beendigung des Arbeitsverhältnisses zu beseitigen ist (*ArbG Frankf. a.M.* 6.3.2001 NZA-RR 2002, 301; ebenso für die wahrheitswidrige Behauptung eines Verhältnisses mit dem Geschäftsführer *LAG SchlH* 20.9.2007 – 4 Sa 192/07 – NZA-RR 2008, 71 LS). Eine fristlose Kündigung kann auch dann gerechtfertigt sein, wenn eine Mitarbeiterin gegenüber einem Kollegen wahrheitswidrig erklärt, sie habe ein **Verhältnis mit dem Geschäftsführer** ihres Arbeitgebers gehabt (*LAG SchlH* 20.9.2007 LAGE § 626 BGB 2002 Nr. 13). Ein städtischer Angestellter, der ohne ausreichenden Grund den ihm vorgesetzten Bürgermeister der Stadt, bei der er angestellt ist, des Verbrechens der Rechtsbeugung bezichtigt, verletzt gravierend seine arbeitsvertraglichen Pflichten, so dass ein an sich zur außerordentlichen Kündigung geeigneter Umstand gegeben sein kann (*BAG* 6.11.2003 EzA § 1 1230

KSchG Verhaltensbedingte Kündigung Nr. 60). Unterstellt der Arbeitnehmer dem Geschäftsführer **ausländerfeindliche und rechtsradikale Äußerungen**, ohne dass dieser solche tatsächlich getätigt hat, ist ein wichtiger Grund gegeben (*ArbG Mönchengladbach* 16.3.2007 NZA-RR 2007, 411 LS).
Anders kann es aber dann sein, wenn der Geschäftsführer an der Zuspitzung der mentalen Belastungslage des Arbeitnehmers als Auslöser der beleidigenden Äußerung beteiligt war, z.B. auf Grund eines mehrmonatigen Zahlungsrückstandes, und der Arbeitnehmer seiner Bedrängnis durch die beleidigende Äußerung Ausdruck verschafft; das *ArbG Bln.* (11.5.2001 NZA-RR 2002, 129) hat zudem angenommen, dass es an einem Kündigungsgrund i.S.d. § 1 Abs. 2 S. 1 KSchG fehlte, da sich der Arbeitgeber analog § 162 Abs. 2 BGB nicht auf die Beleidigung durch den Arbeitnehmer berufen durfte.

1231 ▶ Das *LAG Köln* (4.7.1996 NZA-RR 1997, 171) hat angenommen, dass die objektiv nicht besonders schwerwiegende Beleidigung eines Kollegen, der in einer kleinen Gruppe von Sozialarbeitern auch Leitungsfunktion hat, selbst dann, wenn sie für den Arbeitgeber erstmals persönliche, den Arbeitsablauf störende Spannungen deutlich macht, regelmäßig erst nach vergeblicher Abmahnung oder einem vergeblichen Vermittlungsversuch als wichtiger Grund geeignet ist. Danach ist auch eine schwere verbale Entgleisung (»du altes Arschloch«) nicht ohne weiteres eine grobe Beleidigung und ein ohne Abmahnung ausreichender Kündigungsgrund; entscheidend ist die Verhältnismäßigkeit und Zumutbarkeit der Maßnahme im konkreten Fall. Eine grobe Beleidigung des Arbeitgebers, die eine Kündigung ohne vorausgegangene Abmahnung rechtfertigen soll, erfordert danach eine **erhebliche Ehrverletzung** des Betroffenen. Eine solche scheidet aus, wenn **sich der Adressat selbst nicht nennenswert gekränkt gefühlt hat** (»Mittelfinger«; *LAG Köln* 21.8.1998 NZA-RR 1999, 186).

1232 Werden diffamierende und ehrverletzende Äußerungen über Vorgesetzte und Kollegen nur in vertraulichen Gesprächen unter Arbeitskollegen abgegeben, so kann unter Umständen die außerordentliche Kündigung des Arbeitsverhältnisses nicht gerechtfertigt sein. Der Arbeitnehmer darf regelmäßig darauf vertrauen, seine Äußerungen werden nicht nach außen getragen und der Betriebsfrieden nicht gestört bzw. das Vertrauensverhältnis nicht zerstört. Diesen Schutz der Privatsphäre und der Meinungsfreiheit kann aber der Arbeitnehmer nicht in Anspruch nehmen, der selbst die Vertraulichkeit aufhebt, so dass die Gelegenheit für Dritte, seine Äußerungen zur Kenntnis zu nehmen, ihm zurechenbar wird. Das gilt beispielsweise in dem Fall, in dem er eine Mitteilung an eine – vermeintliche – Vertrauensperson richtet, um einen Dritten »zu treffen« (*BAG* 10.10.2002 EzA § 626 BGB 2002 Unkündbarkeit Nr. 1).

1233 ▶ Zu beachten ist zudem, dass **Vorgesetzte** während eines **Arbeitskampfes** unter Umständen auch **leichte Beleidigungen** ihrer Mitarbeiter hinnehmen müssen (*LAG Hessen* 24.10.2000 NZA-RR 2001 300). Nichts anderes gilt für die **Aufforderung an einen auswärtigen Streikbrecher**, Streikbrecherarbeit zu unterlassen, verbunden mit den Worten, »wenn es wieder zu einem Streik kommt, dann könnt ihr was erleben, wenn ihr trotz Streik wieder arbeitet. Wir wissen schon, in welchem Hotel ihr wohnt«; dies rechtfertigt weder den Ausspruch einer außerordentlichen noch einer ordentlichen Kündigung (*ArbG Mannheim* 21.10.2005 ArbuR 2006, 131 LS). Auch kurz vor dem aus anderen Gründen **unmittelbar bevorstehenden Ende eines Arbeitsverhältnisses** sind grobe Verunglimpfungen aller Beschäftigten einschließlich des Vorstands über das interne E-Mail-System geeignet, eine fristlose Kündigung zu rechtfertigen; dies gilt auch dann, wenn die Verunglimpfungen in **metaphorisch verschlüsselter Form** erfolgen (*ArbG Wiesbaden* 2.5.2001 NZA-RR 2001, 639).

1234 ▶ Äußert sich eine Verkäuferin gegenüber einer Kundin im Rahmen eines Reklamationsgesprächs mit den Worten »Nun werden Sie aber nicht so pissig«, rechtfertigt das grds. auch ohne vorherige Abmahnung die fristlose Kündigung des Arbeitsverhältnisses, es sei denn, die Äußerung ist durch ein beleidigendes Verhalten der Kundin **provoziert** worden (*LAG SchlH* 5.10.1998 LAGE § 626 BGB Nr. 122). Gleiches gilt für die Äußerung einer Verkäuferin gegenüber einer Kundin, sie werde dieser »eine aufs Maul hauen« (*ArbG Nbg.* 10.10.2000 – 12 Ca 2365/00). **Zur Beleidigung durch sog. »vertrauliche Äußerungen« s.u. Rn. 2224 ff.**

▶ Das bewusste und wiederholte Beobachten von Badegästen beim Umkleiden durch einen Angestellten eines Hallenbades rechtfertigt eine fristlose Kündigung, ohne dass es einer vorherigen Abmahnung bedarf (*LAG Nds.* 15.3.2002 NZA-RR 2003, 20). 1235

▶ Einem Arbeitnehmer kann im Übrigen nicht schon deshalb gekündigt werden, weil er **fachlich anderer Auffassung** war als sein Vorgesetzter und darüber eine **kritische Aktennotiz** angefertigt hat. Denn Arbeitnehmer sind grds. befugt, eine von Ansichten der Vorgesetzten abweichende fachliche Meinung zu äußern, ohne gleich Sanktionen befürchten zu müssen (*ArbG Frankf./M.* 16.8.2001 – 7 Ca 3875/01 –). Ein Arbeitnehmer allerdings, der Führungskraft auf zweiter Führungsebene ist und den Arbeitgeber nach außen repräsentiert, kann einen wichtigen Grund ohne vorherige Abmahnung setzen, wenn er – und sei es auch im (vermeintlichen) Interesse der Belegschaft – unter Verstoß gegen eine ausdrückliche Weisung gezielt und verheimlicht die Geschäftspolitik des Arbeitgebers konterkariert, ihm dabei nennenswerten Schaden zufügt und sein Vorgehen auf ausdrückliches Befragen wahrheitswidrig abstreitet (*LAG Köln* 3.8.2001 ZTR 2002, 292). 1236

▶ Die fristlose Kündigung eines Arbeitnehmers – Taxifahrers – ist auch ohne vorherige Abmahnung gerechtfertigt, wenn der Arbeitnehmer über den Taxinotruf die Polizei ruft mit der unzutreffenden Behauptung, **er werde von seinem Arbeitgeber**, der gerade in das Auto des Arbeitnehmers gestiegen ist, **bedroht**, nach Eintreffen der Polizei diese Behauptung wiederholt und sich im Anschluss daran über den Taxifunk unter Namensnennung seines Arbeitgebers brüstet, er habe den »Chef« verhaften lassen (*LAG Brem.* 17.7.2003 NZA-RR 2004, 128). 1237

▶ Eine **Strafanzeige** (vgl. dazu *Deiseroth* ArbuR 2002, 161 ff. und ArbuR 2007, 198; *Binkert* ArbuR 2007, 195; *Gänßle* FA 2005, 66 ff.; *Mahnhold* NZA 2008, 737 ff.; zum Gesetzentwurf für die Einführung eines neuen § 612a BGB und der dazu erfolgten Anhörung im Juni 2008 sowie zahlreichen Stellungnahmen s. Google »§ 612a BGB n.F.«) gegen den Arbeitgeber berechtigt jedenfalls dann zur fristlosen Kündigung, wenn sie aus der alleinigen Motivation heraus erstattet wird, den Arbeitgeber zu schädigen (*LAG Köln* 7.1.2000 ZTR 2000, 278 LS). Gleiches gilt dann, wenn in einer **Strafanzeige gegen einen Geschäftsführer leichtfertig falsche Angaben gemacht werden, die durch nichts zu rechtfertigen sind**. Die bloße Möglichkeit, dass die Äußerungen des Geschäftsführers auch als Mordauftrag verstanden werden könnten, soll nach Auffassung des *LAG Hamm* (28.11.2003 NZA-RR 2004, 475) ein Betriebsratsmitglied nicht berechtigen, eine Strafanzeige zu erstatten. Auch wenn ein Arbeitnehmer leichtfertig und wahrheitswidrig Strafanzeige gegen den Arbeitgeber erstattet, ist dies eine schwere Pflichtverletzung, die die außerordentliche Kündigung des Arbeitsverhältnisses ohne vorherige Abmahnung rechtfertigen kann (*LAG Hamm* 28.11.2003 LAG Report 2004, 184). 1238

Etwas anderes gilt aber für eine Strafanzeige gegen den Arbeitgeber oder einen Vorgesetzten ohne diese Motivation, wenn in der Strafanzeige nicht wissentlich unwahre oder leichtfertig falsche Angaben enthalten sind (*LAG Hessen* 27.11.2001 ARST 2003, 22 LS = NZA-RR 2002, 637; *LAG Düsseld.* 17.1.2002 NZA-RR 2002, 585; *LAG Bln.* 28.3.2006 – 7 Sa 1884/05 – ArbuR 2006, 411 LS m. Anm. *Deiseroth* ArbuR 2007, 34). Gleiches gilt für eine Anzeige beim Amt für Arbeitsschutz, die nicht auf der alleinigen Schädigungsabsicht beruht, wenn der Arbeitnehmer zuvor vergeblich versucht hat, den Arbeitgeber zur Einhaltung der gesetzlichen Bestimmungen zu veranlassen (*LAG Köln* 10.7.2003 LAGE § 626 BGB 2002 Nr. 1= ARST 2004, 116 LS). Allerdings kann sich eine kündigungsrelevante erhebliche Verletzung arbeitsvertraglicher Nebenpflichten (s. dazu *Sächs. LAG* 17.1.2007 LAGE § 1 KSchG Verhaltensbedingte Kündigung Nr. 95 zur Kündigung wegen Löschens eines Programms auf dem Notebook des Arbeitgebers) im Zusammenhang mit der Erstattung einer Strafanzeige im Einzelfall auch aus anderen 1239

Umständen ergeben (*BAG* 3.7.2003 EzA § 1 KSchG Verhaltensbedingte Kündigung Nr. 61 = NZA 2004, 427 = BAG Report 2004, 141; vgl. dazu *Herbert/Oberrath* NZA 2005, 193 ff.; *Gänßle* FA 2005, 66 ff.; *Stein* BB 2004, 1961 ff.). Denn der Arbeitgeber hat als Ausfluss der verfassungsrechtlich geschützten Unternehmerfreiheit ein rechtlich geschütztes Interesse daran, nur mit solchen Arbeitnehmern zusammenzuarbeiten, die die Ziele des Unternehmens fördern und das Unternehmen vor Schäden bewahren. Regelmäßig wird ein Unternehmen nur dann im Wettbewerb bestehen können, wenn insbes. betriebliche Abläufe und Strategien nicht in die Öffentlichkeit gelangen und der Konkurrenz bekannt werden. Von daher sind die vertraglichen Rücksichtnahmepflichten dahin zu konkretisieren, dass sich die Anzeige des Arbeitnehmers nicht als eine unverhältnismäßige Reaktion auf ein Verhalten des Arbeitgebers oder seines Repräsentanten darstellen darf. Dabei können als Indizien für eine unverhältnismäßige Reaktion des anzeigenden Arbeitnehmers sowohl die Berechtigung der Anzeige als auch die Motivation des Anzeigenden oder ein fehlender innerbetrieblicher Hinweis auf die angezeigten Missstände sprechen. Dies gilt umso mehr, als auch die vertragliche Verpflichtung des Arbeitnehmers im Raum steht, den Arbeitgeber vor drohenden Schäden durch andere Arbeitnehmer zu bewahren. Dabei haben die Gründe, die den Arbeitnehmer zur Anzeige bewogen haben, eine besondere Bedeutung. Erfolgt die Erstattung der Anzeige ausschließlich, um den Arbeitgeber zu schädigen bzw. »fertig zu machen«, kann unter Berücksichtigung des der Anzeige zugrunde liegenden Vorwurfs eine unverhältnismäßige Reaktion vorliegen. Durch ein derart pflichtwidriges Verhalten nimmt der Arbeitnehmer keine verfassungsrechtlichen Rechte wahr, sondern verhält sich jedenfalls dem Arbeitgeber gegenüber rechtsmissbräuchlich (*BAG* 3.7.2003 EzA § 1 KSchG Verhaltensbedingte Kündigung Nr. 61 = NZA 2004, 427 = BAG Report 2004, 141; vgl. dazu Peter ArbuR 2004, 429 ff.; *Herbert/Oberrath* NZA 2005, 193 ff.; *Gänßle* FA 2005, 66 ff.).
Zu beachten ist, dass dabei **der innerbetrieblichen Klärung nicht generell der Vorrang gebührt** (*BAG* 7.12.2006 EzA § 1 KSchG Verhaltensbedingte Kündigung Nr. 70 = NZA 2007, 502). Es muss vielmehr im Einzelfall bestimmt werden, wann dem Arbeitnehmer eine vorherige innerbetriebliche Anzeige ohne weiteres zumutbar ist und ein Unterlassen ein pflichtwidriges Verhalten darstellt. Eine vorherige Meldung und Klärung ist dem Arbeitnehmer insbes. dann unzumutbar, wenn er Kenntnis von Straftaten erhält, durch deren Nichtanzeige er sich selbst einer Strafverfolgung aussetzen würde. Entsprechendes gilt auch bei schweren Straftaten oder vom Arbeitgeber selbst begangenen Straftaten. Hier muss regelmäßig die Pflicht des Arbeitnehmers zur Rücksichtnahme auf die Interessen des Arbeitgebers zurücktreten. Gleiches gilt dann, wenn Abhilfe berechtigter Weise nicht zu erwarten ist; das ist insbesondere dann der Fall, wenn es sich bei den dem Arbeitgeber zur Last gelegten Vorfällen um **schwerwiegende Vorwürfe handelt und die Straftaten vom Arbeitgeber selbst begangen worden sind**. Dem kann auch nicht mit Erfolg entgegengehalten werden, bestimmte Vorgänge gingen den Arbeitnehmer aufgrund seiner Stellung im Unternehmen (»schlichter Kraftfahrer«) nichts an. Denn das staatsbürgerliche Recht zur Erstattung von Strafanzeigen besteht unabhängig von der beruflichen oder sonstigen Stellung und ihrer sozialen Bewertung durch den Arbeitgeber oder Dritte. Unerheblich ist zudem in diesem Zusammenhang, ob die Strafanzeige zu einer Verurteilung führt oder nicht (*BAG* 7.12.2006 EzA § 1 KSchG Verhaltensbedingte Kündigung Nr. 70 = NZA 2007, 502). Einen Arbeitnehmer in einer solchen Konstellation auf die innerbetriebliche Abhilfe zu verweisen, wäre unverhältnismäßig. Hat der Arbeitnehmer den Arbeitgeber auf die gesetzeswidrige Praxis in seinem Unternehmen hingewiesen, sorgt dieser jedoch nicht für Abhilfe, besteht auch keine weitere vertragliche Rücksichtnahmepflicht mehr. Etwas anderes wird aber dann gelten, wenn nicht der Arbeitgeber oder sein gesetzlicher Vertreter, sondern ein Mitarbeiter seine Pflichten verletzt oder strafbar handelt. Dann erscheint es eher zumutbar, vom Arbeitnehmer – auch wenn ein Vorgesetzter betroffen ist – vor einer Anzeigenerstattung einen Hinweis an den Arbeitgeber zu verlangen. Dies gilt insbes. dann, wenn es sich um Pflichtwidrigkeiten handelt, die – auch – den Arbeitgeber selbst schädigen. Im konkret entschiedenen Ein-

zelfall hat das *BAG* (3.7.2003 EzA § 1 KSchG Verhaltensbedingte Kündigung Nr. 61 = NZA 2004, 427; vgl. dazu *Peter* ArbuR 2004, 429 ff.; *Herbert/Oberrath* NZA 2005, 193 ff.; *Gänßle* FA 2005, 66 ff.) die Sache zur weiteren Aufklärung der Motivation des Klägers an das LAG zurückverwiesen.
Weitergehend ist das *LAG RhPf* (13.12.2002 ArbuR 2004, 431 m. zust. Anm. *Buschmann* ArbuR 2004, 431 f.; s. jetzt auch *BAG* 7.12.2006 EzA § 1 KSchG Verhaltensbedingte Kündigung Nr. 70 = NZA 2007, 502) davon ausgegangen, dass der **Arbeitnehmer nicht verpflichtet ist, sich zum Komplizen des Arbeitgebers bei Ordnungswidrigkeiten, strafbaren oder auch nur rechtswidrigen Verhaltensweisen machen zu lassen**. Er kann deshalb ein Verhalten des Arbeitgebers, das gegen gesetzliche Vorschriften – gleich welcher Art – verstößt, den zuständigen Behörden zur Kenntnis bringen. Dies gilt auch dann, wenn objektiv ein Gesetzesverstoß nicht vorliegt, der Arbeitnehmer aber aus guten Gründen von einem rechtswidrigen Verhalten seines Arbeitgebers ausgehen kann. Das *LAG Nds.* (13.6.2005 LAG Report 2005, 301) hat – zutreffend – angenommen, dass dann, wenn ein Arbeitnehmer, der als Krankenwagenfahrer bei einem gemeinnützigen, Wohlfahrtszwecke verfolgenden Verein, beschäftigt ist, deren Vorsitzende und einen weiteren leitenden Mitarbeiter **wegen Veruntreuung und weiterer Vermögensdelikte zum Nachteil des Vereins anzeigt, jedenfalls dann nicht pflichtwidrig handelt, wenn sich die Vorwürfe als berechtigt erweisen**. Dies gilt selbst dann, wenn
- der Arbeitnehmer von den Vorwürfen nur aus »zuverlässiger Quelle« vom Hörensagen erfahren hat (z.B. durch die Kassenwartin des Vereins),
- er in seiner beruflichen Funktion weder Kenntnisse noch Einfluss auf Vermögensdispositionen hat und für finanzielle Unregelmäßigkeiten nicht zur Verantwortung gezogen werden kann und
- er sich nicht vor der Anzeige um Aufklärung des Sachverhalts bemüht hat, weil er diese als nicht Erfolg versprechend angesehen hat.

▶ Auch ein **fahrlässiges Verhalten** kann eine fristlose verhaltensbedingte Kündigung rechtfertigen, ggf. auch ohne dass vorher eine Abmahnung erforderlich ist (*LAG SchlH* 24.7.2001 – 1 Sa 78e/01). 1240

▶ Zu beachten ist, dass auch schwerwiegende Verfehlungen des Arbeitnehmers – z.B. ein Diebstahl – kündigungsrechtlich dann ohne Belang sind, wenn sie **das Arbeitsverhältnis im Zeitpunkt der Kündigung nicht mehr hinreichend beeinträchtigen**. Eine Kündigung kann daher ausgeschlossen sein, wenn der Arbeitgeber zunächst das Arbeitsverhältnis in Kenntnis des Kündigungssachverhalts längere Zeit (1/2 Jahre) unverändert fortsetzt (*LAG Bln.* 11.7.2001 – 17 Sa 293/01). 1241

bb) Pflichten bei Arbeitsunfähigkeit

Auch die Verletzung der Nachweispflicht des Arbeitnehmers bei Arbeitsunfähigkeit gem. § 5 EFZG kann unter besonderen Umständen ein wichtiger Grund zur außerordentlichen Kündigung sein (*LAG Hessen* 13.7.1999 ArbuR 2000, 75). 1242

Wegen des **regelmäßig geringen Gewichts** bedarf es jedoch – auch bei Vorliegen einer einschlägigen Abmahnung – der Feststellung erschwerender Umstände des Einzelfalles, die ausnahmsweise die Würdigung rechtfertigen, dem Arbeitgeber sei die Fortsetzung des Arbeitsverhältnisses bis zum Ablauf der Kündigungsfrist nicht zumutbar (*BAG* 15.1.1986 EzA § 626 BGB n.F. Nr. 100; *LAG SA* 24.4.1996 NZA 1997, 772; *LAG Köln* 7.1.2008 – 14 Sa 1311/07 – ArbuR 2008, 276 LS). **Anders kann es dann sein**, wenn der Arbeitnehmer die Arbeitsunfähigkeit nur deshalb nicht rechtzeitig anzeigt, weil er sich für die durch Zahlungssäumnis von Kunden des Arbeitgebers zustande gekommene **Verzögerung der Lohnzahlung rächen will**; dies kann unwiederbringlich das Vertrauen des Arbeitgebers in eine weitere gedeihliche Zusammenarbeit zerstören (*Thüringer LAG* 2.8.2005 – 5 Sa 319/04 – EzA-SD 21/05, S. 10 LS). In der Interessenabwägung ist zu Gunsten des Arbeitnehmers anderer- 1243 seits zu berücksichtigen, dass er sich wenigstens **bemüht** hat, **seinen Pflichten nachzukommen.** Die Anzeige der Arbeitsunfähigkeit per Fax ist ausreichend. Jedenfalls dann, wenn der Arbeitgeber dazu auffordert, ist jedoch unverzüglich das Original der Arbeitsunfähigkeitsbescheinigung vorzulegen (*LAG Hessen* 13.7.1999 ArbuR 2000, 75; vgl. dazu *Dübbers* ArbuR 2000, 76). Auch ein mehrfacher Verstoß gegen die Pflicht, **am ersten Tag nach der Erkrankung** eine Arbeitsunfähigkeitsbescheinigung vorzulegen, rechtfertigt nicht stets eine außerordentliche Kündigung (*LAG Köln* 17.11.2000 NZA-RR 2001, 367).

1244 Ist ein Arbeitnehmer während einer ärztlich attestierten Arbeitsunfähigkeit schichtweise einer **Nebenbeschäftigung** bei einem anderen Arbeitgeber nachgegangen, so kann je nach den Umständen auch eine fristlose Kündigung ohne vorherige Abmahnung gerechtfertigt sein (s. *BAG* 3.4.2008 EzA § 102 BetrVG 2001 Nr. 21). Wesentlich kann dafür z.B. sein, dass die Nebentätigkeit **dem Wettbewerbsinteresse des Arbeitgebers zuwiderläuft**, der Arbeitnehmer statt der Nebentätigkeit auch seine Leistungspflichten aus dem Arbeitsverhältnis hätte erfüllen können oder die Nebentätigkeit den Heilungsprozess verzögert (*LAG SchlH* 19.12.2006 NZA-RR 2007, 240). Die anderweitige Tätigkeit kann ein Hinweis darauf sein, dass der **Arbeitnehmer die Krankheit nur vorgespiegelt hat**; auch kann in solchen Fällen eine pflichtwidrige **Verzögerung des Heilungsverlaufs** gegeben sein (*BAG* 3.4.2008 EzA § 102 BetrVG 2001 Nr. 21). Ist in derartigen Fällen der **Beweiswert des ärztlichen Attests erschüttert bzw. entkräftet,** so hat der Arbeitnehmer konkret darzulegen, weshalb er krankheitsbedingt gefehlt hat und trotzdem der Nebenbeschäftigung nachgehen konnte (*BAG* 26.8.1993 EzA § 626 BGB n.F. Nr. 148; s. aber auch *LAG München* 3.11.2000 LAGE § 626 BGB Nr. 131: Andernorts erbrachte Arbeitsleistung steht der Annahme der Arbeitsunfähigkeit nicht entgegen). Nach Auffassung des *LAG Köln* (9.10.1998 NZA-RR 1999, 188) reicht die **gefälligkeitshalber geleistete Unterstützung** eines Freundes bei der Wohnungsrenovierung an wenigen Tagen während einer bescheinigten Arbeitsunfähigkeit nicht aus, um den Beweiswert zu erschüttern.

1245 Verrichtet demgegenüber ein im Bauhof mit ähnlichen Arbeiten beschäftigter Arbeitnehmer während bestätigter Arbeitsunfähigkeit **umfangreiche Garten- und Baumfällarbeiten,** dann stellt dies auch dann einen wichtigen Grund für die außerordentliche Kündigung dar, wenn er sich damit verteidigt, er habe sich nicht genesungswidrig verhalten, weil seine Arbeitsunfähigkeit auf psychische Probleme zurückzuführen gewesen sei, die auf Mobbing seiner Kollegen beruhten. Das gilt zumindest dann, wenn der Arbeitnehmer bereits einschlägig abgemahnt ist; der Einwand, es habe sich um »Nachbarschaftshilfe« gehandelt, ist zumindest dann unbeachtlich, wenn der Kläger derartige Tätigkeiten in einem eigens dafür angemeldeten Gewerbe auch gegen Entgelt anbietet (*LAG Nbg.* 7.9.2004 LAGE § 626 BGB 2002 Unkündbarkeit Nr. 1 = ZTR 2005, 219 LS).

1246 Das gilt auch für das außerdienstliche Verhalten eines ordentlich nicht kündbaren Arbeitnehmers, wenn dadurch z.B. das Ansehen eines öffentlichen Arbeitgebers nachhaltig geschädigt wird und das Vertrauen in die Person des Arbeitnehmers zerstört ist. So hat sich ein arbeitsunfähig erkrankter Arbeitnehmer so zu verhalten, dass er bald wieder gesund wird und an seinen Arbeitsplatz zurückkehren kann. Er hat alles zu unterlassen, was seine Genesung verzögern könnte. Er hat insoweit auf die schützenswerten Interessen des Arbeitgebers, die sich aus der Verpflichtung zur Entgeltfortzahlung ergeben, Rücksicht zu nehmen. Eine schwerwiegende Verletzung dieser Rücksichtnahmepflicht kann eine außerordentliche Kündigung rechtfertigen. Insoweit kann ein pflichtwidriges Verhalten des Arbeitnehmers vorliegen, wenn er bei bescheinigter Arbeitsunfähigkeit den Heilungserfolg durch genesungswidriges Verhalten gefährdet (s. *BAG* 3.4.2008 EzA § 102 BetrVG 2001 Nr. 21). Dies ist nicht nur der Fall, wenn er nebenher bei einem anderen Arbeitgeber arbeitet, sondern auch bei Freizeitaktivitäten, die mit der Arbeitsunfähigkeit nur schwer in Einklang zu bringen sind (z.B. Skireise nach Zermatt während einer Arbeitsunfähigkeit). Die Verletzung der Rücksichtnahmepflicht kann umso schwerer wiegen, als der Arbeitnehmer aufgrund seiner beruflichen Tätigkeit in besonderem Maße dazu verpflichtet ist, das Vertrauen Außenstehender in die von ihm zu erbringende Arbeitsleistung und die korrekte Aufgabenerledigung seines Arbeitgebers nicht zu erschüttern (z.B. bei einem ärztlichen Gutachter des Medizinischen Dienstes der Krankenkassen für Arbeitsunfähigkeitsbescheinigungen; *LAG RhPf* 7.10.2004 ZTR 2006, 154; ausdrücklich bestätigt durch *BAG* 2.3.2006 EzA § 626 BGB 2002 Nr. 18 = NZA-RR 2006, 636).

cc) Entzug der Fahrerlaubnis

1247 Die außerordentliche Kündigung eines Außendienstmitarbeiters, dem wegen alkoholbedingter Fahruntüchtigkeit die Fahrerlaubnis entzogen wurde, ist nur dann gerechtfertigt, wenn eine Fortsetzung des Arbeitsverhältnisses zu geänderten Bedingungen unmöglich oder unzumutbar geworden ist, insbesondere dann, wenn eine anderweitige Beschäftigung auf einem **freien Arbeitsplatz** – auch zu verschlechterten Bedingungen – **nicht möglich ist** (*LAG MV* 4.7.2007 – 2 TaBV 5/07 – ArbuR 2007, 444 LS).

1248 Im Einzelfall kann es dem Arbeitgeber zugemutet werden, das Angebot des Arbeitnehmers, durch persönliche Maßnahmen auf eigene Kosten (Einsatz eines privaten Chauffeurs) seine Mobilität zu sichern, zu akzeptieren (*LAG RhPf* 11.8.1989 NZA 1990, 28).

1249 Wird die in einem öffentlichen Personennahverkehrsunternehmen **zusätzlich** zum Führerschein erteilte **betriebliche Fahrerlaubnis** durch den Betriebsleiter entzogen, rechtfertigt dies für sich weder eine außerordentliche noch eine ordentliche Kündigung aus personenbedingten Gründen. Denn der Entzug dieser Erlaubnis steht dem der gesetzlichen Fahrerlaubnis nicht gleich, da ihre Erteilung und ihr Entzug nach vom Arbeitgeber selbst erstellten Regeln erfolgt. Ansonsten hätte es der Arbeitgeber in der Hand, sich selbst Kündigungsgründe zu schaffen und die Regelungen zur verhaltensbedingten Kündigung bei Arbeitsvertragspflichtverletzungen zu umgehen (*BAG* 5.6.2008 EzA § 1 KSchG Personenbedingte Kündigung Nr. 22).

1250 Legt ein Arbeitgeber zudem in einer Dienstanweisung im Einzelnen fest, wie er auf bestimmte Pflichtverstöße des Arbeitnehmers zu reagieren beabsichtigt (z.B. bei Entzug der betrieblichen Fahrerlaubnis durch Nachschulung vor deren Wiedererteilung), so bindet er sich damit selbst und muss sich im konkreten Fall **an das in der Dienstanweisung festgelegte Verhalten halten**, sodass eine Kündigung des Arbeitsverhältnisses vor Durchführung einer Nachschulung nicht in Betracht kommt (*BAG* 25.4.1996 EzA § 1 KSchG Personenbedingte Kündigung Nr. 14; ebenso *BAG* 16.9.1999 EzA § 611 BGB Kirchliche Arbeitnehmer Nr. 45 für ein »klärendes Gespräch« nach der Grundordnung der Katholischen Kirche).

dd) Unentschuldigtes Fehlen; wiederholte Unpünktlichkeit des Arbeitnehmers

1251 Das unentschuldigte Fehlen des Arbeitnehmers für die **Dauer eines ganzen Arbeitstages** ohne ausreichende Information des Arbeitgebers ist im Wiederholungsfall nach einschlägiger Abmahnung je nach den Umständen an sich geeignet, eine außerordentliche Kündigung zu begründen. Dabei obliegt es dem Arbeitgeber nicht, Betriebsablaufstörungen infolge des unentschuldigten Fehlens und der nicht erfolgten Benachrichtigung konkret darzulegen (*BAG* 15.3.2001 EzA § 626 BGB n.F. Nr. 185; s.a. *BAG* 13.3.2008 EzA § 1 KSchG Verhaltensbedingte Kündigung Nr. 73).

1252 **Wiederholte Unpünktlichkeiten** eines Arbeitnehmers sind dann an sich geeignet, eine außerordentliche Kündigung zu rechtfertigen, wenn sie den Grad einer **beharrlichen Verweigerung der Arbeitspflicht** erreicht haben (*BAG* 17.3.1988 EzA § 626 BGB n.F. Nr. 116); wiederholtes Zuspätkommen berechtigt nach erfolgloser Abmahnung im Übrigen jedenfalls dann zu einer (ordentlichen) Kündigung, wenn die einzelnen Verspätungen zwar eher gering sind, aber zu **Betriebsablaufstörungen** führen (*LAG SchlH* 28.11.2006 NZA-RR 2007, 129).

(1) Betriebliche Auswirkungen

1253 **Notwendig ist aber, dass sich das Fehlverhalten auch betrieblich auswirkt.**

1254 Bei verspäteter Arbeitsaufnahme besteht z.B. das Fehlverhalten in der Verletzung der arbeitsvertraglichen Leistungspflicht. Denn zur ordnungsgemäßen Erfüllung gehört auch die Einhaltung der vereinbarten Leistungszeit gem. § 271 BGB.

1255 Die dadurch verursachte Störung im Leistungsbereich besteht nach der ursprünglich vertretenen Auffassung des *BAG* (17.3.1988 EzA § 626 BGB n.F. Nr. 116) darin, dass die Leistung des Arbeitnehmers unmöglich wird, wenn der Arbeitgeber sie von einem Ersatzmann durchführen lässt.

1256 Dadurch wird das Verhältnis von Leistung und Gegenleistung beeinträchtigt, was nicht zuletzt in der Rechtsfolge des § 323 Abs. 1 BGB a.F. (Wegfall des Lohnanspruchs des Arbeitnehmers) zum Ausdruck kommt.

1257 In diesem Fall ist es nicht für die Eignung als wichtiger Grund, sondern nur für die Interessenabwägung erheblich, ob es neben einer Störung im Leistungsbereich nebst dadurch verursachten betrieblichen Auswirkungen auch noch zu nachteiligen Auswirkungen im Bereich der betrieblichen Verbundenheit (Betriebsordnung, Betriebsfrieden) gekommen ist.

1258 Auch in diesem Bereich liegt eine konkrete Beeinträchtigung des Arbeitsverhältnisses allerdings nicht schon dann vor, wenn der Arbeitsablauf oder der Betriebsfrieden »abstrakt« oder »konkret gefährdet« ist, sondern nur, wenn insoweit eine **konkrete Störung** eingetreten ist (*BAG* 17.3.1988 EzA § 626 BGB n.F. Nr. 116).

(2) Maßnahmen des Arbeitgebers zur Schadensminderung

1259 Fraglich ist in diesem Zusammenhang aber, welche Auswirkungen es für die Prüfung einer Störung im Bereich des Betriebsablaufs hat, wenn es nur deshalb nicht zu einer Beeinträchtigung kommt, weil entweder andere Arbeitnehmer spontan eingreifen oder **gezielte Maßnahmen des Arbeitgebers zur Schadensvermeidung** bestehen.

1260 Nach Auffassung von *Kraft/Raab* (Anm. zu *BAG* EzA § 626 BGB n.F. Nr. 116) kann sich dies **nicht zu Gunsten des Arbeitnehmers** auswirken. Denn der Kündigungsgrund ist zukunftsorientiert, er soll also den Kündigenden vor den Risiken einer Fortführung des Arbeitsverhältnisses bewahren.

1261 Der Arbeitnehmer kann aber weder auf spontanes Eingreifen Dritter als zufälligem Glücksmoment noch auf solche Aufwendungen vertrauen, die allein der Schadensabwendung dienen, aber bei normalem Betriebsablauf nicht erforderlich wären und dies deshalb auch nicht zu seinen Gunsten in Anspruch nehmen.

1262 Danach ist die Regelung über die nachträgliche Unmöglichkeit keine Beeinträchtigung des Äquivalenzverhältnisses, sondern stellt dieses im Gegenteil wieder her, indem sie der fehlenden Leistung den Wegfall der Gegenleistung entgegenstellt. Folglich muss die Äquivalenzstörung bereits in der verspäteten Leistungserbringung gesehen werden. Beeinträchtigungen in anderen Bereichen (z.B. dem der betrieblichen Verbundenheit) sind dagegen dann nur im Rahmen der Interessenabwägung von Bedeutung.

(3) Weitere Differenzierung zwischen Kündigungsgrund und Interessenabwägung

1263 Inzwischen geht das *BAG* (17.1.1991 EzA § 1 KSchG Verhaltensbedingte Kündigung Nr. 37; s. auch führen (*LAG SchlH* 28.11.2006 NZA-RR 2007, 129) davon aus, dass es nicht für die Eignung als Kündigungsgrund erheblich, sondern nur im Rahmen der abschließenden Interessenabwägung zusätzlich für den Arbeitnehmer belastend ist, wenn es neben der Störung im Leistungsbereich, die bereits allein in der vertragswidrigen verspäteten Arbeitsaufnahme besteht, außerdem noch zu nachteiligen Auswirkungen im Bereich der betrieblichen Verbundenheit (Betriebsablaufstörungen, Störungen der Betriebsordnung und des Betriebsfriedens) gekommen ist.

(4) Zurückbehaltungsrecht

Es liegt dann kein unentschuldigtes Fehlen des Arbeitnehmers vor, wenn er berechtigterweise von einem Zurückbehaltungsrecht Gebrauch macht (§ 273 Abs. 1 BGB). Das ist insbesondere dann der Fall, wenn der **Arbeitgeber** seine aus dem Arbeitsverhältnis resultierenden **Haupt- oder Nebenpflichten** verletzt. Zu diesen Pflichten gehört es auch, den Arbeitnehmer **vor Beleidigungen** durch Vorgesetzte, Mitarbeiter oder Dritte, auf die er Einfluss hat, **zu schützen** (*BAG* 13.3.2008 EzA § 1 KSchG Verhaltensbedingte Kündigung Nr. 73). 1264

Allerdings steht die Ausübung des Zurückbehaltungsrechts für den Arbeitnehmer unter dem **Gebot von Treu und Glauben** nach § 242 BGB und unterliegt dem Grundsatz der **Verhältnismäßigkeit**. Daher muss der Arbeitnehmer vor der Ausübung des Zurückbehaltungsrechts an seiner Arbeitsleistung dem Arbeitgeber unter Angabe des Grundes klar und eindeutig mitteilen, dass er dieses Recht aufgrund einer ganz bestimmten, konkret bezeichneten Gegenforderung ausübt. Nur dann kann der Arbeitgeber hinreichend den behaupteten (Gegen-)Anspruch prüfen und ihn ggf. erfüllen, So reicht ein pauschales Berufen auf einen »Mobbingsachverhalt« mangels hinreichender Konkretisierung der behaupteten Pflichtverletzung und des (Gegen-)Anspruchs dafür nicht aus (*BAG* 13.3.2008 EzA § 1 KSchG Verhaltensbedingte Kündigung Nr. 73). 1265

Da die Ausübung des Zurückbehaltungsrechts ein Anwendungsfall des Verbots der unzulässigen Rechtsausübung (§ 242 BGB) ist und der Sicherung eigener Ansprüche dient, **darf sie auch nicht zur praktischen Vereitelung der anderen (Gegen-)Forderung führen**. Eine unzulässige Rechtsausübung liegt deshalb vor, wenn die Erfüllung der – unbestrittenen – Gegenforderung im Hinblick auf eine Eigenforderung verweigert wird, deren Klärung derart schwierig und zeitraubend ist, dass die Durchsetzung der Gegenforderung auf unabsehbare Zeit verhindert werden würde. Das ist z.B. dann der Fall, wenn die Durchsetzung der unstreitigen Forderung auf vertragsgemäße Arbeitsleistung mit einem »Strauß« von unspezifischen Mobbingvorwürfen dauerhaft blockiert würde (*BAG* 13.3.2008 EzA § 1 KSchG Verhaltensbedingte Kündigung Nr. 73). 1266

ee) Angekündigte Arbeitsunfähigkeit; vorgetäuschte Arbeitsunfähigkeit

Die **bewusste Vortäuschung einer Arbeitsunfähigkeit wegen Erkrankung ist eine schwere Pflichtverletzung des Arbeitsvertrages und an sich als Grund zur außerordentlichen Kündigung geeignet** (*LAG Hamm* 10.9.2003 LAG Report 2004, 73; vgl. dazu *Schulte-Westenberg* NZA-RR 2005, 617 ff.). Erklärt der Arbeitnehmer, er werde krank, wenn der Arbeitgeber ihm den im bisherigen Umfang bewilligten Urlaub nicht verlängert, obwohl er im Zeitpunkt der Ankündigung nicht krank war und sich auf Grund bestimmter Beschwerden auch noch nicht krank fühlen konnte, so ist ein solches Verhalten ohne Rücksicht darauf, ob der Arbeitnehmer später tatsächlich erkrankt, an sich geeignet, einen wichtigen Grund zur außerordentlichen Kündigung abzugeben (*BAG* 5.11.1992 EzA § 626 BGB n.F. Nr. 143; 17.6.2003 EzA § 626 BGB 2002 Nr. 4 = NZA 2004, 564; ebenso für eine gewünschte Freistellung *LAG Köln* 17.4.2002 – 7 Sa 462/01 – EzA-SD 16/02, S. 12 LS = NZA-RR 2003, 15). 1267

Dabei kann es ausreichend sein, dass die Drohung mit der Erkrankung nicht unmittelbar erfolgt, sondern im Zusammenhang mit dem Urlaubswunsch gestellt wird, und ein verständiger Dritter dies als deutlichen Hinweis werten kann, bei Nichtgewährung des Urlaubs werde eine Krankschreibung erfolgen (*BAG* 17.6.2003 EzA § 626 BGB 2002 Nr. 4 = NZA 2004, 564). Gleiches gilt für die Ankündigung des Arbeitnehmers, bei Nichtgewährung von Urlaub für einen bestimmten Tag notfalls einen »gelben Schein« zu nehmen (*LAG Köln* 12.12.2002 LAGE § 626 BGB Nr. 146a = NZA-RR 2004, 242 LS). Dies gilt erst recht, wenn der Arbeitnehmer trotz entsprechender Abmahnung seine Androhung wahr macht. Der Beweiswert einer dann vorgelegten Arbeitsunfähigkeitsbescheinigung ist erschüttert. Er kann allenfalls dadurch wiederhergestellt werden, dass der Arbeitnehmer objektive Tatsachen vorträgt, die geeignet sind, den Verdacht einer Täuschung des krankschreibenden Arztes zu beseitigen (*LAG Köln* 17.4.2002 – 7 Sa 462/01 – EzA-SD 16/02, S. 12 LS = NZA-RR 2003, 15).

1268 Denn in diesem Fall wird angedroht, die erstrebte Verlängerung der Arbeitsfreistellung notfalls auch ohne Rücksicht darauf zu erreichen, ob eine Arbeitsunfähigkeit tatsächlich vorliegt. Versucht der Arbeitnehmer auf diesem Wege, einen ihm nicht zustehenden Vorteil, hier eine verlängerte Freistellung von der Arbeit – auch eine unbezahlte – zu erreichen, so verletzt er bereits hierdurch seine arbeitsvertragliche Rücksichtnahmepflicht, die es ihm verbietet, den Arbeitgeber auf diese Weise unter Druck zu setzen.

1269 Ein solches Verhalten **beeinträchtigt das Vertrauensverhältnis zum Arbeitgeber**, weil es in ihm den berechtigten Verdacht aufkommen lassen kann, der Arbeitnehmer missbrauche notfalls seine Rechte aus den Entgeltfortzahlungsbestimmungen, um einen unberechtigten Vorteil zu erreichen.

1270 In dieser Verletzung der arbeitsvertraglichen Rücksichtnahmepflicht liegt auch bereits eine konkrete Störung des Arbeitsverhältnisses (*BAG* 5.11.1992 EzA § 626 BGB n.F. Nr. 143). **Das gilt auch dann, wenn der Arbeitgeber nicht zu einem bestimmten Verhalten genötigt werden soll** (*LAG Köln* 14.9.2000 NZA-RR 2001, 246). Allerdings rechtfertigt die bloße, nicht näher konkretisierte **Mutmaßung** des Arbeitgebers, dass die Krankheit vorgetäuscht sei, auch dann **keine fristlose Kündigung**, wenn ein Arbeitnehmer kurz nach einem Streit mit dem Arbeitgeber krankgeschrieben worden ist (*ArbG Frankf./M.* 9.12.1998 NZA-RR 1999, 364).

1271 Ein wichtiger Grund zur fristlosen Kündigung eines Arbeitsverhältnisses kann – ohne weiteres, denn es handelt sich um eine schwerwiegende Pflichtverletzung – dann vorliegen, wenn der Arbeitnehmer unter Vorlage eines Attests der Arbeit fernbleibt und sich Entgeltfortzahlung gewähren lässt, obwohl er **tatsächlich arbeitsfähig war** (*LAG Hamm* 10.9.2003 LAGE § 5 EFZG Nr. 8 = NZA-RR 2004, 292; *LAG Bln.* 1.11.2000 NZA-RR 2001, 470; *LAG München* 3.11.2000 – 10 Sa 1037/99; vgl. auch *LAG Köln* 9.10.1998 NZA-RR 1999, 188; ausf. *Künzl/Weinmann* ArbuR 1996, 256 ff. [306 ff.]). Nimmt dagegen ein nicht bettlägerig erkrankter Arbeitnehmer während einer längeren Arbeitsunfähigkeit einmal pro Woche für eine 3/4 Stunde an einem sog. »**Kieser-Rückentraining**« teil, begründet dies weder ernsthafte Zweifel an der Arbeitsunfähigkeit des Arbeitnehmers noch »gewisse Verdachtsmomente« hinsichtlich des Vortäuschens einer Arbeitsunfähigkeit (*LAG Bln.* 16.4.2003 LAGE § 626 BGB 2002 Nr. 1). **Auch genesungswidriges Verhalten** – private Bauarbeiten bei Zehenbruch – **bedeutet nicht zwingend, dass die Arbeitsunfähigkeit vorgetäuscht sein muss.** Es ergibt sich daraus nicht der dringende Verdacht einer Täuschung und/oder eines Entgeltfortzahlungsbetruges (*LAG RhPf* 6.7.2004 – 5 TaBV 10/04 – ArbuR 2005, 37 LS; s. aber *BAG* 3.4.2008 EzA § 102 BetrVG 2001 Nr. 21).

ff) Politische Betätigung im Betrieb

1272 Siehe dazu ausführlich o. Kap. 3 Rn. 406 ff.; zur Kündigung wegen politischer Betätigung im Betrieb vgl. ausf. *Preis/Stoffels* RdA 1996, 210 ff.; zu Rechtsextremismus als Kündigungsgrund vgl. *Polzer/Powietzka* NZA 2000, 970 ff.

gg) Ausländerfeindliche Äußerungen im Betrieb

1273 Die Abgabe ausländerfeindlicher Äußerungen durch einen Arbeitnehmer im Betrieb ist an sich geeignet, eine außerordentliche Kündigung des Arbeitsverhältnisses zu rechtfertigen (*LAG Hamm* 11.11.1994 LAGE § 626 BGB Nr. 82; vgl. auch *LAG RhPf* 10.6.1997 BB 1998, 163; *ArbG Bln.* 5.9.2006 LAGE § 626 BGB 2002 Nr. 9 = ArbuR 2006, 411 LS; zum Sonderfall von zustimmenden Äußerungen eines aus dem Libanon stammenden Arbeitnehmers zum Terroranschlag vom 11.9.2001 vgl. *LAG Nbg.* 13.1.2004 LAGE § 626 BGB 2002 Nr. 4 = NZA-RR 2004, 347 = LAG Report 2004, 223 LS).

1274 Ein Kündigungsgrund wird i.d.R. dann vorliegen, wenn der Arbeitnehmer den Straftatbestand der §§ 185, 223, 130, 131, 86, 86 a StGB erfüllt. Darüber hinaus bedarf es im Einzelfall einer Abwägung des Grundrechts aus Art. 5 Abs. 1 GG mit den beeinträchtigten Arbeitnehmerinteressen.

Hierbei muss die Meinungsfreiheit hinter einer Verletzung der Ehre des Arbeitgebers oder der Arbeitskollegen des Arbeitnehmers, dem Schutz des eingerichteten und ausgeübten Gewerbebetriebs des Arbeitgebers vor gezielten Angriffen oder Angriffen auf den Ruf des Arbeitgebers in der Öffentlichkeit zurückstehen. Gleiches gilt, wenn es auf Grund der Meinungskundgabe zu Störungen des Betriebsablaufs oder des Betriebsfriedens kommt und Belegschaftsangehörige belästigt oder bei der Erfüllung ihrer Arbeitspflichten beeinträchtigt werden. Dies gilt ebenfalls für den Fall, dass das Verhalten des Arbeitnehmers das für das Arbeitsverhältnis erforderliche Vertrauen des Arbeitgebers in ihn unrettbar zerstört. Einen eigenen Kündigungsgrund »Ausländerfeindlichkeit« oder »Antisemitismus« gibt es nicht; vielmehr ist jeder Einzelfall nach den **allgemeinen Grundsätzen des Kündigungsschutzrechts** zu beurteilen (*Krummel/Küttner* NZA 1996, 67 ff.). 1275

Wird z.B. ein Arbeitskollege regelmäßig über **mehrere Jahre nahezu täglich mit diskriminierenden ausländerfeindlichen Äußerungen** wie Polensau, -fotze, -schwein oder Polacke **herabgewürdigt**, so stellt dies einen an sich zur außerordentlichen Kündigung geeigneten Umstand dar (*ArbG Bln.* 5.9.2006 – 96 Ca 23 147/05 – ArbuR 2007, 183 LS; s.a. *ArbG Hmb.* 19.12.2006 – 20 Ca 157/06 – ArbuR 2007, 183 LS zu antisemitischen Äußerungen). 1276

hh) Streikteilnahme

Beteiligen sich Arbeitnehmer an einem von der Gewerkschaft geführten, auf drei Tage befristeten **Streik,** mit dem der Abschluss eines Firmentarifvertrages mit ihrem Arbeitgeber erzwungen werden soll, so rechtfertigt dies auch dann **nicht ohne weiteres eine fristlose oder fristgemäße Kündigung,** wenn die Arbeitnehmer mit der Möglichkeit rechnen mussten, dass die Gewerkschaft für ihren Betrieb nicht zuständig ist und der Streik deswegen rechtswidrig war (*BAG* 29.11.1983 EzA § 626 BGB n.F. Nr. 89). 1277

ii) Eigenmächtiger Urlaubsantritt

Tritt der Arbeitnehmer eigenmächtig einen vom Arbeitgeber nicht genehmigten Urlaub an, so verletzt er seine arbeitsvertraglichen Pflichten. Ein solches Verhalten ist an sich geeignet, einen wichtigen Grund zur außerordentlichen Kündigung darzustellen (*BAG* 20.1.1994 EzA § 626 BGB n.F. Nr. 153; *LAG Hamm* 21.10.1997 NZA-RR 1999, 76; *LAG Köln* 16.3.2001 NZA-RR 2001, 533; *LAG Hamm* 17.10.2007 NZA-RR 2008, 294; s.o. Kap. 3 Rn. 2317 ff.). Das gilt nach Auffassung des *ArbG Trier* (16.1.2001 ARST 2001, 164 LS) selbst dann, wenn dem Arbeitnehmer überraschend eine terminsgebundene Urlaubsreise geschenkt wird (*ArbG Trier* 16.1.2001 ARST 2001, 164 LS). Nichts anderes gilt für die **eigenmächtige Verlängerung von Sonderurlaub** (*LAG Nbg.* 17.1.2007 NZA-RR 2007, 404). 1278

Allerdings kann die Kündigung nicht damit begründet werden, dass die Urlaubsgewährung allein durch den Arbeitgeber auf Grund seines Direktionsrechts erfolgt, das er im Rahmen des § 315 BGB auszuüben hat. Denn er hat als Schuldner den Urlaub für den vom Arbeitnehmer angegebenen Termin festzusetzen, jedenfalls dann, wenn die Voraussetzungen des § 7 Abs. 2 2. Hs. BUrlG gegeben sind (*BAG* 31.1.1996 EzA § 1 KSchG Verhaltensbedingte Kündigung Nr. 47; s.o. Kap. 3 Rn. 2291 ff.). Der Arbeitgeber hat zudem die Beweislast dafür, dass er nicht, wie vom Kläger substantiiert behauptet, seinem Urlaubsbegehren zugestimmt hatte (*BAG* 31.1.1996 EzA § 1 KSchG Verhaltensbedingte Kündigung Nr. 47). 1279

Erwirkt schließlich ein Arbeitnehmer drei Tage vor Antritt seines bereits acht Monate zuvor schriftlich beantragten, allerdings zu keinem Zeitpunkt ausdrücklich gewährten oder abgelehnten Sommerurlaubs beim Arbeitsgericht ohne mündliche Verhandlung eine **einstweilige Verfügung auf entsprechende Urlaubserteilung**, unterlässt er aber mangels entsprechender Kenntnis und/oder fehlerhafter Auskunft eines Mitarbeiters des Gerichts die von ihm selbst vorzunehmende **Zustellung** der einstweiligen Verfügung an seinen Arbeitgeber, so berechtigt dies diesen nicht zum Ausspruch einer fristlosen Kündigung wegen eigenmächtigen Urlaubsantritts (*LAG Hamm* 13.6.2000 NZA-RR 2001, 134). 1280

1281 Das *ArbG Trier* (16.1.2001 ARST 2001, 164 LS) hat eine fristlose Kündigung auch ohne vorherige Abmahnung für wirksam erachtet, weil der Arbeitnehmer die überraschend geschenkte Urlaubsreise gegen den erkennbaren Willen des Arbeitgebers angetreten hatte, obwohl es nur um eine Urlaubsdauer **von zwei Tagen** ging.

1282 Im Rahmen der Interessenabwägung kann aber jedenfalls dann das Interesse einer Arbeitnehmerin am Fortbestand des Arbeitsverhältnisses gegenüber dem Beendigungsinteresse des Arbeitgebers überwiegen, wenn die Arbeitnehmerin der grundgesetzlich verankerten Pflicht, sich um die Erziehung der Kinder zu kümmern, nachkommen will (*LAG Nbg.* 17.1.2007 NZA-RR 2007, 404).

1283 Auch kann eine außerordentliche Kündigung dann in eine ordentliche Kündigung **umzudeuten** sein, wenn der Arbeitnehmer dem **Irrtum** unterliegt, sein **Urlaubsanspruch gehe** wegen bevorstehender Insolvenzeröffnung **unter** (*LAG Hamm* 17.10.2007 NZA-RR 2008, 294).

jj) Wettbewerbstätigkeit; Vorbereitungshandlungen; Abwerbung von Arbeitnehmern

1284 Ein Verstoß gegen das Wettbewerbsverbot (s.o. Kap. 3 Rn. 343) kommt als an sich zur außerordentlichen Kündigung geeigneter Umstand in Betracht (*BAG* 26.6.2008 EzA § 626 BGB 2002 Nr. 21 = NZA 2008, 1415; *LAG Köln* 26.6.2006 NZA-RR 2007, 73); **das gilt auch dann, wenn der Einzelvertrag keine ausdrückliche Regelung enthält** (zutr. *LAG RhPf* 12.1.2006 – 11 Sa 476/05 – EzA-SD 11/06 S. 11). Das gilt selbst dann, wenn die Konkurrenztätigkeit vom Arbeitnehmer **unentgeltlich** ausgeführt wird (*LAG SchlH* 3.12.2002 LAGE § 60 HGB Nr. 9). Eine verbotene Wettbewerbstätigkeit des Arbeitnehmers liegt jedoch erst dann vor, wenn sie durch den Umfang und die Intensität der Tätigkeit auch grds. geeignet ist, das Interesse des Arbeitgebers, unbeeinflusst von Konkurrenztätigkeiten des Arbeitnehmers in seinem Marktbereich auftreten zu können, spürbar beeinträchtigt ist. Einmalige oder nur ganz sporadische ausgeübte reine Freundschaftsdienste muss der Arbeitgeber dagegen i.d.R. hinnehmen, wenn diese den wert- und arbeitsmäßigen Umfang einer geringfügigen Gefälligkeit nicht übersteigen und unentgeltlich durchgeführt wurden. In solchen Fällen kann mangels spürbarer Beeinträchtigung der Wettbewerbsinteressen des Arbeitgebers nicht von einer verbotswidrigen Wettbewerbstätigkeit ausgegangen werden (*LAG SchlH* 3.12.2002 LAGE § 60 HGB Nr. 9).

1285 Haben die Parteien kein nachvertragliches Wettbewerbsverbot (s.u. Kap. 9 Rn. 95 ff.) vereinbart, so hindert § 60 HGB den Arbeitnehmer zudem nicht daran, mit den Vorbereitungen für diesen Wettbewerb schon während des Arbeitsverhältnisses zu beginnen (*BAG* 26.6.2008 EzA § 626 BGB 2002 Nr. 21 = NZA 2008, 1415; 30.5.1978 EzA § 60 HGB Nr. 11; s.o. Kap. 3 Rn. 362 ff.). Die Grenze des Erlaubten ist erst dann überschritten, wenn das Handeln schon während des Arbeitsverhältnisses unmittelbar die Interessen des Arbeitgebers verletzt oder gefährdet, etwa durch Kontaktaufnahme mit Vertragspartnern des Arbeitgebers (*BAG* 26.6.2008 EzA § 626 BGB 2002 Nr. 21 = NZA 2008, 1415; *LAG Köln* 19.1.1996 LAGE § 626 BGB Nr. 93).

1286 Abwerbung ist die Einwirkung auf den Arbeitnehmer mit einer gewissen Ernsthaftigkeit und Beharrlichkeit mit dem Ziel, ihn zur Aufgabe des einen zwecks Begründung eines neuen Arbeitsverhältnisses zu bewegen. **Das gemeinsame Pläneschmieden von Arbeitnehmern, von denen sich der eine selbstständig machen will unter Einbeziehung von Kollegen, stellt keine einseitige beharrliche Einwirkung auf den anderen und damit regelmäßig keine Abwerbung dar.** Gem. Art. 12 Abs. 1 GG ist es auch gestattet, Arbeitnehmer auf einen Wechsel in die neu zu gründende Fa. hin anzusprechen und deren Bereitschaft auch durch Gehaltszusagen zu fördern. Das Interesse des Arbeitgebers, seine Arbeitnehmer nicht an einen Konkurrenten zu verlieren, ist dagegen verfassungsrechtlich nicht geschützt. Die bloße

Abwerbung greift nicht in gesicherte Rechtspositionen des Arbeitgebers ein. Etwas anderes kann nur gelten, wenn der Abwerbung das Merkmal der **Sittenwidrigkeit** anhaftet, da sich sittenwidrige Handlungen grds. außerhalb der geschützten Freiheitsräume bewegen. Dies kann der Fall sein, wenn sie zugleich eine grobe Verletzung der Treuepflicht darstellt, insbes., wenn die sie begleitenden Handlungen eine besonders verwerfliche Gesinnung offenbaren oder selbst sittenwidrig sind. Solche Umstände können etwa vorliegen, wenn ein Arbeitnehmer Kollegen zu verleiten sucht, unter Vertragsbruch beim bisherigen Arbeitgeber auszuscheiden, wenn er im Auftrag eines Konkurrenzunternehmens gegen Bezahlung diesen Versuch unternimmt oder wenn er insoweit seinen Arbeitgeber **planmäßig zu schädigen** versucht (*BAG* 26.6.2008 EzA § 626 BGB 2002 Nr. 21 = NZA 2008, 1415; *LAG RhPf* 7.2.1992 NZA 1993, 265).

Eine unerlaubte Konkurrenztätigkeit (Reiseleitung und Reisevermittlung) im selben Wirtschaftsbereich des Arbeitgebers (Reisebüro) rechtfertigt dagegen regelmäßig die fristlose Kündigung eines seit acht Monaten bestehenden Arbeitsverhältnisses einer Reiseverkehrskauffrau, die während des bestehenden Arbeitsverhältnisses unmittelbar auf derselben Zeitungsseite wie der Arbeitgeber per Inserat Reisen anbietet und mit künftigen Kunden korrespondiert. Unerheblich ist, dass die angebotenen Reisen erst nach Beendigung des Arbeitsverhältnisses durchgeführt werden sollten (*LAG RhPf* 1.12.1997 BB 1998, 1318 LS; vgl. auch *LAG Hessen* 23.7.1997 BB 1998, 1899; *Hohmeister* BB 1998, 1899 f.; s. andererseits aber *LAG Brem.* 2.7.1998 ZTR 1998, 423 LS). 1287

kk) Drogenkonsum; Doping

Wirkt ein **Heimerzieher** trotz des im Heim bestehenden generellen Drogenverbots an dem **Cannabisverbrauch** eines ihm anvertrauten Heiminsassen mit, so ist dies als wichtiger Grund zur außerordentlichen Kündigung nach § 626 BGB an sich geeignet (*BAG* 18.10.2000 EzA § 626 BGB n.F. Nr. 183). Nach Auffassung des *LAG BW* (19.10.1993 NZA 1994, 175) vermag allerdings allein der gesetzlich und gesellschaftlich (noch) zu missbilligende Genuss von Haschisch (zur außerdienstlichen Abgabe von Haschisch an Minderjährige durch einen im öffentlichen Dienst beschäftigten Gärtner *LAG Köln* 13.2.2006 – 14 (12) Sa 1338/05 – EzA-SD 12/06, S. 11 LS) an sich eine außerordentliche Kündigung nicht zu rechtfertigen, selbst wenn der Grund für diese Missbilligung darin liegt, dass es dem Konsumenten von Haschisch nur um die Herbeiführung des Rauschzustandes selbst geht, während beim Genuss von Alkohol und Nikotin das Genussmoment im Vordergrund steht. insbes. die **fehlende Auswirkung des Haschischkonsums auf das Arbeitsverhältnis** verbietet die außerordentliche Kündigung. 1288

Ein **Schiffsführer** setzt auch dann einen wichtigen Grund für eine außerordentliche Kündigung, wenn er im Bereitschaftsdienst entgegen einer Betriebsvereinbarung, die ein **absolutes Alkoholverbot** festlegt, Alkohol zu sich nimmt und die Führung des Schiffes einem ebenfalls alkoholisierten Kollegen überlässt. Erschwerend können dann der **Umfang des eingetretenen Schadens** und die **Gefährdung der öffentlichen Sicherheit** sowie die Tatsache, dass in dem abgegebenen Havariebericht der Alkoholgenuss verschwiegen wurde, berücksichtigt werden (*LAG Bln.* 18.2.2000 ZTR 2000, 278 LS). Auch ein nach **gewisser Fahrzeit** festgestellter Blutalkoholwert von »nur« 0,46 0/00 kann bei einem Busfahrer, der mit diesem Promillewert Personen im öffentlichen Nahverkehr transportiert, die außerordentliche Kündigung ohne vorausgegangene Abmahnung rechtfertigen (*LAG Nbg.* 17.12.2002 NZA-RR 2003, 301). 1289

Auch dem **Fahrer eines Fahrzeugs** des Rettungsdienstes, das von den Vorschriften der StVO befreit ist, kann außerordentlich gekündigt werden, wenn er seinen Dienst unter **Verstoß gegen ein einschlägiges Alkoholverbot** antritt (*LAG Sachsen* 26.5.2000 NZA-RR 2001, 472). 1290

Arbeitsrechtliche Probleme von Doping bei Profisportlern erörtert *Fischer* FA 2002, 98 ff., 134 ff. 1291

ll) Schlechtleistung; Beharrliche Arbeitsverweigerung

1292 Siehe auch Rn. 2214 ff.

1293 Bei Schlechtleistungen oder unzureichender Arbeitsleistung kommt eine außerordentliche Kündigung nur in Ausnahmefällen in Betracht (*BAG* 20.3.1969 EzA § 123 GewO Nr. 11; *LAG Köln* 16.9.2004 – 5 Sa 592/04 – EzA-SD 25/04 S. 8 LS = LAG Report 2005, 87). Denn der Arbeitgeber hat durch eine geeignete Organisation sicherzustellen, dass Arbeitsfehler z.B. im sicherheitsrelevanten Bereich frühzeitig erkannt und alsdann auch beseitigt werden (*LAG Düsseld.* 25.7.2003 LAGE § 626 BGB Verdacht strafbarer Handlung Nr. 1). Wie skurril es da gelegentlich im international wettbewerbsfähigen Wirtschaftsstandort Deutschland zugeht, belegt eine Entscheidung des *LAG Hamm* (26.11.2004 – 15 Sa 463/04 – EzA-SD 10/05, S. 7 = NZA-RR 2005, 414; Vorinstanz *ArbG Siegen* 27.1.2004 – 1 Ca 1474/03 – ArbuR 2005, 461): Der 80-jährige Geschäftsführer der Beklagten hatte bei einem Kontrollgang u.a. durch die sanitären Anlagen des Betriebes festgestellt, dass der seit 18 Jahren beanstandungsfrei beschäftigte Arbeitnehmer in einer verschlossenen Toilettenkabine auf der Toilette saß, die Hose dabei jedoch anbehalten hatte. Der Geschäftsführer **hatte unter der Toilettentür in die Kabine hineingesehen.** Er hatte sodann den Kläger über die verschlossene Tür in der Kabine fotografiert. Das *LAG Hamm* (a.a.O.) hat weder eine außerordentliche noch eine ordentliche Kündigung für gerechtfertigt erachtet, sondern einem Auflösungsantrag des Arbeitnehmers – völlig zu Recht – stattgegeben.

Verletzt andererseits ein **Fleischbeschautierarzt** nachhaltig seine Pflichten im Zusammenhang **mit der fleischhygienischen Untersuchung** von geschlachteten Rindern auf BSE, so ist diese Pflichtverletzung an sich geeignet, eine außerordentliche Kündigung zu rechtfertigen; eine vorherige vergebliche Abmahnung muss einer derartigen Kündigung nicht immer vorangehen (zutr. *LAG RhPf* 10.2.2005 NZA 2006, 273 LS). Auch die **Verarbeitung von Schweinemett vom Vortag** in einem für eine Kundin bestimmten Rollbraten durch den Bereichsleiter/Fleisch in einer Verkaufsfiliale begründet eine außerordentliche Kündigung (*LAG Hessen* 27.4.2006 ArbuR 2006, 409). Nichts anderes gilt bei einer **Außerachtlassung von elementaren Sicherheitsvorschriften**, die zu erheblichen Gesundheitsrisiken führen können. Es handelt sich regelmäßig um eine erhebliche arbeitsvertragliche Pflichtverletzung, die an sich geeignet ist, eine fristlose Kündigung zu rechtfertigen (*LAG SchlH* 14.8.2007 LAGE § 626 BGB 2002 Nr. 12 = NZA-RR 2007, 634). **Unterlässt eine Pflegekraft Pflegemaßnahmen** (z.B. Lagerung), ist dies eine Pflichtverletzung. Werden nicht erbrachte Pflegemaßnahmen in die Pflegedokumentation eingetragen, begründet dies eine weitere, erhebliche Pflichtverletzung. Nach zw. Auffassung des *LAG SchlH* (16.5.2007 NZA-RR 2007, 402) kommt dann gleichwohl eine Kündigung erst nach vorheriger Abmahnung in Betracht. Verschafft eine Reisebüroangestellte **Kunden des Reisebüros** zu Lasten von Reiseveranstaltern durch wahrheitswidrige Angaben bei der Buchung **unberechtigte Rabatte**, so kann dies einen wichtigen Grund darstellen. Maßgeblich sind jedoch stets die Umstände des Einzelfalles. Dabei soll es nach Auffassung des *LAG Köln* (10.1.2007 – 7 Sa 663/06 – ArbuR 2007, 323 LS) zu Gunsten der Arbeitnehmerin sprechen, wenn sie subjektiv im vermeintlichen Interesse ihrer Arbeitgeberin handelte, **keinerlei persönlichen Vorteil** aus ihrem Verhalten gezogen hat und dem Arbeitgeber kein Schaden entstanden ist.

Ist ein **Personalreferent** auf Grund einer Konzernbetriebsvereinbarung verpflichtet, für freie Stellen vorrangig **interne Bewerber vorzuschlagen**, können Nachlässigkeiten bei dieser Verpflichtung ohne vorherige erfolglose Abmahnung nicht zu einer außerordentlichen Kündigung führen (*LAG Köln* 15.5.2006 NZA-RR 2007, 77).

Die erhebliche, **beharrliche Verletzung** einer **zulässigerweise vertraglich angeordneten Erstellung von Tätigkeitsberichten** kann einen wichtigen Grund darstellen. Da aber die ordentliche verhaltensbedingte Kündigung die übliche und regelmäßig auch ausreichende Reaktion auf die Verletzung einer Nebenpflicht ist, kommt eine außerordentliche Kündigung nur in Betracht, wenn das regelmäßig geringere Gewicht dieser Pflicht-

verletzung durch erschwerende Umstände verstärkt wird (*BAG* 19.4.2007 – 2 AZR 78/06 – ZTR 2007, 564 = FA 2007, 323 LS).
Eine Kündigung wegen »beharrlicher Arbeitsverweigerung« (s.u. Rn. 1294) scheidet allerdings dann von vornherein aus, wenn der Arbeitnehmer **berechtigt war, Arbeiten abzulehnen**, die der Arbeitgeber ihm unter Überschreitung des Direktionsrechts zugewiesen hat (s. jetzt auch seit dem 18.8.2006 § 14 AGG; dazu oben Kap. 3 Rn. 4961 ff.). Denn wenn der Arbeitgeber keinen vertragsgemäßen Arbeitsplatz zur Verfügung stellt, entsteht keine Arbeitspflicht (*LAG Nds.* 8.12.2003 NZA-RR 2005, 22 LS; *LAG Köln* 28.1.2004 LAG Report 2004, 270; s. *EuGH* 13.4.2006 NZA 2006, 1401: Art. 9 EMRK gewährt kein Recht auf Arbeitsbefreiung an religiösen Feiertagen). Eine außerordentliche Kündigung wegen Arbeitsverweigerung kommt deshalb z.B. dann nicht in Betracht, wenn die Befolgung der Weisungen des Arbeitgebers zu einer gesetzeswidrigen Überschreitung der Arbeitszeit nach dem ArbZG führen würde (*LAG RhPf* 25.5.2007 – 6 Sa 53/07 – BB 2008, 59 LS). Bei der Bewertung des Verhaltens eines Arbeitnehmers, der **nach dem Ende der regelmäßigen Arbeitszeit, aber zwei Stunden vor dem Ende angeordneter Überstunden** die Arbeitsstelle verlässt, ist zudem kein so strenger Maßstab anzulegen, wie der, der anzulegen ist, wenn es um die Verletzung der regelmäßigen Arbeitszeit geht; denn bei Überstunden geht es nicht um die Erfüllung der eigentlichen vertraglichen Verpflichtung des Arbeitnehmers, die in der regelmäßigen Arbeitszeit besteht (*LAG RhPf* 10.3.2005 – 6 TaBV 44/04 – ArbuR 2006, 35 LS). Wenn schließlich ein **Oberarzt bereits 6 Stunden ohne Pause gearbeitet hat**, zuckerkrank ist und folglich auf regelmäßige Pausen zur Nahrungsaufnahme angewiesen ist, ist er auch bei Einlieferung eines Notfallpatienten berechtigt, die Aufnahme des Patienten unter Hinweis auf seine Mittagspause abzulehnen. Ist für derartige – gesetzlich vorgesehene und auch im Übrigen notwendige – Pausen keine Vertretung durch einen anderen Oberarzt möglich, dann stellt dies einen Organisationsmangel dar, der zu Lasten des Arbeitgebers geht und aus dem Verhalten des Oberarztes kein schuldhaftes Fehlverhalten macht (*LAG RhPf* 11.4.2005 – 7 Sa 1/05 – ArbuR 2006, 51 LS).

Bei einer sog. beharrlichen Arbeitsverweigerung kommt allerdings grds. eine außerordentli- **1294**
che, fristlose Kündigung (§ 626 BGB) in Betracht; es ist dabei u.a. zu würdigen, ob zu besorgen ist (**Prognoseprinzip**), der Arbeitnehmer werde in Zukunft seiner Arbeitspflicht nicht nachkommen. Nach dem ultima-ratio-Prinzip schließt dies aber im Einzelfall nicht aus, dass nur eine ordentliche Kündigung gerechtfertigt ist (*BAG* 21.11.1996 EzA § 1 KSchG Verhaltensbedingte Kündigung Nr. 50; vgl. auch *BAG* 5.4.2001 EzA § 626 BGB n.F. Nr. 186; 12.1.2006 EzA § 1 KSchG Verhaltensbedingte Kündigung Nr. 68 = NZA 2006, 980; zur Ankündigung einer Arbeitsverweigerung als Kündigungsgrund s. *LAG Nbg.* 16.10.2007 LAGE § 626 BGB 2002 Nr. 12 = NZA-RR 2008, 68).

Die beharrliche Arbeitsverweigerung setzt in der Person des **Arbeitnehmers im Willen** **1295**
eine Nachhaltigkeit voraus; er muss die ihm übertragene Arbeit bewusst und nachhaltig nicht leisten wollen, wobei es nicht genügt, dass der Arbeitnehmer eine Weisung unbeachtet lässt. Voraussetzung ist vielmehr, dass eine **intensive Weigerung** des Arbeitnehmers vorliegt. Allerdings kann das Moment der Beharrlichkeit auch darin zu sehen sein, dass in einem einmaligen Fall eine Anweisung nicht befolgt wird; dies muss dann aber z.B. durch eine vorhergehende erfolglose Abmahnung verdeutlicht werden (*BAG* 21.11.1996 EzA § 1 KSchG Verhaltensbedingte Kündigung Nr. 50; *LAG SchlH* 23.11.2004 LAGE § 611 BGB 2002 Abmahnung Nr. 1; s.a. *LAG SchlH* 14.8.2007 LAGE § 626 BGB 2002 Nr. 12 = NZA-RR 2007, 634).

1296 **Beispiele:**

- Die Weigerung des Arbeitnehmers, seine Arbeitsleistung ausschließlich in einem zentralen Schreibbüro zu erledigen, stellt z.B. keine Arbeitsverweigerung in diesem Sinne dar, wenn ihm die Leistung der Arbeit ausschließlich an diesem Ort gar **nicht möglich** ist (*ArbG Duisburg* 29.6.2000 NZA-RR 2001, 304).
- Lehnt es dagegen ein Besatzungsmitglied ab, einen Flug durchzuführen, nachdem der verantwortliche Luftfahrzeugführer den sog. Kommandantenentscheid unmissverständlich getroffen hat, so liegt ein wichtiger Grund für eine fristlose Kündigung wegen beharrlicher Arbeitsverweigerung vor, ohne dass es zuvor einer Abmahnung bedarf (*ArbG Düsseld.* 24.2.1998 NZA-RR 1999, 235).

1297 Verletzt ein Berufskraftfahrer trotz einschlägiger Abmahnung seine Pflicht zur **täglichen Überprüfung** des verkehrssicheren **Zustandes der Reifen** des ihm zugewiesenen Fahrzeugs, so kann dies je nach den Umständen geeignet sein, eine ordentliche oder auch außerordentliche Kündigung des Arbeitsverhältnisses zu rechtfertigen. Andererseits darf ein Unternehmen, dessen LKWs auf Grund ihrer besonderen Einsatzbedingungen einem ungewöhnlich hohen Reifenverschleiß unterliegen, die daraus entstehenden **Risiken** auch **nicht ausschließlich einseitig den Fahrern aufbürden**. Im konkret entschiedenen Einzelfall hat das *LAG Köln* (2.3.1999 ARST 2000, 45 LS) eine Kündigung trotz einschlägiger Abmahnungen nicht als gerechtfertigt angesehen.

1298 Eine beharrliche Arbeitsverweigerung kann darin liegen, dass der Arbeitnehmer verhindert, dass der Arbeitgeber eine **Kopie des Inhalts der Festplatte des PC** anfertigt, an dem er für den Auftraggeber Aufträge bearbeitet hat. Die insoweit bestehende Verpflichtung ergibt sich daraus, dass dem Arbeitgeber das Arbeitsergebnis aus dem Arbeitsverhältnis zusteht. Die Verweigerung der Anfertigung einer Kopie des gesamten Inhalts der Festplatte ist aber dann nicht als Arbeitsverweigerung zu bewerten, wenn der PC im Eigentum des Arbeitnehmers steht und er auch persönliche Daten auf der Festplatte gespeichert hat. Denn dann kann der Arbeitgeber nur Kopien der Speichervorgänge verlangen, die die Arbeitsvorgänge aus dem Arbeitsverhältnis betreffen, nicht aber eine Kopie der gesamten Festplatte (*LAG SchlH* 20.1.2000 ARST 2000, 162).

1299 Nimmt der Arbeitnehmer im Zusammenhang mit einer Änderungskündigung die angebotene Änderung der Arbeitsbedingungen gem. § 2 KSchG unter Vorbehalt an, so wird bis zur gerichtlichen Klärung der Rechtslage die Verpflichtung zur Arbeitsleistung nach Maßgabe der geänderten Arbeitsbedingungen begründet. Bei entsprechender Weigerung kommt eine außerordentliche Kündigung in Betracht; dies gilt auch dann, wenn später im Zuge der Änderungsschutzklage die Sozialwidrigkeit der Änderung festgestellt wird (*LAG Hamm* 12.12.2005 – 8 Sa 1700/05 – FA 2006, 189 LS). Nach **Ablauf der Kündigungsfrist** bei einer ordentlichen bzw. bei einer außerordentlichen Beendigungskündigung ab Zugang ist der Arbeitnehmer **nicht verpflichtet**, seine **Arbeitskraft anzubieten**. Denn mit Ausspruch der Kündigung(en) hat der Arbeitgeber konkludent erklärt, dass sie ihrer Mitwirkungspflicht zur Erbringung der Arbeitsleistung des Arbeitnehmers nicht nachkommen wird; eine beharrliche Arbeitsverweigerung liegt folglich dann nicht vor (*LAG Nbg.* 16.10.2007 – 7 Sa 23/07 – ArbuR 2008, 75 LS).

1300 Ist das **Direktionsrecht** des Arbeitgebers nicht hinsichtlich der Leistung von Überstunden beschränkt, kann er die Lage der Arbeitszeit festlegen. Er muss dabei aber billiges Ermessen wahren. Dies erfordert die Abwägung aller wesentlichen Umstände und die angemessene Berücksichtigung der beiderseitigen Interessen. Die **Verweigerung der Überstunden** allein rechtfertigt daher grds. nicht den Ausspruch einer Kündigung (*ArbG Frankf./M.* 26.11.1998 FA 2000, 53). Auch die **Weigerung**, nach dem **Jahrhunderthochwasser unentgeltlich Überstunden** zur Beseitigung von Schäden zu leisten, rechtfertigt keine fristlose Kündigung des Arbeitsverhältnisses (*ArbG Leipzig* 4.2.2003 NZA-RR 2003, 365). Etwas anderes gilt aber jedenfalls dann, wenn nach dem Arbeitsvertrag die Verpflichtung besteht, bei vermehrtem Arbeitsanfall bis zur tarifüblichen Arbeitszeit über eine vertraglich vereinbarte Mindestarbeitszeit hinaus Überstunden zu leisten und der Arbeitgeber von seinem Direktionsrecht nach billigem Ermessen Gebrauch gemacht hat (*LAG Köln* 14.8.2001 ARST 2002, 138 LS).

Zur Rechtmäßigkeit einer ordentlichen Kündigung wegen der Weigerung einer Verkäufe- 1301
rin, CD's der »Böhse Onkelz« zu verkaufen *ArbG Hmb.* 22.10.2001 NZA-RR 2002, 87: Die Gewissensfreiheit legitimiert keinen Fundamentalismus.

mm) Sexuelle Belästigung; wahrheitswidrige Behauptung sexueller Belästigung

Siehe zunächst oben Kap. 3 Rn. 2925. 1302

Bei sexuellen Belästigungen hat der Arbeitgeber die zum Schutz der Mitarbeiter vorgese- 1303
henen Maßnahmen zu ergreifen. Er hat dabei den Grundsatz der Verhältnismäßigkeit zu beachten (zutr. *ArbG Hmb.* 23.2.2005 NZA-RR 2005, 306). Reicht eine Abmahnung (vgl. dazu *ArbG Hmb.* 23.2.2005 NZA-RR 2005, 306) nicht aus, um die Fortsetzung sexueller Belästigungen mit der gebotenen Sicherheit zu unterbinden und kommt eine Umsetzung oder Versetzung des Störers nicht in Betracht, kann der Arbeitgeber mit einer Kündigung auf die sittlichen Verfehlungen reagieren. Eine außerordentliche Kündigung ist allerdings nur angemessen, wenn der Umfang und die Intensität der sexuellen Belästigungen sowie die Abwägung der beiderseitigen Interessen diese Maßnahme rechtfertigen (*LAG Hamm* 22.10.1996 NZA 1997, 769); insbes. die sexuelle Belästigung einer Arbeitnehmerin durch einen Vorgesetzten – die gem. § 2 Abs. 3 BeschSchG (ab 18.8.2006 §§ 1 ff. AGG) eine Verletzung arbeitsvertraglicher Pflichten darstellt – kann also je nach Intensität und Umfang ein wichtiger Grund zur außerordentlichen Kündigung i.S.v. § 626 Abs. 1 BGB sein (*BAG* 25.3.2004 EzA § 626 BGB 2002 Nr. 6 = NZA 2004, 1214 = BAG Report 2004, 405; vgl. dazu *Schulte-Westenberg* NZA-RR 2005, 617 ff.).

Beispiele: 1304

- Zwar stellt das Umlegen des Arms um die Schultern einer Auszubildenden auch dann eine sexuelle Belästigung am Arbeitsplatz i.S.d. § 2 Abs. 2 Nr. 2 Beschäftigtenschutzgesetz dar, wenn zwar der Ausbilder mit diesem Verhalten keine sexuellen Absichten verfolgt, die Auszubildende sich aber ihm gegenüber gegen dieses Verhalten ausgesprochen hat. Nach dem Verhältnismäßigkeitsprinzip darf der Arbeitgeber darauf aber nicht bereits mit einer außerordentlichen Kündigung reagieren, sondern zunächst nur mit einer Abmahnung (*LAG Hamm* 13.2.1997 BB 1997, 1485 LS; instruktiv auch *ArbG Lübeck* 2.11.2000 NZA-RR 2001, 140; *ArbG Ludwigshafen* 29.11.2000 FA 2001, 146).
- Bei monatelanger sexueller Belästigung durch körperliche Berührungen und Bemerkungen sexuellen Inhalts (§ 2 Abs. 2 Nr. 2 BeschSchG; ab 18.8.2006 § 3 Abs. 4 AGG) kann das Arbeitsverhältnis regelmäßig auch ohne vorherige Abmahnung außerordentlich gekündigt werden (*LAG Frankf./M.* 27.1.2004 – 13 TaBV 113/03 – EzA-SD 12/04 S. 11).
- Der bloße Vortrag des Arbeitgebers, **Mitarbeiterinnen hätten** sich durch ein sexuelles Verhalten **belästigt** und **entwürdigt gefühlt, reicht nicht aus.** Vielmehr muss dem Vortrag zu entnehmen sein, dass die betroffenen Mitarbeiterinnen die Unerwünschtheit des fraglichen Verhaltens des Arbeitnehmers diesem gegenüber deutlich gemacht haben. Unabhängig davon entspricht die Kündigung nicht der Verhältnismäßigkeit, wenn sich der Arbeitnehmer nur verbal geäußert und keine sexuellen Handlungen vorgenommen hat; dann ist eine Abmahnung u.U. ausreichend (*ArbG Kaiserslautern* 27.3.2008 – 2 Ca 1784/07 – ArbuR 2008, 229 LS).
- U. U. kann auch ein rein **passives Verhalten in der Form eines zögernden, zurückhaltenden Geschehenlassens** gegenüber einem drängenden, durchsetzungsfähigen Belästiger, insbes. einem Vorgesetzten, zur Erkennbarkeit einer ablehnenden Handlung ausreichen. Hat ein Vorgesetzter sexuelle Handlungen gegen den Willen der Arbeitnehmerin vorgenommen, bedarf es keiner Abmahnung, weil es wegen § 2 BeschSchG (ab 18.8.2006 § 3 Abs. 4 AGG) dem Vorgesetzten klar sein muss, dass eine intensive sexuelle Belästigung einer Arbeitnehmerin gegen ihren erkennbaren Willen ein Verstoß gegen seine arbeitsvertraglichen Pflichten war (*BAG* 25.3.2004 EzA § 626 BGB 2002 Nr. 6 = NZA 2004, 1214 = BAG Report 2004, 405).

► Belästigt ein Störer im Betrieb eine Beschäftigte durch Aufforderungen, mit ihm sexuelle Handlungen vorzunehmen, obwohl die Beschäftigte sich solche Aufforderungen verbeten hat, so sind auch **beleidigende und erpresserische Briefe** mit entsprechenden Aufforderungen, die der Störer in diesem Zusammenhang an die Privatanschrift der Beschäftigten schickt, bei der Feststellung der Schwere der arbeitsvertraglichen Pflichtverletzungen nach § 2 Abs. 3 BeschSchG (ab 18.8.2006 § 3 Abs. 4 AGG) mit zu berücksichtigen (*LAG Hamm* 10.3.1999 NZA-RR 1999, 623; vgl. auch *LAG Sachsen* 10.3.2000 NZA-RR 2000, 468).

1305 Die vom Arbeitgeber gem. § 2 BeschSchG (ab 18.8.2006 § 12 AGG) zu treffenden vorbeugenden Schutzmaßnahmen gegen sexuelle Belästigung am Arbeitsplatz **berechtigen ihn nicht**, der sexuellen Belästigung beschuldigte Arbeitnehmer **zu entlassen**, wenn ihnen eine entsprechende Tat nicht nachgewiesen werden kann. Auch § 4 BeschSchG (ab 18.8.2006 § 12 AGG) gewährt insoweit kein besonderes Kündigungsrecht; möglich ist aber eine Verdachtskündigung nach den allgemeinen Grundsätzen (*BAG* 8.6.2000 EzA § 15 KSchG n.F. Nr. 50; krit. dazu *Linde* ArbuR 2001, 272 ff.; s.u. Rn. 1418 ff.).

1306 Der Arbeitgeber hat die im konkreten Einzelfall angemessenen arbeitsrechtlichen Maßnahmen zu ergreifen. Welches der im BeschSchG (ab 18.8.2006 im AGG) nicht abschließend genannten Sanktionsmittel im konkreten Fall angemessen ist, ist eine Frage der **Verhältnismäßigkeit**, hängt also von der Schwere des Vorfalls sowie dem Umstand ab, ob es sich um eine erstmalige oder um eine wiederholte Verfehlung handelt. Dabei sind auch die sozialen Gesichtspunkte auf Seiten des Belästigers angemessen in die Bewertung einzubeziehen (*ArbG* Ludwigshafen 29.11.2000 FA 2001, 146). **Sexuelle Übergriffe eines Vorgesetzten** (tätliche Belästigungen) **während der Arbeitszeit** gegenüber weiblichen Mitarbeiterinnen rechtfertigen andererseits regelmäßig eine fristlose Kündigung auch ohne Abmahnung, jedenfalls dann, wenn es sich um eine äußerst massive tätliche Belästigung handelt (*LAG Nds.* 21.1.2003 NZA-RR 2004, 19).

1307 Die **wahrheitswidrige Behauptung der sexuellen Belästigung** durch einen Vorgesetzten ist als beleidigende Äußerung grds. geeignet, eine Kündigung zu rechtfertigen. Erhebt die Arbeitnehmerin im Kündigungsschutzprozess konkrete Vorwürfe der sexuellen Belästigung, so trägt der Arbeitgeber die Darlegungs- und Beweislast für die Wahrheitswidrigkeit dieser Vorwürfe, wenn er die Kündigung darauf stützen will (*LAG RhPf* 16.2.1996 NZA-RR 1997.169).

nn) Heimliches Mitführen eines Tonbandgerätes; wahrheitswidrige Behauptung eines Tonbandmitschnitts

1308 Einem Arbeitnehmer ist es grds. verwehrt, zu einem Gespräch mit seinem Arbeitgeber ein aufnahmebereites Tonbandgerät heimlich mit sich zu führen. Die sich darin dokumentierende Bekundung des Misstrauens gegenüber dem Arbeitgeber schließt eine künftige gedeihliche Zusammenarbeit eigentlich aus und kann auch eine außerordentliche fristlose Kündigung rechtfertigen. Die Sicherung dessen, was tatsächlich besprochen wurde, kann der Arbeitnehmer dadurch erreichen, dass er eine Person seiner Wahl hinzuzieht (Betriebsratsmitglied, Anwalt etc.). Hierauf muss sich der Arbeitgeber auch bei innerbetrieblichen Gesprächen einlassen, wenn er selbst eine dritte Person zum Gespräch heranzieht (*LAG RhPf* 18.9.1996 NZA 1997, 826).

1309 Versteigt sich ein Mitarbeiter in die unwahre Behauptung, **er habe ein zwei Tage zuvor durchgeführtes Mitarbeiter-Vorgesetzten-Gespräch, dessen Inhalt streitig ist, mitgeschnitten**, um seiner Darstellung Nachdruck zu verleihen und den Vorgesetzten zur Korrektur seiner Aussage zu verleiten, liegt in einer solchen versuchten Nötigung eine gravierende Verletzung der arbeitsvertraglichen Nebenpflicht. Dieses Verhalten stellt eine schwerwiegende Störung des Betriebsfriedens und eine gravierende Verletzung der Pflicht zur vertraglichen Rücksichtnahme im Arbeitsverhältnis dar und ist als Grund zur außerordentlichen Kündigung an sich geeignet. Ob bei der anzustellenden Zukunftsprognose eine Abmahnung als von vornherein ungeeignetes Mittel ausscheidet, hängt von den Umständen des Einzelfalls ab. Dabei sind insbes. die Gesprächssituationen sowie der Umstand zu würdigen, ob der Arbeitnehmer seine Behauptung vor Ausspruch arbeitsrechtlicher Sanktionen von sich aus korrigiert hat (*LAG Nds.* 8.3.2005 LAGE § 1 KSchG Verhaltensbedingte Kündigung Nr. 88).

oo) Verweigerung einer ärztlichen Untersuchung

Die beharrliche Weigerung, an einer von der Berufsgenossenschaft durch Unfallverhütungsvorschriften vorgeschriebenen Vorsorgeuntersuchung teilzunehmen, kann – jedenfalls nach vorheriger Abmahnung – eine Kündigung rechtfertigen. Bei einem tariflich altersgesicherten Arbeitnehmer kann auch eine außerordentliche Kündigung erklärt werden, da er ohne die vorgeschriebenen Untersuchungen (z.B. Lärm und Schweißrauche) nicht mehr an seinem Arbeitsplatz beschäftigt werden darf. So ist es jedenfalls dann, wenn ein anderer freier Arbeitsplatz nicht zur Verfügung steht. Die Tatsache, dass der Arbeitgeber 1989 einmal eine entsprechende Weigerung des Arbeitnehmers tatenlos hingenommen hatte, ist kein triftiger Grund für die Ablehnung (*LAG Düsseld.* 31.5.1996 NZA-RR 1997, 88). **1310**

Bestehen begründete Zweifel, ob der Arbeitnehmer nur vorübergehend durch Krankheit an der Arbeitsleistung verhindert oder auf Dauer berufs- oder erwerbsunfähig ist, hat er sich, wenn er schuldhaft keinen Rentenantrag stellt, z.B. nach §§ 59, 7 BAT auf Verlangen des Arbeitgebers einer ärztlichen Untersuchung zu unterziehen. Gefährdet er den Erfolg dieser Untersuchung dadurch, dass er trotz Abmahnung beharrlich sein Einverständnis zur Herbeiziehung der Vorbefunde der behandelnden Ärzte verweigert, so kann dies je nach den Umständen einen wichtigen Grund zur außerordentlichen Kündigung darstellen (*BAG* 6.11.1997 EzA § 626 BGB n.F. Nr. 171; *BAG* 7.11.2002 EzA § 130 BGB 2002 Nr. 1). Die Weigerung stellt eine Verletzung einer Nebenpflicht des Arbeitsvertrages dar, die bei Beharrlichkeit nach einschlägigen Abmahnungen eine Kündigung rechtfertigen kann (*LAG BW* 5.12.2001 – 2 Sa 63/01 – EzA-SD 4/02, S. 14 LS). **1311**

Gleiches gilt dann, wenn ein Arbeitnehmer nach einer einschlägigen Abmahnung durch die neuerliche Weigerung, sich nach § 7 Abs. 2 BAT amtsärztlich untersuchen zu lassen, die Versuche des Arbeitgebers, Art und Schwere einer von ihm beim Arbeitnehmer vermuteten psychischen Erkrankung und seine Dienstfähigkeit aufzuklären, schuldlos zunichte macht. Der Arbeitgeber kann dann das Arbeitsverhältnis selbst bei tariflichem Ausschluss der ordentlichen Kündigung ausnahmsweise auch dann aus verhaltensbedingten Gründen außerordentlich kündigen, wenn der Arbeitnehmer durch ebenfalls schuldloses Fehlverhalten das Arbeitsverhältnis unzumutbar belastet hat und mit Wiederholungen zu rechnen ist (vgl. *LAG Hessen* 18.2.1999 ARST 1999, 266).

Nichts anderes gilt nach vorheriger einschlägiger Abmahnung – unter Einhaltung einer Auslauffrist – bei der Verweigerung der Mitwirkung an einer zulässigerweise gem. § 3 Abs. 5 TVL angeordneten ärztlichen Untersuchung (*LAG Köln* 11.6.2008 – 3 Sa 1505/07 – EzA-SD 16/2008 S. 4 LS).

pp) Werbung für Scientology; Mitgliedschaft

Einer gemeinnützigen Einrichtung, die sich u.a. mit der **Betreuung Jugendlicher** befasst, ist es nicht zuzumuten, eine Betreuerin, die der Scientologygemeinschaft angehört und die sich für deren **Veranstaltungen werbend gegenüber den ihr anvertrauten Jugendlichen einsetzt**, bis zum Ablauf der ordentlichen Kündigungsfrist weiterzubeschäftigen (*LAG Bln.* 11.6.1997 DB 1997, 2542; vgl. auch *Bauer/Baeck/Mertens* BB 1997, 2534). **1312**

Gleiches gilt für ein Betriebsratsmitglied, dass den **Betriebsfrieden** dadurch **nachhaltig und konkret gestört** hatte, dass es bei zahlreichen Kollegen innerhalb und außerhalb der Arbeitszeit aktiv Werbung für die Organisation betrieben hatte. So hatte er mit Belegschaftsmitgliedern unter Einsatz des Werktelefons über die Organisation diskutiert und ihnen Scientology-Material durch die Werkspost zukommen lassen (*ArbG Ludwigshafen* 12.5.1993 AiB 1995, 754; vgl. auch *LAG RhPf* 12.7.1995 – 9 Sa 890/93 – n.v.). **1313**

1314 Ob bereits die **bloße Mitgliedschaft** in der Organisation eine außerordentliche Kündigung rechtfertigen kann, hat das *LAG Bln.* (11.6.1997 NZA-RR 1997, 422) zwar offen gelassen. Es hat aber einen **wichtigen Grund jedenfalls dann** angenommen, wenn ein Arbeitnehmer **Personen psychologisch zu betreuen** hat, die zu ihm in einem Abhängigkeitsverhältnis stehen und die Gefahr der einseitigen Beeinflussung mit den Ideen dieser Organisation besteht.

qq) MfS-Tätigkeit; Fragebogenlüge

1315 Verschweigt ein im Öffentlichen Dienst Beschäftigter eine MfS-Tätigkeit vor Vollendung des 21. Lebensjahres, so ist es dem öffentlichen Arbeitgeber jedenfalls bei einem **nicht allzu gravierenden Maß** der Verstrickung eher zumutbar, auf die Falschbeantwortung mit milderen Mitteln als mit einer fristlosen Kündigung – etwa mit einer Abmahnung oder einer ordentlichen Kündigung – zu reagieren, als bei einer Tätigkeit für das MfS im Erwachsenenalter. Regelmäßig führt zudem nur eine schuldhafte Falschbeantwortung der Frage zu einem derart gravierenden Vertrauensverlust, dass dem öffentlichen Arbeitgeber auch eine Weiterbeschäftigung des Arbeitnehmers bis zum Ablauf der Kündigungsfrist unzumutbar ist. Je nach dem Grad der Verstrickung und dem daraus resultierenden Gewicht der pflichtwidrigen Falschbeantwortung der Frage kann der längere beanstandungsfreie Fortbestand des Arbeitsverhältnisses bis zur Kündigung **teilweise oder völlig entwertet** worden sein (*BAG* 21.6.2001 EzA § 626 BGB n.F. Nr. 190 = NZA 2002, 168).

1316 Auch bei einem Arbeitnehmer in der Privatwirtschaft, der unter Anrechnung seiner früheren Beschäftigungszeit nach dem Beitritt übernommen worden ist, kann eine frühere Tätigkeit für das MfS je nach den Umständen und dem Tätigkeitsbereich des Betreffenden einen wichtigen Grund zur außerordentlichen Kündigung darstellen. Dies gilt jedenfalls dann, wenn der Arbeitnehmer zwar bei einem privatrechtlich organisierten Arbeitgeber beschäftigt wird, dort aber Aufgaben zu erledigen hat, die der öffentlichen Verwaltung zuzurechnen sind oder jedenfalls mit öffentlich-rechtlichen Aufgaben eng verbunden sind (*BAG* 25.10.2001 NZA 2002, 639 LS).

rr) Annahme von Belohnungen, Schmiergeld

1317 Der mehrfache Verstoß eines Angestellten im öffentlichen Dienst gegen das Verbot, ohne Zustimmung des Arbeitgebers Belohnungen und Geschenke in Bezug auf seine dienstliche Tätigkeit anzunehmen (§ 10 BAT), ist an sich geeignet, einen wichtigen Grund zur außerordentlichen Kündigung darzustellen (*BAG* 15.11.2001 EzA § 626 BGB n.F. Nr. 192; 17.6.2003 NZA 2004, 1240; 17.3.2005 EzA § 626 BGB 2002 Nr. 9 = NZA 2006, 101; *LAG SchlH* 27.10.2004 NZA-RR 2005, 330 = ZTR 2005, 204). Auch die Annahme von Schmiergeldern durch den Arbeitnehmer ist – i.d.R. auch ohne vergebliche vorherige Abmahnung – an sich geeignet, eine außerordentliche Kündigung zu begründen (*BAG* 21.6.2001 EzA § 626 BGB Unkündbarkeit Nr. 7; 17.3.2005 EzA § 626 BGB 2002 Nr. 9 = NZA 2006, 101; vgl. dazu *Zimmer/Stetter* BB 2006, 1445 ff.). Da es sich um eine erhebliche Pflichtverletzung handelt, wird in derartigen Fällen auch die notwendige umfassende Interessenabwägung nur in besonderen Ausnahmefällen zur Unwirksamkeit der außerordentlichen Kündigung führen (*BAG* 17.3.2005 EzA § 626 BGB 2002 Nr. 9 = NZA 2006, 101; vgl. dazu *Zimmer/Stetter* BB 2006, 1445 ff.).

ss) Geschäftsschädigende Äußerungen; öffentliche Kritik am Arbeitgeber

1318 Die Äußerung, der Arbeitgeber sei pleite, stellt eine geschäftsschädigende Behauptung dar, die geeignet ist, das Ansehen des Arbeitgebers bei den Geschäftspartnern zu beeinträchtigen und rechtfertigt eine fristlose Kündigung (*LAG Bln.* 28.8.2002 NZA-RR 2003, 362).

1319 Wendet sich ein Arbeitnehmer einer Behinderteneinrichtung wegen **angeblicher Missstände** mit einem Schreiben, in dem der Leitung der Einrichtung Inkompetenz und Gleichgültigkeit gegenüber den Belangen Behinderter vorgeworfen und die Berechtigung der Anerkennung der Gemeinnützigkeit in Zweifel gezogen wird, **an die Aufsichtsbehörde**, den

Kostenträger, den Behindertenbeauftragten der Bundesregierung, sowie an Presse und Rundfunkanstalten, ohne sich zuvor wegen der angeblich untragbaren Verhältnisse an den Arbeitgeber gewandt zu haben, so rechtfertigt dieses Verhalten die fristlose Kündigung (*LAG Köln* 3.5.2000 ZTR 2001, 43).

tt) Zeugenaussage

Wer demgegenüber bei der Staatsanwaltschaft oder einem Gericht gegen seinen Arbeitgeber als Zeuge aussagt und auf Aufforderung der Staatsanwaltschaft Unterlagen übergibt, darf **deswegen i.d.R. nicht entlassen** werden. Denn es verstößt gegen das **Rechtsstaatsprinzip**, wenn jemand nur deshalb zivilrechtliche Nachteile erleidet, weil er eine ihm auferlegte staatsbürgerliche Pflicht erfüllt und verletzt sein Grundrecht aus Art. 1 Abs. 1 GG i.V.m. dem Rechtsstaatsprinzip (Art. 20 Abs. 3 GG), wenn er nicht wissentlich unwahre oder leichtfertig falsche Angaben macht. Ein derartiges Verhalten ist folglich grds. nicht geeignet, eine fristlose Kündigung zu rechtfertigen (*BVerfG* 2.7.2001 EzA § 626 BGB n.F. Nr. 188; vgl. dazu *Deiseroth* ArbuR 2002, 161 ff. und ArbuR 2007, 198; *Binkert* ArbuR 2007, 195; *Sasse* NZA 2008, 990 ff.; vgl. auch *Müller* NZA 2002, 424 ff. u. *Bürkle* DB 2004, 2158 ff. zum »Whistleblowing« als Kündigungsgrund; zur Strafanzeige gegen den Arbeitgeber s.o. Rn. 1238 m.w.N. und *BAG* 3.7.2003 EzA § 1 KSchG Verhaltensbedingte Kündigung Nr. 61=NZA 2004, 427; vgl. dazu *Herbert/Oberrath* NZA 2005, 193 ff.; *Wisskirchen/Körber/Bissels* BB 2006, 1567 ff.; *Mahnhold* NZA 2008, 737 ff.; *Sasse* NZA 2008, 990 ff.; zum Gesetzentwurf für die Einführung eines neuen § 612a BGB und der dazu erfolgten Anhörung im Juni 2008 sowie zahlreichen Stellungnahmen s. Google »§ 612a BGB n.F.«). 1320

uu) Verweigerung eines Schuldeingeständnisses

Die Weigerung eines Arbeitnehmers, eine begangene, dem Arbeitgeber bereits bekannte, Pflichtverletzung einzugestehen und/oder sich für eine solche zu entschuldigen, rechtfertigt für sich **regelmäßig keine außerordentliche oder ordentliche Kündigung** (*LAG Hessen* 2.5.2003 LAG Report 2004, 207). Macht der Arbeitgeber nach einer Pflichtverletzung des Arbeitnehmers das Absehen vom Ausspruch einer auf diese gestützte Kündigung davon abhängig, dass der Arbeitnehmer die Pflichtverletzung gesteht und/oder sich für sie entschuldigt, bringt er damit zum Ausdruck, dass ihm nach seiner eigenen Auffassung die Fortsetzung des Arbeitsverhältnisses zumutbar ist. Dann fehlt es i.d.R. an einer eine Kündigung rechtfertigenden negativen Zukunftsprognose (*LAG Hessen* 2.5.2003 LAG Report 2004, 207). 1321

f) Notwendigkeit der Abmahnung bei Störungen im Leistungs- und Verhaltensbereich

Störungen im Leistungs- und Verhaltensbereich scheiden dagegen i.d.R. als an sich zur außerordentlichen Kündigung geeignete Umstände dann aus, wenn es an einer **Abmahnung** (s. dazu unten Rn. 2276 ff.) fehlt, da diese zum maßgeblichen Kündigungssachverhalt gehört (zum Verhaltensbereich vgl. *BAG* 17.2.1994 EzA § 611 BGB Abmahnung Nr. 30). 1322

Denn vom Arbeitnehmer kann keine Änderung der Vertragserfüllung erwartet werden, solange der Arbeitgeber ihn nicht auf ein Fehlverhalten aufmerksam macht; i.d.R. wird erst nach einer vergeblichen Abmahnung die erforderliche Wahrscheinlichkeit dafür bestehen, dass sich der Arbeitnehmer auch in Zukunft nicht vertragstreu verhalten wird (*BAG* 12.1.2006 EzA § 1 KSchG Verhaltensbedingte Kündigung Nr. 67 = NZA 2006, 917; 12.1.2006 EzA § 1 KSchG Verhaltensbedingte Kündigung Nr. 68 = NZA 2006, 980; *LAG Hamm* 30.5.1996 NZA 1997, 1056). 1323

So hat z.B. das *LAG Nbg.* (6.8.2002 LAGE § 626 BGB Nr. 143 = ARST 2003, 191 LS = NZA-RR 2003, 191; s. aber auch *LAG Hessen* 25.11.2004 LAGE § 1 KSchG Verhaltensbedingte Kündigung Nr. 85) angenommen, dass das Führen privater Telefonate dann weder eine außerordentliche noch eine ordentliche Kündigung rechtfertigt, wenn in der Arbeitsordnung solche Gespräche in dringenden Fällen erlaubt sind, der Arbeitgeber sie bisher auch geduldet hat und der Arbeitnehmer in vier Monaten 142 Minuten privat telefoniert hat. 1324

1325 Auch insoweit kann aber ausnahmsweise bei **hartnäckiger und uneinsichtiger Pflichtverletzung u.U. eine Abmahnung entbehrlich** sein (*BAG* 18.5.1994 EzA § 611 BGB Abmahnung Nr. 31; 12.1.2006 EzA § 1 KSchG Verhaltensbedingte Kündigung Nr. 67 = NZA 2006, 917; 12.1.2006 EzA § 1 KSchG Verhaltensbedingte Kündigung Nr. 68 = NZA 2006, 980; *LAG SchlH* 14.8.2007 LAGE § 626 BGB 2002 Nr. 12 = NZA-RR 2007, 634).

1326 Dagegen bedurfte es – jedenfalls nach der früheren ständigen Rechtsprechung des BAG – bei Vertragsverletzungen, die zu **Störungen im Vertrauensbereich** führen, **grds. keiner Abmahnung** (*BAG* 4.4.1974 EzA § 15 KSchG n.F. Nr. 1; s. aber unten Rn. 2284 ff.; *Schlachter* NZA 2005, 435 ff.; abl. dazu *Enderlein* RdA 2000, 328 ff.). Begründet wurde dies damit, dass Vertragsverletzungen im Vertrauensbereich die zwischen den Parteien erforderliche Vertrauensgrundlage beeinträchtigten, insbes. durch Verletzungen der Treuepflicht des Arbeitgebers.

1327 Etwas anderes konnte aber jedenfalls auch danach ausnahmsweise dann gelten, wenn der Arbeitnehmer aus vertretbaren Gründen damit rechnen konnte, sein Verhalten sei nicht vertragswidrig oder werde vom Arbeitgeber zumindest nicht als ein erhebliches, den Bestand des Arbeitsverhältnisses gefährdendes Fehlverhalten angesehen (*BAG* 30.6.1983 EzA § 1 KSchG Tendenzbetrieb Nr. 14; *LAG SchlH* 14.8.2007 LAGE § 626 BGB 2002 Nr. 12 = NZA-RR 2007, 634; MünchArbR/*Wank* § 117 Rz. 54; abl. KR/*Hillebrecht* 4. Aufl. § 626 BGB Rz. 96d; s. ausf. Rn. 2284 ff.).

1328 Das ist z.B. dann nicht der Fall, wenn der Arbeitnehmer erklärt, er werde krank, wenn der Arbeitgeber ihm den im bisherigen Umfang bewilligten Urlaub nicht verlängere, obwohl er im Zeitpunkt dieser Ankündigung nicht krank war und sich auf Grund bestimmter Beschwerden auch noch nicht krank fühlen konnte, ohne Rücksicht darauf, ob er später tatsächlich arbeitsunfähig erkrankt (*BAG* 5.11.1992 EzA § 626 BGB n.F. Nr. 143; s.o. Rn. 1267 f.).

1329 Gleiches gilt bei erheblichen arbeitsvertraglichen Pflichtverletzungen, in deren Folge besonders schwere Schäden an Leib und Leben bei einem in der Verantwortung eines Krankenpflegers in der Intensivstation übergebenen Patienten entstehen können (versehentliches Abstellen eines Beatmungsgeräts, Vergessen der Entfernung einer Klemme von einem Schlauch für die Sauerstoffversorgung). Sie können auch ohne Abmahnung die außerordentliche, fristlose Kündigung eines tariflich ordentlich unkündbaren Angestellten aus wichtigem Grund an sich rechtfertigen (*BAG* 13.11.2001 NZA 2002, 970).

1330 Auch bei besonders schwerwiegenden Verstößen, deren Rechtswidrigkeit dem Arbeitnehmer **ohne weiteres erkennbar** ist und bei denen es offensichtlich **ausgeschlossen** ist, dass sie der Arbeitgeber **hinnimmt**, ist eine Abmahnung nicht erforderlich (*BAG* 12.8.1999 EzA § 626 BGB Verdacht strafbarer Handlung Nr. 8; 12.1.2006 EzA § 1 KSchG Verhaltensbedingte Kündigung Nr. 67 = NZA 2006, 917; 12.1.2006 EzA § 1 KSchG Verhaltensbedingte Kündigung Nr. 68 = NZA 2006, 980; *LAG BW* 16.3.2004 – 18 Sa 41/03 – EzA-SD 22/04 S. 8 = LAG Report 2005, 38; *LAG SchlH* 14.8.2007 LAGE § 626 BGB 2002 Nr. 12 = NZA-RR 2007, 634). Das ist z.B. dann der Fall, wenn ein Angestellter des öffentlichen Dienstes ein vorsätzliches Tötungsdelikt begeht. Denn dem Arbeitnehmer muss klar sein, dass dies als massive Rechtsverletzung seine Weiterbeschäftigung im öffentlichen Dienst in Frage stellen kann (*BAG* 8.6.2000 EzA § 626 BGB n.F. Nr. 182; ebenso *LAG Köln* 13.2.2006 – 14 (12) Sa 1338/05 – EzA-SD 12/06, S. 11 LS). Gleiches gilt bei einem **vorzeitigen Verlassen des Arbeitsplatzes und einem späteren »Ausstempeln« durch einen Arbeitskollegen** (*LAG BW* 16.3.2004 – 18 Sa 41/03 – EzA-SD 22/04 S. 8 = LAG Report 2005, 38). Der Verstoß eines Arbeitnehmers gegen seine Verpflichtung, die abgeleistete – vom Arbeitgeber sonst kaum sinnvoll kontrollierbare – Arbeitszeit korrekt zu stempeln, ist also an sich geeignet, einen wichtigen Grund zur außeror-

dentlichen Kündigung i.S.v. § 626 Abs. 1 BGB darzustellen. Dabei kommt es auch insoweit nicht entscheidend auf die strafrechtliche Würdigung, sondern auf den mit der Pflichtverletzung verbundenen schweren Vertrauensbruch an. Überträgt der Arbeitgeber den Nachweis der täglich bzw. monatlich geleisteten Arbeitszeit den Arbeitnehmern selbst (Selbstaufzeichnung) und füllt der Arbeitnehmer die dafür zur Verfügung gestellten Formulare wissentlich und vorsätzlich falsch aus, so stellt dies i.d.R. einen schweren Vertrauensbruch dar (*BAG* 21.4.2005 EzA § 91 SGB IX Nr. 1).
Anders ist es aber dann, wenn vom Arbeitgeber erlassene Sicherheitsvorschriften für den konkreten Fall **keine klaren und eindeutigen Verhaltensanweisungen** enthalten. Das Abmahnungserfordernis entfällt dann auch bei einem folgenschweren Verstoß gegen die Sicherheitsvorschriften nicht. Das gilt erst Recht, wenn der Arbeitgeber für den Verstoß gegen Sicherheitsvorschriften eine Abmahnung in Aussicht gestellt hat (*LAG SchlH* 14.8.2007 LAGE § 626 BGB 2002 Nr. 12 = NZA-RR 2007, 634).

g) Personenbedingte Gründe

1331 Ein personenbedingter Grund ist nur ausnahmsweise geeignet, eine außerordentliche Kündigung zu rechtfertigen (*BAG* 6.3.2003 EzA § 626 BGB 2002 Nr. 2; 12.1.2006 EzA § 626 BGB 2002 Unkündbarkeit Nr. 9 = NZA 2006, 512 LS; vgl. dazu *Schulte-Westenberg* NZA-RR 2005, 617 ff.).
Dies gilt bei einem angestellten Studienreferendar umso mehr, als auch die Entlassung eines Beamten auf Widerruf die Einhaltung einer Frist (im konkreten Einzelfall des § 45 Abs. 1 SächsBG) voraussetzt (*BAG* 6.3.2003 EzA § 626 BGB 2002 Nr. 2).
Anders ist es aber beim Entzug des **Verschlusssachenzugangs** bei einer Übersetzertätigkeit beim Bundesamt für Verfassungsschutz. Denn wenn das formalisierte Verfahren nach dem Sicherheitsüberprüfungsgesetz (SÜG) eingehalten worden ist und es danach bei Zweifeln an der Zuverlässigkeit bleibt, die zum Entzug der Verschlusssachenermächtigung führen, fehlt es auf unabsehbare Zeit an einer persönlichen Eigenschaft, die zur Arbeitsleistung erforderlich ist (*LAG Köln* 12.11.2007 – 2 Sa 904/07 – ZTR 2008, 401 LS).

aa) Krankheitsbedingte Minderung der Leistungsfähigkeit

1332 Die krankheitsbedingte Minderung der Leistungsfähigkeit des Arbeitnehmers ist i.d.R. nicht geeignet, einen wichtigen Grund für eine außerordentliche Kündigung darzustellen (*BAG* 9.9.1992 EzA § 626 BGB n.F. Nr. 142; *LAG Köln* 4.9.2002 – 7 Sa 415/02 – ARST 2003, 114 = NZA-RR 2003, 360; vgl. *Lepke* Kündigung bei Krankheit Rz. 193 ff.).

1333 Zwar ist Krankheit nicht grds. als wichtiger Grund i.S.d. § 626 BGB ungeeignet (*BAG* 13.5.2004 EzA § 626 BGB 2002 Krankheit Nr. 2 = NZA 2004, 1271 = BAG Report 2004, 370). An eine Kündigung wegen Erkrankung eines Arbeitnehmers ist aber schon bei einer ordentlichen Kündigung ein strenger Maßstab anzulegen. **Zudem soll insbes. die tarifliche Unkündbarkeit älterer Arbeitnehmer gerade auch vor einer außerordentlichen Kündigung mit Auslauffrist wegen krankheitsbedingter Leistungsmängel schützen** (*LAG Hamm* 26.2.2004 LAG Report 2005, 11).

1334 Das schließt es andererseits nicht aus, dass in **eng zu begrenzenden Ausnahmefällen** die Fortsetzung des Arbeitsverhältnisses dem Arbeitgeber unzumutbar i.S.d. § 626 Abs. 1 BGB sein kann. Da die Einhaltung der Kündigungsfrist eigentlich immer zumutbar sein dürfte, wird dies i.d.R. nur bei einem Ausschluss der ordentlichen Kündigung auf Grund tarifvertraglicher oder einzelvertraglicher Vereinbarung in Betracht kommen (*BAG* 9.9.1992 EzA § 626 BGB n.F. Nr. 142; 18.10.2000 EzA § 626 BGB Krankheit Nr. 3; *LAG Köln* 4.9.2002 – 7 Sa 415/02 – ARST 2003, 114 = NZA-RR 2003, 360; vgl. APS/*Dörner* § 626 BGB Rz. 298 ff.), **z.B. bei dauerndem Unvermögen des Arbeitnehmers** zur Erbringung seiner Arbeitsleistung (*BAG* 25.3.2004 EzA §626 BGB 2002 Unkündbarkeit Nr. 4 = NZA 2004, 1216), wobei grds. eine der ordentlichen Kündigungsfrist entsprechende Auslauffrist einzuhalten ist (*BAG* 27.11.2003 EzA §626 BGB 2002 Krankheit Nr. 1; 25.3.2004 EzA §626 BGB 2002 Unkündbarkeit Nr. 4 = NZA 2004, 1216).

1335 Eine derartige außerordentliche Kündigung ist wie eine ordentliche krankheitsbedingte Kündigung in 3 Stufen zu prüfen. Der Umstand, dass diese Grundsätze für die ordentliche Kündigung entwickelt worden sind, steht ihrer Übertragung auf die nur im Ausnahmefall in Betracht kommende außerordentliche Kündigung grds. nicht entgegen. Entscheidend ist, dass bei der Interessenabwägung der besondere Maßstab des §626 BGB zu beachten ist (*BAG* 27.11.2003 EzA §626 BGB 2002 Krankheit Nr. 1), wonach die Fortsetzung des Arbeitsverhältnisses unter Berücksichtigung aller Umstände des konkreten Einzelfalles bis zum Ablauf der Kündigungsfrist bzw. bis zum sonst maßgeblichen Ende des Arbeitsverhältnisses unzumutbar sein muss (*BAG* 9.9.1992 EzA § 626 BGB n.F. Nr. 142; 18.10.2000 EzA §626 BGB Krankheit Nr. 3; ebenso zur Kündigung bei Alkoholabhängigkeit *BAG* 9.7.1998 EzA §626 BGB Krankheit Nr. 1; 16.9.1999 EzA §626 BGB Krankheit Nr. 2; vgl. dazu *Künzl* ArbuR 2000, 145 f.; *ArbG Frankf. a.M.* 10.2.1999 NZA-RR 1999, 475; zur einzuhaltenden Auslauffrist s.o. Rn. 1146 m.w.N.).

1336 Dass die krankheitsbedingte Minderung der Leistungsfähigkeit i.d.R. nicht ein an sich zur außerordentlichen Kündigung geeigneter Umstand ist, folgt auch daraus, dass der Arbeitgeber schon nach dem Ultima-ratio-Prinzip vor Ausspruch einer solchen Kündigung zudem vor allem bei älteren Arbeitnehmern prüfen muss, ob der Minderung ihrer Leistungsfähigkeit nicht durch **organisatorische Maßnahmen** (Änderung des Arbeitsablaufs, Umgestaltung des Arbeitsplatzes, Umverteilung der Aufgaben) begegnet werden kann (*BAG* 12.7.1995 EzA §626 BGB n.F. Nr. 156). An die **Bemühungen des Arbeitgebers**, für den zur Kündigung anstehenden ordentlich unkündbaren Arbeitnehmer eine andere Beschäftigungsmöglichkeit zu finden, **sind erhebliche Anforderungen zu stellen**; andererseits trifft den Arbeitnehmer, dessen Arbeitsplatz weggefallen ist, die Obliegenheit, an den Versuchen des Arbeitgebers, für ihn eine anderweitige Beschäftigungsmöglichkeit zu finden, selbst kooperativ mitzuwirken (*BAG* 13.5.2004 EzA §626 BGB 2002 Krankheit Nr. 2 = NZA 2004, 1271 = BAG Report 2004, 370). Das *BAG* (12.7.1995 EzA §626 BGB n.F. Nr. 156) hat offen gelassen, ob im Ausnahmefall die dem Arbeitgeber obliegenden Schutzpflichten gegenüber seinem Arbeitnehmer es erforderlich machen können, den Arbeitnehmer notfalls durch eine Kündigung vor einer Selbstschädigung zu bewahren.

1337 Der Durchschnittsfall einer krankheitsbedingten Kündigung rechtfertigt folglich keine außerordentliche Kündigung, auch nicht bei Ausschluss der Möglichkeit der ordentlichen Kündigung. Etwas anderes kommt nur in eng zu begrenzenden Ausnahmefällen in Betracht, wenn nach der Gesundheitsprognose das zu erwartende Missverhältnis von Leistung und Gegenleistung so krass ist, dass nur noch von einem »sinnentleerten« Arbeitsverhältnis gesprochen werden kann, weil die wirtschaftlichen Belastungen unter dem Gesichtspunkt einer ganz erheblichen Störung des Austauschverhältnisses von nicht absehbarer Dauer die Aufrechterhaltung des Arbeitsverhältnisses als unzumutbar erscheinen lassen können (*BAG* 27.11.2003 EzA §626 BGB 2002 Krankheit Nr. 1; *LAG Köln* 4.9.2002 – 7 Sa 415/02 – ARST 2003, 114 = NZA-RR 2003, 360).

1338 Andererseits rechtfertigt nach Auffassung des *LAG Nds.* (24.8.1999 – 13 Sa 2831/98) die Prognose, dass in Zukunft mit einer **Vielzahl von Krankheitszeiten** über kürzere oder längere Dauer zu rechnen ist (ca. 160 bis 180 Arbeitstage im Jahr), die außerordentliche Kündigung einer ordentlich unkündbaren Angestellten. Die betriebliche Belastung, die eine Weiterbeschäftigung unzumutbar macht, folgt aus der fehlenden Einplanbarkeit der Angestellten im Rahmen der Dienstplangestaltung des konkret betroffenen Krankenhauses.

Jedenfalls kann es in diesem Sinne für die Unzumutbarkeit der Fortsetzung des Arbeitsverhältnisses sprechen, wenn der Arbeitgeber bis zur **Pensionierung des Arbeitnehmers keine nennenswerte Arbeitsleistung mehr zu erwarten hat**, aber trotzdem über den üblichen Sechswochenzeitraum hinaus erhebliche Leistungen an Entgeltfortzahlung zu erbringen hat. Im konkret entschiedenen Einzelfall bestand eine Verpflichtung des Arbeitgebers zur unbefristeten Entgeltfortzahlung bis zur Verrentung bzw. Versetzung in den Ruhestand (vgl. *BAG* 12.1.2006 EzA § 626 BGB 2002 Unkündbarkeit Nr. 9 = NZA 2006, 512 LS). 1339

bb) Verbüßung einer längeren Strafhaft

Die Verbüßung einer längeren Strafhaft (z.B. von drei Monaten bzw. von 2 1/2 Jahren) ist an sich geeignet, eine außerordentliche Kündigung des Arbeitsverhältnisses zu rechtfertigen, wenn sich die Arbeitsverhinderung konkret nachteilig auf das Arbeitsverhältnis auswirkt und für den Arbeitgeber zumutbare Überbrückungsmöglichkeiten nicht bestehen (*BAG* 15.11.1984 EzA § 626 BGB n.F. Nr. 95; 9.3.1995 EzA § 626 BGB n.F. Nr. 154; *LAG Köln* 21.11.2001 ARST 2002, 234 LS). Fehlt dazu hinreichender Tatsachenvortrag des kündigenden Arbeitgebers, so gilt, dass die bloße Abwesenheit des Arbeitnehmers eine außerordentliche Kündigung nicht rechtfertigen kann (*LAG Köln* 21.11.2001 ARST 2002, 234 LS). 1340

Aufgrund der **Fürsorgepflicht** kann der Arbeitgeber zwar gehalten sein, bei der Erlangung des Freigängerstatus mitzuwirken, um Störungen des Arbeitsverhältnisses zu vermeiden. Das kommt insbes. dann in Betracht, wenn die der Haft zugrunde liegende Straftat keinen Bezug zum Arbeitsverhältnis hatte. Dies setzt allerdings voraus, dass der Arbeitnehmer den Arbeitgeber über die Umstände der Strafhaft, des Strafverfahrens und der Haft nicht täuscht bzw. im Unklaren lässt. 1341

Die Fürsorgepflicht gebietet eine solche Mitwirkung des Arbeitgebers i.d.R. ferner dann nicht, wenn trotz Bewilligung des Freigangs **weitere Störungen des Arbeitsverhältnisses zu befürchten** sind. Das kann z.B. dann der Fall sein, wenn Befürchtungen des Arbeitgebers, die Straftat des Arbeitnehmers (z.B. eine Vergewaltigung) und seine Verurteilung zur Strafhaft könnten bei anderen Mitarbeitern oder bei Geschäftspartnern bekannt werden und zu **dem Arbeitgeber nachteiligen Reaktionen führen,** nicht von der Hand zu weisen sind. Dies ist nur dann ausgeschlossen, wenn eine objektive Prognose Störungen des Betriebsfriedens oder des Betriebsablaufs als ganz fern liegend bzw. geringfügig erweist (*BAG* 9.3.1995 EzA § 626 BGB n.F. Nr. 154). 1342

h) Außerdienstliches Verhalten

Siehe zunächst oben Kap. 3 Rn. 481 ff. 1343

Einem Leiter einer Bankfiliale (vier Arbeitnehmer) kann nicht allein wegen zahlreicher **Spielbankbesuche** und wegen des dortigen Spielens fristlos gekündigt werden, wenn diese Besuche ohne konkrete Auswirkung auf das Arbeitsverhältnis geblieben sind (*LAG Hamm* 14.1.1998 LAGE § 626 BGB Nr. 119). 1344

Der gesetzgeberischen Wertung des § 53 Abs. 1 Nr. 1 BZRG, wonach sich der Verurteilte als unbestraft bezeichnen darf und den der Verurteilung zugrunde liegenden Sachverhalt nicht zu offenbaren braucht, wenn die Verurteilung nicht in das Führungszeugnis aufzunehmen ist, lässt sich nach Auffassung des *LAG Bln.* (22.3.1996 NZA-RR 1997, 7) entnehmen, dass der Arbeitgeber eine solche **Verurteilung** (wegen des Verkaufs einer kinderpornographischen Videokassette) nicht zum Anlass einer außerordentlichen Kündigung wegen Nichteignung des Arbeitnehmers (für die Tätigkeit in einem Pressesportvertriebszentrum) nehmen darf. 1345

Ein Angestellter des öffentlichen Dienstes muss sein außerdienstliches Verhalten so einrichten, **dass das Ansehen des öffentlichen Arbeitgebers nicht beeinträchtigt wird.** Begeht ein im öffentlichen Dienst Beschäftigter ein vorsätzliches **Tötungsdelikt**, so ist es für den öffentlichen Arbeitgeber i.d.R. unzumutbar, ihn weiterzubeschäftigen, ohne dass eine kon- 1346 kret messbare Ansehensschädigung nachgewiesen werden müsste (*BAG* 8.6.2000 EzA § 626 BGB n.F. Nr. 182; ebenso *LAG Köln* 13.2.2006 – 14 (12) Sa 1338/05 – EzA-SD 12/06, S. 11 LS; vgl. auch *Langsnicker/Schwirtzek* DB 2001, 865 ff.). Andererseits hat das *LAG Köln* (7.7.1999 NZA 2001, 1081 LS) angenommen, dass das arbeitsvertragliche Kündigungsrecht des Arbeitgebers nur zur **Wahrnehmung eigener Interessen** besteht, **nicht** aber zur **Ahndung von Straftaten** des Arbeitnehmers, auch nicht von Straftaten nach § 130 StGB (»Volksverhetzung«). Der dringende Verdacht, dass sich ein Arbeitnehmer einer solchen Straftat schuldig gemacht hat, rechtfertigt danach alleine noch keine fristlose Kündigung, auch nicht im öffentlichen Dienst.

1347 Bezeichnet ein Arbeitnehmer des öffentlichen Dienstes in einer außerdienstlich verfassten und – u.a. im Internet – verbreiteten Pressemitteilung die **Anschläge des 11.9.2001 u.a. als »längst überfällige Befreiungsaktion«**, so billigt er damit die Terroranschläge. Ein derartiges Verhalten ist als ein Angriff auf die Menschenwürde der Opfer und ihrer Hinterbliebenen zu bewerten und nicht mehr vom Grundrecht der freien Meinungsäußerung gedeckt. Der Arbeitgeber ist daher – nach Auffassung des *LAG SchlH* (6.8.2002 NZA-RR 2004, 351; zurückhaltender zu Recht demgegenüber *LAG Nbg.* 13.1.2004 NZA-RR 2004, 347 = LAG Report 2004, 223 LS) berechtigt, das Arbeitsverhältnis ohne vorherige Abmahnung wegen des dadurch entstandenen Vertrauensverlusts – ordentlich – zu kündigen.

1348 Das gilt auch für das außerdienstliche Verhalten eines ordentlich nicht kündbaren Arbeitnehmers, wenn dadurch z.B. das Ansehen eines öffentlichen Arbeitgebers nachhaltig geschädigt wird und das Vertrauen in die Person des Arbeitnehmers zerstört ist. So hat sich ein arbeitsunfähig erkrankter Arbeitnehmer so zu verhalten, dass er bald wieder gesund wird und an seinen Arbeitsplatz zurückkehren kann. Er hat alles zu unterlassen, was seine Genesung verzögern könnte. Er hat insoweit auf die schützenswerten Interessen des Arbeitgebers, die sich aus der Verpflichtung zur Entgeltfortzahlung ergeben, Rücksicht zu nehmen. Eine schwerwiegende Verletzung dieser Rücksichtnahmepflicht kann eine außerordentliche Kündigung rechtfertigen. Insoweit kann ein pflichtwidriges Verhalten des Arbeitnehmers vorliegen, wenn er bei bescheinigter Arbeitsunfähigkeit den Heilungserfolg durch genesungswidriges Verhalten gefährdet (s. *BAG* 3.4.2008 EzA § 102 BetrVG 2001 Nr. 21). Dies ist nicht nur der Fall, wenn er nebenher bei einem anderen Arbeitgeber arbeitet (s. dazu *BAG* 3.4.2008 EzA § 102 BetrVG 2001 Nr. 21), sondern auch bei Freizeitaktivitäten, die mit der Arbeitsunfähigkeit nur schwer in Einklang zu bringen sind (z.B. Skireise nach Zermatt während einer Arbeitsunfähigkeit). Die Verletzung der Rücksichtnahmepflicht kann umso schwerer wiegen, als der Arbeitnehmer aufgrund seiner beruflichen Tätigkeit in besonderem Maße dazu verpflichtet ist, das Vertrauen Außenstehender in die von ihm zu erbringende Arbeitsleistung und die korrekte Aufgabenerledigung seines Arbeitgebers nicht zu erschüttern (z.B. bei einem ärztlichen Gutachter des Medizinischen Dienstes der Krankenkassen für Arbeitsunfähigkeitsbescheinigungen; *LAG RhPf* 7.10.2004 ZTR 2006, 154; ausdrücklich bestätigt durch *BAG* 2.3.2006 EzA § 626 BGB 2002 Nr. 18).

4. Verhältnismäßigkeitsprinzip

1349 Eine außerordentliche Kündigung ist nur als unausweichlich letzte Maßnahme (Ultima Ratio) zulässig. Deshalb müssen alle anderen, nach den Umständen des konkreten Einzelfalles möglichen und angemessenen milderen Mittel ausgeschöpft werden, die geeignet sind, das in der bisherigen Form nicht mehr tragbare Arbeitsverhältnis fortzusetzen (*BAG* 30.5.1978 EzA § 626 BGB n.F. Nr. 66; 22.2.1980 EzA § 1 KSchG Krankheit Nr. 5; 18.12.1980 EzA § 4 TVG Bundesbahn Nr. 3; 28.4.1982 EzA § 2 KSchG Nr. 4; vgl. dazu krit. *Stückmann/Kohlepp* RdA 2000, 331 ff.).

1350 In Betracht kommen **Abmahnungen** (vgl. *LAG Düsseld.* 11.5.2005 – 12 (11) Sa 115/05 – EzA-SD 14/05, S. 9 LS = NZA-RR 2005, 585; *ArbG Hmb.* 2.10.2000 NZA-RR 2001, 416 beim Diebstahl einer geringwertigen Sache; *ArbG Würzburg* Kammer Aschaffenburg

11.11.2003 ArbuR 2004, 356 LS bei Tätlichkeiten unter Arbeitskollegen), **Versetzungen, Weiterbeschäftigung zu schlechteren Bedingungen,** auch mit anderen Arbeiten, u.U. nach zumutbaren Umschulungs- und Fortbildungsmaßnahmen, **Änderungskündigung, ordentliche Kündigung, zumutbare Überbrückungsmaßnahmen** bei lang anhaltender Erkrankung des Arbeitnehmers. Deshalb rechtfertigt z.B. die Umsetzung eines Arbeitnehmers in einen anderen Arbeitsbereich nicht dessen außerordentliche Kündigung, wenn der **Arbeitsvertrag eine Umsetzung zulässt** und diese billigem Ermessen (§ 315 BGB) entspricht. Im konkret entschiedenen Einzelfall hat das *LAG Nds.* (12.10.1998 LAGE § 315 BGB Nr. 5) angenommen, dass § 315 BGB auch dann gewahrt ist, wenn der Arbeitnehmer, der zu einem **Konkurrenzunternehmen wechseln** will, auf einem neu geschaffenen Arbeitsplatz beschäftigt werden soll mit der Zielsetzung, Geschäftskontakte im alten Arbeitsbereich zu unterbinden und seine weitere Tätigkeit zu kontrollieren. Gleiches gilt, wenn eine **Betriebsvereinbarung** (»Arbeitsordnung«) bei einem Verstoß gegen Ordnungs- und Sicherheitsvorschriften ein **abgestuftes System von Rügen vorsieht**, nämlich eine Verwarnung u.a. als »Missbilligung eines Verstoßes gegen die Ordnung« und einen Verweis »bei ernsteren Verstößen, wenn der Betroffene bereits eine Verwarnung erhalten hat oder wenn eine Verwarnung nicht der Schwere des Verstoßes entsprechen würde«. In einem derartigen Fall muss nach dem Ausspruch von zwei Verwarnungen wegen eines gleichartigen Pflichtverstoßes dem Arbeitnehmer zunächst bei einem dritten gleichartigen Verstoß ein Verweis erteilt werden, bevor fristlos gekündigt werden darf (*LAG Brem.* 18.11.2004 – 3 Sa 170/04 – EzA-SD 26/04, S. 11 LS = ZTR 2005, 220 LS). Andererseits ist die außerordentliche Kündigung wegen eines Loyalitätsverstoßes gegenüber einem Angestellten in einer Führungsposition **nicht deshalb unwirksam**, weil für den Arbeitgeber die **Möglichkeit der Freistellung unter Fortzahlung der Bezüge** bis zum Ablauf einer ordentlichen Kündigungsfrist besteht (*BAG* 11.3.1999 EzA § 626 BGB n.F. Nr. 176; **a.A.** *LAG Düsseld.* 5.6.1998 LAGE § 626 BGB Nr. 120). **Gleiches** gilt für den Fall der außerordentlichen Verdachtskündigung, wenn der Arbeitnehmer zum Zeitpunkt ihres Ausspruchs **bereits unwiderruflich** bis zum Ablauf der Kündigungsfrist **freigestellt ist** (*BAG* 5.4.2001 EzA § 626 BGB Verdacht strafbarer Handlung Nr. 10 m. Anm. *Thau* SAE 2002, 108; **a.A.** *LAG Düsseld.* 28.10.1999 NZA-RR 2000, 362).

Auch wenn die finanzielle Belastung des Arbeitgebers nach Ausspruch einer fristlosen Kündigung nicht geringer ist, als sie bei Fortsetzung des Arbeitsverhältnisses bis zum (bereits vereinbarten) Ende wäre, weil der Urlaubsabgeltungsanspruch den gleichen Umfang hat, wie der Urlaubsentgeltanspruch, kann die fristlose Kündigung berechtigt sein; die Unzumutbarkeit der Fortsetzung des Arbeitsverhältnisses umfasst nicht nur wirtschaftliche, sondern auch psychologische Aspekte (*LAG Bln.* 10.7.2003 LAGE § 626 BGB 2002 Nr. 1a = ZTR 2004, 50 LS). 1351

Die **hilfsweise** neben einer fristlosen Beendigungskündigung ausgesprochene **Änderungskündigung** führt dann **nicht** zur **Unwirksamkeit der fristlosen Kündigung**, wenn der Arbeitgeber mit ihr lediglich **den Unwägbarkeiten einer gerichtlichen Entscheidung vorbeugen will** (*LAG SchlH* 24.7.2001 § 1 KSchG Verhaltensbedingte Kündigung Nr. 78). 1352

Das *LAG Bln.* (28.11.1997 BB 1998, 2645 LS) hat angenommen, dass auch der **Ausschluss von einer Vergünstigung** (z.B. von verbilligten Flugreisen) ausreichen kann, wenn die Pflichtverletzung gerade im Zusammenhang damit steht. Dagegen kommen insoweit **nicht** in Betracht neben einer Abmahnung in einer Arbeitsordnung geregelte Maßnahmen, insbes. **Betriebsbußen** (*BAG* 17.1.1991 EzA § 1 KSchG Verhaltensbedingte Kündigung Nr. 37 gegen *BAG* 17.3.1988 EzA § 626 BGB n.F. Nr. 116), weil die jeweiligen Voraussetzungen für Betriebsbußen (kollektive Störung) und Kündigungen unterschiedlich sind. 1353

Das Verhältnis zwischen Verhältnismäßigkeitsprinzip und Interessenabwägung ist weitgehend ungeklärt (vgl. MünchArbR/*Berkowsky* § 134 Rz. 58 ff.). 1354

Insoweit wird in der Literatur z. T. (*v. Hoyningen-Huene* Anm. zu *BAG* AP § 2 KSchG 1979 Nr. 8) auch kritisch angemerkt, dass offen bleibt, woraus sich die Anwendung dieses im öffentlichen Recht zur Beschränkung der Eingriffsverwaltung entwickelten Prinzips im Privatrecht, insbes. im Arbeitsrecht, rechtfertigen soll. 1355

5. Interessenabwägung

1356 In jedem Fall (z.B. auch bei einem Diebstahl zu Lasten des Arbeitgebers (*BAG* 17.5.1984 EzA § 626 BGB n.F. Nr. 90; 13.12.1984 EzA § 626 BGB n.F. Nr. 94; *ArbG Paderborn* 17.12.1998 LAGE § 626 BGB n.F. Nr. 175; abl. insoweit *Tschöpe* NZA 1985, 588) ist abschließend eine Interessenabwägung durchzuführen (*BAG* 16.12.2004 EzA § 626 BGB 2002 Nr. 7 = BAG Report 2005, 147; 10.11.2005 EzA § 626 BGB 2002 Nr. 11 = NZA 2006, 491; 27.4.2006 EzA § 626 BGB 2002 Nr. 17 = NZA 2006, 1033; *LAG Düsseld.* 11.5.2005 – 12 (11) Sa 115/05 – EzA-SD 14/05, S. 9 LS = NZA-RR 2005, 585).

a) Zu berücksichtigende Kriterien

1357 **Die insoweit zu berücksichtigenden Umstände lassen sich nicht abschließend für alle Fälle festlegen** (*BAG* 27.4.2006 EzA § 626 BGB 2002 Nr. 17 = NZA 2006, 1033). Neben dem dargestellten Prüfungsmaßstab und dem Verhältnismäßigkeitsprinzip sind deshalb folgende, im Einzelnen durchaus umstrittene Umstände zu berücksichtigen (vgl. ausf. KR/*Fischermeier* § 626 BGB Rz. 236 ff. m.w.N.; APS/*Dörner* § 626 BGB Rz. 96 ff.):

1358 ▶ **Verfristete oder verziehene Gründe** können die unverfristeten Gründe unterstützen, wenn sie in einem engen sachlichen (inneren) Zusammenhang dazu stehen (*LAG Köln* 18.1.2002 – 11 Sa 522/01 – EzA-SD 13/02, S. 19 LS = ZTR 2002, 395). Länger zurückliegende Ereignisse (Altfälle) können also dann unterstützend mit herangezogen werden, wenn sie **auf der »gleichen Linie« liegen; verneint** hat das *LAG BW* (28.3.2007 LAGE § 626 BGB 2002 Ausschlussfrist Nr. 4 = NZA-RR 2007, 350) den erforderlichen inneren Zusammenhang allerdings bei der Verletzung von **vertraglichen Nebenpflichten** einerseits und der von **Hauptpflichten** andererseits. Abgemahnte Altfälle sind zudem ohne einschlägigen Wiederholungsfall zwar regelmäßig kündigungsrechtlich »verbraucht«, können aber gleichwohl bei der unerlässlichen Gesamtbetrachtung im Rahmen der umfassenden Interessenabwägung mitberücksichtigt werden. Das Kündigungsrecht des Arbeitgebers kann insoweit aber auch verwirkt sein, wenn er ein Verhalten, das er als potenziellen Kündigungsgrund ansieht, über **einen Zeitraum von mehr als 1\2 Jahren nicht zum Anlass für eine Kündigung nimmt**, sondern das Arbeitsverhältnis beanstandungsfrei fortsetzt (*LAG Nds.* 8.11.2002 NZA-RR 2004, 326). Der Arbeitgeber kann zudem auch auf das Kündigungsrecht – nicht nur durch Ausspruch einer Abmahnung – verzichten (vgl. *LAG RhPf* 12.2.2004 ArbuR 2004, 274 LS; ähnlich *LAG Hessen* 2.5.2003 ArbuR 2004, 275 LS). Handelt es sich um **gleichartige Verfehlungen** (Verspätungen, unentschuldigtes Fehlen), so ist auch hinsichtlich der gem. **§ 626 Abs. 2 BGB** verfristeten Kündigungsgründe zu prüfen, ob sie **unterstützend zur Rechtfertigung der Kündigung herangezogen werden können** (*BAG* 15.3.2001 EzA § 626 BGB n.F. Nr. 185).

1359 ▶ Möglich ist auch eine **Selbstbindung** des Arbeitgebers durch eine bestimmte Behandlung gleich gelagerter Sachverhalte (vgl. z.B. *ArbG Würzburg* Kammer Aschaffenburg 11.11.2003 ArbuR 2004, 356 LS zu Tätlichkeiten zwischen zwei Arbeitskollegen, von denen einer abgemahnt und einer entlassen wird).

1360 ▶ Der Gleichbehandlungsgrundsatz ist allerdings nicht unmittelbar anzuwenden, da er mit dem Erfordernis einer umfassenden Einzelfallabwägung regelmäßig nicht vereinbar ist; er kann aber mittelbare Auswirkungen auf die Interessenabwägung haben (*BAG* 28.4.1982 EzA § 2 KSchG Nr. 4; krit. MünchArbR/*Berkowsky* § 134 Rz. 97, wonach der Gleichbehandlungsgrundsatz als eigenständiges Rechtsprinzip dann anwendbar ist, wenn das regelmäßig individualrechtlich determinierte Kündigungsschutzrecht ausnahmsweise eine kollektive Dimension erreicht, insbes. im Rahmen betriebsbedingter Kündigungen. § 1 Abs. 3 KSchG wird als gesetzlicher Anwendungsfall des Gleichbehandlungsgrundsatzes verstanden. Das gilt ferner auch bei der sog. herausgreifenden Kündigung, bei der der Wunsch des Arbeitgebers, gegenüber einem oder mehreren betroffenen Arbeitnehmern ein Exempel statuieren zu wollen, kein sachlicher, aus dem Kündigungssachverhalt fließender Grund ist).

Von Bedeutung können ferner sein: 1361
- der Gesichtspunkt der Solidarität (bei kollektiver Arbeitsniederlegung);
- die bisherige störungsfreie Dauer des Arbeitsverhältnisses (**Betriebszugehörigkeit;** *BAG* 13.12.1984 EzA §626 BGB n.F. Nr. 94; 10.11.2005 EzA §626 BGB 2002 Nr. 11 = NZA 2006, 491; *LAG Köln* 11.8.1998 NZA-RR 1999, 415) und dessen offenbar beanstandungsfreier Bestand, selbst wenn die Kündigung auf ein Vermögensdelikt zu Lasten des Arbeitgebers gestützt wird (*BAG* 16.12.2004 EzA §626 BGB 2002 Nr. 7 = BAG Report 2005, 147);
- **erworbene Verdienste**;
- **Art, Schwere, Vorgeschichte und konkrete Auswirkungen (Nachteile) der Verfehlung** (vgl. *BAG* 17.3.1988 EzA §626 BGB n.F. Nr. 116; 16.12.2004 EzA §626 BGB 2002 Nr. 7 = BAG Report 2005, 147; 10.11.2005 EzA §626 BGB 2002 Nr. 11 = NZA 2006, 491), also auch fehlende Wiederholungsgefahr (*BAG* 10.11.2005 EzA §626 BGB 2002 Nr. 11 = NZA 2006, 491) und fehlende Schädigung des Arbeitgebers (zutr. *LAG Düsseld.* 11.5.2005 – 12 (11) Sa 115/05 – LAGE §626 BGB 2002 Nr. 6 = NZA-RR 2005, 585);
- **die Schadenshöhe** unter Berücksichtigung der Stellung des Arbeitnehmers im Betrieb, der Art der entwendeten Waren und der besonderen Verhältnisse im Betrieb (vgl. *ArbG Paderborn* 17.12.1998 LAGE §626 BGB n.F. Nr. 175).

Beispiele: 1362

► Bei der Mitnahme von zwei Stücken gebratenen Fisch, die vom Mittagessen in einer Kantine übrig geblieben sind, durch die in einer Kantine als Küchenhilfe beschäftigte Mitarbeiterin im Wert von ca. 10,– DM kann dem Arbeitgeber ausnahmsweise die Einhaltung der Kündigungsfrist zumutbar sein, wenn davon auszugehen ist, dass die Essensreste nicht weiterverwertet werden und damit für ihn wirtschaftlich wertlos sind (*LAG Köln* 24.8.1995 LAGE §626 BGB Nr. 86).

► **Andererseits rechtfertigt** der Umstand, dass der Arbeitnehmer eine vom Arbeitgeber herausgegebene Verhaltensanordnung – Verbot des Verzehrs von Ware ohne Vorliegen eines Kassenbons – u.U. verbunden **mit ausdrücklicher Kündigungsandrohung** bei Zuwiderhandlung **missachtet**, jedenfalls dann **nicht »automatisch« eine Kündigung**, wenn dem hohen Bestandsschutzinteresse des Arbeitnehmers, fehlender Wiederholungsgefahr und fehlender Schädigung des Arbeitgebers im Wesentlichen nur dessen Interesse an einer Generalprävention gegenübersteht (*LAG Düsseld.* 11.5.2005 LAGE §626 BGB 2002 Nr. 6 = NZA-RR 2005, 585).

Verschuldensgrad (*BAG* 10.11.2005 EzA §626 BGB 2002 Nr. 11 = NZA 2006, 491: 1363
- Entschuldbarkeit eines Verbotsirrtums (*BAG* 14.2.1996 EzA §626 BGB n.F. Nr. 160);
- Wiederholungsgefahr (*BAG* 10.11.2005 EzA §626 BGB 2002 Nr. 11 = NZA 2006, 491; *LAG Düsseld.* 11.5.2005 LAGE §626 BGB 2002 Nr. 6 = NZA-RR 2005, 585);
- die **Folgen der Auflösung** des Arbeitsverhältnisses für den Arbeitnehmer;
- seine **Aussichten, eine andere Anstellung** zu finden (vgl. *BAG* 11.3.1999 EzA §626 BGB n.F. Nr. 176).
- Bei einem schwer behinderten Arbeitnehmer kann berücksichtigt werden, dass er auf Grund eines Anfallleidens und einer Minderbegabung die Kündigungsfrist zur psychischen und sozialen **Umstellung auf den Verlust des Arbeitsplatzes** benötigt (*LAG Köln* 11.8.1998 LAGE §626 BGB Nr. 121);
- Versuch des Arbeitgebers, mit »**geradezu detektivischen Mitteln**« einen Abrechnungsbetrug nachzuweisen, weil er sich unter allen Umständen von dem Vorstandsmitglied trennen will (*OLG Köln* 4.11.2002 LAGE §626 BGB Nr. 145; abl. dazu *Diller* NZA 2006, 569 ff.; **a.A.** zutr. *LAG Nbg.* 28.3.2003 LAGE §626 BGB Nr. 149).

b) Berücksichtigung von Unterhaltspflichten und Familienstand?

Dagegen sind bei einer außerordentlichen Kündigung, die auf ein vorsätzliches Vermögensdelikt zum Nachteil des Arbeitgebers gestützt wird, Unterhaltspflichten des Arbeitnehmers im Rahmen der Interessenabwägung – im Gegensatz zur betriebs- und personenbedingten Kündigung – **grds. nicht** zu berücksichtigen. 1364

1365 Etwas anderes gilt aber dann, wenn eine durch eine Unterhaltspflicht bedingte schlechte Vermögenslage das bestimmende Motiv der Tat gewesen ist und den Schuldvorwurf mindern kann (*BAG* 2.3.1989 EzA §626 BGB n.F. Nr. 118). Andererseits hat es das *BAG* (11.3.1999 EzA §626 BGB n.F. Nr. 176) nicht beanstandet, dass das Berufungsgericht bei einer außerordentlichen Kündigung wegen eines Loyalitätsverstoßes vorhandene Unterhaltspflichten des Arbeitnehmers in der Interessenabwägung **mit berücksichtigt** hat; ebenso jetzt *BAG* 16.12.2004 EzA §626 BGB 2002 Nr. 7 = BAG Report 2005, 147 für die Berücksichtigung von Unterhaltspflichten und Familienstand bei einer Kündigung wegen im Arbeitsverhältnis begangener Pflichtverletzungen. Danach können auch Unterhaltspflichten und Familienstand – je nach Lage des Falles – an Bedeutung gewinnen, wenn sie auch im Einzelfall in den Hintergrund treten und im Extremfall von der Berücksichtigung ausgeschlossen sein können. Die gegenteilige Auffassung, wonach bestimmte Umstände stets von der Berücksichtigung ausgeschlossen sein sollen, korrespondiert danach nicht ausreichend mit der gesetzlichen Vorgabe, nach der »alle« Umstände des Einzelfalles Bedeutung haben können (*BAG* 27.4.2006 EzA §626 BGB 2002 Nr. 17 = NZA 2006, 1033).

c) Verhältnis der Abwägungskriterien zueinander; Amtsaufklärung?

1366 Im Rahmen der Interessenabwägung hat keiner der genannten Umstände einen absoluten Vorrang. Es ist stets auf die Besonderheiten des Einzelfalles abzustellen.

1367 Fraglich ist aber, inwieweit nur die Umstände in der Abwägung berücksichtigt werden können, die von den Parteien im Kündigungsschutzrechtsstreit auch konkret vorgetragen worden sind, oder ob das ArbG die **maßgeblichen Umstände selbst aufklären** muss. Nach Auffassung von *Berkowsky* (MünchArbR §134 Rz. 52) kommt zwar eine **Amtsaufklärung** durch das ArbG im Urteilsverfahren an sich **nicht in Betracht.**

1368 Andererseits weist er aber (a.a.O.) darauf hin, dass das BAG in zahlreichen Entscheidungen die Berücksichtigung von Umständen verlangt hat, die nach dem mitgeteilten Sachverhalt von den Parteien überhaupt nicht vorgetragen worden sind.

d) Kritik

1369 In der Literatur (*Preis* NZA 1997, 1078f.; *ders.* Prinzipien S. 184ff.; *Ascheid* Kündigungsschutzrecht Rz. 208ff.) wird zunehmend die Auffassung vertreten, dass eine unvermittelte und weite Interessenabwägung unzulässig ist, weil die Gefahr **der Umgehung gesetzlicher Wertungen** besteht. Das schließt es aus, im Rahmen der Abwägung jedes noch so fern liegende Billigkeitskriterium zu verwenden, weil andernfalls eine prognostizierbare Rechtsfindung unmöglich wäre. Erforderlich ist deshalb eine **normativ-strukturierte Interessenabwägung.** Bei der verhaltensbedingten Kündigung führt das dazu, dass die rechtssatzförmigen Voraussetzungen (Vertragspflichtverletzung, Verschulden, Vorrang milderer Mittel, insbes. Abmahnung) im Kern im Rahmen der Interessenabwägung nur noch die **Gewichtung der Vertragspflichtverletzung** zulässt (*Preis* NZA 1997, 1078). Eine generelle Berücksichtigung von Lebensalter, Unterhaltsverpflichtungen, der Lage auf dem Arbeitsmarkt, der sonstigen sozialen Schutzbedürftigkeit (z.B. Krankheit) kommt danach nicht in Betracht (**a.A.** KR/*Etzel* 7. Aufl. §1 KSchG Rz. 275, 411, 644, 649f.). Denn ein Arbeitnehmer, der z.B. Straftaten gegenüber seinem Arbeitgeber begeht, kann sein Verhalten nicht unter Hinweis auf sein Lebensalter, seine Unterhaltspflichten oder die Lage auf dem Arbeitsmarkt in einem milderen Licht erscheinen lassen.

6. Anhörung des Arbeitnehmers

1370 Die Anhörung des Arbeitnehmers vor Ausspruch der außerordentlichen Kündigung ist – abgesehen von der Verdachtskündigung (s.u. Rn. 1430ff.) – **keine Wirksamkeitsvoraussetzung** der Kündigung (*BAG* 23.3.1972 EzA §626 BGB n.F. Nr. 11; **a.A.** *ArbG Gelsenkirchen* 26.6.1998 EzA §242 BGB Nr. 41 u. 13.11.1998 – 3 Ca 2219/98; Verstoß gegen §242 BGB, wenn es sich um einen betriebsratlosen Betrieb handelt; *Schönfeld* NZA 1999, 302 für die sog. unechte Tatkündigung, d.h. für eine ohne Vorliegen einer strafgerichtlichen Verurteilung des Arbeitnehmers ausgesprochene Kündigung wegen einer Straftat).

Gleichwohl wird die Anhörung des Arbeitnehmers vor Ausspruch einer Kündigung **regelmäßig sinnvoll** sein. Denn sie ermöglicht es dem Arbeitgeber, den Sachverhalt umfassender kennen zu lernen (*LAG Hamm* 7.6.2005 LAG Report 2005, 384 LS). 1371

Unterlässt er die Anhörung, so geht er das Risiko ein, dass der Arbeitnehmer im Prozess ihn entlastende Umstände vorträgt, die den wichtigen Grund ausschließen. Insoweit ist die Anhörung eine im Interesse des Arbeitgebers bestehende Obliegenheit (MünchArbR/*Wank* § 120 Rz. 116). 1372

7. Verwertung betriebsverfassungswidrig erlangter Informationen durch den Arbeitgeber

Beachtet der Arbeitgeber das **Mitbestimmungsrecht des Betriebsrats** nach § 87 Abs. 1 Nr. 1 BetrVG oder die sich aus einer Betriebsvereinbarung z.B. über die Durchführung von Personenkontrollen ergebenden Pflichten **nicht**, so führt dieser Umstand **nicht dazu**, dass der Arbeitgeber die unstreitige Tatsache eines im Besitz der Arbeitnehmerin während einer Personenkontrolle aufgefundenen Gegenstandes – z.B. eines nicht bezahlten Lippenstiftes – in einem Kündigungsschutzprozess **nicht verwerten** kann. Denn ein »**Sachvortragsverwertungsverbot**« kennt das deutsche Zivilprozessrecht **nicht**. Das ArbG ist an ordnungsgemäß in den Prozess eingeführten Sachvortrag der Parteien gebunden. Insbesondere unstreitige Tatsachen muss es berücksichtigen und darf einen Parteivortrag nicht ohne gesetzliche Grundlage unbeachtet und unverwertet lassen (*BAG* 13.12.2007 EzA § 626 BGB 2002 Nr. 20 = NZA 2008, 1008; **a.A.** *Lerch/Weinbrenner* FA 2008, 229 ff. u. ArbuR 2008, 400 f.). 1373

8. Wiederholungs-, Trotzkündigung

Ist in einem Kündigungsrechtsstreit entschieden, dass das Arbeitsverhältnis durch eine bestimmte Kündigung nicht aufgelöst worden ist, so kann der Arbeitgeber eine erneute Kündigung nicht auf Kündigungsgründe stützen, die er schon zur Begründung der ersten Kündigung vorgebracht hat und die in dem ersten Kündigungsschutzprozess materiell geprüft worden sind mit dem Ergebnis, dass sie die Kündigung nicht rechtfertigen können (*BAG* 12.2.2004 EzA § 1 KSchG Betriebsbedingte Kündigung Nr. 129; 18.5.2006 EzA § 2 KSchG Nr. 60 = NZA-RR 2007, 272; 8.11.2007 EzA § 626 BGB 2002 Nr. 19; s. dazu *Lingemann/Beck* NZA-RR 2007, 225 ff.). 1374

Dies gilt sowohl für eine sog. **Wiederholungskündigung** als auch für eine sog. **Trotzkündigung** nach Rechtskraft des Urteils in dem ersten Prozess (*BAG* 26.8.1993 EzA § 322 ZPO Nr. 9; 7.3.1996 EzA § 1 KSchG Betriebsbedingte Kündigung Nr. 86). Gegen die zweite Kündigung muss der Arbeitnehmer allerdings nach §§ 4, 7, 13 KSchG Klage erheben. Der zweiten rechtzeitig erhobenen Klage ist jedoch aus Gründen der Präjudizialität ohne weiteres stattzugeben (*BAG* 26.8.1993 EzA § 322 ZPO Nr. 9; 7.3.1996 EzA § 1 KSchG Betriebsbedingte Kündigung Nr. 86; 22.5.2003 EzA § 1 KSchG Betriebsbedingte Kündigung Nr. 127 = NZA 2004, 343 LS; APS/*Dörner* § 626 BGB Rz. 164 f.; krit. dazu APS/*Ascheid* § 4 KSchG Rz. 148). 1375

Der Arbeitgeber kann allenfalls noch kündigen, wenn er andere Kündigungsgründe geltend macht (und dabei vielleicht den verbrauchten Kündigungsgrund unterstützend heranzieht), wenn sich der Sachverhalt wesentlich geändert hat und damit ein neuer Kündigungstatbestand vorliegt, wenn er nunmehr nicht fristlos, sondern fristgerecht kündigen will oder wenn die Kündigungserklärung aus nicht materiell-rechtlichen Gründen (Formmangel, fehlerhafte Betriebsratsanhörung etc.) unwirksam war (*BAG* 22.5.2003 EzA § 1 KSchG Betriebsbedingte Kündigung Nr. 127 = NZA 2004, 343 LS). 1376
Demgegenüber liegt eine unstatthafte Wiederholungskündigung auch dann vor, wenn im Vorprozess die Unwirksamkeit der Kündigung sowohl auf **fehlerhafte Beteiligung des**

Personalrats als auch **selbstständig tragend auf das Fehlen eines Kündigungsgrundes** gestützt worden ist. Denn die Kündigungsgründe sind auch in diesem Fall durch rechtskräftige Gerichtsentscheidung überprüft und als nicht ausreichend zur Rechtfertigung der Kündigung angesehen worden. Eine neue Entscheidung anderen Inhalts würde zu eben den Folgen führen, deren Vermeidung der Sinn des Verbots der Wiederholungskündigung ist (*BAG* 12.2.2004 EzA § 1 KSchG Betriebsbedingte Kündigung Nr. 129 = ZTR 2004, 653).

1377 Etwas **anderes** gilt aber dann, wenn der öffentliche Arbeitgeber, nachdem eine **außerordentliche betriebsbedingte Beendigungskündigung rechtskräftig für unwirksam erklärt** worden ist, eine Änderungskündigung nach § 55 Abs. 2 Unterabs. 2 BAT **ausspricht**. Denn die Tatbestandsmerkmale der außerordentlichen Änderungskündigung nach § 55 BAT weichen von denen der außerordentlichen betriebsbedingten Beendigungskündigung ab; auch die erstrebte Rechtsfolge ist eine andere (*BAG* 18.5.2006 EzA § 2 KSchG Nr. 60 = NZA-RR 2007, 272).

V. Darlegungs- und Beweislast

1. Kündigung

1378 Streitgegenstand der Kündigungsschutzklage gem. §§ 13 Abs. 1, 4 KSchG ist die Frage, ob das Arbeitsverhältnis gerade durch die angegriffene Kündigung zu dem in ihr angegebenen Termin aufgelöst worden ist (sog. **punktuelle Streitgegenstandstheorie).** Deshalb ist die vom Kläger behauptete Kündigung eine anspruchsbegründende Tatsache, die von ihm nachzuweisen ist (MünchArbR/*Berkowsky* § 153 Rz. 51; *Boewer* RdA 2001, 385 ff.).

1379 Voraussetzung ist weiterhin, dass zum Zeitpunkt der Kündigung (noch) ein Arbeitsverhältnis besteht, was bei einem vorhergehenden Betriebsübergang nicht der Fall ist. In einem derartigen Fall ist die Kündigungsschutzklage unbegründet (*BAG* 27.10.2005 EzA § 613a BGB 2002 Nr. 42). Allerdings kann ein Arbeitnehmer, wenn er die Kündigungsschutzklage nicht nur auf die infolge des Betriebsübergangs weggefallene Kündigungsbefugnis stützt, sich das Vorbringen des Beklagten, ein Betriebsübergang habe nicht stattgefunden, hilfsweise zu Eigen machen und seine Klage auch auf andere Unwirksamkeitsgründe stützen. Dann ist die Klage zwar nach dem Hauptvorbringen unschlüssig, nach dem Hilfsvorbringen dagegen schlüssig. Wenn das Arbeitsverhältnis im Zeitpunkt der Kündigung nach den festgestellten Umständen tatsächlich nicht mehr besteht, was aufzuklären ist, ist die Kündigungsschutzklage im Ergebnis unbegründet (*BAG* 15.12.2005 EzA § 613a BGB 2002 Nr. 45 = NZA 2006, 597).

1380 Etwaige Beweisschwierigkeiten kann der Arbeitnehmer aber dadurch vermeiden, dass er bei Zweifeln zumindest **hilfsweise eine allgemeine Feststellungsklage** gem. § 256 ZPO mit dem Antrag erhebt, festzustellen, dass das Arbeitsverhältnis über den in der außerordentlichen Kündigung genannten Termin hinaus weiter fortbesteht. Denn auch mit einem derartigen Antrag liegt eine der Form des § 4 KSchG entsprechende Kündigungsschutzklage vor (KR/*Friedrich* § 4 KSchG Rz. 237).

1381 Mit einem derartigen Antrag obliegt dem Arbeitgeber die Darlegungs- und Beweislast für alle von ihm behaupteten Beendigungstatbestände für das Arbeitsverhältnis, z.B. für eine Eigenkündigung des Arbeitnehmers oder einen Aufhebungsvertrag.

2. § 626 Abs. 2 BGB

Der **Kündigende** muss die Einhaltung der **Zweiwochenfrist** gem. § 626 Abs. 2 BGB darlegen und beweisen (*BAG* 17.8.1972 EzA § 626 BGB n.F. Nr. 16); Umstände die zu einer Hemmung der Frist wegen gebotener Ermittlungen geführt haben sollen, sind im Einzelnen substantiiert darzulegen (*BAG* 1.2.2007 EzA § 626 BGB 2002 Verdacht strafbarer Handlung Nr. 3 = NZA 2007, 744; *LAG Nds.* 16.9.2005 LAGE § 626 BGB 2002 Ausschlussfrist Nr. 1a = NZA-RR 2006, 131; s.o. Rn. 1059 f.). 1382

Mitzuteilen sind insbes. der Tag ebenso wie die Art der Kenntniserlangung. 1383

Der Kündigungsempfänger kann sich i.d.R. auf das **Bestreiten mit Nichtwissen** (§ 138 Abs. 4 ZPO) beschränken. 1384

Entsprechende ausführlichere Darlegungen des Kündigenden sind allerdings erst dann erforderlich, wenn ein erheblicher Zeitabstand zwischen den Kündigungsgründen und dem Ausspruch der Kündigung besteht oder wenn der Gekündigte die Nichteinhaltung der Frist ausdrücklich rügt (APS/*Dörner* § 626 BGB Rz. 168 ff.). 1385

3. § 626 Abs. 1 BGB

Der Kündigende ist auch darlegungs- und beweispflichtig für die Umstände, die als wichtige Gründe geeignet sein können. 1386

Zu den die Kündigung begründenden Tatsachen, die der Kündigende vortragen und ggf. beweisen muss, gehören auch diejenigen, die Rechtfertigungs- und Entschuldigungsgründe (z.B. eine vereinbarte Arbeitsbefreiung, die Einwilligung des Arbeitgebers in eine Wettbewerbstätigkeit; eine »Notwehrsituation« einer Altenpflegerin gegenüber einem Heimbewohner, vgl. *LAG Köln* 20.12.2000 ARST 2001, 187) für das Verhalten des gekündigten Arbeitnehmers ausschließen (*BAG* 24.11.1983 EzA § 626 BGB n.F. Nr. 88; 6.8.1987 EzA § 626 BGB n.F. Nr. 109). 1387

Der **Umfang** der Darlegungs- und Beweislast richtet sich danach, wie **substantiiert** der Gekündigte sich auf die Kündigungsgründe einlässt. Der Kündigende muss daher nicht von vornherein alle nur denkbaren Rechtfertigungsgründe widerlegen. 1388

Es reicht insoweit nicht aus, dass der Gekündigte pauschal und ohne nachprüfbare Angaben Rechtfertigungsgründe geltend macht. Er muss deshalb unter substantiierter Angabe der Gründe, die ihn gehindert haben, seine Arbeitsleistung, so wie an sich vorgesehen, zu erbringen, den Sachvortrag des Kündigenden nach Inhalt, Ort, Zeitpunkt und beteiligten Personen bestreiten. Gleiches gilt dann, wenn sich der Gekündigte anders als an sich vorgesehen verhalten hat. 1389

Nur dann ist es dem Kündigenden möglich, diese Angaben zu überprüfen und ggf. die erforderlichen Beweise anzutreten (*BAG* 6.8.1987 EzA § 626 BGB n.F. Nr. 109). Wenn der gekündigte **Arbeitnehmer** sich allerdings gegen die Kündigung wehrt und i.S.d. § 138 Abs. 2 ZPO **ausführlich Tatsachen vorträgt**, die einen Rechtfertigungsgrund für sein Handeln darstellen oder sonst das Verhalten in einem milderen Licht erscheinen lassen können, muss der Arbeitgeber seinerseits Tatsachen vorbringen und ggf. beweisen, die die vom Arbeitnehmer vorgetragenen Rechtfertigungsgründe erschüttern (*LAG Köln* 21.4.2004 LAG Report 2005, 64 LS). Will der Arbeitgeber bspw. die außerordentliche Kündigung auf die Behauptung stützen, der Arbeitnehmer habe **Beträge aus der Einlösung von Schecks** unterschlagen, muss er im Einzelnen diese Unterschlagung darlegen und unter Beweis stellen. Wenn der Arbeitnehmer nachvollziehbar darlegt, wann und wem er die Beträge abgeliefert hat, kann sich der Arbeitgeber nicht mit Erfolg auf den Standpunkt stellen, der Arbeitnehmer müsse die Ablieferung der Beträge beweisen (*LAG Köln* 26.6.2006 – 14 Sa 21/06 – EzA-SD 19/06 S. 10 LS = ArbuR 2006, 372 LS). 1390

1391 Die dem kündigenden Arbeitgeber obliegende Beweislast geht auch dann nicht auf den gekündigten Arbeitnehmer über, wenn dieser sich auf eine angeblich mit dem Arbeitgeber persönlich vereinbarte Arbeitsbefreiung beruft und er einer Parteivernehmung des Arbeitgebers zu der streitigen Zusage widerspricht.

1392 In diesem Fall sind allerdings an das Bestreiten einer rechtswidrigen Vertragsverletzung hinsichtlich des Zeitpunkts, des Ortes und des Anlasses der behaupteten Vereinbarung, die das Verhalten des Arbeitnehmers rechtfertigen oder entschuldigen sollen, strenge Anforderungen zu stellen (*BAG* 24.11.1983 EzA § 626 BGB n.F. Nr. 88; APS/*Dörner* § 626 BGB Rz. 173 ff.).

VI. Nachschieben von Kündigungsgründen

1. Grundsätze

1393 Zur Zeit des Ausspruchs der Kündigung bereits entstandene, noch nicht verfristete, aber bereits bekannte Kündigungsgründe können grds. ohne materiell-rechtliche Beschränkungen nachgeschoben werden (*BAG* 18.1.1980 EzA § 626 BGB n.F. Nr. 71).

1394 Nichts anderes gilt, wenn die Kenntnis erst nach Ausspruch der Kündigung eingetreten ist; **§ 626 Abs. 2 BGB** findet beim Nachschieben nachträglich bekannt gewordener Gründe für eine außerordentliche Kündigung **keine Anwendung** (*BAG* 6.9.2007 EzA § 626 BGB 2002 Nr. 18 = NZA 2008, 636; 4.6.1997 EzA § 626 BGB n.F. Nr. 167). Ob ein **Auswechseln der Kündigungsgründe** im Prozess auch dann möglich ist, wenn die Kündigung dadurch einen **völlig anderen Charakter erhält**, hat das *BAG* (6.9.2007 EzA § 626 BGB 2002 Nr. 18 = NZA 2008, 636) allerdings **offen gelassen.**

2. Verhältnis zu § 102 BetrVG

a) Zur Zeit der Kündigung bereits entstandene und dem Arbeitgeber bekannte Kündigungsgründe

1395 Nachgeschobene Kündigungsgründe, die bereits vor Ausspruch der Kündigung entstanden und dem Arbeitgeber bekannt gewesen sind, die er aber nicht dem Betriebsrat mitgeteilt hat, weil sie für seinen Kündigungsentschluss nicht wesentlich waren, führen zwar nicht zur Unwirksamkeit der Kündigung gem. § 102 Abs. 1 BetrVG (s.o. Rn. 357 ff.). **Mangels Beteiligung des Betriebsrats sind sie im Kündigungsschutzprozess aber nicht zu verwerten.**

1396 Auch eine **»nachträgliche Anhörung«** des Betriebsrats **kommt nicht in Betracht** (*BAG* 3.4.1986 EzA § 102 BetrVG 1972 Nr. 63). Das gilt selbst dann, wenn der Betriebsrat auf Grund der mitgeteilten Kündigungsgründe der außerordentlichen Kündigung zugestimmt hat (*BAG* 2.4.1987 EzA § 1 KSchG Personenbedingte Kündigung Nr. 10; 26.9.1991 EzA § 626 BGB n.F. Nr. 108).

1397 **Zulässig** ist allerdings die **Erläuterung** (Substantiierung oder Konkretisierung) der mitgeteilten Kündigungsgründe.

1398 Nicht nur um erläuternde Tatsachen handelt es sich aber dann, wenn der Arbeitgeber Tatsachen vorträgt, die dem bisherigen Vorwurf erst das Gewicht eines kündigungsrechtlich erheblichen Grundes geben.

1399 Das gilt z.B. auch für den Vortrag des Arbeitgebers im Kündigungsschutzprozess, der Arbeitnehmer sei wegen des gleichen Vertragsverstoßes im Leistungsbereich schon einmal abgemahnt worden, wenn dies dem Betriebsrat nicht mitgeteilt wurde (*BAG* 18.12.1980 EzA § 102 BetrVG 1972 Nr. 44; 11.4.1985 EzA § 102 BetrVG 1972 Nr. 62).

b) Zur Zeit der Kündigung bereits entstandene, dem Arbeitgeber aber noch unbekannte Kündigungsgründe

Während zum Zeitpunkt des Ausspruchs der Kündigung noch nicht eingetretene Kündigungsgründe nicht zur Rechtfertigung der bereits erklärten Kündigung nachgeschoben werden können (insoweit kommt lediglich eine erneute Kündigung in Betracht), ist die **Rechtslage bei zur Zeit des Ausspruchs der Kündigung unbekannten, aber bereits entstandenen Kündigungsgründen zweifelhaft.** **1400**

aa) Uneingeschränkte Zulässigkeit des Nachschiebens

Zum Teil (*Löwisch* Anm. zu *LAG Düsseld.* 5.2.1980 EzA § 102 BetrVG 1972 Nr. 41) wird ein Nachschieben von Gründen, die dem Arbeitgeber erst nach Ausspruch der Kündigung bekannt geworden sind, **stets für zulässig gehalten.** **1401**

Insbes. soll danach weder subjektiv noch objektiv eine Verletzung der Mitteilungspflicht gem. § 102 BetrVG gegeben sein, weil der Arbeitgeber den Betriebsrat nicht über etwas informieren kann, was ihm selbst nicht bekannt ist. Auch soll es nach den Grundsätzen der Prozessökonomie geboten sein, weitere unnötige Kündigungen und Folgeprozesse zu vermeiden. **1402**

bb) Uneingeschränkte Unzulässigkeit des Nachschiebens

Zum Teil (*Schwerdtner* NZA 1987, 361) wird demgegenüber das Nachschieben von auch erst später bekannt gewordenen Kündigungsgründen **stets für unzulässig gehalten,** weil sonst der präventive Kündigungsschutz gem. § 102 BetrVG leer laufen würde. **1403**

cc) Differenzierende Lösungen

Schließlich soll ein Nachschieben später bekannt gewordener Gründe **dann zulässig sein, wenn es sich um Gründe handelt, gegen die ein Widerspruch des Betriebsrats gem. § 102 BetrVG nicht in Betracht kommt.** **1404**

Denn dann soll eine Verkürzung des Kündigungsschutzes nicht zu befürchten sein und auch kein Anspruch auf vorläufige Weiterbeschäftigung bestehen (*LAG Hamm* 22.12.1977 BB 1978, 202). **1405**

Im Falle der außerordentlichen Kündigung soll daher ein Nachschieben unbekannter Kündigungsgründe stets zulässig sein, weil ein Widerspruch des Betriebsrats gem. § 102 Abs. 3 BetrVG nicht in Betracht kommt. **1406**

Letztlich wird die Auffassung vertreten, auch ohne eine nochmalige Anhörung des Betriebsrats könnten erst später bekannt gewordene Kündigungsgründe nachgeschoben werden, wenn der **Betriebsrat** der Kündigung auf Grund der ursprünglichen Gründe **ausdrücklich zugestimmt habe,** die Kündigung auf Grund der nachgeschobenen Gründe nicht in einem »anderen Licht« erscheine und der Arbeitgeber die ursprünglichen Kündigungsgründe weiterverfolgt (*LAG Düsseld.* 5.2.1980 EzA § 102 BetrVG 1972 Nr. 41). Denn dann könne davon ausgegangen werden, dass der Betriebsrat seine Zustimmung auch dann erteilt hätte, wenn ihm die weiteren Kündigungsgründe mitgeteilt worden wären. An den für die Zustimmung maßgeblichen Gründen habe sich durch das Hinzutreten weiterer Umstände schließlich nichts geändert. **1407**

dd) Rechtsprechung des BAG: § 102 BetrVG analog

> Demgegenüber geht das *BAG* (11.4.1985 EzA § 102 BetrVG 1972 Nr. 62; ebenso *LAG Hessen* 20.9.1999 NZA-RR 2000, 413) davon aus, dass § 102 BetrVG für die später bekannt gewordenen Kündigungsgründe analog anzuwenden ist. **1408**

Deshalb ist eine weitere Anhörung des Betriebsrats (z.B. auch in einem laufenden Kündigungsschutzprozess) erforderlich. **1409**

1410 Dadurch soll dem Sinn und Zweck des § 102 BetrVG hinreichend Rechnung getragen werden.

1411 Auch ist es aus Gründen der Prozessökonomie geboten, Streitigkeiten über die Wirksamkeit einer Kündigung möglichst in einem Kündigungsschutzprozess zu konzentrieren und mehrere Kündigungen und damit mehrere Rechtsstreitigkeiten zu vermeiden.

1412 Die analoge Anwendung des § 102 BetrVG ermöglicht am ehesten einen angemessenen Ausgleich der widerstreitenden Interessen des Arbeitgebers einerseits und des Arbeitnehmers bzw. des Betriebsrats andererseits.

1413 Allerdings hat der Arbeitgeber darzulegen und ggf. zu beweisen, dass er von diesen Gründen erst nach Ausspruch der Kündigung erfahren hat. Zu beachten ist, dass dies allerdings voraussetzt, dass die vor Ausspruch der Kündigung erfolgte Anhörung den Anforderungen des § 102 BetrVG entsprochen hat (*LAG Düsseld.* 24.5.2007 – 13 Sa 1287/06 – ArbuR 2007, 365 LS).

1414 Sind vom Arbeitgeber vor Kenntnis neuer Kündigungsgründe **mehrere Kündigungen** aus anderen Gründen bereits ausgesprochen worden, so ist das Nachschieben der neuen Kündigungsgründe zu einer bestimmten Kündigung allerdings betriebsverfassungsrechtlich nur dann nicht zu beanstanden, wenn dem Betriebsrat im Rahmen der nachträglichen Anhörung **auch mitgeteilt worden** ist, **dass die Kündigungsgründe gerade bezüglich dieser Kündigung im Kündigungsschutzprozess nachgeschoben werden sollen** (*LAG Hessen* 20.9.1999 NZA-RR 2000, 413).

3. Verhältnis zu § 103 BetrVG

1415 Im Rahmen eines Zustimmungsersetzungsverfahrens gem. § 103 Abs. 2 BetrVG kann der Arbeitgeber (unabhängig vom Zeitpunkt der Kenntniserlangung) neue Gründe vorbringen.

1416 Er muss jedoch vor der Einführung in das Beschlussverfahren dem Betriebsrat unter Beachtung von § 626 Abs. 2 BGB Gelegenheit geben, seine ursprüngliche Entscheidung anhand der neuen Gründe zu überprüfen.

1417 Lehnt der Betriebsrat auch jetzt noch die Zustimmung ab, so kann der Arbeitgeber die Gründe in das Beschlussverfahren einführen, ohne die Zwei-Wochen-Frist gem. § 626 Abs. 2 BGB beachten zu müssen (*BAG* 22.8.1974 EzA § 103 BetrVG 1972 Nr. 6; **a.A.** GK-BetrVG/*Kraft* 7. Aufl. § 103 Rz. 49).

VII. Die Verdachtskündigung

1. Allgemeine Voraussetzungen

a) Begriffsbestimmung

1418 Nach der ständigen Rechtsprechung des *BAG* (4.6.1964 AP Nr. 13 zu § 626 BGB Verdacht strafbarer Handlung; 14.9.1994 EzA § 626 BGB Verdacht strafbarer Handlung Nr. 5; 12.8.1999 EzA § 626 BGB Verdacht strafbarer Handlung Nr. 8; 18.11.1999 EzA § 626 BGB Verdacht strafbarer Handlung Nr. 9; 8.6.2000 EzA § 15 KSchG n.F. Nr. 50; 6.12.2001 EzA § 626 BGB Verdacht strafbarer Handlung Nr. 11; 26.9.2002 EzA § 626 BGB 2002 Verdacht strafbarer Handlung Nr. 1; 27.3.2003 EzA § 611 BGB 2002 Persönlichkeitsrecht Nr. 1 = NZA 2003, 1193; 3.7.2003 EzA § 626 BGB 2002 Verdacht strafbarer Handlung Nr. 2 = NZA 2004, 307; 6.11.2003 EzA § 626 BGB 2002 Verdacht strafbarer Handlung Nr. 2 = NZA 2004, 919; 10.2.2005 EzA § 1 KSchG Verdachtskündigung Nr. 3 = NZA 2005, 1056 = ArbuR 2005, 343 LS; 29.11.2007 EzA § 626 BGB 2002 Verdacht strafbarer Handlung Nr. 5; 13.3.2008 EzA § 626 BGB 2002 Verdacht strafbarer Handlung Nr. 6 = NZA 2008, 809; 5.6.2008 EzA § 626 BGB 2002 Verdacht strafbarer Handlung Nr. 7 = NZA-RR 2008, 630; ebenso *LAG Nbg.* 26.10.2004 FA 2005, 191 LS; *LAG Nds.* 8.6.2004 NZA-RR 2005, 24; *LAG Hamm* 22.9.2004 LAGE § 1 KSchG Verdachtskündigung Nr. 1; *LAG SchlH* 25.2.2004 – 3 Sa 491/03 – EzA-SD 8/04 S. 11 LS = ArbuR 2004, 236 = NZA-RR 2005, 132 = LAG Report 2004, 222 LS; *LAG Köln* 22.5.2003 ARST 2004, 117 LS; 21.5.2003 ARST 2004, 117 LS; 4.8.2003 ARST 2004, 118 LS = ZTR 2004, 212 = LAG Report 2004, 72; 10.2.2005 – 6 Sa 984/04 – EzA-SD 12/05, S. 15 LS; *LAG Düsseld.* 2.10.2003 ZTR 2004, 210; 25.7.2003 LAGE § 626 BGB 2002 Nr. 2; *LAG Hessen* 4.9.2003 LAGE § 626 BGB Verdacht strafbarer Handlung Nr. 16; 20.8.2004 NZA-RR 2005, 301; *LAG Köln* 30.7.1999 NZA-RR 2000, 189 und 17.8.2001 – 11(7) Sa 484/00 – EzA-SD 4/02, S. 14 LS = ARST 2002, 140 LS; 13.3.2002 NZA-RR 2002 = ZTR 2002, 602, 577; 22.5.2003 LAGE § 626 BGB Nr. 151; *LAG München* 3.11.2000 LAGE § 626 BGB Nr. 131; *LAG MV* 25.11.1999 NZA-RR 2000, 187; *ArbG Braunschweig* 22.1.1999 NZA-RR 1999, 192; *ArbG Offenbach* 17.12.2003 NZA-RR 2004, 386; vgl. dazu *Eckert* SAE 2001, 218 ff.; *Schönfeld* NZA 1999, 299 ff.) kann auch der dringende, schwerwiegende Verdacht einer Straftat mit Bezug zum Arbeitsverhältnis oder eines sonstigen erheblichen Fehlverhaltens, einer Verletzung von erheblichen arbeitsvertraglichen Pflichten – auch gegenüber einem Betriebsratsmitglied (*LAG Bln.* 3.8.1998 LAGE § 15 KSchG Nr. 17) – ein an sich zur außerordentlichen Kündigung berechtigender Umstand sein (vgl. APS/*Dörner* § 626 BGB Rz. 345 ff.).

Auch dann, wenn im Anstellungsvertrag eines Lehrers an einer nordrhein-westfälischen Ersatzschule die Anwendung der **beamtenrechtlichen Grundsätze**, soweit diese nicht auf der Eigenart des öffentlichen Dienstes beruhen, vereinbart wird, schließt dies eine außerordentliche Verdachtskündigung nicht aus. Der Ausschluss einer »Verdachtsentlassung« bei Beamten auf Grund des durchzuführenden Disziplinarverfahrens stellt insoweit eine Eigenart des öffentlichen Dienstes dar, die auch aus praktischen Gründen nicht auf die Lehrerverhältnisse an Ersatzschulen übertragbar ist (*BAG* 6.12.2001 EzA § 626 BGB Verdacht strafbarer Handlung Nr. 11 = NZA 2002, 847).

Allerdings rechtfertigt der Verdacht einer fahrlässigen Schlechtleistung des Arbeitnehmers auch dann keine Verdachtskündigung, wenn es um grobe Arbeitsfehler im sicherheitsrelevanten Bereich geht, z.B. bei der Montage von Rädern an einem Kraftfahrzeug (*LAG Düsseld.* 25.7.2003 LAGE § 626 BGB Verdacht strafbarer Handlung Nr. 1 = ArbuR 2004, 37 LS = LAG Report 2004, 234).

b) Übersicht über die Voraussetzungen der Verdachtskündigung

Eine Verdachtskündigung setzt danach voraus, dass 1419
- die Kündigung gerade auf den Verdacht der strafbaren Handlung bzw. eines vertragswidrigen Verhaltens gestützt wird;
- eine Anhörung des Arbeitnehmers vor Ausspruch der Kündigung erfolgt ist;
- zum Zeitpunkt des Ausspruchs der Kündigung ein dringender Tatverdacht gegen den Arbeitnehmer besteht und
- im Rahmen der Interessenabwägung das Interesse des Arbeitgebers an der sofortigen Beendigung des Arbeitsverhältnisses das Interesse des Arbeitnehmers an dessen Fortsetzung zumindest bis zum Ablauf der ordentlichen Kündigungsfrist überwiegt.

c) Legitimation der Verdachtskündigung

Begründet hat das *BAG* (4.6.1964 AP Nr. 13 zu § 626 BGB Verdacht strafbarer Handlung) 1420
seine Auffassung zunächst damit, dass sich bei **unbefangener Betrachtung** nicht leugnen lässt, dass nicht nur eine erwiesene Tat, die von der Rechtsordnung missbilligt worden ist, einem Arbeitsverhältnis die Vertrauensgrundlage entziehen oder das Arbeitsverhältnis unerträglich belasten kann, sondern auch schon der dringende Verdacht, eine solche Tat begangen zu haben.

Zuletzt (*BAG* 14.9.1994 EzA § 626 BGB Verdacht strafbarer Handlung Nr. 5) hat es 1421
darauf hingewiesen, dass jedes Arbeitsverhältnis als personenbezogenes Dauerschuldver-

zeichnis ein gewisses **gegenseitiges Vertrauen** der Vertragspartner voraussetzt. Folglich kann auch der Verlust dieses Vertrauens einen wichtigen Grund zur fristlosen Kündigung darstellen (krit. dazu *Enderlein* RdA 2000, 325 ff.).

1422 Dies kann nach Auffassung von *Berkowsky* (MünchArbR § 144 Rz. 5) insbes. dann der Fall sein, wenn der betroffene Arbeitnehmer dringend verdächtig ist, Leben und Gesundheit, Eigentum, Besitz oder Vermögen von Arbeitskollegen, des Arbeitgebers oder mit diesem in Geschäftsbeziehung stehender Dritter geschädigt zu haben (Verdacht gegen diese Rechtsgüter gerichteter strafbarer Handlungen).

1423 Das Gleiche gilt auch dann, wenn der Verdacht besteht, wichtige wirtschaftliche Ressourcen des Arbeitgebers durch vertragswidriges Verhalten schwer und nachhaltig geschädigt zu haben (Verdacht schweren vertragswidrigen Verhaltens).

1424 Die Verdachtskündigung ist danach eine Maßnahme des vorbeugenden Selbstschutzes des Arbeitgebers (nach Auffassung von MünchArbR/*Berkowsky* § 144 Rz. 12 kommt allerdings insoweit i.d.R. nur die ordentliche Kündigung in Betracht).

2. Begründung der Kündigung

1425 Voraussetzung für eine sog. Verdachtskündigung (vgl. ausführlich KR/*Fischermeier* § 626 BGB Rz. 210 ff. m.w.N.) ist zunächst, dass der Arbeitgeber seine Kündigung ausdrücklich damit begründet, es sei gerade der Verdacht einer strafbaren Handlung des Arbeitnehmers, der das für die Fortsetzung des Arbeitsverhältnisses erforderliche Vertrauensverhältnis zerstört habe (*BAG* 26.3.1992 EzA § 626 BGB Verdacht strafbarer Handlung Nr. 4; *LAG RhPf* 27.1.2004 – 2 Sa 1221/03 – EzA-SD 12/04, S. 12 LS = NZA-RR 2004, 473). Denn der Verdacht einer strafbaren Handlung stellt gegenüber dem Vorwurf, der Arbeitnehmer habe die Tat begangen, **einen eigenständigen Kündigungsgrund dar**, der in dem Tatvorwurf nicht enthalten ist. Bei der Tatkündigung ist für den Kündigungsentschluss maßgebend, dass der Arbeitnehmer nach der Überzeugung des Arbeitgebers die strafbare Handlung bzw. Pflichtverletzung tatsächlich begangen hat und dem Arbeitgeber aus diesem Grund die Fortsetzung des Arbeitsverhältnisses unzumutbar ist. Demgegenüber kann eine Verdachtskündigung gerechtfertigt sein, wenn sich starke Verdachtsmomente auf objektive Tatsachen gründen und die **Verdachtsmomente geeignet sind, das für die Fortsetzung des Arbeitsverhältnisses erforderliche Vertrauen zu erschüttern** (*BAG* 10.2.2005 EzA § 1 KSchG Verdachtskündigung Nr. 3 = NZA 2005, 1056 = ArbuR 2005, 343 LS).

1426 Deshalb liegt eine Verdachtskündigung dann nicht vor, wenn der Arbeitgeber (obwohl er objektiv nur einen Verdacht hat) die Verfehlung des Arbeitnehmers für nachweisbar oder nachgewiesen hält und mit dieser Begründung die Kündigung erklärt (*LAG RhPf* 27.1.2004 – 2 Sa 1221/03 – EzA-SD 12/04, S. 12 LS = NZA-RR 2004, 473).

Eine Kündigung wegen behaupteter Pflichtverletzung ist auch dann nicht als Verdachtskündigung zu werten, wenn der Vorwurf, vertragswidrig oder strafbar gehandelt zu haben, auf Schlussfolgerungen des Arbeitgebers beruht, oder wenn der Arbeitgeber nach dem Ergebnis der Beweisaufnahme im Kündigungsschutzprozess nicht den vollen Beweis für seine Behauptungen erbracht hat. Es ist insoweit nicht allein darauf abzustellen, ob der Arbeitgeber bei der Begründung seiner Kündigung u.a. auch auf »Verdachtsmomente« hinweist, sondern es ist zu ermitteln, **wie er seine Kündigung insgesamt (auch im Laufe des Rechtsstreits) begründet hat.**

1427 Eine Verdachtskündigung liegt auch dann nicht vor, wenn der Arbeitgeber nach seinem eigenen Sachvortrag **den Tatbeweis** durch den ihm bekannten Tatzeugen und Informanten **führen könnte**, diesen aber nur deshalb **verschweigt, weil er einen Kunden nicht in einen Rechtsstreit hineinziehen will**, so dass der Arbeitnehmer durch ihn auch keinen Entlastungsbeweis führen kann (*LAG Köln* 26.11.1999 ARST 2000, 162 LS).

1428 Kündigt der Arbeitgeber nach rechtskräftiger Verurteilung des Arbeitnehmers mit der Begründung, der Arbeitnehmer habe die ihm vorgeworfene Straftat tatsächlich begangen, dann ist die Wirksamkeit der Kündigung i.d.R. nicht nach den Grundsätzen der Verdachtskündigung zu beurteilen.

Bestreitet der Arbeitnehmer trotz rechtskräftiger Verurteilung weiterhin die Tatbegehung, 1429
so hat das ArbG ohne Bindung an das Strafgerichtsurteil (Art. 14 Abs. 2 Nr. 1 EGZPO) die erforderlichen Feststellungen zu treffen. Die Ergebnisse des Strafverfahrens können dabei nach allgemeinen Beweisregeln verwertet werden (*BAG* 26.3.1992 EzA § 626 BGB Verdacht strafbarer Handlung Nr. 4; 25.4.2007 NZA 2007, 1387).

3. Anhörung des Arbeitnehmers

a) Wirksamkeitsvoraussetzung

Grds. vertritt das *BAG* (10.2.1977 EzA § 103 BetrVG 1972 Nr. 18; 4.10.1990 EzA § 626 BGB 1430
Druckkündigung Nr. 2) die Auffassung, dass es keinen allgemeinen Rechtssatz des Inhalts gibt, dass eine außerordentliche Kündigung stets ausgeschlossen ist, wenn der Arbeitnehmer zu den Kündigungsgründen nicht angehört worden ist. Es richtet sich vielmehr nach den Umständen des konkreten Einzelfalles, ob eine solche Anhörung geboten ist.

Für die Verdachtskündigung ist demgegenüber davon auszugehen (*BAG* 13.3.2008 EzA 1431
§ 626 BGB 2002 Verdacht strafbarer Handlung Nr. 6 = NZA 2008, 809; 28.11.2007 EzA § 626 BGB 2002 Verdacht strafbarer Handlung Nr. 4 = NZA-RR 2008, 344; *BAG* 11.4.1985 EzA § 102 BetrVG 1972 Nr. 62; 26.9.2002 EzA § 626 BGB 2002 Verdacht strafbarer Handlung Nr. 1; 10.2.2005 EzA § 1 KSchG Verdachtskündigung Nr. 3 = NZA 2005, 1056 = ArbuR 2005, 343 LS), dass der Arbeitgeber auf Grund der ihm obliegenden Aufklärungspflicht gehalten ist, den Arbeitnehmer vor Ausspruch einer Verdachtskündigung zu den gegen ihn erhobenen Verdachtsmomenten zu hören (s. dazu *Eylert/Friedrichs* DB 2007, 2203 ff.). Die Erfüllung der Aufklärungspflicht ist Wirksamkeitsvoraussetzung für eine Verdachtskündigung (*BAG* 26.9.2002 EzA § 626 BGB 2002 Verdacht strafbarer Handlung Nr. 1; *LAG Nds.* 8.6.2004 NZA-RR 2005, 24; Einzelfragen dazu erörtert *Lücke* BB 1998, 2259 ff.; vgl. auch *Schönfeld* NZA 1999, 300 ff.; *Fischer* BB 2003, 522 ff.).

Eine Verdachtskündigung als Reaktion auf die Störung des für die Fortsetzung des Arbeits- 1432
verhältnisses notwendigen Vertrauens ist unverhältnismäßig, wenn der Arbeitgeber nicht alle zumutbaren Anstrengungen zur Aufklärung des Sachverhalts unternommen hat (*BAG* 13.9.1995 EzA § 626 BGB Verdacht strafbarer Handlung Nr. 6).

Dies ist auch sachgerecht und geboten. Denn anders als bei einem auf Grund von Tatsa- 1433
chen erwiesenen Sachverhalt besteht bei der Verdachtskündigung immer die Gefahr, dass ein Unschuldiger betroffen ist (*BAG* 29.11.2007 EzA § 626 BGB 2002 Verdacht strafbarer Handlung Nr. 5). Deshalb ist es gerechtfertigt, strenge Anforderungen zu stellen und vom Arbeitgeber zu verlangen, alles zu tun, um den Sachverhalt aufzuklären.

Der Arbeitnehmer muss die Möglichkeit erhalten, die Verdachtsgründe bzw. -momente zu 1434
beseitigen und zu entkräften und ggf. Entlastungstatsachen geltend zu machen (*BAG* 13.3.2008 EzA § 626 BGB 2002 Verdacht strafbarer Handlung Nr. 6 = NZA 2008, 809). **Verletzt der Arbeitgeber schuldhaft die Aufklärungspflicht,** so kann er sich im Prozess auf den Verdacht einer strafbaren Handlung bzw. eines pflichtwidrigen Verhaltens des Arbeitnehmers nicht berufen, d.h. die hierauf gestützte **Kündigung ist unwirksam** (*BAG* 30.4.1987 EzA § 626 BGB Verdacht strafbarer Handlung Nr. 3; 26.9.2002 EzA § 626 BGB 2002 Verdacht strafbarer Handlung Nr. 1; *LAG Hessen* 4.9.2003 LAGE § 626 BGB Verdacht strafbarer Handlung Nr. 16; *LAG SchlH* 25.2.2004 – 3 Sa 491/03 – EzA-SD 8/04, S. 11 LS = ArbuR 2004, 236 = NZA-RR 2005, 132; *LAG Brem.* 1.8.2008 – 4 Sa 53/08 – EzA-SD 19/2008 S. 5 LS = DB 2008, 2090; es bleibt dann nur die Möglichkeit einer neuen fristgemäßen Verdachtskündigung (*LAG Brem.* 1.8.2008 – 4 Sa 53/08 – EzA-SD 19/2008 S. 5 LS = DB 2008, 2090). Die Anhörungspflicht ist z.B. dann verletzt, wenn der Arbeitgeber den bei ihm gebildeten **Personalrat vor der Anhörung des Arbeitnehmers** zu der beabsichtigten Kün-

digung **anhört**, denn dann sollen erkennbar die Einlassungen des Arbeitnehmers zu den Vorwürfen nicht in den Entscheidungsprozess des Arbeitgebers einfließen (*ArbG Offenbach* 17.12.2003 NZA-RR 2004, 386).

1435 Die an die Anhörung des Arbeitnehmers zu stellenden Anforderungen entsprechen zwar nicht denen für eine ordnungsgemäße Anhörung des Betriebsrats gem. § 102 Abs. 1 BetrVG. Der **Umfang der Anhörung** richtet sich entsprechend dem **Zweck der Aufklärung** nach den **Umständen des Einzelfalles** (*BAG* 13.3.2008 EzA § 626 BGB 2002 Verdacht strafbarer Handlung Nr. 6 = NZA 2008, 809; 26.9.2002 EzA § 626 BGB 2002 Verdacht strafbarer Handlung Nr. 1); dabei sind **keine überzogenen Anforderungen** zu stellen (*BAG* 13.3.2008 EzA § 626 BGB 2002 Verdacht strafbarer Handlung Nr. 6 = NZA 2008, 809). Sie muss sich allerdings auf einen **greifbaren Sachverhalt** beziehen. Der Arbeitnehmer muss die Möglichkeit erhalten, bestimmte, zeitlich und räumlich eingegrenzte Tatsachen zu bestreiten oder den Verdacht entkräftende Tatsachen zu bezeichnen und so zur Aufhellung der für den Arbeitgeber im Dunkeln liegenden Geschehnisse beizutragen (*BAG* 13.3.2008 EzA § 626 BGB 2002 Verdacht strafbarer Handlung Nr. 6 = NZA 2008, 809).

1436 **Kennt der Arbeitnehmer** die gegen ihn erhobenen Vorwürfe einschließlich der den Verdacht begründenden **Indiztatsachen** – z.B. aufgrund eines gegen ihn ergangenen Durchsuchungsbefehls (*BAG* 13.3.2008 EzA § 626 BGB 2002 Verdacht strafbarer Handlung Nr. 6 = NZA 2008, 809) – bedarf es allerdings insoweit **keiner weiteren Vorhaltung** oder Einzelbefragung. Vielmehr genügt es dann, dem Arbeitnehmer Gelegenheit zum Vorbringen der entlastenden Tatsachen und Gesichtspunkte zu geben (*BAG* 28.11.2007 EzA § 626 BGB 2002 Verdacht strafbarer Handlung Nr. 4 = NZA-RR 2008, 344). Denn die Anhörungspflicht ist **nicht dazu bestimmt**, als verfahrensrechtliche Erschwernis die **Aufklärung zu verzögern** und die Wahrheit zu verdunkeln (*BAG* 13.3.2008 EzA § 626 BGB 2002 Verdacht strafbarer Handlung Nr. 6 = NZA 2008, 809).

1437 Andererseits kommt insoweit die **Anwendung des zivilrechtlichen Stellvertretungsrechts nicht in Betracht**; kommt es im Rahmen des Anhörungsverfahrens auf die Kenntnis des Arbeitnehmers von bestimmten Tatsachen an, so kann ihm das Wissen eines Bevollmächtigten nicht zugerechnet werden (*BAG* 13.3.2008 EzA § 626 BGB 2002 Verdacht strafbarer Handlung Nr. 6 = NZA 2008, 809).

1438 Der Arbeitgeber ist bei Kenntnis des Arbeitnehmers **nicht verpflichtet, so lange abzuwarten**, bis der Arbeitnehmer die **Ermittlungsakten** der Staatsanwaltschaft **eingesehen** hat (*BAG* 13.3.2008 EzA § 626 BGB 2002 Verdacht strafbarer Handlung Nr. 6 = NZA 2008, 809).

1439 Es reicht aber andererseits nicht aus, dass der Arbeitgeber den Arbeitnehmer lediglich mit einer unsubstantiierten Wertung konfrontiert. Dem Arbeitnehmer dürfen auch keine **wesentlichen Erkenntnisse vorenthalten** werden, die der Arbeitgeber zum Anhörungszeitpunkt besitzt und auf die er den Verdacht stützt (*BAG* 26.9.2002 EzA § 626 BGB 2002 Verdacht strafbarer Handlung Nr. 1). Deshalb verletzt der Arbeitgeber seine Aufklärungspflicht, wenn er seinen Verdacht aus einem umfangreichen Revisionsbericht herleitet mit zahlreichen Einzelvorfällen aus einem Zeitraum mit mehreren Jahren, dessen Erstellung mehrere Monate gedauert hat, dem Arbeitnehmer in einer Einladung zur Anhörung jedoch nur pauschal mitteilt, er wolle ihn zu dem aus dem Revisionsbericht herrührenden Verdacht strafbarer Handlungen anhören, nachdem dieser zuvor um Übersendung des Revisionsberichtes gebeten hatte. Der Arbeitnehmer hat dann zwar keinen Anspruch auf Übersendung des Revisionsberichtes, aber zumindest auf eine nachvollziehbare Darstellung der Vorfälle, auf die der Arbeitgeber seinen Verdacht stützt, anhand derer er sich auf die Anhörung vorbereiten kann. Solange der Arbeitgeber dem nicht nachkommt, kann er nicht davon ausgehen, der Arbeitnehmer wolle sich zu den konkreten Verdachtsmomenten nicht substantiiert einlassen (*LAG Hessen* 4.9.2003 LAGE § 626 BGB Verdacht strafbarer Handlungen Nr. 16). Deshalb ist auch der **Hinweis auf »Einsicht in die Ermittlungsakten« nicht ausreichend**. Es sind dann dem Arbeitnehmer vielmehr die konkreten Zeiten der jeweiligen Straftaten mitzuteilen, damit er sich z.B. durch den Vortrag eines Alibis entlasten kann (*LAG Hmb.* 11.5.2006 – 2 Sa 71/05 – ArbuR 2007, 59 LS).

Der Arbeitgeber muss insoweit auch **prüfen, ob nicht andere Personen als Täter in Frage kommen** (*LAG SchlH* 25.2.2004 – 3 Sa 491/03 – EzA-SD 8/04, S. 11 LS = ArbuR 2004, 236 = NZA-RR 2005, 132 = LAG Report 2004, 222 LS). Stützt der Arbeitgeber zudem die Verdachtskündigung im Wesentlichen darauf, der **Kunde** habe die vom Arbeitnehmer mitgenommene **Ware nicht bestellt**, muss im Rahmen der Aufklärungspflicht nicht nur der Kunde, sondern, wenn nach den Angaben des Arbeitnehmers seine Ehefrau die Bestellung entgegengenommen und an ihn weitergeleitet hat, auch die Ehefrau des Arbeitnehmers angehört werden (*LAG Nbg.* 10.1.2006 – 6 Sa 238/05 – FA 2006, 282 LS). Der Arbeitgeber ist im Übrigen andererseits **nicht verpflichtet**, dem betroffenen Arbeitnehmer Belastungszeugen **gegenüberzustellen.** Denn die Gegenüberstellung würde in der Mehrzahl der Fälle keine größere Sicherheit für die Begründung des Verdachts ergeben (*BAG* 26.2.1987 Rz. I 8 c Nr. 13; vgl. auch *BAG* 18.9.1997 EzA § 626 BGB n.F. Nr. 169). 1440

Der dem Arbeitnehmer vorgehaltene Verdacht darf sich also nicht in einer bloßen Wertung erschöpfen; er muss vielmehr zumindest soweit konkretisiert sein, dass sich der Arbeitnehmer darauf substantiiert einlassen kann (*BAG* 13.9.1995 EzA § 626 BGB Verdacht strafbarer Handlung Nr. 6). Das *LAG Köln* (31.10.1997 NZA-RR 1998, 297) hat offen gelassen, ob sich diese Konkretisierungspflicht lediglich auf die vorgeworfene Tat oder auch auf die auf diese deutenden Indizien und Beweismittel bezieht. Unschädlich ist danach auf alle Fälle, wenn die Anhörung dem Arbeitgeber auch zu anderen Zwecken – etwa der Gewinnung weiterer Beweismittel – dient und der Arbeitnehmer aus ihr den Eindruck mitnimmt, den Verdacht zerstreut zu haben. Nur wenn sich der Arbeitnehmer »aus der Sicht des Arbeitgebers« erfolgreich entlastet hat, kann eine **erneute Anhörung** erforderlich werden, wenn weitere Ermittlungen nach Meinung des Arbeitgebers zu einer Widerlegung des Entlastungsvorbringens geführt haben (*BAG* 13.9.1995 EzA § 626 BGB Verdacht strafbarer Handlung Nr. 6). 1441

Die Anhörung des Arbeitnehmers ist nach Auffassung des *LAG Köln* (15.4.1997 NZA 1998, 201) dann unwirksam, wenn sie unter für den Arbeitnehmer **unzumutbaren Umständen** erfolgt. Es ist ihm danach z.B. nicht zuzumuten, sich telefonisch zum Vorwurf einer Kassenmanipulation zu äußern, wenn sich das Telefon im Ladenlokal befindet und unbeteiligte Dritte (Kunden) anwesend sind; u.U. kann der Arbeitnehmer verlangen, dass der Arbeitgeber akzeptiert, dass sich der Arbeitnehmer **von einem Rechtsbeistand begleiten lässt**, insbes. dann, wenn keine innerbetriebliche Vertrauensperson vorhanden ist (*ArbG Bln.* 8.7.2005 – 28 Ca 10 016/05 – ArbuR 2006, 373). 1442

Nicht ordnungsgemäß ist die Anhörung auch dann, wenn der Arbeitgeber (eine Polizeibehörde) einer der Geldwäsche im Ausland angeklagten Arbeitnehmerin **nach Kenntnisnahme einer 32-seitigen Anklageschrift**, die dieser noch nicht vorliegt, lediglich eine **Anhörungs- und Stellungnahmefrist von zwei Tagen einräumt** und zudem die von ihrem Rechtsanwalt beantragte Verlängerung dieser Frist »aus Rechtsgründen« ablehnt (*LAG RhPf* 27.11.2000 ZTR 2001, 431 LS). 1443

Materiellrechtlich ist der Arbeitgeber trotz unzureichender Anhörung des Arbeitnehmers jedenfalls dann nicht gehindert, erst nach Ausspruch der Kündigung bekannt gewordene Verdachtsmomente nachzuschieben, wenn er die Kündigung zusätzlich und eigenständig wegen tatsächlicher Pflichtverletzungen des Arbeitnehmers ausgesprochen hat. Darauf, ob diese Pflichtverletzungen bewiesen werden können und die Kündigung für sich genommen ausreichend begründen, kommt es insoweit nicht an (*BAG* 13.9.1995 EzA § 626 BGB Verdacht strafbarer Handlung Nr. 6). 1444

Ist der Arbeitnehmer vor Kenntnis von dessen Schwerbehinderung bereits zum Verdacht (im konkret entschiedenen Einzelfall des Betruges) angehört worden, beginnt die Frist zur Antragstellung nach § 91 Abs. 2 SGB IX mit Kenntnis des Arbeitgebers von der Schwerbehinderung. Eine erneute Stellungnahme des Arbeitnehmers ist nicht erforderlich, insbes. dann nicht, wenn er bei seiner ersten Anhörung bereits jede Tatbeteiligung abgestritten hat (*LAG Köln* 4.8.2003 ArbuR 2004, 37 = LAG Report 2004, 72). 1445

b) Mitwirkungspflicht des Arbeitnehmers

1446 **Den Arbeitgeber trifft allerdings dann kein Verschulden, wenn der Arbeitnehmer von vornherein nicht bereit ist, sich zu den Verdachtsgründen substantiiert zu äußern** (*BAG* 26.9.2002 EzA § 626 BGB 2002 Verdacht strafbarer Handlung Nr. 1; *LAG Hamm* 3.4.2008 – 3 Sa 207/07 – EzA-SD 15/2008 S. 5 LS = FA 2008, 285 LS; zur Aufklärungspflicht der Gerichte insoweit *BAG* 18.11.1999 EzA § 626 BGB Verdacht strafbarer Handlung Nr. 9; vgl. dazu *Ricken* RdA 2001, 52 ff.; *Gamillscheg* SAE 2001, 182 ff.). Von diesem Ausnahmefall darf der Arbeitgeber dann ausgehen, wenn er die fehlende Bereitschaft des Arbeitnehmers zur Mitwirkung verlässlich kennt (*LAG RhPf* 9.10.1997 ZTR 1998, 278 LS). Erklärt der Arbeitnehmer z.B., er werde sich zum Vorwurf nicht äußern und nennt er keine relevanten Gründe dafür, muss der Arbeitgeber ihn über die Verdachtsmomente nicht näher informieren. Eine solche Anhörung des Arbeitnehmers wäre überflüssig (*BAG* 13.3.2008 EzA § 626 BGB 2002 Verdacht strafbarer Handlung Nr. 6 = NZA 2008, 809; 26.9.2002 EzA § 626 BGB 2002 Verdacht strafbarer Handlung Nr. 1); **anders** kann es aber dann sein, wenn der Arbeitnehmer **zwar zu Beginn** seiner Anhörung **erklärt**, er werde sich zur Sache nicht äußern, sondern alles über seinen Rechtsanwalt regeln, sich dann **aber doch zumindest** im **Ansatz mit den Vorwürfen auseinandersetzt** und sich daraus weiterer Aufklärungsbedarf ergibt. Das kann zur Notwendigkeit eines – **weiteren – Gesprächstermins** führen (*LAG Hamm* 3.4.2008 – 3 Sa 207/07 – EzA-SD 15/2008 S. 5 LS = FA 2008, 285 LS).

1447 Diese fehlende Mitwirkungsbereitschaft kann sich auch aus einem späteren Verhalten des Arbeitnehmers ergeben. Auch später (nach Ausspruch der Kündigung oder im Prozess) ermittelte Umstände sind zu berücksichtigen, wenn sie sich als Indiz für die vom Arbeitgeber bezweifelte Aufklärungsbereitschaft des Arbeitnehmers darstellen. Dazu gehört z.B. die Tatsache, dass sich der Arbeitnehmer in dem Strafverfahren, das wegen der erhobenen Vorwürfe eingeleitet wurde, nicht einlässt (*LAG RhPf* 9.10.1997 ZTR 1998, 278 LS). Entzieht sich der Arbeitnehmer einem klärenden Gespräch, muss der Arbeitgeber nach Auffassung des *ArbG Frankf./M.* (13.8.2001 – 1 Ca 778/01) die Vorwürfe **schriftlich unterbreiten und den Arbeitnehmer zur Stellungnahme auffordern.**

1448 **Unerheblich ist dagegen, wie der Arbeitgeber oder später das Gericht die konkrete Einlassung des Arbeitnehmers beurteilt hätten** (*BAG* 30.4.1987 EzA § 626 BGB Verdacht strafbarer Handlung Nr. 3). Denn die Anhörungspflicht würde entwertet, wenn sie grds. vom Ergebnis des Kündigungsschutzprozesses und somit von sich erst nach Ausspruch der Kündigung ergebenden Umständen abhängig gemacht würde.

1449 Der Arbeitgeber soll dem Arbeitnehmer vor Ausspruch der Kündigung mit den sich unbeschadet ihrer Wirksamkeit für ihn ergebenden nachteiligen Folgen Gelegenheit zur Stellungnahme geben, um sie bei seiner Entscheidungsfindung berücksichtigen zu können. Diese Funktion darf nicht zu weitgehend durch eine nachträgliche Festlegung ihres möglichen Ergebnisses ersetzt werden.

1450 Nach Auffassung des *LAG Düsseld.* (13.8.1998 BB1998, 2215 LS) ist die Anhörung eines Arbeitnehmers dann nicht notwendig, wenn er sich auf Grund eines Haftbefehls, der auch den Schluss auf gegen den Arbeitgeber gerichtete Delikte zulässt, in Untersuchungshaft befindet. Eine Anhörung ist danach auch deshalb obsolet, weil unter den Umständen der Untersuchungshaft nicht damit zu rechnen ist, dass sich unter diesen Voraussetzungen Anhaltspunkte für eine andere Entscheidung des Arbeitgebers ergeben könnten.

4. Beurteilungszeitpunkt

a) Letzte mündliche Verhandlung in der Tatsacheninstanz

1451 Das *BAG* ist zunächst davon ausgegangen (4.6.1964 AP Nr. 13 zu § 626 BGB Verdacht strafbarer Handlung; 20.2.1986 NZA 1988, 94), dass entscheidender Zeitpunkt für die Beurteilung der Frage, ob ein hinreichender Verdacht eines strafbaren bzw. sonst vertragswidrigen Verhaltens gegen den Arbeitnehmer besteht, ausnahmsweise nicht der Zeitpunkt des Ausspruchs der Kündigung, sondern der der letzten mündlichen Verhandlung in der Tatsacheninstanz ist.

Nachträglich bekannt gewordene oder entstandene Tatsachen sind deshalb zu berücksichtigen, wenn sie geeignet sind, eine vielleicht zunächst begründete Verdachtskündigung zu entkräften, z.B. ein unterdessen erfolgter Freispruch in einem Strafverfahren (*LAG SchlH* 3.11.1988 NZA 1989, 798). **1452**

Das *BAG* (a.a.O.) hat seine Auffassung damit begründet, dass die Unschuld oder der geringere Verdacht bereits zur Zeit des Ausspruchs der Kündigung objektiv vorgelegen haben, wenn der Verdacht später ausgeräumt oder abgeschwächt wird. Dies kann und muss das Gericht der Tatsacheninstanz danach aber berücksichtigen (**a.A.** *BGH* 13.7.1956 AP Nr. 2 zu § 611 BGB Fürsorgepflicht). **1453**

b) Zeitpunkt des Zugangs der Kündigung

Inzwischen (14.9.1994 EzA § 626 BGB Verdacht strafbarer Handlung Nr. 5; ebenso *LAG München* 3.11.2000 EzA § 626 BGB Nr. 131) geht das *BAG* allerdings davon aus, dass der Verdacht sich aus **objektiven, im Zeitpunkt der Kündigung vorliegenden Tatsachen** ergeben muss. **1454**

Soweit der Arbeitnehmer zu seiner Entlastung Tatsachen vorträgt, die im Zeitpunkt der Kündigung vorlagen, sind diese unabhängig davon zu berücksichtigen, ob sie dem Arbeitgeber im Kündigungszeitpunkt bekannt waren oder bekannt sein konnten. **Maßgeblicher Entscheidungszeitpunkt ist somit auch nach der Rechtsprechung des** *BAG* (14.9.1994 EzA § 626 BGB Verdacht strafbarer Handlung Nr. 5) **nunmehr der des Ausspruchs der Kündigung.** **1455**

Folglich können die den Verdacht stärkenden oder entkräftenden Tatsachen bis zur letzten mündlichen Verhandlung in der Berufungsinstanz vorgetragen werden. Sie sind grds. zu berücksichtigen, sofern sie – wenn auch unerkannt – bereits vor Zugang der Kündigung vorlagen (*BAG* 6.11.2003 EzA § 626 BGB 2002 Verdacht strafbarer Handlung Nr. 2 = NZA 2004, 919; *LAG Köln* 10.2.2005 – 6 Sa 984/04 – EzA-SD 12/05, S. 15 LS; *Fiedler/Küntzer* FA 2005, 264 ff.; **a.A.** *LAG Brem.* 1.8.2008 – 4 Sa 53/08 – EzA-SD 19/2008 S. 5 LS = DB 2008, 2090). **1456**

c) Der Sonderfall: Langer Zeitraum zwischen Verdachtsmomenten und Kündigung

Werden einem Arbeitgeber erstmals 1999 Umstände bekannt, die einen objektiven dringenden Verdacht dahingehend abgeben, dass ein Arbeitnehmer in einem Fall 1991, sowie in einem weiteren Fall 1992 jeweils von einer Firma, die in diesen beiden Jahren Geräte an den Arbeitgeber verkauft hat, gerade deswegen die Zahlung von Schmiergeld gefordert und dieses auch tatsächlich erhalten hat, ist die außerordentliche Verdachtskündigung nicht bereits deswegen gem. § 626 Abs. 1 BGB unwirksam, weil beide Schmiergeldzahlungen zum Kündigungszeitpunkt bereits etliche Jahre zurückgelegen haben (*LAG Hamm* 18.9.2000 ZTR 2001, 137 LS). **1457**

5. Dringender Tatverdacht

Eine Verdachtskündigung setzt nicht notwendig voraus, dass gerade der Verdacht der Straftat der einzige Grund für die ausgesprochene außerordentliche Kündigung ist. **1458**

Der Verdacht einer Straftat ist aber nur dann ein an sich zur außerordentlichen Kündigung berechtigender Umstand, wenn er zum einen objektiv durch bestimmte Tatsachen begründet ist – subjektive Wertungen des Arbeitgebers reichen nicht aus – und sich aus Umständen ergibt, die so beschaffen sind, dass sie einen verständigen und gerecht abwägenden Arbeitgeber zum Ausspruch der Kündigung veranlassen können (*BAG* 13.3.2008 EzA § 626 BGB 2002 Verdacht strafbarer Handlung Nr. 6 = NZA 2008, 809; 29.11.2007 EzA § 626 BGB 2002 Verdacht strafbarer Handlung Nr. 5; 10.2.2005 EzA § 1 KSchG Verdachtskündigung Nr. 3 = NZA 2005, 1056 = ArbuR 2005, 343 LS; *LAG SchlH* **1459**

25.2.2004 – 3 Sa 491/03 – EzA-SD 8/04 S. 11 LS = ArbuR 2004, 236 LS = NZA-RR 2005, 132 = LAG Report 2004, 222 LS; *LAG Nds.* 8.6.2004 NZA-RR 2005, 24); ob der **Verdacht, einen Bagatelldiebstahl begangen** zu haben, insoweit ausreicht, ist **fraglich** (dagegen *LAG Köln* 14.9.2007 – 11 Sa 259/07 – ArbuR 2007, 444 LS). Allein aus dem Umstand, dass die dem Arbeitnehmer zur Last gelegte Handlung **nicht mit letzter Sicherheit erwiesen** ist, kann demzufolge nicht gefolgert werden, auch die Verdachtskündigung sei nicht gerechtfertigt.
Nicht zur Kündigung veranlassen kann einen verständigen und gerecht abwägenden Arbeitgeber z.B. der Verdacht einer fahrlässigen Schlechtleistung des Arbeitnehmers, selbst wenn es um **grobe Arbeitsfehler im sicherheitsrelevanten Bereich geht** (*LAG Düsseld.* 25.7.2003 LAGE § 626 BGB Verdacht strafbarer Handlung Nr. 1=ArbuR 2004, 37 LS). Etwas anderes gilt für den gegenüber einer Arbeitnehmerin einer Fluggesellschaft bestehenden Verdacht, in Verletzung ihrer dienstlichen Obliegenheiten für ihren Ehemann unberechtigt Meilengutscheine (Miles and more) gebucht zu haben (*BAG* 3.7.2003 EzA § 626 BGB 2002 Verdacht strafbarer Handlung Nr. 2 = NZA 2004, 307). Auch der durch objektive Tatsachen und Verdachtsmomente begründete Verdacht der **Vortäuschung einer Erkrankung** durch den Arbeitnehmer ist an sich geeignet, das für die Fortsetzung des Arbeitsverhältnisses erforderliche Vertrauen in die Redlichkeit des Arbeitnehmers zu zerstören (*LAG Hamm* 22.9.2004 LAGE § 1 KSchG Verdachtskündigung Nr. 1: Verdachtskündigung jedenfalls als ordentliche Kündigung). Gleiches gilt für den Verdacht **langfristiger Gleitzeitmanipulation** des Arbeitnehmers, den Verdacht unter Ausnutzung seiner arbeitsvertraglichen Stellung von einem Zulieferunternehmen des Arbeitgebers **Zahlungen zum eigenen Vorteil** in einer Größenordnung von mehreren tausend DM verlangt zu haben (*LAG Köln* 22.5.2003 ARST 2004, 117 LS; 21.5.2003 ARST 2004, 117 LS), sowie den **dringenden Verdacht**, dass ein Arbeitnehmer des öffentlichen Dienstes einen privat erlittenen **Unfallschaden als Dienstunfall abgerechnet hat** (*LAG Köln* 26.3.2007 – 14 Sa 1332/06 – ZTR 2007, 513 LS). Nichts anderes gilt dann, wenn der Arbeitnehmer unter dem Verdacht steht, **Urlaubsanträge manipuliert** zu haben, indem er die ursprünglich gestellten Urlaubsanträge aus der Personalakte entfernt und durch neue, inhaltlich zu seinem Vorteil geänderte Anträge ersetzt und so zu einem zusätzlichen, ihm nicht zustehenden Urlaubstag kommt (*LAG Hessen* 20.8.2004 NZA-RR 2005, 301). Warum es allerdings nicht zur Entlastung des Arbeitnehmers führen soll, dass der Geschäftsführer vom Handeln des Arbeitnehmers wusste und es durch Unterzeichnung der ausgetauschten Urlaubsanträge gebilligt hat (so das *LAG Hessen* 20.8.2004 NZA-RR 2005, 301), ist unklar.
Demgegenüber bedeutet **genesungswidriges Verhalten** – private Bauarbeiten bei Zehenbruch – nicht, dass die Arbeitsunfähigkeit vorgetäuscht sein muss. Es ergibt sich daraus nicht der dringende Verdacht einer Täuschung und/oder eines Entgeltfortzahlungsbetruges (*LAG RhPf* 6.7.2004 – 5 TaBV 10/04 – ArbuR 2005, 37 LS).

1460 Der Verdacht muss zudem **dringend** sein, d.h. es muss eine große, **zumindest überwiegende Wahrscheinlichkeit** dafür bestehen, dass der Arbeitnehmer eine Straftat begangen hat, obwohl der Arbeitgeber alle zumutbaren Anstrengungen zur Sachverhaltsaufklärung unternommen hat (*BAG* 11.4.1985 EzA § 102 BetrVG 1972 Nr. 62; 2.4.1987 EzA § 102 BetrVG 1972 Nr. 63; 30.4.1987 EzA § 626 BGB Verdacht strafbarer Handlung Nr. 3; 6.9.2007 EzA § 307 BGB 2002 Nr. 29: stark oder dringend; 13.3.2008 EzA § 626 BGB 2002 Verdacht strafbarer Handlung Nr. 6 = NZA 2008, 809: starke Verdachtsmomente; *LAG Hessen* 30.3.2000 NZA-RR 2000, 526; *LAG Hamm* 22.9.2004 LAGE § 1 KSchG Verdachtskündigung Nr. 1; *LAG Köln* 22.5.2003 ARST 2004, 117 LS; 21.5.2003 ARST 2004, 117 LS; **a.A.** *LAG Köln* 10.8.1999 ARST 2000, 161: so knapp unter der Schwelle der Gewissheit, dass nachhaltigen Zweifeln Schweigen geboten ist; *LAG SchlH* 25.2.2004 – 3 Sa 491/03 – EzA-SD 8/04, S. 11 LS = ArbuR 2004, 236 LS = NZA-RR 2005, 132 = LAG Report 2004, 222 LS: »große Wahrscheinlichkeit«, »schwerwiegende Verdachtsmomente«; *LAG Nds.* 8.6.2004 NZA-RR 2005, 24: »starke Verdachtsmomente«; zu den Anforderungen an die Schwere der strafbaren

Handlung und der Bedeutung der Geringwertigkeit bei Diebstahls- und Vermögensdelikten vgl. *LAG Hmb.* 8.7.1998 NZA-RR 1999, 469).

So kann z.B. der **dringende Verdacht** der **vorsätzlichen Begehung von Straftaten**, z.B. nach 1461
§ 183 StGB (Exhibitionismus im Dienst) während der Dienstzeit unter Nutzung der Diensträume als wichtiger Grund zur außerordentlichen Kündigung an sich geeignet sein (*BAG* 5.6.2008 EzA § 626 BGB 2002 Verdacht strafbarer Handlung Nr. 7 = NZA-RR 2008, 630).

Demgegenüber reichen **bloße auf mehr oder weniger haltbare Vermutungen gestützte** 1462
Verdächtigungen zur Rechtfertigung eines dringenden Tatverdachts **nicht aus** (*BAG* 29.11.2007 EzA § 626 BGB 2002 Verdacht strafbarer Handlung Nr. 5).

Ein dringender Tatverdacht liegt z.B. dann nicht vor, wenn aus einem **Tresor** die Tageseinnahmen 1463
entwendet worden sind und der Arbeitgeber **nicht von der Mittäterschaft der drei Mitarbeiterinnen** ausgeht, die im fraglichen Zeitraum über Zugriffsmöglichkeiten auf den Tresor verfügt hatten, sondern davon, dass eine der drei Mitarbeiterinnen allein für das Entwenden der Tageseinnahmen verantwortlich sei. Damit bestand für die Täterschaft der Klägerin keine ausreichende Wahrscheinlichkeit. Der damit zu begründende Verdachtsgrad war weder ein starker noch ein dringender (*BAG* 28.11.2007 EzA § 307 BGB 2002 Nr. 29).

Zu beachten ist, dass sich aus dem Umstand, dass die Tat nicht nachgewiesen ist, nicht 1464
ergibt, dass keine hinreichenden Anhaltspunkte für den dringenden Verdacht bestehen. Entscheidend ist vielmehr, ob die den Verdacht begründenden Indizien zutreffen, also entweder unstreitig sind oder vom Arbeitgeber bewiesen werden. Es kommt nicht darauf an, ob der Tatvorwurf erwiesen ist, sondern darauf, ob die vom Arbeitgeber zur Begründung des Verdachts vorgetragenen Tatsachen einerseits den Verdacht rechtfertigen (Rechtsfrage, Schlüssigkeit des Vortrags) und wenn ja, ob sie auch tatsächlich zutreffen (Tatsachenfrage, Beweiserhebung und Beweiswürdigung; *BAG* 10.2.2005 EzA § 1 KSchG Verdachtskündigung Nr. 3 = NZA 2005, 1056 = ArbuR 2005, 343 LS).
Deshalb genügt z.B. die **Aussage einer Zeugin**, die eine **sexuelle Belästigung** behauptet, nach dem Ergebnis der Beweisaufnahme aber **für unglaubwürdig befunden** wird, nicht nur nicht für eine Tat-, sondern auch nicht für eine Verdachtskündigung (*Thür. LAG* 16.5.2006 LAGE § 616 BGB 2002 Nr. 8).

Nach unzutr. Auffassung des *LAG Köln* (31.10.1997 LAGE § 626 BGB Verdacht strafbarer 1465
Handlung Nr. 7; ebenso *LAG SchlH* 21.4.2004 NZA-RR 2004, 666; offen gelassen für einen Haftbefehl des Ermittlungsrichters gem. § 112 Abs. 1 StPO vom *ArbG Offenbach* 17.12.2003 NZA-RR 2004, 386) soll dafür bereits allein die Tatsache der **Anklageerhebung** und der **Eröffnung des Hauptverfahrens** ausreichen. Denn in einem Rechtsstaat hat danach das Handeln seiner Behörden die Vermutung der Rechtmäßigkeit für sich; der Arbeitgeber kann nicht verpflichtet sein, in seinen Bewertungen kritischer und zurückhaltender als diese zu sein. Andererseits rechtfertigt **noch nicht allein** die dem Arbeitgeber seitens einer staatlichen Ermittlungsbehörde (Zollfahndungsamt) zugeleitete **Zusammenfassung von Ermittlungsergebnissen**, wonach ein Arbeitnehmer den Arbeitgeber durch Diebstähle/Unterschlagungen nachhaltig geschädigt habe, die Annahme eines dringenden Tatverdachts (*LAG Hamm* 20.7.2000 NZA-RR 2001, 635). Demgegenüber ist davon auszugehen, dass die Einleitung eines staatsanwaltschaftlichen **Ermittlungsverfahrens** und eine richterliche **Durchsuchungsanordnung alleine noch keinen dringenden Tatverdacht begründen** können (*BAG* 29.11.2007 EzA § 626 BGB 2002 Verdacht strafbarer Handlung Nr. 5).

Ausreichend ist es demgegenüber aber jedenfalls, wenn ein **Kassierer** in einem Lebensmittel- 1466
markt von einem Kunden Geld kassiert, diesen Vorgang aber weder registriert, noch die Einnahme der Kasse zuführt (*LAG Köln* 19.6.1998 LAGE § 626 BGB Verdacht strafbarer Handlung Nr. 9). Auch die Kassiererin in einem Lebensmittelmarkt, die bei **mehreren Testkäufen die vorgeschriebene Kassenregistrierung der vereinnahmten Beträge unterlässt**, ohne dass der Kassenabschluss die entsprechende Plus-Differenz ergibt, setzt grds. den für eine Verdachtskündigung erforderlichen Verdacht der Unterschlagung. Darauf kann sich der Arbeitgeber selbst dann berufen, wenn er der Kassiererin in einem nach Ausspruch der Kündigung ausgestellten Zeugnis Ehrlichkeit bescheinigt hat (*LAG Köln* 30.7.1999 NZA-RR 2000, 189).

1467 Besteht der dringende Verdacht einer schwerwiegenden Arbeitsvertragsverletzung (Erschleichung eines Arbeitsunfähigkeit bestätigenden ärztlichen Attests) oder/und dass sich der Arbeitnehmer nicht gesundheitsfördernd verhalten hat, ist nach Auffassung des *LAG Bln.* (3.8.1998 LAGE § 15 KSchG Nr. 17) schließlich kündigungsrechtlich eine **Wahlfeststellung** möglich.

1468 Dem **Leiter eines kommunalen Kindergartens** kann ohne vorherige Abmahnung wirksam außerordentlich gekündigt werden, wenn anlässlich staatsanwaltschaftlicher Ermittlungen auf dem privaten PC des Arbeitnehmers sechzig aus dem Internet heruntergeladene **Bilddateien mit pornographischen Darstellungen** des Missbrauches von Kindern sichergestellt werden, die den dringenden Verdacht begründen, der Arbeitnehmer habe auf Grund pädophiler Neigungen gehandelt (*ArbG Braunschweig* 22.1.1999 NZA-RR 1999, 192).

1469 Auch der gegen eine Führungskraft sprechende dringende Verdacht, sich **unbefugt Betriebsgeheimnisse** durch Herstellung und Speicherung einer privaten Datenkopie verschafft und dabei zu Zwecken des Wettbewerbs gehandelt zu haben (§ 17 Abs. 2 Nr. 1 UWG), kann wichtiger Grund für eine fristlose Kündigung (ohne Abmahnung) sein (*LAG Köln* 17.8.2001 – 11(7) Sa 484/00 – EzA-SD 4/02, S. 14 LS).

1470 Gleiches gilt für den dringenden Verdacht, mehrfach nach Vornahme technischer Manipulationen von einem Dienstanschluss während der Arbeitszeit mit so genannten Sex-Hotlines telefoniert zu haben (*LAG Köln* 13.3.2002 NZA-RR 2002, 577 = ZTR 2002, 602).

1471 Demgegenüber besteht ein dringender Tatverdacht im konkreten Einzelfall dann nicht, wenn ein Arbeitnehmer, in dessen Tasche der Arbeitgeber eine **Rolle Paketklebeband der Marke Tesafilm** im Wert von etwa 3 € gefunden hat, zu seiner Entlastung vorträgt, er habe seine Tasche auf den Arbeitstisch gelegt, dann eine Pause gemacht, im Anschluss an die Pause die Tasche zugemacht und danach noch einmal eine Raucherpause im Pausenraum eingelegt und man habe ihm bei einer dieser Gelegenheiten die Kleberolle aus Gehässigkeit, Dummheit oder Unfug in die Tasche gesteckt. Denn dann handelt es sich um eine nachvollziehbare Wahrscheinlichkeit, an der mangels ausreichender Darlegung und ausreichenden Beweises der Arbeitgeberseite, dass tatsächlich ein Diebstahl seitens des Arbeitnehmers vorlag, eine Verdachtskündigung scheitert (*ArbG Kassel* 28.5.2003 ArbuR 2004, 435 LS).

1472 Zu beachten ist schließlich, dass **strafbare Handlungen** des Arbeitnehmers nicht schlechthin kündigungsrelevant sind. Sie müssen vielmehr in **irgendeiner Form einen Bezug zum Arbeitsverhältnis haben**. Eine Hehlerei des Arbeitnehmers mit gestohlenen Handys eines in Geschäftsbeziehung zum Arbeitgeber stehenden Kunden auf dem **Parkplatz des Betriebs** verletzt aber z.B. das Integritätsinteresse des Arbeitgebers erheblich und führt zu einer kündigungsrechtlich beachtlichen Nebenpflichtverletzung. Der Arbeitgeber braucht nicht zu dulden, dass sein Betriebsgelände von den Mitarbeitern für strafbare Privatgeschäfte genutzt wird (*BAG* 6.11.2003 EzA § 626 BGB 2002 Verdacht strafbarer Handlung Nr. 2 = NZA 2004, 919).

1473 **Lagert ein Arbeitnehmer** folglich **gestohlene Ware** (Drucker und Monitore) in Kenntnis des Umstandes, dass die Ware aus einer Straftat stammt, **auf dem Betriebsgelände** seines Arbeitgebers, um die Geräte sodann an andere Mitarbeiter zu veräußern, stellt auch dies i.d.R. einen wichtigen Grund i.S.v. § 626 Abs. 1 BGB dar (*LAG Köln* 11.4.2005 – 3 Sa 481/04 – ArbuR 2005, 384 LS).

1474 Lässt sich ein Kundendienstmonteur dahin ein, er habe die von ihm über das Internetauktionshaus »eBay« verkauften Telekommunikationsmittel der gleichen Art, wie er sie bei seiner dienstlichen Tätigkeit zu verwenden hat, von unbekannten Personen auf Flohmärkten erworben und in öffentlichen Müllbehältern gefunden, so handelt es sich um eine in solchen Fällen typische Schutzbehauptung. Das Anpreisen der angebotenen Artikel als »neu« und »originalverpackt«, das Einstellen der Artikel mit sehr niedrigen Startpreisen, die fehlende Vorlage von Verkaufsbelegen sowie das Erzielen einer sehr hohen Anzahl von positiven Urteilen in der Bewertungsplattform von »eBay« stellen deutliche Hinweise für einen dringenden Diebstahlsverdacht dar (*LAG Köln* 16.1.2007 LAGE § 626 BGB 2002 Verdacht strafbarer Handlung Nr. 3 = NZA-RR 2007, 355).

6. Interessenabwägung

Hinsichtlich der auch bei der Verdachtskündigung notwendigen Interessenabwägung muss dann, wenn nach der Sachverhaltsaufklärung ein schwerer Verdacht gegen den Arbeitnehmer bestehen bleibt, überprüft werden, ob dem Arbeitgeber die Fortsetzung des Arbeitsverhältnisses zugemutet werden kann (*BAG* 4.6.1964 AP Nr. 13 zu § 626 BGB Verdacht strafbarer Handlung). 1475

Dabei sind die **Persönlichkeit und Stellung des Arbeitnehmers im Betrieb** zu berücksichtigen. 1476

Eine **besondere Vertrauensstellung** oder die Erwartung, dass die Weiterbeschäftigung besondere Gefahren für den Arbeitgeber mit sich bringt, können dabei eine Rolle spielen. 1477

Stets aber muss sich das Gericht vor Augen halten, dass eine nur auf Verdacht gestützte Kündigung meist **ähnlich diskriminierend wirkt wie eine Strafe** und für den entlassenen Arbeitnehmer nicht nur die augenblickliche Lebensgrundlage beseitigt, sondern auch die Erlangung eines neuen Arbeitsplatzes erschweren kann. 1478

Nach Auffassung des *LAG Hessen* (24.11.1994 LAGE § 626 BGB Nr. 83) können Aspekte der **Arbeits- und Betriebsdisziplin,** die wirtschaftliche Bedeutung, die das Phänomen des Personaldiebstahls im Einzelhandel angenommen hat, **Wiederholungsgefahr und das Prestige des Arbeitgebers** bei der Belegschaft eine harte und strenge Reaktion auf einen dringenden Diebstahls- oder Unterschlagungsverdacht grds. rechtfertigen. Gleichwohl kann auf Grund einer langen Betriebszugehörigkeit ohne Beanstandungen, Schwerbehinderteneigenschaft etc. eine außerordentliche Kündigung wegen eines derartigen Verdachts unwirksam sein, sodass nur eine ordentliche Kündigung in Betracht kommt. Andererseits kann eine **lange Betriebszugehörigkeit** insoweit auch durchaus **gewichtungsneutral** sein, wenn der Arbeitgeber dem Arbeitnehmer **lange Vertrauen entgegengebracht hat** und damit die Zerstörung des Vertrauens besonders schwer wiegt (*LAG Nbg.* 16.10.2007 LAGE § 626 BGB 2002 Verdacht strafbarer Handlung Nr. 4 = ZTR 2008, 55 LS). Die **Nachahmungsgefahr durch andere Arbeitnehmer** kann das Auflösungsinteresse des Arbeitgebers zudem steigern (*LAG Nbg.* 16.10.2007 LAGE § 626 BGB 2002 Verdacht strafbarer Handlung Nr. 4 = ZTR 2008, 55 LS). 1479

7. Besonderheiten bei der Zweiwochenfrist (§ 626 Abs. 2 BGB) und die Entwicklung von Strafverfahren

a) Kenntnis des Arbeitgebers

Für den Fristbeginn gem. § 626 Abs. 2 BGB kommt es auf die **sichere und möglichst positive Kenntnis der für die Kündigung maßgeblichen Tatsachen** an. 1480

Unter den Tatsachen, die für die Kündigung maßgeblich sind, sind i.S.v. Zumutbarkeitserwägungen sowohl die für als auch die gegen die Kündigung sprechenden Umstände zu verstehen. 1481

Es genügt nicht die Kenntnis des konkreten, die Kündigung auslösenden Anlasses, vielmehr muss dem Arbeitgeber eine Gesamtwürdigung nach Zumutbarkeitsgesichtspunkten möglich sein. Maßgeblich ist der Zeitpunkt des Bekanntwerdens derjenigen objektiven Tatsachen, die den Arbeitgeber in die Lage versetzen, eine **abschließende Bewertung der Verdachtsgründe** und des dadurch ausgelösten **Vertrauenswegfalls** vorzunehmen (*LAG Bln.* 30.6.1997 NZA-RR 1997, 424 [für die außerordentliche Verdachtskündigung eines Dienstvertrages]; *LAG Köln* 18.2.1997 NZA-RR 1998, 65). 1482

b) Hemmung des Fristablaufs

Weil auch die für den Arbeitnehmer sprechenden Gesichtspunkte zum Kündigungssachverhalt gehören, die regelmäßig ohne seine Anhörung nicht hinreichend vollständig erfasst werden können, ist die **Anhörung des Arbeitnehmers i.d.R. geeignet, den Fristablauf zu hemmen** (*BAG* 6.7.1972 EzA § 626 BGB n.F. Nr. 15; *Mennemayer/Dreymüller* NZA 2005, 382 ff.). 1483

1484 Allerdings ist sie nur solange gehemmt, wie der Kündigungsberechtigte in der gebotenen Eile noch Ermittlungen anstellt, die ihm eine umfassende und zuverlässige Kenntnis des Kündigungssachverhalts verschaffen sollen.

1485 Deshalb muss der Arbeitnehmer innerhalb einer **Regelfrist von einer Woche angehört** werden, die bei Vorliegen besonderer Umstände auch überschritten werden darf (*BAG* 12.2.1973 EzA § 626 BGB n.F. Nr. 22; *Mennemayer/Dreymüller* NZA 2005, 382 ff.). Erfährt der Arbeitgeber von einem Verdacht auf im dienstlichen Bereich begangene Straftaten des Arbeitnehmers und erhält er anschließend **weder Akteneinsicht** in die Strafakte **noch Auskünfte** des vorübergehend inhaftierten Arbeitnehmers zum Tatvorwurf, so kann die Regelfrist von einer Woche nach Auffassung des *LAG Köln* (8.8.2000 NZA-RR 2001, 185) um **ca. einen Monat überschritten** werden.

Die **Arbeitsunfähigkeit** eines Arbeitnehmers führt **nicht ohne weiteres** zu einer Hemmung der Ausschlussfrist. Denn erforderlich und ausreichend für die Anhörung ist es, dass sich der Arbeitnehmer zu dem gegen ihn erhobenen Vorwurf äußern kann (*LAG Köln* 25.1.2001 ARST 2001, 213; vgl. auch *Mennemayer/Dreymüller* NZA 2005, 382 ff.).

1486 Für die Durchführung der übrigen Ermittlungen gilt keine Regelfrist (*BAG* 10.6.1988 EzA § 626 BGB Ausschlussfrist Nr. 2).

c) Abschluss des Ermittlungs- und Strafverfahrens; Verhältnis zur Tatkündigung

aa) Allgemeine Grundsätze

1487 Kündigt der Arbeitgeber wegen strafbarer Handlung bzw. eines entsprechenden Verdachts, so führt die **Einstellung** des gegen die Arbeitnehmerin insoweit eingeleiteten staatsanwaltschaftlichen **Ermittlungsverfahren** (§ 170 Abs. 2 S. 1 StPO) nicht zur Unwirksamkeit der Kündigung (*BAG* 20.8.1997 EzA § 626 BGB Verdacht strafbarer Handlung Nr. 7).

1488 Ggf. darf der Arbeitgeber mit der Kündigung **bis zum Abschluss eines Strafverfahrens warten,** wenn er vorher die Schwere des Verdachts aus eigener Kenntnis nicht beurteilen kann (*BAG* 4.6.1964 AP Nr. 13 zu § 626 BGB Verdacht strafbarer Handlung). Spricht der Arbeitgeber wegen eines bestimmten Sachverhalts eine Verdachtskündigung aus, so ist er andererseits im Kündigungsschutzprozess materiell-rechtlich nicht gehindert, z.B. nach Durchführung einer Beweisaufnahme, sich darauf zu berufen, die den Verdacht begründenden Pflichtverletzungen rechtfertigten eine **Tatkündigung** (*BAG* 6.12.2001 EzA § 626 BGB Verdacht strafbarer Handlung Nr. 11). Steht die Pflichtwidrigkeit der Tat auch zur Überzeugung des Gerichts fest, so ist auch dieses nicht gehindert, die nachgewiesene Pflichtwidrigkeit als Kündigungsgrund anzuerkennen; dies lässt die Wirksamkeit der Kündigung, die zunächst nur mit dem Verdacht eines pflichtwidrigen Handelns begründet worden war, aus materiell-rechtlichen Gründen unberührt. Hat der Arbeitgeber in einem derartigen Fall keine Tatkündigung nachgeschoben, so kann das Gericht sein Urteil trotzdem darauf stützen, dass sich der Verdacht als Kündigungsgrund in seiner schärfsten Form erwiesen hat, dass nämlich das Gericht von der Tatbegehung überzeugt ist (*BAG* 3.7.2003 EzA § 626 BGB 2002 Verdacht strafbarer Handlung Nr. 2 = NZA 2004, 307).

1489 Ist die Verdachtskündigung rechtskräftig wegen Nichteinhaltung der Zwei-Wochen-Frist gem. § 626 Abs. 2 BGB für unwirksam erachtet worden, so hindert auch die Rechtskraft dieses Urteils den Arbeitgeber nicht, später nach Abschluss des gegen den Arbeitnehmer eingeleiteten Strafverfahrens erneut eine **nunmehr auf die Tatbegehung selbst** gestützte außerordentliche Kündigung auszusprechen.

1490 Das gilt auch dann, wenn das Strafverfahren nicht zu einer Verurteilung des Arbeitnehmers geführt hat, sondern gegen Zahlung eines Geldbetrages nach § 153a StPO eingestellt worden ist; Gleiches gilt bei einer Einstellung des Strafverfahrens gem. § 153 Abs. 2 StPO (*LAG Nds.* 15.3.2002 NZA-RR 2003, 20).

1491 Die Frist beginnt dann jedenfalls nicht vor dem Abschluss des Strafverfahrens zu laufen, wenn der Arbeitgeber zuvor zwar Verdachtsmomente kannte, diese aber noch keine jeden vernünftigen Zweifel ausschließende sichere Kenntnis der Tatbegehung selbst begründeten (*BAG* 12.12.1984 EzA § 626 BGB n.F. Nr. 97).

Der Arbeitgeber ist danach auch nicht gehalten, gleich wegen des Verdachts einer Straftat zu kündigen. Er kann sich entschließen, seinen Arbeitnehmer nur für den Fall zu entlassen, dass sich herausstellen sollte, er habe die strafbare Handlung tatsächlich begangen. 1492

Er kann sogar auch dann den rechtskräftigen Abschluss eines Strafverfahrens abwarten, falls ihm nur die Fortsetzung des Arbeitsverhältnisses mit einem überführten Täter unzumutbar erscheint (*BAG* 3.4.1986 EzA § 102 BetrVG 1972 Nr. 63). Dies ist zwar ein **rechtsstaatlich nicht gebotenes**, in jedem Fall **aber gerade im Interesse des Arbeitnehmers angemessenes Vorgehen**. Der Arbeitgeber gibt damit zu erkennen, dass er die Kündigung nur auf einen zur rechtskräftigen Verurteilung im Strafverfahren ausreichenden Tatsachenstand stützen will und die rechtskräftige Verurteilung aus seiner Sicht ein eigenes Gewicht hat, das sie zu einem Element des Kündigungsgrundes macht (*BAG* 5.6.2008 – 2 AZR 25/07 – EzA-SD 21/2008 S. 10 LS = FA 2008, 379 LS). 1493

bb) Präzisierung dieser Grundsätze durch das BAG

Diese allgemeinen Grundsätze hat das *BAG* (29.7.1993 EzA § 626 BGB Ausschlussfrist Nr. 4; 18.11.1999 EzA § 626 BGB Ausschlussfrist Nr. 14; 5.6.2008 EzA § 626 BGB 2002 Verdacht strafbarer Handlung Nr. 7 = NZA-RR 2008, 630; vgl. auch *LAG Hamm* 20.8.1999 FA 2000, 52; *LAG Hamm* 3.4.2008 – 3 Sa 207/07 – EzA-SD 15/2008 S. 5 LS = FA 2008, 285) wie folgt präzisiert: 1494

- Der Kündigungsberechtigte kann sich zwar am Fortgang des Strafverfahrens orientieren (*BAG* 5.6.2008 EzA § 626 BGB 2002 Verdacht strafbarer Handlung Nr. 7 = NZA-RR 2008, 630). Weder der Verdacht strafbarer Handlungen noch eine Straftat stellen aber Dauerzustände dar, die es dem Arbeitgeber ermöglichen, bis zur strafrechtlichen Verurteilung des Arbeitnehmers zu irgendeinem beliebigen Zeitpunkt eine fristlose Kündigung auszusprechen; für den gewählten **Kündigungszeitpunkt** bedarf es vielmehr eines **sachlichen Grundes** (*BAG* 5.6.2008 EzA § 626 BGB 2002 Verdacht strafbarer Handlung Nr. 7 = NZA-RR 2008, 630).
- Hält der Arbeitgeber einen bestimmten Kenntnisstand für ausreichend, eine fristlose Kündigung wegen Verdachts einer strafbaren Handlung oder wegen begangener Straftat auszusprechen, so muss er nach § 626 Abs. 2 BGB binnen zwei Wochen kündigen, nachdem er diesen Kenntnisstand erlangt hat. Hat der Kündigungsberechtigte **neue Tatsachen** erfahren oder neue Beweismittel erlangt und glaubt, nunmehr einen – neuen – **ausreichenden Erkenntnisstand** für seine Kündigung zu haben, so kann er **auch dies zum Anlass** der **Kündigung nehmen** (*BAG* 5.6.2008 EzA § 626 BGB 2002 Verdacht strafbarer Handlung Nr. 7 = NZA-RR 2008, 630).
- Entscheidet sich der Arbeitgeber, nachdem sich auf Grund konkreter Tatsachen bei ihm ein Anfangsverdacht entwickelt hat, selbst weitere Ermittlungen durchzuführen, so muss er diese zügig durchführen und binnen 2 Wochen nach Abschluss der Ermittlungen, die seinen Kündigungsentschluss stützen, kündigen.
- Es steht dem Kündigenden zwar grds. frei, anstatt eigene Ermittlungen durchzuführen, den Ausgang des Ermittlungs- bzw. Strafverfahrens abzuwarten. Das bedeutet aber nicht, dass der Arbeitgeber trotz eines hinlänglich begründeten Anfangsverdachts zunächst von eigenen weiteren Ermittlungen absehen und den Verlauf des Ermittlungs- bzw. Strafverfahrens abwarten darf, um dann spontan, ohne dass sich neue Tatsachen ergeben hätten, zu einem willkürlich gewählten Zeitpunkt Monate später nach Abschluss dieser Ermittlungen zu kündigen.
- Kündigt der Arbeitgeber nicht schon auf Grund des Verdachts einer strafbaren Handlung, sondern wartet er das Ergebnis des Strafverfahrens ab, so wird die Ausschlussfrist des § 626 Abs. 2 BGB jedenfalls dann gewahrt, wenn er die außerordentliche Kündigung binnen zwei Wochen seit Kenntniserlangung von der Tatsache der Verurteilung ausspricht.

8. Besonderheiten bei der Anhörung des Betriebsrats

1495 Teilt der Arbeitgeber dem Betriebsrat mit, er beabsichtige, den Arbeitnehmer wegen einer nach dem geschilderten Sachverhalt für nachgewiesen erachteten Straftat fristlos und vorsorglich ordentlich zu kündigen und stützt er später die Kündigung bei unverändert gebliebenem Sachverhalt auch auf den Verdacht dieser Straftat, so ist der **nachgeschobene Kündigungsgrund der Verdachtskündigung** nach der Rechtsprechung des *BAG* (3.4.1986 EzA § 102 BetrVG 1972 Nr. 63) **wegen fehlender Anhörung des Betriebsrats im Kündigungsschutzprozess nicht zu verwerten,** es sei denn, dass der Arbeitgeber den Betriebsrat zuvor erneut angehört hat (*BAG* 11.4.1985 EzA § 102 BetrVG 1972 Nr. 62; vgl. auch *LAG Köln* 26.11.1999 ARST 2000, 162 LS; 14.9.2007 – 11 Sa 259/07 – ArbuR 2007, 444 LS).

1496 Denn danach stellt der Verdacht einer strafbaren Handlung auch i.S.d. § 102 BetrVG einen **eigenständigen Kündigungsgrund** dar, der in der dem Betriebsrat mitgeteilten Behauptung, der Arbeitnehmer habe die Tat begangen, nicht enthalten ist (vgl. *ArbG Lübeck* 28.6.2002 NZA-RR 2002, 585).

1497 Die Mitteilung, einem Arbeitnehmer solle wegen des Verdachts einer strafbaren Handlung gekündigt werden, gibt dem Betriebsrat weit stärkeren Anlass für ein umfassendes Tätigwerden im Anhörungsverfahren als eine Anhörung wegen einer als erwiesen behaupteten Handlung.

1498 Letztere wird den Betriebsrat vielfach veranlassen, von einer eigenen Stellungnahme abzusehen und die Klärung des Vorwurfs dem Kündigungsschutzverfahren zu überlassen.

1499 Gibt der Arbeitgeber dagegen selbst zu erkennen, dass er lediglich einen Verdacht gegen den Arbeitnehmer hegt und ihm bereits dieser Umstand für eine Entlassung als ausreichend erscheint, so erhebt der Betriebsrat erfahrungsgemäß eher nachdrücklich Gegenvorstellungen (*BAG* 3.4.1986 EzA § 102 BetrVG 1972 Nr. 63).

1500 Allein die im Anhörungsschreiben an den Betriebsrat enthaltene Formulierung »Die aus den vorgelegten Unterlagen zu entnehmenden Tatsachen und Vorwürfe sind derart gravierend, die Qualität der bisherigen staatsanwaltschaftlichen Ermittlungen sowie deren Ergebnisse derart eindeutig, dass auch auf Arbeitgeberseite das Vertrauensverhältnis zum Arbeitnehmer nunmehr völlig zerstört und eine vertrauensvolle Zusammenarbeit mit ihm nicht mehr denkbar ist« stellt keine Anhörung des Betriebsrats zu einer Verdachtskündigung dar, sofern im Anhörungsschreiben nicht in sonstiger Weise deutlich wird, dass der Arbeitgeber kündigen will, weil er das arbeitsvertragsbezogene Vertrauensverhältnis gerade (auch) wegen des Verdachts für beeinträchtigt hält (*LAG Köln* 14.9.2007 – 11 Sa 259/07 – ArbuR 2007, 444 LS).

1501 Unbedenklich ist es demgegenüber, wenn der Arbeitgeber die beabsichtigte Kündigung auf »erwiesene Manipulation« und »zumindest dringenden Verdacht entsprechenden Handelns« stützt und dem Betriebsrat die ihn bestimmenden Gründe für die Kündigung mitteilt. Dazu gehören allerdings nach Auffassung des *LAG Köln* (31.10.1997 LAGE § 626 BGB Verdacht strafbarer Handlung Nr. 7) auch die ihn nur in zweiter Linie leitenden Gründe, will er nicht das Recht verlieren, sich auf solche Gründe in einem späteren Prozess berufen können; dies gilt danach insbes. im Verhältnis von der Tat- zur Verdachtskündigung. Der Arbeitgeber kann dann sowohl eine Tat- als eine Verdachtskündigung erklären (*LAG Köln* 22.5.2003 LAGE § 626 BGB Nr. 151).

1502 Wartet der Arbeitgeber das Ergebnis des Strafverfahrens ab und kündigt sodann **nach Kenntniserlangung von der Tatsache der Verurteilung,** ohne die schriftlichen Gründe des Strafurteils zu kennen, so genügt eine entsprechende Information gegenüber dem Personalrat jedenfalls dann den Anforderungen gem. § 77 Abs. 3 LPVG BW, wenn der Personalrat die näheren Umstände des Tatvorwurfs bereits kennt (*BAG* 18.11.1999 EzA § 626 BGB Ausschlussfrist Nr. 14).

9. Die Verdachtskündigung als ordentliche Kündigung (§ 622 BGB, § 1 KSchG)

a) Ausschluss einer ordentlichen Verdachtskündigung

In der **Literatur** (*Hueck* KSchG 10. Aufl. § 1 Rz. 98; vgl. auch *Schütte* NZA 1991, Beil. Nr. 2 S. 21) wird die Auffassung vertreten, dass eine Verdachtskündigung **stets eine außerordentliche Kündigung** sein muss, weil sie nur dann in Betracht kommt, wenn infolge besonderer Begleitumstände allein der Verdacht bereits so schwer wiegt, dass dem Arbeitgeber die Fortsetzung des Arbeitsverhältnisses nicht zugemutet werden kann. 1503

Ist ein wichtiger Grund i.S.d. § 626 Abs. 1 BGB gegeben, so behält er danach seinen Charakter auch, wenn die Kündigung befristet ausgesprochen wird. 1504

b) Die Verdachtskündigung als ordentliche verhaltens- oder personenbedingte Kündigung

Zwar ist die Einordnung der Verdachtskündigung in die Kategorien des § 1 KSchG tatsächlich problematisch (vgl. *Ascheid* Beweislastfragen im Kündigungsschutzprozess S. 136). 1505

Teilweise (KR/*Hillebrecht* 4. Aufl., § 626 BGB Rz. 153 ff.) wird sie als besonderer Kündigungsgrund, teilweise (KR/*Becker* 3. Aufl., § 1 KSchG Rz. 87 f.) als verhaltensbedingte Kündigung (vgl. z.B. *BAG* 10.2.2005 EzA § 1 KSchG Verdachtskündigung Nr. 3 = NZA 2005, 1056: Verdacht der pflichtwidrigen Begünstigung eines Spielteilnehmers durch einen angestellten Croupier in einer Spielbank), teilweise (*Preis* DB 1988, 1448) schließlich als personenbedingte Kündigung qualifiziert. 1506

Für die Annahme einer personenbedingten Kündigung spricht, dass der Verdacht, der auf der Person des Arbeitnehmers lastet, so gewichtig sein muss, dass eine gedeihliche Fortsetzung des Arbeitsverhältnisses objektiv nicht möglich erscheint. 1507

Gegen eine verhaltensbedingte Kündigung spricht, dass das zugrunde liegende Verhalten nicht nachgewiesen ist (*Preis* a.a.O.). 1508

Insgesamt ist jedenfalls nicht ersichtlich, warum es dem Arbeitgeber aus Rechtsgründen nicht gestattet sein soll, dem Arbeitnehmer insoweit entgegenzukommen, als er trotz Vorliegens der Voraussetzungen des § 626 BGB nur eine ordentliche Kündigung erklärt (*BAG* 4.11.1957 AP Nr. 39 zu § 1 KSchG; 3.7.2003 EzA § 626 BGB 2002 Verdacht strafbarer Handlung Nr. 2 = NZA 2004, 307; 10.2.2005 EzA § 1 KSchG Verdachtskündigung Nr. 3 = NZA 2005, 1056; *LAG Hamm* 22.9.2004 – 18 Sa 620/04 – EzA-SD 25/04, S. 8 LS). 1509
Eine ordentliche Verdachtskündigung kommt auch dann in Betracht, wenn eine zunächst erklärte außerordentliche Verdachtskündigung wegen **fehlender Anhörung** des Arbeitnehmers unwirksam ist und deshalb die Frist gem. **§ 626 Abs. 2 BGB** verstrichen ist (*LAG Brem.* 1.8.2008 – 4 Sa 53/08 – EzA-SD 19/2008 S. 5 LS).

10. Fehlprognose und Wiedereinstellungsanspruch

a) Wiedereinstellung

Hat sich die Prognose bei der Verdachtskündigung als unzutreffend herausgestellt, dann ist das Vertrauensverhältnis zwischen Arbeitgeber und Arbeitnehmer wiederhergestellt. 1510

Für diesen Fall hat der (zunächst wirksam) gekündigte Arbeitnehmer einen **Anspruch auf Wiedereinstellung zu den alten Arbeitsbedingungen** (KR/*Fischermeier* § 626 BGB Rz. 219, 234.; vgl. auch *Zwanziger* BB 1997, 42 ff.). 1511

Dies gilt jedenfalls während des laufenden Kündigungsschutzprozesses, sodass der Arbeitnehmer insoweit zumindest hilfsweise einen entsprechenden Antrag zu stellen hat. Das gilt aber auch dann, wenn der Kündigungsschutzprozess bereits rechtskräftig zu Lasten des Arbeitnehmers entschieden worden ist oder aber der Arbeitnehmer in Anbetracht der gegen ihn sprechenden Verdachtsgründe davon abgesehen hat, Kündigungsschutzklage zu erheben (MünchArbR/*Berkowsky* § 144 Rz. 20). 1512

b) Problemstellung; Anspruchsgrundlagen

1513 **Erweist sich die kündigungsbegründende Prognose nach Ausspruch der Kündigung als falsch, so wäre die Kündigung nach Maßgabe dieser Erkenntnisse rechtswidrig. Fraglich ist deshalb, ob der Arbeitgeber das Arbeitsverhältnis trotz der ursprünglich wirksamen Kündigung fortsetzen muss.**

1514 In Betracht kommt ein **Wiedereinstellungsanspruch,** wenn dieser nach **Treu und Glauben** nach der jeweils gegebenen besonderen Sachlage und erschöpfender Berücksichtigung aller in Betracht kommender Umstände dem Arbeitgeber zuzumuten ist (*BGH* 13.7.1956 AP Nr. 2 zu § 611 BGB Fürsorgepflicht).

1515 Als Anspruchsgrundlage kommt auch die **Fürsorgepflicht** des Arbeitgebers aus einer Nachwirkung der vertraglichen Bindungen in Betracht (*BAG* 14.12.1956 AP Nr. 3 zu § 611 BGB Fürsorgepflicht), ferner kann auf die Grundsätze der **Vertrauenshaftung** abgestellt werden (*BAG* 15.3.1984 EzA § 611 BGB Einstellungsanspruch Nr. 2).

1516 Diese Frage stellt sich im Übrigen nicht nur im Rahmen einer Verdachtskündigung, sondern auch im Falle einer wirksamen betriebsbedingten Kündigung (s.u. Rn. 2702 ff.). Jedenfalls führt die bloße **Einstellung** eines gegen den Arbeitnehmer eingeleiteten staatsanwaltschaftlichen **Ermittlungsverfahren** (§ 170 Abs. 2 S. 1 StPO) nicht zu einem Wiedereinstellungsanspruch (*BAG* 20.8.1997 EzA § 626 BGB Verdacht strafbarer Handlung Nr. 7).

1517 Vereinbaren **die Parteien** dagegen nach dem Ausspruch einer außerordentlichen Verdachtskündigung in einem **gerichtlichen Vergleich**, dass das Arbeitsverhältnis gegen **eine Vergütung nach einer niedrigeren Vergütungsgruppe fortgesetzt wird, ist dieser Vergleich weder gem. § 779 Abs. 1 BGB noch wegen Wegfalls der Geschäftsgrundlage unwirksam,** wenn sich der zur Zeit seines Abschlusses bestehende Verdacht später als ungerechtfertigt herausstellt (*LAG Düsseld.* 2.10.2003 ZTR 2004, 210).

c) Prozessuale Geltendmachung

1518 Fraglich ist auch, wie ein etwa bestehender Wiedereinstellungsanspruch **prozessual realisiert** werden kann.

1519 Nach Auffassung von *Berkowsky* (MünchArbR § 134 Rz. 93 f.) ist insoweit zu differenzieren: Entsteht der Anspruch noch während des bestehenden Arbeitsverhältnisses, so ist das Begehren des Arbeitnehmers darauf zu richten, dass der Arbeitgeber dazu verurteilt wird, das Angebot des Arbeitnehmers auf **einvernehmliche Aufhebung der Kündigung** anzunehmen (§ 894 Abs. 1 ZPO). Denn für den Abschluss eines neuen Arbeitsverhältnisses besteht kein Bedarf.

1520 Entsteht der Anspruch hingegen erst, nachdem das Arbeitsverhältnis durch Kündigung und Ablauf der Kündigungsfrist rechtlich beendet worden ist, kommt nur der Abschluss eines neuen Arbeitsvertrages in Betracht.

1521 Dementsprechend muss der Arbeitnehmer begehren, den Arbeitgeber zu verurteilen, das Angebot des Arbeitnehmers auf **Abschluss eines (neuen) Arbeitsvertrages** gemäß den Bedingungen des beendeten Arbeitsvertrages anzunehmen.

1522 Die begehrten Willenserklärungen des Arbeitgebers gelten erst mit Rechtskraft der entsprechenden Urteile als abgegeben (§ 894 Abs. 1 ZPO), sodass i.d.R. eine **faktische Unterbrechung** des Beschäftigungsverhältnisses für die Dauer des Prozesses, im Falle des begehrten Abschlusses eines neuen Arbeitsvertrages auch eine **rechtliche Unterbrechung** des Arbeitsverhältnisses eintritt. Insoweit können je nach den Umständen des einzelnen Falles Schadensersatzansprüche des Arbeitnehmers gegen den Arbeitgeber wegen zeitweiliger Nichtbeschäftigung entstehen.

d) Restitutionsklage

1523 Ist die Kündigungsschutzklage rechtskräftig abgewiesen worden, so kommt die Erhebung der Restitutionsklage gem. §§ 580 ff. ZPO in Betracht, wenn sich nachträglich Umstände ergeben, die den Verdacht entkräften oder gar beseitigen.

Zu den Urkunden, die eine Restitutionsklage gem. § 580 Nr. 2 ZPO gegen ein eine Kündigungsschutzklage abweisendes Urteil begründen können, zählen aber weder ein **Vernehmungsprotokoll** über entlastende Zeugenaussagen nach Rechtskraft noch der nachfolgende Beschluss des Strafgerichts, die **Eröffnung des Hauptverfahrens** abzulehnen (*BAG* 22.1.1998 EzA § 580 ZPO Nr. 3). 1524

11. Kritik

Die Annahme einer Verdachtskündigung wird in der **Literatur teilweise** (vgl. *Schütte* NZA 1991, Beil. Nr. 2, S. 17 ff.; *Dörner* NZA 1992, 865, AiB 1993, 147, NZA 1993, 873, AR-*Blattei* Nr. 101C »Verdachtskündigung« Rz. 1 ff., AiB 1995, 663; APS/*Dörner* § 626 BGB Rz 374 ff.; *Naujok* ArbuR 1998, 398 ff.; *Deinert* ArbuR 2005, 285 ff.; krit. auch *Berkowsky*, die personen- und verhaltensbedingte Kündigung, § 26 Rz. 3 sowie hinsichtlich der Begründung *Belling* RdA 1996, 223 ff.) **abgelehnt.** 1525

Danach lässt sich eine Verdachtskündigung mit den Methoden zur Auslegung von Gesetzen den maßgeblichen Vorschriften der § 626 BGB, §§ 1, 9, 14 Abs. 2 KSchG, § 286 ZPO nicht entnehmen. 1526

Auch der Hinweis auf die Beeinträchtigung des notwendigen Vertrauensverhältnisses durch den Verdacht rechtfertigt eine Verdachtskündigung nicht. Denn der Gesetzgeber hat das Problem des Vertrauensverlusts auch im Arbeitsverhältnis durchaus gesehen, was insbes. die abgestufte Regelung der Beendigungsmöglichkeiten des Arbeitsverhältnisses durch diese Normen belegt. 1527

Die sofortige Beendigung des Arbeitsverhältnisses durch den Arbeitgeber erfordert folglich einen **zur vollen Überzeugung des Gerichts nachgewiesenen wichtigen Grund.** 1528

Diesen Anforderungen genügt nicht: 1529

- eine objektiv gegebene Tatsachenbasis, die für sich genommen den an das Vorliegen eines an sich zur außerordentlichen Kündigung geeigneten Umstands zu stellenden Anforderungen nicht genügt,
- ergänzt durch eine auf einen in der Vergangenheit liegenden abgeschlossenen Lebenssachverhalt bezogene Prognose über die Täterschaft des Arbeitnehmers. Dogmatisch begründbar ist auch weder die Notwendigkeit einer besonderen Begründung der Kündigung noch die Forderung nach einer Anhörung des Arbeitnehmers als Wirksamkeitsvoraussetzung.

Schließlich ist die Annahme einer Verdachtskündigung auch **mit Art. 12 GG unvereinbar,** weil insoweit hinsichtlich des Arbeitgebers und des Arbeitnehmers grds. gleichwertige Grundrechtspositionen betroffen sind. 1530

Deshalb bedarf es einer güterabwägenden Grundrechtsausgleichung zum Zwecke einer auf die Einheit der Verfassung abzielenden **praktischen Konkordanz.** 1531

Das setzt voraus, dass ein legitimer Zweck verfolgt wird und das eingesetzte Mittel geeignet und erforderlich ist, den angestrebten Zweck zu erfüllen und schließlich verhältnismäßig (im engeren Sinne) ist. Diesen Anforderungen genügt die Rechtsprechung des *BAG* (22.1.1998 EzA § 580 ZPO Nr. 3) zur Verdachtskündigung jedoch nicht (vgl. *Dörner* a.a.O.). 1532

VIII. Druckkündigung

1. Begriff

Die sog. Druckkündigung ist ein **Sonderfall einer außerordentlichen Kündigung,** die sowohl als verhaltens-, personen- als auch betriebsbedingte (vgl. *BAG* 19.6.1986 EzA § 1 KSchG Betriebsbedingte Kündigung Nr. 39) außerordentliche (aber auch als ordentliche; **a.A.** unzutr. *Insam* DB 2005, 2298 ff.) (Änderungs-)Kündigung erklärt werden kann. Sie ist alternativ als verhaltens-, personen- oder betriebsbedingter Kündigungsgrund zu prüfen (*BAG* 31.1.1996 EzA § 626 BGB Druckkündigung Nr. 3). 1533

1534 Voraussetzung dafür ist, dass von der Belegschaft, einer Gewerkschaft, dem Betriebsrat (§ 104 BetrVG) oder Kunden, Lieferanten des Arbeitgebers oder staatlichen Institutionen unter Androhung von erheblichen Nachteilen für den Arbeitgeber von ihm die Entlassung eines bestimmten Arbeitnehmers gefordert wird.

1535 Als in Aussicht gestellte erhebliche Nachteile kommen in Betracht z.B. die Verweigerung der Zusammenarbeit mit dem betroffenen Arbeitnehmer durch die Vorgesetzten und Kollegen des betroffenen Arbeitnehmers (vgl. *LAG Nbg.* 9.12.2003 – 6 Sa 676/02 – EzA-SD 7/04, S. 12 LS = NZA-RR 2004, 298 = LAG Report 2004, 222 LS), Verweigerung der Arbeit überhaupt, Streik, Ankündigung der Kündigung durch Mitarbeiter, Entzug von Aufträgen, Liefersperren, Ankündigung des Abbruchs der Geschäftsbeziehungen durch Kunden, Konzessionsentzug, Untersagung der Gewerbeausübung oder letztlich auch physische Gewalt (vgl. *BAG* 19.6.1986 EzA § 1 KSchG Betriebsbedingte Kündigung Nr. 39; MünchArbR/*Berkowsky* § 143 Rz. 5; APS/*Dörner* § 626 BGB Rz. 336 ff.; zur Druckkündigung im Sport s. *Breucker* NZA 2008, 1046 ff.).

2. Voraussetzungen

a) Vorliegen eines weiteren Kündigungsgrundes

1536 Kann der Arbeitnehmer Kündigungsschutz beanspruchen, liegt aber ein insbes. personen- oder verhaltensbedingter **Kündigungsgrund** vor (entweder gem. § 626 Abs. 1 BGB oder gem. §§ 1, 2 KSchG) und beruft sich der Arbeitgeber neben dem Hinweis auf den ausgeübten Druck hierauf, **so ist die Kündigung trotz des** (wegen der Nähe zur Nötigung grds. zu missbilligenden) **Drucks der Dritten wirksam** (*BAG* 19.6.1986 EzA § 1 KSchG Betriebsbedingte Kündigung Nr. 39).

1537 So können z.B. **autoritärer Führungsstil und mangelnde Fähigkeit zur Menschenführung** bei einem sog. unkündbaren Arbeitnehmer eine außerordentliche personenbedingte (Änderungs-) Druckkündigung nach § 55 Abs. 1 BAT rechtfertigen (*BAG* 31.1.1996 EzA § 626 BGB Druckkündigung Nr. 3).

1538 Daran vermag ein möglicherweise berechtigtes Unwerturteil über den Druck nichts zu ändern. Dieser berührt zwar das Verhältnis Arbeitgeber – Dritter, nicht aber die kündigungsrechtliche Situation des betroffenen Arbeitnehmers selbst (MünchArbR/*Berkowsky* § 143 Rz. 11).

b) Fehlen eines weiteren Kündigungsgrundes

aa) Druck als Kündigungsgrund

1539 Liegt dagegen ein **Kündigungsgrund objektiv nicht vor,** so erfüllt allein der auf den Arbeitgeber ausgeübte Druck dann die Voraussetzungen des **§ 626 Abs. 1 BGB** für eine betriebsbedingte Kündigung, wenn ihm die **Vernichtung seiner Existenz** oder zumindest **schwere wirtschaftliche Schäden** für den Fall angedroht werden, dass er den betroffenen Arbeitnehmer auch nur für die Zeit der Kündigungsfrist weiterbeschäftigt.

1540 Der Arbeitgeber darf in diesen Fällen aber nicht ohne weiteres dem Verlangen auf Entlassung des Arbeitnehmers nachgeben. Er muss sich vielmehr **schützend vor diesen stellen** und versuchen, die Belegschaft (vgl. *LAG Nbg.* 9.12.2003 LAGE § 123 BGB Nr. 28 = NZA-RR 2004, 298 = LAG Report 2004, 222 LS) oder diejenige Seite, von der Druck ausgeübt wird, von ihrer Drohung abzubringen (*BAG* 19.6.1986 EzA § 1 KSchG Betriebsbedingte Kündigung Nr. 39); das gilt auch dann, wenn der Arbeitnehmer eine sexuelle Belästigung begangen haben soll (*ArbG Hmb.* 23.2.2005 NZA-RR 2005, 306).

1541 Der Arbeitgeber kann sich zudem nicht auf eine Drucksituation berufen, die er selbst in vorwerfbarer Weise herbeigeführt hat.

bb) Vermittlungspflicht des Arbeitgebers; Mitwirkungspflicht des Arbeitnehmers

> Anhaltende Bemühungen durch den Arbeitgeber sind insbes. dann erforderlich, wenn die Forderung nach Entlassung sachlich ungerechtfertigt ist oder etwa gegen die Grundsätze der positiven oder negativen Koalitionsfreiheit (Art. 9 GG) verstößt. **1542**

Andererseits muss auch der Arbeitnehmer in einer Drucksituation versuchen, unzumutbare Nachteile von seinem Arbeitgeber abzuwenden und u.U. bereit sein, in eine Versetzung einzuwilligen, wenn dadurch die Lage entspannt werden kann (*BAG* 11.2.1960, 16.12.1960 AP Nr. 3, 7 zu § 626 BGB Druckkündigung; Rechtsschutzmöglichkeiten gegenüber dem Druckausübenden erörtert *Schleusener* NZA 1999, 1078 ff.). **1543**

c) Arbeitsverhältnis mit Auslandsberührung

Der Arbeitgeber muss, wenn er einen Arbeitnehmer im Ausland einsetzt und der ausländische Arbeitgeber objektiv zu Unrecht die Abberufung des Arbeitnehmers verlangt, in geeigneter Form versuchen, diesen von seiner Absicht abzubringen, bevor er den betreffenden Arbeitnehmer kündigt. **1544**

Dies gilt selbst dann, wenn der Arbeitgeber sich gegenüber dem Auftraggeber verpflichtet hat, dem Abberufungsverlangen nachzukommen (*BAG* 19.6.1986 EzA § 1 KSchG Betriebsbedingte Kündigung Nr. 39). **1545**

d) Kündigung auf Verlangen des Betriebsrats (§ 104 BetrVG)

aa) Inhaltliche Anforderungen

Die zur Druckkündigung entwickelten Kriterien gelten auch dann, wenn der Betriebsrat gem. § 104 BetrVG die Entlassung von Arbeitnehmern (nicht von leitenden Angestellten i.S.v. § 5 Abs. 3 BetrVG, auch wenn sie dazu erst nach Schluss der mündlichen Verhandlung erster Instanz bestellt worden sind; *LAG Nbg.* 22.1.2002 ARST 2002, 145 = NZA-RR 2002, 524) verlangt, die nach seiner Auffassung durch gesetzwidriges Verhalten oder durch grobe Verletzung der Grundsätze für die Behandlung der Betriebsangehörigen nach § 75 BetrVG den Betriebsfrieden wiederholt ernsthaft gestört haben sollen. **1546**

> Erforderlich ist eine erhebliche Beunruhigung einer beachtlichen Zahl von Arbeitnehmern, die objektiv, d.h. nach Ansicht vernünftig Denkender, ernst zu nehmen sein muss. Die bloße Gefährdung des Betriebsfriedens reicht nicht aus (GK-BetrVG/*Kraft* 7. Aufl. § 104 Rz. 8). Das friedliche Zusammenarbeiten der Arbeitnehmer untereinander und mit dem Arbeitgeber muss gestört und die Störung von einer gewissen Dauer und von nachteiliger Wirkung für eine größere Anzahl von Arbeitnehmern sein (*LAG Köln* 15.10.1993 NZA 1994, 431). **1547**

Die Verletzungshandlung ist grds. nicht identisch mit der zusätzlich geforderten Störung des Betriebsfriedens; ein schlüssiger Sachvortrag erfordert daher die Schilderung beider Tatbestandsmerkmale (*LAG Köln* 15.10.1993 NZA 1994, 431). **1548**

Bei seinem Verlangen, das einen ordnungsgemäßen Beschluss voraussetzt, hat der Betriebsrat den Grundsatz der **Verhältnismäßigkeit** zu beachten. **1549**

Er hat also möglichst die für den Arbeitnehmer weniger einschneidende Maßnahme zu fordern, um die Störung des Betriebsfriedens zu beseitigen, i.d.R. die Versetzung (APS/*Linck* § 104 BetrVG Rz. 7 ff., 16 ff.). **1550**

bb) Überprüfungspflicht des Arbeitgebers

Der Arbeitgeber muss die gegen den Arbeitnehmer erhobenen Vorwürfe in eigener Verantwortung prüfen und sich für ihn einsetzen, wenn er zu Unrecht angegriffen wird. Dazu gehört auch seine Verpflichtung, den Betriebsrat, der unberechtigt die Entlassung des **1551**

Arbeitnehmers erzwingen will, auf die Möglichkeit zu verweisen, beim Arbeitsgericht zu beantragen, dem Arbeitgeber aufzugeben, die geforderte Entlassung durchzuführen (§ 104 S. 2 BetrVG) und es ggf. auf eine gerichtliche Entscheidung ankommen zu lassen (GK-BetrVG/*Kraft* 7. Aufl. § 104 Rz. 15).

cc) Verhältnis zum allgemeinen Kündigungsschutzrecht

1552 § 104 BetrVG schafft insoweit jedoch keinen neuen Kündigungsgrund, sondern setzt einen solchen voraus. Das Mitbestimmungsrecht führt lediglich dazu, dass in den Fällen, in denen ein Kündigungsgrund tatsächlich vorliegt, das Entschließungsermessen des Arbeitgebers auf null reduziert ist (APS/*Linck* § 104 BetrVG Rz. 23).

1553 Durch die rechtskräftige Entscheidung des ArbG gem. § 104 S. 2 BetrVG ist der Arbeitnehmer zudem nicht gehindert, gem. §§ 1 ff., 13 KSchG Kündigungsschutzklage zu erheben.

1554 Diese hat aber nur dann Erfolg, wenn er neue Tatsachen vorbringen kann, die im Beschlussverfahren noch nicht berücksichtigt worden sind (Präklusionswirkung; APS/*Linck* § 104 Rz. 37 ff.).

dd) Verhältnis zu § 99 Abs. 2 Nr. 6 BetrVG

1555 § 104 S. 1 und § 99 Abs. 2 Nr. 6 BetrVG stellen nicht die gleichen Anforderungen. § 104 S. 1 BetrVG verlangt zum Schutz des schon eingestellten Arbeitnehmers die »wiederholte ernstliche« Störung des Betriebsfriedens. Soll ein nach § 104 S. 1 BetrVG entlassener Arbeitnehmer neu eingestellt werden, kann gleichwohl eine Zustimmungsverweigerung nach § 99 Abs. 2 Nr. 6 BetrVG etwa wegen eines glaubwürdigen Sinneswandels des Betroffenen unberechtigt sein; in diesem Fall kann sich aber die Frage stellen, ob in der beabsichtigten Einstellung wegen Umgehung des § 104 S. 1 BetrVG ein Gesetzesverstoß i.S.v. § 99 Abs. 2 Nr. 1 BetrVG liegt (*BAG* 16.11.2004 NZA 2005, 775).

e) Kündigung des Arbeitsverhältnisses

1556 Nur dann, wenn alle Vermittlungsversuche des Arbeitgebers gescheitert sind und ihm nur die Wahl verbleibt, entweder den Arbeitnehmer zu entlassen oder schwere wirtschaftliche Nachteile hinzunehmen, kann ihm entweder ein wichtiger Grund zur außerordentlichen oder ein Grund zur ordentlichen Kündigung zugebilligt werden.

1557 Die vorherige Anhörung des Arbeitnehmers ist keine Wirksamkeitsvoraussetzung für die Druckkündigung (*BAG* 4.10.1990 EzA § 626 BGB Druckkündigung Nr. 2).

1558 Eine Druckkündigung kommt auch als **ordentliche betriebsbedingte Kündigung** dann in Betracht, wenn der Druck so stark ist, dass vom Arbeitgeber vernünftigerweise ein Widerstand gegen diesen Druck nicht verlangt und nicht erwartet werden kann, und der Arbeitgeber alles ihm Mögliche unternommen hat, den, den Druck ausübenden Dritten von seinem Entlassungsverlangen abzubringen. Insoweit handelt es sich um eine betriebsbedingte Kündigung, weil die von einem Druck erzwungene Entlassung des Arbeitnehmers als dringendes betriebliches Erfordernis zu qualifizieren ist (*BAG* 19.6.1986 EzA § 1 KSchG Betriebsbedingte Kündigung Nr. 39).

f) Darlegungs- und Beweislast

1559 Wird eine Druckkündigung mit Gründen im Verhalten des Arbeitnehmers oder einem in seiner Person liegenden Grund begründet, so sind, wenn der Arbeitnehmer Kündigungsschutz beanspruchen kann, an die Darlegung- und Beweislast keine geringeren Anforderungen zu stellen als an jede andere aus verhaltens- oder personenbedingten Gründen ausgesprochene Kündigung (*LAG Köln* 17.1.1996 NZA 1996, 1100 LS).

3. Besonderheiten bei der Beteiligung des Betriebsrats

Verlangt der Betriebsrat vom Arbeitgeber, einem bestimmten Arbeitnehmer zu kündigen 1560
bzw. ihn zu versetzen, und entschließt sich der Arbeitgeber, dem Wunsch des Betriebsrats aus den von ihm angegebenen Gründen zu entsprechen, so ist, auch wenn kein Fall des § 104 BetrVG vorliegt, eine **erneute Beteiligung** des Betriebsrats nach §§ 102, 103, 99 BetrVG **nicht mehr erforderlich**. In dem Kündigungs- bzw. Versetzungsverlangen des Betriebsrats liegt dann bereits dessen Zustimmung zur Kündigung bzw. Versetzung (*BAG* 15.5.1997 EzA § 102 BetrVG 1972 Nr. 99).

4. Rechtsfolgen der Druckkündigung

Spricht der Arbeitgeber eine Druckkündigung aus, die ohne den unabwendbaren Druck eines 1561
Dritten sachlich nicht zu rechtfertigen wäre, steht dem gekündigten Arbeitnehmer i.d.R. gegen den Dritten ein **Schadensersatzanspruch** gem. §§ 823, 826 BGB zu (KR/*Fischermeier* § 626 BGB Rz. 209; vgl. ausf. *Schleusener* NZA 1999, 1079 ff.; **a.A.** MünchKomm/*Schwerdtner* § 626 Rz. 489: analoge Anwendung der §§ 9, 10 KSchG gegenüber dem Arbeitgeber). Darüber hinaus ist dem Arbeitnehmer analog § 904 BGB und nach den Grundsätzen über den **Aufopferungsanspruch** auch ein Schadensersatzanspruch gegen den Arbeitgeber zuzubilligen (*Ascheid* Kündigungsschutzrecht Rz. 170). Ob ein **»Recht am Arbeitsplatz«** besteht, das einen Anspruch gem. § 823 Abs. 1 BGB gegen den Arbeitgeber begründet, hat der *BAG* (4.6.1998 EzA § 823 BGB Nr. 9) offen gelassen. Der Arbeitgeber ist im Innenverhältnis zu dem Dritten nicht verpflichtet, gem. § 426 Abs. 1 BGB anteilig Schadensersatz zu leisten; der Dritte muss als Verursacher vielmehr den Schaden allein tragen. Der Arbeitnehmer muss deshalb den Schadensersatzanspruch gegen den Dritten zum Ausgleich an den Arbeitgeber abtreten (KR/*Fischermeier* § 626 BGB Rz. 209). Nach Auffassung von *Schleusener* (NZA 1999, 1081 ff.) kommt auch ein **Unterlassungsanspruch** des Arbeitnehmers gegen den Druckausübenden in Betracht, der aus § 1004 BGB i. V. mit §§ 823, 826 BGB abgeleitet wird und u.U. durch eine **einstweilige Verfügung** durchgesetzt werden kann.

IX. Besonderheiten der außerordentlichen Kündigung im öffentlichen Dienst der neuen Bundesländer

1. Normative Grundlagen

Nach dem **Einigungsvertrag** (Anl. I Kap. XIX Sachgebiet A Abschn. III Nr. 1 [5], [6]) ist für 1562
den Bereich des öffentlichen Dienstes in den neuen Bundesländern ein wichtiger Grund für eine außerordentliche Kündigung insbes. dann gegeben:

- wenn der Arbeitnehmer gegen die **Grundsätze der Menschlichkeit oder Rechtsstaatlichkeit** verstoßen hat,
- insbes. die im internationalen Pakte über bürgerliche und politische Rechte vom 19.12.1948 enthalten Grundsätze verletzt hat oder
- für das frühere **Ministerium für Staatssicherheit/Amt für nationale Sicherheit** tätig war und deshalb ein Festhalten am Arbeitsverhältnis unzumutbar erscheint.

Diese Regelungen sind auch dann anwendbar, wenn der Beschäftigte zum Zeitpunkt des 1563
Wirksamwerdens des Beitritts dem öffentlichen Dienst der ehemaligen DDR angehörte und das zu kündigende Arbeitsverhältnis mit bzw. nach dem Wirksamwerden des Beitritts infolge Überführung der Beschäftigungseinrichtung auf den neuen Arbeitgeber des öffentlichen Dienstes übergegangen oder durch Weiterverwendung des Arbeitnehmers – ggf. in einem anderen Verwaltungsbereich – neu begründet worden ist (*BAG* 20.1.1994 EzA Art. 20 EinigungsV Nr. 31)

Auf ein Arbeitsverhältnis dagegen, das nach dem Wirksamwerden des Beitritts zwischen 1564
einem öffentlichen Arbeitgeber i.S.v. Art. 20 Einigungsvertrag und einem Arbeitnehmer, der zu diesem Zeitpunkt in keinen arbeitsvertraglichen Beziehungen zu einem solchen Arbeitgeber im Beitrittsgebiet stand, neu begründet wurde, finden die Kündigungsregelungen des Einigungsvertrages keine Anwendung (*BAG* 20.1.1994 EzA Art. 20 EinigungsV Nr. 30).

1565 **Das Sonderkündigungsrecht steht den am 1.1.1995 in die Arbeitsverhältnisse der früheren Unternehmen der Deutschen Bundespost eingetretenen AGs weiterhin zu** (§ 22 Postpersonalvertretungsgesetz; *BAG* 10.12.1998 EzA Art. 20 Einigungsvertrag Nr. 63).

1566 Der Begriff »Angehörige des öffentlichen Dienstes« i.S.v. Art. 20 Einigungsvertrag ist umfassend zu verstehen. Er umfasst nicht nur Angehörige der öffentlichen Verwaltung, sondern auch solche Arbeitnehmer, die in Einrichtungen beschäftigt sind, deren Rechtsträger die öffentliche Verwaltung ist (z.B. Bedienstete eines Landestheaters; *BAG* 18.3.1993 EzA Art. 20 EinigungsV Nr. 21).

2. Zweck der Regelung

1567 Damit soll die **Trennung von vorbelastetem Personal** erleichtert und insbes. auch ein politisches Signal gesetzt werden. Durch den Hinweis auf Normen des internationalen Rechts soll verdeutlicht werden, dass es hier um die Beurteilung von Verhaltensweisen nach allgemein anerkannten Maßstäben geht.

1568 Hinsichtlich der Tätigkeit für das frühere Ministerium für Staatssicherheit oder für vergleichbare Einrichtungen ist es **unerheblich,** ob es sich um eine **haupt- oder nebenamtliche Tätigkeit** gehandelt hat (Unterrichtung durch die Bundesregierung BT-Drs. 11/7817, S. 180).

3. Eigenständige Regelung neben § 626 BGB; Anwendbarkeit sonstiger Kündigungsschutzbestimmungen

1569 Fraglich ist das Verhältnis dieser Regelung zu § 626 Art. 1, 2 BGB.

1570 In der Literatur (*Dörner/Widlak* NZA 1991, Beil. Nr. 1, S. 52) wird die Auffassung vertreten, dass es sich nur um die Klarstellung handelt, dass entsprechendes Verhalten oder eine entsprechende Tätigkeit einen an sich zur außerordentlichen Kündigung geeigneten Umstand darstellen.

1571 Insbes. an der Notwendigkeit einer umfassenden Einzelfallabwägung dahingehend, ob ein Festhalten am Arbeitsverhältnis zumutbar erscheint oder nicht, ändert die Regelung ebenso wenig etwa wie an der notwendigen Beachtung von § 626 Abs. 2 BGB.

1572 Demgegenüber geht das *BAG* (11.6.1992, 25.2.1993 EzA Art. 20 EinigungsV Nr. 16, 22; vgl. auch *Ascheid* NZA 1993, 97; *Fenski/Linck* NZA 1992, 337) davon aus, dass es sich um eine eigenständige und abschließende Regelung der Möglichkeit einer außerordentlichen Kündigung im öffentlichen Dienst der neuen Bundesländer handelt, neben der § 626 Abs. 1, 2 BGB nicht anwendbar ist, wohl aber § 13 Abs. 1 S. 2 KSchG, sodass die Klagefrist gem. § 4 KSchG vom Arbeitnehmer einzuhalten ist. Abs. 5 Nr. 2 EV statuiert einen einigungsbedingten, auf den öffentlichen Dienst zugeschnittenen Sondergrund, der den Arbeitgeber allein zum Ausspruch einer außerordentlichen Kündigung berechtigt. Die Kündigung kann zwar mit der Gewährung einer Auslauffrist verbunden werden. Ist sie jedoch ausdrücklich als ordentliche Kündigung ausgesprochen worden, kann Art. 5 Nr. 2 EV zu ihrer Rechtfertigung nicht herangezogen werden (*BAG* 27.3.2003 NZA 2004, 232 LS).

1573 Die Regelung schafft jedoch **keinen absoluten Kündigungsgrund.** Die Unzumutbarkeit muss sich vielmehr aus einer Einzelfallprüfung ergeben. Vorrangiger Maßstab sind die in der Vergangenheit liegenden Vorgänge.

1574 Die Einzelfallprüfung wird bei einem früheren hauptamtlichen Mitarbeiter der Staatssicherheit durch seine Stellung sowie die Dauer der Tätigkeit für diesen Dienst bestimmt.

1575 Ob das Festhalten am Arbeitsverhältnis unzumutbar erscheint, ist anhand **objektiver Kriterien** zu beurteilen. Dabei ist auf die vordergründige »Erscheinung« der Verwaltung mit diesem Mitarbeiter abzustellen.

Obwohl § 626 Abs. 2 BGB keine Anwendung findet, kann doch der sich aus der Tätigkeit für das Ministerium für Staatssicherheit ergebende wichtige Grund **durch bloßen Zeitablauf entfallen,** wenn der Kündigungsberechtigte die Kündigung trotz Kenntnis des wichtigen Kündigungsgrundes hinauszögert. Die weitergehenden Voraussetzungen einer Verwirkung müssen nicht erfüllt sein, um die Unwirksamkeit der Kündigung annehmen zu können (*BAG* 28.4.1994 EzA Art. 20 EinigungsV Nr. 38). 1576

Etwaige Beteiligungsrechte des **Personalrats** bleiben durch diese Regelung unberührt. Ist deshalb z.B. die Stufenvertretung gem. § 82 Abs. 1 BPersVG anzuhören, hat die Beteiligung des örtlichen Personalrats nach § 82 Abs. 2 BPersVG keinen Einfluss auf die Wirksamkeit der außerordentlichen Kündigung. 1577

Auch der **besondere Kündigungsschutz** gem. §§ 85, 91 SGB IX, § 15 Abs. 2 KSchG, § 47 Abs. 1 BPersVG/PersVG-DDR bleibt für derartige Kündigungen unberührt (*BAG* 16.3.1994, 28.4.1994 EzA Art. 20 EinigungsV Nr. 34, 36). 1578

4. Tatbestandsvoraussetzungen im Einzelnen

a) Verstoß gegen die Grundsätze der Menschlichkeit oder Rechtsstaatlichkeit

Erforderlich ist eine vorsätzliche erhebliche Zuwiderhandlung gegen die Grundsätze der Menschlichkeit oder Rechtsstaatlichkeit. Entscheidend ist der materielle Unrechtscharakter des Verhaltens des Gekündigten. Es kommt nicht darauf an, ob das Verhalten durch geltende Gesetze oder obrigkeitliche Anordnungen erlaubt oder von der Strafverfolgung ausgeschlossen war. Ein Festhalten am Arbeitsverhältnis muss wegen des früheren Verhaltens des Arbeitnehmers im Einzelfall unzumutbar erscheinen. 1579

Hat ein Jugendfürsorger die Klage auf Ersetzung der Einwilligung eines Elternteils zur Annahme an Kindes statt nach § 70 Abs. 1 FGB-DDR betrieben, stellt das allein keinen wichtigen Grund i.S.d. hier erörterten Norm dar. Sollte ein von seiner Mutter in der DDR allein zurückgelassenes Kind gegen deren Willen adoptiert werden, sind die Absichten und Ziele des Jugendfürsorgers maßgebend, die seinen Maßnahmen zugrunde lagen. Verfolgte er vertretbar das Wohl des Kindes, schließt dies i.d.R. einen Verstoß gegen die Grundsätze der Menschlichkeit oder Rechtsstaatlichkeit aus (*BAG* 20.1.1994 EzA Art. 20 EinigungsV Nr. 33). 1580

b) Tätigkeit für das frühere Ministerium für Staatssicherheit/Amt für nationale Sicherheit

Wer auf Grund eines freien Willensentschlusses und ohne entschuldigenden Zwang eine Erklärung unterzeichnet hat, künftig für das Ministerium für Staatssicherheit als inoffizieller Mitarbeiter tätig zu werden, begründet erhebliche Zweifel an seiner persönlichen Eignung für eine Tätigkeit im öffentlichen Dienst i.S.d. Abs. 4 der Regelung des Einigungsvertrages. Diese Regelung ist mit dem GG vereinbar (*BVerfG* 8.7.1997 EzA Art. 12 GG Nr. 32; zur Kündigung eines Personalratsmitglieds vgl. ausf. *BVerwG* 28.1.1998 NZA 1999, 92 LS). 1581

Eine außerordentliche Kündigung nach Abs. 5 Nr. 2 setzt aber eine **bewusste, finale Mitarbeit** voraus. Bei der Prüfung, ob dem Arbeitgeber die Weiterbeschäftigung eines Arbeitnehmers trotz einer solchen Tätigkeit zuzumuten ist, sind **die Umstände des Einzelfalles** zu würdigen. Dabei kann neben dem konkreten **Verhalten des Betroffenen** auch die **Herausgehobenheit der** von ihm im Zeitpunkt der Kündigung innegehabten **Stellung** berücksichtigt werden (*BVerfG* 8.7.1997 Art. 20 EinigungsV Nr. 55). Tätigkeiten für das MfS, die vor dem Jahre 1970 abgeschlossen waren, taugen im Übrigen wegen des **erheblichen Zeitablaufs** regelmäßig nicht mehr als Indiz für eine mangelnde Eignung. Ausnahmsweise relevante Fragen nach Vorgängen, die mehr als 20 Jahre vor dem Beitritt abgeschlossen waren, stehen außer Verhältnis zu der Einschränkung des allgemeinen Persönlichkeitsrechts der Befragten. 1582

Ein Arbeitnehmer darf daher vor dem Jahre 1970 abgeschlossene Vorgänge für das MfS verschweigen; dem öffentlichen Arbeitgeber ist es verwehrt, arbeitsrechtliche Konsequenzen aus einer unzutreffenden Antwort zu ziehen (*BVerfG* 19.3.1998 NZA 1998, 588; 4.8.1998 NZA 1998, 1329).

1583 Die bloße Unterzeichnung einer Verpflichtungserklärung durch den Arbeitnehmer stellt demgegenüber allein noch keine Tätigkeit für das Ministerium für Staatssicherheit dar (*BAG* 26.8.1993 EzA Art. 20 EinigungsV Nr. 24; s.u. Rn. 1909 ff.). Auch die Unterzeichnung einer Verpflichtungserklärung als »Inoffizieller Mitarbeiter zur Sicherung der Konspiration« (IMK) ist ohne die tatsächliche Bereitstellung der Wohnung zu Zwecken des MfS keine Tätigkeit in diesem Sinne (*BAG* 14.12.1995 EzA Art. 20 EinigungsV Nr. 52).

5. Verfahrensfragen; Darlegungs- und Beweislast

1584 Im Verfahren über die Wirksamkeit einer auf die hier erörterten Vorschriften gestützten Kündigung gilt der **Verhandlungs-/Beibringungsgrundsatz.**

1585 Werden von einer Partei Unterlagen der Behörde des Bundesbeauftragten für die personenbezogenen Unterlagen des früheren Ministeriums für Staatssicherheit der DDR (**Gauck-Behörde)** vorgelegt, hat die Partei vorzutragen, welche substantiierte Behauptung mit welcher Urkunde der Akte konkretisiert werden soll. Will die Partei Beweis antreten, hat sie vorzutragen, welche Behauptung mit welcher Urkunde der Akte bewiesen werden soll.

1586 Sind der Gegenpartei die Unterlagen nicht bekannt, hat das Gericht ihr durch Einräumung angemessener Zeit zu ermöglichen, hiervon Kenntnis zu nehmen und eine Stellungnahme abgeben zu können.

1587 Die Unterlagen können der Partei vom Gericht nicht mit der Begründung vorenthalten werden, es werde nur das ihr Günstige berücksichtigen. Die Parteien bestimmen, welche Umstände sie als ihnen günstig ansehen (*BAG* 25.2.1993 EzA Art. 20 EinigungsV Nr. 22).

1588 **Der Kündigungsgrund einer Verpflichtungserklärung** (*BAG* 28.5.1998 NZA 1999, 96) **und einer nachfolgenden tatsächlichen Tätigkeit für das Ministerium für Staatssicherheit ist vom kündigenden Arbeitgeber darzulegen und ggf. zu beweisen.**

1589 Das Gericht darf auch in derartigen Fällen von der Erhebung zulässiger und rechtzeitig angetretener Beweise nur absehen, wenn das Beweismittel völlig ungeeignet oder die Richtigkeit der unter Beweis gestellten Tatsachen bereits erwiesen oder zu Gunsten des Beweisbelasteten zu unterstellen ist. Der völlige Unwert eines Beweismittels muss feststehen, um es ablehnen zu dürfen (*BAG* 23.9.1993 EzA Art. 20 EinigungsV Nr. 26).

1590 Existiert in noch vorhandenen Unterlagen der Stasi nur eine karteimäßige Erfassung des Angestellten als IMS mit einem Decknamen, kann dies darauf hindeuten, dass der Angestellte eine Verpflichtungserklärung abgegeben hat. Beruft sich der Arbeitgeber unter Hinweis auf diese Erfassung darauf, dass nach den Richtlinien des MfS ein Deckname i.d.R. erst nach Abgabe der Verpflichtungserklärung vergeben worden sei, und benennt er als Beweis für die Behauptung, der Angestellte habe eine Verpflichtungserklärung abgegeben, den Führungsoffizier, dem gegenüber die Verpflichtung erfolgt sein soll, als Zeugen, handelt es sich nicht um einen unzulässigen Ausforschungsbeweis (*BAG* 28.5.1998 NZA 1999, 96).

1591 Insgesamt hat sich die gerichtliche Feststellung und Beurteilung einer mit geheimdienstlichen Methoden durchgeführten Tätigkeit an den Erkenntnismöglichkeiten auszurichten, die dem Arbeitgeber offen stehen. Die zivilprozessualen Möglichkeiten der Tatsachenfeststellungen sind daher auszuschöpfen, wenn die für eine bewusste und finale Zusammenarbeit mit dem MfS vorgetragenen und unter Beweis gestellten Indizien erheblich sind. Die Beweiserhebung darf auch in solchen Fällen nicht mit der Begründung unterbleiben, es handele sich um einen Ausforschungsbeweis. Anders ist es nur dann, wenn die behaupteten Hilfstatsachen ungeeignet sind, eine MfS-Tätigkeit zu indizieren (*BAG* 27.3.2003 NZA 2004, 232 LS).

X. Vergütung und Schadensersatz (§ 628 BGB)

Ist dem Arbeitnehmer fristlos gekündigt worden, so steht ihm für die bis dahin geleistete Arbeit sein Entgelt zu (**§ 628 Abs. 1 S. 1 BGB**). **1592**

Kündigt er selbst, ohne durch vertragswidriges Verhalten des Arbeitgebers dazu veranlasst zu sein oder veranlasst er durch sein vertragswidriges Verhalten diesen zur außerordentlichen Kündigung, so steht ihm ein Vergütungsanspruch insoweit nicht zu, als seine bisherigen Leistungen infolge der Kündigung für den anderen Teil kein Interesse haben (**§ 628 Abs. 1 S. 2 BGB**). **1593**

Voraussetzung dafür ist aber jedenfalls, dass die bisherigen Leistungen des Arbeitnehmers gerade wegen der Beendigung seiner tatsächlichen Tätigkeit für den Arbeitgeber kein Interesse mehr haben. Ob es darüber hinaus darauf ankommt, ob das Arbeitsverhältnis rechtswirksam beendet wurde bzw. in welcher Weise und aus welchen Gründen dies geschehen ist, hat das *BAG* (21.10.1983 EzA § 628 BGB Nr. 15) offen gelassen. **1594**

Hat der Arbeitnehmer durch sein vertragswidriges Verhalten die Kündigung durch den Arbeitgeber veranlasst, so steht dem Arbeitgeber zudem ein Schadensersatzanspruch hinsichtlich des **gerade durch die Beendigung des Arbeitsverhältnisses eingetretenen Schadens** gegen den Arbeitnehmer zu (§ 628 Abs. 2 BGB; § 113 S. 3 InsO); diese Regelung findet auch für berechtigt außerordentlich kündigende Schiffsbesatzungsmitglieder neben § 70 SeemG Anwendung (*BAG* 16.1.2003 EzA § 242 BGB 2002 Kündigung Nr. 3). Eine vorzeitige Beendigung des Arbeitsverhältnisses liegt allerdings **dann gar nicht vor**, wenn nicht der Arbeitgeber (Insolvenzverwalter) kündigt, sondern die **Parteien einen Aufhebungsvertrag abgeschlossen haben** (*BAG* 25.4.2007 EzA § 113 InsO Nr. 19; *LAG Hessen* 10.4.2006 – 17 Sa 1432/05 – EzA-SD 17/06, S. 13 LS; s.a. Rn. 1602). **1595**

Schadensersatz kann auch der Arbeitnehmer verlangen, der durch das Verhalten des Arbeitgebers zur Kündigung veranlasst worden ist. Das kann z.B. dann der Fall sein, wenn der Arbeitgeber vor Eröffnung des Insolvenzverfahrens in erheblichem Umfang (z.B. drei Monate) mit der Zahlung der fälligen Löhne in Rückstand kommt; der Anspruch auf Insolvenzgeld (§ 183 InsO) entlastet den Arbeitgeber insoweit nicht (*LAG Köln* 29.3.2006 – 2 Sa 1571/05 – EzA-SD 21/06, S. 8 LS). Voraussetzung ist jeweils, dass die schädigenden Folgen in einem **adäquaten Kausalzusammenhang** zu dem Auflösungsverschulden der anderen Vertragspartei stehen. Ein bspw. erst später dem Arbeitnehmer bekannt gewordener, zum Kündigungszeitpunkt bereits objektiv bestehender – wichtiger Grund kann nicht ursächlich für die Kündigungserklärung sein und begründet keinen Schadensersatzanspruch wegen Auflösungsverschulden (*BAG* 17.1.2002 EzA § 628 BGB Nr. 20; *LAG Köln* 21.7.2006 – 4 Sa 574/06 – NZA-RR 2007, 134 LS). Voraussetzung seitens des Arbeitnehmers ist generell, dass der durch den Kündigungsschutz vermittelte **Bestandsschutz verloren geht**. Das ist aber **nur dann** der Fall, **wenn der Arbeitgeber im Zeitpunkt der Arbeitnehmerkündigung das Arbeitsverhältnis nicht selbst hätte kündigen können**, weil ein Kündigungsgrund i.S.v. § 1 Abs. 2 KSchG nicht bestand (*BAG* 26.7.2007 EzA § 628 BGB 2002 Nr. 6 = NZA 2007, 1419; dort auch zu den Auswirkungen eines später eröffneten Insolvenzverfahrens). **1596**

Zudem wird die Ersatzpflicht durch den **Schutzzweck der verletzten Norm** begrenzt (*BAG* 26.3.1981 EzA § 249 BGB Nr. 14; APS/*Rolfs* § 628 BGB Rz. 44 f.). Die Schadensersatzpflicht ist gem. § 628 Abs. 2 BGB auf die **Schäden** beschränkt, **die bei vertragsgemäßer Beendigung nicht entstanden wären** (*BAG* 17.7.1997 EzA § 16 BBiG Nr. 2). **1597**

Der Anspruch kann gerechtfertigt sein bei: **1598**
- Leistung von Überstunden durch andere Arbeitnehmer;
- Einstellung einer höher bezahlten Ersatzkraft;
- Kosten für die Abordnung eines anderen Mitarbeiters auf die Stelle des Gekündigten;
- bei Mehrarbeit, die der Arbeitgeber selbst verrichtet.

Zudem kann der Auflösungsschaden auch darin bestehen, dass der Arbeitgeber durch die vorzeitige Vertragsbeendigung den Konkurrenzschutz eines Wettbewerbsverbots (vgl. § 60 HGB) verliert (*BAG* 9.5.1975 EzA § 60 HGB Nr. 9; vgl. ausf. *Busemann* Die Haftung des Arbeitnehmers gegenüber dem Arbeitgeber und Dritten Rz. 84 f.; APS/*Rolfs* § 628 BGB Rz. 46 ff.).

1599 Das für § 628 Abs. 2 BGB erforderliche Auflösungsverschulden muss das Gewicht eines wichtigen Grundes i.S.d. § 626 Abs. 1 BGB haben (*BAG* 11.2.1981 EzA § 4 KSchG n.F. Nr. 20; 8.8.2002 EzA § 628 BGB Nr. 21). Insoweit können auch verhältnismäßig **geringe Lohnrückstände** einen wichtigen Grund i.S.d. § 626 BGB darstellen, z.B. wenn der Arbeitgeber den Lohn willkürlich oder ohne nachvollziehbare Begründung verweigert (*BAG* 26.7.2001 EzA § 628 BGB Nr. 19). Erst recht reicht es aus, wenn sich der Arbeitgeber in nicht unerheblicher Höhe oder für einen längeren Zeitraum in Verzug befindet (*BAG* 17.1.2002 EzA § 628 BGB Nr. 20; s.a. *BAG* 26.7.2007 EzA § 628 BGB 2002 Nr. 6 = NZA 2007, 1419).

1600 § 628 Abs. 2 BGB gilt sowohl für das Arbeitsverhältnis wie für das **freie Dienstverhältnis**; die vertragswidrige Nichtvornahme einer Bestellung des Dienstnehmers zum Geschäftsführer und einer Gehaltsanhebung kann ein Auflösungsverschulden des Dienstgebers darstellen. § 38 Abs. 1 GmbHG, wonach die Bestellung eines Geschäftsführers jederzeit widerruflich ist, steht einem Schadensersatzanspruch des Dienstnehmers nach § 628 Abs. 2 BGB nicht entgegen (*BAG* 8.8.2002 EzA § 628 BGB Nr. 21).

1601 Wären allerdings beide Vertragspartner zur außerordentlichen Kündigung berechtigt, so entfällt ein Schadensersatzanspruch für beide (*BAG* 12.5.1966 AP Nr. 9 zu § 70 HGB).

1602 § 628 Abs. 2 BGB ist auch dann anwendbar, wenn das Arbeitsverhältnis **auf andere Art geendet** hat, wenn nur der Vertragspartner durch sein **vertragswidriges, schuldhaftes Verhalten den Anlass** zur Beendigung des Arbeitsverhältnisses gesetzt hat. Auf die **Form der Vertragsbeendigung** kommt es folglich nicht an (*BAG* 8.8.2002 EzA § 628 BGB Nr. 21). Deshalb kommt § 628 Abs. 2 BGB auch im Falle einer gerichtlichen Auflösung des Arbeitsverhältnisses (§§ 9, 10 KSchG) in Betracht. Der Verlust der Anwartschaft auf betriebliche Altersversorgung ist bei der Abfindung insoweit als Schadensposition zu berücksichtigen. Daher kann daneben kein Schadensersatz gem. § 628 Abs. 2 BGB oder analog §§ 280, 286 BGB verlangt werden. Dabei spielt es auch keine Rolle, ob der Verlust der betrieblichen Altersversorgung tatsächlich bei der Höhe der Abfindung berücksichtigt wurde. Ggf. ist das im Verfahren über die Auflösung des Arbeitsverhältnisses nach § 13 Abs. 1 S. 3 i.V.m. §§ 9, 10 KSchG geltend zu machen (*BAG* 12.6.2003 EzA § 628 BGB 2002 Nr. 1).
Wer allerdings, ohne außerordentlich gekündigt zu haben, Rechte aus einem Auflösungsverschulden des anderen geltend machen will, muss sich das ausdrücklich vorbehalten. Schließen die Parteien einen Aufhebungsvertrag, so muss ohne diesen Vorbehalt davon ausgegangen werden, dass Rechte aus § 628 Abs. 2 BGB von keiner Seite mehr geltend gemacht werden sollen (*BAG* 10.5.1971 EzA § 74 HGB Nr. 20; *Busemann* Die Haftung des Arbeitnehmers gegenüber dem Arbeitgeber und Dritten Rz. 84 f.).

1603 Voraussetzung für den Schadensersatzanspruch aus § 628 BGB ist die Beachtung der Zwei-Wochen-Frist nach § 626 Abs. 2 BGB (vgl. *BAG* 26.7.2001 EzA § 628 BGB Nr. 19; *LAG Hessen* 27.3.2001 NZA-RR 2002, 581). Wird diese gesetzliche Ausschlussfrist versäumt, entfällt das Recht zur außerordentlichen Kündigung. Ein an sich bestehender wichtiger Grund ist nicht mehr geeignet, die Fortsetzung des Arbeitsverhältnisses unzumutbar zu machen. Wenn ein pflichtwidriges Verhalten einer Vertragspartei nicht mehr zum Anlass einer vorzeitigen Beendigung des Arbeitsverhältnisses genommen werden kann, entfällt auch der Schadensersatzanspruch gem. § 628 Abs. 2 BGB wegen dieses Verhaltens. Das gilt selbst dann, wenn das Arbeitsverhältnis anders als durch eine außerordentliche Kündigung beendet wird (*BAG* 22.6.1989 EzA § 628 BGB Nr. 17).

1604 Zu beachten ist, dass der Schadensersatzanspruch des Arbeitnehmers wegen Auflösungsverschuldens zeitlich begrenzt ist. Nach dem Normzweck beschränkt sich der Anspruch grds. auf den dem kündigenden Arbeitnehmer – bei vereinbarter ordentlicher Unkündbarkeit – bis zum Ablauf der Kündigungsfrist einer fiktiven Kündigung entstehenden Verdienstausfall (*BAG* 16.5.2007 EzA § 113 InsO Nr. 20; *LAG Köln* 29.3.2006 LAGE

§ 628 BGB 2002 Nr. 1), zu dem allerdings – wenn das KSchG anwendbar ist – eine den Verlust des Bestandsschutzes ausgleichende angemessene Entschädigung entsprechend §§ 9, 10 KSchG hinzutreten kann (*BAG* 26.7.2001 EzA § 628 BGB Nr. 19 m. Anm. *Gamillscheg* SAE 2002, 123) und im Regelfall wird (*BAG* 20.11.2003 EzA § 628 BGB 2002 Nr. 3; 22.4.2004 EzA § 628 BGB 2002 Nr. 4 = BAG Report 2004, 283). Das ist z.B. dann der Fall, wenn der Auflösungsantrag des Arbeitnehmers bei unberechtigter fristloser Kündigung des Arbeitgebers zum Kündigungstermin einer (umgedeuteten) ordentlichen Kündigung hätte gestellt werden können. Für einen solchen Ausgleich des durch den Verzicht auf Kündigungsschutz bedingten Schadens spricht, dass der Arbeitgeber es sonst bspw. in der Hand hätte, einen Arbeitnehmer durch gezieltes vertragswidriges Verhalten zum Ausspruch einer außerordentlichen Kündigung zu bewegen, ohne seinerseits weitere Folgen wie etwa die einer Abfindungszahlung bei eigener ungerechtfertigter Kündigung befürchten zu müssen (*BAG* 26.7.2001 EzA § 628 BGB Nr. 19). § 628 Abs. 2 BGB stellt insoweit eine Spezialregelung dar, hinter die andere Anspruchsgrundlagen aus Vertrag oder unerlaubter Handlung zurücktreten (*BAG* 22.4.2004 EzA § 628 BGB 2002 Nr. 4 = BAG Report 2004, 283).
Nach Auffassung des *LAG Köln* (29.3.2006 LAGE § 628 BGB 2002 Nr. 1) gilt dies allerdings nicht bei **Zahlungsunfähigkeit des Arbeitgebers**, alsbaldiger Insolvenzeröffnung und Betriebsstilllegung.

D. Umdeutung einer unwirksamen außerordentlichen Kündigung in eine ordentliche Kündigung

I. Abgrenzung zur hilfsweise/vorsorglich erklärten ordentlichen Kündigung

Kein Fall der Umdeutung gem. § 140 BGB liegt dann vor, wenn der Arbeitgeber hilfsweise/vorsorglich bereits ausdrücklich eine ordentliche Kündigung für den Fall der Unwirksamkeit der außerordentlichen Kündigung ausgesprochen hat. Denn eine derartige hilfsweise erklärte Kündigung ist eine unbedingt erklärte ordentliche Kündigung. **1605**

1. Gerichtliche Geltendmachung

Folglich muss der Arbeitnehmer grds. auch deren Sozialwidrigkeit (§§ 1 Abs. 2, 3 KSchG) innerhalb von drei Wochen nach Zugang der Kündigung **gerichtlich geltend machen (§§ 4, 7 KSchG).** **1606**

Ganz überwiegend (KR/*Friedrich* § 6 KSchG Rz. 17 m.w.N.) wird insoweit allerdings die Auffassung vertreten, dass **analog § 6 S. 1 KSchG** der Arbeitnehmer dann, wenn er innerhalb der 3-Wochenfrist nur die außerordentliche Kündigung angreift, noch bis zum Schluss der mündlichen Verhandlung erster Instanz die Sozialwidrigkeit der hilfsweise erklärten ordentlichen Kündigung geltend machen kann. **1607**

2. Umdeutung

Hat der Arbeitgeber dagegen ausschließlich eine außerordentliche Kündigung erklärt, so stellt sich die Frage, ob und unter welchen Voraussetzungen eine derartige (unwirksame) außerordentliche Kündigung gem. § 140 BGB in eine fristgerechte ordentliche Kündigung umgedeutet werden kann. **1608**

II. Voraussetzungen für die Umdeutung

1. Umdeutung von Amts wegen

1609 Zum Teil (KR/*Friedrich* § 13 KSchG Rz. 79; *Hager* BB 1989, 693) wird die Auffassung vertreten, dass das Arbeitsgericht die Umdeutung von Amts wegen vorzunehmen hat, auch wenn sich keine der Parteien ausdrücklich darauf beruft.

1610 Weiterhin soll danach regelmäßig jeder außerordentliche Kündigende den Willen besitzen, das Arbeitsverhältnis in jedem Fall zu beenden. Im Zweifel ist deshalb davon auszugehen, dass eine unberechtigte außerordentliche Kündigung als ordentliche Kündigung zum nächst zulässigen Termin gewollt ist.

2. Ermittlung aus dem Sachvortrag des Arbeitgebers

1611 Auch nach der Rechtsprechung des *BAG* (7.12.1979 EzA § 102 BetrVG 1972 Nr. 42) ist die Umdeutung einer unwirksamen außerordentlichen Kündigung in eine ordentliche Kündigung möglich.

1612 Voraussetzung ist, dass eine Umdeutung nach den vorliegenden Umständen dem mutmaßlichen, für den Arbeitnehmer erkennbaren Willen des Arbeitgebers entspricht und dieser Wille dem Kündigungsempfänger im Zeitpunkt des Kündigungszugangs erkennbar ist (*BAG* 15.11.2001 EzA § 140 BGB Nr. 24)z.B. weil sich aus der Erklärung des Kündigenden als wirtschaftlich gewollte Folge ergibt, das Arbeitsverhältnis auf jeden Fall beenden zu wollen (*LAG Köln* 16.3.1995 LAGE § 140 BGB Nr. 11; zur Umdeutung einer außerordentlichen Kündigung eines Geschäftsführer-Anstellungsvertrages vgl. *BGH* 14.2.2000 NZA 2000, 430). Auch dann, wenn auf das Arbeitsverhältnis das KSchG (noch) keine Anwendung findet, ist regelmäßig davon auszugehen, dass bei Unwirksamkeit der außerordentlichen Kündigung der Arbeitgeber eine Beendigung zum nächst zulässigen Termin gewollt hat (*BAG* 15.11.2001 EzA § 140 BGB Nr. 24). Dafür reicht es aus, dass die maßgeblichen **Tatsachen vorgetragen sind; nicht erforderlich ist, dass der Kündigende selbst die Umdeutung geltend macht** (*LAG SA* 25.1.2000 NZA-RR 2000, 472; vgl. APS/*Biebl* § 13 KSchG Rz. 36 ff.).

1613 Dem steht nicht entgegen, dass der Arbeitgeber wenig später ausdrücklich noch eine fristgerechte Kündigung ausgesprochen hat, die ihrerseits wegen des zu diesem Zeitpunkt eingreifenden Schwerbehindertenschutzes rechtsunwirksam ist (*LAG Köln* 16.3.1995 LAGE § 140 BGB Nr. 11).

1614 Für eine Berücksichtigung der Umdeutung im Kündigungsschutzprozess ist allerdings erforderlich, dass auch das **Vorbringen des Arbeitgebers** im Prozess ergibt, dass er die Kündigung im Falle ihrer Unwirksamkeit als außerordentliche **zumindest als ordentliche Kündigung zum nächstmöglichen Termin hat aussprechen wollen.** Andererseits ist nach Auffassung des *LAG SA* (25.1.2000 NZA-RR 2000, 472) eine unwirksame außerordentliche Kündigung **während der Probezeit**, die die Voraussetzungen einer ordentlichen Kündigung erfüllt, **regelmäßig** in eine **ordentliche Kündigung umzudeuten**; dies soll auch **bei Säumnis des Arbeitgebers** gelten.

III. Prozessuale Fragen

1. Voraussetzungen für die gerichtliche Überprüfung einer durch Umdeutung ermittelten ordentlichen Kündigung

1615 Ergibt sich somit im Wege der Umdeutung das Vorliegen einer ordentlichen Kündigung des Arbeitgebers, so ist ihre Rechtmäßigkeit vom ArbG nur dann zu überprüfen, wenn der Klageantrag des Klägers zumindest unter Berücksichtigung seines schriftsätzlichen Vorbringens im Prozess dahin auszulegen ist, dass er sich auch gegen die umgedeutete ordentliche Kündigung wenden will. Die Arbeitsgerichte müssen dann von sich aus prüfen, ob auf Grund der feststehenden Tatsachen eine Umdeutung der außerordentlichen Kündigungserklärung in Betracht kommt (*BAG* 15.11.2001 EzA § 140 BGB Nr. 24).

Der auf die Feststellung der außerordentlichen Kündigung gestützte **Klageantrag gem. §§ 13 Abs. 1, 4 KSchG erfasst** (im Gegensatz zum allgemeinen Feststellungsantrag gem. § 256 ZPO, dessen Streitgegenstand der Fortbestand des Arbeitsverhältnisses bis zum Zeitpunkt der letzten mündlichen Verhandlung ist) **nicht ohne weiteres bereits den Antrag auf Feststellung der Unwirksamkeit der ordentlichen Kündigung.** 1616

Im Zweifel muss durch richterliche Aufklärung im Prozess gem. § 139 ZPO festgestellt werden, was dem Willen des Klägers entspricht. 1617

Analog § 6 S. 1 KSchG kann bei einem derartigen Antrag die Sozialwidrigkeit der ordentlichen Kündigung noch bis zum Schluss der letzten mündlichen Verhandlung in der ersten Instanz geltend gemacht werden (*BAG* 30.11.1961 AP Nr. 3 zu § 5 KSchG). 1618

Hat sich der Arbeitnehmer für den Fall der Unwirksamkeit der außerordentlichen Kündigung allerdings damit einverstanden erklärt, dass das Arbeitsverhältnis mit Ablauf der bei einer ordentlichen Kündigung einzuhaltenden Frist endet, so bleibt bei der Umdeutung der außerordentlichen in eine ordentliche Kündigung für die Verlängerung der Anrufungsfrist des § 6 S. 1 KSchG kein Raum (*BAG* 13.8.1987 EzA § 140 BGB Nr. 12). 1619

2. Hinnahme der ordentlichen Kündigung bei allgemeinem Feststellungsantrag

Wendet sich der Arbeitnehmer gegen die außerordentliche Kündigung mit einem Feststellungsantrag gem. § 256 ZPO und erklärt er im Rechtsstreit, dass er sich gegen eine in der außerordentlichen Kündigung evtl. liegende ordentliche Kündigung nicht wehrt, so beschränkt sich der Streitgegenstand auf die Frage, ob das Arbeitsverhältnis über den Zugang der außerordentlichen Kündigung hinaus bis zum Zeitpunkt der letzten mündlichen Verhandlung über die Feststellungsklage fortbestanden hat (*BAG* 31.5.1979 EzA § 4 KSchG n.F. Nr. 16). 1620

Ist in diesem Fall die außerordentliche Kündigung unwirksam, so wird, wenn die Kündigungsfrist noch während des Rechtsstreits abläuft, der Feststellungsklage nicht in vollem Umfang, sondern nur teilweise derart entsprochen, dass die Beendigung des Arbeitsverhältnisses nicht mit sofortiger Wirkung, sondern erst mit Ablauf der Kündigungsfrist festgestellt wird. 1621

Denn die ordentliche Kündigung wird ohne Erhebung der Kündigungsschutzklage wirksam bzw. das Klagerecht des Arbeitnehmers ist auf Grund seiner Erklärung verwirkt. Läuft die Kündigungsfrist der ordentlichen Kündigung dagegen erst nach dem Schluss der letzten mündlichen Verhandlung aus, so ist mit der Unwirksamkeit der außerordentlichen Kündigung lediglich festgestellt, dass das Arbeitsverhältnis nicht vor der letzten mündlichen Verhandlung beendet worden ist. 1622

Der Arbeitgeber ist durch die Rechtskraft dieses Urteils dann nicht gehindert, sich in einem nachfolgenden Zahlungsprozess auf die Beendigung des Arbeitsverhältnisses durch Umdeutung der außerordentlichen in eine ordentliche Kündigung zu berufen. 1623

IV. Anhörung des Betriebsrats

1. Gesonderte Beteiligung des Betriebsrats

Hinsichtlich der u.U. erforderlichen Anhörung des Betriebsrats gem. § 102 BetrVG ist im Rahmen einer Umdeutung einer unwirksamen außerordentlichen Kündigung in eine ordentliche Kündigung zu beachten, dass die ordnungsgemäße Anhörung des Betriebsrats u.a. voraussetzt, dass der Arbeitgeber ihm die Art der beabsichtigten Kündigung, insbes. also **mitteilt, ob eine ordentliche oder eine außerordentliche Kündigung ausgesprochen werden soll.** 1624

1625 Will der Arbeitgeber, der eine außerordentliche Kündigung beabsichtigt, sicherstellen, dass im Falle der Unwirksamkeit dieser Kündigung die (von ihm vorsorglich erklärte oder dahin umgedeutete) ordentliche Kündigung nicht an einer fehlenden Anhörung des Betriebsrats scheitert, so **muss er den Betriebsrat deutlich darauf hinweisen, dass die geplante außerordentliche Kündigung hilfsweise als ordentliche Kündigung gelten soll.**

1626 Die Anhörung nur zur außerordentlichen Kündigung ersetzt nicht die Anhörung zu einer ordentlichen Kündigung. Wird nicht deutlich gemacht, dass auch eine ordentliche Kündigung erfolgen soll, so ist diese gem. § 102 Abs. 1 S. 3 BetrVG unwirksam (vgl. dazu *Benecke* ArbuR 2005, 48 ff.).

1627 Nur so kann der Gefahr begegnet werden, dass der Betriebsrat bei seiner Meinungsbildung sich auf die Gründe für die außerordentliche Kündigung beschränkt und seine Rechte und die Möglichkeiten, die ihm gegenüber der ordentlichen Kündigung zustehen, nicht ausschöpft, weil sie von ihm nicht erkannt werden. Auch wenn der Betriebsrat lediglich Bedenken gegen die außerordentliche Kündigung erhebt, so können die Gründe dafür durchaus verschieden sein von denen, die er u.U. gegenüber einer ordentlichen Kündigung angeführt hätte (*BAG* 16.3.1978 EzA § 102 BetrVG 1972 Nr. 32; APS/*Koch* § 102 BetrVG Rz. 100).

2. Ausnahme: Zustimmung des Betriebsrats

1628 Eine **Ausnahme** von diesem Grundsatz ist allerdings dann gegeben, wenn der Betriebsrat, der lediglich zu einer beabsichtigten außerordentlichen Kündigung angehört worden ist, dieser ausdrücklich und vorbehaltlos **zugestimmt hat** und auch aus sonstigen Gründen nicht zu ersehen ist, dass er für den Fall der Unwirksamkeit der außerordentlichen Kündigung der dann verbleibenden ordentlichen Kündigung entgegengetreten wäre.

1629 Denn dann spricht die allgemeine Lebenserfahrung dafür, dass er auch der ordentlichen Kündigung zugestimmt hätte, wenn der Arbeitgeber das Anhörungsverfahren entsprechend den obigen Grundsätzen ordnungsgemäß eingeleitet, also den Betriebsrat gebeten hätte, zu der beabsichtigten außerordentlichen Kündigung und einer etwa vorsorglich auszusprechenden ordentlichen Kündigung Stellung zu nehmen (*BAG* 16.3.1978 EzA § 102 BetrVG 1972 Nr. 32; krit. dazu *Benecke* ArbuR 2005, 48 ff.)

V. Darlegungs- und Beweislast

1630 Der **Arbeitgeber** ist für diejenigen Tatsachen darlegungs- und beweispflichtig, die die Umdeutung begründen können. Dies gilt insbes. für den Umstand, dass der Arbeitnehmer erkennen konnte, dass die außerordentliche Kündigung das Arbeitsverhältnis jedenfalls durch ordentliche Kündigung hat beenden sollen. Schließlich ist der Arbeitgeber darlegungs- und beweispflichtig dafür, dass er den Betriebsrat sowohl zur außerordentlichen als auch zur ordentlichen Kündigung ordnungsgemäß angehört hat (MünchArbR/*Berkowsky* § 153 Rz. 54 f.).

E. Wirksamkeit einer ordentlichen Arbeitgeberkündigung (Überblick; sonstige Unwirksamkeitsgründe)

I. Überblick

1631 Hatte der Arbeitgeber eine ordnungsgemäß zugegangene ordentliche Kündigung erklärt, so kann auch diese insbes. unwirksam sein, weil z.B. ein bestehender Betriebsrat vor Ausspruch der Kündigung nicht ordnungsgemäß angehört worden ist (§ 102 BetrVG), die gem. § 9 MuSchG, § 18 BEEG, § 85 SGB IX erforderliche vorherige Zustimmung der zuständigen Landesbehörde nicht eingeholt worden ist oder die Voraussetzungen des § 613a Abs. 4 S. 1 BGB gegeben sind **(sonstige Unwirksamkeitsgründe).**

Die ordentliche Kündigung ist ferner dann unwirksam, wenn im persönlichen und sachlichen Anwendungsbereich des KSchG (§§ 1, 23 Abs. 1 KSchG) die **Voraussetzungen des § 1 Abs. 1, 2, 3 KSchG nicht gegeben sind** und sich der Arbeitnehmer darauf ggf. fristgerecht beruft (§§ 4, 7 KSchG). 1632

Außerhalb des Anwendungsbereichs des KSchG kommt zudem die Unwirksamkeit der Kündigung gem. **§§ 125, 134, 138, 174, 242 BGB** in Betracht. 1633

II. Sonstige Unwirksamkeitsgründe

Im Hinblick auf die Ausführungen zur außerordentlichen Kündigung werden nachfolgend nur noch die sonstigen Unwirksamkeitsgründe erörtert, bei denen rechtlich relevante Unterschiede zwischen außerordentlicher und ordentlicher Kündigung auftreten. 1634

1. Beteiligung des Betriebsrats/Personalrats

a) Grundsätze

Gem. **§ 102 BetrVG** ist der Betriebsrat auch vor einer ordentlichen Kündigung des Arbeitgebers ohne Einhaltung einer besonderen Form anzuhören. Die Äußerungsfristen für den Betriebsrat – eine Woche bei der ordentlichen Kündigung – sind nach §§ 187 Abs. 1, 188 Abs. 1, 2 BGB zu berechnen. Da das BetrVG keine Sonderregelung für die Fristberechnung trifft, endet die Wochenfrist des § 102 Abs. 2 S. 1 BetrVG gem. § 188 Abs. 2 BGB mit Ablauf des Tages der nächsten Woche, der durch seine Benennung dem Tag entspricht, an dem, dem Betriebsrat die Arbeitgebermitteilung zugegangen ist (*BAG* 8.4.2003 EzA § 102 BetrVG 2001 Nr. 3). 1635

> Zu beachten ist, dass es dann, wenn der Betrieb auf Grund des durch den vorläufigen Insolvenzverwalter erstellten Gutachtens stillgelegt werden soll, für die ordnungsgemäße Anhörung des Betriebsrats ausreicht, wenn sie zu der für die Zeit nach der Insolvenzeröffnung vorgesehenen Kündigung schon durch den Geschäftsführer der Schuldnerin und den vorläufigen Insolvenzverwalter erfolgt, sofern dieser auch zum endgültigen Insolvenzverwalter bestellt wird (*BAG* 22.9.2005 EzA § 113 InsO Nr. 18). 1636

Gem. **§ 79 Abs. 1 S. 1 i.V.m. § 69 Abs. 1 BPersVG** kann eine ordentliche Kündigung nur mit Zustimmung des Personalrats ausgesprochen werden. Wird die erforderliche Zustimmung verweigert, so kann sie u.U. durch die übergeordnete Dienststelle ersetzt werden (§ 69 Abs. 4 BPersVG). 1637

Gem. **§ 79 Abs. 3 BPersVG** ist der Personalrat vor der Beendigung des Arbeitsverhältnisses eines Arbeiters in der Probezeit dagegen nur anzuhören. 1638

Eine Kündigung ist nach Art. 77 Abs. 4 i.V.m. Art. 72 Abs. 1, 77 Abs. 1 BayPVG auch dann unwirksam, wenn die Kündigung **mit dem Personalrat nicht beraten worden** ist, zumindest dann, wenn der Personalrat der Kündigung widersprochen und darauf hingewiesen hat, dass seiner Auffassung nach eine soziale Auswahl durchzuführen sei und wenn er dem Arbeitgeber mitgeteilt hat, er stehe zur Besprechung der Angelegenheit zur Verfügung (*LAG Nbg.* 4.10.2005 – 6 Sa 263/05 – EzA-SD 2/06, S. 13 LS = ZTR 2006, 228 LS). 1639

aa) Mitteilungspflicht bei der ordentlichen personen-, insbes. krankheitsbedingten Kündigung

Der Arbeitgeber hat gegenüber dem Betriebsrat bei der Anhörung **klar zu stellen**, ob er eine krankheitsbedingte Kündigung wegen **häufiger (Kurz)Erkrankungen, lang andauernder Erkrankung, dauernder krankheitsbedingter Unmöglichkeit der Arbeitsleistung, unabsehbarer Dauer einer Arbeitsunfähigkeit oder krankheitsbedingter Minderung der Leistungsfähigkeit erklären will**; der Betriebsrat ist nicht verpflichtet, den konkreten Kündigungsgrund, soweit er sich nicht aus dem Anhörungsschreiben ergibt, aus den diesem Schreiben ohne kon- 1640 krete Bezugnahme beigefügten Unterlagen, insbes. aus einer Personalakte zu ermitteln (*LAG Hamm* 20.10.2003 LAG Report 2004, 255). Der Mitteilungspflicht bei einer ordentlichen krankheitsbedingten Kündigung ist zudem nicht durch die bloße Angabe der einzelnen Fehlzeiten Genüge getan. Denn in der Angabe der Fehlzeiten kann zwar implizit die Erklärung des Arbeitgebers liegen, dass auch künftig mit wiederholten krankheitsbedingten Fehlzeiten gerechnet werden muss und diese ihn wirtschaftlich und betrieblich übermäßig belasten (vgl. *Becker-Schaffner* DB 1996, 427 f.; APS/*Koch* § 102 BetrVG Rz. 118 ff.).

1641 Diese pauschale Begründung ermöglicht es dem Betriebsrat jedoch nicht, die Stichhaltigkeit des Kündigungsgrundes zu prüfen. **Deshalb muss der Arbeitgeber dem Betriebsrat über die einzelnen Fehlzeiten hinaus auch konkrete Tatsachen mitteilen, die die erheblichen bzw. unzumutbaren Störungen des Betriebsablaufs belegen** (*BAG* 24.11.1983 EzA § 102 BetrVG 1972 Nr. 54), insbes. auch die Lohnfortzahlungskosten mitzuteilen, wenn der Arbeitgeber daraus die erforderliche betriebliche Beeinträchtigung herleitet (*BAG* 7.11.2002 EzA § 174 BGB 2002 Nr. 1 = NZA 2003, 816 LS).

1642 Ferner hat der Arbeitgeber, soweit bekannt, die **Art der jeweiligen Erkrankung** anzugeben, weil daraus ggf. Schlüsse auf künftige Fehlzeiten gezogen werden können (vgl. KR/*Etzel* § 102 BetrVG Rz. 63 f.), sowie welche **wirtschaftlichen Belastungen** und **Betriebsbeeinträchtigungen** konkret entstanden sind und mit welchen derartigen Belastungen noch gerechnet werden muss (vgl. *Lepke* Kündigung bei Krankheit Rz. 212 ff.).

1643 Das ist ausnahmsweise dann entbehrlich, wenn Betriebsratsmitglieder den Arbeitsplatz des Arbeitnehmers und die konkreten Auswirkungen der Fehlzeiten kennen. Steht allerdings fest, dass zusätzlich zu hohen Fehlzeiten des zu kündigenden Arbeitnehmers erhebliche krankheitsbedingte Fehlzeiten anderer Arbeitnehmer in der gleichen Abteilung zu verzeichnen sind, muss der Arbeitgeber im Anhörungsverfahren zumindest grob vortragen, welche Folgen der wiederholten Ausfälle er dem zu kündigenden Arbeitnehmer zuordnet und das bzw. warum er deshalb die Fortsetzung des Arbeitsverhältnisses für unzumutbar hält. Unterlässt er dies, ist er mit diesbezüglichem Vortrag im Kündigungsschutzprozess ausgeschlossen (*LAG SchlH* 1.9.2004 LAGE § 102 BetrVG 2001 Nr. 4 = NZA-RR 2004, 635 = LAG Report 2004, 375).

1644 Dabei sind an die Mitteilungspflicht des Arbeitgebers gegenüber dem Betriebsrat hinsichtlich der wirtschaftlichen und betrieblichen Belastungen bei einer krankheitsbedingten Kündigung allerdings keine so strengen Anforderungen zu stellen, wie an seine Darlegungslast im Kündigungsschutzprozess. Insbes. in Fällen, in denen der Arbeitnehmer seit Beginn des Arbeitsverhältnisses fortlaufend jedes Jahr überdurchschnittliche Krankheitszeiten aufzuweisen hatte und hohe Lohn-/Entgeltfortzahlungskosten verursacht hat, kann es je nach den Umständen allerdings ausreichen, dass der Arbeitgeber lediglich nach Jahren gestaffelt die überdurchschnittliche Krankheitshäufigkeit darlegt und die Entgeltfortzahlungskosten der letzten Jahre in einem Gesamtbetrag mitteilt (*BAG* 7.11.2002 EzA § 174 BGB Nr. 1).

1645 Jedenfalls muss der Arbeitgeber dem Betriebsrat mindestens die durchschnittliche monatliche Vergütung oder die Lohngruppe des Arbeitnehmers nennen; ebenso muss er Angaben zu den aufgelaufenen Entgeltfortzahlungskosten machen. Andernfalls kann er sich auf deren Höhe als wirtschaftlich unzumutbare Belastung nicht im anschließenden Prozess berufen. Der Betriebsrat ist in diesem Zusammenhang auch nicht verpflichtet, die Vergütungshöhe selbst zu ermitteln und sich die Entgeltfortzahlungskosten selbst auszurechnen (*LAG SchlH* 1.9.2004 LAGE § 102 BetrVG 2001 Nr. 4 = NZA-RR 2004, 635 = LAG Report 2004, 375).

1646 Ferner hat der Arbeitgeber die Umstände darzulegen, auf die er die kündigungsbegründende **negative Gesundheitsprognose** stützen will (*BAG* 24.11.1983 EzA § 102 BetrVG 1972 Nr. 54; 7.11.2002 EzA § 174 BGB 2002 Nr. 1).

Unterlässt der Arbeitgeber die Mitteilung von Prognoseelementen z.B. bei der Kündigung wegen lang anhaltender Krankheit, so können im Kündigungsschutzprozess andere oder weitergehende Schlussfolgerungen, als sie dem Betriebsrat genannt worden sind, keine Berücksichtigung finden. In der Mitteilung an den Betriebsrat, auf Grund der bisherigen Krankheitsdauer und der maßgeblichen Krankheitsursachen sei mit einer baldigen Genesung des Arbeitnehmers nicht zu rechnen, kann nach Auffassung des *LAG Hamm* (17.11.1997 LAGE § 102 BetrVG 1972 Nr. 61) nicht zugleich die Erklärung gesehen werden, aus den genannten Tatsachen folge eine dauerhafte Leistungsmöglichkeit. 1647

Eine ordnungsgemäße Anhörung des Betriebsrats über eine zur Berechtigung der Kündigung herangezogene Dauererkrankung liegt **auch dann** vor, **wenn sich im Lauf des Verfahrens herausstellt, dass diese Krankheit nicht gegeben ist** (*LAG RhPf* 18.3.1999 ARST 1999, 220). 1648

Soweit sich der Arbeitnehmer bereits vor der Kündigung zu diesen Umständen, etwa im Rahmen einer Anhörung durch den Arbeitgeber, geäußert hat, muss der Arbeitgeber den Betriebsrat auch von der **Einlassung des Arbeitnehmers** unterrichten. 1649

Auch bei sonstigen personenbedingten Kündigungen muss der Arbeitgeber den Betriebsrat von allen relevanten Umständen unterrichten. 1650

Soweit er Leistungsmängel geltend macht, gehört hierzu insbes. die Angabe des von ihm herangezogenen Vergleichsmaßstabes sowie der für die Bestimmung des Leistungsdefizits herangezogenen Kriterien (MünchArbR/*Berkowsky* § 147 Rz. 14; s.a. *Tschöpe* BB 2006, 213 ff.). 1651

bb) Ordentliche verhaltensbedingte Kündigung

Bei einer verhaltensbedingten Kündigung muss der Arbeitgeber das Verhalten, das ihn zur Kündigung veranlasst, genau bezeichnen, ggf. auch die Tatsachen mitteilen, dass, warum und wie oft der Arbeitnehmer bereits abgemahnt wurde (*LAG SchlH* 26.9.2002 ARST 2003, 190 LS; KR/*Etzel* § 102 BetrVG Rz. 64; APS/*Koch* § 102 BetrVG Rz. 123 ff.). 1652

Mitzuteilen ist z.B. auch, dass der einzige in Betracht kommende Tatzeuge den von einem anderen Zeugen vom Hörensagen erhobenen Vorwurf einer schweren Pflichtverletzung nicht bestätigt hat. 1653

Die Nichtunterrichtung des Betriebsrats von diesem wesentlichen Umstand des Kündigungssachverhalts führt jedenfalls dann zur Unwirksamkeit der Kündigung gem. § 102 Abs. 1 S. 3 BetrVG, wenn die angeblichen Pflichtwidrigkeiten so erheblich sind, dass sie sich auf das berufliche Fortkommen des Arbeitnehmers auswirken können (*BAG* 2.11.1983 EzA § 102 BetrVG 1972 Nr. 53). 1654

Wird (dem Personalrat) mitgeteilt, der Kündigungsgrund sei u.a., dass eine Sachbearbeiterin des Ordnungsamtes ein gegen sie laufendes **Bußgeldverfahren eigenmächtig eingestellt** habe, lag der Sachverhalt tatsächlich aber so, dass die Mitarbeiterin einen Kollegen nur darauf hingewiesen hatte, sie selbst sei auf einem Beweisfoto abgebildet, worauf dieser – was in der Intention der Mitarbeiterin lag – das Verfahren einstellte, so ist der Personalrat nicht ordnungsgemäß beteiligt (*LAG Köln* 4.3.2005 – 4 Sa 1186/04 – EzA-SD 24/05 S. 15 = NZA-RR 2006, 53). 1655

Kündigt der Arbeitgeber wegen wiederholten Zuspätkommens zur Arbeit, so kann er sich im Prozess auf betriebstypische Störungen des Betriebsablaufs aber auch dann berufen, wenn er diese Störungen dem Betriebsrat bei dessen Anhörung nicht ausdrücklich mitgeteilt hatte, weil solche **Verspätungsfolgen** dem Betriebsrat im Allgemeinen **bekannt sind** (*BAG* 27.2.1997 EzA § 102 BetrVG 1972 Nr. 98). 1656

Hat der Arbeitgeber den Betriebsrat **unzutreffend dahin informiert**, der zu kündigende Arbeitnehmer habe für bestimmte Fehlzeiten **keine Arbeitsunfähigkeitsbescheinigung beigebracht**, so kann er die Kündigung im Nachhinein nicht darauf stützen, die in Wirklichkeit doch vorgelegte Arbeitsunfähigkeitsbescheinigung sei erschlichen worden (*LAG Köln* 26.1.2005 – 7 Sa 1249/04 – EzA-SD 19/05, S. 16 LS). 1657

cc) Ordentliche betriebsbedingte Kündigung

1658 Bei einer ordentlichen betriebsbedingten Kündigung muss der Arbeitgeber neben der konkreten Darlegung außer- wie innerbetrieblicher Gründe insbes. die Auswirkungen auf die betriebliche Beschäftigungslage darlegen. Schlagwortartige Begründungen genügen auch insoweit nicht (*LAG RhPf* 1.4.2004 LAG Report 2005, 47; vgl. *Becker/Schaffner* DB 1996, 429; APS/*Koch* § 102 BetrVG Rz. 107 ff.). Zusammengefasst muss der Arbeitgeber den Betriebsrat sowohl darüber informieren, weshalb eine **sinnvolle Beschäftigungsmöglichkeit** für den zu kündigenden Arbeitnehmer **entfällt** als auch darüber, ob und wie eine **Sozialauswahl** durchgeführt wurde. Das gilt auch dann, wenn der Arbeitgeber eine Vielzahl von Kündigungen ausspricht; auch insoweit ist der Betriebsrat über jede beabsichtigte Kündigung konkret zu informieren (*LAG RhPf* 1.4.2004 LAG Report 2005, 47). Wird allerdings nach erstinstanzlich **erfolgreicher Entfristungsklage** (§ 16 TzBfG) das Arbeitsverhältnis »vorsorglich« ordentlich gekündigt, ist die Anhörung ordnungsgemäß, wenn mitgeteilt wird, dass nach **Wegfall des Vertretungsbedarfs** eine weitere Notwendigkeit der Beschäftigung des Arbeitnehmers nicht gesehen wird (*BAG* 22.9.2005 EzA § 1 KSchG Nr. 58 = NZA 2006, 429).

1659 Die Anhörung des Betriebsrats ist auch nicht deshalb unwirksam, weil der Arbeitgeber **nicht mitgeteilt** hat, dass er **notfalls Subunternehmer** einsetzen will, soweit die gekündigten Arbeitnehmer im Falle einer Betriebsstilllegung die vorhandenen Aufträge innerhalb der jeweiligen Kündigungsfristen nicht vollständig abarbeiten können (*BAG* 18.1.2001 EzA § 1 KSchG Betriebsbedingte Kündigung Nr. 109, 110). Das *LAG Hamm* (17.2.1995 LAGE § 102 BetrVG 1972 Nr. 54; ebenso *LAG Thür.* 16.10.2000 NZA-RR 2001, 643: Stilllegungsabsicht und -zeitpunkt, nicht wirtschaftliche Hintergründe und Motive) vertritt für die beabsichtigte Betriebsstilllegung in Etappen die Auffassung, dass der Arbeitgeber dem Betriebsrat gem. § 102 BetrVG nicht die Motive dafür mitteilen muss, wohl aber, in welcher zeitlichen Abfolge welche Bereiche eingeschränkt, welche Arbeitnehmer zunächst weiterbeschäftigt und zu welchem Zeitpunkt welche Arbeitnehmer entlassen werden und wann die vollständige Betriebsschließung beabsichtigt ist.

1660 Ergibt sich aus den dem Betriebsrat vor und bei seiner Anhörung zu den beabsichtigten Kündigungen erteilten Informationen, dass der Arbeitgeber zur **Betriebsstilllegung** entschlossen ist, bedarf es im Kündigungsschutzprozess grds. **keiner näheren Darlegungen** des Arbeitgebers **zu Form und Zeitpunkt** der Stilllegungsentscheidung, auch wenn der Arbeitgeber zu einem früheren Zeitpunkt eine bloße Produktionsunterbrechung beabsichtigte (*BAG* 21.6.2001 EzA § 102 BetrVG 1972 Nr. 112).

1661 Stützt der Arbeitgeber eine betriebsbedingte Kündigung darauf, dass durch eine **Kombination von externer Vergabe der** bisherigen Aufgaben des Arbeitnehmers **und einer internen Umverteilung** die bisherige Beschäftigungsmöglichkeit für den Arbeitnehmer entfallen ist, so hat er den Betriebsrat darüber **vollständig zu** unterrichten. Es handelt sich dann nach Auffassung des *LAG Hamm* (30.9.1999 – 16 Sa 2598/98; ähnlich *LAG Köln* 14.5.2004 LAG Report 2005, 30 LS) nicht um einen Fall der subjektiven Determination des Kündigungssachverhalts, wenn der Arbeitgeber dem Betriebsrat zwar seine Motive für die geplante Umorganisation – größtmögliche Kosteneinsparung – ausführlich mitteilt, die geplante organisatorische Maßnahme selbst dem Betriebsrat jedoch **nur vage und ohne die erforderliche Konkretisierung** schildert. Denn die subjektive Determination (s.o. Rn. 444 ff.) betrifft den Lebenssachverhalt, den der Arbeitgeber zur Grundlage seiner Kündigung machen will. Wenn er diesen auch auf Grund mangelnder Sorgfalt dem Betriebsrat nicht vollständig mitteilt, wird danach der Zweck des Anhörungsverfahrens verfehlt.

1662 Besteht aus der Sicht des Arbeitgebers **keine Möglichkeit**, den zu kündigenden Arbeitnehmer **auf einem anderen Arbeitsplatz weiterzubeschäftigen**, so genügt der Arbeitgeber seiner Anhörungspflicht gem. § 102 BetrVG i.d.R. schon durch den **ausdrücklichen** oder **konkludenten Hinweis auf fehlende Weiterbeschäftigungsmöglichkeiten**. Hat jedoch der Betriebsrat vor Einleitung des Anhörungsverfahrens **Auskunft** über Weiterbeschäftigungsmöglichkeiten für den zu kündigenden Arbeitnehmer auf einem konkreten, kürzlich frei gewordenen Arbeitsplatz **verlangt**, so muss der Arbeitgeber dem Betriebsrat nach § 102 Abs. 1 S. 2 BetrVG mitteilen, warum aus seiner Sicht eine Weiterbeschäftigung des Arbeitnehmers **auf diesem Arbeitsplatz nicht möglich ist**. Der lediglich pauschale Hinweis auf fehlende Weiterbeschäftigungsmöglichkeiten im Betrieb reicht dann nicht aus (*BAG* 17.2.2000 EzA § 102 BetrVG 1972 Nr. 103).

Hat der Arbeitgeber den Betriebsrat über Weiterbeschäftigungsmöglichkeiten auf dem **1663** vom Betriebsrat benannten Arbeitsplatz zunächst **objektiv falsch informiert** und rügt der Betriebsrat dies innerhalb der Frist des § 102 Abs. 2 BetrVG unter Angabe des zutreffenden Sachverhalts, so ist der Arbeitgeber verpflichtet, dem Betriebsrat **ergänzend mitzuteilen**, warum aus seiner Sicht trotzdem eine Weiterbeschäftigung auf diesem Arbeitsplatz nicht in Betracht kommt. Unterlässt er dies und kündigt, so ist die Kündigung nach § 102 BetrVG unwirksam (*BAG* 17.2.2000 EzA § 102 BetrVG 1972 Nr. 103).

Daneben muss er von sich aus ohne vorherige Aufforderung durch den Betriebsrat die **1664** Gründe für die soziale Auswahl mitteilen (*BAG* 29.3.1984 EzA § 102 BetrVG 1972 Nr. 55 gegen *BAG* 6.7.1978 EzA § 102 BetrVG 1972 Nr. 37); das gilt auch dann, wenn er zwar eine **Sozialauswahl vorgenommen** hat, diese aber nach der objektiven Rechtslage (§ 15 KSchG) gar **nicht erforderlich** war (so *LAG Bln.* 6.12.2005 LAGE § 102 BetrVG 2001 Nr. 5). Der Arbeitgeber ist insoweit im Rahmen der Betriebsratsanhörung nicht verpflichtet, die Richtigkeit dokumentierter Daten zu überprüfen; er kann deshalb mangels anderweitiger Kenntnisse auch von den Eintragungen der Lohnsteuerkarte ausgehen, hat dies dann aber gegenüber dem Betriebsrat zu kennzeichnen (*BAG* 6.7.2006 EzA § 1 KSchG Soziale Auswahl Nr. 68).

Mitzuteilen sind nach Auffassung des *LAG Bln.* (20.8.1996 LAGE § 102 BetrVG 1972 **1665** Nr. 56) auch die Gründe, die nach § 1 Abs. 3 S. 2 KSchG **der Auswahl nach sozialen Gesichtspunkten entgegenstehen**.

Hält der Arbeitgeber eine Sozialauswahl vor Ausspruch einer betriebsbedingten Kündigung wegen des Widerspruchs des Arbeitnehmers gegen den Übergang des Arbeitsverhältnisses für **überflüssig**, so hat er die sozialen Gesichtspunkte vergleichbarer Arbeitnehmer **auch nicht vorsorglich** dem Betriebsrat **mitzuteilen** (*BAG* 24.2.2000 EzA § 102 BetrVG 1972 Nr. 104; 22.3.2001 EzA Art. 101 GG Nr. 5; *LAG Hessen* 24.1.2000 NZA-RR 2001, 34; vgl. dazu *Reichold* SAE 2001, 122 ff.). Das Unterbleiben einer Sozialauswahl indiziert in diesem Fall nicht die ungenügende Berücksichtigung sozialer Gesichtspunkte, wenn z.B. der gesamte Bereich »Informationssysteme und technische Dienste« ausgegliedert wurde und dem Arbeitnehmer anerkennenswerte Gründe für den Widerspruch nicht zur Seite standen (*BAG* 24.2.2000 EzA § 102 BetrVG 1972 Nr. 104; *Reichold* SAE 2001, 122 ff.). Gleiches gilt, wenn eine **Sozialauswahl** nach der für den Betriebsrat erkennbaren Auffassung des Arbeitgebers wegen der Stilllegung des gesamten Betriebes **nicht vorzunehmen** ist; der Arbeitgeber muss dann den Betriebsrat nicht über Familienstand und Unterhaltspflichten der zu kündigenden Arbeitnehmer unterrichten (*BAG* 13.5.2004 EzA § 102 BetrVG 2001 Nr. 7 = NZA 2004, 1038 = BAG Report 2004, 330), sowie dann, wenn eine soziale Auswahl nach Ansicht des Arbeitgebers **mangels Vergleichbarkeit des zu kündigenden Arbeitnehmers mit anderen Arbeitnehmern nicht vorzunehmen ist** (*LAG Hamm* 14.6.2005 NZA-RR 2005, 640 = LAG Report 2005, 371). **1666**

Auch dann, wenn insgesamt nach Auffassung des Arbeitgebers eine Sozialauswahl nicht vor- **1667** zunehmen ist, weil **kein** mit dem zu kündigenden Arbeitnehmer **vergleichbarer** Arbeitnehmer vorhanden sei, muss er dem Betriebsrat **keine Auswahlgesichtspunkte mitteilen**, selbst wenn dies **bei objektiver Betrachtung nicht zutrifft** (*LAG SchlH* 1.4.1999 LAGE § 1 KSchG Soziale Auswahl Nr. 30). Das gilt **auch dann**, wenn der Arbeitgeber für seinen Kündigungsentschluss darauf nicht abstellt und für den Betriebsrat erkennbar die sozialen Daten des zu kündigenden Arbeitnehmers den Arbeitgeber **auch nicht zur Rücknahme seiner Kündigungsentscheidung bewegen werden** (z.B. bei einer Massenentlassung; *LAG Hessen* 24.1.2000 NZA-RR 2001, 34). Erscheint andererseits aus der Sicht des Arbeitgebers eine **Sozialauswahl** wegen fehlender Vergleichbarkeit mit anderen Mitarbeitern **entbehrlich**, ist die Kündigung gem. § 102 BetrVG **unwirksam**, wenn der Arbeitgeber **gleichwohl** anlässlich der Anhörung des Betriebsrats den **Anschein erweckt, eine Sozialauswahl sei durchgeführt worden** (*LAG RhPf* 1.4.2004 LAG Report 2005, 47).

dd) Einschränkungen bei vorheriger Kenntnis des Betriebsrats

1668 Eine Mitteilung kann z.B. **entbehrlich** sein, wenn der Betriebsrat oder Betriebsratsvorsitzende die Folgen wiederholter Fehlzeiten **genau kennt** (*BAG* 6.7.1978 EzA § 102 BetrVG 1972 Nr. 37; *LAG RhPf* 1.4.2004 LAG Report 2005, 47; krit. *Rummel* NZA 1984, 78).

ee) Subjektive Determinierung der Mitteilungspflicht des Arbeitgebers

1669 Zu beachten ist allerdings, dass der Arbeitgeber nur diejenigen Kündigungsgründe mitteilen muss, auf die er **subjektiv** die Kündigung stützen will, **die seiner Auffassung nach die Kündigung rechtfertigen und für seinen Entschluss maßgebend gewesen sind** (*BAG* 13.5.2004 EzA § 102 BetrVG 2001 Nr. 7 = NZA 2004, 1038 = BAG Report 2004, 330; 15.7.2004 EzA § 1 KSchG Soziale Auswahl Nr. 54 = BAG Report 2004, 367). Das ist auch dann der Fall, wenn er kündigungsrechtlich **objektiv erhebliche Tatsachen nicht mitteilt**, weil er darauf die Kündigung **zunächst nicht stützen will**. Denn eine nur bei objektiver Würdigung unvollständige Mitteilung führt nicht zur Unwirksamkeit der Kündigung nach § 102 BetrVG (*BAG* 11.12.2003 EzA § 102 BetrVG 2001 Nr. 5). Demgegenüber genügt die Mitteilung von **Scheingründen** oder die unvollständige Mitteilung von Kündigungsgründen – insbes. unter bewusster Verschweigung der wahren Kündigungsgründe – nicht. Kommen andererseits aus der Sicht des Arbeitgebers mehrere Kündigungssachverhalte und Kündigungsgründe in Betracht, so führt ein bewusstes Verschweigen eines – von mehreren – Sachverhalten nicht zur Unwirksamkeit der Anhörung (*BAG* 16.9.2004 EzA § 102 BetrVG 2001 Nr. 10 = BAG Report 2005, 41).

1670 Zudem darf der Arbeitgeber im Kündigungsschutzprozess zur Begründung der Rechtfertigung der Kündigung nur solche Tatsachen vortragen oder nachschieben, die, ohne den Kündigungssachverhalt wesentlich zu verändern, nur der Erläuterung oder Konkretisierung der dem Betriebsrat bereits mitgeteilten Kündigungsgründe dienen.

1671 Eine objektiv unzureichende Information des Betriebsrats führt also nicht zur Unwirksamkeit der Kündigung gem. § 102 Abs. 1 BetrVG, sondern zur Sozialwidrigkeit gem. § 1 KSchG, wenn die dem Betriebsrat mitgeteilten Kündigungsgründe (allein) die Kündigung nicht rechtfertigen (*BAG* 18.12.1980 EzA § 102 BetrVG 1972 Nr. 44; 1.4.1981 EzA § 102 BetrVG 1972 Nr. 45; s.o. Rn. 444 ff.).

1672 Auch bei Zugrundelegung dieses Maßstabes ist der Arbeitgeber dann, wenn er den Betriebsrat nicht darüber unterrichtet hat, dass er **sozial weniger schutzwürdige Arbeitnehmer (auch) nicht für vergleichbar hält**, im Kündigungsschutzprozess **nicht gehindert, sich auf die Tatsachen zu berufen**, die aus seiner Sicht einer Vergleichbarkeit entgegenstehen (*LAG Hamm* 4.11.2004 LAG Report 2005, 210).

1673 Allerdings führt die subjektive Determination nicht dazu, dass der Arbeitgeber auf eine Mitteilung persönlicher Gründe ganz verzichten darf, auch wenn er sie nicht berücksichtigt. Der Arbeitgeber muss deshalb im Allgemeinen das Lebensalter und die Dauer der Betriebszugehörigkeit sowie einen eventuellen Sonderkündigungsschutz als unverzichtbare Daten für die Beurteilung der Kündigung dem Betriebsrat mitteilen. Das gilt auch für einen verhaltensbedingten Kündigungsgrund, da dem Betriebsrat keine persönlichen Umstände vorenthalten werden dürfen, die sich im Rahmen der Interessenabwägung zu Gunsten des Arbeitnehmers auswirken können (*BAG* 6.10.2005 EzA § 1 KSchG Verhaltensbedingte Kündigung Nr. 66 = NZA 2006, 431; s.o. Rn. 444).

b) Besonderheiten vor Ablauf der Sechsmonatsfrist

aa) Grundsatz: Gleiche Anforderungen

Zwar kann der Arbeitgeber vor Anwendbarkeit des KSchG (vgl. §§ 1, 23 KSchG) grds. ohne Angabe von Gründen unter Einhaltung der ordentlichen Kündigungsfrist kündigen. 1674

Dennoch gelten nach ständiger Rechtsprechung des *BAG* (13.7.1978, 28.9.1978, 8.9.1988, 11.7.1991, 18.5.1994 EzA § 102 BetrVG 1972 Nr. 35, 36, 39, 73, 81, 85; **a.A.** *Raab* ZfA 1995, 479 ff., wonach die Mitteilungspflicht nach § 102 BetrVG an den individualrechtlichen Kündigungsschutz gekoppelt ist) hinsichtlich der Mitteilungspflicht des Arbeitgebers an den Betriebsrat auch dann **keine geringeren Anforderungen,** wenn die beabsichtigte Kündigung innerhalb der ersten sechs Monate des Arbeitsverhältnisses ausgesprochen werden soll. 1675

Auch insoweit hat der Arbeitgeber also diejenigen Gründe mitzuteilen, die für seinen Kündigungsentschluss (subjektiv) maßgebend sind, die nach seiner Ansicht die Kündigung rechtfertigen. Ist für den Arbeitgeber folglich bei einer Kündigung in den ersten sechs Monaten des Arbeitsverhältnisses der maßgebliche Kündigungsgrund nicht die eigene Eignungsbeurteilung, sondern die **Tatsache der negativen Beurteilung der Arbeitsbeziehungen zu anderen Mitarbeitern durch den Dienstvorgesetzten, so reicht eine entsprechende Mitteilung** aus (*BAG* 21.7.2005 EzA § 102 BetrVG 2001 Nr. 15 = NZA-RR 2006, 331). 1676

Andererseits ist der Arbeitgeber, der die Kündigung auf mehrere Gründe stützen könnte, nicht gehalten, auch solche Gründe mitzuteilen, die er tatsächlich nicht zum Anlass für die Kündigung nehmen will. Voraussetzung für eine ordnungsgemäße Betriebsratsanhörung ist aber auch innerhalb der ersten sechs Monate, dass der Arbeitgeber zusätzlich zum Kündigungsentschluss an sich **einen – wenn auch subjektiv determinierten, Argumenten zugänglichen – Kündigungsgrund für seinen Kündigungsentschluss angibt**. Der rein formale Anlass/Auslöser für den Kündigungsentschluss »die Existenz eines Prozesses mit noch ungewissem Ausgang« ist nicht gleichzusetzen mit einem dem Betriebsrat zu benennenden Kündigungsgrund, denn er ist keinen Argumenten zugänglich (*LAG SchlH* 3.11.2004 NZA-RR 2005, 310). 1677

bb) Schlagwortartige Beschreibungen; Werturteile

Von daher genügt es auch vor Ablauf der Sechsmonatsfrist gem. § 1 Abs. 1 KSchG nicht, wenn der Arbeitgeber dem Betriebsrat in einem Mitteilungsschreiben lediglich mitteilt, »die bisherige Zusammenarbeit« mit dem Kläger lasse »eine für beide Seiten zufrieden stellende Kooperation für die Zukunft nicht erwarten«. Denn auch vor Anwendbarkeit des KSchG darf sich der Arbeitgeber **nicht mit einer schlagwort- oder stichwortartigen Bezeichnung des Kündigungsgrundes begnügen.** 1678

Ebenso wenig reicht es grds. aus, wenn der Arbeitgeber lediglich ein Werturteil abgibt, ohne die für seine Bewertung maßgeblichen Tatsachen mitzuteilen. So lässt der zitierte Hinweis auf die zufrieden stellende Kooperation in der Zukunft jeglichen Tatsachenbezug vermissen, sodass es dem Betriebsrat unmöglich ist, sein Beteiligungsrecht auszuüben (*BAG* 13.7.1978 EzA § 102 BetrVG 1972 Nr. 35). 1679

Demgegenüber genügt die pauschale Umschreibung des Kündigungsgrundes durch ein Werturteil (z.B. »nicht hinreichende Arbeitsleistungen«) den gesetzlichen Anforderungen ausnahmsweise dann, wenn der Arbeitgeber seine Motivation nicht mit konkreten Tatsachen belegen kann (*BAG* 8.9.1988 EzA § 102 BetrVG 1972 Nr. 73). Hat der Arbeitgeber also keine auf Tatsachen gestützte und dem gemäß durch die Mitteilung dieser Tatsachen konkretisierbaren Kündigungsgründe, so **genügt es**, wenn er dem Betriebsrat seine **subjektiven Wertungen mitteilt**, die ihn zu der Kündigung veranlassen (*BAG* 3.12.1998 EzA § 102 BetrVG 1972 Nr. 100; *LAG SchlH* 30.10.2002 NZA-RR 2003, 310; *LAG Düsseld.* 29.7.2004 LAGE § 102 BetrVG 2001 Nr. 1a). Denn der Arbeitgeber ist **nicht gehalten**, nur für den Betriebsrat »**überwachende Aufzeichnungen« zu führen**, die er dem Arbeitnehmer gegenüber nicht benötigt (*LAG Bln.* 11.12.2003 – 16 Sa 1926/03 – ARST 2004, 235 LS = NZA-RR 2004, 528). 1680

1681 Denn es ist gerade eine Konsequenz der subjektiven Determinierung der Mitteilungspflicht nach § 102 Abs. 1 BetrVG, in diesen Fällen die Unterrichtung über die subjektiven Vorstellungen ausreichen zu lassen. Jede andere Lösung wäre systemwidrig und realitätsfremd. Sie würde vom Arbeitgeber geradezu verlangen, tatsächlich nicht vorhandene objektive Gründe für seinen Kündigungsentschluss zu erfinden und vorzuschieben.

1682 Nach Auffassung des *LAG BW* (23.7.1997 LAGE § 102 BetrVG 1972 Nr. 67) genügt die Mitteilung eines **Werturteils** auch dann, wenn der Arbeitgeber objektive kündigungserhebliche Tatsachen dem Betriebsrat deshalb nicht mitteilt, weil er darauf die Kündigung nicht stützen will oder weil er sie bei seinem Kündigungsentschluss für unerheblich oder entbehrlich hält. Das *LAG Bln.* (22.1.1998 LAGE § 102 BetrVG 1972 Nr. 68) hält es schließlich für ausreichend, wenn der Arbeitgeber bei einer Kündigung vor Ablauf der Wartefrist des § 1 Abs. 1 KSchG dem Betriebsrat lediglich mitteilt, der Arbeitnehmer »**genügt** nach unserer allgemeinen, subjektiven Einschätzung **unseren Anforderungen nicht**«.

1683 Der Arbeitgeber kommt nach diesen Grundsätzen seiner Pflicht zur Unterrichtung des Betriebsrates dann nicht nach, wenn er auch aus seiner subjektiven Sicht dem Betriebsrat **bewusst unrichtige oder unvollständige Sachdarstellungen** unterbreitet oder wenn er bewusst ihm bekannte, genau konkretisierbare Kündigungsgründe nur **pauschal** vorträgt, obwohl sein Kündigungsentschluss auf der Würdigung konkreter Kündigungssachverhalte beruht (*BAG* 18.5.1994 EzA § 102 BetrVG 1972 Nr. 85). Dagegen ist die Anhörung dann nicht zu beanstanden, wenn er aus seiner subjektiven Sicht heraus konsequent handelt, indem er trotz konkreter Anhaltspunkte seinen Kündigungsentschluss nur aus subjektiven, pauschalen Werturteilen herleitet (*BAG* 8.9.1988 EzA § 102 BetrVG 1972 Nr. 73).

1684 Will der Arbeitgeber die Kündigung allein auf Minderleistungen des Arbeitnehmers, die Differenzen mit Arbeitskollegen ausgelöst haben, ohne Rücksicht darauf stützen, auf welchen Gründen die Minderleistungen beruhen, so muss er den Betriebsrat nicht zusätzlich davon unterrichten, dass der betroffene Arbeitnehmer schon vor der Kündigung unter Vorlage eines Attests den Grund dafür auf eine angeblich durch die konkreten Arbeitsbedingungen ausgelöste Erkrankung zurückgeführt hat (*BAG* 11.7.1991 EzA § 102 BetrVG 1972 Nr. 81).

1685 Aufgrund der generellen Kündigungsfreiheit während der ersten sechs Beschäftigungsmonate ist der Arbeitgeber im Rahmen des § 102 BetrVG auch nicht verpflichtet, den **Wahrheitsgehalt der an ihn von Dritten herangetragenen Beschwerden** über den Arbeitnehmer zu überprüfen. Vielmehr genügt er seiner Mitteilungspflicht, wenn er dem Betriebsrat das sich daraus für ihn ergebende Werturteil über den Arbeitnehmer mitteilt (*LAG SchlH* 30.10.2002 NZA-RR 2003, 310).

cc) Vorliegen mehrerer Kündigungsgründe

1686 Wenn für den Kündigungsentschluss des Arbeitgebers mehrere Gründe maßgebend gewesen sind, dann berührt eine objektiv unrichtige Unterrichtung des Betriebsrats hinsichtlich einzelner Kündigungsgründe nicht die Wirksamkeit des Anhörungsverfahrens insgesamt (*BAG* 8.9.1988 EzA § 102 BetrVG 1972 Nr. 73).

c) Widerspruch des Betriebsrats

aa) Praktische Bedeutung

1687 Hat der Betriebsrat aus den § 102 Abs. 3 BetrVG aufgezählten Gründen form- und fristgerecht Widerspruch erhoben (s. dazu *Haas* FA 2008, 169 ff.), so kann der Arbeitnehmer die **Kündigungsschutzklage auch darauf stützen** (§ 1 Abs. 2 S. 2 KSchG).

1688 Er kann ferner bei einer ordentlichen Kündigung den **Weiterbeschäftigungsanspruch** gem. § 102 Abs. 5 BetrVG geltend machen.

bb) Allgemeine Voraussetzungen eines wirksamen Widerspruchs

1689 Der Widerspruch muss, um wirksam zu sein, **auf einem ordnungsgemäß getroffenem Betriebsratsbeschluss beruhen** (*LAG Bln.* 16.9.2004 LAG Report 2005, 90), **schriftlich** erfolgen und mit schriftlichen **Gründen** versehen sein.

Erforderlich ist die Angabe **konkreter Tatsachen,** aus denen sich das Vorliegen eines der im Gesetz genannten Gründe ergibt. 1690

Weder die formelhafte Bezugnahme auf die Ziffern des Abs. 3 noch die Wiederholung des Gesetzeswortlauts genügt den Anforderungen; **erforderlich ist, dass die Widerspruchsgründe mittels Angabe von Tatsachen konkretisiert werden** (*LAG SchlH* 22.11.1999 ARST 2000, 196; s.a. *BAG* 19.6.2007 – 2 AZR 58/06 – EzA-SD 19/2007 S. 10 LS zum PersVG Brandenburg). Deshalb ist z.B. bei einer **krankheitsbedingten Kündigung** ein Widerspruch dann **nicht ordnungsgemäß,** wenn er in der Sache **lediglich einen Appell an die Fürsorgepflicht des Arbeitgebers gegenüber einem langjährig beschäftigten Arbeitnehmer darstellt** (*LAG Köln* 19.10.2000 ARST 2001, 94). 1691

Nicht erforderlich ist jedoch, dass die angegebenen Gründe den Widerspruch auch tatsächlich tragen. Das ergibt sich im Umkehrschluss aus § 102 Abs. 5 S. 2 BetrVG, wonach der Arbeitgeber von der Weiterbeschäftigung nur wegen offensichtlicher Unbegründetheit des Widerspruchs entbunden werden kann (MünchArbR/*Wank* § 121 Rz. 13; GK-BetrVG/*Raab* § 102 Rz. 107 ff.; *LAG München* 2.3.1994 NZA 1994, 1000). 1692

Der vorgetragene Sachverhalt muss es als möglich erscheinen lassen, dass einer der in § 102 Abs. 3 BetrVG abschließend genannten Widerspruchsgründe geltend gemacht wird (*LAG München* 10.2.1994 NZA 1994, 997; vgl. APS/*Koch* § 102 BetrVG Rz. 189; *BAG* 12.6.2007 EzA § 1a BetrAVG Nr. 2). 1693

Macht der Betriebsrat der Sache nach einen gem. § 102 Abs. 3 BetrVG nicht gegebenen Widerspruchsgrund geltend (*BAG* 12.6.2007 EzA § 1a BetrAVG Nr. 2), so ist dieser Widerspruch auch dann nicht ordnungsgemäß i.S.v. § 102 Abs. 5 S. 1 BetrVG, wenn er im Gegensatz zu seinem sachlichen Inhalt ausdrücklich auf eine ganz bestimmte Nummer des § 102 Abs. 3 BetrVG Bezug nimmt und formelhaft deren Inhalt wiederholt (*LAG München* 2.3.1994 NZA 1994, 1000). 1694

cc) Besonderheiten in Tendenzbetrieben

Bei der Kündigung in Tendenzbetrieben (§ 118 BetrVG) kann der Betriebsrat auch einer aus tendenzbezogenen Gründen ausgesprochenen Kündigung nach § 102 Abs. 3 BetrVG widersprechen, wenn die Widerspruchsgründe ihrerseits tendenzfrei sind (*BAG* 7.11.1975 EzA § 118 BetrVG 1972 Nr. 9). Dagegen ist eine Stellungnahme zu tendenzbezogenen Gründen mit § 118 Abs. 1 S. 1 BetrVG nicht vereinbar (*BVerfG* 6.11.1979 EzA § 118 BetrVG 1972 Nr. 23). 1695

So kann der Betriebsrat der Kündigung eines Tendenzträgers etwa nach § 102 Abs. 3 Nr. 3 bis 5 BetrVG widersprechen mit dem Hinweis, der betroffene Arbeitnehmer könne auf einem anderen Arbeitsplatz ohne Tendenzbezug weiterbeschäftigt werden. 1696

Im Übrigen kann er **uneingeschränkt widersprechen,** wenn die Kündigung eines Tendenzträgers aus tendenzfreien Gründen erfolgen soll. Denn dann ist sowohl die Tätigkeit des Betriebsrats als auch ein möglicherweise entstehender Weiterbeschäftigungsanspruch des Tendenzträgers **tendenzneutral** (MünchArbR/*Berkowsky* § 146 Rz. 38). 1697

dd) Die Widerspruchstatbestände

(1) Rüge nicht ordnungsgemäßer Sozialauswahl (§ 102 Abs. 3 Nr. 1 BetrVG)

Diese Regelung kommt im Zusammenhang mit betriebsbedingten Kündigungen in Betracht. 1698

Nach Auffassung des *BAG* (9.7.2003 EzA § 102 BetrVG 2001 Beschäftigungspflicht Nr. 1 = NZA 2003, 1191 m. Anm. *Waas* SAE 2004, 147 ff.; so bereits *Matthes* MünchArbR § 348 Rz. 66) ist insoweit darzulegen, welcher oder welche anderen Arbeitnehmer bei ordnungsgemäßer Berücksichtigung sozialer Gesichtspunkte oder bei zutreffender Anwendung der Auswahlrichtlinie hätte(n) gekündigt werden sollen. Zumindest müssen diese Arbeitnehmer 1699 anhand abstrakter Merkmale bestimmbar sein (*BAG* 9.7.2003 2003 EzA § 102 BetrVG 2001 Beschäftigungspflicht Nr. 1; vgl. auch *LAG SchlH* 22.11.1999 ARST 2000, 196 u. APS/*Koch* § 102 BetrVG Rz. 194; ähnlich GK-BetrVG/*Raab* § 102 Rz. 113)

1700 Er hat aufzuzeigen, welche Gründe aus seiner Sicht zu einer anderen Bewertung der sozialen Schutzwürdigkeit führen. Auch bei mehreren zur gleichen Zeit beabsichtigten betriebsbedingten Kündigungen kann der Betriebsrat nach dieser Bestimmung nur dann widersprechen, wenn er in jedem Einzelfall auf bestimmte oder bestimmbare, seiner Ansicht nach weniger schutzwürdige Arbeitnehmer verweist (*BAG* 9.7.2003 EzA § 102 BetrVG 2001 Beschäftigungspflicht Nr. 1 = NZA 2003, 1191 m. Anm. *Waas* SAE 2004, 147 ff.). Sind im Widerspruch des Betriebsrats die **für sozial stärker gehaltenen Arbeitnehmer nicht konkret benannt,** muss folglich der die Weiterbeschäftigung einklagende Arbeitnehmer im Einzelnen darstellen, warum aus den allgemeinen Angaben für den Arbeitgeber eindeutig ersichtlich ist, welche Arbeitnehmer gemeint sind (*LAG Nbg.* 17.8.2004 NZA-RR 2005, 255 = LAG Report 2004, 338). Der Betriebsrat kann zudem nicht für alle oder für mehrere Kündigungen geltend machen, die soziale Auswahl sei fehlerhaft, weil der Arbeitgeber einen oder mehrere schutzwürdige Arbeitnehmer übergangen habe. Auf denselben Berufungsfall kann der Betriebsrat seinen Widerspruch nicht mehrfach stützen (*BAG* 9.7.2003 EzA § 102 BetrVG 2001 Beschäftigungspflicht Nr. 1 = NZA 2003, 1191 m. Anm. *Waas* SAE 2004, 147 ff.).
Die Voraussetzungen sind jedenfalls dann **nicht erfüllt,** wenn der Betriebsrat geltend macht, erfahrungsgemäß sei bei einer **Massenentlassung** damit zu rechnen, dass durch **intensive Vermittlungsbemühungen und freiwillige Abfindungsaktionen** freie Arbeitsplätze entstünden, auf denen ggf. einige der zur Entlassung vorgesehenen Arbeitnehmer eingesetzt wereden könnten (*LAG Hamm* 14.6.2004 – 8 Sa 956/04 – EzA-SD 19/04, S. 13 LS = LAG Report 2004, 351 LS).

(2) Verstoß gegen eine Auswahlrichtlinie (§ 102 Abs. 3 Nr. 2 BetrVG)

1701 Insoweit muss der Betriebsrat sowohl die fragliche **Auswahlrichtlinie bezeichnen** (s.o. Rn. 1698) als auch die **Tatsachen angeben.** Zu beachten ist, dass die »absolute Sozialwidrigkeit« der Kündigung gem. § 1 Abs. 2 S. 2 KSchG dann nicht eintritt, **aus denen sich der Verstoß dagegen ergibt** (KR/*Etzel* § 102 BetrVG Rz. 156; APS/*Koch* § 102 BetrVG Rz. 195), wenn es sich um eine rechtsunwirksame Auswahlrichtlinie handelt.

1702 Die Auswahlrichtlinie muss, um wirksam zu sein, jedenfalls die drei sozialen Grunddaten Betriebszugehörigkeit, Lebensalter und Zahl der Unterhaltsverpflichtungen hinreichend berücksichtigen sowie darüber hinaus Spielraum lassen für eine einzelfallbezogene abschließende Bewertung der sozialen Schutzbedürftigkeit der einzelnen Arbeitnehmer (*BAG* 20.10.1983 EzA § 1 KSchG Betriebsbedingte Kündigung Nr. 28; vgl. MünchArbR/*Berkowsky* § 142 Rz. 10, 15).

(3) Möglichkeit der Weiterbeschäftigung (§ 102 Abs. 3 Nr. 3 BetrVG)

1703 Diese Norm kommt insbes. bei betriebsbedingten Kündigungen, u.U. aber auch bei personen- und verhaltensbedingten Kündigungen in Betracht (*BAG* 31.3.1993 NZA 1994, 412).

1704 Sie greift nicht ein hinsichtlich der Möglichkeit der Weiterbeschäftigung auf demselben Arbeitsplatz (*BAG* 12.9.1985 EzA § 102 BetrVG Nr. 61; *LAG Nbg.* 17.8.2004 NZA-RR 2005, 255 = LAG Report 2004, 338; **a.A.** *LAG RhPf* 25.3.1996 ZTR 1997, 45 LS im Anschluss an KR/*Etzel* § 102 BetrVG Rz. 164), oder der Weiterbeschäftigung in einem Konzernunternehmen (*BAG* 14.10.1982 EzA § 15 KSchG n.F. Nr. 29).

Demgegenüber ist nach Auffassung von *Etzel* (KR § 102 BetrVG Rz. 164) § 102 Abs. 3 Nr. 3 BetrVG dann jedenfalls entsprechend anwendbar. Denn wenn die Weiterbeschäftigung des Arbeitnehmers auf seinem bisherigen Arbeitsplatz möglich ist, ist die Sozialwidrigkeit der Kündigung noch offensichtlicher als bei der Möglichkeit der Weiterbeschäftigung auf einem anderen Arbeitsplatz. 1705

Zwar kann der Betriebsrat auch nach Auffassung von *Etzel* (a.a.O.) nicht die (mitbestimmungsfreie) wirtschaftlich-unternehmerische Entscheidung, dass der Arbeitsplatz des gekündigten Arbeitnehmers wegfällt, angreifen. Er kann aber geltend machen, die Behauptung des Arbeitgebers über den Wegfall des Arbeitsplatzes treffe nicht zu, der Arbeitsplatz solle demnächst wieder besetzt werden, sei also nach dem Ausscheiden des gekündigten Arbeitnehmers frei und folglich könne er auf seinem bisherigen Arbeitsplatz weiterbeschäftigt werden. 1706

Diese Auffassung steht **im Widerspruch zu der Systematik des § 102 Abs. 3 BetrVG**. Ein Weiterbeschäftigungsanspruch nach § 102 Abs. 5 BetrVG soll dann entstehen, wenn entweder die Sozialauswahl fehlerhaft ist oder eine anderweitige Beschäftigungsmöglichkeit besteht. Bei einem Streit um den Wegfall der ursprünglichen Beschäftigungsmöglichkeiten ist sie vom Gesetz gerade nicht vorgesehen (APS/*Koch* § 102 BetrVG Rz. 199). 1707

Als andere Arbeitsplätze kommen nur solche in Frage, die **tatsächlich vorhanden sind**. Zur Begründung eines Weiterbeschäftigungsanspruchs nach § 102 Abs. 5 S. 1 BetrVG reicht es nicht aus, wenn der Betriebsrat **nur allgemein** auf eine anderweitige Beschäftigungsmöglichkeit im selben Betrieb oder in einem anderen Betrieb des Unternehmens verweist. Dem Betriebsrat ist vielmehr ein **Mindestmaß an konkreter Argumentation** abzuverlangen, d.h. der Arbeitsplatz, auf dem der zu kündigende Arbeitnehmer eingesetzt werden kann, ist **in bestimmbarer Weise anzugeben** (*BAG* 17.6.1999 EzA § 102 BetrVG 1972 Beschäftigungspflicht Nr. 10; instr. *ArbG Hmb.* 3.4.2008 – 9 Ga 12/08 – ArbuR 2008, 277 LS; vgl. auch *Dedek* SAE 2001, 23 ff.). Ebenso wenig genügt es, wenn der Betriebsrat auf **Personalengpässe bei Arbeiten** hinweist, die im Betrieb von einem Subunternehmer auf Grund eines Werkvertrages erledigt werden (*BAG* 11.5.2000 NZA 2000, 1055; vgl. dazu *Dedek* SAE 2001, 23 ff.). 1708

Der Betriebsrat muss jedoch nicht einen bestimmten, konkreten freien Arbeitsplatz benennen (*BAG* 31.8.1978 EzA § 102 BetrVG 1972 Beschäftigungspflicht Nr. 7; APS/*Koch* § 102 BetrVG Rz. 200). Andererseits ist der Arbeitgeber auch nicht verpflichtet, dem Betriebsrat genaue Unterlagen über alle im Unternehmensbereich offenen vergleichbaren Arbeitsplätze anzubieten (GK-BetrVG/*Raab* § 102 Rz. 116; **a.A.** *Hanau* BB 1971, 489). 1709

(4) Weiterbeschäftigungsmöglichkeit nach zumutbaren Umschulungs- oder Fortbildungsmaßnahmen (§ 102 Abs. 3 Nr. 4 BetrVG)

aaa) Grundlagen

Diese Regelung kommt in Betracht bei betriebs- und personenbedingten Kündigungen (GK-BetrVG/*Raab* § 102 Rz. 124; **a.A.** *Dietz/Richardi* § 102 Rz. 135: Auch bei verhaltensbedingter Kündigung) und einem verfügbaren freien anderen Arbeitsplatz, der dem Arbeitgeber zumutbar ist. 1710

Eine Prüfung der Zumutbarkeit für den Arbeitnehmer ist nicht erforderlich, da der Widerspruch seine **Zustimmung** voraussetzt. Dieses Einverständnis hat der Betriebsrat einzuholen, bevor er den Widerspruch erhebt. Ohne erklärtes Einverständnis des Arbeitnehmers mit der Umschulung oder Fortbildung besteht kein Grund, den Arbeitgeber von der Kündigung abzuhalten und dem Arbeitnehmer auf Grund des Widerspruchs des Betriebsrats einen Weiterbeschäftigungsanspruch nach § 102 Abs. 5 BetrVG einzuräumen (APS/*Koch* § 102 BetrVG Rz. 202; KR/*Etzel* § 102 BetrVG Rz. 169c). 1711

Der Betriebsrat kann allerdings nicht wegen einer anderweitigen Beschäftigungsmöglichkeit widersprechen, die betriebshierarchisch oberhalb des bisherigen Vertragsstatus des betroffenen Arbeitnehmers liegt. Dieser hat **keinen Anspruch auf Beförderung.** Die anderweitige Beschäftigungsmöglichkeit kann sich deshalb auch auf dieser Stufe nur auf **niederrangigere oder höchstens gleichwertige Arbeitsplätze** beziehen. Dies ist von dem Begriff der Umschulung ohne weiteres erfasst. 1712

1713 Auch die Weiterbeschäftigungsmöglichkeit nach Fortbildungsmaßnahmen darf nicht mit einem Anspruch auf Beförderung verbunden sein. Die Fortbildung kann sich deshalb nur auf Qualifizierungsmaßnahmen erstrecken, die zu einer allenfalls **funktionell gleichwertigen, wenngleich inhaltlich qualifizierten Tätigkeit führen** (MünchArbR/*Berkowsky* § 142 Rz. 36).

1714 Dem Arbeitgeber zumutbar ist die Maßnahme, wenn durch sie hervorgerufene betriebliche Störungen oder die erforderlichen organisatorischen oder finanziellen Aufwendungen nicht außer Verhältnis zur voraussichtlichen weiteren Dauer des Arbeitsverhältnisses stehen. Rein finanzielle Aspekte dürfen jedoch nicht den Ausschlag geben (MünchArbR/*Berkowsky* § 142 Rz. 38).

bbb) Verhältnis zu § 97 Abs. 2 BetrVG n.F.

1715 Hat der Arbeitgeber technische Anlagen, Arbeitsverfahren und Arbeitsabläufe oder Arbeitsplätze **geplant**, die dazu führen, dass sich die **Tätigkeit der betroffenen Arbeitnehmer ändern** wird und ihre **beruflichen Kenntnisse** und **Fähigkeiten** zur Erfüllung ihrer Aufgaben **nicht mehr ausreichen**, so hat der Betriebsrat gem. § 97 Abs. 2 BetrVG bei der Einführung von Maßnahmen der betrieblichen Berufsbildung mitzubestimmen. Kommt eine Einigung nicht zustande, so entscheidet die Einigungsstelle. Der Spruch der **Einigungsstelle** ersetzt die Einigung zwischen Arbeitgeber und Betriebsrat.

1716 Das nach dieser Regelung dem Betriebsrat eingeräumte Initiativrecht soll ihm die **Möglichkeit** geben, so **rechtzeitig für eine Weiterbildung der** von den geplanten Maßnahmen **betroffenen Arbeitnehmer** zu sorgen, dass eine **Kündigung** entbehrlich wird und der Betriebsrat nicht von seinem Widerspruchsrecht gem. § 102 Abs. 3 Nr. 4 BetrVG Gebrauch machen muss (BT-Drs. 14/5741, 50). Fraglich ist, wie sich das **Verhältnis zwischen § 97 Abs. 2 und § 102 Abs. 3 Nr. 4 BetrVG** darstellt, insbes. ob der Betriebsrat abwarten kann, bis der Arbeitgeber einem Arbeitnehmer wegen mangelnder Qualifikation kündigen will und den Betriebsrat zu der beabsichtigten Kündigung anhört, um sodann nach § 97 Abs. 2 BetrVG die Einführung von Berufsbildungsmaßnahmen zu verlangen und der Kündigung unter Hinweis auf die Fortbildungs- und Umschulungsmöglichkeiten nach § 102 Abs. 3 Nr. 4 BetrVG zu widersprechen.

1717 Ein derartiges Verhalten wäre allerdings zumindest **mit dem Grundsatz der vertrauensvollen Zusammenarbeit gem. § 2 Abs. 1 BetrVG unvereinbar**, wenn der Arbeitgeber den Betriebsrat gem. § 97 Abs. 2 BetrVG rechtzeitig und ordnungsgemäß über die geplanten Maßnahmen unterrichtet und mit ihm die Auswirkungen auf die Arbeitnehmer beraten hat. Denn dann hat der Betriebsrat hinreichend Anlass, darüber nachzudenken, ob er von seinem Initiativrecht Gebrauch machen will. Liegen die Voraussetzungen des § 97 Abs. 2 BetrVG erkennbar vor (vgl. dazu *LAG Hamm* 8.11.2002 NZA-RR 2003, 543) und will der Betriebsrat die Einführung von Bildungsmaßnahmen verlangen, so wird man ihn als verpflichtet ansehen müssen, dies unverzüglich zu tun und damit nicht bis zum Anhörungsverfahren zu warten, da dies zu einer erheblichen Verzögerung führen und den Arbeitgeber mit den Nachteilen des Weiterbeschäftigungsanspruchs belasten würde. Macht der Betriebsrat von seinem Initiativrecht keinen Gebrauch, so kann demnach ein Widerspruch gegen die Kündigung nicht mehr auf § 102 Abs. 3 Nr. 4 BetrVG gestützt werden; der kollektive Schutz wird also durch § 97 Abs. 2 BetrVG vorverlegt (so zutr. GK-BetrVG/*Raab* § 97 Rz. 21).

(5) Weiterbeschäftigungsmöglichkeit unter veränderten Vertragsbedingungen (§ 102 Abs. 3 Nr. 5 BetrVG)

1718 Das notwendige Einverständnis des Arbeitnehmers kann unter dem Vorbehalt, dass die Änderung der Arbeitsbedingungen sozial gerechtfertigt ist (§ 2 KSchG) erteilt werden (APS/*Koch* § 102 BetrVG Rz. 204; KR/*Etzel* § 102 BetrVG Rz. 173).

d) Unterrichtung des Arbeitnehmers (§ 102 Abs. 4 BetrVG)

Liegt ein formell und materiell wirksamer Widerspruch des Betriebsrats vor, so muss der Arbeitgeber dem (dennoch) gekündigten Arbeitnehmer eine **Abschrift des Widerspruchs gegen die ordentliche Kündigung** zuleiten (§ 102 Abs. 3 BetrVG). Das stärkt die kündigungsrechtliche Stellung des Arbeitnehmers, da er häufig erst durch die den Widerspruch begründenden Angaben tatsächlich in die Lage versetzt wird, seinen Prozessvortrag substantiiert zu gestalten. Auch kann er dann beurteilen, ob die Voraussetzungen für einen Weiterbeschäftigungsanspruch gem. § 102 Abs. 5 BetrVG gegeben sind (MünchArbR/*Berkowsky* § 147 Rz. 39). 1719

Verletzt der Arbeitgeber diese Verpflichtung, so führt dies nach einer Auffassung (*Richardi* § 102 Rz. 180; KR/*Etzel* § 102 BetrVG Rz. 180; APS/*Koch* § 102 BetrVG Rz. 159) nicht zur Unwirksamkeit der Kündigung, sondern allenfalls u.U. zu **Schadensersatzansprüchen des Arbeitnehmers.** 1720

Demgegenüber führt ein Verstoß gegen § 102 Abs. 4 BetrVG nach einer in der Literatur vertretenen Auffassung (*Düwell* NZA 1988, 866; MünchArbR/*Berkowsky* § 147 Rz. 43) zur **Unwirksamkeit der Kündigung,** weil nur dies der Funktion des Widerspruchs (Stärkung der informationellen Position des Arbeitnehmers im Prozess) und seiner Mitteilung an den gekündigten Arbeitnehmer gerecht wird. Der Anspruch gem. § 102 Abs. 4 BetrVG auf Zuleitung einer Abschrift ist durch den betroffenen Arbeitnehmer jedenfalls solange auf dem Klagewege durchsetzbar, wie noch nicht über seine Kündigungsschutzklage entschieden ist (KR/*Etzel* § 102 BetrVG Rz. 180). 1721

2. §§ 85 ff. SGB IX

Siehe zunächst oben Rn. 720 ff. 1722

Gem. § 90 Abs. 2 SGB IX entfällt der Kündigungsschutz des SGB IX, wenn die Entlassung aus **Witterungsgründen** erfolgt und die Wiedereinstellung des schwer behinderten Arbeitnehmers bei Wiederaufnahme der Arbeit gewährleistet ist. Auch Arbeitnehmer, die bei Zugang der Kündigung das **58. Lebensjahr vollendet** haben, und denen aus Anlass der Kündigung auf Grund eines Sozialplans ein Abfindungsanspruch zusteht, genießen nicht den Schutz des § 85 SGB IX (vgl. *Busemann/Schäfer* a.a.O., Rz. 308 ff.). § 90 Abs. 1 Nr. 3a SGB IX (Entfallen des besonderen Kündigungsschutzes bei Arbeitnehmern, die das 58. Lebensjahr vollendet haben und einen Abfindungsanspruch auf Grund eines Sozialplans haben) erfasst nach Auffassung des *LAG Köln* (4.4.1997 NZA-RR 430) nur solche Sozialpläne, an deren Zustandekommen ein Betriebsrat mitgewirkt hat, der für den schwer behinderten Arbeitnehmer ein betriebsverfassungsrechliches Mandat hat, sodass der schwer behinderte Arbeitnehmer seinen Anspruch auf § 77 Abs. IV BetrVG stützen kann; die bloße Drittwirkung einer Betriebsvereinbarung zu Gunsten Dritter genügt danach nicht. 1723

a) Pflichtgemäßes Ermessen des Integrationsamtes; Verhältnis zum Präventionsverfahren (§ 84 SGB IX)

Im Rahmen der §§ 68, 88 SGB IX entscheidet das Integrationsamt nach Maßgabe der §§ 85 ff. SGB IX über die Zustimmung zur ordentlichen Kündigung grds. nach pflichtgemäßem Ermessen durch Verwaltungsakt (vgl. *VGH Kassel* 23.2.1987 NZA 1987, 566; zum Verfahren vgl. ausf. *Seidel* DB 1996, 1409 ff.; KR/*Etzel* §§ 85–90 SGB IX Rz. 82 ff.). Sie kann vom Gericht nur auf Ermessensfehler überprüft werden (*VG Minden* 27.5.2002 NZA-RR 2003, 248). 1724

Die Behörde hat sich dabei von sachlichen Aspekten leiten zu lassen. Sie hat zu berücksichtigen, dass dem Behinderten der Arbeitsplatz möglichst zu erhalten ist, vor allem dann, wenn die Kündigung im Zusammenhang mit der Behinderung steht (*BVerwG* 21.10.1964, 28.2.1968 AP Nr. 28, 29 zu § 14 SchwBeschG; *VG Darmstadt* 12.3.2002 NZA-RR 2002, 467; *VG Minden* 27.5.2002 NZA-RR 2003, 248). 1725

Das *VG Freiburg* (30.11.2000 NZA-RR 2001, 432) hat z.B. angenommen, dass **Überlastung und Mobbing** unter Arbeitskollegen am Arbeitsplatz dann einer Zustimmung zur Kündigung entgegenstehen, wenn diese Umstände **letztlich ursächlich für die Kündigung** waren. 1726

1727 Wichtig ist, dass die Zustimmung des Integrationsamtes zur Kündigung eines schwerbehinderten Arbeitnehmers **nicht voraussetzt**, dass der Arbeitgeber das **Präventionsverfahren** nach § 84 SGB IX **durchgeführt hat** (*BayVGH* 14.11.2006 – 9 V 06.1431 – ZTR 2008, 173; zust. *BVerwG* 29.8.2007 – 5 B 77.07 – ZTR 2008, 174 in der Entscheidung über die Nichtzulassung der Revision gegen diese Entscheidung).

b) Abwägung der widerstreitenden Interessen; Aufklärungspflicht

1728 Bei der Beurteilung sind die Interessen des Arbeitgebers an wirtschaftlicher Nutzung der vorhandenen Arbeitsplätze und das Interesse des schwer behinderten Arbeitnehmers an der Erhaltung des Arbeitsplatzes gegeneinander abzuwägen.

1729 In ihre Entscheidungsfindung hat das Integrationsamt alle, aber auch nur diejenigen Umstände einzustellen, die, soweit sie von verwaltungsrechtlicher Relevanz und nicht nur dem ArbG zugänglich sind, bis zum maßgeblichen Zeitpunkt der beabsichtigten oder erfolgten Kündigung von den Beteiligten an sie herangetragen worden sind, oder sich ihr zumindest aufdrängen (vgl. *VGH Mannheim* 4.3.2002 NZA-RR 2002, 417).

1730 Die verwaltungsgerichtliche Kontrolle hat sich ebenfalls auf den Erkenntnisstand zu jenem Zeitpunkt zu beschränken.

1731 Das Integrationsamt hat **von Amts wegen** alles zu ermitteln, was erforderlich ist, um die gegensätzlichen Interessen des Arbeitgebers und des schwer behinderten Arbeitnehmers abwägen zu können. Die Aufklärungspflicht gewinnt ihre Konturen und Reichweite aus dem materiellen Recht; entscheidend ist der Bezug eines Umstandes zur Behinderung und seine an der Zweckrichtung des behindertenrechtlichen Sonderkündigungsschutzes gemessene Bedeutung. Diese Aufklärungspflicht wird verletzt, wenn das Integrationsamt sich damit begnügt, das Vorbringen des Arbeitgebers, soweit es im Rahmen der nach § 85 SGB IX gebotenen Interessenabwägung zu berücksichtigen ist, nur auf seine **Schlüssigkeit** hin zu überprüfen (*BVerwG* 19.10.1995 NZA-RR 1996, 288). Sie hat sich also ein genaues Bild über die gesamten Umstände zu verschaffen, um zu überprüfen, ob die angegebenen Kündigungsumstände und weitere Umstände eine Zustimmung zur Kündigung im Rahmen der Interessenabwägung zulassen (*VG Freiburg* 30.11.2000 NZA-RR 2001, 432). Der Schwerbehindertenschutz gewinnt in diesem Zusammenhang bei der notwendigen Interessenabwägung dann an Gewicht, wenn die Kündigung des Arbeitsverhältnisses auf Gründe gestützt wird, die in der Behinderung selbst ihre Ursache haben, z.B. in Erkrankungen, die einen Ursachenzusammenhang mit der Behinderung haben (*VG Darmstadt* 12.3.2002 NZA-RR 2002, 467; *VG Minden* 27.5.2002 NZA-RR 2003, 248).

1732 In Fällen, in denen für den Sitz des Betriebes und den Wohnort des Arbeitnehmers verschiedene Arbeitsämter zuständig sind, sind von beiden Arbeitsämtern **Stellungnahmen** einzuholen (*BVerwG* 28.9.1995 NZA-RR 1996, 290).

c) Mitwirkungspflicht des Arbeitnehmers

1733 Dem schwer behinderten Arbeitnehmer obliegt die sozialrechtliche Mitwirkungspflicht, der Zustimmungsbehörde rechtzeitig die **in seiner Sphäre liegenden,** aus seiner Sicht **relevanten Umstände,** wenn sie nicht offen zu Tage liegen, **aufzuzeigen.** Kommt er dem nicht nach, kann er z.B. im verwaltungsgerichtlichen Verfahren im Falle einer vorsorglich beabsichtigten Änderungskündigung mit gesundheitlichen Einwänden gegen die Eignung der angebotenen neuen Tätigkeit nicht mehr durchdringen (*OVG NW* 23.1.1992 NZA 1992, 844).

d) Auflagen, Bedingungen

1734 Die Zustimmung kann vom Integrationsamt unter Auflagen und Bedingungen erteilt werden, z.B. unter Verlängerung der Kündigungsfrist oder der Fortzahlung der Vergütung für eine bestimmte Zeit.

Hat das Integrationsamt der beabsichtigten Kündigung mit der »Bedingung« zugestimmt, dass zwischen dem Tag der Kündigung und dem Tag, bis zu dem Gehalt oder Lohn gezahlt wird, mindestens drei Monate liegen, so ist durch Auslegung zu ermitteln, ob es sich bei der »Bedingung« sachlich um eine Bedingung oder um eine Auflage i.S.d. § 32 SGB X handelt. 1735

Wenn die Zustimmung nicht unter der aufschiebenden Bedingung der Fortzahlung der Vergütung erteilt worden ist, kann der Arbeitgeber sofort wirksam kündigen, solange die Zustimmung nur nicht nach § 47 SGB X widerrufen worden ist (*BAG* 12.7.1990 EzA § 19 SchwbG 1986 Nr. 1). 1736

e) Besonderheiten bei betriebsbedingten Kündigungen

Gem. § 89 SGB IX ist der Ermessensspielraum des Integrationsamtes (insbes. bei Betriebsstilllegungen) **beschränkt** (vgl. MünchArbR/*Cramer* § 236 Rz. 59). 1737

Danach hat das Integrationsamt die Zustimmung zu erteilen bei Kündigungen in Betrieben und Dienststellen, die nicht nur vorübergehend eingestellt oder aufgelöst werden, wenn zwischen dem Tag der Kündigung und dem Tag, bis zu dem Gehalt oder Lohn gezahlt wird, mindestens drei Monate liegen. 1738

Unter der gleichen Voraussetzung soll sie die Zustimmung auch bei Kündigungen in Betrieben und Dienststellen erteilen, die nicht nur vorübergehend wesentlich eingeschränkt werden, wenn die Gesamtzahl der verbleibenden schwer behinderten Arbeitnehmer zur Erfüllung der Verpflichtung nach § 71 SGB IX ausreicht (§ 89 Abs. 1 S. 2 SGB IX). 1739

§ 89 Abs. 1 S. 1, 2 SGB IX gilt nicht, wenn eine Weiterbeschäftigung auf einem anderen Arbeitsplatz desselben Betriebes oder derselben Dienststelle oder einem freien Arbeitsplatz in einem anderen Betrieb oder einer anderen Dienststelle desselben Arbeitgebers mit Einverständnis des schwer behinderten Arbeitnehmers möglich und für den Arbeitgeber zumutbar ist (§ 89 Abs. 1 S. 3 SGB IX). 1740

Gem. § 89 Abs. 2 SGB IX soll das Integrationsamt die Zustimmung erteilen, wenn dem schwer behinderten Arbeitnehmer ein anderer angemessener und zumutbarer Arbeitsplatz gesichert ist. 1741

f) Kündigung nach Zugang des Zustimmungsbescheides; Monatsfrist

Die ordentliche Kündigung kann – anders als bei der außerordentlichen Kündigung – erst wirksam nach Zustellung des Zustimmungsbescheides des Integrationsamtes an den Arbeitgeber erklärt werden (*BAG* 16.10.1991 EzA § 18 SchwbG 1986 Nr. 2; *LAG BW* 22.9.2006 LAGE § 88 SGB IX Nr. 1; s.o. Rn. 745). 1742

Die Kündigung muss gem. § 88 Abs. 3 SGB IX nach der Zustimmung dem Arbeitnehmer innerhalb **eines Monats** zugehen; wird diese Frist nicht eingehalten, ist die Kündigung unwirksam (*LAG Köln* 27.1.1997 NZA-RR 1997, 337; *LAG BW* 22.9.2006 LAGE § 88 SGB IX Nr. 1). 1743

g) Änderung des Kündigungssachverhalts

Der Arbeitgeber, der die Zustimmung des Integrationsamtes zur Kündigung eines schwer behinderten Arbeitnehmers wegen behaupteter betriebsbedingter Gründe erhalten hat, kann die Kündigung im Kündigungsschutzprozess **nicht auf einen anderen Kündigungssachverhalt stützen**, der z.B. etwaige personenbedingte Kündigungsgründe enthält (*ArbG Lüneburg* 18.5.2000 NZA-RR 2000, 530; **a.A.** *LAG SA* 24.11.1999 ZTR 2000, 383 LS). 1744

h) Das Gesetz zur Förderung der Ausbildung und Beschäftigung schwer behinderter Menschen (ab 1.5.2004)

Durch das Gesetz zur Förderung der Ausbildung und Beschäftigung schwer behinderter Menschen ergeben sich ab dem 1.5.2004 folgende Neuerungen (s. ausf. o. Rn. 780 ff. m.w.N. dort insbesondere auch zu den einzuhaltenden Fristen): 1745

Gem. § 89 Abs. 1 S. 1 i.V.m. § 89 Abs. 5 S. 1 SGB IX ist die Zustimmung des Integrationsamtes bei Kündigungen in Betrieben und Dienststellen, die nicht nur vorübergehend eingestellt oder aufgelöst werden, innerhalb eines Monats vom Tage des Eingangs des Antrags an zu treffen, wenn zwischen dem Tag der Kündigung und dem Tag, bis zu dem Gehalt oder Lohn gezahlt wird, mindestens drei Monate liegen. Wird innerhalb dieser Frist eine Entscheidung nicht getroffen, gilt die Zustimmung als erteilt. Nach § 88 Abs. 5 SGB IX i.V.m. § 88 Abs. 3 SGB IX kann der Arbeitgeber die Kündigung nur innerhalb eines Monats nach dem Zeitpunkt, zu dem die Zustimmung als erteilt gilt, erklären. Widerspruch und Anfechtungsklage gegen die als erteilt geltende Zustimmung haben keine aufschiebende Wirkung (§ 88 Abs. 5 S. 2, Abs. 4 SGB IX).
Entsprechendes gilt, wenn das Insolvenzverfahren über das Vermögen des Arbeitgebers eröffnet ist und die Voraussetzungen nach § 89 Abs. 3 Nr. 1–4 SGB IX vorliegen (§ 88 Abs. 5 SGB IX).
Nach § 90 Abs. 2a SGB IX finden die Vorschriften des Kapitel 4 zum Kündigungsschutz keine Anwendung, wenn im Zeitpunkt der Kündigung die Eigenschaft als schwer behinderter Mensch nicht nachgewiesen ist – das ist auch bei Offenkundigkeit der Behinderung der Fall (*BAG* 13.2.2008 EzA § 4 KSchG n.F. Nr. 83 = NZA 2008, 1055) – oder das Versorgungsamt nach Ablauf der Frist von § 69 Abs. 1 S. 2 SGB IX eine Feststellung wegen fehlender Mitwirkung nicht treffen konnte. Diese Änderungen richten sich gegen den Missbrauch des besonderen Kündigungsschutzes nach § 85 SGB IX durch Beantragung der Feststellung der Behinderung erst anlässlich einer unmittelbar bevorstehenden Kündigung.
Erhöht das Versorgungsamt nach einem Widerspruch des Arbeitnehmers den Grad der Behinderung nach oder kurz vor Ausspruch der Kündigung auf 50, so ist die Kündigung mangels Zustimmung des Integrationsamtes nach § 90 Abs. 2a 2. Alt. SGB IX unwirksam, soweit **nicht Umstände vorgetragen oder ersichtlich sind, dass die Festsetzung auf einen Grad von 50 aufgrund eines Verschuldens des Arbeitnehmers** nicht vorher **erfolgt ist** (*LAG Nbg.* 4.10.2005 – 6 Sa 263/05 – EzA-SD 2/06, S. 13 LS = ZTR 2006, 228 LS; s.a. *LAG RhPf* 12.10.2005 NZA-RR 2006, 186: Beginn des Sonderkündigungsschutzes vor behördlicher Feststellung frühestens nach Ablauf der kürzesten Frist des § 14 Abs. 2 SGB IX, also drei Wochen nach Antragstellung; ebenso *BAG* 1.3.2007 EzA § 90 SGB IX Nr. 1 = NZA 2008, 302; s. aber auch *OVG RhPf* 7.3.2006 – 7 A 11 298/05 – FA 2006 LS: Feststellung der Schwerbehinderteneigenschaft im Rechtsmittelverfahren nicht ausreichend).

III. Klagefrist (§§ 4, 7 KSchG)

1. Regelungsbereich des KSchG (§§ 4, 7 KSchG); Änderungen durch das Gesetz zu Reformen am Arbeitsmarkt vom 24.12.2003 (BGBl. I S. 3002 ff.)

a) Grundlagen

1746 Im sachlichen und persönlichen Anwendungsbereich des KSchG (§§ 1, 23 KSchG; s. aber unten a.E. dieser Rz.) muss der Arbeitnehmer gegen eine ordentliche Kündigung des Arbeitgebers innerhalb von **drei Wochen nach Zugang der Kündigungserklärung** beim ArbG Klage erheben, wenn er geltend machen will, dass die Kündigung **sozial ungerechtfertigt i.S.d. § 1 Abs. 2, 3 KSchG** ist.

1747 **Für die sonstigen Unwirksamkeitsgründe galt diese Klagefrist bis zum 31.12.2003 nicht.** Durch das Gesetz zu Reformen am Arbeitsmarkt vom 24.12.2003 (BGBl. I S. 3002 ff.) ist dies seit dem 1.1.2004 anders: Die Klagefrist gilt nunmehr auch dann, wenn der Arbeitnehmer geltend machen will, dass die Kündigung aus anderen Gründen – z.B. wegen des Ausschlusses einer ordentlichen Kündigung durch Tarifvertrag (*BAG* 8.11.2007 – 2 AZR 314/06 – FA 2008, 28 [Presseerklärung]) – rechtsunwirksam ist.

Hatte er innerhalb dieser Frist die Unwirksamkeit der Kündigung im Klageweg aus anderen als den in § 1 Abs. 2, 3 KSchG genannten Gründen (aus einem der sog. sonstigen Unwirksamkeitsgründe) geltend gemacht, so konnte er sich in diesem Verfahren bis zum Schluss der letzten mündlichen Verhandlung erster Instanz auch auf die Unwirksamkeit (Sozialwidrigkeit) gem. § 1 Abs. 2 S. 3 KSchG noch berufen (§ 6 S. 1 KSchG). Ab dem 1.1.2004 gilt eine Neufassung des § 6 KSchG, die dadurch erforderlich geworden ist, dass § 4 KSchG die Klagefrist auch auf andere Unwirksamkeitsgründe erstreckt. Hat der Arbeitnehmer die Unwirksamkeit der Kündigung rechtzeitig geltend gemacht, so kann er sich bis zum Schluss der mündlichen Verhandlung erster Instanz zur Begründung der Unwirksamkeit der Kündigung auch auf andere Gründe berufen, die er nicht innerhalb der Frist geltend gemacht hat. 1748

Gem. § 6 S. 2 KSchG soll ihn das ArbG darauf hinweisen; **Voraussetzung ist allerdings entsprechender Tatsachenvortrag des Arbeitnehmers** (*BAG* 8.11.2007 EzA § 4 KSchG n.F. Nr. 81 = NZA 2008, 936). Die Geltendmachung des Ausschlusses einer ordentlichen Kündigung durch Tarifvertrag erstmals in der Revisionsinstanz reicht nicht aus (*BAG* 8.11.2007 EzA § 4 KSchG n.F. Nr. 81 = NZA 2008, 936). 1749

Die Klagefrist gilt nunmehr im Übrigen unabhängig vom Geltungsbereich des KSchG (s.o. Rn. 984; s. dazu *Fornasier/Werner* NJW 2007, 2729 ff.), **sogar für Kündigungen, die am 1.1.2004 bereits zugegangen waren** (*LAG Köln* 23.6.2005 NZA-RR 2005, 19 = ZTR 2006, 50), **gegen die aber erst im Jahr 2004 gerichtlich vorgegangen wurde. Die Frist begann dann am 1.1.2004 mit In-Kraft-Treten des Gesetzes und lief am 21.1.2004 ab** (*BAG* 9.2.2006 EzA § 4 KSchG n.F. Nr. 73 = NZA 2006, 1207). 1750

b) Ausnahmen

Nicht erfasst (s. dazu *Fornasier/Werner* NJW 2007, 2729 ff.) ist gleichwohl der Verstoß gegen das Schriftformerfordernis des § 623 BGB (*LAG Düsseld.* 18.4.2007 LAGE § 1 KSchG Soziale Auswahl Nr. 55; *Preis* DB 2004, 70 ff.; *Richardi* DB 2004, 486 ff.), die Geschäftsunfähigkeit des Kündigenden (§§ 104, 105 BGB), ebenso wie die fehlende Kündigungsberechtigung des Arbeitgebers (*Bender/Schmidt* NZA 2004, 362; **a.A.** *Löwisch* BB 2004, 158; diff. für Mängel in der Vertretungsberechtigung mit Kritik an der gesetzlichen Regelung *Ulrici* DB 2004, 250 ff.; diff. auch für die Nichteinhaltung der Kündigungsfrist bei einer ordentlichen Kündigung *Kampen/Winkler* ArbuR 2005, 171 ff.; **a.A.** – anwendbar auch bei Nichteinhaltung der Kündigungsfrist – *LAG RhPf* 18.2.2005 ZTR 2005, 382 LS; *Dewender* DB 2005, 337 ff.; genau umgekehrt *LAG Hamm* 23.6.2005 LAGE § 4 KSchG n.F. Nr. 52 = NZA-RR 2006, 189 LS; 23.5.2005 NZA-RR 2005, 580 = LAG Report 2005, 365; *Dollmann* BB 2004, 2073 ff.). Für die Nichtanwendung des § 4 KSchG spricht bei einem Streit über die Länge der einzuhaltenden Kündigungsfrist mit dem *LAG RhPf* (21.4.2005 NZA-RR 2005, 583 = LAG Report 2005, 341; ebenso *BAG* 9.2.2006 EzA § 4 KSchG n.F. Nr. 73 = NZA 2006, 1207; 6.7.2006 EzA § 4 KSchG n.F. Nr. 75 = NZA 2006, 1405), dass die Kündigung durch die Nichteinhaltung der Kündigungsfrist eben gerade nicht unwirksam wird, sondern der Auslegung zugänglich ist. Das *BAG* (15.12.2005 EzA § 4 KSchG n.F. Nr. 72 = NZA 2006, 791 m. Anm. *Kamanabrou* SAE 2007, 141 ff.) geht davon inzwischen auch aus. Denn die unzutreffende Berechnung der Kündigungsfrist betrifft lediglich den Zeitpunkt der Wirksamkeit der Kündigung. 1751

Allerdings ist Folgendes zu beachten: Eine ordentliche Kündigung ist in aller Regel dahin auszulegen, dass sie das **Arbeitsverhältnis zum zutreffenden Termin beenden soll**. Das gilt auch dann, wenn sie ihrem Wortlaut nach zu einem früheren Termin gelten soll. Nur dann, wenn sich aus der Kündigung und den im Rahmen der Auslegung zu berücksichtigenden Umständen des Einzelfalles ein Wille des Arbeitgebers ergibt, die Kündigung nur zum erklärten Zeitpunkt gegen sich gelten zu lassen, scheidet eine Auslegung aus. Der Kündungstermin ist dann ausnahmsweise integraler Bestandteil der Willenserklärung und muss innerhalb der Klagefrist des § 4 S. 1 KSchG angegriffen werden (*BAG* 15.12.2005 EzA § 4 KSchG n.F. Nr. 72 = NZA 2006, 791; 6.7.2006 EzA § 4 KSchG n.F. Nr. 75 = NZA 2006, 1405). Dann scheidet **aber** auch eine Umdeutung aus, da ein

derart **klar artikulierter Wille des Arbeitgebers** nicht den Schluss auf einen mutmaßlichen Willen, wie ihn § 140 BGB erfordert, zulässt (*BAG* 15.12.2005 EzA § 4 KSchG n.F. Nr. 72 = NZA 2006, 791).
Das ist aber **nur dann der Fall**, wenn sich durch die **Auslegung** der Kündigung ergibt, dass der Arbeitgeber die Kündigung **ausschließlich zu dem in ihr genannten Termin gelten lassen** und für den Fall, dass dieser Termin nicht der richtige ist, am Arbeitsverhältnis festhalten will (*BAG* 6.7.2006 EzA § 4 KSchG n.F. Nr. 75 = NZA 2006, 1405).

2. Rechtslage außerhalb der §§ 1, 23 KSchG

a) Eingeschränkte Geltung des Grundsatzes der Kündigungsfreiheit

1752 Während der 6-monatigen Wartezeit sowie in Kleinbetrieben gilt für alle ordentlichen Kündigungen (allerdings nicht uneingeschränkt) der Grundsatz der Kündigungsfreiheit (*BAG* 12.12.1957 AP Nr. 2 zu § 276 BGB Verschulden bei Vertragsabschluss). **Der Arbeitgeber bedarf keines irgendwie gearteten – verständigen, sinnvollen oder sachlichen – Grundes für die ordentliche Kündigung des Arbeitnehmers** (*LAG München* 14.9.2005 – 9 Sa 406/05 – EzA-SD 22/05, S. 14 LS).

1753 Die Vorschriften des KSchG und (vor Ablauf von sechs Monaten) der besondere Kündigungsschutz für schwer behinderte Arbeitnehmer des SGB IX zwar nicht anwendbar.

1754 Andererseits kann die ordentliche Kündigung gem. §§ 125, 134, 138, 174, 242 BGB (vgl. dazu *LAG München* 14.9.2005 – 9 Sa 406/05 – EzA-SD 22/05, S. 14 LS), §§ 102, 103 BetrVG, § 9 MuSchG, § 18 BEEG, § 611a BGB (vgl. dazu *Schiek/Horstkötter* NZA 1998, 863 ff.; s. jetzt §§ 1 ff. AGG), §§ 612a, 613 a Abs. 4 BGB unwirksam sein (vgl. *LAG Düsseld.* 10.5.1988 NZA 1988, 658; *Berger/Delhey* NZA 1988, 790; vgl. ausf. *Preis* NZA 1997, 1256 ff. und *Oetker* ArbuR 1997, 41 ff., auch zur Anwendung von Verfassungsnormen; *BVerfG* 27.1.1998 NZA 1998, 470; zu den Auswirkungen dieser Entscheidung *Kittner* NZA 1998, 731 ff.; s.u. Rn. 1790 f.).

1755 Nicht anwendbar ist Art. 3 Abs. 1 GG, weil es sich bei der Kündigung um ein Gestaltungsrecht handelt und jeder Einzelfall zudem unterschiedlich gelagert ist und individuell abgewogen werden muss (*BAG* 21.10.1969 AP Nr. 41 zu Art. 9 GG Arbeitskampf; abl. MünchArbR/*Wank* § 119 Rz. 112 f.).

b) Gleichbehandlungsgrundsatz?

1756 Fraglich ist, ob eine Verletzung des Gleichbehandlungsgrundsatzes zur Unwirksamkeit der Kündigung führen kann, z.B. wenn eine große Zahl vergleichbarer Fälle vorliegt oder ein bestimmtes Verhalten des Arbeitgebers bei verhaltens- oder personenbedingten Umständen üblich ist, oder dann, wenn sich mehrere Arbeitnehmer an demselben Verhalten beteiligt haben (z.B. gemeinsam Straftaten begangen haben oder gemeinsam die Arbeit niedergelegt haben).

1757 Nach Auffassung von *Wank* (MünchArbR § 119 Rz. 114), hat der Arbeitgeber zwar einen weiten Ermessenspielraum bei der Wahl seiner Reaktion, er darf aber **nicht willkürlich** verfahren. Auch danach sind aber jedenfalls sachlich begründete herausgreifende Kündigungen zulässig (*Wank* a.a.O., unter Hinweis auf *BAG* 21.10.1969 AP Nr. 41 Art. 9 GG Arbeitskampf; vgl. auch APS/*Preis* Grundlagen J Rz. 58). Möglich ist jedenfalls eine **Selbstbindung des Arbeitgebers durch eine bestimmte Behandlung gleich gelagerter Sachverhalte** (*BAG* 14.10.1965 AP BetrVG § 66 Nr. 27 = DB 1966, 116; KDZ/*Däubler* Rz. 54). Der **Gleichbehandlungsgrundsatz** ist zwar nicht unmittelbar anzuwenden, da er mit dem Erfordernis einer umfassenden Einzelfallabwägung regelmäßig nicht vereinbar ist; er kann aber mittelbare Auswirkungen auf die Interessenabwägung haben (*BAG* 28.4.1982 AP KSchG 1969 § 2 Nr. 3 = NJW 1982, 2687; s.o. Rn. 1357).

Auch wenn mehrere Kündigungen wegen eines gleichartigen Kündigungsgrundes ausgesprochen werden, hängt es zwar zunächst von den bei jeder Kündigung zu berücksichtigenden Besonderheiten, z.B. der kürzeren oder längeren Betriebszugehörigkeit ab, ob die Kündigung aller Arbeitnehmer berechtigt ist oder nicht (*BAG* 25.3.1976 AP BetrVG 1972 § 103 Nr. 6 = DB 1976, 1337). Gleiches gilt bei »gleicher Ausgangslage«, die bei zeitlich auseinander liegenden Ereignissen i.d.R. nicht vorliegt. Der Arbeitgeber muss bei zeitlich zusammenliegenden Ereignissen dann allerdings die Gründe darlegen, die eine differenzierende Behandlung mehrerer Arbeitnehmer **sachlich rechtfertigen.** Der Arbeitgeber darf z.B. bei einem von mehreren Arbeitnehmern begangenen Prämienbetrug nicht nur zwei Mitglieder des Betriebsrats für eine außerordentliche Kündigung herausgreifen und es bei den anderen, ebenso belasteten Arbeitnehmern, bei einer Verwarnung belassen (*BAG* 22.2.1979 EzA § 103 BetrVG 1972 Nr. 23; KR/*Fischermeier* Rz. 307 ff.; KDZ/*Däubler* Rz. 54; krit. MünchArbR/*Berkowsky* § 134 Rz. 100 ff.; *Preis* Prinzipien S. 384; ebenso *LAG Düsseld.* 4.11.2005 LAGE § 626 BGB 2002 Nr. 7 bei einer fahrlässigen Fehlleistung einer gekündigten Assistenzärztin im Verhältnis zu ihrem weder abgemahnten noch gekündigten, aber gleichermaßen verantwortlichen und fahrlässig handelnden Chefarzt). 1758

c) Sittenwidrigkeit

Die Kündigung kann gem. **§ 138 Abs. 1 BGB** sittenwidrig sein, wenn sie nach umfassender Würdigung aller Umstände des Einzelfalles gegen das Anstandsgefühl aller billig und gerecht Denkenden verstößt. 1759

Das ist aber dann noch nicht der Fall, wenn sie willkürlich ist, auf keinem erkennbaren sinnvollen Grund beruht oder allenfalls »unsozial« ist (*BAG* 23.11.1961 AP Nr. 22 zu § 138 BGB, 25.6.1964 AP Nr. 3 zu § 242 BGB; vgl. *Preis* NZA 1997, 1265 f.

Denn wenn der Arbeitgeber von einem ihm **gesetzlich eingeräumten Kündigungsrecht** Gebrauch macht, wird dies regelmäßig nicht gegen das Anstandsgefühl aller billig und gerecht Denkenden verstoßen (*BAG* 24.4.1997 EzA § 611 BGB Kirchliche Arbeitnehmer Nr. 43). 1760

Maßgeblich ist deshalb darauf abzustellen, ob die sie **tragenden Gründe**, die hinter ihr stehenden Motive oder die Umstände, unter denen sie ausgesprochen wird, **den allgemeinen Wertvorstellungen grob widersprechen**. Dies ist anhand einer **Gesamtabwägung** aller Umstände zu ermitteln, wobei bei der Abgrenzung von bloß sozialwidrigen oder willkürlichen Kündigungen ein strenger Maßstab anzulegen ist (*LAG Köln* 9.10.2000 ARST 2001, 165 LS). Eine Kündigung ist insbes. dann sittenwidrig und damit nichtig, wenn ausschließlich das behauptete sittenwidrige Motiv zur Kündigung führt (*LAG RhPf* 30.6.2005 NZA-RR 2005, 629). Diesen Anforderungen genügt es nicht, wenn eine – unterstellte – Täuschungshandlung den Arbeitnehmer von der Erhebung einer Kündigungsschutzklage abgehalten hat; insoweit kommt die Zulassung einer verspätet erhobenen Kündigungsschutzklage in Betracht. Gleiches gilt für einen – unterstellten – mit der Kündigung einhergehenden Subventionsbetrug (§ 264 StGB), denn die Sittenwidrigkeit der Kündigung entspricht nicht dem Schutzzweck der Norm, die die Planungssicherheit und Dispositionsfreiheit der öffentlichen Hand schützt (*LAG Köln* 9.10.2000 ARST 2001, 165 LS). Nichts anderes gilt, wenn die Kündigung auf erlogenen Informationen beruht (*LAG Köln* 14.6.2000 ARST 2001, 43). 1761

Dagegen ist die Kündigung dann sittenwidrig, wenn der Arbeitgeber einen Arbeitsunfall des Arbeitnehmers bedingt vorsätzlich herbeigeführt hat, ferner dann, wenn er unter Missachtung einer gegen ihn getroffenen gerichtlichen Entscheidung eine Kündigung, die für unwirksam erklärt wurde, aus denselben Gründen wiederholt ausspricht (*BAG* 12.10.1954 AP Nr. 5 zu § 3 KSchG; MünchArbR/*Wank* § 119 Rz. 146). 1762

1763 Auch die ordentliche Kündigung eines Geschäftsführer-Dienstverhältnisses allein wegen der **ethnischen Herkunft** und/oder Nationalität der Person des Geschäftsführers ist sittenwidrig und damit nach § 138 Abs. 1 BGB nichtig (*LG Frankf.* 17.1.2001 EzA § 138 BGB Nr. 26; 7.3.2001 NZA-RR 2001, 298).

d) Benachteiligungsverbot (§ 612a BGB)

1764 **Ein Verstoß** gegen § 612a BGB liegt dann vor, wenn die **Kündigung als Maßregelung auf die Geltendmachung bestehender oder vermeintlicher Rechte durch den Arbeitnehmer** erfolgt. Das ist z.B. bei einer Kündigung aus Rachsucht oder zur Vergeltung als Reaktion auf Zurückweisung von sexuellen Annäherungsversuchen sowie auf eine Weigerung des Arbeitnehmers, an strafbaren Handlungen mitzuwirken, der Fall (vgl. APS/*Preis* Grundlagen J Rz. 42 ff.).

1765 Gleiches gilt, wenn sie ausgesprochen wurde, weil ein Arbeitnehmer **berechtigte Forderungen gegen den Arbeitgeber geltend macht** (MünchArbR/*Wank* § 119 Rz. 146). Eine auf **Krankheitsgründe gestützte Kündigung während der Probezeit** stellt dagegen dann keine verbotene Maßregelung dar, wenn sie **durch die Krankheit selbst** einschließlich ihrer betrieblichen Auswirkungen **veranlasst** ist. Etwas anderes gilt dann, wenn der Arbeitgeber in Ansehung der Erkrankung eines Arbeitnehmers diesen zur Arbeitsleistung auffordert und ihm kündigt, weil der **Arbeitnehmer sich weigert** (*LAG SA* 27.7.1999 LAGE § 612a BGB Nr. 6).

1766 Erfolgt die Kündigung unmittelbar nachdem der Arbeitnehmer sich gegen eine Abmahnung gewehrt hat, spricht nach Auffassung des *ArbG Augsburg* (7.10.1997 NZA-RR 1998, 542) der **Beweis des ersten Anscheins** für eine Maßregelung. Der Arbeitgeber muss dann beweisen, dass die Kündigung aus anderen Gründen erfolgte.

1767 **Kein Verstoß** gegen § 612a BGB liegt dann vor, wenn der Arbeitgeber nach einem **einseitig aufgestellten Leistungsplan freiwillig Abfindungen an Arbeitnehmer** zahlt, deren Arbeitsverhältnis er betriebsbedingt gekündigt hat. Denn diese Vorschrift lässt sog. **Abwicklungsverträge** zu, nach denen der Arbeitnehmer gegen Zahlung einer Abfindung **unter Verzicht auf sein Klagerecht** ausscheidet. Für einseitig aufgestellte Abfindungsbedingungen, die dem Arbeitnehmer vor oder nach der Kündigung bekannt gemacht werden, gilt nichts anderes (*BAG* 15.2.2005 EzA § 612a BGB 2002 Nr. 2 = NZA 2005, 1117; vgl. auch *BAG* 31.5.2005 NZA 2005, 997 zu einer derartigen Regelung in einer freiwilligen Betriebsvereinbarung). Erfolgt die ordentliche Kündigung dagegen mit dem tragenden Motiv einer **den Arbeitgeber belastenden, aber wahrheitsgemäßen Zeugenaussage** des Arbeitnehmers im Rahmen eines Strafverfahrens, liegt eine gem. § 612a BGB unwirksame Maßregelung vor (*LAG SA* 14.2.2006 LAGE § 612a BGB 2002 Nr. 1).

1768 Diese Grundsätze gelten auch bei einer Änderungskündigung.

e) Verstoß gegen Treu und Glauben (§ 242 BGB)

aa) Abgrenzung zu § 1 KSchG

1769 § 242 BGB verkörpert einen allgemeinen Rechtsgedanken, der auch auf Kündigungen Anwendung findet.

1770 Zu beachten ist, dass sich der Regelungsbereich des § 1 KSchG teilweise mit dem des § 242 BGB deckt.

1771 § 1 KSchG ist eine Konkretisierung des Grundsatzes von Treu und Glauben insoweit, als es um das Bestandsschutzinteresse des Arbeitnehmers geht (APS/*Preis* Grundlagen J Rz. 45 ff.; *Lettl* NZA-RR 2004, 57 ff.).

1772 **Daraus folgt, dass Umstände, die bereits nach § 1 KSchG zu berücksichtigen sind, nicht noch einmal im Rahmen der Generalklausel beurteilt werden können** (*BAG* 24.4.1997 EzA § 611 BGB Kirchliche Arbeitnehmer Nr. 43).

1773 Ist eine Kündigung sozial gerechtfertigt, so verstößt sie nicht gegen Treu und Glauben.

1774 Außerhalb des von § 1 KSchG gezogenen Rahmens, also bei Gründen, die nicht die soziale Rechtfertigung der Kündigung betreffen, bleibt § 242 BGB allerdings anwendbar (*BAG* 13.7.1978 EzA § 102 BetrVG 1972 Nr. 36).

Welche Anforderungen sich i.E. aus Treu und Glauben ergeben, kann nur unter Berücksichtigung der Umstände des Einzelfalls entschieden werden. Dabei sind insbes. die sozialen Schutzinteressen des Arbeitnehmers in der Wartezeit noch schwach ausgeprägt (*BAG* 6.11.2003 EzA § 14 TzBfG Nr. 7 = NZA 2005, 218). 1775

Auch auf Arbeitnehmer, die dem KSchG (noch) nicht unterstehen, ist § 242 BGB nach Auffassung von *Wank* (MünchArbR § 119 Rz. 49) nur begrenzt anzuwenden. Denn soweit bestimmte Arbeitnehmer gem. § 1 Abs. 1 KSchG und § 23 Abs. 1 S. 2 KSchG von diesem Schutz ausgenommen sind, bedarf die Kündigung keiner sozialen Rechtfertigung. Dieser ausdrückliche Ausschluss vom speziellen Kündigungsschutz **kann nicht durch eine Anwendung des § 242 BGB umgangen werden.** Auch bei diesen Arbeitnehmern ist aber nach Auffassung von *Wank* (a.a.O.; ähnlich *Oetker* ArbuR 1997, 51; *Lakies* DB 1997, 1081; dagegen *Preis* NZA 1997, 1266 f.) eine gegenüber der Prüfung der Sozialwidrigkeit der Kündigung abgeschwächte Inhaltskontrolle durchzuführen. 1776

Demgegenüber geht das *BAG* (23.6.1994 EzA § 242 BGB Nr. 39) davon aus, dass der Grundsatz von Treu und Glauben (§ 242 BGB) eine allen Rechten, Rechtslagen und Rechtsnormen immanente Inhaltsbegrenzung darstellt. Im Rahmen einer solchen, einerseits die Grundrechte der Vertragsfreiheit (Kündigungsfreiheit) und andererseits die Rechte auf Achtung der Menschenwürde sowie auf freie Entfaltung der Persönlichkeit konkretisierenden Generalklausel sind diese Rechte gegeneinander abzuwägen. Insofern ist es z.B. rechtsmissbräuchlich, wenn der Arbeitgeber unter Ausnutzung der Privatautonomie dem Arbeitnehmer nur wegen seines persönlichen (Sexual-)Verhaltens innerhalb der Probezeit kündigt. 1777

Andererseits ist eine Kündigung innerhalb der Wartezeit des § 1 KSchG nicht gem. § 242 BGB unwirksam, wenn ein Arbeitgeber nicht bereit ist, **Einschränkungen in seinem Direktionsrecht** hinzunehmen, die dadurch veranlasst sind, dass ein Arbeitnehmer Tätigkeiten auf Grund seiner Zugehörigkeit zu einer ethnischen Minderheit (Tätigkeit als Bestattungshilfe durch einen Sinti) nicht ausüben kann (*LAG Köln* 29.4.2002 – 2 Sa 1240/01 – EzA-SD 18/02, S. 17 LS). 1778

bb) Fallgruppen

In Betracht kommt ein Verstoß gegen § 242 BGB insbes. (vgl. MünchArbR/*Wank* § 119 Rz. 150 ff.; APS/*Preis* Grundlagen J Rz. 47 ff.): 1779

- bei einem Verstoß gegen früheres Verhalten **(venire contra factum proprium).** 1780
  Dazu gehört z.B., dass der Arbeitgeber dem Arbeitnehmer durch sein Verhalten Anlass gegeben hat, zu glauben, dass das Arbeitsverhältnis längere Zeit fortbesteht.
  Hat er erklärt, er brauche nicht mit einer Kündigung zu rechnen, so verstößt es gegen Treu und Glauben, wenn er ihm kurz darauf kündigt. Nichts anderes gilt, wenn der Arbeitgeber bei einer Anhörung des Arbeitnehmers zu vermeintlichen Kündigungsgründen erklärt, er erwäge den Ausspruch einer Änderungskündigung. Erklärt er dann ohne Änderung der Sachlage eine Beendigungskündigung, so verstößt diese gegen Treu und Glauben und ist gem. § 242 BGB unwirksam (*LAG Bln.* 15.12.2004 – 17 Sa 1601/04 – EzA-SD 6/05, S. 7 LS).
  Gleiches gilt, wenn ein Arbeitgeber einen Arbeitnehmer, der eine andere Stelle antreten will, durch Versprechungen zum Bleiben bewegt und ihm, nachdem er die andere Stelle ausgeschlagen hat, grundlos kündigt.
- **Verwirkung des Kündigungsrechts,** wofür es eines gewissen Zeitraums bedarf, innerhalb 1781
  dessen trotz Kündigungsgrund keine Kündigung erklärt wurde **(Zeitmoment).** Zudem muss der zur Kündigung Berechtigte ein Verhalten an den Tag legen, das den anderen objektiv zur Annahme berechtigt, die Kündigung werde nicht mehr ausgesprochen. Schließlich ist erforderlich, dass derjenige, der eine Kündigung erwarten musste, sich

darauf eingerichtet hat, dass sie nicht mehr erfolgt (**Umstandsmoment;** *BAG* 1.8.1958 AP Nr. 10 zu § 242 BGB).

1782 ▶ **Verzeihung** sowie dem **Verzicht** auf das Kündigungsrecht sowie

1783 ▶ der **willkürlichen Kündigung,** wenn sich der Arbeitgeber auf eine bloß formale Rechtsposition bezieht.
Hat ein Arbeitgeber z.B. einen Arbeitnehmer kurz vor Ablauf der 6-Monatsfrist des § 1 KSchG fristlos und hilfsweise fristgemäß gekündigt, so kann er sich nach Auffassung von *Wank* (MünchArbR § 119 Rz. 154), dann, wenn sich die fristlose Kündigung als grundlos erwiesen hat, nicht mehr auf die hilfsweise erklärte fristgemäße Kündigung berufen.

1784 ▶ Auch eine **zur Unzeit ausgesprochene Kündigung**, die den Arbeitnehmer **gerade wegen des Kündigungszeitpunkts besonders belastet**, kann treuwidrig und damit rechtsunwirksam sein. Dies setzt jedoch neben der »Unzeit« der Kündigung weitere Umstände voraus, etwa dass der Arbeitgeber absichtlich oder auf Grund einer Missachtung der persönlichen Belange des Arbeitnehmers einen Kündigungszeitpunkt wählt, der den Arbeitnehmer besonders belastet. Dies hat das *BAG* (5.4.2001 EzA § 242 BGB Kündigung Nr. 3; s.a. oben Rn. 78) in einem Fall verneint, in dem eine Arbeitgeberkündigung wenige Tage nach dem Tod des Lebensgefährten einer Arbeitnehmerin erfolgte, die noch keinen Kündigungsschutz genoss.

1785 ▶ Gleiches gilt dann, wenn im Kleinbetrieb der Arbeitgeber das **Arbeitsverhältnis zu seiner Ehefrau** vor dem Hintergrund eines laufenden Scheidungsverfahrens kündigt (*LAG Bln.-Bra.* 9.5.2008 LAGE § 242 BGB 2002 Nr. 4 = NZA-RR 2008, 633).

1786 ▶ Auch eine Kündigung, die dem Arbeitnehmer während eines **stationären Klinikaufenthaltes** wegen einer psychischen Erkrankung in der Klinik persönlich übergeben wird, obwohl die Übergabe an einen Familienangehörigen oder der Einwurf in den Hausbriefkasten alternativ möglich ist, ist **keine »ungehörige Kündigung«** und verstößt nicht gegen § 242 BGB (*LAG Hamm* 3.2.2004 – 19 Sa 1956/03 – EzA-SD 13/04, S. 14 LS = LAG Report 2004, 202; s.a. *LAG Köln* 13.2.2006 LAGE § 242 BGB 2002 Kündigung Nr. 1).

1787 ▶ Auch allein die Tatsache, dass eine Kündigung kurz vor Ablauf der Probe- bzw. der sechsmonatigen Wartezeit des § 1 Abs. 1 KSchG ausgesprochen wird, führt nicht zur Unwirksamkeit der Kündigung nach § 242 BGB (Kündigung zur Unzeit; *BAG* 16.9.2004 EzA § 242 BGB 2002 Kündigung Nr. 5 = NZA 2005, 1263 LS; *LAG Hamm* 26.8.2003 NZA-RR 2004, 76).

1788 Sieht der Arbeitgeber eine sechsmonatige Probezeit als nicht bestanden an, so kann er regelmäßig, ohne rechtsmissbräuchlich zu handeln, anstatt das Arbeitsverhältnis innerhalb der Frist des § 1 KSchG mit der kurzen Probezeitkündigungsfrist zu kündigen, dem Arbeitnehmer eine Bewährungschance geben, indem er mit einer überschaubaren, längeren Kündigungsfrist kündigt und dem Arbeitnehmer für den Fall seiner Bewährung die Wiedereinstellung zusagt (*BAG* 7.3.2002 NZA 2002, 1000).
Andererseits ist eine wegen nicht zufrieden stellender Leistungen während der Probezeit ausgesprochene ordentliche Kündigung nicht allein deshalb unwirksam, weil dem Arbeitnehmer keine ihm ausreichend erscheinende Einarbeitung geboten worden ist. Sie stellt auch nicht allein deswegen ein treuwidriges oder widersprüchliches Verhalten dar, weil der Arbeitgeber in der Probezeit keine Kritik an den Leistungen des Arbeitnehmers geübt hat (*LAG Köln* 16.8.2002 ARST 2004, 20 LS).

1789 ▶ Eine den Arbeitnehmer diskriminierende, treuwidrige Kündigung nach § 242 BGB liegt auch dann noch nicht vor, wenn eine katholische Kirchengemeinde einem **Kirchenmusiker** wegen dessen nachträglich bekannt gewordener **Wiederverheiratung** kurz vor Ablauf der Probe- bzw. der sechsmonatigen Wartezeit kündigt. Denn ein kirchlicher Arbeitgeber kann – anders als säkulare Arbeitgeber – von den Arbeitnehmern, die Funktionsträger in den Kirchen sind, die Einhaltung der wesentlichen kirchlichen Grundsätze verlangen (*BAG* 16.9.2004 EzA § 242 BGB 2002 Kündigung Nr. 5 = NZA 2005, 1263 LS; s.u. Rn. 3149 ff.).

cc) Die neuere Entwicklung: Mindestkündigungsschutz gem. §§ 138, 242 BGB

Im Zusammenhang mit der Verfassungsmäßigkeit der sog. Kleinbetriebsklausel hat das *BVerfG* (27.1.1998 NZA 1998, 470; vgl. dazu *Lettl* NZA-RR 2004, 57 ff.; *Stein* DB 2005, 1218 ff.) **materiell-rechtliche Anforderungen** an die Kündigung in Kleinbetrieben entwickelt, die im Wesentlichen auch für die Kündigung in anderen Betrieben **in den ersten sechs Monaten** (also vor Anwendbarkeit des KSchG) gelten (*BVerfG* 21.6.2006 NZA 2006, 913; vgl. *Kittner* NZA 1998, 731 ff.; *Falder* NZA 1998, 1254 ff.; *Gragert* NZA 2000, 961 ff.; **a.A.** *LAG Nbg.* 24.4.2001 ARST 2001, 236 LS). Ausgangspunkt ist die Feststellung, dass auch **außerhalb des Geltungsbereiches des KSchG der Arbeitnehmer durch die zivilrechtlichen Generalklauseln vor einer sitten- oder treuwidrigen Kündigung des Arbeitgebers geschützt** werden muss, wobei im Rahmen dieser Generalklauseln auch der objektive Gehalt der Grundrechte zu beachten ist (*BVerfG* 21.6.2006 NZA 2006, 913). 1790

Im Einzelnen gilt: 1791
- Die Kündigung darf **nicht willkürlich** sein oder auf **sachfremden Erwägungen** beruhen. Der Arbeitgeber muss also einen auf das Arbeitsverhältnis bezogenen sachlichen Grund für dessen Beendigung haben (vgl. *ArbG Limburg* 12.5.2004 ArbuR 2004, 476: Kündigung nach Verweigerung gesetzeswidriger Arbeitsleistung); der **Grund muss gegenüber dem langjährig beschäftigten Arbeitnehmer »einleuchten«** (*LAG SchlH* 28.12.2005 – 2 Ta 241/05 – ArbuR 2006, 171 LS).
- Soweit unter mehreren Arbeitnehmern eine Auswahl zu treffen ist, hat der Arbeitgeber ein **gewisses Maß an sozialer Rücksichtnahme** walten zu lassen. Er wird zwar nicht an den Maßstäben des § 1 Abs. 3 KSchG gemessen. Seine Begründung muss aber zu erkennen geben, dass soziale Belange eine Rolle gespielt haben.
- Ein durch langjährige Zusammenarbeit erdientes Vertrauen in den Fortbestand des Arbeitsverhältnisses darf nicht unberücksichtigt bleiben. Zwar gilt nicht das ultima-ratio-Prinzip des KSchG; auch eine längere Betriebszugehörigkeit führt gerade nicht zur Anwendung der nach dem KSchG geltenden Maßstäbe (*BAG* 28.8.2003 EzA § 242 BGB 2002 Nr. 4). Es muss aber **besonders begründet** werden, warum ein **langjährig Beschäftigter** seinen Arbeitsplatz verlieren soll; der Grund für Kündigungen gegenüber langjährig beschäftigten Arbeitnehmern muss auch angesichts der Betriebszugehörigkeit »einleuchten«. Es kann deshalb als treuwidrig zu werten sein, wenn der Arbeitgeber die Kündigung auf auch im Kleinbetrieb eindeutig nicht ins Gewicht fallende **einmalige Fehler** eines seit Jahrzehnten beanstandungsfrei beschäftigten Arbeitnehmers stützen will (*BAG* 28.8.2003 EzA § 242 BGB 2002 Nr. 4).

Gleichwohl vermag der **auf konkreten Umständen beruhende Vertrauensverlust** gegenüber dem Arbeitnehmer eine ordentliche Kündigung durch den Arbeitgeber dann, wenn das KSchG nicht anwendbar ist, zu rechtfertigen, auch wenn die Umstände, auf denen der Vertrauensverlust beruht, **objektiv nicht zu verifizieren sind** (*BAG* 25.4.2001 EzA § 242 BGB Kündigung Nr. 4 = NZA 2002, 87: **Verursachung von »sehr viel Unruhe« durch den Lebensgefährten der Klägerin** im Unternehmen der Beklagten). Ein Verstoß gegen Treu und Glauben (§ 242 BGB) kann auch nicht daraus hergeleitet werden, dass der Arbeitgeber kündigt, weil er daran **zweifelt**, dass der Arbeitnehmer für die Arbeit **gesundheitlich noch geeignet ist** (*LAG Köln* 13.2.2006 LAGE § 242 BGB 2002 Kündigung Nr. 1). 1792

Ist unter mehreren Arbeitnehmern eine **Auswahl** zu treffen, muss der Arbeitgeber auch im Kleinbetrieb ein durch **Art. 12 GG** gebotenes Mindestmaß an sozialer Rücksichtnahme wahren und darf ein **durch langjährige Mitarbeit verdientes Vertrauen in den Fortbestand des Arbeitsverhältnisses nicht unberücksichtigt** lassen; dies bedeutet allerdings nicht, dass damit im Kleinbetrieb die Grundsätze zu § 1 KSchG über die Sozialauswahl entsprechend anwendbar wären. Denn die Herausnahme des Kleinbetriebs aus dem Geltungsbereich des KSchG trägt ihrerseits gewichtigen, durch Art. 12 Abs. 1 GG geschützten Belangen des Kleinunternehmers Rechnung, dessen Kündigungsrecht in 1793 hohem Maße schutzwürdig ist. Die Auswahlentscheidung kann im Rahmen des § 242 BGB nur darauf überprüft werden, ob sie **unter Berücksichtigung des Interesses des Arbeitnehmers am Erhalt seines Arbeitsplatzes und der schutzwürdigen Interessen des Kleinunternehmers gegen Treu und Glauben verstößt** (zutr. *LAG RhPf* 18.11.2004 – 11 Sa 408/04 – EzA-SD 10/05 S. 7 LS = LAG Report 2005, 174). Das danach zu wahrende Mindestmaß ist unterschritten und die Kündigung damit wegen Rechtsmissbrauchs nach § 242 BGB unwirksam, wenn der Arbeitgeber von mehreren auf den ersten Blick vergleichbaren Arbeitnehmern den evident schutzwürdigeren entlässt, ohne dass dafür Gründe vorlägen. Eine Kündigung, die dieser Anforderung nicht entspricht, verstößt gegen § 242 BGB und ist unwirksam. Demgegenüber begründet eine Beschäftigungsdauer von **nur zwei Jahren** kein – »durch langjährige Mitarbeit verdientes« – Vertrauen in den Fortbestand des Arbeitsverhältnisses (*LAG RhPf* 18.11.2004 LAG Report 2005, 174). Ist bei einem Vergleich der grds. von dem gekündigten Arbeitnehmer vorzutragenden Sozialdaten **evident**, dass dieser erheblich **sozial schutzbedürftiger** ist als ein vergleichbarer weiterbeschäftigter Arbeitnehmer, so spricht dies zunächst dafür, dass der Arbeitgeber das gebotene Mindestmaß an sozialer Rücksichtnahme außer Acht gelassen hat. Setzt der Arbeitgeber dem schlüssigen Sachvortrag des Arbeitnehmers **weitere (betriebliche, persönliche etc.) Gründe entgegen**, die ihn zu der getroffenen Auswahl bewogen haben, so hat unter dem Gesichtspunkt von Treu und Glauben eine **Abwägung** zu erfolgen. Es ist zu prüfen, ob auch unter Einbeziehung der vom Arbeitgeber geltend gemachten Gründe die Kündigung die sozialen Belange des betroffenen Arbeitnehmers **in treuwidriger Weise unberücksichtigt** lässt. Der **unternehmerischen Freiheit** des Arbeitgebers im Kleinbetrieb kommt bei dieser Abwägung ein **erhebliches Gewicht** zu (*BAG* 21.2.2001 EzA § 242 BGB Kündigung Nr. 1 m. Anm. *Otto* RdA 2002, 103; 6.2.2003 EzA § 242 BGB 2002 Kündigung Nr. 1; zust. *LAG RhPf* 18.11.2004 – 11 Sa 408/04 – EzA-SD 10/05 S. 7 LS; *ArbG Freiburg* 4.2.2005 ArbuR 2006, 70 m. Anm. *Schubert*; *v. Hoyningen-Huene* SAE 2001, 324 ff.; *Gragert/Wiehe* NZA 2001, 934 ff.; krit. *Annuß* BB 2001, 1898 ff.).

Es gelten sowohl dann, wenn der Arbeitnehmer einen Auswahlfehler des Arbeitgebers geltend macht als auch dann, wenn er die Kündigung aus anderen Gründen für treuwidrig hält, die Grundsätze der abgestuften Darlegungs- und Beweislast (*BAG* 6.2.2003 EzA § 242 BGB 2002 Kündigung Nr. 1; 20.8.2003 EzA § 242 BGB 2002 Kündigung Nr. 4; vgl. dazu *Stein* DB 2005, 1218 ff.):

- Aus dem Vorbringen des in erster Stufe darlegungsbelasteten Klägers muss sich nicht nur seine deutlich höhere soziale Schutzwürdigkeit, sondern auch seine Vergleichbarkeit auf den ersten Blick ergeben. Nicht in diesem Sinne auf den ersten Blick vergleichbar sind Arbeitnehmer, hinsichtlich derer die Reichweite des Direktionsrechts nach dem Vorbringen des Klägers zweifelhaft ist (*BAG* 6.2.2003 EzA § 242 BGB 2002 Kündigung Nr. 1).
- Da den Arbeitnehmer die Beweislast für die von ihm geltend gemachte Treuwidrigkeit der Kündigung trifft, muss, wenn der Arbeitgeber Tatsachen vorträgt, die die Treuwidrigkeit ausschließen, der Arbeitnehmer Gegentatsachen vortragen oder zumindest die vom Arbeitgeber behaupteten Tatsachen substantiiert bestreiten und für die Gegentatsachen und für sein Bestreiten selbst Beweis anbieten. Diese Beweis sind dann zu erheben, nicht aber sind die vom Arbeitgeber benannten Zeugen zu vernehmen (*BAG* 28.8.2003 EzA § 242 BGB 2002 Kündigung Nr. 4; s.a. *LAG SchlH* 28.12.2005 – 2 Ta 241/05 – ArbuR 2006, 171 LS).

1794 Nach Auffassung des *ArbG Reutlingen* (20.10.1998 EzA § 242 BGB Vertrauensschutz Nr. 1) liegt »langjährige Mitarbeit« i.S.d. Entscheidung des *BVerfG* vom 27.1.1998 (EzA § 23 KSchG Nr. 17) in Anlehnung an § 1 BetrAVG dann vor, wenn der Arbeitnehmer mindestens das **35. Lebensjahr vollendet** und **dem Betrieb mindestens zehn Jahre** angehört hat. Zu den auch in Kleinbetrieben besonders schutzwürdigen Arbeitnehmern gehören danach auch die kranken und erst recht die kranken und gleichzeitig auch älteren Arbeitnehmer. Zieht sich ein Arbeitnehmer, der **18 Jahre lang** ohne ernsthafte Erkrankung beim Arbeitgeber beschäftigt war, eine **mehr als dreimonatige Krankheit** zu und erhält der Arbeitgeber die Information, dass mit der Genesung des Arbeitnehmers nicht vor einem Monat zu rechnen ist, so ist die daraufhin erfolgte Kündigung **treuwidrig**. Denn wenn der Arbeitnehmer 2/3 seines gesamten bis dahin verbrachten Berufslebens ohne Beanstandungen bei einem einzigen Arbeitgeber verbracht hat, ergibt sich danach eine erhöhte Treue- und Rücksichtspflicht des Arbeitgebers vor Ausspruch einer krankheitsbedingten Kündigung (*ArbG Reutlingen* 20.10.1998 EzA § 242 BGB Vertrauensschutz Nr. 1).

Eine Kündigung ist aber jedenfalls dann nicht treuwidrig i.S.v. § 242 BGB, **wenn sie bei** 1795
Eingreifen des KSchG wirksam gewesen wäre und andere Gründe, die von § 1 KSchG nicht erfasst sind, nicht vorliegen. Dazu gehört im Übrigen nach Auffassung des *LAG Bln.* (10.9.1999 – 19 Sa 737/99) die Prärogative, die Zahl der Arbeitsplätze festzulegen, mit der der Unternehmer ein unternehmerisches Ziel verfolgt.

Deshalb ist auch die bloße Entscheidung, **Arbeitsplätze auf Dauer abzubauen**, um z.B. 1796
Kosten zu sparen, grds. **nur auf offenbare Unsachlichkeit, Unvernünftigkeit oder Willkür überprüfbar**. Inwiefern der Arbeitsplatz des zu kündigenden Arbeitnehmers durch diese Maßnahme betroffen ist, hat der Arbeitgeber danach jedenfalls im Rahmen einer Plausibilitätskontrolle darzulegen.

Art. 33 Abs. 2 GG schränkt nicht das Recht des **öffentlichen Arbeitgebers** ein, während 1797
der 6-monatigen Wartezeit nach § 1 Abs. 1 KSchG die Eignung, Befähigung und fachliche Leistung des neu eingestellten Arbeitnehmers zu überprüfen; dies gilt auch bei einer Einstellung nach Durchführung eines Auswahlverfahrens (*BVerfG* 21.6.2006 NZA 2006, 913; *BAG* 1.7.1999 EzA § 242 BGB Nr. 42; **a.A.** *LAG Nds.* 16.9.1998 NZA-RR 1999, 131).

Die Wirksamkeit einer Kündigung aus Gründen in dem Verhalten des Arbeitnehmers 1798
setzt im Übrigen außerhalb des **Anwendungsbereichs des KSchG** i.d.R. **nicht** voraus, dass dem Arbeitnehmer zuvor eine vergebliche **Abmahnung** erteilt wurde (*BAG* 21.2.2001 EzA § 242 BGB Kündigung Nr. 2; krit. *Annuß* BB 2001, 1898 ff.).

Eine Kündigung im Kleinbetrieb verstößt nicht allein deshalb gegen Treu und Glauben, 1799
weil sie ohne Angabe von Gründen ausgesprochen wird. Nur, wenn sich aus dem Vorbringen des Arbeitnehmers ergibt, dass der Arbeitgeber das Kündigungsrecht missbräuchlich nutzt, kann § 242 BGB verletzt sein. Das hat das *BAG* (16.1.2003 EzA § 23 KSchG Nr. 25) im konkret entschiedenen Einzelfall verneint.
Andererseits kann eine Kündigung vor Erfüllung der Wartezeit des § 1 KSchG wegen Verstoßes gegen Treu und Glauben unwirksam sein, wenn sie den Arbeitnehmer wegen seiner herkunftsbezogenen kulturellen Überzeugungen diskriminiert. Das ist aber dann nicht der Fall, wenn der Angehörige einer Sinti-Familie eine im Bewerbungsgespräch ausdrücklich zugesagte Tätigkeit (Bestattungen) wenige Wochen später, kurz nach Beginn des Arbeitsverhältnisses, mit Rücksicht auf ein tatsächlich bestehendes und ihn bindendes Tabu verweigert. In diesem Fall verletzt die Kündigung auch nicht das Grundrecht der Gewissensfreiheit (Art. 4 GG) und stellt keine verbotene Maßregelung i.S.d. § 612a BGB dar (*BAG* 22.5.2003 EzA § 242 BGB 2002 Kündigung Nr. 2 m. Anm. *Kort* SAE 2004, 51).

dd) Sonderfall: HIV-Infektion

Kündigt der Arbeitgeber einem mit dem HIV-Virus infizierten Arbeitnehmer, der noch 1800
nicht den allgemeinen Kündigungsschutz gem. § 1 Abs. 1 KSchG genießt, fristgerecht, so ist die Kündigung jedenfalls dann nicht unwirksam, wenn der Arbeitnehmer nach Kenntnis von der Infektion einen Selbsttötungsversuch unternommen hat, danach längere Zeit (nahezu drei Monate) arbeitsunfähig krank war, dieser Zustand nach einem vor Ausspruch der Kündigung vorgelegten ärztlichen Attest »bis auf weiteres« fortbestehen sollte und diese Umstände für den Kündigungsentschluss jedenfalls mitbestimmend waren.

1801 Ein Verstoß gegen §§ 242, 612 a BGB, Art. 3 Abs. 3 GG liegt dann nicht vor (*BAG* 16.2.1989 EzA § 138 BGB Nr. 23).

ee) Kündigung unmittelbar vor Ablauf der Wartezeit des § 1 Abs. 1 KSchG

1802 Fraglich ist, inwieweit sich die Unwirksamkeit der Kündigung aus § 242 BGB i.V.m. § 162 Abs. 1 BGB dann ergeben kann, wenn der Arbeitgeber die Kündigung wenige Tage oder Stunden vor Ablauf der Wartezeit erklärt. Denn die sechsmonatige Wartezeit muss an sich bereits zum Zeitpunkt des Zugangs der Kündigungserklärung abgelaufen sein, damit das KSchG Anwendung findet.

1803 Das *BAG* (28.9.1978 EzA § 102 BetrVG 1972 Nr. 39) ist davon ausgegangen, dass der Arbeitnehmer, dem vor der Erfüllung der sechsmonatigen Wartezeit (§ 1 Abs. 1 KSchG) gekündigt wird, den allgemeinen Kündigungsschutz **ausnahmsweise** dann in Anspruch nehmen kann, **wenn durch die Kündigung der Eintritt des allgemeinen Kündigungsschutzes entgegen dem Grundsatz von Treu und Glauben vereitelt werden soll.**

1804 Diese Folge tritt hingegen nicht ein, wenn der Arbeitgeber aus einem **sachlichen Grunde** kündigt, der nicht notwendig den Anforderungen an eine sozial gerechtfertigte Kündigung (§ 1 Abs. 2, 3 KSchG) genügen muss.

1805 Demnach wäre das Vorliegen eines sachlichen Grundes bei einer kurz vor Ablauf der Sechsmonatsfrist erklärten Kündigung erforderlich.

1806 Das *BAG* (18.8.1982 EzA § 102 BetrVG 1972 Nr. 48) hat dies inzwischen aber dahin präzisiert, dass zu berücksichtigen bleibt, dass nach dem Wortlaut sowie nach Sinn und Zweck der gesetzlichen Regelung des § 1 Abs. 1 KSchG der Arbeitgeber während der gesamten Wartefrist frei kündigen kann. Im Interesse der Rechtssicherheit muss aber eine gesetzlich festgelegte Frist genau beachtet werden. Deshalb kann nicht jede kurz vor Erfüllung der Wartezeit ausgesprochene Kündigung schon als treuwidrige Vereitelung des Eintritts des Kündigungsschutzes angesehen werden.

1807 Der Rechtsgedanke des § 162 BGB greift folglich nicht schon dann ein, wenn der Arbeitgeber bereits während der Wartezeit kündigt, obwohl dies zur Wahrung der nach Gesetz oder Vertrag zu beachtenden Kündigungsfrist nicht erforderlich gewesen wäre.

1808 Eine analoge Anwendung des § 162 BGB kommt erst dann in Betracht, wenn der Arbeitgeber die Kündigung nur deshalb vor Ablauf der sechsmonatigen Wartefrist erklärt, um den Eintritt des Kündigungsschutzes zu verhindern und dieses Vorgehen unter Berücksichtigung der im Einzelfall gegebenen Umstände gegen Treu und Glauben verstößt (vgl. *LAG SchlH* 14.4.1998 NZA-RR 1999, 191).

1809 Kündigt er dagegen kurz vor Ablauf der Wartefrist, um z.B. einen Rechtsstreit über die etwaige Sozialwidrigkeit der Kündigung zu vermeiden, so liegt hierin noch kein Verstoß gegen Treu und Glauben, denn der Arbeitgeber übt lediglich die ihm gem. § 1 Abs. 1 KSchG eingeräumte Kündigungsfreiheit aus.

1810 Um eine kurz vor Ablauf der Wartefrist ausgesprochene Kündigung als treuwidrig erscheinen zu lassen, müssen daher **weitere Umstände** gegeben sein.

1811 Allein die Tatsache, dass eine Kündigung kurz vor Ablauf der Probe- bzw. der sechsmonatigen Wartezeit des § 1 Abs. 1 KSchG ausgesprochen wird, führt folglich nicht zur Unwirksamkeit der Kündigung nach § 242 BGB (*BAG* 16.9.2004 EzA § 242 BGB 2002 Kündigung Nr. 5 = NZA 2005, 1263 LS).

ff) Mobbing

1812 Mobbinghandlungen begründen zwar keinen Sonderkündigungsschutz für deren Opfer, sie können aber zur Treu- und Sittenwidrigkeit einer Kündigung in der Probezeit führen, wenn der Arbeitgeber sie sich zu Eigen macht und die Kündigung aus willkürlichen oder verwerflichen Motiven ausspricht (*LAG Frankf./M.* 21.2.2003 LAGE § 1 KSchG 1969 Nr. 13 = ARST 2004, 225 = NZA-RR 2004, 356).

f) Art. 5 Abs. 1 RL 76/207/EWG, Art. 10 RL 92/85 EG

Art. 5 Abs. 1 RL 76/207/EWG zur Verwirklichung des Grundsatzes der Gleichbehandlung von Männern und Frauen hinsichtlich des Zugangs zur Beschäftigung usw. (s.o. Kap. 1 Rn. 678) steht im Hinblick auf das mit dieser RL verfolgte Ziel der Entlassung einer transsexuellen Person aus einem mit der Geschlechtsumwandlung zusammenhängenden Grund entgegen (*EuGH* 30.4.1996 EzA Art. 119 EWG-Vertrag Nr. 39). Zudem läuft es Art. 2 Abs. 1, 5 Abs. 1 dieser RL zuwider, wenn eine Arbeitnehmerin zu irgendeinem Zeitpunkt **während ihrer Schwangerschaft** auf Grund von **Fehlzeiten infolge einer durch** diese **Schwangerschaft verursachten Krankheit entlassen** wird (vgl. auch *EuGH* 4.10.2001 EzA § 611a BGB Nr. 17 zur Nichtverlängerung eines befristeten Vertrages wegen der Schwangerschaft als Verstoß gegen die RL 76/207). Ohne Belang ist insoweit, dass die Arbeitnehmerin gemäß einer Vertragsbestimmung entlassen wurde, nach der der Arbeitgeber berechtigt ist, Arbeitnehmer ungeachtet ihres Geschlechts nach einer vertraglich festgelegten Zahl von Wochen ununterbrochener Fehlzeiten zu entlassen (*EuGH* 30.6.1998 NZA 1998, 871 in einem Großbritannien betreffenden Fall). Zudem darf auch dann, wenn eine Arbeitnehmerin wegen einer durch die Schwangerschaft oder die Niederkunft bedingten Krankheit fehlt, die im Laufe der Schwangerschaft aufgetreten ist und während des Mutterschaftsurlaubs und danach fortbestanden hat, nicht nur die während des Mutterschaftsurlaubs, sondern auch die bereits **vom Anfang der Schwangerschaft an bis zum Beginn des Mutterschaftsurlaubs eingetretene Fehlzeit nicht bei der Berechnung des Zeitraums berücksichtigt werden, der zu einer Entlassung nach nationalem Recht berechtigt** (*EuGH* 30.6.1998 NZA 1998, 871 ausdrücklich gegen *EuGH* 29.5.1997 NZA 1998, 25, wo das Gegenteil für zutreffend erachtet wurde). Die nach dem Mutterschaftsurlaub eingetretene Fehlzeit einer Arbeitnehmerin darf demgegenüber unter den gleichen Voraussetzungen berücksichtigt werden, wie die Fehlzeit eines Mannes wegen einer ebenso langen Arbeitsunfähigkeit (*EuGH* 30.6.1998 NZA 1998, 871; zum Verbot der Kündigung vom Beginn der Schwangerschaft bis zum Ende des Mutterschaftsurlaubes in einem Belgien betreffenden Fall s. jetzt *EuGH* 11.10.2007 NZA 2007, 1271). 1813

Inzwischen hat der *EuGH* (4.10.2001 EzA § 611a BGB Nr. 16, 17; vgl. dazu *Schulte-Westerberg* NJW 2003, 490 ff.) folgende Grundsätze aufgestellt: 1814

- Art. 10 der Richtlinie 92/85/EWG des Rates vom 19. Oktober 1992 über die Durchführung von Maßnahmen zur Verbesserung der Sicherheit und des Gesundheitsschutzes von schwangeren Arbeitnehmerinnen, Wöchnerinnen und stillenden Arbeitnehmerinnen am Arbeitsplatz (zehnte Einzelrichtlinie i.S.d. Art. 16 Abs. 1 der Richtlinie 89/391/EWG) entfaltet unmittelbare Wirkung und ist dahin auszulegen, dass er, wenn ein Mitgliedstaat innerhalb der in dieser Richtlinie vorgeschriebenen Frist keine Umsetzungsmaßnahmen getroffen hat, dem Einzelnen Rechte verleiht, die dieser vor einem nationalen Gericht gegenüber den öffentlichen Stellen dieses Staates geltend machen kann.
- Art. 10 Nummer 1 der Richtlinie 92/85 verpflichtet mit der Zulassung von Ausnahmen vom Verbot der Kündigung von schwangeren Arbeitnehmerinnen, Wöchnerinnen oder stillenden Arbeitnehmerinnen in nicht mit ihrem Zustand in Zusammenhang stehenden Ausnahmefällen, die entsprechend den einzelstaatlichen Rechtsvorschriften und/oder Gepflogenheiten zulässig sind, die Mitgliedstaaten nicht, die Gründe für eine Kündigung dieser Arbeitnehmerinnen im Einzelnen aufzuführen.
- Zwar gilt das Kündigungsverbot nach Art. 10 der Richtlinie 92/85 sowohl für unbefristete als auch für befristete Arbeitsverträge, doch kann die Nichterneuerung eines solchen Vertrages zum Zeitpunkt seiner regulären Beendigung nicht als eine nach dieser Vorschrift verbotene Kündigung angesehen werden. Soweit jedoch die Nichterneuerung eines befristeten Arbeitsvertrags ihren Grund in der Schwangerschaft der Arbeitnehmerin hat, stellt sie eine unmittelbare Diskriminierung auf Grund des Geschlechts dar, die gegen die Art. 2 Abs. 1 und 3 Abs. 1 der Richtlinie 76/207/EWG des Rates vom 9. Februar 1976 zur Verwirklichung des Grundsatzes der Gleichbe-

handlung von Männern und Frauen hinsichtlich des Zugangs zur Beschäftigung, zur Berufsbildung und zum beruflichen Aufstieg sowie in Bezug auf die Arbeitsbedingungen verstößt.
- Art. 10 Nummer 1 der Richtlinie 92/85, wonach einer schwangeren Arbeitnehmerin, einer Wöchnerin oder einer stillenden Arbeitnehmerin in Ausnahmefällen gekündigt werden kann, wobei ggf. die zuständige Behörde ihre Zustimmung erteilen muss, ist dahin auszulegen, dass er die Mitgliedstaaten nicht verpflichtet, die Einschaltung einer nationalen Behörde vorzusehen, die nachdem sie festgestellt hat, dass ein Ausnahmefall vorliegt, der die Kündigung einer solchen Arbeitnehmerin rechtfertigen kann, vor der entsprechenden Entscheidung des Arbeitgebers ihre Zustimmung erteilt.
- Art. 5 Abs. 1 der Richtlinie 76/207/EWG des Rates vom 9. Februar 1976 zur Verwirklichung des Grundsatzes der Gleichbehandlung von Männern und Frauen hinsichtlich des Zugangs zur Beschäftigung, zur Berufsbildung und zum beruflichen Aufstieg sowie in Bezug auf die Arbeitsbedingungen und Art. 10 der Richtlinie 92/85/EWG des Rates vom 19. Oktober 1992 über die Durchführung von Maßnahmen zur Verbesserung der Sicherheit und des Gesundheitsschutzes von schwangeren Arbeitnehmerinnen, Wöchnerinnen und stillenden Arbeitnehmerinnen am Arbeitsplatz (zehnte Einzelrichtlinie i.S.d. Art. 16 Abs. 1 der Richtlinie 89/391/EWG) stehen der Entlassung einer Arbeitnehmerin wegen Schwangerschaft entgegen,
  - wenn diese auf bestimmte Zeit eingestellt wurde,
  - wenn sie den Arbeitgeber nicht über ihre Schwangerschaft unterrichtet hat, obwohl ihr diese bei Abschluss des Arbeitsvertrags bekannt war,
  - und wenn feststand, dass sie auf Grund ihrer Schwangerschaft während eines wesentlichen Teils der Vertragszeit nicht würde arbeiten können.
- Für die Auslegung des Art. 5 Abs. 1 der Richtlinie 76/207 und des Art. 10 der Richtlinie 92/85 ist unerheblich, dass die Arbeitnehmerin von einem sehr großen Unternehmen eingestellt wurde, das häufig Aushilfspersonal beschäftigt.

g) Der Sonderfall: die beabsichtigte künstliche Befruchtung

1815 Teilt eine Arbeitnehmerin in einem Kleinbetrieb dem Arbeitgeber mit, dass sie sich künstlich befruchten lassen wolle und dass nach den einzelnen Behandlungen krankheitsbedingte Ausfallzeiten von jeweils ein bis zwei Wochen eintreten könnten, und wird ihr daraufhin eine ordentliche Kündigung wegen der befürchteten Ausfallzeiten ausgesprochen, so ist eine derartige Kündigung nach Auffassung des *LAG SchlH* (17.11.1997 LAGE § 242 BGB Nr. 3) weder analog § 9 MuSchG noch nach §§ 138 Abs. 1, 242, 612a, 134 BGB i.V.m. Art. 6 Abs. 1, 4 GG unwirksam; s. jetzt aber instr. *EuGH* 26.2.2008 NZA 2008, 345 zur Auslegung des EU-Rechts in einem Österreich betreffenden Fall.

h) Anderweitige Beschäftigungsmöglichkeit; unterbliebenes Präventionsverfahren/betriebliches Eingliederungsmanagement

1816 Eine Kündigung innerhalb der Wartezeit des § 1 Abs. 1 KSchG ist nicht schon deshalb unwirksam, weil zum Kündigungszeitpunkt die Möglichkeit einer anderen zumutbaren Beschäftigung bestand. Denn anderweitige Beschäftigungsmöglichkeiten hat der Arbeitgeber nur im Anwendungsbereich des § 1 Abs. 2 KSchG in Betracht zu ziehen, weil dieses Erfordernis auf der Anwendung des dem gesetzlichen Kündigungsschutz nach § 1 Abs. 2 KSchG zugrunde liegenden Verhältnismäßigkeitsgrundsatzes beruht (*BAG* 28.6.2007 EzA § 307 BGB 2002 Nr. 5 = NZA 2007, 1049).

1817 Auch die unterbliebene Durchführung der in § 84 Abs. 1, 2 SGB IX genannten Verfahren hat im Falle einer Kündigung innerhalb der Wartezeit des § 1 Abs. 1 KSchG **keine kündigungsrechtlichen Folgen.** Art. 5 RL 2000/78/EG fordert zwar angemessene Vorkehrungen zum Schutz behinderter Menschen vor Entlassungen. Im Rahmen der Angemessenheitsprüfung sind aber **auch Belange des Arbeitgebers zu berücksichtigen**. Der Arbeitgeber muss die Möglichkeit zur Erprobung des Mitarbeiters haben; der geltende Sonderkündigungsschutz der §§ 85 ff. SGB IX wird dem gerecht. Die Annahme kündigungsrechtlicher Konsequenzen bei einer unterbliebenen Durchführung des Präventionsverfahrens oder des betrieblichen Eingliederungsmanagements (§ 84 Abs. 1, 2 SGB IX) in den ersten sechs Monaten des Arbeitsverhältnisses würde demgegenüber ein Einstellungshindernis darstellen, weil der Arbeitgeber nicht mehr frei wäre, die konkreten Einsatzmöglichkeiten des Arbeitnehmers in seinem Betrieb zu erproben (*BAG* 28.6.2007 EzA § 307 BGB 2002 Nr. 5 = NZA 2007, 1049).

Dieses Ergebnis folgt auch daraus, dass der **Verhältnismäßigkeitsgrundsatz außerhalb des Geltungsbereichs** des KSchG bei der Prüfung der Wirksamkeit einer Kündigung **keine Anwendung findet** und § 84 Abs. 1, 2 SGB IX gerade diesen Grundsatz konkretisiert (*BAG* 24.1.2008 EzA § 242 BGB 2002 Kündigung Nr. 7 = NZA-RR 2008, 404). 1818

i) Darlegungs- und Beweislast

Grds. muss die Partei, die sich auf die für sie günstige Norm beruft, deren tatsächliche Voraussetzungen darlegen und beweisen. Folglich ist es außerhalb des Geltungsbereichs des allgemeinen Kündigungsschutzes nicht Sache des Arbeitgebers, die Kündigung sachlich zu begründen. Vielmehr ist **der Arbeitnehmer darlegungs- und beweispflichtig** dafür, dass die Kündigung auf Grund von Normen unwirksam ist, die außerhalb des KSchG zur Unwirksamkeit der Kündigung führen (SPV/*Preis* Rz. 156). 1819

Der Arbeitgeber ist auch nicht verpflichtet, sämtliche in Betracht kommenden Verbotsbestimmungen durch geeigneten Sachvortrag im Prozess auszuräumen. Eine Aufklärungspflicht der nicht darlegungs- und beweispflichtigen Partei besteht nicht; dies schließt **Erleichterungen in der Beweisführung** jedoch nach Auffassung von *Preis* (NZA 1997, 1269 ff.) nicht aus, die aus der Pflicht des Gegners zum **substantiierten Bestreiten** folgen. Denn sowohl der Schutzcharakter der Norm als auch verfassungsrechtliche Positionen können sachliche Erwägungen für oder gegen eine konkrete Beweisführungslast darstellen. Für einen schlüssigen Sachvortrag des Arbeitnehmers reicht es aber auch danach nicht aus, wenn er schlicht den Umstand einer Diskriminierung oder Benachteiligung behauptet. Andererseits muss ausgeschlossen werden, dass der Nachweis einer diskriminierenden Kündigung dem Arbeitnehmer unzumutbar erschwert wird. Insoweit kommen der **Anscheinsbeweis** beim Feststehen typischer Geschehensabläufe sowie **Beweismaßsenkungen** und die **Erleichterung der konkreten Beweisführungslast** in Betracht (vgl. ausf. *Preis* a.a.O.). 1820

Beispiele: 1821

- Regeln die Tarifpartner, dass **aus Anlass einer Arbeitsunterbrechung wegen Krankheit** nicht gekündigt werden darf, so kann bei einer Kündigung im unmittelbaren Anschluss an vorübergehende Arbeitsunfähigkeitszeiten der Beweis des ersten Anscheins dafür sprechen, dass die Arbeitsunterbrechung wegen Krankheit bestimmendes Motiv des Arbeitgebers für die Kündigung war. Diesen Beweis des ersten Anscheins kann der Arbeitgeber dadurch entkräften, dass er Tatsachen vorträgt und im Bestreitensfalle beweist, aus denen sich ergibt, dass andere Gründe seinen Kündigungsentschluss bestimmt haben (*BAG* 5.2.1998 EzA § 8 EFZG Nr. 1; s.a. oben Kap. 3 Rn. 1908 ff.).
- Das *ArbG* Kiel (30.4.1997 NZA-RR 1998, 303) hat angenommen, dass dem Arbeitnehmer im Kündigungsschutzprozess zwar für das Vorliegen der Voraussetzungen des § 612a BGB die Darlegungs- und Beweislast obliegt. Er kann sich aber auf einen Anscheinsbeweis dann berufen, wenn eine Änderungskündigung ohne Einhaltung der Kündigungsfrist und in einem **zeitlich engen Zusammenhang** (acht Tage) mit einem Schreiben erklärt worden ist, in dem der Arbeitnehmer ihm zustehende Rechte geltend gemacht hatte.

IV. Die Sozialwidrigkeit der ordentlichen Kündigung gem. § 1 KSchG (Überblick)

1. Voraussetzungen der Anwendbarkeit des KSchG

1822 Gem. § 1 Abs. 1 KSchG ist die Kündigung des Arbeitsverhältnisses gegenüber einem Arbeitnehmer, dessen Arbeitsverhältnis in demselben Betrieb oder Unternehmen länger als sechs Monate bestanden hat, rechtsunwirksam, wenn sie sozial ungerechtfertigt ist. **Dies gilt nicht für Kleinbetriebe i.S.d. § 23 Abs. 1 KSchG.**

a) Betriebsbegriff (§ 23 Abs. 1 S. 1 KSchG)

1823 Das KSchG ist **betriebsbezogen, allenfalls unternehmensbezogen, aber nicht konzernbezogen** (*BAG* 18.9.2003 – 2 AZR 139/03 – EzA-SD 6/04, S. 12 = FA 2004, 316 LS; 23.11.2004 EzA § 1 KSchG Betriebsbedingte Kündigung Nr. 135; 26.6.2008 – 2 AZR 1109/06 – EzA-SD 23/2008 S. 16 LS; s.u. Rn. 2515 ff., 2868 ff.; 24.2.2005 EzA § 1 KSchG Soziale Auswahl Nr. 59 = NZA 2005, 867). Der Betriebsbegriff wird vom Gesetzgeber auch für das KSchG nicht definiert, sondern vorausgesetzt. Folglich gelten insoweit die **allgemeinen Grundsätze** (APS/*Preis* Grundlagen C Rz. 82 ff.).

1824 Ist in einem Kündigungsschutzverfahren der Betriebsbegriff i.S.d. §§ 1, 23 KSchG zu klären, so ist das Gericht an eine Entscheidung im Rahmen des § 18 Abs. 2 BetrVG nicht gebunden. Denn insofern wird die Rechtslage nicht durch eine kollektivrechtliche, sondern primär durch eine individualrechtliche Vorfrage (Betriebsbegriff i.S.v. §§ 1, 23 KSchG) geprägt (*BAG* 18.10.2006 EzA § 1 KSchG Betriebsbedingte Kündigung Nr. 151 = NZA 2007, 552).

1825 Bei einer **Betriebsstätte** kann es sich um einen »Betrieb« i.S.d. § 1 KSchG handeln, wenn die vom Arbeitgeber hergestellte organisatorische Einheit der Erreichung eines einheitlichen arbeitstechnischen Zweckes dient. Notwendig für eine derartige Einheit ist ein **einheitlicher Leitungsapparat**, dem die zentralen mitbestimmungspflichtigen Entscheidungen, insbes. in personellen und sozialen Angelegenheiten obliegen. Dabei ist eine »**wesentliche**« **Selbstständigkeit der Entscheidungen in personeller und sozialer Hinsicht erforderlich** (*LAG RhPf* 17.2.2005 LAG Report 2005, 271). Auch kann ein gemeinsamer Betrieb auch von mehreren Unternehmen betrieben werden (vgl. *BAG* 7.8.1986 EzA § 4 BetrVG 1972 Nr. 5; 16.2.2006 EzA § 613a BGB 2002 Nr. 47 = NZA 2006, 592; vgl. auch *LAG Köln* 22.11.1996 NZA-RR 1997, 429; *BVerwG* 13.6.2001 NZA 2003, 115; s.o. Kap. 1 Rn. 246 ff.; *Schmädicke/Glaser/Altmüller* NZA-RR 2005, 397 ff.). Ein derartiger Gemeinschaftsbetrieb setzt den Einsatz der Arbeitnehmer und Betriebsmittel mehrerer Unternehmen durch eine **einheitliche Leitung auf der Grundlage einer wenigstens stillschweigend getroffenen Vereinbarung voraus.** Diese Voraussetzungen sind z.B. dann nicht erfüllt, wenn die Steuerung des Personaleinsatzes und die Nutzung der Betriebsmittel nur durch ein Unternehmen erfolgt (*BAG* 22.6.2005 EzA § 1 BetrVG 2001 Nr. 4 = NZA 2005, 1248; s. dazu *Pauly* ZTR 2006, 578 ff.). Das Vorliegen eines Gemeinschaftsbetriebes hat andererseits insbes. z.B. zur Folge, dass soweit es für die soziale Rechtfertigung der Kündigung auf Versetzungsmöglichkeiten innerhalb des Betriebes oder auf die soziale Auswahl ankommt, die Verhältnisse aller Gesellschaften zu berücksichtigen sind (*BAG* 13.6.1985 EzA § 1 KSchG Nr. 41; *Schmädicke/Glaser/Altmüller* NZA-RR 2005, 397 ff.).). Ein gemeinsamer Betrieb liegt dann vor, wenn die in einer Betriebsstätte vorhandenen materiellen und immateriellen Betriebsmittel für einen einheitlichen arbeitstechnischen Zweck zusammengefasst, geordnet und gezielt eingesetzt werden und der Einsatz der menschlichen Arbeitskraft von einem einheitlichen Leitungsapparat gesteuert wird. Die einheitliche Leitung muss sich auf die wesentlichen Arbeitgeberfunktionen in personellen und sozialen Angelegenheiten erstrecken (*BAG* 22.10.2003 EzA § 1 BetrVG 2001 Nr. 1 = BAG Report 2004, 165; vgl. *Rieble/Gistel* NZA 2005, 242 ff.). Dabei kann sich die Existenz einer einheitlichen Leitung **allein aus den tatsächlichen Umständen** herleiten. Ein solcher Umstand ist insbes. die **Wahrnehmung der wesentlichen Arbeitgeberfunktionen durch dieselbe institutionelle Leitung.** Die Verfolgung unterschiedlicher arbeitstechnischer Zwecke steht der Annahme eines Gemeinschaftsbetriebs nicht entgegen, sofern diese Zwecke im Rahmen einer Organisationseinheit wahrgenommen werden (*LAG SA* 14.11.2001 ArbuR 2004, 191 m. Anm. *Pauli*). Die Bildung eines gemeinsamen Betriebes **lässt die arbeitsvertragliche Bindung von Arbeitnehmern zu dem jeweiligen Unternehmen i.d.R. unberührt**. An Teilbetriebsübergängen einzelner Unternehmen nehmen daher grds. nur die Arbeitsverhältnisse aus den Unternehmen/Betrieben teil, die tatsächlich übergehen (*LAG Hessen* 20.7.2004 LAG Report 2005, 1).

Die ausnahmsweise mögliche Annahme eines arbeitgeberübergreifenden Kündigungsschutzes ist also vor allem davon abhängig, dass sich zwei oder mehrere Unternehmen zur gemeinsamen Führung eines Betriebes – zumindest konkludent – rechtlich verbunden haben, so dass der Kern der Arbeitgeberfunktionen im sozialen und personellen Bereich von derselben institutionellen Leitung rechtlich abgesichert ausgeübt wird. Diese Grundsätze gelten auch für kirchliche Einrichtungen. Die durch religiöse und glaubensmäßige Verbundenheit motivierte Zusammenarbeit mehrerer rechtlich selbstständiger Einrichtungen führt für sich genommen nicht zum Vorliegen eines gemeinsamen Betriebes dieser Einrichtungen (*BAG* 6.2.2003 EzA § 23 KSchG Nr. 25). Der Gemeinschaftsbetrieb zweier Unternehmen wird **aufgelöst, wenn eines der beiden Unternehmen seine betriebliche Tätigkeit einstellt und die Vereinbarung über die gemeinsame Führung des Betriebs aufgehoben wird** (*BAG* 19.11.2003 NZA 2004, 436; dort auch zu den Konsequenzen im Hinblick auf §§ 22, 102 BetrVG; weiterführend u. insbesondere auch zu den **Konsequenzen für die Sozialauswahl** bei einer betriebsbedingten Kündigung s.u. Rn. 2543 m.w.N. aus der Rspr.). Gleiches gilt, wenn eines von zweien an einem Gemeinschaftsbetrieb beteiligten Unternehmen seine Liquidation beschließt, allen seinen Arbeitnehmern kündigt und die Liquidation tatsächlich einleitet (*LAG SchlH* 8.5.2003 NZA-RR 2005, 26). Der Gemeinschaftsbetrieb zweier Unternehmen wird regelmäßig auch dadurch aufgelöst, dass über das Vermögen des einen Unternehmens das Insolvenzverfahren eröffnet wird und der Insolvenzverwalter den von ihm nunmehr geführten Betriebsteil stilllegt (*BAG* 17.1.2002 EzA § 4 KSchG n.F. Nr. 62; **a.A.** *ArbG Bln.* 6.8.2003 LAGE § 113 InsO Nr. 12); die Auflösung kann mit Wirkung für die Sozialauswahl nach Auffassung des *LAG Bln.* (15.11.2002 LAGE § 1 KSchG Soziale Auswahl Nr. 41) auch nach Ausspruch der Kündigung erfolgen, wenn die Aufkündigung des Gemeinschaftsbetriebes zum Zugangszeitpunkt bereits greifbare Formen angenommen hat (zur Sozialauswahl s. ausf. Rn. 2543 ff. m.w.N.). 1826

Aus dem möglichen Vorliegen eines Gemeinschaftsbetriebes folgt im übrigen **nicht zwingend**, dass **alle diese Unternehmen Arbeitgeber aller im Gemeinschaftsbetrieb beschäftigten Arbeitnehmer sind** (*BAG* 5.3.1987 EzA § 15 KSchG n.F. Nr. 38; *LAG Düsseld.* 19.6.1998 ARST 1999, 16). Ein einheitliches Arbeitsverhältnis zu zwei Arbeitgebern wird auch vor allem nicht bereits dadurch – konkludent – begründet, dass der ursprüngliche Arbeitgeber später mit einem anderen Unternehmen zusammen einen Gemeinschaftsbetrieb bildet (*BAG* 17.1.2002 EzA § 4 KSchG n.F. Nr. 62; *LAG SchlH* 8.5.2003 NZA-RR 2005, 26: Die Schaffung eines Gemeinschaftsbetriebs führt nicht dazu, dass dem verbleibenden Unternehmen, das nicht Arbeitgeber ist, neue Arbeitnehmer aufgezwungen werden können; *LAG Brem.* 17.10.2002 NZA-RR 2003, 189). 1827

Nach Auffassung des *LAG SchlH* (22.4.1997 DB 1997, 1980) genügt bei **Personenidentität der Geschäftsführer** zweier Gesellschaften für die Annahme eines gemeinsamen Betriebes, dass der Kern der Arbeitgeberfunktion im sozialen und personellen Bereich von derselben institutionellen Leitung ausgeübt wird. 1828

Für den Begriff des Betriebes ist der jeweilige arbeitstechnische Zweck ohne Bedeutung. Hierunter fallen auch Einheiten mit religiöser, politischer, erzieherischer, künstlerischer oder karitativer Zwecksetzung. Auch können die Voraussetzungen eines Gemeinschaftsbetriebes im Allgemeinen angenommen werden, wenn ein Unternehmen sein **»gesamtes Personalwesen« auf ein anderes in Personalunion geführtes Unternehmen überträgt**, wenn hierzu unter anderem die Personalsteuerung (z.B. Einsatz, Versetzungen, Ermahnungen), Vergü- 1829 tungsfestsetzungen (z.B. Eingruppierungen) sowie die Führung von Verhandlungen mit dem Betriebsrat gehören (*LAG Köln* 21.7.2000 NZA-RR 2001, 245).

1830 Ein gemeinschaftlicher Betrieb zwischen einer Konzern-Holding und einer Tochtergesellschaft liegt andererseits **nicht bereits** dann vor, wenn die Holding auf Grund ihrer konzernrechtlichen Leitungsmacht gegenüber dem Vorstand der Tochter-AG anordnet, die Tochter solle **bestimmte Arbeiten** (z.B. Schreibarbeiten) für die Holding **mit erledigen**. Besteht kein Gemeinschaftsbetrieb zwischen Holding und Tochter, so genießt ein Arbeitnehmer der Holding nur dann Kündigungsschutz, wenn die Holding ihrerseits dem KSchG unterliegt, insbes. die erforderliche Anzahl von Arbeitnehmern beschäftigt (*BAG* 29.4.1999 EzA § 23 KSchG Nr. 21; vgl. dazu *Franzen* SAE 2000, 106 ff.).

1831 Ein gemeinschaftlicher Betrieb zwischen einer Konzernholding und einer oder mehreren Tochtergesellschaften liegt folglich nicht bereits dann vor, wenn die Holding auf Grund ihrer konzernrechtlichen Leitungsmacht gegenüber den zuständigen Organen der Tochtergesellschaften in bestimmten Bereichen Anordnungen treffen kann. Die Annahme eines Gemeinschaftsbetriebes setzt vielmehr einen einheitlichen, rechtlich gesicherten betriebsbezogenen Leitungsapparat voraus. Ein weitergehender kündigungsschutzrechtlicher »Berechnungsdurchgriff im Konzern« ist auch nicht verfassungsrechtlich geboten. Es reicht für die Anwendbarkeit des KSchG schließlich auch nicht aus, dass der Konzern ausreichende Finanzmittel besitzt, dem Arbeitnehmer eine Abfindung zu zahlen (*BAG* 13.6.2002 EzA § 23 KSchG Nr. 24; s. aber *LAG Köln* 17.12.2007 – 14 Sa 654/07 – ArbuR 2008, 229 LS: konzernbezogener Kündigungsschutz auf der Grundlage einer Betriebsvereinbarung).

1832 Soweit **Nebenbetriebe** gem. § 4 BetrVG als eigenständige Betriebe gelten, ist dies auch für die Anwendung des § 1 KSchG maßgeblich (KR/*Etzel* 7. Aufl. § 1 KSchG Rz. 139). Besonderheiten gelten für **Betriebsteile**. Soweit sie durch Aufgabenbereiche und Organisation eigenständig sind, maßgebend dafür ist das Bestehen einer Leitung, die Weisungsrechte des Arbeitgebers ausübt (*BAG* 19.2.2002 EzA § 4 BetrVG 1972 Nr. 8; *LAG Brem.* 27.3.2003 – 2 Sa 78/03 – EzA-SD 22/03, S. 12 LS; *LAG Hamm* 5.5.2004 LAG Report 2005, 17), sind sie wegen ihrer **organisatorischen Einheit** zwar nach § 4 BetrVG als Betrieb anzusehen. **§ 23 KSchG differenziert aber nicht zwischen Betrieb und Betriebsteil**, der lediglich gem. § 4 BetrVG als selbstständiger Betrieb gilt. Das KSchG stellt entscheidend auf die organisatorische Einheit ab, mit der der Unternehmer allein oder in Gemeinschaft mit seinen Mitarbeitern mit Hilfe von sachlichen oder immateriellen Mitteln bestimmte arbeitstechnische Zwecke fortgesetzt verfolgt. Eine nur **teilweise Verselbstständigung** eines Betriebsteils hat deshalb **nicht zur Konsequenz**, dass nach § 23 KSchG etwa für die dringenden betrieblichen Erfordernisse und die betriebsbezogene Sozialauswahl der entsprechende Betriebsteil als **selbstständiger Betrieb** i.S.d. KSchG **anzusehen wäre** (*BAG* 20.8.1998 EzA § 2 KSchG Nr. 31; **a.A.** KR/*Etzel* 7. Aufl. § 1 KSchG Rz. 139). Auch soweit ein Betriebsteil nach § 4 BetrVG nur wegen seiner räumlich **weiten Entfernung** vom Hauptbetrieb als selbstständiger Betrieb gilt, ist dies für das KSchG nicht maßgebend, weil der Arbeitgeber in diesem Rahmen sein Direktionsrecht ausübt und die Arbeit organisiert, was insbes. für die soziale Auswahl maßgebend ist (*BAG* 8.8.1985, 15.6.1989 EzA § 1 KSchG Soziale Auswahl Nr. 21, 27; krit. dazu *Kania/Gilberg* NZA 2000, 678 ff.). Die **räumliche Einheit** ist dagegen **kein entscheidendes Kriterium**, sodass auch zentral gelenkte Verkaufsstellen (Filialen) und organisatorisch unselbstständige Betriebsstätten trotz räumlich weiter Entfernung vom Hauptbetrieb mit dem jeweiligen Hauptbetrieb zusammen einen Betrieb bilden (*BAG* 21.6.1995 RzK I 5 d Nr. 50; KR/*Etzel* 7. Aufl. § 1 KSchG Rz. 139). Eine vom Hauptbetrieb weit entfernt gelegene **kleinere Betriebsstätte** (Tischlerei in einer Werft mit einem Meister und zwei weiteren Arbeitnehmern) ist bei der Berechnung der Betriebsgröße regelmäßig dem **Hauptbetrieb zuzurechnen**, wenn die Kompetenzen des Meisters denen des Leiters einer Betriebsabteilung vergleichbar sind und die wesentlichen Entscheidungen in personellen und sozialen Angelegenheiten im Hauptbetrieb getroffen werden (*BAG* 15.3.2001 EzA § 23 KSchG Nr. 23).

Zu den Betrieben i.S.d. KSchG zählen ferner die sog. Gesamthafenbetriebe (*BAG* 23.7.1970 AP Nr. 3 zu § 1 Gesamthafenbetriebsgesetz) sowie die Arbeitsgemeinschaften des Baugewerbes. 1833

Die Voraussetzungen des Betriebsbegriffs i.S.d. § 23 Abs. 1 S. 2 KSchG müssen im **Inland** erfüllt werden; etwas anderes ergibt sich auch nicht aus Rechtsgrundsätzen der Europäischen Union (*BAG* 9.10.1997 EzA § 23 KSchG Nr. 16; 3.6.2004 EzA § 23 KSchG Nr. 27 = NZA 2004, 1380 = BAG Report 2005, 230; 17.1.2008 EzA § 23 KSchG Nr. 31 = NZA 2008, 872; vgl. dazu *Gravenhorst* FA 2005, 34 ff.; *Deinert* ArbuR 2008, 300 ff.; *Otto/Mückl* BB 2008, 1231 ff.; *LAG Köln* 22.11.1996 NZA-RR 1997, 429; vgl. auch *Schmidt* NZA 1998, 169 ff., wonach ins Ausland entsandte Arbeitnehmer mit deutschem Arbeitsvertrag sowie im Inland tätige, aus dem Ausland entsandte Arbeitnehmer mit ausländischem Arbeitsvertrag hinzuzurechnen sind, wenn sie sich nach Art. 30 Abs. 1 EGBGB auf das deutsche KSchG berufen können; s.a. *LAG Nds.* 28.9.2007 NZA-RR 2008, 298 LS zu im Ausland arbeitenden Mitarbeitern bei einem Gemeinschaftsbetrieb zwischen einem deutschen und einem ausländischen Unternehmen); **diese gesetzgeberische Entscheidung ist nicht willkürlich** (*BAG* 17.1.2008 EzA § 23 KSchG Nr. 31 = NZA 2008, 872). Unterhält ein **ausländisches Unternehmen in Deutschland eine Niederlassung, werden die im Ausland tätigen Arbeitnehmer nicht in die maßgebliche Beschäftigtenzahl eingerechnet** (*LAG SchlH* 18.2.2004 NZA-RR 2004, 630). Besteht im Inland lediglich eine **Briefkastenfirma**, die ohne jegliche betriebliche Struktur nur einige Arbeitsverträge hält, so kann die Anwendung des KSchG nicht allein daraus hergeleitet werden, dass an Sachverhalte außerhalb des Geltungsbereichs des KSchG angeknüpft wird und diese dem inländischen Unternehmen zugerechnet werden (*BAG* 3.6.2004 EzA § 23 KSchG Nr. 27 = NZA 2004, 1380 = BAG Report 2005, 230; vgl. dazu *Gravenhorst* FA 2005, 34 ff.). 1834

Im Bereich der **öffentlichen Verwaltung** entspricht dem Begriff des Betriebes der der **Dienststelle** (*BAG* 25.9.1956 AP Nr. 18 zu § 1 KSchG). 1835

Unter Dienststelle sind die einzelnen Behörden, Verwaltungsstellen, Betriebe der öffentlichen Verwaltung und die Gerichte zu verstehen (§ 6 BPersVG). 1836

Kein Betrieb i.S.d. KSchG ist der Familienhaushalt, sodass Hausangestellte nicht unter seinen Schutz fallen (MünchArbR/*Berkowsky* § 132 Rz. 8). 1837

b) Kleinbetriebsklausel (§ 23 Abs. 1 S. 2 KSchG)

aa) Zweck der gesetzlichen Regelung

Hinter der Kleinbetriebsklausel steht der Gedanke, den Inhaber eines Kleinbetriebes vor bestimmten **personellen und finanziellen Belastungen zu bewahren.** Ihm soll ermöglicht werden, einem Arbeitnehmer, mit dem in einem auf persönliche Zusammenarbeit ausgerichteten Kleinbetrieb **keine gedeihliche Zusammenarbeit mehr** möglich ist und der u.U. das Betriebsklima erheblich stören kann, das Arbeitsverhältnis aufzukündigen. 1838

Ebenso soll er sich problemlos von einem Arbeitnehmer trennen können, für den keine Beschäftigungsmöglichkeit mehr besteht und dessen Weiterbeschäftigung wirtschaftliche Belastungen bis hin zur **Existenzgefährdung** des Kleinbetriebes nach sich ziehen kann. 1839

> Selbst in den Fällen, in denen dem Arbeitgeber auch nach dem KSchG eine Kündigung möglich wäre, soll er von der Belastung mit einem Kündigungsschutzprozess verschont bleiben (*BAG* 19.4.1990 EzA § 23 KSchG Nr. 8). 1840

bb) Vereinbarkeit mit GG und Europarecht

Teilweise (*Bock* DB 1988, 2202; *Kraushaar* DB 1988, 2204) ist die Beschränkung des KSchG in § 23 Abs. 1 S. 2 KSchG als verfassungswidrig angesehen worden, weil die Ungleichbehandlung von Arbeitnehmern in Klein- und Großbetrieben sachlich nicht gerechtfertigt sei und deshalb gegen Art. 3 Abs. 1 GG verstoße. 1841

1842 Das *BAG* (19.4.1990 EzA § 23 KSchG Nr. 8; abl. *Weigand* DB 1997, 2484 ff.) ist dem jedoch nicht gefolgt. Danach lassen sich als sachliche Gründe für die Regelung in § 23 Abs. 1 S. 2 KSchG zum einen die engen persönlichen Beziehungen des Kleinbetriebsinhabers, die geringere verwaltungsmäßige und wirtschaftliche Belastbarkeit der Kleinbetriebe sowie die Gewährleistung größerer arbeitsmarktpolitischer Freizügigkeit des Kleinunternehmers anführen.

1843 Der *EuGH* (30.11.1993) hat schließlich die Befreiung von Kleinbetrieben von einer nationalen Kündigungsschutzregelung für Arbeitnehmer nicht als Beihilfe i.S.v. Art. 92 Abs. 1 EWG-Vertrag (jetzt Art. 87 EGV) qualifiziert.

1844 Auch der Grundsatz der Gleichbehandlung männlicher und weiblicher Arbeitnehmer hinsichtlich der Entlassungsbedingungen i.S.d. Art. 2 Abs. 1, 5 Abs. 1 der Richtlinie 76/207/EWG des Rates vom 3.2.1976 steht der Anwendung dieser Regelung nicht entgegen, wenn nicht nachgewiesen wird, dass die der Regelung nicht unterliegenden Unternehmen erheblich mehr Frauen als Männer beschäftigen.

1845 Selbst wenn dies der Fall wäre, könnte eine solche Regelung durch objektive Faktoren gerechtfertigt sein, die nichts mit einer Diskriminierung auf Grund des Geschlechts zu tun haben, soweit sie die den kleinen Unternehmen auferlegten Lasten erleichtern soll.

1846 Das *BVerfG* (27.1.1998 EzA § 23 KSchG Nr. 17; vgl. dazu *Gragert/Kreutzfeldt* NZA 1998, 567 ff.) hat demgegenüber festgestellt, dass § 23 Abs. 1 S. 2 KSchG nur bei **verfassungskonformer Auslegung** mit dem GG vereinbar war, wonach der **Betriebsbegriff auf die Einheiten zu beschränken ist, für deren Schutz die Kleinbetriebsklausel allein bestimmt ist.** Darunter können allerdings im Einzelfall auch Teile größerer Unternehmen fallen.

1847 Daraus folgt nach der Rechtsprechung des *BAG* (12.11.1998 EzA § 23 KSchG Nr. 20; vgl. dazu *Weigand* ArbuR 1999, 322 ff.), dass für die Feststellung der für die Anwendbarkeit des KSchG notwendigen Arbeitnehmerzahl **von anderen Arbeitgebern beschäftigte Arbeitnehmer grds. nicht zu berücksichtigen sind**. Es ist verfassungsrechtlich unbedenklich, dass eine darüber hinausgreifende Berechnung der Arbeitnehmerzahl – abgesehen von Missbrauchsfällen – **nur dann** in Betracht kommt, wenn auf Grund einer **Führungsvereinbarung** der beteiligten Arbeitgeber (Unternehmen) eine einheitliche institutionelle Leitung hinsichtlich des Kerns der Arbeitgeberfunktionen im sozialen und personellen Bereich besteht. Nach diesen Grundsätzen genießen die Arbeitnehmer einer Kirchengemeinde der evangelischen Kirche im Rheinland i.d.R. keinen Kündigungsschutz, wenn die Kirchengemeinde nicht eine größere als die in § 23 Abs. 1 S. 2 KSchG genannte Zahl von Arbeitnehmern beschäftigt.
Zu beachten ist zudem, dass der **im Verhältnis zu einem Betriebsveräußerer** insoweit **erwachsene Kündigungsschutz nicht gem. § 613a BGB auf den Betriebserwerber übergeht, wenn dieser mit seinem Betrieb die gesetzlichen Voraussetzungen nicht erfüllt**; § 323 Abs. 1 UmwG ist nicht analog anzuwenden (*BAG* 15.2.2007 EzA § 23 KSchG Nr. 30 = NZA 2007, 739).

1848 Andererseits handelt es sich bei einem Unternehmen mit **nicht mehr als fünf Arbeitnehmern**, das als **herrschende Konzernmuttergesellschaft** die formal selbstständigen, aber **weisungsgebundenen Konzerntöchter führt, nicht** um einen **Kleinbetrieb** i.S.d. § 23 Abs. 1 S. 2 KSchG. Ein derartiges Unternehmen ist nicht unter den Betriebsbegriff einzuordnen, wie er nach der Rechtsprechung des *BVerfG* (27.1.1998 EzA § 23 KSchG Nr. 17) aus Sinn und Zweck der sog. Kleinbetriebsklausel orientiert zu interpretieren ist, sondern ist vielmehr als **Teil-Einheit des größeren Gesamtunternehmens anzusehen**, für die der Schutzgedanke des § 23 Abs. 1 S. 2 KSchG nicht einschlägig ist (*LAG Düsseld.* 3.4.2001 NZA-RR 2001, 476).

cc) Schwellenwert (ab 1.1.2004)

1849 Gem. § 23 Abs. 1 S. 3 KSchG n.F. gelten in Betrieben und Verwaltungen, in denen i.d.R. zehn oder weniger Arbeitnehmer ausschließlich der zu ihrer Berufsausbildung Beschäf-

tigten beschäftigt werden, die Vorschriften des ersten Abschnitts des KSchG (§§ 1–14) mit Ausnahme der §§ 4–7 und des § 13 Abs. 1 S. 1 und 2 nicht für Arbeitnehmer, deren Arbeitsverhältnis nach dem 31.12.2003 begonnen hat; diese Arbeitnehmer sind bei der Feststellung der Zahl der beschäftigten Arbeitnehmer bis zur Beschäftigung von i.d.R. zehn Arbeitnehmern nicht zu berücksichtigen (vgl. dazu *Schiefer/Worzalla* NZA 2004, 345 ff.; *Bender/Schmidt* NZA 2004, 358 ff.; krit. *Bauer/Krieger* DB 2004, 651 ff.).
Das *BAG* (17.1.2008 – 2 AZR 512/06 – EzA-SD 13/2008 S. 6 LS = NZA 2008, 944; s.a. *LAG Köln* 18.1.2006 – 7 Sa 844/05 – EzA-SD 19/06, S. 10 LS = NZA-RR 2006, 580 LS; abw. *LAG Hamm* 9.9.2005 – 7 Sa 959/05 – EzA-SD 2/06, S. 13 LS) geht insoweit davon aus, das bei Anwendung des abgesenkten Schwellenwertes nach § 23 Abs. 1 S. 2 KSchG nur diejenigen noch beim Arbeitgeber beschäftigten Arbeitnehmer berücksichtigt werden, die bereits vor dem 1.1.2004 beschäftigt waren.
Zudem ist das KSchG nicht anwendbar in Betrieben mit fünf oder weniger (*BAG* 21.9.2006 EzA § 23 KSchG Nr. 29 = NZA 2007, 438; s. dazu *Niklas* NZA 2006, 1395 ff.; *Röbke* FA 2007, 369; *Insam/Zöll* DB 2007, 694 ff.) **Altbeschäftigten** (*LAG Hmb.* 1.9.2005 – 8 Sa 58/05; grds. zust. *BAG* 21.9.2006 EzA § 23 KSchG Nr. 29 = NZA 2007, 438; *Insam/Zöll* DB 2006, 726 ff.; s.a. *Fleischer* DB 2006, 1214 ff. u. *Insam/Zöll* DB 2006, 1216 f.).
In diesem Zusammenhang stellt es noch keine rechtsmissbräuchliche Umgehung der gesetzlichen Regelung dar, wenn der Arbeitgeber mehrere vor dem **1.1.2004 begründete befristete Arbeitsverhältnisse** mit Befristungsende nach dem 1.1.2004 auslaufen lässt und stattdessen wenig später in entsprechender Anzahl Neueinstellungen vornimmt (*BAG* 17.1.2008 – 2 AZR 512/06 – EzA-SD 13/2008 S. 6 LS = NZA 2008, 944; *LAG Köln* 18.1.2006 – 7 Sa 844/05 – EzA-SD 19/06, S. 10 LS = NZA-RR 2006, 580 LS).

dd) Ermittlung der regelmäßigen Beschäftigtenzahl

(1) Kriterien

Für die Ermittlung der gem. § 23 Abs. 1 S. 2 KSchG den Betrieb im Allgemeinen kennzeichnenden regelmäßigen Beschäftigtenzahl (bezogen auf den Kündigungszeitpunkt; vgl. *LAG RhPf* 16.2.1996 NZA 1997, 315) bedarf es eines Rückblicks auf die bisherige personelle Situation und einer Einschätzung der zukünftigen Entwicklung (*BAG* 31.1.1991 EzA § 23 KSchG Nr. 11; ausf. *Busemann/Schäfer* a.a.O., Rz. 189 ff.; APS/*Moll* § 23 KSchG Rz. 25 ff.). Dabei sind **Betriebspraktika**, die nicht im Rahmen eines Arbeitsverhältnisses abgeleistet werden, nicht mit zu berücksichtigen (*BAG* 22.1.2004 EzA § 23 KSchG Nr. 26 = NZA 2004, 479; *Gragert/Keilich* NZA 2004, 776 ff.). 1850

Zwar ist in erster Linie auf die Zahl der im Zeitpunkt der Kündigung beschäftigten Arbeitnehmer abzustellen. Dies gilt jedoch **nicht i.S. einer Stichtagsregelung.** Die Zahl der regelmäßig beschäftigten Arbeitnehmer ist vielmehr sowohl unter Berücksichtigung der bisherigen zahlenmäßigen Entwicklung der Belegschaft als auch unter Beachtung der zukünftigen Entwicklung zu bestimmen. **Kennzeichnend ist dabei die Feststellung, mit welcher Anzahl von Arbeitnehmern der vom Unternehmer vorgegebene Betriebszweck erreicht werden kann.** Im Rahmen dieser Feststellung darf das ArbG allerdings nicht sein Ermessen an die Stelle dessen des Unternehmens setzen, sondern hat dessen unternehmerische Vorgaben seiner Entscheidung zugrunde zu legen (MünchArbR/*Berkowsky* § 132 Rz. 20). 1851

Wenn **Rückblick und Vorschau** ergeben, dass der bei Zugang der Kündigung tatsächlich gegebene Beschäftigungsstand nicht kennzeichnend für den Betrieb ist, ist aus dieser Perspektive darauf abzustellen, mit **wie vielen Arbeitnehmern der Betrieb regelmäßig auch in Zukunft seine Aufgaben erfüllen wird.** Sinkt auf Grund einer planmäßigen Reduzierung der Beschäftigtenstand auf fünf oder weniger Arbeitnehmer, genießt der zu diesem Zeitpunkt gekündigte Arbeitnehmer keinen Kündigungsschutz. Auf den – höheren – Beschäftigungsstand in der Vergangenheit kommt es nicht an, wenn mit der verringerten Belegschaft 1852 der Betrieb auf Dauer fortgeführt werden soll (*LAG RhPf* 16.2.1996 NZA 1997, 316; *LAG Köln* 22.11.2002 LAGE § 23 KSchG Nr. 21). Vom Arbeitgeber **gleichzeitig oder zeitnah gekündigte** Arbeitnehmer sind der Beschäftigtenzahl stets hinzuzurechnen, weil der allgemeine Kündigungsschutz andernfalls umgangen werden könnte.

1853 Der zu kündigende Arbeitnehmer ist auch dann mit zu berücksichtigen, wenn Kündigungsgrund gerade die unternehmerische Entscheidung ist, den betreffenden Arbeitsplatz nicht mehr neu zu besetzen. Denn es bedarf zwar grds. eines Rückblicks auf die bisherige personelle Situation und einer Einschätzung der künftigen Entwicklung. Denn es kommt auf die Beschäftigungslage an, die im Allgemeinen für den Betrieb kennzeichnend ist. Die Unternehmerentscheidung, den Betrieb stillzulegen oder durch Abbau von Arbeitsplätzen einzuschränken, führt jedoch nur dazu, dass künftig eine andere, regelmäßige Arbeitnehmerzahl gegeben sein soll. Im Kündigungszeitpunkt ist demgegenüber für den Betrieb noch die bisherige Belegschaftsstärke kennzeichnend (*BAG* 22.1.2004 EzA § 23 KSchG Nr. 26 = NZA 2004, 479 = BAG Report 2004, 181).

1854 Vor diesem Hintergrund ist es wohl unerheblich, ob **Arbeitnehmer** ausscheiden, **die selbst gekündigt haben** oder durch **Aufhebungsvertrag** und ob bei ihnen im Beurteilungszeitpunkt **feststeht, dass sie nicht ersetzt werden** (**a.A.** *LAG Nds.* 28.2.2000 NZA-RR 2000, 474). Ebenso wenig kann es überzeugen, wenn angenommen wird, dass ein **als Ersatzkraft** für einen ausscheidenden Mitarbeiter eingestellter Arbeitnehmer bei der Zahl der i.d.R. Beschäftigten **nicht zu berücksichtigen** sein soll (**a.A.** *LAG Köln* 13.1.2005 – 5 Sa 1237/04 – EzA-SD 7/05, 13 LS = NZA 2005, 1310 LS). Wird folglich eine Mutterschaftsvertretung nicht befristet eingestellt, ist sie bei der Berechnung des Schwellenwertes mitzuzählen (*LAG RhPf* 5.2.2004 LAG Report 2004, 305).

1855 Beschäftigt eine Verwaltung des öffentlichen Rechts mehr als fünf (seit 1.10.1996 mehr als zehn, **ab 1.1.1999 wieder mehr als fünf**) Arbeitnehmer, sind gem. § 23 Abs. 1 KSchG die Vorschriften des 1. Abschnitts des KSchG auch dann anzuwenden, wenn in **der einzelnen Dienststelle** weniger Arbeitnehmer beschäftigt sind. Das gilt auch für Verwaltungen eines ausländischen Staates, die in Deutschland die Voraussetzungen des § 23 Abs. 1 KSchG erfüllen, wenn nach dem Arbeitsvertrag deutsches Kündigungsrecht anzuwenden ist (*BAG* 23.4.1998 EzA § 23 KSchG Nr. 19).

(2) Teilzeitbeschäftigte; Altfälle

1856 Teilzeitbeschäftigte sind nach bislang geltendem Recht nur zu berücksichtigen gewesen, wenn ihre regelmäßige Arbeitszeit **wöchentlich 10 Stunden oder monatlich 45 Stunden** übersteigt. § 23 Abs. 1 S. 3 KSchG a.F. war im Wege der teleologischen Reduktion auf Fälle zu beschränken, bei denen unter Zugrundelegung der Anrechnungsmodalität des S. 3 in der seit dem 1.10.1996 geltenden Fassung des § 23 Abs. 1 KSchG ein Kleinbetrieb vorliegt; diese Auslegung des § 23 Abs. 1 S. 3 KSchG a.F. ist mit Art. 3 Abs. 3 GG vereinbar (*BVerfG* 27.1.1998 EzA § 23 KSchG Nr. 18; vgl. dazu *Gragert/Kreutzfeldt* NZA 1998, 567 ff.; *Gragert* NZA 2000, 965 ff.).

1857 Zu beachten ist, dass die Ausklammerung von Teilzeitbeschäftigten nicht dazu führt, dass nicht berücksichtigte Teilzeitbeschäftigte ihrerseits keinen Kündigungsschutz genießen, wenn nur die Voraussetzungen der §§ 1, 23 KSchG im konkreten Betrieb erfüllt sind.

(3) Einzelfragen

1858 **Umschüler** sind, wie Auszubildende, dann nicht zu berücksichtigen, wenn sie wie »Lehrlinge« in einem mehrjährigen Vertragsverhältnis zu einem anerkannten Ausbildungsberuf ausgebildet werden (*BAG* 7.9.1983 EzA § 23 KSchG Nr. 6). Eine Mindestaltersgrenze, ab der

der Kündigungsschutz einsetzt, besteht seit 1976 nicht mehr. Eine im Rahmen eines Arbeitsvertrages beschäftigte **Praktikantin**, die die für das Berufsziel Erzieherin erforderliche praktische Ausbildung absolviert, ist nicht zu berücksichtigen (*LAG Köln* 28.9.2000 ZTR 2001, 138 LS).

In **Saisonbetrieben**, deren Beschäftigtenzahl infolge saisonaler Einflüsse Schwankungen unterworfen ist, kommt es auf die Betriebsgröße während der Saison an (KR/*Weigand* § 23 KSchG Rz. 47). Die Arbeitnehmer eines im Ausland befindlichen Betriebes werden bei der Ermittlung der für § 23 KSchG maßgeblichen Beschäftigtenzahl jedenfalls nicht mitgerechnet (LAG SchlH 14.11.2007 LAGE § 23 KSchG Nr. 25). **1859**

ee) § 6 Abs. 4 PflegezeitG

Gem. § 6 Abs. 4 PflegezeitG sind bei der Ermittlung der Zahl der beschäftigten Arbeitnehmer die Arbeitnehmer, die nach § 2 PflegezeitG kurzzeitig an der Arbeitsleistung verhindert oder nach § 3 PflegezeitG freigestellt sind, nicht mitzuzählen, solange für sie auf Grund von § 6 Abs. 1 PflegezeitG ein Vertreter – der allerdings Arbeitnehmer sein muss – eingestellt ist (s. *Schwerdle* ZTR 2007, 655 ff.; *Preis/Weber* NZA 2008, 82 ff.; *Preis/Nehring* NZA 2008, 729 ff.; *Düwell* FA 2008, 108 ff.; *Müller* BB 2008, 1058 ff.; *Freihube/Sasse* DB 2008, 1320 ff.). **1860**

c) Persönlicher Anwendungsbereich

aa) Arbeitnehmerbegriff

Auch für den Arbeitnehmerbegriff enthält das KSchG keine besondere Definition, sodass auch insoweit die **allgemeinen Grundsätze** gelten (s.o. Kap. 1 Rn. 38 ff.; APS/*Preis* Grundlagen C Rz. 1 ff.); berücksichtigt werden die in § 14 Abs. 2 KSchG genannten Personen, nicht aber die in § 14 Abs. 1 KSchG genannten (KR/*Weigand* § 23 KSchG Rz. 42). **1861**

bb) Wartezeit

(1) Zweck der gesetzlichen Regelung

> Ziel der Sechsmonatsfrist ist die Absicht des Gesetzgebers, eine Art gesetzlicher Probezeit zu gewähren, während der ein Arbeitsverhältnis ohne besondere Voraussetzungen beendet werden kann (MünchArbR/*Wank* § 119 Rz. 7; APS/*Dörner* § 1 KSchG Rz. 22 ff.). **1862**

Eine über die sechsmonatige Wartezeit hinausgehende vereinbarte Probezeit hat keinen Einfluss auf den Eintritt des allgemeinen Kündigungsschutzes (KR/*Etzel* 7. Aufl. § 1 KSchG Rz. 64; *Wilhelm* NZA 2001, 818). **1863**

(2) Berechnung der Wartezeit; Unterbrechungen

> Der Gesetzgeber hat die rechtlichen Voraussetzungen der Wartefrist des § 1 Abs. 1 KSchG an formelle und deshalb einfach festzustellende Gegebenheiten geknüpft. Der Gesichtspunkt der Rechtssicherheit ist dabei vom Gesetzgeber erkennbar in den Vordergrund gestellt worden. Arbeitnehmer und Arbeitgeber sollen leicht erkennen können, ob Kündigungsschutz besteht (*BAG* 22.5.2003 EzA § 242 BGB 2002 Kündigung Nr. 2 m. Anm. *Kort* SAE 2004, 51). **1864**

Die Wartezeit **beginnt** mit dem **rechtlichen Beginn** des Arbeitsverhältnisses, nicht erst mit der tatsächlichen Arbeitsaufnahme. **Sie endet mit dem Ablauf desjenigen Tages des letzten Monats, der dem Tag vorhergeht, der durch seine Benennung oder seine Zahl dem Anfangstag der Frist entspricht (§ 188 Abs. 2 BGB**; ausf. *Busemann/Schäfer* a.a.O., Rz. 184 ff.). Eine Kündigung, die **am letzten Tag** der Sechs-Monatsfrist des § 1 Abs. 1 KSchG um 16 Uhr in den Wohnungsbriefkasten des Arbeitnehmers eingelegt wird, geht jedenfalls **1865** dann noch an diesem Tag zu, wenn der Arbeitnehmer **nach vorangegangenen Verhandlungen** über einen Aufhebungsvertrag **damit rechnen musste, dass der Arbeitgeber ihm das Kündigungsschreiben noch durch Boten überbringen** lässt (*LAG Bln.* 11.12.2003 – 16 Sa 1926/03 – ARST 2004, 235 LS). Haben sich die Parteien über die Arbeitsaufnahme für einen bestimmten Arbeitstag vorab verständigt, ist der erste Arbeitstag in die Berechnung des Ablaufs der Frist voll einzubeziehen, auch wenn der schriftliche Arbeitsvertrag erst am Tage der Arbeitsaufnahme nach Arbeitsbeginn unterzeichnet wird (§ 187 Abs. 2 BGB i.V.m. § 188 Abs. 2 BGB; *BAG* 27.6.2002 EzA § 1 KSchG Nr. 55). Arbeitgeber und Arbeitnehmer können vereinbaren, dass der gesetzliche Kündigungsschutz bereits vor Ablauf von sechs Monaten eintritt. So kann z.B. ein vertraglich vereinbarter »Verzicht auf die Probezeit« als Vereinbarung ausgelegt werden, dass auf die Wartezeit gänzlich verzichtet wird (*LAG Köln* 15.2.2002 – 4(2) Sa 575/01 – EzA-SD 13/02, S. 20 LS = ARST 2002, 234 LS). Allein die Vereinbarung einer kurzen Probezeit führt aber nicht zu dieser Rechtsfolge, denn der Kündigungsschutz beginnt erst nach Ablauf von 6 Monaten. Etwas anderes gilt nur dann, wenn im Arbeitsvertrag ausdrücklich vereinbart worden ist, dass der Kündigungsschutz früher beginnt (*ArbG Frankf./M.* 21.3.2001 – 6 Ca 6950/00). Gleiches kann auch dann angenommen werden, wenn ein Arbeitnehmer **auf besonderen Wunsch eines Kunden des Arbeitgebers eingestellt wird** und die Arbeitsvertragsparteien ausdrücklich auf die Vereinbarung einer Probezeit verzichten, weil der Arbeitgeber den Arbeitnehmer auch aufgrund einer früheren Beschäftigung kennt; darin kann eine stillschweigende Übereinstimmung liegen, dass der Arbeitnehmer auch in den ersten sechs Monaten nur aus solchen Gründen gekündigt werden darf, die i.S.v. § 1 KSchG anzuerkennen sind (*LAG Köln* 15.12.2006 – 9 Ta 476/06 – EzA-SD 3/2007, S. 4 LS = NZA-RR 2007, 293). Ist in einer GmbH & Co KG ein Arbeitnehmer zum Geschäftsführer der persönlich haftenden GmbH aufgestiegen und wird er dann **als Geschäftsführer abberufen**, so lebt das alte **Arbeitsverhältnis i.d.R. nicht wieder auf** (s.o. Kap. 1 Rn. 182 ff.). Vereinbaren die Parteien jedoch nach der Kündigung des Geschäftsführervertrages **eine Weiterbeschäftigung des Betreffenden – ohne wesentliche Änderung seiner Arbeitsaufgaben – im Rahmen eines Arbeitsverhältnisses**, so lässt dies mangels abweichender Vereinbarungen regelmäßig auf den Parteiwillen **schließen**, die **Beschäftigungszeit als Geschäftsführer auf das neu begründete Arbeitsverhältnis anzurechnen**. Der abberufene Geschäftsführer hat deshalb regelmäßig in dem neu begründeten Arbeitsverhältnis keine Wartezeit nach § 1 Abs. 1 KSchG zurückzulegen und genießt von Anfang an Kündigungsschutz. Ein abweichender Parteiwille, der dahin zielt, die frühere Beschäftigungszeit als Geschäftsführer unberücksichtigt zu lassen, ist nur dann beachtlich, wenn er in dem neuen Arbeitsvertrag hinreichend deutlich zum Ausdruck kommt (*BAG* 24.11.2005 EzA § 1 KSchG Nr. 59 = NZA 2006, 366).

1866 Aufgrund des Gesetzeszwecks (s.o. Rn. 1864) sind rechtliche Unterbrechungen eines Arbeitsverhältnisses nur ausnahmsweise und nur dann anzurechnen, wenn ein enger sachlicher Zusammenhang besteht (*BAG* 22.5.2003 EzA § 242 BGB 2002 Kündigung Nr. 2 m. Anm. *Kort* SAE 2004, 51). Auf die einzuhaltende Wartezeit ist die Frist eines früheren Arbeitsverhältnisses zu demselben Arbeitgeber bei erneuter Begründung eines Arbeitsverhältnisses folglich nur dann **anzurechnen,** wenn die **Unterbrechung verhältnismäßig kurz** war und zwischen beiden Arbeitsverhältnissen ein **enger sachlicher Zusammenhang** besteht (*BAG* 10.5.1989 EzA § 1 KSchG Nr. 46).

1867 Das ist bei einer **saisonalen Beschäftigung** z.B. dann nicht der Fall, wenn **die Unterbrechungsdauer mehr als drei Monate beträgt** und die erneute Beschäftigung auf einer eigenständigen Entscheidung des Arbeitgebers über die Abdeckung von saisonalem Mehrbedarf beruht und keinen Annex zu der vorangegangenen Aushilfstätigkeit darstellt (*LAG Düsseld.* 16.1.2008 LAGE § 14 TzBfG Nr. 41).

1868 Werden zwei Lehrer-Arbeitsverhältnisse **nur durch die Schulferien voneinander getrennt**, so wird ein enger sachlicher Zusammenhang u.a. dadurch indiziert, dass im ersten befristeten Vertrag für die Zeit nach dessen Ablauf eine bevorzugte Berücksichtigung bei der Besetzung von Dauerarbeitsplätzen zugesagt war (*BAG* 20.8.1998 EzA § 1 KSchG Nr. 49). Lagen dagegen zwischen den Arbeitsverhältnissen der Parteien **immer wieder mehrere Monate**, zwischen dem vor Ablauf der Wartezeit des § 1 Abs. 1 KSchG gekündigten Arbeitsverhältnis und dem diesem vorangegangenem mehr als fünf Monate, kommt eine Anrechnung der Dauer des vorausgegangenen Arbeitsverhältnisses auf die Wartezeit **nicht in Betracht**, selbst dann, wenn der Arbeitnehmer im Zuge von Vertretungsbedarf mit annähernd der gleichen Tätigkeit befasst war (*BAG* 22.9.2005 EzA § 1 KSchG Nr. 58 = NZA 2006, 429). Je länger also die zeitliche Unterbrechung währt, umso gewichtiger müssen andererseits die für einen sachlichen Zusammenhang sprechenden Umstände sein (*BAG* 20.8.1998 EzA § 1 KSchG Nr. 50). Bei der Unterbrechung des rechtlichen Bestandes eines Arbeitsverhältnisses für die Dauer von **acht Monaten** ist ein enger sachlicher Zusammenhang zwischen den Arbeitsverhältnissen schon wegen der Dauer der Unterbrechung **nicht mehr gegeben** (*LAG Hamm* 13.12.1997 NZA-RR 1999, 26).

Bei einem Betriebsinhaberwechsel sind die beim Betriebsveräußerer erbrachten Beschäftigungszeiten bei der Berechnung der Wartezeit nach § 1 Abs. 1 KSchG für eine vom Betriebsübernehmer ausgesprochene Kündigung zu berücksichtigen. Dies gilt auch dann, wenn zum Zeitpunkt des Betriebsübergangs das Arbeitsverhältnis kurzfristig rechtlich unterbrochen war (für zwei Tage, Sonnabend und Sonntag), die Arbeitsverhältnisse aber in einem engen sachlichen Zusammenhang stehen (*BAG* 27.6.2002 EzA § 1 KSchG Nr. 56; 18.9.2003 EzA § 622 BGB 2002 Nr. 2 = NZA 2004, 319 = BAG Report 2004, 114). 1869

Nicht anzurechnen sind die im Rahmen eines **Eingliederungsvertrages** (§§ 229 ff. SGB III) zurückgelegten Beschäftigungszeiten (*BAG* 17.5.2001 EzA § 1 KSchG Nr. 54; *LAG Hamm* 22.10.1999 – 15 Sa 963/99); Zeiten eines **betrieblichen Praktikums**. das der beruflichen Fortbildung (§ 53 BBiG) gedient hat, nur dann, wenn sie **im Rahmen eines Arbeitsverhältnisses** abgeleistet worden sind (*BAG* 18.11.1999 EzA § 1 KSchG Nr. 52; 22.1.2004 EzA § 23 KSchG Nr. 26 = NZA 2004, 479; vgl. dazu *Gragert/Keilich* NZA 2004, 776 ff.). Absolviert ein Sozialhilfeempfänger auf Veranlassung des Trägers der Sozialhilfe im Rahmen einer berufspraktischen Qualifizierungsmaßnahme ein betriebliches Praktikum, für das eine Vergütung nicht gezahlt wird, und gewährt der Träger der Sozialhilfe weiterhin Leistungen zum Lebensunterhalt, so wird analog § 19 Abs. 3 BSHG durch den mit dem Unternehmen abgeschlossenen Praktikumsvertrag ein Arbeitsverhältnis in diesem Sinne nicht abgeschlossen (*LAG Hamm* 8.7.2003 NZA-RR 2003, 632); eine Anrechnung auf die Wartezeit des § 1 KSchG erfolgt also nicht. 1870

§ 1 Abs. 1 S. 3 BeschFG 1985, wonach ein enger sachlicher Zusammenhang zu einem vorhergehenden befristeten oder unbefristeten Arbeitsvertrag mit demselben Arbeitgeber insbes. anzunehmen war, wenn zwischen den Arbeitsverträgen ein Zeitraum von weniger als vier Monaten liegt, betraf nur die Frage, wann eine Neueinstellung i.S.v. § 1 Abs. 1 S. 1 Nr. 1 BeschFG 1985 vorlag. Sie hatte keinen Einfluss auf die Berechnung der Wartezeit nach § 1 Abs. 1 KSchG (*BAG* 10.5.1989 EzA § 1 KSchG Nr. 46). Das BeschFG ist zum 31.12.2000 aufgehoben worden; § 14 Abs. 3 S. 2 TzBfG sieht eine ähnliche Regelung nur noch mit einer Sechsmonatsfrist für ältere Arbeitnehmer vor. 1871

Fraglich ist, ob auch Zeiten, in denen das Arbeitsverhältnis rechtlich unterbrochen ist, für die Berechnung der Wartefrist dann jedenfalls mitzählen, wenn beide Arbeitsverhältnisse als solche zusammenzurechnen sind (offen gelassen zunächst von *BAG* 6.12.1976 EzA § 1 KSchG Nr. 36). Inzwischen geht das *BAG* (17.6.2003 EzA § 622 BGB 2002 Nr. 1) davon aus, dass rechtliche Unterbrechungen des Arbeitsverhältnisses weder bei der Berechnung der Wartezeit nach § 1 KSchG noch bei der Berechnung der gesetzlichen Kündigungsfristen anzurechnen sind. Nach Auffassung von *Spilger* (KR § 622 BGB Rz. 60) ist dies demgegenüber deswegen zu bejahen, weil – wie in den Fällen der §§ 210, 212 BGB und § 207 ZPO – zunächst eine Unterbrechung eingetreten ist, die rückwirkend als nicht eingetreten zu behandeln ist. 1872

Zumindest können die Parteien ausdrücklich oder konkludent vereinbaren, dass die Unterbrechungszeit angerechnet werden soll (MünchArbR/*Berkowsky* § 132 Rz. 39). 1873

Ist im Rahmen des § 1 Abs. 1 KSchG zwischen den Parteien streitig, ob ein unstreitig begründetes, dann tatsächlich unterbrochenes Arbeitsverhältnis auch rechtlich unterbrochen war, so hat der Arbeitgeber darzulegen und zu beweisen, dass auch eine rechtliche Unterbrechung vorlag (*BAG* 16.3.1989 EzA § 1 KSchG Nr. 45). 1874

(3) Tarifliche Normen

1875 Eine tarifliche Bestimmung (z.B. § 15 BRTV für gewerbliche Arbeitnehmer im Garten-, Landschafts- und Sportplatzbau), wonach auf die Betriebszugehörigkeitsdauer alle Beschäftigungszeiten im Betrieb anzurechnen sind, sofern die Betriebszugehörigkeit im Einzelfall nicht länger als sechs Monate unterbrochen war, ist auch auf die Berechnung der Wartezeit nach § 1 Abs. 1 KSchG anzuwenden (*BAG* 14.5.1987 EzA § 1 KSchG Nr. 44).

1876 Das gilt dagegen nicht für § 8 TVAL II über die anrechenbare Beschäftigungszeit, weil diese Norm nur die Fälle regelt, in denen die Dauer der Beschäftigungszeit im Tarifvertrag (§ 44 TVAL II) für die Berechnung der Gehaltsstufe oder für die Berechnung der Kündigungsfrist von Bedeutung ist (*BAG* 10.5.1989 EzA § 1 KSchG Nr. 46).

1877 Ebenso wenig ist die Bestimmung der Ziffer 4.3. MTV Bewachungsgewerbe Nds. über die Anrechnung der Betriebszugehörigkeit bei einem anderen Betrieb des Wach- und Sicherheitsgewerbes durch einen neuen Arbeitgeber auf die Berechnung der Wartezeit nach § 1 Abs. 1 KSchG anzuwenden (»Arbeitnehmer, die nachweislich unmittelbar vor ihrer Einstellung bei einem Betrieb des Wach- und Sicherheitsgewerbes beschäftigt waren, wird die dortige Zeit der Betriebszugehörigkeit vom neuen Arbeitgeber voll angerechnet.«). Denn auch dieser Tarifnorm kommt nur tarifimmanente Bedeutung in Bezug auf die Kündigungsfristen, Sozialleistungen bei Sterbefällen und die Urlaubshöhe zu (*BAG* 28.2.1990 EzA § 1 KSchG Nr. 47 unter Hinweis auf *BAG* 30.6.1988 – 2 AZR 71/88 – n.v., wonach der MTV für das Bewachungsgewerbe in Rheinland-Pfalz und im Saarland allerdings gegenteilig auszulegen ist).

(4) Die beabsichtigte gesetzliche Neuregelung

1878 Im Koalitionsvertrag vom 11.11.2005 haben die Regierungsparteien CDU, CSU und SPD vereinbart, das Kündigungsschutzrecht mit dem Ziel weiterzuentwickeln, um »zum einen mehr Beschäftigung zu ermöglichen und zum anderen die Schutzfunktion des Kündigungsschutzes für bestehende Arbeitsverhältnisse nachhaltig zu sichern«. Deshalb soll auf der einen Seite die Möglichkeit gestrichen werden, Arbeitsverträge in den ersten 24 Monaten sachgrundlos zu befristen. Gleichzeitig soll den Arbeitgebern bei der Neueinstellung die Option an die Hand gegeben werden, anstelle der gesetzlichen Regelwartezeit von sechs Monaten (s.o. Rn. 1862) bei der Begründung des Arbeitsverhältnisses mit dem Einzustellenden eine Wartezeit von bis zu 24 Monaten zu vereinbaren.

1879 Diese Änderungen sollten »handwerklich gut vorbereitet werden« (so *Düwell* FA 2006, 44; vgl. auch *Berger-Delhey* ZTR 2006, 74 f.); deshalb war mit ihrer Umsetzung erst im zweiten Halbjahr 2006 zu rechnen. **Zwischenzeitlich ist der Reformeifer insoweit aber abgeebbt**, insbes. deshalb, weil sich die Erkenntnis durchgesetzt hat, dass mit der beabsichtigten Änderung eine Verbesserung der Rechtsposition des Arbeitgebers nicht erreicht werden kann und in diese Richtung zielende weitere Änderungen des KSchG in der Großen Koalition nicht durchsetzbar sind. Jedenfalls mittelfristig bleibt daher der bisherige Rechtszustand erhalten.

2. Darlegungs- und Beweislast

a) Wartezeit

1880 **Der Arbeitnehmer trägt die Darlegungs- und Beweislast dafür, dass die Wartezeit erfüllt ist.**

1881 Weist er einen zeitgerechten Beginn des Arbeitsverhältnisses nach, obliegt es dem Arbeitgeber, etwaige relevante Unterbrechungen des Arbeitsverhältnisses darzulegen.

1882 Das gilt auch dann, wenn es unstreitig tatsächlich unterbrochen war (*BAG* 16.3.1989 EzA § 1 KSchG Nr. 45).

In den Fällen einer rechtlichen Unterbrechung des Arbeitsverhältnisses ist der Arbeitnehmer darlegungs- und beweispflichtig dafür, dass ggf. eine ausdrückliche oder stillschweigende Anrechnungsvereinbarung zustande gekommen ist oder die Neueinstellung in einem engen sachlichen Zusammenhang mit dem zunächst beendeten Arbeitsverhältnis gestanden hat (KR/*Etzel* 7. Aufl. § 1 KSchG Rz. 129 ff.). 1883

Für die Vereinbarung eines Ausschlusses oder einer Verkürzung der Wartezeit ist ebenfalls der Arbeitnehmer darlegungs- und beweispflichtig (MünchArbR/*Berkowsky* § 132 Rz. 41). 1884

b) Beschäftigtenzahl

Die Darlegungs- und Beweislast für das Vorliegen der Voraussetzungen des § 23 Abs. 1 S. 2 KSchG trifft nach der Rechtsprechung des *BAG* (9.9.1982 EzA § 611 BGB Arbeitgeberbegriff Nr. 1; 23.3.1984 EzA § 23 KSchG Nr. 7; 24.2.2005 EzA § 23 KSchG Nr. 28 m. Anm. *Mittag* ArbuR 2005, 419; 26.6.2008 EzA § 23 KSchG Nr. 32; *LAG München* 1.3.2007 – 2 Sa 589/06; *LAG SchlH* 18.6.2008 – 6 Sa 4/08 – EzA-SD 19/2008 S. 5 LS; *Müller* DB 2005, 2022 ff.) den Arbeitnehmer, weil es sich um eine Anspruchsvoraussetzung für die Anwendbarkeit des Kündigungsschutzes handelt; das gilt auch für die am 1.1.2004 in Kraft getretene **Neufassung** des § 23 KSchG (*BAG* 26.6.2008 EzA § 23 KSchG Nr. 32). 1885

Demgegenüber wird in der Literatur und in der Rechtsprechung z. T. (*Reinecke* NZA 1989, 583; MünchArbR/*Berkowsky* § 132 Rz. 24; *Bepler* ArbuR 1997, 54 ff.; *Gravenhorst* FA 2007, 201 ff.; *LAG Bln.* 28.10.1994 LAGE § 23 KSchG Nr. 11; *LAG Hamm* 6.2.2003 LAGE § 23 KSchG Nr. 22; offen gelassen von *BAG* 24.2.2005 EzA § 23 KSchG Nr. 28 = BAG Report 2005, 228 m. Anm. *Mittag* ArbuR 2005, 419; *Müller* DB 2005, 2022 ff.) die Auffassung vertreten, dass im Hinblick auf die sprachliche Formulierung des § 23 Abs. 1 S. 2 KSchG als Ausnahmetatbestand sowie auf den arbeitsrechtlichen Sphärengedanken die Beweislast dem Arbeitgeber aufzuerlegen ist. 1886

Der Arbeitnehmer muss nach der Rechtsprechung des *BAG* (9.9.1982 EzA § 611 BGB Arbeitgeberbegriff Nr. 1; 23.3.1984 EzA § 23 KSchG Nr. 7; 26.6.2008 EzA § 23 KSchG Nr. 32) im Einzelnen darlegen und bei Bestreiten des Arbeitgebers beweisen, dass er in einem Betrieb tätig ist, in dem i.d.R. mehr als zehn (bzw. fünf) Arbeitnehmer ausschließlich der zu ihrer Berufsausbildung Beschäftigten unter Berücksichtigung der Teilzeitarbeitnehmer mit dem jeweiligen Stundendeputat beschäftigt werden. 1887

Allerdings dürfen wegen der Sachnähe des Arbeitgebers an die Darlegungslast des Arbeitnehmers **keine zu strengen Anforderungen** gestellt werden. Denn dem objektiven Gehalt der Grundrechte (Art. 12 GG) kommt auch im Verfahrensrecht eine hohe Bedeutung zu. Deshalb ist darauf zu achten, dass vom Arbeitnehmer nicht Darlegungen verlangt werden, die er mangels eigener Kenntnismöglichkeiten gar nicht erbringen kann (*BAG* 18.1.1990 EzA § 23 KSchG Nr. 9; 26.6.2008 EzA § 23 KSchG Nr. 32; für eine Anwendung der Grundsätze der abgestuften Darlegungs- und Beweislast *LAG Köln* 28.5.2003 – 3 Sa 723/02 – EzA-SD 19/03, S. 11 LS; vgl. *Ramrath* NZA 1997, 1319 ff.). 1888

Der Arbeitnehmer genügt seiner Darlegungslast deshalb bereits dann, wenn er die **ihm bekannten Anhaltspunkte** dafür **vorträgt**, dass kein Kleinbetrieb vorliegt; dazu gehört es z.B. dass er die für eine entsprechende Arbeitnehmerzahl sprechenden Tatsachen und die ihm bekannten äußeren Umstände schlüssig darlegt (*BAG* 26.6.2008 EzA § 23 KSchG Nr. 32). Dazu hat er, soweit bekannt und ggf. unter **konkreter Benennung** der Personen anzugeben, welche Arbeitnehmer zum Kündigungszeitpunkt im Betrieb beschäftigt waren (*LAG SchlH* 18.6.2008 – 6 Sa 4/08 – EzA-SD 19/2008 S. 5 LS). Mangels eigener Kenntnismöglichkeit **reicht** es dann sogar **aus**, wenn er lediglich behauptet, der Arbeitgeber **beschäftige mehr als zehn Arbeitnehmer**. Der Arbeitgeber muss sich daraufhin **vollständig** zur Anzahl der Beschäftigten unter Benennung der ihm zur Verfügung stehenden **Beweismittel** erklären; dazu können **Vertragsunterlagen**, Auszüge aus 1889 der Lohnbuchhaltung, Zeugen usw. gehören. Dazu muss daraufhin der **Arbeitnehmer Stellung nehmen und Beweis antreten.** Hat er keine eigenen Kenntnisse über die vom Arbeitgeber behaupteten Tatsachen, kann er sich auf die aus dem Vorbringen des Arbeitgebers ergebenden Beweismittel stützen und die ihm bekannten Anhaltspunkte dafür vortragen, dass entgegen den Angaben des Arbeitgebers der Schwellenwert doch erreicht ist. Auf die Möglichkeit, sich der vom Gegner benannten Beweismittel zu bedienen, ist der **primär Darlegungspflichtige** vom ArbG nach § 139 ZPO **hinzuweisen**, wenn er sie erkennbar übersehen hat (*BAG* 26.6.2008 EzA § 23 KSchG Nr. 32; *LAG SchlH* 18.6.2008 – 6 Sa 4/08 – EzA-SD 19/2008 S. 5 LS). Bleibt auch **nach Beweiserhebung** unklar, ob die für den Kündigungsschutz erforderliche Beschäftigtenzahl erreicht ist, geht dieser **Zweifel** allerdings letztlich **zu Lasten des Arbeitnehmers** (*BAG* 26.6.2008 EzA § 23 KSchG Nr. 32).

1890 Hängt die Anwendung des KSchG davon ab, ob ein **mitarbeitendes Familienmitglied** zum Beschäftigtenstand zu zählen ist, hat der Kläger im Einzelnen vorzutragen, dass dieses Familienmitglied auf der Basis eines Arbeitsverhältnisses für den Betrieb tätig wird. Denn die Rechtsordnung stellt verschiedene Rechtsverhältnisse zur Verfügung, in denen Dienstleistungen erbracht werden können. Für das Vorliegen eines Arbeitsverhältnisses – Erbringung fremdbestimmter Leistungen in persönlicher Abhängigkeit – ist der Kläger darlegungs- und beweispflichtig (*LAG RhPf* 16.2.1996 NZA 1997, 316).

1891 Der Arbeitnehmer ist auch darlegungs- und beweispflichtig für das Vorliegen einer arbeitsvertraglichen Vereinbarung, durch die der allgemeine Kündigungsschutz auf einen Kleinbetrieb i.S.d. § 23 Abs. 1 S. 2 KSchG ausgedehnt wird (KR/*Weigand* § 23 KSchG Rz. 54).

1892 Zusammengefasst gilt nach der Rechtsprechung des *BAG* (24.2.2005 EzA § 23 KSchG Nr. 28 = NZA 2005, 764 = BAG Report 2005, 228 m. Anm. *Mittag* ArbuR 2005, 419; *Müller* DB 2005, 2022 ff.) insoweit insgesamt Folgendes:

- Nach § 23 Abs. 1 KSchG i.d.F. bis 31.12.2003 trägt der Arbeitnehmer die Darlegungs- und Beweislast für das Vorliegen der betrieblichen Voraussetzungen für die Geltung des KSchG.
- Ob daran auch nach der gesetzlichen Änderung des § 23 Abs. 1 S. 2, 3 KSchG durch das Arbeitsmarktreformgesetz (ab dem 1.1.2004) festzuhalten ist, bleibt unentschieden.
- Im Kündigungsschutzprozess dürfen an die Darlegungs- und Beweislast des Arbeitnehmers für das Vorliegen der betrieblichen Anwendungsvoraussetzungen wegen des Einflusses des Grundrechts aus Art. 12 GG einerseits und der Sachnähe des Arbeitgebers andererseits keine unzumutbar strengen Anforderungen gestellt werden; es gilt deshalb eine abgestufte Darlegungs- und Beweislastverteilung.
- Der Arbeitnehmer genügt regelmäßig seiner Darlegungslast, wenn er schlüssig dargelegt hat (z.B. durch konkrete Beschreibung der Personen), dass zum Kündigungszeitpunkt mehr als fünf Arbeitnehmer (Fassung bis 31.12.2003) beschäftigt worden sind. Entsprechend der abgestuften Darlegungs- und Beweislast ist es dann an dem sachnäheren Arbeitgeber, die erheblichen Tatsachen und Umstände darzulegen, aus denen sich ergibt, dass diese Beschäftigtenzahl nicht repräsentativ für den Betrieb ist, also zufällig und regelmäßig – bezogen auf die Vergangenheit und vor allem für die Zukunft – weniger Beschäftigte im Betrieb tätig waren bzw. wieder sein werden. Dies gilt umso mehr, als der Arbeitnehmer häufig weder über die vergangenen, länger als sechs Monate zurückliegenden Zeiträume – oft auf Grund einer nur kurzen Beschäftigungsdauer – aus eigener Kenntnis vortragen kann noch über die zukünftige, vom Arbeitgeber beabsichtigte Beschäftigungsentwicklung entsprechende Informationen haben wird.

3. Sozialwidrigkeit der Kündigung

a) Relative Unwirksamkeitsgründe

Gem. § 1 Abs. 2 S. 1 KSchG ist die Kündigung sozial ungerechtfertigt, wenn sie nicht durch Gründe, die in der Person oder in dem Verhalten des Arbeitnehmers liegen, oder durch dringende betriebliche Erfordernisse, die einer Weiterbeschäftigung des Arbeitnehmers in diesem Betrieb entgegenstehen, bedingt ist (sog. »relative Unwirksamkeitsgründe«, bei denen zum Kündigungsgrund noch eine für den Arbeitgeber positive Interessenabwägung hinzukommen muss). **1893**

Unwirksam ist eine Kündigung auch dann, wenn der Arbeitgeber im Rahmen einer betriebs- **1894** bedingten Kündigung eine **fehlerhafte Sozialauswahl** getroffen hat, also einem schutzbedürftigeren vor einem weniger schutzbedürftigen Arbeitnehmer gekündigt hat, ohne dass dessen Weiterbeschäftigung durch **betriebstechnische, wirtschaftliche oder sonstige berechtigte betriebliche Belange bedingt ist** (§ 1 Abs. 3 S. 1, 2 KSchG).

b) Absolute Unwirksamkeitsgründe

Gem. § 1 Abs. 2 S. 2, 3 KSchG ist die Kündigung im Übrigen auch dann sozial ungerecht- **1895** fertigt (»absolute Unwirksamkeitsgründe«, bei deren Verletzung es keiner Interessenabwägung mehr bedarf), wenn
- sie gegen eine Auswahlrichtlinie nach § 95 BetrVG verstößt, oder
- der gekündigte Arbeitnehmer an einem anderen Arbeitsplatz in demselben Betrieb oder einem anderen Betrieb des Unternehmens weiterbeschäftigt werden kann (vgl. *BAG* 22.7.1982 EzA § 1 KSchG Verhaltensbedingte Kündigung Nr. 10)

und
- der Betriebsrat (oder der Betriebsausschuss nach § 27 BetrVG) aus einem dieser Gründe fristgemäß (§ 102 Abs. 2 S. 1 BetrVG) schriftlich widersprochen hat.

Entsprechendes gilt für Betriebe und Verwaltungen des öffentlichen Rechts, wobei an die **1896** Stelle des Betriebsrats die zuständige Personalvertretung tritt (§ 1 Abs. 2 S. 1 Nr. 2 KSchG; vgl. *BAG* 6.6.1984 AP Nr. 16 zu § 1 KSchG 1969 Betriebsbedingte Kündigung; s.a. u. Rn. 1982 ff.).

c) Verzicht auf den Kündigungsschutz

aa) Zwingendes Recht

Der durch § 1 Abs. 4 KSchG gewährte allgemeine Kündigungsschutz ist – ebenso wie der **1897** nach § 626 BGB **zwingendes Recht** (SPV/*Preis* Rz. 1253). Vorherige abweichende Vereinbarungen zum Nachteil des Arbeitnehmers sind unwirksam (*LAG Hamm* 4.3.2005 LAGE § 117 BGB 2002 Nr. 1; KR/*Griebeling* § 1 KSchG Rz. 31; zum nachträglichen Verzicht s.u. Rn. 1899). Das Verbot erfasst sowohl einzelvertragliche Vereinbarungen als auch kollektivvertragliche Regelungen in Tarifverträgen und Betriebsvereinbarungen (ErfK/*Ascheid* Rz. 18), wie z.B. die Vereinbarung einer längeren Wartefrist oder die Festlegung eines Mindestalters als zusätzlicher Voraussetzung für den Eintritt des Kündigungsschutzes. Unwirksam ist es deshalb auch, bestimmte Tatbestände (z.B. den Verstoß gegen ein Rauchverbot, die Beleidigung von Vorgesetzten) zu absoluten Kündigungsgründen zu erklären (*v. Hoyningen-Huene/Linck* § 1 KSchG Rz. 8). Ebenso unwirksam ist eine Parteivereinbarung, wonach der Arbeitgeber berechtigt ist, den Arbeitnehmer nach Erreichen eines bestimmten Alters vorzeitig zu pensionieren und so das aktive Arbeitsverhältnis zu beenden (*LAG Hessen* 20.9.1999 NZA-RR 2000, 413). **Andererseits sind derartige Absprachen oder Regelungen aber nicht gänzlich bedeutungslos.** Das Gericht hat die in ihnen zum Ausdruck gekommene Wertvorstellungen der Parteien oder der Tarifvertragspartner bei der Interessenabwägung angemessen zu berücksichtigen. Auch Richtlinien über die personelle Auswahl bei Kündigungen (§ 95 BetrVG) dürfen nicht gegen § 1 Abs. 3 S. 1 KSchG verstoßen und etwa allein auf die Dauer der Betriebszugehörigkeit abstellen (vgl. *BAG* 11.3.1976 EzA § 95 BetrVG 1972 Nr. 1 = AP BetrVG 1972 § 95 Nr. 1). Demgegenüber kann der allgemeine Kündigungsschutz nach § 1 KSchG durch Gesetz beschränkt werden. Dies war z.B. in der Zeit vom 3.10.1990 bis zum 31.12.1993 im öffentlichen Dienst in den neuen Bundesländern (Einführung neuer und Erweiterung der bisher nach § 1 zugelassenen Kündigungsgründe) der Fall (s.u. Rn. 1909 ff.).

bb) Abweichungen zu Gunsten des Arbeitnehmers

1898 Im Gegensatz zu § 626 BGB ist der allgemeine Kündigungsschutz jedoch nur einseitig – zu Gunsten des Arbeitnehmers – zwingend ausgestaltet. Deshalb **können mit dem Arbeitnehmer günstigere Vereinbarungen abgeschlossen werden** (KDZ/*Kittner* Rz. 4). So kann z.B. der allgemeine Kündigungsschutz auch schon für Arbeitsverhältnisse, die noch nicht 6 Monate bestanden haben, eingeführt werden (*BAG* 8.6.1972 EzA § 1 KSchG Nr. 24 = AP KSchG 1969 § 1 Nr. 1 m. Anm. *Konzen* = DB 1972, 2070; 13.6.1996 EzA § 4 TVG Luftfahrt Nr. 2 = AP TVG § 1 Tarifverträge: Lufthansa Nr. 21 = NZA 1996, 1168; ErfK/*Ascheid* Rz. 20; **a.A.** für tarifliche Regelungen *Löwisch* KSchG Rz. 34). Auch können Arbeitnehmer in Kleinbetrieben (§ 23 KSchG) in den allgemeinen Kündigungsschutz einbezogen werden (KR/*Etzel* 7. Aufl. § 1 KSchG Rz. 34; SPV/*Preis* Rz. 325; **a.A.** für tarifliche Regelungen *Löwisch* § 23 KSchG Rz. 22). Darüber hinaus können z.B. **tarifliche Rationalisierungsschutzabkommen** dem einzelnen Arbeitnehmer eine über den allgemeinen Kündigungsschutz hinausgehende kündigungsrechtliche Positionen einräumen, z.B. durch Ausschluss des ordentlichen Kündigungsrechts bei Erreichen eines bestimmten Lebensalters, die Beschränkung des ordentlichen Kündigungsrechts auf personen- und verhaltensbedingte Gründe sowie die Verpflichtung zur Zahlung von Abfindungen in Fällen von sozial gerechtfertigten betriebsbedingten Kündigungen (SPV/*Preis* Rz. 331 ff.; *v. Hoyningen-Huene/Linck* § 1 KSchG Rz. 9). Zulässig sind auch einzelvertragliche Vereinbarungen gleichen Inhalts (SPV/*Preis* Rz. 325; *Kania/Kramer* RdA 1995, 287). Schließlich können durch Dienst- oder Betriebsvereinbarungen für einen bestimmten Zeitraum Arbeitgeberkündigungen aus betriebsbedingten Gründen ausgeschlossen werden, soweit derartige Entlassungssperren nicht (tatsächlich oder üblicherweise) durch Tarifvertrag tariflich geregelt werden (§ 77 Abs. 3 BetrVG; KR/*Etzel* 7. Aufl. § 1 KSchG Rz. 35).

cc) Nachträglicher Verzicht

1899 Der einseitig zwingende Charakter des allgemeinen Kündigungsschutzes schließt es andererseits nicht aus, dass der Arbeitnehmer nachträglich (nach Zugang der Kündigung) auf seine Ansprüche aus dem Kündigungsschutzgesetz wirksam verzichtet (*BAG* 25.9.1969 EzA § 1 KSchG Nr. 14 = AP KSchG § 1 Nr. 36 = DB 1969, 223; *LAG Hamm* 9.10.2003 LAG Report 2004, 11; *ArbG Düsseld.* 4.10.1999 DB 2000, 2022; *v. Hoyningen-Huene/Linck* § 1 KSchG Rz. 11; *Busemann/Schäfer* Rz. 724 ff.; *Sibben* DB 2002, 2023).

1900 Der Arbeitnehmer muss dabei keineswegs die **dreiwöchige Klagefrist** gem. § 4 abwarten. Ihm steht vielmehr bereits innerhalb dieser Frist die **volle Entscheidungsfreiheit** darüber zu, ob er die Kündigung hinnehmen oder dagegen Klage erheben will (*BAG* 3.5.1979 EzA § 4 KSchG n.F. Nr. 15 = AP KSchG 1969 § 4 Nr. 6; *v. Hoyningen-Huene/Linck* § 1 KSchG Rz. 11a).

1901 Gerade im Rahmen des § 12 EFZG ist im Übrigen nach der Rechtsprechung des *BAG* (11.6.1976 EzA § 9 LohnFG Nr. Nr. 4; 20.8.1980 EzA § 9 LohnFG Nr. Nr. 6; vgl. oben Kap. 3 Rn. 2055 ff.) trotz des an sich entgegenstehenden Wortlauts der Norm ein Verzicht des Arbeitnehmers auf Entgeltfortzahlungsansprüche, zB durch Ausgleichsquittung, dann möglich, wenn der Arbeitnehmer nach der Beendigung des Arbeitsverhältnisses und damit nach dem Wegfall der Abhängigkeit vom Arbeitgeber als dem ausschlaggebenden Grund für die

Regelung des § 12 EFZG eine entsprechende Erklärung abgibt, die sich auf bereits entstandene und fällige Ansprüche bezieht. Schließlich würde die, dem Arbeitnehmer grds. eingeräumte, Entscheidungsfreiheit ohne zwingenden Grund eingeschränkt werden; der Arbeitnehmer ist gerade zur Erklärung eines Verzichts weder vor noch nach Ablauf der Klagefrist verpflichtet (*v. Hoyningen-Huene/Linck* § 1 KSchG Rz. 11a).

Der Verzicht ist stets ein materiell-rechtlicher Vertrag, auf den die Vorschriften über die Auslegung und Mängel von Willenserklärungen anwendbar sind (*BAG* 6.4.1977 EzA § 4 KSchG n.F. Nr. 12 = NJW 1977, 1983), z.B. auch §§ 119, 123 BGB, nicht dagegen §§ 623 BGB, 312, 355 BGB (zutr. *LAG Hamm* 9.10.2003 LAG Report 2004, 11). Der Verzicht kann in einem Aufhebungsvertrag, Vergleich, Klageverzichtsvertrag oder, wenn die Kündigungsschutzklage bereits erhoben ist, in einem vertraglichen Klagerücknahmeversprechen zu sehen sein (*v. Hoyningen-Huene/Linck* § 1 KSchG Rz. 13). 1902

Wegen der weitreichenden Bedeutung eines solchen Verzichts muss seine **Ernsthaftigkeit** aber **eindeutig erkennbar** sein (*LAG Hamm* 9.10.2003 LAG Report 2004, 11). Sowohl an die Ernsthaftigkeit als auch an die Eindeutigkeit einer entsprechenden Verzichtserklärung, die zB auch durch eine sog. Ausgleichsquittung möglich ist (*BAG* 3.5.1979 EzA § 4 KSchG n.F. Nr. 15 = AP KSchG 1969 § 4 Nr. 6; SPV/*Preis* Rz. 1254 f.; *v. Hoyningen-Huene/Linck* § 1 KSchG Rz. 14), sind **strenge Anforderungen** zu stellen. 1903

Allein die Formulierung, dass keine Ansprüche »aus dem Arbeitsverhältnis« oder »aus dem Arbeitsverhältnis und seiner Beendigung« oder »aus Anlass der Beendigung eines Arbeitsverhältnisses« mehr bestehen, genügt diesen Anforderungen nicht (*BAG* 3.5.1979 EzA § 4 KSchG n.F. Nr. 15; SPV/*Preis* Rz. 1254; *Busemann/Schäfer* Rz. 725 ff.; s.o. Kap. 3 Rn. 4908 ff.). Unterschreibt ein entlassener Arbeitnehmer dagegen die Klausel »Ich erhebe gegen die Kündigung keine Einwendungen«, so liegt darin ein wirksamer Verzicht auf den Kündigungsschutz; Gleiches gilt für die Formulierung »Zur Kenntnis genommen und hiermit einverstanden« auf dem Kündigungsschreiben (*LAG Köln* 22.2.2000 NZA-RR 2001, 85). Das gilt auch dann, wenn der Arbeitnehmer bereits Kündigungsschutzklage erhoben hat, dies dem Arbeitgeber jedoch zurzeit der Vorlage der **Ausgleichsquittung** unbekannt ist. Es ist dann nicht erforderlich, dass die Ausgleichsquittung zusätzlich den Vermerk enthält, der Arbeitnehmer nehme seine Klage zurück (SPV/*Preis* Rz. 1254; s.o.C Rz. 3787). 1904
Andererseits erscheint es vertretbar davon auszugehen, dass eine Ausgleichsquittung in vorformulierten Vertragsbedingungen gem. § 307 Abs. 1 BGB unwirksam ist, wenn der Arbeitnehmer für einen Klageverzicht nichts erhält (*LAG Hmb.* 29.4.2004 NZA-RR 2005, 151 = ArbuR 2005, 115 LS; *LAG Düsseld.* 13.4.2005 LAGE § 307 BGB 2002 Nr. 6 = ArbuR 2006, 67 m. Anm. *Pauli*; *ArbG Bln.* 14.10.2005 – 28 Ca 12710/05 – ArbuR 2006, 36 LS).

Allerdings kann sich der Arbeitgeber auf Grund der **Fürsorgepflicht** dann nicht auf die Wirksamkeit einer von einem ausländischen Arbeitnehmer unterzeichneten Ausgleichsquittung berufen, wenn er weiß oder erkennen muss, dass der Arbeitnehmer den Inhalt der Erklärung wegen **fehlender Sprachkenntnisse** nicht versteht. Jedoch ist ein Arbeitnehmer mit qualifizierter Berufsausbildung (indischer Ingenieur), der sich seit 10 Jahren in Deutschland aufhält und deutsch nicht nur sprechen, sondern auch lesen kann, an die von ihm unterzeichnete Ausgleichsquittung gebunden (*LAG Köln* 24.11.1999 LAGE § 4 KSchG Nr. 4). 1905

Der Arbeitnehmer kann auch dadurch auf den allgemeinen Kündigungsschutz verzichten, dass er gegen eine sozial ungerechtfertigte Kündigung **nicht oder nicht rechtzeitig** (§§ 4–6 KSchG) **klageweise vorgeht** (vgl. § 7 KSchG; *BAG* 3.5.1979 EzA § 4 KSchG n.F. Nr. 15). In einem **bloßen Schweigen** des Arbeitnehmers gegenüber dem Arbeitgeber kann allerdings noch kein Verzicht gesehen werden (*v. Hoyningen-Huene/Linck* § 1 KSchG Rz. 12). Denn 1906 der Arbeitnehmer ist nicht verpflichtet, den Arbeitgeber während der Klagefrist des § 4 KSchG über etwaige Klageabsichten zu unterrichten (KR/*Etzel* 7. Aufl. § 1 KSchG Rz. 36).

1907 Die Erklärung, **auf die Erhebung einer Kündigungsschutzklage zu verzichten**, bedeutet nach Auffassung des *LAG Nds.* (26.1.1999 LAGE § 4 KSchG Verzicht Nr. 4) keinen Verzicht auf die Einhaltung der **ordentlichen Kündigungsfrist.** Ein Klageverzichtsvertrag, in dem auf die Einhaltung einer anwendbaren tariflichen Kündigungsfrist verzichtet wird, wäre zudem wegen Verstoß gegen § 4 Abs. 4 TVG teilnichtig (*LAG Nds.* aaO).

1908 Bei einer auf Wunsch des Arbeitnehmers erklärten Arbeitgeberkündigung verstößt es jedoch gegen **Treu und Glauben,** wenn der Arbeitnehmer sich gleichwohl auf den allgemeinen Kündigungsschutz beruft (*LAG Köln* 11.1.1984 DB 1984, 1150; KR/*Etzel* 7. Aufl. § 1 KSchG Rz. 36).

V. Besonderheiten der ordentlichen Kündigung im öffentlichen Dienst der neuen Bundesländer

1909 **Der Einigungsvertrag** (Anl. I Kap. XIX Sachgeb. A Abschn. III Nr. 1 [4.], [6.]) sah vor, dass für die Dauer von zwei Jahren nach Wirksamwerden des Beitritts die ordentliche Kündigung eines Arbeitsverhältnisses in der öffentlichen Verwaltung auch zulässig war:

– wenn der Arbeitnehmer wegen **mangelnder fachlicher Qualifikation** oder **persönlicher Eignung** den Anforderungen nicht entsprach,
– wegen **mangelnden Bedarfs** nicht mehr verwendbar war oder
– die bisherige Beschäftigungsdienststelle **ersatzlos aufgelöst** wurde,
– oder bei Verschmelzung, Eingliederung oder wesentlicher Änderung des Aufbaus der Beschäftigungsdienststelle die bisherige oder eine anderweitige **Verwendung nicht mehr möglich war.**

1910 Damit sollte der besonderen Lage der öffentlichen Verwaltung Rechnung getragen und die notwendige Umstrukturierung erleichtert werden.

1911 Durch Gesetz vom 20.8.1992 (BGBl. I 1990, S. 1546) wurde die ursprünglich bis zum 2.10.1992 befristete Regelung bis zum 31.12.1993 **verlängert, ist also inzwischen abgelaufen.** Von einer weiteren Darstellung der Einzelheiten wird deshalb abgesehen; s. zuletzt 7. Aufl. Rn. 1909 ff.

1912 Nach Ablauf auch der verlängerten Geltung der Sonderregelungen gelten nunmehr für die ordentlichen Kündigungen auch im öffentlichen Dienst der neuen Bundesländer die **allgemeinen Bestimmungen**, also insbes. § 1 KSchG; vgl. zur Beurteilung einer ordentlichen Kündigung nach § 1 Abs. 2 KSchG wegen falscher Beantwortung der Frage nach einer Verpflichtungserklärung zur Zusammenarbeit mit dem MfS *BAG* 13.6.1996 EzA § 1 KSchG Verhaltensbedingte Kündigung Nr. 48.

VI. Die Beendigung des Arbeitsverhältnisses im öffentlichen Dienst der neuen Bundesländer ohne Kündigung (»Warteschleife«)

1913 Für die beim Wirksamwerden des Beitritts in der öffentlichen Verwaltung der **DDR** beschäftigten Arbeitnehmer gelten grds. die am Tage vor dem Wirksamwerden des Beitritts für sie geltenden Arbeitsbedingungen (vgl. *Dörner/Widlak* NZA 1991 Beil. Nr. 1, S. 51).

1914 Die Überführung einer Einrichtung gem. Art. 13 Einigungsvertrag bedurfte einer auf den verwaltungsinternen Bereich zielenden Organisationsentscheidung der zuständigen Stelle. Sie konnte eine Einrichtung als ganze oder eine Teileinrichtung betreffen, die ihre Aufgabe selbstständig erfüllen konnte.

Wurde bis zum 3.10.1990 keine (positive) Überführungsentscheidung getroffen, trat kraft Gesetzes die Auflösung der Einrichtung bzw. der nicht überführten Teile ein. 1915

Die Arbeitsverhältnisse der betroffenen Arbeitnehmer **ruhten** vom Tag des Wirksamwerdens des Beitritts an für sechs Monate bzw. bei Arbeitnehmern, die älter als 50 Jahre waren, für neun Monate, sodass insbes. die beiderseitigen Hauptleistungspflichten suspendiert waren. Der Arbeitnehmer hatte in dieser Zeit Anspruch auf Zahlung eines **Wartegeldes.** 1916

Wurde der Arbeitnehmer in dieser Zeit nicht weiterverwendet, so endete das Arbeitsverhältnis mit Fristablauf, ohne dass es einer Kündigung bedarf. Dabei werden individuelle soziale Gegebenheiten nicht berücksichtigt. 1917

F. Die ordentliche personenbedingte Arbeitgeberkündigung

I. Begriffsbestimmung; Abgrenzung zur verhaltensbedingten Kündigung

Das Gesetz enthält keine Definition des personenbedingten Grundes i.S.d. § 1 Abs. 2 S. 1 KSchG. Zur Ausfüllung dieses Rechtsbegriffs nennt das Gesetz auch weder Beispiele noch sieht es einen abschließenden Katalog von möglichen personenbedingten Gründen vor (KR/*Etzel* 7. Aufl. § 1 KSchG Rz. 265 ff.; APS/*Dörner* § 1 KSchG Rz. 118 ff.). 1918

Als Gründe in der Person des Arbeitnehmers sind insbes. solche anzusehen, die auf den persönlichen Eigenschaften und Fähigkeiten des Arbeitnehmers beruhen (vgl. ausf. *Berkowsky* NZA-RR 2001, 393 ff., 449 ff.). 1919

Da sich diese Umstände auch im Verhaltensbereich des Arbeitnehmers niederschlagen können, ist eine eindeutige Abgrenzung gegenüber verhaltensbedingten Gründen problematisch. Entscheidend ist die Frage, ob die primäre »**Störquelle**« für den Bestand des Arbeitsverhältnisses ihre Ursache in den persönlichen Eigenschaften und Fähigkeiten des Arbeitnehmers hat und einer Willenssteuerung nicht zugänglich ist (z.B. Krankheit, konstitutionell bedingtes Nachlassen der Leistungsfähigkeit) oder ob sich der Arbeitnehmer willensgesteuert anders verhalten könnte, als er sich tatsächlich verhält (z.B. bei bewusstem und gewolltem Zurückhalten der Arbeitsleistung). 1920

Möglich ist aber auch, dass mehrere, voneinander unabhängige selbstständige Kündigungstatbestände vorliegen (zur Abgrenzung s.u. Rn. 2908 ff.). 1921

Hauptanwendungsfall der personenbezogenen Kündigung in der Praxis ist die **krankheitsbedingte Kündigung.** 1922

II. Übersicht über die Voraussetzungen der krankheitsbedingten Kündigung

1. Begriffsbestimmungen

Der Begriff der krankheitsbedingten Kündigung erfasst alle Fallgestaltungen, in denen eine arbeitgeberseitige Kündigung durch eine Erkrankung des Arbeitnehmers motiviert worden ist. Erfasst ist insoweit eine Vielzahl denkbarer Fallgestaltungen. 1923

Doch kann eine Erkrankung des Arbeitnehmers als solche eine Kündigung niemals begründen, d.h. allein mit dem Hinweis auf eine aktuelle oder frühere Krankheit kann der Arbeitgeber eine Kündigung sozial nicht rechtfertigen. Die Erkrankung des Arbeitnehmers spielt lediglich insoweit eine Rolle, als sie Ursache der betriebsstörenden Nichtbesetzung des Arbeitsplatzes ist und ggf. Daten für die notwendige Prognose für die Zukunft liefert (MünchArbR/*Berkowsky* § 136 Rz. 5, 6). Krankheit (vgl. zum Krankheitsbegriff im Arbeitsrecht ausf. *Lepke* NZA-RR 1999, 57 ff.; *ders.* Kündigung bei Krankheit Rz. 52 ff.) ist andererseits auch **kein Kündigungshindernis:** Eine Kündigung ist deshalb weder allein deswegen unwirksam, weil sie während einer Erkrankung ausgesprochen worden ist, noch hindert eine Erkrankung des Arbeitnehmers den Ablauf der Kündigungsfrist (vgl. *Lepke* Kündigung bei Krankheit Rz. 77 ff.). 1924

1925 Etwas anderes ergibt sich auch nicht aus dem Europarecht (s.o. Kap. 1 Rn. 690): Die RL 2000/78/EG (Verbot der Diskriminierung wegen der Religion oder der Weltanschauung, einer Behinderung, des Alters oder der sexuellen Ausrichtung vom 27.11.2000) erfasst nicht eine Person, der von ihrem Arbeitgeber ausschließlich wegen Krankheit gekündigt wird; Krankheit als solche kann nicht als weiterer Grund neben denen angesehen werden, derentwegen Personen zu diskriminieren nach der RL 2000/78/EG verboten ist (*EuGH* 11.7.2006 EzA EG-Vertrag 1999 Richtlinie 2000/78 Nr. 1 = NZA 2006, 839 m. Anm. Schrader/Müller SAE 2007, 222 ff.; s. dazu *Domröse* NZA 2006, 1320 ff.).

2. Überblick über die Tatbestandsvoraussetzungen

1926 Nach der Rechtsprechung des *BAG* (7.11.1985 EzA § 1 KSchG Krankheit Nr. 25; 16.2.1989 EzA § 1 KSchG Krankheit Nr. 26; 6.9.1989 EzA § 1 KSchG Krankheit Nr. 27; 26.9.1991 EzA § 1 KSchG Personenbedingte Kündigung Nr. 10; 7.11.2002 EzA § 1 KSchG Krankheit Nr. 50; 19.4.2007 EzA § 1 KSchG Krankheit Nr. 53 = NZA 2007, 1041; 8.11.2007 EzA § 1 KSchG Krankheit Nr. 54 = NZA 2008, 593; ebenso z.B. *LAG RhPf* 30.8.2004 NZA-RR 2005, 368; vgl. ausf. *Lepke* Kündigung bei Krankheit Rz. 82 ff.; APS/*Dörner* § 1 KSchG Rz 134 ff.) ist eine krankheitsbedingte Kündigung im Rahmen einer dreistufigen Überprüfung nur dann sozial gerechtfertigt, wenn auf Grund:

- objektiver Umstände (insbes. bisheriger Fehlzeiten) bei einer lang anhaltenden Erkrankung mit einer weiteren Arbeitsunfähigkeit auf nicht absehbare Zeit bzw. bei häufigeren Kurzerkrankungen auch weiterhin (»Wiederholungsgefahr«) mit erheblichen krankheitsbedingten Fehlzeiten gerechnet werden muss (negative Gesundheitsprognose);
- die entstandenen und prognostizierten Fehlzeiten zu einer erheblichen Beeinträchtigung der betrieblichen Interessen des Arbeitgebers führen (erhebliche betriebliche Auswirkungen haben) und
- sich im Rahmen der umfassenden Interessenabwägung im Einzelfall eine unzumutbare betriebliche oder wirtschaftliche Belastung des Arbeitgebers ergibt.

III. Negative Gesundheitsprognose

1. Begriffsbestimmung

1927 Voraussetzung für die soziale Rechtfertigung einer krankheitsbedingten Kündigung ist zunächst eine begründete negative Gesundheitsprognose. Denn eine Kündigung stellt keine Sanktion für vergangenheitsbezogenes Fehlverhalten dar, sondern ist nur ein Instrument, um betriebswirtschaftlich unvertretbaren Besetzungen von Arbeitsplätzen für die Zukunft zu begegnen.

1928 Voraussetzung ist deshalb, dass der Arbeitnehmer Fehlzeiten infolge Krankheit in voraussichtlich so großem Umfang (trotz §§ 3 ff. EFZG kommt es nicht auf eine Überschreitung von 30 Arbeitstagen pro Jahr an; eine Prognose von 12 Arbeitstagen jährlich kann folglich genügen: **a.A.** unzutr. *ArbG Stuttgart, Kammern Ludwigsburg* 2.3.2004 ArbuR 2004, 356 LS; s.a. Rn. 2126 ff.) aufweisen wird, dass diese zu erheblichen und deshalb dem Arbeitgeber letztlich nicht mehr zumutbaren betrieblichen und/oder wirtschaftlichen Störungen führen würden.

Beide Komponenten (Prognose krankheitsbedingter Fehlzeiten und die Prognose erheblicher betrieblicher und/oder wirtschaftlicher Belastungen) bilden den Kündigungsgrund (*BAG* 25.11.1982 EzA § 1 KSchG Krankheit Nr. 10; vgl. APS/*Dörner* § 1 KSchG Rz. 139 ff.).

2. Gegenstand der Prognose

Eine negative Gesundheitsprognose liegt dann vor, wenn zum Zeitpunkt des Zugangs der Kündigung (*BAG* 25.11.1982 EzA § 1 KSchG Krankheit Nr. 10) auf Grund objektiver Tatsachen damit zu rechnen ist, dass der Arbeitnehmer auch in Zukunft seinem Arbeitsplatz krankheitsbedingt in erheblichem Umfang (auf Grund häufiger Kurzerkrankungen oder auf Grund einer lang anhaltenden Erkrankung) fernbleiben wird; ob die Grenze von 30 Arbeitstagen (§§ 3 ff. EFZG) überschritten wird, ist erst in der zweiten Stufe (s.u. Rn. 2126 ff.) von Belang. Die **negative Gesundheitsprognose muss in diesem Sinne eine objektive sein** (zutr. *LAG München* 29.11.2007 LAGE § 1 KSchG Krankheit Nr. 41). 1929

Für diese Prognose spielen die bisherigen, objektiv feststellbaren Krankheitszeiten keine unmittelbare, allerdings eine mittelbare Rolle. Insoweit können auch vergangenheitsbezogene Fehlzeiten eine negative Gesundheitsprognose begründen. 1930

Beispiele: 1931

- Eine negative Gesundheitsprognose ist dann gegeben, wenn in einem Jahr 46 prognosefähige Arbeitsunfähigkeitstage vorliegen, im nächsten 78, im nächsten 73, im nächsten 39 und im nächsten 35 (*ArbG Bln.* 15.8.2006 – 93 Ca 27902/05 – ArbuR 2007, 59 LS).
- Liegen dagegen im Zeitpunkt des Ausspruchs der Kündigung wegen lang andauernder psychischer Erkrankung Umstände dafür vor, dass eine **Wiederherstellung der Arbeitsfähigkeit zumindest als möglich erscheint**, ist eine sichere Prognose nicht gegeben. Solche Umstände können sich auch daraus ergeben, dass ein vom Arbeitgeber eingeschalteter medizinischer Gutachter empfiehlt, zur Klärung der zukünftigen Arbeitsfähigkeit eine praktische Arbeitsbelastungserprobung durchzuführen (*LAG Köln* 11.6.2007 – 14 Sa 1391/06 – ArbuR 2007, 444 LS).
- Ist ein Arbeitnehmer in **zwei aufeinander folgenden Jahren** an insgesamt 70 Arbeitstagen wegen **depressiver Störungen** arbeitsunfähig, kann aber nicht festgestellt werden, dass eine wesentliche depressive Erkrankung vorliegt, und ist darüber hinaus die depressive Stimmungslage qualitativ **gut behandelbar**, so ist die Gesundheitsprognose nicht negativ (*ArbG Kaiserslautern* 3.4.2008 – 2 Ca 1002/07 – ArbuR 2008, 229 LS).
- Gleiches gilt, wenn ein Arbeitnehmer wegen einer **aufgetretenen Depression** mit 140 Ausfalltagen im Kündigungszeitpunkt mehr als ein Jahr wegen dieser Krankheit nicht mehr arbeitsunfähig war. Das gilt **selbst dann**, wenn die Ärzte bescheinigen, die Krankheit sei **nicht ausgeheilt**; auch erhebliche betriebliche Störungen sind dann nicht mehr zu erwarten (*LAG Nbg.* 14.10.2008 – 6 Sa 272/08 – DB 2008, 2771).
- Die gleichen Grundsätze gelten grds. **auch für frühere Fehlzeiten**, die zur Begründung einer früheren krankheitsbedingten Kündigung herangezogen worden sind und die in einem Vorprozess die notwendige negative Gesundheitsprognose noch nicht belegen konnten (*BAG* 10.11.2005 EzA § 1 KSchG Krankheit Nr. 52 = NZA 2006, 655).
- Auf Betriebsunfällen beruhende krankheitsbedingte Fehlzeiten können eine negative Gesundheitsprognose ebenso wenig rechtfertigen wie auf einmaligen Ursachen beruhende Fehltage (*BAG* 14.1.1993 NZA 1994, 309).
- Ist der Arbeitnehmer bereits längere Zeit erkrankt, so ist dies regelmäßig ein erstes, wenn auch nicht ausreichendes Indiz dafür, dass diese Erkrankung noch länger andauert. Darüber hinaus müssen im Zeitpunkt der Kündigung aber weitere objektive Anhaltspunkte dafür vorliegen, dass mit einer Wiederherstellung der Arbeitsfähigkeit in absehbarer Zeit nicht zu rechnen ist, weil die Dauer einer Erkrankung in der Vergangenheit objektiv nichts darüber aussagt, inwieweit sie sich auch in Zukunft länger fortsetzen wird (*BAG* 15.8.1984 EzA § 1 KSchG Krankheit Nr. 16).
- Eine »lang anhaltende Krankheit« ist bei einem fünf Jahre bestehenden Arbeitsverhältnis nicht bereits bei einer erst seit **zwei Monaten** andauernden Krankheit gegeben (*LAG Köln* 25.8.1995 NZA-RR 1996, 247); eine **viermonatige Erkrankung** kann dagegen u.U. ausreichend sein (*LAG Köln* 19.12.1995 NZA-RR 1996, 250).

1932 Allerdings ist es nicht stets erforderlich, die Sechs-Wochenfrist des EFZG vor dem Ausspruch einer Kündigung abzuwarten (*Hueck/v. Hoyningen-Huene* § 1 Rz. 243; MünchArbR/*Berkowsky* § 136 Rz. 14; **a.A.** KR/*Becker* 3. Aufl., § 1 KSchG Rz. 213). Die negative Gesundheitsprognose ist auch dann begründet, wenn der Arbeitnehmer erst kurze Zeit erkrankt ist, und die konkreten Umstände (etwa unfallbedingte schwere Verletzungen) die Prognose einer lang andauernden Erkrankung dennoch rechtfertigen.

3. Einlassung des Arbeitnehmers

1933 Eine danach begründete negative Gesundheitsprognose des Arbeitgebers kann der **Arbeitnehmer** dadurch entkräften, dass er darlegt, auf Grund **welcher Umstände** (etwa eine bevorstehende Operation, der fortgeschrittene Heilungsprozess, ggf. die Entdeckung eines neuartigen Heilmittels) **mit seiner alsbaldigen Genesung und der Wiederherstellung seiner Arbeitsfähigkeit zu rechnen ist** (*BAG* 6.9.1989 EzA § 1 KSchG Krankheit Nr. 26; *LAG SchlH* 11.3.2008 NZA-RR 2008, 518; MünchArbR/*Berkowsky* § 136 Rz. 14; zur Darlegungs- und Beweislast s.u. Rn. 2026 ff.), oder inwieweit eine **anderweitige Beschäftigungsmöglichkeit besteht, die keine Fehlzeiten erwarten lässt** (s. *BAG* 19.4.2007 EzA § 1 KSchG Krankheit Nr. 53 = NZA 2007, 1041). Dem wird er allerdings **kaum nachkommen können**, wenn er **selbst seinen Gesundheitszustand** und die weitere gesundheitliche Entwicklung **negativ einschätzt** (unklar insoweit *LAG München* 29.11.2007 LAGE § 1 KSchG Krankheit Nr. 41).

4. Praktische Bedeutung ärztlicher Bescheinigungen über nur noch eingeschränkte Einsatzfähigkeit

1934 Fraglich ist in diesem Zusammenhang, welche Bedeutung ärztlichen Bescheinigungen zukommt, mit denen dem Arbeitnehmer attestiert wird, z.B. nicht mehr in der Lage zu sein, bestimmte Tätigkeiten auszuführen.

1935 **Derartige Bescheinigungen sind häufig verbunden mit der Aufforderung an den Arbeitgeber, den Arbeitnehmer mit leichteren Arbeiten zu beschäftigen** (vgl. dazu ausf. *Kleinebrink* NZA 2002, 716 ff.).

1936 Das Problem stellt sich konkret z.B. dann, wenn zur arbeitsvertraglich geschuldeten Tätigkeit einer Küchenhilfskraft »die Erledigung aller anfallenden Küchenarbeiten zur Vor- und Zubereitung sowie Ausgabe der Teilmahlzeitenverpflegung, wobei in einem Umfang von zehn Stunden pro Woche die Körperkräfte außerordentlich beansprucht werden durch den Transport von Geschirr und Speisebehälter« sowie »das Reinigen des Schwarzgeschirrs« gehört und der Arbeitnehmer ein ärztliches Attest vorlegt, das folgenden Wortlaut hat: »Der Patient steht wegen eines WS-Syndroms in ständiger Behandlung bei mir. Tätigkeiten im Laden in Verbindung mit dem Heben schwerer Lasten sowie häufigem Bücken sind dem Patienten nicht zumutbar, da mit einer wesentlichen Verschlimmerung gerechnet werden muss.«

1937 Fraglich ist dann, ob sich nicht bereits aus der – i.d.R. vom Arbeitnehmer selbst vorgelegten – Bescheinigung eine negative Gesundheitsprognose ergibt, sodass der Arbeitgeber nicht nur zur Zuweisung einer anderweitigen »leichteren« Arbeitstätigkeit verpflichtet, sondern zum Ausspruch einer ordentlichen krankheitsbedingten Kündigung berechtigt ist.

a) Indizwirkung

1938 Das *BAG* (28.2.1990 EzA § 1 KSchG Personenbedingte Kündigung Nr. 5) hat darin nur eine ärztliche Empfehlung gesehen. Diese kann allerdings, ergänzt durch die vorgetragenen eigenen Beschwerden des Klägers, seine Krankheitszeiten und sein Eingeständnis, die bisherige Tätigkeit längerfristig nicht mehr ausüben zu können, sodass die Leistungsunfähigkeit indiziert ist, allerdings nicht mit der Argumentation relativiert werden, dass auf Grund der beanstandungsfreien Tätigkeit des Klägers seit dem erstinstanzlichen Urteil die behauptete Minderung der Leistungsfähigkeit nicht als erwiesen angesehen werden könne.

Denn zum einen ist maßgeblicher Zeitpunkt für die Beurteilung der Rechtmäßigkeit der Kündigung der des Zugangs der Kündigung, zum anderen bedarf das Gericht unter diesen Umständen der eigenen Sachkunde, um beurteilen zu können, ob bei einer Weiterarbeit eine solche Verschlimmerung nicht eintreten wird. 1939

Fehlt – wie i.d.R. – diese Sachkunde, so darf das Gericht diese Frage nicht selbst (ohne Einholung eines Sachverständigengutachtens) beantworten. 1940

Im Übrigen darf der Arbeitgeber selbst dann, wenn der Arbeitnehmer unter Hintanstellung gesundheitlicher Bedenken weitergearbeitet hätte, auf Grund seiner Fürsorgepflicht, wie schon § 618 BGB belegt, nicht tatenlos zusehen, dass möglicherweise auch noch die vom Arzt prognostizierte wesentliche Verschlimmerung eines Krankheitszustandes beim Arbeitnehmer eintreten würde. 1941

Dem ist nach Auffassung von *Berkowsky* (MünchArbR § 136 Rz. 62) entgegenzuhalten, dass weder dem Wortlaut noch dem Sinn des § 618 BGB eine solche Kündigungsberechtigung des Arbeitgebers entnommen werden kann. Weil der Arbeitnehmer beabsichtigt, durch seine Initiative verbesserte Arbeitsbedingungen, nicht aber die Beendigung des Arbeitsverhältnisses zu erreichen, kann dem Arbeitgeber nicht das Recht zugebilligt werden, ihm unmittelbar im Gegenzug das Arbeitsverhältnis durch Kündigung mit der Begründung zu beenden, ein solcher Arbeitsplatz stehe nicht zur Verfügung. 1942

Nach Auffassung des *LAG Hessen* (11.2.1997 LAGE § 1 KSchG Personenbedingte Kündigung Nr. 14) kommt **die Befürchtung der Verschlimmerung des Gesundheitszustandes** des Arbeitnehmers bei Weiterarbeit als personenbedingter Kündigungsgrund allenfalls dann in Betracht, wenn dies zu einer ganz erheblichen oder wesentlichen Verschlechterung des Gesundheitszustandes des Arbeitnehmers führen würde. 1943

b) Maßgeblichkeit des Verhaltens des Arbeitnehmers

Nach Auffassung von *Berkowsky* (MünchArbR § 136 Rz. 166 ff.) hängt die Kündigungsberechtigung des Arbeitgebers in derartigen Fällen dagegen vom jeweiligen **konkreten Verhalten des Arbeitnehmers ab:** 1944

Weigert sich der Arbeitnehmer, gestützt auf das Verschlimmerungsattest, endgültig, auf seinem bisherigen Arbeitsplatz weiterzuarbeiten, und ist kein anderweitiger nicht belastender Arbeitsplatz vorhanden, so kann der Arbeitgeber das Arbeitsverhältnis wegen unstreitiger dauernder Belastungsunfähigkeit des Arbeitnehmers – bezogen auf seine arbeitsvertraglich konkretisierte Leistungspflicht – personenbedingt kündigen. 1945

Erklärt der Arbeitnehmer gegenüber dem Arbeitgeber im Verlaufe eines Kündigungsschutzprozesses, er glaube die arbeitsvertraglich geschuldete Tätigkeit längerfristig nicht mehr ausüben zu können, so ist festzustellen, ob er auch unter der Prämisse, dass die von ihm gewünschte, nicht belastende anderweitige Beschäftigung nicht möglich ist, die Erbringung der vertraglich geschuldeten Leistung verweigern will. Bejaht er dies, so ist eine Kündigung wegen unstreitig dauernder Leistungsunfähigkeit möglich. Bietet er jedoch seine Arbeitskraft trotz der drohenden Konsequenzen weiterhin an, so scheidet eine Kündigung aus. 1946

Steht dem Arbeitnehmer ein Leistungsverweigerungsrecht zu, weil von ihm die Erbringung einer ihm nicht zumutbaren Arbeitsleistung nicht verlangt werden kann, so ist er dann, wenn er erklärt, er werde seine arbeitsvertraglich geschuldete Tätigkeit »niemals mehr« ausüben und sich der Arbeitgeber dies zu Eigen macht, unstreitig auf Dauer leistungsunfähig. Eine Kündigung ist dann regelmäßig sozial gerechtfertigt. 1947

Erklärt der Arbeitnehmer dies dagegen nicht endgültig, übt er sein Leistungsverweigerungsrecht aber in der Weise aus, dass es zu wiederholten oder länger andauernden Fehlzeiten infolge Arbeitsunfähigkeit kommt, so kann der Arbeitgeber das Arbeitsverhältnis ggf. nach Maßgabe der Grundsätze der krankheitsbedingten Kündigung beenden.

c) Fortentwicklung der Rechtsprechung des BAG

1948 Inzwischen geht das *BAG* (17.2.1998 EzA § 615 BGB Nr. 89) davon aus, dass eine dringende ärztliche Empfehlung zum Arbeitsplatzwechsel aus gesundheitlichen Gründen den Arbeitgeber regelmäßig berechtigt, dem Arbeitnehmer einen anderen Arbeitsbereich zuzuweisen. Die Versetzung ist wirksam, wenn sie von den arbeitsvertraglichen Vereinbarungen gedeckt ist und die nach § 99 BetrVG erforderliche Zustimmung des Betriebsrats vorliegt. Dagegen ist der Arbeitgeber nicht berechtigt, in einem derartigen Fall die Arbeitsleistung des arbeitswilligen und arbeitsfähigen Arbeitnehmers abzulehnen und die Zahlung des Arbeitsentgelts einzustellen.

5. Tarifliche Regelungen

1949 Sieht ein Tarifvertrag die Verpflichtung des Arbeitgebers vor, Arbeitnehmern mit längerer Unternehmenszugehörigkeit im Krankheitsfall über den gesetzlichen Sechswochenzeitraum hinaus für bestimmte Zeiträume einen Zuschuss zum Krankengeld zu zahlen, so kann daraus allein noch nicht gefolgert werden, auch sechs Wochen im Jahr übersteigende Ausfallzeiten des Arbeitnehmers seien grds. nicht geeignet, eine ordentliche Kündigung sozial zu rechtfertigen (*BAG* 6.9.1989 EzA § 1 KSchG Krankheit Nr. 28; 16.2.1989 EzA § 1 KSchG Krankheit Nr. 25).

6. Durch Schwangerschaft verursachte Krankheiten

1950 Zur Bedeutung der Richtlinie 76/207/EWG des Rates vom 9.2.1976 zur Verwirklichung des Grundsatzes der Gleichbehandlung von Männern und Frauen in diesem Zusammenhang s.o. Rn. 1813.

7. Prävention und Eingliederungsmanagement (§ 84 SGB IX)

1951 Zu beachten ist im Zusammenhang mit der Gesundheitsprognose bei schwer behinderten und auch bei nicht schwer behinderten Arbeitnehmern seit dem 1.5.2004 nunmehr § 84 SGB X.

a) Gefährdung des Arbeitsverhältnisses schwer behinderter Arbeitnehmer

1952 Gem. § 84 Abs. 1 SGB IX schaltet der Arbeitgeber bei Eintreten von personen-, verhaltens- oder betriebsbedingten Schwierigkeiten im Arbeits- oder sonstigen Beschäftigungsverhältnis, die zur Gefährdung dieses Verhältnisses führen können, möglichst frühzeitig die Schwerbehindertenvertretung sowie die betriebliche Interessenvertretung, das Integrationsamt, die Gemeinsame Servicestelle sowie die Werks- oder Betriebsärzte ein. Danach soll – nicht nur bei gesundheitlichen Störungen – mit Zustimmung des betroffenen behinderten Arbeitnehmers eine gemeinsame Klärung möglicher Maßnahmen durch alle Beteiligten (Arbeitgeber) erfolgen; es sollen alle Möglichkeiten und alle zur Verfügung stehenden Hilfen zur Beratung und mögliche finanzielle Leistungen erörtert werden, mit denen die Schwierigkeiten beseitigt werden können und das Arbeits- oder sonstige Beschäftigungsverhältnis möglichst dauerhaft fortgesetzt werden kann. Damit werden dem Arbeitgeber Maßnahmen abverlangt, die gerade dazu führen sollen, dass keine negative Gesundheitsprognose in Betracht kommt, die eine krankheitsbedingte Kündigung rechtfertigen könnte. Eine solche kommt erst dann in Betracht, wenn alle gesetzlichen Möglichkeiten ausgeschöpft sind und zu keinem anderen Ergebnis geführt haben.

b) Prävention für alle Arbeitnehmer (Eingliederungsmanagement)

Für alle Arbeitnehmer gilt § 84 Abs. 2 SGB IX (vgl. *Düwell* FA 2004, 201; *Braun* ZTR 2005, 630 ff.). Damit sieht das Gesetz einen frühen Beginn der Präventionspflicht des Arbeitgebers bei Krankheit vor. Sind Beschäftigte länger als sechs Wochen oder wiederholt arbeitsunfähig, klärt der Arbeitgeber mit der zuständigen Interessenvertretung, insbes. dem Betriebsrat, bei schwer behinderten Menschen außerdem mit der Schwerbehindertenvertretung, ggf. unter Hinzuziehung von Betriebs- oder Werksarzt, den örtlichen gemeinsamen Servicestellen und des Integrationsamtes mit Zustimmung und Beteiligung der betroffenen Personen die Möglichkeiten, wie die Arbeitsunfähigkeit überwunden werden und mit welchen Leistungen oder Hilfen erneuter Arbeitsunfähigkeit vorgebeugt und der Arbeitsplatz erhalten werden kann (betriebliches Eingliederungsmanagement). Auch insoweit werden dem Arbeitgeber an sich Maßnahmen abverlangt, die gerade dazu führen sollen, dass keine negative Gesundheitsprognose in Betracht kommt, die eine krankheitsbedingte Kündigung rechtfertigen könnte. Eine solche kommt erst dann in Betracht, wenn alle gesetzlichen Möglichkeiten ausgeschöpft sind und zu keinem anderen Ergebnis geführt haben. Gleichwohl ist die kündigungsrechtliche Relevanz fraglich. 1953

IV. Erhebliche Beeinträchtigungen betrieblicher Interessen

1. Begriffsbestimmung

Eine erhebliche Beeinträchtigung der unternehmerischen oder betrieblichen Interessen des Arbeitgebers liegt dann vor, wenn die häufige Arbeitsunfähigkeit des Arbeitnehmers zu nicht vermeidbaren Störungen des Betriebsablaufs führt, z.B. zu Maschinenstillständen, Produktionsausfall, Materialverlust (etwa bei rasch verderbenden Gütern), Überstunden, um den Produktionsausfall zu verhindern oder sonstige, mit zusätzlichen Kosten verbundene Maßnahmen zur Überbrückung des Produktionsausfalls verursacht werden (vgl. *BAG* 8.11.2007 EzA § 1 KSchG Krankheit Nr. 54 = NZA 2008, 593; 16.2.1989 EzA § 1 KSchG Krankheit Nr. 25; 2.11.1983 EzA § 1 KSchG Krankheit Nr. 13; *LAG Hamm* 8.8.2007 – 18 Sa 396/07 – ArbuR 2007, 444 LS; vgl. *Lepke* Kündigung bei Krankheit Rz. 147 ff.; APS/*Dörner* § 1 KSchG Rz. 154 ff.). Diese Voraussetzungen sind andererseits dann **nicht gegeben**, wenn die Möglichkeit einer Weiterbeschäftigung auf einem anderen Arbeitsplatz – ggf. zu geänderten Arbeitsbedingungen – besteht. Denn **wenn eine Umsetzungsmöglichkeit besteht**, führt die Krankheit nicht zu einer erheblichen Beeinträchtigung der betrieblichen Interessen; in Betracht kommen allerdings nur solche anderweitigen Beschäftigungsmöglichkeiten, die entweder gleichwertig mit der bisherigen Beschäftigung oder geringerwertig sind. Denn das KSchG schützt das Vertragsverhältnis in seinem Bestand, verschafft aber keinen Anspruch auf Beförderung (*BAG* 19.4.2007 EzA § 1 KSchG Krankheit Nr. 53 = NZA 2007, 1041). 1954

2. Darlegung erheblicher Betriebsstörungen

Zur Darlegung erheblicher Betriebsstörungen bei einer Kündigung wegen Krankheit ist erforderlich, dass der **Arbeitgeber im Einzelnen vorträgt,** in welcher Weise er den Ausfall bisher überwunden hat und warum die bisherigen Maßnahmen nicht fortgesetzt werden können. 1955

Werden im Betrieb abwesende Arbeitnehmer durch Leiharbeitnehmer ersetzt, ist darzulegen, warum der gekündigte Arbeitnehmer nicht oder nicht mehr ersetzt werden kann (*LAG Köln* 21.2.1989 DB 1989, 1295). 1956

Wird der Arbeitsausfall des erkrankten Arbeitnehmers durch sog. Arbeitsverdichtung, also durch erhöhte Produktivität der übrigen Belegschaft ohne zusätzlichen Kostenaufwand ausgeglichen, so entstehen für den Arbeitgeber allerdings überhaupt keine Aufwendungen. 1957

Kostenfaktoren spielen mithin für die Begründung einer krankheitsbedingten Kündigung insoweit keine Rolle. In einem solchen Falle kann die betriebliche Belastung nur darin liegen, dass die Arbeitnehmer, auf die das Arbeitspensum des ausgefallenen Arbeitnehmers verteilt wird, überobligatorisch belastet werden. Dies im Kündigungsschutzprozess nachvollziehbar darzulegen, ist jedoch sehr problematisch (MünchArbR/*Berkowsky* § 136 Rz. 50; s.a. *LAG Hamm* 8.8.2007 – 18 Sa 396/07 – ArbuR 2007, 444 LS).

1958 Bei einem **psychisch kranken Arbeitnehmer** mit entsprechenden Verhaltensstörungen ist es nach Auffassung des *LAG Köln* (20.12.2000 ZTR 2001, 329 LS) dem Arbeitgeber zumutbar, seinen Mitarbeitern klarzumachen, dass ihr Kollege psychisch krank ist und es deshalb nicht angebracht ist, alle seine Äußerungen ernst und für bare Münze zu nehmen und auf sie zu hören, sondern die absonderlichen Äußerungen schlicht zu übergehen.

1959 Nach Auffassung des *LAG Bln.* (25.1.2007 LAGE § 1 KSchG Krankheit Nr. 40 = NZA-RR 2007, 465) kann eine Kündigung dann nicht auf Belastungen durch zu besorgende weitere hohe krankheitsbedingte Fehlzeiten gestützt werden, wenn der Arbeitgeber den Arbeitnehmer **aus betriebsbedingten Gründen ohnehin nicht mehr beschäftigen kann.**

3. Entgeltfortzahlungskosten

1960 Fraglich ist deshalb, ob und inwieweit Entgeltfortzahlungsansprüche (§§ 3 ff. EFZG) zu berücksichtigende unternehmerische Interessen in diesem Zusammenhang sind (vgl. *Lepke* Kündigung bei Krankheit Rz. 152 ff.).

a) Ausschluss der Berücksichtigung von Entgeltfortzahlungskosten

1961 **Zum Teil** (*Stein* BB 1985, 605; *Preis* DB 1988, 1444) wird die Auffassung vertreten, dass die Belastung des Arbeitgebers durch die Entgeltfortzahlung im Krankheitsfall bei der Kündigung **nicht berücksichtigt** werden darf.

1962 Denn die Entgeltfortzahlungspflicht ist eine aus sozialpolitischen Gründen gewollte gesetzliche Ausnahme vom Austauschcharakter des Arbeitsverhältnisses.

1963 Ihre kündigungsrechtlich nachteilige Berücksichtigung bedeutet deshalb einen Wertungswiderspruch zum Regelungsgehalt des EFZG.

b) Rechtsprechung des BAG

1964 Demgegenüber vertritt das *BAG* (15.2.1984, 16.2.1989 EzA § 1 KSchG Krankheit Nr. 15, 25; 8.11.2007 EzA § 1 KSchG Krankheit Nr. 54 = NZA 2008, 593) die Auffassung, dass auch die außergewöhnlich hohe Belastung des Arbeitgebers durch Entgeltfortzahlungskosten ein Umstand ist, der als erhebliche Belastung insoweit u.U. angesehen werden kann.

Das gilt auch dann, wenn der Arbeitgeber Betriebsablaufstörungen nicht darlegt und keine Personalreserve vorhält (*BAG* 29.7.1993 EzA § 1 KSchG Krankheit Nr. 40).

aa) Begründung

1965 Wenn das Arbeitsverhältnis auf Dauer erheblich gestört ist, weil mit immer neuen beträchtlichen Fehlzeiten und entsprechenden Entgeltfortzahlungskosten zu rechnen ist, kann eine Kündigung sozial gerechtfertigt sein. Denn dann kann die wirtschaftliche Belastung unter dem Aspekt einer ganz erheblichen **Störung des Austauschverhältnisses** von nicht ganz unerheblicher und nicht absehbarer Dauer die Aufrechterhaltung des Arbeitsverhältnisses unzumutbar erscheinen lassen.

1966 Auch ein Verstoß gegen § 612a BGB liegt dann nicht vor (*BAG* 29.7.1993 EzA § 1 KSchG Krankheit Nr. 40). Denn der Arbeitgeber benachteiligt mit einer auf die Belastung mit unzumutbaren Entgeltfortzahlungskosten gestützten Kündigung den Arbeitnehmer nicht wegen der zulässigen Ausübung seiner Rechte.

bb) Höhe der kündigungsrechtlich relevanten Entgeltfortzahlungskosten

Die Höhe der kündigungsrechtlich relevanten Entgeltfortzahlungskosten wird so ermittelt, dass zuerst die für die Fehlzeitenprognose unerheblichen vergangenheitsbezogenen Fehlzeiten ausgeklammert werden. Sodann werden für die prognoserelevanten Fehlzeiten die für sechs Wochen jährlich anfallenden Entgeltfortzahlungskosten berechnet. Dabei ist auch die Ermittlung eines jährlichen Durchschnittswertes zulässig. Die Summe der auf die prognoserelevanten Fehlzeiten (z.B. unter Ausschluss unfallbedingter und ausgeheilter einmaliger Erkrankungen, *LAG Hamm* 8.8.2007 – 18 Sa 396/07 – ArbuR 2007, 444 LS) bis zu sechs Wochen pro Jahr anfallenden Entgeltfortzahlungskosten wird als die vom Arbeitgeber hinzunehmende Mindestgrenze verstanden (s. *LAG Hamm* 8.8.2007 – 18 Sa 396/07 – ArbuR 2007, 444 LS). 1967

Erheblich ist die wirtschaftliche Belastung des Arbeitgebers dann, wenn für den erkrankten Arbeitnehmer jährlich Lohnfortzahlungskosten für einen Zeitraum von mehr als sechs Wochen aufzuwenden sind. Dies gilt auch dann, wenn die Fehlzeiten des Arbeitnehmers zu keinen Betriebablaufstörungen führen und der Arbeitgeber keine Personalreserve vorhält (*BAG* 29.7.1993 EzA § 1 KSchG Krankheit Nr. 40; 8.11.2007 EzA § 1 KSchG Krankheit Nr. 54 = NZA 2008, 593). Das gilt **auch dann,** wenn die Entgeltfortzahlungskosten zum Teil **aus einem Tronc** bezahlt werden und damit zugleich die Vergütungsansprüche anderer Arbeitnehmer schmälern. Denn entscheidend ist nicht die wirtschaftliche Gesamtlage des Arbeitgebers, sondern die vertragsrechtlich bestimmte Zuordnung der gegenseitigen Ansprüche (*BAG* 8.11.2007 EzA § 1 KSchG Krankheit Nr. 54 = NZA 2008, 593).

Eine erhebliche Beeinträchtigung ist auch nicht erst dann zu bejahen, wenn die zu erwartenden Lohnfortzahlungskosten einen bestimmten Prozentsatz des für sechs Wochen Lohnfortzahlung aufzuwendenden Betrages überschreiten (*BAG* 13.12.1990 RzK I 5 g Nr. 42). Ebenso wenig ist es erforderlich, dass Lohnfortzahlungskosten – bezogen auf die Gesamtdauer des Arbeitsverhältnisses – für durchschnittlich mehr als sechs Wochen jährlich aufzuwenden wären (*BAG* 13.8.1992 EzA § 1 KSchG Krankheit Nr. 36; s.a. *LAG Nbg.* 14.10.2008 – 6 Sa 272/08 – DB 2008, 2771).

Zu beachten ist, dass die durch eine lang anhaltende Krankheit verursachte Kostenbelastung i.d.R. erheblich geringer ist als die durch häufige Kurzerkrankungen, jedenfalls dann, wenn es sich bei letzteren um unterschiedliche Erkrankungen handelt. 1968

cc) Vergleich mit anderen Arbeitnehmern

Erheblich für die Frage, wann Entgeltfortzahlungskosten eine Kündigung sozial rechtfertigen können, ist auch ein **Vergleich mit anderen Arbeitnehmern,** die eine vergleichbare Arbeit unter ähnlichen Bedingungen verrichten. Kündigungsrechtlich **irrelevant** sind deshalb Entgeltfortzahlungskosten, wenn sie zwar über dem nach den Vorschriften des EFZG vom Arbeitgeber hinzunehmenden Betrag liegen und derartige Kosten auch in Zukunft zu erwarten sind, **bei anderen vergleichbaren Arbeitnehmern aber vergleichbar hohe Entgeltfortzahlungskosten anfallen.** Denn dann ist davon auszugehen, dass diese Kosten in erheblichem Umfang betrieblich (mit-)verursacht worden sind, sodass sich der Arbeitgeber darauf zur Begründung einer Kündigung nicht berufen kann. Dabei kann allerdings nicht auf einen Vergleich zur jeweiligen Gesamtbelastung des Betriebes mit Entgeltfortzahlungskosten abgestellt werden. 1969

Entscheidend sind vielmehr die Kosten des Arbeitsverhältnisses des gekündigten Arbeitnehmers, da andernfalls dessen Austauschcharakter weitgehend unbeachtet bleiben würde. 1970

Dies ginge auch über Sinn und Zweck des KSchG hinaus, das in § 1 Abs. 2 KSchG immerhin aus personenbedingten Gründen, also auch u.a. bei dauernder Störung des Austauschverhältnisses, eine Kündigung zulässt (*BAG* 29.7.1993 EzA § 1 KSchG Krankheit Nr. 40). 1971

c) Erfordernis konkreter Auswirkungen der Entgeltfortzahlungskosten auf den Betrieb?

1972 Fraglich ist, ob sich die Entgeltfortzahlungskosten über die Tatsache ihres Anfalls hinaus **konkret nachteilig auf den Betrieb auswirken müssen** (dafür *LAG Frankf./M.* 8.2.1987 DB 1988, 1704; vgl. auch *LAG Köln* 21.2.1989 DB 1989, 1295, wonach zu den Entgeltfortzahlungskosten eine Störung des betrieblichen Ablaufs hinzukommen muss).

1973 Nach Auffassung des *BAG* (16.2.1989 EzA § 1 KSchG Krankheit Nr. 25; 6.9.1989 EzA § 1 KSchG Krankheit Nr. 27) ist dagegen davon auszugehen, dass dann, wenn der Arbeitgeber eine Personalreserve in dem betriebswirtschaftlich erforderlichen Umfang vorhält, er also die im Voraus kalkulierbaren Fehlzeiten durch seine Personalreserve abdeckt, dies zu Gunsten des Arbeitgebers zu berücksichtigen ist, wenn kündigungsrelevante Fehlzeiten auftreten.

1974 Eine unzumutbare wirtschaftliche Belastung des Arbeitgebers liegt folglich bereits dann vor, wenn zu den Kosten einer nach anerkannten betriebswirtschaftlichen Erfahrungsregeln bemessenen Personalreserve, die zur Abdeckung erfahrungsgemäß auftretender krankheitsbedingter Kündigungen ausreichend ist, erhebliche Entgeltfortzahlungskosten hinzutreten.
Neben den unzumutbaren Entgeltfortzahlungskosten müssen danach weder weitere Betriebsablaufstörungen noch weitere sonstige belastende Auswirkungen vorliegen (krit. dazu MünchArbR/*Berkowsky* § 136 Rz. 43 ff.).

V. Interessenabwägung

1. Notwendigkeit einer Interessenabwägung?

1975 Für die abschließend durchzuführende Interessenabwägung ist zu beachten, dass § 1 Abs. 3 KSchG eine eigenständige Interessenabwägung an sich nur für die betriebsbedingte Kündigung vorsieht (vgl. *LAG Düsseld.* 2.12.1983 DB 1984, 618; *Tschöpe* DB 1987, 1044).

1976 Dennoch ist nach der Rechtsprechung des *BAG* (7.11.1985 EzA § 1 KSchG Krankheit Nr. 17) die krankheitsbedingte Kündigung wie auch die personenbedingte Kündigung im Übrigen nur dann sozial gerechtfertigt, wenn sich im Einzelfall nach Maßgabe einer umfassenden Interessenabwägung unter Berücksichtigung aller Umstände des Einzelfalls auf Grund der prognostizierten Belastung eine unzumutbare betriebliche oder wirtschaftliche Belastung des Arbeitgebers ergibt (vgl. *Lepke* Kündigung bei Krankheit Rz. 144 ff.; APS/*Dörner* § 1 KSchG Rz. 168 ff.).

2. Kriterien der Interessenabwägung

a) Berücksichtigung aller wesentlichen Umstände des Einzelfalles

1977 Diese Interessenabwägung muss alle wesentlichen Umstände des Einzelfalles berücksichtigen. Sie muss vollständig sein, sie darf keine Widersprüche aufweisen (zur Kritik s.o. Rn. 1357 ff.).

1978 Welche Umstände gegeneinander jeweils abzuwägen sind, richtet sich u.a. nach der Art des Kündigungsgrundes. Es ist daher **nicht möglich, einen Katalog von wesentlichen Umständen aufzustellen,** der in jedem Einzelfall der Interessenabwägung zugrunde zu legen ist (*BAG* 15.1.1970 AP Nr. 7 zu § 1 KSchG Verhaltensbedingte Kündigung, 4.11.1981 EzA § 1 KSchG Verhaltensbedingte Kündigung Nr. 9).

1979 Von maßgeblicher Bedeutung sind allerdings auch bei der personenbedingten Kündigung jedenfalls die Kriterien Alter, Betriebszugehörigkeit, das Ausmaß der Unterhaltsverpflichtungen sowie die Schwerbehinderung des Arbeitnehmers (*BAG* 20.1.2000 EzA § 1 KSchG

Krankheit Nr. 47; vgl. dazu *Lingemann* BB 2000, 1835 ff.; *Lepke* Kündigung bei Krankheit Rz. 144 ff.). Hat ein Arbeitnehmer – im konkret entschiedenen Einzelfall beginnend mit dem 20. Lebensjahr – seine Berufszeit ausschließlich bei demselben Arbeitgeber verbracht, so ist dies im Rahmen der Interessenabwägung in einer Weise zu berücksichtigen, dass dem Arbeitgeber im **fortgeschrittenen Lebensalter** des Arbeitnehmers eine **höhere Belastung mit Fehltagen** und hieraus entstehenden Kosten **zuzumuten ist** (*LAG Bln.* 28.8.2001 LAGE § 1 KSchG Krankheit Nr. 32). Berücksichtigung finden können auch die schlechten Vermittlungschancen eines Ausländers auf dem Arbeitsmarkt (*LAG SchlH* 14.10.2002 ARST 2003, 190 LS).

Nach Auffassung von *Berkowsky* (MünchArbR § 134 Rz. 36 ff.) ruft diese richterliche Interessenabwägung lediglich eine bloße Billigkeitsentscheidung hervor. Bei der Abwägung der beiderseitigen Interessen handele es sich weitgehend um eine Leerformel, die eine ernsthafte Begründung der sozialen Rechtfertigung einer Kündigung lediglich vortäusche. 1980

b) Entbehrlichkeit der Interessenabwägung

Einer Interessenabwägung bedarf es lediglich ausnahmsweise dann **nicht, wenn der Betriebsrat bzw. Personalrat aus den in § 1 Abs. 2 S. 2 KSchG genannten Gründen ordnungsgemäß der Kündigung widersprochen hat.** Denn insoweit handelt es sich um **absolute Gründe der Sozialwidrigkeit,** sodass lediglich nachzuprüfen ist, ob der Widerspruch ordnungsgemäß eingelegt und aus einem der in § 1 Abs. 2 S. 2, 3 KSchG genannten Tatbestände begründet ist (s.o. Rn. 1893 ff.). 1981

c) Vorliegen eines der Widerspruchstatbestände ohne (ordnungsgemäßen) Widerspruch des Betriebsrats

Fraglich ist die Rechtslage dann, wenn zwar die tatbestandlichen Voraussetzungen der in § 1 Abs. 2 S. 2, 3 KSchG geregelten Widerspruchstatbestände gegeben sind, es aber am ordnungsgemäßen Widerspruch des Betriebsrats fehlt. 1982

Nach der Rechtsprechung des *BAG* (13.9.1973 EzA § 102 BetrVG 1972 Nr. 7; 17.5.1984 EzA § 1 KSchG Betriebsbedingte Kündigung Nr. 32) ist davon auszugehen, dass die in den Widerspruchstatbeständen des § 1 Abs. 2 S. 2, 3 KSchG umschriebenen besonderen Merkmale der Sozialwidrigkeit dann zwar nicht als absolute Gründe der Sozialwidrigkeit zu verstehen sind, bei denen es nicht mehr der sonst erforderlichen Interessenabwägung bedarf, dass sie aber gleichwohl bei der allgemeinen Prüfung der Sozialwidrigkeit nach § 1 Abs. 2 S. 1 KSchG zu berücksichtigen sind. 1983

Der Arbeitgeber ist deshalb zur Weiterbeschäftigung des Arbeitnehmers an einem freien Arbeitsplatz in einem anderen Betrieb des Unternehmens oder an einer anderen Dienststelle des dem Unternehmen nach § 1 Abs. 2 S. 2 Nr. 2b KSchG gleichgestellten Verwaltungszweiges unabhängig von einem Widerspruch des Betriebs- oder Personalrats nach § 1 Abs. 2 S. 1 KSchG verpflichtet. Die insoweit maßgeblichen Umstände können also im Rahmen der Prüfung der Sozialwidrigkeit nach § 1 Abs. 2 S. 1 KSchG als sog. relative Gründe der Sozialwidrigkeit berücksichtigt werden, die eine Kündigung nicht »bedingen« (KR/*Etzel* § 1 KSchG Rz. 193 ff., 715, 722 m.w.N.; vgl. APS/*Dörner* § 1 KSchG Rz. 186 f.). 1984

d) »Besonders strenge Anforderungen« bei der personenbedingten Kündigung?

Ist eine Interessenabwägung erforderlich, so ist fraglich, ob bei der personenbedingten Kündigung besonders strenge Anforderungen zu stellen sind (dafür KR/*Becker* 3. Aufl., § 1 KSchG Rz. 188 ff.). 1985

Nach Auffassung von *Etzel* (KR § 1 KSchG Rz. 273) trifft das in dieser Allgemeinheit nicht zu. Richtig ist allerdings, dass im Gegensatz zur verhaltensbedingten Kündigung, die 1986 auf eine schuldhafte Vertragsverletzung gestützt wird, dem Arbeitnehmer im Allgemeinen kein rechtswidriges Verhalten vorgeworfen werden kann, das sich bei der Interessenabwägung zu seinen Ungunsten auswirkt. Auch sind persönliche, vom Arbeitsverhältnis losgelöste Umstände von besonderer Bedeutung und zu seinen Gunsten zu berücksichtigen, wenn sich aus der Art des Kündigungsgrundes (z.B. Krankheit, Betriebsunfall, krankheits- oder altersbedingte Leistungsschwäche) ein erhöhtes soziales Schutzbedürfnis des Arbeitnehmers ergibt.

1987 In diesen Fällen sind die sozialen Schutzbelange des Arbeitnehmers zwar besonders sorgfältig gegenüber den (betrieblichen, betriebstechnischen oder wirtschaftlichen) Interessen des Arbeitgebers abzuwägen (*BAG* 25.11.1982 EzA § 1 KSchG Krankheit Nr. 10). **Ein abstrakt umschreibbarer besonderer Maßstab für die Interessenabwägung bei der personenbedingten Kündigung folgt daraus jedoch nicht.**

1988 Jedenfalls überwiegt das Interesse einer **langjährig beschäftigten älteren Arbeitnehmerin** mit einem GdB von 60 an der Fortsetzung des Arbeitsverhältnisses das Beendigungsinteresse des Arbeitgebers selbst dann, wenn mit **knapp über sechs Wochen** liegenden Entgeltfortzahlungskosten auch in Zukunft gerechnet werden müsste (*LAG Nbg.* 14.10.2008 – 6 Sa 272/08 – DB 2008, 2771).

e) Bewertung der Mitursächlichkeit betrieblicher Verhältnisse

1989 Sind **betriebliche Verhältnisse** (z.B. Staubluft) nicht die alleinige oder primäre Ursache für die krankheitsbedingten Fehlzeiten, wirken sich diese vielmehr nur in Verbindung mit einer besonderen Anlage des Arbeitnehmers (z.B. erhöhte Reizbarkeit des Bronchialsystems) aus, so sind sie zwar für die Interessenabwägung nicht unerheblich.

1990 Es ist aber nach Auffassung des *BAG* (5.7.1990 EzA § 1 KSchG Krankheit Nr. 32; abl. *Pflüger* DB 1995, 1766 f.; ebenso *ArbG Halberstadt* 10.11.2004 ArbuR 2005, 117 LS für Personalmangel als Ursache für die Fehlzeiten) revisionsrechtlich nicht zu beanstanden, wenn das Berufungsgericht bei einer derartigen Fallgestaltung im Rahmen des tatrichterlichen Beurteilungsspielraums einer möglichen Mitursächlichkeit betrieblicher Umstände kein ausschlaggebendes Gewicht zuerkennt.

1991 Auch in diesen Fällen sind jedoch die sozialen Schutzbelange des Arbeitnehmers besonders sorgfältig gegenüber den betrieblichen, betriebstechnischen und wirtschaftlichen Interessen des Arbeitgebers (Vermeidung von Betriebsablaufstörungen und hohen Entgeltfortzahlungskosten) abzuwägen.

1992 Dabei ist auch der Grundsatz der Verhältnismäßigkeit zu beachten, sodass eine ordentliche personenbedingte Kündigung stets nur als letztes Mittel in Betracht kommt.

1993 Ist der Arbeitnehmer nach einem **Arbeitsunfall** darauf angewiesen, **blutgerinnungshemmende Mittel einzunehmen**, berechtigt die sich daraus ergebende Blutungsgefahr den Arbeitgeber noch nicht, eine Kündigung des Arbeitsverhältnisses auszusprechen. Er ist vielmehr zunächst gehalten, ggf. unter Hinzuziehung einer Fachkraft für Arbeitssicherheit und/oder des Betriebsarztes, eine **Überprüfung des Arbeitsplatzes** vorzunehmen (*LAG SchlH* 29.5.2001 ARST 2001, 233). Auch wenn der Arbeitnehmer zur Ausübung der bisherigen Tätigkeit außerstande ist, ist der Arbeitgeber verpflichtet, dem Arbeitnehmer eine **leidensgerechte Tätigkeit** – ggf. nach einer Umschulung – auf einem vorhandenen **freien oder absehbar frei werdenden Arbeitsplatz anzubieten**. Er ist ferner gehalten, einen leidensgerechten Arbeitsplatz durch Ausübung seines Direktionsrechts frei zu machen oder durch organisatorische Maßnahmen dem Arbeitnehmer nur noch bestimmte Aufgaben aus dem bisherigen Gebiet zuzuweisen; ggf. muss er zunächst eine Änderungskündigung aussprechen (*LAG SchlH* 29.5.2001 ARST 2001, 233).

1994 Demgegenüber gebietet es die durch den Arbeitsunfall gesteigerte Fürsorgepflicht des Arbeitgebers **nicht**, dem Arbeitnehmer das Arbeitsverhältnis im Hinblick auf ein nur **zufällig mögliches Freiwerden** eines Arbeitsplatzes – etwa bis zum Abschluss einer Umschulungsmaßnahme – **zu erhalten** (*LAG Hamm* 20.1.2000 NZA-RR 2000, 239). **Auch muss**

der Arbeitgeber keinen leidensgerechten Arbeitsplatz freikündigen oder durch Änderungskündigung schaffen (*LAG Hamm* 31.3.2004 LAG Report 2004, 320 LS; s. dazu *Horcher* NZA-RR 2006, 393 ff.). Das *LAG Bln.* (14.1.2000 NZA-RR 2001, 187) hat andererseits angenommen, dass ein Arbeitnehmer, der infolge eines **Arbeitsunfalls** arbeitsunfähig krank ist und dessen Krankschreibung über seine Kündigungsfrist hinaus andauert, **bei Auftragsmangel weder aus betrieblichen noch aus personenbedingten Gründen entlassen werden kann**.

f) Gesundheitsschädigendes Verhalten des Arbeitnehmers

Nach Auffassung von *Schäfer* (NZA 1992, 534; krit. dazu *Lepke* Kündigung bei Krankheit Rz. 410 ff.) kann dann, wenn gesundheitsschädigendes Verhalten des Arbeitnehmers zu Erkrankung und Arbeitsunfähigkeit geführt hat, **sowohl bei der Gesundheitsprognose als auch bei der Interessenabwägung dies zu seinen Lasten berücksichtigt werden.** Denn dem Arbeitnehmer, der keine Bereitschaft zu gesundheits- oder genesungsförderndem Verhalten zeigt, wird im Allgemeinen keine günstige Gesundheitsentwicklung prognostiziert werden können. **1995**

Seinem Interesse an der Erhaltung des Arbeitsplatzes kommt weniger Gewicht zu, da er durch ihm zurechenbares Verhalten das Arbeitsverhältnis in seinem wirtschaftlichen Wert für den Arbeitgeber mindert oder zerstört, damit dessen Interessen beeinträchtigt und deshalb von ihm keine besondere Rücksichtnahme auf die eigenen Interessen erwarten darf. **1996**

g) Bisheriger Verlauf des Arbeitsverhältnisses

Ob die finanzielle Belastung des Arbeitgebers – insbes. durch die nach der negativen Gesundheitsprognose in Zukunft aufzuwendenden Entgeltfortzahlungskosten – dem Arbeitgeber noch zumutbar sind, hängt insbes. von der **Dauer des ungestörten Bestandes des Arbeitsverhältnisses** ab. **1997**

> Je länger das Arbeitsverhältnis ungestört i.S.d. Nichtvorliegens krankheitsbedingter Fehlzeiten bestanden hat, desto mehr Rücksichtnahme ist vom Arbeitgeber zu erwarten (*BAG* 15.2.1984 EzA § 1 KSchG Krankheit Nr. 15) und desto eher sind dem Arbeitgeber die nunmehr durch Fehlzeiten entstehenden betrieblichen Belastungen zuzumuten. **1998**

Ein ungestörter Verlauf des Arbeitsverhältnisses liegt allerdings nicht schon dann vor, wenn ein Arbeitnehmer im Jahr nicht länger als 6 Wochen arbeitsunfähig krank gewesen ist (*BAG* 6.9.1989 EzA § 1 KSchG Krankheit Nr. 28; 16.2.1989 EzA § 1 KSchG Krankheit Nr. 25), sondern nur dann, wenn während des bisherigen Bestandes des Arbeitsverhältnisses **keine oder nur unwesentliche Fehlzeiten** aufgetreten sind (*BAG* 7.11.1985 EzA § 1 KSchG Krankheit Nr. 17; 6.9.1989 EzA § 1 KSchG Krankheit Nr. 26). **1999**

Hat ein Arbeitnehmer – z.B. beginnend mit dem 20. Lebensjahr – seine Berufszeit ausschließlich bei demselben Arbeitgeber verbracht, so ist dies im Rahmen der Interessenabwägung zudem in einer Weise zu berücksichtigen, dass dem Arbeitgeber im fortgeschrittenen Lebensalter des Arbeitnehmers eine höhere Belastung mit Fehltagen und daraus entstehenden Kosten zuzumuten ist (*LAG Bln.* 28.8.2001 NZA-RR 2002, 465). **2000**

h) Weitere Überbrückungsmaßnahmen

Im Rahmen der Interessenabwägung ist ferner zu prüfen, ob dem Arbeitgeber (weitere) Maßnahmen zur Überbrückung von Fehlzeiten des erkrankten Arbeitnehmers **zumutbar** sind oder nicht. **2001**

Die Möglichkeit der Einstellung von Aushilfskräften ist bei Kurzerkrankungen gegenüber lang anhaltenden Arbeitsunfähigkeitszeiten jedoch eingeschränkt (*BAG* 23.6.1983 EzA § 1 KSchG 1969 Krankheit Nr. 12). Wesentlich ist in diesem Zusammenhang im Übrigen, in welchem Umfang der Arbeitgeber eine betriebliche Personalreserve vorbehält. **2002**

2003 Je größer diese Personalreserve ist, umso weniger weitere Überbrückungsmaßnahmen sind dem Arbeitgeber allerdings zuzumuten (*BAG* 16.2.1989 EzA § 1 KSchG Krankheit Nr. 25; 6.9.1989 EzA § 1 KSchG Krankheit Nr. 27).

VI. Dauernde Arbeitsunfähigkeit

1. Besonderheiten bei dauernder Arbeitsunfähigkeit

2004 Besonderheiten gelten dann, wenn feststeht, dass der Arbeitnehmer dauernd unfähig ist, die vertraglich geschuldete Arbeitsleistung zu bringen (s. *BAG* 19.4.2007 EzA § 1 KSchG Krankheit Nr. 53 = NZA 2007, 1041).

2005 Denn die krankheitsbedingte dauernde Arbeitsunfähigkeit kann als personenbedingter Kündigungsgrund den Arbeitgeber zur ordentlichen Kündigung berechtigen (*BAG* 28.2.1990 EzA § 1 KSchG Personenbedingte Kündigung Nr. 5; vgl. *Lepke* Kündigung bei Krankheit Rz. 104 ff.; APS/*Dörner* § 1 KSchG Rz. 188 ff.; nach Auffassung von MünchArbR/*Berkowsky* § 136 Rz. 102 handelt es sich insoweit allerdings nicht um einen Unterfall der krankheitsbedingten Kündigung).

2006 Fehlt dem ArbG selbst die erforderliche Sachkunde für die Beurteilung der Frage, ob z.B. bei einer Küchenhilfe eine Wirbelsäulenerkrankung auf Dauer zur Leistungsunmöglichkeit führt, so ist zur Klärung dieser Frage i.d.R. das Gutachten eines Arbeitsmediziners einzuholen. War bei einer ordentlichen Kündigung wegen lang anhaltender Erkrankung im Kündigungszeitpunkt bereits ein **Kausalverlauf in Gang gesetzt**, der entgegen der Ansicht des den Arbeitnehmer behandelnden Arztes die **Wiederherstellung der Arbeitsfähigkeit als sicher oder zumindest möglich erscheinen ließ**, ist die Kündigung i.d.R. schon **mangels negativer Prognose sozial ungerechtfertigt** (*BAG* 21.2.2001 EzA § 1 KSchG Krankheit Nr. 48).

2. Modifizierung der Darlegungs- und Beweislast

2007 Nach Auffassung des *BAG* (30.1.1986 NZA 1987, 555; 28.2.1990 EzA § 1 KSchG Personenbedingte Kündigung Nr. 5; 29.4.1999 EzA § 1 KSchG Krankheit Nr. 46; vgl. dazu *Gitter* SAE 2000, 18 ff.) muss der Arbeitgeber in diesen Fällen nicht noch eine über die nachgewiesene dauernde Arbeitsunfähigkeit hinausgehende erhebliche Betriebsbeeinträchtigung darlegen; von ihrem Vorliegen ist vielmehr i.d.R. ohne weiteres auszugehen (*BAG* 19.4.2007 EzA § 1 KSchG Krankheit Nr. 53 = NZA 2007, 1041).

2008 Denn wenn feststeht, dass der Arbeitnehmer in Zukunft die geschuldete Arbeitsleistung nicht mehr erbringen kann, dann handelt es sich nicht um eine Kündigung wegen Leistungsminderung infolge Krankheit, sondern um eine **Kündigung wegen dauernder Unmöglichkeit.**

2009 Ein derartiges Arbeitsverhältnis ist schon aus diesem Grund auf Dauer ganz erheblich gestört (*BAG* 12.4.2002 EzA § 1 KSchG Krankheit Nr. 49).

2010 Die auf das jeweilige Arbeitsverhältnis bezogene unzumutbare betriebliche Beeinträchtigung besteht darin, dass der Arbeitgeber damit rechnen muss, dass der Arbeitnehmer auf Dauer außerstande ist, die von ihm geschuldete Arbeitsleistung zu erbringen.

2011 Vom Fehlen einer betrieblichen Beeinträchtigung kann nur dann ausgegangen werden, wenn die Arbeitsleistung für den Arbeitgeber überhaupt keinen Wert hat (abl. *Busemann/Schäfer* a.a.O., Rz. 199d, wonach es sich insoweit um eine reine Fiktion handelt und am Erfordernis einer erheblichen betrieblichen Beeinträchtigung auch in derartigen Fällen festgehalten werden sollte). Für einen derart außergewöhnlichen Ausnahmetatbestand, der die Beschäftigung überflüssiger Arbeitnehmer voraussetzt, trägt der Arbeitnehmer allerdings die Darlegungslast.

3. Arbeitsunfähigkeit auf unabsehbare Zeit

Ist der Arbeitnehmer bereits längere Zeit arbeitsunfähig krank (z.B. 21 Monate) und ist im Zeitpunkt der Kündigung die Wiederherstellung der Arbeitsfähigkeit noch völlig ungewiss, so kann diese Ungewissheit wie eine feststehende dauernde Arbeitsunfähigkeit zu einer erheblichen Beeinträchtigung betrieblicher Interessen führen (*BAG* 21.5.1992 EzA § 1 KSchG Krankheit Nr. 38; vgl. *Weber/Hoß* DB 1993, 2429 ff.). Die Wiederherstellung der Arbeitsfähigkeit eines nicht schwer behinderten Arbeitnehmers ist insoweit dann **ungewiss, wenn er bereits mehrere Monate an einem Wirbelsäulenleiden erkrankt ist und auf Anfrage des Arbeitgebers zum einen mitteilt, bei nicht leidensgerechter Umgestaltung seines Arbeitsplatzes werde er wieder arbeitsunfähig erkranken und zum anderen ausführt, er wolle den bisher ausgeübten Beruf als Dreher zukünftig nicht mehr ausüben, da er dazu körperlich nicht mehr in der Lage sei** (*LAG Nds.* 29.3.2005 – 1 Sa 1429/04 – EzA-SD 13/05, S. 8 LS = NZA-RR 2005, 523). 2012
Die Ungewissheit der Wiederherstellung der Arbeitsfähigkeit steht einer krankheitsbedingten dauernden Leistungsunfähigkeit aber **nur dann gleich, wenn in den nächsten 24 Monaten mit einer anderen Prognose nicht gerechnet werden kann** (*BAG* 29.4.1999 EzA § 1 KSchG Krankheit Nr. 46; vgl. dazu *Gitter* SAE 2000, 18 ff.; abl. dazu APS/*Dörner* § 1 KSchG Rz. 193 ff.).
Für die Prognose kommt es auf den Zeitpunkt der Kündigung an. Vor der Kündigung liegende Krankheitszeiten können in den Prognosezeitraum (24 Monate) nicht eingerechnet werden (*BAG* 12.4.2002 EzA § 1 KSchG Krankheit Nr. 49). Diese Voraussetzungen sind dann erfüllt, wenn der Arbeitnehmer mehr als elf Monate wegen Krankheit fehlte und dem Arbeitgeber vor Ausspruch der Kündigung die Nachricht der Bewilligung einer Erwerbsunfähigkeitsrente für drei Jahre zuging, so dass er von einer noch über zwei Jahre hinaus andauernden Arbeitsunfähigkeit ausgehen musste (*LAG Hessen* 13.3.2001 NZA-RR 2002, 21).
Auch die Möglichkeit, bei einer lang andauernden Erkrankung eines Arbeitnehmers gem. § 14 Abs. 1 S. 2 Nr. 3 TzBfG **eine Ersatzkraft auch für einen längeren Zeitraum als zwei Jahre befristet** einzustellen, führt nach *LAG Nbg.* (21.6.2006 NZA-RR 2007, 75 = ZTR 2007, 108) **nicht** dazu, bei der Prüfung der negativen Gesundheitsprognose und der betrieblichen Störungen **auf einen längeren als zweijährigen Zeitraum** ab Ausspruch der Kündigung abzustellen, innerhalb dessen nicht mit einer Rückkehr des erkrankten Mitarbeiters gerechnet werden kann.

4. Besonderheiten bei der Interessenabwägung

Hinsichtlich der notwendigen Interessenabwägung ist zu berücksichtigen, dass sie **zwar** als letzte Prüfungsstufe systematisch auch bei einer Kündigung wegen dauernder oder diesem Tatbestand gleichstehender Arbeitsunfähigkeit auf unabsehbare Zeit **erforderlich ist.** 2013

Sie kann aber nur bei Vorliegen einer besonderen Schutzbedürftigkeit des Arbeitnehmers ausnahmsweise zu dem Ergebnis führen, dass der Arbeitgeber trotz der erheblichen Störung des Arbeitsverhältnisses auf nicht absehbare Zeit dessen Fortsetzung billigerweise weiter hinnehmen muss. 2014

Maßgeblich zu berücksichtigen ist neben **betrieblichen Ursachen** für die Fehlzeiten (vgl. *Pflüger* DB 1995, 1766 f.) das **Alter** des Klägers sowie die **Dauer des ungestörten Bestandes des Arbeitsverhältnisses** (*BAG* 21.5.1992 EzA § 1 KSchG Krankheit Nr. 35). 2015

5. Ruhen des Arbeitsverhältnisses wegen Gewährung einer befristeten Erwerbsunfähigkeitsrente

2016 Die nur befristete Gewährung einer Erwerbsunfähigkeitsrente und das aus diesem Grund tariflich (z.B. gem. §59 Abs. 1 BAT) vorgesehene Ruhen des Arbeitsverhältnisses **schließen eine Kündigung** wegen dauerhafter Arbeitsunfähigkeit des Arbeitnehmers **nicht aus** (*BAG* 3.12.1998 EzA §1 KSchG Krankheit Nr. 45).

VII. Maßgeblicher Beurteilungszeitpunkt; Wiedereinstellungsanspruch?

2017 Entscheidender Zeitpunkt für die Beurteilung der danach maßgeblichen Einzelfragen ist der **Zeitpunkt des Zugangs der Kündigungserklärung** (*BAG* 25.11.1982 EzA §1 KSchG Krankheit Nr. 10; 6.9.1989 EzA §1 KSchG Krankheit Nr. 27; *LAG Hamm* 19.9.2005 – 8 Sa 2213/03 – FA 2006, 156 LS; vgl. APS/*Dörner* §1 KSchG Rz. 198 ff.).

2018 Allerdings kann nach einer ursprünglich vom 2. Senat des *BAG* (10.11.1983 EzA §1 KSchG Krankheit Nr. 14) vertretenen Auffassung die **spätere tatsächliche Entwicklung bis zum Ende der letzten mündlichen Verhandlung in der Tatsacheninstanz** zur Bestätigung oder Korrektur von mehr oder weniger unsicheren Prognosen herangezogen werden. Denn es wäre sachlich unvertretbar und für die Parteien nicht einsehbar, wenn sie auf Grund einer ärztlichen Prognose den Prozess verlieren, die im Widerspruch zur tatsächlichen späteren gesundheitlichen Entwicklung des Arbeitnehmers steht. Voraussetzung dafür war aber, dass **kein neuer Kausalverlauf** nach dem Kündigungszeitpunkt in Gang gesetzt wird (*BAG* 9.4.1987 EzA §1 KSchG Krankheit Nr. 18).

2019 Der 7. Senat des *BAG* (15.8.1984 EzA §1 KSchG Krankheit Nr. 16) hat dagegen jedoch Bedenken geäußert und angenommen, dass die tatsächliche Entwicklung nach Kündigungsausspruch jedenfalls nur insoweit berücksichtigt werden kann, als sie der **Bestätigung oder Korrektur der Prognose** dient. Denn die Auffassung des 2. Senates würde bei einer nach dem Wortlaut der Entscheidung möglichen weitergehenderen Interpretation dazu führen, dass der Arbeitgeber bei Ausspruch einer krankheitsbedingten Kündigung deren Rechtmäßigkeit kaum noch einigermaßen zuverlässig beurteilen könnte. Der Ausgang des Kündigungsschutzprozesses würde nicht nur für ihn, sondern wegen der möglichen Berücksichtigung einer späteren Verschlechterung seines Gesundheitszustandes auch für den Arbeitnehmer immer weniger vorhersehbar (zust. *Voigt* DB 1996, 526).

2020 Nach Zugang der Kündigung eingetretene weitere Umstände, die sich auf die Entwicklung des Gesundheitszustandes auswirken können, sind aber auch nach Auffassung des 2. Senates (*BAG* 10.11.1983 EzA §1 KSchG Krankheit Nr. 14) jedenfalls nicht zu berücksichtigen.

2021 Das gilt z.B. für eine zuvor abgelehnte Operation oder stationäre Behandlung ebenso wie eine bloße Änderung der Lebensführung, zu der sich der Arbeitnehmer bisher nicht bereit gefunden hat (*BAG* 6.9.1989 EzA §1 KSchG Krankheit Nr. 27). Gleiches gilt für nachträglich gewonnene Erkenntnisse aus einem gerichtlichen Sachverständigengutachten zur Krankheitsdiagnostik und zu weiteren Therapiemaßnahmen (*LAG Hamm* 19.9.2005 – 8 Sa 2213/03 – FA 2006, 156 LS).

2022 Der Arbeitgeber braucht auch die Erfolgsaussichten einer möglichen, aber mit einem erheblichen Risiko behafteten Operation nicht in seine Prognose über die weitere Dauer der Arbeitsunfähigkeit einzubeziehen, wenn der Arbeitnehmer sich auch nach mehrmonatiger Bedenkzeit noch unentschlossen zeigt, ob er sich ihr unterziehen soll (*BAG* 15.8.1984 EzA §1 KSchG Krankheit Nr. 16).

2023 Inzwischen (29.4.1999 EzA §1 KSchG Krankheit Nr. 46; vgl. dazu *Gitter* SAE 2000, 18 ff.; s.a. *BAG* 21.2.2001 EzA §1 KSchG Krankheit Nr. 48) hat das BAG diese Auffassung ausdrücklich aufgegeben. Auch für die Beurteilung einer krankheitsbedingten Kündigung ist **allein auf den Kündigungszeitpunkt abzustellen.** Nach Ausspruch der Kündigung durchgeführte Behandlungen und Ergebnisse können folglich nicht zur Korrektur der Prognose herangezogen werden (*LAG SchlH* 24.7.2001 – 3 Sa 317/01).

Nach Auffassung von *Busemann/Schäfer* (a.a.O., Rz. 199b) darf auf die spätere Entwicklung nur dann abgestellt werden, wenn der Arbeitgeber sie vorhersehen oder zumindest nicht für ganz unwahrscheinlich halten konnte. 2024

Ob bei geänderter Sachlage der Arbeitnehmer nach einer personen-, insbes. krankheitsbedingten Kündigung einen **Wiedereinstellungsanspruch** gegen den Arbeitgeber haben kann, hat das *BAG* (17.6.1999 EzA § 1 KSchG Wiedereinstellungsanspruch Nr. 4; ebenso *BAG* 27.6.2001 EzA § 1 KSchG Wiedereinstellungsanspruch Nr. 6 bei Kündigung wegen lang andauernder Erkrankung; vgl. dazu *Nicolai* SAE 2000, 98 ff.; *Lepke* NZA-RR 2002, 617 ff.; vgl. auch *LAG Hamm* 24.6.1999 NZA 2000, 320; *Raab* RdA 2000, 147 ff.; dagegen *LAG Bln.* 18.6.2002 – 12 Sa 2413/01 – EzA-SD 18/02, S. 11 LS) zwar offen gelassen. Voraussetzung dafür wäre aber jedenfalls eine **veränderte, positive Prognose** bezüglich des Gesundheitszustandes **vor Ablauf der Kündigungsfrist**, d.h. es muss feststehen, dass z.B. die für die wiederholten Erkrankungen ursächlichen Grundleiden ausgeheilt sind (*BAG* 27.6.2001 EzA § 1 KSchG Wiedereinstellungsanspruch Nr. 6) und ferner, dass der Wiedereinstellung entgegenstehende betriebliche Interessen nicht entgegenstehen (*LAG SchlH* 22.10.2002 – 2 Sa 46/02 – EzA-SD 24/02, S. 15 LS). Insbes. bei **Alkoholikern** ist dabei zudem zu berücksichtigen, dass nach einer zunächst erfolgreichen Entziehungskur eine **hohe Rückfallquote** besteht (s.u. Rn. 2071 ff.). Entfällt bei einer Kündigung wegen lang andauernder Erkrankung die Grundlage für die negative Gesundheitsprognose 14 Monate nach Zugang der Kündigung und **acht Monate nach Ablauf der Kündigungsfrist**, besteht jedenfalls i.d.R. **kein Wiedereinstellungsanspruch** des Arbeitnehmers, sofern der Arbeitgeber keinen besonderen Vertrauenstatbestand geschaffen hat (*LAG Hamm* 28.7.1999 NZA-RR 2000, 134). 2025

VIII. Darlegungs- und Beweislast

Für die krankheitsbedingte Kündigung ergibt sich folgende **abgestufte Darlegungs- und Beweislast,** die aus der in § 138 Abs. 2 ZPO angeordneten Wechselwirkung des gegenseitigen Parteivortrags folgt (*BAG* 6.9.1989 EzA § 1 KSchG Krankheit Nr. 26, 27; MünchArbR/*Berkowsky* § 154 Rz. 28; *Lepke* Kündigung bei Krankheit Rz. 174 ff.; APS/*Dörner* § 1 KSchG Rz. 204 ff.). 2026

1. Negative Gesundheitsprognose

a) Grundsatz

Zunächst muss der Arbeitgeber neben den krankheitsbedingten Fehlzeiten die Tatsachen darlegen, aus denen sich ergeben soll, dass der Arbeitnehmer noch auf nicht absehbare Zeit krank ist oder mit häufigeren Kurzerkrankungen in erheblichem Umfang gerechnet werden muss und durch diese zu erwartende Nichtbesetzung des Arbeitsplatzes betriebliche Störungen bzw. wirtschaftliche Belastungen eintreten, die für den Arbeitgeber unzumutbar sind. 2027

b) Prognosetatsachen; Art und Dauer der bisherigen Erkrankungen

Dabei kann sich der Arbeitgeber wegen der erforderlichen Prognose zunächst darauf beschränken, **Art und Dauer der bisherigen Erkrankungen** anzugeben, sofern ihm Tatsachen, die eine genaue Gesundheitsprognose zulassen, unbekannt sind. 2028

Zu berücksichtigen ist, dass der vergangenheitsbezogenen lang andauernden Erkrankung eine gewisse Indizwirkung für die Zukunft zukommt. 2029

2030 Andererseits kann aus der Dauer der Arbeitsunfähigkeit in der Vergangenheit noch nicht unmittelbar auf die Dauer der Fehlzeiten in der Zukunft geschlossen werden.

2031 Auch häufige Kurzerkrankungen in der Vergangenheit begründen eine Indizwirkung für die Prognose entsprechend häufiger Erkrankungen in der Zukunft, insbes. dann z.B., wenn ein 28-jähriger Arbeiter seit 5,5 Jahren in jedem Jahr zu 27,7% der Arbeitszeit krankheitsbedingt, bei insgesamt rd. 50 verschiedenen Fehlzeiten ausgefallen ist (*LAG SchlH* 14.10.2002 ARST 2003, 190 LS). Das gilt allerdings nicht, wenn die Krankheiten ausgeheilt sind (*BAG* 7.11.2002 EzA § 1 KSchG Krankheit Nr. 50). Nach Auffassung des *LAG Hamm* (4.12.1996 LAGE § 1 KSchG Krankheit Nr. 26; vgl. auch *Busemann/Schäfer* a.a.O., Rz. 199a, wonach das BAG offenbar als selbstverständlich davon ausgeht, dass bereits in der Vergangenheit erhebliche Fehlzeiten mit gewichtigen nachteiligen Folgen für den Betrieb gegeben waren) gilt diese Indizwirkung allerdings nur dann, wenn sich der Beobachtungszeitraum auf drei Jahre oder mindestens zwei Jahre erstreckt. Daraus, dass ein Arbeitnehmer in einem Jahr **40 Arbeitstage** gefehlt hat, kann deshalb **ohne Vorliegen weiterer Anhaltspunkte** eine negative Gesundheitsprognose **nicht abgeleitet** werden, weil dieser Beobachtungszeitraum zu kurz ist (*ArbG Würzburg* 23.10.2003 ArbuR 2004, 436 LS). Diesem Grundsatz steht auch nicht entgegen, dass der gekündigte Arbeitnehmer **im vorletzten Jahr vor Ausspruch der Kündigung ausnahmsweise keine erheblichen Fehlzeiten** aufzuweisen hatte, da er in diesem Jahr wegen eines vorhergehenden Kündigungsschutzprozesses nur einer erheblich verringerten Arbeitsbelastung (dreimonatiger, von Urlauben unterbrochener Arbeitseinsatz) ausgesetzt war (*LAG Düsseld.* 19.11.2004 LAGE § 1 KSchG Krankheit Nr. 35).

2032 Der Arbeitgeber darf sich dann darauf beschränken, **diese Fehlzeiten im einzelnen darzulegen** (*BAG* 25.11.1982 EzA § 1 KSchG Krankheit Nr. 10; 23.6.1983 EzA § 1 KSchG Krankheit Nr. 12; 6.9.1989 EzA § 1 KSchG Krankheit Nr. 26).

c) Prognoseschädliche Tatsachen (§ 138 Abs. 2 ZPO)

2033 Daraufhin hat der **Arbeitnehmer** darzulegen, **weshalb mit seiner alsbaldigen Genesung bzw. warum in Zukunft mit weniger häufigen Erkrankungen zu rechnen ist** (z.B. auf Grund einer durchgeführten oder bevorstehenden Operation, eines fortgeschrittenen Heilungsprozesses; vgl. *LAG SchlH* 14.10.2002 ARST 2003, 190 LS; *LAG SchlH* 11.3.2008 NZA-RR 2008, 518). Bei häufigen Kurzerkrankungen ist allerdings zu berücksichtigen, dass bei ihnen gerade regelmäßig eine alsbaldige Genesung eintritt.

2034 Die Indizwirkung vergangenheitsbezogener Krankheitszeiten kann dadurch entkräftet werden, dass sie auf verschiedenen, voneinander unabhängigen Ursachen beruhen und es sich nur um einmalige Erkrankung handelt, deren wiederholtes Auftreten nicht zu besorgen ist. Auch wenn die Erkrankungen aber auf verschiedenen Ursachen beruhen, können sie ausnahmsweise Indizwirkung für künftige Erkrankungen entwickeln. Andererseits kann sich aber bei einer Kündigung wegen häufiger Kurzerkrankungen im Rahmen der Feststellung der Gesundheitsprognose aus der Gesamtheit des Krankheitsbildes auch eine **persönliche konstitutionelle Schwäche** und damit eine **besondere Krankheitsanfälligkeit des konkret betroffenen Arbeitnehmers** ergeben, In einem derartigen Fall muss der Arbeitnehmer, um die Gesundheitsprognose zu erschüttern, konkret darlegen, dass und ggf. wann welcher ihn behandelnde Arzt die künftige Entwicklung seiner Erkrankungszeiten vor welchem tatsächlichen Hintergrund positiv beurteilt hat. Es reicht dann nicht aus, die Einzeldiagnosen offen zu legen, die Ärzte von der Schweigepflicht zu entbinden und ohne näheren Vortrag pauschal unter Berufung auf das Zeugnis seiner Ärzte zu behaupten, die Einzelerkrankungen seien jeweils ausgeheilt, um die Indizwirkung der bisherigen Fehlzeiten zu erschüttern (zutr. *LAG SchlH* 3.11.2005 LAGE § 1 KSchG Krankheit Nr. 37 = NZA-RR 2006, 129; s.a. *LAG Köln* 19.8.2005 – 4 Sa 335/05 – EzA-SD 6/06, S. 13 LS).

2035 Beruhen die Fehlzeiten im Wesentlichen auf einem chronischen Grundleiden, so kann dessen Indizwirkung dadurch entfallen, dass es nunmehr ausgeheilt ist oder infolge konkret manifestierter Maßnahmen in Kürze ausgeheilt sein wird (MünchArbR/*Berkowsky* § 136 Rz. 20).

Das *BAG* (6.9.1989 EzA § 1 KSchG Krankheit Nr. 26; 7.11.2002 EzA § 1 KSchG Krankheit Nr. 50) geht davon aus, dass der Arbeitnehmer, dem es an eigener Sachkunde fehlt, seiner Darlegungslast durch das Bestreiten der Behauptung weiterer entsprechender Fehlzeiten in der Zukunft sowie die Entbindung der ihn behandelnden Ärzte von der Schweigepflicht genügt. Voraussetzung ist allerdings, dass darin die Darstellung zu sehen ist, die Ärzte hätten ihm gegenüber die künftige gesundheitliche Entwicklung bereits tatsächlich positiv beurteilt. Weigert sich der erkrankte Arbeitnehmer vorprozessual, die ihn behandelnden Ärzte von der Schweigepflicht zu befreien, so ist es ihm dennoch nicht verwehrt, im Kündigungsschutzprozess die negative Gesundheitsprognose unter Bezugnahme auf ärztliches Zeugnis zu bestreiten (*BAG* 12.4.2002 EzA § 1 KSchG Krankheit Nr. 49; vgl. dazu *Preis/Greiner* SAE 2004, 12 ff.; krit. *LAG SchlH* 11.3.2008 NZA-RR 2008, 518). **2036**

Trägt er dagegen selbst **konkrete Umstände** (z.B. die Krankheitsursache) vor, so müssen diese geeignet sein, die Indizwirkung der bisherigen Fehlzeiten zu erschüttern. Er muss andererseits jedoch nicht den Gegenbeweis führen, dass nicht mit weiteren künftigen Erkrankungen zu rechnen ist (*BAG* 6.9.1989 EzA § 1 KSchG Krankheit Nr. 26). Deshalb muss die Indizwirkung der Krankheitszeiten in der Vergangenheit dann als ausreichend erschüttert angesehen werden, wenn sich aus den Auskünften der behandelnden Ärzte jedenfalls Zweifel an der Negativprognose ergeben (*BAG* 7.11.2002 EzA § 1 KSchG Krankheit Nr. 49). Die Indizwirkung der Fehlzeiten kann der Arbeitnehmer aber jedenfalls **nicht mit der Behauptung erschüttern**, die die Fehlzeiten verursachenden **Entzündungsursachen seien** nach Aussage des behandelnden Arztes **nicht chronischer Art**. Nicht chronische Erkrankungen stehen insoweit ausgeheilten Leiden nicht gleich (*LAG Düsseld.* 19.11.2004 LAGE § 1 KSchG Krankheit Nr. 35). **2037**

Macht der Arbeitnehmer geltend, er sei wegen einer **Mobbingsituation** im Betrieb erkrankt, kann dies nur berücksichtigt werden, wenn er **im Detail angibt**, auf welche Art und Weise und von wem das Mobbing ausgeht. Das Schlagwort »Mobbing« alleine genügt nicht (*LAG SchlH* 11.3.2008 NZA-RR 2008, 518). **2038**

In der Praxis der Instanzgerichte wird die zuvor dargestellte Rechtsprechung des *BAG* (6.9.1989 EzA § 1 KSchG Krankheit Nr. 26) recht unterschiedlich angewendet: Teilweise wird es als Sachvortrag des Arbeitnehmers bereits als ausreichend erachtet, dass er mit der bloßen Behauptung, bestehende Krankheiten, die nicht näher benannt werden, seien ausgeheilt, ohne dafür Gründe zu nennen, die ihn behandelnden Ärzte von der Schweigepflicht entbindet, seiner Darlegungslast genügt, sodass – ohne nähere Kenntnis des Gerichts von den Ursachen der Erkrankungen – auf entsprechenden Antrag des Arbeitgebers ein Sachverständigengutachten eingeholt wird. **2039**

Demgegenüber wird (auch) im Hinblick darauf, dass der Arbeitnehmer von seiner Krankenkasse jederzeit eine Auflistung aller ärztlich attestierten krankheitsbedingten Fehlzeiten einschließlich der jeweiligen Diagnose verlangen kann, teilweise davon ausgegangen, dass er nach Darstellung der krankheitsbedingten Fehlzeiten durch den Arbeitgeber dazu unter Angabe der jeweiligen Diagnose im einzelnen Stellung nehmen und begründen muss, auf Grund welcher Umstände im Einzelnen in Zukunft nicht mit weiteren entsprechenden Fehlzeiten zu rechnen sein wird (vgl. zu den Anforderungen an einen Beweisantritt durch Vernehmung der behandelnden Ärzte als Zeugen *LAG RhPf* 28.8.1997 ZTR 1998, 472 LS). Erst danach kommt die Einholung eines Gutachtens in Betracht.

Weil die Rechtsauffassung des Gerichts durch allgemein gehaltene Auflagenbeschlüsse im Gütetermin (»Der Kläger soll auf die Darstellung der Kündigungsgründe durch die Beklagte bis zum ... schriftsätzlich erwidern.«) meist nicht deutlich zum Ausdruck kommt, sollte diese Frage zum Gegenstand der Erörterung bereits im Gütetermin gemacht werden, um Klarheit für alle Prozessbeteiligten zu schaffen. **2040**

d) Ursächlichkeit betrieblicher Umstände

2041 **Der Arbeitgeber trägt die Darlegungs- und Beweislast dafür, dass ein vom Arbeitnehmer behaupteter ursächlicher Zusammenhang zwischen der Krankheit und betrieblichen Gründen nicht besteht.** Dieser genügt er zunächst, wenn er die betriebliche Tätigkeit des Arbeitnehmers schildert und einen ursächlichen Zusammenhang bestreitet (*BAG* 6.9.1989 EzA § 1 KSchG Krankheit Nr. 26).

2042 Behauptet der **Arbeitnehmer** einen **Zusammenhang** zu betrieblichen Gründen, so muss er ihn **konkret dartun.**

2043 Da der erkrankte Arbeitnehmer i.d.R. keine ausreichende Sachkenntnis besitzt, um diese Frage schlüssig zu beantworten, genügt es meist, wenn er für seinen Sachvortrag eine **gewisse Plausibilität** in Anspruch nehmen kann und im Übrigen die ihn behandelnden Ärzte nennt und von ihrer ärztlichen Schweigepflicht entbindet (*BAG* 23.6.1983 EzA § 1 KSchG Nr. 12; 6.9.1989 EzA § 1 KSchG Nr. 27).

2044 Ist die Plausibilität des Sachvortrags dafür, dass nicht mit weiteren erheblichen Fehlzeiten zu rechnen ist bzw. dass ein Zusammenhang mit betrieblichen Ursachen besteht, zu bejahen, und der entsprechende Sachvortrag vom Arbeitgeber unter entsprechendem Beweisantritt für die Prognose weiterer erheblicher Fehlzeiten bzw. für die fehlende Kausalität zwischen Arbeitsbedingungen und Erkrankungen bestritten, so muss die Frage der Gesundheitsprognose auf Grund des Beweisantritts des Arbeitgebers ggf. mit Hilfe eines medizinischen Sachverständigengutachtens geklärt werden.

e) Beweis der negativen Gesundheitsprognose

2045 Stehen die in der Vergangenheit angefallenen krankheitsbedingten Fehlzeiten des Arbeitnehmers, ihre jeweilige Dauer und ihre Ursache fest, so hat der Tatrichter nach § 286 ZPO zu entscheiden, ob die Umstände die Annahme entsprechender Ausfälle in Zukunft rechtfertigen. Maßgeblich ist die objektive Sachlage z.Zt. des Zugangs der Kündigung (**a.A.** *LAG RhPf* 16.11.2001 – 3 Sa 651/01 – EzA-SD 9/02, S. 10 LS = NZA-RR 2002, 354: Kenntnisstand des Arbeitgebers z.B. auf Grund einer Auskunft des Amtsarztes).

2046 Für die Feststellung der negativen Gesundheitsprognose wird **keine Erleichterung mit Hilfe des Anscheinsbeweises,** beruhend auf Erfahrungssätzen, anerkannt (*BAG* 25.11.1982, 24.11.1983 EzA § 1 KSchG Krankheit Nr. 10, 19).

2047 Das Gericht darf auch nicht ohne weitere Aufklärung davon ausgehen, ein möglicher Zusammenhang zwischen den Erkrankungen und den Arbeitsbedingungen sei nicht auszuschließen und deshalb zu Lasten des Arbeitgebers zu berücksichtigen (*BAG* 6.9.1989 EzA § 1 KSchG Krankheit Nr. 27).

2048 Beantragt der Arbeitnehmer die Vernehmung seiner behandelnden Ärzte als sachverständige Zeugen nur für die Krankheitsursachen und nicht auch für die von ihm behauptete positive Gesundheitsprognose, so ist der Tatrichter gem. § 144 ZPO nur dann zur Erhebung des Sachverständigenbeweises verpflichtet, wenn ihm die Sachkunde zur Prüfung fehlt, ob der bisherige Krankheitsverlauf ausreichende Indizien für eine negative Prognose enthält (*BAG* 6.9.1989 EzA § 1 KSchG Krankheit Nr. 27).

2049 Eine Beweiswürdigung, mit der eine Behauptung als – durch ein Sachverständigengutachten – bewiesen angesehen wird, nach deren Richtigkeit der Sachverständige nicht gefragt worden ist und zu der er sich auch nicht geäußert hat, ist i.d.R. rechtsfehlerhaft. Der Umstand, dass der Beweis des Gegenteils nicht geführt ist, ist zwar notwendige, nicht aber hinreichende Bedingung dafür, dass der Hauptbeweis als geführt angesehen werden kann. Möglich ist nämlich, dass weder der Hauptbeweis noch der Beweis des Gegenteils geführt wird und es bei einem non liquet bleibt (*BAG* 7.11.2002 EzA § 1 KSchG Krankheit Nr. 50).

2. Betriebliche Störungen

Für die Tatsachen, aus denen sich die erheblichen und unzumutbaren betrieblichen Störungen bzw. Belastungen ergeben sollen, ist der **Arbeitgeber in vollem Umfang darlegungs- und beweispflichtig,** da insoweit von ihm die notwendige volle Sachkenntnis erwartet werden kann. 2050

> Zu beachten ist, dass der Arbeitgeber z.B. die aufgetretenen Störungen nach Ort, Datum, Verlauf und Auswirkungen konkret schildern muss. Schlagwortartige Umschreibungen wie »es traten Produktionsstörungen auf« genügen nicht. 2051

Soweit **Entgeltfortzahlungskosten** als erhebliche betriebliche (wirtschaftliche) Belastungen i.S.d. Kündigungsschutzrechts anerkannt werden (s.o. Rn. 1964 ff.), muss dies der **Arbeitgeber in vollem Umfang darlegen und beweisen** hinsichtlich Art, Umfang und Dauer der Entgeltfortzahlungskosten sowie deren Prognose, d.h. des Auftretens entsprechender Belastungen in der Zukunft. 2052

Hinzu kommt die Verpflichtung, darzulegen, dass er zur Zahlung in dem vorgetragenen Umfang auch rechtlich verpflichtet war, weil die Entgeltfortzahlungspflicht bei wiederholter Erkrankung wegen derselben Krankheit im Zeitraum von jeweils zwölf Monaten nur für insgesamt sechs Wochen besteht (§ 3 Abs. 1 S. 2 EFZG; MünchArbR/*Berkowsky* § 154 Rz. 45). 2053

Der Darlegungslast hinsichtlich betrieblicher Störungen genügt der Arbeitgeber nicht durch den bloßen Hinweis auf eine bestimmte Krankheitsquote. Das genügt selbst dann nicht, wenn die des gekündigten Arbeitnehmers ganz erheblich von der im Betrieb üblichen Krankheitsquote abweicht (*BAG* 2.11.1983 EzA § 1 KSchG Krankheit Nr. 13). 2054

> Diese Anforderungen sind aber dann erfüllt, d.h. es ist eine erhebliche Beeinträchtigung der betrieblichen Interessen gegeben, wenn der Arbeitgeber jahrelang Lohnfortzahlungskosten von regelmäßig mehr als sechs Wochen erbracht hat und wohl auch weiter erbringen wird. Das ist sicher der Fall, wenn der Arbeitgeber im Verlauf von 5,5 Jahren 67.000 DM Entgeltfortzahlung und 13.400 DM Arbeitgeberanteil zur Sozialversicherung geleistet hatte (*LAG SchlH* 14.10.2002 ARST 2003, 190 LS). 2055

3. Dauernde Arbeitsunfähigkeit; Arbeitsunfähigkeit auf unabsehbare Zeit

Begründet der **Arbeitgeber** seine Kündigung mit der dauernden Unfähigkeit des Arbeitnehmers, die vertraglich geschuldete Arbeitsleistung zu erbringen, so ist er für alle diese Behauptung begründenden Tatsachen **darlegungs- und beweispflichtig.** 2056

> Er muss also darlegen, dass der Arbeitnehmer im Zeitpunkt der Kündigung akut nicht in der Lage ist, seine arbeitsvertraglichen Pflichten zu erfüllen. Sodann muss er darlegen, dass dieser Zustand auf Dauer anhalten wird. Hierfür genügt keine (ungewisse) Prognose, sondern er muss die Gewissheit vermitteln, dass Umstände vorliegen, die die Leistungsfähigkeit des Arbeitnehmers auf Dauer ausschließen (zur Prognose bei einer Fehlbeurteilung des tatsächlichen Zustandes durch den behandelnden Arzt vgl. *LAG Hamm* 24.6.1999 NZA 2000, 320 LS). 2057

Dafür kann allerdings eine bereits seit längerer Zeit (z.B. 21 Monate) andauernde Arbeitsunfähigkeit genügen, wenn im Zeitpunkt der Kündigung die Herstellung der Arbeitsfähigkeit völlig ungewiss ist (*BAG* 21.5.1992 EzA § 1 KSchG Krankheit Nr. 38). 2058

4. Verminderte Leistungsfähigkeit

2059 Ist der Arbeitnehmer nicht absolut leistungsunfähig, sondern nur vermindert leistungsfähig (s.u. Rn. 2116 ff.), so muss der Arbeitgeber in einer vergleichenden Darstellung darlegen, welches **Anforderungsprofil** der Arbeitnehmer nach dem Arbeitsvertrag erfüllen müsste, und welches tatsächliche **aktuelle Leistungsprofil** dem gegenübersteht.

2060 Kann der Arbeitgeber das Tatbestandsmerkmal der Dauer, des Endgültigen nicht zur Überzeugung des Gerichts darlegen und im Bestreitensfall beweisen, ist die Kündigung unbegründet, es sei denn, er trägt zugleich die nicht weniger strengen, aber anders strukturierten Voraussetzungen der krankheitsbedingten Kündigung vor (MünchArbR/*Berkowsky* § 154 Rz. 46).

IX. Einzelfragen; weitere Gründe einer personenbedingten Kündigung

1. Abmahnung

2061 **Ordnungsgemäß entschuldigte Fehlzeiten des Arbeitnehmers können nicht Gegenstand einer Abmahnung** als Voraussetzung der Kündigung oder Versetzung oder als Ausübung eines vertraglichen Rügerechts **sein**, da dies stets die vorwerfbare Verletzung arbeitsvertraglicher Pflichten voraussetzt (*LAG Düsseld.* 6.3.1986 NZA 1986, 431).

2062 Der Arbeitgeber ist zwar nicht gehindert, den Arbeitnehmer davon in Kenntnis zu setzen, dass bei weiteren Fehlzeiten eine Kündigung ausgesprochen werden soll. Wenn er diesen Hinweis jedoch in die Form einer Abmahnung kleidet, so bringt er damit eine Missbilligung zum Ausdruck, die unangebracht ist, da sie kein vertragswidriges Verhalten zum Gegenstand hat.

2. Alkohol- und Drogensucht

2063 Die Alkoholabhängigkeit **als solche ist kein Kündigungsgrund,** wenn und soweit betriebliche Interessen nicht beeinträchtigt werden (*LAG RhPf* 20.3.2008 – 2 Sa 612/07 – EzA-SD 24/2008 S. 3 LS). Ein Kündigungsgrund ist insoweit folglich **nur und erst dann** gegeben, wenn eine **Beeinträchtigung betrieblicher Interessen** gegeben ist.

a) Personen-, verhaltensbedingte Kündigung?

aa) Maßgeblichkeit der Kündigungsbegründung

2064 Nach **zum Teil** in der Rechtsprechung (*LAG Frankf./M.* 27.9.1984 DB 1985, 768; *LAG Bln.* 1.7.1985 DB 1985, 2690) vertretener Auffassung hängt die Beurteilung der Frage, ob es sich bei einer wegen Alkoholsucht – wenn der gewohnheitsmäßige übermäßige Alkoholgenuss trotz besserer Einsicht nicht aufgegeben oder reduziert werden kann, also eine physische oder psychische Abhängigkeit gegeben ist, die sich vor allem im Verlust der Selbstkontrolle äußert – ausgesprochenen Kündigung um eine personen- oder verhaltensbedingte Kündigung handelt, von der **Kündigungsbegründung** ab:

2065 Wird sie auf die Störung des Betriebsablaufs und die infolge Alkoholgenusses nicht ordnungsgemäße Arbeitsleistung gestützt, so kommt auch eine verhaltensbedingte Kündigung in Betracht.

bb) Rechtsprechung des BAG

2066 Nach der ständigen Rechtsprechung des *BAG* (9.4.1987 EzA § 1 KSchG Krankheit Nr. 18; ebenso *LAG Köln* 12.3.2002 LAGE § 626 BGB Nr. 140 = NZA-RR 2002, 519; *LAG RhPf* 27.3.2008 – 10 Sa 669/07 – EzA-SD 25/2008 S. 3 LS; *ArbG Cottbus* 23.2.2004 ArbuR 2004, 356 LS; *ArbG Dresden* 20.1.2004 ArbuR 2004, 356 LS; vgl. *Künzl* BB 1993, 1581 ff.; *Hemming* BB 1998, 1999 ff.; *Lepke* DB 2001, 269 ff.; APS/*Dörner* § 1 KSchG

Rz. 228 ff.; abl. *Gottwald* NZA 1997, 635 ff., NZA 1999, 180 ff. wonach die fehlende Therapiebereitschaft einen Verstoß gegen eine arbeitsvertragliche Nebenpflicht und damit einen verhaltenbedingten Kündigungsgrund darstellt; dagegen *Künzl* NZA 1998, 122 ff. u. NZA 1999, 744; krit. auch *Bengelsdorf* NZA 2001, 993 ff.) ist die Kündigung wegen Alkoholsucht dagegen nur nach den für die krankheitsbedingte Kündigung entwickelten Grundsätzen zu beurteilen. Voraussetzung ist allerdings, dass sich der Alkoholsüchtige in einem Stadium befindet, in dem der Trunksucht ein medizinischer Krankheitswert zukommt. Folglich kommt auch eine verhaltensbedingte Kündigung so lange in Betracht, wie der Arbeitnehmer noch nicht alkoholkrank ist.

Dafür spricht, dass dem alkoholabhängigen Arbeitnehmer, der infolge seiner Abhängigkeit gegen seine arbeitsvertraglichen Verpflichtungen verstößt, wegen der Abhängigkeit zur Zeit der Pflichtverletzung **kein Schuldvorwurf** gemacht werden kann. **2067**

Eine verhaltensbedingte Kündigung wegen Pflichtverletzungen (z.B. unentschuldigtem Fehlen), die auf Alkoholabhängigkeit beruhen, ist danach i.d.R. mangels Verschulden sozialwidrig. Das gilt dann, wenn z.B. **die unentschuldigten Fehltage ihre Ursache in der krankhaften Alkoholabhängigkeit haben** und der Arbeitnehmer infolge seiner nicht beherrschbaren Alkoholkrankheit sein Verhalten nicht zu kontrollieren vermag. Der Arbeitgeber, der sich im Kündigungsschutzprozess allein auf einen verhaltensbedingten Kündigungsgrund beruft, hat auf Grund der ihm obliegenden Darlegungs- und Beweislast zu **widerlegen**, dass die **Alkoholabhängigkeit ursächlich** für das **Fehlverhalten** des Arbeitnehmers gewesen ist. Dies gilt **auch** dann, wenn ein Arbeitnehmer nach einer Entziehungskur wieder **rückfällig** geworden ist, da die krankhafte Alkoholabhängigkeit auch nach einer Therapie fortbesteht (*LAG Hamm* 15.1.1999 NZA 1999, 1221; vgl. auch *Lepke* DB 2001, 269 ff.; zu Gestaltungsmöglichkeiten in diesem Zusammenhang vgl. ausf. *Graefe* BB 2001, 1251 ff.). **2068**

cc) Verschuldete Alkoholabhängigkeit

Eine verhaltensbedingte Kündigung kann grds. allenfalls darauf gestützt werden, dass der Arbeitnehmer **schuldhaft seine** (sich negativ auf das Arbeitsverhältnis auswirkende) **Alkoholabhängigkeit herbeigeführt hat** (vgl. *Künzl* BB 1993, 1581 ff.). **2069**

Die Darlegung und der Beweis dieser Behauptung wird jedoch dem Arbeitgeber, der insoweit die Darlegungs- und Beweislast trägt, da das Verschulden bei der verhaltensbedingten Kündigung i.d.R. Teil des Kündigungsgrundes ist, grds. erhebliche Schwierigkeiten bereiten, da es keinen dahingehenden Erfahrungssatz gibt, wonach Alkoholabhängigkeit i.d.R. selbst verschuldet ist (*BAG* 1.6.1983 EzA § 1 LohnFG Nr. 69; anders für einen **Rückfall** nach einer zunächst erfolgreichen Entwöhnungskur *LAG München* 13.12.2005 NZA-RR 2006, 350 unter Hinweis auf *BAG* 11.11.1987 EzA § 1 LohnFG Nr. 88). **2070**

b) Krankheitsbedingte Kündigung

aa) Bedeutung des Verschuldens

Demgegenüber kommt es bei der krankheitsbedingten Kündigung auf die Frage, wer die Krankheit bzw. die Alkoholabhängigkeit verschuldet hat, grds. nicht an. **2071**

Bei der krankheitsbedingten Kündigung ist nur im Rahmen der Interessenabwägung auf die Ursache und auch auf das Verschulden der Krankheit einzugehen. **2072**

bb) Negative Gesundheitsprognose; erhebliche betriebliche Auswirkungen

Auch bei der Kündigung wegen Alkoholabhängigkeit erfolgt die Überprüfung der Sozialwidrigkeit nach den für die krankheitsbedingte Kündigung entwickelten Grundsätzen. **2073**

2074 Aus den Besonderheiten der Alkoholabhängigkeit kann sich jedoch die Notwendigkeit ergeben, an die Prognose im Hinblick auf die weitere Entwicklung der Alkoholabhängigkeit geringere Anforderungen zu stellen (*BAG* 9.4.1987 EzA § 1 KSchG Krankheit Nr. 18; vgl. auch *BAG* 17.6.1999 EzA § 1 KSchG Wiedereinstellungsanspruch Nr. 4: »hohe Rückfallgefahr nach einer zunächst erfolgreichen Entziehungskur«; abl. MünchArbR/*Berkowsky* § 136 Rz. 76; *Fleck/Körtel* BB 1995, 722; vgl. auch *Raab* RdA 2000, 147 ff.; *Lepke* DB 2001, 269 ff.; *ders.* Kündigung bei Krankheit Rz 232 ff.).

2075 Dabei wird die Prognose wesentlich davon bestimmt, in welchem **Stadium der Sucht** sich der Arbeitnehmer befindet, in welcher Weise sich **frühere Therapien** auf den Zustand des Arbeitnehmers ausgewirkt haben, ob er vor Ausspruch der Kündigung **therapiebereit** war und ob eine solche Therapie aus medizinischer Sicht eine **gewisse Erfolgsaussicht** hat. Der Arbeitgeber muss dem Arbeitnehmer nach dem **Grundsatz der Verhältnismäßigkeit** i.d.R. vor Ausspruch einer Kündigung die **Chance zu einer Entziehungskur geben** (*BAG* 17.6.1999 EzA § 1 KSchG Wiedereinstellungsanspruch Nr. 4; *LAG Hamm* 21.9.2007 – 7 Sa 916/07 – ArbuR 2008, 75 LS; vgl. dazu *Nicolai* SAE 2000, 98 ff.); eine **Entziehungskur** ist insoweit **nicht gleichzusetzen mit einer Entgiftung**, selbst wenn sie mehrmals erfolgen sollte. Sie ist auch nicht schon durch eine sechsmalige Teilnahme an Einzel- oder Gruppengesprächen der ambulanten Selbsthilfe abgeschlossen (*LAG Hamm* 21.9.2007 – 7 Sa 916/07 – ArbuR 2008, 75 LS). Andererseits ist eine **negative Prognose** jedenfalls **dann gerechtfertigt**, wenn bei häufigen Fehlzeiten auf Grund einer Alkoholsucht zum Zeitpunkt des Ausspruchs der Kündigung auf Grund **mehrerer fehlgeschlagener Entzugstherapien** auch weiterhin mit einer Rückfallgefahr zu rechnen ist (*LAG SchlH* 24.7.2001 – 3 Sa 317/01).

2076 Ist der Arbeitnehmer zur Zeit der Kündigung nicht therapiebereit, so kann davon ausgegangen werden, dass er von dieser Krankheit in absehbarer Zeit nicht geheilt wird (*LAG RhPf* 27.3.2008 – 10 Sa 669/07 – EzA-SD 25/2008 S. 3 LS; vgl. ausf. *Künzl* NZA 1998, 122 ff.; *Hemming* BB 1998, 1999 ff.). Eine von ihm nach Ausspruch der Kündigung durchgeführte Therapie und ihr Ergebnis können daher nicht zur Korrektur der Prognose herangezogen werden (*BAG* 9.4.1987 EzA § 1 KSchG Krankheit Nr. 18; vgl. auch *LAG Köln* 12.3.2002 LAGE § 626 BGB Nr. 140 = NZA 2002, 519 zu einem Fehlverhalten, das über typisch suchtbedingte Ausfallerscheinungen hinausgeht).

2077 Gelingt es dem Arbeitgeber andererseits **nicht**, den **Nachweis zu führen**, dass die vom Arbeitnehmer im Zeitpunkt der wegen Alkoholabhängigkeit ausgesprochenen Kündigung bereits angesprochene Therapie, der er sich zu keinem Zeitpunkt widersetzt hat und die möglicherweise auch zu einem nachhaltigen Erfolg führen könnte, **keine Heilung** seines Leidens bringen könnte, ist der dem Arbeitgeber zufallende **Beweis** für das Vorliegen einer negativen Gesundheitsprognose als Voraussetzung einer krankheitsbedingten Kündigung **nicht geführt** (*LAG RhPf* 20.3.2008 – 2 Sa 612/07 – EzA-SD 24/2008 S. 3 LS).

2078 Neben der alkoholbedingten Nicht- und/oder Schlechtleistung der Arbeit stellt auch die **Selbstgefährdung** und **Gefährdung anderer Personen** infolge einer durch Alkoholkonsum verminderten Konzentrations- und Leistungsfähigkeit eine erhebliche Beeinträchtigung der betrieblichen Interessen des Arbeitgebers dar (*LAG RhPf* 27.3.2008 – 10 Sa 669/07 – EzA-SD 25/2008 S. 3 LS).

cc) Interessenabwägung

2079 Im Rahmen der Interessenabwägung ist allerdings – stärker als bei sonstigen Erkrankungen – zu berücksichtigen, dass gerade der Süchtige in besonderem Maße eines möglichst **intakten sozialen Umfeldes bedarf,** um überhaupt eine Chance zu haben, sich von seiner Sucht zu befreien.

2080 Ist der betroffene Arbeitnehmer ernsthaft therapiebereit und verspricht eine solche Therapie wenigstens mit einer gewissen Wahrscheinlichkeit Erfolg, so sind dem Arbeitgeber **auch für längere Zeit Überbrückungsmaßnahmen zuzumuten,** um so den Therapieerfolg nicht zu gefährden.

Dies beruht allerdings nicht auf der Überlegung, dass Betriebe zur Durchführung allgemeiner Resozialisierungsmaßnahmen herangezogen werden sollen, sondern vielmehr darauf, dass sich die Kostenbelastung des Arbeitgebers in derartigen Fällen auf Grund der zumeist gegebenen Langzeittatbestände im Rahmen der gesetzlichen Grenzen hält (MünchArbR/*Berkowsky* § 136 Rz. 77). 2081

Jedenfalls ist eine ordentliche krankheitsbedingte Kündigung dann sozial gerechtfertigt, wenn sich auch ein anderer **vernünftig denkender Arbeitgeber** unter Berücksichtigung erheblicher krankheitsbedingter Fehlzeiten wegen Alkoholismus auf Grund einer negativen Gesundheitsprognose und einer Störung des Betriebsablaufs von dem Arbeitnehmer getrennt hätte (*ArbG Frankf./M.* 1.10.1999 NZA-RR 2000, 192). 2082

Nach (zw.) Auffassung des *LAG RhPf* (27.3.2008 – 10 Sa 669/07 – EzA-SD 25/2008 S. 3 LS) können im Rahmen der Interessenabwägung **private Schicksalsschläge** als mögliche Ursache des Alkoholismus **nicht als Entschuldigung berücksichtigt werden**, da der Arbeitgeber dafür keine Verantwortung trägt. Das soll insbesondere dann gelten, wenn der Arbeitgeber vor Ausspruch der Kündigung nach einer Entziehungskur des Arbeitnehmers durch mehrere Abmahnungen klargemacht hat, dass sein Alkoholkonsum nicht länger hingenommen wird und ein weiterer Rückfall zu Konsequenzen führen muss. 2083

dd) Verhalten nach erfolgreicher Entziehungskur

Die Entscheidung des Arbeitnehmers, nach einer erfolgreichen Entziehungskur die zunächst aufgenommenen Besuche in einer Selbsthilfegruppe von anonymen Alkoholikern abzubrechen, weil er sich hiermit überfordert fühlt, gehört zum privaten Lebensbereich. Hiermit verletzt er keine Haupt- oder Nebenpflicht aus dem Arbeitsverhältnis. Selbst wenn er dem Arbeitgeber, der einen solchen Besuch einer Selbsthilfegruppe verlangt, vortäuscht, er setze diese Besuche fort, rechtfertigt dies keine ordentliche – verhaltensbedingte – Kündigung (*LAG Düsseld.* 25.2.1997 NZA-RR 1997, 381). 2084

ee) Blutuntersuchungen

Ein Arbeitnehmer ist regelmäßig **nicht verpflichtet**, im laufenden Arbeitsverhältnis routinemäßigen Blutuntersuchungen zur Klärung, ob er alkohol- oder drogenabhängig ist, zuzustimmen (*BAG* 12.8.1999 EzA § 1 KSchG Verhaltensbedingte Kündigung Nr. 55). 2085

3. Aids

Vgl. ausf. *Lepke* RdA 2000, 87 ff.; *ders.* Kündigung bei Krankheit Rz. 260 ff. 2086

a) HIV-Infektion

Die Infektion mit HIV für sich allein **rechtfertigt keine ordentliche Kündigung** gem. § 1 Abs. 2 KSchG, denn der Arbeitnehmer ist weiterhin arbeitsfähig. 2087

Etwas anderes ergibt sich auch nicht aus der Überlegung heraus, dass andere Mitarbeiter durch den infizierten Arbeitnehmer gefährdet sind. Denn die quantitative Gefahr einer Übertragung unter den normalerweise am Arbeitsplatz herrschenden Gegebenheiten tendiert gegen Null (*Eich* NZA 1987 Beil. Nr. 2 S. 10, 13; *Klak* BB 1987, 1382). 2088

b) Vollbild der Erkrankung

Soweit der Arbeitnehmer an Aids tatsächlich erkrankt ist, also das sog. Vollbild der Erkrankung ausgebrochen ist, erfolgt die kündigungsrechtliche Beurteilung nach den **allgemeinen Kriterien** der krankheitsbedingten Kündigung. 2089

Die Erkrankung wegen Aids hat, wie jede sonstige Erkrankung auch, lediglich für die Begründung der negativen Gesundheitsprognose, also für die zukünftige Einsetzbarkeit des Arbeitnehmers Bedeutung. Dabei sind die mit dieser besonderen Form der Erkrankung gewonnenen medizinischen Erfahrungen heranzuziehen (MünchArbR/*Berkowsky* § 136 Rz. 79). 2090

c) Unmöglichkeit der Erbringung der Arbeitsleistung

2091 Auch vor Ausbruch der Erkrankung im Vollbild kommt eine ordentliche Kündigung aber dann in Betracht, wenn der Arbeitnehmer seine Arbeitsleistung nicht mehr zu erbringen vermag (vgl. *Lichtenberg/Schücking* NZA 1990, 457 f.).

d) Druckkündigung

2092 Soweit auf den Arbeitgeber wegen einer bestehenden Aids-Infektion eines Mitarbeiters Druck ausgeübt wird, um dessen Entlassung aus dem Betrieb zu erzwingen (sog. Druckkündigung s.o. Rn. 1533 ff.) ist als Besonderheit in diesen Fällen zu beachten, dass die dem Druck zugrunde liegende Aids-Infektion als solche kündigungsrechtlich regelmäßig irrelevant ist, sodass ein objektiv anerkennenswertes Motiv für den Druck z.B. der Belegschaft nicht gegeben ist.

2093 **Der Arbeitgeber hat deshalb alle geeigneten Mittel zu ergreifen, den Druck zu entschärfen und eine Kündigung zu vermeiden** (z.B. durch intensive **Aufklärung** der Belegschaft über das mangelnde Ansteckungsrisiko sowie die **Umsetzung** oder **Versetzung** des infizierten Arbeitnehmers oder derjenigen Arbeitnehmer, auf die der Druck zurückzuführen ist).

2094 Der Arbeitgeber, der selbst den Druck dadurch erst erzeugt, dass er seiner Belegschaft die bislang unbekannte Aids-Infektion mitteilt, kann sich zur Begründung einer Kündigung auf die hierdurch geschaffene Drucksituation nicht berufen (*Lepke* DB 1987, 1299).

4. Inhaftierung des Arbeitnehmers

a) Dauer der Strafhaft

2095 Bei der Kündigung eines Arbeitnehmers wegen Arbeitsverhinderung durch die Verbüßung einer Freiheitsstrafe geht es nicht um einen verhaltens-, sondern um einen personenbedingten Kündigungsgrund.

2096 Für die Dauer der Verbüßung einer Strafhaft, die als Kündigungsgrund in Betracht kommt, besteht **keine bestimmte Mindest- oder Regeldauer.**

2097 Denn eine derartige Mindest- oder Regeldauer für eine kündigungsrechtlich erhebliche Verbüßung einer Strafhaft würde die unzutreffende Annahme eines absoluten Kündigungsgrundes begünstigen, nicht zur erstrebten Rechtssicherheit führen und auch nicht den Interessen des Arbeitgebers bei einer kürzeren Strafhaft des Arbeitnehmers entsprechen.

2098 Denn bei einer Regelgrenze müssten einerseits Ausnahmen für kürzere Haftstrafen zugelassen werden, wenn der Arbeitnehmer im Betrieb schwer zu ersetzen ist.

2099 Andererseits wäre die Regeldauer um das Erfordernis zu ergänzen, dass sich die haftbedingte Arbeitsverhinderung auch konkret nachteilig auf das Arbeitsverhältnis auswirkt und zu einer unzumutbaren Belastung für den Arbeitgeber führt (*BAG* 22.9.1994 EzA § 1 KSchG Personenbedingte Kündigung Nr. 11; *LAG Köln* 21.11.2001 ZTR 2002, 293; *ArbG Hmb.* 30.5.2001 NZA-RR 2002, 246).

b) Betriebliche Auswirkungen

2100 Es hängt deshalb von Art und Ausmaß der betrieblichen Auswirkungen ab, ob eine haftbedingte Nichterfüllung der Arbeitspflicht durch den Arbeitnehmer eine Kündigung überhaupt, eine außerordentliche Kündigung nach § 626 BGB oder eine ordentliche Kündigung nach § 1 KSchG rechtfertigt (*BAG* 15.11.1984 EzA § 626 BGB n.F. Nr. 95; *LAG RhPf* 12.4.1999 – 7 Sa 61/99; *LAG Köln* 21.11.2001 ZTR 2002, 293; *ArbG Hmb.* 30.5.2001 NZA-RR 2002, 246; zur Verurteilung eines Arbeitnehmers im öffentlichen Dienst wegen **Drogenhandels** insoweit *LAG Hamm* 19.4.2007 LAGE § 1 KSchG Verhaltensbedingte Kündigung Nr. 97).

In Betracht kommt insbes. die Notwendigkeit des Einsatzes einer Aushilfskraft mit damit verbundener Ausbildung, der Ausfall von Schichten, durch die Ersatzkraft verursachte Schäden. Zu berücksichtigen sind, wie bei der krankheitsbedingten Kündigung, auch in der Zukunft eintretende betriebliche Auswirkungen (*BAG* 22.9.1994 EzA § 1 KSchG Personenbedingte Kündigung Nr. 11). 2101

Zu berücksichtigen ist aber andererseits auch, dass der Arbeitgeber infolge des Fehlens von Vergütungsansprüchen wirtschaftlich nicht belastet wird, sodass maßgeblich darauf abgestellt werden kann, ob und in welchem Ausmaß es zu Störungen des Betriebsablaufs gekommen ist/kommen wird bzw. inwieweit die Notwendigkeit einer Ersatzeinstellung besteht. 2102

Ferner ist zu überprüfen, welche Maßnahmen für einen Arbeitgeber zumutbar sind um die haftbedingte Arbeitsverhinderung eines Arbeitnehmers zu überbrücken (*BAG* 15.11.1984 EzA § 626 BGB n.F. Nr. 95; 22.9.1994 EzA § 1 KSchG Personenbedingte Kündigung Nr. 11; *LAG RhPf* 12.4.1999 – 7 Sa 61/99). 2103

c) Untersuchungshaft

Steht z. Zt. des Ausspruchs der Kündigung die Dauer der zu verbüßenden Freiheitsstrafe noch nicht fest, weil der Arbeitnehmer seit 7 1/2 Monaten zwar in Untersuchungshaft sitzt, die Hauptverhandlung aber noch nicht stattgefunden hat, so ist als Kündigungsgrund auf die **Ungewissheit abzustellen, ob der Arbeitnehmer überhaupt je auf seinen Arbeitsplatz zurückkehren und wann dies der Fall sein wird** (*BAG* 22.9.1994 EzA § 1 KSchG Personenbedingte Kündigung Nr. 11). 2104

5. Mangelnde Eignung des Arbeitnehmers

a) Begriffsbestimmung

Die Frage, ob ein bestimmter Arbeitnehmer für die auf einem bestimmten Arbeitsplatz geforderte Aufgabe geeignet ist, beantwortet sich aus einem Vergleich zwischen dem arbeitsplatzbezogenen **Anforderungsprofil** und dem arbeitnehmerbezogenen **Leistungsprofil.** 2105

Mangelnde Eignung liegt nicht schon bei jeder Differenz vor. Eine solche muss vielmehr so ausgeprägt sein, dass die Leistung des Arbeitnehmers in signifikantem Umfang ihren arbeitsvertraglich geschuldeten Zweck verfehlt (vgl. APS/*Dörner* § 1 KSchG Rz. 245 ff.). 2106

> Mangelnde Eignung kann vorliegen, wenn entweder objektive (personenbezogene) Voraussetzungen für die geschuldete Tätigkeit (Fahrerlaubnis beim Kraftfahrer; s. dazu bereits oben Rn. 1247; Gesundheitszeugnis beim Lebensmittelhändler, Arbeitserlaubnis beim ausländischen Arbeitnehmer) oder subjektive (in der Person des Arbeitnehmers liegende) Eigenschaften fehlen, deren Vorhandensein Voraussetzung für die vertragsgemäße Erfüllung des Anforderungsprofils ist (MünchArbR/*Berkowsky* § 136 Rz. 87 f.; ausf. dazu *Hunold* NZA 2000, 802 ff.). 2107

b) Objektive Eignungsmängel

aa) Beschäftigungsverbot

Fehlt dem Arbeitnehmer eine **objektive Eignungsvoraussetzung** (z.B. Fahrerlaubnis, Gesundheitszeugnis, behördliche Erlaubnisse, z.B. die Fluglizenz eines Verkehrsflugzeugführers [*BAG* 31.1.1996 EzA § 1 KSchG Personenbedingte Kündigung Nr. 13]), so **rechtfertigt** dies **i.d.R. eine Kündigung, da der Arbeitnehmer seine Arbeitsleistung nicht (mehr) erbringen darf.** 2108

Besteht allerdings z.B. bei einem **Piloten** die Aussicht, dass er die Erneuerung seiner Erlaubnis zum Führen eines Verkehrsflugzeugs **in absehbarer Zeit** erreichen kann, so hat ihm die Fluggesellschaft i.d.R. dazu die Gelegenheit zu geben, bevor sie das Arbeitsverhältnis kündigt (*BAG* 7.12.2000 EzA § 1 KSchG Personenbedingte Kündigung Nr. 15 = NZA 2109

2001, 1304). Die Entscheidung über die **Rechtmäßigkeit des Verfahrens und der Bewertung bei Überprüfungsflügen**, die für die Verlängerung bzw. Erneuerung der Erlaubnis eines Piloten vorgeschrieben sind, obliegt **nicht den Arbeitsgerichten** im Rahmen eines Kündigungsschutzverfahrens, sondern allein dem Luftfahrtbundesamt als der zuständigen Erlaubnisbehörde bzw. den Verwaltungsgerichten. Diese kann der Pilot anrufen, wenn ihm die Verlängerung bzw. Erneuerung seiner Erlaubnis wegen des Ergebnisses der Überprüfung versagt wird (*BAG* 7.12.2000 EzA § 1 KSchG Personenbedingte Kündigung Nr. 15 gegen *BAG* 31.1.1996 EzA § 1 KSchG Personenbedingte Kündigung Nr. 13).

2110 Etwas anderes gilt zudem (z.B. bei einem Berufskraftfahrer, dem die Fahrerlaubnis entzogen worden ist) dann, wenn eine Weiterbeschäftigung auf einem freien Arbeitsplatz erfolgen kann; der Arbeitgeber ist allerdings nach Auffassung des *LAG Nds.* (9.9.2003 LAGE § 1 KSchG Personenbedingte Kündigung Nr. 19) weder verpflichtet, noch berechtigt, zur Überbrückung einen Auszubildenden als Fahrer einzusetzen.

bb) Arbeitserlaubnis ausländischer Arbeitnehmer

2111 Handelt es sich um eine allgemeine Beschäftigungsvoraussetzung wie die Arbeitserlaubnis nach § 19 AFG (jetzt §§ 284 ff. SGB III) und gingen die Beteiligten auch **nicht davon aus,** dass eine entsprechende Erlaubnis **demnächst erteilt werde,** so ist der Vertragsschluss wegen Verstoßes gegen ein gesetzliches Verbot schlechthin **nichtig** (*BAG* 19.1.1977 EzA § 19 AFG Nr. 3).

2112 **Dagegen** wird ein unbefristetes Arbeitsverhältnis eines Ausländers, der nach § 284 SGB III einer Arbeitserlaubnis bedarf und dem diese auch erteilt wurde, **mit Zeitablauf der Arbeitserlaubnis nicht nichtig** (*BAG* 7.2.1990 EzA § 1 KSchG Personenbedingte Kündigung Nr. 8; *LAG Hamm* 9.2.1999 LAGE § 1 KSchG Personenbedingte Kündigung Nr. 16). Denn § 284 SGB III enthält nur ein Beschäftigungsverbot. Folglich ist auch die Vereinbarung einer **auflösenden Bedingung**, nach der das Arbeitsverhältnis ohne weiteres mit Ablauf der notwendigen Arbeitserlaubnis enden soll, bei einem seit längerem vollzogenen Arbeitsverhältnis unwirksam (*LAG Köln* 18.4.1997 LAGE § 1 KSchG Personenbedingte Kündigung Nr. 15)

2113 Allerdings ist dieses an sich geeignet, einen **personenbedingten Grund** zur ordentlichen Kündigung i.S.d. § 1 Abs. 2 S. 1 KSchG abzugeben, wenn die Arbeitserlaubnis **rechtskräftig versagt worden ist, weil der Arbeitnehmer dann auf Dauer nicht in der Lage ist, die vertraglich geschuldeten Dienste zu erbringen** (*LAG Hamm* 9.2.1999 LAGE § 1 KSchG Personenbedingte Kündigung Nr. 16). Ist über ihre Erteilung noch nicht rechtskräftig entschieden, so ist maßgeblich darauf abzustellen, ob für den Arbeitgeber bei objektiver Beurteilung im Zeitpunkt des Zugangs der Kündigung mit Erteilung der Erlaubnis nicht zu rechnen war und der Arbeitsplatz für den Arbeitnehmer ohne erhebliche betriebliche Beeinträchtigungen nicht offen gehalten werden konnte (*BAG* 7.2.1990 EzA § 1 KSchG Personenbedingte Kündigung Nr. 8; *LAG Hamm* 9.2.1999 LAGE § 1 KSchG Personenbedingte Kündigung Nr. 16; vgl. für den bloßen Ablauf einer notwendigen Arbeitserlaubnis *LAG Köln* 18.4.1997 LAGE § 1 KSchG Personenbedingte Kündigung Nr. 15). Die Nichterteilung der Arbeitserlaubnis darf allerdings nicht darauf beruhen, dass der Arbeitgeber die Erteilung arglistig verhindert. Wirkt er der Erteilung der Arbeitserlaubnis entgegen, weil er den ausländischen Arbeitnehmer nicht mehr weiterbeschäftigen will, so kann er sich im Kündigungsschutzprozess regelmäßig nicht auf das hierdurch herbeigeführte Beschäftigungsverbot berufen (*BAG* 7.2.1990 EzA § 1 KSchG Personenbedingte Kündigung Nr. 8). Andererseits verstößt es nach Auffassung des *LAG Hamm* (9.2.1999 LAGE § 1 KSchG Personenbedingte Kündigung Nr. 16) weder gegen Treu und Glauben noch gegen die Grundsätze des § 162 BGB, wenn der Arbeitgeber in einer derartigen Situation dem Arbeitsamt erklärt, er habe **kein Interesse mehr an dem bisher beschäftigten Arbeitnehmer** und um die Vermittlung einer bevorrechtigt zu berücksichtigenden Person nachsucht.

Ein Arbeitnehmer, der **verschweigt, dass er zur Ausreise aus der BRD aufgefordert wurde** und dass seine Ausreisepflicht für vollziehbar erklärt wurde und deshalb seine Arbeitserlaubnis entfallen ist, begeht eine Ordnungswidrigkeit i.S.d. § 229 Abs. 1 Nr. 1 AFG (jetzt § 404 Abs. 2 Nr. 3 SGB III) und verletzt nach Auffassung des *LAG Nbg.* (21.9.1994 NZA 1995, 228) wegen dieser vorsätzlichen und arglistigen Täuschung seine arbeitsvertragliche Treuepflicht erheblich. Ein solches Verhalten stellt einen wichtigen Grund i.S.d. § 626 Abs. 1 BGB dar. Der Arbeitnehmer kann nicht einwenden, er habe darauf vertrauen dürfen, infolge Rechtsmitteleinlegung die Duldung und damit die Arbeitserlaubnis zu behalten. 2114

Ob der Arbeitgeber nach Ablauf der Arbeitserlaubnis zur **ordentlichen oder außerordentlichen Kündigung** berechtigt ist, hängt von den Umständen des Einzelfalles ab, insbes. davon, ob der Arbeitgeber den Arbeitsplatz sofort neu besetzen muss (*BAG* 13.1.1977 EzA § 19 AFG Nr. 2); zu beachten ist, dass dem Arbeitnehmer ein Anspruch auf Erlass einer Einstweiligen Anordnung, gerichtet auf Erteilung einer Arbeitserlaubnis zustehen kann (vgl. instruktiv *SG Bln.* 18.9.2001 NZA-RR 2002, 484). 2115

c) Subjektive Eignungsmängel

aa) Verminderte Leistungsfähigkeit

> Subjektive Eignungsmängel sind Umstände, die unmittelbar in der Person des Arbeitnehmers begründet sind. Dazu gehört insbes. die – z.B. auch krankheitsbedingt – geminderte Leistungsfähigkeit des Arbeitnehmers (vgl. dazu *Leuchten/Zimmer* BB 1999, 1973 ff.). 2116

Subjektive Eignungsmängel sind nicht in jedem Fall kündigungsrechtlich von Bedeutung, weil die Leistungsfähigkeit der Menschen individuell sehr unterschiedlich ist; Fehler sind für jedermann in gewissem Umfang unvermeidlich. 2117

Folglich kann **nicht jeder verminderte Leistungsgrad** im Vergleich zu einem anderen vergleichbaren Arbeitnehmer oder jede Fehlleistung **eine Kündigung rechtfertigen** (*BAG* 26.9.1991 EzA § 1 KSchG Personenbedingte Kündigung Nr. 10). Auch reicht für eine personenbedingte Kündigung **nicht die pauschale Behauptung aus, ein Mitarbeiter sei ungeeignet** (*LAG RhPf* 30.7.2001 – 4 Sa 1275/00). 2118

> Allerdings kann eine Kündigung dann gerechtfertigt sein, wenn dem Arbeitnehmer Eigenschaften fehlen, die für die von ihm vertraglich geschuldete Aufgabe von bestimmender Bedeutung sind. 2119

Dies ist etwa dann der Fall, wenn sich bei einem Konzertmeister eines Sinfonieorchesters herausstellt, dass er die für diese Stellung erforderlichen Führungseigenschaften nicht besitzt (*BAG* 29.7.1976 EzA § 1 KSchG Nr. 34). 2120

> Es gibt insoweit allerdings keinen allgemeinen Erfahrungssatz des Inhalts, dass das Fehlen sog. Führungseigenschaften bei einem leitenden Mitarbeiter stets auf einer von der Natur mitgegebenen Veranlagung beruht, die nicht an das subjektive Wollen des Arbeitnehmers gebunden ist (*LAG Köln* 23.5.2002 ARST 2003, 65 LS). 2121
>
> Das *LAG Köln* (24.1.2007 – 7 Sa 1024/05 – ZTR 2007, 624) hat – zu weitgehend – angenommen, dass ein insulinpflichtiger Diabetiker grundsätzlich nicht geeignet ist, als Busfahrer im Personenbeförderungsverkehr tätig zu sein

Erforderlich ist jedenfalls stets, dass die Minderung der Leistungsfähigkeit zu einer **erheblichen Beeinträchtigung der betrieblichen Interessen** führt (*BAG* 26.9.1991 EzA § 1 KSchG Personenbedingte Kündigung Nr. 10). 2122

bb) Graduelles Leistungsdefizit

(1) Grundlagen

2123 Problematisch ist die Feststellung, wann eine Kündigung sozial gerechtfertigt ist, wenn sie nicht auf das Fehlen konkret abgrenzbarer Eigenschaften, sondern auf ein graduelles Leistungsdefizit gestützt wird. Ein graduelles Leistungsdefizit liegt dann vor, wenn der Arbeitnehmer die vertraglich geschuldete Leistung **zwar an sich erbringen kann, sie vom Umfang her aber erheblich von der vergleichbarer Arbeitnehmer abweicht.**

2124 Geht man davon aus (*BAG* 11.12.2003 EzA § 1 KSchG Verhaltensbedingte Kündigung Nr. 62; *LAG Hamm* 23.8.2000 NZA-RR 2001, 138; MünchArbR/*Blomeyer* § 48 Rz. 56; s.o. Kap. 3 Rn. 20; s.u. Rn. 2188), dass der Arbeitnehmer im Rahmen der arbeitsvertraglichen Vereinbarung in der Arbeitszeit unter angemessener Anspannung seiner (individuellen) Kräfte und Fähigkeiten ständig zu arbeiten hat, ohne Körper und Gesundheit zu schädigen (s.o. Kap. 3 Rn. 20 ff.), so kommt ein graduelles Leistungsdefizit kündigungsrechtlich erst dann in Betracht, wenn er insgesamt **nicht mehr in der Lage ist, seine vertraglich geschuldete Arbeitsleistung zu erbringen.**

2125 Geht man dagegen davon aus (MünchArbR/*Berkowsky* § 136 Rz. 97 f.; vgl. auch *ArbG Celle* 14.5.2001 NZA-RR 2001, 478; dagegen ausdrücklich *BAG* 11.12.2003 EzA § 1 KSchG Verhaltensbedingte Kündigung Nr. 62; s.o. Kap. 3 Rn. 20), dass der Arbeitnehmer eine durch den Arbeitsvertrag und eventuell in Bezug genommene Arbeitsplatz- oder Leistungsbeschreibung konkretisierte Leistung mittlerer Art und Güte schuldet (§ 243 Abs. 1 BGB), dann kommt ein graduelles Leistungsdefizit als Kündigungsgrund in Betracht, wenn sich sein Leistungsniveau **signifikant vom Leistungsniveau der zwar unter dem Durchschnitt liegenden, aber noch hinreichend leistungsfähigen vergleichbaren Mitarbeiter abhebt.**

2126 Maßstab ist insoweit ein Vergleich zwischen einem insoweit vergleichbaren Mitarbeiter, dessen Leistung kündigungsrechtlich unbedenklich ist, und dem zu kündigenden Arbeitnehmer.

2127 Eine solche Feststellung ist nicht ohne subjektive Wertung zu treffen, sodass dem Arbeitgeber insoweit ein gewisser Beurteilungsspielraum eingeräumt werden muss. Dies entbindet ihn jedoch nicht von der Pflicht, im Kündigungsschutzprozess exakt die Daten und Fakten vorzutragen, aus denen sich der Grad des Leistungsdefizits des gekündigten Arbeitnehmers ergibt (so MünchArbR/*Berkowsky* a.a.O.; s.a. *Tschöpe* BB 2006, 213 ff. zur Bestimmung der sog. »low performer«; instr. *LAG BW* 6.9.2006 BB 2007, 1228 m. Anm. *Winzer* BB 2007, 1231 f.; *LAG SchlH* 27.5.2008 NZA-RR 2008, 573; *Maschmann* Beil. 1/06 zu NZA Heft 10/06 S. 13 ff.).

2128 Das *LAG Köln* (21.12.1995 NZA-RR 1997, 51; vgl. auch *ArbG Celle* 14.5.2001 NZA-RR 2001, 478; s.a. *LAG Köln* 26.2.1999 ZTR 1999, 382 LS zur behinderungsbedingten Kündigung wegen Minderleistung) hat insoweit folgende Grundsätze aufgestellt:

- Die krankheitsbedingte dauerhafte Leistungsminderung kann nur mit großer Zurückhaltung als ein Kündigungsgrund nach § 1 Abs. 2 KSchG in Betracht gezogen werden;
- Geringe Leistungsminderungen scheiden von vornherein als Kündigungsgrund aus; erste eine erhebliche Beeinträchtigung der Leistungsfähigkeit (objektiv messbarer Leistungsabfall in quantitativer oder qualitativer Hinsicht) kann eine unzumutbare wirtschaftliche Belastung des Arbeitgebers darstellen, weil der gezahlten Vergütung dann keine adäquate Arbeitsleistung mehr gegenübersteht;
- Fehlt die Feststellung objektiver Tatsachen für das dauernde Ungleichgewicht von Leistung und Gegenleistung, dann muss im Regelfall mit der auf Erkrankungen gestützten Kündigung abgewartet werden, bis die Prognose ergibt, dass der Arbeitnehmer tatsächlich aus diesen Gründen regelmäßig fehlen wird. Auch der in einem arbeitsmedizinischen Gutachten enthaltene ärztliche Rat, die Tätigkeit aus gesundheitlichen Gründen nicht mehr auszuüben, berechtigt den Arbeitgeber nicht ohne weiteres zu einer »Kündigung aus Fürsorge«;
- Eine vorsorglich und »aus Fürsorge« in Kenntnis ärztlicher Besorgnis erklärte Kündigung ist insbes. dann nicht sozial gerechtfertigt, wenn sie ausgesprochen wird, nachdem der

Arbeitnehmer inzwischen seit Monaten wieder ohne objektiv messbare Leistungsminderung tatsächlich mit seiner vertraglichen Arbeit (z.B. als Abbrucharbeiter) beschäftigt worden ist.

Das *BAG* (11.12.2003 EzA § 1 KSchG Verhaltensbedingte Kündigung Nr. 62; 3.6.2004 EzA § 23 KSchG Nr. 27 = NZA 2004, 1380 = BAG Report 2005, 230; ebenso *LAG Hamm* 1.2.2005 LAG Report 2005, 337 m. Anm. *Kock*; vgl. dazu *Gravenhorst* FA 2005, 34 ff.; *Depel/Raif* SAE 2005, 88 ff.; *Schul/Wichert* DB 2005, 1908 ff.; *Friemel/Walk* NJW 2005, 3669 ff.; *Maschmann* Beil. 1/06 zu NZA Heft 10/06 S. 13 ff.; s.o. Kap. 3 Rn. 20; s.u. Rn. 2188) geht insoweit inzwischen davon aus, 2129

- dass eine personenbedingte Kündigung dann in Betracht kommt, wenn bei einem über längere Zeit erheblich leistungsschwachen Arbeitnehmer auch für die Zukunft mit einer schweren Störung des Vertragsgleichgewichts zu rechnen ist.
- Voraussetzung dafür ist allerdings, dass ein milderes Mittel zu dessen Wiederherstellung nicht zur Verfügung steht und dem Schutz älterer, langjährig beschäftigter und erkrankter Arbeitnehmer ausreichend Rechnung getragen wird.
- Demgegenüber kommt es – bei der personenbedingten Kündigung – nicht darauf an, dass der Arbeitnehmer gegen die subjektiv zu bestimmende Leistungspflicht verstößt.
- Im Prozess hat der Arbeitgeber dabei im Rahmen der abgestuften Darlegungslast zunächst nur die Minderleistung vorzutragen. Ist dies geschehen, so muss der Arbeitnehmer erläutern, warum er trotz unterdurchschnittlicher Leistungen seine Leistungsfähigkeit ausgeschöpft hat bzw. woran die Störung des Leistungsgleichgewichts liegen könnte und ob in Zukunft eine Besserung zu erwarten ist (*BAG* 3.6.2004 a.a.O.; *LAG BW* 6.9.2006 BB 2007, 1228 m. Anm. *Winzer* BB 2007, 1231 f.; vgl. dazu *Gravenhorst* FA 2005, 34 ff.; *Friemel/Walk* NJW 2005, 3669 ff.).

► **Beispiel:** 2130

Bei einer völligen Erfolglosigkeit eines Arbeitnehmers im Akquisitionsgeschäft ist davon auszugehen, dass in dem Arbeitsverhältnis zwischen den Parteien das Verhältnis von Leistung und Gegenleistung nachhaltig gestört ist. Dies kann eine personenbedingte Kündigung sozial rechtfertigen (*BAG* 3.6.2004 EzA § 23 KSchG Nr. 27 = NZA 2004, 1380 = BAG Report 2005, 230; vgl. dazu *Gravenhorst* FA 2005, 34 ff.; *Friemel/Walk* NJW 2005, 3669 ff.).

(2) § 97 Abs. 2 BetrVG n.F.

Hat der Arbeitgeber technische Anlagen, Arbeitsverfahren und Arbeitsabläufe oder Arbeitsplätze geplant, die dazu führen, dass sich die Tätigkeit der betroffenen Arbeitnehmer ändern wird und ihre **beruflichen Kenntnisse und Fähigkeiten** zur Erfüllung ihrer Aufgaben **nicht mehr ausreichen**, so hat der Betriebsrat gem. § 97 Abs. 2 BetrVG bei der Einführung von Maßnahmen der betrieblichen Berufsbildung **mitzubestimmen**. Kommt eine Einigung nicht zustande, so entscheidet die **Einigungsstelle**. Der Spruch der Einigungsstelle ersetzt die Einigung zwischen Arbeitgeber und Betriebsrat. 2131

Fraglich ist, ob und inwieweit diese Regelung die **individualrechtliche Befugnis des Arbeitgebers beschränkt**, das Arbeitsverhältnis wegen mangelnder Qualifikation des Arbeitnehmers zu **kündigen**. Im Grundsatz lässt sich aus § 97 Abs. 2 BetrVG n.F. keine Kündigungssperre in dem Sinne ableiten, dass der Arbeitgeber zunächst das Verfahren nach § 97 Abs. 2 BetrVG n.F. und ggf. den Abschluss der Fortbildungsmaßnahme abwarten muss, bevor er das Arbeitsverhältnis kündigen kann. Denn § 97 Abs. 2 BetrVG n.F, regelt nur das Verhältnis zwischen Arbeitgeber und Betriebsrat. Die Zulässigkeit der Kündigung richtet sich dagegen allein nach § 1 Abs. 2 KSchG. Zumindest wenn sich **Arbeitgeber und Betriebsrat** auf die Einführung von Fortbildungs- und Umschulungsmaßnahmen **verständigt haben** oder wenn die Einigung durch Spruch der Einigungs- 2132 stelle ersetzt worden ist, dürfte die Kündigung eines Arbeitnehmers, der an der **Bildungsmaßnahme teilnimmt**, aber **regelmäßig wegen Verstoßes** gegen das in § 1 Abs. 2 S. 3 KSchG kodifizierte kündigungsrechtliche **ultima-ratio-Prinzip unwirksam sein** (GK-BetrVG/*Raab* § 97 Rz. 22; *Annuß* NZA 2001, 368).

cc) Lebensalter

2133 Das Lebensalter eines Arbeitnehmers **rechtfertigt für sich genommen eine Kündigung grds. nicht.** Bei natürlichem altersbedingten Abbau der Leistungsfähigkeit kann aber eine Kündigung in Betracht kommen, wenn er den vertraglich geschuldeten Leistungspflichten insgesamt **nicht mehr gerecht zu werden vermag** (weitergehend KR/*Etzel* 7. Aufl. § 1 KSchG Rz. 387: Erreichen des 65. Lebensjahres ausreichend, wenn der Arbeitnehmer ausreichend versorgt ist; **a.A.** APS/*Dörner* § 1 KSchG Rz. 252 f.).

2134 Maßstab ist insoweit das Anforderungsprofil des Arbeitsplatzes unter Berücksichtigung der arbeitsvertraglichen Vereinbarung (so MünchArbR/*Berkowsky* § 136 Rz. 99). Zum Teil wird auch auf die Leistungsfähigkeit vergleichbarer (gleichaltriger) Arbeitnehmer abgestellt (KR/*Becker* 3. Aufl., § 1 KSchG Rz. 222).

6. Wirtschaftliche und soziale Absicherung eines nebenberuflich tätigen Arbeitnehmers

2135 Dass ein nebenberuflich tätiger Arbeitnehmer als Beamter auf Lebenszeit weitgehend wirtschaftlich und sozial abgesichert ist, stellt keinen personenbedingten Grund i.S.d. § 1 Abs. 1 KSchG für eine Kündigung eines nebenberuflich ausgeübten Teilzeitarbeitsverhältnisses dar (*BAG* 13.3.1987 EzA § 1 KSchG Betriebsbedingte Kündigung Nr. 44).

7. Verfassungspolitische Einstellung; politische Tätigkeit

a) Verfassungsfeindliche Betätigung als arbeitsvertragliche Pflichtverletzung

aa) Grundsätze

2136 Die politische Gesinnung eines Arbeitnehmers scheidet grds. von vornherein als Kündigungsgrund aus.

2137 Etwas anderes kann sich allenfalls dann ergeben, wenn im konkreten Fall die **Gefahr einer verfassungsfeindlichen Betätigung** des Arbeitnehmers besteht und diese Betätigung gegen den **arbeitsvertraglichen Pflichtenkreis** verstößt.

2138 I. d. R. gehört es aber nicht zum Inhalt eines üblichen privatrechtlichen Arbeitsvertrages, sich verfassungsfeindlicher Aktivitäten grds. zu enthalten oder sich gar aktiv für die Ordnung des GG einzusetzen.

bb) Tendenzbetriebe; öffentlicher Dienst

2139 Eine solche Verpflichtung kommt jedoch bei Arbeitnehmern in Betracht, wenn das Arbeitsverhältnis zu einem Arbeitgeber besteht, dessen Betrieb die **Förderung politischer Zielsetzungen** zum Gegenstand hat (z.B. Verlag, Zeitungsredaktion, Rundfunkredaktion, Parteien, insbes. aber auch bei Angestellten des öffentlichen Dienstes).

2140 Dennoch folgt aus § 8 BAT z.B. nicht, dass jeder Angestellte des öffentlichen Dienstes einer gesteigerten politischen Treuepflicht unterliegt. Diese Auslegung würde gegen Art. 5 Abs. 1 GG, Art. 21 Abs. 1 GG verstoßen (*BAG* 28.9.1989 EzA § 1 KSchG Verhaltensbedingte Kündigung Nr. 28).

2141 Das Ausmaß der politischen Loyalitätsverpflichtung des Arbeitnehmers richtet sich vielmehr stets nach den jeweiligen **arbeitsvertraglichen Funktionen** des Arbeitnehmers.

2142 Gerade diese müssen das Maß an Loyalität erfordern, deren Fehlen zum Anlass der Kündigung genommen wird.

cc) Aktivitäten für die DKP

Die politische Betätigung eines angestellten Lehrers für die DKP kann folglich als personenbedingter Grund für eine ordentliche Kündigung in Betracht kommen, wenn der Angestellte unter Berücksichtigung der ihm obliegenden Funktion und der staatlichen Aufgabenstellung des öffentlichen Arbeitgebers auf Grund konkreter Umstände nicht (mehr) als geeignet für die Lehrtätigkeit angesehen werden kann. 2143

Die Mitgliedschaft in der DKP, die Kandidatur für diese Partei bei Wahlen und die Annahme eines Ratsmandates sind zwar Indizien für eine fehlende Bereitschaft zur Verfassungstreue, reichen aber als personenbedingter Kündigungsgrund allein noch nicht aus. 2144

Zweifel an der Verfassungstreue sind nicht vom Arbeitnehmer zu entkräften, sondern **vom Arbeitgeber durch konkrete Umstände so zu personalisieren und zu verstärken, dass sie die Feststellung der fehlenden Eignung (Verfassungstreue) rechtfertigen** (*BAG* 28.9.1989 EzA § 1 KSchG Verhaltensbedingte Kündigung Nr. 28). 2145

b) Feststellung der fehlenden Eignung

Konkrete Umstände, die gegen die Eignung sprechen, können sich aus dem bisherigen dienstlichen oder außerdienstlichen Verhalten des Lehrers sowie insbes. aus einem durch Anhörung zu ermittelnden Verfassungsverständnis ergeben. 2146

Wenn nach diesen Grundsätzen eine fehlende Eignung nicht festzustellen ist, kommt eine verhaltensbedingte Kündigung wegen der politischen Aktivitäten nur in Betracht, wenn das Arbeitsverhältnis im Bereich der betrieblichen Verbundenheit konkret beeinträchtigt ist. 2147

Die subjektive Besorgnis des Arbeitgebers, der angestellte Lehrer könne jederzeit die ihm anvertrauten Schüler indoktrinieren, ist noch keine konkrete nachteilige Auswirkung von politischen Aktivitäten, die auf die Verwirklichung verfassungswidriger Ziele gerichtet sind (*BAG* 6.6.1984 EzA § 1 KSchG Verhaltensbedingte Kündigung Nr. 12; 28.9.1989 EzA § 1 KSchG Verhaltensbedingte Kündigung Nr. 28). 2148

8. Ehe; Ehegatten-Arbeitsverhältnis; Lebensgemeinschaft

Die Eheschließung stellt keinen personenbedingten Kündigungsgrund dar. Auch einzelvertraglich kann ein solches Kündigungsrecht nicht wirksam vereinbart werden, auch nicht durch eine sog. Zölibatsklausel. 2149

Unter Umständen kann aber im **kirchlichen Bereich** eine Eheschließung, die gegen fundamentale Grundsätze der kirchlichen Gemeinschaft verstößt, eine personenbedingte Kündigung des Arbeitnehmers rechtfertigen (MünchArbR/*Berkowsky* § 136 Rz. 142; s. u. Rn. 3149 ff.). 2150

Die **Lebensgemeinschaft** einer Arbeitnehmerin mit einem Kollegen, der zu einem **Konkurrenzunternehmen in leitender Stellung wechselt**, ist allein noch kein in der Person der verbleibenden Arbeitnehmerin liegender Grund zur Kündigung des Arbeitsverhältnisses (*LAG Hamm* 29.1.1997 NZA 1999, 656). 2151

> Auch bei einem sog. Ehegatten-Arbeitsverhältnis ist die Zerrüttung bzw. das Scheitern der Ehe für die Frage der sozialen Rechtfertigung der Kündigung ohne konkrete nachteilige Auswirkungen auf das Arbeitsverhältnis ohne Aussagekraft (*BAG* 9.2.1995 EzA § 1 KSchG Personenbedingte Kündigung Nr. 12). 2152

Die Kündigung ist nur dann sozial gerechtfertigt, wenn sich die ehelichen Auseinandersetzungen so auf das Arbeitsverhältnis auswirken, dass der Arbeitgeber nachvollziehbare Gründe zu der Annahme hat, der Arbeitnehmer werde seine arbeitsvertraglichen Pflichten nicht mit der geschuldeten Sorgfalt und Loyalität ausfüllen bzw. die Fortsetzung der ehelichen Streitigkeiten werde sich auf das Arbeitsverhältnis negativ auswirken und damit zu einer Störung des Betriebsfriedens führen (*BAG* 9.12.1995 EzA § 1 KSchG Personenbedingte 2153

Kündigung Nr. 12; *LAG Köln* 28.11.2002 – 5 Sa 566/02 – EzA-SD 3/03, S. 7 LS = ARST 2003, 236 LS = NZA-RR 2003, 416).

2154 Diese Grundsätze gelten entsprechend auch für gleichgeschlechtliche Paare in eingetragenen Lebenspartnerschaften (vgl. dazu *Powietzka* BB 2002, 146 ff.).

9. Ehrenämter

2155 Nimmt der Arbeitnehmer Verpflichtungen aus privaten (karitativen, künstlerischen, religiösen oder sportlichen) Ehrenämtern wahr, so kann dies zwar keine personenbedingte, u.U. aber eine **verhaltensbedingte Kündigung** rechtfertigen, wenn diese Tätigkeit zu **unzumutbaren Unzuträglichkeiten im Betrieb führt.**

2156 Funktionen im gewerkschaftlichen Bereich berechtigen den Arbeitgeber nicht zur Kündigung. Vielmehr steht die gewerkschaftliche Betätigung unter dem besonderen Schutz des Art. 9 Abs. 3 GG.

2157 Jedoch ist auch in diesem Bereich eine verhaltensbedingte Kündigung nicht ausgeschlossen, wenn sich der Arbeitnehmer nachhaltig trotz einschlägiger Abmahnungen in betrieblichen Bereichen unzulässigerweise gewerkschaftlich betätigt (MünchArbR/*Berkowsky* § 136 Rz. 143 f.).

10. Ableistung des Wehrdienstes von Nicht-EU-Ausländern

2158 Muss ein Arbeitnehmer aus einem nicht der Europäischen Union angehörigen Land, z.B. der Türkei, in seinem Heimatland eine Wehrpflicht ableisten, so kann er sich nicht auf ein Leistungsverweigerungsrecht gegenüber dem Arbeitgeber berufen; das ArbPlSchG findet auf ihn auch nicht entsprechend Anwendung (s.o. Rn. 796 f.).

2159 In diesem Fall kommt eine ordentliche personenbedingte Kündigung in Betracht, wenn der wehrdienstbedingte Ausfall zu einer erheblichen Beeinträchtigung der betrieblichen Interessen führt und nicht durch zumutbare personelle oder organisatorische Maßnahmen zu überbrücken ist.

2160 Zu den zumutbaren Überbrückungsmaßnahmen kann auch eine **Stellenausschreibung** für eine Aushilfskraft über den Bereich des Beschäftigungsbetriebes hinaus gehören, und zwar auch dann, wenn der Arbeitgeber im Unternehmensbereich einen Personalabbau betreibt oder plant (*BAG* 20.5.1988 EzA § 1 KSchG Personenbedingte Kündigung Nr. 3).

11. Sicherheitsbedenken

2161 Die finanzielle Belastung durch ratenweise, erst auf längere Sicht zu tilgende Verbindlichkeiten, die teilweise auf mehrere, im Vermögensbereich liegende rechtskräftig verurteilte Straftaten zurückgehen, kann ein konkreter, greifbarer Umstand sein, der wegen Sicherheitsbedenken aus personenbedingten Gründen die Kündigung gegenüber einer Schreibkraft im Bundesministerium der Verteidigung sozial rechtfertigt (*LAG Köln* 9.5.1996 ZTR 1997, 188).

12. Äußeres Erscheinungsbild

2162 Der Arbeitnehmer ist gem. § 242 BGB nach Treu und Glauben mit Rücksicht auf die Verkehrssitte verpflichtet, **sein Äußeres den Gegebenheiten des Arbeitsverhältnisses anzupassen.** Denn auf Grund des Arbeitsvertrages ist der Arbeitnehmer zur Einordnung, d.h. zur Übernahme einer durch den Arbeitsvertrag festgelegten Funktion innerhalb eines fremden Arbeits- oder Lebensbereichs verpflichtet; er schuldet daher ein Gesamtverhalten, das darauf gerichtet ist, nach Maßgabe der von ihm übernommenen Funktion die berechtigten Interessen des Arbeitgebers nicht zu schädigen und im Rahmen des Zumutbaren wahrzunehmen. Dies gilt besonders dann, wenn der Arbeitgeber auf Kunden und deren Vorstellungen Rücksicht zu nehmen hat und unter anderem durch die äußere Erscheinung seines Personals eine Aussage über Image, Stil und Trend des Unternehmens treffen will (vgl. *BAG* 8.8.1989 EzA § 87 BetrVG 1972 Betriebliche Ordnung Nr. 13).

Das *LAG Hessen* (21.6.2001 NZA-RR 2001, 632; **a.A.** *ArbG Dortmund* 16.1.2003 – 6 Ca 5736/02 – EzA-SD 2/03, S. 11 LS für eine Kindergärtnerin) hat deshalb angenommen, dass der Träger eines Kaufhauses, in dem in sehr **ländlicher Umgebung** Modeartikel, Schmuck, Kosmetika, Accessoires und Spielsachen angeboten werden, nicht verpflichtet ist, eine Verkäuferin zu beschäftigen, die darauf besteht, bei ihrer Tätigkeit **aus religiösen Gründen ein Kopftuch zu tragen**, obwohl sie mehrere Jahre zuvor ihrer Tätigkeit in westlicher Kleidung nachgegangen ist und daher die von ihrem Arbeitgeber an das äußere Erscheinungsbild gestellten Anforderungen erfüllt hat. Es hat deshalb eine ordentliche personenbedingte Kündigung des Arbeitgebers als rechtswirksam erachtet. 2163

Das *BAG* (10.10.2002 EzA § 1 KSchG Verhaltensbedingte Kündigung Nr. 58; zust. *Hoevels* NZA 2003, 701 ff.; vgl. auch *Adam* NZA 2003, 1375 ff.) hat demgegenüber zutreffend angenommen, dass das Tragen eines islamischen Kopftuchs allein regelmäßig noch nicht die ordentliche Kündigung in diesem Fall rechtfertigt. Denn mit dem Tragen eines – islamischen – Kopftuchs nimmt eine Arbeitnehmerin Grundrechte in Anspruch. Das Kopftuch stellt ein Symbol für eine bestimmte religiöse Überzeugung dar. Sein Tragen aus religiöser Überzeugung fällt in den Schutzbereich der Glaubens- und Bekenntnisfreiheit (Art. 4 Abs. 1 GG), die durch die Gewährleistung der ungestörten Religionsausübung (Art. 4 Abs. 2 GG) noch verstärkt wird. Das Grundrecht umfasst die Freiheit, nach eigener Glaubensüberzeugung zu leben und zu handeln. Eine Arbeitnehmerin, die ihre Tätigkeit zukünftig nur mit einem – islamischen – Kopftuch ausüben will, ist weiterhin in der Lage, ihre vertraglich geschuldete Arbeitsleistung als Verkäuferin in einem Kaufhaus zu erbringen. Deshalb ist ein personenbedingter Grund zur ordentlichen Kündigung nach § 1 Abs. 2 KSchG nicht gegeben. Ob ein verhaltensbedingter Kündigungsgrund nach § 1 Abs. 2 KSchG vorliegt, ist unter Abwägung der kollidierenden Grundrechtspositionen zu ermitteln; es ist für einen schonenden Ausgleich zu sorgen (*BVerfG* 30.7.2003 NZA 2003, 959). Der Arbeitgeber kann auch unter Berücksichtigung seiner grundrechtlich geschützten Unternehmerfreiheit nicht ohne weiteres von der Arbeitnehmerin die Einhaltung eines im Betrieb allgemein üblichen Bekleidungsstandards verlangen und die Arbeitnehmerin zu einer Arbeitsleistung ohne Kopftuch auffordern. Sowohl bei der Ausübung des Weisungsrechts des Arbeitgebers als auch bei der Ausgestaltung von vertraglichen Rücksichtnahmepflichten ist das durch Art. 4 Abs. 1 und 2 GG grundrechtlich geschützte Anliegen einer Arbeitnehmerin, aus religiösen Gründen ein Kopftuch bei der Arbeit zu tragen, zu beachten. Ob und in welcher Intensität die durch Art. 12 Abs. 1 GG grundrechtlich geschützte Unternehmerfreiheit durch das Tragen eines Kopftuchs von einer Arbeitnehmerin, z.B. in Form von betrieblichen Störungen oder wirtschaftlichen Einbußen, betroffen wird, muss der Arbeitgeber konkret darlegen. Das durch ein Verbot des Tragens unmittelbar betroffene Grundrecht der Arbeitnehmerin darf nicht auf eine bloße Vermutung des Arbeitgebers hin zurückstehen (*BAG* 10.10.2002 EzA § 1 KSchG Verhaltensbedingte Kündigung Nr. 58). 2164

Das *BVerfG* (30.7.2003 NZA 2003, 959) hat die gegen diese Entscheidung gerichtete Verfassungsbeschwerde nicht zur Entscheidung angenommen. Denn wenn das Arbeitsgericht beim notwendigen Ausgleich der wechselseitigen Grundrechtspositionen die wirtschaftliche Betätigungsfreiheit hinter die Grundrechte des Arbeitnehmers zurücktreten lässt, weil dieser die betrieblichen Störungen oder die wirtschaftlichen Nachteile, die er auf Grund des religiös motivierten Verhaltens des Arbeitnehmers befürchtet, nicht plausibel darlegt, ist dies verfassungsrechtlich nicht zu beanstanden. 2165

Andererseits ist § 57 Abs. 4 S. 1 SchulG NW Ausdruck des staatlichen Neutralitätsgebots. 2166
Diese Regelung knüpft an einen abstrakten Gefährdungstatbestand an; sie will abstrakten

Gefahren vorbeugen, um damit sicherzustellen, dass konkrete Gefahren für die Neutralität der Schule unterbunden werden. Diese Regelung verstößt weder gegen Art. 3 noch gegen Art. 4 GG und steht auch in Einklang mit Art. 9 EMRK (*LAG Düsseld.* 10.4.2008 – 5 Sa 1836/07 – EzA-SD 15/2008 S. 9 LS). Trägt eine Sozialpädagogin anstelle des zuvor getragenen islamischen Kopftuchs eine Baskenmütze, die das Haar, den Haaransatz und die Ohren komplett verdeckt, so verstößt sie gegen dieses Neutralitätsgebot und kann deswegen abgemahnt werden (*LAG Düsseld.* 10.4.2008 – 5 Sa 1836/07 – EzA-SD 15/2008 S. 9 LS).

13. Sexualpraktiken

2167 Bekennt sich ein Arbeitnehmer, der als **Krankenpfleger** auf einer geschlossenen psychiatrischen Station arbeitet, in einer Fernsehtalkshow zu **sadomasochistischen Sexualpraktiken**, rechtfertigt dies allein nach Auffassung des *ArbG Bln.* (7.7.1999 NZA-RR 2000, 244) eine personenbedingte Kündigung wegen mangelnder Eignung nicht. Es gibt danach auch keinen Erfahrungssatz des Inhalts, dass ein Arbeitnehmer, der Sexualpraktiken zuneigt bzw. solche privat praktiziert, die von der gesellschaftlichen Mehrheit abgelehnt werden, Distanzverletzungen bei der Erfüllung seiner arbeitsvertraglichen Pflichten befürchten lässt. Ein dem Diakonischen Werk der evangelischen Kirche angehörender Arbeitgeber kann sich schließlich auf eine Unvereinbarkeit eines Verhaltens des Arbeitnehmers jedenfalls dann nicht berufen, wenn er im Vorfeld der Kündigung ernsthaft erwogen hat, den Arbeitnehmer auf einer anderen Station als Krankenpfleger weiterzubeschäftigen.

2168 Auch das *LAG Hamm* (29.1.2001 – 5 Sa 491/00) hat angenommen, dass eine außerhalb des Dienstes ohne besondere Dienstbezogenheit ausgeübte sexuelle Neigung (**Grundschullehrerin als Mitbetreiberin eines Swingerclubs**) trotz der Verpflichtung der Angestellten des öffentlichen Dienstes, sich so zu verhalten, wie es von Angestellten des öffentlichen Dienstes erwartet wird (§ 8 BAT), i.d.R. keinen Kündigungsgrund darstellt.

14. Unmöglichkeit der Gewährung eines Ersatzruhetages

2169 Die dauerhafte Unmöglichkeit der Gewährung eines Ersatzruhetages i.S.d. § 11 Abs. 3 S. 1 ArbZG – wegen einer Hauptbeschäftigung von Montags bis Samstags und einer Nebenbeschäftigung am Sonntag, die streitgegenständlich war – rechtfertigt regelmäßig die personenbedingte Kündigung eines ausschließlich an Sonntagen beschäftigten Zeitungszustellers (*BAG* 24.2.2005 EzA § 1 KSchG Personenbedingte Kündigung Nr. 18 = NZA 2005, 759; *LAG Nbg.* 15.4.2004 NZA-RR 2004, 575 = ArbuR 2004, 470 m. Anm. *Ulber*).

15. Wegfall der Sozialversicherungsfreiheit eines Studenten; Exmatrikulation

2170 Es stellt keinen personenbedingten Kündigungsgrund dar, wenn ein für eine Tätigkeit im Gepäckdienst eingestellter Werkstudent aufgrund seiner überlangen Studiendauer nach den sozialversicherungsrechtlichen Regelungen nicht mehr als Student sozialversicherungsfrei ist. Denn dieser Umstand stellt für die geschuldete Arbeitsleistung kein notwendiges Eignungsmerkmal dar. Selbst wenn die Vertragspartner in einem derartigen Fall die Studenteneigenschaft eines Arbeitnehmers als wesentliches Vertragskriterium festgelegt haben und bei dessen Wegfall eine Weiterbeschäftigung zu unveränderten Arbeitsbedingungen für den Arbeitgeber unzumutbar wäre, weil sich durch die Sozialversicherungspflicht das Austauschverhältnis von Leistung und Gegenleistung erheblich verändert hat, kann eine erforderliche Vertragsanpassung keine fristgemäße Beendigungskündigung, sondern allenfalls eine Änderungskündigung rechtfertigen (*BAG* 18.1.2007 – 2 AZR 731/05 – EzA § 1 KSchG Personenbedingte Kündigung Nr. 20 = NZA 2007, 680).
Dagegen setzt die Beschäftigung eines Studenten als »studentische Hilfskraft« an einer Forschungseinrichtung i.d.R. voraus, dass er dem **Studium auch tatsächlich nachgeht**. Entfällt diese Voraussetzung, z.B. durch Exmatrikulation, ist eine Kündigung aus personenbedingten Gründen **regelmäßig sozial gerechtfertigt** (*BAG* 18.9.2008 – 2 AZR 976/06 – FA 2008, 347 LS).

G. Die ordentliche verhaltensbedingte Arbeitgeberkündigung

Vgl. dazu *Tschöpe* BB 2002, 778 ff. 2171

I. Verhaltensbedingter Kündigungsgrund

1. Begriffsbestimmung; Verknüpfung mit § 626 Abs. 1 BGB

Was als verhaltensbedingter Kündigungsgrund zu verstehen ist, wird im KSchG nicht definiert. 2172

Allerdings kommen verhaltensbedingte Umstände, die grds. dazu geeignet sind, einen wichtigen Grund i.S.d. § 626 Abs. 1 BGB darzustellen, ebenso als verhaltensbedingte Gründe i.S.d. § 1 Abs. 3 S. 1 KSchG in Betracht. 2173

Ob im Einzelfall eine außerordentliche oder eine ordentliche Kündigung berechtigt ist, kann nur auf Grund einer umfassenden Interessenabwägung entschieden werden. 2174

Dabei ist zu beachten, dass ein nach § 626 Abs. 2 BGB »verfristeter« wichtiger Grund grds. noch zum Anlass für eine ordentliche verhaltensbedingte Kündigung genommen werden kann. Denn es gibt keine »Regelausschlussfrist«, innerhalb derer der Arbeitgeber sein ordentliches Kündigungsrecht ausüben muss. Es gelten nur die allgemeinen Grundsätze der Verwirkung. Ein Arbeitgeber kann allerdings andererseits einen Kündigungsgrund nicht über längere Zeit »auf Vorrat« halten, um ihn bei passend erscheinender Gelegenheit geltend zu machen und ein beanstandungsfrei fortgesetztes Arbeitsverhältnis zu einem beliebigen Zeitpunkt kündigen zu können. Ein kündigungsrelevanter Vorfall kann durch Zeitablauf so an Bedeutung verlieren, dass eine ordentliche Kündigung nicht mehr gerechtfertigt wäre. Der insoweit gebotene Schutz des Arbeitnehmers wird dabei prinzipiell aber nicht durch den Grundsatz der Verhältnismäßigkeit, sondern regelmäßig durch die Anwendung der allgemeinen Grundsätze der Verwirkung realisiert (*BAG* 15.8.2002 EzA § 1 KSchG Nr. 57 = NZA 2003, 795). 2175

Ein verhaltensbedingter Kündigungsgrund liegt demnach dann vor,
- wenn der Arbeitnehmer mit dem ihm vorgeworfenen Verhalten **eine Vertragspflicht verletzt**, das Arbeitsverhältnis dadurch konkret beeinträchtigt wird,
- eine **zumutbare Möglichkeit einer anderen Beschäftigung nicht besteht und**
- die Lösung des Arbeitsverhältnisses **in Abwägung der Interessen beider Vertragsparteien** nach den Einzelfallumständen **billigenswert und angemessen erscheint** (*BAG* 24.6.2004 EzA § 1 KSchG Verhaltensbedingte Kündigung Nr. 65 = NZA 2005, 158 = BAG Report 2005, 87).

Es gilt das Prognoseprinzip. Der Zweck der Kündigung ist nicht die Sanktion für eine Vertragspflichtverletzung, sondern eine Vermeidung von weiteren Vertragspflichtverletzungen. Die eingetretene Pflichtverletzung muss sich auch zukünftig noch belastend auswirken. Eine negative Prognose liegt vor, wenn aus der konkreten Vertragspflichtverletzung und der daraus resultierenden Vertragsstörung geschlossen werden kann, **der Arbeitnehmer werde den Arbeitsvertrag auch nach einer Kündigungsandrohung erneut in gleicher oder ähnlicher Weise verletzen** (*BAG* 19.4.2007 – 2 AZR 180/06 – EzA-SD 21/2007 S. 12 LS = NZA-RR 2007, 571 = FA 2007, 387 LS).

Deshalb setzt eine Kündigung wegen einer Vertragspflichtverletzung regelmäßig eine Abmahnung voraus; sie dient der Objektivierung der Prognose (*BAG* 12.1.2006 EzA § 1 KSchG Verhaltensbedingte Kündigung Nr. 67 = NZA 2006, 917; 12.1.2006 EzA § 1 KSchG Verhaltensbedingte Kündigung Nr. 68 = NZA 2006, 980).

2. Fallgruppen

Die verhaltensbedingten Kündigungsgründe lassen sich im Wesentlichen in folgende Fallgruppen unterteilen (KR/*Etzel* 5. Aufl., § 1 KSchG Rz. 387 ff.; krit. *Preis* DB 1990, 630 [685]; abl. MünchArbR/*Berkowsky* § 137 Rz. 9; APS/*Dörner* § 1 KSchG Rz. 268 ff.; anders jetzt auch KR/*Etzel* 6. Aufl., § 1 KSchG Rz. 395 ff.): 2176

- **Leistungsbereich** (Schlecht- oder Fehlleistung);
- **Verstöße gegen die betriebliche Ordnung** (z.B. Rauch-, Alkoholverbot);
- **Störungen im personalen Vertrauensbereich** (z.B. Vollmachtsmissbrauch, Annahme von Schmiergeldern);
- **Verletzung von arbeitsvertraglichen Nebenpflichten** (z.B. Verstöße gegen die Gehorsams-, Treue- und Geheimhaltungspflicht).

3. Sonderformen

2177 Sonderformen der verhaltensbedingten Kündigung sind u.U. die **ordentliche Verdachts- und die ordentliche Druckkündigung.**

2178 Insoweit kann auf die Ausführungen zur außerordentlichen Verdachts- und Druckkündigung Bezug genommen werden (s.o. Rn. 1533 ff., 1418 ff.), da sich im Wesentlichen nur der Prüfungsmaßstab im Vergleich dazu verändert: Sozialwidrigkeit der Beendigung des Arbeitsverhältnisses statt Unzumutbarkeit seiner Fortsetzung bis zum Ablauf der ordentlichen Kündigungsfrist.

4. Beurteilungsmaßstab

2179 Maßstab für die Beurteilung der Sozialwidrigkeit einer verhaltensbedingten Kündigung ist der **ruhig und verständig urteilende Arbeitgeber.** Nur ein Verhalten, das einen solchen Arbeitgeber zu einer Kündigung bestimmen könnte, kann einen verhaltensbedingten Kündigungsgrund darstellen (*BAG* 2.11.1961 AP Nr. 3 zu § 1 KSchG Verhaltensbedingte Kündigung; 13.3.1987 EzA § 611 BGB Abmahnung Nr. 5).

II. Überblick über die Voraussetzungen einer ordentlichen verhaltensbedingten Arbeitgeberkündigung

2180 Eine ordentliche verhaltensbedingte Arbeitgeberkündigung ist grds. nur dann sozial gerechtfertigt (vgl. *BAG* 24.6.2004 EzA § 1 KSchG Verhaltensbedingte Kündigung Nr. 65 = NZA 2005, 158 = BAG Report 2005, 87), wenn
- ein (i.d.R. schuldhaftes) Fehlverhalten des Arbeitnehmers als Abweichung des tatsächlichen Verhaltens oder der tatsächlich erbrachten Arbeitsleistung vom vertraglich geschuldeten Verhalten bzw. der vertraglich geschuldeten Arbeitsleistung gegeben ist;
- dieses Fehlverhalten auch betriebliche Auswirkungen hat;
- (i.d.R. zumindest) eine einschlägige vorherige Abmahnung gegeben ist;
- danach weiteres einschlägiges schuldhaftes Fehlverhalten mit betrieblichen Auswirkungen vorliegt und
- eine umfassende Interessenabwägung unter besonderer Berücksichtigung der betrieblichen Auswirkungen des Fehlverhaltens oder der Schlechtleistung das Überwiegen des Interesses des Arbeitgebers an der Beendigung des Arbeitsverhältnisses gegenüber dem Interesse des Arbeitnehmers an der Fortsetzung des Arbeitsverhältnisses ergibt.

III. (I. d. R.) schuldhaftes Fehlverhalten

1. Verschulden

2181 Eine ordentliche Kündigung ist i.d.R. nur dann als verhaltensbedingte Kündigung gerechtfertigt, wenn der Arbeitnehmer schuldhaft gegen die ihm obliegenden Vertragspflichten verstoßen hat (*BAG* 24.6.2004 EzA § 1 KSchG Verhaltensbedingte Kündigung Nr. 65 = NZA 2005, 158 = BAG Report 2005, 87; *LAG Köln* 17.4.2002 LAGE § 626 BGB Nr. 141; vgl. APS/*Dörner* § 1 KSchG Rz. 275 ff.).

Beispiele: **2182**

- Wendet ein Arbeitnehmer einen nur ihm und seinen Verwandten zustehenden **Personalrabatt einem Nachbarn zu**, indem er dem Arbeitgeber vorspiegelt, es handle sich um einen Personaleinkauf, so schädigt er vorsätzlich das Vermögen des Arbeitgebers. Erfolgt dies **heimlich**, unter bewusster Unterlaufung der Kontrollvorrichtungen des Arbeitgebers, ist das Vertrauen in die Redlichkeit des Arbeitnehmers erheblich erschüttert (*LAG SchlH* 28.1.1999 ARST 1999, 106). Macht ein **Automobilverkäufer** dagegen ohne die Absicht, sich unrechtmäßige Vermögensvorteile zu verschaffen, an Kunden Rabattzusagen, die sich im Rahmen des Üblichen bewegen, aber nicht vom Vorgesetzten entsprechend der betriebsinternen Richtlinien vorab genehmigt worden sind, so rechtfertigt dies ohne einschlägige Abmahnung keine ordentliche verhaltensbedingte Kündigung (*LAG Köln* 8.5.2006 – 14 (8) Sa 1334/05 – EzA-SD 23/06 S. 8 LS = NZA-RR 2006, 519).
- Auch ein wiederholtes unentschuldigtes Fehlen des Arbeitnehmers ist an sich geeignet, eine außerordentliche Kündigung zu rechtfertigen (*BAG* 17.1.1991 EzA § 1 KSchG Verhaltensbedingte Kündigung Nr. 37). Dabei ist es **nicht erforderlich,** dass der Arbeitnehmer **vorsätzlich** gegen seine Vertragspflichten verstößt. Es genügt auch fahrlässige Pflichtwidrigkeit (zutr. *LAG Düsseld.* 4.11.2005 LAGE § 626 BGB 2002 Nr. 7).
- **Erhebliche Verkehrsverstöße** eines Lkw-Fahrers rechtfertigen nach erfolgloser Abmahnung die ordentliche Kündigung des Arbeitsverhältnisses durch den Arbeitgeber. Ist ein Lkw-Fahrer bereits deshalb ermahnt und abgemahnt worden, weil er eine rot zeigende Ampel missachtet und Beladungsvorschriften für den Gefahrgut-Lkw nicht eingehalten hat, und begeht er anschließend eine erhebliche Geschwindigkeitsüberschreitung, die zu einem einmonatigen Fahrverbot führt, und fährt mit verkehrsunsicherer Bereifung, weil er die vorgeschriebene tägliche Reifenkontrolle unterlassen hat, ist eine darauf beruhende Kündigung gerechtfertigt (*LAG Köln* 4.9.2006 LAGE § 1 KSchG Verhaltensbedingte Kündigung Nr. 93).
- Dagegen reicht allein die **Beeinträchtigung des Betriebsfriedens** ohne konkrete Feststellung einer arbeitsvertraglichen Pflichtverletzung noch nicht aus, um einen verhaltensbedingten Kündigungsgrund anzunehmen. Die nicht durch die Pflichtverletzung des Arbeitnehmers verursachte Störung des Betriebsfriedens ist erst im Rahmen der umfassenden Interessenabwägung zu Gunsten des Arbeitgebers zu berücksichtigen. Als verletzte Vertragspflicht kommt im Arbeitsverhältnis eine Verletzung der Rücksichtnahmepflicht (§ 241 Abs. 2 BGB) in Betracht. Die Vertragspartner sind zur Rücksichtnahme und zum Schutz bzw. Förderung des Vertragszwecks verpflichtet. Bei der Konkretisierung der vertraglichen Rücksichtnahmepflicht sind allerdings die grundrechtlichen Rahmenbedingungen hinreichend zu beachten (*BAG* 24.6.2004 EzA § 1 KSchG Verhaltensbedingte Kündigung Nr. 65 = NZA 2005, 158 = BAG Report 2005, 87).

Zur privaten Telefon- und Internetnutzung während der Arbeitszeit s.o. Rn. 1209 a m.w.N. **2183**

2. Objektive Pflichtwidrigkeit

Liegt dagegen nur ein objektiv pflichtwidriges Verhalten des Arbeitnehmers vor, so kann **2184**
dies ausnahmsweise dann eine ordentliche Kündigung sozial rechtfertigen, wenn die **Folgen für den Arbeitgeber erheblich waren** (z.B. wegen eines erheblichen Schadens oder erheblicher Störungen des Betriebsfriedens). Eine (sogar fristlose) Kündigung kommt z.B. dann in Betracht, wenn ein Geistesgestörter einen Messerangriff auf einen arglosen Arbeitskollegen verübt hat (*LAG Köln* 17.4.2002 ZTR 2002, 446 LS). Ein nicht schuldhaftes Fehlverhalten kann auch dann genügen, wenn auf Grund objektiver Umstände mit **wiederholten Pflichtwidrigkeiten** des Arbeitnehmers **zu rechnen ist** (*BAG* 4.11.1957 AP zu § 1 KSchG Nr. 39, 27.7.1961 AP zu § 611 BGB Ärzte, Gehaltsansprüche Nr. 24; 21.1.1999 EzA § 626 BGB n.F. Nr. 178; vgl. dazu *Büdenbender* SAE 2000, 88 ff.; krit. *Berkowsky* RdA 2000, 112 ff.; **a.A.** *Preis* DB 1990, 688; MünchArbR/*Berkowsky* § 137 Rz. 8).

2185 Gleiches gilt dann, wenn ein Arbeitnehmer durch sein Verhalten (Messerangriff eines geistesgestörten Arbeitnehmers auf einen arglosen Arbeitskollegen) die betriebliche Ordnung derart nachhaltig stört, dass dem Arbeitgeber eine Aufrechterhaltung dieses Zustandes selbst dann nicht zumutbar ist, wenn der Arbeitnehmer die Pflichtverletzung nicht zu vertreten hat. Im konkret entschiedenen Einzelfall hat das *LAG Köln* (17.4.2002 LAGE § 626 BGB Nr. 141) angenommen, dass diese Voraussetzungen erfüllt waren. Der Arbeitgeber durfte danach fristlos kündigen, um eine weitere Gefährdung der Mitarbeiter durch den Kläger auszuschließen und deutlich zu machen, dass tätliche Angriffe auf Arbeitskollegen nicht geduldet werden. Angesichts der Schwere der Verletzung konnte dem Arbeitgeber die Fortsetzung des Arbeitsverhältnisses auch nur bis zum Ablauf der Kündigungsfrist nicht zugemutet werden.

3. Schlecht- oder Minderleistungen des Arbeitnehmers

a) Feststellung des Inhalts der vertraglich geschuldeten Leistung

2186 Schlecht- oder Minderleistungen von Arbeitnehmern, die **außerhalb der nach dem Arbeitsvertrag hinzunehmenden Toleranzgrenze** liegen, können, soweit es sich nicht um **einmalige**, jedem einmal passierende **Vorfälle** handelt, eine Verletzung des Arbeitsvertrages darstellen, die je nach den Umständen – aber nur nach vorheriger Abmahnung – zu einer Kündigung des Arbeitsvertrages berechtigen. Das gilt auch dann, wenn der Arbeitnehmer fahrlässig einen größeren Schaden – durch die fehlerhafte Montage von Rädern an einem Kfz – verursacht (*LAG Düsseld.* 25.7.2003 LAGE § 626 BGB Verdacht strafbarer Handlung Nr. 1 = ArbuR 2004, 37 LS = LAG Report 2004, 234). So kann z.B. die wiederholte **Verletzung der Arbeitspflicht eines Vorarbeiters im Reinigungsdienst**, die den Vertrauensbereich berührt, eine fristgerechte Kündigung rechtfertigen, wenn wegen vergleichbarer Schlechtleistungen bereits abgemahnt worden war (*LAG Köln* 17.6.2003 NZA-RR 2004, 531). Auch der nach einschlägiger Abmahnung erfolgte **wiederholte Verstoß gegen Sicherheitsvorschriften**, z.B. die unterlassene Verwendung eines Sicherheitsgurtes, kann eine ordentliche verhaltensbedingte Kündigung rechtfertigen (*LAG RhPf* 14.4.2005 NZA-RR 2006, 194).

2187 Die Kündigung wegen Minderleistung kommt aber nur in Betracht, wenn festgestellt werden kann, welche Leistungen gerade von dem konkreten Arbeitnehmer, der verpflichtet ist, die ihm übertragenen Arbeiten **unter Einsatz der ihm möglichen Fähigkeiten ordnungsgemäß zu verrichten**; denn der Arbeitnehmer muss unter angemessener Ausschöpfung seiner persönlichen Leistungsfähigkeit arbeiten (vgl. *BAG* 11.12.2003 EzA § 1 KSchG Verhaltensbedingte Kündigung Nr. 62 = NZA 2004, 785; 3.6.2004 EzA § 23 KSchG Nr. 27 = NZA 2004, 1380 = BAG Report 2005, 230; 17.1.2008 EzA § 1 KSchG Verhaltensbedingte Kündigung Nr. 72 = NZA 2008, 693; *LAG SchlH* 27.5.2008 NZA-RR 2008, 573; *LAG Hamm* 23.8.2000 NZA-RR 2001, 138; MünchArbR/*Blomeyer* § 48 Rz. 56; *Brötzmann* BB 2008, 1457; s. ausf. Kap. 3 Rn. 20). Eine verhaltensbedingte Kündigung setzt aber voraus, dass dem Arbeitnehmer eine Pflichtverletzung vorzuwerfen ist (*BAG* 3.6.2004 EzA § 23 KSchG Nr. 27 = NZA 2004, 1380 = BAG Report 2005, 230). Der Arbeitnehmer verstößt aber gegen seine Arbeitspflicht nicht allein dadurch, dass er eine vom Arbeitgeber gesetzte Norm oder die Durchschnittsleistung aller Arbeitnehmer unterschreitet (*BAG* 17.1.2008 EzA § 1 KSchG Verhaltensbedingte Kündigung Nr. 72 = NZA 2008, 693). Allerdings kann die längerfristige deutliche Unterschreitung des Durchschnitts ein Anhaltspunkt dafür sein, dass der Arbeitnehmer weniger arbeitet als er könnte, das er also vorwerfbar seine vertraglichen Pflichten verletzt (*BAG* 11.12.2003 EzA § 1 KSchG Verhaltensbedingte Kündigung Nr. 62 = NZA 2004, 785; 3.6.2004 EzA § 23 KSchG Nr. 27 = NZA 2004, 1380 = BAG Report 2005, 230; *LAG SchlH* 27.5.2008 NZA-RR 2008, 573). Legt der Arbeitgeber die längerfristige **deutliche Überschreitung der durchschnittlichen Fehlerquote** je nach tatsächlicher Fehlerzahl, Art, Schwere und Folgen der fehlerhaften Arbeitsleistung dar, so muss der **Arbeitnehmer erläutern, warum er** trotz erheblich unterdurchschnittlicher Leistungen **seine Leistungsfähig-**

keit ausschöpft (*BAG* 17.1.2008 EzA § 1 KSchG Verhaltensbedingte Kündigung Nr. 72 = NZA 2008, 693; *Brötzmann* BB 2008, 1457).

Demgegenüber wird aber auch darauf abgestellt, was allgemein von einem vergleichbaren Arbeitnehmer erwartet werden könne, wenn man davon ausgeht, dass der Arbeitnehmer eine Leistung mittlerer Art und Güte gem. § 243 Abs. 1 BGB schuldet (so MünchArbR/*Berkowsky* § 137 Rz. 75; **a.A.** ausdrücklich *BAG* 11.12.2003 EzA § 1 KSchG Verhaltensbedingte Kündigung Nr. 62; 17.1.2008 EzA § 1 KSchG Verhaltensbedingte Kündigung Nr. 72 = NZA 2008, 693; s.o. Kap. 3 Rn. 20).

Die von dem gekündigten Arbeitnehmer erbrachte Leistung muss jedenfalls auf Dauer nicht nur unerheblich (etwa 1/3) unter dem von ihm zu erbringenden bzw. dem im Durchschnitt als normal anzusehenden Wert der Leistungen bleiben (vgl. jetzt *BAG* 11.12.2003 EzA § 1 KSchG Verhaltensbedingte Kündigung Nr. 62 = NZA 2004, 785; 3.6.2004 EzA § 23 KSchG Nr. 27 = NZA 2004, 1380 = BAG Report 2005, 230; *LAG BW* 6.9.2006 BB 2007, 1228 m. Anm. *Winzer* BB 2007, 1231 f.). **2188**

Unabhängig von der insoweit vertretenen Auffassung kommt eine Kündigung jedenfalls dann nicht in Betracht, wenn ein **Koch in einem Seniorenwohnheim** eigenmächtig von einem Speiseplan dadurch abweicht, dass Hackfleischbällchen gedünstet statt gebraten worden sind (*LAG Hamm* 16.11.2005 NZA-RR 2006, 128). Andererseits begeht ein **stellvertretender Küchenleiter einer Großküche**, der die Qualität, die hygienische Unbedenklichkeit und die Quantität des angelieferten Gemüses und Obstes zu prüfen und zu dokumentieren hat, eine schwerwiegende Pflichtverletzung, die geeignet sein kann, eine fristlose Kündigung zu rechtfertigen, wenn er zugleich Inhaber des Unternehmens ist, das dieses Obst und Gemüse liefert und diesen Umstand und die damit verbundene Interessenkollision dem Arbeitgeber verheimlicht (*LAG Köln* 25.9.2006 LAGE § 626 BGB 2002 Nr. 10 = NZA-RR 2007, 134 LS). **2189**

Die **in einem Altenheim beschäftigte Altenpflegerin** verstößt auch bei Fehlen spezieller Hygienevorschriften ebenfalls dann gegen ihre arbeitsvertraglichen Pflichten, wenn sie auf dem Weg zur Pflegetätigkeit über den für Bewohner und Besucher zugänglichen Flur ein Brötchen verzehrt. Denn im Dienstleistungsbereich mit Kundenkontakt entspricht ein solches Verhalten schon nach der Verkehrsanschauung auch ohne ausdrückliche vertragliche Regelung oder Anweisung nicht dem erwarteten Erscheinungsbild des Unternehmens. Hält die betroffene Arbeitnehmerin in einem Personalgespräch hartnäckig und uneinsichtig an ihrer Auffassung der Rechtmäßigkeit ihres Verhaltens fest, so ist gleichwohl vor Ausspruch einer Kündigung eine Abmahnung erforderlich. Das gilt jedenfalls dann, wenn eine aktuelle Fortsetzung oder Wiederholung der Pflichtverletzung während der Arbeitsschicht ausscheidet, weil die Arbeitnehmerin das angegessene Brötchen in der Erregung in den Abfall geworfen hat (so jedenfalls *LAG Hamm* 10.8.2006 – 8 Sa 68/06 – NZA-RR 2007, 20 LS). **2190**

Eine Schlechtleistung kann auch dadurch gegeben sein, dass der Arbeitnehmer infolge Alkoholkonsums seine Arbeitspflicht nur noch mangelhaft erfüllt (*v. Hoyningen-Huene* DB 1995, 142 ff.; *Künzl* BB 1993, 1581 ff.). **2191**

b) Auswirkungen auf die Darlegungslast

Das *BAG* (22.7.1982 EzA § 1 KSchG Verhaltensbedingte Kündigung Nr. 10) hat insoweit ausgeführt: »Auch dass der Kläger« unterdurchschnittlich »schlecht gearbeitet habe (gemeint ist, der Kläger habe schlechter als der Durchschnitt gearbeitet), vermag für sich eine Kündigung nicht sozial zu rechtfertigen. Einer von mehreren Arbeitnehmern erbringt immer die schlechteste Arbeit, ohne dass damit zum Ausdruck kommen muss, der betreffende Arbeitnehmer arbeite nicht zufriedenstellend. **2192**

In einer sehr guten Gruppe arbeitet schon der gute Arbeitnehmer unter dem Durchschnitt. Im vorliegenden Falle wird dem Kläger bezüglich der Arbeitsleistung vor allem vorgeworfen, er arbeite langsamer als die Kollegen und sogar langsamer als die nur kurz eingearbeiteten Schüler, die als Vertretung in der Urlaubszeit beschäftigt würden. Da aber zur **2193**

Arbeitsleistung der Schüler keine Feststellungen getroffen worden sind, kann auch der Vergleich der Arbeitsweise des Klägers mit der der Schüler die Kündigung nicht sozial rechtfertigen«.

2194 Daraus folgt, dass es erforderlich ist, jedenfalls den **herangezogenen Vergleichsmaßstab substantiiert vorzutragen**, damit das Gericht in die Lage versetzt wird, selbstständig feststellen zu können, dass eine nicht mehr zu tolerierende Fehlerquelle vorliegt. Die lediglich **allgemeine Beschreibung fehlerhafter Arbeitsleistung genügt** diesen prozessualen Anforderungen **nicht** (MünchArbR/*Berkowsky* § 137 Rz. 75).
Gleiches gilt für den alleinigen Hinweis, der als **Niederlassungsleiter** beschäftigte Arbeitnehmer habe mit seiner Niederlassung das schlechteste Ergebnis aller bundesweit tätigen Niederlassungen des Unternehmens erzielt (*LAG Köln* 16.6.2005 – 7 Sa 22/04 – ArbuR 2005, 384 LS).
Der **Verhältnismäßigkeitsgrundsatz** gebietet es zudem, dass der Arbeitgeber vor Ausspruch der Kündigung **alles Zumutbare** unternimmt, um die **Ursache der Minderleistung zu erforschen** und entsprechende **Hilfestellungen zu versuchen**. Daher kann der Arbeitgeber z.B. nicht offen lassen, ob bei einem Fahrer Lade-, Lese- oder Orientierungsprobleme für die regelmäßigen Verspätungen ursächlich sind. Der Arbeitgeber muss insgesamt auch nachvollziehbar darstellen und ggf. beweisen, dass und warum zumutbare Organisations- und Abhilfemaßnahmen nicht versucht worden sind oder erfolglos geblieben wären (*LAG Nbg.* 12.6.2007 NZA-RR 2008, 178).

2195 Legt der Arbeitgeber dar, dass der Arbeitnehmer längerfristig den Durchschnitt deutlich unterschreitet (um ein Drittel), so muss der Arbeitnehmer erläutern, warum er trotz unterdurchschnittlicher Leistungen seine **Leistungsfähigkeit ausschöpft** (*BAG* 11.12.2003 EzA § 1 KSchG Verhaltensbedingte Kündigung Nr. 62 = NZA 2004, 785; vgl. dazu *Depel/Raif* SAE 2005, 88 ff.) bzw. **woran die Störung des Leistungsgleichgewichts liegen könnte** und ob in Zukunft eine Besserung zu erwarten ist (*BAG* 3.6.2004 EzA § 23 KSchG Nr. 27 = NZA 2004, 1380 = BAG Report 2005, 230; *LAG BW* 6.9.2006 BB 2007, 1228 m. Anm. *Winzer* BB 2007, 1231 f.). Trägt der Arbeitnehmer derartige Umstände nicht vor, gilt das schlüssige Vorbringen des Arbeitgebers als zugestanden (§ 138 Abs. 3 ZPO). Es ist dann davon auszugehen, dass der Arbeitnehmer seine Leistungsfähigkeit nicht ausschöpft (*BAG* 11.12.2003 EzA § 1 KSchG Verhaltensbedingte Kündigung Nr. 62; *LAG BW* 6.9.2006 BB 2007, 1228 m. Anm. *Winzer* BB 2007, 1231 f.; s.a. *LAG Nbg.* 12.6.2007 NZA-RR 2008, 178; vgl. dazu *Depel/Raif* SAE 2005, 88 ff.). Ist dem Arbeitgeber der **Nachweis einer erheblichen Minderleistung** in diesem Sinne gelungen, und kündigt er nach vorausgegangener Abmahnung wegen bewusster Zurückhaltung der Arbeitskraft, so muss er im Kündigungsschutzprozess nach Auffassung des *LAG Köln* (26.2.1999 ZTR 1999, 382) die nicht ganz **unplausible Entschuldigung des Arbeitnehmers**, die Minderleistungen seien **behinderungsbedingt** und damit nicht vorwerfbar, ausräumen, selbst wenn sich der Arbeitnehmer während des Arbeitsverhältnisses nicht darauf berufen hat.

c) »Umlernphase« nach Abmahnung

2196 Zu beachten ist, dass eine mit Leistungsmängeln des Arbeitnehmers begründete ordentliche Kündigung erst in Betracht kommt, wenn ihm nach Ausspruch einer auf eben solche Leistungsmängel gestützten Abmahnung **ausreichend Zeit** gegeben wird, sein Leistungsverhalten umzustellen und **die Minderleistung abzubauen**, ihm dies aber nicht gelingt. Welche zeitliche Länge die Umlernphase haben muss, ist eine Frage des Einzelfalles (*LAG Hessen* 26.4.1999 NZA-RR 1999, 637).

4. Arbeitsverweigerung

a) Leistungspflicht des Arbeitnehmers?

Als Grund zur verhaltensbedingten Kündigung kommt auch die Arbeitsverweigerung in Betracht. Ob ein Fall der Arbeitsverweigerung vorliegt, kann nur aus einem **Vergleich der vertraglich geschuldeten mit der vom Arbeitgeber konkret verlangten und vom Arbeitnehmer verweigerten Arbeitsleistung** festgestellt werden (vgl. APS/*Dörner* § 1 KSchG Rz. 282 ff.; s.o. Rn. 1292 ff.). Weigert sich der Arbeitnehmer insbes., einer **Anordnung** des Arbeitgebers Folge zu leisten, **die das Direktionsrecht** (s. dazu Kap. 1 Rn. 511 ff.) **überschreitet**, liegt keine Arbeitsverweigerung vor, die eine Kündigung rechtfertigen könnte (*LAG Köln* 28.1.2004 LAG Report 2004, 270). Stützt der Arbeitgeber eine Kündigung darauf, dass der Arbeitnehmer Weisungen nicht befolgt habe, setzt dies voraus, dass die Weisung beim Adressaten keinen Zweifel daran lassen darf, was genau von ihm verlangt wird. Sie muss inhaltlich deshalb so klar gefasst sein, dass nicht nur der Arbeitnehmer weiß, was er zu tun hat, sondern notfalls für Dritte (Gerichte) auch daraufhin überprüfbar sein, ob sein Verhalten in Ansehung der fraglichen Weisung nun vertragsgerecht ist oder nicht (*ArbG Bln.* 3.6.2005 – 28 Ca 9003/03 – ArbuR 2005, 384 LS). 2197

Passt der Unternehmer seine **Ladenöffnungszeiten** dem neuen Zeitrahmen des Ladenschlussgesetzes an und legt er durch **Betriebsvereinbarung** mit dem Betriebsrat das Ende der Arbeitszeit auf 20 Uhr abends fest, rechtfertigt die endgültige Verweigerung des Arbeitnehmers, an der neuen Abendarbeit teilzunehmen, nach Auffassung des *ArbG Frankf.* (8.10.1997 LAGE § 1 KSchG Verhaltensbedingte Kündigung Nr. 68) die ordentliche Kündigung des Arbeitsverhältnisses. 2198

Eine Kündigung ist auch dann sozial gerechtfertigt, wenn sich ein **Maschinenschlosser**, der gelernter Maschinenschlosser ist, beharrlich **weigert**, eine ihm zugewiesene **monotone Tätigkeit auszuführen**, wenn deren Zuweisung nicht missbräuchlich erfolgte (*LAG Hmb.* 3.11.1999 NZA-RR 2000, 304).

Gleiches gilt, wenn eine in einem Klinikum beschäftigte **Reinigungskraft** sich weigert, in einem Notfall auch andere, im weiteren Sinne der vertraglich geschuldeten Tätigkeit vergleichbare Arbeiten zu verrichten. Fällt z.B. durch **Blitzschlag** die Warentransportanlage des Klinikums aus, so muss sie auf Anweisung auch im Containerdienst arbeiten, durch den die Stationen mit Essen, Medikamenten usw. versorgt werden. Die Weigerung der Arbeitnehmerin stellt eine Arbeitsverweigerung dar, die zur außerordentlichen Kündigung berechtigen kann (*ArbG Marburg* 27.2.1998 ARST 1999, 79).

Nach – abzulehnender – Auffassung des *ArbG Wuppertal* (10.12.2003 LAGE § 626 BGB 2002 Nr. 2a) verstößt eine Anweisung des Arbeitgebers gegenüber einem personalverantwortlichen Arbeitnehmer, bei genügend Bewerbern »**keine Türken einzustellen**«, bis zur Umsetzung der Antidiskriminierungsrichtlinie 2000/43/EG in nationales Recht weder gegen die Verfassung noch gegen Gesetze noch ist sie sittenwidrig.

Weigert sich der Mitarbeiter beharrlich, diese Weisung zu befolgen, soll dies eine verhaltensbedingte Kündigung rechtfertigen können.

Maßgeblich ist, ob sich die vom Arbeitgeber verlangte Arbeitsleistung im Rahmen der durch den Arbeitsvertrag bestimmten Grenzen (zum Führen einer Vielzahl von Privattelefonaten während der Arbeitszeit als Grund für eine verhaltensbedingte Kündigung vgl. *LAG SA* 23.11.1999 LAGE § 103 BetrVG 1972 Nr. 15; *LAG Nds.* 13.1.1998 LAGE § 1 KSchG Verhaltensbedingte Kündigung Nr. 63; *LAG Hessen* 25.11.2004 LAGE § 1 KSchG Verhaltensbedingte Kündigung Nr. 85; *ArbG Würzburg* 16.12.1997 BB 1998, 1318: 153 privat veranlasste und dem Arbeitgeber nicht erstattete Gespräche im Wert von 227,40 DM mit einer Gesprächsdauer von mehr als zehn Stunden während der Arbeitszeit rechtfertigen eine außerordentliche Kündigung auch nach einer Betriebszugehörigkeit von 18,5 Jahren und ohne vorhergehende Abmahnung; dagegen als Grund für eine außerordentliche Kündigung *BAG* 4.3.2004 EzA § 103 BetrVG 2001 Nr. 3) hält und, wenn es sich um eine Weisung nach 2199

Maßgabe des Direktionsrechts handelt, diese den Anforderungen des §315 BGB (jetzt §106 GewO) genügt (vgl. z.B. *LAG SchlH* 26.9.2002 ARST 2003, 190 LS;. s.o. Kap. 1 Rn. 511 ff.). Lehnt z.B. eine als sog. Zweitkraft in einem Kindergarten tätige **Kinderpflegerin** Anweisungen sowohl ihrer Gruppenleiterin als auch der Kindergartenleiterin mit der Begründung ab, diese entsprächen nicht ihrem persönlichen pädagogischen Konzept, so stellt dieses Verhalten bei Vorliegen einer einschlägigen Abmahnung eine zur Kündigung berechtigende Arbeitsverweigerung dar (*LAG Köln* 8.2.2006 LAGE §1 KSchG Verhaltensbedingte Kündigung Nr. 92). Weigert sich dagegen ein Arbeitnehmer, einer Anordnung des Arbeitgebers Folge zu leisten, die das Direktionsrecht überschreitet, liegt keine (beharrliche) Arbeitsverweigerung vor, die eine verhaltensbedingte Kündigung rechtfertigen könnte (*LAG Köln* 28.1.2004 ArbuR 2004, 396 LS; *LAG Nds.* 8.12.2003 NZA-RR 2005, 22 LS). Ein Arbeitsvertragsverstoß liegt auch dann nicht vor, wenn ein Arbeitnehmer bestimmte Aufgaben, die ihm im Rahmen seiner Tätigkeit übertragen worden waren, nicht erfüllt hat, weil er sie **tatsächlich im Rahmen seiner Arbeitszeit nicht ausführen konnte und insoweit eine Vorwerfbarkeit nicht bestanden hat** (*ArbG München* 31.10.2003 ArbuR 2004, 433 LS). Gleiches gilt dann, wenn der Arbeitgeber den Arbeitnehmer anhält, Arbeitsleistungen zu Arbeitszeiten zu erbringen, die **gegen die gesetzlichen Vorschriften** verstoßen. Die Verweigerung dessen durch den Arbeitnehmer bedeutet keine Arbeitsvertragsverletzung (*ArbG Limburg* 12.5.2004 ArbuR 2004, 476). Darf der Arbeitnehmer des Weiteren von seinem dienstlichen Fernsprechanschluss grds. auch **private Telefonate** führen, so berechtigt das ausschweifende Gebrauchmachen von dieser Möglichkeit verbunden mit einer durch unzureichende Organisation verzögerten Abrechnung nicht ohne weiteres die Kündigung des Arbeitsverhältnisses (*LAG Köln* 2.7.1998 LAGE §1 KSchG Verhaltensbedingte Kündigung Nr. 66; vgl. auch *ArbG Frankf./M.* 14.7.1999 NZA-RR 2000, 135).

b) Leistungsverweigerungsrecht

2200 Eine vertragswidrige Arbeitsverweigerung liegt dann nicht vor, wenn der Arbeitnehmer die Arbeit nicht aufnimmt, weil ihm ein **Zurückbehaltungsrecht an der Arbeitsleistung gem. §273 Abs. 1 BGB zusteht** (s. jetzt auch seit dem 18.8.2006 §14 AGG; dazu oben Kap. 3 Rn. 4961 ff.) Dieses setzt allerdings einen fälligen Gegenanspruch voraus (*LAG SchlH* 23.11.2004 LAGE §273 BGB 2002 Nr. 1). Hat der Arbeitgeber dem Arbeitnehmer eine Arbeitsaufgabe zugewiesen, deren Erfüllung dieser nur teilweise schuldet, kann dem Arbeitnehmer nach §273 BGB ein Zurückbehaltungsrecht an der gesamten Arbeitsleistung zustehen, wenn die Arbeitsaufgabe nicht teilbar oder ihm die Erbringung einer Teilleistung nicht zuzumuten ist (*LAG Nds.* 8.12.2003 NZA-RR 2005, 22 LS). Nach Auffassung des *LAG Nbg.* (9.1.2007 LAGE §1 KSchG Verhaltensbedingte Kündigung Nr. 95 = NZA-RR 2007, 357) können im Rahmen der Prüfung des für eine rechtmäßige Weisung des Arbeitgebers zu beachtenden billigen Ermessens (§106 GewO) nur solche Umstände berücksichtigt werden, **auf die sich der Arbeitnehmer bei Erteilung der Weisung auch tatsächlich beruft**; ein Nachschieben solcher persönlicher Umstände ist danach rechtlich unbeachtlich.

2201 Macht der Arbeitnehmer in einer derartigen Situation berechtigterweise ein **Zurückbehaltensrecht** hinsichtlich seiner Arbeitskraft wegen offenstehender Vergütungsansprüche geltend, so ist regelmäßig eine deswegen ausgesprochene außerordentliche und/oder ordentliche Kündigung unwirksam (*BAG* 9.5.1996 EzA §626 BGB n.F. Nr. 161). Allerdings darf der Arbeitnehmer von einem bestehenden Zurückbehaltungsrecht nur in den **Grenzen von Treu und Glauben Gebrauch machen** (s. ausf. Kap. 3 Rn. 310 ff.; *LAG Nds.* 8.12.2003 NZA-RR 2005, 22).

2202 Danach darf der Arbeitnehmer u.a. die Arbeit nicht verweigern, wenn
- der Lohnrückstand verhältnismäßig gering ist,
- nur eine kurzfristige Zahlungsverzögerung zu erwarten ist,
- dem Arbeitgeber ein unverhältnismäßig großer Schaden entstehen kann oder
- der Lohnanspruch auf andere Weise gesichert ist (*LAG SchlH* 23.11.2004 LAGE §273 BGB 2002 Nr. 1).

Eine vertragswidrige Arbeitsverweigerung liegt auch dann nicht vor, wenn die dem Arbeitnehmer erteilte Weisung **schlicht rechtswidrig** ist. Das ist z.B. dann der Fall, wenn der Arbeitnehmer von seinem Arbeitgeber zu rechtswidrigem, gegen die Sozialvorschriften im Straßenverkehr verstoßenden Verhalten aufgefordert wird (*ArbG Würzburg* 3.2.2004 ArbuR 2004, 354 LS). 2203

Dem Arbeitnehmer kann auch ein Leistungsverweigerungsrecht zustehen, wenn die Weisung des Arbeitgebers zwar rechtmäßig ist, gleichwohl der Arbeitnehmer aber in eine **unverschuldete Pflichtenkollision** gerät oder ihm gegenüber der Arbeitsanweisung ein Zurückbehaltungsrecht (§ 273 Abs. 1 BGB) zusteht (s.o. Kap. 3 Rn. 320 ff.). 2204

Allerdings kann sich eine Arbeitnehmerin gegenüber der bestehenden Arbeitspflicht auf eine Pflichtenkollision wegen der Personensorge für ihr Kind (§ 1627 BGB) und damit ein Leistungsverweigerungsrecht (§§ 273, 320 BGB) oder eine Unmöglichkeit bzw. Unzumutbarkeit der Arbeitsleistung nur berufen, wenn unabhängig von der in jedem Fall notwendigen Abwägung der zu berücksichtigenden schutzwürdigen Interessen beider Parteien überhaupt eine unverschuldete Zwangslage vorliegt (*BAG* 21.5.1992 EzA § 1 KSchG Verhaltensbedingte Kündigung Nr. 43; s.a. *LAG Nbg.* 17.1.2007 NZA-RR 2007, 404). 2205

Die **fehlende Zustimmung des Betriebsrats zur (Wieder-)Einstellung** eines Arbeitnehmers kann für diesen grds. nur dann ein Leistungsverweigerungsrecht begründen, wenn der Betriebsrat sich auf die **Verletzung seines Mitbestimmungsrechts beruft** und die Aufhebung der Einstellung verlangt (*BAG* 5.4.2001 EzA § 626 BGB n.F. Nr. 186). 2206

Beruft sich ein Arbeitnehmer zu Unrecht auf ein Zurückbehaltungsrecht an der Arbeitsleistung und bleibt er der Arbeit längere Zeit fern, stellt das regelmäßig eine beharrliche Arbeitsverweigerung und damit eine Vertragsverletzung dar. Das Verschulden daran entfällt nicht dadurch, dass der Arbeitnehmer seine Arbeitsleistung auf anwaltlichen Rat zurückhält. Zumindest gilt das dann, wenn der Arbeitnehmer Zweifel an der Berechtigung der Ausübung des Zurückbehaltungsrechts haben musste. In einem solchen Fall handelt er auf eigenes Risiko und kann sich nicht auf einen Rechtsirrtum berufen (*LAG Köln* 19.5.1999 ARST 2000, 68; vgl. *Kliemt/Vollstädt* NZA 2003, 357 ff.). 2207

c) Verweigerung von Mehr-, Überarbeit

Lehnt ein Arbeitnehmer **zulässig angeordnete Überstunden ab**, so kann – jedenfalls nach einschlägiger Abmahnung – eine **Kündigung** des Arbeitsverhältnisses **gerechtfertigt sein**. Wendet sich der Arbeitnehmer wenn auch im konkreten Einzelfall zu Unrecht dagegen, wie in der Vergangenheit bereits häufig angefallene Sonderverpflichtungen in Form von Überstunden zu übernehmen, so wiegt eine solche Arbeitsvertragsverletzung vorbehaltlich besonderer Umstände des Einzelfalls allgemein weniger schwer, als wenn er bereits die Erfüllung der arbeitsvertraglich vorgesehenen Regelarbeitsverpflichtung rechtsgrundlos verweigert (*LAG Köln* 27.4.1999 LAGE § 626 BGB Nr. 126). 2208

Eine Arbeitsverweigerung liegt dann nicht vor, wenn der Arbeitnehmer nach dem ArbZG gesetzlich schlechthin **unzulässige Mehrarbeit** verweigert. 2209

Soweit **Überarbeit** – d.h. die Überschreitung der vertraglich vereinbarten Arbeitszeit – gesetzlich zulässig ist (s.o. Kap. 3 Rn. 81 ff.), ist zu beachten, dass dann, wenn der Arbeitnehmer einzel- oder kollektivvertraglich verpflichtet ist, Überarbeit zu leisten, deren Verweigerung grds. eine Arbeitsverweigerung im kündigungsrechtlichen Sinne darstellt. Allerdings ist auch insoweit § 315 Abs. 1 BGB zu beachten. In diesen Grenzen kann die beharrliche Weigerung des Arbeitnehmers, Arbeit über eine vertraglich vereinbarte Mindestarbeitszeit zu leisten, wenn nach dem **Arbeitsvertrag** die **Verpflichtung** besteht, bei vermehrtem Arbeitsanfall bis zur tarifüblichen Arbeitszeit zu arbeiten, an sich geeignet sein, eine Kündigung zu rechtfertigen (*LAG Köln* 14.8.2001 – 13 Sa 319/01; vgl. auch *LAG SchlH* 26.9.2002 ARST 2003, 190 LS). 2210

Die Anordnung von Überarbeit entspricht billigem Ermessen z.B. dann nicht, wenn sie dem Arbeitnehmer in Anbetracht aller Umstände nicht zumutbar ist. 2211

2212 **Teilzeitarbeitnehmern,** deren Stundenreduzierung auf ihrem eigenen Willen beruht, ist die Ableistung von Überarbeit regelmäßig unzumutbar. Das kann im Einzelfall aber anders sein, wenn die Teilzeitbeschäftigung auf den Wunsch des Arbeitgebers zurückgeht, es sei denn, die angeordnete Überarbeit nimmt einen solchen Umfang an, dass die vertragliche Festschreibung als Teilzeitarbeitsverhältnis rechtsmissbräuchlich erscheint (MünchArbR/*Berkowsky* § 137 Rz. 88).

2213 Im Übrigen ist davon auszugehen, dass ohne entsprechende einzel- oder kollektivvertragliche Regelung grds. keine Verpflichtung des Arbeitnehmers besteht, Mehr- oder Überarbeit zu leisten. Etwas anderes gilt allenfalls in **Notfällen**. Lehnt der Arbeitnehmer in einem derartigen Notfall die Leistung von Überstunden ab, verstößt dies gegen die ihm obliegende arbeitsvertragliche Treuepflicht. Nach vorheriger Abmahnung kann dann eine ordentliche Kündigung gerechtfertigt sein (*LAG SchlH* 26.6.2001 – 3 Sa 224/01).

5. Unentschuldigtes Fehlen; Verspätungen

2214 Wiederholtes unentschuldigtes Fehlen eines Arbeitnehmers nach Abmahnung ist an sich geeignet, eine verhaltensbedingte Kündigung sozial zu rechtfertigen (*BAG* 17.1.1991 EzA § 1 KSchG Verhaltensbedingte Kündigung Nr. 37; 13.3.2008 EzA § 1 KSchG Verhaltensbedingte Kündigung Nr. 73). Gleiches gilt für das **ständige Zuspätkommen** des Arbeitnehmers zur Kernarbeitszeit; die Behauptung des Arbeitnehmers, die andauernden Verspätungen seien krankheitsbedingt verursacht gewesen, ist demgegenüber nicht geeignet, die soziale Rechtfertigung der Kündigung in Frage zu stellen (*ArbG Frankf. a.M.* 8.7.1998 NZA-RR 1999, 133).

6. Nichtüberlassung von Arbeitspapieren

2215 Auch die Verletzung der Pflicht des Arbeitnehmers, dem Arbeitgeber unverzüglich im Zusammenhang mit der Arbeitsaufnahme und darüber hinaus bei periodischer Neuausstellung (z.B. Lohnsteuerkarte) die Arbeitspapiere auszuhändigen, **kann eine Kündigung,** u.U. sogar eine außerordentliche Kündigung **rechtfertigen** (MünchArbR/*Berkowsky* § 137 Rz. 134; s.o. Kap. 2 Rn. 563 ff.).

2216 Unklar ist, ob es darauf ankommt, ob dabei auch eigene Interessen des Arbeitgebers verletzt werden, was z.B. nicht der Fall ist, wenn der Arbeitgeber auch ohne Arbeitspapiere in gesetzmäßiger Weise verfahren kann (z.B. durch erhöhten Steuerabzug; dafür *Schaub* Arbeitsrechtshandbuch 10 Aufl., § 130 II; dagegen MünchArbR/*Berkowsky* § 137 Rz. 136).

7. Beleidigungen

a) Grundsätze

2217 Beleidigt der Arbeitnehmer den Arbeitgeber oder dessen Vertreter bzw. Kollegen oder Betriebsratsmitglieder und führt dies zu einer nach Form und Inhalt **erheblichen Ehrverletzung des Betroffenen,** ist eine Kündigung, u.U. auch eine außerordentliche Kündigung, gerechtfertigt (*BAG* 26.5.1977 EzA § 611 BGB Beschäftigungspflicht Nr. 2; 6.11.2003 EzA § 1 KSchG Verhaltensbedingte Kündigung Nr. 60; 24.6.2004 EzA § 1 KSchG Verhaltensbedingte Kündigung Nr. 65 = NZA 2005, 158 = BAG Report 2005, 87; 12.1.2006 EzA § 1 KSchG Verhaltensbedingte Kündigung Nr. 67 = NZA 2006, 917; *LAG Bln.* 3.3.2006 – 13 Sa 1906/05 – EzA-SD 11/06 S. 12 LS; APS/*Dörner* § 1 KSchG Rz. 294 ff.; s.o. Rn. 1223 ff.). Denn dies kann einen **erheblichen Verstoß des Arbeitnehmers gegen seine vertragliche Pflicht zur Rücksichtnahme** (§ 241 Abs. 2 BGB) **darstellen** (*BAG* 12.1.2006 EzA § 1 KSchG Verhaltensbedingte Kündigung Nr. 67 = NZA 2006, 917). Bei der kündigungsrechtlichen Bewertung verbaler Entgleisungen im Arbeitsverhältnis, also bei der Konkretisierung der vertraglichen Rücksichtnahmepflicht ist allerdings stets das **Grundrecht auf**

freie Meinungsäußerung (Art. 5 Abs. 1 S. 1, Abs. 2 GG) zu berücksichtigen (*BAG* 6.11.2003 EzA § 1 KSchG Verhaltensbedingte Kündigung Nr. 60; 12.1.2006 EzA § 1 KSchG Verhaltensbedingte Kündigung Nr. 67 = NZA 2006, 917).

Dabei ist **nicht notwendig auf eine Wiederholungsgefahr abzustellen,** wenn deutlich wird, dass das erforderliche Vertrauensverhältnis infolge der Kränkung so belastet ist, dass eine weitere Zusammenarbeit nicht zumutbar erscheint. Allerdings ist im Rahmen der Interessenabwägung auch das Verhalten des Arbeitgebers zu berücksichtigen. 2218

Hat dieser den Arbeitnehmer zu dessen Verhalten herausgefordert oder selbst die Grenzen gebotenen Verhaltens verletzt, kann er sich ggf. selbst auf eine erhebliche Beleidigung durch den Arbeitnehmer nicht berufen. 2219

Erklärt der Arbeitnehmer auf Grund einer Einladung zu einer Weihnachtsfeier gegenüber dem Werkstattmeister, er würde sich mit den Geschäftsführern nicht an einen Tisch setzen, beide wären Verbrecher, so gibt dies nach Auffassung des *LAG Köln* (18.4.1997 BB 1997, 2056) keinen ausreichenden Kündigungsgrund ab, weil es sich nicht um die Verbreitung unwahrer Tatsachen handelt, sondern um den Gebrauch eines Schimpfworts, noch dazu in **Abwesenheit der Gemeinten.** 2220

Wirksam ist demgegenüber die ordentliche Kündigung dann, wenn der Arbeitnehmer einen Vorgesetzten in spanischer Sprache als »Hurensohn« bezeichnet hat (*LAG Hessen* 7.11.1996 NZA-RR 1997, 383). 2221

Verbreitet ein Arbeitnehmer unter der Bezeichnung »News der Woche« **im Internet Nachrichten,** die seinen Arbeitgeber beleidigen und herabsetzen, ist eine ordentliche Kündigung jedenfalls dann sozial gerechtfertigt, wenn der Arbeitnehmer bereits zuvor wegen anderer Vorfälle abgemahnt worden war (*LAG SchlH* 4.11.1998 NZA-RR 1999, 132). 2222

Beispiele: 2223

- ► Ein städtischer Angestellter, der ohne ausreichenden Grund den ihm vorgesetzten **Bürgermeister** der Stadt, bei der er angestellt ist, **des Verbrechens der Rechtsbeugung bezichtigt,** verletzt gravierend seine arbeitsvertraglichen, u.a. in § 8 Abs. 1 Satz 1 BAT-O niedergelegten Pflichten (*BAG* 6.11.2003 EzA § 1 KSchG Verhaltensbedingte Kündigung Nr. 60).
- ► Auch die **Bezeichnung als »Nazi«** stellt eine erhebliche Ehrverletzung für den Betroffenen und zugleich eine erhebliche Verletzung der vertraglichen Nebenpflicht zur Rücksichtnahme dar und kann – auch ohne Abmahnung – eine verhaltensbedingte Kündigung i.S.v. § 1 Abs. 2 KSchG sozial rechtfertigen (*BAG* 24.6.2004 EzA § 1 KSchG Verhaltensbedingte Kündigung Nr. 65 = NZA 2005, 158 = BAG Report 2005, 87). Da der Kläger im konkret entschiedenen Einzelfall seine **polemische Äußerung** (»**brauner Mob**«), die keinen konkreten Personenbezug aufwies, lediglich im – nicht allgemein zugänglichen – Intranet seiner Gewerkschaft abgegeben hatte, konnte aber keine Verletzung der arbeitsvertraglichen Rücksichtnahmepflicht festgestellt werden (*BAG* 24.6.2004 EzA § 1 KSchG Verhaltensbedingte Kündigung Nr. 65 = NZA 2005, 158 = BAG Report 2005, 87).

b) Vertrauliche Äußerungen

Das *BAG* (30.11.1972 EzA § 626 BGB n.F. Nr. 23; 10.10.2002 EzA § 626 BGB 2002 Unkündbarkeit Nr. 1; vgl. auch *LAG Hamm* 14.3.1995 LAGE § 102 BetrVG 1972 Nr. 51) geht davon aus, dass ein Kündigungsgrund dann nicht besteht, wenn ein Arbeitnehmer in einer Unterhaltung mit einem Mitarbeiter über Vorstandsmitglieder seines Arbeitgebers und Vorgesetzte unwahre und ehrenrührige Behauptungen aufstellt, aber **davon überzeugt ist, dass der Arbeitskollege die Äußerungen für sich behalten wird,** dieser aber die Vertraulichkeit der Unterhaltung ohne vernünftigen Grund missachtet und ihren Inhalt einem der angesprochenen Vorgesetzten mitteilt (ähnlich *LAG Köln* 18.4.1997 BB 1997, 2056; abl. MünchArbR/*Berkowsky* § 137 Rz. 139, wonach der Arbeitnehmer das Risiko der Übermittlung trägt). Denn der Arbeitnehmer darf regelmäßig darauf vertrauen, seine Äußerungen werden nicht nach außen getragen und der Betriebsfrieden nicht gestört bzw. das Vertrauensverhältnis nicht zerstört (*BAG* 10.10.2002 EzA § 626 BGB 2002 Unkündbarkeit Nr. 1). Das gilt erst 2224 recht für Äußerungen des Arbeitnehmers gegenüber dem **Betriebsrat**, wenn kein Grund zur Annahme besteht, die Vertraulichkeit der Mitteilung werde gebrochen (*LAG Köln* 16.1.1998 LAGE § 1 KSchG Verhaltensbedingte Kündigung Nr. 64). Diesen Schutz der Privatsphäre und der Meinungsfreiheit kann aber der Arbeitnehmer nicht in Anspruch nehmen, der selbst die Vertraulichkeit aufhebt, so dass die Gelegenheit für Dritte, seine Äußerungen zur Kenntnis zu nehmen, ihm zurechenbar wird. Das gilt beispielsweise in dem Fall, in dem er eine Mitteilung an eine – vermeintliche – Vertrauensperson richtet, um einen Dritten »zu treffen« (*BAG* 10.10.2002 EzA § 626 BGB 2002 Unkündbarkeit Nr. 1).

c) Störung des Betriebsfriedens durch Beleidigungen

2225 Beleidigungen und sonstige Ehrverletzungen von Arbeitskollegen können eine Kündigung dann rechtfertigen, **wenn sie den Betriebsfrieden unzumutbar belasten.**

2226 Das ist etwa dann der Fall, wenn sich die Kollegen weigern, weiterhin mit dem Arbeitnehmer zusammenzuarbeiten (*BAG* 13.10.1977 EzA § 74 BetrVG 1972 Nr. 3) und ein weiterer betriebsdienlicher Einsatz des Arbeitnehmers nicht möglich ist.

8. Sonstige Störungen des Betriebsfriedens

2227 Wird der Betriebsfrieden durch Handlungen gestört, die das friedliche Zusammenarbeiten der Arbeitnehmer untereinander und mit dem Arbeitgeber erschüttern oder nachhaltig beeinträchtigen und nachteilige betriebliche Auswirkungen (z.B. Störungen des Arbeitsablaufs) haben, so kann eine ordentliche Kündigung aus verhaltensbedingten Gründen gerechtfertigt sein (vgl. *BAG* 15.12.1977 EzA § 626 BGB n.F. Nr. 61; u.U. kann sie auch eine außerordentliche Kündigung rechtfertigen, so jedenfalls das *OVG Greifswald* 7.1.2004 NZA-RR 2004, 671 für eine degradierte Köchin als Personalratsmitglied).

2228 Dabei ist allerdings zu beachten, dass allein die Beeinträchtigung des Betriebsfriedens ohne konkrete Feststellung einer arbeitsvertraglichen Pflichtverletzung des Arbeitnehmers noch nicht ausreicht, um einen verhaltensbedingten Kündigungsgrund anzunehmen. Die nicht durch die Pflichtverletzung des Arbeitnehmers verursachte Störung des Betriebsfriedens ist erst im Rahmen der umfassenden Interessenabwägung zu Gunsten des Arbeitgebers zu berücksichtigen (*BAG* 24.6.2004 EzA § 1 KSchG Verhaltensbedingte Kündigung Nr. 65 = NZA 2005, 158).

a) Tragen politischer Plaketten

2229 Nicht ausreichend ist grds. das Tragen einer politischen Plakette, weil das in § 74 Abs. 2 S. 3 BetrVG enthaltene Verbot der parteipolitischen Betätigung im Betrieb nur für den Arbeitgeber und den Betriebsrat gilt, nicht dagegen für die übrigen Arbeitnehmer (KR/*Etzel* 7. Aufl. § 1 KSchG Rz. 457).

2230 Der Arbeitnehmer ist aber auf Grund arbeitsvertraglicher Nebenpflicht gehalten, solche politischen, insbes. parteipolitischen Betätigungen im Betrieb zu unterlassen, die zu einer konkreten Störung des Betriebsfriedens oder des Arbeitsablaufs führen.

2231 Führt eine politische Betätigung (z.B. das Tragen einer Politplakette) im Einzelfall zu einer **konkreten Störung des Betriebsfriedens,** z.B. zu Beschwerden einer erheblichen Anzahl von Arbeitnehmern, oder des Arbeitsablaufs (z.B. zu zeitlich nicht unerheblichen Arbeitsniederlegungen), **so kann nach vorheriger Abmahnung eine ordentliche Kündigung gerechtfertigt sein** (KR/*Etzel* 7. Aufl. § 1 KSchG Rz. 457 m.w.N.).

Allerdings hat das *BAG* (9.12.1982 EzA § 626 BGB n.F. Nr. 86) demgegenüber das Tragen einer Politplakette (»Anti-Strauß-Plakette«) bereits dann als zur außerordentlichen Kündigung berechtigend angesehen, wenn das Verhalten des Arbeitnehmers durch dessen Meister, einen Mitarbeiter und ein Mitglied des Betriebsrats missbilligt wird. (s.o. Kap. 1 Rn. 298 ff.; Kap. 3 Rn. 406 ff.). 2232

Dem hat jedoch *Etzel* (KR 7. Aufl. § 1 KSchG Rz. 457) entgegengehalten, dass eine außerordentliche Kündigung wegen des Grundsatzes der Verhältnismäßigkeit erst bei schwerwiegenden Störungen des Betriebsfriedens oder des Arbeitsablaufs in Betracht kommt. 2233

b) Einzelfragen

Eine ordentliche Kündigung wegen Störung des Betriebsfriedens kommt weiterhin in Betracht: 2234

- bei **ausländerfeindlichem Verhalten** (*ArbG Siegburg* 4.11.1993 NZA 1994, 698; *LAG RhPf* 10.6.1997 NZA-RR 1998, 118: Verhalten, das durch Aussagen und Drohungen gegenüber einem ausländischen Arbeitskollegen dazu geeignet ist, eine ausländerfeindliche Stimmung in einer Betriebsabteilung zu erzeugen oder zu verstärken);
- bei **Erzählen eines menschenverachtenden Witzes** (*BAG* 5.11.1992 RzK I 5 i Nr. 81);
- bei **Diskriminierung des Arbeitgebers oder von Mitgliedern des Betriebsrats,** z.B. durch bewusst wahrheitswidrige Behauptungen in betrieblichen Flugblättern (*BAG* 26.5.1977 EzA § 611 BGB Beschäftigungspflicht Nr. 2; 13.10.1977 EzA § 74 BetrVG 1972 Nr. 3) oder **antisemitische Äußerungen** gegenüber ihnen (vgl. *ArbG Brem.* 29.6.1994 BB 1994, 1568);
- ein **tätlicher Angriff auf einen Arbeitskollegen** ist eine schwerwiegende Verletzung der vertraglichen Nebenpflichten und kann zumindest die ordentliche verhaltensbedingte Kündigung rechtfertigen (*BAG* 24.10.1996 ZTR 1997, 139).

Zu Rechtsextremismus als Kündigungsgrund vgl. *Polzer/Powietzka* NZA 2000, 970 ff. 2235

Nicht in Betracht kommen demgegenüber nach Auffassung des *LAG Nbg.* (13.1.2004 LAGE § 626 BGB 2002 Nr. 4 = NZA-RR 2004, 347 = LAG Report 2004, 223 LS) die **zustimmenden Äußerungen** eines aus dem Libanon stammenden Arbeitnehmers **zum Terroranschlag vom 11.9.2001** im Aufenthaltsraum zu Kollegen, wenn sie größere Störungen des Betriebsfriedens nicht verursacht haben. Bezeichnet dagegen ein Arbeitnehmer des öffentlichen Dienstes in einer außerdienstlich verfassten und – u.a. im Internet – verbreiteten Pressemitteilung die Anschläge des 11.9.2001 u.a. als »längst überfällige Befreiungsaktion«, so billigt er damit die Terroranschläge. Ein derartiges Verhalten ist als ein Angriff auf die Menschenwürde der Opfer und ihrer Hinterbliebenen zu bewerten und nicht mehr vom Grundrecht der freien Meinungsäußerung gedeckt. Der Arbeitgeber ist daher – nach Auffassung des *LAG SchlH* 6.8.2002 NZA-RR 2004, 351; zurückhaltender zu Recht demgegenüber *LAG Nbg.* 13.1.2004 LAGE § 626 BGB 2002 Nr. 4 = NZA-RR 2004, 347 = LAG Report 2004, 223 LS) – berechtigt, das Arbeitsverhältnis ohne vorherige Abmahnung wegen des dadurch entstandenen Vertrauensverlusts **ordentlich** zu kündigen. 2236

9. Verstoß gegen die Ordnung des Betriebes

Die Fragen der Ordnung des Betriebes werden zumeist durch sog. Arbeitsordnungen (vgl. § 87 Abs. 1 Nr. 1 BetrVG) geregelt. 2237

Der Arbeitnehmer hat aber auch ohne Vorliegen einer derartigen Arbeitsordnung **alles zu unterlassen, was dazu geeignet ist, den reibungslosen Ablauf des betrieblichen Zusammenlebens zu stören** (s.o. Kap. 3 Rn. 399 ff.). 2238

Verstößt der Arbeitnehmer gegen die ihm nach der Arbeitsordnung obliegenden Verhaltenspflichten, so kann (nach vorheriger Abmahnung; vgl. *v. Hoyningen-Huene* DB 1995, 142 ff.) eine ordentliche Kündigung gerechtfertigt sein. Das gilt z.B. bei Verstößen gegen ein betriebliches Rauchverbot, der Verletzung eines betrieblichen Alkoholverbots (vgl. 2239

LAG Düsseld. 17.6.1997 LAGE § 1 KSchG Verhaltensbedingte Kündigung Nr. 58: Der Verstoß gegen ein zwingend gesetzlich vorgeschriebenes **Rauchverbot** im Frischfleischverarbeitungsbetrieb trotz wiederholter Abmahnungen kann eine Kündigung auch bei langjähriger Betriebszugehörigkeit sozial rechtfertigen; *Künzl* BB 1993, 1581 ff.), der Verweigerung von Kontrolluntersuchungen bei Verlassen des Betriebes, der Verunreinigung von Toiletten sowie der Nichteinhaltung von Unfallverhütungsvorschriften (KR/*Etzel* 7. Aufl. § 1 KSchG Rz. 467 ff. m.w.N.).

2240 Ein nicht auf Alkoholabhängigkeit beruhender **Alkoholmissbrauch** im Betrieb ist an sich geeignet, eine verhaltensbedingte Kündigung zu rechtfertigen (vgl. ausf. *Bengelsdorf* NZA 2001, 993 ff.). Dabei kann eine mit Zustimmung des Arbeitnehmers durchgeführte Alkomatmessung bei der Feststellung des Alkoholisierungsgrades sowohl zur Be- wie auch Entlastung des Arbeitnehmers beitragen (*BAG* 26.1.1995 EzA § 1 KSchG Verhaltensbedingte Kündigung Nr. 46). Will der Arbeitnehmer sich bei einem auf Grund objektiver Anhaltspunkte bestehenden Verdachts der Alkoholisierung im Dienst mit Hilfe eines **Alkoholtests entlasten**, muss er i.d.R. einen entsprechenden Wunsch **von sich aus** – schon wegen des damit verbundenen Eingriffs in sein Persönlichkeitsrecht – **an den Arbeitgeber herantragen** (*BAG* 16.9.1999 EzA § 626 BGB Krankheit Nr. 2). Auch die Verletzung eines Alkoholverbots aus einer Betriebsvereinbarung nach vorheriger Abmahnung ist grds. geeignet, eine ordentliche Kündigung zu rechtfertigen. Dabei spielt es keine Rolle, ob der Arbeitnehmer alkoholisiert zur Arbeit erscheint oder erst im Betrieb alkoholische Getränke zu sich nimmt; der Arbeitnehmer hat die Pflicht, seine Arbeitsfähigkeit nicht durch privaten Alkoholgenuss zu beeinträchtigen. Die Weigerung des Arbeitnehmers, den Verdacht einer Verletzung des betrieblichen Alkoholverbots durch Einleitung einer Blutalkoholuntersuchung zu widerlegen, stellt nach Auffassung des *LAG Hamm* (11.11.1996 LAGE § 1 KSchG Verhaltensbedingte Kündigung Nr. 56) ein erhebliches Indiz für das Vorliegen der Pflichtverletzung dar; zumindest ist die Weigerung bei der Beweiswürdigung zu berücksichtigen.

10. Verstoß gegen Pflichten bei Arbeitsunfähigkeit

a) Anzeigepflicht

2241 Auch die Verletzung der Pflicht gem. § 5 Abs. 1 EFZG, dem Arbeitgeber die Arbeitsunfähigkeit unverzüglich anzuzeigen und ihre voraussichtliche Dauer nach seinem subjektiven Kenntnisstand zu schätzen und mitzuteilen, kann ein Grund für die soziale Rechtfertigung einer ordentlichen Kündigung sein (*BAG* 31.8.1989 EzA § 1 KSchG Verhaltensbedingte Kündigung Nr. 27; APS/*Dörner* § 1 KSchG Rz. 314 ff.).

2242 **Fraglich ist, ob eine Kündigung dann voraussetzt, dass die Pflichtverletzung zu nachteiligen Folgen für den Arbeitgeber geführt hat.** Davon ist der 7. Senat des *BAG* (7.12.1988 EzA § 1 KSchG Verhaltensbedingte Kündigung Nr. 26) ausgegangen. Danach kommt eine verhaltensbedingte Kündigung nur dann in Betracht, wenn es auch tatsächlich zu betrieblichen Störungen gekommen ist.

2243 Demgegenüber geht der 2. Senat des *BAG* (16.8.1991 EzA § 1 KSchG Verhaltensbedingte Kündigung Nr. 41) davon aus, dass die schuldhafte, vergeblich abgemahnte Verletzung einer Nebenpflicht (z.B. gem. § 5 Abs. 1 S. 1 EFZG) an sich eine ordentliche Kündigung auch dann sozial rechtfertigen kann, wenn es dadurch nicht zu einer Störung der Arbeitsorganisation oder des Betriebsfriedens gekommen ist.

2244 Wenn derartige nachteilige Auswirkungen eingetreten sind, ist das im Rahmen der Interessenabwägung zu Lasten des Arbeitnehmers zu berücksichtigen (*BAG* 16.8.1991 EzA § 1 KSchG Verhaltensbedingte Kündigung Nr. 41; s.u. Rn. 2270 ff.).

b) Pflicht zu gesundheitsförderndem Verhalten

Der Arbeitnehmer ist im Übrigen verpflichtet, sich während einer Erkrankung gesundheitsfördernd zu verhalten. Verstößt er hiergegen erheblich und nachhaltig und verschlimmert er hierdurch seine Arbeitsunfähigkeit, oder verzögert sich die Genesung, so kommt eine Kündigung grds. in Betracht (*LAG Nds.* 1.10.1983 BB 1984, 1233; vgl. APS/*Dörner* § 1 KSchG Rz. 321 f.). 2245

Andererseits handelt der Arbeitnehmer, der sich den ärztlichen Anweisungen gemäß verhält, nicht arbeitsvertragswidrig. 2246
Ist z.B. weder Bettruhe noch häuslicher Aufenthalt vorgeschrieben, kann sich der Arbeitnehmer auch in der Öffentlichkeit bewegen, ohne damit seinen Anspruch auf Entgeltfortzahlung zu verlieren, oder den Arbeitgeber zu einer Kündigung zu berechtigen. Der arbeitsunfähige Arbeitnehmer braucht sich auch nicht jeglicher Nebentätigkeit zu enthalten, selbst wenn diese gewerblicher Natur ist.

Etwas anderes gilt nur dann, wenn sie den Interessen des Arbeitgebers aus Gründen des **Wettbewerbs zuwiderläuft** und/oder ein solches Ausmaß besitzt, dass der Arbeitnehmer seine Leistungspflicht aus dem Arbeitsverhältnis nicht mehr ordnungsgemäß erfüllen kann oder die Nebentätigkeit den **Heilungsprozess verzögert** (*BAG* 13.11.1979 EzA § 1 KSchG Verhaltensbedingte Kündigung Nr. 6). Ist ein Arbeitnehmer **während einer ärztlich attestierten Arbeitsunfähigkeit schichtweise einer Nebenbeschäftigung** bei einem anderen Arbeitgeber **nachgegangen,** so kann je nach den Umständen auch eine fristlose Kündigung ohne vorherige Abmahnung gerechtfertigt sein. Ist in derartigen Fällen der Beweiswert des ärztlichen Attestes erschüttert bzw. entkräftet, so hat der Arbeitnehmer konkret darzulegen, weshalb er krankheitsbedingt gefehlt hat und trotzdem der Nebenbeschäftigung nachgehen konnte (*BAG* 26.8.1993 EzA § 626 BGB n.F. Nr. 148). 2247

11. Wehrdienst von Nicht-EU-Ausländern

Türkische Arbeitnehmer, die den verkürzten Wehrdienst von **zwei Monaten** in der Türkei ableisten müssen, sind verpflichtet, den Arbeitgeber unverzüglich über den Zeitpunkt der Einberufung zu **unterrichten** und auf sein Verlangen hin die Richtigkeit der Angaben durch eine behördliche Bescheinigung des Heimatstaates **nachzuweisen.** 2248

Verletzt der türkische Arbeitnehmer schuldhaft diese arbeitsvertraglichen Nebenpflichten, so kann dies, je nach den Umständen, eine ordentliche Kündigung aus verhaltensbedingten Gründen oder sogar eine außerordentliche Kündigung gem. § 626 Abs. 1 BGB rechtfertigen (*BAG* 7.9.1983 EzA § 626 BGB n.F. Nr. 87). 2249

12. Nebenpflichten im Arbeitsverhältnis und nach einer Kündigung; treuwidriges Verhalten; Wettbewerbsverbot

Der Arbeitnehmer hat im bestehenden Arbeitsverhältnis zahlreiche Nebenpflichten zu beachten, deren Missachtung kündigungsrelevant sein kann. So ist z.B. häufig auf der Basis unterschiedlicher Rechtsgrundlagen die Annahme von Geschenken und Belohnungen ohne Zustimmung des Arbeitgebers verboten. Damit ist jede freiwillige, unentgeltliche Zuwendung gemeint, die einen Vermögenswert hat, also den Empfänger bereichert, ohne dass von ihm eine Gegenleistung erwartet wird. (vgl. z.B. § 3 AVR-K, § 10 BAT). Dieses Verbot gilt auch für die Begünstigung durch letztwillige Verfügungen. Besteht objektiv ein enger sachlicher und zeitlicher Zusammenhang zwischen der dienstlichen Tätigkeit und der Belohnung, so ist anzunehmen, dass die Belohnung »in Bezug auf die dienstliche Tätigkeit« erfolgt. Dabei kommt es nicht darauf an, ob die Zuwendung auch subjektiv aus der Sicht des Zuwendenden und des Begünstigten eine Belohnung für die dienstliche Tätigkeit darstellen sollte. Nur wenn für den Dienstnehmer die genehmigungslose Entgegennahme von Geschenken grds. von vornherein ausscheidet, ist der Regelungszweck zu erreichen, dass 2250 bereits der »böse Schein« vermieden wird (*BAG* 17.6.2003 EzA § 1 KSchG Verhaltensbedingte Kündigung Nr. 59 = BAG Report 2004, 261).

2251 Auch **treuwidriges, illoyales Verhalten** des Arbeitnehmers kann ggf. eine Kündigung sozial rechtfertigen. Das gilt **z.B. für die (sechsfache) Nichtanzeige offenkundiger Überzahlungen i.H. von insgesamt 8.475, 88 €** mit anschließendem Hinweis auf den Wegfall der Bereicherung; einer Abmahnung bedarf es dann nicht (*LAG Köln* 9.12.2004 ZTR 2005, 375).

2252 Hat der Arbeitgeber das Arbeitsverhältnis gekündigt und ist die Rechtswirksamkeit dieser Kündigung zwischen den Parteien streitig, so ist sich der Arbeitnehmer bis zur Rechtskraft der Entscheidung im ungewissen darüber, ob er bestimmte arbeitsvertragliche Nebenpflichten (Verschwiegenheitspflichten, vertragliche Wettbewerbsverbote) weiterhin erfüllen muss, oder ob er hiervon entbunden ist.

2253 Diese Nebenpflichten **kollidieren häufig mit der gesetzlichen Obliegenheit des Arbeitnehmers aus § 615 S. 2 BGB, eine anderweitige Verdienstmöglichkeit wahrzunehmen,** d.h. ein anderes Arbeitsverhältnis einzugehen oder ggf. jeglichen Vergütungsanspruch für die Zeit der Kündigungsschutzklage zu verlieren.

2254 Nach Auffassung des *BAG* (25.4.1991 EzA § 626 BGB n.F. Nr. 140; ebenso *BGH* 12.3.2003 EzA § 89a HGB Nr. 2) können Wettbewerbshandlungen, die der Arbeitnehmer im Anschluss an eine unwirksame außerordentliche Kündigung des Arbeitgebers begeht, einen wichtigen Grund für eine weitere außerordentliche Kündigung bilden, wenn dem Arbeitgeber ein Verschulden anzulasten ist. Denn der Arbeitnehmer wird nicht schon dadurch von einem Wettbewerbsverbot befreit, dass er eine Kündigung des Arbeitgebers für unwirksam hält und sie deswegen gerichtlich angreift.

2255 Zwar verhält sich der Arbeitgeber dann widersprüchlich, wenn er trotz seiner Kündigung die Einhaltung des Wettbewerbsverbots verlangt. Jedoch gilt dies auch für den Arbeitnehmer, der die Unwirksamkeit der Kündigung geltend macht.

#256 Der Arbeitnehmer handelt nur böswillig i.S.d. § 615 S. 2 BGB, wenn der Arbeitgeber ausdrücklich oder konkludent zu erkennen gibt, mit Wettbewerbshandlungen nach der faktischen Beendung des Arbeitsverhältnisses einverstanden zu sein. Maßgeblich ist eine **Abwägung der beiderseitigen Interessen.** Sie wird wesentlich durch den Grad des dem Arbeitnehmer anzulastenden Verschuldens geprägt. Dabei ist jeweils auf die besonderen Umstände des Einzelfalles abzustellen.

2257 Erheblich ist, ob es dem Arbeitnehmer um eine Übergangslösung oder um eine auf Dauer angelegte Konkurrenztätigkeit geht. Zu berücksichtigen ist auch, ob er auf die **wettbewerbswidrige Tätigkeit unbedingt angewiesen ist** oder ob ihm eine Tätigkeit außerhalb des wettbewerbsrelevanten Bereichs möglich oder zumutbar ist. Für den Grad des Verschuldens für die Interessenabwägung ist weiterhin maßgeblich der genaue **Zeitpunkt** der Konkurrenztätigkeit, **ihre Art und ihre Auswirkungen** auf den Geschäftsbereich des Arbeitgebers (s. *LAG Köln* 26.6.2006 NZA-RR 2007, 73).

2258 Demgegenüber hat das *LAG Köln* (14.7.1995 LAGE § 60 HGB Nr. 4; zust. *Hoß* DB 1997, 1818 ff.; zust. *Gravenhorst* Anm. zu *BGH* 12.3.2003 EzA § 89a HGB Nr. 2) die Auffassung vertreten, dass der Arbeitgeber nach Ausspruch einer vom Arbeitnehmer angefochtenen fristlosen Kündigung die Unterlassung von Wettbewerbshandlungen bis zum rechtskräftigen Abschluss des Kündigungsschutzprozesses nur fordern kann, wenn er ihm hierfür gleichzeitig eine **monatliche Entschädigung** mindestens in Höhe einer Karenzentschädigung nach §§ 74 ff. HGB anbietet.

13. Gewerkschaftswerbung während der Arbeitszeit

2259 Händigt ein freigestellter Betriebsratsvorsitzender einem Arbeitskollegen während dessen Arbeitszeit eine Druckschrift einer Gewerkschaft aus, die einen Überblick über die gewerkschaftlichen Leistungen und ein Beitrittsformular enthält, so liegt darin **kein schuldhaftes Fehlverhalten** des Betriebsratsvorsitzenden; vielmehr ist sein Verhalten durch Art. 9 Abs. 3 GG gerechtfertigt. Denn der Schutz der Koalitionsfreiheit beschränkt sich nicht auf diejenigen Tätigkeiten, die für die Erhaltung und die Sicherung des Bestandes der Koalition unerlässlich sind, sondern umfasst alle koalitionsspezifischen Verhaltensweisen. Dazu gehört auch die Mitgliederwerbung durch die Koalition und ihre Mitglieder (*BVerfG* 14.11.1995 EzA Art. 9 GG Nr. 60 gegen *BAG* 13.11.1991 EzA § 611 BGB Abmahnung Nr. 21), wobei allerdings im Rahmen der gebotenen Harmonisierung der beiderseits betroffenen und grds. gleichwertigen Grundrechte seitens des Arbeitgebers Art. 2 Abs. 1 GG (wirtschaftliche Betätigungsfreiheit) zu berücksichtigen ist. Diese Regelung ist **insbes. bei einer Störung des Arbeitsablaufs und des Betriebsfriedens betroffen.**

14. Löschen von Kundendaten

Ist festzustellen, dass ein Außendienstmitarbeiter bei der Übergabe seines Verkaufsgebiets **2260** nach einer ihn betreffenden betriebsbedingten Kündigung (Zusammenlegung von Verkaufsgebieten) an den nunmehr für das Verkaufsgebiet vorgesehenen Außendienstmitarbeiter auf einem Laptop gespeicherte Kundendaten gelöscht hat und begründet der gekündigte Arbeitnehmer dies mit dem Hinweis, nachdem er aus betriebswirtschaftlichen Gründen gekündigt worden sei, habe er die gespeicherten Daten seinerseits aus betriebswirtschaftlichen Gründen gelöscht, so ist dadurch ein verhaltensbedingter Kündigungsgrund gesetzt, der den Vertrauensbereich berührt und grds. geeignet ist, die Kündigung des Arbeitsverhältnisses sozial zu rechtfertigen (*LAG Köln* 24.7.2002 LAGE § 1 KSchG Verhaltensbedingte Kündigung Nr. 80 = ARST 2003, 236 LS = NZA-RR 2003, 303).

15. Außerdienstliches Verhalten des Arbeitnehmers

Siehe zunächst oben Kap. 3 Rn. 481 ff. **2261**

a) Politische Betätigung

Eine ordentliche Kündigung aus verhaltensbedingten Gründen setzt insoweit voraus, dass **2262** das Arbeitsverhältnis durch die im außerdienstlichen Bereich entfaltete politische Betätigung (z.B. die Kandidatur für die DKP bei einer Kommunalwahl) **konkret beeinträchtigt wird,** sei es im Leistungsbereich, im Bereich der Verbundenheit aller bei der Dienststelle beschäftigten Mitarbeiter, im personalen Vertrauensbereich oder im behördlichen Aufgabenbereich (*BAG* 6.6.1984 EzA § 1 KSchG Verhaltensbedingte Kündigung Nr. 12; zu außerdienstlichem fremdenfeindlichen Verhalten vgl. *Lansnicker/Schwirtzek* DB 2001, 865 ff.).

b) Lohnpfändungen

Das Vorliegen mehrerer Lohnpfändungen oder -abtretungen rechtfertigt für sich allein noch **2263** keine ordentliche Kündigung. Eine ordentliche Kündigung kann aber dann sozial gerechtfertigt sein, wenn im Einzelfall zahlreiche Lohnpfändungen oder -abtretungen einen **derartigen Arbeitsaufwand** des Arbeitgebers **verursachen,** dass dies – nach objektiver Beurteilung – **zu wesentlichen Störungen im Arbeitsablauf** (etwa in der Lohnbuchhaltung oder in der Rechtsabteilung) oder **in der betrieblichen Organisation** führt (*BAG* 4.11.1981 EzA § 1 KSchG Verhaltensbedingte Kündigung Nr. 9).

c) »Vermittlungsprovision«

Dagegen ist das außerdienstliche Verhalten eines Arbeitnehmers, das darin besteht, dass er **2264** eine »Vermittlungsprovision« für die Einstellung eines Arbeitnehmers fordert und kassiert, das weder zur konkreten Beeinträchtigung des Arbeitsverhältnisses noch zur »konkreten Gefährdung« im Vertrauensbereich führt, nicht geeignet, einen Grund im Verhalten des Arbeitnehmers i.S.d. § 1 Abs. 2 KSchG zu bilden (*BAG* 24.9.1987 EzA § 1 KSchG Verhaltensbedingte Kündigung Nr. 18).

d) Alkoholmissbrauch im Privatbereich

2265 Die Beurteilung aus Anlass einer Kündigung ob eine hochgradige Alkoholisierung im Privatbereich Rückschlüsse auf die Zuverlässigkeit eines Berufsfahrzeugführers zulässt, liegt weitgehend im Beurteilungsspielraum des Tatsachengerichts. Das *BAG* (4.6.1997 EzA § 626 BGB n.F. Nr. 168; vgl. dazu *Adam* ZTR 1999, 292 ff.) hat in einem Fall, in dem der Arbeitnehmer zwar infolge Alkoholgenusses mit einer BAK von 2,73 Promille einen Verkehrsunfall verursacht hatte, die Auffassung des *LAG Bln.* (11.6.1996 – 7 Sa 14/96 –) geteilt, dass er dadurch als U-Bahn-Zugführer wegen einer einmaligen alkoholbedingten Pkw-Privatfahrt noch nicht als derart unzuverlässig anzusehen sei, dass er kein Vertrauen mehr verdiene.

e) Straftaten öffentlich Bediensteter im Privatbereich

2266 Straftaten (z.B. Betrug, Anstiftung zur Falschaussage), die ein öffentlich Bediensteter – wenn auch im Privatbereich – begeht, können wegen §§ 6, 8 BAT (s.o. Kap. 3 Rn. 481 ff.), also insbes. wegen der Verpflichtung, sich so zu verhalten, wie es von einem Angehörigen des öffentlichen Dienstes erwartet wird, aus verhaltensbedingten Gründen jedenfalls eine ordentliche Kündigung sozial rechtfertigen (*BAG* 20.11.1997 EzA § 1 KSchG Verhaltensbedingte Kündigung Nr. 52; vgl. dazu *Scheuring* ZTR 1999, 337 ff. u. 385 ff.); der TVöD zieht allerdings eine § 8 BAT entsprechende Regelung nicht mehr vor.

16. Falschbeantwortung des Fragebogens wegen einer Zusammenarbeit mit dem ehemaligen MfS

2267 Die Frage, ob eine ordentliche Kündigung von ehemaligen Mitarbeitern im öffentlichen Dienst der neuen Bundesländer wegen fehlender persönlicher Eignung in Betracht kommt, beurteilt sich seit dem 1.1.1994 (zur Rechtslage bis zu diesem Zeitpunkt s.o. Rn. 1909 ff.) nach § 1 KSchG.

2268 Die Falschbeantwortung des Fragebogens wegen einer Zusammenarbeit mit dem ehemaligen Ministerium für Staatssicherheit der DDR (Stasi) rechtfertigt nicht ohne weiteres eine verhaltensbedingte Kündigung gem. § 1 Abs. 2 KSchG. Es kommt vielmehr auf die Umstände des jeweiligen Einzelfalles, u.a. auch darauf an, wie lange die Tätigkeit für die Stasi zurückliegt und wie schwerwiegend sie war (*BAG* 4.12.1997 EzA § 1 KSchG Verhaltensbedingte Kündigung Nr. 53). Gleiches gilt bei Fragen des Arbeitgebers nach früheren »Stasi-Kontakten« (*BAG* 13.6.2002 EzA § 1 KSchG Verhaltensbedingte Kündigung Nr. 57).

2269 Verschweigt ein im öffentlichen Dienst Beschäftigter eine MfS-Tätigkeit vor Vollendung des 21. Lebensjahres, so ist es dem öffentlichen Arbeitgeber zudem jedenfalls bei einem nicht allzu gravierenden Maß der Verstrickung eher zumutbar, mit milderen Mitteln als mit einer fristlosen Kündigung – etwa einer Abmahnung oder einer ordentlichen Kündigung – zu reagieren als bei einer Tätigkeit für das MfS im Erwachsenenalter. Auch führt regelmäßig nur eine schuldhafte Falschbeantwortung zu einem derart gravierenden Vertrauensverlust, dass dem öffentlichen Arbeitgeber auch eine Weiterbeschäftigung bis zum Ablauf der Kündigungsfrist unzumutbar ist. Je nach dem Gewicht der Falschbeantwortung und dem Grad der Verstrickung kann schließlich der längere beanstandungsfreie Fortbestand des Arbeitsverhältnisses bis zur Kündigung teilweise oder völlig entwertet worden sein (*BAG* 21.6.2001 NZA 2002, 168).

17. Betriebliche Auswirkungen der Pflichtverletzung

2270 **Notwendig ist mithin stets, dass sich das Fehlverhalten auch betrieblich auswirkt.** Insoweit liegt ein die Kündigung rechtfertigender Grund dann vor, wenn es um das Verhalten eines Arbeitnehmers geht, durch das das Arbeitsverhältnis konkret beeinträchtigt wird. Eine solche Beeinträchtigung kann sich auch auf den Leistungsbereich beziehen.

2271 Die in einem **innerbetrieblichen Gespräch** geäußerte Meinung einer Busfahrerin, bei ihren Fahrgästen handele es sich zum größten Teil um Abschaum, rechtfertigt nach Auffassung des *LAG Düsseld.* (19.12.1995 LAGE § 626 BGB Nr. 91) weder die Kündigung noch einen Auflösungsantrag des Arbeitgebers, solange die innere Einstellung der Arbeitnehmerin sich nicht auf die Arbeitsleistung bzw. auf das Arbeitsverhältnis auswirkt.

Eine konkrete Beeinträchtigung des Arbeitsverhältnisses liegt aber bereits in der Nichterbringung der vertraglich geschuldeten Leistung, z.B. durch Fernbleiben von der Arbeit. Kommt der Arbeitnehmer seiner Arbeitsverpflichtung im vertraglichen Umfang nicht nach oder verletzt er eine vertragliche Nebenpflicht, so wirkt sich das unmittelbar auf die Störung des Arbeitsverhältnisses im Leistungsbereich und als Beeinträchtigung des Verhältnisses von Leistung und Gegenleistung (Äquivalenzstörung) aus. 2272

Ob diese Fehlzeiten sich über diese Störung hinaus auch noch konkret nachteilig auf den Betriebsablauf oder den Betriebsfrieden ausgewirkt haben, ist nicht für die Eignung als Kündigungsgrund, sondern nur für die im Rahmen der **Interessenabwägung** wesentlichen weiteren Auswirkungen der Pflichtverletzung erheblich. 2273

Solche **konkreten Störungen** sind somit nicht unabdingbare Voraussetzung für die soziale Rechtfertigung der Kündigung, **ihnen kommt vielmehr nur ein neben dem Vertragsverstoß zusätzlich belastendes Gewicht zu** (*BAG* 17.1.1991 EzA § 1 KSchG Verhaltensbedingte Kündigung Nr. 37). 2274

18. Der Sonderfall: Arbeitsverhältnisse mit einer reinen Vermittlungsgesellschaft

In dem Sonderfall eines mit einer reinen Vermittlungsgesellschaft (z.B. der DB Vermittlung) begründeten Arbeitsverhältnis **wird die ursprüngliche Arbeitspflicht** des Arbeitnehmers, die wegen des betriebsbedingten Wegfalls der Beschäftigungsmöglichkeit an seinem früheren Arbeitsplatz nicht mehr realisiert werden konnte, **durch die Pflicht ersetzt, ein zumutbares Beschäftigungsangebot** – insbes. in einem Unternehmen des DB Konzerns – **anzunehmen**. Verstößt der Arbeitnehmer gegen diese Verhaltenspflicht, so kann dies je nach den Umständen eine ordentliche Kündigung nach § 1 Abs. 2 KSchG rechtfertigen. Insoweit gilt für § 26 für die Arbeitnehmer der DB Vermittlung GmbH i.d.F. v. 10.9.2002 Folgendes (*BAG* 2.2.2006 – 2 AZR 222/05 – EzA-SD 8/06 S. 7 LS = NZA 2006, 880 LS; s.a. *LAG SA* 6.12.2005 NZA-RR 2006, 467): 2275

- Die ordentliche Kündigung ist tariflich schon dann möglich, wenn der Arbeitnehmer ein zumutbares Beschäftigungsangebot abgelehnt hat;
- § 26 Abs. 2 TV DB Vermittlung setzt dann, wenn der Arbeitnehmer das erste zumutbare Arbeitsplatzangebot wegen des erforderlichen Wohnungswechsels ablehnt und der Arbeitgeber daraufhin von der an sich zulässigen sofortigen Kündigung absieht, für das **zweite Angebot die tariflichen Zumutbarkeitskriterien herab;**
- Der Arbeitgeber hat bei einem erforderlichen Wohnungswechsel allerdings stets nach dem ultima-ratio-Prinzip zu prüfen, ob nach der ersten Ablehnung anstatt einer sofortigen Kündigung ein zweites Angebot mit entsprechend herabgesetzter Zumutbarkeitsgrenze zu erfolgen hat.

IV. Abmahnung

1. Normative Grundlage der Notwendigkeit einer Abmahnung vor Ausspruch der Kündigung

Nach dem nach der Rechtsprechung des *BAG* (17.3.1987 EzA § 611 BGB Abmahnung Nr. 5; 9.8.1984 EzA § 1 KSchG Verhaltensbedingte Kündigung Nr. 11; 12.1.2006 EzA § 1 KSchG Verhaltensbedingte Kündigung Nr. 67 = NZA 2006, 917; 12.1.2006 EzA § 1 KSchG Verhaltensbedingte Kündigung Nr. 68 = NZA 2006, 980; ebenso z.B. *LAG Köln* 16.6.2005 – 7 Sa 22/04 – ArbuR 2005, 384 LS; abl. *Walker* NZA 1995, 602) den Kündigungsschutz beherrschenden Ultima-ratio-Prinzip und aus dem in § 326 Abs. 1 BGB (jetzt § 323 Abs. 1 BGB n.F.) enthaltenen allgemeinen Rechtsgedanken heraus ist der 2276

Arbeitnehmer bei einem pflichtwidrigen Verhalten grds. zunächst abzumahnen. Das gilt insbes. für Störungen im Leistungsbereich. Denn eine verhaltensbedingte Kündigung ist dann nicht gerechtfertigt, **wenn es andere geeignete mildere Mittel gibt, um eine zukünftige Vertragsstörung zu beseitigen und zu vermeiden** (*BAG* 13.12.2007 EzA § 4 KSchG n.F. Nr. 82 = NZA 2008, 589; 12.1.2006 EzA § 1 KSchG Verhaltensbedingte Kündigung Nr. 67 = NZA 2006, 917; 12.1.2006 EzA § 1 KSchG Verhaltensbedingte Kündigung Nr. 68 = NZA 2006, 980).

2277 Zwar ist § 326 Abs. 1 BGB (jetzt § 323 Abs. 1 BGB n.F.) auf den Arbeitsvertrag nicht unmittelbar anwendbar. Diese Vorschrift enthält jedoch den allgemeinen Grundgedanken, dass der Gläubiger den Schuldner vor so einschneidenden Maßnahmen wie der einseitigen Vertragsaufhebung auf die Folgen des vertragswidrigen Verhaltens hinweisen muss (vgl. *Becker-Schaffner* BB 1995, 2526).

2278 Das muss auch dann gelten, falls der Arbeitgeber das Arbeitsverhältnis kündigen will, wenn der Arbeitnehmer seine Leistung nicht vertragsgemäß erbringt (*BAG* 12.7.1984 EzA § 102 BetrVG 1972 Nr. 57; 9.8.1984 EzA § 1 KSchG Verhaltensbedingte Kündigung Nr. 11).

2279 Inzwischen lässt sich dies aus § 314 Abs. 2 S. 1 BGB n.F. ableiten (*BAG* 12.1.2006 EzA § 1 KSchG Verhaltensbedingte Kündigung Nr. 67 = NZA 2006, 917; 12.1.2006 EzA § 1 KSchG Verhaltensbedingte Kündigung Nr. 68 = NZA 2006, 980; vgl. dazu *Kleinebrink* FA 2002, 226 ff.; *v. Hase* NJW 2002, 2281 ff.), auch wenn der Gesetzgeber im Gegensatz zu dieser Norm das Erfordernis der Abmahnung in § 626 BGB ebenso wenig ausdrücklich aufgenommen hat wie in § 1 KSchG für die ordentliche verhaltensbedingte Kündigung.

2. Begriff und Inhalt

a) Inhaltliche Anforderungen

2280 Eine Abmahnung liegt dann vor, wenn der Arbeitgeber – in einer für den Arbeitnehmer hinreichend deutlich erkennbaren Art und Weise – Leistungsmängel beanstandet und damit den eindeutigen Hinweis verbindet, dass im Wiederholungsfall der Inhalt oder der Bestand des Arbeitsverhältnisses gefährdet ist. Nicht erforderlich ist es, bestimmte kündigungsrechtliche Maßnahmen, insbes. die Kündigung, anzudrohen (*BAG* 18.1.1980 EzA § 1 KSchG Verhaltensbedingte Kündigung Nr. 7; ausf. zur Rspr. des BAG *Conze* ZTR 1993, 312 ff.; ZTR 1997, 342 ff.; *Hunold* NZA-RR 2000, 169 ff.).

b) Zweck der Abmahnung

2281 Insoweit hat die Abmahnung einen **dreifachen Zweck** zu erfüllen (*BAG* 15.1.1986 EzA § 611 BGB Fürsorgepflicht Nr. 39; 10.11.1988 EzA § 611 BGB Abmahnung Nr. 18; MünchArbR/*Berkowsky* § 137 Rz. 14 f.; APS/*Dörner* § 1 KSchG Rz. 343 ff.; *Becker-Schaffner* ZTR 1999, 106 ff.; *Hunold* NZA-RR 2000, 173 ff.):

- sie soll das beanstandete Verhalten tatbestandsmäßig festhalten **(Dokumentationsfunktion),**
- sie soll den Arbeitnehmer darauf hinweisen, dass der Arbeitgeber ein bestimmtes Verhalten als vertragswidrig ansieht **(Hinweisfunktion),**
- sie soll ihn davor warnen, dass im Wiederholungsfalle einer Gefährdung des Arbeitsverhältnisses droht **(Warn- bzw. Androhungsfunktion**; vgl. dazu *LAG Köln* 6.8.1999 NZA-RR 2000, 24; abl. *Bader* ZTR 1999, 200 ff.).

c) Genaue Bezeichnung des Fehlverhaltens; Beispiele

Deshalb muss eine Abmahnung das beanstandete Verhalten des Arbeitnehmers möglichst genau bezeichnen. Allgemeine Wertungen erfüllen weder die Dokumentations- noch die Hinweisfunktion. Eine Abmahnung, die nicht **hinreichend konkret den vermeintlichen Vertragsverstoß bezeichnet**, ist rechtswidrig (*LAG Köln* 15.6.2007 – 11 Sa 243/07 – ArbuR 2007, 323 LS; *LAG Hamm* 25.5.2007 – 13 Sa 1117/06 – ArbuR 2007, 405 LS; *LAG Köln* 16.6.2005 – 7 Sa 22/04 – ArbuR 2005, 384 LS; *ArbG Frankf. (Oder)* 7.4.1999 NZA-RR 1999, 467; *ArbG Dresden* 24.2.2004 ArbuR 2004, 354 LS). Dies erfordert zugleich, dass der Arbeitgeber dem Arbeitnehmer deutlich macht, dass er dessen Verhalten als vertragswidrig ansieht. 2282

Beispiele: 2283

- Ein Arbeitnehmer kann wegen einer **bewusst falschen Beschwerde beim Personalrat** über das Vorgehen seines Vorgesetzten abgemahnt werden (*LAG Bln.* 2.4.2004 – 6 Sa 2209/03 – ARST 2004, 185 LS = ZTR 2004, 325 LS).
- Eine Kassendifferenz von 10 Euro bei einer Kassiererin, die sonst i.d.R. lediglich kleinere Differenzen von weniger als 1 Euro aufzuweisen hat, stellt eine objektive Pflichtverletzung dar, die vom Arbeitgeber mit einem zur Personalakte genommenen Schreiben abgemahnt werden kann (*LAG Bln.* 26.3.2004 – 6 Sa 2490/03 – ARST 2004, 186 LS = ZTR 2004, 548 LS = LAG Report 2004, 222 LS).
- Wirft der Arbeitgeber dem Arbeitnehmer in einer Abmahnung **angebliche vertragswidrige Äußerungen** vor, so hat er diese – unabhängig davon, ob es sich dabei tatsächlich um arbeitsvertragliche Pflichtverletzungen des Arbeitnehmers handelt – in der Abmahnung **deutlich darzustellen**. Der **pauschale Vorwurf**, der Arbeitnehmer habe gegenüber einer dritten Person geäußert, dass für Gerichtsprozesse 65.000 € zurückgestellt worden seien und ein anderer Arbeitnehmer eine Abmahnung erhalten habe, **reicht insoweit nicht aus**. Erforderlich ist vielmehr, dass sich der Abmahnung entnehmen lässt, wann und wo genau der Arbeitnehmer diese Äußerungen getätigt haben soll (*LAG Köln* 15.6.2007 – 11 Sa 243/07 – ArbuR 2007, 323 LS).
- Der Arbeitgeber kann die Teilnahme des Arbeitnehmers an **politischen Demonstrationen** während der Arbeitszeit (z.B. zum Protest gegen die beabsichtigte Abschaffung des Schlechtwettergeldes) verbieten. Eine Teilnahme entgegen einem solchen Verbot kann er rechtswirksam abmahnen. Grundrechte (insbes. Art. 5 Abs. 1, 9 Abs. 3, 2 Abs. 1 GG) stehen dem nicht entgegen (*LAG SchlH* 18.1.1995 AP Nr. 17 zu § 611 BGB Abmahnung).
- Verweigert ein Postzusteller trotz ausdrücklicher Anordnung die **Zustellung einer Postwurfsendung mit ausländerfeindlichem Inhalt,** so kann eine Abmahnung gerechtfertigt sein. Die Abmahnung verstößt aber gegen Treu und Glauben (§ 242 BGB), wenn die Post selbst sich zuvor wiederholt gegen den Inhalt der Sendung ausgesprochen hat (*LAG Hessen* 20.12.1994 AP Nr. 18 zu § 611 BGB Abmahnung).
- Die Abmahnung eines **Nachtwachenpflegehelfers** wegen des Tragens von Schmuck im Gesicht, an Ohren und Händen bei der Ausübung des Pflegedienstes an Geistig- und Mehrfachbehinderten entgegen der Anweisung der Fachklinik ist auf Grund der Unfallverhütungsvorschriften der zuständigen Berufsgenossenschaft über die Gefährdungsmöglichkeiten durch Tragen von Schmuck u. ä. Gegenständen bei der Arbeit und den konkreten Feststellungen des Arbeitsschutzausschusses der Klinik zur Gefährdung der Mitarbeiter gerechtfertigt (*LAG SchlH* 26.10.1995 LAGE § 611 BGB Abmahnung Nr. 44).
- Eine Abmahnung ist auch zu Recht erteilt, wenn eine **Fluggast-Kontrolleurin** während eines Realtests eine **fehlerhafte Durchsuchung durchführt**, indem sie einen Bereich des Rückens bzw. des Gesäßes bei der Durchsuchung eines Fluggastes auslässt und nach der Betriebsanweisung die Pflicht besteht, den Passagier von Kopf bis Fuß durch Abtasten zu durchsuchen (*ArbG Frankf./M.* 2.11.1999 NZA-RR 2000, 464).

- Der Arbeitgeber hat bei einer von ihm für die Mitarbeiter seines Betriebes eingeführten **Lernkontrolle** hinsichtlich der Beantwortung bestimmter Kundenfragen im Einzelhandel nach billigem Ermessen darüber zu befinden, ob diese vom Arbeitnehmer im Einzelfall abverlangt werden kann. Sind diese Voraussetzungen erfüllt, kann der Arbeitgeber bei einer Verweigerung durch den Arbeitnehmer eine Abmahnung erteilen (*LAG Bln.* 4.3.2003 LAGE § 611 BGB Abmahnung Nr. 51).
- Ist ein **Personalreferent** aufgrund einer Konzernbetriebsvereinbarung verpflichtet, für **freie Stellen vorrangig interne Bewerber vorzuschlagen**, rechtfertigen Nachlässigkeiten in diesem Bereich eine Abmahnung; ohne vorherige erfolglose Abmahnung kommt dagegen eine (außerordentliche) Kündigung nicht in Betracht (*LAG Köln* 15.2.2006 – 14 (12) Sa 43/06 – ArbuR 2007, 59 LS). Gleiches gilt u.U. bei einem einmaligen Fehlverhalten selbst dann, wenn es zu einem **hohen Sachschaden** führt (*LAG RhPf* 30.3.2006 – 11 Sa 644/05 – ZTR 2007, 52 LS).
- Auch bei einem **leitenden Mitarbeiter** setzt eine auf Leistungsmängel gestützte Kündigung i.d.R. eine vorangegangene Abmahnung voraus. Dies gilt umso mehr, wenn der Arbeitgeber ihm zehn Monate vor der Kündigung in einer Regelbeurteilung noch einen Zielerreichungsgrad von 102,5% und damit gute, überdurchschnittliche Gesamtleistungen bescheinigt hat (*LAG Köln* 23.5.2002 ARST 2003, 65 LS = NZA-RR 2003, 305).
- Ist die **Umgehung einer Betriebsvereinbarung** infolge des Fehlens klarer betrieblicher Anweisungen mit an sich **zulässigen Mitteln möglich**, bedarf es vor Ausspruch einer Kündigung i.d.R. einer einschlägigen **Abmahnung** (*LAG SchlH* 19.12.2007 LAGE § 626 BGb 2002 Nr. 15).
- Der gläubige Arbeitnehmer ist unter Berücksichtigung der betrieblichen Belange wegen Art. 4 Abs. 1, 2 GG grds. berechtigt, seinen Arbeitsplatz zur Abhaltung kurzzeitiger Gebete zu verlassen. Insoweit kann ein Leistungshindernis nach § 616 BGB bestehen. Wegen der aus Art. 2 Abs. 1, 12 Abs. 1 und 14 Abs. 1 GG gleichfalls grundrechtlich geschützten Belange des Arbeitgebers darf der Arbeitnehmer seinen Arbeitsplatz allerdings nicht ohne Rücksprache mit seinem Vorgesetzten verlassen. Die Pflichtgebete des Islam sind nur innerhalb eines Zeitrahmens je nach Sonnenstand abzuhalten. Der Arbeitnehmer ist nicht berechtigt, den genauen Zeitpunkt seiner Arbeitsunterbrechung innerhalb des Zeitrahmens ohne Rücksprache mit seinem Vorgesetzten selbst zu bestimmen; verhält er sich gegenteilig, ist eine Abmahnung berechtigt (*LAG Hamm* 26.2.2002 NZA 2002, 1090; vgl. auch *Adam* NZA 2003, 1375 ff.).
- § 57 Abs. 4 S. 1 SchulG NW ist Ausdruck des staatlichen **Neutralitätsgebots**. Diese Regelung knüpft an einen abstrakten Gefährdungstatbestand an; sie will abstrakten Gefahren vorbeugen, um damit sicherzustellen, dass konkrete Gefahren für die Neutralität der Schule unterbunden werden. Diese Regelung verstößt weder gegen Art. 3 noch gegen Art. 4 GG und steht auch in Einklang mit Art. 9 EMRK (*LAG Düsseld.* 10.4.2008 LAGE Art. 4 GG Nr. 6). Trägt eine **Sozialpädagogin** anstelle des zuvor getragenen islamischen Kopftuchs eine **Baskenmütze**, die das Haar, den Haaransatz und die Ohren komplett verdeckt, so verstößt sie gegen dieses Neutralitätsgebot und kann deswegen abgemahnt werden (*LAG Düsseld.* 10.4.2008 LAGE Art 4 GG Nr. 6).
- Ist ein **Betriebsratsmitglied** der objektiv fehlerhaften Ansicht, eine Betriebsratsaufgabe wahrzunehmen, kommt eine Abmahnung des Arbeitgebers wegen einer dadurch bedingten Versäumnis der Arbeitszeit nicht in Betracht, wenn es sich um eine Verkennung schwieriger oder ungeklärter Rechtsfragen handelt (*BAG* 31.8.1994 EzA § 611 BGB Abmahnung Nr. 33).
- Mit einer Abmahnung kann ein Verhalten **eines Personalratsmitglieds** nur dann gerügt werden, wenn es nicht allein dem Bereich der Personalratstätigkeit zuzuordnen ist, sondern zumindest auch eine Verletzung individualrechtlicher Pflichten des Arbeitsvertrages vorliegt. Insoweit hat das *LAG Köln* (26.11.2001 ARST 2002, 212 LS) angenommen, dass ein Verstoß gegen personalvertretungsrechtliche Schweigepflichten nicht bereits deshalb abgemahnt werden kann, weil jeder Verstoß gegen die gesetzliche Schweigepflicht des LPVG zugleich eine individualvertragliche Vertragsverletzung darstellt. Eine

Abmahnung kommt danach erst dann in Betracht, wenn zugleich eine strafbare Handlung, insbes. nach § 353b StGB gegeben ist.

- Der Ausspruch einer Abmahnung wegen der Teilnahme eines Arbeitnehmers an einem **rechtswidrigen Streik** ist nicht dadurch ausgeschlossen, dass der Streik von der zuständigen Gewerkschaft geführt wurde und der Arbeitnehmer rechtsirrigerweise davon ausgegangen ist, der Streik sei rechtmäßig (*LAG Hamm* 24.10.2001 LAGE Art. 9 GG Arbeitskampf Nr. 71).
- Teilzeitbeschäftigte Angestellte bedürfen nach § 11 BAT i.V.m. § 68 LGB NW auch dann einer Genehmigung für eine **Nebentätigkeit**, wenn die zeitliche Beanspruchung durch die Teilzeittätigkeit zusammen mit der zeitlichen Beanspruchung durch die Nebentätigkeit die regelmäßige wöchentliche Arbeitszeit eines vollzeitbeschäftigten Angestellten nicht überschreitet. Wird eine solche Nebentätigkeit ohne Genehmigung ausgeübt, kann die Erteilung einer Abmahnung gerechtfertigt sein (*BAG* 30.5.1996 EzA § 611 BGB Abmahnung Nr. 34).
- Gleiches gilt, wenn ein **vollzeitbeschäftigter Polizeimusiker** ohne die erforderliche Genehmigung eine Nebentätigkeit ausübt (*BAG* 22.2.2001 NZA 2002, 288 LS), sowie dann, wenn das zeitliche Ausmaß der Nebentätigkeit dazu führt, dass die nach dem ArbZG einzuhaltenden Höchstarbeitszeiten regelmäßig überschritten werden (*BAG* 11.12.2001 EzA § 611 BGB Nebentätigkeit Nr. 6).
- Wendet sich ein Arbeitnehmer mit einer sog. »Eidesstattlichen Versicherung«, in der er eine Vorgesetzte eines Fehlverhaltens bezichtigt, an den Personalrat, so will er regelmäßig sein Beschwerderecht gegenüber der Personalvertretung ausüben. Unabhängig vom Wahrheitsgehalt der Vorwürfe kann darin regelmäßig nach Auffassung des *ArbG Bln.* (16.9.2003 – 86 Ca 14804/03) weder eine Vertragspflichtverletzung noch eine Störung des Betriebsfriedens gesehen werden. Gleiches gilt, wenn **auf Grund des Inhalts einer Beschwerde dem Beschwerdeführer gegenüber vom Arbeitgeber eine Abmahnung ausgesprochen wird**; denn diese ist wegen Verstoßes gegen das Benachteiligungsverbot aus § 84 Abs. 3 BetrVG unwirksam, auch wenn sich die Beschwerde als unbegründet herausstellt (*LAG Hamm* 11.2.2004 – 18 Sa 1847/03 – EzA-SD 7/04, S. 6 LS = ArbuR 2005, 36). Entgegen der Auffassung des *ArbG Bln.* (16.9.2003 – 86 Ca 14804/03), dass dies offen gelassen hat, gilt ganz sicher etwas anderes, wenn es sich um schwere, völlig haltlose Anschuldigungen gegen den Arbeitgeber oder Vorgesetzte handelt (wie hier jetzt auch *LAG Hamm* 11.2.2004 – 18 Sa 1847/03 – EzA-SD 7/04, S. 6 LS). Denn dann überschreiten der Inhalt und die Begleitumstände der Beschwerde die Grenzen des Beschwerderechts.

d) Störungen im Vertrauensbereich

Keiner Abmahnung bedurfte es im Gegensatz zu Störungen im Leistungs- und Verhaltens- 2284
bereich nach der früheren Rechtsprechung (vgl. dazu *BAG* 17.2.1994 EzA § 611 BGB Abmahnung Nr. 30) grds. bei Störungen **im sog. Vertrauensbereich** (*BAG* 19.6.1967 AP Nr. 1 zu § 124 GewO; **a.A.** *LAG Nds.* 13.1.1998 LAGE § 1 KSchG Verhaltensbedingte Kündigung Nr. 63 bei einer Kündigung wegen einer Vielzahl von Privattelefonaten während der Arbeitszeit).

aa) Rechtsprechung des BAG

Denn eine Abmahnung kann danach zerstörtes Vertrauen nicht wieder herstellen (*BAG* 2285
18.11.1986 EzA § 611 BGB Abmahnung Nr. 4; 10.11.1988 EzA § 611 BGB Abmahnung Nr. 18; nach Auffassung von MünchArbR/*Berkowsky* § 137 Rz. 20 ist die Abgrenzung zwischen Leistungs- und Vertrauensbereich dagegen kaum praktikabel, abl. auch *Gerhards* BB 1996, 794).

Bei Leistungsmängeln, die zugleich den Vertrauensbereich berühren, bedarf es jedoch regelmäßig einer Abmahnung (KR/*Becker* 3. Aufl. § 1 KSchG Rz. 234 m.w.N.).

bb) Steuerbares Fehlverhalten; Negativprognose

2286 Demgegenüber vertrat *Hillebrecht* (KR 4. Aufl. § 626 BGB Rz. 99c; ebenso KR/*Fischermeier* § 626 BGB Rz. 278 ff.) bereits die Auffassung, dass die Abmahnung ihren Zweck nur dann erfüllen kann, wenn es sich um ein steuerbares Fehlverhalten des Arbeitnehmers handelt und wenn das bisherige vertragswidrige Verhalten keine klare Negativprognose für die weitere Vertragsbeziehung zulässt und deswegen von der Möglichkeit einer künftigen vertragskonformen Erfüllung auszugehen ist (so bereits *v. Hoyningen-Huene* RdA 1990, 202; vgl. auch *Gerhards* BB 1996, 794 ff.; *Zuber* NZA 1999, 1142 ff.; *Enderlein* RdA 2000, 325 ff.).

2287 Bei der Prüfung dieser für das Erfordernis der Abmahnung wesentlichen Kriterien ist danach von der Regel auszugehen, dass jedes willensbestimmte Verhalten eines Arbeitnehmers für die Zukunft abänderbar und deswegen abmahnungsfähig und -bedürftig ist.

2288 Dieser Grundsatz kann entgegen der Rechtsprechung des BAG nicht auf Kündigungsgründe beschränkt werden, die sich als Störungen im Leistungsbereich auswirken.

2289 Auch bei Störungen im Vertrauens- oder Betriebsbereich ist vielmehr vor Ausspruch einer Kündigung wegen vertragswidrigen Verhaltens zunächst grds. eine Abmahnung erforderlich. Denn der Ausschluss einer Abmahnung bei Störungen im Vertrauensbereich ist verfehlt, **weil es nicht von vornherein ausgeschlossen ist, verlorenes Vertrauen wieder zurückzugewinnen.**

2290 Es besteht insoweit **nur ein gradueller, nicht aber ein grundsätzlicher Unterschied zur Rückkehr zur Leistungsbereitschaft,** weil jede Schlechtleistung insofern auch zu einer Vertrauensstörung führt, als dadurch die Erwartung des Arbeitgebers enttäuscht wird, der Arbeitnehmer werde seine Arbeit vertragsgemäß erfüllen.

2291 Bei einer Erschütterung der notwendigen Vertrauensgrundlage wird **allerdings eher als bei einer Störung im Leistungsbereich die abschließende negative Prognose angebracht sein,** die Wiederherstellung des notwendigen Vertrauensverhältnisses sei nicht mehr möglich und die Abmahnung sei deswegen nicht die geeignete und deswegen entbehrliche Maßnahme.

cc) Teilweiser Wandel der Rechtsprechung

2292 Inzwischen vertritt auch das *BAG* (4.6.1997 EzA § 626 BGB n.F. Nr. 168; 10.2.1999 EzA § 15 KSchG n.F. Nr. 47; unter teilweiser Aufgabe von *BAG* 4.4.1974 BAGE 26, 116; 30.11.1978 AP Nr. 1 zu § 64 SeemG; zust. *Künzl* ArbuR 1998, 129 f.; ebenso *LAG Köln* 2.7.1998 LAGE § 1 KSchG Verhaltensbedingte Kündigung Nr. 66; *LAG Köln* 24.7.2002 LAGE § 1 KSchG Verhaltensbedingte Kündigung Nr. 80 = ARST 2003, 236 LS = NZA-RR 2003, 303; *LAG Hmb.* 8.7.1998 NZA-RR 1999, 469; *LAG Nds.* 8.3.2005 LAGE § 1 KSchG Verhaltensbedingte Kündigung Nr. 88; *LAG SchlH* 10.1.2006 NZA-RR 2006, 240; vgl. dazu *Bergwitz* BB 1998, 2310 ff.; *Zuber* NZA 1999, 1142 ff.; *Becker-Schaffner* ZTR 1999, 107 ff.; *Schlachter* NZA 2005, 435 ff.; krit. *Wank* SAE 1998, 314 ff.; *Bader* ZTR 1999, 202 ff.; *Mummenhoff* SAE 2000, 139 ff.; *Hunold* NZA-RR 2000, 173 ff. u. NZA-RR 2003, 57 ff.) die Auffassung, **dass bei Störungen im Vertrauensbereich dann vor der Kündigung eine Abmahnung erforderlich ist, wenn es um ein steuerbares Verhalten des Arbeitnehmers geht und eine Wiederherstellung des Vertrauens erwartet werden kann.** Eine **Beschränkung auf dienstliches Verhalten** ist damit **nicht vereinbar.**

2293 Andererseits ist eine Abmahnung auch unter Berücksichtigung des Verhältnismäßigkeitsgrundsatzes ausnahmsweise dann entbehrlich, wenn eine Verhaltensänderung in Zukunft – trotz Abmahnung – nicht erwartet werden kann oder es sich um eine solch schwere Pflichtverletzung handelt, deren Rechtswidrigkeit dem Arbeitnehmer ohne weiteres erkennbar ist und bei der eine Hinnahme des Verhaltens durch den Arbeitgeber offensichtlich ausgeschlossen werden kann (*BAG* 12.1.2006 EzA § 1 KSchG Verhaltensbedingte Kündigung Nr. 67 = NZA 2006, 917; 12.1.2006 EzA § 1 KSchG Verhaltensbedingte Kündigung Nr. 68 = NZA 2006, 980); das kann bei einer Ersttat z.B. auch dann der Fall sein, wenn der Arbeitgeber **zuvor einen klaren Hinweis erteilt hatte**, dass er ein bestimmtes Fehlverhalten mit einer Kündigung beantworten werde (*LAG Nbg.* 9.1.2007 LAGE § 1 KSchG Verhaltensbedingte Kündigung Nr. 95 = NZA-RR 2007, 357).

Beispiele: 2294

- Die mehrfache **Entwendung und Benutzung** von im Betrieb des Arbeitgebers verwendetem **Versandmaterial** von geringem Wert (3 Briefumschläge im Wert von 0,03 DM) durch den Arbeitnehmer rechtfertigt i.d.R. nicht eine Kündigung ohne vorherige Abmahnung (*LAG Köln* 30.9.1999 ZTR 2000, 427; vgl. aber auch *ArbG Frankf. a.M.* 31.1.2001 NZA-RR 2001, 368: Diebstahl geringwertiger Sachen rechtfertigt ohne Abmahnung eine ordentliche Kündigung, wenn der betroffene Arbeitnehmer bei seiner Arbeit eine Vorbildfunktion auszuüben hat). Gleiches gilt, da es sich um ein steuerbares Verhalten handelt, für den **Verzehr eines entwendeten Brötchens** (*LAG Düsseld.* 11.5.2005 – 12 (11) Sa 115/05 – EzA-SD 14/05 S. 9 LS = NZA-RR 2005, 585). Demgegenüber muss z.B. ein Arbeitnehmer in einem Warenhausbetrieb normalerweise davon ausgehen, dass er mit einem **Diebstahl oder einer Unterschlagung auch geringwertiger Sachen** im Betrieb seines Arbeitgebers seinen Arbeitsplatz – auch ohne Abmahnung – aufs Spiel setzt (*BAG* 11.12.2003 EzA § 626 BGB 2002 Nr. 5 = BAG Report 2004, 185).
- Täuscht der Arbeitnehmer **fiktive Reisezeiten als tatsächlich geleistet** vor, verletzt er ebenso rechtswidrig und schuldhaft seine Vertragspflichten, wenn die Reisekostenregelung vorsieht, dass nur tatsächlich geleistete Reisezeiten als Arbeitszeiten geltend gemacht werden können und eine Zusage der Vergütung fiktiver Reisekosten nicht erfolgt ist. Eine derartige Pflichtverletzung ist schwerwiegend und an sich geeignet, eine außerordentliche Kündigung zu rechtfertigen. Liegt andererseits keine vorsätzliche, sondern nur eine fahrlässige Pflichtverletzung vor, kann allerdings auf ein Abmahnerfordernis vor Ausspruch der Kündigung nicht verzichtet werden (*LAG Nds.* 15.6.2004 NZA-RR 2004, 574).
- Entnimmt eine **Kassenführerin** (Postschalterangestellte) der Kasse in mehreren Fällen für die Dauer von ein bis zwei Stunden Beträge in Höhe von 20 bis 30 DM, um **private Auslagen** für Kolleginnen zu tätigen, und führt sie die entnommenen Beträge anschließend wieder der Kasse zu, so macht der durch diese Vertragspflichtverletzung begründete Vertrauensverlust des Arbeitgebers jedenfalls dann eine Abmahnung nicht entbehrlich, wenn auf Grund der Umstände unredliche Absichten der Kassenführerin ausgeschlossen werden können (*LAG SA* 29.9.1998 NZA-RR 1999, 473).
- Andererseits begründet der **dringende Verdacht der Unterschlagung** auch bei einem geringen Geldbetrag von unter 60 DM seitens einer Kassiererin dieser gegenüber einen so erheblichen Vertrauensverlust, dass eine Abmahnung vor Ausspruch der fristlosen Kündigung entbehrlich ist (*LAG MV* 25.11.1999 NZA-RR 2000, 187).
- Eine Abmahnung ist dann entbehrlich, wenn ein Außendienstmitarbeiter wichtigste Informationen für ein Verkaufsgebiet, nämlich Kundendaten, unwiederbringlich gelöscht hat; das gestörte Vertrauen kann dann durch eine Abmahnung nicht wiederhergestellt werden (*LAG Köln* 24.7.2002 LAGE § 1 KSchG Verhaltensbedingte Kündigung Nr. 80 = ARST 2003, 236 LS = NZA-RR 2003, 303).
- Ist ein Arbeitnehmer **nach zweimaligen Ankündigungen der Arbeitsunfähigkeit** nicht arbeitsunfähig erkrankt, so rechtfertigt dies trotz eingereichter Arbeitsunfähigkeitsbescheinigung eine außerordentliche Kündigung. Einer Abmahnung bedarf es in einem solchen Fall nicht, da das Fernbleiben trotz Arbeitsfähigkeit eine grobe Pflichtverletzung darstellt und eine Wiederherstellung des Vertrauens nicht erwartet werden kann (*LAG Bln.* 1.11.2000 NZA-RR 2001, 470).
- Eine Abmahnung ist **auch dann nicht erforderlich**, wenn es sich um einen besonders groben Pflichtverstoß im Vertrauensbereich handelt, dem Arbeitnehmer sein pflichtwidriges Verhalten ohne weiteres erkennbar ist und er mit der Billigung seines Verhaltens

durch den Arbeitgeber nicht rechnen konnte (*LAG BW* 16.3.2004 – 18 Sa 41/03 – EzA-SD 22/04 S. 8 = LAG Report 2005, 38; *LAG Köln* 4.3.2005 – 4 Sa 1186/04 – EzA-SD 24/05 S. 15 = NZA-RR 2006, 53); das ist z.B. bei einem nötigenden Verhalten der Fall, wenn der Arbeitnehmer droht, er werde mit unternehmensschädigenden Äußerungen in die Öffentlichkeit gehen, wenn der Arbeitgeber an der Kündigungsabsicht festhalte (*LAG Düsseld.* 5.6.1998 LAGE § 626 BGB Nr. 119). Gleiches gilt bei einem **Diebstahl durch einen Betriebsratsvorsitzenden** zu Lasten des Arbeitgebers (*BAG* 10.2.1999 EzA § 15 KSchG n.F. Nr. 47; vgl. dazu *Zuber* NZA 1999, 1142 ff.) sowie dann, wenn ein leitender Angestellter sich von einem Lieferanten des Verkaufshauses privat beliefern ließ und, ohne eine Rechnung des Lieferanten zu erhalten oder auf einer Rechnung zu bestehen, weitere private Bestellungen aufgab und entgegennahm, er von untergebenen Mitarbeitern während ihrer Arbeitszeit Arbeiten in seiner Privatwohnung und sonstige private Besorgungen durchführen ließ und er schließlich Sachen, die zu betrieblichen bzw. geschäftlichen Zwecken im Verkaufshaus vorgehalten bzw. aufbewahrt wurden, privat nutzte und verwendete (*LAG Düsseld.* 29.1.2003 LAGE § 1 KSchG Verhaltensbedingte Kündigung Nr. 80). Nichts anderes gilt bei einem vorzeitigen Verlassen des Arbeitsplatzes und einem **späteren »Ausstempeln« durch einen Arbeitskollegen** (*LAG BW* 16.3.2004 – 18 Sa 41/03 – EzA-SD 22/04 S. 8 = LAG Report 2005, 38). Sofern einer Verkäuferin, die den Preis einer Ware vor dem Verkauf pflichtwidrig herabgezeichnet hat, der **Vorwurf bewusster Preismanipulation nicht nachzuweisen ist**, rechtfertigt dagegen eine solche Pflichtverletzung ohne Hinzutreten weiterer dringender Verdachtsmomente und ohne vorherige Abmahnung i.d.R. weder eine außerordentliche noch eine ordentliche Kündigung (*LAG SchlH* 10.1.2006 NZA-RR 2006, 240).

► Die fristlose – also erst recht die ordentliche – Kündigung eines Arbeitnehmers (Taxifahrers) ist auch ohne vorherige Abmahnung gerechtfertigt, wenn der Arbeitnehmer über den Taxinotruf die Polizei ruft mit der **unzutreffenden Behauptung**, er **werde von seinem Arbeitgeber**, der gerade in das Auto des Arbeitnehmers gestiegen ist, **bedroht**, nach Eintreffen der Polizei diese Behauptung wiederholt und sich im Anschluss daran über den Taxifunk unter Namensnennung seines Arbeitgebers brüstet, er habe den »Chef« verhaften lassen (*LAG Brem.* 17.7.2003 NZA-RR 2004, 128).

2295 Anders ist es aber dann, **wenn vom Arbeitgeber erlassene Sicherheitsvorschriften für den konkreten Fall keine klaren und eindeutigen Verhaltensanweisungen enthalten.** Das Abmahnungserfordernis entfällt dann auch nicht bei einem folgenschweren Verstoß gegen die Sicherheitsvorschriften. Das gilt erst recht, wenn der Arbeitgeber für den Verstoß gegen Sicherheitsvorschriften eine Abmahnung in Aussicht gestellt hat (*LAG SchlH* 14.8.2007 LAGE § 626 BGB 2002 Nr. 12).

2296 Der *BGH* (14.2.2000, 10.9.2001 EzA § 611 BGB Abmahnung Nr. 42, 43; vgl. dazu *Reiserer* BB 2002, 1199 ff.; zust. *Trappehl/Scheuer* DB 2005, 1276 ff.) vertritt im Übrigen – **unzutreffend** – die Auffassung, dass der Geschäftsführer einer GmbH keiner Hinweise bedarf, dass er die Gesetze und die Satzung der Gesellschaft zu beachten und seine organschaftlichen Pflichten ordnungsgemäß zu erfüllen hat. Die Wirksamkeit der Kündigung seines Dienstvertrages aus wichtigem Grund soll deshalb generell eine vorherige Abmahnung nicht voraussetzen.

2297 Aus dieser Entwicklung der Rechtsprechung wird **teilweise abgeleitet**, dass auch bei Störungen im Vertrauensbereich ein Arbeitsverhältnis regelmäßig verhaltensbedingt nur dann beendet werden kann, wenn das als vertragswidrig empfundene Verhalten vorher konkret unter Hinweis auf die Gefahr für den Bestand des Arbeitsverhältnisses **gerügt wurde und es später zu einem einschlägigen Wiederholungsverhalten kommt**. Dabei ist es Sache des Arbeitgebers, die Wiederholungsgefahr darzulegen, wobei ohne Abmahnung eine endgültige Zerstörung des für das Arbeitsverhältnis erforderlichen Vertrauensverhältnisses nicht spekulativ unterstellt werden darf (*ArbG Hmb.* 2.10.2000 NZA-RR 2001, 416).

e) Abmahnung als bloße Ausübung des vertraglichen Rügerechts

Die Abmahnung kann aber auch die Ausübung des vertraglichen Rügerechts des Arbeitgebers (ohne ausreichende Warnfunktion) darstellen, von dem er Gebrauch macht, um entsprechend dem Grundsatz der Verhältnismäßigkeit eine gebotene **mildere Sanktion** (Sanktionscharakter) gegenüber der Kündigung zu erteilen (*BAG* 11.11.1988 EzA § 611 BGB Abmahnung Nr. 18; vgl. dazu *Kranz* DB 1998, 1464 ff.). Denn der Arbeitgeber hat im Rahmen der ihm zustehenden Meinungsfreiheit zunächst selbst darüber zu entscheiden, ob er ein Fehlverhalten des Arbeitnehmers abmahnen will oder nicht. **2298**

f) Verhältnismäßigkeitsprinzip

Ob eine Abmahnung sich als unverhältnismäßige Reaktion auf das Fehlverhalten des Arbeitnehmers darstellt, wird zum Teil (KR/*Wolff* 3. Aufl., SozR Rz. 218a) nicht im Vergleich zur Quantität und Qualität der arbeitsvertraglichen Pflichtverletzung, sondern nur in Bezug auf die Art und Weise der Abmahnung überprüft. Demgegenüber wird in der Rechtsprechung (*BAG* 13.11.1991 EzA § 611 BGB Abmahnung Nr. 24; *LAG Bln.* 22.10.1984 BB 1985, 271; *LAG Frankf./M.* 19.9.1989 LAGE § 611 BGB Abmahnung Nr. 21; zust. KR/*Fischermeier* § 626 BGB Rz. 274; APS/*Dörner* § 1 KSchG Rz 394 f.; *Becker-Schaffner* ZTR 1999, 111 ff.; abl. *Walker* NZA 1995, 604; *Bader* ZTR 1999, 203 ff.; **a.A.** *ArbG Bln.* 15.8.2003 – 28 Ca 12003/03 – EzA-SD 3/04, S. 10 LS = NZA-RR 2004, 406 LS.: vollständige Verhältnismäßigkeitsprüfung, d.h. es ist zu prüfen, ob der Arbeitgeber den zu verfolgenden Zweck **auch auf schonendere Weise als durch eine förmliche Abmahnung** hätte erreichen können; dagegen zutr. *LAG SchlH* 11.5.2004 NZA-RR 2005, 244) ein **vertretbares Verhältnis zwischen der Gefährdung des Arbeitsverhältnisses und dem Fehlverhalten** verlangt; ob die **Abmahnung als solche eine Überreaktion darstellt**, unterliegt nicht der gerichtlichen Kontrolle (*LAG Köln* 12.5.1995 NZA-RR 1996, 204; *LAG SchlH* 29.11.2005 NZA-RR 2006, 180). **2299**

> Denn mit dem Hinweis auf die Bestandsgefährdung des Arbeitsverhältnisses greift der Arbeitgeber bereits in bestehende Rechtspositionen des Arbeitnehmers ein, und eine solche Gefährdung ist nur gerechtfertigt, wenn ein weiteres Fehlverhalten nach Ausspruch einer Abmahnung als Grund für eine Kündigung geeignet sein könnte. **2300**
> Dafür genügen einmalige und geringfügige Verstöße nicht aus. Wenn die Abmahnung eine Kündigung vorbereiten soll, ist sie auf Pflichtverstöße zu beschränken, die nach einer Abmahnung geeignet sind, die Kündigung zu rechtfertigen.

Das kann zwar nicht vorab abschließend beurteilt werden, aber es **ist zu prüfen, ob ein verständiger Arbeitgeber die Pflichtverstöße ernsthaft für kündigungsrechtlich erheblich halten dürfte** (*BAG* 13.11.1991 EzA § 611 BGB Abmahnung Nr. 24; 16.1.1992 EzA § 123 BGB Nr. 36; KR/*Fischermeier* § 626 BGB Rz. 274 ff.). **2301**

Deshalb kommt z.B. eine Abmahnung dann nicht in Betracht – Verstoß gegen das Verhältnismäßigkeitsprinzip – wenn ein Koch in einem Seniorenwohnheim in einer Woche dreimal vom Speiseplan abgewichen ist, indem er Wirsing statt Erbsen- und Möhrengemüse, Kartoffelsalat mit Ei und Gurke statt mit Speck und eine rote statt einer braunen Soße zu einer Haxe gefertigt hat (*LAG Hamm* 16.11.2005 NZA-RR 2006, 128). **2302**

Die Abmahnung eines Pflegehelfers wegen des Tragens von Schmuck entgegen bestehender Unfallverhütungsvorschriften ist demgegenüber nicht unverhältnismäßig, wenn er sich bereits mehrfach der Anordnung der Klinik widersetzt hatte, sodass diese wegen beharrlicher Weigerung auch eine Kündigung ernsthaft hätte in Erwägung ziehen dürfen (*LAG SchlH* 26.10.1995 LAGE § 611 BGB Abmahnung Nr. 44). Demgegenüber ist eine Abmahnung wegen kritischer Äußerungen in der Öffentlichkeit dann nicht gerechtfertigt, wenn die Äußerungen vom Schutzbereich des Art. 5 Abs. 1 GG gedeckt sind (*ArbG Bln.* 20.12.1996 NZA-RR 1997, 281). Eine Abmahnung ist auch dann unverhältnismäßig, wenn die Arbeitnehmerin bei einer Terminbesprechung mit ihrer Vorgesetzten und ihren Kollegen nach einer Terminauseinandersetzung mit ihrer Vorgesetzten ein größeres Blatt mit dem Satz **2303**

»**Frau S ist stolz**« beschreibt (*ArbG Frankf. a.M.* 11.4.2001 NZA-RR 2002, 77). Eine Abmahnung wegen unerlaubter Nebentätigkeit ist aber andererseits jedenfalls dann nicht unverhältnismäßig, wenn das zeitliche Ausmaß der Nebentätigkeit dazu führt, dass die nach dem ArbZG einzuhaltenden Höchstarbeitszeiten regelmäßig überschritten werden (*BAG* 11.12.2001 EzA §611 BGB Nebentätigkeit Nr. 6).

2304 Ob das abgemahnte Fehlverhalten als Grundlage für eine Kündigung im Wiederholungsfalle tatsächlich ausreicht, kann allerdings nur im Rechtsstreit über die Kündigung selbst und nicht schon vorher abschließend beurteilt werden.

g) Vorausgegangene Kündigung

2305 Die Funktion der Abmahnung kann ggf. **auch eine vorausgegangene Kündigung erfüllen,** wenn sie auf vergleichbare einschlägige Tatsachen wie die neue Kündigung gestützt war und diese Tatsachen unbestritten oder in einem gerichtlichen Verfahren festgestellt worden sind.

2306 Voraussetzung ist allerdings, dass die vorausgegangene Kündigung nicht deshalb für rechtsunwirksam erklärt worden ist, weil der festgestellte Sachverhalt keinen Kündigungsgrund enthält, die Rechtsunwirksamkeit vielmehr auf **sonstigen, insbes. formellen Umständen** beruht (z.B. einem Verstoß gegen §102 BetrVG).

2307 Der Arbeitnehmer muss der früheren Kündigung i.V.m. den früheren Umständen entnehmen können, dass der Arbeitgeber sein Verhalten als vertragswidrig ansieht und es zum Anlass einer (weiteren) Kündigung nehmen wird (*BAG* 31.8.1989 EzA §1 KSchG Verhaltensbedingte Kündigung Nr. 27).

2308 Diese Grundsätze gelten auch bei einer einvernehmlich zurückgenommenen Kündigung, wenn der Sachverhalt feststeht (*LAG Hessen* 11.6.1993 NZA 1994, 886). Nichts anderes soll (zw.) auch dann gelten, wenn eine Kündigungsandrohung für den Wiederholungsfall in einer vorangegangenen **rechtswidrigen Abmahnung** ausgesprochen wurde (*LAG Nbg.* 16.10.2007 LAGE §626 BGB 2002 Nr. 12 = NZA-RR 2008, 68).

h) Vorwerfbares Verhalten?

2309 Fraglich ist, ob eine Abmahnung ein vorwerfbares vertragswidriges Verhalten voraussetzt.

2310 Nach Auffassung von *Berkowsky* (MünchArbR §137 Rz. 23) bedarf es dann, wenn dem Arbeitnehmer die Vertragsverletzung nicht vorzuwerfen ist, weil er sein Verhalten nicht zu steuern vermochte, keiner Abmahnung, weil keine verhaltensbedingte Kündigung in Rede steht (**a.A.** *Walker* NZA 1995, 605).

2311 Geht man dagegen mit der Rechtsprechung des *BAG* (s.o. Rn. 2184) davon aus, dass eine verhaltensbedingte Kündigung u.U. auch bei fehlendem Verschulden in Betracht kommt, so mag eine Abmahnung zwar möglich sein. Schließen die Gründe, die das Verschulden ausschließen, auch die Steuerbarkeit in der Zukunft aus, so bleibt freilich unklar, welchen Sinn eine Abmahnung haben soll. Denn insbes. die notwendige Warnfunktion kann sie dann nicht erfüllen.

2312 Fehlt es allerdings an der Vorwerfbarkeit, weil sich der Arbeitnehmer in einem **Irrtum** hinsichtlich der Vertragswidrigkeit seines Verhaltens befindet, so ist die **Abmahnung das geeignete und auch erforderliche Mittel, den Arbeitnehmer zu künftig vertragstreuem Verhalten anzuhalten,** ihm die Vertragswidrigkeit seines Verhaltens deutlich zu machen und ihm für den Wiederholungsfall das für eine Kündigung notwendige Unrechtsbewusstsein zu vermitteln (vgl. *LAG Hamm* 10.5.2000 NZA-RR 2001, 238: scherzhaft gemeinte Persönlichkeitsrechtsverletzung eines Arbeitskollegen; *Walker* NZA 1995, 605).

i) Außerdienstliches Verhalten

Nach der Rechtsprechung des *BAG* (4.11.1981 EzA § 1 KSchG Verhaltensbedingte Kündigung Nr. 9) **bedarf es** im Falle außerdienstlichen Verhaltens **keiner Abmahnung,** wenn dieses zum Anlass einer Kündigung genommen werden soll (*Becker-Schaffner* ZTR 1999, 107s. aber jetzt oben Rn. 2292; abl. KR/*Etzel* 7. Aufl. § 1 KSchG Rz. 461; APS/*Dörner* § 1 KSchG Rz. 402). 2313

Das Fehlen einer vorausgegangenen einschlägigen Abmahnung wirkt danach in diesen Fällen nicht als Kündigungssperre (z.B. bei Vorliegen zahlreicher Pfändungs- und Überweisungsbeschlüsse). 2314

Denn außerdienstliches Verhalten ist einer Abmahnung nicht zugänglich, weil es sich nicht um eine Verletzung vertraglicher Pflichten handelt (abl. MünchArbR/*Berkowsky* § 137 Rz. 25, wonach dann konsequent auch ein Kündigungsrecht wegen außerdienstlichem Verhalten verneint werden müsste). Andererseits hat das *BAG* (4.6.1997 EzA § 626 BGB n.F. Nr. 168) die **Notwendigkeit einer vorherigen Abmahnung** für den Fall **bejaht**, dass ein U-Bahnzugführer erstmalig bei einer **außerdienstlichen PKW-Fahrt** alkoholbedingt mit einer Blutalkoholkonzentration von 2,73 Promille einen Verkehrsunfall verursacht hatte. 2315

Das *LAG Nbg.* (10.7.2000 ZTR 2000, 515 LS) hat angenommen, dass im Rahmen einer **genehmigten Nebentätigkeit** eines Konzertmeisters in einem Kulturorchester in öffentlich-rechtlicher Trägerschaft **begangene Straftaten** (Untreue, Betrug) das Ansehen des Orchesters schädigen und **Gegenstand einer Abmahnung** sein können. 2316

Ein Arbeitnehmer, der von zu Hause aus einen **elektronischen Rundbrief** an die Arbeitsplätze der Beschäftigten mit Werbung für einen Beitritt zur zuständigen DGB-Gewerkschaft versendet, handelt nicht pflichtwidrig (Art. 9 Abs. 3 GG). Eine deshalb erteilte Abmahnung ist rechtswidrig (*LAG SchlH* 1.12.2000 ArbuR 2001, 71). 2317

j) Formell unwirksame Abmahnung; nicht weiter durchgeführtes Zustimmungsersetzungsverfahren gem. § 103 BetrVG

> Auch eine wegen Nichtanhörung des Arbeitnehmers nach § 13 Abs. 2 S. 1 BAT formell unwirksame Abmahnung entfaltet nach der Rechtsprechung des *BAG* (21.5.1992 EzA § 1 KSchG Verhaltensbedingte Kündigung Nr. 42; 15.3.2001 EzA § 626 BGB n.F. Nr. 185) die regelmäßig vor einer verhaltensbedingten Kündigung nach § 1 Abs. 2 KSchG erforderliche Warnfunktion. 2318
>
> Denn in einer solchen formellen Abmahnung ist weder die Wahrnehmung eines Gestaltungsrechts, noch eine förmliche Willenserklärung zu sehen, sondern nur eine rechtsgeschäftliche Handlung, nämlich die Ausübung eines Rügerechts, die die rein faktische Warnfunktion unabhängig von rechtlichen Formvorschriften auszufüllen in der Lage ist (weitergehend für eine generelle Warnfunktion rechtswidriger Abmahnungen *Schunck* NZA 1993, 828 ff.; dagegen zu Recht *Bahntje* ArbuR 1996, 250 ff.).

Ob deshalb, weil der Arbeitnehmer einen Anspruch auf Entfernung auch einer formell unwirksamen Abmahnung aus der Personalakte hat (s.u. Rn. 2353), die Abmahnung in kündigungsrechtlicher Hinsicht vorübergehend einem **Verwertungsverbot** unterliegt (dafür *Beckerle/Schuster* Die Abmahnung, 3. Aufl. Rz. 169), hat das *BAG* (21.5.1992 EzA § 1 KSchG Verhaltensbedingte Kündigung Nr. 42) offen gelassen. Denn im entschiedenen Einzelfall hatte der klagende Arbeitnehmer den an sich bestehenden Entfernungsanspruch verwirkt. 2319

Auch ein später nicht weiter durchgeführtes Zustimmungsersetzungsverfahren wegen häufiger Pflichtverletzungen des Arbeitnehmers gem. § 103 BetrVG kann Abmahnungsfunktion haben (*BAG* 15.11.2001 EzA § 1 KSchG Verhaltensbedingte Kündigung Nr. 56). 2320

k) Notwendige Anzahl von Abmahnungen; eindringliche »letzte« Abmahnung

2321 Gerade bei nicht besonders schwerwiegenden Pflichtverletzungen kann einerseits zwar eine Abmahnung rechtmäßig erfolgen; andererseits ist klar, dass vor allem bei langjährig beanstandungsfrei bestehenden Arbeitsverhältnissen auch im Wiederholungsfall eine Kündigung nicht wirksam sein wird. Das *BAG* (15.11.2001 EzA § 1 KSchG Verhaltensbedingte Kündigung Nr. 56 = NZA 2002, 968 m. Anm. *Kammerer* BB 2002, 1747; 16.9.2004 EzA § 1 KSchG Verhaltensbedingte Kündigung Nr. 64 = NZA 2005, 459 = BAG Report 2005, 83 m. Anm. *Krause*; vgl. auch *LAG Saarland* 23.4.2003 – 2 Sa 134/02 – FA 2004, 25) geht insoweit davon aus, dass

- einerseits bei für sich genommenen geringfügigeren Pflichtverletzungen eines Arbeitnehmers mit hohem sozialen Besitzstand je nach den Umständen eine einmalige Abmahnung nicht ausreichen kann, den Arbeitnehmer hinreichend zu warnen, dass er bei weiteren gleichartigen Pflichtverletzungen seinen Arbeitsplatz aufs Spiel setzt;
- andererseits kann aber auch die Warnfunktion einer Abmahnung erheblich dadurch abgeschwächt werden, dass der Arbeitgeber bei ständig neuen Pflichtverletzungen des Arbeitnehmers stets nur mit einer Kündigung droht, ohne jemals arbeitsrechtliche Konsequenzen folgen zu lassen, so dass der Arbeitnehmer die Drohung nicht ernst nehmen muss; es handelt sich dann um eine **»leere« Drohung** (so *LAG Bra.* 29.4.2003 ArbuR 2004, 235 LS für sieben Abmahnungen innerhalb von neun Monaten: Es kann dann nicht mehr ohne weiteres wegen eines erneuten Fehlverhaltens gekündigt werden), die auch beim folgenden Verstoß nicht zur Kündigung berechtigt (*BAG* 16.9.2004 EzA § 1 KSchG Verhaltensbedingte Kündigung Nr. 64 = NZA 2005, 459 = BAG Report 2005, 83 m. Anm. *Krause*).

Hat der Arbeitgeber in einem derartigen Fall durch zahlreiche Abmahnungen wegen gleichartiger Pflichtverletzungen deren Warnfunktion zunächst abgeschwächt, so muss er die letzte Abmahnung sodann vor Ausspruch der Kündigung besonders eindringlich gestalten (»letztmalige Abmahnung«, scharfes Abmahnungsgespräch etc.; *BAG* 15.11.2001 EzA § 1 KSchG Verhaltensbedingte Kündigung Nr. 56).

- Bei der Frage, ob eine Abmahnung entgegen ihrem Wortlaut der ernsthaft gemeinten Warnung entbehrt, ist insbes. die **Anzahl der vorausgegangenen Abmahnungen** von Bedeutung. Angesichts der im Arbeitsleben verbreiteten Praxis, bei als leichter empfundenen Vertragsverstößen einer Kündigung mehrere – häufig drei – Abmahnungen vorausgehen zu lassen, kann in aller Regel **nicht bereits die dritte Abmahnung** als »entwertet« angesehen werden.
- Wenn die in der Abmahnung enthaltene Warnung beim Arbeitnehmer die Hoffnung offen lässt, der Arbeitgeber werde vielleicht »Gnade vor Recht ergehen lassen«, weil er in der Vergangenheit »Milde walten« ließ, so **entwertet dies die Warnung nicht. Ansonsten wäre gerade der ruhig und verständig abwägende, im Zweifel eher zur Nachsicht neigende Arbeitgeber benachteiligt** (*BAG* 16.9.2004 EzA § 1 KSchG Verhaltensbedingte Kündigung Nr. 64 = NZA 2005, 459 = BAG Report 2005, 83 m. Anm. *Krause*; s.a. *LAG Bra.* 29.4.2003 ArbuR 2004, 235 LS).

l) Verzicht auf das Kündigungsrecht

2322 Jedenfalls bei der Erteilung einer Abmahnung verzichtet der Arbeitgeber konkludent auf ein Kündigungsrecht wegen der Gründe, die Gegenstand der Abmahnung waren, wenn sich die für die Kündigung maßgebenden Umstände nicht später geändert haben (*BAG* 13.12.2007 EzA § 623 BGB 2002 Nr. 9 = NZA 2008, 403; 6.3.2003 EzA § 626 BGB 2002 Nr. 3 = NZA 2003, 1389; *LAG Bln.* 16.2.2006 LAGE § 611 BGB 2002 Abmahnung Nr. 4); dies **gilt auch für eine Abmahnung, die innerhalb der Wartezeit des § 1 Abs. 1 KSchG erklärt wird** (*BAG* 13.12.2007 EzA § 623 BGB 2002 Nr. 9 = NZA 2008, 403). Denn sie beruhen **nicht auf spezifischen kündigungsschutzrechtlichen Erwägungen**, sondern auf allgemeinen zivilrechtlichen Grundsätzen. Auch wenn das KSchG auf das Arbeitsverhältnis keine Anwendung findet, kann der Arbeitgeber auf eine Kündigung aus einem bestimmten Grund verzichten mit der Folge, dass das Kündigungsrecht erlischt (*BAG* 13.12.2007 EzA § 623 BGB 2002 Nr. 9 = NZA 2008, 403). Die Umstände haben sich **dann nicht geändert**, wenn sich nach Ausspruch der Abmahnung **lediglich herausstellt**, dass dem Arbeitnehmer nur **zahlenmäßig umfangreichere, der Sache nach aber identische Fehlleistungen vorzuhalten sind** und sich dadurch nicht eine neue Qualität der Kündigungsgründe ergibt (*LAG Bln.* 16.2.2006 LAGE § 611 BGB 2002 Abmahnung Nr. 4).

Sind diese Voraussetzungen erfüllt, kann eine spätere Kündigung deswegen nicht allein auf die abgemahnten Gründe stützen, sondern hierauf allerdings dann unterstützend zurückgreifen, wenn weitere kündigungsrechtlich erhebliche Umstände eintreten oder ihm nachträglich bekannt werden, insbes. wenn der Arbeitnehmer weitere gleichartige Pflichtverletzungen begeht (*BAG* 10.11.1988 EzA § 611 BGB Abmahnung Nr. 18; 15.3.2001 EzA § 626 BGB n.F. Nr. 185; 2.2.2006 – 2 AZR 222/05 – EzA-SD 8/06, S. 7 LS = NZA 2006, 880 LS; *LAG Köln* 16.9.2004 – 5 Sa 592/04 – EzA-SD 25/04 S. 8 LS = LAG Report 2005, 87; *LAG SchlH* 19.10.2004 LAGE § 1 KSchG Verhaltensbedingte Kündigung Nr. 86 = ArbuR 2005, 115 LS = LAG Report 2005, 77; *LAG Bln.* 16.2.2006 LAGE § 611 BGB 2002 Abmahnung Nr. 4; vgl. dazu *Hunold* NZA-RR 2000, 173 ff.; *LAG BW* 28.3.2007 LAGE § 626 BGB 2002 Ausschlussfrist Nr. 4 = NZA-RR 2007, 350). 2323
Kündigt der Arbeitgeber in **unmittelbarem zeitlichen Zusammenhang mit der Abmahnung**, so spricht dies dafür, dass die Kündigung wegen der abgemahnten Pflichtverletzung erfolgt ist. Es ist dann Sache des Arbeitgebers, darzulegen, dass ihn andere Gründe dazu bewogen haben, den Arbeitnehmer zu kündigen. Erfolgt die Kündigung innerhalb der Wartezeit des § 1 Abs. 1 KSchG, ist es allerdings unerheblich, ob die vom Arbeitgeber behaupteten Gründe die Kündigung sozial rechtfertigen (*BAG* 13.12.2007 EzA § 623 BGB 2002 Nr. 9 = NZA 2008, 403).

Der Verzicht auf das Kündigungsrecht setzt im Übrigen voraus, dass der Inhalt der Abmahnung erkennen lässt oder sich aus den Gesamtumständen ergibt, dass der Arbeitgeber darin bereits eine in irgendeiner Form abschließende Sanktion auf das Fehlverhalten des Arbeitnehmers sieht, für ihn die Sache also »erledigt« ist (*BAG* 13.12.2007 EzA § 623 BGB 2002 Nr. 9 = NZA 2008, 403). 2324

Allein aus der Überschrift »Abmahnung« konnte z.B. nicht mit der erforderlichen Eindeutigkeit gefolgt werden, dass der Arbeitgeber auf ein Kündigungsrecht wegen eines vom Arbeitnehmer begangenen Diebstahls verzichten wollte (*BAG* 6.3.2003 EzA § 626 BGB 2002 Nr. 3 = NZA 2003, 1388; 2.2.2006 – 2 AZR 222/05 – EzA-SD 8/06 S. 7 LS = NZA 2006, 880 LS). Das ist z.B. dann nicht der Fall, wenn in einem Arbeitsverhältnis, das dem TV der DB Vermittlung unterliegt, der Arbeitgeber nach Ablehnung des ersten zumutbaren Arbeitsplatzangebots eine Abmahnung ausspricht und dem Arbeitnehmer gleichzeitig erneut das bereits abgelehnte Arbeitsplatzangebot unterbreitet (*BAG* 2.2.2006 – 2 AZR 222/05 – EzA-SD 8/06 S. 7 LS = NZA 2006, 880 LS). 2325

Nach Auffassung des *LAG SchlH* (19.10.2004 LAGE § 1 KSchG Verhaltensbedingte Kündigung Nr. 86 = ArbuR 2005, 115 LS = NZA-RR 2005, 419) soll etwas anderes aber ausnahmsweise dann gelten, wenn der Abmahnung nach dem **Empfängerhorizont** zu entnehmen ist, dass sich der Kündigungsberechtigte das Recht zur Kündigung wegen des gerügten Fehlverhaltens unter bestimmten Voraussetzungen doch noch vorbehält. 2326

Ob dies mangels Warnfunktion auch für eine nicht mit einem ausdrücklichen Hinweis auf die Gefährdung des künftigen Bestandes des Arbeitsverhältnisses versehene **bloße »Ermahnung«** bzw. eine bloße Vertragsrüge anzunehmen ist, hat das *BAG* (6.3.2003 EzA § 626 BGB 2002 Nr. 3) offen gelassen. Ein Verzicht kann jedenfalls nur dann angenommen werden, wenn die Vertragsrüge deutlich und unzweifelhaft zu erkennen gibt, dass der Arbeitgeber den vertraglichen Pflichtenverstoß hiermit als ausreichend sanktioniert ansieht. Lässt der 2327

Arbeitgeber dagegen in seinem Schreiben selbst an keiner Stelle erkennen, dass er darin bereits eine in irgendeiner Weise abschließende Sanktion auf einen vom Arbeitnehmer begangenen Diebstahl sieht, kann allein aus der Überschrift »Abmahnung« nicht mit der notwendigen Eindeutigkeit gefolgert werden, dass der Arbeitgeber auf ein Kündigungsrecht verzichten wollte (*BAG* 6.3.2003 EzA § 626 BGB 2002 Nr. 3 = NZA 2003, 1389).

2328 Nach – **unzutreffender** – Auffassung des *ArbG Bln.* (4.12.2002 – 36 Ca 16241/02 – EzA-SD 8/03, S. 13 LS) verzichtet der Arbeitgeber dann nicht nur auf das Kündigungsrecht wegen der Gründe, die Gegenstand der Abmahnung sind, sondern wegen sämtlicher in der Vergangenheit liegender Kündigungssachverhalte, von denen der Arbeitgeber zum Zeitpunkt der Erteilung der Abmahnung Kenntnis hat, es sei denn, er behält sich das Recht zur Kündigung wegen Pflichtverletzungen, die nicht Gegenstand der Abmahnung sind, ausdrücklich vor.

3. Zugang der Abmahnung

a) Allgemeine Grundsätze

2329 Da in der Abmahnung eine geschäftsähnliche Handlung gesehen wird, reicht es nach § 130 Abs. 1 BGB für ihren Zugang aus, wenn sich der Empfänger unter gewöhnlichen Verhältnissen **Kenntnis von ihrem Inhalt verschaffen konnte.**

2330 Unerheblich ist dann an sich, ob er diese Kenntnis tatsächlich auch erlangt hat (*v. Hoyningen-Huene* RdA 1990, 202).

2331 Dem wird allerdings entgegengehalten, dass dies der Funktion der Abmahnung unangemessen ist. Denn damit sie ihre Warnfunktion erfüllen kann, ist es erforderlich, dass sie der Arbeitnehmer tatsächlich zur Kenntnis nimmt (MünchArbR/*Berkowsky* § 137 Rz. 31).

b) Notwendigkeit der tatsächlichen Kenntnisnahme

2332 Das *BAG* (9.8.1984 EzA § 1 KSchG Verhaltensbedingte Kündigung Nr. 11; vgl. dazu *Becker-Schaffner* ZTR 1999, 112; APS/*Dörner* § 1 KSchG Rz. 406 ff.) wendet zwar einerseits § 130 Abs. 1 BGB ein, verlangt aber andererseits zur Wirksamkeit einer Abmahnung über ihren Zugang hinaus grds. auch die tatsächliche Kenntnis des Empfängers von ihrem Inhalt.

2333 Jedoch muss sich der Empfänger der Abmahnung dann so behandeln lassen, als ob ihm der Inhalt bekannt sei, wenn es ihm nach **Treu und Glauben verwehrt** ist, **sich auf die fehlende Kenntnis zu berufen.**

2334 Dies hat das *BAG* (9.8.1984 EzA § 1 KSchG Verhaltensbedingte Kündigung Nr. 11) angenommen, wenn eine ausländische Arbeitnehmerin trotz fehlender Sprach- und Lesekenntnisse nach dem Fernbleiben von der Arbeit ein Abmahnungsschreiben ohne erkennbaren Widerspruch entgegengenommen hat und auch später keinen weiteren Aufschluss über seinen Inhalt forderte.

2335 Deshalb durfte der Arbeitgeber annehmen, sie habe sich anderweitig Kenntnis von ihrem Inhalt verschafft.

2336 Zwar hätte der Arbeitgeber danach dem Schreiben eine Übersetzung beifügen können. Es wäre ihm ferner zumutbar gewesen, bei der Übergabe des Schreibens den Betriebsdolmetscher einzusetzen.

2337 Dies berechtigte die Arbeitnehmerin jedoch nicht, das widerspruchslos entgegengenommene Schreiben unter Berufung auf ihre fehlenden Sprach- und Lesekenntnisse noch nach Ablauf von über einem Monat im Ergebnis als nicht existent zu betrachten.

2338 Sie muss sich deshalb so behandeln lassen, als ob sie vor ihrem erneuten Fernbleiben tatsächlich Kenntnis von dem Inhalt der Abmahnung erlangt hätte.

2339 Das *LAG Köln* (6.8.1999 NZA-RR 2000, 24) hat angenommen, dass eine Abmahnung **nicht persönlich adressiert** sein muss; sie kann danach auch in einem **betriebsöffentlichen Aushang** enthalten sein (»Abmahnung an den, den es angeht«). Auch soll sich danach ein Arbeitnehmer nicht auf die Unkenntnis von einer erteilten Abmahnung berufen können, wenn er die Kenntnisnahme durch eigenmächtige Selbstbeurlaubung selbst verhindert hat (*LAG Köln* 16.3.2001 NZA-RR 2001, 533).

4. Abmahnungsberechtigte Personen

Als abmahnungsberechtigte Personen kommen nicht nur kündigungsberechtigte Personen, sondern alle Mitarbeiter in Betracht, die befugt sind, verbindliche Anweisungen hinsichtlich des Ortes, der Zeit sowie der Art und Weise der arbeitsvertraglich geschuldeten Arbeitsleistung zu erteilen (*BAG* 18.1.1980 EzA § 1 KSchG Verhaltensbedingte Kündigung Nr. 7; KR/*Fischermeier* § 626 BGB Rz. 257; *Bader* ZTR 1999, 202 ff.; APS/*Dörner* § 1 KSchG Rz. 408). 2340

Demgegenüber liegt es nach Auffassung von *Hillebrecht* (KR 4. Aufl. § 626 BGB Rz. 98g; 2341
vgl. auch *Adam* DB 1996, 476) nahe, die Berechtigung zur Abmahnung auf die kündigungsberechtigten Personen zu beschränken, weil im Rahmen der Überprüfung der Verhältnismäßigkeit der Abmahnung festzustellen ist, ob ein verständiger Arbeitgeber die Pflichtverstöße ernsthaft für kündigungsrechtlich erheblich halten durfte.

5. Fristen

a) Frist zum Ausspruch der Abmahnung?

Eine »Regelausschlussfrist«, innerhalb derer das Rügerecht ausgeübt werden muss, 2342
besteht nicht (*BAG* 15.1.1986 EzA § 611 BGB Fürsorgepflicht Nr. 39; *LAG Nbg.* 14.6.2005 LAGE § 611 BGB 2002 Abmahnung Nr. 3; vgl. dazu *Becker-Schaffner* ZTR 1999, 112; krit. *Hunold* NZA-RR 2000, 174). Insbesondere §§ 121, 123, 626 Abs. 2 BGB können auch nicht entsprechend angewendet werden.

Denn bei der Anfechtung und der außerordentlichen Kündigung handelt es sich um 2343
Gestaltungsrechte, deren Ausübung der Gesetzgeber an bestimmte Fristen geknüpft hat. Demgegenüber ist die Abmahnung lediglich die Ausübung des vertraglichen Rügerechts. Eine Abmahnung, die erst geraume Zeit nach dem beanstandeten Vorfall ausgesprochen wird, wird in ihrer Wirkung hinsichtlich der Warnfunktion allerdings abgeschwächt. Denn das Fehlverhalten des Arbeitnehmers wirkt dann durch die Zwischenzeit, in der er sich vertragstreu verhalten hat, u.U. nicht mehr so gravierend, dass es etwa im Falle einer Kündigung überhaupt noch beachtlich wäre. Zudem hat der Arbeitgeber dann **durch sein Zuwarten** (z.B. von fast sechs Monaten) **gezeigt, dass er den behaupteten Vertragsverstoß des Arbeitnehmers nicht als sanktionswürdig ansieht**. Liegen dann keine gleichartigen neuen Verstöße vor, kommt eine Abmahnung nicht mehr in Betracht (*LAG Nbg.* 14.6.2005 LAGE § 611 BGB 2002 Abmahnung Nr. 3).

Das Abmahnungsrecht kann schließlich auch verwirkt werden, wofür allerdings der reine 2344
Zeitablauf nicht ausreicht (MünchArbR/*Berkowsky* § 137 Rz. 36).

b) Frist zur gerichtlichen Geltendmachung der Unwirksamkeit?

aa) Keine Verpflichtung zur gesonderten gerichtlichen Überprüfung

Der Arbeitnehmer ist zwar **berechtigt,** aber **nicht** durch eine arbeitsvertragliche Neben- 2345
pflicht oder eine entsprechende Obliegenheit **verpflichtet, gegen die Unrichtigkeit einer Abmahnung gerichtlich vorzugehen.**

Hat der Arbeitnehmer davon abgesehen, die Berechtigung der Abmahnung gerichtlich 2346
gesondert überprüfen zu lassen, so ist er grds. nicht daran gehindert, die Richtigkeit der abgemahnten Pflichtwidrigkeit in einem späteren Kündigungsschutzprozess zu bestreiten (*BAG* 13.3.1987 EzA § 611 BGB Abmahnung Nr. 5; vgl. dazu *Becker-Schaffner* ZTR 1999, 112).

2347 Denn aus der Befugnis, eine schriftliche Abmahnung außerhalb eines Kündigungsschutzprozesses gerichtlich überprüfen zu lassen, kann weder eine arbeitsvertragliche Nebenpflicht noch eine Obliegenheit des Arbeitnehmers hergeleitet werden, gegen eine Abmahnung gerichtlich vorzugehen.

2348 Dies entspricht auch nicht der Interessenlage der Arbeitsvertragsparteien. Denn abgesehen davon, dass es ungewiss ist, ob eine Abmahnung jemals kündigungsschutzrechtliche Bedeutung erlangen wird, würden bestehende Arbeitsverhältnisse durch dann notwendige (kündigungsschutzrechtlich aber an sich nicht gebotene) gerichtliche Auseinandersetzungen über die Berechtigung von Abmahnungen belastet werden.

2349 Für Arbeitnehmer könnten derartige Prozesse erst dazu führen, dass der Bestand des Arbeitsverhältnisses zumindest faktisch gefährdet wird.

bb) Auswirkungen auf die Darlegungs- und Beweislast?

2350 Im Hinblick auf § 1 Abs. 2 S. 4 KSchG bedarf es auch nicht eines nur verbalen oder schriftlichen Protests gegen die ausgesprochene Abmahnung, um den Arbeitgeber auf die Risiken hinsichtlich seiner Darlegungs- und Beweislast im Kündigungsschutzprozess aufmerksam zu machen.

2351 Aus dem bloßen Untätigbleiben des Arbeitnehmers kann auch kein rechtlich schützenswertes Vertrauen des Arbeitgebers erwachsen, die für die Kündigung relevanten Umstände würden in einem späteren Kündigungsschutzprozess tatsächlich unstreitig bleiben. **Auch die Beweislast wird dadurch nicht verändert** (*LAG Frankf./M.* 23.12.1986 DB 1987, 1463).

2352 Vielmehr bedarf es für das Eingreifen zivilprozessualer Darlegungs- und Beweislastregeln wegen treuwidrigen vorprozessualen Verhaltens zusätzlicher Umstände, die einen besonderen Vertrauenstatbestand beim Arbeitgeber gesetzt und ihn veranlasst haben, prozessual relevante Dispositionen zu treffen, indem er etwa eine Beweissicherung unterlassen oder präsente Beweismittel vernichtet hat.

c) Rechte des Arbeitnehmers bei inhaltlich unrichtiger oder formell unwirksamer Abmahnung

aa) Anspruch auf Entfernung der Abmahnung

2353 Enthält die Abmahnung inhaltlich unrichtige Tatsachenbehauptungen, die den Arbeitnehmer in seiner Rechtsstellung und seinem beruflichen Fortkommen beeinträchtigen können, oder ist sie inhaltlich nicht hinreichend bestimmt (*BAG* 9.8.1984 EzA § 1 KSchG Verhaltensbedingte Kündigung Nr. 11), so ist der Arbeitnehmer nicht auf sein Recht zur Gegendarstellung (§ 83 Abs. 2 BetrVG) oder sein Beschwerderecht (§ 84 Abs. 1 BetrVG) beschränkt. Er kann vielmehr auf Grund der Fürsorgepflicht des Arbeitgebers – auch mittels einer entsprechenden Klage (s. dazu *Kleinebrink* FA 2006, 196 ff.) – ihre Entfernung aus der Personalakte verlangen (*BAG* 27.11.1985 EzA § 611 BGB Fürsorgepflicht Nr. 38; vgl. auch *Bader* ZTR 1999, 205 ff.; enger *ArbG Frankf. (Oder)* 20.2.2003 NZA-RR 2003, 527: Entfernungsanspruch nur bei Verletzung des Persönlichkeitsrechts).

2354 Nach Auffassung des *LAG Köln* (24.1.1996 NZA 1997, 1290) ist der Entfernungsanspruch wegen der weiten Formulierung in den Entscheidungen des *BAG* (9.8.1984 EzA § 1 KSchG Verhaltensbedingte Kündigung Nr. 11; 27.11.1985 EzA § 611 BGB Fürsorgepflicht Nr. 38) »wenn diese nach Form oder Inhalt geeignet ist, ihn in seiner Rechtsstellung zu beeinträchtigen« nicht auf Abmahnungen mit unzutreffenden Tatsachenbehauptungen beschränkt, sondern erfasst auch Abmahnungen mit bloß **unzutreffenden Bewertungen**.

2355 In einem Rechtsstreit um die Entfernung einer Abmahnung aus der Personalakte steht dem Rechtsschutzinteresse des Arbeitnehmers nicht entgegen, dass im Rahmen der Prüfung der Berechtigung einer ausgesprochenen Kündigung in einem **parallel anhängigen Kündigungsschutzverfahren** auch darüber zu befinden ist, ob eine Abmahnung wirksam erfolgte oder nicht. Im Kündigungsschutzverfahren wird nur die Berechtigung einer erteilten

Abmahnung als **Vorfrage** für die Wirksamkeit der Kündigung überprüft, nicht jedoch darüber entschieden, ob eine zu Unrecht erteilte Abmahnung aus der Personalakte zu entfernen ist oder nicht (*LAG Bln.* 12.3.1999 – 2 Sa 53/98).

Nach Beendigung des Arbeitsverhältnisses hat der Arbeitnehmer ohnehin regelmäßig keinen Anspruch mehr auf Entfernung einer zu Unrecht erteilten Abmahnung aus der Personalakte. Ein solcher Anspruch kann aber gegeben sein, wenn objektive Anhaltspunkte dafür bestehen, dass sie ihm auch noch nach Beendigung des Arbeitsverhältnisses schaden kann. Dafür ist der Arbeitnehmer darlegungs- und beweispflichtig (*BAG* 14.9.1994 EzA § 13 BAT Personalakten Nr. 32; *LAG Köln* 29.6.2001 ARST 2002, 45 LS = NZA-RR 2002, 356). **2356**

Die Zwangsvollstreckung bestimmt sich nach **§ 888 ZPO** (*LAG Hessen* 9.6.1993 NZA 1994, 288 LS). **2357**

Ob der arbeitsrechtliche Anspruch des Arbeitnehmers auf Entfernung eines Abmahnungsschreibens aus der Personalakte des Arbeitgebers sich **auch auf andere Akten des Arbeitgebers erstreckt** (z.B. die Prozessakte), **ist im Prozess über den Entfernungsanspruch zu entscheiden**; diese Entscheidung kann nicht im Zwangsvollstreckungsverfahren nachgeholt werden (*LAG Köln* 20.3.2000 ARST 2000, 260). **2358**

bb) Anhörungspflicht des Arbeitgebers

Im Anwendungsbereich des BAT ist der Arbeitgeber gem. § **13 Abs. 2 BAT** verpflichtet, den Arbeitnehmer anzuhören, bevor er die Abmahnung zu den Personalakten nimmt. **2359**

Unterlässt er das, so hat der Angestellte wegen Verletzung einer Nebenpflicht einen schuldrechtlichen Anspruch auf Entfernung der Abmahnung aus der Personalakte. Die nachträgliche Anhörung in Form der Übersendung des zu der Akte genommenen Abmahnungsschreibens heilt den Mangel nicht. **2360**

Der Angestellte kann auch nicht auf sein Recht zur Gegendarstellung (§ 13 Abs. 2 S. 2 BAT) oder auf sein Recht zur Überprüfung der inhaltlichen Unrichtigkeit der Abmahnung durch das Arbeitsgericht verwiesen werden (*BAG* 31.8.1989 EzA § 53 BAT Beteiligung des Personalrats Nr. 2). Allerdings entfaltet gleichwohl eine wegen Nichtanhörung des Arbeitnehmers gem. § 13 Abs. 2 BAT formell unwirksame Anhörung die regelmäßig vor einer verhaltensbedingten Kündigung nach § 1 Abs. 2 KSchG erforderliche Warnfunktion (s.o. Rn. 2318). **2361**

Weitergehend besteht nach Auffassung des *ArbG Frankf./O.* (7.4.1999 NZA-RR 1999, 467; **a.A.** *ArbG Frankf./O.* 20.2.2003 NZA-RR 2003, 527; *Becker-Schaffner* ZTR 1999, 110; *Wilhelm* NZA-RR 2002, 449 ff.) **generell eine Verpflichtung** des **Arbeitgebers** zur Anhörung des Arbeitnehmers vor Erteilung einer Abmahnung auf der Grundlage der arbeitsvertraglichen **Fürsorgepflicht**; unterbleibt die vorherige Anhörung, ist die Abmahnung danach rechtswidrig. Unabhängig davon, ob dies rechtlich zwingend ist, erscheint eine vorherige Anhörung **stets** – ähnlich wie bei der Kündigung – als **sinnvoll**, weil Umstände zu Gunsten des Mitarbeiters bereits vor einer etwaigen Erteilung der Abmahnung bekannt werden, so dass dann noch entschieden werden kann, ob die Abmahnung überhaupt ausgesprochen werden soll. Das ist besser, als die Abmahnung zunächst auszuhändigen und sie anschließend nach Vortrag neuer Tatsachen durch den Mitarbeiter wieder zurückzunehmen (*Hunold* NZA-RR 2000, 173). **2362**

cc) Teilrechtswidrigkeit der Abmahnung

> Wird die Abmahnung auf mehrere Pflichtverletzungen des Arbeitnehmers gestützt, so ist sie i.d.R. bereits dann aus der Personalakte zu entfernen, wenn nur eine der dem Arbeitnehmer zur Last gelegten Pflichtverletzungen nicht zutrifft (*BAG* 13.3.1991 EzA § 611 BGB Abmahnung Nr. 20; *LAG Hamm* 10.1.2006 NZA-RR 2006, 290; *LAG Köln* 19.9.2006 – 9 (4) Sa 173/06 – ArbuR 2007, 142 LS; 15.6.2007 – 11 Sa 243/07 – ArbuR 2007, 323 LS; *LAG Hamm* 25.5.2007 – 13 Sa 1117/06 – ArbuR 2007, 405 LS). Sie kann dann **nicht** nach den zu §§ 139, 140 BGB entwickelten Rechtsgrundsätzen **teilweise aufrechterhalten werden** (*ArbG München* 16.11.2004 ArbuR 2005, 195 LS). **2363**

2364 Gleiches hat das *LAG Düsseld.* (23.2.1996 NZA-RR 1997, 81) für den Fall angenommen, dass der Arbeitgeber Folgen einer behaupteten Pflichtverletzung, wie etwa »ungeheure Beeinträchtigung der kollegialen Zusammenarbeit« im Prozess nicht gesondert schlüssig darlegt und/oder beweisen kann. Denn der Arbeitnehmer wird durch die Vorhaltung solcher angeblicher Folgewirkungen ebenso unzulässig beeinträchtigt wie bei einer unzutreffenden von mehreren behaupteten Pflichtverletzung(en). Nichts anderes gilt, wenn der Arbeitgeber einem **Betriebsratsmitglied aufgibt, ausnahmslos bis spätestens vier Tage vor geplanten Arbeitseinsätzen Mitteilung über die in dieser Zeit anfallenden Betriebsratstätigkeiten zu machen.** Denn dies scheidet schon deshalb aus, weil Amtstätigkeiten eines Betriebsratsmitglieds immer auch unvorhergesehen anfallen können (*LAG Hamm* 25.5.2007 – 13 Sa 1117/06 – ArbuR 2007, 405 LS). Werden in einer Abmahnung wegen **unerlaubter privater Nutzung eines dienstlichen PC** die gerügten Internet-Auftritte mit Datum und Uhrzeit sowie mit Internet-Namen aufgelistet, so ist die Abmahnung zu entfernen, wenn auch nur ein Teil der Angaben nicht zutrifft und durch die unrichtigen Angaben das Fehlverhalten des Arbeitnehmers noch gewichtiger erscheinen kann. Wird gerügt, unter den aufgerufenen Internet-Seiten seien auch solche mit eindeutig pornographischem Inhalt, so müssen diese in der Abmahnung besonders benannt werden (*LAG Köln* 19.9.2006 – 9 (4) Sa 173/06 – ArbuR 2007, 142 LS).

2365 Der Arbeitgeber ist dann allerdings nicht gehindert, eine **erneute Abmahnung** zu erteilen, in der der unberechtigte Vorwurf fehlt.

dd) Widerruf; Beseitigung der Beeinträchtigung

2366 Darüber hinaus hat der Arbeitnehmer bei einem objektiv rechtswidrigen Eingriff in sein Persönlichkeitsrecht **entsprechend §§ 242, 1004 BGB** Anspruch auf Widerruf bzw. Beseitigung der Beeinträchtigung (*BAG* 27.11.1985 EzA § 611 BGB Fürsorgepflicht Nr. 38; **a.A.** *ArbG München* 2.5.2000 NZA-RR 2000, 524). Er ist auch nach der Entfernung der Abmahnung aus der Personalakte **nicht** daran **gehindert**, einen Anspruch auf **Widerruf** der in der Abmahnung abgegebenen Erklärungen ggf. auch gerichtlich geltend zu machen (*BAG* 15.4.1999 EzA § 611 BGB Abmahnung Nr. 41).

d) Wirkungslosigkeit infolge Zeitablaufs; Entfernungsanspruch

aa) Regelfrist?

2367 Eine zu Recht ausgesprochene Abmahnung kann durch Zeitablauf wirkungslos werden. Insoweit wird die Auffassung vertreten, dass sie nach zwei bis drei Jahren ihre Wirkung verliert, wobei zwei Jahre bei leichten und drei Jahre bei schweren Vertragswidrigkeiten angemessen erscheinen sollen (*LAG Hamm* 14.5.1986 DB 1986, 1628 [i.d.R. zwei Jahre]; *Brill* NZA 1985, 109; *Hunoldt* BB 1986, 2052; *Conze* DB 1987, 889 [i.d.R. drei Jahre]).

2368 Nach Auffassung des *BAG* (18.11.1986 EzA § 611 BGB Abmahnung Nr. 4) lässt sich dies demgegenüber jedoch **nicht anhand einer bestimmten Regelfrist** (z.B. von zwei Jahren), **sondern nur auf Grund aller Umstände des Einzelfalls bestimmen.**

2369 Dabei hängt die Wirkungsdauer der Abmahnung insbes. von der Schwere der abgemahnten Vertragsverletzung ab, sodass der Arbeitgeber bei schweren Vertragsverletzungen im Wiederholungsfalle auch nach längerer Zeit eine Kündigung ohne erneute Abmahnung eher aussprechen kann als bei leichteren Vertragsverletzungen (*v. Hoyningen-Huene* RdA 1990, 210).

2370 Eine Abmahnung verliert jedenfalls allein auf Grund des Zeitablaufs von 3 1/2 Jahren noch nicht zwingend ihre Wirkung (*BAG* 10.10.2002 EzA § 626 BGB 2002 Unkündbarkeit Nr. 1).

bb) Entfernungsanspruch?

2371 Ist die (berechtigte) Abmahnung für die weitere Beurteilung des Arbeitnehmers überflüssig geworden, so ist sie aus der Personalakte zu entfernen (*BAG* 13.4.1988 EzA § 611 BGB Fürsorgepflicht Nr. 47; abl. *Kraft* NZA 1989, 777; *Zirnbauer* FA 2001, 171 f.).

Demgegenüber wird zum Teil (*v. Hoyningen-Huene* RdA 1990, 193; *Kraft* NZA 1989, 781) darauf hingewiesen, dass auch eine kündigungsrechtlich wirkungslos gewordene Abmahnung etwa für eine spätere Beurteilung oder Beförderung des Arbeitnehmers von Bedeutung sein kann. Folglich soll der Arbeitgeber berechtigt sein, sie in der Personalakte zu belassen (abl. MünchArbR/*Berkowsky* § 137 Rz. 46). **2372**

Das *BVerfG* (16.10.1998 NZA 1999, 77) hat angenommen, dass ein Anspruch auf Entfernung einer Abmahnung jedenfalls **dann nicht mehr besteht**, wenn von ihr – z.B. wegen Zeitablaufs – **keine kündigungsrechtlich negativen Wirkungen mehr ausgehen**. Das gilt selbst dann, wenn das Arbeitsgericht die Abwägung zwischen den Grundrechten auf Meinungsfreiheit (Art. 5 Abs. 1 GG) des Arbeitnehmers und dem Persönlichkeitsrecht des Arbeitgebers (Art. 2 Abs. 1 i.V.m. Art. 1 Abs. 1 GG) bei einer kritischen Äußerung eines Angestellten im öffentlichen Dienst falsch vorgenommen hat. Dies steht wohl nicht in Einklang mit der Auffassung des *BAG* (13.4.1988 EzA § 611 BGB Fürsorgepflicht Nr. 47). **2373**

V. Weiteres Fehlverhalten

1. Vergleichbarkeit von abgemahntem und neuem Fehlverhalten

Nach Ausspruch der Abmahnung bedarf es eines weiteren »einschlägigen« Fehlverhaltens des Arbeitnehmers, um eine ordentliche verhaltensbedingte Kündigung sozial rechtfertigen zu können. Denn nur dann steht fest, dass die Warnfunktion der Abmahnung, die gerade das zukünftige Verhalten des Arbeitnehmers verändern soll, nicht erfüllt worden ist. Es kann dann davon ausgegangen werden, dass es auch **zukünftig zu weiteren Vertragsstörungen kommen wird (Prognoseprinzip;** *BAG* 13.12.2007 EzA § 4 KSchG n.F. Nr. 82 = NZA 2008, 589). So kann z.B. die **wiederholte Verletzung der Arbeitspflicht eines Vorarbeiters** im Reinigungsdienst, die den Vertrauensbereich berührt, eine fristgerechte Kündigung rechtfertigen, wenn wegen vergleichbarer Schlechtleistungen bereits abgemahnt worden war (*LAG Köln* 17.6.2003 NZA-RR 2004, 531). Auch die **trotz zweier Abmahnungen fortgesetzte Schlechtleistung** einer Reinigungskraft rechtfertigt deren ordentliche verhaltensbedingte Kündigung (*LAG Köln* 13.3.2006 – 14 (8) Sa 4/06 – ZTR 2007, 109 LS). Andererseits ist zu beachten, dass auch beim Vorliegen **mehrfacher Abmahnungen nicht jede noch so geringfügige Pflichtverletzung** den Ausspruch einer ordentlichen **Kündigung rechtfertigen kann.** Das gilt z.B. für das Nichtausschalten eines Handys entgegen den Anweisungen des Vorgesetzten (*ArbG Hmb.* 28.5.2008 – 3 Ca 509/07 – ArbuR 2008, 320 LS). **2374**
Erforderlich ist, dass das abgemahnte Fehlverhalten auf der gleichen Ebene gelegen hat wie der Kündigungsvorwurf. Der auf eine Abmahnung folgende Wiederholungsfall muss gleichartig bzw. vergleichbar sein (*BAG* 13.12.2007 EzA § 4 KSchG n.F. Nr. 82 = NZA 2008, 589; 24.3.1988 Rz. I 5 i Nr. 35; *LAG Bln.* 16.2.2006 LAGE § 611 BGB 2002 Abmahnung Nr. 4; vgl. dazu *Becker-Schaffner* ZTR 1999, 109; vgl. auch zu einem abgestuften System von Rügen in einer Arbeitsordnung *LAG Brem.* 18.11.2004 – 3 Sa 170/04 – EzA-SD 26/04 S. 11 LS).

Der Begriff der Gleichartigkeit ist in der Rechtsprechung bislang allerdings **wenig präzise** und nur kasuistisch bestimmt worden (krit. daher *Walker* NZA 1995, 606). In der Literatur (*Ascheid* Kündigungsschutzrecht Rz. 83; KR/*Fischermeier* § 626 BGB Rz. 269; APS/*Dörner* § 1 KSchG Rz. 425 ff.) wird deshalb davon ausgegangen, dass nicht maßgeblich ist, ob das vom Arbeitnehmer gezeigte störende Verhalten die gleiche Störungshandlung wiederholt. Bei der Beurteilung der Gleichartigkeit ist vielmehr kein allzu strenger Maßstab anzulegen. Es genügt eine Gleichartigkeit im weiteren Sinne, die schon dann vorliegt, **wenn die neue Pflichtverletzung denselben Bereich wie das schon abgemahnte Fehlverhalten berührt und somit Abmahnung und Kündigungsgrund in einem inneren Zusammenhang stehen** (*BAG* 13.12.2007 EzA § 4 KSchG n.F. Nr. 82 = NZA 2008, 589). **2375**

2376 Pflichtverletzungen sind dann gleichartig, wenn sie unter einem einheitlichen Kriterium zusammengefasst werden können, wie z.B. die Verletzung der arbeitsvertraglichen Arbeitspflicht in Form von verzögerter, unpünktlicher oder unzuverlässiger Leistungen.

2377 Das *LAG Bln.* (5.12.1995 ZTR 1996, 521 LS) hat insoweit darauf abgestellt, dass die verschiedenen Pflichtverletzungen zu vergleichbaren Störungen des Arbeitsverhältnisses führen und als übereinstimmender Ausdruck einer spezifischen Unzuverlässigkeit des Arbeitnehmers angesehen werden können. Es hat in diesem Sinne unberechtigtes Fehlen und berechtigtes, aber nicht angezeigtes Fernbleiben von der Arbeit als gleichartige Pflichtverletzungen angenommen. Das *LAG Hessen* (7.7.1997 NZA 1998, 822) hat dies bejaht bei einer abgemahnten Verletzung der Anzeigepflicht bei Krankheit und späterer Weigerung des Arbeitnehmers, während der Arbeitszeit zu einem Gespräch mit dem Vorgesetzten zu erscheinen.

2378 Ist ein Lkw-Fahrer bereits deshalb ermahnt und abgemahnt worden, weil er eine rot zeigende Ampel missachtet und Beladungsvorschriften für den Gefahrgut-Lkw nicht eingehalten hat, und begeht er anschließend eine **erhebliche Geschwindigkeitsüberschreitung**, die zu einem einmonatigen Fahrverbot führt, und fährt mit verkehrsunsicherer Bereifung, weil er die vorgeschriebene tägliche Reifenkontrolle unterlassen hat, ist eine darauf beruhende Kündigung gerechtfertigt (*LAG Köln* 4.9.2006 EzA § 1 KSchG Verhaltensbedingte Kündigung Nr. 93).

2379 Eine ausgesprochene Abmahnung des Inhalts, dass der Arbeitnehmer im Rahmen des Zeitmanagements aufgefordert worden ist, dafür zu sorgen, dass die Telefonkosten nicht so hoch sein sollen, ist nach Auffassung des *LAG Nbg.* (6.8.2002 LAGE § 626 BGB Nr. 143 = NZA-RR 2003, 191) dagegen nicht gleichartig hinsichtlich des Vorwurfs, private Telefonate während der Arbeitszeit geführt zu haben.
Dagegen kann ein Fluggastkontrolleur, der vom Arbeitgeber abgemahnt worden ist, weil er dessen Unternehmen gegenüber Praktikanten eine »Scheißfirma« genannt und von Hungerlohn gesprochen hat, verhaltensbedingt gekündigt werden, wenn er kurze Zeit später zahlreiche Fluggäste auf einen Job anspricht und sich dazu von ihnen Visitenkarten geben lässt (*LAG Bln.* 14.3.2003 LAGE § 1 KSchG Verhaltensbedingte Kündigung Nr. 81 = ARST 2003, 285 LS).
Gleichartige Pflichtverletzungen liegen z.B. auch dann vor, wenn der Arbeitnehmer eine Arbeitsunfähigkeitsbescheinigung verspätet vorlegt, wenn er zu spät zur Arbeit erscheint und wenn er sich nicht sofort bei seinem Vorgesetzten meldet, nachdem er zu spät zur Arbeit erschienen ist (*LAG Saarland* 23.4.2003 – 2 Sa 134/02 – FA 2004, 25).

2. Verzicht auf eine mögliche Kündigung durch Abmahnung

2380 Nichts anderes gilt dann, wenn der Arbeitgeber **an sich ausreichende Veranlassung zum Ausspruch einer außerordentlichen oder ordentlichen Kündigung gehabt hätte,** entweder weil er bereits zuvor einschlägig abgemahnt hatte oder es des Ausspruchs einer Abmahnung nicht bedurfte, er sich **aber gleichwohl** entschlossen hat, zunächst u.U. nochmals (wie z.B. bei geringfügigen Pflichtverletzungen oder länger zurückliegenden Abmahnungen u.U. erforderlich) **eine Abmahnung** auszusprechen. Denn mit Ausspruch der Abmahnung verzichtet der Arbeitgeber konkludent auf ein u.U. bestehendes Kündigungsrecht wegen der Gründe, die Gegenstand der Abmahnung waren (s.o. Rn. 2322).

VI. Interessenabwägung

1. Grundüberlegungen

2381 Im Rahmen der nach der ständigen Rechtsprechung des *BAG* (4.11.1981 EzA § 1 KSchG Verhaltensbedingte Kündigung Nr. 9; 2.3.1989 EzA § 102 BetrVG 1972 Nr. 76; APS/*Dörner* § 1 KSchG Rz. 432 ff.) schließlich erforderlichen umfassenden Interessenabwägung ist das Interesse des Arbeitnehmers an der Erhaltung des Arbeitsplatzes dem Interesse des Arbeitgebers an der Beendigung des Arbeitsverhältnisses gegenüberzustellen.

2382 Im Unterschied zur personenbedingten Kündigung sind bei einer verhaltensbedingten Kündigung nicht so strenge Maßstäbe an die Interessenabwägung anzulegen, denn die erhöhte Schutzwürdigkeit z.B. eines von einer Krankheit betroffenen Arbeitnehmers trifft bei einer auf Pflichtwidrigkeiten des Arbeitnehmers beruhenden Kündigung so nicht zu.

2. Kriterien im Einzelnen

2383 Berücksichtigt werden können zu Gunsten des Interesses des Arbeitnehmers oder des Arbeitgebers insbes. folgende Umstände (vgl. KR/*Etzel* 7. Aufl. § 1 KSchG Rz. 409 ff.; zur Kritik s.o. Rn. 1356 ff.):

- Gesichtspunkte der Arbeits- und Betriebsdisziplin, wobei allerdings konkrete Störungen eingetreten sein müssen, sodass eine bloß abstrakte oder konkrete Gefährdung insoweit nicht ausreicht (*BAG* 17.3.1988 EzA § 626 BGB n.F. Nr. 116);
- die Aufrechterhaltung der Funktionsfähigkeit des Betriebes oder des Unternehmens;
- Eintritt eines Vermögensschadens;
- Wiederholungsgefahr;
- Schädigung des Ansehens in der Öffentlichkeit sowie Schutz der übrigen Belegschaft;
- Art, Schwere und Häufigkeit der vorgeworfenen Pflichtwidrigkeiten, z.B. die besondere Bedeutung unwiederbringlich gelöschter Kundendaten durch einen Außendienstmitarbeiter (*LAG Köln* 24.7.2002 LAGE § 1 KSchG Verhaltensbedingte Kündigung Nr. 80 = ARST 2003, 236 LS = NZA-RR 2003, 303);.
- früheres Verhalten des Arbeitnehmers;
- Mitverschulden des Arbeitgebers;
- Dauer der Betriebszugehörigkeit;
- Lebensalter;
- Lage auf dem Arbeitsmarkt.

2384 **Unterhaltspflichten** des Arbeitnehmers sind bei der Interessenabwägung von größerem Gewicht, wenn sie mit dem verhaltensbedingten Kündigungsgrund in Zusammenhang stehen. Dass der Arbeitnehmer mit der Eingehung des Arbeitsverhältnisses i.d.R. für den Arbeitgeber erkennbar auch den Zweck verfolgt, seine Unterhaltspflichten zu erfüllen, tritt dagegen in den Hintergrund, wenn der Arbeitnehmer gewichtige Pflichten aus dem Arbeitsvertrag wiederholt vorsätzlich trotz Abmahnung verletzt; in diesem Fall können die Unterhaltspflichten bei der Interessenabwägung kaum von Gewicht und im Extremfall sogar völlig vernachlässigbar sein (*BAG* 27.2.1997 EzA § 1 KSchG Verhaltensbedingte Kündigung Nr. 51; vgl. dazu *Lingemann* BB 2000, 1835 ff.). Folglich sind sie bei einer auf ein vorsätzliches Vermögensdelikt gestützten (außer-) ordentlichen Kündigung grds. nicht zu berücksichtigen. Sie können allenfalls dann Bedeutung gewinnen, wenn eine durch Unterhaltspflichten bedingte **schlechte Vermögenslage das bestimmende Motiv für die Tat gewesen ist** und den Schuldvorwurf mindern kann (*BAG* 2.3.1989 EzA § 102 BetrVG 1972 Nr. 76).

3. Beurteilungsspielraum der Instanzgerichte

2385 Bei der Bewertung dieser Umstände steht dem ArbG sowie dem LAG ein in der Revisionsinstanz nur in beschränktem Umfang überprüfbarer Beurteilungsspielraum zu.

VII. Darlegungs- und Beweislast

1. Vertragsverletzung; betriebliche Auswirkungen

2386 Für das Vorliegen einer schuldhaften Vertragsverletzung nebst ihrer betrieblichen Auswirkungen ist der Arbeitgeber darlegungs- und beweispflichtig.
Dies gilt auch für solche Umstände, die einen Rechtfertigungs- oder Entschuldigungsgrund für das Fehlverhalten des Arbeitnehmers ausschließen, sofern dieser einen solchen substantiiert vorgetragen hat (*BAG* 12.8.1976 EzA § 1 KSchG Nr. 33; 6.8.1987 EzA § 626 BGB n.F. Nr. 109). Allerdings sind z.B. häufige **Verspätungen** eines Auslieferungsfahrers üblicherweise mit Betriebsablaufstörungen verbunden, so dass der Arbeitgeber diese regelmäßig nicht im Einzelnen darlegen und beweisen muss (*BAG* 15.11.2001 EzA § 1 KSchG Verhaltensbedingte Kündigung Nr. 56).

2. Abmahnung

2387 **Darlegungs- und beweispflichtig für das Vorliegen einer ordnungsgemäßen Abmahnung ist ebenfalls der Arbeitgeber** (vgl. *ArbG München* 31.10.2003 ArbuR 2004, 433 LS; **a.A.** *Kopke* NZA 2007, 1211 ff.; s.a. *ArbG Ludwigshafen* 12.12.2005 DB 2006, 675: der Arbeitnehmer trägt die Beweislast für das Vorliegen unrichtiger Tatsachen in der Abmahnung, wenn er deren Entfernung verlangt). Der wegen der Nichtausführung bestimmter Aufgaben eine Abmahnung erteilende Arbeitgeber ist des Weiteren dafür darlegungs- und beweispflichtig, dass der Arbeitnehmer tatsächlich die Tätigkeiten im Rahmen seiner Arbeitszeit ausführen konnte (*ArbG München* 31.10.2003 ArbuR 2004, 433 LS).

2388 Er genügt im Übrigen (sog. abgestufte Darlegungslast) **zunächst** seiner Darlegungslast, wenn er bei Störungen im Leistungsbereich vorträgt, dass der Arbeitnehmer wegen bestimmter Leistungsmängel unter Hinweis auf die Bestands- oder Inhaltsgefährdung des Arbeitsverhältnisses **abgemahnt worden ist.**

2389 Bestreitet der Arbeitnehmer dies, so hat der Arbeitgeber im einzelnen Tatsachen vorzutragen, aus denen sich eine ordnungsgemäße Abmahnung nach Inhalt, Ort, Zeitpunkt und beteiligten Personen ergibt oder die ausnahmsweise Entbehrlichkeit einer Abmahnung, z.B. weil der Vertrauensbereich betroffen ist oder weil der Arbeitnehmer im konkreten Fall schlechterdings nicht annehmen konnte, dass der Arbeitgeber das vertragswidrige Verhalten hinnehmen würde (MünchArbR/*Berkowsky* § 154 Rz. 55 f.).
Dabei sind auch die abgemahnten Pflichtwidrigkeiten in zeitlicher und gegenständlicher Hinsicht nebst ihren betrieblichen Auswirkungen im Einzelnen zu schildern. Schlagwortartige Angaben reichen nicht aus (KR/*Etzel* 7. Aufl. § 1 KSchG Rz. 403, 412; APS/*Dörner* § 1 KSchG Rz. 439 f.).

2390 Weigert sich z.B. ein Arbeitnehmer, eine vertraglich geschuldete Arbeit auszuführen, mit dem Bemerken, die Arbeit **schade seiner Gesundheit**, und legt er nachträglich eine noch am selben Tag ausgestellte ärztliche Arbeitsunfähigkeitsbescheinigung vor, kann der Beweiswert des Attestes für den Konfliktzeitpunkt erschüttert sein. Im Streit um die Wirksamkeit der Abmahnung hat aber auch dann der Arbeitgeber die Beweislast für die Arbeitsfähigkeit des Arbeitnehmers. Entbindet der Arbeitnehmer den Arzt von der Schweigepflicht, kann sich der Arbeitgeber auf den Arzt als Zeugen berufen; tut er dies nicht, ist für den Prozess von der vom Arbeitnehmer behaupteten Arbeitsunfähigkeit auszugehen (*LAG Bln.* 14.11.2002 LAGE § 5 EFZG Nr. 6 = NZA-RR 2003, 523).

2391 Für beide Parteien gilt, dass eine **Behauptung mit Nichtwissen** über Vorgänge **im eigenen Geschäftsbereich unzulässig ist**, wenn die Partei es versäumt hat, sich über den Gegenstand der Behauptung zuvor im eigenen Geschäftsbereich zu erkundigen (*LAG Hamm* 10.1.2006 NZA-RR 2006, 290).

H. Die ordentliche betriebsbedingte Kündigung

I. Überblick über die Voraussetzungen der ordentlichen betriebsbedingten Arbeitgeberkündigung

Die ordentliche betriebsbedingte Arbeitgeberkündigung ist dann sozial gerechtfertigt i.S.v. § 1 Abs. 2, 3 KSchG (vgl. APS/*Kiel* § 1 KSchG Rz. 461 ff.; *Tschöpe* BB 2000, 2630 ff.), wenn 2392

- zum Zeitpunkt ihres Zugangs (vgl. *BAG* 21.4.2005 EzA § 1 KSchG Soziale Auswahl Nr. 62 = NZA 2005, 1307) dringende betriebliche Gründe vorliegen, die auf Grund außerbetrieblicher Umstände oder infolge innerbetrieblicher Maßnahmen zu einem Rückgang des Arbeitsanfalls bis hin zum Wegfall des Bedürfnisses für die Beschäftigung eines oder mehrerer Arbeitnehmer in dem Bereich führen, in dem der betroffene Arbeitnehmer beschäftigt ist;
- der betroffene Arbeitnehmer zum Zeitpunkt ihres Zugangs (vgl. *BAG* 21.4.2005 EzA § 1 KSchG Soziale Auswahl Nr. 62 = NZA 2005, 1307) von allen vergleichbaren Arbeitnehmern der sozial am wenigsten Schutzwürdige ist und
- auch eine umfassende – allerdings nur ausnahmsweise durchzuführende – Interessenabwägung nach ordnungsgemäßer Sozialauswahl nicht ausnahmsweise zu einem Überwiegen des Interesses des Arbeitnehmers an der Fortsetzung des Arbeitsverhältnisses gegenüber dem Interesse des Arbeitgebers an dessen Beendigung führt.

II. Dringende betriebliche Gründe

1. Begriffsbestimmung

Der Begriff der betrieblichen Erfordernisse ist im Gesetz nicht definiert. 2393
Betriebliche Erfordernisse liegen dann vor, wenn Umstände aus dem wirtschaftlichen oder betriebstechnischen Bereich dazu führen, dass die betriebliche Arbeitsmenge so zurückgeht, dass der Beschäftigungsbedarf für einen oder mehrere Arbeitnehmer entfällt. Erforderlich ist eine konkrete Auswirkung auf die Einsatzmöglichkeit des gekündigten Arbeitnehmers.

Es muss also zumindest **ein Arbeitsplatz weggefallen** sein, wobei dies **nicht** in der Weise zu 2394
verstehen ist, dass es sich dabei gerade **um den konkret fixierten Arbeitsplatz des gekündigten Arbeitnehmers** handeln muss (*BAG* 30.5.1985 EzA § 1 KSchG Betriebsbedingte Kündigung Nr. 36).

Vielmehr ist nach Maßgabe der sozialen Auswahl ggf. einem Arbeitnehmer zu kündigen, 2395
dessen Arbeitsplatz noch vorhanden ist, wenn nur die Anzahl der vergleichbaren Arbeitsplätze insgesamt zurückgegangen ist mit der Folge, dass die Zahl der benötigten Arbeitsplätze auf Grund der Entwicklung der Arbeitsmenge kleiner ist als die Zahl der auf diesen Arbeitsplätzen bislang beschäftigten Arbeitnehmer (vgl. APS/*Kiel* § 1 KSchG Rz. 477 ff.). **Maßgeblicher Beurteilungszeitpunkt** für die soziale Rechtfertigung der Kündigung ist **grds. der Zeitpunkt des Kündigungszugangs**. Grundsätzlich muss dann der Kündigungsgrund – Wegfall der Beschäftigungsmöglichkeit – vorliegen (*LAG Düsseld.* 16.11.2005 – 12 Sa 1150/05 – EzA-SD 1/06 S. 8 LS).

Wird eine Kündigung allerdings auf die **künftige Entwicklung der betrieblichen Verhältnisse** gestützt, so kann sie ausgesprochen werden, wenn die betrieblichen Umstände 2396
konkrete und greifbare Formen angenommen haben. Das ist z.B. dann der Fall, wenn auf Grund einer vernünftigen, betriebswirtschaftlichen Betrachtung bei Ausspruch der Kündigung absehbar ist, zum Zeitpunkt des Vertragsendes eines übernommenen Reinigungsvertrages werde mit einiger Sicherheit der Eintritt eines die Entlassung erfordern-

den betrieblichen Grundes gegeben sein (*BAG* 3.9.1998 NZA 1999, 147, 27.11.2003 EzA § 1 KSchG Betriebsbedingte Kündigung Nr. 128 = NZA 2004, 477). Das gilt nicht nur bei Kündigungen aus innerbetrieblichen Umständen, sondern grds. auch bei Kündigungen, die durch außerbetriebliche Umstände veranlasst sind (*BAG* 12.4.2002 EzA § 1 KSchG Betriebsbedingte Kündigung Nr. 118; krit. dazu *Matz* FA 2003, 69 u. FA 2006, 360). In Fällen, in denen zwar **bei Zugang der Kündigung noch die Möglichkeit der Beschäftigung besteht,** aber die für den künftigen Wegfall des Beschäftigungsbedürfnisses maßgeblichen Entscheidungen **bereits getroffen sind,** kommt es für die Betriebsbedingtheit der Kündigung darauf an, ob der Arbeitnehmer **bis zum Kündigungstermin voraussichtlich entbehrt werden kann.** Das ist z.B. dann der Fall, wenn sich ein Reinigungsunternehmen nach Kündigung des Reinigungsauftrags durch ein Krankenhaus nicht an der Neuausschreibung beteiligt; es liegt dann ein hinreichend konkreter Anhaltspunkt für die Annahme vor, dass die betroffenen Arbeitsplätze entfallen. Das gilt auch dann, wenn das Unternehmen zu einem späteren Zeitpunkt auf Grund geänderter Sachlage den Reinigungsauftrag wieder erhält (*BAG* 15.7.2004 EzA § 1 KSchG Soziale Auswahl Nr. 54 = NZA 2005, 523 = BAG Report 2004, 367). Wenn allerdings bei einem Unternehmen des Reinigungsgewerbes ein bestehender Reinigungsauftrag ausläuft und fraglich ist, ob das Unternehmen bei der Neuausschreibung den Zuschlag erhalten wird, das Unternehmen sich aber jedenfalls beworben hat, ist mit dem Wegfall des Beschäftigungsbedarfs für die im Objekt beschäftigten Arbeitnehmer so lange nicht zu rechnen, so lange die Entscheidung über die Neuvergabe noch offen ist. Eine vor der Entscheidung über die Neuvergabe ausgesprochene Kündigung ist als »Vorratskündigung« sozial ungerechtfertigt (*BAG* 12.4.2002 EzA § 1 KSchG Betriebsbedingte Kündigung Nr. 118; **a.A.** *LAG Nds.* 16.2.2001 – 3 Sa 1493/00 – 3 Sa 74/00 –; krit. auch *Matz* FA 2003, 69). Weder der Zwang zur Einhaltung längerer Kündigungsfristen noch der Umstand, dass einem vorzeitig gekündigten Arbeitnehmer u.U. ein Wiedereinstellungsanspruch zustehen kann, vermag an der Unwirksamkeit der »Vorratskündigung« etwas zu ändern (*BAG* 12.4.2002 EzA § 1 KSchG Betriebsbedingte Kündigung Nr. 118).

2. Auswirkungen auf die Darlegungslast

2397 Daraus folgt, dass eine betriebsbedingte Kündigung **allein mit der Darlegung rückläufiger wirtschaftlicher Daten grds. nicht gerechtfertigt werden kann.**

2398 Entscheidend ist stets die Darlegung, dass Arbeitsplätze entsprechend der Zahl der gekündigten Arbeitnehmer weggefallen sind (MünchArbR/*Berkowsky* § 138 Rz. 6; APS/*Kiel* § 1 KSchG Rz. 483).

3. Außer-, innerbetriebliche Gründe

a) Begriffsbestimmungen

2399 Betriebliche Erfordernisse für eine Kündigung können sich aus **innerbetrieblichen Umständen** (Unternehmerentscheidungen, z.B. **Rationalisierungsmaßnahmen,** Umstellung oder Einschränkung der Produktion, auch zur Gewinnsteigerung oder Kostensenkung, auch wenn die äußeren Marktbedingungen dies nicht unumgänglich erfordern) oder durch **außerbetriebliche Gründe** (z.B. **Auftragsmangel**) ergeben (vgl. ausf. APS/*Kiel* § 1 KSchG Rz 472 ff.; *Romme/Pauker* NZA-RR 2000, 281 ff.; Gilberg NZA 2003, 817 ff.).

b) Fremdvergabe; Grenzen; Austauschkündigung

2400 Es stellt einen betriebsbedingten Kündigungsgrund dar, wenn sich der Arbeitgeber in einem Produktionsbetrieb entschließt, die – auch teilweise – Produktion einzustellen und die noch eingehenden Aufträge nicht mehr durch eigene Arbeitskräfte im Betrieb erledigen zu lassen (*BAG* 18.1.2001 **EzA** § 1 KSchG Betriebsbedingte Kündigung Nr. 109; 25.3.2004 EzA § 9 MuSchG n.F. Nr. 40 = BAG Report 2004, 319; 16.12.2004 NZA 2005,

761). Es handelt sich grds. um eine die Arbeitsgerichte bindende Organisationsentscheidung, die zum Wegfall von Arbeitsplätzen führen und deshalb ein dringendes betriebliches Erfordernis für eine betriebsbedingte Kündigung darstellen kann (*BAG* 16.12.2004 NZA 2005, 761).

Das *BAG* (7.3.1980 EzA § 1 KSchG Betriebsbedingte Kündigung Nr. 14; ebenso *LAG Bln.* 3.4.2001 ARST 2001, 187 LS; APS/*Kiel* § 1 KSchG Rz. 522 ff.) geht z.B. davon aus, dass dann, wenn Reinigungsarbeiten (z.B. bei den Stationierungsstreitkräften) an Privatunternehmen übertragen und deswegen Kündigungen ausgesprochen werden, ein **betriebliches Erfordernis** gegeben ist (ebenso *LAG Köln* 3.9.2003 – 3 Sa 516/03 – ARST 2004, 188 LS; 1.7.2004 – 5 (9) Sa 427/03 – EzA-SD 20/04 S. 13 LS = LAG Report 2004, 373). Gleiches gilt dann, wenn ein **klinikeigenes Labor** in einer psychiatrischen Klinik **aufgelöst** wird und die Laboruntersuchungen fremdvergeben werden, hinsichtlich der Kündigung der Labormitarbeiter. Haben zudem die bisher im klinikeigenen Labor beschäftigten medizinisch-technischen Assistentinnen in ganz geringem Umfang auch fachfremde, nicht ihrer Ausbildung und Vergütung entsprechende Nebenarbeiten verrichtet, so scheitert die Wirksamkeit der Kündigung dieser Mitarbeiterinnen regelmäßig nicht daran, dass der Arbeitgeber die Nebenarbeiten auf andere Mitarbeiter überträgt (*BAG* 27.6.2002 EzA § 1 KSchG Betriebsbedingte Kündigung Nr. 119). Der Arbeitgeber kann auch bei der betriebsbedingten Kündigung eines Berufskraftfahrers nicht darauf verwiesen werden, er könne die Subunternehmern übertragenen Fahraufträge auch dem zur Kündigung vorgesehenen Arbeitnehmer übertragen. Denn der Arbeitgeber ist frei zu entscheiden, ob er zu erledigende Arbeiten durch eigene Arbeitnehmer oder durch Fremdunternehmen erledigen lässt (*LAG München* 13.8.2002 LAGE § 1 KSchG Betriebsbedingte Kündigung Nr. 62a). Die unternehmerische **Entscheidung eines Vereins**, die Arbeitsabläufe dergestalt zu ändern, dass Tätigkeiten, die bislang von Arbeitnehmern ausgeübt wurden, künftig **ehrenamtlichen Kräften** übertragen werden, ist gleichfalls nur darauf überprüfbar, ob sie offenbar unsachlich, unvernünftig oder willkürlich ist (*LAG Hessen* 14.7.2006 NZA-RR 2007, 197). 2401

Das gilt auch dann, wenn davon **ordentlich unkündbare Arbeitnehmer** betroffen sind, sowie dann, wenn von dem Entschluss des Arbeitgebers nur ein einziger Arbeitnehmer betroffen ist (*BAG* 12.4.2002 EzA § 1 KSchG Betriebsbedingte Kündigung Nr. 117). Ein dadurch bedingter Wegfall der Arbeitsplätze der unkündbaren Arbeitnehmer führt aber nach Auffassung des *LAG Bln.* (3.4.2001 ARST 2001, 187 LS) noch **nicht automatisch dazu**, dass es dem Arbeitgeber **unzumutbar ist, an den Arbeitsverhältnissen** mit den unkündbaren Arbeitnehmern **festzuhalten**. Unterhält der Arbeitgeber vielmehr Einrichtungen, in denen er Reinigungsarbeiten bisher durch eigene Arbeitnehmer durchführt, ist es ihm danach zumutbar, diese Arbeiten **nicht vollständig fremd zu vergeben**, sondern die Fremdvergabe auf die Anzahl der Arbeitsplätze der ordentlich kündbaren Arbeitnehmer zu beschränken, es sei denn, die vollständige Durchführung der unternehmerischen Entscheidung ist zwingend geboten, um eine Schließung des Betriebes zu vermeiden (*LAG Bln.* 3.4.2001 ARST 2001, 187 LS). Weitergehend hat das *LAG Düsseld.* (10.2.2004 LAGE § 1 KSchG Betriebsbedingte Kündigung Nr. 68 = ARST 2004, 250 = LAG Report 2004, 223 LS) angenommen, dass die unternehmerische Entscheidung des Arbeitgebers, Kundenaufträge (im Baubereich) **verstärkt unter Einsatz von Subunternehmern** durchzuführen, dann kein dringendes betriebliches Bedürfnis zur Rechtfertigung von Kündigungen gegenüber den eigenen Arbeitnehmern darstellt, soweit die bisherigen Tätigkeiten bei unveränderten betrieblichen Organisationsstrukturen **nur von den billigeren Arbeitskräften** eines Subunternehmers durchgeführt werden sollen; Gleiches gilt für die **Substituierung von Arbeitnehmern durch Leiharbeitnehmer** (*LAG Hamm* 24.7.2007 – 12 Sa 320/07 – EzA-SD 23/2007 S. 4 LS = NZA-RR 2008, 239). 2402

Eine **die Arbeitsgerichte bindende** Organisationsentscheidung ist also dann **nicht** mehr gegeben, wenn die bislang von den Arbeitnehmern des Betriebes ausgeführten Tätigkeiten nicht zur selbständigen Erledigung auf den Dritten übertragen werden; das ist z.B. 2403 der Fall bei einem Einsatz von sog. »Team-Dispatchern« statt der bisherigen Produktionsleiter. Es handelt sich dann um eine unzulässige sog. Austauschkündigung (*BAG* 16.12.2004 NZA 2005, 761 = BAG Report 2005, 350 LS), ebenso dann, wenn die **verlagerte Tätigkeit** anschließend von einem **neu eingestellten Arbeitnehmer** ausgeführt wird (*LAG Köln* 13.2.2008 – 3 Sa 1238/07 – ArbuR 2008, 276 LS). Gleiches gilt generell, wenn die bislang von den Arbeitnehmern des Betriebs ausgeführten Tätigkeiten nicht zur selbstständigen Erledigung auf einen Dritten übertragen werden. Eine solche organisatorische Gestaltung führt noch nicht zum Wegfall der betrieblichen Arbeitsplätze; es liegt vielmehr auch dann eine unzulässige sog. Austauschkündigung vor (*BAG* 2.6.2005 EzA § 1 KSchG Soziale Auswahl Nr. 61).

2404 Zur Bedeutung des § 613a BGB in diesem Zusammenhang s.o. Kap. 3 Rn. 4228 ff.

c) Umgestaltung des Arbeitsablaufs

2405 Gestaltet der Arbeitgeber den Arbeitsablauf um und verlagert bestimmte Arbeiten in eine andere Betriebsabteilung, so rechtfertigt dies allein nach § 1 Abs. 2 KSchG noch keine betriebsbedingte Kündigung der bisher mit diesen Arbeiten beschäftigten Arbeitnehmer.

2406 Sind nach wie vor im Wesentlichen die gleichen Aufgaben zu verrichten und die derzeitigen Arbeitsplatzinhaber zur Erledigung dieser Arbeiten persönlich und fachlich geeignet, so ist eine betriebsbedingte Kündigung selbst dann nicht sozial gerechtfertigt, wenn es sich bei den neu eingerichteten Arbeitsplätzen in der anderen Betriebsabteilung um Beförderungsstellen handelt (*BAG* 10.11.1994 EzA § 1 KSchG Betriebsbedingte Kündigung Nr. 77; s.u. Rn. 2560 ff.).

d) Reorganisation

2407 Eine unternehmerische Entscheidung zur Reorganisation kann auch ein **Gesamtkonzept** beinhalten, **das sowohl die Umgestaltung aller bisherigen Arbeitsplätze als auch die Reduzierung des bisherigen Arbeitsvolumens zum Gegenstand hat**. Die dadurch notwenig werdenden Änderungs- und Beendigungskündigungen können durch dringende betriebliche Erfordernisse i.S.d. § 1 Abs. 2 KSchG bedingt sein (*BAG* 22.9.2005 EzA § 1 KSchG Betriebsbedingte Kündigung Nr. 142 = NZA 2007, 1320 LS).

4. Dringlichkeit der betrieblichen Erfordernisse

2408 Diese betrieblichen Erfordernisse müssen dringend sein und eine Kündigung im Interesse des Betriebes **unvermeidbar** machen (*LAG RhPf* 10.5.1988 NZA 1989, 273).

a) Begriffsbestimmung

2409 Das Merkmal der Dringlichkeit wird dadurch charakterisiert, dass eine Weiterbeschäftigung der nunmehr überzähligen Arbeitnehmer nicht, insbes. nicht unter bestimmten organisatorischen Voraussetzungen möglich ist. Die Kündigung muss in Anbetracht der betrieblichen Situation unvermeidbar sein. Der Betrieb muss sich in einer Zwangslage befinden, die nur durch eine Kündigung, nicht aber durch andere Maßnahmen beseitigt werden kann (MünchArbR/*Berkowsky* § 138 Rz. 53; APS/*Kiel* § 1 KSchG Rz. 561 ff.).

b) Auftrags-, Umsatzrückgang

2410 Ein Auftrags- oder Umsatzrückgang kann eine betriebsbedingte Kündigung (nur) dann rechtfertigen, **wenn dadurch ohne Hinzutreten weiterer Umstände auch der Arbeitsanfall so zurückgeht, dass das Bedürfnis zur Weiterbeschäftigung für einen oder mehrere**

Arbeitnehmer entfällt (*BAG* 15.6.1989 BB 1989, 2190). Insoweit genügt es nicht, den Wegfall eines Arbeitsplatzes nur zu behaupten. Der entsprechende Rückgang der Beschäftigungsmöglichkeit muss anhand überprüfbarer Daten nachvollziehbar objektiviert werden (MünchArbR/*Berkowsky* § 138 Rz. 8; APS/*Kiel* § 1 KSchG Rz. 484 ff.). **Kurzfristige Auftragslücken** sind jedenfalls **nicht geeignet**, eine betriebsbedingte Kündigung sozial zu rechtfertigen (*LAG Köln* 10.12.1998 NZA 1999, 991 LS).

Insoweit gelten im Rahmen einer Arbeitnehmerüberlassung folgende Grundsätze (*BAG* 18.5.2006 EzA § 1 KSchG Betriebsbedingte Kündigung Nr. 146 = NZA 2006, 1007 LS; vgl. dazu *Dahl* DB 2006, 2519 ff.; *Brose* DB 2008, 1378 ff.): 2411
- Ein zu einer betriebsbedingten Kündigung führender Überhang an Arbeitskräften kann entstehen, wenn der Einsatz des Leiharbeitnehmers beim Entleiher endet, ohne dass er wieder bei anderen Entleihern oder im Betrieb des Verleihers sofort oder auf absehbare Zeit eingesetzt werden kann;
- Zur Darlegung des dringenden betrieblichen Erfordernisses reicht der bloße Hinweis auf einen auslaufenden Auftrag und einen fehlenden Anschlussauftrag allerdings regelmäßig nicht aus. Der Verleiher muss vielmehr an Hand der Auftrags- und Personalplanung darstellen, warum es sich um einen dauerhaften Auftragsrückgang und nicht nur um eine kurzfristige Auftragsschwankung handelt;
- das Vorliegen von möglicherweise nur kurzfristigen Auftragsschwankungen muss auszuschließen sein. Denn sie gehören zum typischen Wirtschaftsrisiko eines Arbeitnehmerüberlassungsunternehmens und sind nicht geeignet, eine betriebsbedingte Kündigung zu rechtfertigen

Entschließt sich der Arbeitgeber andererseits wegen eines **Umsatzrückgangs** zu **Personalreduzierungen** und spricht er deshalb betriebsbedingte Kündigungen aus, so ist **nicht stets die Darlegung der konkreten, von den Arbeitnehmern zu erledigenden Arbeitsvorgänge und der dafür benötigten Einsatzzeiten einerseits** sowie der vorgehaltenen **Anzahl von Arbeitsstunden andererseits erforderlich**. Soweit der Arbeitgeber dann, wenn seine unternehmerische Entscheidung nahe an den Kündigungsentschluss heranrückt, seine Entscheidung **hinsichtlich der organisatorischen Durchführbarkeit und Nachhaltigkeit (»Dauer«) verdeutlichen muss, ist diese Vortragslast kein Selbstzweck. Sie soll nur einen Missbrauch des Kündigungsrechts ausschließen** (*BAG* 18.10.2006 EzA § 1 KSchG Betriebsbedingte Kündigung Nr. 151 = NZA 2007, 552; *Brose* DB 2008, 1378 ff.). 2412

c) Unmöglichkeit anderweitiger Beschäftigung

Auch wenn durch außer- oder innerbetriebliche Gründe die bisherige Einsatzmöglichkeit eines Arbeitnehmers wegfällt, ist eine Kündigung nur dann durch dringende betriebliche Erfordernisse bedingt, wenn dem Arbeitgeber eine **andere Beschäftigung nicht möglich oder nicht zumutbar ist** (*BAG* 1.3.2007 EzA § 1 KSchG Betriebsbedingte Kündigung Nr. 153; *BAG* 15.8.2002 EzA § 1 KSchG Betriebsbedingte Kündigung Nr. 123 = NZA 2003, 430). Eine Weiterbeschäftigung muss sowohl dem Arbeitgeber als auch dem Arbeitnehmer objektiv möglich und zumutbar sein (Grundsatz der Verhältnismäßigkeit; *BAG* 25.4.2002 EzA § 1 KSchG Betriebsbedingte Kündigung Nr. 121; 10.10.2002 EzA § 1 KSchG Betriebsbedingte Kündigung Nr. 122). 2413

Die Möglichkeit einer anderweitigen Beschäftigung in demselben Betrieb setzt zunächst das **Vorhandensein eines »freien« Arbeitsplatzes** voraus. Als frei sind solche Arbeitsplätze anzusehen, die zum Zeitpunkt des Zugangs der Kündigung unbesetzt sind; dabei kann es sich um einen freien vergleichbaren (gleichwertigen) Arbeitsplatz oder um einen Arbeitsplatz zu geänderten (schlechteren) Arbeitsbedingungen handeln (*BAG* 1.3.2007 EzA § 1 KSchG Betriebsbedingte Kündigung Nr. 153). Sofern der Arbeitgeber bei Ausspruch der Kündigung mit hinreichender Sicherheit vorhersehen kann, dass ein Arbeitsplatz bis zum Ablauf der Kündigungsfrist z.B. auf Grund des Ausscheidens eines anderen Arbeitnehmers zur Verfügung stehen wird, ist ein derartiger Arbeitsplatz ebenfalls als »frei« anzusehen 2414

(*BAG* 25.4.2002 EzA § 1 KSchG Betriebsbedingte Kündigung Nr. 121; APS/*Kiel* § 1 KSchG Rz. 600 ff.; *LAG Hamm* 6.8.2007 NZA-RR 2008, 180; weitergehend *LAG Bln.* 24.1.2003 – 2 Sa 1854/02 – EzA-SD 7/03, S. 14 LS: »während der Kündigungsfrist oder später«).

2415 Ob allerdings vorübergehende Abwesenheiten von Arbeitnehmern aufgrund von Krankheit, Urlaub, Sonderurlaub oder Ähnliches dazu führen, dass der entsprechende Arbeitsplatz »frei« im hier maßgeblichen Sinne ist, hängt davon ab, wie der Arbeitsplatz besetzt werden soll. Ob und für wie lange der Arbeitsplatz besetzt werden soll, unterliegt der nur auf Missbrauch und Willkür überprüfbaren unternehmerischen Entscheidung des Arbeitgebers (*BAG* 1.3.2007 EzA § 1 KSchG Betriebsbedingte Kündigung Nr. 153; s. dazu *Feudner* DB 2007, 2034 ff.).
Entfällt die bislang vom Arbeitnehmer ausgeübte Tätigkeit aus betrieblichen Gründen, so muss der Arbeitgeber die Beschäftigung auf einem freien Arbeitsplatz **dann nicht anbieten**, wenn bereits im Kündigungszeitpunkt feststeht oder mit hinreichender Wahrscheinlichkeit absehbar ist, dass **auch dieser Arbeitsplatz** bei Ablauf der Kündigungsfrist oder alsbald danach **wegfallen wird.** Allein die **interne Unternehmerentscheidung** zur Anschaffung arbeitsplatzsparender Maschinen sowie die Aufnahme der Planung in einen der Konzernobergesellschaft vorgelegten Investitionsplan genügen allerdings für sich allein genommen **noch nicht als Beleg für** den prognostizierten **Wegfall der Beschäftigungsmöglichkeit**, wenn im Kündigungszeitpunkt die geplante Investition **weder genehmigt noch Konstruktion und Lieferung der Maschinen in Auftrag gegeben sind** (*LAG Hamm* 6.8.2007 NZA-RR 2008, 180).

2416 **Beispiele:**

- Deckt der Arbeitgeber einen vorhandenen Vertretungsbedarf entsprechend einem von ihm darzulegenden unternehmerischen Konzept durch rechtlich zulässig gestaltete Arbeitsverträge mit Arbeitnehmern ab, denen er durch »Rahmenverträge« verbunden ist, so ist das durch den Vertretungsbedarf beschriebene Beschäftigungsvolumen nicht »frei« (*BAG* 1.3.2007 EzA § 1 KSchG Betriebsbedingte Kündigung Nr. 153).
- Bei der betriebsbedingten Kündigung eines vollzeitig beschäftigten Berufskraftfahrers ist der Arbeitgeber nicht gehalten, dem zur Kündigung vorgesehenen Arbeitnehmer als milderes Mittel die weitere Beschäftigung als Aushilfsfahrer anzubieten, sofern der Arbeitsplatz des Aushilfsfahrers nicht frei ist (*LAG München* 13.8.2002 LAGE § 1 KSchG Betriebsbedingte Kündigung Nr. 62a).
- Die Pflicht zu einem Angebot auf Weiterbeschäftigung besteht erst recht, wenn die Beschäftigungsmöglichkeit nicht auf einem anderen, sondern sogar auf dem bisher innegehabten Arbeitsplatz, wenn auch mit Modifikationen besteht (*BAG* 10.10.2002 EzA § 1 KSchG Betriebsbedingte Kündigung Nr. 122).

2417 Dabei sind allerdings auch solche Arbeitsplätze in die Beurteilung einzubeziehen, bei denen im Zeitpunkt der Kündigung bereits feststeht, dass sie in absehbarer Zeit nach Ablauf der Kündigungsfrist frei werden, sofern die Überbrückung dieses Zeitraums dem Arbeitgeber zumutbar ist. Zumutbar ist jedenfalls ein Zeitraum, den ein anderer Stellenbewerber zur Einarbeitung benötigen würde (*BAG* 15.12.1994 EzA § 1 KSchG Betriebsbedingte Kündigung Nr. 75).

2418 Der Arbeitgeber ist ferner im Rahmen des § 1 Abs. 2 S. 1 KSchG zu einer Weiterbeschäftigung des Arbeitnehmers auf einem anderen **freien vergleichbaren (gleichwertigen) Arbeitsplatz** oder auf einem **freien Arbeitsplatz zu geänderten (schlechteren) Bedingungen** verpflichtet (*BAG* 1.3.2007 EzA § 1 KSchG Betriebsbedingte Kündigung Nr. 153; *LAG Hamm* 31.7.2003 LAG Report 2004, 178; s.o. Rn. 2413).

Voraussetzung ist, dass im Zeitpunkt der Kündigung bereits ein entsprechender Beschäftigungsbedarf absehbar ist. Die bloße Möglichkeit oder Wahrscheinlichkeit eines solchen künftigen Beschäftigungsbedarfs ist jedoch nicht ausreichend. Allein die Tatsache, dass der Arbeitgeber weiträumig die Zustimmung des Betriebsrats zum Einsatz von Leiharbeitnehmern einholt, genügt jedenfalls dann nicht für die Prognose einer künftigen Beschäftigungsmöglichkeit, wenn im Betrieb nicht auf Lager, sondern nur auf Grund kurzfristiger Zuweisung von Aufträgen innerhalb des Konzerns produziert wird (*LAG Hamm* 31.7.2003 LAG Report 2004, 178); anders ist es dagegen bei einem nicht nur vertretungsweise – **ständig – von einem Leiharbeitnehmer besetzten Arbeitsplatz. Dieser steht einem freien Arbeitsplatz gleich** (*LAG Hamm* 6.8.2007 NZA-RR 2008, 180). 2419

Vergleichbar ist ein Arbeitsplatz, wenn der Arbeitgeber auf Grund seines Weisungsrechts den Arbeitnehmer ohne Änderung seines Arbeitsvertrages weiterbeschäftigen kann; maßgeblich ist die jeweilige inhaltliche Ausgestaltung des Arbeitsvertrages (*BAG* 29.3.1990 EzA § 1 KSchG Soziale Auswahl Nr. 29; abl. MünchArbR/*Berkowsky* § 135 Rz. 6 ff., wonach sich die Beschränkung der anderweitigen Beschäftigung auf den durch das Direktionsrecht des Arbeitgebers gedeckten Einsatzbereich des Arbeitnehmers nicht rechtfertigen lässt). Das gilt auch dann, wenn die **Begrenzung des Direktionsrechts lediglich darauf beruht, dass sich die Arbeitsbedingungen im Laufe der Zeit auf einen bestimmten Arbeitsplatz konkretisiert haben** (*LAG Hamm* 7.12.2000 LAGE § 1 KSchG Soziale Auswahl Nr. 35; **a.A.** APS/*Kiel* § 1 KSchG Rz. 680; vgl. auch *ArbG Köln* 21.6.1999 NZA-RR 2000, 190 zur Rechtslage bei gesundheitlichen Bedenken hinsichtlich der Übertragung des neuen Arbeitsplatzes). Nach Auffassung des *LAG Hamm* (31.7.2003 LAG Report 2004, 178) steht z.B. der **unterschiedliche Status von Angestellten und gewerblichen Arbeitnehmern** insoweit einer Austauschbarkeit auf Grund des Direktionsrechts bei der Sozialauswahl entgegen. Hat allerdings ein ausländischer Arbeitnehmer eine Beschäftigung in den sog. Neuen Bundesländern unter Hinweis auf seine **Sorge vor ausländerfeindlichen Übergriffen** stets ausdrücklich abgelehnt, so ist der Arbeitgeber bei Schließung seiner Berliner Niederlassung nicht gehalten, ihm eine Weiterbeschäftigung am Betriebssitz in Mecklenburg-Vorpommern anzubieten (*LAG Bln.* 24.1.2003 LAGE § 1 KSchG Betriebsbedingte Kündigung Nr. 65 = ARST 2004, 19 LS = NZA-RR 2003, 528). 2420

Eine sozialwidrige Kündigung liegt auch dann vor, wenn in dem für die Beurteilung der Wirksamkeit der Kündigung maßgeblichen Kündigungszeitpunkt – Zugang der Kündigung (*BAG* 1.2.2007 EzA § 1 KSchG Betriebsbedingte Kündigung Nr. 152 = NZA 2008, 192 LS) – zwar keine Weiterbeschäftigungsmöglichkeit für den Arbeitnehmer mehr besteht, dem Arbeitgeber aber die Berufung auf das Fehlen einer Weiterbeschäftigungsmöglichkeit aus dem Rechtsgedanken des § 162 Abs. 1, 2 BGB verwehrt ist, weil er diesen Zustand selbst treuwidrig herbeigeführt hat (*BAG* 1.2.2007 EzA § 1 KSchG Betriebsbedingte Kündigung Nr. 152 = NZA 2008, 192 LS; 6.12.2001 NZA 2002, 927 LS; 25.4.2002 EzA § 1 KSchG Betriebsbedingte Kündigung Nr. 121; vgl. dazu *Gaul/Kühnreich* BB 2003, 254). Besteht also z.B. in dem Zeitpunkt, in dem der Arbeitgeber mit dem Wegfall des bisherigen Beschäftigungsbedürfnisses rechnen muss, eine Weiterbeschäftigungsmöglichkeit zu gleichen oder zumutbaren geänderten Arbeitsbedingungen auf einem anderen Arbeitsplatz, so kann der Arbeitgeber diese nicht dadurch zunichte machen, dass er die freie Stelle zunächst besetzt und erst dann die Kündigung ausspricht. Der Arbeitgeber kann sich nicht auf den von ihm selbst – gewissermaßen uno actu mit der Kündigung – verursachten Wegfall der freien Stelle berufen (§ 162 BGB). 2421

Das bedeutet, dass im Fall eines bevorstehenden Teilbetriebsübergangs der Arbeitgeber einem davon betroffenen Arbeitnehmer die Weiterbeschäftigung auf einem freien Arbeitsplatz anbieten muss, sobald er damit rechnen muss, der Arbeitnehmer werde dem Übergang seines Arbeitsverhältnisses widersprechen. Der Arbeitgeber muss mit dem Widerspruch jedenfalls von dem Zeitpunkt an rechnen, in dem er den Arbeitnehmer vom bevorstehenden Übergang unterrichtet. Unterlässt es der Arbeitgeber, dem Arbeitneh-

mer einen zu diesem Zeitpunkt freien Arbeitsplatz anzubieten, kann er sich nicht darauf berufen, dieser Arbeitsplatz sei bei Ausspruch der Kündigung besetzt gewesen (*BAG* 15.8.2002 EzA § 1 KSchG Betriebsbedingte Kündigung Nr. 123 = NZA 2003, 430).
Ein solcher Fall treuwidriger Berufung auf eine selbst herbeigeführte rechtswidrige Lage kann auch dann gegeben sein, wenn der Arbeitgeber einen **Beschäftigungsüberhang dadurch herbeiführt, dass er die Stelle eines Arbeitnehmers neu besetzt, der aufgrund einer später rechtskräftig für unwirksam erklärten Kündigung vorübergehend aus dem Betrieb ausgeschieden ist** (*BAG* 1.2.2007 EzA § 1 KSchG Betriebsbedingte Kündigung Nr. 152).

d) Überprüfungsbefugnis des Arbeitsgerichts

2422 Wenn Umfang und Auswirkungen des Umsatzrückgangs streitig sind, hat das Gericht in vollem Umfang zu überprüfen, ob ein dauerhafter Umsatzrückgang vorliegt und in welchem Ausmaß er sich auf die Arbeitsmenge bestimmter Arbeitnehmer auswirkt (*BAG* 15.6.1989 EzA § 1 KSchG Betriebsbedingte Kündigung Nr. 63; s. aber jetzt *BAG* 18.10.2006 EzA § 1 KSchG betriebsbedingte Kündigung Nr. 151 = NZA 2007, 552 und dazu o. Rn. 2410).
Beruft sich der Arbeitnehmer gegenüber einer betriebsbedingten Kündigung auf eine anderweitige Beschäftigungsmöglichkeit und bestreitet der Arbeitgeber das Vorhandensein eines freien Arbeitsplatzes, so muss der Arbeitnehmer aufzeigen, wie er sich eine anderweitige Beschäftigung vorstellt (*BAG* 10.1.1994 EzA § 1 KSchG Betriebsbedingte Kündigung Nr. 74).

e) Politisch motivierte Kündigungsabsichten des Arbeitgebers

2423 Die arbeitsmarkt-, beschäftigungs- oder sozialpolitisch motivierte Absicht des Arbeitgebers, anstelle von nebenberuflich tätigen Teilzeitarbeitnehmern Arbeitslose im Rahmen von Vollzeitarbeitsverhältnissen zu beschäftigen, stellt kein dringendes betriebliches Erfordernis i.S.d. § 1 Abs. 2 S. 1 KSchG dar (*BAG* 13.3.1987 EzA § 1 KSchG Betriebsbedingte Kündigung Nr. 44).

f) Kosteneinsparung

2424 Fraglich ist, ob eine betriebsbedingte Kündigung allein mit dem Ziel der Kosteneinsparung begründet werden kann oder ob hinzukommen muss, dass der Unternehmer konkret organisatorische Maßnahmen trifft, die ihrerseits zum Wegfall von Beschäftigungsmöglichkeiten allgemein und zum Wegfall der Beschäftigungsmöglichkeit für den kündigungsbetroffenen Arbeitnehmer insbes. führen.

2425 Nach Auffassung von *Berkowsky* (MünchArbR § 138 Rz. 16 f.) muss stets eine **geschlossene Kausalkette von den unternehmerischen Zielvorgaben über bestimmte betriebliche Organisationsmaßnahmen bis hin zum konkreten Wegfall der Beschäftigungsmöglichkeit eines Arbeitnehmers** vorliegen und vom Arbeitgeber im Kündigungsschutzprozess nachgewiesen werden. **Denn regelmäßig bedarf es für die Beendigungskündigung einer unternehmerischen Entscheidung, die sich auf den Arbeitsbedarf auswirkt** (*BAG* 26.1.1995 EzA § 2 KSchG Nr. 22). Das gesetzliche Merkmal der Dringlichkeit erlangt in diesen Fällen besondere Bedeutung. Einerseits braucht der Arbeitgeber im Fall unrentabler Betriebsführung nicht so lange abzuwarten, bis der Zusammenbruch des Betriebes oder Unternehmens droht, andererseits reicht ein schlagwortartiger Verweis auf Rentabilitätsgesichtspunkte nicht aus.

Der bloße Wille, rentabler zu arbeiten, rechtfertigt noch nicht die Kündigung, wenn die unternehmerischen Erwägungen nicht auf die konkreten Beschäftigungsmöglichkeiten durchschlagen. Weder das Streben nach Gewinnmaximierung, noch die Verhinderung weiteren Gewinnverfalls rechtfertigen für sich genommen die betriebsbedingte Kündigung (SPV/*Preis* Rz. 658; *Ascheid* Kündigungsschutzrecht Rz. 260 ff.; *Preis* NZA 1995, 245 ff.; KR/*Becker* 3. Aufl., § 1 KSchG Rz. 321; s. aber u. Rn. 2436 ff.). 2426

Das *LAG Düsseld.* (18.11.1997 LAGE § 1 KSchG Betriebsbedingte Kündigung Nr. 46) verlangt deshalb für den Fall, dass der Arbeitgeber entscheidet, die einem installierten und unverändert fortbestehenden Produktionssektor bislang von vier Arbeitnehmern vollschichtig durchgeführten Arbeiten aus Kostengründen nur noch von zwei Arbeitnehmern wahrnehmen zu lassen, das **nachvollziehbare Aufzeigen eines** diese Maßnahmen tatsächlich ermöglichenden **Konzepts**. Dies kann in Form einer organisatorischen Änderung der Arbeitsabläufe, einer Produktionseinschränkung oder sonstiger tatsächlicher Rationalisierungsmaßnahmen geschehen (s.u. Rn. 2436 ff.). 2427

Demgegenüber genügt es nach Auffassung des *LAG Köln* (12.5.1995 LAGE § 1 KSchG Betriebsbedingte Kündigung Nr. 32), wenn bei defizitärem Kostenergebnis unstreitig oder bewiesen ist, dass der gekündigte Arbeitnehmer nicht ersetzt werden sollte und auch nicht ersetzt worden ist, weil dann das Resultat eines Auftrags- oder Umsatzrückgangs feststeht. Weiterer Darlegungen des Arbeitgebers bedarf es dann nicht. 2428

g) Unmittelbare Auswirkungen außerbetrieblicher Umstände auf den Arbeitsanfall

Wirkt sich allerdings ein außerbetrieblicher Umstand, wie etwa ein Rückgang der Auftragsmenge unmittelbar auf die aktuell verfügbare Arbeitsmenge (z.B. im Bereich der Verpackungstätigkeit) aus, und entschließt sich der Arbeitgeber, den Personalbestand dem reduzierten Beschäftigungsbedarf anzupassen, ist eine den betrieblichen Bereich gestaltende Unternehmerentscheidung (vgl. dazu *Gilberg* NZA 2003, 817 ff.) nicht gegeben. 2429

Insoweit ist ein unmittelbarer Rückschluss von der reduzierten Auftragsmenge auf die kündigungsrelevante Änderung der Beschäftigungsmöglichkeiten zulässig. Der Arbeitgeber hat dann das Vorliegen eines dauerhaften Auftragsrückganges und dessen Auswirkungen auf die Arbeitsmenge bestimmter Arbeitnehmer, also die Proportionalität der hierauf gestützten Entlassung nachzuweisen (*BAG* 15.6.1989 EzA § 1 KSchG Betriebsbedingte Kündigung Nr. 63). 2430

In Betracht kommt z.B. der Wegfall einer Planstelle durch Einstellung der Drittmittelfinanzierung (*LAG Köln* 7.4.1995 LAGE § 1 KSchG Betriebsbedingte Kündigung Nr. 33). Das *LAG Köln* (20.5.1997 LAGE § 1 KSchG Betriebsbedingte Kündigung Nr. 45) stellt im Übrigen in diesem Zusammenhang auf einen **Größenvergleich zwischen der gegebenen Arbeitskapazität und dem Volumen des Auftragsbestandes** ab; es ist eine Relation zwischen der Auftragsmenge und der zur Verfügung stehenden Arbeitszeit herzustellen. Allein der **Rückgang der Schülerzahl und die fehlende Einrichtung einiger Schulklassen** für das neue Schuljahr rechtfertigen nicht den Schluss, das Beschäftigungsbedürfnis sei für eine Lehrkraft mit einem bestimmten Unterrichtsfach entfallen, Maßgeblich kann nur sein, wie viele Stunden im neuen Schuljahr in dem betreffenden Unterrichtsfach in den verbleibenden Klassen zu unterrichten sind und wie viele Lehrkräfte für diesen Unterricht benötigt werden. Bei der Berechnung der Gesamtarbeitszeit sind neben den Unterrichtsstunden auch Vor- und Nachbereitungsstunden sowie ggf. auch Vertretungsstunden zu berücksichtigen (*LAG Köln* 12.12.2006 NZA-RR 2007, 362). Allerdings ist zu berücksichtigen, dass der Arbeitgeber sich auch dazu entschließen kann, z.B. Unterrichtsausfall in Kauf zu nehmen. 2431

h) Überprüfung der organisatorischen Maßnahmen des Arbeitgebers

aa) Organisatorische Maßnahmen

2432 Die organisatorischen Maßnahmen, die der Arbeitgeber trifft, um seinen Betrieb dem Umsatzrückgang oder der verschlechterten Ertragslage anzupassen (wozu weder der Ausspruch der Kündigung selbst [*BAG* 20.2.1986 EzA § 1 KSchG Betriebsbedingte Kündigung Nr. 37] noch der Entschluss zur Senkung von Lohnkosten [*BAG* 20.2.1986 a.a.O.] gehören), sind vom Arbeitsgericht **nicht auf ihre Notwendigkeit und Zweckmäßigkeit, sondern nur daraufhin zu überprüfen, ob sie offenbar unsachlich, unvernünftig oder willkürlich sind** (*BAG* 30.4.1987 EzA § 1 KSchG Betriebsbedingte Kündigung Nr. 47; 13.3.2008 EzA § 1 KSchG Betriebsbedingte Kündigung Nr. 159 = NZA 2008, 878; *LAG BW* 12.8.2004 – 22 Sa 99/03 – EzA-SD 1/05, S. 7 LS; *LAG SchlH* 13.10.1998 NZA 1999, 269; ausf. dazu APS/*Kiel* § 1 KSchG Rz. 463 ff.; *Romme/Pauker* NZA-RR 2000, 281 ff.; *LAG Berlin-Bra.* 1.3.2007 – 2 Sa 18/07 – EzA-SD 19/2007 S. 5; krit. *Möhn* ZTR 1995, 356; *Pauly* ZTR 1997, 113; insges. krit. zur Rspr. des BAG in diesem Zusammenhang *Feudner* NZA 2000, 1136 ff.; *Schrader/Schubert* NZA-RR 2004, 393 ff.; *Kaiser* NZA 2005, Beil. 1/2005 zu Heft 10, S. 31 ff.; *Schweer* BAG Report 2005, 129 ff.). Für eine beschlossene und **tatsächlich durchgeführte unternehmerische Organisationsentscheidung** spricht die **Vermutung, dass sie aus sachlichen Gründen erfolgt ist** (*BAG* 23.4.2008 EzA § 1 KSchG Betriebsbedingte Kündigung Nr. 160 = NZA 2008, 939). Das gilt z.B. für die Entscheidung des Arbeitgebers, die Arbeitnehmer aus Kostengründen jeweils nur in einem Reinigungsobjekt einzusetzen (*LAG Köln* 16.1.2003 LAGE § 1 KSchG Soziale Auswahl Nr. 42).

2433 Die Ausnahmen, bei denen die innerbetrieblichen Maßnahmen nicht bindend sind, ergeben sich aus dem allgemeinen Verbot des Rechtsmissbrauchs (*BAG* 23.4.2008 EzA § 1 KSchG Betriebsbedingte Kündigung Nr. 160 = NZA 2008, 939).

2434 So erfüllen offensichtlich unsachliche oder willkürliche Rationalisierungsmaßnahmen den Tatbestand der unzulässigen Rechtsausübung des betrieblichen Gestaltungsrechts durch den Arbeitgeber. Es ist **missbräuchlich** in diesem Sinne, einen Arbeitnehmer durch die **Bildung separater betrieblicher Organisationsstrukturen** bei unverändertem Beschäftigungsbedarf **aus dem Betrieb zu drängen**, indem die tatsächlichen Arbeitsabläufe und die hierarchischen Weisungswege als solche unangetastet gelassen und nur, gewissermaßen pro forma, in allein zu diesem Zweck erdachte rechtliche Gefüge eingepasst werden (*BAG* 23.4.2008 EzA § 1 KSchG Betriebsbedingte Kündigung Nr. 160 = NZA 2008, 939).

2435 Rechtsmissbrauch ist jedoch nicht schon dann anzunehmen, wenn eine Maßnahme offensichtlich unzweckmäßig ist (*BAG* 30.4.1987 EzA § 1 KSchG Betriebsbedingte Kündigung Nr. 47).

2436 Entschließt sich z.B. der Arbeitgeber, der »gruppendynamische Trainingsprogramme zur zielorientierten Gewichtsabnahme« veranstaltet, sein Programm auf der Basis von sog. Partnerverträgen statt wie bisher durch Arbeitnehmer, nunmehr durch selbstständig tätig werdende Mitarbeiter auf dem Markt anzubieten, so handelt es sich um eine zum Wegfall der Arbeitsplätze führende unternehmerische Entscheidung, die vom ArbG grds. hinzunehmen ist (*BAG* 9.5.1996 EzA § 1 KSchG Betriebsbedingte Kündigung Nr. 85; s.a. unten Rn. 2730; abl. *Preis* NZA 1997, 1079, der darauf hinweist, dass das Beschäftigungsbedürfnis nicht entfallen ist, sodass der Arbeitgeber Änderungskündigungen hätte aussprechen müssen und ein grundlegender Unterschied zur Entscheidung vom 26.9.1996 nicht ersichtlich ist; Kündigungen zur reinen Gewinnmaximierung werden damit wohl für zulässig erachtet). **Nichts anderes** gilt dann, wenn der Arbeitgeber sich entschließt, bisher von Arbeitnehmern ausgeübte Tätigkeiten in Zukunft nicht mehr durch Arbeitnehmer, sondern durch **selbständige Unternehmer** ausführen zu lassen. In diesem Umfang **entfällt dann das Beschäftigungsbedürfnis für Arbeitnehmer**; ein betriebsbedingter Kündigungsgrund liegt vor. Es ist von der Unternehmerfreiheit gedeckt und nicht missbräuchlich, wenn ein Arbeitgeber einen derartigen Entschluss fasst. Denn das Gesetz **zwingt den Marktteilnehmer nicht**, den **Bedarf an Leistungen** ausschließlich durch **Arbeitsverträge** zu decken. Er kann vielmehr auf jeden rechtlich zulässigen Ver-

tragstyp zurückgreifen, muss dann aber auch die jeweiligen – auch nachteiligen – rechtlichen Folgen in Kauf nehmen. So verzichtet er, wenn er keine Arbeitsverträge abschließt, auf das Direktionsrecht. Der Unternehmer begibt sich in Umsetzung seiner unternehmerischen Entscheidung seines gerade durch das persönliche Weisungsrecht geprägten Einflusses auf seine vormaligen Arbeitnehmer. Voraussetzung ist dabei stets, dass es sich bei den neu eingegangenen Vertragsverhältnissen tatsächlich und nicht nur zum Schein um solche einer freien Mitarbeit handelt (*BAG* 13.3.2008 EzA § 1 KSchG Betriebsbedingte Kündigung Nr. 159 = NZA 2008, 878).
Macht eine **Gemeinde** von der Möglichkeit Gebrauch, das **Amt der Gleichstellungsbeauftragten** in Zukunft einer **ehrenamtlichen Kraft zu übertragen**, so besteht für die Kündigung des Arbeitsverhältnisses mit der bisher hauptberuflich im Arbeitsverhältnis beschäftigten Gleichstellungsbeauftragten ein dringendes betriebliches Erfordernis. Denn der Arbeitgeber darf unter den rechtlich zulässigen Gestaltungsmöglichkeiten die ihm am zweckmäßigsten erscheinende auswählen; eine Grenze dieser Befugnis stellt allerdings der Missbrauch dieses Rechts dar, wofür im konkret entschiedenen Einzelfall (*BAG* 18.9.2008 – 2 AZR 560/07 – FA 2008, 346 LS) keine Anhaltspunkte gegeben waren.
Läuft die unternehmerische Entscheidung dagegen letztlich nur auf den **Abbau einer Hierarchieebene** hinaus, so sind **gesteigerte Anforderungen an die Darlegungslast** zu stellen (*BAG* 13.2.2008 EzA § 1 KSchG Betriebsbedingte Kündigung Nr. 158 = NZA 2008, 819). Ist die unternehmerische Entscheidung verbunden mit einer **Neuverteilung der dem betroffenen Arbeitnehmer bisher zugewiesenen Aufgaben**, bedarf es der Konkretisierung dieser Entscheidung, damit geprüft werden kann, ob der Arbeitsplatz des betroffenen Arbeitnehmers tatsächlich weggefallen ist und die Entscheidung nicht offensichtlich unsachlich oder willkürlich ist (*BAG* 13.2.2008 EzA § 1 KSchG Betriebsbedingte Kündigung Nr. 158; 10.10.2002 EzA § 1 KSchG Betriebsbedingte Kündigung Nr. 122; *LAG Köln* 14.5.2004 LAG Report 2005, 30 LS). Der Arbeitgeber muss insbesondere **konkret darlegen, in welchem Umfang die bisher von dem Arbeitnehmer ausgeübten Tätigkeiten zukünftig im Vergleich zum bisherigen Zustand entfallen**. Er muss aufgrund seiner unternehmerischen Vorgaben die zukünftige Entwicklung der Arbeitsmenge anhand einer näher konkretisierten Prognose darstellen und angeben, wie die anfallenden Arbeiten vom verbliebenen Personal ohne überobligatorische Leistungen erbracht werden können (*BAG* 13.2.2008 EzA § 1 KSchG Betriebsbedingte Kündigung Nr. 158).
Eine **unternehmerische Organisationsentscheidung**, wonach die bisher von einem Arbeitnehmer ausgeübte, aus sieben Arbeitsvorgängen bestehende Tätigkeit auf 15 andere Arbeitnehmer mit Zeitanteilen von i.d.R. 8 Minuten verteilt werden soll, **nicht nachvollziehbar** und von daher selbst unter Anwendung des nur eingeschränkten gerichtlichen Überprüfungsmaßstabes unwirksam (*LAG Köln* 2.2.2005 – 3 Sa 1045/04 – EzA-SD 12/05, S. 15 LS).

Das *LAG Köln* 28.6.1996 LAGE § 1 KSchG Betriebsbedingte Kündigung Nr. 40) geht davon aus, dass der Entschluss des Arbeitgebers (Musikschule), **seine sämtlichen Arbeitnehmer** (Musikschullehrer) **zu entlassen**, um seine bisherigen betrieblichen Aktivitäten künftig und auf Dauer nur noch – in arbeitsrechtlich zulässiger Weise – mit **freien Mitarbeitern** fortzusetzen, eine gerichtlich nur eingeschränkt überprüfbare Unternehmerentscheidung darstellt, die rechtlich dem Entschluss zur Betriebsstilllegung – auch i.S.v. § 15 Abs. 4 KSchG – gleichkommt. 2437

Andererseits hat das *BAG* (26.9.1996 EzA § 1 KSchG Betriebsbedingte Kündigung Nr. 86; 16.12.2004 NZA 2005, 761; 2.6.2005 EzA § 1 KSchG Soziale Auswahl Nr. 61 = NZA 2005, 1175; vgl. auch *BAG* 7.7.2005 EzA § 1 KSchG Betriebsbedingte Kündigung Nr. 138; 7.7.2005 EzA § 1 KSchG Betriebsbedingte Kündigung Nr. 139; *LAG Nds.* 13.6.2003 NZA-RR 2003, 577; instr. *LAG Hmb.* 17.8.2006 NZA-RR 2007, 630; *LAG* 2438

Köln 13.2.2008 – 3 Sa 1238/07 – ArbuR 2008, 276 LS; vgl. dazu insgesamt *Bröhl* BB 2006, 1050 ff.; ebenso für eine Betriebsteilstilllegung *LAG SchlH* 28.5.2002 – 5 Sa 175c/01 – EzA-SD 20/02, S. 16 LS) angenommen, dass der Entschluss, die formale Arbeitgeberstellung aufzugeben, keine die Kündigung bedingende Unternehmerentscheidung ist, wenn der Unternehmer gegenüber den Beschäftigten in wesentlichen weiterhin selbst die für die Durchführung der Arbeit erforderlichen Weisungen erteilt. In einem solchen Fall entfällt nicht die Beschäftigungsmöglichkeit im Betrieb, vielmehr sollen nur die eigenen Beschäftigten durch ausgeliehene Arbeitnehmer ersetzt werden. Eine Kündigung aus diesem Grund ist als »Austauschkündigung« gem. § 1 Abs. 1 und 2 KSchG sozial ungerechtfertigt und deshalb unwirksam (vgl. dazu *Mauer/Holthausen* NZA 2003, 1370 ff.).
Die Absicht des Arbeitgebers, die Lohnkosten zu senken und sich durch eine Beschäftigung von Arbeitnehmern nach ausländischem Recht von den Bindungen des deutschen Arbeits- und Sozialrechts zu lösen, rechtfertigt danach jedenfalls keine Beendigungskündigung.
Auch die Entscheidung des Unternehmers, einen Betriebsteil durch eine noch zu gründende, finanziell, wirtschaftlich und organisatorisch in sein Unternehmen voll eingegliederte Organgesellschaft mit von dieser neu einzustellenden Arbeitnehmern weiter betreiben zu lassen, stellt kein dringendes betriebliches Erfordernis i.S.v. § 1 Abs. 2 KSchG dar, den in diesem Betriebsteil bisher beschäftigten Arbeitnehmern zu kündigen (*BAG* 26.9.2002 EzA § 1 KSchG Betriebsbedingte Kündigung Nr. 124; *LAG Berlin-Bra.* 1.3.2007 – 2 Sa 18/07 – EzA-SD 19/2007 S. 4; krit. dazu *Annuß* NZA 2003, 783 ff.; *Schrader/Schubert* NZA-RR 2004, 393 ff.).
Das lässt sich **wie folgt zusammenfassen** (zutr. *BAG* 7.7.2005 EzA § 1 KSchG Betriebsbedingte Kündigung Nr. 138 = NZA 2006, 266; *LAG BW* 26.3.2004 LAG Report 2004, 368; vgl. auch *BAG* 16.12.2004 NZA 2005, 761; 2.6.2005 EzA § 1 KSchG Soziale Auswahl Nr. 61):

- Der Grundsatz, wonach der Arbeitgeber das Anforderungsprofil seines Arbeitsplatzes autonom festlegen kann (**a.A.** unzutr. *LAG Köln* 25.5.2005 – 3 Sa 1435/04 – EzA-SD 26/05, S. 12 LS) gilt nur für freie Arbeitsplätze, und wird durch den **Grundsatz der Unwirksamkeit einer Austauschkündigung überlagert** und eingeschränkt.
- Sind die **Organisationsentscheidung** des Arbeitgebers und sein **Kündigungsentschluss** ohne nähere Konkretisierung praktisch deckungsgleich, muss der Arbeitgeber konkrete Angaben dazu machen, wie sich die Organisationsentscheidung auf die Einsatzmöglichkeiten für den Arbeitnehmer auswirkt und in welchem Umfang ein konkreter Änderungsbedarf besteht. Erhöhte Anforderungen an die Darlegungslast des Arbeitgebers sind insbes. dann zu stellen, wenn der Arbeitgeber durch eine unternehmerische Entscheidung das **Anforderungsprofil für Arbeitsplätze ändert**, die bereits mit langjährig beschäftigten Arbeitnehmern besetzt sind.

Weitergehend hatte das *LAG BW* (26.3.2004 a.a.O.) als Vorinstanz folgendes angenommen:

- Beruht eine unternehmerische Entscheidung alleine darauf, dass der Arbeitgeber den **Arbeitsablauf umgestaltet**, ohne dass die bisher verrichtete Arbeit wegfällt, so ist dies – für sich genommen – **kein betriebliches Erfordernis** dafür, dem Arbeitnehmer zu kündigen.
- Aus dem Grundsatz der **Verhältnismäßigkeit** folgt, dass der Arbeitgeber im Hinblick auf eine Änderung des Qualifikationsprofils eines Arbeitnehmers grds. erst dann eine Beendigungskündigung aussprechen darf, wenn damit auch eine konkrete Änderung des Arbeitsablaufs bzw. des Tätigkeitsbereichs einhergeht und auch nach zumutbaren Umschulungs- und Fortbildungsmaßnahmen eine Fortsetzung des Arbeitsverhältnisses – eventuell auch zu geänderten Arbeitsbedingungen – definitiv nicht in Betracht kommt.

Ist also – zusammengefasst – die **Arbeitskapazität nach wie vor vorhanden**, liegt ein dringendes betriebliches Erfordernis zur Kündigung nur dann vor, wenn der Arbeitnehmer nach seinen Fähigkeiten und seiner Vorbildung **nicht geeignet** ist, den **Anforderun-**

gen des umgestalteten Arbeitsplatzes zu entsprechen. Dabei unterliegt es grds. der freien unternehmerischen Entscheidung, das Anforderungsprofil für einen neu eingerichteten oder veränderten Arbeitsplatz festzulegen. Die Tatsache eines zukünftigen Zwei-Schicht- statt eines bisherigen Ein-Schichtbetriebs steht folglich einer **Weiterbeschäftigung** des Arbeitnehmers grds. **nicht entgegen** (*BAG* 16.12.2004 NZA 2005, 761). Gleiches gilt dann, wenn die bislang von den Arbeitnehmern des Betriebs ausgeführten Tätigkeiten nicht zur selbstständigen Erledigung auf einen Dritten übertragen werden. Eine solche organisatorische Gestaltung führt noch nicht zum Wegfall der betrieblichen Arbeitsplätze; es liegt vielmehr eine **unzulässige sog. Austauschkündigung** vor (*BAG* 2.6.2005 EzA § 1 KSchG Soziale Auswahl Nr. 61).
Auch die unternehmerische Entscheidung eines Unternehmens im Pflegebereich, die **Aufgaben einer Sozialarbeiterin dadurch entfallen zu lassen**, dass diese Aufgaben dem Mehrheitsgesellschafter, einem Rechtsanwalt, zur selbstständigen Ausführung übertragen werden, der dazu in seiner Kanzlei eine Sozialarbeiterin neu einstellt, kann sich als **Austauschkündigung** in der Form eines Umgehungsgeschäftes erweisen; eine darauf gestützte betriebsbedingte Kündigung ist dann rechtsunwirksam (*LAG Berlin-Bra.* 1.3.2007 – 2 Sa 18/07 – EzA-SD 14/2007 S. 5 LS).

Das *LAG Köln* (8.5.1996 LAGE § 1 KSchG Betriebsbedingte Kündigung Nr. 38) hat angenommen, dass der Entschluss des Arbeitgebers, **die Belegschaft um eine bestimmte Zahl generell zu verkleinern,** eine unternehmerische Entscheidung im hier erörterten Sinne darstellt. Gleiches soll gelten, wenn sich der Arbeitgeber entschließt, einen **Arbeitsplatz ersatzlos einzusparen,** weil zwar nicht die Kündigung als solche eine unternehmerische Entscheidung darstellt, wohl aber der Einsparungsbeschluss (*LAG Köln* 9.8.1996 LAGE § 1 KSchG Betriebsbedingte Kündigung Nr. 41). Voraussetzung dafür ist aber, dass deutlich wird, wie die verbliebene Arbeit **zukünftig grds. umverteilt werden soll** (*LAG München* 18.2.2004 FA 2005, 191 LS), ohne dass überobligationsmäßige Arbeiten verlangt werden. Diese Entscheidung und ihre Umsetzung müssen für den Fall, dass Arbeiten weggefallen sind, zwar nicht in allen Einzelheiten geplant sein und feststehen. Andererseits muss das **unternehmerische Konzept** zur Umverteilung der Arbeit zum Zeitpunkt der Kündigung bereits **feststehen** und darf nicht erst im Laufe des Kündigungsschutzprozesses entwickelt werden (*LAG BW* 14.1.2004 LAG Report 2004, 370). 2439

Eine nur beschränkt überprüfbare Unternehmerentscheidung (vgl. dazu *Gilberg* NZA 2003, 817 ff.) kann auch in dem Entschluss liegen, **künftig auf Dauer mit weniger Personal zu arbeiten**; eine hierdurch verursachte Leistungsverdichtung bei den verbleibenden Arbeitnehmern ist in gewissem Rahmen hinzunehmen (*BAG* 24.4.1997 EzA § 2 KSchG Nr. 26; *LAG BW* 12.8.2004 – 22 Sa 99/03 – EzA-SD 1/05 S. 7 LS; *LAG Köln* 1.8.1997 LAGE § 1 KSchG Interessenausgleich Nr. 1; 7.11.1997 LAGE § 1 KSchG Betriebsbedingte Kündigung Nr. 50; *LAG Düsseld.* 11.10.2001 LAGE § 2 KSchG Nr. 39 = NZA-RR 2002, 352; vgl. ausf. APS/*Kiel* § 1 KSchG Rz. 539 ff.; zust. *Hümmerich/Spirolke* NZA 1998, 797 ff.; **abl.** *Thüringer LAG* 20.4.1998 DB 1998, 2474 = NZA-RR 1999, 189; *ArbG Köln* 23.9.1997 DB 1998, 626u. *Preis* NZA 1997, 1080; vgl. auch *Feudner* DB 1999, 2566 ff.). Dringlichkeit und Erforderlichkeit i.S.v. § 1 Abs. 2 S. 1 KSchG müssen nicht die Unternehmerentscheidung (vgl. dazu *Gilberg* NZA 2003, 817 ff.) bedingen, sondern im Verhältnis zwischen der grds. hinzunehmenden Unternehmerentscheidung und der ausgesprochenen Kündigung vorliegen (*LAG Köln* 15.8.1997 LAGE § 1 KSchG Betriebsbedingte Kündigung Nr. 44). Sie kann also **zum Wegfall von Arbeitsplätzen führen und den entsprechenden Beschäftigungsbedarf entfallen lassen**. Eine solche Unternehmerentscheidung – Reduzierung des Personalbestandes auf Dauer – ist allerdings hinsichtlich ihrer **Durchführbarkeit** und hinsichtlich des Begriffs **»Dauer« zu verdeutlichen**, um dem Gericht im Hinblick auf die gesetzlich dem Arbeitgeber auferlegte Darlegungslast eine **Überprüfung zu ermöglichen** (vgl. z.B. *LAG Düsseld.* 11.10.2001 LAGE § 2 KSchG Nr. 39 = NZA-RR 2002, 352). Notwendig sind **konkrete Angaben zum Vorliegen freier Arbeitskapazitäten** bei den übrigen Mitarbeitern. Die pauschale Angabe, die Arbeit habe sogar ganz ohne Leistungsverdichtung problemlos umver- 2440 teilt werden können, genügt nicht (*LAG Köln* 8.8.2005 – 3 Sa 1435/04 – EzA-SD 26/05, S. 12 LS = ArbuR 2006, 73 LS) **Je näher die eigentliche Organisationsentscheidung zudem an den Kündigungsentschluss rückt, umso mehr muss der Arbeitgeber dann durch Tatsachenvortrag verdeutlichen, dass ein Beschäftigungsbedarf für den Arbeitnehmer entfallen ist** (*BAG* 17.6.1999 EzA § 1 KSchG Betriebsbedingte Kündigung Nr. 102; *LAG Köln* 24.8.1999 ZTR 2000, 185 LS; erl. *Bitter* DB 2000, 1760 ff.; krit. dazu *Quacke* NZA 1999, 1247 ff. u. DB 2000, 2429 ff.; *Schrader* NZA 2000, 401 ff.; *Singer/v. Finckenstein* SAE 2000, 282 ff.; *Zepter* DB 2000, 474 ff.; *Preis* DB 2000, 1122 ff.; *Boeddinghaus* ArbuR 2001, 8 ff.; *Franzen* NZA 2001, 805 ff.).

2441 Insofern gelten die Grundsätze der abgestuften Darlegungslast: Zunächst hat der Arbeitgeber darzulegen, dass und wie die von ihm getroffene Maßnahme durchgeführt werden soll. Er darf sich dabei **nicht auf schlagwortartige Umschreibungen beschränken**; er muss vielmehr seine tatsächlichen Angaben im Einzelnen substantiieren (*LAG BW* 12.8.2004 – 22 Sa 99/03 – EzA-SD 1/05, S. 7 LS). Erscheint das unternehmerische Konzept danach nicht von vornherein gesetzes-, tarif- oder vertragswidrig, ist es als geeignetes Mittel zum rationellen Einsatz der Arbeitnehmer anzusehen. Dann ist es Sache des Arbeitnehmers vorzutragen, warum die getroffene Maßnahme offensichtlich unsachlich, unvernünftig oder willkürlich sein soll. Ihm, der Einblick in die Geschehensabläufe seiner bisherigen Arbeit hat, kann die Darlegung abverlangt werden, warum die bisherigen bzw. (z.B. nach Einschaltung von Subunternehmern) verbleibenden Tätigkeiten nicht plan- und konzeptmäßig durchgeführt werden können. Ein Bestreiten mit Nichtwissen (§ 138 Abs. 4 ZPO) genügt demgegenüber nur, soweit der Arbeitnehmer über keinen Einblick in Tatsachen verfügt, die dem Arbeitgeber bekannt sind, z.B. weil er die Verträge des Arbeitgebers über die Vergabe von Arbeiten an einen Subunternehmer nicht kennt. Gelingt dem Arbeitnehmer danach der Sachvortrag, wonach eine Durchführung der neuen Arbeitsstruktur offenbar unsachlich, unvernünftig oder willkürlich erscheint, dann hat sich der Arbeitgeber hierauf weiter einzulassen. Es ist dann seine Sache, die prognostizierten Auswirkungen für den Beschäftigungsbedarf präzise zu erläutern und ggf. zu beweisen. Dabei bleibt es seiner Einschätzung überlassen, in welcher Zeit ein Auftrag abzuarbeiten ist (*BAG* 17.6.1999 EzA § 1 KSchG Betriebsbedingte Kündigung Nr. 101, 103; erl. *Bitter* DB 2000, 1760 ff.; APS/*Kiel* § 1 KSchG Rz. 542 f.; krit. dazu *Quacke* NZA 1999, 1247 ff. u. DB 2000, 2429 ff.; *Schrader* NZA 2000, 401 ff.; *Singer/v. Finckenstein* SAE 2000, 282; *Boeddinghaus* ArbuR 2001, 8 ff.; *Franzen* NZA 2001, 805 ff.). Erschöpft sich dagegen die unternehmerische Entscheidung **allein in der Kündigung eines Arbeitnehmers**, ist im Einzelnen darzulegen, wie die Umverteilung der Arbeit dieses Arbeitnehmers erfolgen soll (*LAG Bln.* 22.8.2003 LAGE § 1 KSchG Betriebsbedingte Kündigung Nr. 67 = ARST 2004, 117 LS = LAG Report 2004, 67). Falls die Organisationsentscheidung des Arbeitgebers und sein Kündigungsentschluss ohne nähere Konkretisierung sich nicht voneinander trennen lassen, muss der Arbeitgeber darlegen, in welchem Umfang die fraglichen Arbeiten zukünftig im Vergleich zum bisherigen Zustand anfallen, d.h. der Arbeitgeber muss konkrete Angaben machen, wie sich die Neuaufstellung auf die Arbeitsmenge auswirkt und in welchem Umfang sich dadurch ein konkreter Arbeitskräfteüberhang ergibt (zutr. *LAG Düsseld.* 16.11.2005 – 12 Sa 1150/05 – EzA-SD 1/06, S. 8 LS).

2442 Eine unternehmerische Entscheidung zur Reorganisation kann auch ein **Gesamtkonzept beinhalten**, das sowohl die Umgestaltung aller bisherigen Arbeitsplätze als auch die Reduzierung des bisherigen Arbeitsvolumens zum Gegenstand hat. Die dadurch notwenig werdenden Änderungs- und Beendigungskündigungen können durch dringende betriebliche Erfordernisse i.S.d. § 1 Abs. 2 KSchG bedingt sein. Ein derartiges Gesamtkonzept ist als solches grundsätzlich nicht zu beanstanden. Es nimmt folglich nur an der auf Missbrauch beschränkten gerichtlichen Kontrolle teil. **Weder kann dem Arbeitgeber vorgehalten werden, er müsse die verbliebene Arbeit auf alle Arbeitnehmer verteilen und deshalb allen Arbeitnehmern gegenüber Änderungskündigungen aussprechen, noch verlangt das**

Gesetz, dass der Arbeitgeber seine Reorganisation alsdann dem nach sozialen Gesichtspunkten verbleibenden Arbeitskräftepotenzial anpasst.

> Vielmehr bildet nach dem Gesetz – gerade umgekehrt – das betriebliche Bedürfnis die Grundlage für die Weiterbeschäftigungsmöglichkeit und diese ihrerseits die Grundlage für die vorzunehmende soziale Auswahl. Dabei ist es auch nicht zu beanstanden, wenn der Arbeitgeber diejenigen Arbeitnehmer, denen gegenüber er keine Beendigungskündigung, sondern eine Änderungskündigung ausspricht, nach den Grundsätzen der Sozialauswahl aussucht (*BAG* 22.9.2005 EzA § 1 KSchG Betriebsbedingte Kündigung Nr. 142 = NZA 2007, 1320 LS). **2443**

Tarifliche quantitative Besetzungsregeln, wonach Fachkräften eine Hilfskraft »beizustellen« ist, bezwecken zwar keinen unmittelbaren Arbeitsplatzschutz der betreffenden Hilfskraft. Diese kann sich jedoch anlässlich einer betriebsbedingten Kündigung, die auf die unternehmerische Maßnahme zur dauerhaften Stellenreduzierung zurückgeführt wird, im Wege der **Reflexwirkung** darauf berufen, die Unternehmerentscheidung sei offensichtlich unsachlich, unvernünftig oder willkürlich, wenn die Weiterbeschäftigung der Hilfskraft die jeweilige Fachkraft vor einer physischen oder psychischen Überlastung schützt (*BAG* 17.6.1999 EzA § 1 KSchG Betriebsbedingte Kündigung Nr. 103; erl. *Bitter* DB 2000, 1760 ff.; APS/*Kiel* § 1 KSchG Rz 5422 f.; krit. dazu *Quacke* NZA 1999, 1247 ff. u. DB 2000, 2429 ff.; *Schrader* NZA 2000, 401 ff.; *Zepter* DB 2000, 474 ff.; *Preis* DB 2000, 1122 ff.; *Franzen* NZA 2001, 805 ff.). **2444**

Die über eine beschlossene **Stelleneinsparung in einem Haushaltsplan** des öffentlichen Rechts (zur Betriebsstilllegung durch Landesgesetz s. *BAG* 10.5.2007 EzA § 1 KSchG Betriebsbedingte Kündigung Nr. 155; und u. Rn. 2498 ff.) – aus welchen Gründen auch immer – hinausgehende Kündigung betrifft jedenfalls die korrekte Durchführung des Haushaltsbeschlusses und damit den Kündigungsgrund, nicht jedoch die Frage nach der richtigen Sozialauswahl. Deshalb kann sich jeder von einer derartigen »Überhangskündigung« Betroffene auf die fehlerhafte Durchführung berufen; dies soll nach Auffassung des *LAG Sachsen* (12.4.1996 NZA-RR 1997, 9) auch für eine Vollbeschäftigte gelten, wenn der Haushaltsbeschluss lediglich um 0,57 Vollbeschäftigteneinheiten überschritten wird (APS/*Kiel* § 1 KSchG Rz. 533 ff.). **2445**

> Auch die Entscheidung des Arbeitgebers, die **Produktion ins Ausland zu verlagern**, stellt eine von den Gerichten nur eingeschränkt überprüfbare Unternehmerentscheidung dar. Dabei ist eine Kongruenz zwischen dem Umfang des Arbeitsausfalls und der Zahl der Entlassenen nicht erforderlich. Es liegt vielmehr im unternehmerischen Ermessen des Arbeitgebers, ob er im Verhältnis zu dem fehlenden Arbeitskräftebedarf Personal abbaut, oder nur einen Teil der überzähligen Arbeitnehmer entlässt und die übrigen zum Beispiel als Personalreserve behält (*BAG* 18.9.1997 EzA § 1 KSchG Betriebsbedingte Kündigung Nr. 53; vgl. dazu *Feudner* DB 2004, 982 ff.). **2446**

Dagegen kann die Entscheidung des Arbeitgebers, nur mit **Entleiharbeitnehmern** weiterzuarbeiten, nach Auffassung des *LAG Brem.* (30.1.1998 – 4 Sa 114, 117/97; ebenso *LAG Hamm* 24.7.2007 – 12 Sa 320/07 – EzA-SD 23/2007 S. 4 LS = NZA-RR 2008, 239; vgl. auch *LAG Brem.* 2.12.1997 LAGE § 1 KSchG Betriebsbedingte Kündigung Nr. 47) nicht als betriebsbedingter Kündigungsgrund akzeptiert werden, wenn die Leitungskräfte nicht entliehen sind und nach dem eigenen Vortrag des Arbeitgebers die Verleihgesellschaft nicht in der Lage ist, das Unternehmen zu führen. **2447**

Hat ein Arbeitgeber sich **vertraglich** gegenüber einem Arbeitnehmer dazu verpflichtet, dessen **Arbeitsplatz** auf Dauer oder für bestimmte Zeit unverändert **aufrechtzuerhalten**, so beschränkt er insoweit seine unternehmerische Freiheit. Aus einer solchen vertraglichen Bindung kann er sich nicht unter Berufung auf die Unternehmerfreiheit lösen. Der Grundsatz der unternehmerischen Freiheit schränkt zwar die gerichtliche Überprüfung unternehmeri- **2448** scher Maßnahmen weitgehend ein. Dies gilt jedoch nicht für die Prüfung, ob sich eine unternehmerische Maßnahme mit vertraglich eingegangenen Bindungen vereinbaren lässt (*LAG RhPf* 19.9.1997 LAGE §2 KSchG Nr. 51).

2449 Eine unternehmerische Entscheidung wird **nicht dadurch unsachlich oder willkürlich**, dass der Unternehmer auf einen Umsatzrückgang **wartend reagiert** und zunächst ein anderes Konzept ausprobiert (*LAG Nbg.* 13.4.1999 NZA-RR 2000, 80).

bb) Unternehmerentscheidung

2450 **Überprüft wird aber, ob überhaupt eine Unternehmerentscheidung vorliegt und welchen konkreten Inhalt sie hat** (*BAG* 9.5.1996 EzA §1 KSchG Betriebsbedingte Kündigung Nr. 85; *LAG BW* 14.1.2004 LAG Report 2004, 370; vgl. auch *Preis* NZA 1997, 625 ff.; *Gilberg* NZA 2003, 817 ff.; *Schiefer* NZA-RR 2005, 1 ff.; zutr. für eine schriftliche Niederlegung der Unternehmerentscheidung deshalb *Kleinbrink* DB 2008, 1858 ff.). Insoweit können Inhalt und Reichweite der Unternehmerentscheidung von entscheidender Bedeutung sein für die Beantwortung der Frage, ob die Entlassung des klagenden Arbeitnehmers von ihr noch umfasst wird oder nicht.

2451 Dringende betriebliche Erfordernisse liegen vor, wenn die Durchführung oder eingeleitete Durchführung einer unternehmerischen Entscheidung zum Wegfall einer Beschäftigungsmöglichkeit führt, d.h. wenn infolge einer unternehmerischen Maßnahme – nicht einer objektiven wirtschaftlichen Gegebenheit – die Anzahl der Arbeitnehmer, die zur Erledigung bestimmter Aufgaben verpflichtet sind, größer ist als die Menge der zu erledigenden Arbeit (*Ascheid* Kündigungsschutzrecht, Rz. 236; APS/*Kiel* §1 KSchG Rz. 463 ff., 549 f.).

2452 Wenn der Arbeitgeber sich entscheidet, Entlassungen im Umfang eines konkret feststellbaren Auftragsrückgangs vorzunehmen, so fehlt es an einem dringenden betrieblichen Erfordernis, wenn festgestellt wird, dass die hierdurch determinierte Quote ausscheidender Arbeitnehmer im Zeitpunkt der Kündigung, gleichgültig auf welche Weise (Fluktuation, Vorruhestand usw.), bereits erfüllt ist.

2453 In derartigen Fällen führt die Unternehmerentscheidung zu einer Selbstbindung des Arbeitgebers, die der Arbeitnehmer im Kündigungsschutzprozess mit Erfolg gegen seine Kündigung geltend machen kann (*BAG* 30.5.1985 EzA §1 KSchG Betriebsbedingte Kündigung Nr. 36).

cc) Tatsächliche Voraussetzungen und Durchführung der Unternehmerentscheidung; Auswirkungen auf den Arbeitsanfall

2454 Uneingeschränkt nachprüfbar ist, ob die für die Unternehmerentscheidung maßgeblichen externen und internen Faktoren (z.B. Auftragsmangel, Rohstoffverknappung, Absatzschwierigkeiten) tatsächlich vorliegen (*BAG* 24.10.1979 EzA §1 KSchG Betriebsbedingte Kündigung Nr. 13) sowie die tatsächliche Durchführung der beabsichtigten Maßnahme (*LAG Thüringen* 20.4.1998 NZA-RR 1999, 189). Gleiches gilt für ihre Auswirkungen auf den Arbeitsanfall (*LAG BW* 14.1.2004 LAG Report 2004, 370), insbes., ob auf Grund der außer- oder innerbetrieblichen Gründe das Bedürfnis für die Weiterbeschäftigung des gekündigten Arbeitnehmers entfallen ist, d.h. ob unter Respektierung einer etwa bindenden Unternehmerentscheidung mit einem geringeren oder veränderten Arbeitsanfall auch das Bedürfnis zur Weiterbeschäftigung des gekündigten Arbeitnehmers entfallen oder innerhalb einer Gruppe vergleichbarer Arbeitnehmer gesunken ist, sodass ein Überhang an Arbeitskräften entstanden ist (*BAG* 30.5.1985 EzA §1 KSchG Betriebsbedingte Kündigung Nr. 36; *LAG BW* 20.2.2004 ArbuR 2004, 356 LS; s.u. Rn. 2725).

Das Kündigungsschutzrecht schreibt somit dem Unternehmer nicht vor, in welcher Weise er seinen Betrieb zu organisieren hat. Es geht von der vom Unternehmer gestalteten Betriebsorganisation aus und fragt nur danach, ob auf der Grundlage dieser vorgegebenen Betriebsorganisation die Kündigung des Arbeitnehmers erforderlich ist, weil dessen Weiterbeschäftigung wegen des weggefallenen Arbeitsplatzes nicht, auch nicht in den neuen betrieblichen Verhältnissen angepasster Form, möglich ist. 2455

Hat sich der Arbeitgeber entschlossen, einen **Arbeitsplatz ersatzlos einzusparen** (s.o. Rn. 2432 ff.; *LAG BW* 14.1.2004 LAG Report 2004, 370), so kann vom Arbeitgeber demgegenüber nach Auffassung des *LAG Köln* (9.8.1996 LAGE § 1 KSchG Betriebsbedingte Kündigung Nr. 41) dann, wenn er sich auf außerbetriebliche Gründe dafür beruft, nicht verlangt werden, exakt darzustellen, wie sich diese Gründe auf den konkreten Arbeitsplatz des gekündigten Arbeitnehmers auswirken und warum sie gerade die vom Arbeitgeber gewählte Anzahl von Entlassungen bedingen. Denn die mit der Prognose der erwarteten künftigen Entwicklung des Personalbestandes einhergehenden Vermutungen, Erwartungen und Einschätzungen schließen eine auch in quantitativer Hinsicht zwingende Determination des Einsparungsbeschlusses nach dieser Auffassung aus. 2456

Ein dringendes betriebliches Erfordernis zur Kündigung kann auch dann gegeben sein, wenn aufgrund der Entscheidung der Stationierungsstreitkräfte die bisher in einer Dienststelle erbrachten Aufgaben in die USA zurückverlegt werden und das in der Dienststelle verbleibende Personal deswegen auf eine bestimmte Anzahl reduziert wird. Die entsprechende Änderung des für die Dienststelle geltenden Stellenplans ist dann die unternehmerische Entscheidung, die zum Wegfall der überzähligen Arbeitsplätze führt. Der Entsendestaat kann insoweit bei den Stationierungsstreitkräften auch autonom das Verhältnis zwischen den Zivilpersonen und den örtlichen Arbeitskräften i.S.d. NATO-Truppenstatuts auf Grund seiner Hoheitsgewalt bestimmen. Deshalb führt eine Veränderung dieses Verhältnisses durch den Entsendestaat zu Lasten der örtlichen Arbeitskräfte nicht zur Negierung eines dringenden betrieblichen Erfordernisses i.S.v. § 1 Abs. 2 KSchG. Werden bestimmte – freie – Stellen zudem US-amerikanischen Arbeitnehmern vorbehalten, sind diese für eine deutsche Ortskraft auch nicht frei i.S.v. § 1 Abs. 2 S. 2 KSchG (*BAG* 18.5.2006 EzA § 1 KSchG Betriebsbedingte Kündigung Nr. 148). 2457

Andererseits hat der Arbeitgeber vor dem Ausspruch einer betriebsbedingten Kündigung alle im konkreten Fall möglichen und geeigneten Maßnahmen zu ergreifen, die ohne Veränderung der von ihm vorgegebenen betrieblichen Strukturen zu einer Übereinstimmung zwischen dem Bedarf an Arbeitskräften und der vorhandenen Zahl von Arbeitnehmern führt (MünchArbR/*Berkowsky* § 138 Rz. 69 ff.; vgl. auch *Preis* NZA 1997, 625 ff.). 2458

In Betracht zu ziehen sind dabei insbes. (vgl. APS/*Kiel* § 1 KSchG Rz. 558 ff.): 2459
- Abbau von Überstunden;
- Ersetzung von Leiharbeitnehmern (s. dazu *LAG Hamm* 5.3.2007 – 11 Sa 1338/06 – EzA-SD 11/2007 S. 3 LS m. krit. Anm. *Simon/Greßlin* BB 2007, 2454 ff.; *LAG Hamm* 21.12.2007 LAGE § 1 KSchG Betriebsbedingte Kündigung Nr. 81; zust. *Düwell/Dahl* DB 2007, 1699 ff.);
- Kurzarbeit (s.u. Rn. 2464 ff.);
- Arbeitsstreckung;
- Produktion »auf Halde«;
- Arbeitszeitverkürzung zur Vermeidung von Kündigungen;
- vorrangiger Abbau von sog. geringfügigen Beschäftigungsverhältnissen (*LAG Köln* 3.6.2004 NZA-RR 2005, 70 = ArbuR 2004, 396 = LAG Report 2005, 31 LS).

Zu beachten ist, dass der Arbeitgeber insoweit den **dauerhaften Rückgang des Beschäftigungsvolumens im Kündigungsschutzprozess nachvollziehbar darstellen muss.** Dazu 2460 reicht bei einer **Arbeitnehmerüberlassung regelmäßig der Hinweis des Verleihers nicht aus**, der bisherige Auftrag, in dessen Rahmen der Leiharbeitnehmer eingesetzt worden ist, sei beendet und es lägen keine Anschlussaufträge vor. Denn kurzfristige Auftragslücken gehören **zum typischen Unternehmerrisiko eines Verleiharbeitgebers** und sind deshalb nicht geeignet, eine betriebsbedingte Kündigung zu rechtfertigen (*BAG* 18.5.2006 EzA § 1 KSchG Betriebsbedingte Kündigung Nr. 146; ebenso *LAG Köln* 22.5.2006 – 14 (11) Sa 18/06 – EzA-SD 20/06, S. 11 LS = ArbuR 2006, 372 LS für den Auftragsrückgang bei einem Reinigungsunternehmen).

dd) Ende des Personalabbaus auf Grund von § 2 Abs. 1 Nr. 2 SGB III?

2461 Gem. § 2 Abs. 2 SGB III haben Arbeitgeber bei ihren Entscheidungen verantwortungsvoll deren Auswirkungen auf die Beschäftigung der Arbeitnehmer und der Arbeitslosen und damit auf die Inanspruchnahme von Leistungen der Arbeitsförderung einzubeziehen. **Sie sollen dabei insbes. vorrangig durch betriebliche Maßnahmen die Inanspruchnahme von Leistungen der Arbeitsförderung sowie Entlassungen von Arbeitnehmern vermeiden.**

2462 Die nahe liegende Frage, wie sich diese am 1.1.1998 in Kraft getretene Vorschrift zu den Grundfragen des Rechts der betriebsbedingten Kündigung verhält, wird in der Literatur sehr unterschiedlich beantwortet:

- *Schaub* (NZA 1997, 810; vgl. auch *Rolfs* NZA 1998, 18; *Löwisch* NZA 1998, 729 f., der ergänzend auf § 2 Abs. 3 SGB III hinweist; polemisch abl. dazu *Rüthers* NJW 1998, 283) entnimmt der Norm die Notwendigkeit einer **grundlegenden Neubesinnung** über die Handhabung des **ultima-ratio-Prinzips** im Recht der betriebsbedingten Kündigung, die den Teufelskreis beenden will, dass nur die Entlassung von Arbeitnehmern die zutreffende Rationalisierungsmaßnahme darstellt;
- *Kittner* (NZA 1997, 975) folgert aus § 2 SGB III, die Sphäre der rechtlich nicht überprüfbaren unternehmerischen Entscheidungen müsse mit strengeren Maßstäben durchforstet werden;
- *Fischmeier* (NZA 1997, 1091) folgt dem grds., will aber den Vorrang kündigungsverhindernder Maßnahmen von dem jeweiligen **unternehmerischen Konzept** abhängig machen;
- *Preis* (NZA 1998, 449 ff.; zust. *Bepler* ArbuR 1999, 221 f.) geht davon aus, dass der Gesetzgeber mit § 2 Abs. 1 SGB III einen Kontrapunkt zur problematischen Praxis der betriebsbedingten Kündigung (s.o. Rn. 2399 ff.), zu den sozialpolitisch und sozialversicherungsrechtlich verfehlten Folgen der gegenwärtigen Kündigungspraxis setzen wollte. Er hat dem im Kündigungsrecht bereits verankerten ultima-ratio-Grundsatz bestätigt. Die Arbeitsrechtler müssen ihn nur wieder (verständiger) handhaben und sich auf die Grundlagen des Kündigungsschutzrechts besinnen. **Vorrangig vor Ausspruch einer Kündigung sind demnach kündigungsverhindernde betriebliche Maßnahmen** (z.B. Kurzarbeit; s. dazu aber unten Rn. 2464 ff.), **die Ausschöpfung der dem Arbeitgeber zur Verfügung stehenden Vertragsinstrumentarien** (z.B. von tarifvertraglichen Flexibilisierungsinstrumenten durch Arbeitszeitkorridore, befristete Arbeitszeitreduzierungen ohne Lohnausgleich, Entgeltkorridore, Ausnahmeregelungen bei Sonderzahlungen und Urlaubsgeldern) sowie **u.U. die Neuverhandlung von Arbeitsverträgen**. Eine striktere Handhabung des ultima-ratio-Prinzips kann danach die Krise in den sozialversicherungspflichtigen Beschäftigungsformen zwar nicht in den Griff bekommen, gleichwohl aber den Prozess des Beschäftigungsabbaus verlangsamen und zu intelligenteren Anpassungsformen anregen;
- *Bauer/Haußmann* (NZA 1997, 1102) **verneinen** demgegenüber **weitergehende Konsequenzen**, da sich das ultima-ratio-Prinzip lediglich auf die Folgen der unternehmerischen Entscheidung, nicht aber auf die Entscheidung selbst beziehe. Es sei nicht anzunehmen, dass der Gesetzgeber »auf dem Schleichweg des § 2 SGB III« die ständige Rechtsprechung des BAG zur Unternehmerentscheidung habe ablösen wollen;
- *Gagel* (BB 2001, 359 ff.) interpretiert § 2 SGB III dahingehend, dass auch die **sozialrechtlichen Möglichkeiten** des SGB III, die geeignet sind, die Entlassung zu vermeiden, vor einer Kündigung **genutzt werden müssen**.

Der Parlamentarische Staatssekretär im Bundesministerium für Arbeit und Soziales hat auf Grund der Anfrage eines Bundestagsabgeordneten am 6.4.1998 mitgeteilt, dass es sich bei §2 Abs. 2 SGB III um einen auf das Arbeitsförderungsrecht und die Vermeidung von Leistungen der Bundesagentur für Arbeit zugeschnittenen Appell an die Arbeitgeber zu einem verantwortungsvollen Verhalten handeln soll. Zweck ist danach nicht, den durch arbeitsrechtliche Normen abschließend geregelten Bestandsschutz individueller Arbeitsverhältnisse zu erweitern (DB 1998, 1134; ebenso *Beckschulze* BB 1998, 791 ff.). 2463

i) Einführung von Kurzarbeit?

aa) Verpflichtung des Arbeitgebers?

Fraglich ist insoweit, inwieweit der Arbeitgeber verpflichtet ist, Kurzarbeit einzuführen, um die Sanktionierung betriebsbedingter Beendigungskündigungen im Kündigungsschutzprozess als unwirksam zu vermeiden. 2464

Ist die Einführung von Kurzarbeit rechtlich und tatsächlich möglich (sind also die Voraussetzungen für die Gewährung von Kurzarbeitergeld gem. §§ 169 ff. SGB III gegeben sowie die Bereitschaft des Betriebsrats, gem. § 87 Abs. 1 Nr. 3 BetrVG eine entsprechende Vereinbarung abzuschließen und ist der Arbeitsmangel lediglich vorübergehender Natur [*BAG* 7.2.1985 EzA § 1 KSchG Soziale Auswahl Nr. 20]), so ist das *BAG* (25.6.1964 AP Nr. 14 zu § 1 KSchG Betriebsbedingte Kündigung) zunächst davon ausgegangen, im Kündigungsschutzprozess sei zu prüfen, ob der Arbeitgeber die Entlassung des Klägers durch Einführung von Kurzarbeit hätte verhindern können. 2465

Allerdings hat es die Darlegungs- und Beweislast dafür, dass die Einführung von Kurzarbeit sinnvoll und möglich gewesen wäre, dem Arbeitnehmer auferlegt. 2466

Sodann (*BAG* 7.2.1985 EzA § 1 KSchG Soziale Auswahl Nr. 20) hat das BAG offen gelassen, ob diese Grundsätze aufrecht erhalten werden können, oder ob dadurch nicht zu stark in das unternehmerische Gestaltungsrecht des Arbeitgebers eingegriffen wird. 2467

Schließlich (*BAG* 4.3.1986 EzA § 87 BetrVG 1972 Arbeitszeit Nr. 17, 11.9.1986 EzA § 1 KSchG Betriebsbedingte Kündigung Nr. 54; vgl. dazu APS/*Kiel* § 1 KSchG Rz. 570 ff.) sind der 1. und 2. Senat des BAG davon ausgegangen, dass die Frage, ob eine ausgesprochene Kündigung durch Kurzarbeit hätte vermieden werden können, keiner gerichtlichen Kontrolle unterliegt. 2468

In der Literatur (*v. Hoyningen-Huene/Linck* § 1 Rz. 388 a; *Denck* ZfA 1985, 261; *Hofmann* ZfA 1984, 316; *Schwerdtner* ZIP 1984, 13; *Stahlhacke* DB 1994, 1367; *Vollmer* DB 1982, 1934; *Wank* RdA 1987, 136) wird maßgeblich darauf abgestellt, ob der Arbeitgeber seine Entscheidung, Kurzarbeit nicht einzuführen, auf Grund einer **ernstlich vorgenommenen Prüfung** gewonnen hat. 2469

Nach Auffassung von *Löwisch* (§ 1 Rz. 277 f.) ist die Frage, ob eine betriebsbedingte Kündigung durch Kurzarbeit hätte vermieden werden können, im Kündigungsschutzprozess **voll nachprüfbar**. Zwar wird dadurch die Entscheidungsfreiheit des Unternehmens berührt, jedoch ist dies vertretbar, weil es sich nur um die vorübergehende Abweichung von der regelmäßigen Arbeitszeit handelt. **Die Möglichkeit, Kurzarbeit einzuführen, steht folglich einer betriebsbedingten Kündigung entgegen** (ebenso *Bepler* ArbuR 1999, 222; *Denck* ZfA 1985, 249 ff.; ErfK/*Ascheid* § 1 KSchG Rz. 429; *Hillebrecht* ZIP 1985, 260; KDZ/*Däubler* § 1 KSchG Rz. 289; KR/*Etzel* § 1 KSchG Rz. 548; *Preis* Prinzipien S. 404 ff.; *ders.* DB 1988, 1390; *ders.* NZA 1995, 247; *ders.* NZA 1998, 455; APS/*Kiel* § 1 KSchG Rz. 573 ff.; **a.A.** *B. Preis* NZA 1997, 630). Ob sich dies auch aus der ab dem 1.1.1998 neu geltenden Regelung des § 2 Abs. 1 SGB III ergibt, ist offen (s.o. Rn. 2461). 2470

bb) Kündigung nach Einführung von Kurzarbeit

2471 Die Einführung von Kurzarbeit (§§ 169 ff. SGB III) spricht zunächst indiziell dafür, dass der Arbeitgeber nur von einem vorübergehenden Arbeitsmangel ausgegangen ist, der eine betriebsbedingten Kündigung nicht rechtfertigen kann. Dieses Indiz kann der gem. § 1 Abs. 2 S. 4 KSchG beweisbelastete Arbeitgeber durch konkreten Sachvortrag entkräften, wonach eine Beschäftigungsmöglichkeit für einzelne von der Kurzarbeit betroffene Arbeitnehmer auf Dauer entfallen ist (*BAG* 26.6.1997 EzA § 1 KSchG Betriebsbedingte Kündigung Nr. 93 gegen *BAG* 17.10.1981 NJW 1981, 1686; vgl. APS/*Kiel* § 1 KSchG Rz. 576).

j) Mehrarbeit vergleichbarer Arbeitnehmer

2472 Will der Arbeitgeber betriebsbedingte Kündigungen wegen Rückgangs der Beschäftigungsmöglichkeiten aussprechen, so fehlt es an dem Merkmal der Dringlichkeit, wenn zugleich Arbeitnehmer Mehr- Überarbeit leisten, die Verlagerung dieser Mehr- Überarbeit auf die zur Kündigung anstehenden Arbeitnehmer möglich ist und sie dadurch in vertragsgemäßem Umfang beschäftigt werden können (*Herschel/Löwisch* § 1 Rz. 190).

k) Verpflichtung zur Arbeitsstreckung oder zur dauerhaften Verkürzung der Arbeitszeit?; Abbau von Guthabenstunden

2473 Fällt der Beschäftigungsbedarf für einen vollzeitbeschäftigten Arbeitnehmer teilweise weg, ist der Arbeitgeber nach dem ultima-ratio-Grundsatz verpflichtet, diesem Arbeitnehmer ein **Teilzeitarbeitsverhältnis anzubieten** (*LAG Köln* 1.2.1995 LAGE § 1 KSchG Betriebsbedingte Kündigung Nr. 29; APS/*Kiel* § 1 KSchG Rz. 578). Dagegen **steht es ihm** frei, ob er zur Vermeidung von Beendigungskündigungen eine **Mehrzahl von Änderungskündigungen** aussprechen will, um die Arbeitszeiten aller oder mehrerer Arbeitnehmer zu verkürzen (*BAG* 24.4.1997 EzA § 1 KSchG Betriebsbedingte Kündigung Nr. 73; 19.5.1993 EzA § 2 KSchG Nr. 26; *LAG Hamm* 22.3.1996 LAGE § 2 KSchG Nr. 18; APS/*Kiel* § 1 KSchG Rz. 578; zur Berücksichtigung von befristeten Saisonarbeitsverhältnissen *LAG Köln* 17.8.2007 – 11 Sa 592/07 – ArbuR 2007, 444 LS). Steht deshalb fest, dass die Arbeitsmenge im Umfang der Pensen der gekündigten Arbeitnehmer zurückgegangen ist, so können diese Kündigungen nicht unter Hinweis darauf für unwirksam erklärt werden, dass der Arbeitgeber das fehlende Pensum auf eine größere Anzahl von Arbeitnehmern hätte verteilen (Arbeitsstreckung) und so die Kündigungen vermeiden können.

2474 Hierzu ist der Arbeitgeber zwar **berechtigt, nicht jedoch verpflichtet,** denn er ist auf Grund des Arbeitsvertrages berechtigt (und dem Arbeitsvertragspartner gegenüber auch verpflichtet), jeden einzelnen Arbeitnehmer mit dem vereinbarten Pensum zu beschäftigen. Demgegenüber kann aus dem KSchG eine Verpflichtung des Arbeitgebers, das vereinbarte Arbeitspensum nur zum Teil abzufordern, nicht abgeleitet werden (MünchArbR/*Berkowsky* § 138 Rz. 99; APS/*Kiel* § 1 KSchG Rz. 577).

2475 Der Arbeitgeber ist auch nicht verpflichtet, die Arbeitszeit der Arbeitnehmer auf Dauer und nicht nur vorübergehend zu verkürzen (*LAG Hamm* 15.12.1982 DB 1983, 506; **a.A.** *ArbG Bocholt* 22.6.1982 DB 1982, 1938; APS/*Kiel* § 1 KSchG Rz. 578).

2476 Unterliegt jedenfalls in einem Betrieb der Arbeitsanfall je **nach Jahreszeit erheblichen Schwankungen** und haben die Tarifvertragsparteien und die Betriebspartner deshalb eine **flexible Jahresarbeitszeit** festgelegt, die betriebsbedingte – witterungsbedingte – Kündigungen weitgehend vermeiden soll, so ist ein dringendes betriebliches Erfordernis zu einer Beendigungskündigung regelmäßig **erst dann** anzunehmen, wenn der Arbeitgeber die **Möglichkeiten der flexiblen Arbeitszeitgestaltung ausgenutzt hat** und **trotzdem noch ein Beschäftigungsüberhang besteht**. Haben die Arbeitnehmer des Betriebs dagegen bei einem derartigen Jahresarbeitszeitmodell in erheblichem Umfang **Guthabenstunden angespart**, so muss der Arbeitgeber bei schlechter Beschäftigungslage zunächst die Guthabenstunden aller Arbeitnehmer nach Möglichkeit abbauen, ehe er einzelnen Arbeitnehmern betriebsbedingt kündigt (*BAG* 8.11.2007 EzA § 1 KSchG Betriebsbedingte Kündigung Nr. 157 = NZA 2008, 848 LS).

l) Betriebsstilllegung; Betriebsteilstilllegung; beabsichtigte Betriebsstilllegung

aa) Begriffsbestimmungen

Die Stilllegung des gesamten Betriebes ist ein dringendes betriebliches Erfordernis i.S.d. § 1 Abs. 2 KSchG (*BAG* 12.7.2007 EzA § 551 ZPO 2002 Nr. 6; 10.5.2007 EzA § 1 KSchG Betriebsbedingte Kündigung Nr. 155; *BAG* 22.9.2005 EzA § 113 InsO Nr. 18; 16.6.2005 EzA § 1 KSchG Betriebsbedingte Kündigung Nr. 137; 23.11.2004 EzA § 1 KSchG Betriebsbedingte Kündigung Nr. 135 = NZA 2005, 929; *LAG Hamm* 5.5.2004 LAG Report 2005, 17; *LAG RhPf* 25.2.2003 NZA-RR 2004, 303; *LAG BW* 15.12.2003 LAG Report 2005, 10). 2477

Voraussetzung ist der ernstliche und endgültige Entschluss des Unternehmers, die bisherige wirtschaftliche Betätigung, die Produktions- und Betriebsgemeinschaft zwischen Arbeitgeber und Arbeitnehmer für einen seiner Dauer nach noch unbestimmten, wirtschaftlich nicht unerheblichen Zeitraum und damit nicht nur vorübergehend aufzugeben (*BAG* 10.5.2007 EzA § 1 KSchG Betriebsbedingte Kündigung Nr. 155; *LAG RhPf* 25.2.2003 NZA-RR 2004, 303; *LAG BW* 15.12.2003 LAG Report 2005, 10; *LAG Hamm* 5.5.2004 LAG Report 2005, 17; *LAG Hmb.* 28.10.2005 – 6 Sa 13/05 – EzA-SD 25/05, S. 12 LS); **dies findet seine Veranlassung und zugleich den unmittelbaren Ausdruck darin, dass der Unternehmer die bisherige wirtschaftliche Tätigkeit aufgeben möchte.** Diesem Entschluss steht die Sozialbindung des Eigentums (Art. 14 GG) nicht entgegen (zutr. *LAG Bln.* 15.1.2002 LAGE § 1 KSchG Betriebsbedingte Kündigung Nr. 61). 2478

Der **Entschluss** des Arbeitgebers, z.B. **ab sofort keine neuen Aufträge mehr anzunehmen**, allen Arbeitnehmern zum nächstmöglichen Kündigungstermin zu kündigen, zur Abarbeitung der vorhandenen Aufträge eigene Arbeitnehmer nur noch während der jeweiligen Kündigungsfristen einzusetzen und so den Betrieb schnellstmöglich stillzulegen, ist als unternehmerische Entscheidung grds. **geeignet**, die entsprechenden **Kündigungen sozial zu rechtfertigen** (*BAG* 8.11.2007 EzA § 1 KSchG Betriebsbedingte Kündigung Nr. 156; 18.1.2001 EzA § 1 KSchG Betriebsbedingte Kündigung Nr. 109, 110; 7.3.2002 EzA § 1 KSchG Betriebsbedingte Kündigung Nr. 116 m. Anm. *Mummenhoff* SAE 2002, 49; 7.7.2005 EzA § 1 KSchG Betriebsbedingte Kündigung Nr. 139 = NZA 2005, 1351; APS/*Kiel* § 1 KSchG Rz. 487 ff.); diese Grundsätze gelten auch dann, wenn die unternehmerische Entscheidung nicht eine völlige Betriebsstilllegung – vorbehaltlich der Wahrung der Grundsätze der Sozialauswahl – betrifft, sondern der Arbeitgeber eines Produktionsbetriebs sich entschließt, die Produktion zwar schnellstmöglich stillzulegen, eine **kleinere Betriebsabteilung** zunächst jedoch fortzuführen (*BAG* 7.7.2005 EzA § 1 KSchG Betriebsbedingte Kündigung Nr. 139 = NZA 2005, 1351). Aus einem solchen Stilllegungskonzept **folgt ohne weiteres**, dass der Zeitpunkt, zu dem die **längste Kündigungsfrist** eines betroffenen Arbeitnehmers ausläuft, **gleichzeitig** den Zeitpunkt darstellt, **zu dem der Arbeitgeber (»schnellstmöglich«) seinen Betrieb stilllegen will** (*BAG* 7.7.2005 EzA § 1 KSchG Betriebsbedingte Kündigung Nr. 139 = NZA 2005, 1351). 2479

Den Stilllegungsentschluss muss der Unternehmer **zum Zeitpunkt des Zugangs der Kündigung gefasst** haben. Die Stilllegungsabsicht ist eine **innere Tatsache**, die einer unmittelbaren objektivierten Wahrnehmung nicht zugänglich ist. Äußere Begleitumstände und **tatsächliche Entwicklungen lassen aber Rückschlüsse** darauf zu, ob die behauptete Stilllegungsabsicht zutrifft. Von einem ernsthaften und endgültigen Entschluss zur Betriebsstilllegung kann deshalb z.B. dann nicht ausgegangen werden, wenn **wenige Tage vor Ausspruch der Kündigung eine Auffanggesellschaft gegründet wird**, die später in den ursprünglichen Räumen und mit einem Teil des Personals die betrieblichen Arbeiten fortsetzt (*LAG Köln* 30.1.2006 LAGE § 1 KSchG Betriebsbedingte Kündigung Nr. 76). Gleiches gilt, wenn wenige Tage nach Ausspruch der Kündigung fast die gesamte Werkstatteinrichtung eines Landmaschinenhändlers an einen 2480 angeblich nicht mehr interessierten Konkurrenten veräußert wird, der zudem den wesentlichen Teil der gekündigten Arbeitnehmer einstellt und mit deren Verkaufs- und Servicekompetenz wirbt (*LAG Köln* 9.1.2007 – 9 Sa 1072/06 – ArbuR 2007, 224 LS). Dagegen hat der etwaige Vorbehalt des Insolvenzverwalters, die von ihm getroffene Stilllegungsentscheidung im Falle eines anders lautenden Beschlusses der Gläubigerversammlung oder des Gläubigerausschusses zu revidieren, auf die Wirksamkeit der ausgesprochenen Kündigung keinen Einfluss (*LAG Hamm* 7.7.2004 LAG Report 2005, 56). Wird eine Kündigung allerdings andererseits auf die künftige Entwicklung der betrieblichen Verhältnisse gestützt, müssen die betrieblichen Umstände sich **konkret und greifbar abzeichnen**. Das ist dann der Fall, wenn im maßgeblichen Zeitpunkt des Zugangs der Kündigung auf Grund einer **vernünftigen, betriebswirtschaftlichen Betrachtung** davon auszugehen ist, zum Zeitpunkt des Ablaufs der Kündigungsfrist sei mit einiger Sicherheit der Eintritt eines die Beendigung des Arbeitsverhältnisses erforderlich machenden Grundes gegeben (*LAG BW* 15.12.2003 LAG Report 2005, 10; *LAG Hamm* 5.5.2004 LAG Report 2005, 17; *LAG Hmb.* 28.10.2005 – 6 Sa 13/05 – EzA-SD 25/05, S. 12 LS; s.u. Rn. 2488 ff.). Bei Vorliegen einer ernsthaft und endgültig beabsichtigten Betriebsstilllegung muss zu diesem Zeitpunkt zwar **nicht bereits** mit deren Verwirklichung **begonnen werden**. Andererseits fehlt es an einer endgültigen Stilllegungsabsicht, wenn zum Kündigungszeitpunkt noch über eine Weiterveräußerung der Gesellschaftsanteile verhandelt wird (*BAG* 10.10.1996 EzA § 1 KSchG Betriebsbedingte Kündigung Nr. 87; s.a. *BAG* 13.2.2008 – 2 AZR 543/06 – EzA-SD 13/2008 S. 3 LS = NZA 2008, 821). Umgekehrt spricht es **nicht gegen eine ernsthafte Absicht zur** endgültigen Betriebsstilllegung, wenn der Insolvenzverwalter keine sofortige Betriebsschließung anordnet, sondern den Betrieb mit **eingeschränkter Mannschaft** bis zum Ende der längsten Kündigungsfristen erklärtermaßen u.a. auch deshalb noch weiterführt, um nicht von vornherein die rein **abstrakte Hoffnung** zu zerstören, dass eine Veränderung der Umstände doch noch zu einer Rettung des (Teil-) Betriebes führen könnte (*LAG Köln* 13.10.2004 LAG Report 2005, 232). Gegen eine endgültige Stilllegungsabsicht spricht es andererseits, wenn der Arbeitgeber **nur einem Teil der Arbeitnehmer kündigt**, etwaige Mietverträge nicht zum nächstmöglichen Zeitpunkt auflöst und die betriebliche Tätigkeit nicht vollständig eingestellt wird. Der Unternehmer hat als Ausfluss seiner unternehmerischen Entscheidungsfreiheit zwar die Wahl, ob er den Betrieb ersatzlos liquidieren oder ihn ganz oder teilweise veräußern will. Eine Kündigung wegen einer beabsichtigten Betriebsstilllegung ist aber erst dann sozial gerechtfertigt, wenn im **Kündigungszeitpunkt** die Bemühungen des Arbeitgebers, **den Betrieb noch als Einheit zu veräußern, als gescheitert angesehen werden dürfen** (*LAG RhPf* 25.2.2003 NZA-RR 2004, 303). Kündigt der Insolvenzverwalter wegen beabsichtigter Betriebsstilllegung, so spricht es **gegen eine endgültige Stilllegungsabsicht**, wenn dem Insolvenzverwalter vor Erklärung der Kündigung ein **Übernahmeangebot eines Interessenten vorliegt**, das wenige Tage später zu konkreten Verhandlungen mit einer teilweisen Betriebsübernahme führt. Das gilt jedenfalls dann, wenn im vorausgegangenen Interessenausgleich dessen Neuverhandlung vereinbart war, falls ein Betriebsübergang auf einen dritten Interessenten erfolgt (*BAG* 29.9.2005 EzA § 1 KSchG Betriebsbedingte Kündigung Nr. 140). Das gilt natürlich erst recht, wenn der Arbeitgeber ernsthafte Verhandlungen über den Verkauf des Betriebs oder von Betriebsteilen führt (*LAG Köln* 17.8.2005 – 3 (8) Sa 486/05 – EzA-SD 6/06, S. 8 LS).

Eine Betriebsstilllegung bei einer juristischen Person (z.B. einer GmbH: *LAG Bln.* 13.7.1999 – 12 Sa 890/99) bzw. GmbH & Co. KG bedarf im Übrigen keines Beschlusses des für die Auflösung einer Gesellschaft zuständigen Organs (*BAG* 11.3.1998 EzA § 1 KSchG Betriebsbedingte Kündigung Nr. 99 gegen *LAG Bln.* 10.8.1987 LAGE § 1 KSchG Betriebsbedingte Kündigung Nr. 13). Denn der Beschluss zur Betriebsstilllegung ist eine gerichtlich nur eingeschränkt überprüfbare Unternehmerentscheidung, die grds. an keine bestimmte Form gebunden ist. Ist deshalb auf Grund konkreter Anhaltspunkte im Kündigungszeitpunkt damit zu rechnen, dass die Betriebsstilllegung **bis zum Ablauf der**

Kündigungsfrist tatsächlich vollzogen sein wird, so ist die mit der beabsichtigten Betriebsstilllegung begründete Kündigung des Arbeitsverhältnisses **nicht deshalb sozial ungerechtfertigt**, weil die unternehmerische Entscheidung zur Betriebsstilllegung an **gesellschaftsrechtlichen Mängeln** – z.B. der Alleinentscheidung des nur gemeinsam mit einem weiteren Geschäftsführer vertretungsbefugten Geschäftsführers der Alleingesellschafterin – **leidet** (*BAG* 5.4.2001 EzA § 1 KSchG Betriebsbedingte Kündigung Nr. 110; 25.3.2004 EzA § 9 MuSchG n.F. Nr. 40 = BAG Report 2004, 319; **a.A.** *LAG Düsseld.* 18.10.1999 ARST 2000, 174; krit. APS/*Kiel* § 1 KSchG Rz. 492).

Die Ernsthaftigkeit und Endgültigkeit dieses Entschlusses erfordert nicht, dass er dem eigenen Wunsch des Unternehmers entspricht. Sieht dieser sich zu dem Entschluss durch außerbetriebliche Umstände gezwungen, so ist es unschädlich, wenn er sich vorbehält, seinen Entschluss nicht zu verwirklichen, wenn sich die Verhältnisse wider Erwarten anders als bei vernünftiger Betrachtung vorhersehbar entwickeln (*BAG* 27.2.1987 EzA § 1 KSchG Betriebsbedingte Kündigung Nr. 46). **2481**

An einem ernstlichen und endgültigen Entschluss des Unternehmers fehlt es aber jedenfalls, wenn er zum fraglichen Zeitpunkt noch in ernsthaften Verhandlungen über eine Veräußerung des Betriebes steht (s. dazu *BAG* 13.2.2008 – 2 AZR 543/06 – EzA-SD 13/2008 S. 3 LS = NZA 2008, 821) und deswegen nur vorsorglich mit der Begründung kündigt, der Betrieb solle zu einem späteren Zeitpunkt stillgelegt werden, falls eine Veräußerung scheitere. Gleiches gilt, wenn dem **Insolvenzverwalter** vor Erklärung der Kündigung ein **Übernahmeangebot eines Interessenten** vorliegt, das wenige Tage später zu konkreten Verhandlungen mit einer teilweisen Betriebsübernahme führt. Das gilt jedenfalls dann, wenn im vorausgegangenen Interessenausgleich dessen Neuverhandlung vereinbart war, falls ein Betriebsübergang auf einen dritten Interessenten erfolgt (*BAG* 29.9.2005 EzA § 1 KSchG Betriebsbedingte Kündigung Nr. 140 = NZA 2006, 720). **2482**
Nichts anderes gilt, wenn der Arbeitgeber zum Kündigungszeitpunkt noch über eine Weiterveräußerung der Gesellschaftsanteile verhandelt hat (*BAG* 10.10.1996 EzA § 1 KSchG Betriebsbedingte Kündigung Nr. 87; 13.2.2008 – 2 AZR 543/06 – EzA-SD 13/2008 S. 3 LS = NZA 2008, 821; s.o. Rn. 2477). Auch eine in einem Kündigungsschreiben variabel gehaltener Zeitraum einer geplanten Betriebsstilllegung bis zu fünf Monaten begründet keine Stilllegungsabsicht des Arbeitgebers (*LAG Bln.* 22.4.1997 NZA-RR 1997, 471). Noch weitergehend hat das *LAG Bln.* (5.5.2001 ZTR 2001, 375 LS) angenommen, dass, solange **nicht auszuschließen** ist, dass es noch zu einem **Betriebs(teil)übergang kommen wird**, eine um mehrere Monate vorzeitige Kündigung wegen beabsichtigter Betriebsstilllegung oder Schließung einer Dienststelle **nicht dringend, sondern unverhältnismäßig** ist, indem es den Arbeitnehmer auf einen Wiedereinstellungsanspruch verweist, auf den § 1 Abs. 3 KSchG keine Anwendung findet. Findet erst **nach Ablauf der Frist** für eine insolvenzbedingte Kündigung ein Betriebsübergang statt, besteht aber jedenfalls **kein Anspruch auf Wiedereinstellung** des Arbeitnehmers (*BAG* 13.5.2004 EzA § 613a BGB 2002 Nr. 2 = BAG Report 2004, 286; *LAG Köln* 13.10.2004 LAG Report 2005, 232; vgl. dazu *Leuchten* BAG Report 2005, 257 ff.; *Zwanziger* BB 2005, 1386 ff.).

Kommt es noch innerhalb der Kündigungsfrist zu einem **Betriebsübergang** nach § 613a Abs. 1 S. 1 BGB, so spricht eine **tatsächliche Vermutung gegen eine ernsthafte und endgültige Stilllegungsabsicht** (*BAG* 27.9.1984 EzA § 613a BGB Nr. 40; 18.5.1995 EzA § 613a BGB Nr. 139; APS/*Kiel* § 1 KSchG Rz. 490); die Prognose hat sich dann jedenfalls als falsch erwiesen, so dass ein **Fortsetzungsanspruch** gegen den Betriebserwerber gegeben sein kann (*LAG Nds.* 2.4.2004 NZA-RR 2004, 567). **2483**

Eine Betriebsstilllegung im hier maßgeblichen Sinne **kann auch in der durch Gesetz angeordneten Auflösung einer Körperschaft des öffentlichen Rechts** und der damit verbundenen Einstellung jeglicher Tätigkeit liegen; eine solche von einem Gesetzgeber verant- **2484** wortlich getroffene Entscheidung kann von den Gerichten nicht nachgeprüft werden, sie ist vielmehr als gegeben hinzunehmen (*BAG* 10.5.2007 EzA § 1 KSchG Betriebsbedingte Kündigung Nr. 155; s.u. Rn. 2498 ff.).

2485 Diese Grundsätze gelten entsprechend **auch für eine Betriebsteilstilllegung; auch sie zählt zu den dringenden betrieblichen Erfordernissen**, die einen Grund zur sozialen Rechtfertigung einer Kündigung abgeben können (*BAG* 18.10.2006 EzA § 1 KSchG Soziale Auswahl Nr. 70 = NZA 2007, 798; *LAG Nds.* 11.8.2005 NZA-RR 2006, 16; *LAG Köln* 22.2.2006 – 7 Sa 1314/05 – NZA-RR 2006, 523 LS = ArbuR 2006, 372 LS). Es kommt dann für die Beurteilung der Frage nach dem Wegfall der Beschäftigungsmöglichkeit maßgeblich auf das Schließungskonzept des Arbeitgebers an. Entschließt er sich zur schnellstmöglichen, dauerhaften Aufhebung der Betriebs- und Produktionsgemeinschaft, so entfällt die Beschäftigungsmöglichkeit mit dem Ablauf der individuellen Kündigungsfrist (*LAG RhPf* 12.10.2005 NZA-RR 2006, 186). So kann z.B. durch eine unternehmerische Organisationsentscheidung, **einen Betriebsteil** (Niederlassung Rahden) **zu verlegen und diesen in eine andere Betriebsstätte** (Niederlassung Höxter) **einzugliedern, der Arbeitsplatz des Betriebsleiters** des aufgelösten Standorts **weggefallen** sein und ein betriebsbedingter Kündigungsgrund vorliegen (*BAG* 18.10.2006 EzA § 1 KSchG Soziale Auswahl Nr. 70).

2486 **Weitere Beispiele:**

- Der Betriebsstilllegung steht die kurzfristige Weiterbeschäftigung einiger weniger Arbeitnehmer mit Abwicklungs- oder Aufräumarbeiten nicht entgegen (*BAG* 14.10.1982 EzA § 15 KSchG n.F. Nr. 29).
- Ein dringendes betriebliches Erfordernis i.S.d. § 1 Abs. 2 KSchG stellt auch die Stilllegung des verbliebenen Einzelbetriebes nach Aufgabe eines Gemeinschaftsbetriebes jedenfalls im Zusammenhang mit einer Beendigung der früher gemeinsamen Leistungsstruktur (Führungsvereinbarung) dar (*BAG* 13.9.1995 EzA § 1 KSchG Nr. 48; vgl. auch *LAG Brem.* 17.10.2002 – 3 Sa 147/02 – EzA-SD 25/02, S. 10 LS = NZA-RR 2003, 189). Damit entfällt auch die Notwendigkeit einer auf den früheren Gemeinschaftsbetrieb bezogenen Sozialauswahl.
- Eine von vornherein nur für begrenzte Zeit geplante Betriebsstilllegung rechtfertigt eine betriebsbedingte Kündigung dann, wenn zum Kündigungstermin nicht sicher prognostiziert werden kann, zu welchem Zeitpunkt der Betrieb seine Tätigkeit wieder aufnehmen und Beschäftigungsmöglichkeiten bieten kann. In diesem Fall ist es Sache des Arbeitgebers, eine Prognose darzulegen, nach der der Wegfall der Beschäftigungsmöglichkeit für eine nicht unerhebliche Zeit zu erwarten ist; ein Zeitraum von 6 Monaten kann dabei im Einzelfall erheblich sein (*BAG* 27.4.1995 EzA § 1 KSchG Betriebsbedingte Kündigung Nr. 83; krit. *Busemann/Schäfer* a.a.O., Rz. 226a).
- Eine Betriebs(teil)stilllegung liegt nicht vor, wenn der Arbeitgeber seine Befugnisse als Arbeitgeber nicht vollständig aufgibt, sondern **in wesentlichen Funktionen beibehält**. Der Entschluss, die formale Arbeitgeberstellung aufzugeben (Gründung einer Service-GmbH, um Dienstleistungen für eine Klinik durchzuführen), ist deshalb keine die Kündigung bedingende Unternehmerentscheidung, wenn der Unternehmer gegenüber den Beschäftigten weiterhin selbst die für die Durchführung der Arbeiten erforderlichen Weisungen erteilen kann, zumindest ein faktisches Weisungsrecht besteht (*LAG SchlH* 28.5.2002 – 5 Sa 175c/01 – EzA-SD 20/02, S. 16 LS).
- Beschließt ein Arbeitgeber, durch **Stilllegung einzelner Produktionsanlagen** seine Produktionskapazität zu verkleinern, nimmt er aber weiterhin Aufträge in einem Umfang an, bei dem von vornherein feststeht, dass er mit der verkleinerten Kapazität gar nicht bewältigt werden kann und kommt es dementsprechend nur wenige Monate nach der Teilstilllegungsentscheidung wiederum zu einer Ausweitung der Produktionskapazität auf mindestens den vorigen Stand, so spricht eine tatsächliche Vermutung dafür, dass der Teilstilllegungsbeschluss nicht auf Dauer ausgelegt war (*LAG Köln* 22.2.2006 – 7 Sa 1314/05 – NZA-RR 2006, 523 LS = ArbuR 2006, 372 LS).

Schon eine **beabsichtigte Betriebs- oder Abteilungsstilllegung** kann sich ausnahmsweise als ein dringendes betriebliches Erfordernis i.S.v. § 1 Abs. 2 KSchG darstellen, nämlich **wenn die für den künftigen Wegfall der Beschäftigung des Arbeitnehmers maßgeblichen Entwicklungen bereits zum Kündigungszeitpunkt feststehen**. Auch insoweit gilt aber, dass die zur Kündigung führende Organisationsentscheidung bereits **zum Kündigungszeitpunkt** endgültig **getroffen worden sein** und die Schließung des Betriebs oder der Betriebsabteilung aus Sicht der Arbeitsvertragsparteien bereits **Formen angenommen haben**. Deswegen ist eine Kündigung wegen Betriebsschließung nicht sozial gerechtfertigt, solange der Arbeitgeber den Stilllegungsbeschluss lediglich erwogen, aber noch nicht endgültig gefasst hat. Gleiches gilt, wenn der Arbeitgeber im Kündigungszeitpunkt noch in ernsthaften Verhandlungen über die Veräußerung des Betriebs oder der Betriebsabteilung steht und sich um neue Aufträge bemüht. Denn dann liegt keine unbedingte und endgültige Stilllegungsabsicht vor. Diese Grundsätze gelten auch für gemeinnützige, am Markt teilnehmende Unternehmen (*BAG* 13.2.2008 – 2 AZR 543/06 – EzA-SD 13/2008 S. 3 LS = NZA 2008, 821). 2487

bb) »Greifbare Formen«; Darlegungslast

Die Kündigung aus Anlass einer geplanten Betriebsstilllegung ist sozial gerechtfertigt, wenn die betrieblichen Umstände bereits greifbare Formen angenommen haben und eine vernünftige, betriebswirtschaftliche Betrachtung die Prognose rechtfertigt, dass bis zum Ablauf der Kündigungsfrist der Arbeitnehmer entbehrt werden kann (*LAG BW* 15.12.2003 LAG Report 2005, 10; *LAG Hmb.* 28.10.2005 – 6 Sa 13/05 – EzA-SD 25/05 S. 12 LS). **Auch die nach dem Zugang der Kündigung plangemäß ausgeführten Schritte zur Umsetzung des Stilllegungsbeschlusses können vom Gericht als Bestätigung der Ernsthaftigkeit der Stilllegungsabsicht berücksichtigt werden** (*BAG* 12.7.2007 EzA § 551 ZPO 2002 Nr. 6). 2488

Die »greifbaren Formen« können je nach Umständen des Einzelfalles die **Gründe für die Stilllegungsabsicht** oder auch **ihre Durchführungsformen** betreffen (*BAG* 19.6.1991 EzA § 1 KSchG Betriebsbedingte Kündigung Nr. 70; vgl. APS/*Kiel* § 1 KSchG Rz. 648). 2489

Will der Arbeitgeber als betriebsbedingten Kündigungsgrund seinen Entschluss zur Betriebsstilllegung anführen und ist bestritten, ob dieser im Kündigungszeitpunkt bereits gefasst gewesen sei, muss der Arbeitgeber substantiiert darlegen, dass und zu welchem Zeitpunkt er diejenigen organisatorischen Maßnahmen geplant hat, die sich als Betriebsstilllegung darstellen; außerdem muss er darlegen, dass diese Maßnahmen bereits greifbare Formen angenommen hatten (*BAG* 23.3.1984 AP Nr. 38 zu § 1 KSchG 1969 Betriebsbedingte Kündigung). 2490

Das kann z.B. dann der Fall sein, wenn die Umsetzung des Plans zur Stilllegung bereits in Angriff genommen worden ist und der jeweilige Mitarbeiter **für die Restabwicklung entbehrt werden kann** (*LAG RhPf* 18.1.2002 – 10 Sa 350/01 – EzA-SD 3/02, S. 11 LS). Beschließen der vorläufige Insolvenzverwalter und der Geschäftsführer der Gemeinschuldnerin im Insolvenzeröffnungsverfahren die vollständige Betriebsstilllegung, so sind nach Auffassung des *LAG Köln* (22.10.2001 – 2 (4) Sa 208/01 – EzA-SD 4/02, S. 23 LS = NZA-RR 2002, 248; bestätigt durch *BAG* 8.4.2003 EzA § 55 InsO Nr. 4) die daraufhin ausgesprochenen Kündigungen nicht deshalb unwirksam, weil der Geschäftsführer den geheimen Vorbehalt hegte, unter Entwendung eines Teils der Betriebsmittel eine Betriebsabteilung fortzuführen. Andererseits hat das *LAG Nds.* (24.5.2002 LAGE § 113 InsO Nr. 10 = NZA-RR 2003, 17; ausdrücklich bestätigt durch *BAG* 5.12.2002 EzA § 1 KSchG Betriebsbedingte Kündigung Nr. 125 = NZA 2003, 789) angenommen, dass eine Kündigung eines Insolvenzverwalters wegen Betriebsstilllegung während der Freistellungsphase 2491 bei einer **Altersteilzeitvereinbarung im Blockmodell** nicht durch dringende betriebliche Erfordernisse gem. § 1 Abs. 2 KSchG gerechtfertigt ist; etwas anderes kann aber grds. dann gelten, wenn der Arbeitnehmer sich noch für einige Zeit in der Arbeitsphase befindet (*BAG* 16.6.2005 EzA § 1 KSchG Betriebsbedingte Kündigung Nr. 137 = NZA 2006, 270 = BAG Report 2005, 369; *LAG Düsseld.* 27.5.2003 NZA-RR 2003, 635). Jedenfalls liegt eine Betriebsstilllegung **dann nicht vor**, wenn drei Altersteilzeitarbeitnehmer während ihrer aktiven Phase noch 9/15/16,5 Monate **über den behaupteten Stilllegungstermin hinaus** mit – behaupteten – Aufräumungs- und Abwicklungsarbeiten **beschäftigt werden**. Auch dann, wenn die Weiterbeschäftigung der Altersteilzeitmitarbeiter schon bei Ausspruch der Kündigung eines Betriebsratsmitglieds beabsichtigt war, ist die Kündigung des Betriebsratsmitglieds unwirksam (*LAG Nbg.* 27.11.2007 LAGE § 15 KSchG Nr. 21 = NZA-RR 2008, 295).

2492 Werden bei einer geplanten, jedoch noch nicht durchgeführten Betriebsstilllegung während des Laufs der Kündigungsfristen Teile des Betriebs veräußert, beurteilt sich die Wirksamkeit der Kündigung nach den objektiven Verhältnissen im Zeitpunkt des Zugangs der Kündigung (*LAG Köln* 12.6.1997 NZA-RR 1997, 473).

2493 Auf die **Weiterbeschäftigung** eines Arbeitnehmers nach zumutbaren Umschulungs- und Fortbildungsmaßnahmen (§ 1 Abs. 2 S. 2 KSchG; vgl. *Gaul* BB 1995, 2422) kann der Arbeitgeber jedenfalls dann nicht verwiesen werden, wenn bei Ausspruch der Kündigung **kein entsprechender anderweitiger Arbeitsplatz frei ist** und auch nicht mit Sicherheit voraussehbar ist, dass nach Abschluss der Maßnahme eine Beschäftigungsmöglichkeit auf Grund der durch sie erworbenen Qualifikation besteht (*BAG* 7.2.1991 EzA § 1 KSchG Personenbedingte Kündigung Nr. 9; APS/*Kiel* § 1 KSchG Rz. 649).

m) Abkehrwille des Arbeitnehmers

2494 Nach Auffassung des *BAG* (22.10.1964 AP Nr. 16 zu § 1 KSchG Betriebsbedingte Kündigung) ist eine betriebsbedingte Kündigung dann sozial gerechtfertigt, wenn ein Arbeitgeber einem Arbeitnehmer in einem Spezial- oder Mangelberuf kündigt, wenn er die Möglichkeit hat, für den abkehrwilligen Arbeitnehmer eine **sonst nur schwer zu findende Ersatzkraft** einzustellen.

n) Umwandlung einer Teilzeit- in eine Ganztagsstelle

2495 **Keinen Grund zur Kündigung stellt es dar, wenn der Arbeitgeber die Umwandlung einer Teilzeit- in eine Ganztagsstelle anstrebt** (a.A. *LAG Nbg.* 23.2.2006 NZA-RR 2006, 294 = ZTR 2006, 436: betriebsbedingte Änderungskündigung kann sozial gerechtfertigt sein. Erklärt sich der Inhaber der Teilzeitstelle aus triftigen Gründen nicht mit einer Vollzeitbeschäftigung einverstanden, so muss der Arbeitgeber vor einer Kündigung versuchen, eine weitere Halbtagskraft einzustellen.

2496 Lediglich dann, wenn dies aus nachvollziehbaren Gründen technisch, organisatorisch oder wirtschaftlich nicht möglich ist, kommt eine Kündigung der Teilzeitkraft in Betracht. Für derartige Umstände trägt der Arbeitgeber die volle Darlegungs- und Beweislast (*LAG RhPf* 10.5.1988 NZA 1989, 273; vgl. auch *LAG Hmb.* 20.11.1996 LAGE § 2 KSchG Nr. 25; *ArbG Hmb.* 19.4.1996 NZA-RR 1997, 132; s.a. *LAG Nbg.* 23.2.2006 NZA-RR 2006, 294 = ZTR 2006, 436: keine Änderungskündigung, wenn keine betrieblichen Gründe i.S.d. § 8 Abs. 4 S. 1 TzBfG vorliegen).

o) Auswechslung von Arbeitnehmern durch Leiharbeitnehmer

2497 Unterschreiben von 600 Arbeitnehmern eines Betriebes bis auf sieben alle einen Auflösungsvertrag und verpflichten sich gleichzeitig, in eine Beschäftigungsgesellschaft zu wechseln, die einen Teil von ihnen einer Verleihgesellschaft zur Verfügung stellt, über die sie mit schlechteren Arbeitsbedingungen wieder auf ihren alten Arbeitsplatz eingesetzt werden, ist bei der Prüfung der sozialen Rechtfertigung der Kündigung der sieben Arbeitnehmer darauf abzustellen, ob für jede einzelne Kündigung ein betriebsbedingter Kündigungsgrund gegeben ist. Der Hinweis des Arbeitgebers, die Sanierung werde sonst nicht erreicht, reicht nicht aus, wenn mehrere hundert Arbeitnehmer zu schlechteren Arbeitsbedingungen, durch die das Sanierungsziel nicht gefährdet wird, eingesetzt werden und nur sieben Arbeitnehmer zu den alten Bedingungen weiterbeschäftigt werden müssten (*LAG Brem.* 30.1.1998 – 4 Sa 114, 117/97; vgl. auch *LAG Brem.* 18.9.1997 LAGE § 1 KSchG Betriebsbedingte Kündigung Nr. 47).

5. Öffentlicher Dienst; ausländische diplomatische Vertretungen

a) Wegfall von Arbeitsplätzen

Im öffentlichen Dienst ist eine Kündigung betriebsbedingt, wenn im Haushaltsplan bestimmte konkret bezeichnete Stellen gestrichen werden (BAG 5.12.2002 EzA § 1 KSchG Soziale Auswahl Nr. 50 = NZA 2003, 1168 LS; vgl. auch *ArbG Marburg* 13.3.1998 NZA 1999, 1120 LS) oder im Zuge allgemeiner Sparmaßnahmen organisatorische oder technische Veränderungen durchgeführt werden, die den Wegfall bestimmter Arbeitsplätze bewirken (*BAG* 26.6.1975 EzA § 1 KSchG Betriebsbedingte Kündigung Nr. 1; vgl. ausf. *Lingemann/Grothe* NZA 1999, 1072 ff.; APS/*Kiel* § 1 KSchG Rz. 533 ff.). Insoweit kann eine, eine betriebsbedingte Kündigung sozial rechtfertigende Organisationsentscheidung darin liegen, dass das zuständige Gremium den Personalbedarf für einen Tätigkeitsbereich so reduziert, dass die Bestimmung der zu kündigenden Arbeitnehmer nur noch eine Frage der sozialen Auswahl ist (*BAG* 22.5.2003 EzA § 1 KSchG Betriebsbedingte Kündigung Nr. 126). 2498

Diese Entscheidung kann durch Stellenstreichungen in einem Haushaltsplan, durch kw-Vermerke oder auch durch einen Stadtratsbeschluss getroffen werden, in dem die Verwaltung beauftragt wird, in einem bestimmten Bereich den Personalstand zu reduzieren (*BAG* 22.5.2003 EzA § 1 KSchG Betriebsbedingte Kündigung Nr. 126). Nicht ausreichend ist es jedenfalls grds. allein, eine Stelle mit einem sog. **»kw-Vermerk«** (»künftig wegfallend«) zu versehen (*ArbG Rostock* 28.3.2006 ZTR 2006, 443; vgl. *Lakies* NZA 1997, 745 ff.). Der kw-Vermerk ist nämlich nur dann ein betriebliches Erfordernis, wenn er den Wegfall der Stelle zu einem bestimmten oder zumindest bestimmbaren Zeitpunkt anordnet, sodass die Behörde ab diesem Zeitpunkt nicht mehr darüber verfügen kann (*BAG* 6.9.1978 EzA § 1 KSchG Betriebsbedingte Kündigung Nr. 9). Es bedarf eines auf den Stellenbedarf der jeweiligen Dienststelle zugeschnittenen **Konzepts der zuständigen Verwaltung** (*BAG* 18.11.1999 ZTR 2000, 232; vgl. dazu *Bitter* DB 2000, 1760 ff.; APS/*Kiel* § 1 KSchG Rz. 533 ff.). 2499

Dann allerdings liegt in der **Streichung einer bestimmten Stelle** oder im Anbringen eines **kw-Vermerks** an einer bestimmten Stelle im Haushaltsplan eines öffentlichen Arbeitgebers ein dringendes betriebliches Bedürfnis für eine betriebsbedingte Kündigung eines Angestellten im öffentlichen Dienst. Wird eine konkrete Stelle im Haushaltsplan gestrichen, braucht der öffentliche Arbeitgeber grds. nicht mehr im Einzelnen zur organisatorischen Umsetzbarkeit, d.h. zur Durchsetzbarkeit und Nachhaltigkeit der Organisationsmaßnahme vorzutragen, es sei denn, es liegen Anhaltspunkte für einen Missbrauch des Kündigungsrechts vor (*BAG* 23.11.2004 EzA § 1 KSchG Betriebsbedingte Kündigung Nr. 134 = NZA 2005, 986). Die **Zweckmäßigkeit** der Stellenstreichung ist also von den Arbeitsgerichten **nur begrenzt** überprüfbar. Offenbar unsachlich kann die Organisationsentscheidung sein, wenn sie unmittelbar oder mittelbar **gegen Gesetze** oder Verträge **verstößt** oder deren Umgehung dient oder sie sich nur unter Verstoß gegen Gesetzes- oder Tarifrecht realisieren lässt. Die durch die Organisationsentscheidung möglicherweise verletzte Norm muss aber zumindest auch dem arbeitsrechtlichen Bestands- und Inhaltsschutz dienen. Die (Organisations-)Regelungen des Sächsischen Vermessungsgesetzes bezwecken aber z.B. offensichtlich keinen Schutz der Arbeitsplätze von Vermessungshelfern im Vermessungswesen (*BAG* 7.10.2004 EzA § 1 KSchG Betriebsbedingte Kündigung Nr. 133 = NZA 2005, 352). 2500

2501 Eine Kündigung kommt auch dann nicht ohne weiteres in Betracht, wenn die Verwaltung erst noch zwischen **verschiedenen Möglichkeiten** einer Umsetzung von kw-Vermerken mit unterschiedlichen Auswirkungen auf die Dienststellen entscheiden muss (*BAG* 19.3.1998 ZTR 1998, 427 = NZA 1999, 90; vgl. auch *LAG Sachsen* 11.2.1998 NZA-RR 1999, 363; vgl. ausf. *Lingemann/Grothe* NZA 1999, 1072 ff.).

2502 Erschöpft sich die Entscheidung des Arbeitgebers im Wesentlichen darin, Personal einzusparen, muss der Arbeitgeber seine Entscheidung hinsichtlich ihrer organisatorischen Durchführbarkeit und hinsichtlich ihrer Nachhaltigkeit (»Dauer«) verdeutlichen, damit das Gericht prüfen kann, ob sie offenbar unsachlich, unvernünftig oder willkürlich, also missbräuchlich ausgesprochen worden ist. Dass der Arbeitgeber zur organisatorischen Durchführbarkeit und Nachhaltigkeit der unternehmerischen Entscheidung vortragen muss, soll einen Missbrauch des Kündigungsrechts ausschließen. Eine rechtswidrige Überforderung oder Benachteiligung des im Betrieb verbleibenden Personals soll vermieden werden. Ausgeschlossen werden soll auch, dass die unternehmerische Entscheidung lediglich als Vorwand benutzt wird, um Arbeitnehmer aus dem Betrieb zu drängen, obwohl Beschäftigungsbedarf und Beschäftigungsmöglichkeit fortbestehen (*BAG* 22.5.2003 EzA § 1 KSchG Betriebsbedingte Kündigung Nr. 126).

2503 Entschließt sich dagegen der **Träger einer Kinderbetreuungseinrichtung**, seinen Personalbestand entsprechend einem **geänderten landesgesetzlichen Mindestpersonalschlüssel** zu senken, bedarf es im Rechtsstreit zur Darstellung des daraus folgenden Personalüberhangs i.d.R. **keiner näheren Darlegung** der organisatorischen Durchführbarkeit und Dauerhaftigkeit der Maßnahme, solange der Arbeitnehmer nicht aufzeigt, warum die Personalreduzierung ausnahmsweise nicht durchführbar ist (*LAG SA* 16.5.2000 ZTR 2001, 282). Das gilt insbes. dann, wenn keine Anhaltspunkte für fortbestehenden Beschäftigungsbedarf oder Überforderung des verbliebenen Personals vorliegen (*BAG* 22.5.2003 EzA § 1 KSchG Betriebsbedingte Kündigung Nr. 126).

b) Stellenbesetzung mit Beamten, Soldaten, externen Bewerbern

2504 Ist ein stellenplanmäßiger Beamtendienstposten mit einem Angestellten besetzt, so bewirkt die Entscheidung der Behörde, die Stelle mit einem Beamten zu besetzen, einen betriebsbedingten Kündigungsgrund (*BAG* 26.2.1957 AP Nr. 23 zu § 1 KSchG; APS/*Kiel* § 1 KSchG Rz. 536). Gleiches gilt für die **Organisationsentscheidung** des öffentlichen Arbeitgebers, eine **Angestelltenstelle**, auf der hoheitliche Aufgaben erledigt werden, **in eine Beamtenstelle umzuwandeln** und mit einem Beamten zu besetzen, wenn der bisherige angestellte Stelleninhaber die Voraussetzungen für eine Übernahme in ein Beamtenverhältnis nicht erfüllt. Erfüllt der bisherige Stelleninhaber jedoch das Anforderungsprofil der neu geschaffenen Beamtenstelle, besteht kein dringendes betriebliches Bedürfnis zur Kündigung des bisherigen Stelleninhabers. Der öffentliche Arbeitgeber kann sich dann nach dem in **§ 162 Abs. 1, 2 BGB** normierten Rechtsgedanken nicht darauf berufen, dass er die Stelle mit einem – möglicherweise aus seiner Sicht geeigneteren – externen Bewerber besetzt hat. Der Besetzung einer Stelle mit einem externen Bewerber steht es gleich, wenn der öffentliche Arbeitgeber dem bisherigen Stelleninhaber unwirksam gekündigt, dann eine Ersatzkraft eingestellt hat und diese Ersatzkraft nunmehr anstelle des bisherigen Stelleninhabers auf der neu geschaffenen Beamtenstelle zum Beamten ernennt (*BAG* 21.9.2000 EzA § 1 KSchG Betriebsbedingte Kündigung Nr. 106; vgl. dazu *Mauer/Holthausen* NZA 2003, 1370 ff.).

2505 Auch die Entscheidung, eine bestimmte Stelle im militärischen Dienstbereich anstelle eines Zivilangestellten mit einem Soldaten zu besetzen, stellt ein betriebliches Erfordernis dar (*BAG* 29.1.1986 EzA § 102 BetrVG 1972 Nr. 64).

Gleichermaßen handelt es sich um ein betriebliches Erfordernis, wenn sich der öffentliche Arbeitgeber entschließt, anstelle einer Lehrkraft ohne Lehrbefähigung einen ausgebildeten Lehrer mit Beamtenstatus zu beschäftigen (*BAG* 17.5.1984 EzA § 1 KSchG Betriebsbedingte Kündigung Nr. 32). 2506

Der öffentliche Arbeitgeber darf auch ausgeschriebene Stellen mit externen Bewerbern besetzen. Er kann aber gerade daraus allein eine **fehlende Verwendungsmöglichkeit für einen Bewerber** aus der Beschäftigungsstelle, der dem Anforderungsprofil der Stelle genügt, nicht herleiten. Denn das liefe auf eine unzulässige Austauschkündigung hinaus, die allein dem Zwecke diente, vorhandene geeignete Arbeitnehmer durch etwa noch besser geeignete zu ersetzen (*BAG* 6.12.2001 NZA 2002, 927 LS; vgl. dazu *Mauer/Holthausen* NZA 2003, 1370 ff.). 2507

c) Drittmittelfinanzierte Arbeitsplätze

Bei drittmittelfinanzierten Arbeitsplätzen kann eine betriebsbedingte Kündigung jedoch **nicht allein** damit begründet werden, dass der Drittmittelgeber die **Zuwendung kürzt oder einstellt.** 2508

Hinzukommen muss vielmehr der Entschluss des Drittmittelempfängers, den entsprechenden Tätigkeitsbereich auch tatsächlich einzuschränken oder einzustellen, ihn nicht etwa mit eigenen Mitteln zu finanzieren oder fortzuführen (*BAG* 20.2.1986 EzA § 1 KSchG Betriebsbedingte Kündigung Nr. 37). 2509

Dies folgt aus dem Grundsatz, dass neben einer inner- oder außerbetrieblichen Ursache für die Kündigung stets auch der Wegfall eines Arbeitsplatzes vorliegen und im Prozess nachgewiesen werden muss (MünchArbR/*Berkowsky* § 138 Rz. 24.) 2510

d) Ausländische diplomatische Vertretungen

Eine nach deutschem Recht zu beurteilende Kündigung einer in einer diplomatischen Vertretung eines ausländischen Staates in Deutschland beschäftigten Ortskraft zum Zweck der Befristung eines bisher unbefristeten Arbeitsvertrages ist nicht allein deshalb sozial gerechtfertigt, weil das ausländische Haushaltsrecht des Arbeitgebers nur noch Stellen für eine befristete Beschäftigung vorsieht (*BAG* 20.11.1997 EzA Art. 30 EGBGB Nr. 4). 2511

e) Betriebsstillegung durch Landesgesetz

Eine Betriebsstilllegung im hier maßgeblichen Sinne kann auch in der durch Gesetz angeordneten Auflösung einer Körperschaft des öffentlichen Rechts und der damit verbundenen **Einstellung jeglicher Tätigkeit** liegen; eine solche von einem Gesetzgeber verantwortlich getroffene Entscheidung kann von den Gerichten nicht nachgeprüft werden, sie ist vielmehr als gegeben hinzunehmen (*BAG* 10.5.2007 EzA § 1 KSchG Betriebsbedingte Kündigung Nr. 155; s.u. Rn. 2498 ff.). 2512

6. Insolvenzverfahren

Die Eröffnung des Insolvenzverfahrens rechtfertigt **für sich allein keine betriebsbedingte Kündigung.** 2513

Jedoch sind nach den allgemeinen Grundsätzen Maßnahmen zulässig, die zum Wegfall von Arbeitsplätzen und damit zu betriebsbedingten Kündigungen führen können (z.B. Betriebsstilllegung; *BAG* 16.9.1982 EzA § 1 KSchG Betriebsbedingte Kündigung Nr. 18; s.o. Rn. 2477 ff.). Auch im Vergleichs- (jetzt Insolvenz-)verfahren muss der Arbeitgeber aber nach Auffassung des *LAG Brem.* (30.1.1998 – 4 Sa 114, 117/97; vgl. auch *LAG Brem.* 18.9.1997 LAGE § 1 KSchG Betriebsbedingte Kündigung Nr. 47) vor Ausspruch der 2514 betriebsbedingten Kündigung versuchen, mit dem Betriebsrat, den Tarifvertragsparteien und ggf. den Arbeitnehmern für ihn günstigere Arbeitsbedingungen zu vereinbaren, um eine zwingend erforderliche Sanierung des Betriebes zu erreichen, bevor er allen Arbeitnehmern kündigt, oder mit ihnen Auflösungsverträge schließt, um einen Teil von ihnen dann als Leiharbeitnehmer zu 20% günstigeren Tarifen wieder zu beschäftigen und zwei Monate später zu ähnlichen, schlechteren Bedingungen wieder einzustellen.

7. Betriebs-, Unternehmensbezogenheit des Kündigungsschutzes; Konzernbezug?

2515 Der Kündigungsschutz nach dem KSchG ist in **erster Linie betriebsbezogen, allenfalls, insbes. hinsichtlich der Weiterbeschäftigungsmöglichkeit auf einem freien Arbeitsplatz unternehmensbezogen ausgestaltet** (*BAG* 23.11.2004 EzA § 1 KSchG Betriebsbedingte Kündigung Nr. 135 = NZA 2005, 929; 23.4.2008 EzA § 1 KSchG Betriebsbedingte Kündigung Nr. 160 = NZA 2008, 939; 26.6.2008 – 2 AZR 1109/06 – EzA-SD 23/2008 S. 16 LS; s.o. Rn. 1823 zum Gemeinschaftsbetrieb mehrerer Unternehmen; s.u. Rn. 2868 ff.). Daraus folgt z.B. dann, dass, wenn ein Unternehmen A wesentliche Betriebsaufgaben auf ein Unternehmen B überträgt, mit dem es einen Gemeinschaftsbetrieb bildet und unter Berufung darauf einen ihrer, dem übergehenden Betriebsteil zuzurechnenden Arbeitnehmer betriebsbedingt wegen Wegfalls des Arbeitsplatzes kündigt, es im Kündigungsschutzprozess darzulegen hat, dass der Arbeitsplatz auch im Unternehmen B nicht fortexistiert und auch in diesem Unternehmen nicht die Möglichkeit anderweitiger Beschäftigung besteht, die einvernehmlich oder durch Änderungskündigung hätte übertragen werden können (*LAG Köln* 21.7.2000 NZA-RR 2001, 245).
Das KSchG ist demgegenüber nicht konzernbezogen. Der Arbeitgeber ist daher vor Ausspruch einer betriebsbedingten Kündigung grds. nicht verpflichtet, eine anderweitige Unterbringung des Arbeitnehmers in einem Konzernbetrieb zu versuchen (*BAG* 18.9.2003 – 2 AZR 139/03 – EzA-SD 6/04, S. 12; 23.11.2004 EzA § 1 KSchG Betriebsbedingte Kündigung Nr. 135 = NZA 2005, 929; 23.4.2008 EzA § 1 KSchG Betriebsbedingte Kündigung Nr. 160 = NZA 2008, 939; *Bayreuther* NZA 2006, 819 ff.).

2516 Etwas anderes kann sich allerdings ausnahmsweise z.B. aus dem Arbeitsvertrag, einer vertraglichen Absprache oder einer Selbstbindung des Arbeitgebers, etwa auf Grund einer formlosen Zusage oder eines vorangegangenen Verhaltens ergeben (*BAG* 14.10.1982 EzA § 15 KSchG n.F. Nr. 29; 18.9.2003 – 2 AZR 139/03 – EzA-SD 6/04, S. 12; 23.11.2004 EzA § 1 KSchG Betriebsbedingte Kündigung Nr. 135 = NZA 2005, 929; vgl. dazu *Kamanabrou* SAE 2005, 9; *Bayreuther* NZA 2006, 819 ff.).

2517 Voraussetzung einer konzernweiten Weiterbeschäftigungspflicht ist es demnach, dass sich ein anderes Konzernunternehmen ausdrücklich zur Übernahme des Arbeitnehmers bereit erklärt hat oder sich die Übernahmeverpflichtung unmittelbar aus dem Arbeitsvertrag oder aus anderen vertraglichen Absprachen oder aus einer Zusage des Arbeitgebers ergibt; **Gleiches gilt** beim Vorhandensein einer entsprechenden in der **Vergangenheit geübten Praxis** (*BAG* 23.4.2008 EzA § 1 KSchG Betriebsbedingte Kündigung Nr. 160 = NZA 2008, 939). Ferner ist Voraussetzung, dass der Beschäftigungsbetrieb bzw. das vertragsschließende Unternehmen auf die »Versetzung« einen bestimmenden Einfluss hat. Die Versetzung darf deshalb grds. nicht dem zur Übernahme bereiten Unternehmen vorbehalten sein (*BAG* 23.11.2004 EzA § 1 KSchG Betriebsbedingte Kündigung Nr. 135 = NZA 2005, 929; instr. zu den damit verbundenen praktischen Problemen *Bayreuther* NZA 2006, 819 ff.; *Bachner* NZA 2006, 1310 ff.).

2518 **Beispiele:**

► *Ein solcher Ausnahmefall liegt nicht schon dann vor, wenn zwei Unternehmen eines Konzerns Betriebe mit identischem oder gleichartigem Tätigkeitsfeld betreiben und bei sich verschlechternder Auftrags- und Wirtschaftslage einer der beiden Konzernbetriebe* stillgelegt wird und in Zukunft nur noch der andere Konzernbetrieb in dem fraglichen Tätigkeitsfeld ohne erhebliche Aufstockung seiner Belegschaft weiterhin am Markt auftritt (*BAG* 18.9.2003 – 2 AZR 139/03 – EzA-SD 6/04, S. 12).

- Auch der bloße Umstand, dass ein **Gesellschafter erheblichen Einfluss** auf mehrere oder alle Gesellschaften der Gruppe ausüben kann, **reicht nicht aus**, um eine ausnahmsweise Erstreckung des Kündigungsschutzes auf den Konzern anzunehmen (BAG 23.4.2008 EzA § 1 KSchG Betriebsbedingte Kündigung Nr. 160=NZA 2008, 939).
- Wenn Arbeitnehmer in einem Konzernunternehmen, ohne versetzt oder abgeordnet zu werden, bestimmten fachlichen Weisungen durch ein anderes Konzernunternehmen unterstellt werden und dadurch noch kein Vertrauenstatbestand begründet wird, der einem vereinbarten oder in der Vertragsabwicklung konkludent durchgeführten Versetzungsvorbehalt gleichgestellt werden kann (*BAG* 27.11.1991 EzA § 1 KSchG Betriebsbedingte Kündigung Nr. 72; vgl. dazu *Kukat* BB 2000, 1242 ff.; s.u. Rn. 2557), ist das ebenfalls nicht der Fall.
- Verpflichtet sich ein Arbeitnehmer dagegen in einem dem deutschen Recht unterliegenden Vertrag, seine Arbeitsleistung im Rahmen eines ergänzenden Dienstvertrages mit einem ausländischen, konzernzugehörigen Unternehmen zu erbringen, und behält sich der Vertragspartner vor, dem Arbeitnehmer selbst Weisungen und dienstliche Anordnungen zu erteilen und jederzeit ein neues, zum Konzern gehörendes Unternehmen für den weiteren Auslandseinsatz des Arbeitnehmers zu bestimmen, so ist der Vertragspartner selbst Arbeitgeber und bei der Kündigung des Arbeitsvertrages hat er deutsches Kündigungsschutzrecht zu beachten. Beruft sich in diesem Fall der Arbeitgeber darauf, für den Arbeitnehmer sei die bisherige Beschäftigungsmöglichkeit bei dem konzernzugehörigen Unternehmen weggefallen, hat er dies nach allgemeinen Grundsätzen im Bestreitensfall substantiiert darzulegen und ggf. zu beweisen. Auch für fehlende Einsatzmöglichkeiten bei anderen zum Konzern gehörenden Unternehmen, bei denen der Arbeitnehmer vereinbarungsgemäß beschäftigt werden könnte, obliegt dem Arbeitgeber eine gesteigerte Darlegungslast (*BAG* 21.1.1999 EzA § 1 KSchG Nr. 51; vgl. dazu *Kraft* SAE 1999, 272 ff.; *Lingemann/v. Steinau-Steinrück* DB 1999, 2161 ff.).

III. Sozialauswahl (§ 1 Abs. 3 KSchG)

Vgl. dazu *Schiefer* NZA-RR 2002, 169 ff. 2519

1. Grundsätze

a) Maßstab der geringsten sozialen Schutzbedürftigkeit; fehlerhafte Sozialauswahl

Nach der Entscheidung des Gesetzgebers in § 1 Abs. 3 KSchG ist der Arbeitgeber nicht frei 2520
in seiner Entscheidung, welchem der betroffenen Arbeitnehmer gekündigt werden soll.

> Seine individuelle Auswahl ist vielmehr in der Weise gesetzlich determiniert, dass sie 2521
> nach dem Maßstab der geringsten sozialen Schutzbedürftigkeit erfolgen soll. Die Kündigung soll mithin vorrangig denjenigen Arbeitnehmer treffen, der am wenigsten auf seinen Arbeitsplatz angewiesen ist.
> Dieses festzustellen dient eine aufzustellende soziale Rangfolge der vom vorausgesetzten Beschäftigungsrückgang betroffenen Arbeitnehmer, die vom Gesetz in der Weise vorgegeben wird, dass sie unter ausreichender Berücksichtigung bestimmter – vier – sozialer Gesichtspunkte zu erfolgen hat (vgl. ausf. APS/*Kiel* § 1 KSchG Rz. 654 ff.).

Neben der **Individualisierungsfunktion** der Sozialauswahl, nämlich den infolge dringender 2522
betrieblicher Erfordernisse zu kündigenden Arbeitnehmer namhaft zu machen, kommt ihr die weitere Funktion zu, die sozial nachrangigen, weil schutzbedürftigen Arbeitnehmer vor einer betriebsbedingten Kündigung zu schützen. Ihre Kündigung ist nämlich sozial ungerechtfertigt, solange ein vergleichbarer Arbeitnehmer im Betrieb vorhanden ist, der sozial

vorrangig, also weniger schutzbedürftig ist als sie selbst es sind (MünchArbR/*Berkowsky* § 139 Rz. 7; APS/*Kiel* § 1 KSchG Rz. 703 ff.).

2523 Die konkret getroffene Sozialauswahl ist grundsätzlich auf die **ausreichende oder grob fehlerhafte Gewichtung** (§ 1 Abs. 3–5 KSchG) der sozialen Kriterien hin zu überprüfen. Es kommt somit auf einen Vergleich zwischen den Sozialdaten des gekündigten Arbeitnehmers und der Arbeitnehmer an, hinsichtlich derer der gekündigte Arbeitnehmer Fehler bei der Sozialauswahl rügt. Allerdings kann eine Fehlbeurteilung nach § 1 Abs. 3 ebenso wie nach § 1 Abs. 4 KSchG durch den Arbeitgeber **nur dann zur Unwirksamkeit der Kündigung führen, wenn sie die getroffene Sozialauswahl tatsächlich entscheidungserheblich beeinflusst hat. Denn auch eine Sozialauswahl, die von unzutreffenden Bewertungskriterien ausgeht, kann zu einem richtigen Ergebnis gelangen** (*BAG* 18.10.2006 EzA § 1 KSchG Soziale Auswahl Nr. 70 = NZA 2007, 504).

b) Ausnahme bestimmter Arbeitnehmer von der Sozialauswahl

2524 Eine Sozialauswahl erfolgte bis zum 30.9.1996 und ab dem 1.1.1999 bis zum 31.12.2003 ausnahmsweise nicht, soweit betriebstechnische, wirtschaftliche oder sonstige berechtigte betriebliche Bedürfnisse die Weiterbeschäftigung eines oder mehrerer bestimmter Arbeitnehmer bedingten und damit der Auswahl nach sozialen Gesichtspunkten entgegenstanden (§ 1 Abs. 3 S. 2 KSchG; APS/*Kiel* § 1 KSchG Rz. 734 ff.; s. zuletzt 7. Aufl. Rz. 1466d ff.; zur aktuellen Gesetzeslage s.u. Rn. 2642 ff.).

c) Darlegungs- und Beweislast

2525 Darlegungs- und beweispflichtig für das Vorliegen der Voraussetzungen der Herausnahme einzelner Arbeitnehmer aus der Sozialauswahl ist der **Arbeitgeber** (*BAG* 25.4.1985 EzA § 1 KSchG Betriebsbedingte Kündigung Nr. 35).

2526 Schlagwortartige Angaben (z.B. die Bezeichnung einer vergleichbaren Arbeitnehmerin als »Spitzenkraft« oder der pauschale Hinweis auf unterschiedliche Krankheitsquoten ohne Darlegung der betriebstechnischen, wirtschaftlichen oder betrieblichen Auswirkungen von zukünftig zu erwartenden Krankheitsfällen) reichen für einen substantiierten Sachvortrag nicht aus.

2527 Bei **Massenkündigungen** (z.B. im Zusammenhang mit der Stilllegung von Betriebsabteilungen) können zwar die mit einer sozialen Auswahl bei einer Massenkündigung verbundenen Schwierigkeiten u.U. die Herausnahme aus der Sozialauswahl i.S.v. § 1 Abs. 3 S. 2 KSchG rechtfertigen. Diese Schwierigkeiten erlauben es dem Arbeitgeber aber nicht, völlig von einer Auswahl nach sozialen Gesichtspunkten abzusehen (*BAG* 5.12.2002 EzA § 1 KSchG Soziale Auswahl Nr. 52 = NZA 2003, 791; vgl. auch *LAG Köln* 24.3.2005 – 6 Sa 1364/04 – LAG Report 2005, 367 = NZA-RR 2006, 20).

2528 Er muss vielmehr plausibel darlegen und ggf. unter Beweis stellen, dass der Austausch einer bestimmten Anzahl von Arbeitnehmern zwischen verschiedenen Betriebsabteilungen möglich ist, ohne dass der ordnungsgemäße Betriebsablauf gestört wird. Auf diese Zahl von Arbeitnehmern beschränkt sich dann die soziale Auswahl (*BAG* 25.4.1985 EzA § 1 KSchG Betriebsbedingte Kündigung Nr. 35; 5.12.2002 EzA § 1 KSchG Soziale Auswahl Nr. 52 = NZA 2003, 791; vgl. APS/*Kiel* § 1 KSchG Rz. 780 ff.; vgl. auch *LAG Köln* 24.3.2005 – 6 Sa 1364/04 – LAG Report 2005, 367 = NZA-RR 2006, 20).

2. Vergleichbarkeit der Arbeitnehmer

a) Arbeitsplatzbezogene Merkmale; Austauschbarkeit; öffentlicher Dienst

Die Vergleichbarkeit der in die soziale Auswahl einzubeziehenden Arbeitnehmer richtet sich in erster Linie nach **arbeitsplatzbezogenen Merkmalen und damit nach der ausgeübten Tätigkeit** (*BAG* 7.2.1985 EzA § 1 KSchG Soziale Auswahl Nr. 20; 2.2.2006 EzA § 1 KSchG Betriebsbedingte Kündigung Nr. 144 = NZA 2007, 352 LS; 18.10.2006 – 2 AZR 676/05 – EzA § 1 KSchG Soziale Auswahl Nr. 73 = NZA 2007, 798), also zunächst **nach der konkret erbrachten Arbeitsleistung** (*BAG* 5.6.2008 EzA § 1 KSchG Soziale Auswahl Nr. 81 = NZA 2008, 1120). 2529

Es ist zu prüfen, ob der Arbeitnehmer, dessen Arbeitsplatz weggefallen ist, die Funktion eines anderen Arbeitnehmers wahrnehmen kann. Daran **fehlt es** z.B. dann, wenn der Arbeitgeber Reinigungskräfte oder andere Arbeitnehmer **nicht einseitig auf den anderen Arbeitsplatz um- oder versetzen kann** (»arbeitsvertragliche Austauschbarkeit«; *BAG* 5.6.2008 EzA § 1 KSchG Soziale Auswahl Nr. 81 = NZA 2008, 1120; 18.10.2006 EzA § 1 KSchG Soziale Auswahl Nr. 73 = NZA 2007, 798; *LAG Köln* 28.9.2007 LAGE § 1 KSchG Soziale Auswahl Nr. 56). Daher kann es an einer Vergleichbarkeit der sonstigen Reinigungskräfte mit Reinigungskräften im Theaterbereich fehlen, deren Arbeitszeiten einzelvertraglich entsprechend den Aufführungszeiten des Theaterbetriebs vereinbart sind (*BAG* 24.5.2005 EzA § 613a BGB 2002 Nr. 38 = NZA 2006, 31). Die Vergleichbarkeit kann grds. auch **nicht dadurch herbeigeführt werden,** dass der Arbeitsvertrag eines von einem betrieblichen Ereignis betroffenen Arbeitnehmers erst **anlässlich dieses Ereignisses einvernehmlich oder im Wege der Änderungskündigung entsprechend abgeändert wird** (*BAG* 18.10.2006 EzA § 1 KSchG Soziale Auswahl Nr. 73 = NZA 2007, 798). 2530

Bei einer betriebsbedingten Kündigung im **öffentlichen Dienst** beschränkt sich die Sozialauswahl grds. auf die Arbeitnehmer **derselben Vergütungsgruppe**. Nur die Arbeitnehmer derselben Vergütungsgruppe sind miteinander vergleichbar, weil der öffentliche Arbeitgeber den Arbeitnehmern im Rahmen seines Direktionsrechts nur solche Tätigkeiten zuweisen kann, die deren Fähigkeiten und Kräften einerseits und den Merkmalen ihrer im Arbeitsvertrag genannten Vergütungsgruppe andererseits entsprechen. Dementsprechend kommt der im Arbeitsvertrag genannten Vergütungsgruppe für die Vergleichsgruppenbildung bei der Sozialauswahl bei einer Kündigung im öffentlichen Dienst entscheidende Bedeutung zu (*BAG* 23.11.2004 EzA § 1 KSchG Betriebsbedingte Kündigung Nr. 134 = NZA 2005, 986 = BAG Report 2005, 176 m. Anm. *Ehrich*). 2531

Allerdings gilt dies nur i.S. einer negativen Abgrenzung: Die Vergütungsgruppe schließt, sofern es sich nicht um einen Bewährungsaufstieg handelt, grds. die Vergleichbarkeit zwischen Arbeitnehmern verschiedener Vergütungsgruppen aus. Daraus kann aber nicht zugleich auch i.S. einer positiven Abgrenzung entnommen werden, Arbeitnehmer, die derselben Vergütungsgruppe angehören, seien stets i.S.d. Sozialauswahl miteinander vergleichbar. Insoweit kann die Gruppenbildung zwar von indiziellem Wert sein. Wenn aber ein Arbeitnehmer der betreffenden Vergütungsgruppe nur auf Grund Bewährungsaufstiegs angehört, ist mit der Aussage nur eine stark eingeschränkte indizielle Aussage über die Vergleichbarkeit der Tätigkeit verbunden (*BAG* 2.2.2006 EzA § 1 KSchG Betriebsbedingte Kündigung Nr. 144 = NZA 2007, 352 LS). Auch wenn im öffentlichen Dienst der tariflichen Eingruppierung damit eine besondere Bedeutung zukommen kann, so fehlt es an der geforderten Vergleichbarkeit trotz gleicher Eingruppierung jedenfalls dann, wenn der Arbeitgeber den Arbeitnehmer gar nicht einseitig im Wege des Direktionsrechts auf den anderen Arbeitsplatz um- oder versetzen kann (*BAG* 2.3.2006 EzA § 1 KSchG Soziale Auswahl Nr. 67 = NZA 2006, 1350; s.o. Kap. 1 Rn. 506 m.w.N.). 2532

aa) Horizontale Vergleichbarkeit

2533 Im Übrigen ist Vergleichbarkeit nicht nur bei Identität des Arbeitsplatzes, sondern auch dann gegeben, wenn der Arbeitnehmer auf Grund seiner Fähigkeiten und Ausbildung eine andersartige, aber gleichwertige Tätigkeit ausführen kann; der Kreis der einzubeziehenden Arbeitnehmer vollzieht sich in erster Linie nach arbeitsplatzbezogenen Merkmalen, also nach der ausgeübten Tätigkeit (*BAG* 2.3.2006 EzA § 1 KSchG EzA § 1 KSchG Soziale Auswahl Nr. 67 = NZA 2006, 1350; 5.6.2008 EzA § 1 KSchG Soziale Auswahl Nr. 81 = NZA 2008, 1120).

2534 Der Vergleich vollzieht sich **auf derselben Ebene der Betriebshierarchie,** auf der der bisher innegehabte Arbeitsplatz seinem Arbeitsvertrag entsprechend angesiedelt war (sog. horizontale Vergleichbarkeit [*BAG* 4.2.1993 RzK I 5 d Nr. 31; KR/*Etzel* 7. Aufl. § 1 KSchG Rz. 623 f. m.w.N.; APS/*Kiel* § 1 KSchG Rz. 672 ff.]; zur Titulierungsvielfalt in der Kommunikationsbranche insoweit *Kerbein* NZA 2002, 889 ff.). Der Arbeitgeber genügt seiner Pflicht zur Sozialauswahl deshalb regelmäßig nicht, wenn er dann, wenn z.B. in einem Reinigungsbetrieb mit zahlreichen Beschäftigten in verschiedenen Objekten ein Reinigungsobjekt durch Nichtverlängerung des Reinigungsauftrags wegfällt, sämtlichen in dem weggefallenen Reinigungsobjekt Beschäftigten kündigt ohne zu prüfen, ob in anderen Reinigungsobjekten vergleichbare Arbeitnehmer beschäftigt werden (*BAG* 17.1.2002 EzA § 1 KSchG Soziale Auswahl Nr. 47). Nach Auffassung des *LAG Hamm* (31.7.2003 LAG Report 2004, 178) steht der unterschiedliche Status von **Angestellten und gewerblichen Arbeitnehmern** insoweit einer Austauschbarkeit auf Grund des Direktionsrechts bei der Sozialauswahl entgegen.

2535 Stellt der Arbeitgeber im Rahmen der Sozialauswahl für ansonsten vergleichbare Arbeitnehmer **ein neues Anforderungsprofil auf und** unterteilt er die Arbeitnehmer in Gruppen, die dieses Anforderungsprofil erfüllen oder nicht, so macht dies eine konkrete Darlegung erforderlich, welche neuen Aufgaben der so gebildeten Gruppe von Arbeitnehmern übertragen werden sollen und warum ein Teil der bisher vergleichbaren Arbeitnehmer diese Kriterien nicht erfüllt. Die unternehmerische Entscheidung allein, nur noch mit qualifizierten Mitarbeitern die Produktion fortführen zu wollen, rechtfertigt es nicht, besser qualifizierte Arbeitnehmer von der Sozialauswahl auszunehmen, sofern sie nicht die Kriterien berechtigter betrieblicher Bedürfnisse i.S.d. § 1 Abs. 3 S. 2 KSchG erfüllen (*LAG Hessen* 18.12.2003 LAG Report 2004, 271).

bb) (Teil-)Identität der Aufgabenbereiche

2536 Bei **völliger Identität der Aufgabenbereiche** (z.B. in dem Fall der Stilllegung einer mehrfach im Betrieb vorhandenen Maschine) spielen wegen der uneingeschränkt bestehenden Austauschbarkeit qualifikationsbezogene Merkmale bei der Bestimmung des auswahlrelevanten Personenkreises keine Rolle (*BAG* 5.6.2008 EzA § 1 KSchG Soziale Auswahl Nr. 81 = NZA 2008, 1120; KR/*Etzel* 5. Aufl., § 1 KSchG Rz. 567). Bei einer nur **partiellen Identität der Aufgabenbereiche,** die durch eine funktionsbezogene Betrachtungsweise festzustellen ist, bedarf es darüber hinaus der Prüfung, ob die unmittelbar von einer betrieblichen Maßnahme oder von außerbetrieblichen Faktoren betroffenen, d.h. freigesetzten Arbeitnehmer mit solchen Arbeitnehmern, die im Betrieb eine vergleichbare Aufgabenstellung innehaben, ausgetauscht werden können (sog. subjektive Ebene). Maßgeblich ist dann, ob der Arbeitnehmer aufgrund seiner Tätigkeit und Ausbildung eine **andersartige, aber gleichwertige Tätigkeit** ausführen kann. Die Notwendigkeit einer kurzen Einarbeitungszeit steht dann einer Vergleichbarkeit nicht entgegen (**»qualifikationsmäßige Austauschbarkeit«**). Die Vergleichbarkeit wird insbesondere nicht allein dadurch ausgeschlossen, dass einzelne Arbeitnehmer bestimmte Tätigkeiten besonders beherrschen, bspw. bestimmte Maschinen bedienen können (**Routinevorsprung;** *BAG* 5.6.2008 EzA § 1 KSchG Soziale Auswahl Nr. 81 = NZA 2008, 1120).

2537 Insoweit kann einem aktuellen Stand von Fertigkeiten und Kenntnissen z.B. dann eine erhebliche Bedeutung zukommen, wenn der betroffene Arbeitnehmer sich die benötigten

Kenntnisse nach seiner eigenen Einschätzung erst innerhalb eines Zeitraums von **drei Monaten** aneignen müsste.

Das *BAG* (5.5.1994 EzA § 1 KSchG Soziale Auswahl Nr. 31) geht davon aus, dass eine **alsbaldige Substituierbarkeit** gefordert ist, die bei diesem Zeitraum nicht gegeben ist. Andernfalls würde der aus dem Begriff »Auswahl« abgeleitete Begriff der Austauschbarkeit überdehnt. So nehmen z.B. die aus einer mehrjährigen Tätigkeit gewonnenen Fachkenntnisse und ressortspezifische Kontakte den Redakteuren des Ressorts einer Tageszeitung nicht die Vergleichbarkeit mit einem entlassenen Kollegen, der im Laufe der Jahre bereits in verschiedenen Ressorts tätig war (*LAG Bln.* 9.5.2003 – 6 Sa 42/03 – EzA-SD 13/03, S. 8 LS). Auch die Kündigung eines Packers, dessen Arbeitsplatz nicht weggefallen ist, **zu Gunsten eines Maschinenbedieners**, dessen Arbeitsplatz eingespart wurde, kann nicht mit der Begründung gerechtfertigt werden, **dass an Packer-Arbeitsplätzen künftig nur noch Personen beschäftigt werden sollen, die auch in der Lage sind, Maschinen zu bedienen**, wenn der betroffene Packer sozial schutzwürdiger und zudem in der Lage ist, die Qualifikation eines Maschinenbedieners in zumutbarer Zeit zu erlernen (*LAG Köln* 22.2.2006 – 7 Sa 1314/05 – NZA-RR 2006, 523 LS). 2538
Arbeitnehmer mit **unterschiedlichen Tarifgruppen** können nach z. T. vertretener Auffassung mangels Vergleichbarkeit selbst dann nicht in eine Sozialauswahl einbezogen werden, wenn dies eine mit dem Betriebsrat vereinbarte Auswahlrichtlinie vorsieht (*LAG Bln.* 7.11.2003 – 6 Sa 1391/03 – ARST 2004, 211 LS = NZA-RR 2004, 353).

cc) Wegfall des Aufgabenbereichs

Eine wechselseitige Austauschbarkeit ist in dem zuletzt genannten Fall nicht erforderlich, soweit der Aufgabenbereich des freigesetzten Arbeitnehmers völlig weggefallen ist. 2539

Es kommt dann vielmehr darauf an, ob derjenige Arbeitnehmer, dessen Arbeitsplatz aus betriebsbedingten Gründen ganz oder teilweise zum Fortfall gekommen ist, **auf Grund seiner beruflichen Qualifikation sowie auf Grund seiner seitherigen Tätigkeiten im Betrieb dazu in der Lage ist, die andersartige, aber gleichwertige Arbeit von anderen Arbeitnehmern auszuüben** (*BAG* 29.3.1990 EzA § 1 KSchG Soziale Auswahl Nr. 29). Zu berücksichtigen sind individuelle berufliche Kenntnisse und Fähigkeiten, Leistungsfähigkeiten und -bereitschaft (vgl. *Gaul* NZA 1992, 673). 2540

Dagegen hat der arbeitsplatzbezogene **Routinevorsprung außer Betracht** zu bleiben. Allerdings muss der Arbeitnehmer, dessen Arbeitsplatz weggefallen ist, auf Grund seiner Fähigkeiten und betrieblichen Erfahrungen nach einer **kurzen Einarbeitungszeit** in der Lage sein, die für einen fortbestehenden Arbeitsplatz geforderte Tätigkeit auszuüben. Welcher Zeitraum dem Arbeitnehmer im Rahmen der Vergleichbarkeitsprüfung zuzubilligen ist, hängt von den Umständen des Einzelfalles ab. Als **äußerste Grenze** wird die **Probezeit** angesehen (vgl. *Färber* NZA 1985, 176). 2541

Wurde einem Arbeitnehmer unter Abänderung seines Arbeitsvertrages die Leitung eines konkreten Aufgabenbereichs übertragen und kündigt der Arbeitgeber später betriebsbedingt, weil dieser Aufgabenbereich wegfällt, so sind die ehemals vergleichbaren, ohne Leitungsfunktion in anderen Abteilungsbereichen beschäftigten Arbeitnehmer i.d.R. nicht in die soziale Auswahl einzubeziehen (*BAG* 17.9.1998 EzA § 1 KSchG Soziale Auswahl Nr. 36.; vgl. dazu *Langenbucher* SAE 1999, 170 ff.; *Feudner* DB 1999, 2566 ff.). 2542
Kann ein Arbeitnehmer nach dem Arbeitsvertrag **nur innerhalb eines bestimmten Arbeitsbereichs versetzt werden** (z.B. eine Layouterin/Redakteurin nur innerhalb der Redaktion ihrer Zeitschrift), so ist bei einer wegen Wegfalls dieses Arbeitsbereichs erforderlichen betriebsbedingten Kündigung **keine Sozialauswahl unter Einbeziehung der vom Tätigkeitsfeld vergleichbaren Arbeitnehmer anderer Arbeitsbereiche** (z.B. Redaktionen anderer Zeitschriften des Verlages) **vorzunehmen** (*BAG* 17.2.2000 EzA § 1 KSchG Soziale Auswahl Nr. 43). Es fehlt also an der Vergleichbarkeit, wenn der Arbeit-

geber den Arbeitnehmer nicht einseitig auf einen anderen Arbeitsplatz umsetzen kann (*BAG* 15.8.2002 EzA § 1 KSchG Betriebsbedingte Kündigung Nr. 123 = NZA 2003, 430). Ob eine konkretisierende Einschränkung des Weisungsrechts, die nicht zu einer vertraglichen Eingrenzung auf eine ausschließlich geschuldete Tätigkeit führt, in diesem Rahmen die Vergleichbarkeit zu Lasten des Arbeitnehmers einschränkt, hat das *BAG* (15.8.2002 EzA § 1 KSchG Betriebsbedingte Kündigung Nr. 123) offen gelassen.

b) Grundsatz der Betriebs-, Dienststellenbezogenheit der Sozialauswahl; Ausnahmen

2543 Da der konkrete Arbeitsplatz eine Funktion des Betriebes, zu dem er gehört, ist, nicht jedoch eine solche des Unternehmens, bezieht sich die Sozialauswahl auch (nur) auf den Betrieb, der vom Wegfall des Arbeitsplatzes betroffen ist, nicht auf das gesamte Unternehmen. Die Sozialauswahl erfolgt daher **streng betriebsbezogen** (*BAG* 18.10.2006 EzA § 1 KSchG Soziale Auswahl Nr. 73 = NZA 2007, 798; 15.12.2005 EzA § 1 KSchG Soziale Auswahl Nr. 66 = NZA 2006, 590; 22.9.2005 EzA § 113 InsO Nr. 18; 2.6.2005 EzA § 1 KSchG Soziale Auswahl Nr. 61 = NZA 2005, 1175; 28.10.2004 EzA § 1 KSchG Soziale Auswahl Nr. 56 = NZA 2005, 285 = BAG Report 2005, 142; *LAG Nbg.* 17.2.2004 – 6 Sa 518/03 – FA 2004, 287 LS = NZA-RR 2004, 628; *LAG Köln* 17.8.2005 – 7 Sa 520/05 – EzA-SD 6/06, S. 12 LS; krit. *Berkowsky* NZA 1996, 290; APS/*Kiel* § 1 KSchG Rz. 663 ff.; vgl. dazu *Bröhl* BB 2006, 1050 ff.; *Gaul/Bonnani* NZA 2006, 289 ff.; *Pauly* ZTR 2006, 578 ff.), insbes. dann, wenn der Arbeitnehmer nach seinem Arbeitsvertrag nach dem **Direktionsrecht einem anderen Betrieb nicht zugewiesen werden kann**; etwas anderes gilt selbst dann nicht, wenn der Arbeitnehmer angesichts einer nunmehr erklärten Kündigung seine Bereitschaft erklärt hat, sich an einem anderen Betriebsort einsetzen zu lassen (*LAG Nbg.* 17.2.2004 – 6 Sa 518/03 – FA 2004, 287 LS = NZA-RR 2004, 628; s.a. *BAG* 18.10.2006 EzA § 1 KSchG Soziale Auswahl Nr. 73 = NZA 2007, 798).

2544 Nichts anderes gilt grds. bei einer entsprechenden Ausweitung des Direktionsrechts des Arbeitgebers. Besteht also in einem Betrieb eines Unternehmens ein dringendes betriebliches Erfordernis, etwa die Personalstärke an den gesunkenen Arbeitsanfall anzupassen, so kann dies grds. nur die Kündigung gegenüber Arbeitnehmern dieses Betriebs sozial rechtfertigen. Dafür, im Wege der Sozialauswahl für die zur Kündigung anstehenden Arbeitnehmer Arbeitsplätze in einem anderen Betrieb des Unternehmens freizukündigen, besteht kein dringendes, auf den anderen Betrieb bezogenes Erfordernis. **Dies gilt auch dann, wenn in den Arbeitsverträgen ein unternehmensweites Versetzungsrecht vereinbart ist.** Denn eine Sozialauswahl, die vergleichbare Arbeitnehmer mehrerer, möglicherweise weit auseinander liegender Betriebe des Unternehmens einbezieht, würde die Vorbereitung des Kündigungsentschlusses durch den Arbeitgeber und dessen Nachprüfung durch die Gerichte ohne ausreichende gesetzliche Grundlage über Gebühr erschweren und darüber hinaus zu nur schwer lösbaren Problemen im Rahmen der Beteiligung des Betriebs-/Personalrats bei derartigen Maßnahmen führen (*BAG* 18.10.2006 EzA § 1 KSchG Soziale Auswahl Nr. 73 = NZA 2007, 798; 15.12.2005 EzA § 1 KSchG Soziale Auswahl Nr. 66 = NZA 2006, 590; 2.6.2005 EzA § 1 KSchG Soziale Auswahl Nr. 61 = NZA 2005, 1175; vgl. dazu *Bröhl* BB 2006, 1050 ff.; **a.A.** zutr. *LAG RhPf* 16.3.2005 NZA-RR 2005, 588 für den Fall, dass der Arbeitsvertrag mit der Unternehmensführung abgeschlossen worden ist und eine unternehmensweite Versetzbarkeit vorsieht; vgl. dazu *Gaul/Bonnani* NZA 2006, 289 ff.; s.a. *LAG Düsseld.* 18.4.2007 LAGE § 1 KSchG Soziale Auswahl Nr. 55).

2545 In die Sozialauswahl sind also grds. nur die Arbeitnehmer des **Betriebes** oder selbstständigen Betriebsteils (auch wenn er räumlich weit entfernt ist, so *LAG Köln* 8.3.2007 – 6 Sa 1056/06 – ArbuR 2007, 325 LS), in dem der zu kündigende Arbeitnehmer beschäftigt ist, einzubeziehen. Auch bei einer **Betriebsstätte** kann es sich insoweit um einen »Betrieb« i.S.d. § 1 KSchG handeln, wenn die vom Arbeitgeber hergestellte organisatorische Einheit der Erreichung eines einheitlichen arbeitstechnischen Zweckes dient. Notwendig für eine derartige Einheit ist ein einheitlicher Leitungsapparat, dem die zentralen mitbestimmungspflichtigen Entscheidungen, insbes. in personellen und sozialen Angelegenheiten obliegen. Dabei ist eine **»wesentliche« Selbständigkeit der Entscheidungen in personeller und sozialer Hinsicht erforderlich** (*LAG RhPf* 17.2.2005 LAG Report 2005, 271; s.a. *LAG Köln* 17.8.2005 – 7 Sa 520/05 – EzA-SD 6/06, S. 12 LS); entscheidend ist insoweit die **tatsächliche Handhabung in der Praxis, nicht die Zuweisung von Funktionen auf dem Papier** (zutr. *LAG Köln* 17.8.2005 – 7 Sa 520/05 – EzA-SD 6/06, S. 12 LS).

Bilden allerdings mehrere Unternehmen einen **gemeinschaftlichen Betrieb**, so ist die Sozialauswahl bis zu einer etwaigen Auflösung des Gemeinschaftsbetriebes auf den gesamten Betrieb zu erstrecken (*BAG* 29.11.2007 EzA § 1 KSchG Soziale Auswahl Nr. 79; 22.9.2005 EzA § 113 InsO Nr. 18 = NZA 2006, 658; 24.2.2005 EzA § 1 KSchG Soziale Auswahl Nr. 59 = NZA 2005, 867 = BAG Report 2005, 300; *Schmädicke/Glaser/Altmüller* NZA-RR 2005, 397 ff.; vgl. dazu *Bröhl* BB 2006, 1050 ff.). Ist allerdings im Zeitpunkt der Kündigung **einer der Betriebe**, die einen Gemeinschaftsbetrieb gebildet haben, **stillgelegt**, so sind damit i.d.R. die Arbeitgeberfunktionen im Bereich der sozialen und personellen Angelegenheiten sowie die unternehmerischen Funktionen im Bereich der wirtschaftlichen Angelegenheiten dem vormals einheitlichen Leitungsapparat der beteiligten Unternehmen entzogen, der Gemeinschaftsbetrieb aufgelöst. In diesem Fall ist die »gemeinsame Klammer«, die eine unternehmensübergreifende Sozialauswahl veranlasst hat, entfallen (*BAG* 29.11.2007 EzA § 1 KSchG Soziale Auswahl Nr. 79; 24.2.2005 EzA § 1 KSchG Soziale Auswahl Nr. 59 = NZA 2005, 867 = BAG Report 2005, 300; *LAG Hmb.* 28.10.2005 – 6 Sa 13/05 – EzA-SD 25/05, S. 12 LS). Gleiches gilt, wenn im Zeitpunkt der Kündigung der eine der Betriebe, die zusammen einen Gemeinschaftsbetrieb gebildet haben, zwar noch nicht stillgelegt ist, auf Grund einer unternehmerischen Entscheidung, die **bereits greifbare Formen** angenommen hat, aber feststeht, dass er bei Ablauf der Kündigungsfrist des Arbeitnehmers stillgelegt sein wird (*BAG* 29.11.2007 EzA § 1 KSchG Soziale Auswahl Nr. 79; *LAG Hmb.* 28.10.2005 – 6 Sa 13/05 – EzA-SD 25/05, S. 12 LS). Ist jedoch die **einheitliche personelle Leitung** und damit **die »gemeinsame Klammer«**, durch die die betriebsübergreifende Sozialauswahl ermöglicht wird, **zunächst erhalten geblieben** und war der Arbeitgeber rechtlich in der Lage, ohne Ausspruch einer Änderungskündigung zwischen mehreren Arbeitnehmern eines stillzulegenden Teils denjenigen auszuwählen, der im weitergeführten Teil beschäftigt werden soll, so muss eine Sozialauswahl stattfinden (*BAG* 24.2.2005 EzA § 1 KSchG Soziale Auswahl Nr. 59 = NZA 2005, 867 = BAG Report 2005, 300). Bilden zudem zwei Unternehmen einen Gemeinschaftsbetrieb, so führt **nicht jede Änderung des Betriebszwecks** der verbundenen Unternehmen ohne weiteres **zu einer Auflösung** des Gemeinschaftsbetriebs. Bei einer bloßen Änderung des Betriebszwecks eines der beiden Unternehmen kommt es dann **entscheidend** darauf an, ob die Fortführung der beiden Betriebsteile auch nach der Änderung des Betriebszwecks des einen Unternehmens auf das **Fortbestehen eines Gemeinschaftsbetriebs** schließen lässt (*BAG* 29.11.2007 EzA § 1 KSchG Soziale Auswahl Nr. 79). 2546

► **Beispiel:** 2547
Haben zwei Unternehmen in der Form eines Gemeinschaftsbetriebs **Bauleistungen** erbracht, so muss nicht notwendigerweise die bisher ausgeübte einheitliche personelle Leitung wegfallen, wenn sich in Zukunft das eine dieser Unternehmen auf **Bauträgerleistungen** konzentriert oder bloße **Bauplanungen** ausführt und die gewerblichen Bauaufgaben dem anderen Unternehmen überlässt (*BAG* 29.11.2007 EzA § 1 KSchG Soziale Auswahl Nr. 79).

Arbeitnehmer eines anderen Betriebes oder eines selbstständigen Betriebsteils bleiben ansonsten folglich grds. im Rahmen der Sozialauswahl außer Betracht (*LAG Hamm* 5.5.2004 LAG Report 2005, 17). Ist ein **selbstständiger Betriebsteil** auf einen Betriebserwerber **übertragen** worden, der diesen identitätswahrend fortführt, sind die dort beschäftigten Arbeitnehmer im Rahmen der Sozialauswahl der im verbliebenen Betriebsteil beschäftigten Arbeitnehmer nicht mehr zu berücksichtigen (*LAG Hamm* 5.5.2004 LAG Report 2005, 17). Eine andere Beurteilung ist auch nicht deshalb geboten, weil der Beklagte zum **Insolvenzverwal-** 2548

ter aller am bisherigen Gemeinschaftsbetrieb beteiligten Unternehmen bestellt worden ist (*LAG Hamm* 27.11.2003 LAG Report 2004, 241). Das gilt auch dann, wenn ein Betriebsteil stillgelegt und der andere Betriebsteil **auf einen Erwerber übertragen werden soll.** Bei der betriebsbedingten Kündigung eines **Arbeitnehmers** des **stillzulegenden Betriebsteils** ist andererseits bei der Sozialauswahl auch ein **vergleichbarer Arbeitnehmer zu berücksichtigen,** der zur Zeit der Kündigung dem später zu übertragenden Betriebsteil angehört. **Dies folgt aus dem Schutzzweck der Sozialauswahl,** den Arbeitsplatz des sozial schwächeren Arbeitnehmers zu erhalten. § 613a Abs. 4 BGB steht dem nicht entgegen (*BAG* 28.10.2004 EzA § 1 KSchG Soziale Auswahl Nr. 56 = NZA 2005, 285 = BAG Report 2005, 142; vgl. dazu *Quecke* BAG Report 2005, 97; **a.A.** *LAG Hamm* 18.2.2004 NZA-RR 2005, 189 = LAG Report 2005, 68 u. 5.5.2004 LAG Report 2005, 13 für eine einheitliche Entscheidung zur Teilstilllegung und Teilveräußerung in der Insolvenz). Ist der Arbeitnehmer des Weiteren nach seinem Arbeitsvertrag **betriebsübergreifend versetzbar,** so ist für die Beurteilung, ob die Sozialauswahl zutreffend erfolgt ist, **nicht auf die zufällige Personalstruktur des letzten Arbeitsplatzes abzustellen,** sondern alle **Arbeitnehmer mit vergleichbaren Tätigkeiten** im Unternehmen einzubeziehen (*BAG* 3.6.2004 EzA § 1 KSchG Soziale Auswahl Nr. 55 = NZA 2005, 175; *LAG Köln* 9.2.2004 – 2 (10) Sa 982/03 – EzA-SD 13/2004, S. 13 LS = NZA-RR 2005, 26; vgl. dazu *Bröhl* BB 2006, 1050 ff.; *Gaul/Bonnani* NZA 2006, 289 ff.).

2549 Werden im Zusammenhang mit der Umstrukturierung und Privatisierung z.B. der Hausmeisterdienste einer Universität zugleich neue Stellen geschaffen, u.a. als Kraftfahrer, so hat der Arbeitgeber durch eine Sozialauswahl nach den Grundsätzen des § 1 Abs. 3 KSchG zu entscheiden, welche von der Organisationsentscheidung betroffenen Arbeitnehmer er auf diesen neuen Stellen weiterbeschäftigt (*BAG* 25.4.2002 EzA § 1 KSchG Betriebsbedingte Kündigung Nr. 121). Der Arbeitgeber muss bei der Planung und der Besetzung der – neu geschaffenen – Stellen insoweit auch damit rechnen, dass sozial schwächere Arbeitnehmer einem Übergang ihres Arbeitsverhältnisses auf einen externen Anbieter widersprechen. Das *BAG* (25.4.2002 EzA § 1 KSchG Betriebsbedingte Kündigung Nr. 121) hat es – auf Grund der besonderen Einzelfallumstände – dahinstehen lassen, ob der öffentliche Arbeitgeber bei der Besetzung neuer Stellen für kündigungsbedrohte Arbeitnehmer nach Durchführung einer – internen – Ausschreibung nur noch diejenigen bei einer Stellenbesetzung berücksichtigen muss, die sich im Vorfeld auch für die entsprechende Stelle beworben haben oder ob er grds. verpflichtet bleibt, einem vom Wegfall seines bisherigen Arbeitsplatzes betroffenen Arbeitnehmer von sich aus eine beiden Parteien zumutbare Weiterbeschäftigung auf einem freien Arbeitsplatz auch zu geänderten Arbeitsbedingungen anzubieten und dabei klarzustellen, dass im Falle einer Ablehnung eines solchen Änderungsangebots möglicherweise eine Kündigung in Betracht kommt. Der Arbeitgeber darf seine Sozialauswahl nicht auf Arbeitnehmer einer Betriebsabteilung oder eines Betriebsteils beschränken (*BAG* 17.8.1998 NZA 1998, 1332; 5.4.1994 NZA 1994, 1023).

2550 **Betriebsteile,** die wegen ihrer räumlich weiten Entfernung vom Hauptbetrieb nach § 4 S. 1 Nr. 1 BetrVG als selbstständige Betriebe gelten und für die ein eigener Betriebsrat besteht, bilden i.S.d. KSchG einen **einheitlichen Betrieb mit dem Hauptbetrieb,** wenn dort **sämtliche Leitungsbefugnisse** in personeller und sozialer Hinsicht liegen. In diesem Fall ist die **Sozialauswahl** auf die Arbeitnehmer **beider Betriebsstätten** zu erstrecken (*LAG SA* 11.1.2000 NZA-RR 2001, 81). Auch bei räumlich weit entfernt liegenden Betriebsteilen ist eine einschränkende Auslegung nicht möglich. Die Sozialauswahl ist vielmehr nur dann ausnahmsweise auf einen Betriebsteil beschränkt, wenn ein Arbeitnehmer nach seinem Arbeitsvertrag nicht im Wege des Direktionsrechts in andere Betriebsteile versetzt werden kann. In diesem Falle fehlt es an einer Vergleichbarkeit i.S.d. § 1 Abs. 3 KSchG (*BAG* 17.9.1998 NZA 1998, 1232; *LAG Köln* 8.10.2003 – 8 Sa 131/03 – EzA-SD 5/04, S. 12 LS = ARST 2004, 188 LS). Der Arbeitgeber des **öffentlichen Dienstes** muss die Sozialauswahl auf sämtliche Arbeitnehmer der Dienststelle als Einheit der Organisation, die insbes. durch einen **einheitlichen Leitungsapparat** gekennzeichnet wird (z.B. die Oberfinanzdirektion), erstrecken und kann sie **nicht auf einzelne Abteilungen beschränken** (*LAG BW* 30.9.1998 NZA-RR 1999, 302).

Die insoweit wesentlichen Grundsätze lassen sich mit dem *BAG* (3.6.2004 EzA § 1 KSchG Soziale Auswahl Nr. 55 = NZA 2005, 175 = BAG Report 2005, 235; ebenso *LAG Bln.* 6.12.2005 LAGE § 102 BetrVG 2001 Nr. 5; vgl. dazu *Bröhl* BB 2006, 1050 ff.) wie folgt zusammenfassen: 2551

- Die Sozialauswahl ist nicht auf Betriebsteile oder Betriebsabteilungen beschränkt. Allein die räumliche Entfernung (70 km zwischen Brem. und Bremerhaven) von Hauptbetrieb und Niederlassung steht einer betriebsbezogenen Sozialauswahl nicht entgegen, es kann gleichwohl ein Betrieb i.S.v. § 23 KSchG gegeben sein.
- Eine mögliche betriebsverfassungsrechtliche Eigenständigkeit einzelner Betriebsteile steht einer betriebsteilübergreifenden Sozialauswahl nicht entgegen.
- Lässt der Arbeitsvertrag des zu kündigenden Arbeitnehmers eine Tätigkeit in mehreren oder allen Betriebsteilen zu oder enthält er keine örtlichen Einsatzbeschränkungen, sind in die Sozialauswahl alle Arbeitnehmer aller Betriebsteile des Betriebes mit einzubeziehen.
- Eine vertraglich beiderseits bindende nachträgliche Beschränkung des Einsatzorts ergibt sich noch nicht allein aus dem Umstand, dass der Arbeitnehmer jahrelang immer am gleichen Arbeitsort eingesetzt worden ist.

Die Sozialauswahl ist im Übrigen jedenfalls dann ausnahmsweise unternehmensbezogen durchzuführen, wenn der Arbeitsvertrag mit der Unternehmensführung geschlossen wurde und eine unternehmensweite Versetzbarkeit vorsieht (*LAG RhPf* 16.3.2005 – 9 Sa 994/04 – EzA-SD 17/05 S. 8 LS = LAG Report 2005, 273; s.a. Rn. 2543).

Auf die Arbeitsplätze anderer Betriebe des Unternehmens sowie auf Konzernunternehmen finden die Grundsätze der sozialen Auswahl im Übrigen dagegen keine Anwendung. **Das KSchG ist nicht konzernbezogen.** Der Arbeitgeber ist also vor Ausspruch einer betriebsbedingten Kündigung **grds. nicht verpflichtet, den Arbeitnehmer in einem anderen Betrieb eines anderen Unternehmens unterzubringen** (*BAG* 23.3.2006 EzA § 1 KSchG Betriebsbedingte Kündigung Nr. 147 = NZA 2007, 30). **§ 1 Abs. 3 KSchG ist daher z.B. nicht anwendbar, wenn Arbeitnehmer eines stillgelegten Betriebes auf freie Arbeitsplätze anderer Konzernunternehmen vermittelt werden** (*BAG* 14.10.1982 EzA § 15 KSchG n.F. Nr. 29; 22.5.1986 EzA § 1 KSchG Soziale Auswahl Nr. 22; vgl. dazu *Kukat* BB 2000, 1242 ff.). Eine unternehmensübergreifende Weiterbeschäftigungspflicht in einem Konzern besteht **auch dann nicht**, wenn die unternehmerische Entscheidung getroffen worden ist, **den einen Betrieb stillzulegen**, den Betrieb eines anderen Konzernunternehmens aber mit im Wesentlichen gleichem Tätigkeitsfeld ohne erhebliche Aufstockung der Belegschaft weiterzuführen (*LAG Nds.* 11.8.2005 NZA-RR 2006, 16). 2552

Fallen jedoch in verschiedenen Betrieben eines Unternehmens Arbeitsplätze weg, und ist die Weiterbeschäftigung nur eines Arbeitnehmers bzw. einer entsprechend geringeren Anzahl von Arbeitnehmern auf einem oder mehreren freien Arbeitsplätzen in einem dieser Betriebe möglich, so hat der Arbeitgeber bei der Besetzung dieses freien Arbeitsplatzes die sozialen Belange der betroffenen Arbeitnehmer zumindest nach § 315 BGB mit zu berücksichtigen (*BAG* 15.12.1994 EzA § 1 KSchG Betriebsbedingte Kündigung Nr. 76; 21.9.2000 EzA § 1 KSchG Betriebsbedingte Kündigung Nr. 107; 22.9.2005 EzA § 1 KSchG Betriebsbedingte Kündigung Nr. 141 = NZA 2006, 558; s. dazu *Bachner* NZA 2006, 1310 ff.; krit. *Schiefer* NZA 1995, 662 ff. für eine analoge Anwendung von § 1 Abs. 3 KSchG *Preis* NZA 1997, 1081; das *BAG* (21.9.2000 EzA § 1 KSchG Betriebsbedingte Kündigung Nr. 107) hat sich zuletzt auf »§ 315 BGB bzw. § 1 Abs. 3 KSchG« gestützt; vgl. dazu *Joussen* SAE 2001, 261 ff.) und geht inzwischen (*BAG* 22.9.2005 EzA § 1 KSchG Betriebsbedingte Kündigung Nr. 141 = NZA 2006, 551) davon aus, **dass gewichtige Gründe dafür sprechen**, in diesem Fall die Grundsätze der Sozialauswahl nach § 1 Abs. 3 KSchG entsprechend anzuwenden. 2553

2554 Ob der Arbeitgeber bei einer derartigen Konkurrenz der Weiterbeschäftigungsansprüche von Arbeitnehmern verschiedener Betriebe des Unternehmens nach § 1 Abs. 2 S. 2 Nr. 1b KSchG eine Sozialauswahl entsprechend § 1 Abs. 3 KSchG vorzunehmen hat, hatte das *BAG* (15.12.1994 EzA § 1 KSchG Betriebsbedingte Kündigung Nr. 76; 21.9.2000 EzA § 1 KSchG Betriebsbedingte Kündigung Nr. 107) zuvor offen gelassen (dafür *LAG Düsseld.* 9.7.1993 LAGE § 1 KSchG Soziale Auswahl Nr. 12; ErfK/*Ascheid* 1 KSchG Rz. 481, 818; *Berkowsky* NJW 1996, 295; *Bitter/Kiel* RdA 1994, 351; APS/*Kiel* § 1 KSchG Rz. 640 ff.).

2555 Das *LAG Köln* (15.8.1996 NZA 1997, 887) ist davon ausgegangen, dass dann, wenn in einem Betrieb aus betrieblichen Gründen ein Arbeitsplatz wegfällt und der Arbeitgeber arbeitsvertraglich den vom Wegfall des Arbeitsplatzes betroffenen Arbeitnehmer ebenso wie einen mit diesem vergleichbaren Arbeitnehmer in einen anderen Betrieb versetzen kann, bei der Versetzungsentscheidung die Grundsätze einer sozialen Auswahl jedenfalls **entsprechend § 315 BGB** zu berücksichtigen sind.

2556 Die Sozialauswahl hat zudem zumindest dann betriebsübergreifend zu erfolgen, wenn mehrere Unternehmen einen Gemeinschaftsbetrieb unterhalten (*BAG* 13.6.1985 EzA § 1 KSchG Nr. 41, 5.5.1994 EzA § 1 KSchG Soziale Auswahl Nr. 31; *LAG Köln* 25.4.2001 NZA-RR 2002, 422; vgl. auch *LAG Köln* 19.6.1998 LAGE § 1 KSchG Soziale Auswahl Nr. 55). Eine unternehmensübergreifende Sozialauswahl ist aber jedenfalls dann nicht vorzunehmen, wenn der Gemeinschaftsbetrieb **im Zeitpunkt der Kündigung nicht mehr besteht**. Gleiches gilt, wenn im Zeitpunkt der Kündigung der eine der beiden Betriebe, die zusammen einen Gemeinschaftsbetrieb gebildet haben, zwar noch nicht stillgelegt ist, auf Grund einer unternehmerischen Entscheidung, die bereits greifbare Formen angenommen hat, aber feststeht, dass er bei Ablauf der Kündigungsfrist des Arbeitnehmers stillgelegt sein wird (*BAG* 18.9.2003 – 2 AZR 607/02 – BAG Report 2004, 146; 27.11.2003 EzA § 1 KSchG Betriebsbedingte Kündigung Nr. 128 = NZA 2004, 477 = BAG Report 2004, 148; vgl. dazu *Quecke* BAG Report 2005, 97). Maßgeblicher Zeitpunkt für die Beurteilung der Rechtmäßigkeit der Kündigung ist der ihres Zugangs; allerdings kann auch u.U. die Entwicklung nach der Kündigung berücksichtigt werden (*BAG* 27.11.2003 EzA § 1 KSchG Betriebsbedingte Kündigung Nr. 128 = NZA 2004, 477 = BAG Report 2004, 148; s.o. Rn. 2543; s.u. Rn. 2701 ff.). Wird des Weiteren **ein von mehreren Unternehmen unterhaltener Betrieb** endgültig eingestellt, so erstreckt sich die Sozialauswahl bei einer betriebsbedingten Kündigung von im Gemeinschaftsbetrieb beschäftigten Arbeitnehmern nicht auf die Arbeitnehmer der beteiligten Unternehmen (*LAG Köln* 26.2.1998 NZA-RR 1999, 27). Das gilt auch, wenn der Gemeinschaftsbetrieb zwar im Kündigungszeitpunkt noch besteht, aber bereits feststeht, dass er spätestens mit Ablauf der Kündigungsfrist aufgelöst sein wird (*LAG Hmb.* 29.8.2002 –7 Sa 11/02 – EzA-SD 1/03, S. 6 LS).

2557 Ein kündigungsrechtlich relevanter **Konzernbezug** ist im Übrigen aber **in Ausnahmefällen denkbar**; eine konzernbezogene Betrachtung kann dann geboten sein. Davon ist nicht nur auszugehen, wenn sich ein anderes Konzernunternehmen **ausdrücklich zur Übernahme des Arbeitnehmers verpflichtet hat**, sondern auch und vor allem dann, wenn sich eine solche Verpflichtung **aus dem Arbeitsvertrag** oder einer sonstigen vertraglichen Absprache ergibt. Weitere Voraussetzung ist dann allerdings ein **bestimmender Einfluss** des Beschäftigungsbetriebs bzw. des vertragsschließenden Unternehmens auf die »Versetzung«. Die Entscheidung darüber darf grds. nicht dem zur Übernahme bereiten Unternehmen vorbehalten worden sein.

2558 Ein »konzernbezogener Kündigungsschutz« wird zwar ebenfalls für Fallgestaltungen erörtert, in denen konzerninterne Entscheidungen (z.B. die Verlagerung von Tätigkeiten auf andere Konzernunternehmen, Stilllegung eines Konzernunternehmens oder einer Abteilung bei gleichzeitiger Neugründung eines Konzernunternehmens mit identischen arbeitstechnischen und wirtschaftlichen Zielsetzungen) den Beschäftigungsbedarf für den betreffenden Arbeitnehmer bei konzernbezogener Betrachtungsweise nicht wegfallen lassen. Eine solche Erweiterung des Kündigungsschutzes im Wege der Rechtsfortbildung auf Fälle der bloßen konzerninternen Verlagerung von nach wie vor bestehenden Beschäftigungsmöglichkeiten fordert allerdings – wenn sie überhaupt möglich sein sollte – jedenfalls gesteigerte Anforderungen an die Darlegungslast des Arbeitnehmers. Er muss zumindest hinreichend konkret darlegen, dass der in seinem Konzernunternehmen wegfallende Beschäftigungsbedarf lediglich auf ein anderes Konzernunternehmen verlagert ist, dort nach wie vor besteht und dieses Konzernunternehmen diesen Beschäftigungsbedarf nunmehr z.B. durch auf dem freien Arbeitsmarkt angeworbene oder willkürlich aus dem Mitarbeiterstamm seines Arbeitgebers ausgewählte Arbeitnehmer abdeckt (*BAG* 23.3.2006 EzA § 1 KSchG Betriebsbedingte Kündigung Nr. 147 = NZA 2007, 30).

Diese Voraussetzungen sind auch z.B. dann nicht erfüllt, wenn Arbeitnehmer in einem Kon- 2559
zernunternehmen, ohne versetzt oder abgeordnet zu werden, bestimmten fachlichen Weisungen durch ein anderes Konzernunternehmen unterstellt werden und dadurch noch kein Vertrauenstatbestand begründet wird, der einem vereinbarten oder in der Vertragsabwicklung konkludent durchgeführten Versetzungsvorbehalt gleichgestellt werden kann (*BAG* 27.11.1991 EzA § 1 KSchG Betriebsbedingte Kündigung Nr. 72; vgl. dazu *Kukat* BB 2000, 1242 ff.; *Bachner* NZA 2006, 1310 ff.; s.o. Rn. 2515 ff.).

c) Umgestaltung des Arbeitsablaufs i.V.m. verringerten Beschäftigungsmöglichkeiten

Gestaltet der Arbeitgeber den Arbeitsablauf um und verlagert bestimmte Arbeiten in 2560
eine andere Betriebsabteilung unter gleichzeitiger Verringerung der Anzahl der Beschäftigungsmöglichkeiten, so hat er zwischen den betroffenen Arbeitnehmern, die nach der Umgestaltung des Arbeitsablaufs für eine Weiterbeschäftigung persönlich und fachlich geeignet sind, eine Sozialauswahl nach den Grundsätzen des § 1 Abs. 3 KSchG vorzunehmen.

Die danach erforderliche Sozialauswahl kann der Arbeitgeber nicht dadurch umgehen, dass 2561
er zuerst die verbleibenden Arbeitsplätze ohne Beachtung sozialer Gesichtpunkte besetzt und danach den nicht übernommenen Arbeitnehmern kündigt.

**Diese Grundsätze gelten auch bei einer Verlagerung von Arbeiten in einen anderen 2562
Betrieb des Unternehmens** (§ 1 Abs. 2 Nr. 1b KSchG; *BAG* 10.11.1994 EzA § 1 KSchG Betriebsbedingte Kündigung Nr. 77; krit. *Schiefer* NZA 1995, 667 ff.).

Verlagert der Arbeitgeber Beschäftigungsmöglichkeiten von einem Betrieb des Unter- 2563
nehmens in einen anderen, so genießt das Arbeitsverhältnis des bisherigen Arbeitsplatzinhabers auch dann Bestandsschutz gem. § 1 Abs. 2, 3 KSchG, wenn die Arbeit höher vergütet wird, sofern sie nur dieselbe oder zumindest ganz überwiegend gleich geblieben ist (*BAG* 5.10.1995 EzA § 1 KSchG Betriebsbedingte Kündigung Nr. 82; s.o. Rn. 2405).

d) Vertikale Vergleichbarkeit?

Der Grundsatz der Vergleichbarkeit auf derselben hierarchischen Ebene gilt jedoch u.U. 2564
nicht uneingeschränkt.

Zwar ist der Arbeitgeber nicht verpflichtet, von vornherein und ohne entsprechende 2565
Erklärung des Arbeitnehmers auch einen anderen Arbeitnehmer mit geringerwertiger Tätigkeit in die soziale Auswahl mit einzubeziehen.

aa) Bereitschaft des Arbeitnehmers zur Weiterbeschäftigung zu schlechteren Arbeitsbedingungen

2566 Fraglich ist aber, ob etwas anderes dann gilt, **wenn der betroffene Arbeitnehmer bereit ist, auch zu schlechteren Bedingungen das Arbeitsverhältnis fortzusetzen** (vgl. *BAG* 7.2.1985 NZA 1986, 260). Zweifelhaft ist insoweit zunächst, ob eine entsprechende Erklärung des Arbeitnehmers vor Ausspruch der Kündigung erfolgen muss, oder auch noch danach erfolgen kann.

2567 Zu beachten ist, dass dieser Fall der sog. vertikalen Vergleichbarkeit hinsichtlich der rechtlichen Beurteilung **zu unterscheiden ist von dem Fall, dass der Arbeitnehmer im Kündigungsschutzprozess geltend macht, es stehe ein freier, wenn auch schlechter bezahlter Arbeitsplatz im Betrieb des Arbeitgebers zur Verfügung.**

2568 Trifft dies tatsächlich zu, dann muss der Arbeitgeber nach dem Grundsatz der Verhältnismäßigkeit vor jeder ordentlichen Beendigungskündigung von sich aus dem Arbeitnehmer eine, beiden Parteien zumutbare, Weiterbeschäftigung auf einem freien Arbeitsplatz auch zu geänderten Arbeitsbedingungen anbieten. Andernfalls ist die Beendigungskündigung grds. nicht betriebsbedingt i.S.d. § 1 Abs. 2 S. 1 KSchG, wenn der Arbeitnehmer einem vor der Kündigung unterbreiteten Vorschlag zunächst unter Vorbehalt zugestimmt hätte. Insoweit handelt es sich also nicht um eine Frage der ordnungsgemäßen sozialen Auswahl.

2569 Wird demgegenüber von der Pflicht des Arbeitgebers ausgegangen, bei entsprechender Bereitschaft des Arbeitnehmers, der wegen Wegfalls der Beschäftigungsmöglichkeit in seinem bisherigen Betrieb an sich auch nach sozialen Gesichtspunkten entlassen werden müsste, einem zu anderen Bedingungen beschäftigten Arbeitnehmer zu kündigen, dann liegt für diesen Arbeitnehmer unmittelbar kein betriebsbedingter Kündigungsgrund vor. Er wird vielmehr erst durch die Möglichkeit geschaffen, seinen Arbeitsplatz für den unmittelbar von den betrieblichen Umständen betroffenen Arbeitnehmer freizumachen.

bb) Rechtsprechung des BAG

2570 Das *BAG* (7.2.1985 EzA § 1 KSchG Soziale Auswahl Nr. 20) hat zunächst offen gelassen, ob der Arbeitgeber im Rahmen der sozialen Auswahl verpflichtet ist, von sich aus einem sozial schlechter gestellten Arbeitnehmer die Weiterbeschäftigung zu geänderten (verschlechterten) Bedingungen anzubieten, um für ihn durch die Kündigung eines sozial weniger schutzwürdigen Arbeitnehmers einen Arbeitsplatz freizumachen, wenn der Arbeitnehmer vor oder unmittelbar nach der Kündigung sich zu einer solchen Weiterbeschäftigung bereit erklärt.

2571 Für den Fall, dass eine solche **Erklärung nicht vorliegt, hat es dies abgelehnt,** weil sich mit einer derartigen vertikalen Vergleichbarkeit für den Arbeitgeber **zusätzliche Schwierigkeiten** ergeben. Denn er muss dann dem Arbeitnehmer, dessen Arbeitsplatz freigemacht werden soll, kündigen und u.U. mit diesem einen Kündigungsschutzprozess führen.

2572 Geht man weiter davon aus, dass der ursprünglich zur Kündigung anstehende Arbeitnehmer die angebotene Vertragsänderung unter Vorbehalt gem. § 2 KSchG annehmen kann, so kann sich der Arbeitgeber zur **Durchführung zweier Prozesse** gezwungen sehen.

2573 Nimmt der unmittelbar Betroffene eine höherrangige Stelle in der Betriebshierarchie ein, so könnte es zudem zu einem **Verdrängungswettbewerb** nach unten und einer Mehrzahl von Kündigungsschutzprozessen kommen. Denn konsequenterweise muss dann auch weiteren betroffenen Arbeitnehmern das Recht eingeräumt werden, vom Arbeitgeber die Weiterbeschäftigung auf einem geringerwertigen, von einem sozial weniger schutzwürdigen Arbeitnehmer besetzten Arbeitsplatz zu fordern.

2574 Inzwischen hat das *BAG* (4.2.1993 RzK I 5 d Nr. 31; 29.3.1990 EzA § 1 KSchG Soziale Auswahl Nr. 29) die Frage insgesamt, also auch nach erklärtem Einverständnis des Arbeitnehmers verneint.
Danach scheidet eine Vergleichbarkeit von Arbeitsplätzen in allen Fällen aus, in denen eine anderweitige Beschäftigung nur auf Grund einer Änderung der Arbeitsbedingungen und damit nur durch Vertrag oder Änderungskündigung in Betracht kommt, gleichgültig ob eine Weiterbeschäftigung zu schlechteren oder zu besseren Arbeitsbedingungen möglich ist.

Gegen die Anerkennung einer sog. vertikalen Vergleichbarkeit spricht vor allem, dass sie zur **Bestandsschutzgefährdung von Arbeitsverhältnissen führt, die nicht unmittelbar von außer- oder innerbetrieblichen Gründen betroffen sind** (KR/*Etzel* 7. Aufl. § 1 KSchG Rz. 623 f.). 2575

Der Arbeitgeber ist deshalb bei Wegfall des bisherigen Aufgabengebietes eines Arbeitnehmers auch nicht gehalten, ihm zur Vermeidung einer Beendigungskündigung eine freie »Beförderungsstelle« anzubieten. 2576

Er ist auch nicht gem. § 1 Abs. 3 S. 1 KSchG verpflichtet, einem sozial schutzwürdigeren Arbeitnehmer eine Weiterbeschäftigung zu geänderten (günstigeren oder ungünstigeren) Arbeitsbedingungen anzubieten, um für ihn durch Kündigung eines anderen sozial besser gestellten Arbeitnehmers, mit dem der Gekündigte erst durch die Vertragsänderung vergleichbar wird, eine Beschäftigungsmöglichkeit zu schaffen (*BAG* 29.3.1990 EzA § 1 KSchG Soziale Auswahl Nr. 29; für eine vertikale Vergleichbarkeit bei einer Bereitschaft des zu kündigenden Arbeitnehmers, zu geänderten Arbeitsbedingungen weiterzuarbeiten, dagegen *Schaub* NZA 1987, 221). 2577

e) Ordentlich »unkündbare« Arbeitnehmer

Fraglich ist, ob trotz an sich bestehender Vergleichbarkeit bei einer Sozialauswahl diejenigen Arbeitnehmer nicht einbezogen werden, **bei denen eine ordentliche Arbeitgeberkündigung** durch Gesetz, Tarifvertrag, Betriebsvereinbarung (vgl. *LAG Köln* 20.12.2004 – 2 Sa 695/04 – EzA-SD 7/05, S. 12 LS = NZA-RR 2005, 473) oder Einzelarbeitsvertrag **ausgeschlossen ist** (vgl. APS/*Kiel* § 1 KSchG Rz. 691 ff.). 2578

aa) Gesetzlicher Ausschluss der ordentlichen Kündigung

Normiert ein **Gesetz** einen besonderen Kündigungsschutz, in dem die ordentliche Kündigung schlechthin ausgeschlossen ist (z.B. § 15 KSchG; *LAG Hamm* 23.9.2004 LAG Report 2005, 179), so ist davon auszugehen dass diese Arbeitnehmer in die Sozialauswahl **von vornherein nicht einzubeziehen** sind (*LAG Hamm* 14.5.2003 LAG Report 2004, 182). 2579

Denn sie sind, da im Ergebnis nicht kündbar, mit kündbaren Arbeitnehmern nicht vergleichbar (*BAG* 8.8.1985 EzA § 1 KSchG Soziale Auswahl Nr. 21); **gesetzliche Kündigungsverbote gehen dem allgemeinen Kündigungsschutz** als spezialgesetzliche Regelungen vor (zum Zeitpunkt ihres Zugangs vgl. *BAG* 21.4.2005 EzA § 1 KSchG Soziale Auswahl Nr. 62 = NZA 2005, 1307). Das gilt **auch** dann, wenn im Zeitpunkt der beabsichtigten Kündigung der **Sonderkündigungsschutz alsbald auslaufen wird** und auf Grund der kurzen Kündigungsfrist das Arbeitsverhältnis des besonders geschützten Arbeitnehmers zu demselben Termin beendet werden könnte, zu dem auch das Arbeitsverhältnis des konkurrierenden, sozial schwächeren Arbeitnehmers gekündigt werden kann. Denn für die Beurteilung der sozialen Rechtfertigung einer Kündigung kommt es auf den Zeitpunkt des Kündigungszugangs an. Der Arbeitgeber ist dann auch **nicht verpflichtet**, mit der Kündigung **zu warten**, bis der Sonderkündigungsschutz ausgelaufen ist (vgl. *BAG* 21.4.2005 EzA § 1 KSchG Soziale Auswahl Nr. 62 = NZA 2005, 1307). 2580

bb) Zustimmungserfordernis von Behörden

Fraglich ist die Rechtslage bei Arbeitnehmern, deren Kündbarkeit nicht schlechthin ausgeschlossen ist, sondern von der **Zustimmung eines Dritten**, insbes. einer Behörde, abhängig ist (z.B. § 85 SGB IX, § 9 Abs. 3 MuSchG, § 18 BEEG). 2581

Teilweise (KR/*Becker* 3. Aufl. § 1 KSchG Rz. 349) wird die Auffassung vertreten, dass diese Personen von der Sozialauswahl **auszuklammern** sind, es sei denn, dass die erforderliche Zustimmung vorliegt (zust. MünchArbR /*Berkowsky* § 139 Rz. 96). 2582

Teilweise (*Linck* Die soziale Auswahl bei betriebsbedingter Kündigung, 1990, S. 37) wird dagegen davon ausgegangen, dass diese Arbeitnehmer grds. in die Sozialauswahl **einzubeziehen** sind. 2583

cc) Befristete Arbeitsverhältnisse

2584 Sind Arbeitnehmer befristet eingestellt, ohne dass die ordentliche Kündigungsmöglichkeit für die Laufzeit der Befristung ausdrücklich vorbehalten ist, sodass das Arbeitsverhältnis während dieser Zeit nicht ordentlich gekündigt werden kann, so sind sie **nicht** in die Sozialauswahl **einzubeziehen** (*BAG* 19.6.1980 EzA § 620 BGB Nr. 47; vgl. APS/*Kiel* § 1 KSchG Rz. 702).

dd) Tarif-, einzelvertraglicher Ausschluss der ordentlichen Kündigung; Betriebsvereinbarung

2585 Wohl überwiegend (*LAG Bra.* 29.10.1998 LAGE § 1 KSchG Soziale Auswahl Nr. 29 = NZA-RR 1999, 360; KR/*Etzel* 7. Aufl. § 1 KSchG Rz. 638; *Meisel* DB 1991, 94; *Weller* RdA 1986, 230; *Pauly* ArbuR 1999, 285 f.; abl. *Rieble* NZA 2003, 1243 ff. zu entsprechenden Regelungen in Betriebsvereinbarungen) wird die Auffassung vertreten, dass auch **tariflich »unkündbare« Arbeitnehmer mit den übrigen Arbeitnehmern des Betriebes nicht vergleichbar sind.** Denn diese Arbeitnehmer sind durch eine zu ihren Gunsten und deshalb zulässige Tarifnorm gegen jede ordentliche und damit auch gegen eine betriebsbedingte Kündigung durch den Arbeitgeber geschützt. Auch in einer **öffentlich-rechtlichen Vereinbarung** zwischen dem Arbeitgeber und einem Bundesland im Zusammenhang mit der Ausweitung eines Braunkohlentagebaus und einer bergrechtlichen Genehmigung, durch die die von der Ausbaggerung betroffenen Arbeitnehmer einen besonderen Kündigungsschutz erhalten, liegt nach Auffassung des *LAG Bra.* (29.10.1998 LAGE § 1 KSchG Soziale Auswahl Nr. 29) eine zulässige und wirksame Beschränkung des auswahlrelevanten Personenkreises nach § 1 Abs. 3 KSchG. Die gleichen Erwägungen gelten danach **auch für die einzelvertraglich vereinbarte ordentliche Unkündbarkeit** (*LAG Bra.* 29.10.1998 LAGE § 1 KSchG Soziale Auswahl Nr. 29).

2586 Darin liegt auch kein Verstoß gegen die zwingende Vorschrift des § 1 Abs. 3 KSchG (einschränkend *LAG Düsseld.* 25.8.2004 LAGE § 1 KSchG Soziale Auswahl Nr. 46 = ZTR 2004, 654 LS = LAG Report 2005, 79: wenn die einzelvertragliche Vereinbarung keinen unverhältnismäßigen Eingriff in den Bestandsschutz anderer Arbeitnehmer bedeutet; **a.A.** *v. Hoyningen-Huene/Linck* § 1 Rz. 456 ff.; *Ehler* BB 1994, 2068 ff.; *ArbG Cottbus* EzA § 1 KSchG Soziale Auswahl Nr. 44; vgl. dazu *Zwanziger* DB 2000, 2166 ff.), weil sich tarifliche und einzelvertragliche Kündigungsverbote nicht gegen andere Arbeitnehmer richten und deren Kündigungsschutz beschränken wollen (KR/*Etzel* 7. Aufl. § 1 KSchG Rz. 638).

2587 Sollte im Einzelfall ein einzelvertragliches Kündigungsverbot allerdings mit dem Ziel vereinbart werden, den betreffenden Arbeitnehmer von der Sozialauswahl auszunehmen, z.B. unmittelbar vor einem geplanten Personalabbau, so wäre eine solche Vereinbarung wegen unzulässiger Umgehung des § 1 Abs. 3 KSchG unwirksam (so für eine Beschäftigungsgarantie ausdrücklich *LAG Sachsen* 10.10.2001 NZA 2002, 905).

2588 Davon abgesehen verfolgen tarifliche und einzelvertragliche Kündigungsverbote ausschließlich den Zweck, den Arbeitnehmer vor ordentlichen Kündigungen zu schützen. Dies sind vom Gesetz abweichende, zu Gunsten der Arbeitnehmer geltende Regelungen, die deshalb zulässig sind.

2589 Das *LAG Köln* (20.12.2004 – 2 Sa 695/04 – EzA-SD 7/05, S. 12 LS = NZA-RR 2005, 473) hat schließlich angenommen, dass eine **Betriebsvereinbarung**, nach der das Arbeitsverhältnis von Mitarbeitern, die die Arbeitszeit verkürzen, nicht vor dem Ablauf der Geltungsdauer der Betriebsvereinbarung (ein Jahr) endet, den Auswahlbereich der Sozialauswahl bei trotzdem erforderlichen Kündigungen nicht zu Lasten von Mitarbeitern verkürzt, die sich der Arbeitszeitverkürzung nicht anschließen.

ee) Freigestellte Arbeitnehmer

2590 Ferner sind Arbeitnehmer, die im Zeitpunkt der Kündigung für längere Zeit von der Arbeit freigestellt sind (z.B. unbezahlter Sonderurlaub für ein Jahr), **nicht** in die soziale Auswahl **einzubeziehen,** da durch ihre Kündigung kein einziger besetzter Arbeitsplatz im Betrieb frei würde. Das gilt auch für Arbeitnehmer, die für eine Arbeitsgemeinschaft (z.B. im Baugewerbe) freigestellt sind (*BAG* 26.2.1987 EzA § 1 KSchG Soziale Auswahl Nr. 24; vgl. KR/*Etzel* 7. Aufl. § 1 KSchG Rz. 641; APS/*Kiel* § 1 KSchG Rz. 689).

ff) Auswirkungen des AGG (ab 18.8.2006)

Gem. § 2 Abs. 4 AGG enthält dieses eine – europarechtswidrige – Bereichsausnahme u.a. für Kündigungsschutz nach dem KSchG. Andererseits enthielt § 10 Nr. 7 AGG eine den hier dargestellten Grundsätzen weitgehend entsprechende – vernünftige – positive gesetzliche Regelung über die Zulässigkeit der Vereinbarung der ordentlichen Unkündbarkeit, die allerdings systemwidrig war, weil sie ins KSchG gehört hätte. Statt dies zu ändern, hat der Gesetzgeber sie inzwischen ersatzlos gestrichen; welche Konsequenzen dies hat, ist unklar (s.o. Kap. 3 Rn. 4961 ff.; *Hein* NZA 2008, 1033 ff.). **2591**

f) Arbeitnehmer ohne Kündigungsschutz nach § 1 KSchG

Arbeitnehmer mit fehlendem oder eingeschränktem individuellen Kündigungsschutz sind dagegen in den auswahlrelevanten Personenkreis einzubeziehen. **2592**

Zu der erstgenannten Gruppe zählen solche, denen mangels Zurücklegung der 6-monatigen Wartezeit des § 1 Abs. 1 KSchG kein allgemeiner Kündigungsschutz zusteht. **2593**

> Denn aus der gesetzgeberischen Wertung des § 1 Abs. 1 KSchG ergibt sich, dass diese Arbeitnehmer grds. – unabhängig von allen Sozialdaten – vorrangig vor den unter den allgemeinen Kündigungsschutz fallenden Arbeitnehmern zu entlassen sind, es sei denn, es liegen die Voraussetzungen des § 1 Abs. 3 S. 2 KSchG vor (*BAG* 25.4.1985 EzA § 1 KSchG Betriebsbedingte Kündigung Nr. 35 gegen *BAG* 20.1.1961 AP Nr. 7 zu § 1 KSchG Betriebsbedingte Kündigung; APS/*Kiel* § 1 KSchG Rz. 687 f.). **2594**

g) Leitende Angestellte; Teilzeitbeschäftigte

Die Verpflichtung zur sozialen Auswahl besteht auch gegenüber Leitenden Angestellten i.S.d. § 14 Abs. 2 KSchG sowie gegenüber Teilzeitarbeitnehmern. **2595**

Fraglich ist die Rechtslage dann, wenn **sowohl Vollzeitarbeitsplätze als auch Teilzeitarbeitsplätze von den betriebsbedingten Gründen erfasst** werden. Wegen des Diskriminierungsverbots des § 4 Abs. 1 S. 1 TzBfG kann der Arbeitgeber die Teilzeitarbeitnehmer bei der sozialen Auswahl wegen ihrer Teilzeitarbeit gegenüber den vergleichbaren Vollzeitarbeitnehmern benachteiligen, indem er z.B. ausschließlich oder in einem **überproportionalen Verhältnis Teilzeitarbeitnehmer** auswählt. Liegen andererseits lediglich bei Teilzeitarbeitnehmern besondere Umstände vor, die sich auf die sozialen Auswahlkriterien auswirken, verstößt eine Berücksichtigung dieser Merkmale nicht gegen das Diskriminierungsverbot (GK-TzA/*Becker* § 2 BeschFG 1985 Rz. 265 f.; *Wank* ZIP 1986, 215). **2596**

Bei der betriebsbedingten Kündigung eines Teilzeitarbeitnehmers sind in die Sozialauswahl nach Auffassung des *Hessischen LAG* (14.7.1997 LAGE § 1 KSchG Soziale Auswahl Nr. 23) jedenfalls dann auch **vollzeitbeschäftigte Arbeitnehmer** der gleichen betrieblichen Funktionsgruppe **einzubeziehen**, wenn und soweit der Teilzeitarbeitnehmer bei Kündigungsausspruch **vorbehaltlos bereit** ist, künftig einen **Vollzeitarbeitsplatz** zu übernehmen. Die fehlende Bereitschaft dazu hat danach der Arbeitgeber im Rechtsstreit darzulegen und im Streitfall zu beweisen. **2597**

> Demgegenüber hält es das *BAG* (3.12.1998 EzA § 1 KSchG Soziale Auswahl Nr. 37; 12.8.1999 EzA § 1 KSchG Soziale Auswahl Nr. 41; vgl. dazu APS/*Kiel* § 1 KSchG Rz. 681 ff.; *Bauer/Klein* BB 1999, 1162 ff.) für entscheidend, **wie sich die betriebliche Organisation gestaltet**: **2598**
> - Hat der Arbeitgeber eine **Organisationsentscheidung** getroffen, auf Grund derer bestimmte Arbeiten für Vollzeitkräfte vorgesehen sind, kann diese Entscheidung als sog. freie Unternehmerentscheidung nur darauf überprüft werden, ob sie offenbar

unsachlich, unvernünftig oder willkürlich ist. Liegt danach eine bindende Unternehmerentscheidung vor, sind bei der Kündigung einer Teilzeitkraft die Vollzeitkräfte nicht in die Sozialauswahl einzubeziehen;
- will der Arbeitgeber in einem **bestimmten Bereich** lediglich die Zahl der insgesamt geleisteten **Arbeitsstunden abbauen**, ohne dass eine Organisationsentscheidung nach den zuvor dargestellten Kriterien vorliegt, sind sämtliche in diesem Bereich beschäftigten Arbeitnehmer ohne Rücksicht auf ihr Arbeitszeitvolumen in die Sozialauswahl einzubeziehen (*BAG* 7.12.2006 EzA § 1 KSchG Soziale Auswahl Nr. 74 = NZA-RR 2007, 461; *BAG* 3.12.1998 EzA § 1 KSchG Soziale Auswahl Nr. 37; vgl. dazu *Kort* SAE 1999, 278 ff.; *Oetker* RdA 1999, 267 f.).
- Liegt hingegen ein **nachvollziehbares unternehmerisches Konzept zur Arbeitszeitgestaltung** vor (vgl. auch § 8 Abs. 4 TzBfG), nach dem bestimmte Tätigkeiten bestimmten Arbeitszeiten zugeordnet sind, ist diese unternehmerische Organisationsentscheidung grundsätzlich mit der Folge hinzunehmen, dass Arbeitnehmer, die aufgrund solcher Organisationsentscheidungen **unterschiedliche Arbeitszeiten aufweisen**, die nur durch eine Änderungskündigung angepasst werden können, **nicht miteinander vergleichbar** sind (*BAG* 7.12.2006 EzA § 1 KSchG Soziale Auswahl Nr. 74 = NZA-RR 2007, 461).
- Diese Grundsätze gelten **auch im öffentlichen Dienst**. Die Streichung einer Halbtagsstelle im öffentlichen Haushalt sagt danach für sich genommen noch nichts dazu aus, ob nicht lediglich eine Überkapazität im Umfang einer Halbtagsstelle abgebaut werden soll, so dass dem durch eine entsprechende Änderungskündigung gegenüber einer sozial weniger schutzbedürftigen Vollzeitkraft Rechnung getragen werden könnte (*BAG* 12.8.1999 EzA § 1 KSchG Soziale Auswahl Nr. 41).

Der Kreis der vergleichbaren Arbeitnehmer kann folglich **nicht** auf die jeweiligen Mitarbeiter **mit gleichem Arbeitszeitvolumen** beschränkt und die Sozialauswahl nur innerhalb der einzelnen Gruppen vorgenommen werden, **wenn sich auf Grund einer arbeitgeberseitigen Organisationsentscheidung lediglich das Arbeitsvolumen bzw. das Stundenkontingent in der Dienststelle reduziert hat.** Wird in einem solchen Fall der auswahlrelevante Personenkreis **allein nach Teilzeit- und Vollzeitbeschäftigten** bestimmt, ohne dass dafür sachliche Gründe vorliegen, so kann darin eine unzulässige **Diskriminierung i.S.v. § 4 Abs. 1 TzBfG** liegen (*BAG* 22.4.2004 EzA § 1 KSchG Soziale Auswahl Nr. 53 = ZTR 2005, 168 = BAG Report 2004, 373).

Diese Grundsätze gelten auch für die soziale Auswahl **zwischen Teilzeitbeschäftigten mit unterschiedlichen Arbeitszeiten**. Liegt also ein nachvollziehbares unternehmerisches Konzept zur Arbeitszeitgestaltung vor, demzufolge bestimmte Tätigkeiten bestimmten Arbeitszeiten zugeordnet sind, so ist die dem zugrunde liegende unternehmerische Entscheidung von den Gerichten hinzunehmen, wenn sie nicht offensichtlich unsachlich, d.h. rechtsmissbräuchlich ist. Arbeitnehmer, die auf Grund solcher Organisationsentscheidungen unterschiedliche Arbeitszeiten aufweisen, die nur durch Änderungskündigungen angepasst werden könnten, sind im Rahmen der Sozialauswahl nicht miteinander vergleichbar; dies gilt auch für die Auswahl zwischen Teilzeitbeschäftigten mit unterschiedlichen Arbeitszeiten (*BAG* 15.7.2004 EzA § 1 KSchG Soziale Auswahl Nr. 54 = NZA 2005, 523 = BAG Report 2004, 367).

Diese Auslegung des § 1 Abs. 3 KSchG verstößt nicht gegen Art. 2 Abs. 1 und Art. 5 Abs. 1 der RL 76/207/EWG (*EuGH* 26.9.2000 EzA § 1 KSchG Soziale Auswahl Nr. 45; vgl. dazu *Dübbers* ArbuR 2001, 23 f.).

2599 Nach Auffassung des *LAG Köln* (18.10.2000 ARST 2001, 114 LS) sind die Reinigungskräfte bei einem Reinigungsunternehmen dann nicht austauschbar i.S.v. § 1 Abs. 3 KSchG, wenn sie mit einem **erheblich unterschiedlichen Arbeitsumfang** beschäftigt werden, z.B. einerseits sechs, andererseits zwei Stunden pro Tag. Die Unklarheit darüber, ob in dem Unternehmen andere Reinigungskräfte mit gleichem Arbeitsumfang tätig sind, geht danach zu Lasten des Arbeitnehmers (*LAG Köln* 18.10.2000 ARST 2001, 114 LS; **a.A.** *LAG Köln* 21.6.2000 – 3 Sa

68/00 –). Folglich besteht beim **Wegfall eines Reinigungsauftrags** und einer dadurch ausgelösten betriebsbedingten Kündigung gegenüber teilzeitbeschäftigten Arbeitnehmern dann keine Verpflichtung zur objektübergreifenden Sozialauswahl, wenn die in anderen Objekten tätigen Arbeitnehmer ein anderes Arbeitsvolumen haben und die Einführung sog. »geteilter Dienste« zusätzlich Kosten verursacht (*LAG Köln* 16.1.2003 LAGE § 1 KSchG Soziale Auswahl Nr. 42).

h) Arbeitnehmer im »Weiterbeschäftigungsverhältnis«

Fraglich ist, inwieweit gekündigte Arbeitnehmer, die nach § 102 Abs. 5 BetrVG oder auf Grund des allgemeinen Weiterbeschäftigungsanspruchs oder auf Grund einer Vereinbarung mit dem Arbeitgeber bis zur Beendigung des Kündigungsschutzprozesses tatsächlich weiterbeschäftigt werden, in die Sozialauswahl einzubeziehen sind. 2600

In der Literatur (*v. Hoyningen-Huene/Linck* § 1 Rz. 461; MünchArbR/*Berkowsky* § 139 Rz. 38; *Künzl* ZTR 1996, 387; APS/*Kiel* § 1 KSchG Rz. 690) wird davon ausgegangen, dass vorläufig weiterbeschäftigte Arbeitnehmer ebenso »Arbeitskraft« personalisieren wie vertraglich beschäftigte Arbeitnehmer, sodass sie nach den allgemeinen Grundsätzen in die Sozialauswahl **einzubeziehen sind.** 2601

Das hat zur Folge, dass ihre bereits gekündigten, aber faktisch fortgesetzten Arbeitsverhältnisse erneut gekündigt werden können, aber auch – aus der Sicht sozial schutzwürdiger Arbeitnehmer – gekündigt werden müssen. 2602

i) Widerspruch des Arbeitnehmers bei Betriebsübergang

Auch die Arbeitnehmer, die einem Übergang ihres Arbeitsverhältnisses auf einen Betriebserwerber nach § 613a BGB widersprechen, können sich bei einer nachfolgenden vom Betriebsveräußerer erklärten Kündigung auf eine mangelhafte Sozialauswahl nach § 1 Abs. 3 S. 1 KSchG berufen (*BAG* 31.5.2007 EzA § 1 KSchG Soziale Auswahl Nr. 71 = NZA 2008, 33; s. dazu *Schumacher-Mohr/Urban* NZA 2008, 513; *Eylert/Spinner* BB 2008, 50 ff.). Bei der Prüfung der sozialen Auswahlgesichtspunkte sollten dann aber auch die Gründe für einen Widerspruch berücksichtigt werden (*BAG* 22.4.2004 EzA § 1 KSchG Soziale Auswahl Nr. 53 = NZA 2004, 1389 = BAG Report 2004, 373; 24.5.2005 EzA § 613a BGB 2002 Nr. 35 = BAG Report 2005, 364; vgl. dazu *Berkowsky* NZA 2004, 1374 ff.; *Lunk/Möller* NZA 2004, 9 ff.; *Meyer* NZA 2005, 12; *Gaul* NZA 2005, 730 ff.; *Löw* ArbuR 2006, 224 ff.; *Nicolai* BB 2006, 1162 ff.; krit. *Fischer* FA 2004, 230 ff.; s. ausf. Kap. 3 Rn. 4313 ff.; zur außerordentlichen Kündigung in derartigen Fällen s.o. Rn. 1164 ff. und *BAG* 29.3.2007 EzA § 626 BGB 2002 Unkündbarkeit Nr. 14 = NZA 2008, 48). Dies hat sich inzwischen aber **geändert: Die Widerspruchsgründe sind seit dem 1.1.2004** bei der Abwägung der sozialen Gesichtspunkte **nicht mehr zu berücksichtigen**, weil die Auswahlkriterien (Betriebszugehörigkeit, Alter, Unterhaltspflichten, Schwerbehinderung) vom Gesetzgeber nunmehr abschließend benannt worden sind (*BAG* 31.5.2007 EzA § 1 KSchG Soziale Auswahl Nr. 71 = NZA 2008, 33). 2603

3. Auswahlkriterien

a) Kriterienkatalog in § 1 Abs. 3 KSchG

Welche Auswahlkriterien gem. § 1 Abs. 3 KSchG zu berücksichtigen sind, war wegen des Fehlens eines Kataloges in dieser Vorschrift sowohl vom Grund als auch von der Wertigkeit der jeweiligen Sozialdaten her zunächst nicht nach festen Maßstäben bestimmbar (vgl. APS/*Kiel* § 1 KSchG Rz. 703 ff.; *Schröder* ZTR 1995, 394 ff.). **Inzwischen beschränkt sich das Gesetz ausdrücklich auf vier soziale Gesichtspunkte.** 2604

b) Kriterien der Sozialauswahl

2605 Zu den zu berücksichtigenden sozialen Gesichtspunkten zählen das Lebensalter, die Dauer der Betriebszugehörigkeit, die Zahl der unterhaltsberechtigten Personen (*BAG* 20.10.1983, 18.10.1984 EzA § 1 KSchG Betriebsbedingte Kündigung Nr. 28, 34; 8.8.1985 EzA § 1 KSchG Soziale Auswahl Nr. 21) sowie eine Schwerbehinderung des Arbeitnehmers. Es ist dabei weder möglich noch angezeigt, dem Arbeitgeber hinsichtlich der Gewichtung der vier Kriterien abstrakte Vorgaben zu machen; der Betriebszugehörigkeit kommt auch gegenüber den anderen beiden Kriterien keine Priorität zu. Maßgeblich sind vielmehr jeweils die Umstände des Einzelfalls (*BAG* 5.12.2002 EzA § 1 KSchG Soziale Auswahl Nr. 49 = NZA 2003, 791).

aa) Betriebszugehörigkeit

2606 Unter dem Begriff der Betriebszugehörigkeit ist der **rechtlich ununterbrochene Bestand des Arbeitsverhältnisses** zu verstehen; entscheidend ist die Dauer der arbeitsvertraglichen Bindung zu demselben Unternehmen. Frühere Beschäftigungen in demselben Unternehmen sind nach Maßgabe der Grundsätze für die Anrechnung von Wartezeiten nach § 1 Abs. 1 KSchG zu berücksichtigen (*BAG* 6.2.2003 EzA § 1 KSchG Soziale Auswahl Nr. 51). Deshalb ist z.B. die Beschäftigungszeit i.S.d. § 19 BAT-O nicht mit der Dauer der Betriebszugehörigkeit als Sozialdatum gleichzusetzen (*BAG* 6.2.2003 EzA § 1 KSchG Soziale Auswahl Nr. 51). Unerheblich ist, ob der Arbeitnehmer in unterschiedlichen Betrieben gearbeitet hat. Auch **Berufausbildungszeiten** erhöhen die zu berücksichtigende Betriebsseniorität (APS/*Kiel* § 1 KSchG Rz. 707; KR/*Etzel* § 1 KSchG Rz. 646).

2607 Der tragende Grund für die besondere Bedeutung dieses Kriteriums besteht darin, dass der vom Arbeitnehmer selbst erarbeitete Besitzstand Schutz verdient. Bei einem Dauerschuldverhältnis werden die Rechtsbeziehungen mit der Zeit immer enger. **Der Arbeitnehmer richtet sich zunehmend auf das Arbeitsverhältnis ein und vertraut auf dessen Fortbestand.** Wer in einem Unternehmen längere Zeit tätig war, hat sich einen Besitzstand erarbeitet, an den er die Erwartung knüpft, dass er zu seinen Gunsten Beachtung findet. Aus diesem Gesichtspunkt werden auch die gesetzlichen Kündigungsfristen in § 622 Abs. 2 BGB mit zunehmender Beschäftigungsdauer länger (*BAG* 18.10.1984 EzA § 1 KSchG Soziale Auswahl Nr. 18; 24.3.1983 EzA § 1 KSchG Betriebsbedingte Kündigung Nr. 21; SPV/*Preis* Rz. 667b; APS/*Kiel* § 1 KSchG Rz. 709; KR/*Etzel* 7. Aufl. § 1 KSchG Rz. 645 f.)

2608 Auch nach Maßgabe dieser Grundsätze an sich nicht anrechnungsfähige frühere Beschäftigungszeiten bei demselben Arbeitgeber oder einem anderen Unternehmen, können bei der Dauer der Betriebszugehörigkeit nach § 1 Abs. 3 S. 1 KSchG durch eine **vertragliche Vereinbarung der Arbeitsvertragsparteien** berücksichtigt werden. Allerdings darf eine derartige sich zu Lasten anderer Arbeitnehmer auswirkende Individualvereinbarung nicht rechtsmissbräuchlich sein und nur die Umgehung der Sozialauswahl bezwecken. Für eine Berücksichtigung der vertraglich vereinbarten Betriebszugehörigkeitszeiten muss folglich ein sachlicher Grund vorliegen. Der ist ohne weiteres dann gegeben, wenn der Berücksichtigung früherer Beschäftigungszeiten ein arbeitsgerichtlicher Vergleich wegen eines streitigen Betriebsübergangs zugrunde liegt (*BAG* 2.6.2005 EzA § 1 KSchG Soziale Auswahl Nr. 63 = NZA 2006, 207; krit. dazu *Dathe* NZA 2007, 1205 ff.).

bb) Lebensalter

2609 Grds. **steigt** mit **zunehmendem Lebensalter die Schutzwürdigkeit** des Arbeitnehmers. Denn mit zunehmendem Alter fällt es im Allgemeinen einem Arbeitnehmer schwerer, einen neuen Arbeitsplatz zu finden und sich mit den Bedingungen eines neuen Arbeitsplatzes vertraut zu machen.

Dennoch handelt es sich bei dem Lebensalter um eine **ambivalente Größe, deren sozialer Stellenwert sich weder generell noch im Einzelfall exakt festlegen lässt** (*BAG* 8.8.1985 EzA § 1 KSchG Soziale Auswahl Nr. 21; *LAG Köln* 17.8.2005 – 7 Sa 520/05 – EzA-SD 6/06, S. 12 LS; KR/*Etzel* 7. Aufl. § 1 KSchG Rz. 647; APS/*Kiel* § 1 KSchG Rz. 710; **a.A.** *LAG Köln* 2.2.2006 LAGE § 1 KSchG Soziale Auswahl Nr. 53). Es kommt insoweit auch auf die Qualifikation, die Berufserfahrung und den Gesundheitszustand des Arbeitnehmers sowie auf die Arbeitsmarktsituation in seiner Branche an (*BAG* 18.1.1990 EzA § 1 KSchG Soziale Auswahl Nr. 28; KR/*Etzel* § 1 KSchG Rz. 647; **a.A.** APS/*Kiel* § 1 KSchG Rz. 714; *Bitter/Kiel* RdA 1994, 356; *Ascheid* Kündigungsschutzrecht Rz. 330). Bei der **derzeitigen Arbeitsmarktsituation** ist davon auszugehen, **dass die Bedeutung des Lebensalters zunächst kontinuierlich ansteigt und sodann mit zeitlicher Nähe zum Renteneintritt wieder abnimmt** (*LAG Köln* 17.8.2005 – 7 Sa 520/05 – EzA-SD 6/06, S. 12 LS; APS/*Kiel* § 1 KSchG Rz. 713 f.; KR/*Etzel* § 1 KSchG Rz. 647). Deshalb ist es z.B. nicht zu beanstanden, wenn der Arbeitgeber davon ausgeht, dass einer **61 Jahre** alten, seit 40 Jahren beschäftigten ledigen Arbeitnehmerin eine betriebsbedingte Versetzung von Köln nach Frankf./M. **eher zuzumuten** ist als einer **45 Jahre alten, seit 22 Jahren beschäftigten Mutter von zwei schulpflichtigen Kindern**, die mit ihrer Arbeit wesentlich zum Familieneinkommen beiträgt (*LAG Köln* 17.8.2005 – 7 Sa 520/05 – EzA-SD 6/06, S. 12 LS). Auch hat das *LAG Düsseld.* (21.1.2004 LAGE § 1 KSchG Soziale Auswahl Nr. 43 = ArbuR 2004, 274 LS = LAG Report 2004, 130; **a.A.** ausdrücklich *LAG Düsseld.* 13.7.2005 ArbuR 2006, 69) angenommen, dass die zu Gunsten eines älteren und länger beschäftigten Arbeitnehmers getroffene Sozialauswahl nicht deshalb als fehlerhaft beanstandet werden kann, weil diesen Arbeitnehmer auf Grund seiner **Rentennähe** eine Arbeitslosigkeit weniger hart träfe als einen Arbeitskollegen, der, weil jünger, vom Erreichen der Altersgrenze noch weiter entfernt ist. Andererseits begründet die Vergabe von **Sozialpunkten auch für das Lebensalter z.B. über 55** jedenfalls keinen Auswahlfehler (*LAG Köln* 2.2.2006 LAGE § 1 KSchG Soziale Auswahl Nr. 53). 2610

cc) Unterhaltspflichten (§§ 1360 ff., 1569 ff., 1601 ff. BGB)

Zwar war dieser soziale Gesichtspunkt nicht ausdrücklich im KSchG erwähnt. § 1 Abs. 3 KSchG muss aber im Lichte des Art. 6 Abs. 1 GG verfassungskonform ausgelegt und angewandt werden. Der Umfang der Unterhaltspflichten stellt deshalb ein **nicht auszuschließendes Indiz für die soziale und wirtschaftliche Schutzbedürftigkeit des Arbeitnehmers** dar (*BAG* 18.1.1990 EzA § 1 KSchG Soziale Auswahl Nr. 28; *Löwisch* NZA 1996, 1010; *Preis* RdA 1999, 316). Dieses Kriterium, von dem in erster Linie **jüngere Arbeitnehmer profitieren**, bildet eine **Korrektur zur Betriebsseniorität** und dem Lebensalter, das i.d.R. den Besitzstand älterer Arbeitnehmer sichert (APS/*Kiel* § 1 KSchG Rz. 716). Zu beachten ist, dass Unterhaltspflichten gem. §§ 5, 16 LPartG auch für gleichgeschlechtliche Paare in eingetragenen Lebenspartnerschaften gelten (vgl. dazu *Powietzka* BB 2002, 146 ff.; vgl. dazu *Wellenhofer* NJW 2005, 705 ff.). 2611

Unterhaltspflichten sind nur beachtlich, wenn sie im Kündigungszeitpunkt und voraussichtlich nicht nur für eine unerhebliche Zeit darüber hinaus **tatsächlich bestehen** werden oder **konkret abzusehen** sind. Das gilt jedenfalls dann, wenn die Ehefrau des gekündigten Klägers zum Zeitpunkt der Kündigung **schwanger** war, der Arbeitgeber davon Kenntnis hatte und die Unterhaltsverpflichtung gegenüber dem Kind noch vor Ablauf der Kündigungsfrist entstanden ist (*ArbG Bln.* 16.2.2005 – 9 Ca 27525/04 – EzA-SD 8/05, S. 12 LS). Unerheblich ist, ob der Arbeitnehmer seinen Unterhaltspflichten nachkommt, weil ein gesetzwidriges Verhalten keine Auswirkungen auf die Sozialauswahl haben darf (ErfK/*Ascheid* § 1 KSchG Rz. 533; *Bader* NZA 1996, 1128; *Fischermeier* NZA 1997, 1094; *v. Hoyningen-Huene/Linck* DB 1997, 42; APS/*Kiel* § 1 KSchG Rz. 717). Die im Rahmen des § 1 Abs. 3 KSchG zu berücksichtigenden Unterhaltspflichten verringern 2612 sich deshalb nur, wenn andere Personen den geschuldeten Unterhalt ganz oder teilweise mit befreiender Wirkung leisten; die Angabe des Familienstandes und der bloßen Anzahl der Kinder genügen grds. nicht. Kinder mit eigenem Arbeitseinkommen sind nicht auf Unterhalt angewiesen und deshalb nicht zu berücksichtigen. In diesem Zusammenhang ist auch das Arbeitseinkommen von Ehegatten mit einzubeziehen, sofern sie ihren Lebensunterhalt damit selbst bestreiten können. Dadurch vermindert sich die Pflicht des Arbeitnehmers zu Unterhaltsleistungen nach § 1360 BGB (*BAG* 8.8.1985 EzA § 1 KSchG Soziale Auswahl Nr. 21). Der Arbeitgeber muss insoweit die anhand der **Lohnsteuerkarte** für die getroffene Sozialauswahl ermittelte Zahl von Unterhaltspflichten des gekündigten Arbeitnehmers jedenfalls dann korrigieren, wenn der Arbeitnehmer innerhalb der Klagefrist gem. § 4 KSchG geltend gemacht hat, dass weitere Unterhaltspflichten bestehen (*LAG Köln* 29.7.2004 LAGE § 1 KSchG Soziale Auswahl Nr. 45a = ArbuR 2004, 436 = LAG Report 2004, 343); **eine weitergehende Erkundigungspflicht besteht demgegenüber nicht** (zutr. *Kleinebrink* DB 2005, 2522 ff.; **a.A.** *LAG RhPf* 12.7.2006 NZA-RR 2007, 247).

2613 Dabei sind Unterhaltsleistungen, die auf einer gesetzlichen Unterhaltspflicht beruhen, nach Auffassung des *LAG Köln* (7.4.1995 LAGE § 1 KSchG Betriebsbedingte Kündigung Nr. 33) deutlich gewichtiger zu bewerten, als solche, die ohne eine Verpflichtung freiwillig erfolgen, auch wenn sie der Anstand gebietet, z.B. Leistungen an Stiefkinder.

2614 Nach Auffassung des *LAG Köln* (3.5.2000 NZA-RR 2001, 247) kann sich ein aus dringenden betrieblichen Gründen gekündigter Arbeitnehmer im Prozess nicht darauf berufen, er habe bei der im Vorfeld der Kündigung vom Arbeitgeber durchgeführten Befragung die **Einkünfte seines Ehepartners versehentlich zu hoch** angegeben. Zukünftiges Arbeitseinkommen von arbeitslosen Ehepartnern vergleichbarer Arbeitnehmer ist jedenfalls dann zu berücksichtigen, wenn die Ehepartner mit hoher Wahrscheinlichkeit alsbald eine neue Arbeit aufnehmen werden. Die Möglichkeit, dass ein Ehepartner alsbald eine Arbeit aufnimmt, bleibt bei der Bewertung der Sozialdaten vergleichbarer Arbeitnehmer außer Betracht (*LAG Köln* 3.5.2000 NZA-RR 2001, 247).

dd) Schwerbehinderung

2615 Zusätzlich ist die Schwerbehinderung des Arbeitnehmers zu berücksichtigen (*BAG* 18.1.1990 EzA § 1 KSchG Soziale Auswahl Nr. 28; vgl. dazu *Osterheider* FA 2004, 171; s.u. Rn. 2671). Folgte dies zunächst aus einer **verfassungskonformen Auslegung des § 1 Abs. 3 KSchG unter Berücksichtigung des Art. 3 Abs. 3 S. 2 GG** (*BAG* 24.4.1983 EzA § 1 KSchG Betriebsbedingte Kündigung Nr. 21), ergibt es sich inzwischen ausdrücklich aus dem Gesetzeswortlaut. Ob es die Generalklausel des § 1 Abs. 3 S. 1 KSchG a.F. (»ausreichende Berücksichtigung sozialer Gesichtspunkte«) im Übrigen zulässt, nicht nur eine festgestellte Schwerbehinderung, sondern auch **besondere Behinderungen**, die einer weiteren Arbeitsvermittlung erheblich entgegenstehen, in die Prüfung der Sozialauswahl einzubeziehen (so *BAG* 17.3.2005 – 2 AZR 4/04 – NZA 2005, 1016 LS = BAG Report 2005, 349 LS zum alten Recht), vielleicht auch im Lichte des AGG, das an eine festgestellte Schwerbehinderung nicht anknüpft, ist unklar.

c) Ausreichende Berücksichtigung sozialer Gesichtspunkte

2616 Ausreichend sind soziale Gesichtspunkte vom Arbeitgeber auch dann noch berücksichtigt, wenn der gekündigte Arbeitnehmer ganz geringfügig schlechter gestellt ist als ein vergleichbarer anderer Arbeitnehmer.

2617 Insoweit steht dem Arbeitgeber ein gewisser **Beurteilungsspielraum** zu (*BAG* 20.10.1983 EzA § 1 KSchG Betriebsbedingte Kündigung Nr. 28; 18.1.1990 EzA § 1 KSchG Soziale Auswahl Nr. 28; 17.1.2008 EzA § 1 KSchG Soziale Auswahl Nr. 80 = NZA-RR 2008, 571; *Preis*

RdA 1999, 317; *Bader* NZA 1996, 1127; APS/*Kiel* § 1 KSchG Rz. 726; KR/*Etzel* 7. Aufl. § 1 KSchG Rz. 666). Denn das Erfordernis der Sozialauswahl will nur verhindern, dass der sozial weniger schutzwürdige Arbeitnehmer vor dem schutzwürdigeren Arbeitnehmer entlassen wird.

Wo aber die Differenzen so gering sind, dass sie z.B. nur mit Hilfe mehrseitiger Frage- **2618** und Auswertungsbögen ermittelt werden können, ist von unterschiedlicher sozialer Schutzbedürftigkeit keine Rede mehr (MünchArbR /*Berkowsky* § 139 Rz. 88).

Eine ausreichende Berücksichtigung liegt deshalb bereits dann vor, wenn sich auf Grund **2619** der konkreten Abwägung der Sozialdaten keine erkennbar höhere Schutzbedürftigkeit eines Arbeitnehmers insbes. im Hinblick auf die Frage, ob der Arbeitnehmer auf diesen Arbeitsplatz mehr als andere Arbeitnehmer angewiesen ist, ergibt. Denn es gibt gerade keinen allgemein verbindlichen Bewertungsmaßstab dafür, wie die einzelnen Sozialdaten zueinander im Verhältnis zu setzen sind. **In Grenzfällen können folglich mehrere Entscheidungen rechtmäßig sein.** In jedem Fall aber müssen die Arbeitsgerichte nach § 1 Abs. 3 KSchG eine uneingeschränkte Kontrolle der Sozialauswahl durch den Arbeitgeber vornehmen und dazu die sozialen Belange vergleichbarer Arbeitnehmer selbst bewerten und abwägen (APS/*Kiel* § 1 KSchG Rz. 726 f.; **a.A.** KR/*Etzel* 7. Aufl. § 1 KSchG Rz. 666: Beschränkung der Überprüfung auf die Einhaltung des Beurteilungsspielraums durch den Arbeitgeber). Der gerichtliche Prüfungsrahmen ist nur nach § 1 Abs. 4 KSchG bei kollektiv-rechtlich legitimierten Auswahlrichtlinien auf grobe Fehlerhaftigkeit reduziert. Auch bei einer unvollständigen Erfassung der Bewertungskriterien oder deren unzutreffender Würdigung kann die soziale Auswahl andererseits bei objektiver Würdigung zutreffen (*BAG* 18.10.2006 EzA § 1 KSchG Soziale Auswahl Nr. 70 = NZA 2007, 504; *v. Hoyningen-Huene/Linck* § 1 KSchG Rz. 475).

Der Arbeitgeber muss folglich im Rahmen seines Wertungsspielraums die **Dauer der** **2620** **Betriebszugehörigkeit, das Lebensalter, die Schwerbehinderung und die Unterhaltsverpflichtungen vergleichbarer Arbeitnehmer in einem ausgewogenen Verhältnis** berücksichtigen. Diese Kriterien sind **stets zu beachten**. Fehlerhaft wäre die Sozialauswahl nur dann, wenn die ambivalenten Faktoren des Lebensalters und der Unterhaltspflichten generell höher angesetzt würden als die vom Arbeitnehmer selbst erarbeitete Betriebszugehörigkeit. **Die gleiche Bewertung der Faktoren ist nicht zu beanstanden** (*BAG* 18.1.1990 EzA § 1 KSchG Soziale Auswahl Nr. 28). **Geringfügige Unterschiede** bei gegeneinander laufenden Faktoren **fallen nicht ins Gewicht**.

Beispiele: **2621**

- Der Arbeitgeber hat dann einen Beurteilungsspielraum, wenn zwei unterhaltspflichtigen Kindern auf der einen Seite ein erheblich höheres Lebensalter (um elf Jahre) entgegensteht (*LAG Köln* 12.5.1995 LAGE § 1 KSchG Betriebsbedingte Kündigung Nr. 32).
- Der Arbeitgeber kann auch bei gleichen Unterhaltspflichten sowohl einem 40-jährigen Mitarbeiter kündigen, der 15 Jahre im Betrieb beschäftigt ist als auch einem 41-jährigen Mitarbeiter, der erst 14 Jahre in einem Arbeitsverhältnis steht (APS/*Kiel* § 1 KSchG Rz. 727).

Nach Auffassung von *Berkowsky* (MünchArbR § 139 Rz. 91) führt die faktische und rechtli- **2622** che Unmöglichkeit, ein objektiv nachvollziehbares System der relativen Wertigkeit der Sozialdaten aufzustellen, dazu, dass Kündigungsschutzprozesse über die Sozialauswahl letztlich nur willkürlich entschieden werden können. Denn auch das Gericht kann die höhere Wertigkeit eines Gesichtspunktes gegenüber anderen und das Abwägungsergebnis letztlich nur behaupten, sie aber systembedingt niemals schlüssig darlegen und begründen.

d) Punktesysteme

Der Arbeitgeber kann von einem Punkteschema ausgehen, bei dem die vier sozialen Grund- **2623** daten angemessen berücksichtigt werden. § 1 Abs. 4 KSchG zeigt, dass nach Auffassung des

Gesetzgebers ein vom Arbeitgeber in Abstimmung mit der gewählten Arbeitnehmervertretung – sei es auch nur in der Form einer Regelungsabrede vereinbartes Punkteschema – eine größere Gewähr für eine sachlich ausgewogene Berücksichtigung der Sozialdaten darstellt als eine vom Arbeitgeber allein aufgestellte Regelung (*BAG* 5.12.2002 EzA § 1 KSchG Soziale Auswahl Nr. 49 = NZA 2003, 791; zur Mitbestimmungspflichtigkeit s. *BAG* 26.7.2005 EzA § 95 BetrVG 2001 Nr. 1 und 6.7.2006 – 2 AZR 443/05 – EzA-SD 1/2007 S. 3; fehlende Mitbestimmung führt allerdings nicht zur Unwirksamkeit der Kündigung: s.u. Rn. 2694 und *BAG* 9.11.2006 EzA § 1 KSchG Soziale Auswahl Nr. 71 = NZA 2007, 549; dazu *Strybny/Biswas* FA 2006, 165 ff.). Außergerichtliche Punktesysteme des Arbeitgebers konnten allerdings – bis zum 31.12.2003, **solange die vier auswahlrelevanten Sozialdaten im Gesetz nicht konkretisiert waren** (s. *BAG* 9.11.2006 EzA § 1 KSchG Soziale Auswahl Nr. 71 = NZA 2007, 549) grds. nur die Funktion einer **Vorauswahl** haben (vgl. *Jobs* DB 1986, 540; *Vogt* DB 1984, 1467).

2624 Denn die gerichtliche Überprüfung der Sozialauswahl durfte nicht auf Grund eines schematischen Punktesystems erfolgen, sie hatte vielmehr die **Besonderheiten des Einzelfalles zu berücksichtigen** (*BAG* 24.3.1983 EzA § 1 KSchG Betriebsbedingte Kündigung Nr. 21). Der Arbeitgeber musste (bis zum 31.12.2003, s. *BAG* 9.11.2006 EzA § 1 KSchG Soziale Auswahl Nr. 71 = NZA 2007, 549) nach § 1 Abs. 3 KSchG **stets eine einzelfallbezogene Abschlussprüfung** vornehmen; eine »Handsteuerung« war unverzichtbar (*BAG* 18.1.1990, 18.10.1984 EzA § 1 KSchG Soziale Auswahl Nr. 18, 28; ErfK/*Ascheid* § 1 KSchG Rz. 534; *v. Hoyningen-Huene/Linck* § 1 KSchG Rz. 475; KR/*Etzel* 7. Aufl. § 1 KSchG Rz. 672; APS/*Kiel* § 1 KSchG Rz. 728). Seit dem 1.1.2004 gilt das nicht mehr (s.u. Rn. 2675 und *BAG* 9.11.2006 EzA § 1 KSchG Soziale Auswahl Nr. 71 = NZA 2007, 549).

2625 Das *BAG* (18.1.1990 EzA § 1 KSchG Soziale Auswahl Nr. 28; zum Gestaltungsspielraum der Betriebspartner insoweit instruktiv *Gaul/Lunk* NZA 2004, 184 ff.) hat folgende, in einem Interessenausgleich enthaltene Punktetabelle gebilligt:

- **Dienstjahre:** Bis zu zehn Dienstjahren je Dienstjahr einen Punkt. Ab dem elften Dienstjahr je Dienstjahr zwei Punkte. Berücksichtigt werden nur Zeiten der Betriebszugehörigkeit bis zum 55. Lebensjahr, maximal sind siebzig Punkte möglich.
- **Lebensalter:** Für jedes volle Lebensjahr einen Punkt, maximal fünfundfünfzig Punkte.
- **Unterhaltspflichten:** Je unterhaltsberechtigtes Kind vier Punkte, Verheiratete acht Punkte (abl. dazu im Hinblick auf Art. 6 Abs. 1 GG explizit *ArbG Ludwigshafen* 8.2.2005 NZA-RR 2005, 423).
- **Schwerbehinderung:** Grad der Behinderung bis 50 ergibt fünf Punkte, über 50 je Grad einen Punkt.

2626 **Die endgültige Auswahl sollte unter Berücksichtigung weiterer Gesichtspunkte erfolgen,** z.B. einer besonderen Pflegebedürftigkeit von Familienmitgliedern, besonderen Lasten aus Unterhaltsverpflichtungen sowie besonderen Behinderungen, die einer weiteren Arbeitsleistung erheblich entgegenstehen; nach dem ab 1.1.2004 geltenden Kriterienkatalog wird dies aber nunmehr nur noch in engen Grenzen und in Ausnahmefällen möglich sein (s. APS/*Kiel* § 1 KSchG Rz. 732). Der Wertungsspielraum in der Sozialauswahl erlaubt es dem Arbeitgeber auch, in einem Punktesystem **Unterteilungen in Gruppen** vorzunehmen, indem er z.B. das Lebensalter (ab dem 20. Lebensjahr) im Abstand von sieben Jahren sowie die Betriebszugehörigkeit im Abstand von vier Jahren jeweils mit einem Punkt und die tatsächlichen Unterhaltspflichten mit zwei Punkten pro Person bewertet. Entscheidend ist, dass die Gruppen zueinander gemessen am Maßstab des § 1 Abs. 3 KSchG in einem ausgewogenen Verhältnis stehen (APS/*Kiel* § 1 KSchG Rz. 730; KR/*Etzel* 7. Aufl. § 1 KSchG Rz. 672).

2627 **Zu beachten ist, dass dann, wenn der Arbeitgeber ein von ihm unter Verstoß gegen § 95 BetrVG aufgestelltes Punkteschema anwendet, dieser Mitbestimmungsverstoß allein nicht zur Unwirksamkeit der ausgesprochenen Kündigung führt** (*BAG* 6.7.2006 – 2 AZR 443/05 – EzA-SD 1/2007 S. 3 = NZA 2007, 197; s. dazu *Rossa/Salamon* NJW 2008, 1991 ff.).

e) Auswahlrichtlinien

2628 Erfolgt die Sozialauswahl auf Grund von Auswahlrichtlinien gem. § 95 BetrVG oder gem. § 112 Abs. 1 BetrVG, so ist diese grds. nur daraufhin zu überprüfen, ob die Grundwertung des § 1 Abs. 3 S. 1, 2 KSchG eingehalten ist. Das ist dann der Fall, wenn wenigstens die sozialen Gesichtspunkte Lebensalter, Betriebszugehörigkeit, Schwerbehinderung und Unterhaltsverpflichtungen angemessen berücksichtigt sind, auf die betrieblichen Bedürfnisse nur bei der Frage abgestellt worden ist, ob sie einer Auswahl nach sozialen Gesichtspunkten entgegensteht und schließlich zur Vermeidung von unbilligen Härten, die die Anwendung jeden Schemas mit sich bringen würde, eine individuelle Überprüfung der Auswahl stattgefunden hat (*BAG* 20.10.1983 EzA § 1 KSchG Betriebsbedingte Kündigung Nr. 28; vgl. auch *Boewer* NZA 1988, 1). Dabei kann sich nur der Arbeitnehmer auf einen Auswahlfehler berufen, dessen Arbeitsverhältnis sonst nicht gekündigt worden wäre (*LAG Bln.* 20.8.2004 LAG Report 2005, 49).
Zu beachten ist, dass eine Auswahlrichtlinie, die **einen der sozialen Gesichtspunkte** nach § 1 Abs. 3 S. 1 KSchG, der bei allen Arbeitnehmern vorliegen kann (Alter, Betriebszugehörigkeit) **nicht oder so gering bewertet, dass er in fast allen denkbaren Fällen nicht den Ausschlag geben kann,** sondern allenfalls noch in extremen Ausnahmefällen als Zusatzkriterium eine Rolle spielen kann, nicht die gesetzlichen Vorgaben des § 1 Abs. 4 KSchG erfüllt. Sie ist deshalb nicht geeignet, den Arbeitgeber durch die Anwendung des eingeschränkten Prüfungsmaßstabes der groben Fehlerhaftigkeit zu privilegieren (*BAG* 18.10.2006 EzA § 1 KSchG Soziale Auswahl Nr. 70 = NZA 2007, 504).

2629 **Auch Auswahlrichtlinien können also die gesetzlichen Mindestanforderungen an die Sozialauswahl nach § 1 Abs. 3 KSchG nicht verdrängen** (*BAG* 11.3.1976 AP Nr. 1 zu § 95 BetrVG 1972; ErfK/*Ascheid* § 1 KSchG Rz. 566).

2630 Im Rahmen des Beurteilungsspielraums (vgl. dazu *LAG Bln.* 10.3.2004 – 17 Sa 2575/03 – EzA-SD 15/04, S. 8 LS) können zwar Erfahrungen der Betriebspartner hinsichtlich der Vergleichbarkeit der Arbeitnehmer bestimmter Arbeitsplätze einfließen (*LAG Hamm* 26.9.2001 – 3 Sa 916/01). Es können aber nicht von vornherein Arbeitnehmer bestimmter Abteilungen oder Arbeitsgruppen ohne ausreichende sachliche Kriterien als nicht vergleichbar eingestuft werden. Möglich ist es nach Auffassung des *LAG Bln.* (10.3.2004 – 17 Sa 2575/03 – EzA-SD 15/04, S. 8 LS) auch, lediglich eine **Vorauswahl** in der Auswahlrichtlinie zu treffen und die Endauswahl dem Arbeitgeber zu überlassen; dieser hat dann letztlich die sozialen Gesichtspunkte gegeneinander abzuwägen.

2631 **Betriebszugehörigkeit, Lebensalter, Schwerbehinderung und Unterhaltspflichten müssen notwendige Bestandteile der Auswahlrichtlinie sein** (*Bader* NZA 1999, 69 f.; *Däubler* NJW 1999, 603; *Löwisch* BB 1999, 103). Berücksichtigt eine Auswahlrichtlinie nur die Betriebszugehörigkeit und das Lebensalter und lässt sie die Unterhaltspflichten außer Acht, fehlt ein tragender Gesichtspunkt. Evident unausgewogen sind die Hauptkriterien z.B. dann, wenn die Gesichtspunkte Lebensalter und Unterhaltspflichten die Betriebszugehörigkeit deutlich in den Hintergrund drängen (APS/*Kiel* § 1 KSchG Rz. 767). Demgegenüber ist die Richtlinie zumindest nicht grob fehlerhaft, wenn darin das Lebensalter ebenso stark oder sogar geringfügig stärker gewichtet ist als die Dauer der Betriebszugehörigkeit. Eine Regelung leidet auch dann nicht an einem groben Fehler, wenn sie vorsieht, dass die Anzahl unterhaltsberechtigter Kinder nach den Angaben auf der Steuerkarte festgelegt und nicht nach den zum Zeitpunkt der beabsichtigten Kündigung tatsächlich zu erbringenden Leistungen bestimmt wird. Ebenso ist es nicht grob fehlerhaft, wenn die gesetzlichen Unterhaltspflichten unter Eheleuten unabhängig davon berücksichtigt werden, ob der andere Ehepartner tatsächlich über ein eigenes Einkommen verfügt. Das mit § 1 Abs. 4 KSchG verfolgte Ziel einer rechtssicheren Handhabung der Sozialauswahl vor allem bei Massenentlassungen rechtfertigt es, dass die Betriebsparteien bei den Unterhaltspflichten Sachverhalte pauschalieren. Diese

Möglichkeit hat der einzelne Arbeitgeber nicht, der über die soziale Auswahl nach § 1 Abs. 3 KSchG entscheiden muss. Nach § 1 Abs. 4 KSchG können weitere Kriterien in einer Auswahlrichtlinie berücksichtigt werden, sofern dadurch die Hauptkriterien nicht völlig in den Hintergrund treten. Ergeben sich aus den Richtlinien keine weiteren sozialen Gesichtspunkte, sind sie nicht schon aus diesem Grund unwirksam (APS/*Kiel* § 1 KSchG Rz. 768).

2632 Nach Auffassung des *LAG Hamm* (26.9.2001 – 3 Sa 916/01) spricht der Wortlaut des § 1 Abs. 4 KSchG dafür, auch die Überprüfung, ob die Festlegung von Vergleichsgruppen der Wertung des § 1 Abs. 3 S. 1 KSchG entspricht, auf **grobe Fehlerhaftigkeit** zu beschränken. Deshalb soll eine Regelung in Auswahlrichtlinien von § 1 Abs. 3 S. 2 KSchG gedeckt sein, wonach nicht mehr als ein bestimmter Prozentsatz von Arbeitnehmern eines Arbeitsbereichs im Rahmen der Sozialauswahl ausgetauscht werden kann, wobei auch betriebliche Erfahrungen der Betriebspartner zu berücksichtigen sind.

2633 Vereinbaren die Betriebspartner jedenfalls in einer Auswahlrichtlinie für die Vorauswahl der betriebsbedingt zu kündigenden Arbeitnehmer ein Punkteschema, das dem der Entscheidung des *BAG* vom 18.1.1990 (AP Nr. 19 zu § 1 KSchG Soziale Auswahl) zugrunde liegenden entspricht, so ist dies nicht grob fehlerhaft. Wendet der Arbeitgeber bei der abschließenden individuellen Abschlussprüfung, welche Arbeitnehmer aus betriebsbedingten Gründen zu entlassen sind, in der Auswahlrichtlinie angeführte soziale Gesichtspunkte lediglich konkret an, ist die von ihm getroffene Entscheidung nur auf grobe Fehlerhaftigkeit zu überprüfen. Wird als weiterer in die Auswahlentscheidung einzubeziehender Gesichtspunkt in der Richtlinie die besondere Pflegebedürftigkeit unterhaltsberechtigter Angehöriger aufgeführt und sieht der Arbeitgeber einen Arbeitnehmer, der auf Grund der Pflegebedürftigkeit eines Angehörigen starken häuslichen Verpflichtungen unterliegt und deshalb auf dem Arbeitsmarkt schlecht vermittelbar ist, als schutzwürdiger an als Arbeitnehmer, die solchen Beschränkungen nicht unterliegen, ist dies nicht grob fehlerhaft (*LAG Nds.* 16.8.2002 LAGE § 1 KSchG Soziale Auswahl Nr. 4 = NZA-RR 2003, 578).
Ergibt sich aus der Auskunft des Arbeitgebers, dass er die Sozialauswahl nicht auf nach dem Sachvortrag des Arbeitnehmers vergleichbare Arbeitnehmer z.B. einer anderen Betriebsabteilung erstreckt hat und ergänzt er im Prozess seinen Vortrag nicht hinsichtlich dieser Arbeitnehmer, so ist die Behauptung des gekündigten Arbeitnehmers, der Arbeitgeber habe soziale Gesichtspunkte nicht ausreichend berücksichtigt, als unstreitig anzusehen (*BAG* 15.6.1989 EzA § 1 KSchG Soziale Auswahl Nr. 27; *LAG Köln* 25.4.2001 NZA-RR 2002, 422).

f) Interessenausgleich/Sozialplan; Arbeitsplatzverzicht des Vaters zu Gunsten des Sohnes

2634 Die Betriebspartner können auch in einem Interessenausgleich/Sozialplan die sozialen Gesichtspunkte bei der Vorauswahl von Arbeitnehmern mit Hilfe eines Punkteschemas bewerten. Bei der Festlegung der Punktewerte der Auswahlkriterien (Alter, Betriebszugehörigkeit, Schwerbehinderung, Unterhaltsverpflichtungen) steht den Betriebspartnern zwar zur Ausfüllung des Begriffs »ausreichende soziale Gesichtspunkte« i.S.d. § 1 Abs. 3 S. 1 KSchG ein Beurteilungsspielraum zu. Dieser ist auch noch gewahrt, wenn Alter und Betriebszugehörigkeit im Wesentlichen gleich bewertet werden.

2635 **Zur Vermeidung von unbilligen Härten,** die die Anwendung jedes Schemas mit sich bringen kann, muss aber im Anschluss an die Vorauswahl auf Grund der Punktewertung eine **individuelle Abschlussprüfung** der Auswahl stattfinden (*BAG* 18.1.1990 EzA § 1 KSchG Soziale Auswahl Nr. 28).

Der Arbeitgeber, der die Auswahl der zu kündigenden Arbeitnehmer auf Grund von Auswahlrichtlinien in einem Interessenausgleich/Sozialplan nach § 112 Abs. 1 BetrVG vornahm, steht der gleiche **Beurteilungsspielraum** zu, der ihm bei der Auswahl auf Grund von Richtlinien nach § 95 BetrVG gewährt wird (*BAG* 20.10.1983 EzA § 1 KSchG Betriebsbedingte Kündigung Nr. 28). 2636

► **Beispiel:** 2637
Bei der individuellen Abschlussprüfung darf der Arbeitgeber das Angebot eines sozial schutzwürdigeren und deshalb nicht zur Kündigung vorgesehenen Arbeitnehmers berücksichtigen, für den Fall der Weiterbeschäftigung seines Sohnes auf seinen Arbeitsplatz zu verzichten, weil im Verhältnis des Vaters zum Sohn letzterer vorrangig zum Unterhalt verpflichtet ist (§ 1601 BGB). Nimmt der Arbeitgeber ein solches Angebot an, begründete die Weiterbeschäftigung des Sohnes i.d.R. nicht die Sozialwidrigkeit anderer Kündigungen aus dem Gesichtspunkt einer fehlerhaften Sozialauswahl (*BAG* 7.12.1995 EzA § 1 KSchG Soziale Auswahl Nr. 34; abl. *Keppler* BB 1996, 1994 ff.; ErfK/*Ascheid* § 1 KSchG Rz. 533; APS/*Kiel* § 1 KSchG Rz. 720; KDZ/*Kittner* § 1 KSchG Rz. 473; **a.A.** KR/*Etzel* 7. Aufl. § 1 KSchG Rz. 660).

g) Änderungen durch das arbeitsrechtliche Beschäftigungsförderungsgesetz – Rechtsentwicklung vom 1.10.1996 – 31.12.1998

Durch das arbeitsrechtliche Beschäftigungsförderungsgesetz sind hinsichtlich der Sozialauswahl gem. § 1 Abs. 3 KSchG mit Wirkung vom 1.10.1996 bis zur weitgehenden Aufhebung durch das KorrekturG vom 1.1.1999 Änderungen eingetreten, die seit dem 1.1.2004 weitgehend – modifiziert – wieder in Kraft gesetzt worden sind (vgl. dazu *Preis* RdA 1999, 311 ff.; *Däubler* NJW 1999, 601 ff.; *Schiefer* DB 1999, 48 ff.). 2638

aa) Konkretisierung und Beschränkung der »sozialen Gesichtspunkte«

Gem. § 1 Abs. 3 S. 1 KSchG muss der Arbeitgeber nicht mehr »soziale Gesichtspunkte« berücksichtigen; dieser für viele Faktoren offene Begriff (s.o. Rn. 2604 ff.) wird eingeschränkt auf die auch bereits nach bisher geltendem Recht maßgeblichen Kriterien der Dauer der Betriebszugehörigkeit, des Lebensalters und der Unterhaltspflichten des Arbeitnehmers; seit dem 1.1.2004 ist zusätzlich das Merkmal der **Schwerbehinderung** als zu berücksichtigendes Kriterium hinzugekommen. 2639

Mit dieser Neuregelung soll eine bessere Berechenbarkeit der Zulässigkeit der Kündigung für Arbeitgeber und Arbeitnehmer erreicht werden. Die Benennung der maßgeblichen Kriterien in § 1 Abs. 3 KSchG, aus ihrer Aufzählung in alphabetischer Reihenfolge und dem Umstand, dass sich weder aus Gesetzeswortlaut noch Entwurfsbegründung ein Vorrang für eines der genannten Kriterien entnehmen lassen, spricht für deren **Gleichwertigkeit und Gleichrang** (*Fischermeier* NZA 1997, 1095; **a.A.** *Schiefer/Worzalla* a.a.O., Rz. 48; *LAG Düsseld.* 25.8.2004 LAGE § 1 KSchG Soziale Auswahl Nr. 46 = LAG Report 2005, 79: Betriebszugehörigkeit ist bevorzugt zu berücksichtigen). 2640

Zu entscheiden ist jedenfalls, welcher der in die Sozialauswahl einzubeziehenden Arbeitnehmer am wenigsten auf die Erhaltung des Arbeitsplatzes angewiesen ist. 2641

bb) Ausschluss einzelner Arbeitnehmer von der Sozialauswahl

Waren bislang gem. § 1 Abs. 3 S. 2 KSchG a.F. Arbeitnehmer nur dann von der Sozialauswahl ausgenommen, wenn betriebstechnische, wirtschaftliche oder sonstige berechtigte betriebliche Belange ihre Weiterbeschäftigung bedingten, so sind nunmehr gem. § 1 Abs. 3 S. 2 KSchG **solche Arbeitnehmer in die Sozialauswahl nicht einzubeziehen, deren Weiterbeschäftigung insbes. wegen ihrer Kenntnisse, Fähigkeiten und Leistungen oder zur Siche-** 2642

rung einer ausgewogenen Personalstruktur (vgl. ausf. *Matthießen* NZA 1998, 1153 ff; *Tüsing/Wege* RdA 2005, 12 ff.), nicht aber zu deren erstmaligen Herstellung (*Bader* NZA 1996, 1129; krit. *Fischermeier* NZA 1997, 1093, denn wenn schon eine ausgewogene Personalstruktur gesichert werden kann, so muss es erst recht zulässig sein, eine weitere Verschlechterung einer schon unbefriedigenden Personalstruktur zu verhindern) **des Betriebes im berechtigten betrieblichen Interesse liegt.**

2643 ► **Beispiel:**
Die Sicherung einer ausgewogenen Altersstruktur der Erzieherinnen stellt bei einer Stadt, die zahlreiche Kindergärten, Kindertagesstätten und Internate unterhält, ein berechtigtes betriebliches Interesse dar, das bei einer erforderlich werdenden Massenkündigung einer Sozialauswahl allein nach den Kriterien des § 1 Abs. 3 S. 1 KSchG entgegenstehen kann (*BAG* 23.11.2000 EzA § 1 KSchG Betriebsbedingte Kündigung Nr. 110).

2644 Damit soll den einer Sozialauswahl entgegenstehenden betrieblichen Notwendigkeiten größeres Gewicht gegeben werden; *Leinemann* (BB 1996, 1381) sieht darin jedoch keine Verbesserung, weil das bisher schon vorhandene Maß an Unbestimmtheit nicht verkleinert wird (ähnlich *Löwisch* NZA 1996, 1011; *Ascheid* RdA 1997, 337 f.; *Preis* NZA 1997, 1084 hält den Begriff der ausgewogenen Personalstruktur für nicht justitiabel). Der Begriff der ausgewogenen Personalstruktur steht zudem in einem **Spannungsverhältnis zu den in § 1 Abs. 3 S. 1 KSchG positivierten Auswahlkriterien**, weil schon bisher die Überbetonung der Kriterien der Betriebszugehörigkeit und des Lebensalters bei Massenentlassungen zu einer unausgewogenen Personalstruktur geführt haben. § 1 Abs. 3 S. 1 KSchG privilegiert die Senioritätskriterien; Satz 2 hebt diese Grundentscheidung durch das Merkmal der ausgewogenen Personalstruktur wieder auf. Dem Wortlaut nach beschränkt der Gesetzgeber das Merkmal der ausgewogenen Personalstruktur auch nicht auf den Bereich der Massenentlassung, obwohl die Thematik bisher nur in diesen Fällen akut geworden ist (*Preis* NZA 1997, 1085).

2645 Nach Auffassung von *Bader* (NZA 1996, 1129 f.; ähnlich *Ascheid* RdA 1997, 337 f.) **ändert sich dadurch jedoch die dreistufige Prüfungsreihenfolge:** Nach der Feststellung der vergleichbaren Arbeitnehmer ist zunächst zu klären, welche Arbeitnehmer aus betrieblichen Gründen aus diesem Kreis wieder ausscheiden. Erst in der dritten (zuvor der zweiten) Stufe ist dann die eigentliche Sozialwahl vorzunehmen. Dies soll sich, obwohl die Reihenfolge der Sätze beibehalten wurde, aus der Formulierung ergeben, dass die in S. 2 näher beschriebenen Arbeitnehmer nicht in die Sozialwahl einzubeziehen sind (nach Auffassung von *Preis* NZA 1997, 1086 ist dies nicht zwingend; **a.A.** auch *Preis* NJW 1996, 3370 f.; *Schwedes* BB 1996, Beil. 17, S. 3; *Kittner* ArbuR 1997, 182 ff.; eine vierstufige Prüfung hält *Fischermeier* [NZA 1997, 1092] für denkbar).

2646 Ein berechtigtes betriebliches Interesse ist z.B. dann zu bejahen, wenn der betreffende Arbeitnehmer über erheblich überdurchschnittliche oder wesentliche spezielle Kenntnisse oder Fähigkeiten verfügt bzw. erheblich überdurchschnittliche Leistungen aufweist oder überaus vielseitig und flexibel einsetzbar ist und es auf diese Kenntnisse und Fähigkeiten auch aktuell ankommt (vgl. *Schiefer/Worzalla* a.a.O., Rz. 55 ff.; *Ascheid* RdA 1997, 338 f.). Der Arbeitgeber muss insoweit das Interesse des sozial schwächeren Arbeitnehmers gegen das betriebliche Interesse an der Herausnahme des Leistungsträgers abwägen; **je schwerer dabei das soziale Interesse wiegt, umso gewichtiger müssen die Gründe für** die **Ausklammerung des Leistungsträgers sein** (*BAG* 13.5.2007 EzA § 1 KSchG Soziale Auswahl Nr. 76; 12.4.2002 EzA § 1 KSchG Soziale Auswahl Nr. 48; krit. *Lingemann/Rolf* NZA 2005, 264 ff.).

2647 Im Hinblick auf die Unbestimmtheit dieser Begriffe bedarf es **plausiblen Sachvortrags** des Arbeitgebers im Kündigungsschutzprozess (*Preis* NZA 1997, 1084). In betrieblichen Krisensituationen soll nach z. T. vertretener Auffassung auch eine **erheblich geringere Krankheitsanfälligkeit** bestimmter Arbeitnehmer ein berechtigtes Interesse begründen, ohne dass auf die Kriterien der krankheitsbedingten Kündigung zurückgegriffen werden muss (*Bader* NZA 1996, 1129; krit. *Fischermeier* NZA 1997, 1093).

Das *BAG* (13.5.2007 EzA § 1 KSchG Soziale Auswahl Nr. 76) ist dem jedenfalls im Grundsatz nicht gefolgt. Die besonders hohe Krankheitsanfälligkeit eines Arbeitnehmers begründet bei der Sozialauswahl für sich genommen noch kein berechtigtes betriebliches Interesse, einen anderen vergleichbaren und nach § 1 Abs. 3 S. 1 KSchG weniger schutzbedürftigen Arbeitnehmer weiterzubeschäftigen. Etwas anderes kann allenfalls dann gelten, wenn bei besonderen Arbeitsaufgaben oder Tätigkeitsbereichen (z.B. bei Schlüsselpositionen mit Schlüsselqualifikationen) ein kurzfristiger Einsatz anderer Arbeitnehmer nicht oder nur mit sehr großen Schwierigkeiten organisiert werden kann, z.B. weil die zu vertretende Tätigkeit äußerst komplex ist bzw. eine hohe Einarbeitungsintensität erfordert oder auf Grund der Bedeutung des Arbeitsplatzes (z.B. bei einer bestimmten Kundenbindung) ein häufiger Einsatz von Vertretungskräften zur konkreten Gefahr eines Auftragsverlustes führen könnte. Auch kann die Weiterbeschäftigung bestimmter sozial stärkerer Arbeitnehmer erforderlich sein, wenn im Betrieb infolge einer Sozialauswahl nach allein sozialen Kriterien sonst nur noch bzw. im Wesentlichen nur noch Arbeitnehmer mit hohen Fehlzeiten verblieben (*BAG* 13.5.2007 EzA § 1 KSchG Soziale Auswahl Nr. 76). **2648**

Weil die Geltendmachung des Ausnahmetatbestandes des § 1 Abs. 3 S. 2 KSchG nur eine **Option für den Arbeitgeber** darstellt, kann sich ein Arbeitnehmer nicht darauf z.B. mit der Begründung, er sei wesentlich leistungsfähiger als ein älterer Arbeitnehmer, berufen (*Bader* NZA 1996, 1129; *Wlotzke* BB 1997, 419; **a.A.** *Buschmann* ArbuR 1996, 288). **2649**

cc) Bedeutung von Auswahlrichtlinien gem. § 95 BetrVG

Gem. § 1 Abs. 4 KSchG kann im Interesse einer Vereinfachung einer Kündigung für den Arbeitgeber und ihrer besseren Berechenbarkeit bei Auswahlrichtlinien gem. § 95 BetrVG, oder bei Richtlinien über die personelle Auswahl bei Kündigungen im öffentlichen Dienst, in denen festgelegt ist, wie die sozialen Gesichtspunkte gem. § 1 Abs. 3 S. 1 KSchG im Verhältnis zueinander zu bewerten sind, die Bewertung **nur auf grobe Fehlerhaftigkeit** überprüft werden (zur Verwendung von »alten« Auswahlrichtlinien aus der Zeit vor dem 1.10.1996 vgl. *Baeck/Schuster* NZA 1998, 1250 ff.; zum Gestaltungsspielraum der Betriebspartner *Gaul/Lunk* NZA 2004, 184 ff.). Das ist dann der Fall, **wenn die Gewichtung** der Kriterien Alter, Betriebszugehörigkeit und Unterhaltspflichten (inzwischen auch Schwerbehinderung) **jede Ausgewogenheit vermissen lässt** (*BAG* 21.1.1999 EzA § 1 KSchG Soziale Auswahl Nr. 39). Der vom Gesetzgeber weit gefasste Beurteilungsspielraum der Betriebspartner lässt es auch zu, bei der Gewichtung der Sozialkriterien das Schwergewicht auf die Unterhaltspflichten der betroffenen Arbeitnehmer zu legen. Der Dauer der Betriebszugehörigkeit kommt unter den Sozialkriterien – im Geltungsbereich des Arbeitsrechtlichen Beschäftigungsförderungsgesetzes – keine Priorität mehr zu (*BAG* 2.12.1999 EzA § 1 KSchG Soziale Auswahl Nr. 41). Werden bei der Betriebszugehörigkeit und beim Lebensalter Zeiten **nach Vollendung des 55. Lebensjahres nicht berücksichtigt**, verstößt dies nicht gegen § 75 Abs. 1 S. 2 BetrVG, auch nicht unter Berücksichtigung der RL 2000/78/EG zur Festlegung eines allgemeinen Rahmens für die Verwirklichung der Gleichbehandlung in Beschäftigung und Beruf. Denn eine solche Bewertung dient dem legitimen Ziel, solchen älteren, **rentennahen Arbeitnehmern** ein verhältnismäßig höheres Kündigungsrisiko zuzumuten, die bei typisierender Betrachtung wegen ihrer sozialversicherungsrechtlichen Absicherung von einer Kündigung weniger hart getroffen werden als jüngere Arbeitnehmer. Eine solche Bewertung der sozialen Gesichtspunkte ist deshalb auch nicht völlig unausgewogen und damit nicht grob fehlerhaft i.S.d. § 1 Abs. 4 KSchG (*LAG Nds.* 28.5.2004 LAG Report 2005, 52). **2650**

Nach Auffassung von *Bader* (NZA 1996, 1130 f.; vgl. auch *Ascheid* RdA 1997, 341 f.; **a.A.** *Leinemann* BB 1996, 1381; *Löwisch* NZA 1996, 1011; *Lorenz* DB 1996, 1974; krit. *Fischermeier* NZA 1997, 1096) soll eine derartige Auswahlrichtlinie aber wie nach altem Recht der Rechts- bzw. ggf. **Inhalts- oder Billigkeitskontrolle** unterliegen. **2651**

2652 Durch die Beschränkung auf »grobe Fehlerhaftigkeit« soll sich allerdings der Prüfungsmaßstab verändern: Sie ist dann gegeben, wenn bezüglich der Gewichtung der Auswahlkriterien ganz nahe liegende Gesichtspunkte nicht in die Überlegungen einbezogen wurden, womit die gebotene Ausgewogenheit evident verfehlt worden ist. Regelmäßig soll damit die bloße Umsetzung einer hinreichend differenzierten Richtlinie ausreichend sein, d.h. von dem letztlich entscheidenden Arbeitgeber ist i.d.R. keine zusätzliche Abwägung, keine individuelle Abschlussprüfung (*LAG Nds.* 28.5.2004 LAG Report 2005, 52: *Preis* NZA 1997, 1805; **a.A.** APS/*Kiel* § 1 KSchG Rz. 769 m.w.N.: individuelle Abschlussbewertung) mehr gefordert, falls nicht die Richtlinie insgesamt sich als zu pauschal und oberflächlich erweist oder gar selbst zu beanstanden ist. Mit der Einführung des § 1 Abs. 4 KSchG durch Gesetz v. 25.9.1996 ist also Voraussetzung für die Wirksamkeit von Auswahlrichtlinien **nicht mehr**, dass der Arbeitgeber **Raum für eine abschließende Berücksichtigung individueller Besonderheiten haben muss**. Er ist lediglich dann berechtigt und zugleich verpflichtet, eine Auswahlentscheidung vorzunehmen, wenn zwei Arbeitnehmer denselben Punktestand aufweisen oder ein krasser Ausnahmefall wie dauerhafte gesundheitliche Beeinträchtigungen eines nach der Auswahlrichtlinie zu kündigenden Arbeitnehmers vorliegt.

Ist eine Richtlinie unwirksam, so führt dies im Übrigen nicht zwangsläufig auch zur Fehlerhaftigkeit einer danach vorgenommenen Sozialauswahl. Denn die Auswahlentscheidung ist nach wie vor nur einer Ergebniskontrolle zu unterziehen; auch unrichtige Auswahlüberlegungen können zufällig zu einem zutreffenden Ergebnis führen (*Fischermeier* NZA 1997, 1096).

Arbeitgeber und Betriebsrat können sich auch darauf beschränken, mit einer Auswahlrichtlinie **Regeln für eine Vorauswahl zu treffen und dem Arbeitgeber bei gleicher oder annähernd gleicher Punktezahl die Endauswahl überlassen**, in der besonders schwerwiegende individuelle soziale Gesichtspunkte, die in der Auswahlrichtlinie keinen Niederschlag gefunden haben, berücksichtigt werden; dafür gilt die Überprüfungsbeschränkung nicht. Derartige Regelungen dürfen nicht gegen zwingendes Gesetzesrecht und damit auch nicht gegen die Wertung des KSchG verstoßen. Eine von den Betriebspartnern getroffene Regelung, die den Arbeitgeber ermächtigt, einseitig von der getroffenen Vorauswahl abzuweichen und einen um mehrere Punkte schutzwürdigeren Arbeitnehmer zu entlassen, ohne eine Endauswahl vorzunehmen, widerspricht insoweit der Wertung des § 1 Abs. 3 KSchG und ist unbeachtlich (*ArbG Essen* 30.8.2005 – 2 Ca 670/05 – EzA-SD 24/05, S. 15 LS = NZA-RR 2006, 77).

2653 Der Gesetzgeber hat das privilegierte Auswahlermessen auch **nicht auf § 1 Abs. 3 S. 2 KSchG** erstreckt, ebenso erstreckt es sich **nicht auf die Bestimmung des Kreises der in die Sozialauswahl einzubeziehenden Arbeitnehmer**. Denn beides ist eine logische Fortsetzung des Prinzips der unternehmerischen Entscheidungsfreiheit und des betriebsbedingten Kündigungsgrundes selbst. In diesen Fragen bleibt es bei der vollen gerichtlichen Überprüfbarkeit (*Preis* NZA 1997, 1085; *v. Hoyningen-Huene/Link* DB 1997, 44; *Giese* ZfA 1997, 160; **a.A.** *Löwisch* RdA 1997, 81; offen gelassen von *BAG* 5.12.2002 NZA 2003, 849).

dd) Namentliche Bezeichnung der zu kündigenden Arbeitnehmer in einem Interessenausgleich

2654 Sind bei einer Kündigung auf Grund einer Betriebsänderung nach § 111 BetrVG die Arbeitnehmer, denen gekündigt werden soll, in einem Interessenausgleich zwischen Arbeitgeber und Betriebsrat namentlich bezeichnet, **so wird vermutet, dass die Kündigung durch dringende betriebliche Erfordernisse i.S.d. § 1 Abs. 2 KSchG bedingt ist. Die soziale Auswahl der Arbeitnehmer kann dann nur auf grobe Fehlerhaftigkeit überprüft werden** (§ 1 Abs. 5 S. 1, 2 KSchG; vgl. dazu *Fischer* ArbuR 1998, 261 ff.). Das gilt dann nicht, wenn die Namensliste erst **später erstellt** worden ist (*LAG Düsseld.* 25.2.1998 LAGE § 1 KSchG Interessenausgleich Nr. 9). Fraglich ist, ob § 1 Abs. 5 KSchG auch für eine Namensliste in einem **freiwilligen Interessenausgleich** (dafür *Kappenhagen* NZA 1998, 968 f.; *Schiefer* DB 1997,

1519; dagegen *Zwanziger* DB 1997, 2175) gilt, sowie ferner, ob rechtswirksam auch eine **»Teil-Namensliste«** vereinbart werden kann (dafür *Piehler* NZA 1998, 970 f.).

Eine grob fehlerhafte Sozialwahl liegt z.B. dann vor, wenn die Gewichtung der Kriterien jede Ausgewogenheit vermissen lässt (*BAG* 21.1.1999 EzA § 1 KSchG Soziale Auswahl Nr. 39) und vergleichbare Arbeitnehmer nicht in die Sozialauswahl einbezogen werden (*ArbG Stuttgart* 8.7.1997 NZA-RR 1998, 162). Das ist der Fall, wenn den Gekündigten bei gleich zu gewichtenden Unterhaltspflichten sowohl die erheblich längere Betriebszugehörigkeit als auch das erheblich längere Lebensalter als schutzwürdiger ausweisen (*LAG Düsseld.* 25.2.1998 LAGE § 1 KSchG Interessenausgleich Nr. 9). Es ist auch grob fehlerhaft, wenn die Liste der nach dem Interessenausgleich zu kündigenden Arbeitnehmer von dem Auswahlsystem des Interessenausgleichs **abweicht, ohne dass dafür vertretbare Gründe** vom Arbeitgeber vorgetragen werden. Ein danach vertretbarer Grund liegt insbes. nicht vor, wenn statt des einschlägigen speziellen Interessenausgleichs ein allgemeiner Rahmeninteressenausgleich für die Sozialauswahl angewendet wird (*LAG Bln.* 15.10.2004 ArbuR 2005, 76 LS). 2655

Durch diese Regelung soll der Kündigungsschutz des einzelnen Arbeitnehmers im Interesse eines **zwischen den Betriebspartnern abgestimmten Gesamtkonzepts** eingeschränkt werden (*Schiefer* NZA 1997, 916; vgl. ausf. dazu *Kohte* BB 1998, 946 ff.). 2656

Die Niederschrift des Interessenausgleichs ist eine Gesamturkunde, wenn mehrere Blätter einer Urkunde **so zusammen gefasst** sind, **dass sich ihre Zusammengehörigkeit ergibt.** Die Einheitlichkeit der Urkunde kann durch zusammenheften, nummerieren der Blätter, Bezugnahme oder den eindeutigen Sachzusammenhang des fortlaufenden Textes hergestellt werden. Ist der Interessenausgleich, in der auf eine beigefügte Namensliste Bezug genommen wird, mit einer nicht unterschriebenen Namensliste der zu kündigenden Arbeitnehmer mittels Heftmaschine fest verbunden, so sind die betreffenden Arbeitnehmer in einem Interessenausgleich namentlich bezeichnet; Interessenausgleich und Namensliste bilden dann eine einheitliche Urkunde (*BAG* 7.5.1998 EzA § 1 KSchG Interessenausgleich Nr. 6; 6.12.2001 NZA 2002, 999 LS; *ArbG Hannover* 23.7.1997, 22.8.1997 DB 1998, 207, 208; zust. *Baeck/Schuster* DB 1998, 1771). Auch durch eine **Inbezugnahme** wird der deutliche Sinnzusammenhang des fortlaufenden Textes hergestellt, sodass es einer mechanischen Verbindung der Blätter nicht bedarf (*LAG SchlH* 22.4.1998 LAGE § 1 KSchG Interessenausgleich Nr. 5 im Anschluss an *BAG* 30.10.1984 EzA § 74 HGB Nr. 44 und *BGH* 24.9.1997 NJW 1998, 58; **a.A.** *LAG RhPf* 17.10.1997 9 Sa 401/97; zust. *Kohte* BB 1998, 946 ff.: die Verbindung mit einer bloßen Büroklammer genügt nicht). 2657

Nach Auffassung von *Bader* (NZA 1996, 1133; *Schiefer* NZA 1997, 916; ebenso *LAG Köln* 1.8.1997 LAGE § 1 KSchG Interessenausgleich Nr. 1; *LAG Düsseld.* 16.2.1998 BB 1998, 1268 LS; *ArbG Wesel* 28.5.1997 NZA-RR 1997, 341) ist damit **§ 292 ZPO** zu Gunsten des Arbeitgebers anwendbar: 2658
Der Arbeitnehmer muss folglich das nicht wirksame Zustandekommen des Interessenausgleichs, in dem er namentlich aufgeführt ist, darlegen und beweisen, z.B. dass sein Arbeitsplatz nicht entfallen ist oder dass für ihn eine anderweitige Weiterbeschäftigung in Betrieb oder Unternehmen möglich war. Erst im Anschluss an einen diesen Anforderungen genügenden Sachvortrag des Arbeitnehmers obliegt es dem Arbeitgeber, seinerseits zur Betriebsbedingtheit Stellung zu nehmen (*Schiefer* NZA 1997, 916). Davon geht inzwischen auch das *BAG* (7.5.1998 EzA § 1 KSchG Interessenausgleich Nr. 5; vgl. dazu *Büdenbender* SAE 1999, 98 ff.) aus.

2659 Das *ArbG Bonn* (5.2.1997 DB 1997, 1517; ebenso *LAG Düsseld.* 4.3.1998 LAGE § 1 KSchG Interessenausgleich Nr. 3; überw. zust. *Zwanziger* DB 1997, 2174 ff. u. 2178 ff.; abl. *Schiefer* DB 1997, 1518 ff. u. 2176 ff.) hat demgegenüber angenommen, dass der Arbeitgeber verpflichtet ist, sich – entsprechend der Verteilung der Darlegungs- und Beweislast im Rahmen der Sozialauswahl – hinreichend substantiiert zur Betriebsbedingtheit der Kündigung einzulassen und so dem gekündigten Arbeitnehmer die Möglichkeit zu bieten, hierauf sachgerecht Stellung zu nehmen und womöglich der gesetzlichen Neuverteilung der Beweislast zu entsprechen. Das *LAG Köln* (1.8.1997 LAGE § 1 KSchG Interessenausgleich Nr. 1) ist dem jedoch nicht gefolgt, weil die Darlegungslast grds. der Beweislast folgt und für die Annahme einer Ausnahme von diesem Grundsatz keine Veranlassung bestehe (vgl. dazu *Schiefer* DB 1997, 2176 ff.; *Zwanziger* DB 1997, 2174 ff.). Der sich gegen die Kündigung wehrende **Kläger** hat danach **Beweis anzubieten für die Behauptung**, die in einem Interessenausgleich vorgesehenen **Stilllegungen** wesentlicher Betriebsteile seien **nicht geplant oder durchgeführt worden** und für die Behauptung, dass die im Interessenausgleich vorgesehenen Stilllegungen **seine Kündigung nicht bedingen** (*BAG* 7.5.1998 NZA 1998, 933; zust. *Baeck/Schuster* DB 1998, 1771).

2660 Nach Auffassung von *Preis* (NZA 1997, 1086) müssen dem Arbeitnehmer aber jedenfalls die allgemeinen Beweiserleichterungen, insbes. zur sog. sekundären Behauptungslast bei der Führung des Gegenteilsbeweises zuteil werden. Denn es ist anerkannt, dem Prozessgegner im Rahmen seiner Erklärungslast nach § 138 Abs. 2 ZPO ausnahmsweise zuzumuten, dem Beweispflichtigen eine ordnungsgemäße Darlegung durch nähere Angaben über die zu seinem Wahrnehmungsbereich gehörenden Verhältnisse zu ermöglichen (*Zöller/Greger* Vorb. § 284 ZPO Rz. 34 u. § 292 ZPO Rz. 2). Dies ist etwa der Fall, wenn eine darlegungspflichtige Partei außerhalb des von ihr darzulegenden Geschehensablauf steht und keine nähere Kenntnis der maßgeblichen Tatsachen besitzt, während der Gegner sie hat und ihm nähere Angaben zumutbar sind. Daraus folgt, dass der Arbeitgeber trotz der gesetzlichen Vermutung auf Bestreiten des Arbeitnehmers die zu seinem Wahrnehmungsbereich gehörenden Tatsachen mitzuteilen hat. Hierzu gehört

- der betriebsbedingte Kündigungsgrund (Unternehmerentscheidung; Betriebsänderung; s. *ArbG Hmb.* 26.10.2005 NZA-RR 2006, 577),
- der Kreis der in die Sozialauswahl einzubeziehenden Arbeitnehmer ebenso wie
- die den berechtigten betrieblichen Interessen gem. § 1 Abs. 3 S. 2 KSchG zugrunde liegenden Tatsachen (ebenso *BAG* 10.2.1999 EzA § 1 KSchG Soziale Auswahl Nr. 38; offen gelassen dagegen von *BAG* 12.4.2002 EzA § 1 KSchG Soziale Auswahl Nr. 48; *LAG Düsseld.* 24.3.1998 LAGE § 1 KSchG Interessenausgleich Nr. 6; *LAG Nds.* 30.6.2006 – 10 Sa 1816/05 – EzA-SD 21/06, S. 3).

2661 Der Vorteil der gesetzlichen Vermutungsregelung liegt für den Arbeitgeber darin, dass es nicht ausreicht, die gesetzliche Vermutung zu erschüttern; vielmehr muss der **volle Beweis des Gegenteils** geführt werden (*Preis* NZA 1997, 1086).

2662 Nach Auffassung von *Bader* (NZA 1996, 1133; *Schiefer* NZA 1997, 916; ebenso *LAG Köln* 1.8.1997 LAGE § 1 KSchG Interessenausgleich Nr. 1; *LAG Düsseld.* 16.2.1998 BB 1998, 1268 LS; *ArbG Wesel* 28.5.1997 NZA-RR 1997, 341) ist damit **§ 292 ZPO** zu Gunsten des Arbeitgebers anwendbar: *Neef* (NZA 1997, 69) weist darauf hin, dass der Interessenausgleich mit Namensliste für den Arbeitgeber nur dann interessant ist, wenn nicht nur die Gewichtung der Elemente der sozialen Auswahl mehr oder weniger festliegen, sondern auch klargestellt wird, **wer in die soziale Auswahl einzubeziehen ist**. Denn danach besteht das Hauptproblem in der Praxis nicht darin, brauchbare Kriterien für die soziale Auswahl zu finden, sondern Mitarbeiter zu behalten, die im Betrieb dringend gebraucht werden, aber bei strikter sozialer Auswahl entlassen werden müssten. Die gesetzliche Neuregelung macht danach **nur Sinn**, wenn durch eine solche Namensliste auch die Frage, wer wegen seiner Fähigkeiten, Kenntnisse, Leistungen oder wegen der **Altersstruktur aus der sozialen Auswahl herausfällt, nur auf grobe Unrichtigkeit überprüft werden kann**. Hinzuweisen ist nach seiner Auffassung in diesem Zusammenhang auf die bereits geltende Regelung des § 125 InsO.

Schiefer (NZA 1997, 917) versteht § 1 Abs. 5 KSchG a.F. schließlich dahin, dass **nicht nur der Schritt** der Sozialwahl (Bewertung der Sozialindikatoren), sondern **auch die vorangehenden Schritte** (Bildung der Gruppe der im Rahmen der Sozialauswahl vergleichbaren Arbeitnehmer; Herausnahme von Arbeitnehmern aus der Sozialwahl) **nur einer reduzierten Prüfung unterliegen sollen**; **erfasst** ist auch das **Fehlen einer anderweitigen Beschäftigungsmöglichkeit in einem anderen Betrieb des Unternehmens** (*BAG* 7.5.1998 NZA 1998, 933; *LAG RhPf* 2.2.2006 NZA-RR 2006, 296; *Fischermeier* NZA 1997, 1096). 2663

Die Darlegungs- und Beweislast verteilt sich danach wie folgt: 2664
- Im Kündigungsschutzprozess ist es zunächst Aufgabe des Arbeitnehmers, die Richtigkeit der Sozialauswahl zu bestreiten. Ohne solches Bestreiten hat der Arbeitgeber keine Veranlassung, zur Sozialauswahl vorzutragen.
- Ist der Arbeitgeber hinsichtlich der Auswahlüberlegungen seiner Darlegungslast vollständig nachgekommen, so liegt die Darlegungs- und Beweislast voll beim Arbeitnehmer (§ 1 Abs. 3 S. 3 KSchG). Er muss nur darlegen und ggf. nachweisen, dass die vorliegende Sozialauswahl unter einem groben Fehler i.S.v. § 1 Abs. 5 S. 2 KSchG leidet, dass sie also jede Ausgewogenheit vermissen lässt (*Schiefer* NZA 1997, 918).

Die an sich gegebene Vermutungsregelung wird bei einer durch sog. Entlassungswellen vorgenommenen Betriebseinschränkung dann nicht beeinträchtigt, wenn **die ersten Entlassungswellen** für die ein Interessenausgleich mit Namensliste abgeschlossen ist, die erforderliche Gesamtzahl betroffener Arbeitnehmer i.S.d. § 111 BetrVG erreichen, auch wenn weitere Entlassungswellen vorgesehen sind, für die noch keine Namensliste vorliegt (*BAG* 22.1.2004 EzA § 1 KSchG Interessenausgleich Nr. 11). 2665

§ 1 Abs. 5 S. 1, 2 KSchG gilt aber dann nicht, wenn und soweit sich die Sachlage nach Zustandekommen des Interessenausgleichs **wesentlich geändert hat** (vgl. dazu *Bader* NZA 1996, 1133). Das *LAG Köln* (1.8.1997 LAGE § 1 KSchG Interessenausgleich Nr. 1) verlangt insoweit eine **Änderung der Geschäftsgrundlage**; sie ist nur wesentlich, wenn die Betriebspartner den Interessenausgleich ohne ernsthaften Zweifel nicht oder in einem entscheidungserheblichen Punkt nicht so abgeschlossen hätten. Das ist dann der Fall, wenn die Betriebsänderung nicht wie geplant und im Interessenausgleich zugrunde gelegt, durchgeführt wird oder wesentlich weniger Mitarbeiter entlassen werden, als im Interessenausgleich vorgesehen (*LAG SchlH* 22.4.1998 LAGE § 1 KSchG Interessenausgleich Nr. 5). Davon kann z.B. keine Rede sein, wenn die Streichung eines Arbeitsplatzes von insgesamt 36 Betroffenen nicht wie ursprünglich geplant durch Auslagerung seiner Funktion auf ein Fremdunternehmen, sondern durch Verteilung von dessen Restfunktion auf verbliebene Arbeitnehmer bewerkstelligt wird (*LAG Köln* LAGE § 1 KSchG Interessenausgleich Nr. 1). 2666

Maßgeblicher Zeitpunkt für die Beurteilung, ob sich die Sachlage nach dem Zustandekommen des Interessenausgleichs wesentlich geändert hat, ist der des **Zugangs der Kündigung**. Bei **späteren** Änderungen kommt nur ein **Wiedereinstellungsanspruch** in Betracht (*BAG* 21.2.2001 EzA § 1 KSchG Interessenausgleich Nr. 8; vgl. auch *LAG Köln* 20.12.2002 – 11(13) Sa 593/02 – EzA-SD 13/03, S. 7 LS; zur Rechtslage in der Insolvenz vgl. *LAG Hamm* 27.3.2003 LAGE § 1 KSchG Wiedereinstellungsanspruch Nr. 5). 2667

Der Interessenausgleich ersetzt die Stellungnahme des Betriebsrates gem. § 17 Abs. 3 S. 2 KSchG; durchzuführen ist allerdings die Anhörung des Betriebsrates gem. § 102 BetrVG (*BAG* 20.5.1999 EzA § 102 BetrVG 1972 Nr. 102; 24.2.2000 EzA § 1 KSchG Interessenausgleich Nr. 7; 28.8.2003 SAE 2005, 45 für § 125 InsO; *LAG Düsseld.* 21.4.1998 LAGE § 102 BetrVG 1972 Nr. 69u. 24.3.1998, 25.2.1998 LAGE § 1 KSchG Interessenausgleich Nr. 6, 9; *LAG RhPf* 18.10.2007 NZA-RR 2008, 356; *Schiefer* NZA 1997, 918; *Leipold* SAE 2005, 48 ff.). Diese **Anhörung** kann der Arbeitgeber zwar **mit den Verhandlungen über den Interessenausgleich verbinden**. Sie unterliegt aber **keinen erleichterten Anforderungen**, selbst wenn ein Interessenausgleich mit Namensliste vorliegt. Soweit der Kündigungssachverhalt dem Betriebsrat allerdings schon aus den Verhandlungen über den Interessenausgleich bekannt ist, braucht er ihm bei der Anhörung nach § 102 BetrVG nicht erneut mitgeteilt werden. Solche Vorkenntnisse des Betriebsrats muss der Arbeitgeber im Prozess 2668 hinreichend konkret darlegen und ggf. beweisen (*BAG* 20.5.1999 EzA § 102 BetrVG 1972 Nr. 102; *LAG RhPf* 2.2.2006 NZA-RR 2006, 296). Erklärt der Betriebsrat in einem Interessenausgleich mit Namensliste, er sei »infolge der Erörterungen im Rahmen der Interessenausgleich- und Sozialplanverhandlungen und in Zusammenhang mit der Erstellung der Namensliste **umfassend** über die Kündigungsgründe **informiert**, ... so dass es keiner weiteren Informationen im Anhörungsverfahren nach § 102 BetrVG bedarf«, so begründet dies zwar **weder die Vermutung noch den Anschein einer ordnungsgemäßen zeitnah erfolgenden Anhörung**, jedoch ist dies im Rahmen des § 286 ZPO zu berücksichtigen (*ArbG Bln.* 11.8.2004 LAGE § 102 BetrVG 2001 Nr. 3).

2669 Steht im Zeitpunkt der Unterzeichnung eines Interessenausgleichs mit Namensliste zudem **noch nicht endgültig** fest, ob einem in der Namensliste aufgeführten Arbeitnehmer eine Kündigung erklärt wird, weil er noch in eine Transfergesellschaft wechseln kann, und ist im Interessenausgleich weiter festgehalten, dass die Rechte des Betriebsrats gem. § 102 BetrVG unberührt bleiben, ist jedenfalls vor Ausspruch der dann erklärten Kündigung eine förmliche Anhörung des Betriebsrats nach § 102 BetrVG zur Wirksamkeit der Kündigung erforderlich (*LAG RhPf* 18.10.2007 NZA-RR 2008, 356).

h) Rechtsentwicklung seit dem 1.1.2004

2670 Der Gesetzgeber hat durch das Gesetz zu Reformen am Arbeitsmarkt vom 24.12.2003 (BGBl. I S. 3002 ff.) den vom 1.10.1996 bis zum 31.12.1998 geltenden Rechtszustand weitgehend wieder hergestellt.

aa) Konkretisierung und Beschränkung der »sozialen Gesichtspunkte«

2671 Siehe o. Rn. 2639 ff.; vgl. zur Neuregelung *Lunk* NZA 2005, Beil. 1/2005 zu Heft 10, S. 41 ff.

2672 Neu ist, dass auch eine bestehende Schwerbehinderung berücksichtigt werden muss; damit soll verfassungsrechtlichen Bedenken Rechnung getragen werden (vgl. dazu *Osterheider* FA 2004, 171 ff.: Berücksichtigung von schwer behinderten Arbeitnehmern in der Sozialauswahl nur bei Vorliegen der Zustimmung des Integrationsamtes; vgl. auch *Däubler* NZA 2004, 181 ff.; *Lunk* NZA 2005, Beil. 1/2005 zu Heft 10, S. 41 ff.).

2673 Hinsichtlich der zu berücksichtigenden familienrechtlichen **Unterhaltspflichten** ist zu beachten, dass die kinderbezogenen **Eintragungen auf der Lohnsteuerkarte** nur begrenzt etwas über das Bestehen dieser familienrechtlichen Verhältnisse aussagen. Dadurch dürfte sich der Schluss aufdrängen, dass das Gesetz nicht auf die in die Lohnsteuerkarte eingetragenen Kinderfreibeträge abhebt, so dass es auf die tatsächlichen, nicht aber auf die in die Lohnsteuerkarte eingetragenen Daten ankommen dürfte. Den Bedürfnissen der Praxis ist in diesem Zusammenhang ausreichend dadurch Rechnung getragen, dass der Arbeitgeber auf die ihm bekannten Daten **vertrauen kann**, wenn er keinen Anlass zu der Annahme hat, sie könnten nicht zutreffen (*BAG* 17.1.2008 EzA § 1 KSchG Soziale Auswahl Nr. 80 = NZA-RR 2008, 571).
Das **Verbot der Altersdiskriminierung** (§§ 1, 10 AGG) steht der Berücksichtigung des Lebensalters im Rahmen der Sozialauswahl (§ 1 Abs. 3 S. 1 KSchG) nicht entgegen. Auch die **Bildung von Altersgruppen** bei der Sozialauswahl (§ 1 Abs. 3 S. 2 KSchG) ist nach dem AGG **zulässig** (*BAG* 6.11.2008 – 2 AZR 701/07).

bb) Ausschluss einzelner Arbeitnehmer aus der Sozialauswahl

2674 Siehe o. Rn. 2642 ff.; vgl. auch *Däubler* NZA 2004, 181 ff.; *Bär* ArbuR 2004, 169 ff.

cc) Bedeutung von Auswahlrichtlinien gem. § 95 BetrVG

Siehe o. Rn. 2650 ff.; vgl. auch *Däubler* NZA 2004, 181 ff.; zum Gestaltungsspielraum der Betriebspartner *Gaul/Lunk* NZA 2004, 184 ff. 2675

Grob fehlerhaft ist eine Gewichtung der Sozialdaten nach Maßgabe des § 1 Abs. 4 KSchG dann, wenn sie **jede Ausgewogenheit vermissen lässt**, d.h. wenn einzelne Sozialdaten überhaupt nicht, eindeutig unzureichend oder mit eindeutig überhöhter Bedeutung berücksichtigt werden (*BAG* 5.6.2008 EzA § 1 KSchG Soziale Auswahl Nr. 81 = NZA 2008, 1120). 2676

Für die gesetzliche Neufassung hat das *BAG* (9.11.2006 EzA § 1 KSchG Soziale Auswahl Nr. 71 = NZA 2007, 549) des weiteren inzwischen folgende Grundsätze aufgestellt: 2677

- Der Anwendbarkeit eines Punktesystems steht nach der seit dem 1.1.2004 geltenden Fassung von § 1 Abs. 3 S. 1 KSchG nicht entgegen, dass es keine abschließende Einzelfallbetrachtung vorsieht. Der Arbeitgeber braucht neben den im Gesetz vorgesehenen sozialen Gesichtspunkten keine weiteren Gesichtspunkte zu berücksichtigen.
- Ein Punkteschema stellt insoweit auch dann eine nach § 95 Abs. 1 BetrVG mitbestimmungspflichtige Auswahlrichtlinie dar, wenn es der Arbeitgeber nicht generell auf alle künftigen, sondern nur auf konkret bevorstehende betriebsbedingte Kündigungen anwenden will.
- Dies führt jedoch mangels einer § 102 Abs. 1 S. 3 BetrVG entsprechenden Norm nicht zur Unwirksamkeit der in Anwendung des – nicht mitbestimmten – Punktesystems ausgesprochenen Kündigung (*BAG* 6.7.2006 EzA § 1 KSchG Soziale Auswahl Nr. 69). Gerade das Fehlen einer solchen Unwirksamkeitsnorm ist andererseits dann aber einer der Gründe dafür, dem Betriebsrat einen Unterlassungsanspruch zu gewähren.

Die Nichtbeachtung von **im Ausland zu erfüllenden Unterhaltspflichten** in einer Auswahlrichtlinie widerspricht der Wertentscheidung des Art. 6 GG, die bei der Konkretisierung des in § 75 Abs. 1 BetrVG normierten Gebots zur Wahrung der Grundsätze von Recht und Billigkeit von den Arbeitsgerichten zu beachten ist. Dabei ist der Schutzbereich des Art. 6 Abs. 1 GG nicht auf rein inlandsbezogene Ehen und Familien beschränkt. Er umfasst vielmehr eheliche und familiäre Lebensgemeinschaften unabhängig davon, wo und nach Maßgabe welcher Rechtsordnung sie begründet worden und ob die Rechtswirkung des ehelichen oder familiären Bandes nach deutschem oder ausländischem Recht zu beurteilen sind, solange es sich um Lebensgemeinschaften handelt, die der Vorstellung des Grundgesetzes von Ehe und Familie nicht grundlegend fremd sind wie die Mehrehe. Missbrauchsmöglichkeiten lassen sich durch die Pflicht zum Nachweis des Bestehens und der Erfüllung ausländischer Unterhaltsverpflichtungen begegnen (*LAG Nds.* 12.12.2003 NZA-RR 2005, 524). 2678

Zu beachten ist, dass Auswahlrichtlinien **die gesetzlichen Anforderungen** für die Vergleichbarkeit von Arbeitnehmern **nicht verdrängen können**. § 1 Abs. 4 KSchG betrifft insoweit nur die Gewichtung der Auswahlkriterien und nicht die Zusammensetzung des auswahlrelevanten Personenkreises oder die Konkretisierung der entgegenstehenden betrieblichen Bedürfnisse i.S.v. § 1 Abs. 3 S. 2 KSchG. Eine Auswahlrichtlinie kann deshalb **nicht die Vergleichbarkeit oder Nichtvergleichbarkeit von Arbeitnehmern vorsehen**, z.B. indem die Auswahlrichtlinie bestimmte Arbeitnehmer bestimmter Abteilungen oder Arbeitsgruppen zu Vergleichsgruppen zusammenfasst (*BAG* 5.6.2008 EzA § 1 KSchG Soziale Auswahl Nr. 81 = NZA 2008, 1120). 2679

dd) Namentliche Bezeichnung der zu kündigenden Arbeitnehmer in einem Interessenausgleich

Siehe o. Rn. 2654 ff.; vgl. auch *Däubler* NZA 2004, 181 ff.; *Nassauer* NZA 2005, Beil. 1/2005 zu Heft 10, S. 49 ff.; *Gaul* BB 2004, 2686 ff.; *Biswas* FA 2005, 361 ff.; *Röder/Krieger* DB 2005, 2578 ff.; *Emmert/Soulas* FA 2006, 101 ff. 2680

2681 Wird der Arbeitnehmer nunmehr wiederum in einer **Namensliste** zu einem Interessenausgleich **aufgeführt**, so wird **vermutet**, dass die **Kündigung durch dringende betriebliche Gründe bedingt ist** (§ 1 Abs. 5 KSchG; *BAG* 24.4.2008 EzA § 613a BGB 2002 Nr. 92 = NZA 2008, 1314).

2682 § 1 Abs. 5 KSchG verstößt weder gegen Art. 12 Abs. 1 GG noch gegen das aus Art. 20 Abs. 3 GG abzuleitende Gebot des fairen Verfahrens (*BAG* 6.9.2007 EzA § 1 KSchG Interessenausgleich Nr. 7 = NZA 2008, 633).

2683 Für die Förmlichkeiten eines insoweit wirksamen Interessenausgleichs mit Namensliste hat das *BAG* (6.7.2006 EzA § 1 KSchG Soziale Auswahl Nr. 68 = NZA 2007, 266; s.a. *LAG Köln* 7.5.2007 ArbuR 2007, 324 LS u. 14.1.2008 – 14 Sa 1079/07 – ArbuR 2008, 276 LS) inzwischen folgende Grundsätze aufgestellt:
- Nach § 112 Abs. 1 S. 1 BetrVG ist ein Interessenausgleich über eine geplante Betriebsänderung schriftlich niederzulegen und vom Unternehmer und vom Betriebsrat zu unterschreiben. Auf das gesetzliche Schriftformerfordernis sind die §§ 125, 126 BGB anwendbar.
- Das Schriftformerfordernis ist nicht allein deshalb verletzt, weil die Namensliste nicht im Interessenausgleich selbst, sondern in einer Anlage enthalten ist. § 1 Abs. 5 S. 1 KSchG spricht zwar davon, die namentliche Bezeichnung müsse »in einem Interessenausgleich« erfolgen. Das Erfordernis ist aber erfüllt, wenn Interessenausgleich und Namensliste eine Urkunde bilden.
- Ausreichend ist es jedenfalls, wenn die Haupturkunde unterschrieben, in ihr auf die nicht unterschriebene Anlage ausdrücklich Bezug genommen ist und Haupturkunde und nachfolgende Anlage mittels Heftmaschine körperlich derart zu einer einheitlichen Urkunde verbunden sind, dass eine Lösung nur durch Gewaltanwendung (Lösen der Heftklammer) möglich gewesen wäre.
- Das Erfordernis der Einheit der Urkunde ist jedoch nicht bereits dann erfüllt, wenn eine bloß gedankliche Verbindung (Bezugnahme) zur Haupturkunde besteht. Vielmehr muss die Verbindung auch äußerlich durch tatsächliche Beifügung der in Bezug genommenen Urkunde zur Haupturkunde in Erscheinung treten. Deshalb müssen im Augenblick der Unterzeichnung die Schriftstücke als einheitliche Urkunde äußerlich erkennbar werden.

2684 Der Prüfungsmaßstab der groben Fehlerhaftigkeit i.S.d. § 1 Abs. 5 S. 2 KSchG n.F. gilt nicht nur für die Indikatoren **und deren Gewichtung selbst**. Vielmehr wird **auch die Bildung der auswahlrelevanten Gruppen von den Arbeitsgerichten nur auf ihre grobe Fehlerhaftigkeit überprüft**. Das gilt **auch dann**, wenn es um die Frage insoweit geht, ob **Arbeitnehmer einer anderen Arbeitsstätte** in die Auswahl **einzubeziehen sind** (*BAG* 3.4.2008 EzA § 1 KSchG Interessenausgleich Nr. 15 = NZA 2008, 1060). Grob fehlerhaft ist eine soziale Auswahl insoweit nur, wenn ein evidenter, ins Auge springender schwerer Fehler vorliegt und der Interessenausgleich jede Ausgewogenheit vermissen lässt. Denn durch § 1 Abs. 5 BetrVG n.F. soll den Betriebspartnern ein weiter Spielraum bei der Sozialauswahl eingeräumt werden. Das Gesetz geht davon aus, dass u.a. durch die Gegensätzlichkeit der von den Betriebspartnern vertretenen Interessen und durch die auf beiden Seiten vorhandene Kenntnis der betrieblichen Verhältnisse gewährleistet ist, dass dieser Spielraum i.d.R. angemessen und vernünftig genutzt wird. Nur wo dies nicht der Fall ist, so dass in der Sache nicht mehr von einer »sozialen Auswahl« die Rede sein kann, darf grobe Fehlerhaftigkeit angenommen werden (*BAG* 21.9.2006 EzA § 1 KSchG Soziale Auswahl Nr. 72; 17.1.2008 EzA § 1 KSchG Soziale Auswahl Nr. 80 = NZA-RR 2008, 571; 3.4.2008 EzA § 1 KSchG Interessenausgleich Nr. 15 = NZA 2008, 1060).

2685 Insoweit hat der Arbeitgeber die **Vermutungsbasis**, dass eine Betriebsänderung nach § 111 BetrVG vorlag und für die Kündigung des Arbeitnehmers kausal war und dass der Arbeitnehmer ordnungsgemäß in einem Interessenausgleich benannt ist, **substantiiert darzulegen und ggf. zu beweisen** (*BAG* 3.4.2008 EzA § 1 KSchG Interessenausgleich Nr. 15=NZA 2008, 1060).

Die nach § 1 Abs. 5 KSchG eingreifende Vermutung der Betriebsbedingtheit erfasst grundsätzlich auch das Fehlen **einer anderweitigen Beschäftigungsmöglichkeit** in einem anderen Betrieb des Unternehmens. Allerdings ist die damit verbundene Beschneidung der prozessualen Rechte des gekündigten Arbeitnehmers nur so lange gerechtfertigt, als die vom Gesetzgeber vorausgesetzte Mitprüfung der zu Grunde liegenden Gegebenheiten durch den Betriebsrat auch stattgefunden hat. Davon ist **regelmäßig** auch dann **auszugehen**, wenn es im **Interessenausgleich nicht ausdrücklich erwähnt ist**. Bestreitet aber der Arbeitnehmer in erheblicher Weise, dass sich der Betriebsrat im Rahmen der Verhandlungen mit Beschäftigungsmöglichkeiten in anderen Betrieben überhaupt befasst hat und trägt er darüber hinaus konkrete Anhaltspunkte für solche Beschäftigungsmöglichkeiten vor, so ist es am Arbeitgeber, wenn er die weitgehende Vermutungswirkung erhalten will, die Befassung der Betriebsparteien mit der Frage der Beschäftigungsmöglichkeit in anderen Betrieben darzulegen und zu beweisen (*BAG* 6.9.2007 EzA § 1 KSchG Interessenausgleich Nr. 14 = NZA 2008, 633). 2686

Der Arbeitgeber genügt seiner Pflicht, die gesetzlichen Kriterien ausreichend bzw. nicht grob fehlerhaft (§ 1 Abs. 6 S. 2 KSchG) zu berücksichtigen bereits dann, wenn das **Auswahlergebnis objektiv ausreichend bzw. nicht grob fehlerhaft ist** (*BAG* 17.1.2008 EzA § 1 KSchG Soziale Auswahl Nr. 80 = NZA-RR 2008, 571). 2687

Hat der Arbeitgeber entgegen § 1 Abs. 3 KSchG **keine Sozialauswahl** vorgenommen, **so spricht eine** vom Arbeitgeber auszuräumende tatsächliche **Vermutung dafür**, dass die Auswahl auch im Ergebnis **sozialwidrig** ist. Der Arbeitgeber muss dann darlegen, weshalb trotz der gegen § 1 Abs. 3 KSchG verstoßenden Überlegungen ausnahmsweise im Ergebnis soziale Gesichtspunkte ausreichend berücksichtigt sein sollen (*BAG* 3.4.2008 EzA § 1 KSchG Interessenausgleich Nr. 15 = NZA 2008, 1060). 2688

Die gesetzliche Regelung gilt **auch dann**, wenn sich die **Betriebsänderung in einem bloßen Personalabbau erschöpft** (*LAG Bra.* 13.10.2005 NZA-RR 2006, 69). 2689

Die soziale Auswahl ist z.B. nicht grob fehlerhaft nach § 1 Abs. 5 KSchG, wenn die Betriebsparteien eines Unternehmens der Bauindustrie in einem Interessenausgleich einen 62-jährigen verheirateten Arbeitnehmer mit einer Betriebszugehörigkeit von 34 Jahren als weniger sozial schutzwürdig ansehen und deshalb auf die Namensliste der zu kündigenden Arbeitnehmer setzen als einen verheirateten 52-jährigen Arbeitnehmer mit einer Betriebszugehörigkeit von 21 Jahren bzw. als einen 55-jährigen verheirateten Arbeitnehmer mit einer Betriebszugehörigkeit von 27 Jahren. Denn der 62-jährige hat die Möglichkeit, die Zeit bis zum Renteneintritt mit dem Bezug von Arbeitslosengeld wirtschaftlich, wenn auch mit Abschlägen, zu überbrücken, was bei einer Gesamtabwägung zu würdigen ist. Bei einem 52-jährigen bzw. 55-jährigen Arbeitnehmer mit schlechten Aussichten auf dem Arbeitsmarkt zieht eine betriebsbedingte Kündigung bei einer anzustellenden Prognose weit größere wirtschaftliche Probleme nach sich (*LAG Nds.* 23.5.2005 LAGE § 1 KSchG Soziale Auswahl Nr. 51 = NZA-RR 2005, 584). 2690

Andererseits kann die Sozialauswahl dann grob fehlerhaft in diesem Sinne sein, wenn nach dem vom Arbeitgeber verwendeten **Punktesystem** der gekündigte Arbeitnehmer **62 Punkte** erreicht, während ein nicht gekündigter vergleichbarer Arbeitnehmer nur **52 Punkte** aufweist (*LAG RhPf* 22.2.2006 NZA-RR 2006, 413 LS).

Das gilt erst recht, wenn der Arbeitnehmer bei einem Interessenausgleich mit Namensliste einer falschen Vergleichsgruppe zugeordnet wird, weil er auf einer Planstelle geführt wird, die nicht mehr seiner dauerhaft auszuübenden Tätigkeit entspricht (*LAG Nds.* 13.7.2007 – 16 Sa 292/07 – EzA-SD 22/2007 S. 5 LS).

Wird ein Interessenausgleich mit Namensliste abgeschlossen, ist auch die **Herausnahme sog. Leistungsträger** aus der sozialen Auswahl nur **auf grobe Fehlerhaftigkeit** zu überprüfen. In diesem Fall muss der Arbeitgeber zunächst die Gründe für die fehlende Vergleichbarkeit von Arbeitnehmern und die Ausklammerung von Leistungsträgern nur in »groben Zügen« 2691 darlegen (*LAG Köln* 10.5.2005 LAGE § 1 KSchG Soziale Auswahl Nr. 50 = LAG Report 2005, 343). Die Vermutung des § 1 Abs. 5 KSchG bezieht sich **auch auf die anderweitige Beschäftigungsmöglichkeit in einem anderen Betrieb desselben Unternehmens** (*LAG RhPf* 2.2.2006 NZA-RR 2006, 296).

2692 Fraglich ist, ob die gesetzliche Regelung auch dann anwendbar ist, wenn **zweifelhaft** ist, ob die **Tatbestandsvoraussetzungen für einen Interessenausgleich gegeben sind**. Nach zweifelhafter Auffassung von *Thüsing/Wege* (BB 2005, 213 ff.) soll nur eine eingeschränkte Überprüfung des Vorliegens einer Betriebänderung gerechtfertigt und eine Anwendung auch bei Tendenzunternehmen geboten sein; eine Anwendung bei Betrieben mit weniger als 20 Arbeitnehmern ist aber auch danach ausgeschlossen.

2693 Zu beachten ist, dass eine Namensliste dann **keine Vermutungswirkung** entfalten kann, **wenn der zugrunde liegende Interessenausgleich nichtig** ist. Das ist bei einem Interessenausgleich, der ohne sachliche Rechtfertigung die Entfernung von Teilzeitbeschäftigten aus dem Unternehmen zum Gegenstand hat, der Fall, weil dies gegen § 4 TzBfG verstößt (so jedenfalls *LAG Köln* 31.3.2006 – 11 Sa 1637/05 – EzA-SD 17/06 S. 8 LS).

4. Auswirkungen des AGG (ab 18.8.2006)

2694 Hinsichtlich der Bedeutung und inhaltlichen Ausgestaltung des Merkmals des Alters des Arbeitnehmers ist fraglich, welche Änderungen sich für die Sozialauswahl nach dem KSchG durch das AGG (ab 18.8.2006) ergeben. Einerseits enthält § 2 Abs. 4 AGG eine europarechtswidrige Bereichsausnahme; andererseits enthielt § 10 S. 3 Nr. 6 AGG a.F. eine inhaltlich vernünftige, systematisch aber – weil nicht im KSchG aufgenommene – Regelung insoweit. Statt den Systembruch zu ändern, hat der Gesetzgeber die Vorschrift inzwischen ersatzlos gestrichen. Die Konsequenzen sind unklar (s.o. Kap. 3 Rn. 4961 ff.). Nach *LAG Nds.* (13.7.2007 LAGE § 2 AGG Nr. 3, m. Anm. *Mohr* SAE 2007, 353 ff.; ebenso *LAG Nds.* 9.11.2007 NZA-RR 2008, 348; *ArbG Bielefeld* 25.4.2007 NZA-RR 2007, 466 LS = BB 2007, 1961 m. Anm. *Neufeld* BB 2007, 1963 f.; **a.A.** *ArbG Osnabrück* 5.2.2007 – 8 Sa 245/06 – ArbuR 2007, 104 LS; *Wenkebach* ArbuR 2008, 70 ff.; s. dazu *Bertelsmann* ArbuR 2007, 369 ff.; *Emmert/Pohlmann* FA 2008, 130 ff.) ist die **Bildung von Altersgruppen in einem Interessenausgleich mit Namensliste grds. auch unter Geltung des AGG zulässig.** Es bedarf allerdings auf den Betrieb bezogener Gründe für die Bildung von Altersgruppen. Andererseits dürfen an den Sachvortrag keine überhöhten Anforderungen gestellt werden. Nach *BAG* (19.6.2007 EzA § 1 KSchG Interessenausgleich Nr. 13 = NZA 2008, 103; 6.9.2007 EzA § 1 KSchG Soziale Auswahl Nr. 78 = NZA 2008, 405; 6.11.2008 – 2 AZR 701/07; *LAG Bln.-Bra.* 13.4.2007 LAGE § 1 KSchG Soziale Auswahl Nr. 73 = ZTR 2007, 512 LS; s. dazu *Gaul/Bonani* BB 2008, 218 ff.) steht das in der RL 2000/78 EG des Rates enthaltene europarechtliche **Verbot der Altersdiskriminierung der Verwendung einer Punktetabelle zur Sozialauswahl, die eine Bildung von Altersgruppen und auch die Zuteilung von Punkten für das Lebensalter – z.B. bei Grafikdesignern –** (so *BAG* 6.9.2007 EzA § 1 KSchG Soziale Auswahl Nr. 78 = NZA 2008, 405) **vorsieht, nicht im Wege, wenn sie durch legitime Ziele gerechtfertigt ist.**

2695 Denn die durch die Gruppenbildung erstrebte Erhaltung der Altersstruktur wirkt nicht nur einer **Überalterung** der Belegschaft **entgegen**, sondern **relativiert auch** die etwa **überschießenden Tendenzen** der Bewertung des Lebensalters als Sozialdatum und **verhindert eine übermäßige Belastung jüngerer Beschäftigter** (*BAG* 6.9.2007 EzA § 1 KSchG Soziale Auswahl Nr. 78 = NZA 2008, 403).

IV. Interessenabwägung

1. Verständige Würdigung der Interessen beider Vertragsparteien?

Der 7. Senat des *BAG* (7.3.1980 EzA § 1 KSchG Betriebsbedingte Kündigung Nr. 14; 17.10.1980 EzA § 1 KSchG Betriebsbedingte Kündigung Nr. 15) ist davon ausgegangen, dass auch bei Vorliegen eines betrieblichen Erfordernisses eine Kündigung nur sozial gerechtfertigt ist, wenn die betrieblichen Gründe bei verständiger Würdigung der Interessen beider Vertragsparteien die Kündigung als billigenswert und angemessen erscheinen lassen. 2696

Das ist nicht der Fall, wenn die zu erwartenden Vorteile des Arbeitgebers zu den Nachteilen, die sich für den Arbeitnehmer daraus ergeben, in keinem vernünftigen Verhältnis stehen. 2697

Der 7. Senat hat diese Grundsätze aber (16.1.1987 – 7 AZR 495/85 – n.v.) inzwischen aufgegeben. 2698

2. Eingeschränkte Interessenabwägung

Der 2. Senat des *BAG* (30.4.1987 EzA § 1 KSchG Betriebsbedingte Kündigung Nr. 47) geht demgegenüber davon aus, dass es dann, wenn für die Kündigung ein dringendes betriebliches Erfordernis besteht, unerheblich ist, ob die vom Arbeitgeber auf Grund der Unternehmerentscheidung erwarteten Vorteile in einem »vernünftigen Verhältnis« zu den Nachteilen stehen, die er durch die Kündigungen bewirkt. Unerheblich ist deshalb z.B. auch, ob die Einsparung von Arbeitsplätzen den Arbeitgeber stark entlastet, weil eine so weitgehende Kontrolle der unternehmerischen Entscheidungsfreiheit nicht gerechtfertigt ist. 2699

Danach ist davon auszugehen, dass dann, wenn eine Kündigung wegen einer bindenden Unternehmerentscheidung »an sich« betriebsbedingt und auch die Sozialauswahl nicht zu beanstanden ist, die stets notwendige umfassende Interessenabwägung sich **nur noch in seltenen Ausnahmefällen zu Gunsten des Arbeitnehmers auswirken kann** (*BAG* 20.1.2005 EzA § 18 BErzGG Nr. 7; 16.6.2005 EzA § 1 KSchG Betriebsbedingte Kündigung Nr. 137 = NZA 2006, 270 = BAG Report 2005, 369). Eine zumeist nur vorübergehende Weiterbeschäftigung kann dem Arbeitgeber z.B. dann zuzumuten sein, wenn der Arbeitnehmer auf Grund schwerwiegender persönlicher Umstände besonders schutzbedürftig ist (*BAG* 18.1.1990 EzA § 1 KSchG Soziale Auswahl Nr. 28; abl. *Preis* NZA 1997, 1078, wonach auf Grund der gesetzlichen Regelung in § 1 Abs. 2, 3 KSchG kein Raum mehr für eine Interessenabwägung gegeben ist). Das kann z.B. dann der Fall sein, wenn die betriebsbedingte Kündigung zu unverhältnismäßigen Nachteilen für den Arbeitnehmer führt, während der Vorteil für den kündigenden Arbeitgeber oder für die Insolvenzmasse demgegenüber als gering erscheint (*BAG* 16.6.2005 EzA § 1 KSchG Betriebsbedingte Kündigung Nr. 137 = NZA 2006, 270 = BAG Report 2005, 369). Insofern handelt es sich um eine Prüfung der **Verhältnismäßigkeit im engeren Sinne**, die als drittes Teilprinzip des Verhältnismäßigkeitsgrundsatzes stets zu prüfen ist (ErfK/*Ascheid* § 1 KSchG Rz. 462; *Wank* RdA 1987, 136; abl. APS/*Kiel* § 1 KSchG Rz. 652). 2700

V. Maßgeblicher Zeitpunkt für die Überprüfung

1. Zeitpunkt des Zugangs der Kündigung

Entscheidender Zeitpunkt für die Überprüfung der betriebsbedingten Kündigung, die auf den Wegfall des bisherigen Arbeitsplatzes gestützt wird, ist grds. der ihres Zugangs (*BAG* 6.6.1984 AP Nr. 16 zu § 1 KSchG 1969 Betriebsbedingte Kündigung; 27.11.2003 EzA § 1 KSchG Betriebsbedingte Kündigung Nr. 128 = NZA 2004, 477; APS/*Kiel* § 1 KSchG Rz. 453 f.; APS/*Preis* Grundlagen D Rz. 52 ff.). Deshalb ist es grds. **unerheblich**, ob die Umsetzung des der Maßnahme zugrunde liegenden unternehmerischen Konzepts **gelingt oder misslingt**. Allerdings lässt sich, wenn die Umsetzung plangemäß verläuft, an der nach- 2701 folgend eingetretenen betrieblichen Lage verifizieren, ob das Konzept von einer betriebswirtschaftlich vernünftigen Prognose getragen und realisierbar gewesen ist (*LAG Düsseld.* 7.5.2003 LAGE § 1 KSchG Betriebsbedingte Kündigung Nr. 66). Das lässt sich damit rechtfertigen, dass dem Kündigungsgrund ein **prognostisches Element** innewohnt. Von daher kann die Entwicklung **nach der Kündigung berücksichtigt werden**, weil der tatsächliche Eintritt der prognostizierten Entwicklung Rückschlüsse auf die Ernsthaftigkeit und Plausibilität der Prognose zulässt (*BAG* 27.11.2003 EzA § 1 KSchG Betriebsbedingte Kündigung Nr. 128 = NZA 2004, 477 = BAG Report 2004, 148).

2. Korrektur von Fehlprognosen

2702 Fraglich ist die Rechtslage aber dann, wenn sich nach dem Zugang der Kündigung herausstellt, dass der als langfristig angesehene Arbeitskräfteüberhang sich als doch nur vorübergehend erweist oder ob der Arbeitgeber z.B. verpflichtet ist, im Falle eines **überraschenden Auftragseingangs** von sich aus bereits wirksam ausgeschiedene Arbeitnehmer anzusprechen und ihnen die erneute Einstellung anzubieten und dabei die Grundsätze der Sozialauswahl zu beachten (dagegen MünchArbR/*Berkowsky* § 134 Rz. 90).

2703 Zu beachten ist, dass der Gesetzgeber für derartige Fälle einen Anspruch des Arbeitnehmers auf Wiedereinstellung nicht vorgesehen hat (s.o. Rn. 1510 ff.).

a) Sozialwidrigkeit der Kündigung

2704 Das *LAG Bln.* (29.8.1988 NZA 1989, 274; zust. *Busch* NZA 2000, 754 ff.) geht davon aus, dass die Kündigung auch dann **sozialwidrig** ist, wenn in dem Zeitpunkt, in dem der Wegfall des bisherigen Arbeitsplatzes absehbar und damit die Kündigung als Möglichkeit erkennbar war, **ein anderer Arbeitsplatz frei war,** der vom Arbeitgeber bis zum Zugang der Kündigung durch eine Neueinstellung neu besetzt worden ist.

b) Wiedereinstellungsanspruch; Auswirkungen der Schuldrechtsreform

2705 Nach Auffassung des *LAG Köln* (10.1.1989 DB 1989, 1023) kommt **bei nachträglichem Wegfall des betrieblichen Erfordernisses ein Wiedereinstellungsanspruch in Betracht.**

2706 Darüber muss auf Grund einer umfassenden Interessenabwägung unter Beachtung der Grundsätze von Treu und Glauben, der Treue- und Fürsorgepflicht unter erschöpfender Berücksichtigung aller in Betracht kommender Umstände des Einzelfalles entschieden werden (vgl. auch *Meinel/Bauer* NZA 1999, 575 ff.).

2707 Eine Verpflichtung des Arbeitgebers zur Fortsetzung des Arbeitsverhältnisses kommt insbes. dann in Betracht, wenn die den Anspruch begründenden Tatsachen noch **während des Laufs der Kündigungsfrist** entstanden sind (vgl. *Zwanziger* BB 1997, 42 ff.).

2708 Stehen nunmehr weniger Arbeitsplätze zur Verfügung, als zuvor Arbeitnehmer entlassen worden sind, so ist danach zwar nicht unmittelbar eine soziale Auswahl nach § 1 Abs. 3 KSchG vorzunehmen, doch müssen bei der Interessenabwägung auch die sozialen Belange der betroffenen Arbeitnehmer bei der Auswahl berücksichtigt werden.

2709 Auch das *LAG BW* (18.3.1986 DB 1987, 543) hält einen Wiedereinstellungsanspruch für denkbar, wenn sich die Umstände, die zu einer betriebsbedingten Kündigung geführt haben, nachträglich ändern und der Arbeitgeber **noch keine Dispositionen getroffen hat,** die eine Wiedereinstellung unmöglich machen.

2710 Diese Auffassung vertritt auch das *BAG* (27.2.1997, 4.12.1997 EzA § 1 KSchG Wiedereinstellungsanspruch Nr. 1, 3; abl. dazu *Ricken* NZA 1998, 460 ff.; *Kaiser* ZfA 2000, 205 ff.; vgl. auch *BAG* 21.2.2002 EzA § 1 KSchG Wiedereinstellungsanspruch Nr. 7; *LAG Köln* 20.12.2002 – 11(13) Sa 593/02 – EzA-SD 13/03, S. 7 LS; krit. *LAG Bln.* 18.6.2002 – 12 Sa 2413/01 – EzA-SD 18/02, S. 11 LS = NZA 2003, 66; *Nicolai/Noack* ZfA 2000, 87 ff.; vgl. auch *LAG Brem.* 30.1.1998 LAGE § 1 KSchG Betriebsbedingte Kündigung Nr. 47; APS/*Kiel* § 1 KSchG Rz. 786 ff.; erläuternd dazu *Manske* FA 1998, 143 ff.; *Beckschulze* DB 1998,

417 ff.; *Boewer* NZA 1999, 1121 ff. u. 1177 ff.; *Günzel* DB 2000, 1227 ff.; *Linck* FA 2000, 334 ff.; zust. *Walker* SAE 1998, 103 ff.; *Nägele* BB 1998, 1686 ff.; vgl. auch *LAG Hamm* 1.4.2003 LAGE § 611 BGB Aufhebungsvertrag Nr. 28 zur Übertragbarkeit auf auf Veranlassung des Arbeitgebers geschlossene Aufhebungsverträge) für den Fall einer beabsichtigten Betriebsstilllegung, bei der es **noch während der laufenden Kündigungsfrist** zu einem **Betriebsübergang** kommt. **Das gilt generell, wenn sich zwischen dem Ausspruch der Kündigung und dem Ablauf der Kündigungsfrist unvorhergesehen eine Weiterbeschäftigungsmöglichkeit ergibt.** Hat der Arbeitgeber dann mit Rücksicht auf die Wirksamkeit der Kündigung noch keine Disposition getroffen, so hat der Arbeitnehmer Anspruch auf unveränderte **Fortsetzung des Arbeitsverhältnisses bzw. Wiedereinstellung** – die Bezeichnung des Anspruch ist unerheblich –, wenn dies dem Arbeitgeber **zumutbar** ist.

Dem Wiedereinstellungsanspruch können aber auch berechtigte Interessen des Arbeitgebers entgegenstehen, insbes. deshalb, weil er den in Betracht kommenden Arbeitsplatz bereits wieder besetzt hat. Der Arbeitgeber kann sich allerdings auf die **Neubesetzung** des Arbeitsplatzes **dann nicht** berufen, wenn dadurch der Wiedereinstellungsanspruch **treuwidrig vereitelt** wird. Bei der Auswahl des wieder einzustellenden Arbeitnehmers hat der Arbeitgeber gem. **§ 242 BGB** die Umstände des Einzelfalles zu berücksichtigen. Das ist jedenfalls **dann** der Fall, wenn der Arbeitgeber zwischenzeitlich die **Neubesetzung in Kenntnis** der Bewerbung des wiedereinzustellenden Arbeitnehmers vorgenommen hat (*BAG* 25.10.2007 EzA § 613a BGB 2002 Nr. 80 = NZA 2008, 357). 2711
Ob ein Arbeitgeber verpflichtet ist, von sich aus einen Arbeitnehmer über eine sich unvorhergesehen ergebende Beschäftigungsmöglichkeit zu unterrichten, hängt ebenfalls gem. § 242 BGB von den Umständen des Einzelfalles ab. Auch ein Abfindungsvergleich kann dem Wiedereinstellungsanspruch entgegenstehen. Der Arbeitgeber kann ihn auch bei der Auswahl des wieder einzustellenden Arbeitnehmers berücksichtigen (*BAG* 28.6.2000 EzA § 1 KSchG Wiedereinstellungsanspruch Nr. 5; *LAG Köln* 13.10.2004 LAG Report 2005, 232; vgl. *Raab* RdA 2000, 147 ff. u. RdA 2001, 249 ff.; *Kort* SAE 2001, 131 ff.; *Linck* FA 2000, 334 ff.).
Da die Kündigung – deren Wirksamkeit sich zum Zeitpunkt ihres Zugangs entscheidet – das Arbeitsverhältnis beendet hat, richtet sich der Wiedereinstellungsanspruch ursprünglich auf Abgabe einer Willenserklärung. Bietet der Arbeitgeber nicht von sich aus den Abschluss eines Vertrages über die Fortsetzung des Arbeitsverhältnisses nach Ablauf der Kündigungsfrist an, so kann in dem Klageantrag des Arbeitnehmers auf »Weiterbeschäftigung« bzw. »Wiedereinstellung« dessen Angebot auf Abschluss eines derartigen Vertrages gesehen werden. Der Arbeitgeber ist dann nach § 242 BGB zur Annahme verpflichtet. Verweigert er die Abgabe der entsprechenden Willenserklärung, so kann er sich nach Treu und Glauben nicht auf das eigene pflichtwidrige Verhalten berufen und den Arbeitnehmer auf den Umweg der Vollstreckung nach § 894 ZPO verweisen. Der Arbeitnehmer kann vielmehr sofort auf Erfüllung der Hauptpflichten, also auf Weiterbeschäftigung klagen (*BAG* 4.12.1997 EzA § 1 KSchG Wiedereinstellungsanspruch Nr. 3).

Entscheidet sich der Arbeitgeber, eine **Betriebsabteilung stillzulegen** und kündigt er deshalb die dort beschäftigten Arbeitnehmer, so ist er regelmäßig zur Wiedereinstellung entlassener Arbeitnehmer verpflichtet, wenn er sich noch **während der Kündigungsfrist** entschließt, die Betriebsabteilung mit einer **geringeren Anzahl von Arbeitnehmern doch fortzuführen**. Bei der Auswahl der wieder einzustellenden Arbeitnehmer hat er **soziale Gesichtspunkte** (Alter, Betriebszugehörigkeit, Unterhaltspflichten der Arbeitnehmer) zu berücksichtigen. Haben die Arbeitsvertragsparteien noch während der Kündigungsfrist durch **einen gerichtlichen Vergleich** das Arbeitsverhältnis gegen Zahlung einer Abfindung aufgehoben, so kann dieser Vergleich wegen **Wegfalls der Geschäftsgrundlage** (jetzt § 313 BGB n.F.) an die geänderte betriebliche Situation anzupassen sein, u.U. mit dem Ergebnis, dass der Arbeitnehmer wiedereinzustellen ist und die Abfindung zurückzuzahlen hat (*BAG* 4.12.1997 EzA § 1 KSchG Wiedereinstellungsanspruch Nr. 3). **Gleiches** gilt dann, wenn sich noch vor Ablauf der Kündigungsfrist herausstellt, dass entgegen der ursprünglichen Planung ein Betrieb oder Betriebsteil 2712 nicht stillgelegt, sondern von einem **neuen Betriebserwerber übernommen** werden soll. Der Wiedereinstellungsanspruch als **notwendiges Korrektiv** zu der auf den Zeitpunkt des Zugangs der Kündigung bezogenen Prüfung ihrer Wirksamkeit geht nach § 613a Abs. 1 S. 1 BGB jedenfalls dann auf den Betriebserwerber über, wenn der Betriebsübergang unmittelbar im Anschluss an den Ablauf der Kündigungsfrist stattfindet. Ein Fortsetzungs- und Wiedereinstellungsverlangen muss der Arbeitnehmer entsprechend der Frist zur Einlegung eines Widerspruchs binnen einer Frist von einem Monat nach Kenntniserlangung von den, den Anspruch begründenden, Tatsachen geltend machen (*BAG* 25.10.2007 EzA § 613a BGB 2002 Nr. 80 = NZA 2008, 357).

2713 Ändern sich die maßgeblichen Umstände dagegen erst **nach Ablauf der Kündigungsfrist**, so steht dem Arbeitnehmer nach Auffassung des 7. Senates des *BAG* (6.8.1997 EzA § 1 KSchG Wiedereinstellungsanspruch Nr. 2; vgl. dazu APS/*Kiel* § 1 KSchG Rz. 790 ff.; *Linck* FA 2000, 334 ff.; *Boewer* NZA 1999, 1121 ff. u. 1177 ff.; *Beckschulze* DB 1998, 417 ff.; *Nägele* BB 1998, 1686 ff.; *Bartel* SAE 1998, 318 f.; *Meyer* DB 2000, 1227 ff.) **kein Wiedereinstellungsanspruch** auf Grund nachwirkender Fürsorgepflicht zu. Dies gilt selbst dann, wenn zu diesem Zeitpunkt noch ein **Kündigungsschutzverfahren** andauert. Der 2.Senat des *BAG* (4.12.1997 EzA § 1 KSchG Wiedereinstellungsanspruch Nr. 3; vgl. dazu *Beckschulze* DB 1998, 417 ff.; *Linck* FA 2000, 334 ff.; *Boewer* NZA 1999, 1121 ff. u. 1177 ff.; *Günzel* DB 2000, 1227 ff.) hat diese Rechtsfrage demgegenüber zunächst ausdrücklich offen gelassen. Inzwischen geht er aber (*BAG* 13.5.2004 EzA § 613a BGB 2002 Nr. 25 = BAG Report 2004, 286; 28.10.2004 EzA § 613a BGB 2002 Nr. 30 = NZA 2005, 405; *LAG Köln* 13.10.2004 LAG Report 2005, 232; vgl. dazu *Leuchten* BAG Report 2005, 257 ff.; *Zwanziger* BB 2005, 1386 ff.) jedenfalls davon aus, dass dann, wenn **nach Ablauf der Frist** einer insolvenzbedingten Kündigung ein Betriebsübergang stattfindet, **kein Anspruch auf Wiedereinstellung** bzw. Fortsetzung des Arbeitsverhältnisses besteht.

2714 Nach Auffassung des *ArbG Frankf./M.* (20.7.1999 NZA-RR 1999, 580) **ist** der Wiedereinstellungsanspruch nach einer betriebsbedingten Kündigung jedenfalls dann **verwirkt**, wenn er nicht unverzüglich, spätestens innerhalb von drei Wochen nach Kenntniserlangung von den anspruchsbegründenden Tatsachenänderungen geltend gemacht wird.

2715 Zusammengefasst und insbesondere auch im Hinblick auf die Schuldrechtsreform gilt nunmehr insoweit Folgendes (*BAG* 9.11.2006 EzA § 311a BGB 2002 Nr. 1; 25.10.2007 EzA § 613a BGB 2002 Nr. 80 = NZA 2008, 357):

- Macht der Arbeitnehmer klageweise einen Wiedereinstellungsanspruch geltend, so ist eine Auslegung des Klageantrags dahingehend erforderlich, ob die rückwirkende Wiedereinstellung, etwa ab Klageerhebung oder der Abschluss eines neuen Arbeitsvertrags erst ab Rechtskraft einer dem Antrag stattgebenden Entscheidung beantragt wird.
- Einem Antrag auf rückwirkende Wiedereinstellung, d.h. auf Annahme des Vertragsangebots auf rückwirkenden Abschluss eines Arbeitsvertrags, steht nach § 311a Abs. 1 BGB n.F. nicht mehr entgegen, dass der Schuldner nach § 275 Abs. 1 BGB n.F. nicht zu leisten braucht, auch wenn das Leistungshindernis schon bei Vertragsschluss vorliegt.
- Obwohl nach § 894 ZPO eine Willenserklärung erst mit Rechtskraft des Urteils als abgegeben gilt, kann der Arbeitnehmer nach materiellem Recht Wiedereinstellung rückwirkend ab dem Zeitpunkt verlangen, zu dem er berechtigt war, den Abschluss eines neuen Arbeitsvertrages vom Arbeitgeber zu verlangen.
- Hat der Arbeitgeber keinen Grund, dem Arbeitnehmer den Abschluss eines neuen Arbeitsvertrages zu verweigern, so ist er ab diesem Zeitpunkt verpflichtet, das Angebot des Arbeitnehmers anzunehmen und ihm einen funktionsfähigen Arbeitsplatz zur Verfügung zu stellen. Unterlässt er dies, so regeln sich die Rechtsfolgen nach den allgemeinen Vorschriften.

c) Saisonarbeit

Das *BAG* (29.1.1987 EzA § 620 BGB Nr. 87) ist, ohne dass es im entschiedenen Einzelfall darauf angekommen wäre, davon ausgegangen, ein Anspruch des betriebsbedingt entlassenen Arbeitnehmers auf Wiedereinstellung könne sich aus einem Vertrauenstatbestand ergeben, wenn der Arbeitgeber durch von ihm veranlasste Umstände gegenüber dem Arbeitnehmer zu erkennen gegeben hat, dass er dessen erneute Einstellung zu Beginn der nächsten Saison erwartet. Anspruchsgrundlage ist insoweit **§ 242 BGB.** Diese Voraussetzungen sind allerdings nicht schon dann erfüllt, wenn ein Arbeitgeber des Baugewerbes in der Vergangenheit die Arbeitnehmer wegen vorübergehenden Auftragsmangels zum Jahresende entlassen und im Frühjahr wieder neu eingestellt hat (*BAG* 26.4.2006 EzA § 611 BGB 2002 Einstellungsanspruch Nr. 2 = NZA 2007, 55 LS). **2716**

d) Ansichten in der Literatur

In der Literatur (*Preis* Prinzipien des Kündigungsrechts bei Arbeitsverhältnissen, 1987, S. 355 ff.) wird die Auffassung vertreten, dass ein Anspruch des Arbeitnehmers nicht auf Wiedereinstellung, sondern auf Weiterbeschäftigung dann anzuerkennen ist, wenn sich **noch während des bestehenden Arbeitsverhältnisses** die betrieblichen Umstände so ändern, dass wieder ein Beschäftigungsbedürfnis auch für den (wirksam) gekündigten Arbeitnehmer besteht. **2717**

Nach dem Ablauf der Kündigungsfrist, aber noch während des Laufes des Kündigungsschutzprozesses, kann der Arbeitnehmer einen Anspruch auf Wiedereinstellung geltend machen, wenn er das Entstehen eines über die betriebliche Situation zur Zeit der Kündigung hinausgehenden Beschäftigungsbedarfs für Arbeitnehmer seines Leistungsprofils nachweisen kann. **2718**

Nach rechtskräftiger Abweisung der Kündigungsschutzklage kommt ein Wiedereinstellungsanspruch dann in Betracht, wenn entgegen der Prognose des Arbeitgebers ein dem Leistungsprofil des ausgeschiedenen Arbeitnehmers entsprechender Arbeitskräftebedarf eingetreten ist und einer Wiedereinstellung keine schutzwürdigen Interessen des Arbeitgebers entgegenstehen. **2719**

Solche Interessen stehen aber insbes. dann entgegen, wenn der Arbeitgeber zwischenzeitlich bereits andere Arbeitnehmer für die in Frage kommenden Arbeitsplätze eingestellt hat. Insoweit gilt das **Prioritätsprinzip.** Eine zu Gunsten des gekündigten Arbeitnehmers wirkende Sozialauswahl hat der Arbeitgeber nicht zu beachten, dies verhindert der Grundsatz der Vertragsfreiheit. **2720**

Die Freikündigung eines neu besetzten Arbeitsplatzes zu seinen Gunsten kann der (zunächst wirksam gekündigte) Arbeitnehmer nicht verlangen (MünchArbR/*Berkowsky* § 138 Rz. 129; **a.A.** für betriebsbedingte Kündigungen *Preis* a.a.O., S. 356). **2721**

Der Arbeitgeber ist auch nicht verpflichtet, nach einer Besserung der Auftragslage von sich aus an die bereits ausgeschiedenen Arbeitnehmer heranzutreten und ihnen die Wiedereinstellung anzubieten. Vielmehr hat der **Arbeitnehmer den Arbeitgeber zu seiner Wiedereinstellung aufzufordern** und dessen Zustimmung ggf. gerichtlich einzuklagen (MünchArbR/*Berkowsky* § 138 Rz. 130). **2722**

VI. Darlegungs- und Beweislast

1. Betriebsbedingtheit; Dringlichkeit

Der **Arbeitgeber** hat die Darlegungs- und Beweislast für die Kündigungstatsachen (§ 1 Abs. 2 S. 1 KSchG). Dazu gehören insbes. die Umstände, die die Dringlichkeit von betriebsbedingten Entlassungen begründen (*BAG* 20.4.2005 EzA § 1 KSchG Soziale Auswahl Nr. 60 = NZA 2005, 877 = BAG Report 2005, 267). **2723**

2724 Er muss also die abstrakte Entwicklung der Beschäftigungsmöglichkeiten bezogen auf einen bestimmten Personenbestand darlegen, aus dem sich eine Differenz zwischen beiden Faktoren ergibt. Der Umfang der konkreten Darlegungslast richtet sich danach, welche Fallgestaltung betrieblicher Erfordernisse vorliegt (APS/*Kiel* § 1 KSchG Rz. 648 ff.). Generell gilt (vgl. *BAG* 13.6.2002 EzA § 1 KSchG Betriebsbedingte Kündigung Nr. 120):
- Stellt eine Partei zu einer Frage mehrere einander widersprechende Behauptungen auf, ohne die Widersprüche zu erläutern, so kann von keiner dieser Behauptungen angenommen werden, sie sei richtig. Ein solcher Vortrag ist der Beweisaufnahme nicht zugänglich.
- Das gilt auch dann, wenn die verschiedenen Behauptungen nicht im Sinne einander ausschließender Einzeltatsachen, sondern im Sinne der Behauptung einer Bandbreite von Möglichkeiten zu verstehen sind.

a) Innerbetriebliche Umstände

2725 Ist der Rückgang der Beschäftigungsmöglichkeit **unmittelbar auf einen organisatorischen Entschluss** des Arbeitgebers zurückzuführen (z.B. die Schließung der Abteilung), so muss der Arbeitgeber substantiiert **den Inhalt seines Entschlusses, dessen praktische Umsetzung und dessen zahlenmäßige Auswirkungen auf die Beschäftigungsmöglichkeit darlegen** (MünchArbR /*Berkowsky* § 154 Rz. 61; vgl. auch *Bitter* DB 1999, 1214 ff.).

2726 Handelt es sich, wie bei der Schließung einer Abteilung, um eine nur beschränkt überprüfbare Unternehmerentscheidung, so ist der Arbeitgeber nicht verpflichtet, die hierfür maßgeblichen Erwägungen offen zu legen.

2727 Andererseits muss der Arbeitgeber im Kündigungsschutzprozess konkrete Angaben dazu machen, wie sich die Verringerung bzw. Veränderung der Produktion auf die Arbeitsmenge auswirkt und in welchem Umfang dadurch ein konkreter Arbeitskräfteüberhang entsteht. Zu dem Entscheidungsspielraum des Arbeitgebers gehört dabei die Befugnis, die Zahl der Arbeitskräfte zu bestimmen, mit denen eine Arbeitsaufgabe erledigt werden soll. Der Arbeitgeber kann grds. sowohl das Arbeitsvolumen – die Menge der zu erledigenden Arbeit – als auch das diesem zugeordnete Arbeitskraftvolumen – Arbeitnehmerstunden – und damit auch das Verhältnis dieser beiden Größen zueinander festlegen. Zwar muss nicht ein bestimmter Arbeitsplatz entfallen sein, Voraussetzung ist aber, dass die Organisationsentscheidung ursächlich für den vom Arbeitgeber behaupteten Wegfall des Beschäftigungsbedürfnisses ist. Dies ist nur dann der Fall, wenn die Entscheidung sich auf eine nach sachlichen Merkmalen genauer bestimmte Stelle bezieht. Der allgemeine Beschluss, Personalkosten zu senken, erfüllt diese Anforderungen nicht (*LAG BW* 20.2.2004 ArbuR 2004, 356 LS).
Beruft sich der Arbeitgeber auf die Erhaltung einer ausgewogenen Altersstruktur als berechtigtes betriebliches Bedürfnis, so gehört es zu seinem schlüssigen Sachvortrag, im Einzelnen darzulegen, welche konkreten Nachteile sich ergeben würden, wenn er die zu kündigenden Arbeitnehmer allein nach dem Maßstab des § 1 Abs. 3 S. 1 KSchG auswählen würde. Dazu gehört die Angabe, wie viel Prozent der potenziell zu kündigenden Arbeitnehmer vor Ausspruch der Kündigung den jeweiligen Altersgruppen angehörten und wie die einzelnen Kündigungen auf die einzelnen Altersgruppen verteilt worden sind, damit die bislang bestehende Altersstruktur erhalten bleibt. Eine nicht stringente Durchführung des Konzepts – z.B. durch Verschiebungen zu Lasten einer Altersgruppe – lässt die Kündigung wegen fehlerhafter Sozialauswahl als sozial ungerechtfertigt erscheinen (*BAG* 20.4.2005 EzA § 1 KSchG Soziale Auswahl Nr. 60).

2728 Hingegen hat der **Arbeitnehmer** darzulegen und zu beweisen, dass die fragliche innerbetriebliche Maßnahme (z.B. eine Rationalisierungsmaßnahme) **offenbar unsachlich, unvernünftig oder willkürlich ist** (*BAG* 9.5.1996 EzA § 1 KSchG Betriebsbedingte Kündigung Nr. 85), wobei aber ggf. die Erleichterung des Anscheinsbeweises in Betracht kommt (*BAG*

24.10.1979 EzA § 1 KSchG Betriebsbedingte Kündigung Nr. 13). Denn insoweit spricht für eine beschlossene und tatsächlich durchgeführte unternehmerische Organisationsentscheidung **die Vermutung, dass sie aus sachlichen Gründen erfolgt ist** (*BAG* 23.4.2008 EzA § 1 KSchG Betriebsbedingte Kündigung Nr. 160 = NZA 2008, 939). Es ist aber andererseits **missbräuchlich** in diesem Sinne, einen Arbeitnehmer durch die Bildung **separater betrieblicher Organisationsstrukturen** bei unverändertem Beschäftigungsbedarf **aus dem Betrieb zu drängen**, indem die tatsächlichen Arbeitsabläufe und die hierarchischen Weisungswege als solche unangetastet gelassen und nur, gewissermaßen pro forma, in allein zu diesem Zweck erdachte rechtliche Gefüge eingepasst werden (*BAG* 23.4.2008 EzA § 1 KSchG Betriebsbedingte Kündigung Nr. 160 = NZA 2008, 939).

Läuft also die unternehmerische Entscheidung letztlich nur auf den **Abbau einer Hierarchieebene** hinaus, so sind **gesteigerte Anforderungen an die Darlegungslast zu stellen** (*BAG* 13.2.2008 EzA § 1 KSchG Betriebsbedingte Kündigung Nr. 158 = NZA 2008, 819). Ist die unternehmerische Entscheidung verbunden mit einer Neuverteilung der dem betroffenen Arbeitnehmer bisher zugewiesenen Aufgaben, bedarf es der Konkretisierung dieser Entscheidung, damit geprüft werden kann, ob der Arbeitsplatz des betroffenen Arbeitnehmers tatsächlich weggefallen ist und die Entscheidung nicht offensichtlich unsachlich oder willkürlich ist (*BAG* 13.2.2008 EzA § 1 KSchG Betriebsbedingte Kündigung Nr. 158 = NZA 2008, 819; 10.10.2002 EzA § 1 KSchG Betriebsbedingte Kündigung Nr. 122; *LAG Köln* 14.5.2004 LAG Report 2005, 30 LS). Der Arbeitgeber muss insbesondere **konkret darlegen**, in welchem Umfang die bisher von dem Arbeitnehmer ausgeübten Tätigkeiten zukünftig im Vergleich zum bisherigen Zustand **entfallen**. Er muss aufgrund seiner unternehmerischen Vorgaben die **zukünftige Entwicklung der Arbeitsmenge** anhand einer näher **konkretisierten Prognose** darstellen und angeben, wie die anfallenden Arbeiten vom verbliebenen Personal ohne überobligationsmäßige Leistungen erbracht werden können (*BAG* 13.2.2008 EzA § 1 KSchG Betriebsbedingte Kündigung Nr. 158 = NZA 2008, 819). 2729

b) Außerbetriebliche Faktoren

Reagiert der Arbeitgeber auf außerbetriebliche Faktoren, z.B. einen Auftragsrückgang, so muss er die **funktionale Beziehung zwischen dem außerbetrieblichen Faktor und dem Wegfall von Beschäftigungsmöglichkeiten im Betrieb** herstellen. 2730

Er hat auch darzulegen, welcher außerbetriebliche Umstand vorliegt, welche innerbetrieblichen Maßnahmen er im Hinblick auf diesen Umstand getroffen hat und insbes. inwieweit sich diese Maßnahmen auf den Bestand der Beschäftigungsmöglichkeiten auswirken. **Schlagwortartige Formulierungen genügen nicht** (*BAG* 7.12.1978 EzA § 1 KSchG Betriebsbedingte Kündigung Nr. 10; vgl. auch *Bitter* DB 1999, 1214 ff.). 2731

Bestreitet der Arbeitnehmer das Vorliegen dieser den Begriff der betrieblichen Erfordernisse bildenden Tatumstände, so hat sie der Arbeitgeber in vollem Umfang zu beweisen. 2732

Dabei sind an den erforderlichen Substantiierungsgrad des Bestreitens keine hohen Anforderungen zu stellen, da der Arbeitnehmer in diese unternehmerischen Entscheidungsprozesse in aller Regel nicht eingebunden ist und er deshalb aus eigener Kenntnis substantiiert Ausführungen kaum wird machen können (MünchArbR/*Berkowsky* § 154 Rz. 63). 2733

Der Arbeitgeber muss insoweit also stets eine **geschlossene Kausalkette** von den unternehmerischen Zielvorgaben über bestimmte betriebliche Organisationsmaßnahmen bis hin zum konkreten Wegfall der Beschäftigungsmöglichkeit eines Arbeitnehmers darlegen und ggf. nachweisen. Betrifft der Rückgang eines Auftragsbestandes allerdings unmittelbar den Tätigkeitsbereich des von der Kündigung betroffenen Arbeitnehmers, so dass dieser die betrieblichen Auswirkungen noch während der laufenden Kündigungsfrist wahrnehmen kann, so darf der Arbeitnehmer das Vorliegen eines betrieblichen Erfordernisses nicht mit Nichtwissen bestreiten (*LAG Bln.* 16.8.2002 LAGE § 138 ZPO Nr. 2 = NZA-RR 2003, 132). 2734

c) Unmöglichkeit anderweitiger Beschäftigung

2735 Dafür, dass eine anderweitige Beschäftigung im Betrieb oder in einem anderen Betrieb des Unternehmens nicht möglich oder zumutbar ist, trägt der Arbeitgeber die Darlegungs- und Beweislast.
Ihr Umfang hängt davon ab, wie sich der Arbeitnehmer einlässt, ist also letztlich abgestuft (*BAG* 15.8.2002 EzA § 1 KSchG Betriebsbedingte Kündigung Nr. 123 = NZA 2003, 430).

2736 Bestreitet der Arbeitnehmer nur den Wegfall seines bisherigen Arbeitsplatzes, so genügt die allgemeine Behauptung des Arbeitgebers, wegen der betrieblichen Notwendigkeit sei eine Weiterbeschäftigung zu gleichen Bedingungen nicht möglich (*BAG* 15.8.2002 EzA § 1 KSchG Betriebsbedingte Kündigung Nr. 123 = NZA 2003, 430).Auf die Möglichkeit einer Weiterbeschäftigung – sei es mit oder ohne Umschulung – zu geänderten Bedingungen ist erst dann einzugehen, wenn sich aus dem Vortrag des Arbeitnehmers ergibt, **an welche Art der anderweitigen Beschäftigung er denkt** (*BAG* 7.2.1991 EzA § 1 KSchG Personenbedingte Kündigung Nr. 9; 15.8.2002 EzA § 1 KSchG Betriebsbedingte Kündigung Nr. 123 = NZA 2003, 430).

2737 ► **Beispiel:**
Dies gilt auch für Arbeitnehmer eines Großunternehmens, z.B. mit 167 000 Beschäftigten (*BAG* 25.2.1988 RzK I 5 c Nr. 26). Deshalb muss der Arbeitnehmer den Arbeitsplatz, den er als anderweitige Beschäftigungsmöglichkeit ansieht, genau bezeichnen. Anhand des vom Arbeitgeber daraufhin darzulegenden Anforderungsprofils ist dann festzustellen, ob das Leistungsprofil des Arbeitnehmers diesem Anforderungsprofil entspricht oder ob es im Wege zumutbarer Umschulungs- oder Fortbildungsmaßnahmen dem Anforderungsprofil angepasst werden könnte (vgl. *Gaul* BB 1995, 2422).

2738 **Dabei hängt die wechselseitige Substantiierungslast davon ab, wie konkret sich die jeweils andere Seite auf den Vortrag der Gegenseite einlässt.**

2739 Erst dann, wenn der Arbeitnehmer konkret eine andere Beschäftigungsmöglichkeit geschildert hat, hat der Arbeitgeber eingehend zu schildern, darzulegen und zu beweisen, weshalb diese Vorstellungen nicht zu realisieren sind (*BAG* 15.8.2002 EzA § 1 KSchG Betriebsbedingte Kündigung Nr. 123 = NZA 2003, 430).

2. Sozialauswahl (§ 1 Abs. 3 S. 3 KSchG)

a) Darlegungslast des Arbeitnehmers; Mitteilungspflicht des Arbeitgebers

2740 Ist im Einzelfall die Durchführung einer Sozialauswahl durch den Arbeitgeber erforderlich, so muss der **Arbeitnehmer** gem. § 1 Abs. 3 S. 3 KSchG **die Tatsachen beweisen, die die Kündigung als sozial ungerechtfertigt** i.S.d. § 1 Abs. 3 S. 1 KSchG (also wegen fehlerhaft erfolgter Sozialauswahl) **erscheinen lassen.** Lässt sich mangels Vorhandenseins eines schriftlichen Arbeitsvertrages z.B. **nicht klären**, ob der Arbeitnehmer ohne sein Einverständnis auch an einen anderen Ort versetzt werden könnte, so geht dies zu seinen Lasten (*LAG Nbg.* 17.2.2004 – 6 Sa 518/03 – FA 2004, 287 LS = NZA-RR 2004, 628).

2741 Andererseits ist der **Arbeitgeber** gem. § 1 Abs. 3 S. 1 2. Halbs. KSchG verpflichtet, dem Arbeitnehmer **auf Verlangen die Gründe** anzugeben, **die zu der getroffenen Sozialauswahl geführt haben** (APS/*Kiel* § 1 KSchG Rz. 780 ff.).

2742 Daraus folgt, dass dann, wenn der Arbeitnehmer nicht weiß, welche Arbeitskollegen mit ihm vergleichbar sind oder er deren Sozialdaten nicht kennt, ihm die Erfüllung seiner Darlegungslast durch die prozessualen Auswirkungen der Auskunftspflicht des Arbeitgebers erleichtert wird (*BAG* 24.3.1983, 21.12.1983 EzA § 1 KSchG Betriebsbedingte Kündigung Nr. 21, 29):

Der Mitteilungspflicht des Arbeitgebers kommt auf prozessualer Ebene die Funktion einer gesetzlichen Verteilung der Darlegungslast zu.
Die dem Arbeitgeber danach obliegende Darlegungslast stimmt dem Umfang nach mit der ihm nach § 1 Abs. 1 S. 2 2. Hs. KSchG obliegenden Mitteilungspflicht überein.

b) Bestreiten des Arbeitnehmers

Der Arbeitnehmer genügt daher zunächst seiner Darlegungslast, wenn er (i.d.R. bereits in der Klageschrift) **pauschal die soziale Auswahl beanstandet und zugleich vom Arbeitgeber die Mitteilung der Gründe verlangt,** die diesen zu seiner Entscheidung veranlasst haben (*LAG Köln* 8.10.2003 – 8 Sa 131/03 – EzA-SD 5/04, S. 12 LS). An das Auskunftsverlangen des Arbeitnehmers sind keine übertriebenen formalen Anforderungen zu stellen. Es genügt jeder Vortrag des Arbeitnehmers, der seine Erwartung erkennen lässt, zunächst möge der Arbeitgeber die von ihm für maßgeblich gehaltenen Gründe für die Auswahl nennen. In der Praxis erfolgt dies zumeist dadurch, dass der Arbeitnehmer die Ordnungsgemäßheit der Sozialauswahl mit Nichtwissen bestreitet (**§ 138 Abs. 4 ZPO).** 2743

c) Sachvortrag des Arbeitgebers

Folge des Auskunftsverlangens ist es regelmäßig, dass der **Arbeitgeber sodann die Gründe für die von ihm getroffene Sozialauswahl vorzutragen hat.** 2744

Der Arbeitgeber hat danach insbes. vorzutragen, welche Arbeitnehmer zum auswahlrelevanten Personenkreis gehören, unter Angabe der auswahlrelevanten Sozialdaten (Lebensalter, Dauer der Betriebszugehörigkeit, Zahl der unterhaltsberechtigten Personen), sowie nach welchen Bewertungsmaßstäben er die Sozialauswahl vorgenommen hat, insbes. wie er die Auswahlkriterien gewichtet hat (*BAG* 21.7.1988 EzA § 1 KSchG Soziale Auswahl Nr. 26; vgl. auch *LAG BW* 30.9.1998 NZA-RR 1999, 301; *Preis* DB 1986, 746; *Dudenbostel* DB 1984, 826; abl. MünchArbR/*Berkowsky* § 154 Rz. 78 ff., wonach durch diese Verteilung der Darlegungslast das Verfahren ohne Notwendigkeit kompliziert wird und nicht immer überzeugende Ergebnisse erreicht werden). 2745

d) Beschränkung auf für den Arbeitgeber subjektiv maßgebliche Gründe

Der Arbeitgeber ist auf Grund der Auskunftspflicht allerdings nur verpflichtet, die Gründe anzugeben, **die ihn subjektiv zu der getroffenen Auswahl veranlasst haben.** 2746

Er erfüllt diese Pflicht deshalb auch dann, wenn er alle von ihm angestellten Auswahlüberlegungen darlegt, sich aus seiner Auskunft aber ergibt, dass er nicht alle erheblichen Sozialdaten berücksichtigt oder bei seiner Entscheidung auf ungeeignete Kriterien abgestellt hat. 2747

Ebenso wie im Rahmen des § 102 BetrVG gegenüber dem Betriebsrat ist auch bei der Erfüllung der Auskunftspflicht zwischen ihrer subjektiven Verletzung durch den Arbeitgeber und der im Ergebnis unvollständigen oder fehlerhaften Berücksichtigung der objektiv erheblichen Auswahlkriterien und Bewertungsmaßstäbe zu unterscheiden. 2748

Diese Unterscheidung ist auch für die unmittelbaren Rechtsfolgen von Bedeutung, die sich aus der Verletzung der Auskunftspflicht des Arbeitgebers einerseits und aus der Unvollständigkeit oder Fehlerhaftigkeit der mitgeteilten Auswahlüberlegungen andererseits ergeben. 2749

e) Rechtsfolgen

Wenn der Arbeitgeber die von ihm angestellten Auswahlüberlegungen **nicht oder nicht vollständig darlegt,** z.B. indem er die von ihm als vergleichbar angesehenen Arbeitnehmer nicht namentlich nennt, **dann bleibt der Arbeitnehmer von der** ihm nach § 1 Abs. 3 S. 3 KSchG obliegenden **Darlegungs- und Beweislast insoweit befreit, als er die Rüge der feh-** 2750

lerhaften Auswahl gerade und nur deswegen nicht weiter konkretisieren kann, weil der Arbeitgeber seiner Auskunftspflicht nicht nachgekommen ist.

2751 Diese beschränkte Befreiung der Darlegungslast ist nach Auffassung des *BAG* (21.12.1983 EzA § 1 KSchG Betriebsbedingte Kündigung Nr. 29; 21.7.1988 EzA § 1 KSchG Soziale Auswahl Nr. 26) gerechtfertigt und geboten, weil es hinsichtlich der Umstände, die der Arbeitnehmer unabhängig von der Auskunft des Arbeitgebers bereits kennt, keiner Abstufung der Darlegungslast bedarf.

2752 Die in § 1 Abs. 3 S. 3 KSchG enthaltene Beweislastregel ist folglich erst dann anwendbar, wenn der Arbeitgeber im einzelnen Gründe angegeben und im Streitfall auch nachgewiesen hat, die zu der getroffenen Sozialauswahl geführt haben (vgl. KR/*Etzel* 7. Aufl. § 1 KSchG Rz. 683 ff.).

f) Sonderfall: Vermutung für eine fehlerhafte Sozialauswahl

2753 Es spricht im Übrigen eine vom Arbeitgeber auszuräumende tatsächliche Vermutung dafür, dass eine Auswahl, bei der keine sozialen Gesichtspunkte, sondern ausschließlich betriebliche Belange berücksichtigt worden sind, auch im Ergebnis sozialwidrig ist (*BAG* 18.10.1984 EzA § 1 KSchG Betriebsbedingte Kündigung Nr. 33). Gleiches gilt dann, wenn sich aus seinem Sachvortrag ergibt, dass er den Kreis vergleichbarer Arbeitnehmer **objektiv zu eng gezogen** hat. Ergänzt er sodann seinen Sachvortrag nicht, so ist die Behauptung des Arbeitnehmers, der Arbeitgeber habe soziale Belange nicht ausreichend gewürdigt, als unstreitig anzusehen (*BAG* 15.6.1989 NZA 1990, 226; *LAG Köln* 8.10.2003 – 8 Sa 131/03 – EzA-SD 5/04, S. 12 LS).

g) Namentliche Benennung sozial weniger schutzwürdiger Arbeitnehmer

aa) Rechtsprechung des BAG

2754 Hat der Arbeitnehmer dagegen auf Grund der Auskunft Kenntnis der Namen vergleichbarer Kollegen sowie die Kenntnis von deren Sozialdaten, so muss er unter namentlicher Benennung seiner Meinung nach sozial weniger schutzbedürftiger Arbeitnehmer, dem oder denen an seiner Stelle hätte gekündigt werden müssen, substantiiert unter Angabe ihrer individuellen Sozialdaten (Alter, Betriebszugehörigkeit, Unterhaltsverpflichtungen) die Fehlerhaftigkeit der Sozialauswahl geltend machen (*BAG* 8.8.1985 EzA § 1 KSchG Soziale Auswahl Nr. 21; 18.10.2006 EzA § 1 KSchG Soziale Auswahl Nr. 70 = NZA 2007, 504).

2755 Die genaue und individuelle Bezeichnung weniger schutzwürdiger Arbeitnehmer ist nach Auffassung des *BAG* (8.8.1985 EzA § 1 KSchG Soziale Auswahl Nr. 21; 18.10.2006 EzA § 1 KSchG Soziale Auswahl Nr. 70 = NZA 2007, 504) deshalb erforderlich, weil das Gericht nicht von Amts wegen eine Auswahl treffen darf, die sonst gerade auf den Arbeitnehmer fallen könnte, den der gekündigte Arbeitnehmer keinesfalls verdrängen will.

2756 Auch wenn er die Zahl und die Namen der vergleichbaren Arbeitnehmer kennt sowie deren Sozialdaten, genügt es nicht, dass er seine Rüge nicht ordnungsgemäßer Sozialauswahl allein damit begründet, die Mehrzahl der vergleichbaren Arbeitnehmer sei hinsichtlich des Alters oder der Dauer der Betriebszugehörigkeit weniger schutzwürdig.

2757 Allerdings ist die Berufung einer Klägerin auf eine fehlerhafte Sozialauswahl nach Auffassung des *LAG Nds.* (23.2.2001 – 16 Sa 1427/00 –) dann mit dem **Grundsatz von Treu und Glauben nicht vereinbar**, wenn sich diese auf eine andere Mitarbeiterin beruft, mit der sie meint, vergleichbar zu sein, wenn auch diese Mitarbeiterin im Rahmen der Sozialauswahl zu kündigen gewesen wäre.

2758 Legt der Arbeitnehmer in Befolgung dieser Grundsätze im Kündigungsschutzprozess dar, er sei mit bestimmten namentlich bezeichneten Arbeitskollegen vergleichbar und benennt er die von ihnen ausgeübten Tätigkeiten, dann genügt ein bloßes Bestreiten der Vergleichbarkeit durch den Arbeitgeber nicht. Er ist im Rahmen einer abgestuften Darlegungs- und Beweislast vielmehr gehalten, im Einzelnen darzulegen, welche Tätigkeiten dieser Arbeitskollegen der gekündigte Arbeitnehmer aus welchem Grund nicht verrichten kann (*LAG Nbg.* 27.8.2002 ARST 2003, 54 = NZA-RR 2003, 243).

bb) Kritik

Demgegenüber genügt nach *Etzel* (KR 7 Aufl., § 1 KSchG Rz. 688; abl. auch APS/*Kiel* § 1 KSchG Rz. 784) der Arbeitnehmer der ihm obliegenden Darlegungslast dann, **wenn er die auswahlrelevanten Tatsachen vorträgt, aus denen sich ergibt, dass die vom Arbeitgeber getroffene Auswahlentscheidung objektiv fehlerhaft ist.** 2759

Das Gericht hat sodann unter Zugrundelegung des dem § 1 Abs. 3 KSchG entsprechenden Bewertungsmaßstabes zu prüfen, ob unter den vergleichbaren Arbeitnehmern weniger sozial schutzbedürftige Mitarbeiter sind. 2760

Der gekündigte Arbeitnehmer kann insoweit zwar eine namentliche Konkretisierung vornehmen, diese stellt aber für das Gericht lediglich eine unverbindliche Rechtsmeinung dar. 2761

Danach führt die Rechtsauffassung des *BAG* (8.8.1985 EzA § 1 KSchG Soziale Auswahl) hinsichtlich der geforderten personellen Konkretisierung eines etwaigen Auswahlfehlers durch den Arbeitnehmer im Ergebnis zu einer gesetzlich nicht vorgesehenen Beschränkung der gerichtlichen Auswahlüberprüfung. Denn bei der Frage, welcher der vergleichbaren Arbeitnehmer sozial weniger schutzbedürftig ist, handelt es sich um die allein dem Gericht vorbehaltene Anwendung des materiellen Kündigungsschutzrechts (§ 1 Abs. 3 KSchG) auf den Einzelfall. 2762

VII. Betriebsbedingte Kündigung mit Abfindungsangebot (§ 1a KSchG)

1. Beendigungskündigung

Durch das Gesetz zu Reformen am Arbeitsmarkt vom 24.12.2003 (BGBl. I S. 3002 ff.) ist **erstmals** für einen wegen dringender betrieblicher Erfordernisse gekündigten Arbeitnehmer ab dem 1.1.2004 **ein gesetzlicher Abfindungsanspruch** vorgesehen (§ 1a KSchG; instruktiv *Preis* DB 2004, 70 ff.; *Düwell* ZTR 2004, 130 ff.; *Däubler* NZA 2004, 177 ff.; *Raab* RdA 2005, 1 ff.; *Willemsen/Annuß* NJW 2004, 177 ff.; *Fischinger* FA 2008, 260 ff.; krit. *Giesen* NJW 2004, 185 ff.; *Wolff* BB 2004, 378 ff.; eher polemisch dazu *Bauer/Krieger* NZA 2004, 77 ff.). 2763

Voraussetzung für die Anwendung des § 1a KSchG ist, dass:
- das KSchG anwendbar ist;
- der Arbeitgeber eine ordentliche Kündigung erklärt (für eine entsprechende Anwendung auf außerordentliche Kündigungen mit der Kündigungsfrist entsprechender Auslauffrist *Raab* RdA 2005, 5);
- der Arbeitnehmer innerhalb der Klagefrist keine Kündigungsschutzklage erhebt;die Rücknahme der erhobenen Kündigungsschutzklage reicht nicht aus, § 269 Abs. 3 S. 1 ZPO 2002, § 7 KSchG (*LAG SA* 28.9.2005 LAGE § 1a KSchG Nr. 2). Denn der **Zweck der gesetzlichen Regelung** besteht darin, eine **außergerichtliche Streiterledigung zu fördern**, um eine gerichtliche Auseinandersetzung über die Rechtswirksamkeit einer Kündigung im Rahmen eines Kündigungsschutzprozesses zu vermeiden. Die Erhebung einer Kündigungsschutzklage schließt ebenso wie eine nachträgliche Klagezulassung den Abfindungsanspruch aus. Dies muss auch bei Rücknahme der Klage oder des Antrags auf nachträgliche Klagezulassung gelten. Denn ansonsten würde der Arbeitgeber doch mit einer gerichtlichen Auseinandersetzung über die Beendigung des Arbeitsverhältnisses konfrontiert, die er gerade mit dem Angebot der Abfindungszahlung vermeiden wollte. Die **Rücknahmefiktion** des § 269 Abs. 3 S. 1 ZPO würde das gesetzgeberische Ziel konterkarieren, einen Abfindungsanspruch bei einer betriebsbedingten Kündigung nur im Falle der **Vermeidung einer gerichtlichen Aus-**

einandersetzung zu begründen (*BAG* 13.12.2007 EzA § 1a KSchG Nr. 5 = NZA 2008, 696; s. dazu *Wagner* FA 2008, 8).

- Hinzukommen muss, dass in der Kündigungserklärung des Arbeitgebers der Hinweis enthalten ist, dass die Kündigung auf dringende betriebliche Erfordernisse gestützt ist und der Arbeitnehmer bei Verstreichenlassen der Klagefrist die Abfindung beanspruchen kann (*LAG BW* 26.6.2006 LAGE § 1a KSchG Nr. 4); fehlt der Hinweis, besteht der Anspruch nicht (*LAG SA* 28.9.2005 LAGE § 1a KSchG Nr. 2). Ein ausreichender Hinweis ist dann nicht gegeben, wenn der Arbeitgeber im Kündigungsschreiben darauf hinweist, der Arbeitnehmer habe bei Rechtskraft der Kündigung einen Abfindungsanspruch, dessen Höhe sich nach dem Sozialplan richte, weil der Begriff der Rechtskraft der Kündigung weitergehender ist als der des Verstreichenlassens der Klagefrist (*LAG Hamm* 7.6.2005 LAGE § 1a KSchG Nr. 1 = NZA 2005, 1123 = LAG Report 2005, 364).
- Andererseits entsteht der Anspruch auch dann in der gesetzlichen Höhe, wenn der Arbeitgeber dem Arbeitnehmer **informatorisch einen niedrigeren Abfindungsbetrag genannt hat**. Das gilt unabhängig davon, ob der Anspruch durch zweiseitiges oder einseitiges Rechtsgeschäft zustande kommt. Ob die Angabe nur der Information dient oder rechtsgeschäftlichen Charakter hat, ist durch Auslegung zu ermitteln (*BAG* 19.6.2007 – 1 AZR 340/06 – EzA-SD 24/2007 S. 3 = NZA 2007, 1357; 13.12.2007 EzA § 1a KSchG Nr. 4 = NZA 2008, 904 LS; s. aber auch *LAG Sachsen* 26.2.2007 – 3 Sa 305/06 – FA 2007, 358 LS u. 30.5.2008 LAGE § 1a KSchG Nr. 5: Ausschluss der Anwendbarkeit der gesetzlichen Regelung bei höherem oder niedrigerem Angebot des Arbeitgebers im Kündigungsschreiben durch die Formulierung »wir bieten an«).
- Die für die Berechnung des Anspruchs maßgebliche Vorschrift des **§ 1a KSchG muss nicht ausdrücklich erwähnt werden** (*BAG* 13.12.2007 EzA § 1a KSchG Nr. 4).

Die Höhe der Abfindung beträgt 0,5 Monatsverdienst (dessen Ermittlung erfolgt nach § 10 Abs. 3 KSchG) pro Beschäftigungsjahr; Zeiten von mehr als sechs Monaten sind auf ein volles Jahr aufzurunden. Diese Regelung setzt **keinen generellen unabdingbaren Mindestabfindungsanspruch** bei Ausspruch betriebsbedingter Kündigungen fest. Die Arbeitsvertragsparteien bleiben auch bei betriebsbedingten Kündigungen frei, eine geringere oder höhere als die vom Gesetz vorgesehene Abfindung zu vereinbaren (*BAG* 13.12.2007 EzA § 1a KSchG Nr. 4 = NZA 2008, 904 LS; 10.7.2008 EzA § 1a KSchG Nr. 6 = NZA 2008, 1292). Durch die gesetzliche Regelung wird der Arbeitgeber also **nicht gehindert**, dem Arbeitnehmer **bewusst eine geringere Abfindung anzubieten und zu vereinbaren**. Ob der Arbeitgeber den Hinweis nach § 1a KSchG erteilen, oder ein davon abweichendes Angebot unterbreiten will, ist durch **Auslegung des Kündigungsschreibens zu ermitteln** (*BAG* 10.7.2008 EzA § 1a KSchG Nr. 6 = NZA 2008, 1292). Will er allerdings Letzteres tun, so muss er unmissverständlich erklären, dass sein Angebot kein solches nach § 1a KSchG sein soll; ist dies nicht der Fall, wird eine Abfindung in der gesetzlichen Höhe geschuldet (*BAG* 13.12.2007 EzA § 1a KSchG Nr. 4; s. dazu *Wagner* FA 2008, 8). **Weicht** die im Kündigungsschreiben angebotene Abfindung andererseits in der Höhe **deutlich** von dem gesetzlich vorgesehenen Betrag – handelt es sich z.B. nur um rund die Hälfte der in § 1a KSchG genannten Summe – ab, so **spricht vieles** dafür, dass der Arbeitgeber ein **vom Gesetz abweichendes**, individuelles (Auflösungs-)**Angebot** abgegeben hat (*BAG* 10.7.2008 EzA § 1a KSchG Nr. 6 = NZA 2008, 1292).

Kollektivrechtliche Regelungen zum Ausgleich wirtschaftlicher Nachteile aus einer Betriebsänderung können die Anrechenbarkeit von Leistungen nach § 1a KSchG vorsehen (*BAG* 19.6.2007 – 1 AZR 340/06 – EzA-SD 24/2007 S. 3 = NZA 2007, 1357).

Ob diese Regelung eine nennenswerte praktische Relevanz erlangen würde, war zunächst fraglich. Denn es bleibt dem Arbeitnehmer unbenommen, Klage zu erheben mit dem Ziel, vergleichsweise eine höhere Abfindung zu erstreiten. Die Anzahl der hier wiedergegebenen Entscheidungen belegt aber nunmehr das Gegenteil.

Der Abfindungsanspruch entsteht erst **mit Ablauf der Kündigungsfrist**, weil erst dann das Arbeitsverhältnis durch die betriebsbedingte Kündigung beendet worden ist, was

Anspruchsvoraussetzung ist. Endet das Arbeitsverhältnis eines gekündigten Arbeitnehmers also vorher durch dessen Tod, geht der Anspruch nicht auf dessen Erben über (*BAG* 10.5.2007 – 2 AZR 45/06 – EzA § 1a KSchG Nr. 1 = NZA 2007, 1043; *LAG Hamm* 8.11.2005 – 19 Sa 1491/05 – LAGE § 1a KSchG Nr. 3; *ArbG Siegen* 9.6.2005 NZA 2005, 935).
Unklar ist, ob auf diesen Abfindungsanspruch **im Voraus verzichtet werden kann** (dagegen auf Grund des Schutzzwecks der Regelung Altenburg/Reufels/Leister NZA 2006, 71 ff.) und ob ein Abfindungsanspruch trotz erfolgloser Kündigungsschutzklage gegeben sein kann (vgl. dazu *Ulrici/Mohnke* NZA 2006, 77 ff.; dagegen jetzt *BAG* 13.12.2007 EzA § 1a KSchG Nr. 5 = NZA 2008, 696).

2. Änderungskündigung

§ 1a KSchG ist auch auf eine aus dringenden betrieblichen Gründen ausgesprochene **Änderungskündigung anwendbar**, soweit diese wegen Nichtannahme oder vorbehaltloser Ablehnung des Änderungsangebots zur Beendigung des Arbeitsverhältnisses führt. Denn eine Änderungskündigung enthält immer **auch eine Beendigungskündigung**. Ab Zugang der Kündigung hat es ausschließlich der Arbeitnehmer in der Hand, diese Änderungskündigung durch Nichtannahme der geänderten Arbeitsbedingungen zu einer Beendigungskündigung werden zu lassen und durch das Verstreichenlassen der Frist des § 4 S. 1 KSchG die Voraussetzungen für das Entstehen des Abfindungsanspruchs zu schaffen (Diese Regelung setzt keinen generellen unabdingbaren Mindestabfindungsanspruch bei Ausspruch betriebsbedingter Kündigungen fest. Die Arbeitsvertragsparteien bleiben auch bei betriebsbedingten Kündigungen frei, eine geringere oder höhere als die vom Gesetz vorgesehene Abfindung zu vereinbaren (*BAG* 13.12.2007 – 2 AZR 663/06 – EzA § 1a KSchG Nr. 3 = NZA 2008, 528). 2764

Kein Fall des § 1a KSchG ist es dagegen, wenn der Arbeitnehmer die **vorbehaltlose Annahme** der geänderten Vertragsbedingungen erklärt. Denn in diesem Fall kommt es nicht zu einer Beendigung des Arbeitsverhältnisses (*BAG* 13.12.2007 EzA § 1a KSchG Nr. 3 = NZA 2008, 528). 2765

J. Kündigung in der Insolvenz

I. Vergleichsverfahren (bis 31.12.1998)

Siehe hierzu ausführlich die Ausführungen in der 2. Auflage unter Rz. 2149 f. 2766

II. Konkursverfahren (bis 31.12.1998)

Siehe hierzu ausführlich die Ausführungen in der 2. Aufl. unter D/Rz. 1241 ff. 2767

III. Gesamtvollstreckungsverfahren (bis 31.12.1998)

Siehe hierzu ausführlich die Ausführungen in der 2. Aufl. unter D/Rz. 1245. 2768

IV. Insolvenzordnung (ab 1.1.1999)

Mit Wirkung zum 1.1.1999 sind VglO, KO und GesVVO aufgehoben und durch die InsO ersetzt worden; die arbeitsrechtlich maßgeblichen Vorschriften insbes. der §§ 113, 125, 126, 127 InsO waren zuvor bereits durch das arbeitsrechtliche Beschäftigungsförderungsgesetz 2769 mit Wirkung vom 1.10.1996 eingeführt worden.(vgl. *Zwanziger* BB 1997, 626 ff.; *Lakies* RdA 1997, 145 ff.; *Kocher* BB 1998, 213 ff.; *Müller* NZA 1998, 1315 ff.; *Heinze* NZA 1999, 57 ff.). **Neben den §§ 113 ff. InsO gelten die allgemeinen Bestimmungen, z.B. § 102 BetrVG.** Zu beachten ist insoweit, dass es dann, wenn der Betrieb auf Grund des durch den vorläufigen Insolvenzverwalter erstellten Gutachtens stillgelegt werden soll, für die ordnungsgemäße Anhörung des Betriebsrats ausreicht, wenn sie zu der für die Zeit nach der Insolvenzeröffnung vorgesehenen Kündigung schon durch den Geschäftsführer der Schuldnerin und den vorläufigen Insolvenzverwalter erfolgt, sofern dieser auch zum endgültigen Insolvenzverwalter bestellt wird (*BAG* 22.9.2005 EzA § 113 InsO Nr. 18).

2770 **Anwendbar ist auch § 1 KSchG** (modifiziert durch § 125 InsO, *BAG* 17.11.2005 EzA § 1 KSchG Soziale Auswahl Nr. 63 = NZA 2006, 370), § 15 KSchG, so dass Betriebsratsmitglieder z.B. nicht in die Sozialauswahl einzubeziehen sind (*BAG* 17.11.2005 EzA § 1 KSchG Soziale Auswahl Nr. 63; *Leuchten* NZA 2007, 585 ff.). Kündigt ein **vorläufiger Insolvenzverwalter** mit Verwaltungs- und Verfügungsbefugnis (sog. starker Insolvenzverwalter) die Arbeitsverhältnisse der bei der Insolvenzschuldnerin beschäftigten Arbeitnehmer wegen der geplanten Unternehmensstilllegung, so sind die Kündigungen nicht deshalb unwirksam, weil die Zustimmung des Insolvenzgerichts zur Unternehmensstilllegung (§ 22 Abs. 1 S. 2 Nr. 2 InsO) im Zeitpunkt des Zugangs der Kündigungen nicht vorliegt. Zwar hat der Insolvenzverwalter damit seine Befugnisse überschritten; die Kündigungen verstoßen aber nicht offensichtlich gegen den Insolvenzzweck oder gegen den Zweck der vorläufigen Insolvenzverwaltung; ggf. haftet der vorläufige »starke« Insolvenzverwalter wegen Verletzung seiner Pflichten gem. § 60 InsO (*BAG* 27.10.2005 EzA § 22 InsO Nr. 1 = NZA 2006, 727).

1. Kündigungsfrist

2771 Gem. § 113 InsO kann ein Arbeiterverhältnis vom Insolvenzverwalter (nicht dagegen vom vorläufigen Insolvenzverwalter mit Verwaltungs- und Verfügungsbefugnis gem. § 22 Abs. 1 InsO: *BAG* 20.1.2005 EzA § 113 InsO Nr. 15 = BAG Report 2005, 273 = NZA 2006, 1352) und vom Arbeitnehmer ohne Rücksicht auf die verbleibende Vertragsdauer oder einen vereinbarten Ausschluss des Rechts zur ordentlichen Kündigung gekündigt werden. Die Kündigungsfrist beträgt drei Monate zum Monatsende, wenn nicht eine kürzere Frist maßgeblich ist. Kündigt der Verwalter, so kann der andere Teil wegen der vorzeitigen Beendigung des Dienstverhältnisses als Insolvenzgläubiger Schadensersatz verlangen. Damit ist die Frage, inwiefern verlängerte tarifliche Kündigungsfristen und Unkündbarkeitsvereinbarungen im Konkurs nach der aufgehobenen KO Bestand haben, erledigt; die **Dreimonatsfrist** gilt – auch für die Änderungskündigung – **als Spezialregelung für den Insolvenzfall**. Tarifvertragliche, gesetzliche oder einzelvertragliche Kündigungsfristen gelten nur, wenn sie kürzer als die Dreimonatsfrist sind (*BAG* 19.1.2000 EzA § 113 InsO Nr. 10 für den Ausschluss der ordentlichen Kündigung; vgl. dazu *Ettwig* SAE 2001, 235 ff.; *Schrader* NZA 1997, 70).

2772 Nach Auffassung des *ArbG Stuttgart* (4.8.1997 DB 1997, 2543; krit. auch *Lakies* RdA 1997, 146; BB 1998, 2640; **a.A.** *LAG Düsseld.* 9.1.1998 LAGE § 113 InsO Nr. 2; *LAG Hmb.* 19.5.1998 NZA-RR 1998, 440) ist diese Regelung im Hinblick auf Art. 9 Abs. 3 GG verfassungswidrig; der Vorlagebeschluss wurde vom *BVerfG* (8.2.1999 NZA 1999, 597; ebenso *BVerfG* 21.5.1999 EzA § 113 InsO Nr. 8 zu einem Vorlagebeschluss des *ArbG München* vom 23.9.1998 NZA-RR 1999, 18 LS gleichen Inhalts) als unzulässig verworfen. Das *ArbG Limburg* (2.7.1997 BB 1998, 220; **a.A.** *LAG Hamm* 13.8.1997 BB 1998, 541) hat angenommen, dass für den Arbeitnehmer längere tarifvertragliche Kündigungsfristen bis zum In-Kraft-Treten der InsO am 1.1.1999 weiterhin eingehalten werden müssen. Das *LAG Köln* (26.3.1998 LAGE § 113 InsO Nr. 3; **a.A.** *LAG Hamm* 27.3.1998 NZA-RR 1998, 538) ist schließlich davon ausgegangen, dass maßgeblich i.S.d. § 113 Abs. 1 S. 2 InsO nicht die vertragliche Kündigungsfrist ist, wenn diese zwar nicht länger als drei Monate zum Monatsende andauert, aber die gesetzliche Frist überschreitet.

Dem ist das *BAG* (3.12.1998 EzA § 113 InsO Nr. 6) jedoch nicht gefolgt, da **§ 22 KO vollständig durch § 113 InsO ersetzt worden ist.** Im Verhältnis zwischen den Parteien gilt die vertraglich vereinbarte Frist bis zur Höchstfrist des § 113 InsO. Diese Frist verdrängt auch eine **längere tarifvertragliche Kündigungsfrist** (*BAG* 16.6.1999 EzA § 113 InsO Nr. 9; *LAG SchlH* 28.4.2004 NZA-RR 2004, 546; vgl. dazu *Giesen* SAE 2000, 305 ff.), ebenso **Unkündbarkeitsklauseln in Betriebsvereinbarungen** (*BAG* 22.9.2005 EzA § 113 InsO Nr. 18 = NZA 2006, 658) oder **Tarifverträgen** (*BAG* 16.6.2005 EzA § 1 KSchG Betriebsbedingte Kündigung Nr. 137 = NZA 2006, 270 = BAG Report 2005, 369). Auch § 323 UmwG steht der Kündigung wegen insolvenzbedingter Stilllegung eines abgespaltenen Unternehmens nicht entgegen (*BAG* 22.9.2005 EzA § 113 InsO Nr. 18 = NZA 2006, 658). Auch für ein **befristetes Arbeitsverhältnis** gilt nichts anderes; der Insolvenzverwalter kann es gem. § 113 InsO wirksam kündigen, selbst wenn eine Kündigungsmöglichkeit (Arbeitsphase eines Altersteilzeitarbeitnehmers) weder vertraglich noch tarifvertraglich vorgesehen ist (*BAG* 16.6.2005 EzA § 1 KSchG Betriebsbedingte Kündigung Nr. 137 = NZA 2006, 370 = BAG Report 2005, 369). Ist ein Arbeitsverhältnis im Zeitpunkt der Kündigung durch den Insolvenzverwalter ohne ordentliche Kündigungsmöglichkeit noch für zumindest weitere drei Monate befristet, so gilt die gesetzliche Höchst-Kündigungsfrist von drei Monaten. Sie wird durch eine kürzere gesetzliche Kündigungsfrist verdrängt, die für das Arbeitsverhältnis auch vor Eröffnung des Insolvenzverfahrens nicht maßgeblich ist (*BAG* 6.7.2000 EzA § 113 InsO Nr. 11; krit. *Caspers* SAE 2001, 187 ff.). Der Insolvenzverwalter kann ein Arbeitsverhältnis auch dann mit der kurzen Kündigungsfrist des § 113 Abs. 1 S. 2 InsO kündigen, wenn er zuvor als **vorläufiger Insolvenzverwalter** unter Einhaltung der ordentlichen Kündigungsfrist zu einem **späteren Zeitpunkt gekündigt** hat. Eine unzulässige Wiederholung der ersten Kündigung ist darin nicht zu sehen (*BAG* 13.5.2004 EzA § 102 BetrVG 2001 Nr. 7 = NZA 2004, 1037 = BAG Report 2004, 330; vgl. dazu *Zwanziger* BB 2005, 1386 ff.). Denn der Insolvenzverwalter stützt die neue Kündigung vielmehr auf die Insolvenzeröffnung und das dadurch ausgelöste Sonderkündigungsrecht und damit auf weitere, neue Tatsachen, die den bisherigen Kündigungssachverhalt verändert haben (*BAG* 22.5.2003 EzA § 113 InsO Nr. 12 = NZA 2003, 1086). 2773

§ 113 InsO enthält nur Regelungen zur Kündigung an sich und der dabei zu wahrenden Kündigungsfrist für das Insolvenzverfahren. Der allgemeine Kündigungsschutz und sonderkündigungsschutzrechtliche Bestimmungen bleiben davon unberührt (*LAG BW* 9.11.1998 LAGE § 113 InsO Nr. 6). Andererseits erfasst § 113 InsO auch tarifliche Kündigungserschwerungen, die die Zulässigkeit einer ordentlichen Kündigung gegenüber ansonsten »unkündbaren« Arbeitnehmern an die Zahlung einer Sozialplanabfindung knüpfen (*LAG Hamm* 26.11.1998 BB 1999, 1333 LS). 2774

2. Klagefrist; Insolvenzverwalter als Partei

Will ein Arbeitnehmer geltend machen, dass die Kündigung seines Arbeitsverhältnisses durch den Insolvenzverwalter unwirksam ist, so muss er **auch dann** innerhalb von drei Wochen nach Zugang der Kündigung Klage beim Arbeitsgericht erheben, **wenn er sich für die Unwirksamkeit der Kündigung auf andere als die in § 1 Abs. 2 und 3 KSchG bezeichneten Gründe** – insbes. die sog. sonstigen Unwirksamkeitsgründe (Verstoß gegen § 102 BetrVG, § 613a Abs. 4 BGB usw.; *LAG Düsseld.* 29.6.2000 NZA-RR 2001, 413; *ArbG Wuppertal* 2.2.2000 NZA-RR 2000, 243; *ArbG Aachen* 6.8.1999 NZA-RR 2000, 420; vgl. *Schrader* NZA 1997, 71; vgl. auch *Müller* NZA 1998, 1316 f.; *Heinze* NZA 1999, 59) – beruft. § 4 und § 5 KSchG gelten entsprechend (§ 113 Abs. 2 InsO). 2775

2776 Ab dem 1.1.2004 folgt dies allerdings aus § 4 KSchG n.F.; § 113 Abs. 2 InsO ist aufgehoben worden.
Eine Kündigungsschutzklage nach der Insolvenzeröffnung gegen eine Kündigung des Insolvenzverwalters ist gegen diesen als Partei kraft Amtes zu richten. Eine Klage gegen die Schuldnerin macht den Insolvenzverwalter dann nicht zur Partei und wahrt deshalb nicht die Klagefrist nach § 4 KSchG n.F. bzw. § 113 Abs. 2 InsO a.F. (*BAG* 21.9.2006 EzA § 4 KSchG n.F. Nr. 75 = NZA 2007, 405; *LAG Köln* 17.8.2005 – 3 (8) Sa 486/05 – EzA-SD 6/06 S. 16 LS). Ist ausweislich des Rubrums der Klageschrift anstatt des Insolvenzverwalters die Schuldnerin verklagt, ist jedoch stets zu prüfen, ob eine Berichtigung des Rubrums möglich ist. Ergibt sich aus dem Inhalt der Klageschrift, etwa dem beigefügten Schreiben des Insolvenzverwalters, dass sich die Klage in Wahrheit gegen den Insolvenzverwalter richten soll, so ist die irrtümlich falsche Parteibezeichnung zu berichtigen (*BAG* 17.1.2002 EzA § 4 KSchG n.F. Nr. 62; 27.3.2003 EzA § 113 InsO Nr. 13 = NZA 2003, 1391; **a.A.** *ArbG Bln.* 6.8.2003 NZA-RR 2004, 366). Enthält die Klageschrift dagegen **keinen Hinweis auf ein eröffnetes Insolvenzverfahren** und die Bestellung des Insolvenzverwalters und wird vielmehr die Schuldnerin eindeutig als Beklagte bezeichnet, kann die Klageschrift nur dahin aufgefasst und ausgelegt werden, dass sich die Klage allein gegen die Schuldnerin richten soll (*BAG* 21.9.2006 EzA § 4 KSchG n.F. Nr. 75 = NZA 2007, 405).

3. Interessenausgleich mit namentlicher Bezeichnung der zu kündigenden Arbeitnehmer

2777 Ist eine Betriebsänderung (§ 111 BetrVG) geplant und kommt zwischen Insolvenzverwalter (nicht aber dem Schuldner, vgl. *LAG Hamm* 22.5.2002 NZA-RR 2003, 378) und Betriebsrat ein Interessenausgleich zustande, in dem die Arbeitnehmer, denen gekündigt werden soll, namentlich bezeichnet sind, so gelten Besonderheiten. Zu beachten ist, dass den Insolvenzverwalter **keine Pflicht trifft, mit dem Betriebsrat einen Interessenausgleich mit Namensliste abzuschließen.** Kommt ein solcher Interessenausgleich nicht zustande, dann verbleibt es für die Überprüfbarkeit ausgesprochener Kündigungen des Insolvenzverwalters bei den allgemeinen Regelungen und Grundsätzen des KSchG, insbes. bei der Darlegungs- und Beweislast (*LAG Hamm* 27.11.2003 LAG Report 2004, 241; 1.4.2004 LAG Report 2005, 21).

2778 Da § 125 Abs. 1 S. 1 InsO voraussetzt, dass es sich um eine Betriebsänderung i.S.d. § 111 BetrVG handelt, kommt es zunächst darauf an, inwieweit eine Stilllegung des Betriebs oder eine Betriebsveräußerung geplant waren (*BAG* 16.5.2002 EzA § 613a BGB Nr. 210; 26.4.2007 EzA § 125 InsO Nr. 6 = NZA 2007, 1320 LS). Für den insoweit vom Insolvenzverwalter zu erbringenden Nachweis einer geplanten Betriebsstilllegung reichen u.U. die Kündigung aller Arbeitnehmer und der Entschluss zu einer sog. Ausproduktion nicht aus, wenn es kurze Zeit – z.B. ca. einen Monat – nach dem Abbruch von Verhandlungen über eine Betriebsveräußerung mit demselben Interessenten doch noch zu einem Betriebsübergang nach § 613a Abs. 1 S. 1 BGB kommt (*LAG Düsseld.* 23.1.2003 LAGE § 125 InsO Nr. 3; **a.A.** *Sächs. LAG* 14.12.2005 LAGE § 125 InsO Nr. 9). Als Besonderheit ist, wenn die gesetzlichen Anwendungsvoraussetzungen gegeben sind, dann insbes. § 1 KSchG gem. § 125 InsO – dies gilt auch bei Änderungskündigungen (*Schrader* NZA 1997, 74; vgl. auch *Müller* NZA 1998, 1319 f.) – mit folgenden Maßgaben anzuwenden (*LAG Hamm* 4.6.2002 NZA-RR 2003, 293 u. 5.6.2003 – 4 (16) Sa 1976/02 – EzA-SD 26/03, S. 12 LS; *LAG Hamm* 12.11.2003 LAG Report 2004, 243; *LAG Nds.* 12.4.2002 NZA-RR 2002, 517; vgl. auch *Heinze* NZA 1999, 59 f.):

1. es wird vermutet, dass die Kündigung der Arbeitsverhältnisse der bezeichneten Arbeitnehmer durch dringende betriebliche Erfordernisse, die einer Weiterbeschäftigung in diesem Betrieb oder einer Weiterbeschäftigung zu unveränderten Arbeitsbedingungen entgegenstehen, bedingt ist (*BAG* 26.4.2007 – 8 AZR 695/05 – FA 2007, 189 LS = NZA 2008, 72 LS);
2. die soziale Auswahl der Arbeitnehmer kann nur im Hinblick auf die Dauer der Betriebszugehörigkeit, das Lebensalter und die Unterhaltspflichten und auch insoweit nur auf

grobe Fehlerhaftigkeit nachgeprüft werden (*BAG* 22.9.2005 EzA § 113 InsO Nr. 18 = NZA 2006, 658); dazu gehört auch die Bestimmung des auswahlrelevanten Personenkreises **und die Bildung der auswahlrelevanten Gruppen** (*BAG* 28.8.2003 EzA § 125 InsO Nr. 1 = BAG Report 2004, 105; *LAG Hamm* 12.11.2003 LAG Report 2004, 243; *LAG Köln* 25.2.2005 – 11 Sa 767/04 – EzA-SD 13/05, S. 16 LS = NZA-RR 2005, 470 = LAG Report 2005, 237; 2.5.2005 LAGE § 1 KSchG Soziale Auswahl Nr. 49).

3. Ist dagegen ein **Betriebsübergang nicht festzustellen**, wird der Betrieb auch nicht fortgeführt, so ist die daraufhin erfolgte Kündigung wegen einer Betriebsstilllegung **sozial gerechtfertigt** (*BAG* 26.4.2007 – 8 AZR 695/05 – NZA 2008, 72 LS)

Hinsichtlich der Sozialauswahl ist bei der Stilllegung eines abgespaltenen Unternehmens in der 2779 Insolvenz **nicht auf die Verhältnisse vor Wirksamwerden der Spaltung** abzustellen; von einer im abgespaltenen Unternehmen getroffenen Unternehmerentscheidung werden die Arbeitnehmer in den übrigen Unternehmen nicht erfasst, wenn im Zeitpunkt der Kündigung **kein Gemeinschaftsbetrieb mehr besteht**. Es bedarf dann keiner unternehmensübergreifenden Sozialauswahl (*BAG* 22.9.2005 EzA § 113 InsO Nr. 18 = NZA 2006, 658). Auch für die Herausnahme von Arbeitnehmern aus einer Vergleichsgruppe erfolgt nur eine eingeschränkte Überprüfung jedenfalls insoweit, als dies gem. § 125 Abs. 1 S. 1 InsO dem Erhalt oder der Schaffung einer ausgewogenen Personalstruktur dient (*BAG* 28.8.2003 EzA § 125 InsO Nr. 1 = BAG Report 2004, 105); die Sozialauswahl ist nicht als grob fehlerhaft anzusetzen, wenn eine ausgewogene Personalstruktur erhalten oder geschaffen wird. Der Begriff der Personalstruktur i.S.d. § 125 InsO ist nicht mit dem der Altersstruktur gleichzusetzen; er ist in einem umfassenderen Sinn zu verstehen (*BAG* 28.8.2003 EzA § 125 InsO Nr. 1 = BAG Report 2004, 105). Der Wortlaut der gesetzlichen Regelung spricht dafür, dass die **Überprüfung des Rechtsbegriffs der »ausgewogenen Personalstruktur«** sich nicht auf grobe Fehlerhaftigkeit beschränkt, sondern **in vollem Umfang** zu erfolgen hat. Deshalb hat der Insolvenzverwalter bei einer Kündigung in der Insolvenz, die nach Abschluss eines Interessenausgleichs mit Namensliste ausgesprochen wird, wenn er sich auf die Erhaltung oder Herstellung einer ausgewogenen Personalstruktur beruft, darzulegen, **wie die Personalstruktur beschaffen** ist und **welche Struktur erreicht werden soll**. Es reicht nicht aus, sich auf den Interessenausgleich zu berufen, denn dieser begründet insoweit keine Vermutung der Richtigkeit (*LAG SchlH* 9.11.2004 NZA-RR 2005, 545).

Demgegenüber ist *Schrader* (NZA 1997, 74) der Auffassung, dass bei dieser Interpretation 2780 der Zweck der gesetzlichen Regelung vereitelt würde. Die Schaffung einer ausgewogenen Personalstruktur müsse grobe Fehler bei der Sozialauswahl, etwa bei der Berücksichtigung der Unterhaltspflichten, rechtfertigen können. Folglich komme auch insoweit nur eine Überprüfung auf grobe Fehlerhaftigkeit in Betracht.

§ 125 InsO dient der Sanierung insolventer Unternehmen. Gerade im Insolvenzfall besteht 2781 oft ein Bedürfnis nach einer zügigen Durchführung einer Betriebsänderung und eines größeren Personalabbaus. Die Regelungen des § 125 InsO wollen eine erfolgreiche Sanierung insolventer Unternehmen fördern und im Insolvenzfall zusätzliche Kündigungserleichterungen schaffen. Deshalb gebieten Sinn und Zweck der gesetzlichen Regelung eine weite Anwendung des eingeschränkten Prüfungsmaßstabs bei der Sozialauswahl (*BAG* 28.8.2003 EzA § 125 InsO Nr. 1 = BAG Report 2004, 105).

Um die Vermutungswirkung des § 125 Abs. 1 S. 1 InsO zu widerlegen, muss ein **substantiierter Tatsachenvortrag** erfolgen, der den gesetzlich vermuteten Umstand ausschließt und 2782 nicht nur in Zweifel zieht (*BAG* 26.4.2007 EzA § 125 InsO Nr. 6 = NZA 2007, 1320 LS).

Grobe Fehlerhaftigkeit einer Sozialauswahl i.S.d. § 125 InsO liegt dann vor, wenn einem 2783 Arbeitnehmer gekündigt wird, der ein dreißig Jahre höheres Lebensalter und eine zwanzig Jahre längere Betriebszugehörigkeit aufweist als ein Mitarbeiter, der einem minderjährigen Lind gegenüber zum Unterhalt verpflichtet ist (*BAG* 21.7.2005 EzA § 125 InsO Nr. 2 = NZA 2006, 162). Es ist dagegen nicht als grob fehlerhaft anzusehen, wenn Betriebsrat und Insolvenzverwalter bei einem Interessenausgleich, in dem die zu kündigenden Arbeitnehmer namentlich bezeichnet sind, ein sozial weniger schutzwürdiges Betriebsratsmitglied nicht in den auswahlrelevanten Personenkreis einbezogen haben (s.u.). Gleiches gilt, wenn Insolvenzverwalter und Betriebsrat die Sozialauswahl bei einem Einzelhandelsunternehmen für Arbeitnehmer ohne einschlägige kaufmännische Ausbildung auf Grund einer generalisierenden Betrachtungsweise auf die Beschäftigten in der jeweiligen Abteilung beschränken, während bei Arbeitnehmern mit einschlägiger kaufmännischer Ausbildung alle Arbeitnehmer des Betriebs mit einer vergleichbaren Tätigkeit einbezogen werden (*LAG Nds.* 12.4.2002 NZA-RR 2002, 517). Denn gerade der Qualifikation der Mitarbeiter kommt für ihre Tätigkeit eine wesentliche Bedeutung zu. Zwar ist die soziale Auswahl grds. betriebsbezogen, d.h. abteilungsübergreifend, durchzuführen. Dennoch muss die Beschränkung auf nicht einschlägig kaufmännisch ausgebildete Mitarbeiter auf »ihre Abteilung« nicht grob fehlerhaft sein, wenn sie – wie im konkret entschiedenen Einzelfall – der Erhaltung und Schaffung einer ausgewogenen Personalstruktur i.S.d. § 125 InsO dient (*BAG* 28.8.2003 EzA § 125 InsO Nr. 1 = BAG Report 2004, 105; s. dazu *Pakirnus* DB 2006, 2742 ff.). Auch die **Gruppenbildung bei Qualifikationsunterschieden** auf Grund interner Schulungen und vielseitigerer Verwendbarkeit, das sind sachliche und nachvollziehbare Gründe, ist nicht grob fehlerhaft (*LAG Hamm* 12.11.2003 LAG Report 2004, 243). Gleiches gilt, wenn die vorgenommene Gruppenbildung beabsichtigt, dass eine **Umsetzung, Neuschulung und Neueinarbeitung weitgehend vermieden** wird. Folglich sind z.B. Mitarbeiter, die in der Vergangenheit eine Maschine nie bedient haben, nicht mit Mitarbeitern vergleichbar, die schon an dieser Maschine gearbeitet haben (*LAG Köln* 2.5.2005 LAGE § 1 KSchG Soziale Auswahl Nr. 49). Nicht grob fehlerhaft ist es auch, wenn die Betriebsparteien die Sozialauswahl auf **einen** der **Geschäftsbereiche beschränken, weil dort die Arbeitnehmer anderer Geschäftsbereiche nicht ohne Einarbeitungszeit beschäftigt werden können** (*BAG* 17.11.2005 EzA § 125 InsO Nr. 3 = NZA 2006, 661 m. Anm. *Adam* SAE 2006, 240). Allerdings hat das *BAG* (17.11.2005 EzA § 125 InsO Nr. 3) **offen gelassen**, ob an diesem Grundsatz auch für einen Interessenausgleich mit Namensliste festzuhalten ist, der erst nach der Veröffentlichung des Urteils des BAG vom 8.10.2004 (EzA § 1 KSchG Soziale Auswahl Nr. 56) vereinbart wurde; nach dieser Entscheidung hat **auch in der Insolvenz grds. eine auf den gesamten Betrieb bezogene Sozialauswahl zu erfolgen**.

Ebenso wenig ist es als grob fehlerhaft anzusehen, wenn ein sozial weniger schutzwürdiges **Betriebsratsmitglied** nicht in den auswahlrelevanten Personenkreis einbezogen worden ist. Denn dagegen spricht bereits die gesetzliche Übernahmeverpflichtung gem. § 15 Abs. 5 S. 1 KSchG (*LAG Hamm* 23.9.2004 – 4 Sa 1600/03 – EzA-SD 9/05, S. 13 LS).

Demgegenüber ist es als **grob fehlerhaft** anzusehen, wenn die Betriebsparteien

- den auswahlrelevanten Personenkreis der austauschbaren und damit vergleichbaren Arbeitnehmer **willkürlich bestimmt** oder nach unsachlichen Gesichtspunkten eingegrenzt haben,
- **unsystematische Altersgruppen** mit wechselnden Zeitsprüngen (bspw. in 12er, 8er und 10 Jahresschritten) gebildet haben,
- eines der drei sozialen **Grundkriterien überhaupt nicht berücksichtigt** oder zusätzlichen Auswahlkriterien eine überhöhte Bedeutung beigemessen haben,
- die der Auswahl nach sozialen Gesichtspunkten entgegenstehenden Gründe nicht nach sachlichen Gesichtspunkten konkretisiert haben (*LAG Hamm* 5.6.2003 LAGE § 125 InsO Nr. 4 = NZA-RR 2004, 132 = LAG Report 2004, 132 m. Anm. *Graner*). Jedenfalls enthält § 125 Abs. 1 Nr. 2 2. Hs. InsO keine Fiktion oder unwiderlegliche Vermutung, sondern erweitert allenfalls den Kreis der Berechtigten betrieblichen Belange i.S.d. § 1 Abs. 3 S. 2 KSchG. Dementsprechend genügt der Arbeitgeber der auch im Insolvenzfall geltenden Verpflichtung gem. § 1 Abs. 3 S. 1 2. Hs. KSchG, dem Arbeitnehmer auf Verlangen die von ihm getroffene Sozialauswahl mitzuteilen, nicht schon dadurch, dass er im Kündigungsschutzprozess die Bildung von Altersgruppen und die Anzahl der in den einzelnen Altersgruppen vor und nach der Betriebsänderung erfassten Arbeitnehmer gegenüberstellt. Allein die objektive Ausgewogenheit der vorgetragenen Altersstruktur macht den Vortrag nicht entbehrlich, nach welchen

Gesichtspunkten die Auswahl innerhalb der gebildeten Altersgruppen erfolgt ist. Ohne entsprechende Angaben ist eine Überprüfung auf »grobe Fehlerhaftigkeit« nicht möglich (*LAG Hamm* 28.5.1998 LAGE § 125 InsO Nr. 1, 2). Insoweit ist es nicht als grob fehlerhaft anzusehen, wenn eine **ausgewogene Personalstruktur** nicht nur erhalten, sondern auch wenn sie **erst geschaffen wurde**. Dabei geht es nicht um den Ausschluss oder um die Herausnahme einzelner Arbeitnehmer aus der Sozialauswahl, sondern darum, dass die soziale Auswahl von vornherein nur innerhalb von abstrakten Altersgruppen vorgenommen wird. Bei der Bildung von Altersgruppen wird eine bestimmte Staffelung durch das Gesetz nicht vorgeschrieben. Die Betriebsparteien sind daher hinsichtlich der Anzahl der zu bildenden Altersgruppen frei (Dreier-, Vierer- oder Fünfereinteilung). Für die einzelnen auswahlrelevanten Personenkreise können unterschiedliche Altersgruppeneinteilungen vorgenommen werden (*LAG Hamm* 5.6.2003 LAGE § 125 InsO Nr. 4 = NZA-RR 2004, 132 = LAG Report 2004, 132 m. Anm. *Graner*).

Satz 1 gilt nicht, soweit sich die Sachlage nach Zustandekommen des Interessenausgleichs **wesentlich geändert** hat (vgl. dazu *LAG Hamm* 25.11.2004 LAGE § 125 InsO Nr. 5 = LAG Report 2005, 308, 376). Gemeint ist damit eine Änderung der Geschäftsgrundlage. »**Wesentlich**« ist eine Änderung der Sachlage dann, **wenn nicht ernsthaft bezweifelt werden kann, dass beide Betriebsparteien oder eine von ihnen den Interessenausgleich in Kenntnis der späteren Änderung nicht oder mit anderem Inhalt geschlossen hätten** (*LAG Hamm* 25.11.2004 LAGE § 125 InsO Nr. 5 = LAG Report 2005, 308, 376). Das kann z.B. dann der Fall sein, wenn ein Interessenausgleich im Hinblick auf eine Betriebsstilllegung vereinbart wurde, nach Ausspruch der Kündigung aber ein Erwerber den Betrieb übernimmt (*Schrader* NZA 1997, 75). Eine wesentliche Änderung in diesem Sinne ist nur dann gegeben, wenn die maßgeblichen Umstände **zwischen dem Abschluss des Interessenausgleichs und dem Zugang der auf dem Interessenausgleich beruhenden Kündigungserklärungen eintreten** (*LAG Köln* 13.10.2004 LAG Report 2005, 232; *LAG Hamm* 25.11.2004 LAGE § 125 InsO Nr. 5 = LAG Report 2005, 308, 376). 2784

Der Interessenausgleich nach Abs. 1 ersetzt die Stellungnahme des Betriebsrat nach § 17 Abs. 3 S. 2 KSchG; die Anhörung gem. § 102 BetrVG wird dadurch aber nicht entbehrlich; sie unterliegt auch grds. **keinen erleichterten Anforderungen** (*BAG* 21.7.2005 EzA § 125 InsO Nr. 2 = NZA 2006, 162; *BAG* 28.8.2003 EzA § 102 BetrVG 2001 Nr. 4; *LAG Hessen* 30.9.2004 ArbuR 2005, 197 LS; *LAG Hamm* 25.11.2004 LAGE § 125 InsO Nr. 5 = LAG Report 2005, 308, 376; vgl. dazu *Leipold* SAE 2005, 48 ff.). Eines gesonderten Anhörungsverfahrens bedarf es allerdings dann nicht, wenn in dem Interessenausgleich mit Namensliste zum Ausdruck gebracht ist, dass der Insolvenzverwalter gleichzeitig das Anhörungsverfahren bezüglich der in der Namensliste aufgeführten Arbeitnehmer eingeleitet und der Betriebsrat bezüglich dieser Arbeitnehmer eine abschließende Stellungnahme abgegeben hat (*LAG Düsseld.* 23.1.2003 LAGE § 125 InsO Nr. 3; *LAG Hamm* 4.6.2002 BB 2003, 159 LS = NZA-RR 2003, 293; 1.4.2004 – 4 Sa 1340/03 – EzA-SD 12/04 S. 16 LS = LAG Report 2005, 21); möglich ist folglich auch eine Verbindung der Anhörung nach § 102 BetrVG mit den Verhandlungen über den Interessenausgleich (*BAG* 21.7.2005 EzA § 125 InsO Nr. 2 = NZA 2006, 162). 2785

Bei dem durch § 125 InsO vorgesehenen Interessenausgleich handelt es sich nicht um einen solchen nach § 112 BetrVG; es handelt sich vielmehr um voneinander unabhängige, losgelöste Verfahren. So ist es z.B. möglich, dass der Insolvenzverwalter die Durchführung der Betriebsänderung über § 122 InsO gerichtlich erzwingt, für die durchzuführenden Kündigungen aber mit dem Betriebsrat eine Vereinbarung gem. § 125 InsO trifft. Das kommt z.B. dann in Betracht, wenn der Betriebsrat die Schließung eines Teilbetriebes für falsch hält, andererseits aber der Auffassung ist, wenn schon Kündigungen ausgesprochen werden müssen, auf diese im Interesse der Erhaltung des Restunternehmens und der übrigen Arbeitsplätze Einfluss zu nehmen (*Warrikoff* BB 1994, 2341). 2786

2787 Der Arbeitnehmer trägt im Kündigungsschutzprozess bei Vorhandensein eines Interessenausgleichs mit Namensliste nach § 1 Abs. 5 KSchG a.F. die Darlegungs- und Beweislast dafür, dass der Betriebsratsvorsitzende ohne einen entsprechenden Betriebsratsbeschluss die Betriebsvereinbarung nach § 112 Abs. 1 S. 1 BetrVG vereinbart und unterzeichnet hat (*BAG* 21.2.2002 EzA § 1 KSchG Interessenausgleich Nr. 10).

2788 Wird die Namensliste getrennt vom Interessenausgleich erstellt, reicht es aus, wenn sie von den Betriebsparteien unterzeichnet und in ihr auf den Interessenausgleich oder im Interessenausgleich auf sie Bezug genommen worden ist (*BAG* 21.2.2002 EzA § 1 KSchG Interessenausgleich Nr. 10).

4. Vorabverfahren zur Kündigung von Arbeitnehmern

a) Grundlagen

2789 Hat der Betrieb keinen Betriebsrat oder kommt aus anderen Gründen innerhalb von drei Wochen nach Verhandlungsbeginn oder schriftlicher Aufforderung zur Aufnahme von Verhandlungen ein Interessenausgleich nach § 125 Abs. 1 InsO nicht zustande, obwohl der Verwalter den Betriebsrat rechtzeitig und umfassend unterrichtet hat, so kann der Insolvenzverwalter gem. § 126 InsO (s. dazu *Rieble* NZA 2007, 1393 ff.) beim Arbeitsgericht beantragen festzustellen, dass die Kündigung der Arbeitsverhältnisse bestimmter, im Antrag bezeichneter Arbeitnehmer durch dringende betriebliche Erfordernisse bedingt und sozial gerechtfertigt ist. Die soziale Auswahl der Arbeitnehmer kann nur im Hinblick auf die Dauer der Betriebszugehörigkeit, das Lebensalter und die Unterhaltspflichten nachgeprüft werden (vgl. dazu *Müller* NZA 1998, 1316 ff.). Haben die Betriebspartner einen Interessenausgleich nach § 125 InsO abgeschlossen, so ist ein **späteres Beschlussverfahren** zum Kündigungsschutz nach § 126 InsO **gleichwohl zulässig**, wenn wegen einer weiteren Betriebsänderung ein Interessenausgleich nicht zustande kommt (*BAG* 20.1.2000 EzA § 126 InsO Nr. 1). Gleiches gilt, wenn die Kündigung der im Antrag bezeichneten Arbeitnehmer schon vor Einleitung des Verfahrens erfolgt ist (*BAG* 29.6.2000 EzA § 126 InsO Nr. 2 m. Anm. *Bittner* SAE 2002, 64).

b) Verfahrensvorschriften

2790 Die Vorschriften des Arbeitsgerichtsgesetzes über das Beschlussverfahren gelten entsprechend; Beteiligte sind der Insolvenzverwalter, der Betriebsrat und die bezeichneten Arbeitnehmer, soweit sie nicht mit der Beendigung des Arbeitsverhältnisses oder mit den geänderten Arbeitsbedingungen einverstanden sind. Die gerichtliche Prüfung im Beschwerdeverfahren erstreckt sich auch auf die **Kündigungsbefugnis** des vorläufigen Insolvenzverwalters (*BAG* 29.6.2000 EzA § 126 InsO Nr. 2 m. Anm. *Bittner* SAE 2002, 64). Kündigt folglich ein vorläufiger Insolvenzverwalter mit Verwaltungs- und Verfügungsbefugnis wegen geplanter Betriebsstilllegung, ist die Kündigung unwirksam, wenn die Zustimmung des Insolvenzgerichts zur Betriebsstilllegung gem. § 22 Abs. 2 Nr. 2 InsO nicht im Zeitpunkt des Kündigungszugangs vorliegt (*LAG Hessen* 1.11.2004 LAGE § 22 InsO Nr. 2; *LAG Düsseld.* 8.5.2003 LAGE § 22 InsO Nr. 1 = NZA-RR 2003, 466). § 122 Abs. 2 S. 3, Abs. 3 InsO gilt entsprechend (zum Verfahren vgl. *Lakies* RdA 1997, 152 ff.; *Müller* NZA 1998, 1316 ff.), d.h. dass insbes. kein Beschwerdeverfahren zum LAG vorgesehen ist, ebenso wenig eine Nichtzulassungsbeschwerde (*BAG* 24.8.2001 – 2 ABN 20/01). Das BAG kann entsprechend § 565 Abs. 1 S. 2 ZPO an eine andere Kammer des Arbeitsgerichts zurückverweisen; eine Zurückverweisung an das LAG ist ausgeschlossen (*BAG* 20.1.2000 EzA § 126 InsO Nr. 1).

c) Kosten

2791 Für die Kosten, die den Beteiligten im Verfahren des ersten Rechtszugs entstehen, gilt § 12a Abs. 1 S. 1 und 2 ArbGG entsprechend. Im Verfahren vor dem Bundesarbeitsgericht gelten die Vorschriften der Zivilprozessordnung über die Erstattung der Kosten des Rechtsstreits entsprechend (vgl. *Schrader* NZA 1997, 76 f.)

d) Bindungswirkung der Entscheidung

Kündigt der Insolvenzverwalter einem Arbeitnehmer, der in dem Antrag nach § 126 Abs. 1 InsO bezeichnet ist, und erhebt der Arbeitnehmer Klage auf Feststellung, dass das Arbeitsverhältnis durch die Kündigung nicht aufgelöst oder die Änderung der Arbeitsbedingungen sozial ungerechtfertigt ist, so ist die rechtskräftige Entscheidung im Verfahren nach § 126 InsO für die Parteien gem. § 127 InsO bindend. Dies gilt nicht, soweit sich die Sachlage nach dem Schluss der letzten mündlichen Verhandlung wesentlich geändert hat (vgl. *Schrader* NZA 1997, 77 f.). **2792**

e) Einzelfragen

Hat der Arbeitnehmer schon vor der Rechtskraft der Entscheidung im Verfahren nach § 126 InsO Klage erhoben, so ist die Verhandlung über die Klage auf Antrag des Verwalters bis zu diesem Zeitpunkt auszusetzen. **2793**

Zweifelhaft ist, ob das Verfahren nach § 126 InsO auch im Betrieb mit weniger als 21 wahlberechtigten Arbeitnehmern anwendbar ist, in denen der Insolvenzverwalter selbst dann nicht über einen Interessenausgleich verhandeln müsste, wenn ein Betriebsrat besteht (dafür *Löwisch* RdA 1997, 85; *Schrader* NZA 1997, 77; *Warrikow* BB 1994, 628). **2794**

Nach Auffassung von *Fischermeier* (NZA 1997, 1099) dürfte § 126 InsO jedoch eher so zu verstehen sein, dass er an **das grundsätzliche Erfordernis von Interessenausgleichsverhandlungen** anknüpft und davon nur insoweit eine Ausnahme macht, als ein Betrieb i.S.v. § 111 S. 1 BetrVG keinen Betriebsrat hat. **2795**

K. Besonderheiten bei Massenentlassungen

I. Massenentlassungen und betriebsbedingte Kündigungen

1. Geltung der allgemeinen Grundsätze

Der Umstand, dass insbes. Rationalisierungsmaßnahmen nicht nur zu einzelnen betriebsbedingten Kündigungen, sondern zu Massenentlassungen führen, führt zwar zu einem gewissen Kollektivcharakter derartiger Kündigungen. **2796**

Ihnen liegt regelmäßig ein Beschäftigungsrückgang zugrunde, der sich auf den Bestand einer Vielzahl von Arbeitsplätzen bezieht. **2797**

Dennoch gelten weder materiell-rechtlich noch hinsichtlich der Darlegungs- und Beweislast Abweichungen von den nach § 1 Abs. 2 KSchG zu stellenden Anforderungen. Denn Anhaltspunkte dafür, dass der Gesetzgeber insoweit eine Differenzierung vorgesehen hat, bestehen nicht (*BAG* 18.10.1984 EzA § 1 KSchG Betriebsbedingte Kündigung Nr. 34; 25.4.1985 EzA § 1 KSchG Betriebsbedingte Kündigung Nr. 35). **2798**

2. Praktische Probleme bei der Sozialauswahl; »Domino-Effekt«; Änderung der Rechtsprechung

> Insbesondere im Rahmen der Sozialauswahl besteht das praktische Problem, die Vielzahl der Sozialdaten der in die Sozialauswahl einzubeziehenden Arbeitnehmer so aufzuarbeiten (und später dem Betriebsrat mitzuteilen bzw. dem ArbG vorzutragen), dass sie tatsächlich handhabbar werden. **2799**

Dennoch kommt weder eine Beschränkung der notwendigen Sozialauswahl auf einzelne Betriebsabteilungen in Betracht (*BAG* 15.6.1989 EzA § 1 KSchG Soziale Auswahl Nr. 27; **a.A.** *Wank* Anm. zu *BAG* AR-Blattei B Kündigungsschutz Entscheidung 304), noch war es ausgeschlossen, dass sich jeder betroffene Arbeitnehmer auf die Fehlerhaftigkeit der Sozialauswahl berufen kann, auch wenn mehreren Arbeitnehmern aus dringenden betrieblichen **2800**

Gründen zur selben Zeit gekündigt wird, aber nur einem vergleichbaren Arbeitnehmer nicht, der erheblich weniger hart von der Kündigung betroffen wäre. Das *BAG* (18.10.1984 EzA § 1 KSchG Betriebsbedingte Kündigung Nr. 34) hatte insoweit lediglich offen gelassen, ob der Arbeitgeber den Auswahlfehler **nachträglich** dadurch **korrigieren** kann, dass er dem weniger schutzwürdigen Arbeitnehmer kündigte und dafür einem der gekündigten Arbeitnehmer die Fortsetzung des Arbeitsverhältnisses anbot. Hatte der Arbeitgeber z.B. ein Punktesystem verwendet und **entfielen z.B. 50 von 500 Arbeitsplätzen**, so waren bei Anwendung eines solchen Punktesystems grds. **die Arbeitnehmer mit den geringsten Punktzahlen zu kündigen**. Unterläuft bei der Ermittlung der Punktzahlen ein Fehler mit der Folge, dass auch nur einem Arbeitnehmer, der bei richtiger Ermittlung der Punktzahlen zur Kündigung angestanden hätte, nicht gekündigt wurde, so wurden danach die Kündigungen aller gekündigter Arbeitnehmer als unwirksam angesehen. Dies galt, obwohl bei fehlerfreier Erstellung der Rangfolge nur ein Arbeitnehmer von der Kündigungsliste zu nehmen gewesen wäre (sog. Domino-Theorie). Diese Rechtsprechung hat das *BAG* inzwischen (9.11.2006 EzA § 1 KSchG Soziale Auswahl Nr. 71; s. dazu *Bauer/Gotham* BB 2007, 1729 ff.) aber aufgegeben.

2801 Kann der Arbeitgeber in derartigen Fällen im Kündigungsschutzprozess aufzeigen, dass der gekündigte Arbeitnehmer auch bei richtiger Erstellung der Rangliste anhand des Punktesystems zur Kündigung angestanden hätte, so ist die Kündigung nunmehr nicht mehr wegen fehlerhafter Sozialauswahl unwirksam. **Denn dann ist der Fehler für die Auswahl des gekündigten Arbeitnehmers nicht ursächlich geworden** und die Sozialauswahl jedenfalls im Ergebnis ausreichend. Dem kann danach nicht entgegengehalten werden, dass bei Kündigungszugang nicht absehbar sei, ob bzw. welche der entlassenen Arbeitnehmer Klage erheben, so dass in diesem Zeitpunkt für jeden gekündigten Arbeitnehmer zumindest theoretisch die Möglichkeit bestehe, dass nach erfolgreichem Kündigungsschutzprozess gerade sein Arbeitsverhältnis fortgesetzt werde. Denn die soziale Rechtfertigung einer Kündigung richtet sich allein nach den Verhältnissen im Zeitpunkt des Ausspruchs der Kündigung. Steht fest, dass – bezogen auf diesen Zeitpunkt – dem klagenden Arbeitnehmer bei Anwendung des Punktesystems auch ohne den Auswahlfehler zu kündigen gewesen wäre, so ist die Sozialauswahl zumindest »ausreichend«, wie es das Gesetz vorsieht. Die individualrechtliche Konzeption des Kündigungsschutzprozesses gebietet es des Weiteren nicht, zwar dem Arbeitnehmer die Berufung auf die stets aus der kollektiven Sphäre, nämlich dem Vergleich der Arbeitnehmer untereinander, stammenden Gesichtspunkte zu gestatten, dem Arbeitgeber jedoch die Bezugnahme auf eben dieselbe kollektive Sphäre mit der Begründung zu verweigern, es handele sich allein um das Verhältnis zwischen ihm und dem klagenden Arbeitnehmer (*BAG* 9.11.2006 EzA § 1 KSchG Soziale Auswahl Nr. 71).

3. Darlegungs- und Beweislast hinsichtlich der Sozialauswahl

2802 Der Arbeitgeber muss daher darlegen und beweisen, wie viele vergleichbare Arbeitnehmer zwischen den verschiedenen Betriebsteilen ausgetauscht werden können, ohne dass der ordnungsgemäße Betriebsablauf gestört wird.
Auf diese Zahl von Arbeitnehmern beschränkt sich dann allerdings die Sozialauswahl (*BAG* 25.4.1985 EzA § 1 KSchG Betriebsbedingte Kündigung Nr. 35).

II. Formelle Besonderheiten der Massenentlassungen (§§ 17 bis 22 KSchG)

2803 Massenentlassungen führen regelmäßig zu einer erheblich stärkeren Belastung des Arbeitsmarktes als die individuelle Kündigung.

2804 **§§ 17–22 KSchG** sehen daher für sog. anzeigepflichtige Entlassungen ein Regelungssystem von Verhaltenspflichten des Arbeitgebers und des Betriebsrats für das Einhalten verschiedener Fristen vor, dessen Nichtbeachtung zur Unwirksamkeit von Kündigungen führen kann (vgl. dazu *Opolony* NZA 1999, 791 ff.).

Trotz primär arbeitsmarkttechnischer Zielsetzung haben diese Vorschriften deshalb auch kündigungsschutzrechtliche Auswirkungen. 2805

1. Anzeigepflicht (§ 17 KSchG)

a) Notwendige Beschäftigtenzahl; Betriebsbegriff; Darlegungs- und Beweislast

Unter den in § 17 KSchG geregelten Voraussetzungen ist der Arbeitgeber verpflichtet, dem Arbeitsamt von beabsichtigten Massenentlassungen Anzeige zu erstatten. 2806

Ausgenommen sind Saison- und Kampagnebetriebe, wenn die Entlassungen durch diese Eigenart der Betriebe bedingt ist (§ 22 Abs. 1 KSchG). 2807

Der Betrieb (s. *EuGH* 15.2.2007 EzA EG-Vertrag 1999 Richtlinie 98/59 Nr. 1 = NZA 2007, 319: »Produktionseinheit«) muss i.d.R. **mindestens 21 Arbeitnehmer** beschäftigen. Für die Anzeigepflicht ist dabei grds. nicht die **Beschäftigtenzahl** im Zeitpunkt des Kündigungsausspruchs, sondern in dem **der tatsächlichen Vollziehung der Entlassung maßgebend** (s. aber jetzt u. Rn. 2838 ff.). Es kommt für den Schwellenwert auch nicht auf die Anzahl der im konkreten Zeitpunkt der Entlassung beschäftigten Arbeitnehmer an; es ist vielmehr auf die Regelanzahl abzustellen. Dies ist nicht die durchschnittliche Beschäftigtenzahl in einem bestimmten Zeitraum, sondern die normale Beschäftigtenzahl des Betriebes, d.h. diejenige Personalstärke, die für den Betrieb im allgemeinen, also bei regelmäßigem Gang des Betriebes kennzeichnend ist (*BAG* 24.2.2005 EzA § 17 KSchG Nr. 14 = NZA 2005, 766 = BAG Report 2005, 324; vgl. dazu *Nicolai* SAE 2006, 72 ff.). Es kommt also auf diejenige Personalstärke an, die für den Betrieb im Allgemeinen kennzeichnend ist. Beschäftigungsspitzen bleiben ebenso außer Betracht wie Zeiten außergewöhnlich schwacher Beschäftigungslage (*BAG* 31.7.1986 EzA § 17 KSchG Nr. 3). 2808

Erforderlich ist grds. ein Rückblick auf die bisherige personelle Stärke des Betriebes und eine Einschätzung der künftigen Entwicklung. Im Falle der Betriebsstilllegung kommt jedoch nur ein Rückblick auf die bisherige Belegschaftsstärke in Frage. Entscheidend ist dann, wann der Arbeitgeber noch eine regelmäßige Betriebsstärke entwickelt und wie viele Arbeitnehmer er hierfür eingesetzt hat (*BAG* 31.7.1986 EzA § 17 KSchG Nr. 3; vgl. APS/*Moll* § 17 KSchG Rz. 17 ff.). Mit den der nationalen Regelung zugrunde liegenden europarechtlichen Vorschriften (RL 98/59 EG und RL 2002/14 EG) ist es insoweit **unvereinbar, dass eine bestimmte Gruppe von Arbeitnehmern – und sei es zeitweilig – bei der Berechnung der Beschäftigtenzahl unberücksichtigt gelassen wird** (*EuGH* 18.1.2007 NZA 2007, 193). 2809

Hinsichtlich des Betriebsbegriffs geht der *EuGH* (7.12.1995 EzA § 17 KSchG Nr. 5; vgl. APS/*Moll* § 17 KSchG Rz. 3 ff.) für Art. 1 Abs. 1a RL 75/129/EWG v. 17.2.1975, die durch §§ 17 ff. KSchG umgesetzt worden ist, davon aus, dass **zwei oder mehrere miteinander verbundene Unternehmen eines Konzerns,** von denen keines bestimmenden Einfluss auf das/die andere(n) Unternehmen hat, nicht daran gehindert sind, eine gemeinsame Einrichtung für Einstellungen und Entlassungen zu schaffen, sodass insbes. Entlassungen bei einem der Unternehmen nur mit Zustimmung dieser Einrichtung erfolgen können. Betrieb ist danach eine Einheit, der die von der Entlassung betroffenen Arbeitnehmer zur Erfüllung ihrer Aufgaben angehören. Ob die fragliche Einheit eine Leitung hat, die selbstständig Massenentlassungen vornehmen kann, ist für die Definition des Begriffs »Betrieb« nicht entscheidend. 2810

> Der Arbeitnehmer ist darlegungs- und ggf. beweispflichtig für die tatsächlichen Voraussetzungen der **Anzeigepflicht nach § 17 KSchG**. Er muss also sowohl die Zahl der beschäftigten Arbeitnehmer als auch die Zahl der entlassenen Arbeitnehmer im Streitfall beweisen. Allerdings dürfen insoweit keine überspannten Anforderungen gestellt werden. Der Arbeitnehmer genügt deshalb im Rahmen des § 17 Abs. 1 KSchG i.d.R. seiner Darlegungslast, wenn er die äußeren Umstände schlüssig darlegt, dass die betreffenden Schwellenwerte erreicht werden. Hat der Arbeitnehmer schlüssig derartige äußere Umstände vorgetragen, so hat der Arbeitgeber darauf gem. § 138 Abs. 2 ZPO im Einzel- 2811

nen zu erklären, aus welchen rechtserheblichen Umständen folgen soll, dass der Schwellenwert nicht erreicht wird. Hierauf muss dann der Arbeitnehmer erwidern und ggf. Beweis antreten (*BAG* 24.2.2005 EzA § 17 KSchG Nr. 14 = NZA 2005, 766 = BAG Report 2005, 324 vgl. dazu *Nicolai* SAE 2006, 72 ff.).

b) Relation zwischen Gesamtbelegschaft und Entlassungen

aa) Bestimmung des Zahlenverhältnisses

2812 Die Zahl der Entlassungen muss in einem bestimmten Verhältnis zur Gesamtbelegschaft des Betriebes stehen. Für die Anzeigepflicht ist dabei grds. nicht die Beschäftigtenzahl im Zeitpunkt des Kündigungsausspruchs, sondern in dem der **tatsächlichen Vollziehung der Entlassung** maßgebend. Es kommt für den Schwellenwert auch nicht auf die Anzahl der im konkreten Zeitpunkt der Entlassung beschäftigten Arbeitnehmer an; es ist vielmehr auf die Regelanzahl abzustellen. Dies ist nicht die durchschnittliche Beschäftigtenzahl in einem bestimmten Zeitraum, sondern die normale Beschäftigtenzahl des Betriebes, d.h. diejenige Personalstärke, die für den Betrieb im allgemeinen, also bei regelmäßigem Gang des Betriebes kennzeichnend ist (*BAG* 24.2.2005 EzA § 17 KSchG Nr. 14 = NZA 2005, 766 = BAG Report 2005, 324 vgl. dazu *Nicolai* SAE 2006, 72 ff.; s.o. Rn. 2806).

2813 Besonderheiten gelten insoweit für die Ermittlung der maßgeblichen Beschäftigtenzahl (s.o. Rn. 2806) für den Fall, dass der Arbeitgeber beschließt, den Betrieb zu einem bestimmten Zeitpunkt stillzulegen und anschließend **stufenweise Personal entlässt.** Denn dann stellt der im Zeitpunkt der Beschlussfassung und nicht der spätere, verringerte Personalbestand die für die Anzeigepflicht nach § 17 Abs. 1 KSchG maßgebende regelmäßige Arbeitnehmerzahl dar. Maßgeblich ist insgesamt die Zahl der Arbeitnehmer, die voraussichtlich, wenn auch in mehreren »Wellen«, betroffen sein werden, sei es auch erst nach Ablauf mehrerer Monate (*BAG* 22.1.2004 – 2 AZR 111/02 – NZA 2006, 64 LS).

2814 Das gilt auch dann, wenn der Arbeitgeber zunächst allen Arbeitnehmern zu dem vorgesehenen Stilllegungstermin kündigt und später er oder an seiner Stelle der Insolvenzverwalter wegen zwischenzeitlich eingetretenen Vermögensverfalls zum selben Termin vorsorglich nochmals kündigt (*BAG* 8.6.1989 EzA § 17 KSchG Nr. 4; vgl. APS/*Moll* § 17 KSchG Rz. 48 f.).

bb) Zu berücksichtigende Beendigungstatbestände

2815 **Fristlose Entlassungen** werden **nicht mitgerechnet** (§ 17 Abs. 4 KSchG). Das gilt auch dann, wenn der Arbeitgeber dem außerordentlich gekündigten Arbeitnehmer eine sog. Auslauffrist einräumt (MünchArbR/*Berkowsky* § 156 Rz. 19).

2816 **Änderungskündigungen** fallen unter § 17 KSchG, wenn eine hinreichende Anzahl von Arbeitnehmern das **Änderungsangebot nicht annimmt,** es also tatsächlich zur Beendigung der Arbeitsverhältnisse kommt (*BAG* 10.3.1982 EzA § 2 KSchG Nr. 3).

2817 Den Entlassungen stehen **andere Beendigungen des Arbeitsverhältnisses** (insbes. Aufhebungsverträge, vgl. *BAG* 11.3.1999 EzA § 17 KSchG Nr. 8, aber auch Eigenkündigungen von Arbeitnehmern) gleich, **wenn sie vom Arbeitgeber veranlasst werden** (§ 17 Abs. 1 S. 2 KSchG). Arbeitnehmer, die zwar entlassen, dann aber nach **§ 102 Abs. 5 BetrVG** weiterbeschäftigt werden, sind mitzurechnen, da ihre Weiterbeschäftigung nur vorläufig erfolgt (KR/*Weigand* § 17 KSchG Rz. 43 d; vgl. auch APS/*Moll* § 17 KSchG Rz. 35 ff.).

c) Arbeitnehmer i.S.v. § 17 KSchG

2818 Als Arbeitnehmer i.S.v. § 17 KSchG sind alle Mitarbeiter zu berücksichtigen, die auch als Arbeitnehmer i.S.v. § 1 KSchG anzusehen sind; die Dauer der Betriebszugehörigkeit ist unerheblich (MünchArbR/*Berkowsky* § 156 Rz. 15).

d) Entlassung innerhalb von 30 Kalendertagen

Die erforderliche Mindestzahl von Entlassungen muss innerhalb von 30 Kalendertagen beabsichtigt sein. Dabei ist nicht der Tag des Ausspruchs der Kündigung, sondern der des **Ausscheidens aus dem Betrieb** maßgebend (**a. A.** *Steke* DB 1995, 674). 2819

Ein einheitlicher Kündigungsentschluss des Arbeitgebers vor Ausspruch der Kündigungen muss nicht vorliegen. 2820

Es genügt, wenn die erforderliche Anzahl objektiv innerhalb eines beliebig gelegenen 30-Tage-Zeitraums entlassen wird (*BAG* 29.1.1981 EzA § 15 KSchG n.F. Nr. 26). 2821

2. Beteiligung des Betriebsrats an anzeigepflichtigen Entlassungen

a) Unterrichtung des Betriebsrats

Beabsichtigt der Arbeitgeber, nach § 17 Abs. 1 KSchG anzeigepflichtige Entlassungen vorzunehmen, so hat er dem Betriebsrat gem. **§ 17 Abs. 2 S. 1 KSchG** rechtzeitig die zweckdienlichen Auskünfte zu erteilen und ihn insbes. schriftlich zu unterrichten (vgl. dazu *Kleinebrink* FA 2000, 366 ff.; APS/*Moll* § 17 KSchG Rz. 60 ff.) über 2822

- die Gründe für die geplanten Entlassungen,
- die Zahl und die Berufsgruppen der zu entlassenden Arbeitnehmer,
- die Zahl und die Berufsgruppen der i.d.R. beschäftigten Arbeitnehmer,
- den Zeitraum, in dem die Entlassungen vorgenommen werden sollen,
- die vorgesehenen Kriterien der Auswahl der zu entlassenden Arbeitnehmer,
- die für die Berechnung etwaiger Abfindungen vorgesehenen Kriterien.

b) Beratung mit dem Betriebsrat

Arbeitgeber und Betriebsrat haben ferner insbes. die Möglichkeiten zu beachten, Entlassungen zu vermeiden oder einzuschränken und ihre Folgen zu mindern (**§ 17 Abs. 2 S. 2 KSchG**). Zwar erfüllt ein **vor der »Entlassung« abgeschlossener Interessenausgleich** die **Beratungspflicht** nach dieser Norm. Weder nach nationalem Recht noch nach Art. 2 Abs. 1, Abs. 2 der RL 98/59 EG muss aber eine Einigung über Interessenausgleich und/oder Sozialplan vor »Durchführung der Massenentlassung« erzielt worden sein. Dafür gibt es auch nach der Rspr. des EuGH keine Anhaltspunkte (*BAG* 21.5.2008 – 8 AZR 84/07 – EzA-SD 13/2008 S. 7 LS = FA 2008, 342 LS = NZA 2008, 753). 2823

c) Schriftliche Stellungnahme des Betriebsrats; Vorlage beim Arbeitsamt

Der Betriebsrat hat auf Grund der Erörterung mit dem Arbeitgeber eine schriftliche Stellungnahme zu den beabsichtigten Entlassungen abzugeben. Der Arbeitgeber hat sie seiner Anzeige an das Arbeitsamt beizufügen. Die Stellungnahme des Betriebsrats ist Bestandteil der Anzeige des Arbeitgebers und **Voraussetzung ihrer Wirksamkeit (§ 17 Abs. 3 KSchG**; MünchArbR/*Berkowsky* § 156 Rz. 23; s. aber unten Rn. 2826). 2824

d) Verhältnis zu anderen Beteiligungsrechten

Neben der Beteiligung gem. § 17 Abs. 2 KSchG hat der Arbeitgeber zusätzlich die sich aus anderen Vorschriften ergebenden Beteiligungsrechte des Betriebsrats zu wahren (§§ 102, 111 ff. BetrVG). Dies kann zwar in einem Beteiligungsverfahren erfolgen, doch muss der Arbeitgeber gegenüber dem Betriebsrat deutlich machen, welchen Beteiligungspflichten er im Einzelnen nachkommen will (KR/*Weigand* § 17 KSchG Rz. 70). 2825

3. Anzeige an die Agentur für Arbeit

Gem. **§ 17 Abs. 3 S. 1 KSchG** hat der Arbeitgeber rechtzeitig der Agentur für Arbeit eine Abschrift der Mitteilung an den Betriebsrat zuzuleiten. 2826

2827 Sie muss mindestens die für die Mitteilung an den Betriebsrat vorgeschriebenen Angaben enthalten (§ 17 Abs. 3 S. 1 KSchG). Die falsche Angabe eines Arbeitgebers über die Anzahl der i.d.R. Beschäftigten (s.o. Rn. 2806 ff.) ist folgenlos, wenn die Arbeitsverwaltung dadurch nicht bei ihrer sachlichen Prüfung beeinflusst wurde (*BAG* 22.3.2001 EzA Art. 101 GG Nr. 5).

2828 Die Anzeige nach § 17 Abs. 1 KSchG ist gem. § 17 Abs. 3 S. 2 KSchG schriftlich unter Beifügung der Stellungnahme des Betriebsrats zu den Entlassungen zu erstatten (s. *BAG* 21.5.2008 – 8 AZR 84/07 – EzA-SD 13/2008 S. 7 LS = FA 2008, 342 LS = NZA 2008, 753).

2829 Liegt keine Stellungnahme des Betriebsrats vor, so ist die Anzeige gleichwohl wirksam, wenn der Arbeitgeber glaubhaft macht, dass er ihn mindestens 2 Wochen vor Erstattung der Anzeige nach § 17 Abs. 2 S. 1 KSchG **unterrichtet** hat und er den Stand der Beratungen darlegt. Daraus folgt, dass die **Stellungnahme des Betriebsrats auch nachgereicht werden kann**; erst nach Eingang der Stellungnahme des Betriebsrats ist die Anzeige bei der Bundesagentur für Arbeit vollständig. Zwischen der Information des Betriebsrats und der vollständigen Anzeige bei der Bundesagentur für Arbeit muss die **Zweiwochenfrist** des § 17 Abs. 3 S. 3 KSchG **eingehalten** werden. Mit der Vollständigkeit der Anzeige beginnt die Monatsfrist des § 18 Abs. 1 KSchG (*BAG* 21.5.2008 – 8 AZR 84/07 – EzA-SD 13/2008 S. 7 LS = FA 2008, 342 = NZA 2008, 753).

2830 In der Zeit vom 1.10.1996 bis zum 31.12.1998 genügte die Vorlage des Interessenausgleichs, der zwischen Betriebsrat und Arbeitgeber vereinbart worden war, wenn er eine Namensliste über die zu kündigenden Arbeitnehmer enthielt (s.o. Rn. 2638). Diese Regelung ist allerdings mit Wirkung ab dem 1.1.1999 durch das sog. KorrekturG **ersatzlos gestrichen** worden. Für den Insolvenzfall genügt gem. § 123 InsO dagegen auch nach dem 1.1.1999 die Vorlage des Interessenausgleichs mit Namensliste.

2831 Gem. § 21 KSchG ist für Betriebe, die zum Geschäftsbereich der Bundesminister für Verkehr, Post und Telekommunikation gehören, wenn mehr als 500 Arbeitnehmer entlassen werden sollen, ein Ausschuss bei der Hauptstelle der Bundesagentur für Arbeit zu bilden. In diesem Fall ist die Massenentlassungsanzeige an die Hauptstelle der Bundesagentur zu erstatten.

2832 Bei der beabsichtigten Stilllegung eines privaten Luftfahrtunternehmens ist die Massenentlassungsanzeige dagegen an die örtlich zuständige Agentur für Arbeit (§§ 17, 18 KSchG) zu richten, weil ein derartiges Unternehmen nicht nach § 21 S. 1 KSchG »zum Geschäftsbereich des Bundesministers für Verkehr« gehört (*BAG* 4.3.1993 EzA § 21 KSchG Nr. 1).

4. Entscheidung über Massenentlassungen im Konzern

2833 Gem. § 17 Abs. 3a KSchG gelten die Auskunfts-, Beratungs- und Anzeigepflichten nach § 17 Abs. 1 bis 3 KSchG auch dann, wenn die Entscheidung über die Entlassungen von einem den Arbeitgeber beherrschenden Unternehmen getroffen wurde.

2834 Der Arbeitgeber kann sich insoweit nicht darauf berufen, dass das für die Entlassungen verantwortliche Unternehmen die notwendigen Auskünfte nicht übermittelt hat (vgl. APS/*Moll* § 17 KSchG Rz. 136 ff.).

5. Rechtsfolgen der Massenentlassungsanzeige

a) Unwirksamkeit der Kündigung/des Aufhebungsvertrages bei fehlender oder unwirksamer Anzeige

2835 Anzeigepflichtige Entlassungen können nur dann rechtswirksam werden, wenn der Arbeitgeber dem zuständigen Arbeitsamt eine wirksame Anzeige zugeleitet hat. **Anzeigepflichtige Entlassungen, die der Arbeitgeber nicht oder nicht rechtswirksam angezeigt hat, sind unwirksam** (*BAG* 13.4.2000 EzA § 17 KSchG Nr. 9; *LAG Düsseld.* 1.3.2007 LAGE § 17 KSchG Nr. 3; vgl. APS/*Moll* § 17 KSchG Rz. 42 ff.; s.u. Rn. 2847).

2836 Dies gilt für alle Entlassungen, nicht etwa nur für diejenigen, die über die Mindestzahl nach § 17 Abs. 1 KSchG hinausgehen (*BAG* 17.1.1979 EzA § 15 KSchG n.F. Nr. 21; 10.3.1982 EzA § 2 KSchG Nr. 3); allerdings muss sich der Arbeitnehmer auf diesen Unwirksamkeitsgrund tatsächlich berufen.

Auch die mit einem Auflösungsvertrag bezweckte Entlassung ist – bei Vorliegen der Voraussetzungen einer Massenentlassung – gem. §§ 17, 18 KSchG so lange unwirksam, als nicht eine formgerechte Massenentlassungsanzeige (§ 17 Abs. 3 KSchG) beim Arbeitsamt eingereicht und dessen Zustimmung eingeholt wird (*BAG* 11.3.1999 EzA § 17 KSchG Nr. 8; vgl. APS/*Moll* § 17 KSchG Rz. 50). 2837

Stimmt das Landesarbeitsamt jedoch einer nach § 17 KSchG anzeigepflichtigen Entlassung zu einem bestimmten Zeitpunkt durch bestandskräftigen Verwaltungsakt zu und stellt es damit inzident fest, dass eine wirksame Massenentlassungsanzeige vorlag, so sind die Arbeitsgerichte durch die **Bestandskraft des Verwaltungsaktes** gehindert, im Kündigungsschutzprozess die Entscheidung der Arbeitsverwaltung nachzuprüfen. In dieser Entscheidung hat das *BAG* (24.10.1996 EzA § 102 BetrVG 1972 Nr. 92; vgl. auch 13.4.2000 EzA § 17 KSchG Nr. 9) allerdings ausdrücklich **offen** gelassen, ob und ggf. in welchem Umfang an der Rechtsprechung, die aus den in erster Linie **arbeitsmarktpolitischen Zwecken** dienenden §§ 17 ff. KSchG einen individuellen Kündigungsschutz herleitet, überhaupt festzuhalten ist. 2838

Zwischenzeitlich ging das *BAG* (18.9.2003 EzA § 17 KSchG Nr. 11 = NZA 2004, 375; 24.2.2005 EzA § 17 KSchG Nr. 14 = NZA 2005, 766 = BAG Report 2005, 324 m. Anm. *Bauer/Krieger/Powietzka* DB 2005, 1570 ff.; vgl. dazu *Nicolai* SAE 2006, 72 ff.; **a.A.** *BAG* 16.6.2005 EzA § 17 KSchG Nr. 17 = NZA 2005, 1109; 13.7.2006 EzA § 17 KSchG Nr. 17 = NZA 2007, 25) jedenfalls davon aus, dass bei fehlender oder fehlerhafter Massenentlassungsanzeige nach §§ 17, 18 KSchG **nur die Entlassung des betreffenden Arbeitnehmers unzulässig ist.** Ein Verstoß des Arbeitgebers gegen seine Pflichten aus § 17 KSchG führt dagegen nicht zur Unwirksamkeit der Kündigung. Denn die gesetzliche Regelung betrifft nach ihrem klaren Wortlaut nur die Wirksamkeit der anzeigepflichtigen Entlassung, nicht aber die Wirksamkeit der Kündigung. Liegt im vorgesehenen Entlassungszeitpunkt nicht die erforderliche Zustimmung der Arbeitsverwaltung vor, so tritt unabhängig von der privatrechtlichen Wirksamkeit der Kündigung lediglich eine Entlassungssperre ein. Auch die gebotene gemeinschaftsrechtskonforme Auslegung der RL 98/59 EG führt nicht zu einem anderen Ergebnis. Selbst wenn man unterstellt, der deutsche Gesetzgeber habe diese RL nicht ordnungsgemäß umgesetzt, kommt eine unmittelbare Geltung und ein darauf beruhender Anwendungsvorrang der RL im Verhältnis zwischen Arbeitnehmer und privatem Arbeitgeber nicht in Betracht. Denn eine richtlinienkonforme Auslegung in der Weise, Verstöße des Arbeitgebers gegen seine Pflichten aus § 17 KSchG führten zur Unwirksamkeit der Kündigung, scheitert an der klaren gesetzlichen Regelung, die in § 18 Abs. 1 KSchG nur eine Entlassungssperre vorsieht (*BAG* 18.9.2003 EzA § 17 KSchG Nr. 11 = NZA 2004, 375 = BAG Report 2004, 121; ebenso *ArbG Lörrach* 24.3.2005 NZA 2005, 584; *ArbG Krefeld* 14.4.2005 DB 2005, 892 = NZA 2005, 582; für ein **Klagerecht der betroffenen Arbeitnehmer vor dem SG gegen den Zustimmungsbescheid** *Boeddinghaus* ArbuR 2005, 389 f.). **Dies lässt sich aber nicht aufrechterhalten (a.A.** *Appel* DB 2005, 1002 ff.; *Lipinski* BB 2004, 1790 ff.). Denn der *EuGH* (27.1.2005 NZA 2005, 213; vgl. dazu *Nicolai* NZA 2005, 206 ff.; *Riesenhuber/Domröse* NZA 2005, 568 ff.; *Wolter* ArbuR 2005, 135 ff.; *Dornbusch/Wolff* BB 2005, 885 ff.; *Osnabrügge* NJW 2005, 1093 ff.; *Jacobs/Naber* SAE 2006, 61 ff.; *Schiek* ArbuR 2006, 41 ff.; *Lembke/Oberwinter* NJW 2007, 721 ff.; gegen eine unmittelbare Wirkung der Entscheidung *LAG Hamm* 8.7.2005 – 7 Sa 540/05 – EzA-SD 18/05 S. 11 LS; 8.7.2005 – 7 Sa 512/05 – NZA-RR 2005, 578; *ArbG Krefeld* 14.4.2005 DB 2005, 892 = NZA 2005, 582: Bis zu einer Neuregelung durch den Gesetzgeber verbleibt es dabei, dass eine fehlende oder fehlerhafte Massenentlassungsanzeige nicht zur Unwirksamkeit führt; ebenso *LAG Hamm* 12.8.2005 NZA-RR 2006, 135; *LAG Nds.* 15.6.2005 LAG Report 2005, 368; *ArbG Lörrach* 24.3.2005 – 2 Ca 496/04 – EzA-SD 11/05, S. 16 LS; *ArbG Wuppertal* 12.5.2005 – 5 Ca 506/05 – EzA-SD 11/05, S. 16; *Kleinebrink* FA 2005, 130 ff.; *Bauer/Krieger/Powietzka* DB 2005, 445 ff. u. 1006 ff.; *Bauer* FA 2005, 290 ff.; dafür demgegenüber *ArbG Bochum* 17.3.2005 – 3 Ca 307/04 – EzA-SD 10/05, S. 14 = NZA 2005, 586 LS = ArbuR 2005, 232; *ArbG Bln.* 1.3.2005 NZA 2005, 585 = ArbuR 2005, 194; 15.6.2005 – 9 Ca 2728/05 – EzA-SD 20/05 S. 11; *ArbG Osnabrück* 8.6.2005 2839

NZA-RR 2005, 475: Unwirksamkeit gem. § 134 BGB; im Verhältnis zur älteren Rechtsprechung des *BAG* 13.4.2000 EzA § 17 KSchG Nr. 9 besteht keine Divergenz: *BAG* 16.6.2005 EzA § 17 KSchG Nr. 15 = NZA 2005, 1109) hat insoweit inzwischen folgende Grundsätze aufgestellt:

- Art. 2–4 der RL 98/59 EG sind dahin auszulegen, dass **die Kündigungserklärung des Arbeitgebers das Ereignis ist, das als Entlassung gilt** (zust. *LAG MV* 20.9.2005 LAGE § 17 KSchG Nr. 2; **a.A.** *LAG BW* 1.9.2005 – 11 Sa 42/05 – EzA-SD 2/06 S. 12 LS; *LAG Bln.* 20.12.2005 LAGE § 17 KSchG Nr. 4; *Sächs. LAG* 14.12.2005 LAGE § 125 InsO Nr. 9; so jetzt auch in richtlinienkonformer Auslegung des § 17 KSchG *BAG* 23.3.2006 EzA § 17 KSchG Nr. 16 = NZA 2006, 971; 13.7.2006 EzA § 17 KSchG Nr. 17 = NZA 2007, 25; 22.3.2007 EzA § 17 KSchG Nr. 19 = NZA 2007, 1101; 6.7.2006 EzA § 1 KSchG Soziale Auswahl Nr. 68 = NZA 2007, 266; 12.7.2007 EzA § 551 ZPO 2002 Nr. 6; 12.7.2007 – 2 AZR 448/05 – FA 2008, 126 = NZA 2008, 425; 12.7.2007 – 2 AZR 492/05 – EzA-SD 5/2008 S. 5 LS = NZA 2008, 476; 26.7.2007 NZA 2008, 112; s. dazu *Ferme/Lipinski* NZA 2006, 937 ff.; *Bauer/Krieger/Powietzka* BB 2006, 2023 ff.; *Dzida/Hohenstatt* DB 2006, 1897 ff.; *Ramrath* SAE 2007, 256 ff.).
- Der Arbeitgeber darf Massenentlassungen erst **nach Ende des Konsultationsverfahrens und nach der Anzeige der beabsichtigten Massenentlassung vornehmen** (so jetzt auch *BAG* 23.3.2006 EzA § 17 KSchG Nr. 16 = NZA 2006, 971; 13.7.2006 EzA § 17 KSchG Nr. 17 = NZA 2007, 25; *LAG BW* 12.3.2008 LAGE § 18 KSchG Nr. 3; s. dazu *Ferme/Lipinski* NZA 2006, 937 ff.; *Wagner* FA 2006, 139; ebenso *ArbG Bln.* 7.6.2005 – 79 Ca 8986/05 – EzA-SD 14/05, S. 9 LS: Unwirksamkeit der Kündigung als Ergebnis einer »Auslegung des nationalen Rechts – §§ 17, 18 KSchG – unter Berücksichtigung des Urteils des EuGH v. 27.1.2005« u. *LAG MV* 20.9.2005 LAGE § 17 KSchG Nr. 2; vgl. dazu die erneuten Vorlagebeschlüsse des *ArbG Bln.* 21.2.2006 LAGE § 17 KSchG Nr. 5 = NZA 2006, 739, erledigt durch Rücknahme, nachdem sich die Parteien auf eine Beendigung des Arbeitsverhältnisses geeinigt haben, s. EzA-SD 19/06, S. 11 – dazu *Klumpp* NZA 2006, 703 ff.; *Giesen* SAE 2006, 135 ff. – und des *LAG Köln* 24.11.2005 ArbuR 2006, 212 LS an den EuGH).

Das hat die **Bundesagentur für Arbeit** zu folgender – ihre Mitarbeiter, nicht die Arbeits- oder Sozialgerichte bindender – **Handlungsempfehlung** veranlasst (EzA-SD 6/05, S. 6; s.a. inzwischen die Übergangsregelung v. 18.4.2005 EzA-SD 10/05, S. 15, 16 sowie die Presse-Info Nr. 015 dazu v. 29.4.2005 ebda. S. 16; die Handlungsempfehlung der BA dazu ist auszugsweise abgedruckt in EzA-SD 11/05, S. 14 ff.):

- Dem Urteil des EuGH ist Rechnung zu tragen. Das bedeutet, dass eine Anzeige nur dann wirksam i.S.d. §§ 17, 18 KSchG erfolgt, wenn das innerbetriebliche Konsultationsverfahren beendet wurde, und die Anzeige vor dem Ausspruch der Kündigung erstattet wird.
- Für die Behandlung anhängiger Verfahren folgt daraus, dass der Arbeitgeber ggf. eine erneute Kündigung auszusprechen hat. Die ursprünglich erstattete Anzeige ist ggf. zu korrigieren bzw. neu zu erstatten (*LAG MV* 20.9.2005 LAGE § 17 KSchG Nr. 2; **a.A.** jetzt auch *BAG* 23.3.2006 EzA § 17 KSchG Nr. 16; s. dazu *Ferme/Lipinski* NZA 2006, 937 ff; zuvor bereits *LAG Bln.* 27.4.2005 – 17 Sa 2646/04 – NZA-RR 2005, 412 = LAG Report 2005, 267 m. zust. Anm. *Walker*: Vertrauensschutz bis zum 27.1.2005; ebenso *LAG Bln.* 1.7.2005 – 8 Sa 781/05 – EzA-SD 19/05, S. 16 LS; *LAG Köln* 25.2.2005 – 11 Sa 767/04 – EzA-SD 13/05, S. 16 LS = NZA-RR 2005, 470 = LAG Report 2005, 237; *LAG Hessen* 20.4.2005 NZA-RR 2005, 522; *LAG Hamm* 8.7.2005 – 7 Sa 512/05 – NZA-RR 2005, 578; *LAG BW* 1.9.2005 – 11 Sa 42/05 – EzA-SD 2/06, S. 12 LS; *LAG Nds.* 11.8.2005 NZA-RR 2006, 16; offen gelassen von *ArbG Bln.* 15.6.2005 – 9 Ca 2728/05 – EzA-SD 20/05, S. 11; **a.A.** *Appel* DB 2005, 1002 ff.; *Schiek* ArbuR 2006, 41 ff.; *Busch* FA 2006, 235 f.).
- Da die neue Rechtslage in den Übergangsfällen zu einer Verlängerung des Verfahrens führt, ist in jedem Einzelfall zu prüfen, ob von der Zustimmung sowie von der rückwirkenden Zustimmung umfänglich und rasch Gebrauch gemacht werden kann.

- Arbeitgeber und Arbeitnehmer sollten durch entsprechende Öffentlichkeitsarbeit über die geänderte Rechtspraxis auch dezentral informiert werden. Als Basis kann die zentrale Pressemeldung der Bundesagentur für Arbeit (Nr. 12 v. 21.2.2005) herangezogen werden.
- Eine Anpassung der Arbeitsmittel der Bundesagentur für Arbeit (Merkblätter, Vordrucke etc.) wird zeitnah sichergestellt.

Ende Juni 2004 konnte sich deshalb der Arbeitgeber darauf verlassen, dass bei der Prüfung, ob aufgrund **Überschreitung der Schwellenwerte eine Massenentlassungsanzeige zu erstatten war, auf den Entlassungszeitpunkt abzustellen war, nicht aber auf den Zeitpunkt des Kündigungsausspruchs** (*BAG* 6.7.2006 EzA § 1 KSchG Soziale Auswahl Nr. 68 = NZA 2007, 266; 12.7.2007 EzA § 551 ZPO 2002 Nr. 6; 12.7.2007 – 2 AZR 448/05 – FA 2008, 126 LS = NZA 2008, 425; 12.7.2007 – 2 AZR 492/05 – EzA-SD 5/2008 S. 5 LS = NZA 2008, 476; 26.7.2007 NZA 2008, 112). Der Grundsatz des Vertrauensschutzes **verbietet es**, eine Kündigung, die vor der Entscheidung des EuGH ausgesprochen wurde, **allein deshalb als unwirksam** zu qualifizieren, weil der Arbeitgeber die Massenentlassung der Agentur für Arbeit **erst nach Ausspruch der Kündigung angezeigt hatte** (*BAG* 12.7.2007 – 2 AZR 448/05 – FA 2008, 126 LS = NZA 2008, 425; s.a. *BAG* 8.11.2007 EzA § 1 KSchG Betriebsbedingte Kündigung Nr. 156). Der Vertrauensschutz zu Gunsten des Arbeitgebers findet insoweit sein Ende zudem nicht schon mit der Verkündung der Entscheidung des EuGH vom 27.1.2005 (bis zu diesem Zeitpunkt gilt er in jedem Fall: *BAG* 22.3.2007 EzA § 17 KSchG Nr. 19 = NZA 2007, 1101). Das Vertrauen **ist erst dann nicht mehr schutzwürdig**, wenn die für die Anwendung und Ausführung der §§ 17 ff. KSchG zuständige **Arbeitsverwaltung** ihre frühere Rechtsauffassung geändert hat und **dies dem Arbeitgeber auch bekannt sein musste**, d.h. derart bekannt gegeben war, dass von einem Arbeitgeber oder von seinem mit gehöriger Sorgfalt beratenden Anwalt die Kenntnisnahme erwartet werden musste (*BAG* 13.7.2006 EzA § 17 KSchG Nr. 17 = NZA 2007, 25). 2840

Dieser Vertrauensschutz gilt **auch dann**, wenn ein Arbeitgeber die **Kündigungstermine bewusst so gewählt hat, dass** bei Zugrundelegung der früheren Rechtsprechung die **Schwellenwerte** des § 17 Abs. 1 S. 1 KSchG **gerade eben nicht erreicht wurden**. Denn wer sich innerhalb des gesetzlichen Handlungsrahmens bewegt, missbraucht in aller Regel das Gesetz nicht, sondern beachtet es (*BAG* 21.9.2006 EzA § 1 KSchG Soziale Auswahl Nr. 72 = NZA 2007, 1319 LS). 2841

Über die Gewährung von Vertrauensschutz insoweit kann das BAG nach seiner Auffassung selbst entscheiden, ohne die Frage dem EuGH vorzulegen. Denn es geht um Vertrauensschutz bei der Auslegung und Anwendung nationalen Rechts durch die nationale höchstrichterliche Rechtsprechung und nicht um Vertrauensschutz bei der Auslegung europäischen Rechts (*BAG* 22.3.2007 EzA § 17 KSchG Nr. 19 = NZA 2007, 1101). 2842

b) Sperrfrist

Mit Zugang der Anzeige nach § 17 Abs. 1 KSchG beim Arbeitsamt tritt eine Sperrfrist **von einem Monat in Kraft, während der Entlassungen nicht wirksam werden** (§ 18 Abs. 1 KSchG). Das Landesarbeitsamt ist jedoch berechtigt, auf **Antrag des Arbeitgebers** einem **früheren Entlassungszeitraum zuzustimmen,** der ggf. bis zum Zeitpunkt der Antragstellung zurückverlegt werden kann. 2843

Die Zustimmung des Landesarbeitsamtes hat im Übrigen keinen Einfluss auf die sonstigen Wirksamkeitsvoraussetzungen einer Kündigung, insbes. verkürzt sie eine über den Zustimmungszeitraum hinausreichende Kündigungsfrist nicht. 2844

Das Landesarbeitsamt kann im Einzelfall berechtigt sein, die Sperrfrist auf längstens 2 Monate auszudehnen (§ 18 Abs. 2 KSchG). Diese Entscheidung des Landesarbeitsamtes hat nach pflichtgemäßem Ermessen zu erfolgen und darf ausschließlich aus arbeitsmarktpolitischen Gründen getroffen werden. Eine Verlängerung der Sperrfrist, nur um die Arbeitslo- 2845 senversicherung zu entlasten, ist rechtsunwirksam (*LSG München* 4.11.1976 NJW 1977, 555; vgl. APS/*Moll* § 17 KSchG Rz. 4 ff.).

2846 Nach Erstattung einer Massenentlassungsanzeige braucht mit dem Ausspruch der Kündigungen zwar **nicht bis zum Ablauf der einmonatigen Regelsperrfrist des § 18 Abs. 1 KSchG abgewartet zu werden**; die Kündigungsfrist wird dann allerdings nach dem neueren Verständnis des Begriffs »Entlassung« erst mit Ablauf der Sperrfrist in Lauf gesetzt (so *LAG Berlin-Bra.* 23.2.2007 – 6 Sa 2152/06 – LAGE § 18 KSchG Nr. 1 = BB 2007, 2296 m. Anm. *Dornbusch/Wolff* BB 2007, 2297 f.). Fielen nach dem überkommenen Verständnis des Begriffs der »Entlassung« das Ende der Kündigungsfrist und das Ende der Entlassungssperre auf denselben Tag, wurde die Entlassung nicht »vor Ablauf« der Entlassungssperre wirksam; das Arbeitsverhältnis verlängerte sich in diesem Fall nicht, auch nicht um einen Tag (*LAG Bln.* 26.9.2002 – 16 Sa 1189/02 – EzA-SD 26/02, S. 10 LS). Nach Auffassung des LAG BW (12.3.2008 LAGE § 18 KSchG Nr. 3) hat § 18 Abs. 1, 2 KSchG wegen der geänderten Rechtsprechung zu § 17 KSchG dagegen **nur noch die Wirkung einer Mindestkündigungsfrist**.

c) Durchführung der Entlassungen

2847 Die vorgesehenen und beantragten Entlassungen können sodann nur innerhalb einer **Freifrist von einem Monat** nach dem Zeitpunkt, zu dem sie nach § 18 Abs. 1 und 2 KSchG zulässig sind, durchgeführt werden.

2848 Wird die Zustimmung zu einer Verkürzung der Sperrfrist nicht erteilt, beginnt diese Freifrist mit Ablauf der Sperrfrist, ebenso bei ihrer Verlängerung durch das Landesarbeitsamt.

2849 Kann der Arbeitgeber die vorgesehene Entlassung nicht innerhalb der Freifrist durchführen, weil z.B. die Kündigungsfrist über sie hinausreicht, muss er ggf. erneut eine Anzeige nach § 17 Abs. 1 KSchG erstatten und das vorgeschriebene Verfahren erneut in Gang setzen (vgl. APS/*Moll* § 17 KSchG Rz. 37 ff.).

2850 Liegt bei einer nach §§ 17 ff. KSchG anzeigepflichtigen Massenentlassung im vorgesehenen Entlassungszeitpunkt nicht die erforderliche Zustimmung der Arbeitsverwaltung vor, so darf der Arbeitgeber **trotz privatrechtlich wirksamer Kündigung** den Arbeitnehmer **so lange nicht entlassen, bis die Zustimmung erteilt ist**. Ist die Zustimmung weder vor noch nach dem vorgesehenen Entlassungszeitpunkt beantragt worden, steht damit fest, dass das Arbeitsverhältnis durch die entsprechende Kündigung nicht aufgelöst worden ist (*BAG* 13.4.2000 EzA § 17 KSchG Nr. 9).

d) Kurzarbeit

2851 Kann der Arbeitgeber die Arbeitnehmer eines von Massenentlassungen betroffenen Betriebes wegen Arbeitsmangel nicht so lange beschäftigen, bis die Entlassungen wirksam werden, kann das Landesarbeitsamt zulassen, dass er so lange Kurzarbeit einführt, bis die angezeigten Entlassungen wirksam werden **(§ 19 Abs. 1 KSchG).**

2852 Das Landesarbeitsamt kann den Umfang der Kurzarbeit angemessen modifizieren, und zwar hinsichtlich deren Dauer (höchstens bis zum Ablauf der Sperrfrist) sowie hinsichtlich des Kreises der hiervon betroffenen Arbeitnehmer und der Zahl der Wochenarbeitsstunden.

2853 Lässt das Landesarbeitsamt Kurzarbeit zu, so liegt es im Ermessen des Arbeitgebers, ob und wann er (im Rahmen der Ermächtigung) die Kurzarbeit tatsächlich einführt.

2854 Ist der Arbeitgeber nicht auf Grund des Arbeitsvertrages, einer Betriebsvereinbarung oder eines Tarifvertrages berechtigt, die dem Arbeitnehmer zustehende Vergütung der Kurzarbeit entsprechend zu kürzen, so darf er die Vergütung erst zu dem Zeitpunkt herabsetzen, zu dem das Arbeitsverhältnis geendet hätte, wenn er es gekündigt hätte (§ 19 Abs. 2 KSchG).

2855 Diese fiktive Kündigungsfrist beginnt, wenn der Arbeitgeber das Arbeitsverhältnis tatsächlich gekündigt hat, die Kündigung aber wegen der Sperrfrist nicht zur tatsächlichen Beendigung führen kann, im Zeitpunkt der Kündigung. Andernfalls beginnt sie mit der Ankündigung der Kurzarbeit.

Der fiktive Beendigungszeitpunkt richtet sich nach den allgemeinen Bestimmungen, insbes. der Kündigungsfrist des BGB, während besondere Bestimmungen etwa nach dem SGB IX oder dem MuSchG keine Anwendung finden. Jedoch geht eine einzelvertraglich verlängerte Kündigungsfrist den gesetzlichen Bestimmungen vor (MünchArbR/*Berkowsky* § 156 Rz. 41 f.; APS/*Moll* § 17 KSchG Rz. 3 ff.). 2856

e) Rechtsschutz gegen die Entscheidungen des Landesarbeitsamtes

Die Entscheidungen des Landesarbeitsamtes nach §§ 17–19 KSchG sind **Verwaltungsakte.** 2857

Gegen sie kann **Widerspruch** und sodann **Klage zu den Sozialgerichten** erhoben werden. 2858

Klagebefugt ist jedoch nur der Arbeitgeber, weil die formellen Bestimmungen über Massenentlassungen primär keinen individuellen Kündigungsschutz bezwecken, sondern arbeitsmarktpolitischen Charakter tragen (KR/*Weigand* § 20 KSchG Rz. 71). 2859

L. Die anderweitige Beschäftigungsmöglichkeit

I. Absolute Gründe der Sozialwidrigkeit

1. Allgemeine Voraussetzungen

Gem. § 1 Abs. 2 S. 2, 3 KSchG ist eine Kündigung auch sozial ungerechtfertigt, wenn ihr der Betriebsrat aus bestimmten Gründen formell widersprochen hat, weil die Kündigung gegen eine Auswahlrichtlinie nach § 95 BetrVG verstößt oder der Arbeitnehmer an einem anderen Arbeitsplatz desselben Betriebs oder eines anderen Betriebes desselben Unternehmens weiterbeschäftigt werden kann, ggf. nach zumutbaren Umschulungs- oder Fortbildungsmaßnahmen oder zu geänderten Bedingungen, falls der Arbeitnehmer hiermit sein Einverständnis erklärt hat (vgl. *Gaul* BB 1995, 2422). 2860

Liegt ein form- und fristgerecht erhobener Widerspruch des Betriebsrats bzw. form- und fristgerecht erhobene Einwendungen der zuständigen Personalvertretung vor und ist der Widerspruch auch sachlich begründet, so liegt ein sog. **absoluter Grund der Sozialwidrigkeit vor** (*BAG* 6.6.1984 NZA 1985, 93; s.o. Rn. 1895). 2861

Das bedeutet, dass eine weitergehende Abwägung der beiderseitigen Interessen nicht stattfindet. Das objektive Vorliegen der genannten Tatbestandsmerkmale führt unmittelbar zur Sozialwidrigkeit der Kündigung (vgl. APS/*Dörner* § 1 KSchG Rz. 92 ff.). 2862

2. Fehlen eines (ordnungsgemäßen) Widerspruchs des Betriebsrats

Liegen dagegen zwar Widerspruchs- bzw. Einspruchsgründe vor, aber kein Widerspruch bzw. Einspruch des Betriebs- bzw. Personalrats, z.B. weil ein Betriebs- oder Personalrat nicht besteht oder dieser aus einem der genannten Gründe nicht oder nicht frist- oder formgerecht widersprochen hat, so kann sich der Arbeitnehmer gleichwohl darauf, insbes. auf eine anderweitige Beschäftigungsmöglichkeit auch berufen. Es gelten dann allerdings die **allgemeinen Regeln der relativen Sozialwidrigkeit.** Folglich ist eine ordentliche Beendigungskündigung nach dem Grundsatz der **Verhältnismäßigkeit** ausgeschlossen, wenn die Möglichkeit besteht, den Arbeitnehmer auf einem anderen freien Arbeitsplatz auch zu geänderten (schlechteren) Arbeitsbedingungen weiterzubeschäftigen (*BAG* 21.4.2005 EzA § 2 KSchG Nr. 53 = NZA 2005, 1289; 24.11.2005 EzA § 1 KSchG Krankheit Nr. 51 = NZA 2006, 665; 2.2.2006 EzA § 1 KSchG Betriebsbedingte Kündigung Nr. 144 = NZA 2007, 352 LS; 5.6.2008 EzA § 1 KSchG Betriebsbedingte Kündigung Nr. 161 = NZA 2008, 1180; vgl. dazu *Kock* NJW 2006, 728 ff.; *Lelley/Sabin* DB 2006, 1110 ff.; *Annuß/Bartz* NJW 2006, 2153 ff.; *Hidalgo/Mauthner* NZA 2007, 1254 ff.; krit. *Bauer/Winzer* BB 2006, 266 ff.; *Strybny* FA 2006, 362). Nichts anderes gilt, wenn der Arbeitgeber den Arbeitnehmer auf einem anderen Arbeitsplatz **zu im Wesentlichen gleichen Arbeitsbedingungen** beschäftigen könnte, die den Arbeitnehmer weniger belasten würden (*LAG Köln* 4.11.2004 LAG Report 2005, 299). 2863

II. Pflicht zur anderweitigen Beschäftigung auch bei verhaltensbedingter Kündigung?

2864 Die Pflicht zur anderweitigen Beschäftigung besteht dem Grunde nach bei allen Kündigungskategorien, also bei der betriebsbedingten, der personen- und der verhaltensbedingten Kündigung. Deshalb muss der Arbeitgeber z.B. vor Ausspruch einer krankheitsbedingten Kündigung wegen Unmöglichkeit der Erbringung der Arbeitsleistung prüfen – Grundsatz der Verhältnismäßigkeit –, ob eine Weiterbeschäftigung des **schwer behinderten Arbeitnehmers** auf einem leidensgerechten freien oder leicht frei zu machenden Arbeitsplatz möglich ist (*LAG BW* 19.5.2004 LAG Report 2005, 84).

2865 Für den Fall der **verhaltensbedingten Kündigung** wird allerdings in Rechtsprechung und Literatur (*LAG Düsseld.* 21.5.1976 DB 1977, 122; *LAG Bln.* 11.6.1974 BB 1974, 1024; *Herschel/Löwisch* § 1 KSchG Rz. 93) die Auffassung vertreten, dass eine anderweitige Beschäftigung **grds. nicht in Betracht kommt,** weil das Verhalten des Arbeitnehmers das Vertrauensverhältnis zum Arbeitgeber »arbeitsplatzübergreifend« zerstört hat.

2866 Zutreffend ist insoweit zwar der Hinweis, dass im Bereich der verhaltensbedingten Kündigung eine entsprechende subjektive anderweitige Beschäftigungsmöglichkeit eher selten zu bejahen sein wird, weil die Störung des Vertrauensverhältnisses häufig arbeitsplatzübergreifend sein wird.

2867 Andererseits ist es aber nicht von vornherein ausgeschlossen, dass die maßgeblichen konkreten Umstände dann an Relevanz verlieren, wenn der Arbeitnehmer auf einen anderen Arbeitsplatz mit anderen Aufgaben, Pflichten oder Kollegen versetzt wird (*BAG* 6.10.2005 EzA § 1 KSchG Verhaltensbedingte Kündigung Nr. 66 = NZA 2006, 431), insbes. dann, wenn sein Verhalten unmittelbar durch die spezifischen Umstände des bisherigen Arbeitsplatzes hervorgerufen worden ist, solche Umstände aber an einem anderweitig verfügbaren Arbeitsplatz nicht vorhanden sind (*BAG* 30.5.1978 EzA § 626 BGB n.F. Nr. 66; 22.7.1982 EzA § 1 KSchG Verhaltensbedingte Kündigung Nr. 10; ErfK/*Ascheid* § 1 KSchG Rz. 600; APS/*Dörner* § 1 KSchG Rz. 96). Andererseits ist davon auszugehen, dass im Falle einer **erheblich verschuldeten Vertragspflichtverletzung** wie z.B. einer Tätlichkeit gegenüber einem Arbeitskollegen eine Versetzung oder Umsetzung dem Arbeitgeber regelmäßig unzumutbar ist (*BAG* 6.10.2005 EzA § 1 KSchG Verhaltensbedingte Kündigung Nr. 66 = NZA 2006, 431).

III. Anderweitige Beschäftigungsmöglichkeit

1. Vergleichbare Arbeitsplätze; Unternehmensbezug

a) Grundlagen

2868 Die objektive anderweitige Beschäftigungsmöglichkeit erstreckt sich nur auf **verfügbare, d.h. freie Arbeitsplätze** (*BAG* 29.3.1990 EzA § 1 KSchG Soziale Auswahl Nr. 29; 2.2.2006 EzA § 1 KSchG Betriebsbedingte Kündigung Nr. 144 = NZA 2007, 352 LS).

2869 Ein Arbeitsplatz kann, solange ein zur Erledigung der dort anfallenden Arbeit dem Arbeitgeber arbeitsvertraglich verpflichteter Arbeitnehmer vorhanden ist, grds. nicht als frei angesehen werden. Daran ändert sich grds. auch dann nichts, wenn ein Arbeitnehmer erkrankt ist und vorübergehend nicht zur Arbeit herangezogen werden kann. Selbst dann, wenn wahrscheinlich ist oder gar feststeht, dass der erkrankte Arbeitnehmer nicht zurückkehren wird, ist allein dadurch der betreffende Arbeitsplatz nicht als frei anzusehen, solange der Arbeitsvertrag besteht. Denn es ist – bis zur Grenze des Missbrauchs – Sache des Arbeitgebers (unternehmerische Entscheidungsfreiheit), darüber zu bestimmen, ob und ggf. wie lange er eine Krankheitsvakanz auf einem bestimmten Arbeitsplatz hinnimmt und ob und wie er sie überbrückt (*BAG* 2.2.2006 EzA § 1 KSchG Betriebsbedingte Kündigung Nr. 144 = NZA 2007, 352 LS).

Momentan besetzte, aber **vorhersehbar frei werdende Arbeitsplätze** sind jedoch gleichfalls zu berücksichtigen, weil auch sie verfügbar sind. Dies gilt jedenfalls dann, wenn der anderweitige Arbeitsplatz noch während der laufenden Kündigungsfrist frei werden wird, sodass sich dann die anderweitige Beschäftigungsmöglichkeit noch während des bestehenden Arbeitsverhältnisses realisiert (*BAG* 2.2.2006 EzA § 1 KSchG Betriebsbedingte Kündigung Nr. 144 = NZA 2007, 352 LS; vgl. auch *LAG Köln* 4.11.2004 LAG Report 2005, 299; *Gaul/Kühnreich* BB 2003, 254). **2870**

Wird der anderweitige Arbeitsplatz erst nach dem Ablauf der Kündigungsfrist frei, so kann die Frage, ob insoweit eine objektiv anderweitige Beschäftigungsmöglichkeit vorliegt, nur bejaht werden, wenn sich der mit der Kündigung verfolgte Zweck auch noch bei späterer Realisierung der anderweitigen Beschäftigung verwirklichen lässt. Keine objektive anderweitige Beschäftigungsmöglichkeit liegt dann vor, wenn lediglich nach den Erfahrungen des Betriebes mit dem Freiwerden einer geeigneten Stelle in absehbarer Zeit gerechnet werden kann (*BAG* 29.3.1990 EzA § 1 KSchG Soziale Auswahl Nr. 29). **2871**

Andererseits sind solche Arbeitsplätze in die Beurteilung einzubeziehen, bei denen im Zeitpunkt der Kündigung bereits feststeht, dass sie in **absehbarer Zeit nach Ablauf der Kündigungsfrist frei werden,** sofern die Überbrückung dieses Zeitraums dem Arbeitgeber zumutbar ist. Zumutbar ist jedenfalls ein Zeitraum, den ein anderer Stellenbewerber zur Einarbeitung benötigen würde (*BAG* 15.12.1994 EzA § 1 KSchG Betriebsbedingte Kündigung Nr. 75; s.a. *BAG* 5.6.2008 EzA § 1 KSchG Betriebsbedingte Kündigung Nr. 161 = NZA 2008, 1180; s.a. *Gelhaar* DB 2008, 2831 ff. zur Frage der Besetzung eines Arbeitsplatzes mit einem befristet beschäftigten Arbeitnehmer). Nicht zumutbar ist aber die Überbrückung von sechs Monaten bei einem noch keine drei Jahre währenden Arbeitsverhältnis, wenn die Einarbeitungszeit eines neu eingestellten Mitarbeiters erheblich kürzer wäre (*LAG Köln* 7.11.1997 LAGE § 1 KSchG Betriebsbedingte Kündigung Nr. 50). Ist im Zeitpunkt des Kündigungszugangs eine Beschäftigungsmöglichkeit nicht (mehr) vorhanden, so kann es dem Arbeitgeber gleichwohl nach dem **Rechtsgedanken des § 162 BGB** verwehrt sein, sich auf den Wegfall von Beschäftigungsmöglichkeiten im Kündigungszeitpunkt zu berufen, wenn dieser Wegfall treuwidrig herbeigeführt wurde (*BAG* 5.6.2008 EzA § 1 KSchG Betriebsbedingte Kündigung Nr. 161 = NZA 2008, 1180). Das ist dann der Fall, wenn für den Arbeitgeber **im Zeitpunkt der Stellenbesetzung ein »Auslaufen« der Beschäftigungsmöglichkeit für den später gekündigten Arbeitnehmer absehbar war,** Kündigungsentschluss und anderweitige Besetzung der freien Stelle »uno actu« erfolgten (*BAG* 24.11.2005 EzA § 1 KSchG Krankheit Nr. 51 = NZA 2006, 665). **2872**

Ggf. hat der Arbeitgeber einen geeigneten Arbeitsplatz durch Ausübung seines **Direktionsrechts** frei zu machen und sich auch um die evtl. erforderliche Zustimmung des Betriebsrates zu bemühen. Zu einer weitergehenden Umorganisation oder zur Durchführung eines Zustimmungsersetzungsverfahrens gem. § 99 Abs. 4 BetrVG ist der Arbeitgeber dagegen nicht verpflichtet (*BAG* 29.1.1997 EzA § 1 KSchG Krankheit Nr. 42; vgl. dazu *Bernardi* NZA 1999, 683 ff.; *Lingemann* BB 1998, 1106 f.; *Gamillscheg* SAE 1998 17 ff.; vgl. APS/*Dörner* § 1 KSchG Rz. 98). **2873**

Zu berücksichtigen ist, dass § 1 KSchG hinsichtlich der Weiterbeschäftigungspflicht unternehmensbezogen ist (s.o. Rn. 1823 ff., 2515 ff.; *BAG* 23.11.2004 EzA § 1 KSchG Betriebsbedingte Kündigung Nr. 135 = NZA 2005, 929; 23.4.2008 EzA § 1 KSchG Betriebsbedingte Kündigung Nr. 160 = NZA 2008, 939). Deshalb ist auch die Möglichkeit der Weiterbeschäftigung in einem anderen Betrieb des Unternehmens, einer anderen Dienststelle desselben Verwaltungszweiges an demselben Dienstort einschließlich seines Einzugsbereichs zu berücksichtigen (*BAG* 17.5.1984 EzA § 1 KSchG Betriebsbedingte Kündigung Nr. 32). Eine Weiterbeschäftigungsmöglichkeit außerhalb des Unternehmens des Arbeitgebers kann deshalb regelmäßig jedenfalls dann nicht zur Sozialwidrigkeit einer betriebsbedingten Kündigung führen, wenn der Arbeitgeber keine hinreichenden rechtlichen bzw. tatsächlichen Möglichkeiten hat, dem Drittunternehmen gegenüber die Weiterbeschäftigung dieses Arbeitnehmers durchzusetzen (*BAG* 21.2.2002 EzA § 1 KSchG Wiedereinstellungsanspruch Nr. 7). **2874**

Eine **konzernbezogene Weiterbeschäftigungspflicht** besteht dagegen nur **ausnahmsweise** (s.o. Rn. 1823 ff., 2515 ff.; *BAG* 26.6.2008 – 2 AZR 1109/06 – EzA-SD 23/2008 S. 16 LS).

2875 Fallen in **verschiedenen Betrieben eines Unternehmens Arbeitsplätze weg** und ist die Weiterbeschäftigung nur eines Arbeitnehmers auf einem freien Arbeitsplatz in einem Betrieb möglich, so hat der Arbeitgeber bei der Besetzung des freien Arbeitsplatzes die sozialen Belange der betroffenen Arbeitnehmer zumindest nach § **315 BGB** mit zu berücksichtigen. Ob bei einer derartigen **Konkurrenz der Weiterbeschäftigungsansprüche** von Arbeitnehmern verschiedener Betriebe eines Unternehmens eine Sozialauswahl entsprechend § 1 Abs. 3 KSchG durchzuführen ist, hat das *BAG* (15.12.1994 EzA § 1 KSchG Betriebsbedingte Kündigung Nr. 77) offen gelassen; nach *BAG* 21.9.2000 (EzA § 1 KSchG Betriebsbedingte Kündigung Nr. 107 = NZA 2001, 535; vgl. dazu *Joussen* SAE 2001, 261) sprechen dafür »gewichtige Gründe«.

2876 Für die **analoge Anwendung des § 1 Abs. 3 KSchG** spricht, dass eine planwidrige Regelungslücke gegeben ist. Ohne die Analogie würden sich erhebliche Wertungswidersprüche ergeben. Denn sozial schwächere Arbeitnehmer könnten entlassen erden, obwohl ein freier Arbeitsplatz für sie vorhanden ist (KR/*Griebeling* § 1 KSchG Rz. 719, 613; *Preis* NZA 1997, 1081; *Haas/Salamon* NZA 2006, 1192 ff.).

2877 Die objektive anderweitige Beschäftigungsmöglichkeit bezieht sich grds. auf alle freien Arbeitsplätze, deren Anforderungsprofil zumindest teilweise mit dem Leistungsprofil des Arbeitnehmers übereinstimmt (MünchArbR/*Berkowsky* § 140 Rz. 26; *Gaul/Kühnreich* BB 2003, 254).

2878 Voraussetzung ist also, dass ein freier vergleichbarer (**gleichwertiger; a.A.** *Houben* NZA 2008, 851 ff.: u.U, auch höherwertiger) **Arbeitsplatz** oder ein freier Arbeitsplatz zu **geänderten (schlechteren) Arbeitsbedingungen** vorhanden ist und der Arbeitnehmer über die dafür erforderlichen Kenntnisse verfügt; eine Beförderung kann der Arbeitnehmer nicht verlangen (*LAG Köln* 14.1.2008 – 14 Sa 1079/07 – ArbuR 2008, 276 LS). Die Weiterbeschäftigungsmöglichkeit ist für den Arbeitnehmer dann geeignet, wenn er unter Berücksichtigung einer angemessenen Einarbeitungszeit den Anforderungen des neuen Arbeitsplatzes entsprechen kann. Dabei unterliegt die Gestaltung des Anforderungsprofils für den freien Arbeitsplatz allerdings der, lediglich auf offenbare Unsachlichkeit zu überprüfenden, Unternehmerdisposition des Arbeitgebers (*BAG* 5.6.2008 EzA § 1 KSchG Betriebsbedingte Kündigung Nr. 161 = NZA 2008, 1180). Die Entscheidung des Arbeitgebers, bestimmte Tätigkeiten nur von Arbeitnehmern mit bestimmten Qualifikationen ausführen zu lassen, ist von den Arbeitsgerichten jedenfalls dann zu respektieren, wenn die Qualifikationsmerkmale einen nachvollziehbaren Bezug zur Organisation der auszuführenden Arbeiten haben. Etwas anderes gilt dagegen bei der Festlegung rein persönlicher Merkmale ohne hinreichenden Bezug zur konkreten Arbeitsaufgabe. Insoweit kann z.B. eine vom Arbeitgeber geforderte »mehrjährige Berufserfahrung« zur sachgerechten Erledigung der Arbeitsaufgabe – hier:im Verkauf – ein nachvollziehbares, sachliches Kriterium für eine Stellenprofilierung sein (*BAG* 24.6.2004 EzA § 1 KSchG Betriebsbedingte Kündigung Nr. 132 = NZA 2004, 1268 = BAG Report 2004, 403; vgl. auch *LAG Köln* 4.11.2004 LAGE § 2 KSchG Nr. 48; *LAG Hessen* 18.12.2003 LAG Report 2004, 271; s.a. *LAG Hamm* 17.7.2008 LAGE § 1 KSchG Nr. 14 zum neuen Anforderungsprofil mit – nicht benötigten – Deutschkenntnissen).

2879 Dies gilt insbes., wenn bei drittfinanzierten Arbeitsverträgen das festgelegte Anforderungsprofil **den Vorgaben des Drittmittelgebers** entspricht (*BAG* 7.11.1996 EzA § 1 KSchG Betriebsbedingte Kündigung Nr. 88; vgl. APS/*Dörner* § 1 KSchG Rz. 99 f.).

2880 Hat der Arbeitgeber zudem ein **Organisationskonzept** entworfen, das die Durchführung von Schulungs- und Ausbildungsmaßnahmen davon abhängig macht, dass die Trainer bestimmte Qualifikationskriterien erfüllen, ist er **nicht verpflichtet**, dieses – auch tatsächlich umgesetzte Konzept – **zu ändern**, um die Weiterbeschäftigung eines personenbedingt gekündigten Arbeitnehmers auf einem Arbeitsplatz als Trainer zu ermöglichen; dies gilt auch, wenn der Arbeitnehmer ein schwer behinderter Mensch i.S.d. § 2 Abs. 2 SGB IX ist (*LAG Düsseld.* 7.10.2004 LAGE § 2 KSchG Nr. 47).

Andererseits kann der Arbeitgeber zur Vermeidung einer betriebsbedingten Kündigung verpflichtet sein, dem Arbeitnehmer einen freien anderen Arbeitsplatz selbst dann anzubieten, wenn die **Vergütung dafür erheblich geringer** ist als die bisherige Vergütung des Arbeitnehmers. Das kommt insbes. dann in Betracht, wenn der Arbeitnehmer nach einer Kündigung voraussichtlich auf dem Arbeitsmarkt langfristig nicht zu vermitteln ist (*LAG Köln* 26.8.2004 NZA-RR 2005, 300 = ZTR 2005, 273 LS). **2881**

b) Verhältnis zu Art. 33 Abs. 2 GG im öffentlichen Dienst

§ 1 Abs. 2 S. 2 Nr. 2 KSchG geht als Konkretisierung des Sozialstaatsgebotes für den öffentlichen Dienst Art. 33 Abs. 2 GG (gleicher Zugang zum öffentlichen Dienst) nach Auffassung des *LAG BW* (27.5.1993 NZA 1994, 557) vor. **2882**

2. Zumutbare Umschulungs- oder Fortbildungsmaßnahmen

Die Kündigung ist auch dann sozial ungerechtfertigt, wenn die Weiterbeschäftigung des Arbeitnehmers nach zumutbaren Umschulungs- oder Fortbildungsmaßnahmen möglich ist, wenn der Arbeitnehmer sein **vorheriges Einverständnis** erklärt hat (vgl. APS/*Dörner* § 1 KSchG Rz. 104 ff.). **2883**

a) Beschränkung auf den ursprünglichen Vertragsinhalt?

Nach dem allgemeinen Sprachgebrauch ist unter **Fortbildung die Weiterbildung in dem bisher ausgeübten Beruf**, unter **Weiterbildung die Ausbildung in einem anderen Beruf** zu verstehen. **2884**

Während die Fortbildung somit zu einer graduellen Qualifizierung des Leistungsprofils des Arbeitnehmers im Rahmen des vorgegebenen Berufsbildes führt, hat die Umschulung die Herausbildung eines Leistungsprofils in einem anderen Berufsbild zum Ziel. **2885**

Letzteres führt nach Auffassung von *Berkowsky* (MünchArbR § 140 Rz. 31) zwangsläufig zu einer Änderung des Arbeitsvertrages, sodass der Arbeitgeber auch berechtigt ist, die gegenüber dem ursprünglichen Pflichtenkreis erweiterte Leistung des Arbeitnehmers im Wege des Direktionsrechts anzufordern (MünchArbR/*Berkowsky* a.a.O.). Eine Beschränkung der Umschulungs- und Fortbildungsmaßnahmen auf solche, die den ursprünglichen Vertragsinhalt unangetastet lassen, ist deshalb nicht möglich. **2886**

> Das *BAG* (7.2.1991 EzA § 1 KSchG Personenbedingte Kündigung Nr. 9) hat zwar offen gelassen, ob der Begriff der Umschulung i.S.v. § 1 KSchG abweichend vom allgemeinen Sprachgebrauch i.S.v. Fortbildung zu definieren ist, sodass schon deshalb keine Vertragsänderung die notwendige Folge einer Umschulung sei. Der Gesetzgeber geht danach aber erkennbar bei der Weiterbeschäftigung an einem anderen Arbeitsplatz bzw. unter geänderten Arbeitsbedingungen i.S.v. § 1 Abs. 2 S. 1b KSchG davon aus, dass die Bedingungen auf dem anderen Arbeitsplatz gleichwertig sind und die geänderten Arbeitsbedingungen nicht zu einer Beförderung in der Betriebshierarchie führen. Entsprechendes muss aber auch für die Weiterbeschäftigung nach einer Umschulung des Arbeitnehmers gelten. **2887**

b) Zumutbarkeit

aa) Allgemeine Voraussetzungen

Hinsichtlich der Konkretisierung des Merkmals der Zumutbarkeit ist darauf abzustellen, dass Umschulungs- oder Fortbildungsmaßnahmen des Arbeitnehmers im Unternehmen **2888**

umso nachhaltiger geeignet sein müssen, die Weiterbeschäftigung des betroffenen Arbeitnehmers zu sichern, je stärker die Maßnahme in die betrieblichen und wirtschaftlichen Belange des Arbeitgebers eingreift (MünchArbR/*Berkowsky* § 140 Rz. 32; zur Verschaffung von Deutschkenntnissen vgl. *LAG Hessen* 19.7.1999 ARST 2000, 125).

2889 Danach ist die Zumutbarkeit jedenfalls dann nicht mehr gewahrt, wenn **Dauer und Kosten** der Maßnahme zu der **Restdauer des Arbeitsverhältnisses** außer Verhältnis stehen. Auch spielt der **Grad der Erfolgsaussicht** der Maßnahme eine erhebliche Rolle (vgl. APS/*Dörner* § 1 KSchG Rz. 107).

bb) Relation zwischen Kosten und Zumutbarkeit

2890 Insoweit ist aber fraglich, ob überhaupt eine Verpflichtung des Arbeitgebers besteht, entsprechende Kosten zu übernehmen. Das *BAG* (7.2.1991 EzA § 1 KSchG Personenbedingte Kündigung Nr. 9) hat offen gelassen, wie sich die zeitliche Dauer und die mit der Fortbildungs- oder Umschulungsmaßnahme verbundenen Aufwendungen des Arbeitgebers auf ihre Zumutbarkeit auswirken.

2891 In der Literatur wird **zum Teil** (GK-BetrVG/*Raab* § 102 Rz. 122) die Auffassung vertreten, dass § 102 Abs. 3 Nr. 4 BetrVG keine Aussage über die Finanzierung von Fortbildung bzw. Umschulung enthält.

2892 **Soweit betriebliche Maßnahmen ausreichend und zumutbar sind, treffen danach die Kosten den Arbeitgeber. Außerbetriebliche Maßnahmen sind jedoch vom Arbeitnehmer bzw. der öffentlichen Hand zu finanzieren.**

2893 Demgegenüber wird **zum Teil** (KR/*Etzel* § 102 BetrVG Rz. 169 b; **a.A.** APS/*Dörner* § 1 KSchG Rz. 108) aus dem Sinn und Zweck der gesetzlichen Regelung gefolgert, dass die Kosten **stets vom Arbeitgeber bis zur Grenze der Zumutbarkeit** zu finanzieren sind. Die Frage der Zumutbarkeit von Umschulungs- oder Fortbildungsmaßnahmen hängt zwar nicht davon ab, ob der Arbeitgeber sie allein finanzieren kann. Es ist aber zu berücksichtigen, ob die zur Verfügung stehenden finanziellen Mittel (zumutbare finanzielle Beteiligung des Arbeitgebers zuzüglich öffentlicher Mittel und evtl. freiwilliger Beiträge des Arbeitnehmers) eine Umschulung oder Fortbildung ermöglichen.

cc) Freier Arbeitsplatz

2894 Zu beachten ist jedenfalls, dass der Arbeitgeber auf die Weiterbeschäftigung eines Arbeitnehmers nach zumutbaren Umschulungs- und Fortbildungsmaßnahmen dann nicht verwiesen werden kann, wenn bei Ausspruch der Kündigung kein entsprechender anderweitiger Arbeitsplatz frei ist und **auch nicht mit hinreichender Sicherheit voraussehbar** ist, dass **nach Abschluss der Maßnahme eine Beschäftigungsmöglichkeit** auf Grund der durch die Fortbildung oder Umschulung erworbenen Qualifikation **besteht.**

2895 Auch bei einer längeren Berufsbildungsmaßnahme (z.B. von zwei Jahren) muss mit hinreichender Wahrscheinlichkeit zu erwarten sein, dass nach deren Abschluss die Weiterbeschäftigung gewährleistet ist (*BAG* 7.2.1991 EzA § 1 KSchG Personenbedingte Kündigung Nr. 9).

c) Rechtsnatur der Überprüfungspflicht des Arbeitgebers

2896 Bei der Verpflichtung, vor dem Ausspruch einer Beendigungskündigung stets die Möglichkeit einer anderweitigen Beschäftigung des betroffenen Arbeitnehmers zu prüfen, handelt es sich um eine Obliegenheit des Arbeitgebers.

2897 Ihre Nichtbeachtung führt dazu, dass die Beendigung trotz Vorliegens eines »an sich« geeigneten Kündigungsgrundes sozial ungerechtfertigt ist (MünchArbR/*Berkowsky* § 140 Rz. 60).

3. Darlegungs- und Beweislast

a) Anderweitige Beschäftigungsmöglichkeit

Hinsichtlich der Darlegungs- und Beweislast gilt auch im Bereich der anderweitigen Beschäftigungsmöglichkeit, dass ihr grds. dem Arbeitgeber obliegender Umfang wesentlich davon abhängt, wie sich der Arbeitnehmer insoweit im Prozess einlässt (vgl. APS/*Dörner* § 1 KSchG Rz. 111 ff.). 2898

Der Arbeitgeber ist nicht verpflichtet, ohne konkreten Anlass alle in seinem Unternehmen im Zeitpunkt der Kündigung freien bzw. bis zum Ablauf der Kündigungsfrist frei werdenden Stellen aufzuzeigen und für jede Stelle darzulegen, warum eine Weiterbeschäftigung des betroffenen Arbeitnehmers auf jeder dieser Stellen nicht möglich war. 2899

Deshalb muss, um eine entsprechende Darlegungslast des Arbeitgebers auszulösen, der **Arbeitnehmer** zunächst behaupten, dass **eine seinem Leistungsprofil entsprechende Stelle** in seinem Betrieb oder in einem anderen Betrieb des Unternehmens **frei gewesen sein soll.** 2900

Dann muss der **Arbeitgeber** darlegen, dass diese vom Arbeitnehmer konkret aufgezeigten Weiterbeschäftigungsmöglichkeit **tatsächlich nicht bestand** (s. *LAG München* 27.7.2006 – 2 Sa 256/06 – ArbuR 2007, 59 LS). 2901

Bestreitet der Arbeitnehmer diesen Vortrag lediglich, so ist Beweis nicht zu erheben, weil sich der Arbeitnehmer nicht hinreichend substantiiert auf den Vortrag des Arbeitgebers eingelassen hat. 2902

Vielmehr muss der Arbeitnehmer nunmehr mit entsprechendem Substantiierungsgrad konkret darlegen, in welchem Betrieb und in welcher Abteilung die von ihm behauptete Weiterbeschäftigungsmöglichkeit bestehen soll. Dies gilt grds. auch dann, wenn sich der Arbeitnehmer auf einen nur ausnahmsweise anzuerkennenden Kündigungsschutz, also z.B. auf eine Weiterbeschäftigung in einem anderen Tochterunternehmen des Konzerns, beruft (*BAG* 10.1.1994 EzA § 1 KSchG Betriebsbedingte Kündigung Nr. 74).

Dann allerdings muss der **Arbeitgeber beweisen, dass diese Möglichkeit nicht besteht** (*BAG* 30.5.1985 EzA § 1 KSchG Betriebsbedingte Kündigung Nr. 36). Bleibt nach der Durchführung der Beweisaufnahme offen, ob die anderweitige Beschäftigungsmöglichkeit tatsächlich bestanden hat oder nicht, so ist der Kündigungsschutzklage stattzugeben, weil der Arbeitgeber seiner Beweislast nicht nachgekommen ist. 2903

Trägt andererseits der Arbeitnehmer vor, dass eine mittels **Direktionsrecht durchführbare Einsatzmöglichkeit** in einer anderen Abteilung besteht, bei der Beeinträchtigungen durch die Krankheit nicht vorliegen, muss der Arbeitgeber sich dazu äußern. Äußert er sich nicht, geht dies nach § 1 Abs. 2 S. 4 KSchG zu seinen Lasten (*LAG Nbg.* 21.1.2003 LAGE § 1 KSchG Krankheit Nr. 34 = NZA-RR 2003, 413). 2904

b) Umschulungs- oder Fortbildungsmaßnahmen

Der Arbeitgeber hat auch die Darlegungs- und Beweislast dafür, dass der Arbeitnehmer für die verlangten Umschulungs- oder Fortbildungsmaßnahmen **nicht geeignet** ist bzw. dass diese Maßnahmen ihm **unzumutbar** sind (MünchArbR/*Berkowsky* § 142 Rz. 41). 2905

c) Berufung des Arbeitnehmers auf einen absoluten Unwirksamkeitsgrund

Beruft sich der **Arbeitnehmer** dagegen auf den Widerspruch des Betriebsrats mit der im Gesetz vorgesehenen Begründung (sog. absoluter Unwirksamkeitsgrund), so hat er neben der **Anwendbarkeit des KSchG das Vorhandensein eines Betriebsrats sowie dessen Widerspruch mit dem im Gesetz geforderten Inhalt darzulegen, ferner, dass er sein vorheriges Einverständnis mit den erforderlichen rechtlichen und tatsächlichen Konsequenzen der anderweitigen Maßnahme erklärt hat.** 2906

2907 Der **Arbeitgeber** hat sodann darzulegen und zu beweisen, dass die vom Betriebsrat behauptete anderweitige **Beschäftigungsmöglichkeit tatsächlich nicht besteht bzw.** dass sie **übervertragsmäßig wäre** (MünchArbR/*Berkowsky* § 142 Rz. 41).

M. Die ordentliche Arbeitgeberkündigung bei mehreren Kündigungsgründen und sog. Mischtatbeständen

2908 § 1 Abs. 2 S. 1 KSchG geht davon aus, dass der jeweilige Kündigungssachverhalt entweder als betriebs-, personen- oder verhaltensbedingte Kündigung eingeordnet werden kann.

2909 In der Praxis ist eine exakte Klassifizierung jedoch oft nur schwer möglich. Zum einen gibt es zahlreiche Kündigungssachverhalte, die zwei oder alle drei der aufgeführten Bereiche berühren. Zum anderen stützt der Arbeitgeber eine ordentliche Kündigung häufig auf verschiedene Kündigungssachverhalte.

I. Mischtatbestände

1. Begriffsbestimmung

2910 Berührt ein **einheitlicher Kündigungssachverhalt** mehrere der angeführten Bereiche (sog. **Mischtatbestand),** so richtet sich die Abgrenzung in erster Linie danach, aus welchem der im Gesetz genannten Bereiche die sich auf den Bestand des Arbeitsverhältnisses nachteilig auswirkende Störung kommt (sog. **Sphärentheorie).**

2911 Ist z.B. eine Kündigung wegen einer zu Betriebsstörungen führenden längeren Arbeitsunfähigkeit des Arbeitnehmers ausgesprochen worden, so liegt die »Störquelle« in der persönlichen Sphäre des Arbeitnehmers. Der Umstand, dass der krankheitsbedingte Ausfall des Arbeitnehmers auch zu Störungen in der betrieblichen Sphäre führt, ändert nichts an der Qualifikation der Kündigung als personenbedingt (vgl. APS/*Dörner* § 1 KSchG Rz. 81 ff.).

2. Beschränkung der Überprüfung auf die »Störquelle«

2912 Bei einer derartigen Störung wegen eines Mischtatbestandes ist nach Auffassung des *BAG* (21.11.1985 EzA § 1 KSchG Nr. 42) **nur derjenige Kündigungsgrund** überhaupt daraufhin **zu untersuchen,** ob er die Kündigung des Arbeitsverhältnisses rechtfertigt, **der die »Störquelle« bildet.**

2913 Im angegebenen Beispiel ist deshalb die ausgesprochene ordentliche Kündigung nur daraufhin zu untersuchen, ob sie als krankheitsbedingte Kündigung gerechtfertigt ist, nicht aber auf ihre Rechtfertigung als betriebsbedingte Kündigung (abl. *Preis* DB 1988, 1449; *Rüthers/Henssler* ZfA 1988, 31; insgesamt ablehnend zuletzt auch KR/*Hillebrecht* 4. Aufl., § 626 BGB Rz. 121cff., wonach diese Auffassung zu **konturenlosen Billigkeitserwägungen** und zur Auflösung der Dreiteilung der Kündigungsgründe führt; ebenso *Preis* NZA 1997, 1078 f.; ErfK/*Ascheid* § 1 KSchG Rz. 162; KR/*Fischermeier* § 626 BGB Rz. 171 ff.; KR/*Etzel* § 1 KSchG Rz. 259).

2914 Im Urteil vom 20.11.1997 (NJW 1998, 2156) hat das *BAG* die primäre Störquelle bei einer Angestellten im öffentlichen Dienst darin gesehen, dass die Klägerin über mehrere Jahre hin – etwa seit 1986 bis 1993 – auf Grund ihrer krankhaften Veranlagung, Gegenstände zu kaufen, ohne diese zu bezahlen und bezahlen zu können, im privaten – nicht im dienstlichen – Bereich straffällig (Betrügereien, Diebstähle und in einem Fall Anstiftung zur Falschaussage) geworden war. Folglich war die streitige Kündigung unter dem Gesichtspunkt verhaltensbedingter Gründe i.S.v. § 1 Abs. 2 KSchG zu prüfen, und zwar unter Einbeziehung einer verhängten Haftstrafe und ihrer Folgen.

II. Mehrere Kündigungssachverhalte

1. Begriffsbestimmung

Von dem sog. Mischtatbestand zu unterscheiden sind Kündigungen, die **auf mehrere Kündigungssachverhalte gestützt werden, die ihrerseits verschiedenen Kategorien von Kündigungsgründen angehören** (vgl. KR/*Etzel* § 1 KSchG Rz. 255 ff.). 2915

Das ist z.B. dann der Fall, wenn der Arbeitgeber eine Kündigung gleichzeitig auf Pflichtwidrigkeiten des Arbeitnehmers, häufigen krankheitsbedingten Arbeitsausfall sowie auf geringeren Arbeitsanfall infolge von Absatzschwierigkeiten stützt. 2916

2. Vollständige Überprüfung aller Kündigungstatbestände

Im Unterschied zu den sog. Mischtatbeständen gibt es dann keine primäre »Störquelle«, die der Kündigung das Gepräge gibt. 2917

Eine derartige Kündigung ist daher hinsichtlich der Sozialwidrigkeit sowohl unter personen- und verhaltensbedingten Aspekten als auch unter dem Gesichtspunkt der Betriebsbedingtheit zu prüfen (vgl. APS/*Dörner* § 1 KSchG Rz. 84 ff.). 2918

a) Grundsatz der Einzelprüfung

Bei einer derartigen auf mehrere Kündigungsgründe gestützten Kündigung gilt zunächst der Grundsatz der **Einzelprüfung.** 2919

Das zuständige Gericht hat zu prüfen, ob jeder Kündigungssachverhalt für sich allein an sich und sodann auf Grund einer umfassenden Interessenabwägung insgesamt geeignet ist, die Kündigung sozial zu rechtfertigen (*BAG* 24.3.1983 EzA § 1 KSchG Betriebsbedingte Kündigung Nr. 21). 2920

b) Gesamtheitliche Betrachtungsweise

Erst dann, wenn nach dieser isolierten Betrachtungsweise sich nicht bereits die soziale Rechtfertigung der Kündigung ergibt, gilt eine **gesamtheitliche Betrachtungsweise** der einzelnen Kündigungsgründe. 2921

Das setzt allerdings voraus, dass alle Kündigungsgründe nicht bereits von vornherein jeweils als an sich zur ordentlichen Kündigung geeigneter Umstand ausscheiden, d.h. dass sich die Unwirksamkeit der Kündigung bei isolierter Betrachtung allein daraus ergibt, dass das Interesse des Arbeitnehmers an der Weiterbeschäftigung das des Arbeitgebers überwiegt (**a.A.** wohl KR/*Etzel* 7. Aufl. § 1 KSchG Rz. 259, wo nicht unterschieden wird, woraus sich die Unwirksamkeit bei isolierter Betrachtungsweise ergibt). 2922

Der allgemeine Prüfungsmaßstab ist bei der gesamtheitlichen Betrachtungsweise mit der Maßgabe anzuwenden, dass in der Interessenabwägung zu prüfen ist, ob die einzelnen Kündigungssachverhalte in ihrer Gesamtheit Umstände darstellen, die bei verständiger Würdigung in Abwägung der Interessen der Vertragsparteien und des Betriebes die Kündigung als billigenswert und angemessen erscheinen lassen (KR/*Etzel* 7. Aufl. § 1 KSchG Rz. 259; **a.A.** *v. Hoyningen-Huene/Linck* § 1 Rz. 169 ff., die nur eine »Addition« personen- und verhaltensbedingter Kündigungsgründe zulassen), d.h., dass sie das Arbeitsverhältnis so belasten, dass dem Kündigenden die Fortsetzung nicht zuzumuten ist (insgesamt ablehnend KR/*Hillebrecht* 4. Aufl., § 626 BGB Rz. 185 ff., wonach diese Auffassung zu **konturenlosen Billigkeitserwägungen** und zur Auflösung der Dreiteilung der Kündigungsgründe führt; ebenso *Preis* NZA 1997, 1078 f.; KR/*Fischermeier* § 626 BGB Rz. 171 ff.). 2923

N. Vorrang der Änderungskündigung vor der Beendigungskündigung

I. Normative Legitimation

2924 Nach der Rechtsprechung des *BAG* (21.9.2006 EzA § 2 KSchG Nr. 62 = NZA 2007, 431; 21.4.2005 EzA § 2 KSchG Nr. 52 = NZA 2005, 1289; 21.4.2005 EzA § 2 KSchG Nr. 53 = NZA 2005, 1294; 27.9.1984 EzA § 2 KSchG Nr. 5; 22.9.2005 EzA § 81 SGB IX Nr. 10 = NZA 2006, 486; ebenso *LAG Hamm* 22.6.1998 LAGE § 1 KSchG Betriebsbedingte Kündigung Nr. 51 u. 4.2.2003 NZA-RR 2003, 357; *LAG Nbg.* 16.11.2004 LAGE § 2 KSchG Nr. 49 = NZA-RR 2005, 188 = ArbuR 2005, 76 LS; 7.9.2004 – 6 Sa 136/04 – ArbuR 2005, 117 LS; *LAG Hamm* 21.9.2004 ArbuR 2005, 117 LS = LAG Report 2005, 110; *LAG Nds.* 19.4.2004 ArbuR 2005, 342 LS = LAG Report 2005, 254 LS; *LAG Köln* 4.11.2004 LAG Report 2005, 299; vgl. auch KR/*Etzel* 5. Aufl., § 1 KSchG Rz. 256; *Gaul/Kühnreich* BB 2003, 254; *Kock* NJW 2006, 728 ff.; *Lelley/Sabin* DB 2006, 1110 ff; *Annuß/Bartz* NJW 2006, 2153 ff.; *Hidalgo/Mauthner* NZA 2007, 1254 ff.; krit. *Bauer/Winzer* BB 2006, 266 ff.; *Strybny* FA 2006, 362; insgesamt **a.A.** *Annuß* NZA 2005, 443 ff.) muss der Arbeitgeber nach dem Grundsatz der Verhältnismäßigkeit vor jeder ordentlichen und außerordentlichen Beendigungskündigung dem Arbeitnehmer eine objektiv mögliche und beiden Parteien zumutbare Weiterbeschäftigung auf einem anderen freien Arbeitsplatz auch zu geänderten Bedingungen anbieten und dementsprechend **statt einer Beendigungs- eine Änderungskündigung aussprechen**; das gilt auch bei einer vertraglichen Einschränkung des Direktionsrechts (*LAG München* 27.7.2006 – 2 Sa 255/06 – ArbuR 2007, 59 LS).

2925 ► **Beispiel:**
Zeigt der Arbeitgeber durch ein Angebot zur **Weiterbeschäftigung zu deutlich verringerten Bezügen**, dass eine Beschäftigung möglich wäre, so ist der Ausspruch einer Beendigungskündigung nicht aus betrieblichen Gründen bedingt nach § 1 Abs. 2 KSchG. Lehnt der Arbeitnehmer die Gehaltsreduzierung mit sofortiger Wirkung kategorisch ab, erklärt er sich aber zu Verhandlungen über eine Reduzierung nach Ablauf der Kündigungsfrist bereit, muss der Arbeitgeber eine Änderungskündigung aussprechen; eine Beendigungskündigung ist sozial nicht gerechtfertigt (*LAG Nbg.* 7.9.2004 – 6 Sa 136/04 – ArbuR 2005, 117 LS).

2926 Allerdings ist der Arbeitgeber andererseits **nicht verpflichtet, in jedem Fall** mit dem Arbeitnehmer **eine einvernehmliche Lösung zu suchen** (*BAG* 21.4.2005 EzA § 2 KSchG Nr. 53 = NZA 2005, 1294; krit. *Strybny* FA 2006, 362). Auch ohne vorherige Verhandlungen mit dem Arbeitnehmer kann er vielmehr direkt eine Änderungskündigung aussprechen, indem er Angebot und Kündigung miteinander verbindet (*BAG* 21.4.2005 EzA § 2 KSchG Nr. 52 = NZA 2005, 1289; 21.4.2005 EzA § 2 KSchG Nr. 53 = NZA 2005, 1294; vgl. dazu *Kock* NJW 2006, 728 ff.; *Berkowsky* NZA 2006, 697 ff.). Eine Änderungskündigung darf nur in Extremfällen unterbleiben, wenn der Arbeitgeber bei vernünftiger Betrachtung nicht mit der Annahme des neuen Vertragsangebots durch den Arbeitnehmer rechnen konnte (z.B. Angebot einer Pförtnerstelle an den bisherigen Personalchef) und ein derartiges Angebot vielmehr beleidigenden Charakter haben würde. Regelmäßig hat nämlich der Arbeitnehmer selbst zu entscheiden, ob er eine Weiterbeschäftigung unter möglicherweise erheblich verschlechterten Arbeitsbedingungen für zumutbar hält oder nicht (*BAG* 21.9.2006 EzA § 2 KSchG Nr. 62 = NZA 2007, 431; 21.4.2005 EzA § 2 KSchG Nr. 52 = NZA 2005, 1289; 21.4.2005 EzA § 2 KSchG Nr. 53 = NZA 2005, 1294; vgl. dazu *Kock* NJW 2006, 728 ff.). Deshalb ist eine Beendigungskündigung nur dann zulässig, wenn der Arbeitnehmer unmissverständlich zum Ausdruck gebracht hat, er werde die geänderten Arbeitsbedingungen im Fall des Ausspruchs einer Änderungskündigung nicht, auch nicht unter dem Vorbehalt ihrer sozialen Rechtfertigung annehmen (*BAG* 21.4.2005 EzA § 2 KSchG Nr. 53 =

NZA 2005, 1294; vgl. dazu *Kock* NJW 2006, 728 ff.). Ein Extremfall in diesem Sinne kann dann gegeben sein, wenn der betroffene Arbeitnehmer **so weit in der Personalhierarchie zurückgestuft würde**, dass viele seiner bisherigen Untergebenen ihm nunmehr Weisungen erteilen könnten (*BAG* 21.9.2006 EzA § 2 KSchG Nr. 62 = NZA 2007, 431). Ein Indiz für eine aus der Sicht beider Arbeitsvertragsparteien vorliegende Extremsituation kann sich auch aus dem **Verhalten des betroffenen Arbeitnehmers nach dem Ausspruch der Beendigungskündigung** und während des Kündigungsschutzprozesses, insbesondere einer späteren – und damit nicht mehr widerspruchsfreien – Berufung auf eine unterqualifizierte Weiterbeschäftigungsmöglichkeit ergeben (*BAG* 21.9.2006 EzA § 2 KSchG Nr. 62 = NZA 2007, 431).
Zu beachten ist, dass der Arbeitgeber dann, wenn er eine einvernehmliche Vertragsänderung herbeiführen will, nicht verpflichtet ist, mit **seinem Änderungsangebot zugleich eine Änderungs- oder Beendigungskündigung auszusprechen**, um dem Arbeitnehmer eine gerichtliche Prüfung der sozialen Rechtfertigung der erstrebten Änderung nach §§ 2, 1 KSchG zu ermöglichen. Einer Beendigung- oder Änderungskündigung bedarf es **insbesondere dann nicht, wenn der Arbeitnehmer sein Einverständnis mit den neuen Bedingungen erklärt hat** (*BAG* 13.3.2007 – 9 AZR 588/06 – EzA-SD 17/2007 S. 6 LS; krit. dazu *Berkowsky* NZA 2008, 26 ff. u. NZA-RR 2008, 337 ff.).

Der Vorrang der Änderungskündigung gilt nach Auffassung des *LAG Bln.* (10.9.1996 LAGE § 2 KSchG Nr. 2) auch dann, wenn der Arbeitgeber sich entschließt, **statt einer Teilzeitkraft** wegen der Ausdehnung des Beschäftigungsvolumens **eine Vollzeitkraft** einzusetzen; er hat folglich der Teilzeitkraft zunächst eine Vertragsänderung zur Ausdehnung der Arbeitszeit anzubieten. Andererseits entscheidet der Unternehmer **frei**, ob er bei **verringertem Arbeitskräftebedarf statt mehrerer Änderungskündigungen** (Arbeitszeitverkürzung) **eine Beendigung**skündigung oder statt einer Beendigungskündigung **mehrere Änderungskündigungen aussprechen will** (*BAG* 19.5.1993 EzA § 1 KSchG Betriebsbedingte Kündigung Nr. 73; *Preis* NZA 1998, 457). 2927

Im hier beschriebenen Rahmen ist auch die Pflicht des Arbeitgebers, einem schwerbehinderten Arbeitnehmer gem. § 81 Abs. 4 S. 1 SGB IX einen seinen Fähigkeiten und Kenntnissen entsprechenden Arbeitsplatz zuzuweisen, zu berücksichtigen. Widerspricht jedoch der Betriebsrat der Versetzung, so ist i.d.R. davon auszugehen, dass eine dem Arbeitgeber zumutbare Beschäftigungsmöglichkeit nicht besteht. Der Arbeitgeber ist dann nur bei Vorliegen besonderer Umstände (offensichtlich unbegründeter Widerspruch, kollusives Zusammenwirken zwischen Arbeitgeber und Betriebsrat) verpflichtet, ein Zustimmungsersetzungsverfahren nach § 99 Abs. 4 BetrVG durchzuführen; im Normalfall ist das unzumutbar, weil eine solch erhebliche Verzögerung des Kündigungsverfahrens nach erteilter Zustimmung des Integrationsamtes mit unverhältnismäßigen Aufwendungen verbunden wäre. Das gilt jedenfalls dann, wenn es sich Weiterbeschäftigungsmöglichkeiten handelt, die in dem Verfahren vor dem Integrationsamt geprüft worden sind mit dem Ergebnis, dass sie keine Lösungsmöglichkeit zur Aufrechterhaltung des Arbeitsverhältnisses darstellen (*BAG* 22.9.2005 EzA § 81 SGB IX Nr. 10 = NZA 2006, 486). 2928

II. Verfahrensfragen; Änderung der Rechtsprechung

Der Arbeitgeber muss in einem solchen Fall bereits bei den Verhandlungen mit dem Arbeitnehmer klarstellen, dass bei Ablehnung des Änderungsangebots eine Kündigung beabsichtigt ist und ihm eine Überlegungsfrist von einer Woche einräumen. 2929
Dieses Angebot kann der Arbeitnehmer unter einem § 2 KSchG entsprechenden Vorbehalt annehmen.

Der Arbeitgeber muss dann eine Änderungs- statt einer Beendigungskündigung aussprechen (abl. MünchArbR/*Berkowsky* § 140 Rz. 51).
Lehnt der Arbeitnehmer dagegen das Änderungsangebot vorbehaltlos und endgültig ab, so kann der Arbeitgeber eine Beendigungskündigung aussprechen (*LAG Nds.* 19.4.2004 ArbuR 2005, 342 LS = LAG Report 2005, 254 LS; *LAG Bln.* 13.1.2000 NZA-RR 2000, 302; **a.A.** *LAG Köln* 20.11.2003 NZA-RR 2004, 576 = LAG Report 2004, 204; wohl auch *LAG Hamm* 21.9.2004 ArbuR 2005, 117 LS = LAG Report 2005, 110; einschränkend jetzt auch *BAG* 21.4.2005 EzA § 2 KSchG Nr. 53 = NZA 2005, 1294, s.o. Rn. 2924). **Es ist dem Arbeitnehmer dann verwehrt, den Arbeitgeber bei einer ausgesprochenen Beendigungskündigung auf eine mögliche Änderungskündigung mit dem abgelehnten Inhalt zu verweisen** (*BAG* 21.4.2005 EzA § 2 KSchG Nr. 52 = NZA 2005, 1289; vgl. dazu *Kock* NJW 2006, 728 ff.).

2930 Unterlässt es der Arbeitgeber, vor Ausspruch einer Beendigungskündigung ein mögliches und zumutbares Änderungsangebot zu unterbreiten, dann ist die Kündigung **sozial ungerechtfertigt,** wenn der Arbeitnehmer einem vor Ausspruch der Kündigung gemachten Vorschlag zumindest **unter Vorbehalt zugestimmt hätte** (vgl. zuletzt *BAG* 21.4.2005 EzA § 2 KSchG Nr. 52 = NZA 2005, 1289; *LAG Nbg.* 16.11.2004 LAGE § 2 KSchG Nr. 49; *LAG Hamm* 21.9.2004 ArbuR 2005, 117 LS = LAG Report 2005, 110). Dies muss der Arbeitnehmer im Kündigungsschutzprozess vortragen. Hat er nach Ausspruch der Kündigung ein Änderungsangebot des Arbeitgebers abgelehnt, so bedarf es der tatsächlichen Würdigung, ob angenommen werden kann, dass er ein entsprechendes Angebot vor Ausspruch der Kündigung zumindest unter Vorbehalt angenommen hätte (abl., da sich diese Prüfung im **Bereich der Spekulation** bewegt *Preis* NZA 1997, 1077; RGRK-Weller Vorb. § 620 BGB Rz. 216; KR/*Etzel* 6. Aufl., § 1 KSchG Rz. 228; KR/*Rost* § 2 KSchG Rz. 18h; *v. Hoyningen-Huene/Linck* § 1 KSchG Rz. 150; APS/*Dörner* § 1 KSchG Rz. 91; *LAG Hamm* 4.2.2003 NZA-RR 2003, 357; *ArbG Gelsenkirchen* 13.11.1998 – 3 Ca 2219/98).

2931 Inzwischen nimmt das *BAG* (21.4.2005 EzA § 2 KSchG Nr. 53 = NZA 2005, 1294) an, dass dann, wenn der Arbeitgeber ohne vorheriges oder gleichzeitiges Änderungsangebot der geänderten Arbeitsbedingungen sofort eine Beendigungskündigung ausspricht, diese regelmäßig sozialwidrig ist. Es unterliegt danach nunmehr Bedenken, in derartigen Fällen fiktiv zu prüfen, ob der Arbeitnehmer die geänderten Arbeitsbedingungen bei einem entsprechenden Angebot vor oder mit Ausspruch der Kündigung zumindest unter Vorbehalt angenommen hätte.

2932 Die hypothetische Zustimmung des Arbeitnehmers – wenn sie denn für erforderlich angesehen wird – ist im Zweifel z.B. dann nicht anzunehmen, wenn der Arbeitnehmer die **Herabstufung** vom Verkaufsleiter zu einem – einem anderen Verkaufsleiter unterstellen – Außendienstmitarbeiter, einen Einkommensverlust von ca. 1.500 Euro monatlich, sowie einen **weiträumigen Ortswechsel** hätten hinnehmen müssen (*LAG Köln* 7.11.1997 LAGE § 1 KSchG Betriebsbedingte Kündigung Nr. 50).

2933 Lehnt es der Arbeitnehmer andererseits ab, unter Verzicht auf die ihm zustehende Kündigungsfrist sofort in eine Vertragsänderung zu schlechteren Bedingungen (geringere Stundenzahl, Lohnminderung mit nur teilweisem Ausgleich durch eine zeitlich begrenzte Zulage) einzuwilligen, so lässt dies noch nicht ohne weiteres die Schlussfolgerung zu, er hätte auch eine entsprechende Änderungskündigung unter Einhaltung der ordentlichen Kündigungsfrist nicht einmal unter Vorbehalt angenommen (*BAG* 21.4.2005 EzA § 2 KSchG Nr. 52 = NZA 2005, 1289).

2934 Hat der Arbeitnehmer das Angebot unter Vorbehalt angenommen, erklärt der Arbeitgeber aber keine Änderungskündigung, so muss der Arbeitnehmer nach Auffassung des *LAG Köln*

(27.2.1998 LAGE § 2 KSchG Nr. 33) dann, wenn der neue Vertrag gleichwohl von beiden Parteien **in Vollzug** gesetzt wird, die neuen Arbeitsbedingungen alsbald mit einer **Feststellungsklage** angreifen. Andernfalls verliert er das Recht, sich gegenüber einer wirksamen Vertragsänderung auf seinen Vorbehalt zu berufen. Ob die Frist des § 4 S. 2 KSchG einzuhalten ist, hat das *LAG Köln* (27.2.1998 LAGE § 2 KSchG Nr. 33) offen gelassen. Jedenfalls kann eine Klage, die erst sechs Monate nach dem Antritt des neuen Arbeitsplatzes erhoben wird, verspätet sein.

Das *LAG Bln.* (10.9.1996 LAGE § 2 KSchG Nr. 2) hat für den **Fall der Umwandlung einer Teilzeit- in eine Vollzeitstelle** darauf abgestellt, dass die Kündigung bei fehlendem Änderungsangebot nur dann nicht sozialwidrig ist, wenn eine hohe Wahrscheinlichkeit dafür besteht, dass die Teilzeitkraft dieses auch unter dem Druck der bevorstehenden Kündigung nicht angenommen hätte. 2935

III. Möglichkeit und Zumutbarkeit der Weiterbeschäftigung

Danach muss die Weiterbeschäftigung des Arbeitnehmers auf einem anderen Arbeitsplatz zu geänderten Arbeitsbedingungen sowohl dem Arbeitgeber als auch dem Arbeitnehmer **objektiv möglich und zumutbar** sein. 2936

Das setzt auf Seiten des Arbeitnehmers nicht nur voraus, dass er über die hierfür objektiv erforderlichen **Fähigkeiten und Kenntnisse** verfügt. Die neue Tätigkeit muss für ihn auch nach den sonstigen Voraussetzungen für ihre Ausübung sowie nach ihrem sozialen und wirtschaftlichen Status, vom Standpunkt eines objektiv urteilenden Arbeitgebers gesehen, in Betracht kommen. 2937

Unzumutbarkeit kann insbes. dann vorliegen, wenn die neue Tätigkeit eine erheblich **geringere Qualifikation** erfordert und auch entsprechend **niedriger vergütet** wird, als die bisher ausgeübte. 2938

Als Anhaltspunkt für die Zumutbarkeit einer anderweitigen Beschäftigung können nach Auffassung des *BAG* (27.9.1984 EzA § 2 KSchG Nr. 5) die Kriterien dienen, nach denen gem. § 121 SGB III und der dazu erlassenen Anordnung des Verwaltungsrates der Bundesagentur für Arbeit vom 16.3.1982 (Zumutbarkeitsanordnung) die Zumutbarkeit der Weiterbeschäftigung beurteilt wird, zu deren Übernahme ein Arbeitsloser bereit sein muss, um der Arbeitsvermittlung zur Verfügung zu stehen (abl. MünchArbR /*Berkowsky* § 140 Rz. 54, weil das insoweit zu bewältigende Problem darin liegt, dass der Arbeitgeber grds. nicht weiß, welche Arbeitsbedingungen sich der Arbeitnehmer zumuten will). 2939

O. Die Änderungskündigung

Vgl. *Berkowsky* NZA-RR 2003, 449 ff. 2940

I. Begriff und Anwendungsbereich

1. Zweck der Änderungskündigung

Gem. § 2 S. 1 KSchG kann der Arbeitgeber das Arbeitsverhältnis kündigen und im Zusammenhang mit der Kündigung die unbefristete Fortsetzung des Arbeitsverhältnisses zu geänderten Bedingungen anbieten. 2941

Die Änderungskündigung zielt darauf ab, die arbeitsvertraglichen Bedingungen des Arbeitnehmers zu ändern, ihn grds. jedoch im Betrieb zu belassen. Ihr Zweck ist also nicht die Beendigung des Arbeitsverhältnisses, sondern die Änderung der Arbeitsbedingungen.

Dieser Zweck kann entweder **von der Interessenlage des Arbeitgebers oder von derjenigen des Arbeitnehmers bestimmt sein.** 2942

2943 Von der Interessenlage des Arbeitgebers ist er dann bestimmt, wenn die Änderungskündigung dazu dienen soll, die neuen Arbeitsbedingungen einer geänderten unternehmerischen Konzeption anzupassen. Dies ist etwa dann der Fall, wenn der Arbeitgeber bezweckt, übertarifliche Leistungen abzubauen, die Arbeitszeit des Arbeitnehmers an veränderte betriebliche Bedürfnisse anzupassen oder die Vergütung zu reduzieren. Dies kann aber auch dann der Fall sein, wenn der Arbeitgeber den Arbeitnehmer aus betriebsorganisatorischen Überlegungen heraus auf einem anderen Arbeitsplatz einsetzen will, weil er der Auffassung ist, ihn dort effektiver einsetzen zu können.

2944 Von den Interessen des Arbeitnehmers bestimmt ist der Änderungszweck, wenn er dazu dient, ihm die Weiterbeschäftigung im Betrieb zu ermöglichen, obwohl sein arbeitsvertraglicher Beschäftigungsbereich entfallen ist (MünchArbR/*Berkowsky* § 145 Rz. 7 f.; APS/*Künzl* § 2 KSchG Rz. 3).

2. Rechtsnatur; anwendbare Vorschriften

a) Grundlagen

2945 Nach ihrer Rechtsnatur handelt es sich um eine echte Kündigung. Folglich muss das mit der Änderungskündigung unterbreitete Änderungsangebot wie jedes Angebot i.S.v. § 145 BGB eindeutig bestimmt bzw. bestimmbar sein, d.h. dem gekündigten Arbeitnehmer muss aus ihm ersichtlich werden, welche Arbeitsbedingungen künftig gelten sollen und welchen Inhalt das Arbeitsverhältnis künftig haben soll. Dabei **genügt auch eine »Bestimmbarkeit«** des Angebots (*BAG* 16.9.2004 EzA § 623 BGB 2002 Nr. 2 = NZA 2005, 635; s.u. Rn. 2957). Unterbreitet dagegen der Arbeitgeber bei Ausspruch einer Änderungskündigung zwei Änderungsangebote, ohne diese in ein Stufenverhältnis zu stellen, liegt kein hinreichend bestimmtes Änderungsangebot vor; eine solche Änderungskündigung ist unwirksam (*ArbG Düsseld.* 18.10.2005 NZA-RR 2006, 21). Demgegenüber hat das *LAG Hamm* (7.9.2007 LAGE § 2 KSchG Nr. 60; s. dazu *Wagner* NZA 2008, 1333 ff.) angenommen, dass der Arbeitgeber dem Arbeitnehmer auch **mehrere Änderungsangebote** unterbreiten und diesem **die Wahl überlassen darf.** In einem solchen Fall müssen dann allerdings alle Änderungsangebote hinreichend bestimmt oder jedenfalls bestimmbar sein. Ist der Inhalt eines von mehreren Änderungsangeboten weder bestimmt noch bestimmbar, führt dies zur Unwirksamkeit der Änderungskündigung. Dies soll danach selbst dann gelten, wenn der Arbeitnehmer eines der anderen – hinreichend bestimmten – Änderungsangebote unter Vorbehalt annimmt. Der Arbeitgeber muss auch die Schriftform gem. § 623 BGB (s.o. Rn. 10; *BAG* 16.9.2004 EzA § 623 BGB 2002 Nr. 2 = NZA 2005, 635 = BAG Report 2005, 115: Das Schriftformerfordernis erstreckt sich bei der Änderungskündigung auch auf das Änderungsangebot; s.o. Rn. 23, ebenso *LAG Köln* 26.9.2003 LAGE § 623 BGB 2002 Nr. 2a = LAG Report 2004, 41), die Kündigungsfristen einhalten, die Beteiligungsrechte des Betriebsrats gem. §§ 102, 103 BetrVG (GK-BetrVG/*Raab* § 102 Rz. 30) und § 613a Abs. 4 BGB beachten (MünchArbR/*Wank* § 127 Rz. 4). Zugunsten des Arbeitnehmers sind zudem alle Vorschriften über den Sonderkündigungsschutz (z.B. § 9 MuSchG, § 85 SGB IX, §§ 15, 17 ff. KSchG) anwendbar. Deshalb sind Änderungskündigungen z.B. unwirksam, wenn im Zeitpunkt ihres Zugangs ein Kündigungsverbot (z.B. gem. § 17 KSchG) besteht (*BAG* 10.3.1982 EzA § 2 KSchG Nr. 3). Hinsichtlich der einzuhaltenden Schriftform (§ 623 BGB) ist zu beachten, dass es ausreicht, wenn der Inhalt des Änderungsangebots im Kündigungsschreiben hinreichend Anklang gefunden hat (*BAG* 16.9.2004 EzA § 623 BGB 2002 Nr. 2 = NZA 2005, 635 = BAG Report 2005, 115); dabei muss sich das **schriftliche Änderungsangebot nicht auf die bisherigen unverändert weiter geltenden,** sondern nur die zukünftig neu geltenden Vertragsbedingungen beziehen (*BAG* 16.9.2004 EzA § 623 BGB 2002 Nr. 2).

2946 Andererseits muss der Arbeitnehmer (wenn das KSchG anwendbar ist und er sich auf die Sozialwidrigkeit der Änderungskündigung berufen will) zur Geltendmachung der Sozialwidrigkeit der geänderten Arbeitsbedingungen bzw., ab dem 1.1.2004 zur Geltendmachung der Unwirksamkeit der Änderungskündigung egal aus welchem Unwirksamkeitsgrund auf Grund der Änderung des § 4 KSchG im Zuge des Gesetzes zu Reformen am Arbeitsmarkt vom 24.12.2003 (BGBl. I S. 3002 ff.) die Dreiwochenfrist (**§ 4 KSchG**) einhalten (s. dazu o. Rn. 963 ff. u. 1746 ff.).

§ 6 KSchG ist analog anzuwenden, wenn innerhalb von drei Wochen nach Zugang der Änderungskündigung Änderungsschutzklage gem. § 4 S. 2 KSchG erhoben wird und der Kläger in diesem Verfahren bis zum Schluss der mündlichen Verhandlung erster Instanz die Unwirksamkeit der Änderungskündigung gem. § 1 Abs. 2, 3 KSchG geltend macht (*BAG* 23.3.1983 EzA § 6 KSchG Nr. 1). Er kann dann auch geltend machen, die Kündigung sei als **Beendigungskündigung sozial ungerechtfertigt** (*BAG* 17.5.2001 EzA § 620 BGB Kündigung Nr. 2). 2947

Hat der Arbeitnehmer im Übrigen das mit einer Änderungskündigung verbundene Angebot unter dem Vorbehalt des § 2 KSchG angenommen, kann er sich auf sonstige Unwirksamkeitsgründe (z.B. § 102 BetrVG) auch dann noch berufen, wenn er die Klage erst nach Ablauf der Frist des § 4 KSchG erhebt (*BAG* 28.5.1998 EzA § 2 KSchG Nr. 29; vgl. dazu *Berkowsky* BB 1999, 1266 ff.; *Künster/Steinberg* SAE 2000, 72 ff.). 2948

b) Verhältnis von § 102 BetrVG zu § 99 BetrVG

Beinhaltet das vom Arbeitgeber im Zusammenhang mit der Änderungskündigung ausgesprochene Änderungsangebot zudem eine Versetzung oder Umgruppierung, so besteht in Betrieben mit i.d.R. mehr als 20 wahlberechtigten Arbeitnehmern **auch ein Mitbestimmungsrecht nach § 99 BetrVG** (*BAG* 28.1.1986 EzA § 99 BetrVG 1972 Nr. 47; 30.9.1993 EzA § 99 BetrVG 1972 Nr. 118; **a.A.** *Hanau* BB 1972, 455 [nur Verfahren nach § 99 BetrVG]). Allerdings ist es unbedenklich und zumeist sogar **zweckmäßig, beide Mitwirkungsverfahren gleichzeitig durchzuführen und miteinander zu verbinden.** 2949

> Erforderlich ist dann aber, dass der Arbeitgeber gegenüber dem Betriebsrat deutlich macht, er höre ihn sowohl wegen der Änderungskündigung als auch wegen der Umgruppierung bzw. Versetzung an. 2950
> Führt der Arbeitgeber nur das Mitbestimmungsverfahren nach § 99 BetrVG durch, so liegt in einer Zustimmung des Betriebsrats zur Umgruppierung oder Versetzung noch keine Zustimmung zur Änderungskündigung, die das Anhörungsverfahren nach § 102 BetrVG entbehrlich machen könnte (*BAG* 3.11.1977 AP Nr. 1 zu § 75 BPersVG).

Denn es ist z.B. durchaus denkbar, dass der Betriebsrat zwar der Umgruppierung oder Versetzung zustimmt, aber einer Änderungskündigung widerspricht, weil er eine Umgruppierung oder Versetzung des Arbeitnehmers nur mit dessen Einverständnis hinnehmen will (APS/*Künzl* § 2 KSchG Rz. 131 f.; KR/*Rost* § 2 KSchG Rz. 131). 2951

c) Einzelfragen bei der Versetzung

> Will der Arbeitgeber mit einer fristgerechten Änderungskündigung eine Versetzung des Arbeitnehmers i.S.v. § 95 Abs. 3 BetrVG bewirken, so ist die Zustimmung des Betriebsrats nach § 99 BetrVG Wirksamkeitsvoraussetzung nur für die tatsächliche Zuweisung des neuen Arbeitsbereichs nach Ablauf der Kündigungsfrist. 2952
> Ist die Zustimmung des Betriebsrats nach § 99 BetrVG nicht erteilt oder ersetzt, so führt dies nicht zur – schwebenden – Unwirksamkeit der Änderungskündigung.
> Der Arbeitgeber kann nur die geänderten Vertragsbedingungen nicht durchsetzen, solange das Verfahren nach § 99 BetrVG nicht ordnungsgemäß durchgeführt ist; der Arbeitnehmer ist dann in dem alten Arbeitsbereich weiterzubeschäftigen, der ihm nicht wirksam entzogen worden ist (*BAG* 30.9.1993 EzA § 99 BetrVG 1972 Nr. 118).

d) Abänderung einer vertraglichen Einheitsregelung (§ 87 BetrVG)

2953 Die allgemeine Abänderung einer auf einer vertraglichen Einheitsregelung beruhender Auslösung bedarf kollektivrechtlich nach § 87 Abs. 1 Nr. 10 BetrVG der Mitbestimmung des Betriebsrats, sowie individualrechtlich der Änderungsvereinbarungen oder Änderungskündigungen. Weder das kollektivrechtliche noch das individualrechtliche Erfordernis ist vorrangig. **Eine nicht mitbestimmte, aber sozial gerechtfertigte Änderung der Vertragsbedingungen kann der Arbeitgeber lediglich nicht durchsetzen, solange die Mitbestimmung nicht durchgeführt ist** (*BAG* 17.6.1998 EzA § 2 KSchG Nr. 30; vgl. dazu *Henssler* SAE 2000, 247 ff.).

3. Verknüpfung von Kündigung und Änderungsangebot

a) Verknüpfungsmöglichkeiten

2954 Die Verknüpfung der Kündigung mit dem Änderungsangebot kann verschieden erfolgen (APS/*Künzl* § 2 KSchG Rz. 15 ff.):

- Ausspruch einer **unbedingten Kündigung, neben der die veränderte Fortsetzung des Arbeitsverhältnisses** (nach Auffassung des *LAG Bln.* [3.7.1995 LAGE § 2 KSchG Nr. 17] auch einer nur noch befristeten Weiterbeschäftigung) **angeboten wird;**
- **Ausspruch einer bedingten Kündigung, wobei die aufschiebende Bedingung in der Ablehnung des Änderungsangebots durch den Arbeitnehmer liegt** (vgl. KR/*Rost* § 2 KSchG Rz. 8 ff.).

2955 Ob eine Änderungskündigung oder eine Beendigungskündigung (mit dem Inaussichtstellen weiterer Vertragsverhandlungen) erklärt wurde, ist durch **Auslegung** zu ermitteln. Hat der Arbeitgeber **ersichtlich** keine von einem Änderungsangebot unabhängige **Beendigung des Arbeitsverhältnisses gewollt**, so ist die (Beendigungs-)Kündigung unwirksam, wenn ein wirksames und annahmefähiges Änderungsangebot vor oder mit der Kündigung nicht erklärt wurde (*BAG* 17.5.2001 EzA § 620 BGB Kündigung Nr. 2).

b) Zeitlicher Zusammenhang zwischen Kündigung und Änderungsangebot

2956 Zweifelhaft ist, ob das Änderungsangebot der Kündigung zeitlich nachgehen kann. Teilweise wird insoweit das Nachschieben eines Änderungsangebots bis zum letzten Kündigungstermin, teilweise bis zum Ablauf der Kündigungsfrist für zulässig erachtet (vgl. KR/*Rost* § 2 KSchG Rz. 20 ff. m.w.N.; APS/*Künzl* § 2 KSchG Rz. 23 ff.).

2957 Nach Auffassung des *LAG RhPf* (6.2.1987 DB 1987, 1098) enthält jedenfalls ein mit »Änderungskündigung« überschriebener Bericht des Arbeitgebers, durch den mit ordentlicher Kündigungsfrist eine Herabgruppierung bewirkt werden soll, **keine Änderungskündigung** im Rechtssinne, **wenn die angestrebte neue Vergütungsgruppe nicht angegeben ist.** Daran ändert sich nichts, wenn mehrere Tage später unter Bezugnahme auf die »Änderungskündigung« die neue Vergütungsgruppe mitgeteilt wird, da das Änderungsangebot nach Auffassung des *LAG RhPf* (6.2.1987 DB 1987, 1098) gleichzeitig mit der Kündigung unterbreitet werden muss. Es muss so konkretisiert sein, dass ein durch seine bloße Annahme inhaltlich bestimmter und praktisch durchführbarer Vertrag entsteht. Es genügt nicht, dass die Konkretisierung der Änderung auf einen späteren Zeitpunkt verschoben wird (*LAG RhPf* 15.3.2002 NZA-RR 2002, 670).

2958 Teilt der Arbeitgeber im Nachgang zu der »Änderungskündigung« lediglich mit, dass nach Ablauf der Kündigungsfrist eine bestimmte Vergütungsgruppe gelte, so enthält auch dies nicht das erforderliche Änderungsangebot (*LAG RhPf* 6.2.1987 DB 1987, 1098).

2959 Denn der Arbeitnehmer muss seine Entscheidung für oder gegen das Änderungsangebot in Kenntnis aller wesentlichen Vertragsbedingungen treffen können; das Änderungsangebot muss gem. § 145 BGB so beschaffen sein, dass durch seine bloße Annahme ein inhaltlich bestimmter und praktisch durchführbarer Vertrag entsteht (Bestimmtheitsgebot; s.o. Rn. 2945; *BAG* 16.9.2004 EzA § 623 BGB 2002 Nr. 2 = NZA 2005, 635). Es genügt nicht, dass die Konkretisierung auf einen späteren Zeitpunkt verschoben wird (*Busemann/Schäfer* a.a.O., Rz. 193a). Das Änderungsangebot muss deshalb **inhaltlich so eindeutig fixiert** sein, dass der Arbeitnehmer es mit einem einfachen »ja« annehmen kann (*LAG Bln.* 13.1.2000 NZA-RR 2000, 302; *LAG RhPf* 15.3.2002 NZA-RR 2002, 670; *ArbG Düsseld.* 18.10.2005 NZA-RR 2006, 21; vgl. auch *LAG Köln* 23.4.1999 NZA-RR 1999, 522; APS/*Künzl* § 2 KSchG Rz. 17; **a.A.** *LAG Nbg.* 13.9.2005 NZA-RR 2006, 133: genaue Tätigkeitsbeschreibung einschließlich der Über- und Unterstellung im Angebot ist nicht erforderlich).

II. Abgrenzung zur Ausübung des Direktionsrechts und zur Versetzung

1. Keine einseitige Zuweisung eines geringerwertigen Arbeitsplatzes

Die Änderungskündigung ist abzugrenzen von der Ausübung des Direktionsrechts (Konkretisierung der Arbeitspflicht) sowie von der Versetzung. **2960**
Eine Versetzung gegen den Willen des Arbeitnehmers auf einen anderen Arbeitsplatz mit geringerer Entlohnung nur auf Grund des Direktionsrechts ist, wenn keine entsprechenden einzelvertraglichen oder kollektivvertraglichen Regelungen vorliegen, nicht möglich (vgl. APS/*Künzl* § 2 KSchG Rz. 49 ff.).

Das gilt auch dann, wenn das bisherige Arbeitsentgelt fortgezahlt wird (*BAG* 14.7.1965 AP Nr. 19 zu § 611 BGB Direktionsrecht; s.o. Kap. 1 Rn. 511 ff.). **2961**

Selbst wenn aber einzelvertraglich ein sog. »**erweitertes Direktionsrecht**« vereinbart worden ist, hat der Arbeitgeber bei einer betriebsbedingten Umsetzung bei der Auswahl unter den betroffenen Arbeitnehmern nach Auffassung des *LAG Hamm* (12.2.1996 LAGE § 611 BGB Direktionsrecht Nr. 25) eine Sozialauswahl durchzuführen, die sich an §§ 2, 1 Abs. 2 S. 2 KSchG zu orientieren hat. **2962**

2. Weitergehende tarifliche Regelungen

Etwas anderes kann nach der Rechtsprechung des *BAG* (6.9.1990 EzA § 3 TVG Bezugnahme auf Tarifvertrag Nr. 3) dann gelten, wenn dem Arbeitgeber tarifvertraglich eine **weitergehende Versetzungsbefugnis** eingeräumt wird (s.o. Kap. 3 Rn. 17 ff.; vgl. APS/*Künzl* § 2 KSchG Rz. 87 ff.). Das gilt selbst dann, wenn die Anwendbarkeit der jeweiligen tariflichen Regelung nur einzelvertraglich vereinbart wird. **2963**

Zwar wird im Ergebnis das Arbeitsverhältnis durch das In-Kraft-Treten eines eine derartige Befugnis neu aufnehmenden Tarifvertrages in einem wesentlichen Punkt geändert. Das ist im Individualarbeitsrecht die Wirkung einer Änderungskündigung, die an sich gerichtlich überprüfbar wäre. **2964**
Jedoch tritt anstelle des Kündigungsschutzes im kollektivrechtlich geprägten Arbeitsverhältnis der Schutz, der von der Richtigkeitsgewähr des Tarifvertrages und der Gleichgewichtigkeit der Tarifvertragsparteien ausgeht, der anders als der geringere Schutz des § 315 BGB bei einer einseitigen Leistungsbestimmung und bei einem Widerrufsvorbehalt von gleichwertiger Qualität wie der Kündigungsschutz ist (abl. MünchArbR/*Hanau* § 62 Rz. 105, weil das KSchG nicht tarifdispositiv ist; *LAG Düsseld.* 17.3.1995 LAGE § 2 KSchG Nr. 16).

III. Abgrenzung zur Teilkündigung und zum Widerrufsrecht

1. Begriff der Teilkündigung; Abgrenzung zur Beendigungskündigung und zur ergänzenden Vertragsauslegung

2965 Eine Abgrenzung ist auch erforderlich zur sog. Teilkündigung.

2966 Sie bezieht sich nicht auf die Beendigung des Arbeitsverhältnisses insgesamt, sondern nur auf die Kündigung bestimmter Vertragsteile.

2967 Entscheidendes Merkmal der Teilkündigung ist (wie bei jeder Kündigung des Arbeitsverhältnisses) die einseitige Änderung von Vertragsbedingungen gegen den Willen der anderen Vertragspartei.

2968 Von der Kündigung unterscheidet sich die Teilkündigung nur dadurch, dass erstere das Arbeitsverhältnis in seinem ganzen Bestand erfasst, während sich mit letzterer eine Vertragspartei unter Aufrechterhaltung des Arbeitsverhältnisses im Übrigen **nur von einzelnen Rechten und Pflichten aus dem Arbeitsverhältnis lösen will.**

2969 In der Äußerung einer – möglicherweise falschen – Rechtsansicht liegt im Übrigen keine Teilkündigung.

2970 Übernimmt der Arbeitnehmer eine tariflich niedriger bewertete Tätigkeit und vereinbaren die Parteien, dass dem Arbeitnehmer der Differenzbetrag zwischen den beiden Tarifgruppen in beziffterter Höhe als »nicht aufzehrbare Ausgleichszulage, die auch an Tariflohnerhöhungen teilnimmt« zusteht, so soll er damit regelmäßig so gestellt werden, wie er ohne den Stellenwechsel gestanden hätte. Eine solche Vereinbarung bezweckt i.d.R. nicht, dem Arbeitnehmer das höhere Gehalt auch für den Fall zu sichern, dass die ursprüngliche Tätigkeit tariflich später geringer bewertet wird (*BAG* 22.1.1997 EzA § 622 BGB Teilkündigung Nr. 7).

2. Grundsätzliches Verbot der Teilkündigung

2971 Eine solche Teilkündigung ist grds. unzulässig, **weil durch sie das von den Parteien vereinbarte Äquivalenz- und Ordnungsgefüge gestört wird.** Sie nimmt nicht darauf Rücksicht, dass die Rechte und Pflichten der Parteien in vielfachen inneren Beziehungen stehen.

2972 Durch die Teilkündigung entzieht sich somit eine Vertragspartei der Vertragsbindung, ohne gleichzeitig auf ihre Rechte aus der Bindung der anderen Partei zu verzichten (*BAG* 7.10.1982 EzA § 315 BGB Nr. 28; vgl. APS/*Künzl* § 2 KSchG Rz. 73 ff.).

3. Begriff des Widerrufsvorbehaltes

2973 Ist hingegen einer Vertragspartei das Recht eingeräumt, eine Vertragsbedingung einseitig zu ändern, so handelt es sich (unabhängig von der gewählten Bezeichnung) um einen Widerrufsvorbehalt (s. dazu Kap. 1 Rn. 580 ff. und Kap. 3 Rn. 740 ff., insbes. auch zu den Auswirkungen der Schuldrechtsreform).

2974 Dieser kann seine Rechtsgrundlage im Arbeitsvertrag selbst, aber auch in einer Betriebsvereinbarung oder in einem Tarifvertrag haben.

4. Grundsätzliche Zulässigkeit von Widerrufsvorbehalten; Wegfall der Geschäftsgrundlage

2975 Die Vereinbarung eines solchen Widerrufsvorbehaltes, d.h. eines Rechts zur einseitigen Änderung der Vertragsbedingungen, ist **grds. zulässig;** die Ausübung des Widerrufsrechts im konkreten Einzelfall muss gem. § 315 BGB nach billigem Ermessen erfolgen (*BAG* 7.10.1982 EzA § 315 BGB Nr. 28; vgl. dazu *Sievers* NZA 2002, 1182 ff.; abl. *Leuchten* NZA 1994, 724 ff.).

2976 **Sie ist nur dann gem. § 134 BGB nichtig, wenn sie zur Umgehung des zwingenden Kündigungsschutzes führt.**

2977 Das wird in aller Regel dann der Fall sein, **wenn wesentliche Elemente des Arbeitsvertrages einer einseitigen Änderung unterliegen sollen, durch die das Gleichgewicht zwischen Leistung und Gegenleistung grundlegend gestört wird** (*BAG* 4.2.1958 AP Nr. 1 zu § 620 BGB Teilkündigung; 7.10.1982 EzA § 315 BGB Nr. 28).

Der Bestandsschutz des Arbeitsverhältnisses bleibt aber nach der Rechtsprechung des *BAG* (7.1.1971 AP Nr. 12 zu § 315 BGB) auch nach erklärtem Widerruf gewahrt, wenn **mindestens das Tarifgehalt weitergezahlt wird.** 2978

Beispiele: 2979

- Ist nach dem Arbeitsvertrag mit dem vorbehaltenen Entzug (Versetzung) einer Zusatzaufgabe (z.B. der Check-Purser-Tätigkeit bei einer Luftfahrtgesellschaft) gleichzeitig auch der Wegfall der hierfür gezahlten außertariflichen Zulage verbunden, liegt darin im Regelfall – unabhängig von der gewählten Bezeichnung – auch der Vorbehalt des Widerrufs der außertariflichen Zulage.
  Eine Umgehung des Kündigungsschutzes liegt darin jedenfalls dann nicht, wenn die Zulage nur 15 % der Gesamtbezüge des Arbeitnehmers ausmacht (*BAG* 15.11.1995 EzA § 315 BGB Nr. 46; vgl. auch *BAG* 7.8.2002 EzA § 315 BGB Nr. 51).
- Ein Arbeitgeber, der einem Arbeitnehmer unter dem Vorbehalt der Refinanzierbarkeit bei staatlichen Stellen einzelvertraglich unabhängig z.B. von den Arbeitsvertragsrichtlinien des Diakonischen Werkes Vergütung aus einer höheren Vergütungsgruppe zusagt, kann sich von dieser Zusage lösen, wenn der Drittmittelgeber die Finanzierung verweigert. Der Widerruf kann dann ohne Änderungskündigung erfolgen (*BAG* 6.8.1997 NZA 1998, 263; s.a. u. Rn. 3040 ff.).

Eine Befugnis des Arbeitgebers zum vertraglich nicht vorbehaltenen Widerruf einer Zulage kann allerdings **nicht** auf einen **Wegfall der Geschäftsgrundlage** der Vergütungsvereinbarung gestützt werden. Soweit der Wegfall der Geschäftsgrundlage eine Änderung der Arbeitsbedingungen notwendig macht, hat der Arbeitgeber vielmehr eine Änderungskündigung auszusprechen (*BAG* 16.5.2002 EzA § 2 KSchG Nr. 46). 2980

5. Übertragung der für den Widerrufsvorbehalt entwickelten Grundsätze auf die vorbehaltene Teilkündigung

> Nach Maßgabe dieser für den Widerrufsvorbehalt entwickelten Grundsätze kommt auch eine Teilkündigung dann in Betracht, wenn das von den Parteien im Vertrag festgelegte Ordnungs- und Äquivalenzgefüge nicht gestört wird. 2981

Das ist grds. anzunehmen, wenn für einzelne Vertragsteile eine **Teilkündigung ausdrücklich vorgesehen** ist (*BAG* 23.8.1989 EzA § 565b BGB Nr. 3; 14.11.1990 EzA § 620 BGB Teilkündigung Nr. 5), sowie dann, wenn sich aus den Umständen ergibt, dass es sich um einen **selbstständigen Vertragsteil** handelt, der ohne Störung des Übrigen vertraglichen Äquivalenz- und Ordnungsgefüges aus dem Vertrag herausgelöst werden kann (vgl. *Hromadka* DB 1995, 1609 ff.). 2982

Das *BAG* (7.10.1982 EzA § 315 BGB Nr. 28) geht letztlich davon aus, dass der **Vorbehalt der Teilkündigung als Widerrufsvorbehalt aufzufassen ist.** Auf diesen ist § 315 BGB anwendbar, wonach die Bestimmung der Leistung durch einen der Vertragsschließenden (hier den Arbeitgeber) im Zweifel nach billigem Ermessen zu treffen ist. Das bedeutet, dass die **wesentlichen Umstände des Falles abzuwägen und die beiderseitigen Interessen zu berücksichtigen sind** (*BAG* 13.5.1987 EzA § 315 BGB Nr. 34). 2983

Beispiele: 2984

- Bei einer **Verkleinerung des Bezirks eines Außendienstmitarbeiters** im Rahmen einer grundlegenden Neuordnung der Bezirke ist das billige Ermessen z.B. dann gewahrt, wenn dies nicht zu einer nachweislichen Verdienstminderung führt (*BAG* 7.10.1982 EzA § 315 BGB Nr. 28).
- Die arbeitsvertragliche Verpflichtung zum Bewohnen einer **Werksdienstwohnung** kann dagegen nicht selbstständig unter Fortbestand des Arbeitsverhältnisses gekündigt werden (*BAG* 23.8.1989 EzA § 565b BGB Nr. 3).

- Ist in einem **(Chefarzt-)Vertrag** die Kostenerstattung für die Leistungen des Krankenhauses niedergelegt, die der Chefarzt im Rahmen seiner Privatliquidation in Anspruch nimmt, und enthält ein Zusatzvertrag nur einen Berechnungsmodus für die Kostenerstattung, dann kann der Zusatzvertrag selbstständig durch Kündigung beendet werden, wenn ein entsprechendes Kündigungsrecht vereinbart wurde. Eine – unzulässige – Teilkündigung liegt dann nicht vor, weil die Grundlage der im Dienstvertrag geregelten Kostenerstattung unberührt bleibt (*BAG* 14.11.1990 EzA § 611 BGB Teilkündigung Nr. 5).
- Eine Teilkündigung allein von **Provisionsbedingungen** ist grds. nicht zulässig (MünchArbR/*Kreßel* § 68 Rz. 66).

6. Verfahrensfragen

2985 Spricht der Arbeitgeber eine ausnahmsweise zulässige Teilkündigung aus, kann der Arbeitnehmer deren Wirksamkeit überprüfen lassen. **§ 4 KSchG findet jedoch keine Anwendung.** Es gelten die zur Überprüfung des Widerrufsvorbehaltes bzw. der auf Grund des Direktionsrechts erteilten Weisungen entwickelten Grundsätze (§ 315 BGB; s.o. Kap. 1 Rn. 511 ff.; Kap. 3 Rn. 740 ff.).

7. Umdeutung

2986 Die unwirksame Teilkündigung ist grds. nicht in eine Änderungskündigung umzudeuten (KR/*Rost* § 2 KSchG Rz. 53).

IV. Gründe für eine sozial gerechtfertigte Änderungskündigung

1. Prüfungsmaßstab

2987 Gem. § 2 KSchG muss die Änderung der Arbeitsbedingungen **sozial gerechtfertigt sein,** um wirksam zu werden.

2988 Das bedeutet, dass die Änderung der Arbeitsbedingungen aus personen-, verhaltens- oder durch dringende betriebliche Erfordernisse bedingten Gründen unvermeidbar sein muss und die neuen Bedingungen für den Arbeitnehmer unter Berücksichtigung des Verhältnismäßigkeitsprinzips annehmbar sein müssen (*BAG* 6.3.1986 EzA § 15 KSchG n.F. Nr. 34; 3.7.2003 EzA § 2 KSchG Nr. 49; 23.6.2005 EzA § 2 KSchG Nr. 54 = NZA 2006, 92 m. Anm. *Löwisch* SAE 2007, 49 ff.; 23.6.2005 EzA § 2 KSchG Nr. 55 = NZA-RR 2006, 280 LS; vgl. ausf. *Hromadka* NZA 1996, 1 ff.; *Fischermeier* NZA 2000, 738; APS/*Künzl* § 2 KSchG Rz. 235 ff.; *Bröhl* BB 2007, 437 ff.; krit. *Berkowsky* NZA 2000, 1131 ff.). Der Arbeitgeber muss sich also bei einem an sich anerkennenswerten Anlass zur Änderungskündigung darauf beschränken, nur solche Änderungen vorzuschlagen, die der Arbeitnehmer billigerweise hinnehmen muss (*BAG* 16.5.2002 EzA § 2 KSchG Nr. 46; 27.3.2003 EzA § 2 KSchG Nr. 48 = NZA 2003, 1030; 22.4.2004 EzA § 2 KSchG Nr. 50 = NZA 2004, 1158 = BAG Report 2004, 317 m. Anm. *Schweer* BAG Report 2005, 129 ff.; 23.6.2005 EzA § 2 KSchG Nr. 54 = NZA 2006, 92; 29.11.2007 EzA § 2 KSchG Nr. 69 = NZA 2008, 523; vgl. dazu *Reiserer/Powietzka* BB 2006, 1115 ff.).

2989 Die soziale Rechtfertigung ist sowohl hinsichtlich der Frage, ob **überhaupt eine Änderung der Arbeitsbedingungen erforderlich ist,** als auch hinsichtlich der Frage, **wie diese Änderung im konkreten Fall zu erfolgen hat,** zu überprüfen.

2990 Denn ob der Arbeitnehmer die vorgeschlagenen Änderungen billigerweise hinnehmen muss, richtet sich nach dem Verhältnismäßigkeitsgrundsatz. Keine der angebotenen Änderungen darf sich weiter vom Inhalt des bisherigen Arbeitsverhältnisses entfernen, als es zur Anpassung an die geänderten Arbeitsbedingungen erforderlich ist (*BAG*

23.6.2005 EzA § 2 KSchG Nr. 54 = NZA 2006, 92; 23.6.2005 EzA § 2 KSchG Nr. 55 = NZA-RR 2006, 280 LS; 3.4.2008 EzA § 2 KSchG Nr. 70 = NZA 2008, 812; 26.6.2008 – 2 AZR 147/07 – FA 2008, 285 LS = NZA 2008, 1431 LS; *ArbG Nbg.* 1.8.2006 – 5 Ca 2902/06 – ArbuR 2007, 59 LS; s.u. Rn. 3081). Wenn durch das Änderungsangebot neben der Tätigkeit auch die Gegenleistung – Vergütung – geändert werden soll, sind beide Elemente des Änderungsangebots am Verhältnismäßigkeitsgrundsatz zu messen (*BAG* 3.4.2008 EzA § 2 KSchG Nr. 70). Ergibt sich insoweit die **Höhe der Vergütung** für die geänderte Tätigkeit **nicht automatisch** z.B. **aus einem Tarifvertrag** oder einer vom Arbeitgeber aufgestellten Vergütungsordnung, sondern hat der Arbeitgeber die Gehälter aller vergleichbaren Arbeitnehmer **frei ausgehandelt**, so ist nach den Grundsätzen der abgestuften Darlegungs- und Beweislast zu prüfen, ob die dem Arbeitnehmer konkret **angebotene Vergütung** dessen **Änderungsschutz hinreichend berücksichtigt**. Der Arbeitgeber ist dann nicht verpflichtet, dem betroffenen Arbeitnehmer im Wege der Änderungskündigung die höchste für vergleichbare Tätigkeiten gezahlte Vergütung anzubieten. Er hat vielmehr lediglich den Arbeitnehmer, dem gegenüber er eine Änderungskündigung ausspricht, unter Berücksichtigung seines Änderungsschutzes in das frei ausgehandelte Vergütungsgefüge einzuordnen (*BAG* 3.4.2008 EzA § 2 KSchG Nr. 70 = NZA 2008, 812).

Eine gesonderte Rechtfertigung der Vergütungsänderung ist nur dann entbehrlich, wenn sich die geänderte Vergütung aus einem im Betrieb angewandten Vergütungssystem ergibt (»Tarifautomatik«; *BAG* 23.6.2005 EzA § 2 KSchG Nr. 54 = NZA 2006, 92; 29.11.2007 EzA § 2 KSchG Nr. 69 = NZA 2008, 523). Es sind also grds. alle Einzelheiten des Angebots daraufhin zu überprüfen, ob die Änderungen geeignet und erforderlich sind (*BAG* 29.11.2007 EzA § 2 KSchG Nr. 69 = NZA 2008, 523; 23.6.2005 EzA § 2 KSchG Nr. 55 = NZA-RR 2006, 280 LS; zutr. *LAG Nbg.* 26.7.2005 LAGE § 2 KSchG Nr. 52 = LAG Report 2005, 361; *LAG Hamm* 26.10.2005 ArbuR 2006, 211 LS).

Ist die Frage nach dem Ob zu bejahen, ist aber die konkrete Änderung sozial ungerechtfertigt, weil sie etwa einschneidender als erforderlich ist, so kann das Gericht nicht etwa eine Vertragsanpassung an das Erforderliche vornehmen. Insoweit ist vielmehr die Änderungskündigung insgesamt unwirksam mit der Folge, dass das Arbeitsverhältnis zu den ursprünglichen Vertragsbedingungen fortbesteht (*BAG* 21.9.2006 EzA § 2 KSchG Nr. 61 = NZA 2007, 435; 26.6.2008 – 2 AZR 147/07 – FA 2008, 285 LS = NZA 2008, 1431 Ls.). Die beabsichtigte Änderung der Vertragsbedingungen darf stets nur so weit gehen, wie dies nach dem Zweck der Maßnahme erforderlich ist. Sie muss andererseits zur Erreichung dieses Zweckes geeignet sein (*LAG Köln* 21.1.2002 LAGE § 2 KSchG Nr. 40a; MünchArbR/*Berkowsky* § 145 Rz. 24). Daraus folgt, dass dann, wenn das Änderungsangebot mehrere Änderungen vorsieht, von denen eine sozial ungerechtfertigt ist, die Änderungskündigung insgesamt unwirksam ist (*BAG* 21.9.2006 EzA § 2 KSchG Nr. 61 = NZA 2007, 435; *LAG Köln* 21.6.2002 LAGE § 2 KSchG Nr. 42 = NZA-RR 2003, 247; *LAG Nbg.* 26.7.2005 LAGE § 2 KSchG Nr. 52 = LAG Report 2005, 361; *LAG Hamm* 26.10.2005 ArbuR 2006, 211 LS). 2991

Eine betriebsbedingte Änderungskündigung ist folglich z.B. nur dann wirksam, wenn sich der Arbeitgeber bei einem an sich anerkennenswerten Anlass zur Änderungskündigung darauf beschränkt hat, nur solche Änderungen vorzunehmen, die der Arbeitnehmer billigerweise hinnehmen muss (*BAG* 15.3.1991 EzA § 2 KSchG Nr. 16; 23.6.2005 EzA § 2 KSchG Nr. 54 = NZA 2006, 92). Folglich kann sich die Unwirksamkeit einer z.B. auf die Änderung der Arbeitszeiten gerichteten Änderungskündigung bereits daraus ergeben, dass das Datum der vorgesehenen Vertragsänderung weit vor dem Datum des In-Kraft-Tretens der Kündigung liegt (*LAG Hamm* 26.10.2005 ArbuR 2006, 211 LS). 2992

Der Arbeitnehmer hat auch insoweit einen **Anspruch auf Gleichbehandlung**. Ein Angebot, das dem Arbeitnehmer weniger zugesteht, als er beanspruchen kann, widerspricht deshalb 2993 der Rechtslage und muss folglich auch nicht billigerweise hingenommen werden (*BAG* 3.7.2003 EzA § 2 KSchG Nr. 49; s.a. Rn. 3005).

2. Personenbedingte Gründe

2994 Eine personenbedingte Änderungskündigung kommt in Betracht, wenn der Arbeitnehmer seine vertraglich **geschuldete Arbeitsleistung** auf dem bisherigen Arbeitsplatz infolge eines in seiner Person liegenden Umstandes **nicht mehr erbringen kann,** er für einen anderen (freien) Arbeitsplatz jedoch weiterhin geeignet ist (*BAG* 3.11.1977 NJW 1978, 2168; APS/*Künzl* § 2 KSchG Rz. 229 ff.).

2995 ▶ **Beispiel: Beweislast**
Hat der Arbeitgeber einem mit Personenbeförderung beauftragten Kraftfahrer gegenüber eine **personenbedingte Änderungskündigung** (Versetzung in die Hofkolonne) ausgesprochen, weil der TÜV auf Grund einer medizinisch-psychologischen Untersuchung die mangelnde Eignung des Arbeitnehmers festgestellt hatte, so kann das TÜV-Gutachten durch einen **gerichtlich beauftragten Sachverständigen überprüft** werden. Erweist sich dabei, dass das erste Gutachten fehlerhaft und unbrauchbar in dem Sinne war, dass es nicht einmal als Grundlage für ernste, nicht ausräumbare Zweifel an der Eignung des Klägers herangezogen werden kann, so ist die Änderungskündigung unwirksam. Es kommt nicht darauf an, dass das gerichtlich eingeholte Gutachten positiv die Eignung des Klägers feststellt (*LAG Köln* 9.2.2000 NZA 2001, 34).

3. Verhaltensbedingte Gründe

a) Allgemeine Voraussetzungen

2996 Auch aus verhaltensbedingten Gründen kann eine Änderungskündigung angezeigt sein, wenn etwa durch ein bestimmtes Verhalten des Arbeitnehmers **das Vertrauen des Arbeitgebers nur hinsichtlich eines abgrenzbaren Teilbereichs zerstört ist,** wie dies etwa bei Störungen der Beziehung zwischen Arbeitnehmern untereinander denkbar ist (*BAG* 21.11.1985 EzA § 1 KSchG Nr. 42; vgl. APS/*Künzl* § 2 KSchG Rz. 232 ff.). Auch für die soziale Rechtfertigung einer verhaltensbedingten Änderungskündigung bedarf es aber regelmäßig einer vorherigen einschlägigen **Abmahnung.**

b) Politische Betätigung; öffentlicher Dienst

2997 Die ordentliche Änderungskündigung eines **Fernmeldehandwerkers bei der Deutschen Bundespost wegen seiner DKP-Zugehörigkeit und damit verbundenen Aktivitäten** ist dann durch Gründe, die im Verhalten des Arbeitnehmers liegen, bedingt, wenn eine konkrete Störung des Arbeitsverhältnisses, sei es im Leistungsbereich, im Bereich der betrieblichen Verbundenheit aller Mitarbeiter, im personalen Vertrauensbereich oder im behördlichen Aufgabenbereich eingetreten ist.

2998 Einen personenbedingten Grund wegen fehlender Eignung auf Grund von Zweifeln an der Erfüllung der einfachen politischen Loyalitätspflicht eines im öffentlichen Dienst tätigen Arbeitnehmers stellt diese politische Betätigung nur dann dar, wenn sie in die öffentliche Dienststelle hineinwirkt und entweder den allgemeinen Aufgabenbereich des öffentlichen Arbeitgebers oder das konkrete Aufgabengebiet des Arbeitnehmers berührt (*BAG* 20.7.1989 EzA § 2 KSchG Nr. 11).

2999 **Sicherheitsbedenken,** die sich aus der vom Arbeitgeber vermuteten fehlenden Verfassungstreue ergeben sollen, sind von diesem unter Berücksichtigung der einem Fernmeldehandwerker obliegenden politischen Treuepflicht bezogen auf sein Tätigkeitsgebiet und den behördlichen Aufgabenbereich konkret unter Angabe greifbarer Tatsachen darzulegen (*BAG* 20.7.1989 EzA § 2 KSchG Nr. 11).

4. Betriebsbedingte Gründe

a) Entgeltminderung; Anpassung von Nebenabreden

Ein anerkennenswerter Anlass für eine betriebsbedingte Änderungskündigung ist insbes. dann gegeben, wenn das **Bedürfnis für die Weiterbeschäftigung des Arbeitnehmers entfallen ist**. Das kann auf einer nur der Missbrauchskontrolle unterliegenden unternehmerischen Entscheidung zur **Umstrukturierung** des Betriebs beruhen (*BAG* 23.6.2005 EzA § 2 KSchG Nr. 54 = NZA 2006, 92; vgl. dazu *Reiserer/Powietzka* BB 2006, 1115 ff.). Dabei ist zu beachten, dass eine **betriebsbedingte Änderung der Arbeitsbedingungen** durch eine Änderungskündigung, mit der der Arbeitgeber eine sonst aus wirtschaftlichen Gründen **erforderliche Beendigungskündigung vermeidet**, vom Arbeitnehmer nach dem Verhältnismäßigkeitsgrundsatz **stets billigerweise hinzunehmen** ist. Steht im Kündigungszeitpunkt fest, dass der Arbeitnehmer aufgrund seines Widerspruchs gegen einen Betriebsübergang bei seinem Arbeitgeber nicht mehr beschäftigt werden kann, verstößt das Angebot des Arbeitgebers, den Arbeitnehmer an den Betriebserwerber auszuleihen, regelmäßig nicht gegen den Verhältnismäßigkeitsgrundsatz. Das gilt auch dann, wenn der Arbeitgeber dem Arbeitnehmer die Fortsetzung des Arbeitsverhältnisses nur zu dem geringeren Entgelt anbietet, das der Betriebsübernehmer nach den in seinem Betrieb einschlägigen Tarifverträgen seinen Arbeitnehmern zahlt (*BAG* 29.3.2007 EzA § 2 KSchG Nr. 66 = NZA 2007, 855). 3000

Im Rahmen betriebsbedingter Gründe für eine Änderungskündigung stellt sich aber darüber hinaus generell insbes. die Frage, inwieweit eine **Entgeltminderung** nach § 2 KSchG sozial gerechtfertigt sein kann (vgl. APS/*Künzl* § 2 KSchG Rz. 244 ff.; *Herbert/Oberrath* NJW 2008, 3177 ff.). 3001

Denn soweit eine arbeitsvertragliche Entgeltregelung ohne Frist und Vorbehalt getroffen wurde oder, weil die Grundlagen des Arbeitsverhältnisses berührend, als getroffen gilt, ist eine Änderung nur einvernehmlich oder durch Änderungskündigung möglich. Nach der Rechtsprechung des *BAG* (20.3.1986 EzA § 2 KSchG Nr. 6; zust. *Dänzer-Vanotti/Engels* DB 1986, 1392; *Hromadka* RdA 1992, 234, 255; ebenso *LAG Bln.* 30.6.1997 NZA-RR 1998, 257; *LAG Düsseld.* 17.2.1998 NZA-RR 1998, 534) bedarf es einer Interessenabwägung unter Berücksichtigung des Gewichts der für die Vertragsänderung sprechenden Gründe einerseits und des Grades der Schutzwürdigkeit des Arbeitnehmers andererseits. Dabei ist zu beachten, dass der Arbeitgeber nachhaltig in das arbeitsvertraglich vereinbarte Verhältnis von Leistung und Gegenleistung eingreift. Grundsätzlich sind aber einmal geschlossene Verträge einzuhalten. Ein Geldmangel allein kann den Schuldner nicht entlasten. Die Dringlichkeit eines schwerwiegenden Eingriffs in das Leistungs-/Lohngefüge, wie es die Änderungskündigung zur Durchsetzung einer erheblichen Lohnsenkung darstellt, ist deshalb nur dann gerechtfertigt, wenn bei einer Aufrechterhaltung der bisherigen Personalkostenstruktur weitere, betrieblich nicht mehr auffangbare Verluste entstehen, die absehbar zur Stilllegung des Betriebes oder zumindest zur Reduzierung der Belegschaft führt (*BAG* 12.1.2006 EzA § 2 KSchG Nr. 56 = NZA 2006, 587 m. Anm. *Junker* SAE 2006, 219; s.a. *Schrader/Straube* DB 2006, 1678 ff.); diese Grundsätze gelten auch dann, wenn der Arbeitgeber eine **Erhöhung der Wochenarbeitszeit** ohne Lohnausgleich erreichen will (*LAG Köln* 16.11.2005 ArbuR 2006, 251 LS). Regelmäßig setzt deshalb eine solche Situation einen umfassenden Sanierungsplan voraus, der alle gegenüber der beabsichtigten Änderungskündigung milderen Mittel ausschöpft (*BAG* 27.9.2001 EzA § 2 KSchG Nr. 44; 16.5.2002 EzA § 2 KSchG Nr. 46; *LAG Köln* 21.6.2002 LAGE § 2 KSchG Nr. 42 = NZA-RR 2003, 247; vgl. *Krause* DB 1995, 574 ff.; *Gaul* DB 1998, 1913 ff.; gänzlich ablehnend *Kittner* NZA 1997, 968 ff., weil dies Sache freier Verhandlungen sei, die für die Arbeitnehmer freilich unter der handfesten Drohung des Arbeitsplatzverlustes geführt werden müssten). Das lässt sich dahin zusammenfassen, dass dann, wenn sich die bisherige Tätigkeit des Arbeitnehmers nicht verändert, eine – isolierte – Reduzierung der vereinbarten Vergütung durch eine betriebsbedingte Änderungskündigung nur unter besonderen Voraussetzungen zulässig ist (*BAG* 16.5.2002 EzA § 2 KSchG Nr. 46). Das gilt selbst dann, wenn eine neue gesetzliche Regelung (§§ 3 Abs. 1 Nr. 3, 9 Nr. 2, 10 Abs. 4 AÜG – **unterschiedliche Entloh-** 3002

nung von Leiharbeitnehmern durch Bezugnahme auf einen Tarifvertrag) die Möglichkeit vorsieht, durch Parteivereinbarung einen geringeren tariflichen Lohn festzulegen, als er dem Arbeitnehmer bisher gesetzlich oder vertraglich zustand. Diese gesetzliche Neuregelung allein rechtfertigt es noch nicht, im Fall des Verbandsbeitritts des Verleihers nunmehr durch Änderungskündigung das zuvor mit dem Leiharbeitnehmer vereinbarte oder gesetzlich zustehende Entgelt auf das tarifliche Entgelt nach dem für den Arbeitgeber geltenden Tarifvertrag für Zeitarbeitsunternehmen abzusenken. Auch das Interesse des Verleihunternehmers, in seinem Betrieb einheitliche Vertragsbedingungen zu schaffen, reicht allein noch nicht zur sozialen Rechtfertigung einer Änderungskündigung zur Entgeltsenkung aus (*BAG* 12.1.2006 EzA § 2 KSchG Nr. 56 = NZA 2006, 587 m. Anm. *Junker* SAE 2006, 219).

3003 Diese Grundsätze gelten entsprechend auch im öffentlichen Dienst (vgl. MünchArbR/*Hanau* § 62 Rz. 113; APS/*Künzl* § 2 KSchG Rz. 264).

3004 Nach Auffassung des *LAG Köln* (15.6.1988 LAGE § 2 KSchG Nr. 8; **a.A.** *LAG Bln.* 30.6.1997 NZA-RR 1998, 257) ist es weitergehend ausreichend, wenn durch die Herabsetzung der finanziellen Leistungen des Arbeitgebers eine **Rentabilitätsverbesserung** erreicht werden kann. Es hat deshalb eine Massenänderungskündigung mit dem Ziel der Streichung eines monatlichen Mietkostenzuschusses in Höhe von 19 DM als Teil eines Sanierungskonzeptes für gerechtfertigt erachtet. Allerdings stand das Unternehmen unter einem erheblichen Druck, da es in früheren Jahren erhebliche Verluste erlitten hatte und die Kreditgeber unter Androhung von Kreditkürzungen konkrete Maßnahmen zur Ergebnisverbesserung gefordert hatten.

3005 Das *LAG BW* (20.3.1997 BB 1997, 1903; vgl auch *LAG Bln.* 11.5.1998 NZA-RR 1998, 498) lässt es genügen, dass **betriebliche Interessen von einigem Gewicht** diese Maßnahme – ggf. im Rahmen eines Pakets weiterer Schritte zur Kostensenkung – erforderlich machen. Andererseits stellt die Einführung einer neuen Lohnfindungsmethode (Umstellung auf leistungsbezogene Vergütung) allein keinen Grund für eine betriebsbedingte Änderungskündigung gegenüber einem Arbeitnehmer dar, dessen Lohn sich aus Grundlohn und widerruflicher Gewinnbeteiligung zusammensetzt. Auch der **Gleichbehandlungsgrundsatz** gibt in einem derartigen Fall keinen betriebsbedingten Grund zur Änderungskündigung, selbst wenn mehr als 90% der Belegschaft den geänderten Bedingungen einzelvertraglich zugestimmt hatte (*LAG RhPf* 9.1.1997 NZA 1998, 598; *LAG Nds.* 23.5.2007 – 16 Sa 1302/06 – ArbuR 2007, 403 LS; s.a. *BAG* 12.1.2006 EzA § 2 KSchG Nr. 56 = NZA 2006, 587 m. Anm. *Junker* SAE 2006, 219). Von daher genügt der **Wunsch des Arbeitgebers**, für alle Arbeitsverhältnisse **gleiche Urlaubsansprüche und Ausschlussfristen herzustellen, nicht** als soziale Rechtfertigung für eine Änderung dieser Bedingungen durch Änderungskündigung. Solche Arbeitsbedingungen zählen auch nicht zu den in grds. freier unternehmerischer Entscheidung bestimmbaren Anforderungen an freie Arbeitsplätze durch den Arbeitgeber (*LAG Nbg.* 26.7.2005 LAGE § 2 KSchG Nr. 52 = LAG Report 2005, 361).

3006 Das *BAG* (27.3.2003 EzA § 2 KSchG Nr. 48 = NZA 2003, 1030; abl. *Berkowsky* NZA 2003, 1130 ff.) hat inzwischen für Änderungskündigungen zur Anpassung derartiger vertraglicher Nebenabreden folgende Grundsätze aufgestellt:

- Änderungskündigungen zur Anpassung vertraglicher Nebenabreden (z.B. kostenlose Beförderung zum Betriebssitz, Fahrtkostenzuschuss, Mietzuschuss) an geänderte Umstände unterliegen nicht den gleichen strengen Maßstäben wie Änderungskündigungen zur Entgeltabsenkung, also zur Kürzung der vereinbarten Vergütung.
- Ein dringendes betriebliches Bedürfnis kann sich in diesem Zusammenhang daraus ergeben, dass die Parteien eine Nebenabrede vereinbart haben, die an Umstände knüpft, die erkennbar nicht während der gesamten Dauer des Arbeitsverhältnisses gleich bleiben müssen.
- Hat der Arbeitgeber mit seinen Arbeitnehmern anlässlich des Umzugs des Betriebes an einen mit öffentlichen Verkehrsmitteln nicht oder nur schwer erreichbaren Ort ver-

einbart, einen kostenlosen Werkbusverkehr vom bisherigen Betriebsort an die neue Betriebsstätte einzurichten und zu unterhalten, so kann eine erhebliche Veränderung der bei der Vereinbarung zugrunde gelegten Umstände ein dringendes betriebliches Erfordernis zu einer Änderungskündigung darstellen.
- Es ist jedoch stets zu prüfen, ob sich die der ursprünglichen Vereinbarung zugrunde liegenden Umstände so stark geändert haben, dass sie eine Änderung der Arbeitsbedingungen erforderlich machen und ob sich der Arbeitgeber darauf beschränkt hat, dem Arbeitnehmer nur solche Änderungen vorzuschlagen, die dieser billigerweise hinnehmen muss.

Löwisch/Bernards (Anm. zu *BAG* EzA § 2 KSchG Nr. 8) lassen weitergehend bereits **jedes sachliche Interesse** als einen Grund für eine betrieblich bedingte Änderungskündigung ausreichen; für *v. Hoyningen-Huene* (*ders./Linck* § 2 KSchG Rz. 71) und *Stahlhacke* (DB 1994, 1368) genügt, dass das **Unternehmen mit Verlust arbeitet** (vgl. auch *Krause* a.a.O., der zumindest das Vorliegen einer **unternehmerischen Gesamtkonzeption** fordert, durch die der Betrieb oder einzelne Arbeitsplätze langfristig vor einer Stilllegung bzw. einem Abbau gesichert werden sollen). Eine Änderungskündigung allein zum Zweck der Entgeltreduzierung ist jedenfalls nicht sozial gerechtfertigt. Die Einführung einer **neuen Lohnfindungsmethode** ist ohne Hinzutreten weiterer Umstände folglich nicht ausreichend (*LAG Bln.* 21.8.1998 LAGE § 2 KSchG Nr. 34). 3007

Für eine Änderungskündigung, mit der der Arbeitgeber eine Entgeltminderung von 30% zur Vermeidung betriebsbedingter Beendigungskündigungen erreichen wollte, hat das *BAG* (12.11.1998 EzA § 2 KSchG Nr. 33; vgl. dazu *Fischermeier* NZA 2000, 742; ebenso *LAG Hamm* 27.10.1999 NZA-RR 2000, 301; vgl. auch *Sievers* NZA 2002, 1182 ff.; zur Änderungskündigung in der Insolvenz vgl. ausf. *Fischer* NZA 2002, 536 ff.) folgende Grundsätze aufgestellt: Bei der Prüfung, ob ein dringendes betriebliches Erfordernis zu einer Änderung der Arbeitsbedingungen einzelner Arbeitnehmer besteht, ist auf die wirtschaftliche Situation des Gesamtbetriebes und nicht nur die eines unselbstständigen Betriebsteils abzustellen. Die Unrentabilität einer unselbstständigen Betriebsabteilung (s.u. Rn. 3031) stellt dann ein dringendes betriebliches Erfordernis dar, wenn sie auf das wirtschaftliche Ergebnis des Gesamtbetriebes durchschlägt und ohne Anpassung der Personalkosten Beendigungskündigungen nicht zu vermeiden wären (s.a. *LAG RhPf* 20.7.2006 DB 2007, 1761). Im konkret entschiedenen Einzelfall hat das *BAG* (12.11.1998 EzA § 2 KSchG Nr. 33) angenommen, dass die Beklagte die maßgeblichen Voraussetzungen **nicht schlüssig dargelegt** hatte. Es fehlten hinreichende Angaben zur wirtschaftlichen Situation des Gesamtbetriebes, zur Rentabilität der Anzeigenabteilung bzw. zu der Frage, ob und ggf. in welcher Form und mit welchen Realisierungschancen die Planungen, die Abteilung Anzeigensatz notfalls zu schließen, bereits greifbare Formen angenommen hatten. 3008

Eine betriebsbedingte Änderungskündigung, die eine sonst erforderlich werdende Beendigungskündigung – z.B. wegen Stilllegung des Gesamtbetriebes oder einer Betriebsabteilung – vermeidet, ist zwar grds. möglich (*BAG* 26.6.2008 EzA § 2 KSchG Nr. 71 = NZA 2008, 1182). Die Anforderungen an eine solche Änderungskündigung sind aber nicht geringer anzusetzen als die Anforderungen an eine Beendigungskündigung wegen beabsichtigter (Teil-)Betriebsstilllegung. Der Arbeitgeber muss aber zuvor alle **gegenüber der Änderungskündigung milderen Mittel ausschöpfen**, der Arbeitnehmer muss die Entgeltabsenkung billigerweise hinnehmen müssen und die Gleichbehandlung der von den Änderungskündigungen betroffenen Arbeitnehmer muss gewahrt sein (s. *LAG SchlH* 30.1.2007 – 5 Sa 357/06 – EzA-SD 10/2007 S. 8 LS). Eine Änderungskündigung zur Entgeltsenkung ist also **nur begründet**, wenn bei einer Aufrechterhaltung der **bisherigen Personalkostenstruktur** weitere, betrieblich **nicht mehr auffangbare Verluste entstünden, die absehbar zu einer Reduzierung der Belegschaft** oder sogar zur **Schlie-**

ßung des Betriebs führen, und ein **Sanierungsplan alle milderen Mittel ausschöpft** und die von den Arbeitnehmern zu tragenden Lasten **gleichmäßig verteilt** (*BAG* 26.6.2008 EzA § 2 KSchG Nr. 71 = NZA 2008, 1182). Dabei ist es **unerheblich**, ob und wie viele der im Betrieb beschäftigten Arbeitnehmer der Entgeltreduzierung im Zeitpunkt des Ausspruchs der Änderungskündigung **bereits freiwillig zugestimmt haben**, solange das Sanierungskonzept noch nicht in Gänze abgeschlossen ist, der Arbeitgeber an der vollständigen Umsetzung des Konzepts nach wie vor festhält und dieses im Zeitpunkt des Ausspruchs der Kündigung folglich noch Bestand hat (*LAG SchlH* 30.1.2007 – 5 Sa 357/06 – EzA-SD 10/2007 S. 8 LS; *LAG Köln* 17.7.2007 LAGE § 2 KSchG Nr. 59a = ArbuR 2008, 160 LS; **a.A.** *LAG* Bln.-Bra. 5.12.2007 – 15 Sa 1546/07 – EzA-SD 9/2008 S. 7 LS für das **endgültige Ausscheiden von mindestens 8 von 107 Arbeitnehmern** bei einer Entgeltreduzierung von 15 %: Unverhältnismäßigkeit der Änderungskündigung); haben sich also z.B. 97 % der betroffenen Arbeitnehmer mit der Reduzierung der Vergütung freiwillig einverstanden erklärt, so kann ein Arbeitnehmer, dem gegenüber die Reduzierung der Vergütung durch Änderungskündigung erfolgt, sich **nicht darauf berufen**, die Änderungskündigung **sei** ihm gegenüber **nicht mehr erforderlich**, weil der Sanierungserfolg schon durch die freiwilligen Gehaltsreduzierungen erreicht sei (*BAG* 26.6.2008 EzA § 2 KSchG Nr. 71 = NZA 2008, 1182).
Insgesamt ist also bei der Bewertung einer betriebsbedingten Änderungskündigung zur Entgeltabsenkung maßgeblich darauf abzustellen, **ob die Änderungskündigung der Umsetzung eines Sanierungskonzepts dient und der jeweilige Einzelsanierungsbeitrag des betroffenen Arbeitnehmers Bestandteil des Gesamtkonzepts ist.** Es kommt insoweit nicht darauf an, ob zum Zeitpunkt des Ausspruchs der Kündigung gerade der Einzelbeitrag des gekündigten Arbeitnehmers geeignet ist, das Unternehmen zu sanieren. Denn das Abstellen auf das Gewicht des verbliebenen Einzelsanierungsbeitrags würde dann eine unzulässige Individualisierung des erforderlichen Gesamtsanierungskonzepts darstellen (*LAG SchlH* 21.2.2007 LAGE § 2 KSchG Nr. 27; bestätigt durch *BAG* 26.6.2008 EzA § 2 KSchG Nr. 71 = NZA 2008, 1182; s.a. *LAG RhPf* 20.7.2006 DB 2007, 1761: Überprüfung anhand eines Dreijahreszeitraums; *LAG Köln* 17.7.2007 LAGE § 2 KSchG Nr. 59a = ArbuR 2008, 160 LS).

3009 Ist allerdings nach Maßgabe dieser Grundsätze eine Entgeltkürzung mittels Änderungskündigung durch dringende betriebliche Erfordernisse gerechtfertigt, so ist der Arbeitgeber **gleichwohl** regelmäßig **nicht berechtigt, einzelne Arbeitnehmer,** auch nicht allein die Arbeitnehmer einer mit Verlust arbeitenden Abteilung, **herauszugreifen** und ihr Entgelt einschneidend zu kürzen, während das Entgelt der überwiegenden Mehrzahl der Belegschaft unangetastet bleibt (*BAG* 20.8.1998 EzA § 2 KSchG Nr. 31; vgl. dazu *Günzel* BB 1999, 905 ff.).

3010 Wird zudem eine Entgeltkürzung nur mit **vorübergehenden wirtschaftlichen Verlusten** begründet, müssen die Arbeitnehmer jedenfalls billigerweise **keine Entgeltsenkung auf Dauer** hinnehmen (*BAG* 20.8.1998 EzA § 2 KSchG Nr. 31). Gleiches gilt für eine Änderungskündigung wegen **aktueller wirtschaftlicher Schwierigkeiten**, die die zukünftige widerrufliche Ausgestaltung von Sondervergütungen rechtfertigen soll, wenn der Widerruf im laufenden Wirtschaftsjahr nicht erforderlich ist, sondern nur »auf Vorrat« vereinbart werden soll. Auch der Wunsch nach einem einheitlichen Vergütungsniveau rechtfertigt den Eingriff in bestehende Verträge nicht, wenn neu eingestellten Mitarbeitern ein überdurchschnittliches Vergütungsniveau geboten wird und die Fluktuation nicht dazu genutzt wird, den Eingriff in die bestehenden Verträge möglichst gering zu halten (*LAG Köln* 21.1.2002 LAGE § 2 KSchG Nr. 40a).

3011 **Angespannte wirtschaftliche Verhältnisse** eines Unternehmens rechtfertigen auch nicht ohne weiteres eine **Urlaubskürzung** für die Mitarbeiter. Eine entsprechende Änderungskündigung ist daher nur dann sozial gerechtfertigt, wenn es für den Arbeitgeber **keine andere Möglichkeit** gibt, eventuelle finanzielle Engpässe zu überwinden. In jedem Fall müssen die betrieblichen Erfordernisse »dringend« sein (*LAG RhPf* 17.5.2001 – 4 Sa 137/01; *LAG Köln* 17.7.2007 LAGE § 2 KSchG Nr. 59a = ArbuR 2008, 160 LS).

Eine Änderungskündigung kommt auch dann nicht in Betracht, wenn neben einer Entgeltminderung 3012

- auch Änderungen vorgesehen sind, deren Sanierungseffekt weder vorgetragen, noch sonst ersichtlich ist, wie z.B. die Einführung einer bislang nicht vorgesehenen Vertragsstrafe oder die Unterwerfung unter eine jeweilige »Arbeitsordnung«,
- Abmachungen vorgesehen sind, die gegen zwingendes Recht verstoßen, z.B. gegen §§ 4, 4 a EFZG, § 11 BUrlG) und
- die Änderungen vor Ablauf der Kündigungsfrist in Kraft treten sollen (*BAG* 21.9.2006 EzA § 2 KSchG Nr. 61 = NZA 2007, 435; *LAG Köln* 2.11.2007 – 11 Sa 960/07 – EzA-SD 4/2008 S. 4 LS; *LAG Düsseld.* 1.3.2007 LAGE § 17 KSchG Nr. 3; *LAG Köln* 21.6.2002 LAGE § 2 KSchG Nr. 42 = NZA-RR 2003, 247; s.u. Rn. 3017). Nach Auffassung des *LAG Köln* (2.11.2007 – 11 Sa 960/07 – EzA-SD 4/2008 S. 4 LS) soll das auch dann gelten, wenn der Arbeitgeber dem Arbeitnehmer bereits **wenige Tage nach dem Zugang** der Änderungskündigung schriftlich mitteilt, dass die Änderungskündigung bzw. das in ihr enthaltene Änderungsangebot nicht »vorfristig«, sondern **erst zum Ablauf der ordentlichen Kündigungsfrist** gelten solle.

b) Entgeltanpassung; Einführung tariflicher Arbeitsbedingungen

Die Berufung des Arbeitgebers auf den Gleichbehandlungsgrundsatz – Beseitigung der 3013
Besserstellung einer Arbeitnehmer-Gruppe oder einzelner Arbeitnehmer bei bestimmten freiwilligen betrieblichen Sozialleistungen – stellt für sich allein kein dringendes betriebliches Erfordernis für eine Änderungskündigung dar (*BAG* 28.4.1982 EzA § 2 KSchG Nr. 4; 12.1.2006 EzA § 2 KSchG Nr. 56 = NZA 2006, 587 m. Anm. *Junker* SAE 2006, 219; s.a. Rn. 3010). Eine anderweitige kündigungsrechtliche Betrachtung würde die Funktion des arbeitsrechtlichen Gleichbehandlungsgrundsatzes i.S. eines in erster Linie zu Gunsten des ausgeschlossenen Arbeitnehmers wirkenden Gestaltungs- und Ordnungsprinzips in sein Gegenteil verkehren. Deshalb ist es dem Arbeitgeber, der mit einzelnen Arbeitnehmern eine höhere Vergütung vereinbart hat, als sie dem betrieblichen Niveau entspricht, auch verwehrt, unter Berufung auf den Gleichbehandlungsgrundsatz diese Vergütung dem Lohn der übrigen Arbeitnehmer anzupassen, mit denen er eine solche höhere Lohnvereinbarung nicht getroffen hat. Denn der Gleichbehandlungsgrundsatz dient allein zur Begründung von Rechten, nicht aber zu deren Einschränkung (*BAG* 1.7.1999 EzA § 2 KSchG Nr. 35; 16.5.2002 EzA § 2 KSchG Nr. 46; APS/*Künzl* § 2 KSchG Rz. 242; s.a. o. Rn. 3010). Auch dass sich der Arbeitgeber auf eine die angestrebte Neuregelung vorgebende Gesamtbetriebsvereinbarung berufen kann, erleichtert die Änderungskündigung nicht (*BAG* 20.1.2000 NZA 2000, 593 ff.; vgl. dazu *v. Hoyningen-Huene* SAE 2000, 331 ff.). Nichts anderes gilt, wenn der Arbeitgeber künftig alle Mitarbeiter nach einem einschlägigen Branchentarifvertrag behandeln will im Verhältnis zu einem Arbeitnehmer, der günstigere Regelungen im Arbeitsvertrag vereinbart hat. Eine darauf gestützte Änderungskündigung ist regelmäßig nicht sozial gerechtfertigt; jedenfalls dann nicht, wenn weder der Arbeitgeber noch der Arbeitnehmer tarifgebunden ist und der Arbeitsvertrag daher vom Tarifvertrag abweichende Regelungen enthält (*LAG RhPf* 6.8.2001 – 6 Sa 973/00). Gleiches gilt, wenn der Arbeitgeber, nachdem er einem **Arbeitgeberverband** beigetreten ist, die **Tarifverträge auf das Arbeitsverhältnis des Leiharbeitnehmers anwenden will**, damit der Arbeitnehmer nicht die im Betrieb des Entleihers für vergleichbare Arbeitnehmer des Entleihers geltenden wesentlichen Arbeitsbedingungen einschließlich des Arbeitsentgelts verlangen kann. Eine im Hinblick darauf erklärte Änderungskündigung muss den zuvor dargestellten Anforderungen genügen. Auch wenn fast alle Arbeitnehmer auf Verlangen des Arbeitgebers die Anwendung der tariflichen Regelungen vereinbart haben, kann sich der Arbeitgeber auf den arbeitsrechtlichen Gleichbehandlungsgrundsatz ebenso wenig berufen wie auf den Wegfall der Geschäftsgrundlage (*LAG Düsseld.* 22.2.2005 – 8 Sa 1756/04 – EzA-SD 12/05, S. 14 LS = ArbuR 2005, 235 = LAG Report 2005, 186; bestätigt durch *BAG* 12.1.2006 EzA § 2 KSchG Nr. 56 = NZA 2006, 587; s.o. Rn. 3010).

3014 Das Festhalten eines Angestellten an den vertraglichen Vereinbarungen und die Ablehnung, einen anderen – schlechteren – Tarifvertrag zu akzeptieren, stellt demzufolge erst recht keinen wichtigen Grund für eine – außerordentliche – Änderungskündigung dar.

3015 Weder aus den besonderen Loyalitätspflichten des kirchlichen Arbeitsverhältnisses noch aus dem Leitbild der christlichen Dienstgemeinschaft folgt regelmäßig eine vertragliche Verpflichtung des kirchlichen Arbeitnehmers, Vergütungsveränderungen zu akzeptieren (*BAG* 25.10.2001 NZA 2002, 1000 LS). Zur sozialen Rechtfertigung einer auf den Fortfall von betrieblichen Sozialleistungen gerichteten Änderungskündigung bedarf es des Vorliegens von betrieblichen Umständen, die so beschaffen sein müssen, dass sie als dringendes betriebliches Erfordernis i.S.v. § 1 Abs. 2 KSchG angesehen werden können.

3016 Als derartige Gründe kommen z.B. die folgenden Umstände in Betracht: Auftragsrückgang, Umsatzminderung, Gewinnverfall, Auslaufen einer Drittmittelfinanzierung, Betriebseinschränkungen infolge schlechter wirtschaftlicher Lage sowie wesentliche Störungen des Betriebsfriedens wegen einer Ungleichbehandlung von Arbeitnehmern (*BAG* 28.4.1982 EzA § 2 KSchG Nr. 4).

c) Organisationsänderungen; Änderungskündigung nach Betriebsteilübergang und Widerspruch des Arbeitnehmers; Verhältnismäßigkeitsprinzip

3017 Die eine ordentliche Änderungskündigung sozial rechtfertigenden dringenden betrieblichen Erfordernisse i.S.v. § 1 Abs. 2 S. 1, § 2 KSchG setzen voraus, dass das Bedürfnis für die Weiterbeschäftigung des Arbeitnehmers im Betrieb überhaupt oder zu den bisherigen Bedingungen (*BAG* 29.11.2007 EzA § 2 KSchG Nr. 69 = NZA 2008, 523) entfallen ist. Dies kann auf einer unternehmerischen Entscheidung zur Umstrukturierung des gesamten oder von Teilen eines Betriebes oder einzelner Arbeitsplätze beruhen. Eine solche Organisationsentscheidung des Arbeitgebers zur Änderung der Arbeitszeitgestaltung unterliegt nur einer eingeschränkten Kontrolle. Sie ist lediglich dahingehend zu überprüfen, ob sie offenbar unvernünftig oder willkürlich ist und ob sie ursächlich für den vom Arbeitgeber geltend gemachten Änderungsbedarf ist. Ein Missbrauch der unternehmerischen Organisationsfreiheit liegt nicht schon dann vor, wenn der Arbeitgeber die Möglichkeit hätte, auf die Reorganisation zu verzichten (*BAG* 22.4.2004 EzA § 2 KSchG Nr. 50 = NZA 2004, 1158 = BAG Report 2004, 317 m. Anm. *Schweer* BAG Report 2005, 129 ff.).
Diese Grundsätze gelten auch für eine Organisationsentscheidung des öffentlichen Arbeitgebers, der aufgrund von Verwaltungsanordnungen die verbleibenden Arbeitsplätze umstrukturiert (*BAG* 29.11.2007 EzA § 2 KSchG Nr. 69 = NZA 2008, 523).

3018 ▶ **Beispiel:**
Es liegt eine nicht zu beanstandende organisatorische Entscheidung und damit ein **dringendes betriebliches Erfordernis** vor, wenn ein Land zukünftig den **Vertretungsbedarf an Grundschulen** grundsätzlich mit **pädagogischen Mitarbeitern** und **nicht mehr mit Lehrern abdecken** will. Dementsprechend entfällt das Bedürfnis für eine Beschäftigung von Vertretungslehrern (*BAG* 29.11.2007 EzA § 2 KSchG Nr. 69 = NZA 2008, 523). Insofern ist also die in **Runderlassen** dokumentierte Organisationsentscheidung eines Bundeslandes, bei kurzfristigen Ausfällen von Lehrkräften an Grundschulen **keine Vertretungskräfte mehr einzusetzen** die einen eigenständigen Vertretungsunterricht erteilen, von den Arbeitsgerichten nur eingeschränkt überprüfbar. Allerdings ist zu überprüfen, ob die Organisationsentscheidung tatsächlich überhaupt umgesetzt wurde und ob sie sich dahingehend auswirkt, dass der Beschäftigungsbedarf im Ausmaß der Änderungskündigung bezüglich des betroffenen Arbeitnehmers entfallen ist (*LAG Nds.* 28.9.2006 NZA-RR 2007, 160 = ZTR 2007, 100).

Die Überprüfung organisatorischer Unternehmerentscheidungen ist also auch insoweit auf die **Missbrauchskontrolle** beschränkt, also darauf, ob sie offenbar unsachlich, unvernünftig oder willkürlich ist. **3019**

Eine derartige nur beschränkt überprüfbare Entscheidung ist z.B. der Entschluss des Arbeitgebers, die von ihm getragene Musikschule während der allgemeinen Schulferien geschlossen zu halten und außerhalb der Ferien einen gleichmäßigen Unterricht anzubieten (*BAG* 26.1.1995 EzA § 2 KSchG Nr. 22). Gleiches gilt für die Freiheit zur Wahl des betrieblichen Standortes (*BAG* 27.9.2001 EzA § 2 KSchG Nr. 41 m. Anm. *Berkowsky* RdA 2002, 375). **3020**

Dagegen ist es gerichtlich zu prüfen, ob die Organisationsänderung eine Beendigungs- oder Änderungskündigung unvermeidbar macht, oder ob das geänderte unternehmerische Konzept nicht durch andere Maßnahmen verwirklicht werden kann (Verhältnismäßigkeitsprinzip; *BAG* 18.1.1990 EzA § 1 KSchG Betriebsbedingte Kündigung Nr. 65; 27.9.2001 EzA § 2 KSchG Nr. 41 m. Anm. *Berkowsky* RdA 2002, 375; 21.2.2002 EzA § 2 KSchG Nr. 45; 29.11.2007 EzA § 2 KSchG Nr. 69 = NZA 2008, 523; *LAG Köln* 21.1.2002 LAGE § 2 KSchG Nr. 40a; *LAG Köln* 20.1.2006 LAGE § 2 KSchG Nr. 54). Dabei sind nur solche Mittel bei der notwendigen Erforderlichkeitsprüfung zu berücksichtigen, die gleich wirksam sind, um das unternehmerische Ziel zu erreichen. Zum Vergleich können deshalb nicht solche Mittel herangezogen werden, die zur beabsichtigten Zweckerreichung weniger oder gar nicht geeignet sind (*BAG* 27.9.2001 EzA § 2 KSchG Nr. 41 m. Anm. *Berkowsky* RdA 2002, 375). **3021**

Zu beachten ist, dass eine ordentliche Änderungskündigung, die nach Widerspruch des Arbeitnehmers gegen einen Betriebsteilübergang und einer daraufhin erklärten ordentlichen betriebsbedingten Beendigungskündigung des alten Arbeitgebers auf der Grundlage eines Beschäftigungssicherungstarifvertrages auf eine **vor Ablauf der Kündigungsfrist** des betreffenden Arbeitnehmers **wirksam werdende Verschlechterung** der Arbeitsbedingungen zielt, nach §§ 1 Abs. 2, 2 KSchG **sozial ungerechtfertigt** ist (*BAG* 21.9.2006 EzA § 2 KSchG Nr. 61 = NZA 2007, 435; *LAG Düsseld.* 1.3.2007 LAGE § 17 KSchG Nr. 3). **3022**

Beispiele: **3023**

- Die Bestimmung, ob ein umfangmäßig konkretisierter **Dienstleistungsbedarf** nur mit **Volltags- oder teilweise** auch **mit Halbtagsbeschäftigten** abgedeckt werden soll (Arbeitszeitkonzept), gehört zum Bereich der von den Arbeitsgerichten im Rahmen eines Kündigungsschutzverfahrens nur beschränkt überprüfbaren »Unternehmenspolitik« (*BAG* 22.4.2004 EzA § 2 KSchG Nr. 50 = NZA 2004, 1158 = BAG Report 2004, 317 m. Anm. *Schweer* BAG Report 2005, 129 ff.).
- Ein **Missbrauch** der unternehmerischen Organisationsfreiheit liegt aber z.B. dann vor, wenn die Umgestaltung der Arbeitsabläufe sich als **rechtswidrige Maßregelung** (**§ 612a BGB**) erweist oder die Vorgaben des Beschäftigtenschutzgesetzes umgeht (*BAG* 22.4.2004 EzA § 2 KSchG Nr. 50 = NZA 2004, 1158 = BAG Report 2004, 317 m. Anm. *Schweer* BAG Report 2005, 129 ff.).
- Dem KSchG ist nicht die Wertung zu entnehmen, der Arbeitgeber müsse auf Grund einer Rationalisierung z.B. im Dienstleistungsbereich ohne Rücksicht auf eine einschlägige Organisationsentscheidung in jedem Falle anstelle mehrerer Änderungskündigungen (z.B. zwei Änderungskündigungen mit dem Ziel von Halbtagsbeschäftigungen) eine geringere Anzahl von Beendigungskündigungen aussprechen (*BAG* 19.5.1993 EzA § 1 KSchG Betriebsbedingte Kündigung Nr. 73).
- Eine Änderungskündigung ist i.S.d. Verhältnismäßigkeitsgrundsatzes erforderlich, wenn es dem Arbeitgeber nicht möglich ist, durch andere **technische, organisatorische oder wirtschaftliche Maßnahmen** zu erreichen, dass ein Vertrieb zukünftig von einem anderen Standort aus betrieben werden kann (*BAG* 27.9.2001 EzA § 2 KSchG Nr. 41 m. Anm. *Berkowsky* RdA 2002, 375).
- Die Entscheidung des Arbeitgebers, die **Führungsstrukturen umzugestalten** und die bisherige Leitung eines Unternehmensbereichs durch einen leitenden Angestellten auf

ein Kollegialgremium mit Mitarbeitern einer niedrigeren Funktionsgruppe zu übertragen, ist eine unternehmerische Organisationsmaßnahme, die zum Wegfall des Beschäftigungsbedarfs des bisherigen Leiters führen kann. Allerdings bedarf diese unternehmerische Entscheidung einer Konkretisierung, ob der Arbeitsplatz des betroffenen leitenden Angestellten tatsächlich weggefallen ist. Dazu muss der darlegungspflichtige Arbeitgeber auf Grund seiner unternehmerischen Vorgaben die zukünftige Entwicklung der Arbeitsmenge anhand einer näher konkretisierten Prognose darstellen und angeben, wie die anfallenden Arbeiten vom verbliebenen Personal ohne überobligatorische Leistungen erledigt werden können (*BAG* 27.9.2001 EzA § 14 KSchG Nr. 6 = NZA 2002, 1277).

- ► Eine Änderungskündigung ist dann unwirksam, wenn das ursprüngliche Änderungsangebot im nachhinein durch **eine weniger einschneidende Vertragsänderung** ersetzt werden soll, da dann das erste Angebot über das Maß der notwendigen Vertragsänderung hinausging (*LAG Köln* 21.1.2002 LAGE § 2 KSchG Nr. 40a).
- ► Die Übertragung der Aufgaben von Außendienstmitarbeitern (sog. Field-Koordinatoren) in der klinischen Begleitforschung eines Pharmaunternehmens auf ein Drittunternehmen kann zum Wegfall ihrer Arbeitsplätze und zu einem dringenden betrieblichen Erfordernis für eine ordentliche Änderungskündigung nach § 1 Abs. 2 KSchG führen (*BAG* 21.2.2002 EzA § 2 KSchG Nr. 45).
- ► Bietet ein Arbeitgeber die Fortsetzung des Arbeitsverhältnisses zu geänderten Arbeitsbedingungen (hier: statt Außen- nunmehr eine Innendiensttätigkeit im weit vom Wohnort der Arbeitnehmerin entfernten Firmensitz) an, so ist ein solches Angebot nicht deshalb unbillig, weil der Arbeitnehmerin eine **freie Mitarbeit im bisherigen Arbeitsgebiet** und vom bisherigen Standort aus hätte angeboten werden können. § 2 S. 1 KSchG stellt die Änderungskündigung in den Zusammenhang mit der Fortsetzung des Arbeitsverhältnisses. Das mögliche Angebot einer freien Mitarbeit ist daher grds. kein »milderes Mittel« gegenüber dem Angebot einer Weiterbeschäftigung zu geänderten Bedingungen als Arbeitnehmer (*BAG* 21.2.2002 EzA § 2 KSchG Nr. 45).
- ► Die mittels einer Änderungskündigung betriebsbedingt begründete und erfolgte Zuweisung einer neuen Arbeit rechtfertigt nicht die **Absenkung des Gehalts um mehr als 30%** auf eine nur rechnerisch ermittelte Durchschnittsvergütung einer Abteilung mit vergleichbaren Tätigkeiten, ohne dass eine kollektivrechtliche Regelung der Vergütung existiert. Die neben dem Arbeitsvertrag individuell schriftlich vereinbarte Leistungsvergütung ist auch nicht betriebsvereinbarungsoffen wenn der Arbeitsvertrag eine Klausel enthält, dass Betriebsvereinbarungen auch zu Lasten des Arbeitnehmers abändern können (*LAG Bra.* 16.11.2004 – 2 Sa 298/04 – ArbuR 2005, 384 LS).

3024 Zu beachten ist, dass auch bei derartigen Organisationsänderungen der unterschiedliche Arbeitsumfang **keine arbeitsrechtliche Sonderbehandlung der Teilzeitarbeitnehmer** rechtfertigt, **wenn hierfür keine sachlichen Gründe gegeben sind.** § 2 Abs. 1 BeschFG (nunmehr § 4 Abs. 1 TzBfG) erfasst alle Arbeitsbedingungen. Das gilt auch für die Möglichkeit der Freizeitgestaltung an Wochenenden, weil die zusammenhängende Freizeit an den Wochentagen Samstag/Sonntag ganz allgemein als erstrebenswert und vorteilhaft angesehen wird. Sachliche Gründe, eine Teilzeitkraft z.B. im Rahmen einer bestimmten Arbeitszeitgestaltung davon – im Gegensatz zu den Vollzeitkräften – generell auszuschließen, sind nicht ersichtlich. Ein hierauf hinzielendes Änderungsangebot verstößt gegen § 2 BeschFG (nunmehr § 4 Abs. 1 TzBfG; *BAG* 24.4.1997 EzA § 2 KSchG Nr. 26; krit. *Weber* SAE 1997, 339 ff.; vgl. auch *Gaul* DB 1998 1913 ff.). Im konkret entschiedenen Einzelfall hat das *BAG* die Unangemessenheit des Änderungsangebots auch dadurch ergänzend als belegt angesehen, dass die Klägerin statt wie früher an drei Tagen nach dem neuen Konzept nur noch an einem Tag (freitags) pro Woche frei haben soll, während z.B. eine andere Teilzeitkraft nach wie vor zwei freie Tage (montags und freitags) hat. Zudem sollte die Klägerin anders als die anderen Teilzeitkräfte durchgehend von montags bis donnerstags in der Zeit ab 12 Uhr und in den umsatzstärksten Zeiten (einschließlich samstags) eingesetzt werden, während andere Teilzeitbeschäftigte auch vormittags ab 9.30 Uhr, wie früher auch die Klägerin, eingesetzt werden.

Führt ein tarifgebundener Arbeitgeber durch einzelvertragliche Abreden mit nahezu sämtlichen Arbeitnehmern einer Abteilung dort ein vom Tarifvertrag abweichendes Arbeitszeitmodell ein (Sonnabend als Regelarbeitszeit), so ist die Änderungskündigung des einzigen Arbeitnehmers, der – selbst tarifgebunden – diese Abrede nicht akzeptiert und an seiner tariflich vorgesehenen Arbeitszeit (Montag bis Freitag) festhalten möchte, mit der ihn der Arbeitgeber in einem anderen Betrieb des Unternehmens einsetzen möchte, nicht sozial gerechtfertigt. Denn ein tarifgebundener Arbeitnehmer darf seinen – auch konkreten – Arbeitsplatz **nicht deswegen verlieren, weil er eine in seiner Person tarifwidrige Abrede mit dem Arbeitgeber verweigert** (*BAG* 18.12.1997 EzA § 2 KSchG Nr. 28; *LAG Bln.* 20.5.1996 LAGE § 611 BGB Direktionsrecht Nr. 26; vgl. dazu *Hromadka* SAE 1998, 271 ff.; *Fischermeier* NZA 2000, 740). 3025

Entschließt sich dagegen ein **Filialunternehmen** des Einzelhandels aus wirtschaftlichen und strukturellen Gesichtspunkten u.a. zur Vermeidung von Entlassungen, eine **Teilflexibilisierung der Arbeitszeit** ihrer Mitarbeiter/innen mit Zustimmung des Gesamtbetriebsrats und der örtlichen Betriebsräte in ihren Filialen einzuführen, so ist eine in diesem Zusammenhang aus dringenden betrieblichen Gründen ausgesprochene Änderungskündigung rechtswirksam (*LAG Bln.* 8.4.1998 ARST 2000, 17). 3026

d) Kostensenkung; Reduzierung oder Erweiterung des Arbeitsvolumens

aa) Grundsätze

Bezweckt der Arbeitgeber mit Hilfe der Änderungskündigung (nur) bestimmte Arbeitsvertragsbedingungen des Arbeitnehmers, nicht aber seinen Arbeitsbereich zu ändern, insbes. die Kosten des Arbeitsverhältnisses zu senken, so stellt dies ebenso wenig wie die zu diesem Zweck ausgesprochene Änderungskündigung selbst eine unternehmerische Entscheidung dar, deren Überprüfung dem Arbeitsgericht verwehrt ist (*BAG* 20.3.1986 EzA § 256 ZPO Nr. 25; vgl. APS/*Künzl* § 2 KSchG Rz. 245). 3027

Das gilt z.B. für den Entschluss des Arbeitgebers, Lohnnebenkosten wie **Fahrgeldzuschüsse** (in Höhe von 1,75 € wöchentlich) im Hinblick auf die eingetretene schlechte wirtschaftliche Lage **einzusparen** (*LAG BW* 24.4.1995 EzA § 2 KSchG Nr. 18): 3028
Die Änderung der Arbeitsvertragsbedingungen ist deshalb nur sozial gerechtfertigt, wenn sie in der vorgesehenen Art und Weise und in dem vorgesehenen Umfang überhaupt erforderlich und geeignet ist, das vorgegebene Unternehmensziel etwa der Kostensenkung zu erreichen.

Erforderlich ist deshalb, dass das angestrebte Unternehmensziel definiert wird. Sodann ist anhand dieses Zieles festzustellen, inwieweit die angestrebten Änderungen der Arbeitsbedingungen **geeignet, aber auch erforderlich sind,** es zu erreichen. Nach Auffassung des *LAG BW* (24.4.1995 EzA § 2 KSchG Nr. 18) muss der Entschluss des Arbeitgebers in eine **betrieblich-organisatorische Maßnahme** münden. 3029

bb) Verhältnis von Unternehmensziel und Kosteneinsparung

So sind (gemessen an dem Unternehmensziel) **marginale Kosteneinsparungen** durch Kürzungen übertariflicher Zulagen nicht geeignet, das insoweit erstrebte Ziel zu erreichen. Kürzungen übertariflicher Zulagen in einem Umfang, die die unternehmerische Zielvorgabe signifikant überschreiten, sind zu deren Erreichen nicht erforderlich (MünchArbR/*Berkowsky* § 145 Rz. 38). 3030

cc) Betriebsbezogenheit des Überprüfungsmaßstabs

3031 Das dringende Bedürfnis, eine unselbstständige Betriebsabteilung (Werkstatt) wegen hoher Kostenbelastung zu sanieren, begründet allein noch kein dringendes betriebliches Bedürfnis für eine Änderungskündigung zum Zwecke der Streichung außertariflicher Zulagen gegenüber in der Werkstatt beschäftigter Arbeitnehmer. Abzustellen ist vielmehr auf die wirtschaftlichen Verhältnisse im Bereich des Betriebes insgesamt (*BAG* 11.10.1989 EzA § 1 KSchG Betriebsbedingte Kündigung Nr. 64; 12.11.1998 EzA § 2 KSchG Nr. 33; *LAG Hamm* 27.10.1999 NZA-RR 2000, 301; s.o. Rn. 3008).

dd) Reduzierung des Arbeitsvolumens

3032 Verringert sich infolge einer Rationalisierungsmaßnahme das Arbeitsvolumen und entfällt damit das Bedürfnis für die weitere Beschäftigung einzelner Arbeitnehmer, kann der Arbeitgeber entscheiden, ob er die verbleibende Arbeit nur mit **Vollzeitkräften** oder auch ganz oder teilweise mit **Teilzeitkräften** durchführen will (*BAG* 19.5.1993 EzA § 1 KSchG Betriebsbedingte Kündigung Nr. 73; *LAG Chemnitz* 6.4.1993 LAGE § 2 KSchG Nr. 13; APS/*Künzl* § 2 KSchG Rz. 237). Die innerbetriebliche Organisation liegt in seinem Ermessen. Er kann den Personalbestand durch Ausspruch von Kündigungen anpassen oder die Arbeitszeit für alle oder einzelne Arbeitnehmer durch Ausspruch einer Änderungskündigung verringern. Das Gericht kann dem im Rahmen eines Kündigungsschutzverfahrens nicht entgegenhalten, der Ausspruch von Beendigungskündigungen sei zweckmäßiger, so wie es umgekehrt bei Ausspruch von Beendigungskündigungen nicht mit der Möglichkeit einer Änderungskündigung zur Arbeitszeitreduzierung mehrerer Arbeitnehmer argumentieren kann (*BAG* 19.5.1993 EzA § 1 KSchG Betriebsbedingte Kündigung Nr. 73; ErfK/*Ascheid* § 1 KSchG Rz. 55; zur Massenänderungskündigung und zu Arbeitsreduzierung vgl. *Ohlendorf/Salamon* FA 2006, 229 ff.).

3033 Eine Änderung der Arbeitszeit kann durch Einführung eines **neuen Arbeitszeitsystems** bedingt sein. Dadurch ist eine Änderungskündigung gerechtfertigt, wenn die zu erledigende Arbeit nach dem neuen organisatorischen Konzept **nur bei geänderter Arbeitszeit sinnvoll erledigt werden kann** (*BAG* 19.5.1993 EzA § 1 KSchG Betriebsbedingte Kündigung Nr. 73). Eine Änderungskündigung zur Herabsetzung der Arbeitszeit ist aber dann sozialwidrig, wenn **keine Veränderung** hinsichtlich des Bedarfs an einer bestimmten Arbeitsleistung (*LAG RhPf* 26.5.1981 ArbuR 1982, 91) oder durch organisatorische Veränderungen keine Veränderung von Dauer und/oder Lage der Arbeitszeit eingetreten ist (APS/*Künzl* § 2 KSchG Rz. 239).

3034 Auch eine im Jahresdurchschnitt voraussichtlich eintretende Reduzierung des Arbeitsvolumens um 20% rechtfertigt es aus betriebsbedingten Gründen nicht, ein »Normalarbeitsverhältnis« in ein sog. »flexibles Teilzeitarbeitsverhältnis« umzuwandeln, bei dem die Verkäuferin eines Filialbetriebes ohne eine vertragliche Bestimmung der monatlichen Durchschnittsleistung – nach einer kurzen Ankündigungsfrist **– monatlich variabel im Umfang von 53 bis zu 169 Stunden** vom Arbeitgeber je nach Arbeitsanfall eingesetzt werden kann. Eine derartige Einräumung eines einseitigen Leistungsbestimmungsrechts stellt sich als eine **objektive Umgehung des Kündigungsschutzrechts** dar und ist gem. § 134 BGB nichtig (*LAG Bra.* 24.10.1996 NZA-RR 1997, 127). Insoweit ist auch der Entschluss des Arbeitgebers, die **Arbeitszeit der Arbeitnehmer in der Form zu flexibilisieren**, dass künftig ein Beschäftigungsanspruch nur in Höhe von 75 % der bisherigen Arbeitszeit besteht und eine darüber hinausgehende Beschäftigung nach Bedarf erfolgt, keine kündigungsrechtlich hinzunehmende Unternehmensentscheidung (*LAG Thüringen* 25.4.2006 LAGE § 2 KSchG Nr. 54 = NZA-RR 2007, 295). Andererseits kann dann, wenn ein Handelsunternehmen (Drogeriemarkt) einen verminderten Bedarf an **Anwesenheitsstunden des gesamten Verkaufspersonals** um 20% ermittelt, es gegenüber allen Verkaufskräften – ohne Durchführung einer Sozialauswahl – sozial gerechtfertigt sein, Änderungskündigungen auszusprechen mit dem Ziel, die Arbeitszeit und das Entgelt um 20% zu kürzen. Das KSchG zwingt insbes. dann nicht dazu, stattdessen eine geringere Anzahl von Beendigungskündigungen auszusprechen (*LAG Bln.* 30.10.2003 – 15 Sa 1052/03 – ARST 2004, 211 = ZTR 2004, 268 LS = LAG Report 2004, 206).

Der **Beschluss des Stadtrats** einer sächsischen Stadt mit ca. 25.000 Einwohnern, die Vollzeitstelle der Gleichstellungsbeauftragten **in eine halbe Stelle umzuwandeln**, verstößt nicht gegen § 64 SächsGemO, wonach die entsprechenden Aufgaben hauptamtlich erfüllt werden sollen. Ein solcher Beschluss kann eine Änderungskündigung gegenüber der Gleichstellungsbeauftragten zur entsprechenden Reduzierung ihrer Arbeitszeit sozial rechtfertigen. Waren ihr jedoch noch **andere Aufgaben** übertragen, die ihr im Zusammenhang mit der Änderungskündigung zur Halbierung der Arbeitszeit **entzogen wurden**, so hat die beweisbelastete Arbeitgeberin im Einzelnen **darzulegen, weshalb die Änderung der Arbeitsbedingungen auch insoweit sozial gerechtfertigt sein soll** (*BAG* 23.11.2000 NZA 2001, 500). 3035

ee) Erweiterung des Arbeitszeitvolumens; zwei Teilzeitkräfte statt einer Vollzeitkraft

Soll wegen **erhöhten Produktionsaufkommens** künftig in mehreren Schichten oder in Wechselschicht gearbeitet werden, stellt dies eine im Ermessen des Arbeitgebers stehende, nur beschränkt überprüfbare Unternehmerentscheidung dar. Sofern das unternehmerische Konzept nicht in anderer Weise erreicht werden kann, ist es möglich, gegenüber denjenigen Arbeitnehmern, die **nicht freiwillig** zu einem Einsatz in Wechselschicht **bereit sind**, eine Änderungskündigung auszusprechen (*BAG* 18.1.1990 EzA § 1 KSchG Betriebsbedingte Kündigung Nr. 65; ErfK/*Ascheid* § 1 KSchG Rz. 61; APS/*Künzl* § 2 KSchG Rz. 238). Dasselbe gilt, wenn im Betrieb künftig auch samstags gearbeitet werden soll und der Arbeitgeber mit der Änderungskündigung die bislang fehlende Bereitschaft der Arbeitnehmer dazu erreichen will; das neue System darf allerdings keine Umgehung des Kündigungsschutzes darstellen (*LAG Bra.* 24.10.1996 NZA-RR 1997, 127; APS/*Künzl* § 2 KSchG Rz. 238). 3036

Jedenfalls ist eine Änderungskündigung, mit der der Arbeitgeber den **Abbau tariflich gesicherter Leistungen** – Erhöhung der tariflichen Arbeitszeit von 35 auf 38,5 Stunden mit einer Lohnerhöhung von 3% – durchzusetzen versucht, gem. **§ 134 BGB i.V.m. § 4 TVG rechtsunwirksam** (*BAG* 10.2.1999 EzA § 2 KSchG Nr. 34; vgl. dazu *Wendeling-Schröder* ArbuR 1999, 327 f.; *Schleusener* SAE 1999, 308 ff.; *Adam* ZTR 2001, 112 ff.; krit. *Rieble* RdA 2000, 40 ff.; *Berkowsky* DB 1999, 1606 ff.; eher zust. *Quacke* NZA 2001, 812 ff.). 3037

Eine Änderungskündigung zur Reduzierung der regelmäßigen Arbeitszeit eines bislang vollzeitbeschäftigten Arbeitnehmers kann nach Auffassung des *LAG Köln* (3.7.2008 – 9 Sa 90/07 – ZTR 2008, 454 LS) dann sozial gerechtfertigt sein, wenn der Arbeitsanfall in einer Küche **nicht mehr von einer Vollzeitkraft** allein bewältigt werden kann und **stattdessen zwei Teilzeitkräfte** mit 70 % und 60 % der Arbeitszeit einer Vollzeitkraft beschäftigt werden. 3038

ff) Pauschalierte Mehrarbeitsvergütung

Entschließt sich der Arbeitgeber, Mehrarbeit **verstärkt durch Freizeitausgleich** abzugelten, so kann dies je nach den Umständen eine Änderungskündigung mit dem Ziel sozial rechtfertigen, von der vereinbarten pauschalierten Mehrarbeitsvergütung zur »Spitzabrechnung« der tatsächlich geleisteten Mehrarbeit überzugehen (*BAG* 23.11.2000 EzA § 2 KSchG Nr. 40). 3039

e) Korrektur unzutreffender Eingruppierung

Die irrtümliche Eingruppierung eines einzelnen Arbeitnehmers in eine zu hohe Vergütungsgruppe der für den öffentlichen Dienst geltenden Vergütungsordnung **kann zu einem dringenden betrieblichen Erfordernis** für eine Änderungskündigung zum Zwecke der Rückgruppierung in die tariflich richtige Vergütungsgruppe **führen** (*BAG* 15.3.1991 EzA § 2 KSchG Nr. 16; APS/*Künzl* § 2 KSchG Rz. 256 ff.; krit. *Maurer* NZA 1993, 721 ff.; *Müller-Uri* ZTR 2004, 176 ff.; abl. *LAG Köln* 8.4.1998 ZTR 1998, 508 = NZA-RR 1999, 108; vgl. auch *Mehlich* DB 1999, 1319 ff.). 3040

3041 Da eine in Verkennung tariflicher Bestimmungen rechtsgrundlos gezahlte Vergütung jedoch ohne weiteres auf Grund einseitiger Entscheidung des Arbeitgebers berichtigt werden kann, sofern nicht zugleich ein einzelvertraglicher Vergütungsanspruch besteht (*BAG* 26.1.1994 ZTR 1994, 374; 18.2.1998 NZA 1998, 950), ist zunächst zu prüfen, ob ein einzelvertraglicher Anspruch auf Zahlung der Vergütung nach der an sich unzutreffenden Vergütungsgruppe besteht (*BAG* 16.2.2000 EzA § 4 TVG Rückgruppierung Nr. 1; zum Wechsel der Tätigkeit vgl. *LAG Köln* 12.12.2001 ARST 2002, 185 LS). Denn wenn eine vertragliche Zusage insoweit gegeben ist, kommt eine korrigierende Rückgruppierung nicht in Betracht (vgl. ausf. *LAG Köln* 12.7.2002 ARST 2003, 65 LS zu entsprechenden Indizien bei der Vertragsauslegung), z.B. bei offenkundig deutlich übertariflicher arbeitsvertraglicher Entlohnung (*LAG Köln* 26.9.2001 ZTR 2002, 181). In der formularmäßigen Verweisung auf eine bestimmte Vergütungsgruppe wird allerdings i.d.R. nur eine deklaratorische Erklärung gesehen, dass der Arbeitgeber dem Arbeitnehmer dasjenige zuweisen will, was ihm tariflich zusteht, hingegen nicht die konstitutive einzelvertragliche Zusage der Vergütung aus einer bestimmten Lohngruppe unabhängig von den tariflichen Voraussetzungen (*BAG* 16.10.2002 NZA 2003, 1112 LS). In der Angabe der Vergütungsgruppe im Arbeitsvertrag eines Angestellten liegt i.d.R. jedenfalls auch dann **keine eigenständige arbeitsvertragliche Vereinbarung** einer – übertariflichen – Vergütung, wenn gleichzeitig die für die Eingruppierung nach § 22 BAT/AOK-O maßgebliche Tätigkeit bestimmt ist (*BAG* 26.1.2005 – 4 AZR 487/03 – ZTR 2005, 584). Ohne Hinzutreten weiterer Umstände kann ein Arbeitnehmer des öffentlichen Dienstes der Angabe der Vergütungsgruppe insgesamt schon deshalb nicht eine solche Bedeutung entnehmen, **weil der Arbeitgeber des öffentlichen Dienstes grds. keine übertarifliche Vergütung bezahlen will** (*BAG* 30.5.1990 EzA § 99 BetrVG 1972 Nr. 89; 18.2.1998 NZA 1998, 950; *LAG Nds.* 8.4.2002 ZTR 2002, 533; vgl. *Wirges* ZTR 1998, 62 ff.; abl. *Otte* ZTR 1998, 241 ff.; krit. auch *LAG Köln* 29.11.2001 ZTR 2002, 125). Deshalb hat der **Arbeitnehmer** die Tatsachen **darzulegen** und zu beweisen, aus denen folgen soll, dass eine **Vergütung nach einer tariflich nicht geschuldeten Vergütungsgruppe vereinbart worden ist** (*BAG* 17.5.2000 ZTR 2001, 315 = NZA 2001, 1316). Diese Grundsätze gelten auch für die – selbst wiederholte – **Mitteilung des Arbeitgebers** über die Höhergruppierung in eine bestimmte Vergütungsgruppe (*BAG* 9.12.1999 ZTR 2000, 460). Will der Arbeitgeber in einem derartigen Fall einseitig die nach seiner Auffassung unzutreffende Eingruppierung korrigieren und beruft sich demgegenüber der Arbeitnehmer bei unveränderter Tätigkeit auf die bisherige Eingruppierung, muss er allerdings im Einzelnen vortragen, warum und inwieweit seine bisherige Bewertung der Tätigkeit fehlerhaft war und deshalb die Eingruppierung korrigiert werden muss (*BAG* 11.6.1997 ZTR 1998, 29; 16.10.2002 NZA 2003, 1112 LS, s.a. oben Rn. 2979 und ausf. Kap. 3 Rn. 886 ff.). Der Arbeitgeber genügt seiner Darlegungspflicht dann, wenn er darlegt, bei der ursprünglichen Eingruppierung sei ein Qualifikationsmerkmal als erfüllt angesehen worden, das es in der betreffenden Fallgruppe nicht gibt (*BAG* 18.2.1998 NZA 1998, 950), bzw. dass zumindest **eine tarifliche Voraussetzung der** zuvor dem Arbeitnehmer mitgeteilten Vergütungsgruppe **objektiv nicht gegeben war** (*BAG* 17.5.2000 EzA § 4 TVG Rückgruppierung Nr. 4 = ZTR 2001, 365 = NZA 2001, 1395; vgl. auch *LAG Brem.* 24.1.2002 – 3 Sa 9/02 – EzA-SD 6/02, S. 12 LS). Gleiches gilt auch für den Fall der Verweigerung des Zeit- bzw. Bewährungsaufstiegs, soweit die Mitteilung des Arbeitgebers die für den Zeit- bzw. Bewährungsaufstieg maßgebliche Vergütungs- bzw. Fallgruppe bezeichnet (*BAG* 26.4.2000 ZTR 2001, 317 = NZA 2001, 1391; vgl. auch *LAG Köln* 20.12.2000 ARST 2001, 162 LS).

Der Vortrag des **Arbeitgebers** bei der korrigierenden Rückgruppierung ist allerdings **dann nicht schlüssig**, wenn nur ein **Fehler bei der der Bewertung der Tätigkeit(en) des Angestellten aufgezeigt wird**; erforderlich ist vielmehr die Darstellung, dass und **warum die mitgeteilte Eingruppierung fehlerhaft ist** und deswegen die Bezahlung nach der mitgeteilten Vergütungsgruppe **nicht tarifgerecht** ist. Der aufgezeigte Fehler muss dazu führen, dass die mitgeteilte Vergütungsgruppe nicht diejenige ist, in der der Angestellte tarifgerecht eingruppiert ist. Aus der Begründung muss sich die Unrichtig-

keit der ursprünglichen Bewertung erschließen. Wird z.B. die Verkennung des Begriffs des Arbeitsvorgangs gerügt, so ist aufzuzeigen, warum bei einem anderen Zuschnitt der Arbeitsvorgänge die mitgeteilte Vergütungsgruppe unrichtig und damit nicht tarifgerecht ist. Wird geleugnet, dass ein Merkmal in tariflich beachtlichem Umfang vorliegt, ist nachvollziehbar zu erläutern, warum dies im Gegensatz zu der bisherigen Einschätzung der Fall sein soll (*BAG* 5.11.2003 – 4 AZR 689/02 – EzA-SD 7/04, S. 16 LS = NZA-RR 2004, 383).
Die Grundsätze zur **Darlegungs- und Beweislast** bei der korrigierenden Rückgruppierung sind auf den Fall der **Verweigerung des Bewährungsaufstiegs grds. übertragbar.** Das gilt aber nur insoweit, wie sich aus der Mitteilung des Arbeitgebers über die Eingruppierung zwingend **eine tarifliche Voraussetzung für den Bewährungsaufstieg ergibt** (*BAG* 26.11.2003 ZTR 2004, 361; 14.1.2004 – 4 AZR 1/03 – NZA 2005, 712 LS).
Hat der Arbeitgeber die Voraussetzungen für die korrigierende Rückgruppierung dargelegt und ggf. bewiesen, so ist es Sache des Angestellten, die Tatsachen darzulegen und ggf. zu beweisen, aus denen folgt, dass ihm die begehrte höhere Vergütung zusteht (*BAG* 16.2.2000 NZA-RR 2001, 216).
Zu beachten ist, dass die **wiederholte korrigierende Rückgruppierung** des Arbeitnehmers bei unveränderter Tätigkeit und Tarifrechtslage **regelmäßig unzulässig ist.** Denn der rückgruppierende Arbeitgeber nimmt aus der Sicht des betroffenen Arbeitnehmers insoweit für sich in Anspruch, die bisherige Eingruppierung mit besonderer Sorgfalt überprüft zu haben und dabei zu einem Ergebnis mit höherer Richtigkeitsgewähr gekommen zu sein, als bei seiner ursprünglichen, nun als fehlerhaft erkannten tariflichen Bewertung der vereinbarten Tätigkeit. Der davon betroffene Arbeitnehmer muss nicht damit rechnen, dass der Arbeitgeber diese Korrektur selbst erneut in Frage stellt, ohne dass sich die arbeitsvertragliche Tätigkeit oder die Tarifrechtslage geändert haben (*BAG* 23.8.2006 EzA § 4 TVG Rückgruppierung Nr. 5 = NZA 2007, 516; s. dazu *Bröhl* BB 2007, 437 ff.).
Aus dem **NachweisG** und der EG-Nachweisrichtlinie 91/533/EWG v. 14.10.1991 ergeben sich im Rahmen des BAT für die korrigierende Rückgruppierung **weder** eine **weitergehende Darlegungs- oder Beweislast des Arbeitgebers, noch weitergehende Erleichterungen der Darlegungs- und Beweislast des Angestellten** (*BAG* 16.2.2000 NZA-RR 2001, 216; vgl. dazu *Bergwitz* ZTR 2001, 539 ff.; krit. *Friedrich/Kloppenburg* RdA 2001, 293 ff.; insgesamt krit. auch *Zimmerling* ZTR 2002, 354 ff.; vgl. auch *Kiefer* ZTR 2002, 454 ff.).
Das Recht zur korrigierenden Rückgruppierung kann verwirken (*LAG Köln* 23.5.2002 ARST 2003, 65 LS; s.o. Kap. 3 Rn. 4688); das hat das *LAG Köln* (29.11.2001 ZTR 2002, 125) z.B. in einem Fall angenommen, in dem ein Arbeitnehmer 17 Jahre lang unbeanstandet Vergütung nach einer bestimmten Vergütungsgruppe bezogen hatte. Andererseits verstößt eine korrigierende Rückgruppierung jedenfalls dann noch nicht gegen Treu und Glauben, wenn seit Beginn der fehlerhaften Eingruppierung etwa fünf Jahre vergangen sind, der **Arbeitgeber nicht zum Ausdruck** gebracht hat, dass **er eine übertarifliche Vergütung gewähren oder beibehalten wollte** und die Verschlechterung des Vergütungsanspruchs durch eine zeitlich begrenzte Zulage jedenfalls teilweise ausgeglichen wird (*BAG* 26.1.2005 – 4 AZR 487/03 – ZTR 2005, 584).

Liegt dagegen eine bestandsfeste einzelvertragliche Zusage vor, so kommt eine betriebsbedingte Änderungskündigung in Betracht (*BAG* 15.3.1991 EzA § 2 KSchG Nr. 16). Das gilt auch für eine größere Gruppe betroffener Arbeitnehmer, bei der das Gebot der sparsamen Haushaltsführung die richtige tarifliche Vergütung grds. dringend erforderlich macht (*BAG* 15.3.1991 EzA § 2 KSchG Nr. 16). Denn der Arbeitgeber, der alle seine Arbeitnehmer nach Tarif bezahlt, muss eine Möglichkeit haben, eine unbewusste und zu Unrecht erfolgte Höhergruppierung auf das tarifgerechte Maß zu reduzieren. 3042

Hat der Arbeitgeber (des öffentlichen Dienstes) dagegen **bewusst** einen Arbeitsvertrag mit **übertariflichen Inhalt** (Anwendung des BAT-West in den neuen Bundesländern) abge- 3043 schlossen, so stellt es **kein dringendes betriebliches Erfordernis** zur Änderung dieser Vereinbarung dar, dass nach der Verhandlungssituation vor Vertragsschluss möglicherweise eine günstigere Regelung erzielbar gewesen wäre oder dass interne Haushaltsvorgaben irrtümlich missachtet wurden, die nur eine übertarifliche Besitzstandsregelung zuließen (*LAG SA* 29.10.1996 ZTR 1997, 231). Zu beachten ist, dass die vertragliche **Vereinbarung einer übertariflichen,** i.S.v. tariflich nicht geschuldeten, **Vergütung nicht notwendig die vertragliche Zusicherung eines Bewährungs- bzw. Zeitaufstiegs aus dieser Vergütungsgruppe beinhaltet** (*BAG* 26.4.2000 NZA 2001, 1391; vgl. dazu *Bergwitz* ZTR 2001, 539 ff.).

3044 Die Darlegungs- und Beweislast dafür, dass bewusst eine übertarifliche Vergütung vereinbart worden ist, liegt bei dem, der daraus für sich Rechte herleitet, also dem Arbeitnehmer (*BAG* 16.2.2000 EzA § 4 TVG Rückgruppierung Nr. 1; 17.5.2000 EzA § 4 TVG Rückgruppierung Nr. 2; vgl. dazu *Bergwitz* ZTR 2001, 539 ff.; vgl. auch *LAG Brem.* 24.1.2002 – 3 Sa 9/02 – EzA-SD 6/02, S. 12 LS).

3045 Kündigt ein öffentlicher Arbeitgeber, der Eingruppierungen nur nach dem kollektiven (Tarif-) Recht vornimmt, aber in der Übergangszeit zwischen der Vereinbarung eines neuen Tarifvertrages und der Unterschrift der Tarifvertragsparteien, von der ab Änderungen erst wirksam werden, noch eine Höhergruppierung vorgenommen hat, einem Arbeitnehmer im Wege der Änderungskündigung zur Herstellung der tariflichen Vergütung, so ist diese Kündigung im Allgemeinen sozial ungerechtfertigt (*BAG* 9.7.1997 EzA § 2 KSchG Nr. 27).

f) Änderungskündigung zur nachträglichen Befristung eines unbefristeten Arbeitsverhältnisses

3046 Die nachträgliche Befristung eines zunächst auf unbestimmte Zeit eingegangenen Arbeitsverhältnisses kann im Wege der Änderungskündigung erfolgen (*BAG* 25.4.1996 EzA § 2 KSchG Nr. 25 gegen *BAG* 17.5.1984 NZA 1985, 489; *Fischermeier* NZA 2000, 740; abl. *Preis* NZA 1997, 1080; *Berkowsky* NZA 2000, 1135 ff.; vgl. auch *Weber* SAE 1997, 55 ff.). Die Änderung der Arbeitsbedingungen ist allerdings u.a. dann unwirksam, wenn die Befristung nicht aus sachlichen Gründen gerechtfertigt ist (*BAG* 25.4.1996 EzA § 2 KSchG Nr. 25); das Einverständnis des Arbeitnehmers reicht nicht aus (*LAG Bln.* 31.5.2002 ZTR 2002, 444 LS). So kann z.B. die nachträgliche Befristung eines bereits unbefristeten Arbeitsverhältnisses mit einem Betriebsratsmitglied nicht mit der personellen Kontinuität des Betriebsrats begründet werden (*BAG* 23.1.2002 EzA § 620 BGB Nr. 185).

g) Veränderung der Lage der Arbeitszeit

3047 Die durch einen Interessenausgleich bzw. eine Betriebsvereinbarung kollektiv-rechtlich legitimierte Einführung eines neuen Arbeitszeitsystems (z.B. **teilflexible Arbeitszeit**) rechtfertigt i.d.R. die Veränderung der vertraglichen Arbeitsbedingungen, die der Einführung des neuen Arbeitszeitsystems entgegenstehen. Eine Änderungskündigung ist bei dieser Konstellation nur dann sozialwidrig, wenn ein **besonderes Schutzbedürfnis** des Arbeitnehmers an der vertraglich vereinbarten Lage der Arbeitszeit besteht (*LAG Bln.* 31.3.1998 NZA 1998, 1061).

h) Sozialauswahl

aa) Anwendbarkeit des § 1 Abs. 3 KSchG

3048 Im Rahmen der betriebsbedingten Änderungskündigung gilt auch das Gebot der ausreichenden Berücksichtigung sozialer Gesichtspunkte bei der Auswahl der zu kündigenden Arbeitnehmer (§ 1 Abs. 3 KSchG; *BAG* 18.10.1984 EzA § 1 KSchG Betriebsbedingte Kündigung Nr. 34; 13.6.1986 EzA § 1 KSchG Soziale Auswahl Nr. 23; 18.1.2007 EzA § 2 KSchG Nr. 64 = NZA 2008, 1208 LS; *LAG BW* 5.1.2007 LAGE § 1 KSchG Soziale Auswahl 52 b = NZA-RR 2007, 406; vgl. ausf. *Fischermeier* NZA 2000, 738 f.; APS/*Künzl* § 2

KSchG Rz. 266 ff.). Nach Auffassung des *LAG SA* (26.4.2005 ZTR 2005, 434) stellt sich die Frage nach der ordnungsgemäßen Sozialauswahl aber ausnahmsweise dann nicht, wenn der Arbeitgeber auf einen erheblichen Rückgang der nachgefragten Kinderbetreuungszeiten mit einer **nahezu gleichmäßigen Reduzierung der Arbeitszeit** der Erzieherinnen im Wege der Änderungskündigung reagiert.

bb) Maßstab für die Vergleichbarkeit

Für die Frage der in die Sozialauswahl einzubeziehenden vergleichbaren Arbeitnehmer kommt es jedoch bei einer Änderungskündigung nicht nur darauf an, ob sie nach ihren bisherigen Tätigkeiten miteinander verglichen werden können und damit auf ihren innegehabten Arbeitsplätzen gegeneinander austauschbar sind. 3049

Hinzukommen muss, dass diese Arbeitnehmer für die Tätigkeit, die Gegenstand des Änderungsangebots ist, wenigstens annähernd gleich geeignet sind. Die Austauschbarkeit muss sich also auch auf den mit der Änderungskündigung angebotenen Arbeitsplatz beziehen (*BAG* 18.1.2007 EzA § 2 KSchG Nr. 64 = NZA 2008, 1208 LS; *LAG BW* 5.1.2007 LAGE § 1 KSchG Soziale Auswahl 52 b = NZA-RR 2007, 406). Ferner ist zu prüfen, welcher der vergleichbaren Arbeitnehmer durch die angebotenen neuen Arbeitsbedingungen schwerer belastet wird. Insoweit können unter anderem Vorbildung und persönliche Eigenschaften wie Wendigkeit, schnelle Auffassungsgabe, Anpassungsfähigkeit und Gesundheitszustand von Bedeutung sein (*BAG* 18.10.1984 EzA § 1 KSchG Betriebsbedingte Kündigung Nr. 34; 13.6.1986 EzA § 1 KSchG Soziale Auswahl Nr. 23; *LAG BW* 5.1.2007 LAGE § 1 KSchG Soziale Auswahl 52 b = NZA-RR 2007, 406). Da bei einer betriebsbedingten Änderungskündigung die **soziale Rechtfertigung des Änderungsangebots im Vordergrund steht**, ist also anders als bei einer Beendigungskündigung bei der **Sozialauswahl primär** darauf abzustellen, **wie sich die vorgeschlagene Vertragsänderung auf den sozialen Status vergleichbarer Arbeitnehmer auswirkt**. Deshalb ist vor allem zu prüfen, ob der Arbeitgeber, statt die Arbeitsbedingungen des gekündigten Arbeitnehmers zu ändern, diese Änderung einem **anderen Arbeitnehmer** hätte anbieten können, dem sie in sozialer Hinsicht **eher zumutbar** gewesen wäre (*BAG* 18.1.2007 EzA § 2 KSchG Nr. 64 = NZA 2008, 1208 LS). 3050

Nach Auffassung von *Berkowsky* (MünchArbR § 145 Rz. 38 ff.) ist diese Konzeption abzulehnen, weil die Sozialauswahl ausgerechnet den leistungsfähigen Arbeitnehmer trifft, während das BAG ansonsten strikt die These vertritt, dass Leistungsgesichtspunkte im Rahmen der Sozialauswahl nicht berücksichtigt werden dürften, jedenfalls nicht zu Gunsten des Arbeitnehmers. 3051

i) Auswirkungen u.a. des arbeitsrechtlichen Beschäftigungsförderungsgesetzes, insbesondere Anwendbarkeit des § 1 Abs. 5 KSchG bei betriebsbedingten Änderungskündigungen

Siehe hierzu zunächst oben Rn. 2638. Der Gesetzgeber hat es im arbeitsrechtlichen Beschäftigungsförderungsgesetz wie auch bei der Agenda 2010 bei den im Rahmen des § 1 KSchG vorgenommenen Änderungen **versäumt, § 2 KSchG anzupassen**. Dadurch werden mit § 1 Abs. 3 KSchG Kriterien für die Sozialauswahl festgeschrieben, die für eine soziale Auswahl bei Änderungskündigungen wenig hergeben (s.o. Rn. 3052 f.). Vergessen wurde zudem, den Verweis auf die Neueinfügungen des § 1 Abs. 4, 5 KSchG in § 2 KSchG vorzunehmen. Angesichts des klaren Wortlauts des § 2 KSchG und der erkennbaren Ausrichtung des § 1 KSchG auf Beendigungskündigungen ist es problematisch, § 1 Abs. 4, 5 KSchG gleichwohl generell auf Änderungskündigungen anzuwenden (dennoch dafür *Schwedes* BB 1996 Beil. 17 S. 4; abl. *Preis* NZA 1997, 1087; *Kittner* ArbuR 1997, 190; für die Anwendbarkeit des § 1 Abs. 5 KSchG auf Änderungskündigungen *Löwisch* RdA 1997, 81; *Zwanziger* BB 1997, 626 f.; *Gie-* 3052 *sen* ZfA 1997, 161 f. u. 174 f.; dagegen *Preis* NZA 1997, 1087 wegen des eindeutigen Gesetzeswortlautes und eines nicht feststellbaren dahingehenden gesetzgeberischen Willens).

3053 Anwendbar im Rahmen des § 2 KSchG sind jedenfalls die §§ 125 bis 128 InsO, ebenso § 113 Abs. 1, 2 InsO (*Fischermeier* NZA 1997, 1099 f.).

3054 Das *BAG* (19.6.2007 EzA § 1 KSchG Interessenausgleich Nr. 13 = NZA 2008, 103) hält insoweit inzwischen § 1 Abs. 5 KSchG auch bei betriebsbedingten Änderungskündigungen im Rahmen des § 2 KSchG für anwendbar. Die Reichweite der danach eingreifenden Vermutung erstreckt sich jedenfalls auf den Wegfall des Beschäftigungsbedürfnisses zu den bisherigen Bedingungen und das Fehlen einer anderweitigen Beschäftigungsmöglichkeit (*BAG* 19.6.2007 EzA § 1 KSchG Interessenausgleich Nr. 13 = NZA 2008, 103).

V. Ablehnung des Angebots; Annahme unter Vorbehalt

1. Vorbehaltlose Annahme

3055 Nimmt der Arbeitnehmer das Änderungsangebot vorbehaltlos an, so liegt eine **einvernehmliche Änderung** der Vertragsbedingungen vor. Für kündigungsrechtlichen Schutz ist daneben kein Raum.

3056 Das mit einer Änderungskündigung verbundene Angebot des Arbeitgebers, das Arbeitsverhältnis nach Ablauf der Kündigungsfrist zu geänderten Bedingungen fortzusetzen, kann von einem Arbeitnehmer, der keine Kündigungsschutzklage erhoben hat, regelmäßig jedenfalls bis zu dem Tag vorbehaltlos angenommen werden, an dem der Arbeitgeber letztmalig unter Einhaltung der ordentlichen Kündigungsfrist hätte kündigen können. Auf die vorbehaltlose Annahmeerklärung ist die in § 2 S. 2 KSchG vorgesehene Dreiwochenfrist entsprechend anzuwenden (*BAG* 18.5.2006 EzA § 2 KSchG Nr. 58 = NZA 2006, 1092; **a.A.** *LAG Düsseld.* 20.10.2005 LAGE § 2 KSchG Nr. 50). Nach § 147 Abs. 2 BGB kann das Änderungsangebot bis zu dem Zeitpunkt angenommen werden, in dem der Arbeitgeber den Eingang der Antwort unter regelmäßigen Umständen erwarten darf. Es blieb zunächst offen, ob bei einem in einer Änderungskündigung enthaltenen Änderungsangebot dem Arbeitnehmer regelmäßig mangels Fristsetzung durch den Arbeitgeber (§ 148 BGB) die volle Kündigungsfrist oder eine kürzere Regelfrist als Überlegungsfrist zur Verfügung steht bzw. ob dem Planungsinteresse des Arbeitgebers nicht stets dadurch Rechnung zu tragen ist, dass der Arbeitnehmer seine Entscheidung, ob er zu den neuen Arbeitsbedingungen weiterarbeiten will, eine angemessene Zeit vor Ablauf der Kündigungsfrist mitzuteilen hat (*BAG* 6.2.2003 EzA § 2 KSchG Nr. 47). Eine Annahmeerklärung ist also folglich nach z. T. vertretener Auffassung dann noch rechtzeitig in diesem Sinne, wenn sie dem **Arbeitgeber die Möglichkeit lässt**, bis zum beabsichtigten Beendigungszeitpunkt **anderen Arbeitnehmern zu kündigen** oder sonstige organisatorische Maßnahmen zu ergreifen (*LAG Düsseld.* 20.10.2005 LAGE § 2 KSchG Nr. 53).
Inzwischen geht das *BAG* (18.5.2006 EzA § 2 KSchG Nr. 58 = NZA 2006, 1092) aber davon aus, dass § 2 S. 2 KSchG auch als Mindestfrist auf die vorbehaltlose Annahme des Änderungsangebots anzuwenden ist, obwohl die Norm nach ihrem Wortlaut lediglich die Vorbehaltserklärung betrifft. Denn die Vorbehaltserklärung stellt eine bedingte Annahme dar; sie setzt deshalb ein annahmefähiges Angebot voraus. **Eine danach erklärte Annahme ist verspätet, wenn der Arbeitgeber eine wirksame Annahmefrist gem. § 148 BGB bestimmt hat.** Erweist sich die gesetzte Frist als **zu kurz**, ist sie **entsprechend § 2 S. 2 KSchG an die dreiwöchige gesetzliche Mindestfrist anzupassen** (*BAG* 1.2.2007 – 2 AZR 44/06 – EzA § 2 KSchG Nr. 65 = NZA 2007, 925; s.u. Rn. 3057).

2. Annahme unter Vorbehalt; Erklärungsfrist; Rücknahme des Vorbehalts

Gem. § **2 S. 1 KSchG** kann der Arbeitnehmer das Änderungsangebot aber auch unter dem Vorbehalt annehmen, dass die Änderung der Arbeitsbedingungen nicht sozial ungerechtfertigt ist. **Dieser Vorbehalt muss dem Arbeitgeber gegenüber innerhalb der Kündigungsfrist, wenn sie kürzer als drei Wochen ist, spätestens (d.h. bei längerer Kündigungsfrist als drei Wochen), jedoch innerhalb von drei Wochen nach Zugang der Kündigung erklärt werden** (§ 2 S. 2 KSchG; §§ 130 f., 187 f. BGB; *BAG* 18.5.2006 EzA § 2 KSchG Nr. 58 = NZA 2006, 1092; vgl. ausf. KR/*Rost* § 2 KSchG Rz. 67 ff.; APS/*Künzl* § 2 KSchG Rz. 220 ff.). 3057

Diese gesetzliche Frist ist zwingend. Für den Arbeitnehmer nachteilige Abweichungen von den Vorschriften des KSchG können nicht vereinbart, erst recht nicht einseitig durch den Arbeitgeber festgelegt werden. Zwar ist der Arbeitgeber grds. frei, sein Änderungsangebot zu befristen (*BAG* 6.2.2003 EzA § 2 KSchG Nr. 47). Dabei bildet jedoch die gesetzliche Mindestfrist des § 2 S. 2 KSchG die Untergrenze. Die zu kurze Bestimmung der Annahmefrist führt nicht zur Unwirksamkeit der Kündigung; sie setzt vielmehr die gesetzliche Frist des § 2 S. 2 KSchG in Lauf. Denn die Unwirksamkeitsfolge ist nach §§ 1, 2 KSchG eine Reaktion des Rechts auf das Fehlen materieller Kündigungs- oder Änderungsgründe, nicht auf fehlerhafte Fristbestimmungen (*BAG* 1.2.2007 EzA § 2 KSchG Nr. 65 = NZA 2007, 925; 18.5.2006 EzA § 2 KSchG Nr. 58 = NZA 2006, 1092). § 2 S. 2 KSchG betrifft nur die Annahme unter dem Vorbehalt gerichtlicher Überprüfung, wobei deren Angabe im Kündigungsschreiben wegen der gesetzlichen Regelung nur deklaratorischen Charakter hat (*LAG München* 24.6.2004 LAG Report 2005, 363). 3058

Demgegenüber ging das *LAG Hamm* (22.8.1997 EzA § 2 KSchG Nr. 29) davon aus, dass der Zugang auch noch nach Ablauf von drei Wochen nach Zugang der Änderungskündigung ausreicht, wenn entweder die Kündigungsfrist länger ist als drei Wochen oder sich der Arbeitgeber auf den verspätet erklärten Vorbehalt einlässt. 3059

Zweifelhaft ist, ob der Vorbehalt noch nach Erhebung der Änderungsschutzklage erklärt werden kann (verneinend KR/*Rost* § 2 KSchG Rz. 75). 3060

Nach Erhebung der Kündigungsschutzklage gem. § **4 S. 1 KSchG** ist das jedenfalls **nicht möglich,** da in dem Antrag festzustellen, dass das Arbeitsverhältnis durch die Kündigung nicht beendet worden ist, die schlüssige Ablehnung des Änderungsangebots gesehen werden muss (MünchArbR/*Berkowsky* § 145 Rz. 22). 3061

In der Weiterarbeit nach Zugang der Änderungskündigung vor Ablauf der Kündigungsfrist allein liegt keine konkludente Annahme des Vertragsangebots. Nimmt der Arbeitnehmer das Angebot nicht vorbehaltlos an und erhebt er auch keine Kündigungsschutzklage, erlischt spätestens mit Ablauf der Klagefrist des § 4 KSchG das Angebot des Arbeitgebers, sodass eine spätere Annahme ausscheidet. Setzen die Vertragsparteien gleichwohl – in Verkennung der Rechtslage – das Arbeitsverhältnis über den Ablauf der Kündigungsfrist hinaus einvernehmlich fort, so kommt hierdurch keine Änderung der Vertragsbedingungen nach Maßgabe des früheren Änderungsangebotes zustande. Vielmehr besteht das Arbeitsverhältnis zu unveränderten Arbeitsbedingungen (§ 625 BGB) fort (*LAG Hamm* 30.1.1997 NZA 1997, 419). 3062

Nimmt der Arbeitnehmer das mit der Änderungskündigung verbundene Angebot des bisher tarifgebundenen Arbeitgebers zur Reduzierung der bisher tariflich gewährleisteten Sonderzahlungen gem. § 2 S. 1 KSchG unter Vorbehalt an, kommt eine die sich an die Nachbindung nach § 3 Abs. 3 TVG anschließende Nachwirkung nach § 4 Abs. 5 TVG beendende einzelvertragliche Abmachung unter der Bedingung zustande, dass sich die Änderung der Arbeitsbedingungen als sozial gerechtfertigt erweist (*BAG* 27.9.2001 EzA § 2 KSchG Nr. 44 m. Anm. *Spirolke* BB 2002, 1918).

3063 Hat der Arbeitnehmer eine Änderungskündigung unter dem Vorbehalt des § 2 KSchG angenommen und Änderungsschutzklage erhoben, so kann er den Vorbehalt nicht mehr einseitig zurücknehmen und eine Kündigungsschutzklage nach § 4 S. 1 KSchG führen (*LAG Köln* 6.12.2001 – 6 Sa 874/01 – EzA-SD 7/02, S. 10 LS = ARST 2002, 211 LS = NZA-RR 2003, 82; *LAG Hamm* 22.8.1997 EzA § 2 KSchG Nr. 29).

3064 Das Angebot des Arbeitgebers **erlischt regelmäßig dann**, wenn der Arbeitnehmer innerhalb der Frist des § 2 S. 2 KSchG **überhaupt keine Erklärung abgibt** (*LAG Köln* 10.2.2000 NZA-RR 2000, 303).

3. Änderungsschutzklage als Annahme unter Vorbehalt?

3065 Die Erhebung der Änderungsschutzklage nach § 2 KSchG kann dann (aber auch nur dann) als Vorbehaltserklärung in diesem Sinne angesehen werden, wenn aus ihr **hinreichend deutlich die Bereitschaft hervorgeht, das Arbeitsverhältnis zunächst zu geänderten Bedingungen fortzusetzen** (vgl. *LAG Hamm* 13.10.1988 DB 1989, 436).

3066 Dabei ist aber zu beachten, dass **§ 270 Abs. 3 ZPO** (jetzt § 167 ZPO) für den Vorbehalt i.S.d. § 2 KSchG **nicht anwendbar ist** (*BAG* 17.6.1998 EzA § 2 KSchG Nr. 30; *LAG Hamm* 22.8.1997 EzA § 2 KSchG Nr. 29; KR/*Rost* § 2 KSchG Rz. 71; *Henssler* SAE 2000, 247 ff.).

4. Normative Bedeutung des Vorbehalts

3067 Dem Vorbehalt wird zum Teil nur prozessuale, zum Teil dagegen eine materiell- rechtliche Bedeutung beigemessen (vgl. KR/*Rost* § 2 KSchG Rz. 56 ff).

5. Auswirkungen der Annahme unter Vorbehalt; Klageabweisung; Klagerücknahme

3068 Hat der Arbeitnehmer das Änderungsangebot unter Vorbehalt angenommen, so ist der Arbeitgeber **nicht** auf Grund des allgemeinen Beschäftigungsanspruchs **verpflichtet, ihn vorläufig zu den bisherigen Bedingungen weiterzubeschäftigen.** Der Arbeitnehmer muss deshalb zunächst – nach Ablauf der ordentlichen Kündigungsfrist – zu den geänderten Bedingungen arbeiten (*LAG Köln* 29.6.2001 ARST 2002, 45 LS = NZA-RR 2002, 356).

3069 Das *BAG* (18.1.1990 EzA § 1 KSchG Betriebsbedingte Kündigung Nr. 65) hat allerdings offen gelassen, ob **analog § 102 Abs. 5 BetrVG** ein Beschäftigungsanspruch dieses Inhalts dann besteht, wenn der Betriebsrat einer mit der Änderung der Arbeitsbedingungen verbundenen Versetzung oder Umgruppierung widersprochen hat, die Zustimmung nicht ersetzt und es dem Arbeitgeber verwehrt ist, die Maßnahme vorläufig durchzuführen.

3070 Auch bei einer **außerordentlichen Änderungskündigung** besteht bis zum Abschluss des Kündigungsschutzverfahrens einzelvertraglich **kein Anspruch auf Beschäftigung zu den bisherigen Bedingungen**, wenn der Arbeitnehmer die Kündigung unter Vorbehalt angenommen hat (*LAG Nbg.* 13.3.2001 NZA-RR 2001, 366).

3071 Der Arbeitgeber darf die Annahme des Angebots unter Vorbehalt nicht ablehnen.
Mit der Annahme des Änderungsangebots unter dem Vorbehalt kommt im Übrigen eine Vertragsänderung zustande, die unter der gem. § 8 KSchG rückwirkenden auflösenden Bedingung (§ 158 Abs. 2 BGB) gerichtlich festzustellender Sozialwidrigkeit steht. Auch wenn die Änderungsschutzklage als unzulässig abgewiesen wird, erlischt der Vorbehalt mit der Konsequenz, dass das Arbeitsverhältnis zu den geänderten Bedingungen fortbesteht (*BAG* 24.3.2004 – 5 AZR 355/03 – EzA-SD 12/04, S. 7 f.; vgl. dazu *Berkowsky* NZA 2004, 1140).

3072 Nimmt der Arbeitnehmer nach Annahme unter Vorbehalt die rechtzeitig erhobene **Änderungsschutzklage** zurück, so erlischt der zuvor erklärte Vorbehalt; **die Annahme ist nunmehr vorbehaltlos erfolgt**. Der Arbeitnehmer hat zu den geänderten Bedingungen auf Dauer zu arbeiten (*LAG SchlH* 20.1.2005 NZA-RR 2005, 248).

Ein Arbeitnehmer, der bis zur rechtskräftigen Feststellung der Unwirksamkeit der auf einen Wechsel des Arbeitsortes gerichteten Änderungskündigung diese unter dem Vorbehalt ihrer sozialen Rechtfertigung angenommen hat, und deshalb pro Arbeitstag einen zeitlichen Mehraufwand für die Fahrt zum Arbeitsort und zurück von ca. zwei Stunden hat, kann dafür keinen finanziellen Ausgleich verlangen (*LAG RhPf* 28.8.2000 ZTR 2001, 184). 3073

6. Ablehnung der Annahme unter Vorbehalt

Lehnt der Arbeitnehmer das Angebot überhaupt ab, so kann er die Unwirksamkeit der Kündigung geltend machen. 3074

VI. Rechtsfolgen der Entscheidung des Arbeitnehmers für die Überprüfung der sozialen Rechtfertigung der Änderungskündigung

1. Annahme unter Vorbehalt

a) Allgemeiner Prüfungsmaßstab

Nimmt der Arbeitnehmer das Angebot unter Vorbehalt an, so ist für diesen Fall bei der Prüfung der Sozialwidrigkeit das Änderungsangebot in die Überprüfung nicht nur einzubeziehen, sondern steht in deren Mittelpunkt (*BAG* 7.6.1973 AP Nr. 1 zu § 626 BGB Änderungskündigung, DB 1982, 776; vgl. APS/*Künzl* § 2 KSchG Rz. 222 f.). 3075
Unter Berücksichtigung dieser Kriterien ist sodann festzustellen, ob die vorgeschlagene Änderung der Arbeitsbedingungen unter Berücksichtigung von § 1 KSchG sachlich gerechtfertigt und dem Arbeitnehmer zumutbar ist.

Streiten die Parteien im Rahmen einer Änderungsschutzklage gem. § 4 S. 2 KSchG allerdings **auch um die Wirksamkeit des** vom Arbeitnehmer nach § 2 KSchG erklärten **Vorbehalts, so ist** nicht nur der Inhalt, sondern **auch der Bestand des Arbeitsverhältnisses streitig** (*BAG* 28.3.1985 EzA § 767 ZPO Nr. 1). 3076

b) Interessenabwägung

Dabei ist im Rahmen der Interessenabwägung zu berücksichtigen, dass nicht eine vollständige Beendigung des Arbeitsverhältnisses im Streit steht, sondern eine **Weiterbeschäftigung,** wenn auch zu geänderten Arbeitsbedingungen, **angeboten wurde.** 3077

Der Prüfungsmaßstab für die soziale Rechtfertigung einer Änderungskündigung ist demgemäß zwar nicht grds. abgemildert gegenüber dem einer Beendigungskündigung. Im Rahmen der vorzunehmenden Interessenabwägung ist allerdings entscheidend zu berücksichtigen, dass die vom Arbeitgeber gewählte Maßnahme einer Änderungskündigung das mildere Mittel gegenüber dem einer Beendigungskündigung darstellt. 3078

Es ist deshalb **abzuwägen, ob für die ordentliche Änderungskündigung Gründe i.S.d. § 1 Abs. 2 KSchG vorliegen und andererseits die neuen Bedingungen für den Arbeitnehmer zumutbar sind.** 3079

Die Gründe müssen unter vernünftiger Abwägung der Interessen des Arbeitgebers gegenüber denen des Arbeitnehmers an der Aufrechterhaltung seiner gegenwärtigen Vertragsbedingungen es als billig und angemessen erscheinen lassen, um der Änderung willen das Mittel der Kündigung zu gebrauchen. 3080

c) Verhältnismäßigkeitsprinzip

3081 Zu beachten ist auch das **Verhältnismäßigkeitsprinzip; bei einer Änderungskündigung sind alle vom Arbeitgeber vorgeschlagenen Vertragsänderungen daran zu messen** (*BAG* 23.6.2005 EzA § 2 KSchG Nr. 55 = NZA-RR 2006, 280 LS; *ArbG Nbg.* 1.8.2006 – 5 Ca 2902/06 – ArbuR 2007, 59 LS; s.a. *Schrader/Straube* DB 2006, 1678 ff.);). Eine **Änderungskündigung** ist z.B. deshalb **unwirksam, wenn die Weiterbeschäftigung mit weniger einschneidenden Änderungen möglich gewesen wäre**. Eine angebotene Änderung der Arbeitszeit ist z.B. dann unverhältnismäßig, wenn die **Verkürzung über die erforderliche Reduzierung der Arbeitszeit hinausgeht**, eine stärkere Arbeitszeitflexibilisierung ebenso wenig mit dem Mindestbedarf zu rechtfertigen ist wie eine verstärkte Verpflichtung zu Sonn-, Feiertags- und Nachtarbeit (*ArbG Nbg.* 1.8.2006 – 5 Ca 2902/06 – ArbuR 2007, 59 LS). Gibt der Arbeitgeber wenige Wochen vor der Änderungskündigung mit einem weniger einschneidenden Angebot, das der Arbeitnehmer nicht oder nicht in vollem Umfang angenommen hat, zu erkennen, dass eine Weiterbeschäftigung auch zu diesen Bedingungen möglich wäre, muss er sich daran festhalten lassen (*LAG Nbg.* 13.9.2005 NZA-RR 2006, 133). **Folglich muss auch z.B. der Arbeitgeber, der den Wegfall von Arbeitsbefreiungen** und **zusätzlichen Urlaubstagen**, die Geltung einer **verkürzten Ausschlussfrist** oder die Abgabe einer Erklärung des Arbeitnehmers vorschlägt, nicht der **Scientology-Lehre** anzuhängen, darlegen, warum diese Regelungen geeignet und erforderlich sind, um den Inhalt des Arbeitsvertrags an die geänderte Beschäftigungsmöglichkeit anzupassen (*BAG* 23.6.2005 EzA § 2 KSchG Nr. 55 = NZA-RR 2006, 280 LS).

3082 Der Arbeitgeber verstößt gegen das Verhältnismäßigkeitsprinzip auch dann, wenn er bei einer widerruflich gewährten Sozialleistung **nicht von dem Widerrufsvorbehalt Gebrauch macht,** sondern stattdessen eine Änderungskündigung ausspricht (*BAG* 28.4.1982 EzA § 2 KSchG Nr. 4; vgl. *Zirnbauer* NZA 1995, 1074).

3083 Gleiches gilt, wenn der Arbeitgeber eine Änderungskündigung zum Zwecke der Weiterbeschäftigung des Arbeitnehmers zu verschlechterten Arbeitsbedingungen ausspricht, obwohl ihm zulässigerweise durch Tarifvertrag die einseitige Befugnis eingeräumt worden ist, dem Arbeitnehmer eine andere, vom Arbeitsvertrag an sich nicht erfasste (ungünstigere) Arbeitstätigkeit zuzuweisen. Da er dann durch einseitige Weisung unter **Ausübung des Direktionsrechts** im Rahmen des § 315 BGB den verfolgten Zweck erreichen kann, ist die mit der Änderungskündigung stets auch verbundene Gefährdung des Bestandes des Arbeitsverhältnisses insgesamt nicht erforderlich und somit **unverhältnismäßig, wenn der Arbeitnehmer das Änderungsangebot nicht angenommen hat** (*BAG* 25.5.1985 AP Nr. 6 zu § 1 TVG Tarifverträge: Bundesbahn; 24.6.2004 ZTR 2004, 579; 6.9.2007 EzA § 2 KSchG Nr. 68 = NZA-RR 2008, 291; *LAG Köln* 1.8.2007 – 3 Sa 906/06 – EzA-SD 2/2008 S. 4 LS; *LAG Bln.* 29.11.1999 NZA-RR 2000, 131; *LAG Köln* 17.7.2007 LAGE § 2 KSchG Nr. 59a; nach Auffassung des *LAG Bln.* a.a.O. kann die unwirksame Änderungskündigung allerdings in die Ausübung des Direktionsrechts umgedeutet werden; **a.A.** insoweit *LAG Köln* 17.7.2007 LAGE §2 KSchG Nr. 59a; *Düwell* NZA 1999, 293 ff.; s. dazu krit. *Hunold* NZA 2008, 860 ff.; *Hromadka* NZA 2008, 1338 ff.). Denn dann **streiten die Parteien ausschließlich** um **die Beendigung des Arbeitsverhältnisses**. Bereits diese Bestandsgefährdung verbietet es, die Kündigung als verhältnismäßig zu betrachten, obwohl es ihrer nicht bedurfte, weil die Änderung der Arbeitsbedingungen bereits aufgrund der Ausübung des Direktionsrechts eingetreten war. Dem **Arbeitgeber** wird insoweit **nichts Unzumutbares** abverlangt, wenn er darauf verwiesen wird, von seinem Direktionsrecht Gebrauch zu machen. Er kann dem Arbeitnehmer die betreffende **Tätigkeit** ohne weiteres **zuweisen**. Weigert sich der Arbeitnehmer, die Tätigkeit auszuüben, hat er **keinen Vergütungsanspruch**. Ein nicht den wirksamen Weisungen des Arbeitgebers entsprechendes Angebot der Arbeitsleistung setzt den Arbeitgeber nicht in Annahmeverzug. Der Arbeitgeber kann überdies nach Abmahnung verhaltensbedingt **kündigen** (*BAG* 6.9.2007 EzA § 2 KSchG Nr. 68 = NZA-RR 2008, 291; krit. *Hunold* NZA 2008, 860 ff.). Unverhältnismäßig ist die Änderungskündigung auch dann, wenn es ihrer **nicht bedarf**, weil die angestrebte Änderung der Arbeitsbedingungen **bereits auf Grund anderer Umstände tatsächlich eingetreten ist**. Zu beachten ist, dass dann gleichwohl eine **Änderungsschutzklage** in diesem Fall **keinen Erfolg haben** kann, weil ihre Begründetheit voraussetzt, dass zu dem Termin, zu dem die Änderungskündigung ausgesprochen wurde, das Arbeitsverhältnis noch zu den unveränderten Arbeitsbedingungen bestand (*BAG* 24.8.2004 EzA § 2 KSchG Nr. 51 = NZA 2005, 51 = BAG Report 2005, 117; vgl. dazu *Benecke* NZA 2005, 1092 ff.).

Schließlich verstoßen die von einem kommunalen Arbeitgeber gegenüber den bei ihm (teilzeit-)beschäftigten Musikschullehrern ausgesprochenen Änderungskündigungen, die diese unter dem Vorbehalt ihrer sozialen Rechtfertigung angenommen hatten, und mit denen zum Abbau des »Ferienüberhangs« die vertraglich vereinbarte Arbeitszeit und die entsprechende Vergütung bei außerhalb der Schulferien unveränderter Zahl der Unterrichtsstunden reduziert werden sollen, i.d.R. gegen den Grundsatz der Verhältnismäßigkeit und sind deshalb sozial ungerechtfertigt, **wenn der »Ferienüberhang« auch durch volle Inanspruchnahme der vertraglichen Arbeitsleistung abgebaut werden könnte.** In Betracht kommt z.B. die Verteilung der während der Ferien ausfallenden Unterrichtsstunden auf die Zeit außerhalb der Schulferien nach Maßgabe des Direktionsrechts, weil es dann bei einer erhöhten Inanspruchnahme der Schule durch die Musikschüler auch zu einer entsprechenden Steigerung des Aufkommens der Schulgebühren kommt. Der Ferienüberhang ergibt sich daraus, dass die – gleichfalls bezahlte – unterrichtsfreie Zeit zwölf Wochen, der Urlaubsanspruch aber nur sechs Wochen beträgt (*BAG* 26.1.1995 EzA § 2 KSchG Nr. 21; vgl. ausf. APS/*Künzl* § 2 KSchG Rz. 104 ff.). Das *BAG* (13.12.2001 NZA 2002, 816 LS) geht insoweit davon aus, dass soweit arbeitsvertraglich nichts anderes vereinbart ist, der kommunale Arbeitgeber während der Schulferien von den Musikschullehrkräften die Ableistung einer solchen Gesamtzahl von Unterrichtsstunden einfordern kann, wie sie bei einem während der Schulferien durchgehenden Musikschulunterricht anfallen würde. 3084

Andererseits hat das *BAG* (26.1.1995 EzA § 2 KSchG Nr. 22; abl. *Busemann/Schäfer* a.a.O., Rz. 193 c; APS/*Künzl* § 2 KSchG Rz. 106 ff.; *Düwell* NZA 1999, 295 ff.; *Berkowsky* NZA 2000, 1134 ff.; erl. *Fischermeier* NZA 2000, 739; vgl. auch *Benecke* NZA 2005, 1092 ff.) angenommen, dass, soweit arbeitsvertraglich nichts anderes vereinbart ist, der kommunale Arbeitgeber bei einer während der Schulferien geschlossenen Musikschule in den Grenzen des § 15 Abs. 1 S. 2 BAT auch durch Änderungskündigung von den Musikschullehrern die Ableistung einer solchen Gesamtzahl von Unterrichtsstunden einfordern kann, wie sie bei einem während der Schulferien durchgehenden Musikschulunterricht anfallen würden. 3085

Zum Verhältnis zwischen Änderungskündigung und Direktionsrecht hat es ausgeführt: »Ob die Beklagte darüber hinaus die nach der arbeitsvertraglichen Vereinbarung für das Kalenderjahr geschuldete Arbeitsleistung ganz bzw. zum größten Teil im Wege der Ausübung ihres Direktionsrechts gleichmäßig verteilt auf die Wochen außerhalb der Ferien einfordern durfte, kann dahinstehen (verneinend *BAG* 13.2.1992 EzA § 15 BAT Nr. 2). Streitgegenstand war hier von vornherein nicht eine mögliche Beendigung des Arbeitsverhältnisses, sondern dessen inhaltliche Ausgestaltung. Bei der Änderungsschutzklage nach § 2 KSchG geht es nicht um den Bestand, sondern nur um den Inhalt des Arbeitsverhältnisses. Die Änderungsschutzklage zielt auf die Feststellung, dass für das Arbeitsverhältnis nicht die Arbeitsbedingungen gelten, die in dem mit der Kündigung verbundenen Änderungsangebot des Arbeitgebers enthalten sind. Die Frage, ob diese Arbeitsbedingungen gerade infolge der mit der Änderungskündigung angebotenen Vertragsänderung gelten, ob es also zu ihrer Herbeiführung der Änderungskündigung bedurfte oder ob die angebotenen Arbeitsbedingungen bereits ohnehin Grundlage des Arbeitsverhältnisses sind, ist daher nur ein Element bei der Begründetheitsprüfung der Klage (so *BAG* 21.2.1991 RzK I 7 a Nr. 23 m.w.N.). Die unter Vorbehalt angenommene Änderungskündigung stellt die gleichen Arbeitsbedingungen her wie eine entsprechende Weisung auf Grund des Direktionsrechts des Arbeitgebers (abl. *LAG Köln* 1.8.2007 – 3 Sa 906/06 – EzA-SD 2/2008 S. 4 LS). Die Möglichkeit, eine Änderung der aktuellen Arbeitsbedingungen durch Ausübung des Direktionsrechts zu bewirken, führt deshalb bei Annahme des mit der Änderungskündigung verbundenen Angebots unter 3086

Vorbehalt nicht zur Unwirksamkeit der Änderung der Arbeitsbedingungen aus dem Gesichtspunkt der Verhältnismäßigkeit. Unverhältnismäßig wäre allenfalls das Element der Kündigung, nicht dagegen das mit der Kündigung verbundene Änderungsangebot (ebenso *LAG Chemnitz* 12.5.1993 NJ 1993, 477; vgl. auch *Herschel/Löwisch* KSchG, 6. Aufl., § 2 Rz. 71; **a.A.** KR/*Rost* § 2 KSchG Rz. 106a). Infolge der seitens der Klägerin erklärten Annahme unter Vorbehalt ist jedoch die Kündigung als solche gegenstandslos. Jedenfalls wäre aber die Änderungskündigung selbst bei Wirksamkeit einer bloßen Weisung hier deshalb nicht unverhältnismäßig, weil sich die Beklagte an der bisherigen gegenteiligen Rechtsprechung des BAG orientieren durfte.«

3087 Schließlich hat es angenommen, dass dann, wenn der Widerruf einer außertariflichen Zulage im Zusammenhang mit einer Änderungskündigung erfolgt und der Arbeitnehmer das darin liegende Änderungsangebot unter Vorbehalt annimmt, auch die Änderungskündigung sozial gerechtfertigt ist, wenn die Ausübung des Widerrufsrechts billigem Ermessen entspricht (*BAG* 15.11.1995 EzA § 315 BGB Nr. 45; abl. im Hinblick auf das Verhältnismäßigkeitsprinzip *Preis* NZA 1997, 1088; *Düwell* NZA 1999, 293 ff.).

3088 Wenn ausgeführt wird, mit der Änderungskündigung sei angesichts der §§ 2, 4 S. 2, 8 KSchG keine ins Gewicht fallende Bestandsgefahr des Arbeitsverhältnisses mehr verbunden, wird **verkannt, dass die Rechtsschutzmöglichkeit die Gefahr für den Bestand des Arbeitsverhältnisses allenfalls verringert, nicht aber ausschließt.** Allein die Notwendigkeit, bei Ausspruch einer Änderungskündigung die Klagefrist des § 4 S. 2 KSchG einhalten zu müssen, stellt einen wesentlichen Unterschied zur Ausübung des Direktionsrechts dar. Versäumt der Arbeitnehmer die Frist, endet das Arbeitsverhältnis; missachtet er dagegen die erteilte Weisung des Arbeitgebers, muss dieser erst weitere arbeitsrechtliche Maßnahmen zu deren Durchsetzung (z.B. Abmahnung und nachfolgende verhaltensbedingte Kündigung) ergreifen, deren Unwirksamkeit oder Unbeachtlichkeit der Arbeitnehmer gerichtlich feststellen lassen kann, ohne an eine feste Frist gebunden zu sein (*v. Hoyningen-Huene/Linck* § 2 KSchG Rz. 32c; APS/*Künzl* § 2 KSchG Rz. 106).

3089 Für den Ausschluss der Änderungskündigung bei gegebener einseitiger Gestaltungsmöglichkeit kommt es auch nicht darauf an, ob der Arbeitnehmer das Änderungsangebot ausgeschlagen oder unter Vorbehalt angenommen hat (*Gaul* DB 1998, 1913 ff.; *v. Hoyningen-Huene/Linck* § 2 KSchG Rz. 32c; KR/*Rost* § 2 KSchG Rz. 106a; APS/*Künzl* § 2 KSchG Rz. 107). Das *BAG* (26.1.1995 EzA § 2 KSchG Nr. 22) geht davon aus, nach Annahme des im Rahmen einer Änderungskündigung unterbreiteten Angebots unter Vorbehalt gehe es im nachfolgenden Rechtsstreit nicht mehr um die Beendigung des Arbeitsverhältnisses, sondern nur noch um dessen Inhalt. Es könne daher allenfalls das Kündigungselement unverhältnismäßig sein. Inwieweit die Vertragsbedingungen infolge der angebotenen Vertragsänderungen gelten oder bereits Grundlage des Arbeitsverhältnisses seien, müsse in der Begründetheit geprüft werden. Das trifft insoweit zu, als sich die Streitgegenstände der Kündigungs- und Änderungsschutzklage unterscheiden, wenn der Gekündigte das Änderungsangebot unter Vorbehalt akzeptiert hat. Wenngleich nach erfolgter Annahme unter Vorbehalt nur noch über die inhaltliche Ausgestaltung und nicht um die Beendigung des Arbeitsverhältnisses gestritten wird, führt dies **keineswegs zur Verhältnismäßigkeit einer Änderungskündigung, deren erstrebtes Ziel auch auf einfacherem Weg erreichbar gewesen wäre.** Die Annahme unter Vorbehalt bedeutet allein, dass sich das Arbeitsverhältnis zu veränderten Vertragsbedingungen fortsetzt, wenn die ausgesprochene Kündigung wirksam und die Änderung sozial gerechtfertigt ist. Deren Wirksamkeit beurteilt sich nicht nach den Verhältnissen im Zeitpunkt der Klageerhebung, sondern zum Zeitpunkt des Kündigungszugangs, zu dem Kündigung und Änderungsangebot einheitlich zu betrachten sind. War die Änderungskündigung unverhältnismäßig, weil der Arbeitgeber die Änderung des Vertragsinhalts ohne weiteres im Wege der Ausübung des Direktionsrechts oder eines vorbehaltenen Widerrufs hätte erreichen können, verbleibt dies auch nach erfolgter Annahme des Angebots unter Vorbehalt dabei (*Gaul* DB 1998, 1914; *v. Hoyningen-Huene/Linck* § 2 KSchG Rz. 32d; *Berkowsky* NZA 1999, 295 ff.; APS/*Künzl* § 2 KSchG Rz. 108).

2. Ablehnung des Angebots

a) Streitgegenstand

Lehnt der Arbeitnehmer das Angebot ab, so ist Streitgegenstand nur die **Beendigung des Arbeitsverhältnisses insgesamt.** 3090

b) Prüfungsmaßstab

Gleichwohl ist als Prüfungsmaßstab nicht auf die Beendigung, sondern auf das Änderungsangebot und seine soziale Rechtfertigung abzustellen (*BAG* 7.6.1973 AP Nr. 1 zu § 626 BGB Änderungskündigung). Wäre das Änderungsangebot sozial gerechtfertigt, so ist das Arbeitsverhältnis insgesamt beendet (APS/*Künzl* § 2 KSchG Rz. 179 ff.) 3091

Denn es wäre nicht gerechtfertigt, unterschiedliche Prüfungsmaßstäbe anzulegen. **Der Arbeitnehmer kann es nicht in der Hand haben, einseitig durch Annahme oder Ablehnung des Änderungsangebots den Prüfungsmaßstab zu bestimmen.** 3092

Wollte man bei Ablehnung des Änderungsangebots an die Kündigung einen anderen, insbes. den für eine Beendigungskündigung gegebenen Maßstab anlegen, so würde das den Arbeitnehmer benachteiligen, der im Interesse der Aufrechterhaltung des Arbeitsverhältnisses den Vorbehalt ausspricht und sich mit der durch § 2 KSchG angezeigten abgewandelten Überprüfung der Änderungen zufrieden gibt. Er liefe Gefahr, dass seine Klage eher abgewiesen würde als die des bedingungslos um den Erhalt des Arbeitsplatzes kämpfenden Arbeitnehmers. Dabei wollen beide letztlich dasselbe: Den Erhalt des Arbeitsverhältnisses zu den ursprünglichen Bedingungen (vgl. ausf. KR/*Rost* § 2 KSchG Rz. 95 m.w.N.; abl. *Boewer* BB 1996, 2618 ff., wonach es für diese Differenzierung keine gesetzliche Grundlage gibt). 3093

VII. § 15 KSchG

1. Ausschluss der ordentlichen Änderungskündigung

Nach Auffassung des *BAG* (6.3.1986 EzA § 15 KSchG n.F. Nr. 34; vgl. APS/*Künzl* § 2 KSchG Rz. 184 ff.) ist eine **ordentliche Änderungskündigung gegenüber einem durch § 15 KSchG geschützten Arbeitnehmer unzulässig.** 3094

Dies gilt auch dann, wenn der Arbeitgeber dadurch die Arbeitsbedingungen des Amtsträgers denen einer Gruppe von Arbeitnehmern anpassen will, zu der auch der Amtsträger gehört. 3095

2. Ausnahme bei Massenänderungskündigungen

In der Literatur (*Dietz/Richardi* § 103 Rz. 27; § 78 Rz. 26 ff.; *Hess/Schlochauer/Glaubitz* 5. Aufl., § 103 Rz. 20) wird die Auffassung vertreten, dass § 15 KSchG nicht bei sog. Massen- bzw. Gruppenänderungskündigungen gilt, weil das nicht dem Schutzzweck der Norm entspricht und gegen das Begünstigungsverbot des § 78 BetrVG verstößt. Danach ist eine teleologische Reduktion des § 15 KSchG gerechtfertigt. 3096

Dagegen geht das *BAG* (29.1.1981 EzA § 15 KSchG n.F. Nr. 26; 7.10.2004 NZA 2005, 156) davon aus, dass der Zweck der Regelung des § 15 KSchG, dem Betriebsratsmitglied eine ungestörte Amtsausübung zu ermöglichen, auch einen besonderen Kündigungsschutz bei Massenänderungskündigungen rechtfertigt, sodass auch dann eine ordentliche Änderungskündigung ausgeschlossen ist (s.o. Rn. 555 ff.). 3097

3098 In einem derartigen Fall kann allerdings eine außerordentliche Änderungskündigung aus betriebsbedingten Gründen gerechtfertigt sein (*BAG* 7.10.2004 EzA § 15 KSchG n.F. Nr. 57 = NZA 2005, 156; s. Rn. 555 ff. und Rn. 3100 ff.).

3099 Nach der Rechtsprechung des *BAG* (7.10.2004 EzA § 15 KSchG n.F. Nr. 57 = NZA 2005, 156) gilt der Kündigungsschutz nach § 15 KSchG also uneingeschränkt für sog. **Massenänderungskündigungen**.

Im Einzelnen gilt danach folgendes:

- Auch wenn der Arbeitgeber aus betriebsbedingten Gründen allen oder der Mehrzahl der Arbeitnehmer des Betriebes kündigt und ihnen eine Weiterarbeit zu schlechteren Arbeitsbedingungen anbietet, rechtfertigt ein solcher Massentatbestand nicht ausnahmsweise eine ordentliche Kündigung gegenüber Betriebsratsmitgliedern und den anderen durch § 15 KSchG geschützten Amtsträgern.
- § 15 KSchG schließt abgesehen von den Sonderfällen der Betriebsstilllegung und der Stilllegung einer Betriebsabteilung (§ 15 Abs. 4, 5 KSchG) eine ordentliche Kündigung gegenüber diesem Personenkreis völlig aus und lässt nur eine außerordentliche Kündigung aus wichtigem Grund zu.
- Eine außerordentliche Kündigung ist während der Amtszeit des Betreffenden nach § 103 BetrVG nur mit Zustimmung des Betriebsrats bzw. deren Ersetzung durch die Arbeitsgerichte zulässig. Diese im Interesse des (Betriebsrats-)Amts und der ungestörten Amtsführung geschaffene generelle Regelung lässt keine Einschränkung für sog. Massenänderungskündigungen zu.
- Eine außerordentliche mit notwendiger Auslauffrist zu erklärende Änderungskündigung gegenüber einem Betriebsratsmitglied kommt etwa dann in Betracht, wenn ohne die Änderung der Arbeitsbedingungen ein sinnlos gewordenes Arbeitsverhältnis über einen erheblichen Zeitraum nur durch Gehaltszahlungen fortgesetzt werden müsste und der Arbeitgeber möglicherweise sogar eine unternehmerische Entscheidung, bestimmte Arbeitsplätze einzusparen, wegen des Beschäftigungsanspruchs des Mandatsträgers nicht vollständig umsetzen könnte.

VIII. Außerordentliche Änderungskündigung

1. Anwendungsfälle

3100 Eine außerordentliche Änderungskündigung kommt insbes. dann in Betracht, wenn eine ordentliche Kündigung und damit auch eine ordentliche Änderungskündigung tarifvertraglich oder gesetzlich (z.B. gem. § 15 KSchG; vgl. *BAG* 6.3.1986, 21.6.1995 EzA § 15 KSchG n.F. Nr. 34, 43; 17.3.2005 EzA § 15 KSchG n.F. Nr. 59 = NZA 2005, 949; 2.3.2006 EzA § 2 KSchG Nr. 57 = NZA 2006, 985; 18.5.2006 – 2 AZR 207/05 – EzA § 2 KSchG Nr. 60 = NZA-RR 2007, 272; 1.3.2007 EzA § 626 BGB 2002 Unkündbarkeit Nr. 13 = NZA 2007, 1445; *LAG RhPf* 15.3.2002 NZA-RR 2002, 670; *LAG Bln.-Bra.* 5.7.2007 NZA-RR 2008, 237 = ArbuR 2008, 75 LS; vgl. APS/*Künzl* § 2 KSchG Rz. 184 ff., 189 f.,) ausgeschlossen ist und der Arbeitgeber dadurch z.B. bei Umstrukturierungsmaßnahmen die Arbeitsbedingungen des Amtsträgers denen einer Gruppe von Arbeitnehmern anpassen will, zu der auch er gehört (abl. dazu *Preis* NZA 1997, 1080, weil eine betriebsbedingte fristlose Kündigung ausgeschlossen ist, weil andernfalls das Betriebs- und Wirtschaftsrisiko vollständig auf den Arbeitnehmer verlagert würde und die Wirksamkeit der Änderungskündigung mit Argumenten begründet wird, die allenfalls eine ordentliche, befristete betriebsbedingte Kündigung zu rechtfertigen vermögen).

3101 Ein wichtiger Grund ist insoweit jedenfalls dann gegeben – für eine außerordentliche Änderungskündigung mit notwendiger Auslauffrist – wenn sie eine **Entgeltreduzierung eines ordentlich unkündbaren Arbeitnehmers bezweckt** und diese Änderung der Arbeitsbedingungen das **Ziel hat, der konkreten Gefahr einer Betriebsschließung** wegen Insolvenz **zu begegnen** (*BAG* 1.3.2007 EzA § 626 BGB 2002 Unkündbarkeit Nr. 13 = NZA 2007, 1445).

§ 55 Abs. 2 BAT sieht im Übrigen. eine befristete außerordentliche Änderungskündigung aus wichtigem Grund zum Zwecke der Herabgruppierung um eine Vergütungsgruppe für sog. »unkündbare« Angestellte vor. Erforderlich, aber auch ausreichend dafür ist, dass unter Berücksichtigung aller Umstände des Einzelfalls eine Weiterbeschäftigung des ordentlich unkündbaren Angestellten zu **den bisherigen Vertragsbedingungen zwingend ausgeschlossen** ist. 3102

Für die außerordentliche betriebsbedingte Änderungskündigung ist maßgeblich, ob die zugrunde liegende Organisationsentscheidung die vorgeschlagene Änderung erzwingt oder ob sie im Wesentlichen auch ohne oder mit weniger einschneidenden Änderungen im Arbeitsvertrag des Gekündigten durchsetzbar bleibt (*BAG* 2.3.2006 EzA § 2 KSchG Nr. 57 = NZA 2006, 985; 18.5.2006 – 2 AZR 207/05 – EzA-SD 17/06 S. 5 LS = NZA-RR 2007, 272; *LAG Bln.-Bra.* 5.7.2007 NZA-RR 2008, 237 = ArbuR 2008, 75 LS). 3103

Der öffentliche Arbeitgeber muss daher vor Ausspruch einer derartigen Änderungskündigung prüfen, ob eine **Versetzung** auf einen freien, für den Unkündbaren geeigneten, gleichwertigen Arbeitsplatz möglich ist, oder das Freiwerden einer solchen Stelle im Rahmen der normalen Fluktuation absehbar ist und die Stelle wieder besetzt werden soll oder ob eine derartige Stelle durch Umsetzung anderer Arbeitnehmer oder andere Arbeitsverteilung freigemacht werden kann. Dabei hat der Arbeitgeber seinen gesamten Geschäftsbereich einzubeziehen (*LAG Nds.* 18.3.2005 – 10 Sa 405/04 – FA 2005, 254 LS); der Arbeitgeber des öffentlichen Dienstes ist danach aber **nicht verpflichtet**, zur Vermeidung einer Änderungskündigung nach § 55 Abs. 2 BAT zu versuchen, den ordentlich unkündbaren Arbeitnehmer **bei einem anderen Arbeitgeber unterzubringen** (*BAG* 18.5.2006 – 2 AZR 207/05 – EzA-SD 17/06, S. 5 LS = NZA-RR 2007, 272). Des Weiteren ist der öffentliche Arbeitgeber u.U., aber nicht generell (*BAG* 18.5.2006 – 2 AZR 207/05 – EzA-SD 17/06, S. 5 LS = NZA-RR 2007, 272; s. dazu *Breschendorf* BB 2007, 661 ff.) verpflichtet, vor Ausspruch einer Kündigung nach § 55 Abs. 2 BAT einem **kündbaren Arbeitnehmer** eine **Beendigungs- oder eine Änderungskündigung auszusprechen**, wenn nur so ein gleichwertiger Arbeitsplatz freigemacht werden kann. Die Pflicht zur Freikündigung besteht jedoch nicht, wenn zwar ein gleichwertiger Arbeitsplatz vorhanden ist, der mit einem Kündbaren besetzt ist, der Unkündbare diesen Arbeitsplatz aber nur nach langwieriger vorheriger Umschulung oder Fortbildung ausfüllen kann (*BAG* 18.5.2006 – 2 AZR 207/05 – EzA-SD 17/06, S. 5 LS = NZA-RR 2007, 272) Ebenso wenig ist der öffentliche Arbeitgeber danach **nicht verpflichtet**, statt einer Änderungskündigung für den unkündbaren Angestellten geeignete **gleichwertige Stellen zu schaffen** oder von der Streichung einer mit einem kw-Vermerk versehenen Stelle abzusehen. Auch muss er nicht Beschäftigungsmöglichkeiten bei anderen öffentlichen Arbeitgebern, ggf. im Wege der Personalgestellung, prüfen. Deshalb durfte im konkret entschiedenen Einzelfall einem als **Trompetenlehrer** angestellten Arbeitnehmer eine um ca. 150 € niedriger vergütete Stelle im Fremdenverkehrsamt zugewiesen werden, wo er wegen seiner besonderen Sprachkenntnisse vor allem niederländische Touristen beriet; die Beklagte musste die anderweitig besetzte Stelle eines Stadtjugendpflegers nicht freikündigen (*LAG Nds.* 18.3.2005 – 10 Sa 405/04 – FA 2005, 254 LS; bestätigt durch *BAG* 18.5.2006 EzA § 2 KSchG Nr. 60 = NZA-RR 2007, 272). 3104

2. Voraussetzungen

a) Zweiwochenfrist

Auch für die außerordentliche Änderungskündigung gilt die Ausschlussfrist des § 626 Abs. 2 BGB. 3105

3106 Hält der Arbeitgeber auf Grund von ihm selbst herbeigeführter betrieblicher Umstände eine außerordentliche Änderungskündigung für erforderlich, beginnt die Frist dann, wenn für den Arbeitgeber **feststeht**, dass er den **Stelleninhaber nicht mehr auf seinem bisherigen Arbeitsplatz weiterbeschäftigen** kann. Nach Fristablauf ist die außerordentliche Änderungskündigung selbst dann ausgeschlossen, wenn frühere Versuche des Arbeitgebers zur Umsetzung des Arbeitnehmers – die sich auf den Fristablauf nicht auswirken – aus Rechtsgründen gescheitert sind. Es handelt sich in dieser konkreten Situation auch jedenfalls dann nicht um einen Dauertatbestand, wenn keine neuerlichen Umstände hinzutreten, die fortlaufend Störungen in das Arbeitsverhältnis hineintragen. Denn andernfalls läge es in der Hand des Arbeitgebers, durch vertragswidrige und rechtswidrige Maßnahmen die Entscheidungsfrist des § 626 Abs. 2 BGB zu verlängern (*LAG RhPf* 19.9.1997 LAGE § 2 KSchG Nr. 31).

b) Wichtiger Grund

3107 Ein wichtiger Grund für eine außerordentliche Änderungskündigung setzt dann aber zunächst auf Seiten des Kündigenden voraus, dass für ihn die Fortsetzung derjenigen bisherigen Bedingungen, deren Änderung er anstrebt, jeweils unzumutbar geworden ist, d.h. dass die vorgesehenen Änderungen für ihn unabweisbar sind. Darüber hinaus müssen die neuen Bedingungen dem Gekündigten zumutbar sein. Beide Voraussetzungen müssen kumulativ vorliegen (*BAG* 6.3.1986, 21.6.1995 EzA § 15 KSchG n.F. Nr. 34, 43; vgl. APS/*Künzl* § 2 KSchG Rz. 184 ff.). Letzteres gilt jedoch nur eingeschränkt, wenn eine Weiterbeschäftigung zu den geänderten Arbeitsbedingungen für den Arbeitgeber die einzige Möglichkeit darstellt, den Arbeitnehmer überhaupt weiterzubeschäftigen (*BAG* 27.9.2001 EzA § 15 KSchG n.F. Nr. 54).

3108 ► **Beispiel (*BAG* 17.3.2005 EzA § 15 KSchG n.F. Nr. 59 = NZA 2005, 949):**
Die unternehmerische Entscheidung, eine ganze Führungsebene (Substituten im Einzelhandel) unternehmensweit abzuschaffen, ist an sich geeignet, einen wichtigen Grund zur außerordentlichen Änderungskündigung mit notwendiger Auslauffrist nach § 15 Abs. 1 KSchG gegenüber einem Betriebsratsmitglied darzustellen.

3109 Allerdings gilt im Einzelnen:
- Stehen mehrere Möglichkeiten der Änderung der Arbeitsbedingungen zur Verfügung, so fordert es der Verhältnismäßigkeitsgrundsatz, dass der Arbeitgeber dem Arbeitnehmer die auch ihm zumutbare Änderung anbietet, die den Gekündigten am wenigsten belastet.
- Dem Arbeitgeber ist es in Fällen der sog. Tarifautomatik regelmäßig nicht zumutbar, lediglich die Tätigkeit des betreffenden Funktionsträgers den neuen Gegebenheiten anzupassen und es – übertariflich – bei der bisherigen Bezahlung zu belassen.
- Bezieht sich die unternehmerische Entscheidung, die als dringendes betriebliches Erfordernis die Änderungskündigung begründen soll, nur auf den Wegfall aller Beschäftigungsmöglichkeiten einer bestimmten Gehaltsgruppe, so rechtfertigt dies regelmäßig nur die Herabgruppierung des betreffenden Betriebsratsmitglieds um eine Vergütungsgruppe. Eine Herabgruppierung um zwei Vergütungsgruppen setzt voraus, dass der insoweit darlegungspflichtige Arbeitgeber begründet, warum auch eine Weiterbeschäftigung des Betriebsratsmitglieds in der darunter liegenden Vergütungsgruppe nicht möglich ist.

3. § 2 KSchG analog

3110 **§ 2 KSchG** ist nach Auffassung des *BAG* (19.6.1986 EzA § 2 KSchG Nr. 7; 27.3.1987 EzA § 2 KSchG Nr. 10) auf die außerordentliche Änderungskündigung **analog anwendbar.** Dies bedeutet, dass der Arbeitnehmer nach Erhalt des Änderungsangebots unverzüglich erklären muss, ob er es ablehnt oder es mit oder ohne dem in § 2 KSchG bezeichneten Vorbehalt annimmt.

In der **widerspruchs- und vorbehaltlosen Weiterarbeit zu geänderten Arbeitsbedingungen** kann dann eine Annahme des Änderungsangebots (i.d.R. ohne Vorbehalt) gesehen werden, wenn sich die neuen Arbeitsbedingungen alsbald auf das Arbeitsverhältnis auswirken. 3111

Das gilt aber solange nicht, wie der Arbeitnehmer noch rechtzeitig, d.h. ohne schuldhaftes Zögern (§ 121 BGB), einen Vorbehalt entsprechend § 2 KSchG erklären kann. Der Arbeitgeber ist nämlich nicht berechtigt, bei Ausspruch einer fristlosen Änderungskündigung einseitig die sich aus den Wertungen des KSchG ergebende Frist zu verkürzen, innerhalb der sich der Arbeitnehmer auf das Änderungsangebot hin abschließend erklären muss (*BAG* 27.3.1987 EzA § 2 KSchG Nr. 10). 3112

4. Änderungsschutzklage

Das *BAG* (17.5.1984 EzA § 1 KSchG Betriebsbedingte Kündigung Nr. 32) geht davon aus, dass eine gegen eine außerordentliche Änderungskündigung gerichtete Kündigungsschutzklage zulässig ist. 3113

Zwar enthält § 13 Abs. 1 S. 2 KSchG nur eine Verweisung auf die das Änderungskündigungsschutzverfahren bei ordentlichen Änderungskündigungen regelnde Vorschrift des § 4 S. 2 KSchG. In dieser Norm selbst ist kein besonderes Verfahren für die Klage gegen eine außerordentliche Änderungskündigung vorgesehen. Der Gesetzgeber hat die Änderungsschutzklage in diesen Fällen aber nicht ausschließen wollen, sondern nur übersehen, § 13 Abs. 1 S. 2 KSchG ist daher an die neuen Vorschriften der §§ 2, 4 S. 2 KSchG 1969 anzupassen. Insoweit liegt lediglich ein Redaktionsversehen vor. Deshalb ist nach Auffassung des *BAG* (17.5.1984 EzA § 1 KSchG Betriebsbedingte Kündigung Nr. 32) eine **analoge Anwendung des § 4 S. 2 KSchG auf die außerordentliche Änderungskündigung** zulässig. 3114

5. Prüfungsmaßstab

Für die Beurteilung der Rechtswirksamkeit der außerordentlichen Änderungskündigung ist grds. darauf abzustellen, ob die Fortsetzung des Arbeitsverhältnisses zu den alten Arbeitsbedingungen bis zum Ablauf der Kündigungsfrist für den Arbeitgeber unzumutbar ist (vgl. APS/*Künzl* § 2 KSchG Rz. 184 ff.). 3115

Die Voraussetzungen einer auf betriebliche Gründe gestützten **außerordentlichen** Änderungskündigung aus wichtigem Grund gehen insoweit über die Anforderungen an eine ordentliche Änderungskündigung **hinaus**. Denn mit dem vereinbarten Ausschluss der ordentlichen Kündbarkeit geht der Arbeitgeber gegenüber dem Arbeitnehmer **eine besondere Verpflichtung** nicht nur hinsichtlich des Bestandes, **sondern auch in Bezug auf den Inhalt des Arbeitsverhältnisses** ein. Nicht jede mit dem Festhalten am Vertragsinhalt verbundene Last kann folglich einen wichtigen Grund zur außerordentlichen Änderungskündigung bilden. Wird sie auf eine Reorganisaionsentscheidung gestützt, so ist entscheidend, ob das geänderte unternehmerische Konzept die vorgeschlagene Änderung erzwingt oder ob es im Wesentlichen auch ohne oder mit weniger einschneidenden Änderungen im Arbeitsvertrag des Gekündigten durchsetzbar bleibt. Außerdem muss der Arbeitgeber bereits **bei Erstellung des unternehmerischen Konzepts** die in Form von vereinbarten Kündigungsausschlüssen **bestehenden arbeitsvertraglich übernommenen Garantien** ebenso wie andere schuldrechtliche Bindungen **berücksichtigen**; im Prozess wirkt sich die übernommene Verpflichtung auch auf die **Darlegungslast** aus. Aus dem Vorbringen des Arbeitgebers muss erkennbar sein, dass er auch unter Berücksichtigung der vertraglich eingegangenen besonderen Verpflichtungen alles Zumutbare unternommen hat, die durch die unternehmerische Entscheidung notwendig gewordenen Anpassungen auf das unbedingt erforderliche Maß zu beschränken (*BAG* 2.3.2006 EzA § 2 KSchG Nr. 57 = NZA 2006, 985; *LAG Bln.-Bra.* 5.7.2007 LAGE § 2 KSchG Nr. 59 = ArbuR 2008, 75 LS = NZA-RR 2008, 237).

3116 Ist eine ordentliche Kündigung, und damit auch eine ordentliche Änderungskündigung aber (z.B. gem. § 15 KSchG) ausgeschlossen, so hat das *BAG* (6.3.1986 EzA § 15 KSchG n.F. Nr. 34) zunächst die Auffassung vertreten, dass dann im Rahmen der Prüfung des § 626 BGB auf die **fiktive Kündigungsfrist abzustellen** ist, um den besonders geschützten Amtsträger nicht dadurch zu benachteiligen, dass bei ihm eine außerordentliche Änderungskündigung u.U. leichter möglich ist, als bei einem nicht besonders geschützten Arbeitnehmer.

3117 Inzwischen (*BAG* 21.6.1995 EzA § 15 KSchG n.F. Nr. 43; s.a. *BAG* 26.6.2008 – 2 AZR 147/07 – EzA-SD 23/2008 S. 11 LS = FA 2008, 285 = NZA 2008, 1431 LS) zur außerordentlichen Änderungskündigung mit Auslauffrist) hat es **diese Auffassung jedenfalls für den Fall einer außerordentlichen betriebsbedingten Änderungskündigung aufgegeben,** weil die Festlegung einer hypothetischen Kündigungsfrist für die Dauer der Zumutbarkeit der Weiterbeschäftigung durch den Schutzzweck der §§ 2, 15 KSchG nicht gefordert ist und ohnehin künstlich erscheint (s.o. Rn. 555 ff.). Eine außerordentliche Änderungskündigung ist jedenfalls dann unwirksam, wenn das Änderungsangebot unverhältnismäßig und damit unzumutbar ist (*BAG* 26.6.2008 – 2 AZR 147/07 – EzA-SD 23/2008 S. 11 LS = FA 2008, 285 LS = NZA 2008, 1431 LS).

3118 ► **Beispiel:**
Unzumutbar kann um des generellen Effekts einer Umstrukturierungsmaßnahme und der Gleichbehandlung willen die Weiterbeschäftigung eines teilzeitbeschäftigten Betriebsratsmitglieds zu den alten Arbeitsbedingungen als Aufsicht in einem Warenhaus mit einem Bruttoentgelt von 3100 DM sein, deren geänderte Arbeitsbedingungen ihr zumutbar sind (Tätigkeit als Kassiererin mit einem Tarifgehalt von 2860 DM brutto zuzüglich 240 DM brutto als übertarifliche Zulage, auf die Tariflohnerhöhungen angerechnet werden können sowie eine Teilabfindung von 6000 DM; *BAG* 21.6.1995 EzA § 15 KSchG n.F. Nr. 43).

3119 Unzumutbar ist auch das Änderungsangebot an den bisher als **Hausmeister** einer Kirchengemeinde beschäftigten, tariflich unkündbaren Arbeitnehmer nach Schließung einer Gemeindeeinrichtung, als **Küster** weiter zu arbeiten und Unterkunft in der Dienstwohnung zu nehmen (*BAG* 26.6.2008 – 2 AZR 147/07 – EzA-SD 23/2008 S. 11 LS = FA 2008, 285 = NZA 2008, 1431 LS).

3120 Wird eine **Betriebsabteilung stillgelegt** und kann ein dort beschäftigtes Betriebsratsmitglied nach entsprechender Änderungskündigung zu im Übrigen unveränderten Bedingungen auf einem freien Arbeitsplatz **in einer anderen Betriebsabteilung weiterbeschäftigt werden, so ist der Arbeitgeber grds. nicht verpflichtet, einen örtlich näher gelegenen und deshalb das Betriebsratsmitglied weniger belastenden Arbeitsplatz frei zu kündigen** (*BAG* 28.10.1999 EzA § 15 KSchG n.F. Nr. 48).

3121 Das Festhalten eines Angestellten an den vertraglichen Vereinbarungen und die Ablehnung, einen anderen – schlechteren – Tarifvertrag zu akzeptieren, stellt keinen wichtigen Grund für eine außerordentliche Änderungskündigung dar. Weder aus den besonderen Loyalitätspflichten des kirchlichen Arbeitsverhältnisses noch aus dem Leitbild der christlichen Dienstgemeinschaft folgt regelmäßig eine vertragliche Verpflichtung des kirchlichen Arbeitnehmers, Vergütungsveränderungen zu akzeptieren (*BAG* 25.10.2001 NZA 2002, 1000 LS).

IX. Beteiligung des Betriebsrats

1. Inhalt der Unterrichtungspflicht gem. § 102 BetrVG

3122 Will der Arbeitgeber im Wege der Änderungskündigung die Arbeitsbedingungen einseitig ändern, so hat er dem Betriebsrat gem. § 102 BetrVG das **Änderungsangebot und die Gründe für die beabsichtigte Änderung mitzuteilen** (*BAG* 10.3.1982 EzA § 2 KSchG Nr. 3; APS/*Künzl* § 2 KSchG Rz. 118 ff.). Hört der Arbeitgeber an, **ohne die geplante Ände-**

rung konkret zu bezeichnen, ist die Änderungskündigung auch wegen nicht ordnungsgemäßer Beteiligung des Betriebs-/Personalrats unwirksam (*LAG RhPf* 15.3.2002 NZA-RR 2002, 670). Will der Arbeitgeber dem Arbeitnehmer eine andere Tätigkeit primär einseitig zuweisen, und nur vorsorglich eine Änderungskündigung erklären, weil der Arbeitnehmer die Auffassung vertritt, seine geschuldete Arbeitsleistung habe sich auf die zuletzt ausgeübte Tätigkeit konkretisiert, so liegt seitens des Arbeitgebers keine unzulässige »Betriebsratsanhörung auf Vorrat« vor, wenn die Kündigungsabsicht des Arbeitgebers bzgl. einer Änderungskündigung außer Frage steht und der Betriebsrat auch entsprechend reagiert (*LAG Hessen* 12.12.2002 NZA-RR 2003, 545).

Will er sich eine Beendigungskündigung vorbehalten und dazu eine erneute Anhörung ersparen, muss er zugleich verdeutlichen, dass er im Falle der Ablehnung des Änderungsangebots durch den Arbeitnehmer die **Beendigungskündigung beabsichtigt.** 3123

Bleibt für den Betriebsrat offen, ob die Ablehnung des Änderungsangebots die Beendigungskündigung zur Folge haben wird, so liegt keine ordnungsgemäße Anhörung i.S.d. § 102 Abs. 1 BetrVG zu der vom Arbeitgeber ausgesprochenen Beendigungskündigung vor (*BAG* 30.11.1989 EzA § 102 BetrVG 1972 Nr. 77; vgl. auch *LAG Hamm* 15.7.1997 DB 1997, 1722). 3124

2. Einzelfragen

Unterrichtet der Arbeitgeber den Betriebsrat bei der Änderungskündigung zum Zwecke der Streichung außertariflicher Zulagen gegenüber in einer Werkstatt beschäftigter Arbeitnehmer, die er beabsichtigt, weil die Werkstatt als unselbstständige Betriebsabteilung wegen hoher Kostenbelastung saniert werden soll, nur über die wirtschaftlichen Verhältnisse des unselbstständigen **Betriebsteils,** nicht aber zugleich auch über die Ertragslage des Betriebes, dann kann er sich im Kündigungsschutzprozess jedenfalls **nicht auf ein dringendes Sanierungsbedürfnis im Bereich des Betriebes berufen** (*BAG* 11.10.1989 EzA § 1 KSchG Betriebsbedingte Kündigung Nr. 64). 3125

Zur ordnungsgemäßen Anhörung des Betriebsrats bei einer betriebsbedingten Änderungskündigung gehört im Übrigen jedenfalls dann die Angabe der **Kündigungsfristen** der betroffenen Arbeitnehmer, wenn sich erst daraus die Tragweite der geplanten personellen Maßnahme (Reduzierung des Weihnachtsgeldes) bezogen auf das laufende oder das nachfolgende Kalenderjahr ermitteln lässt (*BAG* 29.3.1990 EzA § 102 BetrVG 1972 Nr. 79). 3126

> Verlangt der Betriebsrat vom Arbeitgeber, einem bestimmten Arbeitnehmer zu kündigen bzw. ihn zu versetzen, und entschließt sich der Arbeitgeber, dem Wunsch des Betriebsrates aus den von ihm angegebenen Gründen zu entsprechen, so ist, auch wenn kein Fall des § 104 BetrVG vorliegt, eine erneute Beteiligung des Betriebsrates nach §§ 102, 103, 99 BetrVG (s. dazu Rn. 2949) nicht mehr erforderlich. In dem Kündigungs- bzw. Versetzungsverlangen des Betriebsrates liegt dann bereits dessen Zustimmung zur Kündigung bzw. Versetzung (*BAG* 15.5.1997 EzA § 102 BetrVG 1972 Nr. 99; vgl. dazu *Raab* SAE 1999, 16 ff.). 3127

Begründet ein Arbeitgeber des öffentlichen Dienstes eine Änderungskündigung zur Herabgruppierung eines Lehrers mit dem **Absinken der für die höhere Eingruppierung maßgebenden Schülerzahl** und beruht das Absinken der Schülerzahl auf der Umsetzung eines Schulentwicklungsplans, muss er den Personalrat bei der Beteiligung an der Änderungskündigung entsprechend unterrichten. Die Unterrichtung über das Absinken der Schülerzahl allein genügt nicht und führt zur Unwirksamkeit der Kündigung (*BAG* 24.6.2004 ZTR 2004, 579). 3128

Hat der Personalrat **fristgerecht Einwendungen** gegen eine beabsichtigte Änderungskündigung erhoben, so ist diese i.d.R. unwirksam, wenn der Arbeitgeber eine nach dem einschlägigen PersVG vorgeschriebene **Erörterung** mit dem Personalrat **unterlassen hat** (*BAG* 20.1.2000 EzA § 2 KSchG Nr. 39). 3129

3130 Hat der Personalrat einer außerordentlichen Kündigung widersprochen und entschließt sich der Arbeitgeber in einer anschließenden Besprechung mit dem Personalrat entsprechend dessen Wunsch zum Ausspruch einer außerordentlichen Änderungskündigung, stellt es keine abschließende Stellungnahme des Personalrats zur Änderungskündigung dar, wenn der Personalratsvorsitzende in dieser Besprechung lediglich nach Blickkontakt mit den – nicht vollständig anwesenden – Personalratsmitgliedern die Zustimmung des Personalrats signalisiert. Das gilt auch dann, wenn die Zustimmung dem Willen der anwesenden Personalratsmitglieder entspricht (*LAG RhPf* 15.3.2002 NZA-RR 2002, 670).

3131 **Folgt der Arbeitgeber** den **Einwänden des Betriebsrats** zu einer beabsichtigte Änderungskündigung und schränkt er das Arbeitsangebot zugunsten des Arbeitnehmers ein – unbefristete statt wie ursprünglich beabsichtigt befristete Fortsetzung des Arbeitsverhältnisses zu geänderten Arbeitsbedingungen – so ist eine **erneute Anhörung** des Betriebsrats **nicht erforderlich** (*LAG Bln.-Bra.* 15.2.2008 LAGE § 102 BetrVG 2001 Nr. 8 = ZTR 2008, 405 LS).

X. »Rücknahme« der Änderungskündigung; zwischenzeitliche Vergütung

3132 Nimmt der Arbeitgeber im Änderungsschutzprozess gem. §§ 2, 4 KSchG »die Änderungskündigung zurück« und anschließend der Arbeitnehmer vorbehaltlos die Klage, dann wird das Arbeitsverhältnis über den Kündigungstermin hinaus zu **unveränderten Bedingungen** fortgesetzt (vgl. APS/*Künzl* § 2 KSchG Rz. 318). Auch wenn die Klage nur die Änderung der Tätigkeit und nicht die angebotene (höhere) Vergütung als sozial ungerechtfertigt gerügt hat, kann es nicht stillschweigend zu einer »auflösend bedingten« vorübergehenden Änderung der Arbeitsbedingungen gekommen sein. Hat der Arbeitnehmer nach Ablauf der Kündigungsfrist die geänderte Tätigkeit ausgeübt, aber die geänderte Vergütung bis zur beiderseitigen Rücknahmeerklärung noch nicht erhalten, fehlt es nach Auffassung des *LAG Köln* (12.6.1997 NZA 1998, 767) an einer ungerechtfertigten Bereicherung des Arbeitgebers, wenn die neue Tätigkeit wegen Wegfalls der ursprünglichen Tätigkeit noch zumutbar gewesen ist.

P. Besonderheiten der Kündigung in Tendenzbetrieben und in kirchlichen Einrichtungen

I. Tendenzwidrigkeit als Kündigungsgrund

1. Anwendbarkeit des KSchG auf Tendenzbetriebe

3133 Der sachliche Geltungsbereich des KSchG umfasst auch Tendenzbetriebe, sein persönlicher Geltungsbereich auch Tendenzträger.

3134 Lediglich dann, wenn ein Dienstleistender wegen seiner tendenzbezogenen Tätigkeit überhaupt nicht als Arbeitnehmer gilt, wie dies etwa bei Ordensschwestern, Mönchen oder Missionaren anerkannt ist (*BAG* 20.2.1986 EzA § 5 BetrVG 1972 Nr. 34), ist das KSchG, das nur für Arbeitnehmer gilt, nicht anwendbar (s.o. Kap. 1 Rn. 197).

2. Bedeutung des Tendenzbezuges der Tätigkeit; Tendenzgefährdung

3135 Dennoch kann der Tendenzbezug der geschuldeten Tätigkeit des Arbeitnehmers in einem Tendenzbetrieb für die **Konkretisierung der Kündigungsgründe** i.S.v. § 1 Abs. 2 KSchG Bedeutung erlangen. Die Abgrenzung im Einzelfall ist allerdings problematisch.

3136 Grds. ist eine Kündigung nach § 1 Abs. 2 S. KSchG dann wirksam, wenn eine Weiterbeschäftigung des betroffenen Arbeitnehmers auch nach Maßgabe von § 1 Abs. 2, 3 KSchG nicht möglich ist, ohne die Umsetzung der Tendenz des Unternehmens zu gefährden.

Dies kann aus verhaltens-, personen- oder betriebsbedingten Gründen der Fall sein, wenngleich die Tendenzbezogenheit des Kündigungsgrundes ihren Hauptanwendungsbereich bei der personen- oder verhaltensbedingten Kündigung haben wird (MünchArbR /*Berkowsky* § 146 Rz. 6–8; APS/*Dörner* § 1 KSchG Rz. 821 ff.). Dabei ist die **Auslegung der arbeitsrechtlichen Normen im Lichte der jeweiligen Grundrechtsnormen ebenso Sache der dafür zuständigen Arbeitsgerichte wie die Frage ihrer Anwendbarkeit**. Jedoch müssen die Gerichte die betroffenen Grundrechte interpretationsfähig berücksichtigen, damit deren maßstabsetzender Gehalt auch auf der Rechtsanwendungsebene gewahrt bleibt. Dies verlangt regelmäßig eine **einzelfallbezogene Abwägung** (*BVerfG* 18.2.2000 NZA 2000, 653). 3137

Beispiele: 3138

- Die gebotene Berücksichtigung der grundrechtlich verbürgten Kunstfreiheit (Art. 5 Abs. 3 S. 1 GG) führt aber, obwohl sie auch die subjektiv-künstlerischen Vorstellungen des Orchesterträgers bzw. -leiters umfasst, nicht dazu, dass bei einer gegenüber einem künstlerischen Tendenzträger (z.B. einem Orchestermusiker) innerhalb der die Wartefrist des § 1 KSchG übersteigenden Probezeit erklärten ordentlichen Kündigung das Erfordernis der vorherigen Abmahnung entfällt (*BAG* 15.8.1984 EzA § 1 KSchG Nr. 40).
- Auch ein einmaliger, **nicht schwerwiegender Verstoß gegen die Tendenzwahrungspflicht** kann eine verhaltensbedingte Kündigung gegenüber einer Redakteurin einer Tageszeitung nicht rechtfertigen (*BAG* 13.6.2002 EzA § 1 KSchG Verhaltensbedingte Kündigung Nr. 57).
- Der erhebliche Verstoß eines Zeitungsredakteurs gegen das Gebot der Tendenzloyalität kann eine außerordentliche Kündigung zwar grds. rechtfertigen. Eine Abmahnung ist aber dann nicht entbehrlich, wenn bei einem einmaligen Vorfall nicht auszuschließen ist, dass der Tendenzverstoß auf einer zwar eklatanten, aber doch versehentlichen Fehleinschätzung beruht (*LAG SA* 9.7.2002 NZA-RR 2003, 244).

3. Außerdienstliches Verhalten

Nach Auffassung des *LAG Bln.* (6.12.1982 EzA § 1 KSchG Tendenzbetrieb Nr. 11; vgl. APS/*Dörner* § 1 KSchG Rz. 827 ff.) hat sich der Redakteur einer Tageszeitung als Tendenzträger auch außerhalb seines Dienstes jedenfalls **solcher Äußerungen weitgehend zu enthalten, durch die die publizistische Grundhaltung des Zeitungsunternehmens in Frage gestellt oder wesentlich beeinträchtigt wird.** 3139

Fraglich ist, ob der Arbeitnehmer darüber hinaus verpflichtet ist, im Rahmen seiner Dienstaufgaben die Tendenz seines Arbeitgebers **positiv darzustellen** und zu vertreten. 3140

Berkowsky (MünchArbR § 146 Rz. 14) geht davon aus, dass die Konturen der tendenzbezogenen Kündigung in der Rechtsprechung recht unklar sind und für die Praxis kaum brauchbare Anhaltspunkte bieten. Danach muss das außerdienstliche Verhalten des Mitarbeiters **der Verwirklichung der Tendenz entgegenstehen.** 3141

Dabei wird ein Verhalten eher entgegenstehen, wenn es von einem Tendenzträger erfolgt. Dasselbe gilt, wenn sich dieses Verhalten innerhalb des arbeitsvertraglichen Aufgabenkreises und nicht außerhalb ereignet, es sei denn, das außerdienstliche Verhalten wirkt auf Grund besonderer Umstände so in den Betriebsablauf hinein, dass diese Einwirkung der Verwirklichung der Tendenz zuwiderläuft. 3142

Rüthers (MünchArbR § 201 Rz. 76) geht in diesem Zusammenhang davon aus, dass Loyalitätsverstöße von Zeitschriftenredakteuren nur dann rechtlich bedeutsam werden, wenn sie zu einer **konkreten Störung des Arbeitsverhältnisses** führen. 3143

4. Politische Betätigung

Das *BAG* (6.12.1979 EzA § 1 KSchG Tendenzbetrieb Nr. 5; vgl. APS/*Dörner* § 1 KSchG Rz. 828 ff.) hat die (personenbedingte) ordentliche Kündigung einer **gewerkschaftlichen Rechtssekretärin** für wirksam erklärt, die dem Kommunistischen Bund Westdeutschlands (KBW) angehörte. Denn durch diese private Entscheidung ist sie in offenen Gegensatz zu 3144 der politisch-verfassungsmäßigen Grundüberzeugung des Arbeitgebers getreten; es ist zu erwarten, dass sie sich an dem Vorhaben des KBW beteiligt, den »Kampf zur Eroberung der Gewerkschaften für den Kommunismus« zu führen.

3145 Demgegenüber ist nach Auffassung von *Berkowsky* (MünchArbR § 146 Rz. 18 ff.) zur Begründung der Rechtfertigung der Kündigung darauf abzustellen, dass der Tendenzträger den DGB in der Verfolgung seiner gewerkschaftspolitischen Zielsetzung unglaubwürdig macht, wenn er außerdienstlich die Ziele des KBW vertritt und verfolgt.

3146 Dadurch hindert er den DGB an der Durchsetzung seiner Ziele, denn dazu gehört zwingend, dass er dies selbst auch glaubwürdig tut.

3147 Auch die Zugehörigkeit oder gar die **öffentliche Propaganda** für eine rechts- oder linksradikale Partei seitens eines verantwortlichen Redakteurs kann die Glaubwürdigkeit einer Zeitung mit entgegengesetzter Tendenz nachhaltig in Frage stellen (MünchArbR/*Rüthers* § 201 Rz. 77; vgl. auch *Lansnicker/Schwirtzek* DB 2001, 865 ff. zu außerdienstlichem fremdenfeindlichen Verhalten).

5. Verhältnismäßigkeitsprinzip

3148 Hat sich ein Arbeitgeber selbst gebunden, **bei bestimmten Verhaltensverstößen** vor Ausspruch einer Kündigung zunächst mit dem Arbeitnehmer ein **klärendes Gespräch** zu führen, so verstößt eine Kündigung, die der Arbeitgeber ausspricht, gegen den Verhältnismäßigkeitsgrundsatz und ist deshalb sozialwidrig. Art. 5 Abs. 1 der Grundordnung der Katholischen Kirche vom 22.9.1993, wonach bei Verstößen gegen Loyalitätsobliegenheiten vor Ausspruch einer Kündigung mit dem kirchlichen Mitarbeiter ein Beratungsgespräch bzw. ein »klärendes Gespräch« zu führen ist, enthält eine solche bindende Verfahrensnorm (*BAG* 16.9.1999 EzA § 611 BGB Kirchliche Arbeitnehmer Nr. 45).

II. Kündigungsrechtliche Besonderheiten bei Kirchenbediensteten

1. Das kirchliche Selbstbestimmungsrecht

3149 Gem. **Art. 137 Abs. 3 WRV i.V.m. Art. 140 GG** ist das Recht der Kirchen und der Religionsgemeinschaften, ihre Angelegenheiten innerhalb der Schranken der für alle geltenden Gesetze selbstständig zu ordnen und zu verwalten, grds. gewährleistet. Dieses kirchliche Selbstbestimmungsrecht umfasst auch das Recht, Form und Inhalt des kirchlichen Dienstes rechtlich autonom zu regeln. **Kirchliche Arbeitsverhältnisse liegen also nicht außerhalb des staatlichen Arbeitsrechts.**

3150 Andererseits kann das Arbeitsrecht nicht ohne Berücksichtigung des kirchlichen Selbstbestimmungsrechts auf kirchliche Arbeitsverhältnisse angewendet werden (vgl. *Klar* NZA 1995, 1184 ff.; APS/*Dörner* § 1 KSchG Rz. 831 ff.). Fraglich ist allerdings nunmehr, wie sich die RL 2000/78/EG in diesem Zusammenhang auswirkt und ob diese nicht zu einem veränderten Prüfungsmaßstab zu Gunsten betroffener Arbeitnehmer führen muss (dafür *Budde* ArbuR 2005, 353 ff.).

2. Vertragliche Vereinbarung besonderer Obliegenheiten

3151 Die Kirchen sind grds. berechtigt, im Arbeitsvertrag ihren Arbeitnehmern besondere Obliegenheiten einer kirchlichen Lebensführung aufzuerlegen. Sie können von ihren Arbeitnehmern verlangen, dass sie jedenfalls die tragenden Grundsätze der kirchlichen Glaubens- und Sittenlehre beachten und nicht gegen deren fundamentale Verpflichtungen verstoßen und diese Anforderungen auch zum Inhalt des Arbeitsvertrages machen.

3152 Auf diese Weise wird das kirchliche Arbeitsverhältnis zwar nicht gleichsam zu einer Art kirchlichem Statusverhältnis.

3153 Die Kirche ist jedoch berechtigt, **Inhalt und Umfang der vertraglich begründeten Loyalitätsobliegenheiten der kirchlichen Arbeitnehmer dem kirchlichen Selbstverständ-**

nis entsprechend zu konkretisieren (*BVerfG* 4.6.1985 EzA § 611 BGB Kirchliche Arbeitnehmer Nr. 24; ebenso *BAG* 16.9.2004 EzA § 242 BGB 2002 Kündigung Nr. 5; *VGH Mannheim* 26.5.2003 NZA-RR 2003, 629; vgl. dazu *Dütz* NZA 2006, 65 ff.).

3. Wahrung des Selbstbestimmungsrechts durch die ArbG

Damit dieses Selbstbestimmungsrecht gewahrt bleibt, dürfen die staatlichen Gerichte das Arbeitsrecht nur unter Beachtung des grundlegenden kirchlichen Selbstverständnisses anwenden (vgl. *BAG* 16.9.2004 EzA § 242 BGB 2002 Kündigung Nr. 5; MünchArbR/*Berkowsky* § 146 Rz. 26 ff.; MünchArbR/*Richardi* § 193 Rz. 33 ff.). 3154

a) Prüfungsmaßstab bei Kündigungen

Deshalb darf auch das KSchG auf kirchliche Arbeitsverhältnisse nur mit der Maßgabe angewandt werden, dass bei der Verletzung spezifisch kirchenrechtlicher Loyalitätsobliegenheiten zu prüfen ist, **ob gerade dem kirchlichen Arbeitgeber die Fortsetzung des Arbeitsverhältnisses noch möglich ist.** 3155

b) Maßgeblichkeit kirchlicher Maßstäbe

Im Streitfall haben die ArbG die vorgegebenen kirchlichen Maßstäbe für die Bewertung vertraglicher Loyalitätspflichten zugrunde zu legen, soweit die Verfassung das Recht der Kirche anerkennt, hierüber selbst zu befinden. 3156
Es bleibt grds. den verfassten Kirchen überlassen, verbindlich zu bestimmen, was »die Glaubwürdigkeit der Kirche und ihrer Verkündigungen erfordert«, was »spezifisch kirchliche Aufgaben« sind, was »Nähe« zu ihnen bedeutet, welches die »wesentlichen Grundsätze der Glaubens- und Sittenlehre« sind und was als »ggf. schwerer Verstoß« gegen diese anzusehen ist.
Auch die Entscheidung darüber, ob und wie innerhalb der im kirchlichen Dienst tätigen Mitarbeiter eine »Abstufung« der Loyalitätspflichten eingreifen soll, ist grds. eine dem kirchlichen Selbstbestimmungsrecht unterliegende Angelegenheit (*BVerfG* 4.6.1985 EzA § 611 BGB Kirchliche Arbeitnehmer Nr. 24; APS/*Dörner* § 1 KSchG Rz. 832).

Dagegen kommt es weder auf die Auffassung der einzelnen betroffenen kirchlichen Einrichtungen, bei denen die Meinungsbildung von den verschiedensten Motiven beeinflusst sein kann, noch auf diejenige breiter Kreise unter den Kirchengliedern oder etwa gar einzelner bestimmten Tendenzen verbundener Mitarbeiter an (*BVerfG* 4.6.1985 EzA § 611 BGB Kirchliche Arbeitnehmer Nr. 24). 3157

c) Rechtfertigung einer Kündigung

Liegt eine Verletzung von Loyalitätspflichten vor, so ist die weitere Frage, ob sie eine Kündigung des kirchlichen Arbeitsverhältnisses sachlich rechtfertigt, nach den Vorschriften der § 1 KSchG, § 626 BGB zu beantworten. 3158

Diese unterliegen als für alle geltendes Gesetz i.S.d. Art. 137 Abs. 3 WRV umfassender arbeitsgerichtlicher Anwendungskompetenz (*BVerfG* 4.6.1985 EzA § 611 BGB Kirchliche Arbeitnehmer Nr. 24; das *BAG* [21.10.1982, 23.3.1984, 31.10.1984 EzA § 1 KSchG Tendenzbetrieb Nr. 12, 15, 16] hatte demgegenüber entsprechende Abstufungen der Loyalitätspflicht selbst vorgenommen); der Eingriff in den Schutzbereich des Art. 5 Abs. 1 S. 1 GG kann gem. Art. 5 Abs. 2 GG durch § 1 KSchG als allgemeines Gesetz gerechtfertigt sein (*BVerfG* 31.1.2001 EzA § 611 BGB Kirchliche Arbeitnehmer Nr. 46). 3159

Als Kündigungsgrund sind vor allem Verstöße gegen das **kirchliche Eherecht** sowie der **Kirchenaustritt** von Bedeutung (MünchArbR/*Richardi* § 193 Rz. 40 ff.). 3160

4. Kündigungsschutz von Schwerbehinderten

3161 Das SGB IX gilt auch für die Kündigung eines behinderten Arbeitnehmers durch eine kirchliche Einrichtung. Das Integrationsamt hat insoweit die Entscheidung des kirchlichen Arbeitgebers – jedenfalls soweit es leitende Mitarbeiter betrifft – zu respektieren, dass ein Kirchenaustritt als Loyalitätsverstoß zur Kündigung berechtigt, und darf deshalb die Zustimmung zur verhaltensbedingten Kündigung nicht mit der Begründung versagen, die Loyalitätsverletzung wiege nicht besonders schwer. Verfügt die kirchliche Einrichtung über keine Beschäftigungsalternative außerhalb des Bereichs, in dem sie die besondere Loyalitätspflicht einfordert, so hat das Integrationsamt die Zustimmung zur Kündigung zu erteilen (*VGH Mannheim* 26.5.2003 NZA-RR 2003, 629).

5. Beispiele für tendenzrelevante Kündigungsgründe

3162 **Beispiele:**

Nach der Entscheidung des ***BVerfG*** **vom 4.6.1985 (EzA § 611 BGB Kirchliche Arbeitnehmer Nr. 24)**

- **Die standesamtliche Heirat** einer im Kirchendienst stehenden katholischen Lehrerin mit einem geschiedenen Mann kann die außerordentliche Kündigung des Arbeitsverhältnisses durch den Arbeitgeber rechtfertigen (*BAG* 18.11.1986 EzA § 611 BGB Kirchliche Arbeitnehmer Nr. 26); gleiches gilt für den **Ehebruch** eines Angestellten der Religionsgemeinschaft der Mormonen (*BAG* 24.4.1997 EzA § 611 BGB Kirchliche Arbeitnehmer Nr. 43).
- Wird einer kirchlichen Lehrkraft wegen einer nach Kirchenrecht ungültigen Eheschließung die **missio canonica entzogen,** kann der kirchliche Arbeitgeber das Arbeitsverhältnis ordentlich kündigen.
- Eine außerordentliche Kündigung ist dann nicht gerechtfertigt, wenn die Lehrkraft wegen der entzogenen missio canonica von dem Arbeitgeber weder Beschäftigung verlangen noch ihn in Annahmeverzug setzen kann (*BAG* 25.5.1988 EzA § 611 BGB Kirchliche Arbeitnehmer Nr. 27).
- Die Weiterbeschäftigung einer **Lehrerin,** die jahrelang in einer **heimlichen Beziehung** zu **einem Mönch** als dem Leiter ihrer Schule stand, bedeutet für eine kirchliche Einrichtung einen gravierenden Glaubwürdigkeitsverlust, der die Sozialwidrigkeit einer Kündigung ausschließen kann (*BVerfG* 31.1.2001 EzA § 611 BGB Kirchliche Arbeitnehmer Nr. 46).
- Es kann einen wichtigen Grund zur fristlosen Kündigung eines Chefarztes in einem katholischen Krankenhaus darstellen, wenn dieser mit seinen Behandlungsmethoden **(homologe Insemination)** gegen tragende Grundsätze des geltenden Kirchenrechts verstößt (*BAG* 7.10.1993 EzA § 611 BGB Kirchliche Arbeitnehmer Nr. 40). Bestehen zwischen dem kirchlichen Krankenhausträger und dem Chefarzt Meinungsverschiedenheiten darüber, welche konkreten Behandlungsmethoden nach den Äußerungen des Lehramts der Kirche zulässig sind und hat der Krankenhausträger dem Chefarzt angekündigt, er werde die umstrittene Frage durch Rücksprache mit der kirchenamtlich zuständigen Stelle klären, so kann auch unter Berücksichtigung des Selbstbestimmungsrechts der Kirche im Einzelfall vor Ausspruch einer Kündigung dann eine Abmahnung erforderlich sein, wenn der Chefarzt eine bestimmte Behandlungsmethode bereits vor der endgültigen Klärung ihrer kirchenrechtlichen Zulässigkeit anwendet (*BAG* 7.10.1993 EzA § 611 BGB Kirchliche Arbeitnehmer Nr. 40).
- Demgegenüber sind die Voraussetzungen des § 626 BGB erfüllt, wenn eine im Bereich der Evangelischen Kirche beschäftigte Sozialpädagogin in einer Beratungsstelle für Erziehungs-, Ehe- und Lebensfragen, die unmittelbar in den Verkündungsauftrag eingebunden ist, **aus der Kirche austritt**. Einer vorherigen Abmahnung bedarf es in diesem Fall nicht (*LAG RhPf* 9.1.1997 ZTR 1997, 475; s. auch *LAG RhPf* 2.7.2008 – 7 Sa 250/08 – EzA-SD 17/2008 S. 6 LS: AGG nicht anwendbar; abl. im Hinblick auf die RL

2000/78/EG *Budde* ArbuR 2005, 353 ff.; umgekehrt sieht die RL der EKD v. 1.7.2005 – ArbuR 2005, 374 ausdrücklich vor, dass ein Arbeitnehmer für eine Tätigkeit in der EKD ungeeignet ist, **der aus der evangelischen Kirche ausgetreten ist**; abl. dazu *Fey* ArbuR 2005, 349 ff.; *Richter* ArbuR 2005, 373).

- Spielt bei Abschluss eines Arbeitsverhältnisses bei einem kirchlichen Arbeitgeber die **Religionszugehörigkeit** eines Mitarbeiters **keine Rolle**, kann eine Kündigung nicht auf den Vorwurf des **späteren Kirchenaustritts** gestützt werden; dies gilt jedenfalls dann, wenn es sich um einen Arbeitnehmer im hauswirtschaftlichen Bereich ohne besonderen Verkündungsauftrag handelt und der Arbeitgeber auch Mitarbeiter anderer Religionsgemeinschaften beschäftigt (*LAG RhPf* 30.9.2004 LAG Report 2005, 275).
- Eine Arbeitnehmerin in einem **evangelischen Kindergarten**, die in der Öffentlichkeit **werbend für eine andere Glaubensgemeinschaft** auftritt und deren von den Glaubenssätzen der evangelischen Kirche erheblich abweichende Lehre verbreitet, bietet regelmäßig keine hinreichende Gewähr mehr dafür, dass sie der arbeitsvertraglich übernommenen Verpflichtung zur Loyalität gegenüber der evangelischen Kirche nachkommt. Ein solches Verhalten kann deshalb die außerordentliche Kündigung rechtfertigen (*BAG* 21.2.2001 EzA § 611 BGB Kirchliche Arbeitnehmer Nr. 47; die dagegen gerichtete Verfassungsbeschwerde wurde vom *BVerfG* durch Beschluss vom 7.3.2002 NZA 2002, 609 nicht zur Entscheidung angenommen).

Beispiele: 3163

Vor der Entscheidung des *BVerfG* (EzA § 611 BGB Kirchliche Arbeitnehmer Nr. 24)

- Vor der Entscheidung des *BVerfG* (4.6.1985 EzA § 611 BGB Kirchliche Arbeitnehmer Nr. 24) war das BAG davon ausgegangen, dass die ordentliche Kündigung einer katholischen Arbeitnehmerin, die in einer Caritas-Geschäftsstelle zu einem nicht unerheblichen Teil ihrer vertraglichen Tätigkeit unmittelbar karitative Aufgaben wahrnimmt, sozial gerechtfertigt sein kann, wenn sie nach der Scheidung von ihrem ersten Ehemann zu dessen Lebzeiten **standesamtlich eine neue Ehe eingeht** (14.10.1980 EzA § 1 KSchG Tendenzbetrieb Nr. 10; vgl. auch *BAG* 16.9.2004 EzA § 242 BGB 2002 Kündigung Nr. 5: Kein Verstoß gegen § 242 BGB bei Kündigung vor Ablauf der Sechs-Monats-Frist des § 1 KSchG).
- Ein Verstoß eines in einem katholischen Krankenhaus beschäftigten Arztes gegen seine Loyalitätspflicht, sich **öffentlicher Stellungnahmen für den legalen Schwangerschaftsabbruch** zu enthalten, kann einen Grund zur sozialen Rechtfertigung einer ordentlichen Kündigung abgeben (*BAG* 21.10.1982 EzA § 1 KSchG Tendenzbetrieb Nr. 12).
- Auch die im außerdienstlichen Bereich ausgeübte **homosexuelle Praxis** eines im Dienst des Diakonischen Werks einer evangelischen Landeskirche stehenden und im Bereich der Konfliktberatung eingesetzten Arbeitnehmers stellt eine Vertragspflichtverletzung dar, die jedenfalls dann geeignet ist, einen Kündigungsgrund abzugeben, wenn der Arbeitnehmer vorher erfolglos abgemahnt worden ist (*BAG* 30.6.1983 EzA § 1 KSchG Tendenzbetrieb Nr. 14).
- Das Verfassungs- und Verwaltungsgericht der Vereinigten Ev.-Luth.-Kirche Deutschlands (7.9.1984 AP Nr. 23 zu Art. 140 GG) hat angenommen, dass in der Entlassung eines evangelischen Hilfspfarrers deswegen, weil er sich **öffentlich zu einer homosexuellen Lebensgemeinschaft bekannt hat,** keine unzulässige Diskriminierung und keine Verletzung des Gleichheitsgrundsatzes liegt.
- Der **Austritt aus der katholischen Kirche** kann bei einem in einem katholischen Krankenhaus beschäftigten Assistenzarzt einen personenbedingten Kündigungsgrund i.S.d. § 1 Abs. 2 KSchG darstellen (*BAG* 12.12.1984 EzA § 1 KSchG Tendenzbetrieb Nr. 17; s. auch *LAG RhPf* 2.7.2008 – 7 Sa 250/08 – EzA-SD 17/2008 S. 6 LS: AGG nicht anwendbar).
- Der Kirchenaustritt eines bei einer kirchlichen Einrichtung beschäftigten Arbeitnehmers (Buchhalter in einem katholischen Jugendheim) ist demgegenüber jedenfalls dann **nicht geeignet,** eine ordentliche Kündigung aus verhaltens- oder personenbedingten Gründen

sozial zu rechtfertigen, **wenn die im Einzelfall gebotene Interessenabwägung ergibt, dass die ordentliche Kündigung bei verständiger Würdigung in Abwägung der Interessen der Vertragsparteien nicht als billigenswert und angemessen angesehen werden kann** (*BAG* 23.3.1984 EzA § 1 KSchG Tendenzbetrieb Nr. 15; vgl. aber auch *VGH Mannheim* 26.5.2003 NZA-RR 2003, 629).

- ▶ Das *BAG* (23.3.1984 EzA § 1 KSchG Tendenzbetrieb Nr. 15) hat neben dem Lebensalter und der Beschäftigungsdauer sowie der Funktion des Arbeitnehmers (die Abwicklung von internen kaufmännischen Arbeiten) darauf abgestellt, dass der Kirchenaustritt lediglich aus Verärgerung über das Verhalten der Beklagten in ihrer Eigenschaft als Arbeitgeber erfolgte, die sich durch den Verlauf des vorangegangenen Kündigungsschutzrechtsstreits im Nachhinein als berechtigt erwiesen hatte. Andere Gründe für den Kirchenaustritt (z.B. Abweichung von katholischen Glaubensgrundsätzen) lagen nicht vor. Damit waren Begleitumstände gegeben, die den Kirchenaustritt trotz seiner kirchenrechtlichen Bewertung als schwerwiegendes Vergehen in kündigungsrechtlicher Hinsicht bei der einzelfallbezogenen Interessenabwägung in einem anderen Licht erscheinen lassen.
- ▶ Einer bei einem katholischen Missionsgymnasium beschäftigten katholischen Lehrerin kann aus personenbedingten Gründen i.S.d. § 1 Abs. 2 KSchG ordentlich gekündigt werden, wenn sie einen **geschiedenen Mann heiratet.**
- ▶ Zur Beurteilung der sozialen Rechtfertigung bedarf es allerdings auch insoweit einer an den Besonderheiten des Einzelfalles orientierten umfassenden Interessenabwägung (*BAG* 31.10.1984 EzA § 1 KSchG Tendenzbetrieb Nr. 16).

Q. Die Auflösung des Arbeitsverhältnisses durch das ArbG (§§ 9, 10 KSchG)

3164 Vgl. dazu *Kessler* NZA-RR 2002, 1 ff.

I. Auflösung bei sozialwidriger Kündigung auf Antrag des Arbeitnehmers

1. Unzumutbarkeit der Fortsetzung des Arbeitsverhältnisses

3165 Gem. § 9 Abs. 1 S. 1 KSchG hat das ArbG auf Antrag des Arbeitnehmers dann, wenn es festgestellt hat, dass das Arbeitsverhältnis durch die Kündigung des Arbeitgebers nicht aufgelöst, die Fortsetzung des Arbeitsverhältnisses dem Arbeitnehmer jedoch nicht zuzumuten ist, das Arbeitsverhältnis aufzulösen und den Arbeitgeber zur Zahlung einer angemessenen Abfindung zu verurteilen. Der Antrag kann **bis zum Ende der letzten mündlichen Verhandlung in der Tatsacheninstanz** gestellt werden. Allerdings ist die Berufungsinstanz jedenfalls dann **abgeschlossen,** wenn das zunächst angefochtene Urteil durch den in der ersten Instanz unterlegenen Arbeitgeber nicht mehr angefochten, sondern **in Rechtskraft erwachsen** ist. Nimmt der Arbeitgeber folglich die von ihm eingelegte Berufung in der Berufungsverhandlung zurück, so wird damit der vom Arbeitnehmer erstmals durch Anschlussberufung verfolgte Auflösungsantrag unzulässig (*BAG* 3.4.2008 EzA § 9 KSchG n.F. Nr. 53 = NZA 2008, 1258).

2. Sozialwidrigkeit der Kündigung

3166 Notwendige Voraussetzung ist die Feststellung der Sozialwidrigkeit der Kündigung i.S.d. § 1 Abs. 2 KSchG.

3167 Ist die Kündigung nicht nur sozialwidrig, sondern **auch aus anderen Gründen unwirksam,** so kann vom Arbeitnehmer die Auflösung auch dann beantragt werden, wenn die Behauptung der Unwirksamkeit der Kündigung nicht ausschließlich auf die Sozialwidrigkeit gestützt wird, wenn das ArbG nur die Sozialwidrigkeit feststellt (vgl. ausf. *Hertzfeld* NZA 2004, 298 ff.). Dies kann auch durch ein **Anerkenntnisurteil** geschehen. Bei einem Anerkenntnisurteil bspw., das die Unwirksamkeit der Kündigung feststellt, ist, wenn die Unwirksamkeit der Kündigung sowohl auf die fehlende Anhörung des Betriebsrats als auch auf die Sozialwidrigkeit gestützt worden ist, durch Auslegung zu ermitteln, ob der Arbeitgeber auch die Sozialwidrigkeit der Kündigung anerkannt hat. Zur Auslegung sind ergänzend zum Tenor die Anerkenntniserklärung und das Klagevorbringen heranzuziehen (*BAG* 29.1.1981 EzA § 9 KSchG n.F. Nr. 10; vgl. APS/*Biebl* § 9 KSchG Rz. 8 ff.).

3. Anforderungen an die Unzumutbarkeit

a) Verhältnis zu § 626 BGB

An die Unzumutbarkeit der Fortsetzung des Arbeitsverhältnisses sind geringere Anforderungen zu stellen, als an eine arbeitnehmerseitige fristlose Kündigung (*BAG* 26.11.1981 EzA § 9 KSchG n.F. Nr. 11 gegen *BAG* 5.11.1964 AP Nr. 20 zu § 7 KSchG). 3168

Denn § 626 BGB schützt auch den Arbeitgeber vor einer unberechtigten außerordentlichen Kündigung des Arbeitnehmers. Die in § 9 Abs. 1 S. 1 KSchG vorgesehene Lösungsmöglichkeit dient demgegenüber **allein dem Schutz des Arbeitnehmers vor einer Weiterarbeit unter unzuträglichen Arbeitsbedingungen.** Der allein in seinem Interesse geschaffene Bestandsschutz des Arbeitsverhältnisses soll nur so lange aufrechterhalten werden, als ihm die Fortsetzung des Arbeitsverhältnisses zumutbar ist. Das Merkmal der Unzumutbarkeit bezieht sich daher nicht wie § 626 BGB auf einen zeitlich begrenzten Zeitraum, sondern auf die gesamte zukünftige Dauer des Arbeitsverhältnisses (vgl. APS/*Biebl* § 9 KSchG Rz. 33 ff.). 3169

b) Langfristige Prognose; Ausnahmecharakter der Auflösung des Arbeitsverhältnisses

Die Zumutbarkeitserwägungen sind im Rahmen einer langfristigen Prognose anzustellen. Gleichwohl ist stets zu beachten, dass die Auflösungsmöglichkeit durch das ArbG eine Ausnahme darstellt, weil der Zweck des KSchG grds. in der Gewährung von Bestandsschutz besteht. Deshalb kann **in einer sozialwidrigen Kündigung allein noch kein Auflösungsgrund gesehen werden.** 3170

Als Auflösungsgründe kommen nur solche Umstände in Betracht, die in einem inneren Zusammenhang mit der vom Arbeitgeber erklärten sozialwidrigen Kündigung stehen oder die im Laufe des Kündigungsschutzrechtsstreits, z.B. durch Äußerungen des Arbeitgebers im Kündigungsschutzprozess (*LAG RhPf* 14.3.2007 – 8 Sa 901/06 – ZTR 2008, 225), entstanden sind (KR/*Spilger* § 9 KSchG Rz. 41 ff.). Zu beachten ist dabei allerdings, dass praktisch **durch jede Kündigung Spannungen zwischen Arbeitgeber und Arbeitnehmer auftreten**. Diese allein vermögen den Auflösungsantrag noch nicht zu rechtfertigen. Die Unzumutbarkeit muss sich vielmehr aus weiteren – vom eigentlichen Kündigungsvorwurf losgelösten – Gründen ergeben, die der Arbeitgeber setzt, wobei die Unzumutbarkeitsgründe noch in einem inneren Zusammenhang mit der Kündigung oder dem Kündigungsschutzprozess stehen müssen (*LAG SchlH* 26.11.2002 – 5 Sa 285e/02 – EzA-SD 1/03, S. 7). Folglich liegt ein Auflösungsgrund auch nicht schon darin, dass der Arbeitgeber nach erstinstanzlichem Verlust des Kündigungsschutzprozesses erneut kündigt und grds. entschlossen ist, die unternehmerische Entscheidung, die der ersten, sozialwidrigen Kündigung zugrunde lag, mit allen ihm zur Verfügung stehenden Mitteln, notfalls einer erneuten, nunmehr aus seiner Sicht sozial gerechtfertigten Kündigung durchzusetzen (*BAG* 27.3.2003 EzA § 9 KSchG n.F. Nr. 47). 3171

Andererseits kann auch die durch Tatsachen begründete Befürchtung, dass der Arbeitnehmer im Falle einer Wiederaufnahme der Arbeit durch seine Arbeitskollegen **nicht ordnungsgemäß behandelt werden wird,** u.U. die Unzumutbarkeit der Weiterbeschäftigung begründen. 3172

Dies kann z.B. dann angenommen werden, wenn der Arbeitnehmer den Kündigungsschutzrechtsstreit alleine wegen eines Fehlers bei der sozialen Auswahl gewonnen hat und wenn auf Grund dessen die durch Tatsachen begründete Besorgnis besteht, dass dies im Falle 3173 der Rückkehr in den Betrieb zu **Spannungen mit den Arbeitskollegen** führen wird (*LAG Hamm* 23.5.1975 DB 1975, 1514).

3174 Gleiches gilt dann, wenn der Arbeitgeber **leichtfertig und ohne Vorhandensein objektiver Tatsachen einen Arbeitnehmer verdächtigt**, eine Straftat begangen zu haben. Verbreitet der Arbeitgeber zudem, ohne dass dieses zur etwaigen Verteidigung der eigenen Rechtsposition geboten war, diese Behauptung **im Intranet**, so ist dieses Verhalten des Arbeitgebers bei der Bemessung der Abfindung werterhöhend zu berücksichtigen (*LAG SchlH* 25.2.2004 – 3 Sa 491/03 – EzA-SD 8/04, S. 11 LS = NZA-RR 2005, 132 = LAG Report 2004, 222 LS). Ebenso ist es dann, wenn der Arbeitgeber dem Arbeitnehmer zu Unrecht **Spesenbetrug vorwirft**; durch diese unzutreffende ehrverletzende Behauptung ist das Arbeitsverhältnis zerrüttet und deshalb aufzulösen (*LAG Nds.* 4.6.2004 LAG Report 2005, 103).

4. Beendigungszeitpunkt

3175 Gem. § 9 Abs. 2 KSchG hat das ArbG für die Auflösung des Arbeitsverhältnisses den Zeitpunkt festzusetzen, **an dem es bei sozial gerechtfertigter Kündigung geendet hätte.**

3176 Obwohl das Arbeitsverhältnis auf Grund der Sozialwidrigkeit an sich bis zur Rechtskraft der Entscheidung über die Auflösung fortbesteht, ist diese Regelung trotz des damit i.d.R. gegebenen wesentlichen früheren Auflösungszeitpunkts im Hinblick auf Art. 3 Abs. 1, 14, 20 Abs. 3 GG **verfassungsgemäß.** Denn es stellt eine durch sachliche Gründe gerechtfertigte Differenzierung dar, wenn der Gesetzgeber in den Fällen, in denen Auflösungstatsachen der Fortsetzung eines Arbeitsverhältnisses entgegenstehen, dem Arbeitnehmer unter Ausschluss von an sich gegebenen Vergütungsansprüchen gem. § 615 BGB einen Anspruch auf angemessene Abfindung innerhalb der in § 10 KSchG festgesetzten Höchstgrenzen gewährt. Der Umstand, dass bei längerer Prozessdauer Auflösungstatsachen erst zu einem sehr späten Zeitpunkt entstehen können mit der Folge, dass der Arbeitnehmer nur eine weit unter dem bei Fortbestand des Arbeitsverhältnisses zu zahlenden Verzugslohn liegende Abfindung erhält, stellt eine vom Gesetzgeber in Kauf genommene Folge einer an vernünftigen Sachgründen (Einheitlichkeit des Auflösungszeitpunktes, Ausschluss von Manipulationsmöglichkeiten der Parteien auf den Auflösungszeitpunkt) orientierte Entscheidung dar (*BAG* 16.5.1984 EzA § 9 KSchG n.F. Nr. 16).

5. Beurteilungszeitpunkt; zu berücksichtigende Tatsachen

3177 Maßgeblicher Zeitpunkt für die Beurteilung der Frage, ob dem Arbeitnehmer die Fortsetzung des Arbeitsverhältnisses zuzumuten ist, ist der **Zeitpunkt der Entscheidung über den Auflösungsantrag** (*BAG* 30.9.1976 EzA § 9 KSchG n.F. Nr. 3).

3178 Dabei dürfen nur solche unstreitigen oder erwiesenen Tatsachen berücksichtigt werden, die vom Arbeitnehmer ausdrücklich zur Begründung seines Auflösungsantrages vorgetragen worden sind. Das gilt selbst dann, wenn diese Tatsachen offenkundig sind. Dies folgt aus dem im Verfahren vor dem ArbG geltenden Verhandlungsgrundsatz, wonach das Gericht nur solche Tatsachen berücksichtigen darf, die von der jeweils darlegungspflichtigen Partei vorgebracht worden sind (*BAG* 30.9.1976 EzA § 9 KSchG n.F. Nr. 3).

3179 Zu beachten ist, dass eine Auflösung des Arbeitsverhältnisses dann **nicht mehr in Betracht kommt**, wenn:
- der Arbeitgeber rechtskräftig zur **Weiterbeschäftigung** des Arbeitnehmers **verurteilt** worden ist (*LAG München* 12.4.2005 – 6 Sa 1377/04 – ArbuR 2005, 463 LS);
- die Parteien des Kündigungsschutzprozesses in einem **Teilvergleich** die mit der Kündigungsschutzklage angegriffene Kündigung für gegenstandslos erklärt haben und der Kläger sich nicht vorbehalten hat, dass die Auflösung des Arbeitsverhältnisses nach wie vor im Streit bleiben und gerichtlich entschieden werden soll. Denn der Kläger hat dann der Beseitigung der Kündigung ohne Einschränkung zugestimmt mit der Folge, dass nun-

mehr über den Auflösungsantrag nicht mehr positiv entscheiden werden kann (*LAG München* 21.4.2005 – 3 Sa 1140/04 – ArbuR 2005, 463 LS; **a.A.** für den Fall der Berufungsrücknahme des Arbeitgebers bei einem erst zweitinstanzlich gestellten Auflösungsantrag *LAG Brem.* 29.6.2006 LAGE § 9 KSchG Nr. 38: keine »Flucht in die Rücknahme der Berufung«).

6. Auflösungsantrag nach Betriebsübergang

Hat der Arbeitnehmer gegen den Arbeitgeber, der ihm gekündigt hat, eine Kündigungs- 3180
schutzklage erhoben und wird nach deren Rechtshängigkeit der Betrieb veräußert, kann der Arbeitnehmer einen bisher nicht gestellten Auflösungsantrag mit Erfolg nur in einem Prozess gegen den ihm bekannten **Betriebserwerber** stellen (*BAG* 20.3.1997 EzA § 613a BGB Nr. 148; vgl. APS/*Biebl* § 9 KSchG Rz. 30 ff.).

II. Auflösung des Arbeitsverhältnisses auf Antrag des Arbeitgebers

1. Keine weitere gedeihliche Zusammenarbeit

Gem. § 9 Abs. 1 S. 2 KSchG hat das ArbG, wenn es festgestellt hat, dass das Arbeitsverhältnis 3181
durch die ordentliche Arbeitgeberkündigung nicht aufgelöst worden ist, auf Antrag des Arbeitgebers das Arbeitsverhältnis aufzulösen, wenn Gründe vorliegen, die eine den Betriebszwecken dienliche weitere Zusammenarbeit zwischen Arbeitgeber und Arbeitnehmer nicht erwarten lassen (s. dazu *Holthausen/Holthausen* NZA-RR 2007, 449 ff.); für die Gewichtung des Interesses des Arbeitgebers an der Auflösung kommt es insbesondere auch auf den **Umfang der bei Unterlassen der Beendigung zu befürchtenden Störungen an (Prognoseprinzip)**. Auch bei nur einmaligem vergangenem Fehlverhalten des Arbeitnehmers nach vorheriger Ankündigung des Arbeitgebers, ein derartiges Fehlverhalten mit einer Kündigung zu beantworten, kann die Prognose wiederholter Verhaltensverletzungen in unbestimmt vielen Fällen die Auflösung zulassen (*LAG Nbg.* 9.1.2007 LAGE § 1 KSchG Verhaltensbedingte Kündigung Nr. 95 = NZA-RR 2007, 357; *Thür. LAG* 26.2.2008 LAGE § 9 KSchG Nr. 39).

Zu beachten ist, dass ein Arbeitgeber, der eine Kündigung vor einem **Betriebsübergang** 3182
ausgesprochen hat, trotz des Verlustes der Arbeitgeberstellung durch einen Betriebsübergang befugt ist, einen Auflösungsantrag zu stellen; dies gilt zumindest dann, wenn der Auflösungszeitpunkt zeitlich vor dem Betriebsübergang liegt (*BAG* 24.5.2005 – 8 AZR 246/04 – EzA-SD 18/05 S. 5 = NZA 2005, 1178; vgl. dazu *Andelewski* DB 2005, 2083 ff.).

Notwendige Voraussetzung ist die **Feststellung der Sozialwidrigkeit** der ausgesproche- 3183
nen Kündigung (§ 1 Abs. 2 KSchG). Bei **betriebsverfassungsrechtlichen Amtsträgern** (§ 15 KSchG) kommt eine Auflösung folglich nicht in Betracht, weil und soweit sie **ordentlich nicht kündbar** sind. Das gilt jedenfalls dann, wenn der Auflösungsantrag auf ein Verhalten des Arbeitnehmers nach Erlangung der Funktion als Wahlvorstand für die Betriebsratswahl, Wahlbewerber für die Betriebsratswahl und Betriebsratsmitglied gestützt wird (*LAG Bln.* 27.5.2004 LAGE § 15 KSchG Nr. 19 = NZA-RR 2005, 130 = LAG Report 2005, 45).

2. Sonstige Unwirksamkeitsgründe

Anders als beim Auflösungsantrag des Arbeitnehmers ist nach Auffassung des *BAG* 3184
(9.10.1979 EzA § 9 KSchG n.F. Nr. 9; ebenso *LAG Köln* 11.3.1999 ZTR 1999, 478; vgl. dazu *Hertzfeld* NZA 2004, 298 ff.) der Auflösungsantrag des Arbeitgebers dann unzulässig, wenn die Kündigung auf Grund des **konkret geltend gemachten Kündigungssachverhalts nicht nur sozialwidrig, sondern auch aus anderen Gründen** (z.B. fehlerhafter Anhörung des Betriebs- oder Personalrats; Kündigung ohne Zustimmung gem. § 103 BetrVG – *LAG Bln.* 27.5.2004 LAGE § 15 KSchG Nr. 19 = NZA-RR 2005, 130 = LAG Report 2005, 45 – Verstoß gegen § 623 BGB – Schriftform – *LAG Düsseld.* 27.5.2003 LAGE § 623 BGB 2002 Nr. 1) **unwirksam ist**. Unschädlich ist es allerdings, wenn der

Arbeitgeber zusätzlich weitere Kündigungssachverhalte geltend macht, die aus anderen Gründen die Unwirksamkeit der Kündigung begründen (*BAG* 21.9.2000 EzA § 9 KSchG n.F. Nr. 44).

3185 Denn die Lösungsmöglichkeit des § 9 KSchG ist eine **Vergünstigung für den Arbeitgeber, die nur bei bloßer Sozialwidrigkeit eingreift.** Da das Ziel des KSchG in erster Linie darin besteht, den Arbeitnehmer im Interesse eines wirksamen Bestandsschutzes des Arbeitsverhältnisses vor einem Verlust des Arbeitsplatzes durch sozialwidrige Kündigungen zu bewahren, das KSchG ist vorrangig ein Bestandsschutz- und kein Abfindungsgesetz, ist es auch **gerechtfertigt, an den Auflösungsantrag des Arbeitgebers strenge Anforderungen zu stellen** (*BAG* 16.5.1984 EzA § 9 KSchG n.F. Nr. 16; 7.3.2002 EzA § 9 KSchG n.F. Nr. 45; *LAG Köln* 22.5.2006 – 14 (12) Sa 8/06 – EzA-SD 19/06 S. 10 LS; s.a. *BVerfG* 22.10.2004 NZA 2005, 41; krit. *Gravenhorst* NZA-RR 2007, 57 ff.).

3186 Beruft sich der Arbeitnehmer allerdings gegenüber einem Auflösungsantrag des Arbeitgebers auf eine Unwirksamkeit der Kündigung aus anderen Gründen als der Sozialwidrigkeit, so setzt dies voraus, dass **die Unwirksamkeit die Folge eines Verstoßes gegen eine Schutznorm zu seinen Gunsten ist.**

3187 **Beispiele:**

- Das ist dann nicht der Fall, wenn sich die Unwirksamkeit der Kündigung aus der fehlenden, nach dem Dienstvertrag aber erforderlichen Zustimmung der Auslandsvertretung zu der Kündigung eines als Schulleiter einer deutschen Schule in Saudi-Arabien eingesetzten Angestellten ergibt. Denn der Zweck dieses Zustimmungserfordernisses bestand nicht darin, dem Arbeitnehmer einen zusätzlichen Schutz zu verschaffen, sondern der Auslandsvertretung wegen des Auslandsschuldienstes auf Grund öffentlichen Interesses ein Vetorecht einzuräumen, wenn die Kündigung seitens eines örtlichen Schulträgers der auswärtigen Kulturpolitik entgegenstand (*BAG* 10.11.1994 EzA § 9 KSchG n.F. Nr. 43).
- Auch § 28 Abs. 2 S. 1 SächsGemO, wonach über die **Entlassung von Gemeindebediensteten** der Gemeinderat im Einvernehmen mit dem Bürgermeister entscheidet, stellt keine Arbeitnehmerschutzbestimmung dar, deren Verletzung in dem Kündigungsschutzverfahren eines Gemeindebediensteten einem Auflösungsantrag der Gemeinde entgegen steht (*BAG* 27.9.2001 EzA § 322 ZPO Nr. 13 = NZA 2002, 1171).

3188 Hat das Arbeitsgericht angenommen, eine ordentliche Arbeitgeberkündigung sei sowohl nach § 1 KSchG als auch wegen fehlerhafter Personalratsbeteiligung unwirksam, und deshalb den Auflösungsantrag des Arbeitgebers zurückgewiesen, so kann das Berufungsgericht auch bei einer auf den Auflösungsantrag beschränkten Berufung des Arbeitgebers erneut prüfen, ob eine ordnungsgemäße Personalratsbeteiligung vorliegt (*BAG* 27.9.2001 EzA § 322 ZPO Nr. 13 = NZA 2002, 1171).

3. Prüfungsmaßstab; Beurteilungszeitpunkt

3189 Daraus, **dass an den Auflösungsantrag des Arbeitgebers strengere Anforderungen zu stellen** sind, als an den des Arbeitnehmers, folgt andererseits nicht, dass für ihn nur solche Umstände als Auflösungsgründe in Betracht kommen, die dazu geeignet sind, eine außerordentliche Kündigung nach § 626 BGB zu rechtfertigen (*LAG SchlH* 26.11.2002 – 5 Sa 285e/02 – EzA-SD 1/03, S. 7; KR/*Spilger* § 9 KSchG Rz. 52; APS/*Biebl* § 9 KSchG Rz. 49).

► **Beispiel:** 3190

Erklärt der **Leiter der internen Revision** eines Konzerns in einem Kündigungsschutzprozess, er habe bei einer Kassenprüfung einer Konzerngesellschaft nur die rechnerische Übereinstimmung zwischen Kassenbestand und Kassenbuch festgestellt, dagegen sei es nicht seine Aufgabe gewesen, eine kurz vor der Prüfung ausgestellte Quittung über eine Barauszahlung an den Geschäftsführer der Konzerngesellschaft, auf der kein Verwendungszweck angegeben war, auf ihre Stichhaltigkeit hin zu überprüfen, so kann dies auf eine fehlende Eignung schließen lassen und jedenfalls einen Auflösungsantrag rechtfertigen (*LAG Köln* 19.4.2005 NZA-RR 2005, 637).

Die Gründe, die eine dem Betriebszweck dienliche weitere Zusammenarbeit zwischen den Vertragsparteien nicht erwarten lassen, können, müssen aber insgesamt **nicht unbedingt** im Verhalten, insbes. nicht im schuldhaften Verhalten des Arbeitnehmers liegen. Vielmehr kommt es darauf an, ob die **objektive Lage** beim Schluss der mündlichen Verhandlung in der Tatsacheninstanz beim Arbeitgeber die Besorgnis aufkommen lassen kann, die weitere Zusammenarbeit mit dem Arbeitnehmer sei gefährdet (*BAG* 23.6.2005 EzA § 9 KSchG n.F. Nr. 52 = NZA 2006, 363). Die danach erforderliche **Gesamtabwägung aller Umstände**, die für oder gegen die Prognose sprechen, muss zu dem Ergebnis führen, eine weitere, den Betriebszwecken dienliche Zusammenarbeit zwischen den Parteien sei nicht mehr zu erwarten. Dabei sind z.B. auch Tatsachen zu berücksichtigen, die der Arbeitgeber im Zusammenhang mit Fehlzeiten des Arbeitnehmers vorträgt. Dies gilt insbes., soweit der Arbeitgeber Pflichtverletzungen des Arbeitnehmers im Zusammenhang mit aufgetretenen Krankheitszeiten darlegt und Umstände vorträgt, die für einzelne Zeiträume Zweifel an einer ärztlichen Arbeitsunfähigkeitsbescheinigung aufkommen lassen (*BAG* 23.6.2005 EzA § 9 KSchG n.F. Nr. 52 = NZA 2006, 363). 3191

Als Auflösungsgrund kommen **Beleidigungen, sonstige verletzende Äußerungen oder persönliche Angriffe** des Arbeitnehmers gegen den Arbeitgeber, Vorgesetzten oder Kollegen in Betracht (*Gravenhorst* NZA-RR 2007, 57 ff.). 3192

Beispiele: 3193

- ► Wirft ein Arbeitnehmer dem Arbeitgeber im Kündigungsschutzprozess vor, **er decke Manipulationen des Vorgesetzten** und wolle innerbetriebliche Kritiker mundtot machen, obwohl der Arbeitgeber unstreitig den Vorwürfen sofort und in angemessener Weise nachgegangen ist, so kann dies einen Auflösungsantrag des Arbeitgebers rechtfertigen (*LAG Köln* 22.5.2006 – 14 (12) Sa 8/06 – EzA-SD 19/06, S. 10 LS).
- ► Ein Auflösungsantrag des Arbeitgebers, der auf die im Prozess vom Arbeitnehmer unsubstantiiert vorgetragene **Behauptung** gestützt wird, der Arbeitgeber **drohe anderen Arbeitnehmern mit Entlassung**, falls sie als Zeugen zugunsten des gekündigten Arbeitnehmers vor dem Arbeitsgericht aussagen, ist unbegründet, wenn diese Behauptung nicht wiederholt wird und sich in Würdigung der sonstigen Prozessführung des Arbeitnehmers als einmalige Entgleisung darstellt (*LAG Hamm* 21.12.2007 LAGE § 1 KSchG Betriebsbedingte Kündigung Nr. 81).
- ► Auch ein Verhalten des Prozessbevollmächtigten des Arbeitnehmers im Kündigungsschutzprozess kann einen Grund zur Auflösung des Arbeitsverhältnisses darstellen, sofern es von ihm veranlasst (*BAG* 30.6.1959 AP Nr. 56 zu § 1 KSchG) oder gebilligt worden ist (*BAG* 7.3.2002 EzA § 9 KSchG n.F. Nr. 45; vgl. APS/*Biebl* § 9 KSchG Rz. 67; zurückhaltender *LAG Hamm* 4.4.2003 ArbuR 2004, 234). Ein durch ein Missverständnis begründeter falscher Vortrag des Arbeitnehmers, der im Falle des vorsätzlichen Handelns den Prozess zu seinen Gunsten hätte beeinflussen können, rechtfertigt andererseits keinen Auflösungsantrag des Arbeitgebers (*LAG Hamm* 14.4.2005 – 15 Sa 77/05 – EzA-SD 17/05, S. 8 LS). Im Übrigen dürfen **Meinungsäußerungen** des Arbeitnehmers, auf die sich der Arbeitgeber als Auflösungsgrund beruft, nicht isoliert bewertet werden; es kommt vielmehr auf die näheren Umstände an, unter denen die Äußerung gefallen ist (*BAG* 13.6.2002 EzA § 1 KSchG Verhaltensbedingte Kündigung Nr. 57). So

rechtfertigt z.B. der gegenüber dem Amtsgericht geäußerte Unwille, möglichst nicht an einem Amtsgerichtstermin, bei dem es um Belange des Arbeitgebers geht, erscheinen zu müssen, keinen Auflösungsantrag (*LAG Nbg.* 6.8.2002 LAGE § 626 BGB Nr. 143 = NZA-RR 2003, 191). Auch kann der Auflösungsantrag **nicht nur auf abstrakte**, durch die Meinungsäußerung hervorgerufene **Gefahren** gestützt werden (*LAG Nbg.* 13.1.2004 LAGE § 626 BGB 2002 Nr. 4 = NZA-RR 2004, 347 = LAG Report 2004, 223 LS). Andererseits kann die **Kenntnisnahme von Äußerungen gegenüber Dritten**, z.B. durch E-Mails, die den Arbeitgeber als unfähig und dumm kennzeichnen, den Auflösungsantrag rechtfertigen (*LAG Köln* 15.12.2003 LAGE § 1 KSchG Verhaltensbedingte Kündigung Nr. 84 = NZA-RR 2004, 527 = LAG Report 2004, 176).

► Auch das **Verhalten dritter Personen** ist als Grund für den Auflösungsantrag des Arbeitgebers nur dann geeignet, wenn der Arbeitnehmer dieses Verhalten durch eigenes Tun entscheidend veranlasst hat oder es ihm zuzurechnen ist (*BAG* 14.5.1987 EzA § 9 KSchG n.F. Nr. 20). Erst recht lässt sich ein Auflösungsantrag nach einer unwirksamen verhaltensbedingten Kündigung des Arbeitgebers nicht auf **im Kern wirtschaftliche Belastungsumstände**, die sich aus dem Verhalten des Arbeitnehmers ergeben, stützen (*LAG Köln* 28.1.2004 LAG Report 2004, 270). Die Gründe, die eine den Betriebszwecken dienliche weitere Zusammenarbeit i.S.d. § 9 Abs. 1 S. 2 KSchG nicht erwarten lassen, müssen nicht im Verhalten, insbes. auch nicht im verschuldeten Verhalten des Arbeitnehmers liegen. Der Arbeitgeber darf aber auch im Rahmen seines Auflösungsantrages nach § 9 Abs. 1 S. 2 KSchG Spannungen zwischen Arbeitnehmern oder zwischen einem Arbeitnehmer und Vorgesetzten nicht ohne Beachtung der Verantwortungsanteile zu Lasten des gekündigten Arbeitnehmers lösen. Die bloße Weigerung von Arbeitnehmern, mit dem Gekündigten zusammenzuarbeiten, stellt noch keinen Auflösungsgrund nach § 9 Abs. 1 S. 2 KSchG dar. Nach § 9 Abs. 1 S. 2 KSchG ist es dem Arbeitgeber nicht gestattet, sich auf Auflösungsgründe zu berufen, die entweder von ihm selbst oder von Personen, für die er einzustehen hat, provoziert worden sind. Insbesondere wenn die dem **Arbeitgeber zuzurechnenden Anteile** an der Verursachung der Spannungen gegenüber **den Anteilen des Arbeitnehmers überwiegen** und der Arbeitgeber das von ihm jetzt beanstandete Verhalten des Arbeitnehmers geradezu provoziert hat, verstößt es regelmäßig gegen Treu und Glauben, wenn der Arbeitgeber nunmehr geltend macht, eine den Betriebszwecken dienliche weitere Zusammenarbeit sei nicht mehr möglich (*BAG* 2.6.2005 EzA § 9 KSchG n.F. Nr. 49 = NZA 2005, 1207 LS). Ein betriebsverfassungs- oder personalvertretungsrechtliches Verwertungsverbot für nicht mitgeteilte Kündigungsgründe erstreckt sich schließlich nicht auf die Verwendung dieser Gründe im Rahmen eines Auflösungsantrages nach § 9 Abs. 1 S. 2 KSchG (*BAG* 10.10.2002 EzA § 9 KSchG n.F. Nr. 46).

3194 Maßgeblicher Zeitpunkt für die Beurteilung der Frage, ob eine den Betriebszwecken dienliche weitere Zusammenarbeit zwischen Arbeitnehmer und Arbeitgeber zu erwarten ist, ist der Zeitpunkt der letzten mündlichen Verhandlung in der Tatsacheninstanz. Wegen dieses zeitlichen Beurteilungsansatzes ist es denkbar, dass mögliche Auflösungsgründe ihr Gewicht verlieren können, weil die tatsächlichen oder rechtlichen Umstände sich im Zeitpunkt der abschließenden Entscheidung geändert haben. Wegen des zukunftsbezogenen Zwecks der Auflösung eines Arbeitsverhältnisses kann ein zwischenzeitlich eingetretener Wandel in den betrieblichen Verhältnissen – z.B. der Austausch des Vorgesetzten oder eine Veränderung in der Belegschaftsstruktur – Berücksichtigung finden und zur Unbegründetheit des Auflösungsantrags des Arbeitgebers führen (*BAG* 7.3.2002 EzA § 9 KSchG n.F. Nr. 45; krit. *Gravenhorst* NZA-RR 2007, 57 ff.).

4. Darlegungs- und Beweislast

a) Grundsätze

Der **Arbeitgeber** ist darlegungs- und beweispflichtig für das Vorliegen der Gründe, die einer künftigen gedeihlichen Zusammenarbeit entgegenstehen (*BAG* 30.9.1976 EzA § 9 KSchG n.F. Nr. 3; vgl. APS/*Biebl* § 9 KSchG Rz. 60 f.). 3195

Schlagwortartige Formulierungen, etwa des Inhalts, dass die Vertrauensgrundlage entfallen sei oder keine gemeinsame Basis mehr für eine Zusammenarbeit bestehe, **reichen nicht aus** (*BAG* 16.5.1984 EzA § 9 KSchG n.F. Nr. 16). Die Berücksichtigung von **nicht erwiesenen streitigen Auflösungstatsachen ist dem** Gericht verwehrt. 3196

Nach dem Verhandlungsgrundsatz darf das Gericht zudem seiner Entscheidung nur solche Auflösungstatsachen zugrunde legen, die der darlegungspflichtige Arbeitgeber vorgebracht hat. Selbst offenkundige Tatsachen darf das Gericht nicht verwerten, wenn er sich nicht auf sie zur Begründung seines Auflösungsantrages berufen hat (*BAG* 16.5.1984 EzA § 9 KSchG n.F. Nr. 16). 3197

b) Berücksichtigung von die Kündigung selbst nicht rechtfertigenden Tatsachen sowie des Anlasses der Kündigung

Als Auflösungsgründe können zwar auch solche Tatsachen herangezogen werden, die die Kündigung selbst nicht rechtfertigen. Durch eine bloße Bezugnahme auf nicht ausreichende Kündigungsgründe genügt der Arbeitgeber allerdings noch nicht seiner Darlegungslast. **Er muss dann vielmehr im Einzelnen vortragen und zusätzlich greifbare Tatsachen dafür vortragen, dass die nicht ausreichenden Kündigungsgründe einer den Betriebszwecken dienlichen weiteren Zusammenarbeit entgegenstehen sollen, dass der Kündigungssachverhalt so beschaffen ist, dass er eine weitere gedeihliche Zusammenarbeit nicht erwarten lässt** (*BVerfG* 11.10.2004 EzA § 9 KSchG n.F. Nr. 49; 22.10.2004 NZA 2005, 41). 3198

Nicht notwendig ist, dass es sich um neue, erst nach Ausspruch der Kündigung eingetretene Tatsachen handelt (*BAG* 16.5.1984 EzA § 9 KSchG n.F. Nr. 16; **a.A.** *LAG SchlH* 10.8.1999 ARST 2000, 10: Identität von Kündigungs- und Auflösungsgründen widerspricht dem System des Kündigungsschutzrechts). 3199

Der Arbeitgeber muss darlegen, welche der zur Begründung der Kündigung vorgetragenen Tatsachen auch für den Auflösungsantrag herangezogen werden sollen. 3200

Geringere Anforderungen an die Darlegungslast des Arbeitgebers können allerdings dann gestellt werden, wenn es sich um **Kündigungsgründe mit Dauerwirkung** handelt (KR/*Spilger* § 9 KSchG Rz. 58). 3201

Hat der Arbeitgeber als Auflösungsgründe bestimmte Verhaltensweisen des Arbeitnehmers vorgetragen, die die Befürchtung begründen, eine den Betriebszwecken dienliche weitere Zusammenarbeit zwischen den Parteien sei nicht zu erwarten, so kann **der Anlass**, der zur Kündigung geführt hat, die **schlechte Prognose** für eine den Betriebszwecken dienliche weitere Zusammenarbeit **verstärken**. Die **Kündigungsgründe sind dann insoweit zu berücksichtigen und können geeignet sein, den sonstigen Auflösungsgründen besonderes Gewicht zu verleihen** (*BAG* 23.6.2005 EzA § 9 KSchG n.F. Nr. 52 = NZA 2006, 363). 3202

Soweit für den Arbeitgeber hinsichtlich der ihm bei Ausspruch der Kündigung bekannten Kündigungsgründe wegen Nichtbeteiligung des Betriebsrats nach § 102 BetrVG ein Verwertungsverbot besteht, erstreckt sich dieses auch auf das Nachschieben von Auflösungstatsachen. Eine andere Betrachtungsweise würde zu einer weitgehenden Aushöhlung des Verwertungsverbotes führen mit der Folge, dass unzulässig nachgeschobene Kündigungsgründe letztlich doch zu einer Auflösung des Arbeitsverhältnisses führen könnten (KDZ/*Zwanziger* § 9 KSchG Rz. 23; KR/*Spilger* § 9 KSchG Rz. 58 a; **a. A.** *v. Hoyningen-Huene/Linck* § 9 KSchG Rz. 45; APS/*Biebl* § 9 KSchG Rz. 52; *Lunk* NZA 2000, 807 ff.; offen gelassen von *BAG* 18.12.1980 EzA § 102 BetrVG 1972 Nr. 44). 3203

5. Leitende Angestellte (§ 14 Abs. 2 S. 2 KSchG)

3204 Gem. § 14 Abs. 2 KSchG bedarf der Antrag des Arbeitgebers auf Auflösung eines Arbeitsverhältnisses mit einem Leitenden Angestellten (s. dazu Kap. 1 Rn. 152 ff. m.w.N.) **keiner Begründung.** Das ArbG hat dann dem Auflösungsantrag stattzugeben, auch wenn keinerlei Auflösungsgründe vorliegen (vgl. APS/*Biebl* § 9 KSchG Rz. 68; vgl. ausf. *Vogel* NZA 2002, 313 ff.). So ist z.B. der **Geschäftsführer der Komplementär-GmbH einer KG** kraft Gesetzes zur Vertretung dieser Personenmehrheit berufen und gilt daher nicht nur nach § 5 Abs. 1 S. 3 ArbGG, sondern auch nach § 14 Abs. 1 Nr. 2 KSchG nicht als Arbeitnehmer (*LAG Hessen* 31.8.2004 LAG Report 2005, 239).

3205 Ein **Chefarzt** ist dann kein »ähnlicher leitender Angestellter« i.S.v. § 14 Abs. 2 S. 1 KSchG, wenn ihm nur intern, nicht aber auch im Außenverhältnis eine selbstständige Entlassungsbefugnis zusteht (*BAG* 18.11.1999 EzA § 14 KSchG Nr. 4; vgl. auch *Thür. LAG* 6.7.2000 LAGE § 5 BetrVG 1972 Nr. 22 zu § 5 Abs. 3 BetrVG). Gleiches gilt, wenn der Arbeitnehmer nicht zur selbstständigen Einstellung oder Entlassung von Arbeitnehmern berechtigt ist oder wenn die Ausübung einer derartigen Befugnis **keinen wesentlichen Teil seiner Tätigkeit ausmacht und somit seine Stellung nicht prägt** (*BAG* 18.10.2000 EzA § 14 KSchG Nr. 5; *LAG Nbg.* 13.10.1998 NZA-RR 1999, 238; vgl. auch *Diringer* NZA 2003, 890 ff.). Erstreckt sich die Personalhoheit eines Arbeitnehmers über **sechs oder sieben Mitarbeiter**, handelt es sich nicht um eine »bedeutende« Zahl von Mitarbeitern in einem Betrieb, in dem insgesamt über 100 Mitarbeiter beschäftigt sind (*LAG Köln* 3.6.2003 NZA-RR 2004, 578). Das gilt erst recht für einen als Personalleiter bezeichneten Angestellten. Von einer Berechtigung zur »selbstständigen« Einstellung und Entlassung kann dann generell nicht gesprochen werden, wenn die **personelle Maßnahme von der Zustimmung einer anderen Person abhängig** ist. Andererseits liegt keine Beschränkung der selbständigen Einstellungs- und Entlassungsbefugnis dann vor, wenn der Angestellte lediglich interne Richtlinien bzw. interne Beratungspflichten beachten oder Zweitunterschriften lediglich zur Kontrolle einholen muss (*LAG Nds.* 8.1.2004 NZA-RR 2004, 524).

6. Besonderheiten bei schwerbehinderten Menschen?

3206 Der im Kündigungsschutzverfahren gestellte Auflösungsantrag des Arbeitgebers bedarf **nicht der Zustimmung des Integrationsamtes**, selbst dann nicht, wenn der Arbeitnehmer seinen Antrag auf Gleichstellung mit einem Schwerbehinderten nach Zugang der Kündigung gestellt hat; eine analoge Anwendung der Sonderkündigungsschutzregelungen des SGB IX auf diese Fälle scheidet aus (*VGH Mannheim* 12.12.2005 NZA-RR 2006, 356; **a.A.** *OVG Lüneburg* 12.7.1989 NZA 1990, 66 LS).

III. Beiderseitige Auflösungsanträge

3207 Zweifelhaft ist die Rechtslage dann, wenn sowohl der Arbeitnehmer als auch der Arbeitgeber (hilfsweise für den Fall der Feststellung der Sozialwidrigkeit) einen Auflösungsantrag gem. § 9 KSchG gestellt haben.

1. Auflösung ohne weitere Überprüfung

3208 **Überwiegend** (*LAG Köln* 29.6.2001 ARST 2002, 45 LS = NZA-RR 2002, 356; *v. Hoyningen-Huene/Linck* § 9 KSchG Rz. 47; ErfK/*Ascheid* § 9 KSchG Rz. 28; SPV/*Preis* Rz. 1212; *Bauer* DB 1985, 1180; *Leisten* BB 1994, 2138 f.; APS/*Biebl* § 9 KSchG Rz. 70) wird davon ausgegangen, dass dann die **Voraussetzungen für eine gerichtliche Auflösung stets gegeben** sind.

3209 Denn der Umstand, dass der Arbeitgeber durch seinen Auflösungsantrag den Willen zum Ausdruck bringt, sich vom Arbeitnehmer zu lösen, macht diesem die Fortsetzung des Arbeitsverhältnisses unzumutbar.

3210 Umgekehrt steht der Auflösungsantrag des Arbeitnehmers der Erwartung einer weiteren, den Betriebszwecken dienlichen Zusammenarbeit entgegen.

Teilweise (*LAG Bln.* 8.8.1967 BB 1968, 207) wird auch aus dem Verhandlungsgrundsatz eine rechtliche Bindung des Gerichts an gegenseitig gestellte Auflösungsanträge gefolgert. Jede andere Auffassung würde zu dem nicht hinnehmbaren Ergebnis führen, dass das Arbeitsverhältnis entgegen dem Willen von Arbeitgeber und Arbeitnehmer fortzusetzen wäre, wenn weder für den Auflösungsantrag des Arbeitnehmers noch den des Arbeitgebers die gesetzlichen Voraussetzungen vorliegen. 3211

2. Getrennte Überprüfung beider Anträge

Demgegenüber entbindet nach Auffassung von *Becker* (KR, 3. Aufl., § 9 KSchG Rz. 66 m.w.N.; ebenso KR/*Spilger* § 9 KSchG Rz. 66; HK-KSchG/*Hauck* § 9 KSchG Rz. 55; KDZ/*Däubler* § 9 KSchG Rz. 29) allein der Umstand, dass beide Parteien die Auflösung des Arbeitsverhältnisses begehren, das Gericht noch nicht von der Prüfung, ob auch die gesetzlichen Voraussetzungen für eine Auflösung vorliegen. 3212

Denn die Prozessmaxime betrifft zum einen nur die Frage, wer dafür zu sorgen hat, dass alles entscheidungserhebliches Tatsachenmaterial in den Prozess eingeführt wird. **Auf die vom Gesetz für den Erlass eines Auflösungsurteils aufgestellten Voraussetzungen kann das Gericht aber selbst dann nicht verzichten, wenn beide Parteien die Auflösung beantragen.** Allein die darin zum Ausdruck gekommene Willensübereinstimmung kann nicht die gesetzlichen Voraussetzungen für den Erlass eines Auflösungsurteils ersetzen. 3213

Schließlich ist auch zu berücksichtigen, dass es für die Bemessung der Abfindung von Bedeutung ist, welche Partei die Auflösungstatsachen herbeigeführt hat. 3214

Nach der Grundkonzeption des KSchG steht der Bestandsschutz und nicht der Abfindungsschutz im Vordergrund. Deshalb ist dem ArbG nur dann eine materiell-rechtliche Prüfung verwehrt, wenn eine Partei den Abfindungsanspruch anerkennt und die andere Partei daraufhin den Erlass eines Anerkenntnisurteils gem. § 307 ZPO beantragt. 3215

Schutzwürdige Interessen der Parteien werden dadurch nicht beeinträchtigt, denn sie haben jederzeit die Möglichkeit, sich sowohl gerichtlich als auch außergerichtlich auf die vergleichsweise Auflösung des Arbeitsverhältnisses gegen Zahlung einer Abfindung zu verständigen, ohne dass dafür die vom ArbG zu beachtenden gesetzlichen Voraussetzungen des § 9 KSchG gegeben sein müssen. 3216

3. Prozessuale Probleme

Haben beide Parteien einen Auflösungsantrag gestellt und löst das ArbG daraufhin das Arbeitsverhältnis auf, so ist der Arbeitnehmer, der die Höhe der festgesetzten Abfindung nicht angreift, durch dieses Urteil nicht beschwert und seine Berufung damit unzulässig, auch wenn das ArbG das Arbeitsverhältnis auf den Antrag des Arbeitgebers hin auflöst. Der Arbeitnehmer kann in einem derartigen Fall nicht allein mit dem Ziel Berufung einlegen, seinen erstinstanzlich gestellten Auflösungsantrag zurückzunehmen und eine Fortsetzung des Arbeitsverhältnisses zu erreichen (*BAG* 23.6.1993 EzA § 64 ArbGG 1979 Nr. 30; vgl. APS/*Biebl* § 9 KSchG Rz. 100 ff.). 3217

IV. Auflösung bei unwirksamer außerordentlicher Kündigung

1. Grundlagen

Gem. **§ 13 Abs. 1 S. 3 1. Hs. KSchG** hat das Gericht auf Antrag des Arbeitnehmers im Falle der Unwirksamkeit der außerordentlichen Kündigung des Arbeitgebers das Arbeitsverhältnis aufzulösen und ihn zur Zahlung einer angemessenen Abfindung zu verurteilen, wenn dem Arbeitnehmer die Fortsetzung des Arbeitsverhältnisses nicht zumutbar ist. 3218

Damit kann nur der Arbeitnehmer, nicht aber der Arbeitgeber im Falle einer von ihm erklärten unwirksamen außerordentlichen Kündigung einen Auflösungsantrag stellen. Der Gesetzgeber sieht die unberechtigte außerordentliche Kündigung als besonders schwerwiegend an und verweigert deshalb dem Arbeitgeber die Möglichkeit, seinerseits den Auflösungsantrag zu stellen; er bleibt an das Arbeitsverhältnis gebunden (vgl. 3219

KR/*Friedrich* § 13 KSchG Rz. 64 ff.; APS/*Biebl* § 13 Rz. 24 ff.); dies hält *Sieben* (NJW 2005, 1095 ff.) für verfassungswidrig.

2. Einzelfragen

3220 Nach Auffassung des *LAG Hamm* (24.11.1988 DB 1989, 685) gilt dies auch für die Auflösung des Arbeitsverhältnisses mit einem Leitenden Angestellten.

3221 **Nicht anwendbar** ist § 13 Abs. 1 S. 3 KSchG dagegen bei **Berufsausbildungsverhältnissen,** weil dies mit Wesen und Zweck des Berufsausbildungsverhältnisses nicht zu vereinbaren ist (*BAG* 29.11.1984 EzA § 13 KSchG n.F. Nr. 19).

3. Auflösungszeitpunkt

a) Rechtslage bis zum 31.12.2003

3222 Im Hinblick auf die vorgeschriebene **entsprechende Anwendung des § 9 Abs. 2 KSchG ist Auflösungszeitpunkt** nach überwiegend vertretener Auffassung (KR/*Friedrich* § 13 KSchG Rz. 65 ff. m.w.N.; **a.A.** MünchArbR/*Berkowsky* § 150 Rz. 9) **der, zu dem die außerordentliche Kündigung, wenn sie berechtigt gewesen wäre, gewirkt hätte.** Das ist entweder der Tag des Zugangs oder bei außerordentlicher Kündigung mit Auslauffrist der Tag, mit dessen Ablauf das Arbeitsverhältnis enden sollte.

3223 Das Gericht kann nicht aus Billigkeitserwägungen einen Auflösungsantrag des Arbeitgebers deshalb abweisen oder einen späteren als den in § 9 Abs. 2 KSchG maßgebenden Auflösungszeitpunkt festsetzen, weil der zur Auflösung vorgebrachte Umstand erst nach längerer Prozessdauer eingetreten ist und bei rückwirkender Auflösung des Arbeitsverhältnisses der Arbeitnehmer nur eine erheblich unter dem im Falle des Fortbestehens des Arbeitsverhältnisses zu zahlenden Verzugslohn liegende Abfindung erhalten würde (*BAG* 25.11.1982 EzA § 9 KSchG n.F. Nr. 15).

3224 Allerdings hat der Arbeitnehmer dann, wenn die Umdeutung einer fristlosen Kündigung des Arbeitgebers in eine ordentliche Kündigung in Betracht kommt, grds. die Möglichkeit, die Auflösung des Arbeitsverhältnisses nach § 9 KSchG bezogen auf die fristlose Kündigung oder nur auf die umgedeutete fristgerechte Kündigung zu beantragen (*BAG* 26.8.1993 EzA § 322 ZPO Nr. 9; APS/*Biebl* § 9 KSchG Rz. 27 f.; s.a. *LAG Düsseld.* 2.4.2008 LAGE § 9 KSchG Nr. 40).

b) Rechtslage ab dem 1.1.2004

3225 Seit dem 1.1.2004 ist diese Frage gesetzlich geregelt: Gem. § 13 Abs. 1 S. 4 KSchG n.F. hat das Arbeitsgericht für die Auflösung des Arbeitsverhältnisses den Zeitpunkt festzulegen, zu dem die außerordentliche Kündigung ausgesprochen wurde; §§ 10–12 KSchG gelten entsprechend.

V. Auflösung bei Änderungskündigung

3226 Bei einer ordentlichen Änderungskündigung ist eine gerichtliche Auflösung des Arbeitsverhältnisses nur dann möglich, wenn der Arbeitnehmer die angebotenen neuen Arbeitsbedingungen nicht innerhalb der Kündigungsfrist, spätestens jedoch innerhalb von drei Wochen nach Zugang der Kündigung unter dem Vorbehalt ihrer sozialen Rechtfertigung angenommen hat (*BAG* 29.1.1981 EzA § 9 KSchG n.F. Nr. 10; vgl. APS/*Biebl* § 9 KSchG Rz. 12 ff.).

Hat der Arbeitnehmer infolge einer vom Arbeitgeber erklärten Änderungskündigung das Änderungsangebot dagegen rechtzeitig unter Vorbehalt angenommen, so kommt für den Kündigungsschutzrechtsstreit über die soziale Rechtfertigung der Änderung der Arbeitsbedingungen ein Auflösungsantrag gem. § 9 KSchG nicht in Betracht (*LAG München* 29.10.1987 DB 1988, 866). 3227

VI. Auflösung wegen militärischer Interessen

Für die **zivilen Arbeitnehmer bei den Alliierten Streitkräften** sah Art. 56 Abs. 2 Nr. 2a ZA-NTS vor, dass dann, wenn ein deutsches ArbG festgestellt hatte, dass das Arbeitsverhältnis durch eine Kündigung nicht aufgelöst worden war und der Arbeitgeber im arbeitsgerichtlichen Verfahren erklärt hatte, dass der Weiterbeschäftigung besonders schutzwürdige militärische Interessen entgegenstanden, das ArbG dem Arbeitnehmer **eine Abfindung für den Fall festzusetzen hatte, dass die Fortsetzung des Arbeitsverhältnisses vom Arbeitgeber abgelehnt wurde** (vgl. KR/*Weigand* Art. 56 NATO-ZusAbk Rz. 23 ff.). Diese Einschränkung des Kündigungsschutzes galt nicht für die Mitglieder der Betriebsvertretung bei den Stationierungsstreitkräften (Art. 56 Abs. 2c ZA-NTS). 3228

Da danach der bloße Hinweis auf besonders schutzwürdige militärische Interessen – die nicht näher substantiiert werden mussten – für die Auflösung des Arbeitsverhältnisses ausreichen sollte, begegnete diese Vorschrift **verfassungsrechtlichen Bedenken,** insbes. im Hinblick auf Art. 3 Abs. 1 GG. Denn die Beendigung des Arbeitsverhältnisses eines zivilen Beschäftigten bei der Bundeswehr kann nicht allein auf die einfache Erklärung des Arbeitgebers gestützt werden (*ArbG Kaiserslautern* 15.10.1987 NZA 1988, 400; *Matissek* NZA 1988, 383). 3229

Diese Regelung ist durch **Änderungsabkommen vom 18.3.1993** (BGBl. 1994 II S. 2598; vgl. dazu KR/*Weigand* Art. 56 NATO-ZusAbk Rz. 31 ff.) dahin geändert worden, dass nunmehr § 9 Abs. 1 S. 2 KSchG mit der Maßgabe gilt, dass der Antrag des Arbeitgebers auch darauf gestützt werden kann, dass der Fortsetzung des Arbeitsverhältnisses besonders schutzwürdige militärische Interessen entgegenstehen. Die oberste Dienstbehörde kann die besonders schutzwürdigen militärischen Interessen glaubhaft machen; in diesem Falle ist die Verhandlung vor dem erkennenden Gericht nicht öffentlich. Sofern die Offenlegung der Gründe die Gefahr eines schweren Schadens für die Sicherheit des Entsendestaates oder seiner Truppe verursachen könnte, kann die oberste Dienstbehörde der Truppe (das ist die in der BRD gelegene höchste, für die Beschäftigungsdienststelle des gekündigten Arbeitnehmers verwaltungsmäßig zuständige Dienststelle) im Einvernehmen mit dem Chef des Bundeskanzleramtes die Glaubhaftmachung durch eine förmliche Erklärung bewirken. 3230

Diese Neuregelung ist am 29.3.1998 (BGBl. 1998 II S. 1691) in Kraft getreten. 3231

VII. Begriff, Rechtsnatur und Höhe der Abfindung (§ 10 KSchG)

1. Sinn und Zweck der Regelung

§ 10 KSchG regelt die Höhe einer Abfindung für den Fall, dass das Arbeitsverhältnis nach Maßgabe des § 9 KSchG aufzulösen ist (s. dazu *Pauly* ArbuR 2007, 155 ff.). 3232

2. Begriff und Rechtsnatur der Abfindung

a) Funktionen der Abfindung

Die vom Arbeitgeber gem. §§ 9, 10 KSchG zu leistende Abfindung ist ein **Ausgleich für den Verlust des Arbeitsplatzes trotz Vorliegens einer sozialwidrigen Kündigung** (*BAG* 16.5.1984 EzA § 9 KSchG n.F. Nr. 16). Sie ist ein vermögensrechtliches Äquivalent für die Aufgabe des als »sozialer Besitzstand« anzusehenden Arbeitsplatzes und hat somit **Entschädigungsfunktion.** 3233

3234 Der **Abgeltungscharakter** folgt daraus, dass mit der Gewährung des Abfindungsbetrages alle unmittelbar mit dem Verlust des Arbeitsplatzes verbundenen vermögensrechtlichen und immateriellen Nachteile des Arbeitnehmers abgegolten werden sollen. Die Abfindung kann allerdings teilweise auch **Entgeltcharakter** haben. Das kommt z.B. dann in Betracht, wenn die gerichtliche Auflösung des Arbeitsverhältnisses zu einem früheren Zeitpunkt als zum Ablauf der Kündigungsfrist erfolgt, z.B. in den Fällen einer unwirksamen außerordentlichen Kündigung (vgl. §§ 128 ff. SGB III; s.u. Kap. 8 Rn. 75 ff.).

3235 Schließlich kommt der Abfindung insofern eine **Präventivfunktion** zu, als der Arbeitgeber davon abgehalten werden soll, leichtfertig eine ordentliche Kündigung des Arbeitsverhältnisses auszusprechen (vgl. KR/*Spilger* § 10 KSchG Rz. 10 ff.).

b) Abtretbarkeit; Pfändbarkeit

3236 Der Entschädigungscharakter steht einer Abtretung (ab Rechtskraft des Auflösungsurteils, vgl. *BAG* 13.5.1969 AP Nr. 2 zu § 8 KSchG), einer Vorausabtretung sowie einer Aufrechnung mit Gegenansprüchen grds. nicht entgegen. Allerdings greift § 395 BGB dann ein, wenn ein Teil der Abfindung gem. § 850i ZPO vom Vollstreckungsgericht auf Antrag des Arbeitnehmers hin für unpfändbar erklärt worden ist.

3237 Die Abfindung ist **Arbeitseinkommen i.S.d. § 850 ZPO** (s.o. Kap. 3 Rn. 1325), weil sie i.d.R. der Sicherung des Lebensunterhalts des Arbeitnehmers und seiner Familie dient. Ein formularmäßig erlassener Pfändungs- und Überweisungsbeschluss erfasst daher auch die Abfindung (*BAG* 13.11.1991 EzA § 850 ZPO Nr. 4; *LAG SchlH* 13.12.2005 NZA-RR 2006, 371). Die Pfändungsgrenzen des § 850c ZPO gelten nicht, da es sich insoweit nicht um Arbeitseinkommen handelt, das für einen fest umrissenen Zeitraum gezahlt wird. Anwendbar ist allerdings § 850i ZPO (*BAG* 13.11.1991 EzA § 850 ZPO Nr. 4; *LAG SchlH* 13.12.2005 NZA-RR 2006, 371; vgl. APS/*Biebl* § 10 KSchG Rz. 42 f.).

c) Vererblichkeit

3238 Vererblich ist zwar nicht das Antragsrecht des Arbeitnehmers, wohl aber der sich aus der rechtskräftigen Verurteilung ergebende Abfindungsanspruch. Gleiches gilt, wenn eine Abfindung in einem Vergleich oder in einem Aufhebungsvertrag vereinbart wird (*LAG RhPf* 13.11.1987 BB 1988, 140). Endet das Arbeitsverhältnis allerdings vor dem vereinbarten Ausscheidenstermin, z.B. durch den Tod des Arbeitnehmers, und ist kein früherer Entstehenszeitpunkt für den Abfindungsanspruch vereinbart, so kann der Anspruch nicht entstehen und von den Erben im Wege der Erbfolge auch nicht erworben werden (*BAG* 26.8.1997 EzA § 611 BGB Aufhebungsvertrag Nr. 29; vgl. APS/*Biebl* § 10 KSchG Rz. 44).

3239 Stellt die Abfindung andererseits in erster Linie eine Gegenleistung des Arbeitgebers für die Einwilligung des Mitarbeiters in die vorzeitige Beendigung des Arbeitsverhältnisses dar, so spricht dies eher dafür, dass die Zahlung der Abfindung nach dem Parteiwillen nicht davon abhängig sein sollte, dass der Arbeitnehmer den vereinbarten Beendigungstermin erlebt (*BAG* 22.5.2003 EzA § 611 BGB 2002 Aufhebungsvertrag Nr. 1 = ARST 2004, 207). Ein in einem Abfindungsvergleich vereinbarter Abfindungsanspruch geht dann folglich, wenn die Parteien nichts anderes vereinbart haben, grds. auf die Erben über, wenn der Arbeitnehmer vor dem im Abfindungsvergleich festgelegten Auflösungszeitpunkt verstirbt (*BAG* 22.5.2003 EzA § 611 BGB 2002 Aufhebungsvertrag Nr. 1 = ARST 2004, 207).

d) Fälligkeit

3240 Der Anspruch wird mit der **Rechtskraft des Auflösungsurteils** fällig; von diesem Zeitpunkt an ist auch eine Verzinsung des Anspruchs möglich.

3241 Wird eine Abfindung durch gerichtlichen oder außergerichtlichen **Vergleich** vereinbart, so tritt Fälligkeit bzw. Wirksamkeit mit dem **Wirksamwerden** der vergleichsweisen Regelung ein. Ist ein späterer Auslösungszeitpunkt für das Arbeitsverhältnis vorgesehen, so wird die

Abfindung erst zu dem **vertraglich vereinbarten Beendigungszeitpunkt** fällig, es sei denn, die Parteien haben einen früheren Fälligkeitszeitpunkt im Vergleich festgelegt (*LAG Nds.* 12.9.2003 NZA-RR 2004, 478; *LAG Düsseld.* 23.5.1989 LAGE § 9 KSchG Nr. 16, KR/*Spilger* § 10 KSchG Rz. 19a; APS/*Biebl* § 10 KSchG Rz. 41; **a. A.** *LAG Hamm* 16.5.1991 LAGE § 9 KSchG Nr. 21; KDZ/*Zwanziger* § 10 KSchG Rz. 27).

Der in einem Aufhebungsvertrag vereinbarte Anspruch auf eine Abfindung entsteht jedenfalls dann nicht bereits bei Vertragsabschluss, sondern erst zum vereinbarten Ausscheidenstermin, wenn es sich um eine **Frühpensionierung** handelt und im **Aufhebungsvertrag** kein früherer Entstehenszeitpunkt vereinbart ist (*BAG* 26.8.1997 EzA § 611 BGB Aufhebungsvertrag Nr. 29). **3242**

e) Insolvenz des Arbeitgebers

Nach altem Recht waren Abfindungsansprüche aus §§ 9, 10 KSchG einfache Konkursforderungen nach § 61 Abs. 1 Nr. 6 KO. Die seit dem 1.1.1999 geltende InsO kennt derartige allgemeine Forderungsvorrechte nicht mehr. Der Arbeitnehmer ist mit seinem Abfindungsanspruch **Insolvenzgläubiger nach §§ 38, 108 Abs. 2 InsO** und **nimmt damit an der (anteilsmäßigen) Befriedigung aller Insolvenzgläubiger aus der Insolvenzmasse teil.** Beruht das Auflösungsurteil auf einer **unwirksamen Kündigung des Insolvenzverwalters**, ist die Abfindung sonstige **Masseverbindlichkeit** nach § 55 Abs. 1 Nr. 1 InsO, die nach § 53 InsO aus der Insolvenzmasse **vorweg zu befriedigen** ist (APS/*Biebl* § 10 KSchG Rz. 48 f.). **3243**

Gleiches gilt, wenn der Insolvenzverwalter zur Beendigung eines Kündigungsschutzprozesses mit dem Arbeitnehmer einen Abfindungsvergleich schließt; soll der Abfindungsanspruch demgegenüber nur als einfache Insolvenzforderung begründet werden, bedarf dies der Klarstellung durch eine entsprechende Rangrücktrittsvereinbarung (*BAG* 12.6.2002 EzA § 55 InsO Nr. 2; s. ausf. oben. Kap. 3 Rn. 1402 f. u. *BAG* 27.9.2007 EzA § 55 InsO Nr. 15). Vor Insolvenzeröffnung aufgestellte Sozialpläne begründen, wenn sie nicht von einem vorläufigen Insolvenzverwalter mit Verfügungsbefugnis abgeschlossen sind, keine Masseverbindlichkeiten i.S.v. § 53 InsO; § 55 InsO (*BAG* 31.7.2002 EzA § 55 InsO Nr. 3). Das der Insolvenzverwalter von seinem Widerrufsrecht gem. § 124 Abs. 1 InsO keinen Gebrauch macht, steht einer Handlung des Insolvenzverwalters i.S.v. § 55 Abs. 1 Nr. 1 InsO nicht gleich (*BAG* 31.7.2002 EzA § 55 InsO Nr. 3). Andererseits hat das *LAG Köln* (28.4.2005 LAGE § 55 InsO Nr. 9 = NZA-RR 2005, 597; bestätigt durch *BAG* 27.4.2006 EzA § 55 InsO Nr. 12) angenommen, dass **Abfindungsforderungen**, die auf einem vor Insolvenzeröffnung abgeschlossenen Tarifvertrag beruhen und durch eine Kündigung des Insolvenzverwalters ausgelöst werden, **keine Masseforderungen** i.S.v. § 55 Abs. 1 InsO sind. **3244**

f) Tarifvertragliche Ausschlussfristen

Tarifvertragliche Ausschlussfristen, nach denen Ansprüche der Vertragspartner **schriftlich geltend gemacht werden müssen,** erfassen grds. keine in gerichtlichen Vergleichen festgelegten Abfindungen nach §§ 9, 10 KSchG (*BAG* 13.1.1982 EzA § 9 KSchG n.F. Nr. 13); Gleiches gilt für gerichtlich zuerkannte Abfindungen gem. §§ 9, 10 KSchG. Denn mit dem Erlass des Auflösungsurteils ist gerade hinsichtlich der Zahlungsverpflichtung des Arbeitgebers Rechtsklarheit geschaffen worden (*Spilger* § 10 KSchG Rz. 22a; APS/*Biebl* § 10 KSchG Rz. 46). **3245**

3. Höhe der Abfindung

a) Grundsatz der Angemessenheit

Gem. § 9 Abs. 1 S. 1 KSchG hat das ArbG nach pflichtgemäßen Ermessen zu prüfen, welcher Abfindungsbetrag unter Berücksichtigung der jeweiligen Umstände des Einzelfalles angemessen ist, um die dem Arbeitnehmer durch den Verlust des Arbeitsplatzes erwachsenden Nachteile auszugleichen. **3246**

1719

…ericht an die **Höchstgrenzen des § 10 Abs. 1, 2 KSchG** gebunden. Eine …setzung der Abfindung nach bestimmten Regelsätzen kommt nicht in …derlich ist vielmehr eine umfassende individuelle Prüfung und Bewertung der …emessungsfaktoren sowie der Umstände des Einzelfalles (KR/*Spilger* § 10 KSchG …; APS/*Biebl* § 10 KSchG Rz. 5 ff.). Im Interesse einer höchstmöglichen Flexibilität …inzelfall hat der Gesetzgeber darauf verzichtet, feste Regelsätze für die Bemessung der …bfindung festzulegen. Innerhalb der vom Gesetzgeber festgelegten Höchstgrenzen steht die Abfindung im **richterlichen Ermessen**.

[…]48 Als **Bemessungsfaktor** sieht das Gesetz neben dem **Monatsverdienst** lediglich das **Lebensalter** des Arbeitnehmers sowie die **Dauer des Arbeitsverhältnisses** vor. Daraus folgt, dass es sich insoweit i.d.R. um die **wichtigsten Bemessungsfaktoren** handelt. Ob und inwieweit weitere Umstände berücksichtigt werden dürfen, legt das Gericht nicht fest. Gleiches gilt für die Frage der Gewichtung der einzelnen Bemessungsfaktoren untereinander (krit. im Hinblick auf die dadurch vernachlässigte Rechtssicherheit und Rechtsgleichheit KR/*Spilger* § 10 KSchG Rz. 6).

b) Begriff des Monatsverdienstes (§ 10 Abs. 3 KSchG)

3249 Maßgeblich für die Berechnung ist der **individuelle Bruttomonatsverdienst**. Unregelmäßige Schwankungen der für den Arbeitnehmer maßgeblichen Arbeitszeit (Kurzarbeit, unregelmäßig anfallende Überstunden) sind nicht zu berücksichtigen. Bemessungszeitraum ist derjenige Monat, in dem das Arbeitsverhältnis nach § 9 Abs. 2 KSchG endet.

3250 Erfasst sind alle Grundvergütungen, Gehalt, Zeitlohn usw., weitere Zuwendungen mit Entgeltcharakter (z.B. 13. Monatsgehalt, Umsatzbeteiligung), die anteilig umzulegen sind, regelmäßig zu zahlende Zulagen (z.B. Schichtzuschläge) sowie Wege- und Fahrgelder, allerdings nur dann, wenn sie unabhängig von notwendigen Aufwendungen gezahlt werden (vgl. APS/*Biebl* § 10 KSchG Rz. 13 ff.).

3251 Zuwendungen mit **Aufwendungsersatzcharakter** (z.B. Spesen) sind nicht zu berücksichtigen, ebenso wenig Zuwendungen mit **Gratifikationscharakter** (z.B. Jubiläumsgelder; KR/*Spilger* § 10 KSchG Rz. 33). Eine anteilige Umlegung von **Urlaubsgeld** hat nur dann zu erfolgen, wenn es fest in das Vergütungsgefüge (z.B. in Gestalt eines kollektiv- oder einzelvertraglichen Anspruchs) eingebaut ist und damit **Entgeltcharakter** hat; etwas anderes gilt dann, wenn es als Gratifikation gewährt wird.

3252 Zu berücksichtigen sind auch im Auflösungsmonat dem Arbeitnehmer zustehende **Sachbezüge** (z.B. die unentgeltliche Überlassung von Wohnraum). Ihr Wert bestimmt sich nach den Kosten, die der Arbeitnehmer zur Beschaffung der Naturalien auf dem freien Markt aufwenden müsste (*BAG* 22.9.1960 AP Nr. 27 zu § 616 BGB). Maßgeblich ist folglich der Marktwert, denn § 10 Abs. 3 KSchG nimmt nicht auf die gem. § 17 SGB IV erlassene SachbezugsVO Bezug (KR/*Spilger* § 10 KSchG Rz. 34).

c) Höchstgrenzen

aa) Allgemeine Voraussetzungen

3253 Als normale Höchstgrenze für die Abfindung schreibt § 10 Abs. 1 KSchG einen Betrag von **zwölf Monatsverdiensten** vor, wenn der Arbeitnehmer im Auflösungszeitpunkt (*LAG RhPf* 16.12.1994 NZA 1996, 94; **a.A.** *v. Hoyningen-Huene/Linck* § 10 Rz. 18: Maßgeblich ist der Auflösungstermin) noch nicht das 50. Lebensjahr vollendet und sein Arbeitsverhältnis noch nicht mindestens 15 Jahre bestanden hat. Zur Berechnung der Dauer des Arbeitsverhältnisses gelten die zur Bestimmung der sechsmonatigen Wartefrist nach § 1 Abs. 1 KSchG aufgestellten Grundsätze entsprechend.

3254 Eine Höchstgrenze von **15 Monatsverdiensten** besteht dann, wenn der Arbeitnehmer zum Zeitpunkt der Auflösung des Arbeitsverhältnisses das 50. Lebensjahr vollendet und das Arbeitsverhältnis in diesem Zeitpunkt mindestens 15 Jahre bestanden hat.

Die absolute Höchstgrenze der Abfindung beträgt **18 Monatsverdienste,** wenn der Arbeitnehmer zum Zeitpunkt der Auflösung des Arbeitsverhältnisses das 55. Lebensjahr vollendet und das Arbeitsverhältnis zu diesem Zeitpunkt mindestens zwanzig Jahre bestanden hat. 3255

bb) Richtlinienfunktion der gesetzlichen Staffelung

Ob das Gericht jeweils den Höchstbetrag oder einen geringeren Betrag als Abfindung festsetzt, ist eine Frage seines **Ermessens.** Erfüllt allerdings der Arbeitnehmer die Voraussetzungen für eine gesteigerte Höchstgrenze von 15 bzw. 18 Monatsverdiensten, so ist eine Unterschreitung der normalen Höchstgrenze von zwölf Monatsverdiensten bzw. der gesteigerten Höchstgrenze von 15 Monatsverdiensten nur ausnahmsweise, d.h. bei Vorliegen besonderer Umstände (z.B. einer besonders schwierigen wirtschaftlichen Lage des Arbeitgebers) möglich. Dies folgt aus der gesetzlichen Staffelung der Höchstgrenze, der eine Richtlinienfunktion zukommt. Das dem Gericht bei der Bemessung der Abfindungshöhe zustehende Ermessen wird dann durch die in dieser Staffelung zum Ausdruck gekommenen gesetzlichen Wertung beschränkt (KR/*Spilger* § 10 KSchG Rz. 39 ff.). 3256

cc) Arbeitnehmer im Rentenalter

Für Arbeitnehmer im Rentenalter gelten die gesteigerten Höchstgrenzen von 15 bzw. 18 Monatsverdiensten nicht (§ 10 Abs. 2 S. 2 KSchG, § 35 Nr. 1 SGB VI). Maßgeblich ist, ob der Arbeitnehmer zum Zeitpunkt der Auflösung des Arbeitsverhältnisses (§ 9 Abs. 2 KSchG) bereits das 65. Lebensjahr vollendet hat. 3257

Die für die sonstigen Renten wegen Alters (§ 33 Abs. 2 SGB VI) geltenden Altersgrenzen führen dagegen nicht zu einer Begrenzung der Abfindung auf den normalen Höchstbetrag von zwölf Monatsverdiensten. 3258

Ob dem Arbeitnehmer auf Grund Rentenalters (65 Jahre) im Auflösungszeitpunkt ein Anspruch auf Rente wegen Alters tatsächlich zusteht, ist unbeachtlich. 3259

d) Bemessungsfaktoren

aa) Lebensalter; Betriebszugehörigkeit

Siehe dazu die Ausführungen oben unter Rn. 3246. 3260

bb) Erweiterter Ermessensspielraum

Daraus folgt aber keine Verpflichtung, ausschließlich auf diese Bemessungsfaktoren abzustellen. Dem Tatsachengericht steht vielmehr ein erweiterter Ermessensspielraum zu, welche Umstände es im konkreten Einzelfall für bedeutsam erachtet, ebenso wie dafür, welcher Stellenwert dem einzelnen Bemessungsfaktor zukommt. Das ArbG hat eine Gesamtwertung aller maßgeblichen Bemessungsfaktoren zum Zeitpunkt der letzten mündlichen Verhandlung in der Tatsacheninstanz vorzunehmen. 3261

cc) Kriterien im Einzelnen

Berücksichtigt werden können folglich (vgl. ausf. KR/*Spilger* § 10 KSchG Rz. 47 ff.; APS/*Biebl* § 10 KSchG Rz. 21 ff.): 3262
- die Dauer des Arbeitsverhältnisses (vgl. *LAG Nds.* 22.8.2001 – 15 Sa 290/01 – ArbuR 2002, 153 LS),
- das Lebensalter des Arbeitnehmers;
- die Höhe des Arbeitsentgelts;
- weitere Sozialdaten des Arbeitnehmers (Familienstand, Zahl der unterhaltspflichtigen Personen, Gesundheitszustand, Vermittlungsfähigkeit auf dem Arbeitsmarkt);

- Lage auf dem Arbeitsmarkt, sofern hiervon Einflüsse auf die Vermittlungsfähigkeit des Arbeitnehmers ausgehen sowie die voraussichtliche Dauer der Arbeitslosigkeit;
- die Begründung eines neuen Arbeitsverhältnisses im unmittelbaren Anschluss an den Ablauf der Kündigungsfrist, auch wenn der Arbeitnehmer dadurch z.B. noch nicht unmittelbar Kündigungsschutz erwirbt;
- das Maß der Sozialwidrigkeit der Kündigung, z.B. dann, wenn die Kündigung auf Gründe gestützt wird, die unabhängig von den Besonderheiten des Einzelfalles nicht dazu geeignet sind, die Kündigung sozial zu rechtfertigen;
- wenn der Arbeitnehmer durch pflichtwidriges Verhalten den Kündigungssachverhalt oder den Auflösungsgrund schuldhaft herbeigeführt hat;
- Verlust einer verfallbaren Versorgungsanwartschaft (*LAG Köln* 20.2.2002 ARST 2003, 90 LS); der Verlust der Anwartschaft ist bei der Abfindung insoweit als Schadensposition zu berücksichtigen. Daher kann daneben kein Schadensersatz gem. § 628 Abs. 2 BGB oder analog §§ 280, 286 BGB verlangt werden. Dabei spielt es auch keine Rolle, ob der Verlust der betrieblichen Altersversorgung tatsächlich bei der Höhe der Abfindung berücksichtigt wurde. Ggf. ist das im Verfahren über die Auflösung des Arbeitsverhältnisses nach § 13 Abs. 1 S. 3 i.V.m. §§ 9, 10 KSchG geltend zu machen (*BAG* 12.6.2003 EzA § 628 BGB 2002 Nr. 1);
- Ausgleich ideeller Nachteile des Arbeitnehmers (z.B. Beeinträchtigung des mit einer bestimmten Position verbundenen gesellschaftlichen Ansehens des Arbeitnehmers, psychische Belastungen, die mit dem Verlust des Arbeitsplatzes verbunden sind);
- die wirtschaftliche Lage des Arbeitgebers (nicht dagegen die Leistungsfähigkeit eines einzelnen Betriebes).

3263 **Nicht zu berücksichtigen ist dagegen die wirtschaftliche Lage des Arbeitnehmers,** weil ansonsten der sparsame Arbeitnehmer bei der Bemessung der Abfindung benachteiligt würde. Auch die vereinbarungsgemäße Freistellung bis zum Ablauf der Kündigungsfrist unter Fortzahlung der Vergütung darf nicht anspruchsmindernd berücksichtigt werden (KR/*Spilger* § 10 KSchG Rz. 53; **a. A.** *Gerauer* BB 1993, 1945).

3264 Andererseits ist das Gericht nicht daran gehindert, einen etwaigen Verdienstausfall des Arbeitnehmers bei der Festsetzung der Abfindung angemessen zu berücksichtigen.

dd) Ehegatten-Arbeitsverhältnisse

3265 Für die Höhe einer angemessenen Abfindung bei Auflösung eines Arbeitsverhältnisses unter Ehegatten gelten nach Auffassung des *LAG Köln* (15.9.1994 LAGE § 10 KSchG Nr. 2) folgende Grundsätze:

3266 Die »Grundregel« von Monatsbezug pro Beschäftigungsjahr, die häufig bei Vergleichsbemühungen herangezogen wird, kann schon aus gesetzlichen Gründen nicht herangezogen werden. Im Rahmen der gesetzlichen Höchstbeträge kann eine höhere Abfindung gerechtfertigt sein, wenn ein verhaltensbedingter Kündigungsgrund schon objektiv nicht gegeben ist, der Arbeitgeber ihn selbst herbeigeführt hat, die Kündigung als Maßregelung nach § 612a BGB wirkt, die Vertragsauflösung den Arbeitnehmer in wirtschaftliche Schwierigkeiten bringt und sowohl die Kündigung als auch die Auflösung als Kränkung des Arbeitnehmers fortwirken.

ee) Die Abfindung im arbeitsgerichtlichen Vergleich

3267 Vgl. zunächst die tabellarische Übersicht über die Praxis der bundesdeutschen Arbeits- und Landesarbeitsgerichte bei *Hümmerich* NZA 1999, 348 ff.

3268 Maßgebliche Kriterien für die Bemessung einer in einem gerichtlichen Vergleich vereinbarten Abfindung sind zunächst einmal die **Dauer der Betriebszugehörigkeit** und das **Bruttomonatseinkommen.** Davon ausgehend kann als Ausgangsrechengröße von \2

Bruttomonatsgehalt pro Beschäftigungsjahr ausgegangen werden. Die letztlich maßgebliche Abfindungshöhe hängt dann aber von Faktoren ab wie
- der **Gewichtung des Prozessrisikos** durch die Parteien und das Gericht, wobei die Präzision und Qualität des jeweiligen Tatsachenvortrags mitentscheidend sind;
- der **wirtschaftliche Lage beider Parteien;**
- dem Umstand, ob der Arbeitnehmer zwischenzeitlich eine **neue Stelle** gefunden hat;
- dem **Leidensdruck des Arbeitgebers**, wenn er den Arbeitnehmer unter keinen Umständen weiterbeschäftigen möchte und
- insbes. in der zweiten Instanz verstärkt die Höhe der etwa bei Prozessverlust drohenden Kosten wegen Ansprüchen des Arbeitnehmers aus **Annahmeverzug.**

e) Besonderheiten bei Abfindungen wegen unwirksamer außerordentlicher Kündigung

Wird das Arbeitsverhältnis im Falle der Unwirksamkeit einer außerordentlichen Kündigung **3269** bereits zum Zeitpunkt des Zugangs der Kündigung aufgelöst, enthält die Abfindung in aller Regel das dem Arbeitnehmer in der Kündigungsfrist entgangene Arbeitsentgelt (vgl. *LAG Hamm* 5.12.1996 LAGE § 64 ArbGG Nr. 32). Dieser Gesichtspunkt scheidet allerdings dann aus, wenn der Arbeitnehmer im unmittelbaren Anschluss an die außerordentliche Kündigung einen anderen gleichwertigen Arbeitsplatz gefunden hat.

Die Höchstgrenzen nach § 10 Abs. 1, 2 KSchG sind jedenfalls auch dann zu beachten, **3270** wenn in die Abfindung entgangenes Arbeitsentgelt einbezogen wird. Dies kann im Einzelfall zu Unbilligkeiten führen, etwa wenn die Entgeltansprüche den Höchstbetrag der Abfindung überschreiten, z.B. in den Fällen einer langen Kündigungsfrist. Wegen des zwingenden Charakters der Höchstgrenzen ist dem Gericht aber die Festlegung eines höheren Betrages verwehrt (KR/*Spilger* § 10 KSchG Rz. 63; APS/*Biebl* § 10 KSchG Rz. 30).

VIII. Verfahrensfragen

Wenn die Festlegung des Abfindungsbetrages durch das Gericht erfolgt, bedarf es keines **3271** bezifferten Abfindungsantrages. **Es wird beantragt, »das Arbeitsverhältnis der Parteien zum ... aufzulösen und den Beklagten zur Zahlung einer angemessenen Abfindung zu verurteilen«.**

Wird der Abfindungsantrag dagegen zulässigerweise beziffert, ohne einen Mindestbetrag **3272** anzugeben, so kann dies trotz Begründetheit des Auflösungsantrags die Folge haben, dass bei Festsetzung einer niedrigeren Abfindung dem Kläger ein **Teil der Kosten** des Rechtsstreits auferlegt werden (vgl. APS/*Biebl* § 10 KSchG Rz. 32 ff.). Gleiches gilt dann, wenn das **Urteil hinter der in der Antragsbegründung dargestellten Höhe zurückbleibt**, auch wenn der Antrag selbst nicht zahlenmäßig bestimmt war; insoweit ist der Kläger dann in dieser Höhe beschwert (*LAG Köln* 21.3.2005 LAGE § 10 KSchG Nr. 5).

Auf eine Abfindung ist selbst dann zu erkennen, wenn zwar **ein ausdrücklicher Auflö- 3273 sungs-, nicht aber ein ausdrücklicher Abfindungsantrag** gestellt ist. Eine Abfindung kann dagegen durch das Gericht dann nicht festgesetzt werden, wenn sich die Parteien in Form eines außergerichtlichen Vergleiches über die Unwirksamkeit einer vom Arbeitnehmer klageweise angegriffenen Arbeitgeberkündigung geeinigt haben.

Die Verurteilung zur Abfindungszahlung ist im **Tenor des Auflösungsurteils** zum Aus- **3274** druck zu bringen.

Im Hinblick auf die notwendige Zwangsvollstreckung muss das Gericht einen **bezifferten 3275 Betrag** als Abfindung festlegen (vgl. KR/*Spilger* § 10 KSchG Rz. 64 ff.).

IX. Verhältnis zu anderen Ansprüchen und zu anderen Abfindungen

1. Entgelt- und Schadensersatzansprüche

3276 **Bis zum Auflösungszeitpunkt bestehende Entgeltansprüche werden durch die Abfindung nicht berührt.** Eine Karenzentschädigung i.S.d. § 74 Abs. 2 HGB wird z.B. nicht durch eine Abfindung ersetzt (*BAG* 3.5.1994 EzA § 74 HGB Nr. 56). Die dem Arbeitnehmer zuerkannte Abfindung schließt einen Schadensersatzanspruch auf Zahlung des Arbeitsentgelts für eine Zeit nach Beendigung des Arbeitsverhältnisses aus (*BAG* 16.5.1984 EzA § 9 KSchG n.F. Nr. 16).

3277 Das gilt jedoch nur für solche Schadenersatzansprüche, die sich unmittelbar auf den Verlust des Arbeitsplatzes beziehen. Nicht ausgeschlossen sind dagegen Schadensersatzansprüche wegen unrichtiger Erteilung von Auskünften oder unzutreffender Beurteilung in Zeugnissen sowie die verspätete Herausgabe der Arbeitspapiere (KR/*Spilger* § 10 KSchG Rz. 75; s.o. Rn. 3262 zum Verhältnis zu § 628 BGB).

2. Weitere Abfindungsansprüche

3278 **§§ 9, 10 KSchG gelten nicht für einzelvertragliche vereinbarte Abfindungen** (z.B. in außergerichtlichen oder gerichtlichen Vergleichen). Gleiches gilt für kollektivrechtliche Abfindungsregelungen. Insoweit ist es zudem eine Frage der Auslegung der jeweiligen Regelung, ob und inwieweit z.B. tarifliche Übergangsgelder oder sonstige Abfindungen auf die gesetzliche Abfindung nach §§ 9, 10 KSchG anzurechnen sind (*BAG* 20.6.1985 EzA § 4 KSchG n.F. Ausgleichsquittung Nr. 1). Beim Fehlen einer entsprechenden Anrechnungsregel ist i.d.R. dann eine Anrechnung vorzunehmen, wenn die kollektivrechtliche Abfindung allein zum Ausgleich der mit dem Verlust des Arbeitsplatzes verbundenen materiellen und immateriellen Nachteile gewährt wird (KR/*Spilger* § 10 KSchG Rz. 80).

3279 Der Anspruch gem. § 113 BetrVG auf Nachteilsausgleich unterliegt (nur) insoweit den gesetzlichen Höchstgrenzen des § 10 KSchG, als es um den Ausgleich der dem Arbeitnehmer aus dem Verlust des Arbeitsplatzes entstehenden wirtschaftlichen Nachteile geht.

X. Steuerrechtliche Fragen

1. Altes Recht (bis 31.12.2005)

a) Begrenzte Steuerfreiheit; Tarifbegünstigung

3280 Gem. § 3 Nr. 9 EStG waren Abfindungen wegen einer vom Arbeitgeber veranlassten oder gerichtlich ausgesprochenen Auflösung des Dienstverhältnisses, höchstens jedoch 24.000 DM (einkommen-)steuerfrei. Hatte der Arbeitnehmer das 50. Lebensjahr vollendet und hatte das Dienstverhältnis mindestens 15 Jahre bestanden, so betrug der Höchstbetrag 30.000 DM, hatte der Arbeitnehmer das 55. Lebensjahr vollendet und hatte das Dienstverhältnis mindestens 20 Jahre bestanden, so betrug der Höchstbetrag 36.000 DM.

3281 Der über die gesetzlichen Freibeträge hinausgehende Anteil der Abfindung kann u.U. gem. §§ 24 Nr. 1a, 34 Abs. 2 Nr. 2 EStG tarifbegünstigt sein.

3282 Durch das SteuerentlastungsG 1999/2000/2002 vom 24.3.1999 (BGBl. I S. 402) sind die Freibeträge durch § 3 Nr. 9 EStG n.F. mit Wirkung vom 1.1.1999 um 1/3, also auf 16.000, 20.000 bzw. 24.000 DM verringert worden (vgl. dazu *Wisskirchen* NZA 1999, 405 ff.; *Hümmerich/Spirolke* NJW 1999, 1663 ff.). Ab 1.1.2002 gelten folgende Beträge: 8.181,– €, 10.226,– €, 12.271,– €. Für Abfindungsvereinbarungen, die noch in 1998 abgeschlossen wurden und bei denen die Abfindung bis zum 31.3.1999 ausgezahlt wurde, gelten die alten Steuerfreibeträge (vgl. *Wisskirchen* a.a.O.). Durch das Haushaltsbegleitgesetz 2004 (BGBl. I S. 3076; krit. dazu *Düwell* FA 2004, 75 ff.; *ders.* ZTR 2004, 133 f.) wurden diese Sätze ab dem 1.1.2004 wie folgt reduziert: 7.200,– €, 9.000,– €, 11.000,– €. **Der Steuerfreibetrag auf Abfindungen ist zum 1.1.2006 entfallen.**

b) Vom Arbeitgeber veranlasste Auflösung des Arbeitsverhältnisses

§ 3 Nr. 9 EStG erfasst die Fälle einer gerichtlichen Auflösung des Arbeitsverhältnisses nach **§§ 9, 10 KSchG** ebenso wie gerichtlich zuerkannte Abfindungsbeträge nach **§ 113 BetrVG. Der gerichtlichen Auflösung steht die vom Arbeitgeber veranlasste Auflösung des Arbeitsverhältnisses gleich.** Hat deshalb der Arbeitgeber die Auflösung des Arbeitsverhältnisses veranlasst (es genügt die Mitveranlassung), so kommt es für die Frage der Steuerfreiheit nicht darauf an, mit welchen rechtlichen Gestaltungsmitteln die Auflösung herbeigeführt wird. In Betracht kommen deshalb neben außerordentlichen und ordentlichen Kündigungen durch den Arbeitgeber auch **Aufhebungsverträge** (vgl. *Bauer* NZA 1996, 729 ff.; *Hümmerich/Spirolke* NZA 1998, 225 ff.; APS/*Biebl* § 10 KSchG Rz. 50 ff.), sofern der Arbeitgeber den Abschluss zumindest mit veranlasst hat. Selbst außerordentliche oder ordentliche **Kündigungen durch den Arbeitnehmer** sind Auflösungstatbestände i.S.d. § 3 Nr. 9 EStG, sofern der Arbeitgeber hierzu Veranlassung gegeben hat. 3283

Das ist dann der Fall (*BFH* 11.1.1980 DB 1980, 906), wenn der Arbeitgeber die entscheidenden Ursachen für die Auflösung gesetzt hat und dem Arbeitnehmer im Hinblick auf dieses Verhalten eine weitere Zusammenarbeit nicht mehr zugemutet werden kann. 3284

Auf Grund welcher Rechtsgrundlagen die Abfindung gezahlt wird, ist steuerrechtlich unbeachtlich. Ausgenommen von der Steuerfreiheit sind Abfindungszahlungen an Arbeitnehmer, die von sich aus, also **ohne jegliche Veranlassung durch den Arbeitgeber,** das Arbeitsverhältnis beenden. Dabei wird die Auflösung des Arbeitsverhältnisses von demjenigen veranlasst, der sie betreibt. **Im Regelfall kann davon ausgegangen werden, dass bei Zahlung einer Abfindung der Arbeitgeber die Auflösung veranlasst hat** (*BFH* 10.11.2004 NZA-RR 2005, 147 = ZTR 2005, 228). **Unerheblich für die Steuerfreiheit ist es, ob dem Arbeitnehmer eine weitere Zusammenarbeit mit dem Arbeitgeber noch zuzumuten ist** (*BFH* 10.11.2004 NZA-RR 2005, 264). 3285

Der Freibetrag des § 3 Nr. 9 ist, falls Zahlungen aus Anlass der Auflösung eines Arbeitsverhältnisses **in mehr als einem Veranlagungszeitraum bezogen werden**, bei der ersten Zahlung zu berücksichtigen; ein Wahlrecht des Steuerpflichtigen besteht insoweit nicht (*BFH* 28.6.2006 NZA-RR 2007, 87).

c) Entgangene Verdienstmöglichkeiten

Abfindungen wegen der vorzeitigen Auflösung eines Arbeitsverhältnisses durch den Arbeitgeber sind nach § 3 Nr. 9 EStG i.d.R. auch dann steuerfrei, soweit sie entgangene Verdienstmöglichkeiten für die Zeit bis zum Ende der Kündigungsfrist abgelten (*BFH* 6.10.1978 DB 1979, 726; 13.10.1978 DB 1979, 48; 10.10.1986 BB 1987, 457). Derartige Abfindungen sind auch steuerfrei, soweit sie **Ansprüche auf Arbeitslohn abgelten, die in der Zeit von der Beendigung bis zum Ablauf der ordentlichen Kündigungsfrist entstanden wären** (vgl. *Bauer* NZA 1996, 730; *Hümmerich/Spirolke* NZA 1998, 225 ff.). 3286

Bei einer vergleichsweisen Festlegung einer Abfindung wegen **unwirksamer außerordentlicher Kündigung** gelten die gleichen Grundsätze. Maßgeblicher Auflösungszeitpunkt ist derjenige, zu welchem das ArbG das Arbeitsverhältnis hätte auflösen können, auch wenn vergleichsweise ein anderer Auflösungszeitpunkt festgelegt wurde. Soweit in einem Vergleich laufende (wiederkehrende) Leistungen mit Abfindungscharakter festgelegt sind, können auch diese nach § 3 Nr. 9 EStG steuerfrei sein (*BFH* 11.1.1980 DB 1980, 906). 3287

d) Ausgleichszahlung bei Änderungskündigung; Versetzung; Betriebsübergang

Gewährt der Arbeitgeber dagegen im Zusammenhang mit einer Änderungskündigung dem Arbeitnehmer eine Ausgleichszahlung für die mit dem Änderungsangebot verbundenen finanziellen Nachteile, so sind die Voraussetzungen des § 3 Nr. 9 EStG mangels zwischenzeitlicher Auflösung des Arbeitsverhältnisses nicht gegeben (*BFH* 10.10.1986 BB 1987, 457). Bei dieser Zahlung handelt es sich um **steuer- und sozialversicherungspflichtiges Arbeitsentgelt.** 3288

3289 Gleiches gilt bei einer Versetzung des Arbeitnehmers (*Bauer* NZA 1996, 731), sowie einer Zahlung im Zusammenhang mit einem Betriebsübergang (*BFH* 10.10.2001 NZA-RR 2002, 371).

e) Weiterbeschäftigung bei demselben Arbeitgeber

3290 Andererseits wird die Steuerfreiheit nach § 3 Nr. 9 EStG nicht dadurch beeinträchtigt, dass der Arbeitnehmer auf Grund eines nach Beendigung des Arbeitsverhältnisses abgeschlossenen neuen Arbeitsvertrages beim selben Arbeitgeber zu anderen Arbeitsbedingungen weiterbeschäftigt wird (*BFH* 10.10.1986 BB 1987, 457).

f) Abfindung bei Umsetzung im Konzern

3291 Abfindungen aus Anlass einer Umsetzung innerhalb eines Konzerns, die zur Auflösung des Arbeitsverhältnisses bei dem abgebenden Konzernunternehmen und zur Neubegründung eines Arbeitsverhältnisses bei dem aufnehmenden Konzernunternehmen führen, sind nach § 3 Nr. 9 EStG **steuerfrei, wenn keine Anhaltspunkte für die Annahme des Missbrauchs der rechtlichen Gestaltungsformen i.S.d. § 42 AO gegeben sind.** Entscheidend ist, ob nach den Verhältnissen des einzelnen Falles die Umsetzung als Fortsetzung eines einheitlichen Dienstverhältnisses zu beurteilen ist (*BFH* 21.6.1990 BStBl. II 1990, S. 1021).

g) »Brutto«, »Netto« bzw. »Brutto = Netto« Vereinbarungen

3292 Insbesondere bei Abschluss eines Vergleichs stellt sich die Frage, wer das Risiko zu tragen hat, dass eine von beiden Parteien angenommene Steuerfreiheit nach § 3 Nr. 9 EStG tatsächlich nicht gegeben ist, dass also der vereinbarte Abfindungsbetrag ganz oder zum Teil zu versteuern ist.

3293 Von erheblicher praktischer Bedeutung ist der in Vergleichen oft enthaltene »Brutto- bzw. Netto-Zusatz« bei dem Abfindungsbetrag. Bei einem Bruttozusatz hat i.d.R. der Arbeitnehmer das Risiko der Nichtanerkennung eines Betrages als steuerfreie Abfindung zu tragen. Ein Nettozusatz verlagert dagegen das steuerrechtliche Risiko i.d.R. auf den Arbeitgeber. Fehlt es dagegen an einem entsprechenden Zusatz, so handelt es sich bei einer einzelvertraglich vereinbarten Abfindung grds. um einen Bruttobetrag mit der Maßgabe, dass der Arbeitnehmer das Risiko der steuerlichen Inanspruchnahme zu tragen hat (*LAG Bln.* 21.2.1994 BB 1994, 1865).

3294 Bei einem in zahlreichen gerichtlichen Vergleichstexten enthaltenen Zusatz **»brutto = netto«** ist durch **Auslegung** zu ermitteln, ob damit die Parteien eine Netto- oder Bruttoabfindung vereinbaren wollten (vgl. KR/*Spilger* § 10 KSchG Rz. 88a).

3295 Um derartige Auslegungsprobleme zu vermeiden, empfiehlt es sich, wenn schon der Zusatz brutto = netto Anwendung finden soll, im Anschluss daran unmittelbar klarzustellen, wer für den Fall einer etwaigen von den Finanzbehörden nicht anerkannten Steuerfreiheit dann anfallende Einkommensteuer zu tragen hat.

3296 Wird eine den Freibetrag des § 3 Nr. 9 EStG übersteigende Abfindung in einem Vergleich »brutto = netto« vereinbart, und hat der Arbeitgeber die auf den Bruttobetrag entfallenden **Steuern an das Finanzamt abgeführt,** dann kann der Arbeitnehmer nach Auffassung des *LAG Köln* (18.12.1995 LAGE § 9 KSchG Nr. 27) nicht Auszahlung des vollen, ungekürzten Abfindungsbetrages verlangen; dies gilt insbes. dann, wenn beide Parteien sich über die Bedeutung der Floskel »brutto ist gleich netto« keine Gedanken gemacht haben. Denn es fehlt dann an dem Willen zur entsprechenden rechtsgeschäftlichen Gestaltung ihrer Beziehungen (*LAG BW* 17.4.1997 BB 1997, 1850; für eine Auslegung als Bruttovereinbarung *ArbG Neumünster* 19.2.2004 NZA-RR 2004, 600). Auch kann er bei einer derartigen Formulierung in einem außergerichtlichen Vergleich nicht verlangen, dass der Arbeitgeber ihn über die Zahlung der vereinbarten Abfindungssumme (z.B. vom 40.000 DM) hinaus von seiner Steuerschuld befreit (*LAG Köln* 20.3.1997 LAGE § 9 KSchG Nr. 29).

Der **Arbeitnehmer** trägt die **Darlegungs- und Beweislast** dafür, dass wirklich eine Nettoabfindung gewollt ist (*LAG Nds.* BB 1995, 272; *LAG Brem.* NZA 1988, 433; *Bauer* NZA 1996, 737). 3297

Selbst wenn aber in einem Aufhebungsvertrag eine Abfindung in Form monatlicher Zahlungen des Arbeitgebers von z.B. 90% des zuletzt bezogenen Nettoentgelts unter Anrechnung von Arbeitslosengeld und Arbeitslosenhilfe bis zum Erreichen eines bestimmten Lebensalters vorgesehen ist, bedeutet dies nicht zugleich die Verpflichtung, dass der Betrag dem Arbeitnehmer ohne weitere Abzüge zur Verfügung stehen muss, wenn es sich um Abzüge handelt, die sich in wesentlichen Punkten von denjenigen unterscheiden, mit denen der Arbeitgeber im Normalfall befasst ist (Lohnsteuer, Sozialabgaben). Das ist z.B. der Fall bei der durch den sog. **Progressionsvorbehalt** im Verhältnis zur Berücksichtigung der bloßen Zahlung des Arbeitgebers deutlich erhöhten Einkommensteuer, die sich daraus ergibt, dass das Arbeitslosengeld usw. zwar nicht selbst zu versteuern ist, wohl aber bei der Ermittlung der Progressionsstufe berücksichtigt wird. Denn die Progressionsstufe hängt auch von weiteren Einkünften des Arbeitnehmers, z.B. Mieteinnahmen, Einnahmen aus einem Gewerbebetrieb ab, die in keinem Bezug zum Arbeitsverhältnis stehen und für die Parteien bei Vertragsschluss nicht erkennbar und überschaubar sind (*LAG RhPf* 16.12.1996 LAGE § 611 BGB Nettolohn, Lohnsteuer Nr. 6). Das gilt jedenfalls dann, wenn in dem Aufhebungsvertrag die von dem Arbeitgeber zu berücksichtigenden **Steuermerkmale** und ein bestimmter vom Arbeitgeber **monatlich zu leistender Nettobetrag einvernehmlich festgelegt werden** (*BAG* 8.9.1998 EzA § 611 BGB Aufhebungsvertrag Nr. 32). 3298

h) Abfindungen auf Grund kollektivrechtlicher Regelungen

§ 3 Nr. 9 EStG gilt auch für Abfindungen, die auf Grund von kollektivrechtlichen Regelungen (Rationalisierungs-Schutzabkommen, Sozialpläne) an den Arbeitnehmer zum Ausgleich für mit dem Verlust des Arbeitsplatzes verbundene Nachteile gezahlt werden. 3299

2. Das neue Recht (ab 1.1.2006)

Auf Grund des am 1.1.2006 in Kraft getretenen Gesetzes zum Einstieg in ein steuerliches Sofortprogramm gilt gem. § 52 Abs. 4a EStG betreffend die Abschaffung der Steuerfreiheit von Abfindungen Folgendes (s. dazu *Wagner* ArbuR 2006, 46 ff.; *Braun* ZTR 2006, 129 ff.; *Giesen* NJW 2006, 721 ff.): 3300

§ 3 Nr. 9 EStG ist in der bis zum 31.12.2005 geltenden Fassung weiter anzuwenden für:

- vor dem 1.1.2006 entstandenen Ansprüche der Arbeitnehmer auf Abfindungen,
- oder für Abfindungen wegen einer vor dem 1.1.2006 getroffenen Gerichtsentscheidung,
- oder einer am 31.12.2005 anhängigen Klage,

soweit die Abfindungen dem Arbeitnehmer vor dem 1.1.2008 zufließen.

Damit werden **wohl auch** Ansprüche erfasst, die ihre Grundlage in **Sozialplänen, Rationalisierungsschutzabkommen oder in § 1a KSchG haben** (*Tschöpe* NZA 2006, 23 f.). 3301

3. Steuerermäßigung

a) Entschädigung für entgangene oder entgehende Einnahmen

Besteht keine Steuerfreiheit nach § 3 Nr. 9 EStG, dann kann eine Steuerermäßigung **(Versteuerung nach dem halben Satz)** u.a. aus §§ 24 Nr. 1a, 34 Abs. 2 Nr. 2 EStG folgen. Zu den Entschädigungen für entgangene oder entgehende Einnahmen i.S.d. § 24 Nr. 1a EStG gehören an sich zwar nur solche Fälle, in denen einem Steuerpflichtigen freiwillig, d.h. ohne oder 3302 gegen seinen Willen Einnahmen entgangen sind oder entgehen, wenn diese Entschädigung dem Ausgleich dieses Verlustes dient (*BFH* 5.5.1977 BB 1977, 1288).

3303 Die Mitwirkung des Steuerpflichtigen an dem zum Einnahmeausfall führenden Ereignis schließt die Annahme einer Entschädigung nach Maßgabe dieser Vorschrift aber dann nicht aus, wenn er unter einem nicht unerheblichen rechtlichen, wirtschaftlichen oder tatsächlichen Druck gehandelt hat. **Eine Abfindung wegen Auflösung des Arbeitsverhältnisses ist dabei grds. dann als Entschädigung anzusehen, wenn die Auflösung vom Arbeitgeber veranlasst war** (vgl. *Bauer* NZA 1996, 736). Das ist z.B. dann der Fall, wenn in einem vom Arbeitgeber veranlassten Vertrag über die Aufhebung eines Arbeitsvertrages vereinbart wird, dass der Arbeitnehmer bis zur Beendigung des Arbeitsverhältnisses einen **mehrjährigen unbezahlten Übergangsurlaub** nimmt. Die Zahlung zum Ausgleich des unbezahlten Urlaubs sowie die Abfindung wegen der vorzeitigen Beendigung des Arbeitsverhältnisses sind dann Entschädigungen i.S.d. §24 Nr. 1a EStG (*BFH* 14.5.2003 NZA-RR 2004, 36).

3304 Erhält andererseits der anlässlich der Liquidation einer Gesellschaft entlassene Arbeitnehmer, der zugleich deren Gesellschafter ist, für die Aufgabe seiner Versorgungsansprüche eine Abfindung, so ist u.a. Voraussetzung für die Annahme einer Entschädigung i.S.d. §24 Nr. 1a EStG, dass ein Zwang zur Liquidation der Gesellschaft bestand. Dieser kann im Allgemeinen bejaht werden, wenn auch ein gesellschaftsfremder Unternehmer im Hinblick auf die wirtschaftliche Situation der Gesellschaft die Liquidation beschlossen hätte (*BFH* 4.9.2002 NZA-RR 2003, 147). Auch die Abfindung, die der Gesellschafter-Geschäftsführer, der seine GmbH-Anteile veräußert, für den Verzicht auf seine Pensionsansprüche gegen die GmbH erhält, kann eine Entschädigung i.S.d. §24 Nr. 1a EStG sein (*BFH* 10.4.2003 NZA-RR 2003, 599).

3305 Dagegen liegt eine Entschädigung i.S.d. §24 Nr. 1a EStG grds. nicht vor bei der Abgeltung von Ansprüchen, auf die der Arbeitnehmer nach dem Arbeitsvertrag einen Rechtsanspruch hat (*BFH* 20.10.1978 BB 1979, 506), z.B. auf Gehalt, Urlaubsabgeltung, Provision. Demgegenüber liegt eine Entschädigung in diesem Sinne auch dann vor, wenn bereits **bei Beginn des Dienstverhältnisses ein Ersatzanspruch für den Fall der betriebsbedingten Kündigung oder Nichtverlängerung des Dienstverhältnisses vereinbart wird** (*BFH* 10.9.2003 NZA-RR 2004, 315).

3306 Eine Steuerbegünstigung nach §24 Abs. 1a EStG tritt hinsichtlich des die Freigrenzen des §3 Nr. 9 EStG übersteigenden Betrages (nur) dann ein, wenn die übrigen Voraussetzungen des §24 Nr. 1 EStG erfüllt sind.

3307 Die Abfindung muss daher einen Schaden ausgleichen, der durch den **Wegfall von Einnahmen** entstanden ist (*BFH* 17.3.1978 BB 1978, 794). Es muss sich weiterhin um außerordentliche Einkünfte (§34 Abs. 1, 2 Nr. 2 EStG) handeln, d.h. um solche, die sich sonst auf mehrere Jahre verteilt hätten.

3308 Das kommt z.B. dann in Betracht, wenn sich der Arbeitnehmer beim Auslaufen eines befristeten Arbeitsvertrages sich dem Verlangen des Arbeitgebers, in eine Kapitalisierung seines fortbestehenden Anspruchs auf laufende Versorgungsleistungen einzuwilligen, praktisch nicht entziehen kann (KR/*Vogt* §§3, 24, 34 EStG Rz. 36–75).

3309 Eine Entschädigung ist aber nur dann tarifbegünstigt, wenn sie zu **einer Zusammenballung von Einkünften innerhalb eines Veranlagungszeitraums** führt. Deshalb ist z.B. Schadensersatz, der einem Steuerpflichtigen infolge einer schuldhaft verweigerten Wiedereinstellung zusammengeballt zufließt, eine derartige Entschädigung (*BFH* 6.7.2005 NZA-RR 2006, 93). Übersteigt dagegen die anlässlich der Beendigung eines Arbeitsverhältnisses gezahlte Entschädigung die bis zum Ende des Veranlagungszeitraums eingehenden Einnahmen nicht und bezieht der Steuerpflichtige keinen weiteren Einnahmen, die er bei Fortsetzung des Arbeitsverhältnisses nicht bezogen hätte, ist das Merkmal der Zusammenballung von Einkünften nicht erfüllt (*BFH* 4.3.1998 NZA-RR 1998, 418).

Wird andererseits einem Arbeitnehmer anlässlich einer **betriebsbedingten Aufhebung** seines Arbeitsvertrages eine **Erhöhung seiner Entlassungsentschädigung** für den Fall zugesagt, dass künftig ein für ihn günstigerer **Sozialplan** aufgestellt werden soll, so steht eine solche in einem späteren Veranlagungszeitraum zufließende Nachbesserung der tarifbegünstigten Besteuerung der Hauptentschädigung auch dann nicht entgegen, wenn sie 42,3% der Hauptentschädigung beträgt (*BFH* 21.1.2004 NZA-RR 2005, 269). **3310**

b) Entschädigung für die Aufgabe einer Tätigkeit

Eine Steuerermäßigung kann sich auch aus § 24 Nr. 1b i.V.m. § 34 Abs. 1, 2 EStG ergeben. **3311**
Um eine Entschädigung für die Aufgabe einer Tätigkeit i.S.d. § 24 Nr. 1b EStG handelt es sich dann, **wenn der Arbeitgeber den Arbeitnehmer mit der Entschädigung zur einvernehmlichen, freiwilligen Aufgabe seiner Tätigkeit veranlassen will** (*BFH* 2.4.1976 NJW 1976, 1423).

Dies ist insbes. dann der Fall, wenn der Arbeitnehmer unkündbar ist oder wenn der Arbeitgeber bei einem kündbaren Arbeitsverhältnis durch die Zahlung einer Entschädigung Streitigkeiten über die Wirksamkeit einer Kündigung vermeiden will. Gleiches gilt dann, wenn er dem Arbeitnehmer über die bis zum normalen Kündigungstermin zustehenden Ansprüche hinaus eine Abfindung zur Abgeltung aller Ansprüche gewährt. **3312**

Auch die einem Arbeitnehmer zur Abgeltung eines Wettbewerbsverbots gezahlte Abfindung kann eine außerordentliche Einkunft i.S.v. § 34 Abs. 1, 2 i.V.m. § 24 Nr. 1b EStG sein. **3313**

c) Die gesetzliche Neuregelung durch das SteuerentlastungsG 1999/2000/2002

Die bisherige Regelung des § 34 EStG über »außerordentliche Einkünfte« bezieht sich nach der Neufassung durch das SteuerentlastungsG mit Wirkung vom 1.1.1999 nicht mehr auf Abfindungen. Abfindungen, die über die Freibeträge hinausgehen, sind folglich zu versteuern. Die Berechnung geht jedoch gem § 34 EStG n.F. von einer fiktiven Verteilung auf fünf Jahre aus. Zu den sonstigen Einkünften in dem Jahr, in dem die Abfindung zufließt, werden 20% des den Freibetrag übersteigenden Teils der Abfindung hinzugerechnet. Daraus wird die Gesamtsteuer nach der jeweiligen Steuertabelle ermittelt. Der sich dadurch ergebende Steuermehrbetrag, der auf den 20%igen Anteil der Abfindung entfällt, wird sodann mit fünf multipliziert und ergibt insgesamt den Betrag der Steuer, der auf die Abfindung entfällt. Die Steuer wird also im Jahr des Zuflusses voll bezahlt. Zweck dieser Regelung ist es, die Progression in der Steuertabelle bei Abfindungszahlungen abzumildern (vgl. *LAG Hamm* 21.1.2002 NZA-RR 2003, 38; *Hümmerich/Spirolke* NJW 1999, 1663 ff.; zur steuerlichen Optimierung vgl. *Melms/Volckens* FA 2001, 233). **3314**
Leistet ein Arbeitgeber allerdings seinem (früheren) Arbeitnehmer wegen Auflösung des Arbeitsverhältnisses eine einmalige Abfindung und zur Überbrückung der Arbeitslosigkeit monatliche Ausgleichszahlungen, so sind diese Leistungen insgesamt auch dann im Jahr ihrer Zahlung tarifbegünstigt zu besteuern, wenn die Ausgleichszahlungen in einem späteren Veranlagungszeitraum fortgeführt werden (*BFH* 24.1.2002 EzA § 34 EStG Nr. 2 = NZA 2003, 94).
Die für die Veranlagungszeiträume 1999 und 2000 geltende Regelung des § 34 Abs. 1 EStG verstößt nicht gegen Art. 3 i.V.m. Art. 20 GG; der Gesetzgeber ist nicht verpflichtet, die Neuregelung des § 34 Abs. 3 EStG i.d.F. des StSenkErgG rückwirkend auf die Veranlagungszeiträume 1999 und 2000 zu erstrecken (*BFH* 10.7.2002 NZA-RR 2003, 377 LS).

4. Lohnsteueranrufungsauskunft

Um steuerliche Nachteile zu vermeiden, kann es im Einzelfall sinnvoll sein, vor oder nach Abschluss eines Vergleichs oder eines Aufhebungsvertrages eine verbindliche Lohnsteueranrufungsauskunft gem. **§ 42e EStG** beim Betriebsstättenfinanzamt einzuholen, um zu erfahren, wie das Finanzamt eine Abfindung bzw. Entschädigung behandelt. Hinsichtlich des **3315**

Arbeitnehmers beschränkt sich die Bindung allerdings auf das Lohnsteuerabzugsverfahren, gilt also nicht für den Lohnsteuerjahresausgleich und das Einkommensteuer-Veranlagungsverfahren (*BFH* DB 1993, 73; vgl. *Zimmerling* FA 2006, 136 ff.).

3316 Das für den Arbeitnehmer örtlich zuständige Wohnsitzfinanzamt ist **nicht** an eine unrichtige Auskunft des Betriebsstättenfinanzamtes **gebunden.** Der Arbeitnehmer sollte deshalb sein Finanzamt um eine **Auskunft mit Bindungswirkung nach Treu und Glauben** bitten. Wird die Auskunft erteilt, auf die aber grds. kein Rechtsanspruch besteht, so tritt eine Bindungswirkung wie bei der Anrufungsauskunft nach § 42e EStG ein (BMF-Schreiben v. 24.6.1987, DB 1987, 1465; *BFH* DB 1993, 73; vgl. *Bauer* NZA 1996, 737; *Hümmerich/Spirolke* NZA 1998. 225 ff.).

5. Schadensersatz bei steuerlichen Nachteilen bei vorzeitiger Zahlung?

3317 Vereinbaren die Parteien in einem in einem Kündigungsschutzprozess abgeschlossenen Vergleich die Beendigung des Arbeitsverhältnisses zum 31.12.2004 und die Freistellung von der Arbeit ab Juli 2004 sowie ferner, dass die zu zahlende Abfindungssumme »zum 1.1.2004 fällig« wird, so verstößt der zahlungspflichtige Arbeitgeber nicht gegen seine Vertragspflichten, wenn er die **Überweisung des Abfindungsbetrages so terminiert, dass diese im Dezember** 2003 dem Konto des Arbeitnehmers **gutgeschrieben** wird. Für steuerliche Nachteile, die dadurch entstehen, dass der Abfindungsbetrag nicht – wie vom Arbeitnehmer gewünscht – erst im Jahr 2004 auf seinem Konto eingegangen ist, haftet der Arbeitgeber nicht (*LAG Brem.* 3.11.2005 – 3 Sa 111/05 – EzA-SD 3/06 S. 11 LS = NZA-RR 2006, 260).

XI. Sozialversicherungsrechtliche Fragen

3318 Soweit Abfindungen ausschließlich als Entschädigung für den Verlust des Arbeitsplatzes gezahlt werden, unterliegen sie nicht der Beitragspflicht zur Sozialversicherung. Das gilt für Abfindungen nach §§ 9, 10 KSchG auch dann, wenn für sie Einkommensteuer abzuführen ist. Gegenteiliges ergibt sich weder aus §§ 14, 17 SGB IV noch aus § 3 Nr. 9 EStG i.V.m. den Bestimmungen der Arbeitsentgeltverordnung (*BAG* 9.11.1988 EzA § 9 KSchG n.F. Nr. 24; vgl. APS/*Biebl* § 10 KSchG Rz. 53 ff.).

3319 **Allerdings darf in der Abfindung kein Arbeitsentgelt versteckt sein.** Abfindungen, die aus Anlass der Beendigung eines Kündigungsschutzprozesses vereinbart werden, sind Arbeitsentgelte i.S.d. § 14 Abs. 1 SGB IV in der Höhe, in der sie rückständiges Arbeitsentgelt enthalten (s.u. Kap. 8 Rn. 44 ff.).

3320 Die Vereinbarung im Vergleich, die Abfindung werde »für den Verlust des Arbeitsplatzes und des sozialen Besitzstandes« gezahlt, hindert die Annahme eines sozialversicherungspflichtigen Entgelts dann nicht, wenn die Umstände des Falles eine solche Auslegung des Vergleichs nicht rechtfertigen (*BSG* 21.2.1990 EzA § 9 KSchG n.F. Nr. 37).

3321 Handelt es sich bei der aus Anlass der Beendigung eines Arbeitsverhältnisses gezahlten Abfindung in Wahrheit insgesamt um »eine verdeckte Vergütung«, so ist sie in voller Höhe beitragspflichtig (*BSG* 25.10.1990 § 9 KSchG n.F. Nr. 38).

3322 Der Entgeltanteil einer in einem außergerichtlichen oder gerichtlichen Vergleich festgelegten Abfindung ist jeweils im konkreten Einzelfall durch Auslegung zu ermitteln. **Entgegen dem Wortlaut eines Vergleichs handelt es sich dann nicht um beitragsfreie Abfindungen, wenn in Wahrheit Gehaltsansprüche (§§ 611, 615 BGB) in pauschalierter Form (z.B. als runder Gesamtbetrag) vom Arbeitgeber erfüllt werden sollen** (KR/*Spilger* § 10 KSchG Rz. 92).

Zu beachten ist, dass Abfindungen, die bei Fortsetzung des versicherungspflichtigen Beschäftigungsverhältnisses nach einer **Änderungskündigung** oder nach einer **einvernehmlichen Änderung des Arbeitsvertrages** als Gegenleistung für die Verschlechterung von Arbeitsbedingungen (z.B. Rückführung auf die tarifliche Einstufung, Verringerung der Wochenarbeitszeit) gezahlt werden, Arbeitsentgelt i.S.v. § 14 Abs. 1 SGB IV und damit beitragspflichtig sind (*BSG* 28.1.1999 EzA § 14 SGB III Nr. 1 = ArbuR 1999, 287 LS). 3323

R. Die Weiterbeschäftigung des gekündigten Arbeitnehmers

Zwar kann der Arbeitnehmer grds. verlangen, im ungekündigt bestehenden Arbeitsverhältnis auch tatsächlich beschäftigt zu werden (s.o. Kap. 3 Rn. 2676 ff.). 3324

Fraglich ist aber, was dann gilt, wenn der Arbeitgeber das Arbeitsverhältnis gekündigt hat und der insoweit vorgesehene **Beendigungszeitpunkt verstrichen,** andererseits aber **(noch) nicht rechtskräftig die Wirksamkeit/Unwirksamkeit dieser Kündigung durch das ArbG festgestellt worden ist.** 3325

I. § 102 Abs. 5 BetrVG, § 79 Abs. 2 BPersVG

1. Zweck der gesetzlichen Regelung

§ 102 Abs. 5 BetrVG gewährleistet den vorläufigen Bestandsschutz des Arbeitsverhältnisses zwischen Ablauf der Kündigungsfrist und Abschluss des Kündigungsschutzprozesses. **Unter den in dieser Norm enthaltenen Voraussetzungen hat der Arbeitnehmer das Gestaltungsrecht, das Arbeitsverhältnis über den Ablauf der Kündigungsfrist hinaus zu verlängern.** Damit soll eine anderweitige Besetzung des Arbeitsplatzes des gekündigten Arbeitnehmers verhindert werden, solange die Wirksamkeit der Kündigung noch ungewiss ist. Der Arbeitnehmer soll nicht trotz Unwirksamkeit der Kündigung seinen Arbeitsplatz verlieren. § 102 Abs. 5 BetrVG verlagert das Risiko bis zum rechtskräftigen Abschluss des Kündigungsschutzrechtsstreits auf die Arbeitgeberseite. 3326

2. Zwingende Regelung

§ 102 Abs. 5 BetrVG kann weder durch Betriebsvereinbarung noch im Voraus durch eine vertragliche Vereinbarung zwischen Arbeitgeber und Arbeitnehmer abbedungen werden (MünchArbR/*Wank* § 120 Rz. 4). 3327

3. Verhältnis zu § 615 BGB

Der Arbeitnehmer, in dessen Person die Voraussetzungen für eine Weiterbeschäftigung nach § 102 Abs. 5 BetrVG, § 79 Abs. 2 BPersVG erfüllt sind, hat das Wahlrecht, ob er bis zum Abschluss des Kündigungsrechtsstreits eine Weiterbeschäftigung verlangen oder nach erfolgreichem Abschluss des Rechtsstreits Ansprüche auf Entgeltzahlung für die Dauer des Prozesses gem. § 615 BGB geltend machen will. 3328

Zu beachten ist aber, dass der Weiterbeschäftigungsanspruch aus § 102 Abs. 5 BetrVG unabhängig von der Wirksamkeit der Kündigung besteht, der Anspruch aus § 615 BGB dagegen von der Unwirksamkeit der Kündigung abhängt (s. aber u. Rn. 3378 für Vergütungsansprüche bis zur Entbindungsentscheidung). 3329

Liegen alle Voraussetzungen des § 102 Abs. 5 BetrVG vor und lehnt der Arbeitgeber gleichwohl das Verlangen des Arbeitnehmers auf vorläufige Weiterbeschäftigung ab, dann steht diesem der Anspruch auf Entgeltzahlung nach § 615 BGB unabhängig vom Ausgang des Kündigungsschutzrechtsstreits für die Prozessdauer zu. Denn dann endet das Arbeitsverhältnis erst mit dem rechtskräftigen Abschluss des Kündigungsschutzrechtsstreits, sodass sich der Arbeitgeber selbst dann im Annahmeverzug befindet, wenn die Kündigung sich als rechtswirksam erweist. 3330

3331 Hat der Arbeitnehmer seinen Weiterbeschäftigungsanspruch dagegen durchgesetzt, der Arbeitgeber sich aber davon mittels einstweiliger Verfügung **entbinden lassen,** so hat der Arbeitnehmer nur dann einen Anspruch aus § 615 BGB, wenn er im Kündigungsschutzrechtsstreit obsiegt.

4. Voraussetzungen des Anspruchs

a) Überblick

3332 Der Arbeitnehmer hat einen Weiterbeschäftigungsanspruch gem. § 102 Abs. 5 BetrVG, wenn (vgl. APS/*Koch* § 102 BetrVG Rz. 185 ff.):

- der Arbeitgeber eine ordentliche Kündigung erklärt hat,
- ein ordnungsgemäßer Widerspruch des Betriebsrats vorliegt,
- das KSchG auf das Arbeitsverhältnis anwendbar ist,
- der Arbeitnehmer rechtzeitig Kündigungsschutzklage erhoben hat und
- er vom Arbeitgeber die Weiterbeschäftigung verlangt.

b) Ordentliche Arbeitgeberkündigung

3333 Voraussetzung ist zunächst, dass der Arbeitgeber eine ordentliche Kündigung erklärt hat. Ob es auch ausreicht, dass neben einer außerordentlichen Kündigung zugleich (hilfsweise) eine auf den gleichen Sachverhalt gestützte ordentliche Kündigung erklärt wird, ist fraglich, Denn einerseits steht dann die **außerordentliche Kündigung im Vordergrund,** sodass die Weiterbeschäftigung als Konsequenz der nur hilfsweise ausgesprochenen ordentlichen Kündigung zurücktreten muss.

3334 Andererseits besteht die Gefahr, dass der Arbeitgeber den **Schutzzweck der Norm umgeht** und sich von der Weiterbeschäftigungspflicht selbst entbindet, indem er stets eine außerordentliche, hilfsweise verbunden mit einer ordentlichen Kündigung ausspricht. Um dem vorzubeugen, wird die Auffassung vertreten, dass der Arbeitgeber, der den gekündigten Arbeitnehmer nicht nach § 102 Abs. 5 BetrVG weiterbeschäftigen will, nur außerordentlich kündigen darf (DKK/*Kittner* § 102 Rz. 248), es sei denn, dass im Falle einer hilfsweise erklärten ordentlichen Kündigung die außerordentliche Kündigung offensichtlich unwirksam ist (KR/*Etzel* § 102 BetrVG Rz. 198).

3335 Demgegenüber kann nach Auffassung von *Wank* (MünchArbR § 121 Rz. 9; ebenso *LAG Hamm* 18.5.1982 DB 1982, 1679; *LAG Frankf./M.* 28.5.1973 EzA § 102 BetrVG 1972 Beschäftigungspflicht Nr. 1; krit. GK-BetrVG/*Raab* § 102 Rz. 165 ff.) § 102 Abs. 5 BetrVG **nicht allein wegen der drohenden Missbrauchsgefahr** so ausgelegt werden, sodass ein Anspruch dann nicht gegeben ist.

3336 § 102 Abs. 5 BetrVG sieht zwar einen Weiterbeschäftigungsantrag des Arbeitnehmers ausdrücklich nur für eine ordentliche Kündigung vor. Ist aber gegenüber einem nach Gesetz, Tarifvertrag oder Einzelarbeitsvertrag **ordentlich unkündbaren Arbeitnehmer** eine außerordentliche Kündigung nur unter Einhaltung einer fiktiven Kündigungsfrist (Auslauffrist) zulässig, die ohne den besonderen Kündigungsschutz gegen ordentliche Kündigungen gelten würde, ist eine **analoge Anwendung der Regelung** geboten. Der Arbeitgeber muss eine fiktive Kündigungsfrist dann einhalten, wenn einem vergleichbaren Arbeitnehmer ohne besonderen Kündigungsschutz bei gleichem Sachverhalt nur fristgerecht gekündigt werden könnte. Es wäre eine nicht gerechtfertigte Schlechterstellung und damit ein **Wertungswiderspruch,** wenn der kündigungsrechtlich besonders geschützte Arbeitnehmer hinsichtlich des Weiterbeschäftigungsanspruchs schlechter gestellt würde als ein vergleichbarer Arbeitnehmer ohne besonderen Kündigungsschutz. Liegt ein ordnungsgemäßer Widerspruch vor und sind die übrigen Voraussetzungen des § 102 Abs. 5 S. 1 BetrVG erfüllt, hat der gekündigte Arbeitnehmer danach auch einen Weiterbeschäftigungsanspruch (*BAG* 5.2.1998 EzA § 626 BGB Unkündbarkeit Nr. 2; *Kania/Kramer* RdA 1995, 296; KR/*Etzel* § 102 BetrVG Rz. 199 f.).

Lehnt der Arbeitnehmer das Änderungsangebot einer Änderungskündigung (§ 2 KSchG) ab, ohne sein Vorbehaltsrecht nach § 2 KSchG geltend zu machen, gelten die gleichen Grundsätze wie bei der ordentlichen Beendigungskündigung. 3337

Nimmt er das Angebot dagegen unter dem Vorbehalt der sozialen Rechtfertigung der Änderung an, so besteht kein Anspruch auf vorläufige Weiterbeschäftigung zu unveränderten Arbeitsbedingungen. 3338

Das *BAG* (18.1.1990 EzA § 1 KSchG Betriebsbedingte Kündigung Nr. 65; vgl. APS/*Koch* § 102 BetrVG Rz. 27 f.) geht davon aus, dass dann der Arbeitgeber nicht auf Grund des allgemeinen Beschäftigungsanspruchs verpflichtet ist, den Arbeitnehmer vorläufig zu den bisherigen Bedingungen weiterzubeschäftigen. 3339

Es hat allerdings **offen** gelassen, ob **analog § 102 Abs. 5 BetrVG** ein Beschäftigungsanspruch dieses Inhalts dann besteht, wenn der Betriebsrat einer mit der Änderung der Arbeitsbedingungen verbundenen **Versetzung oder Umgruppierung** widersprochen hat, die Zustimmung nicht ersetzt ist und es dem Arbeitgeber auch verwehrt ist, die Maßnahme vorläufig durchzuführen. 3340

Nimmt der Arbeitnehmer das Änderungsangebot **vorbehaltlos an,** so kommt damit ein Änderungsvertrag zustande, neben dem für eine Anwendung des § 102 Abs. 5 BetrVG kein Raum mehr ist (APS/*Koch* § 102 BetrVG Rz. 27). 3341

c) Ordnungsgemäßer Widerspruch des Betriebsrats

Erforderlich ist zudem ein fristgerechter und inhaltlich ordnungsgemäßer Widerspruch des Betriebsrats (s.o. Rn. 1689). 3342

Fraglich ist, ob der Weiterbeschäftigungsanspruch nachträglich dann entfällt, wenn der Betriebsrat seinen zunächst erhobenen **Widerspruch zurücknimmt.** Nach Auffassung von *Wank* (MünchArbR § 121 Rz. 14; ebenso *LAG Bln.* 20.3.1978 ArbuR 1979, 253; APS/*Koch* § 102 BetrVG Rz. 150; KR/*Etzel* § 102 BetrVG Rz. 139; GK-BetrVG/*Raab* § 102 BetrVG Rz. 110; SPV/*Preis* Rz. 1270) hängt der einmal entstandene Anspruch nur noch vom Kündigungsschutzverfahren ab und wird vom Widerspruch des Betriebsrats nur ausgelöst, sodass die Rücknahme des Widerspruchs sich insoweit nicht mehr auswirken kann (**a. A.** *Hanau* BB 1972, 455). Der Rücknahmebeschluss entfaltet nur **Außenwirkung**, wenn er dem Arbeitgeber oder dem betroffenen Arbeitnehmer mitgeteilt wird. Ist in diesem Zeitpunkt die **Kündigung** bereits dem Arbeitnehmer **zugegangen**, hat die Rücknahme des Widerspruchs **keinen Einfluss** mehr auf die Rechte des Arbeitnehmers nach § 102 Abs. 5 BetrVG und § 1 Abs. 2 KSchG (KR/*Etzel* § 102 BetrVG Rz. 140). 3343

Wird der Rücknahmebeschluss **nach Absendung des Kündigungsschreibens** und **vor Zugang der Kündigung** nur dem Arbeitgeber mitgeteilt, gilt Folgendes: Hat der Arbeitgeber dem Kündigungsschreiben weder die Stellungnahme des Betriebsrats beigefügt noch die Stellungnahme erwähnt und ist der Arbeitnehmer auch nicht vom Betriebsrat über den Widerspruch unterrichtet worden, wird für den Arbeitnehmer beim Zugang des Kündigungsschreibens kein Vertrauensschutz bezüglich des Widerspruchs des Betriebsrats begründet. Er erlangt keine Rechte aus § 102 Abs. 5 BetrVG. Fügt der Arbeitgeber dagegen gem. § 102 Abs. 4 BetrVG dem Kündigungsschreiben eine Abschrift der Stellungnahme des Betriebsrats bei oder ist der Arbeitnehmer durch den Arbeitgeber oder Betriebsrat auf andere Weise über den Widerspruch unterrichtet, erlangt der Arbeitnehmer mit Zugang der Kündigung einen Vertrauensschutz bezüglich des Widerspruchs des Betriebsrats und damit die Rechte aus § 102 Abs. 5 BetrVG. Diese Rechte können dem Arbeitnehmer durch eine nachträgliche Mitteilung des Rücknahmebeschlusses nicht mehr entzogen werden. Will der Arbeitgeber verhindern, dass der Arbeitnehmer die auf Grund des Widerspruchs des Betriebsrats begründeten Rechte aus § 102 Abs. 5 BetrVG erlangt, muss er dafür sorgen, dass dem Arbeitnehmer spätestens bei Zugang der Kündigung die Mitteilung über den Rücknahmebeschluss zugeht; unter dieser Voraussetzung erwirbt der Arbeitnehmer keinen Vertrauensschutz und keine Rechte aus § 102 Abs. 5 BetrVG (vgl. KR/*Etzel* § 102 BetrVG Rz. 141). 3344

d) Anwendbarkeit des KSchG

3345 Ferner muss das KSchG auf das Arbeitsverhältnis Anwendung finden (§§ 1, 23 KSchG).

e) Rechtzeitige Erhebung der Kündigungsschutzklage

3346 Der Arbeitnehmer muss zudem rechtzeitig (§§ 4, 7 KSchG) Kündigungsschutzklage erheben.

aa) Nachträgliche Erhebung der Kündigungsschutzklage

3347 Ist die Kündigungsschutzklage verspätet erhoben, wird sie aber gem. § 5 KSchG nachträglich zugelassen, so kann der Weiterbeschäftigungsanspruch **erst ab diesem Zeitpunkt** in Betracht kommen, weil erst mit Rechtskraft des Zulassungsbeschlusses feststeht, dass die Unwirksamkeit der Kündigung nicht verspätet geltend gemacht wurde und die Fiktion des § 7 KSchG nicht eingetreten ist (KR/*Etzel* § 102 BetrVG Rz. 207; APS/*Koch* § 102 BetrVG Rz. 205; MünchArbR/*Wank* § 121 Rz. 16; GK-BetrVG/*Raab* § 102 Rz. 171).

bb) Unwirksamkeit der Kündigung aus anderen Gründen

3348 Wird die Kündigungsschutzklage zwar rechtzeitig erhoben, aber die Unwirksamkeit aus anderen Gründen als der Sozialwidrigkeit nach § 1 KSchG behauptet, besteht **kein Anspruch** auf Weiterbeschäftigung.

3349 **Es genügt aber, wenn die Sozialwidrigkeit neben anderen Gründen geltend gemacht wird;** gem. § 6 KSchG kann sie bis zum Schluss der erstinstanzlichen mündlichen Verhandlung auch nachträglich geltend gemacht werden. Erst ab diesem Zeitpunkt besteht dann allerdings der Weiterbeschäftigungsanspruch gem. § 102 Abs. 5 BetrVG (MünchArbR/*Wank* § 121 Rz. 17).

cc) Klagerücknahme; Auflösungsantrag

3350 Nimmt der Arbeitnehmer die Kündigungsschutzklage zurück oder stellt er im Prozess nach § 9 KSchG den Auflösungsantrag, so entfällt ab diesem Zeitpunkt sein Weiterbeschäftigungsanspruch, weil er so sein Desinteresse am Erhalt des Arbeitsplatzes bekundet (*Galperin/Löwisch* § 102 Rz. 103).

f) Verlangen nach Weiterbeschäftigung

3351 Erforderlich ist schließlich, dass der Arbeitnehmer **deutlich erkennbar** vom Arbeitgeber seine vorläufige Weiterbeschäftigung für die Dauer des Kündigungsschutzprozesses verlangt (APS/*Koch* § 102 BetrVG Rz. 206 f.).

3352 Dieses Verlangen ist zwar an **keine bestimmte Form** gebunden. Dennoch bedarf es im Hinblick auf den Gesetzeswortlaut eines **aktiven Tuns** des Arbeitnehmers, er muss die Weiterbeschäftigung ausdrücklich verlangen (KR/*Etzel* § 102 BetrVG Rz. 211). Z. T. (*Richardi* § 102 Rz. 209 f.) wird aber auch die Auffassung vertreten, dass ein den Annahmeverzug auslösendes Anbieten der Arbeitsleistung ausreicht, weil darin auch das Verlangen der Weiterbeschäftigung enthalten ist. Der Erhebung der **Kündigungsschutzklage** wird danach eine Doppelfunktion beigemessen, d.h. sie enthält nicht nur das Angebot des Arbeitnehmers zur Arbeitsleistung, sondern zugleich auch das Verlangen der Weiterbeschäftigung.

3353 Nicht vorgesehen ist in § 102 Abs. 5 BetrVG eine bestimmte **Frist,** innerhalb der der Arbeitnehmer seine Weiterbeschäftigung verlangen muss (*BAG* 31.8.1978 EzA § 102 BetrVG 1972 Beschäftigungspflicht Nr. 7). Allerdings trägt der Arbeitnehmer bei später Antragsstellung das **Risiko, dass der Arbeitsplatz zwischenzeitlich anderweitig besetzt ist und der Arbeitgeber ihn zu diesem Zeitpunkt nicht mehr beschäftigen kann.**

3354 Im Hinblick auf die damit gegebene Rechtsunsicherheit wird in der Literatur (KR/*Etzel* § 102 BetrVG Rz. 209; **a.A.** GK-BetrVG/*Raab* § 102 Rz. 173) auch die Auffassung vertreten, dass das Weiterbeschäftigungsverlangen grds. **vor Ablauf der Kündigungsfrist** bzw. dann, wenn die Kündigungsfrist kürzer als die 3-wöchige Klagefrist ist, **spätestens mit der Klageerhebung** geltend gemacht werden muss. Das *BAG* (11.5.2000 EzA § 102 BetrVG 1972 Beschäftigungspflicht Nr. 11; s.a. *BAG* 17.6.1999 EzA § 102 BetrVG 1972 Beschäftigungspflicht Nr. 10; ebenso *LAG München* 17.12.2003 NZA-RR 2005, 312 LS = ArbuR 2005, 163 LS; vgl. dazu *Mareck* BB 2000, 2042 ff.; KR/*Etzel* § 102 BetrVG Rz. 209) hält jedenfalls das Weiterbeschäftigungsverlangen des Arbeitnehmers **am ersten Arbeitstag nach Ablauf der Kündigungsfrist für rechtzeitig.**

5. Inhalt des Anspruchs

a) Fortsetzung des gekündigten Arbeitsverhältnisses

Liegen die Tatbestandsvoraussetzungen vor, so ist der Arbeitnehmer in der Zeit nach Ablauf der Kündigungsfrist bis zum rechtskräftigen Abschluss des Kündigungsschutzverfahrens zu unveränderten Arbeitsbedingungen weiterzubeschäftigen. **3355**

Der Wortlaut des § 102 Abs. 5 BetrVG spricht für eine nahtlose Fortsetzung des Arbeitsverhältnisses, wie es zwischen Arbeitgeber und Arbeitnehmer unmittelbar vor Ablauf der Kündigungsfrist bestanden hat, allerdings auflösend bedingt durch die rechtskräftige Abweisung der Kündigungsschutzklage (vgl. BT-Drs. VI/1806 S. 9; VI/2729 S. 31, 47; *BAG* 26.5.1977 EzA § 611 BGB Beschäftigungspflicht Nr. 2; 12.9.1985 EzA § 102 BetrVG 1972 Nr. 61; 10.3.1987 EzA § 611 BGB Beschäftigungspflicht Nr. 28; vgl. ausf. zu abw. Begründungsansätzen i.d. Lit. KR/*Etzel* § 102 BetrVG Rz. 218; APS/*Koch* § 102 BetrVG Rz. 208 ff.). **3356**

b) Der Inhalt des Weiterbeschäftigungsverhältnisses

aa) Unveränderte Arbeitsbedingungen

Dem Arbeitnehmer stehen dieselben Rechte zu, die ihm im ungekündigten Arbeitsverhältnis zugestanden haben (Vergütung, Sonderzuwendungen, Sozialleistungen, tatsächliche Beschäftigung; vgl. *BAG* 26.5.1977 EzA § 611 BGB Beschäftigungspflicht Nr. 2; *LAG Nbg.* 12.9.2007 – 4 Sa 586/07 – ZTR 2008, 108), denn unter unveränderten Arbeitsbedingungen sind **die bei Ablauf der Kündigungsfrist bestehenden Arbeitsbedingungen** zu verstehen (KR/*Etzel* § 102 BetrVG Rz. 218). **3357**

Dies bedeutet aber andererseits, dass der Arbeitnehmer z.B. von solchen Leistungen ausgeschlossen werden kann, die Arbeitnehmern im gekündigten Arbeitsverhältnis nicht zustehen, etwa wenn der Arbeitgeber eine freiwillige Weihnachtsgratifikation nur Arbeitnehmern im ungekündigten Arbeitsverhältnis gewährt. **3358**

Die **sonstigen Arbeitsbedingungen** einschließlich der Nebenleistungen (Werkdienstwohnung, Werkmietwohnung) bleiben aber **unverändert.** Der weiterbeschäftigte Arbeitnehmer kann im Übrigen nicht mehr Rechte geltend machen als der ungekündigte Arbeitnehmer. Folglich kann er im Rahmen des Direktionsrechts auf einen anderen gleichwertigen Arbeitsplatz umgesetzt werden (KR/*Etzel* § 102 BetrVG Rz. 218; APS/*Koch* § 102 BetrVG Rz. 210). **3359**

bb) Anrechnung der Dauer der Betriebszugehörigkeit?

Fraglich ist, ob dann, wenn und soweit es für den Grund oder die Höhe eines Anspruchs des Arbeitnehmers auf die Dauer der Betriebszugehörigkeit ankommt (z.B. bei Ruhegeldansprüchen), die gesamte bisherige Beschäftigungszeit einschließlich der Zeit der Weiterbeschäftigung nach § 102 Abs. 5 BetrVG zugrunde zu legen ist. **3360**

Dafür spricht nach Auffassung von *Etzel* (KR § 102 BetrVG Rz. 219; APS/*Koch* § 102 BetrVG Rz. 210), dass das im Falle der Rechtswirksamkeit der Kündigung unterbrochene mit dem auf Grund des § 102 Abs. 5 BetrVG fortgesetzten Arbeitsverhältnis in **3361** einem **unmittelbaren inneren Zusammenhang** steht (**a.A.** *Hess/Schlochauer/Glaubitz* 5. Aufl., § 102 Rz. 164).

cc) Eintritt besonderen Kündigungsschutzes?

3362 Nach Auffassung von *Etzel* (KR § 102 BetrVG Rz. 221) kann dem Arbeitnehmer während der Weiterbeschäftigung der besondere Kündigungsschutz (z.B. gem. § 9 MuSchG, §§ 85 ff. SGB IX) erwachsen, mit der Folge, dass **weitere Kündigungen** während der Dauer des Weiterbeschäftigungszeitraums **behördlicher Zustimmung** bedürfen (**a.A.** *Hess/Schlochauer/Glaubitz* 5. Aufl., § 102 Rz. 164).

3363 Das ändert aber nichts daran, dass dann, wenn sich die den Weiterbeschäftigungsanspruch auslösende erste Kündigung als wirksam erweist, das Arbeitsverhältnis automatisch endet (auflösende Bedingung), wenn der Arbeitnehmer im Kündigungsschutzrechtsstreit wegen der ersten Kündigung unterliegt.

dd) Wahlrecht

3364 Als Arbeitnehmer des Betriebes ist der nach § 102 Abs. 5 BetrVG weiterbeschäftigte Arbeitnehmer nach wie vor bei **Betriebsratswahlen** aktiv und passiv wahlberechtigt (*LAG Bln.* 2.5.1994 BB 1994, 1857; KR/*Etzel* § 102 BetrVG Rz. 221; APS/*Koch* § 102 BetrVG Rz. 211).

6. Verhältnis zum allgemeinen Weiterbeschäftigungsanspruch; prozessuale Fragen

3365 Der Weiterbeschäftigungsanspruch gem. § 102 Abs. 5 BetrVG, § 79 Abs. 2 BPersVG wird durch den sog. allgemeinen Weiterbeschäftigungsanspruch (s.u. Rn. 3380 ff.) nicht berührt (*Dütz* NZA 1986, 210). Die Erfüllung seiner formalen Voraussetzungen ist vor allem unabhängig vom Bestehen eines vertraglichen Beschäftigungsanspruchs sowie von der Feststellung der Unwirksamkeit der Kündigung.

3366 Der Arbeitnehmer kann seine Weiterbeschäftigung klageweise neben dem Kündigungsschutzantrag und dem Vergütungsanspruch geltend machen (§ 260 ZPO). Ebenso ist bei Vorliegen der allgemeinen Voraussetzungen (§§ 935, 940 ZPO) der Erlass einer einstweiligen Verfügung möglich (*LAG Bln.* 16.9.2004 LAG Report 2005, 90; *LAG München* 17.12.2003 NZA-RR 2005, 312 LS = ArbuR 2005, 163 LS; vgl. dazu *Reidel* NZA 2000, 454 ff.). Das gem. § 935 ZPO erforderliche besondere Sicherungsinteresse ergibt sich schon aus der Rechtsnatur des Anspruchs, sodass die Darlegung eines besonderen Verfügungsgrundes nicht erforderlich ist (*LAG Bln.* 16.9.2004 LAG Report 2005, 90; *LAG München* 16.8.1995 LAGE § 102 BetrVG 1972 Beschäftigungspflicht Nr. 22; *LAG Hmb.* 14.9.1992 NZA 1993, 140 u. 25.1.1994 LAGE § 102 BetrVG 1972 Beschäftigungspflicht Nr. 21; *LAG Hamm* 24.1.1994 ArbuR 1994, 310; *LAG Nbg.* 27.10.1992 LAGE § 102 BetrVG 1972 Beschäftigungspflicht Nr. 11; KR/*Etzel* § 102 BetrVG Rz. 222; APS/*Koch* § 102 BetrVG Rz. 213; **a.A.** *LAG BW* 30.8.1993 NZA 1995, 683; *LAG München* 17.8.1994 LAGE § 102 BetrVG Beschäftigungspflicht Nr. 18; *LAG Nbg.* 17.8.2004 LAGE § 102 BetrVG 2001 Beschäftigungspflicht Nr. 2 = NZA-RR 2005, 255 = LAG Report 2004, 338; *LAG Nbg.* 12.9.2007 – 4 Sa 586/07 – ZTR 2008, 108; *Schäfer* Der einstweilige Rechtsschutz im Arbeitsrecht Rz. 80: **besonderer Verfügungsgrund erforderlich**). Zumindest dann, wenn der Arbeitnehmer das Verfügungsverfahren **nicht mit dem nötigen Nachdruck** betreibt, was z.B. durch die Einreichung der Berufungsbegründung erst nach Verlängerung der Berufungsbegründungsfrist zum Ausdruck kommt, wird allerdings deutlich, dass ein **Eilbedürfnis offenbar nicht besteht** (*LAG Nbg.* 17.8.2004 LAGE § 102 BetrVG 2001 Beschäftigungspflicht Nr. 2). Gleiches gilt dann, wenn der Arbeitnehmer **dreieinhalb Monate** lang auf jeglichen Rechtsschutz gegen die Freistellung bis zum Ablauf der Kündigungsfrist **verzichtet** und erst fast zwei Monate nach Ablauf der Kündigungsfrist eine Weiterbeschäftigungsverfügung beantragt (*LAG München* 17.12.2003 NZA-RR 2005, 312 LS).

Die **Entbindung** von der Weiterbeschäftigungspflicht aus den Gründen des § 102 Abs. 5 S. 2 BetrVG (s. dazu Rn. 3368) hat der Arbeitgeber durch **einstweilige Verfügung** zu verfolgen (APS/*Koch* § 102 BetrVG Rz. 225). Hat der Arbeitnehmer seine Weiterbeschäftigung bereits durch Klage und einstweilige Verfügung geltend gemacht, so kann der Arbeitgeber die Gegengründe aus prozessualen Erwägungen im Wege des Einwandes im bereits anhängigen Verfahren einbringen (*Dütz* a.a.O.; **a.A.** MünchArbR/*Wank* § 121 Rz. 31 weil es sich um zwei verschiedene, voneinander zu trennende Verfahren handelt). **3367**

7. Entbindung des Arbeitgebers von der Weiterbeschäftigungspflicht (§ 102 Abs. 5 S. 2 BetrVG)

a) Überblick

Nach § 102 Abs. 5 S. 2 BetrVG kann der Arbeitgeber auf Grund einer einstweiligen Verfügung des ArbG von der Verpflichtung zur Weiterbeschäftigung entbunden werden, wenn **3368**
- die Klage des Arbeitnehmers keine hinreichende Aussicht auf Erfolg bietet oder mutwillig erscheint, oder
- sie zu einer unzumutbaren wirtschaftlichen Belastung des Arbeitgebers führen würde (s. dazu *ArbG Hmb.* 3.4.2008 – 9 Ga 12/08 – ArbuR 2008, 277 LS), oder
- der Widerspruch des Betriebsrats offensichtlich unbegründet war; dass der Widerspruch nicht ordnungsgemäß i.S.d. gesetzlichen Regelung ist, genügt nicht (*LAG München* 17.12.2003 NZA-RR 2005, 312 LS).

Die enumerative Aufzählung der Entbindungsgründe in § 102 Abs. 5 S. 2 BetrVG ist **abschließend** (KR/*Etzel* § 102 BetrVG Rz. 232; APS/*Koch* § 102 BetrVG Rz. 219); die Berufung auf weitere Gründe ist nicht möglich. Allerdings bedarf es nach Auffassung von *Willemsen/Hohenstatt* (DB 1995, 215 ff.) bei einer **Betriebs(teil)stilllegung keiner Entbindung** des Arbeitgebers gem. § 102 Abs. 2 S. 2 BetrVG, weil dann die Beschäftigung der Arbeitnehmer gem. § 275 BGB unmöglich ist. **3369**

b) Fehlende Erfolgsaussicht

Die Klage bietet dann keine hinreichende Erfolgsaussicht oder erscheint mutwillig, wenn nach **summarischer Prüfung eine verständige Partei in Kenntnis der Sachlage ihr Recht nicht in dieser Weise verfolgen würde** (APS/*Koch* § 102 BetrVG Rz. 220). **3370**

c) Unzumutbare wirtschaftliche Belastung des Arbeitgebers

Die Weiterbeschäftigung des Arbeitnehmers darf nicht zu einer unzumutbaren wirtschaftlichen Belastung des Arbeitgebers betriebs-, nicht unternehmensbezogen (*Rieble* BB 2003, 844 ff.) führen. **3371**

Das setzt voraus, dass die wirtschaftliche Belastung des Arbeitgebers – Lohnkostenaufwand – gerade wegen der Weiterbeschäftigung des Arbeitnehmers so gravierend sein muss, dass Auswirkungen für die Liquidität oder Wettbewerbsfähigkeit des Arbeitgebers nicht von der Hand zu weisen sind. Unberücksichtigt bleiben von vornherein Entgeltkosten, die der Arbeitgeber auch ungeachtet seiner Weiterbeschäftigungspflicht zu tragen hätte. Kosten, die nur entstanden sind, weil die rechtmäßigen Kündigungsfristen nicht eingehalten werden, haben ebenfalls außer Betracht zu bleiben (*LAG Hmb.* 16.5.2001 NZA-RR 2002, 25).Es genügt nicht, dass der Arbeitgeber **keine Beschäftigungsmöglichkeit** mehr für den Arbeitnehmer hat. Denn auch bei der betriebsbedingten Kündigung geht das Gesetz von der Weiterbeschäftigung aus (APS/*Koch* § 102 BetrVG Rz. 221 ff.). **3372**

3373 Erforderlich ist eine **Interessenabwägung** zwischen den berechtigten Belangen des Arbeitnehmers und den wirtschaftlichen Belangen des Arbeitgebers. Entscheidend muss auf eine Gesamtbetrachtung der **finanziellen Verhältnisse des Unternehmens** abgestellt werden und der **Lohnkostenaufwand** einschließlich der Lohnnebenkosten des Gekündigten (zutr. *LAG München* 17.12.2003 NZA-RR 2005, 312 LS) dazu in Verhältnis gesetzt werden. Die wirtschaftliche Belastung muss sich durch die Weiterbeschäftigung als **so gravierend** darstellen, dass dadurch **die Zahlungs- oder Wettbewerbsfähigkeit des Betriebes tangiert** wird.

3374 Werden in einem Betrieb **mehrere Arbeitnehmer nach § 102 Abs. 5 S. 1 BetrVG** weiterbeschäftigt, so ist eine **Gesamtbewertung** der finanziellen Verhältnisse, nicht eine jeweils nur auf einen Arbeitnehmer bezogene Einzelfallbetrachtung erforderlich (MünchArbR/*Wank* § 120 Rz. 39; *Rieble* BB 2003, 844 ff.). Der Arbeitgeber hat dann **so viele Arbeitnehmer weiterzubeschäftigen,** wie es ihm wirtschaftlich **zumutbar ist.** Die Auswahl erfolgt nach sozialen Gesichtspunkten anhand von § 1 Abs. 3 KSchG. Andererseits kommt es nicht darauf an, ob ein Betrieb oder Betriebsteil insgesamt stillgelegt wird, ob eine Betriebsänderung eine Viel- oder Mehrzahl von Arbeitnehmern erfasst oder ein Sozialplan abgeschlossen wird. Denn der Entbindungsgrund des § 102 Abs. 5 S. 2 Nr. 2 BetrVG stellt **für alle Arten von Kündigungen dieselben Voraussetzungen** für eine Entbindung von der Weiterbeschäftigungspflicht auf (*LAG Hmb.* 16.5.2001 NZA-RR 2002, 25). Er gilt auch dann, wenn das Arbeitsverhältnis gem. § 102 Abs. 5 BetrVG zwar weiter besteht und der Arbeitgeber Arbeitsentgelt schuldet, der Arbeitnehmer aber ausnahmsweise **keinen Anspruch auf tatsächliche Weiterbeschäftigung hat** und deshalb auch tatsächlich nicht weiterbeschäftigt wird (*LAG München* 17.12.2003 NZA-RR 2005, 312 LS).

d) Offensichtlich unbegründeter Widerspruch des Betriebsrats

3375 Der Arbeitgeber kann auch dann von der Weiterbeschäftigungspflicht entbunden werden, wenn der Widerspruch des Betriebsrats offensichtlich unbegründet ist. Das ist dann der Fall, wenn er zwar ordnungsgemäß erhoben wurde, ein Widerspruchsrecht aber offensichtlich nicht bestand.

3376 Die **Grundlosigkeit des Widerspruchs muss sich aufdrängen,** die Umstände dürfen nicht erst als Resultat eines schwierigen Beweiserhebungsverfahrens zu Tage treten.

3377 Der Widerspruch muss zum Erhebungszeitpunkt offensichtlich unbegründet gewesen sein, eine spätere eintretende Unbegründetheit genügt nicht. Ein Widerspruch ist z.B. dann offensichtlich unbegründet, wenn **Auswahlrichtlinien,** gegen die der Arbeitgeber verstoßen haben soll, **gar nicht bestehen** (*LAG Bln.* 5.9.2003 – 13 Sa 1629/03 – EzA-SD 22/03, S. 12 LS; KR/*Etzel* § 102 BetrVG Rz. 230 ff.; APS/*Koch* § 102 BetrVG Rz. 223 ff.).

e) Vergütungsanspruch bis zur Entbindung

3378 Die Entbindung des Arbeitgebers gem. § 102 Abs. 5 S. 2 BetrVG durch das (Rechtsmittel-) Gericht lässt für die Zeit bis zur Entbindungsentscheidung angefallene Vergütungsansprüche des Arbeitnehmers unberührt (*BAG* 7.3.1996 EzA § 102 BetrVG Beschäftigungspflicht Nr. 9).

f) Weitere Kündigung

3379 Ist der Arbeitgeber durch einstweilige Verfügung im Anschluss an die erste Kündigung von seiner Weiterbeschäftigungspflicht entbunden worden, so beseitigt dies seine Pflicht zur Weiterbeschäftigung des Arbeitnehmers. Er ist insbes. nicht verpflichtet, erneut ein Verfahren auf Erlass einer einstweiligen Verfügung einzuleiten, wenn der Arbeitgeber eine weitere vorsorgliche Kündigung auf Grund des im Wesentlichen gleichen Kündigungssachverhalts erklärt und der Betriebsrat der zweiten Kündigung erneut widerspricht. Die zweite Kündigung kann also die Rechtsposition des Arbeitnehmers beim Weiterbeschäftigungsanspruch nach § 102 Abs. 5 BetrVG nicht verbessern (*BAG*

18.9.2003 EzA § 102 BetrVG 2001 Beschäftigungspflicht Nr. 2 = BAG Report 2004, 144; zur Rechtslage bei nachfolgender Kündigung ohne Widerspruch des Betriebsrat vgl. *Brinkmeier* ArbuR 2005, 46 ff.).

II. Allgemeiner Weiterbeschäftigungsanspruch (Weiterbeschäftigung außerhalb des § 102 Abs. 5 BetrVG, § 79 Abs. 2 BPersVG)

1. Rechtsauffassung des BAG

a) Die praktische Ausgangssituation nach Ausspruch der Kündigung

Nach Ablauf der Kündigungsfrist bzw. im Falle der außerordentlichen Kündigung i.d.R. sofort nach Zugang muss der Arbeitnehmer **zunächst einmal den Betrieb verlassen,** auch dann, wenn er eine Kündigungsschutzklage erhoben hat. **3380**

Im Hinblick auf § 615 BGB ist für ihn ungewiss, ob sein Lebensunterhalt zwischenzeitlich gesichert ist, weil Ansprüche aus Annahmeverzug die Unwirksamkeit der Kündigung voraussetzen, hinsichtlich derer aber im laufenden Kündigungsschutzverfahren gerade Ungewissheit besteht. **3381**

Ferner besteht ein berechtigtes Interesse des Arbeitnehmers daran, die **Beeinträchtigung seines Persönlichkeitsrechts** durch die Kündigung und durch das erzwungene Nichtstun abzuwenden. Bei einer personen- oder einer verhaltensbedingten Kündigung kommt hinzu, dass er den in der Kündigung liegenden Makel durch seine Weiterarbeit im Betrieb beseitigen will. **3382**

Auch kann der Arbeitnehmer ein Interesse daran haben, dass seine Fähigkeiten während der Dauer des Kündigungsschutzprozesses nicht brachliegen. Schließlich ist es für eine Bewerbung in einem neuen Betrieb vorteilhafter, wenn er auf eine ununterbrochene Beschäftigung verweisen kann. **3383**

Andererseits möchte sich der Arbeitgeber nicht durch eine zwischenzeitliche Weiterbeschäftigung in Widerspruch zu der von ihm erklärten Kündigung setzen. **3384**

b) Anerkennung eines allgemeinen Weiterbeschäftigungsanspruchs nach Ausspruch einer Kündigung

Im Hinblick auf diese wechselseitige Interessenlage vertritt das *BAG* seit der Entscheidung des Großen Senats vom 27.2.1985 (EzA § 611 BGB Beschäftigungspflicht Nr. 9; abl. hinsichtlich der Begründung z.B. ErfK/*Ascheid* § 4 KSchG Rz. 95; APS/*Koch* § 102 BetrVG Rz. 236) in ständiger Rechtsprechung die Auffassung, dass der aus §§ 611, 613 BGB i.V.m. § 242 BGB (ausgefüllt durch die Wertentscheidungen der Art. 1, 2 GG) abgeleitete Beschäftigungsanspruch, der für die Dauer des Arbeitsverhältnisses gegeben ist, grds. auch für die Dauer eines Kündigungsschutzprozesses bestehen muss, wenn die umstrittene Kündigung des Arbeitgebers unwirksam ist und das Arbeitsverhältnis deshalb auch während des Kündigungsschutzprozesses fortbesteht. **3385**

Dem stehen weder § 102 Abs. 5 BetrVG, § 79 Abs. 2 BPersVG noch § 615 BGB, § 11 KSchG entgegen. Danach ist zwar nicht zu verkennen, dass bei einer im Widerspruch zur objektiven Rechtslage erfolgten Weiterbeschäftigung des gekündigten Arbeitnehmers später ein die Wirksamkeit der Kündigung ex tunc rechtskräftig feststellendes Urteil im praktischen Ergebnis die Wirkung eines ex nunc wirkenden Gestaltungsurteils hat, weil die einmal erfolgte Beschäftigung Fakten geschaffen hat, die nicht wieder rückgängig gemacht werden können. Diese Frage stellt sich aber letztlich bei der Durchsetzung jedes Leistungsanspruchs auf Grund eines vorläufig vollstreckbaren Urteils (*BAG* 27.2.1985 EzA § 611 BGB Beschäftigungspflicht Nr. 9). Allein der Umstand, dass die Kündigungsschutzklage durch das KSchG als Feststellungs- und nicht als Gestaltungsklage ausgestaltet ist, kann kein Anlass sein, von der Unwirksamkeit der Kündigung abhängende Leistungsansprüche des Arbeitnehmers bis zur rechtskräftigen Entscheidung des Kündigungsschutzprozesses auszuschließen. **3386**

c) Anspruchsvoraussetzungen

aa) Die Interessenlage hinsichtlich der tatsächlichen Beschäftigung

3387 Wird das Arbeitsverhältnis vom Arbeitgeber gekündigt und wird dadurch dessen Fortbestehen streitig, weil der gekündigte Arbeitnehmer die Kündigung für unwirksam hält und sich dagegen zur Wehr setzt, so besteht bis zur rechtskräftigen Entscheidung über die Wirksamkeit der Kündigung **Ungewissheit über die objektive Rechtslage.** Diese Ungewissheit schließt nach Auffassung des *BAG* (GS 27.2.1985 EzA § 611 BGB Beschäftigungspflicht Nr. 9) zwar den Anspruch auf tatsächliche Beschäftigung nicht aus, **verändert** aber **die maßgebliche Interessenlage.**

3388 Denn wenn der Arbeitgeber den gekündigten Arbeitnehmer während des Prozesses weiterbeschäftigt, so geht er das Risiko ein, dass er bei von ihm letztlich gewonnenem Prozess den Arbeitnehmer ohne Rechtsgrund beschäftigt und dadurch zu seinem Nachteil Fakten geschaffen hat, die nicht oder jedenfalls nicht vollständig wieder rückgängig gemacht werden können.

3389 Beschäftigt er demgegenüber den Arbeitnehmer nicht weiter und wird sodann rechtskräftig die Unwirksamkeit der Kündigung festgestellt, so wird umgekehrt für den Arbeitnehmer das nicht wieder rückgängig zu machende Faktum geschaffen, dass er trotz seines Beschäftigungsanspruchs in der Vergangenheit dennoch nicht beschäftigt worden ist und diese Beschäftigung auch nicht mehr nachgeholt werden kann.

bb) Eigenständige Interessenabwägung

3390 Da die Vollstreckungsvorschriften von ArbGG und ZPO keine ausreichende Handhabe bieten, um den beiderseitigen Interessen der Arbeitsvertragsparteien im Hinblick auf die Weiterbeschäftigung gerecht zu werden, hat zur Bestimmung der Grenzen des allgemeinen Beschäftigungsanspruchs eine eigenständige, **nicht an vollstreckungsrechtliche Regelungen gebundene Interessenabwägung stattzufinden** (vgl. *Pallasch* BB 1993, 2225 ff.)

(1) Offensichtlich unwirksame Kündigung

3391 Trotz Ausspruchs der Kündigung überwiegt das Interesse des Arbeitnehmers an tatsächlicher Beschäftigung dann, wenn die umstrittene Kündigung offensichtlich unwirksam ist. Das ist dann der Fall, wenn sich schon aus dem eigenen Vortrag des Arbeitgebers ohne Beweiserhebung und ohne dass ein Beurteilungsspielraum besteht, **jedem »Kundigen« die Unwirksamkeit der Kündigung geradezu aufdrängen muss** (vgl. *BAG* 26.5.1977 EzA § 611 BGB Beschäftigungspflicht Nr. 2). Denn dann besteht objektiv keine Ungewissheit über den Fortbestand des Arbeitsverhältnisses, sodass sie auch nicht zum Anlass genommen werden kann, den Arbeitnehmer vorübergehend nicht zu beschäftigen.

(2) Überwiegen des Arbeitgeberinteresses

3392 Im Übrigen begründet die Ungewissheit über die Wirksamkeit der Kündigung und damit den Prozessausgang zunächst ein schutzwertes Interesse des Arbeitgebers, den gekündigten Arbeitnehmer für die Dauer des Kündigungsschutzprozesses nicht beschäftigen zu müssen. Denn durch die tatsächliche Weiterbeschäftigung können personen-, verhaltens- und betriebsbedingte Kündigungsgründe an Bedeutung verlieren.

(3) Obsiegen des Arbeitnehmers in erster Instanz

3393 Die Interessenlage ändert sich aber, wenn im Kündigungsschutzprozess ein die Instanz abschließendes Urteil ergeht, das die Unwirksamkeit der Kündigung und damit den Fortbestand des Arbeitsverhältnisses feststellt, ohne damit an der objektiven Rechtslage etwas zu ändern, weil es sich nicht um ein Gestaltungsurteil handelt.

Durch ein derartiges, nicht rechtskräftiges Urteil wird zwar noch keine Klarheit über den Fortbestand des Arbeitsverhältnisses geschaffen. Es wirkt sich aber auf die maßgebliche Interessenlage dahin aus, dass nunmehr die Ungewissheit des endgültigen Prozessausgangs für sich allein ein überwiegendes Interesse des Arbeitgebers nicht mehr begründen kann. Es müssen dann vielmehr zusätzliche Umstände hinzukommen, aus denen sich im Einzelfall ein überwiegendes Interesse des Arbeitgebers ergibt, den Arbeitnehmer nicht zu beschäftigen. 3394

In Betracht kommen z.B. Umstände, die auch im unstreitig bestehenden Arbeitsverhältnis den Arbeitgeber zur **vorläufigen Suspendierung** des Arbeitnehmers berechtigen (z.B. der Verdacht des Verrats von Betriebsgeheimnissen oder die Herbeiführung einer unzumutbaren wirtschaftlichen Belastung des Arbeitgebers durch die Weiterbeschäftigung [vgl. *Schukai* DB 1986, 482; abl. *Schumann* NZA 1985, 688]). 3395

Nur bei Vorliegen solcher zusätzlicher, ihn **besonders belastender Umstände** kann der Arbeitgeber also nach einem bereits ergangenen, wenn auch noch nicht rechtskräftigen gerichtlichen Urteil, das die Unwirksamkeit der Kündigung feststellt, seine Verurteilung zur Weiterbeschäftigung des gekündigten Arbeitnehmers für die Dauer des Rechtsstreits abwenden (*BAG* 27.2.1985 EzA § 611 BGB Beschäftigungspflicht Nr. 9). Diese »zusätzlichen Umstände« sind solche, die **nicht bereits Gegenstand der Prüfung der Rechtmäßigkeit der Kündigung** nach § 626 BGB oder § 1 KSchG **sind.** Maßgeblich sind vielmehr solche Umstände, die neben den für die Voraussetzung zur Rechtfertigung der Kündigung vorzutragenden Tatsachen die Interessenlage der Beteiligten prägen; die wechselseitigen Interessen sind insoweit gegenüberzustellen (*LAG Hessen* 15.12.2006 NZA-RR 2007, 192). 3396

Beispiele: 3397

- Das Interesse des Arbeitgebers an einer Nichtbeschäftigung des Arbeitnehmers während des Kündigungsschutzrechtsstreits überwiegt das Beschäftigungsinteresse des Arbeitnehmers dann, wenn dieser wegen der **Tatvorwürfe** – sexueller Missbrauch von Patientinnen durch einen angestellten Arzt – **rechtskräftig** zu einer **erheblichen Freiheitsstrafe verurteilt** worden ist. Das gilt auch dann, wenn der Arbeitnehmer gegen das rechtskräftige Strafurteil Verfassungsbeschwerde eingelegt hat (*LAG Köln* 29.11.2005 NZA-RR 2006, 443).
- Trotz Vorliegens einer unwirksamen Verdachtskündigung wegen vom Arbeitgeber **behaupteten vorsätzlichen Herbeiführens von Verkehrsunfällen** mit einem Lkw im öffentlichen Straßenverkehr kann dessen Interesse an der Nichtbeschäftigung überwiegen. Denn zu berücksichtigen ist, dass der Arbeitnehmer seine Arbeitsleistung nicht in den Räumen des Arbeitgebers, sondern **außerhalb dessen Einflussbereichs und Kontrolle erbringt.** Zudem besteht bei jeder vorsätzlichen Herbeiführung von Verkehrsunfällen neben der Gefahr für das Vermögen der Beklagten und des kommunalen Versicherungsträgers die Gefahr der Verletzung Unbeteiligter (*LAG Hessen* 15.12.2006 NZA-RR 2007, 192).
- Mangels ausdrücklicher Regelung im Arbeitsvertrag und mangels besonderer Umstände kann sich der im Rahmen eines Kündigungsschutzprozesses zur Weiterbeschäftigung verurteilte Arbeitgeber seiner Beschäftigungspflicht aber **nicht bereits dadurch entziehen**, dass er den Arbeitnehmer unter Fortzahlung der Vergütung von der Arbeit freistellt (*LAG Bln.* 13.10.2003 LAGE § 611 BGB Beschäftigungspflicht Nr. 46).

d) Prozessuale Geltendmachung des Anspruchs; einstweilige Verfügung; Zwangsvollstreckung

Der Arbeitnehmer kann den Antrag, »den Arbeitgeber zu verurteilen, ihn zu unveränderten Arbeitsbedingungen bis zum rechtskräftigen Abschluss des Kündigungsschutzrechtsstreits weiterzubeschäftigen«, als **unbedingten Hauptantrag** im Kündigungsschutzprozess stellen. Da er sich dann aber in jedem Fall – also auch bei Abweisung des Kündigungsschutzantrags – streitwerterhöhend und folglich auch kostenerhöhend auswirkt, empfiehlt es sich, 3398 den Antrag als sog. **uneigentlichen Hilfsantrag nur für den Fall zu stellen, dass der Kündigungsschutzklage stattgegeben wird.** Das ist zulässig (*BAG* 8.4.1988 EzA § 611 BGB Beschäftigungspflicht Nr. 30).

3399 Ein derartiger Antrag ist grds. auch inhaltlich hinreichend bestimmt i.S.d. § 253 Abs. 2 Nr. 2 ZPO, wenn die »unveränderten Arbeitsbedingungen« aus der Klagebegründung ersichtlich sind. Eine nähere Präzisierung ist nur dann erforderlich, wenn in dem Rechtsstreit zwischen den Parteien Streit über einzelne Arbeitsbedingungen besteht (*Germelmann/Matthes/Prütting* § 46 Rz. 49; zum Klageantrag und prozesstaktischen Überlegungen vgl. *Growe* NZA 1996, 567 ff.).

3400 Die Zwangsvollstreckung aus einem, einem derartigen Antrag stattgebenden Urteil, bestimmt sich nach § 888 ZPO (*LAG RhPf* 27.11.2007 – 10 Ta 263/07 – ArbuR 2008, 193 LS).

3401 Wird ein Arbeitgeber durch Urteil verpflichtet, den Arbeitnehmer »als Lagerleiter weiter zu beschäftigen«, dann ist anhand des Urteils oder aus sonstigen im Erkenntnisverfahren vorgelegten Urkunden durch Auslegung zu ermitteln, ob diese Kennzeichnung des Beschäftigungsinhalts so konkret genug ist, um nach § 888 ZPO vollstreckungsfähig zu sein. Allein die Bezeichnung »Lagerleitung« ist aus sich heraus nicht eindeutig und bestimmt genug, wenn die Parteien im Vollstreckungsverfahren kontroverse Ansichten äußern, ob die gegenwärtige Beschäftigung des Gläubigers bereits den potenziellen Inhalt der Lagerleitung erfasst oder ob das noch nicht der Fall ist (*LAG RhPf* 3.2.2005 NZA-RR 2005, 550). Insgesamt können der Vollstreckung insoweit materiell-rechtliche Einwendungen – z.B. weitere Kündigungen – nicht entgegengehalten werden; sie können nur im Wege der Vollstreckungsgegenklage gem. § 767 ZPO geltend gemacht werden (*LAG RhPf* 27.11.2007 – 10 Ta 263/07 – ArbuR 2008, 193 LS).
Der zur Weiterbeschäftigung verurteilte Beklagte kann sich im **Zwangsvollstreckungsverfahren** zur Begründung eines Antrags auf Einstellung der Zwangsvollstreckung im Übrigen **nicht auf die Unmöglichkeit der Weiterbeschäftigung berufen**, weil das Arbeitsverhältnis auf ein Schwesterunternehmen übergegangen sei, wenn beide Unternehmen durch eine gemeinsame und einheitliche Personalleitung gesteuert werden. Denn dann ist davon auszugehen, dass die Holding dem Arbeitnehmer in dem ausgegliederten Unternehmen eine Weiterbeschäftigung verschaffen kann (*LAG Köln* 9.3.2006 NZA-RR 2006, 437).

3402 Der Zwangsvollstreckung steht **im Insolvenzfall** beim Arbeitgeber im Übrigen weder eine Untersagung von Zwangsvollstreckungsmaßnahmen durch das Insolvenzgericht gem. § 21 Abs. 2 Nr. 3 InsO noch das gesetzliche Einzelzwangsvollstreckungsverbot nach § 89 InsO entgegen (zutr. *Gaumann/Liebermann* NZA 2005, 908 ff.).

3403 Sofern ein **»starker« vorläufiger Insolvenzverwalter** bestellt oder das Insolvenzverfahren eröffnet worden ist, kann der Schuldner der drohenden Vollstreckung nach § 888 ZPO den Einwand der Unmöglichkeit entgegenhalten. In diesen Fällen ist entsprechend § 727 ZPO eine Titelumschreibung auf den »starken« vorläufigen Insolvenzverwalter bzw. den Insolvenzverwalter zulässig. Diese sind mit der Übernahme der Verwaltungs- und Verfügungsbefugnis in die Arbeitgeberstellung eingerückt und hinsichtlich der Weiterbeschäftigungsverpflichtung als Rechtsnachfolger des Schuldners anzusehen (*Gaumann/Liebermann* NZA 2005, 908 ff.).

3404 Der Weiterbeschäftigungsanspruch kann auch durch eine **einstweilige Verfügung** geltend gemacht werden (vgl. dazu *Reidel* NZA 2000, 454 ff.; APS/*Koch* § 102 BetrVG Rz. 234). Obwohl dieser Anspruch bereits ein überwiegendes Beschäftigungsinteresse des Arbeitnehmers voraussetzt, wird dadurch nicht bereits der Verfügungsgrund indiziert (*Schäfer* Der einstweilige Rechtsschutz im Arbeitsrecht Rz. 74; **a.A.** *LAG Hmb.* 25.1.2008 – 4 SaGa 2/08 – BB 2008, 2636 LS; *Grunsky* § 62 Rz. 24 a; APS/*Koch* § 102 BetrVG Rz. 234). Denn auch ein nach objektiven Kriterien als überwiegend einzustufendes Beschäftigungsinteresse ist im Wege des einstweiligen Rechtsschutzes nur sicherungsfähig, wenn es im Hauptsacheverfahren nicht ausreichend gesichert werden kann.

Wegen der Möglichkeit, den Weiterbeschäftigungsanspruch im Kündigungsschutzverfahren zu verfolgen und der Abhängigkeit des Anspruchs vom Erfolg im Kündigungsschutzverfahren wird eine einstweilige Verfügung auf Weiterbeschäftigung allerdings i.d.R. nicht in Betracht kommen (*Schäfer* Der einstweilige Rechtsschutz im Arbeitsrecht Rz. 74 m.w.N.; ebenso *LAG Köln* 18.8.2000 NZA-RR 2001, 387; *Reinhard/Kliemt* NZA 2005, 547 f.). Wird die einstweilige Verfügung zudem auf finanzielle Gründe gestützt, kann die erforderliche Dringlichkeit nur zur Abwehr einer sonst eintretenden wirtschaftlichen Notlage bejaht werden (*LAG Hamm* 26.10.2005 – 2 Sa 1682/05 – EzA-SD 12/06 S. 14 LS). 3405

Etwas **anderes** kann gelten, wenn der Arbeitnehmer **bei Einreichung der Kündigungsschutzklage aus rechtlichen oder tatsächlichen Gründen gehindert ist, zeitgleich einen Weiterbeschäftigungsantrag anhängig zu machen.** Dies kann der Fall sein, wenn der Beschäftigung Gründe in seiner Person (z.B. Arbeitsunfähigkeit) oder im Betrieb (z.B. zeitweilige Unmöglichkeit der Beschäftigung im Betrieb) entgegenstehen. In diesen Fällen kann sich nach Behebung der Beschäftigungshindernisse ein Verfügungsgrund ergeben. 3406

Zudem sind Fälle denkbar, in denen das Beschäftigungsinteresse des Arbeitnehmers so gewichtig ist, dass der vorläufige Rechtsschutz auch vor Erlass einer die Unwirksamkeit der Kündigung feststellenden Entscheidung erforderlich erscheint. 3407

Es muss dann genügen, dass der Arbeitnehmer den Fortbestand des Arbeitsverhältnisses glaubhaft macht und nach seinen glaubhaft gemachten Angaben die Anordnung der vorläufigen Weiterbeschäftigung zur Abwendung wesentlicher Nachteile notwendig erscheint. Eine derartige atypische Interessenlage kann dann angenommen werden, wenn dem Arbeitnehmer aus der Nichtbeschäftigung schwerwiegende Nachteile drohen und eine überwiegende Wahrscheinlichkeit – auf der Basis der glaubhaft gemachten Angaben des Antragstellers – für die Unwirksamkeit der Kündigung spricht (*Schäfer* Der einstweilige Rechtsschutz im Arbeitsrecht Rz. 75 unter Hinweis auf *LAG Bln.* 24.9.1979 EzA § 611 BGB Beschäftigungspflicht Nr. 4; *LAG Hmb.* 6.8.1985 LAGE § 611 BGB Beschäftigungspflicht Nr. 9). 3408

e) Entsprechende Anwendung dieser Grundsätze

Diese Grundsätze gelten entsprechend für die **Änderungsschutzklage,** wenn der Arbeitnehmer das Änderungsangebot auch nicht unter Vorbehalt angenommen hat (*BAG* 28.3.1985 EzA § 767 ZPO Nr. 1). 3409

Gleiches gilt dann, wenn die Parteien über die Rechtswirksamkeit einer vereinbarten **Befristung** oder auflösenden **Bedingung** streiten. In derartigen Fällen genügt es in prozessualer Hinsicht, wenn der Arbeitnehmer auf Weiterbeschäftigung klagt. Dann ist die Unwirksamkeit der Befristung oder der auflösenden Bedingung als Vorfrage zu klären (*BAG* 13.6.1985 EzA § 611 BGB Beschäftigungspflicht Nr. 16; 28.9.1988 EzA § 620 BGB Nr. 104). 3410

Diese Grundsätze gelten auch für den nach einem arbeitgeberseitigen Antrag gem. **§ 9 Abs. 4 S. 1 Nr. 1 BPersVG** betreffend die Ablehnung der Übernahme eines Auszubildenden in ein unbefristetes Arbeitsverhältnis eingetretenen Ungewissheitstatbestand (*BAG* 14.5.1987 EzA § 78a BetrVG 1972 Nr. 18). 3411

Demgegenüber besteht bei einer **Änderungskündigung** dann **kein Anspruch auf Beschäftigung zu den bisherigen Bedingungen** (über den Zugang der Kündigung hinaus bei der außerordentlichen, über den Ablauf der Kündigungsfrist hinaus bis zum rechtskräftigen Abschluss des Kündigungsschutzverfahrens), wenn der Arbeitnehmer die Änderungskündigung **unter Vorbehalt** angenommen hat (*LAG Nbg.* 13.3.2001 – 6 Sa 768/00). 3412

2. Kritik

3413 Die Rechtsauffassung des BAG hat in Rechtsprechung und Literatur zunächst eine lebhafte Diskussion ausgelöst. Dem BAG wird insbes. entgegengehalten, dass es sich bei dem skizzierten Weiterbeschäftigungsanspruch um eine **unzulässige richterliche Rechtsfortbildung** handele (*LAG Nds.* DB 1986, 1126; *LAG Köln* NZA 1987, 159; GK-BetrVG/*Raab* § 102 Rz. 186; MünchArbR/*Blomeyer* § 95 Rz. 11; MünchArbR/*Wank* § 121 Rz. 46 ff.; ErfK/*Ascheid* § 4 KSchG Rz. 95; APS/*Koch* § 102 BetrVG Rz. 234). Außerhalb von § 102 Abs. 5 BetrVG, § 79 Abs. 2 BPersVG könne dem legitimen Beschäftigungsinteresse des gekündigten Arbeitnehmers ebenso wie dem berechtigten Interesse des Arbeitgebers an der Nichtbeschäftigung für die Dauer des Kündigungsschutzprozesses durch eine Regelungsverfügung gem. § 940 ZPO Rechnung getragen werden. Es bestehe ein **Widerspruch zum Willen des Gesetzgebers,** der durch § 102 Abs. 5 BetrVG, § 79 Abs. 2 BPersVG zum Ausdruck komme. Es werde in den Aufgabenbereich der Legislative eingegriffen und damit das Gewaltenteilungsprinzip verletzt (*Barton* NZA 1985, 77). Zumindest müssten auch zu Gunsten des jeweiligen Arbeitgebers im Rahmen der Interessenabwägung **grundrechtlich geschützte Positionen** berücksichtigt werden (insbes. Art. 12 Abs. 1, 2 Abs. 1 GG), sodass im Rahmen der Interessenabwägung eine **Grundrechtskollision** vorliegt, die dahin zu lösen ist, dass eine **Harmonisierung der beiderseits betroffenen Grundrechte** versucht wird (*Dütz* NZA 1986, 209).

3414 Nach Auffassung des *LAG RhPf* (NZA 1987, 535) gebieten es aber jedenfalls die Prinzipien der Rechtssicherheit, Rechtseinheit und der Voraussehbarkeit des Rechts, dass die Instanzgerichte ihre Möglichkeit, von der Rechtsprechung des Großen Senats abzuweichen, nur zurückhaltend ausnutzen.

3415 Inzwischen wird die Rechtsprechung des BAG von den Instanzgerichten auch tatsächlich weitgehend befolgt (APS/*Koch* § 102 BetrVG Rz. 234).

3. Auswirkung weiterer Kündigungen; Auflösungsantrag

3416 Zweifelhaft ist die Rechtslage dann, wenn der Arbeitgeber durch erstinstanzliches Urteil nach Feststellung der Unwirksamkeit der ausgesprochenen Kündigung zur Weiterbeschäftigung des Arbeitnehmers bis zum rechtskräftigen Abschluss des Rechtsstreits verurteilt worden ist und er weitere Kündigungen erklärt sowie dann, wenn er einen zulässigen Auflösungsantrag gem. § 9 KSchG stellt.

3417 Nach der Rechtsprechung des *BAG* (19.12.1985 EzA § 611 BGB Beschäftigungspflicht Nr. 17, 16.11.1995 EzA Art. 20 EinigungsV Nr. 47) gelten folgende Grundsätze:

a) Offensichtlich unwirksame Kündigung; Kündigung bei gleichem Lebenssachverhalt

3418 Hat ein ArbG festgestellt, dass eine bestimmte Kündigung unwirksam ist und hat es deshalb den Arbeitgeber zur Weiterbeschäftigung verurteilt, so hängt die Beantwortung der Frage, ob danach ausgesprochene Kündigungen den Weiterbeschäftigungsanspruch beenden, davon ab, ob sie zu einer **Ungewissheit über den Fortbestand des Arbeitsverhältnisses führen, die derjenigen entspricht, die vor Verkündung des Urteils bestanden hat, das die Unwirksamkeit der ersten Kündigung festgestellt hat.**

3419 Folglich beendet eine weitere offensichtlich unwirksame Kündigung den Weiterbeschäftigungsanspruch ebenso wenig wie eine weitere Kündigung, die auf dieselben Gründe gestützt wird, die nach Auffassung des ArbG schon für die erste Kündigung nicht ausgereicht haben.

b) Neuer Lebenssachverhalt

3420 Stützt dagegen der Arbeitgeber eine weitere Kündigung auf einen **neuen Lebenssachverhalt, der es möglich erscheinen lässt, dass die erneute Kündigung eine andere rechtliche Beurteilung erfährt, dann wird damit eine zusätzliche Ungewissheit über den Fortbestand des Arbeitsverhältnisses begründet, die das schutzwürdige Interesse des Arbeitgebers an der Nichtbeschäftigung wieder überwiegen lässt.**

Bei der Prüfung der Frage, ob es möglich ist, dass die Kündigung zu einer anderen Beurteilung führt, sind auch die Umstände zu berücksichtigen, die dafür sprechen, dass der neue Sachverhalt nur vorgeschoben ist (z.B. bei Kettenkündigungen). 3421

c) Geltendmachung durch den Arbeitgeber

Geltend zu machen sind die entsprechenden Umstände entweder im Berufungsverfahren gegen das die Verurteilung zur Weiterbeschäftigung enthaltende arbeitsgerichtliche Urteil oder durch eine gesondert zu erhebende Vollstreckungsgegenklage (vgl. dazu *Schäfer* NZA 1986, 691; s. aber auch *LAG Köln* 23.8.2001 NZA-RR 2002, 214: Wegfall der Vollstreckbarkeit bei Wegfall des Arbeitsplatzes; *LAG Hessen* 23.2.2002 ZTR 2002, 294 LS: weitere Kündigung ohne Aufhebung des Titels hindert nicht die Zwangsvollstreckung). 3422

d) Auflösungsantrag des Arbeitgebers

Die durch einen zulässigen Auflösungsantrag des Arbeitgebers nach § 9 KSchG begründete Ungewissheit über den Ausgang des Kündigungsschutzprozesses begründet ein schutzwertes Interesse des Arbeitgebers an der Nichtbeschäftigung des gekündigten Arbeitnehmers für die Prozessdauer i.S.d. Entscheidung des *BAG* (GS) vom 27.2.1985 (EzA § 611 BGB Beschäftigungspflicht Nr. 9; *BAG* 16.11.1995 EzA Art. 20 EinigungsV Nr. 47; **a.A.** *ArbG Frankf. a.M.* 4.11.2002 NZA-RR 2003, 196: Der Anspruch entfällt erst, wenn eine dem Auflösungsantrag stattgebende Entscheidung ergeht), es sei denn, dass der Antrag **offensichtlich unzulässig oder unbegründet** ist oder ein besonderes Beschäftigungsinteresse des Arbeitnehmers besteht (zutr. *Müller* BB 2004, 1849 ff.). 3423

4. Inhalt des allgemeinen Weiterbeschäftigungsanspruchs und Rechtslage nach rechtskräftiger Entscheidung über die Wirksamkeit/Unwirksamkeit der Kündigung

a) Freiwillige Weiterbeschäftigung durch den Arbeitgeber

aa) Rechte und Pflichten während der Weiterbeschäftigung

(1) Fortsetzung des ursprünglichen Arbeitsverhältnisses

> Fordert der Arbeitgeber einen gekündigten Arbeitnehmer nach Ablauf der Kündigungsfrist auf, seine Tätigkeit bis zur Entscheidung über die Kündigungsschutzklage fortzusetzen, um das Risiko hoher Lohnnachzahlungen nach rechtskräftiger Feststellung der Unwirksamkeit der Kündigung zu vermeiden und ist der Arbeitnehmer mit der Weiterarbeit bis zur rechtskräftigen Entscheidung einverstanden, so ist nach Auffassung des *BAG* (15.1.1986 EzA § 611 BGB Beschäftigungspflicht Nr. 10; vgl. APS/*Koch* § 102 BetrVG Rz. 241 ff.) i.d.R. davon auszugehen, dass die Parteien das ursprüngliche Arbeitsverhältnis fortsetzen wollen, bis Klarheit darüber besteht, ob die Kündigung wirksam ist oder nicht (s.o. Kap. 3 Rn. 1521 ff.). 3424

Zwar können die Parteien eines Arbeitsverhältnisses nach Ausspruch einer Kündigung durch den Arbeitgeber und nach Ablauf der Kündigungsfrist auch einen neuen, **befristeten Vertrag** abschließen oder vereinbaren, dass der frühere Vertrag auflösend bedingt bis zum rechtskräftigen Abschluss des Kündigungsschutzprozesses – mit allen Rechten und Pflichten aus dem Arbeitsvertrag – fortbestehen soll. Eine derartige ausdrückliche Vereinbarung wird **i.d.R. aber nicht** getroffen worden sein. Die Aufforderung des Arbeitgebers an den Arbeitnehmer, seine Tätigkeit nach Ablauf der Kündigungsfrist bis zur Entscheidung über eine laufende Kündigungsschutzklage fortzuführen, wird regelmäßig nicht auf den Vertragswillen der Beteiligten hindeuten, ein neues Arbeitsverhältnis zu begründen. Vielmehr soll das Arbeitsverhältnis, dessen Beendigung der Arbeitgeber durch die Kündigung zu erreichen sucht, fortgesetzt werden, bis endgültige Klarheit darüber besteht, ob und zu welchem Zeitpunkt die Kündigung das ursprünglich begründete Arbeitsverhältnis beendet hat. 3425

(2) Rechte und Pflichten der Parteien

3426 In der Zwischenzeit bestimmen sich die Rechte und Pflichten der Parteien grds. nach den Vereinbarungen des gekündigten Vertrages einschließlich der anzuwendenden arbeitsrechtlichen Schutzvorschriften, soweit diese nicht den Bestandsschutz zum Gegenstand haben (vgl. APS/*Koch* § 102 BetrVG Rz. 241 ff.; *Pallasch* BB 1993, 2225 ff.; **a.A.** *Barton/Hoensch* NZA 1987, 721).

3427 Deshalb stehen dem Arbeitnehmer, der während des fortgesetzten Arbeitsverhältnisses arbeitsunfähig wird, die für diesen Fall unabdingbaren gesetzlichen Ansprüche (z.B. gem. §§ 1, 3 ff. EFZG) zu.

3428 Zu beachten ist, dass dann, wenn der Arbeitgeber einen Arbeitnehmer auf Grund einer entsprechenden Verurteilung bis zum rechtskräftigen Abschluss des Kündigungsschutzrechtsstreits weiterbeschäftigt, diese Grundsätze nicht ohne weiteres gelten, sondern **nur dann, wenn eine entsprechende Vereinbarung** zwischen den Parteien zustande kommt und die Beschäftigung nicht nur infolge oder zur Abwendung der Zwangsvollstreckung erfolgt (MünchArbR/*Boewer* § 78 Rz. 41; s.u. Rn. 3433 ff.).

3429 Mangels ausdrücklicher Regelung im Arbeitsvertrag und mangels besonderer Umstände kann sich der im Rahmen eines Kündigungsschutzprozesses zur Weiterbeschäftigung verurteilte Arbeitgeber im Übrigen seiner Beschäftigungspflicht **nicht dadurch entziehen, dass er den Arbeitnehmer unter Fortzahlung der Vergütung freistellt** (*LAG Bln.* 13.10.2003 LAGE § 611 BGB 2002 Beschäftigungspflicht Nr. 2 = ZTR 2004, 50 LS).

bb) Rückabwicklung

3430 Stellt sich sodann heraus, dass die **Kündigung** das ursprünglich begründete Arbeitsverhältnis **beendet hat,** so war bei der Abrede über die Weiterbeschäftigung die vertragliche Grundlage des ursprünglichen Arbeitsverhältnisses für die Einigung der Beteiligten bereits weggefallen (vgl. *Pallasch* BB 1993, 2225 ff.).

3431 In diesem Fall sind die Rechtsbeziehungen der Parteien nach den Grundsätzen des faktischen Arbeitsverhältnisses abzuwickeln, wonach es sich um ein fehlerhaftes, vollzogenes Arbeitsverhältnis handelt, das primär nach Vertrauensschutzgesichtspunkten zu behandeln ist (*BAG* 15.1.1986 EzA § 611 BGB Beschäftigungspflicht Nr. 10; 4.9.1986 EzA § 611 BGB Beschäftigungspflicht Nr. 27; 10.3.1987 EzA § 611 BGB Beschäftigungspflicht Nr. 28; 17.1.1991 EzA § 611 BGB Beschäftigungspflicht Nr. 51; 12.2.1992 EzA § 611 BGB Beschäftigungspflicht Nr. 52; abl. *Ramrath* DB 1987, 92).

3432 Dem Arbeitnehmer verbleibt dann die für seine Arbeitsleistung gewährte Vergütung einschließlich der Ansprüche auf Krankenbezüge bei Arbeitsunfähigkeit gem. §§ 3 ff. EFZG. Eine Rückabwicklung der erbrachten Leistungen gem. §§ 812 ff. BGB kommt nicht in Betracht; es bestehen nur **Erfüllungsansprüche** (*BAG* 15.1.1986 EzA § 611 BGB Beschäftigungspflicht Nr. 10).

b) Weiterbeschäftigung infolge oder zur Abwendung der Zwangsvollstreckung auf Grund einer entsprechenden Verurteilung durch das ArbG

aa) Rechte und Pflichten während der Weiterbeschäftigung

3433 Fraglich ist, welche Ansprüche der Arbeitnehmer bis zur rechtskräftigen Entscheidung über die Kündigung geltend machen kann, wenn der Arbeitgeber ihn nur infolge oder zur Abwendung der Zwangsvollstreckung beschäftigt.

3434 Zum Teil (*Berkowsky* BB 1986, 795) wird die Auffassung vertreten, dass der Inhalt der Verpflichtung des Arbeitgebers zur Weiterbeschäftigung nur darin besteht, dem Arbeitnehmer einen (vertragsgerechten) Arbeitsplatz anzubieten und **(vertragsgerechte) Arbeit zuzu-**

weisen. Die Begründetheit aller anderen Ansprüche hänge dagegen allein davon ab, ob das ursprüngliche Arbeitsverhältnis und damit die hierdurch begründeten arbeitsvertraglichen gegenseitigen Rechte und Pflichten trotz Kündigung fortbestehen oder nicht. Entsprechende Leistungsklagen sollten gem. **§ 148 ZPO** ausgesetzt werden. Bei Wirksamkeit der Kündigung solle Rückabwicklung gem. **§§ 812 ff. BGB** erfolgen; das Weiterbeschäftigungsurteil sei kein Rechtsgrund i.S.d. § 812 Abs. 1 BGB, um die vom Arbeitgeber erhaltenen Leistungen behalten zu dürfen.

Zum Teil (*Färber/Kappes* NZA 1986, 215) wird demgegenüber die Auffassung vertreten, dass der Arbeitnehmer **alle**, aber auch nur diejenigen **Rechte** geltend machen könne (Vergütung, Sonderzuwendung, Sozialleistungen), **die einem Arbeitnehmer gem. § 102 Abs. 5 BetrVG** in einem gekündigten Arbeitsverhältnis zustehen. Denn unter »unveränderten Arbeitsbedingungen« seien die bei Ablauf der Kündigungsfrist bestehenden Arbeitsbedingungen zu verstehen. Folglich bestünden sowohl Urlaubs- als auch Entgeltfortzahlungsansprüche. Während der vorläufigen Weiterbeschäftigung könne der Arbeitnehmer aber **keine Rechte erwerben, die an seine Person** (z.B. § 9 MuSchG), **seine Betriebszugehörigkeit oder ein ungekündigtes Arbeitsverhältnis anknüpfen.** Entsprechende Leistungen seien dann, aber auch nur dann zu gewähren, wenn rechtskräftig feststehe, dass das Arbeitsverhältnis durch die Kündigung nicht beendet worden sei. 3435

Demgegenüber soll sich nach *Barton/Hönsch* (NZA 1987, 724), obwohl gerade nicht feststeht, dass die Kündigung wirksam ist, der Inhalt des Rechtsverhältnisses zwischen den Parteien bereits während der Weiterbeschäftigung nach den Regeln bestimmen, die nach der Rechtsprechung des BAG auch für die **Rückabwicklung** (s.u. Rn. 3439 ff.) dann anzuwenden sind, wenn rechtskräftig die Wirksamkeit der Kündigung festgestellt wird. Dies entspricht auch der Praxis der Bundesagentur für Arbeit, die insoweit weder Krankenbezüge, vermögenswirksame Leistungen, Beihilfen, Weihnachtsgeld noch Urlaubsgeld zahlt (abl. dazu *Schwerdtner* DB 1989, 878). 3436

bb) Rückabwicklung

(1) Kein faktisches Arbeitsverhältnis

Wird rechtskräftig die Wirksamkeit der Kündigung festgestellt, so sind für die Rückabwicklung dann, wenn der Arbeitnehmer nur infolge oder zur Abwendung der Zwangsvollstreckung weiterbeschäftigt worden ist, die Grundsätze über das faktische Arbeitsverhältnis entgegen einer zum Teil in Rechtsprechung (*ArbG Hmb.* 16.11.1987 DB 1988, 135) und Literatur (*Schäfer* DB 1982, 902) vertretenen Auffassung nicht anwendbar. Das *BAG* ([GS] 27.2.1985 EzA § 611 BGB Beschäftigungspflicht Nr. 9) geht insoweit davon aus, dass ein faktisches Arbeitsverhältnis immerhin voraussetzt, dass die Beschäftigung des Arbeitnehmers zwar ohne Rechtsgrund, aber doch regelmäßig **mit Wissen und Willen des Arbeitgebers** erfolgt, während jedem Arbeitgeber auf Grund arbeitsgerichtlicher Verurteilung die Weiterbeschäftigung des Arbeitnehmers gegen seinen Willen aufgezwungen wird, was zugleich die Vertragsfreiheit beeinträchtigt. Daraus folgt nach Auffassung des *BAG* ([GS] 27.2.1985 EzA § 611 BGB Beschäftigungspflicht Nr. 9), dass die beiderseitige Interessenlage bei Durchsetzung des Weiterbeschäftigungsanspruchs mit Zwangsmitteln nicht mit der zu vergleichen ist, die entsteht, wenn der von beiden Parteien gewollte und vollzogene Arbeitsvertrag sich als von Anfang an nichtig erweist. 3437

(2) Keine auflösend bedingte Fortsetzung des Arbeitsverhältnisses

Die Verurteilung zur Weiterbeschäftigung durch das ArbG bewirkt auch nicht, dass das ursprüngliche Arbeitsverhältnis auflösend bedingt durch die rechtskräftige Entscheidung über die Kündigungsschutzklage fortbesteht. Zahlt der Arbeitgeber in einem solchen Fall den Akkordlohn, so erfüllt er damit im Zweifel seine bei Unwirksamkeit der Kündigung bestehende Verpflichtung nach § 615 S. 1 BGB. Eine davon abweichende Vereinbarung hat der Arbeitnehmer darzulegen und zu beweisen (*BAG* 17.1.1991 EzA § 611 BGB Beschäftigungspflicht Nr. 51). 3438

(3) Rückabwicklung gem. §§ 812 ff. BGB

aaa) Grundlagen

3439 Besteht im konkreten Einzelfall auch kein sonstiger Rechtsgrund für die Weiterbeschäftigung, so richten sich die Lohn- und sonstigen Ansprüche des Arbeitnehmers nach den allgemeinen Bestimmungen, insbes. nach den §§ 812 ff. BGB.

3440 Da dem Arbeitgeber in diesen Fällen die Herausgabe der Arbeitsleistung des Arbeitnehmers nicht möglich ist, hat er gem. § 818 Abs. 2 BGB ihren Wert zu ersetzen. Dieser entspricht dem Tariflohn. Er kann aber auch darüber liegen. Dabei kann zunächst davon ausgegangen werden, was die Parteien als angemessen angesehen haben, als sie die Gegenleistung für den Wert der Arbeit vereinbart haben. Demgegenüber hat der Arbeitgeber darzulegen und zu beweisen, dass der Arbeitnehmer im Zeitraum der erzwungenen Weiterbeschäftigung eine niedriger zu bewertende Arbeitsleistung erbracht hat (*BAG* 12.2.1992 EzA § 611 BGB Beschäftigungspflicht Nr. 52).

3441 § 814 BGB (Ausschluss des Anspruchs bei Erbringung der Leistung in Kenntnis der Nichtschuld) steht dem im Zweifel nicht entgegen, weil der Ausgang eines Kündigungsschutzrechtsstreits für den Arbeitnehmer zum Zeitpunkt der Erbringung der Arbeitsleistung ungewiss ist.

bbb) Einzelfragen

3442 Zur üblichen Vergütung in diesem Sinne gehört auch eine zeitanteilige **Jahressonderzahlung,** wenn diese nach dem Inhalt der für das beendete Arbeitsverhältnis maßgeblichen Tarifregelung als auf den Weiterbeschäftigungszeitraum entfallender Lohn anzusehen ist (*BAG* 1.3.1990 EzA § 611 BGB Beschäftigungspflicht Nr. 41).

3443 Nicht zu ersetzen ist allerdings **Urlaub** (*BAG* 10.3.1987 EzA § 611 BGB Beschäftigungspflicht Nr. 28), der dem Arbeitnehmer nicht gewährt worden ist. Denn nach der ständigen Rechtsprechung des *BAG* (vgl. 14.5.1986 EzA § 7 BUrlG Nr. 45; s.o. Kap. 3 Rn. 2106) ist der Urlaub keine Gegenleistung des Arbeitgebers für erbrachte und noch zu erbringende Arbeitsleistung, sondern eine gesetzlich oder tariflich geregelte – vertraglich bedingte – Verpflichtung des Arbeitgebers, den Arbeitnehmer von dessen Verpflichtung zur Arbeitsleistung für die Dauer des Urlaubs freizustellen.

3444 Gleichfalls entfallen Ansprüche des Arbeitnehmers aus **§ 616 BGB,** weil sich im Falle der Arbeitsverhinderung nicht der Wert der Arbeitsleistung erhöht (*BAG* 10.3.1987 EzA § 611 BGB Beschäftigungspflicht Nr. 28). Gleiches gilt dann, wenn der Arbeitnehmer aus Gründen einer **Erkrankung** oder wegen **Schwangerschaft** tatsächlich keine Arbeitsleistung erbringt (MünchArbR/*Wank* § 120 Rz. 105).

3445 Wie der Wertausgleich dann zu bestimmen ist, wenn **Urlaub tatsächlich gewährt** worden ist, hat das *BAG* (10.3.1987 EzA § 611 BGB Beschäftigungspflicht Nr. 28) bislang offen gelassen. In der Literatur (*Barton/Hönsch* NZA 1987, 721) wird die Auffassung vertreten, dass der Arbeitnehmer dann, wenn bezahlter Urlaub gewährt worden ist, auf den er unter Berücksichtigung der Wirksamkeit der Kündigung keinen Anspruch hatte, um die entsprechenden Zahlungen bereichert ist. Sie sind daher im Rahmen der Saldierung zu seinen Lasten zu berücksichtigen, da sie vom Arbeitgeber ohne Rechtsgrund i.S.d. § 812 BGB gewährt worden sind.

3446 Daneben ist **§ 717 Abs. 2 ZPO** anwendbar (*BAG* 10.3.1987 EzA § 611 BGB Beschäftigungspflicht Nr. 28). Folglich sind vom Arbeitnehmer bei rechtskräftigem Unterliegen die Schäden zu ersetzen, in denen sich das spezifische Risiko verwirklicht, dessen Eintritt der Arbeitgeber mit seiner Kündigung für die Zukunft gerade ausschließen wollte (z.B. bei der Verzögerung oder Verhinderung von Rationalisierungsmaßnahmen wegen der Weiterbeschäftigung; vgl. *Barton/Hönsch* NZA 1987, 721).

S. Die Kündigung des Arbeitsverhältnisses durch den Arbeitnehmer

I. Ordentliche Kündigung

Der Arbeitnehmer kann das Arbeitsverhältnis **grds. jederzeit** ordentlich kündigen, sofern er die ordentliche Kündigungsfrist (z.B. gem. § 622 Abs. 1 BGB: vier Wochen zum 15. oder zum Ende eines Kalendermonats) einhält (zur Anfechtung einer Eigenkündigung gem. § 123 BGB vgl. *LAG München* 13.10.2005 – 3 Sa 431/05 – EzA-SD 11/06 S. 11 LS; **§ 4 KSchG gilt** in diesem Zusammenhang für den Arbeitnehmer **nicht**: *Sächs. LAG* 16.11.2007 – 2 Sa 100/07 – EzA-SD 6/2008 S. 7 LS). 3447

Wie die Kündigung des Arbeitgebers (s.o. Rn. 4 ff.), kann auch die Eigenkündigung des Arbeitnehmers auf Grund der gesetzlichen **Schriftform** des § 623 BGB (zu den Anforderungen insoweit bei einer **Blankounterschrift** des Arbeitnehmers s. *LAG Hamm* 11.6.2008 – 18 Sa 302/08 – EzA-SD 17/2008 S. 9 LS) seit dem 1.5.2000 grds. nicht mehr durch konkludentes Verhalten, also stillschweigend erfolgen. Das ist z.B. insbes. dann nicht der Fall, wenn der Arbeitnehmer unentschuldigt fehlt, weil es sich insoweit um ein bloßes faktisches Geschehen handelt; nichts anderes gilt i.d.R. beim kommentarlosen vorzeitigen Verlassen der Arbeitsstelle nach Streitereien zwischen den Vertragsparteien. 3448

Verlangt der Arbeitnehmer vom Arbeitgeber schriftlich die Herausgabe der ausgefüllten **Arbeitspapiere**, kann diese Erklärung u.U. als Eigenkündigung zu qualifizieren sein (*Frölich* NZA 1997, 1275). Das gilt aber dann nicht, wenn der Arbeitnehmer dieses Verlangen mündlich an den Arbeitgeber richtet, nachdem dieser gekündigt hatte und das Herausgabeverlangen damit begründet wird, dass der Arbeitnehmer eine Arbeit antreten wolle und der bisherige Arbeitgeber eine Beschäftigung ablehnt. Denn der Arbeitnehmer kommt dann neben der Nichteinhaltung der Schriftform allein der Pflicht zur Schadensminderung durch Annahme einer anderen Arbeit nach, wozu er auch die Arbeitspapiere benötigt (*LAG RhPf* 12.12.1996 ZTR 1998, 44). 3449

II. Außerordentliche Kündigung

1. Allgemeine Voraussetzungen

Für die außerordentliche Kündigung des Arbeitnehmers **gelten die gleichen Maßstäbe und Grundsätze wie für die außerordentliche Kündigung des Arbeitgebers** (*BAG* 19.10.1967 EzA § 124 GewO Nr. 1; *LAG Bln.* 23.3.1989 BB 1989, 1121; ausf. *Busemann/Schäfer* a.a.O., Rz. 168 ff.; APS/*Dörner* § 626 BGB Rz. 394 ff.): 3450

Die Kündigung muss gem. § 623 BGB **schriftlich** erfolgen (vgl. APS/*Preis* § 623 BGB Rz. 7 ff.; KDZ/*Däubler* § 623 BGB Rz. 8 ff.), ihr muss ein **wichtiger Grund** zugrunde liegen (*LAG RhPf* 22.4.2004 NZA-RR 2005, 251; *LAG Köln* 2.2.2000 NZA-RR 2000, 419), ihr hat i.d.R. eine **Abmahnung** vorauszugehen (*BAG* 17.1.2002 EzA § 628 BGB Nr. 20 = NZA 2003, 816 LS; *LAG Düsseld.* 24.11.1995 LAGE § 140 BGB Nr. 12; *LAG Köln* 8.6.2005 – 7 Sa 679/04 – EzA-SD 6/06 S. 7 LS; *LAG Köln* 29.3.2006 – 2 Sa 1571/05 – EzA-SD 21/06 S. 8 LS; vgl. auch *BSG* 6.2.2003 – B 7 AL 72/01 R – EzA-SD 4/03, S. 16 LS), die Ausschlussfrist des **§ 626 Abs. 2 BGB** ist anzuwenden und es hat eine umfassende **Interessenabwägung** stattzufinden. **Für den wichtigen Grund ist der Arbeitnehmer darlegungs- und beweispflichtig.** 3451

Nach Auffassung des *LAG Bln.* (23.3.1989 BB 1989, 1121; ebenso *LAG Hamm* 17.2.1995 – 10 Sa 1126/94 – n.v.; vgl. auch *LAG Köln* 2.2.2000 ARST 2000, 213 LS) ist es nicht rechtsmissbräuchlich, wenn sich der Arbeitnehmer beim Fehlen eines wichtigen Grundes später selbst auf die Unwirksamkeit der Kündigung beruft. Das *BAG* (4.12.1997 EzA § 626 BGB Eigenkündigung Nr. 1; abl. dazu *Singer* NZA 1998, 1309 ff.; vgl. auch *Bonkowski* ArbuR 1998, 423; APS/*Dörner* § 626 BGB Rz. 396) vertritt demge- 3452 genüber die gegenteilige Auffassung jedenfalls für den Fall, dass der Arbeitnehmer selbst unmissverständlich und definitiv außerordentlich gekündigt hat. Dies gilt sowohl hinsichtlich des Fehlens eines wichtigen Grundes, als auch hinsichtlich der Einhaltung einer vereinbarten Schriftform. Dies wird wohl auch für den Fall der Nichteinhaltung der nunmehr seit dem 1.5.2000 geltenden gesetzlichen Schriftform für die Arbeitnehmerkündigung gem. § 623 BGB (s.o. Rn. 4 ff.) gelten. Im Übrigen ist es aber auch danach dem Arbeitnehmer grds. nicht verwehrt, sich auf die Unwirksamkeit z.B. wegen des fehlenden Kündigungsgrundes zu berufen. Lediglich besondere Umstände können ein Berufen darauf als rechtsmissbräuchlich erscheinen lassen (*BAG* 16.1.2003 EzA § 242 BGB 2002 Kündigung Nr. 3 = NZA 2004, 512 LS).

3453 **Beispiele:**

- Der Arbeitnehmer ist nicht zur außerordentlichen Kündigung berechtigt, wenn der Arbeitgeber vor Eintritt der Rechtskraft des der Kündigungsschutzklage des Arbeitnehmers stattgebenden Urteils noch nicht zu einer vertragsgemäßen Beschäftigung zurückkehrt, sondern lediglich eine Zwischenbeschäftigung zur Minderung seines Verzugslohnrisikos gem. § 615 S. 2 BGB anbietet (*LAG Bln.* 17.1.2003 – 6 Sa 1735/02 – EzA-SD 6/03, S. 10 LS).
- Nur ausnahmsweise kann die außerordentliche Chance eines **besonderen beruflichen Fortkommens** ausreichen. Allein das Angebot wesentlich günstigerer Bedingungen (z.B. Vereinbarung eines unbefristeten an Stelle eines befristeten Arbeitsverhältnisses) reicht nicht aus (*LAG SchlH* 30.1.1991 LAGE § 626 BGB Nr. 59). Gleiches gilt für die Möglichkeit, ein erheblich **höheres Gehalt** zu erzielen (*BAG* 1.10.1970 EzA § 626 BGB n.F. Nr. 6).
- Nach erfolgloser Abmahnung kann der Arbeitnehmer wegen **Nichtzahlung des Entgelts** fristlos kündigen, wenn der Arbeitgeber entweder zeitlich oder dem Betrag nach erheblich in Verzug kommt (*BAG* 17.1.2002 EzA § 628 BGB Nr. 20 = NZA 2003, 816 LS; 26.7.2007 EzA § 628 BGB 2002 Nr. 6 = NZA 2007, 1419; *LAG Hamm* 29.9.1999 NZA-RR 2000, 242). Auch **verhältnismäßig geringe Lohnrückstände** können dann einen wichtigen Grund i.S.d. § 626 BGB darstellen, wenn der Arbeitgeber den Lohn willkürlich oder ohne nachvollziehbare Begründung verweigert (*BAG* 26.7.2001 EzA § 628 BGB Nr. 19). Dem steht nicht entgegen, dass der Arbeitnehmer als Vorsitzender des Betriebsrats beim Arbeitgeber an einer Vereinbarung mitgewirkt hat, wonach verspätete Zahlungen durch den Betriebsrat ausdrücklich gebilligt werden. Denn ein solches Moratorium kann jederzeit beendet werden (*LAG Nbg.* 4.7.2001 NZA-RR 2002, 128). Gleiches gilt, wenn es der Arbeitgeber über einen längeren Zeitraum hinweg (z.B. länger als ein Jahr) unterlässt, die einbehaltenen **Lohnsteuer- und Sozialversicherungsbeiträge** abzuführen (*LAG BW* 30.5.1968 BB 1968, 874). Die außerordentliche Kündigung des Arbeitnehmers verbunden mit **sofortiger Arbeitsniederlegung** wegen von ihm erwarteter verspäteter Gehaltszahlung ist unwirksam, wenn sie **vor Fälligkeit der Vergütung** erfolgt und keine Anhaltspunkte dafür vorliegen, dass der Arbeitgeber zahlungsunfähig ist (*LAG Hamm* 14.2.2001 – 14 Sa 1829/00). Gleiches gilt für eine außerordentliche Kündigung wegen **wirtschaftlicher Schwierigkeiten** des Arbeitgebers (*ArbG Frankf./M.* 20.4.1999 NZA-RR 2000, 82).
- Wenn ein Verkaufsgebietsleiter ein berechtigtes Interesse daran hat, bis zum Ablauf der Kündigungsfrist beschäftigt zu werden, weil der weit überwiegende Teil seiner Vergütung aus Provisionen besteht, ist er bei einer **unzulässigen Suspendierung** durch den Arbeitgeber zur fristlosen Kündigung berechtigt (*BAG* 19.8.1976 EzA § 611 BGB Beschäftigungspflicht Nr. 1). Gleiches gilt bei einer **unberechtigten Teilsuspendierung**, wenn dem Arbeitnehmer wesentliche Aufgaben entzogen worden sind und die Anordnung des Arbeitgebers für ihn **kränkend** ist (*BAG* 15.6.1972 EzA § 626 BGB n.F. Nr. 14).
- Zur Eigenkündigung wegen Mobbing vgl. *LAG Hessen* 27.3.2001 NZA-RR 2002, 581.

- Die im Anschluss an § 8 Abs. 2 ErsatzschulfinanzG NW arbeitsvertraglich festgelegte **Gleichstellung mit einem beamteten Lehrer** ermöglicht es einem angestellten Lehrer nicht, entgegen der vertraglich ausbedungenen ordentlichen Kündigungsfrist mit sofortiger Wirkung aus dem Arbeitsverhältnis auszuscheiden.
- Das in einem solchen, auf Lebenszeit abgeschlossenen Vertrag aufgestellte Erfordernis der Einhaltung einer Kündigungsfrist von sechs Monaten verstößt nicht gegen Art. 12 GG (*BAG* 24.10.1996 EzA Art. 12 GG Nr. 29).
- Die auf Verlangen erfolgte **ständige und erhebliche Überschreitung der zulässigen Arbeitszeit** kann dem Arbeitnehmer auch dann einen wichtigen Grund zur fristlosen Kündigung geben, wenn er zunächst bereit war, verbotene Mehrarbeit zu leisten. Wenn der Arbeitnehmer aus dem Verhalten des Arbeitgebers schließen darf, dass dieser nicht bereit ist, die Schutzvorschriften der AZO (jetzt des ArbZG) zu beachten, dann muss er vor Ausspruch der Kündigung zunächst nicht versuchen, den Arbeitgeber zur künftigen Einhaltung der zulässigen Arbeitszeit zu bewegen (*BAG* 28.10.1971 EzA § 626 BGB n.F. Nr. 9).
- Von einem Arbeitnehmer, der nach ärztlichem Urteil wegen seines **Gesundheitszustandes** auf Dauer nur noch halbtags leichte Büroarbeit verrichten kann, hat das *BAG* (2.2.1973 EzA § 626 BGB n.F. Nr. 27) verlangt, dass er, bevor er wegen Krankheit fristlos kündigt, dem Arbeitgeber Gelegenheit gibt, ihn nach Maßgabe seiner verbliebenen Arbeitskraft weiter zu beschäftigen. Ohne ein solches Angebot des Arbeitnehmers ist dessen außerordentliche Kündigung i.d.R. rechtsunwirksam.

2. Prozessuale Fragen

Der Arbeitgeber kann u.U. auf Feststellung klagen, eine außerordentliche Kündigung des Arbeitnehmers sei unwirksam. Er besitzt das gem. § 256 ZPO erforderliche **Feststellungsinteresse** jedenfalls dann, wenn er durch die fristlose Kündigung in seinem **Ansehen betroffen** ist (*BAG* 20.3.1986 EzA § 256 ZPO Nr. 25; vgl. auch *BAG* 24.10.1996 EzA Art. 12 GG Nr. 29; APS/*Dörner* § 626 BGB Rz. 395); in dieser Fallkonstellation sind die Voraussetzungen des § 256 ZPO ohne Einschränkungen gegeben. Das ist z.B. dann der Fall, wenn der Arbeitnehmer schwere Vorwürfe gegen den Arbeitgeber erhebt und damit seine außerordentliche Kündigung begründet, wenn diese geeignet sind, das Ansehen des Arbeitgebers zu beeinträchtigen und es in Zukunft zu erschweren, besonders geeignete und qualifizierte Arbeitnehmer vertraglich an sich zu binden. 3454

Das gilt auch für Arbeitgeber, die im Rechtsverkehr als **juristische Person** auftreten, weil sie heute allgemein als Träger des Rechts auf Ehre (allgemeines Persönlichkeitsrecht) anerkannt sind sowie für nicht rechtsfähige Personengesamtheiten, wie z.B. Gewerkschaften. 3455

Eine vom Arbeitnehmer bestrittene mündliche Eigenkündigung kann im Allgemeinen nur dann als bewiesen nach Maßgabe des § 286 ZPO angenommen werden, wenn die Beweiserhebung ihre wörtliche Formulierung und deren Kontext ergeben hat, da erfahrungsgemäß Fehldeutungen durch den Erklärungsempfänger häufig vorkommen (Verwechslung von Ankündigung, Androhung und Ausspruch, Überhören einer mehr oder weniger deutlich ausgesprochenen Bedingung, Missdeutung bloßer Unmutsäußerung mit erkennbar fehlender Ernstlichkeit usw.; *LAG Köln* 9.8.1996 NZA 1997, 718 LS). 3456

III. Umdeutung

Eine Umdeutung einer **unwirksamen außerordentlichen Kündigung in eine ordentliche Kündigung** (§ 140 BGB) kommt in Betracht, wenn der Kündigende Tatsachen vorgetragen hat, die darauf hindeuten, dass sie nach den gegebenen Umständen seinem **mutmaßlichen Willen entsprach** und dieser Wille dem Gekündigten bei Zugang der Kündigung erkennbar geworden ist (*LAG RhPf* 22.4.2004 NZA-RR 2005, 251; *LAG Hamm* 17.2.1995 – 10 Sa 1126/94 – n.v.). 3457

Eine unwirksame fristlose Eigenkündigung kann auch **in ein Vertragsangebot zur sofortigen einverständlichen Beendigung des Arbeitsverhältnisses** umgedeutet werden, wenn es 3458 dem mutmaßlichen Willen des Arbeitnehmers entspricht, auch beim Fehlen eines wichtigen Grundes gleichwohl unter allen Umständen das Arbeitsverhältnis sofort zu beenden. **Dies setzt aber voraus, dass der Arbeitgeber die Unwirksamkeit der fristlosen Eigenkündigung des Arbeitnehmers erkannt hat, diese als Angebot zur Vertragsaufhebung werten kann und diesem mutmaßlichen Willen zu entsprechen bereit ist** (*LAG Düsseld.* 24.11.1995 LAGE § 140 BGB Nr. 12).

IV. Anfechtung der Eigenkündigung

3459 Der Arbeitnehmer kann die von ihm erklärte Kündigung nach den allgemeinen Grundsätzen (§§ 119 ff., 123 f. BGB) anfechten. In Betracht kommt dies insbes. dann, wenn er durch seine Kündigung einer angekündigten insbes. fristlosen Arbeitgeberkündigung zuvorkommen will.

3460 Insoweit gelten folgende Grundsätze:
Die Drohung mit einer außerordentlichen Kündigung ist widerrechtlich i.S.d. § 123 Abs. 1 BGB, wenn ein verständiger Arbeitgeber eine solche Kündigung nicht ernsthaft in Erwägung ziehen durfte.
Wenn unter Abwägung aller Umstände des Einzelfalls der Arbeitgeber davon ausgehen muss, die angedrohte Kündigung werde im Falle ihres Ausspruchs einer arbeitsgerichtlichen Überprüfung mit hoher Wahrscheinlichkeit nicht stand halten, weil eine Abmahnung als Reaktion ausreichend ist, darf er die Kündigung nicht in Aussicht stellen, um damit den Arbeitnehmer zu einer Eigenkündigung zu veranlassen (*BAG* 9.3.1995 NZA 1996, 875).

V. Rechtsmissbräuchliche Berufung auf eine Kündigung in einem emotionalen Ausnahmezustand

3461 Erklärt ein Arbeitnehmer **nach langjähriger Betriebszugehörigkeit** auf Grund unberechtigter Vorwürfe des Arbeitgebers in einem Zustand **unverkennbarer emotionaler Erregung** die außerordentliche Kündigung und liegt es für den Arbeitgeber auf der Hand, dass der Arbeitnehmer – zu Ruhe und Besinnung gekommen – voraussichtlich seine übereilte Erklärung bedauern und an dem Arbeitsverhältnis festhalten wird, so ist das Vertrauen des Arbeitgebers auf die Beendigung des Arbeitsverhältnisses nach Auffassung des *LAG Köln* (2.2.2000 NZA-RR 2000, 419) **nicht schutzwürdig. Beruft er sich auf die Eigenkündigung, handelt er rechtsmissbräuchlich (§ 242 BGB).**

Kapitel 5
Befristete und auflösend bedingte Arbeitsverhältnisse

Übersicht

A. Die Befristung des Arbeitsverhältnisses

I. Die Umgehungsrechtsprechung des BAG (Rechtslage bis zum 31.12.2000)

1. Grundsatz der Vertragsfreiheit; Begriffsbestimmungen; Wertungswiderspruch zum KSchG

1 Gem. §§ 241, 305 BGB ist die Vereinbarung befristeter Arbeitsverhältnisse unter dem Gesichtspunkt der Vertragsfreiheit zulässig. § 620 BGB lässt folglich die Zeit- und Zweckbefristung nach seinem Wortlaut ohne Einschränkung zu.

2 Es besteht aber zum Kündigungsschutz, insbes. nach Maßgabe des KSchG, ein Wertungswiderspruch, weil danach die Beendigung des Arbeitsverhältnisses nur bei Vorliegen besonderer Gründe möglich ist. **Deshalb ist entgegen dem Wortlaut des § 620 BGB auf Grund der nach In-Kraft-Treten des BGB entstandenen Entwicklung die Befristung von Arbeitsverhältnissen nur eingeschränkt zulässig.**

2. Notwendigkeit eines sachlichen Grundes für die Befristung

3 Nach der ständigen Rechtsprechung des *BAG* (grundlegend GS 12.10.1960 AP Nr. 16 zu § 620 BGB Befristeter Arbeitsvertrag) besteht ein schutzwürdiges Interesse für die Befristung eines Arbeitsvertrages nur dann, **wenn die Befristung durch sachliche Gründe gerechtfertigt ist** (vgl. *Hofmann* ZTR 1993, 399 ff.; APS/*Backhaus* § 620 BGB Rz. 39 ff.; KR/*Lipke* § 620 BGB Rz. 65 ff.). **Die Befristung ist dann unzulässig, wenn sie als rechtliche Gestaltungsmöglichkeit objektiv funktionswidrig verwendet wird.** Das ist dann der Fall, wenn der durch die Kündigungsschutzbestimmungen geleistete **Bestandsschutz des Arbeitsverhältnisses objektiv vereitelt wird und dafür kein sachlicher Grund vorliegt.** Eine Umgehungsabsicht ist nicht erforderlich (Theorie der objektiven Gesetzesumgehung; vgl. zuletzt *BAG* 19.2.2003 NZA 2003, 1360 LS).

Die befristeten Verträge müssen ihre sachliche Rechtfertigung so in sich tragen, dass sie die Kündigungsschutzvorschriften nicht beeinträchtigen.

3. Objektive Umgehung des Bestandsschutzes

a) Rechtslage bei Nichtanwendbarkeit des KSchG

4 Ein befristeter Arbeitsvertrag von **nicht mehr als sechs Monaten oder von mehr als sechs Monaten in einem Kleinbetrieb** (§ 23 Abs. 1 S. 2 KSchG) bedarf deshalb, weil das KSchG (noch) nicht anwendbar ist, nur dann eines sachlichen Grundes, wenn durch die Befristung ein besonderer gesetzlicher Bestandsschutz objektiv umgangen wird.

b) Umgehung besonderen Kündigungsschutz begründender Normen

5 In Betracht kommt aber auch vor Anwendbarkeit des KSchG z.B. die **Umgehung der § 9 MuSchG, § 18 BEEG, §§ 85, 91 SGB IX, § 15 KSchG, § 103 BetrVG.** Wird der Arbeitnehmer erst **während des befristeten Arbeitsverhältnisses** Amtsträger i.S.d. § 15 KSchG, § 103 BetrVG, so bleibt die Befristung zwar wirksam, weil für die Beurteilung ihrer Rechtmäßigkeit auf den Zeitpunkt des Vertragsabschlusses abzustellen ist (s.u. Rn. 16). Wird allerdings im Anschluss an einen befristeten Arbeitsvertrag des Amtsträgers erneut (nur) ein befristeter Arbeitsvertrag geschlossen, so sind an den Befristungsgrund besonders hohe Anforderungen zu stellen (*BAG* 17.2.1983 EzA § 620 BGB Nr. 64).

6 Gleiches gilt, wenn die besondere Eigenschaft (z.B. Schwangerschaft, vgl. § 9 MuSchG) zwar zum Zeitpunkt des Abschlusses des befristeten Arbeitsvertrages besteht, dem Arbeitgeber aber **(noch) nicht bekannt** ist.

7 Bei **schwer behinderten Arbeitnehmern,** deren Arbeitsverhältnis auf mehr als sechs Monate befristet ist (zuvor gelten §§ 85 ff. SGB IX gem. § 90 Abs. 1 Nr. 1 SGB IX nicht) gelten dann, wenn die Schwerbehinderung während der Laufzeit des befristeten Arbeitsverhältnisses anerkannt wird, die **gleichen Grundsätze** (KR/*Lipke* § 620 BGB Rz. 107 ff.). Ist die Schwerbehinderung bis zum Auslaufen des befristeten Arbeitsverhältnisses **nicht anerkannt,** dann kann der Befristungsschutz nicht weiter reichen als der Kündigungsschutz.

8 Soll ein Arbeitsverhältnis bis zur Einberufung zum **Wehrdienst** befristet werden, so bedarf es eines sachlichen Grundes, der sich nicht auf den Wehrdienst bezieht. Dies folgt aus der gesetzgeberischen Wertung in § 2 Abs. 2 ArbPlSchG (MünchArbR/*Wank* § 116 Rz. 44).

9 Auch die Befristung eines Arbeitsvertrages, bei dem wegen der geringen Zahl der im Betrieb beschäftigten Arbeitnehmer eine Umgehung des allgemeinen Kündigungsschutzes nicht in Betracht kommt, bedarf eines sachlichen Grundes, wenn sie zur **Umgehung des Kündigungsschutzes nach § 613a Abs. 4 BGB objektiv geeignet ist** (*BAG* 2.12.1998 EzA § 620 BGB Nr. 161).

10 Bei befristeten Arbeitsverträgen mit **leitenden Angestellten** ist zu beachten, dass sie die Beendigung des Arbeitsverhältnisses zwar auf Grund einer sozialwidrigen Kündigung, nicht aber auf Grund einer gerichtlichen Auflösung gem. § 14 Abs. 2 S. 2 KSchG i.V.m. §§ 9, 10 KSchG verhindern können, weil ein Auflösungsantrag des Arbeitgebers dann keiner Begründung bedarf. Allerdings erfolgt die Auflösung gegen Zahlung einer Abfindung. Daraus folgt, dass auch die Befristung eines Arbeitsvertrages mit einem leitenden Angestell-

ten dann – aber auch nur dann – **keines sachlichen Grundes bedarf**, wenn dieser wegen seines Ausscheidens einen **finanziellen Ausgleich erhält**, der einer Abfindung nach §§ 9, 10 KSchG gleichwertig ist (*BAG* 26.4.1979 EzA § 620 BGB Nr. 39; *BSG* 15.12.1999 – B 11 AL 33/99 R).

4. Sachlicher Grund für die Befristung

a) Grundlagen

11 Für die Zulässigkeit der Befristung reicht es aus, wenn **objektiv ein sachlicher Grund** für die Befristung vorliegt (vgl. *Sowka* BB 1994, 1001 ff.; APS/*Backhaus* § 620 BGB Rz. 108 ff.). Die Wirksamkeit der Befristung hängt also grds. nicht davon ab, ob der Sachgrund zum Gegenstand der arbeitsvertraglichen Vereinbarung gemacht wurde (*BAG* 22.10.2003 EzA § 620 BGB 2002 Nr. 8). Einige Gesetze und Tarifverträge erkennen demgegenüber einen sachlichen Grund nur dann an, wenn dieser Grund bzw. die Befristungsgrundform auch ausdrücklich zum **Inhalt des Vertrages** gemacht worden ist vgl. SR 2y; s.u. Rn. 19. Zu beachten ist, dass ein **Anspruch des Arbeitnehmers aus einer Zusage des Arbeitgebers auf Abschluss eines unbefristeten Arbeitsvertrages nicht zur Unwirksamkeit einer Befristung führt, die entgegen der Zusage des Arbeitgebers vereinbart wurde** (*BAG* 25.4.2001 EzA § 620 BGB Nr. 177).

b) Tarifnormen

12 Das **Kündigungsschutzrecht** als zwingendes Arbeitnehmerschutzrecht **ist nicht tarifdispositiv.** Deshalb bedürfen auch Tarifverträge, die eine Befristung zulassen, eines sachlichen Grundes. Dabei können sie sich allerdings auch auf die sachlichen Gründe nach § 1 BeschFG (jetzt: § 14 TzBfG) stützen. Ob das der Fall ist, ist durch Auslegung zu ermitteln. Das *BAG* (4.12.1969, 30.9.1971, AP Nr. 32, 36 zu § 620 BGB Befristeter Arbeitsvertrag) geht regelmäßig davon aus, dass die Tarifvertragsparteien das Vorliegen eines sachlichen Grundes **zutreffend überprüft** haben (»tarifdispositives Richterrecht«).

c) Prüfungsmaßstab

13 Maßgeblich für die Beurteilung des Vorliegens eines sachlichen Grundes für die Befristung ist im Übrigen die Auffassung verständiger und verantwortungsbewusster Vertragspartner sowie die Üblichkeit im Arbeitsleben (*BAG* 5.3.1970 AP Nr. 34 zu § 620 BGB Befristeter Arbeitsvertrag, 22.3.1973 EzA § 620 BGB Nr. 18; vgl. KR/*Lipke* 5. Aufl., § 620 BGB Rz. 124 ff.; APS/*Backhaus* § 620 BGB Rz. 108 ff.).

d) Grund und Dauer der Befristung

14 Die von den Parteien vereinbarte Dauer eines Arbeitsverhältnisses ist an den Sachgründen für die Befristung zu orientieren. Es muss also im konkreten Einzelfall bereits bei Abschluss des jeweiligen Vertrages ersichtlich sein, dass **auch die gewählte Zeitdauer** des Vertrages sachlich gerechtfertigt ist (*BAG* 16.6.1976 EzA § 620 BGB Nr. 28). Nach Auffassung des 7. Senats des *BAG* (26.8.1988 EzA § 620 BGB Nr. 102) handelt es sich allerdings **nicht um eine eigenständige Wirksamkeitsvoraussetzung.**

15 Die im Einzelfall vereinbarte Vertragsdauer hat vielmehr nur **Bedeutung im Rahmen der Prüfung des sachlichen Befristungsgrundes** selbst:
Sie muss sich am Sachgrund der Befristung orientieren und so mit ihm in Einklang stehen, dass sie nicht gegen das Vorliegen des Sachgrundes spricht. Maßgeblich ist auch insoweit die Üblichkeit des Arbeitslebens, wobei die Üblichkeit nach Auffassung verständiger und verantwortungsbewusster Vertragspartner berechtigt sein muss.

e) Maßgeblicher Zeitpunkt; Fehlprognose; Wiedereinstellungsanspruch

Als sachlicher Grund kommen grds. nur solche Umstände in Betracht, die im **Zeitpunkt des Abschlusses des befristeten Arbeitsvertrages** vorgelegen haben; maßgeblicher Zeitpunkt für die Beurteilung der Befristungsabrede ist der Vertragsabschluss (*BAG* 7.7.1999 EzA § 620 BGB Nr. 167; 24.10.2001 EzA § 620 BGB Nr. 180). Die Prognoseentscheidung des Arbeitgebers muss auf sachlichen Anhaltspunkten beruhen (*BAG* 29.9.1982, 3.12.1982 EzA § 620 BGB Nr. 58, 63). 16

Mit zunehmender Dauer der Beschäftigung bei demselben Arbeitgeber steigen die Anforderungen an den Grund der Befristung. Das gilt auch für die Befristung von Arbeitsverträgen aus Gründen der Vertretung. Es sind dann an die Prognose, der Vertretungsbedarf werde wegen Rückkehr des Vertretenen enden, höhere Anforderungen zu stellen (*BAG* 11.12.1991 EzA § 620 BGB Nr. 110). Bei einer bereits langjährig beschäftigten Vertretungskraft muss der Arbeitgeber besonders sorgfältig prüfen, ob noch mit einer Rückkehr des zu vertretenden Mitarbeiters zu rechnen ist. Auf den zu erwartenden Zeitpunkt der Rückkehr kommt es jedoch nicht an (*BAG* 22.11.1995 EzA § 620 BGB Nr. 138; APS/*Backhaus* § 620 BGB Rz. 134 ff.). 17

Entfällt der bei Vertragsschluss gegebene Sachgrund während der Laufzeit des befristeten Arbeitsverhältnisses, so wandelt sich das befristete Arbeitsverhältnis nicht von selbst in ein unbefristetes Arbeitsverhältnis um. Dem Arbeitnehmer kann allenfalls ein Anspruch auf Neubegründung eines Arbeitsverhältnisses für die Zukunft zustehen (*BAG* 15.8.2001 EzA § 620 BGB Nr. 182). Dieser ist jedenfalls nach Ablauf einer rechtswirksamen Befristung durch Leistungsklage auf Abgabe einer Willenserklärung des Arbeitgebers geltend zu machen (*BAG* 19.9.2001 EzA § 1 BeschFG 1985 Klagefrist Nr. 7). 18

f) Verhältnis zu tariflichen Normen

Nach der Protokollnotiz 2 zu Nr. 1 der SR 2 y (Sonderregelungen für Zeitangestellte, Angestellte für Aufgaben von begrenzter Dauer und für Aushilfsangestellte) zum BAT ist der Abschluss eines Zeitvertrages im Anwendungsbereich dieser Normen für die Dauer von mehr als fünf Jahren unzulässig. Mit Ärzten, Zahnärzten und Tierärzten können allerdings Zeitverträge bis zur Dauer von sieben Jahren geschlossen werden, wenn sie zum Facharzt ausgebildet werden. 19

Diese Höchstgrenze wird nach Auffassung des 2. Senates des *BAG* (26.5.1983 EzA § 620 BGB Nr. 67) dann objektiv umgangen, wenn die Gesamtdauer mehrerer aneinander gereihter befristeter Verträge diese Höchstfrist überschreitet und die einzelnen Zeitverträge nicht jeweils auf anderen, sondern auf denselben oder gleichartigen Gründen beruhen. Bei der Berechnung der Gesamtdauer der befristeten Beschäftigung im Bereich der Hochschule können auch sog. befristete Privat-Dienstverträge mit Hochschullehrern zu berücksichtigen sein. 20

Demgegenüber ist der inzwischen allein für Befristungen zuständige 7. Senat (*BAG* 21.6.1983 EzA § 620 BGB Nr. 68; 22.3.1985 AP Nr. 89, 90 zu § 620 BGB Befristeter Arbeitsvertrag, EzA § 620 BGB Nr. 121) der Auffassung, dass diese Norm nur verbietet, einen Zeitvertrag von vornherein für die Dauer von mehr als fünf Jahren abzuschließen; mehrere aneinander gereihte Arbeitsverträge können dagegen die Dauer von fünf Jahren überschreiten. 21

Nach der Tarifvorschrift Nr. 2 Abs. 1 SR 2 y ist im Arbeitsvertrag zu vereinbaren, ob der Angestellte als Zeitangestellter, als Angestellter für Aufgaben von begrenzter Dauer oder als Aushilfsangestellter eingestellt wird, die Frist anzugeben, mit deren Ablauf das Arbeitsverhältnis enden soll bzw. die Aufgabe zu bezeichnen. Im Arbeitsvertrag eines Aushilfsangestellten ist anzugeben, ob und für welche Dauer er zur Vertretung oder zeitweilig zur Aus- 22 hilfe beschäftigt wird. Diese Vorschrift **verlangt** aber nach der Rechtsprechung des *BAG* (20.2.1991 EzA § 620 BGB Nr. 109) **nicht die Angabe des konkreten sachlichen Befristungsgrundes** im Arbeitsvertrag, sondern nur die Vereinbarung der einschlägigen tariflichen Befristungsgrundform (*BAG* 5.6.2002 EzA § 620 BGB Nr. 193; zu § 14 Abs. 2 TzBfG jetzt *BAG* 28.3.2007 – 7 AZR 318/06 – NZA 2007, 937), also die Vereinbarung, ob der Angestellte als Zeitangestellter, als Angestellter für Aufgaben von begrenzter Dauer oder als Aushilfsangestellter eingestellt worden ist. Ist die Befristungsgrundform des Zeitangestellten gem. Nr. 1a SR 2 y BAT vereinbart, kann sich der Arbeitgeber zur Rechtfertigung der Befristung grds. auf die Sachgründe berufen, die dieser Befristungsgrundform zuzuordnen sind; dazu gehört auch der Sachgrund des außergerichtlichen Vergleichs (*BAG* 22.10.2003 EzA § 620 BGB 2003 Nr. 8).

23 Liegen **mehrere sachliche Gründe** für die Befristung eines Arbeitsvertrages vor, die jeweils verschiedenen tariflichen Befristungsgrundformen zuzuordnen sind, so bedarf es der Vereinbarung dieser verschiedenen tariflichen Grundformen im Arbeitsvertrag, wenn alle gegebenen Sachgründe für die Befristungskontrolle Berücksichtigung finden sollen (*BAG* 20.2.1991 EzA § 620 BGB Nr. 109).

Haben die Parteien beim Abschluss eines befristeten Arbeitsvertrages die anzugebende tarifliche Befristungsform **falsch bezeichnet,** weil sie den für die Befristung maßgebenden konkreten Sachgrund einer rechtlich unzutreffenden tariflichen Befristungsform zugeordnet haben, so hindert diese unrichtige Zuordnung den Arbeitgeber jedenfalls dann nicht, sich auf den tatsächlichen Befristungsgrund zu berufen, wenn dieser im Arbeitsvertrag schlagwortartig angegeben ist und dem Arbeitnehmer die näheren Einzelheiten bekannt sind (*BAG* 8.4.1992 EzA § 620 BGB Nr. 115). Insoweit ist eine **bestimmte Ausdrucksweise** für die Vereinbarung der Befristungsgrundform **nicht vorgeschrieben**. Vielmehr ist durch **Auslegung des Arbeitsvertrages zu ermitteln,** welche Befristungsgrundform die Parteien vereinbart haben. Auch missverständliche und nach dem juristischen Sprachgebrauch unzutreffende Formulierungen sind unschädlich, wenn sich ein übereinstimmender Wille der Vertragspartner feststellen lässt (*LAG Köln* 24.2.2006 NZA-RR 2006, 498).

24 Wird der befristet Beschäftigte lediglich aus Haushaltsmitteln vergütet, die auf Grund der vorübergehenden Teilzeitbeschäftigung oder Beurlaubung von Stammarbeitnehmern frei werden, kann dies im Anwendungsbereich der SR 2 y BAT die Befristung nur rechtfertigen, wenn im Arbeitsvertrag die Befristungsgrundform des Zeitangestellten (Nr. 1a SR 2 y BAT) vereinbart wurde (*BAG* 17.4.2002 EzA § 620 BGB Nr. 194).

25 Eine Aufgabe von **begrenzter Dauer** i.S.d. Nr. 1b SR 2 y BAT liegt nur dann vor, wenn im **Zeitpunkt des Abschlusses des befristeten Arbeitsvertrages zu erwarten ist, dass diese Aufgabe innerhalb der Frist von fünf Jahren endgültig beendet ist.** Für eine sichere Prognose muss es ausreichend konkrete Anhaltspunkte geben (*BAG* 11.12.1991 EzA § 620 BGB Nr. 111).

26 Die Tarifvorschriften der SR 2 y BAT gelten nicht für die Befristung einzelner Vertragsbedingungen (*BAG* 15.4.1999 ZTR 1999, 514).

g) Verhältnis zu personalvertretungsrechtlichen Normen

27 Die **ohne vorherige Zustimmung** geschlossene Befristungsvereinbarung ist **unwirksam** mit der Folge, dass zwischen den Parteien ein unbefristetes Arbeitsverhältnis zustande kommt (*BAG* 20.2.2002 EzA § 620 BGB Nr. 188; *LAG Köln* 1.8.2000 LAGE § 620 BGB Personalrat Nr. 2; 27.6.2001 ZTR 2002, 46 LS; 16.12.2003 NZA-RR 2004, 503 = ZTR 2004, 324 LS). Hat ein Personalrat seine Zustimmung nach § 72 Abs. 1 Nr. 1 LPVG NW für ein ein Jahr dauerndes Arbeitsverhältnis erteilt und schließen die Vertragsparteien danach einen Zeitvertrag von kürzerer Vertragsdauer, ist die Befristung des Arbeitsverhältnisses wegen der Verletzung des Mitbestimmungsrechts unwirksam (*BAG* 8.7.1998 EzA § 620 BGB Nr. 150; 13.4.1994 AP Nr. 9 zu LPVG NW). Andererseits ist die Befristung aber nicht allein deshalb unwirksam, weil der Personalrat zwar die Zustimmung zu der Befristung erteilt, der Arbeitgeber aber ein falsches Eintrittsdatum (19.2.2001 statt 16.2.2001) genannt hat (*LAG Düsseld.* 1.2.2002 NZA-RR 2003, 111). Die Zustimmung

des Personalrats muss vor Abschluss der Befristungsvereinbarung vorliegen; es genügt nicht, dass der Personalrat nach Aufnahme der Tätigkeit vor dem vorgesehenen Befristungsende zustimmt (*LAG Köln* 1.8.2000 LAGE § 620 BGB Personalrat Nr. 2; offen gelassen von *BAG* 13.4.1994 AP Nr. 9 zu LPVG NW). Die Zustimmung des Personalrats kann nicht wirksam nachgeholt werden (*BAG* 20.2.2002 EzA § 620 BGB Nr. 188); eine pauschale, im Vorhinein für **einen bestimmten Zeitraum erfolgte Zustimmung des Personalrats** zu jeglichen, im Zeitpunkt der Beschlussfassung nicht näher bezeichneten Befristungen ist unwirksam (*LAG Köln* 26.11.2003 NZA-RR 2004, 560 = ZTR 2004, 324). Weicht der Arbeitgeber bei der Vertragsgestaltung von den Angaben zur Befristungsdauer oder zum Befristungsgrund ab, die er dem Personalrat im Zustimmungsverfahren mitgeteilt hat, bedarf es der erneuten Zustimmung; liegt diese nicht vor, ist die Befristung ebenfalls unwirksam (*LAG RhPf* 28.2.2001 NZA-RR 2002, 166; vgl. auch *LAG Köln* 16.12.2003 NZA-RR 2004, 503 = ZTR 2004, 324). § 80 SächsPersVG sieht (in der bis 23.4.1998 geltenden Fassung) die Mitbestimmung des Personalrats bei der Einstellung und bei Änderungen des Arbeitsvertrages vor. Diese Mitbestimmungsrechte erfassen die Vereinbarung einer Befristung in einem Anschlussarbeitsvertrag nicht (*BAG* 26.6.2002 – 7 AZR 92/01 – EzA-SD 21/02, S. 11 LS). Die Verletzung des Mitbestimmungsrechts bei der Verlängerung eines befristeten Arbeitsvertrages gem. § 65 Abs. 2 Nr. 4 NdsPersVG führt schließlich nicht zur Unwirksamkeit der Befristungsabrede (*LAG Nds.* 5.12.2002 NZA-RR 2003, 560 LS).

5. Mehrfache Befristung

Mehrere nacheinander abgeschlossene Zeitverträge dürfen rechtlich **nicht als Einheit** bewertet werden. Vielmehr muss grds. für **jeden einzelnen Vertrag** der sachliche Grund für die Befristung und deren Dauer geprüft werden (*BAG* 30.9.1981 EzA § 620 BGB Nr. 52). **Wollen die Parteien im Anschluss an einen befristeten Arbeitsvertrag ihr Arbeitsverhältnis noch für eine bestimmte Zeit fortsetzen, so bringen sie damit i.d.R. allerdings zum Ausdruck, dass der neue Vertrag künftig für ihre Rechtsbeziehungen allein maßgeblich sein soll.** Durch den Abschluss eines weiteren befristeten Arbeitsvertrags stellen die Parteien ihr Arbeitsverhältnis damit auf **eine neue Rechtsgrundlage**, die künftig für ihre Rechtsbeziehung allein maßgebend ist. Damit wird zugleich ein etwaiges vorangegangenes unbefristetes Arbeitsverhältnis aufgehoben (*BAG* 10.3.2004 EzA § 14 TzBfG Nr. 9 = NZA 2004, 925). 28

Daher kommt es für die Frage nach der Rechtswirksamkeit der Befristung grds. auf den zuletzt abgeschlossenen befristeten Arbeitsvertrag an (*BAG* 8.5.1985 EzA § 620 BGB Nr. 76; 11.12.1985 EzA § 620 BGB Nr. 78; 4.6.2003 EzA § 620 BGB 2002 Nr. 4 = NZA-RR 2003, 621; 10.3.2004 EzA § 14 TzBfG Nr. 9 = NZA 2004, 925 gegen *BAG* 7.3.1980 EzA § 4 KSchG n.F. Nr. 17; 26.7.2000 EzA § 1 BeschFG Nr. 18; *LAG RhPf* 19.5.2004 LAG Report 2004, 323; APS/*Backhaus* § 620 BGB Rz. 54 ff.). Das gilt auch dann, wenn die Vertragsparteien während der Dauer des befristeten Arbeitsverhältnisses eine Änderung der geschuldeten Tätigkeit und der Vergütung vereinbaren. Insoweit ist der Änderungsvertrag als letzter Vertrag der Befristungskontrolle zu unterziehen, selbst dann, wenn die Befristungsdauer unverändert bleibt (*BAG* 21.3.1990 EzA § 620 BGB Nr. 106). 29

Etwas **anderes** gilt aber, wenn sich der letzte Vertrag nur als **unselbstständiger Annex des vorletzten Vertrages** darstellt (*BAG* 8.5.1985 EzA § 620 BGB Nr. 76; 11.12.1985 EzA § 620 BGB Nr. 78; 15.8.2001 EzA § 620 BGB Nr. 182; vgl. *Hunold* NZA 1997, 741 ff.; APS/*Backhaus* § 620 BGB Rz. 60 ff.). Denn dann ist anzunehmen, dass die Parteien ihr Arbeitsverhältnis mit dem Abschluss eines weiteren befristeten Vertrages nicht auf eine neue rechtliche Grundlage stellen, sondern nur das Auslaufen des bisherigen Vertrages im Sinne einer am Sachgrund für dessen Befristung orientierten nachträglichen Korrektur des ursprünglich vereinbarten Endzeitpunkts noch um eine verhältnismäßig nicht erhebliche Zeit hinausschieben wollten (*BAG* 1.12.1999 EzA § 620 BGB Hochschulen Nr. 21). 30

31 Das ist etwa der Fall, wenn ein drittmittelfinanziertes Arbeitsverhältnis, das für die Dauer der erfolgten Drittmittelbewilligung befristet war, später um einen verhältnismäßig kurzen Zeitraum verlängert wird, um einen noch verbliebenen Drittmittelrest zu verbrauchen (*BAG* 21.1.1987 EzA § 620 BGB Nr. 89).

32 Gleiches gilt dann, wenn sich aus ausdrücklichen oder konkludenten Vereinbarungen ergibt, dass die Parteien ihr Arbeitsverhältnis nicht auf eine neue Grundlage haben stellen wollen (*BAG* 15.8.2001 EzA § 620 BGB Nr. 182), sowie dann, wenn die Parteien ausdrücklich dem Arbeitnehmer das Recht vorbehalten haben, die Wirksamkeit der im vorangegangenen Arbeitsvertrag vereinbarten Befristung überprüfen zu lassen. Voraussetzung dafür ist eine vertragliche Vereinbarung, die sich darauf bezieht, dass zwischen den Parteien nicht bereits ein unbefristetes Arbeitsverhältnis besteht (*BAG* 5.6.2002 EzA § 620 BGB Nr. 195; 4.6.2003 EzA § 620 BGB 2002 Nr. 4 = NZA-RR 2003, 621; *LAG RhPf* 19.5.2004 LAG Report 2004, 323). Der Vorbehalt muss allerdings nicht ausdrücklich, sondern kann auch konkludent vereinbart werden (*BAG* 10.3.2004 EzA § 14 TzBfG Nr. 9 = NZA 2004, 925), muss aber jedenfalls Gegenstand der letzten Befristungsvereinbarung sein (*LAG RhPf* 19.5.2004 LAG Report 2004, 323). In diesem Fall ist die arbeitsgerichtliche Befristungskontrolle auch für den davor liegenden Vertrag eröffnet (*BAG* 10.3.2004 EzA § 14 TzBfG Nr. 9 = NZA 2004, 925). Haben Arbeitsvertragsparteien nach Rechtshängigkeit einer Klage gem. § 17 TzBfG weitere befristete Verträge ohne ausdrücklichen Vorbehalt abgeschlossen, so ist regelmäßig anzunehmen, dass die Folgeverträge einen konkludenten Vorbehalt enthalten (*BAG* 10.3.2004 EzA § 14 TzBfG Nr. 9).

33 Mit zunehmender Dauer der Befristung steigen die Anforderungen an den notwendigen sachlichen Grund. Das Arbeitsverhältnis eines Arbeitnehmers, der nahezu neun Jahre als **wissenschaftlicher Angestellter** an demselben Universitätsinstitut in drittmittelfinanzierten befristeten Arbeitsverhältnissen beschäftigt war, kann aus dem Gesichtspunkt der **Drittmittelfinanzierung** deshalb nur dann nochmals befristet werden, **wenn beim Abschluss des Vertrages hinreichend sichere konkrete Anhaltspunkte für einen endgültigen Wegfall der Drittmittel mit dem Auslaufen des Vertrages vorliegen** (*BAG* 21.1.1987 EzA § 620 BGB Nr. 89).

6. Beispiele

a) Betriebsbedingte Befristungen

aa) Personenbezogene Aushilfe

34 In Betracht kommt insbes. die personenbezogene **Aushilfe** für einen **zeitweilig** (Krankheit, Urlaub, Wehrdienst, Elternzeit oder aus ähnlichen Gründen) **verhinderten Arbeitnehmer** (*BAG* 30.9.1981, 17.2.1983, 6.6.1984, 27.6.2001 EzA § 620 BGB Nr. 54, 53, 62, 71, 178; 4.6.2003 EzA § 620 BGB 2002 Nr. 4 = NZA-RR 2003, 621; *LAG Düsseld.* 9.2.1999 ZTR 1999, 569 LS; APS/*Backhaus* § 620 BGB Rz. 333 ff., 490 ff.). Die Befristung ist dann i.d.R. sachlich gerechtfertigt, weil der Arbeitgeber mit der Rückkehr der zu vertretenden Stammkraft an ihren Arbeitsplatz rechnet (*BAG* 2.7.2003 EzA § 620 BGB 2002 Nr. 6). Gleiches gilt für die Vertretung eines von der Arbeit freigestellten Personalratsmitglieds (*BAG* 20.2.2002 EzA § 620 BGB Nr. 189). Dies gilt auch bei einer wiederholten Befristung wegen mehrfach verlängerter Beurlaubung des Stelleninhabers (*BAG* 4.6.2003 EzA § 620 BGB 2002 Nr. 4 = NZA-RR 2003, 621; 2.7.2003 EzA § 620 BGB 2002 Nr. 6).

35 Die bei der Befristung von Arbeitsverträgen zur Vertretung eines Mitarbeiters erforderliche Prognose muss sich nur auf den **Wegfall des Vertretungsbedarfs** als Teil des Sachgrundes durch die zu erwartende Rückkehr des zu vertretenden Mitarbeiters, **nicht** aber auch auf den **Zeitpunkt der Rückkehr** und damit nicht auf die Dauer des Vertretungsbedarfs erstrecken (*BAG* 6.12.2000 EzA § 620 BGB Nr. 172 m. Anm. *Raab* SAE 2002, 186). Es dürfen keine konkreten Anhaltspunkte dafür vorliegen oder sich keine erheblichen

Zweifel dafür aufdrängen, dass der Vertretene die Arbeit nicht wieder aufnehmen wird. Sofern nicht besondere Umstände vorliegen, kann der Arbeitgeber grds davon ausgehen, dass die vertretene Stammkraft an den Arbeitsplatz zurückkehren will/wird (*BAG* 27.6.2001 EzA § 620 BGB Nr. 178 = NZA 2002, 168 LS; 23.1.2002 EzA § 620 BGB Nr. 187 = NZA 2002, 665). Der Arbeitgeber kann regelmäßig auch bei wiederholten Befristungen nach verlängerter Arbeitsunfähigkeit wegen Krankheit von der Rückkehr des Erkrankten ausgehen. Nur dann, wenn er weiß, dass der Vertretene nicht auf seinen Arbeitsplatz zurückkehren wird oder auf Grund besonderer Umstände daran erhebliche Zweifel hat, kann die Befristung sachlich nicht gerechtfertigt sein (*BAG* 23.1.2002 EzA § 620 BGB Nr. 187 = NZA 2002, 665). Bei der Befristung zur Vertretung eines freigestellten Personalratsmitglieds kann der Arbeitgeber regelmäßig die Prognose anstellen, dass der Vertretungsbedarf mit dem Ablauf der Amtsperiode des Personalrats entfallen wird (*BAG* 20.2.2002 EzA § 620 BGB Nr. 189). Er ist insbes. auch nicht verpflichtet, Erkundigungen darüber einzuholen, ob der vertretene Arbeitnehmer z.B. nach der Beurlaubung die Arbeit wieder aufnehmen wird (*BAG* 4.6.2003 EzA § 620 BGB 2002 Nr. 4 = NZA-RR 2003, 621; 2.7.2003 EzA § 620 BGB 2002 Nr. 6). Hat der Arbeitgeber allerdings bei Vertragsabschluß erhebliche Zweifel daran, ob die Stammkraft wieder an ihren Arbeitsplatz zurückkehren wird, kann dies der Wirksamkeit der Befristung entgegenstehen. Voraussetzung dafür ist aber, dass die Stammkraft dem Arbeitgeber verbindlich mitgeteilt hat, dass er die Arbeit nicht wieder aufnahmen werde (BAG 2.7.2003 EzA § 620 BGB 2002 Nr. 6 = NZA 2004, 1055). Auch rechtfertigt der Sachgrund der Vertretung dann nicht die Befristung des Arbeitsvertrages einer vollzeitbeschäftigten Vertretungskraft, wenn der vertretene Arbeitnehmer teilzeitbeschäftigt ist (*BAG* 4.6.2003 EzA § 620 BGB 2002 Nr. 4 = NZA-RR 2003, 621).

Der zur Vertretung eines zeitweilig ausfallenden Mitarbeiters befristet eingestellte Arbeitnehmer braucht andererseits nicht zur Verrichtung solcher Aufgaben eingestellt zu werden, die der ausfallende Mitarbeiter auszuüben hatte (*BAG* 21.2.2001 EzA § 620 BGB Nr. 176 m. Anm. *Peters-Lange* SAE 2002, 95; 17.4.2002 EzA § 620 BGB Nr. 194). Erforderlich ist nur, dass durch den zeitweiligen Ausfall ein vorübergehender Beschäftigungsbedarf entstanden ist und dass die befristete Einstellung wegen dieses Bedarfs erfolgt. Zwischen dem zeitweiligen Ausfall eines Stammarbeitnehmers und der befristeten Einstellung des Vertreters muss ein Kausalzusammenhang bestehen, den der Arbeitgeber darzulegen hat (*LAG Köln* 1.9.2000 NZA-RR 2001, 234); die Einstellung des befristet Beschäftigten muss durch den auf Grund des zeitweiligen Ausfalls des Stammarbeitnehmers entstandenen Arbeitskräftebedarf veranlasst sein (*BAG* 17.4.2002 EzA § 620 BGB Nr. 194). Ausreichend ist die tatsächliche und rechtliche Möglichkeit, den ausfallenden Mitarbeiter in den Arbeitsbereich des Vertreters umzusetzen (*BAG* 21.2.2001 EzA § 620 BGB Nr. 176).

Ob und inwieweit der Arbeitgeber anlässlich dieser Einstellung die Arbeitsaufgaben umverteilt, ist unerheblich (*BAG* 8.5.1985 EzA § 620 BGB Nr. 76). Maßgeblich ist z.B. die **Ersatzbedarfsprognose für Aushilfslehrkräfte** bezüglich eines Regierungsbezirks pro Schuljahr; auch insoweit besteht keine unmittelbare Verbindung zwischen Vertretungsfall und Aushilfsarbeitsverhältnis. 36

Auch für die sachliche Rechtfertigung der Befristung des Arbeitsverhältnisses einer **Aushilfslehrkraft** ist es nicht erforderlich, dass sie einer bestimmten beurlaubten Lehrkraft in der Weise zugeordnet wird, dass sie diese für die Dauer ihrer Beurlaubung in ihrem Aufgabengebiet an ihrer bisherigen Schule vertritt. Es genügt, wenn sich die Zahl der befristet beschäftigten Aushilfskräfte im Rahmen des beurlaubungsbedingten Gesamtvertretungsbedarfs innerhalb des Bezirks der Schulverwaltungsbehörde hält (*BAG* 3.12.1986 EzA § 620 BGB Nr. 88; zur Vereinbarkeit einer mit der Befristung verbundenen Zusage zur Übernahme in ein unbefristetes Arbeitsverhältnis bei Bewährung *LAG Köln* 16.10.2002 LAGE Art. 33 GG Nr. 12). Voraussetzung dafür ist, dass das beklagte Land **die planmäßigen Lehrkräfte ungeachtet ihrer Lehrbefähigung und ihres jeweiligen Status zur Abdeckung vorüber-** 37

gehender Bedarfslagen an allen Schulen einsetzen kann. Schließt das Land mit Vertretungskräften zur Abdeckung eines schuljahresbezogenen Gesamtvertretungsbedarfs Zeitverträge für die Dauer eines Schuljahres, muss der Vertretungsbedarf allerdings auf einer zeitlich entsprechenden Abwesenheit planmäßiger Lehrkräfte beruhen (*BAG* 20.1.1999 EzA § 620 BGB Nr. 160). Demgegenüber ist die **überörtliche Befristungspraxis im Finanzämterbereich**, bei der zeitweilig »Pool«-Stellen verteilt werden, nach Auffassung des *LAG Hessen* (16.9.1999 NZA-RR 2000, 293) nicht mit der Lehrerbefristungspraxis vergleichbar und führt zur Unwirksamkeit einer solchen Befristung.

38 Der für den Sachgrund der Befristung erforderliche **Kausalzusammenhang zwischen dem zeitweiligen Ausfall eines Mitarbeiters und der befristeten Einstellung einer Vertretungskraft** muss im Übrigen nicht stets durch die Schilderung des bei Abschluss des befristeten Arbeitsvertrages vorhandenen **Vertretungskonzepts** dargelegt werden, sondern kann sich auch **aus anderen Umständen** ergeben. Die Befristung des Arbeitsvertrages einer Ersatzkraft ist deshalb auch dann sachlich gerechtfertigt, wenn die Einstellung nur **mit Haushaltsmitteln möglich** ist, **die durch die Beurlaubung einer Stammkraft vorübergehend frei werden** (*BAG* 15.8.2001 EzA § 21 BErzGG Nr. 4 = NZA 2002, 85).

39 Weil es dem Arbeitgeber freisteht, zu entscheiden, ob er den Arbeitsausfall überbrücken will, muss ihm auch die Entscheidung verbleiben, die Vertretung nur für eine kürzere Zeit zu regeln. Ist daher ein Mitarbeiter nur zeitweilig an seiner Tätigkeit gehindert und ist mit seiner Rückkehr zu rechnen, so lässt allein die fehlende Kongruenz zwischen der Dauer des Vertretungsbedarfs und der Dauer der Befristung nicht den Schluss auf das Fehlen eines Sachgrundes zu (*BAG* 9.7.1997 EzA § 21 BErzGG Nr. 2).
Andererseits rechtfertigt der Sachgrund der Vertretung für sich allein in aller Regel nicht die Befristung des Arbeitsvertrages mit dem Vertreter bis zum Ausscheiden des Vertretenen aus seinem Beschäftigungsverhältnis (*BAG* 24.9.1997 EzA § 620 BGB Nr. 147; 23.1.2002 EzA § 620 BGB Nr. 187 = NZA 2002, 665; 5.6.2002 EzA § 620 BGB Nr. 192; ausf. s.u. Rn. 135 f.)

40 **Beabsichtigt der Arbeitgeber, einen Auszubildenden nach erfolgreichem Abschluss der Berufsausbildung in ein Arbeitsverhältnis zu übernehmen,** so kann dies die Befristung des Arbeitsvertrages mit einem Arbeitnehmer sachlich **rechtfertigen,** der die für den Auszubildenden nach dessen Übernahme vorgesehenen Aufgaben bis zu diesem Zeitpunkt verrichten soll (*BAG* 6.6.1984 EzA § 620 BGB Nr. 71). Dieser Befristungsgrund setzt nicht voraus, dass der Arbeitgeber dem Auszubildenden die Übernahme bereits im Zeitpunkt des Vertragsabschlusses mit dem ersatzweise eingestellten Arbeitnehmer zugesagt hat (*BAG* 21.4.1993 EzA § 620 BGB Nr. 120; 19.9.2001 EzA § 620 BGB Nr. 181). Gleiches gilt, wenn der Arbeitgeber des öffentlichen Dienste eine freie Stelle vorübergehend mit einem Angestellten besetzt, bis im Wege der **Beförderung** ein bereits beschäftigter Beamter auf der Stelle eingesetzt werden kann. Dies gilt jedenfalls dann, wenn die sofortige Besetzung mit dem Beamten deshalb nicht vollzogen werden kann, weil ein für dessen Ersatz vorgesehener Nachwuchsbeamter noch seine Ausbildung abschließen muss (*LAG Köln* 13.12.1996 NZA-RR 1997, 334). Voraussetzung ist allerdings die inhaltlich nachvollziehbare Entscheidung des Arbeitgebers, die ggf. durch Ausscheiden des Vertretenen frei werdende Stelle nicht mit dem Vertretenden, sondern mit einem anderen Mitarbeiter oder Bewerber zu besetzen, der bestimmten Anforderungen genügt, die der Vertreter nicht erfüllt (*BAG* 5.6.2002 EzA § 620 BGB Nr. 192).

41 Die Befristung bis zu dem Zeitpunkt, an dem ein **freier Dauerarbeitsplatz** mit einem anderen Arbeitnehmer besetzt werden soll, kann dagegen allenfalls dann sachlich gerechtfertigt sein, wenn sich der Arbeitgeber bereits im Zeitpunkt des Abschlusses des befristeten Arbeitsvertrags gegenüber einem auf unbestimmte Zeit einzustellenden Arbeitnehmer **vertraglich gebunden** hat (*BAG* 6.11.1996 EzA § 620 BGB Nr. 146).

42 Möglich ist auch eine **aufgabenbezogene Aushilfe** (z.B. für die Erledigung von **Eil- oder besonderen Produktionsaufträgen,** vgl. APS/*Backhaus* § 620 BGB Rz. 333 ff.).

Dagegen liegt eine unzulässige Daueraushilfe vor, wenn derselbe Arbeitnehmer auf Grund mehrerer aufeinander folgender Zeitverträge über einen längeren Zeitraum zur Abdeckung konkreten Vertretungsbedarfs beschäftigt wird und dies auch von Anfang an beabsichtigt war (*BAG* 7.5.1980 EzA § 611 BGB Abhängigkeit Nr. 35; 3.10.1984 EzA § 620 BGB Nr. 72). Denn der Arbeitnehmer hat dann die ständige Arbeitsaufgabe, vorübergehend ausfallende Mitarbeiter zu vertreten (sog. Springer). Handelt es sich aber um regelmäßig wiederkehrende Zusatzarbeiten oder um einen anhaltenden üblichen Mehrbedarf an Arbeitskräften, so ist die Befristung sachlich nicht mehr gerechtfertigt. 43

Zu beachten ist, dass dann, wenn die Arbeitsvertragsparteien in einem den SR 2 a MTA unterfallenden Arbeitsvertrag nur die **Befristungsgrundform des Aushilfsangestellten** vereinbart haben, die Befristung nicht auf die zeitlich begrenzte Verfügbarkeit von Haushaltsmitteln gestützt werden kann (*BAG* 28.3.2001 NZA 2002, 666 m. Anm. *Auktor* ZTR 2002, 19; 23.1.2002 EzA § 620 BGB Nr. 190; 17.4.2002 EzA § 620 BGB Nr. 191). 44

bb) Saison-, Kampagnebetriebe

Möglich sind Befristungen in Saisonbetrieben, in denen zwar das ganze Jahr hindurch gearbeitet wird, **die Beschäftigtenzahl** des Betriebes **auf Grund der Betriebsstruktur** aber nicht nur geringfügigen **saisonalen Schwankungen unterworfen ist** (z.B. Steinbrüche, Kies- und Sandgruben, Hotels und Gaststätten). Unter dem Gesichtspunkt des Vertrauensschutzes kann der Arbeitnehmer einen **Anspruch auf Wiedereinstellung** haben, wenn Jahr für Jahr alle Arbeitnehmer in der Saison wieder eingestellt werden, die dies verlangen, und der Arbeitgeber den Beginn der Saison ohne Vorbehalt am schwarzen Brett bekannt gibt oder sogar Arbeitnehmer neu einstellt (*BAG* 29.1.1987 EzA § 620 BGB Nr. 87). 45

Die gleichen Grundsätze gelten auch für Kampagnebetriebe, in denen i.d.R. nur einige Monate im Jahr gearbeitet wird (z.B. Zuckerfabrik, Gemüse- und Obstkonservenfabrik, Freibad; vgl. APS/*Backhaus* § 620 BGB Rz. 449 ff.). 46

cc) Sinkender Personalbedarf; vorübergehender Mehrbedarf

Die Befristung kann im Hinblick auf einen zukünftig sinkenden Personalbedarf dann sachlich gerechtfertigt sein, wenn der Arbeitgeber eine **exakte Bedarfsprognose** erstellt. So muss z.B. bei der befristeten Einstellung von **Lehrern** die Schulverwaltung Zu- und Abgänge auf der Lehrer- und Schülerseite, Beurlaubungen und Veränderungen von Planstellen berücksichtigen (*BAG* 29.9.1982 EzA § 620 BGB Nr. 58). 47

Dagegen rechtfertigt die Ungewissheit über die künftige wirtschaftliche Entwicklung des Betriebes eine Befristung grds. nicht, weil damit das typische Unternehmerrisiko auf den Arbeitnehmer verlagert würde (s. aber zum TzBfG unten Rn. 153 ff.). Deshalb ist z.B. auch eine Befristung zu dem Zweck, sich **künftige Umsetzungsmöglichkeiten offen zu halten** oder zu erleichtern, sachlich nicht gerechtfertigt (*LAG Köln* 14.1.1999 ARST 1999, 213 LS, 11.5.2000 ARST 2001, 17; vgl. APS/*Backhaus* § 620 BGB Rz. 320 ff.). 48

Gleiches gilt, wenn der staatlichen Schulverwaltung vorübergehend freie Haushaltsmittel zur Verfügung stehen, es sei denn, es steht bereits im Zeitpunkt des Vertragsschlusses fest, dass nach dem Ende der Befristung keine weiteren Mittel zur Verfügung stehen werden. Die **Unsicherheit zukünftiger Finanzierung** stellt keinen sachlichen Grund für die Befristung dar (*BAG* 30.9.1981 EzA § 620 BGB Nr. 54). 49

Ein sachlicher Grund für die Befristung ist aber dann gegeben, wenn sich der Arbeitgeber bei Vertragsabschluss zur **Schließung des Betriebes** oder der Dienststelle entschlossen hat und wenn er die Prognose stellen kann, dass auch eine Weiterbeschäftigung des Arbeitnehmers in einem anderen Betrieb bzw. in einer anderen Dienststelle nicht möglich sein wird (*BAG* 3.12.1997 EzA § 620 BGB Nr. 148). 50

51 Auch ein **vorübergehender Mehrbedarf** an Arbeitskräften kann die Befristung eines Arbeitsverhältnisses rechtfertigen, wenn im Zeitpunkt des Vertragsabschlusses zu erwarten ist, dass für eine Beschäftigung des befristet eingestellten Arbeitnehmers nach Ablauf der Vertragszeit kein Bedarf mehr besteht. Dafür hat der Arbeitgeber eine Prognose zu Umfang und Dauer des voraussichtlichen Mehrbedarfs zu erstellen. Deren Grundlage hat er offen zu legen (*BAG* 12.9.1996 EzA § 620 BGB Nr. 142; APS/*Backhaus* § 620 BGB Rz. 321 ff.). Es muss nach der bei Vertragsschluss gestellten Prognose zu erwarten sein, dass für die Beschäftigung des Arbeitnehmers über das vorgesehene Vertragsende hinaus voraussichtlich kein Bedürfnis besteht. Die Unsicherheit über den künftigen Arbeitskräftebedarf reicht dazu nicht aus (*BAG* 4.12.2002 EzA § 620 BGB 2002 Nr. 1).

dd) ABM-Maßnahmen; Sozialhilfemaßnahmen

52 Wird dem Arbeitgeber im Rahmen einer Arbeitsbeschaffungsmaßnahme nach §§ 260 ff. SGB III ein bis dahin arbeitsloser Arbeitnehmer (§ 269 SGB III) durch bestandskräftigen Bescheid **zugewiesen,** so besteht für die Befristung des Arbeitsvertrages ein **sachlicher Grund, zumindest dann, wenn die Befristung mit der Dauer der Zuweisung übereinstimmt** (*BAG* 3.12.1982 EzA § 620 BGB Nr. 63). Die Zuweisung enthält gegenüber dem Arbeitgeber auch die bindende Feststellung, dass der zugewiesene Arbeitnehmer die persönlichen Förderungsvoraussetzungen nach § 263 SGB III (u.a. Bezug von Arbeitslosengeld/Arbeitslosenhilfe unmittelbar vor der Zuweisung; Meldung als arbeitslos für mindestens drei Monate innerhalb der letzten sechs Monate vor der Zuweisung) erfüllt (*BAG* 15.2.1995 EzA § 620 BGB Nr. 130; vgl. APS/*Backhaus* § 620 BGB Rz. 307 ff.).

53 Die Förderung kann auch eine Zweckbefristung – Ende des Arbeitsverhältnisses mit Eintritt eines zukünftig gewiss eintretenden Ereignisses – für die längstens dreijährige Gesamtdauer der Förderung einschließlich etwaiger Verlängerungen rechtfertigen. Denn der Arbeitgeber hat die Einstellung des ihm von der Arbeitsverwaltung zugewiesenen Arbeitnehmers im Vertrauen auf die zeitlich begrenzte Förderungszusage vorgenommen, ohne die er entweder keinen oder einen leistungsfähigeren Arbeitnehmer eingestellt hätte. Dem steht nicht entgegen, dass die Verlängerung der Förderung von einer entsprechenden Antragstellung durch den Arbeitgeber abhängt. Denn der Arbeitgeber kann auf die Laufzeit des Arbeitsvertrags nur insoweit Einfluss nehmen, als er das Arbeitsverhältnis nach Ablauf der zunächst bewilligten Förderungsdauer enden lassen oder durch eine entsprechende Antragstellung eine Verlängerung der Maßnahme versucht zu erreichen, um eine Fortsetzung des Arbeitsverhältnisses bis zu der in § 267 Abs. 3 SGB III bestimmten Förderungshöchstdauer von drei Jahren zu ermöglichen (*BAG* 19.1.2005 EzA § 620 BGB 2002 Nr. 11 = NZA 2005, 873 = BAG Report 2005, 199). Die gegenüber der Arbeitsverwaltung nach § 267 Abs. 3 SGB III bestehende Verpflichtung des Arbeitgebers, den Arbeitnehmer nach dem Ende der Förderung in ein Dauerarbeitsverhältnis zu übernehmen, führt weder zur Unwirksamkeit der mit dem Arbeitnehmer vereinbarten Befristung noch zu einem Anspruch des Arbeitnehmers auf Abschluss eines unbefristeten Arbeitsvertrages. Auch die Zusage des Arbeitgebers, den Arbeitnehmer nach Ablauf des befristeten Arbeitsvertrages in ein unbefristetes Arbeitsverhältnis zu übernehmen, hat nicht die Unwirksamkeit der Befristung zur Folge. Dies begründet lediglich einen Anspruch des Arbeitnehmers auf Abschluss des unbefristeten Arbeitsvertrages, der im Wege der Leistungsklage geltend zu machen ist (*BAG* 19.1.2005 EzA § 620 BGB 2002 Nr. 11 = NZA 2005, 873 = BAG Report 2005, 199).

54 Die ArbG können, vom Ausnahmefall der Nichtigkeit abgesehen, nicht prüfen, ob die gesetzlichen Voraussetzungen einer Arbeitsbeschaffungsmaßnahme vorgelegen haben (*BAG* 12.6.1987 EzA § 620 BGB Nr. 95).

Die Befristung auf Grund der Gewährung einer ABM-Maßnahme ist allerdings dann unwirksam, wenn der Arbeitgeber den Arbeitnehmer zur Beendigung seines bisherigen Arbeitsverhältnisses veranlasst hat und ihn im Rahmen der Maßnahme zur Erledigung unaufschiebbarer Daueraufgaben einsetzt, die er auf andere Arbeitnehmer nicht übertragen kann (*BAG* 20.12.1995 EzA § 620 BGB Nr. 136) sowie dann, wenn sie darauf abzielt, den durch § 613a BGB bezweckten Bestandsschutz bei rechtsgeschäftlichen Betriebsübergängen zu vereiteln (*BAG* 15.2.1995 EzA § 620 BGB Nr. 130). **55**

Demgegenüber ist die Gewährung eines Eingliederungszuschusses für ältere Arbeitnehmer nach § 218 Abs. 1 Nr. 3 SGB III (n.F.) kein Sachgrund, der die Befristung des Arbeitsvertrags mit dem geförderten Arbeitnehmer begründet. Denn §§ 217 ff. SGB III (n.F.) dienen nicht der Arbeitsbeschaffung, sondern dem Ausgleich von Minderleistungen (*BAG* 4.6.2003 – 7 AZR 489/02 – EzA-SD 19/03, S. 8 LS = NZA 2003, 1143 m. Anm. *Gitter* SAE 2004, 83 ff.). Auch allein die zeitlich befristete Übertragung sozialstaatlicher Aufgaben (hier: die Durchführung von Ausbildungsmaßnahmen im Auftrag der Bundesagentur für Arbeit) stellt für den Auftragnehmer jedenfalls dann keinen sachlichen Grund für die Befristung der Arbeitsverhältnisse mit den projektbezogenen beschäftigten Arbeitnehmern dar, wenn es sich bei der Maßnahme nicht um ein zeitlich begrenztes Projekt, sondern um eine Daueraufgabe des staatlichen Auftraggebers handelt (*BAG* 4.12.2002 EzA § 620 BGB 2002 Bedingung Nr. 1). **56**

Ähnliches gilt für Befristungen im Rahmen von **Sonderprogrammen** zur **Konjunkturbelebung,** im Rahmen von Maßnahmen **zur Berufsvorbereitung und sozialen Eingliederung** junger Ausländer (MBSE, vgl. *BAG* 28.5.1986 EzA § 620 BGB Nr. 80) sowie von **Benachteiligten-Programmen** der Bundesregierung (*BAG* 28.5.1986 EzA § 620 BGB Nr. 80). Denn es handelt sich für den einzelnen Maßnahmeträger um die Wahrnehmung von jeweils befristet (= kursjahrbezogen) übertragenen Sonderaufgaben von begrenzter Dauer. Der projektbezogene Mehrbedarf stellt wegen der weitgehend z.B. durch die Bundesagentur für Arbeit bestimmten Personalvorgaben sowie wegen der für den einzelnen Maßnahmeträger bestehenden Unsicherheit über die Durchführung weiterer Maßnahmen einen sachlichen Grund dar, die Arbeitsverhältnisse der projektbezogen beschäftigten Arbeitnehmer (z.B. Lehrkräfte und Sozialpädagogen) für die Dauer des jeweiligen Kursjahres zu befristen. Allerdings ist auch bei der Übertragung sozialstaatlicher Aufgaben (z.B. zur Förderung behinderter Kinder) die Prognose des voraussichtlichen Beschäftigungsbedarfs Teil des Sachgrundes für die Befristung. Die bloße **Unsicherheit der künftigen Entwicklung** des Arbeitskräftebedarfs rechtfertigt folglich auch in diesem Bereich die Befristung eines Arbeitsverhältnisses nicht (*BAG* 22.3.2000 EzA § 620 BGB Nr. 170). **57**

Die Gewährung eines Eingliederungszuschusses bei Einarbeitung (nach § 218 SGB III) ist demgegenüber kein sachlicher Grund für die Befristung des Arbeitsverhältnisses (*BAG* 11.12.1991 EzA § 620 BGB Nr. 111). Auch für die Befristung eines Arbeitsvertrages mit einer **Familienhelferin** gem. § 31 SGB VIII besteht auf Grund der Tätigkeit kein Sachgrund (*LAG Köln* 22.9.2000 ZTR 2001, 86 LS). **58**

Veranstaltet eine **Volkshochschule** Lehrgänge, die von der Bundesagentur für Arbeit finanziert werden, und nimmt sie dabei nach weitgehend von dieser bestimmten Vorgaben jeweils befristet übertragene **sozialstaatliche Sonderaufgaben** von begrenzter Dauer wahr, so stellt zwar der projektbezogene Mehrbedarf einen sachlichen Grund dar, die Arbeitsverhältnisse der projektbezogen beschäftigen Arbeitnehmer zu befristen. Die projektbezogenen Gründe rechtfertigen aber nicht befristete Arbeitsverträge mit Arbeitnehmern, die nicht mit der Durchführung bestimmter Lehrgänge, sondern mit lehrgangsübergreifenden Verwaltungsaufgaben betraut sind (*BAG* 11.12.1991 EzA § 620 BGB Nr. 111). Wenn eine Volkshochschule mit der Durchführung von der Bundesagentur für Arbeit finanzierten Hauptschulabschlusslehrgängen **gleichzeitig einen eigenen, zeitlich nicht begrenzten Bildungsauftrag erfüllt,** sie nach ihren Vorstellungen und Konzeptionen diese Lehrgänge ausgestaltet und ihre personelle Planungskompetenz weitgehend unberührt bleibt, handelt es sich um **keine fremdbestimmte sozialstaatliche Sonderaufgabe** von begrenzter Dauer. Die Abhängigkeit sowohl von der künftigen Nachfrage als auch von den Haushaltsmitteln, **59** die der Bundesagentur für Arbeit zur Finanzierung derartiger Lehrgänge zur Verfügung stehen, rechtfertigt noch nicht die Befristung des Arbeitsverhältnisses einer für solche Kurse eingestellten Lehrkraft (*BAG* 8.4.1992 EzA § 620 BGB Nr. 115).

60 Sozialhilfemaßnahmen nach den §§ 18 ff. BSHG (Hilfe zur Arbeit) sind **i.d.R. nur vorübergehender Natur**. Daher kann die Befristung eines Arbeitsvertrages, der als Hilfe zur Arbeit abgeschlossen wird, sachlich gerechtfertigt sein, wenn dadurch für den Hilfesuchenden Gelegenheit zu gemeinnütziger und zusätzlicher Arbeit i.S.v. § 19 Abs. 2 BSHG geschaffen werden soll. Von der Gemeinnützigkeit i.S.v. § 19 Abs. 2 BSHG ist i.d.R. auszugehen, wenn die Arbeiten im Rahmen der öffentlichen Verwaltung geleistet werden. Vom Erfordernis der Zusätzlichkeit kann im Einzelfall auch abgesehen werden, wenn dadurch die Eingliederung in das Arbeitsleben besser gefördert wird (*BAG* 22.3.2000 EzA § 620 BGB Nr. 171). Stellt der Sozialhilfeträger den Hilfesuchenden allerdings **bei sich selbst ein**, kann er sich auf diese Befristungsmöglichkeit allenfalls dann berufen, wenn er die Arbeitsverhältnisse, die er in Vollzug der §§ 18 ff. BSHG als Sozialhilfemaßnahmen begründet, **deutlich gegenüber denjenigen Arbeitsverhältnissen abgrenzt**, die er in seiner Eigenschaft als Arbeitgeber des **ersten Arbeitsmarkts** zur Erledigung seiner Verwaltungsaufgaben begründet (*BAG* 7.7.1999 EzA § 620 BGB Nr. 168; APS/*Backhaus* § 620 BGB Rz. 456a).

ee) Öffentlicher Dienst; haushaltsrechtliche Erwägungen

61 Haushaltsrechtliche Erwägungen sind grds. kein sachlicher Grund für die Befristung von Arbeitsverträgen im öffentlichen Dienst.

62 Stellt ein Haushaltsgesetzgeber zur Abdeckung des Unterrichtsbedarfs für bestimmte Wahlfächer in einem Haushaltsjahr Sondermittel für die Beschäftigung des entsprechenden Lehrpersonals zur Verfügung, ohne im Stellenplan entsprechende Lehrerstellen auszuweisen, so liegt darin keine haushaltsrechtliche Vorgabe über den künftigen Wegfall der wahrzunehmenden Lehraufgaben. Eine derartige haushaltsrechtliche Maßnahme steht auch nicht einer haushaltsrechtlichen Entscheidung gleich, durch die eine bestimmte Personalstelle gestrichen wird und anschließend entfallen soll.

63 Sie ist nicht dazu geeignet, die Befristung mit den betreffenden Lehrkräften aus haushaltsrechtlichen Gründen sachlich zu rechtfertigen (*BAG* 27.1.1988 EzA § 620 BGB Nr. 97). Auch die bloße Unsicherheit, ob der nächste Haushaltsplan Mittel für eine bestimmte Stelle vorsieht, reicht nicht aus (**»kw-Vermerk«**; *BAG* 3.12.1982 EzA § 620 BGB Nr. 63; vgl. APS/*Backhaus* § 620 BGB Rz. 401 ff.).

64 Demgegenüber ist eine Befristung aus Haushaltsgründen aber dann sachlich gerechtfertigt, wenn die Vergütung des befristet eingestellten Arbeitnehmers aus einer **konkreten Haushaltsstelle** erfolgt, die nur befristet bewilligt worden ist (*BAG* 27.6.2001 EzA § 620 BGB Nr. 179). Von daher können haushaltsrechtliche Gründe die Befristung des Arbeitsvertrages rechtfertigen, wenn der öffentliche Arbeitgeber zum Zeitpunkt des Vertragsschlusses auf Grund konkreter Tatsachen die Prognose erstellen kann, dass für die Beschäftigung des Arbeitnehmers Haushaltsmittel nur vorübergehend zur Verfügung stehen. Das ist dann der Fall, wenn die Vergütung aus einer konkreten Haushaltsstelle erfolgen soll, die nur für eine bestimmte Zeitdauer bewilligt worden ist und anschließend fortfallen soll (*BAG* 24.10.2001 EzA § 620 BGB Nr. 180). Das *BAG* (24.10.2001 EzA § 620 BGB Nr. 180) hat offen gelassen, ob und ggf. unter welchen Voraussetzungen bereits die Erwartung des öffentlichen Arbeitgebers, der Haushaltsgesetzgeber werde zeitlich befristete Stellen schaffen, die Befristung von Arbeitsverträgen rechtfertigen kann. Wird die Beschäftigung einer Lehrkraft im öffentlichen Schuldienst haushaltsrechtlich erst dadurch möglich, dass durch zeitlich begrenzte Bewilligung von Teilzeitbeschäftigung für vorhandene planmäßige Lehrkräfte (z.B. nach Maßgabe eines Landesbeamtengesetzes) entsprechende **Haushaltsmittel frei werden,** so

kann auch dies wegen der nur vorübergehenden Verfügbarkeit dieser Mittel eine Befristung des Arbeitsverhältnisses mit der betreffenden Lehrkraft sachlich rechtfertigen.

Zur Wirksamkeit einer solchen Befristung ist es nicht erforderlich, dass die befristet eingestellte Lehrkraft bestimmten Planstellen, aus deren Mittel sie vergütet werden soll, zugeordnet wird und dass die Dauer der Befristung mit der Dauer der den Inhabern dieser Planstellen jeweils bewilligten Teilzeitbeschäftigung übereinstimmt. **Es genügt, wenn beim Abschluss des befristeten Arbeitsvertrages sichergestellt ist, dass die Vergütung der betreffenden Lehrkraft während der vereinbarten Vertragsdauer ausschließlich aus den durch vorübergehende Teilzeitbeschäftigung insgesamt anfallenden freien Planstellen erfolgt** (*BAG* 28.9.1988 EzA § 620 BGB Nr. 104; krit. *Lakies* NZA 1997, 745 ff.). Andererseits ist im Falle der **Pensionierung einer Lehrkraft** die befristete Ersatzeinstellung nicht ohne weiteres mit dem Hinweis darauf zulässig, dass eine feste Stellenbesetzung erst nach Durchführung des nächsten **regelmäßigen Auswahlverfahrens** erfolgen könne (*LAG Köln* 11.5.2000 ARST 2001, 17). 65

Ein sachlicher Grund für die Befristung eines Arbeitsvertrages liegt auch dann vor, wenn die befristete Einstellung nur auf Grund von **Haushaltsmitteln** möglich ist, die durch die **zeitweise Beurlaubung** von anderen Beschäftigten vorübergehend frei sind (*BAG* 25.4.2001 EzA § 620 BGB Nr. 177). 66

Wird einer Angestellten im öffentlichen Dienst Elternzeit gewährt, nachdem ihr zuvor bereits Teilzeitbeschäftigung bewilligt worden war, so beeinträchtigt dies nicht den sachlichen Grund für die Befristung des Arbeitsvertrages mit einer Ersatzkraft, die aus den durch die Bewilligung der Teilzeitbeschäftigung **vorübergehend frei gewordenen Haushaltsmitteln** vergütet wird (*BAG* 12.2.1997 EzA § 620 BGB Nr. 145). 67

Die **gesicherte Möglichkeit der Rückkehr** in ein bestehendes Beschäftigungsverhältnis (einer beurlaubten Beamtin) kann Sachgrund für die Befristung eines Arbeitsverhältnisses im Auslandsschulwesen sein (*BAG* 6.12.2000 ZTR 2001, 525; ebenso *BAG* 25.5.2005 NZA 2006, 858). 68

Zu beachten ist, dass dann, wenn die Arbeitsvertragsparteien in einem den SR 2 a MTA unterfallenden Arbeitsvertrag nur die Befristungsgrundform des Aushilfsangestellten vereinbart haben, die Befristung nicht auf die zeitlich begrenzte Verfügbarkeit von Haushaltsmitteln gestützt werden kann (*BAG* 28.3.2001 NZA 2002, 666 m. Anm. *Auktor* ZTR 2002, 19; 23.1.2002 EzA § 620 BGB Nr. 190). 69

ff) Wahrnehmung von Daueraufgaben

Beschäftigt der Arbeitgeber für die Erledigung einer Daueraufgabe sowohl befristet, als auch unbefristet eingestellte Arbeitnehmer, bedarf es zur Rechtfertigung, der jeweiligen Befristung auch einer am Sachgrund der Befristung orientierten Konzeption, wonach die Zuordnung der Vertragsverhältnisse vorgenommen wird. Die selbst gewählte Konzeption muss von dem Arbeitgeber bei der Stellenbesetzung zudem auch tatsächlich befolgt werden (*BAG* 12.9.1996 EzA § 620 BGB Nr. 144; ebenso *LAG Köln* 18.10.2000, 87 LS). 70

Die Durchführung eines **Modellversuchs** zur Ermittlung einer optimalen Struktur und personellen Ausstattung für die Erledigung einer Daueraufgabe ergibt jedenfalls keinen Sachgrund für die Befristung sämtlicher Arbeitsverhältnisse der dazu eingestellten Arbeitnehmer (*LAG Bln.* 26.3.1999 LAGE § 620 BGB Nr. 59a). 71

b) Personenbedingte Befristung

aa) Erprobungszweck

Insoweit kommt insbes. die Erprobung des Arbeitnehmers auf seine Eignung hin, die vertraglich geschuldete Tätigkeit auszuführen, in Betracht. **Der Erprobungszweck muss Inhalt des Vertrages werden.** Es genügt nicht, dass die Erprobung nur das Motiv des Arbeitgebers ist, selbst wenn dies für den Arbeitnehmer erkennbar war (*BAG* 30.9.1981 EzA § 620 BGB Nr. 54; vgl. APS/*Backhaus* § 620 BGB Rz. 424 ff.). 72

73 Die Erprobungsfrist darf eine **angemessene Zeitspanne** (bis zu sechs Monaten wegen der Regelung des § 1 S. 1 KSchG) **nicht überschreiten.** Längere Erprobungsfristen können in Tarifverträgen vereinbart werden, ferner auch im Einzelarbeitsvertrag, wenn ein sachlicher Grund für eine längere Dauer vorliegt, z.B. wenn wegen der besonderen Anforderungen des Arbeitsplatzes eine Beurteilung der Eignung und Leistung des Arbeitnehmers so schwierig ist, dass eine Probezeit von 6 Monaten nicht als ausreichend erscheint. Das kann z.B. bei Arbeitnehmern der Fall sein, die seit vielen Jahren nicht mehr in dem von ihnen erlernten Beruf tätig gewesen sind, bei Lehrern sowie bei künstlerisch und wissenschaftlich tätigen Arbeitnehmern. Mehrfach befristete Probearbeitsverhältnisse sind nicht zulässig (*BAG* 15.3.1978 EzA § 620 BGB Nr. 34).

bb) Dauer der Arbeitserlaubnis

74 Möglich ist auch die Befristung für die Dauer der (befristet) erteilten Arbeitserlaubnis mit ausländischen Arbeitnehmern, deren Heimatstaat nicht der EG angehört (§§ 284 ff. SGB III). Die Kopplung der arbeitsrechtlichen Befristung an die verwaltungsrechtliche Befristung stellt i.d.R. keinen sachlichen Grund dar. Dies entspricht der Rechtsprechung des BAG (s.o. Kap. 4 Rn. 2111 ff.) zum Kündigungsschutzrecht. Danach berechtigt das Auslaufen der Arbeitserlaubnis nicht ohne weiteres zur Kündigung des unbefristeten Arbeitsverhältnisses. Vielmehr ist zu prüfen, ob in absehbarer Zeit mit der Wiedererteilung der Arbeitserlaubnis zu rechen ist und der Arbeitsplatz ohne erhebliche betriebliche Beeinträchtigungen bis dahin offen gehalten werden kann. Dementsprechend kann die Befristung mit einer befristeten Arbeitserlaubnis ebenso wie mit einer befristeten Aufenthaltserlaubnis **allenfalls dann** sachlich gerechtfertigt sein, **wenn im Zeitpunkt der letzten Vereinbarung des befristeten Arbeitsvertrages eine hinreichend sichere Prognose gestellt werden kann, eine Verlängerung der Aufenthaltserlaubnis (Arbeitserlaubnis) werde diesmal nicht erfolgen** (*BAG* 12.1.2000 EzA § 620 BGB Nr. 169; APS/*Backhaus* § 620 BGB Rz. 318; **a.A.** MünchArbR/*Wank* § 116 Rz. 92).

cc) Besonderheiten bei Rundfunk- und Fernsehanstalten, künstlerischer Tätigkeit; Spitzensport

75 Die den Rundfunk- und Fernsehanstalten zustehende **Rundfunkfreiheit kann die Befristung des Arbeitsverhältnisses mit einem programmgestaltenden Arbeitnehmer rechtfertigen,** sodass weitere sachliche Gründe für die Befristung nicht erforderlich sind.

76 **Die Belange der Rundfunkanstalt und der betroffenen Arbeitnehmer sind im Einzelfall abzuwägen.**

77 Im Einzelnen gilt nach der Rechtsprechung des *BAG* (11.12.1991 EzA § 620 BGB Nr. 112; ebenso für Lokalreporter *BAG* 22.4.1998 EzA § 611 Arbeitnehmerbegriff Nr. 67: *LAG Köln* 31.8.2000 LAGE § 620 BGB Nr. 66: Autorin, Realisatorin, Interviewerin und Sprecherin; APS/*Backhaus* § 620 BGB Rz. 440 ff.):

- Eine programmgestaltende Tätigkeit setzt keine schöpferische Mitwirkung an den einzelnen gesendeten Programmbeiträgen voraus. Worauf der inhaltliche Einfluss auf das Programm beruht, ist unerheblich. Auch durch die Ausarbeitung der übergeordneten Rahmenkonzeption, die Festlegung der verbindenden Leitideen, die Auswahl und Zusammenstellung der Sendungen kann der Inhalt des Programms gestaltet werden.
- Die zur Erfüllung des Programmauftrags notwendige Freiheit und Flexibilität der Rundfunkanstalten wird durch ein unbefristetes Arbeitsverhältnis umso stärker berührt, je mehr der Arbeitnehmer seine eigenen Vorstellungen und seinen eigenen Stil einbringen kann.
- Die Wirksamkeit der Befristung setzt kein ausgearbeitetes Personalkonzept voraus. Vielmehr reicht es aus, dass im Einzelfall plausibel erklärt werden kann, warum der betroffene Arbeitnehmer im Gegensatz zu anderen Arbeitnehmern nur befristet beschäftigt werden kann.

Auch die **Einführung und Erprobung neuer Programme** kann die befristete Beschäftigung programmgestaltender Mitarbeiter durch eine Rundfunkanstalt sachlich rechtfertigen (*BAG* 24.4.1996 EzA § 620 BGB Nr. 140). 78

Ein vorübergehender Personalaustausch zwischen Arbeitgebern kann die Befristung eines Arbeitsverhältnisses nach den für die Deutsche Welle geltenden Tarifbestimmungen rechtfertigen, wenn das bisherige Arbeitsverhältnis mit dem befristeten Arbeitsverhältnis sozial vergleichbar ist, aus Anlass der Befristung nicht beendet wird und nach Beendigung des befristeten Arbeitsverhältnisses auch unverändert fortgesetzt werden kann (*BAG* 28.8.1996 EzA § 620 BGB Nr. 141). 79

Aktualitätsverlust kommt als Befristungsgrund für Rundfunkredakteure in Betracht, die als Reporter, Interviewer, Übersetzer oder Sprecher fremdsprachliche Sendungen für ihr Heimatland verbreiten und durchführen (*BAG* 25.1.1973 EzA § 620 BGB Nr. 17; ebenso *LAG Köln* 4.11.2004 NZA-RR 2005, 411 LS). 80

Publikumsgeschmack und **Abwechslungsbedürfnis** können eine Befristung rechtfertigen bei Verträgen im künstlerischen Bereich mit Solisten, nicht dagegen bei Chor-, Orchester- und Tanzgruppenmitgliedern (*BAG* 5.3.1970 AP Nr. 34 zu § 620 BGB Befristeter Arbeitsvertrag; ebenso für Profifußballer *LAG Nürnberg* 28.3.2006 – 7 Sa 405/05 – FA 2006, 280 LS). Tarifliche Normen können davon allerdings Abweichungen vorsehen (*BAG* 30.9.1971 AP Nr. 36 zu § 620 BGB Befristeter Arbeitsvertrag; abl. MünchArbR/*Wank* § 116 Rz. 101). 81

Auf den Sachgrund »Rundfunkfreiheit« kann ein Sender eine Befristung des Arbeitsvertrages einer Redakteurin dann nicht stützen, wenn er im **Regelfall seine Redakteure unbefristet beschäftigt** und nicht darlegt, warum im Einzelfall der Redakteur nur befristet beschäftigt wird, um die Rundfunkfreiheit zu wahren (*LAG Köln* 1.9.2000 NZA-RR 2001, 234). 82

Bestimmt ein Tarifvertrag z.B. einer Rundfunkanstalt, dass dann, wenn ein befristetes Arbeitsverhältnis länger als sechs Jahre besteht, der Arbeitnehmer sich »automatisch« in einem unbefristeten Arbeitsverhältnis befindet, so kann diese Regelung nicht als »sachlicher Grund«, ein Arbeitsverhältnis auf sechs Jahre zu befristen, herangezogen werden (*LAG Brem.* 9.6.2008 – 4 Sa 155/07 – EzA-SD 17/2008 S. 7 LS). 83

Die Befristung des Arbeitsvertrages eines **Sporttrainers** kann sachlich gerechtfertigt sein, wenn mit der Aufgabe, Spitzensportler oder besonders talentierte Nachwuchssportler zu betreuen, die **Gefahr** verbunden ist, dass die Fähigkeit des Trainers zur **weiteren Motivation** der ihm anvertrauten Sportler regelmäßig nachlässt. Das kann aber nur dann der Fall sein, wenn ein Bedürfnis besteht, während der Dauer der Betreuung derselben Sportler die Person des Trainers auszuwechseln, nicht aber dann, wenn die zu **betreuenden Sportler regelmäßig wechseln** (*BAG* 29.10.1998 EzA § 620 BGB Nr. 158; 15.4.1999 EzA § 620 BGB Nr. 164; vgl. auch *BAG* 4.12.2002 EzA § 620 BGB 2002 Bedingung Nr. 1; vgl. *Dieterich* NZA 2000, 857 ff.; *Treber* SAE 1999, 312 ff.; APS/*Backhaus* § 620 BGB Rz. 457 ff.; zu Befristungen von Trainern in Olympiastützpunkten *Schrader* FA 2006, 2322 ff.). 84

c) Befristung auf Wunsch des Arbeitnehmers, z.B. bei Studenten; soziale Gründe

Als sachlicher Grund kommt auch der besondere Wunsch des Arbeitnehmers, nur einen zeitlich befristeten Vertrag abzuschließen, in Betracht. Allein die Annahme eines entsprechenden Arbeitgeberangebots genügt allerdings nicht (*BAG* 13.5.1982 EzA § 620 BGB Nr. 59). **Der Arbeitnehmer muss den Wunsch nach einer befristeten Einstellung frei geäußert haben,** was z.B. dann in Betracht kommt, wenn er sich aus einer besonderen Interessenlage heraus nur für eine bestimmte Zeit binden will (vgl. APS/*Backhaus* § 620 BGB Rz. 453 ff.). 85

Beispiele: 86

- Das kann der Fall sein bei einer Angestellten, die noch einige Monate vor ihrer Heirat Geld verdienen und sich danach dem Haushalt widmen will (*BAG* 12.8.1976 EzA § 620 BGB Nr. 30).
- Der **Wunsch** eines ausländischen Arbeitnehmers, nach einer bestimmten Zeit in seine Heimat **zurückzukehren**, rechtfertigt eine entsprechende Befristung des Arbeitsverhältnisses (*LAG Köln* 4.4.2001 ZTR 2001, 477 LS).

87 Dagegen sind **allgemeine beschäftigungs- und sozialpolitische Erwägungen** nicht geeignet, die Befristung des Arbeitsvertrages aus sozialen Gründen sachlich zu rechtfertigen (*BAG* 24.2.1988 EzA § 1 BeschFG 1985 Nr. 3).

88 Das *BAG* (4.4.1990 EzA § 620 BGB Nr. 107) geht davon aus, dass die Befristung von Arbeitsverhältnissen mit **Studenten,** die neben ihrem Studium bezahlte Beschäftigungsmöglichkeiten suchen, ihre Erwerbstätigkeit aber immer wieder den wechselnden Erfordernissen des Studiums anpassen müssen, **im Arbeitsleben üblich und sachlich gerechtfertigt ist** (nach *BVerfG* 24.9.1990 AP Nr. 136a zu § 620 BGB Befristeter Arbeitsvertrag verstößt die Auffassung des BAG nicht gegen das GG; *LAG Köln* 28.1.1999 ZTR 1999, 381 LS; krit. aber *LAG Bln.* 12.1.1999 ZTR 1999, 327 LS; vgl. APS/*Backhaus* § 620 BGB Rz. 463 ff.).

89 Wird allerdings dem Interesse des Studenten, die von ihm zu erbringende Arbeitsleistung mit den wechselnden Erfordernissen des Studiums in Einklang zu bringen, durch eine entsprechende flexible Ausgestaltung des Arbeitsverhältnisses Rechnung getragen, ist eine Befristung unter dem Gesichtspunkt der Anpassung der Erwerbstätigkeit an die Erfordernisse des Studiums sachlich nicht gerechtfertigt (*BAG* 10.8.1994 EzA § 620 BGB Nr. 126). Maßgeblich ist insoweit auf die **Kündigungsmöglichkeiten** einerseits, sowie **Umfang und Lage der Arbeitszeit** andererseits abzustellen (*BAG* 29.10.1998 EzA § 620 BGB Nr. 159).

90 **Aus sozialen Gründen** kommt eine Befristung auf Wunsch des Arbeitnehmers in Betracht, um dem Arbeitnehmer die Möglichkeit zu geben, sich (z. B nach Abschluss der Ausbildung) in Ruhe einen anderen Arbeitsplatz zu suchen oder eine noch fehlende Qualifikation zu erwerben (z.B. durch Abschluss eines Promotionsverfahrens; vgl. *BAG* 26.4.1985 EzA § 620 BGB Nr. 74; 12.12.1985 EzA § 620 BGB Nr. 77).

91 Für einen derartigen Wunsch des Arbeitnehmers müssen aber zum Zeitpunkt des Vertragsabschlusses **objektive Anhaltspunkte** vorliegen, aus denen gefolgert werden kann, dass der Arbeitnehmer ein Interesse an einer befristeten Beschäftigung hat.

92 **Beispiele:**

- Wird z.B. ein Volljurist nach Ablegung der zweiten juristischen Staatsprüfung von einer Behörde im Rahmen von befristeten Arbeitsverträgen mit ständig anfallenden und nicht aufschiebbaren Sachbearbeiteraufgaben beschäftigt, z.B. mit der Bearbeitung von Widersprüchen in der Arbeitsverwaltung, so kann i.d.R. nicht angenommen werden, dass die sozialen Belange des Arbeitnehmers für den Abschluss der Zeitverträge maßgeblich gewesen sind (*BAG* 26.4.1985 EzA § 620 BGB Nr. 74).
- Ferner müssen **gerade die sozialen Belange des Arbeitnehmers und nicht die Interessen des Betriebes** oder der Dienststelle auf Seiten des Arbeitgebers **im Vordergrund** der Überlegungen **gestanden haben** und für den Abschluss des Arbeitsvertrages ausschlaggebend gewesen sein (*BAG* 3.10.1984 EzA § 620 BGB Nr. 73; 7.7.1999 EzA § 620 BGB Nr. 165).
- Schließt ein Bundesland in sozialen Härtefällen mit Lehrern, deren Examensnote für eine Übernahme in den Schuldienst des Landes nicht ausreicht, einen befristeten Arbeitsvertrag für die Dauer eines Jahres und sagt es diesen Lehrern zu, sie nach Vertragsablauf in das Beamtenverhältnis zu übernehmen, wenn sie sich als für den Schuldienst geeignet erwiesen haben, so ist die vereinbarte Befristung des Arbeitsverhältnisses wirksam (*BAG* 31.8.1994 EzA § 620 BGB Nr. 127).
- Der befristete Arbeitsvertrag mit einem **vormaligen Beamten** auf Widerruf nach Abschluss seiner Ausbildung kann sachlich gerechtfertigt sein, wenn ihm damit Gelegenheit gegeben werden soll, **berufliche Erfahrungen zu sammeln,** um seine Vermittlungschancen auf dem Arbeitsmarkt zu erhöhen. Die Tatsache, dass der Arbeitnehmer auf vorübergehend unbesetzten Beamtenstellen beschäftigt wird, spricht aber gegen den Sachgrund der sozialen Überbrückung. Der Befristung können dann andere Sachgründe zugrunde liegen, auf die sich der Arbeitgeber im Geltungsbereich des BAT nur berufen kann, wenn sie nach der Nr. 1 der SR 2 y im Vertrag vereinbart worden sind (*BAG* 7.7.1999 EzA § 620 BGB Nr. 165).

- Vereinbaren die Parteien dagegen, der Arbeitnehmer werde mit einem befristeten Arbeitsvertrag weiterbeschäftigt, wenn er zuvor eine außerordentliche Kündigung eines unbefristeten Arbeitsverhältnisses erklärt, so kann die nachfolgende Befristung nicht auf den Sachgrund der sozialen Überbrückung gestützt werden (*BAG* 23.1.2002 EzA § 620 BGB Nr. 186).
- Nach Auffassung des *LAG Köln* (5.3.1998 NZA 1999, 321 LS; vgl. APS/*Backhaus* § 620 BGB Rz. 292) ist auch die Befristung eines neuen Arbeitsvertrages mit einem bei der Beendigung eines früheren Arbeitsverhältnisses **alkoholkranken Arbeitnehmers** auf zwei Jahre sachlich gerechtfertigt, wenn nach einer inzwischen abgeschlossenen Entziehungskur die **Rückfallgefahr erprobt** werden soll. Auch wenn dieser Befristungsgrund am Ende der Befristung nicht mehr vorgelegen hat, endet das Arbeitsverhältnis durch Zeitablauf, wenn die unbefristete Fortsetzung nicht vereinbart ist. War der Arbeitnehmer in diesem Fall bei Ablauf der Vertragszeit seit 18 Monaten ununterbrochen wegen Rücken- und Schulterleiden arbeitsunfähig erkrankt, ist der Arbeitgeber nach Treu und Glauben auch nicht gehindert, sich auf Befristung und Zeitablauf zu berufen und die Suche nach einem leidensgerechten Dauerarbeitsplatz abzulehnen, wenn der Arbeitnehmer geltend macht, die Erkrankung sei durch jahrelange körperlich schwere Arbeit in dem früheren Arbeitsverhältnis entscheidend verschlimmert worden und die Alkoholerkrankung sei überwunden.

d) Vergleich

Die Vereinbarung einer Befristung in einem gerichtlichen oder außergerichtlichen Vergleich bedarf nach lange Zeit überwiegend vertretener Auffassung **keines sachlichen Grundes** (*BAG* 22.2.1984 EzA § 620 BGB Nr. 69; ErfK/*Müller-Glöge* § 620 BGB Rz. 115 **a.A.** für den außergerichtlichen Vergleich KR/*Hillebrecht* 3. Aufl., § 620 Rz. 143a; KR/*Lipke* 5. Aufl., § 620 BGB Rz. 143a; APS/*Backhaus* § 620 BGB Rz. 489; zur Wirksamkeit eines Vergleichs, durch den ein ursprünglich unbefristetes Arbeitsverhältnis nachträglich in ein befristetes umgewandelt wird). Jedenfalls bei einem **gerichtlichen Vergleich** ist regelmäßig eine objektive Umgehung des Kündigungsschutzes zu Lasten des Arbeitnehmers ausgeschlossen (*BAG* 2.12.1998 EzA § 620 BGB Nr. 156). 93

Die Unwirksamkeit eines derartigen Vergleichs kann nur nach den Vorschriften der §§ 123, 138, 242, 779 BGB geltend gemacht werden (*BAG* 4.3.1980 EzA § 620 BGB Nr. 45). Zuletzt hat das *BAG* (23.1.2002 EzA § 620 BGB Nr. 186) **ausdrücklich offen gelassen**, ob an der Rechtsprechung festzuhalten ist, dass auch ein außergerichtlicher Vergleich ein Befristungsgrund sein kann. 94

e) Befristung im Interesse Dritter?; personelle Kontinuität des Betriebsrats

Fraglich ist, ob und inwieweit eine Befristung im Interesse Dritter möglich ist. Insbesondere im Zusammenhang mit der befristeten Neueinstellung von Lehrern ist zu überlegen, ob der sachliche Grund darin bestehen kann, dass bei unbefristeter Beschäftigung **spätere Bewerbungsjahrgänge wegen der sinkenden Schülerzahlen kaum Einstellungschancen hätten,** sodass ein **gleichmäßiger Altersaufbau in der Lehrerschaft nicht gewährleistet ist.** 95

Nach der Rechtsprechung des *BAG* (14.1.1982, 8.9.1983 AP Nr. 64, 77 zu § 620 BGB Befristeter Arbeitsvertrag; vgl. auch APS/*Backhaus* § 620 BGB Rz. 306) ist die Berücksichtigung von Drittinteressen, die sich nicht konkret auf das Arbeitsverhältnis des befristet eingestellten Arbeitnehmers auswirken, **grds. unzulässig.** Folglich kann sich die Schulverwaltung nicht darauf berufen, die Fürsorgepflicht gebiete es ihr, die Arbeitsverträge mit Lehrern zu befristen, um nicht ganze Generationen von künftigen Bewerbern vom Schuldienst auszuschließen. 96

Andererseits kann das andernfalls auf Grund befristeten Arbeitsvertrages auslaufende Arbeitsverhältnis eines Betriebsratsmitglieds befristet verlängert werden, wenn der befristete Vertrag zur **Sicherung der personellen Kontinuität der Betriebsratsarbeit** geeignet und erforderlich ist (*BAG* 23.1.2002 EzA § 620 BGB Nr. 185). 97

7. Befristung bei Leitenden Angestellten

98 Würde man bei der Befristung von Arbeitsverträgen mit Leitenden Angestellten stets einen sachlichen Grund verlangen, so würde dies zu dem Ergebnis führen, dass bei einer unzulässigen Befristung der Leitende Angestellte vom Arbeitgeber weiterbeschäftigt werden muss, während den Arbeitgeber bei einer sozial ungerechtfertigten Kündigung gem. § 14 Abs. 2 i.V.m. § 9 KSchG lediglich eine Abfindungspflicht trifft.

99 Das *BAG* (26.4.1979 EzA § 620 BGB Nr. 39) ist deshalb davon ausgegangen, dass bei einer Befristung von mehr als 6 Monaten dann, wenn mit dem Leitenden Angestellten gleichzeitig eine angemessene Abfindung vereinbart wird, gegen eine Befristung ohne sachlichen Grund keine Bedenken bestehen, da dann kein nach dem KSchG bestehender Schutz ausgeschaltet wird. Die Befristungsabrede ist dagegen unwirksam, wenn nicht zugleich ein angemessener finanzieller Ausgleich vereinbart wird oder der Leitende Angestellte beim Ausscheiden aus dem Betrieb keinen angemessenen finanziellen Ausgleich, der einer Abfindung nach § 9 KSchG gleichwertig ist, erhält.

8. Arbeitnehmer mit nebenberuflicher Tätigkeit; Teilzeitbeschäftigte

100 **Allein der Umstand, dass der Arbeitnehmer mit einer sog. Nebentätigkeit nicht seinen vollen Lebensunterhalt verdient, rechtfertigt noch nicht die Befristung des Arbeitsvertrages** (*BAG* 10.8.1994 EzA § 620 BGB Nr. 126; vgl APS/*Backhaus* § 620 BGB Rz. 418 ff.; für eine Einschränkung der Anforderungen an den sachlichen Grund aber MünchArbR/*Wank* § 116 Rz. 32).

101 Ist die unfreiwillige Teilzeitbeschäftigung die **einzige Erwerbsquelle** eines im Rahmen von Lehraufträgen mit einer Wochenunterrichtszeit von 13 Stunden oder weniger beschäftigten Lehrers, so ist dieser nicht weniger schutzbedürftig als andere teilzeitbeschäftigte Lehrer, auf deren Arbeitsvertrag das BAT anzuwenden ist. Deshalb gelten für sie auch die Rechtsgrundsätze über die Befristung von Arbeitsverträgen (*BAG* 14.1.1982 AP Nr. 65 zu § 620 BGB Befristeter Arbeitsvertrag).

102 Stellt ein Unternehmen jährlich ein **bestimmtes Kontingent an Teilzeitarbeitsplätzen** zur Verfügung, können diese Teilzeitarbeitsplätze an interessierte vollzeitbeschäftigte Arbeitnehmer **nach sozialen Kriterien** (Alter der Kinder, Betriebszugehörigkeit) vergeben werden. Die Teilzeitarbeitsplätze können dabei wirksam befristet auf ein Jahr vergeben werden mit der Folge, dass nach Ablauf dieses Jahres über die Vergabe der dann zur Verfügung stehenden Teilzeitarbeitsplätze für das Folgejahr wiederum nach sozialen Kriterien entschieden werden kann (*LAG Hessen* 8.1.2001 NZA-RR 2001, 237).

9. Form

103 Für befristete Arbeitsverträge war grds. keine Form vorgeschrieben, weder nach § 620 BGB noch nach dem BeschFG. Dagegen sehen Spezialgesetze (HRG) und zum Teil Tarifverträge ein Schriftformerfordernis vor. Mit Wirkung vom 1.5.2000 ergab sich ein **konstitutives Schriftformerfordernis** für die Befristungsabrede **aus § 623 BGB** (vgl. APS/*Backhaus* § 620 BGB Rz. 246); seit dem 1.1.2001 ist sie – ohne sachliche Änderung – in **§ 14 Abs. 4 TzBfG** enthalten (s.u. Rn. 238).

10. Beendigung des befristeten Arbeitsverhältnisses

a) Fristablauf; Fortsetzung

104 Ein wirksam befristetes Arbeitsverhältnis **endet mit Ablauf der Zeit, für die es eingegangen ist.** Einer Kündigung bedarf es nicht. **Die schriftliche Mitteilung des Arbeitgebers an den Arbeitnehmer, das Arbeitsverhältnis werde auf Grund Fristablaufs an einem bestimmten Tag enden, ist deshalb regelmäßig nicht als Kündigungserklärung zu verstehen, sondern als nur klarstellender Hinweis auf die Beendigung des Arbeitsverhältnisses**

(APS/*Backhaus* § 620 BGB Rz. 215). Wird das Arbeitsverhältnis mit Wissen des Arbeitgebers oder eines zum Abschluss von Arbeitsverträgen berechtigten Vertreters fortgesetzt, so gilt es gem. § 625 BGB als auf unbefristete Zeit verlängert (*BAG* 24.10.2001 NZA 2003, 153).

Die Rechtsfolge des § 625 BGB tritt allerdings nur dann ein, wenn der Arbeitnehmer seine 105
Tätigkeit **unmittelbar nach dem Ablauf des Arbeitsverhältnisses fortsetzt** (*BAG* 20.2.2002 EzA § 620 BGB Altersgrenze Nr. 10; 20.2.2002 EzA § 625 BGB Nr. 5). Erhält der Arbeitnehmer nach dem Ablauf eines befristeten Arbeitsverhältnisses **Freizeit als Überstundenausgleich** sowie Urlaub und nimmt er danach die Arbeit wieder auf, ist der Tatbestand des § 625 BGB nicht gegeben. Die Tatsachen können aber auf eine ausdrückliche oder konkludente Vereinbarung über die Fortsetzung des Arbeitsverhältnisses hindeuten (*BAG* 2.12.1998 EzA § 625 BGB Nr. 4; APS/*Backhaus* § 625 BGB Rz. 22 f.). Im Schulbereich setzt § 625 BGB voraus, dass das Dienstverhältnis **mit Wissen der zum Abschluss von Arbeitsverträgen befugten Stelle der Schulverwaltung** fortgesetzt wird; das Wissen eines zur Einstellung nicht befugten Schulleiters genügt nicht (*BAG* 20.2.2002 EzA § 625 BGB Nr. 5).

b) Kündigung

Unter den Voraussetzungen des **§ 626 Abs. 1 BGB** ist jederzeit eine außerordentliche Kündi- 106
gung möglich (*BAG* 19.6.1980 EzA § 620 BGB Nr. 47).

Dagegen ist eine **ordentliche Kündigung i.d.R. während des Laufs der Befristung aus-** 107
geschlossen. Etwas **anderes** gilt dann, wenn die Möglichkeit der ordentlichen Kündigung ausdrücklich **vereinbart worden ist** oder ein dahingehender beiderseitiger Wille sich aus den Umständen eindeutig ergibt (*BAG* 19.6.1980 EzA § 620 BGB Nr. 47; 29.6.1989 EzA § 174 BGB Nr. 6).

Aus der Vereinbarung einer sechsmonatigen Probezeit in einem schriftlichen Formularar- 108
beitsvertrag des öffentlichen Dienstes lässt sich beispielsweise auf Grund der Besonderheiten einer Probezeit auch ohne ausdrückliche Kündigungsregelung auf den Willen der Arbeitsvertragsparteien schließen, das befristete Arbeitsverhältnis während der Probezeit ordentlich kündigen zu können (*BAG* 4.7.2001 EzA § 620 BGB Kündigung Nr. 4).

Vereinbaren die Parteien in einem befristeten Arbeitsverhältnis beiderseits ein Kündi- 109
gungsrecht aus bestimmten, als wichtig bezeichneten Gründen mit einer Kündigungsfrist, die der tariflichen bzw. gesetzlichen Kündigungsfrist entspricht oder diese übersteigt, so wird damit, falls nicht Anhaltspunkte für einen abweichenden Parteiwillen vorliegen, nicht die fristlose Kündigung nach § 626 BGB ausgeschlossen, sondern das Recht zur ordentlichen Kündigung vereinbart (*BAG* 25.2.1998 EzA § 620 BGB Kündigung Nr. 1; vgl. dazu *Benecke* SAE 1999, 90 ff.).

c) Vertrauenstatbestand

Trotz an sich wirksamer Befristung kann der Arbeitgeber verpflichtet sein, das Arbeitsver- 110
hältnis auf unbestimmte Zeit fortzusetzen, wenn er bei einem Arbeitnehmer die Erwartung geweckt und bestätigt hat, er werde bei Eignung und Befähigung unbefristet weiterbeschäftigt, und wenn der Arbeitgeber sich mit seiner Ablehnung in Widerspruch zu seinem früheren Verhalten und dem von ihm geschaffenen Vertrauenstatbestand setzt (*BAG* 16.3.1989 EzA § 1 BeschFG 1985 Nr. 7; vgl. APS/*Backhaus* § 620 BGB Rz. 222 ff.).

Gleiches gilt, wenn der Träger einer Arbeitsbeschaffungsmaßnahme bei dem Arbeitneh- 111
mer, der ihm zugewiesen worden ist, die **berechtigte Erwartung** geweckt hat, mit ihm **nach Abschluss der Maßnahme das Arbeitsverhältnis unbefristet fortzusetzen. Dagegen** reicht es nicht aus, wenn lediglich der Arbeitnehmer eine entsprechende, **nicht vom Arbeitgeber veranlasste Erwartung gehegt hat,** der der Arbeitgeber nicht entgegengetreten ist (*LAG Köln* 19.11.1999 FA 2000, 359 LS). Vielmehr ist erforderlich, dass der Arbeitgeber bei Vertragsschluss oder während der Laufzeit des Zeitvertrags objektiv einen Vertrauenstatbestand schafft (*BAG* 24.10.2001 NZA 2003, 153). Auch begründet eine **Nebenbestimmung** im Zuweisungsbescheid, die eine Förderung einer Arbeitsbeschaffungsmaßnahme von einer

späteren Übernahme des zugewiesenen Arbeitnehmers in ein unbefristetes Arbeitsverhältnis **abhängig macht,** kein Recht des Arbeitnehmers auf Abschluss eines unbefristeten Arbeitsvertrages mit dem Maßnahmeträger (*BAG* 26.4.1995 EzA § 620 BGB Nr. 133; *LAG Düsseld.* 19.8.1999 LAGE § 620 BGB Nr. 60).

112 Ein Fortsetzungsanspruch setzt zudem ein **Verschulden** des Arbeitgebers voraus. Daran fehlt es, wenn er bei Schaffung des Vertrauenstatbestandes tatsächlich **noch eine Verlängerungsabsicht hegte.** Hat nicht der Arbeitgeber selbst, sondern z.B. ein nicht abschlussberechtigter Vorgesetzter den Vertrauenstatbestand gesetzt, muss der Arbeitgeber sich dessen Verhalten nur unter den Voraussetzungen einer **Anscheins- oder Duldungsvollmacht** zurechnen lassen (*LAG Köln* 19.11.1999 FA 2000, 359 LS).

113 Offen gelassen hat das *BAG* (17.4.2002 EzA § 620 BGB Nr. 191), ob ein treuwidriges Verhalten des Arbeitgebers überhaupt zum Fortbestand eines wirksam befristeten Arbeitsverhältnisses führen und ob deshalb eine entsprechende Feststellungsklage erfolgreich sein kann. Ebenso hat das *BAG* (17.4.2002 EzA § 620 BGB Nr. 191) offen gelassen, ob im Falle eines vom Arbeitgeber hervorgerufenen und danach enttäuschten Vertrauens des Arbeitnehmers der nach § 249 BGB auszugleichende Schaden auch im unterbliebenen Abschluss eines Arbeitsvertrages mit dem Arbeitgeber liegen kann oder ob sich der Schaden auf die vom Arbeitnehmer auf Grund des Vertrauens vorgenommenen oder unterlassenen Dispositionen beschränkt.

11. Rechtsfolgen der Unwirksamkeit der Befristungsabrede

114 Ist die Befristungsabrede dem Grunde nach unwirksam, so bleibt der Arbeitsvertrag entgegen § 139 BGB im Übrigen gültig und **gilt als auf unbestimmte Zeit abgeschlossen.**

115 Zu beachten ist zudem, dass ein Arbeitsvertrag mit einer entsprechenden Mindestdauer dann dem mutmaßlichen Willen der Parteien eher entspricht als ein unbefristeter Vertrag, der jederzeit gekündigt werden könnte. Deshalb ist eine ordentliche Kündigung vor Ablauf der vorgesehenen Zeit sowohl durch den Arbeitgeber als auch durch den Arbeitnehmer grds. ausgeschlossen (*BAG* 19.6.1980 EzA § 620 BGB Nr. 47; vgl. APS/*Backhaus* § 620 BGB Rz. 206 ff.).

116 Etwas **anderes** gilt, wenn die Parteien auch für die Zeit der Befristung zusätzlich die **Möglichkeit einer ordentlichen Kündigung vorgesehen haben** (*BAG* 14.1.1982 AP Nr. 64 zu § 620 BGB Befristeter Arbeitsvertrag).

117 Ist ein Vertrag mit einer **zu kurzen oder zu langen Frist** vereinbart worden, so kann er grds. als Zeitvertrag **mit der sachlich gerechtfertigten kürzeren oder längeren Frist aufrechterhalten werden,** sodass eine inhaltliche Vertragskorrektur in Betracht kommt. Das setzt allerdings voraus, dass z.B. die angemessene weitere Vertragsdauer schon bei den nach Vertragsschluss erkennbaren Umständen mit einiger Sicherheit bestimmbar ist (*BAG* 14.1.1982 AP Nr. 64 zu § 620 BGB Befristeter Arbeitsvertrag).

118 Ist die Befristung dagegen deshalb unwirksam, weil der Personalrat zwar seine Zustimmung für ein, ein Jahr dauerndes Arbeitsverhältnis erteilt hat, die Parteien danach aber ein befristetes Arbeitsverhältnis von kürzerer Vertragsdauer vereinbart haben, dann besteht zwischen den Parteien ein **Arbeitsverhältnis auf Dauer** und nicht nur für den zunächst geplanten Zeitraum (*BAG* 8.7.1998 EzA § 620 BGB Nr. 150).

12. Darlegungs- und Beweislast

119 Die Beweislast dafür, dass der Arbeitsvertrag überhaupt befristet worden ist, trägt derjenige, der sich auf die Befristung beruft, i.d.R. der **Arbeitgeber.** Denn unbefristete Arbeitsverträge sind die Regel, sodass er sich auf einen Ausnahmetatbestand beruft, durch den zudem u.U. der Kündigungsschutz entfällt. Bei einem **Streit über die Dauer des befristeten Arbeitsvertrages** hat derjenige die Befristungsdauer zu beweisen, der sich auf die frühere Vertragsbeendigung beruft (*BAG* 12.10.1994 EzA § 620 BGB Nr. 128; vgl. APS/*Backhaus* § 620 BGB Rz. 276 ff.).

Dagegen muss der Arbeitnehmer darlegen und beweisen, dass für den Abschluss des befristeten Vertrages und für die Dauer kein sachlicher Grund vorgelegen hat (*BAG* 4.2.1971 AP Nr. 35 zu § 620 BGB Befristeter Arbeitsvertrag). Andererseits kann dem Arbeitnehmer der Beweis des ersten Anscheins zugute kommen, sodass der Arbeitgeber den Sachvortrag, der dem ersten Anschein nach zutreffend ist und einen sachlichen Grund nicht erkennen lässt, durch Gegenvortrag entkräften muss. Das ist vor allem dann der Fall, wenn der Arbeitsvertrag mehrfach befristet worden ist (vgl. *BAG* 26.4.1979 EzA § 620 BGB Nr. 39). Zudem hat der Arbeitgeber dem Arbeitnehmer die Gründe für die Befristung anzugeben (*BAG* 11.8.1988 EzA § 620 BGB Nr. 105). **120**

Behauptet dagegen der Arbeitgeber, die Befristung sei aus sozialen Gründen zulässigerweise vereinbart worden, z.B. um dem Arbeitnehmer bei der Überwindung von Übergangsschwierigkeiten nach Abschluss der Ausbildung zu helfen, so trägt der **Arbeitgeber** die Darlegungs- und Beweislast dafür, dass gerade die **sozialen Belange** des Arbeitnehmers und nicht die betrieblichen Interessen **im Vordergrund gestanden haben** und für den Abschluss des Arbeitsvertrages ausschlaggebend gewesen sind (*BAG* 3.10.1984 EzA § 620 BGB Nr. 73; 12.12.1985 EzA § 620 BGB Nr. 77). Auch wenn ein **Tarifvertrag sachliche Gründe zur Wirksamkeitsvoraussetzung für Befristungen** erhebt, trägt der **Arbeitgeber** die Darlegungs- und Beweislast für das Vorliegen sachlicher Gründe, denn durch eine derartige Regelung wird sie auf den Arbeitgeber verlagert. (*BAG* 11.8.1988 EzA § 620 BGB Nr. 105). **121**

13. Befristung einzelner Bedingungen des Arbeitsvertrages

a) Grundsätze

Vereinbaren die Parteien im Rahmen eines unbefristeten Arbeitsverhältnisses die befristete Änderung einzelner Arbeitsbedingungen, so bedarf die vereinbarte Befristung nach der Rechtsprechung des *BAG* (13.6.1986 EzA § 620 BGB Nr. 85; 24.1.2001 EzA § 620 BGB Nr. 173) eines **sachlichen Grundes, wenn bei unbefristeter Änderung die neuen Arbeitsbedingungen dem Änderungsschutz des KSchG** (§ 1 Abs. 1, 2, 3, §§ 2, 4 S. 2, 7, 8, 23 Abs. 1 KSchG) **unterliegen würden** (*BAG* 23.1.2002 EzA § 1 BeschFG 1985 Nr. 29 m. Anm. *Hergenröder* SAE 2002, 273; vgl. dazu *Sievers* NZA 2002, 1182 ff.; ebenso für eine auflösende Bedingung *LAG Köln* 10.7.2003 LAGE § 2 KSchG Nr. 44; s.a. *LAG Düsseld.* 28.9.2006 – 11 Sa 828/06 – LAGE § 307 BGB 2002 Nr. 10 = ZTR 2007, 155 für die Kombination von Zeit- und Zweckbefristung bei der Erhöhung der regelmäßigen Arbeitszeit); das gilt z.B. auch für die Erhöhung der Arbeitszeit (*BAG* 4.6.2003 EzA § 620 BGB 2002 Nr. 7). **122**

Die zur Befristung von Arbeitsverträgen aufgestellten Grundsätze können wegen der i.d.R. bestehenden geringeren sozialen Schutzbedürftigkeit der betroffenen Arbeitnehmer allerdings nicht ohne weiteres auf die Beurteilung der Befristung einzelner Vertragsbedingungen und deren Dauer übertragen werden. Es bedarf vielmehr **entsprechender Modifikationen dieser Grundsätze** unter Beachtung der spezifischen Zielsetzung des kündigungsschutzrechtlichen Vertragsinhaltsschutzes (vgl. dazu *Kania* DB 1998, 2418 ff.; APS/*Backhaus* § 620 BGB Rz. 193 ff.). **123**

Die Befristung einer Arbeitszeiterhöhung kann z.B. auf einen **vorübergehenden Mehrbedarf** an der Arbeitskraft des Arbeitnehmers gestützt werden. Dazu bedarf es einer Prognose des Arbeitgebers, auf Grund derer mit Sicherheit zu erwarten ist, dass für die Beschäftigung des Arbeitnehmers im Umfang der erhöhten Arbeitszeit über den Ablauf der Befristung hinaus kein Bedarf mehr besteht (*BAG* 4.6.2003 EzA § 620 BGB 2002 Nr. 7). Die Bitte eines Personalrats um Unterstützung durch einen wissenschaftlichen Mitarbeiter für die Durchführung bestimmter projektorientierter Personalratsaufgaben genügt dazu ohne konkrete Angaben über den Inhalt und den Umfang dieser Aufgaben nicht. Die bloße Ungewissheit, ob es nach Ablauf der Amtszeit zur Neuwahl eines Personalrats kommt, rechtfertigt die Befristung der Arbeitszeiterhöhung des wissenschaftlichen Mitarbeiters nicht (*BAG* 4.6.2003 EzA § 620 BGB 2002 Nr. 7). **124**

125 Auf § 1 BeschFG kann die Befristung einzelner Vertragsbedingungen nicht gestützt werden. Bei der Klage zur Kontrolle der Befristung einzelner Vertragsbedingungen handelt es sich auch nicht um eine nur befristet mögliche Klage nach § 1 Abs. 5 BeschFG, sondern um eine bis zur zeitlichen Grenze der Verwirkung mögliche allgemeine Feststellungsklage gem. § 256 ZPO (*BAG* 23.1.2002 EzA § 1 BeschFG 1985 Nr. 29; vgl. dazu *Conradi* SAE 2005, 20 ff.).

126 Bei diesen Grundsätzen handelt es sich nach teilweise vertretener Auffassung (*LAG Bra.* 27.7.2004 NZA-RR 2005, 180 = ArbuR 2005, 162 LS; vgl. auch *LAG Bra.* 25.8.2004 NZA-RR 2005, 182 LS = ZTR 2005, 271; vgl. dazu *Thüsing/Leder* BB 2005, 1563 ff.) um ein richterrechtliches Leitbild, das einem anerkannten Gerechtigkeitsgebot und den wesentlichen Grundgedanken des Art. 12 GG und des § 2 KSchG entspricht. Davon kann nach § 307 Abs. 2 Nr. 1 BGB in allgemeinen Arbeitsbedingungen nicht wirksam abgewichen werden. Auch nach der Schuldrechtsreform ist die Befristung von Arbeitsbedingungen daher nur wirksam, wenn ein anerkannter Sachgrund sie rechtfertigt. Demgegenüber geht das *BAG* (27.7.2005 EzA § 307 BGB 2002 Nr. 5 = NZA 2006, 40; ebenso *LAG Düsseld.* 20.2.2007 NZA-RR 2008, 96; vgl. dazu *Hanau* Beil. 1/06 zu NZA Heft 10/06 S. 34 ff.) davon aus, dass nach dem 31.12.2001 vereinbarte Befristungen z.B. bei einer Arbeitszeiterhöhung als allgemeine Geschäftsbedingung der gerichtlichen Kontrolle nach §§ 305 ff. BGB i.d.F. des am 1.1.2002 in Kraft getretenen Schuldrechtsmodernisierungsgesetzes unterliegt. Eine Kontrolle der befristeten Vereinbarung von Arbeitsbedingungen nach den Grundsätzen des Rechts befristeter Arbeitsverträge findet seit dieser Zeit nicht mehr statt. Dabei ist nunmehr eine umfassende Abwägung der beiderseitigen Interessen vorzunehmen.

b) Übertragung einer höherwertigen Tätigkeit

127 Bei der Prüfung der Frage, ob die einzelvertraglich vereinbarte befristete – vorübergehende – Übertragung einer höherwertigen Tätigkeit sowie die damit verbundene befristete Höhergruppierung dem Grunde und der Dauer nach gerechtfertigt ist, kam es, anknüpfend an die Kriterien für die Zulässigkeit einer einseitig vom Arbeitgeber vorgenommenen vorübergehenden Übertragung einer höherwertigen Tätigkeit (vgl. *BAG* 19.6.1985 AP Nr. 9 zu § 24 BAT), nach der bisherigen Rechtsprechung des *BAG* (5.7.1967 AP Nr. 10 zu § 1 TVG Tarifverträge BAVAV; 26.3.1997 ZTR 1997, 413) darauf an, ob dafür ein sachlicher Grund vorliegt (ebenso *LAG Bln.* 1.3.2002 – 6 Sa 71/02 – EzA-SD 13/02, S. 17 LS für die nachträgliche Befristung der unbefristeten Übertragung einer höherwertigen Tätigkeit).

128 Als sachlicher Grund war stets die **Vertretung** eines anderen Mitarbeiters anzusehen, da nach Rückkehr des vertretenen Mitarbeiters auf seinen Arbeitsplatz kein Bedürfnis für die Weiterbeschäftigung des Vertreters auf diesem Arbeitsplatz besteht. Ein sachlicher Grund besteht danach auch dann, wenn der Arbeitgeber eine frei gewordene Stelle zunächst nur vorübergehend besetzt, um **Zeit für Überlegungen** zu gewinnen, mit welchem Arbeitnehmer die Stelle endgültig besetzt werden soll oder wenn bestimmte Planungen des Arbeitgebers (z.B. geplante Übertragung der Lohnrechnertätigkeit auf zentrale Datenverarbeitung) vorliegen, die zu einem **Fortfall der höherwertigen Tätigkeit** führen können. Insoweit bestand ein großer Beurteilungsspielraum sowohl des Arbeitgebers als auch der Tatsacheninstanz (*BAG* 13.6.1986 EzA § 620 BGB Nr. 85; vgl. APS/*Backhaus* § 620 BGB Rz. 200 ff.). Das war z.B. dann **nicht** der Fall, wenn die vorübergehende Übertragung nur ein **Vorwand** war, um dem tatsächlich auf einem Dienstposten beschäftigten Angestellten die Tätigkeit nicht auf Dauer übertragen zu müssen (*BAG* 19.6.1985 AP Nr. 9 zu § 24 BAT).

129 Der Sachgrund der **mittelbaren Vertretung** setzte einen vom Arbeitgeber darzulegenden **Kausalzusammenhang** zwischen dem zeitweiligen Ausfall eines Mitarbeiters und der befristeten Einstellung bzw. Vertragsänderung der Vertretungskraft voraus. **Haushaltsrechtliche Gründe** konnten die Befristung in diesem Zusammenhang dann rechtfertigen, wenn der öffentliche Arbeitgeber zum Zeitpunkt des Vertragsschlusses auf Grund konkreter Tatsachen die Prognose erstellen konnte, dass für die Beschäftigung des Arbeitnehmers Haushaltsmittel nur vorübergehend zur Verfügung standen (*BAG* 24.1.2001 EzA § 620 BGB Nr. 173), also nach Ablauf des Übertragungszeitraums nicht mehr (*LAG Köln* 17.7.2003 ZTR 2004, 154).

Inzwischen hat das *BAG* (17.4.2002 – 4 AZR 174/01 – EzA-SD 23/02, S. 16 LS; 15.5.2002, 15.5.2002, 12.6.2002 NZA 2003, 288 LS) für die Rechtmäßigkeit der vorübergehenden Übertragung einer höherwertigen Tätigkeit folgende Grundsätze aufgestellt: 130

- Der Arbeitgeber hat spätestens im Prozess nachvollziehbar seine Beweggründe für seine Entscheidung offen zu legen, warum er dem Angestellten die höherwertige Tätigkeit nicht auf Dauer angeboten, sondern nur vorübergehend übertragen hat.
- Eine Billigkeitskontrolle bezieht sich bei wiederholten Übertragungen höherwertiger Tätigkeiten auf mehrere Angestellte in derselben Verwaltungseinheit sowohl auf das Gesamtkonzept als auch auf die einzelnen Übertragungsverfügungen.
- Bei mehreren Übertragungen der höherwertigen Tätigkeit, also bei mehreren Direktionsmaßnahmen, unterliegt jede dieser Maßnahmen der gerichtlichen Billigkeitskontrolle gem. § 315 BGB. Der Arbeitnehmer ist nicht gehalten, einen Vorbehalt gegenüber der einzelnen vorübergehenden Übertragung zu erklären.
- Eine Erprobungszeit von mehr als sechs Monaten entspricht nur billigem Ermessen, wenn dafür besondere Gründe vorliegen, die der Arbeitgeber darzulegen hat. Im Wiederholungsfall steigen die Anforderungen an die Gründe für eine solche Anordnung; diese bedarf der näheren Begründung des Arbeitgebers.
- Die zeitliche Begrenzung einer vertretungsweisen Übertragung einer höherwertigen Tätigkeit auf die Dauer der Verhinderung des Vertretenen entspricht regelmäßig billigem Ermessen.
- Entspricht eine vorübergehende Übertragung höherwertiger Tätigkeit nicht billigem Ermessen, führt das zu einer gerichtlichen Bestimmung analog § 315 Abs. 3 S. 2 BGB. Diese kann dazu führen, dass die Tätigkeitsübertragung dauerhaft erfolgt ist oder die zeitliche Begrenzung der vorübergehenden Übertragung anders zu bestimmen ist, z.B. die Übertragung länger andauert.
- Bei mehreren Übertragungen höherwertiger Tätigkeit an ein und denselben Arbeitnehmer kann daher bereits eine nicht durch billiges Ermessen gedeckte vorübergehende Übertragung im Wege richterlicher Gestaltung zur Dauerhaftigkeit der Übertragung führen mit der Folge, dass nach § 22 BAT der Arbeitnehmer in der der höherwertigen Tätigkeit entsprechenden Vergütungsgruppe eingruppiert ist und Anspruch auf die dieser Eingruppierung entsprechenden Vergütung hat und zwar auch dann, wenn etwa nachfolgende Übertragungsverfügungen einer Billigkeitskontrolle standhalten würden, was dann offen bleiben kann.
- Die fehlende oder mangelhafte Beteiligung des Personalrats zu einer in Aussicht genommenen nur vorübergehenden Übertragung der höherwertigen Tätigkeit führt nicht zu einer Übertragung der höherwertigen Tätigkeit auf Dauer mit der Folge der Verpflichtung des öffentlichen Arbeitgebers zur Zahlung der Vergütung nach der höheren Vergütungsgruppe.

c) Leistungsentgeltbestandteile

Die Befristung einer Leistungsentgeltabrede ist ohne sachlichen Grund **unzulässig,** wenn nach Ablauf der Befristung **keine Vergütungsvereinbarung mehr existieren würde.** Betrifft sie **dagegen** nur einen **zusätzlichen, zeitlich befristeten Entgeltanteil** bei einer im Übrigen unbefristeten Grundvergütung, so ist eine solche Befristung grds. **wirksam.** 131

Sie ist immer dann zulässig, wenn im Übrigen eine übliche Vergütung i.S.v. § 612 BGB vereinbart ist. Insoweit liegt keine Umgehung von § 2 KSchG vor, weil die leistungsbezogene Zusatzvergütung ohne Rechtsbindungswillen frei widerrufbar ausgestaltet werden könnte (MünchArbR/*Kreßel* § 66 Rz. 25; APS/*Backhaus* § 620 BGB Rz. 204). 132

Eine objektive Umgehung des gesetzlichen Änderungskündigungsschutzes, die zu der Unwirksamkeit der Befristung einzelner Arbeitsvertragsbedingungen führt, liegt im Übrigen nicht bereits in der Befristung einer Provisionszusage, die neben das Tarifgehalt tritt und lediglich 15% der Gesamtvergütung ausmacht (*BAG* 21.4.1993 EzA § 2 KSchG Nr. 20). 133

14. Wiedereinstellungsanspruch?

134 Fraglich ist, ob die Rechtsprechung des *BAG* (seit 27.2.1997 EzA § 1 KSchG Wiedereinstellungsanspruch Nr. 1) auf befristete Arbeitsverhältnisse übertragen werden kann. Das *LAG Düsseld.* (19.8.1999 LAGE § 620 BGB Nr. 60; ebenso *BAG* 20.2.2002 EzA § 620 BGB Nr. 189) hat dies **verneint.** Der Wegfall des sachlichen Grundes während der Befristungsdauer und die nachträglich entstandene Möglichkeit, den Arbeitnehmer – entgegen der Prognose zum Zeitpunkt der Befristungsabrede – dauerhaft zu beschäftigen, verpflichtet den Arbeitgeber nicht, den Arbeitnehmer **nach Ablauf der Befristungsdauer weiter zu beschäftigen. Denn bei wirksamer Befristungsabrede ist der gesetzliche Bestandsschutz von Anfang an zeitlich begrenzt.** Eine Prognosekorrektur kann daher dem Arbeitnehmer zu nicht mehr als dem ursprünglich vereinbarten Rechtsstatus – zeitbefristetes Arbeitsverhältnis – verhelfen (*LAG Düsseld.* 15.2.2000 LAGE § 620 BGB Nr. 63). Der Arbeitnehmer hat deshalb auch dann keinen Wiedereinstellungsanspruch, wenn sich entgegen der ursprünglichen Prognose auf Grund neuer Umstände eine **Möglichkeit zur Weiterbeschäftigung** ergibt (*BAG* 20.2.2002 EzA § 620 BGB Nr. 189).

15. Zweckbefristung

a) Begriffsbestimmung

135 Bei der Zweckbefristung gem. § 620 Abs. 2 BGB ist der Eintritt des Ereignisses, zu dem das Arbeitsverhältnis enden soll (i.d.R. die Rückkunft des Arbeitnehmers, der vom zweckbefristet Beschäftigten vertreten werden soll) zwar gewiss, ungewiss ist jedoch der Zeitpunkt (*BAG* 27.6.2001 EzA § 620 BGB Nr. 179; vgl. APS/*Backhaus* § 620 BGB Rz. 160 ff.).

b) Sachlicher Grund

136 Auch die Vereinbarung einer Zweckbefristung im Arbeitsvertrag ist nur im Rahmen der Rechtsgrundsätze wirksam, die die höchstrichterliche Rechtsprechung zur Befristungskontrolle entwickelt hat. Voraussetzung ist daher zunächst das Vorliegen eines die Zweckbefristung rechtfertigenden **sachlichen Grundes** (*BAG* 26.3.1986 EzA § 620 BGB Nr. 81; 12.6.1987 EzA § 620 BGB Nr. 90; vgl. *Bauschke* BB 1993, 2523 ff.; APS/*Backhaus* § 620 BGB Rz. 173).

137 In Betracht kommt eine Zweckbefristung z.B. für die **Vertretung** eines erkrankten oder beurlaubten Arbeitnehmers (*BAG* 26.3.1986 EzA § 620 BGB Nr. 81; *LAG Köln* 17.8.2001 ZTR 2002, 185).

c) Erkennbarkeit des Zeitpunkts der Zweckerreichung

138 Neben dem Vorliegen eines sachlichen Grundes ist zusätzlich erforderlich, dass der Zeitpunkt der Zweckerreichung für den Arbeitnehmer frühzeitig erkennbar ist, d.h. entweder bei Vertragsschluss voraussehbar war oder vom Arbeitgeber **rechtzeitig angekündigt** wird (*BAG* 26.3.1986 EzA § 620 BGB Nr. 81; APS/*Backhaus* § 620 BGB Rz. 165 ff.).

d) Rechtsfolgen der fehlenden Erkennbarkeit des Zeitpunkts der Zweckerreichung

139 Die fehlende Erkennbarkeit des Zeitpunkts der Zweckerreichung führt jedoch bei Vorliegen eines sachlichen Grundes für die Zweckbefristung nicht zu einem unbefristeten Arbeitsverhältnis, sondern lediglich dazu, **dass das Arbeitsverhältnis erst mit Ablauf einer der Mindestkündigungsfrist entsprechenden Auslauffrist endet.** Denn der Bestandsschutz des befristet angestellten Arbeitnehmers kann grds. nicht weiter gehen, als er nach dem Gesetz ausgestaltet wäre, das objektiv umgangen wird. Die **Frist beginnt,** sobald der Arbeitnehmer durch eine Mitteilung des Arbeitgebers oder auf sonstige Weise von der bevorstehenden oder bereits erfolgten Zweckerreichung **Kenntnis erlangt** (*BAG* 26.3.1986 EzA § 620 BGB Nr. 81).

e) Verhältnis zu tariflichen Befristungsregelungen

Die Protokollnotiz Nr. 2 zu Nr. 1 SR 2 y BAT, nach der ein Zeitvertrag nicht für die Dauer von mehr als fünf Jahren abgeschlossen werden darf, gilt nicht für zweckbefristete Arbeitsverträge (*BAG* 26.3.1986 EzA § 620 BGB Nr. 81). 140

f) Ergänzende Vertragsauslegung

Vereinbart der Arbeitgeber mit einem zur Vertretung eingestellten Arbeitnehmer, dass das Arbeitsverhältnis mit der Wiederaufnahme der Arbeit durch den vertretenen Mitarbeiter enden soll, so liegt hierin in aller Regel nicht zugleich die Vereinbarung, dass das Arbeitsverhältnis auch dann enden soll, wenn der vertretene Mitarbeiter vor Wiederaufnahme seiner Tätigkeit aus dem Arbeitsverhältnis **ausscheidet** (*BAG* 26.6.1996 EzA § 620 BGB Bedingung Nr. 12; vgl. dazu *Vetter* ZTR 1997, 438 ff.; ebenso *LAG SA* 25.1.2005 ZTR 2005, 429; s.a. *LAG Düsseld.* 31.8.2007 NZA-RR 2008, 64 = ZTR 2008, 172), oder wenn der Vertretene eine zeitlich befristete **Erwerbsunfähigkeitsrente** von der BfA erhält (*LAG Bln.* 20.5.1997, ZTR 1997, 474). 141

Demgegenüber hat das *LAG Saarland* (26.2.1997 LAGE § 620 BGB Nr. 46) angenommen, dass dann, wenn der Beendigungstatbestand auf den Wegfall des Verhinderungsgrundes (z.B. »für die Dauer der Erkrankung des Arbeitnehmers X«) abstellt, das Arbeitsverhältnis nach vorheriger rechtzeitiger Nichtverlängerungsanzeige auch dann endet, wenn der vertretene Arbeitnehmer seinen Dienst nicht wieder antritt, sondern aus dem Arbeitsverhältnis ausscheidet und **Altersrente** in Anspruch nimmt. Vereinbart der Arbeitgeber mit dem Arbeitnehmer die Beendigung des Arbeitsverhältnisses auch für den Fall, dass das Arbeitsverhältnis mit dem erkrankten Mitarbeiter endgültig beendet wird, so ist im Falle der tatsächlich einvernehmlichen Beendigung dieses Arbeitsverhältnisses die auflösende Bedingung von vornherein wegen Umgehung des nach § 626 BGB, § 1 KSchG bestehenden Kündigungsschutzes nach Auffassung des *LAG Hamm* (10.7.1997 ZTR 1997, 474) unwirksam. 142

II. Die Abkehr von der Umgehungsrechtsprechung; das TzBfG (ab 1.1.2001)

1. Begriffsbestimmungen

§ 3 TzBfG enthält eine Begriffsbestimmung hinsichtlich des kalendermäßig und **zweckbefristeten Vertrages**, nicht dagegen der auflösenden Bedingung (vgl. dazu APS/*Backhaus* § 3 TzBfG Rz. 1 ff.; *Bauer* BB 2001, 2473; *Dassau* ZTR 2001, 68). 143

2. Sachgrundbefristung (§ 14 Abs. 1 TzBfG)

a) Grundlagen

Die gesetzliche Regelung des § 14 Abs. 1 TzBfG geht nunmehr davon aus, dass im **Regelfall ein Sachgrund** für die Vereinbarung einer zulässigen Befristung an sich ebenso wie für ihre Dauer (vgl. MünchArbR/*Wank* Ergänzungsband § 116 Rz. 211 ff.) erforderlich ist. **Die Befristung ohne Sachgrund ist die Ausnahme** (*H. J. Dörner* ZTR 2001, 486; KDZ/*Däubler* § 14 TzBfG Rz. 6). Damit ist der Grundgedanke der objektiven Gesetzesumgehung entfallen (vgl. *H. J. Dörner* Sonderbeil. zu NZA Heft 16/2003, S. 33 ff.); das hat zur Folge, dass im Gegensatz zur bisherigen Rechtslage keine unbegrenzte Ausnahme mehr für die Fälle besteht, in denen keine Umgehung von Kündigungsschutz begründenden Vorschriften in Betracht kam (Arbeitsverhältnisse in Kleinbetrieben, Familienhaushalte, Arbeitsverhältnis vor Ablauf der 6-Monatsfrist des § 1 KSchG; der Arbeitnehmer ist leitender Angestellter i.S.d. § 14 Abs. 2 KSchG). Das war deshalb erforderlich, weil die umzusetzende Richtlinie (RL 99/70/EG; s.o. Kap. 1 Rn. 673) derartige Ausnahmen nicht vorsieht (vgl. APS/*Backhaus* § 14 TzBfG Rz. 3, 144

18 ff.; KR/*Lipke* § 14 TzBfG Rz. 2 ff., 21 ff.; vgl. auch *Bauer* NZA 2000, 1042; *Preis/Gotthardt* DB 2000, 2070; *Richardi/Annuß* DB 2000, 2204; *Backhaus* NZA 2001 Sonderbeil. zu Heft 24, S. 9; zur rückwirkenden Befristung – vor Arbeitsaufnahme – s. *LAG SchlH* 25.7.2006 ZTR 2007, 156).
Möglich ist – wie auch nach altem Recht – die **nachträgliche Befristung eines unbefristeten Arbeitsverhältnisses**, wenn für die Befristungsabrede ein sachlicher Grund i.S.d. § 14 Abs. 1 TzBfG besteht (*LAG Köln* 24.8.2007 – 11 Sa 250/07 – ZTR 2008, 110 LS).

145 Für die Befristung eines Arbeitsvertrages mit einem **leitenden Angestellten** i.S.d. § 14 Abs. 2 KSchG wurde bislang angenommen, dass es dann keines sachlichen Grundes bedarf, wenn dieser beim Ausscheiden einen einer Abfindung nach §§ 9, 10 KSchG gleichwertigen finanziellen Ausgleich erhielt (MünchArbR/*Wank* § 116 Rz. 29 ff.). Nunmehr wird man in der Vereinbarung einer derartigen **Entschädigung** im Vertrag nach der Wertung des § 14 KSchG einen **sachlichen Grund sehen** können (MünchArbR/*Wank* Ergänzungsband § 116 Rz. 67) Das Sachgrunderfordernis gilt auch bei der Vereinbarung einer **nachträglichen Befristung**, sowie einer darauf gerichteten Änderungskündigung (APS/*Backhaus* § 14 TzBfG Rz. 23 f.; MünchArbR/*Wank* Ergänzungsband § 116 Rz. 63, 70, 75; KDZ/*Däubler* § 14 TzBfG Rz. 6 f., 18).

b) Prüfungsgegenstand

146 Auch nach neuem Recht unterliegt bei **mehreren aufeinander folgenden befristeten Arbeitsverträgen** grundsätzlich nur die Befristung des **letzten Vertrags** der gerichtlichen Kontrolle (*BAG* 18.6.2008 EzA § 14 TzBfG Nr. 50).
Gegenstand der Überprüfung der Rechtswirksamkeit einer vertraglich vereinbarten Befristung ist aber andererseits **jeder Vertrag, der unter Einhaltung der Klagefrist gem. § 17 TzBfG angegriffen worden ist** (APS/*Backhaus* § 14 TzBfG Rz. 12 f.; KR/*Lipke* § 14 TzBfG Rz. 43 ff.). Zwar wollen die Arbeitsvertragsparteien durch einen ohne Vorbehalt abgeschlossenen Folgevertrag ihre Vertragsbeziehungen regelmäßig auf eine neue Rechtsgrundlage stellen (*BAG* 18.6.2008 EzA § 14 TzBfG Nr. 50; 25.8.2004 EzA § 14 TzBfG Nr. 13 = NZA 2005, 356 = BAG Report 2005, 68; vgl. dazu *Petrovicki* NZA 2006, 411 ff.); sie heben damit zugleich ein etwa befristetes früheres Arbeitsverhältnis auf (*LAG Nds.* 12.1.2004 NZA-RR 2004, 555 = LAG Report 2004, 225). Ein vertraglicher Verzicht, sich insbes. im Rahmen der Überprüfung des Folgevertrages auf die Unwirksamkeit der Befristung des vorangegangenen Vertrages zu berufen, liegt darin aber regelmäßig nicht. Dies gilt umso mehr, als der Gesetzgeber nunmehr für die Geltendmachung der Unwirksamkeit der Befristung die Klagefrist eingeführt hat. Soll gleichwohl bereits vor Ablauf dieser Frist vertraglich auf die Geltendmachung der Unwirksamkeit verzichtet werden, so muss dies in der vertraglichen Vereinbarung unmissverständlich zum Ausdruck kommen (*BAG* 26.7.2000 EzA § 1 BeschFG 1985 Nr. 18; vgl. *H. J. Dörner* Sonderbeil. zu NZA Heft 16/2003, S. 33 ff.; **a.A.** wohl *LAG Nds.* 12.1.2004 NZA-RR 2004, 555 = LAG Report 2004, 225).
Haben die Parteien also den weiteren befristeten Arbeitsvertrag unter dem **Vorbehalt** abgeschlossen, dass er das Arbeitsverhältnis nur regeln soll, wenn nicht bereits aufgrund des vorangegangenen Vertrags ein unbefristetes Arbeitsverhältnis besteht, ist auch für die in dem vorherigen Vertrag vereinbarte Befristung die gerichtliche Kontrolle eröffnet (*BAG* 18.6.2008 EzA § 14 TzBfG Nr. 50).

147 Etwas anderes gilt aber dann, wenn es sich um einen sog. **bloßen Annexvertrag** handelt (*BAG* 7.11.2007 EzA § 14 TzBfG Nr. 43 = NZA 2008, 467); dieser gilt nicht als letzter Vertrag in diesem Sinne. Er ist dann gegeben, wenn lediglich der **Endzeitpunkt** des befristeten Vertrages **geringfügig korrigiert** wird, wenn sich der Vertrag am selben Sachgrund wie der Verlängerungsvertrag orientiert und wenn es nur um die Anpassung an veränderte Umstände geht. Das ist z.B. dann der Fall, wenn Drittmittel (*BAG* 25.8.2004 EzA § 14 TzBfG Nr. 13 =

NZA 2005, 356 = BAG Report 2005, 68) oder die Bewilligung einer ABM-Maßnahme überraschend um einige Monate verlängert werden (KR/*Lipke* 5. Aufl., § 620 BGB Rz. 125b; KDZ/*Däubler* § 14 TzBfG Rz. 32). Diese Voraussetzungen sind aber dann nicht erfüllt, wenn bei einem befristeten Arbeitsvertrag mit einer **Vertragsdauer von zumindest einem Jahr** das Vertragsende um **mehr als ein Drittel** oder sogar um die Hälfte des Ausgangsvertrages **hinausgeschoben wird** (*BAG* 7.11.2007 EzA § 14 TzBfG Nr. 43 = NZA 2008, 467).

Etwas anderes gilt dann, wenn sich aus ausdrücklichen oder konkludenten Vereinbarungen ergibt, dass die Parteien ihr Arbeitsverhältnis nicht auf eine neue Grundlage haben stellen wollen (*BAG* 15.8.2001 EzA § 620 BGB Nr. 182; 18.6.2008 EzA § 14 TzBfG Nr. 50), sowie dann, wenn die Parteien bei Abschluss des letzten Vertrages ausdrücklich dem Arbeitnehmer das Recht vorbehalten haben, die Wirksamkeit der im vorangegangenen Arbeitsvertrag vereinbarten Befristung überprüfen zu lassen (*BAG* 18.6.2008 EzA § 14 TzBfG Nr. 50; 7.11.2007 EzA § 14 TzBfG Nr. 43 = NZA 2008, 467; 14.2.2007 EzA § 620 BGB 2002 Nr. 12 = NZA 2007, 803). Voraussetzung dafür ist eine vertragliche Vereinbarung, die sich darauf bezieht, dass zwischen den Parteien nicht bereits ein unbefristetes Arbeitsverhältnis besteht (*BAG* 5.6.2002 EzA § 620 BGB Nr. 195; 4.6.2003 EzA § 620 BGB 2002 Nr. 4 = NZA-RR 2003, 621). **Der Vorbehalt muss allerdings nicht ausdrücklich, sondern kann auch konkludent vereinbart werden** (*BAG* 10.3.2004 EzA § 14 TzBfG Nr. 9 = NZA 2004, 925); ob ein Vorbehalt vereinbart ist, ist **durch Auslegung der von den Parteien bei Vertragsschluss ausdrücklich und konkludent abgegebenen Erklärungen zu ermitteln.** Ein vom Arbeitnehmer einseitig geäußerter Vorbehalt genügt nicht (*BAG* 16.11.2005 – 7 AZR 81/05 – EzA-SD 7/06 S. 11 LS = NZA 2006, 785); der Arbeitgeber verstößt auch **nicht gegen § 612a BGB**, wenn er es **ablehnt**, mit einem befristet beschäftigten Arbeitnehmer bei Abschluss eines befristeten Anschlussvertrages einen vom Arbeitnehmer **gewünschten derartigen Vorbehalt zu vereinbaren** (*BAG* 14.2.2007 – 7 AZR 95/06 – EzA § 620 BGB 2002 Nr. 12 = NZA 2007, 803). Ist der Vorbehalt vereinbart, ist die arbeitsgerichtliche Befristungskontrolle auch für den davor liegenden Vertrag eröffnet (*BAG* 10.3.2004 EzA § 14 TzBfG Nr. 9 = NZA 2004, 925; *LAG Hamm* 22.5.2003 – 11 Sa 1735/02 – EzA-SD 16/03, S. 10 LS). Haben Arbeitsvertragsparteien nach Rechtshängigkeit einer Klage gem. § 17 TzBfG weitere befristete Verträge ohne ausdrücklichen Vorbehalt abgeschlossen, so ist regelmäßig anzunehmen, dass die Folgeverträge einen konkludenten Vorbehalt enthalten (*BAG* 18.6.2008 EzA § 14 TzBfG Nr. 50; 10.3.2004 EzA § 14 TzBfG Nr. 9). Das ist aber **nicht der Fall**, wenn der weitere befristete Arbeitsvertrag auf Seiten des Arbeitgebers von einer **anderen Dienststelle** abgeschlossen wird als der vorherige Vertrag und der Arbeitnehmer deshalb davon ausgehen muss, dass die an dem erneuten Vertragsschluss beteiligten Vertreter des Arbeitgebers keine Kenntnis von der Rechtshängigkeit der Befristungskontrollklage haben (*BAG* 18.6.2008 EzA § 14 TzBfG Nr. 50). 148

Schließen die Parteien nach Einreichung, aber vor Zustellung einer Befristungskontrollklage nach § 17 S. 1 TzBfG einen weiteren befristeten Arbeitsvertrag, so ist dieser nicht ohne weiteres unter dem Vorbehalt vereinbart, dass er nur gelten soll, wenn nicht bereits auf Grund der vorangegangenen unwirksamen Befristung ein unbefristetes Arbeitsverhältnis besteht (*BAG* 13.10.2004 EzA § 17 TzBfG Nr. 6 = NZA 2005, 401 = BAG Report 2005, 69). Das Gegenteil – kein Annexvertrag – gilt dann, wenn die letzte Befristungsabrede auf Grund einer nach Abschluss des vorletzten Vertrages eingetretenen neuen Ursache erfolgt (*BAG* 25.8.2004 EzA § 14 TzBfG Nr. 13 = NZA 2005, 356 = BAG Report 2005, 68).

c) Prüfungszeitpunkt

Maßgeblicher Zeitpunkt für die Zulässigkeit der Befristung ist **der des Vertragsabschlusses** 149
(*BAG* 25.8.2004 EzA § 14 TzBfG Nr. 13 = NZA 2005, 356 = BAG Report 2005, 68; vgl. *H. J. Dörner* Sonderbeil. zu NZA Heft 16/2003, S. 33 ff.; *Preis/Gotthardt* DB 2000, 2071; *Bauer*

BB 2001, 2526; *Dassau* ZTR 2001, 69; KR/*Lipke* § 14 TzBfG Rz. 35 ff.). Der **spätere Wegfall** des sachlichen Grundes **schadet daher grds. nicht**. Unerheblich ist es nunmehr auch, wenn zwischen Vertragsabschluss und Vertragsbeendigung **Umstände** eintreten, die einen **besonderen Kündigungsschutz** (z.B. gem. § 9 MuSchG) **begründen**. Denn das Sachgrunderfordernis ist nach der neuen gesetzlichen Regelung von der Umgehung des Kündigungsschutzes losgelöst (APS/*Backhaus* § 14 TzBfG Rz. 15; MünchArbR/*Wank* Ergänzungsband § 116 Rz. 71; KDZ/*Däubler* § 14 TzBfG Rz. 14, 21 ff.).

d) Allgemeine Kriterien des Sachgrundes

150 Das TzBfG definiert den Begriff des sachlichen Grundes nicht und nennt auch keine allgemeinen Kriterien; **angeknüpft wird an die Rechtsprechung des BAG** (s.o. Rn. 11 ff.), so dass trotz der Aufgabe des Umgehungsgedankens die insoweit entwickelten allgemeinen Kriterien des sachlichen Grundes, des Verhältnisses von Sachgrund und Dauer, sowie der Steigerung der Anforderungen an den sachlichen Grund bei einer Vielzahl und langen Dauer von Befristungen (vgl. APS/*Backhaus* § 14 TzBfG Rz. 26 ff.; KR/*Lipke* § 14 TzBfG Rz. 30 ff.) weiterhin Anwendung finden. Hinsichtlich der auch zukünftig erforderlichen **Prognose** des Arbeitgebers und der damit verbundenen Auswirkungen auf die **Darlegungslast** gelten die Grundsätze, die das *BAG* (12.1.2000 EzA § 620 BGB Nr. 169; KR/*Lipke* § 14 TzBfG Rz. 47 ff.) zuletzt entwickelt hat: Wenn die spätere Entwicklung die Prognose des Arbeitgebers bestätigt, besteht eine ausreichende Vermutung dafür, dass sie hinreichend fundiert erstellt ist (vgl. MünchArbR/*Wank* Ergänzungsband § 116 Rz. 71 f.). Es ist dann Sache des Arbeitnehmers, Tatsachen vorzutragen, nach denen zumindest im Zeitpunkt des Vertragsabschlusses die Prognose nicht berechtigt war. Hat sich dagegen die Prognose nicht bestätigt, muss der Arbeitgeber Tatsachen vortragen, die ihm jedenfalls zum Zeitpunkt des Vertragsabschlusses den hinreichend sicheren Schluss darauf erlaubten, dass nach Ablauf der Befristung die Weiterbeschäftigung des Arbeitnehmers nicht mehr möglich sein werde.

151 Die im Gesetz genannten Sachgründe **sollen den Gerichten eine Orientierung geben**; es handelt sich um **Beispiele**, die weder andere von der Rechtsprechung bereits bisher akzeptierte, noch weitere Gründe ausschließen sollen (BT-Drs. 14/4374, S. 18; *BAG* 13.10.2004 EzA § 17 TzBfG Nr. 6 = NZA 2005, 401 = BAG Report 2005, 69; vgl. *Richardi/Annuß* DB 2000, 2205; *H. J. Dörner* Sonderbeil. zu NZA Heft 16/2003, S. 33 ff.), die den Wertungsmaßstäben des § 14 Abs. 1 TzBfG entsprechen (*BAG* 16.3.2005 EzA § 14 TzBfG Nr. 17 = NZA 2005, 923 = BAG Report 2005, 260; *LAG Köln* 24.8.2007 LAGE § 14 TzBfG Nr. 37a = ZTR 2008, 110 LS). Deshalb ist z.B. die Befristung eines Arbeitsvertrages eines nach § 4 Abs. 3 PostPersRG a.F. **beurlaubten Beamten sachlich gerechtfertigt**, ohne dass es darauf ankommt, ob überhaupt und welchem der gesetzlichen Sachgrundtatbeständen sie sich zuordnen lässt (*BAG* 25.5.2005 NZA 2006, 858).

152 **Beispiele:**

- Die vorübergehende Beschäftigung eines Arbeitnehmers auf einem Arbeitsplatz, der zu einem **späteren Zeitpunkt dauerhaft mit einem anderen Arbeitnehmer besetzt werden soll**, kann die Befristung des Arbeitsvertrages nach § 14 Abs. 1 TzBfG sachlich rechtfertigen, wenn im Zeitpunkt des Vertragsschlusses mit dem befristet eingestellten Arbeitnehmer zwischen dem Arbeitgeber und dem anderen Arbeitnehmer bereits eine vertragliche Bindung besteht (*BAG* 13.10.2004 EzA § 17 TzBfG Nr. 6 = NZA 2005, 401 = BAG Report 2005, 69).
- Die **Anhängigkeit einer Konkurrentenklage** um eine dauerhaft zu besetzende Stelle kann die Befristung des Arbeitsvertrages mit einem auf dieser Stelle beschäftigten Arbeitnehmer bis zum Abschluss des Rechtsstreits mit dem Konkurrenten nach § 14 Abs. 1 TzBfG sachlich rechtfertigen (*BAG* 16.3.2005 EzA § 14 TzBfG Nr. 17 = NZA 2005, 923).

- Die Befristung eines Auslandsarbeitsverhältnisses ist wirksam, wenn sie dazu dient, **die deutsche Sozialversicherung** gem. § 4 SGB IV **zu erhalten** (*BAG* 14.7.2005 EzA § 613a BGB 2002 Nr. 36 = NZA 2005, 1411; vgl. dazu instr. *Werthebach* NZA 2006, 247 ff.).
- Die Befristung des Arbeitsverhältnisses mit einem zuvor wegen Vertragspflichtverletzungen arbeitgeberseitig **gekündigten Arbeitnehmer** kann i.S.v. § 14 Abs. 1 S. 1 TzBfG sachlich gerechtfertigt sein, wenn dem Arbeitnehmer damit eine **Bewährungschance** hinsichtlich eines künftigen vertragsgerechten Verhaltens eingeräumt werden soll (*LAG Köln* 24.8.2007 LAGE § 14 TzBfG Nr. 37a = ZTR 2008, 110 LS).

e) Die gesetzlichen Sachgründe

aa) Vorübergehender Bestand des betrieblichen Bedarfs an der Arbeitsleistung (§ 14 Abs. 1 S. 2 Nr. 1 TzBfG)

Dieser **sehr allgemein gehaltene Oberbegriff** möglicher Sachgründe kann in Form eines vorübergehend erhöhten oder eines zukünftig wegfallenden Arbeitskräftebedarfs bestehen (MünchArbR/*Wank* Ergänzungsband § 116 Rz. 81 ff.; KDZ/*Däubler* § 14 TzBfG Rz. 43 ff.; *H. J. Dörner* Sonderbeil. zu NZA Heft 16/2003, S. 35 f.). **153**

Erforderlich ist, dass zum Zeitpunkt des Vertragsabschlusses der Arbeitgeber auf Grund greifbarer Tatsachen mit hinreichender Sicherheit annehmen konnte, dass der Arbeitskräftebedarf in Zukunft wegfallen wird (Prognose; *BAG* 20.2.2008 – 7 AZR 950/06 – EzA-SD 14/2008 S. 12 LS = FA 2008, 280 LS; vgl. KR/*Lipke* § 14 TzBfG Rz. 67 ff.; *Gragert* FA 2004, 194 ff.); dazu sind konkrete Anhaltspunkte erforderlich (*LAG SchlH* 23.3.2005 NZA-RR 2005, 628). Die Prognose, der konkrete Anhaltspunkte zugrunde liegen müssen, ist Teil des Sachgrundes (*BAG* 20.2.2008 – 7 AZR 950/06 – EzA-SD 14/2008 S. 12 LS = FA 2008, 280 LS). **154**

Das *ArbG Leipzig* (5.8.2004 ArbuR 2005, 75 LS) hat z.B. angenommen, dass der konkrete **Bedarf an Lehrkräften** frühestens vier Monate vor Beginn des neuen Schuljahres ermittelt werden kann, da erst zu diesem Zeitpunkt die Anmeldezahlen der Schüler vorliegen. Folglich kann eine vor diesem Zeitpunkt vereinbarte Befristung einer Aufstockung der Stundenzahl einer Lehrkraft dann nicht durch einen vorübergehenden schülerzahlbedingten Mehrbedarf gerechtfertigt werden. Denn die bloße Unsicherheit des Arbeitgebers über die künftige Entwicklung kann eine Befristung nicht rechtfertigen; sie gehört auch im öffentlichen Dienst zur Risikosphäre des Arbeitgebers und darf nicht auf den Arbeitnehmer abgewälzt werden. Denn die jeder wirtschaftlichen Tätigkeit innewohnende **Unsicherheit über die zukünftige Entwicklung** und der dadurch hervorgerufene wechselnde Bedarf an Arbeitskräften stellt keinen Sachgrund dar (APS/*Backhaus* § 14 TzBfG Rz. 33; MünchArbR/*Wank* Ergänzungsband § 116 Rz. 90 ff.; KDZ/*Däubler* § 14 TzBfG Rz. 39; *Preis/Gotthardt* DB 2000, 2071; *Hromadka* BB 2001, 622). Auch die Argumentation des öffentlichen Arbeitgebers, auf Grund des kurzfristigen Ausscheidens eines **Lektors** an einer Universität habe bis Semesterbeginn die Stelle nicht mehr ausgeschrieben und besetzt werden können, führt nicht zu einem vorübergehenden Bedarf i.S.d. § 14 Abs. 1 Nr. 1 TzBfG (*ArbG Freiburg* 30.7.2003 NZA-RR 2004, 52). Ebenso wenig kann aus der bevorstehenden und durch Befehle unter Beweis gestellten **Auflösung einer Bundeswehreinheit** sicher auf die Auflösung einer Truppenküche und damit einhergehend auf einen lediglich vorübergehenden Arbeitskräftebedarf geschlossen werden (*ArbG Kiel* 28.10.2004 NZA-RR 2005, 129). **155**

Dagegen ist eine Befristung sachlich gerechtfertigt, wenn zum Zeitpunkt des Vertragsschlusses **vorhersehbar** war, dass mit der Übertragung der Instandsetzungsarbeiten in einem **regionalen Instandsetzungszentrum** der Bundeswehr auf einen Dritten, die keinen Betriebsübergang nach § 613a BGB darstellt, kein weiterer Bedarf an der Arbeitsleistung des Klägers – eines Kfz-Mechanikers – mehr bestehen würde (*BAG* 30.10.2008 – 8 AZR 855/07; *LAG Nds.* 13.9.2007 NZA-RR 2008, 235). **156**

Bei einer Arbeitnehmerin, die mit Sekretariatsaufgaben betraut ist, setzt der gesetzliche Befristungsgrund voraus, dass anhand konkreter Umstände dargelegt wird, dass **und warum die Sekretariatsaufgaben mit dem Befristungsende weggefallen sein werden** (*LAG Köln* 8.5.2006 – 14 (6) Sa 76/06 – ArbuR 2006, 330 LS u. 18.4.2006 – 9 Sa 1523/05 – ZTR 2006, 556 LS). **157**

158 Das *BAG* (11.2.2004 EzA § 620 BGB 2002 Nr. 9 = NZA 2004, 978 = BAG Report 2004, 177; 16.11.2005 – 7 AZR 81/05 – EzA-SD 7/06 S. 11 LS = NZA 2006, 785; 20.2.2008 – 7 AZR 950/06 – EzA-SD 14/2008 S. 12 LS = FA 2008, 280 LS; 30.10.2008 – 8 AZR 855/07; ebenso *LAG Nds.* 8.3.2004 LAGE § 14 TzBfG Nr. 14 = NZA-RR 2004, 468; *LAG SchlH* 23.3.2005 NZA-RR 2005, 628; zum saisonalen Mehrbedarf s. *LAG Düsseld.* 16.1.2008 EzA § 14 TzBfG Nr. 41) hat insoweit folgende Grundsätze aufgestellt:

- Die Befristung eines Arbeitsvertrags wegen des vorübergehenden Mehrbedarfs an Arbeitskräften ist gerechtfertigt, wenn im Zeitpunkt des Vertragsschlusses mit hinreichender Sicherheit zu erwarten ist, dass für die Beschäftigung des befristet eingestellten Arbeitnehmers über das vorgesehene Vertragsende hinaus kein Bedarf besteht. Hierzu muss der Arbeitgeber eine Prognose erstellen, der konkrete Anhaltspunkte zu Grunde liegen. Die Prognose ist Teil des Sachgrunds für die Befristung.
- Der Sachverhalt ist gegeben, wenn ein Unternehmen oder eine Dienststelle für die Bundesagentur für Arbeit (BA) Maßnahmen zur Verbesserung beruflicher Bildungs- und Eingliederungschancen einschließlich des Nachholens des einfachen Hauptschulabschlusses durchführt und bei Vertragsschluss auf Grund konkreter Tatsachen zu prognostizieren ist, dass mit der Durchführung weiterer Maßnahmen nicht zu rechnen ist.
- Der Sachgrund ist auch gegeben, wenn bei Vertragsschluss feststeht, dass etwaige weitere Maßnahmen erst nach einer Unterbrechung von vier Wochen durchgeführt werden können. Auch ein projektbedingter erhöhter Arbeitskräftebedarf kann die Befristung des Arbeitsvertrags mit einem projektbezogen beschäftigten Arbeitnehmer rechtfertigen (ebenso *LAG Bln.* 23.3.2005 – 17 Sa 2532/04 – EzA-SD 11/05 S. 9 LS). Die Befristung ist allerdings nur wirksam, wenn im Zeitpunkt des Abschlusses des befristeten Arbeitsvertrags konkrete Anhaltspunkte dafür bestehen, dass nach dem Ende der Vertragslaufzeit keine weiteren Projekte mehr durchzuführen sind, bei denen der Arbeitnehmer eingesetzt werden könnte (*BAG* 7.4.2004 EzA § 620 BGB 2002 Nr. 10 = ZTR 2005, 100), das also für die Beschäftigung des Arbeitnehmers über das vereinbarte Vertragsende hinaus mit hinreichender Sicherheit kein Bedarf mehr besteht (*BAG* 25.8.2004 EzA § 14 TzBfG Nr. 13 = NZA 2005, 356 = BAG Report 2005, 68; vgl. dazu *Traber* FA 2005, 363 ff.; *Petrovicki* NZA 2006, 411 ff.; abl. *LAG Köln* 24.2.2006 – 11 Sa 1190/05 – ArbuR 2006, 250 LS = NZA-RR 2006, 498).
- Die Mitwirkung an einem **zeitlich begrenzten Forschungsprojekt** kann die Befristung mit einem dafür eingestellten Arbeitnehmer auch dann sachlich rechtfertigen, wenn der Arbeitnehmer **nicht ausschließlich projektbezogen eingesetzt wird**. Voraussetzung für die Wirksamkeit der Befristung ist dann, dass bei Abschluss des befristeten Arbeitsvertrages die **Prognose** gerechtfertigt ist, dass der Arbeitnehmer überwiegend **mit projektbezogenen Tätigkeiten** und nicht mit projektfremden Daueraufgaben des Arbeitgebers befasst wird (*BAG* 16.11.2005 – 7 AZR 81/05 – EzA-SD 7/06 S. 11 LS = NZA 2006, 785).
- Die Prognose des Arbeitgebers ist nicht deshalb unzutreffend, weil der Arbeitnehmer nach Fristablauf auf Grund seiner Qualifikation auf einem freien Arbeitsplatz in einem anderen Projekt befristet oder unbefristet hätte beschäftigt werden können und der Arbeitgeber dies bei Vertragsschluss erkennen konnte. Denn die Prognose des Arbeitgebers muss sich nur auf das konkrete Projekt beziehen. Dessen hinreichend sicherer künftiger Wegfall begründet den nur vorübergehenden Beschäftigungsbedarf und damit den Sachgrund des § 14 Abs. 1 S. 2 Nr. 1 TzBfG (*BAG* 25.8.2004 EzA § 14 TzBfG Nr. 13 = NZA 2005, 356 = BAG Report 2005, 68; vgl. dazu *Petrovicki* NZA 2006, 411 ff.).
- Die Richtigkeit der Prognose wird auch **nicht** dadurch **in Frage gestellt**, dass der prognostizierte vorübergehende Bedarf an Arbeitsleistung über das Vertragsende des befristet beschäftigten Arbeitnehmers **noch andauert**. Die Prognose muss sich lediglich darauf erstrecken, dass der betriebliche Bedarf an der Arbeitsleistung des befristet beschäftigten Arbeitnehmers nur zeitweise und nicht dauerhaft eröffnet ist. Etwaige Mängel der Prognose hinsichtlich der Befristungsdauer führen nur dann zur Unwirksamkeit der verein-

barten Befristung, wenn sie auf den Sachgrund der Befristung selbst durchschlagen (*BAG* 20.2.2008 – 7 AZR 950/06 – EzA-SD 14/2008 S. 12 LS = FA 2008, 280).

Zu den praktischen Konsequenzen hat das *LAG Nds.* (8.3.2004 LAGE § 14 TzBfG Nr. 14 = NZA-RR 2004, 468; 12.1.2004 LAG Report 2004, 253 LS) ausgeführt:

- Das Gericht muss dazu feststellen können, dass der Arbeitgeber im Zeitpunkt des Vertragsschlusses auf Grund greifbarer Tatsachen mit einiger Sicherheit erwarten durfte, dass für eine Beschäftigung des befristet eingestellten Mitarbeiters über das vorgesehene Vertragsende hinaus kein Bedarf bestand.
- Ein vorübergehender betrieblicher Bedarf an Arbeitskräften kann neben den Fällen zeitweiser Zusatzaufgaben auch dann vorliegen, wenn die vorhandene Arbeitsmenge in absehbarer Zeit abnimmt (z.B. durch Rationalisierungen bzw. [Teil-]Stilllegungen), bis dahin aber noch zusätzliche Arbeitskräfte benötigt werden. Der Umfang deshalb befristeter Arbeitsverhältnisse muss sich im Rahmen des prognostizierten Minderbedarfs halten (hier: Schließung einer Teileinheit der Marine; befristete Beschäftigung eines Festmacherhelfers im Hinblick auf einen nach § 3 TV UmBW unterzubringenden, unbefristet beschäftigten Mechaniker/Kraftfahrer, sowie bei der befristeten Beschäftigung einer Lagermitarbeiterin im Hinblick auf einen tarifvertraglich unterzubringenden Kfz-Mechaniker).
- Steht fest, dass sich bei Ablauf der vorgesehenen Zeit der Minderbedarf nicht in der vertraglich vorgesehenen Weise realisiert (z.B. weil der KfZ-Mechaniker auf einem anderen Dienstposten untergebracht worden ist), muss der Arbeitgeber darlegen, aus welchen Gründen die tatsächliche Entwicklung anders verlaufen ist (*LAG Nds.* 12.1.2004 LAG Report 2004, 253 LS).
- Erweist sich die Prognose dagegen als zutreffend, so ist die Befristung regelmäßig sachlich gerechtfertigt. Ist dies hingegen nicht der Fall, muss der Arbeitgeber schlüssig und widerspruchsfrei darlegen, aus welchen Gründen die tatsächliche Entwicklung hinsichtlich des Arbeitskräftebedarfs anders verlaufen ist als bei Vertragsschluss prognostiziert (hier: Unterbringung des Mechanikers/Kraftfahrers auf einem – anderen – Schonarbeitsplatz nach Vorlage eines ärztlichen Gutachtens).

Danach kann also – zusammengefasst – die Beschäftigung eines Arbeitnehmers in einem **Projekt** einen Sachgrund des nur vorübergehenden betrieblichen Bedarfs darstellen, der die Befristung des Arbeitsvertrags rechtfertigen kann. Der Arbeitgeber kann sich zur sachlichen Rechtfertigung einer Befristung auf eine Tätigkeit in einem zeitlich begrenzten Projekt **aber nur dann berufen**, wenn es sich dabei um eine auf **vorübergehende Dauer** angelegte und gegenüber den sog. Daueraufgaben des Arbeitgebers abgrenzbare **Zusatzaufgabe** handelt. Das ist nicht der Fall bei Tätigkeiten, die der Arbeitgeber im Rahmen des von ihm verfolgten Betriebszwecks dauerhaft wahrnimmt oder zu deren Durchführung er verpflichtet ist. Andererseits spricht es regelmäßig für das Vorliegen eines Projekts, wenn dem Arbeitgeber für die Durchführung der in dem Projekt verfolgten Tätigkeiten von einem Dritten finanzielle Mittel oder sonstige Sachleistungen zur Verfügung gestellt werden (*BAG* 7.11.2007 EzA § 14 TzBfG Nr. 43 = NZA 2008, 467). 159

Will der Arbeitgeber ein **längerfristiges Forschungsprojekt** nur bei einer gesicherten **Drittmittelfinanzierung** durchführen, muss sich seine Prognose, das für den Arbeitnehmer zukünftig kein Bedarf mehr besteht, im Übrigen nur auf die drittmittelfinanzierten Teile des Forschungsprojekts beziehen. Ob der Drittmittelgeber das Forschungsprojekt weiter fördern wird ist ohne Belang, sofern eine Anschlussförderung nicht bereits absehbar ist (*LAG Bln.* 23.3.2005 – 17 Sa 2532/04 – EzA-SD 11/05, S. 9 LS). 160

Sind also in einem auf § 14 Abs. 1 Nr. 1 TzBfG gestützten befristeten Arbeitsverhältnis überwiegend Daueraufgaben zu verrichten, so ist die Befristungsabrede nur dann wirksam, wenn die Daueraufgaben lediglich eine dienende, die vorübergehende Aufgabe unterstützende Funktion haben (*Sächsisches LAG* 12.12.2003 ZTR 2004, 323 LS = LAG Report 2004, 194). 161

162 Ein nur vorübergehender betrieblicher Bedarf liegt jedenfalls dann nicht vor, wenn der Arbeitgeber den Arbeitnehmer **für eine dauerhafte Tätigkeit** (Flugzeugabfertigung) befristet bis zur Aufnahme der Geschäftstätigkeit eines von ihm zur Verbesserung der Rentabilität gegründeten Arbeitnehmerverleihunternehmens beschäftigt mit der Absicht, ihn zu veranlassen, einen unbefristeten Arbeitsvertrag mit dem Arbeitnehmerverleiher abzuschließen, um ihn sodann zu entleihen und unverändert mit der bisherigen Tätigkeit weiterhin zu betrauen (*LAG Köln* 4.10.2005 NZA-RR 2006, 235; 9.12.2005 LAGE § 14 TzBfG Nr. 24); die für einen **späteren Zeitpunkt geplante Besetzung** eines Arbeitsplatzes mit einem Leiharbeitnehmer ist also **kein Sachgrund** für die Befristung des Arbeitsvertrages mit einem vorübergehend auf diesem Arbeitsplatz eingesetzten Arbeitnehmer. Weder die Voraussetzungen nach § 14 Abs. 1 S. 2 Nr. 1 TzBfG noch die eines im gesetzlichen Kataloges nicht genannten Sachgrundes sind gegeben (*BAG* 17.1.2007 EzA § 14 TzBfG Nr. 37 = NZA 2007, 566; s. dazu *Düwell/Dahl* NZA 2007, 891 f.).

163 Die insoweit notwendige Prognose bezieht sich bei einem **öffentlichen Arbeitgeber** nach Auffassung des *LAG SchlH* 19.12.2006 NZA-RR 2007, 221) **nur auf den vorhersehbaren Beschäftigungsbedarf der Dienststelle**, für die der Arbeitnehmer konkret eingestellt werden soll. Sie ist daher nicht deshalb unzutreffend, weil der Arbeitnehmer auf Grund seiner Qualifikation auf einem freien Arbeitsplatz in einer anderen Dienststelle oder an einem anderen Standort befristet oder unbefristet hätte beschäftigt werden können und der Arbeitgeber dies bei Vertragsschluss hätte erkennen können.

164 Die Wirksamkeit einer Befristung setzt insoweit zudem voraus, dass der Arbeitnehmer **gerade zur Deckung des Mehrbedarfs eingestellt** wird. Es genügt aber, wenn zwischen dem zeitweilig erhöhten Arbeitsanfall und der befristeten Einstellung ein vom Arbeitgeber darzulegender ursächlicher Zusammenhang besteht. Der Arbeitgeber ist also nicht gehindert, die vorhandene Arbeitsmenge zu verteilen, seine Arbeitsorganisation zu ändern oder die zusätzlichen Arbeiten anderen Arbeitnehmern zuzuweisen (*BAG* 20.2.2008 – 7 AZR 950/06 – EzA-SD 14/2008 S. 12 LS).

bb) Anschluss an Ausbildung und Studium (§ 14 Abs. 1 S. 2 Nr. 2 TzBfG)

165 Mit dieser Vorschrift soll vor allem **tariflichen Regelungen** Rechnung getragen werden, wonach der Arbeitgeber verpflichtet ist, den Auszubildenden **für eine Mindestzeit zu übernehmen**; die gesetzliche Regelung setzt allerdings keine derartige Regelung voraus und erfasst zudem auch den Anschluss an ein Studium. Da weder klar ist, was unter Ausbildung, Studium, Anschluss, noch unter Erleichterung des Übergangs gemeint ist, ist offen, ob dieser Befristungsgrund praktische Relevanz erlangen wird (vgl. APS/*Backhaus* § 14 TzBfG Rz. 34 ff.; ähnlich *Preis/Gotthardt* DB 2000, 2071; *Hromadka* BB 2001, 622; MünchArbR/*Wank* Ergänzungsband § 116 Rz. 99; krit. auch *Blanke* AiB 2000, 735; insgesamt krit. Schlachter NZA 2003, 1180 ff.; für eine enge Auslegung KDZ/*Däubler* § 14 TzBfG Rz. 53; optimistischer KR/*Lipke* § 14 TzBfG Rz. 84 ff.).

Jedenfalls ermöglicht die Norm nur den einmaligen Abschluss eines befristeten Arbeitsvertrages nach dem Ende der Ausbildung. Weitere befristete Arbeitsverträge können darauf nicht gestützt werden (*BAG* 10.10.2007 EzA § 14 TzBfG Nr. 41 = NZA 2008, 295).

cc) Vertretung (§ 14 Abs. 1 S. 2 Nr. 3 TzBfG; § 6 Abs. 1–3 PflegezeitG)

166 Die Befristung des Arbeitsvertrags zur Vertretung eines zeitweilig beurlaubten anderen Arbeitnehmers ist dann sachlich gerechtfertigt, wenn der Vertreter die Aufgaben des Vertretenen übernimmt (unmittelbare Vertretung; *BAG* 15.2.2006 – 7 AZR 232/05 – EzA-SD 13/06 S. 4 = NZA 2006, 781 m. Anm. *Röger* SAE 2007, 126 ff.; *LAG Köln* 7.5.2007 NZA-RR 2007, 517; *LAG Hamm* 4.7.2007 LAGE § 307 BGB 2002 Nr. 13a: gedankliche und erkennbare Zuordnung der Aufgaben des Vertreters zu einem oder mehreren vorübergehend abwesenden Beschäftigten; *Mennemeyer/Keysers* NZA 2008, 670 ff.) und wenn der Arbeitgeber im **Zeitpunkt des Abschlusses des befristeten Vertrages** (*ArbG Freiburg* 30.7.2003 NZA-RR 2004, 52) mit der Rückkehr der zu vertretenden Stamm-

kraft an ihren Arbeitsplatz rechnen durfte. Erforderlich ist also eine **positive Prognose** darüber, dass der zu vertretende Arbeitnehmer **nochmals an seinen Arbeitsplatz zurückkehren wird**. Dabei sind bei sog. Kettenbefristungen mit fortschreitender Zeit und wachsender Anzahl einander ablösender Vertragsbefristungen umso strengere Anforderungen an die Prognose zu stellen (*LAG Köln* 9.3.2005 – 7 (11) Sa 1242/04 – EzA-SD 24/05, S. 11 LS = ZTR 2006, 48 mit dem zutr. Hinweis darauf, dass der beamtenrechtliche Tatbestand der vermuteten Dienstunfähigkeit ein erhebliches Indiz gegen eine positive Rückkehrprognose darstellt). Die vertraglich vereinbarte Befristungsdauer bedarf dann keiner eigenen sachlichen Rechtfertigung. Deshalb steht es dem Sachgrund der Befristung **nicht entgegen**, dass die **Befristungsabrede hinter der Dauer des Vertretungsbedarfs zurückbleibt**. Denn dem Arbeitgeber steht es frei, den Arbeitsausfall überhaupt zu überbrücken (*BAG* 13.10.2004 EzA § 14 TzBfG Nr. 14 = NZA 2005, 469 = ZTR 2005, 268; *ArbG Freiburg* 30.7.2003 NZA-RR 2004, 52; vgl. *H.J. Dörner* Sonderbeil. zu NZA Heft 16/2003, S. 33 ff.).
Die Formulierung »**Vertretung** eines anderen Arbeitnehmers« ist **nicht eng** zu verstehen; es können z.B. auch zwei Teilzeitkräfte gleichzeitig oder ein Beamter vertreten werden. Der Sachgrund der Vertretung kann auch dann gegeben sein, wenn der Vertreter nicht die Aufgaben des vertretenen Arbeitnehmers übernimmt (*BAG* 25.8.2004 EzA § 14 TzBfG Nr. 11). Bei der folglich ebenfalls möglichen mittelbaren Vertretung muss entweder die Vertretungskette geschlossen sein oder der Vertreter muss Aufgaben wahrnehmen, die auch dem Vertretenen auf Grund des Direktionsrechts des Arbeitgebers hätten zugewiesen werden können. Notwenig ist dann, dass zwischen dem zeitweiligen Ausfall des Stammarbeitnehmers und der befristeten Einstellung des Aushilfsarbeitnehmers ein ursächlicher Zusammenhang besteht. Das erfordert die Darlegung des Arbeitgebers, wie die Arbeit umorganisiert worden ist oder hätte umorganisiert werden können, um den Vertreter zumindest mittelbar noch als Vertretung des zu vertretenden Arbeitnehmers ansehen zu können (*BAG* 13.10.2004 EzA § 17 TzBfG Nr. 6). Die insoweit notwendige **Kausalität** ist **dann nicht** gegeben, wenn nur mit den für den Arbeitsplatz des Vertreters vorgesehenen Finanzmitteln ein völlig **neuer Arbeitsplatz erstellt** wird, den der Vertretene auf Grund des Direktionsrechts nicht hätte einnehmen müssen und zu dem auch **keine geschlossene Vertretungskette** reicht (*LAG Hamm* 25.11.2003 LAGE § 14 TzBfG Nr. 12a = FA 2004, 155 LS = LAG Report 2004, 259; APS/*Backhaus* § 14 TzBfG Rz. 40 ff.; KR/*Lipke* § 14 TzBfG Rz. 98 ff.; vgl. auch *Hromadka* BB 2001, 623 f.; KDZ/*Däubler* § 14 TzBfG Rz. 58 ff.; MünchArbR/*Wank* Ergänzungsband § 116 Rz. 111 ff.; ausf. auch *Hunold* NZA 2002, 255 ff.). Gleiches gilt dann, wenn der Arbeitgeber den **vorübergehenden Ausfall** des Arbeitnehmers zum Anlass nimmt, die dadurch **zeitweilig frei werdenden Mittel** dafür zu verwenden, **andere Aufgaben durch die Aushilfskraft erledigen** zu lassen, ohne dass diese in einer mittelbaren Beziehung zu den Arbeitsaufgaben des zeitweilig ausgefallenen Mitarbeiters stehen (*BAG* 13.10.2004 EzA § 17 TzBfG Nr. 6; *LAG Hamm* 31.10.2003 LAG Report 2004, 254 LS). Die hier maßgeblichen Voraussetzungen sind auch dann **nicht erfüllt**, wenn der Arbeitgeber auf Grund **weit auseinander liegender Beschäftigungsorte** unter Beachtung der Grenzen des Weisungsrechts nach § 106 GewO gehindert ist, dem Vertretenen die Aufgaben des Vertreters zuzuweisen (*LAG Köln* 7.5.2007 NZA-RR 2007, 517).

Die Befristung eines Arbeitsvertrages ist also nur dann durch den Sachgrund der – mittelbaren – Vertretung gerechtfertigt, wenn es dem Arbeitgeber **rechtlich und tatsächlich möglich ist**, die **ausgefallene Stammarbeitskraft im Falle ihrer Rückkehr in dem vom Vertreter wahrgenommenen Arbeitsbereich umzusetzen** (*LAG Köln* 11.5.2005 NZA-RR 2006, 104 = ArbuR 2006, 126). Da das Direktionsrecht des Arbeitgebers des öffentlichen Dienstes regelmäßig auf die Zuweisung von Tätigkeiten beschränkt ist, die der mit dem Angestellten vereinbarten Vergütungsgruppe entsprechen, ist eine Befristung zum Zwecke der Vertretung von zwei Stammarbeitskräften bereits dann unwirksam, wenn die vom Vertreter wahrgenommenen Aufgaben wegen der höheren Eingruppierung einer der Stammarbeitskräfte 167 nicht in ihrer Gesamtheit den Stammarbeitskräften zugewiesen werden kann (*LAG Hamm* 22.5.2003 – 11 Sa 1735/02 – EzA-SD 16/03, S. 10 LS). Gleiches gilt generell, wenn **nicht ersichtlich** ist, **welche Stammkräfte** auf den von dem befristet eingestellten Arbeitnehmer wahrgenommenen Arbeitsplatz (z.B. dem der Sicherheitskraft im Eingangsbereich eines Behördenhauses) im Wege des Direktionsrechts **hätten umgesetzt werden können** (*ArbG Duisburg* 7.4.2006 ZTR 2006, 555).

168 Der Sachgrund der (mittelbaren) Vertretung liegt folglich auch dann nicht vor, wenn der Arbeitgeber den Ausfall eines Mitarbeiters lediglich zum Anlass nimmt, zeitweilig freiwerdende Mittel dazu zu verwenden, **andere Aufgaben** durch den befristet eingestellten Arbeitnehmer erledigen zu lassen, **ohne dass er diese auch dem Stammarbeitnehmer hätte zuweisen können** (*LAG Hamm* 31.10.2003 LAGE § 14 TzBfG Nr. 13). Gleiches gilt dann, wenn der Vertreter mit Aufgaben betraut wird, die um zwei Vergütungsgruppen höher bewertet sind als die arbeitsvertraglich geschuldeten Tätigkeiten des Vertretenen (*LAG Köln* 11.5.2005 NZA-RR 2006, 104 = ArbuR 2006, 126).

169 Das *BAG* (10.3.2004 – 7 AZR 397/03 – EzA-SD 10/04 S. 9 LS = NZA 2005, 320 LS, 10.3.2004 EzA § 14 TzBfG Nr. 9 = ZTR 2004, 474; 25.8.2004 NZA 2005, 472; 15.2.2006 – 7 AZR 232/05 – EzA-SD 13/06 S. 4 = NZA 2006, 781 m. Anm. *Röger* SAE 2007, 126 ff.; *Mennemeyer/Keysers* NZA 2008, 670 ff.; vgl. auch *LAG RhPf* 17.3.2004 LAG Report 2004, 221 LS; *LAG Hamm* 15.5.2003 LAG Report 2004, 221 m. Anm. *Busemann*; 24.2.2005 NZA-RR 2005, 572; *LAG Köln* 9.3.2005 – 7 (11) Sa 1242/04 – EzA-SD 24/05 S. 11 LS = ZTR 2006, 48; 14.5.2005 – 7 Sa 1629/04 – ZTR 2006, 50 LS) hat die insoweit maßgeblichen Grundsätze wie folgt zusammengefasst:

- Die Befristung des Arbeitsvertrages ist i.d.R. gerechtfertigt, wenn der Arbeitnehmer zur Vertretung eines zeitweilig an der Arbeitsleistung verhinderten Arbeitnehmers eingestellt wird.
- Der Sachgrund der Vertretung erfordert nicht, dass der Vertreter die Tätigkeiten des vorübergehend ausfallenden Mitarbeiters erledigt. Er kann auch mit anderen Tätigkeiten betraut werden (sog. mittelbare Vertretung). Voraussetzung dafür ist aber, dass zwischen der Einstellung der Ersatzkraft und dem zeitweiligen Ausfall der Stammarbeitskraft ein ursächlicher Zusammenhang besteht. Diese Voraussetzung kann bereits dann gegeben sein, wenn der Arbeitgeber rechtlich und tatsächlich die Möglichkeit hatte, den zu vertretenden Arbeitnehmer in den Arbeitsbereich des Vertreters umzusetzen. Dies ist der Fall, wenn der Arbeitgeber die von der Vertretungskraft ausgeübten Tätigkeiten dem Vertretenen im Wege des Direktionsrechts zuweisen konnte. Das ist aber dann nicht der Fall, wenn der Vertreter mit Aufgaben betraut wird, die **um zwei Vergütungsgruppen höher bewertet sind** als die arbeitsvertraglich geschuldeten Tätigkeiten des zu Vertretenden (*LAG Köln* 14.5.2005 – 7 Sa 1629/04 – ZTR 2006, 50 LS).
- Der Arbeitgeber muss den **Kausalzusammenhang darlegen**; die Anforderungen richten sich insoweit nach der Form der Vertretung (unmittelbare, mittelbare Vertretung; *BAG* 15.2.2006 – 7 AZR 232/05 – EzA-SD 13/06 S. 4 = NZA 2006, 781 m. Anm. *Röger* SAE 2007, 126 ff.; *Mennemeyer/Keysers* NZA 2008, 670 ff.). Im Fall der mittelbaren Vertretung muss der Arbeitgeber den Zusammenhang zwischen der Arbeit des Vertreters (hier: Serviceeinheit einer strafrechtlichen Abteilung eines Amtsgerichts) und der Vakanz an anderer Stelle (hier: im Grundbuchamt des Amtsgerichts) im Einzelnen darlegen; die Darstellung der allgemeinen Personalsituation in einer Dienststelle (hier: Amtsgericht) genügt nicht.

Das erfordert die Darlegung des Arbeitgebers, wie die Arbeit umorganisiert worden ist oder hätte umorganisiert werden können, um den Vertreter zumindest noch mittelbar noch als Vertretung des zu vertretenden Arbeitnehmers ansehen zu können. Dieser ursächliche Zusammenhang besteht dann nicht, wenn der Arbeitgeber den vorübergehenden Ausfall des Mitarbeiters zum Anlass nimmt, die dadurch zeitweilig frei werdenden Mittel dafür zu verwenden, andere Aufgaben durch die Aushilfskraft erledigen zu lassen, ohne dass diese in einer mittelbaren Beziehung zu den Arbeitsaufgaben des zeitweilig ausgefallenen Mitarbeiters stehen.

> Die Befristung eines Arbeitsvertrages ist auch dann nicht durch den Sachgrund der Vertretung gerechtfertigt, wenn die befristete Einstellung für 10½ Monate zur »Vertretung der 1. Erholungsurlaubsreihe« erfolgt, die aus einer Aneinanderreihung der jährlichen Erholungsurlaubszeiten von 15 Arbeitnehmern gebildet ist. Denn der durch diese »Erholungsurlaubsreihe« dargestellte Beschäftigungsbedarf besteht Jahr für Jahr in gleicher Weise. Ein derartiger Dauerbedarf rechtfertigt folglich nicht den Abschluss eines befristeten Arbeitsvertrages unter dem Gesichtspunkt der Vertretung (*LAG Hamm* 21.10.2004 – 11 Sa 688/04 – EzA-SD 7/05, S. 12 LS; ebenso *LAG MV* 14.6.2007 NZA-RR 2008, 177).
> Mit zunehmender Dauer der befristeten Beschäftigung des Arbeitnehmers hat der Arbeitgeber die Prognose über den Wegfall des Beschäftigungsbedarfs mit erhöhter Sorgfalt zu erstellen. Diese erstreckt sich allein auf die zu erwartende Rückkehr des vertretenen Mitarbeiters, nicht auf die Dauer des Vertretungsbedarfs (*LAG Nds.* 8.7.2003 LAG Report 2004, 2).

Das *LAG Düsseld.* (28.9.2006 NZA-RR 2007, 238) hat angenommen, dass die **mehrjährige Befristung** der Erhöhung der regelmäßigen Arbeitszeit aus Gründen der Vertretung u.a. einer in Elternzeit befindlichen Arbeitnehmerin durch eine der Inhaltkontrolle nach § 307 Abs. 1 BGB unterliegenden Abrede dann eine **unangemessene Benachteiligung des Arbeitnehmers darstellt, wenn die Arbeitszeiterhöhung jeweils gleichzeitig ohne Ankündigungsfrist (§ 15 Abs. 2 TzBfG analog) zweckbefristet wird.** 170

Zu beachten ist, dass regelmäßig in der Vereinbarung mit einem zur Vertretung eingestellten Arbeitnehmer, dass das Arbeitsverhältnis mit der Wiederaufnahme der Arbeit durch den von ihm vertretenen Mitarbeiter enden soll, nicht zugleich die Vereinbarung liegt, dass das Arbeitsverhältnis auch dann enden soll, wenn der vertretene Mitarbeiter vor Wiederaufnahme seiner Tätigkeit aus dem Arbeitsverhältnis ausscheidet (*LAG SchlH* 12.9.2007 NZA-RR 2008, 137 im Anschluss an *BAG* 26.6.1996 NZA 1997, 200 – zum alten Recht). 171

Eine **Sonderregelung** der Befristung wegen Vertretung enthält nunmehr das **PflegezeitG.** Wenn zur Vertretung eines Arbeitnehmers für die Dauer der kurzzeitigen Arbeitsverhinderung nach § 2 PflegezeitG oder der Pflegezeit nach § 3 PflegezeitG ein Arbeitnehmer eingestellt wird, liegt darin ein sachlicher Grund für die Befristung des Arbeitsvertrages. Über die Dauer der Vertretung hinaus ist die Befristung für notwendige Zeiten der Einarbeitung zulässig (§ 6 Abs. 1, 2 PflegezeitG). Die Befristungsdauer muss kalendermäßig bestimmt oder bestimmbar oder den in § 6 Abs. 1 PflegezeitG genannten Zwecken zu entnehmen sein (§ 6 Abs. 2 PflegezeitG). Der Arbeitgeber kann – sofern diese Regelung nicht vertraglich ausgeschlossen ist (§ 6 Abs. 3 S. 4 PflegezeitG) – den befristeten Arbeitsvertrag gem. § 6 Abs. 3 S. 1 PflegezeitG unter Einhaltung einer Frist von zwei Wochen kündigen, wenn die Pflegezeit gem. § 4 Abs. 2 S. 1 PflegezeitG vorzeitig endet. Das KSchG ist in diesen Fällen nicht anzuwenden (§ 6 Abs. 3 S. 3 PflegezeitG; s. dazu *Schwerdle* ZTR 2007, 655 ff.; *Preis/Weber* NZA 2008, 82 ff.; *Preis/Nehring* NZA 2008, 729 ff.; *Düwell* FA 2008, 108 ff.; *Müller* BB 2008, 1058 ff.; *Freihube/Sasse* DB 2008, 1320 ff.). 172

dd) Eigenart der Arbeitsleistung (§ 14 Abs. 1 S. 2 Nr. 4 TzBfG)

Dieser neue Sachgrund soll sich auf (programmgestaltende Mitarbeiter von) **Rundfunkanstalten** (*BAG* 26.7.2006 EzA § 14 TzBfG Nr. 31 = NZA 2007, 147) und die **Tätigkeit an Bühnen** beziehen; er kommt auch in Betracht in anderen Tendenzbetrieben und im Bereich des Sports (APS/*Backhaus* § 14 TzBfG Rz. 43; KR/*Lipke* § 14 TzBfG Rz. 126 ff.), z.B. bei Trainern im Bundesligasport (vgl. dazu *Stückemann/Flesch* FA 2002, 101 ff.; gegen eine Zulässigkeit der Befristung bei **Sporttrainern** danach instr. *Bruns* NZA 2008, 1269 ff.). 173

Mit der Befristung kann auch der Gefahr entgegengewirkt werden, dass der für eine bestimmte Tätigkeit erforderliche **Aktualitätsbezug** (z.B. bei ausländischen Lektoren; s. aber *BAG* 16.4.2008 – 7 AZR 85/07 – EzA-SD 14/2008 S. 12 LS) nachlässt bzw. im künstlerischen Bereich kann dem **Abwechslungsbedürfnis** und dem **Publikumsgeschmack** Rech- 174 nung getragen werden (MünchArbR/*Wank* Ergänzungsband § 116 Rz. 118 ff.; ebenso für einen Rundfunkredakteur, der für eine Auslandsredaktion Beiträge erstellt *LAG Köln* 4.11.2004 NZA-RR 2005, 411 LS).

175 Zu beachten ist, dass dann, wenn die Befristung des Arbeitsvertrags z.B. eines programmgestaltenden Mitarbeiters mit einer Rundfunkanstalt auf ihre Wirksamkeit hin zu überprüfen ist, eine einzelfallbezogene Abwägung zwischen dem Interesse des Arbeitnehmers an einer Dauerbeschäftigung und dem Innovationsinteresse des Arbeitgebers im Sinne einer praktischen Konkordanz vorzunehmen ist, wobei keiner der beiden verfassungsrechtlich geschützten Positionen von vornherein ein Übergewicht zukommt (*BAG* 26.7.2006 EzA § 14 TzBfG Nr. 31 = NZA 2007, 147).

176 Vor diesem Hintergrund stellt die Sicherstellung des **Aktualitätsbezugs des Sprachunterrichts keinen Sachgrund** zur Rechtfertigung einer Befristung mit einem Lektor nach § 14 Abs. 1 S. 2 Nr. 4 TzBfG dar; dies gilt auch für einen aus Taiwan stammenden Lektor, der Kenntnisse der chinesischen Sprache vermittelt (s. aber *BAG* 16.4.2008 – 7 AZR 85/07 – EzA-SD 14/2008 S. 12 LS).

ee) Erprobung (§ 14 Abs. 1 S. 2 Nr. 5 TzBfG)

177 Insoweit gelten an sich die von der Rechtsprechung entwickelten Grundsätze (s.o. Rn. 72). Von daher ist die Vereinbarung einer **sechsmonatigen Probezeit** im Rahmen eines einjährig befristeten Arbeitsverhältnisses **wirksam**; der Ausschluss der Möglichkeit der ordentlichen Kündigung nach Ablauf der Probezeit ändert daran nichts (*LAG Köln* 21.7.2004 ZTR 2005, 272 LS = LAG Report 2005, 63 LS) Die Erprobung rechtfertigt demgegenüber **nicht** die Befristung des Arbeitsverhältnisses, wenn der Arbeitgeber die **Fähigkeiten** des Arbeitnehmers auf Grund einer Vorbeschäftigung **bereits ausreichend beurteilen konnte**; das ist dann nicht der Fall, wenn die zu erprobende Tätigkeit höherwertiger ist (*BAG* 23.6.2004 EzA § 14 TzBfG Nr. 10 = NZA 2004, 1333). Wird das **Arbeitsverhältnis mit einem Lehrer insgesamt fünfmal für jeweils ein Jahr befristet**, unterbrochen nur für die Dauer der Schulferien, so kann der in den letzten beiden Verträgen angeführte Befristungsgrund der Erprobung diese sachlich nicht rechtfertigen (*LAG Köln* 6.2.2004 ZTR 2004, 323). Schließt der Arbeitgeber andererseits **fünf Monate nach dessen unbefristeter Einstellung** einen **Auflösungsvertrag und gleichzeitig einen befristeten Vertrag zur Erprobung** für weitere fünf Monate, weil er erwartet, dass der Arbeitnehmer am Ende dieses Zeitraums wenigstens ausreichende Leistungen zeigen werde, so ist die Befristung sachlich gerechtfertigt, wenn der Arbeitgeber die Eignung wegen der besonderen Anforderungen des Arbeitsplatzes oder aus in der Person des Arbeitnehmers liegenden Gründen früher nicht ausreichend beurteilen kann. Für eine **Lehrkraft mit ausländischer Lehrbefugnis**, die erstmals nach mehr als zehnjähriger Lehrpause an einer deutschen Schule eingesetzt werden soll, ist ein Erprobungszeitraum von einem Schuljahr nicht zu beanstanden (*LAG Berlin-Brandenburg* 8.5.2007 – 12 Sa 329/07 – EzA-SD 19/2007 S. 6 LS).

178 Zu beachten ist, dass der Erprobungszweck **nicht als Vertragsinhalt** vereinbart sein muss; der **sachliche Grund ist nach neuem Recht nur noch objektive Wirksamkeitsvoraussetzung für die Befristung eines Arbeitsverhältnisses** (*BAG* 23.6.2004 EzA § 14 TzBfG Nr. 10 = NZA 2004, 1333 = BAG Report 2005, 3; anders noch nach altem Recht s.o. Rn. 72 ff.; *BAG* 31.8.1994 EzA § 620 BGB Nr. 127; KR/*Lipke* 5. Aufl., § 620 BGB Rz. 161; *Löwisch* § 1 KSchG Rz. 161; KDZ/*Däubler* § 14 TzBfG Rz. 85; MünchArbR/*Wank* Ergänzungsband § 116 Rz. 130; abl. APS/*Backhaus* § 14 TzBfG Rz. 45; *Staudinger/Preis* § 620 BGB Rz. 174). Da – mit Ausnahme der Zweckbefristung (vgl. *LAG RhPf* 19.5.2004 LAG Report 2004, 323) und auflösenden Bedingung – gem. § 14 Abs. 4 TzBfG nur die Befristungsabrede zu treffen, **nicht** aber der **Befristungsgrund** zu benennen ist, lässt sich **nicht mehr erklären, warum an dieser bisherigen Rechtsauffassung festgehalten werden soll.** Denn das Motiv des Arbeitgebers, den Arbeitnehmer für eine in Aussicht genommene Dauerbeschäftigung zu testen, soll zwar für den Arbeitnehmer erkennbar werden (*BAG* 30.9.1981 EzA § 620 BGB

Nr. 54). Ist jedoch die Befristung und ihr Sachgrund im Streit, liegt es nunmehr beim Arbeitgeber, den in Anspruch genommenen Sachgrund »Erprobung« darzulegen und zu beweisen. Von daher ist eine Angabe des Befristungsgrundes der Erprobung zu Beweisgründen sinnvoll, aber nicht mehr erforderlich (KR/*Lipke* § 14 TzBfG Rz. 164; ebenso jetzt i.E. *BAG* 23.6.2004 EzA § 14 TzBfG Nr. 10 = NZA 2004, 1333 = BAG Report 2005, 3; s. dazu *Klebeck* SAE 2006, 20 ff.).

ff) In der Person des Arbeitnehmers liegender Grund (§ 14 Abs. 1 S. 2 Nr. 6 TzBfG)

Dieser Begriff ist so weit gefasst, dass sich **zahlreiche** in der Rechtsprechung **anerkannte Typen von Sachgründen darunter subsumieren lassen** (z.B. soziale Überbrückung, befristete Aufenthaltserlaubnis, Altersgrenzen, Erwerbsunfähigkeit, Fluguntauglichkeit, Wunsch des Arbeitnehmers; vgl. APS/*Backhaus* § 14 TzBfG Rz. 47; *Preis/Gotthardt* DB 2000, 2071; KR/*Lipke* § 14 TzBfG Rz. 182 ff.; KDZ/*Zwanziger* § 13 TzBfG Rz. 97 ff.; *H. J. Dörner* Sonderbeil. zu NZA Heft 16/2003, S. 33 ff.). So ist die in einem Tarifvertrag enthaltene Zweckbefristung, wonach das **Altersteilzeitarbeitsverhältnis** mit Beginn des Kalendermonats endet, in dem der Arbeitnehmer eine Regelaltersrente erhält (§ 35 SGB VI), sachlich gerechtfertigt (*BAG* 16.11.2005 EzA § 8 ATG Nr. 1 = NZA 2006, 535). 179

Der Wunsch des Arbeitnehmers kann die Befristung eines Arbeitsvertrages sachlich dann rechtfertigen, wenn der Arbeitnehmer an einer befristeten Beschäftigung interessiert ist. Das setzt voraus, dass der Arbeitnehmer auch bei einem Angebot auf Abschluss eines unbefristeten Arbeitsvertrags nur ein befristetes Arbeitsverhältnis vereinbart hätte (*BAG* 19.1.2005 EzA § 17 TzBfG Nr. 7 = NZA 2005, 896 LS = BAG Report 2005, 195). 180

Der Sachgrund der sozialen Überbrückung – Erleichterung des Auffindens eines neuen Arbeitsplatzes durch eine weitere Befristung im Anschluss an ein wirksam befristetes Arbeitsverhältnis – setzt insoweit **nicht voraus**, dass es dem Arbeitnehmer **gerade auf den Abschluss eines befristeten Vertrages ankommt** (*LAG RhPf* 30.6.2005 NZA-RR 2006, 107). 181

gg) Haushaltsmittel (§ 14 Abs. 1 S. 2 Nr. 7 TzBfG)

Diese Regelung entspricht der inzwischen aufgehobenen gesetzlichen Regelung des § 57d Abs. 2 Nr. 2 HRG. Erforderlich ist neben einer haushaltsrechtlichen Bestimmung (Anordnung der Mittelverwendung für befristete Arbeitsverhältnisse durch den Haushaltsgesetzgeber im Haushaltsgesetz) eine bei Vertragsabschluss vereinbarte zweckentsprechende Beschäftigung (KDZ/*Däubler* § 14 TzBfG Rz. 112 ff.). Damit wird aus **fiskalischen Gründen ein Sonderbefristungsrecht** für den öffentlichen Dienst **geschaffen** und ein Tatbestand verwendet, der so pauschal formuliert ist, dass **Missbräuche geradezu provoziert werden** (APS/*Backhaus* § 14 TzBfG Rz. 52; ähnlich *Preis/Gotthardt* DB 2001, 2071; MünchArbR/*Wank* Ergänzungsband § 116 Rz. 157; zurückhaltender KR/*Lipke* § 14 TzBfG Rz. 211 ff.; *Meyer* ArbuR 2006, 86 ff.; für eine einschränkende Auslegung zutr. *LAG Köln* 6.6.2005 ZTR 2005, 655; *Löwisch* NZA 2006, 457 ff. hält die Regelung für europa- und verfassungsrechtlich unbedenklich). 182

Ein sachlicher Grund für die Befristung eines Arbeitsverhältnisses i.S. dieser Vorschrift liegt dann vor, wenn der Arbeitnehmer aus Haushaltsmitteln vergütet wird, die **haushaltsrechtlich für eine befristete Beschäftigung bestimmt sind und er auch tatsächlich entsprechend beschäftigt wird** (*BAG* 7.5.2008 EzA § 14 TzBfG Nr. 47 = NZA 2008, 881). Der Sachgrund erfordert die Vergütung des Arbeitnehmers aus Haushaltsmitteln, die mit einer konkreten Sachregelung auf der Grundlage einer nachvollziehbaren Zwecksetzung für eine nur vorübergehende Beschäftigung (s. dazu auch *LAG Köln* 15.12.2006 – 11 Sa 507/06 – ArbuR 2007, 323 LS) versehen sind (*BAG* 7.5.2008 EzA § 14 TzBfG Nr. 47 = NZA 2008, 881); diese Voraussetzungen sind z.B. nach § 7 Abs. 3 HaushaltsG NRW 2004/2005 für die danach zulässige Beschäftigung von **Aushilfskräften bei** 183

vorübergehender Abwesenheit des Planstellen- oder Stelleninhabers erfüllt (*BAG* 11.2.2007 EzA § 14 TzBfG Nr. 38 = NZA 2007, 871). Die Regelung erfasst allerdings nicht eine als **Körperschaft des öffentlichen Rechts organisierte Hochschule**, die sich selbst einen Haushaltsplan gibt (*LAG Berlin-Brandenburg* 16.3.2007 LAGE § 14 TzBfG Nr. 35).

Auch die befristete Erhöhung der wöchentlichen Arbeitszeit eines Teilzeitbeschäftigten – die nicht unter diese gesetzliche Regelung fällt – ist sachlich gerechtfertigt, wenn die Erhöhung nur mit Haushaltsmitteln möglich ist, die durch die teilweise Beurlaubung eines anderen Mitarbeiters vorübergehend frei werden (*BAG* 14.1.2004 EzA § 14 TzBfG Nr. 5; ebenso *LAG Düsseld.* 11.8.2006 – 9 Sa 459/06 – EzA-SD 25/06 S. 6 LS = ZTR 2007, 98; krit. dazu *Benecke* RdA 2005, 47 ff.). Das *BAG* (a.a.O.) hat allerdings offen gelassen, ob die Kontrolle befristeter Änderung von Arbeitsbedingungen des Schuldrechtsmodernisierungsgesetzes weiterhin nach den zur Kontrolle von befristeten Verträgen entwickelten Maßstäben vorzunehmen ist oder andere Regeln zu entwickeln und anzuwenden sind.

Erforderlich ist eine **zweckgebundene Zuweisung von Haushaltsmitteln** für die Erledigung von zeitlich begrenzten Tätigkeiten. Die Zuweisung von Haushaltsmitteln für die befristete Beschäftigung von Arbeitnehmern **ohne eine besondere Zweckbestimmung genügt nicht und stellt keinen sachlichen Grund für die Befristung eines Arbeitsverhältnisses dar; erforderlich ist zudem, dass die für eine befristete Beschäftigung bestimmten Haushaltsmittel mit einer Zwecksetzung für die Erledigung von nur vorübergehenden Aufgaben ausgebracht werden** (*BAG* 18.10.2006 – 7 AZR 419/05 – EzA § 14 TzBfG Nr. 34 = NZA 2007, 332; s. dazu *Groeger* NJW 2008, 465 ff.; s.a. *LAG Nds.* 17.10.2007–15 Sa 535/07 -ZTR 2008, 396 zur Haushaltsmittelbefristung der Arbeitsvermittler/innen im Rahmen der sog. Vermittlungsoffensive).

Auch nach *LAG Köln* (14.5.2005 NZA-RR 2006, 104 = ZTR 2006, 50; *LAG Düsseld.* 11.8.2006 – 9 Sa 459/06 – EzA-SD 25/06, S. 6 LS = ZTR 2007, 98 u. 21.12.2005 LAGE § 14 TzBfG Nr. 25; **a.A.** *LAG Düsseld.* 7.4.2006 LAGE § 14 TzBfG Nr. 28) reicht es für § 14 Abs. 1 Nr. 7 TzBfG nicht aus, wenn der befristet eingestellte Arbeitnehmer aus Mitteln vergütet wird, die der Haushaltsgesetzgeber für die befristete Beschäftigung von Aushilfsangestellten bereit gestellt hat. Vielmehr muss der Angestellte auch **»entsprechend beschäftigt« werden**, d.h. es müssen die Voraussetzungen einer Beschäftigung als Aushilfsangestellter – SR 2 y Nr. 1c BAT – tatsächlich erfüllt sein. Insgesamt ist erforderlich, dass der Arbeitnehmer »entsprechend« der Bestimmung der Haushaltsmittel für befristete Beschäftigungen beschäftigt wird. Das ist nur dann der Fall, wenn die Befristung zu dem Zeitpunkt endet, zu dem nach der von dem öffentlichen Arbeitgeber zu treffenden Prognose z.B. den Stelleninhabern wieder die Bezüge zu gewähren sind, die sie vor der Beurlaubung oder Teilzeitbeschäftigung erhalten haben (*LAG Düsseld.* 11.8.2006 LAGE § 14 TzBfG Nr. 31 = ZTR 2007, 98). Sind diese Mittel für »Aushilfskräfte« bestimmt, kann eine befristete Beschäftigung nicht für eine Daueraufgabe vorgesehen werden (*ArbG Duisburg* 7.4.2006 ZTR 2006, 555).

Die gesetzlichen Voraussetzungen liegen insoweit also dann **nicht** vor, wenn die Haushaltsmittel lediglich **allgemein für die Beschäftigung von Arbeitnehmern** im Rahmen von befristeten Arbeitsverhältnissen bereitgestellt werden oder dem befristet beschäftigten Arbeitnehmer **überwiegend Daueraufgaben** des öffentlichen Arbeitgebers übertragen werden (*BAG* 7.5.2008 EzA § 14 TzBfG Nr. 47 = NZA 2008, 881). Diesen Anforderungen genügt aber ein Haushaltstitel im Haushaltsplan 2004/2005 von NRW, in dem Mittel für Vergütungen und Löhne für Aushilfen ausgebracht sind, wenn sie nach den **Erläuterungen zu diesem Titel** u.a. zur Bewältigung von Nachfragespitzen im Direktleihverkehr einer Bibliothek bestimmt sind. Aus dieser haushaltsrechtlichen Zweckbestimmung ergibt sich andererseits nicht, dass die befristete Beschäftigung zu Lasten dieses Titels nur möglich ist, wenn ein nur vorübergehender Bedarf an der Arbeitsleistung i.S.v. § 14 Abs. 1 S. 2 Nr. 1 TzBfG besteht (*BAG* 7.5.2008 EzA § 14 TzBfG Nr. 47 = NZA 2008, 881).

Der *EuGH* (4.7.2006 EzA EG-Vertrag 1999 Richtlinie 99/70 Nr. 1 = NZA 2006, 909) hat inzwischen angenommen, dass § 5 Nr. 1a der Rahmenvereinbarung über befristete Arbeitsverträge vom 18.3.1999 im Anhang der RL 1999/70/EG dahin auszulegen ist, dass sie, sofern das innerstaatliche Recht des betreffenden Mitgliedsstaates im betreffenden Sektor **keine andere effektive Maßnahme enthält**, um den Missbrauch durch aufeinander folgende befristete Arbeitsverträge zu verhindern und ggf. zu ahnden, der Anwendung einer nationalen Regelung entgegensteht, **die nur im öffentlichen Sektor die Umwandlung aufeinander folgender befristeter Arbeitsverträge, die tatsächlich einen »ständigen und dauernden Bedarf« des Arbeitgebers decken sollten und als rechtsmissbräuchlich anzusehen sind, in einen unbefristeten Vertrag uneingeschränkt verbietet.** 184

Die Finanzierung eines Projekts mit Drittmitteln, die nicht unter Nr. 7 insoweit fällt, rechtfertigt als sonstiger sachlicher Befristungsgrund die Befristung des Arbeitsvertrags eines projektbezogen beschäftigten Arbeitnehmers nur, wenn die drittmittelfinanzierte Arbeitsstelle nur für eine bestimmte Zeitdauer bewilligt ist und sie anschließend wegfallen soll. Gehört die Durchführung des Projekts zu den Daueraufgaben des Arbeitgebers und hat dieser den Arbeitnehmer bereits in der Vergangenheit mehrere Jahre lang im Rahmen vergleichbarer drittmittelfinanzierter Projekte beschäftigt, ist eine weitere Befristung des Arbeitsvertrags wegen der Drittmittelfinanzierung nur sachlich gerechtfertigt, wenn im Zeitpunkt des Vertragsschlusses mit hinreichender Sicherheit zu erwarten ist, dass nach dem Ende der Vertragslaufzeit – anders als in der Vergangenheit – nicht mehr mit weiteren Drittmitteln zur Durchführung von Projekten gerechnet werden kann (*BAG* 7.4.2004 EzA § 620 BGB 2002 Nr. 10 = NZA 2004, 944 LS). 185

hh) Gerichtlicher Vergleich (§ 14 Abs. 1 S. 2 Nr. 8 TzBfG)

Mit dieser Regelung wird bestätigt, dass die Mitwirkung des Gerichts eine ausreichende Gewähr für die Wahrung der Schutzinteressen des Arbeitnehmers bietet (KR/*Lipke* § 14 TzBfG Rz. 234 ff.); ein gerichtlicher Vergleich im schriftlichen Verfahren (§ 278 Abs. 6 ZPO) soll nach Auffassung des *LAG BW* (10.11.2005 LAGE § 278 ZPO 2002 Nr. 3) ausreichen. Nach Auffassung des *LAG BW* (3.5.2005 LAG Report 2005, 303) ist ein gerichtlicher Vergleich i.S. dieser Norm aber andererseits nur ein solcher, der unter, über das Protokollierungsverfahren hinausgehender, Beteiligung des Gerichts zu Stande gekommen ist. 186

Das *BAG* (26.4.2006 EzA § 14 TzBfG Nr. 29 = NZA 2006, 1431 LS; *ArbG Bln.* 15.10.2008 LAGE § 14 TzBfG Nr. 44; s. dazu *Dörner* NZA 2007, 57 ff.; *Gravenhorst* NZA 2008, 803 ff.) verlangt insoweit inzwischen, 187

- die Mitwirkung des Gerichts beim Zustandekommen eines befristeten Arbeitsverhältnisses und zusätzlich
- das Bestehen eines offenen Streits über die Rechtslage hinsichtlich des zwischen ihnen bestehenden Rechtsverhältnisses zum Zeitpunkt des Vergleichsschlusses.

Die gesetzliche Schriftform (§ 14 Abs. 4 TzBfG) ist dann analog § 127a BGB gewahrt (*BAG* 23.11.2006 – 6 AZR 394/06 – EzA § 278 ZPO 2002 Nr. 1 = NZA 2007, 466); das gilt auch dann, wenn er unter Widerrufsvorbehalt oder der aufschiebenden Bedingung der Zustimmung des Personalrats abgeschlossen wurde (*ArbG Bln.* 15.10.2008 LAGE § 14 TzBfG Nr. 44).

Das *LAG Köln* (12.12.2005 – 2 Sa 1054/05 – ZTR 2006, 509 LS) hat angenommen, dass dann, wenn in einem gerichtlichen Vergleich ein befristetes Arbeitsverhältnis begründet worden ist, obwohl zu diesem Zeitpunkt die erforderliche **Zustimmung des Personalrats nach dem LPVG NW nicht vorlag**, der Arbeitnehmer trotzdem **gehindert ist, die Unwirksamkeit der Befristung auf diesen Umstand zu stützen**. Der Vergleich enthält danach konkludent auch die Vereinbarung, diese Befristung nicht mehr gerichtlich anzugreifen. 188

189 Ob mit der neuen gesetzlichen Regelung feststeht, dass ein **außergerichtlicher Vergleich** nicht mehr als Sachgrund in Betracht kommt, ist unklar (dafür APS/*Backhaus* § 14 TzBfG Rz. 53; KR/*Lipke* § 14 TzBfG Rz. 241 ff.; *Preis/Gotthardt* DB 2000, 2072; *Hromadka* BB 2001, 625; *Kliemt* NZA 2001, 298; KDZ/*Däubler* § 14 TzBfG Rz. 123; zum alten Recht ausdrücklich offen gelassen von *BAG* 23.1.2002 – 7 AZR 552/00 – EzA-SD 10/02, S. 4; ebenso jetzt zum neuen Recht *BAG* 22.10.2003 EzA § 620 BGB 2002 Nr. 8). Demgegenüber wird aber auch die Auffassung vertreten, dass ein außergerichtlicher Vergleich nach wie vor dann als sachlicher Befristungsgrund in Betracht kommt, wenn zwischen den Beteiligten tatsächlich ein Streit hinsichtlich der Rechtslage des zwischen ihnen bestehenden Rechtsverhältnisses vorgelegen hat (MünchArbR/*Wank* Ergänzungsband § 116 Rz. 173).

f) Befristung einzelner Vertragsbedingungen

aa) Grundlagen; Auswirkungen des TzBfG

190 Zwar enthält das TzBfG insoweit keine ausdrückliche Regelung; auch wird der Sachgrund nunmehr unabhängig von der Umgehung des Kündigungsschutzes gefordert. Gleichwohl ist – wie bisher (s.o. Rn. 119 ff.) – eine Übertragung der gesetzlichen Maßstäbe auf die Kontrolle der Befristung einzelner Vertragsbedingungen **erforderlich**, weil sich andernfalls das Sachgrunderfordernis für die Befristung des gesamten Arbeitsvertrages einfach **umgehen ließe** (APS/*Backhaus* § 14 TzBfG Rz. 58 ff.; KDZ/*Däubler* § 14 TzBfG Rz. 139 ff.).

191 Das *BAG* (4.6.2003 NZA 2004, 499; 14.1.2004 EzA § 14 TzBfG Nr. 8 = NZA 2004, 720 = BAG Report 2005, 104 m. Anm. *Benecke* RdA 2005, 47 und *Hergenröder* SAE 2005, 145 ff.; 14.1.2004 – 7 AZR 390/03 – EzA-SD 24/04 S. 5; vgl. auch *LAG Nds.* 17.3.2003 NZA-RR 2004, 161) geht insoweit davon aus, dass nach § 14 Abs. 1 TzBfG die Befristung des Arbeitsvertrages eines Sachgrundes bedarf. Diese Vorschrift gilt nur für die Befristung des gesamten Arbeitsvertrages, nicht aber für die Befristung einzelner Vertragsbedingungen (hier: befristete Erhöhung der wöchentlichen Arbeitszeit; s. *LAG RhPf* 14.12.2006 – 4 Sa 805/06 – ZTR 2007, 513 LS). Die Befristung einzelner Vertragsbedingungen bedarf nach den von der Rechtsprechung entwickelten Grundsätzen der Befristungskontrolle auch nach dem In-Kraft-Treten des TzBfG am 1. Januar 2001 eines Sachgrunds, wenn der Arbeitnehmer durch die Befristung dem gesetzlichen Änderungskündigungsschutz (§ 2 KSchG), z.B. bei einer Erhöhung der Arbeitszeit (*BAG* 4.6.2003 NZA 2004, 498), entzogen werden kann (*BAG* 14.1.2004 a.a.O.; vgl. auch *LAG Bra.* 17.6.2005: Befristete Arbeitszeiterhöhung ohne sachlichen Grund verstößt gegen § 307 Abs. 1 S. 1 BGB).

192 **Beispiele:**

- Die Befristung beruht nur dann auf dem Wunsch des Arbeitnehmers, wenn er auch bei einem Angebot des Arbeitgebers auf Abschluss eines unbefristeten Arbeitsvertrages **nur das befristete Arbeitsverhältnis** vereinbart hätte (*BAG* 4.6.2003 NZA 2004, 498).
- Die Befristung einer Arbeitszeiterhöhung kann auf einen **vorübergehenden Mehrbedarf** an der Arbeitskraft des Arbeitnehmers gestützt werden. Dazu bedarf es einer Prognose des Arbeitgebers, auf Grund derer mit Sicherheit zu erwarten ist, dass für die Beschäftigung des Arbeitnehmers im Umfang der erhöhten Arbeitszeit über den Ablauf der Befristung hinaus kein Bedarf mehr besteht. Die Bitte eines Personalrats um personelle Unterstützung durch einen wissenschaftlichen Mitarbeiter für die Durchführung bestimmter projektorientierter Personalratsaufgaben genügt dazu ohne konkrete Angaben über den Inhalt und den Umfang dieser Aufgaben nicht. Die bloße Ungewissheit, ob es nach Ablauf der Amtszeit zur Neuwahl eines Personalrats kommt, rechtfertigt die Befristung der Arbeitszeiterhöhung des wissenschaftlichen Mitarbeiters nicht (*BAG* 4.6.2003 a.a.O.).
- Die befristete Erhöhung der Arbeitszeit kann durch den **Sachgrund der Vertretung** gerechtfertigt sein. Der Sachgrund der Vertretung setzt nicht nur einen zeitlich begrenz-

ten Bedarf an der Arbeitskraft des Vertreters voraus, sondern auch die Möglichkeit, diesen Bedarf durch die befristete Einstellung des Ersatzes für den Vertretenen oder die befristete Änderung seiner Arbeitsbedingungen abzudecken (*BAG* 4.6.2003 NZA 2004, 498). Die sachliche Rechtfertigung einer solchen Befristungsabrede liegt darin, dass der Arbeitgeber bereits zu dem vorübergehend ausfallenden Arbeitnehmer in einem Rechtsverhältnis steht und daher für die Wahrnehmung der diesem Arbeitnehmer obliegenden Arbeitsaufgaben durch eine Vertretungskraft nur ein vorübergehendes, zeitlich durch die Rückkehr des zu vertretenden Arbeitnehmers begrenztes Beschäftigungsbedürfnis hat (*BAG* 14.1.2004 – 7 AZR 390/03 – EzA-SD 24/04, S. 5).

- ▶ Vereinbaren die Vertragsparteien eine **unbefristete Beschäftigung** mit 4,14 Zeitstunden wöchentlich und **daneben eine befristete Erhöhung** um 22 Zeitstunden wöchentlich, so ist Letztere nicht an §§ 14 ff. TzBfG zu messen. Eine Inhaltskontrolle einer formularmäßig vereinbarten befristeten Erhöhung der Arbeitszeit führt dann nicht zur Unangemessenheit der Vereinbarung, wenn die Parteien wegen Vertretungsbedarf infolge Krankheit eine befristete Beschäftigung wirksam hätten vereinbaren können (*LAG RhPf* 14.12.2006 – 4 Sa 805/06 – ZTR 2007, 513 LS).
- ▶ Das *ArbG Leipzig* (5.8.2004 ArbuR 2005, 75 LS) hat z.B. angenommen, dass der **konkrete Bedarf an Lehrkräften** frühestens vier Monate vor Beginn des neuen Schuljahres ermittelt werden kann, da erst zu diesem Zeitpunkt die Anmeldezahlen der Schüler vorliegen. Folglich kann eine vor diesem Zeitpunkt vereinbarte Befristung einer Aufstockung der Stundenzahl einer Lehrkraft dann nicht durch einen vorübergehenden, schülerzahlbedingten Mehrbedarf gerechtfertigt werden. Denn die bloße Unsicherheit des Arbeitgebers über die künftige Entwicklung kann eine Befristung nicht rechtfertigen; sie gehört auch im öffentlichen Dienst zur Risikosphäre des Arbeitgebers und darf nicht auf den Arbeitnehmer abgewälzt werden.
- ▶ Eine **vorformulierte befristete Arbeitszeiterhöhung** hält einer **Inhaltskontrolle stand (§ 307 BGB)**, wenn sie auf der Grundlage des § 7 Abs. 3 HG NW 2004/2005 in dem Umfang erfolgt, in dem Mittel aus vorübergehend nicht in Anspruch genommenen Planstellen oder Stellenanteilen vorhanden sind. Eine finanzielle Kongruenz zwischen dem Zeitraum der vorübergehend freigewordenen Mittel und der Befristungsdauer der Arbeitszeiterhöhung ist zur sachlichen Rechtfertigung der Befristung grundsätzlich nicht erforderlich (*LAG Düsseld.* 20.2.2007 LAGE § 307 BGB 2002 Nr. 11 = NZA-RR 2008, 96).

Diese Grundsätze gelten auch, wenn die vertragliche Vereinbarung über die Befristung auf der Grundlage eines Tarifvertrags oder einer schuldrechtlichen Vereinbarung tariffähiger Koalitionen beruht, die zum Zweck der Beschäftigungssicherung mit Lehrkräften an öffentlichen Schulen abgeschlossen wird. Das *BAG* (14.1.2004 a.a.O.) hat allerdings in dieser Entscheidung offen gelassen, ob dies auch für die Befristung einzelner Vertragsbedingungen gilt, die nach dem Inkrafttreten des Schuldrechtsmodernisierungsgesetzes am 1. Januar 2002 vereinbart werden. 193

Demgegenüber wird aber auch die Auffassung vertreten (KR/*Lipke* § 14 TzBfG Rz. 18 ff.), dass zwar eine Kontrolle der Befristung einzelner Arbeitsbedingungen aus den genannten Gründen geboten ist. Andererseits regelt § 14 Abs. 1 TzBfG danach den zulässigen Abschluss befristeter Arbeitsverträge, d.h. den Beginn und das Ende eines Arbeitsverhältnisses, bestimmt dagegen nicht deren inhaltliche Gestaltung. Deshalb ist eine **Inhalts- und Angemessenheitskontrolle** (§§ 242, 315 BGB) durchzuführen. Notwendig ist nur, den **Schutz des Arbeitnehmers vor einseitiger Interessendurchsetzung und Machtausübung des Arbeitgebers, nicht aber vor frei ausgehandelten Vertragsbedingungen zu gewährleisten.** Voraussetzung für eine solche Prüfung ist, dass die Vertragsparität bei Abschluss der befristeten einzelnen Arbeitsbedingung nicht bestand (**Paritätsstörung**) und deshalb wegen einer fehlenden freien Entscheidung des Arbeitnehmers ein Ausgleich über eine vom Richter vorzunehmende Inhaltskontrolle und Interessenabwägung zu erfolgen hat (KR/*Lipke* § 14 TzBfG Rz. 18). Anhaltspunkte für die anzustellende Angemessenheitskontrolle der Befris- 194 tung einzelner Vertragsbedingungen sind zum einen der Umstand, dass sich der **unbefristet beschäftigte** Arbeitnehmer in einer vergleichsweise **besseren Rechtsposition** befindet, wenn ihm der Arbeitgeber die befristete Änderung einzelner Vertragsbedingungen anträgt und zum anderen die in § 4 Abs. 2 TzBfG genannten Kriterien, die Diskriminierungsverbote für den Inhalt befristeter Arbeitsverträge festlegen. Bei einer Verkürzung oder Verlängerung der Arbeitszeit sind nunmehr auch die §§ 8, 9 TzBfG zu beachten. Demzufolge ist eine zulässige schlechtere Behandlung bezüglich einzelner befristeter Vertragsbedingungen nur gerechtfertigt, wenn **sachliche Gründe für eine unterschiedliche Behandlung** ins Feld geführt werden können. Zwar zielt das Diskriminierungsverbot des § 4 Abs. 2 TzBfG allein auf befristet beschäftigte Arbeitnehmer. Der Rechtsgedanke, Schlechterstellungen im Zusammenhang mit Befristungen an sachliche Gründe zu binden, lässt sich aber auch auf das unbefristete Arbeitsverhältnis mit befristeten Arbeitsbedingungen übertragen. Die Inhaltsprüfung befristeter Vertragsänderungen ist deshalb von den bisherigen Maßstäben einer funktionswidrigen Umgehung des Änderungskündigungsschutzes abzukoppeln und in eine Angemessenheitskontrolle bei Paritätsstörungen zu überführen (KR/*Lipke* § 14 TzBfG Rz. 19).

195 Zu beachten ist, dass die Überprüfung einer **Erhöhung der Arbeitszeit** bei Fehlen eines Befristungsgrundes nicht zur Unwirksamkeit des zu Grunde liegenden eigentlichen und ebenfalls befristeten Basisarbeitsvertrages führt (*LAG Nds.* 17.3.2003 NZA-RR 2004, 161).

bb) Auswirkungen der Schuldrechtsreform

196 Die Auswirkungen der Schuldrechtsreform lassen sich mit *Preis/Bender* (NZA-RR 2005, 337 ff.) wie folgt zusammenfassen:

- Die Kontrolle befristeter Einzelarbeitsbedingungen erfolgt nunmehr nicht mehr nach früherem Richterrecht, sondern auf Grund der Vorschriften des BGB. Für die Inhaltskontrolle gestellter Einzelarbeitsbedingungen sind folglich §§ 305 ff. BGB anwendbar; ausgehandelte befristete Einzelarbeitsbedingungen unterliegen keiner Inhaltskontrolle (§ 305 Abs. 1 S. 3 BGB).
- Soweit der Anwendungsbereich der Inhaltskontrolle eröffnet ist (§§ 310, 305 BGB), scheitert eine Inhaltskontrolle nicht schon an § 307 Abs. 3 BGB. Denn die Befristung ist eine kontrollfähige Nebenabrede.
- Die Befristung einzelner Arbeitsbedingungen unterliegt – wie Widerrufsvorbehalte – dem Transparenzgebot (§ 307 Abs. 1 S. 2 BGB). Es muss also der tragende Grund für die Befristung der Einzelabrede in der gestellten Klausel benannt werden. Dabei sind allerdings keine unzumutbaren Anforderungen zu stellen; es genügt die Beschreibung »wirtschaftliche Gründe«, »Erprobung«).
- Die erstmalige gestellte befristete Übertragung einer höherwertigen Arbeitsbedingung ist zwar kontrollfähig, aber regelmäßig nicht unangemessen benachteiligend.
- Ist die Befristung der Einzelarbeitsbedingung objektiv sachlich gerechtfertigt, liegt keine unangemessene Benachteiligung vor.
- Eine unangemessene Benachteiligung liegt aber dann vor, wenn durch mehrfache Befristung von Einzelarbeitsbedingungen das Wirtschafts- und Beschäftigungsrisiko bzw. das Bestandsschutzrisiko auf den Arbeitnehmer verlagert wird.

Für die Überprüfung der Wirksamkeit einer formularmäßig vereinbarten Befristung einzelner Arbeitsbedingungen (Erhöhung der regelmäßigen Arbeitszeit für die Dauer eines Schuljahres) hat das *BAG* (27.7.2005 EzA § 307 BGB 2002 Nr. 5 = NZA 2006, 40; 18.1.2006 EzA § 307 BGB 2002 Nr. 13) inzwischen folgende Grundsätze aufgestellt:

- Die nach dem 31.12.2001 mit einer Vielzahl von Arbeitnehmern formularmäßig vereinbarte Erhöhung der regelmäßigen Arbeitszeit unterliegt als Allgemeine Geschäftsbedingung der Inhaltskontrolle nach § 307 BGB in der ab 1.1.2002 geltenden Fassung. Zur Wirksamkeit der Befristung der Arbeitszeiterhöhung bedarf es seit diesem Zeitpunkt keines sachlichen Grundes mehr i.S.d. bisherigen Rechtsprechung.
- Die Befristung der Arbeitszeiterhöhung ist nach § 307 Abs. 1 S. 1 BGB unwirksam, wenn durch sie die betroffenen Arbeitnehmer entgegen den Geboten von Treu und Glauben unangemessen benachteiligt werden. Das ist anhand einer umfassenden

Berücksichtigung und Bewertung rechtlich anzuerkennender Interessen der Vertragspartner festzustellen. Dabei ist ein genereller, typisierender, vom Einzelfall losgelöster Maßstab anzulegen (s.a. *LAG Brandenburg* 9.2.2006 NZA-RR 2007, 53).
- Allein aus der Ungewissheit des künftigen Arbeitskräftebedarfs ergibt sich kein rechtlich anerkennenswertes Interesse des Arbeitgebers an der befristeten Erhöhung der regelmäßigen Arbeitszeit der bei ihm unbefristet teilzeitbeschäftigten Arbeitnehmer.
- Vereinbart ein neues Bundesland, bei dem auf Grund rückläufiger Schülerzahlen ein Lehrkräfteüberhang besteht, auf der Grundlage einer Koalitionsvereinbarung mit der Gewerkschaft GEW und anderen Pädagogenverbänden mit einer Vielzahl bei ihm teilzeitbeschäftigter Lehrkräfte die befristete Aufstockung des Stundendeputats für die Dauer eines Schuljahres, können die im Schulbereich des Landes bestehenden Besonderheiten dazu führen, dass die Befristung der Arbeitszeiterhöhung für die betroffenen Lehrkräfte keine unangemessene Benachteiligung i.S.v. § 307 Abs. 1 S. 1 BGB darstellt.

g) Darlegungs- und Beweislast

Aus § 14 Abs. 1, 2, 3 TzBfG folgt eindeutig das **Regel-Ausnahme-Verhältnis** zwischen befristetem und unbefristetem Arbeitsvertrag: Normalfall ist das unbefristete Arbeitsverhältnis, die Ausnahme das befristete, das eines Sachgrundes bedarf und nur ausnahmsweise ohne einen solchen vereinbart werden darf (vgl. *Preis/Gotthardt* DB 2000, 2069; *Hromadka* BB 2001, 622). Da zudem derjenige, der sich auf das Vertragsende durch Fristablauf beruft, die Voraussetzungen des Vorliegens dieser rechtsvernichtenden Einwendung beweisen muss, muss jetzt im Gegensatz zur bisherigen Rechtslage der Arbeitgeber das Vorliegen eines Sachgrundes darlegen und beweisen (APS/*Backhaus* § 14 TzBfG Rz. 63; *H.J. Dörner* Sonderbeil. zu NZA Heft 16/2003 S. 40 f.). 197

3. Erleichterte Befristung (§ 14 Abs. 2 TzBfG)

a) Grundlagen

§ 14 Abs. 2 TzBfG übernimmt § 1 Abs. 1 BeschFG fast wörtlich; die weiteren Regelungen in § 14 Abs. 2 TzBfG enthalten aber gegenüber § 1 BeschFG **drei wesentliche Neuerungen** (vgl. APS/*Backhaus* § 14 TzBfG Rz. 66 ff.; KDZ/*Däubler* § 14 TzBfG Rz. 151 ff.; *Osnabrügge* NZA 2003, 639 ff.; *H.J. Dörner* Sonderbeil. zu NZA Heft 16/2003, S. 33 ff.; *Lembke* NJW 2006, 332 ff.): 198
- Die Regelung ist nicht mehr zeitlich begrenzt, sondern als Dauerregelung ausgestaltet;
- Die großzügigen Verknüpfungsmöglichkeiten nach § 1 Abs. 3 BeschFG, der es ermöglichte, die sachgrundlose Befristung nicht nur einer durch einen Sachgrund gerechtfertigten weiteren Befristung vorausgehen zu lassen, sondern sie auch umgekehrt einer solchen nachfolgen zu lassen, sind jetzt erheblich eingeschränkt. Gem. § 14 Abs. 2 S. 2 TzBfG ist die erleichterte, sachgrundlose Befristung gänzlich unzulässig, wenn mit demselben Arbeitgeber (Anknüpfungspunkt ist nicht die vorangegangene Beschäftigung im Betrieb des bisherigen Arbeitgebers oder die tatsächliche Eingliederung in den Betrieb, vgl. *LAG Nds.* 29.1.2003 NZA-RR 2003, 624) zuvor irgendwann einmal ein befristetes, auch sachlich gerechtfertigtes, oder ein unbefristetes Arbeitsverhältnis bestanden hat (vgl. *H.J. Dörner* Sonderbeil. zu NZA Heft 16/2003, S. 33 ff.). Durch das am 15.6.2005 in dritter Lesung beschlossene 5. Gesetz zur Änderung des SGB III (abl. dazu *Perreng* FA 2005, 193) soll § 14 Abs. 2 TzBfG allerdings nunmehr wie folgt neu gefasst werden: »Eine Befristung nach S. 1 ist nicht zulässig, wenn zwischen dem Beginn des befristeten Arbeitsvertrages und dem Ende eines vorherigen unbefristeten oder befristeten Arbeitsvertrages mit demselben Arbeitgeber ein Zeitraum von weniger als zwei Jahren liegt«. Im Hinblick auf das bekannte Ergebnis der Neuwahlen ist aber völlig unklar, ob das Gesetz tatsächlich in Kraft treten wird. Der umgekehrte Fall des Anschlusses eines sachlich gerechtfertigten

befristeten Arbeitsvertrages an einen nach § 14 Abs. 2 S. 1 TzBfG befristeten bleibt allerdings weiterhin zulässig (vgl. *Hromadka* BB 2001, 627);
- Gem. § 14 Abs. 3 S. 3, 4 TzBfG kann durch Tarifvertrag nicht nur – wie bisher – zu Gunsten des Arbeitnehmers von der gesetzlichen Regelung abgewichen werden, sondern (vgl. § 22 TzBfG) hinsichtlich der Anzahl der Verlängerungen und der Höchstbefristungsdauer auch zu Lasten des Arbeitnehmers. Im Übrigen ist aber danach unter den gleichen Voraussetzungen wie bisher nach § 1 Abs. 1 BeschFG 1996 es zulässig, einen sachgrundlos befristeten Arbeitsvertrag bis zur Dauer von zwei Jahren dreimal zu verlängern (*BAG* 15.1.2003 EzA § 14 TzBfG Nr. 3 = NZA 2003, 914; 15.1.2003 – 7 AZR 476/02 – EzA-SD 17/03, S. 6 LS = NZA 2004, 512 LS);
- § 14 Abs. 2a TzBfG sieht seit dem 1.1.2004 eine Ausdehnung der sachgrundlosen Befristung für die ersten vier Jahre nach der Gründung eines Unternehmens vor (vgl. dazu *Preis* DB 2004, 70 ff.; *Löwisch* BB 2004, 154 ff.; *Lipinski* BB 2004, 1221 ff.);

Die Anwendbarkeit des TzBfG setzt insoweit keine **Vereinbarung der Parteien** voraus, sich auf dieses Gesetz stützen zu wollen (*LAG Nds.* 4.7.2003 NZA-RR 2004, 13).

b) Vereinbarkeit der gesetzlichen Regelung mit der RL 99/70/EG

199 § 5 der RL 1999/70/EG vom 10.7.1999 (ABlEG Nr. L 175, S. 43, 44) hat u.a. folgenden Wortlaut:
»Um Missbrauch durch aufeinander folgende befristete Arbeitsverträge oder -verhältnisse zu vermeiden, ergreifen die Mitgliedsstaaten eine ... oder mehrere der folgenden Maßnahmen:
a) sachliche Gründe, die die Verlängerung solcher Verträge oder Verhältnisse rechtfertigen;
b) die insgesamt maximal zulässige Dauer aufeinander folgender Arbeitsverträge oder -verhältnisse;
c) die zulässige Zahl der Verlängerungen solcher Verträge oder Verhältnisse ...«.

200 **Diesen Anforderungen genügt § 14 Abs. 2 TzBfG.** Zudem darf die RL nicht als Rechtfertigung für die Senkung des allgemeinen Niveaus des Arbeitnehmerschutzes in dem von ihr erfassten Bereich dienen. Dieses Niveau bestimmte das BeschFG i.d.F. von 1996, nicht der Beschluss des Großen Senates des *BAG* (12.10.1960 AP Nr. 16 zu § 620 BGB Befristeter Arbeitsvertrag). **Es wird durch § 14 Abs. 2 TzBfG auch nicht gesenkt, sondern wegen § 14 Abs. 2 S. 2 TzBfG zu Gunsten der Arbeitnehmer erheblich verbessert.** Zudem wird mit der sachgrundlosen Befristung eine im Grundsatz bereits seit 15 Jahren bestehende Befristungsmöglichkeit **nur fortgeschrieben** (APS/*Backhaus* § 14 TzBfG Rz. 69; MünchArbR/*Wank* Ergänzungsband § 116 Rz. 201 ff.; *Löwisch* NZA 2000, 756u. 1044; *Bauer* NZA 2000, 756u. 1044; *Hanau* NZA 2000, 1045; **a.A.** *Schmalenberg* NZA 2000, 582 f. u. 1043 ff.; *Franzen* RdA 1999, 361 ff.; *Däubler* ZIP 2000, 1967).

c) Tatbestandsvoraussetzungen

aa) Persönlicher Geltungsbereich

201 Erfasst sind alle **Arbeitnehmer**, ohne dass eine Sonderregelung für Arbeitnehmer mit besonderem Kündigungsschutz besteht (APS/*Backhaus* § 14 TzBfG Rz. 70).

bb) Zeitliche Limitierung

202 Die Ausnahme vom Sachgrunderfordernis bezieht sich auf **Kalenderbefristungen** mit einer zulässigen **Höchstdauer von zwei Jahren** ab dem **vereinbarten Beginn** des **Arbeitsverhältnisses**, nicht dem Vertragsabschluss, der nach §§ 187, 188 BGB zu bestimmen ist (APS/*Backhaus* § 14 TzBfG Rz. 71 f.).

cc) Verlängerung

Erforderlich ist, dass sich der Verlängerungsvertrag **nahtlos**, ohne dass auch nur ein Feiertag oder ein Wochenende dazwischen liegen, an den zu verlängernden Vertrag anschließt und vor dessen Ende in der erforderlichen Form (§ 14 Abs. 4 S. 3 TzBfG; *BAG* 16.3.2005 EzA § 14 TzBfG Nr. 17 = NZA 2005, 923 = BAG Report 2005, 260; 23.8.2006 – 7 AZR 12/06 – EzA § 14 TzBfG Nr. 33 = NZA 2007, 204 m. krit. Anm. *Sowka* SAE 2007, 172 ff.; *LAG Bra.* 4.2.2004 – 6 Sa 560/03 – EzA-SD 18/04, S. 8) **vereinbart sein muss** (*BAG* 26.7.2000, 25.10.2000 EzA § 1 BeschFG 1985 Nr. 19, 22; 18.1.2006 EzA § 14 TzBfG Nr. 26 = NZA 2006, 605; 16.1.2008 EzA § 14 TzBfG Nr. 44 = NZA 2008, 702; *LAG Düsseld.* 7.7.2000 – 9 Sa 525/00 – EzA-SD 5/02, S. 10 LS – jeweils zu § 1 BeschFG; APS/*Backhaus* § 14 TzBfG Rz. 73; KR/*Lipke* § 14 TzBfG Rz. 286; MünchArbR/*Wank* Ergänzungsband § 116 Rz. 184; KDZ/*Däubler* § 14 TzBfG Rz. 163; *Richardi/Annuß* DB 2000, 2204; krit. dazu *Sowka* DB 2000, 1916). 203

Voraussetzung ist also, dass die **Vereinbarung über das Hinausschieben des Beendigungszeitpunkts noch vor Abschluss der Laufzeit des bisherigen Vertrages in schriftlicher Form getroffen wird** und der Vertragsinhalt **ansonsten unverändert bleibt**; allerdings können die Parteien anlässlich der Verlängerung **Anpassungen** des Vertragstextes an die zum Zeitpunkt der Verlängerung **geltende Rechtslage** vornehmen. Das ist dann der Fall, wenn bereits zuvor vereinbarte Änderungen der Vertragsbedingungen in der Urkunde festgehalten werden oder die geänderten Vertragsbedingungen von den Parteien vereinbart worden wären, wenn der Arbeitnehmer in einem unbefristeten Arbeitsverhältnis stünde (*BAG* 23.8.2006 EzA § 14 TzBfG Nr. 33 = NZA 2007, 204; 16.1.2008 EzA § 14 TzBfG Nr. 44 = NZA 2008, 702). 204

Andernfalls handelt es sich um den Neuabschluss eines befristeten Arbeitsvertrages. Dessen Befristung ist wegen des vorangegangenen Arbeitsverhältnisses mit demselben Arbeitgeber ohne Sachgrund nach § 14 Abs. 2 S. 2 TzBfG unwirksam (*BAG* 16.3.2005 EzA § 14 TzBfG Nr. 17 = NZA 2005, 923 = BAG Report 2005, 260; 18.1.2006 EzA § 14 TzBfG Nr. 26 = NZA 2006, 605; 23.8.2006 – 7 AZR 12/06 – EzA-SD 18/06, S. 3 = NZA 2007, 204). Auch müssen – abgesehen vom vereinbarten Vertragsende – die **übrigen bisherigen Arbeitsbedingungen unverändert bleiben** (*BAG* 23.8.2006 EzA § 14 TzBfG Nr. 33 = NZA 2007, 204; *BAG* 18.1.2006 EzA § 14 TzBfG Nr. 26 = NZA 2006, 605; *LAG Düsseld.* 7.7.2000 – 9 Sa 525/00 – EzA-SD 5/02, S. 10 LS; *LAG Hamm* 17.2.2005 LAGE § 14 TzBfG Nr. 20a; KR/*Lipke* § 14 TzBfG Rz. 287; KDZ/*Däubler* § 14 TzBfG Rz. 164); dafür sprechen auch Entscheidungen des *BAG* (26.7.2000 EzA § 1 BeschFG 1985 Nr. 19; 25.10.2000 EzA § 1 BeschFG 1985 Nr. 22; vgl. auch *Sächs. LAG* 2.5.2005 – 3 Sa 924/04 – EzA-SD 23/05 S. 4 LS = ZTR 2005, 593); es darf also grds. nur die Vertragsdauer geändert werden (*BAG* 23.8.2006 – 7 AZR 12/06 – EzA § 14 TzBfG Nr. 33 = NZA 2007, 204). Deshalb ist jedenfalls eine Verlängerung in diesem Sinne dann nicht gegeben, wenn der zweite befristete Vertrag **mehrere neue Vertragsklauseln** enthält, die für den Arbeitnehmer – jedenfalls aus seiner Sicht – günstiger sind als die Regelungen im ersten Vertrag (*BAG* 23.8.2006 EzA § 14 TzBfG Nr. 33 = NZA 2007, 204), es sei denn, es handelt sich um eine arbeitsvertragliche Umsetzung von Ansprüchen, die sich aus Tarifverträgen oder Betriebsvereinbarungen ergeben (*LAG Brem.* 25.8.2005 – 3 Sa 282/04 – EzA-SD 19/05, S. 13 LS = LAG Report 2005, 292). Das ist z.B. dann der Fall, wenn die Parteien in einem **Folgevertrag** auf die Vereinbarung eines im Ausgangsvertrag enthaltenen ordentlichen Kündigungsrechts nach § 15 Abs. 3 TzBfG absehen (*BAG* 20.2.2008 EzA § 14 TzBfG Nr. 46 = NZA 2008, 883). 205

Ebenso ist an sich keine Vertragsverlängerung im hier maßgeblichen Sinne (gem. § 1 BeschFG) gegeben (gewesen), wenn in dem Verlängerungsvertrag **Teilzeitbeschäftigung** von 34,5 Wochenstunden statt vorheriger Vollzeit vereinbart waren. 206

207 Obwohl der Gesetzeswortlaut insoweit § 1 Abs. 1 S. 2 BeschFG entspricht, ist **fraglich**, ob diese Auffassung jedenfalls für den Fall der Veränderung hinsichtlich des Arbeitszeitdeputats aufrechterhalten werden kann. Denn gem. §§ 8, 9 TzBfG hat der Arbeitnehmer nunmehr einen **gerichtlich durchsetzbaren Anspruch auf eine entsprechende Änderung der vereinbarten Arbeitszeit.** Es würde aber einen **Wertungswiderspruch** bedeuten, wenn dieser erstmals gesetzlich gerade vorgesehene Wechsel zugleich die verlängerte Befristung unzulässig machte, nur weil er mit einer Verlängerung der Vertragszeit zusammenfällt (APS/*Backhaus* § 14 TzBfG Rz. 74; KR/*Lipke* § 14 TzBfG Rz. 291).
Für eine **Verlängerung** eines sachgrundlos befristeten Arbeitsvertrags nach § 14 Abs. 2 S. 1 TzBfG hat das *BAG* (16.1.2008 EzA § 14 TzBfG Nr. 44 = NZA 2008, 702) inzwischen entschieden, dass ihr **nicht entgegen steht**, dass in einem befristeten Anschlussvertrag eine **erhöhte Arbeitszeit** vereinbart wird, wenn der Arbeitgeber mit der Veränderung der Arbeitszeit einem Anspruch des Arbeitnehmers nach § 9 TzBfG Rechnung trägt. Voraussetzung ist dann allerdings, dass der Arbeitnehmer bereits zuvor oder anlässlich der Vereinbarung der Verlängerung ein Erhöhungsverlangen nach **§ 9 TzBfG** geltend gemacht hat, dem der Arbeitgeber in dem Folgevertrag mit der Veränderung der Arbeitszeit Rechnung trägt (*BAG* 16.1.2008 EzA § 14 TzBfG Nr. 44 = NZA 2008, 702).
Auch eine **Gehaltserhöhung** bei sonst gleich bleibenden Vertragsbedingungen **sollte unschädlich sein** (KR/*Lipke* § 14 TzBfG Rz. 290; MünchArbR/*Wank* Ergänzungsband § 116 Rz. 185; *Backhaus* NZA 2001 Sonderbeilage zu Heft 24, S. 11; **a.A.** wohl *LAG Brem.* 25.8.2005 – 3 Sa 282/04 – EzA-SD 19/05 S. 13 LS = LAG Report 2005, 292: es sei denn, es handelt sich um die Umsetzung von Regelungen in Tarifverträgen oder Betriebsvereinbarungen); gleiches gilt, wenn eine **Versetzung** aus Anlass der Verlängerung erfolgt, wenn der befristete Ursprungsvertrag eine entsprechende Versetzungsklausel enthält (*Bauer* BB 2001, 2475).
Insoweit hat das *BAG* inzwischen (19.2.2003 – 7 AZR 648/01 – FA 2003, 303; 25.5.2005 EzA § 14 TzBfG Nr. 19; dagegen ausdrücklich *LAG Hamm* 17.2.2005 LAGE § 14 TzBfG Nr. 20a) noch zum alten Recht, aber mit Gültigkeit auch für das TzBfG (zutr. *Worzalla* FA 2003, 303; so jetzt ausdrücklich auch *BAG* 19.10.2005 EzA § 14 TzBfG Nr. 23 = NZA 2006, 154; 18.1.2006 EzA § 14 TzBfG Nr. 26 = NZA 2006, 605; 23.8.2006 – 7 AZR 12/06 – EzA § 14 TzBfG Nr. 33 = NZA 2007, 204) festgestellt, dass **jedenfalls die Änderung von Arbeitsbedingungen in einem laufenden befristeten Arbeitsverhältnis ohne Veränderung der Laufzeit des befristeten Arbeitsvertrages nicht der gesetzlichen Befristungskontrolle unterliegt.** Denn die Befristungskontrolle findet nur statt, wenn die Laufzeit des bisherigen Vertrages geändert wird. Vereinbaren die Parteien also **während der Dauer** eines sachgrundlos befristeten Arbeitsvertrags unter Beibehaltung der Vertragslaufzeit eine Änderung der Tätigkeit und der Vergütung des Arbeitnehmers, unterliegt die Änderungsvereinbarung mangels einer neuen Befristungsabrede **nicht der gerichtlichen Kontrolle** nach § 14 Abs. 2 TzBfG. Denn eine während der Laufzeit eines sachgrundlos befristeten Arbeitsvertrages getroffene Vereinbarung über die Änderung der Vertragsbedingungen unter Beibehaltung der Vertragslaufzeit ist für die Wirksamkeit der Befristung nicht von Bedeutung (*BAG* 19.10.2005 EzA § 14 TzBfG Nr. 23 = NZA 2006, 154; 18.1.2006 EzA § 14 TzBfG Nr. 26 = NZA 2006, 605; 23.8.2006 – 7 AZR 12/06 – EzA § 14 TzBfG Nr. 33 = NZA 2007, 204). Eine derartige inhaltliche Änderung steht auch einer zu einem späteren Zeitpunkt erfolgenden Vertragsverlängerung nach § 14 Abs. 2 S. 1 TzBfG nicht entgegen, weil diese nicht voraussetzt, dass die Bedingungen des Ausgangsvertrages während der Gesamtdauer der Vertragslaufzeit unverändert beibehalten werden. Die Änderung der Arbeitsbedingungen darf nur nicht im Zusammenhang mit der Vertragsverlängerung erfolgen (*BAG* 18.1.2006 EzA § 14 TzBfG Nr. 26 = NZA 2006, 605).

208 Ein in einem anlässlich des Abschlusses einer Verlängerungsvereinbarung erstellter **Vermerk** angegebener Sachgrund für die Befristung i.S.d. § 14 Abs. 1 TzBfG führt nach Auffassung des *LAG Hamm* (14.2.2008 – 17 Sa 2017/07 – EzA-SD 11/2007 S. 3 LS) **nicht dazu**, dass sich die Arbeitgeberin **nicht mehr auf** § 14 Abs. 2 TzBfG zur Rechtfertigung der Befristung **berufen**

kann. Soweit objektiv die Voraussetzungen des § 14 Abs. 2 S. 1, 2 TzBfG vorliegen, kann sich ein Verlängerungsvertrag gem. § 14 Abs. 2 S. 1 2. Hs. TzBfG zeitlich jedenfalls auch an eine Befristung mit sachlichem Grund – z.B. befristetes Probearbeitsverhältnis – gem. § 14 Abs. 1 S. 2 Nr. 5 TzBfG anschließen (*LAG Nbg.* 19.3.2008 – 4 Sa 673/07 – ZTR 2008, 397 LS).

Zu beachten ist, dass dann, wenn eine **landesgesetzliche Regelung** (z.B. § 44 Abs. 5 BerlHG) vorsieht, dass u.a. **Frauenbeauftragte**, die in einem zeitlich befristeten Dienstverhältnis mit der Hochschule stehen, auf Antrag die Zeiten, in denen sie ihr Amt als Frauenbeauftragte ausüben, mit dem Faktor 2 nicht auf ihre Dienstzeit angerechnet erhalten, dies bei Antragstellung durch die Arbeitnehmerin keine automatische Verlängerung des befristeten Arbeitsvertrages bewirkt. Dazu ist vielmehr der Abschluss eines weiteren befristeten Arbeitsvertrages erforderlich, dessen Befristung nach § 14 Abs. 4 TzBfG der Schriftform bedarf (*BAG* 26.7.2006 – 7 AZR 494/05 – EzA-SD 1/2007 S. 5 LS = NZA 2007, 151).

Allein aus dem Grundsatz der **Vertrauenshaftung** kann im Übrigen ebenso wenig ein Anspruch des Arbeitnehmers auf Verlängerung eines wirksam befristeten Arbeitsvertrages hergeleitet werden, wie aus dem arbeitsrechtlichen Gleichbehandlungsgrundsatz (*BAG* 13.8.2008 EzA § 14 TzBfG Nr. 52). 209

dd) Neueinstellung; Rechtsmissbrauch; Neuregelung?

Die Befristung gem. § 14 Abs. 1 TzBfG ist gem. § 14 Abs. 2 S. 2 TzBfG nicht zulässig, wenn mit demselben Arbeitgeber (KR/*Lipke* § 14 TzBfG Rz. 301 ff.) – **wann auch immer – bereits zuvor ein befristetes oder ein unbefristetes Arbeitsverhältnis bestanden hat** (vgl. *LAG Hamm* 17.2.2005 ArbuR 2005, 235 LS; *H. J. Dörner* Sonderbeil. zu NZA Heft 16/2003, S. 33 ff.; KR/*Lipke* § 14 TzBfG Rz. 291; *Hromadka* NJW 2001, 404u. BB 2001, 627; *Preis/Gotthardt* DB 2000, 2072; *Richardi/Annuß* BB 2000, 2204; für eine teleologische Reduktion durch eine der neuen gesetzlichen Regelverjährungsfrist gem. § 195 BGB entsprechende Zeitdauer dagegen *Löwisch* BB 2001, 254 f.; ebenso *Bauer* BB 2001, 2475; *Straub* NZA 2001, 926; Osnabrügge NZA 2003, 639 ff.); es muss Personenidentität bei der natürlichen oder juristischen Person des Arbeitgebers, mit dem das frühere Arbeitsverhältnis bestanden hat, bestehen (*BAG* 10.11.2004 EzA § 14 TzBfG Nr. 15 = NZA 2005, 514 = BAG Report 2005, 171; 18.10.2006 EzA § 14 TzBfG Nr. 35 = NZA 2007, 443; 16.7.2008 EzA § 14 TzBfG Nr. 51 = NZA 2008, 1347; s. dazu *Bauer/Fischinger* DB 2007, 1410 ff.; krit. *Haas/Hilgenstock* FA 2005, 200 ff.); das gilt auch bei **konzernverbundenen Arbeitgebern** (*BAG* 18.10.2006 EzA § 14 TzBfG Nr. 35 = NZA 2007, 443). Die mit der Verschmelzung nach § 20 Abs. 1 Nr. 1 UmwG eintretende Gesamtrechtsnachfolge führt nicht dazu, dass übertragender und übernehmender Rechtsträger rechtlich als derselbe Arbeitgeber anzusehen sind (*BAG* 10.11.2004 EzA § 14 TzBfG Nr. 15 = NZA 2005, 514 = BAG Report 2005, 171; krit. *Haas/Hilgenstock* FA 2005, 200 ff.). Die nach § 14 Abs. 2 S. 2 TzBfG vorausgesetzte Personenidentität auf Arbeitgeberseite ist auch im Falle eines Betriebsübergangs nach § 324 UmwG in der bis zum 31.3.2002 geltenden Fassung (§ 613a Abs. 1 BGB) nicht gegeben, wenn das Arbeitsverhältnis bereits vor einem im Zuge der Verschmelzung vollzogenen Betriebsübergang beendet war und daher nicht kraft Gesetzes vom übertragenden auf den übernehmenden Rechtsträger übergegangen ist (*BAG* 10.11.2004 EzA § 14 TzBfG Nr. 15 = NZA 2005, 514 = BAG Report 2005, 171; krit. *Haas/Hilgenstock* FA 2005, 200 ff.; vgl. auch *LAG Bln.* 29.1.2004 ZTR 2004, 267 = LAG Report 2004, 195 zur Verschmelzung der Deutschen Postgewerkschaft zu ver.di). Die gesetzliche Regelung des § 14 Abs. 2 S. 2 TzBfG soll der **Einschränkung von Kettenarbeitsverträgen** dienen. 210

Das *BAG* (6.11.2003 EzA § 14 TzBfG Nr. 7 = NZA 2005, 218 = BAG Report 2004, 138 m. Anm. *Boch* SAE 2004, 217 ff.; 10.11.2004 EzA § 14 TzBfG Nr. 15 = NZA 2005, 514 = BAG Report 2005, 171; s.a. *BAG* 18.10.2006 EzA § 14 TzBfG Nr. 35 = NZA 2007, 443; s. dazu *Bauer/Fischinger* DB 2007, 1410 ff.) hat insoweit folgende Grundsätze aufgestellt: 211

- Nach § 14 Abs. 2 S. 2 TzBfG ist eine Befristung ohne sachlichen Grund nicht zulässig, wenn mit demselben Arbeitgeber bereits zuvor ein befristetes oder unbefristetes Arbeitsverhältnis bestanden hat.

- Arbeitgeber i.S. dieser Vorschriften ist der Vertragsarbeitgeber, also die natürliche oder juristische Person, die mit dem Arbeitnehmer den Arbeitsvertrag geschlossen hat.
- Dies gilt auch dann, wenn das neue Arbeitsverhältnis nur für die Dauer von maximal sechs Monaten befristet werden soll. Der Gesetzgeber hat nunmehr auch solche Befristungen einer Kontrolle nach den Maßstäben des § 14 TzBfG unterworfen, die bisher wegen fehlender Umgehung des Kündigungsschutzes kontrollfrei waren.
- Mit der gesetzlichen Neuregelung des Befristungsrechts hat der Gesetzgeber die frühere richterlich erfolgte Ankoppelung der Befristungskontrolle an das Kündigungsschutzgesetz abgelöst und einen Paradigmenwechsel eingeleitet. Durch § 14 TzBfG erfasst das Gesetz nunmehr auch solche befristeten Arbeitsverträge, die bisher wegen fehlender Umgehung des Kündigungsschutzes kontrollfrei waren. Auch in Kleinbetrieben und bei Arbeitnehmern in den ersten sechs Beschäftigungsmonaten bedürfen Befristungen daher eines sachlichen Grundes, wenn mit demselben Arbeitgeber bereits zuvor ein befristetes oder unbefristetes Arbeitsverhältnis bestanden hat und keine Ausnahme nach § 14 Abs. 2 oder 3 TzBfG vorliegt.
- Weder Wortlaut noch der Zweck oder die Entstehungsgeschichte des TzBfG enthalten ausreichende Anhaltspunkte für eine teleologische Reduktion des § 14 Abs. 2 TzBfG.
- Das Anschlussverbot des § 14 Abs. 2 S. 2 TzBfG enthält – anders als noch § 1 Abs. 3 BeschFG 1996 – keine zeitliche Begrenzung. Auf den zeitlichen Abstand zwischen dem früheren Arbeitsverhältnis und dem nunmehr ohne Sachgrund befristeten Arbeitsverhältnis kommt es grundsätzlich nicht an.

Die Darlegungs- und Beweislast für den Verstoß gegen dieses Anschlussverbot liegt beim Arbeitnehmer, der sich auf den Ausnahmetatbestand beruft (*LAG Nds.* 26.7.2004 NZA-RR 2005, 410).

212 Nach Maßgabe dieser Grundsätze führt die **Überlassung eines Arbeitnehmers an seinen vormaligen Vertragsarbeitgeber**, bei dem er zuvor zwei Jahre lang sachgrundlos befristet beschäftigt war, nicht zur Unwirksamkeit einer anschließend mit dem Verleiher i.S.d. § 1 AÜG nach § 14 Abs. 2 TzBfG vereinbarten sachgrundlosen Befristung, wenn die Beschäftigungsdauer bei dem Entleiher einen Zeitraum von insgesamt vier Jahren nicht überschreitet (*BAG* 18.10.2006 EzA § 14 TzBfG Nr. 35 = NZA 2007, 443; s. dazu *Düwell/Dahl* NZA 2007, 891 f.).

213 Tätigkeiten für **verschiedene Unternehmen desselben Konzerns fallen nicht unter § 14 Abs. 2 S. 2 TzBfG.** Das ist aber dann unbefriedigend, wenn die Personalentscheidungen bei einer Stelle konzentriert sind, da die Regelung dann leicht umgangen werden kann (für eine erweiternde Auslegung deshalb KDZ/*Däubler* § 14 TzBfG Rz. 162). Gleiches gilt dann, wenn der Arbeitnehmer auf Grund einer Konzernversetzungsklausel tatsächlich versetzt wird und das ursprüngliche Arbeitsverhältnis ruhend weiter besteht und/oder dem Arbeitnehmer ein Rückkehrrecht eingeräumt wird (*Bauer* BB 2001, 2476). Eine missbräuchliche, dem **Zweck der gesetzlichen Befristungsregelung widersprechende Gestaltung** kann insoweit vor allem dann vorliegen, **wenn mehrere rechtlich und tatsächlich verbundene Vertragsarbeitgeber** in bewusstem und gewolltem Zusammenwirken abwechselnd mit einem Arbeitnehmer befristete Arbeitsverträge schließen, eine Befristung ohne Sachgrund im Zeitpunkt des Austausches der Arbeitgeber ohne diesen Arbeitgeberwechsel nicht mehr möglich wäre und der Wechsel deshalb ausschließlich deshalb erfolgt, um auf diese Weise über die gesetzlich vorgesehenen Befristungsmöglichkeiten hinaus sachgrundlose Befristungen aneinanderreihen zu können. Dann ist es dem Arbeitgeber verwehrt, sich auf die Wirksamkeit der letzten, gerichtlich zu überprüfenden Befristung zu berufen (*LAG Nds.* 29.1.2003 NZA-RR 2003, 624).

214 Die gesetzliche Beschränkung der Zulässigkeit von Befristungen durch § 14 Abs. 2 S. 2 TzBfG betrifft andererseits **nur die erstmalige Befristung eines Arbeitsvertrages auf der Grundlage des TzBfG.** Wurde dagegen ein Arbeitsvertrag auf der Grundlage des BeschFG wirksam befristet, ist unter der Geltung des TzBfG dessen Verlängerung bis zur Gesamtdauer von zwei Jahren auch dann möglich, wenn mit demselben Arbeitgeber bereits zuvor

ein befristetes oder unbefristetes Arbeitsverhältnis bestanden hat; § 14 Abs. 2 S. 2 TzBfG gilt nicht für den Verlängerungsvertrag (*BAG* 25.5.2005 EzA § 14 TzBfG Nr. 19; 15.1.2003 EzA § 14 TzBfG Nr. 2 = NZA 2003, 1092, 3; 15.1.2003 – 7 AZR 476/02 – EzA-SD 17/03, S. 6 LS; *LAG RhPf* 12.4.2002 – 3 Sa 1469/01 – EzA-SD 14/02, S. 6 LS = NZA 2002, 1037). Der Vertrag kann nach dem Inkrafttreten des TzBfG unter denselben Voraussetzungen wie bisher verlängert werden (*BAG* 15.1.2003 EzA § 14 TzBfG Nr. 3 = NZA 2003, 914; *BAG* 15.1.2003 – 7 AZR 476/02 – EzA-SD 17/03, S. 6 LS). Wird dagegen ein auf ein Jahr befristeter Arbeitsvertrag **während seiner Laufzeit geändert**, z.B. durch die Erhöhung der wöchentlichen Arbeitszeit von 30 auf 39 Stunden, ist eine **sachgrundlose Verlängerung** der Befristung bis zu einer Gesamtdauer von zwei Jahren wegen § 14 Abs. 2 S. 2 TzBfG **nicht mehr möglich** (*LAG Hamm* 17.2.2005 ArbuR 2005, 235 LS).

Sonstige vorangegangene Vertragsverhältnisse (vgl. APS/*Backhaus* § 14 TzBfG Rz. 80 ff.; KR/*Lipke* § 14 TzBfG Rz. 299 f.; KDZ/*Däubler* § 14 TzBfG Rz. 180 ff.), z.B.: 215
- Ausbildungsverhältnis (*LAG BW* 19.10.2008 LAGE § 14 TzBfG Nr. 44; *LAG Nds.* 4.7.2003 NZA-RR 2004, 13; vgl. dazu *Nebeling/Dippel* NZA-RR 2004, 617 ff.),
- sonstige berufsvorbereitende Vertragsverhältnisse, sofern sie keine Arbeitsverhältnisse sind,
- Umschulungsverträge, sofern sie keine Arbeitsverträge sind,
- Eingliederungsvertrag (§ 231 SGB III),
- Tätigkeit als Selbstständiger,
- Tätigkeit als gesetzlicher Vertreter, sofern es sich nicht um ein Arbeitsverhältnis handelte,

sind **demgegenüber** in diesem Zusammenhang **unschädlich**.

Zu beachten ist, dass dann, wenn eine zweite Befristung gem. § 14 Abs. 2 S. 2 TzBfG unwirksam ist, sich aber über einen **Zeitraum von weniger als sechs Monaten erstreckt**, der Arbeitgeber das Arbeitsverhältnis kündigen kann. Das KSchG findet keine Anwendung; auch das Anschlussverbot des § 14 Abs. 2 S. 2 TzBfG wird nicht umgangen. Denn diese Regelung sperrt eine nachfolgende Kündigung nicht. Sie will nur eine Gleichstellung der zu Unrecht befristet beschäftigten Arbeitnehmer mit den unbefristet beschäftigten erreichen. Unbefristet Beschäftigte genießen aber während der ersten sechs Monate keinen Kündigungsschutz (*BAG* 6.11.2003 EzA § 14 TzBfG Nr. 7 = NZA 2005, 218; krit. *Preis* NZA 2005, 716). 216

Insoweit gelten folgende Grundsätze (*BAG* 6.11.2003 EzA § 14 TzBfG Nr. 7 = NZA 2005, 218): 217
- Eine Kündigung verstößt dann gegen § 242 BGB und ist nichtig, wenn sie aus Gründen, die von § 1 KSchG nicht erfasst sind, Treu und Glauben verletzt. Dies gilt auch für eine Kündigung, bei der wegen Nichterfüllung der sechsmonatigen Wartezeit nach § 1 Abs. 1 KSchG das Kündigungsschutzgesetz keine Anwendung findet. Welche Anforderungen sich i.E. aus Treu und Glauben ergeben, kann nur unter Berücksichtigung der Umstände des Einzelfalls entschieden werden. Dabei sind die sozialen Schutzinteressen des Arbeitnehmers in der Wartezeit noch schwach ausgeprägt.
- Es liegt kein sachfremdes Motiv i.S.d. § 242 BGB und keine Umgehung des § 14 Abs. 2 S. 2 TzBfG vor, wenn der Arbeitgeber das unwirksam befristete Arbeitsverhältnis nunmehr kündigt. Aus § 14 TzBfG folgt nur, dass das Arbeitsverhältnis nicht auf Grund einer – unwirksamen – Befristung zum vereinbarten Zeitpunkt endet. Da § 14 TzBfG nur die Schlechterstellung des befristet Beschäftigten gegenüber einem unbefristet Beschäftigten verhindern, nicht aber den befristet Beschäftigten besserstellen will, werden die Regelungen des TzBfG durch eine nachfolgende Kündigung nicht umgangen.
- In einer solchen Kündigung liegt auch keine nach § 612a BGB unzulässige Maßregelung.

Durch das am 15.6.2005 in dritter Lesung beschlossene 5. Gesetz zur Änderung des SGB III sollte § 14 Abs. 2 TzBfG (abl. dazu *Perreng* FA 2005, 193) allerdings nunmehr wie folgt gefasst werden:
»Eine Befristung nach S. 1 ist nicht zulässig, wenn zwischen dem Beginn des befristeten Arbeitsvertrages und dem Ende eines vorherigen unbefristeten oder befristeten Arbeitsvertrages mit demselben Arbeitgeber ein Zeitraum von weniger als zwei Jahren liegt«.
Die Bundesregierung begründete die Lockerung damit, dass die Erwartung, sachgrundlose Befristungen würden als Brücke in eine Dauerbeschäftigung genutzt, sich nicht in dem erhofften Maße erfüllt hat. Unternehmen bieten danach vielmehr auch oftmals im Anschluss an eine sachgrundlose Beschäftigung keine Festanstellung an (vgl. dazu *Preis* NZA 2005, 715). Im Hinblick auf das bekannte Ergebnis der Neuwahlen ist aber völlig unklar, ob das Gesetz tatsächlich in Kraft treten wird.

d) Abweichungen durch Tarifvertrag

218 Gem. § 14 Abs. 2 S. 3 TzBfG kann durch Tarifvertrag die **zulässige Anzahl** der Verlängerungen oder (zu verstehen i.S.v. **und/oder**; vgl. APS/*Backhaus* § 14 TzBfG Rz. 91 unter Hinweis auf die Begründung des Gesetzentwurfs BT-Drs. 14/4374, 14, 20) die **Höchstdauer der Befristung** abweichend von § 14 Abs. 2 S. 1 TzBfG festgesetzt werden. Gem. **§ 22 TzBfG** kann sowohl zu Gunsten als auch zu Lasten des Arbeitnehmers abgewichen werden. Damit sollen **branchenspezifische Lösungen** erleichtert werden (BT-Drs. 14/4374, 14). Möglich ist z.B., dass ein Tarifvertrag vorsieht, dass **generell ein Sachgrund erforderlich** ist; dabei ist allerdings stets zu prüfen, ob der jeweilige Tarifvertrag insoweit eine abschließende Regelung enthält, oder ob die gesetzliche Regelung neben der tariflichen Regelung anwendbar ist (vgl. APS/*Backhaus* § 1 BeschFG Rz. 66; KR/*Lipke* § 14 TzBfG Rz. 309 ff.).

219 Im Bereich des **öffentlichen Dienstes** konnte von der **Protokollnotiz Nr. 6 zu SR 2y**, die abweichend von der Protokollnotiz Nr. 1, die stets das Vorliegen eines sachlichen Grundes verlangt und auch keine sachgrundlose Befristung vorgesehen hat, **ab 1.1.2001 kein Gebrauch mehr gemacht werden.** Denn diese Regelung war ausdrücklich auf § 1 BeschFG bezogen; ihre Geltung war zudem wie § 1 BeschFG 1996 bis zum 31.12.2000 befristet. Ohne eine entsprechende Neuregelung durch die Tarifvertragsparteien kamen daher sachgrundlose Befristungen in diesem Bereich nicht in Betracht (APS/*Backhaus* § 14 TzBfG Rz. 95; *Pöltl* NZA 2001, 585 ff.). Diese Regelung ist durch eine Änderung der Protokollnotiz Nr. 6, die auf Grund der 77. Änderungsverfügung zum BAT vom 29.10.2001, die ausdrücklich die Anwendbarkeit des § 14 Abs. 2, 3 BAT vorsieht, inzwischen getroffen worden (EzA-SD 10/02, S. 20 ff.; vgl. *Preis/Hausch* NJW 2002, 930). Allerdings muss dann im Arbeitsvertrag angegeben sein, dass es sich um ein Arbeitsverhältnis nach § 14 Abs. 2 TzBfG handelt. Fehlt diese Angabe, kann die Befristung nicht auf § 14 Abs. 2 TzBfG gestützt werden (*BAG* 10.10.2007 EzA § 14 TzBfG Nr. 41 = NZA 2008, 295; 18.6.2008 EzA § 14 TzBfG Nr. 50).

e) Individualrechtliche Vereinbarung der abweichenden tariflichen Regelungen

220 Im (insbes. fachlichen und persönlichen) Geltungsbereich eines Tarifvertrages, der abweichende Regelungen i.S.d. § 14 Abs. 2 S. 3 TzBfG enthält, kann zwischen nicht tarifgebundenen Arbeitgebern und Arbeitnehmern die Anwendung der tariflichen Regelungen vereinbart werden, d.h. auch solcher, die zuungunsten des Arbeitnehmers abweichen (§ 14 Abs. 2 S. 4 i.V.m. § 22 Abs. 1 TzBfG). Da eine eindeutige Beantwortung der Frage, ob Voraussetzung dafür ist, dass die gesamten Regelungen des Tarifvertrages vereinbart werden müssen, oder ob es ausreicht, dass nur die von § 14 Abs. 2 S. 1 TzBfG abweichenden Tarifnormen vereinbart werden, nicht möglich ist, erscheint es **sinnvoll, einstweilen das gesamte Tarifwerk zu vereinbaren,** das bei beiderseitiger Tarifbindung für das Arbeitsverhältnis gelten würde (APS/*Backhaus* § 14 TzBfG Rz. 98; KR/*Lipke* § 14 TzBfG Rz. 312 f.).

221 § 14 Abs. 2 S. 4 TzBfG sieht nicht ausdrücklich die Schriftform der Vereinbarung vor. Wegen der besonderen **Nähe** dieser Vereinbarung zur Vereinbarung der Befristung liegt es

aber nahe, das **Schriftformerfordernis** des § 14 Abs. 4 TzBfG auch auf diese Vereinbarung zu erstrecken (APS/*Backhaus* § 14 TzBfG Rz. 99).

f) Darlegungs- und Beweislast

222 Der Arbeitgeber hat die Tatbestandsvoraussetzungen der erleichterten Befristungen darzulegen und zu beweisen (vgl. *H.J. Dörner* ZTR 2001, 486; *H.J. Dörner* Sonderbeil. zu NZA Heft 16/2003 S. 40 f.; KR/*Lipke* § 620 BGB Rz. 149 ff.). Das gilt auf Grund des **Ausnahmecharakters der Norm** für:

- die Einhaltung der Höchstdauer,
- die Einhaltung der Höchstzahl der Verlängerungen,
- die Wahrung der Voraussetzungen einer Verlängerung,
- das Eingreifen großzügigerer tariflicher Vorschriften und
- die Wirksamkeit einer individualvertraglichen Vereinbarung abweichender tariflicher Regelungen (APS/*Backhaus* § 14 TzBfG Rz. 101).

223 Nichts anderes gilt wegen der gesetzlichen Systematik der Neuregelung – § 14 Abs. 2 TzBfG steht in einem Ausnahmeverhältnis zu § 14 Abs. 1 TzBfG – für die **negativen Voraussetzungen des § 14 Abs. 2 S. 2 TzBfG** (kein vorheriges Arbeitsverhältnis mit demselben Arbeitgeber). Dafür spricht zudem der Zweck der Regelung – die Verhinderung sozial unerwünschter Kettenverträge. Zu beachten ist allerdings, dass das *BAG* (28.6.2000 EzA § 1 BeschFG 1985 Nr. 15) **für das BeschFG** i.d.F. von 1996 **die gegenteilige Auffassung vertreten hat** (vgl. APS/*Backhaus* § 14 TzBfG Rz. 102; MünchArbR/*Wank* Ergänzungsband § 116 Rz. 295 ff.; ebenso für § 14 TzBfG jetzt *LAG Nds.* 26.7.2004 NZA-RR 2005, 410).

g) Sachgrundlose Befristung in den ersten vier Jahren nach Unternehmensgründung

224 In den ersten vier Jahren nach Unternehmensgründung ist die kalendermäßige Befristung eines Arbeitsvertrages gem. § 14 Abs. 2a TzBfG ohne Vorliegen eines sachlichen Grundes bis zur Dauer von vier Jahren zulässig; bis zu dieser Gesamtdauer von vier Jahren ist auch die mehrfache Verlängerung eines kalendermäßig befristeten Arbeitsvertrages zulässig (vgl. dazu *Preis* DB 2004, 70 ff.; *Löwisch* BB 2004, 154 ff.; *Lipinski* BB 2004, 1221 ff.). Dies gilt nicht für Neugründungen im Zusammenhang mit der rechtlichen Umstrukturierung von Unternehmen und Konzernen. Maßgebend für den Zeitpunkt der Gründung des Unternehmens ist die Aufnahme einer Erwerbstätigkeit, die nach § 138 AO der Gemeinde oder dem Finanzamt mitzuteilen ist. § 14 Abs. 2 S. 2–4 TzBfG sind entsprechend anwendbar.

h) Die beabsichtigte gesetzliche Neuregelung

225 Im Koalitionsvertrag vom 11.11.2005 haben die Regierungsparteien CDU, CSU und SPD vereinbart, das Kündigungsschutzrecht mit dem Ziel weiterzuentwickeln, um »zum einen mehr Beschäftigung zu ermöglichen und zum anderen die Schutzfunktion des Kündigungsschutzes für bestehende Arbeitsverhältnisse nachhaltig zu sichern«. Zugleich soll mehr Transparenz und mehr Rechtssicherheit für Beschäftigte und Arbeitgeber geschaffen werden. Deshalb soll auf der einen Seite die Möglichkeit gestrichen werden, Arbeitsverträge in den ersten 24 Monaten sachgrundlos zu befristen. Gleichzeitig soll den Arbeitgebern bei der Neueinstellung die Option an die Hand gegeben werden, anstelle der gesetzlichen Regelwartezeit von sechs Monaten (s.o. Kap. 4 Rn. 1862) bei der Begründung des Arbeitsverhältnisses mit dem Einzustellenden eine Wartezeit von bis zu 24 Monaten zu vereinbaren. Diese Option soll auch bei einer erneuten Einstellung bei demselben Arbeitgeber entstehen, wenn seit dem Ende des vorhergehenden Arbeitsvertrages mindestens sechs Monate vergangen sind. Für Existenzgründer soll die Möglichkeit erhalten bleiben, in den ersten vier Jahren nach ihrer Gründung die sachgrundlose Befristung bis zu 48 Monaten abzuschließen. Dabei sind sich die Regierungsparteien allerdings auch einig,

dass eine Addition der Sonderregelungen für Existenzgründer mit der Möglichkeit zur Verlängerung der Befreiung vom Kündigungsschutz nicht gestattet ist.

226 Diese Änderungen sollen »handwerklich gut vorbereitet werden« (so *Düwell* FA 2006, 44; vgl. auch *Berger-Delhey* ZTR 2006, 74f.); deshalb war mit ihrer Umsetzung ohnehin erst im zweiten Halbjahr 2006 zu rechnen. Zwischenzeitlich ist der **Reformeifer insoweit abgeebbt**, insbes. deshalb, weil sich die Erkenntnis durchgesetzt hat, dass mit der beabsichtigten Änderung eine Verbesserung der Rechtsposition des Arbeitgebers nicht erreicht werden kann und in diese Richtung zielende weitere Änderungen des KSchG in der Großen Koalition nicht durchsetzbar sind. Jedenfalls mittelfristig bleibt daher der bisherige Rechtszustand erhalten.

i) Verhältnis zu personalvertretungsrechtlichen Normen

227 Ist in einem LPVG (z.B. in § 72 Abs. 1 S. 1 Nr. 1 LPVG NW in der bis zum 16.10.2007 geltenden Fassung) vorgesehen, dass die Befristung von Arbeitsverhältnissen der **Zustimmung des Personalrats** bedarf, so ist eine ohne vorherige Zustimmung des Personalrats vereinbarte Befristung unwirksam (*BAG* 18.6.2008 EzA § 14 TzBfG Nr. 50). Der Arbeitnehmer kann bei Abschluss des befristeten Arbeitsvertrages weder wirksam auf die Mitbestimmung des Personalrats noch auf die Geltendmachung der Unwirksamkeit der Befristung wegen der bei Vertragsschluss fehlenden Zustimmung des Personalrats verzichten (*BAG* 18.6.2008 EzA § 14 TzBfG Nr. 50).

228 Nach dem Schutzzweck des § 63 Abs. 1 Nr. 4 PersVG Brandenburg ist der Arbeitgeber zudem durch die typologisierende **Bezeichnung des Befristungsgrundes auf diesen festgelegt**. Damit ist gewährleistet, dass der Arbeitgeber den Sachgrund in einer etwaigen Auseinandersetzung mit dem Arbeitnehmer nicht gegen einen Sachgrund austauschen kann, zu dem der Personalrat seine Zustimmung nicht erteilt hat. § 14 Abs. 2 TzBfG ist aber ein andersartiger Rechtfertigungsgrund für eine Befristung als die Geltendmachung eines Sachgrundes nach § 14 Abs. 1 S. 2 Nr. 1 TzBfG. Das Nachschieben dieses Rechtfertigungsgrundes nach § 14 Abs. 2 TzBfG ist dem Arbeitgeber folglich verwehrt (*LAG Bln.-Bra.* 19.9.2008 LAGE § 620 BGB 2002 Personalrat Nr. 2).

4. Sachgrundlose Befristung bei älteren Arbeitnehmern (§ 14 Abs. 3 TzBfG); die gesetzliche Neuregelung 2007

a) Entwicklungslinien

229 Gem. § 14 Abs. 3 TzBfG konnten ohne Rücksicht auf die Anzahl und die Höchstdauer der Verträge befristete Arbeitsverhältnisse abgeschlossen werden, ohne dass es eines sachlichen Grundes bedurfte, wenn der Arbeitnehmer das 58. (statt wie zuvor das 60.) Lebensjahr vollendet hatte. Damit sollten diejenigen Altersjahrgänge in die Regelung einbezogen werden, deren **Anteil am Zugang in die Arbeitslosigkeit besonders groß** war (BT-Drs. 14/4374, 20).

230 Ein die Vereinbarung der Befristung ausschließender enger sachlicher Zusammenhang zu einem vorhergehenden unbefristeten – nicht mehr mit einem befristeten – Arbeitsvertrag (§ 14 Abs. 3 TzBfG) liegt unwiderleglich dann vor, wenn zwischen den Arbeitsverträgen ein Zeitraum von **weniger als sechs Monaten** liegt. Das *LAG Hessen* (29.4.2004 LAGE § 14 TzBfG Nr. 16 = ArbuR 2004, 475 LS = NZA-RR 2005, 183 = LAG Report 2004, 257) hat insoweit angenommen, dass die gebotene **EG-rechtskonforme Auslegung** des Tatbestandsmerkmals des »engen sachlichen Zusammenhangs« die Anlegung eines großzügigen Maßstabes rechtfertigt, der aber die Voraussetzung »eng« nicht aufgeben darf. Bei Überschreitung des im Gesetz genannten Unterbrechungszeitraums um das Vier- bis Sechsfache ist aber auch bei Anlegung eines großzügigen Maßstabes ein enger sachlicher Zusammenhang zu einem vorhergehenden unbefristeten Arbeitsverhältnis danach nicht mehr gegeben.

231 Zur weiteren inhaltlichen Bestimmung können im Übrigen die zum BeschFG entwickelten Grundsätze herangezogen werden. Ein vorhergehender unbefristeter Arbeitsvertrag kann in diesem Zusammenhang auch ein unwirksam befristeter sein (APS/*Backhaus* § 14 TzBfG Rz. 107 unter Hinweis auf *BAG* 22.3.2000 EzA § 1 BeschFG 1985 Nr. 14; 28.6.2000 EzA § 1 BeschFG 1985 Nr. 15).

Nach z. T. vertretener Auffassung (APS/*Backhaus* § 14 TzBfG Rz. 104; KR/*Lipke* § 14 TzBfG Rz. 324; KDZ/*Däubler* § 14 TzBfG Rz. 178 f.; *Däubler* ZIP 2000, 1967; *ArbG Bln.* 30.3.2006 – 81 Ca 1543/06 – EzA-SD 11/06, S. 9 LS; **a.A.** *Preis/Gotthardt* DB 2000, 2073; *Bauer* BB 2001, 2477 u. FA 2003, 139 ff.) war dies mit § 5 der RL 99/70 unvereinbar, weil die Regelung keine der in der Richtlinie vorgesehenen Maßnahmen enthielt (vgl. die Vorlagebeschlüsse des *ArbG München* v. 29.10.2003 – 26 Ca 14314/03 – ArbuR 2004, 161 LS = NZA-RR 2005, 43 u. 26.2.2004 – 26 Ca 314/04 – EzA-SD 8/04, S. 10 LS – abl. dazu *Bauer* NZA 2005, 800 ff. – und des *ArbG Regensburg* 16.6.2004 ArbuR 2004, 475 LS; gegen eine unmittelbare Geltung der RL *LAG SchlH* 22.6.2004 NZA-RR 2005, 40). Demgegenüber wurde darauf hingewiesen, dass die RL 99/70 Regelungen zulässt, die für Arbeitnehmer günstiger sind. Grds. ist zwar die Argumentation, ein befristeter Arbeitsvertrag sei besser als gar kein Arbeitsvertrag, nicht zulässig, weil auf diese Weise Bestandsschutzbestimmungen umgangen werden können. Anders verhielt es sich danach aber bei über 58-jährigen. **Denn für sie ist eine gesetzliche Regelung, die, wenn auch ohne Beschränkungen, einen befristeten Arbeitsvertrag erlaubt, günstiger als die sonst allgemein zu befürchtende Arbeitslosigkeit** (*LAG SchlH* 22.6.2004 NZA-RR 2005, 40; MünchArbR/*Wank* Ergänzungsband § 116 Rz. 211; *Koberski* NZA 2005, 79 ff.; vgl. auch *Kerwer* NZA 2002, 1316 ff.). 232

Diese Bedenken haben den Gesetzgeber zudem nicht davon abgehalten, durch § 14 Abs. 3 S. 4 TzBfG nunmehr vorzusehen, dass diese Regelung vom 1.1.2003 bis zum 31.12.2006 mit der Maßgabe anzuwenden ist, dass an die Stelle des 58. Lebensjahres das 52. Lebensjahr tritt (krit. dazu *Hümmerich/Holthausen/Welslau* NZA 2003, 7 ff.; *Bauer* NZA 2003, 30 ff.; *H. J. Dörner* Sonderbeil. zu NZA Heft 16/2003, S. 33 ff.; *Lembke* NJW 2006, 332 ff.). 233

Die Schlussanträge des *Generalanwalts des EuGH* v. 30.6.2005 (ABlEG C 144/04; abl. dazu *Bauer* NZA 2005, 800 ff.) zum Vorlagebeschluss des *ArbG München* (26.2.2004 a.a.O.) lauten wie folgt: 234

- § 8 Nr. 3 RL 1999/70/EG steht § 14 Abs. 3 TzBfG insoweit nicht entgegen, als aus von der Umsetzung der RL 1999/70 unabhängigen gerechtfertigten Gründen der Beschäftigungsförderung das Alter, von dem ab uneingeschränkt befristete Arbeitsverträge geschlossen werden können, von 58 auf 52 Jahre gesenkt wird;
- Allerdings steht Art. 6 RL 2000778/EG § 14 Abs. 3 TzBfG entgegen, soweit der Abschluss von befristeten Arbeitsverträgen mit Arbeitnehmern, die das 52. Lebensjahr vollendet haben, uneingeschränkt gestattet wird;
- Ein nationales Gericht, dem ein Rechtsstreit zur Entscheidung vorliegt, dessen Parteien ausschließlich Privatpersonen sind, darf nicht zu deren Lasten die Vorschriften des innerstaatlichen Rechts unangewendet lassen, die gegen die Richtlinie verstoßen;
- Wegen Art. 10 Abs. 2 EGV, Art. 249 Abs. 3 EGV ist das nationale Gericht aber verpflichtet, diese Vorschriften so weit wie möglich anhand des Wortlauts und des Zieles der Richtlinie auszulegen, um das mit ihr verfolgte Ziel zu erreichen; dies gilt auch für Richtlinien, für die die Frist für die Umsetzung in das nationale Recht noch nicht abgelaufen ist.

Der *EuGH* (22.11.2005 ABlEG C 144/04 EzA-SD 24/05 S. 5 = NZA 2005, 1345; vgl. dazu *Dörner* NZA 2007, 57 ff.; *Preis* NZA 2006, 401 ff.; *Bader* NZA 2007, 713 ff.; *Schiefer/Köster/Korte* DB 2007, 1081 ff.; *Strybny* BB 2005, 2753 ff.; *Kröner* NZA 2005, 1395 ff.; *Giesen* SAE 2006, 45 ff.; *Schiek* ArbuR 2006, 145 ff.; *Annuß* BB 2006, 325 ff.; krit. *Bauer/Arnold* NJW 2006, 6 ff.; *Koenigs* DB 2006, 49 ff.; s.a. *Lembke* NJW 2006, 332 ff.; krit. *Heilbronner* NZA 2006, 811 ff.) ist daraufhin davon ausgegangen, dass zwar ein Verstoß gegen § 8 Nr. 3 RL nicht gegeben ist. Andererseits ist aber das Gemeinschaftsrecht und insbes. Art. 6 Abs. 1 RL 2000/78/EG dahin auszulegen, dass diese Normen der deutschen gesetzlichen Regelung, nach der der Abschluss befristeter Arbeitsverträge mit Arbeitnehmern, die das 52. Lebensjahr vollendet haben, uneingeschränkt zulässig ist, sofern nicht zu einem vorübergehenden unbefristeten Arbeitsvertrag mit demselben Arbeitgeber ein enger sachlicher Zusammenhang besteht, entgegenstehen. Es obliegt danach dem nationalen Gericht, die volle Wirksamkeit des allgemeinen Verbots der Diskriminierung wegen des Alters zu gewährleisten, indem es jede entgegenstehende 235

Bestimmung des nationalen Rechts unangewendet lässt, auch wenn die Frist für die Umsetzung der RL noch nicht abgelaufen ist. Zwar verfolgt der bundesdeutsche Gesetzgeber ein legitimes Ziel; die gesetzliche Regelung ist zu dessen Erreichung trotz des weiten Ermessensspielraums nicht angemessen und erforderlich. Mit ihr läuft eine große Gruppe von Arbeitnehmern unterschiedslos – gleichgültig, ob und wie lange sie vor Abschluss des Arbeitsvertrages arbeitslos waren – bis zum Renteneintritt Gefahr, während eines erheblichen Teils ihres Berufslebens von festen Beschäftigungsverhältnissen ausgeschlossen zu sein. Das ist rechtswidrig, weil nicht nachgewiesen ist, dass die Festlegung einer Altersgrenze als solche unabhängig von anderen Erwägungen im Zusammenhang mit der Struktur des jeweiligen Arbeitsmarktes und der persönlichen Situation des Betroffenen zur Erreichung des Zieles der beruflichen Eingliederung arbeitsloser älterer Menschen objektiv erforderlich ist. Die Wahrung des Grundsatzes der Verhältnismäßigkeit bedeutet aber gerade, dass bei Ausnahmen von einem Individualrecht die Erfordernisse des Gleichbehandlungsgrundsatzes so weit wie möglich mit denen des angestrebten Zieles in Einklang gebracht werden müssen.
Das *BAG* (26.4.2006 EzA § 14 TzBfG Nr. 28 = NZA 2006, 1162 m. Anm. *Mohr* SAE 2007, 16 ff.; ebenso *ArbG Hannover* 18.5.2006 DB 2006, 1847; s. dazu *Dörner* NZA 2007, 57 ff.) geht deshalb nunmehr davon aus, dass allein auf § 14 Abs. 3 S. 4 TzBfG gestützte **Befristungen unwirksam sind; auch einen Vertrauensschutz bis zur Entscheidung des *EuGH*** (22.11.2005 a.a.O.) hat das *BAG* (26.4.2006 EzA § 14 TzBfG Nr. 28 m. Anm. *Mohr* SAE 2007, 16 ff.; ebenso *ArbG Bln.* 30.3.2006 NZA-RR 2006, 408; s. dazu *Dörner* NZA 2007, 57 ff.) hat es **verneint**, weil die Entscheidung über den sich aus dem Gemeinschaftsrecht ergebenden Vertrauensschutz dem EuGH vorbehalten ist (s. dazu *Busch* FA 2006, 235 f.); dieser hat den Ausspruch über die Unanwendbarkeit der deutschen gesetzlichen Regelung aber in zeitlicher Hinsicht nicht begrenzt. Daran sind die nationalen Gerichte gebunden. Auch Vertrauensschutz nach nationalem Recht besteht nicht, denn die Vereinbarkeit der Norm war im arbeitsrechtlichen Schrifttum bereits seit ihrem In-Kraft-Treten in Zweifel gezogen worden.
Durch Beschluss vom 16.10.2008 (– 7 AZR 253/07) hat das *BAG* gem. Art. 234 EGV einen Befristungsrechtsstreit (tarifliche **Altersgrenze** von 60 Jahren **für Flugbegleiter**) ausgesetzt und die Sache dem EuGH vorgelegt, damit dieser überprüfen kann, ob auch § 14 Abs. 3 TzBfG a.F. mit Gemeinschaftsrecht unvereinbar war und welche Rechtsfolgen sich bei einem Verstoß der Vorschrift gegen europäisches Recht ergeben.

b) Die gesetzliche Neuregelung

236 Der Koalitionsvertrag zwischen CDU/CSU/SPD vom 11.11.2005 sah vor, dass die bundesdeutsche gesetzliche Regelung entfristet und europarechtskonform gestaltet werden sollte. Der **Gesetzentwurf der Bundesregierung vom 28.11.2006** (s. zum Referentenentwurf v. 6.11.2006 *Berger-Delhey* ZTR 2007, 69 ff.) **sah insoweit vor**, durch eine Neufassung des § 14 Abs. 3 TzBfG die Unternehmen zu ermutigen, mehr Ältere einzustellen. Deshalb sollte die erleichterte Befristung als Dauerregelung gestaltet werden, beginnend mit dem 52. Lebensjahr. Die sachgrundlose Befristung sollte danach bis zu 5 Jahren möglich sein, wenn der Arbeitnehmer vor Beginn der Befristung mindestens vier Monate beschäftigungslos war oder als Bezieher von Transferkurzarbeitergeld oder Teilnehmer an einer öffentlich geförderten Beschäftigungsmaßnahme nach dem SGB II oder dem SGB III vergleichbare Schwierigkeiten hatte, auf dem ersten Arbeitsmarkt einen neuen Arbeitsplatz zu erhalten. Flankiert werden sollte die Regelung durch einen Kombilohn für Ältere mit zweijähriger Förderdauer und neu gestalteter Eingliederungszuschüsse.

237 Die **Neufassung ist am 1.5.2007 in Kraft getreten** (BGBl. I S. 538; s. dazu *Bader* NZA 2007, 713 ff.; *Bauer* NZA 2007, 544 f.; *Schiefer/Köster/Korte* DB 2007, 1081 ff.; *Bayreuther* BB 2007, 1113 ff.; *Kast/Herrmann* BB 2007, 1841 ff.; *Rolfs* NZA-Beil. Nr. 1/2008 S. 10).

5. Schriftform

Gem. § 14 Abs. 4 TzBfG bedarf die Vereinbarung der Befristung eines Arbeitsvertrages – nicht die Befristung einzelner Arbeitsbedingungen (*Müller-Glöge/von Senden* AuA 2000, 200; *Richardi* NZA 2001, 61; *Däubler* AiB 2000, 189) – zu ihrer **Wirksamkeit** der Schriftform. 238

Ist durch das Gesetz die schriftliche Form vorgeschrieben, muss die Urkunde nach § 126 Abs. 1 BGB vom Aussteller eigenhändig durch Namensunterschrift unterzeichnet sein. Bei einem Vertrag muss die Unterzeichnung nach § 126 Abs. 2 S. 1 BGB durch beide Parteien auf derselben Urkunde erfolgen. Zur Wahrung der Schriftform genügt es aber, wenn die eine Vertragspartei in einem von ihr unterzeichneten, an die andere Vertragspartei gerichtetes Schreiben den Abschluss eines befristeten Arbeitsvertrages anbietet und die andere Partei dieses Angebot annimmt, indem sie das Schriftstück ebenfalls unterzeichnet (*BAG* 26.7.2006 EzA § 14 TzBfG Nr. 30 = NZA 2006, 1402; *LAG BW* 6.11.2006 LAGE § 14 TzBfG Nr. 31). 239
Andererseits kann eine Befristung **nicht wirksam** in der Weise vereinbart werden, dass der Arbeitnehmer die **Telefaxkopie eines Vertrages unterzeichnet,** den der Arbeitgeber dem Arbeitnehmer lediglich per Telefax übermittelt hat (*LAG MV* 15.3.2006 – 2 Sa 517/05 – ArbuR 2007, 58 LS).

§ 14 Abs. 4 TzBfG gilt auch **für eine arbeitsvertragliche Vereinbarung über die befristete Weiterbeschäftigung des Arbeitnehmers bis zur rechtskräftigen Entscheidung des Kündigungsschutzrechtsstreits** (*BAG* 22.10.2003 EzA § 14 TzBfG Nr. 6; ebenso *LAG Nds.* 17.2.2004 NZA-RR 2004, 472 für §§ 21, 14 Abs. 4 TzBfG: auflösende Bedingung; vgl. *H. J. Dörner* Sonderbeil. zu NZA Heft 16/2003, S. 39 ff.; **a.A.** *Bengelsdorf* NZA 2005, 277 ff. u. SAE 2005, 53 ff.; vgl. aber auch *LAG Köln* 4.3.2004 – 10 Sa 99/03 – EzA-SD 15/04, S. 8 LS = NZA-RR 2004, 625: faktisches Arbeitsverhältnis, wenn keine Einigung über die befristete Weiterbeschäftigung erzielt worden ist; s.u. Rn. 409 f.). Gleiches gilt dann, wenn die Parteien nach einer weiteren ordentlichen Kündigung das Arbeitsverhältnis fortsetzen, auch wenn in Bezug auf die vorherige ordentliche Kündigung ein Weiterbeschäftigungsverhältnis gem. § 102 Abs. 5 S. 1 BetrVG begründet worden ist. **Denn dieses endet mit dem Entlassungstermin der weiteren Kündigung.** Soll das Arbeitsverhältnis nur bis zum rechtskräftigen Abschluss des Kündigungsschutzrechtsstreits fortgesetzt werden, bedarf eine solche Abrede der Schriftform gem. § 14 Abs. 4 TzBfG (*LAG Nürnberg* 25.6.2004 LAGE § 102 BetrVG 2001 Beschäftigungspflicht Nr. 1 = ZTR 2004, 654 LS = NZA-RR 2005, 18 = LAG Report 2004, 341). Eine lediglich mündlich erteilte »Entfristungszusage« ist dann formwidrig, wenn die weitere Befristung zur Ausschöpfung von Fördermitteln lediglich mit Blick auf die Entfristungszusage erfolgt ist (*LAG Sachsen* 4.11.2003 LAG Report 2004, 193). 240

a) Normzweck

Der gesetzlichen Neuregelung kommt – wie bereits zuvor in § 623 BGB – eine **Klarstellungs-, Beweis- und Warnfunktion** zu. Denn dem Arbeitnehmer wird verdeutlicht, dass er **nicht den** mit einem unbefristeten Arbeitsverhältnis verbundenen **Bestandsschutz** erhält (APS/*Preis* § 623 BGB Rz. 2 f.; *Schaub* NZA 2000, 344 ff.; zur Wahrung der Schriftform durch ein **blanko unterschriebenes** Vertragsformular s. instr. *LAG BW* 30.3.2007 – 9 Sa 4/07 – NZA-RR 2008, 66). 241

Der Gesetzgeber will erreichen, ein größtmögliches Maß an **Rechtssicherheit** zu gewährleisten und gleichzeitig die **Arbeitsgerichte zu entlasten.** Es sollen Rechtsstreitigkeiten darüber vermieden werden, ob überhaupt eine Befristungsabrede vorliegt bzw. die entsprechende Beweiserhebung erheblich erleichtert werden (BT-Drs. 14/626, S. 11). 242

b) Rechtsnatur und Umfang des Schriftformerfordernisses

aa) Grundlagen; elektronische Form

243 Nach dem eindeutigen Wortlaut handelt es sich um ein **konstitutives Wirksamkeitserfordernis**, das weder durch die Arbeitsvertragsparteien noch durch einen Tarifvertrag oder durch eine Betriebsvereinbarung abbedungen werden kann (*Lakies* BB 2000, 667; *Sander/Siebert* ArbuR 2000, 291).

244 Angeordnet ist die Schriftform (§ 126 BGB) nur für die **Befristung, nicht für den befristeten Arbeitsvertrag** generell, ebenso wenig für den Befristungsgrund (*BAG* 23.6.2004 EzA § 14 TzBfG Nr. 10 = NZA 2004, 1333 = BAG Report 2005, 3; *LAG Düsseld.* 18.9.2003 LAGE § 14 TzBfG Nr. 12 = LAG Report 2004, 35 für den Sachgrund der Erprobung; MünchArbR/*Wank* Ergänzungsband § 116 Rz. 222; KR/*Spilger* § 14 Abs. 4 TzBfG Rz. 71 ff.; *Richardi/Annuß* BB 2001, 2204; *Dassau* ZTR 2001, 70); **auch der Sachgrund der Befristung muss nicht Vertragsinhalt geworden sein** (*BAG* 23.6.2004 EzA § 14 TzBfG Nr. 10 = NZA 2004, 1333 = BAG Report 2005, 3; vgl. dazu *Lembke* BAG Report 2005, 289 ff.; vgl. auch *H. J. Dörner* Sonderbeil. zu NZA Heft 16/2003, S. 33 ff.), noch sonst für die Rechtfertigung der Befristung (*BAG* 26.7.2006 EzA § 14 TzBfG Nr. 32 = NZA 2007, 34). Denn die nach § 14 Abs. 4 TzBfG bezweckte **Klarstellungs-, Beweis- und Warnfunktion** erstreckt sich allein auf **die Befristung**, nicht aber auf deren Grund und den sonstigen Inhalt des Arbeitsvertrages (*BAG* 23.6.2004 EzA § 14 TzBfG Nr. 10 = NZA 2004, 1333 = BAG Report 2005, 3). Auch ein mündlich abgeschlossener Arbeitsvertrag kann also wirksam befristet werden, wenn nur die Befristungsabrede selbst schriftlich vereinbart ist (vgl. *Hromadka* BB 2001, 674). Der sachliche Grund ist nur **objektive Wirksamkeitsvoraussetzung** für die Befristung eines Arbeitsverhältnisses (*BAG* 23.6.2004 EzA § 14 TzBfG Nr. 10 = NZA 2004, 1333 = BAG Report 2005, 3). Es kommt zudem nicht darauf an, in wessen **Besitz die schriftliche Urkunde** nach ihrer Unterzeichnung schließlich verbleibt. Hat der Arbeitnehmer seine Unterschrift unter die Befristungsabrede geleistet, ist der Zugang der schriftlichen Annahmeerklärung des Arbeitgebers beim Arbeitnehmer nicht Voraussetzung für die Wahrung der Schriftform (*LAG Bln.* 7.1.2005 LAGE § 14 TzBfG Nr. 19 = NZA-RR 2005, 464). Allerdings wird ein zweckbefristeter Arbeitsvertrag unter Berücksichtigung von § 14 Abs. 4 TzBfG nur wirksam, wenn der konkrete Zweck schriftlich vereinbart wird (*LAG RhPf* 11.8.2004 ZTR 2005, 166).

245 Seit dem 1.8.2001 gilt das Gesetz zur Anpassung der Formvorschriften des Privatrechts und anderer Vorschriften an den modernen Rechtsverkehr vom 13.7.2001 (BGBl. I 2001, 1542). Damit sind nun auch die Vorschriften des Signaturgesetzes relevant, das am 22.5.2001 in Kraft getreten ist (BGBl. I 2001, 876). **Gem. § 126 Abs. 3 BGB n.F. kann die schriftliche Form durch eine elektronische Form ersetzt werden, wenn sich aus dem Gesetz nichts anderes ergibt.** Da § 623 BGB für Kündigungen und Aufhebungsverträge die elektronische Form ausdrücklich ausschließt, während dies in § 14 Abs. 4 TzBfG nicht der Fall ist (vgl. *Bauer* BB 2001, 2527), ist davon auszugehen, dass die Befristungsabrede § 126 Abs. 3 BGB n.F. unterliegt (KR/*Spilger* § 14 Abs. 4 TzBfG Rz. 46 ff.; *Gotthardt/Beck* NZA 2002, 876 ff.).

246 § 14 Abs. 4 TzBfG findet **weder unmittelbar noch analog** Anwendung auf die **befristete Erhöhung der Arbeitszeit** im Rahmen eines unbefristet bestehenden Arbeitsverhältnisses. Denn diese Regelung betrifft nur die Befristung des Arbeitsvertrages (*BAG* 3.9.2003 EzA § 14 TzBfG Nr. 4 = NZA 2004, 255; 14.1.2004 EzA § 14 TzBfG Nr. 5 = BAG Report 2005, 104; *LAG Bln.* 1.4.2003 LAGE § 14 TzBfG Nr. 10a).

247 Vereinbaren die Parteien andererseits nach Ausspruch einer Kündigung die **befristete Weiterbeschäftigung des Arbeitnehmers** nach Ablauf der Kündigungsfrist bis zum rechtskräftigen Abschluss des Kündigungsschutzprozesses, bedarf die Befristung nach § 14 Abs. 4 TzBfG zu ihrer Wirksamkeit der Schriftform. Ob allerdings einer tatsächlichen Weiterbeschäftigung während des Kündigungsschutzprozesses eine vertragliche Vereinbarung zu Grunde liegt, ist durch Auslegung der ausdrücklichen und konkludenten Erklärungen der Parteien zu ermitteln (*BAG* 22.10.2003 EzA § 14 TzBfG Nr. 8 = NZA 2004, 1275 = BAG Report 2004, 137; vgl. dazu *Bahnsen* NZA 2005, 676 ff.; *Tschöpe*

DB 2004, 434 ff.; s.o. Kap. 3 Rn. 1527). Liegt keine vertragliche Absprache vor, weil die Weiterbeschäftigung allein der Abwendung der Zwangsvollstreckung dient, bedarf es nicht der Schriftform (*LAG Hamm* 31.10.2003 LAG Report 2004, 254 LS). Gleiches gilt dann, wenn der Arbeitnehmer nach erstinstanzlicher Verurteilung des Arbeitgebers zur vorläufigen Weiterbeschäftigung unter Hinweis auf die arbeitsgerichtliche Entscheidung verlangt, wieder zu arbeiten. Denn dann liegt eine Prozessbeschäftigung vor, nicht aber ein auflösend bedingtes Arbeitsverhältnis. Die Schriftform des § 14 Abs. 4 TzBfG greift nicht ein; die Weiterbeschäftigung endet mit dem Obsiegen des Arbeitgebers in der zweiten Instanz (*LAG Nds.* 27.9.2005 LAGE § 21 TzBfG Nr. 2 = NZA-RR 2006, 179).

bb) Besonderheiten bei der Zweckbefristung

Vereinbaren die Arbeitsvertragsparteien, dass das Arbeitsverhältnis bei Erreichen eines bestimmten Zwecks enden soll (Zweckbefristung, § 3 Abs. 1 S. 2 2. Alt. TzBfG), muss der Vertragszweck nach § 14 Abs. 4 TzBfG schriftlich vereinbart sein. Denn eine wirksame Zweckbefristung setzt voraus, dass der konkrete Zweck, mit dessen Erreichung das Arbeitsverhältnis enden soll, genau bezeichnet ist. Es muss zweifelsfrei feststellbar sein, bei Eintritt welchen Ereignisses das Arbeitsverhältnis enden soll (*BAG* 21.12.2005 EzA § 14 TzBfG Nr. 25 = NZA 2006, 321; vgl. dazu *Lorenz* FA 2006, 168 ff.). **248**

c) Rechtsfolgen der Nichtbeachtung der gesetzlichen Form

Bei kalendermäßig befristeten Arbeitsverträgen ist neben der Befristung grds. deren Dauer schriftlich zu vereinbaren. **Der Endzeitpunkt muss eindeutig bestimmt oder bestimmbar sein** (APS/*Preis* § 623 BGB Rz. 48). Bei zweckbefristeten oder auflösend bedingten Arbeitsverhältnissen ist die Vereinbarung des Zwecks bzw. des beendenden Ereignisses wesentlicher Bestandteil der Befristungsabrede, die für deren Wirksamkeit schriftlich getroffen werden muss. **Aufgrund der Vereinbarung muss das vertragsbeendende Ereignis objektiv bestimmbar sein.** **249**

Der **Befristungsgrund** muss dagegen nicht schriftlich vereinbart werden, denn er ist nicht wesentlicher Bestandteil der Befristungsabrede (vgl. *BAG* 23.6.2004 EzA § 14 TzBfG Nr. 10 = NZA 2004, 1333 = BAG Report 2005, 3; 24.4.1996 AP Nr. 180 zu § 620 BGB Befristeter Arbeitsvertrag; APS/*Preis* § 623 BGB Rz. 50). Etwas anderes gilt allerdings für zweckbefristete und auflösend bedingte Arbeitsverträge, denn bei derartigen Verträgen sind Sachgrund und Zweck bzw. auflösende Bedingung identisch, so dass das vertragsbeendende Ereignis schriftlich zu vereinbaren ist. **250**

Die Nichtbeachtung der gesetzlichen Form des § 14 Abs. 4 TzBfG hat gem. **§ 125 S. 1 BGB die Nichtigkeit der Befristungsabrede** zur Folge (*BAG* 13.6.2007 EzA § 14 TzBfG Nr. 40 = NZA 2008, 108). Die Möglichkeit einer Heilung besteht nicht. Allerdings ist diese Konsequenz durch **§ 242 BGB** eingeschränkt: Die Berufung auf die Nichteinhaltung der Form kann ausnahmsweise eine unzulässige Rechtsausübung darstellen. Deshalb ist es z.B. einem Arbeitgeber verwehrt, sich wegen **widersprüchlichen Verhaltens** auf die Unwirksamkeit der Befristung zu berufen, wenn die Parteien sich einig sind, dass das Arbeitsverhältnis enden soll, der Arbeitnehmer mit Wissen des Arbeitgebers eine neue Stelle sucht, dieser ihn für ein Vorstellungsgespräch freistellt und der Arbeitnehmer dann im Anschluss an das bisherige ein neues Arbeitsverhältnis begründet. Nichts anderes gilt, wenn der Arbeitnehmer **mehrfach zum Ausdruck bringt, er werde mit Fristablauf ausscheiden**, er habe kein Interesse an einer weiteren Beschäftigung und der Arbeitgeber daraufhin mit dessen Wissen einen **Nachfolger einstellt** (APS/*Preis* § 623 BGB Rz. 54; KR/*Spilger* § 14 Abs. 4 TzBfG Rz. 106 ff.). Fraglich ist, was dann gilt, wenn der Arbeitnehmer bereits **vor der schriftlichen Fixierung** des zunächst mündlich geschlossenen befristeten Arbeitsvertrages den Dienst bei dem neuen Arbeitgeber antritt (vgl. dazu *Gaumann* FA 2002, 40 ff.: kein unbefristeter Arbeitsvertrag). **251**

252 Nach der Rechtsprechung des *BAG* (16.3.2005 EzA § 14 TzBfG Nr. 17 = NZA 2005, 923 = BAG Report 2005, 260; s.a. *LAG Bln.-Bra.* 28.3.2007 LAGE § 14 TzBfG Nr. 36) verstößt die Geltendmachung der Formnichtigkeit einer vor Vertragsbeginn nur mündlich vereinbarten Befristung durch den Arbeitnehmer nicht deswegen gegen Treu und Glauben (§ 242 BGB), weil er sich mit der Befristung einverstanden erklärt und nach Vertragsbeginn den die Befristung enthaltenden schriftlichen Arbeitsvertrag unterzeichnet hat.

253 Rechtsfolge einer formnichtigen Befristungsabrede ist nach der gesetzlichen Regelung das **Zustandekommen eines unbefristeten Arbeitsverhältnisses** (*BAG* 1.12.2004 EzA § 623 BGB 2002 Nr. 3 = NZA 2005, 575 = BAG Report 2005, 168; vgl. dazu *Preis* NZA 2005, 716; *Lembke* BAG Report 2005, 289 ff.; *Klebeck* SAE 2006, 20 ff.; *Lorenz* FA 2006, 168 ff.; abl. *Nadler/v. Medern* NZA 2005, 1214 ff.; s.a. *ArbG Bln.* 2.11.2005–30 Ca 12599/05 – EzA-SD 6/06, S. 8 LS = NZA-RR 2006, 464; *LAG Berlin-Brandenburg* 28.3.2007 LAGE § 14 TzBfG Nr. 36). Denn der Zweck des Formzwangs besteht darin, dass der Arbeitnehmer in erster Linie von einer Abweichung vom Regelfall des unbefristeten Arbeitsverhältnisses geschützt werden soll (vgl. APS/*Preis* § 623 BGB Rz. 61; *H. J. Dörner* Sonderbeil. zu NZA Heft 16/2003, S. 40 f.; **a.A.** *Caspers* RdA 2001, 33). Die Formnichtigkeit muss gem. § 17 TzBfG innerhalb einer **materiellen Ausschlussfrist von drei Wochen geltend gemacht werden** (*Appel/Kaiser* ArbuR 2000, 286; KR/*Spilger* § 14 Abs. 4 TzBfG Rz. 112 ff.; s.u. Rn. 269 ff.).

254 Zu beachten ist, dass die nach Vertragsbeginn und nach Aufnahme der Arbeit erfolgte schriftliche Niederlegung einer zunächst mündlich vereinbarten Befristung in einem schriftlichen Arbeitsvertrag nicht dazu führt, dass die Befristung rückwirkend wirksam wird; **es ist also ein unbefristeter Arbeitsvertrag abgeschlossen** (*BAG* 16.4.2008 EzA § 14 TzBfG Nr. 47 = NZA 2008, 1184; 13.6.2007 – 7 AZR 700/06 – EzA § 14 TzBfG Nr. 40 = NZA 2008, 103; 16.3.2005 EzA § 14 TzBfG Nr. 17 = NZA 2005, 923 = BAG Report 2005, 260; *LAG BW* 6.11.2006 LAGE § 14 TzBfG Nr. 31; *LAG MV* 15.3.2006 – 2 Sa 517/05 – ArbuR 2007, 58 LS). Eine derartige Rechtsfolge – Wirksamkeit der Abrede – ergibt sich nicht aus § 141 Abs. 2 BGB. Denn diese Vorschrift ist auf die nach Vertragsbeginn vorgenommene schriftliche Fixierung einer zunächst nur mündlich getroffenen Befristungsvereinbarung in einem wirksamen Arbeitsvertrag nicht anwendbar. Wird in einem nach Vertragsbeginn unterzeichneten Arbeitsvertrag eine zuvor mündlich getroffene erstmalige oder erneute Befristungsabrede schriftlich festgehalten, so liegt darin i.d.R. nicht die nachträgliche Befristung des zunächst entstandenen unbefristeten Arbeitsverhältnisses. Denn die Parteien wollen dadurch regelmäßig nur das – befristungsrechtlich bedeutungslose – zuvor mündlich vereinbarte schriftlich festhalten, aber keine Vertragsänderung herbeiführen (*BAG* 13.6.2007 – 7 AZR 700/06 – EzA § 14 TzBfG Nr. 40 = NZA 2008, 103; 1.12.2004 EzA § 623 BGB 2002 Nr. 3 = NZA 2005, 575 = BAG Report 2005, 168; 16.3.2005 EzA § 14 TzBfG Nr. 17 = NZA 2005, 923 = BAG Report 2005, 260; *LAG BW* 6.11.2006 LAGE § 14 TzBfG Nr. 31; vgl. dazu *Preis* NZA 2005, 716; *Lembke* BAG Report 2005, 289 ff.; abl. *Nadler/v. Medern* NZA 2005, 1214 ff.). Haben die Parteien dagegen **vor der Unterzeichnung** des schriftlichen Arbeitsvertrages **mündlich keine Befristung vereinbart oder eine Befristungsabrede getroffen, die inhaltlich mit** der in dem schriftlichen Vertrag enthaltenen Befristung **nicht übereinstimmt, enthält der schriftliche Arbeitsvertrag eine eigenständige, dem Schriftformgebot genügende Befristung; ist die Befristung dann daneben sachlich gerechtfertigt, dann ist sie insgesamt rechtswirksam vereinbart** (*BAG* 13.6.2007 EzA § 14 TzBfG Nr. 40 = NZA 2008, 103).

Der Arbeitgeber kann zudem **den Abschluss eines befristeten Arbeitsvertrages von der Unterzeichnung einer Vertragsurkunde durch den Arbeitnehmer abhängig machen.** Ein ihm gegenüber bis zur Arbeitsaufnahme abgegebenes schriftliches Vertragsangebot kann der Arbeitnehmer regelmäßig nur durch eine den Anforderungen des § 126 Abs. 2 BGB genügende Annahmeerklärung annehmen. Diese Abhängigkeit in seinem Willen bringt der Arbeitgeber dadurch zum Ausdruck, dass er dem Arbeitnehmer – ohne vorangegangene Absprache – ein von ihm bereits unterschriebenes Vertragsformular mit der Bitte um Unterzeichnung übersendet. Hat der Arbeitgeber auf diese Weise den Abschluss des befristeten Arbeitsvertrages von der Einhaltung des Schriftformerfordernisses abhängig gemacht, so kann der Arbeitnehmer dieses Angebot nicht durch seine Arbeitsaufnahme konkludent, sondern nur durch Unterzeichnung der Vertragsurkunde annehmen (*BAG* 16.4.2008 EzA § 14 TzBfG Nr. 47 = NZA 2008, 1184).

6. Ende des befristeten Arbeitsvertrages (§ 15 Abs. 1, 2 TzBfG)

§ 15 Abs. 1, 2 TzBfG regeln die Beendigung des kalenderbefristeten Arbeitsvertrages – wie bisher – mit **Zeitablauf**, des zweckbefristeten Arbeitsvertrages mit objektiver Zweckerreichung, frühestens jedoch unter Einhaltung **einer zweiwöchigen** (bisher der einschlägigen Kündigungsfrist entsprechenden; krit. deshalb KDZ/*Däubler* § 15 TzBfG Rz. 9) **Ankündigungsfrist** nach schriftlicher (§ 126 BGB) Unterrichtung durch den Arbeitgeber über den (bis auf den Tag genauen) Zeitpunkt der Zweckerreichung (*Sächs. LAG* 25.1.2008 – 3 Sa 458/07 – EzA-SD 7/2008 S. 8 LS = FA 2008, 151 LS; KR/*Lipke* § 15 TzBfG Rz. 2 ff.). Der Vertrag endet dann nicht, wenn nur ein unbestimmter Zeitraum oder ein falscher Zeitpunkt angegeben wird; eine schuldhaft falsche Unterrichtung führt zudem gem. § 15 Abs. 5 TzBfG zur Fiktion der Verlängerung des Arbeitsverhältnisses auf unbestimmte Zeit, da diese Regelung auch **jede schuldhafte Verzögerung** der Unterrichtung (§ 121 BGB) erfasst (vgl. APS/*Backhaus* § 15 TzBfG Rz. 9 f.); etwas anderes gilt aber dann, wenn eine erneute, diesmal zutreffende Unterrichtung unverzüglich nach Zweckerreichung erfolgt (*Sächs. LAG* 25.1.2008 – 3 Sa 458/07 – EzA-SD 7/2008 S. 8 LS = FA 2008, 151 LS) 255

Der **Arbeitgeber** trägt die **Darlegungs- und Beweislast** für die objektive Zweckerreichung, sowie für den Zugang, den richtigen Inhalt und die Form der Unterrichtung nach § 15 Abs. 2 TzBfG (APS/*Backhaus* § 15 TzBfG Rz. 12; KR/*Lipke* § 15 TzBfG Rz. 17 ff.). 256

Nur **ausnahmsweise** kommt ein Anspruch auf Fortsetzung des Arbeitsverhältnisses trotz Fristablaufs oder Zweckerreichung in Betracht. In Ausnahmefällen kann ein **rechtsmissbräuchliches Verhalten** des Arbeitgebers gegeben sein oder sich ein Anspruch aus **dem Gesichtspunkt des Vertrauensschutzes** ergeben; in Betracht kommt dies insbesondere bei Erteilung einer entsprechenden **Zusage durch den Arbeitgeber** (s. *Braun* ZTR 2007, 78 ff.). 257

7. Ausschluss der ordentlichen Kündigung (§ 15 Abs. 3 TzBfG)

Die gesetzliche Regelung des § 15 Abs. 3 TzBfG bestätigt die Rechtsprechung des *BAG* (19.6.1980 EzA § 620 BGB Nr. 47), wonach die ordentliche (nicht aber die stets gem. § 626 BGB mögliche und unabdingbare außerordentliche) Kündigung mangels einer anderweitigen Regelung der Parteien während der Vertragszeit des befristeten Arbeitsvertrages ausgeschlossen ist. Eine **abweichende Vereinbarung** muss eindeutig sein, bedarf allerdings **nicht der Schriftform**. Die Vereinbarung eines **Probearbeitsverhältnisses** reicht als solche **grds. nicht aus** (vgl. APS/*Backhaus* § 15 TzBfG Rz. 15; KR/*Lipke* § 15 TzBfG Rz. 20 ff.; KDZ/*Däubler* § 15 TzBfG Rz. 11 ff.). 258

8. Fiktion eines unbefristeten Arbeitsverhältnisses (§ 15 Abs. 5 TzBfG)

a) Grundlagen

Gem. § 15 Abs. 5 TzBfG wird ein unbefristetes Arbeitsverhältnis zu den bisherigen Bedingungen fingiert, wenn das befristete oder auflösend bedingte Arbeitsverhältnis (nicht, wie in § 625 BGB: »durch den Verpflichteten«) mit Wissen des Arbeitgebers fortgesetzt wird, wenn der Arbeitgeber nicht unverzüglich widerspricht. Die Vorschrift 259 regelt die **stillschweigende Verlängerung von befristeten Arbeitsverhältnissen unabhängig vom Willen der Parteien.** Der Eintritt der Fiktion setzt voraus, dass der Arbeitnehmer seine Arbeitsleistung **bewusst und in der Bereitschaft fortsetzt, die Pflichten aus dem Arbeitsverhältnis weiter zu erfüllen.** Der Arbeitnehmer muss die vertragsgemäßen Dienste nach Ablauf der Vertragslaufzeit tatsächlich ausführen. **Dabei genügt nicht jede Weiterarbeit des Arbeitnehmers.** Diese muss vielmehr **mit Wissen des Arbeitgebers selbst oder eines zum Abschluss von Arbeitsverträgen berechtigten Vertreters erfolgen** (*BAG* 11.7.2007 EzA § 15 TzBfG Nr. 2 = NZA 2008, 1207 LS; s.a. *LAG Köln* 18.9.2006 LAGE § 15 TzBfG Nr. 4). Möglich ist auch eine Fortsetzung durch den Arbeitgeber, z.B. durch Entgeltfortzahlung bei Krankheit des Arbeitnehmers über das Vertragsende hinaus oder bei Urlaubserteilung. Auch das Wissen des Arbeitgebers (zum Arbeitgeberbegriff im Hochschulbereich instr. *BAG* 11.7.2007 EzA § 15 TzBfG Nr. 2 = NZA 2008, 1207 LS) muss sich allerdings auf die Fortsetzungshandlungen beziehen. Kenntnis des Arbeitgebers vom Zeitablauf ist nicht erforderlich, kann aber beim Merkmal »unverzüglich« berücksichtigt werden (vgl. APS/*Backhaus* § 15 TzBfG Rz. 19 ff.). Ein Irrtum des Arbeitgebers über das Fortbestehen des Arbeitsverhältnisses schließt die Rechtsfolgen des § 15 Abs. 5 TzBfG nicht aus (*LAG Düsseld.* 26.9.2002 NZA-RR 2003, 175).

260 Die Fiktion tritt dann nicht ein, wenn der Arbeitgeber **unverzüglich widerspricht** oder dem Arbeitnehmer die Zweckerreichung unverzüglich mitteilt. Der Widerspruch bedarf nicht der Schriftform, kann also auch **konkludent**, z.B. durch das Angebot eines nur befristeten Arbeitsvertrages, erfolgen (*BAG* 26.7.2000 EzA § 1 BeschFG 1985 Nr. 19; *LAG Köln* 18.9.2006 LAGE § 15 TzBfG Nr. 4; vgl. *Nehls* DB 2001, 2718 ff.). Ein Widerspruch des Arbeitgebers kann auch bereits **vor dem vereinbarten Vertragsende erklärt** werden, z.B. im Zusammenhang mit Verhandlungen über eine Fortsetzung des Arbeitsverhältnisses (*BAG* 11.7.2007 EzA § 15 TzBfG Nr. 2 = NZA 2008, 1207 LS). Das ist dann der Fall, wenn der Arbeitgeber dem Arbeitnehmer kurz vor Ablauf der Vertragslaufzeit einen befristeten Anschlussvertrag anbietet. Dies hindert den Eintritt der Fiktion eines unbefristeten Arbeitsverhältnisses grds. auch dann, wenn der Arbeitnehmer nach dem Ablauf der Vertragslaufzeit zunächst weiterbeschäftigt wird, der angebotene befristete Arbeitsvertrag aber letztlich nicht zustande kommt (*BAG* 5.5.2004 EzA § 15 TzBfG Nr. 1 = NZA 2004, 1347 = BAG Report 2004, 401; *LAG Sachsen* 4.11.2003 LAG Report 2004, 193). Nichts anderes gilt dann, wenn der Arbeitgeber **vor Befristungsende schriftlich auf das Auslaufen des befristeten Arbeitsvertrages hinweist** und zugleich das **Angebot eines weiteren befristeten Arbeitsvertrages** macht (*LAG Köln* 18.9.2006 LAGE § 15 TzBfG Nr. 4), sowie dann, wenn der Arbeitnehmer an den Arbeitgeber wegen einer Vertragsfortsetzung nach Ablauf der vereinbarten Befristung herantritt. Die Ablehnung eines Wunsches auf einvernehmliche Fortsetzung des Vertragsverhältnisses stellt regelmäßig einen Widerspruch im hier maßgeblichen Sinne dar (*BAG* 11.7.2007 EzA § 15 TzBfG Nr. 2 = NZA 2008, 1207 LS).

261 Fraglich ist, was dann gilt, wenn eine Befristungsabrede **formunwirksam verlängert** wird, insbes. ob sich die Rechtsfolge aus **§ 14 Abs. 4 TzBfG** ergibt, so dass ein unbefristetes Arbeitsverhältnis entsteht (§ 16 TzBfG; vgl. *Preis/Gotthardt* NZA 2000, 360 f.), oder ob **§ 15 Abs. 5 TzBfG** anzuwenden ist, so dass wegen des Vorliegens eines konkludenten Widerspruchs das Arbeitsverhältnis beendet ist (vgl. *Müller-Glöge/von Senden* AuA 2000, 203). Liegt ein **einseitiger Antrag** des Arbeitgebers auf befristete Fortsetzung des Arbeitsverhältnisses vor, so ist das Arbeitsverhältnis **beendet**. Liegt dagegen eine **abschließende Einigung** über eine befristete Fortsetzung vor, so kommt es zu einem **unbefristeten Arbeitsverhältnis** (§ 16 TzBfG). Das gilt allerdings nur dann, wenn die formlose Abrede über die befristete Fortsetzung bereits als **endgültige Willenserklärung** und Zustandekommen eines Vertrages **angesehen werden kann**. Soll die Befristungsabrede erst noch in schriftlicher Form abgefasst werden, so gilt entsprechend § 154 Abs. 2 BGB der Vertrag vor der Erfüllung der Form nicht als zustande gekommen. Der formlose Antrag behält dann seine Wirkung als Widerspruch, so dass das Arbeitsverhältnis beendet ist (APS/*Backhaus* § 15 TzBfG Rz. 27).

Im Rahmen der **Zweckbefristung** ist § 15 Abs. 5 TzBfG nicht zu entnehmen, ob sich das Wissen des Arbeitgebers nur auf die Fortsetzung des Arbeitsverhältnisses oder auch auf die **objektive Zweckerreichung** beziehen muss. Nach dem Wortlaut der Norm liegt es nahe, das erforderliche Wissen auf die Tatsache der tatsächlichen Fortsetzung zu beschränken, während die fehlende Kenntnis von der Zweckerreichung nur beim Tatbestandsmerkmal »unverzüglich« berücksichtigt werden kann (APS/*Backhaus* § 15 TzBfG Rz. 28 f.). 262

Der Zeitpunkt, von dem an der Arbeitgeber nicht mehr schuldhaft die Unterrichtung über die Zweckerreichung verzögern darf, beginnt erst **mit dem objektiven Eintritt** der Zweckerreichung. Weiß der Arbeitgeber allerdings schon vor diesem Zeitpunkt, wann dies der Fall sein wird, dann kann ihm nur noch eine sehr kurz bemessene Frist eingeräumt werden, die grds. nicht länger zu bemessen ist als die übliche Laufzeit eines Briefs (APS/*Backhaus* § 15 TzBfG Rz. 30 f.). 263

Ein Irrtum des Arbeitgebers über das Fortbestehen des Arbeitsverhältnisses schließt die Rechtsfolgen des § 15 Abs. 5 TzBfG nicht aus (*LAG Düsseld.* 26.9.2002 LAG § 15 TzBfG Nr. 1). 264

b) Abdingbarkeit

Zwar ist § 15 Abs. 5 TzBfG in § 22 Abs. 1 TzBfG nicht genannt, so dass vom Wortlaut her diese Regelung nicht abdingbar ist. **Andererseits entspricht die Abdingbarkeit jedenfalls bei Vertragsende geradezu dem Normzweck.** Denn wenn schon der einseitige Widerspruch die Rechtsfolgen des § 15 Abs. 5 TzBfG beseitigt, dann muss – weil darin zugleich konkludent ein Widerspruch enthalten ist – jedenfalls bei Vertragsende eine Abbedingung möglich sein. Demgegenüber kommt eine Abbedingung im Ursprungsvertrag wegen des an sich eindeutigen Wortlauts des § 22 Abs. 1 TzBfG nicht in Betracht (APS/*Backhaus* § 15 TzBfG Rz. 34 f.). 265

9. Rechtsfolgen unwirksamer Befristung (§ 16 TzBfG)

§ 16 TzBfG erfasst die in § 14 TzBfG geregelten Unwirksamkeitsfälle (Fehlen eines Sachgrundes; Voraussetzungen der erleichterten Befristung, Schriftform). Danach ist nur der Arbeitgeber bei einem Verstoß gegen § 14 TzBfG, nicht aber der Arbeitnehmer an die vereinbarte Mindestdauer gebunden. Der Arbeitnehmer kann also den rechtsunwirksam befristeten Arbeitsvertrag im Gegensatz zum Arbeitgeber, der frühestens zum vereinbarten Ende kündigen kann, auch schon vor dem vereinbarten Ende kündigen, dies auch dann, wenn eine Vereinbarung nach § 15 Abs. 3 TzBfG fehlt. Allerdings ist zu beachten, dass eine Kündigung des Arbeitgebers dann **nicht gegen Treu und Glauben** verstößt, wenn er **nach erfolgreicher Entfristungsklage ordentlich kündigt**, weil § 16 TzBfG eine solche Kündigungsmöglichkeit gerade vorsieht (*BAG* 22.9.2005 EzA § 1 KSchG Nr. 58 = NZA 2006, 429); Gleiches gilt dann, wenn der Arbeitgeber mündlich vor Beschäftigungsantritt eine Befristung vereinbart, diese also unwirksam ist und der Arbeitgeber dann gem. § 16 S. 2 TzBfG ordentlich kündigt (*LAG Köln* 23.6.2005 NZA-RR 2006, 19). Auch ist die Vereinbarung der vorzeitigen ordentlichen Kündigung durch den Arbeitgeber gem. § 15 Abs. 3 TzBfG nicht ausgeschlossen, diese »Sanktion« also abdingbar (APS/*Backhaus* § 15 TzBfG Rz. 2 ff.; MünchArbR/*Wank* Ergänzungsband § 116 Rz. 275 ff.). 266

Der **Arbeitnehmer** kann sich bei Fehlen eines sachlichen Grundes auf den Fristablauf berufen und die Arbeit einstellen, er **muss** also **nicht** seinerseits **das Arbeitsverhältnis kündigen**. Denn die maßgeblichen gesetzlichen Bestimmungen sollen **einseitig den Arbeitnehmer schützen**. Dem entspricht es, dass die Höchstbefristung als von Anfang an wirksam gilt, wenn der Arbeitnehmer nicht innerhalb der dreiwöchigen Klagefrist des § 17 TzBfG Klage erhoben hat. Dann aber braucht der Arbeitnehmer den Vertrag auch nicht zu kündigen, um sich auf sein vereinbartes Ende zu berufen (APS/*Backhaus* § 16 TzBfG Rz. 10; KDZ/*Däubler* § 16 TzBfG Rz. 7; **a.A.** KR/*Lipke* § 16 TzBfG Rz. 3). 267

268 **Sonstige Unwirksamkeitsgründe** (unklare Zweckabrede, fehlende objektive Bestimmbarkeit des als auflösend verabredeten Ereignisses, nicht eindeutig bestimmter oder bestimmbarer Beendigungszeitpunkt bei Kalenderbefristungen) **erfasst § 16 TzBfG nicht.** Diese Fälle stehen, da das Vertragsende gerade nicht klar bestimmbar ist, der Nichtabrede einer Befristung oder auflösenden Bedingung gleich. Zwar gilt auch hier der Vertrag als auf unbestimmte Zeit geschlossen. Allerdings kann der Arbeitgeber dann nicht erst zum vereinbarten Ende kündigen, denn dieses steht nicht fest. Diese Fälle müssen daher so behandelt werden, als sei von Anfang an ein unbefristeter Arbeitsvertrag vereinbart worden (APS/*Backhaus* § 16 TzBfG Rz. 11 f.; **a.A.** KR/*Lipke* § 16 TzBfG Rz. 8) Dagegen ist § 16 S. 1 TzBfG analog anwendbar, wenn bei der Vereinbarung der Befristungsabrede Mitbestimmungsrechte des Betriebsrats nicht beachtet wurden (MünchArbR/*Wank* Ergänzungsband § 116 Rz. 277).

10. Klagefrist (§ 17 TzBfG)

a) Grundlagen

269 § 17 TzBfG enthält insoweit eine Erweiterung seines Anwendungsbereichs, als **erstmals auch für auflösende Bedingungen eine Klagefrist** vorgesehen ist. Sie gilt im Übrigen für alle Kalender- und Zweckbefristungen, gleich welcher Rechtsgrundlage; **fraglich** ist, ob sie auch für die **Befristung einzelner Vertragsbedingungen** gilt (dafür APS/*Backhaus* § 17 TzBfG Rz. 6; dagegen *Vossen* NZA 2000, 705; KR/*Bader* § 17 TzBfG Rz. 10; ebenso jetzt *BAG* 4.6.2003 EzA § 620 BGB 2002 Nr. 3). Sie erfasst **alle Unwirksamkeitsgründe** einschließlich der Unwirksamkeit der Befristung wegen Formverstoßes (*LAG Düsseld.* 26.9.2002 NZA-RR 2003, 175; *Appel/Kaiser* ArbuR 2000, 287; *Däubler* AiB 2000, 192; *Preis/Gotthardt* NZA 2000, 360; *Richardi/Annuß* NJW 2000, 1235; *Künzl* ZTR 2000, 393; **a.A.** *Bader* NZA 2000, 635). Fraglich ist aber, ob sie auch dann anwendbar ist, wenn die Befristungsabrede **nicht hinreichend bestimmt** ist; dagegen spricht, dass in derartigen Fällen die gerade an das vereinbarte Ende des Vertragsverhältnisses anknüpfende Klagefrist aus der Natur der Sache heraus nicht zum Zuge kommen kann (APS/*Backhaus* § 17 TzBfG Rz. 9; **a.A.** KR/*Bader* § 17 TzBfG Rz. 5).

270 Nichts anderes kann gelten, wenn **Streit** darüber besteht, **ob überhaupt eine Befristungsabrede getroffen wurde**, weil der Arbeitnehmer z.B. behauptet, der Arbeitgeber habe seine Unterschrift gefälscht. Schon nach dem Wortlaut des § 17 TzBfG ist die Einwendung des Arbeitnehmers, die Befristungsabrede sei überhaupt nicht getroffen worden, nicht der Klagefrist unterworfen, denn diese gilt nur für die Geltendmachung der Unwirksamkeit der Befristung, nicht aber für alle Streitigkeiten über Befristungen (APS/*Backhaus* § 17 TzBfG Rz. 10; KR/*Bader* § 17 TzBfG Rz. 5; **a.A.** *LAG Hessen* 18.1.2000 MDR 2000, 1019; vgl. auch KDZ/*Däubler* § 17 TzBfG Rz. 3: Ausnahme bei elementaren Verstößen gegen die Rechtsordnung).

271 Die Klage ist nach § 17 S. 1 TzBfG insoweit nur dann rechtzeitig erhoben, wenn aus dem **Klageantrag**, der Klagebegründung oder sonstigen Umständen bei Klageerhebung zu erkennen ist, dass der Kläger geltend machen will, sein Arbeitsverhältnis habe nicht durch die zu einem bestimmten Zeitpunkt vereinbarte Befristung zu dem in dieser Vereinbarung vorgesehenen Termin geendet (*BAG* 16.4.2003 EzA § 17 TzBfG Nr. 3 = NZA 2004, 283). Der **Bestand eines Arbeitsverhältnisses** im Zeitpunkt des Abschlusses eines befristeten Arbeitsvertrages und darüber hinaus bis zum vereinbarten Befristungsende ist Voraussetzung für die Feststellung nach § 17 S. 1 TzBfG, dass das Arbeitsverhältnis nicht durch die streitbefangene Befristungsabrede beendet worden ist (*LAG Düsseld.* 8.7.2004 ZTR 2004, 647).

272 Hat ein Arbeitnehmer Klage nach § 17 TzBfG auf Feststellung erhoben, dass sein Arbeitsverhältnis durch eine Befristungsvereinbarung nicht beendet ist, haben nachfolgende Befristungsvereinbarungen jedenfalls nicht zur Folge, dass der vorangehende Vertrag auf-

gehoben worden ist. Vielmehr enthalten Folgeverträge in diesem Fall den konkludent vereinbarten Vorbehalt, der nachfolgende Vertrag solle nur dann maßgeblich sein, wenn nicht bereits auf Grund einer vorherigen unwirksamen Befristung ein Arbeitsverhältnis auf unbestimmte Zeit besteht (*BAG* 10.3.2004 EzA § 14 TzBfG Nr. 9; *LAG Hamm* 3.11.2003 LAG Report 2004, 165). Schließen andererseits die Parteien nach Einreichung, aber vor Zustellung einer Befristungskontrollklage nach § 17 S. 1 TzBfG einen weiteren befristeten Arbeitsvertrag, so ist dieser nicht ohne weiteres unter dem Vorbehalt vereinbart, dass er nur gelten soll, wenn nicht bereits auf Grund der vorangegangenen unwirksamen Befristung ein unbefristetes Arbeitsverhältnis besteht (*BAG* 13.10.2004 EzA § 17 TzBfG Nr. 6). Eine Rechtswahrung erfolgt insbes. dann nicht, wenn die Arbeitnehmerin im neuen befristeten Arbeitsvertrag ausdrücklich etwaige Rechte aus dem vorangegangenen befristeten Arbeitsvertrag aufgibt, etwa indem sie die Rücknahme der anhängigen Entfristungsklage verspricht (*LAG Hamm* 3.11.2003 LAG Report 2004, 165).

b) Beginn der Klagefrist; Wirkung der Fristversäumnis

Die dreiwöchige Klagefrist (§§ 187 Abs. 1, 188 Abs. 2, 193 BGB) beginnt gem. § 17 S. 1 TzBfG bei der kalendermäßigen Befristung mit dem vereinbarten Ende des befristeten Vertrages (*LAG Düsseld.* 26.9.2002 LAGE § 15 TzBfG Nr. 1 = NZA-RR 2003, 175: auch bei Rechtsunwirksamkeit wegen fehlender Schriftform); dies ist bei der Zweckbefristung und der auflösenden Bedingung im Hinblick auf § 15 Abs. 2 TzBfG die objektive Zweckerreichung, frühestens jedoch der Zugang der schriftlichen Unterrichtung gem. § 15 Abs. 2 TzBfG (APS/*Backhaus* § 17 TzBfG Rz. 12; *Vossen* NZA 2000, 708; *Künzl* NZA 2000, 392; KR/*Bader* § 17 TzBfG Rz. 19 ff.). 273

Wird das Arbeitsverhältnis nach dem vereinbarten Ende **fortgesetzt**, so beginnt die Klagefrist mit dem Zugang der **schriftlichen Erklärung** des Arbeitgebers, dass das Arbeitsverhältnis auf Grund der Befristung beendet ist. Nach dem Wortlaut der Norm wird nur der Fall erfasst, dass das Arbeitsverhältnis ohne Vereinbarung einer neuen Rechtsgrundlage, nicht aber der, dass es auf Grund eines neuen befristeten Vertrages fortgesetzt wird. Denn § 17 S. 3 TzBfG verlangt, dass das Arbeitsverhältnis fortgesetzt, wird, das die Vereinbarung des Endes enthält, auf Grund deren das Arbeitsverhältnis nach der Erklärung des Arbeitgebers beendet sein soll (APS/*Backhaus* § 17 TzBfG Rz. 15 ff.; ebenso *Preis/Gotthardt* DB 2001, 151, allerdings nur für die Zweckbefristung und die auflösende Bedingung; vgl. auch KR/*Bader* § 17 TzBfG Rz. 23 ff.). 274

Vereinbartes Vertragsende ist die objektive Zweckerreichung bzw. der objektive Eintritt der auflösenden Bedingung. Hat der Arbeitgeber den Arbeitnehmer gem. § 15 Abs. 2 TzBfG zwei Wochen vor Eintritt dieses Umstandes unterrichtet, beginnt die Klagefrist mit der objektiven Zweckerreichung, wenn das Arbeitsverhältnis danach nicht mehr fortgesetzt wird (§ 17 S. 1 TzBfG). Wird es fortgesetzt, gilt § 17 S. 3 TzBfG. Hat der Arbeitgeber die Unterrichtung nach dem Zweckeintritt vorgenommen und wurde das Arbeitsverhältnis bis dahin fortgesetzt, so beginnt die Klagefrist mit dem Zugang der Unterrichtung. Hat der Arbeitgeber den Arbeitnehmer zwar vor der Zweckerreichung unterrichtet, die Zwei-Wochen-Frist aber nicht eingehalten, muss er dem Arbeitnehmer zwar nicht gem. § 17 S. 3 TzBfG schriftlich erklären, dass das Arbeitsverhältnis auf Grund der Befristung beendet sei; er muss es aber über die objektive Zweckerreichung hinaus bis zum Ablauf der Zwei-Wochen-Frist fortsetzen. Die Klagefrist beginnt dann mit der Zweckerreichung; wird das Arbeitsverhältnis über den Ablauf der Zwei-Wochen-Frist hinaus fortgesetzt, greift § 17 S. 3 TzBfG ein (vgl. APS/*Backhaus* § 17 TzBfG Rz. 21 ff.). 275

276 Im Gegensatz zu § 15 Abs. 5 TzBfG verlangt § 17 S. 3 TzBfG nicht das Wissen des Arbeitgebers um die Fortsetzungshandlungen; gleichwohl darf sich der Arbeitnehmer **nicht arglistig** die Verlängerung der Klagefrist durch aufgedrängte Fortsetzungshandlungen **erschleichen** (vgl. APS/*Backhaus* § 17 TzBfG Rz. 28). Die erste Fortsetzungshandlung muss wegen der Klagefrist (§ 17 S. 1 TzBfG) innerhalb von drei Wochen nach dem vereinbarten Vertragsende erfolgen.

277 Dem Arbeitnehmer ist **schriftlich** (hinreichend bestimmt, deutlich, zweifelsfrei) **mitzuteilen**, dass das Arbeitsverhältnis auf Grund der Befristung **beendet** ist. Es gilt das Recht der Stellvertretung bei einseitigen Willenserklärungen entsprechend unter Ausschluss des § 174 BGB. Mit dem notwendigen **Zugang** der Erklärung **beginnt die Klagefrist** gem. § 17 S. 1 TzBfG erneut, wenn das Arbeitsverhältnis nach dem vereinbarten Ende fortgesetzt worden ist und die schriftliche Erklärung des Arbeitgebers zugeht. Ist die mit dem vereinbarten Ende beginnende Frist gem. § 17 S. 1 TzBfG bei Eintritt der ersten Fortsetzungshandlung **noch nicht abgelaufen**, werden mit Eintritt der ersten Fortsetzungshandlung die Wirkungen des Laufs dieser Frist gänzlich beseitigt, so dass mit Zugang der Erklärung die **volle Drei-Wochen-Frist wieder beginnt** (vgl. APS/*Backhaus* § 17 TzBfG Rz. 35 ff.).

278 **Wird auch die Frist des § 17 S. 3 TzBfG versäumt, gilt gem. § 17 S. 2 TzBfG i.V.m. § 7 KSchG die Befristung (bzw. die auflösende Bedingung, § 21 TzBfG) als wirksam** (*BAG* 19.1.2005 – 7 AZR 113/04 – BAG Report 2005, 253 LS). Die gleichwohl entstandene Rechtsbeziehung in der Zeit nach der Fortsetzung des befristeten Arbeitsverhältnisses über das vereinbarte Vertragsende hinaus kann sich je nach den Umständen, z.B. bei rechtzeitigem Widerspruch i.S.d. § 15 Abs. 4 TzBfG, als **faktisches Arbeitsverhältnis**, oder – bei nicht rechtzeitigem Widerspruch bzw. nicht rechtzeitiger Mitteilung der Zweckerreichung – als **Beginn eines fingierten Arbeitsverhältnisses** darstellen (vgl. APS/*Backhaus* § 17 TzBfG Rz. 38).

11. Abweichende Vereinbarungen; Unabdingbarkeit des Befristungskontrollschutzes

279 Der Arbeitnehmer kann weder vor noch bei Vereinbarung einer Befristung wirksam auf die spätere Erhebung einer Befristungskontrollklage verzichten (*BAG* 13.6.2007 EzA § 14 TzBfG Nr. 39; ab dem 1.1.2001 §§ 22 Abs. 1, 17 S. 1 TzBfG; für davor vereinbarte Befristungen folgt dies aus den von der Rechtsprechung entwickelten, zu Gunsten des Arbeitnehmers zwingenden Grundsätzen der arbeitsgerichtlichen Befristungskontrolle: *BAG* 19.1.2005 EzA § 17 TzBfG Nr. 7 = NZA 2005, 896 LS = BAG Report 2005, 195). Die Geltendmachung der Unwirksamkeit einer Befristung durch den Arbeitnehmer ist deshalb nicht allein deswegen rechtsmissbräuchlich (§ 242 BGB), weil sich der Arbeitgeber nur auf Grund der Zusicherung des Arbeitnehmers, mit der befristeten Beschäftigung einverstanden zu sein und keine Befristungskontrollklage erheben zu wollen, zum Abschluss des befristeten Vertrages bereit erklärt hat (*BAG* 19.1.2005 EzA § 17 TzBfG Nr. 7 = NZA 2005, 896 LS = BAG Report 2005, 195).
Auch dann, wenn die Parteien in einem **gerichtlichen Vergleich zur Beilegung des Streits über die Wirksamkeit einer Befristung den Abschluss eines weiteren befristeten Arbeitsvertrags vereinbaren**, liegt in dem Vergleichsabschluss **nicht gleichzeitig ein Verzicht des Arbeitnehmers, die Unwirksamkeit der** in dem Vergleich vereinbarten **Befristung geltend zu machen** (*BAG* 13.6.2007 EzA § 14 TzBfG Nr. 39).

280 § 22 Abs. 1 TzBfG **differenziert im Übrigen nicht** zwischen Abweichungen durch Individualabrede und durch Tarifvertrag; die Regelung ist auch im Übrigen insoweit **unvollständig**, als die Abweichung von § 15 Abs. 3 TzBfG zu Ungunsten des Arbeitnehmers und die Frage, inwiefern zu Gunsten des Arbeitnehmers (vgl. z.B. § 17 TzBfG) abgewichen werden kann, nicht geregelt wird. Bei abweichenden **tariflichen Regelungen** ist zu beachten, dass dann, wenn es sich um Abschlussnormen handelt, die die Zulässigkeit der Befristung regeln, beiderseitige Tarifbindung oder Allgemeinverbindlichkeit bereits bei Vertragsabschluss gegeben sein muss; wird dagegen die Beendigung geregelt, reicht es aus, wenn vor dem nach der

jeweiligen Norm maßgeblichen Zeitpunkt dieser Umstand eintritt (vgl. APS/*Backhaus* § 22 TzBfG Rz. 1 ff.; KR/*Bader* § 22 TzBfG Rz. 2 ff.). Bei **individualvertraglicher Verweisung** auf einen Tarifvertrag ist z.B. fraglich, ob mit der schriftlichen Verweisung auf den Tarifvertrag zugleich dem **Schriftformerfordernis** des § 14 Abs. 4 TzBfG genügt wird.

Von **§ 14 Abs. 1 TzBfG** kann tariflich **nur zu Gunsten** des Arbeitnehmers abgewichen werden; zu prüfen ist dann, ob einschlägige Tarifnormen abschließenden Charakter haben. Tariflich zugelassene Befristungen haben im Übrigen jedenfalls eine indizielle Wirkung hinsichtlich ihrer Sachgerechtigkeit, so dass der Arbeitnehmer tatsächliche Umstände darlegen und beweisen muss, die dieses Indiz entkräften (APS/*Backhaus* § 22 TzBfG Rz. 12). Zugunsten des Arbeitnehmers kann mit Ausnahme von § 17 TzBfG, weil es sich hierbei um eine prozessrechtsähnliche Ordnungsvorschrift handelt, **grds. von den hier erörterten Vorschriften abgewichen werden** (**a.A.** wohl KDZ/*Däubler* § 22 TzBfG Rz. 4). Dies gilt für **§ 17 TzBfG** allerdings **nur insoweit**, als es um die Geltendmachung der Rechtsunwirksamkeit der Befristung geht. Sofern die Tarifvertragsparteien z.B. zusätzliche Beendigungsmodalitäten zur Vermeidung eines fingierten Anschlussvertrages regeln, können sie dafür auch besondere Modalitäten der Anrufung der Gerichte vorsehen (vgl. APS/*Backhaus* § 22 TzBfG Rz. 24). **281**

Zu Ungunsten der Arbeitnehmer kann von **§§ 14 Abs. 2, 15 Abs. 3, 15 Abs. 5 TzBfG** (allerdings nur bei einer Vereinbarung bei Ende des Vertrages, das Fehlen der Nennung in § 22 Abs. 1 TzBfG ist ein redaktionelles Versehen: vgl. APS/*Backhaus* § 22 TzBfG Rz. 19), nicht dagegen von §§ 14 Abs. 4, 15 Abs. 2, 15 Abs. 4, 16, 17 TzBfG **abgewichen werden** (vgl. APS/*Backhaus* § 22 TzBfG Rz. 11 ff.). **282**

§ 22 Abs. 2 TzBfG enthält eine **Sonderregelung** insbes. für die in Form einer GmbH organisierten, nicht tarifgebundenen Forschungseinrichtungen, wie die Fraunhofer Gesellschaft und die Max-Planck-Gesellschaft (BT-Drs. 14/4374, 22). **283**

Ist in einem LPVG (z.B. in § 72 Abs. 1 S. 1 Nr. 1 LPVG NW in der bis zum 16.10.2007 geltenden Fassung) vorgesehen, dass die Befristung von Arbeitsverhältnissen der **Zustimmung des Personalrats** bedarf, so ist eine **ohne vorherige Zustimmung** des Personalrats vereinbarte Befristung **unwirksam** (*BAG* 18.6.2008 EzA § 14 TzBfG Nr. 50). Der Arbeitnehmer kann bei Abschluss des befristeten Arbeitsvertrages **weder** wirksam auf die Mitbestimmung des Personalrats **noch** auf die Geltendmachung der Unwirksamkeit der Befristung wegen der bei Vertragsschluss fehlenden Zustimmung des Personalrats **verzichten** (*BAG* 18.6.2008 EzA § 14 TzBfG Nr. 50). **284**

12. Fragen des Übergangs vom alten zum neuen Recht

Eine normative Regelung für die Probleme, die durch den Übergang vom BeschFG zum TzBfG auftreten, enthält das TzBfG **nicht**. Zu beachten ist deshalb hinsichtlich der einzelnen Vorschriften, ob es sich um **Abschlussnormen** oder **Beendigungsnormen** handelt. Denn für die Wirksamkeit eines Rechtsgeschäfts kommt es grds. auf die Rechtslage zum Zeitpunkt des Vertragsabschlusses an; soweit es dagegen um die Beendigung geht, ist grds. die Rechtslage zum Zeitpunkt der relevanten Beendigungshandlung oder sonstigen Tatbestandsvoraussetzung für die Beendigung maßgeblich (APS/*Backhaus* Art. 3, 4 TzBfG Rz. 3). Deshalb konnte bis zum 31.12.2000 ein **einheitlicher befristeter Vertrag** bis zu zwei Jahren unter den Voraussetzungen des § 1 Abs. 1, 3 BeschFG sachgrundlos abgeschlossen werden, allerdings nur wenn der **Beginn** des Arbeitsverhältnisses ebenfalls **noch im Jahre 2000 lag**, da andernfalls die für das Jahr 2001 geltenden gesetzlichen Vorschriften umgangen würden (vgl. *Bauer* BB 2001, 2529; *Kliemt* NZA 2001, 306). Demgegenüber kann ein Vertrag, der nur die Voraussetzungen des § 1 Abs. 3 BeschFG, nicht aber die des § 14 Abs. 2 S. 2 TzBfG einhielt, **ab dem 1.1.2001 mehr sachgrundlos** bis zur Gesamthöchstdauer von zwei Jahren verlängert werden (*BAG* 15.1.2003 EzA § 14 TzBfG Nr. 2 = NZA 2003, 1092 m. Anm. *Ricken* SAE 2004, 87 ff.; 15.1.2003 – 7 AZR 476/02 – EzA-SD 17/03, S. 6 LS; *LAG RhPf* 12.4.2002 – 3 Sa 1469/01 – EzA-SD 14/02, S. 6 LS = NZA 2002, 1037; *LAG Hamm* 10.6.2002 – 19 Sa 202/02 – EzA-SD 23/02, S. 7 LS; wohl auch *LAG Düsseld.* 8.3.2002 – 9(4)Sa 34/02 – EzA-SD 11/02, S. 8 LS = NZA-RR 2002, 512). Denn § 14 Abs. 2 S. 2 TzBfG **285** ist auf die Verlängerung eines nach § 1 Abs. 1 BeschFG 1996 befristeten Arbeitsvertrages nicht anwendbar. Ohnehin ist eine **Verlängerung eines 2000 abgeschlossenen** und begonnenen, sachgrundlos befristeten Vertrages, der den Zwei-Jahres-Rahmen nicht ausschöpfte und nach dem 31.12.2000 endete, bis zum Gesamtzeitraum des § 14 Abs. 2 S. 1 TzBfG **zulässig**, wenn der erste befristete Vertrag bereits die strengen Voraussetzungen einer Neueinstellung i.S.d. § 14 Abs. 2 S. 2 TzBfG einhielt (APS/*Backhaus* Art. 3, 4 TzBfG Rz. 6 ff.; *Bauer* BB 2001, 2530; *Kliemt* NZA 2001, 306 f.; **a.A.** *LAG Düsseld.* 11.1.2002 LAGE § 14 TzBfG Nr. 2: Verlängerung ohne Sachgrundprüfung möglich, wenn der Vertrag nach § 1 BeschFG 1985 wirksam abgeschlossen war; ebenso *LAG Düsseld.* 23.10.2002 – 12 Sa 1028/02 – EzA-SD 25/02, S. 10 LS).

B. Besondere gesetzliche Bestimmungen

I. BeschFG (bis 31.12.2000)

286 Siehe 7. Aufl. D/Rz. 2253 – 2269

II. Wissenschaftliches Personal und Ärzte

1. WisszeitVG: für Verträge ab dem 18.4.2007

287 Am 18.1.2007 hat der Deutsche Bundestag das Gesetz zur Änderung arbeitsrechtlicher Vorschriften in der Wissenschaft verabschiedet. Wesentlicher Teil dieses Artikelgesetzes ist das **Wissenschaftszeitvertragsgesetz (WissZeitVG)**. Mit ihm werden die bisherigen Möglichkeiten für die Befristung von Arbeitsverträgen in der Wissenschaft erweitert. Das WissZeitVG wurde am 12.4.2007 verkündet (BGBl. I S. 506) und ist am 18.4.2007 in Kraft getreten.

288 Die bisher bestehenden Befristungsregelungen des Hochschulrahmengesetzes (HRG) – §§ 57a ff. HRG – wurden der Sache nach beibehalten, allerdings aus dem HRG herausgenommen und in das WissZeitVG übernommen. Diesen Regeln zufolge dürfen Arbeitsverträge mit wissenschaftlichen und künstlerischen Mitarbeitern bzw. Hilfskräften wie bisher ohne Sachgrund für insgesamt zwölf, im Bereich der Medizin bis zu 15 Jahren befristet werden. Der Gesamtzeitraum ist dabei in eine sog. Qualifizierungsphase von bis zu sechs Jahren sowie in eine sog. Post-Doc-Phase von bis zu weiteren sechs bzw. neun Jahren (im Bereich der Medizin) aufgeteilt. Die Qualifizierungsphase dient dem Erwerb einer Qualifikation, vor allem der Fertigung einer Dissertation. In der Post-Doc-Phase soll den promovierten Mitarbeitern die Gelegenheit gegeben werden, durch die fortgesetzte Tätigkeit in Forschung und Lehre weitere Qualifikation, wie die Erlangung einer Professur, zu erreichen.

289 Mit dem WissZeitVG soll nunmehr über die bisherige Regelung hinaus die Befristung von Arbeitsverträgen mit wissenschaftlichen Mitarbeitern **im Rahmen von Drittmittelprojekten** erleichtert werden. Dies bedeutet, dass mit Mitarbeitern, deren Beschäftigung überwiegend durch Drittmittel finanziert werden, über den bisher geltenden Befristungszeitraum von zwölf bzw. 15 Jahren hinaus befristete Arbeitsverträge geschlossen werden können. Bisher fehlte es für den Fall der drittmittelfinanzierten Mitarbeiter an einer entsprechend deutlichen Regelung, so dass dem Gesetzgeber ein eigener Befristungstatbestand hierfür erforderlich schien: Nach bisheriger Rechtslage war nämlich nach dem Ausschöpfen des im HRG geregelten Befristungsrahmens von zwölf bzw. 15 Jahren eine weitere Befristung nur noch nach den allgemeinen Regeln des Arbeitsrechts (§ 14 TzBfG) möglich. Diese Befristungsmöglichkeit setzt das Vorliegen eines entsprechenden Sachgrundes voraus. Als ein solcher sachlicher Grund bot sich gemäß § 14 Abs.1 Nr.1 TzBfG der nur vorübergehende Bedarf von Mitarbeitern an; dieser Sachgrund umfasst auch drittmittelfinanzierte Forschungsprojekte. Die Hochschulen und außeruniversitären Forschungseinrichtungen machten von dieser Befristungsmöglichkeit jedoch wegen der fehlenden explizierten Regelung eines "Drittmitteltatbestandes" bzw. wegen der zu hohen Prozessrisiken keinen Gebrauch, was zur

Folge hatte, dass nach dem Ende der 12- bzw. 15-Jahres-Regelung mit den wissenschaftlichen Mitarbeitern, auch wenn deren Beschäftigung durch Drittmittel finanzierbar waren, regelmäßig keine weiteren Verträge geschlossen wurden.

Abweichend vom bisherigen Recht sieht das neue Befristungsrecht auch eine familienfördernde und -unterstützende Regelung vor: Die zulässige Befristungsdauer in der Qualifizierungsphase verlängert sich im Falle der Kinderbetreuung um zwei Jahre je Kind. Dadurch können befristete Arbeitsverträge mit wissenschaftlichen Mitarbeitern über die sechs Jahre in der Qualifizierungsphase hinaus um weitere zwei (1 Kind), vier (2 Kinder) usw. Jahre verlängert werden. Hierdurch soll der hohen Belastung von Wissenschaftlerinnen und Wissenschaftlern mit Kindern Rechnung getragen und die Erlangung einer wissenschaftlichen Qualifizierung neben der Familie ermöglicht werden. 290

2. §§ 57a ff. HRG: Rechtslage für Verträge ab dem 23.2.2002 bis zum 27.7.2004 bzw. bis zum 31.12.2004 (*BVerfG* 27.7.2004 NJW 2004, 2803; § 6 Abs. 1 S. 1, 3 WisszeitVG)

a) Grundlagen

Grundgedanke der Neuregelung der §§ 57a ff. HRG ist, dass für einen bestimmten, zeitlich eng begrenzten Zeitraum aus dem Gesichtspunkt der Sicherung der Funktions- und Innovationsfähigkeit der Hochschulen und Forschungseinrichtungen sowie insbes. der Förderung des wissenschaftlichen Nachwuchses befristete Arbeitsverträge mit wissenschaftlichen und künstlerischen Mitarbeitern/Hilfskräften das gebotene vertragliche Gestaltungsmittel darstellen (BT-Drs. 14/6853, S. 20). 291

Bei diesen Personengruppen wird unterstellt, dass zum einen ihre Beschäftigung der eigenen Aus-, Fort- und Weiterbildung dient und zum anderen der regelmäßige Austausch des Personals zur Sicherung der Innovation in Forschung und Lehre an den Hochschulen notwendig ist (BT-Drs. 14/6853, S. 30). 292

Deshalb war es nicht gerechtfertigt, das zuvor erfasste Personal mit ärztlichen Aufgaben (§ 54 HRG a.F.) sowie die Lehrkräfte für besondere Aufgaben (§ 56 HRG) in die Neuregelung einzubeziehen. Sofern das Interesse besteht, diese Personen auch zu ihrer eigenen Qualifizierung (befristet) zu beschäftigen, haben die Dienststellen die Möglichkeit, eine Beschäftigung als wissenschaftlicher Mitarbeiter zu wählen; das HRG gibt insoweit keinen Vertragstypenzwang vor (BT-Drs. 14/6853, S. 31). 293

b) Systematik der Neuregelung

Gem. § 57a Abs. 1 S. 5 HRG sind die allgemeinen arbeitsrechtlichen Vorschriften über befristete Arbeitsverträge und deren Kündigung anwendbar, soweit sie §§ 57b – e HRG nicht widersprechen. Deshalb sind sowohl § 14 Abs. 4 TzBfG (Schriftform) als auch § 17 TzBfG (Klagefrist) zu beachten. Befristungen können auch auf die strengeren Vorschriften des TzBfG gestützt werden; allerdings werden auch diese Verträge auf die Höchstgrenzen angerechnet (§ 57b Abs. 2 S. 2 HRG). Die Sonderregelungen der SR 2 y BAT sind dagegen innerhalb der Fristen des § 57b Abs. 1 HRG nicht anwendbar. Die gesetzliche Neuregelung schließt es nicht aus, dass mit den von ihr erfassten Mitarbeitern unbefristete Arbeitsverträge abgeschlossen werden (vgl. *Preis/Hausch* NJW 2002, 928 [930]; vgl. auch *Lakies* ZTR 2002, 250 ff.). 294

§§ 57b ff. HRG sind gem. § 57a Abs. 1 S. 2 HRG zweiseitig zwingendes Recht; allerdings kann gem. § 57a Abs. 1 S. 3 HRG für bestimmte Fachrichtungen und Forschungsbereiche durch Tarifvertrag von den Fristen des § 57b HRG abgewichen und die Anzahl der zulässigen Verlängerungen befristeter Arbeitsverträge festgelegt werden. Diese grundsätzlich gegebene Veränderungssperre erfasst nicht die Befristung mit dem in § 57a Abs. 1 S. 1 HRG genannten Personal, wenn die Befristung nicht auf die §§ 57a ff. HRG, sondern auf außerhalb des HRG liegende Vorschriften gestützt wird (*BAG* 17.1.2007 – 7 AZR 487/05 – NZA 2007, 768 LS). 295

296 Die Befristungsregelungen in § 57b Abs. 1; 57d, 57f Abs. 2 S. 1 HRG sind mit Gemeinschaftsrecht vereinbar. Sie verstoßen nicht gegen die RL 1999/70/EG und bewirken keine unzulässige Diskriminierung wegen des Alters i.S.d. RL 2000/78/EG (*BAG* 19.3.2008 EzA § 620 BGB 2002 Hochschulen Nr. 3).

c) Sachgrundlose Befristung mit Befristungshöchstgrenzen

297 Ein sachlicher Grund für die Befristung ist gem. § 57a ff. HRG in Zukunft nicht mehr erforderlich. Eine Beschränkung der Verwendung befristeter Arbeitsverträge wird allein durch die Festlegung von Höchstfristen bewirkt, die auch durch wiederholte Vertragsabschlüsse nicht überschritten werden können. Bei einem Wechsel der Hochschule werden bisherige Zeiten einer Beschäftigung angerechnet. Die Befristung nach dem HRG ist zukünftig ein personenbezogener Sonderbefristungstatbestand (*Preis/Hausch* NJW 2002, 928).

298 Innerhalb dieses Zeitraums hat die Hochschule jede Möglichkeit, Drittmittel oder haushaltsmäßig projektgebundene Mittel einzusetzen. Die Sicherstellung der zweckentsprechenden Verwendung der Drittmittel und der zweckgebundenen Haushaltsmittel erfolgt über das Haushaltsrecht und nicht über das Recht der befristeten Arbeitsverträge (*Preis/Hausch* NJW 2002, 929).

d) Vor Abschluss der Promotion

299 In der Zeit vor Abschluss der Promotion ist nach § 57 Abs. 1 S. 1 i.V.m. § 57a Abs. 1 S. 1 HRG die Befristung von Arbeitsverträgen mit nicht promovierten Mitarbeitern bis zu einer Dauer von sechs Jahren ohne weiteren Sachgrund zulässig.

300 Das Anstreben des Abschlusses einer Promotion ist dabei keine Voraussetzung (BT-Drs. 14/6853, S. 32). Innerhalb der zulässigen Befristungsdauer sind gem. § 57 Abs. 1 S. 4 HRG Verlängerungen des befristeten Arbeitsvertrages möglich. Auf die Befristungsdauer sind gem. § 57b Abs. 2 HRG alle befristeten Arbeitsverhältnisse mit mehr als einem Viertel der regelmäßigen Arbeitszeit, die mit einer deutschen Hochschule oder einer Forschungseinrichtung i.S.d. § 57d HRG abgeschlossen wurden, sowie entsprechende Verträge gem. § 57c HRG anzurechnen. Bei Beschäftigungsverhältnissen mit einer geringeren Arbeitszeit ist davon auszugehen, dass diese nicht zur Qualifizierung genutzt werden können (BT-Drs. 14/6853, S. 30).

301 Zeiten einer Beschäftigung als studentische Hilfskraft werden gem. § 57e S. 2 HRG nicht auf die zulässige Befristungsdauer nach § 57b Abs. 1 HRG angerechnet. Angerechnet werden andererseits befristete Arbeitsverträge, die nach anderen Rechtsvorschriften als den §§ 57a ff. HRG abgeschlossen wurden (§ 57b Abs. 2 HRG). Mit wenigen Änderungen wurden die bereits bislang vorhandenen Verlängerungsmöglichkeiten der Höchstbefristungsdauer beibehalten (§ 57b Abs. 4 HRG).

e) Nach Abschluss der Promotion

302 Nach Abschluss einer Promotion ist eine Befristung gem. § 57b Abs. 1 S. 2 HRG ebenfalls bis zu einer Dauer von sechs Jahren, im Bereich der Medizin bis zu neun Jahren möglich. Die Frist verlängert sich in dem Umfang, in dem Zeiten einer befristeten Beschäftigung nach § 57b Abs. 1 S. 1 HRG und Promotionszeiten ohne eine solche bzw. ohne eine anrechenbare Beschäftigung zusammen weniger als sechs Jahre betragen haben (§ 57b Abs. 1 S. 2 HRG). Auch insoweit sind die Anrechnungs- und Verlängerungsvorschriften in § 57b Abs. 2, 4 HRG anzuwenden.

Wann eine Promotion abgeschlossen ist, richtet sich nach den jeweiligen Promotionsordnungen der Fakultäten; maßgeblich ist i.d.R. die Verkündung des Gesamtergebnisses (vgl. *Preis/Hausch* NJW 2002, 929). 303

Nach Ablauf der Höchstfrist ist eine weitere Befristung nur noch nach Maßgabe des TzBfG möglich (§ 57b Abs. 2 S. 3 HRG); im Anwendungsbereich der SR 2 y BAT modifiziert durch die in ihr enthaltenen Regelungen. Die Anwendbarkeit des § 14 Abs. 2, 3 TzBfG ist durch den 77. Änderungstarifvertrag zum BAT vom 29.10.2001 ausdrücklich eröffnet worden. In der Protokollnotiz Nr. 6 der SR 2 y BAT heißt es, dass abweichend von der Protokollnotiz Nr. 1 (Erfordernis des Sachgrundes) Arbeitsverträge nach Maßgabe des § 14 Abs. 2, 3 TzBfG begründet werden können. 304

f) Zitiergebot

Gem. § 57b Abs. 3 S. 1 HRG ist im Arbeitsvertrag anzugeben, ob die Befristung auf den Vorschriften des HRG beruht. Andernfalls kann die Befristung darauf nicht gestützt werden (§ 57b Abs. 3 S. 2 HRG). Gem. § 57b Abs. 3 S. 3 HRG muss die Befristung kalendermäßig bestimmt oder bestimmbar sein; Zweckbefristungen und auflösende Bedingungen sind deshalb im Anwendungsbereich der §§ 57a ff. HRG nicht möglich (BT-Drs. 14/6853, S. 34). 305

g) Einbeziehung der Forschungseinrichtungen und der Privatdienstverträge

Auf Privatdienstverträge sind die Befristungsvorschriften gem. § 57c HRG entsprechend anzuwenden. Gleiches gilt nach § 57d HRG für den Abschluss befristeter Arbeitsverträge mit wissenschaftlichem Personal an staatlichen oder überwiegend staatlich finanzierten Forschungseinrichtungen. Das führt dazu, dass auch derartige Verträge in die Höchstgrenzenberechnung einfließen. **Durch Wechsel der Arbeitgeber soll keine mehrfache Ausschöpfung der Befristungshöchstgrenzen möglich sein** (*Preis/Hausch* NJW 2002, 929 f.). 306

Ein Institut der staatlichen Ressortforschung, in dem im Auftrag des übergeordneten Ministeriums Forschungsprojekte bearbeitet werden, ist eine Forschungseinrichtung i.S.d. § 57d HRG, wenn das Institut über eine Organisation verfügt, die eine freie wissenschaftliche Betätigung i.S.v. Art. 5 Abs. 3 GG ermöglicht. Das ist der Fall, wenn die erteilten Forschungsaufträge mit wissenschaftlichen Methoden und in freier Methodenwahl bearbeitet werden können und für den Regelfall die Publikation der Forschungsergebnisse vorgesehen ist (*BAG* 19.3.2008 EzA § 620 BGB 2002 Hochschulen Nr. 3). 307

h) Zeitlicher Geltungsbereich; Übergangsprobleme

§ 57f HRG beinhaltet die Grundregel, dass ab dem 23.2.2002 geschlossene Verträge nur nach den ab diesem Zeitpunkt geltenden Vorschriften des neuen HRG geschlossen werden können. Ab diesem Zeitpunkt muss bei einem Neuabschluss oder einer Verlängerung eines befristeten Vertrages im Geltungsbereich dieses Gesetzes geprüft werden, ob die neuen – personenbezogenen – Befristungshöchstgrenzen des § 57b HRG ausgeschöpft worden sind. Ist dies nicht der Fall, kann ein Vertrag auch nach dem In-Kraft-Treten des Gesetzes gem. § 57b HRG bis zu den dort geregelten Höchstfristen geschlossen werden. 308

Ist die Höchstdauer im Zeitpunkt der Verlängerung ausgeschöpft, ist eine weitere Befristung nur noch auf der Basis des allgemeinen Arbeitsrechts (TzBfG) möglich (vgl. *Preis/Hausch* NJW 2002, 927). 309

Da das HRG keine Übergangsvorschriften für etwaige Problemfälle, die sich aus der Anwendung des neuen Rechts auf »Altfälle« ergeben können, vorsieht, wird vorgeschlagen (*Preis/Hausch* NJW 2002, 934 ff.), zur Vermeidung von Härten, die damit zusammenhängen, dass bereits beschäftigte Mitarbeiter ihren Qualifizierungsweg nicht auf die Neuregelungen einstellen konnten, einige anerkannte Befristungsgründe situationsgerecht anzuwenden. 310

3. Der Diskurs von BVerfG und Bundesgesetzgeber: Rechtslage ab dem 1.1.2005; Übergangsvorschriften

311 Durch Beschluss vom 27.7.2004 hat das *BVerfG* (NJW 2004, 2803) die gesetzliche Neuregelung insgesamt für verfassungswidrig erklärt (zu den Konsequenzen vgl. kontrovers *Löwisch* NZA 2004, 1065 ff. und *Dieterich/Preis* NZA 2004, 1241 ff.; *Kortstock* ZTR 2004, 558 ff.; *Scheel/Schenk* ZTR 2004, 614 ff.; *Müller* ArbuR 2004, 401 ff.; *ArbG Düsseld.* 2.11.2004 NZA-RR 2005, 159).
Der Bundesgesetzgeber hat darauf mit dem am 31.12.2004 in Kraft getretenen Gesetz zur Änderung dienst- und arbeitsrechtlicher Vorschriften im Hochschulbereich (HdaVÄndG; BGBl. I 2004 S. 3835; vgl. *Löwisch* NZA 2005, 321 ff.) reagiert. Das Gesetz sieht die Wiederinkraftsetzung der §§ 57a ff. HRG i.d.F. vom 16.2.2002 vor. Ohne weiteres gelten diese für alle ab dem 31.12.2004 abgeschlossenen befristeten Arbeitsverträge. Erfasst werden nach der Übergangsvorschrift des § 57 f Abs. 1 S. 1 HRG aber auch die seit dem 23.2.2002 abgeschlossenen Verträge; dies ist verfassungsrechtlich nicht zu beanstanden (*BAG* 21.6.2006 EzA § 620 BGB 2002 Hochschulen Nr. 2 = NZA 2007, 209; *LAG Düsseld.* 6.6.2005 LAGE § 620 BGB 2002 Hochschulen Nr. 2; *LAG RhPf* 20.4.2005 ZTR 2005, 654; *LAG Hamm* 24.11.2005 LAGE § 620 BGB Hochschulen Nr. 4; *ArbG Bln.* 11.5.2005 ZTR 2005, 431 LS). Deshalb ist die Befristung der seit dem 23.2.2002 abgeschlossenen Arbeitsverträge z.B. mit studentischen Hilfskräften nach § 57e Abs. 1 HRG i.V.m. § 57 f Abs. 1 S. 1 HRG n.F. für die Dauer von vier Jahren zulässig. Befristete Vorbeschäftigungszeiten nach dem HRG a.F. bleiben bei der Berechnung insoweit unberücksichtigt (*BAG* 20.4.2005 – 7 AZR 293/04 – EzA-SD 16/05, S. 5 LS = NZA 2005, 933).
Nach Auffassung des *LAG RhPf* (24.2.2005 NZA-RR 2005, 444) ist § 57 f Abs. 2 HRG nicht eingeschränkt dahin auszulegen, dass lediglich Bediensteten eine übergangsweise Verlängerung der befristeten Beschäftigung gestattet sein soll, deren Arbeitsverhältnisse bei einer Fortgeltung des alten HRG auch noch nach dem 23.2.2002 hätten fortbefristet werden können. Die Regelung erfasst vielmehr auch die Verlängerung von befristeten Arbeitsverhältnissen, deren Höchstbefristungsdauer nach vormaligem Recht bereits erschöpft war (*LAG RhPf* 24.2.2005 NZA-RR 2005, 444; s.a. *LAG RhPf* 20.4.2005 ZTR 2005, 654). Ausgenommen sind nach § 57 f.Abs. 1 S. 2, 3 HRG lediglich die Verträge, die zwischen dem 27.7.2004 (also dem Tag der Verkündung der Entscheidung des BVerfG) und dem 31.12.2004 abgeschlossen worden sind. Für sie gilt ebenso wie für die vor dem 23.2.2002 abgeschlossenen Verträge die alte Fassung der §§ 57a ff. HRG. Da § 57f Abs. 1 S. 3 HRG für das Auslaufen der Anwendung der alten Fassung auf den 31.12.2004 abstellt, werden gem. §§ 186, 188 Abs. 1 BGB auch alle noch an diesem Tage abgeschlossenen Verträge erfasst, obwohl an diesem Tag bereits die neue Fassung der §§ 57a ff. HRG galt. § 57f Abs. 2 HRG enthält des Weiteren eine Übergangsvorschrift für Personen, die bereits vor dem 23.2.2002 zu einer Hochschule, einem Hochschulmitglied oder einer Forschungseinrichtung in einem befristeten Arbeitsverhältnis oder in einem Dienstverhältnis als wissenschaftlicher oder künstlerischer Assistent standen. Der Abschluss eines neuen befristeten Vertrages mit ihnen ist auch nach Ablauf der in § 57b Abs. 1 S. 1, 2 HRG geregelten zulässigen Befristungsdauer von zwei Mal sechs Jahren mit einer Laufzeit bis zum 29.2.2008 zulässig. Die in der für nichtig erklärten Fassung vorgesehene Übergangsfrist (28.2.2005) ist folglich um drei Jahre verlängert worden (vgl. *Löwisch* NZA 2005, 321 ff.).
Zur gesetzlichen Neuregelung der befristeten Anstellung von sog. Juniorprofessoren (§ 48 Abs. 3 HRG) vgl. *Löwisch* NZA 2005, 323.

4. §§ 57a ff. HRG a.F.: Rechtslage für Verträge bis zum 22.2.2002 (§ 6 Abs. 1 S. 2 WisszeitVG)

a) Grundlagen

Auch für befristete Arbeitsverhältnisse, die nach In-Kraft-Treten von Art. 1 des Gesetzes über befristete Arbeitsverträge mit wissenschaftlichem Personal an Hochschulen und Forschungseinrichtungen vom 14.6.1985 (BGBl. I S. 1065; zu dessen Verfassungsmäßigkeit vgl. *BVerfG* 24.4.1996 EzA Art. 9 GG Nr. 61; zust. *Hufen* SAE 1997, 137 ff.) sowie des Gesetzes über befristete Arbeitsverträge mit Ärzten in der Weiterbildung vom 15.5.1986 (BGBl. I S. 742) zustande gekommen sind, gelten von den oben skizzierten Grundsätzen (s.o. Rn. 287 ff.) **abweichende Regelungen** (vgl. *Buchner* RdA 1985, 258; *Otto* NZA 1988, 830; *Lakies* NZA 1997, 751 ff.). 312

Gem. § 57 HRG gelten für den Abschluss von Arbeitsverträgen für eine bestimmte Zeit mit wissenschaftlichen und künstlerischen Mitarbeitern, Personal mit ärztlichen Aufgaben und Lehrkräften für besondere Aufgaben sowie mit wissenschaftlichen Hilfskräften die §§ 57b–f HRG. Die arbeitsrechtlichen Vorschriften und Grundsätze befristeter Arbeitsverhältnisse – einschließlich tarifvertraglicher Regelungen (*BAG* 30.3.1994 EzA § 620 BGB Nr. 124) – sind nur insoweit anzuwenden, als sie den Vorschriften der §§ 57 ff. HRG nicht widersprechen. 313

§§ 57b Abs. 2, 57c, 57 d HRG **definieren das Vorhandensein eines sachlichen Grundes,** regeln die **Dauer der Befristung** sowie die **Möglichkeit einer Beendigung bei Wegfall von Mitteln Dritter** (ausf. zu § 57b HRG *Zimmerling* ZTR 1998, 15 ff.). 314

Anzuwenden sind die Vorschriften gem. § 57 f. HRG erstmals auf Arbeitsverträge, die ab dem 20.6.1985 abgeschlossen worden sind. 315

§§ 57a S. 2, 57b-f HRG gelten entsprechend für den Abschluss von befristeten Arbeitsverträgen mit **wissenschaftlichem Personal und mit Personal mit ärztlichen Aufgaben an staatlichen Forschungseinrichtungen sowie an überwiegend staatlich oder auf Grundlage von Art. 91b GG finanzierten Forschungseinrichtungen.** Es handelt sich dabei um Einrichtungen, die sich ausschließlich Forschungsaufgaben widmen und im Gegensatz zur Hochschule keine Lehraufgaben wahrnehmen. Zu den staatlichen Forschungseinrichtungen gehören die Bundes- und Landesforschungsanstalten, einschließlich der Ressortforschungsanstalten. Maßgeblich ist die Trägerschaft bzw. Eigentümerstellung. Überwiegend staatlich finanzierte Einrichtungen können Stiftungen oder staatlich dominierte Einrichtungen ohne Erwerbscharakter sein. Auf der Grundlage von Art. 91b GG finanzierte Einrichtungen sind die auf der Rechtsgrundlage der Rahmenvereinbarung Forschungsförderung zwischen Bund und Ländern vom 28.11.1975 geförderten Einrichtungen (BAnz. Nr. 240 v. 30.12.1975 S. 4; vgl. APS/*Schmidt* Art. 2 HFVG Rz. 1). 316

Eine Befristung gem. § 57b Abs. 5 HRG kann aber nur dann auf einen der in § 57b Abs. 2–4 HRG normierten Tatbestände als sachlichen Befristungsgrund gestützt werden, wenn dieser **im Arbeitsvertrag angegeben** ist. Dazu genügt die Bezeichnung des einschlägigen gesetzlichen Tatbestandes, auf den die Befristung gestützt werden soll. Einer konkreten Angabe des Befristungsgrundes bedarf es nicht (*BAG* 31.1.1990 EzA § 620 BGB Nr. 108; APS/*Schmidt* § 57b HRG Rz. 37 ff.). § 57b Abs. 5 HRG enthält **kein Zitiergebot** des Inhalts, dass die gesetzliche Bestimmung im Arbeitsvertrag ausdrücklich genannt werden muss. Es reicht vielmehr aus, dass dem Arbeitsvertrag zu entnehmen ist, auf welche Gründe die Befristung gestützt wird und welchem Tatbestand des § 57 Abs. 2 HRG die Gründe zuzuordnen sind (*BAG* 19.8.1992 EzA § 620 BGB Nr. 114). 317

b) Einzelfragen

Ein sachlicher Grund für die Befristung eines Arbeitsverhältnisses mit einem wissenschaftlichen Mitarbeiter liegt nach § 57b Abs. 2 Nr. 2 HRG vor, wenn der Mitarbeiter aus **Haushaltsmitteln** vergütet wird, die haushaltsrechtlich für eine befristete Beschäftigung bestimmt sind, und der Mitarbeiter zu Lasten dieser Mittel eingestellt und entsprechend beschäftigt wird. 318

319 Haushaltsmittel sind i.S.v. § 57b Abs. 2 Nr. 2 HRG für eine befristete Beschäftigung bestimmt, wenn der Haushaltsgesetzgeber eine Mittelverwendung für befristete Arbeitsverhältnisse anordnet und mit einer konkreten Sachregelung verbindet (*BAG* 24.1.1996 EzA § 620 BGB Hochschulen Nr. 2; vgl. APS/*Schmidt* § 57b HRG Rz. 12 ff.).

320 Der für die Anwendbarkeit der §§ 57a ff. HRG maßgebliche Begriff des wissenschaftlichen Mitarbeiters bestimmt sich allein nach **§§ 53 ff. HRG**. Landesrechtliche Vorschriften können ihn nicht mit Wirkung für die Anwendung der §§ 57aff. HRG verändern. Der wissenschaftliche Mitarbeiter i.S.d. §§ 53 HRG erbringt Dienstleistungen zur Erfüllung der Aufgaben in Forschung und Lehre. Die für die Organisation einer Hochschule oder einer ihrer Einrichtungen notwendige **Verwaltungsarbeit** gehört nicht dazu, auch wenn sie von einem wissenschaftlich ausgebildeten Mitarbeiter vorgenommen wird (*BAG* 28.1.1998 EzA § 620 BGB Hochschulen Nr. 15). Andererseits können auch **Fachhochschulassistenten** wissenschaftliche Mitarbeiter i.S.d. §§ 53, 57 b HRG sein.

321 § 57b Abs. 2 HRG enthält einen **Katalog möglicher Befristungsgründe** für die Arbeitsverhältnisse von wissenschaftlichen Mitarbeitern an Hochschulen; um eine abschließende Regelung handelt es sich dabei allerdings nicht.

322 Nach § 57 Abs. 2 Nr. 1 HRG, der die bisher bestehenden Befristungsmöglichkeiten erweitert hat, ist **kein spezieller Fort- und Weiterbildungszweck erforderlich** (*BAG* 19.8.1992 EzA § 620 BGB Nr. 114; APS/*Schmidt* § 57b HRG Rz. 4 ff.). Ein Arbeitsvertrag kann nach § 57b Abs. 2 Nr. 1 2. Alt. HRG befristet werden, wenn die von dem wissenschaftlichen oder künstlerischen Mitarbeiter zu erbringenden Dienstleistungen **seiner Weiterbildung für eine spätere Berufstätigkeit außerhalb der Hochschule dienen.** Für das Vorliegen eines Sachgrundes für die Befristung ist danach erforderlich, dass die Vertragsparteien bei Vertragsabschluss Vorstellungen über eine nach der Hochschultätigkeit auszuübende berufliche Tätigkeit des Mitarbeiters haben, dass die dafür geplante Weiterbildung für den Vertragsabschluss mitbestimmend war und wenigstens ein Teil der Dienstaufgaben auf diese Weiterbildung abgestimmt wird. Die mit jeder wissenschaftlichen oder künstlerischen Tätigkeit an einer Hochschule verbundene allgemeine Weiterbildung genügt diesen Anforderungen nicht (*BAG* 25.8.1999 EzA § 620 BGB Hochschulen Nr. 26).

323 Der Befristungsgrund des § 57b Abs. 2 Nr. 3 1. Alt. HRG setzt voraus, dass der Arbeitnehmer **besondere Kenntnisse in der Forschungsarbeit** erwerben soll, die einer Tätigkeit außerhalb des bisherigen Arbeitsbereichs dienlich sind.

324 Die Befristung nach § 57b Abs. 2 Nr. 3 2. Alt. HRG setzt voraus, dass der Mitarbeiter bereits außerhalb der jeweiligen Hochschule besondere Kenntnisse gesammelt hat, die er während seiner befristeten Beschäftigung in der Hochschule **einbringen** soll (*BAG* 6.11.1996, 23.2.2000 EzA § 620 BGB Hochschulen Nr. 9, 25).

325 Besondere Kenntnisse und Erfahrungen i.S.d. § 57 Abs. 2 Nr. 3b HRG erwirbt ein wissenschaftlicher Mitarbeiter nicht bereits dann, wenn er seine Kenntnisse und Erfahrungen in seinem allgemeinen Forschungsgebiet fortlaufend erweitert und vertieft. Dieser Befristungsgrund setzt vielmehr voraus, dass er besondere Kenntnisse in der Forschungsarbeit erwerben soll, die einer Tätigkeit **außerhalb des bisherigen Arbeitsbereichs dienlich** sind (*BAG* 4.12.1996 EzA § 620 BGB Hochschulen Nr. 10; APS/*Schmidt* § 57b HRG Rz, 16 ff.).

326 **Mittel Dritter** i.S.d. § 57b Abs. 2 Nr. 4 HRG können auch solche Mittel sein, die der Hochschule von ihrem Unterhaltsträger aus Sondermitteln für bestimmte Forschungsprojekte zugewiesen werden, sofern es sich dabei nicht um der Hochschule zur Verfügung gestellte laufende Haushaltsmittel handelt (*BAG* 31.1.1990 EzA § 620 BGB Nr. 108). Ausreichend ist es, wenn bei Vertragsabschluss mit hinreichender Sicherheit davon ausgegangen werden konnte, dass seine Vergütung nur für den geringeren Teil der Vertragsdauer aus laufenden Haushaltsmitteln bestritten werden muss (*BAG* 22.11.1995 EzA § 620 BGB Hochschulen Nr. 3; vgl. APS/*Schmidt* § 57b HRG Rz. 19 ff.). Der wissenschaftliche Mitarbeiter wird entsprechend der Zweckbefristung der Drittmittel beschäftigt, wenn sein bei Vertragsabschluss vorgesehener bzw. sein späterer von einem zum Vertragsabschluss Berechtigten gebilligter Einsatz die Interessen des Drittmittelgebers nicht beeinträchtigt. Eine solche Beeinträchtigung ist i.d.R. nicht bereits darin zu sehen, dass der Mitarbeiter im Austauschwege an einem Projekt eines anderen Drittmittelgebers eingesetzt wird, dass er in geringem

Umfang auch allgemeine Hochschulaufgaben wahrnimmt und dass Zeiten, in denen der Mitarbeiter nicht für Drittmittelprojekte eingesetzt werden kann, durch die Zuweisung anderer Arbeiten überbrückt werden (*BAG* 22.11.1995 EzA §620 BGB Hochschulen Nr. 3). Entscheidend ist dann, wenn der wissenschaftliche Mitarbeiter nicht ausschließlich in dem geförderten Projekt tätig wird, dass dadurch nach den Gesamtumständen die Interessen des Drittmittelgebers nicht beeinträchtigt werden (*BAG* 15.4.1999 EzA §620 BGB Hochschulen Nr. 17).

Die Zweckbestimmung von Drittmitteln kann auch von der Hochschule vorgenommen werden, wenn es sich um Mittel handelt, die der Hochschule nach Abschluss eines Drittmittelprojekts zur freien Verfügung verblieben sind (*BAG* 15.1.1997 NZA 1998, 29). **327**

Die Befristung des Arbeitsverhältnisses eines wissenschaftlichen Mitarbeiters, der **nicht in einem Forschungsvorhaben eingesetzt wird**, kann nicht auf den in §57 Abs. 2 Nr. 4 HRG geregelten Sachgrund der Drittmittelfinanzierung gestützt werden (*BAG* 25.8.1999 EzA §620 BGB Hochschulen Nr. 19). **328**

ABM-Verträge sind keine Drittmittelverträge i.S.d. §57b Abs. 2 Nr. 4 HRG und deshalb auch nicht auf die Höchstdauer der Befristung nach §57c Abs. 2 HRG anzurechnen (*BAG* 13.4.1994 EzA §620 BGB Nr. 125). **329**

Art. 48 Abs. 2 EWGV(jetzt Art. 39 Abs. 2 EGV) – nicht dagegen Art. 9 Abs. 3 GG (*BVerfG* 24.4.1996 EzA Art. 9 GG Nr. 61) – steht einer Auslegung von §57b Abs. 3 HRG a.F. entgegen, nach der die Beschäftigung von **Fremdsprachenlektoren** aus der Europäischen Union stets ein sachlicher Grund für die Befristung des Arbeitsverhältnisses ist. Erforderlich ist vielmehr, dass für die Befristung ein sachlicher Grund vorliegt. Die Sicherung eines aktualitätsbezogenen Unterrichts rechtfertigt die Befristung der Arbeitsverträge mit Fremdsprachenlektoren nicht (*BAG* 15.3.1995 EzA §620 BGB Nr. 132; 12.2.1997 EzA §620 BGB Hochschulen Nr. 11; 25.2.1998 EzA §620 BGB Hochschulen Nr. 14). Die in den Verwaltungsvorschriften über die Beschäftigung von Lektoren in den Hochschulen genannte **Gewährleistung kulturellen Austauschs** und **die Gelegenheit zur Weiterqualifizierung** können Sachgründe für eine Befristung sein, nicht aber die Vermeidung der Entfremdung vom Herkunftsland (*BAG* 25.2.1998 EzA §620 BGB Hochschulen Nr. 14; *LAG BW* 3.9.1998 NZA-RR 1999, 68; vgl. APS/*Schmidt* §57b HRG Rz. 29ff.). **330**

Art. 48 Abs. 2 EWGV (jetzt Art. 39 Abs. 2 EGV) steht der Anwendung der §§57a, b, c HRG auch insoweit entgegen, als danach die Stellen von **Fremdsprachenlektoren** mittels befristeter Arbeitsverträge besetzt werden können oder müssen, während der Abschluss derartiger Verträge mit sonstigen Lehrkräften für besondere Aufgaben im Einzelfall durch einen sachlichen Grund gerechtfertigt sein muss (*EuGH* 20.10.1993 NZA 1994, 115). **331**

Unter dem Gesichtspunkt des kulturellen Austausches ist die Befristung eines Lektorenvertrages deshalb nur dann wirksam, wenn die Stelle bei einem tatsächlich praktizierten Austausch von Hochschulabsolventen vorgesehen und hierfür auch gesondert ausgewiesen ist (*BAG* 20.9.1995 EzA §620 BGB Nr. 135). **332**

§57b Abs. 3 HRG wurde inzwischen durch Gesetz vom 20.8.1998 dahin **geändert**, dass Abs. 3 für die Befristung eines Arbeitsvertrages mit einer Lehrkraft für besondere Aufgaben nach §56 HRG entsprechend gilt. Mit dieser Neufassung werden die für die befristete Beschäftigung von **wissenschaftlichen und künstlerischen Mitarbeitern geltenden sachlichen Gründe auf die befristete Beschäftigung von Lehrkräften für besondere Aufgaben erstreckt, so dass eine Sonderbehandlung von Fremdsprachenlektoren zukünftig nicht mehr stattfindet** (vgl. dazu *Hänlein* NZA 1999, 513ff.). **333**

§57b Abs. 3 HRG a.F. vermochte eine dem Sinn und Zweck der Vorschrift offenkundig widersprechende Befristung nicht zu rechtfertigen. Eine objektiv funktionswidrige Verwendung dieser gesetzlichen Befristungsmöglichkeit lag insbes. dann vor, wenn der **Fremdsprachenlektor bei Vertragsabschluss** schon **lange Zeit in Deutschland lebte** (*BAG* 1.12.1999 NZA 2000, 374). Zudem stand das **Diskriminierungsverbot** in Art. 10 Abs. 1 des Assoziationsratsbeschlusses EG-Türkei Nr. 1/80 (s. dazu Kap. 2 Rn. 58) der Anwendung der alten Fassung auf den mit einer **türkischen Lektorin** geschlossenen befristeten Arbeitsvertrag **entgegen** (*BAG* 22.3.2000 NZA 2000, 831). **334**

335 Von § 57b Abs. 2 und 3 HRG unabhängige sachliche Gründe, auf die die Befristung des Arbeitsvertrages eines Lektors gestützt werden soll, brauchen nicht gem. § 57b Abs. 5 HRG im Arbeitsvertrag angegeben zu werden (*BAG* 24.4.1996 EzA § 620 BGB Hochschulen Nr. 7). Art. 37 des **Europa-Assoziierungsabkommens** zwischen der EG und Polen steht der Anwendung einer nationalen Rechtsvorschrift auf polnische Staatsangehörige entgegen, nach der die Stellen von Fremdsprachenlektoren mittels befristeter Arbeitsverträge besetzt werden könne, während der Abschluss derartiger Verträge mit sonstigen Lehrkräften für besondere Aufgaben im Einzelfall durch einen sachlichen Grund gerechtfertigt sein muss (*EuGH* 29.1.2002 NZA 2002, 377).

336 Auf die **Befristungshöchstgrenze** (gem. § 57c Abs. 2 HRG bei einer Befristung gem. § 57b Abs. 2 Nr. 1–4, Abs. 3 HRG 5 Jahre, bei einer Befristung gem. § 57b Abs. 2 Nr. 5 HRG 2 Jahre) sind nach der ursprünglich vom *BAG* (31.1.1990 a.a.O.) vertretenen Auffassung befristete Arbeitsverträge, die vor dem In-Kraft-Treten der §§ 57a – 57e HRG abgeschlossen worden sind, auch dann nicht anzurechnen, wenn der sachliche Grund für die Befristung eines solchen Arbeitsvertrages mit einem der in § 57b Abs. 2 Nr. 1–4, Abs. 3 HRG normierten sachlichen Befristungsgründe ganz oder teilweise übereinstimmt.

337 Inzwischen geht das *BAG* (14.12.1994 EzA § 620 BGB Nr. 129; 20.10.1999 EzA § 620 BGB Hochschulen Nr. 22) davon aus, dass dann, wenn die Befristung des letzten – allein der Befristungskontrolle unterliegenden – Arbeitsvertrages nur auf die erleichterten Befristungsmöglichkeiten des § 57 Abs. 2, 3 HRG gestützt wird, in die Befristungshöchstdauer nach § 57c Abs. 2 HRG auch solche vorangegangenen, aber nach dem 25.6.1985 (dem In-Kraft-Treten der §§ 57a ff. HRG) abgeschlossenen Arbeitsverträge einzubeziehen sind, deren Befristung zwar nicht ausdrücklich auf einen der Befristungsgründe des § 57b Abs. 2, 3 HRG gestützt worden war, aber hierauf hätte gestützt werden können (*BAG* 4.12.2002 NZA 2003, 991 LS; vgl. APS/*Schmidt* § 57b HRG Rz. 4 ff.). Andererseits ist ein Verstoß gegen § 57c Abs. 2 HRG dann nicht gegeben, wenn der maßgebliche letzte befristete Vertrag nicht auf die erleichterten Befristungsmöglichkeiten des HRG gestützt wird und zu ihrer Wirksamkeit dieser Rechtfertigung nicht bedarf (*BAG* 24.10.2001 EzA § 620 BGB Hochschulen Nr. 31).

338 Ein befristeter Arbeitsvertrag eines wissenschaftlichen Mitarbeiters an einer Hochschule ist nach § 57c Abs. 3 HRG nur dann nicht auf die fünfjährige Befristungshöchstgrenze des § 57c Abs. 2 HRG anzurechnen, wenn der Arbeitsvertrag dem wissenschaftlichen Mitarbeiter die Gelegenheit zur **Vorbereitung seiner Promotion** als **Teil seiner Dienstaufgaben** einräumt (*BAG* 20.9.1995 EzA § 620 BGB Hochschulen Nr. 1; 5.4.2000 EzA § 620 BGB Hochschulen Nr. 28). Dazu ist es nicht erforderlich, dass dem Mitarbeiter 50% seiner Arbeitszeit zur eigenen wissenschaftlichen Weiterbildung eingeräumt werden (*BAG* 5.6.2002 EzA § 620 BGB Hochschulen Nr. 34). Promoviert der Mitarbeiter im Rahmen eines dazu befristeten Arbeitsvertrages vor Ablauf der Befristung, so werden die verbleibenden Zeiten bei der Berechnung der Fünfjahresgrenze des § 57c Abs. 2 HRG nicht eingerechnet (*BAG* 15.1.1997 NZA 1998, 29). Die Laufzeit eines Vertrages über die Tätigkeit eines Arztes im Praktikum ist auf die Höchstgrenze nicht anzurechnen (*BAG* 14.11.2001 NZA 2002, 1398).

339 Zeiten einer Beschäftigung als **wissenschaftliche Hilfskraft,** d.h. mit weniger als der Hälfte der regelmäßigen tariflichen Arbeitszeit, sind auf die Höchstgrenze jedenfalls nicht anzurechnen (*BAG* 20.9.1995 EzA § 620 BGB Nr. 137; abl. *Sill-Gorny* ZTR 1997, 399 ff.). Auf Zeiten, die **Stipendiaten** ohne einen mit der Universität bzw. deren Träger geschlossenen Arbeitsvertrag an der Universität verbringen, ist § 57 Abs. 2 S. 2 HRG weder unmittelbar noch entsprechend anwendbar (*BAG* 21.2.2001 ZTR 2001, 376 LS). Das gilt auch dann, wenn der wissenschaftliche Mitarbeiter als Beamter auf Zeit sich im Ausland aufhält und in denen er als wissenschaftliche Hilfskraft beschäftigt wird (*BAG* 15.1.2003 NZA 2003, 1167 LS). Beruht die Befristung eines Arbeitsvertrages nach dem eindeutigen und übereinstimmenden Willen der Parteien ausschließlich auf der Nichtanrechnung von Zeiten des Erziehungsurlaubs und des Beschäftigungsverbots nach dem MuSchG, entspricht die Dauer der

Befristung den nicht anrechenbaren Zeiträumen, auch wenn das Ende der Befristung im Vertrag falsch datiert ist (*BAG* 4.12.2002 NZA 2003, 991 LS).

§ 57c Abs. 6 HRG (vgl. dazu ausf. *Sill-Gorny* ZTR 2000, 103 ff.) enthält eine **abschließende Regelung derjenigen Zeiten,** die auf die Dauer eines nach § 57b Abs. 2 HRG befristeten Arbeitsverhältnisses eines wissenschaftlichen Mitarbeiters **nicht angerechnet werden** (z.B. Wehr-, Zivildienst; Elternzeit), damit sind landesrechtliche Regelungen aus der Zeit vor In-Kraft-Treten des § 57c HRG, die weitere Nichtanrechnungstatbestände regeln, unvereinbar und damit nichtig (*BAG* 14.2.1996 EzA § 620 BGB Hochschulen Nr. 4; vgl. APS/*Schmidt* § 57b HRG Rz. 22 ff.). 340

Der **Arbeitnehmer** hat die Voraussetzungen **darzulegen**, aus denen die Unwirksamkeit einer Befristung wegen Überschreitens der Höchstbefristungsgrenze des § 57c Abs. 2 HRG folgt (*BAG* 20.10.1999 EzA § 620 BGB Hochschulen Nr. 22; APS/*Schmidt* § 57b HRG Rz. 11). 341

5. Ärzte in der Weiterbildung

Gem. § 1 Abs. 1 des Gesetzes über befristete Arbeitsverträge mit Ärzten in der Weiterbildung gelten auch dann weniger strenge Anforderungen, wenn die Beschäftigung des Arztes außerhalb des Regelungsbereichs des HRG erfolgt und seiner Weiterbildung zum Gebietsarzt oder dem Erwerb einer Anerkennung für ein Teilgebiet oder einer Zusatzbezeichnung dient (vgl. APS/*Schmidt* ÄArbVtrG Rz. 1 ff.; KR/*Lipke* ÄArbVtrG Rz. 1 ff.; *Künzl* NZA 2008, 1101 ff.; s. zu den Voraussetzungen instr. *BAG* 13.6.2007 EzA § 14 TzBfG Nr. 40 = NZA 2008, 103); uneingeschränkt anwendbar ist allerdings das Schriftformerfordernis des § 14 Abs. 4 TzBfG (*BAG* 13.6.2007 EzA § 14 TzBfG Nr. 40 = NZA 2008, 103). 342

Eine Befristung nach § 1 Abs. 1 ÄArbVtrG setzt nicht voraus, dass der Arzt ausschließlich zu seiner Weiterbildung beschäftigt wird. Es genügt, dass die Beschäftigung diesen **Zweck fördert**. Notwendig ist allerdings, dass es sich um eine inhaltlich und zeitlich strukturierte Weiterbildung handelt; eine nur gelegentliche oder beiläufige Förderung der Weiterbildung genügt nicht (*LAG Hamm* 10.10.2006 LAGE § 620 BGB 2002 Arzt Nr. 1). 343

§ 1 Abs. 4 ÄArbVtrG gewährt einen Anspruch auf Abschluss eines Arbeitsvertrages für die Dauer der nach dieser Vorschrift anrechenbaren Unterbrechungszeiten eines nach § 1 Abs. 3 ÄArbVtrG befristeten Arbeitsverhältnisses. 344

Dieser Anspruch kann auch dann bestehen, wenn der in der Weiterbildung stehende Arzt die nach der jeweiligen Weiterbildungsordnung vorgeschriebenen Beschäftigungszeiten bereits **vor Beginn des Unterbrechungszeitraums** zurückgelegt hat (*BAG* 24.4.1996 EzA § 620 BGB Hochschulen Nr. 8; vgl. APS/*Schmidt* ÄArbVtrG Rz. 22 f.). 345

Das *LAG Nds.* (5.4.2001 ZTR 2001, 428; ebenso *BAG* 14.8.2002 EzA § 620 BGB Ärzte Nr. 1; 13.6.2007 EzA § 14 TzBfG Nr. 40 = NZA 2008, 103) geht davon aus, dass Zweckbefristungen (z.B. »für die Dauer der Weiterbildung bis zur Facharztanerkennung«) **im Rahmen von § 1 Abs. 2 ÄAVtrG nicht zulässig sind**. Denn die Zweckbefristung des Arbeitsvertrags ist kalendermäßig weder bestimmt noch bestimmbar i.S. dieser gesetzlichen Regelung. Denn zum maßgeblichen Zeitpunkt des Vertragsschlusses lässt sich das Beendigungsdatum nicht anhand eines Kalenders zweifelsfrei bestimmen, sondern ist von künftigen, ihrem Zeitpunkt nach ungewissen Ereignissen abhängig. Rechtsfolge der Vereinbarung einer Zweckbefristung ist danach das Bestehen eines unbefristeten Arbeitsverhältnisses (*BAG* 14.8.2002 EzA § 620 BGB Ärzte Nr. 1). 346

Nach Auffassung von *Dreher* (DB 1999, 1396 ff.; **a.A.** APS/*Schmidt* ÄArbVtrG Rz. 8; *LAG Köln* 2.11.2000 ARST 2001, 112 LS) ist das BeschFG (bzw. ab 1.1.2001 das TzBfG) nicht neben dem ÄArbVtrG anwendbar. 347

Das Gesetz zur Änderung arbeitsrechtlicher Vorschriften in der Wissenschaft soll – im Rahmen seines Anwendungsbereichs – dem ÄArbVtrG vorgehen. 348

III. § 21 BEEG

349 Eine besondere gesetzliche Regelung der Zulässigkeit von Zweckbefristungen anlässlich von Elternzeit enthält § 21 BEEG.

350 Danach liegt ein sachlicher Grund, der die Befristung eines Arbeitsverhältnisses rechtfertigt, vor, wenn ein Arbeitnehmer zur Vertretung eines anderen Arbeitnehmers für Zeiten eines Beschäftigungsverbots nach dem MuSchG, einer Elternzeit (vgl. *LAG Köln* 13.9.1995 LAGE § 620 BGB Nr. 41), einer auf Tarifvertrag, Betriebsvereinbarung oder einzelvertraglicher Vereinbarung beruhenden Arbeitsfreistellung zur Betreuung eines Kindes oder für diese Zeiten zusammen oder für Teile davon eingestellt worden ist (Abs. 1). Durch § 21 Abs. 1 BEEG wird ein ausreichender sachlicher Grund für die Befristungsvereinbarung unwiderleglich vermutet (*LAG Köln* 24.10.1997 NZA-RR 1998, 292). Über die Dauer der Vertretung hinaus ist die Befristung für notwendige Zeiten einer Einarbeitung zulässig (Abs. 2).

351 Der Tatbestand des § 21 Abs. 1 BEEG ist erfüllt, **wenn zwischen der Elternzeit und der befristeten Einstellung eine Kausalität besteht** (vgl. APS/*Backhaus* § 21 BEEG Rz. 18 f.).

352 Die Kausalität wird nach Auffassung des *LAG Köln* (24.10.1997 NZA-RR 1998, 292) vermutet, wenn durch den Ausfall des Arbeitnehmers in der Elternzeit die Gesamtzahl der aktuell eingesetzten Stammbelegschaft gesunken und dieses Defizit durch den Einsatz der Ersatzkraft (teilweise) ausgeglichen wird, die Ersatzkraft entweder auf dem vakant gewordenen Arbeitsplatz oder einem anderen Arbeitsplatz eingesetzt wird, der durch Umsetzung des Arbeitsplatzinhabers auf den vakanten Arbeitsplatz frei geworden ist (mittelbare Vertretung), und auf den vorübergehenden Ausfall des Arbeitnehmers in der Elternzeit als Grund für die Befristung im Arbeitsvertrag hingewiesen wird.

353 Fraglich ist, was dann gilt, wenn der Elternzeitberechtigte die Elternzeit **vorzeitig beendet** und an seinen Arbeitsplatz zurückkehren will. Der zur Vertretung zweckbefristet eingestellte Arbeitnehmer hatte u.U. mit einer wesentlich späteren Rückkehr und einem dementsprechend längeren Arbeitsverhältnis gerechnet. Da aber einer Zweckbefristung stets ein Moment der Unsicherheit innewohnt, ist auch dann die u.U. von beiden Vertragsparteien nicht erwartete frühzeitige Beendigung des Aushilfsvertrages unter Einhaltung einer der ordentlichen Kündigungsfrist entsprechenden Auslauffrist möglich (*Rolfs* NZA 1996, 1140).

354 Der Arbeitgeber ist nach Auffassung des *LAG Köln* (13.9.1995 LAGE § 620 BGB Nr. 41) nicht verpflichtet, eine Prognose darüber anzustellen, ob und in welchem Umfang die Arbeitnehmer seines Betriebes in Zukunft Elternzeit in Anspruch nehmen werden und welcher Vertretungsbedarf sich voraussichtlich daraus ergeben wird. **Auch bei vorhersehbarem zukünftigen Bedarf muss er mit den Vertretungskräften keine unbefristeten Arbeitsverträge abschließen.**

355 Das *BAG* (9.7.1997 EzA § 21 BErzGG Nr. 2) hat offen gelassen, ob § 21 BEEG auch die Einstellung eines Arbeitnehmers zur Vertretung eines **zeitweilig ausfallenden Mitarbeiters** sachlich rechtfertigt. Jedenfalls ist die zeitliche Befristung des Arbeitsverhältnisses eines Lehrers zur Vertretung einer beamteten Lehrerin während deren Elternzeit nach SR 2 y BAT sachlich gerechtfertigt. Das gilt auch, wenn die Befristung nicht bis zum Ablauf der Elternzeit vereinbart wird (*BAG* 9.7.1997 ZTR 1998, 41).

356 Gem. **§ 21 Abs. 3 BErzGG** a.F. musste die Dauer der Befristung des Arbeitsvertrages kalendermäßig bestimmt oder bestimmbar sein. Diese Vorschrift **verbot die Zweckbefristung eines Arbeitsvertrages, der für die Dauer der Beschäftigungsverbote nach dem MuSchG und/oder die Dauer einer Elternzeit** bis zum ungewissen Ende des Vertretungsfalles mit der Ersatzkraft abgeschlossen wurde (*BAG* 9.11.1994 EzA § 21 BErzGG Nr. 1).

IV. §§ 9 Nr. 2, 3 Abs. 1 Nr. 3 AÜG

Gem. § 9 Nr. 2 AÜG sind **wiederholte Befristungen** des Arbeitsverhältnisses zwischen Verleiher und Leiharbeitnehmern unwirksam, es sei denn, dass sich für die Befristung aus der Person des Leiharbeitnehmers ein **sachlicher Grund** ergibt, oder die Befristung **für einen Arbeitsvertrag vorgesehen ist, der unmittelbar an einen mit demselben Verleiher geschlossenen Arbeitsvertrag anschließt.** 357

Daraus wird (*Postler* NZA 1999, 179 ff.; *Düwell* BB 1997, 48; ebenso *Feuerhorn/Hamann* BB 1997, 2530; *Groeger* DB 1998, 472; APS/*Biebl* § 9 AÜG Rz. 6) abgeleitet, dass die Vorschriften des **BeschFG daneben nicht anwendbar sind** und dass nach den **arbeitsmarktpolitischen Motiven des Gesetzgebers** im Bereich der Arbeitnehmerüberlassung befristete Verträge zulässig sind, die weder bezüglich der Dauer noch der Anzahl einer Beschränkung unterliegen, sofern sie lückenlos aufeinander folgen. 358

Fraglich ist aber, ob daran für das Verhältnis zwischen § 14 Abs. 1, 2 TzBfG zu § 9 Nr. 2 AÜG **festgehalten werden kann**. Dagegen spricht, dass **§ 9 Nr. 2 AÜG mit der RL 99/70 EG nicht vereinbar ist**, so dass dem **Gebot gemeinschaftskonformer Auslegung** zu folgen ist, das immer dann eingreift, wenn die Frist zur Umsetzung der betreffenden Richtlinie abgelaufen ist. Da weder § 9 AÜG noch § 14 TzBfG ausdrücklich die Frage des Vorrangcharakters einer dieser Normen regeln, ist die **Auslegung möglich**, dass auch für befristete Verträge nach § 9 Nr. 2 AÜG, die sich unmittelbar an einen mit demselben Verleiher abgeschlossenen Vertrag anschließen, die Vorschriften des **§ 14 Abs. 1, 2 TzBfG gelten**. So wird der EG-Richtlinie genügt. Die wiederholte Befristung ist folglich auch nach § 9 Nr. 2 AÜG nur dann zulässig, wenn sie sich im Rahmen zulässiger Verlängerungen nach § 14 Abs. 2 TzBfG hält oder einen Sachgrund hat. Die bloße Unsicherheit, ob der Leiharbeitnehmer im Anschluss an den abzuschließenden befristeten Vertrag erneut verliehen werden kann, kann nach den allgemeinen Grundsätzen die Befristung sachlich nicht rechtfertigen (APS/*Backhaus* § 23 TzBfG Rz. 3). 359

C. Prozessuale Fragen

Die Klage kann trotz des Wortlauts des § 17 S. 1 TzBfG auch **schon vor dem vereinbarten Vertragsende erhoben werden** (APS/*Backhaus* § 17 TzBfG Rz. 42; ebenso zu § 1 Abs. 5 BeschFG *BAG* 28.6.2000 EzA § 1 BeschFG 1985 Nr. 15; *Hoß/Lohr* MDR 1998, 323; *Vossen* NZA 2000, 710; *Körfer* FA 2000, 305). 360

Der **Klageantrag** ist durch § 17 S. 1 TzBfG vorgegeben: 361
»Es wird festgestellt, dass die Befristung des zwischen den Parteien abgeschlossenen Arbeitsvertrages vom … rechtsunwirksam ist.«
Er kann aber auch lauten: »Es wird festgestellt, dass das Arbeitsverhältnis der Parteien nicht durch die Befristungsvereinbarung vom … zum … beendet wurde/beendet wird« (vgl. *H. J. Dörner* ZTR 2001, 486; *Bauer* BB 2001, 2528).

Es handelt sich um einen **punktuellen Streitgegenstand** (vgl. KR/*Bader* § 17 TzBfG Rz. 51 ff.). Denn der Gesetzgeber hat durch § 17 S. 1 TzBfG – zuvor schon durch § 1 Abs. 5 BeschFG – eine als materiellrechtliche Ausschlussfrist ausgestaltete Klagefrist eingeführt: Der Arbeitnehmer, der die Rechtsunwirksamkeit der Befristung des Arbeitsvertrages geltend machen will, muss innerhalb von drei Wochen nach dem vereinbarten Ende des befristeten Arbeitsvertrages Klage beim Arbeitsgericht erheben. §§ 5 bis 7 KSchG gelten entsprechend. Wie bei der Kündigungsschutzklage ist deshalb Streitgegenstand der Klage allein die **Wirksamkeit der Beendigung des befristeten Arbeitsvertrages auf Grund der Befristung**, das ist ein punktueller Streitgegenstand (so zu § 1 Abs. 5 BeschFG *LAG Bln.* 14.7.1998 NZA 1998, 1136; APS/*Backhaus* § 1 BeschFG Rz. 86, 100; *von Hoyningen-Huene/Linck* DB 1997, 41, 46; *Wisskirchen* DB 1998, 726). 362

363 Sofern **neben** diesem punktuellen Streitgegenstand – aber auch nur dann – (vgl. APS/*Backhaus* § 1 BeschFG Rz. 86, 100) **der Bestand eines unbefristeten Arbeitsverhältnisses** z.B. auf Grund der Fiktion des § 15 Abs. 5 TzBfG **geltend gemacht werden soll** (Streitgegenstand ist dann gem. **§ 256 ZPO** auch der Fortbestand des Arbeitsverhältnisses zum Zeitpunkt der letzten Verhandlung in der Tatsacheninstanz, wofür es eines Feststellungsinteresses bedarf), ist das im **Klageantrag** und den Klagegründen deutlich zu machen (APS/*Backhaus* § 17 TzBfG Rz. 43).

364 Der Klageantrag kann dann z.B. lauten: »... und zwischen den Parteien ein unbefristetes Arbeitsverhältnis besteht/zustande gekommen ist.«
Möglich erscheint dann auch die Formulierung: »... festzustellen, dass das Arbeitsverhältnis zwischen den Parteien über den ... (Zeitpunkt des vereinbarten Endes der Befristung) hinaus fortbesteht.« (MünchArbR/*Wank* Ergänzungsband § 116 Rz. 300).

D. Auflösende Bedingung; Altersgrenzen

I. Begriffsbestimmung

365 Gem. § 158 Abs. 2 BGB ist im Dienstvertragsrecht auch eine auflösende Bedingung zulässig, d.h., dass die rechtsgeschäftliche Regelung zunächst einmal eintritt, ihre Wirkung aber mit dem Eintritt der Bedingung endet. Das Arbeitsverhältnis ist damit von vornherein auf eine begrenzte Dauer angelegt, dieses Zeitmoment ist mit der Ungewissheit des Eintritts eines bestimmten Umstandes verbunden. Ungewiss ist schließlich, ob der Umstand, von dem die Beendigungswirkung abhängt, überhaupt eintritt (vgl. APS/*Backhaus* § 620 BGB Rz. 176 ff.).

II. Rechtslage bis zum 31.12.2000

1. Prüfungsmaßstab; sachlicher Grund

366 Das *BAG* (9.7.1981 EzA § 620 BGB Bedingung Nr. 1) hat zunächst – ohne dass es im konkret entschiedenen Einzelfall darauf angekommen wäre – wegen wesentlicher sachlicher Unterschiede zwischen befristetem und auflösend bedingtem Arbeitsverhältnis erwogen, die Unwirksamkeit auflösender Bedingungen künftig nicht mehr nach den für Befristungen geltenden Grundsätzen zu bestimmen, sondern sie grds. für unzulässig zu erachten, sofern sie nicht vornehmlich den Interessen des Arbeitnehmers dienen oder ihr Eintritt allein von seinem Willen abhängt.

367 Inzwischen hat es (*BAG* 17.2.1983 EzA § 620 BGB Nr. 62) die **Festlegung der auflösenden Bedingung anerkannt, dass bei einem Widerspruch der Personalvertretung des Arbeitsverhältnis mit Ablauf des Monates endet, in dem die Nichtzustimmung wirksam wird** (vgl. *Bauschke* BB 1993, 2523 ff.; *Enderlein* RdA 1998, 90 ff.).

368 Die Wirksamkeit der Vereinbarung einer auflösenden Bedingung bestimmt sich grds. **nach denselben Anforderungen, die an Befristungen zu stellen sind** (*BAG* 4.12.2002 EzA § 620 BGB 2002 Bedingung Nr. 1; vgl. auch *LAG Köln* 22.6.1998 NZA-RR 1999, 512; *v. Koppenfels-Spies* ArbuR 2004, 209 ff.). Ein sie rechtfertigender sachlicher Grund ist dann erforderlich, wenn und soweit dem Arbeitnehmer durch sie der Schutz zwingender Kündigungsschutzvorschriften genommen wird (*BAG* 2.7.2003 EzA § 620 BGB Bedingung Nr. 2; vgl. *Bauschke* a.a.O.; *van den Woldenberg* NZA 1999, 1033 ff.; APS/*Backhaus* § 620 BGB Rz. 180 ff.). Eine auflösende Bedingung unterliegt folglich nicht der arbeitsgerichtlichen Befristungskontrolle, wenn sie das Arbeitsverhältnis zu einem Zeit-

punkt beendet, in dem der Arbeitnehmer **noch keinen gesetzlichen Kündigungsschutz** nach dem KSchG hat und auch keine andere Kündigungsvorschrift umgangen werden kann (*BAG* 20.10.1999 EzA § 620 BGB Bedingung Nr. 14).

Unzulässig ist andererseits eine auflösende Bedingung jedenfalls dann, **wenn auch eine Kündigung nach § 134 BGB oder nach § 138 BGB unwirksam wäre** (z.B. für den Fall der Eheschließung, *BAG* 28.11.1958 AP Nr. 3 zu Art. 6 Abs. 1 GG Ehe und Familie). 369

Die auflösende Bedingung nach **§ 59 Abs. 1 BAT** ist dagegen z.B. sachlich gerechtfertigt. Sie trifft einen **angemessenen Interessenausgleich zwischen den Arbeitsvertragsparteien**. Die Tarifregelung dient dem Schutz des Arbeitnehmers, der aus gesundheitlichen Gründen nicht mehr in der Lage ist, seine bisherige Tätigkeit zu verrichten und bei dem bei einer Fortsetzung der Tätigkeit die Gefahr einer weiteren Verschlimmerung seines Gesundheitszustandes besteht. Andererseits wird dem berechtigten Interesse des Arbeitgebers Rechnung getragen, sich von einem Arbeitnehmer zu trennen, der gesundheitsbedingt nicht mehr in der Lage ist, seine nach dem Arbeitsvertrag geschuldete Leistung zu erbringen (*BAG* 1.12.2004 EzA § 620 BGB 2002 Bedingung Nr. 3 = NZA 2006, 211 = BAG Report 2005, 201). 370

2. Beispiele

- **Unzulässig ist eine auflösende Bedingung in einem Arbeitsvertrag mit einem Lizenz-Fußballspieler,** nach der das Arbeitsverhältnis beendet sein soll, wenn der den Spieler beschäftigende Verein der 2. Bundesliga vom DFB wegen wirtschaftlicher Leistungsunfähigkeit keine neue Lizenz erhält, weil für diese auflösende Bedingung ein sachlich gerechtfertigter Grund fehlt. Diese Vertragsgestaltung ist objektiv funktionswidrig, weil sie zur Umgehung des § 620 BGB führt und dem Arbeitnehmer einseitig und vollständig das grds. vom Arbeitgeber zu tragende Beschäftigungsrisiko aufbürdet (*BAG* 9.7.1981 EzA § 620 BGB Bedingung Nr. 1). 371
- Etwas anderes gilt bei einem Fußballtrainer bei einem Verein der ersten oder zweiten Bundesliga, wenn der Eintritt der Bedingung im Interesse des Arbeitnehmers vertraglich vereinbart wird. In diesem Fall liegt ein die Bedingung rechtfertigender Sachgrund vor (*BAG* 4.12.2002 EzA § 620 BGB 2002 Bedingung Nr. 1).
- Eine Vereinbarung, nach der das Arbeitsverhältnis eines beurlaubten Beamten der Deutschen Bundespost mit einer **Selbsthilfeeinrichtung** der Postbediensteten (hier: Versicherungsverein) endet, wenn die bewilligte Beurlaubung beendet und nicht verlängert wird, ist sachlich nicht gerechtfertigt, wenn die weitere Beurlaubung des Beamten jeweils von einer Mitwirkung des Arbeitgebers abhängt, die in dessen Belieben steht (*BAG* 4.12.1991 EzA § 620 BGB Bedingung Nr. 10).
- Gleiches gilt, wenn für den Fall einer **nicht termingerechten Rückkehr** des Arbeitnehmers aus dem Urlaub ohne weiteres das Arbeitsverhältnis beendet wäre (*BAG* 25.6.1987 EzA § 620 BGB Bedingung Nr. 8), den bloßen Ablauf einer notwendigen Arbeitserlaubnis bei einem seit längerem vollzogenen Arbeitsverhältnis (*LAG Köln* 18.4.1997 LAGE § 1 KSchG Personenbedingte Kündigung Nr. 15), sowie dann, wenn bei einer bestimmten **Zeugnisnote das Berufsausbildungsverhältnis beendet wäre,** ohne dass auf die Gründe eingegangen wird und ohne dass eine Abwägung der widerstreitenden Interessen stattfindet (*BAG* 5.12.1985 EzA § 620 BGB Bedingung Nr. 5).
- Die auflösende Bedingung in § 62 MTV Waldarbeiter, wonach das Arbeitsverhältnis mit dem Eintritt der Unterbrechung endet, wenn infolge **außerordentlicher Witterungseinflüsse** oder anderer nicht vorherzusehender Umstände die Weiterführung der Arbeiten unmöglich wird, ist wirksam (*BAG* 22.8.2001 EzA § 3 EFZG Nr. 3 und 28.8.1987 ZTR 1988, 101).
- Zulässig ist eine auflösende Bedingung auch im Zusammenhang mit Einstellungshindernissen, so wenn noch die **gesundheitliche Eignung** festgestellt werden muss (selbst wenn die Aufnahme der Tätigkeit bereits erfolgt ist *LAG Hessen* 8.12.1994 LAGE § 620 BGB Bedingung Nr. 4; vgl. dazu *Gaul/Laghzaoui* ZTR 1996, 300 ff.), bzw. das zu erstellende

Gesundheitszeugnis Hinderungsgründe für die vereinbarte Beschäftigung enthält. Liegen mehrere ärztliche Untersuchungen mit unterschiedlichen Ergebnissen vor, so ist für die Frage des Bedingungseintritts das Attest des betriebsärztlichen oder des arbeitsmedizinischen Dienstes entscheidend. Die Arbeitnehmerin kann den Bedingungseintritt nicht durch Vorlage eines abweichenden Privatgutachtens, z.B. eines Klinikarztes, verhindern. Dies gilt insbes. auch für Angestellte des öffentlichen Dienstes, die nach § 7 BAT ihre gesundheitliche Eignung durch das Zeugnis eines vom Arbeitgeber zu bestimmenden Arztes nachzuweisen haben (*ArbG Marburg* 11.5.2000 ZTR 2001, 76).

- Die Vereinbarung einer auflösenden Bedingung – Beendigung des Arbeitsverhältnisses einer Reinigungskraft bei Wegfall des Reinigungsauftrags – ist jedenfalls dann unwirksam und sachlich nicht gerechtfertigt, wenn im Arbeitsvertrag zugleich eine allgemeine Versetzungsklausel vereinbart wird (*LAG Köln* 7.4.2005 LAGE § 21 TzBfG Nr. 1).
- Eine auflösende Bedingung in einem Arbeitsvertrag eines Unternehmens des Wach- und Sicherheitsgewerbes, wonach das Arbeitsverhältnis eines im Wachdienst beschäftigten Arbeitnehmers bei dem Entzug der Einsatzgenehmigung durch die US-Streitkräfte nach einer Auslauffrist endet, ist wirksam, wenn für den Arbeitnehmer keine Beschäftigungsmöglichkeit mehr besteht (*BAG* 19.3.2008 – 7 AZR 1033/06 – EzA-SD 15/2008 S. 11 LS = NZA-RR 2008, 570).
- Gleiches gilt, wenn noch die **Zustimmung des Betriebs- oder Personalrats aussteht,** oder im Hinblick auf einen Streit über die Beendigung des Arbeitsvertrages, so im Falle eines gerichtlichen Vergleichs bis zur **Neubesetzung der Planstelle,** aus der der Arbeitnehmer vorübergehend bezahlt wurde (*BAG* 17.2.1983 EzA § 620 BGB Nr. 62; 9.2.1984 EzA § 620 BGB Bedingung Nr. 2).
- Das Arbeitsverhältnis eines **fluguntauglichen Arbeitnehmers** nach § 20 Abs. 1a MTV Nr. 3b für das Bordpersonal der Dt. Lufthansa endet (erst) bei Fehlen eines zumutbaren freien Arbeitsplatzes im Bodendienst. Bei der Besetzung einer freien Stelle unterliegt die Auswahlbefugnis des Arbeitgebers Beschränkungen. Erfüllt der fluguntaugliche Arbeitnehmer die Anforderungen des freien Arbeitsplatzes, ist er bei der Besetzung dieser Stelle vorrangig zu berücksichtigen. Verneint der Arbeitgeber das Vorhandensein einer freien Stelle im Bodendienst, hat der Arbeitnehmer konkret vorzutragen, wie er sich eine Weiterbeschäftigung vorstellt. Auf freie Stellen, die ihm vom Arbeitgeber gezielt zur Kenntnis gegeben worden sind, für die er jedoch kein Interesse bekundet hat, kann er sich im Beendigungsstreit nicht berufen (*BAG* 11.10.1995 EzA § 620 BGB Bedingung Nr. 11).
- Ein ausreichender sachlicher Grund für die Vereinbarung einer auflösenden Bedingung kann für die Darstellerin einer TV-Serie darin liegen, dass ihre Rolle infolge **fehlender Zuschauerakzeptanz** gestrichen wird (*LAG Köln* 22.6.1998 NZA-RR 1999, 512).
- Gleiches gilt dann, wenn mit einer **Schauspielerin**, die eine bestimmte Rolle in einer Fernsehserie übernehmen soll, vereinbart wird, dass ihr Arbeitsverhältnis endet, wenn diese Rolle in der Serie nicht mehr enthalten ist, sofern die Entscheidung über den Wegfall der Rolle maßgeblich auf künstlerischen Erwägungen des Arbeitgebers beruht (*BAG* 2.7.2003 EzA § 620 BGB 2002 Bedingung Nr. 2 = NZA 2004, 311; vgl. dazu *Joch/Klichowski* NZA 2004, 302 ff.; **a.A.** *ArbG Potsdam* 26.7.2001 NZA-RR 2002, 125; *v. Koppenfels-Spies* ArbuR 2004, 209 ff.).
- Ein sachlicher Grund für eine auflösende Bedingung in einem Arbeitsverhältnis kann auch in einem **Konkurrentenstreit** um die fragliche Stelle liegen (*OVG Greifswald* 31.7.2002 NZA-RR 2003, 628).
- Gem. § 59 BAT endet das Arbeitsverhältnis eines **berufsunfähigen Arbeitnehmers,** wenn es an zumutbaren Weiterbeschäftigungsmöglichkeiten auf einem freien Arbeitsplatz fehlt (*BAG* 28.6.1995 EzA § 620 BGB Nr. 134; vgl. auch zur Neufassung des § 59 BAT *LAG Bln.* 19.12.2003 NZA-RR 2004, 418) mit Ablauf des Monats, in dem der Bescheid des Rentenversicherungsträgers zugestellt wird, durch den festgestellt wird, dass der Angestellte erwerbsgemindert ist. Seit dem 1.1.2001 (s.u. Rn. 380 ff.) endet das Arbeitsverhältnis gem. §§ 21, 15 Abs. 2 TzBfG frühestens zwei Wochen nach Zugang der schriftlichen Unterrichtung des Arbeitnehmers durch den Arbeitgeber über den

Zeitpunkt des Eintritts der auflösenden Bedingung (*BAG* 1.12.2004 EzA § 620 BGB 2002 Bedingung Nr. 3 = NZA 2006, 211 = BAG Report 2005, 201). Der Arbeitgeber ist in einem derartigen Fall nicht verpflichtet, durch Umorganisation einen neuen Arbeitsplatz zu schaffen, auf dem der Arbeitnehmer trotz seiner Beeinträchtigung beschäftigt werden könnte (*LAG Nds.* 1.12.2000 ZTR 2001, 523 LS). Etwas anderes gilt allerdings dann, wenn der Arbeitnehmer, der nur teilweise erwerbsgemindert ist, nach seinem vom Rentenversicherungsträger festgestellten Leistungsvermögen auf seinem bisherigen oder einem anderen freien Arbeitsplatz weiterbeschäftigt werden kann, soweit dringende dienstliche bzw. betriebliche Gründe nicht entgegenstehen (§ 59 Abs. 3 BAT; *BAG* 1.12.2004 EzA § 620 BGB 2002 Bedingung Nr. 3 = NZA 2006, 211 = BAG Report 2005, 201; s.a. *LAG Bln.* 28.3.2006 ZTR 2006, 551). Der Arbeitnehmer muss allerdings noch **vor Zustellung des Rentenbescheides** vom Arbeitgeber schriftlich die Weiterbeschäftigung verlangen (*BAG* 21.7.2002 EzA Art. 12 GG Nr. 44) bzw. gem. § 59 Abs. 3 BAT innerhalb von zwei Wochen nach Zugang des Rentenbescheides. Dieses tarifliche Frist- und Formerfordernis ist im Interesse der Rechtssicherheit und Rechtsklarheit gerechtfertigt; ein nur mündliches Weiterbeschäftigungsverlangen wahrt die Schriftform nicht (*BAG* 1.12.2004 EzA § 620 BGB 2002 Bedingung Nr. 3 = NZA 2006, 211 = BAG Report 2005, 201).

Eine **Beendigung** tritt allerdings dann **nicht** ein, wenn der Angestellte den Rentenantrag innerhalb der Widerspruchsfrist gegen den Rentenbescheid zurücknimmt und den Arbeitgeber darüber ebenfalls vor dem Ablauf der Widerspruchsfrist unterrichtet (*BAG* 11.3.1998 NZA 1998, 1180), oder den Antrag auf die Gewährung einer Zeitrente beschränkt (*BAG* 3.9.2003 NZA 2004, 328). Dies gilt insbes. dann, wenn die Rücknahme des Rentenantrags darauf beruht, **372**

- dass der Rentenversicherungsträger dem Antrag nicht voll entsprochen hat, z.B. wenn auf einen Antrag, gerichtet auf Erwerbsunfähigkeitsrente, tatsächlich Berufsunfähigkeitsrente bewilligt wird (*LAG Nds.* 10.10.1996 ZTR 1997, 227) oder darauf,
- dass eine Reha-Maßnahme die Arbeitsfähigkeit des Angestellten wiederhergestellt hat.

In diesem Fall ist auch eine Unterrichtung des Arbeitgebers entbehrlich, wenn der Angestellte noch vor Zustellung des Rentenbescheides die Rücknahme erklärt und im Vertrauen auf die Unwirksamkeit des Bescheides seine Arbeitstätigkeit in vollem Umfang wieder aufnimmt (*LAG Nds.* 23.5.1997 ZTR 1997, 273).

Gleiches gilt, wenn der Angestellte Widerspruch gegen den Bescheid der BfA zur Gewährung einer Erwerbsunfähigkeitsrente mit dem Ziel einlegt, nur eine befristete Rente zu erhalten und den Arbeitgeber hierüber unverzüglich unterrichtet (*LAG Nds.* 30.5.1997 ZTR 1997, 517).

Das Arbeitsverhältnis endet auch dann nicht gem. § 59 Abs. 1 BAT mit Ablauf des Monats, in dem dem Arbeitnehmer ein Bescheid eines Rentenversicherungsträgers über die Feststellung einer Berufs- oder Erwerbsunfähigkeitsrente zugeht, wenn der Angestellte den Rentenantrag bis zum Ablauf der Widerspruchsfrist des § 84 SGG auf die Gewährung einer Zeitrente nach § 102 SGB VI beschränkt (*BAG* 23.2.2000 EzA § 1 BeschFG 1985 Klagefrist Nr. 3); nach Auffassung des *Sächs. LAG* (21.7.2006 ZTR 2007, 266) nach § 59 Abs. 1 BAT-O auch dann, wenn amtsärztlich die Erwerbsunfähigkeit festgestellt wird und der Arbeitnehmer es unterlässt, einen Rentenantrag zu stellen.

Gleiches gilt, wenn der Angestellte, der eine Rente wegen Erwerbsminderung aus der gesetzlichen Rentenversicherung (§ 33 SGB VI) bezieht, nach seinem vom Rentenversicherungsträger festgestellten Leistungsvermögen noch in der Lage ist, seine nach dem Arbeitsvertrag geschuldete Leistung zu erbringen (*BAG* 9.8.2000 ZTR 2001, 270).

Lässt der Arbeitnehmer dagegen den Rentenbescheid **formell bestandskräftig** werden, verbleibt es auch dann bei der Beendigung des Arbeitsverhältnisses, wenn der Rentenbescheid vom Rentenversicherungsträger später zurückgenommen und dem Angestellten nur eine befristete Rente wegen verminderter Erwerbsfähigkeit gewährt wird (*BAG* 3.9.2003 NZA 2004, 328). Nichts anderes gilt, wenn der **Rentenbescheid** über die Gewährung einer Rente wegen Erwerbsminderung **nach Ablauf der Widerspruchsfrist** des § 84 Abs. 1 SGG **aufgehoben wird** und dem Arbeitnehmer stattdessen eine befristete Rente wegen verminderter Erwerbsfähigkeit gewährt wird (*BAG* 23.6.2004 EzA § 17 TzBfG Nr. 5 = NZA 2005, 520 = BAG Report 2004, 398). Beantragt der Angestellte Rente wegen Erwerbsminderung und bewilligt der Rentenversicherungsträger unbefristet Rente wegen teilweiser Erwerbsminderung und befristet Rente wegen voller Erwerbsminderung, endet das Arbeitsverhältnis nicht. Vielmehr ruht es während der Dauer des Bezugs der befristeten Rente wegen voller Erwerbsminderung (*LAG Nds.* 31.5.2005 LAG Report 2005, 288 LS). Dem ist das ***BAG*** (15.3.2006 EzA § 21 TzBfG Nr. 1) **nicht gefolgt**; es ist von der Beendigung des Arbeitsverhältnisses wegen der unbefristeten Bewilligung der Rente wegen teilweiser Erwerbsminderung ausgegangen, weil der Arbeitnehmer entgegen § 59 Abs. 3 BAT nicht form- und fristgerecht einen Weiterbeschäftigungsantrag gegenüber dem Arbeitgeber gestellt hatte. Der Arbeitgeber ist insoweit nicht verpflichtet, den Angestellten von sich aus auf die tariflich vorgesehene Form und Frist für den Weiterbeschäftigungsantrag hinzuweisen. Die Berufung des Arbeitgebers auf deren Nichteinhaltung verstößt auch nicht gegen Treu und Glauben (§ 242 BGB); etwas anderes gilt aber dann, wenn die Nichteinhaltung von Form und Frist durch den Arbeitgeber veranlasst wurde, z.B. wenn der Arbeitgeber den Angestellten von der schriftlichen Geltendmachung des Weiterbeschäftigungsantrags abgehalten hat (BAG 15.3.2006 EzA § 21 TzBfG Nr. 1).

373 Setzt der Arbeitnehmer trotz der Beendigung des Arbeitsverhältnisses nach § 59 Abs. 1 BAT seine bisherige Tätigkeit fort, ohne den Arbeitgeber von der Zustellung des Rentenbescheides zu unterrichten, erfolgt die **Rückabwicklung** der rechtsgrundlos erbrachten Arbeitgeberleistungen nach Bereicherungsrecht. Die Grundsätze des faktischen Arbeitsverhältnisses sind demgegenüber nicht anwendbar (*BAG* 30.4.1997 ZTR 1997, 415).

374 ▶ Die in § 25 II Abs. 1 TV Arb geregelte auflösende Bedingung, nach der das Arbeitsverhältnis bei **Bewilligung einer Versorgungsrente** aus der Versorgungsanstalt der Deutschen Bundespost (VAP) endet, **ist wirksam** (*BAG* 6.12.2000 NZA 2001, 792).

375 ▶ Die im Tarifvertrag für die Musiker in Kulturorchestern (§ 45 TVK) geregelte auflösende Bedingung, nach der das Arbeitsverhältnis eines Orchestermusikers auf Grund der Gewährung einer **zeitlich begrenzten Rente wegen Erwerbsunfähigkeit endet**, ist mit höherrangigem Recht **vereinbar**, weil der Arbeitgeber gem. § 45 Abs. 5 TVK den Arbeitnehmer nach Ablauf der Zeitrente wieder einzustellen hat, soweit für dessen Instrument ein freier Arbeitsplatz im Orchester vorhanden ist (*BAG* 23.2.2000 NZA 2000, 776).

376 ▶ Das Arbeitsverhältnis des Mitarbeiters eines Unternehmens aus dem Wach- und Sicherheitsgewerbe wird auf Grund einer tarifvertraglichen Norm, wonach das Arbeitsverhältnis mit sofortiger Wirkung endet, wenn die Erlaubnisbehörde die **Zustimmung zur Beschäftigung eines Arbeitnehmers verweigert** oder entzieht, nur zum Ablauf einer der zwingenden Mindestkündigungsfrist entsprechenden **Auslauffrist beendet**, wenn für den Arbeitnehmer keine anderweitige Beschäftigungsmöglichkeit besteht (*BAG* 25.8.1999 NZA 2000, 656).

3. Unterrichtungspflicht des Arbeitgebers; Auslauffrist

377 **Bei Ungewissheit über den Zeitpunkt des Bedingungseintritts ist von der Verpflichtung des Arbeitgebers auszugehen, den Arbeitnehmer vom Bedingungseintritt zu unterrichten und eine Auslauffrist einzuhalten, die der sonst geltenden Kündigungsfrist entspricht.**

4. Darlegungs- und Beweislast

378 Der Arbeitgeber trägt die Darlegungs- und Beweislast sowohl für die Vereinbarung als auch für den Eintritt der auflösenden Bedingung, wenn er sich zur Beendigung des Arbeitsverhältnisses darauf beruft (zu letzterem *LAG Hessen* 9.7.1999 NZA-RR 2000, 380).

5. Klagefrist?

Die Klagefrist des § 1 Abs. 5 BeschFG gilt nicht für Klagen, die sich gegen die Wirksamkeit einer auflösenden Bedingung richten (*BAG* 23.2.2000 EzA § 1 BeschFG 1985 Klagefrist Nr. 3; *LAG Hessen* 9.7.1999 NZA-RR 2000, 380; s. jetzt aber § 21 TzBfG i.V.m. § 14 Abs. 4 TzBfG). 379

III. Rechtslage ab dem 1.1.2001: § 21 TzBfG

1. Grundlagen

Das TzBfG enthält zwar keine Begriffsbestimmung der auflösenden Bedingung; durch § 21 TzBfG hat der Gesetzgeber aber nunmehr entscheiden, dass auflösende Bedingungen zwar **nicht generell unzulässig** sind, andererseits aber **zu ihrer** Wirksamkeit eines Sachgrundes bedürfen. Das gilt auch dann, wenn die Umgehung einer Kündigungsschutzbestimmung ausgeschlossen ist, also z.B. bei Eintritt der Bedingung in den ersten sechs Monaten des Arbeitsverhältnisses oder dann, wenn das Arbeitsverhältnis für einen Kleinbetrieb i.S.d. § 23 Abs. 1 KSchG abgeschlossen worden ist (vgl. APS/*Backhaus* § 21 TzBfG Rz. 4; MünchArbR/*Wank* Ergänzungsband § 116 Rz. 311 ff.). 380

2. Anforderungen an den Sachgrund

a) Grundsätze

Die Anordnung der entsprechenden Anwendung des § 14 Abs. 1 TzBfG kann **nicht so verstanden werden, dass nunmehr jeder Sachgrund, der eine Befristung rechtfertigt, auch eine auflösende Bedingung rechtfertigen kann.** Denn die gesetzliche Regelung soll an die Rechtsprechung des BAG (s.o. Rn. 135 ff.) anknüpfen, ihr entsprechen (BT-Drs. 14/4374, 21). Danach muss aber gerade **der höheren Ungewissheit** bei der auflösenden Bedingung bei der Prüfung des sachlichen Grundes **Rechnung getragen** werden (*BAG* 24.9.1997 EzA § 620 BGB Nr. 147; KDZ/*Däubler* § 21 TzBfG Rz. 1 ff.; **a.A.** für das TzBfG explizit *Hromadka* BB 2001, 625; KR/*Bader* § 21 TzBfG Rz. 17 ff.). Auch wurden auflösende Bedingungen, die an die Erwerbs-, Berufsunfähigkeit oder den Entzug einer besonderen öffentlich-rechtlichen Erlaubnis zur Beschäftigung des Arbeitnehmers anknüpfen, restriktiv dahin ausgelegt, dass sie nicht eingreifen, wenn noch eine anderweitige Beschäftigungsmöglichkeit besteht (*BAG* 9.8.2000 ZTR 2001, 270; 9.8.2000 – 7 AZR 749/98). Zu beachten ist zudem, dass die meisten für befristete Arbeitsverhältnisse anerkannten Sachgründe sich dadurch auszeichnen, dass sie in zeitlicher Hinsicht definiert vorübergehend sind, während gerade finanzielle und wirtschaftliche Ungewissheiten zum Risiko des Arbeitgebers gehören, das er nicht über befristete – und wegen der zusätzlichen Ungewissheit des »Wann« erst recht nicht über auflösend bedingte – Arbeitsverhältnisse auf den Arbeitnehmer abwälzen darf (APS/*Backhaus* § 21 TzBfG Rz. 6; MünchArbR/*Wank* Ergänzungsband § 116 Rz. 311 ff.). 381

Im **Verhaltensbereich** ist des Weiteren zu berücksichtigen, dass bei verhaltensbedingten Kündigungen in besonderem Maße die Umstände des konkreten Einzelfalles zu berücksichtigen sind, die angemessen nur im Rahmen einer umfassenden **Interessenabwägung** gewürdigt werden können. Diese wird abgeschnitten, wenn ein bestimmtes Verhalten des Arbeitnehmers als auflösende Bedingung vereinbart wird (APS/*Backhaus* § 21 TzBfG Rz. 8; MünchArbR/*Wank* Ergänzungsband § 116 Rz. 314). 382

b) Die besonderen Sachgründe des § 14 Abs. 1 S. 1 Nr. 1 bis 8 TzBfG

In Betracht kommen insbes. (vgl. APS/*Backhaus* § 21 TzBfG Rz. 9 ff.; KR/*Bader* § 21 TzBfG Rz. 23 ff.): 383

- Nr. 3: Vertretungsverträge;
- Nr. 4: Eigenart der Arbeitsleistung, wenn die Rolle eines Darstellers, z.B. in einer TV-Serie, aus künstlerischen Gründen entfällt;

- Nr. 5: Erprobung, z.B. Vorspiel einer Geigerin in einem Rundfunkorchester;
- Nr. 6: Gründe in der Person des Arbeitnehmers, z.B. zur sozialen Überbrückung, wenn der Beginn einer in Aussicht genommenen Anschlussbeschäftigung als auflösende Bedingung definiert wird;
- Nr. 8: Vereinbarung im gerichtlichen Vergleich.

384 Nicht in Betracht kommen dagegen (vgl. APS/*Backhaus* a.a.O.; **a.A.** KR/*Bader* § 21 TzBfG Rz. 23 ff.):

- Nr. 1: ungewisser vorübergehender betrieblicher Bedarf, da der Grund aus dem wirtschaftlich-finanziellen Bereich stammt;
- Nr. 2: Übergang in eine Anschlussbeschäftigung, da der Abschluss des Anschlussbeschäftigungsverhältnisses im Willen des Arbeitnehmers steht;
- Nr. 4: Eigenart der Arbeitsleistung, wenn die Rolle eines Darstellers, z.B. in einer TV-Serie, aus wirtschaftlichen oder personenbedingten, nicht-künstlerischen Gründen entfällt;
- Nr. 6: in der Person des Arbeitnehmers liegende Gründe, d.h. dann nicht, wenn es um die Dauer der Aufenthaltserlaubnis unter der Voraussetzung geht, dass hinreichend gewiss ist, dass sie verlängert wird, weil eine auflösende Bedingung sich gerade dadurch auszeichnet, dass ihr Eintritt ungewiss ist;
- Nr. 7: Vergütung aus Haushaltsmitteln, da finanzielle Unsicherheiten keinen sachlichen Grund darstellen.

3. Weitere anzuwendende Vorschriften

385 **Daneben gelten gem. § 21 TzBfG entsprechend:**

- § 14 Abs. 4 TzBfG (Schriftform). Ist eine Vereinbarung über die Weiterbeschäftigung eines Arbeitnehmers während des Kündigungsschutzprozesses z.B. nicht schriftlich abgeschlossen worden, so ist diese rechtsunwirksam mit der Folge, dass das Arbeitsverhältnis unbedingt fortbesteht (*LAG Hamm* 16.1.2003 EzA § 14 TzBfG Nr. 10 = NZA-RR 2003, 468). Auch die **mündliche Abrede**, der Vertrag sei unter der auflösenden Bedingung abgeschlossen worden, **erst müsse die erforderliche Finanzierung** für den geplanten Unternehmenskauf durch die kreditgebenden Banken **bewilligt sein**, verstößt gegen §§ 21, 14 Abs. 1 S. 4 TzBfG (*LAG Nds.* 4.9.2006 NZA-RR 2007, 67);
- § 15 Abs. 2 TzBfG (schriftliche Unterrichtung über den Zeitpunkt des Eintritts der auflösenden Bedingung),
- § 15 Abs. 3 TzBfG (regelmäßiger Ausschluss der ordentlichen Kündigung),
- § 15 Abs. 5 TzBfG (Fiktion eines unbefristeten Arbeitsvertrages),
- § 16 TzBfG (Folgen unwirksamer auflösender Bedingungen),
- § 17 TzBfG (Klagefrist).

386 Zu beachten ist, dass § 17 TzBfG dann keine Anwendung findet, wenn die Parteien ausschließlich darüber streiten, ob eine auflösende Bedingung für die Beendigung des Arbeitsverhältnisses tatsächlich eingetreten ist. Denn der Arbeitnehmer macht in diesem Fall nicht die Rechtsunwirksamkeit der auflösenden Bedingung i.S.d. § 21, § 17 S. 1 TzBfG geltend (*BAG* 23.6.2004 EzA § 17 TzBfG Nr. 5 = NZA 2005, 520 = BAG Report 2004, 398).

387 Anwendbar sind nach der Schuldrechtsreform nunmehr auch die §§ 305 ff. BGB. Deshalb kann z.B. eine auflösende Bedingung in einem Altersteilzeitvertrag, wonach das Arbeitsverhältnis nach Ablauf des Kalendermonats endet, in dem der Arbeitnehmer zum Bezug der frühestmöglichen gesetzlichen Altersrente berechtigt ist, nach dem Verlauf der Vertragsverhandlungen als Überraschungsklausel anzusehen sein. Dies kann anders zu beurteilen sein, wenn der Arbeitgeber den Arbeitnehmer vor der Unterzeichnung der Altersteilzeitvereinbarung auf die Bedeutung der auflösenden Bedingung hingewiesen hat. Wird des weiteren in AGB eine Befristungsabrede getroffen, bei der das Arbeitsverhält-

nis vor Ablauf einer vereinbarten Zeitbefristung vorzeitig durch Eintritt einer oder mehrerer auflösender Bedingungen enden kann, ist die vor Ablauf der Zeitbefristung bestehende Beendigungsmöglichkeit im Vertragstext deutlich erkennbar hervorzuheben (*BAG* 8.8.2007 EzA § 21 TzBfG Nr. 2).

IV. Altersgrenzen

1. Begriffsbestimmung

388 Als auflösende Bedingung hat das *BAG* (6.3.1986 EzA § 620 BGB Bedingung Nr. 6; 20.11.1987 EzA § 620 BGB Altersgrenze Nr. 1) ursprünglich vor allem in Tarifverträgen (s. dazu *BAG* 18.6.2008 EzA § 14 TzBfG Nr. 49 = NZA 2008, 1302) und Betriebsvereinbarungen zumeist vorgesehene Regelungen, wonach das Arbeitsverhältnis mit der Vollendung z.B. des 65. Lebensjahres endet, ohne dass es einer Kündigung bedarf (Altersgrenzen), angesehen.

389 Inzwischen geht das *BAG* (14.8.2002 EzA § 620 BGB Altersgrenze Nr. 13 = NZA 2003, 1398; 19.11.2003 EzA § 620 BGB 2002 Altersgrenze Nr. 4 = NZA 2004, 1336 = BAG Report 2004, 100) demgegenüber davon aus, dass es sich um eine Befristung handelt (s. dazu *BAG* 18.6.2008 EzA § 14 TzBfG Nr. 49), deren Unwirksamkeit mit der Entfristungsklage nach § 1 Abs. 5 S. 1 BeschFG (in der bis zum 31.12.2000 geltenden Fassung; jetzt: § 17 S. 1 TzBfG) geltend zu machen ist. Denn aus der Sicht der Arbeitsvertragsparteien ist der Eintritt des gesetzlichen Rentenalters ein zukünftiges Ereignis, dessen Eintritt sie als feststehend ansehen. Ob eine Befristung zur Beendigung des Arbeitsverhältnisses führt, hängt immer davon ab, dass das Arbeitsverhältnis nicht bereits vor Fristablauf anderweitig, z.B. durch Kündigung oder Aufhebungsvertrag, endet. Nicht anders verhält es sich bei der Beendigung des Arbeitsverhältnisses auf Grund einer Altersgrenze. Diese wird nicht allein durch die Möglichkeit einer vorherigen anderweitigen Beendigung des Arbeitsverhältnisses zur auflösenden Bedingung. Daraus folgt, dass für die Ermittlung des gesetzlichen Rentenalters i.S. einer solchen Altersgrenzenregelung grds. das Geburtsdatum maßgeblich ist, das der Arbeitnehmer erstmals gegenüber einem Sozialleistungsträger angegeben hat (§ 33a Abs. 1 SGB I). Wird zu einem späteren Zeitpunkt auf Antrag des Arbeitnehmers durch eine Entscheidung eines türkischen Gerichts festgestellt, dass der Arbeitnehmer früher als ursprünglich angegeben geboren wurde, ist dies für die Ermittlung des gesetzlichen Rentenalters und damit auch für das Erreichen der Altersgrenze unbeachtlich (*BAG* 14.8.2002 EzA § 620 BGB Altersgrenze Nr. 13).

Auch die von den Arbeitsvertragsparteien in einer Versorgungszusage getroffene Vereinbarung, das Arbeitsverhältnis gehe mit Ablauf des Monats, in dem der Arbeitnehmer das 65. Lebensjahr vollendet, in das Altersrentenverhältnis über, kann dahingehend ausgelegt werden, dass das Arbeitsverhältnis zu diesem Zeitpunkt endet, stellt also eine – mit Art. 12 Abs. 1 GG vereinbare – Altersgrenze dar (*BAG* 6.8.2003 EzA § 620 BGB 2002 Altersgrenze Nr. 3 = NZA 2004, 96).

2. Allgemeine Zulässigkeitsvoraussetzungen; inhaltliche Bestimmtheit

390 Eine derartige Altersgrenze stellte jedenfalls dann keine objektiv funktionswidrige Umgehung des Kündigungsschutzes – darauf kommt es nach § 21 TzBfG bzw. § 14 TzBfG – Altersgrenze als Befristung, nicht mehr als auflösende Bedingung – ab dem 1.1.2001 ohnehin nicht mehr an – und auch keinen Verstoß gegen Art. 12 Abs. 1 GG dar, wenn zum einen eine mehrmalige Verlängerungsmöglichkeit besteht und zum anderen, wenn eine betriebliche Versorgungsregelung nach einem auf generellen Erwägungen beruhenden vorzeitigen Ausscheiden des Arbeitnehmers aus dem Arbeitsverhältnis bei

Erreichen einer bestimmten Altersgrenze eine an der Dauer der Betriebszugehörigkeit ausgerichtete Versorgung gewährleistet (*BAG* 6.3.1986 EzA § 620 BGB Bedingung Nr. 6; s. *Bahnsen* NJW 2008, 407 ff.). So kann z.B. die von den Arbeitsvertragsparteien **in einer Versorgungszusage getroffene Vereinbarung,** das Arbeitsverhältnis gehe mit Ablauf des Monats in dem der Arbeitnehmer das 65. Lebensjahr vollendet in das Altersrentenverhältnis über, dahingehend auszulegen sein, dass das Arbeitsverhältnis zu diesem Zeitpunkt endet. Eine derartige Vereinbarung in einer Versorgungszusage ist auch **keine überraschende Klausel** i.S.v. § 3 AGBG, die nicht Vertragsbestandteil wird (*BAG* 6.8.2003 EzA § 620 BGB 2002 Altersgrenze Nr. 3 = ZTR 2004, 95). Insoweit waren auch einzelvertragliche Altersgrenzen, die den Anforderungen der arbeitsgerichtlichen Befristungskontrolle – sachlicher Grund – genügten, mit Art. 12 Abs. 1 GG vereinbar (*BAG* 20.2.2002 EzA § 620 BGB Altersgrenze Nr. 10; 6.8.2003 EzA § 620 BGB 2002 Altersgrenze Nr. 3 = ZTR 2004, 95). Der danach erforderliche sachliche Grund folgt nicht bereits aus § 41 Abs. 4 S. 2 SGB VI a.F. Die Altersgrenze kann jedoch durch das **Bedürfnis des Arbeitgebers an der Sicherung einer ausgewogenen Altersstruktur und einer sachgerechten und berechenbaren Personal- und Nachwuchsplanung sachlich gerechtfertigt sein,** wenn der Arbeitnehmer bei Erreichen dieser Altersgrenze durch den Bezug eines Altersruhegeldes wirtschaftlich abgesichert ist (*BAG* 19.11.2003 EzA § 620 BGB 2002 Altersgrenze Nr. 4 = NZA 2004, 1336). Eine solche Absicherung leistet ein berufsständisches Versorgungswerk an das Beiträge gezahlt worden sind, die denen für die gesetzliche Rentenversicherung entsprechen. Auch aus **§§ 305 ff. BGB** ergibt sich kein anderes Ergebnis. Entscheidend ist, dass der Arbeitnehmer nach dem Vertragsinhalt und der Vertragsdauer eine gesetzliche Altersrente erwerben kann oder bereits erworben hat (*LAG Hmb.* 29.7.2004 NZA-RR 2005, 206; bestätigt durch *BAG* 27.7.2005 EzA § 620 BGB 2002 Altersgrenze Nr. 6 = NZA 2006, 37).

391 Zwar stellt eine derartige Regelung eine subjektive Zulassungsvoraussetzung der Berufsfreiheit dar, die sich nach dem Verhältnismäßigkeitsprinzip richten muss. Das ist aber nicht verletzt, weil sie keine Zulassungsvoraussetzungen für den gesamten Beruf enthält und zudem Verlängerungsklauseln und die Absicherung in der Altersversorgung sachliche Gründe darstellen, die die Aufstellung der subjektiven Zulassungsvoraussetzung für diesen Teilbereich rechtfertigen.

392 Zusammengefasst kann also davon ausgegangen werden, dass einzelvertraglich vereinbarte Altersgrenzen die den Zeitpunkt des Erreichens der sozialversicherungsrechtlichen Regelaltersgrenze vorsehen, zulässig sind. Die darin liegende Befristung des Arbeitsverhältnisses ist durch einen sachlichen Grund i.S.d. § 14 Abs. 1 TzBfG gerechtfertigt, wenn der Arbeitnehmer auf Grund der Beschäftigung eine gesetzliche Altersrente erwerben kann. Hat bei Vertragsschluss die Möglichkeit zum Aufbau einer Altersrente bestanden, ist die Befristung auch dann wirksam, wenn der Arbeitnehmer eine andere Versorgungsform wählt (*BAG* 27.7.2005 EzA § 620 BGB 2002 Altersgrenze Nr. 6 = NZA 2006, 37). Nichts anderes gilt für **tarifliche Altersgrenzen**, die die Beendigung des Arbeitsverhältnisses für den Zeitpunkt des Erreichens der **sozialversicherungsrechtlichen Regelaltersgrenze** vorsehen, wenn der Arbeitnehmer aufgrund der Beschäftigung eine gesetzliche Altersrente erwerben kann. Dem stehen auch das gemeinschaftsrechtliche Verbot der Diskriminierung wegen des Alters und die Vorgaben aus der RL 2000/78/EG nicht entgegen. Die Ungleichbehandlung ist nämlich durch ein **legitimes Ziel** aus der **Arbeitsmarkt- und Beschäftigungspolitik** i.S.d. Art. 6 Abs. 1 RL 2000/78/EG **gerechtfertigt** (*BAG* 18.6.2008 EzA § 14 TzBfG Nr. 49 = NZA 2008, 1302; **a.A.** *ArbG Hmb.* 6.12.2007 – 7 Ca 378/07 – AuR 2008, 111).

393 Eine derartige Regelung enthält **kein Verbot,** einen Arbeitnehmer **über die Altersgrenze hinaus weiterzubeschäftigen,** es sei denn, dass ein solches Verbot in der Betriebsvereinbarung deutlichen Ausdruck findet (*BAG* 10.3.1992 EzA § 99 BetrVG 1972 Nr. 104).

3. Altersgrenzen in Betriebsvereinbarungen

Ist die Bestimmung einer Betriebsvereinbarung, das Arbeitsverhältnis ende durch Eintritt der **Erwerbsunfähigkeit** des Arbeitnehmers, dahin auszulegen, es solle zu dem Zeitpunkt enden, zu dem nach den rentenrechtlichen Vorschriften (§ 1247 Abs. 2 RVO, § 44 SGB VI) die Voraussetzungen einer Erwerbsunfähigkeit vorliegen, so ist diese Beendigungsklausel wegen **nicht hinreichender Bestimmtheit des Auflösungszeitpunkts** unwirksam (*BAG* 27.10.1988 EzA § 620 BGB Bedingung Nr. 9). 394

Ein Verstoß gegen **§ 75 Abs. 1 S. 2 BetrVG** liegt, soweit eine Altersgrenze in einer Betriebsvereinbarung vorgesehen ist, im Übrigen nicht vor, da diese Regelung den Arbeitnehmer vor Benachteiligungen während seines Arbeitslebens schützen, **nicht aber das Erwerbsleben verlängern soll** (*BAG* 20.11.1987 EzA § 620 BGB Altersgrenze Nr. 1). 395

Eine Betriebsvereinbarung, nach der das Arbeitsverhältnis ohne Kündigung mit Ablauf des Monats endet, in dem der Arbeitnehmer das 65. Lebensjahr vollendet, ist dahin auszulegen, dass es bei Erreichen der vorgesehenen Altersgrenze vorbehaltlos nur enden soll, wenn der betroffene Arbeitnehmer zu diesem Zeitpunkt auch ein gesetzliches Altersruhegeld zu beanspruchen hat. 396

Die Wirksamkeit einer Altersgrenze dieses Inhalts ist **nicht davon abhängig, ob zusätzlich eine auf die Altersgrenze abgestellte betriebliche Altersversorgung besteht.** Das *BAG* (20.11.1987 EzA § 620 BGB Altersgrenze Nr. 1) hat allerdings offen gelassen, ob im Wege der Billigkeitskontrolle **Härteklauseln** für Arbeitnehmer einzufügen sind, die durch das gesetzliche Altersruhegeld nicht ausreichend wirtschaftlich versorgt sind. 397

Wird eine Altersgrenze für die Beendigung von Arbeitsverhältnissen erstmals durch eine Betriebsvereinbarung eingeführt, dann wirkt sie auch zu Ungunsten der Arbeitnehmer, die auf unbestimmte Zeit eingestellt worden sind, wenn die Arbeitsverträge unter dem Vorbehalt späterer Betriebsvereinbarungen stehen, also »betriebsvereinbarungsoffen« ausgestaltet worden sind (*BAG* 20.11.1987 EzA § 620 BGB Altersgrenze Nr. 1). 398

4. Tarifliche Regelungen und LuftBO

Für tarifliche Regelungen gelten folgende Grundsätze (*BAG* 31.7.2002 EzA Art. 9 GG Nr. 78; 27.11.2002 EzA § 620 BGB 2002 Altersgrenze Nr. 1 = NZA 2003, 812; *ArbG Frankf./M.* 24.3.2007 – 6 Ca 7405/06 – BB 2007, 1736 m. Anm. *Hoff* BB 2007, 1739 f.; zur Vereinbarkeit mit der RL 2000/78 EG v. 27.11.2000 s. jetzt *EuGH* 16.10.2007 – C 411/05 – EzA-SD 23/2007 S. 11 LS = NZA 2007, 1219 m. krit. Anm. *Temming* NZA 2007, 1193 ff.; s.a. *Wendeling-Schröder* NZA 2007, 1399 ff.; *Bauer/Krieger* NJW 2007, 3672 ff.; *Bayreuther* DB 2007, 2425 ff.; *v. Roetteken* ZTR 2008, 350 ff.): 399

- Regelungen über die Befristung von Arbeitsverträgen und über auflösende Bedingungen gehören zu den materiellen Arbeitsbedingungen, welche die Tarifvertragsparteien in Tarifverträgen regeln können.
- Die durch Art. 9 Abs. 3 GG garantierte Regelungsbefugnis der Tarifvertragsparteien findet ihre Grenzen an zwingendem Gesetzes- und gesetzesvertretendem Richterrecht. Dieses darf seinerseits nicht gegen Art. 9 Abs. 3 GG verstoßen, sondern muss im Lichte dieses Grundrechts ausgelegt und entwickelt werden.
- Die aus Art. 12 Abs. 1 GG folgende Schutzpflicht verpflichtet die staatlichen Grundrechtsadressaten und damit auch die Gerichte, die Arbeitnehmer vor einer unverhältnismäßigen Beschränkung des Bestandsschutzes durch privatautonome Regelungen zu bewahren.
- Die von der Rechtsprechung entwickelten Grundsätze zur arbeitsgerichtlichen Befristungskontrolle sind nicht tarifdispositiv. Daher bedürfen auch tarifliche Normen über Befristungen und auflösende Bedingungen zu ihrer Wirksamkeit eines sie rechtfertigenden Sachgrunds. Den Tarifvertragsparteien steht allerdings eine Einschätzungsprärogative in Bezug auf die tatsächlichen Gegebenheiten und betroffenen Interessen zu.

- Die Mitglieder der Tarifvertragsparteien unterwerfen sich durch ihren privatautonomen Verbandsbeitritt bestehendem und künftigem Tarifrecht auch hinsichtlich der damit verbundenen Beschränkungen der Berufsfreiheit von Arbeitgebern und Arbeitnehmern. Die Parteien eines Arbeitsverhältnisses verfügen auch dann über ihre Rechte aus Art. 12 Abs. 1 GG im Wege einer privatautonomen Regelung, wenn sie eine tarifliche Altersgrenze einzelvertraglich in Bezug nehmen.
- Die aus Art. 12 Abs. 1 GG folgende Schutzpflicht verpflichtet die staatlichen Grundrechtsadressaten und damit auch die Gerichte, die Arbeitnehmer vor einer unverhältnismäßigen Beschränkung des Bestandsschutzes durch privatautonome Regelungen zu bewahren.
- Die von der Rechtsprechung entwickelten Grundsätze zur arbeitsgerichtlichen Befristungskontrolle schützen die Arbeitnehmer vor einem grundlosen, den staatlichen Kündigungs- und Befristungsschutz umgehenden Verlust des Arbeitsplatzes.
- Genügt ein tarifvertraglich geregelter Sachgrund den Maßstäben der arbeitsgerichtlichen Befristungskontrolle, wird das Grundrecht der Berufsfreiheit aus Art. 12 Abs. 1 GG nicht unangemessen eingeschränkt.

400 Eine tarifliche Regelung, nach der das Arbeitsverhältnis eines Angehörigen des **Bodenpersonals einer Flugverkehrsgesellschaft** nach Vollendung des 55. Lebensjahr endet, ist danach auch bei Fehlen einer betrieblichen Übergangsversorgung jedenfalls nicht wegen Umgehung des zwingenden Bestandsschutzes unwirksam sein, weil sie angesichts der Möglichkeit, das Arbeitsverhältnis zweimal um zwei weitere Jahre zu verlängern, wovon gem. § 315 BGB Gebrauch zu machen ist, keine starre Altersgrenze enthält (*BAG* 6.3.1986 EzA § 620 BGB Bedingung Nr. 6).

401 Im Hinblick auf die für das Cockpitpersonal eingerichtete Übergangsversorgung ist der bestimmungsberechtigte Arbeitgeber nicht regelmäßig verpflichtet, das Arbeitsverhältnis nach billigem Ermessen zu verlängern, wenn die tatbestandlichen Voraussetzungen dieser Bestimmung erfüllt sind. Er hat jedoch im Rahmen der bei der Ausübung des Bestimmungsrechts gebotenen Interessenabwägung auf besondere, gerade dem betroffenen Arbeitnehmer durch das vorzeitige Ausscheiden entstehende soziale Härten Rücksicht zu nehmen (*BAG* 6.3.1986 EzA § 620 BGB Bedingung Nr. 6). Bei der Entscheidung über die Verlängerung ist nicht darauf abzustellen, ob es sich um einen betriebsverfassungsrechtlichen Amtsträger handelt, dessen Amtszeit mit Vollendung des 55. Lebensjahres noch nicht abgelaufen ist. Die ursprünglich vertretene Auffassung (*BAG* 12.12.1968 AP Nr. 6 zu § 24 BetrVG 1952), wonach der Arbeitgeber verpflichtet war, bei Betriebsratsmitgliedern von einer bestehenden Verlängerungsmöglichkeit grds. Gebrauch zu machen, hat das *BAG* inzwischen (20.12.1984 EzA § 620 BGB Bedingung Nr. 4) aufgegeben.

402 Die Tarifvertragsparteien können auch für Angehörige des **Cockpitpersonals** eine Höchstaltersgrenze von 60 Jahren festlegen, mit deren Erreichen das Arbeitsverhältnis endet. Dies verstößt nach Auffassung des *BAG* (12.2.1992 EzA § 620 BGB Altersgrenze Nr. 2; 25.2.1998 EzA § 620 BGB Altersgrenze Nr. 9; 27.11.2002 EzA § 620 BGB 2002 Altersgrenze Nr. 1, 2; *LAG Hessen* 4.3.1999 NZA-RR 1999, 429 u. 25.2.2003 NZA-RR 2003, 648; vgl. dazu *Oetker* SAE 1999, 149 ff.; ebenso für eine tarifliche Altersgrenze für Cockpitpersonal von 55 Lebensjahren mit Fortsetzungsanspruch des Flugzeugführers bis zum 60. Lebensjahr bei fortbestehendem körperlichem und beruflichen Leistungsvermögen *BAG* 11.3.1998 EzA § 620 BGB Altersgrenze Nr. 8; vgl. dazu *Oetker* SAE 1999, 149 ff.; vgl. auch *LAG Hessen* 25.5.2000 NZA-RR 2001, 24; ebenso für eine einzelvertragliche Altersgrenze von 60 Jahren für einen Piloten *BAG* 20.2.2002 EzA § 620 BGB Altersgrenze Nr. 10; **a.A.** *LAG Düsseld.* 31.1.2001 NZA-RR 2001, 259) weder gegen Art. 12 Abs. 1, Art. 3 Abs. 1 GG noch gegen die Empfehlung des Rates der Europäischen Gemeinschaft vom 10.12.1982 für ein gemeinsames Vorgehen betreffend die Altersgrenze (82/817/EWG), sowie gegen § 41 Abs. 4 S. 3 SGB VI (s. dazu u. Rn. 404 ff.). Denn diese Altersgrenze ist wegen des Interesses der **Luftfahrtunternehmen** an der Gewährleistung der Sicherheit des Luftverkehrs sachlich gerechtfertigt (*BAG* 27.11.2002 EzA § 620 BGB 2002 Altersgrenze Nr. 2 = NZA 2003, 1056 LS). Demge-

genüber ist die in § 27 Abs. 2 S. 1 MTV-Bordpersonal HF für das Kabinenpersonal normierte Altersgrenze von 55 Jahren unwirksam, weil es an einem sie rechtfertigenden Sachgrund fehlt (*BAG* 31.7.2002 EzA Art. 9 GG Nr. 78).

403 Zu beachten ist, dass die **Sollvorschrift des § 41 Abs. 1 S. 2 LuftBO**, nach der Luftfahrtunternehmer Mitglieder der Flugbesatzung mit einem Alter von über 60 Jahren nicht mehr einsetzen soll, ab dem 1.1.1998 nicht mehr auf den Betrieb von Flugzeugen anwendbar ist, deren höchstzulässige Startmasse mehr als 10 000 kg oder deren höchstgenehmigte Fluggastsitzanzahl mehr als 19 beträgt und die zur gewerbsmäßigen Beförderung von Personen und Sachen eingesetzt werden (*BAG* 23.1.2002 EzA § 620 BGB Altersgrenze Nr. 10).Daraus folgt aber nicht, dass für die **tarifliche Altersgrenze von 60 Jahren für Flugzeugführer** kein Sachgrund mehr besteht. Jedenfalls solange Empfehlungen internationaler Fachkreise wie der JAR-FCL (Joint Aviation Requirement-Flight Crew Licensing) Beschränkungen beim Einsatz von Flugzeugführern ab Vollendung des 60. Lebensjahres vorsehen, ist die Normierung der Altersgrenze von der Regelungsbefugnis der Tarifvertragsparteien gedeckt (*BAG* 21.7.2004 EzA § 620 BGB 2002 Altersgrenze Nr. 5 = BAG Report 2005, 204).

5. § 41 Abs. 4 SGB VI

404 Gem. § 41 Abs. 4 S. 3 SGB VI gilt eine Vereinbarung, die die Beendigung des Arbeitsverhältnisses eines Arbeitnehmers ohne Kündigung zu einem Zeitpunkt vorsieht, in dem er vor Vollendung des 65. Lebensjahres eine Rente wegen Alters beantragen kann, dem Arbeitnehmer gegenüber als auf die Vollendung des 65. Lebensjahres abgeschlossen, es sei denn, dass die Vereinbarung innerhalb der letzten drei Jahre vor diesem Zeitpunkt abgeschlossen oder von dem Arbeitnehmer bestätigt worden ist. Maßgeblich für die Berechnung der Dreijahresfrist ist nicht die Vollendung des 65 Lebensjahres, sondern der mit dem Arbeitnehmer **vereinbarte Zeitpunkt des Ausscheidens** (*BAG* 17.4.2002 EzA § 41 SGB VI Nr. 14). Diese Bestimmung regelt lediglich das für das vereinbarte Ausscheiden aus dem Arbeitsverhältnis maßgebliche Lebensalter. Sie erfasst nicht sonstige an das vorherige Ausscheiden des Arbeitnehmers geknüpfte Vergünstigungen (*BAG* 18.2.2003 EzA § 313 BGB 2002 Nr. 1).

405 Diese Vorschrift erfasst folglich auch nicht die Vereinbarung der Beendigung des Arbeitsverhältnisses zu dem Zeitpunkt, zu dem der Arbeitnehmer ihm vom Arbeitgeber zugesagte Altersversorgung nach beamtenrechtlichen Grundsätzen beanspruchen kann (*BAG* 26.4.1995 EzA 41 SGB VI Nr. 5). Denn der Gesetzeszweck des Rentenreformgesetzes (RRG) 1992 besteht in der Konsolidierung der Rentenfinanzen. Durch eine Flexibilisierung und Verlängerung der Lebensarbeitszeit soll das zahlenmäßige Verhältnis zwischen Beitragszahlenden und Rentnern verbessert werden, um damit die demographisch bedingten Belastungen zu mindern. Eine Kernvorschrift zur Verwirklichung dieses Vorhabens ist § 41 SGB Vl. Diesem Gesetzeszweck widerspricht es, wenn sich kollektivrechtliche Regelungen über die Entscheidung des einzelnen Arbeitnehmers hinwegsetzen und damit in erheblichen Teilbereichen die vom RRG 1992 angestrebte Flexibilisierung der Lebensarbeitszeit verhindern können. Diese Zweckrichtung des Gesetzes betrifft aber ersichtlich nicht den Fall, in dem ein Arbeitnehmer keinen Anspruch auf Sozialversicherungsrente hat. Haben die Arbeitsvertragsparteien die Versorgung nach beamtenrechtlichen Bestimmungen vereinbart, so hat die Beendigung des Arbeitsverhältnisses grds. keinerlei Einfluss auf die Höhe und den Zeitpunkt der Inanspruchnahme einer Sozialversicherungsrente.

406 Bei einem vorherigen Ausscheiden kommt aber eine Vertragsanpassung nach den Grundsätzen über den Wegfall der Geschäftsgrundlage (§ 313 BGB) in Betracht. Voraussetzung ist eine schwerwiegende Veränderung der einem Vertragsschluss zugrunde liegenden Umstände. Die Anpassung muss aber den veränderten Umständen entsprechen. Ein

nicht durch die veränderten Umstände gebotener Eingriff in die Vereinbarung der Parteien ist unzulässig.
Eine Vereinbarung, nach der der Arbeitnehmer berechtigt ist, bei einem Ausscheiden mit dem 63. Lebensjahr die vorangehenden Jahre unter Fortzahlung eines erheblichen Teils seiner Bezüge von der Arbeit freigestellt zu werden, ist lediglich wegen Verschlechterung des Rentenniveaus bei einem Ausscheiden mit dem 63. Lebensjahr nicht so anzupassen, dass dem Arbeitnehmer nunmehr diese Freistellung in den letzten drei Jahren vor dem 65. Lebensjahr zusteht. Dadurch würde – ohne dass dies durch die geänderten Umstände geboten wäre – die dem Arbeitgeber durch die Vereinbarung gewährte erhöhte Flexibilität bei vorzeitigem Ausscheiden des Arbeitnehmers beeinträchtigt (*BAG* 18.2.2003 EzA § 313 BGB 2002 Nr. 1).

V. Besonderer Beendigungsschutz schwer behinderter Arbeitnehmer

407 Gem. § 92 SGB IX gelten die Vorschriften über die Zustimmung des Integrationsamtes zur ordentlichen Kündigung (§§ 85 ff. SGB IX) entsprechend für die Beendigung des Arbeitsverhältnisses ohne Kündigung, wenn Berufsunfähigkeit oder Erwerbsunfähigkeit auf Zeit (§§ 43, 44 SGB VI) gegeben ist.

Die zum Erhalt des Sonderkündigungsschutzes schwer behinderter Arbeitnehmer, deren Schwerbehindertenantrag zumindest vor Ausspruch der Kündigung gestellt und dem Arbeitgeber auch innerhalb eines Monats nach Ausspruch der Kündigung bekannt gegeben war, entwickelten Grundsätze (s.o. Kap. 4 Rn. 720 ff.), gelten im Rahmen des § 92 SGB IX entsprechend (*BAG* 28.6.1995 EzA § 620 BGB Nr. 134).

VI. Auswirkungen des AGG (ab 18.8.2006)

408 Gem. § 10 S. 3 Nr. 5 AGG sind auch weiterhin Altersgrenzen in Tarifverträgen und Betriebsvereinbarungen zulässig; andererseits bleibt § 41 SGB VI unberührt; zu den Auswirkungen s.o. Kap. 3 Rn. 4961 ff.

E. Die Weiterbeschäftigung des gekündigten Arbeitnehmers

409 In der Weiterbeschäftigung des Arbeitnehmers nach Ausspruch der Kündigung und nach Ablauf der Kündigungsfrist kann (vgl. *BAG* 19.1.2005 – 7 AZR 113/04 – BAG Report 2005, 253 LS):
- der Abschluss eines neuen befristeten Arbeitsvertrages, aber auch
- die Vereinbarung liegen, dass der gekündigte Arbeitsvertrag auflösend bedingt durch die rechtskräftige Abweisung der Kündigungsschutzklage bzw.
- zweckbefristet bis zum rechtskräftigen Abschluss des Kündigungsschutzverfahrens fortgesetzt werden soll.

410 Insoweit gelten folgende Grundsätze (*BAG* 19.1.2005 – 7 AZR 113/04 – BAG Report 2005, 253 LS):
- Hat die Vereinbarung die Beschäftigung des Arbeitnehmers bis zum – erstinstanzlichen oder rechtskräftigen – Abschluss des Kündigungsschutzprozesses zum Gegenstand, handelt es sich, anders als bei der vereinbarten Weiterbeschäftigung bis zur rechtskräftigen Abweisung der Kündigungsschutzklage, nicht um eine auflösende Bedingung, sondern um eine Zweckbefristung.
- Nimmt der Arbeitgeber die Arbeitsleistung des gekündigten Arbeitnehmers auf Grund einer Aufforderung zur vorläufigen Fortsetzung der Tätigkeit nach Ablauf der Kündigungsfrist in Anspruch, kann er die Auslegung seines Verhaltens als Ausdruck eines entsprechenden Rechtsfolgewillens nicht dadurch ausschließen, dass er dem

Arbeitnehmer gleichzeitig erklärt, er wolle mit der Weiterbeschäftigung kein Arbeitsverhältnis begründen.

- Ein »Widerrufsvorbehalt« ist wegen Umgehung der zwingenden Kündigungsschutzvorschrift des § 626 BGB dann unwirksam, wenn er ein einseitiges Gestaltungsrecht des Arbeitgebers i.S. einer an keine Gründe gebundenen außerordentlichen Kündigungsbefugnis enthält.

Kapitel 6
Aufhebungsvertrag

Übersicht

A. Allgemeines

1 Der Abbau von Arbeitsplätzen bzw. die gezielte Trennung von einzelnen Mitarbeitern gehört in vielen Unternehmen aufgrund der derzeit schwierigen Wirtschaftslage wieder zur Tagesordnung. Zum Erhalt ihrer Wettbewerbsfähigkeit sind die Unternehmen auf eine **Verschlankung ihres Personalbestandes** angewiesen. Die Ungewissheiten eines Kündigungsschutzprozesses und die teilweise unzumutbar langen Terminierungsfristen von sechs bis zwölf Monaten zwischen Güte- und Kammertermin führen dazu, dass häufig beide Arbeitsvertragsparteien den Weg der Trennung über einen **Aufhebungsvertrag** vorziehen. Trotz der in den letzten Jahren seitens des Gesetzgebers aufgebauten Hürden im Sozial- und Steuerrecht hat der Aufhebungsvertrag in der betrieblichen Praxis nach wie vor eine hohe Bedeutung. Damit allerdings der Aufhebungsvertrag tatsächlich kalkulierbar bleibt, müssen eine Reihe von Formalien beachtet werden. Der zwischen »Tür und Angel« schnell abgeschlossene Aufhebungsvertrag birgt eine Vielzahl von Risiken in sich, die – ähnlich wie beim Kündigungsschutzprozess – die Beendigung des Arbeitsverhältnisses in wirtschaftlicher Hinsicht zum Lotteriespiel machen. Von daher gilt es auch beim Aufhebungsvertrag, sorgfältig und gut vorbereitet in die Verhandlungen mit der Gegenseite hineinzugehen.

B. Grundsatz der Vertragsfreiheit

2 Nach dem das Zivilrecht und damit auch das Arbeitsrecht beherrschenden Grundsatz der Vertragsfreiheit (§ 241, 311 BGB, Art. 2 Abs. 1 GG) können die Arbeitsvertragsparteien das Arbeitsverhältnis grds. jederzeit mit Wirkung für die Zukunft einvernehmlich durch Abschluss eines Aufhebungsvertrages beenden (vgl. *BAG* 7.3.2002 EzA § 611 BGB Aufhebungsvertrag Nr. 40 = AP Nr. 22 zu § 620 BGB; 12.1.2000 EzA § 611 BGB Aufhebungsvertrag Nr. 33).

3 Die **Vertragsfreiheit** erlaubt den Arbeitsvertragsparteien allerdings nur die **Beendigung des Arbeitsverhältnisses für die Zukunft**. Eine rückwirkende Beendigung eines bereits vollzogenen Arbeitsverhältnisses ist nicht möglich. In diesem Fall würde bereits erdientes Arbeits-

entgelt nachträglich in eine **Abfindung** umgewandelt. Da die Abfindung (s.u. Rn. 151) sozialabgabenfrei und in einem gewissen Umfang steuerbegünstigt ist, wäre eine derartige rückwirkende Beendigung des Arbeitsverhältnisses ein Vertrag zulasten der Finanzverwaltung und der Sozialversicherungsträger. Von daher ist eine rückwirkende Umwandlung von erdientem Entgelt unzulässig.

Etwas anderes gilt in den Fällen, in denen das Unternehmen das Arbeitsverhältnis zunächst außerordentlich **fristlos gekündigt** hat und die Arbeitsvertragsparteien sich dann im Laufe der nächsten Monate – bspw. im Rahmen eines Kündigungsschutzprozesses – auf die Beendigung zu einem in der Vergangenheit liegenden Zeitpunkt einigen. Solange der nunmehr im Aufhebungsvertrag festgeschriebene Zeitpunkt nicht vor dem Zeitpunkt des Wirksamwerdens der außerordentlichen Kündigung liegt, bestehen gegen diesen Aufhebungsvertrag keine Bedenken, da auf Grund der fristlosen Kündigung keine Gehälter geflossen sind und die Parteien jederzeit vereinbaren können, dass die **fristlose Kündigung** wirksam ist. Zieht der Arbeitnehmer bspw. seine Kündigungsschutzklage gegen die fristlose Kündigung zurück, so würde das Arbeitsverhältnis durch die fristlose Kündigung beendet werden. Da auch in diesem Fall den Sozialversicherungsträger und der Finanzverwaltung keine Beiträge/Einkommensteuern zufließen, bestehen gegen die »rückwirkende Beendigung« im Anschluss an eine fristlose Kündigung keine Bedenken. 4

Aus dem **Grundsatz der Vertragsfreiheit** folgt des Weiteren, dass der Aufhebungsvertrag auch nicht den Restriktionen unterliegt, die bei einer Beendigung eines Arbeitsverhältnisses durch eine Kündigung zu beachten sind. Der Abschluss eines Aufhebungsvertrages bedarf weder bei **schwer behinderten Menschen** der Zustimmung des Integrationsamtes nach §§ 85, 91 SGB IX noch bedarf der Aufhebungsvertrag mit einer **schwangeren Mitarbeiterin** oder mit einem sich in der **Elternzeit** befindenden Arbeitnehmer der Zustimmung der Arbeitsschutzbehörden. § 9 MuSchG (hinsichtlich werdender Mütter) und § 18 BEEG (bzgl. Arbeitnehmern in der Elternzeit) betreffen nur die **Kündigung** und nicht die einvernehmliche Beendigung über einen **Aufhebungsvertrag**. 5

Die Einschaltung einer Behörde ist nur in ganz wenigen Ausnahmefällen notwendig, wobei wiederum auch nur in einem Fall von einer Einschränkung der Vertragsfreiheit gesprochen werden kann. So setzt ein **Aufhebungsvertrag im Verteidigungsfall** gem. §§ 3, 7 ASistG die **Zustimmung der Agentur für Arbeit** voraus. Abgesehen von diesem – hoffentlich – theoretischen Fall, muss die Einschaltung einer Behörde – der Agentur für Arbeit – nur bei größeren Entlassungswellen auch bei Abschlüssen von Aufhebungsverträgen berücksichtigt werden. Gemäß § 17 KSchG zählen auch die Beendigungen von Arbeitsverhältnissen durch Aufhebungsverträge bei der Feststellung der Zahl der entlassenen Mitarbeiter mit. Wird die für die **Massenentlassungsanzeige** notwendige Anzahl von Mitarbeitern unter anderem auch durch den Abschluss von Aufhebungsverträgen erreicht, so kann ohne die notwendige Massenentlassungsanzeige die Beendigung des Arbeitsverhältnisses durch den Aufhebungsvertrag nicht erreicht werden (vgl. *BAG* 11.3.1999 EzA § 17 KSchG Nr. 8). Gerade bei **Betriebsänderungen** muss die rechtzeitige Erstattung der Massenentlassungsanzeige gegenüber der Agentur für Arbeit beachtet werden. 6

Nach einem Urteil des *EuGH* vom 27.1.2005 – RS C-188/03 – (EzA § 17 KSchG Nr. 13 = NZA 2005, 213) gilt als Massenentlassung nicht mehr die Beendigung einer großen Anzahl von Arbeitsverhältnissen innerhalb von dreißig Tagen, sondern der Ausspruch einer großen Anzahl von Kündigungen bzw. der Abschluss entsprechender Aufhebungsverträge. Die Beendigungsdaten sind danach unerheblich. Der Arbeitgeber muss also sowohl bei Kündigungen als auch bei Aufhebungsverträgen, die eine Massenentlassung begründen können, mindestens sechs Wochen vorher das Konsultationsverfahren nach § 17 Abs. 2 KSchG beim Betriebsrat einleiten und anschließend die Massenentlassungsanzeige bei der Agentur für Arbeit erstatten, bevor der Aufhebungsvertrag unterzeichnet werden darf. Ob man im Übrigen an der bisherigen Rechtsprechung festhalten kann, wonach die fehlende Massenentlassungsanzeige nicht zur Unwirksamkeit der Kündigung/Aufhebungsvertrag führt, sondern nur den Zeitpunkt des Wirksamwerdens bis zur Anzeige hinausschiebt, ist mehr als zweifelhaft. Nach dem EuGH-Urteil darf ohne vorherige Anzeige weder eine Kündigung ausgesprochen noch ein Aufhebungsvertrag abgeschlossen werden. 7

8 Der Grundsatz der Vertragsfreiheit führt außerhalb der Massenentlassung des Weiteren dazu, dass auch keine sonstigen Dritten beim Abschluss eines Aufhebungsvertrages zu beteiligen sind. Die **Beteiligungsrechte des Betriebsrates** beschränken sich nach § 102 BetrVG auf die Beendigung des Arbeitsverhältnisses durch **arbeitgeberseitige Kündigung**. Das Gleiche gilt grds. auch für den Sprecherausschuss, da auch dieser nach § 31 Abs. 2 SprAuG bei der Kündigung eines leitenden Angestellten anzuhören ist. Im Hinblick auf den **Sprecherausschuss** kommt allerdings die Besonderheit hinzu, dass dieser gem. § 31 Abs. 1 SprAuG über das Ausscheiden eines **leitenden Angestellten** – d.h. auch durch Aufhebungsvertrag – rechtzeitig zu informieren ist.

9 Wie die obigen Beispiele von schwer behinderten Arbeitnehmern und schwangeren Arbeitnehmerinnen bereits gezeigt haben, spielt auch die Existenz eines **Sonderkündigungsschutzes** beim Abschluss von **Aufhebungsverträgen** in arbeitsrechtlicher Hinsicht keine Rolle. Von daher können sowohl mit **tarifvertraglich ordentlich unkündbaren Arbeitnehmern** als auch mit **Betriebsratsmitgliedern** Aufhebungsverträge geschlossen werden. § 15 KSchG und § 103 BetrVG bilden nur beim Ausspruch einer arbeitgeberseitigen Kündigung gegenüber einem betriebsverfassungsrechtlichen Mandatsträger eine Hürde. Aufhebungsverträge sind problemlos möglich.

10 Differenzierter ist die Vertragsfreiheit lediglich beim Abschluss von Aufhebungsverträgen im Zusammenhang mit einem **Betriebsübergang nach § 613a BGB** zu beurteilen. Hier ist zwischen Aufhebungsverträgen zu unterscheiden, die der tatsächlichen Beendigung des Vertragsverhältnisses dienen und Aufhebungsverträgen, die lediglich das bisherige Arbeitsverhältnis mit dem früheren Betriebsinhaber beenden sollen und an die sich dann der Abschluss eines neuen Arbeitsvertrages mit dem Betriebserwerber anschließt. Dient der Aufhebungsvertrag nur der **Beseitigung der Kontinuität des Arbeitsverhältnisses** trotz Beibehaltung des Arbeitsplatzes bzw. Abschluss eines neuen Arbeitsvertrages mit dem Betriebserwerber, so ist dieser Aufhebungsvertrag wegen **objektiver Gesetzesumgehung** der zwingenden Rechtsfolgen des § 613a Abs. 1 S. 1 BGB gem. § 134 BGB **nichtig** (vgl. *BAG* 10.12.1998 EzA § 613a BGB Nr. 175).

11 Soll mit dem Aufhebungsvertrag hingegen das Arbeitsverhältnis – mit oder ohne Zusammenhang zum Betriebsübergang – **endgültig beendet** werden, ohne dass eine Fortsetzung des Arbeitsverhältnisses mit dem Betriebserwerber geplant oder in irgendeiner Form in Aussicht gestellt worden ist, so liegt keine Gesetzesumgehung vor. Ein derartiger **Aufhebungsvertrag** ist unter Berücksichtigung des Grundsatzes der Vertragsfreiheit **zulässig** (vgl. *BAG* 18.8.2005 EzA § 613a BGB 2002 Nr. 40 (Naber) = DB 2005, 107; 11.12.1997 – 8 AZR 654/95 – NZA 1999, 262).

12 Dies gilt im Übrigen auch in den Fällen, in denen der Abschluss von Aufhebungsverträgen nur dazu dient, den Betrieb »mitarbeiterfrei« auf einen Betriebserwerber zu übertragen (vgl. *BAG* 18.8.2005 EzA § 613a BGB 2002 Nr. 40 (*Naber*) = DB 2005, 107). Üblicherweise wechseln die Mitarbeiter, denen kein neues Vertragsangebot unterbreitet werden soll, in eine **Beschäftigungs- und Qualifizierungsgesellschaft bzw. Transfergesellschaft nach §§ 216a SGB III**. Der Betriebserwerber kann dann frei entscheiden, welchen Arbeitnehmern er ein Vertragsangebot zur Fortsetzung des Arbeitsverhältnisses unterbreitet. Nehmen die Mitarbeiter, denen ein Vertragsangebot unterbreitet worden ist, dieses an, so liegt allerdings hinsichtlich dieser Mitarbeiter durch den zuvor erfolgten Abschluss eines Aufhebungsvertrages eine objektive Gesetzesumgehung vor, so dass dieser Aufhebungsvertrag nicht dazu führen kann, dass die durch § 613a BGB gesicherte Kontinuität des Arbeitsverhältnisses beseitigt wird.

C. Abgrenzung zum Abwicklungsvertrag, zum Prozessvergleich bzw. zu § 1a KSchG

13 Neben dem Aufhebungsvertrag wird in der Praxis die einvernehmliche Beendigung von Arbeitsverhältnissen vor allem durch sog. Abwicklungsverträge oder durch Prozessvergleiche in Kündigungsschutzprozessen herbeigeführt. Darüber hinaus gibt es seit 1.1.2004 zumindest für die betriebsbedingte Beendigung von Arbeitsverhältnissen die Möglichkeit,

dem Arbeitnehmer über § 1a KSchG als Gegenleistung für die Nichterhebung einer Kündigungsschutzklage eine im Gesetz festgeschriebene Abfindung anzubieten.

I. Abwicklungsvertrag

Der Abwicklungsvertrag unterscheidet sich vom Aufhebungsvertrag in erster Linie dadurch, dass der **Aufhebungsvertrag das Arbeitsverhältnis selbst beendet**, während der Abwicklungsvertrag einen anderen Beendigungstatbestand – i.d.R. eine arbeitgeberseitige Kündigung – voraussetzt. **Der Abwicklungsvertrag regelt im Anschluss an die Kündigung also nur noch die Modalitäten der Abwicklung.** Er unterliegt deshalb nicht dem für den Aufhebungsvertrag und die Kündigung geltenden **Schriftformerfordernis** des § 623 BGB. Im Abwicklungsvertrag erklärt der Arbeitnehmer somit nur sein Einverständnis mit der Beendigung des Arbeitsverhältnisses infolge der zuvor vom Arbeitgeber ausgesprochenen Kündigung (vgl. *Hümmerich* NZA 2001, 1280 ff.; *ders.* BB 1999, 1868; *ders.* NZA 1994, 200; *ders.* NZA 1994, 833; *Bauer* NZA 1994, 440; *Grunewald* NZA 1994, 441). 14

Da der Abwicklungsvertrag das Arbeitsverhältnis nicht selbst beendet, sondern nur die Abwicklung des durch eine Kündigung beendeten Arbeitsverhältnisses regelt, kommt es für die Wirksamkeit der Beendigung also zunächst darauf an, ob die Kündigung form- und fristgerecht ausgesprochen wurde. Sobald allerdings der Abwicklungsvertrag unterzeichnet ist, spielt es keine Rolle mehr, ob ggf. die Kündigung unwirksam war oder ob bei Ausspruch der arbeitgeberseitigen Kündigung die maßgebende Kündigungsfrist nicht beachtet worden ist (vgl. *LAG Frankf.* 3.6.2004 – 14 Sa 149/04 –, n.v.). **Mit Unterzeichnung des Abwicklungsvertrages erklärt der Arbeitnehmer sein Einverständnis mit der Beendigung des Arbeitsverhältnisses** zu dem im Abwicklungsvertrag genannten Zeitpunkt, der i.d.R. identisch ist mit dem Zeitpunkt, zu dem das Arbeitsverhältnis auf Grund der Kündigung endet. 15

Keine Rolle spielt in diesem Zusammenhang, ob der Abwicklungsvertrag eine ausdrückliche **Verzichtserklärung hinsichtlich einer Kündigungsschutzklage** enthält oder ob – ähnlich wie beim Aufhebungsvertrag – nur von den Arbeitsvertragsparteien festgestellt wird, dass das Arbeitsverhältnis zu einem bestimmten Zeitpunkt sein Ende findet. Der Abwicklungsvertrag führt in diesem Fall dazu, dass der Arbeitnehmer auf die Geltendmachung von Unwirksamkeitsgründen hinsichtlich der ihm gegenüber ausgesprochenen Kündigung verzichtet (vgl. *LAG Frankf.* 3.6.2004 – 14 Sa 149/04 –, n.v.). Ist der Arbeitnehmer im Nachhinein mit den in der Abwicklungsvereinbarung getroffenen Regelungen nicht mehr einverstanden, so muss zunächst die **Abwicklungsvereinbarung** durch eine **Anfechtung** (zur Anfechtung von Aufhebungsverträgen s.u. Rn. 316 ff.) beseitigt werden. Bei Fortbestehen des Abwicklungsvertrages hilft dem Arbeitnehmer ein **Kündigungsschutzprozess** nicht weiter, da der unterzeichnete Abwicklungsvertrag, wie angegeben, ein Einverständnis mit der Beendigung darstellt. 16

Früher wurde der Abwicklungsvertrag dem Aufhebungsvertrag deswegen vorgezogen, weil er geeignet war, eine Sperrzeit nach § 144 Abs. 1 SGB III zu vermeiden. Während der Aufhebungsvertrag in der Regel zur Sperrzeit führte, wurde beim Abwicklungsvertrag in erster Linie auf die Kündigung abgestellt. War diese nicht offensichtlich rechtswidrig, wurde keine Sperrzeit verhängt. Nachdem allerdings die Bundesagentur für Arbeit feststellte, dass hier zunehmend Missbrauch getrieben wurde, stellte die Bundesagentur für Arbeit den Abwicklungsvertrag dem Aufhebungsvertrag gleich. Bestätigt wurde diese Rechtsauffassung der Bundesagentur für Arbeit zunächst durch das *BSG* mit Urteil vom 18.12.2003 (NZA 2004, 661). 17

Das BSG hat im ersten Leitsatz der vorerwähnten Entscheidung vom 18.12.2003 zum Abwicklungsvertrag im Hinblick auf das sperrzeitrelevante Mitwirken des Arbeitnehmers an der Beendigung des Arbeitsverhältnisses Folgendes festgehalten: 18
»Der Arbeitnehmer löst das Beschäftigungsverhältnis, wenn er nach Ausspruch einer Kündigung des Arbeitgebers mit diesem innerhalb der Frist für die Erhebung der Kündigungsschutzklage eine Vereinbarung über die Hinnahme der Kündigung (Abwicklungsvertrag) trifft.«

19 Diese restriktive Auffassung des *BSG*, die in der Literatur zu starker Kritik geführt hatte (vgl. *Bauer/Krieger* NZA 2004, 640; *Kern/Kreutzfeldt* NJW 2004, 3081; *Boecken/Hümmerich* DB 2004, 2046), hat der 11. Senat nunmehr mit Urteil vom 12.7.2006 (– B 11 a AL 47/05 R; NZA 2006, 1359) geändert. Das BSG hat in der vorerwähnten Entscheidung angekündigt, in Zukunft »unter Heranziehung der Grundsätze des § 1a KSchG auf eine ausnahmslose Prüfung der Rechtmäßigkeit der Arbeitgeberkündigung zu verzichten«, wenn die Abfindungshöhe im Abwicklungsvertrag die in § 1a Abs. 2 KSchG vorgesehene Höhe nicht überschreitet. Sieht der Abwicklungsvertrag also lediglich 0,25 bis 0,5 Bruttomonatseinkommen je Beschäftigungsjahr vor, so soll nach der nunmehr geänderten Rechtsauffassung des BSG in Zukunft keine Sperrzeit mehr verhängt werden dürfen. Dies gilt allerdings nur für die betriebsbedingte und die personenbedingte Kündigung. Bei einer verhaltensbedingten Kündigung bleibt es bei der Sperrzeitfolge.

20 Die Entscheidung vom 12.7.2006 ist im Rahmen der Prüfung eines Aufhebungsvertrages ergangen; kann allerdings ohne weiteres auch auf den Abwicklungsvertrag übertragen werden. Es spielt also in Zukunft für die Frage der Sperrzeit keine Rolle mehr, ob der Arbeitnehmer einen Aufhebungsvertrag oder einen Abwicklungsvertrag im Anschluss an eine personen- oder betriebsbedingte Kündigung schließt, wenn die Abfindung max. bei einem halben Gehalt je Beschäftigungsjahr liegt. Bei dieser Fallkonstellation wird das BSG in Zukunft auf die Prüfung der Rechtmäßigkeit der arbeitgeberseitigen Kündigung verzichten bzw. nicht prüfen, ob im Fall eines Aufhebungsvertrages eine arbeitgeberseitige Kündigung theoretisch wirksam gewesen wäre. Soll die Abfindung hingegen oberhalb von 0,5 Bruttogehältern je Beschäftigungsjahr liegen, muss der Arbeitnehmer entweder gegenüber der Bundesagentur für Arbeit nachweisen, dass die Kündigung rechtmäßig ist oder der Abwicklungsvertrag darf erst nach Ablauf der dreiwöchigen Klagefrist geschlossen werden. Im Übrigen kann im Hinblick auf die sozialrechtlichen Konsequenzen des Abschlusses eines Abwicklungsvertrages auf die Ausführungen unten in Kapitel E verwiesen werden.

II. Prozessvergleich

21 Als weitere Möglichkeit, ein Arbeitsverhältnis einvernehmlich zu beenden, kommt der Prozessvergleich in Betracht. Wie der Abwicklungsvertrag setzt auch der **Prozessvergleich** einen anderweitigen Beendigungstatbestand voraus. Der Prozessvergleich knüpft also ebenfalls an eine zuvor **vom Arbeitgeber ausgesprochene Kündigung** an.

22 Ein Prozessvergleich im Rahmen eines Kündigungsschutzprozesses setzt gem. § 160 ZPO voraus, dass der Vergleich entweder in das **Sitzungsprotokoll** oder aber in eine zum Sitzungsprotokoll genommene Anlage aufgenommen wird. Der **Vergleich** muss zu seiner Wirksamkeit den Parteien vorgelesen werden. Ein Verzicht auf das Vorlesen des Vergleiches und die sich hieran anschließende Genehmigung durch die Prozessparteien hätte gem. § 162 ZPO zur Folge, dass der Vergleich unwirksam ist. Sind die Formalien nicht eingehalten, ist der Prozess nicht beendet; womit gleichzeitig auch nicht feststeht, ob das Arbeitsverhältnis auf Grund der Kündigung sein Ende wirksam finden konnte. Das BAG hatte allerdings in der Vergangenheit einen aus prozessrechtlichen Gründen unwirksamen Vergleich unter Umständen in einen **außergerichtlichen Vergleich** umgedeutet, sofern die notwendigen Voraussetzungen für einen derartigen außergerichtlichen Vergleich – insbes. **Schriftform** – erfüllt sind (vgl. *BAG* 22.4.1960 – 5 AZR 494/59 – AP Nr. 7 zu § 794 ZPO). Da es an der Unterzeichnung des Prozessvergleiches fehlt, dürfte ein derartiger Prozessvergleich heute allerdings i.d.R. nicht mehr in einen außergerichtlichen Aufhebungsvertrag umgedeutet werden können.

23 Als Alternative zu einem im Gütetermin oder Kammertermin geschlossenen Prozessvergleich räumt die Zivilprozessordnung seit 1.1.2002 den Prozessparteien die Möglichkeit ein, einen **gerichtlichen Vergleich auch im schriftlichen Verfahren** zu schließen. Gemäß § 278 Abs. 6 S. 1 ZPO kann das Gericht den Parteien einen schriftlichen Vergleichsvorschlag unterbreiten. Die Parteien haben dann die Gelegenheit, innerhalb einer vom Arbeitsgericht zu setzenden Frist diesen Vergleich durch schriftliche Erklärung anzunehmen. Haben beide Prozessparteien den **Vergleichsvorschlag** angenommen, muss das Gericht den beschlossenen

Vergleich durch Beschluss nach § 278 Abs. 6 S. 2 ZPO feststellen. In der Praxis wird immer mehr von dieser Möglichkeit des Prozessvergleiches Gebrauch gemacht, wobei i.d.R. allerdings die Prozessparteien dem Gericht zuvor mitteilen, welcher Vergleichsvorschlag von den Prozessparteien akzeptiert werden wird. Letztendlich übernimmt dann also das Gericht den von den Parteien vorbereiteten Vorschlag als gerichtlichen Vergleichsvorschlag.

Der Prozessvergleich hat gegenüber dem Abwicklungsvertrag und dem Aufhebungsvertrag eine Reihe von Vorteilen: 24

(1) Im Anschluss an einem **Prozessvergleich** bzgl. der Beendigung eines Arbeitsverhältnisses wird die Agentur für Arbeit i.d.R. keine **Sperrzeit** nach § 144 SGB III verhängen. Die Durchführungsanweisungen der Bundesagentur für Arbeit enthalten nach wie vor folgenden Hinweis:

> »Eine nachträgliche Einigung durch arbeitsgerichtlichen Vergleich löst in aller Regel keine Sperrzeit aus, da der Arbeitslose nach aller Erfahrung nicht mehr die Möglichkeit hat, eine Fortsetzung des Beschäftigungsverhältnisses und damit eine Beendigung seiner Arbeitslosigkeit durchzusetzen.« 25

Lediglich dann, wenn Anhaltspunkte dafür vorliegen, dass der Weg über eine rechtswidrige Arbeitgeberkündigung mit anschließender Klage vor dem Arbeitsgericht zwischen den Arbeitsvertragsparteien mit dem Ziel abgesprochen worden war, durch einen entsprechenden Prozessvergleich den Eintritt einer Sperrzeit zu verhindern, kann die Agentur für Arbeit wegen dieser **vorausgegangenen Absprache** von dem oben dargestellten Grundsatz, dass der Prozessvergleich keine Sperrzeit auslöst, abweichen. 26

(2) Ein weiterer **Vorteil des Prozessvergleiches** gegenüber der außergerichtlichen Auflösung des Arbeitsverhältnisses besteht darin, dass der Prozessvergleich einen **Vollstreckungstitel** darstellt. Der Arbeitnehmer kann also in dem Fall, dass das Unternehmen sich nicht an die vereinbarten Bedingungen für die Auflösung des Arbeitsverhältnisses hält, die vereinbarten Bedingungen im Wege der **Zwangsvollstreckung** durchsetzen. 27

III. Einvernehmliche Beendigung über § 1a KSchG

Seit 1.1.2004 besteht bei **betriebsbedingten Kündigungen** die Möglichkeit, dem Arbeitnehmer bereits im Kündigungsschreiben eine **Abfindung** für den Fall anzubieten, dass der Arbeitnehmer die Kündigung akzeptiert und keine **Kündigungsschutzklage** erhebt. Diese auf die betriebsbedingte Kündigung beschränkte gesetzliche Regelung führt also in den Fällen, in denen der Mitarbeiter wegen der angebotenen Abfindung die Kündigung akzeptiert, ebenfalls zu einer **einvernehmlichen Beendigung** des Arbeitsverhältnisses. 28

Die Abfindung muss mindestens 0,5 Bruttogehälter je Beschäftigungsjahr betragen. Wird eine geringere Abfindung im Kündigungsschreiben angeboten, so ist diese **Abfindung auf die gesetzliche Höhe anzuheben**, da die Bemessung der Abfindung in § 1a Abs. 2 KSchG geregelt ist. Diese Vorschrift sieht eine **zwingende Mindesthöhe** der Abfindung vor. Dispositiv ist lediglich § 1a Abs. 1 KSchG, wo das Angebot der Abfindung als solche geregelt ist. 29

Die Bundesagentur für Arbeit hat ihre Durchführungsanweisungen zu § 144 SGB III an die neue Möglichkeit der einvernehmlichen Beendigung von Arbeitsverhältnissen angepasst. 30

> Im Hinblick auf die Beendigung eines Arbeitsverhältnisses über § 1a KSchG heißt es wörtlich in den Durchführungsanweisungen zu § 144 SGB III: 31
> »Ebenfalls liegt kein Sperrzeittatbestand vor, wenn die nicht offensichtlich rechtswidrige arbeitgeberseitige Kündigung auf betriebsbedingte Gründe gestützt wird und eine Abfindung gem. § 1a KSchG gezahlt wird.«

32 Eine **offensichtliche rechtswidrige arbeitgeberseitige Kündigung** wird von den Durchführungsanweisungen der Bundesagentur für Arbeit aber nur dann angenommen, wenn:
1. die maßgebende Kündigungsfrist nicht eingehalten ist,
2. der Arbeitslose nach tarif- oder einzelvertraglichen Bestimmungen nur noch aus wichtigem Grund (§ 626 BGB) kündbar war, oder
3. der Arbeitslose besonderen Kündigungsschutz genießt und die Kündigung deshalb nichtig ist, z.B. nach
   a) § 9 MuSchG (Kündigung einer Frau während der Schwangerschaft oder bis zum Ablauf von vier Monaten nach der Entbindung),
   b) § 18 BEEG (Kündigung bei Elternzeit ohne Zustimmung der für den Arbeitsschutz zuständigen obersten Landesbehörde),
   c) § 85 SGB IX (Kündigung eines schwer behinderten Menschen ohne Zustimmung des Integrationsamtes),
   d) § 15 KSchG (Kündigung des Mitglieds eines Betriebsrates, einer Jugendvertretung, u.a.).

33 Ob die **Kündigung sozial gerechtfertigt** ist, d.h. insbes. die **Sozialauswahl** korrekt durchgeführt wurde, ist keine Frage der offensichtlichen Rechtswidrigkeit. Von daher kann ein Arbeitnehmer auch bei fehlerhaft durchgeführter Sozialauswahl nach § 1a KSchG eine **betriebsbedingte Kündigung** akzeptieren, ohne dass dies zur Verhängung einer Sperrzeit nach § 144 SGB III führt.

34 In Anbetracht der Rechtsprechung des *BSG* (Urteil vom 18.12.2003) zum Abwicklungsvertrag stellt sich die zuvor in der Literatur heftigst angegriffene Regelung des § 1a KSchG nunmehr doch als **echte außergerichtliche Alternative zur Vermeidung einer Sperrzeit dar.** Die Bundesagentur für Arbeit ebenso wie das Bundessozialgericht werden allerdings künftig erklären müssen, aus welchen Gründen bei Abschluss eines **Abwicklungsvertrages** im Anschluss an eine Kündigung eine **Sperrzeit** droht, während bei bloßer Akzeptanz einer Kündigung wegen der **in der Kündigung bereits angebotenen Abfindung** keine Sperrzeit verhängt werden soll. Der unterschiedliche Prüfungsmaßstab, d.h. die vollständige Überprüfung der Rechtmäßigkeit der Kündigung beim Abwicklungsvertrag und die bloße Überprüfung der Kündigung auf ihre **offensichtliche Rechtswidrigkeit bei § 1a KSchG** ist unseres Erachtens sachlich nicht gerechtfertigt. Hier muss es zu einem einheitlichen Maßstab kommen. Gefordert ist hier der Gesetzgeber, da dem Bundessozialgericht am 18.12.2003 auf Grund der vorliegenden Gesetzesentwürfe bereits bekannt war, dass der Gesetzgeber plant, ab 1.1.2004 eine **gesetzliche Regelung des Abwicklungsvertrages** – nichts anderes ist § 1a KSchG – einzuführen.

D. Abschluss des Aufhebungsvertrages

35 Während Aufhebungsverträge früher formlos zustande kommen konnten, sieht das Gesetz seit 1.5.2000 die **Schriftform für Aufhebungsverträge** vor. Darüber hinaus setzt der Abschluss eines Aufhebungsvertrages wie jeder andere Vertrag voraus, dass eine Arbeitsvertragspartei ein entsprechendes Angebot unterbreitet und dieses Angebot von dem Vertragspartner angenommen wurde.

I. Form

1. Schriftform

36 Seit 1.5.2000 setzt ein Aufhebungsvertrag – **im Gegensatz zum Abwicklungsvertrag** – ebenso wie eine Kündigung gem. § 623 BGB zwingend die Einhaltung der **Schriftform** voraus. Da § 623 BGB ein **konstitutives Schriftformerfordernis** enthält (vgl. BT-Drs. 14/626 S. 11), sind insoweit auch die Vorschriften der §§ 125, 126, 127 a und 128 BGB anwendbar. Gemäß § 125 BGB ist ein Rechtsgeschäft, welches der durch Gesetz vorgeschriebenen

Form ermangelt, **nichtig**. Für den lediglich **mündlich abgeschlossenen Aufhebungsvertrag** bedeutet dies also, dass er nichtig ist und daher nicht zur Beendigung des Anstellungsverhältnisses führt.

Für den Aufhebungsvertrag kommt § 623 BGB eine **Warnfunktion** zu: Arbeitgeber und Arbeitnehmer sollen nicht unüberlegt das Arbeitsverhältnis beenden. Daneben hat § 623 BGB eine **Beweisfunktion** und führt beim Aufhebungsvertrag zur Inhaltsklarheit, da Gewissheit darüber geschaffen wird, mit welchem Inhalt der Vertrag zustande gekommen ist (vgl. APS/*Preis* § 623 BGB Rz. 2 f.; *Richardi/Annuß* NJW 2000, 1231 ff.; KDZ/*Däubler* § 623 BGB Rz. 5 f.; *Rolfs* NJW 2000, 1227 ff.; *Trittin/Backmeister* DB 2000, 621; *Schaub* NZA 2000, 344 ff.). 37

Ziel des Gesetzgebers war es, durch die Neuregelung ein größtmögliches Maß an **Rechtssicherheit** zu gewährleisten und gleichzeitig die Arbeitsgerichte zu entlasten. Es sollen Rechtsstreitigkeiten darüber vermieden werden, ob überhaupt ein Aufhebungsvertrag vorliegt bzw. die entsprechende Beweiserhebung erheblich erleichtert werden (BT-Drs. 14/626 S. 11). 38

Zur Wahrung des Schriftformerfordernisses muss der Aufhebungsvertrag selbst schriftlich abgefasst sein. Besteht der Vertrag aus mehreren Blättern, so ist dafür Sorge zu tragen, dass die **Einheitlichkeit der Urkunde** gewahrt wird. Die Zusammengehörigkeit der einzelnen Schriftstücke muss für den »unbefangenen Betrachter« erkennbar sein (vgl. *BGH* 24.9.1997 NJW 1998, 58). Dies bedeutet allerdings nicht, dass die einzelnen Blätter der Urkunde körperlich miteinander verbunden sein müssen. Ausreichend ist vielmehr, dass sich die Einheit der Urkunde aus einer **fortlaufenden Nummerierung** oder einer einheitlichen graphischen Gestaltung bzw. dem inhaltlichen Textzusammenhang ohne Zweifel ergibt. Die **Beweislast** hierfür liegt bei demjenigen, der sich auf die Wirksamkeit des Aufhebungsvertrages beruft (vgl. *BGH* 24.9.1997 NJW 1998, 58). 39

Verweist der Aufhebungsvertrag selbst auf Anlagen, so unterliegen diese nicht dem Schriftformerfordernis, wenn es sich um eine **bloße Orientierungshilfe** ohne eigenen rechtsgeschäftlichen Erklärungswert handelt (vgl. *BGH* 29.9.1999 NJW 2000, 355; Bsp.: Berechnungsbeispiel zur Altersversorgung auf einem Anlagebogen zu einem Aufhebungsvertrag). Handelt es sich bei den Anlagen hingegen nicht um eine bloße Orientierungshilfe, so unterliegen auch sie dem Formerfordernis des § 125 BGB. Eine körperliche Verbindung mit der Haupturkunde ist nicht erforderlich; es reicht ein Verweis im Aufhebungsvertrag auf die Anlage selbst (vgl. *BGH* 30.6.1999 NJW 1999, 2592; 21.1.1999 NJW 1999, 1105) oder die **Paraphierung** der jeweiligen Seiten der Anlage aus (vgl. *BGH* 29.9.1999 NJW 1999, 2592). 40

Gemäß § 623 BGB ist der Abschluss eines Aufhebungsvertrages in **elektronischer Form** (§§ 126 Abs. 3, 126 a BGB i.V.m. dem Signaturgesetz) ausgeschlossen. Dies wird damit gerechtfertigt, dass die elektronische Form – jedenfalls nach derzeitiger Auffassung des Gesetzgebers – eine geringere »Warnfunktion« als die traditionelle Schriftform besitzt (vgl. KDZ/*Däubler* § 623 BGB Rz. 4). 41

Auch der Abschluss eines Aufhebungsvertrages per **Telefax** genügt nicht den Anforderungen an die Schriftform. Wird der Aufhebungsvertrag lediglich per Telefax ausgetauscht, so erfüllt dies nicht die Anforderungen an die Schriftform nach § 623 BGB. Hier ist der Austausch von **Originalurkunden** erforderlich. Beim Telefax wird nur eine **Kopie** für den Vertragspartner übermittelt. Zu beachten ist allerdings, dass § 623 BGB auf die Beendigung von Arbeitsverhältnissen abstellt. Wird der Aufhebungsvertrag zur Beendigung des Vertragsverhältnisses eines **Geschäftsführers** geschlossen, so ist dies grds. auch per Telefax möglich, da es sich bei dem Anstellungsverhältnis eines Geschäftsführers i.d.R. nicht um ein **Arbeitsverhältnis** handelt. Auch hier sollte allerdings aus Gründen der Rechtssicherheit der Originalvertrag ausgetauscht werden. 42

Erforderlich im Hinblick auf das gesetzliche Schriftformerfordernis ist des Weiteren, dass der Aufhebungsvertrag **eigenhändig** von beiden Vertragspartnern unterzeichnet wurde, wobei gem. § 126 Abs. 1 BGB auch ein **notariell beglaubigtes Handzeichen** ausreicht. Da der Gesetzgeber von einer »Unterzeichnung« der Urkunde spricht, ist ein Aufhebungsvertrag nur dann wirksam, wenn die **Unterschrift den Vertragstext räumlich abschließt**. Wird die Aufhebungsvereinbarung ergänzt, so müssen auch diese **Nachträge** erneut gesondert unterzeichnet werden. 43

44 Im Hinblick auf die Unterschrift ist es erforderlich, dass zumindest mit dem Familiennamen so unterschrieben wird, dass eine Zuordnungsmöglichkeit besteht (vgl. *BGH* 18.1.1996 NJW 1996, 997). Während eine bloße Paraphe nicht ausreicht, kommt es umgekehrt auf die **Lesbarkeit der Unterschrift** nicht an. Entscheidend ist, dass die Unterschrift die charakteristischen Merkmale aufweist und somit eine Zuordnung möglich ist (vgl. *BGH* 22.10.1993 NJW 1994, 55).

45 Weitere Voraussetzung ist, dass gem. § 126 Abs. 2 S. 1 BGB **sämtliche Vertragspartner auf der selben Urkunde unterzeichnen.** Daher erfüllt ein Briefwechseln, in dem wechselseitig der Abschluss des Aufhebungsvertrages bestätigt wird, zwar die in § 127 BGB genannten **Voraussetzungen für gewillkürte Schriftform,** nicht jedoch die Voraussetzungen für die **gesetzliche Schriftform** des § 125 BGB. Das gleiche gilt im Übrigen für ein sog. Bestätigungsschreiben. Eine Ausnahme besteht nur dann, wenn es **zwei gleichlautende Schriftstücke** gibt, wovon jede Vertragspartei ein von der jeweils anderen Partei unterschriebenes Exemplar erhält. § 126 Abs. 2 S. 2 BGB sieht in diesen Fällen die Schriftform als gewahrt an. Das gleiche gilt im Übrigen auch für einen gerichtlich protokollierten Vergleich.

46 An der notwendigen Schriftform fehlt es des Weiteren dann, wenn **nicht sämtliche Punkte,** über die die Parteien sich im Rahmen der Aufhebung des Anstellungsverhältnisses geeinigt habe, **schriftlich im Aufhebungsvertrag niedergelegt wurden.** Handelt es sich um wesentliche Punkte – bspw. Übernahme der Rechtsanwaltskosten oder Formulierung des Zeugnisses –, so fehlt es insgesamt an der notwendigen Schriftform, so dass der Aufhebungsvertrag nichtig ist.

2. Rechtsfolgen der Nichteinhaltung der Schriftform

47 Genügt der Aufhebungsvertrag nicht dem Schriftformerfordernis des § 623 BGB, so kann der Aufhebungsvertrag nicht zur Beendigung des Arbeitsverhältnisses führen. Das Arbeitsverhältnis besteht in diesem Fall mit allen Rechten und Pflichten fort. Die bereits zur Erfüllung des Aufhebungsvertrages erbrachten Leistungen, bspw. die Zahlung einer Abfindung, sind nach **bereicherungsrechtlichen Grundsätzen (§§ 812 ff. BGB) rückabzuwickeln** (vgl. *Caspers* RdA 2001, 33).

3. Durchbrechung der Formnichtigkeit in Ausnahmefällen

48 Die Berufung auf einen Formmangel kann wegen **widersprüchlichem Verhaltens** unzulässig sein, wenn eine Partei über längere Zeit hinweg aus einem nichtigen Vertrag die Vorteile gezogen hat und sich nunmehr grundlos ihren eigenen Verpflichtungen unter Berufung auf den Formmangel entziehen will (vgl. *BGH* 14.6.1996 NJW 1996, 2504).

49 Scheidet der Arbeitnehmer auf Grund eines mündlich abgeschlossenen Aufhebungsvertrages aus, so hat er regelmäßig seine wesentliche Vertragsleistung erbracht. Akzeptiert der Arbeitgeber dies über einen längeren Zeitraum, so kann er sich nicht unter **Berufung auf den Formmangel** weigern, die Abfindung zu zahlen. Diese Fallgestaltung kommt dann in Betracht, wenn ein späterer Fälligkeitstermin oder eine länger gestreckte Ratenzahlung vereinbart ist. Ein Erfüllungszwang ist allerdings dann ausgeschlossen, wenn beide Parteien die Formunwirksamkeit kannten und einvernehmlich handelten (vgl. APS/*Preis* § 623 BGB Rz. 73).

50 Zu beachten ist, dass allein das Erbringen von Leistungen in Erfüllung des formnichtigen Rechtsgeschäfts ohne das Hinzutreten weiterer Umstände nicht dazu führt, dass von der **Nichtigkeitsfolge des Formmangels** nach **Treu und Glauben** (§ 242 BGB) abzusehen ist. Eine Heilung tritt nur in den vom Gesetz vorgesehenen Fällen ein. Selbst die langjährige praktische Durchführung einer formnichtigen Vereinbarung hindert die Parteien nicht, sich später auf die Formnichtigkeit zu berufen (vgl. *BAG* 9.7.1985 AP Nr. 16 zu § 75 BPersVG; 22.6.1973 NJW 1973, 1455).

51 Etwas anderes gilt aber dann, wenn durch die Erfüllung des Vertrages Umstände eingetreten sind, die nicht mehr sachgerecht rückabgewickelt werden können, oder wenn jedenfalls ein Teil unwiederbringlich Vorteile aus dem Rechtsgeschäft gezogen hat (vgl. *BGH* 14.6.1996 NJW 1996, 2503; 30.10.1961 WM 1962, 9). Diese Voraussetzungen können bspw. dann

erfüllt sein, wenn der Arbeitgeber die Stelle zwischenzeitlich anderweitig besetzt hat, oder sie infolge einer Umorganisation weggefallen ist, der Arbeitnehmer seinerseits eine andere Stelle angetreten hat oder in eine weit entfernte Stadt umgezogen ist (vgl. APS/*Preis* § 623 BGB Rz. 79). Die Parteien haben sich dann auf die vereinbarte Aufhebung eingestellt und entsprechend disponiert (vgl. *BAG* 11.12.1996 EzA § 242 BGB Rechtsmissbrauch Nr. 1).

Das **Berufen auf einen formnichtigen Aufhebungsvertrag** führt des Weiteren dann nicht zur Nichtigkeit des Aufhebungsvertrages und somit zur Fortsetzung des Arbeitsverhältnisses, wenn das Recht, sich auf die Formnichtigkeit zu berufen, verwirkt ist. Nach der Rechtsprechung des BAG kann dann von einer **Verwirkung** ausgegangen werden, wenn die Klage zum einen erst nach Ablauf eines längeren Zeitraums eingereicht wird und in der Zwischenzeit der Vertragspartner ein berechtigtes Vertrauen auf die Geltung des formnichtigen Vertrages erwerben konnte; zumindest hätte der Vertragspartner darauf vertrauen müssen, dass es nicht mehr zu einer gerichtlichen Auseinandersetzung über die Wirksamkeit des Vertrages kommt. Entscheidend ist, dass das Vertrauen des Vertragspartners das Interesse der klagenden Partei an einer Überprüfung des Vertrages derart überwiegt, dass dem auf den Vertrag vertrauenden Vertragspartner eine gerichtliche Auseinandersetzung nicht mehr zuzumuten ist (vgl. *BAG* 2.12.1999 AP Nr. 6 zu § 242 BGB Prozessverwirkung; *LAG Köln* 25.8.1999 DB 1999, 2648; *LAG Frankf.* 20.10.1999 NZA-RR 2000, 458). **52**

II. Zustandekommen des Aufhebungsvertrages

Für den Aufhebungsvertrag gelten im Übrigen die §§ 145 ff. BGB (vgl. APS/*Schmidt* AufhebVtr Rz. 4 ff.). Dies bedeutet, dass ein **rechtsgeschäftlicher Wille** von beiden Vertragsparteien vorliegen muss, das Arbeitsverhältnis zu einem bestimmten Zeitpunkt aufzuheben. Die Annahmefrist nach § 147 Abs. 2 BGB eines einem **Abwesenden** gegenüber gemachten Antrags auf Abschluss eines Aufhebungsvertrages bestimmt sich auch danach, wie der Antragende sich seinerseits hinsichtlich des Angebots verhält. Ergeben sich aus dem Verhandlungsverlauf über den **Aufhebungsvertrag** für eine vom Antragenden geforderte eilige Annahme des Vertrages keine Hinweise, so ist ein sich aus regelmäßigen Umständen ergebender Zeitrahmen, wie etwa eine angemessene Überlegungsfrist unter Einschluss einer **anwaltlichen Beratung**, zugrunde zu legen (vgl. *LAG Bln.* 25.7.1996 NZA-RR 1999, 356). **53**

Vor dem Hintergrund, dass auch ein Aufhebungsvertrag zwei korrespondierende Willenserklärungen voraussetzt, ergibt sich des Weiteren, dass der Aufhebungsvertrag erst dann zustande kommt, wenn die **wechselseitigen Willenserklärungen auch zugegangen** sind. Ist der Vertrag unterzeichnet, so muss er im Original dem Vertragspartner übersandt werden. Wie oben angesprochen, reicht die Übersendung per Telefax seit 1.5.2000 auf Grund des gesetzlichen Schriftformerfordernisses nicht mehr aus. **54**

III. Abschlussberechtigung

Der Abschluss eines Aufhebungsvertrages setzt voraus, dass insbes. die Arbeitgeberseite ordnungsgemäß vertreten ist. Da es sich hier i.d.R. um eine juristische Person handelt, ist darauf zu achten, dass eine **bevollmächtigte Person** handelt. **Die Vollmacht selber bedarf im Übrigen gem. § 167 Abs. 2 BGB nicht der Schriftform**. Ohne weiteres zum Abschluss von Aufhebungsverträgen berechtigt ist der Leiter der Personalabteilung. Problematisch sind hingegen die Fälle, in denen ein Prokurist unterzeichnet, ohne auf die **Prokura** hinzuweisen. Während das Bundesarbeitsgericht einen gesonderten Hinweis auf die Prokura nicht für erforderlich hält (vgl. *BAG* 11.7.1991 BB 1992, 436), verlangt der BGH die Hinzufügung eines entsprechenden Vertretungszeichens, d.h. beispielsweise »ppa.« bei einem Prokuristen (vgl. *BGH* 3.3.1966 NJW 1966, 1069). **55**

IV. Minderjährige

56 Ist der Arbeitnehmer noch minderjährig, so ist er zur Unterzeichnung eines Aufhebungsvertrages dann als **unbeschränkt geschäftsfähig** anzusehen, wenn er zum Abschluss des Arbeitsverhältnisses nach § 113 Abs. 1 BGB ermächtigt war. Die **Ermächtigung zum Abschluss eines Arbeitsverhältnisses** umfasst auch die Aufhebung des entsprechenden Arbeitsverhältnisses, soweit damit keine weiteren Verpflichtungen für den minderjährigen Arbeitnehmer verbunden sind.

57 Etwas anderes gilt für **Berufsausbildungsverhältnisse.** Nach allgemeiner Auffassung findet § 113 BGB auf Berufsausbildungsverhältnisse keine Anwendung. Aufhebungsverträge sind insoweit zwar zulässig; der **Minderjährige** bedarf jedoch zum Abschluss des Aufhebungsvertrages gem. § 107 BGB der ausdrücklichen Einwilligung des gesetzlichen Vertreters.

V. Umdeutung einer unwirksamen Kündigung in ein Angebot zum Abschluss eines Aufhebungsvertrages

1. Allgemeine Voraussetzungen

58 Grundsätzlich kann eine wegen Fehlens eines Kündigungsgrundes unwirksame außerordentliche oder ordentliche Kündigung in ein Angebot des Arbeitgebers zum Abschluss eines Aufhebungsvertrages umgedeutet werden. Dies setzt zum einen voraus, dass es dem mutmaßlichen – dem Arbeitnehmer erkennbaren – Willen des Kündigenden entspricht, auch bei Fehlen eines (wichtigen) Kündigungsgrundes gleichwohl unter allen Umständen das Arbeitsverhältnis aufzulösen. Ein Aufhebungsvertrag kommt dann zustande, wenn das durch Umdeutung (§ 140 BGB) ermittelte Angebot von dem Arbeitnehmer angenommen wird (vgl. *BAG* 13.4.1972 EzA § 626 BGB Nr. 13).

59 Beim Arbeitnehmer muss insbes. das Erklärungsbewusstsein vorhanden sein, d.h. ihm muss bewusst sein, dass er noch Einfluss auf die Beendigung des Arbeitsverhältnisses hat. Dieser Erklärungswille muss erkennbar zum Ausdruck kommen; der Arbeitnehmer muss also die Unwirksamkeit der Kündigung erkannt und gleichwohl die Beendigung gewollt haben (vgl. MünchArbR/*Wank* § 115 Rz. 8 m.w.N.).

60 Wegen der **Schriftform** des § 623 BGB sind derartige Fälle seit dem 1.5.2000 allerdings kaum noch vorstellbar. Die mündliche Akzeptanz einer Kündigung führt nicht dazu, dass nun von einem Aufhebungsvertrag gesprochen werden kann.

2. Bestätigung des Zugangs einer Kündigung

61 Viele Arbeitgeber lassen sich den Erhalt einer Kündigung vom Mitarbeiter auf dem Kündigungsschreiben ausdrücklich bestätigen. Solange der Arbeitnehmer tatsächlich nur den **Erhalt des Kündigungsschreibens**, d.h. den tatsächlichen Zugang, bestätigt, liegt in dieser Bestätigung keine Akzeptanz der Kündigung. Das Gleiche gilt in den Fällen, in denen der Mitarbeiter die **Kenntnisnahme bestätigt**.

62 Etwas anderes gilt allerdings in den Fällen, in denen der Mitarbeiter nicht nur die Kenntnisnahme durch seine Unterschrift, sondern ausdrücklich auch sein Einverständnis mit der Kündigung bestätigt. Enthält das Kündigungsschreiben also den Hinweis »einverstanden« und unterzeichnet der Mitarbeiter nunmehr unterhalb dieses Hinweises auf dem Kündigungsschreiben, so kann diese Erklärung nur als Akzeptanz und damit letztendlich als **Verzicht auf die Kündigungsschutzklage** angesehen werden (vgl. *LAG Köln* 22.2.2000 NZA-RR 2001, 85).

3. Ausgleichsquittung

63 Im Ausstellen einer Ausgleichsquittung ist nicht gleichzeitig eine einverständliche Aufhebung des Arbeitsverhältnisses zu sehen (zur Ausgleichsquittung s.o. Kap. 3 Rn. 4881 ff.). Etwas anderes gilt aber u.a. dann, wenn die Erklärung in der **Ausgleichsquittung** dahin lautet, dass das Arbeitsverhältnis zu einem festen Termin endet, wenn und soweit dieser von

dem Termin abweicht, der durch eine ausgesprochene Kündigung als Beendigungstermin bestimmt ist (vgl. *Bauer* Arbeitsrechtliche Aufhebungsverträge, Rz. 15, 16); zu beachten ist, dass die Schriftform des § 623 BGB eingehalten werden muss.

E. Bedingte Aufhebungsverträge

Ziel eines Aufhebungsvertrages ist es grds., das Arbeitsverhältnis in absehbarer Zeit zu beenden. Teilweise werden jedoch Aufhebungsverträge abgeschlossen, die zum einen die Beendigung von dem Eintritt einer bestimmten Bedingung abhängig machen. 64

I. Zuerkennung einer Rente wegen Erwerbsminderung

Wird in einem Arbeitsvertrag eine Klausel aufgenommen, wonach das Arbeitsverhältnis automatisch mit Ablauf des Monats endet, in welchem dem Mitarbeiter ein **Rentenbescheid wegen Zuerkennung eine Rente wegen Erwerbsminderung** zugeht bzw. in dem Monat endet, in welchem dem Mitarbeiter erstmals eine Rente wegen Erwerbsminderung gezahlt wird, so bestehen gegen diese Klausel keine Bedenken. Das BAG steht insofern auf dem Standpunkt, dass derartige Klauseln in Arbeitsverträgen gerechtfertigt sind, da hierfür ein sachlicher Grund – Klarheit des Beendigungsdatums – besteht (vgl. *BAG* 31.7.2002 AP Nr. 19 zu § 620 BGB Altersgrenze). 65

Vor dem Hintergrund, dass der Gesetzgeber früher zwischen **Berufs- und Erwerbsunfähigkeit** differenziert hatte, sind Klauseln in Tarifverträgen oder Arbeitsverträgen, wonach bei Eintritt von Berufsunfähigkeit die automatische Beendigung des Arbeitsverhältnisses eintritt, genau zu prüfen. **Berufsunfähigkeit** bedeutet nicht in jedem Fall Erwerbsminderung. Die neue Rente wegen Erwerbsminderung differenziert vielmehr zwischen der teilweisen und der vollständigen Erwerbsminderung. 66

Von daher muss bei arbeitsvertraglichen und tarifvertraglichen Beendigungsklauseln, die an die Berufsunfähigkeit anknüpfen, stets geprüft werden, ob der Mitarbeiter tatsächlich weder auf seinem bisherigen Arbeitsplatz noch auf einem anderen Arbeitsplatz im Unternehmen **unter zumutbaren Bedingungen weiterbeschäftigt** werden kann (vgl. *BAG* 31.7.2002 AP Nr. 19 zu § 620 BGB Altersgrenze; 9.8.2000 AP Nr. 10 zu § 59 BAT; 11.3.1998 AP Nr. 8 zu § 59 BAT). Ähnlich wie bei der **krankheitsbedingten Kündigung wegen Unmöglichkeit** zur Fortsetzung des Arbeitsverhältnisses auf dem bisherigen Arbeitsplatz muss also auch bei der Überprüfung einer automatischen Beendigungsklausel im Arbeitsvertrag untersucht werden, ob unter Berücksichtigung des Ultima-Ratio-Grundsatzes nicht eine **Änderungskündigung** auf einen anderen freien Arbeitsplatz oder ein Ringtausch auf einen **Schonarbeitsplatz** in Betracht kommt. 67

Ist die auflösende Bedingung nicht im Arbeitsvertrag, sondern in einer **Betriebsvereinbarung** verankert, so stellt das Bundesarbeitsgericht sehr strenge Voraussetzungen für die Wirksamkeit derartiger Betriebsvereinbarungen auf (vgl. *BAG* 27.10.1988 AP Nr. 16 zu § 620 BGB Bedingung). Die Betriebsvereinbarung muss den Beendigungszeitpunkt so deutlich regeln, dass eine Auslegung des Beendigungszeitpunkts bzw. Zweifel über den tatsächlichen Beendigungszeitpunkt bei Eintritt der Erwerbsminderung nicht bestehen können. Ist zweifelhaft, was unter dem Eintritt von Erwerbsminderung zu verstehen ist, so ist die Betriebsvereinbarung im Zweifel unwirksam. 68

II. Altersgrenzen

Eine weitere Form der bedingten Aufhebung von Arbeitsverhältnissen ist die **Vereinbarung von Altersgrenzen im Arbeitsvertrag.** Gemäß § 41 Abs. 4 S. 3 SGB VI ist eine entsprechende Klausel, die die Beendigung des Arbeitsverhältnisses bei **Vollendung des 65. Lebensjahres** des Arbeitnehmers bzw. der sich schrittweise bis zum 67. Lebensjahr erhöhenden Altersgrenze für die Regelaltersrente vorsieht, als wirksam anzusehen. Unerheblich ist insofern, ob die Klausel im Arbeitsvertrag oder aber in einem Tarifvertrag oder einer Betriebs- 69 vereinbarung festgeschrieben ist (vgl. *BAG* 11.11.1997 AP Nr. 7 zu § 48 BAT; 14.10.1997 AP Nr. 10 zu § 41 SGB VI).

70 Vereinbarungen in Arbeitsverträgen oder Zusatzvereinbarungen zum Arbeitsvertrag, die eine Beendigung des Arbeitsverhältnisses zu einem früheren Zeitpunkt vorsehen, sind demgegenüber unwirksam. Gemäß § 41 Abs. 4 S. 3 SGB VI setzt die Vereinbarung eines früheren Beendigungstermins voraus, dass eine derartige Vereinbarung innerhalb der letzten drei Jahre vor dem Beendigungszeitpunkt abgeschlossen wurde oder alternativ **innerhalb der letzten drei Jahre** vor dem Beendigungszeitpunkt von dem Mitarbeiter bestätigt wird.

III. Beendigung bei Eintritt einer Bedingung

71 Die häufigste Variante des bedingten Aufhebungsvertrages betrifft die **Absicherung der pünktlichen Rückkehr des Mitarbeiters aus dem Urlaub**. Zur Absicherung der pünktlichen Rückkehr wird mit den Mitarbeitern vereinbart, dass das Arbeitsverhältnis automatisch endet, wenn der Arbeitnehmer nicht zum vorgesehenen Zeitpunkt seine Arbeit wieder aufnimmt. Derartige **auflösend bedingte Arbeitsverhältnisse** sind trotz der Tatsache, dass der Eintritt der Bedingung alleine vom Mitarbeiter beeinflusst werden kann, nach der Rechtsprechung des Bundesarbeitsgerichtes grds. **unwirksam** (vgl. *BAG* 4.12.1991 AP Nr. 17 zu § 620 BGB Bedingung; 19.12.1974 AP Nr. 3 zu § 620 BGB Befristung). Das BAG verlangt zur Rechtfertigung derartiger Aufhebungsverträge das **Vorliegen eines sachlichen Grundes für die auflösende Bedingung.** Fehlt es an einem derartigen sachlichen Grund, liegt eine Umgehung zwingender Kündigungsschutzvorschriften vor, so dass die Klausel bzw. der bedingte Aufhebungsvertrag unwirksam ist. Um derartige Umgehungen zu vermeiden, stellt das BAG daher sehr strenge Anforderungen an auflösende Bedingungen in Aufhebungsverträgen (vgl. *BAG* 15.3.1991 a.a.O.).

72 Vor diesem Hintergrund begegnen auch bedingte Aufhebungsverträge mit **alkoholabhängigen Mitarbeitern** erheblichen Bedenken (vgl. *LAG München* 29.10.1987 DB 1088, 506). Unseres Erachtens ist es weder zulässig, mit einem Mitarbeiter verbindlich festzulegen, dass das Arbeitsverhältnis automatisch endet, wenn er alkoholisiert im Betrieb angetroffen wird, noch ist es zulässig, zu vereinbaren, dass das Arbeitsverhältnis automatisch endet, wenn der Mitarbeiter nicht bis zu einem bestimmten Zeitpunkt eine **Entziehungskur** angetreten hat. In beiden Fällen würde der zwingende Kündigungsschutz nach § 1 KSchG umgangen werden. Ein sachlicher Grund für eine derartige Bedingung ist nicht erkennbar. Nach der Rechtsprechung des Bundesarbeitsgerichtes muss ein Arbeitgeber eine Entziehungskur seines Mitarbeiters abwarten, bevor er bei erneutem Alkoholvorfall das Arbeitsverhältnis krankheitsbedingt kündigen kann. Liegt nicht einmal eine Alkoholerkrankung vor, sondern handelt es sich nur um Alkoholmissbrauch, so sind sogar **Abmahnungen** notwendig, um eine – in diesem Fall verhaltensbedingte – Kündigung rechtfertigen zu können.

73 Umstritten ist, inwieweit im Rahmen eines **Prozessvergleiches** im Hinblick auf eine vom Arbeitgeber zuvor wegen häufiger Kurzerkrankungen oder Alkoholvorfällen ausgesprochene Kündigung nunmehr vereinbart werden kann, dass das Arbeitsverhältnis zwar zunächst fortgesetzt, jedoch dann **automatisch beendet wird**, wenn der Mitarbeiter rückfällig wird, innerhalb eines bestimmten Zeitraums eine bestimmte Anzahl von Fehltagen aufweist oder eine Entziehungskur nicht innerhalb einer bestimmten Zeitspanne durchführt. Während das LAG Baden-Württemberg derartige Vergleiche als wirksam ansieht (vgl. *LAG BW* 15.12.1981 AP Nr. 5 zu § 620 BGB Bedingung), wird in der Literatur teilweise die Auffassung vertreten, dass derartige Vereinbarungen wegen eines fehlenden sachlichen Grundes unwirksam seien.

74 Unseres Erachtens ist eine derartige Vereinbarung im Rahmen eines Prozessvergleiches zulässig, da das Unternehmen hier durch den Ausspruch der Kündigung bereits alles Notwendige zur Beendigung des Arbeitsverhältnisses getan hat. Der Vergleich regelt lediglich die **Ungewissheit über die Beendigung des Arbeitsverhältnisses** dergestalt, dass der Arbeitnehmer es selbst in der Hand hat, die vom Arbeitgeber durch die Kündigung eingeleitete Beendigung doch noch zu verhindern. Eine **Umgehung des zwingenden Kündigungsschutzes** kann hier nicht vorliegen, da den Mitarbeiter im Prozess keiner zwingt, eine derar-

tige Vereinbarung zu akzeptieren. Ist er mit dem Vergleich nicht einverstanden, muss das Arbeitsgericht über die Wirksamkeit der Kündigung entscheiden.

Keinen Bedenken unterliegen Aufhebungsverträge, die das Arbeitsverhältnis beenden und eine **bedingte Wiedereinstellungszusage** enthalten (vgl. *BAG* 7.3.2002 AP Nr. 22 zu § 620 BGB Aufhebungsvertrag). Derartige Aufhebungsverträge können das Kündigungsschutzgesetz nicht umgehen, da hier das Arbeitsverhältnis tatsächlich einvernehmlich aufgehoben wird. Dem Arbeitnehmer wird lediglich eine Chance eingeräumt, das Arbeitsverhältnis zu einem späteren Zeitpunkt wieder fortzusetzen. Es bindet sich hier also einzig und alleine der Arbeitgeber, da dieser dem Mitarbeiter eine Wiedereinstellungszusage macht, die lediglich von der Erfüllung bestimmter Bedingungen abhängig ist. Die Bedingung kann bspw. darin bestehen, dass der Mitarbeiter eine **Entziehungskur** erfolgreich durchführt und dies von der behandelnden Klinik schriftlich bestätigt wird. Der Unterschied zu den oben beschriebenen bedingten Aufhebungsverträgen besteht hier also darin, dass die Beendigung unbedingt erfolgt und lediglich die Fortsetzung des Arbeitsverhältnisses bzw. die Wiedereinstellung unter eine Bedingung gesetzt wird. 75

F. Abgrenzung zwischen Aufhebungsvertrag und Befristung

Als problematisch können sich Aufhebungsverträge erweisen, die das Arbeitsverhältnis nicht unter Berücksichtigung der bei einer Kündigung zu beachtenden **Kündigungsfrist**, sondern unter Einräumung einer **längeren Auslauffrist** beenden. Hier muss stets geprüft werden, ob es sich tatsächlich um die **Aufhebung eines Arbeitsverhältnisses** oder vielmehr um die **Umwandlung eines unbefristeten in ein befristetes Arbeitsverhältnis** handelt. 76

Als **Indizien** dafür, ob es sich um einen regulären Aufhebungsvertrag oder um die Umwandlung in ein befristetes Arbeitsverhältnis handelt, zieht das BAG zum einen die **Dauer der Auslauffrist** und die übrigen in der Vereinbarung enthaltenen Klauseln heran. Fehlen in der »Aufhebungsvereinbarung« die **typischen Klauseln eines Aufhebungsvertrages** bzgl. Verschwiegenheit, Abfindung, Urlaub, Zeugnis, etc. und wurde die Kündigungsfrist mehr als vervierfacht, so ist gerade bei längeren Kündigungsfristen und der Wahl einer vierfachen oder noch längeren Frist zur Beendigung des Arbeitsverhältnisses im Zweifel eher von einer Befristung auszugehen (vgl. *BAG* 12.1.2000 AP Nr. 16 zu § 620 BGB Befristeter Aufhebungsvertrag). 77

In diesem Fall unterwirft das BAG den Aufhebungsvertrag den gleichen Anforderungen, die an den Abschluss eines **befristete Arbeitsvertrages** zu stellen sind. Es bedarf also eines **sachlichen Grundes für die Umwandlung eines unbefristeten in ein befristetes Arbeitsverhältnis.** Die Anforderungen an einen derartigen sachlichen Grund im Falle der Umwandlung eines unbefristeten in ein befristetes Arbeitsverhältnis werden von der Rechtsprechung sehr hoch angesetzt (vgl. *BAG* 3.12.1997 AP Nr. 196 zu § 620 BGB Befristeter Arbeitsvertrag). Die Verbesserung der Konditionen des Arbeitsverhältnisses während des Laufs der Befristung stellt im Übrigen keinen sachlichen Grund für die Umwandlung des unbefristeten Arbeitsverhältnisses dar (vgl. *BAG* 26.8.1998 AP Nr. 203 zu § 620 BGB Befristeter Arbeitsvertrag). 78

Anders beurteilt das BAG lediglich die Situation von Aufhebungsverträgen, die **in den ersten sechs Monaten eines Arbeitsverhältnisses** abgeschlossen werden. Da hier noch kein Kündigungsschutz nach dem Kündigungsschutzgesetz besteht, kann also auch keine Umgehung des zwingenden Kündigungsschutzrechtes vorliegen. Das BAG erlaubt den Abschluss von Aufhebungsverträgen, die eine deutlich oberhalb der ansonsten geltenden **Probezeitkündigungsfrist** liegende Frist enthalten. Nicht beanstandet wurde insofern bspw. eine Auslauffrist von vier Monaten (vgl. *BAG* 7.3.2002 AP Nr. 22 zu § 620 BGB Aufhebungsvertrag). 79

Das BAG begründete seine Auffassung damit, dass dem Arbeitnehmer hier durch die lange Auslauffrist eine zweite Chance, das Arbeitsverhältnis doch noch unbefristet fortzusetzen, eingeräumt wird. Der Mitarbeiter wird also nicht benachteiligt, sondern das Unternehmen verzichtet vielmehr bewusst auf die ihm durch den Gesetzgeber eingeräumte Kün- 80 digungsmöglichkeit. Da darüber hinaus auch in diesem Fall der Aufhebungsvertrag auf die Beendigung des Arbeitsverhältnisses abzielt, gäbe es keinen Grund, diesen **Aufhebungsvertrag der Befristungskontrolle** zu unterwerfen.

G. Inhalt des Aufhebungsvertrages

81 Welchen Inhalt ein Aufhebungsvertrag haben muss, hängt letztendlich von den Umständen des jeweiligen Einzelfalls ab. Zwingender Bestandteil eines jeden Aufhebungsvertrages ist lediglich die ausdrückliche Einigung zwischen Arbeitgeber und Arbeitnehmer über die **Beendigung des Arbeitsverhältnisses** und den **Zeitpunkt der Beendigung**.

82 Da der Aufhebungsvertrag nicht nur die Beendigung des Arbeitsverhältnisses, sondern i.d.R. auch die **Abwicklung des Arbeitsverhältnisses** bis zum Beendigungszeitpunkt regelt, muss der Aufhebungsvertrag alle offenen regelungsbedürftigen Fragen enthalten. Wie die obigen Ausführungen zur Schriftform gezeigt haben, führt das Weglassen bestimmter Regelungen, über die zwischen den Parteien Einigkeit erzielt wurde, unter Umständen sogar dazu, dass der Aufhebungsvertrag wegen Formfehlers nichtig ist. Von daher ist vor Abschluss eines Aufhebungsvertrages im Rahmen einer Checkliste festzustellen, welche Punkte regelungsbedürftig sind. Aus den zu regelnden Punkten ergibt sich dann der Inhalt des Aufhebungsvertrages.

83 Als Regelungsbedürftig kommen im Rahmen eines Aufhebungsvertrages insbes. in Betracht:
- Beendigungszeitpunkt,
- vorzeitige Beendigung des Anstellungsverhältnisses,
- Vergütung bis zum Beendigungszeitpunkt,
- Freistellung,
- Abfindung,
- Zeugnis,
- Sprachregelung,
- Betriebliche Altersversorgung,
- Übertragung einer Direktversicherung,
- Nachvertragliches Wettbewerbsverbot,
- Dienstwagen,
- Arbeitgeberdarlehen,
- Geschäfts- und Betriebsgeheimnisse,
- Rückzahlung von Aus- und Fortbildungskosten,
- Rückgabe von Arbeitsmitteln,
- Vererbbarkeit/Beendigung durch Tod,
- Arbeitspapiere,
- Hinweis auf Arbeitslosmeldung und steuer- und sozialrechtliche Konsequenzen,
- Arbeitnehmererfindung,
- Verzicht auf Wiedereinstellung,
- Allgemeine Erledigungsklausel,
- Salvatorische Klausel.

I. Beendigung des Arbeitsverhältnisses

84 Der Aufhebungsvertrag muss zunächst regeln, dass das Arbeitsverhältnis mit sofortiger Wirkung oder zu einem im Aufhebungsvertrag definierten Zeitpunkt beenden werden soll. Eine **rückwirkende Auflösung** eines bestehenden Arbeitsverhältnisses ist grds. nicht möglich (vgl. *Hoß/Kothe-Heggemann* MDR 1997, 1077). Eine Ausnahme besteht nur in den Fällen, in denen in der Vergangenheit bereits eine Kündigung ausgesprochen worden war und sich die Parteien nunmehr – bspw. im Laufe eines Kündigungsschutzprozesses – darauf einigen,

dass das Arbeitsverhältnis tatsächlich zum Zeitpunkt des durch die Kündigung vorgesehenen Beendigungstermin sein Ende findet – sog. **Abwicklungsvertrag**.

Früher war es erforderlich, dass der Aufhebungsvertrag ausdrücklich darauf hinwies, dass die Beendigung »auf Veranlassung des Arbeitgebers« erfolgt, um auf diese Weise die Voraussetzungen für die Steuerfreiheit der Abfindung im Rahmen der Freibeträge nach § 3 Ziff. 9 EStG zu sichern. Nachdem allerdings der Gesetzgeber mit Wirkung ab 1.1.2006 für neu abgeschlossene Aufhebungsverträge die Steuerfreibeträge ersatzlos gestrichen hat, ist es nicht mehr zwingend erforderlich, diese Formulierung im Aufhebungsvertrag zu belassen. Im Hinblick auf die Steuerbegünstigung nach den §§ 24, 34 EStG (Fünftelprinzip) schadet es allerdings nicht, nach wie vor an dieser Formulierung festzuhalten (zur steuerlichen Behandlung einer Abfindung s.u. Rn. 153 ff.). 85

Praxistipp: 86

Im Hinblick auf eine mögliche Arbeitslosigkeit sollte die Beendigungsklausel darauf verweisen, dass das Arbeitsverhältnis »zur Vermeidung einer betriebsbedingten Kündigung unter Einhaltung der ordentlichen Kündigungsfrist« beendet wird. Alternativ kommt in Betracht, dass statt auf die Vermeidung einer »betriebsbedingten« auf die Vermeidung einer »personenbedingten« Kündigung hingewiesen wird. Die derzeitigen Dienstanweisungen der Arbeitsämter verneinen eine Sperrzeit in den Fällen, in denen neben einem personen- oder betriebsbedingten Kündigungsgrund die Kündigungsfrist eingehalten wurde und der Mitarbeiter darlegen kann, dass er durch Abschluss eines Aufhebungsvertrages berufliche Nachteile vermieden hat (s. i.E. zur Sperr- und Ruhenszeit Kap. 8 Rn. 92 ff. und 68 ff.).

Formulierungshinweis:

Ziff. 1 eines Aufhebungsvertrages kann daher bspw. wie folgt formuliert werden:
»Zwischen den Parteien besteht Einigkeit, dass das zwischen ihnen bestehende Arbeitsverhältnis zur Vermeidung einer ansonsten unumgänglichen ordentlichen betriebsbedingten Kündigung auf Veranlassung der Gesellschaft mit dem ... sein Ende finden wird. Hintergrund der Beendigung des Anstellungsverhältnisses ist die teilweise Schließung der Abteilung ... sowie die im Bereich der Verwaltung durchgeführte Restrukturierung, die in vielen Bereichen des Unternehmens zum Abbau von Arbeitsplätzen geführt hat.«

Sofern **verhaltensbedingte Gründe** für die Beendigung des Arbeitsverhältnisses ausschlaggebend waren und ggf. sogar eine ordentliche oder fristlose Kündigung ausgesprochen worden ist, sollte im Rahmen des **Aufhebungsvertrages**, der **Abwicklungsvereinbarung** bzw. eines **gerichtlichen Vergleiches** dafür Sorge getragen werden, dass eine Formulierung gewählt wird, die die Verhängung einer Sperrzeit nach § 144 SGB III vermeidet. Anerkannt ist insofern, dass eine **Sperrzeit** dann nicht eintritt, wenn die vom Unternehmen ursprünglich erhobenen Vorwürfe nicht mehr aufrechterhalten werden und zwischen den Parteien Einigkeit besteht, dass auf Grund der ursprünglich erhobenen Vorwürfe eine gedeihliche Zusammenarbeit nicht mehr möglich ist. Diese Klausel ist empfehlenswerter, als zu versuchen, nach einer umfänglichen Auseinandersetzung über die vom Unternehmen behaupteten verhaltensbedingten Gründe plötzlich die Beendigung auf betriebsbedingte Gründe zu stützen. 87

Insbesondere dann, wenn entsprechender Schriftverkehr über die Pflichtverletzung vorliegt und der Arbeitgeber ggf. bereits die **Arbeitsbescheinigung** mit dem Hinweis auf verhaltensbedingte Kündigungsgründe an die Agentur für Arbeit gesandt hat, droht beiden Arbeitsvertragsparteien die Gefahr, dass die Agentur für Arbeit eine **Anzeige wegen Betruges** erstattet, wenn nunmehr plötzlich behauptet wird, dass hier betriebsbedingte Gründe zur Beendigung des Arbeitsverhältnisses geführt haben. Wird hingegen durch die Arbeitsvertragsparteien lediglich klargestellt, dass zwar einerseits die Vorwürfe nicht weiter aufrechterhalten werden, andererseits jedoch auf Grund der Auseinandersetzung eine Zusammenarbeit nicht weiter möglich ist, verhängt die Agentur für Arbeit keine Sperr- 88 zeit. In diesem Fall ist dem Arbeitnehmer i.d.R. die Fortsetzung des Arbeitsverhältnisses nicht zumutbar.

89 **Formulierungshinweis:**
Im Rahmen einer Abwicklungsvereinbarung im Anschluss an eine vom Unternehmen ausgesprochene Kündigung kann Ziff. 1, die die Beendigung des Arbeitsverhältnisses regelt, wie folgt formuliert werden:
»Zwischen den Parteien besteht Einigkeit, dass das zwischen ihnen bestehende Arbeitsverhältnis auf Grund der ordentlichen Kündigung vom ... mit dem ... sein Ende finden wird. Die von der Gesellschaft ursprünglich erhobenen Vorwürfe werden nicht aufrechterhalten. Trotz der Rücknahme der Vorwürfe besteht zwischen den Parteien aber Einigkeit, dass auf Grund der Auseinandersetzung eine gedeihliche Zusammenarbeit zwischen ihnen nicht mehr erwartet werden kann. Vor diesem Hintergrund stimmen beide Parteien einer einvernehmlichen Beendigung des Anstellungsverhältnisses zum ... zu.«

90 Ist es nicht zum Ausspruch einer Kündigung gekommen; haben die Arbeitsvertragsparteien allerdings intensiv über angebliche **Pflichtverletzungen des Arbeitnehmers** gestritten, so kommt auch hier statt des üblicherweise gewählten Hinweises auf betriebsbedingte Kündigungsgründe das Spiel mit offenen Karten in Betracht. Eine Sperrzeit wird man allerdings nur dann vermeiden können, wenn tatsächlich gegenüber der Agentur für Arbeit zum einen dargelegt werden kann, dass die Vorwürfe unberechtigt waren und zum anderen aus der Art und Weise der vom Arbeitgeber erhobenen Vorwürfe objektiv erkennbar ist, dass eine vernünftige Zusammenarbeit zwischen den Parteien nicht mehr möglich ist.

91 In diesem Fall kann die Aufhebungsvereinbarung in Ziff. 1 wie folgt formuliert werden:
»Zwischen den Parteien besteht Einigkeit, dass das zwischen ihnen bestehende Arbeitsverhältnis auf Veranlassung der Gesellschaft mit dem ... unter Einhaltung der ordentlichen Kündigungsfrist sein Ende finden wird. Die im Vorfeld von der Gesellschaft gegenüber dem Arbeitnehmer erhobenen Vorwürfe werden nicht weiter aufrechterhalten. Aufgrund dieser Auseinandersetzung besteht zwischen den Parteien Einigkeit, dass eine weitere gedeihliche Zusammenarbeit nicht möglich ist und daher das Anstellungsverhältnis beendet werden muss.«

92 Weitergehende Angaben sind zum Beendigungsgrund i.d.R. im Rahmen eines Aufhebungsvertrages nicht erforderlich. Sollte es sich allerdings um die Beendigung eines Anstellungsverhältnisses mit einem **schwer behinderten Menschen** i.S.d. Sozialgesetzbuches IX handelt, so sollte im Interesse des schwer behinderten Mitarbeiters zuvor das **Integrationsamt** eingeschaltet werden. Wird der Aufhebungsvertrag dann vor dem Integrationsamt geschlossen, so führt dies auf Grund entsprechender Absprachen zwischen den einzelnen Integrationsämtern und den zuständigen Agenturen für Arbeit i.d.R. nicht dazu, dass dem schwer behinderten Mitarbeiter gegenüber wegen des Abschlusses des Aufhebungsvertrages eine **Sperrzeit** verhängt wird.

93 Ohne Einschaltung des Integrationsamtes weist die Agentur für Arbeit i.d.R. zurecht darauf hin, dass bei Einhaltung des für die Kündigung eines schwer behinderten Menschen vorgesehenen Verfahrens vor dem Integrationsamt die Beendigung zu einem wesentlich späteren Zeitpunkt eingetreten wäre. Der **Sonderkündigungsschutz** des schwer behinderten Menschen bewirkt, dass das Unternehmen länger die Vergütung für den Mitarbeiter zahlen muss und somit die Allgemeinheit zumindest während der Verfahrensdauer von den Kosten des arbeitslos gewordenen Mitarbeiters verschont bleibt. Vor diesem Hintergrund verlangt die Agentur für Arbeit zur Vermeidung der Sperrzeit zu Recht die Einschaltung des Integrationsamtes bei Abschluss von **Aufhebungsverträgen mit schwer behinderten Menschen**.

Formulierungshinweis: 94

Nach Einschaltung des Integrationsamtes kann der Aufhebungsvertrag mit einem schwer behinderten Menschen in Ziff. 1 wie folgt formuliert werden:
»Zwischen den Parteien besteht Einigkeit, dass das zwischen ihnen bestehende Arbeitsverhältnis mit Zustimmung des Integrationsamtes zur Vermeidung einer ansonsten unumgänglichen ordentlichen betriebsbedingten Kündigung auf Veranlassung der Gesellschaft mit dem ... sein Ende finden wird. Wäre es nicht zu dieser einvernehmlichen Regelung gekommen, so hätte das Integrationsamt nunmehr der von der Gesellschaft am ... beantragten Kündigung zugestimmt. Der Antrag auf Zustimmung zur Kündigung konnte nach Unterzeichnung dieser Aufhebungsvereinbarung unter Beteiligung des Integrationsamtes zurückgenommen werden.«

Eine ähnliche Formulierung bietet sich an, wenn der Mitarbeiter bzw. die Mitarbeiterin besonderen Kündigungsschutz besitzt, weil er/sie sich in **Elternzeit** oder im **Mutterschutz** befindet. Hier ist im Hinblick auf die Vermeidung einer Sperrzeit ebenfalls die Beteiligung der zuständigen Arbeitsschutzbehörde empfehlenswert. Welche Behörde im Falle des Mutterschutzes bzw. der Elternzeit zuständig ist, ist in den einzelnen Bundesländern unterschiedlich geregelt. 95

Zuständig für den Sonderkündigungsschutz nach § 9 MuschG bzw. § 18 BEEG sind: 96

Baden-Württemberg:	Gewerbeaufsichtsamt
Bayern:	Gewerbeaufsichtsämtern Nürnberg und München Land
Berlin:	Landesamt für Arbeitsschutz und technische Sicherheit
Brandenburg:	Amt für Arbeitsschutz, technische Sicherheit, Gesundheit, Jugend und Soziales
Bremen:	Gewerbeaufsichtsamt
Hamburg:	Behörde für Arbeit, Gesundheit, Jugend und Soziales
Hessen:	Bezirksregierung
Nordrhein-Westfalen:	Bezirksregierung
Rheinland-Pfalz:	Landesamt für Umweltschutz und Gewerbeaufsicht, Bergamt
Saarland:	Ministerium für Arbeit, Frauen, Gesundheit und Soziales
Sachsen:	Gewerbeaufsichtsamt
Sachsen-Anhalt:	Gewerbeaufsichtsamt
Schleswig-Holstein:	Gewerbeaufsichtsamt
Thüringen:	Amt für Arbeitsschutz und Arbeitsmedizin (Landesamt für Soziales und Familie)

II. Vorzeitige Beendigung des Arbeitsverhältnisses

Gerade dort, wo ein Arbeitnehmer eine sehr lange gesetzliche oder einzelvertragliche Kündigungsfrist hat, besteht auf Mitarbeiterseite das Interesse, das Arbeitsverhältnis ggf. auch zu einem früheren Zeitpunkt zu beenden. Da auf dem heutigen Arbeitsmarkt Flexibilität gefragt ist, müssen freie Stellen häufig sehr schnell besetzt werden. Müsste der Mitarbeiter die Kündigungsfrist einhalten, wäre ihm ggf. ein nahtloser Übergang in das neue Arbeitsverhältnis nicht möglich. Es besteht die Gefahr, dass die Stelle anderweitig vergeben wird. 97

Um dem Arbeitnehmer hier die erforderliche Flexibilität hinsichtlich des Antritts einer neuen Stelle zu ermöglichen, kann daher in den Aufhebungsvertrag eine Klausel aufgenommen werden, die dem Mitarbeiter das Recht einräumt, das Anstellungsverhältnis mit einer bestimmten **Ankündigungsfrist vorzeitig zu beenden**. Besteht die Möglichkeit der vorzeitigen Beendigung, so ist im Einzelnen noch zwischen den Parteien zu klären, welche Auswirkungen die vorzeitige Beendigung auf die hierdurch seitens des Arbeitgebers ersparten 98

Vergütungsbestandteile hat. Üblicherweise werden diese Vergütungsansprüche in voller oder anteiliger Höhe der Abfindung zugeschlagen.

99 **Formulierungshinweis:**
»Der Arbeitnehmer hat das Recht, das Anstellungsverhältnis mit einer Ankündigungsfrist von sieben Tagen vorzeitig zu beenden. Eine derartige vorzeitige Beendigung entspricht ausdrücklich dem Wunsch der Gesellschaft. Die dem Arbeitnehmer in dieser Vereinbarung zugesagte Abfindung erhöht sich für jeden 'vollen' Monat des vorzeitigen Ausscheidens um ... € brutto.«

100 Teilweise wird von den Finanzämtern die Auffassung vertreten, dass die Abfindung, die aus einer vorzeitigen Beendigung des Arbeitsverhältnisses durch Aufstockung des eigentlich vereinbarten Abfindungsbetrages resultiert, nicht der **Steuerbegünstigung** nach den §§ 24, 34 EStG unterliegt. Das Finanzamt Köln hat insofern bspw. die Auffassung vertreten, dass **dieser Teil der Abfindung wie reguläres Entgelt mit dem ungeminderten Steuersatz zu versteuern ist.** Das Finanzamt sieht in diesem Teil der Abfindung einen Bezug aus dem bestehenden Arbeitsverhältnis.

101 Um eine derartige – aus unserer Sicht falsche – Behandlung der Abfindung zu vermeiden, bietet es sich an, zunächst mit dem Finanzamt die Rechtslage abzuklären. Sollte das **Betriebsstättenfinanzamt** ebenfalls die Auffassung des Finanzamtes Köln teilen, so kann mit dem Arbeitnehmer in Ergänzung zum Aufhebungsvertrag eine zusätzliche Vereinbarung geschlossen werden, die beide Vertragsparteien im Fall der vorzeitigen Beendigung zum **Abschluss eines neuen Aufhebungsvertrages** verpflichtet. Im Rahmen des neuen Aufhebungsvertrages ist dann das tatsächlich vom Mitarbeiter gewünschte Beendigungsdatum sowie die sich nunmehr rechnerisch tatsächlich ergebende Abfindungssumme festzuschreiben.

102 Da beide Vertragsparteien das Arbeitsverhältnis jederzeit einvernehmlich ohne Einhaltung einer Kündigungsfrist beenden können, besteht gegen eine derartige Regelung weder aus steuerlicher noch aus arbeitsrechtlicher Hinsicht Bedenken. In sozialrechtlicher Hinsicht würde nunmehr zwar die Kündigungsfrist erheblich verkürzt und somit eine Ruhenszeit nach § 143a SGB III ausgelöst. Dies spielt allerdings in den Fällen, in denen der Mitarbeiter das Arbeitsverhältnis wegen des Antritts einer neuen Stelle vorzeitig beendet, ohnehin keine Rolle.

III. Vergütung bis zum Beendigungszeitpunkt

103 Vor dem Hintergrund, dass üblicherweise ein Aufhebungsvertrag eine allgemeine Erledigungsklausel enthält, ist darauf zu achten, dass der Aufhebungsvertrag darüber hinaus ausdrücklich regelt, dass und ggf. in welcher Höhe dem Mitarbeiter die **Vergütung** bis zum Beendigungszeitpunkt weiter gezahlt wird. Insbesondere in den Fällen, in denen der Mitarbeiter **von der Arbeitsleistung freigestellt** wird, muss ausdrücklich geregelt werden, dass die Freistellung unter Fortzahlung der vertragsgemäßen Vergütung erfolgt.

104 Unproblematisch sind die Fälle, in denen dem Mitarbeiter nur zwölf feste Monatsgehälter im Jahr gezahlt werden. Hier reicht ein bloßer Hinweis darauf aus, dass bis zum Beendigungszeitpunkt die Vergütung ordnungsgemäß fortzuzahlen und abzurechnen ist. Erfolgt die Vereinbarung in einem **Prozessvergleich**, so ist allerdings darauf zu achten, dass der bloße Hinweis auf die ordnungsgemäße Abrechnung des Arbeitsverhältnisses **keinen vollstreckbaren Titel hinsichtlich der Vergütung darstellt** (vgl. *BAG* 25.4.2001 EzA § 253 ZPO Nr. 21; *LAG Köln* 2.9.1994 – 6 Ta 139/94 – n.v.).

105 Steht dem Mitarbeiter eine **Provision** zu, so ist zur Vermeidung von weiteren Auseinandersetzungen bereits im Aufhebungsvertrag festzuschreiben, in welcher Höhe die Provision oder sonstige variable Vergütungen bis zum Beendigungszeitpunkt anfällt. Gerade dann, wenn der Arbeitnehmer von der Arbeitsleistung freigestellt wird, ist es wichtig, hier eine entsprechende Klarstellung zu finden. Hier bietet es sich wiederum an, die **variable Vergütung** zu pauschalieren. Nach der Rechtsprechung des LAG Köln (vgl. *LAG Köln*

23.5.2002 – 7 Sa 71/02) hat ein Arbeitnehmer bspw. dann Anspruch auf 100% der ihm zugesagten variablen Vergütung, wenn das Unternehmen es versäumt hat, eine **Zielvereinbarung** zu schließen. Wird der Mitarbeiter auf Grund einer Freistellung von der Möglichkeit, die Ziele zu erreichen, abgehalten, so bietet es sich an, auch in diesem Fall die **Tantieme** auf Basis von 100% zu zahlen. Alternativ kommt in Betracht, die Tantieme auf Basis der erreichten Ziele des vergangenen Jahres an den Mitarbeiter auszuschütten.

Formulierungshinweis: 106

»Die dem Arbeitnehmer für das Jahr 2006 zustehende Tantieme wird in Höhe der für das Jahr 2005 gezahlten Tantieme von ... € brutto pauschaliert.«

Hat der Arbeitnehmer Anspruch auf eine **Gratifikation**, so ist im Aufhebungsvertrag zu 107 regeln, welchen Einfluss die Beendigung des Arbeitsverhältnisses auf den Gratifikationsanspruch hat. Sieht bspw. der Arbeitsvertrag oder ein Tarifvertrag vor, dass Gratifikationen zurückzuzahlen sind, wenn das Arbeitsverhältnis innerhalb einer bestimmten Frist endet, so muss der Aufhebungsvertrag selber regeln, ob es zur Rückzahlung kommt, ob von vorne herein die Auszahlung der Gratifikation unterbleibt oder ob der Mitarbeiter im Gegensatz zu der Regelung im Tarifvertrag oder Arbeitsvertrag die Gratifikation erhält.

Wird die Gratifikation – bspw. das **Weihnachtsgeld** – nicht als ausdrücklich ausgewiesene 108 Sonderzahlung an den Mitarbeiter ausgezahlt, sondern im Rahmen eines Kompromisses der **Abfindung** zugeschlagen und endet das Arbeitsverhältnis nach dem Auszahlungszeitpunkt, so unterliegt dieser Teil der Abfindung weder der Sozialversicherungsfreiheit noch der Steuerbegünstigung. **Erdientes Entgelt – hier die Weihnachtsgratifikation – darf nicht der Abfindung zugeschlagen werden.**

Dies gilt unseres Erachtens auch in den Fällen, in denen der Mitarbeiter keinen Anspruch 109 auf die Gratifikation hat. Ergibt sich, dass beide Parteien eine entsprechende Zahlung wollten und lediglich zur Optimierung des Nettobetrages diese Gratifikation in Form einer Abfindung gezahlt haben, so liegt kein Abfindungsbetrag sondern nach wie vor ein Gratifikationsbetrag vor, der **sozialversicherungspflichtig** und **steuerpflichtig** ist.

IV. Freistellung

Da das Anstellungsverhältnis bei Abschluss eines Aufhebungsvertrages i.d.R. nicht mit 110 sofortiger Wirkung beendet wird, wird in Aufhebungsverträgen häufig vereinbart, dass der Arbeitnehmer für die Zeit bis zur tatsächlichen Beendigung des Arbeitsverhältnisses von der Arbeitsleistung freigestellt wird. Kommt es nicht zu einer Einigung über die Freistellung, so kann der Arbeitgeber im Fall der feststehenden Beendigung des Arbeitsverhältnisses den Mitarbeiter grds. auch **einseitig gegen den Willen des Mitarbeiters von der Arbeitsleistung freistellen**, um so zu erreichen, dass die Freistellungs- und Urlaubsansprüche des Mitarbeiters in Natura erfüllt werden können. Ein Rechtsanspruch auf tatsächliche Beschäftigung bis zum Beendigungszeitpunkt wird i.d.R. bei kürzeren Kündigungsfristen nicht anerkannt werden können. Insbesondere kann ein Arbeitnehmer seinen Beschäftigungsanspruch bei kürzeren Kündigungsfristen nicht im Wege der einstweiligen Verfügung durchsetzen (vgl. *ArbG Neuss* 2.2.2005 – 5 Ga 3/05 – n.v.).

Grundsätzlich überwiegt das Interesse des Arbeitgebers, den Mitarbeiter in den letzten 111 Wochen/Monaten des Arbeitsverhältnisses nicht weiterzubeschäftigen gegenüber dem Interesse des Mitarbeiters, bis zum letzten Tag seine Arbeit ausüben zu können. Nur dort, wo bspw. die tatsächliche Ausübung der Arbeit für das weitere berufliche Fortkommen von entscheidender Bedeutung ist, kann der Arbeitnehmer eine einseitige Freistellung durch das Unternehmen mittels einer einstweiligen Verfügung verhindern. Eine derartige **einstweilige Verfügung** kommt bspw. bei Ärzten in Betracht, die zur Erlangung bestimmter Qualifikationsstufen eine bestimmte Tätigkeitszeit nachweisen müssen. Die einseitige Freistellung durch den Arbeitgeber würde hier das berufliche Fortkommen bzw. die berufliche Entwicklung des Mitarbeiters beeinträchtigen.

112 Ein Anspruch auf tatsächliche Beschäftigung bis zum Ablauf der Kündigungsfrist kann darüber hinaus auch dann zu bejahen sein, wenn es sich um eine sehr lange Kündigungsfrist handelt und die Kündigung alleine mit einer Neuverteilung der Aufgaben begründet wird (vgl. *LAG Hamm* 21.12.2007 – 11 SaGa 51/07 – n.v.). In Anknüpfung an die Ausführungen des Großen Senates des BAG in der Grundsatzentscheidung zum Weiterbeschäftigungsanspruch gekündigter Arbeitnehmer vom 27.2.1985 (*BAG GS* 27.2.1985 DB 1985, 2197) ist ein Arbeitgeber grundsätzlich verpflichtet seine Mitarbeiter vertragsgemäß zu beschäftigen, wenn dies zum einen von den Arbeitnehmern verlangt wird und wenn diesem Beschäftigungsanspruch keine tatsächlichen Hindernisse, die nicht in der Sphäre des Arbeitgebers liegen, entgegenstehen. Insofern verlangt die Rechtsprechung, dass ein Arbeitgeber unternehmerische Entscheidungen zur Umstrukturierung so fällt, dass die durch diese Entscheidung entfallende Arbeitsplätze trotzdem bis zum Ablauf der Kündigungsfrist erhalten bleiben. Begründet wird dies vom Bundesarbeitsgericht damit, dass das Leben des Arbeitnehmers zu einem ganz wesentlichen Teil durch das Arbeitsverhältnis bestimmt und geprägt wird. Da andererseits das Grundgesetz die Würde des Menschen und das Recht auf freie Entfaltung seiner Persönlichkeit zu zentralen Werten der Verfassung erhoben hat, sieht die Rechtsprechung zumindest bei längeren Kündigungsfristen in der Freistellung des Arbeitnehmers eine gegen § 242 BGB erfolgende Pflichtverletzung des Arbeitgebers (vgl. *LAG Hamm* 21.12.2007 – 11 SaGa 51/07 – n.v.). Vor dem Hintergrund, dass der allgemeine Beschäftigungsanspruch aus einer sich aus Treu und Glauben ergebenden Pflicht des Arbeitgebers hergeleitet wird, besteht in der Rechtsprechung allerdings Einigkeit, dass der Arbeitnehmer dort eine Freistellung während der Kündigungsfrist zu akzeptieren hat, wo überwiegende schützenswerte Interessen des Arbeitgebers entgegenstehen. Dort, wo der Arbeitgeber schützenswerte Interessen an der Freistellung des Arbeitnehmers hat, muss eine Interessenabwägung erfolgen. Überwiegt das Interesse des Arbeitgebers an der Nichtbeschäftigung, so ist die Freistellung während der Kündigungsfristen gerechtfertigt und es fehlt am Verfügungsanspruch für eine einstweilige Verfügung. Ein überwiegendes schützenswertes Interesse auf Arbeitgeberseite kann bei Wegfall der Vertrauensgrundlage, bei tatsächlichem Auftragsmangel oder auch bei einer Fallkonstellation vorliegen, wo der gekündigte Arbeitnehmer beabsichtigt, zur Konkurrenz zu wechseln und das Unternehmen ein berechtigtes Interesse daran hat, dem Mitarbeiter nicht die Möglichkeit einzuräumen, aktuelle Kenntnisse über die Betriebsabläufe – insbesondere Betriebsgeheimnisse – zu erlangen (vgl. *LAG Hamm* 21.12.2007 – 11 SaGa 51/07 – n.v.).

113 Unabhängig davon, ob die **Freistellung** einseitig durch bloße Erklärung des Arbeitgebers oder aber einvernehmlich im Rahmen des **Aufhebungsvertrags** erfolgt, sind eine Reihe von Besonderheiten sowohl auf Arbeitgeber- als auch auf Arbeitnehmerseite zu berücksichtigen, um spätere Auseinandersetzungen bzw. böse Überraschungen zu vermeiden (vgl. *Hoß* ArbRB 2001, 29).

1. Sozialrechtliche Konsequenzen einer Freistellung

114 Die Spitzenverbände der Sozialversicherungsträger hatten am 10.8.2005 ein Besprechungsergebnis vom 5./6.7.2005 veröffentlicht, wonach die einvernehmliche, unwiderrufliche Freistellung von der Arbeitsleistung das versicherungspflichtige Beschäftigungsverhältnis mit dem letzten tatsächlichen Arbeitstag und nicht erst mit dem Ablauf der Kündigungsfrist beendet. Zur Begründung haben die Spitzenverbände der Sozialversicherungsträger darauf verwiesen, dass in diesen Fällen auf Seiten des Arbeitgebers das Direktionsrecht mit Beginn der unwiderruflichen Freistellung erloschen ist und korrespondierend auf Arbeitnehmerseite die Weisungsgebundenheit entfällt. Konsequenz aus dieser Rechtsauffassung der Sozialversicherungsträger war, dass auch die Sozialversicherungspflicht mit Beginn der unwiderruflichen Freistellung endet. Es würden keinerlei Sozialversicherungsbeiträge mehr zur Arbeitslosen-, Renten-, Kranken- und Pflegeversicherung geschuldet.

115 Aufgrund dieser Rechtsauffassung der Spitzenverbände der Sozialversicherungsträger war es in der Vergangenheit erforderlich, dass die Freistellung im Aufhebungsvertrag nicht »unwiderruflich« sondern widerruflich vereinbart werden musste. Bei einer lediglich widerruflichen Freistellung bestand nach Auffassung der Spitzenverbände der Sozialversiche-

rungsträger auch das sozialversicherungspflichtige Beschäftigungsverhältnis bis zum Ablauf der Kündigungsfrist fort. Für die Praxis war die Freistellung mit Widerrufsvorbehalt allerdings insofern problematisch, als beispielsweise eine derartige Freistellung nicht geeignet ist, die Urlaubsansprüche des Arbeitnehmers zu erfüllen. Umgekehrt hatte auch der Arbeitnehmer in der Regel kein Interesse daran, lediglich widerruflich freigestellt zu werden, da er bei dieser Regelung seine Zeit nicht sicher verplanen kann.

Das *BSG* hat nun im vergangenen Jahr in zwei Urteilen vom 24.9.2008 (– B 12 KR 22/07 R – und – B 12 KR 27/07 R) dieser Rechtsauffassung der Spitzenverbände der Sozialversicherungsträger eine Absage erteilt. Das BSG hat entschieden, dass auch bei einer unwiderruflichen Freistellung weiterhin ein sozialversicherungspflichtiges Beschäftigungsverhältnis besteht, wenn das Arbeitsverhältnis im übrigen weiterhin ordnungsgemäß abgewickelt wird (vgl. *BSG* 24.9.2008 – B 12 KR 22/07 R). Es wurde in der Entscheidung ausdrücklich betont, dass der notwendige »Vollzug« eines Arbeitsverhältnisses nicht nur bei tatsächlicher Arbeitsleistung sondern auch dann angenommen werden kann, wenn lediglich noch die vertraglich vereinbarte Vergütung weiter gezahlt wird. **116**

Das *BSG* hat diese Entscheidung nicht nur für die Freistellung im Rahmen eines Aufhebungsvertrages getroffen, sondern im Rahmen des zweiten Urteils (– B 12 KR 22/07 R) entschieden, dass auch bei Freistellung während der Arbeitsphase einer im Blockmodell ausgeübten Altersteilzeit weiterhin ein sozialversicherungspflichtiges Beschäftigungsverhältnis besteht. Auch hier haben die Richter des BSG der Rechtsauffassung der Spitzenverbände der Sozialversicherungsträger richtigerweise widersprochen. **117**

Aufgrund der beiden Urteile vom 24.9.2008 des BSG können in Aufhebungsverträgen, gerichtlichen Vergleichen oder Abwicklungsverträgen nunmehr wieder Freistellungsklauseln aufgenommen werden, die eine unwiderrufliche Freistellung des Arbeitnehmers bis zum Ablauf der ordentlichen Kündigungsfrist vorsehen, ohne dass diese Regelung für den Arbeitnehmer zur Konsequenz hat, dass die Beitragspflicht hinsichtlich der Arbeitslosen-, Renten-, Kranken- und Pflegeversicherung entfällt. Die Spitzenverbände der Sozialversicherungsträger werden ihre Auffassung also der Rechtsprechung des Bundessozialgerichtes anpassen müssen. Der bisher aufgrund des Besprechungsergebnisses der Spitzenverbände der Sozialversicherungsträger vom 5./6.7.2005 bestehende »Vorteil« auf Arbeitnehmerseite, dass während einer Freistellung keine Sozialversicherungsbeiträge mehr abgeführt werden müssen und sich hierdurch letztendlich das Nettoeinkommen des Arbeitnehmers erhöht, entfällt also durch die klarstellenden Entscheidungen des BSG vom 24.9.2008. Der Arbeitgeber muss bis zum letzten Tag des Arbeitsverhältnisses sowohl den Arbeitgeber- als auch den Arbeitnehmeranteil zur Sozialversicherung ordnungsgemäß abführen. **118**

2. Verpflichtung zur Fortzahlung der Vergütung

Inwieweit während der Freistellung ein Anspruch auf **Fortzahlung der Vergütung** besteht, hängt davon ab, in welcher Form die Freistellung erfolgt ist und ob es sich bei dem Vergütungsanspruch des Mitarbeiters um einen tarifvertraglichen oder frei ausgehandelten Vergütungsanspruch handelt. **119**

a) Einseitige Freistellung durch den Arbeitgeber

Die **einseitige Freistellung** befreit den Arbeitgeber nicht von der **Lohnzahlungspflicht.** Eine einseitige Anordnung einer unbezahlten Freistellung im Falle einer Kündigung oder eines zuvor abgeschlossenen Aufhebungsvertrages ist daher unzulässig (vgl. *Hoß/Lohr* BB 1998, 2575 [2577]). Sofern der Arbeitsvertrag selbst die Möglichkeit einer Freistellung ohne Gehaltsfortzahlung vorsieht, ist diese Vereinbarung nach den §§ 138, 242 BGB unwirksam. Dies folgt bereits daraus, dass selbst eine Lohnreduzierung nur unter den strengen Voraussetzungen einer **betriebsbedingten Änderungskündigung** (§ 2 KSchG) zulässig wäre. Eine Vertragsklausel, die dem Arbeitgeber die Möglichkeit der unbezahlten Freistellung gewährt, ist daher mit dem Bestandsschutz, den das Kündigungsschutzgesetz gewährt, unvereinbar. Die einseitig angeordnete unbezahlte Freistellung käme letztendlich einer fristlosen Kündigung i.S.v. § 626 BGB gleich. **120**

b) Einvernehmliche Freistellung im Aufhebungsvertrag

121 Wie oben angesprochen, enthalten Aufhebungsverträge vielfach auch eine Klausel, wonach der Arbeitnehmer bis zum Beendigungszeitpunkt von der Arbeitsleistung freigestellt wird. Gegen eine derartige Vereinbarung bestehen in rechtlicher Hinsicht keine Bedenken. Enthält die Freistellungsklausel keinen Hinweis darauf, ob während der Freistellung auch die Vergütung fortzuzahlen ist, so stellt sich die Frage, inwieweit hier ein entsprechender Vergütungsanspruch des Mitarbeiters auch während der Freistellung besteht.

122 Das LAG Schleswig-Holstein vertritt insofern die Auffassung, dass bei einer **Freistellung im Rahmen einer Aufhebungsvereinbarung** grds. davon auszugehen ist, dass diese **unbezahlt** ist (vgl. *LAG SchlH* 20.2.1997 NZA-RR 1997, 286). Demgegenüber ist das *LAG Hmb.* (vgl. Urteil v. 14.3.2001 – 8 Sa 3/01 – n.v.) in einem vergleichbaren Fall zu dem Ergebnis gelangt, dass eine **Freistellungserklärung im Aufhebungsvertrag** grds. **nicht** dahingehend ausgelegt werden kann, dass der **Vergütungsanspruch** des Mitarbeiters für die Zeit der Freistellung **entfällt.**

123 Gegen die Rechtsauffassung des LAG Schleswig-Holstein spricht, dass der Begriff der Freistellung sich ausschließlich auf die **Aufhebung der Arbeitspflicht** bezieht. Ohne eine ausdrückliche oder konkludente Erklärung des Arbeitnehmers kann nicht davon ausgegangen werden, dass der Arbeitnehmer gleichzeitig auch auf seinen Lohnanspruch verzichten will. Nicht die unbezahlte, sondern die bezahlte Freistellung ist daher in der Praxis der Regelfall, so dass der Arbeitgeber eine Abweichung von diesem Grundsatz darlegen und beweisen muss (vgl. *Nägele* DB 1998, 518; *Hoß/Lohr* BB 1998, 2575 [2577]). Soll die Verpflichtung zur Vergütungszahlung entfallen, bedarf es daher einer entsprechenden Vereinbarung in dem Aufhebungsvertrag.

124 Diese Vereinbarung kann entweder ausdrücklich erfolgen, indem darauf hingewiesen wird, dass die Freistellung ohne Fortzahlung der Vergütung erfolgen soll, oder aber konkludent, indem die Arbeitsvertragsparteien gleichzeitig eine **allgemeine Erledigungsklausel** in die Aufhebungsvereinbarung mit aufnehmen. Aus der allgemeinen Erledigungsklausel folgt grds., dass hier für die Zukunft keine weiteren Vergütungsansprüche mehr bestehen (s. zur Reichweite und Auslegung einer Erledigungsklausel u. D/2575 ff.). Bereits hier ist allerdings darauf hinzuweisen, dass eine allgemeine Erledigungsklausel nur dann die Vergütungsansprüche für die Zukunft erfassen kann, wenn es sich bei den Vergütungsansprüchen nicht um **tarifvertragliche Entgeltansprüche** handelt. Gemäß § 4 TVG kann ein Arbeitnehmer nicht auf Ansprüche aus einem Tarifvertrag verzichten. Von daher wäre eine entsprechende Verzichtserklärung – auch im Rahmen einer allgemeinen Erledigungsklausel – nichtig.

3. Gewährung von Sachleistungen während der Freistellung

125 Der Arbeitgeber ist während der Freistellungsphase nicht nur zur Fortzahlung der Vergütung, sondern auch weiterhin zur Gewährung von Sachbezügen verpflichtet, sofern keine abweichende Vereinbarung getroffen oder eine umfassende Erledigungsklausel vereinbart wurde. Die Gewährung von Sachbezügen betrifft insbes. die Fälle der **Überlassung eines Dienstwagens** zur Privatnutzung, die Teil der arbeitsvertraglichen Vergütung ist (vgl. *BAG* 23.6.1994 BB 1994, 2278; BB 1995, 204 m. Anm. *Nägele*; *LAG Sachsen* 9.4.1997 BB 1997, 1693). Von daher ist der Arbeitgeber grds. verpflichtet, den Dienstwagen bis zur Beendigung des Arbeitsverhältnisses dem freigestellten Mitarbeiter im bisherigen Umfang auch zur privaten Nutzung zur Verfügung zu stellen.

126 Um zu vermeiden, dass dem Arbeitnehmer während der Freistellung der Dienstwagen weiterhin gewährt werden muss, ist es also erforderlich, bereits bei Überlassung des Dienstwagens festzuschreiben, unter welchen Bedingungen der **Dienstwagen zurückgefordert** werden kann. Eine Klausel, wonach der Arbeitgeber jederzeit berechtigt ist, den Dienstwagen zurückzufordern, ist nunmehr gem. § 308 Nr. 4 BGB unwirksam. Der Fünfte Senat des *BAG* hat am 12.1.2005 (EzA § 308 BGB 2002 Nr. 1 = DB 2005, 669) entschieden, dass die Vertragsklausel in einem Formulararbeitsvertrag, nach der dem Arbeitgeber das Recht zustehen soll, übertarifliche Lohnbestandteile jederzeit unbeschränkt zu widerrufen, unwirksam ist. Ist der Formulararbeitsvertrag vor dem 1.1.2002 abgeschlossen worden, bleibt den

Gerichten eine ergänzende Vertragsauslegung zur Schließung der nunmehr durch die Anwendung der AGB-Regeln auf Arbeitsverträge entstandenen Lücke vorbehalten. Es gelten dann die Widerrufsgründe, die die Vertragsparteien zugrunde gelegt hätten, wenn ihnen die gesetzlich angeordnete Unwirksamkeit der Widerrufsklausel bei Abschluss des Anstellungsvertrages bekannt gewesen wäre. In diesem Zusammenhang ist dann des Weiteren ausdrücklich zu klären, ob der Entzug des Dienstwagens während der Freistellungsphase unentgeltlich oder nur gegen Gewährung einer entsprechenden Entschädigung erfolgen darf. Es zeigt sich einmal mehr, dass bereits bei Abschluss eines Arbeitsvertrages wichtige Grundsteine für die spätere einseitige oder einvernehmliche Beendigung des Arbeitsverhältnisses gesetzt werden können (vgl. zum Entzug der Privatnutzung des Dienstwagens *Meier* NZA 1997, 298 ff.). Die oben bereits erwähnte Entscheidung des *BAG* vom 12.1.2005 (EzA § 308 BGB 2002 Nr. 1) macht des Weiteren deutlich, dass Arbeitsverträge regelmäßig unter Beachtung der geänderten Rechtsprechung zu überprüfen sind.

4. Anrechnung anderweitigen Erwerbs

Wird der Mitarbeiter von der Arbeitsleistung freigestellt, so bietet sich ihm grds. die Möglichkeit, auch schon während der Freistellungsphase eine anderweitige Beschäftigung aufzunehmen, sofern nicht ein vertragliches oder gesetzliches (vgl. § 60 HGB) **Wettbewerbsverbot** einer derartigen Tätigkeit entgegensteht. Im Falle der bezahlten Freistellung stellt sich in diesen Fällen dann stets die Frage, inwieweit sich der Arbeitnehmer den anderweitigen Verdienst auf die von seinem Noch-Arbeitgeber geschuldete Vergütung anrechnen lassen muss. 127

Früher wurde in Rechtsprechung und Literatur danach differenziert, ob die Freistellung einseitig oder einvernehmlich erfolgte. Handelt es sich um eine **einseitige Freistellung** des Arbeitgebers, d.h. keine Freistellung im Rahmen einer Aufhebungsvereinbarung, so vertrat die Rechtsprechung die Auffassung, dass das Unternehmen durch die einseitige Freistellungserklärung in Annahmeverzug nach §§ 615, 293 BGB (a.F.) geriet (vgl. *BAG* 23.6.1994 BB 1994, 2278; 19.4.1990 AP Nr. 45 zu § 615 BGB; *LAG Hamm* 11.10.1996 NZA-RR 1997, 287, 288). Fand § 615 BGB Anwendung, so stand fest, dass der Arbeitnehmer sich gem. § 615 S. 2 BGB den anderweitigen Verdienst anrechnen lassen musste. Der Noch-Arbeitgeber konnte daher die von ihm geschuldete Vergütung entsprechend kürzen. 128

Wurde die **Freistellung** demgegenüber in einem **Aufhebungsvertrag einvernehmlich** festgeschrieben, so bestand in der Rechtsprechung größtenteils Einigkeit dahingehend, dass § 615 S. 2 BGB keine Anwendung finden kann. Es fehlt am Annahmeverzug. Auf Grund der einvernehmlichen Freistellung ist von einem Konsens der Arbeitsvertragsparteien bzgl. der Suspendierung der Arbeitspflicht auszugehen. Der Arbeitgeber verzichtet insofern auf die vertraglich vom Arbeitnehmer geschuldete Arbeitsleistung und im Gegenzug der Arbeitnehmer auf seinen **Beschäftigungsanspruch**. Damit erlischt gleichzeitig aber die Gläubigerstellung des Arbeitgebers, so dass ein Annahmeverzug i.S.d. § 293 BGB a.F. nicht eintreten konnte. § 615 S. 2 BGB ist in einem solchen Fall daher weder unmittelbar noch analog anwendbar (vgl. *BAG* 30.9.1982 – 6 AZR 802/79 – n.v.; *LAG Hamm* 11.10.1996 NZA-RR 1997, 287, 288; *LAG Bra.* 17.3.1998 LAGE § 615 BGB Nr. 56). 129

Anderer Auffassung war insofern lediglich das *LAG SchlH* (vgl. Urteil v. 20.2.1997 NZA-RR 1997, 286), nach dem die Regelung des § 615 S. 2 BGB anwendbar ist, so dass stets eine Anrechnung erfolgt, sofern die Parteien nicht die Regelung des § 615 S. 2 BGB ausdrücklich abbedungen hatten. 130

> Das BAG hat sich schrittweise zu der Auffassung bewegt, dass im Fall einer Freistellung durch den Arbeitgeber – unabhängig davon, ob es sich um eine einseitige oder um eine einvernehmliche Freistellung handelt – keine automatische Anrechnung anderweitigen Verdienstes erfolgt. 131

Mit Urteil vom 9.11.1999 (9 AZR 922/98) hat der *Neunte Senat des BAG* zunächst die Auffassung vertreten, dass von einer einvernehmlichen Freistellung – und damit nicht von einer automatischen Anrechnungsmöglichkeit – auszugehen ist, wenn der Arbeitnehmer zunächst 132 einseitig durch den Arbeitgeber freigestellt wird; jedoch selbst zuvor eine derartige Freistellung gewünscht hat. Mit Urteil vom 19.3.2002 hat das BAG nunmehr ausdrücklich entschieden, dass es auf die Frage, **in welcher Form die Freistellung erfolgte**, nicht mehr ankommt. Auch dann, wenn der Arbeitgeber den Arbeitnehmer einseitig von der Arbeitsleistung freistellt und der Mitarbeiter diese Freistellung akzeptiert, fehlt es nach der nunmehr vom BAG vertretenen Auffassung an der Möglichkeit, automatisch sog. **Zwischenverdienst des Arbeitnehmers anzurechnen** (vgl. *BAG* 19.3.2002 EzA § 615 BGB Nr. 108).

133 Konsequenz aus dieser geänderten Rechtsprechung des Bundesarbeitsgerichtes ist nun, dass der Arbeitgeber, der eine Anrechnung anderweitigen Verdienstes des Mitarbeiters während der Freistellungsphase auf die von ihm selbst geschuldete Vergütung wünscht, dies ausdrücklich in der Freistellungserklärung festschreiben muss.

134 Dies gilt im Übrigen, wie angesprochen, unabhängig davon, ob die Freistellungserklärung einseitig oder einvernehmlich erfolgt. Auch bei der einseitig im Kündigungsschreiben erklärten Freistellung ist der **Arbeitgeber berechtigt**, zu bestimmen, dass der Arbeitnehmer verpflichtet ist, **anderweitigen Verdienst** während der **Freistellungsphase** anzuzeigen und der Mitarbeiter sich diesen anderweitigen Verdienst auf die vom Haupt-/Noch-Arbeitgeber geschuldete Vergütung anrechnen lassen muss. **Handelt es sich um eine einvernehmliche Freistellung, so gehört eine Anrechnungsklausel bzgl. Zwischenverdienst ausdrücklich in die Freistellungserklärung.**

135 Fehlt es an einer ausdrücklichen Anrechnungsklausel in der Freistellungserklärung, so ist eine **Anrechnung von Zwischenverdienst** heute nicht mehr möglich. Insbesondere kann i.d.R. **nicht** von der Vereinbarung einer **konkludenten Anrechnungsbefugnis des Arbeitgebers** ausgegangen werden. Auch im Wege der ergänzenden Vertragsauslegung kann in die Freistellungserklärung keine Anrechnungsvereinbarung hineininterpretiert werden (vgl. *LAG Köln* 21.8.1991 NZA 1992, 123, 124; *LAG Bra.* 17.3.1998 LAGE § 615 BGB Nr. 56).

5. Anrechnung der Freistellung auf den Erholungsurlaub

136 Es steht außer Frage, dass die Arbeitsvertragsparteien in einem Aufhebungsvertrag vereinbaren können, dass der Arbeitnehmer unter **Anrechnung des restlichen Erholungsurlaubs** und sonstiger Arbeitsbefreiungsansprüche – bspw. auf Grund von Gleitzeitguthaben, etc. – von der Arbeitsleistung freigestellt wird (vgl. *LAG Brem.* 24.1.1997 MDR 1997, 753; *BAG* 9.6.1998 EzA § 611 BGB Aufhebungsvertrag Nr. 30). Ebenso ist es im Fall der einseitigen Freistellung anerkannt, dass der Arbeitgeber, der nach Ausspruch einer Kündigung den Arbeitnehmer bis zur Beendigung des Arbeitsverhältnisses freistellt, zugleich anordnen kann, dass die Freistellung auf den Urlaubsanspruch angerechnet wird (vgl. *BAG* 25.1.1994 EzA § 7 BUrlG Nr. 92; 18.12.1986 BB 1987, 1953). Diese Befugnis des Arbeitgebers folgt bereits daraus, dass der Urlaubsanspruch nur noch in der verbleibenden Laufzeit des Vertrages gewährt werden kann und der **Naturalanspruch Vorrang vor dem Abgeltungsanspruch** des § 7 Abs. 4 BUrlG hat.

137 Die Rechtsprechung (vgl. *BAG* 9.6.1998 EzA § 7 BUrlG Nr. 106; 25.1.1994 BB 1994, 1012; 31.5.1990 BB 1991, 837) und der überwiegende Teil der Literatur (vgl. *Hoß/Lohr* BB 1998, 2575, 2579 m.w.N.) gehen davon aus, dass **keine Anrechnung des Resturlaubs** erfolgt, wenn der Arbeitgeber dies weder ausdrücklich erklärt noch besondere Umstände vorliegen, die auf eine konkludente Urlaubsgewährung schließen lassen. Der Urlaubsanspruch ist ein »durch das Bundesurlaubsgesetz bedingter Freistellungsanspruch des Arbeitnehmers gegen den Arbeitgeber, von den nach dem Arbeitsverhältnis entstehenden Arbeitspflichten befreit zu werden, ohne dass die Pflicht zur Zahlung des Arbeitsentgeltes berührt wird« (vgl. *BAG* 25.1.1994 BB 1994, 1012). Die zur Erfüllung dieses Anspruchs erforderliche Erklärung des Arbeitgebers müsste hinreichend deutlich erkennen lassen, dass eine Befreiung von der Arbeitspflicht zur Erfüllung des Urlaubsanspruches erklärt wird. Andernfalls sei nicht erkennbar, ob der Arbeitgeber als Schuldner des Urlaubsanspruches diesen Anspruch erfüllt oder als Gläubiger der Arbeitsleistung auf deren Annahme verzichtet.

Dementsprechend reicht es nach überwiegender Meinung nicht aus, dass ein Arbeitgeber einen Arbeitnehmer **ohne Hinweis auf die Anrechnung von Urlaubsansprüchen freistellt** und auch aus den sonstigen Umständen nicht hervorgeht, dass gleichzeitig eine Urlaubsgewährung erfolgen soll (vgl. *BAG* 9.6.1998 EzA § 7 BUrlG Nr. 106). 138

Erforderlich ist vielmehr eine ausdrückliche unwiderrufliche Freistellung unter Hinweis auf die Urlaubsgewährung. Fehlt es an der **Unwiderruflichkeit**, so ist ebenfalls keine Anrechnung möglich, weil der Arbeitnehmer jederzeit mit einer Beendigung der Freistellung rechnen muss und somit seinen Urlaub nicht ordnungsgemäß planen kann (vgl. *ArbG Wiesbaden* 16.10.2000 – 4 Ca 2256/00 – n.v.). Es zeigt sich also, dass der Arbeitgeber grds. auf eine unwiderrufliche Freistellung des Arbeitnehmers zur Abgeltung der noch offenen Urlaubsansprüche angewiesen ist. Nach den Entscheidungen des *BSG* vom 24.9.2008 (– B 12 KR 22/07 R – und – B 12 KR 27/07 R) ist die unwiderrufliche Freistellung auch für den Arbeitnehmer in sozialversicherungsrechtlicher Hinsicht unproblematisch. In tatsächlicher Hinsicht – soweit der Arbeitnehmer nicht ausnahmsweise ein schützenswertes Interesse an der tatsächlichen Beschäftigung hat – hat die unwiderrufliche Freistellung darüber hinaus den Vorteil, dass der Mitarbeiter seine Zeit frei verplanen kann. 139

Alternativ zu der unwiderruflichen Freistellung kommt in Betracht, den Arbeitnehmer im Rahmen einer widerruflichen Freistellungserklärung aufzufordern, bekannt zu geben, wann er den ihm zustehenden Resturlaub während des Laufs der Kündigungsfrist bzw. Auslauffrist des Arbeitsverhältnisses in Anspruch nimmt. Wird der Urlaub entsprechend dem Wunsch des Mitarbeiters gewährt, so kann es im Übrigen bei einer widerruflichen Freistellung verbleiben. 140

Als weitere Möglichkeit kommt gerade bei längeren Kündigungsfristen oder Auslauffristen in Betracht, dem Mitarbeiter bestimmte **Korridore** mitzuteilen, während derer die **Freistellung widerruflich** ist. Die Anrechnung der Resturlaubsansprüche kann dann im Rahmen der Zeiträume erfolgen, während der der Mitarbeiter unwiderruflich freigestellt ist. Problematisch ist diese Vorgehensweise allerdings dann, wenn der Arbeitnehmer während der Phase der unwiderruflichen Freistellung **arbeitsunfähig erkrankt**. Da Arbeitsunfähigkeit und Erholungsurlaub sich ausschließen, kann der dem Arbeitnehmer zustehende Resturlaub nicht durch die Tage, während der der Mitarbeiter erkrankt war, aufgebraucht werden. Korrigiert das Unternehmen die Freistellungserklärung in diesem Fall nicht, kann der Arbeitnehmer auch im Fall einer langfristigen Freistellung am Ende des Arbeitsverhältnisses die Urlaubsabgeltung verlangen, wenn die Zeiten der unwiderruflichen Freistellung ohne Arbeitsunfähigkeit nicht ausgereicht hatten, um den Urlaub in Natura zu nehmen. 141

Trotz lediglich widerruflicher Freistellung – diese liegt immer dann vor, wenn die Unwiderruflichkeit nicht ausdrücklich erklärt wurde – scheidet eine **Abgeltung des Resturlaubsanspruches** dann aus, wenn das Arbeitsverhältnis mit dem 31.12. eines Kalenderjahres sein Ende findet. Zu diesem Zeitpunkt erlischt ohnehin der Urlaubsanspruch. Eine Übertragung des Resturlaubes auf das erste Quartal des Folgejahres ist nach der gesetzlichen Regelung im Bundesurlaubsgesetz nur dann möglich, wenn der Arbeitnehmer auf Grund betriebsbedingter oder persönlicher Gründe gehindert war, den Urlaub rechtzeitig im Urlaubsjahr zu nehmen. War der Mitarbeiter freigestellt – **auch bei der widerruflichen Freistellung** –, können, abgesehen von einer längerfristigen Arbeitsunfähigkeit, keine Hinderungsgründe vorliegen. In diesem Fall kann der Arbeitnehmer also keine Urlaubsabgeltung verlangen. Etwas anderes gilt nur dann, wenn in einer **Betriebsvereinbarung** oder in einem Tarifvertrag abweichend von der gesetzlichen Regelung eine automatische Übertragung des Urlaubs auf das Folgejahr vorgesehen ist. 142

6. Formulierung der Freistellung im Aufhebungsvertrag

In Anbetracht der vorstehenden Ausführungen sollte also in einem Aufhebungsvertrag die Freistellung des Mitarbeiters im Interesse beider Arbeitsvertragsparteien sorgfältig formuliert werden. 143

144 Es bietet sich hier an, in den Fällen, in denen der Wegfall der Sozialversicherungspflicht keine Rolle spielt, bspw. folgende **Formulierung** in den Aufhebungsvertrag aufzunehmen:
»Die Gesellschaft stellt den Mitarbeiter bis zur Beendigung des Arbeitsverhältnisses unter Fortzahlung der vertragsgemäßen Vergütung sowie unter Anrechnung etwaiger restlicher Urlaubsansprüche sowie sonstiger Ansprüche auf Arbeitsbefreiung (Altersfreizeit, Abbau von Überstunden, Gleitzeitstunden, etc.) unwiderruflich von der Arbeitsleistung frei. Der Mitarbeiter ist verpflichtet, sich anderweitigen Erwerb auf die von der Gesellschaft geschuldete Vergütung anrechnen zu lassen. Insofern besteht eine Auskunftspflicht des Mitarbeiters über die während der Freistellung erzielten Einkünfte.
Dem Mitarbeiter ist bekannt, dass er verpflichtet ist, sich auch während der Freistellung arbeitsunfähig zu melden, sofern eine entsprechende Erkrankung vorliegt. Auch während der Freistellung bleibt die Entgeltfortzahlung auf den gesetzlich vorgesehenen Sechs-Wochen-Zeitraum begrenzt.«

145 In den Fällen, in denen die Arbeitsvertragsparteien nur eine widerrufliche Freistellung vereinbaren wollen, ist eine gesonderte Regelung über die Resturlaubsansprüche des Mitarbeiters zu treffen.

146 Es bietet sich an, folgende Formulierung in den Aufhebungsvertrag aufzunehmen:
»Die Gesellschaft stellt den Mitarbeiter bis zur Beendigung des Arbeitsverhältnisses bis auf weiteres unter Fortzahlung der vertragsgemäßen Vergütung von der Arbeitsleistung frei. Die Gesellschaft kann die Freistellung jederzeit mit einer Ankündigungsfrist von drei Tagen widerrufen. Im Fall des Widerrufs ist die Gesellschaft verpflichtet, den Mitarbeiter vertragsgerecht als … in der Abteilung … im Betrieb in … zu beschäftigen.
Der Mitarbeiter ist verpflichtet, sich anderweitigen Erwerb auf die von der Gesellschaft geschuldete Vergütung anrechnen zu lassen. Insofern besteht eine Auskunftspflicht des Mitarbeiters über die während der Freistellung erzielten Einkünfte. Dem Mitarbeiter ist insofern bekannt, dass er verpflichtet ist, sich auch während der Freistellung arbeitsunfähig zu melden, sofern eine entsprechende Erkrankung vorliegt. Auch während der Freistellung bleibt die Entgeltfortzahlung auf den gesetzlich vorgesehenen Sechs-Wochen-Zeitraum begrenzt.
Der Mitarbeiter wird unverzüglich nach Unterzeichnung dieser Aufhebungsvereinbarung seine ihm zustehenden Resturlaubsansprüche und sonstigen Ansprüche auf Arbeitsbefreiung in Natura nehmen. Die Gesellschaft genehmigt diesen Urlaub. Sollte der Mitarbeiter während dieser Urlaubnahme erkranken, verlängert sich automatisch der Urlaub um die Krankheitstage. Während der Urlaubszeit ist weder ein Widerruf des Urlaubs noch ein Widerruf der Freistellung möglich.«

147 Die vorstehende Formulierung sorgt dafür, dass einerseits die Urlaubsansprüche während des Laufs der Kündigungsfrist in Natura genommen werden und verhindert andererseits, dass eine unwiderrufliche Freistellung zum Wegfall der Sozialversicherungspflicht führt. Alternativ zu der vorgenannten Regelung kommt nur in Betracht, eine Klausel in den Vertrag aufzunehmen, wonach zwischen den Parteien Einigkeit besteht, dass die dem Arbeitnehmer zustehenden Urlaubsansprüche sowie sonstigen Ansprüche auf Arbeitsbefreiung (Altersfreizeit, Abbau von Überstunden, Gleitstunden etc.) bereits tatsächlich in Natura genommen worden sind und somit keine Resturlaubsansprüche mehr bestehen.

148 Im Hinblick auf die Art der Beschäftigung im Fall des Widerrufs der Freistellung können die Arbeitsvertragsparteien das Direktionsrecht des Arbeitgebers einengen, so dass zumindest faktisch sichergestellt ist, dass trotz der widerruflichen Freistellung letztendlich eine unwiderrufliche Freistellung vorliegt und der Arbeitgeber nicht die Möglichkeit hat, den Mitarbeiter während des Laufs der Kündigungsfrist doch noch mit Restarbeiten oder anderweitigen Tätigkeiten zu beschäftigen.

V. Abfindung

Da ein Arbeitnehmer i.d.R. keinen Grund hat, der Aufhebung seines Arbeitsverhältnisses ohne weiteres zuzustimmen, wird dieses Einverständnis durch Zahlung einer entsprechenden Abfindung »erkauft«. Die Abfindungshöhe orientiert sich zum einen an dem vom Mitarbeiter erreichten sozialen Besitzstand (Einkommenshöhe und Betriebszugehörigkeit) und zum anderen an den Erfolgsaussichten einer arbeitgeberseitigen Kündigung. 149

Formulierungshinweis: 150
»Die Firma verpflichtet sich, dem Mitarbeiter für den Verlust des Arbeitsplatzes und den sozialen Besitzstand eine Abfindung in entsprechender Anwendung der §§ 9, 10 KSchG in Höhe von … € brutto zu zahlen.«

Eine **Abfindung ist** grds. **sozialversicherungsfrei**. Lediglich dann, wenn sich in der Abfindung erdiente Vergütungsansprüche – bspw. eine Jahressonderzahlung – wiederfinden, unterliegt dieser Teil der Abfindung der Sozialversicherungspflicht und in diesem Fall selbstverständlich auch der vollen Versteuerung. 151

Bis zum 31.12.2005 hing die Versteuerung der Abfindung von der Höhe des Abfindungsbetrages ab. Der Gesetzgeber hatte in § 3 Ziff. 9 EStG a.F. Steuerfreibeträge festgeschrieben, deren Höhe vom Alter und der Beschäftigungszeit des Mitarbeiters abhing. Der den Freibetrag übersteigende Teil der Abfindung ist nach den §§ 24, 34 EStG zu versteuern. 152

Der Gesetzgeber hat nun im Rahmen des Gesetzes zum Einstieg in ein steuerliches Sofortprogramm § 3 Ziff. 9 EStG zum 31.12.2005 aufgehoben. Der Bundestag hatte das von der Regierungskoalition eingebrachte Gesetz am 15.12.2005 verabschiedet. Die begrenzte Steuerfreiheit von Abfindungen gilt daher nur noch für diejenigen Ausnahmefälle, die unter die zeitlich begrenzte Übergangsregelung des § 52 Abs. 4a EStG fallen. 153

§ 52 Abs. 4a EStG hat folgenden Wortlaut: 154
»§ 3 Nr. 9 in der bis zum 31. Dezember 2005 geltenden Fassung ist weiter anzuwenden für vor dem 1. Januar 2006 entstandene Ansprüche der Arbeitnehmer auf Abfindungen oder für Abfindungen wegen einer vor dem 1. Januar 2006 getroffenen Gerichtsentscheidung oder einer am 31. Dezember 2005 anhängigen Klage, soweit die Abfindungen dem Arbeitnehmer vor dem 1. Januar 2008 zufließen. § 3 Nr. 10 in der bis zum 31. Dezember 2005 geltenden Fassung ist weiter anzuwenden für Entlassungen vor dem 1. Januar 2006, soweit die Übergangsgelder und Übergangshilfen dem Arbeitnehmer vor dem 1. Januar 2008 zufließen, und für an Soldatinnen auf Zeit und Soldaten auf Zeit vor dem 1. Januar 2009 gezahlte Übergangsbeihilfen, wenn das Dienstverhältnis vor dem 1. Januar 2006 begründet wurde.«

Die vorstehende Übergangsregelung zeigt, dass die Steuerfreiheit von Abfindung nur noch dann besteht, wenn der Anspruch auf die Abfindung bis zum 31.12.2005 entstanden ist. Dies bedeutet, dass bis zu diesem Zeitpunkt ein Aufhebungsvertrag abgeschlossen sein musste. Das Gleiche gilt für die Vereinbarung eines außergerichtlichen Abwicklungsvertrages. 155

Umstritten ist, zu welchem Zeitpunkt der Anspruch auf Zahlung einer Abfindung nach § 1a KSchG entsteht. Der Anspruch kann mit Übergabe des Kündigungsschreibens, mit Ablauf der dreiwöchigen Klagefrist oder mit Beendigung des Arbeitsverhältnisses entstehen. In der Praxis besteht insbes. Streit darüber, ob der Abfindungsanspruch bereits mit Übergabe des Kündigungsschreibens oder erst nach Ablauf der Drei-Wochen-Frist im Fall der unterlassenen Klageerhebung entsteht. Relevant für die Gewährung der Steuerfreiheit kann dieser Streit dann werden, wenn das Kündigungsschreiben zwar im Jahr 2005 übergeben wurde; die dreiwöchige Klagefrist jedoch erst im Jahr 2006 abläuft. Da der Mitarbeiter durch seine Entscheidung, keine Klage einzureichen, den Abfindungsanspruch entstehen lassen kann, wird man hier nicht auf den Ablauf der Drei-Wochen-Frist für die Klageerhebung hinsichtlich des »Entstehens des Abfindungsanspruchs« abstellen können. Wenn der Mitar- 156 beiter sich noch im Jahr 2005 dazu entschieden hat, keine Klage einzureichen, ist der Abfindungsanspruch bereits im Jahr 2005 mit Übergabe des Kündigungsschreibens entstanden.

157 Ebenfalls umstritten ist, wann Abfindungsansprüche aus einem Sozialplan entstehen. Wurde der Sozialplan im Jahr 2005 geschlossen und die aus der zugrunde liegenden Betriebsänderung resultierenden Kündigungen erst Ende des Jahres ausgesprochen bzw. erst zu Beginn des Jahres 2006 ausgesprochen, so stellt sich auch hier die Frage, ob der im Jahr 2005 im Sozialplan für die Mitarbeiter festgelegte Abfindungsanspruch noch unter die Steuerprivilegierung des § 3 Ziff. 9 EStG fällt oder ob in diesen Fällen auf den Ausspruch der Kündigung bzw. das Auslaufen der Kündigungsfrist abzustellen ist. Das *BAG* hat insofern bspw. in einer Entscheidung vom 22.5.1996 (EzA § 4 TVG Abfindung Nr. 1 = NZA 1997, 386 ff.) deutlich gemacht, dass ein Sozialplananspruch nicht zwangsläufig bereits mit Abschluss des Sozialplans entstehen muss. Der Anspruch auf den Sozialplananspruch entsteht vielmehr i.d.R. erst in dem Zeitpunkt, in dem der Arbeitnehmer tatsächlich von der Maßnahme betroffen ist, d.h. ihm die betriebsbedingte Kündigung zugeht bzw. er eine Aufhebungsvereinbarung auf Grund der dem Sozialplan zugrunde liegenden Betriebsänderung unterzeichnet. Von daher wird ein zwar im Jahr 2005 abgeschlossener Sozialplan ohne gleichzeitigen Ausspruch der betriebsbedingten Kündigung im Jahr 2005 nicht dazu führen, dass die im Jahr 2006 auf Grund von im Jahr 2006 ausgesprochenen Kündigungen gezahlten Abfindung noch der Steuerfreiheit des § 3 Ziff. 9 EStG a.F. unterliegen.

158 Zu klären sein wird im Hinblick auf den Entstehungszeitpunkt für Abfindungen auch die Frage, inwieweit Abfindungen, die in Altersteilzeitverträgen vereinbart wurden, bereits entstanden sind und daher in den Fällen, in denen sie noch bis zum 31.12.2007 dem Mitarbeiter gezahlt werden, der Steuerfreiheit nach § 3 Ziff. 9 EStG a.F. unterliegen. Unseres Erachtens wird man den Abfindungsanspruch als vor dem 1.1.2006 entstanden ansehen müssen. Durch Unterzeichnung der Altersteilzeitvereinbarung hat der Mitarbeiter den Anspruch auf die Abfindung erworben. Um die Steuerfreiheit allerdings zu behalten, muss die aus der Altersteilzeit resultierende Abfindung nunmehr bis spätestens zum 31.12.2007 dem Mitarbeiter zufließen. Sieht die Altersteilzeitvereinbarung eine längere Laufzeit und damit eine spätere Fälligkeit der Abfindung vor, so stellt sich die Frage, inwieweit die Arbeitsvertragsparteien die Fälligkeit der Abfindung vorverlegen können. Unseres Erachtens sollte dies ohne weiteres möglich sein, da durch die einvernehmliche Veränderung des Fälligkeitszeitpunktes nichts an der Tatsache geändert wird, dass der Abfindungsanspruch entstanden ist und daher auf Grund des Entstehungszeitpunktes unter die Übergangsregelung fällt.

159 Für Klagen, die noch nicht bis zum 31.12.2005 abgeschlossen worden waren, enthält die oben dargestellte Übergangsregelung darüber hinaus die Besonderheit, dass auch Abfindungszahlungen aus derartigen Klagen weiterhin der Steuerfreiheit unterliegen, wenn die Klage zum einen bis zum 31.12.2005 anhängig war und zum anderen die Abfindung dem Arbeitnehmer bis spätestens zum 31.12.2007 zufließt.

160 Kündigungen, die erst im Jahr 2006 oder später ausgesprochen werden, oder Aufhebungsvereinbarungen, die erst im Jahr 2006 oder später abgeschlossen werden, können nicht mehr unter die Steuerprivilegierung des § 3 Ziff. 9 EStG fallen. Nur am Rande sei hier darauf hingewiesen, dass die Rückdatierung von Aufhebungsverträgen zur Erlangung des Steuerprivilegs einen strafbaren Betrug darstellt.

161 Die folgenden Ausführungen beziehen sich zum einen auf die nach wie vor im Rahmen der Übergangsregelung existierende Steuerfreiheit nach § 3 Ziff. 9 EStG a.F. sowie auf die Versteuerung des den Freibetrag überschreitenden Abfindungsbetrages nach den §§ 24, 34 EStG:

1. Begriff der Abfindung in steuerlicher Hinsicht

162 Abfindungen sind nach Auffassung des Bundesfinanzhofes Zahlungen, die der Arbeitnehmer als Ausgleich für die mit der Auflösung des Arbeitsverhältnisses verbundenen Nachteile, insbes. für den Verlust des Arbeitsplatzes, erhält. Zwischen der Zahlung der **Abfindung** durch das Unternehmen und der **Beendigung des Arbeitsverhältnisses** muss demnach ein **ursächlicher Zusammenhang** bestehen (vgl. *BFH* 13.10.1978 BStBl II 1979, 155). Auf

einen zeitlichen Zusammenhang stellt § 3 Ziff. 9 EStG a.F. im Gegensatz zur Auffassung vieler Finanzämter nicht ab. Die Abfindung soll folglich einen gewissen Ausgleich für Vermögensverluste durch die Aufgabe des Arbeitsplatzes gewähren und dem Arbeitnehmer den Übergang in ein neues Arbeitsverhältnis oder ggf. den Ruhestand erleichtern. Die arbeitsrechtliche Abfindung hat somit Entschädigungscharakter.

Zu den Abfindungen gehören demnach u.a.: 163
- Zahlungen, mit denen entgehende bzw. entgangene Verdienstmöglichkeiten für die Zeit nach der Beendigung des Arbeitsverhältnisses abgegolten werden (vgl. *BFH* 13.10.1978 BStBl II 1979, 155);
- Vorruhestandsleistungen (vgl. *BFH* 11.1.1989 BStBl II 1980, 205);
- Übergangsgelder, die auf Grund tarifvertraglicher Regelungen an den Arbeitnehmer gezahlt werden (vgl. *BFH* 18.9.1991 BStBl II 1992, 34).

Nicht zu den Abfindungen i.S.v. § 3 Ziff. 9 EStG a.F. zählen u.a.: 164
- Zahlungen zur Abgeltung vertraglicher Ansprüche, die der Arbeitnehmer aus dem Arbeitsverhältnis bis zum Zeitpunkt der Auflösung bereits erlangt hat (vgl. *BFH* 17.5.1997 BStBl II 1997, 735; 13.10.1978 BStBl II 1979, 155; 24.4.1991, BStBl II 1991, 723); hierzu zählen bspw. das Weihnachtsgeld, anteiliges Urlaubsgeld und erdiente Tantiemen (vgl. BMF-Rundschreiben vom 18.12.1998);
- Zuwendungen, die bei einem Wechsel des Arbeitsverhältnisses vom neuen Arbeitgeber (vgl. *BFH* 16.12.1992 BStBl II 1993, 447) oder anlässlich eines Arbeitgeberwechsels im Rahmen eines (Teil-)Betriebsüberganges erbracht werden (vgl. *BFH* 16.7.1997 BStBl II 1997, 666);
- die Abgeltung bereits unverfallbarer Pensionsansprüche (vgl. *BFH* 24.4.1991 BStBl II 1991, 723). Hierbei kann es sich allerdings um eine steuerbegünstigte Entschädigung i.S.v. § 24 EStG handeln.

Keine Rolle für die steuerliche Behandlung spielt die Rechtsgrundlage, auf der die Zahlung 165
der Abfindung beruht. Eine **Abfindung** wird daher von den Finanzämtern auch dann als steuerfreier Betrag anerkannt, wenn sie bereits ursprünglichen im Anstellungsvertrag oder später als ergänzende Vereinbarung für den Fall einer Auflösung des Arbeitsverhältnisses festgelegt worden ist. Derartige Vereinbarungen finden sich bspw. in Verträgen mit Geschäftsführern, die über keinerlei Kündigungsschutz verfügen. Auch bei einer **Entsendung ins Ausland** mit ungewisser Rückkehr kann der Mitarbeiter sich dadurch absichern, dass er bereits im Entsendungsvertrag festlegt, was für den Fall zu zahlen ist, dass es nicht zu einer Fortsetzung des Arbeitsverhältnisses nach Abschluss der Entsendung kommt. Ebenfalls ohne Auswirkung auf die steuerliche Behandlung der Entschädigung ist die Vereinbarung der Abfindung in einem **Sozialplan** oder einer sonstigen generellen Zusage des Arbeitgebers. Wie oben dargelegt, setzt die Steuerfreiheit in den vorgenannten vertraglichen Vereinbarungen allerdings voraus, dass die Auszahlung wegen der Beendigung des Arbeitsverhältnisses bis spätestens zum 31.12.2007 erfolgt.

Des Weiteren spielt es für die **Steuerfreiheit einer Abfindung** im Rahmen der Höchstbe- 166
träge keine Rolle, ob die Zahlung in einer Summe, in Teilbeträgen oder in laufenden Beträgen gezahlt wird (vgl. *BFH* 16.7.1995 BStBl II 1997, 666). Auch hier gilt aber wieder, dass die Steuerfreiheit nur noch im Rahmen der oben Rn. 154 beschriebenen Übergangsregelung befristet existiert.

2. Auflösung eines Arbeitsverhältnisses

Wesentliche Voraussetzung für die Steuerfreiheit nach § 3 Ziff. 9 EStG war, dass das Arbeits- 167
verhältnis **durch den Arbeitgeber** aufgelöst wird oder aber dass die Auflösung zumindest **durch ein Arbeitsgericht** erfolgt (vgl. *BFH* 10.10.1986 BStBl II 1987, 186). Wie insofern die Übergangsregelung zeigt, muss die Beendigung des Arbeitsverhältnisses darüber hinaus ent-

weder im Jahr 2005 herbeigeführt worden sein, oder es muss zumindest die Kündigungsschutzklage im Jahr 2005 beim Arbeitsgericht eingereicht worden sein. Nicht ausreichend ist – unabhängig vom Zeitpunkt des Abschlusses des Aufhebungsvertrages –, wenn die Beendigung des Arbeitsverhältnisses auf dem Wunsch des Arbeitnehmers beruht.

168 Wichtig für die Anerkennung eines Steuerfreibetrages bei der Abfindung ist des Weiteren, dass das Arbeitsverhältnis tatsächlich beendet wird (vgl. *BFH* 10.10.1986 a.a.O.). Hieraus folgt, dass die **Steuerfreiheit für eine Abfindung** nur dann besteht, wenn das Arbeitsverhältnis insgesamt durch Aufhebungsvertrag oder Kündigung einer Vertragspartei endgültig beendet wird. Liegt lediglich eine **Änderungskündigung** i.S.v. § 2 KSchG vor und nimmt der Mitarbeiter das Änderungsangebot an, so fehlt es an der endgültigen Beendigung des Anstellungsverhältnisses. Zahlt das Unternehmen im Fall einer Änderungskündigung dem Mitarbeiter eine Entschädigung zum Ausgleich für die Reduzierung der Vergütung, so kann der Mitarbeiter hier nicht den im Rahmen der Übergangsregelung noch befristet existierenden Steuerfreibetrag nach § 3 Ziff. 9 EStG in Anspruch nehmen (vgl. *BFH* 10.10.1986 a.a.O.).

169 Von dem Ausspruch einer Änderungskündigung zu unterscheiden ist die Situation, in der das Arbeitsverhältnis mit allen rechtlichen Konsequenzen aufgelöst und der Arbeitnehmer im Anschluss daran auf Grund **eines neuen Arbeitsvertrages** bei demselben Arbeitgeber zu völlig anderen Bedingungen weiterbeschäftigt wird. Zahlt das Unternehmen wegen der Aufgabe des ersten Arbeitsverhältnisses dem Mitarbeiter eine Abfindung, so wird die **Steuerfreiheit dieser Abfindung** – im Rahmen der Übergangsregelung – nicht durch den Abschluss eines Arbeitsvertrages zu völlig anderen Bedingungen beeinträchtigt (vgl. *BFH* 10.10.1986 a.a.O.).

170 Im Hinblick darauf, dass der Unterschied zur Änderungskündigung hier nur marginal ist, ist im Einzelfall stets genau zu prüfen, ob es sich bei der Änderung der Arbeitsbedingungen um den Fall einer Änderungskündigung oder tatsächlich um die Beendigung eines bestehenden Arbeitsverhältnisses und den Abschluss eines neuen Arbeitsverhältnisses handelt. Erkennt das Unternehmen auch im neuen Arbeitsvertrag die **vorangegangene Betriebszugehörigkeit** an, so ist im Zweifel lediglich von einer Änderung des vom Grunde her fortbestehenden Arbeitsverhältnisses auszugehen. In diesem Fall kann auf die bei bis zum 31.12.2005 eingereichten Kündigungsschutzklagen noch für Abfindungen in den Jahren 2006 bis 2007 in Anspruch zu nehmende Steuerfreiheit nicht zurückgegriffen werden.

171 **Keine endgültige Auflösung des Arbeitsverhältnisses** liegt vor, wenn der Mitarbeiter innerhalb des Unternehmens umgesetzt wird. Die **Versetzung in einen anderen Betrieb** lässt das Arbeitsverhältnis i.d.R. unberührt. Auch bei einer **Umsetzung innerhalb eines Konzerns** ist nicht von vorne herein trotz des Arbeitgeberwechsels von der endgültigen Auflösung des Arbeitsverhältnisses auszugehen. Maßgeblich ist vielmehr, ob die Gesamtumstände für die Fortsetzung eines einheitlichen Arbeitsverhältnisses sprechen. Indizien für ein einheitliches Arbeitsverhältnis können die unbegrenzte oder begrenzte **Rückkehrmöglichkeit zum bisherigen Arbeitgeber**, die Anrechnung der bisherigen Betriebszugehörigkeit oder die Weitergeltung der bisherigen Altersversorgungsregelungen sein (vgl. *BFH* 21.6.1990 BStBl II 1990, 1021).

172 **Geht das Arbeitsverhältnis gem. § 613a BGB auf einen neuen Arbeitgeber über**, so liegt auch hier keine endgültige Auflösung des Arbeitsverhältnisses vor. § 613a BGB sorgt gerade dafür, dass das Arbeitsverhältnis mit allen Rechten und Pflichten von dem Erwerber übernommen werden muss, so dass eine eventuell gezahlte **Abfindung** des alten Arbeitgebers zum Ausgleich von Nachteilen vom Erwerber **nicht unter die bis zum 31.12.2005 geltende Steuerfreiheit** des § 3 Ziff. 9 EStG a.F. fiel (vgl. *BFH* 16.7.1997 BStBl II 1997, 666).

173 Die von § 3 Ziff. 9 EStG a.F. geforderte Auflösung des Arbeitsverhältnisses liegt nach Auffassung des Bundesfinanzhofes des Weiteren dann nicht vor, wenn ein von vorne herein **befristetes Arbeitsverhältnis durch Zeitablauf endet** (vgl. *BFH* 18.9.1991 BStBl II 1992, 34). Entscheidend ist, dass das gesamte Arbeitsverhältnis befristet war. Wird ein **unbefristetes Arbeitsverhältnis in ein befristetes Arbeitsverhältnis umgewandelt** und enthält der Vertrag nunmehr eine Abfindung, so bleibt es bei der **Steuerfreiheit**, da hier nicht von vorne herein eine Befristung des Arbeitsverhältnisses vorliegt. Von daher sind bspw. **Abfindungszahlungen im Rahmen von Altersteilzeitarbeitsverhältnissen steuerbegünstigt**, wenn die

Vereinbarung vor dem 1.1.2006 unterzeichnet wurde und die Auszahlung der Abfindung bis zum 31.12.2007 erfolgt.

Endet das Arbeitsverhältnis mit dem **65. Lebensjahr**, fehlt es ebenfalls an der Voraussetzung für eine steuerfreie Abfindung, wenn dieser Beendigungszeitpunkt von vorne herein im Arbeitsvertrag festgeschrieben worden ist. In diesem Fall setzt die Beendigung ebenfalls keinen weiteren Akt des Arbeitgebers voraus, sondern tritt automatisch ein. Zahlt das Unternehmen in diesem Fall dem Mitarbeiter eine Entschädigung, so ist diese Abfindung unabhängig vom Auszahlungszeitpunkt nicht nach § 3 Ziff. 9 EStG a.F. steuerfrei. 174

Entscheidende Voraussetzung für die Steuerfreiheit einer Abfindung nach § 3 Ziff. 9 EStG a.F. war also für bis zum 31.12.2005 abgeschlossene Aufhebungsverträge, dass die Auflösung des Arbeitsverhältnisses durch den Arbeitgeber veranlasst wurde. Der Arbeitgeber musste hier die entscheidenden Ursachen für die Beendigung des Arbeitsverhältnisses gesetzt haben. Ausschlaggebend für die Beurteilung ist insofern nicht der formale Auflösungsakt, d.h. beispielsweise der Aufhebungsvertrag, sondern nach der Rechtsprechung des Bundesfinanzhofes der **Hintergrund der Beendigung** (vgl. *BFH* 17.5.1977 BStBl II 1977, 735). Indiz für die Auflösung auf Veranlassung des Arbeitgebers ist insofern allerdings grds. die Zahlung einer Abfindung. Hat nämlich der Arbeitnehmer die Auflösung zu verantworten, so ist es unwahrscheinlich, dass das Unternehmen in diesem Fall überhaupt eine Abfindung zahlt. Wurde eine arbeitgeberseitige Kündigung ausgesprochen, so ist von einer Veranlassung der Beendigung durch den Arbeitgeber auszugehen. Nach der Übergangsregelung muss bei Auszahlung der Abfindung in den Jahren 2006 bis 2007 die Kündigungsschutzklage spätestens am 31.12.2005 beim Arbeitsgericht eingereicht worden sein. 175

3. Höchstbeträge für die steuerfreie Abfindung

Gemäß § 3 Ziff. 9 EStG a.F. bleiben Abfindungen wegen einer vom Arbeitgeber veranlassten Beendigung des Arbeitsverhältnisses im Rahmen der Übergangsregelung bis zu einem Betrag von **7.200,– € steuerfrei**. Hat der Arbeitnehmer das **50. Lebensjahr vollendet** und hat das Arbeitsverhältnis **mindestens 15 Jahre bestanden**, so ist ein Abfindungsbetrag in Höhe von **9.000,– € steuerfrei**. Endet das Arbeitsverhältnis nach einer mindestens **20-jährigen Betriebszugehörigkeit** und ist der Mitarbeiter im Beendigungszeitpunkt bereits **55 Jahre alt**, erhöht sich der **Steuerfreibetrag auf 11.000,– €**. 176

Für den Freibetrag spielt es im Übrigen keine Rolle, ob die Abfindung in Form einer **Einmalzahlung oder in laufenden gleich bleibenden Raten** an den Mitarbeiter ausgezahlt wird. Insofern unterscheidet sich die Handhabung des Steuerfreibetrages von dem lediglich steuerbegünstigten Teil der Abfindung (s.u. Rn. 179). 177

Wird der **steuerfreie Betrag der Abfindung auf zwei Kalenderjahre** verteilt, so steht dem Arbeitnehmer aber trotzdem **nur einmal der Steuerfreibetrag** zu. Scheidet ein Arbeitnehmer hingegen innerhalb von einem Kalenderjahr aus zwei Arbeitsverhältnissen aus und erhält er jeweils eine Abfindung, so gilt der Steuerfreibetrag in voller Höhe für jede der beiden gezahlten Abfindungen, da hier zwei von einander unabhängige Entschädigungen vorliegen. 178

4. Ermäßigte Besteuerung nach § 34 i.V.m. § 24 EStG

Übersteigt die Abfindung den nach § 3 Ziff. 9 EStG a.F. steuerfreien Teil bzw. kann sich der Arbeitnehmer wegen Wegfall des § 3 Ziff. 9 EStG ab 1.1.2006 nicht mehr auf die Steuerfreiheit berufen, so unterliegt der Restbetrag der Abfindung der **ermäßigten Besteuerung** nach den §§ 24, 34 EStG. Die Versteuerung nach den §§ 24, 34 EStG ist im Übrigen unabhängig davon, ob auch die Voraussetzungen des § 3 Ziff. 9 EStG a.F. für eine Steuerfreiheit eines Teils der Abfindung vorliegen bzw. vorlagen. Wird bspw. bei einer **Änderungskündigung** dem Mitarbeiter eine Entschädigung gezahlt, so sind zwar die Voraussetzungen des § 3 Ziff. 9 EStG a.F. nicht erfüllt; jedoch kann diese Entschädigung der ermäßigten Besteuerung nach den §§ 24, 34 EStG unterliegen. 179

Die ermäßigte Besteuerung nach den §§ 24, 34 EStG setzt voraus, dass die gesamte Entschädigung **innerhalb eines Veranlagungszeitraums** – d.h. eines Kalenderjahres – gezahlt 180 wird. Wir die Abfindung auf zwei Kalenderjahre verteilt, so führt dies zum **Wegfall der Steuerbegünstigung**. Zulässig ist lediglich die Aufteilung der Abfindung in den steuerfreien Teil und den steuerbegünstigten Teil. Dies berührt die Steuerbegünstigung nach den §§ 24, 34 EStG nicht.

181 Erhält der Arbeitnehmer nach dem Kalenderjahr, in dem die Entschädigung zugeflossen ist, planwidrig, d.h. nicht vorhersehbar, eine Nachzahlung, so ist diese Nachzahlung auf Antrag des Steuerpflichtigen rechnerisch in den Veranlagungszeitraum zurückzubeziehen, in dem die ermäßigt besteuerte »Hauptentschädigung« zugeflossen ist. Zu den Fällen einer **»planwidrigen Nachzahlung«** zählen bspw. die Fälle, in denen die Entschädigung versehentlich zu niedrig ausgezahlt wurde sowie die Fällen, in denen der Mitarbeiter im Rahmen eines Kündigungsrechtsstreites eine höhere Abfindung erstreitet, als ihm nach dem **Sozialplan** zugestanden hatte. Leistet der Arbeitgeber, nachdem er bereits eine steuerbegünstigte Entlassungsentschädigung für den Verlust des Arbeitsplatzes gezahlt hat, auf Grund besonderer **Fürsorgeerwägungen** für den Fall längerer Arbeitslosigkeit und nach Ablauf des Arbeitslosengeldes weitere Zahlungen an den ausgeschiedenen Mitarbeiter, so können diese Zahlungen nach der Rechtsprechung des Bundesfinanzhofes losgelöst von den ursprünglichen Entschädigungen beurteilt werden (vgl. *BFH* 4.2.1998 BFH/NV 1998, 1082).

182 **Unschädlich** sind auch sog. **Zusatzleistungen aus sozialer Fürsorge** (vgl *BFH* 14.8.2001 – XI R 22/00). Hierbei handelt es sich um Leistungen, die zur Erleichterung des Arbeitsplatz- oder Berufswechsels oder als Anpassung eine dauerhafte Berufsaufgabe bzw. Arbeitslosigkeit gewährt werden. Diese Leistungen sind losgelöst von der eigentlichen Entschädigung im Zeitpunkt ihres Zuflusses regulär zu versteuern. Sie berühren die Steuerermäßigung der eigentlichen Entlassungsentschädigung nicht.

183 Bei der Prüfung, ob die §§ 24, 34 EStG angewandt werden können, ist des Weiteren zu prüfen, ob die Entlassungsentschädigung die bis zum Jahresende bei Fortsetzung des Arbeitsverhältnisses entstandenen Einnahmen übersteigt. Übersteigt die wegen Beendigung des Arbeitsverhältnisses gezahlte Entlassungsentschädigung die Einnahmen, die der Arbeitnehmer bei der Fortsetzung des Arbeitsverhältnisses bis zum Jahresende bezogen hätte, so ist stets von einer **Zusammenballung von Einkünften** auszugehen. Die Anwendung der §§ 24, 34 EStG auf diese Entlassungsentschädigung ist in diesem Fall unproblematisch.

184 Übersteigt hingegen die Abfindung einschließlich des ggf. steuerfreien Teils nicht die dem Arbeitnehmer bis zum Ende des Veranlagungszeitraums, d.h. des Kalenderjahres, entgehenden Einnahmen und bezieht der Mitarbeiter keine weiteren Einnahmen, die er bei Fortsetzung des Arbeitsverhältnisses nicht bezogen hätte, so fehlt es nach Auffassung der Finanzbehörde an dem Merkmal der Zusammenballung.

185 Andere Einkünfte können im Übrigen auch **Kapitalerträge** aus der Anlage der Entschädigung sein. Letztendlich ist also zu prüfen, ob der Steuerpflichtige mehr erhalten hat, als er bei fortgesetztem Arbeitsverhältnis erhalten hätte. Bei der Vergleichsrechnung ist entscheidend, ob es unter Einschluss der Entlassungsentschädigung im Kalenderjahr der Entschädigungszahlung insgesamt zu einer über die normalen Verhältnisse hinausgehenden Zusammenballung von Einkünften kommt. Bei der Berechnung der Einkünfte, die der Steuerpflichtige bei Fortbestand des Arbeitsverhältnisses im Veranlagungszeitraum bezogen hätte, ist auf die **Einkünfte des Vorjahres** abzustellen. Die Finanzämter haben daher stets die Einnahmen aus dem Kalenderjahr, in dem die Abfindung gezahlt wurde mit den Einnahmen zu vergleichen, die der Mitarbeiter im Kalenderjahr zuvor bezogen hat. Für einen Arbeitnehmer kommt alternativ in Betracht, dass nicht auf die Einkünfte insgesamt, sondern nur auf den jeweiligen Bruttoarbeitslohn abgestellt wird.

186 Nach der **Fünftel-Regelung** werden die den Freibetrag der Abfindung übersteigenden Beträge nicht mit den tatsächlich auf diese Einkünfte entfallenden Steuersatzes versteuert, sondern es wird zur Berechnung der Einkommensteuer eine fiktive Verteilung des Betrages auf fünf Jahre vorgenommen. Die für die Entschädigung anzusetzende Einkommensteuer beträgt danach das fünffache des Unterschiedsbetrages zwischen der Einkommensteuer für das um die Entschädigung geminderte zu versteuernde Einkommen und der Einkommensteuer für das reguläre zu versteuernde Einkommen zzgl. eines Fünftels der Entschädigung.

Zur Berechnung des auf den steuerpflichtigen Teil der Abfindung entfallenen Einkommensteuerbetrages ist also im ersten Rechenschritt festzustellen, wie viel Einkommenssteuer der Mitarbeiter im Veranlagungszeitraum ohne Berücksichtigung der Abfindung zu zahlen hat. In einem zweiten Rechenschritt ist dann fiktiv zu ermitteln, welche Steuerlast anfällt, wenn der Mitarbeiter neben seinem regulären Einkommen auch noch 20% der Abfindung zu versteuern hat. Im dritten Schritt nimmt man nunmehr die Differenz aus der Steuerlast mit 20% der Abfindung und der Steuerlast ohne die Abfindung. Diesen Differenzbetrag multipliziert man dann im vierten Schritt mit fünf und gelangt so zu der Steuerlast, die auf die dem Mitarbeiter zufließende Abfindung entfällt. 187

5. Nettoabfindung

Soll die Abfindung ohne jegliche Abzüge an den Mitarbeiter ausgezahlt werden, so muss ausdrücklich eine sog. **Nettoabfindung** vereinbart werden. In diesem Fall sind sämtliche Steuern vom Unternehmen zu tragen. 188

Widersprüchlich ist insofern allerdings eine Vereinbarung, wonach eine Abfindung **»brutto gleich netto«** gezahlt werden soll und die Abfindungshöhe die bis zum 31.12.2005 bzw. im Rahmen der Übergangsregelung bestehenden Freibeträge des § 3 Ziff. 9 EStG a.F. übersteigt. Nach herrschender Meinung hat bei einer derartigen Formulierung der Arbeitnehmer i.d.R. die anfallende Lohnsteuer selbst zu tragen (vgl. *LAG Nds.* 10.12.1984 LAGE § 10 KSchG Nr. 1; *LAG Frankf.* 7.12.1989 NZA 1989, 850). Von einer **Nettovereinbarung** kann hier ausnahmsweise nur dann ausgegangen werden, wenn der Arbeitnehmer nach dem übereinstimmenden Willen beider Vertragsparteien die gesamte Abfindung steuerfrei erhalten soll. Anderer Ansicht ist insofern das LAG Hamm, wonach die Klausel »brutto gleich netto« nur dann einen Sinn ergäbe, wenn man ihr die Bedeutung beimesse, dass ein an sich geschuldeter Bruttobetrag zum Normalwert netto auszuzahlen sei (vgl. *LAG Hamm* 5.3.1980 DB 1980, 2396). 189

6. Wegfall der Abfindung

Probleme können sich im Zusammenhang mit der im Aufhebungsvertrag vereinbarten Abfindung ferner dann ergeben, wenn das Arbeitsverhältnis erst längere Zeit nach Abschluss des Aufhebungsvertrages beendet werden soll und der Arbeitgeber **während der Auslauffrist** des Arbeitsverhältnisses **fristlos kündigt**, weil ihm nunmehr ein wichtiger Grund i.S.v. § 626 BGB bekannt geworden ist. Das BAG steht hier auf dem Standpunkt, dass im Falle einer fristlosen Kündigung, die zu einer vorzeitigen Beendigung führt, keine Abfindung mehr geschuldet wird. Fallen hingegen der Zeitpunkt des Auslaufs der Kündigungsfrist bzw. bei der fristlosen Kündigung der Zeitpunkt des Ausspruchs der Kündigung und der Zeitpunkt der einvernehmlichen Aufhebung zusammen, so bleibt der **Abfindungsanspruch** erhalten, wenn der Aufhebungsvertrag keine gegenteilige Regelung enthält (vgl. *BAG* 29.1.1997 – 2 AZR 292/96). 190

Formulierungshinweis: 191

Gerade bei einer langen Kündigungs- bzw. Auslauffrist sollte daher rein vorsorglich aus Arbeitgebersicht folgende Klausen in den Aufhebungsvertrag aufgenommen werden:
»Ein Anspruch des Arbeitnehmers auf Zahlung der Abfindung besteht nicht, wenn dem Arbeitgeber nach Abschluss dieser Vereinbarung bis zum Beendigungszeitpunkt ein Sachverhalt bekannt wird, der einen wichtigen Grund i.S.v. § 626 BGB darstellt.«

Aufgrund der vorstehend vorgeschlagenen Formulierung entfällt der Abfindungsanspruch auch dann, wenn es dem Unternehmen nicht gelingt, die außerordentliche Kündigung auf Grund des wichtigen Grundes rechtzeitig auszusprechen. Wird die 14-Tage-Frist versäumt, so kann die Kündigung nur noch als ordentliche verhaltensbedingte Kündigung gelten. Ohne die vorstehende Klausel würde dann – je nach Lauf der Kündigungsfrist – das Arbeits- 192 verhältnis erst zu einem späteren als dem im Aufhebungsvertrag vorgesehenen Zeitpunkt enden. **Das Unternehmen wäre verpflichtet, die Abfindung an den Mitarbeiter zu zahlen.** Wird hingegen die Abfindung unter die Bedingung gestellt, dass bis zum Beendigungszeitpunkt kein wichtiger Grund auftritt, so reicht bereits die Kenntniserlangung von einem derartigen wichtigen Grund bis zum Beendigungszeitpunkt, um den Abfindungsanspruch zu beseitigen.

VI. Einzahlung der Abfindung in eine Direktversicherung

193 Wie die obigen Ausführungen zur Versteuerung von Abfindungen gezeigt haben, ist mittlerweile der Steuerfreibetrag nach § 3 Ziff. 9 EStG a.F. entfallen. Da auch die Steuerbegünstigung nach den §§ 24, 34 EStG keinen großen Steuerspareffekt auslöst, bleibt dem Arbeitnehmer nur die Möglichkeit, die Abfindung über den Weg der betrieblichen Altersversorgung zu optimieren. Bis zum 31.12.2004 bestand die Möglichkeit, über § 40b EStG einen Teil der Abfindung in eine wertgleiche Direktversicherung einzuzahlen. Im Rahmen der Optimierung einer Abfindung bot es sich an, dass derjenige Arbeitnehmer, der bisher die Höchstbeiträge für eine Entgeltumwandlung (1.752,– € pro Jahr) nicht genutzt hat, nunmehr einen Teil der Abfindung in eine abzuschließende Direktversicherung einzahlt. Der Gesetzgeber erlaubte insofern die Heranziehung des Höchstbeitrages für jedes Kalenderjahr, in dem der Arbeitnehmer – zumindest zeitweise – in einem Arbeitsverhältnis zu seinem jetzigen Arbeitgeber gestanden hat.

194 Hat das Arbeitsverhältnis bspw. am 1.12.1995 begonnen und endet am 31.1.2005, so konnte der Höchstbetrag insgesamt elfmal ausgeschöpft werden, da elf Kalenderjahre durch das Arbeitsverhältnis berührt waren.

195 Die Möglichkeit, über § 40b EStG die Abfindung zu optimieren, gilt allerdings nur noch für Verträge, die spätestens am 31.12.2004 abgeschlossen worden waren. Hat der Mitarbeiter keinen entsprechenden Altvertrag, den er nunmehr durch Nachzahlungen aufstocken kann und für den er auf die Steuerbefreiung nach § 3 Nr. 63 EStG verzichtet hat, scheidet die Optimierung der Abfindung über § 40b EStG aus.

196 Dass § 40b EStG ab 1.1.2005 nicht mehr auf Neuverträge bei Direktversicherungen angewandt werden kann, bedeutet aber nicht, dass eine Optimierung der Abfindung über den Weg der betrieblichen Altersversorgung ausgeschlossen ist. Der Gesetzgeber hat weiterhin die Möglichkeit eingeräumt, einen Teil der Abfindung durch Vereinbarung mit dem Arbeitgeber in die eigene Altersversorgung zu investieren. Die bisher in § 40b EStG enthaltene »Vervielfältigungsregelung« findet sich nunmehr modifiziert in § 3 Nr. 63 EStG. Der Gesetzgeber hat dort geregelt, dass Beiträge des Arbeitgebers in Höhe von 4% der Beitragsbemessungsgrenze in der Rentenversicherung steuerfrei sind. Für das Jahr 2006 entspricht dies einem Betrag in Höhe von 2.520,– €. Der Freibetrag erhöht sich gem. § 3 Nr. 63 EStG um weitere 1.800,– €, wenn die Beiträge auf Grund einer Versorgungszusage geleistet werden, die nach dem 31.12.2004 erteilt wurde.

197 Hat der Mitarbeiter bisher keinen Gebrauch von den Möglichkeiten der steuerbegünstigten Altersversorgung gemacht, so kann er nunmehr auch nach der Neuregelung des Einkommensteuergesetzes Teile der Abfindung optimieren.

198 In § 3 Nr. 63 EStG heißt es insofern wörtlich:
»Aus Anlass der Beendigung des Dienstverhältnisses geleistete Beiträge i.S.d. Satzes 1 sind steuerfrei, soweit sie 1.800,– € vervielfältigt mit der Anzahl der Kalenderjahre, in denen das Dienstverhältnis des Arbeitnehmers zu dem Arbeitgeber bestanden hat, nicht übersteigen; der vervielfältigte Betrag vermindert sich um die nach den Sätzen 1 und 3 steuerfreien Beiträge, die der Arbeitgeber in dem Kalenderjahr, in dem das Dienstverhältnis beendet wird, und in den sechs vorangegangenen Kalenderjahren erbracht hat; Kalenderjahre vor 2005 sind dabei jeweils nicht zu berücksichtigen.«

Scheidet der Mitarbeiter im Jahr 2006 aus und hat er bisher keine nach § 3 Nr. 63 EStG steuerbegünstigte Direktversicherung etc. abgeschlossen, so kann er nunmehr einen Teilbetrag der Abfindung in Höhe von 3.600,– € steuerfrei in eine Direktversicherung einzahlen. Aufgrund der Begrenzung der Vervielfältigungsregelung auf Kalenderjahre ab 2005, zählen Beschäftigungszeiten vor dem 1.1.2005 bei der Ermittlung der Kalenderjahre, mit denen der Steuerfreibetrag in Höhe von 1.800,– € multipliziert werden kann, nicht mit. 199

Weitere Voraussetzung für die Optimierung der Abfindung ist, dass der Arbeitnehmer einen Direktversicherungsvertrag wählt, der eine spätere Auszahlung in Rentenform vorsieht. Eine Kapitalisierung muss ausgeschlossen sein, da die Kapitalauszahlung nicht steuerbegünstigt ist. Darüber hinaus werden auf Grund der nunmehr gewährten Steuerfreiheit der Beiträge die späteren Rentenzahlungen der vollen, sog. »nachgelagerten Versteuerung« unterworfen. Dies dürfte für den Mitarbeiter letztendlich unproblematisch sein, da im Regelfall die Einkünfte im Alter wesentlich niedriger sind als in der Erwerbsphase und damit voraussichtlich für den Mitarbeiter auch deutlich niedrigere Steuersätze zur Anwendung kommen. Insofern kann die Abfindung also weiterhin unter den Voraussetzungen des § 3 Nr. 63 EStG durch Einzahlung in eine abzuschließende Direktversicherung optimiert werden. 200

VII. Zeugnis

Mit Beendigung des Arbeitsverhältnisses hat der Arbeitnehmer gem. § 109 GewO Anspruch auf ein schriftliches Zeugnis. Auf Wunsch des Arbeitnehmers muss sich das Zeugnis nicht nur auf Art und Dauer der Tätigkeit, sondern auch auf Leistung und Verhalten des Arbeitnehmers erstrecken (sog. **qualifiziertes Zeugnis**). Um von vornherein Streitigkeiten über Inhalt und Form des Zeugnisses zu vermeiden, empfiehlt es sich, im Aufhebungsvertrag ausdrücklich zu regeln, welchen Inhalt das Zeugnis hat. Idealerweise wird dem Aufhebungsvertrag bereits ein **Zwischenzeugnis** beigefügt, an dem sich dann das **Schlusszeugnis** zu orientieren hat. Lässt sich dies auf Grund der Kürze der zur Verfügung stehenden Zeit nicht erreichen, sollten zumindest die Eckpunkte eines Zeugnisses, d.h. die Benotung und die Schlussklausel, im Aufhebungsvertrag festgeschrieben werden. 201

Die **Festschreibung der im Zeugnisnote im Aufhebungsvertrag** ist auf Grund der mittlerweile geänderten Rechtsprechung des BAG von besonderer Bedeutung. Während bisher der für Zeugnisse zuständige Fünfte Senat die Darlegungs- und Beweislast für die Grundlagen der Zeugnisbewertung auf Seiten des Arbeitgebers sah (vgl. *BAG* 23.6.1990 AP Nr. 7 zu § 73 HGB), differenziert der jetzt zuständige Neunte Senat hinsichtlich der Darlegungs- und Beweislast danach, ob der Arbeitnehmer eine durchschnittliche oder **überdurchschnittliche Leistungsbewertung** wünscht (vgl. *BAG* 14.10.2003 EzA § 109 GewO Nr. 1 = BAGReport 2004, 225). 202

Das BAG ist darüber hinaus der Auffassung, dass es ausreicht, wenn der Arbeitgeber dem Arbeitnehmer bescheinigt, dass dieser »zur vollen Zufriedenheit« oder »stets zur Zufriedenheit« gearbeitet habe. Dies entspricht der Note »befriedigend«. Will der Arbeitnehmer hingegen eine **gute Leistungsbewertung**, d.h. die Note »stets zu unserer vollen Zufriedenheit«, so trägt er nunmehr die Darlegungs- und Beweislast dafür, dass er durchgehend gute Leistungen erbracht hat (s. im Übrigen zum Zeugnisrecht *Hoß* AuA 2002, 532 ff). 203

Berücksichtigt man, dass das Zeugnis die »Visitenkarte« des Arbeitnehmers bei einer künftigen Bewerbung ist, ergibt sich, dass auch der **Form des Zeugnis** eine besondere Bedeutung zukommt. Ein Zeugnis, welches die Leistungen des Mitarbeiters sehr positiv darstellt, kann dadurch entwertet werden, dass es in einer Form ausgestellt wird, die beim Leser den Eindruck erweckt, dass sich der Aussteller vom Inhalt distanziert. 204

In formaler Hinsicht ist daher zu beachten, dass ein Zeugnis **schriftlich in deutscher Sprache** abgefasst werden muss. Die Erteilung in **elektronischer Form** ist gem. § 109 Abs. 3 GewO unzulässig. 205

Der Aussteller muss identifizierbar sein. Dies bedeutet, dass entweder die Unterschrift lesbar oder aber der **Name sowie die Funktion des Ausstellers** nochmals maschinenschriftlich unter die Unterschrift gesetzt wird (vgl. *LAG Düsseld.* 23.5.1995 NZA-RR 1996, 42). 206

Des Weiteren ist ggf. bereits im Aufhebungsvertrag festzulegen, von wem das Zeugnis zu unterzeichnen ist. Nach der Rechtsprechung ist ein Zeugnis nur dann korrekt erteilt, wenn es eine Person unterzeichnet, die dem Arbeitnehmer gegenüber **weisungsbefugt** war (*BAG* 26.6.2001 EzA § 630 BGB Nr. 24 = AuA 2002, 185).

207 Besondere Bedeutung kommt auch dem **Ausstellungsdatum** zu. Das Ausstellungsdatum muss stets zeitnah zum tatsächlichen Beendigungsdatum des Arbeitsverhältnisses gewählt werden. Selbst dann, wenn über das Zeugnis zwischen den Parteien zunächst gestritten wurde und das endgültige Zeugnis erst mehrere Monate nach Beendigung des Arbeitsverhältnisses ausgestellt wird, ist der Arbeitgeber verpflichtet, das Zeugnis entsprechend zurückzudatieren. Ein großer zeitlicher Abstand zwischen Beendigungsdatum und Ausstellungsdatum lässt beim Leser den Eindruck entstehen, dass über das Zeugnis gestritten wurde.

208 Schließlich ist in formaler Hinsicht des Weiteren zu beachten, dass der Arbeitgeber verpflichtet ist, das Zeugnis auf dem üblichen **Firmenbriefbogen** (vgl. *BAG* 3.3.1993 NZA 1993, 697) auszustellen. Selbstverständlich sollte in diesem Zusammenhang sein, dass das Zeugnis **sauber** und **ohne Schreibfehler** zu verfassen ist. Es darf insbes. keine **Flecken, Radierungen, Verbesserungen, Durchstreichungen** oder ähnliche Korrekturen aufweisen (vgl. *BAG* 3.3.1993 NZA 1993, 697).

209 Je nachdem, wie intensiv die Arbeitsvertragsparteien über die Beendigung des Arbeitsverhältnisses gestritten haben, mag es sogar sinnvoll sein, wenn über die Art der Versendung des Zeugnisses eine Regelung in der Aufhebungsvereinbarung getroffen wird. Auch wenn dieser Punkt eher unter die Rubrik »Kindergarten« fällt, hatte sich auch mit dieser Streitfrage das BAG bereits mehrfach zu beschäftigen. Das BAG hat insofern entschieden, dass das Zeugnis **nur zur Abholung bereitgehalten** werden muss (vgl. *BAG* 8.3.1995 NZA 1995, 671). Ein Anspruch auf Übersendung des Zeugnisses besteht daher nur in den Fällen, in denen ein Abholen des Zeugnisses für den Arbeitnehmer mit einem unverhältnismäßigen Aufwand verbunden wäre. In diesem Zusammenhang ist des Weiteren darauf zu verweisen, dass ein Zeugnis nach der Rechtsprechung des BAG nur dann zur Postversendung gefaltet werden darf, wenn sich die **Knicke beim Kopieren** nicht als Schwärzungen zeigen (vgl. *BAG* 21.9.1999 DB 2000, 282).

210 In inhaltlicher Hinsicht hat das Zeugnis den **Spagat zwischen Wohlwollen und Wahrheit** zu bewältigen. Das Zeugnis muss »wohlwollend« sein, um den Mitarbeiter nicht an seinem beruflichen Fortkommen zu hindern. Andererseits soll es einen künftigen Arbeitgeber über den Arbeitnehmer unterrichten und muss daher »wahr« sein. Der Arbeitgeber darf demnach weder bewusst falsche Angaben im Zeugnis machen noch Punkte auslassen, die ein Leser erwarten würde. Eine Ausnahme von diesem Grundsatz gilt nach der Rechtsprechung für die **Erwähnung einer Betriebsratstätigkeit**; sie ist in Zeugnissen nur dann zu erwähnen, wenn dies der Mitarbeiter verlangt oder der Arbeitnehmer mehrere Jahre freigestelltes Betriebsratsmitglied war (vgl. *BAG* 19.8.1992 AP Nr. 5 zu § 8 BPersVG).

211 Da die Formulierung des Zeugnisses alleine dem Arbeitgeber obliegt, empfiehlt es sich aus Arbeitnehmersicht, den Aufhebungsvertrag erst nach Vorlage des Zeugnisses zu unterzeichnen. Auf diese Weise kann der Mitarbeiter bspw. auch sicherstellen, dass die in vielen Zeugnissen anzutreffende **»Wunschabschiedsformel«** (»Wir wünschen Herrn/Frau ... für die Zukunft alles Gute und weiterhin viel Erfolg.«) ebenso wie der Dank des Unternehmens für die bisher geleistete Tätigkeit und ein Ausdruck des Bedauerns über die Trennung in das Zeugnis aufgenommen wird. Ohne vertragliche Vereinbarung hat der Arbeitnehmer keinen Anspruch auf Aufnahme der wichtigen **Bedauerns-, Dankes- und Wunschabschiedsformel** (vgl. *BAG* 20.2.2001 EzA § 630 BGB Nr. 23).

212 Liegt zwischen Abschluss des Aufhebungsvertrages und der rechtlichen Beendigung des Arbeitsverhältnisses ein längerer Zeitraum, bietet es sich an, zunächst ein **Zwischenzeugnis** zu erteilen, das inhaltlich mit dem Schlusszeugnis überein zu stimmen hat, sofern während der Zeit bis zur Beendigung des Arbeitsverhältnisses keine gravierenden Punkte auftreten, die eine Abänderung des Zeugnisses erforderlich machen. Die Rechtsprechung steht insofern auf dem Standpunkt, dass **ein Zwischenzeugnis den Arbeitgeber dann bindet**, wenn es zeitnah zur Beendigung, d.h. innerhalb der letzten zwölf Monate, ausgefertigt wurde (vgl.

LAG Hamm 1.12.1994 LAGE § 630 BGB Nr. 25). Das Schlusszeugnis soll letztendlich eine Bewertung des gesamten Arbeitsverhältnisses geben. Von daher können Abweichungen – positive wie negative – in den letzten Monaten des Arbeitsverhältnisses nicht dazu führen, dass das Gesamtbild des Arbeitsverhältnisses verschlechtert oder verbessert wird.

Formulierungshinweis: 213

Im Aufhebungsvertrag kann das Zeugnis wie folgt abgesichert werden:
»Der Mitarbeiter erhält das diesem Vertrag in der Anlage beigefügte Zwischenzeugnis. Zum Beendigungszeitpunkt wird ihm ein gleich lautendes Schlusszeugnis auf Firmenbriefbogen überreicht, in dem die Schlussformel 'Wir bedanken uns für die von Herrn ... geleistete Arbeit. Wir bedauern sein Ausscheiden und wünschen ihm für die berufliche und private Zukunft alles Gute und weiterhin viel Erfolg.' lautet. Beide Zeugnisse werden von dem kaufmännischen Geschäftsführer unterzeichnet.«

Alternativ kommt folgende Klausel in Betracht: 214

»Der Mitarbeiter erhält unverzüglich nach Unterzeichnung dieser Aufhebungsvereinbarung ein wohlwollendes, qualifiziertes Zwischenzeugnis, in dem seine Leistung mit 'stets zur vollsten Zufriedenheit' und sein Verhalten gegenüber Vorgesetzten, Kollegen und Mitarbeitern mit 'jederzeit einwandfrei' bewertet wird. Zum Beendigungszeitpunkt wird ihm ein gleich lautendes Schlusszeugnis auf Firmenbriefbogen überreicht, in dem die Schlussformel 'Wir bedanken uns für die von Herrn ... geleistete Arbeit. Wir bedauern sein Ausscheiden und wünschen ihm für die berufliche und private Zukunft alles Gute und weiterhin viel Erfolg.' lautet. Beide Zeugnisse werden von dem kaufmännischen Geschäftsführer unterzeichnet.«

VIII. Sprachregelung

Gerade bei Führungskräften ist es nicht ungewöhnlich, dass sich ein neuer Arbeitgeber bei 215 dem früheren Unternehmen über den ausgeschiedenen Mitarbeiter informiert. Da der alte Arbeitgeber diese Auskünfte grds. auch ohne Einverständnis des Arbeitnehmers erteilen kann, sollte eine Sprachregelung zwischen den Parteien erarbeitet werden, mit der das **Ausscheiden nach Außen** (potentieller neuer Arbeitgeber, Presse, etc.) bekannt gegeben wird. Insbesondere dann, wenn der ausscheidende Mitarbeiter eine Position bekleidet hatte, die eine Veröffentlichung der Trennung vom Unternehmen zumindest in Fachorganen der Branche vermuten lässt, ist es wichtig, eine gemeinsame **Presseerklärung** zu erarbeiten. Dort, wo das Ausscheiden im Wege von sog. adhoc-Mitteilung veröffentlicht wird, sollte die Presseerklärung und **adhoc-Mitteilung** ohnehin zwischen den Parteien im Vorfeld der Unterzeichnung der Aufhebungsvereinbarung abgestimmt werden.

Alternativ zur Fertigung einer eigenständigen Sprachregelung kommt in Betracht, dass 216 zwischen den Arbeitsvertragsparteien vereinbart wird, dass der Arbeitgeber **Auskünfte gegenüber Dritten** nur i.S.d. Zeugnisses erteilen darf. Um hier eine gewisse Absicherung auf Arbeitnehmerseite zu haben, empfiehlt es sich, diese Vereinbarung mit einer Vertragsstrafenregelung für den Fall der Zuwiderhandlung zu verknüpfen.

Formulierungshinweis: 217

In den Aufhebungsvertrag kann dementsprechend folgende Klausel aufgenommen werden:
»Der Presse und sonstigen Dritten gegenüber wird das Ausscheiden des Mitarbeiters mit der in der Anlage zu diesem Vertrag beigefügten Sprachregelung bekannt gegeben werden. Die Gesellschaft verpflichtet sich, Auskünfte über den Mitarbeiter nur i.S.d. Zwischenzeugnisses und der Sprachregelung zu erteilen. Bei Zuwiderhandlungen wird eine Vertragsstrafe in Höhe von 5.000,– € für jeden Einzelfall fällig.«

IX. Betriebliche Altersversorgung

218 Wurde dem Arbeitnehmer eine Zusage auf betriebliche Altersversorgung erteilt, so sollte im Rahmen des Aufhebungsvertrages geregelt werden, wie sich die Beendigung des Arbeitsverhältnisses auf die betriebliche Altersversorgung auswirkt. Dabei ist zwischen **verfallbarer und unverfallbarer Versorgungsanwartschaft** zu unterscheiden. Insbesondere dann, wenn die betriebliche Altersversorgungszusage noch nicht nach dem Betriebsrentengesetz unverfallbar ist, ist es wichtig, dass der Aufhebungsvertrag klarstellt, ob der Mitarbeiter ggf. auf **vertraglicher Grundlage eine Unverfallbarkeitszusage** erhalten soll. Ebenfalls klargestellt werden kann im Rahmen der Aufhebungsvereinbarung, welche Parameter bei der Berechnung der Altersversorgung zugrunde zu legen sind. Hier ist es durchaus möglich, zusätzliche Dienstzeiten anzurechnen oder aber das Berechnungseinkommen einvernehmlich festzulegen (s. i.E. zur betrieblichen Altersversorgung Kap. 3 Rn. 3309 ff.).

X. Übertragung einer Direktversicherung

219 Viele Arbeitnehmer haben zur Aufstockung ihrer späteren Rente eine sog. Direktversicherung abgeschlossen. In der Regel erfolgt der Abschluss einer **Direktversicherung** im Wege der **Gehaltsumwandlung**. Der Arbeitgeber zahlt dann bspw. einen Teil des 13. Monatsgehaltes/Weihnachtsgeldes nicht an den Mitarbeiter aus, sondern begleicht hiervon die Jahresprämie für die Direktversicherung. Für den Mitarbeiter hat dies den Vorteil, dass die Gehaltsumwandlung/Zahlung an die Direktversicherung bis zu einem Jahresbeitrag in Höhe von 1.752,– € steuerbegünstigt ist. Dieser Betrag wird lediglich pauschal mit 20% durch den Arbeitgeber (!) versteuert, sofern die Beiträge auf Grund einer Versorgungszusage geleistet werden, die vor dem 1.1.2005 erteilt wurde.

220 Im Hinblick auf Direktversicherungen ist insofern zu berücksichtigen, dass die Lohnsteuerpauschalierung des § 40b EStG ab 1.1.2005 neu geregelt wurde. Man unterscheidet insofern also Altzusagen, d.h. Erteilung der Versorgungszusage vor dem 1.1.2005, und Neuzusagen, d.h. Erteilung der Versorgungszusage nach dem 31.12.2004. § 40b Abs. 1 und 2 EStG a.F. kann auf Beiträge zu Gunsten einer kapitalgedeckten betrieblichen Altersversorgung, d.h. bspw. eine Direktversicherung, für Altfälle weiter angewandt werden. Bezüglich Beiträge für eine Direktversicherung, die die Voraussetzungen des § 3 Nr. 63 EStG erfüllen, können allerdings nur dann nach § 40b Abs. 1 und 2 EStG a.F. pauschal besteuert werden, wenn der Arbeitnehmer zuvor gegenüber dem Arbeitgeber für diese Beiträge auf die Anwendung des § 3 Nr. 63 EStG verzichtet hat. Der Mitarbeiter muss sich also entscheiden, ob er weiter die Pauschalversteuerung wünscht oder ob die Beiträge nach § 3 Nr. 63 EStG steuerfrei verbleiben sollen. Diese Beträge würden dann erst bei Auszahlung versteuert werden.

221 Im Rahmen eines Aufhebungsvertrages ist eine Direktversicherung insofern zu beachten, als **Versicherungsnehmer bei der Direktversicherung** nicht der Arbeitnehmer ist, sondern stets der Arbeitgeber. Die Direktversicherung ist daher im Beendigungszeitpunkt ausdrücklich auf den Mitarbeiter zu übertragen. Je nachdem, wie lange die Auslauffrist läuft und wer bisher die Beiträge zur Direktversicherung erbracht hat, muss darüber hinaus ausdrücklich geregelt werden, dass die für das laufende Kalenderjahr anfallende **Prämie** auch noch vom Unternehmen getragen wird, sofern dies bisher zwischen den Parteien üblich war.

222 **Formulierungshinweis:**

»Die Gesellschaft überträgt die zu Gunsten des Mitarbeiters bei der … Versicherung AG unter der Versicherungsnummer … abgeschlossene Direktversicherung zum in Ziffer 1 genannten Beendigungsdatum auf den Mitarbeiter. Der Mitarbeiter ist berechtigt, die bei der … Versicherung AG unter der Versicherungsnummer … abgeschlossene Direktversicherung im eigenen Namen und auf eigene Rechnung nach seinem Ausscheiden fortzuführen.

Die für das Kalenderjahr 2006 fällige Jahresprämie wird von der Gesellschaft an die … Versicherung AG zum 30.11.2006 gezahlt.«

Wurden die Leistungen, d.h. die Prämien zur Direktversicherung, nicht im Wege der Gehaltsumwandlung, sondern als betriebliche Altersversorgung alleine durch das Unternehmen finanziert, so ist das Unternehmen nach § 1b Abs. 2 S. 1 BetrAVG verpflichtet, wegen der Beendigung des Arbeitsverhältnisses nach Erfüllung der in § 1b Abs. 1 S. 1 und 2 BetrAVG genannten Voraussetzungen **das Bezugsrecht nicht mehr zu widerrufen,** sofern zuvor dem Arbeitnehmer oder seinen Hinterbliebenen ein Bezugsrecht eingeräumt wurde. Eine Klausel im Rahmen der Versorgungszusage, wonach das Bezugsrecht durch die Beendigung des Arbeitsverhältnisses nach Erfüllung der in § 1b Abs. 1 S. 1 und 2 BetrAVG genannten Voraussetzungen auflösend bedingt ist, ist gem. § 1b Abs. 2 S. 2 BetrAVG unwirksam. 223

Auch ein **Beleihen oder eine Abtretung der Ansprüche aus dem Versicherungsvertrag** durch das Unternehmen ist nach Beendigung des Arbeitsverhältnisses **unzulässig**. Das Unternehmen ist in diesem Fall verpflichtet, sicherzustellen, dass im Fall des Eintritts des Versorgungsfalles der Mitarbeiter die volle Leistung aus dem Versicherungsvertrag erhält. Um hier rechtzeitig – in Anbetracht einer ggf. drohenden **Insolvenz** – dafür Sorge zu tragen, dass das Unternehmen eine in der Vergangenheit erfolgte Abtretung rückgängig macht, sollte daher der Aufhebungsvertrag in derartigen Fällen eine entsprechende unverzügliche Verpflichtung des Unternehmens vorsehen. In diesem Fall kann folgende Klausel in die Aufhebungsvereinbarung aufgenommen werden: 224

Formulierungshinweis: 225

»Die Gesellschaft verpflichtet sich, die zu Gunsten der ... Bank erklärte Abtretung der Leistungen aus der zu Gunsten des Mitarbeiters bestehenden Direktversicherung bis zum ... rückgängig zu machen. Die Gesellschaft wird darüber hinaus die ... Versicherung AG darüber informieren, dass der Mitarbeiter ausgeschieden ist und daher eine Abtretung oder Beleihung dieser Versicherung nicht mehr erfolgen wird.«

XI. Nachvertragliches Wettbewerbsverbot

Um zu verhindern, dass ein Mitarbeiter nach der Auflösung des Arbeitsverhältnisses unmittelbar zur Konkurrenz wechselt, muss mit dem Arbeitnehmer ein nachvertragliches Wettbewerbsverbot entsprechend den § 74 ff. HGB abgeschlossen werden. Die Verpflichtung zur **Wahrung von Geschäfts- und Betriebsgeheimnissen reicht** für sich genommen nicht aus, um eine irgendwie geartete spätere Wettbewerbstätigkeit zu unterbinden. 226

1. Fortbestand eines nachvertraglichen Wettbewerbsverbotes

Enthält der Anstellungsvertrag oder eine gesonderte Vereinbarung bereits ein rechtswirksam vereinbartes nachvertragliches Wettbewerbsverbot, so sollte im **Aufhebungsvertrag** rein vorsorglich eine ausdrückliche Bezugnahme auf die Fortgeltung dieses nachvertraglichen Wettbewerbsverbotes aufgenommen werden, wenn das **nachvertragliche Wettbewerbsverbot aufrechterhalten** werden soll (vgl. *Hoß* DB 1997, 1818). Eine derartige ausdrückliche Erwähnung des nachvertraglichen Wettbewerbsverbotes einschließlich des Hinweises, dass das nachvertragliche Wettbewerbsverbot durch die Aufhebungsvereinbarung nicht berührt sein soll, ist insbes. dann erforderlich, wenn der Aufhebungsvertrag die übliche **allgemeine Erledigungsklausel** enthält. Nach der Rechtsprechung des Bundesarbeitsgerichtes führt die Vereinbarung einer allgemeinen Erledigungsklausel dazu, dass auch ein nachvertragliches Wettbewerbsverbot einschließlich der Verpflichtung zur **Karenzentschädigung** erlischt, sofern sich nicht Anhaltspunkte für einen gegenteiligen Willen beider Parteien finden lassen (vgl. *BAG* 31.7.2002 EzA § 74 HGB Nr. 63; 19.11.2008 – 10 AZR 671/07). 227

228 **Formulierungshinweis:**

Die Klarstellung, dass das nachvertragliche Wettbewerbsverbot nicht durch die Aufhebungsvereinbarung untergehen soll, kann wie folgt formuliert werden:

»Das zwischen den Parteien in § 13 des Arbeitsvertrages vom 1.10.1999 geregelte nachvertragliche Wettbewerbsverbot bleibt von dieser Aufhebungsvereinbarung unberührt.«

2. Aufhebung eines nachvertraglichen Wettbewerbsverbotes

229 Das Bundesarbeitsgericht vertritt seit dem Jahr 2002 in ständiger Rechtsprechung die Auffassung, dass die Vereinbarung einer umfassenden Erledigungsklausel in einem Aufhebungsvertrag dazu führt, dass auch ein zwischen den Parteien im Arbeitsvertrag vereinbartes nachvertragliches Wettbewerbsverbot erlischt, sofern keine gegenteiligen Anhaltspunkte ersichtlich sind (vgl. *BAG* 31.7.2002 EzA § 74 HGB Nr. 63; 19.11.2003 EzA § 611 BGB 2002 Aufhebungsvertrag Nr. 2 = NZA 2004, 554; 7.9.2004 EzA § 74 HGB Nr. 66 = NZA 2005, 1376; 19.11.2008 – 10 AZR 761/07). Diese Rechtsauffassung des BAG führt dazu, dass bei Vereinbarung einer allgemeinen Erledigungsklausel zunächst davon auszugehen ist, dass das im Arbeitsvertrag festgeschriebene nachvertragliche Wettbewerbsverbot einschließlich der Absprache über die Karenzentschädigung keine Wirkung mehr entfalten kann. Der Arbeitnehmer ist also berechtigt, einerseits zur Konkurrenz zu wechseln und hat andererseits keinen Anspruch auf die vereinbarte Karenzentschädigung. Will sich eine Partei trotz allgemeiner Erledigungsklausel weiterhin auf das nachvertragliche Wettbewerbsverbot berufen, so muss konkret vorgetragen werden, wann im Zusammenhang mit dem Abschluss des Aufhebungsvertrages mit der Gegenpartei darüber gesprochen worden ist, dass das nachvertragliche Wettbewerbsverbot weiterhin Gültigkeit haben soll. Beweislast dafür, dass das Wettbewerbsverbot nicht von der Erledigungsklausel umfasst ist, weil die Parteien die weitere Gültigkeit wollten, trägt derjenige, der sich auf den Fortbestand des nachvertraglichen Wettbewerbsverbotes beruft (vgl. *BAG* 19.11.2008 – 10 AZR 671/07).

230 In Anbetracht dieser Rechtsprechung sollte die Arbeitsvertragspartei, die an der Aufhebung des nachvertraglichen Wettbewerbsverbotes interessiert ist, dafür Sorge tragen, dass die Beseitigung des nachvertraglichen Wettbewerbsverbotes ausdrücklich im Aufhebungsvertrag geregelt wird. Letztendlich bleibt es sonst dabei, dass anhand der Formulierung der Erledigungsklausel geprüft werden muss, ob diese Klausel tatsächlich auch ein nachvertragliches Wettbewerbsverbot erfassen sollte. Wird die Erledigungsklausel bspw. nur dahingehend formuliert, dass alle bis zum Beendigungszeitpunkt entstehenden Ansprüche endgültig erledigt sind, soweit in der Aufhebungsvereinbarung nichts gegenteiliges geregelt ist, so bedeutet dies unseres Erachtens, dass Ansprüche, die über das Ende hinausgehen – wozu neben der betrieblichen Altersversorgung, der Wahrung von Geschäfts- und Betriebsgeheimnissen auch ein eventuell vereinbartes nachvertragliches Wettbewerbsverbot gehört –, nicht von der Erledigungsklausel umfasst sind. In diesem Fall müsste also die Aufhebung ausdrücklich erfolgen.

231 Eine Klausel, wonach die Gesellschaft mit sofortiger Wirkung auf das nachvertragliche Wettbewerbsverbot verzichtet, beseitigt zwar das Wettbewerbsverbot, nicht jedoch die Pflicht des Arbeitgebers zur Zahlung der **Karenzentschädigung**. Gemäß § 75a HGB kann das Unternehmen jederzeit vor Beendigung des Arbeitsverhältnisses einseitig auf das nachvertragliche Wettbewerbsverbot verzichten. Gesetzliche Folge eines derartigen einseitigen Verzichtes ist allerdings, dass der Arbeitgeber noch für ein Jahr ab Zugang der **Verzichtserklärung** zur Zahlung der Karenzentschädigung verpflichtet ist.

232 **Formulierungshinweis:**

Zur vollständigen Beseitigung eines nachvertraglichen Wettbewerbsverbotes bietet sich insofern folgende Formulierung an:

»Das in § 13 des Arbeitsvertrages vom 1.10.1999 vereinbarte nachvertragliche Wettbewerbsverbot wird einvernehmlich aufgehoben. Eine Verpflichtung zur Zahlung einer Karenzentschädigung besteht nicht mehr.«

3. Vereinbarung eines nachvertraglichen Wettbewerbsverbotes

Auch im Rahmen eines **Aufhebungsvertrages** ist es den Arbeitsvertragsparteien möglich, ein nachvertragliches Wettbewerbsverbot zu vereinbaren. Die Vorschriften der §§ 74 ff. HGB finden in diesem Fall ebenfalls Anwendung, solange das Wettbewerbsverbot noch im Zusammenhang mit dem Arbeitsverhältnis und seiner Abwicklung abgeschlossen wird (vgl. *BAG* 3.5.1994 EzA § 74 HGB Nr. 56). Demnach ist ein nachvertragliches Wettbewerbsverbot, das mehrere Monate vor Beendigung des Arbeitsverhältnisses im Rahmen eines Aufhebungsvertrages vereinbart wird, nichtig, wenn es keine **Karenzentschädigung** vorsieht. 233

Die nach § 74 Abs. 2 HGB erforderliche Karenzentschädigung kann nicht durch eine für den Verlust des Arbeitsplatzes zugesagte Abfindung kompensiert werden (vgl. *BAG* 3.5.1994 EzA § 74 HGB Nr. 56). Von daher muss neben der **Abfindung** auch eine Karenzentschädigung ausdrücklich im **Aufhebungsvertrag** ausgewiesen werden. 234

In steuerrechtlicher Hinsicht wirkt sich die Aufspaltung der Entschädigungszahlung in eine Abfindung und eine Karenzentschädigung dann nicht aus, wenn die Karenzentschädigung in Form einer Einmalzahlung geleistet wird. In diesem Fall unterliegt die Karenzentschädigung ebenfalls der **Versteuerung** mit dem **ermäßigten Steuersatz** nach § 34 EStG (vgl. *BFH* 12.6.1996 – XI R 43/94). 235

XII. Rückgabe des Dienstwagens

Die Rückgabe eines dem Mitarbeiter zur privaten Nutzung überlassenen Dienstwagens stellt im Zusammenhang mit der Beendigung eines Anstellungsverhältnisses oftmals mehr ein emotionales als ein rechtliches Problem dar. Gerade bei Führungskräften hat sich der Dienstwagen zu einem wichtigen Statussymbol entwickelt. 236

Grundsätzlich gilt: War der Dienstwagen dem Mitarbeiter ausschließlich zu **dienstlichen Zwecken** überlassen, so darf das Unternehmen den Dienstwagen jederzeit herausverlangen. Dies kann zum Beendigungsdatum oder zu Beginn der Freistellung erfolgen. Ist der Arbeitnehmer dagegen berechtigt gewesen, den **Dienstwagen auch privat zu nutzen**, so darf der Arbeitgeber den Dienstwagen auch im Fall einer Freistellung des Arbeitnehmers nicht ohne weiteres herausverlangen. 237

Entzieht der Arbeitgeber dem Arbeitnehmer rechtswidrig, d.h. ohne entsprechende Vereinbarung, das Fahrzeug, so ist er zum **Schadensersatz** verpflichtet. Der Schadensersatz kann konkret oder abstrakt/pauschal berechnet werden. Bei der konkreten Schadensersatzberechnung hat der Arbeitnehmer die Kosten aufzulisten, die ihm tatsächlich durch den Entzug der privaten Nutzungsmöglichkeit entstanden sind. Die **Anmietung eines Fahrzeuges** über einen mehrmonatigen Zeitraum ist insofern allerdings unzulässig, da der Arbeitnehmer zur Schadensminderung verpflichtet ist. Von daher kommen bei der konkreten Zahlungsberechnung nur die **Fahrtkosten mit öffentlichen Verkehrsmitteln** oder aber die **Leasingraten** und sonstigen Fahrzeugkosten bei Ersatzbeschaffung in Betracht. 238

Verzichtet der Mitarbeiter auf eine konkrete Berechnung des ihm durch die Entziehung der privaten Nutzung des Dienstwagens entstehenden Schäden, so kann Schadensersatz auch abstrakt verlangt werden. Während früher streitig war, wonach sich der Schadensersatz in diesen Fällen berechnet, hat das BAG im Jahre 1999 entschieden, dass bei der abstrakten **Berechnung des Schadensersatzes** nicht mehr auf die ADAC-Tabellen oder die Tabellen von Sanden-Danner abgestellt werden darf, sondern dass hier vielmehr nur der Wert heranzuziehen ist, der auch vom Mitarbeiter für die Gewährung der Privatnutzung zu versteuern ist. Es handelt sich hierbei um die sog. **1%-Regelung zzgl. der Wegekosten** (vgl. *BAG* 27.5.1999 EzA § 249 BGB Nr. 24). 239

Wird die Nutzungsmöglichkeit des Dienstwagens im Anstellungsvertrag geregelt, so bestehen keine Bedenken gegen eine sog. **Ersetzungsklausel**, die den Arbeitgeber dazu ermächtigt, den Pkw zurückzufordern und gleichzeitig den Nutzwert für die Zeit der Freistellung zu vergüten (vgl. *BAG* 23.6.1994 BB 1994, 2278; BB 1995, 204 m. Anm. *Nägele*; *Meier* NZA 1997, 298 [299]). Eine derartige Ersetzungsklausel kann im Übrigen auch auf die Überlassung eines anderen Fahrzeuges gerichtet sein. Nach einer Entscheidung des LAG 240

Sachsen setzt die Wirksamkeit einer solchen Vereinbarung nicht voraus, dass das angebotene **Ersatzfahrzeug mindestens gleichwertig ist** (vgl. *LAG Sachsen* 9.4.1997 BB 1997, 1693). Lehnt der Arbeitnehmer das Angebot des Arbeitgebers unter Hinweis auf die Vorzüge des bisher gewährten Fahrzeuges ab, kann er nach Auffassung des LAG Sachsen nunmehr keinen Schadensersatzanspruch geltend machen. Ein Wahlrecht steht dem Arbeitnehmer in einem solchen Fall nicht zu.

241 Ohne eine entsprechende Ersetzungsklausel kann der Arbeitnehmer weder auf die Nutzung eines anderen Fahrzeuges noch auf die Zahlung eines Ausgleichsanspruches verwiesen werden, da eine Ersetzungsbefugnis des Schuldners einer entsprechenden Vereinbarung bedarf.

242 Ob auch die **Vereinbarung einer entschädigungslosen Rücknahmemöglichkeit** zulässig ist, hat das BAG bisher offen gelassen (vgl. *BAG* 23.6.1994 BB 1994, 2278). Eine solche Klausel wird als wirksam zu betrachten sein, da hierdurch die Voraussetzungen, die die Rechtsprechung an die Wirksamkeit einer **Änderungskündigung** zur Herabsetzung der Vergütung stellt, nicht unterlaufen werden. Anerkannt ist insofern, dass der Arbeitgeber auch Vergütungsbestandteile einem **Widerrufsvorbehalt** unterwerfen kann, sofern nicht der Kernbereich des kündigungsrechtlichen Änderungsschutzes beeinträchtigt wird (vgl. *BAG* 13.6.1986 AP Nr. 19 zu § 2 KSchG; *Hoß* MDR 2000, 562). Dieser Kernbereich ist im Fall der entschädigungslosen Rückforderung des Dienstwagens nicht verletzt, da die Gewährung des Dienstwagens trotz des Vermögensvorteils lediglich eine zusätzliche Leistung des Arbeitgebers darstellt, die im Vergleich zu der dem Mitarbeiter i.d.R. gezahlten Vergütung nur einen geringen Bruchteil ausmacht.

243 An der unseres Erachtens zulässigen Vereinbarung einer entschädigungslosen Rückforderung des Dienstwagens im Rahmen einer Freistellung ändert unseres Erachtens auch die **Schuldrechtsreform** nichts. Im Rahmen der Schuldrechtsreform wurde vom Gesetzgeber festgeschrieben, dass die bisher nur für allgemeine Geschäftsbedingungen geltenden Regelungen nunmehr auch auf Arbeitsverträge Anwendung finden, sofern nicht die Besonderheiten des Arbeitsrechtes eine andere Regelung gebieten. Im Hinblick auf **Widerrufsklauseln** wird mittlerweile teilweise in der Literatur und Rechtsprechung vertreten, dass derartige Widerrufsklauseln heutzutage unwirksam seien. Diese Auffassung übersieht, dass nach dem Willen des Gesetzgebers die AGB-Vorschriften nur dann auf Arbeitsverträge Anwendung finden sollen, wenn nicht die Besonderheiten des Arbeitsverhältnisses eigenständige Regelungen erfordern. Da die Vereinbarung von Widerrufsklauseln im Arbeitsvertragsrecht dafür sorgen, dass der Arbeitgeber die notwendige Flexibilität erhält, um auf veränderte Rahmenbedingungen ohne den Ausspruch einer Änderungskündigung reagieren zu können, kann auch in Zukunft nicht auf die Vereinbarung derartiger Widerrufsklauseln im Zusammenhang mit Vergütungsbestandteilen verzichtet werden. Da hinzukommt, dass die Ausübung des Widerrufsrechtes an das Vorliegen von sachlichen Gründen gekoppelt ist, zeigt sich, dass hier die Arbeitnehmer nicht unbillig benachteiligt werden. Im Hinblick auf den Widerruf einer Dienstwagenüberlassung kann die Freistellung im Rahmen der Kündigungsfrist als sachlicher Grund angesehen werden.

244 Enthält der Arbeitsvertrag oder die Dienstwagenrichtlinie keine besonderen Regelungen über die Herausgabepflichten, so kann der Arbeitgeber die Rückführung des Dienstwagens nur in den Fällen verlangen, in denen auch der Entgeltanspruch des Mitarbeiters ruht. Wird der Mitarbeiter **über den gesetzlichen Entgeltfortzahlungszeitraum hinaus arbeitsunfähig**, so steht nach richtiger Auffassung dem Arbeitgeber in diesem Fall auch ohne Vereinbarung ausdrücklicher **Herausgabepflichten** ein Recht zu, den Dienstwagen zurück zu verlangen. Da die private Nutzungsmöglichkeit des Dienstwagens als Sachbezug einen Teil der Vergütung darstellt, erlischt der Anspruch auf diesen Teil der Vergütung, d.h. den Sachbezug, zusammen mit dem übrigen Entgeltanspruch (vgl. *LAG Köln* 22.6.2001 NZA-RR 2001, 523).

Formulierungshinweis: 245

Zur Vermeidung einer Auseinandersetzung über die Rückgabepflicht sollte im Aufhebungsvertrag der Übergabetermin in örtlicher und zeitlicher Hinsicht genau festgelegt werden. Unterbleibt eine diesbezügliche Regelung, so ist Erfüllungsort für die Rückgabeverpflichtung nach Beendigung des Arbeitsverhältnisses grds. die Betriebsstätte des Arbeitgebers. Die Rückgabeverpflichtung kann wie folgt formuliert werden:
»Der Mitarbeiter verpflichtet sich, den ihm überlassenen Dienstwagen der Marke ... mit dem polizeilichen Kennzeichen ... einschließlich der Wagenpapiere und sämtlicher Wagenschlüssel am ... an die Gesellschaft zurückzugeben. Der Wagen ist auf dem Betriebsgelände in ... abzugeben. Während der Freistellungsphase ist der Mitarbeiter berechtigt, den Dienstwagen im bisherigen Umfange auch für private Zwecke zu nutzen. Die durchschnittliche Kilometerleistung pro Monat darf danach ... km betragen. Überschreitet der Mitarbeiter diese durchschnittliche Kilometerleistung, so hat er die zusätzlich gefahrenen Kilometer mit ... € je Kilometer gegenüber der Gesellschaft zu vergüten.«

Unter **steuerlichen Gesichtspunkten** sollte darauf geachtet werden, dass die Rückgabe des 246 Dienstwagens spätestens zum Beendigungszeitpunkt erfolgt. Wird dem ausgeschiedenen Mitarbeiter der Dienstwagen auf Grund des Aufhebungsvertrages für einen längeren Zeitraum nach Beendigung des Arbeitsverhältnisses weiterhin zur privaten Nutzung überlassen, so stellt dies neben der Barabfindung einen weiteren Teil der Entschädigung für die Aufgabe des Arbeitsplatzes dar. Erstreckt sich die private Nutzung nach der Beendigung auf zwei Kalenderjahre, so kann dies zum **Verlust der Steuerbegünstigung der Barabfindung** (Fünftel-Regelung) führen, weil es nunmehr an der für die §§ 24, 34 EStG notwendigen Zusammenballung fehlt (zur steuerrechtlichen Behandlung einer Abfindung/Entschädigung s.o. Rn. 179 ff.).

Soll der **Dienstwagen** im Zusammenhang mit der Beendigung des Arbeitsverhältnisses an 247 den Mitarbeiter **veräußert werden**, so ist zu beachten, dass es sich hierbei um einen normalen Verkauf i.S.v. §§ 433 ff. BGB handelt. Von daher gelten hier bspw. auch die **Gewährleistungsregeln**. Wie beim Gebrauchtwagenkauf üblich, sollte die Gewährleistung daher seitens des Arbeitgebers ausdrücklich ausgeschlossen werden. Dies entspricht im Übrigen auch der Billigkeit, da i.d.R. der Arbeitgeber im Gegensatz zum Mitarbeiter das Fahrzeug und eventuelle Mängel überhaupt nicht kennt.

XIII. Arbeitgeberdarlehen

Hat der Arbeitgeber dem Arbeitnehmer während des laufenden Arbeitsverhältnisses ein 248 Darlehen eingeräumt und ist dieses Darlehen im Zeitpunkt der Unterzeichnung der Aufhebungsvereinbarung noch nicht vollständig zurückgezahlt, so muss dieses **Darlehen** ebenfalls im Rahmen des **Aufhebungsvertrages** angesprochen werden. Dies gilt auch dann, wenn der Vertrag über das Arbeitgeberdarlehen selbst Regelungen für den Fall der Beendigung des Arbeitsverhältnisses enthält. Aufgrund der üblicherweise in einem Aufhebungsvertrag enthaltenen Erledigungsklausel besteht ansonsten die Gefahr, dass der Arbeitnehmer **die Rückzahlung mit Hinweis auf die Erledigungsklausel verweigert**.

In der Rechtsprechung der Instanzgerichte wird insofern kontrovers diskutiert, ob eine 249 allgemeine Erledigungsklausel ein Arbeitgeberdarlehen erfasst (s.u. Rn. 288 ff.). Das BAG hatte sich mit dieser Frage bisher noch nicht ausdrücklich zu beschäftigen. Das BAG hat allerdings entschieden, dass **tarifliche Ausschlussfristen auch die Rückzahlung eines Arbeitgeberdarlehens umfassen** (vgl. *BAG* 20.2.2001 ArbRB 2001, 44) und dass eine allgemeine Erledigungsklausel zum Wegfall eines nachvertraglichen Wettbewerbsverbotes führt (vgl. *BAG* 31.7.2002 EzA § 74 HGB Nr. 63). Von daher muss unseres Erachtens davon ausgegangen werden, dass auch ein Arbeitgeberdarlehen – soweit keine gegenteiligen Anhaltspunkte vorhanden sind – durch eine allgemeine Erledigungsklausel grds. erlischt.

250 Um die hier bestehenden Unsicherheiten zu beseitigen, sollte daher in der Aufhebungsvereinbarung ausdrücklich geregelt werden, ob das Arbeitgeberdarlehen unabhängig von der Aufhebung des Arbeitsverhältnisses fortbesteht oder ob – ggf. als Teil der Entschädigung für die Aufgabe des Arbeitsplatzes – das Arbeitgeberdarlehen durch die Erledigungsklausel erfasst werden soll.

251 **Formulierungshinweis:**
»Der zwischen der Gesellschaft und dem Mitarbeiter am ... geschlossene Darlehensvertrag wird von der vorliegenden Aufhebungsvereinbarung nicht berührt. Derzeit ist noch ein Darlehensbetrag in Höhe von ... € offen. Das Darlehen wird zu den im Darlehensvertrag vereinbarten Konditionen über das Beendigungsdatum hinaus abgewickelt.«

252 Alternativ kommt in dem Fall, dass das **Arbeitgeberdarlehen** tatsächlich aufgehoben werden soll, folgende Formulierung in Betracht, die zur Klarstellung in die Aufhebungsvereinbarung trotz der allgemeinen Erledigungsklausel aufgenommen werden sollte:
»Zwischen den Arbeitsvertragsparteien besteht Einigkeit, dass das dem Mitarbeiter auf Grund des Darlehensvertrages vom ... gewährte Darlehen in Höhe von 10.000,– € einschließlich der hierauf entfallenden Zinsen mittlerweile vollständig getilgt ist.«

XIV. Geschäfts- und Betriebsgeheimnisse

253 Ebenso wie während des Arbeitsverhältnisses ist der Arbeitnehmer auch nach dessen Beendigung verpflichtet, Verschwiegenheit über Geschäfts- und Betriebsgeheimnisse seines bisherigen Arbeitgebers zu bewahren (vgl. *BAG* 15.12.1987 EzA § 611 BGB Betriebsgeheimnis Nr. 1).

254 Unter Geschäfts- und Betriebsgeheimnissen werden solche Tatsachen verstanden, die im Zusammenhang mit dem Geschäftsbetrieb stehen, nur einem eng begrenzten Personenkreis bekannt sind, nicht offenkundig sind und nach dem Willen des Arbeitgebers auf Grund eines berechtigten wirtschaftlichen Interesses geheim gehalten werden sollen (vgl. *BAG* 16.3.1982 AP Nr. 1 zu § 611 BGB Betriebsgeheimnis; 15.12.1987 EzA § 611 BGB Betriebsgeheimnis Nr. 1).

255 Diese Verschwiegenheitspflicht verbietet dem Arbeitnehmer allerdings nicht, Kunden seines ehemaligen Arbeitgebers nach Beendigung des Arbeitsverhältnisses zu Gunsten eines eigenen Betriebes oder zu Gunsten seines neuen Arbeitgebers zu umwerben (vgl. *BAG* 15.12.1987 EzA § 611 BGB Betriebsgeheimnis Nr. 1).

256 **Formulierungshinweis:**
Obwohl meistens bereits im Arbeitsvertrag eine Geheimhaltungsklausel enthalten ist, sollte auch im **Aufhebungsvertrag** nochmals auf diese **Verschwiegenheitspflicht hingewiesen werden.** Dies kann bspw. mit folgender Klausel erfolgen:
»Der Mitarbeiter verpflichtet sich, alle ihm während seiner Tätigkeit für die Gesellschaft zur Kenntnis gelangten betriebsinternen Vorgänge – insbes. Geschäfts- und Betriebsgeheimnisse – auch nach dem Ausscheiden geheim zu halten.«

XV. Rückzahlung von Aus- und Fortbildungskosten

257 In der Praxis ist es üblich, dass Mitarbeiter sich zur Rückzahlung von Aus- und Fortbildungskosten verpflichten, wenn sie innerhalb eines bestimmten Zeitraums aus dem Arbeitsverhältnis ausscheiden. Da die Aufhebungsvereinbarung die abschließende Regelung des

Arbeitsverhältnisses bezweckt, muss dieser Punkt dann angesprochen werden, wenn es entsprechende Vereinbarungen gibt.

Da auch die **Verpflichtung zur Rückzahlung von Aus- und Fortbildungskosten von einer allgemeinen Erledigungsklausel umfasst wird**, muss auch dieser Punkt im **Aufhebungsvertrag** gesondert erwähnt werden. Zu beachten ist insofern, dass die nochmalige Erwähnung der Rückzahlungsverpflichtung im Aufhebungsvertrag nichts daran ändert, dass eine Rückzahlungsklausel nur dann zulässig ist, wenn die von der Rechtsprechung aufgestellten Bedingungen beachtet wurden. Dies bedeutet, dass die durchgeführte **Fortbildungsmaßnahme** dem Arbeitnehmer **berufliche Vorteile** gebracht haben muss und dass die Bindungsdauer im Hinblick auf die Dauer der Fortbildung und die aufgewandten Kosten angemessen gewählt wurde (vgl. *BAG* 5.12.2002 NZA 2003, 559; *Hoß* ArbRB 2002, 216; *ders.* MDR 2000, 1115 ff.; sowie Kap. 9 Rn. 149 ff.). 258

Im Aufhebungsvertrag kann die Aufrechterhaltung der Rückzahlungsverpflichtung wie folgt formuliert werden: 259

Formulierungshinweis:

»Der Mitarbeiter verpflichtet sich, der Gesellschaft die im Rahmen der Fortbildung zum Betriebswirt entstandenen Kosten anteilig auf Basis der Fortbildungsvereinbarung vom 8.8.2002 zu erstatten. Zwischen den Parteien besteht Einigkeit, dass sich ein Erstattungsbetrag in Höhe von 3.000,– € ergibt. Die Gesellschaft ist insofern berechtigt, diesen Betrag mit dem sich aus der Abfindung ergebenden Nettobetrag zu verrechnen.«

Soll die Verpflichtung aus der Fortbildungsvereinbarung ebenfalls aufgehoben werden, empfiehlt sich folgende Klausel: 260

Formulierungshinweis:

»Zwischen den Parteien besteht Einigkeit, dass aus der Fortbildungsvereinbarung vom 8.8.2002 keinerlei Ansprüche mehr hergeleitet werden können.«

XVI. Rückgabe von Arbeitsmitteln

Nach der Beendigung ist des Arbeitsverhältnisses ist der Arbeitnehmer gem. §§ 861, 985 BGB verpflichtet, die ihm zur Verfügung gestellten Geschäftsunterlagen und Arbeitsmittel, wie bspw. Geschäftspapiere, Akten, Werkzeuge, Schutzkleidung sowie sonstiges Firmeneigentum (z.B. Betriebsausweis) an die Gesellschaft herauszugeben. Ein **Zurückbehaltungsrecht** nach § 273 BGB an den Geschäftsunterlagen und Arbeitsmitteln steht dem Arbeitnehmer regelmäßig nicht zu. In der Aufhebungsvereinbarung sollte daher festgeschrieben werden, zu welchem Zeitpunkt die sich im Besitz des Arbeitnehmers befindlichen und im Eigentum der Gesellschaft stehenden Unterlagen und Gegenstände zurückzugeben sind. 261

Formulierungshinweis: 262

»Der Mitarbeiter gibt innerhalb von zwei Wochen nach Unterzeichnung dieses Vertrages sämtliche in seinem Besitz befindliche, jedoch im Eigentum der Gesellschaft stehende Unterlagen und Gegenstände an die Gesellschaft zurück. Dies gilt auch für eventuell angefertigte Kopien derartiger Unterlagen.«

Da mittlerweile die meisten **Geschäftsunterlagen** nicht mehr oder zumindest nicht nur in Papierform vorhanden sind, sondern **elektronisch gespeichert** sind, empfiehlt es sich, die vorstehende Klausel um einen weiteren Absatz zu erweitern. Der Mitarbeiter sollte, sofern er Kontakt zu derartigen Unterlagen haben konnte, gleichzeitig bestätigen, dass er auch keine Daten des Unternehmens in sonstiger Form privat gespeichert oder in seinem Besitz behalten hat. 263

264 **Formulierungshinweis:**
»Der Mitarbeiter verpflichtet sich, eventuell privat gespeicherte Daten oder Schriftstücke der Gesellschaft zu löschen. Der Mitarbeiter bestätigt mit seiner Unterschrift unter diese Aufhebungsvereinbarung, dass er nach Erfüllung der Rückgabeverpflichtung keinerlei Daten – auch nicht in elektronisch gespeicherter Form – der Gesellschaft in seinem Besitz haben wird. Auf das Verbot der Weitergabe von derartigen Daten an Dritte wird nochmals ausdrücklich hingewiesen.«

XVII. Vererbbarkeit/Beendigung durch Tod

265 Auf Grund langer Kündigungsfristen liegen zwischen Unterzeichnung des Aufhebungsvertrages und tatsächlicher Beendigung des Arbeitsverhältnisses oftmals viele Monate. Unabhängig vom Alter des Arbeitnehmers besteht hier die Gefahr, dass er in der Zeit zwischen Unterzeichnung des Vertrages und tatsächlicher Beendigung des Arbeitsverhältnisses verstirbt. In diesem Fall stellt sich die Frage, ob das Unternehmen trotzdem zur Zahlung der im Aufhebungsvertrag vereinbarten **Abfindung** verpflichtet ist.

266 Resultiert die **Abfindung** alleine aus einem **Sozialplan**, so besteht für die **Erben** kein Anspruch auf Auszahlung der Abfindung (vgl. *BAG* 25.9.1996 EzA § 112 BetrVG Nr. 89). Zur Begründung verweist der Zehnte Senat des BAG in seiner Entscheidung vom 25.9.1996 darauf, dass die Abfindung kraft Definition im Sozialplan an die Beendigung des Arbeitsverhältnisses auf Grund betriebsbedingter Kündigung anknüpft. Fehlt es an einer Regelung im Sozialplan für den **Todesfall**, so liegen die Voraussetzungen für die Zahlung der Abfindung nicht vor, da die Beendigung des Arbeitsverhältnisses durch Tod des Arbeitnehmers und nicht durch betriebsbedingte Kündigung des Arbeitgebers eingetreten ist. Es bleibt daher den Betriebspartnern überlassen, diesen Fall ausdrücklich im Sozialplan zu regeln.

267 Auch eine aus einem **Aufhebungsvertrag resultierende Abfindung** geht nach der Rechtsprechung des BAG nicht auf die Erben über, wenn der Arbeitnehmer vor dem im Aufhebungsvertrag vorgesehenen Beendigungszeitpunkt verstirbt. Das BAG sieht beim Aufhebungsvertrag – ähnlich wie bei einem Sozialplan – die Beendigung des Arbeitsverhältnisses durch den Aufhebungsvertrag als zwingende Voraussetzung für die Auszahlung der Abfindung an (vgl. *BAG* 26.8.1997 EzA § 611 BGB Aufhebungsvertrag Nr. 29).

268 Tritt der **Tod erst nach dem Beendigungszeitpunkt**, aber vor Auszahlung der Abfindung ein, so steht die Abfindung den Erben zu. Hier ist die Beendigung des Arbeitsverhältnisses, wie vorgesehen, durch den Aufhebungsvertrag eingetreten. Dass das Arbeitsverhältnis bspw. wenige Tage später auf Grund des Todes des Mitarbeiters ohnehin geendet hätte, ist insofern unerheblich.

269 **Formulierungshinweis:**
Aus Arbeitnehmersicht empfiehlt sich, zur Absicherung der Angehörigen folgende Klausel in den Aufhebungsvertrag aufzunehmen:
»Sollte der Mitarbeiter vor dem in Ziffer 1 vorgesehenen Beendigungszeitpunkt versterben, so stehen die aus diesem Vertrag resultierenden Leistungen – insbes. die Abfindung – den Erben zu.«

XVIII. Arbeitspapiere

270 Zu den Pflichten im Zusammenhang mit der Beendigung eines Arbeitsverhältnisses gehört die ordnungsgemäße Erstellung der Arbeitspapiere. Diese sind im Zeitpunkt der Beendigung des Arbeitsverhältnisses an den Mitarbeiter herauszugeben. **Ein Zurückbehaltungsrecht wegen eventueller Schadensersatzansprüche oder anderweitiger Rückgabeansprüche gegenüber dem Arbeitnehmer steht dem Arbeitgeber nicht zu.**

Welche Arbeitspapiere im Einzelnen dem Mitarbeiter auszuhändigen sind, kann – sofern eine der beiden Arbeitsvertragsparteien hier eine spätere Auseinandersetzung befürchtet – im Aufhebungsvertrag festgeschrieben werden. Zu den insofern zu übergebenden Arbeitspapieren zählt die **Arbeitsbescheinigung nach § 312 SGB III, der Sozialversicherungsausweis, das Versicherungsnachweisheft, die Lohnsteuerkarte sowie die Urlaubsbescheinigung** nach § 6 Abs. 2 BUrlG. 271

Ähnlich wie beim Zeugnis handelt es sich auch bei den Arbeitspapieren um eine sog. **Holschuld.** Dies bedeutet, dass der Arbeitnehmer die Arbeitspapiere selbst beim Arbeitgeber abholen muss. Das Unternehmen ist nicht verpflichtet, die Papiere auf eigene Kosten an den Mitarbeiter zu übersenden. Lediglich dann, wenn dem Arbeitnehmer auf Grund der großen Entfernung (bspw. Gebietsverkaufsleiter im Außendienst) ein persönliches Abholen der Papiere unzumutbar ist, ist das Unternehmen verpflichtet, auf eigene Kosten die Übersendung der Arbeitspapiere vorzunehmen. 272

Formulierungshinweis: 273

»Die Firma verpflichtet sich, dem Mitarbeiter die Arbeitspapiere ordnungsgemäß ausgefüllt zum Beendigungszeitpunkt zu übersenden. Zu den Arbeitspapieren gehören die Arbeitsbescheinigung nach § 312 SGB III, der Sozialversicherungsausweis, das Versicherungsnachweisheft, die Lohnsteuerkarte sowie die Urlaubsbescheinigung nach § 6 Abs. 2 BUrlG.«

XIX. Hinweis auf Arbeitslosmeldung und steuer- und sozialrechtliche Konsequenzen

Der Abschluss eines Aufhebungsvertrages kann über die bloße Beendigung des Arbeitsverhältnisses hinaus weit reichende Folgen für den Mitarbeiter entfalten. Hier spielen Fragen der Versteuerung der Abfindung, der Anspruch auf Arbeitslosengeld und die betriebliche Altersversorgung eine erhebliche Rolle. Da sich gerade im Bereich der Versteuerung einer Abfindung ebenso wie beim Anspruch auf Arbeitslosengeld immer wieder das Gesetz ändert und die **betriebliche Altersversorgung** auf Grund der vorzunehmenden **ratierlichen Kürzung** und der eventuell auf den Arbeitnehmer zukommenden **versicherungsmathematischen Abschläge** ebenfalls schwer durchschaubar ist, muss im Einzelfall stets geprüft werden, inwieweit der Arbeitgeber **im Vorfeld des Aufhebungsvertrages** verpflichtet ist, den Arbeitnehmer über die Konsequenzen aus der Aufhebungsvereinbarung auf den Gebieten des Steuerrechts, Sozialversicherungsrechts und der betrieblichen Altersversorgung **aufzuklären.** Zum Umfang der vom Arbeitgeber zu leistenden Aufklärung des Arbeitnehmers kann auf die Ausführungen u. unter Rn. 362 ff. verwiesen werden. 274

Streitig ist, inwieweit die eventuell bestehenden **Hinweis- und Aufklärungspflichten abdingbar** sind. Während in der Literatur teilweise die Auffassung vertreten wird, dass die Hinweis- und Aufklärungspflicht als Nebenpflicht aus dem Arbeitsvertrag grds. abdingbar ist (vgl. *Reufels* ArbRB 2001, 27; *Hoß/Ehrich* DB 1997, 625), weist das Bundesarbeitsgericht darauf hin, dass der Arbeitgeber zumindest verpflichtet ist, beim Arbeitnehmer das **Problembewusstsein** für die neben der Beendigung des Arbeitsverhältnisses des Weiteren eintretenden Rechtsfolgen zu wecken, wenn die Initiative zur Beendigung vom Unternehmen ausgeht (vgl. *BAG* 17.10.2000 NZA 2001, 206). 275

Berücksichtigt man nunmehr diese Rechtsprechung des Bundesarbeitsgerichtes, so dürfte eine Klausel, mit der der Arbeitnehmer erklärt, dass er auf Hinweise des Arbeitgebers über mögliche Konsequenzen aus der Aufhebungsvereinbarung und der Beendigung des Arbeitsverhältnisses verzichtet, nicht ausreichen, um die von der Rechtsprechung ggf. angenommenen Hinweis- und Aufklärungspflichten auszuschließen. Man wird verlangen müssen, dass die **Konsequenzen** zumindest **stichwortartig** angesprochen sind, um das vom BAG gewünschte »Problembewusstsein« zu wecken. 276

277 **Formulierungshinweis:**

Von daher sollte der Arbeitgeber im eigenen Interesse stichwortartig seiner Aufklärungspflicht nachkommen. Im Aufhebungsvertrag kann dies wie folgt dokumentiert werden: »Der Mitarbeiter wurde auf ein mögliches Ruhen des Anspruchs auf Arbeitslosengeld und die Möglichkeit des Eintritts einer Sperrzeit sowie über die Tatsache, dass sein Betriebsrentenanspruch wegen der vorzeitigen Beendigung des Anstellungsverhältnisses entsprechend dem Verhältnis von tatsächlicher Beschäftigungszeit zu insgesamt möglicher Beschäftigungszeit bis zum Ruhestand gekürzt wird. Darüber hinaus hatte der Mitarbeiter Gelegenheit, sich bei der Agentur für Arbeit, dem Finanzamt und beim Versorgungswerk der Gesellschaft über die Konsequenzen dieser Aufhebungsvereinbarung zu informieren.«

278 Ist der Mitarbeiter im Rahmen der Verhandlungen über den Aufhebungsvertrag durch einen **Rechtsanwalt** oder einen **Gewerkschaftssekretär** beraten worden, so bietet sich aus Arbeitgebersicht an, in den **Aufhebungsvertrag** eine Klausel aufzunehmen, die festhält, dass die notwendige Aufklärung über die Rechtsfolgen des Aufhebungsvertrages durch den Rechtsanwalt bzw. Gewerkschaftssekretär erfolgt war. Nach der Rechtsprechung kann ein Arbeitnehmer, der selbst rechtlich beraten war, nicht verlangen, dass er vom Arbeitgeber über die Konsequenzen aufgeklärt wird. Hier kann das Unternehmen davon ausgehen, dass die notwendigen Hinweise über die Konsequenzen der einvernehmlichen Beendigung des Arbeitsverhältnisses durch den Rechtsanwalt/Gewerkschaftssekretär gegeben wurden.

279 **Formulierungshinweis:**

»Der Mitarbeiter ist durch seinen Rechtsanwalt, Herrn .../durch die ihn vertretene Gewerkschaft umfassend über die aus dieser Aufhebungsvereinbarung resultierenden steuer- und sozialversicherungsrechtlichen Konsequenzen informiert worden. Das gleiche gilt für die Auswirkungen der Beendigung auf den Betriebsrentenanspruch des Mitarbeiters und alle sonstigen Rechtsfolgen, die aus der einvernehmlichen Aufhebung des Arbeitsverhältnisses resultieren.«

280 Neben den Aufklärungspflichten über mögliche sozialrechtliche Konsequenzen aus der Beendigung des Arbeitsverhältnisses trifft den Arbeitgeber seit 1.7.2003 auch die Verpflichtung, den Arbeitnehmer darauf hinzuweisen, dass dieser verpflichtet ist, **sich nach Unterzeichnung der Aufhebungsvereinbarung bei der für ihn zuständigen Agentur für Arbeit arbeitsuchend zu melden**. Die Meldung bei der Agentur für Arbeit hat spätestens 3 Monate vor Beendigung des Arbeitsverhältnisses zu erfolgen. Ist die Kündigungsfrist bzw. Auslauffrist kürzer, so muss der Arbeitnehmer sich unverzüglich bei der Agentur für Arbeit arbeitsuchend melden. Im Hinblick auf die diesbezüglichen Anforderungen und die Konsequenzen bei verspäteter Meldung kann an dieser Stelle auf die Ausführungen unten im Kapitel E verwiesen werden. Des Weiteren muss der Arbeitnehmer darauf hingewiesen werden, dass er zur Vermeidung von Nachteilen beim Bezug von Arbeitslosengeld auch verpflichtet ist, sich selbst nach einer neuen Anstellung umzusehen.

281 **Formulierungshinweis:**

»Die Firma hat den Mitarbeiter ausdrücklich darauf hingewiesen, dass dieser verpflichtet ist, sich unverzüglich nach Unterzeichnung dieser Aufhebungsvereinbarung bei der für ihn zuständigen Agentur für Arbeit arbeitsuchend zu melden. Gleichzeitig wurde der Mitarbeiter darauf hingewiesen, dass er sich auch selbst zu Vermeidung von Nachteilen beim Bezug von Arbeitslosengeld nach einer neuen Anstellung umsehen muss.«

XX. Arbeitnehmererfindung

Hat der Mitarbeiter während des Arbeitsverhältnisses eine Erfindung i.S.d. Arbeitnehmererfindungsgesetzes gemacht, so werden seine ihm nach dem Arbeitnehmererfindungsgesetz zustehenden Rechte gem. § 26 ArbNErfG durch die Aufhebung des Arbeitsverhältnisses nicht berührt. Unabhängig von der gesetzlichen Regelung sollte allerdings im **Aufhebungsvertrag** nochmals klargestellt werden, welche Ansprüche dem Mitarbeiter aus **Arbeitnehmererfindungen** zustehen. 282

Zu beachten ist, dass von den Vorschriften des Arbeitnehmererfindungsgesetzes grds. **nicht zu Ungunsten des Mitarbeiters abgewichen werden darf.** Ist die Erfindung bereits angemeldet, besteht allerdings die Möglichkeit, nunmehr eine einvernehmliche Regelung über die Behandlung und Vergütung dieser Erfindung zu treffen. Die Vereinbarung muss **billigem Ermessens** entsprechen, da ansonsten die Regelung vor dem Arbeitsgericht angegriffen werden kann. 283

Um Streitigkeiten im Anschluss an die Beendigung des Arbeitsverhältnisses über die Höhe der dem Arbeitnehmer zustehenden Arbeitnehmererfindervergütung zu vermeiden, empfiehlt es sich also, in der Aufhebungsvereinbarung oder in einer Nebenabsprache zur Aufhebungsvereinbarung detailliert zu regeln, auf welche Erfindungen der Mitarbeiter einen Vergütungsanspruch hat und in welcher Höhe die Vergütung für diese Erfindungen festzuschreiben ist. Wird im Einzelfall eine Erfindung vergessen, so befreit die **allgemeine Erledigungsklausel** allerdings das Unternehmen in diesem Fall nicht davon, auch für diese Erfindung die aus dem Gesetz dem Mitarbeiter zustehende Vergütung zu bezahlen. Aufgrund der Regelung in § 26 ArbNErfG kann die Erledigungsklausel nicht Ansprüche aus dem Arbeitnehmererfindungsgesetz erfassen. 284

XXI. Verzicht auf Wiedereinstellungsanspruch

Vor dem Hintergrund, dass nach der Rechtsprechung des Zweiten Senats des BAG die Voraussetzungen insbes. einer betriebsbedingten Kündigung im Zeitpunkt des Zugangs der Kündigung zu prüfen sind, hat die Rechtsprechung als Korrektiv den **Wiedereinstellungsanspruch** entwickelt. Besteht zwar im Zeitpunkt des Zugangs einer betriebsbedingten Kündigung keine Weiterbeschäftigungsmöglichkeit, wird allerdings bis zum Ablauf der Kündigungsfrist ein adäquater Arbeitsplatz frei, so ändert dies nichts an der Wirksamkeit der betriebsbedingten Kündigung. Dem Mitarbeiter wird allerdings vom BAG in diesem Fall ein Wiedereinstellungsanspruch zugebilligt. Dies gilt unabhängig davon, ob die Beendigung des Arbeitsverhältnisses durch **Kündigung** oder durch **Aufhebungsvertrag** erfolgt ist. 285

Um in den Fällen, in denen zwar betriebsbedingte Gründe im Aufhebungsvertrag behauptet werden, diese jedoch tatsächlich nicht vorliegen, zu vermeiden, dass der Mitarbeiter am Ende der Auslauffrist sich auf den höchstrichterlichen Wiedereinstellungsanspruch beruft, ist es empfehlenswert, in den Aufhebungsvertrag eine Klausel aufzunehmen, wonach der Mitarbeiter **auf die Geltendmachung eines entsprechenden Wiedereinstellungsanspruches verzichtet.** Eine derartige Klausel begegnet arbeitsrechtlich keinen Bedenken. In sozialversicherungsrechtlicher Hinsicht dürfte die Agentur für Arbeit allerdings alleine wegen dieser Klausel bereits eine **Sperrzeit** verhängen, da der Mitarbeiter zu erkennen gibt, dass er nicht bereit ist, jede freie Stelle anzunehmen. Von daher ist aus Mitarbeitersicht eine derartige Klausel nur dann zu akzeptieren, wenn die Abfindung oder der Aufhebungsvertrag in sonstiger Weise eine angemessene Kompensation für die zu erwartende Sperrzeit nach § 144 SGB III enthält. 286

Formulierungshinweis: 287

»Zwischen den Parteien besteht Einigkeit, dass der Mitarbeiter auf die Geltendmachung eines eventuellen Wiedereinstellungsanspruches für den Fall, dass wider Erwarten bis zum Ablauf der Auslauffrist eine adäquate Anschlussbeschäftigung möglich wird, verzichtet.«

XXII. Allgemeine Erledigungsklausel

288 Sinn und Zweck eines Aufhebungsvertrages ist die abschließende Regelung der Beendigung des Arbeitsverhältnisses. Um zu vermeiden, dass es zwischen den Arbeitsvertragsparteien zu einem späteren Zeitpunkt doch noch zu einer gerichtlichen Auseinandersetzung über mögliche Ansprüche aus dem beendeten Arbeitsverhältnis kommt, wird in den Aufhebungsvertrag i.d.R. eine allgemeine Erledigungsklausel aufgenommen.

289 **Formulierungshinweis:**
»Mit Erfüllung der Ansprüche aus dieser Vereinbarung sind sämtliche Ansprüche der Parteien aus dem Arbeitsverhältnis und seiner Beendigung – gleich aus welchem Rechtsgrund, bekannt oder unbekannt – erledigt.«

290 Bei Aufnahme einer allgemeinen Erledigungsklausel sollten die Vertragsparteien zum einen genau prüfen, ob sie sämtliche offenen Ansprüche im Aufhebungsvertrag ausdrücklich geregelt haben und zum anderen, welche Ansprüche im Einzelnen überhaupt von einer derartigen Klausel erfasst werden können. Streitig ist insofern bspw., ob ein **Arbeitgeberdarlehen von einer Erledigungsklausel erfasst wird** (bejahend: *LAG München* 24.4.1997 BB 1998, 269; abl. *LAG Hamm* 28.4.1995 LAGE § 794 ZPO Ausgleichsklausel). Das BAG hat sich – soweit ersichtlich – bisher noch nicht ausdrücklich mit dieser Fragestellung befassen müssen. Das BAG hat allerdings entschieden, dass ein Arbeitgeberdarlehen von tarifvertraglichen Ausschlussfristen erfasst wird (*BAG* 20.2.2001 ArbRB 2001, 44). Da das BAG darüber hinaus der Auffassung ist, dass eine allgemeine Erledigungsklausel grds. auch ein nachvertragliches Wettbewerbsverbot erfasst, ist unseres Erachtens davon auszugehen, dass auch ein Arbeitgeberdarlehen i.d.R. von der Erledigungsklausel erfasst wird.

291 Gestützt wird diese Auffassung auch durch eine Entscheidung des *Neunten Senats des BAG* vom 9.6.1998 (EzA § 611 BGB Aufhebungsvertrag Nr. 30), in der das BAG zur Reichweite einer Erledigungsklausel wörtlich Folgendes ausführte:
»Mit der vereinbarten Erledigung aller gegenseitigen Forderungen hat der Kläger nach § 397 Abs. 2 BGB anerkannt, dass aus dem Arbeitsverhältnis keine Ansprüche mehr bestehen. Ein derartiges negatives Schuldanerkenntnis bringt alle Ansprüche, die den Erklärenden bekannt waren oder mit deren Bestehen zu rechnen war, zum Erlöschen (...). Das schließt auch den Erlass von Urlaubsansprüchen im bestehenden Arbeitsverhältnis ein, soweit sie den gesetzlichen Mindesturlaub nach §§ 1, 3 BUrlG übersteigen. Der gesetzliche Mindesturlaub ist demgegenüber nach § 13 Abs. 1 BUrlG unabdingbar (...).«

292 Wie der Neunte Senat in seiner vorerwähnten Entscheidung ausführte, erfasst eine allgemeine Erledigungsklausel solche Ansprüche nicht, auf die der Arbeitnehmer nicht verzichten kann.

293 Zu diesen Ansprüchen, die daher nicht unter eine Erledigungsklausel fallen, zählen insbes.:
- der Anspruch auf Erteilung eines Zeugnisses;
- der Anspruch auf Herausgabe der Arbeitspapiere;
- der Anspruch auf betriebliche Altersversorgung (vgl. *BAG* 17.10.2000 NZA 2001, 203);
- der Anspruch auf Arbeitnehmererfindervergütung;
- der Anspruch aus einem Tarifvertrag (§ 4 TVG);
- der Anspruch aus einer Betriebsvereinbarung (§ 77 Abs. 4 BetrVG);
- der Anspruch auf den gesetzlichen Mindesturlaub (§ 13 Abs. 1 BUrlG).

Stellt sich nach Abschluss eines Aufhebungsvertrages, der eine allgemeine Erledigungsklausel beinhaltet, heraus, dass zum Zeitpunkt des Vertragsschlusses noch Forderungen bestanden, die von zumindest einer Partei übersehen wurden, so können diese nun nicht mehr durchgesetzt werden, sofern es sich nicht um **unverzichtbare Ansprüche** handelt. Eine **Anfechtung der allgemeinen Erledigungsklausel** ist in diesem Fall i.d.R. **nicht möglich**, weil insoweit die Voraussetzungen der §§ 119, 123 BGB nicht gegeben sein werden (zur Anfechtung die Ausführungen s.u. Rn. 313 ff.). 294

Die Einordnung einer **Ausgleichsklausel als negatives Schuldanerkenntnis** i.S.v. § 297 Abs. 2 BGB setzt voraus, dass die Parteien bei Unterzeichnung des Aufhebungsvertrages tatsächlich den Willen hatten, auf alle bekannten oder unbekannten Forderungen zu verzichten (vgl. *LAG Hamm* 7.12.2000 NZA-RR 2002, 15). An die Feststellung eines entsprechenden Willens sind strenge Anforderungen zu stellen, da nicht vermutet werden kann, dass eine Partei insbes. auf bekannte Ansprüche verzichtet (vgl. *BGH* 16.11.1993 NJW 1994, 379). Von daher ist die **Auslegung einer Erledigungsklausel anhand des erklärten Parteiwillens unter Berücksichtigung des Vertragszwecks, der beiderseitigen Interessenlage, der Verkehrsauffassung und aller Umstände des Vertragsschlusses** durchzuführen (vgl. *BAG* 15.12.1999 – 10 AZR 881/98 – n.v.; 31.7.2002 EzA § 74 HGB Nr. 63). 295

Alternativ zur Erledigungsklausel bietet sich gerade bei den Sachverhalten bzw. Anspruchsgrundlagen, bei denen ein **Verzicht des Arbeitnehmers unzulässig** wäre, an, einen sog. **Tatsachenvergleich** zu schließen (vgl. *Hoß* ArbRB 2001, 123, 125). Nach Ansicht des BAG umfasst bspw. § 4 Abs. 4 TVG nur die eigentliche Verzichtserklärung (vgl. *BAG* 20.8.1980 EzA § 9 LohnFG Nr. 6). Wird daher – wahrheitswidrig – im Aufhebungsvertrag vereinbart, dass bestimmte tatsächliche Umstände vorliegen oder gerade nicht vorliegen, so kann auf diese Weise bspw. der **Urlaubsabgeltungsanspruch** ausgeschlossen werden. 296

Formulierungshinweis: 297

Soll der gesetzlich nicht abdingbare Urlaubsabgeltungsanspruch ausgeschlossen werden, so bietet sich bspw. folgender **Tatsachenvergleich** an:

»Zwischen den Parteien besteht Einigkeit, dass der dem Mitarbeiter zustehende Urlaubsanspruch in vollem Umfange in Natura gewährt und genommen wurde.«

XXIII. Salvatorische Klausel

Zum Abschluss eines Aufhebungsvertrages sollte stets eine sog. Salvatorische Klausel aufgenommen werden, wonach die Unwirksamkeit eines Teils des Aufhebungsvertrages die Wirksamkeit der sonstigen Abreden nicht berührt. Die Parteien dokumentieren durch diese Klausel ihren Willen, dass eine Teilnichtigkeit des Aufhebungsvertrages nicht gem. § 139 BGB zur Nichtigkeit der gesamten Aufhebungsvereinbarung führen soll. Eine Salvatorische Klausel kann allerdings dann einen Vertrag nicht retten, wenn ein **wesentlicher Bestandteil des Aufhebungsvertrages nichtig** ist. Zur Vermeidung der Nachteile, die sich aus der Unwirksamkeit einer Regelung des Aufhebungsvertrages für eine der beiden Vertragsparteien ergeben können, sollte in der **Salvatorischen Klausel** gleichzeitig festgelegt werden, dass sich die Vertragsparteien verpflichten, anstelle der unwirksamen Bestimmung eine dieser Bestimmung möglichst nahe kommende wirksame Regelung zu treffen. 298

Formulierungshinweis: 299

»Sollte eine Bestimmung dieser Vereinbarung unwirksam sein oder werden, so wird dadurch die Wirksamkeit der anderen Bestimmungen dieser Vereinbarung nicht berührt. An die Stelle der unwirksamen Bestimmung tritt eine rechtlich zulässige, die Sinn und Zweck der unwirksamen Bestimmung so nahe wie möglich kommt.«

H. Inhaltskontrolle

300 Seit 1.1.2002 haben auch Arbeitsgerichte die Möglichkeit, **Inhaltskontrollen** von Verträgen durchzuführen. Der Gesetzgeber hat die bisher im AGB-Gesetz geregelten Vorschriften im Rahmen der **Schuldrechtsreform** in das Bürgerliche Gesetzbuch integriert. Die bisher im AGB-Gesetz enthaltenen Vorschriften sind nunmehr in den §§ 305 ff. BGB enthalten. Während § 23 Abs. 1 AGBG ausdrücklich vorsah, dass die Vorschriften für allgemeine Geschäftsbedingungen keine Anwendung auf Verträge auf dem Gebiet des Arbeitsrechtes fanden, ist diese Bereichsausnahme nunmehr entfallen. Nach der Schuldrechtsreform finden die für die Gestaltung von allgemeinen Geschäftsbedingungen geschaffenen Vorschriften auch auf Arbeitsverträge Anwendung. Ausgenommen sind lediglich **Tarifverträge** und **Betriebsvereinbarungen** (§ 310 Abs. 4 S. 1 BGB).

301 In der Literatur besteht trotz der Einbeziehung des Arbeitsrechtes in den Geltungsbereich der Vorschriften über allgemeine Geschäftsbedingungen Einigkeit, dass eine **Inhaltskontrolle von Aufhebungsverträgen** auch in Zukunft **nicht möglich** ist. Zum einen sind gem. § 310 Abs. 4 S. 2 BGB die im Arbeitsrecht geltenden Besonderheiten bei der Anwendung der §§ 305 ff. BGB zu berücksichtigen und zum anderen dürfte es sich i.d.R. bei Aufhebungsverträgen nicht um »für eine Vielzahl von Verträgen vorformulierte Vertragsbedingungen« i.S.v. § 305 Abs. 1 S. 1 BGB handeln. Aufhebungsverträge werden – auch wenn sie auf Basis eines Musters entwickelt werden – i.d.R. individuell zwischen Arbeitgeber und Arbeitnehmer ausgehandelt (vgl. *Bauer* NZA 2002, 169 ff.).

302 Der Zweite Senat des BAG hatte sich mit der Frage, inwieweit eine Inhaltskontrolle von Aufhebungsverträgen zulässig ist, in einer Entscheidung vom 27.11.2003 unter Berücksichtigung der §§ 305 ff BGB auseinander zu setzen. Die damalige Klägerin hatte die Auffassung vertreten, dass die Beendigungsvereinbarung wegen einer unangemessenen Benachteiligung gem. §§ 307, 310 Abs. 4 BGB unwirksam sei. Das BAG ließ die Frage, ob tatsächlich eine unangemessene Benachteiligung vorlag, offen. Nach Ansicht des Zweiten Senates sind nach § 307 Abs. 3 BGB nur solche allgemeinen Geschäftsbedingungen kontrollfähig, die von Rechtsvorschriften abweichen oder die ergänzende Regelungen enthalten. Vereinbarungen über den unmittelbaren Gegenstand der Hauptleistung hingegen unterliegen unter Beachtung des Grundsatzes der Vertragsfreiheit regelmäßig keiner Inhaltskontrolle (vgl. *BAG* 27.11.2003 BAGReport 2004, 220). Da die **Aufhebungsvereinbarung ein selbständiges Rechtsgeschäft ist**, bei dem die Hauptleistung die Beendigung des Arbeitsverhältnisses bzw. der Verzicht auf die zukünftigen Gehaltsansprüche ist, kann somit die Aufhebung des Arbeitsverhältnisses als solche keiner Inhaltskontrolle und damit keiner Billigkeitsprüfung unterzogen werden.

303 Auch ohne Anknüpfung an die §§ 305 ff. BGB kommt eine **richterliche Inhaltskontrolle eines Aufhebungsvertrages** nicht in Betracht. Es obliegt nicht den Arbeitsgerichten, zu entscheiden, ob ein Aufhebungsvertrag billigem Ermessen entspricht. Der Zweite Senat des BAG betonte insofern auch für die Rechtslage vor der Schuldrechtsreform zurecht, dass eine Inhaltskontrolle so lange nicht möglich ist, wie der Arbeitnehmer durch ein schlichtes »Nein« den Abschluss eines Aufhebungsvertrages verhindern kann (vgl. *BAG* 14.2.1996 NZA 1996, 811). Von daher sind Aufhebungsverträge auch dann gültig, wenn sie **keine Abfindung** vorsehen oder wenn der Aufhebungsvertrag ohne entsprechende Kompensation die **Kündigungsfrist verkürzt** (vgl. *LAG Frankf.* 3.6.2004 – 14 Sa 149/04 –, n.v.).

J. Rechtsmängel des Aufhebungsvertrages

304 Ein Aufhebungsvertrag kann sein Ziel, die einvernehmliche Beendigung und Abwicklung eines Anstellungsverhältnisses, nur dann erreichen, wenn er rechtswirksam abgeschlossen wurde. Insofern unterliegt der Aufhebungsvertrag also ähnlich wie jeder andere Vertrag auch den allgemeinen gesetzlichen Bestimmungen über den Abschluss von Verträgen. Ein **Aufhebungsvertrag** kann daher wegen **Sittenwidrigkeit nichtig** sein, er kann wegen Irrtums,

Täuschung oder Drohung **anfechtbar** sein oder nachträglich durch die Geltendmachung von Rücktritts- oder Widerrufsrechten beseitigt werden, sofern entsprechende Rechte bestehen bzw. anzuerkennen sind.

I. Nichtigkeit nach § 134 BGB

Gemäß § 134 BGB ist ein Aufhebungsvertrag nichtig, wenn er **gegen ein gesetzliches Verbot verstößt** oder zwingende gesetzliche Vorschriften umgeht. 305

Unwirksam ist insofern ein Aufhebungsvertrag: 306

- wenn ein bestimmter Grund, z.B. die nicht fristgerechte Rückkehr aus dem Urlaub, als aufschiebende Bedingung für einen Aufhebungsvertrag festgelegt und damit der Nachprüfung entzogen wird, ob er auch als wichtiger Grund für eine außerordentliche Kündigung ausreicht (vgl. *BAG* 19.12.1974 EzA § 305 BGB Nr. 6);
- durch den das Arbeitsverhältnis zum Urlaubsende aufgelöst wird, wenn dem Arbeitnehmer gleichzeitig die Wiedereinstellung bei Wahrung des Besitzstandes zugesagt und dafür nicht nur die termingerechte Rückkehr, sondern auch die Zustimmung des Betriebsrates und eine günstige Beschäftigungslage als Bedingung vereinbart wird; der Arbeitgeber aber bei Vertragsabschluss die Beschäftigung des Arbeitnehmers nach Urlaubsende aus betrieblichen Gründen für notwendig erachtet und ihm deswegen einen zusätzlichen unbezahlten Urlaub verweigert (vgl. *BAG* 13.12.1984 EzA § 620 BGB Bedingung Nr. 3);
- wenn eine einzelvertragliche Vereinbarung vorsieht, dass ein Berufsausbildungsverhältnis ohne weiteres endet, wenn das Zeugnis des Auszubildenden für das nächste Berufsschulhalbjahr in einem von bestimmten in der Vereinbarung aufgeführten Fächern die Note »mangelhaft« aufweist (vgl. *BAG* 5.12.1985 EzA § 620 BGB Bedingung Nr. 5);
- wenn eine einzelvertragliche Vereinbarung vorsieht, dass das Arbeitsverhältnis eines alkoholgefährdeten Arbeitnehmers beim Genuss von Alkohol endet (vgl. *LAG München* 29.10.1987 DB 1988, 348);
- wenn eine einzelvertragliche Vereinbarung vorsieht, dass das Arbeitsverhältnis bei Erreichen einer bestimmten Fehlzeitenhöhe enden soll (vgl. MünchArbR/*Wank* § 112 Rz. 10).

Zulässig ist es hingegen, in einem Arbeitsvertrag eine Klausel aufzunehmen, dass das Arbeitsverhältnis nur für den Fall gilt, dass der Arbeitnehmer für die vereinbarte Arbeitsleistung nach einem **amtsärztlichen Attest** tauglich ist (vgl. *LAG Bln.* 16.7.1990 LAGE § 620 BGB Bedingung Nr. 2). 307

Wird im Rahmen eines **Betriebsüberganges** vom alten Arbeitgeber mit allen Mitarbeitern ein Aufhebungsvertrag geschlossen, um dann gleichzeitig mit dem Erwerber neue Arbeitsverträge zu schlechteren Konditionen abzuschließen, so liegt hierin eine **Umgehung des § 613a Abs. 4 BGB** und damit ein Verstoß gegen ein gesetzliches Verbot i.S.v. § 134 BGB (vgl. *BAG* 28.4.1987 AP Nr. 5 zu § 1 BetrAVG Betriebsveräußerung). 308

Kein Verstoß gegen ein gesetzliches Verbot stellt der Abschluss eines **Aufhebungsvertrages ohne Vorliegen eines Kündigungsgrundes** i.S.v. § 1 KSchG dar. Aufgrund der allgemeinen Vertragsfreiheit sind die Arbeitsvertragsparteien jederzeit berechtigt, ein Arbeitsverhältnis auch ohne Vorliegen eines Kündigungsgrundes einvernehmlich aufzuheben. 309

II. Nichtigkeit nach § 105 BGB

Befand sich der Mitarbeiter bei Unterzeichnung der Aufhebungsvereinbarung im Zustande der Bewusstlosigkeit oder vorübergehenden Störung der Geistestätigkeit, so ist der Aufhebungsvertrag nach § 105 Abs. 2 BGB nichtig. Die Darlegungs- und Beweislast dafür, dass die **freie Willensbestimmung** nicht nur geschwächt oder gemindert, sondern **völlig ausge-** 310

schlossen war, liegt beim Arbeitnehmer (vgl. *BAG* 14.2.1996 EzA § 611 BGB Aufhebungsvertrag Nr. 21). **Hochgradige alkoholbedingte Störungen** reichen insofern nicht ohne weiteres aus (vgl. *BAG* 14.2.1996 a.a.O.). Das BAG verlangt hinreichend genaue Angaben zur Menge des genossenen Alkohols sowie zu der Menge, bei der der Mitarbeiter üblicherweise »nicht mehr konnte« (vgl. *BAG* 14.2.1996 EzA § 611 BGB Aufhebungsvertrag Nr. 21).

311 Die Nichtigkeit eines Aufhebungsvertrages nach § 105 BGB kann im Übrigen auch nicht damit begründet werden, dass der Mitarbeiter angibt, dass er bei Abschluss des Aufhebungsvertrages »vollkommen oder erheblich verwirrt« gewesen sei (vgl. *BAG* 30.1.1986 NZA 1987, 91, 93). Erforderlich ist vielmehr, dass der Mitarbeiter **objektive Tatsachen** angibt, aus denen sich die **Geschäftsunfähigkeit** nach § 105 BGB ergibt.

III. Nichtigkeit nach § 138 BGB

312 Verstößt ein Aufhebungsvertrag gegen die guten Sitten, weil ein besonders grobes Missverhältnis zwischen Leistung und Gegenleistung den Schluss auf eine verwerfliche Gesinnung des Begünstigten rechtfertigt, so ist der Aufhebungsvertrag nach § 138 Abs. 1 BGB nichtig. Die Sittenwidrigkeit ergibt sich jedoch weder von vornherein aus der Tatsache, dass der Aufhebungsvertrag **keine Abfindung** enthält, noch aus der Tatsache, dass der Arbeitgeber dem Mitarbeiter weder eine **Bedenkzeit** noch ein **Widerrufsrecht** eingeräumt hat (vgl. *BAG* 30.9.1993 AP Nr. 37 zu § 123 BGB; 30.7.1985 AP Nr. 39 zu § 138 BGB).

IV. Anfechtung wegen Irrtums

313 Eine Anfechtung nach § 119 BGB scheidet im Hinblick auf einen Aufhebungsvertrag i.d.R. aus. Voraussetzung für eine Anfechtung nach § 119 BGB ist, dass entweder eine der beiden Parteien eine Willenserklärung zur Beendigung des Arbeitsverhältnisses gar nicht abgeben wollte oder sich über den Inhalt einer Erklärung geirrt hat. Unerheblich ist der sog. **Motivirrtum** oder der **Rechtsfolgenirrtum** (vgl. *LAG Frankf.* 3.6.2004 – 14 Sa 149/04 – n.v.).

314 Nur in sehr eng begrenzten Ausnahmefällen kann ein Irrtum über die Rechtsfolge einer Willenserklärung einen **Inhaltsirrtum** i.S.v. § 119 BGB darstellen. Voraussetzung hierfür wäre, dass die Rechtsfolge selbst Inhalt der Willenserklärung bzw. des durch sie geschlossenen Vertrages geworden ist und der Irrtum des Erklärenden sich hierauf bezieht (vgl. *BAG* 30.10.1987 AP Nr. 8 zu § 119 BGB; 6.2.1992 AP Nr. 13 zu § 119 BGB; *LAG Thüringen* 17.4.2002 – 4 Sa 251/01 –, n.v.). In der Regel wird es aber an diesen Voraussetzungen fehlen, da die Rechtsfolge, über die der Irrtum ggf. bestand, nicht Gegenstand des Aufhebungsvertrages oder Vergleiches der Parteien war.

315 Übersieht der Mitarbeiter bspw. das Bestehen eines **besonderen Kündigungsschutzes**, so stellt dies einen **unbeachtlichen Rechtsfolgeirrtum** dar (vgl. *BAG* 16.2.1983 AP Nr. 22 zu § 123 BGB). Da bspw. eine Schwangerschaft wegen ihres vorübergehenden Charakters auch keine Eigenschaft i.S.v. § 119 Abs. 2 BGB ist, scheidet insofern auch eine Irrtumsanfechtung aus (vgl. *BAG* 8.9.1988 AP Nr. 1 zu § 8 MuSchG). Etwas anderes gilt nur in den Fällen, in denen die Aufhebung des Anstellungsverhältnisses erkennbar vor dem Hintergrund erfolgte, dass der Arbeitnehmer davon ausging, dass eine Schwangerschaft bzw. die **Schwerbehinderteneigenschaft** nicht vorliegt (vgl. *BAG* 6.2.1992 AP Nr. 13 zu § 119 BGB).

V. Anfechtung wegen arglistiger Täuschung

316 Wurde eine der beiden Vertragsparteien bei Abschluss des Aufhebungsvertrages durch die Gegenpartei arglistig getäuscht, so ist eine Anfechtung nach § 123 BGB möglich. Voraussetzung ist, dass der Täuschende **falsche Tatsachen vorgespiegelt** oder Tatsachen so entstellt hat, dass dadurch bei seinem Vertragspartner ein Irrtum erregt wurde und dieser Irrtum maßgeblich für die Zustimmung zum Aufhebungsvertrag war. Keine Rolle spielt, ob die Täuschung durch das Behaupten oder Unterdrücken von Tatsachen erfolgt. Ein Verschweigen von Tatsachen ist dann ausreichend, wenn eine entsprechende **Offenbarungspflicht** bestanden hat (vgl. *BAG* 29.1.1997 NZA 1997, 485).

Eine zur **Anfechtung** berechtigende Täuschung liegt vor, wenn eine der Parteien im Prozess bewusst wahrheitswidrig vorträgt und somit die andere Partei zum Vergleichsabschluss veranlasst (vgl. *BAG* 15.5.1997 NZA 1998, 33). Ebenfalls zur Anfechtung wegen arglistiger Täuschung berechtigt die Behauptung eines Arbeitgebers, der Betrieb müsse alsbald stillgelegt werden bzw. der Arbeitsplatz würde zu einem bestimmten Zeitpunkt entfallen, obwohl bereits zu diesem Zeitpunkt ein Nachfolger gesucht wird. **317**

Zweifelhaft ist, ob die Behauptung eines Arbeitnehmers im Rahmen von Vergleichsverhandlungen, er habe noch **keine Anschlussbeschäftigung** gefunden, das Unternehmen zur Anfechtung des Vergleiches berechtigt, wenn tatsächlich der Mitarbeiter bereits einen neuen Arbeitgeber hat. Da die Täuschung des Arbeitnehmers zumindest für die **Höhe der Abfindung** von Bedeutung gewesen sein dürfte, wird in der Literatur teilweise vertreten, dass der Arbeitgeber zur Anfechtung nach § 123 BGB berechtigt sei (*Bauer* Handbuch der arbeitsrechtlichen Aufhebungsverträge, Rz. 112 f.; *Liebscher* Anm. zu ArbG Rheine vom 25.6.1993, BB 1993, 110). Während das LAG Hamm eine Anfechtung wegen arglistiger Täuschung ablehnte (vgl. *LAG Hamm* 19.5.1994 BB 1994, 2072) wird man richtigerweise wohl danach differenzieren müssen, ob der Arbeitgeber im Rahmen der Aufhebungsverhandlungen konkret nach einer Anschlussbeschäftigung gefragt hat (so: *Hoß/Kothe-Heggemann* MDR 1997, 1077, 1084). **318**

Da eine Täuschung nur dann zur Anfechtung berechtigt, wenn sie **arglistig** ist, muss der täuschende die Unrichtigkeit seiner Angaben gekannt haben. Hierfür reicht zumindest **bedingter Vorsatz** aus. **319**

VI. Anfechtung wegen widerrechtlicher Drohung

In der Praxis die wichtigste Rolle aus Anfechtungsgrund spielt die Anfechtung wegen widerrechtlicher Drohung. Unstreitig ist insofern, dass das Inaussichtstellen einer fristlosen Kündigung des Arbeitsverhältnisses eine **Drohung** i.S.v. § 123 Abs. 1 BGB darstellt, weil es objektiv die Ankündigung eines **empfindlichen Übels** bedeutet, dessen Zufügung in irgendeiner Weise von der Macht des Ankündigenden, d.h. des Arbeitgebers, abhängt und das einen besonnenen Menschen zu dem mit der Drohung bezweckten Verhalten veranlassen kann. Ausreichend ist insofern auch eine verdeckte Drohung (vgl. *BAG* 22.12.1982 EzA Nr. 20 zu § 123 BGB). **320**

Hat das Unternehmen hingegen **bereits eine Kündigung ausgesprochen** und bietet dem Mitarbeiter **im unmittelbaren Anschluss einen Aufhebungsvertrag** an, den dieser zunächst akzeptiert, so kommt eine Anfechtung nach § 123 Abs. 1 BGB nun nicht mehr in Betracht. Zum Zeitpunkt der Gespräche über den Aufhebungsvertrag hat für den Arbeitnehmer nicht mehr das Risiko bestanden, dass der Arbeitgeber die Beendigung einseitig herbeiführen wird, wenn der Mitarbeiter den Aufhebungsvertrag nicht unterzeichnet. Die Kündigung war bereits ausgesprochen, so dass sich die allein als Drohung in Betracht kommende Situation bereits manifestiert hat. Das Risiko der fristlosen Kündigung ist bereits eingetreten. Der **Aufhebungsvertrag** kann also **nur noch das Arbeitsverhältnis abwickeln** und nicht mehr den Ausspruch der Kündigung verhindern (vgl. *LAG Bra.* 16.10.1997 NZA-RR 1998, 248). **321**

Um im Fall der Androhung einer Kündigung einen Aufhebungsvertrag anfechten zu können, muss die Drohung **widerrechtlich** gewesen sein. Nach der Rechtsprechung des *BAG* (vgl. 14.2.1996 EzA § 611 BGB Aufhebungsvertrag Nr. 21; 21.3.1996 EzA § 123 BGB Nr. 42; 23.9.1993 AP Nr. 37 zu § 123 BGB; 6.11.1997 AP Nr. 45 zu § 242 BGB Verwirkung) ist die Androhung einer fristlosen Kündigung dann **nicht widerrechtlich** i.S.v. § 123 BGB, wenn ein **verständiger** – nicht ein »idealer« mit ganz hervorragenden Arbeitsrechtskenntnissen und einem hohen sozialen Engagement – **Arbeitgeber** eine außerordentliche Kündigung ernsthaft in Erwägung gezogen hätte; unerheblich ist demgegenüber, ob eine fristlose Kündigung letztendlich wirksam gewesen wäre. **322**

323 In der Entscheidung vom 15.12.2005 (NZA 2006, 841) hat der 6. Senat zur Frage der Widerrechtlichkeit Folgendes ausgeführt:
»Die Widerrechtlichkeit der Kündigungsandrohung kann sich regelmäßig nur aus der Inadäquanz von Mittel und Zweck ergeben. Hat der Drohende an der Erreichung des verfolgten Zwecks kein berechtigtes Interesse oder ist die Drohung nach Treu und Glauben nicht mehr als angemessenes Mittel zur Erreichung dieses Zwecks anzusehen, so ist die Drohung widerrechtlich (...). Dabei ist es nicht erforderlich, dass die angedrohte Kündigung, wenn sie ausgesprochen worden wäre, sich in einem Kündigungsschutzprozess als rechtsbeständig erwiesen hätte (...). Von dem Arbeitgeber kann nicht verlangt werden, dass er bei seiner Abwägung generell die Beurteilung des Tatsachengerichtes 'trifft'. Nur wenn der Arbeitgeber unter Abwägung aller Umstände des Einzelfalls davon ausgehen muss, die angedrohte Kündigung werde im Fall ihres Ausspruchs einer arbeitsgerichtlichen Überprüfung mit hoher Wahrscheinlichkeit nicht standhalten, darf er die außerordentliche Kündigungserklärung nicht in Aussicht stellen, um damit den Arbeitnehmer zum Abschluss einer Beendigungsvereinbarung zu veranlassen (...).«

324 Obwohl das *BAG* in seinen Entscheidungen zur Anfechtung wegen widerrechtlicher Drohung (vgl. 15.12.2005 NZA 2006, 841; 27.11.2003 NZA 2004, 597; 9.3.1995 NZA 1996, 875; 21.3.1996 NZA § 123 BGB Nr. 42) stets betont, dass der Anfechtungsprozess nicht zu einem fiktiven Kündigungsschutzprozess verkommen darf, sieht die Praxis der Instanzgerichte vielfach anders aus. Selbst das BAG hat in seinen Entscheidungen vom 9.3.1995 und 21.3.1996 jeweils deutlich gemacht, dass letztendlich der Arbeitgeber im Rahmen des Anfechtungsprozesses nachweisen muss, dass ein Kündigungsgrund vorgelegen hat. Zu berücksichtigen sind nicht nur die dem Arbeitgeber im Zeitpunkt der Drohung bekannten, sondern auch die bspw. erst im Prozess gewonnenen Ergebnisse weiterer Ermittlungen, die ein verständiger Arbeitgeber – aus Sicht des Bundesarbeitsgerichtes – zur Aufklärung des Sachverhaltes angestellt hätte. Maßgebend ist also der objektiv mögliche und damit hypothetische Wissensstand des Arbeitgebers. Dies bedeutet, dass das Arbeitsgericht frei entscheiden darf, ob die angedrohte Kündigung gegebenenfalls daran scheitert, dass zunächst eine Abmahnung ausreichend gewesen wäre (vgl. *BAG* 9.3.1997 NZA 1996, 875). Erfolgt im Rahmen des Anfechtungsprozesses eine weitere Aufklärung des Sachverhaltes, die auch dem Arbeitgeber im Zeitpunkt der Androhung der Kündigung zumutbar gewesen wäre, so spricht alleine die Möglichkeit der weiteren Sachaufklärung – unabhängig vom Ergebnis der Sachaufklärung – für die Widerrechtlichkeit der Drohung (vgl. *BAG* 21.3.1996 EzA § 123 BGB Nr. 22). Auch wenn das BAG also entsprechend der Entscheidung vom 15.12.2005 (NZA 2006, 841) die Widerrechtlichkeit der Drohung nur dann annimmt, wenn »mit hoher Wahrscheinlichkeit« feststeht, dass eine Kündigung unwirksam gewesen wäre, beurteilt sich dieser Wahrscheinlichkeitsgrad doch danach, wie ein Kündigungsrechtsstreit ausgehen würde. Es bleibt also dabei, dass in der Praxis der Arbeitgeber den Kündigungsgrund beweisen muss. Erweist sich der Kündigungsgrund als stichhaltig oder bestehen lediglich Zweifel, ob das Fehlverhalten zur Kündigung ausreicht, muss die Drohung als rechtmäßig angesehen werden. Die Anfechtung ist dann erfolglos.

325 Vor dem Hintergrund der oben dargestellten Rechtsprechung kommt die Androhung einer fristlosen Kündigung bspw. in folgenden Fällen in Betracht:
- Vortäuschen einer Arbeitsunfähigkeit (vgl. *BAG* 21.3.1996 a.a.O.);
- Arbeit einer Gabelstaplerfahrers während der Arbeitsunfähigkeit im eigenen Lokal als Kellern (vgl. *LAG Frankf.* 2.6.1997 LAGE § 611 BGB Aufhebungsvertrag Nr. 21);
- Spesenbetrug (vgl. *BAG* 30.3.1960 AP Nr. 8 zu § 123 BGB; *LAG Düsseld.* 30.4.1991 LAGE § 123 BGB Nr. 14);
- dringender Tatverdacht der Unterschlagung von Ware des Arbeitgebers (vgl. *BAG* 16.11.1979 AP Nr. 21 zu § 123 BGB).

Keine Bedeutung für die Frage der Widerrechtlichkeit der Drohung hat die Tatsache, dass der Arbeitgeber im Zeitpunkt der Drohung mit einer fristlosen Kündigung noch nicht den **Betriebsrat, das Integrationsamt** oder eine sonstige Behörde, deren Zustimmung für die Kündigung erforderlich ist, angehört hat. Entscheidend ist alleine, dass das Unternehmen den Sachverhalt soweit aufgeklärt hat, dass ein **verständiger Arbeitgeber** einen fristlosen Kündigungsgrund annehmen konnte. 326

Droht das Unternehmen mit einer **Strafanzeige** und führt letztendlich diese Drohung zum Abschluss des Aufhebungsvertrages, so kann auch dies zur Anfechtung wegen widerrechtlicher Drohung berechtigen. Voraussetzung für die Anfechtung ist allerdings, dass ein verständiger Arbeitgeber hier eine Strafanzeige nicht ernsthaft in Erwägung gezogen hätte (vgl. *LAG BW* 29.12.1966 BB 1967, 1421; *BAG* 30.1.1986 NZA 1987, 91, 92; *LAG Frankf.* 2.6.1997 LAGE § 611 BGB Aufhebungsvertrag Nr. 21). 327

Nicht zur Anfechtung berechtigt die Drohung des Arbeitgebers, den **Betriebsrat anzurufen**, um diesen zu einer eventuellen Kündigung anzuhören. In dieser Handlung mag zwar aus Arbeitnehmersicht eine Drohung liegen; jedoch kann diese nicht als widerrechtlich bezeichnet werden, da die Anhörung des Betriebsrates noch nicht den Ausspruch einer Kündigung darstellt und es gerade Aufgabe des Betriebsrates ist, zu prüfen ob eine Kündigung ausgesprochen werden kann (vgl. *LAG BW* 6.12.1973 DB 1974, 195). 328

Unerheblich für die Frage, ob eine widerrechtliche Drohung vorliegt, ist nach Auffassung des *BAG* (15.12.2005 NZA 2006, 841), ob die Drohung mit der Kündigung durch eine kündigungsberechtigte Person oder durch einen Vorgesetzten, der ersichtlich nicht selbst kündigungsberechtigt ist, erfolgte. Auch dann, wenn also ein offensichtlich nicht kündigungsberechtigter Vorgesetzter dem Arbeitnehmer mit der Kündigung des Arbeitsverhältnisses droht und diese Drohung dann zum Abschluss eines Aufhebungsvertrages führt, ist der Arbeitnehmer berechtigt, diesen Aufhebungsvertrag wegen widerrechtlicher Drohung anzufechten (vgl. *BAG* 15.12.2005 NZA 2006, 841). 329

VII. Anfechtung wegen Zeitdrucks

Eine Anfechtung wegen Zeitdrucks kommt grds. nicht in Betracht. Fehlt es an tariflichen Bestimmungen, die dem Arbeitnehmer eine **Überlegungsfrist** oder **Widerrufsfrist** einräumen, so ist der Arbeitgeber nicht verpflichtet, dem Arbeitnehmer eine Überlegungsfrist einzuräumen. Der Arbeitgeber kann sein Angebot auf Aufhebung des Arbeitsverhältnisses gegen Zahlung einer bestimmten Abfindung davon abhängig machen, dass der Arbeitnehmer dieses Angebot sofort akzeptiert. Wünscht der Arbeitnehmer eine Überlegungsfrist, so ist der Arbeitgeber nicht gezwungen, dem Arbeitnehmer diese Frist einzuräumen bzw. in diesem Fall das Aufhebungsvertragsangebot aufrechtzuerhalten. 330

Selbst dann, wenn der Arbeitnehmer vom Arbeitgeber aufgefordert wird, den Aufhebungsvertrag ohne Bedenkzeit abzuschließen und der Arbeitgeber sogar eine vom Arbeitnehmer gewünschte **Bedenkzeit ablehnt**, kann in dem nunmehr aufgebauten Zeitdruck keine Drohung i.S.d. § 123 Abs. 1 BGB gesehen werden (vgl. *BAG* 16.2.1983 EzA § 123 BGB Nr. 21). Gleiches gilt, wenn dem Arbeitnehmer kein Rücktritts- oder Widerrufsrecht eingeräumt worden ist (vgl. *BAG* 14.2.1996 EzA § 611 BGB Aufhebungsvertrag Nr. 21). 331

Auch eine **analoge Anwendung der Anfechtungsmöglichkeit** nach § 123 BGB im Hinblick auf den Normzweck, die freie Selbstbestimmung des Erklärenden im Rechtsverkehr zu schützen, ist grds. abzulehnen, weil nach der gesetzlichen Regelung die rechtsgeschäftliche Entscheidungsfreiheit des einzelnen nicht allgemein gegen jede Art von Beeinträchtigung, sondern nur gegen bestimmte schwere Störungen geschützt wird. Das BAG steht daher zu Recht auf dem Standpunkt, dass der Arbeitnehmer nicht schützenswert ist, solange er dem Aufhebungsbegehren des Arbeitgebers ein schlichtes »Nein« entgegenhalten kann (vgl. *BAG* 14.2.1996 EzA § 611 BGB Aufhebungsvertrag Nr. 21). Nach der gesetzlichen Regelung soll die rechtsgeschäftliche Entscheidungsfreiheit des einzelnen nicht allgemein gegen jede Art von Beeinträchtigung, sondern nur gegen bestimmte schwere Störungen geschützt werden. Eine Analogie ist daher allenfalls dann zu bejahen, wenn der Eingriff in die rechtsgeschäftliche Entscheidungsfrist an Intensität mit einer **arglistigen Täuschung** oder **widerrechtlichen** 332

Drohung vergleichbar ist. Allein das Drängen auf unverzügliche Abgabe der Willenserklärung kann dagegen nicht mit den gesetzlich normierten Anfechtungstatbeständen, durch die die rechtsgeschäftliche Entscheidungsfreiheit wesentlich gravierender beeinträchtigt wird, gleichgesetzt werden.

VIII. Unzulässige Rechtsausübung

333 Nach Auffassung des *LAG Hmb.* (3.7.1991 NZA 1992, 309; **a.A.** *Ehrich* DB 1992, 2293, NZA 1994, 438; *Boemke* NZA 1993, 532) liegt eine **unzulässige Rechtsausübung** seitens des Arbeitgebers vor, wenn sich der Arbeitgeber gegen den unverzüglich im Anschluss an den Vertragsabschluss erklärten Willen des Arbeitnehmers auf eine Aufhebungsvereinbarung beruft, wenn diese so zustande gekommen war, dass der Arbeitgeber den Arbeitnehmer zu einem Gespräch bittet, das Thema dieses Gespräches jedoch zuvor nicht mitteilt, in diesem Gespräch den Arbeitnehmer zu einer Vereinbarung über die einvernehmliche Auflösung des Arbeitsverhältnisses veranlasst und ihm weder eine angemessene **Bedenkzeit** noch ein **Rücktrittsrecht** einräumt. Das LAG Hamburg vertritt insofern die Auffassung, dass ein derartiger Vertrag bzw. ein derartiges Vorgehen gegen **Treu und Glauben** verstößt und daher nach § 242 BGB dieser Vertrag unwirksam ist. Andere Stimmen in der Literatur sehen ein derartiges Verhalten eines Arbeitgebers als sittenwidrig i.S.v. § 138 Abs. 1 BGB an (vgl. *Zwanziger* BB 1994, 982 ff.; *ders.* BB 1996, 903; **a.A.** insofern *Bengelsdorf* BB 1995, 978 ff.; *ders.* BB 1996, 904 f.).

334 Das Bundesarbeitsgericht hat die vom LAG Hamburg und von Teilen der Literatur vertretene Auffassung, wonach ein derartiges Vorgehen unzulässig sei, nicht geteilt (*BAG* 30.9.1993 EzA § 611 BGB Aufhebungsvertrag Nr. 13; zust. *Ehrich* NZA 1994, 438). Zwar kann nicht verkannt werden, dass immer häufiger die rechtspolitische Forderung erhoben wird, der Gesetzgeber möge ein **Widerrufsrecht des Arbeitnehmers bei Aufhebungsverträgen** einführen. Aus dem geltenden Recht lässt sich ein solches Widerrufsrecht jedoch nicht herleiten. Dies hat die Rechtsprechung mittlerweile auch nach Übertragung der Vorschriften über das Haustürwiderrufsgesetz in das BGB zu § 312 BGB n.F. entschieden (vgl. *BAG* 27.11.2003 BAGReport 2004, 220). Denn unmittelbarer Ausdruck der privatautonomen Vertragsbeendigungsfreiheit der Arbeitsvertragsparteien ist auch die Freiheit zum Abschluss eines Aufhebungsvertrages. Solange der Gesetzgeber hier nicht **ausdrücklich** – wie es in manchen Tarifverträgen geregelt wurde – ein **Rücktritts- oder Widerrufsrecht normiert**, obliegt es alleine den Vertragsparteien entweder ein derartiges Rücktrittsrecht in den Vertrag aufzunehmen oder mit der Vertragsunterzeichnung so lange zu warten, bis jede Seite sich endgültig für den Vertrag entschieden hat.

335 Es obliegt insofern grds. der freien Entscheidung eines Arbeitnehmers, ob er an seinem Arbeitsvertrag festhalten will und deshalb den angebotenen Aufhebungsvertrag ablehnt oder ob er sich durch gute Worte oder ein lukratives Abfindungsangebot zum Abschluss des Aufhebungsvertrages bewegen lässt. Welche Entscheidung er trifft, hat er grds. selbst zu bestimmen und selbst zu verantworten. An den wirksam abgeschlossenen Aufhebungsvertrag muss er sich dann auch nach § 145 ff. BGB festhalten lassen.

336 Eine abweichende Rechtsfortbildung für den Fall, dass dem Arbeitnehmer weder eine Bedenkzeit noch ein Rücktritts- oder Widerrufsrecht eingeräumt worden ist, ist auch nicht mit dem Argument geboten, der Arbeitnehmer sei beim Abschluss von Aufhebungsverträgen in einer Verhandlungsposition »struktureller Unterlegenheit« im Sinne der Rechtsprechung des Bundesverfassungsgerichtes (vgl. *BVerfG* 19.10.1993 BVerfGE 98, 214; s.o. Kap. 1 Rn. 278 ff.) gewesen, die zu einem angemessenen Ausgleich durch den Gesetzgeber oder die Rechtsprechung zwinge. Denn dem Arbeitnehmer, der dem Ansinnen des Arbeitgebers ggf. nur ein schlichtes »Nein« entgegenzusetzen braucht, kann nicht die zur Durchsetzung seiner berechtigten Interessen erforderliche Verhandlungsmacht abgesprochen werden (vgl. *BAG* 14.2.1996 EzA § 611 BGB Aufhebungsvertrag Nr. 21). **Vielmehr hat er die Möglichkeit, sowohl das Ob als auch das Wie und Wann der Vertragsbeendigung von seinem vollen Konsens abhängig zu machen.** Es fehlt daher bereits an einer strukturell ungleichen Verhandlungsstärke als Voraussetzung der vom Bundesverfassungsgericht geforderten **Inhalts-**

kontrolle (vgl. *BAG* 14.2.1996 EzA § 611 BGB Aufhebungsvertrag Nr. 21; ebenso *LAG Köln* 6.6.1997 ARST 1998, 161; *Germelmann* NZA 1997, 237 ff.; *Bengelsdorf* ZfA 1995, 229 ff.; **a.A.** *LAG Hamm* 24.2.1995 LAGE § 611 BGB Inhaltskontrolle Nr. 2, wonach eine Inhaltskontrolle im Hinblick auf eine »strukturell ungleiche Verhandlungsstärke« möglich ist, für die allerdings der Arbeitnehmer die Darlegungs- und Beweislast trägt; *LAG Hamm* 5.6.1998 NZA-RR 1999, 126; schließlich plädiert *Dieterich* RdA 1995, 129 ff., *ders.* DB 1995, 1813 für eine stärkere Überprüfung von Aufhebungsverträgen im Hinblick auf die oben erwähnte Entscheidung des Bundesverfassungsgerichtes zur strukturellen Unterlegenheit).

Nach Auffassung des *LAG MV* (6.7.1995 LAGE § 611 BGB Aufhebungsvertrag Nr. 18) **337** kommt ein korrigierender Eingriff in die Freiheit der Vertragsgestaltung nur dann in Betracht, wenn nicht nur eine objektive Ungleichgewichtigkeit von Leistung und Gegenleistung besteht, sondern darüber hinaus die eine Partei die andere Vertragspartei mit **unlauteren Mitteln zum Abschluss des Aufhebungsvertrages** bestimmt hat.

Inwieweit dieser Ansatz neben den gesetzlichen Anfechtungsregeln eigenständige Bedeu- **338** tung hat, ist nicht nachvollziehbar. Zum einen müssen Bedenken angemeldet werden, dass ein Arbeitsgericht überprüft, ob ein Ungleichgewicht zwischen Leistung und Gegenleistung besteht. Dies würde letztendlich darauf hinauslaufen, dass ein Gericht befugt wäre, **die Angemessenheit einer Abfindung zu überprüfen**. Da es an einem gesetzlichen Abfindungsanspruch für die Aufhebung des Arbeitsverhältnisses fehlt, kommt auch die Aufhebung ohne entsprechende Abfindung in Betracht, wenn beide Vertragsparteien der Auffassung sind, dass eine weitere Zusammenarbeit keinen Sinn macht. Ein Automatismus, dass in derartigen Fällen eine Abfindung – ggf. die bei den einzelnen Gerichten bekannte »Regelabfindung« – vereinbart werden muss, gibt es nicht. Zum anderen ist darauf hinzuweisen, dass dann, wenn eine Partei die andere Vertragspartei mit »unlauteren Mitteln« zum Vertragsabschluss des Aufhebungsvertrages bestimmt hat, es nahe liegt, dass eine Anfechtung wegen arglistiger Täuschung möglich ist.

IX. Anfechtung bei kollusivem Zusammenwirken

Handelt der zur Geschäftsführung befugte Gesellschafter einer bürgerlich-rechtlichen **339** Gesellschaft beim Abschluss eines arbeitsrechtlichen Aufhebungsvertrages mit der Vertragspartnerin in **kollusivem Zusammenwirken zu Lasten der Gesellschaft** und konnte oder musste der Vertragspartner dies erkennen, so kann sie sich auf die Wirksamkeit des Vertrages nicht berufen (vgl. *BAG* 29.1.1997 EzA § 123 BGB Nr. 47).

X. Rücktritt vom Vertrag wegen Vertretungsmängeln

Stellt einer der Vertragspartner fest, dass die Gegenseite nicht ordnungsgemäß bei Abschluss **340** des Aufhebungsvertrages vertreten war, so ist der Vertragspartner bis zur Genehmigung des Vertragsabschlusses durch den **vollmachtlosen Vertreter** nach § 178 BGB berechtigt, vom Vertrag zurückzutreten, wenn er den Mangel der Vertretungsmacht bei Vertragsabschluss nicht gekannt hatte. Ein derartiger Widerruf muss allerdings ausdrücklich erfolgen. Die **Anfechtung eines Aufhebungsvertrages** nach § 123 BGB enthält nach Auffassung des BAG insofern nicht ohne weiteres gleichzeitig auch einen **Widerruf** des entsprechenden Vertragsangebotes wegen Vertretungsmängeln auf Seiten des Arbeitgebers.

Im zu entscheidenden Fall war der Oberkreisdirektor nur für laufende Geschäfte, nicht **341** jedoch den Abschluss von Aufhebungsverträgen zuständig (*BAG* 31.1.1996 EzA § 178 BGB Nr. 1). Da der Arbeitnehmer in dem vom BAG zu entscheidenden Fall im Rahmen der Anfechtungserklärung anwaltlich vertreten war, legte das BAG die Erklärung eng aus. Das BAG wies darauf hin, dass es im Übrigen keiner besonderen Rechtskenntnis bedarf, um den Willen zu formulieren, man widerrufe ein Rechtsgeschäft, weil auf Seiten des Vertragspartners die Vertretungsmacht zum Abschluss des Vertrages gefehlt habe. Von daher kann grds. erwartet werden, dass der Arbeitnehmer deutlich erklärt, welchen Inhalt die von ihm abgegebene Erklärung haben soll.

XI. Widerrufsrecht nach § 312 BGB n.F.

342 Durch das Schuldrechtsmodernisierungsgesetz wurde in § 312 BGB ein Widerrufsrecht für den Fall eingeführt, dass zwischen einem Unternehmer und einem Verbraucher bspw. am Arbeitsplatz ein Vertrag abgeschlossen wird, der eine entgeltliche Leistung zum Gegenstand hat. In diesem Fall ist es dem Arbeitnehmer möglich, das Geschäft nach § 355 BGB zu widerrufen. § 312 BGB ist insofern dem früheren § 1 Abs. 1 HaustürWG nachgebildet.

343 Die Anwendbarkeit des § 312 BGB auf Aufhebungsverträge war lange Zeit umstritten. Die herrschende Meinung in der Literatur (vgl. *Bauer/Kock* DB 2002, 42, 44; *Mengel* BB 2003, 1278, 1280; *Kienast/Schmiedl* DB 2003, 1440, 1442; *Hoß* ArbRB 2002, 181) **lehnt die Anerkennung eines gesetzlichen Widerrufsrechts nach § 312 BGB bei Aufhebungsverträgen ab** (**a.A.** *Schleusener* NZA 2002, 949, 950]). Auch die Instanzgerichte sahen die Voraussetzungen für eine Anwendung des § 312 BGB auf Aufhebungsverträge nicht als gegeben an (vgl. *ArbG Kassel* 10.2.2003 NZA-RR 2003, 299; *ArbG Frankf./O.* 29.5.2002 NZA-RR 2003, 412; *LAG Hamm* 1.4.2003 NZA-RR 2003, 401; *LAG Bra.* 30.10.2002 NZA 2003, 503; *LAG Köln* 18.12.2002 NZA-RR 2003, 406).

344 Mittlerweile ist diese Frage durch das Bundesarbeitsgericht entschieden. Der Zweite Senat hat am 27.11.2003 festgestellt, dass **die §§ 312, 355 BGB keine Anwendung auf Aufhebungsverträge entfalten** (vgl. *BAG* 27.11.2003 NZA 2004, 597). Das BAG hat insofern seine frühere Rechtsprechung, wonach bspw. das Haustürwiderrufsgesetz nicht analog auf Aufhebungsverträge angewandt werden konnte (vgl. *BAG* 30.9.1993 AP Nr. 37 zu § 123 BGB) im Hinblick auf § 312 BGB, der letztendlich nur eine Nachfolgevorschrift des § 1 HaustürWG ist, nicht geändert. Das BAG vertritt die Auffassung, dass es sich bei einer Aufhebungsvereinbarung nach wie vor nicht um ein »Haustürgeschäft« handelt. Das Haustürwiderrufsrecht erfasst insofern nur die im Gesetz ausdrücklich genannten besonderen Vertriebsformen, bei denen der Verbraucher Empfänger einer entsprechenden Ware oder Dienstleistung ist. Zu Recht weist der Zweite Senat darauf hin, dass der Arbeitsvertrag ebenso wenig wie ein Aufhebungsvertrag ein entsprechendes Vertriebsgeschäft ist.

345 Als weiteres Argument führt der Zweite Senat in seiner Entscheidung vom 27.11.2003 an, dass der Gesetzgeber die Widerrufsmöglichkeit nicht ausdrücklich auf arbeitsrechtliche Aufhebungsverträge erstreckt hat. Der Gesetzgeber hatte zuvor in § 310 Abs. 4 BGB ausdrücklich erklärt, dass die §§ 305 ff. BGB auch auf Arbeitsverhältnisse Anwendung finden. Wenn der Gesetzgeber in der Lage ist, die Vorschriften über allgemeine Geschäftsbedingungen entgegen der bisherigen Regelung als anwendbar auf Arbeitsverhältnisse zu erklären, so muss unterstellt werden, dass der Gesetzgeber das Gleiche auch für die Vorschrift über Haustürwiderrufsgeschäfte hätte regeln können, wenn er eine entsprechende Anwendung des § 312 BGB gewollt hätte.

346 Letztendlich verweist das BAG darauf, dass es an der **typischen Überrumpelungssituation**, wie sie dem Widerrufsrecht nach § 312 BGB zugrunde liegt, beim Arbeitnehmer fehlt. Ein Aufhebungsvertrag wird üblicherweise im Betrieb angeboten und ausgehandelt. Da sich der Aufhebungsvertrag auf die Beendigung des Arbeitsverhältnisses bezieht, finden die Verhandlungen also an einem für den Arbeitnehmer insofern »typischen« Ort statt. Jeder Arbeitnehmer muss an seinem Arbeitsplatz damit rechnen, dass der Arbeitgeber mit ihm die Aufhebung seines Arbeitsverhältnisses erörtert (vgl. *Hoß* ArbRB 2002, 181). Damit fehlt es bereits an der für § 312 BGB notwendigen Überrumpelungssituation (vgl. *BAG* 27.11.2003 NZA 2004, 597).

XII. Wegfall der Geschäftsgrundlage (§ 313 BGB n.F.)

347 Die Geschäftsgrundlage eines Aufhebungsvertrages fällt nicht durch die Einführung von Rentenabschlägen bei vorzeitigen Altersrenten weg. Denn auch tiefgreifende Störungen begründen **keinen Anspruch auf Vertragsanpassung,** wenn sich mit ihnen ein Risiko verwirklicht, das allein der benachteiligten Partei zuzuordnen ist. Das gilt auch, wenn die Störung auf einer Gesetzesänderung beruht. Wer die Folgen einer Änderung des Gesetzes zu tragen hat, bestimmt sich unter Berücksichtigung des Vertragsinhalts, nach dem mit dem

Vertrag verfolgten Zweck und der gesetzlichen Risikoverteilung. Bei einer Änderung des gesetzlichen Rentenrechts hat der Arbeitnehmer diese Folgen zu tragen, auch wenn der Arbeitgeber das Ausscheiden aus dem Arbeitsverhältnis veranlasst hat (vgl. *BAG* 14.3.2000 ZTR 2001, 278; APS/*Schmidt* AufhebVtr Rz. 83 f.).

Auch dann, wenn die Vertragsparteien eine **Frühpensionierung** beabsichtigen und hierzu **348** einen bestimmten Abfindungsbetrag, der sich aus der Differenz zwischen erwartetem Arbeitslosengeld und beabsichtigter Nettoabsicherung ergibt, in der Aufhebungsvereinbarung festschreiben, kann der Arbeitnehmer sich nicht auf den Wegfall der Geschäftsgrundlage berufen und Nachzahlung verlangen, wenn sich durch eine Absenkung des Arbeitslosengeldes für ihn eine Lücke ergibt (vgl. *LAG Düsseld.* 15.3.1995 DB 1995, 1240). Durch die Tatsache, dass die Vertragsparteien die Abfindungssumme in der Frühpensionierungsvereinbarung festgeschrieben haben, steht fest, dass sie weitere Veränderungen, auf die sie ohnehin keinen Einfluss haben, derjenigen Partei anlasten wollten, die von der Veränderung positiv oder negativ beeinflusst ist. Dies gilt erst recht vor dem Hintergrund, dass beide Parteien bei Ermittlung des **Vorruhestandsbetrages** mit einer von ihnen in Zukunft nicht beeinflussbaren Größe, d.h. des vom Gesetzgeber festgelegten **Arbeitslosengeldes**, gerechnet haben. Beiden Vertragsparteien war also bekannt, dass sie hiermit einer letztendlich unbekannten Variablen gearbeitet haben. Sollen negative Veränderungen vom Arbeitgeber ausgeglichen werden, so hätte dies ausdrücklich im Vertrag festgeschrieben werden müssen. Hier hätte sich angeboten, dass entweder das Vorruhestandsgeld laufend gezahlt wird und eine entsprechende Anpassungsklausel im Vertrag enthalten ist oder aber dass dem Mitarbeiter in der Aufhebungsvereinbarung lediglich ein bestimmter Prozentsatz seines bisherigen Nettoeinkommens bis zum endgültigen Eintritt in den Ruhestand garantiert wird. Letzteres setzt allerdings auch wieder laufende Leistungen des Vorruhestandsgeldes voraus.

XIII. Darlegungs- und Beweislast

Darlegungs- und beweispflichtig für die tatsächlichen Umstände, die zur Beseitigung des **349** Aufhebungsvertrages führen sollen, insbes. für die Voraussetzungen der **Anfechtungsgründe** im Sinne der §§ 119, 123 BGB, ist grds. der Arbeitnehmer. Er muss die tatsächlichen Umstände im Anfechtungsprozess vortragen und ggf. beweisen, woraus sich ein **Irrtum** i.S.d. § 119 Abs. 1, 2 BGB bzw. eine **arglistige Täuschung** oder eine **widerrechtliche Drohung** i.S.v. § 123 Abs. 1 BGB ergeben soll. Er hat also auch die Tatsachen darzulegen und zu beweisen, die die angedrohte **Kündigung als widerrechtlich** erscheinen lassen (vgl. *BAG* 12.8.1999 EzA § 123 BGB Nr. 53; *Adam* SAE 2000, 204 ff.).

Daraus lässt sich für die Praxis der Hinweis ableiten, dass der Arbeitnehmer zu Gesprä- **350** chen mit dem Arbeitgeber über eine einvernehmliche Beendigung des Arbeitsverhältnisses stets einen Zeugen hinzuziehen sollte. Vielfach herrscht insofern der Irrglaube, dass bei einem **Vier-Augen-Gespräch** mit dem Vorgesetzten oder Personalleiter kein Zeugenbeweis möglich ist, weil »Aussage gegen Aussage« steht. Übersehen wird hier, dass der Arbeitnehmer bei Streit über den Inhalt eines Vier-Augen-Gespräches i.d.R. im Prozess über den Inhalt des Gespräches die Klägerrolle innehat. Beklagter ist in diesem Fall nicht der Vorgesetzte oder Personalleiter, sondern der Arbeitgeber. Von daher bleibt dem Gesprächspartner des Arbeitnehmers, d.h. dem Vorgesetzten oder Personalleiter, die Rolle des Zeugen im Rahmen einer möglichen Beweisaufnahme. Der Arbeitnehmer kann nur auf die Durchführung einer **Parteivernehmung** hoffen. Da der Arbeitgeber einer derartigen Parteivernehmung nicht zustimmen wird, kommt nur die **Parteivernehmung von Amts wegen** in Betracht. Wenn keine greifbaren Bedenken gegen die Aussage des Vorgesetzten des Arbeitnehmers bestehen, gibt es für das Gericht keinen Grund, auf eine Parteivernehmung von Amts wegen zurückzugreifen. Der Sachverhalt wird dann nur durch Zeugenvernehmung des Vorgesetzten oder Personalleiters, d.h. des Gesprächspartners des Mitarbeiters, aufgeklärt.

K. Aufhebungsvertrag und Betriebsänderung

351 Folge einer Betriebsänderung nach § 111 BetrVG ist i.d.R. der Abschluss eines Sozialplans nach § 112 BetrVG. Da auch im Rahmen einer **Betriebsänderung** die Beendigung von Arbeitsverhältnissen sowohl durch betriebsbedingte arbeitgeberseitige Kündigung als auch durch Aufhebungsvertrag erfolgen kann, können verschiedene Probleme im Verhältnis Aufhebungsvertrag zu **Sozialplan** auftreten.

I. Beschränkung des Sozialplans auf betriebsbedingte Kündigung

352 Enthält der Sozialplan im Zusammenhang mit der Gewährung von Abfindungen nur den Hinweis, dass Voraussetzung für die Zahlung einer Abfindung eine betriebsbedingte Kündigung ist, so schließt dies nicht ohne weiteres Mitarbeiter von den Sozialplanleistungen aus, die das Arbeitsverhältnis durch Eigenkündigung oder **Aufhebungsvertrag aus betriebsbedingten Gründen** beendet haben. Wurde die **Eigenkündigung** oder Aufhebungsvertrag auf Veranlassung des Arbeitgebers geschlossen, so steht dieser Aufhebungsvertrag bzw. die Eigenkündigung der betriebsbedingten Kündigung gleich (§ 112a BetrVG).

353 Eine **Veranlassung zum Abschluss eines Aufhebungsvertrages** oder zum Ausspruch einer Eigenkündigung wird von der Rechtsprechung des BAG dann angenommen, wenn der Arbeitgeber den Arbeitnehmer »im Hinblick auf eine konkret geplante Betriebsänderung bestimmt, selbst zu kündigen oder einen Aufhebungsvertrag zu schließen, um so eine sonst notwendig werdende Kündigung zu vermeiden«. Ein bloßer **Hinweis des Arbeitgebers** auf eine unsichere Lage des Unternehmens, auf notwendig werdende Betriebsänderungen oder der Rat, sich eine neue Stelle zu suchen, genügt nach der Rechtsprechung **nicht**, um von einer »Veranlassung« durch den Arbeitgeber sprechen zu können (vgl. *BAG* 19.7.1995 EzA § 112 BetrVG 1972 Nr. 82). Die Beweislast dafür, dass der Aufhebungsvertrag durch den Arbeitgeber im Zusammenhang mit der geplanten Betriebsänderung veranlasst worden ist, liegt beim Arbeitnehmer.

II. Stichtagsregelung

354 Anerkannt ist in der Rechtsprechung des BAG, dass die Betriebspartner berechtigt sind, eine Stichtagsregelung in den Sozialplan aufzunehmen. Zweck einer derartigen **Stichtagsregelung** ist es, Eigenkündigungen und Aufhebungsverträge, die vor dem von den Betriebspartnern einvernehmlich zu bestimmenden Stichtag erfolgt sind, von den Leistungen des Sozialplans auszuschließen (vgl. *BAG* 30.11.1994 EzA § 75 BetrVG 1972 Nr. 4). Der Stichtag darf allerdings nicht willkürlich gewählt werden. Insbesondere darf der Stichtag nicht dazu führen, dass im Vorfeld ausgesprochene betriebsbedingte Kündigungen ebenfalls von dem **Geltungsbereich des Sozialplans** ausgenommen werden. Als Stichtag bietet sich insofern grds. der Beginn der Verhandlungen über einen Interessenausgleich und Sozialplan an.

III. Ausschluss von Aufhebungsverträgen im Sozialplan

355 Ein mittelbarer Ausschluss von Mitarbeitern von Leistungen aus dem Sozialplan, die auf Grund Aufhebungsvertrag ausgeschieden sind, durch eine Begrenzung des persönlichen Geltungsbereiches auf betriebsbedingte Kündigungen, stellt nach der Rechtsprechung des BAG grds. einen Verstoß gegen den **betriebsverfassungsrechtlichen Gleichbehandlungsgrundsatz** nach § 75 BetrVG dar (vgl. *BAG* 19.7.1995 EzA § 112 BetrVG 1972 Nr. 82; 20.4.1994 EzA § 112 BetrVG 1972 Nr. 75; 28.4.1993 EzA § 112 BetrVG 1972 Nr. 68). Als zulässig sieht hingegen das BAG Regelungen im Sozialplan an, wonach Mitarbeiter, die ihr Arbeitsverhältnis **vorzeitig** beenden oder durch **Aufhebungsvertrag** ausscheiden, nur Anspruch auf einen bestimmten Teil der sich aus dem **Sozialplan** ergebenden **Abfindung** haben (vgl. *BAG* 24.11.1993 EzA § 112 BetrVG 1972 Nr. 71).

Kann das Unternehmen ein berechtigtes Interesse daran nachweisen, dass sämtliche Arbeitnehmer bis zu dem geplanten **Stilllegungstermin** ihrer Tätigkeit in vollem Umfange nachgehen, so kann der Sozialplan Mitarbeiter, die auf Grund Eigenkündigung oder Aufhebungsvertrag im Vorfeld bereits ausscheiden, **vollständig von Abfindungszahlungen des Sozialplans ausnehmen** (vgl. *BAG* 9.11.1994 EzA § 112 BetrVG 1972 Nr. 78). Ein derartiges berechtigtes Interesse liegt insbes. dann vor, wenn die Fortführung des Betriebes bis zu dem geplanten Stilllegungstermin durch das vorzeitige Ausscheiden von Mitarbeitern in Schlüsselpositionen gefährdet wäre. Im Fall der BAG-Entscheidung vom 9.11.1994 handelte es sich um ein Hotel. Ohne entsprechendes Personal – bspw. Koch – kann das Hotel nicht aufrechterhalten werden, so dass das BAG in diesem Fall das berechtigte Interesse des Arbeitgebers anerkannte. 356

IV. Nachbesserungsklausel

Schließt ein Arbeitnehmer im Vorfeld eines Sozialplans einen Aufhebungsvertrag, so besteht für den Mitarbeiter die Gefahr, dass der Sozialplan letztendlich höhere Leistungen vorsieht, als der Mitarbeiter im Aufhebungsvertrag aushandelt. Unproblematisch ist dieses Ergebnis, wenn der Geltungsbereich des Sozialplans auch im Vorfeld abgeschlossene Aufhebungsverträge umfasst. In diesem Fall erfolgt dann eine entsprechende Nachzahlung. 357

Leer geht der Mitarbeiter allerdings dann aus, wenn der Sozialplan eine **Stichtagsregelung** enthält oder aber Mitarbeiter mit Aufhebungsvertrag nur eine gekürzte Sozialplanabfindung erhalten. Schutz vor derartigen Nachteilen bieten sog. »**Nachbesserungsklauseln**«. Hierdurch wird dem Mitarbeiter zugesichert, dass eine eventuell höhere Abfindung aus dem Sozialplan auch ihm zusteht. Regelt der Sozialplan später in seinem zeitlichen Geltungsbereich, dass bestimmte Arbeitnehmer nicht unter dem **Sozialplan** fallen, so steht trotz der Einschränkung im Geltungsbereich den betroffenen Arbeitnehmern auf Grund der Nachbesserungsklausel **die höhere Abfindung** zu (vgl. *BAG* 6.8.1997 AP Nr. 160 zu § 112 BetrVG). 358

V. Ausgleichsklausel und Sozialplananspruch

Sinn und Zweck einer üblicherweise in Aufhebungsverträgen enthaltenen Ausgleichsklausel ist die endgültige Regelung der zwischen den Parteien offenen Ansprüche. Vermieden werden soll, dass nach Unterzeichnung des Aufhebungsvertrages noch Streit über wechselseitige Ansprüche entstehen kann. Nicht geeignet ist die **allgemeine Erledigungsklausel** jedoch, um Sozialplanleistungen auszuschließen. **Gemäß § 112 BetrVG ist der Sozialplan als Betriebsvereinbarung anzusehen**, so dass § 77 Abs. 4 BetrVG Anwendung findet. Danach ist ein **Verzicht** auf Ansprüche aus einer Betriebsvereinbarung nur mit **Zustimmung des Betriebsrates** möglich. Da eine entsprechende Zustimmung zur Unterzeichnung des Aufhebungsvertrages durch den Betriebsrat i.d.R. fehlt, steht daher eine Erledigungsklausel in einem Aufhebungsvertrag der Geltendmachung von späteren **Sozialplanansprüchen** nicht entgegen (vgl. *BAG* 20.4.1994 EzA § 112 BetrVG 1972 Nr. 75; 28.4.1993 EzA § 112 BetrVG 1972 Nr. 68). 359

Soll ein Aufhebungsvertrag mit einem Mitarbeiter im Vorfeld des Sozialplans abgeschlossen werden, ist es also zwingend notwendig, entweder im Sozialplan eine Stichtagsregelung aufzunehmen oder aber den Aufhebungsvertrag mit einer Erledigungsklausel zu verbinden und gleichzeitig den Aufhebungsvertrag dem Betriebsrat vorzulegen, damit dieser diesen Aufhebungsvertrag ebenfalls genehmigt. 360

Diese Vorgehensweise kommt im Übrigen auch dann in Betracht, wenn das Unternehmen sich im Rahmen einer Betriebsänderung von Mitarbeitern trennt, die nach Auffassung des Unternehmens als **leitenden Angestellte** i.S.d. § 5 Abs. 3 BetrVG anzusehen sind. Erhalten diese Mitarbeiter eine niedrigere Abfindung als der Sozialplan hergeben würde, muss zu Vermeidung einer späteren gerichtlichen Auseinandersetzung über den Status des Mitarbeiters und die eventuelle Anwendbarkeit des Sozialplans die Einverständniserklärung des Betriebs- 361 rates mit den Aufhebungsvereinbarung in die Aufhebungsvertrag aufgenommen werden. Durch die Anerkennung des Aufhebungsvertrages durch den Betriebsrat wird dem Arbeitnehmer dann die Möglichkeit genommen, in einem Folgeprozess seinen Status als leitender Angestellte überprüfen zu lassen und im Fall der Verneinung dieses Status durch das Arbeitsgericht Ansprüche auf **Sozialplanabfindung** bzw. Differenzzahlung zu seiner im **Aufhebungsvertrag festgeschriebenen Abfindung** zu erheben.

L. Hinweis- und Aufklärungspflichten

362 Inwieweit den Arbeitgeber beim Abschluss von Aufhebungsverträgen besondere Aufklärungspflichten über die verschiedenen Konsequenzen der Beendigung des Arbeitsverhältnisses im Hinblick auf **Arbeitslosengeld, Betriebsrente, Versteuerung der Abfindung** etc. treffen, hängt zunächst davon ab, wer die Initiative zur einvernehmlichen Beendigung des Anstellungsverhältnisses ergriffen hat.

I. Beendigung auf Initiative des Arbeitnehmers

363 Erfolgt die Aufhebung des Arbeitsvertrages auf Initiative des Arbeitnehmers, so ist grds. davon auszugehen, dass **das Unternehmen keine Aufklärungspflicht trifft** (vgl. *LAG Bln.* 13.1.2006 NZA-RR 2006, 327; *BAG* 10.3.1988 AP Nr. 99 zu § 611 BGB Fürsorgepflicht). Der Mitarbeiter muss sich in diesem Fall selbst über die arbeits-, sozial- und steuerrechtlichen Konsequenzen seines Handels informieren (vgl. *BAG* 11.12.2001 EzA § 111 BGB Fürsorgepflicht Nr. 62). Dies gilt erst recht, wenn der Arbeitnehmer anwaltlich vertreten war (vgl. *LAG Bln.* 13.1.2006 NZA-RR 2006, 327).

II. Beendigung auf Initiative des Arbeitgebers

364 Geht die Initiative zur Beendigung des Arbeitsverhältnisses vom Arbeitgeber aus, so ist in Rechtsprechung und Literatur äußerst umstritten, wieweit die Hinweispflichten des Arbeitgebers in diesem Fall gehen. Vereinzelt wird gefordert, dass der Arbeitgeber alles **dafür tun** müsse, eventuelle Schäden abzuwenden, die dem Arbeitnehmer durch Abschluss eines Aufhebungsvertrages entstehen könnten (vgl. *ArbG Freiburg* 20.6.1991 DB 1991, 2600; ähnlich *ArbG Hmb.* 10.12.1990 BB 1991, 625; *ArbG Wetzlar* 29.8.1995 NZA-RR 1996, 84).

365 Das BAG steht demgegenüber grds. auf dem Standpunkt, dass **ohne besondere Umstände auch hier nicht von einem besonderen Informationsbedürfnis des Arbeitnehmers** auszugehen sei (vgl. *BAG* 11.12.2001 EzA § 111 BGB Fürsorgepflicht Nr. 62). Ausnahmsweise kann jedoch der Arbeitgeber auf Grund der ihm obliegenden **Fürsorgepflicht** bzw. nach **Treu und Glauben** (vgl. *BAG* 13.6.1996 ArbuR 1996, 404 bzgl. Hinweispflicht bei interner Stellenbewerbung) verpflichtet sein, den Arbeitnehmer auf die für diesen nachteiligen Folgen des Aufhebungsvertrages hinzuweisen. Dies ist nach Auffassung des BAG dann erforderlich, wenn die Abwägung der beiderseitigen Interessen unter Billigkeitsgesichtspunkten und unter Berücksichtigung aller Umstände des Einzelfalles ergebe, dass der Arbeitnehmer durch eine sachgerechte und vom Arbeitgeber redlicherweise zu erwartende Aufklärung vor der Auflösung des Arbeitsverhältnisses geschützt werden müsse, weil er sich durch sie aus Unkenntnis selbst schädigen würde (vgl. *BAG* 17.10.2000 NZA 2001, 206; 13.11.1984 AP Nr. 5 zu § 1 BetrAVG Zusatzversorgungskassen; 10.3.1988 AP Nr. 99 zu § 611 BGB Fürsorgepflicht).

366 Der Dritte Senat fasste insofern die Rechtsprechung zu **Hinweis- und Aufklärungspflichten** in einer Entscheidung vom 17.10.2000 wie folgt zusammen (vgl. *BAG* 17.10.2000 NZA 2001, 206):
»Voraussetzungen und Umfang der Hinweis- und Aufklärungspflichten ergeben sich aus dem Grundsatz von Treu und Glauben (§ 242 BGB). Der jeder Partei zuzubilligende

Eigennutz findet seine Grenze an dem schutzwürdigen Lebensbereich des Vertragspartners (...). Die Interessen des Arbeitgebers und des versorgungsberechtigten Arbeitnehmers sind gegeneinander abzuwägen. Dabei sind alle Umstände des Einzelfalles zu berücksichtigen (...). Die erkennbaren Informationsbedürfnisse des Arbeitnehmers einerseits und die Beratungsmöglichkeiten des Arbeitgebers andererseits sind stets zu beachten (...). Gesteigerte Hinweispflichten können den Arbeitgeber vor allem dann treffen, wenn der Aufhebungsvertrag auf seine Initiative hin und in seinem Interesse zustande kommt (...). **In der Regel muss sich zwar der Arbeitnehmer vor Abschluss eines Aufhebungsvertrages selbst über die Folgen der Beendigung des Arbeitsverhältnisses Klarheit verschaffen.** Durch das Angebot eines Aufhebungsvertrages kann der Arbeitgeber aber den Eindruck erwecken, er werde bei der vorzeitigen Beendigung des Arbeitsverhältnisses auch die Interessen des Arbeitnehmers wahren und ihn nicht ohne ausreichende Aufklärung erheblichen atypischen Versorgungsrisiken aussetzen (vgl. *BAG* 3.7.1990 NZA 1990, 971).«

1. Hinweis auf sozialrechtliche Nachteile

Der Arbeitgeber genügt seiner Hinweispflicht nach Auffassung des BAG, wenn er einem Arbeitnehmer, der von sich aus um die Aufhebung des Arbeitsverhältnisses bittet, mitteilt, dass im Hinblick auf den Anspruch auf Arbeitslosengeld mit einer **Sperrfrist** zu rechnen sei, über deren Dauer die Agentur für Arbeit entscheidet. Auf den konkreten Zusammenhang zwischen der vorzeitigen Auflösung des Arbeitsverhältnisses und dem **Ruhen des Arbeitsverhältnisses gem. § 143a SGB III** muss der Arbeitgeber bspw. nicht ausdrücklich hinweisen (vgl. *BAG* 10.3.1988 AP Nr. 99 zu § 611 BGB Fürsorgepflicht). **367**

Diese Auffassung des BAG wird von einem Teil der Literatur (vgl. *Hoß/Ehrich* DB 1997, 625 m.w.N.) zu Recht abgelehnt. Denn eine Aufklärungspflicht des Arbeitgebers kann nur im Hinblick auf solche Umstände bestehen, die seinem Verantwortungsbereich zuzurechnen sind. Demgegenüber konkretisieren sich die möglichen **sozialrechtlichen Konsequenzen** nach den §§ 143a, 144 SGB III ausschließlich in der Sphäre des Arbeitnehmers, sofern dieser nach Abschluss des **Aufhebungsvertrages** keine Folgebeschäftigung findet. Rechnet der Arbeitnehmer damit, nach der Beendigung des Arbeitsverhältnisses im Wege des Aufhebungsvertrages kein Anschlussarbeitsverhältnis zu finden, hat er sich vor Abschluss des Aufhebungsvertrages selbst über die möglichen Folgen zu unterrichten (so auch *Nägele* BB 1992, 1274, 1278). **368**

Geht die **Initiative** zum Abschluss des Aufhebungsvertrages **vom Arbeitgeber aus**, so hängt es von den konkreten Umständen des Einzelfalls ab, inwieweit der Arbeitgeber auf mögliche nachteilige Folgen beim Arbeitslosengeld hinweisen muss (vgl. *BAG* 14.2.1996 NZA 1996, 811). Die Frage nach einer Aufklärungspflicht dürfte insbes. dann auftreten, wenn bspw. im Rahmen der Abfindungsverhandlungen die **Kündigungsfrist verkürzt** wird, um auf diese Art und Weise die **Abfindung** zu erhöhen. Bei derart »gestalteten« Aufhebungsvereinbarungen, die von der normalen Beendigung, wie sie durch eine arbeitgeberseitige Kündigung eintreten würde, abweichen, ist grds. von einer erhöhten Aufklärungspflicht auszugehen, soweit der **Arbeitgeber über die entsprechenden Kenntnisse verfügt** und der Mitarbeiter sich erkennbar der Konsequenz beim Arbeitslosengeld nicht bewusst ist. **369**

Keinesfalls kann eine Aufklärungspflicht des Arbeitgebers über sozialrechtliche Nachteile bejaht werden, wenn der Arbeitnehmer durch einen **Gewerkschaftssekretär** oder einen **Rechtsanwalt** vertreten wird (vgl. *LAG Bln.* 13.1.2006 NZA-RR 2006, 327). Das Gleiche muss dann gelten, wenn der Aufhebungsvertrag im Rahmen eines **Prozessvergleiches** geschlossen wird, weil hier eine angemessene Aufklärung durch das Arbeitsgericht erfolgen konnte. **370**

Mit der Hinweis- und Aufklärungspflicht bzgl. sozialrechtlicher Konsequenzen darf nicht die früher bestehende Verpflichtung des Arbeitgebers verwechselt werden, den Arbeitnehmer darauf hinzuweisen, dass dieser sich **unverzüglich** nach Unterzeichnung eines Aufhebungsvertrages bei der für ihn zuständigen **Agentur für Arbeit arbeitsuchend melden** **371** muss. Auch der Hinweis an den Mitarbeiter, dass dieser verpflichtet ist, sich neben der Meldung bei der für ihn zuständigen Agentur für Arbeit auch selbst um eine Anschlussstelle bemühen muss, wenn er **Nachteile beim Bezug von Arbeitslosengeld** vermeiden will, zählt nur indirekt zu den vom Arbeitgeber einzuhaltenden Aufklärungspflichten. Liegt eine der oben beschriebenen atypischen Situationen vor, so muss der Arbeitgeber darauf hinweisen, dass ein bestimmtes Verhalten eine **Sperr- oder Ruhenszeit** auslösen kann.

2. Hinweis auf steuerrechtliche Nachteile

372 Abfindungen sind in einem gewissen Umfang steuerlich begünstigt. Während ein Teil der **Abfindung** bis zum 31.12.2005 bzw. im Rahmen der Übergangsregelung ggf. bis zum 31.12.2008 gem. § 3 Ziffer 9 EStG a.F. **steuerfrei** war, unterliegt der Restbetrag gem. §§ 24, 34 EStG der Versteuerung mit einem **ermäßigten Steuersatz** (s. hierzu Rn. 179). Letzteres ist nach der Rechtsprechung des Bundesfinanzhofes allerdings grds. nur dann der Fall, wenn die Abfindung – einschließlich eventueller Sachleistungen – innerhalb eines Kalenderjahres dem Arbeitnehmer zufließt (vgl. *BFH* 21.3.1996 – XI R 51/95).

373 Wird die Abfindung auf zwei Kalenderjahre verteilt, so unterliegt der über dem Freibetrag liegende Teil der Abfindung der Versteuerung mit dem vollen Steuersatz.

374 Im Hinblick auf eine eventuell insofern bestehende Hinweispflicht hat das ArbG Frankfurt bspw. ausgeführt (vgl. *ArbG Frankf.* 21.11.1995 – 4 Ca 3589/95 – rkr):
»Eine Aufklärungspflicht des Arbeitgebers und eine Haftung im Falle falscher Auskunft besteht jedoch dann, wenn der Arbeitgeber auf Grund seiner überlegenen Sachkunde ohne weiteres zu entsprechenden Auskünften und der Arbeitnehmer zur sachgerechten Entscheidung erkennbar nur nach entsprechender Aufklärung im Stande ist (...). Eine Aufklärungspflicht bestünde auch dann, wenn der Arbeitnehmer im Rahmen von Vertragsaufhebungsverhandlungen gegenüber dem Arbeitgeber zum Ausdruck bringt, dass er – der Arbeitnehmer – steuerlichen Rat benötigt und der Arbeitgeber sich bereiterklärt, das aufgeworfene steuerliche Problem durch Einholung von Rechtsrat für den Arbeitnehmer zu lösen.«

375 Die Entscheidung des ArbG Frankfurt liegt auf einer Linie mit den vorerwähnten Entscheidungen anderer Arbeitsgerichte zur **Aufklärungspflicht des Arbeitgebers** über die sozialrechtlichen Konsequenzen von Aufhebungsverträgen. Auch im Hinblick auf die steuerliche Gestaltung des Aufhebungsvertrages verlangt das ArbG Frankfurt zu Recht, dass der Mitarbeiter sich entweder rechtzeitig vor Vertragsunterzeichnung selbst fachkundigen Rat einholt oder aber zumindest diesen Punkt – wenn er Zweifel über die möglichen steuerrechtlichen Folgen hat – in der Verhandlung mit dem Arbeitgeber ausdrücklich anspricht.

3. Hinweis auf besonderen Kündigungsschutz

376 Gegenüber Arbeitnehmern mit besonderem Kündigungsschutz (z.B. **Betriebsratsmitglieder, werdende Mütter, Arbeitnehmer in der Elternzeit** oder **schwer behinderte Menschen**) ist der Arbeitgeber vor Abschluss des Aufhebungsvertrages nicht zum Hinweis auf den Verlust des **Sonderkündigungsschutzes** verpflichtet. Denn von den Arbeitnehmern kann erwartet werden, dass sie sich über den in ihrem Fall bestehenden Sonderkündigungsschutz selbst informieren.

4. Hinweis auf tarifliches Widerrufsrecht

377 Sieht ein Tarifvertrag ausnahmsweise die Möglichkeit vor, einen Aufhebungsvertrag innerhalb einer bestimmten Frist zu widerrufen, so bedarf es insofern keines Hinweises des Arbeitgebers auf diese Möglichkeit und auf eventuelle **Formvorschriften des Tarifvertrages** (vgl. *LAG Düsseld.* 22.6.2001 NZA-RR 2002, 12). Lediglich dann, wenn der Tarifvertrag selbst ausdrücklich eine **Belehrung über das Widerrufsrecht** verlangt, muss der Arbeitgeber einen entsprechenden Hinweis geben. Eine Reihe von Tarifverträgen – bspw. Einzelhandel

NW – verlangen, dass ausdrücklich in den Aufhebungsvertrag aufgenommen wird, dass der Arbeitnehmer auf das im Tarifvertrag eingeräumte Widerrufsrecht verzichtet.

5. Hinweis auf Verlust von Versorgungsanwartschaften

Auch im Hinblick auf den drohenden Verlust von Versorgungsanwartschaften aus der **betrieblichen Altersversorgung** ist der Arbeitgeber grds. nicht verpflichtet, den Arbeitnehmer vor Abschluss des Aufhebungsvertrages von sich aus hinzuweisen. Eine Aufklärungspflicht kann ausnahmsweise nur dann angenommen werden, wenn der Arbeitnehmer auf Grund besonderer Umstände darauf vertrauen darf, der Arbeitgeber werde bei der vorzeitigen Beendigung des Arbeitsverhältnisses die Interessen des Arbeitnehmers wahren und ihn redlicherweise vor unbedachten, nachteiligen Folgen des vorzeitigen Ausscheidens – insbes. bei der Altersversorgung – bewahren (vgl. *BAG* 18.9.1984 AP Nr. 6 zu § 1 BetrAVG Zusatzversorgungskassen; 23.5.1989 AP Nr. 28 zu § 1 BetrAVG Zusatzversorgungskassen; 3.7.1990 AP Nr. 24 zu § 1 BetrAVG). Ein solcher **Vertrauenstatbestand** kann bspw. dann angenommen werden, wenn der **Arbeitgeber die Initiative** für den Abschluss des Aufhebungsvertrages ergriffen hat oder wenn durch die Auflösung a-typische Versorgungsfälle entstehen (vgl. *BAG* 18.9.1984 AP Nr. 6 zu § 1 BetrAVG Zusatzversorgungskassen; 13.11.1984 AP Nr. 5 zu § 1 BetrAVG Zusatzversorgungskassen). 378

Der Dritte Senat des BAG führte insofern in einer Entscheidung vom 17.10.2000 zu den **Hinweis- und Aufklärungspflichten** im Zusammenhang mit einer **Betriebsrente** bei der beabsichtigten einvernehmlichen Aufhebung des Arbeitsverhältnisses folgendes aus (vgl. *BAG* 17.10.2000 NZA 2001, 206): 379

»Den Arbeitgeber treffen jedenfalls dann erhöhte Hinweis- und Aufklärungspflichten, wenn er im betrieblichen Interesse den Abschluss eines Aufhebungsvertrag vorschlägt, der Arbeitnehmer offensichtlich mit den Besonderheiten der ihm zugesagten Zusatzversorgung des öffentlichen Dienstes nicht vertraut ist, sich der baldige Eintritt eines Versorgungsfalles (Berufs- und Erwerbsfähigkeit nach längerer Krankheit) bereits abzeichnet und durch die vorzeitigen Beendigung des Arbeitsverhältnisses außergewöhnlich hohe Versorgungseinbußen drohen (Versicherungsrente statt Versorgungsrente).
Unter diesen Umständen reichen der allgemeine Hinweis auf mögliche Versorgungsnachteile und die bloße Verweisung an die Zusatzversorgungskasse unter Einräumung einer Bedenkzeit nicht aus. In einem solchen Fall ist der Arbeitnehmer darauf hinzuweisen, dass sich seine Zusatzversorgung bei Abschluss des Aufhebungsvertrages beträchtlich verringern kann. Auch über die Ursache dieses Risikos (Ausscheiden aus dem Arbeitsverhältnis vor Eintritt eines Versorgungsfalles) hat der Arbeitgeber den Arbeitnehmer in groben Umrissen zu unterrichten.«

Was das BAG insofern unter »**Unterrichten in groben Umrissen**« versteht, erläutert der Dritte Senat ebenfalls in den Entscheidungsgründen des vorerwähnten Urteils vom 17.10.2000: 380

»Die Beklagte musste zwar keine detaillierte Auskunft erteilen, sondern durfte die Klägerin an die Zusatzversorgungskasse verweisen (vgl. *BAG* NVwZ 1985, 942 LS; NZA 1988, 837 [zu II 2 a]). Sie musste aber wenigstens das **Problembewusstsein** der Klägerin wecken und sie so beraten, dass sie sich bei der Zusatzversorgungskasse sachgerecht erkundigen und Missverständnisse vermeiden konnte. Die Einräumung einer Bedenkzeit ändert nichts daran, dass die Klägerin auf das Gespräch bei der Zusatzversorgungskasse ausreichend vorbereitet werden musste. Die Beklagte war nicht verpflichtet, die Klägerin über die versorgungsrechtlichen Einzelheiten zu unterrichten und die Einbußen bei der Zusatzversorgung genau zu berechnen. Auch die Abgrenzung von Versorgungs- und Versichertenrente musste die Beklagte nicht näher erläutern. Sie durfte sich jedoch nicht darauf beschränken, die Klägerin ohne weiteren Hinweis an die Zusatzversorgungskasse zu verweisen. Auch die bloße Bemerkung, dass durch eine Auflösung des Arbeitsverhältnisses Nachteile bei der Zusatzrente entstehen könnten, genügte nicht.«

381 Der Dritte Senat erwartet in derartigen Fällen, dass der Arbeitgeber den Mitarbeiter darauf aufmerksam macht, worin die Ursache für die möglichen Nachteile besteht. In dem vorliegenden Fall hätte das Unternehmen der Arbeitnehmerin mitteilen müssen, dass die erheblichen Einbußen bei der Altersversorgung insbes. dann drohen, wenn das Arbeitsverhältnis vor Zuerkennung der damals noch gewährten Erwerbs- oder Berufsunfähigkeitsrente beendet wird. Der Arbeitgeber musste also die Besonderheiten des Betriebsrentenrechtes bei Zusatzversorgungskassen so verständlich erläutern, dass die Mitarbeiterin in der Lage war, bei der Zusatzversorgungskasse die **richtigen Fragen** hinsichtlich ihrer zu erwartenden Betriebsrente zu stellen.

382 Dagegen wurde eine Pflicht des Arbeitgebers zum Hinweis auf den drohenden Verlust einer Anwartschaft vom *BAG* (3.7.1990 AP Nr. 24 zu § 1 BetrAVG) in einem Fall verneint, in dem das Arbeitsverhältnis unter **Abkürzung der Kündigungsfrist** mittels eines Aufhebungsvertrages zum 30.9. einvernehmlich beendet wurde und der Arbeitnehmerin ab 20.10. eine unverfallbare Versorgungsanwartschaft auf Grund Erreichen des damals noch notwendigen 35. Lebensjahres zugestanden hätte. Durch die Verkürzung der Kündigungsfrist hatte die Arbeitnehmerin die Versorgungsanwartschaft verloren. Das BAG sah trotzdem **keine Verletzung von Aufklärungspflichten** und stellte auf den Umstand ab, dass der Arbeitnehmerin eine **betriebliche Versorgungsordnung ausgehändigt worden war**, der die Voraussetzungen und näheren Modalitäten der betrieblichen Altersversorgung hätten entnommen werden können. Unerheblich sei dabei die zeitliche Nähe des Aufhebungsvertrages zu dem für die Unverfallbarkeit maßgebenden Zeitpunkt. Denn es sei gerade die Eigenart jeder Stichtags- und Fristenregelung, dass auch kurze Über- und Unterschreitungen zu Rechtsnachteilen führten (vgl. *BAG* 3.7.1990 a.a.O.). Dies gilt jedoch nicht bei **Versorgungsnachteilen**, deren **Kenntnis nicht ohne weiteres** vom Arbeitnehmer erwartet werden kann (vgl. *BAG* 17.10.2000 NZA 2001, 206; 13.11.1984 AP Nr. 5 zu § 1 BetrAVG Zusatzversorgungskassen).

383 Geht die **Initiative** zur Beendigung des Arbeitsverhältnisses **vom Arbeitnehmer** aus, so obliegt dem Arbeitgeber **keine besondere Hinweispflicht**. Dies gilt auch dann, wenn der Arbeitnehmer auf Grund der von ihm selbst gewünschten Aufhebung des Arbeitsverhältnisses erhebliche Nachteile bei der betrieblichen Altersversorgung erleidet (vgl. *BAG* 11.12.2001 EzA § 111 BGB Fürsorgepflicht Nr. 62). Hier ist es nach Ansicht des BAG nicht erforderlich, dass der Arbeitgeber das oben beschriebene **Problembewusstsein** weckt (vgl. *BAG* EzA § 111 BGB Fürsorgepflicht Nr. 62).

384 Tritt ein Arbeitnehmer an den Arbeitgeber mit der Bitte um Auskunft über eine Versorgungsregelung heran, muss der Arbeitgeber die Auskunft erteilen, soweit er das zuverlässig vermag. Andernfalls muss er den Arbeitnehmer an eine dafür zuständige oder kompetente Stelle verweisen.

6. Hinweis auf bevorstehenden Sozialplan

385 Plant der Arbeitgeber einen **größeren Personalabbau** und bietet er in diesem Zusammenhang einem Mitarbeiter den Abschluss eines Aufhebungsvertrages an, so ist er **nicht verpflichtet**, den Arbeitnehmer auf den Umfang des Personalabbaus sowie eine mögliche Sozialplanpflicht aufmerksam zu machen. Der Arbeitnehmer hat in diesem Fall auch **keinen Schadensersatzanspruch** (vgl. *BAG* 13.11.1996 EzA § 112 BetrVG 1972 Nr. 90), wenn er bspw. wegen einer **Stichtagsregelung** nunmehr nicht unter den Sozialplan fällt.

III. Rechtsfolgen bei der Verletzung von Hinweis- und Aufklärungspflichten

386 Erteilt der Arbeitgeber im Zusammenhang mit der Beendigung des Arbeitsverhältnisses eine Auskunft über die weiteren Rechtsfolgen, muss sie richtig sein. **Falsche** und nur scheinbar vollständige oder sonst **irreführende Auskünfte** verpflichten den Arbeitgeber zum **Schadensersatz** (vgl. *BAG* 13.11.1984 AP Nr. 5 zu § 1 BetrAVG Zusatzversorgungskassen; 3.7.1990 AP Nr. 24 zu § 1 BetrAVG).

Der Schadensersatzanspruch ist immer nur auf **Geldersatz** – bspw. für einen Versorgungsschaden in der betrieblichen Altersversorgung – gerichtet. Dagegen kann der Arbeitnehmer nicht gem. § 249 BGB im Wege der sog. **Naturalrestitution** die Beseitigung des Aufhebungsvertrages bzw. die Fortsetzung des Arbeitsverhältnisses verlangen (vgl. *BAG* 14.2.1996 EzA § 111 BGB Aufhebungsvertrag Nr. 21; 10.3.1988 AP Nr. 99 zu § 611 BGB Fürsorgepflicht). Denn insoweit wird es in aller Regel an der erforderlichen Kausalität zwischen der **Fürsorgepflichtverletzung** und dem Schaden fehlen. 387

Vereinbaren der Arbeitgeber und der Arbeitnehmer in einem Aufhebungsvertrag eine Abfindungssumme, die sich u.a. aus dem zum Vertragsschluss maßgeblichen **Nettoeinkommen** des Arbeitnehmers und aus der Höhe des Arbeitslosengeldes bis zum Rentenbezug zusammensetzt, berechtigt eine Minderung des Arbeitslosengeldes in Folge einer späteren Gesetzesänderung den Arbeitnehmer nicht, den Differenzbetrag nach den Grundsätzen des Wegfalls der Geschäftsgrundlage (§ 313 BGB) vom Arbeitgeber ersetzt zu verlangen (vgl. *LAG Düsseld.* 15.3.1995 DB 1995, 1240). 388

IV. Abdingbarkeit der Hinweis- und Aufklärungspflicht

Die Hinweis- und Aufklärungspflicht ist als Nebenpflicht aus dem Arbeitsvertrag in einem gewissen Rahmen abdingbar (vgl. *Reufels* ArbRB 2001, 207; *Hoß/Ehrich* DB 1997, 625). Zur Vermeidung etwaiger Schadensersatzansprüche ist es daher zulässig, **in den Aufhebungsvertrag einen Verzicht des Arbeitnehmers auf Hinweise des Arbeitgebers** bzgl. möglicher Konsequenzen aus der Aufhebungsvereinbarung aufzunehmen. 389

Es kann folgende **Klausel** bspw. verwendet werden: 390
»Der Mitarbeiter verzichtet auf Hinweise des Arbeitgebers auf mögliche Konsequenzen, die sich aus diesem Aufhebungsvertrag und aus dem Zusammenhang mit der Beendigung des Arbeitsverhältnisses für den Arbeitnehmer ergeben können. Der Mitarbeiter hat insofern Gelegenheit, sich durch seinen Rechtsanwalt beraten zu lassen.«

Handelt es sich um atypische Risiken, so ist allerdings in Anbetracht der neueren Rechtsprechung des BAG zweifelhaft, ob eine derartige Klausel ausreicht, um das Unternehmen vor eventuellen Schadensersatzansprüchen des Mitarbeiters wegen fehlender Aufklärung zu schützen. Insbesondere dann, wenn der Mitarbeiter weder anwaltlich noch gewerkschaftlich vertreten war, wird ein Verzicht auf Aufklärungsrechte entsprechende Schadensersatzansprüche des Unternehmens nicht vermeiden können. Es ist gerade Sinn der Aufklärungspflichten, den Mitarbeiter auf Risiken aufmerksam zu machen. Kannte der Arbeitgeber das atypische Risiko – bspw. Wechsel von der Versorgungs- in die Versichertenrente –, so wird man auch weiterhin einen **ausdrücklichen Hinweis des Arbeitgebers** auf dieses atypische Risiko fordern müssen. Die Hinweispflicht soll den Arbeitnehmer gerade vor von ihm nicht bedachten Folgen der vom Unternehmen gewünschten Beendigung des Arbeitsverhältnisses bewahren. 391

Von daher sollte der Arbeitgeber im eigenen Interesse seiner Aufklärungspflicht nachkommen. Im Aufhebungsvertrag kann dies wie folgt dokumentiert werden: 392
»Der Mitarbeiter wurde auf die Möglichkeit des Eintritts einer Sperrzeit sowie auf die Konsequenzen der Beendigung des Arbeitsverhältnisses hinsichtlich der Versorgungsanwartschaft aus der betrieblichen Altersversorgung ebenso wie auf die Steuerpflicht der Abfindung hingewiesen.«

Beruft sich der Arbeitnehmer in einem nachfolgenden Rechtsstreit auf hiervon abweichende Angaben des Arbeitgebers (z.B. die – unrichtige – Auskunft, dass wegen des Aufhebungsvertrages nicht mit dem Eintritt einer Sperrzeit zu rechnen sei), hat dies der Arbeitnehmer zu beweisen. Der Arbeitgeber kann sich auf die vom Mitarbeiter im individuellen Aufhebungsvertrag festgehaltene Erklärung berufen, wonach eine entsprechende Aufklärung erfolgt war. 393

M. Rechtsschutzversicherung bei Aufhebungsvertrag

394 In der Praxis kommt es immer wieder zu Streitigkeiten mit Rechtsschutzversicherern, wenn es um die anwaltliche Vertretung eines Arbeitnehmers in Zusammenhang mit dem Abschluss eines Aufhebungsvertrages geht. Die Rechtsschutzversicherer lehnen die Kostenübernahme i.d.R. mit Hinweis auf verschiedene Urteile von Amts- oder Landgerichten unter Hinweis auf den fehlenden Rechtsverstoß ab. Die allg. Versicherungsbedingungen für Rechtsschutzversicherungen sehen vor, dass die Kostenübernahme durch den Rechtsschutzversicherer nur dann zu erfolgen hat, wenn ein Rechtsverstoß vorliegt. Im Angebot des Arbeitgebers auf einvernehmliche Beendigung eines Arbeitsverhältnisses durch Abschluss eines Aufhebungsvertrages soll nach Auffassung der Rechtsschutzversicherer i.d.R. kein Rechtsverstoß zu sehen sein, so dass aus dem Versicherungsvertrag auch keine Leistungen zu erbringen sind.

395 Die von den Rechtsschutzversicherern vertretene Auffassung steht heute nicht mehr in Einklang mit der sich gewandelten Rechtsprechung der Zivilgerichte – einschließlich des BGH, wie das Urteil des 4. Zivilsenats vom 19.11.2008 zeigt (NZA 2009, 92).

396 In neuerer Zeit zeigt sich, dass ein Versicherungsnehmer auch bei Abschluss eines Aufhebungsvertrages durchaus Anspruch auf den Rechtsschutz durch die Rechtsschutzversicherung hat. Das *Amtsgericht Koblenz* hat bspw. mit Urteil vom 20.1.2005 (NZA-RR 7/2006) einen Versicherungsfall bei Abschluss eines Aufhebungsvertrages bejaht. Nach Auffassung des AG Koblenz, der sich in der mündlichen Verhandlung vor dem Berufungsgericht auch die Berufungskammer angeschlossen hatte, ist ein Verstoß i.S.d. Rechtsschutzbedingungen ein Handeln gegen eine gesetzliche oder vertragliche Rechtspflicht oder das Unterlassen eines rechtlich gebotenen Tuns. Für das Vorliegen eines Verstoßes genügt nach Auffassung des Amtsgerichtes ein Verhalten, welches objektiv nicht mit Rechtsvorschriften und Rechtspflichten in Einklang steht. Im Fall des AG Koblenz vom 20.1.2005 lag der Rechtsverstoß darin, dass der ursprünglich angebotene Aufhebungsvertrag das Anstellungsverhältnis unter Außerachtlassung des Sonderkündigungsschutzes nach dem Bundeserziehungsgeldgesetz zum 30.6.2005 beendet hätte. Unter Beachtung des Sonderkündigungsschutzes hätte eine Kündigung frühestens zum 31.12.2005 erreicht werden können. Der endgültig abgeschlossene Aufhebungsvertrag sah genau dieses Beendigungsdatum vor.

397 Im Rahmen der mündlichen Verhandlung über die Berufung des Rechtsschutzversicherers gegen das Urteil des AG Koblenz wurde in das Protokoll folgender Hinweis des Berufungsgerichtes aufgenommen:
»Die Kammer ist insoweit der Auffassung, dass zwar die bedingte Androhung einer betriebsbedingten Kündigung per se noch nicht in jedem Fall einen Versicherungsfall auslöst. Anders ist dies aber dann anzusehen, wenn dem Arbeitnehmer zur Vermeidung der Kündigung eine Option angeboten wird, die offensichtlich Rechte des Arbeitnehmers verletzt. Da dem Arbeitnehmer nicht abverlangt werden kann, zur Abwendung einer Kündigung auf die ihm im Fall der Kündigung zustehenden Rechte zu verzichten, führt eine Option, die den Verlust solcher Rechte einbezieht, nach Auffassung der Kammer dazu, dass die Androhung der Kündigung den Arbeitnehmer vor die Wahl stellt, sich zwischen dem Verlust eigener Rechte und der Hinnahme der Kündigung zu entscheiden. Darin ist nach Auffassung der Kammer ein Rechtsverstoß des Arbeitgebers zu sehen. Dieser entfällt auch nicht deshalb, weil der Klägerin eine weitere – rechtmäßige – Möglichkeit geboten wurde. Würde man dies nämlich annehmen, räumte man Arbeitgebern die Möglichkeit ein, durch bloßes Angebot einer rechtmäßigen Option die Rechtswidrigkeit aller weiteren Optionen zu heilen.« (vgl. NZA-RR 2006, 372).

398 Auf der gleichen Linie liegt ein aktuelles Urteil des *Saarl. OLG* vom 19.7.2006 – 5 U 719/05–107 n.v. Das OLG Saarland weist in den Entscheidungsgründen darauf hin, dass es den Begriff des Verstoßes i.S.v. § 4 der allg. Rechtsschutzbedingungen weit auslegt.

Wörtlich heißt es in den Entscheidungen: 399
»Für den einen Rechtsschutzfall auslösenden Verstoß gegen §4 Abs. 1 c) ARB genügt nämlich jeder tatsächliche, objektiv feststellbare Vorgang, der die Anbahnung eines Rechtskonfliktes in sich trägt; der Rechtsstreit ist dann jedenfalls latent vorhanden und damit gewissermaßen bereits 'vorprogrammiert' (*BGH* 28.9.2005 – IV ZR 106/04 – VersR 2005, 1684, m.w.N.). Dies ist nicht nur bei der Androhung einer verhaltensbedingten, sondern auch bei der Androhung einer betriebsbedingten Kündigung zweifellos der Fall. Denn damit bringt der Arbeitgeber zum Ausdruck, dass er an den durch den Vertrag begründeten Leistungspflichten, nämlich den Versicherungsnehmer im Rahmen der Beschäftigungspflicht Arbeit bereit zu stellen (...), nicht mehr festhalten, sondern das Vertragsverhältnis auf jeden Fall beenden will. Dies gilt erst recht, wenn – wie hier – die betriebsbedingte Kündigung im Zusammenhang mit der Weigerung des Arbeitnehmers, einem Angebot auf Abschluss eines Aufhebungsvertrages zuzustimmen, erfolgt, und der Arbeitgeber ohnehin entschlossen ist, das Vertragsverhältnis zu beenden.«

Im Hinblick auf die gegenteilige Instanzrechtsprechung stellt das OLG Saarland in der 400
Entscheidung vom 19.7.2006 richtigerweise Folgendes klar:
»Soweit die Instanzrechtsprechung darauf verweist, dass das Angebot auf Abschluss eines Aufhebungsvertrages in Verbindung mit der Absicht, andernfalls eine Kündigung auszusprechen, Ausdruck der Privatautonomie sei und deshalb einen Rechtsverstoß nicht begründen können, wird verkannt, dass sich für den Versicherungsnehmer in diesem Fall die Beeinträchtigung seiner Rechtsposition bereits verwirklicht hat. Verwirklicht hat sich die Beeinträchtigung der Rechtsposition nämlich bereits dadurch, dass der Arbeitgeber zum Ausdruck gebracht hat, seiner sich aus dem Arbeitsvertrag ergebenden Beschäftigungspflicht nicht mehr nachzukommen. Auch macht es aus der Sicht eines durchschnittlichen Versicherungsnehmers, der nicht über versicherungsrechtliche Spezialkenntnisse verfügt, keinen Unterschied, ob die Kündigung bereits ausgesprochen ist oder ernsthaft droht ohne das Problem der Wirksamkeit der Kündigung durch den Abschluss eines Aufhebungsvertrages umgangen werden soll. Eine Verschlechterung seiner Rechtsposition hat sich für den Kläger als Versicherungsnehmer aus dessen Sicht auf der Grundlage der nach Außen getragenen Willenserklärungen seiner Arbeitgeberin zumindest subjektiv realisiert. Nach der ersichtlich ernst gemeinten und ernst zu nehmenden Erklärung seiner Arbeitgeberin, dass seine Stelle betriebsbedingt wegfalle und auch eine anderweitige Weiterbeschäftigung nicht in Betracht komme, stellte sich die konkrete Vertragsbeendigung nur noch als formale Umsetzung einer bereits getroffenen Entscheidung dar. Ein Rechtsverstoß stand deshalb nicht nur ernstlich bevor, sondern war bereits eingetreten.«

Im Hinblick auf den Umfang der von der Rechtsschutzversicherung zu tragenden Kosten 401
verweist das *OLG Saarland* in der Entscheidung vom 19.7.2006 (– 5 U 719/05–107) darauf, dass der Versicherungsschutz sich nicht nur auf die Kosten beschränkt, die durch die angedrohte Kündigung ausgelöst werden, sondern auch diejenigen eines etwaigen Aufhebungsvertrages mit Abfindung umfassen. Das OLG betont ausdrücklich, dass der Kläger die anwaltliche Beratung auch für die Gestaltung und den Abschluss eines Aufhebungsvertrages vor dem Hintergrund der ihm gegenüber angedrohten Kündigung in Anspruch nehmen dürfte. Die Kosten richten sich in diesem Fall nicht nach dem für Kündigungen beschränkten Streitwert (Vierteljahresbezug), sondern nach dem Wert des auszuhandelnden Aufhebungsvertrages. Ausdrücklich erklärt das OLG Saarland, dass es ohne Belang sei, dass in den geschlossenen Aufhebungsvertrag Positionen eingeflossen sind, die nicht zwischen den Parteien streitig waren.

Abgeschlossen wurde nunmehr die oben dargestellte Entwicklung der Rechtsprechung der Zivilgerichte durch die Entscheidung des *BGH* vom 19.11.2008 (– IV ZR 305/07 – NZA 2009, 92). Der 4. Zivilsenat hat unter Aufhebung des Berufungsurteils des Landgerichtes

Hannover entschieden, dass die Androhung einer betriebsbedingten Kündigung für den Fall, dass ein vom Arbeitgeber unterbreitetes Angebot auf Abschluss eines Aufhebungsvertrages abgelehnt wird, einen Rechtsschutzfall auslöst, bei dem der Rechtsschutzversicherer zur Erteilung der Deckungszusage verpflichtet ist.

402 Wörtlich heißt es in den Entscheidungsgründen des Urteils vom 19.11.2008 wie folgt:
»Aus der maßgeblichen Sicht eines durchschnittlichen, um Verständnis bemühten Versicherungsnehmer ohne versicherungsrechtliche Spezialkenntnisse (…) ist ein Rechtsschutzfall i.S. von § 14 III ARB anzunehmen, wenn das Vorbringen des Versicherungsnehmers (ersten) einen objektiven Tatsachenkern – im Gegensatz zu einem bloßen Werturteil – enthält, mit dem er (zweitens) den Vorwurf eines Rechtsverstoßes verbindet und worauf er dann (drittens) seine Interessenverfolgung stützt (…).
a) Der vorgetragene Tatsachenkern muss dabei die Beurteilung erlauben, ob der damit beschriebene Vorgang dem zwischen den Parteien ausgebrochenen Konflikt jedenfalls mit ausgelöst hat, also geeignet gewesen ist, den Keim für eine (zukünftige) rechtliche Auseinandersetzung zu legen. Weiterer qualifizierender Voraussetzungen bedarf es insofern nicht; ein adäquater Ursachenzusammenhang reicht mithin aus (…).«
Weiter heißt es dann in der Entscheidung des *BGH* vom 19.11.2008:
»Dieses weite Verständnis des Rechtsschutzfalls trägt den Interessen beider Vertragspartner Rechnung. Den Versicherer bleibt je nach Sachlage der Einwand mangelnder Erfolgsaussicht (§ 17 ARB) unbenommen und der Versicherungsnehmer ist vor einer insoweit sonst drohenden – schleichenden – Aushöhlung des Leistungsversprechens bewahrt. Abgesehen davon kann die Festlegung, wann erstmals ernsthaft ein Pflichtverstoß angelastet und der Versicherungsfall ausgelöst wird, je nach Beginn oder Ablauf der Versicherungszeit zu Gunsten des einen oder anderen Vertragspartners ausschlagen. Eine einseitige Begünstigung einer Vertragsseite bei der Bestimmung, ob der geschilderte Versicherungsfall in versicherter Zeit liegt und deswegen die Eintrittspflicht des Versicherers auszulösen vermag, ist damit nicht verbunden (…).«

403 Das Urteil des BGH vom 19.11.2008 hat in der Praxis bereits zu einer deutlichen Verbesserung der Versicherungsnehmer geführt. Rechtsschutzversicherer erteilen nunmehr – nach entsprechendem Hinweis auf das Urteil des BGH – auch für die Vertretung des Arbeitnehmers in Verhandlungen über einen Aufhebungsvertrag die Deckungszusage, wenn vorgetragen werden kann, dass der Arbeitgeber mit der Kündigung gedroht hat. Für den Rechtsanwalt hat diese nunmehr vom Rechtsschutzversicherer abgesegnete frühe Beratung des Mandanten den großen Vorteil, dass nunmehr in dem Fall, dass es doch noch zum Ausspruch der Kündigung kommt und ein Kündigungsschutzverfahren notwendig wird, neben den gerichtlichen Gebühren auch die außergerichtliche Interessenwahrnehmung abgerechnet werden kann. Damit wird die zuletzt festzustellende Praxis vieler Rechtsschutzversicherer, wonach verlangt wird, dass sofort nach Ausspruch einer Kündigung Klage eingereicht wird und keine Deckungszusage für einen außergerichtlichen Einigungsversuch erteilt wird, zumindest faktisch Einhalt geboten.

Kapitel 7
Altersteilzeit

Übersicht

A. Einführung

1 Die einvernehmliche Beendigung von Arbeitsverhältnissen mit älteren Arbeitnehmern kann alternativ zum Aufhebungsvertrag auch durch Abschluss eines Altersteilzeitvertrages herbeigeführt werden. Im Unterschied zum Aufhebungsvertrag führt die Altersteilzeit allerdings nicht zu einer kurzfristigen Auflösung des Anstellungsverhältnisses, sondern kann die Beendigung frühestens zu dem Zeitpunkt herbeiführen, in dem der Arbeitnehmer die Voraussetzungen für eine gesetzliche Altersrente erfüllt. Soll der Wechsel alleine über den Weg der Altersteilzeit erfolgen, muss die Laufzeit der Altersteilzeit mindestens zwei Jahre betragen. Ziel des Altersteilzeitgesetzes ist es somit, Arbeitnehmern **einen gleitenden Übergang in den Ruhestand** zu ermöglichen. Hierzu gewährt darüber hinaus die Bundesagentur für Arbeit (BA) Zuschüsse, um zu vermeiden, dass wie bisher **Frühpensionierungen** über den Weg der Arbeitslosigkeit herbeigeführt werden.

2 Das am 1.8.1996 in Kraft getretene Altersteilzeitgesetz war zunächst auf fünf Jahre befristet. Zwischenzeitlich wurde das Altersteilzeitgesetz mehrfach verlängert. Zuletzt erfolgte mit Gesetz vom 27.6.2000 eine Verlängerung des Altersteilzeitgesetzes bis zum 31.12.2009. Liegen im Einzelfall am 31.12.2009 die Voraussetzungen für eine Förderung nach dem Altersteilzeitgesetz vor, so wird die BA auch bei einer Nichtverlängerung des Altersteilzeitgesetzes – wovon derzeit auszugehen ist – auf Grund der in § 16 ATG enthaltenen Übergangsregelung für die vor dem 31.12.2009 abgeschlossenen Altersteilzeitverträge weiterhin Leistungen erbringen. Insofern reicht es im Übrigen auch beim Blockmodell der Altersteilzeit aus, wenn die Altersteilzeit spätestens am 31.12.2009 begonnen wurde, um noch in den Genuss der Förderung durch die BA zu kommen.

B. Anspruch auf Altersteilzeit

3 Der Übergang in die Altersteilzeit setzt den **Abschluss eines Änderungsvertrages** zwischen Arbeitgeber und Arbeitnehmer voraus. Einen **durchsetzbaren Anspruch** auf einen Wechsel in die Altersteilzeit hat nach dem Altersteilzeitgesetz weder das Unternehmen noch der Mitarbeiter (vgl. *BAG* 23.1.2007 EzA § 3 ATG Nr. 6). Der Gesetzgeber hat jedoch die Möglichkeit vorgesehen, dass ein Tarifvertrag einen Anspruch auf Abschluss eines Altersteilzeitvertrages gewährt (vgl. *BAG* 23.1.2007 EzA § 3 ATG Nr. 6). Hiervon haben eine Vielzahl von Tarifvertragsparteien bereits Gebrauch gemacht. Für diesen Fall sieht das Altersteilzeitgesetz allerdings eine sog. **Überforderungsklausel** in Form einer prozentualen Begrenzung der berechtigten Arbeitnehmer vor.

4 Gemäß § 3 Abs. 1 Nr. 3 ATG muss gewährleistet sein, dass **nicht mehr als 5% der Arbeitnehmer eines Betriebes** Anspruch auf einen Wechsel in die Altersteilzeit haben. Da der Gesetzgeber ausdrücklich bei der Überforderungsklausel auf den Betrieb abstellt, kommt es nicht auf das Unternehmen, d.h. die juristische Person, an. Anknüpfungspunkt ist alleine die jeweilige **Betriebsgröße**. Hat der Betrieb weniger als 21 Arbeitnehmer, so führt die Überforderungsklausel dazu, dass der Arbeitgeber unabhängig von den Regelungen im Tarifvertrag selbst entscheidet, ob er Anträge auf Altersteilzeit annimmt oder nicht.

5 Bei der Ermittlung der Anzahl der Arbeitnehmer, die in einem Betrieb in Altersteilzeit sind bzw. bei der Ermittlung der Zahlen, die für die Festlegung der zulässigen Höchstquote zu berücksichtigen sind, müssen sämtliche Arbeitnehmer im Betrieb berücksichtigt werden. Eine Begrenzung der insofern zu berücksichtigenden Arbeitnehmer auf **Gewerkschaftsmitglieder** kommt nicht in Betracht (vgl. *BAG* 18.9.2001 DB 2002, 486). Im Übrigen hat der Gesetzgeber in § 7 ATG selbst festgeschrieben, welche Mitarbeiter wie bei der Berechnung zu berücksichtigen sind.

6 Gemäß § 7 Abs. 2 ATG ist für die Berechnung der Zahl der Arbeitnehmer nach § 3 Abs. 1 Nr. 3 ATG der Durchschnitt der letzten zwölf Kalendermonate vor dem Beginn der Altersteilzeitarbeit des Arbeitnehmers maßgebend. Obwohl § 7 Abs. 3 ATG bisher vorsah, dass bei der Feststellung der Zahl der beschäftigten Arbeitnehmer nach Abs. 1 und 2 in § 7 ATG **schwer behinderte Menschen und Gleichgestellte** i.S.d. Sozialgesetzbuches IX sowie **Aus-**

zubildende außer Ansatz bleiben, hat der Gesetzgeber dies im Hinblick auf die Berechnung zur Überforderungsklausel jetzt korrigiert.

Mit dem ab 1.7.2004 in Kraft getretenen neuen Altersteilzeitgesetz wurde in § 7 ATG ein neuer Absatz 4 eingefügt. Dort ist jetzt ausdrücklich klargestellt, dass bei der Ermittlung der Zahl der in Altersteilzeit beschäftigten Arbeitnehmer nach § 3 Abs. 1 Nr. 3 ATG auch schwer behinderte Menschen und Gleichgestellte i.S.d. Sozialgesetzbuches IX zu berücksichtigen sind. Der Gesetzgeber **differenziert** nunmehr also bei der **Feststellung der Arbeitnehmerzahl** im Betrieb – hier zählen schwer behinderte Menschen und Gleichgestellte i.S.d. Sozialgesetzbuches IX nicht mit – und hinsichtlich der **Feststellung der Anzahl derjenigen Arbeitnehmer, die sich bereits in Altersteilzeit befinden** – hier zählen nunmehr schwer behinderte Menschen und Gleichgestellte, die Altersteilzeit ausüben, wieder mit. 7

Teilzeitkräfte werden bei der Ermittlung der Anzahl der beschäftigten Arbeitnehmer nur anteilig gezählt. Teilzeitbeschäftigte mit einer regelmäßigen wöchentlichen Arbeitszeit von nicht mehr als 20 Stunden sind mit 0,5 und Teilzeitbeschäftigte mit einer regelmäßigen wöchentlichen Arbeitszeit von nicht mehr als 30 Stunden mit 0,75 zu berücksichtigen. 8

Ist die 5%-Quote überschritten, so darf der Arbeitgeber frei entscheiden, ob und wenn ja mit wem er künftig Altersteilzeitverträge abschließt. Das Altersteilzeitgesetz enthält keine Regelungen darüber, wie die jetzt erforderliche Auswahl durchzuführen ist. Einigkeit besteht insofern lediglich, dass die Auswahl nicht willkürlich getroffen werden darf, sondern sich nach sachlichen Kriterien zu richten hat. Das Bundesarbeitsgericht hatte im Zusammenhang mit der vergleichbaren Regelung aus dem Vorruhestandsgesetz entschieden, dass Lebensalter oder Gesichtspunkte der Sozialauswahl entsprechend § 1 Abs. 3 KSchG als Kriterien zur Auswahl der für die Altersteilzeit in Betracht kommenden Mitarbeiter herangezogen werden können. Als **nicht geeignetes Kriterium** zur Auswahl der Mitarbeiter, die nach Erfüllung der 5%-Quote berechtigt sind, Altersteilzeit auszuüben, soll das **Eingangsdatum des Antrags auf Altersteilzeit** sein. Würde man alleine nach dem Eingangsdatum gehen, so könnten jüngere Kollegen ältere Arbeitskollegen durch die frühe Einreichung eines entsprechenden Antrags verdrängen. Natürlich darf auch nicht eine Auswahl auch nicht anhand der Gewerkschaftszugehörigkeit vorgenommen werden darf (vgl. *BAG* NZA 1987, 233). 9

C. Voraussetzungen der Altersteilzeit

Die BA gewährt dem **Unternehmen (nicht dem Arbeitnehmer!) Zuschüsse zur Altersteilzeit**, wenn die entsprechenden Voraussetzungen des Altersteilzeitgesetzes vorliegen. Die im Gesetz vorgeschriebenen Aufstockungsbeträge werden vollumfänglich in der gesetzlichen Höhe von der Agentur für Arbeit übernommen. Zahlt das Unternehmen freiwillig oder auf Grund eines Tarifvertrages höhere Aufstockungsbeträge, so muss der Arbeitgeber den Teil, der oberhalb der gesetzlichen Beträge liegt, selbst tragen. 10

Voraussetzungen für Zuschüsse der Agentur für Arbeit im Rahmen der Altersteilzeit sind: 11

- Vollendung des 55. Lebensjahres
- Verkürzung der Arbeitszeit um 50 % (Verteilzeitraum: drei Jahre ohne Tarifvertrag bzw. sechs Jahre mit Tarifvertrag)
- Aufstockung der Teilzeitvergütung
- Einstellung eines Arbeitslosen oder Ausgebildeten.

I. Berechtigter Personenkreis

Leistungen nach dem Altersteilzeitgesetz werden von der Agentur für Arbeit nur für diejenigen Arbeitnehmer an den Arbeitgeber gewährt, die die Voraussetzungen des § 2 Abs. 1 ATG erfüllen. 12

13 Gemäß § 2 Abs. 1 ATG zählen nur diejenigen Arbeitnehmer zum begünstigten Personenkreis, die:

- das **55. Lebensjahr** vollendet haben,
- nach dem 14.2.1996 auf Grund einer **Vereinbarung** mit dem Arbeitgeber, die sich zumindest **auf die Zeit erstrecken muss, bis eine Rente wegen Alters beansprucht werden kann, ihre Arbeitszeit auf die Hälfte der bisherigen wöchentlichen Arbeitszeit vermindert haben und versicherungspflichtig beschäftigt** i.S.d. Dritten Buches Sozialgesetzbuch sind und
- **innerhalb der letzten fünf Jahre vor Beginn der Altersteilzeit mindestens 1080 Kalendertage** in einer versicherungspflichtigen Beschäftigung nach dem Dritten Buch Sozialgesetz gestanden haben. Zeiten mit Anspruch auf Arbeitslosengeld oder Arbeitslosenhilfe, Zeiten des Bezuges von Arbeitslosengeld II sowie Zeiten, in denen Versicherungspflicht nach § 26 Abs. 2 SGB III bestand, stehen der versicherungspflichtigen Beschäftigung gleich. § 427 Abs. 3 SGB III gilt entsprechend.

14 ▶ Alternativ zu den vorgenannten Vorbeschäftigungszeiten kommen nunmehr seit 1.7.2004 auch versicherungspflichtige Beschäftigungsverhältnisse nach den Vorschriften eines **EU-Mitgliedsstaates** in Betracht, in dem die Verordnung Nr. 1408/71 des Rates der Europäischen Union Anwendung findet. War der Mitarbeiter hier in den letzten fünf Jahren mindestens 1.080 Kalendertage versicherungspflichtig beschäftigt bzw. ergibt sich aus der Tätigkeit in Deutschland und der Tätigkeit in einem Mitgliedsstaat der EU die notwendige Beschäftigungszeit von 1.080 Kalendertagen, so sind insofern auch die Voraussetzungen für einen Wechsel in die Altersteilzeit erfüllt.

15 ▶ Von der versicherungspflichtigen Beschäftigung in einem EU-Mitgliedsstaat sind Beschäftigungen im sonstigen Ausland zu unterscheiden. Wird ein deutscher Arbeitnehmer, der in einem Arbeitsverhältnis zu einem deutschen Unternehmen steht, im Ausland beschäftigt, ohne dass eine Entsendung i.S.v. § 4 SGB IV vorliegt, unterliegt diese Beschäftigung nicht der Versicherungspflicht nach dem Sozialgesetzbuch III. Das Gesetz spricht hier von sog. Ortskräften. Die **Auslandsbeschäftigung** in diesem Fall erfüllt also nicht die Anforderungen des § 2 ATG an die notwendigen Vorbeschäftigungszeiten.

16 ▶ Nachdem zum 1.1.2005 das sog. **Arbeitslosengeld II** eingeführt wurde, hat der Gesetzgeber in der Neufassung des Altersteilzeitgesetzes klargestellt, dass auch Zeiten des Bezuges von Arbeitslosengeld II einer versicherungspflichtigen Beschäftigung gleichstehen. Der Arbeitnehmer, der in die Altersteilzeit wechseln will und in den letzten fünf Jahren vor Beginn der geplanten Altersteilzeit unter anderem Arbeitslosengeld II bezogen hat, kann also ebenfalls bei Erreichen des 55. Lebensjahres in die Altersteilzeit wechseln.

17 Erfüllt der Arbeitnehmer die vorgenannten Voraussetzungen, so kann bis zum 31.12.2009 eine Vereinbarung zwischen den Arbeitsvertragsparteien geschlossen werden, wonach sich die Arbeitszeit entsprechend den Vorgaben des Altersteilzeitgesetzes vermindert. Wie oben angesprochen, kann die Altersteilzeit bis zum 31.12.2009 auch dann noch vereinbart werden, wenn das Gesetz nicht verlängert wird. Entscheidend ist alleine, dass bis zum 31.12.2009 die im Altersteilzeitgesetz genannten Voraussetzungen bei dem betreffenden Mitarbeiter vorliegen.

18 Da der Gesetzgeber das Altersteilzeitgesetz am 24.12.2003 in § 16 ATG dahingehend geändert hat, dass für die Zeit ab 1.1.2010 Förderleistungen nach § 4 ATG nur noch zu erbringen sind, wenn die Voraussetzungen des § 2 ATG bis spätestens zum 31.12.2009 vorgelegen haben und nicht mehr wie früher auch verlangt, dass gleichzeitig auch die Voraussetzungen des § 3 Abs. 1 Nr. 2 ATG bis zum 31.12.2009 vorliegen müssen, haben seither auch diejenigen Arbeitnehmer, die spätestens am 31.12.2009 die Altersteilzeit in Form eines Blockmodells aufnehmen, die Möglichkeit, zum einen die Altersteilzeit noch bis zu dem für sie geltenden frühesten Eintrittsalter in die Rentenversicherung fortzuführen und gleichzeitig der Arbeitgeber die Möglichkeit, für dieses Arbeitsverhältnis Förderleistungen zu erhalten.

Durch den früheren Verweis nicht nur auf § 2 ATG, sondern gleichzeitig auch auf § 3 Abs. 1 Nr. 2 ATG reichte der Beginn der Altersteilzeit im Blockmodell vor dem 1.1.2010 nicht aus, da der Arbeitgeber gleichzeitig auch bereits einen bei der Agentur für Arbeit arbeitslos gemeldeten Arbeitnehmer oder einen Arbeitnehmer nach Abschluss der Ausbildung auf dem frei gemachten Arbeitsplatz beschäftigen musste. Bei der Altersteilzeit in Form des Blockmodells ist dies jedoch erst nach Ablauf der Arbeitsphase möglich, so dass die Laufzeit des Altersteilzeitgesetzes für die Altersteilzeit im Blockmodell faktisch nicht bis zum 31.12.2009, sondern wesentlich früher befristet war. Diese Benachteiligung des Blockmodells gegenüber dem sog. Konti-Modell ist durch die zwischenzeitlich erfolgte Änderung des § 16 ATG aufgehoben worden. 19

II. Laufzeit der Altersteilzeitvereinbarung

Die Altersteilzeitvereinbarung muss, damit der Arbeitnehmer anschließend über § 237 SGB VI in den Ruhestand wechseln kann, mindestens **zwei Jahre** laufen. Weitere Voraussetzung sowohl für die Altersteilzeit als auch für den späteren Rentenbezug ist, dass die Altersteilzeitvereinbarung vorsieht, dass die Altersteilzeit bis zu dem Zeitpunkt läuft, zu dem der Arbeitnehmer eine Altersrente aus der gesetzlichen Rentenversicherung in Anspruch nehmen kann. Keine Rolle spielt es, ob es sich hierbei um eine geminderte oder um eine ungeminderte Altersrente handelt. 20

Eine Altersteilzeitvereinbarung, nach der der Arbeitnehmer bereits vor Erreichen des für ihn frühest möglichen Zeitpunktes des Rentenbezuges aus dem Arbeitsverhältnis und damit auch aus der Altersteilzeit ausscheiden soll, erfüllt nicht die Voraussetzung des Altersteilzeitgesetzes. Es ist also bspw. nicht möglich, mit einem 55-jährigen Arbeitnehmer zu vereinbaren, dass dieser für drei Jahre in die Altersteilzeit wechselt und dann mit Vollendung des 58. Lebensjahres aus dem Arbeitsverhältnis ausscheidet, um für die restliche Zeit bis zum Bezug einer Altersrente Arbeitslosengeld zu beziehen. Eine derartige Altersteilzeitvereinbarung wäre unwirksam. Die Altersteilzeit würde weder vom Finanzamt durch Steuerbefreiung der Aufstockungsbeträge noch durch die BA gefördert werden können. 21

Im Hinblick auf die Mindestlaufzeit von 24 Monaten (vgl. § 237 SGB VI) ist zu beachten, dass Altersteilzeitvereinbarungen nicht **rückwirkend** abgeschlossen werden können. Die Altersteilzeitvereinbarung ist also vor Eintritt in die Altersteilzeit abzuschließen. Bereits abgelaufene Arbeitszeiten, in denen tatsächlich keine Altersteilzeit ausgeübt worden ist, können nunmehr nicht nachträglich in ein Altersteilzeitarbeitsverhältnis umgewandelt werden. Für die **Ansparung von Wertguthaben**, welche dann im Blockmodell in der **Freistellungsphase** abgebaut wird, ist es gem. § 7 Abs. 1a SGB IV erforderlich, dass im Vorfeld eine entsprechende Altersteilzeitvereinbarung abgeschlossen wurde. **Die Rückdatierung ist also nicht zulässig.** 22

Etwas Anderes gilt allerdings nach der Rechtsprechung des BAG in den Fällen, in denen der Arbeitnehmer zunächst erfolglos einen Antrag auf Altersteilzeit gestellt hat. Steht dem Arbeitnehmer aufgrund eines Tarifvertrages ein Anspruch auf Altersteilzeit zu und setzt er diesen Anspruch im Rahmen eines Arbeitsgerichtsverfahrens gegen seinen Arbeitgeber durch, so wird der Arbeitgeber verurteilt, dem Antrag auf Abschluss eines Altersteilzeitvertrages auch rückwirkend zuzustimmen (*BAG* 23.1.2007 EzA § 3 ATG Nr. 6). 23

Die Mindestlaufzeit von 24 Monaten ist bei der Altersteilzeit allerdings nur erforderlich, wenn der Arbeitnehmer beabsichtigt, über § 237 SGB VI in den gesetzlichen Ruhestand zu wechseln (s. zu der hier erfolgten Anhebung der Altersgrenze u. Kap. 8 Rn. 240). Da der Gesetzgeber verschiedene Möglichkeiten eröffnet, um in den Ruhestand zu wechseln, ist daher auch eine wesentlich kürzere Laufzeit der Altersteilzeit möglich. Erfüllt der Mitarbeiter die Voraussetzungen der **Rente für langjährig Versicherte** (§ 36 SGB VI), die Voraussetzungen für die **Altersrente für schwer behinderte Menschen** (§ 37 SGB VI) oder die Voraussetzungen für die **Altersrente für Frauen** (§ 237a SGB VI), so reicht es aus, wenn die 24

Altersteilzeitvereinbarung eine Laufzeit enthält, die einen nahtlosen Übergang in eine der drei vorerwähnten Renten ermöglicht. Während die Altersrente für Frauen (§ 237a SGB VI) nur für die Geburtsjahrgänge bis 1951 in Betracht kommt, da es für die Arbeitnehmerinnen, die nach dem 31.12.1951 geboren sind, keine spezielle »Frauen-Altersrente« mehr gibt, wird die Altersteilzeit in erster Linie an die Rente für langjährig Versicherte, die Altersrente für schwerbehinderte Menschen und die Regelaltersrente anknüpfen. Bezüglich der drei vorerwähnten Renten ist nun zu beachten, dass der Gesetzgeber plant, die Altersgrenze für die Regelaltersgrenze vom 65. schrittweise auf das 67. Lebensjahr anzuheben. Betroffen von der Altersgrenzenanhebung sind auch die Altersrenten für schwerbehinderte Menschen und die Altersrente für langjährig Versicherte. Letztere wird in Zukunft wieder erst ab dem 63. Lebensjahr unter Inkaufnahme entsprechender Abschläge möglich sein. Nur dort, wo vor dem 31.12.2006 bereits eine Altersteilzeitvereinbarung abgeschlossen war und im Übrigen nach der bisherigen Rechtslage die Möglichkeit bestand, als langjährig Versicherter mit dem 62. Lebensjahr bereits Altersrente zu beantragen, bleibt es aufgrund von Vertrauensschutz bei diesem Renteneintrittsalter. In allen übrigen Fällen wird die Altersgrenze schrittweise angehoben. Im Einzelnen kann hier bzgl. der Anhebung der Altersgrenzen auf Kapitel E und die dortigen Tabellen verwiesen werden.

25 Im Hinblick auf die Laufzeit der Altersteilzeitvereinbarung bzw. das Enddatum des Altersteilzeitvertrages ist des Weiteren zu beachten, dass der Gesetzgeber durch das so genannte **Rentenversicherungs-Nachhaltigkeitsgesetz** die **Altersgrenze** für die vorzeitige Inanspruchnahme der Altersrente nach vorausgegangener Altersteilzeit (§ 237 SGB VI) ebenso wie die Altersgrenze für die Altersrente nach vorausgegangener Arbeitslosigkeit in den Jahren 2006 bis 2008 **schrittweise vom 60. auf das 63. Lebensjahr anhebt** (s. hierzu die Tabelle u. Kap. 8 Rn. 232). Von daher ergeben sich hinsichtlich der Laufzeit von Altersteilzeitvereinbarungen für die verschiedenen Jahrgänge unterschiedliche Regelungen.

26 Allgemein ist zunächst darauf hinzuweisen, dass eine Altersrente nach einer mindestens 24-monatigen Altersteilzeit ohnehin nur Versicherte erhalten können, die vor dem 1.1.1952 geboren sind. Alle übrigen Arbeitnehmer haben gem. § 237 SGB VI keine Möglichkeit mehr, über den Weg der Altersteilzeit in den gesetzlichen Ruhestand zu wechseln. Hier bleiben nur die oben angesprochenen Alternativen über die Altersrente für langjährig Versicherte oder die Altersrente für schwer behinderte Menschen.

27 Arbeitnehmer, die vor dem **1.1.2004 bereits rechtswirksam einen Altersteilzeitvertrag** abgeschlossen haben, können **weiterhin ab Vollendung des 60. Lebensjahres** – unter Beachtung der Abschläge von bis zu 18% lebenslänglich – in den gesetzlichen Ruhestand nach vorausgegangener Altersteilzeit von mindestens 24 Kalendermonaten wechseln. Die vor dem 1.1.2004 verbindlich abgeschlossene Altersteilzeitvereinbarung muss nicht zwingend dazu geführt haben, dass der Mitarbeiter bereits ab 1.1.2004 in die Altersteilzeit gewechselt ist. Es reicht aus, dass der Mitarbeiter zu diesem Zeitpunkt sich bereits rechtswirksam zu einer Altersteilzeit entschieden hat.

28 Mitarbeiter, die nicht unter den **Vertrauensschutz** fallen, d.h. nicht vor dem 1.1.2004 eine Altersteilzeitvereinbarung abgeschlossen hatten, können nunmehr nicht mehr mit Vollendung des 60. Lebensjahres in die Rente nach Altersteilzeit wechseln. Wie angesprochen, sieht das sog. Rentenversicherungs-Nachhaltigkeitsgesetz vor, dass die Altersgrenze für die vorzeitige Inanspruchnahme dieser Altersrente für alle nach 1945 geborenen Versicherten in der Zeit von **2006 bis 2008 schrittweise vom 60. auf das 63. Lebensjahr angehoben** wird. Dies bedeutet, dass derjenige, der im Januar 1946 geboren wurde, erst mit 60 Jahren und einem Monat in die gesetzliche Rente nach vorausgegangener Altersteilzeit wechseln kann. Derjenige, der im Februar 1946 geboren wurde, kann frühestens im Alter von 60 Jahren und zwei Monaten in die Altersrente nach vorausgegangener Altersteilzeit wechseln. Diese Aufstockung setzt sich dann entsprechend der unten wiedergegebenen Tabelle bis zu denjenigen Arbeitnehmern fort, die im Dezember 1948 oder später geboren sind, die dann erst mit dem 63. Lebensjahr in die Altersrente nach vorausgegangener Altersteilzeit wechseln können. Arbeitnehmer, die nach dem 31.12.1951 geboren sind, können wegen Wegfalls der Altersrente nach vorausgegangener Altersteilzeit nur noch über den Weg der Schwerbehinderung oder der langjährigen Versicherung vorzeitig in den Altersruhestand wechseln.

Zwischenzeitlich hat der Gesetzgeber durch eine Änderung des § 8 Abs. 3 ATG dafür Sorge getragen, dass auch die Arbeitnehmer, die zwischen dem 1.1.1952 und dem 31.12.1954 geboren sind, die Möglichkeit haben, ein Altersteilzeitvertrag abzuschließen, der eine Beendigung des Arbeitsverhältnisses vor dem 65. Lebensjahr vorsieht, weil sie bereits vor dem 65. Lebensjahr die Möglichkeit haben, eine Rente für Schwerbehinderte gem. §§ 37, 236 a SGB VI oder für langjährige Versicherte nach §§ 36, 236 SGB VI zu beziehen. Bisher konnte aufgrund der Altfassung des § 8 Abs. 3 ATG mit diesen Mitarbeitern keine wirksame Befristung des Altersteilzeitvertrages vereinbart werden, sofern die Altersteilzeitvereinbarung länger als drei Jahre laufen sollte. § 8 Abs. 3 ATG erlaubte die Befristung von Altersteilzeitverträgen auf einen Zeitpunkt vor Vollendung des 65. Lebensjahres nur für die Fälle, in denen der Mitarbeiter eine Altersrente nach Alterteilzeit i.S.v. § 237 SGB VI bezog. Der Gesetzgeber hat diese Lücke für den Bezug sonstiger Altersrenten und für Mitarbeiter, die nach dem 31.12.1951 geboren sind, nunmehr geschlossen, in dem er in § 8 Abs. 3 ATG nunmehr nur noch verlangt, dass der Arbeitnehmer im Zeitpunkt der Beendigung des Arbeitsverhältnisses »Anspruch auf eine Rente wegen Alters« hat. Welche Art von Altersrente der Mitarbeiter beanspruchen kann, ist nunmehr unerheblich. Insofern stellt § 8 Abs. 3 ATG in der jetzt vorliegenden Fassung eine umfassende Sonderregelung gegenüber § 41 S. 2 SGB VI dar. 29

Ergänzend ist im Übrigen darauf hinzuweisen, dass die **Anhebung der Altersgrenze durch das Rentenversicherungs-Nachhaltigkeitsgesetz nicht die Möglichkeit vorsieht, der Anhebung der Altersgrenze durch Inkaufnahme von Rentenabschlägen zu entgehen**. Es bleibt allerdings dabei, dass derjenige, der zu dem für ihn nunmehr geltenden neuen frühesten Zeitpunkt der Inanspruchnahme von Altersrente in den Ruhestand wechselt, die bereits bisher für diesen vorzeitigen Wechsel in den Ruhestand vorgesehenen Rentenabschläge hinnehmen muss. Die Abschläge betragen also weiterhin 0,3% für jeden Monat vor Vollendung des 65. Lebensjahres. Nimmt bspw. ein im Jahre 1949 geborener Arbeitnehmer die Altersrente nach Altersteilzeit ab dem 63. Lebensjahr in Anspruch, so beträgt sein **Rentenabschlag lebenslänglich** 7,2%. 30

Im Einzelnen gelten für die Altersteilzeit derjenigen Mitarbeiter, die **ohne Vertrauensschutz** (d.h. kein Abschluss einer Altersteilzeitvereinbarung vor dem 1.1.2004) in die Rente wechseln wollen, folgende Altersgrenzen: 31

Geburtsmonat	**Eintrittsalter**
1946	
Januar	60 J. + 1 Monat
Februar	60 J. + 2 Monate
März	60 J. + 3 Monate
April	60 J. + 4 Monate
Mai	60 J. + 5 Monate
Juni	60 J. + 6 Monate
Juli	60 J. + 7 Monate
August	60 J. + 8 Monate
September	60 J. + 9 Monate
Oktober	60 J. + 10 Monate
November	60 J. + 11 Monate
Dezember	61 Jahre
1947	
Januar	61 J. + 1 Monat
Februar	61 J. + 2 Monate

Geburtsmonat	**Eintrittsalter**
März	61 J. + 3 Monate
April	61 J. + 4 Monate
Mai	61 J. + 5 Monate
Juni	61 J. + 6 Monate
Juli	61 J. + 7 Monate
August	61 J. + 8 Monate
September	61 J. + 9 Monate
Oktober	61 J. + 10 Monate
November	61 J. + 11 Monate
Dezember	62 Jahre
1948	
Januar	62 J. + 1 Monat
Februar	62 J. + 2 Monate
März	62 J. + 3 Monate
April	62 J. + 4 Monate
Mai	62 J. + 5 Monate
Juni	62 J. + 6 Monate
Juli	62 J. + 7 Monate
August	62 J. + 8 Monate
September	62 J. + 9 Monate
Oktober	62 J. + 10 Monate
November	62 J. + 11 Monate
Dezember	63 Jahre
Ab 1949	63 Jahre

32 Problematisch im Hinblick auf die Laufzeit einer Altersteilzeitvereinbarungsind die Fälle, in denen der Arbeitnehmer keinen Anspruch auf eine gesetzliche Altersrente hat. Hat der Arbeitnehmer in der Vergangenheit von der Möglichkeit Gebrauch gemacht, sich durch Abschluss einer Lebensversicherung von der Versicherungspflicht in der gesetzlichen Rentenversicherung befreien zu lassen, so stellt sich die Frage, ob mit einem derartigen Arbeitnehmer überhaupt eine Altersteilzeitvereinbarung nach dem Altersteilzeitgesetz geschlossen werden kann und – soweit diese Frage zu bejahen ist – bis wann diese Altersteilzeitvereinbarung laufen muss. Problematisch ist insoweit, dass § 1 ATG bestimmt, dass durch Altersteilzeitarbeit älteren Arbeitnehmern ein gleitender Übergang vom Erwerbsleben in die Altersrente ermöglicht werden soll. Das Gesetz knüpft also an den Wechsel in die Altersrente an. Wechselt ein Arbeitnehmer nicht in die Altersrente, so lässt sich nach dem Wortlaut von § 1 Abs. 1 ATG die Auffassung vertreten, dass Arbeitnehmer mit einer befreienden Lebensversicherung, die keinen Anspruch auf Wechsel in die Altersrente erworben haben, auch nicht über den Weg des Altersteilzeitgesetzes aus dem Erwerbsleben ausscheiden können. Eine derartige an dem Wortlaut des § 1 Abs. 1 ATG haftende Auslegung des Altersteilzeitgesetzes würde aber zu einer nicht gerechtfertigten Ungleichbehandlung derjenigen Arbeitnehmer führen, die von der gesetzlich in der Vergangenheit bestehenden Möglichkeit Gebrauch gemacht haben, sich von der Rentenversicherungspflicht befreien zu lassen. Bei diesen Mitarbeitern besteht das gleiche Bedürfnis nach einem gleitenden Übergang aus dem Erwerbsleben in den Ruhestand wie bei Arbeitnehmern, die im Ruhestand Leistungen aus der gesetzlichen Rentenversicherung beziehen. Die Inanspruchnahme der Altersteilzeit kann letztendlich nicht davon abhängen, aus welcher Quelle der Arbeitnehmer im Ruhestand seine Vergütung bezieht. Sinn und Zweck des Altersteilzeitgesetzes ist der gleitende Übergang aus dem Erwerbsleben in den Ruhestand. Dass der Gesetzgeber hier auf die »Altersrente« abstellt, kann nicht als Ausschlusskriterium für Arbeitnehmer mit befreiender Lebensversicherung gelten. Eine derartige Auslegung, die teilweise von der Agentur für Arbeit vertreten wird, steht nicht mit dem allgemeinen Gleichbehandlungsgrundsatz in Einklang. Sachliche Gründe für die Differenzierung zwischen Arbeitnehmern mit Anspruch auf gesetzliche Altersrente und Arbeitnehmern ohne diesen Anspruch sind nicht erkennbar.

Bejaht man grds. die Möglichkeit des Wechsels in die Altersteilzeit für einen Arbeitnehmer mit befreiender Lebensversicherung, so stellt sich die Frage nach der Laufzeit einer derartigen Altersteilzeitvereinbarung. Der Gesetzgeber hat in § 2 unmissverständlich klargestellt, dass eine Altersteilzeitvereinbarung mindestens bis zu dem Zeitpunkt geführt werden muss, zu dem der Arbeitnehmer eine Rente wegen Alters beanspruchen kann. Verhindert werden soll durch diese Regelung, dass Arbeitnehmer eine Altersteilzeitvereinbarung mit einer Laufzeit abschließen, die nicht bis an das Renteneintrittsalter heranreicht, sondern die Zeit bis zum frühestmöglichen Renteneintritt mit dem Bezug von Arbeitslosengeld überbrücken. Diesem Ziel des Gesetzgebers muss auch in den Fällen Rechnung getragen werden, in denen ein Arbeitnehmer überhaupt keinen Anspruch auf eine gesetzliche Altersrente hat, sondern im Alter nur Leistungen aus der befreienden Lebensversicherung bezieht. 33

Unproblematisch sind insofern Altersteilzeitvereinbarungen, die bis zu dem Alter führen, in dem der Arbeitnehmer die Regelaltersgrenze erreicht hat. Gemäß § 117 Abs. 2 SGB III haben Arbeitnehmer, die das 65. Lebensjahr vollendet haben, von Beginn des folgenden Monats an keinen Anspruch auf Arbeitslosengeld. Eine bis zur Regelaltersgrenze laufende Altersteilzeitvereinbarung mit einem Arbeitnehmer, der nur über eine befreiende Lebensversicherung verfügt, trägt somit dem Gedanken des Gesetzgebers an einem gleitenden Übergang aus dem Erwerbsleben in den Ruhestand Rechnung, ohne die Gefahr in sich zu bergen, dass der Arbeitnehmer nach Ende der Altersteilzeit noch Leistungen der Bundesagentur für Arbeit in Anspruch nimmt. Eine derartige Altersteilzeitvereinbarung ist also als zulässig anzusehen. 34

Problematisch sind Altersteilzeitvereinbarungen mit Arbeitnehmern, die nur über eine befreiende Lebensversicherung verfügen, die einen Beendigungszeitpunkt vor der Regelaltersgrenze vorsehen. Hier hätte der Arbeitnehmer nach Ende der Altersteilzeit grds. Anspruch darauf, Arbeitslosengeld zu beziehen. Dieses Arbeitslosengeld würde gem. § 10 Abs. 1 ATG sogar auf Basis des fiktiven Vollzeiteinkommens berechnet werden, weil der Arbeitnehmer noch nicht die Voraussetzungen für eine Rente wegen Alters erfüllt. Dieses Problem lässt sich also nur dadurch lösen, dass man entweder eine Altersteilzeit bei Arbeitnehmern mit befreiender Lebensversicherung nur mit einer Laufzeit bis zum Erreichen des 65. Lebensjahres zulässt oder aber § 10 Abs. 1 ATG in den Fällen von Arbeitnehmern mit befreiender Lebensversicherung dahingehend auslegt, dass an die Stelle des Erreichens des »Alters für eine Altersrente« die Möglichkeit der Inanspruchnahme der befreienden Lebensversicherung steht. Eine derartige Auslegung muss als zulässig angesehen werden und benachteiligt den Arbeitnehmer nicht, weil dieser die Möglichkeit der Altersteilzeit nur erhält, wenn die Möglichkeit der Inanspruchnahme von Leistungen aus der befreienden Lebensversicherung vor dem 65. Lebensjahr i.S.v. § 2 Abs. 1 ATG den Fällen gleichgestellt wird, in denen ein der gesetzlichen Rentenversicherung unterliegender Mitarbeiter eine Rente wegen Alters beanspruchen kann. Letztendlich kann der Arbeitnehmer also selbst entscheiden, ob er die Altersteilzeitvereinbarung bis zu dem Zeitpunkt führen möchte, zu dem die befreiende Lebensversicherung als Einmalsumme oder als Rentenzahlung fällig ist oder ob die Altersteilzeit bis zur Regelaltersgrenze von 65. Jahren vereinbart wird (s. zur Anhebung der Regelaltersgrenze auf das 67. Lebensjahr die Ausführungen unten im Kapitel E). Entscheidet der Arbeitnehmer sich für die Beendigung der Altersteilzeit vor dem 65. Lebensjahr, so ist diese Entscheidung gleichbedeutend mit dem Verzicht auf die Inanspruchnahme von Arbeitslosengeld auf Basis eines fiktiven Vollzeiteinkommens i.S.v. § 10 ATG. 35

36 Im Gegensatz zur **fehlenden Regelung einer Mindestlaufzeit** im Altersteilzeitgesetz hat der Gesetzgeber die **maximale Laufzeit** einer Altersteilzeitvereinbarung in verschiedener Form begrenzt. Soll die Altersteilzeit in Form des **Blockmodells außerhalb eines Tarifvertrages** durchgeführt werden, darf die Altersteilzeitvereinbarung **maximal drei Jahre** laufen.

37 Existiert ein Tarifvertrag bzw. kann ein Tarifvertrag zur Altersteilzeit in Bezug genommen werden, beträgt die **Höchstlaufzeit, während der die BA die Altersteilzeit fördert, sechs Jahre**.

38 Unabhängig von einer Förderung liegt die maximal zulässige Laufzeit einer Altersteilzeit bei zehn Jahren. Voraussetzung für eine **zehnjährige Laufzeit der Altersteilzeit** ist, dass sich während dieser Laufzeit ein sechsjähriger Zeitraum ergibt, in dem die weiteren Voraussetzungen der Altersteilzeit – insbes. die Halbierung der Arbeitszeit – erfüllt sind. Die zehnjährige Laufzeit der Altersteilzeit setzt voraus, dass die Altersteilzeit mit dem **55. Lebensjahr** des Mitarbeiters begonnen wird. **Eine Altersteilzeit über das 65. Lebensjahr hinaus ist nicht möglich.**

III. Verkürzung der Arbeitszeit

39 Das Wesen der Altersteilzeit besteht darin, dass der Arbeitnehmer seine bisherige Arbeitszeit halbiert. Unerheblich ist insofern, ob dies täglich durch Wechsel in eine **Halbtagstätigkeit** oder in Form des **Blockmodells** (Arbeitsphase in Vollzeit und Freistellungsphase ohne Arbeit) erfolgt.

1. Halbierung der Arbeitszeit

40 Gemäß § 2 Abs. 1 Nr. 2 ATG ist Voraussetzung für die Zahlung von Zuschüssen durch die Agentur für Arbeit, dass die Arbeitszeit des betreffenden Mitarbeiters auf die Hälfte der bisherigen wöchentlichen Arbeitszeit verringert wird. Was unter »bisheriger wöchentlicher Arbeitszeit« zu verstehen ist, hat der Gesetzgeber selbst in § 6 Abs. 2 ATG definiert. Da der Gesetzgeber allerdings die Definition des Begriffes der »bisherigen wöchentlichen Arbeitszeit« für Altersteilzeitverträge ab 1.7.2004 geändert hat, muss im folgenden zwischen der Definition für Altverträge (Beginn der Altersteilzeit bis zum 30.6.2004) und Neuverträgen (Altersteilzeitverträge ab 1.7.2004) differenziert werden.

a) Definition der Wochenarbeitszeit für Altverträge

41 In der bis zum 30.6.2004 gültigen Fassung des § 6 Abs. 2 ATG hatte der Gesetzgeber die »bisherige wöchentliche Arbeitszeit« wie folgt definiert:
»(2) Als bisherige wöchentliche Arbeitszeit ist die wöchentliche Arbeitszeit zugrunde zu legen, die mit dem Arbeitnehmer vor dem Übergang in die Altersteilzeit vereinbart war. Zugrunde zu legen ist höchstens die Arbeitszeit, die im Durchschnitt der letzten 24 Monate vor dem Übergang in die Altersteilzeitarbeit vereinbart war. Bei der Ermittlung der durchschnittlichen Arbeitszeit nach Satz 2 bleiben Arbeitszeiten, die die tarifliche regelmäßige wöchentliche Arbeitszeit überschritten haben, außer Betracht. Die ermittelte durchschnittliche Arbeitszeit kann auf die nächste volle Stunde gerundet werden.
(3) Als tarifliche regelmäßige wöchentliche Arbeitszeit ist zugrunde zu legen,
wenn ein Tarifvertrag eine wöchentliche Arbeitszeit nicht oder für Teile eines Jahres eine unterschiedliche wöchentliche Arbeitszeit vorsieht, die Arbeitszeit, die sich im Jahresdurchschnitt wöchentlich ergibt; wenn ein Tarifvertrag Ober- und Untergrenzen für die Arbeitszeit vorsieht, die Arbeitszeit, die sich für den Arbeitnehmer im Jahresdurchschnitt wöchentlich ergibt;
wenn eine tarifliche Arbeitszeit nicht besteht, die tarifliche Arbeitszeit für gleiche oder ähnliche Beschäftigungen, oder falls eine solche tarifliche Regelung nicht besteht, die für gleiche oder ähnliche Beschäftigungen übliche Arbeitszeit.«

Die bisherige Regelung der wöchentlichen Arbeitszeit war sehr kompliziert. Benachteiligt waren insbes. Arbeitnehmer, die im zulässigen Rahmen eines Tarifvertrages eine **längere Wochenarbeitszeit hatten als der Tarifvertrag an sich vorsieht**. Für diese Mitarbeiter galt trotzdem nur die übliche tarifliche Wochenarbeitszeit, so dass die Halbierung in diesem Fall tatsächlich zu einer Arbeitszeit von weit weniger als 50% führte und damit diese Mitarbeiter auch finanziell stärker beeinträchtigte. Die Bundesagentur stellte bei der Prüfung, welche Halbierung tatsächlich durchzuführen war, insofern darauf ab, ob im jeweiligen Betrieb die vom Tarifvertrag vorgegebene Obergrenze für Arbeitnehmer, die eine höhere Wochenarbeitszeit als die tarifliche Arbeitszeit haben durften, eingehalten worden ist; i.d.R. wird diese Quote in vielen Betrieben aber überschritten. 42

Vermindert nunmehr ein Arbeitnehmer, der in den letzten Jahren mit dem Arbeitgeber **vertraglich eine 40-Stunden-Woche** vereinbart hatte, seine Arbeitszeit im Rahmen der Altersteilzeit, so führt die Halbierung auf 20 Wochenstunden nach Auffassung der BA gem. Runderlass vom 20.3.2002 nicht zu einer Halbierung. Die Bundesagentur vertritt hier unter Bezugnahme auf ein Urteil des Bundessozialgerichtes (*BSG* NZA 1997, 1015) die Auffassung, dass in den Fällen, in denen die tarifvertraglich vorgegebene Quote überschritten ist, auf die reguläre Wochenarbeitszeit des Tarifvertrages – bspw. 35-Stunden-Woche – abzustellen sei. In der Literatur ist diese Auffassung heftig angegriffen worden. Für Verträge ab 1.7.2004 stellt sich, wie unten näher dargelegt werden wird, dieses Problem nunmehr nicht mehr. 43

b) Definition der Wochenarbeitszeit für Verträge ab 1.7.2004

Für Altersteilzeitverträge, die ab 1.7.2004 begonnen haben, hat der Gesetzgeber in § 6 Abs. 2 ATG den Begriff der »bisherigen wöchentlichen Arbeitszeit« neu definiert. 44

Wörtlich heißt es dort: 45
»(2) Als bisherige wöchentliche Arbeitszeit ist die wöchentliche Arbeitszeit zugrunde zu legen, die mit dem Arbeitnehmer vor dem Übergang in die Altersteilzeitarbeit vereinbart war. Zugrunde zu legen ist höchstens die Arbeitszeit, die im Durchschnitt der letzten 24 Monate vor dem Übergang in die Altersteilzeit vereinbart war. Die ermittelte durchschnittliche Arbeitszeit kann auf die nächste volle Stunde gerundet werden.«

Die Neufassung des Begriffs der **»bisherigen wöchentlichen Arbeitszeit«** stellt also nicht mehr auf tarifvertragliche Arbeitszeiten und die entsprechenden tarifvertraglichen Arbeitszeitregelungen ab. Die Berechnung der zu halbierenden Arbeitszeit wird somit wesentlich vereinfacht und es werden die oben im Hinblick auf die Altfassung des Altersteilzeitgesetzes bestehenden Ungerechtigkeiten bei abweichenden tarifvertraglichen Arbeitszeiten vermieden. 46

Zu beachten ist allerdings, dass auch die Neufassung des § 6 Abs. 2 ATG letztendlich zwei Regeln zur Bestimmung der Arbeitszeit, die in der Altersteilzeit zu halbieren ist, aufstellt. Entscheidend für die Arbeitszeit, die dann in der Altersteilzeit zu halbieren ist, ist die **wöchentliche Arbeitszeit, die mit dem Mitarbeiter unmittelbar vor dem Wechsel in die Altersteilzeit vereinbart war**. In einem zweiten Schritt ist dann zu prüfen, ob diese Arbeitszeit nicht höher liegt als die im **Durchschnitt der letzten 24 Monate** vor dem Übergang in die Altersteilzeit vereinbarte Arbeitszeit. Die durchschnittliche Arbeitszeit der letzten 24 Monate stellt also eine **Höchstgrenze** dar, die im Fall einer Aufstockung der Wochenarbeitszeit kurz vor Beginn der Altersteilzeit verhindert, dass die Durchschnittsarbeitszeit und nicht die zuletzt vereinbarte Arbeitszeit heranzuziehen ist. 47

► **Beispiel 1:** 48
Ein Arbeitnehmer beginnt die Altersteilzeit am 1.1.2006. Am 31.12.2005 betrug die wöchentliche Arbeitszeit 35 Stunden. Diese Arbeitszeit existiert allerdings erst seit 19 Monaten, d.h. seit 1.6.2004. In der Zeit vom 1.1.2004 bis 31. 5. 2004 betrug die vertraglich vereinbarte Arbeitszeit 30 Wochenstunden. Die durchschnittliche Wochenarbeitszeit (5x30 Wochenstunden + 19x35 Wochenstunden: 24) beläuft sich also auf

33,958 Wochenstunden. Diese durchschnittliche Arbeitszeit kann nun auf die nächste volle Stunde, d.h. auf 34 Wochenstunden, aufgerundet werden. Für den Arbeitnehmer bedeutet dies, dass in der Altersteilzeit nicht die unmittelbar vor dem Wechsel in die Altersteilzeit bestehende wöchentliche Arbeitszeit von 35 Stunden halbiert werden muss, sondern dass lediglich die durchschnittliche Arbeitszeit von 34 Wochenstunden halbiert werden darf, so dass sich in der Altersteilzeit für den Mitarbeiter eine wöchentliche Arbeitszeit von 17 Stunden ergibt.

49 ► **Beispiel 2:**
Der Arbeitnehmer will ab 1.1.2006 in die Altersteilzeit wechseln. Am 31.12.2005 beträgt seine vertraglich vereinbarte wöchentliche Arbeitszeit 30 Wochenstunden. Diese Wochenstundenzahl wurde erstmals am 1.1.2005 mit dem Mitarbeiter vereinbart. In den zwölf Monaten zuvor betrug die vertragliche Wochenstundenzahl 35. Im Durchschnitt der letzten 24 Monate ergibt sich somit eine Wochenarbeitszeit von 32,5 Stunden. Da es für die Feststellung der bisherigen wöchentlichen Arbeitszeit in erster Linie auf die Arbeitszeit ankommt, die unmittelbar vor dem Wechsel in die Altersteilzeit bestanden hatte, spielt die im vorliegenden Fall oberhalb der zuletzt vereinbarten Arbeitszeit von 30 Wochenstunden liegende höhere Durchschnittarbeitszeit von 32,5 Wochenstunden keine Rolle. Für die Altersteilzeit sind alleine die zuletzt vereinbarten 30 Wochenstunden maßgebend. Die Durchschnittsbetrachtung stellt nur eine Höchstgrenze dar, ohne selbst die für die Altersteilzeit maßgebende Arbeitszeit erhöhen zu können.

50 Wie oben bereits angesprochen, spielen auch **tarifvertragliche Begrenzungen keine Rolle.** Ist ein Arbeitgeber nicht tarifgebunden und vereinbart mit seinen Mitarbeitern bspw. statt der tarifvertraglichen Wochenarbeitszeit von 35 Stunden eine 40-Stunden-Woche, so ist dann, wenn im Durchschnitt der letzten 24 Monate tatsächlich diese 40-Stunden-Woche vereinbart war, von dieser Wochenstundenzahl bei der Halbierung der »bisherigen wöchentlichen Arbeitszeit« auszugehen.

2. Begrenzung der verkürzten Arbeitszeit

51 Bezüglich der Halbierung der Arbeitszeit in der Altersteilzeit ist zu beachten, dass nur solche Arbeitnehmer für die Altersteilzeit in Betracht kommen, bei denen sich auch nach Halbierung der bisherigen wöchentlichen Arbeitszeit noch eine **sozialversicherungspflichtige Beschäftigung** ergibt. Liegt nach Halbierung der bisherigen wöchentlichen Arbeitszeit nur noch eine geringfügige Beschäftigung vor, so kommt ein Wechsel in die Altersteilzeit nicht in Betracht. Maßgebend ist insofern also in erster Linie die **Geringfügigkeitsgrenze des § 8 SGB IV**.

52 Im Hinblick auf § 8 SGB IV ist nun zu berücksichtigen, dass der Gesetzgeber hier nicht mehr auf die Wochenstundenzahl sondern nur noch auf die regelmäßig im Monat erzielte Vergütung abstellt. Eine geringfügige Beschäftigung liegt danach vor, wenn das Arbeitsentgelt aus der Beschäftigung **regelmäßig im Monat 400,– €** nicht übersteigt. Von daher kommen nur solche Arbeitnehmer für die Altersteilzeit in Betracht, die vor Beginn der Altersteilzeit eine monatliche Vergütung von mehr als 800,– € bezogen haben, zw. Die nach dem Wechsel in die Altersteilzeit ein monatliches Regelentgelt i.S.v. § 6 ATG von mehr als 400,– € beziehen.

53 Aufgrund der Änderungen im Sozialgesetzbuch III muss bei Prüfung der Personen, die für eine Altersteilzeit in Betracht kommen, stets darauf geachtet werden, dass die Halbierung der Arbeitszeit weiterhin zu einer versicherungspflichtigen Beschäftigung führt. Der Gesetzgeber hat den **Kreis der versicherungspflichtig Beschäftigten in den §§ 24, 25 SGB III** festgeschrieben. Kein versicherungspflichtiges Beschäftigungsverhältnis liegt vor, wenn nach Halbierung der bisherigen wöchentlichen Arbeitszeit die Voraussetzungen für eine versicherungsfreie Beschäftigung i.S.d. §§ 27, 28 SGB III vorliegen. Wie oben bereits angesprochen, zählen Mitarbeiter, die nur eine geringfügige Beschäftigung i.S.d. § 8 SGB IV ausüben, zu den versicherungsfrei Beschäftigten. Laut den Dienstanweisungen der BA zum Altersteilzeitgesetz besteht der Sinn und Zweck dieser Regelung darin, sicherzustellen, dass im Fall

der vorzeitigen Beendigung der Altersteilzeitarbeit der Schutz der Arbeitslosenversicherung gewährleistet ist.

Obwohl § 8 SGB IV nicht mehr auf die Wochenstundenzahl zur Feststellung einer geringfügigen Beschäftigung abstellt, entfällt die bisherige Grenze für eine geringfügige Beschäftigung noch nicht vollständig. Übt ein Arbeitnehmer eine **Altersteilzeitbeschäftigung von weniger als fünfzehn Stunden wöchentlich** aus und bezieht er neben der Altersteilzeitbeschäftigung **Arbeitslosengeld oder Arbeitslosengeld II**, so liegt auch bei einem Einkommen von mehr als 400,– € gem. § 27 Abs. 5 SGB III eine **versicherungsfreie Beschäftigung** vor, wenn der Arbeitnehmer weniger als fünfzehn Stunden wöchentlich arbeitet. In diesem Fall scheidet also eine Altersteilzeit aus. Der Arbeitgeber hätte keinen Anspruch auf Förderleistungen durch die BA. 54

3. Veränderung der betrieblichen/tarifvertraglichen Arbeitszeit

Veränderungen der betrieblichen oder tarifvertraglichen Arbeitszeit nach Beginn des Altersteilzeitverhältnisses sind grds. für den in die Altersteilzeit gewechselten Mitarbeiter unerheblich. Da das Altersteilzeitverhältnis eine Teilzeitbeschäftigung darstellt, ist für diesen Mitarbeiter alleine die im Rahmen des Altersteilzeitvertrages vereinbarte wöchentliche Arbeitszeit maßgebend. Insofern führt also weder die in der Vergangenheit anzutreffende **Verringerung der Wochenarbeitszeit im Rahmen eines Tarifvertrages** noch die derzeit diskutierte **Erhöhung der tariflichen Wochenarbeitszeit** zu Auswirkungen auf die Altersteilzeitvereinbarung. 55

Gemäß Ziff. 2.2 (18) der Dienstanweisungen der BA zu § 2 ATG ist im Fall der Reduzierung der wöchentlichen Arbeitszeit – bspw. durch einen Haustarifvertrag – auch eine Anpassung der Arbeitszeit i.S.v. § 2 Abs. 1 Nr. 2 ATG möglich, wenn das Altersteilzeitverhältnis ebenfalls von der Arbeitszeitreduzierung erfasst wird. Auswirkungen auf den Beginn der Freistellungsphase im Blockmodell hat die Anpassung der Arbeitszeit jedoch nicht. 56

Wird die tarifvertragliche oder betriebliche Arbeitszeit während des Laufs der Altersteilzeit erhöht, hat auch dies gem. den Dienstanweisungen der BA zu § 2 ATG keinerlei Auswirkungen auf die Altersteilzeitvereinbarung und die dort festgesetzte Arbeitszeit. Wie angesprochen, handelt es sich um eine Teilzeitvereinbarung, so dass die Erhöhung der tarifvertraglichen Vollarbeitszeit für den sich in Altersteilzeit befindenden Mitarbeiter keine Rolle spielt. Dies gilt auch in den Fällen, in denen die **Rückkehr von der 35- zur 40-Stunden-Woche bspw. ohne Lohnausgleich erfolgt**. Dies führt zwar letztendlich zu einer Besserstellung des sich in der Altersteilzeit befindenden Mitarbeiters im Blockmodell gegenüber seinen weiterhin in Vollzeit tätigen Kollegen; jedoch beruht diese Besserstellung einzig und alleine darauf, dass der Mitarbeiter tatsächlich eine Teilzeittätigkeit ausübt und die alte Vollzeittätigkeit sich optisch nur daraus ergibt, dass der Mitarbeiter während der Arbeitsphase die Zeit, die er ansonsten in der Freistellungsphase zu erbringen hätte, bereits vorarbeitet. 57

Entscheiden sich die Arbeitsvertragsparteien trotz der vorstehenden Ausführungen dazu, die Arbeitszeit des sich in der Arbeitsphase des Blockmodells befindenden Arbeitnehmers ebenfalls der allgemeinen Arbeitszeiterhöhung im Betrieb anzupassen, so bedeutet die Tatsache, dass der Mitarbeiter nunmehr eine höhere wöchentliche Arbeitszeit erbringt, nicht, dass die Arbeitsphase insgesamt verkürzt wird. Die Anpassung der Arbeitszeit führt in diesem Fall lediglich zu einer unterschiedlichen Verteilung der Arbeitszeit in der Arbeitsphase (Ziff. 2.2 (18) der Dienstanweisungen der BA zu § 2 ATG). 58

Sollte die Arbeitszeit des Mitarbeiters unverändert bleiben; jedoch auf Grund der tarifvertraglichen Regelung wegen der allgemeinen Erhöhung der Wochenarbeitszeit sich die Vergütung entsprechend verringern, so bedeutet dies lediglich, dass der Arbeitnehmer für die restliche Laufzeit der Arbeitsphase und – korrespondierend – für die entsprechende Zeit der Freistellungsphase ein geringeres Teilzeitarbeitsentgelt, d.h. Regelentgelt, beanspruchen kann. Während der Freistellungsphase ist allerdings die Vergütung grds. in gleich bleibender Höhe, d.h. als Durchschnittsbetrag, an den Arbeitnehmer zu zahlen. Die angesprochene Kürzung des Regelentgeltes während der Altersteilzeit wegen der Anhebung der tariflichen Wochenarbeitszeit ohne Lohnausgleich darf allerdings nur in den Fällen erfolgen, in denen 59 der Altersteilzeitvertrag die Vergütung alleine an dem Tarifvertrag orientiert und nicht das Regelentgelt im Altersteilzeitvertrag selbst beziffert. Dort wo die Vergütung festgeschrieben ist, wirkt sich, wie oben angesprochen, eine Veränderung der tariflichen Wochenarbeitszeit nicht aus, weil sich der Arbeitnehmer letztendlich in einem Teilzeitarbeitsverhältnis befindet, in dem sowohl die geschuldete Wochenarbeitszeit als auch die hierfür vorgesehene Vergütung vertraglich festgeschrieben ist.

4. Verteilung der reduzierten Arbeitszeit

60 Neben der Festlegung der neuen wöchentlichen Arbeitszeit muss der Änderungsvertrag bzw. der neue Altersteilzeitarbeitsvertrag regeln, wie die reduzierte Arbeitszeit künftig verteilt wird. Der Gesetzgeber hat die Verteilung der Arbeitszeit grds. den Arbeitsvertragsparteien selbst überlassen. Es sind hier nur einige wenige Regeln über den Umfang des Referenzzeitraums aufgestellt worden.

a) Konti-Modell

61 Bei Einführung der Altersteilzeit ist der Gesetzgeber zunächst von der klassischen Teilzeittätigkeit ausgegangen. Dies bedeutet, dass die bisherige Vollzeittätigkeit in eine **Halbtagsbeschäftigung** umgewandelt wird. Dieses Modell entspricht in erster Linie dem Leitbild des Gesetzgebers, wonach der ältere Arbeitnehmer **schrittweise in den Ruhestand** wechselt. Durch den Wechsel von der Vollzeittätigkeit in die Halbtagsbeschäftigung reduziert sich die Belastung des Mitarbeiters zunächst auf 50%. Der nächste Schritt wäre dann der endgültige Wechsel in den Ruhestand nach Ende der Altersteilzeittätigkeit. Da allerdings das **Konti-Modell** in der Praxis wenig Anklang fand, da der Wechsel von der Vollzeit- in die Halbtagstätigkeit das Unternehmen häufig vor organisatorische Probleme stellte, hat der Gesetzgeber bereits im Jahre 1998 mit dem sog. »Flexi-Gesetz« eine sinnvolle Alternative, d.h. das Blockmodell mit dreijährigem Referenzzeitraum, eingeführt.

62 Der Vorteil des »Konti-Modells« besteht darin, dass hier kein Wertguthaben durch die Mitarbeiter aufgebaut wird. Arbeits- und Freistellungsphase werden jeweils an einem Tag zusammengefasst, so dass der Mitarbeiter keine wirtschaftlichen Nachteile im Falle einer vorzeitigen Beendigung des Altersteilzeitverhältnisses erleiden kann.

b) Blockmodell

63 In der Praxis wird die Altersteilzeit i.d.R. in Form des sog. Blockmodells ausgeübt. Beim Blockmodell schließt sich an eine **Arbeitsphase**, in der der Mitarbeiter in Vollzeit weiterarbeitet, eine gleich lange **Freistellungsphase** an. Bei Betrachtung des Gesamtzeitraums (sog. Referenzzeitraum) ergibt sich also eine Halbierung der bisherigen wöchentlichen Arbeitszeit des Mitarbeiters. Der Gesetzgeber erlaubt als **höchstzulässigen Verteilzeitraum/Referenzzeitraum ohne tarifvertragliche Grundlage maximal drei Jahre**. Dies bedeutet, dass innerhalb dieses dreijährigen Referenzzeitraums der Mitarbeiter über eine Dauer von eineinhalb Jahren in Vollzeit arbeitet und dann während der nächsten eineinhalb Jahre unter Fortzahlung der bisherigen Vergütung freigestellt wird. Während des maximal dreijährigen Referenzzeitraums darf also im Durchschnitt die wöchentliche Arbeitszeit die Hälfte der bisherigen wöchentlichen Arbeitszeit nicht überschreiten und gleichzeitig – allerdings nur in finanzieller Hinsicht – nicht die Geringfügigkeitsgrenze des § 8 SGB IV unterschreiten.

64 Existiert für das Unternehmen ein **Tarifvertrag zur Altersteilzeit**, so kann der Referenzzeitraum über den vorerwähnten dreijährigen Verteilzeitraum hinaus ausgedehnt werden. Bei Geltung eines Tarifvertrages oder bei Inbezugnahme eines Tarifvertrages ist ein **Verteilzeitraum von bis zu sechs Jahren möglich**, wenn das Unternehmen Förderleistungen der BA erhalten will. Unabhängig von den Förderleistungen der BA, die auf sechs Jahre beschränkt sind, ist im Geltungsbereich eines Tarifvertrages zur Altersteilzeit sogar der **maximale Zeitraum von zehn Jahren** möglich. Wird ein zehnjähriger Verteilzeitraum gewählt, so muss der Förderzeitraum von sechs Jahren innerhalb des Gesamtzeitraums der Altersteilzeitarbeit von bis zu zehn Jahren liegen. Ergibt sich hier ein Zeitraum von maximal

sechs Jahren, in dem bei einer Gesamtbetrachtung die Arbeitszeit halbiert wurde, so erbringt unter Berücksichtigung der unten weiter darzustellenden Voraussetzungen die BA die entsprechenden Förderleistungen.

aa) Geltung eines Tarifvertrages

65 Wie angesprochen, kann dort, wo auf das Unternehmen ein Tarifvertrag zur Altersteilzeit kraft Tarifbindung des Arbeitgebers Anwendung findet, der Verteilzeitraum auf bis zu sechs Jahre ausgedehnt werden. Ausreichend ist insofern, dass der Arbeitgeber tarifgebunden ist. Auf die Mitgliedschaft des Arbeitnehmers in der Gewerkschaft kommt es nicht an. Der Tarifvertrag muss in diesem Fall allerdings **vollständig** auf das Altersteilzeitverhältnis angewandt werden. Der Arbeitgeber kann also nicht lediglich den im Tarifvertrag zugelassenen Referenzzeitraum für die Verteilung der Arbeitszeit im Blockmodell heranziehen, sondern muss auch die im Tarifvertrag vorgeschriebene Höhe der Aufstockungsbeträge und die ggf. weiteren für die Mitarbeiter günstigen Regelungen beachten.

bb) Existenz eines Tarifvertrages; Arbeitgeber ist nicht tarifgebunden

66 Existiert für das Unternehmen, in dem ein Arbeitnehmer in die Altersteilzeit im Wege des Blockmodells wechseln will, ein **für die Branche und für den Bezirk** des Unternehmens geltender Altersteilzeittarifvertrag und ist der Arbeitgeber **nicht tarifgebunden**, so kommt gem. §2 Abs.2 S.2 ATG die Übernahme der tarifvertraglichen Regelungen zur Altersteilzeit durch eine **Betriebsvereinbarung** in Betracht. Die **Übernahme eines branchenfremden Tarifvertrages ist allerdings nicht möglich**. Liegt ein entsprechender Tarifvertrag vor, der in räumlicher und fachlicher Hinsicht für das Unternehmen Geltung entfalten könnte, wenn der Arbeitgeber tarifgebunden wäre, so muss die Betriebsvereinbarung wiederum sämtliche Bedingungen des Tarifvertrages übernehmen. Auch hier ist ein Ausschluss einzelner Klauseln nicht möglich.

67 Die Übernahme des gesamten Tarifvertrages zur Altersteilzeit durch eine Betriebsvereinbarung verlangt aber nur, dass die Klauseln, die sich auf die Altersteilzeit beziehen, übernommen werden. Enthält ein **Tarifvertrag zur Altersteilzeit andere Regelungen**, so müssen diese selbstverständlich **nicht** übernommen werden. Entscheidend ist, dass alle Regelungen des Tarifvertrages zur Altersteilzeit – auch eventuelle **Abfindungsregelungen** für die Zeit nach Beendigung der Altersteilzeit – vollständig übernommen werden.

cc) Tarifvertrag mit Öffnungsklausel

68 Sieht der für die Branche des Unternehmens geltende Tarifvertrag eine Öffnungsklausel für Regelungen zur Altersteilzeit auf Betriebsebene vor, können entsprechende Regelungen auch in Betrieben **nicht tarifgebundener Arbeitgeber** auf der Grundlage dieses Tarifvertrages durch eine **Betriebsvereinbarung** gem. §2 Abs.2 S.3 ATG getroffen werden.

dd) Existenz eines Tarifvertrages; kein Betriebsrat; keine Tarifbindung

69 Existiert ein Branchentarifvertrag zur Altersteilzeit und gibt es in dem Unternehmen des nicht tarifgebundenen Arbeitnehmers keinen Betriebsrat, so besteht die Möglichkeit, die Regelungen des Tarifvertrages in die **individuellen Altersteilzeitarbeitsverträge** zu übernehmen. Die einzelvertragliche Übernahme der Regelungen des Tarifvertrages muss allerdings wiederum den Tarifvertrag **vollständig** erfassen, soweit der Tarifvertrag Regelungen zur Altersteilzeit enthält. Wie angegeben, sind sonstige Bestimmungen des Tarifvertrages, die Gegenstände außerhalb der Altersteilzeit betreffen und keinen Bezug zur Altersteilzeit haben, nicht mit zu übernehmen. Dort, wo allerdings ein **Betriebsrat** besteht, scheidet die einzelvertragliche Übernahme von Tarifverträgen und damit die einzelvertragliche Vereinbarung eines längeren Verteilzeitraums als drei Jahre aus.

ee) Altersteilzeit mit AT-Angestellten

70 AT-Angestellte sind, wie die Bezeichnung bereits verdeutlicht, nicht von einem Tarifvertrag umfasst. Um mit diesen Mitarbeitern Verteilzeiträume von mehr als drei Jahren zu vereinbaren, ist es also notwendig, mit dem Betriebsrat eine Betriebsvereinbarung zu schließen. Gibt es keinen Betriebsrat, kann die längere Laufzeit beim Blockmodell einzelvertraglich geregelt werden.

ff) Leitende Angestellte

71 Handelt es sich bei dem AT-Angestellten um einen **leitenden Angestellten i.S.v. § 5 Abs. 3 BetrVG**, so kann eine längere Laufzeit als drei Jahre beim Blockmodell nur einzelvertraglich mit diesem Mitarbeiter im Rahmen der Altersteilzeitvereinbarung geregelt werden. Für leitende Angestellte i.S.d. § 5 Abs. 3 BetrVG ist der Betriebsrat nicht zuständig, so dass eine entsprechende Betriebsvereinbarung keine Geltung entfalten kann.

gg) Kein Tarifvertrag zur Altersteilzeit

72 Gibt es für eine bestimmte Branche keine tarifvertragliche Regelung zur Altersteilzeit, so können Altersteilzeitvereinbarungen im Blockmodell in Betrieben dieser Branche durch Betriebsvereinbarung oder – falls kein Betriebsrat besteht – durch individuelle Vereinbarungen mit einem Verteilzeitraum von mehr als drei Jahren vereinbart werden.

73 Nach den Dienstanweisungen der BA zu § 2 ATG gehören bspw. folgende Branchen zu dem Bereich, in dem es üblicherweise keine tarifvertragliche Regelung zur Altersteilzeit gibt:
- Religionsgemeinschaften
- Rechtsanwälte (mittlerweile gibt es allerdings regional begrenzte Tarifverträge)
- Notare
- Steuerberater
- Wirtschaftsprüfer
- Unternehmensberater
- politische Parteien (mit Ausnahme einiger SPD-Landesbezirke)
- Arbeitgeber- und Unternehmerverbände
- Gewerkschaften
- Schaustellergewerbe
- zahntechnische Laboratorien
- Softwareentwicklung (mit Ausnahme einiger Haustarifverträge)

74 Wird mit einem Arbeitnehmer eine Altersteilzeitvereinbarung im Blockmodell mit einem Verteilzeitraum von mehr als drei Jahren abgeschlossen, ohne dass ein Tarifvertrag unmittelbar auf Grund Tarifbindung des Arbeitgebers auf das Altersteilzeitverhältnis Anwendung findet oder zumindest ein fachlich und örtlich anwendbarer Tarifvertrag in zulässiger Art und Weise in Bezug genommen wurde, ist die **Altersteilzeitvereinbarung unwirksam**. Es fehlt nunmehr an der von § 2 Abs. 2 ATG geforderten Halbierung der Arbeitszeit im Rahmen des gesetzlich heranzuziehenden Verteilzeitraums. Selbst wenn sich also im Rahmen der von den Arbeitsvertragsparteien bspw. gewählten **fünfjährigen Blockzeit** eine **Halbierung der Arbeitszeit** ergibt, wäre diese Altersteilzeitvereinbarung dennoch **unwirksam**, da ohne entsprechenden Tarifvertrag bzw. tarifvertragliche Inbezugnahme nur ein **dreijähriger Verteilzeitraum** zur Überprüfung der Halbierung der Arbeitszeit heranzuziehen ist.

75 Konsequenz aus der Unwirksamkeit der Altersteilzeitvereinbarung ist, dass weder die **Steuerbegünstigung** durch das Finanzamt gewährt werden kann noch der Mitarbeiter die Möglichkeit hat, über diese Altersteilzeit in die **Altersrente nach § 237 SGB VI** zu wechseln. Für die Arbeitgeberseite hat der unzulässige Verteilzeitraum zur Folge, dass die BA wegen der nunmehr nicht mehr gegebenen Halbierung der Arbeitszeit im gesetzlichen Verteilzeitraum die **Förderleistungen** versagen wird.

hh) Verkürzung der Arbeitsphase durch altes Wertguthaben

Im Blockmodell wird die Halbierung der Arbeitszeit grds. dadurch erreicht, dass der Mitarbeiter in der ersten Hälfte während der sog. **Arbeitsphase in Vollzeit** seiner Tätigkeit nachgeht. Die hier herausgearbeitete Arbeitszeit wird dann im Rahmen der gleich langen Freistellungsphase abgearbeitet. Der Mitarbeiter erwirtschaftet also während der Arbeitsphase ein **Wertguthaben**, welches ihm dann kontinuierlich während der Freistellungsphase ausgezahlt wird. 76

Anerkannt ist in der Literatur ebenso wie in den **Dienstanweisungen der BA** zu § 2 ATG, dass die notwendigen Wertguthaben auch bereits vor Beginn der Altersteilzeit angespart werden können. Dort, wo also im Betrieb **ein Modell der flexiblen Arbeitszeit** existiert, in dem die Mitarbeiter im Wege der **Jahresarbeitszeit** oder **Lebensarbeitszeit** Arbeitsstunden ansparen können, besteht die Möglichkeit, ein derart hohes Arbeitszeitkonto zu erwirtschaften, dass während der Arbeitsphase entweder nur für einen kurzen Zeitraum oder im Extremfall sogar überhaupt nicht gearbeitet werden muss. 77

Gemäß Ziff. 2.2 (9) der Dienstanweisungen der BA zu § 2 ATG ist die Verbindung von Wertguthaben, die durch Vorarbeit bereits vor Beginn der Altersteilzeitarbeit angespart wurden, mit Altersteilzeitarbeit aus förderungsrechtlicher Sicht grds. möglich. Die Dienstanweisungen verstehen unter dem Begriff **»Wertguthaben« alle Guthaben, die im Rahmen der vertraglich vereinbarten flexiblen Arbeitszeit erzielt wurden**. Dies gilt unabhängig davon, ob die Guthaben als Geldguthaben in Form von sog. **Geldkonten** oder als Zeitguthaben in Form von sog. **Zeitkonten** angespart wurden. 78

► **Beispiel:** 79

Ein Arbeitnehmer beabsichtigt, ab 1.1.2008 für einen Zeitraum von drei Jahren in die Altersteilzeit in Form des Blockmodells zu wechseln. Die Arbeitsphase ist in der Zeit vom 1.1.2008 bis 30.6.2009 vorgesehen. In der Zeit vom 1.7.2009 bis 31.12.2010 soll der Mitarbeiter dann im Wege des Abbaus des erwirtschafteten Wertguthabens von der Arbeitsleistung unter Fortzahlung der Vergütung freigestellt werden. Gelingt es dem Mitarbeiter nunmehr, vor Beginn der Altersteilzeit auf einem Zeitkonto ein Wertguthaben in Höhe von sechs Vollzeitmonaten zu erwirtschaften, so würde sich die tatsächliche Altersteilzeit des Mitarbeiters wie folgt darstellen:

Der Mitarbeiter würde in der Zeit vom 1.1.2008 bis 31.12.2008 in Vollzeit während der Arbeitsphase arbeiten. In der Zeit vom 1.1.2009 bis 30.6.2009 würde der Mitarbeiter trotz Arbeitsphase auf Grund des vor Beginn der Altersteilzeit herausgearbeiteten Wertguthabens in zulässiger Weise von der Arbeitsleistung freigestellt werden. Ab 1.7.2009 wechselt der Mitarbeiter dann bis zum 31.12.2010 in die Freistellungsphase. In der Freistellungsphase verbraucht der Mitarbeiter über einen Zeitraum von zwölf Monaten das in der Arbeitsphase erwirtschaftete Wertguthaben und über einen Zeitraum von weiteren sechs Monaten die zweite Hälfte des im Vorfeld der Altersteilzeit erwirtschafteten sechsmonatigen Wertguthabens.

Die Möglichkeit, Wertguthaben im Vorfeld der Altersteilzeit aufzubauen, kann also entweder dazu benutzt werden, die Arbeitsphase in der Altersteilzeit deutlich zu verkürzen oder aber die Altersteilzeit zu verlängern. Im obigen Beispiel kann die Altersteilzeit, die ursprünglich auf drei Jahre angelegt war, auf insgesamt vier Jahre verlängert werden, indem die Arbeitsphase um die sechs Monate, die als Wertguthaben zuvor angespart worden waren, verlängert wird. Im gleichen Umfang verlängert sich dann auch die ursprünglich vorgesehene eineinhalbjährige Freistellungsphase auf zwei Jahre. Gerade im Hinblick auf die nunmehr durch das Rentenversicherungs-Nachhaltigkeitsgesetz vom Gesetzgeber vorgenommene Anhebung des Eintrittsalters in die Rente nach vorausgegangener Altersteilzeit bietet es sich an, die Anhebung der Altersgrenze durch frühzeitige Vorausarbeit zu kompensieren. 80

Problematisch sind die Fälle, in denen das Wertguthaben nicht durch zusätzliche Arbeitszeit im Vorfeld der Altersteilzeit herausgearbeitet wurde, sondern das Wertguthaben entweder durch den Arbeitgeber geschaffen wird oder der Arbeitnehmer bspw. auf Bonuszahlungen verzichtet und die entsprechenden Bonuszahlungen dann in das Wertguthaben eingestellt werden. 81

Diese Art der Schaffung eines Wertguthabens ist unseres Erachtens allerdings nur in eng begrenzten Ausnahmefällen geeignet, die Arbeitsphase zu verkürzen und gleichzeitig für ein sozialversicherungspflichtiges Beschäftigungsverhältnis während der Freistellungsphase zu sorgen. Im Einzelnen kann hier auf die Ausführungen unten zur Problematik der Freistellung während der Arbeitsphase im Blockmodell verwiesen werden.

ii) Freistellung während der Arbeitsphase

82 Da die Altersteilzeit eine Alternative zum herkömmlichen Vorruhestandsmodell ist, finden sich immer wieder Altersteilzeitarbeitsverhältnisse, die in Form des Blockmodells ausgeübt werden, in denen der Arbeitnehmer auch bereits während der Arbeitsphase von der Arbeitsleistung freigestellt wird. Diese Freistellung erweist sich allerdings insofern als problematisch, als die Freistellungsphase im Blockmodell nur dann gem. § 7 SGB IV als sozialversicherungspflichtige Beschäftigungszeit gilt, wenn die Bezahlung in der Freistellungsphase auf einem zuvor erarbeiteten Wertguthaben basiert.

83 Die Freistellung in der Arbeitsphase kann verschiedene Grundlagen habe. Wie oben bereits angesprochen, ist es ohne weiteres zulässig, wenn ein Arbeitnehmer im Vorfeld der Altersteilzeit im Rahmen eines flexiblen Arbeitszeitmodells Plusstunden erwirtschaftet und mittels dieser Plusstunden dann die Arbeitsphase im Blockmodell verkürzt. Die insofern vom Arbeitnehmer tatsächlich erwirtschafteten Plusstunden gelten als Arbeitszeit und sind daher in der Lage, sowohl eine Freistellung in der Arbeitsphase zu ermöglichen als auch gleichzeitig – in gleicher Weise wie durch Arbeit in der Arbeitsphase – ein entsprechendes Wertguthaben für die Freistellungsphase aufzubauen.

84 Neben der Freistellung in der Arbeitsphase auf Grund von zuvor durch tatsächliche Arbeit erwirtschafteter Plusstunden kommt in der Praxis auch die Freistellung auf Grund eines vor der Altersteilzeit aufgebauten Wertguthabens, welches aus dem Verzicht auf die Auszahlung von Tantieme- oder Bonusansprüchen resultiert, in Betracht. Dieses Modell war früher als kritisch anzusehen, weil § 7 Abs. 1a SGB IV eine versicherungspflichtige Beschäftigung während einer Freistellungsphase nur dann annimmt, wenn für die Zeiten einer Freistellung von der Arbeitsleistung Arbeitsentgelt fällig wird »das mit einer vor oder nach diesen Zeiten erbrachten Arbeitsleistung erzielt wird (Wertguthaben)«. Insofern kann der Aufbau eines Wertguthabens durch den Verzicht auf Tantieme- oder Bonusansprüche nur dann zu einer versicherungspflichtigen Beschäftigung während der Arbeitsphase und korrespondierend während der Freistellungsphase führen, wenn man die auf diese Art gewonnenen Arbeitsstunden tatsächlich als »durch Arbeitsleistung erzielt« ansieht.

85 Die BA hat in ihren Dienstanweisungen den Aufbau eines Wertguthabens durch bloße finanzielle Zuwendungen und nicht durch tatsächliche Mehrarbeitsstunden für den Fall der Langzeiterkrankung als ausreichend angesehen. Üblicherweise wird für den Störfall der Langzeiterkrankung in der Altersteilzeit geregelt, dass der Arbeitnehmer verpflichtet ist, die Hälfte der durch Arbeitsunfähigkeit außerhalb des gesetzlichen Entgeltfortzahlungszeitraums ausgefallenen Arbeitsstunden zu Beginn der ursprünglich vorgesehenen Freistellungsphase nachzuarbeiten. Hierdurch wird sichergestellt, dass die tatsächliche Arbeitsphase – einschließlich des gesetzlichen Entgeltfortzahlungszeitraums – der Freistellungsphase in zeitlicher Hinsicht entspricht.

86 Alternativ zur Nacharbeit sehen die Durchführungsanweisungen der BA in Ziff. 2.2 (12) zu § 2 ATG folgende Regelung vor:
»(12) Wird für den Fall des Bezugs einer Entgeltersatzleistung Nacharbeit nicht vereinbart, kann dennoch in der Freistellungsphase entsprechend der Dauer des Zeitraums des Bezuges einer Entgeltersatzleistung ein Beschäftigungsverhältnis bestehen. Voraussetzung ist allerdings, dass der Arbeitgeber zur Auffüllung des Wertguthabens Leistungen in der Höhe in das Wertguthaben eingestellt hat, wie sie dem Arbeitnehmer (ohne den die Entgeltersatzleistung begründenden Tatbestand) gutgeschrieben worden wären (vgl. Abs. 11).«

Die BA sieht hier also ausdrücklich vor, dass alleine durch die Aufstockung des Wertguthabens – hier sogar nur durch den Arbeitgeber – und der dann durch die Freistellungsphase erfolgende Abbau des Wertguthabens ein versicherungspflichtiges Beschäftigungsverhältnis auch in der Freistellungsphase besteht. Wenn die finanzielle Aufstockung des Wertguthabens durch bloße Zuzahlung des Arbeitgebers ausreicht, um in der Freistellungsphase ein versicherungspflichtiges Beschäftigungsverhältnis i.S.v. § 7 SGB IV für den Fall einer Langzeiterkrankung in der Arbeitsphase zu begründen, kann letztendlich auch nichts anderes in den Fällen gelten, in denen der Arbeitnehmer sein Zeitkonto durch den zusätzlichen Verzicht auf die Auszahlung von Tantieme- oder Bonusansprüchen und die Umrechnung dieser Ansprüche in Arbeitszeit aufstockt. Eine Differenzierung zwischen den beiden Fallkonstellationen wäre unseres Erachtens nicht gerechtfertigt. 87

Trotz der oben zitierten Auffassung der BA bleiben Bedenken, ob durch finanzielle Zuschüsse zum Arbeitszeitkonto die Freistellungsphase verlängert bzw. in der Freistellungsphase ein versicherungspflichtiges Beschäftigungsverhältnis begründet werden kann. Das Altersteilzeitgesetz verlangt, dass »die bisherige wöchentliche Arbeitszeit« halbiert wird. Wird Arbeitszeit künstlich durch Umwandlung von Tantieme- oder Bonusansprüchen generiert oder Arbeitszeit künftig durch freiwillige Zuschüsse der Arbeitgeber generiert, kann unseres Erachtens nicht mehr von einer »Halbierung« der Arbeitszeit gesprochen werden. 88

Dies gilt erst recht vor dem Hintergrund, dass die Spitzenverbände der Sozialversicherungsträger bspw. eine unwiderrufliche Freistellung während des Laufs der Kündigungsfrist als Ende des sozialversicherungspflichtigen Beschäftigungsverhältnisses ansehen. Wird der Mitarbeiter unwiderruflich freigestellt, so liegt während dieser Freistellungsphase kein sozialversicherungspflichtiges Beschäftigungsverhältnis mehr vor, weil es an der von § 7 Abs. 1a SGB IV geforderten Voraus- oder Nacharbeit zur Erzielung dieses Wertguthabens fehlt. Den Spitzenverbänden der Sozialversicherungsträger reicht insofern nicht aus, dass der Arbeitgeber freiwillig das notwendige Wertguthaben, d.h. die Gehälter, für die Dauer der unwiderruflichen Freistellung zur Verfügung stellt. Sieht man diese Rechtsauffassung der Spitzenverbände der Sozialversicherungsträger, die letztendlich auf der Rechtsprechung des Bundessozialgerichtes beruht, als richtig an, so wird man die Möglichkeit des Aufbaus eines Wertguthabens durch Gehaltsverzicht statt durch Mehrarbeitsstunden als unzulässig ansehen müssen. 89

Als weitere Variante der Freistellung in der Arbeitsphase im Blockmodell existieren in der Praxis die Fälle, in denen ein Arbeitnehmer auf Grund einer Vereinbarung mit dem Arbeitgeber oder durch einseitige Erklärung des Arbeitgebers während der Arbeitsphase unter Fortzahlung seiner Vergütung von der Arbeitsleistung freigestellt wird. Diese Form der Freistellung, die nicht auf einem zuvor »erarbeiteten« Wertguthaben basiert, kann zur Unwirksamkeit der gesamten Altersteilzeitvereinbarung führen (vgl. *BAG* 10.2.2004 EzA § 2 ATG Nr. 1 = NZA 2004, 606). Die Unwirksamkeit der Altersteilzeit beruht darauf, dass in diesem Fall bei einer Gesamtbetrachtung nicht mehr von einer Halbierung der Arbeitszeit gesprochen werden kann. Die BA differenziert ebenso wie die Spitzenorganisationen der Sozialversicherungsträger danach, ob es sich um eine **vorübergehende oder dauerhafte Freistellung des Arbeitnehmers** handelt. Liegt lediglich eine vorübergehende Freistellung vor, so ist dies i.d.R. unproblematisch. Es steht jedem Arbeitgeber frei, vorübergehend auf die Dienste eines Mitarbeiters zu verzichten. Entscheidend ist, dass der Mitarbeiter nicht unwiderruflich und dauerhaft von der Arbeitsleistung freigestellt wird. 90

Erfolgt eine unwiderrufliche und dauerhafte Freistellung für die gesamte Arbeitsphase, so vertreten die Spitzenverbände der Sozialversicherungsträger gem. ihrem am 10.8.2005 veröffentlichten Besprechungsergebnis vom 5./6.7.2005 die Auffassung, dass aufgrund der Freistellung in der Arbeitsphase nunmehr während der Freistellungsphase kein sozialversicherungspflichtiges Beschäftigungsverhältnis mehr vorliegt. Die Spitzenverbände differenzieren insofern zwischen der vollständigen Freistellung während der Arbeitsphase und einer nur vorübergehenden Freistellung von der Arbeitsleistung während der Arbeitsphase. Bei der nur vorübergehenden Freistellung von der Arbeitsleistung nehmen auch die Spitzenverbände der Sozialversicherungsträger weiterhin ein sozialversicherungspflichtiges Beschäftigungsverhältnis nach § 7 Abs. 1 SGB IV an. 91

92 Das *BSG* hat nun mit Urteil vom 24.9.2008 (– B 12 KR 27/07 R) der Rechtsauffassung der Spitzenverbände der Sozialversicherungsträger widersprochen. Der 12. Senat des BSG hatte über einen Fall zu urteilen, in dem die Arbeitsvertragsparteien zum einen eine Altersteilzeitvereinbarung im Blockmodell abgeschlossen hatten und zum anderen zusätzlich vereinbart hatten, dass der Arbeitnehmer nicht nur in der zweiten Hälfte der Altersteilzeit, d.h. in der sog. Freistellungsphase von der Arbeitsleistung befreit ist, sondern auch bereits in der ersten Hälfte, d.h. der sog. Arbeitsphase, unter Fortzahlung der Vergütung freigestellt wird. Das BSG ging hier – entgegen der Auffassung der Spitzenverbände der Sozialversicherungsträger – sowohl in der Arbeits- wie auch in der Freistellungsphase von einem sozialversicherungsrechtlichen Beschäftigungsverhältnis aus. Nach Auffassung des BSG ergibt sich dies für die zweite Phase des Blockmodells, d.h. für die Freistellungsphase, unmittelbar aus §7 Abs. 1a SGB IV. Es spielt insofern keine Rolle, ob in der ersten Hälfte des Blockmodells während der Altersteilzeit tatsächlich gearbeitet wurde oder ob der Arbeitnehmer hier auf Kosten des Arbeitgebers bezahlt von der Arbeitsleistung freigestellt worden ist. Im Hinblick auf die eigentliche Arbeitsphase und die hier erfolgte Freistellung des Arbeitnehmers sah das BSG ebenfalls ein versicherungspflichtiges Beschäftigungsverhältnis als gegeben an. Insofern wurde betont, dass ein »Vollzug des Arbeitsverhältnisses« aus sozialversicherungsrechtlicher Sicht auch ohne tatsächliche Arbeitsleistung möglich ist.

93 Die vorerwähnte Entscheidung des *BSG* vom 24.9.2008 (– B 12 KR 27/07 R) knüpft an die am gleichen Tag ergangene Entscheidung zur fortbestehenden Sozialversicherungspflicht bei unwiderruflicher Freistellung im Arbeitsverhältnis an. Insofern hat das BSG also konsequent die Auffassung vertreten, dass die Freistellung bei Fortzahlung der Vergütung nicht dazu führt, dass nunmehr nicht mehr von einem sozialversicherungsrechtlichen Beschäftigungsverhältnis auszugehen ist. Diese sozialversicherungsrechtliche Entscheidung bedeutet allerdings nicht zwangsläufig, dass eine Freistellung während der Arbeitsphase der Altersteilzeit auch arbeitsrechtlich unproblematisch ist. Hier sind die Voraussetzungen des Altersteilzeitgesetzes stets genau zu prüfen.

94 Das Bundesarbeitsgericht sieht in der vollständigen Freistellung des Arbeitnehmers während der Arbeitsphase im Blockmodell einen Verstoß gegen das Altersteilzeitgesetz. Nach einem Urteil des *BAG* vom 10.2.2004 (EzA §2 ATG Nr. 1 = NZA 2004, 606) erfüllt eine Altersteilzeitvereinbarung, die die Freistellung des Mitarbeiters während der Arbeitsphase vorsieht, nicht die Voraussetzungen des §2 Abs. 1 Nr. 2 ATG. Es liegt keine Halbierung der bisherigen wöchentlichen Arbeitszeit vor. Konsequenz aus diesem Verstoß gegen das Altersteilzeitgesetz ist, dass der Arbeitnehmer Schadensersatzansprüche gegen den Arbeitgeber geltend machen kann. Das BAG ist der Auffassung, dass in dem Angebot eines Arbeitgebers auf Abschluss eines Altersteilzeitarbeitsverhältnisses gleichzeitig die Erklärung gegenüber dem Arbeitnehmer liegt, »er könne bei Annahme dieses Angebotes einen Anspruch auf vorzeitige Altersrente wegen Altersteilzeit erwerben«. Wird der Arbeitnehmer durch die objektive Falscherklärung eines Arbeitgebers über die Möglichkeit der Inanspruchnahme einer vorzeitigen Altersrente nach der Altersteilzeit zum Abschluss einer Altersteilzeitvereinbarung veranlasst, kann der Arbeitnehmer in den Fällen, in denen die Altersteilzeitvereinbarung wegen der Freistellung unwirksam ist, verlangen, so behandelt zu werden, als ob die Altersteilzeitvereinbarung nicht zustande gekommen wäre.

95 Im Hinblick auf den Schaden des Arbeitnehmers führte der Neunte Senat in der vorerwähnten Entscheidung wörtlich Folgendes aus:
»Ein Vermögensschaden auf Grund falscher Angaben einer Vertragspartei bei Vertragsschluss kann bei wertender Betrachtung nicht alleine so beurteilt werden, dass allein auf die wirtschaftliche Differenz abgestellt wird. Diese Betrachtung muss vielmehr einer normativen Kontrolle unterzogen werden, die sich aus der Haftungsgrundlage, dem sie ausfüllenden haftungsbegründenden Ereignis und der darauf beruhenden Vermögensminderung orientiert, sowie die Verkehrsanschauung berücksichtigt. Auch bei einem Geschäft,

> das an sich 'werthaltig' ist, kann deshalb ein Vermögensschaden entstehen, wenn jemand durch ein haftungsbegründendes Verhalten für den Abschluss eines Vertrages gebracht wird, und die ihm danach zufließende Leistung für seine Zwecke nicht voll brauchbar ist (...).
> Hier war die vertragliche Leistung der Beklagten für den Kläger nicht voll brauchbar. Sie gewährte ihm keine Absicherung der Zeit zwischen dem 60. und dem 65. Lebensjahr durch die gesetzliche Rente. Es kann dahingestellt bleiben, ob ihm – z.B. durch späteren Renteneintritt bei dann erhöhter Rente – eine Versorgungszuleistung zukäme, die letztendlich der früheren Inanspruchnahme einer niedrigeren Altersrente nach Altersteilzeit entspräche. Der Kläger ist in seinem Vermögen dadurch geschädigt, dass der dem Vertragsabschluss zugrunde liegende Zweck in einem für den Kläger nicht unbedeutenden Maße nicht erreicht werden kann.«

Das BAG hat den Fall zur weiteren Aufklärung des Sachverhaltes an das Landesarbeitsgericht verwiesen. Das Landesarbeitsgericht muss insbes. aufklären, ob der damalige Kläger ohne die fehlerhafte Aufklärung der Beklagten, d.h. die unterlassene Aufklärung bzgl. der Rechtsfolgen der Freistellung in der Arbeitsphase, überhaupt eine Altersteilzeitvereinbarung oder eine sonstige Aufhebungsvereinbarung abgeschlossen hätte. 96

> Sollte sich ergeben, dass der damalige Kläger keine entsprechende Vereinbarung abgeschlossen hätte, so gilt nach dem Urteil des Neunten Senats vom 10.2.2004 Folgendes: 97
> »aa) Dem Feststellungsantrag ist ohne weiteres stattzugeben. Der Schadensersatzanspruch des Klägers richtete sich darauf, ihn so zu stellen, als bestünde das Arbeitsverhältnis zu den alten Bedingungen fort (...).
> bb) Grundsätzlich steht dem Kläger in diesem Fall auch der arbeitsrechtliche Beschäftigungsanspruch zu (§§ 611, 613, 242 BGB in Verbindung mit dem allgemeinen Persönlichkeitsrecht aus Art. 1 und 2 GG). Dieser Anspruch tritt jedoch dort zurück, soweit überwiegende schützenswerte Interessen des Arbeitgebers entgegenstehen (...). Das Landesarbeitsgericht wird ggf. zu prüfen haben, ob solche entgegenstehenden Interessen der Beklagten vorhanden sind.
> cc) Es sind jedenfalls die Vorschriften über den Annahmeverzug (§ 615 BGB) anzuwenden. Zu beachten ist, dass sich der Kläger nach § 615 S. 2 BGB u.a. das anrechnen lassen muss, was er infolge des Unterbleibens der Dienstleistung, also seiner Arbeitsleistung, erspart hat. ...«

Das vorzitierte Urteil des BAG vom 10.2.2004 zeigt also, dass ein Arbeitnehmer bei vergleichbarer Sach- und Interessenlage die Möglichkeit hat, eine Altersteilzeitvereinbarung, die eine Freistellungsregelung für die Arbeitsphase enthält, nachträglich dergestalt anzugreifen, dass er nunmehr die Rückgängigmachung der Altersteilzeit und Fortsetzung des Arbeitsverhältnisses zu den alten Konditionen verlangt. Kein Arbeitgeber wird in der Lage sein, einen Arbeitnehmer, der seit mehreren Jahren – auf Grund der Freistellung in der Arbeitsphase und in der Freistellungsphase – nicht mehr seiner Tätigkeit im Betrieb nachgegangen ist, wieder vertragsgerecht zu beschäftigen. Letztendlich läuft also eine Freistellung in der Arbeitsphase darauf hinaus, dass der Arbeitgeber sich dem Risiko aussetzt, dass der Mitarbeiter am Ende der Altersteilzeit den Arbeitgeber vor die Wahl stellt, entweder eine zusätzliche Abfindung zu bezahlen oder ansonsten den Mitarbeiter wieder beschäftigen zu müssen. Der Arbeitnehmer profitiert insofern doppelt, als er zum einen während der gesamten Altersteilzeit keine Arbeitsleistung erbringen musste und zum anderen nunmehr in einer rechtlichen Position ist, in der er den Arbeitgeber durch vorsichtige Hinweise auf das Urteil vom 10.2.2004 zu einer erhöhten Abfindungszahlung bewegen kann. Der Mitarbeiter wird lediglich insofern Vorsicht walten lassen müssen, als er sich nicht dem Verdacht einer Erpressung aussetzt. Dieser Verdacht sollte sich allerdings bei geschicktem Vorgehen ohne weiteres vermeiden lassen. 98

99 Festgehalten werden kann also, dass einerseits das BAG in der Entscheidung vom 10.2.2004 deutlich gemacht hat, dass die vollständige Freistellung eines Arbeitnehmers in der Arbeitsphase in arbeitsrechtlicher Hinsicht dazu führen kann, dass die Altersteilzeit unwirksam ist und somit das Arbeitsverhältnis nicht zu dem vorgesehenen Zeitpunkt sein Ende findet. Andererseits zeigt die neue Entscheidung des BSG zur sozialversicherungsrechtlichen Behandlung der Altersteilzeit in den Fällen, in denen der Arbeitnehmer bereits während der Arbeitsphase von der Arbeitsleistung freigestellt wird, dass eine derartige Freistellung für den Arbeitnehmer unproblematisch ist. Er behält seinen sozialversicherungsrechtlichen Schutz. Das Risiko der Freistellung während der Arbeitsphase liegt daher vor dem Hintergrund der oben beschriebenen Entscheidung des BAG vom 10.2.2004 in erster Linie beim Arbeitgeber.

jj) Unterbrechung der Altersteilzeit

100 Im Rahmen eines Altersteilzeitverhältnisses können verschiedene **Störfälle** auftreten. Zu den Störfällen gehört insbes. die **Langzeiterkrankung**, auf die unten im Rahmen der Darstellung der arbeitsrechtlichen Behandlung der Altersteilzeit näher eingegangen wird, sowie die Störfälle der vorzeitigen Beendigung der Altersteilzeit durch **Tod des Mitarbeiters**, **Kündigung** des Altersteilzeitvertrages oder durch **Insolvenz des Arbeitgebers**. Neben diesen Störfällen kommt allerdings auch die Situation in der Praxis vor, dass das Altersteilzeitverhältnis bewusst unterbrochen werden soll. Diese Situation tritt immer dann ein, wenn der Mitarbeiter während des Altersteilzeitverhältnisses auf Grund besonderer Umstände vorübergehend wieder in Vollzeit benötigt wird. Um dieser Situation gerecht zu werden, muss diese Phase in der Altersteilzeit ausdrücklich vertraglich geregelt werden.

101 Nach Ziff. 2.2 (19) der Dienstanweisungen der BA zu § 2 ATG ist eine **Unterbrechung der Altersteilzeitarbeit im Blockmodell** grds. möglich. In Betracht kommt eine Unterbrechung nach Auffassung der BA in den Fällen, in denen eine nicht von vornherein geplante Rückkehr zur Beschäftigung mit bisheriger wöchentlicher Arbeitszeit in der Arbeits- oder Freistellungsphase für einen eng begrenzten Zeitraum bei Vorliegen eines **sachlichen Grundes** notwendig ist. **Der sachliche Grund muss betriebsbedingter Natur sein**. Der Grund darf also nicht in der Sphäre des Arbeitnehmers liegen.

102 Eine Unterbrechung der Altersteilzeitarbeit kommt darüber hinaus auch in den Fällen in Betracht, in denen dem Mitarbeiter eine **Rente wegen voller Erwerbsminderung** lediglich auf Zeit gewährt wird. Hier kommt statt der Behandlung dieses Falles als Störfall mit Rückabwicklung der Altersteilzeit auch die Unterbrechung der Altersteilzeit in Betracht.

103 Als dritten Grund für eine Unterbrechung der Altersteilzeit nennt die BA in ihren Dienstanweisungen zu § 2 ATG die **Inanspruchnahme von unbezahltem Urlaub während der Arbeitsphase im Blockmodell**. Hier ist allerdings wiederum die Besonderheit zu berücksichtigen, dass nach dem in der gesetzlichen Rentenversicherung bestehenden Monatsprinzip, wonach ein angebrochener Monat als voller Monat zu berücksichtigen ist, in jedem Monat, in dem mindestens an einem Arbeitstag ein bezahltes Arbeitsverhältnis bestand, ein Altersteilzeitarbeitsverhältnis während des gesamten Monats vorlag. Insofern muss der Arbeitgeber dann auch für den gesamten Monat ein Wertguthaben für eine spätere Freistellung bilden. Zu einer Unterbrechung der Altersteilzeit kommt es im Fall des unbezahlten Urlaubes also nur dann, wenn der unbezahlte Urlaub mindestens einen vollständigen Monat umfasst.

104 Konsequenz aus der Unterbrechung der Altersteilzeitarbeit, die aus Gründen der Rechtssicherheit schriftlich zwischen den Arbeitsvertragsparteien vereinbart werden sollte, ist, dass sich der **Beginn der Freistellungsphase verschiebt**. Ähnlich wie bei der unten noch näher darzustellenden Reaktion auf eine Langzeiterkrankung bietet es sich auch hier an, die Grenze zwischen Arbeitsphase und Freistellungsphase um die Hälfte der Zeit, die das Altersteilzeitverhältnis unterbrochen worden ist, in die Zukunft zu verschieben. Der Mitarbeiter arbeitet nun auch in dieser Zeit wieder in Vollzeit und erwirtschaftet so das notwendige Wertguthaben, damit der Rest der Freistellungsphase als sozialversicherungspflichtige Beschäftigung angesehen werden kann.

► **Beispiel:** 105
Das Altersteilzeitverhältnis wird im Blockmodell für eine Zeit von vier Jahren abgeschlossen. Die Arbeitsphase beginnt am 1.1.2006 und endet am 31.12.2007. Die Freistellungsphase soll laut Altersteilzeitvertrag am 1.1.2008 beginnen und am 31.12.2009 enden. Wird nunmehr die Altersteilzeit für einen Zeitraum von sechs Monaten in der Zeit vom 1.10.2006 bis zum 31.3.2007 unterbrochen, weil sich bereits absehen lässt, dass der Mitarbeiter in Vollzeit länger benötigt wird und somit während dieser Unterbrechung wieder eine reguläre Vollzeitbeschäftigung erfolgen soll, ohne dass während dieser Phase ein Wertguthaben aufgebaut wird, so steht fest, dass in der ursprünglich geplanten Arbeitsphase lediglich an 18 Monaten ein Wertguthaben aufgebaut wurde. Während der vorerwähnten Zeit vom 1.10.2006 bis zum 31.3.2007 konnte kein Wertguthaben aufgebaut werden, da diese Phase als Unterbrechung und damit als reguläres Vollzeitarbeitsverhältnis anzusehen ist. Verschiebt man nun den Beginn der ursprünglichen Freistellung vom 1.1.2008 auf den 1.4.2008, so kommen zu den bisher erwirtschafteten 18 Monaten für das Wertguthaben weitere drei Monate hinzu, so dass sich insgesamt eine Arbeitsphase von 21 Monaten ergibt. Die Freistellungsphase, die am 1.4.2008 auf Grund der Verschiebung beginnt und am 31.12.2009 endet, hat dann ebenfalls nur eine Dauer von 21 Monaten, so dass sich Arbeitsphase und Freistellungsphase wieder zeitlich entsprechen. Es ist also das notwendige Wertguthaben vom Mitarbeiter erarbeitet worden, so dass die gesamte Freistellungsphase als sozialversicherungspflichtiges Beschäftigungsverhältnis anzusehen ist.

kk) Mehrarbeit während der Arbeitsphase

106 Fällt im Betrieb Mehrarbeit an, so kann diese Mehrarbeit auch von einem Arbeitnehmer, der sich in der Arbeitsphase der Altersteilzeit im Blockmodell befindet, ausgeübt werden. Entscheidend ist lediglich, dass der Arbeitnehmer im Durchschnitt der gesamten Dauer der Altersteilzeit die vertraglich geschuldete bisherige wöchentliche Arbeitszeit halbiert hat. Zwischenzeitlich in der Arbeitsphase aufgelaufene Mehrarbeitsstunden müssen also rechtzeitig vor Beendigung der Arbeitsphase abgebaut werden.

107 Zu beachten ist, dass der Abbau der Mehrarbeitsstunden ebenso wie der Abbau von Plusstunden im Rahmen eines Arbeitszeitkontos bei flexibler Arbeitszeit in Natura erfolgt. Der Abbau der geleisteten Mehrarbeit kann entweder durch eine schrittweise Reduzierung der Arbeitszeit in den letzten Monaten der Arbeitsphase oder durch eine Verkürzung der Arbeitsphase auf Grund der herausgearbeiteten Plusstunden erfolgen. Nach den Dienstanweisungen der BA zu § 2 des Altersteilzeitgesetzes sind im Übrigen tarifvertragliche Regelungen unschädlich, die für eine geleistete Mehrarbeitsstunde einen höheren Freizeitausgleich – bspw. 1,25 Stunden je Mehrarbeitsstunde – vorsehen.

108 Scheitert der Abbau von Plusstunden oder Mehrarbeitsstunden am Ende der Arbeitsphase daran, dass der Mitarbeiter erkrankt, so ist grds. zunächst zu prüfen, ob die vorgesehene Altersteilzeit insgesamt verlängert werden kann. In diesem Fall würde sich dann sowohl das Ende der Arbeitsphase durch den zusätzlichen Abbau der aufgelaufenen Plusstunden bzw. Mehrarbeitsstunden verschieben, als auch das Ende der Freistellungsphase. Kommt eine Verlängerung der vertraglich vereinbarten Altersteilzeit nicht in Betracht, so bleibt gem. Ziff. 2.2 (15) der Dienstanweisungen zu § 2 des Altersteilzeitgesetzes der Erstattungsanspruch des Arbeitgebers nach § 4 ATG ausnahmsweise doch bestehen, »wenn der Zeitraum ab dem Eintritt des unvorhergesehenen Ereignisses bis zum Ende der Vollarbeitsphase für einen vollständigen Zeitausgleich ausgereicht hätte«. Der Arbeitgeber ist in diesem Fall allerdings verpflichtet, entsprechende Rücksprache mit der zuständigen Agentur für Arbeit zu halten, um dort zu erörtern, in welcher Form auf diesen Ausnahmetatbestand zu reagieren ist.

109 Mehrarbeit im Rahmen des Konti-Modells, d.h. der täglichen Halbierung der Arbeitszeit, ist nur unter Berücksichtigung der Grenzen des § 5 ATG zulässig. Die Mehrarbeit darf also nicht die Grenze der Geringfügigkeit überschreiten.

110 Eine Mehrarbeit im Rahmen des Blockmodells in der Freistellungsphase, d.h. eine Überschreitung der Arbeitsphase, ist nur in Abstimmung mit der Agentur für Arbeit zulässig. Die

Dienstanweisungen sehen eine Überschreitung des Endes der Arbeitsphase dann ausnahmsweise als unproblematisch an, wenn im Rahmen von Projektarbeit der in der Altersteilzeit tätige Mitarbeiter benötigt wird um ein Projekt abzuschließen und durch diese Abschlussarbeiten der Charakter der Altersteilzeit nicht verändert wird. Um die Förderfähigkeit der Altersteilzeit zu erhalten, ist hier allerdings rechtzeitig mit der zuständigen Agentur für Arbeit Kontakt aufzunehmen und abzuklären, in welchem Umfang der Mitarbeiter während der vorgesehenen Freistellungsphase noch Tätigkeiten zur Abwicklung des Projektes erbringen darf (Ziff. 2.2 (17) DA zu § 2 ATG).

IV. Aufstockung der Teilzeitvergütung

111 Die Gewährung von Zuschüssen durch die Agentur für Arbeit ebenso wie die Anerkennung der Altersteilzeit durch die Rentenversicherungsträger setzt gem. § 3 ATG voraus, dass das Unternehmen neben der eigentlichen Teilzeitvergütung zusätzlich zum einen noch einen **Aufstockungsbetrag** und zum anderen einen **zusätzlichen Rentenversicherungsbeitrag** zahlt. Sowohl hinsichtlich der Aufstockungsbeträge als auch hinsichtlich der zusätzlichen Rentenversicherungsbeiträge hat der Gesetzgeber in die ab 1.7.2004 geltende Neufassung des Altersteilzeitgesetzes Veränderungen aufgenommen. Da, wie bereits angesprochen, die Neufassung des Altersteilzeitgesetzes nur für Altersteilzeitverhältnisse gilt die ab 1.7.2004 begonnen haben, muss im Folgenden wieder zwischen sog. Altverträgen (Beginn der Altersteilzeit bis 30. 6. 2004) und sog. Neuverträgen (Beginn der Altersteilzeit ab 1.7.2004) differenziert werden.

112 Das Gleiche gilt auch hinsichtlich der Frage, was unter dem Begriff »bisheriges Arbeitsentgelt« i.S.d. § 3 ATG zu verstehen ist. Auch hier hat der Gesetzgeber mittlerweile die Definition verändert.

1. Definition »bisheriges Arbeitsentgelt«/»Regelarbeitsentgelt«

113 Wie angesprochen, hat der Gesetzgeber durch Gesetz vom 24.12.2003 das Altersteilzeitgesetz für Altersteilzeitverträge, die ab 1.7.2004 beginnen, geändert. Im Rahmen dieser Änderung wurde auch der Begriff des bisherigen Arbeitsentgeltes geändert bzw. durch einen neuen Begriff, dem »Regelarbeitsentgelt« ersetzt.

a) Definition des bisherigen Arbeitsentgeltes bei Altverträgen

114 Was unter dem Begriff »bisheriges Arbeitsentgelt« zu verstehen ist, definiert das Altersteilzeitgesetz selbst in § 6 Abs. 1 ATG.

115 Als bisheriges Arbeitsentgelt i.S.d. Altfassung des Altersteilzeitgesetzes ist gem. § 6 Abs. 1 ATG dasjenige Arbeitsentgelt anzusehen,
»das der in Altersteilzeit beschäftigte Arbeitnehmer für eine Arbeitsleistung bei bisheriger wöchentlicher Arbeitszeit zu beanspruchen hätte, soweit es die Beitragsbemessungsgrenze des Dritten Buches Sozialgesetzbuch nicht überschreitet. § 134 Abs. 2 Nr. 1 des Dritten Buches Sozialgesetzbuch gilt entsprechend.«

116 Das bisherige Arbeitsentgelt umfasst somit das gesamte beitragspflichtige Arbeitsentgelt, das der Arbeitnehmer ohne Reduzierung der Arbeitszeit im Rahmen einer Vollzeitbeschäftigung erzielt hätte.

117 Neben dem laufenden Arbeitsentgelt gehören nach der Altfassung hierzu des Weiteren:
- vermögenswirksame Leistungen,
- Anwesenheitsprämien,
- Leistungs- und Erschwerniszulagen,
- Zulagen für Sonntags-, Feiertags- und Nachtarbeit, soweit sie steuerpflichtig nach § 3b EStG sind und damit beitragspflichtiges Entgelt darstellen,

- einmalig und wiederkehrende Zuwendungen (bspw. Weihnachts- und Jubiläumszuwendungen, 13. und 14. Monatsgehalt etc.), soweit dadurch unter Berücksichtigung des laufenden Arbeitsentgeltes nicht die monatliche Beitragsbemessungsgrenze überschritten wird,
- rückwirkende Lohnerhöhungen etc.

Die **Vergütung für Mehrarbeitsstunden** wird nicht berücksichtigt, weil sie für Stunden 118
außerhalb der vertraglichen Arbeitszeit gewährt worden ist. Darüber hinaus wird dasjenige Arbeitsentgelt nicht berücksichtigt, das oberhalb der Beitragsbemessungsgrenze liegt.

b) Definition des »Regelarbeitsentgeltes« für Verträge ab 1.7.2004

Für Altersteilzeitverträge, die ab 1.7.2004 begonnen haben, sieht der Gesetzgeber in § 3 119
Abs. 1 Nr. 1 a ATG vor, dass das Regelarbeitsentgelt für die Altersteilzeit um mindestens 20% aufgestockt wird. Was unter »Regelarbeitsentgelt« zu verstehen ist, definiert der Gesetzgeber in der Neufassung des Altersteilzeitgesetzes in § 6 Abs. 1 ATG.

Dort heißt es wörtlich wie folgt: 120
»(1) Das Regelarbeitsentgelt für die Altersteilzeit i.S. dieses Gesetzes ist das auf einen Monat entfallende vom Arbeitgeber regelmäßig zu zahlende sozialversicherungspflichtige Arbeitsentgelt, soweit es die Beitragsbemessungsgrenze des Dritten Buches Sozialgesetzbuch nicht überschreitet. Entgeltbestandteile, die nicht laufend gezahlt werden, sind nicht berücksichtigungsfähig.«

Nach dem eindeutigen Wortlaut der Neufassung des Altersteilzeitgesetzes ist das **Regelar-** 121
beitsentgelt nach § 3 Abs. 1 Nr. 1a ATG i.V.m. § 6 Abs. 1 ATG nur noch das auf **einen Monat entfallende sozialversicherungspflichtige Arbeitsentgelt**, das der Arbeitnehmer im Rahmen des Altersteilzeitarbeitsverhältnisses regelmäßig erzielt. Damit steht im Umkehrschluss fest, dass es sich bei dem Regelarbeitsentgelt um die Hälfte des vor Beginn der Altersteilzeitarbeit maßgeblichen laufenden Arbeitsentgeltes, dem sog. Vollzeitarbeitsentgelt, gehandelt hat. Nach den Durchführungsanweisungen der BA darf das **Regelarbeitsentgelt die monatliche Beitragsbemessungsgrenze des Sozialgesetzbuches III nicht überschreiten**. Ändert sich die Höhe des Regelarbeitsentgeltes während der Altersteilzeitarbeit – bspw. wegen einer variablen Grundvergütung, variabler Zulagen, Lohnerhöhungen oder einer Höhergruppierung –, muss die Änderung berücksichtigt und das Regelarbeitsentgelt somit neu festgesetzt werden.

Zum sozialversicherungspflichtigen Regelarbeitsentgelt zählen neben dem laufenden 122
monatlichen Entgelt auch folgende Leistungen:
- vermögenswirksame Leistungen
- Prämien
- Zulagen
- sozialversicherungspflichtige Zuschläge für Sonntags-, Feiertags- und Nachtarbeit
- Sachbezüge und sonstige geldwerte Vorteile wie Kraftfahrzeugüberlassung zum privaten Gebrauch des Arbeitnehmers

Vergütungsbestandteile, auf die der Arbeitnehmer nicht während der gesamten Altersteilzeit 123
Anspruch hat, sind bei der Berechnung des Regelarbeitsentgeltes außer Betracht zu lassen. Hat der Arbeitnehmer bspw. auf Grund einer arbeitsvertraglichen Regelung keinen Anspruch auf Überlassung des **Dienstwagens** während der Freistellungsphase, so darf der geldwerte Vorteil der privaten Nutzung nicht bei der Bemessung des Regelarbeitsentgeltes berücksichtigt werden (vgl. DA 6.1 (2) zu § 6 ATG).

Rabatte, die den Mitarbeitern auf Produkte des Unternehmens gewährt werden – insbes. 124
Jahreswagenrabatte bei Automobilherstellern – zählen nicht zum Regelarbeitsentgelt.

125 Ebenfalls nicht zum Regelarbeitsentgelt zählen nach der Definition des Gesetzes Arbeitsentgelte, die einmalig oder nicht regelmäßig gezahlt werden. **Einmalige Zahlungen** sind bspw. das **Urlaubsgeld**, das **Weihnachtsgeld** oder eine sonstige **Jahressondervergütung**. Zu den nicht regelmäßig gezahlten Vergütungen können unregelmäßige Zulagen, die nur an bestimmte Ereignisse anknüpfen, gezählt werden.

126 Auch **Mehrarbeitsvergütungen** zählen nicht zum Regelarbeitsentgelt, da sie nicht für die vereinbarte Arbeitszeit, sondern für die darüber hinausgehende Leistung des Mitarbeiters gewährt werden. Etwas anderes gilt allerdings in dem Fall, in dem der Mitarbeiter bspw. eine **monatliche Pauschale für die Abgeltung von Mehrarbeit** erhält. Nach Ziff. 3.1.1 der Durchführungsanweisungen der BA zu § 3 ATG sind derartige Pauschalen dem Regelarbeitsentgelt hinzuzurechnen.

127 Im Hinblick auf **Einmalzahlungen** ist zu beachten, dass diese ausnahmsweise dann doch beim Regelarbeitsentgelt Berücksichtigung finden können, wenn der Arbeitgeber berechtigt ist, die **Einmalzahlungen zu zwölfteln** und damit in arbeitsrechtlich zulässiger Weise in jedem Kalendermonat an den Mitarbeiter auszuzahlen. Wird hiervon Gebrauch gemacht, verlieren diese Beträge ihren Charakter als Einmalzahlungen. Die Beträge erhöhen damit das laufende Regelarbeitsentgelt.

128 Zulagen zählen, wie oben bereits mitgeteilt, zum Regelarbeitsentgelt. Voraussetzung ist, dass sie für bestimmte Arbeiten oder für laufend anfallende Situationen gewährt werden. Hierzu gehören also bspw. **Schmutzzulagen, Leistungs- und Erschwerniszulagen, Zulagen für Rufbereitschaft, Zulagen für höherwertige Tätigkeiten oder bestimmte Funktionszulagen**.

129 Problematisch sind **Zulagen, die nicht jeden Monat anfallen**. Ob diese Zulagen bei der Berechnung des Regelarbeitsentgeltes zu berücksichtigen sind, hängt nach Auffassung der BA davon ab, ob sich zumindest in einer rückschauenden Betrachtung eine **regelmäßige Zahlung** ergibt. Die BA stellt insofern **jeweils auf die letzten drei Monate** ab. Das Regelarbeitsentgelt ist danach also für jeden Monat gesondert festzustellen, wenn sich die Vergütung auf Grund der arbeitsvertraglichen Gestaltung monatlich unterschiedlich zusammensetzt. Ergibt sich im Rahmen des Referenzzeitraums von drei Monaten, dass in den jeweils vergangenen drei Monaten die Zulage angefallen ist, so zählt sie als versicherungspflichtiger Entgeltbestandteil zum Regelarbeitsentgelt in der Altersteilzeit. Wurde die Zulage in einem **dreimonatigen Referenzzeitraum** hingegen nicht in jedem Monat gezahlt, so entfällt für den Monat, für den das Regelarbeitsentgelt geprüft wurde, die Berücksichtigung dieser nicht regelmäßig anfallenden Zulage.

130 ► **Beispiel für ein Altersteilzeitmodell in Form der kontinuierlichen Arbeitszeitreduzierung (Halbtagstätigkeit):**

Das Altersteilzeitarbeitsverhältnis beginnt im Januar 2006. Die Zulage wurde im Oktober 2005 nicht gezahlt. In den Monaten November 2005 bis einschließlich Februar 2006 ist die Zulage jeweils tatsächlich angefallen. Im März 2006 wurde die Zulage wiederum nicht gezahlt. In den Monaten April bis Juli 2006 fiel die Zulage dann wieder regelmäßig an. Im Hinblick auf die Berücksichtigung der Zulage bei der Berechnung des Regelarbeitsentgeltes und damit bei der Bemessung der Grundlage für die Förderung durch die BA ergibt sich nunmehr folgende Prüfung für die einzelnen Monate:

Für den Monat Januar 2006 sind die drei vorangegangenen Monate maßgebend. Da im Oktober 2005 die Zulage nicht gewährt wurde, wurde im dreimonatigen Referenzzeitraum die Zulage also nicht regelmäßig gezahlt. Damit wird die Zulage nicht beim Regelarbeitsentgelt für den Monat Januar 2006 berücksichtigt.

Für die Prüfung des Monats Februar 2006 sind die Monate November 2005 bis Januar 2006 maßgebend. In allen drei Monaten wurde die Zulage gezahlt, so dass hier die Zulage berücksichtigt wird.

Im März 2006 wurde die Zulage nicht gezahlt. Da die Zulage im März 2006 nicht gezahlt wurde, kommt es nicht auf die Betrachtung des Referenzzeitraums an. Da im Monat selber die Zulage nicht gewährt wurde, spielt es keine Rolle, ob in den vorangegangenen drei Monate die Zulage gewährt wurde. Aufgrund der Nichtzahlung im Monat März 2006 steht fest, dass die Zulage hier nicht zum Regelarbeitsentgelt gehören kann.

Im April 2006 wurde die Zulage wieder gezahlt. Da allerdings in den vorangegangenen drei Monaten wegen der Nichtzahlung im März 2006 keine Regelmäßigkeit vorliegt, steht fest, dass die Zulage keine Berücksichtigung finden kann. Das gleiche gilt nunmehr für die Monate Mai und Juni 2006, da in beiden Monate die Nichtzahlung im März 2006 in den Referenzzeitraum hineinfällt.

Im Juli 2006 wird die Zulage dann wieder bei der Bemessung des Regelarbeitsentgeltes berücksichtigt, da nunmehr in dem vorangegangenen dreimonatigen Referenzzeitraum, d.h. April 2006 bis Juni 2006, die Zulage regelmäßig gezahlt worden ist.

Im Hinblick auf Zulagen, die nicht regelmäßig anfallen, ergibt sich also eine mühsame Betrachtung des jeweils vorausgegangenen Drei-Monats-Zeitraums. Fällt die Zulage in dem Monat, für den das Regelarbeitsentgelt berechnet wird, nicht an oder fiel die Zulage in den vorausgegangenen drei Monaten nicht in jedem Monat an, so bleibt die nicht regelmäßig gezahlte Zulage bei der Berechnung des Regelarbeitsentgeltes außer Betracht. 131

Keine Rolle spielt im Übrigen, ob eine **sozialversicherungspflichtige Zulage stets in gleicher Höhe** gewährt wird. Auch in den Fällen, in denen die Zulage monatlich schwankt, zählt die Zulage in jedem Monat zum Regelarbeitsentgelt. Entscheidend ist alleine, dass überhaupt eine Zulage gewährt wird. Nicht die Höhe, sondern die Gewährung einer Zulage als solche ist Anknüpfungspunkt für die vom Gesetz nunmehr geforderte »Regelmäßigkeit«. 132

In vielen Arbeitsverhältnissen besteht die Möglichkeit, Teile der Vergütung im Wege der Entgeltumwandlung in eine Direktzusage/Unterstützungskasse bzw. in eine Pensionskasse oder einen Pensionsfonds einzuzahlen. Bis zum 31.12.2008 besteht insofern die bisherige Regelung fort, wonach diese Beiträge bis zu einem Betrag in Höhe von 4% der jährlichen Beitragsbemessungsgrenze der Rentenversicherung sozialversicherungsfrei sind und daher insofern kein Arbeitsentgelt darstellen. Bei der Ermittlung des Regelarbeitsentgeltes i.S.v. § 6 ATG ist daher nur von dem verminderten Arbeitsentgelt auszugehen. 133

Bestreitet der Arbeitnehmer seine Altersvorsorge aus Einmalzahlungen des Arbeitgebers und übersteigen die Vorsorgeleistungen des Arbeitnehmers den steuerfreien Betrag in Höhe von 4% der jährlichen Beitragsbemessungsgrenze, so ist dies über die Altersteilzeit im Rahmen der Neuregelung unerheblich. Da dem Regelarbeitsentgelt Einmalzahlungen nicht zugerechnet werden, wirkt sich die Entgeltumwandlung einer Einmalzahlung zur Verbesserung der betrieblichen Altersversorgung nicht auf die Festsetzung der Aufstockungsleistungen nach dem Altersteilzeitgesetz aus. 134

Auch im Rahmen von Altersteilzeitverträgen ist zu berücksichtigen, dass der Gesetzgeber die Steuerbegünstigung/Steuerfreiheit von Beiträgen für Direktversicherungen für Versicherungsverträge nach dem 31.12.2004 neu geregelt hat. Beiträge für Direktversicherungen, die nach dem 31.12.2004 abgeschlossen werden, können nicht mehr pauschal versteuert werden. Sie sind allerdings gem. § 3 Nr. 63 EStG und über § 2 Abs. 2 Nr. 5 ArEV bis zu 4% der Beitragsbemessungsgrenze in der Rentenversicherung beitragsfrei. Keine Rolle spielt insofern, ob die Beiträge zur Direktversicherung in Form der Entgeltumwandlung aus den laufenden Gehältern oder aus Einmalzahlungen finanziert werden. 135

In der Altersteilzeit ergeben sich im Übrigen keine Besonderheiten, wenn der Arbeitnehmer bisher im Wege der Entgeltumwandlung Teile seiner Gehälter für die Altersversorgung aufgewandt hat. Auch während der Freistellungsphase im Blockmodell besteht weiterhin ein Anspruch auf Entgeltumwandlung zu den jeweils geltenden gesetzlichen Regelungen, so wie sie oben skizziert wurden. Auch beitragsrechtlich ist die Fortsetzung der Entgeltumwandlung während der Freistellungsphase unproblematisch. Der Arbeitgeber hat während der Arbeitsphase die Hälfte des Vollzeitarbeitsentgeltes – vor Durchführung der Entgeltumwandlung – ins Wertguthaben einzustellen. Wünscht der Arbeitnehmer weiterhin die Entgeltumwandlung, so erfolgt diese sowohl in der Arbeitsphase als auch in der Freistellungsphase in jeweils gleicher Form. Während der Arbeitsphase wird aus dem Regelentgelt die Entgeltumwandlung zur Finanzierung der Beiträge der Direkt- 136 versicherung vorgenommen. In der Freistellungsphase erfolgt eine entsprechende Finanzierung aus dem angesparten Wertguthaben. Das Arbeitsentgelt nach der Entgeltumwandlung ist dann als Regelarbeitsentgelt der Berechnung der zusätzlichen Rentenversicherungsbeiträge etc. zugrunde zu legen. Nach der Auffassung der Spitzenverbände der Sozialversicherungsträger führt diese Form der Entgeltumwandlung zu einer beitragsfreien Verwendung von Wertguthaben. Dies sei zwar nicht ausdrücklich im Gesetz vorgesehen; jedoch sei nach Auffassung der Spitzenverbände der Sozialversicherungsträger eine andere Art der Entgeltumwandlung nicht möglich.

137 Wörtlich heißt es insofern in dem Rundschreiben der Spitzenverbände der Sozialversicherungsträger vom 9.3.2004 unter Ziff. 3.1.3.4 wie folgt:
»Eine Entgeltumwandlung löst dann keinen Störfall aus, wenn der Arbeitgeber während der Arbeitsphase die Hälfte des Vollzeitarbeitsentgelts (vor der Entgeltumwandlung) ins Wertguthaben einstellt und festgelegt wird, dass auch während der Freistellungsphase aus diesem Wertguthaben eine entsprechende Entgeltumwandlung erfolgt. Das Arbeitsentgelt nach der Entgeltumwandlung ist dann als Regelarbeitsentgelt der Berechnung der zusätzlichen Rentenversicherungsbeiträge zugrunde zu legen. Obwohl eine beitragsfreie Verwendung von Wertguthaben für eine Entgeltumwandlung nicht ausdrücklich im Gesetz geregelt wird (vgl. § 23b SGB IV), kann nur auf diesem Wege dem Anspruch auf Entgeltumwandlung unabhängig davon, ob eine kontinuierliche oder eine diskontinuierliche Altersteilzeitarbeit aufgenommen wird, Rechnung getragen werden. Die beitragsrechtlichen Auswirkungen der Entgeltumwandlung in der Freistellungsphase entsprechen somit denjenigen in der Arbeitsphase eines Blockmodells.«

138 Unzulässig wäre eine Entgeltumwandlung aus dem angesparten Wertguthaben, wenn es in der Arbeitsphase an einer entsprechenden Festlegung fehlt.

2. Zusätzliche Rentenversicherungsbeiträge bei Altverträgen

139 Der Arbeitgeber ist nach § 3 Abs. 1 Nr. 1 b ATG verpflichtet, für den Arbeitnehmer Beiträge zur gesetzlichen Rentenversicherung mindestens in Höhe des Betrages zu entrichten, der auf den Unterschiedsbetrag zwischen 90% des bisherigen Arbeitsentgeltes und dem Arbeitsentgelt für die Altersteilzeit entfällt. Begrenzt wird diese Verpflichtung durch die Beitragsbemessungsgrenze in der gesetzlichen Rentenversicherung. Während Arbeitnehmer und Arbeitgeber für den Teil des der halbierten Arbeitszeit entsprechenden Bruttoarbeitsentgeltes wie bisher auch gemeinsam die Beiträge zur Rentenversicherung aufbringen, zahlt das Unternehmen den Differenzbeitrag alleine, d.h. Arbeitnehmer- und Arbeitgeberanteil werden vom Unternehmen allein getragen (vgl. *Diller* NZA 1996, 847 [849]).

140 Liegt bei dem in die Altersteilzeit gewechselten Arbeitnehmer **keine Versicherungspflicht in der gesetzlichen Rentenversicherung** vor, weil der Arbeitnehmer bspw. eine **befreiende Lebensversicherung** abgeschlossen hatte, so muss die Erstattung bzw. Übernahme der höheren Beiträge zur Lebensversicherung ausdrücklich im Altersteilzeitvertrag geregelt werden. Die BA erstattet gem. § 4 ATG bei Vorliegen aller sonstigen Voraussetzungen auch in diesem Fall die erhöhten Aufwendungen des Arbeitgebers. Begrenzt wird die Erstattungspflicht der Arbeitsverwaltung allerdings durch den fiktiven Betrag, der bei Versicherungspflicht des Arbeitnehmers zulasten der BA angefallen wäre.

3. Zusätzliche Rentenversicherungsbeiträge bei Verträgen ab 1.7.2004

141 Vor dem Hintergrund der neuen Definition des »Regelarbeitsentgeltes« hat der Gesetzgeber in § 3 Abs. 1 Nr. 1 b ATG auch die Zahlung zusätzlicher Beiträge zur gesetzlichen Rentenversicherung durch den Arbeitgeber während der Altersteilzeit neu geregelt. Die Neuregelung führt allerdings nicht zu einer Änderung des Umfangs der Rentenaufstockung. Es bleibt daher dabei, dass der Arbeitgeber Beiträge zur Rentenversicherung auf Basis von 90% des bisherigen Bruttoeinkommens – soweit die Beitragsbemessungsgrenze nicht überschritten

wird – zu zahlen hat. Dadurch, dass nunmehr auf das Regelarbeitsentgelt, d.h. das während der Altersteilzeit bezogene Arbeitsentgelt abgestellt wird, konnte der Gesetzgeber in der Neufassung des Altersteilzeitgesetzes die zusätzlichen Beiträge danach festlegen, dass der Arbeitgeber verpflichtet ist, neben den auf das versicherungspflichtige Altersteilzeitentgelt, d.h. das Regelarbeitsentgelt, entfallenden Beiträgen **nochmals Beiträge auf Basis von 80% des Regelarbeitsentgeltes** für die Altersteilzeit zu zahlen hat. Dies bedeutet, dass zunächst 50% der ehemaligen Vollzeitbeiträge dadurch entrichtet werden, als diese aus dem sozialversicherungspflichtigen Altersteilzeitentgelt zu entrichten sind. Die weitere Entrichtungspflicht von 80% auf das Regelarbeitsentgelt (50%) entspricht damit 40% vom ehemaligen Vollzeitentgelt (80% von 50% = 40%). Somit ergibt sich **insgesamt, dass Beiträge auf Basis von 90% des alten Vollzeitentgeltes** gezahlt werden. Es bleibt auch hier wieder bei der Begrenzung auf 90% der monatlichen Beitragsbemessungsgrenze.

Beispiele: 142

- Der Arbeitnehmer bezieht in der Altersteilzeit ein Regelarbeitsentgelt in Höhe von 1.500,– € (Vollzeitentgelt 3.000,– €). Zunächst sind auf dieses Regelarbeitsentgelt sowohl die Arbeitgeber- als auch Arbeitnehmeranteil zur Rentenversicherung zu berechnen. Zusätzlich muss der Arbeitgeber dann noch Beiträge auf einen Betrag in Höhe von 1.200,– € entrichten. Dieser Betrag entspricht 80% des Regelarbeitsentgeltes. In einem Kontrollschritt ist nun zu prüfen, ob diese 80% nicht die 90%-Grenze zur Beitragsbemessungsgrenze unter Berücksichtigung des Regelarbeitsentgeltes überschreiten. Die Beitragsbemessungsgrenze liegt im Jahre 2004 in den alten Bundesländern bei 5.150,– €. 90% betragen also 4.635,– €. Da das Regelarbeitsentgelt im vorliegenden Beispiel bei 1.500,– € liegt, ist hier also noch eine Differenz in Höhe von 3.135,– € möglich. Von daher werden die gesamten 80% für die zusätzlich vom Arbeitgeber zu erbringenden Beiträge herangezogen.
- Liegt das Regelarbeitsentgelt bei 2.750,– € (Vollzeitentgelt 5.500,– €), so hat der Arbeitgeber diesmal nicht die vollen 80% für die Entrichtung der Rentenaufstockungsbeiträge heranzuziehen. 80% des Regelarbeitsentgeltes würden 2.200,– € entsprechen. Berücksichtigt man nun, dass 90% der Beitragsbemessungsgrenze einem Betrag in Höhe von 4.635,– € im Jahre 2004 entsprechen, so ergibt sich auf Grund des Regelarbeitsentgeltes in Höhe von 2.750,– € nur noch eine Differenz in Höhe von 1.885,– €. Da die 90%-Grenze nicht überschritten werden darf, ist somit nur dieser Betrag, d.h. 1.885,– €, für die vom Arbeitgeber allein zu tragenden zusätzlichen Rentenversicherungsbeiträge heranzuziehen.

4. Aufstockung des Altersteilzeitentgeltes bei Altverträgen

Gemäß § 3 Abs. 1 Nr. 1 a ATG muss das Unternehmen, wenn es Leistungen der Agentur für Arbeit erhalten will, das Arbeitsentgelt für die Altersteilzeitarbeit um mindestens 20% aufstocken. Die Aufstockung muss so hoch sein, dass dadurch **mindestens 70% des pauschalierten Netto-Vollzeitentgeltes** erreicht werden. Aufgrund dieser Regelung im Gesetz hat das Unternehmen bei der Festlegung des endgültigen Altersteilzeitentgeltes sowohl das frühere Bruttoeinkommen als auch das frühere Nettoeinkommen – letzteres allerdings nur bis zur Beitragsbemessungsgrenze – zu berücksichtigen. 143

In einem **ersten Schritt** wird nun das halbierte, der neuen Arbeitszeit angepasste Bruttoeinkommen **um 20% erhöht**. Dies bedeutet, dass hier das gesamte Bruttoeinkommen des in die Altersteilzeit gewechselten Arbeitnehmers berücksichtigt wird. In einem **zweiten Schritt** muss das Unternehmen nunmehr eine Gegenrechnung durchführen und kontrollieren, ob auf Grund dieses 20%-igen Zuschlages, der **steuerfrei** ist, mindestens **70% des gewöhnlichen Nettoeinkommens** erreicht werden. Aufgrund des Verweises auf § 6 Abs. 1 ATG zählt hier nun allerdings nicht das gesamte frühere Einkommen des nunmehr in die Altersteilzeit gewechselten Mitarbeiters, sondern es wird lediglich das Einkommen bis zur Beitragsbemessungsgrenze herangezogen (vgl. *Diller* NZA 1996, 847, 849). 144

Da der Gesetzgeber von den gewöhnlich anfallenden gesetzlichen Abzügen spricht, ist des Weiteren nicht auf dasjenige Nettoeinkommen abzustellen, welches der Arbeitnehmer 145 während seiner Vollzeittätigkeit tatsächlich erreicht hat. Entscheidend ist alleine das Nettoeinkommen, welches unter **normalen** Voraussetzungen bei dem von dem Arbeitnehmer erzielten Bruttoeinkommen anfällt. Die insofern zu berücksichtigenden Mindestnettobeträge werden gem. § 15 ATG für jedes Kalenderjahr durch eine Rechtsverordnung des Bundesministeriums für Wirtschaft und Arbeit festgelegt. Reicht der 20%-ige Aufstockungsbetrag trotz der Steuerfreiheit nicht aus, um 70% des gewöhnlichen früheren Nettoeinkommens zu erreichen, so muss das Unternehmen die verbleibende Lücke durch Erhöhung des Aufstockungsbetrages schließen.

146 ► **Beispiel:**

Vollzeit-Bruttoeinkommen (Steuerklasse III):	2.000,– €
Teilzeit-Bruttoeinkommen	1.000,– €
= Teilzeit-Nettoeinkommen:	790,– €
zzgl. Aufstockungsbetrag i. H. v. 20 %	200,– €
Gesamt-Teilzeit-Nettoeinkommen:	990,– €
Gegenrechnung:	
Vollzeit-Nettoeinkommen laut Tabelle:	1.432,– €
70% des Vollzeit-Nettoeinkommens:	1.002,40 €

147 Da in diesem Beispiel der steuerfreie Aufstockungsbetrag von 200,– € nicht ausreicht, um das Mindestnetto-Einkommen von 70% zu erreichen, muss der Aufstockungsbetrag auf insgesamt 212,40 € (1.002,40 € ./. 790,– € = 212,40 €) erhöht werden.

5. Aufstockung des Altersteilzeitentgeltes (= Regelarbeitsentgelt) bei Neuverträgen

148 Wie eingangs bereits erwähnt, hat der Gesetzgeber die Aufstockung des Altersteilzeitentgeltes – nunmehr Regelarbeitsentgelt – erheblich vereinfacht. Für **Neuverträge ab 1.7.2004** muss nunmehr nur noch das **Regelarbeitsentgelt**, d.h. das halbierte Vollzeitbruttoeinkommen, um **20% aufgestockt** werden. Die bisher notwendige Gegenrechnung, wonach mindestens 70% des Mindestnettoeinkommens erreicht werden müssen, entfällt.

149 Diese vom Gesetzgeber den Arbeitsvertragsparteien an die Hand gegebene Erleichterung der Berechnung der Vergütung in der Altersteilzeit wirkt sich allerdings in der Praxis erst dann aus, wenn auch die **Tarifverträge zur Altersteilzeit** von der Zielsetzung einer bestimmten Nettoabsicherung abrücken und ebenfalls auf eine bloße Aufstockung des halbierten Vollzeiteinkommens abstellen. Inwieweit nunmehr die Tarifvertragsparteien ebenfalls die Berechnungsmodalitäten ändern, bleibt also abzuwarten. Solange die Tarifvertragsparteien nichts an ihrer Berechnung ändern, bleibt es für die meisten Altersteilzeitverhältnisse, d.h. diejenigen, die auf Basis eines Tarifvertrages geschlossen wurden, bei der oben für Altverträge beschriebenen zweistufigen Berechnung des Altersteilzeiteinkommens. Es muss jeweils die Nettoberechnung durchgeführt werden. Die bisher vom Bundesministerium für Wirtschaft und Arbeit herausgegebenen Mindestnettotabellen wird es allerdings nur noch für die Zeit der Abwicklung der Altverträge geben.

6. Nichtreduziertes Arbeitsentgelt

150 Aus der Halbierung der bisherigen wöchentlichen Arbeitszeit folgt grds., dass auch die dem Mitarbeiter zustehende Vergütung halbiert wird. Dieses dann entstehende Regelarbeitsentgelt wird nach der gesetzlichen Regelung um 20% aufgestockt. **Verzichtet das Unternehmen im Hinblick auf bestimmte Vergütungsbestandteile** – bspw. vermögenswirksame Leistungen oder Sachbezüge (Dienstwagen) – **auf die Halbierung und gewährt das Unternehmen diese Vergütungsbestandteile sowohl in der Arbeits- wie auch in der Freistellungsphase, so ist eine Aufstockung dieser Vergütungsbestandteile nicht erforderlich.** Würde man diese Vergütungsbestandteile aufstocken, so würde dies den Mitarbeiter ungerechtfertigt besser stellen als die weiterhin in Vollzeit arbeitenden Kollegen. Von daher hat der Gesetzgeber in § 3 Abs. 1a ATG die Möglichkeit eröffnet, derartige Vergütungsbestandteile von der Aufstockung auszunehmen.

Diese Herausnahme von Vergütungsbestandteilen aus der Aufstockungspflicht bezieht sich aber nur auf die Aufstockung des Regelarbeitsentgeltes und nicht auf die Abführung von zusätzlichen Beiträgen zur Rentenversicherung. **Bei der Ermittlung der Beiträge zur Rentenversicherung ist zu berücksichtigen, dass § 3 Abs. 1a ATG die Entrichtung der Rentenversicherungsbeiträge aus der zusätzlichen beitragspflichtigen Einnahme nach § 3 Abs. 1 Nr. 1b ATG i.V.m. § 163 Abs. 5 S. 1 SGB VI nicht erfasst.** Dies bedeutet, dass regelmäßige Bestandteile des Regelarbeitsentgeltes, die nicht vermindert werden, trotzdem bei der Ermittlung der zusätzlichen Rentenversicherungsbeiträge zu berücksichtigen sind. 151

► **Beispiel:** 152
Ein Arbeitnehmer bezieht eine Vollzeitvergütung in Höhe von 3.600,– €. Zusätzlich erbringt der Arbeitgeber monatlich vermögenswirksame Leistungen in Höhe von 40,– €. Als freiwillige Leistung sagt das Unternehmen dem Mitarbeiter während der Altersteilzeit zu, dass die vermögenswirksamen Leistungen sowohl in der Arbeits- wie auch in der Freistellungsphase des Blockmodells in unverminderter Höhe, d.h. mit monatlich 40,– €, weitergewährt werden. Das Regelarbeitsentgelt als solches wird entsprechend der halbierten Arbeitszeit auf 1.800,– € während der Altersteilzeit festgesetzt.
Im Hinblick auf die Entgeltaufstockung ist auf Grund der unverminderten Fortgewährung der vermögenswirksamen Leistungen von einem Regelarbeitsentgelt in Höhe von 1.800,– € auszugehen. Für die zusätzliche Entrichtung von Rentenversicherungsbeiträgen ist hingegen von einem Regelarbeitsentgelt in Höhe von 1.840,– € auszugehen. Da der zusätzliche Beitrag, der vom Arbeitgeber alleine zu tragen ist, auf Basis von 80% des Regelarbeitsentgeltes zu ermitteln ist, ist hier also zur Abführung der zusätzlichen Rentenversicherungsbeiträge ein weiterer Betrag in Höhe von 1.472,– € als Bemessungsgrundlage heranzuziehen. Es zeigt sich also, dass das Regelarbeitsentgelt bzgl. der Aufstockungsleistungen und bzgl. der Rentenversicherungsbeiträge unterschiedlich sein kann.

V. Einstellung eines Arbeitslosen oder Übernahme eines Auszubildenden

Vierte und letzte Voraussetzung für die Gewährung von Zuschüssen durch die Agentur für Arbeit ist gem. § 3 Abs. 1 Nr. 2 ATG, dass der Arbeitgeber aus Anlass des Übergangs des Mitarbeiters in die Altersteilzeitarbeit entweder einen Arbeitnehmer nach **Abschluss der Ausbildung** oder einen bei der Agentur für Arbeit **arbeitslos gemeldeten Arbeitnehmer** auf dem frei gemachten oder auf einen in diesem Zusammenhang durch Umsetzung freigewordenen Arbeitsplatz **versicherungspflichtig** i.S.d. Sozialgesetzbuches III beschäftigt. 153

Für **Kleinunternehmen (bis zu 50 Arbeitnehmer)** kommt als weitere Möglichkeit die **Einstellung eines Auszubildenden** in Betracht. 154

1. Wiederbesetzung des freigemachten Arbeitsplatzes

Da das Altersteilzeitgesetz eine arbeitsmarktpolitische Zielsetzung hat, kommt es für die Wiederbesetzung des durch die Altersteilzeit frei gewordenen Arbeitsplatzes darauf an, dass der Arbeitsmarkt durch die Wiederbesetzung des im Betrieb frei gewordenen Arbeitsplatzes entlastet wird. Welche Anforderungen an den Arbeitsplatz, der wiederbesetzt wird, zu stellen sind, wird in der Literatur und in den Dienstanweisungen der BA unterschiedlich gesehen. Insbesondere im Hinblick auf das **Arbeitszeitvolumen des wiederbesetzten Arbeitsplatzes** bestehen Differenzen. 155

Im Einzelnen sind bei der Wiederbesetzung folgende Punkte im Hinblick auf den Arbeitsplatz als solchen zu berücksichtigen: 156
- zeitlicher Umfang des wiederbesetzten Arbeitsplatzes
- zeitlicher Zusammenhang zwischen Altersteilzeit und Wiederbesetzung
- Dauer der Wiederbesetzung
- Art des wieder zu besetzenden Arbeitsplatzes.

157 Zu den Anforderungen an die wieder zu besetzende Stelle ist i.E. Folgendes unter Berücksichtigung der vier vorgenannten Prüfungspunkte festzuhalten:

a) Zeitlicher Umfang des wieder zu besetzenden Arbeitsplatzes

158 Der Gesetzgeber selber verlangt in § 3 Abs. 1 Nr. 2 ATG lediglich, dass der Arbeitgeber aus Anlass des Übergangs des Arbeitnehmers in die Altersteilzeitarbeit einen bei einer Agentur für Arbeit arbeitslos gemeldeten Arbeitnehmer oder einen Arbeitnehmer nach Abschluss der Ausbildung auf dem frei gemachten oder einem in diesem Zusammenhang durch Umsetzung frei gewordenen Arbeitsplatz versicherungspflichtig i.S.d. Sozialgesetzbuches III beschäftigt. Der Gesetzgeber sagt nicht, ob die Wiederbesetzung anhand einer **Arbeitszeitvolumenbetrachtung** zu erfolgen hat. Es wird vielmehr allgemein davon gesprochen, dass auf dem frei gemachten Arbeitsplatz oder einem durch Umsetzung frei gewordenen Arbeitsplatz ein neu eingestellter Mitarbeiter versicherungspflichtig beschäftigt werden muss. Insofern steht also als Kriterium fest, dass die Einstellung eines geringfügig Beschäftigten nicht ausreicht, um die Anforderungen an eine förderungsfähige Altersteilzeit zu erfüllen.

159 In der Literatur und den Dienstanweisungen der BA zur Altersteilzeit ist umstritten, in welchem Umfang der neu eingestellte Mitarbeiter beschäftigt werden muss. Während in der Literatur teilweise die Auffassung vertreten wird, dass es ausreicht, wenn die neu eingestellte Person **versicherungspflichtig** auf dem frei gemachten Arbeitsplatz beschäftigt wird (so bspw. *Diller* NZA 1996, 847, 849; *Andresen* Frühpensionierung und Altersteilzeit, 3. Aufl. Rz. 540), vertritt die BA in ihren Dienstanweisungen die Auffassung, dass **das Gesamtvolumen der bisherigen Arbeitszeit durch die Wiederbesetzung grds. erhalten bleiben muss** (vgl. Ziff. 3.1.7 (13) zu § 3 ATG).

160 Die BA verlangt also – ohne dass eine entsprechende Grundlage im Altersteilzeitgesetz erkennbar ist –, dass das Arbeitszeitvolumen im Wesentlichen erhalten bleibt. **Als geringfügige Abweichung, die auch nach der Auffassung der BA zulässig sein soll, werden lediglich Abweichungen von bis zu 10% angenommen, wobei die zu übernehmende Stundenzahl auf die nächste volle Stunde abgerundet werden darf.** Als Beispiel führt die Bundesagentur für eine geringfügige Abweichung in ihren Dienstanweisungen die Wiederbesetzung eines Arbeitsplatzes an, der bisher mit einem Mitarbeiter mit einer 35-Stunden-Woche besetzt war. Dieser Arbeitsplatz muss nach Auffassung der BA mit einem Mitarbeiter wiederbesetzt werden, der mindestens 31 Wochenstunden arbeitet. In Ziff. 3.1.7 (16) der Dienstanweisungen sieht die Bundesagentur die Wiederbesetzungspflicht nur noch dann als erfüllt an, wenn beim Blockmodell ein freier Arbeitsplatz während der Freistellungsphase durch eine Vollzeitkraft oder zwei Teilzeitkräfte besetzt wird, die das bisherige Arbeitszeitvolumen des älteren Arbeitnehmers übernehmen.

161 Wie angesprochen, ist eine Grundlage für diese Rechtsauffassung der BA im Gesetz nicht zu erkennen. Die Literatur steht daher zu Recht auf dem Standpunkt, dass es ausreicht, wenn der frei gemachte Arbeitsplatz durch eine versicherungspflichtig beschäftigte Teilzeitkraft besetzt wird. Es spielt dann keine Rolle, dass die Stelle zuvor mit einem in Vollzeit beschäftigten Mitarbeiter besetzt war. Betrachtet man den Gesetzentwurf zum Altersteilzeitgesetz (BR-Drs. 208/96), so findet sich auch dort keine Unterstützung der von der Bundesagentur nunmehr vertretenen Rechtsauffassung. Die Begründung zum Gesetzesentwurf sah durchaus vor, dass ein Mitarbeiter in Vollzeit an die Stelle mehrerer Altersteilzeitarbeitnehmer tritt und so für jeden in Altersteilzeit gewechselten Mitarbeiter die Förderleistungen erhält. Man wird sicherlich nicht die Auffassung vertreten können, dass sich dies nur auf das »Konti-Modell«, d.h. die Halbtagstätigkeit im Rahmen der Altersteilzeit, beschränkt.

162 Unseres Erachtens muss es auf Grund des Wortlautes des Gesetzes also ausreichen, wenn die Position, die der in Altersteilzeit gewechselte Mitarbeiter in der Freistellungsphase frei gemacht hat, mit einem sozialversicherungspflichtig beschäftigten, neu eingestellten Arbeitnehmer besetzt wird. Darauf, dass dieser Mitarbeiter die gleiche Stundenzahl in der Woche leistet wie der in die Altersteilzeit gewechselte Mitarbeiter vor Beginn der Altersteilzeit geleistet hat, kann es nicht ankommen. Man wird hier sicherlich einen **Missbrauch des Altersteilzeitgesetzes** ausschließen müssen. Die Missbrauchsgrenze muss aber in Anbetracht

der arbeitsmarktpolitischen Zielsetzung des Altersteilzeitgesetzes und der von dem Gesetzgeber nunmehr ausdrücklich **geförderten Teilzeittätigkeiten** sehr großzügig gehandhabt werden. Wird die Stelle mit einer Halbtagskraft besetzt, so erfüllt dies unseres Erachtens noch nicht den Missbrauchstatbestand und muss daher trotz der gegenteiligen Dienstanweisungen der BA noch förderfähig bleiben.

b) Zeitlicher Zusammenhang zwischen Altersteilzeit und Wiederbesetzung

Die Wiederbesetzung der frei gewordenen Arbeitsstelle muss im zeitlichen Zusammenhang mit dem Freiwerden der Stelle durch die Altersteilzeit erfolgen. Da allerdings die Einstellung eines Arbeitslosen bzw. die Übernahme eines Arbeitnehmers nach Abschluss der Ausbildung nicht immer zeitgenau mit dem Wechsel des Altersteilzeitmitarbeiters im Rahmen des Blockmodells in die Freistellungsphase koordiniert werden kann, besteht Einigkeit, dass die Einstellung auch bereits zu einem früheren Zeitpunkt erfolgen kann. **163**

Die Einstellung eines arbeitslos gemeldeten Arbeitnehmers kann nach Auffassung der BA zum Zwecke der **Einarbeitung** beim **kontinuierlichen Arbeitszeitmodell**, d.h. dem Wechsel des Mitarbeiters in die Halbtagstätigkeit, auch bereits **vor Beginn der eigentlichen Altersteilzeit** und damit vor Freiwerden des für die Wiederbesetzung vorgesehenen Teilzeitarbeitsplatzes erfolgen. Die Einarbeitungszeit muss sich an dem sachlich notwendigen zeitlichen Umfang orientieren. Es muss ein **sachlicher Zusammenhang** mit der geplanten Wiederbesetzung des durch die Altersteilzeit teilweise frei werdenden Arbeitsplatzes gegeben sein. **164**

Beim **Blockmodell** erlauben die Dienstanweisungen der BA mittlerweile die Einstellung unter dem Gesichtspunkt der **Einarbeitung** bereits zu Beginn der Altersteilzeit. Der Mitarbeiter muss allerdings auch hier bereits dem Bereich, in dem der sich in Altersteilzeit befindende Mitarbeiter tätig ist, zugeordnet werden (vgl. DA Ziff. 3.1.7 (17) zu § 3 ATG). **165**

Im Hinblick auf die Einstellung oder Übernahme eines Mitarbeiters nach abgeschlossener Ausbildung liegt eine unmittelbare Wiederbesetzung auch dann vor, wenn zwischen der Einstellung bzw. Übernahme und dem Beginn der Wiederbesetzung ein **Zeitraum von nicht mehr als zwölf Monaten** liegt. Bisher hatte die BA in ihren Durchführungsanweisungen zum Altersteilzeitgesetz einen Zeitrahmen von bis zu sechs Monaten als unproblematisch angesehen und bei einem Zeitraum von bis zu zwölf Monaten eine sachliche Begründung gefordert. Diese Differenzierung ist nunmehr aufgehoben worden. Liegen mehr als zwölf Monate zwischen der Übernahme des Ausgebildeten und dem Freiwerden des Arbeitsplatzes, so ist allerdings nicht mehr davon auszugehen, dass die Altersteilzeit ursächlich für die Übernahme des Mitarbeiters ist. **166**

c) Dauer der Wiederbesetzung

Die Wiederbesetzung muss nicht durch einen unbefristet eingestellten Arbeitnehmer erfolgen. Auch die **Befristung von Arbeitsverhältnissen** zur Wiederbesetzung von frei gewordenen Arbeitsplätzen erfüllt die Voraussetzungen des Altersteilzeitgesetzes. **167**

Da der Arbeitgeber nur dann Förderleistungen erhält, wenn der frei gewordene Arbeitsplatz ordnungsgemäß wiederbesetzt wurde, muss grds. während der gesamten Dauer der Freistellungsphase bzw. während der gesamten Dauer des Altersteilzeitverhältnisses im Rahmen des Konti-Modells der frei gewordene Arbeitsplatz wiederbesetzt sein. Das Gesetz macht insofern allerdings Ausnahmen, als **Lücken bis zu drei Monaten** im Hinblick auf die Förderung der Altersteilzeit unerheblich sind. Wird der frei gewordene Arbeitsplatz innerhalb von drei Monaten wieder neu besetzt, so werden auch für die vorausgegangene bis zu dreimonatige Phase der Nichtbesetzung der freien Stelle Förderleistungen durch die BA erbracht. **168**

Hat die Bundesagentur insgesamt für **vier Jahre Leistungen nach § 4 ATG, d.h. Förderleistungen**, erbracht, so ist gem. § 5 Abs. 2 ATG eine erneute Wiederbesetzung des frei gewordenen Arbeitsplatzes nicht erforderlich. Da im Rahmen der Altersteilzeit im Blockmodell während der Freistellungsphase die Förderleistungen durch die BA in doppelter Höhe erbracht werden, um so auch die Zeiten während der Arbeitsphase abzudecken, reicht im **Blockmodell** die Wiederbesetzung über einen **Zeitraum von zwei Jahren** in der Freistel- **169** lungsphase aus, um anschließend Förderleistungen für die gesamte Dauer des Blockmodells (maximal drei Jahre Arbeitsphase und drei Jahre Freistellungsphase, d.h. insgesamt sechs Jahre) zu erhalten.

d) Art des wieder zu besetzenden Arbeitsplatzes

170 Unproblematisch sind die Fälle, in denen – insbes. im Blockmodell – der im Wege der Altersteilzeit frei gewordene Arbeitsplatz zu Beginn der Freistellungsphase durch einen Arbeitslosen oder einen nach Abschluss der Ausbildung übernommenen Mitarbeiter in unveränderter Form besetzt wird. Hier liegen nunmehr in jeglicher Hinsicht die Voraussetzungen für die Wiederbesetzung und damit die Förderungsfähigkeit vor.

171 Nach allgemeiner Auffassung in Rechtsprechung und Literatur, die auch von der BA geteilt wird, ist allerdings die Wiederbesetzung des tatsächlich durch die Altersteilzeit frei gewordenen Arbeitsplatzes nicht zwingend erforderlich. Ausreichend ist, wenn sich im Wege einer sog. **Umsetzungskette** ergibt, dass zwar nicht der unmittelbar durch die Altersteilzeit frei gewordene Arbeitsplatz wiederbesetzt wurde, sondern ein anderer Arbeitsplatz, der im Rahmen einer Umsetzungskette, d.h. eines **Ringtausches**, frei geworden ist. Voraussetzung ist allerdings, dass der Arbeitgeber im Einzelnen die Kette der Wiederbesetzung nachweisen kann.

172 Die Wiederbesetzung über den Weg der Umsetzungskette ist im Übrigen weder auf die **Abteilung, den Funktionsbereich oder den Betrieb** beschränkt. Es ist also ohne weiteres möglich, die Wiederbesetzung eines im Betrieb A frei gewordenen Arbeitsplatzes im Betrieb B vorzunehmen, wenn es dem Unternehmen gelingt, im Rahmen der Umsetzungskette darzulegen, dass ein Mitarbeiter vom Betrieb B in den Betrieb A gewechselt ist und dort den in der Altersteilzeit frei gewordenen Arbeitsplatz übernommen hat. Der hierdurch im Betrieb B frei gewordene Arbeitsplatz kann nunmehr durch einen Arbeitslosen oder durch die Übernahme eines Mitarbeiters nach abgeschlossener Ausbildung besetzt werden. Eine **konzernbezogene Wiederbesetzung** ist hingegen nach Auffassung der BA **unzulässig**.

173 Als Alternative zur Umsetzungskette kommt die **funktionsbereichsbezogene Betrachtungsweise** in Betracht. In größeren Unternehmen kann durch die Bestimmung von – ggf. sogar betriebsstättenübergreifenden – Funktionsbereichen der Nachweis der Wiederbesetzung erleichtert werden. **Die Funktionsbereiche sind mit der Agentur für Arbeit im Einzelnen im Vorfeld abzustimmen.**

174 Als **Funktionsbereich** sind Abteilungen oder Unternehmensbereiche anzusehen, die einem bestimmten **internen Betriebszweck** dienen. Als **Beispiel** nennt die BA die Produktion, Forschung, Verwaltung, den Elektroanlagenbau, die Lackiererei etc. Welche Funktionsbereiche im Einzelnen in einem Unternehmen bestehen, hängt also von der Art des Unternehmens ab. Je nach Struktur des Unternehmens können hier also eine Vielzahl von Funktionsbereichen bestehen, die dann im Einzelnen mit der Agentur für Arbeit festgelegt werden sollten.

175 **Die Funktionsbereiche sind nicht auf einen Betrieb beschränkt.** Es ist nach den Durchführungsanweisungen der BA zum Altersteilzeitgesetz ohne weiteres möglich, Funktionsbereiche auch **betriebsstättenübergreifend** festzulegen. Gerade bei Unternehmen, die **überregional** tätig sind, empfiehlt sich eine zentrale Festlegung der Funktionsbereiche. Hierzu ist mit der für den Hauptsitz des Unternehmens zuständigen Agentur für Arbeit Kontakt aufzunehmen und eine Vereinbarung zu treffen, dass nunmehr nur noch diese Agentur für Arbeit für die Festlegung der Funktionsbereiche und für die Prüfung der Altersteilzeitverträge zuständig ist.

176 Der Vorteil der Festlegung von Funktionsbereichen gegenüber dem Nachweis einer Umsetzungskette liegt darin, dass bei der Einigung auf Funktionsbereiche der Nachweis der Wiederbesetzung wesentlich einfacher zu führen ist. **Es reicht aus, wenn der durch die Altersteilzeit in einem Funktionsbereich frei gewordene Arbeitsplatz »funktionsadäquat« wiederbesetzt worden ist.** Von einer funktionsadäquaten Wiederbesetzung ist auszugehen, wenn der durch die Altersteilzeit frei gewordene Arbeitsplatz in der Abteilung nachbesetzt wurde – die BA spricht hier vom »Nachrücker« – und gleichzeitig ein ausgebildeter

oder ein arbeitslos gemeldeter Arbeitnehmer in den Funktionsbereich neu eingestellt wird. Es reicht also aus, dass die neu eingestellte Person **dem gleichen Funktionsbereich** angehört wie der in Altersteilzeit arbeitende Mitarbeiter. **Innerhalb des Funktionsbereiches ist dann ein Nachweis einer Umsetzungskette nicht mehr erforderlich** (vgl. DA Ziff. 3.1.7 (5) zu § 3 ATG).

Hat das Unternehmen mit der Agentur für Arbeit Funktionsbereiche abgestimmt, so kommt auch eine **funktionsbereichsübergreifende Wiederbesetzung** in Betracht. Wechselt bspw. im Funktionsbereich A ein Mitarbeiter im Blockmodell in die Freistellungsphase und soll im Funktionsbereich B ein Arbeitsloser neu eingestellt oder ein Mitarbeiter nach Abschluss der Ausbildung übernommen werden, so liegen die Voraussetzungen für eine Wiederbesetzung und damit die Förderungsvoraussetzungen vor, wenn das Unternehmen nachweist, dass ein Mitarbeiter aus dem Funktionsbereich B gleichzeitig in den Funktionsbereich A gewechselt ist. Durch diesen Nachweis ist zum einen bewiesen, dass im Funktionsbereich A, wo der Arbeitsplatz durch die Altersteilzeit frei geworden ist, ein Nachrücker auf den frei gewordenen Arbeitsplatz gesetzt wurde und es ist gleichzeitig nachgewiesen, dass in dem Funktionsbereich B, wo durch den Wechsel des Mitarbeiters vom Funktionsbereich B in den Funktionsbereich A im Rahmen der **Umsetzungskette** nunmehr ein Arbeitsplatz frei geworden ist, eine Neueinstellung vorgenommen wurde. Da es sich in beiden Fällen um Funktionsbereiche handelt, ist ein Nachweis bezogen auf den konkreten Arbeitsplatz nicht erforderlich. 177

2. Übernahme eines Ausgebildeten

Unter dem Begriff »Ausbildung« i.S.d. § 3 Abs. 1 Nr. 2 ATG versteht die BA nur die sog. Erstausbildung. Danach fallen also alle **Absolventen von anerkannten Ausbildungsberufen** i.S.d. Berufsbildungsgesetzes, der Handwerksordnung sowie der Schiffsmechaniker-Ausbildungsverordnung unter dem Begriff des Ausgebildeten. Des Weiteren akzeptiert die BA die Absolventen einer Erstausbildung i.S.d. bundesgesetzlichen und landesrechtlichen Ausbildungsregelungen für Berufe im Gesundheitswesen und die Ausbildungsabschlüsse nach landesrechtlichen Ausbildungsregelungen für sozialpflegerische und sozialpädagogische Berufe als Ausgebildete i.S.d. Altersteilzeitgesetzes. 178

Darüber hinaus werden auch die **Absolventen eines anerkannten Studienganges an einer Hochschule oder Fachhochschule** als Ausgebildete i.S.d. § 3 ATG anerkannt (vgl. Ziff. 3.1.7.2 (1) der Durchführungsanweisungen der BA zu § 3 ATG). Gerade die Erwähnung der Absolventen eines Studienganges belegt, dass es sich bei den Ausgebildeten **nicht um betriebseigene Auszubildende** handeln muss. Es reicht vielmehr aus, wenn das Unternehmen auf einem durch Altersteilzeit freigewordenen Arbeitsplatz einen betriebsfremden Ausgebildeten übernommen hat (vgl. *Diehl* BB 1996, 1518; *Diller* NZA 1996, 847). Erforderlich ist lediglich, dass die Übernahme unmittelbar nach Abschluss der Ausbildung erfolgt. 179

Von einer **unmittelbaren Übernahme** des Ausgebildeten kann in besonderen Fällen auch dann gesprochen werden, wenn es sich um einen der folgenden Zwischenzeiträume handelt: 180
- Zeiten der krankheitsbedingten Arbeitsunfähigkeit;
- Freistellung nach dem Bundeserziehungsgeldgesetz und Zeiten während des Beschäftigungsverbotes nach dem Mutterschutzgesetz;
- Zeiten des Wehr- und Ersatzdienstes auf Grund der Wehrpflicht;
- Zeiten ohne Nachweis bis zur Dauer einer Woche;
- bei Studienabsolventen die Aufnahme eines weiteren Studienganges, auch wenn am Ende die Promotion angestrebt wird, es sei denn, dass die Zeit nach Studienabschluss bis zur Promotion mit einem wissenschaftlichen Angestelltenverhältnis überbrückt wird (vgl. Ziff. 3.1.7.2 (2) der Durchführungsanweisungen der BA zu § 3 ATG).

Bei Studienabgängern wird auch dann noch von einer Übernahme nach abgeschlossener Ausbildung gesprochen, wenn die Einstellung spätestens ein Jahr nach Abschluss des Studiums erfolgt. Die BA trägt durch diesen relativ großzügigen Zeitraum dem Umstand

Rechnung, dass auch Studienabgänger in Anbetracht der derzeitigen Arbeitsmarktlage längere Zeit benötigen, bevor sie eine adäquate Beschäftigung finden. Innerhalb dieses einjährigen Suchzeitraums sind im Übrigen befristete ausbildungsadäquate Zwischenbeschäftigungen nach Auffassung der BA unschädlich.

181 Die Dienstanweisungen der BA zur Altersteilzeit lassen im Hinblick auf die Übernahme eines Ausgebildeten auch die in verschiedenen Wirtschaftszwecken übliche Übernahme eines Mitarbeiters aus einem sog. **Volontariat** ausreichen.

182 Volontariate sind dann einer Ausbildung gleichzusetzen, wenn:
- der Abschluss des Volontariats nicht nur bei einem Unternehmen anerkannt wird;
- für eine bestimmte berufliche Tätigkeit kein vorgeschriebener oder allgemein anerkannter Ausbildungsweg existiert;
- das Volontariat – in Abgrenzung zu einem normalen Beschäftigungsverhältnis – planmäßig ausgestaltet ist und sich an einem bestimmten Ausbildungsziel orientiert. Dazu gehört, dass ein sachkundiger, verantwortlicher Ausbilder bestellt ist, der den Volontär anleitet und mit dem Ziel unterweist, ihm die für die erstrebte berufliche Tätigkeit erforderlichen Kenntnisse und Fertigkeiten zu vermitteln;
- eine Dauer von regelmäßig mindestens 18 Monaten vereinbart wird;
- ein schriftlicher Vertrag abgeschlossen wird, der unter anderem die Vergütung regelt und
- das Volontariat mit einer Beurteilung/Bewertung abgeschlossen wird, die Aussagen über die durchlaufenen Ausbildungsabschnitte und deren Erfolg zulässt (vgl. Ziff. 3.1.7.2 (5) der Durchführungsanweisungen der BA zu § 3 ATG).

183 Unerheblich für die Erfüllung der Voraussetzungen des Altersteilzeitgesetzes ist im Übrigen, ob der Ausgebildete bspw. **auf Grund eines Tarifvertrages ohnehin einen Anspruch auf befristete Übernahme in ein Arbeitsverhältnis** hatte. Auch in derartigen Fällen ist von einer Übernahme i.S.d. § 3 ATG auszugehen. Die Motivation des Arbeitgebers zur Einstellung ist insofern unerheblich (vgl. Ziff. 3.1.7.2 (9) der Durchführungsanweisungen der BA zu § 3 ATG).

3. Einstellung eines Arbeitslosen

184 Alternativ zur Übernahme eines Auszubildenden nach Abschluss der Ausbildung kommt auch die Einstellung eines Arbeitslosen auf der durch den Altersteilzeitvertrag freigewordenen Stelle im Unternehmen bzw. einer durch Umorganisation freigewordenen Stelle in Betracht. Nach dem Wortlaut des Altersteilzeitgesetzes liegt »Arbeitslosigkeit« bereits dann vor, wenn der einzustellende Mitarbeiter im Zeitpunkt der Einstellung bei einer Agentur für Arbeit arbeitslos gemeldet ist. **Es ist insofern nicht erforderlich, dass bereits tatsächlich eine Beschäftigungslosigkeit des einzustellenden Arbeitnehmers vorliegt.** Ausreichend ist vielmehr, wenn die Arbeitslosigkeit erst **innerhalb der nächsten drei Monate** eingetreten wäre, wenn es nicht zum Abschluss des neuen – ggf. auch nur befristeten – Arbeitsvertrages gekommen wäre (vgl. *Nimscholz* Lohn + Gehalt 1999, 2124).

185 Diese Sichtweise der BA ist für die Praxis insofern von erheblicher Bedeutung, als nach den zum 1.7.2003 geänderten Regelungen des Sozialgesetzbuches III jeder Arbeitnehmer, der einen Aufhebungsvertrag unterzeichnet bzw. demgegenüber eine Kündigung ausgesprochen wurde, verpflichtet ist, sich unverzüglich bei einer Agentur für Arbeit **arbeitsuchend zu melden.** Sobald eine entsprechende Meldung wegen vorausgegangener Kündigung oder Unterzeichnung eines Aufhebungsvertrages erfolgt ist, liegen also bei diesem zukünftigen »Arbeitslosen« die Voraussetzungen für eine Einstellung über das Altersteilzeitgesetz zu Erlangung von Fördermitteln vor.

186 Um **Missbrauch** zu vermeiden, steht die BA in ihren Dienstanweisungen zurecht auf dem Standpunkt, dass **Kündigungen** und **Aufhebungsverträge**, die offensichtlich lediglich der

formalen Erfüllung der gesetzlichen Voraussetzungen zur Erlangung von Fördergeldern im Rahmen der Altersteilzeit dienen, nicht berücksichtigt werden. Eine bewusst herbeigeführte Bedrohung mit Arbeitslosigkeit in Kenntnis der Tatsache, dass eine unmittelbare Einstellung erfolgen wird, erfüllt nicht das Kriterium der Einstellung eines »arbeitslos gemeldeten Arbeitnehmers«. Die Beweislast dafür, dass die Eigenkündigung bzw. der Aufhebungsvertrag des für die Wiederbesetzung vorgesehenen Mitarbeiters bewusst im Hinblick auf die Wiederbesetzung ausgesprochen wurde, obliegt allerdings der BA. Solange hier kein direkter zeitlicher Zusammenhang zwischen Aufhebungsvertrag und Eigenkündigung einerseits und Abschluss des neuen Vertrages zur Wiederbesetzung andererseits vorliegt, dürfte dieser Nachweis für die BA nur schwer zu erbringen sein.

Die von der BA grds. zurecht vertretene Auffassung, dass **Eigenkündigungen**, die im Hinblick auf die Einstellung zur Wiederbesetzung bei einem anderen Arbeitgeber ausgesprochen werden, nicht ausreichen, um die Fördermittel nach § 4 ATG zu erlangen, gilt im Übrigen nicht in den Fällen, in denen ein **befristet tätiger Mitarbeiter** sein befristetes Arbeitsverhältnis kündigt, **um in ein unbefristetes Arbeitsverhältnis** zu einem anderen Arbeitgeber im Rahmen der dort durch die Altersteilzeit frei werdenden Stelle zu wechseln. Hier liegt nun eine zulässige Wiederbesetzung vor, da der ursprünglich befristet eingestellte Arbeitnehmer bei seinem früheren Arbeitgeber befürchten musste, dass er nach Ablauf der Befristung arbeitslos werden würde. Arbeitsmarktpolitisch macht es daher Sinn, dass dieser Mitarbeiter in das unbefristete Arbeitsverhältnis zu dem neuen Arbeitgeber wechselt. Wird er allerdings im Rahmen der Wiederbesetzung ebenfalls nur befristet beschäftigt, so entfällt die Rechtfertigung für die Eigenkündigung, so dass auch in diesem Fall die Förderung wieder entfallen müsste, wenn die BA den Nachweis erbringen kann, dass die Eigenkündigung alleine zur Erreichung der Fördermittel im Rahmen der Wiederbesetzung ausgesprochen wurde. 187

Kein Kriterium für die Definition des Arbeitslosen i.S.d. Altersteilzeitgesetzes ist nach wie vor der Bezug von **Arbeitslosengeld** (vgl. *v. Einem* BB 1996, 1883). Dies wird bereits daraus deutlich, dass auch während einer Sperrzeit Arbeitslosigkeit besteht und dass gerade Langzeitarbeitslose, die keinen Anspruch auf Arbeitslosengeld mehr haben, die Förderung einer Altersteilzeit auslösen, wenn sie auf einem entsprechend freigewordenen Arbeitsplatz eingestellt werden. 188

Nicht erforderlich ist des Weiteren, dass der eingestellte Arbeitslose bei der BA **in Deutschland arbeitslos** gemeldet war. Ausreichend ist, dass der Mitarbeiter in einem **anderen Staat der Europäischen Union** als arbeitslos gemeldeter Arbeitnehmer anerkannt war (vgl. Ziff. 3.1.7.2 (6) der Durchführungsanweisungen der BA zu § 3 ATG). War der Arbeitnehmer allerdings zuvor im Ausland tätig, so muss zumindest das nunmehr neu abgeschlossene Arbeitsverhältnis der Sozialversicherungspflicht in Deutschland unterliegen. 189

Neben der echten Arbeitslosigkeit stellt die BA in ihren Durchführungsanweisungen zum Altersteilzeitgesetz eine Reihe von Zeiten der Arbeitslosigkeit gleich. 190

Nach Ziff. 3.1.7.1 der Durchführungsanweisungen zu § 3 ATG gelten als Zeiten der Arbeitslosigkeit i.S.d. § 3 Abs. 1 Nr. 2 ATG auch die 191

- Beschäftigung in einer Personal-Service-Agentur gem. § 37c SGB III,
- Teilnahme an Trainingsmaßnahmen nach §§ 48 ff. SGB III,
- Beschäftigung in einer Arbeitsbeschaffungsmaßnahme nach §§ 260 ff. SGB III; das gilt nicht, wenn der Arbeitnehmer bis zu 24 bzw. 36 Monate in solchen Maßnahmen beschäftigt und für eine Übernahme in eine Dauerbeschäftigung vorgesehen ist (§ 267a Abs. 2 und 3 SGB III),
- Beschäftigung zur Eingliederung älterer Arbeitnehmer nach § 421 f. Abs. 1 und 2 i.V.m. § 218 bzw. 219 SGB III,
- Beschäftigung als Vertreter i. R. d. Förderung der beruflichen Weiterbildung nach §§ 229 ff. SGB III,
- Beschäftigung in einer Maßnahme zur Strukturanpassung nach §§ 272 ff. SGB III (nur noch Übergangsfälle),

- Beschäftigung in einer Maßnahme zur Förderung von Beschäftigung schaffenden Infrastrukturmaßnahmen (§ 279a SGB III),
- Teilnahme an einer beruflichen Weiterbildungsmaßnahme, wenn diese notwendig ist (§ 77 Abs. 1 Nr. 1 SGB III),
- Teilnahme an einer Maßnahme zur Förderung der Teilhabe am Arbeitsleben behinderter Menschen nach §§ 97 ff. SGB III,
- Teilnahme an einem individuell geförderten Deutsch-Sprachlehrgang nach §§ 417 ff. SGB III,
- Zeiten der krankheitsbedingten Arbeitsunfähigkeit (einschließlich der Zeiten der Teilnahme an einer Kur-/Heilmaßnahme),
- Freistellung nach dem Bundeserziehungsgeldgesetz und Zeiten während eines Beschäftigungsverbotes nach dem Mutterschutzgesetz,
- Zeiten des Wehr- und Ersatzdienstes,
- Zeiten kurzzeitig unbezahlter Ortsabwesenheit,

wenn sie sich an Arbeitslosigkeit anschließen oder Arbeitslosigkeit unterbrechen.

192 Die Arbeitslosmeldung bei der Agentur für Arbeit i.S.d. § 3 Abs. 1 Nr. 2a ATG ist auch dann als erfüllt anzusehen, wenn einer der folgenden Tatbestände vorliegt:

- Teilnahme an einer Maßnahme, die nach § 216a SGB III gefördert wird,
- Beschäftigung in einer Struktur-Kug-Maßnahme nach § 175 SGB III (nur noch Übergangsfälle),
- Beschäftigung in einer Transfer-Kug-Maßnahme nach § 216b SGB III.

193 Seit 1.1.2005 sind auf Grund der Einführung von Arbeitslosengeld II auch die Bezieher von **Arbeitslosengeld II** als arbeitslos gemeldete Arbeitnehmer i.S.d. § 3 Abs. 1 Nr. 2a ATG anzusehen, sofern eine Kostenzusage nach § 16 Abs. 2 S. 2 Nr. 8 SGB II erfolgt ist.

4. Sonderregelung für Kleinunternehmen

194 Seit 1.1.2000 existieren für **Unternehmen mit bis zu 50 Arbeitnehmern** Erleichterungen für den Nachweis der Wiederbesetzung der durch die Altersteilzeit freigewordenen Arbeitsstellen.

a) Vermutungsregelung

195 Bei Kleinunternehmen wird **unwiderleglich vermutet**, dass der neu eingestellte Arbeitslose auf dem frei gemachten oder in diesem Zusammenhang durch Umsetzung freigewordenen Arbeitsplatz beschäftigt wird. Eine Umsetzungskette braucht nicht dargelegt zu werden.

b) Einstellung eines Auszubildenden

196 Alternativ zur Einstellung eines Arbeitslosen oder zur Übernahme eines Ausgebildeten kommt für Kleinunternehmen auch die Einstellung eines Auszubildenden, d.h. der **Abschluss eines Ausbildungsvertrages**, in Betracht.

D. Leistungen der Bundesagentur für Arbeit

197 Liegen die oben beschriebenen Voraussetzungen der gesetzlichen Altersteilzeit vor, so gewährt die **BA** gem. § 4 ATG dem Arbeitgeber (nicht dem Arbeitnehmer) **für längstens sechs Jahre Zuschüsse**. In welcher Form bzw. Höhe Zuschüsse seitens der BA gewährt werden, hängt davon ab, ob die Altersteilzeit auf Basis des Altersteilzeitgesetzes in der bis zum 30.6.2004 geltenden Fassung oder ob die Altersteilzeit in der ab 1.7.2004 geltenden Fassung durchgeführt wird. Nach § 15g ATG kann auf Antrag eines Arbeitgebers auch bei einer Altersteilzeit, die vor dem 1.7.2004 begonnen wurde, die **Erstattung der zusätzlichen Rentenversicherungsbeiträge sowie der Aufstockungsbeträge** nach der für Alters-

teilzeitverhältnisse ab 1.7.2004 geltenden Regelung vorgenommen werden, sofern die ab 1.7.2004 maßgebenden Voraussetzungen bereits erfüllt sind. Im Folgenden ist daher hinsichtlich der Leistungen der Agentur für Arbeit zwischen Altersteilzeitverhältnissen zu differenzieren, die nach Maßgabe des Altersteilzeitgesetzes in der Fassung bis zum 30.6.2004 und Altersteilzeitverhältnisse, die ab 1.7.2004 nach der Neufassung des Altersteilzeitgesetzes umgesetzt werden.

I. Leistungen der BA nach der bis zum 30.6.2004 geltenden Fassung des Altersteilzeitgesetzes

Nach der bis zum 30.6.2004 geltenden Fassung des Altersteilzeitgesetzes werden gem. § 4 ATG sowohl der gesetzliche Aufstockungsbetrag in Höhe von 20% des Altersteilzeitentgeltes – mindestens jedoch der Betrag, der zur Erreichung der 70%-igen Nettoabsicherung notwendig ist – als auch der vom Arbeitgeber gezahlte zusätzliche Rentenversicherungsbeitrag, der auf den Unterschiedbetrag zwischen 90% des Vollzeitarbeitsentgeltes und dem für die Altersteilzeit tatsächlich gezahlten Entgelt entfällt, durch die Agentur für Arbeit erstattet, wenn die oben dargestellten Voraussetzungen vorliegen. **198**

1. Zeitpunkt der Förderung durch die Agentur für Arbeit

Der Anspruch auf Erstattung dieser Leistungen entsteht in dem Zeitpunkt, in dem der Arbeitgeber den durch die Altersteilzeit frei gewordenen Arbeitsplatz wieder besetzt. Erlaubt ein Tarifvertrag bspw. die Verteilung der Altersteilzeitarbeit auf sechs Jahre und entscheiden sich in die Arbeitsvertragsparteien für Blockarbeit dergestalt, dass zunächst drei Jahre voll gearbeitet und anschließend der Arbeitnehmer freigestellt wird, so bedeutet dies, dass das Unternehmen die **Zuschüsse erst nach Ablauf von drei Jahren erhält**, wenn es einen Arbeitslosen eingestellt oder wenn es einen Ausgebildeten auf dem nunmehr freigewordenen Arbeitsplatz übernommen hat (vgl. Ziff. 4.3 der Durchführungsanweisungen der BA zu § 4 ATG). Die **Zuschüsse werden in diesem Fall in doppelter Höhe** gezahlt, um so gleichzeitig auch die während der Arbeitsphase gezahlten Aufstockungsbeträge in gesetzlicher Höhe zu erstatten. Da dem in die Altersteilzeit gewechselten Arbeitnehmer die Aufstockungsbeträge unabhängig von den Zuschüssen der Agentur für Arbeit zustehen, haben diese keinen Einfluss auf die Altersteilzeit auf Arbeitnehmerseite. **199**

2. Erlöschen des Anspruchs auf Zuschüsse

Der Anspruch auf Zuschüsse durch die zuständige Agentur für Arbeit erlischt gem. § 5 Abs. 1 ATG mit Ablauf des Kalendermonats, in dem der Arbeitnehmer die **Altersteilzeitarbeit** entweder **beendet** oder aber das **65. Lebensjahr vollendet** hat. **200**

Dies bedeutet, dass der Anspruch auf Zuschüsse der BA insbes. dann entfällt, wenn der Arbeitnehmer die **Regelaltersrente** (ab Vollendung des 65. Lebensjahres) beanspruchen kann. Im Hinblick auf Regelaltersrente spielt es keine Rolle, ob der Arbeitnehmer tatsächlich Rentenleistungen bezieht. **201**

Erfüllt der ältere Arbeitnehmer die Voraussetzungen für eine **vorgezogene Altersrente**, so entfällt der Anspruch auf Zuschüsse nur dann, wenn der ältere Arbeitnehmer diese Rente tatsächlich bezieht. Das Gleiche gilt im Übrigen, wenn der Mitarbeiter von der Versicherungspflicht in der gesetzlichen Rentenversicherung befreit ist und eine vergleichbare Leistung einer Versicherungs- oder Versorgungseinrichtung bzw. eines privatrechtlichen Versicherungsunternehmens bezieht. **202**

Der Anspruch auf die Zuschüsse kann auch während der Altersteilzeit entfallen. Gemäß § 5 Abs. 2 ATG entfallen die Ansprüche, wenn der Arbeitgeber keinen Arbeitslosen oder Ausgebildeten auf dem durch die Altersteilzeit freigewordenen Arbeitsplatz beschäftigt. Scheidet der Arbeitslose oder übernommene Ausgebildete während der Altersteilzeit aus, so muss das Unternehmen die freigewordene Stelle **innerhalb von drei Monaten wieder neu besetzen**, wenn es den Anspruch auf die Zuschüsse der BA nicht verlieren will. Keine **203**

Rolle spielt insofern, ob der auf dem durch die Altersteilzeit freigewordenen Arbeitsplatz eingestellte Mitarbeiter selbst gekündigt hat oder ob ihm durch das Unternehmen gekündigt worden ist.

204 Gelingt es dem Unternehmen, innerhalb von drei Monaten den durch die Altersteilzeit freigewordenen Arbeitsplatz wieder mit einem ehemals Arbeitslosen oder einem übernommenen Ausgebildeten zu besetzen, so zahlt die BA die Zuschüsse auch für die Zeit, in der der Arbeitsplatz nicht besetzt war. **Wird der dreimonatige Zeitraum, der für die Wiederbesetzung verbleibt, überschritten, so besteht kein Anspruch auf Erstattung der Aufstockungsbeträge und zusätzlichen Rentenversicherungsbeiträge für die Zeit, in der die Arbeitsstelle tatsächlich nicht mit einem ehemals Arbeitslosen oder übernommenen Ausgebildeten besetzt war.**

205 Hat das Unternehmen für den konkreten Altersteilzeitvertrag bereits für insgesamt **vier Jahre** Leistungen erhalten, so ist eine Neubesetzung des freigewordenen Arbeitsplatzes nicht mehr erforderlich. Die Zuschüsse werden in diesem Fall trotzdem bis zum Ende des Altersteilzeitvertrages **(maximal sechs Jahre)** weitergezahlt. Im Rahmen so genannter Blockzeitmodelle erreicht der Arbeitgeber bereits nach zweijährigem Leistungsbezug den Zeitpunkt, ab dem er keine Ersatzeinstellung mehr vornehmen muss. Wird die Altersteilzeit in Form des **Blockmodells** ausgeübt, so werden die Zuschüsse der Agentur für Arbeit **frühestens ab dem Wechsel des Arbeitnehmers in die Freistellungsphase gezahlt**, da erst jetzt eine **Wiederbesetzung** des freigewordenen Arbeitsplatzes möglich wird. In diesem Fall werden die Leistungen nun gem. § 12 Abs. 3 ATG in doppelter Höhe gezahlt, weil zum einen die laufenden Leistungen und zum anderen auch die Leistungen für die vergangenen drei Jahre erbracht werden müssen. Die Zuschüsse für vier Jahre, wie es § 5 Abs. 2 ATG für die Mindestbesetzung des durch die Altersteilzeit freigewordenen Arbeitsplatzes verlangt, sind somit nach zwei Jahren auf Grund der **doppelten Zuschusshöhe** erreicht (vgl. Ziff. 5.1 (4) der Durchführungsanweisungen der BA zu § 5 ATG).

3. Ruhen des Anspruchs auf Förderleistungen bei Nebentätigkeiten

206 Gemäß § 5 Abs. 3 ATG ruhen die Ansprüche auf Zuschüsse der BA während der Zeit, in der der in die Altersteilzeit gewechselte Arbeitnehmer **Nebentätigkeiten** ausübt, die die **Geringfügigkeitsgrenze des § 8 SGB IV** überschreiten. Hat der Erstattungsanspruch des Arbeitgebers wegen Nebentätigkeiten des in Altersteilzeit tätigen Mitarbeiters an **mindestens 150 Kalendertagen geruht**, so **erlischt er endgültig. Mehrere Ruhenszeiträume sind insofern zusammenzurechnen.**

207 Für den Arbeitgeber stellt diese Regelung im Altersteilzeitgesetz ein erhebliches Risiko dar. Der Mitarbeiter hat es in der Hand, durch die Ausübung einer Nebentätigkeit die Voraussetzungen für Zuschüsse entfallen zu lassen. Im Hinblick auf dieses erhebliche Risiko ist es daher zulässig, wenn der Altersteilzeitvertrag eine Klausel enthält, wonach dem Arbeitnehmer die Aufnahme einer Nebentätigkeit im Hinblick auf § 5 Abs. 3 ATG untersagt wird. Gleichzeitig kann geregelt werden, dass der Arbeitnehmer verpflichtet ist, im Falle der Ausübung einer unzulässigen Nebentätigkeit dem Arbeitgeber die von diesem gezahlten Aufstockungsleistungen zu erstatten, wenn die Agentur für Arbeit wegen der Nebentätigkeit die Zuschüsse einstellt.

208 Die Nebentätigkeit führt nur dann nicht zum Ruhen bzw. Erlöschen des Anspruches auf Zuschüsse der BA, wenn der Arbeitnehmer derartige **Nebentätigkeiten bereits innerhalb der letzten fünf Jahre vor Beginn der Altersteilzeit ständig ausgeübt** hat. Von einer ständigen Ausübung der Nebentätigkeit kann dann gesprochen werden, wenn die Nebentätigkeit während der vergangenen fünf Jahre in einem **vergleichbaren Umfang** ausgeübt wurde, wie während der nunmehr bestehenden Altersteilzeit.

4. Ruhen des Anspruches auf Förderleistungen bei Mehrarbeit

209 Der Anspruch auf Zuschüsse der Agentur für Arbeit ruht bzw. entfällt des Weiteren dann, wenn der in der Altersteilzeit tätige Mitarbeiter **Mehrarbeit** leistet, die den Umfang der Geringfügigkeitsgrenze des § 8 SGB IV überschreitet. Auch hier gilt der **150-Kalendertage-**

Zeitraum ebenso wie der Hinweis, dass mehrere Zeiträume addiert werden, entsprechend. Mehrarbeit wird insofern der Ausübung einer für die Altersteilzeit unzulässigen Nebentätigkeit gleichgestellt.

II. Leistungen der Agentur für Arbeit nach dem Altersteilzeitgesetz in der Fassung ab 1.7.2004

Vor dem Hintergrund, dass der Gesetzgeber in der Fassung des Altersteilzeitgesetzes ab 1.7.2004 in § 6 den bisherigen Begriff »bisheriges Arbeitsentgelt« durch den neuen Begriff »Regelarbeitsentgelt« ersetzt hat, folgt, dass auch die BA im Rahmen von Altersteilzeitarbeitsverhältnissen, die ab 1.7.2004 begonnen werden bzw. die nach den Regeln des Altersteilzeitgesetzes i.d.F. ab 1.7.2004 umgesetzt werden, nur noch 20% des für die Altersteilzeitarbeit gezahlten Regelarbeitsentgeltes für einen Zeitraum von längstens sechs Jahren erstattet. 210

Da der Gesetzgeber das **Regelarbeitsentgelt** in § 6 dahingehend ab 1.7.2004 definiert hat, dass hierunter nur noch das auf einen Monat entfallende **regelmäßig zu zahlende sozialversicherungspflichtige Arbeitentgelt** verstanden wird, soweit es die **Beitragsbemessungsgrenze** des Sozialgesetzbuches III nicht überschreitet und der Gesetzgeber darüber hinaus ausdrücklich festgeschrieben hat, dass Entgeltbestandteile, die nicht laufend gezahlt werden, weder bei der Aufstockung durch den Arbeitgeber zu berücksichtigen sind noch bei den Zuschüssen der BA eine Rolle spielen, steht fest, dass freiwillige **Aufstockungen auf Einmalzahlungen** für Altersteilzeitarbeitsverhältnisse ab 1.7.2004 – soweit sie nach den neuen gesetzlichen Regelungen durchgeführt werden – nicht mehr erstattungsfähig sind. 211

Entsprechend den Neuregelungen bzgl. der vom Arbeitgeber zusätzlich zu zahlenden Rentenversicherungsbeiträge werden auch die Erstattungen der BA in diesem Bereich reduziert. Die BA erstattet dem Arbeitgeber für längstens sechs Jahre nur den Betrag, der nach dem neu gefassten § 3 Abs. 1 Nr. 1b ATG in Höhe des Beitrages geleistet worden ist, der auf den Betrag entfällt, der sich aus 80% des Regelarbeitsentgeltes für die Altersteilzeit (halbiertes Vollzeitentgelt), jedoch höchstens des auf den Unterschiedsbetrag zwischen 90% der monatlichen Beitragsbemessungsgrenze und dem Regelarbeitsentgelt entfallenden Beitrages ergibt. 212

Unverändert bleibt die Regelung, wonach bei solchen Arbeitnehmern, die nach § 6 Abs. 1 S. 1 Nr. 1 oder § 231 Abs. 1 und 2 SGB VI von der Versicherungspflicht befreit sind, weiterhin Erstattungsleistungen erbracht werden, wenn der Arbeitgeber in diesen Fällen vergleichbare Leistungen für eine private Altersvorsorge erbringt. 213

1. Zeitpunkt der Förderung durch die Agentur für Arbeit

Wie bisher gilt auch für Altersteilzeitarbeitsverhältnisse, die nach dem Altersteilzeitgesetz in der Fassung ab 1.7.2004 durchgeführt werden, dass der Anspruch auf Erstattung der Aufstockungsbeträge und der Zuschüsse zur Rentenversicherung durch die Agentur für Arbeit erst in dem Zeitpunkt entsteht, in dem der Arbeitgeber den durch die Altersteilzeit freigewordenen Arbeitsplatz wieder besetzt (§ 12 Abs. 3 ATG). Von daher kann hier auf die obigen Ausführungen zur Altfassung des Altersteilzeitgesetzes verwiesen werden. 214

Neu ist allerdings, dass die BA nach der Neufassung des Altersteilzeitgesetzes **nicht mehr die tatsächlich anfallenden Aufstockungsbeträge** in Höhe der gesetzlichen Aufstockungsbeträge erstattet, sondern dass die Agentur für Arbeit nunmehr die Höhe der Leistungen nach § 4 ATG gem. § 12 Abs. 2 ATG n.F. zu Beginn des Erstattungsverfahrens in monatlichen Festbeträgen für die gesamte Förderdauer festlegt. Eine Anpassung der monatlichen Festbeträge erfolgt danach nur noch dann, wenn sich das berücksichtigungsfähige Regelarbeitsentgelt um mindestens 10,– € verringert. Die Festbeträge werden jeweils für den Kalendermonat ausgezahlt, in dem die Anspruchsvoraussetzungen für eine Erstattung durch die Agentur für Arbeit auch tatsächlich vorliegen. 215

Maßgebend für die Förderbeträge ist also das Regelarbeitsentgelt im **Basismonat zu Beginn der durchzuführenden Wiederbesetzung** des frei gemachten Arbeitsplatzes. Dies bedeutet, dass im Rahmen des Konti-Modells (Halbtagstätigkeit) die Erstattungsleistungen 216 auf Basis des Regelarbeitsentgeltes für den ersten Monat der Altersteilzeit ermittelt werden, wenn bereits zu diesem Zeitpunkt der frei gewordene Arbeitsplatz – hier als Halbtagsstelle – wiederbesetzt wurde. Für das Blockmodell bedeutet dies, dass Basis für die Berechnung der Förderleistungen der erste Monat in der Freistellungsphase ist, wenn der Arbeitgeber bereits ab diesem Zeitpunkt den frei gewordenen Arbeitsplatz mit einem Arbeitslosen oder einem übernommenen Ausgebildeten besetzt hat.

217 Erfolgt die **Wiederbesetzung nicht sofort im ersten Monat** des Freiwerdens des Arbeitsplatzes, sondern erst zu einem späteren Zeitpunkt, so beginnt das Erstattungsverfahren ebenfalls erst später. In diesem Fall verschieben sich die beim Konti-Modell und bei Blockmodell zugrunde zu legenden Basismonate entsprechend.

218 Aus dem Wortlaut der Neufassung des Altersteilzeitgesetzes folgt nun, dass eine **Dynamisierung der Erstattungsbeträge** ausgeschlossen ist. Erhöht sich auf Grund einer **Tariflohnerhöhung** das Regelarbeitsentgelt und damit auch der Anspruch des in die Altersteilzeit gewechselten Arbeitnehmers auf Erhöhung des Aufstockungsbetrages, so führt dies zu dem Ergebnis, dass auch bei einer Altersteilzeit, die alleine auf Basis des Altersteilzeitgesetzes durchgeführt wird, in Zukunft keine vollständige Erstattung der Aufstockungsbeträge nicht mehr erfolgen wird. Während der Gesetzgeber den Arbeitgeber in § 9 ATG auf Grund einer fehlenden gegenteiligen Regelung zur Dynamisierung des Aufstockungsbetrages verpflichtet hat, wurde die Dynamisierung der korrespondierenden Erstattungsbeträge in § 12 Abs. 2 ATG ausdrücklich ausgeschlossen.

2. Erlöschen des Anspruchs auf Zuschüsse

219 Die Neufassung des Altersteilzeitgesetzes mit Wirkung ab 1.7.2004 hat für die dann beginnenden Altersteilzeitarbeitsverhältnisse keine Veränderungen gegenüber der Altfassung gebracht. Von daher kann auf die obigen Ausführungen zur Altfassung verwiesen werden.

3. Ruhen des Anspruchs auf Förderleistungen bei Nebentätigkeiten

220 Auch hier hat sich nichts gegenüber der Altfassung geändert, so dass auf die obigen Ausführungen verwiesen werden kann.

4. Ruhen des Anspruchs auf Förderleistungen bei Mehrarbeit

221 Auch hier hat sich nichts gegenüber der bis zum 30.6.2004 geltenden Fassung des Altersteilzeitgesetzes geändert, so dass auch hier auf die obigen Ausführungen verwiesen werden kann.

E. Steuerliche und sozialrechtliche Behandlung der Altersteilzeit

I. Steuerliche Behandlung der Aufstockungsbeträge

222 Die **Aufstockungsbeträge**, die der Arbeitgeber dem in die Altersteilzeit gewechselten Arbeitnehmer auf Grund des zwischen den Arbeitsvertragsparteien abgeschlossenen Altersteilzeitarbeitvertrages zahlt, sind gem. § 3 Nr. 28 EStG **steuerfrei**. Die Steuerfreiheit bezieht sich nicht alleine auf die gesetzlichen Aufstockungsbeträge. Zahlt der Arbeitgeber höhere als die gesetzlichen Aufstockungsbeträge, so sind auch diese zusätzlich steuerfrei.

223 Erhält der Arbeitnehmer im Rahmen der Altersteilzeit allerdings derart hohe Aufstockungsbeträge, dass diese zusammen mit dem reduzierten Arbeitsentgelt sein früheres Einkommen übersteigen, so entfällt für den überschießenden Teil der Aufstockungsbeträge die Steuerfreiheit. Bis zur **Höhe des alten Nettoeinkommens** erkennen die Finanzbehörden die Steuerfreiheit der Aufstockungsbeträge allerdings an.

224 Ganz ohne Auswirkung auf die vom Arbeitnehmer zu zahlende Einkommensteuer bleiben aber auch die steuerfreien Aufstockungsbeträge nicht. Gemäß § 32d EStG unterliegen die Aufstockungsbeträge dem **Progressionsvorbehalt**. Dies bedeutet, dass die steuerpflichti-

gen Einkünfte des Arbeitnehmers dem Steuersatz unterworfen werden, der sich ergäbe, wenn die Aufstockungsbeträge nicht von der Steuerpflicht befreit wären. Diesen kraft Gesetz eintretenden Nachteil kann der Arbeitnehmer nicht gegenüber dem Arbeitgeber als Schaden geltend machen. Das Unternehmen ist nicht verpflichtet, den im Rahmen des Lohnsteuerjahresausgleiches entstehenden Progressionsschaden zu ersetzen (vgl. *BAG* 1.10.2002 EzA § 6 ATG Nr. 1; *Schulte* in: Tschöpe Arbeitsrecht, Teil 7 B Rz. 35). Auch ist der Arbeitgeber nicht verpflichtet, den Arbeitnehmer auf die Folgen dieses Progressionsvorbehaltes hinzuweisen.

Das BAG in der Entscheidung vom 1.10.2003: 225
»Umfang und Grenzen der allgemeinen Hinweispflicht werden in § 19 TV ATZ nicht konkretisiert. Sie bestimmen sich daher nach dem allgemeinen Grundsatz von Treu und Glauben gem. § 242 BGB. Dabei sind unter Berücksichtigung aller Umstände des Einzelfalls die Interessen der Vertragsparteien gegeneinander abzuwägen. Maßgeblich sind die erkennbaren Informationsbedürfnisse des Arbeitnehmers einerseits und die Beratungsmöglichkeiten des Arbeitgebers andererseits. In der Regel muss sich der Arbeitnehmer, bevor er eine Vereinbarung in Bezug auf sein Arbeitsverhältnis abschließt, selbst über die Folgen einer solchen Vereinbarung Klarheit verschaffen. Gesteigerte Informationspflichten des Arbeitgebers können sich nur dann ergeben, wenn der Abschluss einer Vertragsänderung auf seine Initiative zurückgeht, was hier nicht der Fall war. Dann kann der Arbeitgeber den Eindruck erwecken, er werde auch die Interessen des Arbeitnehmers wahren und ihn nicht ohne ausreichende Aufklärung erheblichen, atypischen Risiken aussetzen (*BAG* 25.6.2002 EzA § 3 ATG Nr. 2; 17.10.2000 EzA § 611 BGB Aufhebungsvertrag Nr. 38 = NZA 2001, 206). Die Hinweispflicht des Arbeitgebers umfasst nicht jeden möglichen steuerlichen Nachteil, der sich mittelbar aus einem Altersteilzeitverhältnis ergeben kann, aber je nach den individuellen Besonderheiten des einzelnen Arbeitnehmers nicht zwingend eintreten muss. Dieser betrifft nicht unmittelbar die beiderseitigen Rechte und Pflichten der Parteien. Zudem geht es nicht um außerordentliche Risiken, sondern um vorübergehende verhältnismäßig geringfügige Beeinträchtigungen (vgl. Senat 25.6.2002 EzA § 3 ATG Nr. 2). Eine Aufklärungspflicht der Beklagten folgt daher nicht aus § 19 TV ATZ i.V.m. § 242 BGB.«

II. Sozialversicherungsrechtliche Behandlung der Aufstockungsbeträge

Gemäß § 1 der Arbeitsentgeltverordnung führt die Steuerfreiheit dazu, dass die Aufsto- 226
ckungsbeträge auch **sozialversicherungsfrei** sind.

III. Arbeitslosigkeit im Anschluss an die Altersteilzeit

Sinn und Zweck einer Altersteilzeit besteht grds. darin, dass der Arbeitnehmer in den Ruhe- 227
stand wechselt. Derzeit ist dies auf Grund verschiedener Übergangsregelungen ab Vollendung des 60. Lebensjahres nur noch für wenige Ausnahmefälle möglich; das Eintrittsalter in den Ruhestand nach vorausgegangener Altersteilzeit steigt auf Grund des Rentenversicherungs-Nachhaltigkeitsgesetz ab Geburtsjahrgang 1946 in monatlichen Schritten auf das 63. Lebensjahr an. Ab dem Geburtsmonat Dezember 1948 kann dann nur noch mit Vollendung des 63. Lebensjahres nach vorangegangener Altersteilzeit in den Ruhestand gewechselt werden. Lediglich diejenigen Arbeitnehmer, die vor dem 1.1.2004 eine rechtswirksame Altersteilzeitvereinbarung abgeschlossen haben, haben die Möglichkeit, weiterhin ab Vollendung des 60. Lebensjahres in den Ruhestand nach vorausgegangener Altersteilzeit zu gehen. Mitarbeiter, die nach dem 31.12.1951 geboren sind, haben überhaupt keine Möglichkeit mehr, Altersrente alleine über den Weg der Altersteilzeit in Anspruch zu nehmen. Zwar bleibt auch hier Altersteilzeit unter den oben (Rn. 10 ff.) genannten Voraussetzungen mög-

lich; jedoch kann der Wechsel in die Altersrente nur über den Weg der Altersrente für schwerbehinderte Menschen oder über den Weg der Altersrente für langjährig Versicherte erfolgen. Auch hier wird nunmehr aufgrund des Altersgrenzenanpassungsgesetzes, welches im Jahr 2007 in Kraft getreten ist, das Eintrittsalter angehoben (s. insofern die Ausführungen im Kapitel 8).

228 Da der Wechsel in den Ruhestand gleichzeitig mit lebenslänglichen Abschlägen bei der Rente in Höhe von bis zu 18% verbunden ist, kommt alternativ zum Wechsel in den Ruhestand auch ein **vorübergehender Wechsel in die Arbeitslosigkeit nach Beendigung der Altersteilzeit in Betracht**. Der Gesetzgeber schließt den Bezug von Arbeitslosengeld im Anschluss an die Altersteilzeit nicht aus. Allerdings bemisst sich das Arbeitslosengeld nach Beendigung der Altersteilzeit nur noch nach dem versicherungspflichtigen Bruttoeinkommen während der Altersteilzeit; d.h. **maßgebend für die Berechnung des Arbeitslosengeldes nach Beendigung der Altersteilzeit ist das halbe frühere Vollzeiteinkommen**.

229 Eine **Ausnahme** hiervon besteht gem. § 10 ATG nur in den Fällen, in denen die Altersteilzeit zu einem Zeitpunkt endet, zu dem der Arbeitnehmer noch nicht die Voraussetzungen für vorgezogenes Altersruhegeld aus der gesetzlichen Rentenversicherung erfüllt. Ähnlich wie das Arbeitslosengeld II richtet sich in diesem Fall das Arbeitslosengeld nach demjenigen Arbeitsentgelt, dass der Arbeitnehmer erzielt hätte, wenn er seine Arbeitszeit nicht im Rahmen der Altersteilzeit vermindert hätte.

230 Trotz des nach einer Altersteilzeit erheblich verminderten Arbeitslosengeldes wird zur Reduzierung der Rentenabschläge vermehrt die Arbeitslosigkeit dem unmittelbaren Wechsel in die Rente vorgeschaltet. Es wird hier vom sog. »**Kombimodell**« gesprochen. Das Kombimodell basiert darauf, dass die finanzielle Absicherung des Mitarbeiters nicht nur während der Altersteilzeit, sondern auch für die sich anschließende Zeit der Arbeitslosigkeit von vorne herein festgelegt wird. Da der Gesetzgeber keine Verpflichtung in das Alterteilzeitgesetz aufgenommen hat, wonach der Mitarbeiter verpflichtet ist, nach Erfüllung der Voraussetzungen für eine gesetzliche Altersrente diese auch in Anspruch zu nehmen, bleibt es bei der Wahlmöglichkeit des Arbeitnehmers.

231 Um das auch während der Zeit der Arbeitslosigkeit garantierte Nettoeinkommen beim Kombimodell abzusichern, werden die dort notwendigen Beträge entweder bereits während der Altersteilzeit im Rahmen der steuerfreien Aufstockungsbeträge gezahlt oder aber als gesonderte Abfindung nach Beendigung der Altersteilzeit. Sollen die für den finanziellen Ausgleich nach Beendigung der Altersteilzeit notwendigen Beträge bereits während der Altersteilzeit gezahlt werden, so kann dies nicht durch eine besondere Kennzeichnung dieser Beträge erfolgen, sondern nur dergestalt, dass während der Altersteilzeit eine höhere Nettoabsicherung festgeschrieben wird, als tatsächlich beabsichtigt war. Der Mitarbeiter muss in diesem Fall in Eigenregie während der Altersteilzeit die notwendigen Rücklagen bilden. Der Vorteil einer Erhöhung der monatlichen Aufstockungszahlungen – bis maximal 100% des alten Nettoeinkommens – besteht darin, dass die Aufstockungen, wie oben dargestellt, steuerfrei sind. Von daher lässt sich ein großer Teil der nach Beendigung der Altersteilzeit durch anschließende Arbeitslosigkeit entstehenden finanziellen Nachteile steuerfrei durch Vorauszahlungen während der Altersteilzeit ausgleichen.

232 Alternativ bzw. ergänzend kommt in Betracht, dem Arbeitnehmer eine Abfindung für die Beendigung des Arbeitsverhältnisses zu zahlen. Im Hinblick auf die früher bei Abfindungen bestehende Steuerfreiheit nach § 3 Nr. 9 EStG ist zu beachten, dass diese Steuerfreiheit nur noch für diejenigen Abfindungszahlungen besteht, die vor dem 31.12.2005 mit dem Arbeitgeber im Rahmen eines Altersteilzeitvertrages vereinbart wurden und bei denen die Auszahlung der Abfindung bis spätestens zum 31.12.2007 erfolgt. Liegen diese Voraussetzungen vor, so beträgt der Steuerfreibetrag für Arbeitnehmer, die das 55. Lebensjahr vollendet haben und bei denen das Arbeitsverhältnis 20 Jahre bestanden hat, 11.000,– €. War der Mitarbeiter kürzer beschäftigt, so reduziert sich der Steuerfreibetrag entsprechend auf 9.000,– € bzw. 7.200,– €. Es kann insofern auf die obigen Ausführungen zur Steuerfreiheit von Abfindungen im Rahmen der Darstellung des Aufhebungsvertrages verwiesen werden. Sieht der vor dem 31.12.2005 geschlossene Altersteilzeitvertrag eine Auszahlung der Abfindung erst nach dem 31.12.2007 vor, so bietet es sich an, den Fälligkeitszeitpunkt vorzuverlegen. Eine Vorfäl-

ligkeitsstellung ändert nichts an der Privilegierung der vor dem 31.12.2005 vereinbarten Abfindung. Die Steuerfreiheit bleibt also erhalten.

Das Kombi-Modell hat darüber hinaus den Vorteil, dass der Zeitpunkt des Renteneintritts nach hinten geschoben wird. Ausgehend von einem Maximalanspruch beim Arbeitslosengeld von 18 Monaten und einer Kürzung dieser Anspruchsdauer wegen einer Sperrzeit um 25%, ergibt sich eine verbleibende Bezugsdauer von 13,5 Monaten. Unter Berücksichtigung der zu überbrückenden Sperrzeit von drei Monaten kann der Mitarbeiter also 16,5 Monate später als ursprünglich vorgesehen in die Rente wechseln. Da der Rentenabschlag 0,3% je Monat beträgt, reduziert der Mitarbeiter den lebenslänglich hinzunehmenden Rentenabschlag auf diese Weise um circa 5%. 233

Beim Bezug von Arbeitslosengeld darf allerdings, wie oben dargestellt, nicht außer Acht gelassen werden, dass sich das Arbeitslosengeld nunmehr nur nach dem versicherungspflichtigen Einkommen während der Altersteilzeit richtet. Der Arbeitslosengeldanspruch ist also relativ gering. Um diesen Nachteil auszugleichen, wird üblicherweise bei Anwendung des Kombi-Modells eine entsprechende Abfindungszahlung des Arbeitgebers gezahlt, mit der der Mitarbeiter dann während der Arbeitslosengeldphase sein Einkommen auf das bisherige Altersteilzeitniveau aufstocken kann. 234

Alternativ kommt in Betracht, die Nettoabsicherung während der Altersteilzeit zu erhöhen, so dass der Mitarbeiter während der Dauer der Altersteilzeit Rücklagen für die sich anschließende Arbeitslosengeldphase bilden kann. Letzteres hat den Vorteil, dass der Arbeitgeber hier steuerfreie Leistungen an den Arbeitnehmer erbringen kann, während die Abfindung nunmehr seit 1.1.2006 nach der Neufassung des Einkommensteuergesetzes zu versteuern ist. 235

IV. Krankengeldbezug während der Altersteilzeit

Erkrankt der Mitarbeiter während der Altersteilzeit im Konti-Modell oder während der Arbeitsphase im Blockmodell über einen längeren Zeitraum, so steht ihm nach Ablauf des sechswöchigen Entgeltfortzahlungszeitraums **Krankengeld** zu. **Bemessungsgrundlage** für das Krankengeld ist in diesem Fall allerdings nur das **Regelarbeitsentgelt**, d.h. das halbierte alte Bruttoeinkommen. 236

Die Aufstockungsbeträge sind während des Krankengeldbezuges vom Arbeitgeber nicht mehr an den Mitarbeiter zu zahlen, sofern es keine gegenteilige Regelung im Tarifvertrag oder Arbeitsvertrag gibt. An die Stelle des Arbeitgebers tritt in diesem Fall gem. § 10 ATG die BA. Nach der Neufassung des Altersteilzeitgesetzes ab 1.7.2004 gilt dies allerdings nur in dem Fall, dass es an einer vertraglichen Regelung zur Fortzahlung der Aufstockungsbeträge während des Krankengeldbezuges fehlt. Darüber hinaus ist unverändert Voraussetzung für die **Übernahme der Zahlung der Aufstockungsbeträge durch die BA**, dass das Unternehmen für diesen Zeitraum bereits Förderleistungen erhält. Im Konti-Modell der Altersteilzeit wird die BA also nur dann die Aufstockungsbeträge während des Krankengeldbezuges übernehmen, wenn das Unternehmen die frei gewordene Halbtagsstelle bereits wiederbesetzt hatte. 237

Wird die Altersteilzeit im Rahmen eines Blockmodells ausgeübt, kommt eine Übernahme der Aufstockungszahlungen durch die BA während des Krankengeldbezuges überhaupt nicht in Betracht. Da Voraussetzung für die Übernahme der Aufstockungsbeträge durch die BA ist, dass bereits Förderleistungen gegenüber dem Arbeitgeber erbracht wurden, steht fest, dass während der Erkrankung in der Arbeitsphase unter keinen Umständen Zahlungen durch die BA an den Arbeitnehmer erbracht werden können. Es ist dem Arbeitgeber unmöglich, die durch die Altersteilzeit frei werdende Stelle bereits zu diesem Zeitpunkt förderwirksam zu besetzen. Förderleistungen können erst erfolgen, wenn der Arbeitnehmer in die Freistellungsphase gewechselt ist und nunmehr das Unternehmen die Stelle tatsächlich wiederbesetzt. Besetzt ein Unternehmen die Stelle jetzt wieder, **erhält der Arbeitnehmer später die Aufstockungsbeträge** durch die BA nachgezahlt. Wie angesprochen, entfällt dieser Nachzahlungsanspruch allerdings künftig dann, wenn bereits das Unternehmen die Aufstockungsbeträge auf Grund einer vertraglichen Absprache während des Krankengeldbezuges fortgezahlt hat. 238

V. Krankengeldbezug nach Abbruch der Altersteilzeit

239 Wird die Altersteilzeit bspw. auf Grund der Langzeiterkrankung des Mitarbeiters vorzeitig beendet, so stellt sich die Frage, welche Auswirkungen die vorzeitige Beendigung der Altersteilzeit auf den fortwährenden Krankengeldbezug des Mitarbeiters hat. Erfüllt der Mitarbeiter nach Beendigung der Altersteilzeit weder die Voraussetzungen für eine **Rente wegen Erwerbsminderung** noch die Voraussetzungen für den Bezug von Arbeitslosengeld, so bleibt dem Mitarbeiter nur der weitere **Krankengeldbezug.**

240 Während es für den Fall, dass der Mitarbeiter nach dem vorzeitigen Ende der Altersteilzeit Arbeitslosengeld bezieht, eine gesetzliche Regelung dahingehend gibt, dass in diesem Fall nicht das versicherungspflichtige Regelarbeitsentgelt als Bemessungsgrundlage heranzuziehen ist, sondern das fiktive Vollzeiteinkommen, fehlt es an einer vergleichbaren Regelung für die Berechnung des Krankengeldes nach Abbruch einer Altersteilzeit.

241 **Maßgebend für die Berechnung des Krankengeldes ist § 47 Abs. 2 SGB V.** Im Hinblick auf die Altersteilzeit, die im Fall der vorzeitigen Beendigung rückabgewickelt wird, ist insbes. § 47 Abs. 2 S. 4 SGB V zu berücksichtigen. Nach dieser Vorschrift sind **Wertguthaben, die nicht gem. einer Vereinbarung über flexible Arbeitszeitregelungen verwendet werden, bei der Bemessung des Krankengeldes außer Betracht zu lassen.** Gemäß dem Besprechungsergebnis der Spitzenverbände der Krankenkassen vom 8./9.10.2002 vertreten die Spitzenverbände der Krankenkassen die Auffassung, dass in den Fällen, in denen ein flexibles Arbeitszeitmodell während der Arbeitsphase beendet wird und diese Beendigung zu einer Auszahlung des angesparten Wertguthabens führt, das aufgebrachte Wertguthaben unabhängig vom Anlass der Beendigung des Arbeitszeitmodells nicht seinem ursprünglichen Zweck entsprechend verwendet wird. Es kann daher nach Auffassung der Spitzenverbände nicht für die Krankengeldberechnung in zu diesem Zeitpunkt bestehenden oder aber auch für zurückliegende Arbeitsunfähigkeitszeiten berücksichtigt werden.

242 Die von den Spitzenverbänden vertretene Auffassung ist unseres Erachtens **nicht verfassungskonform.** Die vorerwähnte Auffassung führt dazu, dass zwar auf das Wertguthaben Krankenversicherungsbeiträge abgeführt werden, andererseits dieses versicherte Einkommen allerdings dann nicht zur Erhöhung des Regelentgeltes, welches für die Berechnung des Krankengeldes maßgebend ist, beiträgt. Hier liegt letztendlich also eine **Ungleichbehandlung** vor. Es tritt die gleiche Situation ein, wie sie das *BVerfG* in seinem Beschluss v. 20.5.2000 (– 1 BVL 1/98) bzgl. § 47 Abs. 2 S. 1 SGB V bemängelt hatte. Dort hat der Gesetzgeber vorgesehen, dass zwar einmalig gezahltes Arbeitsentgelt – bspw. Weihnachtsgeld – sozialversicherungspflichtig ist, jedoch nicht bei der Feststellung des Regelentgeltes herangezogen werden darf. Auch hier hat der Gesetzgeber also eine Regelung geschaffen, die zur Abführung von Sozialversicherungsbeiträgen für bestimmtes Entgelt führt, ohne dass der Arbeitnehmer im Gegenzug von diesen Sozialversicherungsbeiträgen in der Krankenversicherung profitiert. Ist nun die Regelung in § 47 Abs. 2 S. 1 SGB V mit Art. 3 GG nicht vereinbar, so kann unseres Erachtens nichts anderes für § 47 Abs. 2 S. 4 SGB V gelten.

243 Dieses Ergebnis ergibt sich darüber hinaus auch dann, wenn man die Zielrichtung der Rückabwicklung einer Altersteilzeit wegen eines eingetretenen **Störfalls** betrachtet. Ziel ist es, den Mitarbeiter so zu stellen, wie er gestanden hätte, wenn es nicht zu dem Störfall gekommen wäre. Der Gesetzgeber hat im Rahmen des Altersteilzeitgesetzes diesem Umstand insbes. dadurch Rechnung getragen, dass Arbeitslosengeld nicht nach dem reduzierten sozialversicherungspflichtigen Entgelt, wie es der Altersteilzeit zugrunde liegt, gezahlt wird, sondern dass das Arbeitslosengeld auf Basis des alten Vollzeitentgeltes ermittelt wird. Ein sachlicher Grund dafür, Arbeitnehmer, die nach einem **Störfall Arbeitslosengeld** beziehen, anders zu behandeln als Arbeitnehmer, die nach einem **Störfall Krankengeld** beziehen, ist nicht erkennbar. Beide Mitarbeiter führen in gleicher Art und Weise Sozialversicherungsbeiträge ab. In beiden Fällen wird ein Altersteilzeitarbeitsverhältnis rückabgewickelt. Von daher muss unter dem Gesichtspunkt der Gleichbehandlung auch § 47 Abs. 2 S. 4 SGB V dahingehend ausgelegt werden, dass die dortige Vorschrift keine Anwendung findet auf die Fälle der Rückabwicklung von Altersteilzeitarbeitsverhältnissen. Die gegenteilige Rechtsauffassung der Spitzenverbände der Krankenkassen ist also nicht haltbar.

VI. Krankenversicherungsbeiträge in der Freistellungsphase

Bislang wurde von den Krankenkassen auch in der Freistellungsphase eines Altersteilzeitarbeitsverhältnisses der allgemeine Beitragssatz erhoben. Das *BSG* hat am 25.8.2004 (– B 12 KR 22/92 R) jedoch entschieden, dass diese Praxis rechtswidrig gewesen ist. 244

Nach §243 Abs. 1 SGB V ist für Versicherte, die keinen Anspruch auf Krankengeld haben, der Beitragssatz zur gesetzlichen Krankenversicherung zu ermäßigen. Dieser ermäßigte Beitragssatz liegt, bei Unterschieden von Kasse zu Kasse, bis zu einem Prozentpunkt unter dem Regelbeitragssatz. 245

Da der Arbeitnehmer in der Freistellungsphase allerdings nicht mehr arbeiten muss, kann er per definitionem auch nicht mehr arbeitsunfähig erkranken, sodass auch kein Anspruch auf Krankengeld in der Freistellungsphase mehr besteht. Dem entsprechend hätte auch bereits in der Vergangenheit während der Freistellungsphase nur ein ermäßigter Beitragssatz erhoben werden dürfen. 246

Da dies aber durchgängig nicht der Fall war, gibt es für bereits laufende Altersteilzeitarbeitsverhältnisse nun einen Rückerstattungsanspruch für die überzahlten Krankenversicherungsbeiträge. Die Erstattung läuft allerdings nicht automatisch, sondern nur auf Antrag. Ansprüche auf Beitragserstattungen für die Zeit bis zum 31.12.2001 sind grds. mit Ablauf des Jahres 2005 verjährt. 247

Das Erstattungsverfahren ist von den Krankenversicherungen recht kompliziert ausgestaltet worden, ein formloser Antrag reicht im Regelfall nicht. 248

Folgende Richtlinien gelten für das Erstattungsverfahren: 249

- Ist das Altersteilzeitarbeitsverhältnis auch hinsichtlich der Freistellungsphase bereits beendet, muss der ehemalige Altersteilzeitarbeitnehmer zusammen mit seinem alten Arbeitgeber einen Antrag auf Rückerstattung stellen. Hier kommt es dann zu einer »echten« Erstattung im Wege einer Auszahlung an den Krankenversicherten und den Arbeitgeber.
- Dauert das Altersteilzeitarbeitsverhältnis noch an, können Arbeitgeber und Krankenversicherung auch eine Verrechnung vereinbaren. In diesen Fällen wird der in der Vergangenheit zuviel gezahlte Beitrag mit künftigen Beiträgen verrechnet, eine Auszahlung des überzahlten Betrages findet nicht statt.

Zu beachten ist, dass ein Erstattungsanspruch auch Auswirkungen auf die Berechnung des Aufstockungsbetrages haben kann. 250

Oftmals wird das Altersteilzeitentgelt über die gesetzliche Verpflichtung hinaus auf ein bestimmtes Mindestniveau des letzten Nettogehaltes aufgestockt, zum Beispiel auf 80 % des letzten Nettoeinkommens. 251

In diesen Fällen wirkt sich die Neuberechnung der Beiträge zur gesetzlichen Krankenversicherung auf die Höhe des Aufstockungsbetrages aus. Da das Netto-Altersteilzeitentgelt vor der Aufstockung auf Grund der niedrigeren Krankenversicherungsbeiträge steigt, muss der Arbeitgeber weniger aufwenden, um die Nettoniveaugarantie zu erfüllen. 252

F. Arbeitsrechtliche Behandlung des Altersteilzeitvertrages

Wie oben bereits dargestellt, setzt der Wechsel in die Altersteilzeit den Abschluss eines Änderungsvertrages voraus. Arbeitnehmer und Arbeitgeber müssen in einem gesonderten Schriftstück die Bedingungen der Altersteilzeit regeln. Da es sich bei der Altersteilzeit um einen befristeten Vertrag handelt, ist **Schriftform** erforderlich. 253

Im Rahmen des Altersteilzeitvertrages sollten folgende Punkte angesprochen werden: 254

- Beginn und Dauer der Altersteilzeit;
- Inhalt der während der Altersteilzeit geschuldeten Tätigkeit;
- Lage der Arbeitszeit;

- Vergütung während der Altersteilzeit;
- Entgeltfortzahlung im Krankheitsfall;
- Urlaub;
- Verbot von Nebentätigkeiten;
- Betriebliche Altersversorgung
- Insolvenzsicherung;
- Beendigung des Arbeitsverhältnisses.

255 Die vorbezeichneten Eckpunkte des Altersteilzeitarbeitsvertrages können zwischen den Parteien nur **einvernehmlich** herbeigeführt werden. Gemäß § 8 ATG darf die Möglichkeit zur Inanspruchnahme von Altersteilzeitarbeit weder im Rahmen der Sozialauswahl nach § 1 Abs. 3 KSchG zum Nachteil des Mitarbeiters berücksichtigt werden, noch stellt die **Möglichkeit der Altersteilzeit einen Kündigungsgrund** i.S.d. Kündigungsschutzgesetzes dar. Dies bedeutet, dass das Unternehmen bspw. **keine Änderungskündigung** aussprechen kann, um einen älteren Arbeitnehmer in die Altersteilzeit zu zwingen. Unzulässig ist es, den Altersteilzeitvertrag zurückzudatieren, um so die in den vergangenen Monaten oder sogar Jahren erbrachte Arbeitsleistung nachträglich als Vorausarbeit für die nunmehr gewünschte Freistellungsphase zu deklarieren. Eine derartige **Rückdatierung** würde dazu führen, dass die Sozialversicherungsbeiträge ebenso wie die Einkommensteuer nachträglich neu berechnet werden müsste. Damit ginge die Rückdatierung sowohl zulasten der Sozialversicherungsträger als auch zulasten der Finanzverwaltung.

256 Die oben angesprochenen regelungsbedürftigen Punkte eines Altersteilzeitvertrages können nun i.E. wie folgt formuliert werden:

I. Laufzeit des Altersteilzeitvertrages

257 In Ziff. 1 eines Altersteilzeitvertrages ist zunächst die genaue Laufzeit der Altersteilzeit festzulegen. Da es sich insofern um ein befristetes Vertragsverhältnis handelt, das mit Ablauf der vereinbarten Laufzeit enden soll, ist für den Vertrag Schriftform erforderlich. Ziff. 1 kann wie folgt formuliert werden:

258 **Formulierungshinweis:**

»Der zwischen Herrn Müller und der XYZ GmbH bestehende Anstellungsvertrag vom 15.12.1984 wird unter Abänderung und Ergänzung ab dem 1.1.2008 bis zum 31.12.2010 auf der Grundlage von Altersteilzeitarbeit fortgeführt. Sofern im Folgenden nichts Anderweitiges geregelt ist, gelten die Bestimmungen des Arbeitsvertrages vom 15.12.1984.«

259 Obwohl § 41 S. 2 SGB VI bestimmt, dass Vertragsklauseln, die eine automatische Beendigung des Arbeitsverhältnisses vor Vollendung des 65. Lebensjahres vorsehen, nur dann wirksam sind, wenn sie innerhalb der letzten drei Jahre vor dem Beendigungszeitpunkt vereinbart oder bestätigt werden, ist es zulässig, im Rahmen eines Altersteilzeitvertrages auch den Beendigungstermin für das Arbeitsverhältnis festzulegen. Gemäß § 8 Abs. 3 ATG ist insofern lediglich erforderlich, dass der Arbeitnehmer in dem Zeitpunkt, in dem das Arbeitsverhältnis aufgelöst werden soll, bereits Anspruch auf eine Rente wegen Alters hat. Der Gesetzgeber stellt seit 1.1.2008 durch Änderung des § 8 Abs. 3 ATG nicht mehr darauf ab, dass der Arbeitnehmer die Voraussetzungen für eine Altersrente nach Altersteilzeit gem. § 237 SGB VI erfüllen muss. Es reicht aus, wenn der Mitarbeiter im Zeitpunkt der Beendigung des Altersteilzeitvertrages Anspruch auf irgendeine Altersrente hat. Insofern kommt die Altersrente für Schwerbehinderte oder die Altersrente für langjährig Versicherte in Betracht. Ohne die vom Gesetzgeber zwischenzeitlich vorgenommene Korrektur des § 8 Abs. 3 ATG hätte eine Lücke für die Jahrgänge 1952 bis 1994 bestanden, da diese Jahrgänge nach dem Altersteilzeitgesetz, welches noch bis 31.12.2009 gilt, zwar Altersteilzeitverträge hätten abschließen

können; jedoch nicht mehr die Möglichkeit haben, nach § 237 SGB VI »Altersrente nach Altersteilzeit« in Anspruch zu nehmen (vgl. die Ausführungen zum Rentenrecht in Kap. 8 Rn. 240 ff.). Alterteilzeitverträge mit Mitarbeitern aus den Jahrgängen 1952 und 1954 können nach der Gesetzesänderung nunmehr also auch auf Zeitpunkte vor Vollendung des 65. Lebensjahres wirksam befristet werden, wenn der Mitarbeiter zu diesem Zeitpunkt die Voraussetzungen für eine vorgezogene Altersrente erfüllt. § 8 Abs. 3 ATG stellt also eine vom Gesetzgeber bewusst geschaffene Sonderregelung gegenüber § 41 S. 2 SGB VI dar (vgl. Amtl. Begr. BT-Drs. 13/4877, S. 34).

II. Verteilung der Arbeitszeit

In Ziff. 2 eines Altersteilzeitvertrages können die Arbeitsvertragsparteien nun die Verteilung der reduzierten Arbeitszeit festlegen. Haben sich die Parteien für das Blockmodell entschieden, so ist die Arbeits- und Freistellungsphase genau festzuschreiben. Im Fall des sog. Kontimodells, d.h. tatsächliche Halbierung der täglichen Arbeitszeit, ist ebenfalls genau zu bestimmen, in welcher Zeit am Tag der Mitarbeiter seine Arbeitsleistung erbringen muss. Alternativ kommt auch eine Teilnahme an der **betrieblichen Gleitzeit** während der Altersteilzeit in Betracht. In diesem Fall ist dann nur die durchschnittliche tägliche Arbeitsdauer festzuschreiben. 260

Formulierungshinweis: 261

Im Fall der Wahl des Blockmodells bietet sich folgende Vertragsklausel an:

»Die Arbeitszeit von Herrn Müller wird auf die Hälfte der bisherigen wöchentlichen Arbeitszeit von zurzeit ... Wochenstunden reduziert. Danach beträgt die rechnerische wöchentliche Grundarbeitszeit ... Stunden.

Die Arbeitszeit von Herrn Müller verteilt sich im Blockmodell wie folgt:

In der Zeit vom 1.1.2008 bis zum 30.6.2009 arbeitet Herr Müller – wie bisher – in Vollzeit (Arbeitsphase); ab 1.7.2009 bis zum 31.12.2010 wird er von der Arbeitsleistung unter Fortzahlung der Vergütung freigestellt (Freistellungsphase).«

III. Tätigkeitsbeschreibung

Um Missverständnisse im Rahmen der Altersteilzeit zu vermeiden, sollte der Altersteilzeitvertrag eine kurze Beschreibung der vom Mitarbeiter zu verrichtenden Tätigkeiten enthalten, wenn es hier auf Grund der reduzierten Arbeitszeit zur Veränderungen kommt. Bleibt die Tätigkeit – wie beim Blockmodell üblich – unverändert, so reicht ein diesbezüglicher Hinweis aus. 262

Formulierungshinweis: 263

»Herr Müller wird auch im Rahmen der Altersteilzeit auf seinem bisherigen Arbeitsplatz weiterbeschäftigt. Seine bisherige Tätigkeit bleibt – abgesehen von der Reduzierung der Arbeitszeit – unverändert.«

IV. Vergütung

Im Hinblick auf die Bezüge des in die Altersteilzeit gewechselten Arbeitnehmers ist zwischen der sich an den vertraglichen Absprachen und der reduzierten Arbeitszeit orientierenden Bruttovergütung und den Aufstockungsbeträgen zu differenzieren. Von daher sollte der Altersteilzeitvertrag zunächst das reguläre Bruttoeinkommen während der Altersteilzeit sowie die dem Arbeitnehmer zustehenden Sonderzahlungen feststellen. Insbesondere vor dem Hintergrund, dass in der am 1.7.2004 geltenden Fassung des Altersteilzeitgesetzes die 264

Aufstockungsbeträge nur noch auf die regelmäßigen monatlichen Bruttovergütungen zu entrichten sind, ist es also erforderlich, hier im einzelnen festzuschreiben, wie sich die Vergütung während der Altersteilzeit gestaltet.

265 **Formulierungshinweis:**

»Herr Müller erhält für die Dauer der Altersteilzeitarbeit die Vergütung nach Maßgabe der gem. Ziff. 2 dieses Vertrages reduzierten Arbeitszeit. Die Vergütung ist unabhängig von der Verteilung der Arbeitszeit fortlaufend für die gesamte Dauer dieses Vertrages zu zahlen. Berechnungsgrundlage für die monatliche Vergütung ist das Verhältnis der vereinbarten wöchentlichen Grundarbeitszeit zur vertraglichen Vollarbeitszeit. Die monatliche Vollzeitvergütung beträgt zur Zeit ... € brutto.

Die Altersteilzeitvergütung beträgt demnach auf Basis von 50 % ab 1.1.2008 monatlich ... € brutto.

Sonstige Vergütungsbestandteile und Jahressonderzahlungen werden zeitanteilig gekürzt.«

V. Aufstockungsbeträge

266 Wie oben dargestellt, ist der Arbeitgeber nach dem Altersteilzeitgesetz verpflichtet, zusätzlich zum halbierten Bruttoeinkommen weitere Zahlungen an den Arbeitnehmer zu erbringen. Hierbei handelt es sich bei Altersteilzeitverträgen, die bis zum 30.6.2004 umgesetzt werden, zum einen um die sog. **Aufstockungsbeträge**, mit denen mindestens **70% des gewöhnlichen Nettoeinkommens des Arbeitnehmers** abgesichert werden und zum anderen um die zusätzlichen Rentenbeiträge. In der Fassung des Altersteilzeitgesetzes ab 1.7.2004 entfällt, wie o. Rn. 148 dargestellt, die Berechnung einer Mindestabsicherung. Hier verlangt das Altersteilzeitgesetz nur noch, dass das während der Altersteilzeit zu zahlende halbierte Bruttoentgelt um 20% aufgestockt wird.

267 Unabhängig davon, ob der Altersteilzeitvertrag vor dem 1.7.2004 oder danach in Kraft gesetzt wird, ist die Höhe der Zuzahlungen des Arbeitgebers ausdrücklich im Altersteilzeitvertrag festzuschreiben, da der Arbeitnehmer keinen Anspruch auf Zahlung der Aufstockungsbeträge gegenüber der Agentur für Arbeit hat. **Sein Anspruchsgegner ist alleine der Arbeitgeber.** Dieser hat wiederum – sofern die Förderungsvoraussetzungen erfüllt sind – einen Erstattungsanspruch hinsichtlich der Aufstockungsbeträge in gesetzlicher Höhe gegenüber der Agentur für Arbeit.

268 **Formulierungshinweis:**

»Aufstockungsbeträge

a) Zusätzlich zur Vergütung nach Ziff. 4 erhält Herr Müller während der Laufzeit der Altersteilzeitarbeit monatliche Aufstockungsleistungen. Hier werden folgende Zahlungen erbracht:
   aa) Die XYZ GmbH verpflichtet sich, zur Zahlung eines Aufstockungsbetrages in Höhe von 20% des für die Altersteilzeit monatlich bezahlten Festeinkommens. Einmalzahlungen bleiben bei der Aufstockung außer Betracht.
   bb) Die XYZ GmbH verpflichtet sich des Weiteren zur Entrichtung von zusätzlichen Beiträgen zur gesetzlichen Rentenversicherung mindestens in Höhe des Beitrages, der auf 80% des Regelarbeitsentgelts für die Altersteilzeitarbeit, begrenzt auf den Unterschiedsbeitrag zwischen 90% der monatlichen Beitragsbemessungsgrenze und dem Regelarbeitsentgelt entfällt, höchstens bis zur Beitragsbemessungsgrenze.

b) Die Aufstockungsbeträge beziehen sich nur auf die monatliche Festvergütung. Bei Sonderleistungen, Einmalzahlungen etc. bleiben die Aufstockungsbeträge außer Betracht. Die Aufstockungsbeträge werden bei der betrieblichen Altersversorgung nicht berücksichtigt.

> c) Der Anspruch auf Aufstockungsleistungen ruht in der Zeit, in der Herr Müller entgegen dem in diesem Vertrag enthaltenen Nebentätigkeitsverbot eine Beschäftigung oder selbständige Tätigkeit ausübt, welche die Geringfügigkeitsgrenze des § 8 SGB IV überschreitet. Die XYZ GmbH behält sich vor, zu viel gezahlte Aufstockungsbeträge zurückzufordern.
> d) Der Anspruch auf Aufstockungsleistungen entfällt vollständig, wenn die Gesamtruhenszeit einen Zeitraum von 150 Tagen überschreitet. Mehrere Ruhenszeiträume werden insofern zusammengerechnet.«

Die Ergänzung in Ziff. c) der jeweiligen Musterformulierung trägt dem Umstand Rechnung, 269 dass der Mitarbeiter durch die Ausübung einer unzulässigen Nebentätigkeit – insbes. während der Freistellungsphase – verhindern kann, dass der Arbeitgeber die gesetzlichen Aufstockungsbeträge von der BA erstattet erhält. Das Unternehmen ist auf eine derartige Klausel daher angewiesen, da es die Aufstockungsbeträge auf Grund des Altersteilzeitvertrages unabhängig von eventuellen Zuschüssen der Agentur für Arbeit schuldet.

Die oben vorgeschlagene Klausel verstößt im Übrigen nicht gegen das in § 8 Abs. 2 ATG 270 enthaltene **Koppelungsverbot**. § 8 Abs. 2 ATG enthält insofern lediglich die Regelung, dass die Verpflichtung des Arbeitgebers zur Zahlung von Aufstockungsbeträgen nicht für den Fall ausgeschlossen werden kann, dass die Zuschüsse der BA nicht gezahlt werden, weil das Unternehmen einen Antrag auf Gewährung von Zuschüssen nicht richtig, nicht vollständig oder nicht rechtzeitig gestellt hat. Ebenso wenig kann die Verpflichtung zur Zahlung der Aufstockungsbeträge ausgeschlossen werden, wenn diese alleine deswegen nicht gewährt werden, weil das Unternehmen nicht in der Lage ist, auf dem freigewordenen Arbeitsplatz einen Arbeitslosen oder Ausgebildeten zu beschäftigen.

Hieraus lässt sich der Umkehrschluss ziehen, dass in anderen Fällen, die zum Wegfall der 271 Zuschüsse der Agentur für Arbeit führen, bspw. einer unzulässigen Nebentätigkeit des Arbeitnehmers, eine auflösende Bedienung bzgl. der Aufstockungsbeträge wirksam im Anstellungsvertrag vereinbart werden kann (vgl. die amtliche Begr. zum Altersteilzeitgesetz in BT-Drs. 13/4336, S. 19). Von daher ist es zulässig, die Zahlung der Aufstockungsbeträge von der Einhaltung des Nebentätigkeitsverbotes abhängig zu machen.

VI. Erkrankung während der Altersteilzeit

Zu den in der Praxis am häufigsten vorkommenden Problemen bzw. Vertragsstörungen bei 272 der Altersteilzeit gehört die Erkrankung des Arbeitnehmers während der Arbeitsphase im Blockmodell für einen Zeitraum von mehr als sechs Wochen. Während für die Entgeltfortzahlung in der Arbeitsphase die allgemeinen Regelungen über Entgeltfortzahlung im Arbeitsverhältnis gelten, spielt die **Arbeitsfähigkeit des Mitarbeiters in der Freistellungsphase im Blockmodell** für den Vergütungsanspruch keine Rolle mehr (vgl. *LAG Köln* 11.5.2001 DB 2002, 153). Die Vergütungspflicht besteht hier unabhängig von der Arbeitsfähigkeit. Eine **lang andauernde Erkrankung in der Arbeitsphase** löst demgegenüber ohne entsprechende Korrektur sowohl auf Arbeitnehmer- als auch auf Arbeitgeberseite erhebliche Probleme aus, da es nunmehr an der notwendigen Vorausarbeit für die spätere Freistellung und damit in der Freistellungsphase teilweise an einem Beschäftigungsverhältnis fehlt. Gemäß § 7 Abs. 1a SGB IV wird die Freistellungsphase im Blockmodell nur dann als Beschäftigungsverhältnis angesehen, wenn während dieser Zeit Arbeitsentgelt fällig wird, das auf Grund einer schriftlichen Vereinbarung in der vorausgegangenen Arbeitsphase erwirtschaftet wurde.

Vermieden werden kann dieses Ergebnis dadurch, dass sich die Arbeitsvertragsparteien 273 darauf einigen, dass die **Freistellungsphase verkürzt** wird. Die Verkürzung erfolgt dergestalt, dass der Arbeitnehmer zu Beginn der eigentlichen Freistellungsphase die Hälfte der in der Arbeitsphase auf Grund von Arbeitsunfähigkeit außerhalb des gesetzlichen Entgeltfortzahlungszeitraums ausgefallenen Arbeitszeit in Vollzeitarbeit nacharbeitet. Durch diese Nacharbeit wird für die andere Hälfte (= Freistellungsphase) die notwendige neue Vorausarbeit i.S.v. §7 Abs. 1a SGB IV geleistet. Eine Verlängerung der Altersteilzeit insgesamt tritt hierdurch nicht ein; es verschiebt sich lediglich der Zeitpunkt des Übergangs von der Arbeits- in die Freistellungsphase nach hinten. Hierdurch entspricht dann aber letztendlich die tatsächliche Arbeitsphase (einschließlich der Zeit einer Arbeitsunfähigkeit mit gesetzlicher Entgeltfortzahlung) wieder genau der Dauer der Freistellungsphase.

274 ▶ **Beispiel:**
Arbeitnehmer A und XYZ GmbH vereinbaren ab 1.1.2008 eine sechsjährige Altersteilzeit, wobei A drei Jahre in Vollzeit tätig sein soll. Vom 1.1.2011 bis 31.12.2013 soll sich dann die Freistellungsphase anschließen. Aufgrund eines Unfalls erkrankt A während der Arbeitsphase für 9,5 Monate. Dies bedeutet, dass insgesamt acht Monate außerhalb der gesetzlichen Entgeltfortzahlung liegen.
Entsprechend den obigen Ausführungen haben A und die XYZ GmbH nunmehr vereinbart, dass sich der Beginn der Freistellungsphase um vier Monate verschiebt. Die Freistellungsphase beginnt daher erst am 1.5.2011 und endet wie vorgesehen am 31.12.2013. Die insgesamt 72-monatige Altersteilzeit enthält nun acht Monate mit Krankengeldbezug, 32 Monaten tatsächliche Arbeitsleistung (einschließlich der sechswöchigen Entgeltfortzahlung) und 32 Monate bezahlte Freistellung. Die Freistellungsphase gilt daher gem. §7 Abs. 1a SGB IV als Beschäftigungsverhältnis.

275 Im Altersteilzeitvertrag kann die oben vorgeschlagene **Nacharbeitungsverpflichtung** im Rahmen der Regelung der **Entgeltfortzahlung im Krankheitsfall** wie folgt vereinbart werden:
Formulierungshinweis:
»Wird Herr Müller während der Arbeitsphase vorübergehend arbeitsunfähig und überschreitet diese Arbeitsunfähigkeit den gesetzlichen Entgeltfortzahlungszeitraum, so verschiebt sich der Beginn der Freistellungsphase um die Hälfte der Zeit, die Herr Müller während der Arbeitsphase außerhalb des gesetzlichen Entgeltfortzahlungszeitraums arbeitsunfähig war. Während dieser Zeit arbeitet er nun die Hälfte der in der Arbeitsphase auf Grund von Arbeitsunfähigkeit außerhalb des gesetzlichen Entgeltfortzahlungszeitraums ausgefallenen Arbeitszeit in Vollzeitarbeit nach. Das oben in Ziff. 1 festgelegte Ende der Altersteilzeit bleibt von der Verkürzung der Freistellungsphase unberührt.«

276 Als weiteres Problem hat sich im Zusammenhang mit einer Langzeiterkrankung eines Arbeitnehmers in der Altersteilzeit die **Fortzahlung der Aufstockungsbeträge während des Bezuges von Krankengeld** herausgestellt. Da der Arbeitgeber im Fall der Arbeitsunfähigkeit des Arbeitnehmers von seiner Zahlungspflicht im Hinblick auf die Vergütung nach Ablauf von sechs Wochen frei wird, entfällt danach auch die Pflicht zur Zahlung der nach §3 Abs. 1 ATG geschuldeten Aufstockungsbeträge. Zur Absicherung des Arbeitnehmers sieht §10 Abs. 2 ATG für den Fall des Bezuges von Krankengeld etc. vor, dass die BA die Zahlung der gesetzlichen Aufstockungsbeträge während dieses Zeitraums übernimmt. Durch diese gesetzliche Regelung scheint der Arbeitnehmer zunächst ausreichend geschützt. Bei genauerer Prüfung des §10 Abs. 2 ATG zeigt sich aber, dass die Übernahme der Aufstockungsbeträge durch die BA davon abhängt, dass der Arbeitgeber tatsächlich Zuschüsse zur Altersteilzeit nach §4 ATG erhält. Hat der Arbeitgeber den Arbeitsplatz nicht – oder wie im Blockmodell noch nicht – neu besetzt, entfällt die Zahlungsverpflichtung der Agentur für Arbeit bzw. wird im Blockmodell aufgeschoben, bis tatsächlich eine vollständige Wiederbesetzung erfolgt.

277 Tatsächlich bietet die gesetzliche Regelung in §10 ATG dem Arbeitnehmer also nur einen unzureichenden Schutz. Zum einen hat er keinen Einfluss auf die Wiederbesetzung und zum anderen übernimmt die Agentur für Arbeit nur die Aufstockungsbeträge in gesetzlicher Höhe. Sieht der Altersteilzeitvertrag eine höhere Aufstockung – wie allgemein üblich – vor, so würde der Arbeitnehmer den Differenzbetrag zwischen gesetzlicher und **individualvertraglicher Aufstockung während des Krankengeldbezuges** trotz Übernahme der Aufstockungszahlungen durch die Agentur für Arbeit verlieren. Von daher empfiehlt es sich aus

Arbeitnehmersicht, eine Klausel in den Altersteilzeitvertrag aufzunehmen, wonach der Arbeitgeber auch während des Bezuges von Krankengeld verpflichtet ist, an den Arbeitnehmer die Aufstockungsbeträge in voller Höhe zu zahlen.

Es bietet sich insofern folgende **Formulierung im Altersteilzeitvertrag** als Ergänzung der oben bereits beschriebenen Regelung über die Entgeltfortzahlung bei Arbeitsunfähigkeit an: 278

Formulierungshinweis:

»Im Falle krankheitsbedingter Arbeitsunfähigkeit erhält Herr Müller Entgeltfortzahlung nach den jeweils geltenden gesetzlichen Bestimmungen. Bei der fortzuzahlenden Vergütung werden auch die Aufstockungsbeträge berücksichtigt. Während des Bezuges von Krankengeld, Versorgungskrankengeld, Verletztengeld oder Übergangsgeld nach Ablauf des gesetzlichen Entgeltfortzahlungszeitraums zahlt die XYZ GmbH den Aufstockungsbetrag zum Altersteilzeitentgelt und den Zuschuss zur Rentenversicherung weiter. Während der Freistellungsphase erhält Herr Müller das Altersteilzeitentgelt einschließlich der Aufstockungsbeträge unabhängig davon, ob Arbeitsfähigkeit besteht.«

VII. Erholungsurlaub

Hinsichtlich des dem Arbeitnehmer selbstverständlich ebenfalls zustehenden Erholungsur- 279
laubes kann entweder eine ausdrückliche Regelung im Altersteilzeitvertrag erfolgen oder insofern auf den alten, fortbestehenden Anstellungsvertrag der durch die Altersteilzeitvereinbarung nur modifiziert wird, verwiesen werden.

Formulierungshinweis: 280

»Herr Müller erhält 30 Tage Erholungsurlaub, wobei von einer Fünf-Tage-Woche ausgegangen wird. Im Übrigen gelten die Bestimmungen des Anstellungsvertrages vom 15.12.1984 sowie das Bundesurlaubsgesetz. Herr Müller wird seinen Urlaub während der Arbeitsphase nehmen.«

Da der Arbeitnehmer in der Freistellungsphase im Blockmodell der Altersteilzeit keiner- 281
lei Arbeitsleistungen mehr erbringen muss, kommt eine Urlaubsnahme während der Freistellungsphase nicht mehr in Betracht. Der Arbeitnehmer muss also dafür Sorge tragen, dass er seinen ihm zustehenden Urlaub vollständig bis zum Beginn der Freistellungsphase in Natura genommen hat. Konnte er den Urlaub nicht vollständig nehmen, so verfällt der Urlaubsanspruch. Der Neunte Senat des BAG lehnt einen Anspruch auf Urlaubsabgeltung ausdrücklich ab (vgl. *BAG* 15.3.2005 – 9 AZR 143/04 – NZA 2005, 994 = FA 2005, 324 LS; 10.5.2005 – 9 AZR 196/04 – NZA 2005, 1432 = FA 2006, 64 LS). Es ist weder eine unmittelbare noch eine entsprechende Anwendung des § 7 Abs. 4 BUrlG möglich, da das Arbeitsverhältnis im Zeitpunkt des Wechsels von der Arbeits- in die Freistellungsphase noch fortbesteht. Eine analoge Anwendung des § 7 Abs. 4 BUrlG scheitert im vorliegenden Fall daran, dass es an einer planwidrigen Gesetzeslücke fehlt und darüber hinaus der allgemeine Gleichheitssatz nach Auffassung des Neunten Senats keine entsprechende Anwendung der Urlaubsabgeltung auf die Fälle des Wechsels des Arbeitnehmers von der Arbeits- in die Freistellungsphase gebietet (*BAG* 10.5.2005 – 9 AZR 196/04 – NZA 2005, 1432 = FA 2006, 64 LS).

VIII. Nebentätigkeiten

Wie oben bereits angesprochen, ist bei der Altersteilzeit darauf zu achten, dass der Arbeit- 282
nehmer keine Nebentätigkeiten ausübt, die dann gem. § 5 Abs. 3 ATG zum **Ruhen** oder sogar zum **Erlöschen des Anspruchs auf Zuschüsse der BA** führen können.

283 **Formulierungshinweis:**

Die Verpflichtung zur Unterlassung von Nebentätigkeiten ist im Altersteilzeitvertrag in Ergänzung zu der obigen Koppelungsklausel hinsichtlich der Aufstockungsbeträge wie folgt zu formulieren:

»Herr Müller verpflichtet sich, für die Dauer der Altersteilzeit keine abhängige Beschäftigung oder selbständige Tätigkeit auszuüben, die die Geringfügigkeitsgrenze des § 8 SGB IV überschreitet. Dies gilt ausdrücklich nicht für Beschäftigungen und selbständige Tätigkeiten, die Herr Müller bereits innerhalb der letzten fünf Jahre vor Beginn der Altersteilzeit ständig ausgeübt hat. Herr Müller ist insofern verpflichtet, diesen Umstand unverzüglich der XYZ GmbH nachzuweisen.«

IX. Mitwirkungspflichten

284 Empfehlenswert ist es, in den Altersteilzeitvertrag eine Klausel aufzunehmen, wonach sich der Arbeitnehmer verpflichtet, Änderungen seiner persönlichen Daten etc., die für die Altersteilzeit von Bedeutung sein könnten, unverzüglich dem Arbeitgeber mitzuteilen.

285 **Formulierungshinweis:**

»Herr Müller hat Änderungen der ihn betreffenden Verhältnisse, die für die Aufstockungsleistungen erheblich sind, der XYZ-GmbH unverzüglich mitzuteilen. Des Weiteren ist Herr Müller verpflichtet, die XYZ-GmbH unverzüglich von einem Antrag auf Alters- oder Erwerbsminderungsrente zu benachrichtigen.«

X. Insolvenzsicherung

286 Die Neufassung des Altersteilzeitgesetzes, die ab 1.7.2004 in Kraft getreten ist, sieht nunmehr ausdrücklich vor, dass der Arbeitgeber verpflichtet ist, Maßnahmen zur Insolvenzsicherung zu ergreifen, sofern das für die Freistellungsphase aufzubauende Wertguthaben im Rahmen des Blockmodells den Betrag des Dreifachen des Regelarbeitsentgeltes nach § 6 Abs. 1 ATG einschließlich des darauf entfallenden Arbeitgeberanteils am Gesamtsozialversicherungsbeitrag übersteigt. Gemäß § 8a Abs. 3 ATG ist der Arbeitgeber verpflichtet, dem Arbeitnehmer mit der ersten Gutschrift, d.h. nach Ablauf des ersten Monats des Altersteilzeitarbeitsverhältnisses, mitzuteilen und nachzuweisen, in welcher Form er die Insolvenzsicherung durchführt (i.E. zu der nunmehr geforderten Insolvenzsicherung s.u. Rn. 301 ff.).

287 **Formulierungshinweis:**

»Insolvenzsicherung

Die XYZ-GmbH wird entsprechend der gesetzlichen Regelung in § 8a ATG Herrn Müller am Ende des ersten Monats der Altersteilzeit und dann im Rhythmus von sechs Monaten mitteilen und nachweisen, in welcher Form das von ihm aufgebaute Wertguthaben insolvenzgesichert ist.«

XI. Beendigung des Anstellungsverhältnisses

288 Regelungsbedürftig ist schließlich noch die Frage, was im Fall einer vorzeitigen Beendigung des Altersteilzeitverhältnisses – bspw. durch **Tod des Arbeitnehmers** – geschieht und inwieweit der Arbeitgeber auch während der Altersteilzeit berechtigt ist, das Anstellungsverhältnis ordentlich zu kündigen.

289 Die vorzeitige Beendigung der Altersteilzeit auf Grund Tod des Arbeitnehmers oder **Kündigung** führt im Blockmodell dazu, dass geleistete Arbeit und gezahlte Vergütung nicht

in Einklang stehen, weil der Mitarbeiter in Vorleistung getreten ist. Vor diesem Hintergrund ist eine Neuberechnung und Nachzahlung der Vergütung erforderlich. Der Altersteilzeitvertrag muss also eine Klausel enthalten, wonach der Arbeitnehmer bzw. seine Erben bei der vorzeitigen Beendigung der Altersteilzeit einen Anspruch auf Aufzahlung der Differenz zwischen dem bereits gezahlten Altersteilzeitentgelt und der Vergütung für die Zeit der tatsächlichen Beschäftigung haben, die ohne Eintritt in die Altersteilzeit angefallen wäre.

Ausdrücklich zu regeln ist des Weiteren die Frage, inwieweit der Arbeitgeber berechtigt 290
sein soll, das Anstellungsverhältnis auch vor dem vereinbarten Ende zu kündigen. Da es sich um ein **befristetes Anstellungsverhältnis** handelt, steht fest, dass ohne weitergehende Regelung die **ordentliche Kündigung während der Laufzeit der Altersteilzeit ausgeschlossen** ist. Von daher ist hier von Arbeitgeberseite aus eine entsprechende Ergänzung des Anstellungsvertrages für die Zeit der Altersteilzeit notwendig.

Formulierungshinweis: 291

Die Formulierung der Beendigung des Anstellungsverhältnisses und die dann zu erfolgenden Nachzahlungen können wie folgt im Altersteilzeitvertrag geregelt werden:

»Das mit Herrn Müller geschlossene Anstellungsverhältnis endet, ohne dass es des Ausspruchs einer Kündigung bedarf, am 31.12.2010.

Das Recht zur vorzeitigen ordentlichen oder außerordentlichen Kündigung bleibt hiervon unberührt. Während der Freistellungsphase ist allerdings die ordentliche personen- oder betriebsbedingte Kündigung ausgeschlossen.

Wird das Anstellungsverhältnis vorzeitig durch Kündigung oder Tod etc. beendet, so ist das Altersteilzeitverhältnis unter Berücksichtigung der tatsächlich geleisteten Arbeitszeit abzurechnen.«

Für die Arbeitgeberseite stellt sich die Frage, inwieweit im Blockmodell bei der vorzeitigen 292
Beendigung durch den Tod des Mitarbeiters oder eine Kündigung noch Leistungen der Agentur für Arbeit nach § 4 ATG beansprucht werden können, da grds. der Anspruch auf Zuschüsse gem. § 5 Abs. 1 Nr. 1 ATG mit Ablauf des Kalendermonats endet, in dem der Arbeitnehmer die Altersteilzeitarbeit beendet. Ausnahmsweise bleibt der Anspruch auf Leistungen der Agentur für Arbeit trotz vorzeitiger Beendigung der Altersteilzeit für zurückliegende Zeiten erhalten, wenn der Arbeitgeber im Blockmodell zum einen die von § 3 Abs. 1 Nr. 2 ATG geforderte Wiederbesetzung noch durchführt und zum anderen ihm tatsächlich entsprechende Aufwendungen verblieben sind. Letzteres hängt davon ab, wann die vorzeitige Beendigung eingetreten ist. Verstirbt der Mitarbeiter bspw. während der Arbeitsphase und sieht der Vertrag eine Neuberechnung anhand der tatsächlichen Arbeitsleistung und entsprechende Nachzahlungen vor, so fehlt es letztendlich an zusätzlichen Aufwendungen des Arbeitgebers. In diesem Fall besteht dann trotz eventueller Wiederbesetzung kein Anspruch des Arbeitgebers auf Leistungen der Agentur für Arbeit.

XII. Schlussbestimmungen

Wie bei Verträgen üblich, sollte dann auch die Altersteilzeitvereinbarung einen Hinweis auf 293
das Schriftformerfordernis bzgl. Änderungen und Ergänzungen sowie eine Salvatorische Klausel enthalten.

Formulierungshinweis: 294

»Mündliche Nebenabreden bestehen nicht. Änderungen und Ergänzungen dieses Vertrages bedürfen der Schriftform.

Sollte eine Vorschrift dieses Vertrages unwirksam sein oder werden, so verpflichten sich die Arbeitsvertragsparteien, den Vertrag so zu ändern, dass die Voraussetzungen des Altersteilzeitgesetzes wieder erfüllt sind. Im Übrigen gilt das Altersteilzeitgesetz in seiner jeweils geltenden Fassung.«

G. Kurzarbeit während der Altersteilzeit

295 Die Anordnung von Kurzarbeit kann auch Arbeitnehmer betreffen, die sich in Altersteilzeit befinden. Wird die Altersteilzeit in Form des Blockmodells ausgeübt, so wirkt sich die Anordnung von Kurzarbeit nur während der Arbeitsphase aus. Wie jeder andere Arbeitnehmer hat auch der sich in Altersteilzeit befindende Arbeitnehmer in diesem Fall einen Anspruch auf **Kurzarbeitergeld**, um die finanziellen Nachteile durch die kurzarbeitsbedingte weitere Arbeitszeitverkürzung einzuschränken. Dieser Anspruch ist entsprechend den Vorschriften über Kurzarbeitergeld gegenüber der örtlich zuständigen Agentur für Arbeit geltend zu machen.

296 Als problematisch erweist sich während der Kurzarbeit allerdings die **Berechnung der Sozialversicherungsbeiträge**, da nunmehr nicht zweifelsfrei feststeht, von welchem Einkommen die Sozialversicherungsbeiträge und die Zuschüsse der Agentur für Arbeit zur Altersteilzeit zu berechnen sind. Gemäß §10 Abs.4 ATG ist insofern für die Berechnung der Zuschüsse ebenso wie für die Aufstockungszahlungen von dem tatsächlich während der Kurzarbeit erzielten sozialversicherungspflichtigen Einkommen auszugehen.

297 Für die Berechnung der vom Arbeitgeber abzuführenden Sozialversicherungsbeiträge ist hingegen von unterschiedlichen Arbeitsentgelten auszugehen. Erhält der Arbeitnehmer bspw. ein Vollzeitarbeitsentgelt in Höhe von 2.800,– € brutto, so resultiert hieraus ein Altersteilzeitentgelt in Höhe von zunächst 1.400,– € brutto. Fällt nun bei diesem Mitarbeiter eine Kurzarbeit an, die ihrerseits zum Wegfall der Hälfte der tatsächlich während der Altersteilzeit auszuübenden Arbeitszeit führt, so ergeben sich im Blockmodell in der Arbeitsphase folgende beitragspflichtigen Arbeitsentgelte:

298 ▶ **Beiträge zur Arbeitslosenversicherung** werden vom tatsächlichen Bruttolohn während der Kurzarbeit, d.h. im obigen Beispiel bei 50% Kurzarbeit von 700,– € brutto berechnet.

299 ▶ **Beiträge zur Kranken- und Pflegeversicherung** sind vom Bruttolohn und weiteren 80% der Differenz zwischen Ist- und Sollentgelt, d.h. hier weiteren 560,– €, zu entrichten; insgesamt ergibt sich also in dem hier gewählten Beispiel eine Bemessungsgrundlage in Höhe von 1.260,– € für die Beiträge zur Kranken- und Pflegeversicherung.

300 ▶ Bei der **Rentenversicherung** ist in einem ersten Berechnungsschritt ebenfalls zunächst von dem für die Kranken- und Pflegeversicherung errechneten Betrag in Höhe von 1.260,– € auszugehen. Hier muss nun aber des Weiteren die im Altersteilzeitgesetz enthaltene Sonderregelung berücksichtigt werden, wonach der Arbeitgeber verpflichtet ist, zusätzlich Beiträge von einem Bemessungseinkommen in Höhe von 80% des Regelentgeltes während der Altersteilzeit zu entrichten. Dies bedeutet in dem vorliegenden Beispiel, dass regulär beide Arbeitsvertragsparteien die Sozialversicherungsbeiträge von einem Betrag in Höhe von 1.400,– € abführen und der Arbeitgeber zusätzlich die Sozialversicherungsbeiträge für einen weiteren Betrag in Höhe von 1.120,– € alleine, d.h. Arbeitgeber- und Arbeitnehmerbeitrag, trägt. Für den Fall der Kurzarbeit in dem oben beschriebenen Beispiel ergibt sich nunmehr ein beitragspflichtiges Arbeitsentgelt in Höhe von 2.380,– € (= 700,– € + 560,– € + 1.120,– €).

H. Insolvenz des Arbeitgebers

301 Die zum 1.7.2004 in Kraft getretene Neufassung des Altersteilzeitgesetzes beinhaltet nunmehr erstmals eine tatsächliche Verpflichtung für eine Insolvenzsicherung. **Bisher** enthielt das Altersteilzeitgesetz keine eigene Regelung über einen Insolvenzschutz des insbes. im Blockmodell aufzubauenden Wertguthabens. § 7d SGB IV enthielt insofern lediglich die Regelung, dass die Vertragsparteien im Rahmen der Altersteilzeitvereinbarung Vorkehrungen für den Fall der Insolvenz des Arbeitgebers zu treffen haben, soweit zum einen ein Anspruch auf Insolvenzgeld nicht besteht und zum anderen:

> »das Wertguthaben des Beschäftigten einschließlich des darauf entfallenden Arbeitgeberanteils am Gesamtsozialversicherungsbeitrag einen Betrag in Höhe des Dreifachen der monatlichen Bezugsgröße und der vereinbarte Zeitraum, in dem das Wertguthaben auszugleichen ist, 27 Kalendermonate nach der ersten Gutschrift übersteigt«.

Aufgrund eines Tarifvertrages oder einer auf einem Tarifvertrag basierenden Betriebsvereinbarung konnte nach der bisherigen gesetzlichen Regelung in § 7d SGB IV auch ein von den vorerwähnten 27 Kalendermonaten abweichender Zeitraum gewählt werden. 302

Die vorstehende gesetzliche Regelung führte dazu, dass bei einer **Altersteilzeit, die maximal fünf Jahre dauerte**, kraft Gesetz keine Verpflichtung des Arbeitgebers zur Insolvenzsicherung bestand. Da für einen Zeitraum von drei Monaten Insolvenzgeld durch die Agentur für Arbeit gezahlt wird, ergibt sich, dass die Freistellungsphase, während der das Wertguthaben abgebaut wird, mehr als 30 Monate betragen muss, damit überhaupt noch nach der vorerwähnten gesetzlichen Regelung eine Insolvenzsicherung erforderlich wird. Da bei einer fünfjährigen Altersteilzeit im Fall des Blockmodells die Freistellungsphase lediglich 30 Monate beträgt, steht also fest, dass derartige Altersteilzeitverträge nicht der Pflicht zur Insolvenzsicherung unterlagen, sofern nicht ein Tarifvertrag den Zeitraum von 27 Kalendermonaten außerhalb der gesetzlichen Insolvenzabsicherung durch das Insolvenzgeld verkürzte. 303

In Anbetracht der bisher unbefriedigenden Lösung des Insolvenzschutzes hat der Gesetzgeber in der **Neufassung des Altersteilzeitgesetzes für ab 1.7.2004 beginnenden Altersteilzeitverhältnisse die Insolvenzsicherung neu geregelt**. Die nunmehr in § 8a ATG aufgenommene **Pflicht zur Insolvenzsicherung** ist daher von erheblicher Praxisrelevanz. Nach der Neufassung ist die Insolvenzsicherung bereits dann zwingend vorgeschrieben, wenn das vom Arbeitnehmer aufzubauende Wertguthaben einen Betrag in Höhe des Dreifachen des Regelarbeitsentgeltes nach § 6 Abs. 1 ATG einschließlich des darauf entfallenden Arbeitgeberanteils am gesamten Sozialversicherungsbeitrag übersteigt. Dort, wo also eine Freistellungsphase von mehr als drei Monaten vorgesehen ist, muss künftig bei Durchführung der **Altersteilzeit im Blockmodell eine Insolvenzsicherung** erfolgen. 304

Hinsichtlich der **Art der Insolvenzsicherung** hat der Gesetzgeber in § 8a Abs. 1 ATG ausdrücklich festgeschrieben, dass bilanzielle Rückstellungen sowie zwischen **Konzernunternehmen** begründete Einstandspflichten, insbes. **Bürgschaften, Patronatserklärungen oder Schuldbeitritte, nicht als geeignete Sicherungsmittel** für die nunmehr gesetzlich geforderte Insolvenzsicherung gelten. Aufgrund dieses Ausschlusses der bisher üblichen Sicherungsmittel bleibt den Unternehmen ab 1.7.2004 nur noch die Möglichkeit, auf die bisher wegen der unmittelbaren finanziellen Belastung ungeliebten Möglichkeiten von **Bankbürgschaften** oder **Versicherungsmodellen** für die neuen Altersteilzeitverträge zurückzugreifen, sofern die Altersteilzeit weiterhin im Blockmodell durchgeführt werden soll. 305

Die BA nennt in ihren neuen Dienstanweisungen zu § 8a ATG neben den bereits erwähnten Sicherungsmitteln der Bankbürgschaft und des Versicherungsmodells als weitere geeignete Insolvenzsicherungsmodelle die **Absicherung im Wege der dinglichen Sicherheit (bspw. Verpfändung von Wertpapieren**, insbes. Fonds) zu Gunsten der Arbeitnehmer oder das **Modell der doppelseitigen Treuhand.** 306

Ausdrücklich klargestellt hat der Gesetzgeber in § 8a ATG darüber hinaus, dass das Unternehmen die von ihm zusätzlich zum Altersteilzeitentgelt gezahlten **Aufstockungsbeträge**, d.h. insbes. die über den gesetzlichen Aufstockungsbetrag hinausgehenden freiwilligen Aufstockungsbeträge, **ebenso wenig** wie die **zusätzlich zur Rentenversicherung gezahlten Beiträge**, auf die von ihm zu beschaffende Insolvenzsicherung anrechnen darf. Das vom Arbeitnehmer im Blockmodell während der Arbeitsphase zu erarbeitende Wertguthaben muss also durch das Unternehmen in voller Höhe insolvenzgesichert werden. Die Insolvenzsicherung muss insofern vom ersten Tag der Arbeitsphase an sichergestellt sein. 307

Nicht der Insolvenzsicherung unterliegen allerdings die vom Arbeitgeber in der Freistellungsphase zu erbringenden Aufstockungsbeträge. 308

309 Um zu vermeiden, dass Arbeitgeber die Insolvenzsicherung nicht oder nicht in geeigneter Form durchführen, hat der Gesetzgeber des Weiteren in § 8a Abs. 3 ATG ausdrücklich die Verpflichtung aufgenommen, dass der Arbeitgeber dem Arbeitnehmer die zur Sicherung des Wertguthabens ergriffenen Maßnahmen **schriftlich nachzuweisen** hat. Dieser schriftliche Nachweis hat **nach Ablauf des ersten Monats** der im Blockmodell durchgeführten Altersteilzeit und **anschließend alle sechs Monate** zu erfolgen. Alternativ zu dem vom Gesetzgeber vorgesehenen schriftlichen Nachweis im Sechs-Monats-Rhythmus können sich Arbeitgeber und **Betriebsrat** auf eine **anderweitige Form des Nachweises der Insolvenzsicherung** einigen. Diese anderweitige Form des Nachweises muss allerdings der gesetzlichen Regelung **gleichwertig** sein. In der Praxis dürfte es kaum eine anderweitige geeignete Form des Nachweises geben.

310 Kommt das Unternehmen seinen Pflichten zur Insolvenzsicherung bzw. zum Nachweis einer geeigneten Insolvenzsicherung nicht nach, ist der Arbeitnehmer in Altersteilzeitverhältnissen, die ab 1.7.2004 neu begründet worden sind, berechtigt, den Arbeitgeber **schriftlich aufzufordern, innerhalb eines Monats eine geeignete Insolvenzsicherung entsprechend den Vorschriften des § 8a Abs. 3 ATG nachzuweisen**. Kommt der Arbeitgeber dieser Aufforderung nicht nach, kann der Arbeitnehmer nach Ablauf des vorerwähnten Monats Sicherheit in Höhe des bereits erwirtschafteten Wertguthabens durch den Arbeitgeber verlangen. **Diese Sicherheitsleistung kann nunmehr nur noch durch Stellung eines tauglichen Bürgen oder durch Hinterlegung von Geld oder von Wertpapieren**, die nach § 234 Abs. 1 und 3 BGB zur Sicherheitsleistung geeignet sind, erfolgen. Dem Arbeitnehmer steht insofern ein einklagbarer Anspruch gegen das Unternehmen zu. Eine **konzernangehörige Gesellschaft scheidet** auf Grund der eindeutigen Regelung in § 8a ATG als **tauglicher Bürge insofern aus.**

311 Dass es überhaupt eine Insolvenzsicherung für die in Form eines Blockmodells durchgeführte Altersteilzeit geben muss, ist für viele Branchen nicht neu. In vielen Tarifbezirken gab es bereits vor dem 1.7.2004 **Tarifverträge**, die die Unternehmen zu einer angemessenen Insolvenzsicherung verpflichteten. Diese Tarifverträge eröffneten allerdings i.d.R. dem Arbeitgeber die Möglichkeit, die Pflicht zur Insolvenzsicherung durch konzerninterne Regelungen zu erfüllen. Da dies für neue Altersteilzeitverhältnisse ab 1.7.2004 nunmehr nicht mehr möglich ist, müssen auch die Tarifverträge entsprechend überarbeitet werden. Zumindest kann sich für ab 1.7.2004 neu begründete Altersteilzeitverhältnisse kein Arbeitgeber mehr darauf berufen, dass in einem für das Unternehmen geltenden Tarifvertrag eine anderweitige Form der Insolvenzsicherung geregelt ist. Der Gesetzgeber hat den Tarifvertragsparteien nicht die Möglichkeit eingeräumt, die Insolvenzsicherung abweichend von den gesetzlichen Vorschriften zu regeln.

312 Der Hinweis in § 8a ATG, dass die Insolvenzsicherung dann zwingend erforderlich ist, wenn ein Wertguthaben in Höhe des dreifachen Betrages des Regelarbeitsentgeltes aufgebaut wird, bedeutet, dass bei Altersteilzeitmodellen in Form des sog. **Konti-Modells**, d.h. tägliche Verkürzung der Arbeitszeit, keine Insolvenzsicherung notwendig ist. Wird die Arbeitszeit tatsächlich täglich halbiert, baut der Mitarbeiter kein Wertguthaben auf. Der Arbeitnehmer ist in diesem Fall, wie auch seine übrigen Kollegen, nur hinsichtlich des zukünftigen Bestandes seines Arbeitsverhältnisses dem Insolvenzrisiko des Unternehmens ausgesetzt. Einer gesonderten Absicherung dieses allgemeinen Risikos bedarf es über das im Sozialgesetzbuch III geregelte Insolvenzgeld hinaus nicht.

Kapitel 8
Sozialrechtliche Rechtsfolgen der Kündigung/Beendigung von Arbeitsverhältnissen

Übersicht

A. Vorbemerkung

1 Die Beendigung von Anstellungsverhältnissen löst nicht nur arbeits-, sondern auch sozialrechtliche Fragen aus. Erfolgt nicht ein nahtloser Übergang des Arbeitnehmers in ein neues Arbeitsverhältnis, so tritt die finanzielle Absicherung während des Bezuges von Arbeitslosengeld, der Krankenversicherungsschutz oder aber der Weg in die Altersrente in den Vordergrund.

2 Der Gesetzgeber hat in den vergangenen Jahren durch die Gesetze für moderne Dienstleistungen am Arbeitsmarkt (Hartz) sowie das Rentenversicherungs-Nachhaltigkeitsgesetz bereits einschneidende Veränderungen vorgenommen. Während die sog. Hartz-Gesetze, die in verschiedenen Stufen das SGB III verändern, die finanzielle Absicherung der Arbeitnehmer im Arbeitsleben erheblich eingeschränkt haben, führen die Veränderungen im Rentenversicherungsrecht dazu, dass eine frühzeitige Inanspruchnahme der Altersrente immer mehr erschwert wird. Verschärft wurde die Möglichkeit der Frühpensionierung durch die im Jahr 2007 vorgenommene Änderung des SGB VI bezüglich der Anhebung der Altersgrenzen in der gesetzlichen Rentenversicherung. Die Anhebung der Altersgrenzen für die Regelaltersrente betrifft alle Arbeitnehmer ab dem Geburtsjahr 1947. Ab dem Geburtsjahr 1947 wird die Regelaltersrente schrittweise vom 65. auf das 67. Lebensjahr angehoben. Arbeitnehmer, die ab 1964 geboren sind, können dann die Regelaltersrente erst im Alter von 67 Jahren in Anspruch nehmen. Im gleichen Zeitrahmen wird auch die Altersrente für langjährig Versicherte angehoben. Konsequenz aus der Anhebung der Altersgrenze ist, dass sich letztendlich die Lebensarbeitszeit für die Arbeitnehmer verlängert und Frühpensionierungen entweder für die Arbeitgeberseite wesentlich teurer werden oder aber zu einem deutlich späteren Zeitpunkt als bisher beginnen können.

3 Eine Ausnahme von der Tendenz, nach der sich die Sozialleistungen für die Arbeitnehmer in den letzten Jahren immer weiter verschlechtert haben, ist die nunmehr vom Gesetzgeber beschlossene Änderung der Bezugszeiten beim Arbeitslosengeld. Der Gesetzgeber hat hier die Anspruchsdauer für ältere Arbeitnehmer auf bis zu 24 Monate verlängert. Gleichzeitig hat der Gesetzgeber im Rahmen einer Übergangsvorschrift geregelt, dass von dieser Verbesserung der Bezugsdauer nicht nur Arbeitslose profitieren sollen, die nach Erlass des Siebten Gesetzes zur Änderung des Dritten Buches Sozialgesetzbuch und anderer Gesetze arbeitslos werden, sondern dass auch diejenigen Arbeitslosen von der Verlängerung der Bezugsdauer profitieren, die am 31.12.2007 arbeitslos waren und zu diesem Zeitpunkt noch nicht den ihnen bis zu diesem Zeitpunkt zustehenden Anspruch auf Arbeitslosengeld ausgeschöpft hatten. Voraussetzung ist selbstverständlich, dass diese Mitarbeiter im Laufe ihrer ursprünglichen Bezugsdauer die Voraussetzungen für die nun vom Gesetzgeber beschlossene längere Bezugsdauer erfüllen. Im Hinblick auf die Voraussetzungen für die verlängerte Bezugsdauer und die Übergangsregelung kann auf die Ausführungen unten Rn. 56 ff. verwiesen werden.

4 Die **früher** auf Arbeitgeberseite **zu beachtende Erstattungspflicht nach § 147a SGB III ist zum 31.1.2006 entfallen.** Seither müssen Arbeitgeber nicht mehr das Arbeitslosengeld einschließlich der Sozialversicherungsbeiträge für ältere Arbeitnehmer erstatten.

B. Bezug von Arbeitslosengeld

Endet das Arbeitsverhältnis, ohne dass der Arbeitnehmer nahtlos in ein neues Beschäftigungsverhältnis wechselt, wird er zunächst auf die Leistungen der Bundesagentur für Arbeit (BA) angewiesen sein. Im Hinblick auf die Leistungen der Bundesagentur für Arbeit bei Beendigung eines Arbeitsverhältnisses ist in erster Linie auf den Bezug von Arbeitslosengeld I abzustellen. Daneben gewährt die Bundesagentur für Arbeit in den Fällen, in denen die Beendigung des Arbeitsverhältnisses im Zusammenhang mit der Insolvenz eines Unternehmens steht, dem Mitarbeiter ab Eintritt der Insolvenz zunächst Insolvenzausfallgeld für einen Zeitraum von drei Monaten. Können die Arbeitnehmer wegen der Insolvenz nicht weiter beschäftigt werden und werden sie vom Insolvenzverwalter freigestellt, so schließt sich i.d.R. an das Insolvenzausfallgeld der Anspruch auf Arbeitslosengeld I an. Nach Ablauf der Bezugsdauer für Arbeitslosengeld I kann der Arbeitnehmer – bei entsprechender Bedürftigkeit – und fortbestehender Arbeitslosigkeit Arbeitslosengeld II beziehen. Die folgenden Ausführungen beschäftigen sich alleine mit dem Bezug von Arbeitslosengeld I. 5

I. Voraussetzungen für den Bezug von Arbeitslosengeld

Der Gesetzgeber hat den Begriff der Arbeitslosigkeit in § 119 SGB III definiert (s.u. Rn. 10). 6
Seit der Neuregelung des Begriffes der Arbeitslosigkeit und der Voraussetzung für den Bezug von Arbeitslosengeld seit 1.1.2005 hat der Gesetzgeber bewusst auf die Stellung eines eigenständigen Antrages für den Bezug von Arbeitslosengeld verzichtet. Es reicht seither aus, dass die in § 118 SGB III aufgestellten Voraussetzungen vorliegen, um Arbeitslosengeld beanspruchen zu können.

Anspruch auf Arbeitslosengeld bei Arbeitslosigkeit haben danach Arbeitnehmer, die: 7
a) arbeitslos sind
b) sich bei der Agentur für Arbeit arbeitslos gemeldet und
c) die Anwartschaftszeit erfüllt haben.

In § 117 SGB III ist klargestellt, dass der Arbeitslosigkeit i.S.v. § 118 SGB III auch die Teilnahme an einer Maßnahme der beruflichen Weiterbildung durch den Arbeitslosen gleichsteht. Auch dies führt bei Vorliegen der übrigen Voraussetzungen zu einem Anspruch auf Arbeitslosengeld. Klargestellt hat der Gesetzgeber darüber hinaus, dass Arbeitnehmer, die die Voraussetzungen für den Bezug der Regelaltersrente – hier wird die Altersgrenze schrittweise vom 65. auf das 67. Lebensjahr angehoben (vgl. Rn. 192 ff.) – erfüllen, keinen Anspruch mehr auf Arbeitslosengeld haben. 8

Bis zu dem Zeitpunkt, zu dem die Agentur für Arbeit über den Anspruch auf Arbeitslosengeld entschieden hat, hat der Arbeitslose die Möglichkeit, der Agentur für Arbeit mitzuteilen, ob er trotz vorliegender Arbeitslosigkeit **auf Arbeitslosengeld verzichtet** bzw. das Arbeitslosengeld erst **zu einem späteren Zeitpunkt beziehen möchte**. Diese Ergänzung des SGB III war notwendig, da nach der seit 1.1.2005 geltenden Fassung ein **Antrag auf Arbeitslosengeld als solcher nicht erforderlich** ist. Voraussetzung ist, wie angegeben, alleine, dass Arbeitslosigkeit vorliegt, die Anwartschaftszeit erfüllt ist und der Arbeitnehmer sich bei der Agentur für Arbeit arbeitslos gemeldet hat. 9

1. Begriff der Arbeitslosigkeit

Der Begriff der Arbeitslosigkeit war früher in § 118 SGB III i.V.m. § 119 SGB III definiert 10
worden. In der seit 1.1.2005 geltenden Fassung des SGB III erfolgt die Definition nunmehr einheitlich in § 119 SGB III. Die neue Vorschrift übernimmt im Wesentlichen die früher auf die §§ 118 und 119 SGB III verteilten Merkmale der **Arbeitslosigkeit**.

11 Arbeitslos ist ein Arbeitnehmer, der:
- nicht in einem Beschäftigungsverhältnis steht (Beschäftigungslosigkeit),
- sich bemüht, seine Beschäftigungslosigkeit zu beenden (Eigenbemühung) und
- den Vermittlungsbemühungen der Agentur für Arbeit zur Verfügung steht (Verfügbarkeit).

a) Beschäftigungslosigkeit

aa) Nebentätigkeiten/kurzzeitige Beschäftigung

12 Beschäftigungslosigkeit bedeutet nicht, dass der Arbeitslose keinerlei Tätigkeit während dieser Zeit nachgehen darf. § 119 Abs. 3 SGB III besagt ausdrücklich, dass **Beschäftigungslosigkeit** auch dann vorliegt, wenn der Arbeitslose eine Tätigkeit von weniger als 15 Stunden wöchentlich ausübt. Gelegentliche Abweichungen von geringer Dauer bleiben unberücksichtigt.

13 Da der Gesetzgeber lediglich auf die Wochenstundenzahl und im Gegensatz zu § 8 SGB IV nicht auf die Höhe des im Rahmen der kurzzeitigen Beschäftigung erzielten Einkommens abstellt, liegt Arbeitslosigkeit i.S.d. SGB III auch dann vor, wenn der »Arbeitslose« im Rahmen einer wöchentlichen Tätigkeit von nicht mehr als 15 Stunden die **Geringfügigkeitsgrenze des § 8 SGB IV** im Hinblick auf den Verdienst überschreitet. In diesem Fall tritt die kuriose Situation ein, dass der »Arbeitslose« einerseits Beiträge zur Arbeitslosenversicherung auf Grund der **sozialversicherungspflichtigen Beschäftigung** abführen muss und andererseits **Arbeitslosengeld** bezieht (vgl. zur Altfassung des SGB III: *Steinmeyer* in Gagel SGB III, § 118 Rz. 66; *BSG* 17.3.1981 – 7 RAr 19/80 – SozSich 1981, 281). Gemäß § 141 SGB III erfolgt allerdings eine teilweise **Anrechnung des Nebenverdienstes auf das Arbeitslosengeld.**

14 Die Anrechnung von Nebeneinkommen nach § 141 SGB III wurde vom Gesetzgeber ebenfalls vereinfacht. In der geltenden Fassung des § 141 SGB III ist vorgesehen, dass in den Fällen, in denen die Arbeitslosigkeit wegen einer maximal fünfzehnstündigen Nebentätigkeit pro Woche fortbesteht, das Nebeneinkommen nach Abzug der Steuern, der Sozialversicherungsbeiträge und der Werbungskosten sowie eines Freibetrages in Höhe von 165,– € auf das Arbeitslosengeld angerechnet wird. Zu beachten ist, dass diese Anrechnung von Nebeneinkommen dann entfällt, wenn der Arbeitnehmer eine wöchentliche Tätigkeit von mehr als fünfzehn Stunden ausübt. Dann endet für die Dauer der Nebentätigkeit die Arbeitslosigkeit. Hier wird also der Arbeitslosengeldbezug unterbrochen, so dass keine Anrechnung des Nebeneinkommens erfolgt, sondern das Nebeneinkommen für diese Zeit an die Stelle des Arbeitslosengeldes tritt.

15 Wird der Arbeitslose im Rahmen einer Nebentätigkeit als Aushilfe eingesetzt und liegt daher keine regelmäßige Beschäftigung vor, so spielt die gelegentliche Überschreitung der Fünfzehn-Stunden-Grenze keine Rolle. Trotz der Nebentätigkeit gilt der Mitarbeiter auch weiterhin als arbeitslos. Der Gesetzgeber unterstellt auch hier – bei gelegentlichen Überschreitungen der Grenze von fünfzehn Wochenstunden – das Vorliegen einer »kurzzeitigen Beschäftigung«.

16 § 119 Abs. 3 SGB III will durch diese Regelung ähnlich wie die Vorgängervorschrift in § 118 Abs. 2 S. 1 SGB III vermeiden, dass es zu häufigen Wechseln zwischen unschädlicher kurzzeitiger Beschäftigung und echter vollwertiger Beschäftigung kommt. Als gelegentliche Abweichung werden aber nur solche Überschreitungen der 15-Wochenstunden-Grenze akzeptiert, die **nicht regelmäßig auftreten** und die **nicht vorhersehbar** sind (vgl. zur Altfassung: *BSG* 14.7.1988 – 11/7 RAr 41/87 – SozR 4100 § 115 Nr. 2). Als gelegentliche Abweichungen können insofern **Urlaubs- oder Krankheitsvertretungen** toleriert werden (vgl. zur Altfassung: *Steinmeyer* in Gagel SGB III, § 118 Rz. 101).

17 Bei **schwankenden Arbeitszeiten** ist die durchschnittliche Arbeitszeit zugrunde zu legen (vgl. *BSG* 22.8.1984 – 7 RAr 12/83 – SozR 4100 § 102 Nr. 6). Insofern ist es zulässig, die voraussichtliche Arbeitszeit der nächsten zwei Monate heranzuziehen und so den zukünftigen Wochendurchschnitt zu ermitteln (vgl. *Steinmeyer* in Gagel SGB III, § 118 Rz. 75).

Mehrere Beschäftigungsverhältnisse mit jeweils weniger als 15 Wochenstunden werden auch nach der Neufassung des SGB III addiert. 18

bb) Selbstständigkeit/mithelfender Familienangehöriger

Auch eine Selbstständigkeit oder die Tätigkeit als **mithelfender Familienangehöriger** hindert nach § 119 SGB III nicht die Anerkennung von Beschäftigungslosigkeit, sofern die Arbeitszeit **weniger als 15 Stunden wöchentlich** umfasst. Es gilt hier hinsichtlich des zeitlichen Umfangs und der Feststellung des zeitlichen Umfangs das Gleiche wie bei der Ausübung einer Nebentätigkeit. 19

Als **selbstständige Tätigkeit** wird von den Sozialgerichten jede Tätigkeit angesehen, die nicht in einem abhängigen Beschäftigungsverhältnis ausgeübt wird (vgl. *Steinmeyer* in Gagel SGB III, § 118 Rz. 122). Voraussetzung für die Annahme einer selbstständigen Tätigkeit und damit einer Beschäftigung i.S.d. § 119 SGB III ist allerdings, dass eine **Gewinnerzielungsabsicht** mit der Ausübung der Tätigkeit verbunden ist. An dieser Gewinnerzielungsabsicht fehlt es, wenn der Arbeitslose lediglich **Aufwendungsersatz** erhält oder wenn er nachweisen kann, dass es sich bei der Tätigkeit um bloße **Liebhaberei** handelt (vgl. *BSG* 5.2.1997 – 12 RK 33/96; 22.4.1986 – 12 RK 53/84 – SozR 2200 § 180 Nr. 3). 20

Als mithelfender Familienangehöriger i.S.d. § 119 SGB III werden angesehen: 21
- Verwandte bis zum 3. Grade,
- Verschwägerte bis zum 2. Grade,
- Pflegekinder i.S.v. § 56 Abs. 2 Nr. 2 SGB I,
- Ehegatten,
- Lebenspartner in gleichgeschlechtlichen Beziehungen gem. Gesetz vom 16.2.2001.

Bei der Prüfung, ob Beschäftigungslosigkeit i.S.v. § 119 SGB III vorliegt, ist daher auch bzgl. selbstständiger Tätigkeiten und der Tätigkeiten als Familienangehöriger zu prüfen, ob durch diese Zeiten weniger als 15 Stunden in der Woche gearbeitet wird. Bei der Feststellung des Begriffs der **Beschäftigungslosigkeit** werden somit sämtliche Tätigkeiten des Arbeitslosen addiert. Erreichen die Tätigkeiten im Rahmen einer Nebentätigkeit, als Selbständiger oder als Familienangehöriger in der Addition mehr als 15 Wochenstunden, so liegt keine Beschäftigungslosigkeit und damit keine Arbeitslosigkeit vor. 22

Die früher in der Altfassung enthaltene Regelung, wonach eine selbstständige Tätigkeit und eine Tätigkeit als **mithelfender Familienangehöriger**, die **mindestens 15 Stunden und weniger als 18 Stunden wöchentlich umfasste**, Beschäftigungslosigkeit dann nicht ausschließt, wenn sie **innerhalb der letzten zwölf Monate mindestens an zehn Monaten ausgeübt** wurde, ist in der geltenden Fassung des § 119 SGB III nicht mehr enthalten. Dies bedeutet, dass dann, wenn eine Tätigkeit von 15 Stunden oder mehr ausgeübt wird, Beschäftigungslosigkeit nicht mehr vorliegt. 23

cc) Ehrenamtliche Tätigkeit

Eine ehrenamtliche Tätigkeit des Arbeitslosen schließt gem. § 119 Abs. 2 SGB III Beschäftigungslosigkeit und damit auch Arbeitslosigkeit nicht aus, wenn durch die **ehrenamtliche Tätigkeit** die berufliche Eingliederung des Arbeitslosen in den Arbeitsmarkt nicht beeinträchtigt wird. 24

b) Beschäftigungssuche/»Eigenbemühungen«

Weitere Voraussetzung für den Begriff der Arbeitslosigkeit und damit für den Anspruch auf Arbeitslosengeld ist, dass der Arbeitslose sich bemüht, seine Beschäftigungslosigkeit zu beenden. Der Gesetzgeber spricht hier von »Eigenbemühungen«. 25

Im Rahmen der Eigenbemühungen hat der Arbeitslose alle Möglichkeiten zur **beruflichen Eingliederung** zu nutzen. 26

27 Nach § 119 Abs. 4 SGB III gehören hierzu insbesondere:
- die Wahrnehmung der Verpflichtungen aus der Eingliederungsvereinbarung,
- die Mitwirkung bei der Vermittlung durch Dritte und
- die Inanspruchnahme der Selbstinformationseinrichtungen der Agentur für Arbeit.

c) Verfügbarkeit

28 Dritte Voraussetzung für den Betriff der Arbeitslosigkeit ist die **Verfügbarkeit des Arbeitslosen.** Arbeitslosigkeit i.S.d. § 119 SGB III liegt nur dann vor, wenn der Arbeitnehmer den **Vermittlungsbemühungen der Agentur für Arbeit** zur Verfügung steht.

29 Den Vermittlungsbemühungen steht nach dem Gesetzeswortlaut zur Verfügung, wer:
1. eine versicherungspflichtige, mindestens 15 Stunden wöchentlich umfassende zumutbare Beschäftigung unter den üblichen Bedingungen des für ihn in Betracht kommenden Arbeitsmarktes ausüben kann und darf,
2. Vorschläge der Agentur für Arbeit zur beruflichen Eingliederung zeit- und ortsnah Folge leisten kann,
3. bereit ist, jede Beschäftigung i.S.d. Nr. 1 anzunehmen und auszuüben und
4. bereit ist, an Maßnahmen zur beruflichen Eingliederung in das Erwerbsleben teilzunehmen.

30 Welche Arbeitsplätze für einen Arbeitslosen **zumutbar** sind, regelt § 121 SGB III. Danach sind einem Arbeitslosen alle seiner Arbeitsfähigkeit entsprechenden Beschäftigungen zumutbar, soweit allgemeine oder personenbezogene Gründe dem nicht entgegenstehen. Die **Unzumutbarkeit** kann sich insofern bspw. aus einer **unverhältnismäßig langen Fahrtstrecke** ergeben. Diese liegt bspw. bei täglichen Pendelzeiten von insgesamt mehr als 2,5 Stunden vor, wenn die Arbeitszeit mehr als sechs Stunden beträgt. Liegt die Arbeitszeit unterhalb von sechs Stunden, so sind bereits Pendelzeiten von mehr als zwei Stunden als unzumutbar anzusehen (§ 121 Abs. 4 S. 2 SGB III). Etwas anderes gilt nur dann, wenn in der betreffenden Region längere Pendelzeiten üblich sind.

31 Auch die **Vergütung des neuen Arbeitsplatzes** spielt im Hinblick auf die Zumutbarkeit eine entscheidende Rolle. Der Gesetzgeber hat insofern in § 121 SGB III eine Abstufung vorgenommen, die sich an der Dauer der Arbeitslosigkeit orientiert. Je länger die Arbeitslosigkeit dauert, je mehr Abschläge muss der Arbeitslose bei seiner Vergütung hinnehmen. Während **in den ersten drei Monaten** der Arbeitslosigkeit eine Beschäftigung nur dann als zumutbar anzusehen ist, wenn die **Gehaltseinbuße** gegenüber dem früheren Verdienst **maximal 20%** beträgt, wird vom Gesetzgeber in den **nächsten drei Monaten** der Arbeitslosigkeit bereits eine **Gehaltseinbuße von 30% als zumutbar** angesehen. **Ab dem siebten Monat** der Arbeitslosigkeit hat der Arbeitslose nur noch dann die Möglichkeit, eine Beschäftigung wegen der Vergütung als unzumutbar abzulehnen, wenn das dort **erzielbare Nettoeinkommen** unter Berücksichtigung der mit der Beschäftigung zusammenhängenden Aufwendungen **niedriger ist** als das dem Arbeitslosen zufließende **Arbeitslosengeld**.

2. Meldung bei der Agentur für Arbeit

32 Zweite Voraussetzung neben der nach § 119 SGB III bestehenden Arbeitslosigkeit ist nach § 118 SGB III, dass der Arbeitnehmer sich bei der Agentur für Arbeit arbeitslos gemeldet hat.

33 Die mit Wirkung ab 1.7.2003 in § 37b SGB III eingeführte Verpflichtung für Arbeitnehmer, sich unverzüglich nach Zugang einer Kündigung bzw. Unterzeichnung eines Aufhebungsvertrages bei der Agentur für Arbeit arbeitsuchend zu melden, wurde mit Wirkung ab 1.1.2006 durch Neufassung von § 37b SGB III geändert und findet sich seit 1.1.2009 in § 38 SGB III. Seither müssen sich Arbeitnehmer, deren Arbeits- oder Ausbildungsverhältnis endet, spätestens drei Monate vor dem Beendigungstermin persönlich bei der Agentur für

Arbeit arbeitsuchend melden. Liegt zwischen der Kenntnis von dem Beendigungstermin und der Beendigung des Arbeits- oder Ausbildungsverhältnisses ein Zeitraum von weniger als drei Monaten, so hat die Meldung bei der Agentur für Arbeit nunmehr innerhalb von drei Tagen nach Kenntnis von dem Beendigungszeitpunkt zu erfolgen.

Gemäß § 38 SGB III gilt die Pflicht zur Meldung bei betrieblichen Ausbildungsverhältnis- **34**
sen entsprechend.

Ein Arbeitnehmer ist im Anschluss an eine Kündigung bzw. an die Unterzeichnung eines **35**
Aufhebungsvertrages unabhängig davon zur Meldung bei der Agentur für Arbeit verpflichtet, ob der Fortbestand des Arbeitsverhältnisses gerichtlich geltend gemacht werden soll oder der Arbeitnehmer die Beendigung akzeptiert. Ebenso unerheblich ist, ob der Arbeitnehmer bereits bereit ist, sich von der Agentur für Arbeit vermitteln zu lassen. Es geht bei § 38 SGB III alleine um die Tatsachenmitteilung der Beendigung des Arbeitsverhältnisses. Versäumt der Arbeitnehmer diese Meldung bei der Agentur für Arbeit innerhalb der vom Gesetzgeber genannten Fristen, so löst dies gem. § 140 SGB III eine einwöchige Sperrzeit aus (s. Rn. 102).

Die Meldung bei der Agentur für Arbeit muss drei Monate vor Beendigung des Arbeits- **36**
verhältnisses erfolgen. Ist die Kündigungsfrist kürzer, so hat die Meldung gem. § 38 SGB III innerhalb von drei Tagen zu erfolgen.

Ein Verschulden des Arbeitnehmers im Falle der verspäteten Arbeitslosmeldung muss **37**
dann verneint werden, wenn es ihm aus **zeitlichen Gründen** unmöglich war, die Agentur für Arbeit rechtzeitig aufzusuchen. Hat der Arbeitnehmer bspw. die Kündigung am letzten Arbeitstag vor einem seit langer Zeit gebuchten Urlaub ausgehändigt bekommen und erhält er vom Arbeitgeber nicht nach § 629 BGB die Möglichkeit, am letzten Tag noch die Agentur für Arbeit aufzusuchen, so reicht es aus, wenn der Mitarbeiter unmittelbar nach Rückkehr aus seinem Urlaub die Agentur für Arbeit informiert.

Ein Verschulden des Arbeitnehmers bzw. Arbeitslosen muss im Hinblick auf die aus § 38 **38**
SGB III folgende Meldepflicht auch dann in Frage gestellt werden, wenn der Arbeitslose unter Berücksichtigung seiner individuellen Kenntnisse und Fähigkeiten keine Kenntnis von der Meldepflicht hatte (vgl. *BSG* 25.5.2005 – B 11 a/11 AL 81/04 R; 18.8.2005 – B 7 a/7 AL 94/04 R). Zwar ist der Arbeitgeber verpflichtet den Arbeitnehmer über die Meldepflicht aufzuklären; unterlässt er dies, so löst dies nach der Rechtsprechung des BAG keinen Schadensersatzanspruch des Mitarbeiters aus. In diesem Fall kann allerdings nicht ohne weiteres davon ausgegangen werden, dass der Arbeitnehmer Kenntnis davon hatte, dass er sich drei Monate vor Ende des Arbeitsverhältnisses bzw. bei kürzeren Fristen unverzüglich bei der Agentur für Arbeit arbeitsuchend melden muss. Hat der Arbeitslose keine Kenntnis von der aus § 38 SGB III resultierenden Pflicht, muss allerdings nach Auffassung des BSG geprüft werden, ob ihm diese Unkenntnis i.S. eines Fahrlässigkeitsvorwurfs vorgehalten werden kann (vgl. *BSG* 2.5.2005 – B 11 a/11 AL 81/04 R; 18.8.2005 – B 7 a/7 AL 94/04). Ob dem Arbeitnehmer ein entsprechender Fahrlässigkeitsvorwurf gemacht werden kann, hängt von den Umständen des Einzelfalles ab.

Hat das Unternehmen keine Beendigungskündigung, sondern lediglich eine **Änderungs-** **39**
kündigung ausgesprochen, so tritt eine **Meldepflicht** nur dann ein, wenn der Arbeitnehmer das Änderungsangebot weder vorbehaltlos noch unter dem Vorbehalt der sozialen Rechtfertigung annimmt. Nur dann, wenn das Änderungsangebot abgelehnt wird, wirkt die Änderungskündigung wie eine **Beendigungskündigung** und kann Arbeitslosigkeit auslösen. Der Arbeitnehmer kann also selbst beurteilen, ob und wann bei einer Änderungskündigung die Meldung erforderlich ist. Die Frist zur Meldung beginnt bei der Änderungskündigung also erst ab dem Zeitpunkt, zu dem der Arbeitnehmer entschieden hat, wie er auf die Änderungskündigung reagiert. Auch bei der Änderungskündigung gilt wieder, dass der Mitarbeiter die Agentur für Arbeit unabhängig davon, ob er die Kündigung vor Gericht angreift, unverzüglich über die bevorstehende Beendigung des Arbeitsverhältnisses informieren muss.

3. Erfüllung der Anwartschaftszeit

40 Dritte Voraussetzung für den Bezug von Arbeitslosengeld ist gem. § 118 SGB III, dass der Arbeitnehmer die Anwartschaftszeit (§ 123 SGB III) erfüllt hat. Die **Anwartschaftszeit** hat insofern erfüllt, wer in der **Rahmenfrist** des § 124 SGB III **mindestens zwölf Monate in einem Versicherungspflichtverhältnis** gestanden hat. Die Rahmenfrist, die früher drei Jahre betrug, wurde in der seit 1.1.2004 geltenden Neufassung des § 124 SGB III **auf zwei Jahre verkürzt** und beginnt mit dem Tag vor der Erfüllung aller sonstigen Voraussetzungen für den Anspruch auf Arbeitslosengeld. Die Rahmenfrist spielt nicht nur bei der Feststellung der Anwartschaftszeit eine Rolle, sondern entscheidet auch darüber, welche Bezugsdauer beim Arbeitslosengeld der Arbeitslose besitzt. Insofern sieht § 127 Abs. 1 Nr. 1 in der im Jahr 2008 erfolgten Neufassung vor, dass die Anspruchsdauer zum einen vom Lebensalter und zum anderen von den versicherungspflichtigen Beschäftigungsmonaten innerhalb der nunmehr um drei Jahre verlängerten Rahmenfrist abhängig ist. Bisher war die Rahmenfrist lediglich um ein Jahr zur Feststellung der Anzahl der versicherungspflichtigen Beschäftigungsmonate verlängert worden. Nach der Neufassung, die im Zusammenhang mit der Verlängerung der Anspruchsdauer für ältere Arbeitslose steht, werden nunmehr die letzten 60 Monate vor der Erfüllung aller sonstigen Voraussetzungen für den Anspruch auf Arbeitslosengeld als Basis für die Berechnung der versicherungspflichtigen Beschäftigungsmonate herangezogen.

41 Welche Zeiten die Anwartschaftszeit begründen können, ist in § 123 SGB III selbst nicht geregelt. Insofern ist auf Grund des Hinweises auf das **Versicherungspflichtverhältnis** auf die §§ 24 ff. SGB III zurückzugreifen. § 123 SGB III bestimmt lediglich, dass Zeiten, die vor dem Tag liegen, an dem der Anspruch auf Arbeitslosengeld wegen des Eintritts einer **Sperrzeit** erloschen ist, nicht zu Erfüllung der Anwartschaftszeit dienen.

42 Die Änderung des SGB III ab 1.1.2004 hatte des Weiteren dazu geführt, dass die bisher in § 123 Nr. 2 und 3 SGB III enthaltenen Sonderregelungen für **Wehrdienstleistende, Zivildienstleistende und Saisonarbeitnehmer** entfallen sind. Früher konnte die Anwartschaftszeit durch einen sechsmonatigen Wehrdienst bzw. Zivildienst innerhalb der Rahmenfrist ebenso erfüllt werden wie durch eine **sechsmonatige Tätigkeit als Saisonarbeitnehmer.** Der Gesetzgeber hat diese Privilegierung abgeschafft, um zum einen die BA von den verwaltungsaufwendigen Feststellungen der Versicherungspflicht dieser Personengruppe zu entlasten und zum anderen im Hinblick auf die Saisonarbeitnehmer zu vermeiden, dass Unternehmen mit Hilfe dieses Privilegs den geringem Auftragsbestand dadurch überbrücken, dass sie die betreffenden Mitarbeiter befristet entlassen und die Mitarbeiter die Zeit bis zur Wiedereinstellung mit **Arbeitslosengeld** überbrücken, ohne ernsthaft an der Wiederaufnahme eines anderweitigen Beschäftigungsverhältnisses interessiert zu sein (vgl. BT-Drs. 15/1515 S. 246).

43 Die bis zum 31.12.2003 geltende Fassung des § 123 SGB III, d.h. insbesondere die Privilegierung der Saisonarbeitnehmer, galt auf Grund der **Übergangsvorschrift des § 434j Abs. 3 SGB III** noch für diejenigen Personen, deren **Anspruch auf Arbeitslosengeld bis zum 31.1.2006** entstanden war. Voraussetzung war auch hier wieder, dass bereits spätestens an diesem Tage Arbeitslosigkeit vorlag. Die Beendigung eines Arbeitsverhältnisses zum 31.1.2006 reichte nicht aus, da in diesem Fall die Arbeitslosigkeit erst ab 1.2.2006 eingetreten war und gem. der Übergangsvorschrift ab diesem Zeitpunkt nur noch die Neufassung des SGB III Anwendung findet.

44 Wie oben angesprochen, regeln die § 24 ff. SGB III, welche Zeiten die **Anwartschaftszeit** i.S.d. § 123 SGB III begründen können. Danach kommen folgende **Versicherungspflichtverhältnisse** in Betracht:

a) Zeiten einer Beschäftigung gegen Arbeitsentgelt oder zur Berufsausbildung

45 Gemäß §§ 24, 25 SGB III stehen Personen, die gegen Arbeitsentgelt oder zu ihrer Berufsausbildung beschäftigt sind, in einem Versicherungspflichtverhältnis. Von daher erfüllt jeder Arbeitnehmer, der innerhalb der **zweijährigen Rahmenfrist mindestens zwölf Monate versicherungspflichtig beschäftigt** war, die insofern bestehende dritte Voraussetzung für den Anspruch auf Arbeitslosengeld.

Als **versicherungsfrei** und damit nicht in einem Versicherungspflichtverhältnis stehend sieht § 27 SGB III folgende Personengruppen an: 46
- **Beamte, Richter,** Soldaten auf Zeit sowie Berufssoldaten der Bundeswehr und als sonstig **Beschäftigte des Bundes, eines Landes,** eines Gemeindeverbandes, einer Gemeinde, einer öffentlich-rechtlichen Körperschaft, Anstalt, Stiftung oder eines Verbandes öffentlich-rechtlicher Körperschaften oder deren Spitzenverbänden, wenn sie nach **beamtenrechtlichen Vorschriften oder Grundsätzen** bei Krankheit Anspruch auf Fortzahlung der Bezüge und auf **Beihilfe** oder Heilfürsorge haben;
- **Geistliche** der als öffentlich-rechtliche Körperschaften anerkannten Religionsgesellschaften, wenn sie nach beamtenrechtlichen Vorschriften oder Grundsätzen bei Krankheit Anspruch auf Fortzahlung der Bezüge und auf Beihilfe haben;
- **Lehrer an privaten genehmigten Ersatzschulen,** wenn sie hauptamtlich beschäftigt sind und nach beamtenrechtlichen Vorschriften oder Grundsätzen bei Krankheit Anspruch auf Fortzahlung der Bezüge und auf Beihilfe haben;
- satzungsmäßige **Mitglieder von geistlichen Genossenschaften, Diakonissen und ähnliche Personen,** wenn sie sich aus überwiegend religiösen oder sittlichen Beweggründen mit Krankenpflege, Unterricht oder anderen gemeinnützigen Tätigkeiten beschäftigen und nicht mehr als freien Unterhalt oder ein geringes Entgelt beziehen, dass nur zur Beschaffung der unmittelbaren Lebensbedürfnisse an Wohnung, Verpflegung, Kleidung und dergleichen ausreicht;
- **Mitglieder des Vorstandes einer Aktiengesellschaft** für das Unternehmen, dessen Vorstand sie angehören. Konzernunternehmen i.S.d. § 18 AktG gelten als ein Unternehmen.

Neben den vorerwähnten Berufsgruppen nennt § 27 Abs. 2 bis 4 SGB III weitere Personengruppen, die **versicherungsfrei** beschäftigt werden. Von praktischer Bedeutung ist hierbei in erster Linie § 27 Abs. 2 S. 1 SGB III, da insofern Versicherungsfreiheit für Personen in einer **geringfügigen Beschäftigung** gem. § 8 SGB IV besteht. 47

> Gemäß § 28 SGB III sind darüber hinaus Personen, 48
> 1. die das 65. Lebensjahr vollendet haben, mit Ablauf des Monats, in dem sie dieses Lebensjahr vollenden,
> 2. die wegen einer Minderung ihrer Leistungsfähigkeit dauernd nicht mehr verfügbar sind, von dem Zeitpunkt an, an dem die Agentur für Arbeit diese Minderung der Leistungsfähigkeit und der zuständige Träger der gesetzlichen Rentenversicherung volle Erwerbsminderung i.S.d. gesetzlichen Rentenversicherung festgestellt haben,
> 3. während der Zeit, für die ihnen eine dem Anspruch auf Rente wegen voller Erwerbsminderung vergleichbarer Leistungen eines ausländischen Leistungsträgers zuerkannt ist,
>
> versicherungsfrei.

Dies bedeutet, dass nach **Vollendung des 65. Lebensjahres** keine weiteren Anwartschaftszeiten mehr erdient werden können. Für den Anspruch auf Arbeitslosengeld ist dies allerdings unerheblich, da nach Vollendung des 65. Lebensjahres gem. § 117 Abs. 2 SGB III ohnehin **kein Arbeitslosengeld** mehr bezogen werden kann. 49

b) Sonstige Versicherungspflichtige

Gemäß § 26 Abs. 1 SGB III sind **versicherungspflichtig:** 50
- Jugendliche, die in Einrichtungen der **beruflichen Rehabilitation** nach § 35 SGB IX Leistungen zur Teilhabe am Arbeitsleben erhalten, die ihnen eine Erwerbstätigkeit auf dem allgemeinen Arbeitsmarkt ermöglichen sollen, sowie Personen, die in Einrichtungen der Jugendhilfe für eine Erwerbstätigkeit befähigt werden sollen;
- Personen, die auf Grund gesetzlicher Pflicht **länger als drei Tage Wehrdienst oder Zivildienst** leisten und während dieser Zeit nicht als Beschäftigte versicherungspflichtig sind, wenn sie entweder unmittelbar vor Dienstantritt versicherungspflichtig waren oder eine Entgeltersatzleistung nach dem SGB III bezogen haben oder eine Beschäftigung i.S.v. § 119 SGB III gesucht haben;

- Personen, die im Anschluss an den Grundwehrdienst **freiwilligen zusätzlichen Wehrdienst** nach § 6b des Wehrpflichtgesetzes leisten, wenn die Gesamtdauer des Wehrdienstes mindestens 14 Monate umfasst;
- **Gefangene**, die Arbeitsentgelt, Ausbildungsbeihilfe oder Ausfallentschädigung (§§ 43 bis 45, 176 und 177 des Strafvollzugsgesetzes) erhalten oder Ausbildungsbeihilfe nur wegen des Vorrangs von Leistungen zur Förderung der Berufsausbildung nach dem SGB III nicht erhalten. Gefangene im Sinne dieses Buches sind Personen, die im Vollzug von Untersuchungshaft, Freiheitsstrafen und freiheitsentziehenden Maßregeln der Besserung und Sicherung oder einstweilig nach § 126a Abs. 1 StPO untergebracht sind;
- Personen, die **als nicht satzungsmäßige Mitglieder** geistlicher Genossenschaften oder ähnlicher religiöser Gemeinschaften für den Dienst in einer solchen Genossenschaft oder ähnlichen religiösen Gemeinschaft außerschulisch ausgebildet werden.

c) Versicherungspflicht auf Grund Bezug von bestimmten Sozialleistungen

51 Die Versicherungspflicht kann gem. § 26 Abs. 2 SGB III auch an den Bezug bestimmter Sozialleistungen anknüpfen.

52 Danach sind Personen in der Zeit, für die sie:
- von einem Leistungsträger Mutterschaftsgeld, Krankengeld, Versorgungskrankengeld, Verletztengeld oder von einem Träger der medizinischen Rehabilitation Übergangsgeld beziehen, wenn sie unmittelbar vor Beginn der Leistung versicherungspflichtig waren oder eine laufende Entgeltersatzleistung nach diesem Buch bezogen haben;
- von einem privaten Krankenversicherungsunternehmen Krankentagegeld beziehen, wenn sie unmittelbar vor Beginn der Leistung versicherungspflichtig waren oder eine laufende Entgeltersatzleistung nach diesem Buch bezogen haben;
- von einem Träger der gesetzlichen Rentenversicherung eine Rente wegen voller Erwerbsminderung beziehen, wenn sie unmittelbar vor Beginn der Leistung versicherungspflichtig waren oder eine laufende Entgeltersatzleistung nach dem SGB III bezogen haben

versicherungspflichtig.

53 Das Gleiche gilt für **Personen** in der Zeit, in der sie ein **Kind, das das dritte Lebensjahr noch nicht vollendet hat, erziehen**, wenn sie unmittelbar vor der Kindererziehung versicherungspflichtig waren oder eine laufende Entgeltersatzleistung nach dem SGB III bezogen haben und sich des Weiteren mit dem Kind im Inland gewöhnlich aufhalten oder bei Aufenthalt im Ausland Anspruch auf Kindergeld nach dem Einkommensteuergesetz oder Bundeskindergeldgesetz haben oder ohne die Anwendung des § 64 oder § 65 des EStG oder des § 3 oder § 4 des Bundeskindergeldgesetzes haben würden. Diese Regelung gilt allerdings nur bzgl. Erziehung solcher Kinder, die Kinder des Erziehenden, seines nicht dauernd getrennt lebenden Ehegatten oder seines nicht dauernd getrennt lebenden Lebenspartners sind. Haben mehrere Personen ein Kind gemeinsam erzogen, besteht die Versicherungspflicht nur für die Person, der nach den Regeln des Rechts der gesetzlichen Rentenversicherung die Erziehungszeit i.S.v. § 56 Abs. 2 SGB IV zuzurechnen ist.

d) Versicherungspflicht als Entwicklungshelfer

54 Außerhalb der §§ 24 ff. SGB III ist die Versicherungspflicht von sog. Entwicklungshelfern geregelt. Gemäß § 13 Abs. 1 EhfG stehen für einen Anspruch auf Leistungen nach dem SGB III die Zeiten des Entwicklungsdienstes einschließlich des Vorbereitungsdienstes den Zeiten eines Versicherungspflichtverhältnisses gleich. Als **Entwicklungshelfer** werden allerdings nur solche Personen angesehen, die in Entwicklungsländern ohne Erwerbsabsicht Dienst leisten, sich zur Leistung des Entwicklungsdienstes gegenüber einem anerkannten Entwicklungsdienstträger für eine ununterbrochene Zeit von mindestens zwei Jahren verpflichtet haben, für den Dienst nur bestimmte, gesetzlich vorgesehene Leistungen erhalten

und als Deutsche oder EG-Staatsangehörige das 18. Lebensjahr vollendet haben. Alle vier Voraussetzungen müssen **kumulativ** vorliegen.

II. Bezugsdauer

Die Anspruchsdauer des Arbeitslosengeldes ist in den §§ 127, 128 SGB III geregelt. Während § 127 SGB III den **Grundanspruch** enthält, bestimmt § 128 SGB III, inwieweit dieser Anspruch **gemindert** wird. 55

1. Grundanspruch

Der Gesetzgeber hat die Anspruchsdauer beim Arbeitslosengeld wiederholt geändert. Nach dem die Anspruchsdauer durch das Dritte Gesetz für moderne Dienstleistung am Arbeitsmarkt (Hartz III) dergestalt reduziert worden war, dass die maximale Anspruchsdauer bei 18 Monaten lag, hat der Gesetzgeber nunmehr mit dem Siebten Gesetz zur Änderung des Dritten Buches Sozialgesetzbuch die Anspruchsdauer für ältere Arbeitnehmer wieder auf bis zu 24 Monate angehoben. Der Gesetzgeber hat damit allerdings nicht wieder die Situation hergestellt, die für Arbeitnehmer bestand, die spätestens am 31.1.2006 arbeitslos waren. Für Arbeitnehmer, die spätestens am 31.1.2006 arbeitslos waren, bestand aufgrund der Übergangsregelung in § 434 Abs. 1 SGB III eine Anspruchsdauer – je nach Lebensalter und je nach versicherungspflichtigen Beschäftigungsmonaten – von bis zu 32 Monaten. Die jetzt im Jahr 2008 in Kraft getretene Änderung des § 127 SGB III führt zu einer Verbesserung der Anspruchsdauer für alle Arbeitnehmer, die das 50. Lebensjahr vollendet haben. Für diese Mitarbeiter erhöht sich die Anspruchsdauer – in Abhängigkeit vom Lebensalter – auf bis zu 24 Monate. 56

Danach beträgt die Dauer des Anspruchs auf Arbeitslosengeld: 57

nach Versicherungspflichtverhältnissen mit einer Dauer von insgesamt mindestens ... Monaten	und nach Vollendung des ... Lebensjahres	Monate
12		6
16		8
20		10
24		12
30	50.	15
36	55.	18
48	58.	24

Im Hinblick auf die Feststellung der Monate eines Versicherungspflichtverhältnisses ist im Gegensatz zur früheren Regelung nicht mehr die um ein Jahr verlängerte Rahmenfrist, sondern jetzt die **um drei Jahre verlängerte Rahmenfrist** maßgebend. Die in § 124 SGB III geregelte Rahmenfrist beträgt zwei Jahre. Damit ist für die Feststellung der sozialversicherungspflichtigen Beschäftigungsmonate der Zeitraum der letzten fünf Jahre vor Beginn der Arbeitslosigkeit maßgebend. 58

Die im Jahr 2008 vorgenommene Änderung des § 127 SGB III gilt gem. der Übergangsregelung in § 434r SGB III nun nicht nur für diejenigen Arbeitnehmer, die nach Inkrafttreten der Gesetzesänderung arbeitslos geworden sind, sondern der Gesetzgeber hat die Verlängerung der Dauer des Anspruchs auf Arbeitslosengeld in pauschalierter Form auch auf diejenigen älteren Arbeitslosen übertragen, deren Anspruch auf Arbeitslosengeld zum 31.12.2007 noch nicht erschöpft ist. Von dieser Regelung profitieren insofern also alle Arbeitnehmer, die bereits am 31.12.2007 arbeitslos waren, deren Anspruchsdauer am 59

31.12.2007 noch nicht erschöpft war und die bei Anspruchsbeginn mindestens das 50. Lebensjahr vollendet hatten. Das Lebensalter ist insofern von Bedeutung, als sich die Änderung der Bezugsdauer nur für Arbeitnehmer auswirkt, die das 50. Lebensjahr vollendet hatten. Für diese Arbeitnehmer erhöht sich die Anspruchsdauer von 12 auf 15 Monate, sofern sie innerhalb der letzten fünf Jahre vor Beginn der Arbeitslosigkeit mindestens 30 Monate in einem versicherungspflichtigen Beschäftigungsverhältnis gestanden haben, Arbeitnehmer, die bei Beginn der Arbeitslosigkeit bereits das 55. Lebensjahr vollendet hatten, erhalten unverändert 18 Monate Arbeitslosengeld, sofern sie mindestens 36 Monate in einem versicherungspflichtigen Beschäftigungsverhältnis gestanden haben. Mitarbeiter, die zu Beginn der Arbeitslosengeldzahlungen bereits das 58. Lebensjahr vollendet hatten, erhalten nunmehr statt 18 Monate für 24 Monate Arbeitslosengeld, sofern sie innerhalb der letzten 48 Monate vor Bezug des Arbeitslosengeldes innerhalb der fünfjährigen Rahmenfrist in einem versicherungspflichtigen Beschäftigungsverhältnis gestanden haben.

60 Neben den bereits am 31.12.2007 arbeitslosen Arbeitnehmern profitieren auch diejenigen von der Verlängerung der Anspruchsdauer, die zwar derzeit kein Arbeitslosengeld beziehen, weil sie zwischenzeitlich eine Beschäftigung aufgenommen haben; jedoch nunmehr kurzfristig wieder arbeitslos werden. In diesem Fall richtet sich die Anspruchsdauer nach der alten Anwartschaft, weil noch keine neue Anwartschaft entstehen konnte. Auch hier werden nun die auf Grund der alten Anwartschaft bestehenden Höchstbezugszeiten beim Arbeitslosengeld nicht nach der bis zur 31.12.2007 geltenden Fassung des § 127 SGB III sondern nach der oben dargestellten Neufassung berechnet.

2. Minderung der Anspruchsdauer

61 Ob der Arbeitslose tatsächlich den aus den beiden oben stehenden Tabellen ersichtlichen Arbeitslosengeldanspruch hat, hängt letztendlich davon ab, inwieweit eine **Minderung der Anspruchsdauer nach § 128 SGB III** eintritt. Wichtigster Tatbestand, der eine Minderung auslöst, ist neben der Erfüllung des Arbeitslosengeldanspruchs die Verhängung einer **Sperrzeit**. Die Anspruchsdauer mindert sich insofern gem. § 128 Abs. 1 Nr. 3 und 4 SGB III um die Tage einer Sperrzeit nach § 144 SGB III. Wird – wie üblich – eine zwölfwöchige Sperrzeit nach § 144 Abs. 1 Nr. 1 SGB III festgesetzt, weil der Arbeitslose den Arbeitsplatzverlust entweder verschuldet oder aber daran mitgewirkt hat, so wird die aus § 127 SGB III folgende **Anspruchsdauer um 25% gekürzt**.

62 Die vorerwähnte Kürzung der Anspruchsdauer um 25% kann der Arbeitslose vermeiden, wenn er Arbeitslosengeld nicht unmittelbar nach Eintritt der Beschäftigungslosigkeit in Anspruch nimmt. Wie dargestellt, eröffnet § 118 Abs. 2 SGB III dem Arbeitslosen die Möglichkeit, bis zur Entscheidung über den Anspruch auf Arbeitslosengeld zu bestimmen, dass dieser nicht oder zu einem späteren Zeitpunkt entstehen soll. Der Arbeitslose kann insofern also beeinflussen, dass er das Arbeitslosengeld erst später bezieht. Wartet er mehr als ein Jahr auf den Bezug von Arbeitslosengeld, so entfällt gem. § 128 Abs. 2 SGB III die oben erwähnte Viertelkürzung.

63 In der Vergangenheit hatte § 128 Abs. 2 SGB III insbesondere bei Vorruhestandsvereinbarungen erhebliche Bedeutung, da hierdurch die Phase, in der der Arbeitgeber den Vorruhestand alleine finanzieren musste, erheblich reduziert werden konnte. Insbesondere bei älteren Arbeitnehmern ließ sich durch die Hinausschiebung des Anspruchs auf Arbeitslosengeld um ein Jahr die Anspruchsdauer von 24 auf 32 Monate erhöhen.

64 Diese Optimierung von Vorruhestandsregelungen ist seit 1.2.2006 leider nicht mehr möglich. Für Arbeitnehmer, die nach dem 31.1.2006 arbeitslos werden, gilt nur noch die verkürzte Anspruchsdauer des § 127 SGB III. Hier wird zur Feststellung der Anspruchsdauer nur noch die Beschäftigungszeit innerhalb der um ein Jahr verlängerten Rahmenfrist berücksichtigt. Da die Rahmenfrist nur noch zwei Jahre beträgt, wird also nur noch ein Zeitraum von drei Jahren herangezogen. Schiebt der Vorruheständler den Anspruch auf Arbeitslosengeld um ein Jahr hinaus, so können sich maximal noch 24 sozialversicherungspflichtige Beschäftigungsmonate innerhalb der um ein Jahr verlängerten Rahmenfrist befinden. Bei 24 sozialversicherungspflichtigen Beschäftigungsmonaten beträgt allerdings die Anspruchs-

dauer beim Arbeitslosengeld maximal zwölf Monate. Hatte der Mitarbeiter im Zeitpunkt des Ausscheidens bereits das 55. Lebensjahr vollendet, so hätten ihm hier 18 Monate zugestanden. Selbst bei einer sperrzeitbedingten Minderung dieser Anspruchsdauer über § 128 SGB III verbliebe noch eine Anspruchsdauer von 13,5 Monaten. Es zeigt sich also, dass künftig die oben beschriebene und auch weiterhin in § 128 Abs. 2 SGB III enthaltene Möglichkeit zur Vermeidung der 25%igen Kürzung der Anspruchsdauer wirtschaftlich keinen Sinn mehr macht.

III. Höhe des Arbeitslosengeldes

Nach § 129 SGB III beträgt das Arbeitslosengeld grds. 60 % des pauschalierten Nettoentgelts. Ist der Arbeitslose oder sein Ehepartner für mindestens ein Kind i.S.v. § 32 EStG unterhaltspflichtig, so beträgt das **Arbeitslosengeld 67 %**. Berücksichtigung findet allerdings nur das Einkommen bis zur jährlich neu festzulegenden Beitragsbemessungsgrenze. Die genaue Höhe des Arbeitslosengeldes ergibt sich aus der vom Bundesministerium für Arbeit und Technologie herausgegebenen **Leistungsordnung**. Diese wird jährlich überarbeitet. 65

IV. Minderung des Arbeitslosengeldes wegen verspäteter Meldung

Die bisher in § 140 SGB III geregelte Minderung des Arbeitslosengeldes wegen verspäteter Arbeitslosmeldung nach § 37b SGB III ist zum 31.12.2005 entfallen. Der Arbeitnehmer, der sich nicht innerhalb der oben (Rn. 32 ff.) beschriebenen Fristen des § 38 SGB III bei der für ihn zuständigen Agentur für Arbeit arbeitsuchend meldet, erhält gem. § 140 Abs. 1 Nr. 7, Abs. 6 SGB III eine Sperrzeit von einer Woche. 66

Bei vielen Agenturen für Arbeit sind nach wie vor Widerspruchsverfahren im Hinblick auf die Höhe der Minderung des Arbeitslosengeldes wegen verspäteter Meldung nach dem mittlerweile aufgehobenen § 140 SGB III anhängig. Das *BSG* hat mit Urteil v. 18.8.2005 (– B 7a/7 AL 94/04 R) festgestellt, dass bei der Minderung des Arbeitslosengeldes nach § 140 SGB III a.F. es nicht auf die Anzahl der Kalendertage, sondern nur auf die Tage ankommt, an denen es dem Arbeitslosen möglich und zumutbar war, sich arbeitsuchend zu melden. Des weiteren wies das BSG ausdrücklich darauf hin, dass bei der Ermittlung der zu berücksichtigenden Tage die Tage außer Acht zu lassen sind, an denen die Agentur für Arbeit aus Kulanzgründen auf eine unverzügliche Meldung verzichtet hat. Diese Tage können nicht bei Überschreitung dieses Kulanzzeitraums – früher eine Woche – nun bei der Berechnung der Minderung des Arbeitslosengeldes wegen verspäteter Meldung mitgezählt werden. Entscheidend für die Frage, ob eine Minderung des Arbeitslosengeldes für die bis zum 31.12.2005 zu beurteilenden Fälle erfolgen darf, ist ohnehin, ob der Arbeitslose die verspätete Meldung zu verschulden hat. Die Verletzung der in § 38 SGB III normierten Obliegenheit setzt nach der Rechtsprechung des BSG ein Verschulden – zumindest Fahrlässigkeit – voraus. Ein Verstoß liegt daher nicht vor, wenn der Arbeitslose unter Berücksichtigung seiner individuellen Kenntnisse und Fähigkeiten ohne schuldhaftes Zögern gehandelt hat (vgl. *BSG* 25.5.2005 – B 11 a/11 AL 81/04 R). Ist dem Arbeitslosen die Verpflichtung zur unverzüglichen Arbeitslosmeldung in der bis zum 31.12.2005 geltenden Fassung des SGB III unbekannt gewesen, ist zu prüfen, ob ihm die Unkenntnis i.S. eines Fahrlässigkeitsvorwurfes zugerechnet werden kann. Hier kommt es auf die Umstände des Einzelfalles an (vgl. *BSG* 18.8.2005 – B 7 a/7 AL 94/04 R). 67

V. Keine Anrechnung der Abfindung auf das Arbeitslosengeld

Unabhängig, in welcher Höhe ein Arbeitnehmer von seinem ehemaligen Arbeitgeber im Zusammenhang mit der Beendigung des Arbeitsverhältnisses eine Abfindung bekommt, steht fest, dass **diese Abfindung nicht auf das Arbeitslosengeld angerechnet wird**. Die ursprünglich in § 140 SGB III eingeführte Anrechnung der Abfindung auf das Arbeitslosengeld wurde vom Gesetzgeber im Jahre 1999 abgeschafft. 68

69 Die Höhe einer Abfindung spielt im Rahmen des Arbeitslosengeldes nur noch dann eine Rolle, wenn der Mitarbeiter das Arbeitsverhältnis unter **Abkürzung der ordentlichen Kündigungsfrist** gegen Zahlung einer Abfindung beendet. In diesem Fall wird zur Berechnung der Ruhenszeit nach § 143a SGB III die Abfindung herangezogen. Es erfolgt hier allerdings weder eine Kürzung der Anspruchsdauer noch eine Kürzung des Arbeitslosengeldes. **Die Höhe der Abfindung ist lediglich maßgebend für die Dauer der Ruhenszeit** (s. hierzu Rn. 83 ff.).

VI. Übersicht über Ruhens- und Sperrzeiten beim Arbeitslosengeld

70 Bei der Betrachtung der Konsequenzen einer Beendigung des Anstellungsverhältnisses für das Arbeitslosengeld sind eine Reihe von Tatbeständen zu berücksichtigen, die Ruhens- und Sperrzeiten auslösen.

71 Im Einzelnen sind hier folgende Konstellationen denkbar:
- Urlaubsabgeltung am Ende des Arbeitsverhältnisses: Ruhenszeit nach § 143 SGB III
- Betriebsbedingte Kündigung unter Einhaltung der ordentlichen Kündigungsfrist: weder Sperr- noch Ruhenszeit
- Personenbedingte Kündigung unter Einhaltung der ordentlichen Kündigungsfrist: weder Sperr- noch Ruhenszeit
- Verhaltensbedingte Kündigung unter Einhaltung der ordentlichen Kündigungsfrist: Sperrzeit nach § 144 SGB III
- Aufhebungsvertrag ohne Kündigungsgrund unter Einhaltung der Kündigungsfrist: Sperrzeit nach § 144 SGB III
- Aufhebungsvertrag mit Abfindung und Verkürzung der Kündigungsfrist: Sperrzeit nach § 144 SGB III und Ruhenszeit nach § 143a SGB III

VII. Ruhenszeit wegen Urlaubsabgeltung

72 Hat der Arbeitnehmer den ihm zustehenden **Erholungsurlaub** nicht vor Beendigung des Anstellungsverhältnisses in Natura genommen und hat stattdessen das Unternehmen den Urlaub gem. § 7 Abs. 4 BUrlG abgegolten, so löst dies einen Ruhenszeitraum nach § 143 Abs. 2 SGB III aus. Der Gesetzgeber will einen Doppelbezug von Arbeitslosengeld und Arbeitsentgelt vermeiden. Von daher ruht für die Tage, die der Mitarbeiter **Urlaubsabgeltung** erhalten hat, zunächst der Anspruch auf Arbeitslosengeld.

73 Von der Urlaubsabgeltung regulärer Urlaubsansprüche zu unterscheiden ist der **Schadensersatzanspruch eines Arbeitnehmers auf Urlaubserteilung** in den Fällen, in denen der Urlaubsanspruch durch schuldhaftes Verhalten des Arbeitgebers vom Arbeitnehmer nicht genommen werden konnte. Derartige Schadensersatzansprüche kommen immer dann in Betracht, wenn der Arbeitgeber verhindert hat, dass der Arbeitnehmer seinen Urlaubsanspruch im Kalenderjahr bzw. im Übertragungszeitraum bis zum 31.3. des Folgejahres nimmt. In diesen Fällen geht zwar nach dem Gesetzeswortlaut der Urlaubsanspruch unter, wandelt sich jedoch in einen wert-/zeitgleichen Schadensersatzanspruch um. Dieser Schadensersatzanspruch ist in Natura zu erfüllen, so dass dem Arbeitnehmer über den Weg des Schadensersatzes die verloren gegangenen Urlaubstage wieder zustehen.

74 Werden nun diese Urlaubstage im Fall der Beendigung des Arbeitsverhältnisses abgegolten, **so lösen diese auf einem Schadensersatzanspruch beruhenden Urlaubstage keine Ruhenszeit nach § 143 SGB III aus** (vgl. *BSG* 21.6.2001 – B 7 AL 62/00 – SozR 3–4100 § 117 AFG Nr. 24). Während der aus dem Bundesurlaubsgesetz resultierende Urlaubsabgeltungsanspruch als Surrogat des Urlaubes das Schicksal des Urlaubsanspruchs teilt, folgt der Schadensersatzanspruch – auch wenn er bei Erfüllung in Natura dem Urlaubsanspruch gleichstünde – anderen Regelungen. Hier ist insbesondere im Fall der bevorstehenden Beendigung des Arbeitsverhältnisses nicht zwingend vorgeschrieben, diesen Anspruch auch in Natura zu erfüllen.

VIII. Ruhenszeit wegen Verkürzung der Kündigungsfrist

Wird das Arbeitsverhältnis **ohne Einhaltung der ordentlichen Kündigungsfrist beendet** und erhält der Mitarbeiter gleichzeitig eine **Abfindung**, Entschädigung oder ähnliche Leistung wegen der Beendigung des Arbeitsverhältnisses, so **ruht der Anspruch auf Arbeitslosengeld** gem. § 143a SGB III bis zu einem Jahr. 75

1. Nichteinhaltung der ordentlichen Kündigungsfrist

Maßgebend für die Feststellung, ob die ordentliche Kündigungsfrist eingehalten wurde, ist **diejenige Frist, die für den Arbeitgeber gilt**. Dass der Arbeitnehmer ggf. eine kürzere Kündigungsfrist zu beachten hat, ist insofern unerheblich. Welche Frist im Einzelnen für das Unternehmen gilt, ergibt sich aus dem Arbeitsvertrag, dem zuständigen Tarifvertrag oder den gesetzlichen Kündigungsfristen. Befindet sich das Unternehmen in der **Insolvenz**, so sind die insofern verkürzten Kündigungsfristen der Insolvenzordnung zu berücksichtigen. 76

Sieht ein Tarifvertrag, das Gesetz oder eine arbeitsvertragliche Regelung vor, dass der Ausspruch einer arbeitgeberseitigen Kündigung ausgeschlossen oder zumindest für eine bestimmte Zeit unzulässig ist, so ist § 143a Abs. 1 S. 3 SGB III zu beachten. Danach gilt **bei zeitlich unbegrenztem Ausschluss eine fiktive Kündigungsfrist von achtzehn Monaten**. Wird also mit einem ordentlich unkündbaren Mitarbeiter eine Aufhebungsvereinbarung geschlossen, so muss zwischen Unterzeichnung der Vereinbarung und dem rechtlichen Ende des Arbeitsverhältnisses ein Zeitraum von achtzehn Monaten liegen. Wird diese Frist nicht eingehalten, so ist die erste Voraussetzung für ein Ruhen des Anspruchs auf Arbeitslosengeld nach § 143a SGB III erfüllt. 77

Eine Ausnahme von der Verpflichtung zur Einhaltung der fiktiven Kündigungsfrist von achtzehn Monaten wird vom Gesetzgeber lediglich in den Fällen gemacht, in denen der Arbeitgeber das Arbeitsverhältnis außerordentlich unter Einhaltung einer **sozialen Auslauffrist**, die der längsten regulären Kündigungsfrist entsprechen muss, kündigen kann. Eine derartige außerordentliche Kündigung wird vom BAG unter strengen Voraussetzungen in den Fällen der betriebsbedingten Kündigung (vgl. *BAG* 17.9.1998 EzA § 626 BGB Unkündbarkeit Nr. 3; 28.3.1985 DB 1985, 1743) und in Fällen der krankheitsbedingten Kündigung (vgl. *BAG* 9.9.1992 EzA § 626 BGB Nr. 142; 12.7.1995 EzA § 626 BGB Nr. 156) zugelassen, wenn die Fortsetzung des Arbeitsverhältnisses unter Berücksichtigung aller Umstände bis zum sonst maßgeblichen Ende des Arbeitsverhältnisses für das Unternehmen unzumutbar ist (s. i.E. zur außerordentlichen Kündigung gegenüber tariflich unkündbaren Mitarbeitern Kap. 4 Rn. 1211 ff.). 78

Schränkt der Tarifvertrag oder der Arbeitsvertrag die Kündigungsmöglichkeit des Arbeitgebers dahin ein, dass eine **ordentliche Beendigung des Arbeitsverhältnisses nur bei Zahlung einer Abfindung** möglich ist, so sieht § 143a Abs. 1 S. 4 SGB III vor, dass in diesem Fall eine **fiktive Kündigungsfrist von einem Jahr** einzuhalten ist. Nach der Rechtsprechung des BSG spielt in sozialversicherungsrechtlicher Hinsicht die fiktive Kündigungsfrist von einem Jahr dann keine Rolle, wenn der Arbeitgeber neben der tarifvertraglichen Möglichkeit der ordentlichen Kündigung mit Abfindungszahlung auch die Möglichkeit gehabt hätte, sich von dem betroffenen Arbeitnehmer außerordentlich mit sozialer Auslauffrist durch Kündigung zu trennen. Für diesen Fall soll nach der Rechtsprechung des BSG im Hinblick auf § 143a SGB III nur die ordentliche Kündigungsfrist und nicht die fiktive zwölfmonatige Frist maßgeblich sein. Ein Ruhen des Anspruchs auf Arbeitslosengeld kommt dann nicht in Betracht, wenn – unabhängig von der Art der Beendigung – bei dieser Fallkonstellation die ordentliche Kündigungsfrist eingehalten wurde. Es ist also in derartigen Fällen stets zu prüfen, ob neben der vom Tarifvertrag – bspw. bei Betriebsänderung – erlaubten ordentlichen Kündigung mit Abfindungszahlung auch eine außerordentliche Kündigung mit sozialer Auslauffrist theoretisch möglich gewesen wäre. 79

Zu beachten ist, dass diese im SGB III genannten Kündigungsfristen nur für den Anspruch auf Arbeitslosengeld Bedeutung haben. Arbeitsrechtlich, d.h. für die Beendigung des Arbeitsverhältnisses selber, sind diese **fiktiven Fristen** irrelevant. 80

81 In der Literatur wird § 143a Abs. 1 S. 4 SGB III als missglückt angesehen (vgl. *Gagel* NZS 2000, 327; *Köster* NZS 2000, 536, 537). Es wird zu Recht bemängelt, dass der Gesetzgeber nur in den Fällen, in denen die Kündigung gegen Zahlung einer Abfindung zulässig ist, auf die Einhaltung einer zwölfmonatigen Kündigungsfrist abstellt, während bei der außerordentlichen Kündigung mit sozialer Auslauffrist nur die reguläre Kündigungsfrist einzuhalten ist. Auch in den Fällen, in denen die **Tarifvertragsparteien die Zustimmung zur ordentlichen Kündigung unabhängig von der Abfindungszahlung** erteilen, muss nur die ordentliche Kündigungsfrist und nicht die fiktive Kündigungsfrist des § 143a Abs. 1 S. 4 SGB III eingehalten werden (vgl. *BSG* 29.1.2001 – B 7 AL 62/99 – SozR 3–4100 § 117 AFG Nr. 22).

82 Ist die **ordentliche Kündigung nur für einen bestimmten Zeitraum ausgeschlossen** – bspw. Betriebsratsmitglieder –, so kann das Anstellungsverhältnis während dieser Schutzfrist trotzdem einvernehmlich unter Einhaltung der ordentlichen Kündigungsfrist aufgelöst werden, ohne dass in diesem Fall ein **Ruhen des Anspruchs auf Arbeitslosengeld** nach § 143a SGB III eintritt. Nach den Dienstanweisungen der BA zu § 143a SGB III fallen unter diese Klausel neben den bereits erwähnten Betriebsratsmitgliedern auch Schwerbehinderte sowie Mitarbeiter im Mutterschutz oder in der **Elternzeit**.

2. Abfindung, Entschädigung oder ähnliche Leistung

83 Die Nichteinhaltung der Kündigungsfrist löst nur dann eine Ruhenszeit aus, wenn der Mitarbeiter wegen der Beendigung des Anstellungsverhältnisses eine **Abfindung, Entschädigung oder ähnliche Leistung** erhält. Erhält der Mitarbeiter anlässlich der Beendigung des Arbeitsverhältnisses eine vertraglich vorgesehene **Bonuszahlung**, so kann diese nicht zum Ruhen des Anspruchs auf Arbeitslosengeld führen, da diese Bonuszahlung nicht den **Zweck** hatte, **die Beendigung des Arbeitsverhältnisses herbeizuführen**. Es muss also eine finale Verknüpfung zwischen Zahlung der Entschädigung und der Beendigung des Arbeitsverhältnisses bestehen (vgl. *LSG BW* 13.9.1988 – L 5 Ar 1388/86).

84 Auch die Dienstanweisungen der BA zu § 143a SGB III stellen alleine darauf ab, dass Zweck der Zahlung die Förderung der Beendigung des Arbeitsverhältnisses ist. Auf die **Bezeichnung der Zahlung kommt es insofern nicht an**. Unerheblich ist darüber hinaus, ob es sich um die Zahlung einer Abfindung oder um die Gewährung eines sonstigen Vorteils handelt. Auch ein **zinsloses oder zinsgünstiges Darlehen** wird von der BA als »ähnliche Leistung« i.S.v. § 143a SGB III angesehen (vgl. *BSG* 3.3.1993 – 11 RAr 57/92 – SozR 3–4100 § 117 AFG Nr. 10). Die **Verbesserung der betrieblichen Altersversorgung** durch Erhöhung der Bezugsgröße oder durch den Verzicht auf die ratierliche Kürzung oder den versicherungsmathematischen Abschlag wird ebenfalls als ähnliche Leistung gewertet, sofern sie im Zusammenhang mit der Beendigung des Anstellungsverhältnisses vom Unternehmen zugesagt wird (vgl. *Gagel* SGB III § 143a Rz. 43).

85 Des Weiteren gehören zu den nach § 143a SGB III zu berücksichtigenden Abfindungen auch **Sozialplanleistungen** (vgl. *BSG* 29.1.2001 – B 7 AL 62/99 – SozR 3–4100 § 117 AFG Nr. 22). Keine Rolle spielt insofern, dass der einzelne Arbeitnehmer keinen Einfluss auf die ihm im Fall der Beendigung des Arbeitsverhältnisses zustehende Sozialplanabfindung hat.

86 Erhält der Arbeitnehmer nach **§ 628 Abs. 2 BGB Schadensersatzansprüche**, weil der Arbeitgeber die Beendigung des Arbeitsverhältnisses schuldhaft herbeigeführt hat, so sind auch diese Schadensersatzansprüche als ähnliche Leistung i.S.d. § 143a SGB III anzusehen (vgl. *BSG* 13.3.1990 – 11 RAr 69/89 – SozR 3–4100 § 117 AFG Nr. 2).

87 Umstritten ist, ob sog. **Aufstockungsleistungen**, die der Arbeitgeber auf das Arbeitslosengeld zahlt, ebenfalls bei der Berechnung der Ruhenszeiträume nach § 143a SGB III zu berücksichtigen sind. Der Siebte Senat des BSG hatte in einer Entscheidung vom 4.11.1999 (abgedruckt in: SozR 3–4100 § 117 AFG Nr. 19) die Auffassung vertreten, dass derartige Aufstockungsleistungen **unberücksichtigt** bleiben, weil durch die ausdrückliche Leistungsbestimmung als »Aufstockungsbetrag« durch den Arbeitgeber klargestellt worden sei, dass hier nicht auf die nach § 143a SGB III i.V.m. § 115 SGB X auf die BA übergehenden Abfindungsbeträge geleistet werden sollte, sondern eine hiervon unabhängige Aufstockung des Arbeitslosengeldes gewollt sei. **Anderer Auffassung** ist insofern allerdings offensichtlich der

Elfte Senat des BSG, der die gesamte Abfindung bei der Berechnung des Ruhenszeitraums herangezogen hat (vgl. *BSG* 8.2.2001 – B 11 AL 59/00 – SozR 3–4100 § 117 AFG Nr. 23). Damit bleibt bei Vorruhestandsvereinbarungen, in denen üblicherweise das Arbeitslosengeld aufgestockt wird, offen, ob die Gesamtabfindung zur Berechnung von eventuellen Ruhenszeiträumen oder nur Teilbeträge zu berücksichtigen sind. Unseres Erachtens muss hier der gesamte Betrag berücksichtigt werden, da die gesamte Abfindung letztendlich dazu dient, den Arbeitnehmer zur Aufgabe des Arbeitsverhältnisses zu dem im Aufhebungsvertrag vorgesehenen Zeitpunkt zu bewegen.

Wie oben im Zusammenhang mit den Sozialplanleistungen bereits dargestellt, spielt es im übrigen keine Rolle, ob der Mitarbeiter Anspruch auf die Entschädigung hat, weil diese in einer **Betriebsvereinbarung** oder in einem **Tarifvertrag** geregelt ist oder ob es sich um eine freiwillige, vom Unternehmen im Rahmen einer **Aufhebungsvereinbarung** zugesagte Leistung handelt. Entscheidend ist, dass die Leistung wegen der Beendigung des Arbeitsverhältnisses gezahlt wird. 88

3. Dauer des Ruhenszeitraums

Der Gesetzgeber hat in § 143a SGB III insgesamt fünf Methoden zur Berechnung des Ruhenszeitraums angegeben. Anwendbar ist jeweils die für den Arbeitslosen **günstigste Berechnungsmethode**. 89

Dies bedeutet, dass der **Ruhenszeitraum** entweder 90
- nach Ablauf eines Jahres,
- nach Ablauf der ordentlichen Kündigungsfrist,
- nach Ablauf der vereinbarten Befristung,
- sofort, wenn der Arbeitgeber aus wichtigem Grund hätte kündigen können,
- nach Ablauf des Zeitraums, den der Arbeitnehmer benötigt, um einen bestimmten in § 143a Abs. 2 S. 3 festgelegten Prozentsatz seiner Abfindung zu verdienen,

endet.

Gemäß § 143a Abs. 2 S. 3 SGB III wird die Abfindung zur Berechnung des Ruhenszeitraums herangezogen. **Eine Verrechnung der Abfindung mit Arbeitslosengeld findet aber auch hier nicht statt**, sondern es erfolgt lediglich eine hypothetische Berechnung der Zeit, die der Mitarbeiter benötigt, um einen bestimmten Teil der Abfindung zu verdienen. Der Gesetzgeber unterstellt, dass bei Verkürzung der Kündigungsfrist Teile des regulären Arbeitsentgeltes in der Abfindung enthalten sind. 91

Zur Berechnung der Ruhenszeit nach § 143a Abs. 2 S. 3 SGB III sind folgende Prozentsätze der Abfindung zu berücksichtigen: 92

Zu berücksichtigender Teil der Abfindung:

Dauer des Arbeitsverhältnisses	Lebensalter					
	< 40	ab 40	ab 45	ab 50	ab 55	ab 60
bis 4 Jahre	60	55	50	45	40	35
5–9 Jahre	55	50	45	40	35	30
10–14 Jahre	50	45	40	35	30	25
15–19 Jahre	45	40	35	30	25	25
20–24 Jahre	40	35	30	25	25	25
25–29 Jahre	35	30	25	25	25	25
30–34 Jahre		25	25	25	25	25
35 und mehr Jahre			25	25	25	25

93 Zur Berechnung des durchschnittlichen Arbeitsentgeltes ist auf das **Bruttoeinkommen** der letzten zwölf Monate in dem Arbeitsverhältnis abzustellen, für dessen Beendigung dem Arbeitnehmer eine **Abfindung** gezahlt worden ist. Sind die letzten zwölf Monate im Hinblick auf das Entgelt des Arbeitnehmers nicht repräsentativ, weil in dem Bemessungszeitraum weniger als 150 Tage mit Anspruch auf Vergütung lagen, so ist der Bemessungsrahmen gem. der in Bezug genommenen Vorschrift des § 130 Abs. 3 SGB III von 12 auf 24 Monate zu erweitern. Hat das Arbeitsverhältnis noch nicht zwölf Monate bestanden, so sind lediglich die tatsächlich vorhandenen Monate zur Berechnung des Durchschnittsentgeltes heranzuziehen (vgl. *Gagel* SGB III, § 143a Rz. 100).

94 Die ansonsten übliche Begrenzung der Beitrags- und Arbeitslosengeldberechnung auf das Monatseinkommen bis zur **Beitragsbemessungsgrenze** spielt bei der Feststellung des kalendertäglichen Entgeltes im Rahmen des § 143a SGB III keine Rolle. Maßgebend ist 1/30tel der durchschnittlichen Bruttomonatsvergütung.

95 Ist es gar nicht erst zur Aufnahme des Arbeitsverhältnisses gekommen bzw. wurde das Arbeitsverhältnis sofort in den ersten Tagen wieder aufgelöst, ohne dass die vereinbarte Kündigungsfrist eingehalten wurde, so ist im Rahmen des § 143a SGB III das kalendertägliche Entgelt **fiktiv** anhand der arbeits- oder tarifvertraglichen Regelungen zu berechnen (vgl. *BSG* 14.2.1978 – 7 RAr 57/76 – BSGE 46, 20, 31).

96 Steht das durchschnittliche Arbeitsentgelt fest, so ist nun anhand des gem. obiger Tabelle zu berücksichtigenden Teils der Bruttoabfindung zu ermitteln, wie viele Kalendertage der Arbeitnehmer fiktiv benötigt hätte, um diesen Teil der Abfindung in seinem bisherigen Arbeitsverhältnis zu verdienen. Diese Zeitspanne ruht dann der Anspruch auf Arbeitslosengeld, wenn dieser Zeitraum gegenüber den vier anderen Varianten für die Berechnung des Ruhenszeitraums (s.o. Rn. 90) die für den Arbeitslosen günstigste Variante ist.

97 ► **Beispiel:**

Das Arbeitsverhältnis wird gegen Zahlung einer Abfindung in Höhe von 80.000,-€ am 26.9.2007 einvernehmlich zum 30.9.2007 beendet, obwohl eine ordentliche Kündigung frühestens zum 31.3.2008 möglich wäre. Die monatliche Vergütung des 56jährigen Arbeitnehmers beträgt 6.000,-€ brutto. Die Dauer des Arbeitsverhältnisses betrug 15 Jahre.

Nach der obigen Tabelle sind in diesem Beispielsfall für die Errechnung des Ruhenszeitraums nur 25% der Abfindung zu berücksichtigen, d.h. also 20.000,– €. Bei einem Einkommen von 6.000,– € im Monat beträgt das kalendertägliche Einkommen 200,– €. Um die zu berücksichtigenden 20.000,– € der Abfindung zu verdienen, müsste der Arbeitnehmer im Beispielsfall somit hypothetisch 100 Kalendertage arbeiten. Demzufolge würde in unserem Beispielsfall der Anspruch auf Arbeitslosengeld für einen Zeitraum von 100 Kalendertagen ruhen, da die Berechnung nach der Abfindungssumme für ihn in diesem Fall die günstigste der fünf Berechnungsmethoden ist.

98 Der sich aus § 143a SGB III ergebende Ruhenszeitraum beginnt grds. mit dem Tag, der auf das Ende des vorzeitig beendeten Anstellungsverhältnisses folgt. Lediglich dann, wenn der Arbeitslose gleichzeitig auch eine **Urlaubsabgeltung** von seinem alten Arbeitgeber erhalten hat, schließt sich der Ruhenszeitraum aus § 143a SGB III an den aus § 143 SGB III resultierenden Ruhenszeitraum an. Es findet insofern eine Addition beider Ruhenszeiträume statt.

99 Die Berechnung der Dauer eines Ruhenszeitraums anhand der **Abfindung** ist in der Praxis i.d.R. die Methode, die für den Mitarbeiter den kürzesten Ruhenszeitraum zur Folge hat. Problematisch ist diese Berechnung jedoch stets in den Fällen, in denen die Gesamtabfindung nicht ohne weiteres feststeht. Die Situation tritt insbesondere dann ein, wenn das Unternehmen dem Mitarbeiter **laufende Zahlungen** bis zum Erreichen der Rente zusagt oder aber sogar die **Betriebsrente** aufgestockt hat. Um hier einen Wert zur Ermittlung des Ruhenszeitraums feststellen zu können, sind die Renten bzw. rentenähnlichen Zahlungen nach der Rechtsprechung des BSG zu kapitalisieren. Ist eine Kapitalisierung nicht möglich, weil der genaue Wert der Zahlungen nicht feststeht, so kommt nach den Dienstanweisungen der BA zu § 143a SGB III eine Schätzung unter Berücksichtigung eines normalen Leistungsverlaufs in Betracht.

4. Konsequenzen des Ruhenszeitraums nach § 143a SGB III

Die nach § 143a SGB III verhängte Ruhenszeit wirkt sich nicht unmittelbar auf die Gesamtdauer des Anspruchs auf Arbeitslosengeld aus. Wie oben bereits dargestellt, erfolgt eine **Kürzung der Anspruchsdauer** nur nach den in § 128 SGB III genannten Vorschriften. § 143a SGB III ist hier nicht erwähnt, so dass die **Ruhenszeit nur zu einer Verzögerung des Beginns der Arbeitslosengeldzahlungen und nicht zu einer Reduzierung der Anspruchsdauer führt**. 100

Ein Ruhenszeitraum nach § 143a SGB III ist allerdings problematisch im Hinblick auf **Renten- und Krankenversicherungsbeiträge**. Während des Ruhenszeitraums werden keine Beiträge von der Agentur für Arbeit abgeführt. Im Hinblick auf die gesetzliche Krankenversicherung bedeutet dies, dass der Arbeitslose nach Ablauf eines eventuell **nachwirkenden Krankenversicherungsschutzes** (vgl. Rn. 176 selbst für ausreichenden Versicherungsschutz sorgen muss. Wird gleichzeitig eine **Sperrzeit** verhängt, die **parallel zur Ruhenszeit nach § 143a SGB III** laufen würde, so besteht während der Sperrzeit Krankenversicherungsschutz (vgl. Rn. 175). 101

IX. Sperrzeit wegen verspäteter Arbeitslosmeldung

Wie oben (Rn. 33) erwähnt, ist der Arbeitnehmer, dessen Arbeits- oder Ausbildungsverhältnis endet, verpflichtet, sich spätestens drei Monate vor dessen Beendigung gem. § 38 SGB III bei der für ihn zuständigen Agentur für Arbeit arbeitsuchend zu melden. Liegen zwischen der Kenntnis des Beendigungszeitpunktes und der Beendigung des Arbeits- oder Berufsausbildungsverhältnisses weniger als drei Monate, hat die Meldung innerhalb von drei Tagen nach Kenntnis des Beendigungszeitpunktes zu erfolgen. Die früher insofern bestehende Regelung, wonach der Arbeitnehmer unabhängig von der Dauer der Kündigungsfrist sich unverzüglich bei der für ihn zuständigen Agentur für Arbeit arbeitsuchend zu melden hat, ist mit Wirkung ab 1.1.2006 korrigiert worden. 102

Versäumt der Arbeitnehmer die rechtzeitige Arbeitslosmeldung bei der für ihn zuständigen Agentur für Arbeit, so führt dies zu einer Sperrzeit nach § 144 Abs. 1 Nr. 7 SGB III. Die Sperrzeit bei Meldeversäumnis oder bei verspäteter Arbeitslosmeldung beträgt gem. § 144 Abs. 6 SGB III insgesamt eine Woche. 103

Die bis zum 31.12.2005 geltende Regelung, wonach das Arbeitslosengeld bei verspäteter Arbeitslosmeldung nach § 140 SGB III gemindert wird, ist aufgehoben worden. § 140 SGB III ist entfallen.

Im Hinblick auf die **Belehrungspflicht des Arbeitgebers in § 2 Abs. 2 S. 2 Nr. 3 SGB III** wird in der Literatur diskutiert, inwieweit der Arbeitgeber sich schadensersatzpflichtig macht, wenn er den Arbeitnehmer nicht ausdrücklich auf die rechtzeitige Meldung bei der Agentur für Arbeit hinweist. Teilweise wird in der Literatur ein **Schadensersatzanspruch** des Arbeitnehmers unter dem Gesichtspunkt einer Schutzgesetzverletzung nach § 823 Abs. 2 BGB bejaht (vgl. *Kreutz* AuR 2003, 201; *Zieglmeier* DB 2004, 1830, 1834). Dieser Auffassung wird man allerdings entgegenhalten müssen, dass die Belehrungspflicht des Arbeitgebers in § 2 Abs. 2 S. 2 Nr. 3 SGB III vom Gesetzgeber nicht als Schutzgesetz zu Gunsten des von Arbeitslosigkeit bedrohten Mitarbeiters konzipiert wurde, sondern dass offensichtlich die Belehrungspflicht alleine im Interesse der Versichertengemeinschaft erfolgt ist (vgl. *Bauer/Krets* NJW 2003, 537, 541; *Küttner/Voelzke* Personalbuch 2005, Arbeitslosengeld Rz. 72). Von daher kann ein Schadensersatzanspruch des Arbeitnehmers aus der fehlenden Belehrung durch den Arbeitgeber nicht über § 2 Abs. 2 S. 2 Nr. 3 SGB III hergeleitet werden (so auch: *BAG* 29.9.2005 EzA § 37b SGB III Nr. 1 = NZA 2005, 1406). 104

Inwieweit der Arbeitnehmer eines derartigen Schadensersatzanspruchs gegen den Arbeitgeber im Fall der fehlenden Aufklärung über die Arbeitslosmeldung überhaupt bedarf, hängt letztendlich davon ab, wie man die Unkenntnis des Arbeitnehmers von der Meldepflicht bewertet. Das BSG weist in seinen Entscheidungen ausdrücklich darauf hin, dass ein Verstoß gegen die Meldepflicht dann zu verneinen ist, wenn der Arbeitslose unter Berücksichtigung seiner individuellen Kenntnisse und Fähigkeiten ohne schuldhaftes Zögern gehandelt hat 105 (vgl. *BSG* 25.5.2005 – B 11 a/11 AL 81/04 R; 18.8.2005 – B 7 a/7 AL 94/04 R). Entgegen der von der Bundesagentur für Arbeit vertretenen Auffassung spielt die Kenntnis bzw. Unkenntnis des Arbeitnehmers über seine Meldepflicht bei der Frage, ob ein Verschulden hinsichtlich des objektiven Verstoßes gegen § 37b SGB III vorliegt, eine nicht unerhebliche Rolle. Hat der Arbeitslose keine Kenntnis von der Meldepflicht, ist allerdings zu prüfen, ob ihm die Unkenntnis i.S. eines Fahrlässigkeitsvorwurf vorgehalten werden kann (vgl. *BSG* 25.5.2005 – B 11 a/11 AL 81/04 R; 18.8.2005 – B 7 a/7 AL 94/04 R). Ist ein derartiger Fahrlässigkeitsvorwurf im Hinblick auf die Unkenntnis aufgrund der Umstände des Einzelfalles zu verneinen, so fehlt es an einem Verstoß gegen § 37b SGB III, so dass keine Sperrzeit nach § 144 Abs. 1 Nr. 7 SGB III erfolgen darf.

X. Sperrzeit wegen Beendigung des Arbeitsverhältnisses

106 In § 144 SGB III hat der Gesetzgeber sieben Tatbestände normiert, bei denen eine Sperrzeit hinsichtlich des Anspruches auf **Arbeitslosengeld** eintritt, wenn der Arbeitslose für sein Verhalten keinen wichtigen Grund anführen kann. Im Zusammenhang mit der Beendigung von Anstellungsverhältnissen ist insbesondere Nr. 1 von Bedeutung, wonach dann eine **Sperrzeit** eintritt, wenn der Arbeitslose **das Beschäftigungsverhältnis selbst gelöst** hat oder durch ein **arbeitsvertragswidriges Verhalten** Anlass für die Lösung des Beschäftigungsverhältnisses gegeben hat.

1. Sperrzeitrelevante Beendigungstatbestände

107 Eine Sperrzeit tritt nicht nur im Falle einer **Eigenkündigung** oder einer arbeitgeberseitigen Kündigung ein, sondern auch dann, wenn die Arbeitsvertragsparteien das Anstellungsverhältnis einvernehmlich beenden, ohne dass der Arbeitnehmer hierfür einen **wichtigen Grund** i.S.v. § 144 SGB III vorweisen kann. Da das Gesetz im Zusammenhang mit der arbeitgeberseitigen Kündigung nur die **verhaltensbedingte Kündigung** als sperrzeitrelevant ansieht, ergibt sich zunächst, dass weder eine **betriebs-** noch eine **personenbedingte Kündigung** eine Sperrzeit auslöst. Die Dienstanweisungen der BA zu § 144 SGB III bestimmen allerdings auch im Hinblick auf diese beiden Kündigungsgründe, dass hier unter Umständen eine Sperrzeit eintritt.

a) Verhaltensbedingte Arbeitgeberkündigung

108 Kündigt der Arbeitgeber das Anstellungsverhältnis wegen eines **Fehlverhaltens** des Mitarbeiters ordentlich oder außerordentlich, so löst dies eine **Sperrzeit von zwölf Wochen** aus (vgl. *BSG* 26.8.1965 – 7 Rar 32/64). Wurde das Anstellungsverhältnis zunächst verhaltensbedingt durch den Arbeitgeber gekündigt und einigen sich die Arbeitsvertragsparteien im Rahmen eines Kündigungsschutzprozesses oder außergerichtlich im Nachgang zur Kündigung, so kann der Eintritt einer Sperrzeit vermieden werden. **Abzuraten ist von der Umwandlung der verhaltensbedingten Kündigung in eine betriebsbedingte Kündigung**, wenn es tatsächlich an entsprechenden betriebsbedingten Kündigungsgründen fehlt.

109 Um eine Sperrzeit zu vermeiden, reicht es bereits aus, wenn in den Vergleich folgende Klausel aufgenommen wird:
»Der Arbeitgeber hält die im Vorfeld erhobenen Vorwürfe nicht mehr aufrecht. Auf Grund der Auseinandersetzung ist eine gedeihliche Zusammenarbeit zwischen den Parteien nicht mehr zu erwarten, so dass Einigkeit besteht, dass das Anstellungsverhältnis unter Einhaltung der ordentlichen Kündigungsfrist im gegenseitigen Einvernehmen zum ... aufgelöst wird.«

b) Betriebsbedingte Arbeitgeberkündigung

Der Ausspruch einer betriebsbedingten Kündigung löst, wie oben erwähnt, keine Sperrzeit aus, sofern tatsächlich die Voraussetzungen der betriebsbedingten Kündigung vorlagen (vgl. Kap. 4 Rn. 1399 ff.). Die BA erwartet allerdings, dass die **Sozialauswahl** korrekt durchgeführt wurde. Eine Verpflichtung des Arbeitnehmers, dies im Einzelnen zu prüfen, sehen die Dienstanweisungen allerdings nicht vor. Nur dann, wenn die Kündigung **offensichtlich rechtswidrig** ist, darf der Arbeitnehmer diese nicht ohne weiteres hinnehmen. 110

Die Dienstanweisungen (Stand 10/2007) bestimmen insofern in Ziff. 1.2.2:

»Eine Kündigung ist offensichtlich rechtswidrig, wenn der Arbeitnehmer ohne weiteres erkennen musste, dass sie gegen arbeitsvertragliche, tarifvertragliche oder gesetzliche Bestimmungen verstößt. Ob die Kündigung sozial gerechtfertigt oder ungerechtfertigt ist, ist für den Arbeitnehmer nicht offensichtlich.

Offensichtlich rechtswidrig ist eine Kündigung nach den Dienstanweisungen insbesondere dann, wenn: 111

1. die maßgebende Kündigungsfrist nicht eingehalten ist,
2. der Arbeitslose nach tarif- oder einzelvertraglichen Bestimmungen nur noch aus wichtigem Grund (§ 626 BGB) kündbar war, oder
3. der Arbeitslose besonderen Kündigungsschutz genießt und die Kündigung deshalb nichtig ist, z.B. nach
   a) § 9 MuSchG (Kündigung einer Frau während der Schwangerschaft oder bis zum Ablauf von vier Monaten nach der Entbindung),
   b) § 18 BEEG (Kündigung bei Elternzeit ohne Zustimmung der für den Arbeitsschutz zuständigen obersten Landesbehörde),
   c) § 85 SGB IX (Kündigung eines Schwerbehinderten ohne Zustimmung des Integrationsamtes),
   d) § 15 KSchG (Kündigung des Mitglieds eines Betriebsrates, einer Jugendvertretung, u.a.).«

Vor diesem Hintergrund der Dienstanweisungen der BA ist ein Arbeitnehmer nicht verpflichtet, **Kündigungsschutzklage** gegen eine ihm gegenüber ausgesprochene betriebsbedingte Kündigung zu erheben. Erhält der Arbeitnehmer keine Abfindung, so führt die bloße Hinnahme einer offensichtlich rechtswidrigen arbeitgeberseitigen Kündigung nicht zu einer Sperrzeit. Nach den Dienstanweisungen der BA zu § 144 SGB III liegt ein »Beteiligungssachverhalt« in diesem Fall nicht vor. 112

Erhält der Arbeitnehmer hingegen eine Abfindung im Zusammenhang mit der vom Arbeitgeber ausgesprochenen Kündigung, so kann die Agentur für Arbeit überprüfen, ob eine Beteiligung des Arbeitnehmers an der Beendigung des Arbeitsverhältnisses vorliegt. Hier ist insbesondere zu untersuchen, ob es vorausgegangene Absprachen zwischen den Arbeitsvertragsparteien gegeben hat. Liegt eine derartige Absprache vor, so entfällt die Sperrzeit nur dann, wenn der Arbeitnehmer einen wichtigen Grund für die Beteiligung an der Auflösung des Arbeitsverhältnisses hatte. Ein wichtiger Grund kann dann nicht anerkannt werden, wenn die Kündigung objektiv nicht rechtmäßig war (vgl. *BSG* 18.12.2003 – B 11 AL 35/03 R). Das Institut der Sperrzeit dient dazu, Manipulationen des in der Arbeitslosenversicherung gedeckten Risikos entgegenzuwirken. Die Versichertengemeinschaft soll gegen Risikofälle geschützt werden, deren Eintritt der Versicherte durch die unberechtigte Mitwirkung an der Beendigung des Arbeitsverhältnisses selbst zu vertreten hat. Um diesem Ziel gerecht zu werden, darf es nach Auffassung des BSG nicht auf die subjektiven Rechtsvorstellungen des Arbeitslosen ankommen, sondern entscheidend ist, ob objektiv eine rechtmäßige Kündigung vorlag. War die Kündigung offensichtlich unwirksam, so ist ein wichtiger Grund in jedem Fall zu verneinen (vgl. *BSG* 25.4.2002 – B 11 AL 65/01 R – NZS 2003, 330 ff.). 113

c) Betriebsbedingte Kündigung mit Abfindungsangebot nach § 1a KSchG

114 Im Rahmen der Reform des Kündigungsschutzgesetzes wurde mit Wirkung ab 1.1.2004 § 1a KSchG eingeführt. Nach dieser Vorschrift hat der Arbeitgeber die Möglichkeit, einem Arbeitnehmer im Fall einer **betriebsbedingten Kündigung** bereits im Kündigungsschreiben eine **Abfindung** in Höhe von 0,5 Bruttomonatsgehältern je Beschäftigungsjahr anzubieten, wenn der Arbeitnehmer im Gegenzug auf die **Erhebung einer Kündigungsschutzklage verzichtet**. Ziel des Gesetzgebers war es, Kündigungsschutzverfahren zu vermeiden. Dass es bereits bisher in der Praxis weit verbreitet war, im Anschluss an insbesondere betriebsbedingte Kündigungen einen **Abwicklungsvertrag** zur Vermeidung des Kündigungsschutzverfahrens zu schließen, hat den Gesetzgeber nicht abhalten können, eine vergleichbare gesetzliche Regelung einzuführen. Im Gegensatz zu der bisherigen Praxis fehlt es allerdings bei der Regelung in § 1a KSchG an der Flexibilität hinsichtlich der Höhe der Abfindung. **Die Abfindung muss mindestens bei 0,5 Bruttomonatsgehältern je Beschäftigungsjahr liegen.**

115 Die BA hat den Willen des Gesetzgebers, Kündigungsschutzverfahren durch § 1a KSchG zu vermeiden, akzeptiert und sieht in der Regelung nach **§ 1a KSchG keinen sperrzeitauslösenden Tatbestand**.

116 Insofern hieß es unter Ziff. 2.2.2 (3) der Dienstanweisungen der BA (Stand der Aktualisierung 8/2005) wörtlich:
»Kein Auflösungssachverhalt liegt vor, wenn die arbeitgeberseitige Kündigung auf betriebsbedingte Gründe gestützt wird und mit einer Abfindung gem. § 1a KSchG verbunden ist.«
In der aktuellen Fassung der Dienstanweisungen der BA (Stand 10/2007) ist die Regelung nicht mehr ausdrücklich enthalten. Die aktuellen Dienstanweisungen verweisen allerdings in Ziff. 9.1.2 im Zusammenhang mit dem Aufhebungsvertrag auf die Regelung des § 1a KSchG und legen dar, dass bei einer Regelung entsprechend § 1a KSchG keine Sperrzeit verhängt werden darf.

117 Da die soziale Rechtfertigung bzw. die fehlende soziale Rechtfertigung nicht zu den Punkten gehört, bei denen von einer **»offensichtlichen« Rechtswidrigkeit** auszugehen ist, führt die Hinnahme einer Kündigung über den Weg des § 1a KSchG i.d.R. nicht zu einer Sperrzeit. Nach dem das *BSG* mit Urteil vom 12.7.2006 (– B 11 a AL 47/05 R – NZA 2006, 1359) eine Änderung der Rechtsprechung zur Sperrzeit bei Abwicklungsverträgen und Aufhebungsverträgen angekündigt hat, hat nunmehr auch die Bundesagentur für Arbeit ihre Dienstanweisungen dahingehend geändert, dass nicht nur bei einer Kündigung nach § 1a KSchG sondern auch bei Aufhebung- oder Abwicklungsverträgen keine Sperrzeit verhängt wird, sofern der Abwicklungsvertrag/Aufhebungsvertrag maximal eine Abfindung in Höhe von 0,5 Bruttogehältern je Beschäftigungsjahr vorsieht (s. hierzu die Ausführungen unter Rn. 124 ff. sowie Rn. 133).

d) Personenbedingte Arbeitgeberkündigung

118 Der Hauptfall der personenbedingten Kündigung ist die **krankheitsbedingte Kündigung**. Ähnlich wie die betriebsbedingte Kündigung löst auch die krankheitsbedingte Kündigung keine Sperrzeit aus. Gerade bei älteren Mitarbeitern bietet sich im Zusammenhang mit Auflösungsverträgen bzw. Vorruhestandsvereinbarungen die krankheitsbedingte Kündigung als Anhaltspunkt an. Die Agenturen für Arbeit haben insofern spezielle Formulare, auf denen der den Arbeitnehmer behandelnde Arzt bestätigen muss, dass eine Weiterbeschäftigung nicht möglich bzw. zumutbar war. Gerade die Trennung von älteren Mitarbeitern ist i.d.R. eher über den Weg der personenbedingten als über den Weg der betriebsbedingten Kündigung zu rechtfertigen.

e) Vorausgegangene Absprache über Arbeitgeberkündigung

Haben sich die Arbeitsvertragsparteien im Vorfeld einer arbeitgeberseitigen Kündigung bereits über die Beendigung des Anstellungsverhältnisses und die Modalitäten der Beendigung geeinigt, so löst eine im Anschluss ausgesprochene arbeitgeberseitige Kündigung eine **Sperrzeit** aus. Die BA spricht hier von vorausgegangener Absprache bzw. **initiierter Kündigung** (vgl. Ziff. 1.2.2 der Dienstanweisungen der BA zu § 144 SGB III, Stand 10/2007). 119

Die initiierte Kündigung wird i.d.R. dann angenommen, wenn das Unternehmen ein abstraktes Aufhebungsangebot in Form einer **Betriebsvereinbarung**, die finanzielle Vergünstigungen für den Fall des Ausscheidens vorsieht, unterbreitet hat. Existiert bspw. eine **generelle Vorruhestandsregelung** für Mitarbeiter ab Vollendung des 57. Lebensjahres und erklärt ein Arbeitnehmer, dass er mit der Beendigung zu den in der Betriebsvereinbarung genannten Konditionen einverstanden ist, so löst eine vom Arbeitgeber nunmehr ausgesprochene Kündigung eine Sperrzeit aus. Die BA steht hier auf dem Standpunkt, dass letztendlich dieser Sachverhalt einer einvernehmlichen Aufhebung gleichzustellen ist (vgl. Ziff. 1.2.2 der Dienstanweisungen zu § 144 SGB III). 120

f) Abwicklungsvertrag

Ebenfalls zu den Fällen der initiierten Kündigung und dem Aufhebungsvertrag gleichzustellen sind die Fälle, in denen die Arbeitsvertragsparteien bereits vor Ausspruch der Kündigung abgesprochen haben, unmittelbar im Anschluss an die Kündigung einen sog. **Abwicklungsvertrag** zu schließen. Der Abwicklungsvertrag unterscheidet sich vom Aufhebungsvertrag dadurch, dass der **Aufhebungsvertrag** selbst das Anstellungsverhältnis beendet, während der Abwicklungsvertrag eine vorherige Kündigung voraussetzt. Die BA behandelt den Abwicklungsvertrag im Hinblick auf die Verhängung einer Sperrzeit gem. Ziff. 9.1.3 der Dienstanweisungen zu § 144 SGB III (Stand 10/2007) genau so wie einen Aufhebungsvertrag. 121

Im Hinblick auf die Verhängung einer Sperrzeit beim Abwicklungsvertrag differenziert die Bundesagentur für Arbeit ähnlich wie das Bundessozialgericht danach, wann der Ablösungsvertrag abgeschlossen wird. Insofern hatte bereits das BSG mit Urt. v. 18.12.2003 (– B 11 AL 35/03 – NZA 2004, 661) entschieden, dass eine Abwicklungsvereinbarung dann, wenn sie innerhalb der dreiwöchigen Klagefrist nach § 4 KSchG abgeschlossen wird, dem Aufhebungsvertrag gleichzustellen ist. Lediglich eine Abwicklungsvereinbarung, die nach Ablauf der dreiwöchigen Klagefrist unterzeichnet wird, kann keine Sperrzeit mehr auslösen, weil zu diesem Zeitpunkt bereits feststeht, dass das Arbeitsverhältnis aufgrund sozial gerechtfertigter Kündigung sein Ende finden wird. Die BA hat in ihren Dienstanweisungen zu § 144 SGB III in Ziff. 9.1.3 (Stand 10/2007) ausdrücklich festgehalten, dass dann, wenn ein Abwicklungsvertrag innerhalb der Frist zur Erhebung der Kündigungsschutzklage geschlossen wird, ein wichtiger Grund für die Auflösung des Beschäftigungsverhältnisses nur dann vorliegt, wenn die Kündigung rechtmäßig war. Das Bundessozialgericht und die BA standen insofern bisher auf dem Standpunkt, dass der Arbeitnehmer durch den Abschluss eines Abwicklungsvertrages während der dreiwöchigen Klagefrist auf die Geltendmachung seines Kündigungsschutzes verzichtet und dies eine Sperrzeit begründet. 122

Diese restriktive Entscheidung des BSG ist in der Literatur auf heftigste Kritik gestoßen (vgl. *Bauer/Krieger* NZA 2004, 640; *Kern/Kreutzfeldt* NJW 2004, 3081; *Boecken/Hümmerich* DB 2004, 2046). Bemängelt wurde vor allem, dass die Bundesagentur für Arbeit in ihren alten Dienstanweisungen ebenso wenig wie das Bundessozialgericht in seiner Entscheidung vom 18.12.2003 berücksichtigt, dass der Gesetzgeber zwischenzeitlich § 1a KSchG verabschiedet hat, der zum 1.1.2004 in Kraft getreten war. Die betriebsbedingte Kündigung nach § 1a KSchG stellt letztendlich nichts anderes dar, wie eine einvernehmliche Beendigung des Arbeitsverhältnisses mit vorausgegangener Kündigung. Da die BA entsprechend dem Willen des Gesetzgebers bei § 1a KSchG keinen Sperrzeit relevanten Tatbestand annimmt, solange hier keine offensichtlich rechtswidrige Kündigung vorliegt, war weder die von der BA bezüglich der Abfindungsvereinbarung vertretene Auffassung noch das Urteil des BSG vom 18.12.2003 nachvollziehbar. 123

124 Das BSG hat mittlerweile erkannt, dass es mit seinem Urteil vom 18.12.2003 über das Ziel hinaus geschossen ist und die Entwicklung in der Gesetzgebung außer Acht gelassen hat. Mit Urteil vom 12.7.2006 (– B 11 a AL 47/05 R – NZA 2006, 1359) hat das BSG nunmehr angekündigt, in Zukunft »unter Heranziehung« der Grundsätze des § 1a KSchG auf eine ausnahmslose Prüfung der Rechtmäßigkeit der Arbeitgeberkündigung bei Abwicklungsverträgen zu verzichten, wenn die Abfindungshöhe im Abwicklungsvertrag die in § 1a Abs. 2 KSchG vorgesehene Höhe nicht überschreitet. Sieht der Abwicklungsvertrag also maximal 0,5 Bruttomonatsgehälter je Beschäftigungsjahr vor, soll nach der nunmehr angekündigten Rechtsprechungsänderung des BSG in Zukunft keine Sperrzeit mehr verhängt werden. Dies gilt allerdings nur für die betriebsbedingte und die personenbedingte Kündigung. Bei einer verhaltensbedingten Kündigung bleibt es bei der Sperrzeitfolge.

125 Die BA hat zwischenzeitlich ihre Dienstanweisungen zu § 144 SGB III aktualisiert und sich der Rechtsauffassung des BSG gem. Urt. v. 12.7.2006 angeschlossen.

126 In Ziff. 9.1.2 der Dienstanweisungen zu § 144 SGB III (Stand 10/2007) heißt es nunmehr allgemein zur Frage des wichtigen Grundes bei Abschluss eines Abwicklungsvertrages oder Aufhebungsvertrages (die BA stellt beide Beendigungsverträge gleich) wie folgt:

»(1) Hat der Arbeitslose das Beschäftigungsverhältnis beendet, weil ihm andernfalls eine arbeitgeberseitige Kündigung drohte, liegt allein darin kein wichtiger Grund.

(2) Ein wichtiger Grund für den Abschluss eines Aufhebungsvertrages oder für eine Eigenkündigung liegt vor,

- wenn eine Kündigung durch den Arbeitgeber mit Bestimmtheit in Aussicht gestellt worden ist,
- die drohende Arbeitgeberkündigung auf betriebliche Gründe gestützt würde,
- die Arbeitgeberkündigung zu dem selben Zeitpunkt, zu dem das Beschäftigungsverhältnis geendet hat, oder früher wirksam geworden wäre,
- im Fall der Arbeitgeberkündigung die Kündigungsfrist eingehalten würde

und

1. eine Abfindung von 0,5 Monatsgehältern, mindestens aber 0,25 (noch wesentlicher wirtschaftlicher Vorteil) pro Beschäftigungsjahr an den Arbeitnehmer gezahlt wird. § 1a KSchG gilt entsprechend. Der Gedanke des § 1a KSchG der für den Fall einer betriebsbedingten Arbeitgeberkündigung eine einfache Klärung der Voraussetzung für die Beendigung des Arbeitsverhältnisses beinhaltet (s. hierzu 1.2.2 Abs. 1b), wird auf die Lösung des Arbeitsverhältnisses durch den Arbeitnehmer übertragen. Im Übrigen kommt es nicht darauf an, ob die drohende Arbeitgeberkündigung rechtmäßig ist. Beträgt die Abfindung unter 0,25 Monatsentgelten oder über 0,5 Monatsentgelte pro Beschäftigungsjahr, liegt nur dann ein wichtiger Grund vor, wenn die drohende Arbeitgeberkündigung sozial gerechtfertigt wäre.

oder

2. der Arbeitslose
   a) objektive Nachteile aus einer arbeitgeberseitigen Kündigung für sein berufliches Fortkommen vermieden hat; darauf kann sich jedenfalls der Arbeitslose, der das 58. Lebensjahr vollendet und eine Vorruhestandsregelung in Anspruch genommen oder eine nach Höhe und Zuschnitt vergleichbare Abfindung erhalten bzw. zu beanspruchen hat, nur in besonders begründeten Einzelfällen berufen
   oder
   b) sonstige Gründe darlegt, aus denen er objektiv Nachteile aus einer arbeitgeberseitigen Kündigung befürchten musste. Solche Gründe können Vergünstigungen sein, auf die im Falle der Kündigung kein Anspruch bestanden hätte. Dabei sind die Verhältnisse bei einem Aufhebungsvertrag mit denen bei arbeitgeberseitiger Kündigung zu vergleichen. Solche Vergünstigungen sind z.B. Abfindungen, die nicht unter 9.1.2 Abs. 2 Nr. 4 fallen und auf die ohne Abschluss des Aufhebungsvertrages kein Anspruch bestanden hätte (Urt. des *BSG* 12.7.2006 – B 11 a AL 47/05); würde auch

> bei einer Kündigung eine Abfindung gezahlt, muss die Abfindung bei einem Aufhebungsvertrag mindestens 10 % höher sein,
> und
> die Kündigung rechtmäßig wäre. Die Rechtmäßigkeit einer arbeitgeberseitigen Kündigung umfasst nicht nur die Frage, ob die individuelle maßgebende Kündigungsfrist oder ein etwaiger Ausschluss der Kündigung durch den Arbeitgeber beachtet worden ist, sondern – in bestimmten Grenzen – auch die Prüfung der sozialen Rechtfertigung nach § 1 KSchG.«

Die neue Rechtsprechung des BSG sowie die geänderte Rechtsauffassung der BA läuft nunmehr darauf hinaus, dass die Verhängung einer Sperrzeit bei Abwicklungsverträgen davon abhängt, wie hoch die Abfindung ist. Nicht geklärt ist insofern, was unter Abfindung im Einzelnen zu verstehen ist. Vielfach enthalten Abwicklungsverträge neben dem eigentlichen Abfindungsbetrag eine Reihe von Nebenleistungen wie die Übernahme von Rechtsanwaltskosten, die Übernahme einer Outplacement-Beratung, die Einigung auf einen höheren Bonusanspruch, die Verlängerung des Arbeitsverhältnisses über die eigentliche Kündigungsfrist hinaus etc. Die Arbeitsvertragsparteien haben also die Möglichkeit, die eigentliche Abfindung in dem von der BA unter Hinweis auf die Rechtsprechung des BSG vorgegebenen Rahmen zu halten und trotzdem eine vom Arbeitnehmer als angemessen empfundene Entschädigung in Form eines Gesamtpaketes in dem Abwicklungsvertrag zu vereinbaren. Hier wird es einer weiteren gerichtlichen Klärung bedürfen, ob sämtliche Leistungen, die dem Arbeitnehmer aus dem Abwicklungsvertrag zufließen, bei der Überprüfung der Abfindungshöhe zu berücksichtigen sind oder ob es entsprechend der Dienstanweisungen nur auf die »eigentliche Abfindung« ankommt. 127

Im Hinblick auf die Abhängigkeit der Anordnung einer Sperrzeit von der Höhe der Abfindung ist nochmals auf die Entscheidungen des *BSG* vom 12.7.2006 (a.a.O.) sowie vom 17.11.2005 (– B 11a/11 AL 69/04 R) zu verweisen. Dort hatte der 11. Senat des BSG ausdrücklich klargestellt, dass die Zahlung einer Abfindung durch den Abschluss des Aufhebungsvertrages einen wichtigen Grund für den Arbeitnehmer darstellen kann, die Beendigung des Arbeitsverhältnisses zu akzeptieren. 128

> Wörtlich heißt es insofern in den Entscheidungsgründen des Urteils v. 12.7.2006: 129
> »... jedenfalls steht angesichts der ohnehin nicht zu vermeidenden Beschäftigungslosigkeit seinem Interesse daran, sich durch Abschluss des Aufhebungsvertrages zumindest die ihm zugesagte Abfindung zu sichern, kein gleichwertiges Interesse der Versichertengemeinschaft an einem Abwarten der Arbeitgeberkündigung gegenüber. Ausreichend ist insofern die Feststellung des LSG, dass ohne den Abschluss des Aufhebungsvertrages eine Abfindung nicht zahlbar gewesen wäre. In diesem Zusammenhang bleibt die Höhe der Abfindung unerheblich.«

Mit diesem Urteil, dem sich ebenfalls die BA in ihren Dienstanweisungen (wie das obige Zitat Rn. 126 zeigt) angeschlossen hat, macht das BSG deutlich, dass die Zahlung einer Abfindung als solche bereits einen wichtigen Grund zum Abschluss eines Abwicklungsvertrages darstellt. Die BA verlangt nun zur Anerkennung des wichtigen Grundes im Fall einer höheren Abfindung, dass der Arbeitnehmer durch den Abwicklungsvertrag die Abfindung um mindestens 10 % gegenüber einem ihm ansonsten ggf. zustehenden Anspruch erhöht hat und dass bei Überschreitung der Grenze von 0,5 Bruttogehältern je Beschäftigungsjahr die Kündigung sich als rechtmäßig erweist. Hier bleibt es also bei der Überprüfung der dem Arbeitnehmer gegenüber ausgesprochenen Kündigung durch die Agentur für Arbeit im Hinblick auf die Frage, ob eine Sperrzeit nach § 144 SGB III im Wege des Abschlusses des Abwicklungsvertrages verhängt wird. 130

Insofern ist zu beachten, dass laut den Dienstanweisungen der BA zu § 144 SGB III die Rechtmäßigkeit der arbeitgeberseitigen Kündigung nicht nur die Frage umfasst, ob die individuell maßgebende Kündigungsfrist oder ein etwaiger Ausschluss der Kündigung durch 131 den Arbeitgeber beachtet worden ist, sondern auch die Prüfung der sozialen Rechtfertigung der Kündigung nach § 1 KSchG. Hier spielt insbesondere die bei der betriebsbedingten Kündigung zu beachtende Sozialauswahl eine Rolle. Ist diese nicht eingehalten, gilt die Kündigung als unrechtmäßig. Die Dienstanweisungen sehen allerdings in Ziff. 9.1.2 (5) insofern nur vor, dass die soziale Rechtfertigung einer ausgesprochenen oder hypothetischen Kündigung im Einzelfall pauschaliert mit dem von der jeweiligen Agentur für Arbeit zu versendenden Vordruck zu überprüfen ist. Nur bei begründeten Zweifeln sind individuelle Prüfungen der sozialen Rechtfertigung durch die örtliche Agentur für Arbeit vorzunehmen.

132 Als Fazit kann zum Abwicklungsvertrag festgehalten werden, dass der Abwicklungsvertrag nach der geänderten Rechtsprechung des BSG und den nunmehr dieser Rechtsprechung angepassten Dienstanweisung zu § 144 SGB III dann ein geeignetes Mittel zur Beendigung von Arbeitsverhältnissen ist, wenn die Abfindung – einschließlich eventueller Nebenleistungen – zwischen 0,25 und 0,5 Bruttomonatsgehälter je Beschäftigungsjahr liegt. Dann erfolgt keine weitere Überprüfung der hier mit dem Abwicklungsvertrag in Verbindung stehenden arbeitgeberseitigen Kündigung, soweit die Kündigung als »betriebsbedingte Kündigung« im Abwicklungsvertrag bezeichnet wird. Liegt die Abfindung – ggf. einschließlich weiterer Nebenleistungen – oberhalb von 0,5 Bruttogehältern je Beschäftigungsjahr, so verbleibt es bisher bei der Überprüfung der Kündigung durch die Agentur für Arbeit dahingehend, ob die Kündigung rechtmäßig ist. Bestehen insofern Zweifel, so kann den Arbeitsvertragsparteien nach wie vor nur empfohlen werden, die Beendigung des Arbeitsverhältnisses nicht über den Weg des Abwicklungsvertrages sondern über das Arbeitsgericht durch Protokollierung eines Vergleiches nach § 278 Abs. 6 ZPO im schriftlichen Verfahren durchzuführen.

g) Arbeitsgerichtlicher Vergleich

133 Wie die neuen Dienstanweisungen der Bundesagentur für Arbeit zu § 144 SGB III zum Abwicklungsvertrag zeigen, löst eine nachträgliche Einigung der Arbeitsvertragsparteien, die innerhalb von drei Wochen nach Zugang der Kündigung erfolgt, nur dann keine Sperrzeit aus, wenn die Abfindung nicht höher als 0,5 Bruttogehälter je Beschäftigungsjahr liegt. Soll der Arbeitnehmer eine höhere Abfindung erhalten, so lässt sich eine Sperrzeit nur dann vermeiden, wenn die Arbeitsvertragsparteien die Einigung nicht außergerichtlich in einem Abwicklungsvertrag festschreiben, sondern der Arbeitnehmer Kündigungsschutzklage erhebt und nunmehr ein entsprechender Vergleich vor dem Arbeitsgericht geschlossen wird. Da der Gesetzgeber über § 278 Abs. 6 ZPO den Prozessparteien die Möglichkeit eröffnet hat, einen Vergleich im schriftlichen Verfahren zu schließen, kann der Prozessvergleich auch ohne Durchführung einer mündlichen Verhandlung geschlossen werden. Beide Vertragsparteien übersenden dem Arbeitsgericht einen gleich lautenden Vergleichstext und das Arbeitsgericht stellt dann nach § 278 Abs. 6 ZPO das Zustandekommen dieses Vergleiches fest. Nach den aktuellen Dienstanweisungen der Bundesagentur für Arbeit führt ein arbeitsgerichtlicher Vergleich – unabhängig von der Abfindungshöhe – grundsätzlich nicht zu einer Sperrzeit.

134 Wörtlich heißt es insofern in Ziff. 1.2.2 (4) der Dienstanweisungen der BA zu § 144 SGB III (Stand 10/2007):
»Ein arbeitsgerichtlicher Vergleich kann eine Sperrzeit nicht auslösen.«
Die früher in den Dienstanweisungen enthaltene Einschränkung, dass eine andere Bewertung des arbeitsgerichtlichen Vergleiches geboten ist, wenn sich ergibt, dass der Weg über eine rechtswidrige Arbeitgeberkündigung mit anschließender Klage vor dem Arbeitsgericht einvernehmlich mit dem Ziel beschritten worden ist, durch einen arbeitsgerichtlichen Vergleich den Eintritt einer Sperrzeit zu verhindern, ist nicht mehr in den Dienstanweisungen enthalten.

h) Nichterhebung einer Kündigungsschutzklage

Wie bereits angesprochen, ist ein Arbeitnehmer grds. **nicht verpflichtet**, eine **Kündigungsschutzklage** zu erheben (vgl. DA 1.113/3(2)). Lediglich dann, wenn die oben beschriebene **offensichtliche Rechtswidrigkeit** der Kündigung für den Mitarbeiter erkennbar ist, verlangt die Agentur für Arbeit, dass der Mitarbeiter gegen die Kündigung gerichtlich vorgeht. Ohne erkennbare Rechtswidrigkeit liegt in der Nichterhebung der Kündigungsschutzklage insbesondere kein »stillschweigender Aufhebungsvertrag« (vgl. DA 1.112(4)). 135

Dass die Nichterhebung einer Kündigungsschutzklage auch dann keine **Sperrzeit** auslöst, wenn der Arbeitgeber dieses Ziel durch das **Angebot einer Abfindungszahlung** erreicht, zeigt die Regelung des § 1a KSchG in den Dienstanweisungen der BA zu § 144 SGB III. Gemäß Ziff. 2.2.1 der DA löst eine Beendigung des Arbeitsverhältnisses über § 1a KSchG dann keine Sperrzeit aus, wenn die betriebsbedingte Kündigung nicht ausnahmsweise offensichtlich rechtswidrig ist (s.o. Rn. 110). 136

i) Änderungskündigung

Hat das Unternehmen eine **Änderungskündigung** ausgesprochen und **lehnt der Mitarbeiter die Vertragsänderung ab**, so stellt dies keine vom Arbeitnehmer zu vertretene Auflösung des Beschäftigungsverhältnisses dar (vgl. *Winkler* in: Gagel SGB III, § 144 Rz. 60). 137

j) Widerspruch nach § 613a BGB

Liegt ein Betriebsübergang nach § 613a BGB vor, so ist der Arbeitgeber gem. § 613a Abs. 5 BGB verpflichtet, den Arbeitnehmer über die Rechtsfolgen des **Betriebsüberganges** für das Arbeitsverhältnis des Mitarbeiters zu informieren. Der Arbeitnehmer selber hat gem. § 613a BGB nunmehr ausdrücklich das Recht, **innerhalb von einem Monat nach Zugang der Information** über den Betriebsübergang dem Übergang seines Arbeitsverhältnisses auf den neuen Arbeitgeber zu widersprechen. 138

Macht der Arbeitnehmer von dem ihm nach § 613a Abs. 6 BGB zustehenden **Widerspruchsrecht** Gebrauch und ist der Arbeitgeber nicht in der Lage, den Mitarbeiter im alten Betrieb weiterzubeschäftigen, so wird das Unternehmen i.d.R. das Arbeitsverhältnis **betriebsbedingt kündigen**. Eine derartige betriebsbedingte Kündigung löst **keine Sperrzeit** nach § 144 SGB III aus. Die Kündigung beruht hier nicht auf einem arbeitsvertragswidrigen Verhalten des Mitarbeiters, sondern auf der Geltendmachung des vom Gesetz eingeräumten Widerspruchsrechtes (vgl. *Pottmeyer* NZA 1989, 521 zu der früheren Rechtslage, wo das Widerspruchsrecht lediglich auf der Rechtsprechung des BAG beruhte). 139

k) Nichteinhaltung der Kündigungsfrist

Wird das Arbeitsverhältnis – i.d.R. im Rahmen eines **Aufhebungsvertrages** – unter **Abkürzung der ordentlichen Kündigungsfrist** beendet, so löst dies zum einen eine **Ruhenszeit** nach § 143a SGB III und zum anderen eine **Sperrzeit** nach § 144 SGB III aus. Etwas anderes gilt lediglich dann, wenn der Mitarbeiter auch für die vorzeitige Beendigung des Anstellungsverhältnisses einen wichtigen Grund i.S.v. § 144 SGB III hatte (s. insofern Rn. 150 ff.). 140

Erfolgte die Beendigung des Anstellungsverhältnisses selbst aus betriebsbedingten oder personenbedingten Gründen bzw. hatte der Mitarbeiter **für die Beendigung einen wichtigen Grund** i.S.v. § 144 SGB III, so kann alleine die Verkürzung der Kündigungsfrist keine zwölfwöchige Sperrzeit rechtfertigen. Das Bundessozialgericht stuft insofern die Dauer der Sperrzeit unter Berücksichtigung der abgekürzten Kündigungsfrist ab (vgl. *BSG* 10.2.1995 – 7 Rar 34/94): 141

> Wird die Kündigungsfrist um bis zu sechs Wochen verkürzt, darf die Sperrzeit maximal drei Wochen betragen; wird die Kündigungsfrist um mehr als sechs Wochen verkürzt, so beträgt die Sperrzeit wegen der Verkürzung der Kündigungsfrist sechs Wochen. 142

l) Auflösungsantrag nach §§ 9, 10 KSchG

143 Gemäß §§ 9, 10 KSchG haben beide Arbeitsvertragsparteien die Möglichkeit, im Rahmen eines Kündigungsschutzprozesses das Anstellungsverhältnis auch durch eine Entscheidung des Arbeitsgerichtes aufzulösen. Die **Auflösung** kann einvernehmlich erfolgen, wenn beide Parteien dem Auflösungsantrag zustimmen. Wird der Antrag nur von einer der beiden Arbeitsvertragsparteien gestellt, so setzt der Antrag voraus, dass eine weitere Zusammenarbeit dieser Partei unzumutbar ist. Lediglich dann, wenn es sich um einen **leitenden Angestellten i.S.d. Kündigungsschutzgesetzes** handelt, bedarf der Auflösungsantrag keiner Begründung.

144 Wird der **Auflösungsantrag von der Arbeitgeberseite** gestellt und dadurch das Arbeitsverhältnis durch das Arbeitsgericht aufgelöst, so löst dies **keine Sperrzeit** nach § 144 SGB III aus. Da Voraussetzung des Auflösungsantrags zunächst ist, dass kein Kündigungsgrund vorliegt, steht fest, dass der Arbeitnehmer die Beendigung gerade nicht verschuldet hat.

145 Stellt der **Arbeitnehmer** selbst den **Auflösungsantrag** nach gewonnenem Kündigungsschutzprozess, so löst auch dies **keine Sperrzeit** beim Arbeitslosengeld aus. Da der Auflösungsantrag nur dann erfolgreich ist, wenn tatsächlich dem Mitarbeiter die weitere Tätigkeit im Unternehmen unzumutbar ist, fehlt es auch hier am Verschulden.

146 Problematisch im Hinblick auf den Eintritt einer Sperrzeit ist somit lediglich der **beiderseitige einvernehmliche Auflösungsantrag**. Hier muss der Arbeitslose der Agentur für Arbeit gegenüber darlegen, aus welchen Gründen für ihn eine weitere Zusammenarbeit mit seinem ehemaligen Arbeitgeber unzumutbar war.

m) Aufhebungsvertrag

147 Wie oben (Rn. 121 ff.) bereits ausgeführt, hat sowohl das BSG als auch die BA ihre Rechtsauffassung zur Verhängung einer Sperrzeit bei einvernehmlicher Beendigung des Arbeitsverhältnisses durch Aufhebungsvertrag bzw. Abwicklungsvertrag geändert. Insofern kann an dieser Stelle auf die obigen Ausführungen verwiesen werden. Für den Aufhebungsvertrag gilt allerdings nach wie vor, dass der Aufhebungsvertrag einen Auflösungssachverhalt darstellt, bei dem der Arbeitnehmer an der Beendigung seines Arbeitsverhältnisses mitwirkt und es somit zur Vermeidung einer Sperrzeit nach § 144 SGB III eines wichtigen Grundes bedarf (vgl. Ziff. 1.2.1 sowie Ziff. 9.1.2 der Dienstanweisungen der BA zu § 144 SGB III (Stand 10/2007). Im Hinblick auf die Anforderungen an einen wichtigen Grund für den Abschluss eines Aufhebungsvertrages kann zum einen auf die obigen Ausführungen zum Abschluss eines Abwicklungsvertrages (Rn. 121 ff.) und zum anderen auf die Ausführungen unten unter Rn. 150 ff. verwiesen werden.

n) Transfergesellschaft

148 Bei den meisten Betriebsänderungen gehört die Vereinbarung einer Transfergesellschaft zu den Maßnahmen, die zwischen Betriebsrat und Arbeitgeber zur Abmilderung der durch den Arbeitsplatzverlust entstehenden Nachteile für die Arbeitnehmer vereinbart werden. Der Wechsel in die Transfergesellschaft erfolgt über einen sog. Dreiseitigen Vertrag. Der Dreiseitige Vertrag sieht einerseits die Aufhebung des bestehenden Arbeitsverhältnisses und gleichzeitig den Abschluss eines befristeten Arbeitsverhältnisses mit der Transfergesellschaft vor. Obwohl hier also eine einvernehmliche Aufhebung des Arbeitsverhältnisses erfolgt, führt dies nach Ende der Zeit in der Transfergesellschaft nicht dazu, dass der Arbeitnehmer nunmehr beim Bezug von Arbeitslosengeld eine Sperrzeit wegen der Beteiligung an der Beendigung des Arbeitsverhältnisses zu befürchten hat.

149 Die Dienstanweisungen der BA zu § 144 SGB III enthalten hierzu in Ziff. 9.1.1.(1)14 folgende Regelung:
»Arbeitnehmer, die einen Aufhebungsvertrag geschlossen haben, um im Rahmen einer Sozialplanmaßnahme aus einem (unbefristeten) Beschäftigungsverhältnis in ein (befristetes) Beschäftigungsverhältnis bei einer betriebsorganisatorisch eigenständigen Einheit

(beE) zu wechseln, haben hierfür grds. einen wichtigen Grund, wenn durch die Folgebeschäftigung die Arbeitslosigkeit, die bei einer anstelle des Aufhebungsvertrages andernfalls ausgesprochenen Kündigung zu einem späteren Zeitpunkt eingetreten wäre, hinausgeschoben wird.«

2. Wichtiger Grund i.S.v. § 144 SGB III

Gemäß § 144 Abs. 1 SGB III tritt eine **Sperrzeit** trotz Vorliegen eines der vier sperrzeitrelevanten Tatbestände dann nicht ein, wenn der Mitarbeiter für sein Verhalten einen **wichtigen Grund** i.S. dieser Vorschrift hatte. Von besonderer Bedeutung ist das Vorliegen eines wichtigen Grundes in den Fällen, in denen das Anstellungsverhältnis durch Abschluss eines **Aufhebungsvertrages** beendet wird. 150

a) Beispiele aus der Praxis

Ein wichtiger Grund i.S.d. § 144 SGB III wird nach den Dienstanweisungen der BA dann angenommen, wenn der Arbeitslose gewichtige objektive Gründe anführen kann, die es ihm unter Berücksichtigung aller Umstände des Einzelfalles und unter Abwägung seiner Interessen mit denen der Gesamtheit der Beitragszahler **unzumutbar** macht, **ein sperrzeitrelevantes Verhalten zu vermeiden**. Keine Rolle spielt, ob der Arbeitslose selbst den tatsächlich vorliegenden wichtigen Grund kannte (vgl. Ziff. 9.0.(1) der DA der BA zu § 144 SGB III). 151

Im Einzelnen ist bisher **bspw.** in folgenden Fällen ein **wichtiger Grund für die Beendigung des Anstellungsverhältnisses** angenommen worden: 152

- Die **Versetzung eines Mitarbeiters** auf Dauer an einen entfernten Arbeitsort berechtigt den **berufstätigen Ehepartner** im Interesse einer ordnungsgemäßen Aufrechterhaltung der Ehe, ebenfalls seinen Arbeitsplatz aufzugeben (vgl. *Winkler* in Gagel, SGB III, § 144 Rz. 125 m.w.N.).
- Der **Zuzug zum nichtehelichen Lebenspartner** an einen anderen Ort, der mit der Arbeitsplatzaufgabe am bisherigen Wohnort verbunden ist, berechtigt ohne weiteres dann zur Eigenkündigung, wenn die **Hochzeit** unmittelbar im Anschluss an die Beendigung des Anstellungsverhältnisses erfolgt. In einer älteren Entscheidung vom 25.8.1988 (– 7 Rar 37/87) vertrat das *BSG* noch die Auffassung, dass bis zur Hochzeit eine **doppelte Haushaltsführung** stets zumutbar ist. Dies bedeutete früher, dass ohne beabsichtigte Heirat der Zuzug zum Lebenspartner in einer **nichtehelichen Lebensgemeinschaft** keinen wichtigen Grund für die Arbeitsplatzaufgabe i.S.v. § 144 SGB III darstellte (vgl. *Bay. LSG* 7.9.1995 – L 8 Al 352/94).
- Diese Rechtsprechung hat das BSG allerdings aufgegeben. Besteht eine **nichteheliche Lebensgemeinschaft** bereits seit **mindestens drei Jahren**, so kann ein Partner seinen Arbeitsplatz aufgeben, um die Lebensgemeinschaft am neuen Arbeitsort des Lebenspartners fortzusetzen, **ohne nunmehr eine Sperrzeit** befürchten zu müssen (vgl. *BSG* 29.4.1998 – B 7 AL 56/97; *Winkler* in Gagel, SGB III, § 144 Rz. 126). Erforderlich ist allerdings, dass der Arbeitnehmer, der wegen des Wechsels des Arbeitsortes seines Partners seinen Arbeitsplatz aufgibt, dies rechtzeitig der Agentur für Arbeit anzeigt, um so der Agentur die Möglichkeit einzuräumen, dieser Person eine neue Stelle am neuen Wohnort zu vermitteln (vgl. allg. zur Pflicht des Versicherten alles Zumutbare zur Vermeidung des Eintritts eines wichtigen Grundes zu unternehmen: *BSG* 26.3.1998 – B 11 AL 49/97).
- Dies gilt auch für den **Zuzug zu einem gleichgeschlechtlichen Partner** (vgl. *SG Detmold* 17.7.1996 – S 12 Ar 181/95 – info also 1997, 9).
- Stimmt das **Integrationsamt** einer Aufhebung des Anstellungsverhältnisses zu bzw. liegen die Voraussetzungen vor, unter denen das Integrationsamt zustimmen müsste, so kann ein Aufhebungsvertrag keine Sperrzeit auslösen (vgl. Ziff. 9.3.1.(2) der DA der BA zu § 144 SGB III).

Die Dienstanweisungen der BA sehen einen wichtigen Grund im Fall der Beendigung des Arbeitsverhältnisses mit einem schwerbehinderten Menschen bei folgenden Fallkonstellationen als gegeben an:

- wenn der Aufhebungsvertrag ohne Einschaltung des Integrationsamtes geschlossen wurde und eine Zustimmung zur Kündigung nach § 89 SGB IX zu erwarten war, sofern durch den Aufhebungsvertrag das Beschäftigungsverhältnis zum Zeitpunkt der voraussichtlichen Wirksamkeit einer arbeitgeberseitigen Kündigung mit Zustimmung des Integrationsamtes beendet wurde (§§ 86, 88 Abs. 1 SGB IX) oder
- der Aufhebungsvertrag auf Anraten des Integrationsamtes geschlossen wurde (§ 87 Abs. 3 SGB IX), soweit nach der verständigen Bewertung des Arbeitslosen das Bestehen auf Weiterbeschäftigung letztlich doch eine Zustimmung des Integrationsamtes zur Kündigung oder erheblichen psychischen Druck im weiteren Verlauf des Beschäftigungsverhältnisses zur Folge gehabt hätte.

► Wird der Arbeitsplatz wegen **Mobbing** oder sonstigem **psychischem Druck** aufgegeben, so stellt dies ebenfalls einen wichtigen Grund i.S.v. § 144 SGB III dar (vgl. *SG Mannheim* 9.3.1994 – S 5 Ar 1827/93 – info also 1994, 212). Nach den Dienstanweisungen der BA muss der Arbeitslose allerdings darlegen, worin konkret die für ihn unzumutbare Situation beim alten Arbeitgeber bestand (vgl. *BSG* 25.4.1990 DBlR Nr. 3649 AFG § 119; Ziff. 9.1.1.(1) der DA der BA zu § 144 SGB III).

► Ausreichend für eine **sperrzeitfreie Eigenkündigung** ist des Weiteren der Fall, in dem der Mitarbeiter bzw. die Mitarbeiterin das Arbeitsverhältnis wegen **sexueller Belästigung** aufgegeben hat. Auch hier muss die sexuelle Belästigung vom Arbeitslosen nachgewiesen werden.

► Umstritten ist, ob auch fehlender **Nichtraucherschutz** einen Grund für die Aufgabe des Arbeitsplatzes darstellen kann. Auf Grund der zunehmenden Einschränkung der Rauchbefugnisse wird man einen wichtigen Grund dann annehmen können, wenn der Arbeitnehmer zuvor erfolglos beim Arbeitgeber versucht hat, ein **Rauchverbot** durchzusetzen oder alternativ einen nikotinfreien Arbeitsplatz zu erhalten (ebenso bereits *SG Duisburg* 17.5.1993 info also 1994, 130; *SG Hamburg* 14.1.1988 info also 1988, 60).

► Ist der Mitarbeiter **gesundheitlich nicht mehr in der Lage**, seine bisherige Tätigkeit auszuüben und ist dies durch ein **ärztliches Attest** bestätigt, so ist der Mitarbeiter ebenfalls berechtigt, das Anstellungsverhältnis sperrzeitfrei zu beenden (vgl. Ziff. 9.3(1) der DA der BA zu § 144 SGB III).

► Verhält sich der **Arbeitgeber vertragswidrig**, indem er bspw. nicht die vereinbarte Vergütung trotz **Abmahnung** zahlt, ist der Mitarbeiter ebenfalls berechtigt, das Anstellungsverhältnis selbst zu kündigen, ohne dass dies zu einer Sperrzeit nach § 144 SGB III führt (vgl. Ziff. 9.2(1) der DA der BA zu § 144 SGB III mit dem Hinweis, dass eine Sperrzeit stets entfällt, wenn der Mitarbeiter einen wichtigen Grund für eine außerordentliche Kündigung oder einen sonstigen Grund für eine ordentliche Kündigung hat).

► **Religiöse Gründe** können ebenfalls einen wichtigen Grund zur Auflösung des Anstellungsverhältnisses darstellen. Das BSG hat anerkannt, dass für einen sog. Siebenten-Tag-Adventisten Samstagsarbeit unzumutbar ist (vgl. *BSG* 10.12.1980 – 7 Rar 93/79 – SozR 4100 § 119 Nr. 13). Demgegenüber hat das LSG Rheinland-Pfalz entschieden, dass **Sonntagsarbeit für einen Katholiken zumutbar** ist und somit keinen wichtigen Grund i.S.v. § 144 SGB III darstellt (vgl. *LSG RhPf* 30.3.1993 – L 1 Ar 48/91).

► Tritt ein **Arbeitnehmer**, der in einer **kirchlichen Einrichtung beschäftigt** ist, **aus der Kirche aus**, so stellt dies bspw. nach den Grundsätzen der katholischen Kirche, die arbeitsrechtlich bspw. in den »Richtlinien für Arbeitsverträge in den Einrichtungen des Deutschen Caritas-Verbandes« niedergelegt sind, ein arbeitsvertragswidriges Verhalten dar, welches zur fristlosen Kündigung führt. Akzeptiert der Arbeitnehmer die Kündigung bzw. einigt er sich im Rahmen eines Kündigungsschutzverfahrens nun mit dem Arbeitgeber darauf, dass das Arbeitsverhältnis aus »personenbedingten« Gründen unter Wahrung der ordentlichen Kündigungsfrist sein Ende findet, so löst dieses Verhalten i.d.R. eine Sperrzeit aus. Nach Auffassung des LSG Rheinland-Pfalz kann sich der Arbeitnehmer nicht auf die negative Religionsfreiheit berufen, wonach es ihm freige-

stellt ist, Mitglied einer Kirche zu sein oder aus der Kirche auszutreten. Das Landessozialgericht hat eine Güterabwägung zwischen dem Interesse an der Verwirklichung der negativen Religionsfreiheit und der Funktionsfähigkeit der Arbeitslosenversicherung vorgenommen. In dem konkreten Fall kam das Landessozialgericht zu dem Ergebnis, dass die Funktionsfähigkeit der Arbeitslosenversicherung höherwertig anzusehen ist (vgl. *LSG RhPf* 30.3.2006 – L 1 AL 162/05 – NZA-RR 2006, 386).
Trotz des vor dem Arbeitsgericht geschlossenen Vergleiches stellte das LSG darauf ab, dass Grund für den Kündigungsrechtsstreit die fristlose, d.h. verhaltensbedingte Kündigung war. Da nach den Richtlinien des Caritasverbandes der Kirchenaustritt eine Vertragsverletzung darstellte, hatte das LSG vom Arbeitnehmer verlangt, dass dieser versuchen müsste, im Rahmen des Arbeitsverhältnisses eine Lösung der Konfliktlage anzustreben. Die Richter muteten dem Arbeitnehmer zu, unter Aufrechterhaltung des bisherigen Arbeitsverhältnisses – und damit auch der Mitgliedschaft in der katholischen Kirche – zunächst die Suche nach einem anderen Arbeitsplatz zu betreiben. Erst wenn der Arbeitnehmer einen neuen Arbeitsplatz gefunden hätte, hätte er nach Auffassung des LSG Rheinland-Pfalz aus dem Arbeitsverhältnis austreten dürfen. Eine Verletzung von Art. 4 Abs. 1 GG, d.h. der Religionsfreiheit, sah das LSG in dieser Rechtsprechung nicht und verneinte u. E. zu Unrecht einen wichtigen Grund für die Mitwirkung des Arbeitnehmers an der Beendigung des Arbeitsverhältnisses im Rahmen des Vergleichsabschlusses bzw. bei Auslösung der fristlosen Kündigung.

- **Gewissengründe** können ebenfalls nur in eng begrenzten Ausnahmefällen einen wichtigen Grund i.S.v. § 144 SGB III zur Aufgabe des Arbeitsplatzes darstellen. Bejaht wurde die Unzumutbarkeit in einem Fall, in dem der Arbeitnehmer Waffen herstellen sollte (vgl. *BSG* 18.2.1987 – 7 Rar 72/85 – SozR 4100 § 119 Nr. 30). Abgelehnt hingegen für einen Kriegsdienstverweigerer, der es für unzumutbar hielt, einen Katalog über Rüstungsgüter zu drucken (vgl. *BSG* 23.6.1982 – 7 Rar 89/81 – SozR 4100 § 119 Nr. 19);
- Gibt ein **älterer Arbeitnehmer** seinen Arbeitsplatz im Rahmen einer Massenentlassung **zu Gunsten eines jüngeren Arbeitnehmers** auf, so kann auch dies u.U. einen wichtigen Grund darstellen, der eine Sperrzeit ausschließt (vgl. *BSG* 13.3.1997 – 11 Rar 17/96). Ein wichtiger Grund liegt beim Ausscheiden eines älteren Arbeitnehmers darüber hinaus auch dann vor, wenn durch Betriebsrat oder Arbeitgeber auf den Mitarbeiter erheblicher psychischer Druck im Hinblick auf das Ausscheiden zu Gunsten eines jüngeren Kollegen ausgeübt wurde und von daher ein Fortsetzen des Arbeitsverhältnisses dem älteren Arbeitnehmer nicht mehr zuzumuten war (vgl. *BSG* 25.4.1990 – 7 RAr 16/89 – DBlR Nr. 3649 zu § 119 AFG).

b) Beweislast

Zu beachten ist, dass die Beweislast dafür, dass der Arbeitnehmer/Arbeitslose keinen wichti- **153**
gen Grund für die Aufgabe des Arbeitsverhältnisses hatte, nicht den Arbeitslosen, sondern die Agentur für Arbeit trifft (vgl. *BSG* 25.4.2002 – B 11 AL 65/01 R – NZA-RR 2003, 105). Der Arbeitslose ist lediglich zur **Mitwirkung** verpflichtet und muss daher die notwendigen Angaben über einen möglichen wichtigen Grund zeitnah machen.

c) Wichtiger Grund bei einvernehmlicher Trennung

Wird das Arbeitsverhältnis durch Abschluss eines **Aufhebungsvertrages** aufgelöst, so stellt **154**
dies grds. einen sperrzeitrelevanten Tatbestand i.S.v. § 144 SGB III dar. Die **Sperrzeit entfällt** hier lediglich dann, wenn der Mitarbeiter einen **wichtigen Grund für die Aufgabe des Anstellungsverhältnisses** besaß.

Nach den im Oktober 2007 aktualisierten Dienstanweisungen der BA zu § 144 SGB III **155**
liegt ein wichtiger Grund für den Abschluss eines Aufhebungsvertrages auf Arbeitnehmerseite dann vor, wenn:

1. »(1) Hat der Arbeitslose das Beschäftigungsverhältnis beendet, weil ihm andernfalls eine arbeitgeberseitige Kündigung drohte, liegt allein darin kein wichtiger Grund.

(2) Ein wichtiger Grund für den Abschluss eines Aufhebungsvertrages oder für eine Eigenkündigung liegt vor, wenn
- eine Kündigung durch den Arbeitgeber mit Bestimmtheit in Aussicht gestellt worden ist,
- die drohende Arbeitgeberkündigung auf betriebliche Gründe gestützt würde,
- die Arbeitgeberkündigung zu dem selben Zeitpunkt, zu dem das Beschäftigungsverhältnis geendet hat, oder früher wirksam geworden wäre,
- im Fall der Arbeitgeberkündigung die Kündigungsfrist eingehalten würde

und

1. eine Abfindung von 0,5 Monatsgehältern, mindestens aber 0,25 (noch wesentlicher wirtschaftlicher Vorteil) pro Beschäftigungsjahr an den Arbeitnehmer gezahlt wird. § 1a KSchG gilt entsprechend. Der Gedanke des § 1a KSchG der für den Fall einer betriebsbedingten Arbeitgeberkündigung eine einfache Klärung der Voraussetzung für die Beendigung des Arbeitsverhältnisses beinhaltet (s. hierzu 1.2.2 Abs. 1b), wird auf die Lösung des Arbeitsverhältnisses durch den Arbeitnehmer übertragen. Im Übrigen kommt es nicht darauf an, ob die drohende Arbeitgeberkündigung rechtmäßig ist. Beträgt die Abfindung unter 0,25 Monatsentgelten oder über 0,5 Monatsentgelte pro Beschäftigungsjahr, liegt nur dann ein wichtiger Grund vor, wenn die drohende Arbeitgeberkündigung sozial gerechtfertigt wäre.

oder

2. der Arbeitslose
   a) objektive Nachteile aus einer arbeitgeberseitigen Kündigung für sein berufliches Fortkommen vermieden hat; darauf kann sich jedenfalls der Arbeitslose, der das 58. Lebensjahr vollendet und eine Vorruhestandsregelung in Anspruch genommen oder eine nach Höhe und Zuschnitt vergleichbare Abfindung erhalten bzw. zu beanspruchen hat, nur in besonders begründeten Einzelfällen berufen

   oder

   b) sonstige Gründe darlegt, aus denen er objektiv Nachteile aus einer arbeitgeberseitigen Kündigung befürchten musste. Solche Gründe können Vergünstigungen sein, auf die im Falle der Kündigung kein Anspruch bestanden hätte. Dabei sind die Verhältnisse bei einem Aufhebungsvertrag mit denen bei arbeitgeberseitiger Kündigung zu vergleichen. Solche Vergünstigungen sind z.B. Abfindungen, die nicht unter 9.1.2 Abs. 2 Nr. 4 fallen und auf die ohne Abschluss des Aufhebungsvertrages kein Anspruch bestanden hätte (Urt. des *BSG* 12.7.2006 – B 11 a AL 47/05); würde auch bei einer Kündigung eine Abfindung gezahlt, muss die Abfindung bei einem Aufhebungsvertrag mindestens 10 % höher sein,

   und

   die Kündigung rechtmäßig wäre. Die Rechtmäßigkeit einer arbeitgeberseitigen Kündigung umfasst nicht nur die Frage, ob die individuelle maßgebende Kündigungsfrist oder ein etwaiger Ausschluss der Kündigung durch den Arbeitgeber beachtet worden ist, sondern – in bestimmten Grenzen – auch die Prüfung der sozialen Rechtfertigung nach § 1 KSchG.«

156 Wie oben im Zusammenhang mit dem Abwicklungsvertrag bereits dargestellt, hat die BA ihre Auffassung zum Vorliegen eines wichtigen Grundes bei Abschluss von Abwicklungsverträgen und Aufhebungsverträgen aufgrund der geänderten Rechtsprechung des *BSG* – insbesondere aufgrund des Urt. v. 12.7.2006 (– B 11 a AL 47/05 R) – geändert. Das BSG hatte in ständiger Rechtsprechung darauf hingewiesen, dass Arbeitnehmer, die weiterhin im Arbeitsleben stehen, durch die einvernehmliche Auflösung des Arbeitsverhältnisses ihre Wiedereingliederungschancen positiv beeinflussen können. Insofern hat die Rechtsprechung anerkannt, dass sich ein Aufhebungsvertrag letztendlich auch positiv für die »Solidargemeinschaft aller Versicherten« auswirken kann (vgl. *BSG* 25.4.2002 – B 11 AL 65/01 R – NZS 203, 330 ff.).

157 Wörtlich heißt es insofern in dem Urteil des BSG vom 25.4.2002:
»Gerade in Fällen einer rechtmäßigen Kündigung, in denen der Arbeitnehmer sich rechtlich nicht gegen die Beendigung seines Beschäftigungsverhältnisses wehren kann, ist der Zweck der Sperrzeit und das verfassungsrechtliche Übermaßverbot, an dem alles staatliche Handeln zu messen ist, (...) zu bedenken. Das Vorgehen der Bundesagentur für Arbeit, die Arbeitnehmern anscheinend grds. zumuten will, die drohende Kündigung des Arbeitgebers abzuwarten, unterliegt danach durchgreifenden Bedenken.«

158 Wie das obige Zitat aus den Dienstanweisungen der Bundesagentur für Arbeit zeigt, hat die Bundesagentur für Arbeit diesen durchgreifenden Bedenken, die dann vom *BSG* im Urt. v. 12.7.2006 (– B 11 a AL 47/05 R) präzisiert worden sind, Rechnung getragen. Seither wird anerkannt, dass eine Abfindung zwischen 0,25 und 0,5 Bruttogehältern, die in einem Aufhebungsvertrag vereinbart wird, einen wichtigen Grund für die Beendigung des Arbeitsverhältnisses darstellt und es hier nicht mehr zur Überprüfung kommt, ob eine hypothetische Kündigung wirksam gewesen wäre. Lediglich dann, wenn eine höhere Abfindung vereinbart wird, bleibt es bei der Überprüfung der Rechtmäßigkeit einer hypothetischen Kündigung. Hier kann zur Vermeidung von Wiederholungen auf die obigen Ausführungen in Rn. 121 ff. verwiesen werden.

159 Um Missverständnisse zu vermeiden, ist allerdings darauf hinzuweisen, dass das BSG bei der Überprüfung einer Sperrzeit durch Abschluss eines Aufhebungsvertrages stets verlangt, dass das Arbeitsverhältnis ansonsten durch eine wirksame arbeitgeberseitige Kündigung, die nicht auf verhaltensbedingten Gründen beruht, hätte beendet werden können. Fehlt es bei einem Aufhebungsvertrag, der eine höhere Abfindung als 0,5 Bruttogehälter je Beschäftigungsjahr vorsieht an dieser Voraussetzung, so bleibt es bei der Anordnung der Sperrzeit.

160 Wichtig für die Praxis ist, wie den Dienstanweisungen der Bundesagentur für Arbeit entsprechend dem obigen Zitat zu entnehmen ist, dass das BSG der früheren Auffassung der Bundesagentur für Arbeit, wonach bei einem Aufhebungsvertrag neben der Rechtmäßigkeit einer möglichen arbeitsgerichtlichen Kündigung ein »zusätzlicher Nachweis« eines besonderen Interesses des Arbeitnehmers an der Aufhebungsvereinbarung erforderlich sei, eine klare Absage erteilt wurde. Alleine die Möglichkeit, eine Abfindung zu erhalten, reicht bei Vorliegen eines betriebsbedingten oder personenbedingten Kündigungsgrundes nunmehr aus, um von einem wichtigen Grund für den Abschluss eines Aufhebungsvertrages auszugehen; bei der Frage, ob ein wichtiger Grund für den Abschluss des Aufhebungsvertrages vorliegt, ist demnach auch das Eigeninteresse des Arbeitnehmers an einer für ihn günstigen Gestaltung der Modalitäten der ohnehin nicht zu verhindernden Beendigung des Arbeitsverhältnisses zu berücksichtigen. Kann die Beendigung des Arbeitsverhältnisses nicht verhindert werden, weil ein Kündigungsgrund vorliegt, so darf die Art und Weise der Beendigung des Arbeitsverhältnisses keine Rolle spielen. Das Urt. des BSG v. 12.7.2006 führt also dazu, dass der Aufhebungsvertrag wieder für beide Arbeitsvertragsparteien sinnvolles Mittel zur Beendigung von Arbeitsverhältnissen wird, wenn der Arbeitgeber einen betriebsbedingten oder personenbedingten Kündigungsgrund besitzt.

161 Das *BSG* hat in der Entscheidung vom 12.7.2006 insofern wörtlich ausgeführt:
»Denn wie der Senat bereits in seinem Urteil vom 17.11.2005 – B 11a/11 AL 69/04 R – (...) dargelegt hat, liegt ein wichtiger Grund keineswegs nur dann vor, wenn ein Abwarten der arbeitgeberseitigen Kündigung deshalb unzumutbar ist, weil Nachteile für das berufliche Fortkommen zu befürchten sind; vielmehr handelt es sich hierbei nur um einen der in Betracht zu ziehenden Gesichtspunkte (...). Demgemäß können auch sonstige Umstände zu der Annahme führen, dass ein Abwarten der Arbeitgeberkündigung unzumutbar war.
... jedenfalls steht angesichts der ohnehin nicht zu vermeidenden Beschäftigungslosigkeit seinem Interesse daran, sich durch Abschluss des Aufhebungsvertrages zumindest die ihm zugesagte Abfindung zu sichern kein gleichwertiges Interesse der Versichertengemeinschaft an einem Abwarten der Arbeitgeberkündigung gegenüber. Ausreichend ist

insofern die Feststellung des LSG, das ohne den Abschluss des Aufhebungsvertrages eine Abfindung nicht zahlbar gewesen wäre. In diesem Zusammenhang bleibt die Höhe der Abfindung unerheblich.«

162 Die vorerwähnte Entscheidung des BSG vom 12.7.2006 führt des Weiteren dazu, dass auch Mitarbeiter, die in den Vorruhestand wechseln können, nicht ohne weiteres bei Abschluss eines entsprechenden Aufhebungsvertrages mit einer Sperrzeit rechnen müssen. Die Entscheidung des BSG vom 12.7.2006 selbst betraf einen Mitarbeiter, der im Zeitpunkt der Beendigung des Arbeitsverhältnisses bereits 62 Jahre alt war. Da das BSG von einem wirksamen Kündigungsgrund ausging, spielte weder das Lebensalter noch die Tatsache der Abfindung für das BSG bei der Beurteilung des wichtigen Grundes eine Rolle. Auch die BA verweist in ihren Dienstanweisungen zu § 144 SGB III unter Ziff. 9.1.2 in der aktualisierten Fassung 10/2007 darauf hin, dass sich Arbeitslose, die eine Vorruhestandsregelung oder vergleichbare Regelung abgeschlossen haben nur im begründeten Ausnahmefällen darauf berufen können, dass sie objektive Nachteile einer arbeitgeberseitigen Kündigung durch den Abschluss des Aufhebungsvertrages vermieden haben. Zu den sonstigen Nachteilen kann insbesondere die dem Arbeitslosen nur im Fall des Abschlusses eines Aufhebungsvertrages zufließende Abfindung gehören, wie das BSG deutlich gemacht hat.

163 Auch die Tatsache, dass in dem Fall vom 12.7.2006 die dem Arbeitnehmer gezahlte Abfindung um 1.000,00 € oberhalb der Regelabfindung von 0,5 Gehältern je Beschäftigungsjahr lag, führte nicht zur Verhängung einer Sperrzeit. Es wird also anerkannt, dass auch ältere Arbeitnehmer sich bei Vorliegen eines rechtmäßigen Kündigungsgrundes auf das Interesse einer Abfindungszahlung berufen können. Unabhängig von der Zahlung einer Abfindung muss darüber hinaus gerade bei Führungskräften davon ausgegangen werden, dass diesen das Abwarten einer arbeitgeberseitigen Kündigung ohne weiteres unzumutbar ist. Von einer Führungskraft wird Loyalität zum Unternehmen verlangt. Von daher muss man einer Führungskraft zubilligen, dass diese sich im Fall des Wegfalls ihres Arbeitsplatzes einem Aufhebungsvertrag nicht verschließt. Es widerspricht der bisherigen Loyalitätspflicht, wenn die Führungskraft sich bei dieser Fallkonstellation nunmehr auf einen Kündigungsrechtsstreit bzw. bereits auf den Ausspruch einer Kündigung einlassen müsste.

164 So sehr die geänderte Rechtsprechung des BSG, die an die Abfindungshöhe anknüpft, zu begrüßen ist und so sehr es zu begrüßen ist, dass die BA ihre Dienstanweisungen an diese neue Rechtsprechung angepasst hat, bleibt zu bemängeln, dass die Anknüpfung an die Abfindung weiterhin zu erheblichen Unsicherheiten führt. Wie oben unter Rn. 103 ff. bereits ausgeführt, wird sich in der Praxis als problematisch erweisen, dass Aufhebungsverträge vielfach nicht lediglich eine Abfindungssumme enthalten, sondern sich die Entschädigung des Mitarbeiters für die Aufgabe des sozialen Besitzstandes aus einer Vielzahl von unterschiedlichen Regelungen zusammensetzt. Insofern enthalten Aufhebungsverträge neben der Abfindung teilweise die Kostenübernahme für Rechtsanwaltskosten, die Kostenübernahme für Outplacement-Kosten, die Regelung über einen bestimmten Bonus oder auch die Verlängerung des Arbeitsverhältnisses über die übliche Kündigungsfrist hinaus. Letztendlich bildet ein Aufhebungsvertrag stets ein Gesamtpaket. Insofern wird von der Rechtsprechung zu klären sein, wie sich die nunmehr als Maßstab herangezogene Abfindung von 0,25 bis 0,5 Bruttogehältern ermittelt. Man wird hier sicherlich nicht alleine auf die eigentliche Abfindung abstellen können, da ansonsten eine Umgehung der Regelung leicht zu bewerkstelligen ist.

3. Folgen der Sperrzeit

165 Tritt eine Sperrzeit ein, so **ruht** der Anspruch auf Arbeitslosengeld grds. für die Dauer von **zwölf Wochen**. Des Weiteren wird er gem. § 128 SGB III **um 25% gemindert**, sofern nicht zwischen dem sperrzeitauslösenden Ereignis und dem Antrag auf Arbeitslosengeld mehr als ein Jahr liegt.

Gemäß § 144 Abs. 3 SGB III reduziert sich die Ruhenszeit beim Arbeitslosengeld auf sechs Wochen, wenn die **Sperrzeit eine besondere Härte** für den betroffenen Arbeitslosen darstellt. Entscheidend für die Anerkennung einer besonderen Härte sind alleine die Umstände, die für den Eintritt der Sperrzeit maßgebend waren. Allgemeine Lebensumstände, wie eine ungünstige wirtschaftliche Lage oder unterhaltspflichtige Familienmitglieder sind grds. nicht geeignet, eine Reduzierung der Dauer der Ruhenszeit im Fall der Sperrzeit zu rechtfertigen. 166

Obwohl während der zwölfwöchigen Sperrzeit der Anspruch auf **Arbeitslosengeld** ruht und der Arbeitslose somit keine unmittelbaren Leistungen der Agentur für Arbeit erhält, ist der **Krankenversicherungsschutz zumindest zwischen der fünften und der zwölften Woche** über die Agentur für Arbeit gem. § 5 Abs. 1 Nr. 2 SGB V gesichert (s. i.E. zum Krankenversicherungsschutz während der Arbeitslosigkeit die Ausführungen u. Rn. 180). 167

4. Beginn der Sperrzeit

Die Sperrzeit schließt sich unmittelbar an die Beendigung des Beschäftigungsverhältnisses an. Gemäß der Entscheidung des *BSG* vom 25.4.2002 (– B 11 AL 65/01 R – NZS 2003, 330) beginnt die Sperrzeit im Fall einer Freistellung eines Arbeitnehmers während der Kündigungsfrist am ersten Tag der Freistellung. Wird der Arbeitnehmer also bspw. drei Monate vor Ende des Arbeitsverhältnisses freigestellt, erhält er nach Ablauf der Kündigungsfrist sofort Arbeitslosengeld, da die Sperrzeit während der Freistellung in der Kündigungsfrist abgelaufen war. 168

Betrachtet man das am 10.8.2005 veröffentliche Besprechungsergebnis der Spitzenverbände der Sozialversicherungsträger vom 5./6.7.2005 bzgl. der Konsequenzen der Freistellung von der Arbeitsleistung im laufenden bzw. endenden Arbeitsverhältnis, so zeigt sich, dass die Beschäftigungslosigkeit nicht nur bei einer einvernehmlichen unwiderruflichen Freistellung eintritt, sondern dass die Beschäftigungslosigkeit auch bei der einseitigen unwiderruflichen Freistellung erfolgt. Zwar entfällt das sozialversicherungspflichtige Beschäftigungsverhältnis nur bei der einvernehmlichen unwiderruflichen Freistellung und nicht bei der einseitigen Freistellung durch den Arbeitgeber. Letzteres hätte ansonsten zur Konsequenz, dass der Arbeitgeber einseitig dem Arbeitnehmer den sozialversicherungsrechtlichen Schutz nehmen könnte. Obwohl also bei der einseitigen unwiderruflichen Freistellung das sozialversicherungspflichtige Beschäftigungsverhältnis grds. aufrechterhalten bleibt, besteht Einigkeit dahingehend, dass die unwiderrufliche Freistellung – unabhängig davon, ob sie einvernehmlich oder einseitig durch den Arbeitgeber erfolgt – dazu führt, dass der Arbeitnehmer ab dem ersten Tag der unwiderruflichen Freistellung beschäftigungslos i.S.d. § 119 Abs. 1 SGB III ist. Damit beginnt die Sperrzeit bereits ab der Freistellung und läuft somit parallel zur Kündigungsfrist. 169

Dauert die Kündigungsfrist länger als die Sperrzeit, so erwirbt der Arbeitnehmer nach Ablauf der dreimonatigen Sperrzeit keinen Anspruch, dass ihm neben dem von seinem Arbeitgeber während der Freistellung geschuldeten Entgelt auch Arbeitslosengeld durch die Agentur für Arbeit gezahlt wird. Die Fortzahlung der Vergütung durch den Arbeitgeber führt nach § 143 Abs. 1 SGB III zu einem Ruhen des Arbeitslosengeldanspruchs. Das Ruhen nach § 143 Abs. 1 SGB III führt hier dazu, dass der erworbene Anspruch lediglich zeitlich nach hinten verlagert wird, bis der Ruhenstatbestand beseitigt ist, d.h. die Kündigungsfrist abgelaufen ist. 170

C. Erstattung des Arbeitslosengeld nach § 147a SGB III

Wie eingangs bereits erwähnt, ist die früher auf Arbeitgeberseite zu beachtende **Erstattungspflicht** hinsichtlich des von älteren Arbeitnehmern bezogenen Arbeitslosengeldes **nach § 147a SGB III zum 31.1.2006 entfallen**. Ist der Arbeitnehmer **nach dem 31.1.2006** aus dem Arbeitsverhältnis ausgeschieden bzw. ist die Beschäftigungslosigkeit des Arbeitnehmers erst nach dem 31.1.2006 eingetreten, so ist der Arbeitgeber nicht mehr zur Erstattung des Arbeitslosengeldes verpflichtet. **§ 147a SGB III kann keine Anwendung mehr finden.** 171

172 Hinsichtlich der Voraussetzungen für die Erstattungspflicht nach § 147a SGB III für Altfälle kann an dieser Stelle nunmehr auf die diesbezüglichen Ausführungen in der 7. Aufl. dieses Handbuchs verwiesen werden.

D. Erstattung des Arbeitslosengeld nach § 148 SGB III bei nachvertraglichem Wettbewerbsverbot

173 Bis zum 31.12.2003 existierte in § 148 SGB III eine Vorschrift, wonach der Arbeitgeber unabhängig vom Lebensalter des Mitarbeiters in dem Fall zur Erstattung von 30 % des Arbeitslosengeldes verpflichtet war, wenn mit dem arbeitslos gewordenen Mitarbeiter ein **nachvertragliches Wettbewerbsverbot** vereinbart worden war. Diese Vorschrift war zum 31.12.2003 **ersatzlos aufgehoben** worden.

E. Krankenversicherung nach Beendigung des Arbeitsverhältnisses

174 Mit der Beendigung eines Anstellungsverhältnisses endet grds. auch die **Pflichtversicherung in der gesetzlichen Krankenversicherung**. Von daher spielt die Frage, welcher Krankenversicherungsschutz nach Beendigung des Arbeitsverhältnisses besteht, insbesondere bei Abschluss von **Aufhebungsverträgen** eine erhebliche Rolle. Diese Frage betrifft jedoch nicht nur Arbeitnehmer, die unter die gesetzliche Pflichtversicherung in der Krankenversicherung fallen, sondern auch Mitarbeiter, die **freiwillig oder privat versichert** sind.

I. Pflichtmitgliedschaft während des Bezuges von Arbeitslosengeld

175 Während im laufenden Arbeitsverhältnis eine Pflichtmitgliedschaft in der Krankenversicherung vom Bruttomonatseinkommen des Arbeitnehmers abhängig ist, besteht gem. § 5 Abs. 1 Nr. 2 SGB V während der Zeit des Bezuges von Arbeitslosengeld eine **Pflichtversicherung des Arbeitslosen** in der gesetzlichen Krankenversicherung. Diese Pflichtmitgliedschaft entsteht auch in den Fällen, in denen der Mitarbeiter zuvor **freiwillig** oder sogar **privat versichert** war. Gemäß § 5 Abs. 1 Nr. 2 SGB V setzt die Pflichtversicherung jedoch voraus, dass der Arbeitslose tatsächlich **Arbeitslosengeld bezieht** bzw. der Bezug von Arbeitslosengeld alleine daran scheitert, dass eine Sperrzeit nach § 144 SGB III eingetreten ist. Während der **Sperrzeit** ist der Arbeitslose ab Beginn des zweiten Monats bis zur zwölften Woche ebenfalls pflichtversichert.

1. Nachwirkender Krankenversicherungsschutz

176 Nach § 190 Abs. 2 SGB V endet die Mitgliedschaft in der gesetzlichen Krankenversicherung automatisch mit Ablauf des Tages, an dem das Arbeitsverhältnis tatsächlich endet. Trotz Beendigung der Mitgliedschaft in der Krankenversicherung ist diese aber noch **für einen Monat nach Ausscheiden** des Arbeitnehmers gem. § 19 Abs. 2 SGB V verpflichtet, Leistungen zu erbringen.

2. Mitgliedschaft in einer Ersatzkasse

177 Arbeitnehmer, die in einer sog. **Ersatzkasse** krankenversichert sind, verlieren diese Mitgliedschaft **nicht automatisch** durch die Beendigung des Arbeitsverhältnisses. Hier endet gem. § 190 Abs. 12 SGB V die Mitgliedschaft erst dann, wenn der Mitarbeiter nach Hinweis durch die Krankenkasse über die Austrittsmöglichkeit innerhalb von zwei Wochen seinen Austritt erklärt hat. Versäumt die Ersatzkasse diesen Hinweis, so kann der Arbeitslose auch noch zu einem späteren Zeitpunkt rückwirkend austreten. Erklärt der in einer Ersatzkasse Versicherte nicht innerhalb der Zwei-Wochen-Frist seinen Austritt, so wandelt sich das Versicherungsverhältnis in eine **freiwillige Mitgliedschaft** um. Der Arbeitslose muss nur den **vollen Versicherungsbeitrag** alleine aufbringen. Allerdings ist diese Verpflichtung im Regelfall nur

auf einen Monat begrenzt. Sobald der Arbeitslose Leistungen der Agentur für Arbeit bezieht bzw. die Fiktion des § 5 Abs. 1 Nr. 2 SGB V wegen Festsetzung einer Sperrzeit eingreift, verdrängt die gesetzliche Pflichtversicherung die freiwillige Mitgliedschaft.

3. Mitglieder einer privaten Krankenversicherung

Von der Versicherungspflicht befreite Arbeitnehmer, die in einer privaten Krankenversiche- 178
rung versichert sind, müssen während der **ersten vier Wochen einer Sperrzeit** selbst für ihren **Krankenversicherungsschutz** sorgen. Da der Beitragszuschuss des Arbeitgebers mit Beendigung des Arbeitsverhältnisses entfällt, muss der Mitarbeiter in diesem Fall den **gesamten Versicherungsbeitrag alleine tragen.**

4. Krankenversicherungsschutz während eines Ruhenszeitraums nach § 143a SGB III

Ist wegen Nichteinhaltung der Kündigungsfrist ein Ruhenszeitraum nach § 143a SGB III 179
eingetreten, so ist der Arbeitslose während dieses Zeitraums nicht krankenversichert. Im Gegensatz zur Regelung für die Sperrzeit **wird bei der Ruhenszeit nach § 143a SGB III kein Arbeitslosengeldbezug fingiert.** Der Arbeitslose erhält also während der Ruhenszeit nur während des ersten Monats auf Grund des **nachwirkenden Krankenversicherungsschutzes nach § 19 SGB V** und während der Zeit einer parallel verlaufenden Sperrzeit Krankenversicherungsschutz. Für die übrigen Zeiträume muss der Arbeitslose sich **freiwillig bei einer Krankenkasse** versichern. Da der Arbeitslose weder einen Anspruch auf Beitragszuschuss gegenüber dem alten Arbeitgeber noch gegenüber der Agentur für Arbeit hat, muss er gem. § 250 Abs. 2 SGB V für diese Zeit die Beiträge alleine tragen.

II. Arbeitsunfähigkeit während des Bezuges von Arbeitslosengeld

Wird der Arbeitslose während des Bezuges von Arbeitslosengeld arbeitsunfähig, so wird 180
ihm gem. § 126 SGB III für die Dauer von sechs Wochen das Arbeitslosengeld in unveränderter Höhe fortbezahlt. Überschreitet die Arbeitsunfähigkeit den Zeitraum von sechs Wochen, so erhält der Arbeitslose anschließend **Krankengeld** nach § 44 Abs. 1 SGB V von der gesetzlichen Krankenkasse. Das Krankengeld wird insofern gem. § 47b SGB V in Höhe des zuletzt bezogenen **Arbeitslosengeldes** gezahlt. Die Bezugsdauer des Krankengeldes ist auch im Rahmen der Arbeitslosigkeit auf 78 Wochen beschränkt.

III. Arbeitsunfähigkeit zu Beginn der Arbeitslosigkeit

Ist der Arbeitslose im Zeitpunkt der Beendigung des Arbeitsverhältnisses bzw. zu Beginn 181
der Arbeitslosigkeit arbeitsunfähig erkrankt, so hängt die sozialversicherungsrechtliche Absicherung davon ab, ob die Arbeitsunfähigkeit sich nur auf die zuletzt ausgeübte Tätigkeit bezieht oder ob der Arbeitslose auch an der Ausübung anderweitiger zumutbarer Tätigkeiten durch die Erkrankung gehindert ist. Der Arbeitslose hat im Fall der generellen Arbeitsunfähigkeit **keinen Anspruch auf Arbeitslosengeld**, sondern bleibt gem. § 192 Abs. 1 Nr. 2 SGB V weiterhin Mitglied der gesetzlichen Krankenversicherung und **bezieht nunmehr Krankengeld.** Der Anspruch auf Krankengeld erlischt auch in diesem Fall nach einer Bezugsdauer von 78 Wochen.

War der Arbeitslose nicht in der gesetzlichen Krankenversicherung, sondern bei einem 182
privaten Versicherungsunternehmen versichert, so muss er nunmehr bis zur Wiedererlangung einer für die Vermittlung durch die Agentur für Arbeit ausreichenden Arbeitsfähigkeit die **Beiträge** zu seiner privaten Krankenversicherung **in voller Höhe selbst tragen.**

Im Hinblick auf eine **Langzeiterkrankung** im Zeitpunkt der Beendigung des Anstel- 183
lungsverhältnisses ist § 125 SGB III zu beachten. Gemäß § 125 SGB III hat ausnahmsweise auch derjenige Arbeitslose **Anspruch auf Arbeitslosengeld**, der nur deswegen nicht als arbeitslos i.S.v. § 119 SGB III gilt, weil er wegen einer mehr als sechsmonatigen Minderung seiner Leistungsfähigkeit nicht in der Lage ist, eine mindestens 15 Wochenstunden umfas-

sende versicherungspflichtige Beschäftigung zu den marktüblichen Bedingungen auszuüben. Weitere Voraussetzung ist allerdings, dass der Arbeitslose noch nicht die Voraussetzungen für eine **Rente wegen Erwerbsminderung** erfüllt.

IV. Krankenversicherungsschutz nach Ende der Bezugsdauer des Arbeitslosengeldes

184 Nach Ablauf der Bezugsdauer des Arbeitslosengeldes endet auch der aus § 5 Abs. 1 Nr. 2 SGB V folgende Krankenversicherungsschutz. Da es sich allerdings um eine Pflichtversicherung gehandelt hat, tritt hier wieder der **einmonatige nachwirkende Krankenversicherungsschutz** ein. Nach Ablauf dieses einen Monats ist der Arbeitslose nur dann weiter krankenversichert, wenn er **Arbeitslosengeld II** bezieht. Erfüllt er allerdings nicht die Voraussetzungen für Arbeitslosengeld II, weil es bspw. an der notwendigen Bedürftigkeit fehlt, so muss er sich selbst **freiwillig krankenversichern**, wenn er den notwendigen Schutz sicherstellen will.

V. Krankengeldbezug nach Abbruch der Altersteilzeit

185 Wird der Arbeitnehmer während der Altersteilzeit arbeitsunfähig, so hat er nach Ablauf des sechswöchigen Entgeltfortzahlungszeitraums Anspruch auf Krankengeld. Das Krankengeld wird insofern lediglich von dem **sozialversicherungspflichtigen halbierten alten Vollzeiteinkommen** berechnet. Erweist sich nun die **Langzeiterkrankung** als derart gravierend, dass mit einer Rückkehr des Mitarbeiters nicht zu rechnen ist, wird das Altersteilzeitarbeitsverhältnis wegen des jetzt eingetretenen **Störfalls** i.d.R. aufgelöst und rückabgewickelt.

186 Nach Auffassung der Spitzenverbände der Sozialversicherungsträger führt die **Rückabwicklung des Altersteilzeitverhältnisses** nun nicht dazu, dass sich die **Berechnungsgrundlage für das Krankengeld** verändert. Obwohl der Arbeitgeber das während der Arbeitsphase aufgebaute **Wertguthaben** an den Mitarbeiter auszahlt und auch die entsprechenden **Sozialversicherungsbeiträge** abführt, sehen die Krankenkassen keine Veranlassung, das Krankengeld nunmehr anhand des sich jetzt rückwirkend ergebenden neuen Bruttoeinkommens zu ermitteln.

187 Die Krankenkassen berufen sich insofern auf § 47 Abs. 2 S. 4 SGB V. Nach dieser Vorschrift sind Wertguthaben, die nicht gem. einer Vereinbarung über **flexible Arbeitszeitregelungen** verwendet werden, bei der **Bemessung des Krankengeldes** außer Betracht zu lassen. Gemäß dem Besprechungsergebnis der Spitzenverbände der Krankenkassen vom 8./9.10.2002 vertreten die Spitzenverbände der Krankenkassen die Auffassung, dass in den Fällen, in denen ein flexibles Arbeitszeitmodell während der Arbeitsphase beendet wird und diese Beendigung zu einer Auszahlung des angesparten Wertguthabens führt, das aufgebrachte Wertguthaben unabhängig vom Anlass der Beendigung des Arbeitszeitmodells nicht zweckentsprechend verwendet wird. **Von daher kann das Wertguthaben nach Auffassung der Spitzenverbände nicht für die Krankengeldberechnung berücksichtigt werden.**

188 Die von den Spitzenverbänden vertretene Auffassung ist unseres Erachtens **nicht verfassungskonform**. Die vorerwähnte Auffassung führt dazu, dass zwar **auf das Wertguthaben Krankenversicherungsbeiträge** abgeführt werden, andererseits dieses versicherte Einkommen allerdings dann **nicht zur Erhöhung des Regelentgeltes**, welches für die Berechnung des Krankengeldes maßgebend ist, beiträgt. Hier liegt letztendlich also eine **Ungleichbehandlung** vor. Es tritt also die gleiche Situation ein, wie sie das *BVerfG* in seinem Beschluss v. 20.5.2000 (– 1 BVL 1/98) bzgl. § 47 Abs. 2 S. 1 SGB V bemängelt hatte. Dort hatte der Gesetzgeber vorgesehen, dass zwar einmalig gezahltes Arbeitsentgelt – bspw. Weihnachtsgeld – sozialversicherungspflichtig ist; jedoch nicht bei der Feststellung des Regelentgeltes herangezogen werden darf. Auch hier hat der Gesetzgeber also eine Regelung geschaffen, die zur Abführung von Sozialversicherungsbeiträgen für bestimmtes Entgelt führt, ohne dass der Arbeitnehmer im Gegenzug von diesen Sozialversicherungsbeiträgen in der Krankenversicherung profitiert. Ist nun die Regelung in § 47 Abs. 2 S. 1 SGB V mit Art. 3 GG nicht vereinbar gewesen, so kann unseres Erachtens nichts anderes für § 47 Abs. 2 S. 4 SGB V gelten.

Für die von uns vertretene Auffassung spricht des Weiteren, dass der Gesetzgeber den Bezug von **Arbeitslosengeld nach Abbruch einer Altersteilzeit** dergestalt geregelt hat, dass hier ausdrücklich im Altersteilzeitgesetz festgeschrieben ist, dass das Arbeitslosengeld – soweit es vor dem frühestmöglichen Zeitpunkt des Rentenbezugs gezahlt wird – nicht anhand des zuletzt erzielten sozialversicherungspflichtigen Entgeltes ermittelt wird, sondern dass hierfür das **fiktive Vollzeiteinkommen** des die Altersteilzeit abbrechenden Mitarbeiters maßgebend ist. Der Mitarbeiter ist also für den Störfall Arbeitslosigkeit nach Abbruch der Altersteilzeit ausreichend geschützt. Einen Grund, den Schutz des Mitarbeiters für den **Störfall Krankengeldbezug** nach Abbruch der Altersteilzeit anders zu regeln, gibt es nicht. 189

VI. Übernahme der Krankenversicherungsbeiträge

Während der Arbeitslosigkeit werden die Krankenversicherungsbeiträge gem. § 251 Abs. 4a SGB III vollständig von den Agenturen für Arbeit übernommen. Die Agentur für Arbeit kann also **keine Beiträge vom Arbeitslosengeld einbehalten**. Ist allerdings der Arbeitgeber über § 147a SGB III zur Erstattung des Arbeitslosengeldes verpflichtet, umfasst dies auch die Sozialversicherungsbeiträge. 190

F. Leistungen der gesetzlichen Rentenversicherung

Das Rentenversicherungsrecht gehörte in den vergangenen Jahren zu den »Lieblingsthemen« des Gesetzgebers. Es gab kaum ein Jahr, in dem es keine Rentenreform gegeben hat. Die diversen Reformgesetze haben die Möglichkeiten, vorgezogenes Altersruhegeld aus der gesetzlichen Rentenversicherung zu beziehen, immer weiter eingeschränkt. Das Sozialgesetzbuch VI kennt derzeit neben der Regelaltersrente, die nunmehr schrittweise vom 65. auf das 67. Lebensjahr angehoben wird, noch fünf weitere Tatbestände, bei denen auch ein vorzeitiger Bezug von Leistungen aus der gesetzlichen Rentenversicherung möglich ist. Einige Varianten des vorzeitigen Rentenbezuges existieren aber nur noch in Form von zeitlich begrenzten Übergangsregelungen, so dass die Geltungsdauer der jeweiligen Vorschrift über den vorzeitigen Ruhestand in jedem Einzelfall eines geplanten Vorruhestandes genau zu prüfen ist. Zu beachten ist hierbei, dass sich das RV-Altersgrenzenanpassungsgesetz nicht nur auf die Regelaltersrente durch schrittweise Anhebung des Eintrittalters auf das 67. Lebensjahr auswirkt, sondern dass von dem im Jahr 2007 in Kraft getretenen Gesetz auch die Rente für langjährig Versicherte, die in Zukunft nicht mehr wie bisher ab dem 62. Lebensjahr sondern erst ab dem 63. Lebensjahr mit entsprechenden Abschlägen in Anspruch genommen werden kann, sowie die Altersrente für Schwerbehinderte betroffen ist. 191

I. Regelaltersrente

Die Regelaltersrente nach §§ 35, 235 SGB VI kann von einem Versicherten beansprucht werden, wenn er das für ihn maßgebliche Regelalter vollendet und die allgemeine Wartezeit von fünf Jahren erfüllt hat. Liegen diese beiden Voraussetzungen vor, bedarf es nur noch gem. § 99 SGB VI eines Antrages. Keine Rolle spielt es für die Regelaltersrente, ob der Versicherte auch über das für ihn maßgebliche Rentenalter hinaus eine Beschäftigung oder selbstständige Tätigkeit ausübt. Hinzuverdienstgrenzen sind bei der Regelaltersrente nach § 35 SGB VI nicht zu beachten. 192

Für die Feststellung der Wartezeit von fünf Jahren sind neben echten Beitragszeiten auch Zeiten aus einem Versorgungsausgleich und sog. Ersatzzeiten zu berücksichtigen. Nicht berücksichtigt werden können für die allgemeine Wartezeit von fünf Jahren sog. Anrechnungszeiten (s.u. Rn. 214). 193

Um die Regelaltersrente zu erhalten, reicht es aus, wenn der Antrag nach § 99 SGB VI innerhalb von drei Monaten nach Erfüllung der Voraussetzungen für die Regelaltersrente gestellt wird. 194

195 Hat der Arbeitnehmer/Versicherte bis zu der für ihn geltenden Regelaltersgrenze (s.u. Rn. 198) eine Rente wegen Erwerbsminderung bezogen, so hält er grundsätzlich von Amts wegen mit Erreichung der Regelaltersgrenze die Altersrente (§ 115 Abs. 3 SGB VI).

196 Hat ein Arbeitnehmer zwar das für ihn geltende Rentenregelalter erreicht, jedoch die allgemeine Wartezeit von fünf Jahren nicht erfüllt, so ist er berechtigt, sich die eingezahlten Beiträge erstatten zu lassen.

197 Aufgrund des RV-Altersgrenzenanpassungsgesetzes wird die Altersgrenze für den Bezug der Regelaltersrente schrittweise vom 65. auf das 67. Lebensjahr angehoben. Die Anhebung erfolgt gem. § 235 SGB VI in Monatsschritten ab dem Geburtsjahrgang 1947. Der Geburtsjahrgang 1947 kann nach der Neufassung des SGB VI durch das Altersgrenzenanpassungsgesetz die Regelaltersrente nicht mehr mit Vollendung des 65. Lebensjahres sondern erst im Alter von 65. Jahren und einem Monat in Anspruch nehmen. Für die Geburtsjahrgänge bis einschließlich 1958 erhöht sich das Renteneintrittsalter jeweils um einen weiteren Monat je Jahrgang, so dass der Geburtsjahrgang 1958 die Regelaltersrente erst mit Vollendung des 66. Lebensjahres in Anspruch nehmen kann (siehe Tabelle unten). Ab dem Geburtsjahrgang 1959 erhöht sich dann das Eintrittsalter in Zwei-Monatsschritten. Der Geburtsjahrgang 1959 kann somit die Regelaltersrente erst mit 66. Jahren und zwei Monaten in Anspruch nehmen. Ab dem Geburtsjahrgang 1964 liegt die Altersgrenze zum Bezug der Regelaltersrente dann bei der Vollendung des 67. Lebensjahres.

198 Im Einzelnen ergeben sich für die Geburtsjahrgänge ab 1947 gem. § 235 SGB VI folgende neue Altersgrenzen für den Bezug der Regelaltersrente:

Geburtsjahr	Anhebung um Monate	auf Alter/Jahr	Monat
1947	1	65	1
1948	2	65	2
1949	3	65	3
1950	4	65	4
1951	5	65	5
1952	6	65	6
1953	7	65	7
1954	8	65	v8
1955	9	65	9
1956	10	65	10
1957	11	65	11
1958	12	66	0
1959	14	66	2
1960	16	66	4
1961	18	66	6
1962	20	66	8
1963	22	66	10
ab 1964	24	67	0

199 Der Gesetzgeber hat keine Möglichkeit vorgesehen, die Regelaltersrente auch zukünftig bereits ab dem 65. Lebensjahr zu beziehen und im Gegenzug Rentenkürzungen zu akzeptieren. Will ein Arbeitnehmer/Versicherter vor dem für ihn gem. der obigen Tabelle maßgeblichen Rentenalter in den Ruhestand wechseln, so ist dies nicht über den Weg der Regelaltersrente möglich. Der Arbeitnehmer/Versicherte muss dann prüfen, ob er die Voraussetzungen für eine der anderen Rentenarten erfüllt, die nach wie vor die Möglichkeit vorsehen, vor dem persönlichen Regelrentenalter Leistungen aus der gesetzlichen Rentenversicherung in Anspruch zu nehmen. Dies ist dann allerdings nur mit den unten im Einzelnen dargestellten Abschlägen möglich.

200 Nicht von der Anhebung der Altersgrenze bei der Regelaltersrente betroffen sind diejenigen Arbeitnehmer, die zum Stichtag 31.12.2006 bereits eine Altersteilzeitvereinbarung unter-

schrieben hatten oder zu diesem Zeitpunkt Anpassungsgeld für entlassene Arbeitnehmer des Bergbaus bezogen haben. Weitere Voraussetzung dafür, dass die Anhebung der Altersgrenzen nicht gilt, ist, dass die beiden vorerwähnten Arbeitnehmergruppen vor dem 1.1.1955 geboren sind. Mitarbeiter, die später geboren wurden, konnten die Anhebung der Altersgrenze weder durch die fristgerechte Unterzeichnung einer Alterteilzeitvereinbarung bis zum 31.12.2006 noch durch den Bezug von Anpassungsgeld für entlassene Arbeitnehmer des Bergbaus verhindern.

II. Altersrente für langjährig Versicherte

Stark verändert wurden in den vergangenen Jahren die Voraussetzungen für den Bezug einer vorgezogenen Altersrente für langjährig Versicherte. Obwohl der Gesetzgeber erst vor wenigen Jahren § 36 SGB VI dahingehend geändert hat, dass eine vorgezogene Altersrente schrittweise bereits ab dem 62. Lebensjahr unter Beachtung der sonstigen Voraussetzungen des § 236 SGB VI bezogen werden kann, sieht das im Jahr 2007 verabschiedete Altersgrenzenanpassungsgesetz eine Rückkehr zum 63. Lebensjahr vor. Dies bedeutet, dass die vorgezogene Altersrente für langjährig Versicherte nunmehr wieder für eine Vielzahl von Jahrgängen unterschiedliche Eintrittsalter vorsieht. Neben § 36 SGB VI ist des Weiteren der insofern ebenfalls neu gefasste § 236 SGB VI zu beachten. Letztere Vorschrift bestimmt die Regelungen über die vorzeitige Inanspruchnahme der Altersrente für langjährig Versicherte. 201

§ 36 SGB VI sieht nach der Neufassung durch das Altersgrenzenanpassungsgesetz nunmehr vor, dass ein Anspruch auf Altersrente für langjährig Versicherte hat, wer: 202
- das 67. Lebensjahr vollendet,
- die Wartezeit von 35 Jahren erfüllt und
- eine Beschäftigung oder selbständige Tätigkeit aufgegeben hat bzw. die zulässige Hinzuverdienstgrenze nicht überschreitet.

Eine vorzeitige Inanspruchnahme dieser Rente ist ab dem 63. Lebensjahr möglich. 203

Nach dem Altersgrenzenanpassungsgesetz wird zum einen die Altersgrenze für den vorzeitigen Bezug der Altersrente für langjährige Versicherte vom 62. auf das 63. Lebensjahr angepasst und zum anderen das Bemessungsalter für die Rentenabschläge vom 65. auf das 67. Lebensjahr erhöht. § 236 SGB VI in der Fassung nach dem Altersgrenzenanpassungsgesetz sieht nun für verschiedene Geburtsjahrgänge unterschiedliche Eintrittsalter und unterschiedlich hohe Abschläge bei der vorzeitigen Inanspruchnahme der Altersrente für langjährig Versicherte vor. 204

(1) Versicherte, die vor dem 1.1.1949 geboren sind, haben Anspruch auf Altersrente für langjährig Versicherte **ohne Rentenabschlag**, wenn sie: 205
1. das 65. Lebensjahr vollendet und
2. die Wartezeit von 35 Jahren erfüllt haben.

Diese Versicherten können – vorbehaltlich der sonstigen Vertrauensschutzregelungen (s.u. Rn. 210 und 211) – gem. § 236 Abs. 1 u. 2 S. 1 SGB VI die Altersrente für langjährig Versicherte auch mit einem lebenslänglichen Rentenabschlag vorzeitig ab dem 63. Lebensjahr in Anspruch nehmen. Der Abschlag wegen der vorzeitigen Inanspruchnahme in Höhe von 0,3 % je Monat berechnet sich in diesem Fall anhand der Monatsanzahl zwischen tatsächlichem Renteneintritt und Vollendung des 65. Lebensjahres. Die Anhebung des Rentenalters für die Altersrente für langjährig Versicherte in der vom Altersgrenzenanpassungsgesetz geänderten Fassung des § 36 SGB VI vom 65. auf das 67. Lebensjahr betrifft diese Geburtsjahrgänge also nicht mehr.

(2) Für Versicherte, die nach dem 31.12.1948 geboren sind, wird die Altersgrenze von 65 Jahren angehoben. Diese Versicherten haben Anspruch auf Altersrente für langjährig Versicherte ohne Rentenabschlag, wenn sie: 206
1. das sich aus der nachstehenden Tabelle ergebende individuelle Lebensalter vollendet haben und
2. die Wartezeit von 35 Jahren erfüllt haben.

207 Für Versicherte, die nach dem 31.12.1948 geboren sind, gilt nunmehr folgende individuelle Altersgrenze zum Bezug der Altersrente für langjährig Versicherte ohne Rentenabschlag:

Geburtsmonat/Geburtsjahr	Anhebung um Monate	Anspruch ab Alter Jahr/Monat
Januar 1949	1	65/1
Februar 1949	2	65/2
März bis Dez. 1949	3	65/3
Jan. bis Dez. 1950	4	65/4
Jan. bis Dez. 1951	5	65/5
Jan. bis Dez. 1952	6	65/6
Jan. bis Dez. 1953	7	65/7
Jan. bis Dez. 1954	8	65/8
Jan. bis Dez. 1955	9	65/9
Jan. bis Dez. 1956	10	65/10
Jan. bis Dez. 1957	11	65/11
Jan. bis Dez. 1958	12	66/0
Jan. bis Dez. 1959	14	66/2
Jan. bis Dez. 1960	16	66/4
Jan. bis Dez. 1961	18	66/6
Jan. bis Dez. 1962	20	66/8
Jan. bis Dez. 1963	22	66/10
Jan. bis Dez. 1964	24	67/0

208 Eine vorzeitige Inanspruchnahme dieser Altersrente ist für Versicherte, die nach dem 31.12.1948 geboren wurden – vorbehaltlich anderweitiger Vertrauensschutzregelungen (s.u. Rn. 210 und 211) – gem. § 236 Abs. 1 u. 2 S. 2 SGB VI ab dem 63. Lebensjahr möglich. Der lebenslängliche Rentenabschlag in Höhe von 0,3 % je Monat berechnet sich bei diesen Versicherten aus der Differenz zwischen tatsächlichem vorzeitigem Renteneintrittszeitpunkt und dem sich aus der obigen Tabelle ergebenden individuellen Anspruchszeitpunkt, der je nach Geburtsjahr zwischen dem 65. und 67. Lebensjahr liegen kann.

209 ► **Beispiel:**

Ein Versicherter, der im November 1958 geboren wurde und mit Vollendung des 63. Lebensjahres die Altersrente für langjährig Versicherte vorzeitig in Anspruch nimmt, muss im Hinblick darauf, dass gem. der obigen Tabelle sein individuelles Eintrittsalter ohne Abschlag bei 66 Jahren läge, einen Rentenabschlag lebenslänglich für 36 Monate, d.h. 10,8 % hinnehmen.

210 (3) Für Versicherte, die vor dem 1.1.1955 geboren sind und vor dem Stichtag 31.12.2006 Altersteilzeitarbeit i.S.d. §§ 2 und 3 Abs. 1 Nr. 1 ATG vereinbart haben oder Anpassungsgeld für entlassene Arbeitnehmer des Bergbaus bezogen haben, können in dem Fall, dass sie die Wartezeit von 35 Jahren erfüllt haben, die Altersrente für langjährig Versicherte weiterhin ab dem 65. Lebensjahr ungekürzt beziehen. Die Abschläge bei einer vorzeitigen Inanspruchnahme ab dem 63. Lebensjahr bzw. ab dem 62. Lebensjahr bei Erfüllung der im Folgenden genannten Vertrauensschutzvoraussetzungen errechnen sich dann aus der Differenz zwischen dem Alter bei vorzeitigen Renteneintritt und dem 65. Lebensjahr.

211 (4) Versicherte, die nach dem 31.12.1947 geboren sind, die Wartezeit von 35 Jahren erfüllt haben und entweder vor dem 1.1.1955 geboren sind und vor dem Stichtag 31.12.2006 Altersteilzeitarbeit i.S.d. §§ 2 und 3 Abs. 1 Nr. 1 ATG vereinbart haben oder Anpassungsgeld für entlassene Arbeitnehmer des Bergbaus bezogen haben, haben die Möglichkeit, die Altersrente für langjährig Versicherte auch vor dem 63. Lebensjahr vor-

zeitig unter Inkaufnahme von Abschlägen in Höhe von 0,3 % je Monat des vorzeitigen Rentenbezuges in Anspruch zu nehmen. Hier gilt – abhängig vom Geburtsjahr und Geburtsmonat – folgende individuelle Altersgrenze für die vorzeitige Inanspruchnahme der Altersrente für langjährig Versicherte:

Geburtsmonat/Geburtsjahr	**Vorzeitige Inanspruchnahme möglich ab Alter Jahr/Monat**
Jan. bis Feb. 1948	62/11
März bis Apr. 1948	62/10
Mai bis Juni 1948	62/9
Juli bis Aug. 1948	62/8
Sept. bis Okt. 1948	62/7
Nov. bis Dez. 1948	62/6
Jan. bis Feb. 1949	62/5
März bis Apr. 1949	62/4
Mai bis Juni 1949	62/3
Juli bis Aug. 1949	62/2
Sept. bis Okt. 1949	62/1
Nov. bis Dez. 1949	62/0
1950 bis 1963	62/0

Macht ein Versicherter von der Möglichkeit Gebrauch, gem. den oben unter (1) bis (4) geschilderten Voraussetzungen die Altersrente für langjährig Versicherte vor dem für ihn geltenden maßgeblichen Zeitpunkt (s. Tabelle Rn. 207) vorzeitig in Anspruch zu nehmen, so wird für jeden Monat vor Vollendung des für den einzelnen Versicherten geltenden individuellen Eintrittsalters (s. Tabelle Rn. 207) lebenslänglich ein Abschlag von 0,3 % erhoben. 212

► **Beispiel:** 213
Wechselt ein Arbeitnehmer, der im Januar 1953 geboren wurde, nach einer Wartezeit von 35 Jahren vorzeitig mit Vollendung des 62. Lebensjahres in die Altersrente, so ist ein Abschlag von 10,8 % lebenslänglich vorzunehmen, wenn der Arbeitnehmer vor dem maßgeblichen Stichtag, d.h. 31.12.2006 eine Altersteilzeitvereinbarung abgeschlossen hatte. Für diesen Arbeitnehmer gilt aufgrund von Vertrauensschutz nicht das sich aus der Tabelle (o. Rn. 207) ergebende individuelle Eintrittsalter von 65 Jahren und 7 Monaten, sondern es verbleibt bei 65 Jahren. Daher liegen zwischen Renteneintritt mit 62 Jahren und individuellem abschlagsfreiem Rentenalter 36 Monate, so dass sich ein lebenslänglicher Rentenabschlag von 10,8 % ergibt.
Hätte der Arbeitnehmer keine Altersteilzeitvereinbarung vor dem Stichtag 31.12.2006 abgeschlossen, so hätte er erst mit Vollendung des 63. Lebensjahres vorzeitig die Altersrente für langjährig Versicherte in Anspruch nehmen können. Sein Rentenabschlag hätte sich dann aufgrund des Geburtsjahres gem. der obigen Tabelle (o. Rn. 207) anhand der Differenz zwischen tatsächlichem Renteneintritt, d.h. in diesem Beispiel 63 Jahre, und dem individuellen abschlagsfreien Eintrittsalter, d.h. gem. der Tabelle (o. Rn. 207) mit 65 Jahren und 7 Monaten, errechnet. Es ergäbe sich ein Abschlag für 31 Monate, d.h. also 9,3 % lebenslängliche Rentenkürzung.

Im Hinblick auf die für die Altersrente für langjährig Versicherte notwendige **Wartezeit von** 214
35 Jahren ist zu beachten, dass hier nicht nur echte Beitragszeiten zählen, sondern auch sog. Anrechnungszeiten. **Anrechnungszeiten** sind Zeiten, in denen keine Beiträge gezahlt wurden, die aber trotzdem bei der Rentenberechnung berücksichtigt werden. Es handelt sich hierbei bspw. um Zeiten,
- der Arbeitslosigkeit,
- der Arbeitsunfähigkeit,
- von Rehabilitationsmaßnahmen,

- der Schwangerschaft und des Mutterschaftsurlaubes im Rahmen des Mutterschutzgesetzes (sechs Wochen vor und acht Wochen/bei Mehrfachgeburten zwölf Wochen nach der Geburt),
- der schulischen Ausbildung bis zu acht Jahren und
- Rentenbezugszeiten vor dem 55. Lebensjahr.

III. Altersrente für Schwerbehinderte

215 Gemäß §§ 37 SGB VI haben schwerbehinderte Menschen i.S.d. SGB IX die Möglichkeit, vorzeitig in den Ruhestand zu wechseln. Auf diese ungekürzte Altersrente hat Anspruch, wer:
- das 65. Lebensjahr vollendet hat,
- bei Beginn der Altersrente anerkannter Schwerbehinderter i.S.d. SGB IX ist,
- die Wartezeit von 35 Jahren erfüllt und
- eine Beschäftigung oder selbstständige Tätigkeit aufgegeben hat bzw. die zulässigen Hinzuverdienstgrenzen nicht überschreitet.

216 Als schwerbehinderte Menschen i.S.d. SGB VI gelten Menschen, deren Grad der Behinderung mindestens 50 GdB beträgt. Die Anerkennung als Gleichgestellter im Sinne des Sozialgesetzbuch IX reicht insofern nicht aus, um über § 37 bzw. § 236a SGB VI Altersrente vorzeitig zu beziehen.

217 Die in § 37 SGB VI angegebene Altersgrenze von 65. Jahren für den Bezug der Altersrente für Schwerbehinderte gilt gem. § 236a SGB VI nur für Versicherte, die nach dem 31. Dezember 1963 geboren sind. Für Versicherte, die vor dem 01. Januar 1964 geboren wurden, hat der Gesetzgeber im Rahmen des Altersgrenzenanpassungsgesetzes das Eintrittsalter für die Altersrente für schwerbehinderte Menschen schrittweise vom 63. auf das 65. Lebensjahr angehoben. Insofern bleibt es dabei, dass für Versicherte, die vor dem 1. Januar 1952 geboren sind und im Übrigen die Voraussetzungen des § 37 SGB VI erfüllen, einen Anspruch auf Altersrente für Schwerbehinderte ohne Kürzung nach Vollendung des 63. Lebensjahres haben, sofern keine Vertrauensschutzregelung (s.u. Rn. 223 und 225) eingreift, nach der sie ggf. noch früher abschlagsfrei diese Rente beziehen können.

218 Für Versicherte, die nach dem 31. Dezember 1951 geboren sind, wird die Altersgrenze von 63 Jahren schrittweise wie folgt angehoben:

Geburtsmonat/Geburtsjahr	Anhebung um Monate	Anspruch ab Alter Jahr/Monat
Jan. 1952	1	63/1
Feb. 1952	2	63/2
März 1952	3	63/3
April 1952	4	63/4
Mai 1952	5	63/5
Juni bis Dez. 1952	6	63/6
1953	7	63/7
1954	8	63/8
1955	9	63/9
1956	10	63/10
1957	11	63/11
1958	12	64/0
1959	14	64/2
1960	16	64/4
1961	18	64/6
1962	20	64/8
1963	22	64/10
1964	24	65/0

Eine vorzeitige Inanspruchnahme der Altersrente für Schwerbehinderte unter Inkaufnahme von lebenslänglichen Abschlägen in Höhe von 0,3 % je Monat des vorzeitigen Bezuges im Hinblick auf das individuelle Renteneintrittsalter gem. der obigen Tabelle ist möglich. Die Höhe des lebenslänglichen Rentenabschlages ergibt sich aus der Differenz – gerechnet in Monaten – zwischen dem Zeitpunkt der vorzeitigen Inanspruchnahme und dem sich aus der obigen Tabelle ergebenden individuellen Eintrittsalter für die Altersrente für Schwerbehinderte multipliziert mit 0,3 %. 219

Insofern gilt für schwerbehinderte Versicherte Folgendes: 220
Versicherte, die vor dem 1. Januar 1952 geboren sind, haben weiterhin die Möglichkeit die Altersrente für schwerbehinderte Menschen gem. § 236a Abs. 2 SGB VI nach Vollendung des 60. Lebensjahres in Anspruch zu nehmen. Der lebenslängliche Rentenabschlag für die vorzeitige Inanspruchnahme bemisst sich in diesem Fall nach der Differenz der Monate zwischen der tatsächlichen vorzeitigen Inanspruchnahme der Altersrente für Schwerbehinderte und dem 63. Lebensjahr. Wechselt ein schwerbehinderter Mitarbeiter, der vor dem 1.1.1952 geboren ist und der nicht über Vertrauensschutz (siehe unten) verfügt mit Vollendung des 60. Lebensjahres in den Ruhestand, so hat er lebenslänglich einen Abschlag von 10,8 % (36 Monate zu je 0,3 %) hinzunehmen.

Versicherte, die nach dem 31.12.1951 geboren sind haben ebenfalls die Möglichkeit, vor dem sich für sie aus der obigen Tabelle ergebenden individuellen Eintrittsalter für die Altersrente für Schwerbehinderte diese Rente in Anspruch zu nehmen. Gemäß § 236a Abs. 2 SGB VI wird die Altersgrenze für die vorzeitige Inanspruchnahme für diese Versicherten schrittweise vom 60. auf das 62. Lebensjahr angehoben. 221

Die Anhebung erfolgt entsprechend der nachstehenden Tabelle: 222

Geburtsmonat/Geburtsjahr	**Anhebung um Monate**	**Vorzeitige Inanspruchnahme Jahr/Monat**
Jan. 1952	1	60/1
Feb. 1952	2	60/2
März 1952	3	60/3
April 1952	4	60/4
Mai 1952	5	60/5
Juni bis Dez. 1952	6	60/6
1953	7	60/7
1954	8	60/8
1955	9	60/9
1956	10	60/10
1957	11	60/11
1958	12	61/0
1959	14	61/2
1960	16	61/4
1961	18	61/6
1962	20	61/8
1963	22	61/10
1964	24	62/0

223 Ähnlich wie bei den vorangegangenen Rentenreformgesetzen hat der Gesetzgeber auch beim Altersgrenzenanpassungsgesetz eine Vertrauensschutzregelung erlassen. § 236a SGB VI der den Altersrentenbezug von schwerbehinderten Menschen regelt, die vor dem 1. Januar 1964 geboren sind, bestimmt in Absatz 2:
dass für Versicherte, die
1. am 1.1.2007 als schwerbehinderte Menschen i.S.d. § 2 Abs. 2 SGB IX anerkannt waren und
2. entweder vor dem 1.1.1955 geboren sind und vor dem 1.1.2007 Alterteilzeitarbeit i.S.d. §§ 2 und 3 Abs. 1 Nr. 1 ATG vereinbart haben

oder
Anpassungsgeld für entlassene Arbeitnehmer des Bergbaus bezogen haben,
die Altersgrenzen nicht angehoben werden.

224 Für diese Mitarbeiter bleibt es also sowohl bei dem früheren Eintrittsalter, d.h. dem 63. Lebensjahr für die abschlagsfreie Altersrente für Schwerbehinderte, als auch für die Möglichkeit, die Altersrente für Schwerbehinderte mit Abschlägen ab dem 60. Lebensjahr zu beziehen. Der Abschlag beträgt also hier weiterhin maximal 10,8 %.

225 Beibehalten hat der Gesetzgeber auch im Rahmen des Altersgrenzenanpassungsgesetzes und der hieraus resultierenden Neufassung des § 236a SGB VI die Regelung, wonach bestimmte schwerbehinderte Menschen aufgrund einer Vertrauensschutzregelung die Altersrente für schwerbehinderte Menschen auch weiterhin ab dem 60. Lebensjahr abschlagsfrei in Anspruch nehmen können. Voraussetzung hierfür ist gem. § 236a Abs. 4 SGB VI, dass der Versicherte vor dem 17. November 1950 geboren wurde und am 16. November 2000 schwerbehindert, berufsunfähig oder erwerbsunfähig nach dem am 31.12.2000 geltenden Recht war.

226 Berufsunfähigkeit wird danach angenommen, wenn die Leistungsfähigkeit aus gesundheitlichen Gründen auf weniger als die Hälfte der Leistungsfähigkeit eines körperlich, geistig und seelisch gesunden Versicherten mit vergleichbarer Ausbildung, gleichwertigen Kenntnissen und Fähigkeiten, gesunken ist. Erwerbsunfähigkeit liegt hingegen vor, wenn infolge von Krankheit oder anderen Gebrechen oder von Schwäche der körperlichen oder geistigen Kräfte eine dauerhafte und regelmäßige Erwerbstätigkeit nicht mehr ausgeübt oder nur noch ein geringes Arbeitseinkommen erzielt werden kann. Liegen die vorgenannten Voraussetzungen vor, so hat der Versicherte Anspruch auf die Altersrente für schwerbehinderte Menschen ab Vollendung des 60. Lebensjahres, soweit die Wartezeit von 35 Jahren erfüllt ist. Ein Abschlag für die vorzeitige Inanspruchnahme dieser Altersrente ab dem 60. Lebensjahr wird nicht erhoben.

227 Eine weitere Sonderregelung enthält § 236a Abs. 3 SGB VI auch noch für diejenigen Versicherten, die vor dem 1.1.1951 geboren und berufsunfähig oder erwerbsunfähig nach dem am 31.12.2000 geltenden Recht sind. Diese Versicherten können auch bei fehlender Schwerbehinderung ab Vollendung des 63. Lebensjahres und der Erfüllung einer Wartezeit von 35 Jahren die Altersrente für schwerbehinderte Menschen entsprechend § 236a Abs. 1 SGB VI in Anspruch nehmen.

IV. Altersrente wegen Arbeitslosigkeit

228 Die vorgezogene Altersrente wegen vorausgegangener Arbeitslosigkeit wird vom Gesetzgeber in § 237 SGB VI nur noch für diejenigen Versicherten ermöglicht worden, die vor dem **1.1.1952 geboren sind**. Alle übrigen Arbeitnehmer haben nicht mehr die Möglichkeit, über den Weg der Arbeitslosigkeit in die Rente zu wechseln. Im Rahmen des sog. **Rentenversicherungs-Nachhaltigkeitsgesetz** aus dem Jahr 2004 hat der Gesetzgeber allerdings auch für die Arbeitnehmer, die vor dem 1.1.1952 geboren wurden, die Möglichkeit, über vorangegangene Arbeitslosigkeit in die Altersrente zu wechseln, eingeschränkt.

229 Das Rentenversicherungs-Nachhaltigkeitsgesetz hebt die **Altersgrenze** für die vorzeitige Inanspruchnahme der **Altersrente wegen vorausgegangener Arbeitslosigkeit** für alle nach 1945 geborenen Versicherten in der Zeit von 2006 bis 2008 **schrittweise vom 60. auf das**

63. Lebensjahr an. Dies bedeutet, dass derjenige, der im Januar 1946 geboren wurde, erst mit 60 Jahren und einem Monat in die gesetzliche Rente nach vorausgegangener Arbeitslosigkeit wechseln kann. Derjenige, der im Februar 1946 geboren wurde, kann frühestens im Alter von 60 Jahren und zwei Monaten in die Altersrente nach vorausgegangener Arbeitslosigkeit wechseln. Diese Aufstockung setzt sich dann entsprechend der unten wiedergegebenen Tabelle bis zu denjenigen Arbeitnehmern fort, die im Dezember 1948 oder später geboren sind. Diese Arbeitnehmer können dann erst mit dem 63. Lebensjahr in die Altersrente nach vorausgegangener Arbeitslosigkeit wechseln, sofern sie vor dem 1.1.1952 geboren wurden.

Die Anhebung der Altersgrenzen durch das Rentenversicherungs-Nachhaltigkeitsgesetz sieht **nicht** die Möglichkeit vor, der Anhebung der Altersgrenze durch Inkaufnahme von **Rentenabschlägen** zu entgehen. Es bleibt allerdings dabei, dass derjenige, der zu dem für ihn nunmehr geltenden neuen frühesten Zeitpunkt der Inanspruchnahme von Altersrente in den Ruhestand wechselt, die bereits bisher für diesen vorzeitigen Wechsel in den Ruhestand vorgesehenen Rentenabschläge hinnehmen muss. Die Abschläge betragen also weiterhin 0,3% für jeden Monat vor Vollendung des 65. Lebensjahres. Nimmt bspw. ein im Jahre 1949 geborener Arbeitnehmer die Altersrente nach vorangegangener Arbeitslosigkeit ab dem 63. Lebensjahr in Anspruch, beträgt sein Rentenabschlag lebenslänglich 7,2%. 230

Wie bei Korrekturen des SGB VI üblich, hat der Gesetzgeber auch hier wieder eine **Vertrauensschutzregelung** getroffen. Arbeitnehmer, die vor dem **1.1.2004** bereits eine **Kündigung** erhalten haben oder die vor diesem Zeitpunkt bereits einen **Aufhebungsvertrag** unterzeichnet hatten, können weiterhin ab Vollendung des 60. Lebensjahres – unter Beachtung der **Abschläge von bis zu 18 % lebenslänglich** – in den gesetzlichen Ruhestand nach vorausgegangener 52-wöchiger Arbeitslosigkeit wechseln. 231

Im Einzelnen gelten für Arbeitnehmer **ohne Vertrauensschutz** die folgenden Altersgrenzen: 232

Geburtsmonat	**Eintrittsalter**
1946	
Januar	60 J. + 1 Monat
Februar	60 J. + 2 Monate
März	60 J. + 3 Monate
April	60 J. + 4 Monate
Mai	60 J. + 5 Monate
Juni	60 J. + 6 Monate
Juli	60 J. + 7 Monate
August	60 J. + 8 Monate
September	60 J. + 9 Monate
Oktober	60 J. + 10 Monate
November	60 J. + 11 Monate
Dezember	61 Jahre
1947	
Januar	61 J. + 1 Monat
Februar	61 J. + 2 Monate
März	61 J. + 3 Monate
April	61 J. + 4 Monate
Mai	61 J. + 5 Monate
Juni	61 J. + 6 Monate
Juli	61 J. + 7 Monate
August	61 J. + 8 Monate
September	61 J. + 9 Monate
Oktober	61 J. + 10 Monate
November	61 J. + 11 Monate
Dezember	62 Jahre

Geburtsmonat 1948	Eintrittsalter
Januar	62 J. + 1 Monat
Februar	62 J. + 2 Monate
März	62 J. + 3 Monate
April	62 J. + 4 Monate
Mai	62 J. + 5 Monate
Juni	62 J. + 6 Monate
Juli	62 J. + 7 Monate
August	62 J. + 8 Monate
September	62 J. + 9 Monate
Oktober	62 J. + 10 Monate
November	62 J. + 11 Monate
Dezember	63 Jahre
Ab 1949	63 Jahre

233 Unter Beachtung der durch das Rentenversicherungs-Nachhaltigkeitsgesetz im Jahr 2004 geänderten Altersgrenze für den Bezug von **Altersruhegeld wegen vorausgegangener Arbeitslosigkeit** haben gem. § 237 SGB VI Versicherte einen **Anspruch auf Altersruhegeld** aus der gesetzlichen Rentenversicherung, die:
- vor dem 1.1.1952 geboren sind,
- das 60. Lebensjahr bzw. das sich aus der obigen Tabelle ergebende Lebensjahr vollendet haben,
- arbeitslos sind und nach Vollendung des 58. Lebensjahres insgesamt 52 Wochen arbeitslos waren oder Anpassungsgeld für entlassene Arbeitnehmer des Bergbaus bezogen haben,
- in den letzten zehn Jahren vor Beginn der Rente acht Jahre Pflichtbeiträge für eine versicherte Beschäftigung oder Tätigkeit haben,
- die Wartezeit von 15 Jahren erfüllt haben und
- eine Beschäftigung oder selbstständige Tätigkeit aufgegeben haben bzw. die zulässige Hinzuverdienstgrenze nicht überschreiten.

234 Arbeitnehmer, die **nach dem 31.12.1951 geboren sind**, können, wie angesprochen, **nicht** mehr auf Grund vorausgegangener Arbeitslosigkeit in Rente gehen. Diese Art des vorgezogenen Altersruhegeldes wurde abgeschafft.

235 Im Hinblick auf die oben erwähnte vierte Voraussetzung, d.h. **acht Jahre Pflichtbeiträge** in den letzten zehn Jahren vor Beginn der Rente, ist darauf hinzuweisen, dass sich dieser Zehn-Jahres-Zeitraum um den Zeitraum verlängert, in dem sog. Anrechnungszeiten vorliegen. Dies bedeutet insbesondere, dass der Zehn-Jahres-Zeitraum um die Zeit verlängert wird, in der der Mitarbeiter **arbeitslos** bei der Agentur für Arbeit gemeldet ist und eine öffentlich-rechtliche Leistung, d.h. Arbeitslosengeld, Arbeitslosenhilfe oder Sozialhilfe, bezogen hat. Scheitert der Bezug von Arbeitslosenhilfe bzw. Sozialhilfe lediglich daran, dass der Arbeitslose ein zu hohes Vermögen besitzt, so werden diese Zeiten trotzdem als Anrechnungszeiten gewertet.

236 Vom 1.1.2006 an werden Arbeitslosigkeitszeiten aber nur dann zur Verlängerung des Zehn-Jahres-Zeitraums herangezogen, wenn die Arbeitslosigkeit vor dem 1.1.2006 begonnen hat **und** der Versicherte vor dem 2.1.1948 geboren ist.

237 Auch wenn § 237 SGB VI nach wie vor davon spricht, dass die Altersrente wegen vorausgegangener Arbeitslosigkeit mit Vollendung des 60. Lebensjahres bzw. nunmehr auf Grund des Rentenversicherungs-Nachhaltigkeitsgesetzes schrittweise erst ab dem 63. Lebensjahr bezogen werden kann, ist bei der Bemessung der Rente zu berücksichtigen, dass auch diese Art der vorgezogenen Altersrente tatsächlich bereits auf das **65. Lebensjahr** angehoben

wurde. Will der Versicherte die Rente vor dem 65. Lebensjahr beziehen, so muss er einen **Abschlag von 0,3% je Monat** des vorzeitigen Bezuges lebenslänglich hinnehmen.

Derjenige, der im Dezember 1941 oder später geboren ist, muss also bis zum **65. Lebensjahr** warten, wenn er **über den Weg der Arbeitslosigkeit ungekürzt Altersruhegeld** aus der gesetzlichen Rentenversicherung beziehen will. Wechselt der Mitarbeiter – wie bei vielen Vorruhestandsmodellen üblich – nach vorausgegangener 52-wöchiger Arbeitslosigkeit mit Vollendung des **60. Lebensjahres** in den Ruhestand – soweit dies nach dem Rentenversicherungs-Nachhaltigkeitsgesetz überhaupt noch möglich ist – so hat dies einen **lebenslänglichen Rentenabschlag in Höhe von 18%** bei der gesetzlichen Rente zur Folge. Jeden Monat, den der Versicherte später die gesetzliche Rente wegen vorausgegangener Arbeitslosigkeit in Anspruch nimmt, reduziert diesen Abschlag um 0,3 Prozentpunkte. 238

Das Altersgrenzenanpassungsgesetz, welches sich im Zeitpunkt der Manuskriptabgabe im Gesetzgebungsverfahren befand, sieht für die Altersrente nach Arbeitslosigkeit keine Veränderungen vor. Diese Rentenart steht, wie oben dargestellt, ohnehin nur noch Versicherten zu, die vor dem 1.1.1952 geboren sind, zu. Da dieser Weg für die Verrentung ausläuft, hat der Gesetzgeber darauf verzichtet, im Rahmen des Altersgrenzenanpassungsgesetzes auch im Hinblick auf diese Rentenart die obere Altersgrenze anzuheben. Letztendlich wird dies nur zu einer Erhöhung der Rentenabschläge im Fall des vorzeitigen Bezuges führen, da diese Altersrente bisher auf das 65. Lebensjahr abstellt. 239

V. Altersrente nach Altersteilzeitarbeit

Da der Gesetzgeber die vorgezogene Altersrente nach Altersteilzeitarbeit gemeinsam mit der Altersrente wegen vorausgegangener Arbeitslosigkeit geregelt hat, führt die im Rahmen des **Rentenversicherungs-Nachhaltigkeitsgesetz** eingeführt Anhebung der Altersgrenze auch zu einer Veränderung der Anspruchsvoraussetzungen für die **Altersrente nach Altersteilzeit**. Wie oben unter Rn. 232 angegeben, wird das **Eintrittsalter** für Arbeitnehmer, die nach 1945 geboren wurden, ab dem Jahr 2006 bis zum Jahr 2008 **schrittweise vom 60. auf das 63. Lebensjahr** angehoben. Ein vorzeitiger Rentenbezug ist dann nicht mehr möglich, da der Gesetzgeber hier nicht die Möglichkeit geschaffen hat, das 60. Lebensjahr unter Inkaufnahme von Abschlägen beizubehalten. 240

Eine Ausnahme gilt lediglich für diejenigen Arbeitnehmer, die eine Altersteilzeitvereinbarung wirksam vor dem 1.1.2004 abgeschlossen haben Hier verbleibt es bei der Möglichkeit ab Vollendung des 60. Lebensjahres in die Rente unter Inkaufnahme von lebenslänglichen Abschlägen von bis zu 18% zu wechseln. 241

Im Einzelnen kann zu der Anhebung der Altersgrenze bei der nach § 237 SGB VI zu beziehenden Altersrente wegen Arbeitslosigkeit oder nach Altersteilzeit auf die Ausführungen oben unter Rn. 232 verwiesen werden. Die dortige Tabelle gibt Aufschluss über das für die einzelnen Jahrgänge geltende neue Eintrittsalter. 242

Gemäß § 237 SGB VI hat ein Versicherter Anspruch auf vorgezogenes Altersruhegeld, wenn er: 243
- vor dem 1.1.1952 geboren ist,
- das 60. Lebensjahr bzw. das sich aus der o. Rn. 232 ersichtlichen Tabelle ergebende Lebensjahr vollendet hat,
- nach dem 55. Lebensjahr mindestens 24 Kalendermonate in Altersteilzeitarbeit i.S.d. §§ 2, 3 Abs. 1 Nr. 1 AtG beschäftigt war,
- in den letzten zehn Jahren vor Beginn der Rente acht Jahre Pflichtbeiträge für eine versicherte Beschäftigung oder Tätigkeit aufweist,
- die Wartezeit von 15 Jahren erfüllt und
- eine Beschäftigung oder selbstständige Tätigkeit aufgegeben hat bzw. die zulässige Hinzuverdienstgrenze nicht überschreitet.

244 Auch diese Form der vorzeitigen Inanspruchnahme einer Altersrente ist für Versicherte, die **nach dem 31.12.1951 geboren sind**, abgeschafft worden.

245 Im Hinblick auf die Voraussetzungen für eine Altersteilzeit nach den §§ 2 und 3 AtG kann auf die Ausführungen unter Kap. 7 Rn. 10 ff. verwiesen werden.

246 Im Übrigen gelten hier die gleichen Voraussetzungen und Bedingungen wie für die Rente wegen vorausgegangener Arbeitslosigkeit, so dass auch insofern auf die obigen Ausführungen unter Rn. 228 ff. verwiesen werden kann. Dies bedeutet insbesondere, dass auch ein **vorzeitiger Rentenbezug ab Vollendung des 60. Lebensjahres** – soweit überhaupt noch möglich – **mit lebenslänglichen Rentenabschlägen in Höhe von 18 % verbunden ist**.

247 Da der Gesetzgeber die Altersrente nach Altersteilzeitarbeit in § 237 SGB VI gemeinsam mit der Altersrente nach Arbeitslosigkeit geregelt hat, ist auch diese Art, in Rente zu wechseln, auf die Jahrgänge bis 1951 begrenzt. Von daher hat der Gesetzgeber auch hier im Rahmen des Altersgrenzenanpassungsgesetzes darauf verzichtet, die Altersrente nach Altersteilzeitarbeit vom 65. auf das 67. Lebensjahr hoch zu setzen. Es bleibt daher dabei, dass ein Versicherter im Alter von 65. Jahren abschlagsfrei eine Altersrente nach vorangegangener Altersteilzeitarbeit beziehen kann. Will er diese Altersrente bereits vorher beziehen, so ist dies entsprechend der durch das Rentenversicherungs-Nachhaltigkeitsgesetz im Jahr 2004 vorgenommenen schrittweisen Anhebung der Altersgrenze von 60 auf 63 im Rahmen des für den Versicherten geltenden individuellen Eintrittsalters möglich. Hier kann auf die oben zur Altersrente nach Arbeitslosigkeit wiedergegebene Tabelle verwiesen werden.

VI. Altersrente für langjährig unter Tage beschäftigte Bergleute

248 Für Mitglieder in der knappschaftlichen Rentenversicherung gibt es gem. § 40 SGB VI die Möglichkeit, vorgezogene Altersrente in Anspruch zu nehmen, wenn sie:
- **das 60. Lebensjahr vollendet haben,**
- **mindestens 25 Jahre eine Beschäftigung mit ständigen Arbeiten unter Tage ausgeübt haben und**
- **eine Beschäftigung oder selbstständige Tätigkeit aufgegeben haben bzw. die zulässige Hinzuverdienstgrenze nicht überschritten haben.**

249 Die **Altersrente für Bergleute** aus der knappschaftlichen Rentenversicherung ist die einzige vorgezogene Altersrente, bei der eine Anhebung der Altersgrenze unterblieben ist. **Abschläge erfolgen hier bei Inanspruchnahme ab dem 60. Lebensjahr nicht**.

250 Im Rahmen des Altersgrenzenanpassungsgesetzes, wurde die Altersrente für langjährig unter Tage beschäftigte Bergleute schrittweise vom 60. auf das 62. Lebensjahr angehoben. Danach haben Versicherte, die nach dem 31.12.1963 geboren sind, nur noch die Möglichkeit, die Rente für langjährig unter Tage beschäftigte Bergleute ab Vollendung des 62. Lebensjahres in Anspruch zu nehmen.

251 Für Versicherte, die vor dem 1.1.1964 geboren sind, wird die Altersgrenze für die Altersrente für langjährig unter Tage beschäftigte Bergleute wie folgt angehoben:

Geburtsmonat/Geburtsjahr	**Anhebung um Monate**	**Anspruch ab Alter Jahr/Monat**
Jan. 1952	1	60/1
Feb. 1952	2	60/2
März 1952	3	60/3
April 1952	4	60/4
Mai 1952	5	60/5
Juni bis Dez. 1952	6	60/6
1953	7	60/7
1954	8	60/8
1955	9	60/9

Geburtsmonat/Geburtsjahr	Anhebung um Monate	Anspruch ab Alter Jahr/Monat
1956	10	60/10
1957	11	60/11
1958	12	61/0
1959	14	61/2
1960	16	61/4
1961	18	61/6
1962	20	61/8
1963	22	61/10
1964	24	62/0

Rentenabschläge für die Inanspruchnahme dieser Rente sind nach wie vor im Gesetz nicht vorgesehen. 252

Für Versicherte, die Anpassungsgeld für entlassene Arbeitnehmer des Bergbaus oder Knappschaftsausgleichsleistung bezogen haben, wird gem. § 238 Abs. 2 SGB VI in der nach dem Altersgrenzenanpassungsgesetz vorgenommenen Neufassung die Altersgrenze von 60 Jahren nicht angehoben. 253

VII. Altersrente für Frauen

Derzeit sieht das SGB VI in § 237a SGB VI noch die Möglichkeit vor, dass Frauen allein auf Grund ihres Geschlechtes unter bestimmten Bedingungen vorgezogenes Altersruhegeld aus der gesetzlichen Rentenversicherung in Anspruch nehmen können. 254

Von dieser Möglichkeit kann Gebrauch machen, wer: 255
- vor dem 1.1.1952 geboren ist,
- das 60. Lebensjahr vollendet hat,
- ab Vollendung des 40. Lebensjahres mehr als zehn Jahre Pflichtbeitragszeigen aufweist,
- die Wartezeit von 15 Jahren erfüllt und
- eine Beschäftigung oder selbstständige Tätigkeit aufgegeben hat bzw. die zulässigen Hinzuverdienstgrenze nicht überschreitet.

Frauen, die nach dem 31.12.1951 geboren sind, können von der sich alleine am Geschlecht orientierenden Altersrente für Frauen keinen Gebrauch machen. Diese Art des vorzeitigen Bezuges von Altersruhegeld wurde abgeschafft. Frauen, die nach dem 31.12.1951 geboren sind, können dann nur unter den gleichen Voraussetzungen wie auch Männer vorgezogenes Altersruhegeld in Anspruch nehmen. 256

Ähnlich wie bei den anderen vorgezogenen Altersruhegeldern wurde auch bei der Altersrente für Frauen die **Altersgrenze schrittweise** seit dem 1.1.2000 für Frauen, die nach dem 31.12.1939 geboren wurden, **von der Vollendung des 60. Lebensjahres** in Monatsschritten auf die **Vollendung des 65. Lebensjahres** angehoben. Eine **vorzeitige Inanspruchnahme** ist vor dem für den jeweiligen Geburtsmonat geltenden persönlichen Rentenalter nur noch bei **Inkaufnahme von Rentenabschlägen in Höhe von 0,3% je Monat** des vorzeitigen Bezuges möglich. 257

258 Im Einzelnen gelten für Frauen, die nach dem 31.12.1939 geboren sind, folgende Altersgrenzen:

Anhebung der Altersgrenze für die Altersrente für Frauen ohne Vertrauensschutz

Versicherte Geburtsjahr Geburtsmonat	Anhebung um … Monate	auf Alter		vorzeitige Inanspruchnahme möglich ab Alter		Abschlag bei vorzeitiger Rente
		Jahr,	Monat	Jahr,	Monat	
vor 1940	0	60,	0	60	0	0%
1940						
Januar	1	60,	1	60	0	0,3%
Februar	2	60,	2	60	0	0,6%
März	3	60,	3	60	0	0,9%
April	4	60,	4	60	0	1,2%
Mai	5	60,	5	60	0	1,5%
Juni	6	60,	6	60	0	1,8%
Juli	7	60,	7	60	0	2,1%
August	8	60,	8	60	0	2,4%
September	9	60,	9	60	0	2,7%
Oktober	10	60,	10	60	0	3,0%
November	11	60,	11	60	0	3,3%
Dezember	12	61,	0	60	0	3,6%
1941						
Januar	13	61,	1	60	0	3,9%
Februar	14	61,	2	60	0	4,2%
März	15	61,	3	60	0	4,5%
April	16	61,	4	60	0	4,8%
Mai	17	61,	5	60	0	5,1%
Juni	18	61,	6	60	0	5,4%
Juli	19	61,	7	60	0	5,7%
August	20	61,	8	60	0	6,0%
September	21	61,	9	60	0	6,3%
Oktober	22	61,	10	60	0	6,6%
November	23	61,	11	60	0	6,9%
Dezember	24	62,	0	60	0	7,2%
1941						
Januar	25	62,	1	60	0	7,5%
Februar	26	62,	2	60	0	7,8%
März	27	62,	3	60	0	8,1%
April	28	62,	4	60	0	8,4%
Mai	29	62,	5	60	0	8,7%
Juni	30	62,	6	60	0	9,0%
Juli	31	62,	7	60	0	9,3%
August	32	62,	8	60	0	9,6%
September	33	62,	9	60	0	9,9%
Oktober	34	62,	10	60	0	10,2%
November	35	62,	11	60	0	10,5%
Dezember	36	63,	0	60	0	10,8%
1943						
Januar	37	63,	1	60	0	11,1%
Februar	38	63,	2	60	0	11,4%
März	39	63,	3	60	0	11,7%

Versicherte Geburtsjahr Geburtsmonat	Anhebung um … Monate	auf Alter		vorzeitige Inanspruchnahme möglich ab Alter		Abschlag bei vorzeitiger Rente
		Jahr,	Monat	Jahr,	Monat	
April	40	63,	4	60	0	12,0%
Mai	41	63,	5	60	0	12,3%
Juni	42	63,	6	60	0	12,6%
Juli	43	63,	7	60	0	12,9%
August	44	63,	8	60	0	13,2%
September	45	63,	9	60	0	13,5%
Oktober	46	63,	10	60	0	13,8%
November	47	63,	11	60	0	14,1%
Dezember	48	64,	0	60	0	14,4%
1944						
Januar	49	64,	1	60	0	14,7%
Februar	50	64,	2	60	0	15,0%
März	51	64,	3	60	0	15,3%
April	52	64,	4	60	0	15,6%
Mai	53	64,	5	60	0	15,9%
Juni	54	64,	6	60	0	16,2%
Juli	55	64,	7	60	0	16,5%
August	56	64,	8	60	0	16,8%
September	57	64,	9	60	0	17,1%
Oktober	58	64,	10	60	0	17,4%
November	59	64,	11	60	0	17,7%
Dezember	60	65,	0	60	0	18,0%
1945 bis 1951	60	65,	0	60	0	18,0%

259 Ähnlich wie die Altersrente nach Arbeitslosigkeit oder Altersteilzeit ist auch die Altersrente für Frauen nach § 237a SGB VI von den Regelungen durch das Altersgrenzenanpassungsgesetz unberührt geblieben. Da die in § 237a SGB VI vorgesehene spezielle Altersrente für Frauen nur noch die Jahrgänge bis einschließlich 1951 betrifft, läuft also diese Rentenart aus. Es gab daher keinen Grund, hier zur Erhöhung der Rentenabschläge das Regelalter von 65 auf 67 Jahre hoch zu setzen.

VIII. Rente wegen Erwerbsminderung

260 Nachdem die Berufs- und Erwerbsunfähigkeitsrente zum 31.12.2000 abgeschafft wurde, existiert nunmehr nur noch die Rente wegen teilweiser bzw. voller Erwerbsminderung. Diese Rente kann beanspruchen, wer:
- erwerbsgemindert ist,
- in den letzten fünf Jahren vor Eintritt der Erwerbsminderung für mindestens drei Jahre Pflichtbeiträge entrichtet hat und
- die allgemeine Wartezeit von fünf Jahren erfüllt hat.

261 Eine Erwerbsminderung i.S.d. SGB VI wird dann angenommen, wenn die Leistungsfähigkeit des Versicherten aus gesundheitlichen Gründen eingeschränkt ist. Differenziert wird hier zwischen einer **teilweisen und einer vollen Erwerbsminderung**. Ist der Versicherte auf dem allgemeinen Arbeitsmarkt nur noch in der Lage, **unter drei Stunden** täglich erwerbstätig zu sein, so hat er Anspruch auf eine **volle Erwerbsminderungsrente**. Ist er hingegen in der

Lage, noch **zwischen drei und unter sechs Stunden** erwerbstätig zu sein, steht ihm lediglich eine **halbe Erwerbsminderungsrente** zu. Besteht die Möglichkeit, noch mindestens sechs Stunden unter den üblichen Bedingungen des allgemeinen Arbeitsmarktes erwerbstätig zu sein, so besteht kein Anspruch auf Erwerbsminderungsrente.

262 Ähnlich wie bei den notwendigen Pflichtbeitragszeiten bei der Altersrente für Frauen und der Altersrente nach Arbeitslosigkeit oder Altersteilzeit verlängert sich der Fünf-Jahres-Zeitraum, in dem **drei Jahre mit Pflichtbeiträgen** liegen müssen, auch um den Zeitraum, in dem der Versicherte während der letzten fünf Jahre **Anrechnungszeiten** wegen Arbeitsunfähigkeit, Arbeitslosigkeit etc. vorweist.

IX. Hinzuverdienst/Teilrente

263 Wie oben mehrfach angesprochen, setzen die vorgezogenen Altersrenten stets voraus, dass die Hinzuverdienstgrenzen des SGB VI nicht überschritten werden. Die Hinzuverdienstgrenze liegt gemäß § 34 SGB VI bei einer Vollrente bei 400,– €. Zu beachten ist, dass diese Grenze nur für den Bezug von Altersrenten vor Erreichen der individuellen Regelaltersgrenze gilt. Nach Erreichen der Altersgrenze spielt die Höhe eines möglichen Hinzuverdienstes keine Rolle mehr. Der Versicherte kann trotz Rentenbezug unbegrenzt hinzuverdienen. Überschreitet der Hinzuverdienst vor dem Erreichen der Altersgrenze bei Bezug einer vorgezogenen Altersrente die Grenze von monatlich 400,– €, kann der Pensionär bis zur individuellen Altersgrenze nur noch eine Teilrente beziehen. Der Gesetzgeber hat insofern allerdings in § 34 Abs. 2 SGB VI festgeschrieben, dass ein zweimaliges Überschreiten im Kalenderjahr unerheblich ist. Das Überschreiten darf allerdings nicht dazu führen, dass die Hinzuverdienstgrenze um mehr als das Doppelte überschritten wird.

264 Bezieht der Versicherte lediglich eine vorzeitige Rente wegen Alters in Form einer Teilrente, so beträgt die Hinzuverdienstgrenze bei einer Teilrente in Höhe von:

- ⅓tel der Vollrente: das 0,25 fache,
- der Hälfte der Vollrente: das 0,19 fache,
- ⅔tel der Vollrente: das 0,13 fache,

der monatlichen Bezugsgröße, vervielfältigt mit der Summe der Entgeltpunkte nach § 66 Abs. 1 Nr. 1 bis 3 SGB III der letzten drei Kalenderjahre vor Beginn der ersten Rente wegen Alters. Bei der Vervielfältigung wird mindestens ein Wert von 1,5 Entgeltpunkten zugrunde gelegt.

Kapitel 9
Pflichten im Hinblick auf die Beendigung des Arbeitsverhältnisses

Übersicht Rn.

A. Das Arbeitszeugnis

I. Anspruchsgrundlagen

1. Normative Regelungen; Zweck

1 Alle Arbeitnehmer, aber auch arbeitnehmerähnliche Personen und Auszubildende haben einen Rechtsanspruch gegen den Arbeitgeber auf Ausstellung eines Arbeits- oder Ausbildungszeugnisses. Rechtsgrundlage ist für die gewerblichen Arbeitnehmer **§ 113 GewO** (bis 31.12.2002), für die kaufmännischen Angestellten **§ 73 HGB** (bis 31.12.2002), für Auszubildende **§ 16 BBiG**, für alle Arbeitnehmer in den neuen Bundesländern sowie alle sonstigen Beschäftigten in den alten Bundesländern **§ 630 BGB** (bis 31.12.2002); **ab 1.1.2003 für alle Arbeitnehmer § 109 GewO**. Daneben bestehen zahlreiche **tarifvertragliche Regelungen** (z.B. § 61 BAT). Der Arbeitnehmer kann auf Grund der **nachvertraglichen Fürsorgepflicht** des Arbeitgebers auch die **Neuausstellung** eines inhaltlich nicht beanstandeten Zeugnisses verlangen, z.B. weil es beschädigt worden oder **verloren gegangen** ist (*LAG Hamm* 17.12.1998 NZA-RR 1999, 456).

2 Wird ein Arbeitsverhältnis **vor Insolvenzeröffnung beendet**, bleibt der Arbeitgeber grds. Schuldner des Anspruchs. Die Verpflichtung **trifft nicht einen vorläufigen Insolvenzverwalter**, auf den die Verwaltungs- und Verfügungsbefugnis weder gem. § 22 Abs. 1 InsO noch auf Grund einer Einzelermächtigung gem. § 22 Abs. 2 InsO in Bezug auf die Arbeitsverhältnisse übergegangen ist. Erlangt ein vorläufiger Insolvenzverwalter dagegen **in vollem Umfang** die Verfügungsbefugnis über die Arbeitsverhältnisse oder wird das Arbeitsverhältnis erst nach der Insolvenzeröffnung beendet, schuldet der Insolvenzverwalter das Arbeitszeugnis, unabhängig davon, ob und wie lange er den Arbeitnehmer beschäftigt hat oder eigene Kenntnisse über dessen Arbeitsleistung gewinnen konnte (*BAG* 23.6.2004 EzA § 109 GewO Nr. 2 = NZA 2004, 1393 = BAG Report 2005, 11; *LAG Hessen* 1.8.2004 – 12 Sa 568/03 – EzA-SD 24/2004 S. 15 LS; vgl. dazu *Stiller* NZA 2005, 330 ff.). Zur Erfüllung dieser Verpflichtung hat der Insolvenzverwalter einen **Auskunftsanspruch** nach § 97 InsO **gegenüber dem Schuldner** (*BAG* 23.6.2004 EzA

§ 109 GewO Nr. 2 = NZA 2004, 1393 = BAG Report 2005, 11; vgl. auch *LAG Köln* 30.7.2001 LAGE § 630 BGB Nr. 37 = NZA-RR 2002, 1; *LAG Nbg.* 5.12.2002 LAGE § 630 BGB Nr. 39 = NZA-RR 2003, 463).
Zweck des Zeugnisses ist es, dem Arbeitnehmer bei seinem beruflichen Fortkommen zu helfen.

2. Dauer des Arbeitsverhältnisses

Die **Dauer des Arbeitsverhältnisses** ist für das Entstehen des Anspruchs gem. § 109 GewO, § 73 HGB (bis 31.12.2002), § 16 BBiG **unerheblich. Nur** gem. **§ 630 BGB** ist der Anspruch auf Erteilung eines Zeugnisses nach dem Gesetzeswortlaut davon abhängig, ob es sich um ein **dauerndes**, d.h. auf längere Zeit angelegtes **Dienstverhältnis** handelt. **Entgegen dem Wortlaut** besteht der Anspruch jedoch bei jedem Arbeitsverhältnis unabhängig davon, ob es vertraglich auf eine längere Dauer angelegt war oder tatsächlich angedauert hat. **Allerdings richtet er sich bei tatsächlich kurzer Dauer nur auf ein einfaches, ansonsten auch auf ein qualifiziertes Zeugnis.** Im Übrigen ist es gleichgültig, ob der Beschäftigte in Vollzeit oder in Teilzeit, im Hauptberuf oder im Nebenberuf tätig war (MünchArbR/*Wank* § 128 Rz. 4, 5). Nach einer nur kurzzeitigen Beschäftigung (sechs Monate) haben Arbeitnehmer folglich nur einen Anspruch auf ein Zeugnis, das die wesentlichen Tätigkeiten des Arbeitnehmers ausführt (*ArbG Frankf./M.* 8.8.2001 NZA-RR 2002, 182). 3

§ 109 GewO (ab 1.1.2003) sieht keine bestimmte Mindestdauer des Arbeitsverhältnisses vor: weder für das einfache, noch für das qualifizierte Zeugnis.

3. Selbstständige

Nach dem Wortlaut umfasst § 630 BGB alle Dienstverhältnisse, also auch Beschäftigungsverhältnisse von Selbstständigen. Dennoch ist bei freien Dienstverhältnissen ein Zeugnis weder üblich noch geschuldet (MünchArbR/*Wank* § 128 Rz. 3; **a.A.** *Hohmeister* NZA 1998, 571 ff.). Allerdings haben nach der Rechtsprechung des *BGH* (9.11.1967 BGHZ 49, 30) jedenfalls Drittgeschäftsführer einer GmbH einen Zeugnisanspruch. Weitergehend hält *Hohmeister* (NZA 1998, 571 ff.) im Einzelfall die analoge Anwendung des § 630 BGB bei »dauernden« weisungsfreien Subunternehmerverhältnissen nach Maßgabe der konkreten Umstände des Einzelfalles für möglich. Ein Zeugnisanspruch für Werkunternehmer soll aber auch danach die Ausnahme bleiben. 4

II. Zeugnisarten; Fälligkeit

1. Einfaches Zeugnis

Der Arbeitnehmer kann ein Zeugnis über **Art und Dauer** seines Arbeitsverhältnisses (sog. einfaches Zeugnis) verlangen. Zu nennen sind die Person des Arbeitgebers, die des Arbeitnehmers mit Name, Vorname und Beruf sowie Geburtsdatum und Anschrift. Die Art der Beschäftigung muss möglichst genau beschrieben werden. Dazu gehört die detaillierte Angabe des Arbeitsplatzes und der ausgeübten Tätigkeit. Hat der Arbeitnehmer an mehreren Stellen im Betrieb oder im Unternehmen gearbeitet, so sind diese Tätigkeiten in einem einheitlichen Zeugnis zusammenzufassen (*LAG Frankf.* 23.1.1968 AP Nr. 5 zu § 630 BGB). Gem. § 16 Abs. 2 S. 1 BBiG muss in einem einfachen Ausbildungszeugnis angegeben werden, welche **Fähigkeiten der Auszubildende erlangt** hat (vgl. *Taubert* FA 2005, 108). 5

2. Qualifiziertes Zeugnis

Nur auf Begehren des Arbeitnehmers ist das Arbeitszeugnis auf die Beurteilung seiner **Führung und Leistung** auszudehnen (sog. qualifiziertes Zeugnis). Dieser Anspruch besteht auch dann, wenn der Arbeitnehmer nach seinem Ausscheiden aus dem Betrieb einer Straftat zu Lasten seines Arbeitgebers verdächtigt wird (*ArbG Frankf.* 24.5.2002 – 4 Ca 7902/01 – EzA-SD 12/2002, S. 12). 6

7 Der Anspruch richtet sich auf ein Zeugnis, das formell und inhaltlich den gesetzlichen Anforderungen entspricht und die Leistungen des Arbeitnehmers »richtig« beurteilt. Das gilt auch für eine die Einzelleistungen des Arbeitnehmers zusammenfassende Endbeurteilung. Der Arbeitgeber kann grds. frei wählen, welches Beurteilungssystem er hierfür heranzieht. Aus dem Gebot der Zeugnisklarheit muss sich aber ergeben, wie der Arbeitgeber die Leistung des Arbeitnehmers einschätzt. Dem wird genügt, wenn der Arbeitgeber die im Arbeitsleben weit verbreitete sog. Zufriedenheitsskala verwendet (*BAG* 14.10.2003 EzA § 109 GewO Nr. 1 = NZA 2004, 843 = BAG Report 2004, 225).

3. Zwischenzeugnis

a) Grundlagen

8 Fraglich ist, ob der Arbeitgeber dann, wenn die Beendigung des Arbeitsverhältnisses nicht bevorsteht, ein sog. Zwischenzeugnis erteilen muss. Denn nur zum Teil sehen Tarifverträge (z.B. § 61 Abs. 2 BAT »aus triftigen Gründen«) einen dahingehenden Anspruch ausdrücklich vor. Als triftiger Grund kommen in Betracht (vgl. *BAG* 21.1.1993 EzA § 630 BGB Nr. 18): Bewerbung um eine neue Stelle, Vorlage bei Behörden und Gerichten oder Stellung eines Kreditantrages, strukturelle Änderungen innerhalb des Betriebsgefüges, z.B. Betriebsübernahme durch einen neuen Arbeitgeber oder Insolvenz sowie bevorstehende persönliche Veränderungen des Arbeitnehmers, z.B. Versetzung, Fort- und Weiterbildung oder geplante längere Arbeitsunterbrechungen, etwa ab einem Jahr, oder auch Wehr- oder Zivildienst. Ein triftiger Grund liegt dagegen nicht vor, wenn der Angestellte das Zeugnis allein deshalb verlangt, weil er es in einem Rechtsstreit, in dem er seine Höhergruppierung anstrebt, als **Beweismittel** verwenden will (*BAG* 21.1.1993 EzA § 630 BGB Nr. 18), wohl aber dann, wenn **ein Vorgesetzter**, dem ein Angestellter über mehrere Jahre unmittelbar fachlich unterstellt war, **ausscheidet** (*BAG* 1.10.1998 EzA § 630 BGB Nr. 21).

Nach Auffassung von *Neumann* (in: Staudinger § 630 BGB Rz. 8) gelten diese Grundsätze **auch außerhalb des Anwendungsbereichs derartiger tariflicher Regelungen**; dies lässt sich mit der **Fürsorgepflicht** des Arbeitgebers begründen (vgl. *BAG* 21.1.1993 EzA § 630 BGB Nr. 18; *Schäfer* Die Abwicklung des beendeten Arbeitsverhältnisses, Rz. 64), bzw. aus dem Grundsatz von Treu und Glauben (*LAG Hessen* 28.3.2003 ZTR 2004, 380 LS = LAG Report 2004, 215).

b) Inhaltliche Bindungswirkung

9 Hat der Arbeitgeber ein Zwischenzeugnis erteilt, ist er **regelmäßig an dessen Inhalt gebunden**, wenn er danach ein Endzeugnis erteilt. Das gilt auch dann, wenn der Betriebsveräußerer das Zwischenzeugnis vor einem Betriebsübergang erteilt hat und der Arbeitnehmer das Endzeugnis vom Betriebserwerber verlangt (*BAG* 16.10.2007 EzA § 109 GewO Nr. 6 = NZA 2008, 298). Denn der Arbeitgeber kann **bei gleicher Beurteilungsgrundlage** nicht seine im Zwischenzeugnis zum Ausdruck gekommenen Beurteilungen ändern; bei einem fünfjährigen Arbeitsverhältnis spricht eine **Vermutung** dafür, dass die Beurteilungsgrundlage die gleiche geblieben ist, wenn bei Abfassung des Schlusszeugnisses nur zehn Monate seit dem Zwischenzeugnis vergangen sind (*LAG Köln* 22.8.1997 ARST 1998, 117 LS; vgl. *Hunold* NZA-RR 2001, 113 ff.). Auch bei einem qualifizierten Zeugnis nach rund achtjähriger Dauer des Arbeitsverhältnisses ist der Arbeitgeber in aller Regel an einer Leistungsbeurteilung (Zeugnisnote) festzuhalten, die noch in einem **vier Monate zuvor erteilten Zwischenzeugnis** »stets zu unserer vollen Zufriedenheit« gelautet hat (*LAG Köln* 8.7.1993 LAGE § 630 BGB Nr. 18). Deshalb kann der Arbeitgeber dazu verurteilt werden, in das Schlusszeugnis die Formulierungen des Zwischenzeugnisses zu übernehmen, vor allem dann, wenn er **Änderungsvorstellungen** hat, die in Wahrheit **Abweichungen in der Bewertung darstellen** (z.B. nur »volle Zufriedenheit« statt »vollste Zufriedenheit«). Es macht keinen Unterschied, wenn der Autor des Zwischenzeugnisses für das Schlusszeugnis nicht mehr zur Verfügung steht, sofern er im Rahmen seiner Befugnisse gehandelt hat und den Arbeit-

geber wirksam vertreten konnte (*LAG Köln* 22.8.1997 NZA 1999, 771 LS). Etwas **anderes** gilt nur dann, wenn die **späteren Leistungen** und das **spätere Verhalten** des Arbeitnehmers eine **abweichende Beurteilung rechtfertigen** (*BAG* 16.10.2007 EzA § 109 GewO Nr. 6 = NZA 2008, 298), oder dann, wenn inzwischen **Tatsachen bekannt** geworden sind, die eine **Abänderung verlangen** (*LAG SchlH* 23.10.2007 LAGE § 109 GewO 2003 Nr. 5).

Akzeptiert andererseits ein Arbeitnehmer nach einem Betriebsübergang in einem Zwischenzeugnis des Betriebsveräußerers die Formulierung »zu unserer vollen Zufriedenheit«, also die Bescheinigung befriedigender Leistungen, und verlangt er **eineinhalb Jahre** nach dem Betriebsübergang bei Beendigung des Arbeitsverhältnisses mit dem Betriebserwerber ein Zeugnis mit der Leistungsbewertung stets zu unserer vollen Zufriedenheit, also gute Leistungen, so **muss er im Einzelnen darlegen**, in welchen Bereichen und auf welche Weise sich seine Leistungen gegenüber den im Zwischenzeugnis bescheinigten **verbessert haben**. Eine erneute – bessere – Bewertung der Leistungen beim Betriebsveräußerer kann vom Betriebsübernehmer nicht verlangt werden (*LAG Brem.* 9.11.2000 NZA-RR 2001, 287). Weitergehend hat das *LAG Bln.* (14.11.2002 LAGE Art. 2 GG Persönlichkeitsrecht Nr. 7 = NZA-RR 2003, 523) angenommen, dass die Korrektur eines bereits zweieinhalb Jahre alten Zwischenzeugnisses im allgemeinen nicht verlangt werden kann. 10

Ein Arbeitnehmer ist aber andererseits nicht daran gehindert, geltend zu machen, das ihm erteilte Zeugnis sei nicht ordnungsgemäß unterzeichnet, weil er ein in gleicher Weise mangelhaftes Zwischenzeugnis widerspruchslos entgegengenommen hat (*BAG* 26.6.2001 EzA § 630 BGB Nr. 24 = NZA 2002, 34). 11

Fehlen dem **Betriebserwerber** selbst die nötigen Informationen, um die Tätigkeit, die Leistung und das Verhalten des Arbeitnehmers vor dem Betriebsübergang zu beurteilen, steht ihm i.d.R. ein **Auskunftsanspruch** gegenüber dem Betriebsveräußerer zu. Der neue Arbeitgeber kann sich deshalb im Verhältnis zu seinem Arbeitnehmer nicht auf die Unkenntnis der zeugnisrelevanten Tatsachen vor dem Betriebsübergang berufen (*BAG* 16.10.2007 EzA § 109 GewO Nr. 6 = NZA 2008, 298).

4. Kündigungsschutzprozess; Weiterbeschäftigung

Ein fristgerecht entlassener Arbeitnehmer hat spätestens mit Ablauf der Klagefrist oder bei seinem tatsächlichen Ausscheiden aus dem Betrieb Anspruch auf ein qualifiziertes Zeugnis und nicht lediglich auf ein Zwischenzeugnis, selbst dann, wenn die Parteien in einem Kündigungsschutzprozess noch über die Rechtmäßigkeit der Kündigung streiten (*BAG* 27.2.1987 EzA § 630 BGB Nr. 11). Hat der Arbeitnehmer auf sein Verlangen bereits ein *Endzeugnis erhalten*, so kann er auch während eines noch laufenden Kündigungsschutzprozesses **nicht zusätzlich noch ein Zwischenzeugnis** verlangen; dieses ist subsidiär (*LAG Hamm* 13.2.2007 NZA-RR 2007, 486). 12

Im Falle einer Weiterbeschäftigung des Arbeitnehmers nach **§ 102 Abs. 5 BetrVG** besteht das Arbeitsverhältnis bis zum Ablauf des Kündigungsschutzverfahrens weiter; erst dann braucht ein Zeugnis erteilt zu werden. Wird der Arbeitnehmer auf Grund des allgemeinen Weiterbeschäftigungsanspruchs weiterbeschäftigt, so braucht für den Zwischenzeitraum kein Zeugnis erteilt zu werden, in dem er entweder keinen Weiterbeschäftigungsanspruch hatte oder ihn nicht genutzt hat. 13

5. Faktisches Arbeitsverhältnis

Bei einem fehlerhaft begründeten Arbeitsverhältnis besteht ein Anspruch auf ein Zeugnis, wenn tatsächlich gearbeitet wurde, also ein faktisches Arbeitsverhältnis bestanden hat (MünchArbR/*Wank* § 128 Rz. 13). 14

6. Bindung an frühere Erfüllungsversuche

15 Ein Arbeitgeber, der auf das berechtigte Verlangen des Arbeitnehmers nach einer Berichtigung des Zeugnisses dem Arbeitnehmer ein »neues« Zeugnis zu erteilen hat, ist an seine bisherige Verhaltensbeurteilung gebunden, soweit keine neuen, zuvor nicht bekannten Umstände eine schlechtere Beurteilung rechtfertigen (*BAG* 21.6.2005 EzA § 109 GewO Nr. 4 = NZA 2006, 104; s. auch *BAG* 16.10.2007 EzA § 109 GewO Nr. 6 = NZA 2008, 298 zur Bindungswirkung eines Zwischenzeugnisses).

III. Inhalt des Arbeitszeugnisses

1. Grundlagen

16 Ein qualifiziertes Arbeitszeugnis ist schriftlich zu erteilen. Es muss **klar und verständlich formuliert** sein; **Grundsatz der Zeugnisklarheit** (*BAG* 12.8.2008 – 9 AZR 632/07 – NZA 2008, 1349 = FA 2008, 309 LS). Es darf keine Formulierungen enthalten, die eine **andere** als die aus der äußeren Form oder aus dem Wortlaut ersichtliche **Aussage über den Arbeitnehmer treffen** (*BAG* 12.8.2008 – 9 AZR 632/07 – NZA 2008, 1349 = FA 2008, 309 LS). Das Zeugnis enthält in der Praxis meist neben den vollständigen Angaben zur Person von Arbeitgeber und Arbeitnehmer sowie Ort und Zeitpunkt der Ausstellung Angaben über die Dauer der Unternehmenszugehörigkeit, Funktionsbezeichnung und Aufgabenbeschreibung, die Beurteilung der erbrachten Leistung (*BAG* 12.8.2008 – 9 AZR 632/07 – EzA § 109 GewO Nr. 7 = NZA 2008, 1349) nach Qualität, Quantität und Einsatzbereitschaft, die Beurteilung der Führung (Sozialverhalten) gegenüber Vorgesetzten, Mitarbeitern, Kollegen (*BAG* 12.8.2008 – 9 AZR 632/07 – EzA § 109 GewO Nr. 7 = NZA 2008, 1349) sowie einen Schlussabsatz mit der Angabe des Grundes des Ausscheidens, einer Dankes-Bedauern-Formel (s. aber unten Rn. 45) und Zukunftswünschen (vgl. *Göldner* ZfA 1991, 227 f.; *Hunold* NZA-RR 2001, 115 ff.; ausf. *LAG Hamm* 27.2.1997 NZA-RR 1998, 151; *Schäfer* Die Abwicklung des beendeten Arbeitsverhältnisses, Rz. 72).

Der weitere **notwendige Zeugnisinhalt** bestimmt sich nach dem **Zeugnisbrauch**; dieser kann nach Branchen und Berufsgruppen unterschiedlich sein (*BAG* 12.8.2008 – 9 AZR 632/07 – EzA § 109 GewO Nr. 7 = NZA 2008, 1349).

17 Gesetzliche Vorschriften über den Inhalt des Zeugnisses bestehen, abgesehen von den im Gesetz genannten Angaben über Art, Dauer, Leistungen und Führung, nicht. Deshalb ist **im Einzelnen** durchaus **streitig, welchen Inhalt ein qualifiziertes Zeugnis haben kann/muss/darf.**

Nach **§ 109 Abs. 2 GewO**, der einen allgemeinen Rechtsgedanken enthält, darf es allerdings nicht mit geheimen Zeichen versehen werden, aus denen sich eine **Distanzierung des Arbeitgebers vom Arbeitnehmer** ergibt. **Es ist so zu formulieren, dass es aus sich heraus verständlich ist** (*BAG* 20.2.2001 EzA § 630 BGB Nr. 23); es darf nur Tatsachen, **nicht** dagegen **bloße Verdächtigungen** enthalten (*LAG Düsseld.* 3.5.2005 LAGE § 109 GewO 2003 Nr. 2).

18 Bei der Erteilung des qualifizierten Arbeitszeugnisses hat der Arbeitgeber sowohl das Gebot der Wahrheitspflicht (*BAG* 12.8.2008 – 9 AZR 632/07 – NZA 2008, 1349) einerseits als auch andererseits die Verpflichtung zu beachten, das berufliche Fortkommen des Arbeitnehmers nicht unnötig zu erschweren. Folglich gilt insoweit auch der Grundsatz der wohlwollenden Beurteilung nach dem Maßstab eines verständigen Arbeitgebers (*BAG* 29.7.1971 EzA § 630 BGB Nr. 1; vgl. dazu *Preis/Bender* NZA 2005, 1321 ff.).

Dabei ist die schonungslose, gnadenlose Wahrheit, die den Ausstellenden u.U. zum Schadensersatz verpflichten kann, falls dem Arbeitnehmer mit einem derartigen Zeugnis eine berufliche Chance entgeht, ebenso verfehlt, wie die reine Wohlgefälligkeit, die ebenfalls zum Schadensersatz führen kann, wenn der neue Arbeitgeber durch die bewusste Unrichtigkeit im Zeugnis einen Schaden erleidet. 19

Aus beiden Anforderungen zusammen ergibt sich, dass der Arbeitgeber zwar die **Wahrheit** schreiben darf und muss, dass er sie aber bei ungünstigen Aussagen in einer **schonenden Form** vorbringen muss. **Die Wahrheitspflicht geht** also **dem Wohlwollen vor** (*BAG* 29.7.1971 EzA § 630 BGB Nr. 1). Dem Arbeitgeber steht bei der Abfassung des Zeugnisses ein **weiter Beurteilungsspielraum** zu. Allerdings muss er die Verkehrssitte beachten. Werden also bestimmte Angaben im Zeugnis erwartet, so hat er sie in das Zeugnis aufzunehmen, z.B. bei Kassierern die Ehrlichkeit.

Zu berücksichtigen ist, dass der Aussteller wegen des Vertrauen erweckenden Charakters des Zeugnisses eine Mindestgewähr für dessen Richtigkeit und die entsprechende Einstandspflicht übernimmt (*Schleßmann* BB 1988, 1320). 20

2. Art und Dauer des Arbeitsverhältnisses; Fehlzeiten; Unterbrechungen

Das Zeugnis muss ein getreues Spiegelbild aller vom Arbeitnehmer ausgeführten Tätigkeiten sein. Es muss deshalb die Tätigkeit, die ein Arbeitnehmer im Laufe des Arbeitsverhältnisses ausgeübt hat, so vollständig und genau beschreiben, dass sich künftige Arbeitgeber ein klares Bild machen können. 21

Unerwähnt dürfen solche Tätigkeiten bleiben, denen bei einer Bewerbung des Arbeitnehmers keine Bedeutung zukommt (*BAG* 12.8.1976 EzA § 847 BGB Nr. 5). 22

Auch **Urlaubs- und krankheitsbedingte Fehlzeiten** werden grds. nicht erwähnt (vgl. *BAG* 12.8.1976 EzA § 847 BGB Nr. 5; **a.A.** *Göldner* ZfA 1991, 247 f.; s. dazu *Mühlhausen* NZA-RR 2006, 337 ff.). Nach Auffassung des *LAG Chemnitz* (30.1.1996 NZA-RR 1997, 47) dürfen krankheitsbedingte Fehlzeiten nur dann im Zeugnis erwähnt werden, wenn sie außer Verhältnis zur tatsächlichen Arbeitsleistung stehen, wenn sie also etwa die Hälfte der gesamten Beschäftigungszeit ausmachen. Der Grundsatz der Zeugniswahrheit erfordert eine Darstellung der **gesamten Tätigkeit** des Arbeitnehmers. Eine zeitliche Beschränkung bedeutet deshalb auch eine sachliche Beschränkung. Folglich ist dem Arbeitgeber auch eine solche Gestaltung des Zeugnisinhalts verboten, bei der eine vorherige Tätigkeit eines Arbeitnehmers als **freier Mitarbeiter** unerwähnt bleibt, wenn er insoweit als arbeitnehmerähnliche Person zu qualifizieren war (*LAG Frankf.* 14.9.1984 DB 1985, 820).

Ungewöhnliche, länger andauernde tatsächliche Unterbrechungen des Arbeitsverhältnisses (z.B. die Verbüßung einer Freiheitsstrafe) sind dann (ohne Hinweis auf ihre Gründe) zu vermerken, wenn sie im Zeitpunkt der Zeugniserteilung die gesamte Beschäftigungszeit prägen, insbes. wenn sie etwa die Hälfte der Beschäftigungszeit ausmachen (*Schleßmann* BB 1988, 1320). 23

Die Elternzeit eines Arbeitnehmers darf nur dann erwähnt werden, wenn sich die Ausfallzeit als eine **wesentliche tatsächliche Unterbrechung der Beschäftigung** darstellt. Das ist dann der Fall, wenn diese nach Lage und Dauer erheblich ist und wenn bei ihrer Nichterwähnung für Dritte der falsche Eindruck entsteht, die Beurteilung des Arbeitnehmers beruhe auf einer der Dauer des rechtlichen Bestandes des Arbeitsverhältnisses entsprechenden tatsächlichen Arbeitsleistung. Für einen Koch stellt es insoweit eine erhebliche Ausfallzeit dar, wenn der Arbeitnehmer während des 50 Monate bestehenden Arbeitsverhältnisses 33\2 Monate Elternzeit in Anspruch genommen hat. Die Erwähnung der Elternzeit im Zeugnis stellt dann auch keinen Verstoß gegen das Benachteiligungsverbot des

§ 612a BGB dar (*BAG* 10.5.2005 EzA § 109 GewO Nr. 3 = NZA 2005, 1237; s. dazu *Mühlhausen* NZA-RR 2006, 337 ff.).

24 Ein Arbeitnehmer kann auch für die Zeit vor Eröffnung des Insolvenzverfahrens ein qualifiziertes Zeugnis vom **Insolvenzverwalter** verlangen, wenn dieser den Betrieb nach Eröffnung des Insolvenzverfahrens übernimmt (*BAG* 30.1.1991 EzA § 630 BGB Nr. 13; s.o. Rn. 1).

3. Leistung und Führung

a) Grundlagen

25 Die Leistung ist durch die Beschreibung von Fachkenntnissen, Arbeitsqualität, -bereitschaft (Initiative) und Fleiß, die Führung durch die Beschreibung des Sozialverhaltens (Verhalten gegenüber Vorgesetzten und Mitarbeitern) und bei Führungskräften des Führungsverhaltens konkretisierbar (*Schmid* DB 1986, 1334; *Schleßmann* BB 1988, 1320; *Hunold* NZA-RR 2001, 119 f.; *Löw* NJW 2005, 3605 ff.).

Die Feststellung in einem Zeugnis, dass der Arbeitnehmer es **stets verstanden** habe, **seine Interessen im Betrieb durchzusetzen**, besagt z.B., dass der Arbeitnehmer seine Interessen im Betrieb stets rücksichtslos durchgesetzt hat. Eine solche Feststellung darf in ein Zeugnis nur aufgenommen werden, wenn ein derartiges Verhalten für die Führung im Arbeitsverhältnis kennzeichnend war (*LAG Hessen* 16.6.1998 – 9 Sa 132/98).

26 Im Einzelnen können folgende Abstufungen des Verhaltens unterschieden werden (vgl. krit. dazu *Hunold* NZA-RR 2001, 120):
Sein/Ihr Verhalten zu Vorgesetzten, Arbeitskollegen
war stets vorbildlich = sehr gute Führung
war vorbildlich = gute Führung
war stets einwandfrei/korrekt = vollbefriedigende Führung (vgl. dazu *BAG* 21.6.2005 EzA § 109 GewO Nr. 4 = NZA 2006, 104)
war einwandfrei/korrekt = befriedigende Führung (vgl. dazu *BAG* 21.6.2005 EzA § 109 GewO Nr. 4 = NZA 2006, 104)
war ohne Tadel = ausreichende Führung
gab zu keiner Klage Anlass = mangelhafte Führung
(**a.A.** *ArbG Frankf./M.* 2.5.2001 NZA-RR 2002, 182: »unterdurchschnittliche Bewertung«)
Über ... ist uns Nachteiliges nicht bekannt geworden = unzureichende Führung.

27 Ein Arbeitszeugnis, das sich nur auf die Leistung, **nicht auf die Führung bezieht, erfüllt den Anspruch des § 630 BGB nicht** (*LAG Köln* 30.3.2001 ARST 2001, 285 LS).

b) Beurteilungsspielraum des Arbeitgebers

28 Die Formulierung des Zeugnisses obliegt dem Arbeitgeber; er ist grds. frei bei seiner Entscheidung, **welche Leistungen und Eigenschaften eines Arbeitnehmers er hervorheben oder zurücktreten** lassen will (vgl. *ArbG Bayreuth* 26.11.1991 NZA 1992, 799 zum Begriff der Pünktlichkeit).

Der Beurteilungsspielraum ist größer als bei der Tätigkeitsbeschreibung; gerichtlich überprüft werden kann an sich nur, ob **sachfremde Erwägungen eingeflossen** sind oder **allgemein gültige Bewertungsmaßstäbe** außer Acht gelassen wurden.

c) Vertragsbruch; Straftaten; Ermittlungsverfahren

29 Nach Auffassung des *LAG Hamm* (24.9.1985 NZA 1986, 99) kann ein Vertragsbruch des Arbeitnehmers bei der Beurteilung seiner Führung Berücksichtigung finden. Demgegenüber

darf der Arbeitgeber nach Auffassung des *LAG Köln* (8.11.1989 LAGE § 630 BGB Nr. 8) den Arbeitsvertragsbruch des Arbeitnehmers grds. nicht im Zeugnis ausdrücklich erwähnen.

Straftaten des Arbeitnehmers, die zugleich die Pflichten aus dem Arbeitsverhältnis verletzen können, müssen jedenfalls u.U. erwähnt werden, um eine Haftung gegenüber Dritten auszuschließen (vgl. *Becker-Schaffner* BB 1989, 2105 m.w.N.; zur Haftung des Arbeitgebers *Kölsch* NZA 1985, 382). Andererseits hat das *ArbG Düsseld.* (15.12.2003 NZA-RR 2004, 294; ebenso *LAG Düsseld.* 3.5.2005 LAGE § 109 GewO 2003 Nr. 2) die Auffassung vertreten, dass ein **laufendes Ermittlungsverfahren** bei der Staatsanwaltschaft »wegen EDV-technisch unterstützter Vermögensdelikte zu Lasten unseres Unternehmens« **nicht** in einem Arbeitszeugnis aufzuführen ist. Denn das Arbeitszeugnis darf nur Tatsachen, nicht dagegen **bloße Verdächtigungen** enthalten (so *LAG Düsseld.* 3.5.2005 LAGE § 109 GewO 2003 Nr. 2). Andererseits ist der Arbeitgeber **berechtigt**, im Zwischenzeugnis für eine Krankenschwester ein gegen sie bei Zeugniserteilung noch **laufendes Ermittlungsverfahren wegen Mordversuchs** an Patienten zu erwähnen; dies soll aber dann anders sein, wenn die Staatsanwaltschaft das Verfahren unangemessen derart verzögert, dass ein Verstoß gegen Art. 6 Abs. 1 S. 1 MRK vorliegt (so jedenfalls *LAG BW* 29.11.2007 LAGE § 630 BGB 2002 Nr. 4).

Hat eine Rechtsanwalts- oder Notargehilfin eine **Handkasse** verwaltet, zu der mehrere andere Personen Zugang hatten, ist die Mitarbeiterin zudem nicht angewiesen worden, auch Monatsanfangs- und -endbestände festzustellen und ist durch den beschäftigenden Rechtsanwalt nie eine Kassenprüfung durchgeführt worden, ist die **Erwähnung eines Kassenfehlbestandes**, der nicht aufgeklärt ist, im Endzeugnis **unzulässig**. Dies gilt insbesondere, wenn die Kassenführung nicht einmal im Zwischenzeugnis erwähnt worden war, sie also einen nicht nennenswerten Zeitanteil der Tätigkeit der Angestellten ausmachte (*BAG* 16.10.2007 EzA § 109 GewO Nr. 6 = NZA 2008, 298).

d) Prokura

Bestand eine Prokura nicht während der gesamten Dauer des Arbeitsverhältnisses, so hat der Arbeitnehmer nur Anspruch auf einen Hinweis darauf unter exakter Zeitangabe, also unter Angabe von Beginn und Ende der Prokura (*LAG BW* 19.6.1992 NZA 1993, 127). Da das Arbeitszeugnis die für das Arbeitsverhältnis typischen Verhältnisse nachzeichnen muss, sind andererseits **Modalitäten**, die von den Arbeitsvertragsparteien im Zusammenhang mit der **Beendigung des Arbeitsverhältnisses vereinbart werden**, z.B. der Widerruf der Prokura, **nicht zu erwähnen** (*BAG* 26.6.2001 EzA § 630 BGB Nr. 24 = NZA 2002, 34). 30

e) Bewertung der Leistung; Abstufungen

Der Arbeitnehmer hat einen **Anspruch** darauf, **dass seine persönliche Arbeitsleistung in einem Zeugnis gewürdigt wird.** Deshalb darf nicht irgendein Zeugnis für einen anderen Mitarbeiter genommen und lediglich ein anderer Name eingesetzt werden; dies ist nur statthaft, wenn tatsächlich eine vom Arbeitgeber darzulegende und zu beweisende Leistungsidentität besteht (*ArbG Bln.* 4.11.2003 NZA-RR 2004, 297). Eine Leistung, die vom Arbeitgeber nicht beanstandet worden ist, muss andererseits deshalb in einem qualifizierten Zeugnis noch nicht als sehr gut bewertet werden (*LAG Düsseld.* 26.2.1985 DB 1985, 2692). 31

Die Leistungsbeurteilung wird i.d.R. kurz zusammengefasst wiedergegeben; der Notenskala sehr gut bis mangelhaft entsprechen in etwa folgende Formulierungen (vgl. *Braun* ZTR 2002, 106 ff.; *Löw* NJW 2005, 3605 ff.): 32

- sehr gut: »Stets/jederzeit zu unserer vollsten Zufriedenheit« (*LAG Hamm* 13.2.1992 LAGE § 630 BGB Nr. 16; *Schleßmann* BB 1988, 1320; *Weuster* BB 1991, 58) oder »in jeder Hinsicht außerordentlich zufriedenstellend« (MünchArbR/*Wank* § 128 Rz. 26);
- gut, überdurchschnittliche Leistungen: »Zur vollsten oder stets/jederzeit zur vollen Zufriedenheit« (*LAG Hamm* 13.2.1992 LAGE § 630 BGB Nr. 16; *LAG Brem.* 9.11.2000 NZA-RR 2001, 287; **a.A.** [ohne Begründung] *BAG* 23.9.1992 EzA § 630 BGB Nr. 16) »zur vollsten Zufriedenheit« bedeutet eine sehr gute Leistung; **a.A.** auch *LAG Hessen* 14.10.2002 – 16 Sa 824/02 -: »zur vollen Zufriedenheit« bedeutet über-

durchschnittliche Leistungen) oder »voll und ganz zufriedenstellend« (MünchArbR/*Wank* § 128 Rz. 26);
- befriedigend, durchschnittlich: »Stets zu unserer Zufriedenheit« (*LAG Köln* 2.7.1999 NZA-RR 2000, 235; *Becker-Schaffner* BB 1989, 2105; **a.A.** *Weuster* BB 1992, 59 (ausreichend) oder »zu unserer vollen Zufriedenheit« (*BAG* 14.10.2003 – 9 AZR 12/03; *LAG Hamm* 13.2.1992 LAGE § 630 BGB Nr. 16; *LAG Hamm* 22.5.2002 NZA-RR 2003, 71: »gehobenes Befriedigend«; *LAG Brem.* 9.11.2000 NZA-RR 2001, 287; *ArbG Nbg.* 2.5.2001 ARST 2001, 285 LS);
- unterdurchschnittliche, aber ausreichende Leistungen: »Zu unserer Zufriedenheit« (*LAG Hamm* 13.2.1992 LAGE § 630 BGB Nr. 16; *LAG Köln* 2.7.1999 NZA-RR 2000, 235);
- mangelhaft: »Im großen und ganzen zufriedenstellend«: (MünchArbR/*Wank* § 128 Rz. 26), »insgesamt zu unserer Zufriedenheit« (*LAG Hamm* 13.2.1992 LAGE § 630 BGB Nr. 16);
- ungenügend: »Er war bemüht, die ihm gestellten Anforderungen zu erfüllen« oder »zu unserer Zufriedenheit zu erledigen versucht« (*LAG Hamm* 13.2.1992 LAGE § 630 BGB Nr. 16; *ArbG Neubrandenburg* 12.2.2003 NZA-RR 2003, 465: negative Beurteilung, die nicht dem Erfordernis eines wohlwollenden Zeugnisses entspricht).

f) Bedeutung des Gesamtzusammenhangs

33 Zu berücksichtigen ist, dass neben diesen Formulierungen auch der Gesamtzusammenhang des Zeugnisses für die Feststellung der Leistungsbewertung maßgeblich sein kann (vgl. *Löw* NJW 2005, 3605 ff.).

So bedeutet die Formulierung, dass der Arbeitnehmer die ihm übertragenen Aufgaben mit **großem Fleiß und Interesse** durchführte, nach sechsjähriger Tätigkeit eines Physikers in der Forschungsabteilung eines großen Unternehmens neben einer sehr ausführlichen Tätigkeitsbeschreibung die Erklärung des Arbeitgebers, der Arbeitnehmer habe sich bemüht, im Ergebnis aber nichts geleistet (*BAG* 24.3.1977 EzA § 630 BGB Nr. 9).

34 Bewertet der Arbeitgeber im Zeugnis die **einzelnen Leistungen** des Arbeitnehmers ausnahmslos mit **»sehr gut«** und die Tätigkeit darüber hinaus als »sehr erfolgreich«, so ist damit eine Gesamtbeurteilung mit der **Schlussfolgerung**, der Arbeitnehmer habe seine Aufgaben »immer zu unserer **vollen Zufriedenheit** gelöst«, **unvereinbar**. Der sehr guten Leistung entspricht die zusammenfassende Beurteilung »zur vollsten Zufriedenheit« (*BAG* 23.9.1992 EzA § 630 BGB Nr. 16; s. aber oben Rn. 31).

35 Die Formulierung im Arbeitszeugnis, der Arbeitnehmer sei »**ehrlich und pünktlich**«, **entwertet die durchschnittliche Leistungsbeurteilung** »zu unserer vollen Zufriedenheit«. Denn durch die Hervorhebung der an sich selbstverständlichen Pünktlichkeit (= zeitliche Zuverlässigkeit) und dem Weglassen des wichtigen Beurteilungskriteriums »Zuverlässigkeit« wird dem Arbeitnehmer »zwischen den Zeilen« bescheinigt, dass er im Übrigen nicht zuverlässig ist (*ArbG Nbg.* 2.5.2001 ARST 2001, 285 LS).

Generell gilt, dass dann, wenn ein Zeugnis in einer Branche übliche Formulierungen ohne sachlichen Grund weglässt, der Arbeitnehmer einen Anspruch auf Ergänzung hat. Denn die Auslassung eines bestimmten Inhalts, der von einem einstellenden Arbeitgeber in einem Zeugnis erwartet wird, kann ein unzulässiges Geheimzeichen sein (*BAG* 12.8.2008 – 9 AZR 632/07 – NZA 2008, 1349).

g) Außerdienstliches Verhalten des Arbeitnehmers

36 Im Rahmen der Führung des Arbeitnehmers ist grds. nur auf das dienstliche Verhalten und nicht auf das Privatleben abzustellen. Die »dienstliche Führung« ist aber auch dann betroffen, wenn er unbefugt ein Dienstfahrzeug seines Arbeitgebers in fahruntüchtigem Zustand zu einer Privatfahrt benutzt und deswegen strafgerichtlich verurteilt wird (*BAG* 29.1.1986 AP Nr. 2 zu § 48 TVAL II).

4. Gewerkschaftliche Betätigung; Betriebsratstätigkeit

Die gewerkschaftliche Tätigkeit eines Arbeitnehmers (*LAG Hamm* 26.4.1990 DB 1990, 1527; für Personalratstätigkeit auch *BAG* 19.8.1992 EzA § 630 BGB Nr. 14 [dienstliche Beurteilung]) oder seine Mitarbeit im Betriebsrat (*LAG Frankf.* 10.3.1977 DB 1978, 167; GK-BetrVG/*Weber* § 37 Rz. 14), Personalrat, in der Jugendvertretung oder als Vertrauensmann der Schwerbehinderten darf nur auf seinen **ausdrücklichen Wunsch** hin in ein qualifiziertes Zeugnis aufgenommen werden (*Schäfer* Die Abwicklung des beendeten Arbeitsverhältnisses, Rz. 72). Liegt ein dahingehender Wunsch des Arbeitnehmers nicht vor, haben auch mittelbare Aussagen, welche ein derartiges Engagement nahe legen, zu unterbleiben. 37

Etwas anderes kann aber u.U. dann gelten, wenn ein Arbeitnehmer über einen **längeren Zeitraum** als Betriebsratsmitglied von der Arbeit **freigestellt** war, wenn sonst Schwierigkeiten bestehen, die Art des Arbeitsverhältnisses und die Leistung zu beschreiben (Münch ArbR/*Wank* § 128 Rz. 30; vgl. auch *Witt* BB 1996, 2194 ff.).

5. Beendigungsgrund und -modalitäten

a) Grundlagen

Fraglich ist, ob der Kündigungsgrund (z.B. Vertragsbruch des Arbeitnehmers) sowie die Modalitäten der Kündigung (wer wie gekündigt hat) vom Arbeitgeber ohne weiteres oder aber nur auf Verlangen des Arbeitnehmers erwähnt werden dürfen. 38

Nach Auffassung des *LAG Hamm* (24.9.1985 NZA 1986, 99; abl. *Hunstel* DB 1993, 227) sind Beendigungsgründe nur **auf Verlangen** des Arbeitnehmers in das Zeugnis aufzunehmen. Beendigungsgrund ist die Tatsache, auf Grund derer das Arbeitsverhältnis aufgelöst wird. Umstände, »wie« das Arbeitsverhältnis aufgelöst wird, d.h. mit oder ohne Einhaltung der Kündigungsfrist, sind keine Beendigungsgründe in diesem Sinne. Nach Auffassung des *LAG Düsseld.* (22.1.1988 NZA 1988, 399) genügt es dann, wenn dem Arbeitnehmer zu Recht außerordentlich gekündigt wurde, diese Tatsache durch alleinige **Angabe des (ungewöhnlichen) Beendigungszeitpunkts** zum Ausdruck zu bringen.

Demgegenüber soll es nach Auffassung des *ArbG Düsseld.* (1.10.1987 DB 1988, 508; abl. *Schleßmann* BB 1988, 1320) dem **Vollständigkeitsgebot entsprechen**, in dem Zeugnis auf die zur Kündigung führenden **Gründe hinzuweisen**. Deshalb soll kein Anspruch auf die Streichung der Angabe des Beendigungstatbestandes mit der Formulierung: »Das Arbeitsverhältnis endete durch fristlose arbeitgeberseitige Kündigung« bestehen. 39

Popp (NZA 1997, 588 ff.) schließlich hält eine **sorgfältige Abwägung** unter Berücksichtigung aller Umstände des Einzelfalles zur Beurteilung dieser Frage für unerlässlich.

Haben sich Arbeitgeber und Arbeitnehmer im Anschluss an eine verhaltensbedingte Kündigung des Arbeitgebers in einem Prozessvergleich darauf geeinigt, das Arbeitsverhältnis habe aufgrund einer Kündigung des Arbeitgebers geendet, verpflichtet sich dieser aber zugleich zur Zahlung einer Abfindung entsprechend den §§ 9, 10 KSchG, so widerspricht es nach Auffassung des *LAG Bln.* (25.1.2007 LAGE § 109 GewO 2003 Nr. 4 = NZA-RR 2007, 373) dem zeugnisrechtlichen Wohlwollensgebot, im Arbeitszeugnis neben einem Hinweis auf das beiderseitige Einvernehmen über die Beendigung des Arbeitsverhältnisses anzugeben, dies sei auf Veranlassung des Arbeitgebers geschehen. 40

b) Beendigung des Arbeitsverhältnisses auf Grund Auflösungsantrages des Arbeitnehmers

Ist das Arbeitsverhältnis auf den Auflösungsantrag des Arbeitnehmers gem. §§ 9, 10 KSchG durch Urteil aufgelöst worden, dann kann der Arbeitnehmer beanspruchen, dass der Beendigungsgrund mit der Formulierung erwähnt wird, das Arbeitsverhältnis sei **»auf seinen Wunsch beendet«** worden (*LAG Köln* 29.11.1990 LAGE § 630 BGB Nr. 11). 41

Das vom Arbeitgeber geschuldete Wohlwollen und die Rechtskraftbindung an die festgestellte Sozialwidrigkeit der Kündigung machen es erforderlich, die (unwirksame) Kündigung und den Kündigungsschutzprozess ansonsten unerwähnt zu lassen und – ebenso wie bei 42 einem »echten« beiderseitigen Einvernehmen nachteilige Rückschlüsse des Zeugnislesers durch eine wohlwollende Schlussformel zu vermeiden (z.B.: »Wir wünschen ... für den weiteren Berufs- und Lebensweg alles Gute«; *LAG Köln* 29.11.1990 LAGE § 630 BGB Nr. 11; s. aber unten Rn. 45).

c) Wettbewerbsabreden

43 Wettbewerbsabreden gehören nicht zum notwendigen Inhalt eines Zeugnisses, weil sie mit der Art der Beschäftigung, Leistung und Führung nicht in Zusammenhang stehen (Münch ArbR/*Wank* § 128 Rz. 32).

6. Ausstellungsdatum

44 Auch das Ausstellungsdatum unterliegt der Wahrheitspflicht. Ausstellungsdatum ist deshalb das Datum der tatsächlichen Ausfertigung des Zeugnisses. Folglich ist eine **Rückdatierung nicht zulässig**, auch dann nicht, wenn der Arbeitgeber das Zeugnis verspätet schreibt. Ein **berichtigtes Zeugnis trägt allerdings das Datum des ursprünglich und erstmals erteilten Zeugnisses, wenn die verspätete Ausstellung nicht vom Arbeitnehmer zu vertreten ist** (*BAG* 9.9.1992 EzA § 630 BGB Nr. 15). Das gilt auch dann, wenn das Zeugnis auf Grund eines gerichtlichen Vergleichs zu berichtigen ist (vgl. *ArbG Karlsruhe* 19.9.1985 NZA 1986, 169).

Fraglich ist, welches Datum dann zu verwenden ist, wenn der Arbeitnehmer über den Ablauf der Kündigungsfrist hinaus einstweilen weiterbeschäftigt, danach aber die Rechtswirksamkeit der Kündigung rechtskräftig festgestellt worden ist.

Nach Auffassung von *Wank* (MünchArbR § 128 Rz. 13) ist insoweit weder das Ende der Kündigungsfrist, noch das zufällige Datum der Rechtskraft des Urteils im Kündigungsschutzprozess anzugeben, sondern vielmehr der **nächstliegende vergangene Kündigungstermin**.

7. »Wunschformel«

45 Da das Fehlen einer Schlussformulierung ein (besonders gutes) **Zeugnis entwerten kann**, kann ein Arbeitnehmer unter Umständen **einen Anspruch** darauf haben, dass im Zeugnis die Formel: »Wir wünschen Ihnen für die Zukunft alles Gute und viel Erfolg« enthalten ist (*LAG Hessen* 17.6.1999 ZTR 2000, 88 LS = ARST 2000, 208; **a.A.** *ArbG Brem.* 11.2.1992 NZA 1992, 800; s. auch oben Rn. 41). **Grundsätzlich** ist der Arbeitgeber aber nach Auffassung des *BAG* (21.9.1999 EzA § 630 BGB Nr. 22; 20.2.2001 EzA § 630 BGB Nr. 23; ebenso *LAG Bln.* 10.12.1998 FA 1999, 271; *LAG Düsseld.* 21.5.2008 LAGE § 630 BGB 2002 Nr. 5; **a.A.** *ArbG Bln.* 7.3.2003 – 88 Ca 604/03 – EzA-SD 21/2003, S. 6 LS = ARST 2004, 165 LS) gesetzlich **nicht verpflichtet**, das Arbeitszeugnis **mit derartigen Formulierungen abzuschließen**.

8. Äußerliche Gestaltung; Unterschrift

46 Zu den Anforderungen, die ein Schriftstück erfüllen muss, damit es den Merkmalen eines Arbeitszeugnisses genügt, gehört auch eine äußere Form, die den **Gepflogenheiten des Geschäftslebens** Rechnung trägt; die Verwendung der Schriftgröße »10« trägt dem Rechnung (*LAG Hessen* 13.8.2002 – 16 Ta 255/02 – ARST 2004, 137).

Der Arbeitnehmer kann deshalb auch verlangen, dass das Zeugnis auf einem **Firmenbogen** erteilt wird, wenn der Arbeitgeber solche besitzt und im Geschäftsverkehr üblicherweise verwendet (*BAG* 3.3.1993 EzA § 630 BGB Nr. 17; vgl. *Löw* NJW 2005, 3605 ff.). Das Anschriftenfeld ist nicht auszufüllen und das Zeugnis ist nach Auffassung des *LAG Hmb.* (7.9.1993 NZA 1994, 890) in ungefaltetem Zustand auszustellen.

Demgegenüber geht das *BAG* (21.9.1999 EzA § 630 BGB Nr. 22) davon aus, dass der Arbeitgeber den Zeugnisanspruch auch mit einem Zeugnis erfüllt, das er zweimal faltet, um den Zeugnisbogen in einem Geschäftsumschlag üblicher Größe unterzubringen, wenn das Originalzeugnis kopierfähig ist und die Knicke im Zeugnisbogen sich nicht auf den Kopien abzeichnen, z.B. durch Schwärzungen. Ansonsten muss gutes Papier verwendet werden; das Zeugnis muss sauber, ordentlich und fehlerfrei geschrieben sein (*BAG* 3.3.1993 EzA § 630 BGB Nr. 17; *Schäfer* Die Abwicklung des beendeten Arbeitsverhältnisses, Rz. 74). Zu den Mindestanforderungen, die ein Schriftstück erfüllen muss, um als Zeugnis qualifiziert zu werden, gehört im Übrigen die persönliche **Unterschrift** des Ausstellers (*BAG* 21.9.1999 EzA § 630 BGB Nr. 22; *LAG Hessen* 2.9.1997 ZTR 1998, 231 LS), der **nicht notwendig der Geschäftsführer** sein muss (zutr. *ArbG Hannover* 31.7.2003 NZA-RR 2004, 127). Es muss sich um eine Person handeln, die aus der **Sicht eines Dritten** geeignet ist, die **Verantwortung für die Beurteilung** des Arbeitnehmers zu übernehmen. Das gilt insbesondere hinsichtlich der fachlichen Beurteilung. Wird das Zeugnis nicht vom Arbeitgeber selbst, seinem gesetzlichen Vertretungsorgan oder im öffentlichen Dienst vom Dienststellenleiter oder seinem Vertreter unterzeichnet, ist das Zeugnis zumindest von einem **ranghöheren Vorgesetzten** zu unterschreiben. Diese Stellung muss sich aus dem Zeugnis ablesen lassen. Betrifft das Zeugnis den **wissenschaftlichen Mitarbeiter** einer Forschungsanstalt des Bundes, ist das Zeugnis deshalb regelmäßig von einem ihm vorgesetzten Wissenschaftler (mit) zu unterzeichnen. Durch eine behördeninterne Regelung der Zeichnungsbefugnis im öffentlichen Dienst kann davon nicht abgewichen werden (*BAG* 4.10.2005 EzA § 109 GewO Nr. 5 = ZTR 2006, 260). Zur Erfüllung der notwendig einzuhaltenden Schriftform genügen weder ein Faksimile noch eine kopierte Unterschrift, sodass auch eine Zeugniserteilung per eMail oder per Telefax oder durch Übergabe einer Kopie die gesetzliche Schriftform nicht wahrt. Wie unter bestimmenden Schriftsätzen reicht auch unter einem Zeugnis eine Paraphe als Unterschrift nicht aus (*LAG Hmb.* 28.3.2000 NZA 2001, 576 LS). Da die bloße Unterschrift häufig nicht entzifferbar ist und das Zeugnis nicht von einem Anonymus ausgestellt werden soll, bedarf die Unterschrift des Ausstellers nach Auffassung des *LAG Hmb.* (28.3.2000 NZA 2001, 576 LS) des Weiteren der maschinenschriftlichen Namensangabe. Weitergehend hat das *LAG Nbg.* (3.8.2005 LAGE § 109 GewO 2003 Nr. 2 = NZA-RR 2006, 13) angenommen, dass eine vom Arbeitgeber im Zeugnis verwendete **überdimensionierte**, im Wesentlichen aus bloßen Auf- und Abwärtslinien bestehende **Unterschrift** nicht ordnungsgemäß ist, wenn dadurch der **Verdacht** aufkommen kann, der Arbeitgeber wolle sich von dem Zeugnisinhalt, zu dessen Aufnahme in das Zeugnis er durch rechtskräftiges Urteil verpflichtet worden **ist, distanzieren**. Der Arbeitgeber wird danach durch die Beschränkung der Freiheit, eine Unterschrift beliebig zu gestalten, nicht in unzumutbarer Weise in seinem allgemeinen Persönlichkeitsrecht (Art. 2 Abs. 1 GG) beeinträchtigt. Denn das durch Art. 12 Abs. 1 GG geschützte Interesse des Arbeitnehmers an der – durch Vorlage eines ordnungsgemäßen Zeugnisses erleichterten – Wiedererlangung eines Arbeitsplatzes ist gewichtiger. 47

Lässt sich ein Arbeitgeber bei der Ausstellung des Zeugnisses durch einen Angestellten **vertreten**, ist im Arbeitszeugnis deutlich zu machen, dass dieser Vertreter dem Arbeitnehmer gegenüber **weisungsbefugt** war. Ist der Arbeitnehmer direkt der Geschäftsleitung unterstellt gewesen, so ist das Zeugnis von einem Mitglied der Geschäftsleitung auszustellen, das auf seine Position als Mitglied der Geschäftsleitung hinweisen muss (*BAG* 26.6.2001 EzA § 630 BGB Nr. 24 = NZA 2002, 34; vgl. auch *LAG Nbg.* 5.12.2002 LAGE § 630 BGB Nr. 39 = NZA-RR 2003, 463: nicht ausnahmslos vom Arbeitgeber oder einem gesetzlichen Vertreter; s. auch o. Rn. 47 u. *BAG* 4.10.2005 EzA § 109 GewO Nr. 5). 48

Gem. § 630 BGB ist im Übrigen die Erteilung eines Zeugnisses **in elektronischer Form** (§§ 126 Abs. 3, 126 a BGB n.F. i.V.m. dem SignaturG) **ausgeschlossen**. Der Ausschluss der elektronischen Form für das Zeugnis ergibt sich insoweit einheitlich aus § 109 Abs. 3 GewO. Trotz eines insoweit zunächst fehlenden ausdrücklichen Ausschlusses galt dies auch für 49

Berufsausbildungsverhältnisse, weil auch schon bislang stets von einem einheitlichen Zeugnisrecht ausgegangen worden ist (zutr. *Gotthardt/Beck* NZA 2002, 878); ab dem 1.4.2005 folgt dies ausdrücklich aus § 16 BBiG.

9. Beurteilungsbogen als Arbeitszeugnis

50 Vor allem für die betriebsinterne Mitarbeiterbeurteilung werden in der Praxis vielfach »Beurteilungsbögen« zu Grunde gelegt. Sie spalten z.B. die Merkmale Leistung und Führung in Einzelmerkmale auf, z.B. bei der Leistung: Arbeitsgüte/Arbeitstempo/Arbeitsökonomie/Arbeitsbereitschaft/Belastbarkeit/Fachkenntnisse/Ausdrucksvermögen/Verhandlungsgeschick, die dann ihrerseits vorformuliert weiter untergliedert werden. Die jeweilige Einzelaussage muss nur noch angekreuzt werden. Für Beurteilungsbögen spricht die Einheitlichkeit und Nachvollziehbarkeit. Derartige Beurteilungsbögen können außerhalb des Unternehmens nach Auffassung von *Wank* (MünchArbR § 128 Rz. 33) auch **neben einem Zeugnis** vorgelegt werden. Sie können auch **an Stelle eines Zeugnisses** verwendet werden, weil der Beurteilungsbogen den gesetzlichen Anforderungen an ein Zeugnis entspricht.

10. Darlegungs- und Beweislast

51 Nach der Rechtsprechung des *BAG* (23.6.1960 AP Nr. 1 zu § 73 HGB) ist der Arbeitgeber für den Zugang des Zeugnisses sowie für die Tatsachen beweispflichtig, die der Zeugniserteilung und der darin enthaltenen Bewertung zu Grunde liegen. Denn die Behauptung, das erteilte Zeugnis sei ordnungsgemäß erstellt worden, bedeutet im Hinblick auf den Anspruch des Arbeitnehmers auf Erteilung eines qualifizierten Zeugnisses, dass der Arbeitgeber den Einwand der Erfüllung erhebt, für den er darlegungs- und beweispflichtig ist (vgl. *BAG* 17.2.1988 EzA § 630 BGB Nr. 12). Dies gilt grds. auch für Bewertungen, **die nicht immer objektivierbar** sind. Dem Arbeitgeber wird deshalb insoweit ein **Beurteilungsspielraum** zugestanden, der nur daraufhin gerichtlich überprüft werden kann, ob überzogene oder willkürliche Maßstäbe der Bewertung zu Grunde gelegt worden sind (*Schäfer* Die Abwicklung des beendeten Arbeitsverhältnisses, Rz. 76; s.o. Rn. 28).

52 Selbst wenn man danach aber von der Darlegungs- und Beweislast des Arbeitgebers ausgeht, so muss der **Arbeitnehmer** nach Auffassung des *LAG Düsseld.* (26.2.1985 DB 1985, 2692) zunächst **schlüssig einen Anspruch auf Korrektur z.B. der vom Arbeitgeber getroffenen Leistungsbeurteilung behaupten**. Ist die Tätigkeit vom Arbeitgeber nicht beanstandet worden, beurteilt dieser die Leistung mit der Bewertung »zur vollen Zufriedenheit« und begehrt der Arbeitnehmer stattdessen die Beurteilung mit der Bestnote, so muss er darlegen, warum die von ihm erbrachte Leistung einer solchen, nicht mehr steigerungsfähigen Leistungsbeurteilung entsprochen hat, denn eine allein beanstandungsfreie Leistung reicht dafür nicht aus (*LAG Düsseld.* 26.2.1985 DB 1985, 2692; *Schäfer* Die Abwicklung des beendeten Arbeitsverhältnisses, Rz. 76).

53 Will der Arbeitgeber einem Arbeitnehmer, der insgesamt nur sechs Monate bei ihm beschäftigt gewesen ist, im Zeugnis lediglich durchschnittliche Leistungen bescheinigen, so genügt er seiner Darlegungspflicht, wenn er sich darauf beruft, dass er gekündigt hat. Will er dagegen nur unterdurchschnittliche Leistungen bescheinigen, so muss er darlegen und beweisen, dass der Arbeitnehmer Fehler gemacht und wegen dieser ermahnt oder abgemahnt worden ist. Will andererseits der Arbeitnehmer eine Leistungsbewertung im Zeugnis mit der Note »gut« haben, muss er darlegen und ggf. nachweisen, welche seiner Leistungen diese Anerkennung verdienen (*LAG Hamm* 13.2.1992 LAGE § 630 BGB Nr. 16; *LAG Brem.* 9.11.2000 NZA-RR 2001, 287). **Macht der Arbeitnehmer geltend, der Arbeitgeber habe statt der bescheinigten »vollen Zufriedenheit« zu formulieren, der Arbeitnehmer habe »stets zur vollen Zufriedenheit« gearbeitet, so hat er die Tatsachen vorzutragen und zu beweisen, aus denen sich diese Endbeurteilung ergeben soll** (*BAG* 14.10.2003 EzA § 109 GewO Nr. 1 = NZA 2004, 843 = BAG Report 2004, 225).

Ob der **Arbeitnehmer** dann, wenn er zwar ein qualifiziertes Zeug... ...halten, mit dessen Inhalt aber nicht einverstanden ist (s.u. Rn. 81 ff.), die **Darlegungs- ...weislast für jede von ihm erstrebte Änderung** trägt, hat das *BAG* (23.9.1992 EzA § ... Nr. 16) offen gelassen, nachdem das *LAG Frankf.* dies zuvor (6.9.1991 LAGE § 6... 14) ange- nommen hatte. Demgegenüber ist das *LAG Saarl.* (28.2.1990 LAGE ...) davon ausgegangen, dass den Arbeitgeber auch bei einem Zeugnisberechtigun... darle- gungs- und Beweislast für die Richtigkeit des erteilten Zeugnisses trifft. 54

> Das *LAG Köln* (26.4.1996 NZA-RR 1997, 84; vgl. dazu *Hunold* NZ... geht insoweit davon aus, dass bei Uneinigkeit der Parteien im beschre... der Arbeitnehmer im Zeugnisstreit die Darlegungs- und Beweislast für ... hat, z.B. bei einem Streit darüber, ob er während des Arbeitsverhältnisses ... (Teil-) Tätigkeit verrichtet hat. Im bewertenden Teil hat der Arbeitnehmer ... eine gute Bewertung, wenn der Arbeitgeber Defizite nicht substantiiert dar... beweist (ähnlich *ArbG Nbg.* 2.5.2001 ARST 2001, 285 LS für die Unzuverlä... Arbeitnehmers); fordert der Arbeitnehmer dagegen Bewertungen, die weit üb... che Maß hinausgehen (»hoher Einsatz«, »großes Engagement«), ist der Arb... darlegungs- und beweispflichtig. Dies gilt auch für Bewertungen, die von Drit... men (»Wertschätzung bei Kunden wegen seiner Fachkenntnisse und freundliche...

IV. Die Zeugnissprache

Fraglich ist, ob bei der Erstellung von Zeugnissen in der Praxis eine spezifische Sprache Anwendung findet, die als besondere Fachsprache oder als eine **codierte Sprache** verstanden werden kann (vgl. *Schmid* DB 1982, 1111, DB 1988, 2253). 56

Nach Auffassung von *Weuster* (BB 1992, 58; vgl. auch *Göldner* ZfA 1991, 232; nach *LAG Köln* 26.4.1996 NZA-RR 1997, 84 ist die Zeugnissprache wie jede Sprache teils beschreibend und teils bewertend) werden in der Praxis **jedenfalls spezielle Techniken der Zeugnisgestaltung und -formulierung** verwendet: 57

- Die **Positiv-Skala-Technik**, die vor allem bei der Leistungsbeurteilung (»Zufriedenheitsskala«) Anwendung findet, transformiert das denkbare Beurteilungsspektrum positiver und negativer Aussagen verbal auf den feiner unterteilten Positivbereich. Es kommt also nicht darauf an, dass der Arbeitnehmer im Zeugnis gelobt wird, sondern in welchem Maße er gelobt wird.
- Die **Leerstellen-Technik** besteht darin, statt einer negativen Aussage gar keine Aussage zu machen (s.a. (*BAG* 12.8.2008 – 9 AZR 632/07 – NZA 2008, 1349). 58
- In den **Reihefolgen-Techniken** erfolgt eine Abwertung dadurch, dass unwichtige oder ...veniger wichtige Aussagen vor wichtige Aussagen gesetzt werden. 59
- ...ie **Ausweich-Technik** besteht darin, Unwichtiges, weniger Wichtiges oder Selbstver- ...ndlichkeiten an Stelle von Wichtigem hervorzuheben. 60
- ...e **Einschränkungs-Technik** besteht in einer subtilen Einschränkung der räumlichen ...r zeitlichen Geltung von Aussagen. 61
- ...der **Andeutungs-Technik** (Orakel-Technik) werden dem Leser negative Schlüsse nahe ...t. Dies geschieht durch beliebig auslegbare Leerformeln und durch die Verwendung ...erben, die schon in der Alltagssprache mehrdeutig gebraucht werden (z.B. »Sie hat ...ufgaben mit der ihr eigenen [= geringen] Sorgfalt bearbeitet.«). 62
- ... **Knappheits-Technik** erfolgt eine Abwertung durch ein betont knappes Zeugnis ...rch lakonische Aussagen zu einzelnen Zeugniskomponenten. 63
- ... **Widerspruchs-Technik** schließlich liegen (häufig als das Ergebnis von Verhand- ...ber den Zeugnisinhalt) Widersprüche und inhaltliche Brüche im Zeugnis vor. Das ...lem dann der Fall, wenn der Arbeitnehmer verdeckte Kritik aus Unkenntnis ... oder wenn er nur einige Verbesserungen durchsetzen kann. In sich wider- ... und daher wenig glaubwürdig wirken z.B. Aufgabenbeschreibungen, in denen ... bedeutsamen und verantwortungsvollen Aufgaben einfache Arbeiten und 64

…führt werden. Das Gleiche gilt, wenn auf eine sehr gute oder gute Leis-
…tensbeurteilung im Schlusssatz keine Dankes-Bedauern-Formel folgt.
Hilfsarbeit…58) schließt aus der faktischen Wirkung der Zeugnissprache, dass es sich
…andelt, der durch verschiedene Techniken das Urteil des Ausstellers gegen-
…tungen verschleiert. Der Unkundige, viele Arbeitnehmer, aber auch Arbeitgeber,
…aussagen positiver als sie gemeint sind und vom kundigen Leser verstanden

65 W… auffassung des *LAG Hamm* (28.3.2000, 27.4.2000 BB 2001, 629 LS; **a.A.** *Weuster* …, 629 f.) drückt der Gebrauch des Wortes **»kennen gelernt«** stets das **Nichtvorhan-… der im Kontext aufgeführten Fähigkeit oder Eigenschaft** aus.
…der Aussteller des Zeugnisses insoweit aber selbst unkundig, entspricht dies nicht ein-… seinem wahren Willen, sodass es im Einzelfall schwierig zu beurteilen ist, welches kon-…ete Ziel mit einer konkreten Aussage in einem Zeugnis verfolgt werden soll.

V. Wechsel der Zeugnisart

68 Grds. hat der Arbeitnehmer ein Wahlrecht hinsichtlich der Art des gewählten Zeugnisses. Verlangt er kein qualifiziertes Zeugnis, so erfüllt der Arbeitgeber seine Pflicht, indem er ein einfaches Zeugnis ausstellt. Umgekehrt braucht sich der Arbeitnehmer ein qualifiziertes Zeugnis nicht aufdrängen zu lassen.

Hat der Arbeitgeber daher ein einfaches Zeugnis ordnungsgemäß erstellt und verlangt dieser erst daraufhin erstmals, es auch auf Führung und Leistung auszudehnen, so ist an sich der Zeugnisanspruch bereits erfüllt (§ 362 Abs. 1 BGB; *LAG Sachsen* 26.3.2003 LAG Report 2004, 187). Gleichwohl ist dann aus der **Fürsorgepflicht** des Arbeitgebers ein Anspruch des Arbeitnehmers auf Erteilung eines qualifizierten Zeugnisses gegeben (*Schleßmann* BB 1988, 1320; *Schäfer* Die Abwicklung des beendeten Arbeitsverhältnisses, Rz. 69; **a.A.** *LAG Sachsen* 26.3.2003 LAG Report 2004, 187 unter Hinw. auf § 263 Abs. 2 BGB).

VI. Holschuld

69 Beim Zeugnis handelt es sich um eine Holschuld (*BAG* 8.3.1995 EzA § 630 BGB N… Auch ein einfaches Zeugnis braucht der Arbeitgeber nur auszustellen und bereit z… wenn der Arbeitnehmer überhaupt ein Zeugnis verlangt. Befindet sich der Arbeit… der Ausstellung in Verzug und würde die Abholung infolge dessen einen **unver… ßigen Aufwand** erfordern, kann allerdings der Arbeitnehmer **ausnahmsweise** … verlangen (*BAG* 8.3.1995 EzA § 630 BGB Nr. 19).

VII. Widerruf

70 Seiner Rechtsnatur nach ist das Zeugnis keine Willenserklärung, sonder… **rung**. Statt einer Irrtumsanfechtung ist allenfalls ein Widerruf we… Voraussetzung ist eine erhebliche Unrichtigkeit des Zeugnisses. F… Übrigen ein unrichtiges Zeugnis erstellt, so ist er dem Arbeitn… Schlechterfüllung zur Berichtigung, Dritten gegenüber zum Wid… widrigkeit nach § 826 BGB verpflichtet. Hat der Arbeitgeber de… gut beurteilt, kann er gegen ihn keinen Schadensersatzanspruc… tend machen (*BGH* 8.2.1972 AP Nr. 7 zu § 630 BGB).

Der widerrufende Arbeitgeber kann verlangen, dass ihm … Zug gegen die Erteilung eines neuen Zeugnisses heraus… besteht nicht, es kann jedoch Verwirkung eintreten (Mür… Die Abwicklung des beendeten Arbeitsverhältnisses, R…

▲ I… o… Be… gel… von… ihre…
▲ Bei a… oder …
▲ Bei de… lungen … ist vor … übersieh… sprüchlic… neben seh…

VIII. Ausschlussfristen; Verwirkung

Ausgleichsklauseln (z.B. in Vergleichen, die einen Kündigungsschutzproze
können nicht ohne weiteres dahin ausgelegt werden, dass sie auch einen Ver
qualifiziertes Zeugnis enthalten.

Das *BAG* (16.9.1974 EzA § 630 BGB Nr. 5) hat offen gelassen, ob ein anlä
Beendigung des Arbeitsverhältnisses erklärter Verzicht des Arbeitnehmers
ziertes Zeugnis überhaupt rechtswirksam ist.

Nach Auffassung des *LAG Köln* (17.6.1994 LAGE § 630 BGB Nr. 22) i
chender Klarheit der gewählten Formulierung in einer Ausgleichsquitt

Das *LAG Nbg.* (18.1.1994 LAGE § 630 BGB Nr. 20) hat angenom
Abschluss des Arbeitsvertrages vereinbarte einzelvertragliche Ausschlus
den bei Beendigung des Arbeitsverhältnisses entstehenden Zeugnisan
einzelvertraglich vereinbarte **zweistufige Ausschlussklausel**, deren 77
Wochenfrist ab Fälligkeit beinhaltet, ist hinsichtlich der Geltendmach
spruchs **unangemessen kurz und damit unwirksam** (*LAG Nbg.* 18.
BGB Nr. 20).

Jedenfalls unterliegt der Anspruch auf Zeugniserteilung sowohl tariflic 78
fristen (*BAG* 23.2.1983 EzA § 70 BAT Nr. 5; 4.10.2005 EzA § 109 Gew
2006, 436) als auch der Verwirkung (*BAG* 16.10.2007 EzA § 109 Gew
2008, 298; *BAG* 17.2.1988 EzA § 630 BGB Nr. 12; *Schäfer* Die Abwick
deten Arbeitsverhältnisses, Rz. 89); gleiches gilt für einen Zeugnisbe
spruch (*LAG Hamm* 10.4.2002 NZA-RR 2003, 463). Ob der Anspruch
hängt im Wesentlichen von den **Umständen des Einzelfalls** ab. Deren Fes 79
Würdigung ist vorrangig Aufgabe des Tatrichters, der den vorgetragenen
eigenständig zu beurteilen hat. Ob Verwirkung eingetreten ist, kann in de
instanz nur eingeschränkt überprüft werden (*BAG* 16.10.2007 EzA § 109 C
= NZA 2008, 298).

Das *LAG Bln.* (14.11.2002 LAGE Art. 2 GG Persönlichkeitsrecht Nr. 7) ha
angenommen, dass die Korrektur eines bereits **zweieinhalb Jahre alten (Z
Zeugnisses im allgemeinen nicht verlangt werden kann.** Das *LAG Hamm* 8
NZA-RR 2003, 73) hat angenommen, dass ein Untätigkeitszeitraum von 15
ausreicht, um das Zeitmoment zu erfüllen. Hat der Arbeitgeber in unmittelbar
cher Nähe zu einem gerichtlichen Vergleich ein qualifiziertes Zeugnis erteilt,
davon ausgehen, dass der Arbeitnehmer alsbald Einwendungen erheben wird, w
mit dem Inhalt des erteilten Zeugnisses nicht einverstanden ist. Wartet der Arbeitn
dann über einen Zeitraum von mehr als einem Jahr ab, kann der Arbeitgeber bere
terweise darauf vertrauen, dass eine Abänderung des Wortlauts nicht mehr begehrt
(*LAG Hamm* 3.7.2002 NZA-RR 2003, 73).

IX. Rechtsfolgen der Verletzung der Zeugnispflicht

1. Erfüllungsanspruch; Schadensersatz

Ist der Arbeitgeber mit der Erfüllung des Zeugnisses in Verzug, kann der Arbeitnehm
Erfüllung geltend machen und daneben Schadensersatz nach § 286 Abs. 1 BGB verlangen
Wird überhaupt nicht erfüllt, kann er bei Verschulden des Arbeitgebers Schadensersatz au
pFV (jetzt §§ 280 ff., 241 Abs. 2 BGB) verlangen. Im Falle der Schlechterfüllung kann er
Berichtigung verlangen (s. aber u. Rn. 81 ff.). Bei formellen Fehlern ist dem Arbeitnehmer ein
berichtigtes Zeugnis auszustellen. Bei inhaltlichen Fehlern kann ebenfalls ein neues, richtiges
Zeugnis verlangt werden (*BAG* 21.6.2005 EzA § 109 GewO Nr. 4 = NZA 2006, 104). Denn

nspruch aus § 109 GewO richtet sich auf die **Erteilung eines insgesamt richtigen** ıisses. Solange das erteilte Zeugnis diesen Anforderungen nicht entspricht, ist der ruch nicht erfüllt. **Der Zeugnisempfänger macht keine dem Gesetz fremde Berichti- einzelner Mängel geltend** (s. aber unten Rn. 81 ff.), sondern weiterhin den Erfüllungs- uch (*BAG* 4.10.2005 EzA § 109 GewO Nr. 5 = NZA 2006, 436).

ırlegungs- und Beweislast bei Schadensersatzansprüchen; Inhalt des Anspruchs

> acht der Arbeitnehmer Schadensersatz geltend, so muss er bei pFV (jetzt §§ 280 ff., 241 os. 2 BGB n.F.; vgl. für das Zwischenzeugnis *LAG Düsseld.* 23.7.2003 LAG Report)04, 14) die Schlechterfüllung, den Schaden und die Kausalität zwischen Schlechterfül- ıng und Schaden darlegen und beweisen, im Falle des § 286 BGB die Verspätung, den chaden und die Kausalität zwischen Verspätung und Schaden.

:r Arbeitnehmer kann auch Schadensersatz wegen **entgangener Einkünfte** fordern. **Aller- ıgs besteht kein Erfahrungssatz dahin, dass das Fehlen des Zeugnisses die Ursache für n Misserfolg von Bewerbungen um einen anderen Arbeitsplatz gewesen ist.**

> Der Arbeitnehmer muss in einem derartigen Fall darlegen und im Streitfalle beweisen, dass ein bestimmter Arbeitgeber bereit gewesen ist, ihn einzustellen, sich aber wegen des fehlenden Zeugnisses davon hat abhalten lassen. Die Erleichterung des § 287 ZPO kann sich erst bei der Würdigung des Parteivortrags und etwaiger Beweise auswirken (*BAG* 25.10.1967 AP Nr. 6 zu § 73 HGB für Leitende Angestellte; *Schäfer* Die Abwicklung des beendeten Arbeitsverhältnisses, Rz. 80).

Zudem kommt ihm die Darlegungs- und Beweiserleichterung nach **§ 252 S. 2 BGB** für die Bestimmung der Höhe des zu ersetzenden entgangenen Gewinns zugute, wobei die Gerichte diesen nach den Maßstäben des **§ 287 Abs. 1 S. 1 ZPO** schätzen und würdigen können (*BAG* 24.3.1977 EzA § 630 BGB Nr. 9).

3. Haftung des Arbeitgebers gegenüber Dritten

) Gegenüber Dritten kann der Arbeitgeber aus Quasi-Vertrag oder nach § 826 BGB schadensersatzpflichtig sein. Anspruchsberechtigter ist insbesondere der **neue Arbeitgeber**, der den Arbeitnehmer auf Grund des zu positiven Zeugnisses eingestellt hat (vgl. *Löw* NJW 2005, 3605 ff.). Stellt sich erst nachträglich die Unrichtigkeit des Zeugnisses heraus, ist der Arbeitgeber zur Rückforderung (Widerruf; vgl. *Schäfer* Die Abwicklung des beendeten Arbeitsverhältnisses, Rz. 77) und zur Berichtigung des Zeugnisses verpflichtet. In schwer wiegenden Fällen, z.B. bei einer **nachträglich aufgedeckten Unterschlagung** durch einen Buchhalter, in denen der nachfolgende Arbeitgeber Schaden zu nehmen droht, ist dieser **unverzüglich zu informieren**. Andernfalls haftet der frühere Arbeitgeber für Schäden, die entstehen, weil der Dritte die Anstellung im Vertrauen auf die Richtigkeit des Zeugnisses vorgenommen hat (*BGH* 15.5.1979 EzA § 630 BGB Nr. 10; vgl. *Roth* FA 2002, 9). Lagen bereits zum Zeitpunkt der Zeugnisausstellung derartige Erkenntnisse vor und sind sie in verklausulierter Form in das Zeugnis eingeflossen, muss sich der neue Arbeitgeber ein Mitverschulden nach **§ 254 Abs. 1 S. 1 BGB** anrechnen lassen, wenn er dies auf Grund der Formulierung im Zeugnis hätte erkennen können (MünchArbR/*Wank* § 128 Rz. 54; *Hunold* NZA-RR 2001, 120).

X. Prozessuale Fragen

81 Hinsichtlich des Anspruchs auf Erteilung eines Zwischenzeugnisses hat das *LAG Hessen* (28.3.2003 ZTR 2004, 380 LS = LAG Report 2004, 215) – unzutreffend – angenommen, dass dieser gegenüber dem gesetzlichen Anspruch auf Erteilung eines Arbeitszeugnisses **subsidiär** ist. Mit dem Ablauf der Kündigungsfrist einer vom Arbeitgeber ausgesprochenen Kündi-

Ob der **Arbeitnehmer** dann, wenn er zwar ein qualifiziertes Zeugnis erhalten, mit dessen Inhalt aber nicht einverstanden ist (s.u. Rn. 81 ff.), die **Darlegungs- und Beweislast für jede von ihm erstrebte Änderung** trägt, hat das *BAG* (23.9.1992 EzA § 630 BGB Nr. 16) offen gelassen, nachdem das *LAG Frankf.* dies zuvor (6.9.1991 LAGE § 630 BGB Nr. 14) angenommen hatte. Demgegenüber ist das *LAG Saarl.* (28.2.1990 LAGE § 630 BGB Nr. 9) davon ausgegangen, dass den Arbeitgeber auch bei einem Zeugnisberechtigungsanspruch die Darlegungs- und Beweislast für die Richtigkeit des erteilten Zeugnisses trifft. 54

Das *LAG Köln* (26.4.1996 NZA-RR 1997, 84; vgl. dazu *Hunold* NZA-RR 2001, 120) geht insoweit davon aus, dass bei Uneinigkeit der Parteien im beschreibenden Bereich der Arbeitnehmer im Zeugnisstreit die Darlegungs- und Beweislast für seine Wünsche hat, z.B. bei einem Streit darüber, ob er während des Arbeitsverhältnisses eine bestimmte (Teil-) Tätigkeit verrichtet hat. Im bewertenden Teil hat der Arbeitnehmer Anspruch auf eine gute Bewertung, wenn der Arbeitgeber Defizite nicht substantiiert darlegt und ggf. beweist (ähnlich *ArbG Nbg.* 2.5.2001 ARST 2001, 285 LS für die Unzuverlässigkeit des Arbeitnehmers); fordert der Arbeitnehmer dagegen Bewertungen, die weit über das übliche Maß hinausgehen (»hoher Einsatz«, »großes Engagement«), ist der Arbeitnehmer darlegungs- und beweispflichtig. Dies gilt auch für Bewertungen, die von Dritten stammen (»Wertschätzung bei Kunden wegen seiner Fachkenntnisse und freundlichen Art«). 55

IV. Die Zeugnissprache

Fraglich ist, ob bei der Erstellung von Zeugnissen in der Praxis eine spezifische Sprache Anwendung findet, die als besondere Fachsprache oder als eine **codierte Sprache** verstanden werden kann (vgl. *Schmid* DB 1982, 1111, DB 1988, 2253). 56

Nach Auffassung von *Weuster* (BB 1992, 58; vgl. auch *Göldner* ZfA 1991, 232; nach *LAG Köln* 26.4.1996 NZA-RR 1997, 84 ist die Zeugnissprache wie jede Sprache teils beschreibend und teils bewertend) werden in der Praxis **jedenfalls spezielle Techniken der Zeugnisgestaltung und -formulierung** verwendet: 57

- Die **Positiv-Skala-Technik**, die vor allem bei der Leistungsbeurteilung (»Zufriedenheitsskala«) Anwendung findet, transformiert das denkbare Beurteilungsspektrum positiver und negativer Aussagen verbal auf den feiner unterteilten Positivbereich. Es kommt also nicht darauf an, dass der Arbeitnehmer im Zeugnis gelobt wird, sondern in welchem Maße er gelobt wird.
- Die **Leerstellen-Technik** besteht darin, statt einer negativen Aussage gar keine Aussage zu machen (s.a. (*BAG* 12.8.2008 – 9 AZR 632/07 – NZA 2008, 1349). 58
- In den **Reihefolgen-Techniken** erfolgt eine Abwertung dadurch, dass unwichtige oder weniger wichtige Aussagen vor wichtige Aussagen gesetzt werden. 59
- Die **Ausweich-Technik** besteht darin, Unwichtiges, weniger Wichtiges oder Selbstverständlichkeiten an Stelle von Wichtigem hervorzuheben. 60
- Die **Einschränkungs-Technik** besteht in einer subtilen Einschränkung der räumlichen oder zeitlichen Geltung von Aussagen. 61
- Bei der **Andeutungs-Technik** (Orakel-Technik) werden dem Leser negative Schlüsse nahe gelegt. Dies geschieht durch beliebig auslegbare Leerformeln und durch die Verwendung von Verben, die schon in der Alltagssprache mehrdeutig gebraucht werden (z.B. »Sie hat ihre Aufgaben mit der ihr eigenen [= geringen] Sorgfalt bearbeitet.«). 62
- Bei der **Knappheits-Technik** erfolgt eine Abwertung durch ein betont knappes Zeugnis oder durch lakonische Aussagen zu einzelnen Zeugniskomponenten. 63
- Bei der **Widerspruchs-Technik** schließlich liegen (häufig als das Ergebnis von Verhandlungen über den Zeugnisinhalt) Widersprüche und inhaltliche Brüche im Zeugnis vor. Das ist vor allem dann der Fall, wenn der Arbeitnehmer verdeckte Kritik aus Unkenntnis übersieht oder wenn er nur einige Verbesserungen durchsetzen kann. In sich widersprüchlich und daher wenig glaubwürdig wirken z.B. Aufgabenbeschreibungen, in denen neben sehr bedeutsamen und verantwortungsvollen Aufgaben einfache Arbeiten und 64

Hilfsarbeiten aufgeführt werden. Das Gleiche gilt, wenn auf eine sehr gute oder gute Leistungs- und Verhaltensbeurteilung im Schlusssatz keine Dankes-Bedauern-Formel folgt.

65 *Weuster* (BB 1992, 58) schließt aus der faktischen Wirkung der Zeugnissprache, dass es sich um einen Code handelt, der durch verschiedene Techniken das Urteil des Ausstellers gegenüber Unkundigen verschleiert. Der Unkundige, viele Arbeitnehmer, aber auch Arbeitgeber, werten viele Aussagen positiver als sie gemeint sind und vom kundigen Leser verstanden werden.

66 Nach Auffassung des *LAG Hamm* (28.3.2000, 27.4.2000 BB 2001, 629 LS; **a.A.** *Weuster* BB 2001, 629 f.) drückt der Gebrauch des Wortes »**kennen gelernt**« stets das **Nichtvorhandensein der im Kontext aufgeführten Fähigkeit oder Eigenschaft** aus.

67 Ist der Aussteller des Zeugnisses insoweit aber selbst unkundig, entspricht dies nicht einmal seinem wahren Willen, sodass es im Einzelfall schwierig zu beurteilen ist, welches konkrete Ziel mit einer konkreten Aussage in einem Zeugnis verfolgt werden soll.

V. Wechsel der Zeugnisart

68 Grds. hat der Arbeitnehmer ein Wahlrecht hinsichtlich der Art des gewählten Zeugnisses. Verlangt er kein qualifiziertes Zeugnis, so erfüllt der Arbeitgeber seine Pflicht, indem er ein einfaches Zeugnis ausstellt. Umgekehrt braucht sich der Arbeitnehmer ein qualifiziertes Zeugnis nicht aufdrängen zu lassen.

Hat der Arbeitgeber daher ein einfaches Zeugnis ordnungsgemäß erstellt und verlangt dieser erst daraufhin erstmals, es auch auf Führung und Leistung auszudehnen, so ist an sich der Zeugnisanspruch bereits erfüllt (§ 362 Abs. 1 BGB; *LAG Sachsen* 26.3.2003 LAG Report 2004, 187). Gleichwohl ist dann aus der **Fürsorgepflicht** des Arbeitgebers ein Anspruch des Arbeitnehmers auf Erteilung eines qualifizierten Zeugnisses gegeben (*Schleßmann* BB 1988, 1320; *Schäfer* Die Abwicklung des beendeten Arbeitsverhältnisses, Rz. 69; **a.A.** *LAG Sachsen* 26.3.2003 LAG Report 2004, 187 unter Hinw. auf § 263 Abs. 2 BGB).

VI. Holschuld

69 Beim Zeugnis handelt es sich um eine Holschuld (*BAG* 8.3.1995 EzA § 630 BGB Nr. 19). Auch ein einfaches Zeugnis braucht der Arbeitgeber nur auszustellen und bereit zu halten, wenn der Arbeitnehmer überhaupt ein Zeugnis verlangt. Befindet sich der Arbeitgeber mit der Ausstellung in Verzug und würde die Abholung infolge dessen einen **unverhältnismäßigen Aufwand** erfordern, kann allerdings der Arbeitnehmer **ausnahmsweise Zusendung** verlangen (*BAG* 8.3.1995 EzA § 630 BGB Nr. 19).

VII. Widerruf

70 Seiner Rechtsnatur nach ist das Zeugnis keine Willenserklärung, sondern eine **Wissenserklärung.** Statt einer Irrtumsanfechtung ist allenfalls ein Widerruf wegen Irrtums möglich. Voraussetzung ist eine erhebliche Unrichtigkeit des Zeugnisses. Hat der Arbeitgeber im Übrigen ein unrichtiges Zeugnis erstellt, so ist er dem Arbeitnehmer aus Gründen der Schlechterfüllung zur Berichtigung, Dritten gegenüber zum Widerruf im Falle einer Sittenwidrigkeit nach § 826 BGB verpflichtet. Hat der Arbeitgeber den Arbeitnehmer im Zeugnis gut beurteilt, kann er gegen ihn keinen Schadensersatzanspruch wegen Schlechtleistung geltend machen (*BGH* 8.2.1972 AP Nr. 7 zu § 630 BGB).

Der widerrufende Arbeitgeber kann verlangen, dass ihm das unrichtige Zeugnis Zug um Zug gegen die Erteilung eines neuen Zeugnisses herausgegeben wird. Eine Widerrufsfrist besteht nicht, es kann jedoch Verwirkung eintreten (MünchArbR/*Wank* § 128 Rz. 34; *Schäfer* Die Abwicklung des beendeten Arbeitsverhältnisses, Rz. 77).

VIII. Ausschlussfristen; Verwirkung

Ausgleichsklauseln (z.B. in Vergleichen, die einen Kündigungsschutzprozess beenden) können nicht ohne weiteres dahin ausgelegt werden, dass sie auch einen Verzicht auf ein qualifiziertes Zeugnis enthalten. **71**

Das *BAG* (16.9.1974 EzA § 630 BGB Nr. 5) hat offen gelassen, ob ein anlässlich oder nach Beendigung des Arbeitsverhältnisses erklärter Verzicht des Arbeitnehmers auf ein qualifiziertes Zeugnis überhaupt rechtswirksam ist. **72**

Nach Auffassung des *LAG Köln* (17.6.1994 LAGE § 630 BGB Nr. 22) ist dies bei **hinreichender Klarheit der gewählten Formulierung** in einer Ausgleichsquittung möglich.

Das *LAG Nbg.* (18.1.1994 LAGE § 630 BGB Nr. 20) hat angenommen, dass eine bei Abschluss des Arbeitsvertrages vereinbarte einzelvertragliche Ausschlussklausel i.d.R. nicht den bei Beendigung des Arbeitsverhältnisses entstehenden Zeugnisanspruch erfasst. Eine einzelvertraglich vereinbarte **zweistufige Ausschlussklausel**, deren erste Stufe eine 2-Wochenfrist ab Fälligkeit beinhaltet, ist hinsichtlich der Geltendmachung eines Zeugnisanspruchs **unangemessen kurz und damit unwirksam** (*LAG Nbg.* 18.1.1994 LAGE § 630 BGB Nr. 20). **73**

Jedenfalls unterliegt der Anspruch auf Zeugniserteilung sowohl tariflichen Ausschlussfristen (*BAG* 23.2.1983 EzA § 70 BAT Nr. 5; 4.10.2005 EzA § 109 GewO Nr. 5 = NZA 2006, 436) als auch der Verwirkung (*BAG* 16.10.2007 EzA § 109 GewO Nr. 6 = NZA 2008, 298; *BAG* 17.2.1988 EzA § 630 BGB Nr. 12; *Schäfer* Die Abwicklung des beendeten Arbeitsverhältnisses, Rz. 89); gleiches gilt für einen Zeugnisberichtigungsanspruch (*LAG Hamm* 10.4.2002 NZA-RR 2003, 463). Ob der Anspruch verwirkt ist, hängt im Wesentlichen von den **Umständen des Einzelfalls** ab. Deren Feststellung und Würdigung ist vorrangig Aufgabe des Tatrichters, der den vorgetragenen Sachverhalt eigenständig zu beurteilen hat. Ob Verwirkung eingetreten ist, kann in der Revisionsinstanz nur eingeschränkt überprüft werden (*BAG* 16.10.2007 EzA § 109 GewO Nr. 6 = NZA 2008, 298). **74**

Das *LAG Bln.* (14.11.2002 LAGE Art. 2 GG Persönlichkeitsrecht Nr. 7) hat insoweit angenommen, dass die Korrektur eines bereits **zweieinhalb Jahre alten (Zwischen-) Zeugnisses im allgemeinen nicht verlangt werden kann**. Das *LAG Hamm* (3.7.2002 NZA-RR 2003, 73) hat angenommen, dass ein Untätigkeitszeitraum von 15 Monaten ausreicht, um das Zeitmoment zu erfüllen. Hat der Arbeitgeber in unmittelbarer zeitlicher Nähe zu einem gerichtlichen Vergleich ein qualifiziertes Zeugnis erteilt, darf er davon ausgehen, dass der Arbeitnehmer alsbald Einwendungen erheben wird, wenn er mit dem Inhalt des erteilten Zeugnisses nicht einverstanden ist. Wartet der Arbeitnehmer dann über einen Zeitraum von mehr als einem Jahr ab, kann der Arbeitgeber berechtigterweise darauf vertrauen, dass eine Abänderung des Wortlauts nicht mehr begehrt wird (*LAG Hamm* 3.7.2002 NZA-RR 2003, 73).

IX. Rechtsfolgen der Verletzung der Zeugnispflicht

1. Erfüllungsanspruch; Schadensersatz

Ist der Arbeitgeber mit der Erfüllung des Zeugnisses in Verzug, kann der Arbeitnehmer Erfüllung geltend machen und daneben Schadensersatz nach § 286 Abs. 1 BGB verlangen. Wird überhaupt nicht erfüllt, kann er bei Verschulden des Arbeitgebers Schadensersatz aus pFV (jetzt §§ 280 ff., 241 Abs. 2 BGB) verlangen. Im Falle der Schlechterfüllung kann er Berichtigung verlangen (s. aber u. Rn. 81 ff.). Bei formellen Fehlern ist dem Arbeitnehmer ein berichtigtes Zeugnis auszustellen. Bei inhaltlichen Fehlern kann ebenfalls ein neues, richtiges Zeugnis verlangt werden (*BAG* 21.6.2005 EzA § 109 GewO Nr. 4 = NZA 2006, 104). Denn **75** der Anspruch aus § 109 GewO richtet sich auf die **Erteilung eines insgesamt richtigen Zeugnisses.** Solange das erteilte Zeugnis diesen Anforderungen nicht entspricht, ist der Anspruch nicht erfüllt. **Der Zeugnisempfänger macht keine dem Gesetz fremde Berichtigung einzelner Mängel geltend** (s. aber unten Rn. 81 ff.), sondern weiterhin den Erfüllungsanspruch (*BAG* 4.10.2005 EzA § 109 GewO Nr. 5 = NZA 2006, 436).

2. Darlegungs- und Beweislast bei Schadensersatzansprüchen; Inhalt des Anspruchs

76 Macht der Arbeitnehmer Schadensersatz geltend, so muss er bei pFV (jetzt §§ 280 ff., 241 Abs. 2 BGB n.F.; vgl. für das Zwischenzeugnis *LAG Düsseld.* 23.7.2003 LAG Report 2004, 14) die Schlechterfüllung, den Schaden und die Kausalität zwischen Schlechterfüllung und Schaden darlegen und beweisen, im Falle des § 286 BGB die Verspätung, den Schaden und die Kausalität zwischen Verspätung und Schaden.

77 Der Arbeitnehmer kann auch Schadensersatz wegen **entgangener Einkünfte** fordern. **Allerdings besteht kein Erfahrungssatz dahin, dass das Fehlen des Zeugnisses die Ursache für den Misserfolg von Bewerbungen um einen anderen Arbeitsplatz gewesen ist.**

78 Der Arbeitnehmer muss in einem derartigen Fall darlegen und im Streitfalle beweisen, dass ein bestimmter Arbeitgeber bereit gewesen ist, ihn einzustellen, sich aber wegen des fehlenden Zeugnisses davon hat abhalten lassen. Die Erleichterung des § 287 ZPO kann sich erst bei der Würdigung des Parteivortrags und etwaiger Beweise auswirken (*BAG* 25.10.1967 AP Nr. 6 zu § 73 HGB für Leitende Angestellte; *Schäfer* Die Abwicklung des beendeten Arbeitsverhältnisses, Rz. 80).

79 Zudem kommt ihm die Darlegungs- und Beweiserleichterung nach **§ 252 S. 2 BGB** für die Bestimmung der Höhe des zu ersetzenden entgangenen Gewinns zugute, wobei die Gerichte diesen nach den Maßstäben des **§ 287 Abs. 1 S. 1 ZPO** schätzen und würdigen können (*BAG* 24.3.1977 EzA § 630 BGB Nr. 9).

3. Haftung des Arbeitgebers gegenüber Dritten

80 Gegenüber Dritten kann der Arbeitgeber aus Quasi-Vertrag oder nach § 826 BGB schadensersatzpflichtig sein. Anspruchsberechtigter ist insbesondere der **neue Arbeitgeber**, der den Arbeitnehmer auf Grund des zu positiven Zeugnisses eingestellt hat (vgl. *Löw* NJW 2005, 3605 ff.). Stellt sich erst nachträglich die Unrichtigkeit des Zeugnisses heraus, ist der Arbeitgeber zur Rückforderung (Widerruf; vgl. *Schäfer* Die Abwicklung des beendeten Arbeitsverhältnisses, Rz. 77) und zur Berichtigung des Zeugnisses verpflichtet. In schwer wiegenden Fällen, z.B. bei einer **nachträglich aufgedeckten Unterschlagung** durch einen Buchhalter, in denen der nachfolgende Arbeitgeber Schaden zu nehmen droht, ist dieser **unverzüglich zu informieren.** Andernfalls haftet der frühere Arbeitgeber für Schäden, die entstehen, weil der Dritte die Anstellung im Vertrauen auf die Richtigkeit des Zeugnisses vorgenommen hat (*BGH* 15.5.1979 EzA § 630 BGB Nr. 10; vgl. *Roth* FA 2002, 9). Lagen bereits zum Zeitpunkt der Zeugnisausstellung derartige Erkenntnisse vor und sind sie in verklausulierter Form in das Zeugnis eingeflossen, muss sich der neue Arbeitgeber ein Mitverschulden nach **§ 254 Abs. 1 S. 1 BGB** anrechnen lassen, wenn er dies auf Grund der Formulierung im Zeugnis hätte erkennen können (MünchArbR/*Wank* § 128 Rz. 54; *Hunold* NZA-RR 2001, 120).

X. Prozessuale Fragen

81 Hinsichtlich des Anspruchs auf Erteilung eines Zwischenzeugnisses hat das *LAG Hessen* (28.3.2003 ZTR 2004, 380 LS = LAG Report 2004, 215) – unzutreffend – angenommen, dass dieser gegenüber dem gesetzlichen Anspruch auf Erteilung eines Arbeitszeugnisses **subsidiär** ist. Mit dem Ablauf der Kündigungsfrist einer vom Arbeitgeber ausgesprochenen Kündi-

gung kann der Arbeitnehmer danach die Erteilung eines Zwischenzeugnisses lediglich noch im Kündigungsschutzverfahren für den Fall der Stattgabe der Kündigungsschutzklage, nicht aber in einem selbstständigen Verfahren einklagen.

Der Arbeitnehmer kann ansonsten gegen den Arbeitgeber auf Erteilung eines qualifizierten Zeugnisses z.B. mit dem **Klageantrag** klagen, »die Beklagte zu verurteilen, dem Kläger ein qualifiziertes Arbeitszeugnis zu erteilen« (vgl. *Löw* NJW 2005, 3605 ff.). Auch ein Arbeitszeugnis, das sich nur auf die Leistung, nicht auf die Führung bezieht, erfüllt den Anspruch des § 630 BGB nicht. Auch in einem derartigen Fall kann der Arbeitnehmer folglich Leistungsklage erheben mit dem Antrag, ein qualifiziertes Zeugnis zu erteilen. Der gewünschte Inhalt braucht dann nicht in den Antrag aufgenommen zu werden (*LAG Köln* 30.3.2001 ARST 2001, 285 LS).

Erteilt der Arbeitgeber daraufhin ein Zeugnis, das z.B. hinsichtlich der Tätigkeitsbeschrei- 82
bung oder der Führung unvollständig ist oder sonst den insoweit zu stellenden Anforderungen nicht genügt, z.B. weil der Arbeitnehmer die Leistungsbeurteilung für unzutreffend hält, so hat der Arbeitnehmer zwar **keinen sog. Zeugnisberichtigungsanspruch**. Denn ein derartiger Anspruch ist im geltenden Recht nicht vorgesehen (*BAG* 10.5.2005 EzA § 109 GewO Nr. 3 = NZA 2005, 1237). Wer Ergänzung oder Berichtigung eines ihm bereits ausgestellten Zeugnisses verlangt, macht damit einen **Erfüllungsanspruch** geltend, der dahin geht, ihm ein nach Form und Inhalt den gesetzlichen Vorschriften entsprechendes »neues« Zeugnis zu erteilen (*BAG* 17.2.1988 EzA § 630 BGB Nr. 12; 10.5.2005 EzA § 109 GewO Nr. 3 = NZA 2005, 1237; 21.6.2005 EzA § 109 GewO Nr. 4 = NZA 2006, 104; 4.10.2005 EzA § 109 GewO Nr. 5 = NZA 2006, 436).

Dennoch muss der Arbeitnehmer dann, wenn er bereits ein Zeugnis erhalten hat, mit 83
dessen Inhalt er nicht einverstanden ist, in der Klageschrift im Einzelnen die von ihm beanstandeten Passagen bezeichnen und im Klageantrag das Zeugnis insoweit formulieren, wie es nach seiner Auffassung bei ordnungsgemäßer Erfüllung der Zeugnispflicht durch den Arbeitgeber lauten müsste (*LAG Düsseld.* 26.2.1985 DB 1985, 2692; *Löw* NJW 2005, 3605 ff.). Soweit prozessrechtlich zulässig, ist der Arbeitnehmer nicht gehindert, den ursprünglich verlangten Zeugnisinhalt **im laufenden Zeugnisrechtsstreit zu ändern oder zu ergänzen** (*BAG* 4.10.2005 EzA § 109 GewO Nr. 5 = NZA 2006, 436).

Da das Zeugnis ein einheitliches Ganzes ist und seine Teile nicht ohne die Gefahr der Sinn- 84
entstellung auseinander gerissen werden können, sind die **Gerichte befugt, das gesamte Zeugnis zu überprüfen und u.U. selbst neu zu formulieren** (*BAG* 23.6.1960 AP Nr. 1 zu § 73 HGB; *Schäfer* Die Abwicklung des beendeten Arbeitsverhältnisses, Rz. 86; vgl. auch *ArbG Neubrandenburg* 12.2.2003 NZA-RR 2003, 465). Stellt der Kläger deshalb **hilfsweise den Antrag**, ihm ein Zeugnis nach Maßgabe des gerichtlichen Vergleichsvorschlags zu erteilen, dann ist **das Gericht befugt**, **eigene Formulierungen vorzunehmen**, die wertungsmäßig zwischen denen der Parteien liegen (*ArbG Bln.* 4.11.2003 NZA-RR 2004, 297).

XI. Zwangsvollstreckung

Die Zwangsvollstreckung aus dem titulierten Anspruch auf Erteilung eines qualifizierten 85
Zeugnisses überhaupt oder auf Erteilung eines qualifizierten Zeugnisses mit einem bestimmten Inhalt richtet sich nach **§ 888 ZPO**.

Ein titulierter Anspruch auf Erteilung eines Arbeitszeugnisses aus einem beendeten 86
Arbeitsverhältnis ist auch im Falle einer nachfolgenden Insolvenzeröffnung weiterhin gegen den bisherigen Arbeitgeber vollstreckbar (*LAG Düsseld.* 7.11.2003 NZA-RR 2004, 206; *LAG Köln* 19.5.2008 LAGE § 109 GewO 2003 Nr. 6). Andererseits ist Voraussetzung für die Zwangsvollstreckung aus einem gerichtlichen Vergleich auch, dass sich die zu vollstreckende Handlung allein aus dem Inhalt des protokollierten Vergleichs ergibt. Deshalb kann aus einem gerichtlichen Vergleich, in dem sich ein Arbeitgeber zur Ertei-

lung eines Arbeitszeugnisses »auf der Basis« eines Zwischenzeugnisses verpflichtet hat, die Zwangsvollstreckung bezüglich eines bestimmten Zeugnisinhalts schon dann nicht betrieben werden, wenn der Inhalt des Zwischenzeugnisses weder im Vergleichstext wiedergegeben noch der Text des Zwischenzeugnisses nach § 160 Abs. 5 ZPO dem Protokoll beigefügt ist (*LAG Hessen* 17.3.2003 ZTR 2004, 164 LS).

87 Soweit ein Zeugnis **formal unvollständig** ist, weil es gar nicht oder nicht ordnungsgemäß – z.B. Paraphe statt Unterschrift – unterzeichnet ist, ist ein **Berichtigungsantrag** im Erkenntnisverfahren **unzulässig**, weil eine Änderung des Zeugnisses durch Neuausstellung **im Zwangsvollstreckungsverfahren durchgesetzt werden kann**. Insoweit stellt nämlich schon der konkrete Titel klar, wie das Zeugnis formal auszusehen hat. Ist ein Zeugnis nicht unterzeichnet, ist es formal unvollständig; eine nicht gehörige Erfüllung der Zeugniserteilungspflicht durch Ausstellung eines nicht ordnungsgemäßen Zeugnisses ist einer Nichterfüllung i.S.d. § 888 ZPO gleichzustellen (*LAG Hmb.* 28.3.2000 NZA 2001, 576 LS).

Ist der Arbeitgeber zur Erteilung eines qualifizierten Zeugnisses verurteilt worden, oder hat er sich dazu in einem gerichtlichen oder außergerichtlichen Vergleich verpflichtet und erteilt er ein Zeugnis, das den an ein qualifiziertes Zeugnis zu stellenden Anforderungen hinsichtlich Tätigkeitsbeschreibung und Leistungsbeurteilung an sich genügt, mit dessen Inhalt der Arbeitnehmer aber gleichwohl nicht einverstanden ist, weil er die Tätigkeitsbeschreibung für unvollständig und/oder die Leistungsbeurteilung für zu schlecht hält, so kann dies nicht im Zwangsvollstreckungsverfahren, sondern nur in einem **neuen Erkenntnisverfahren** geltend gemacht werden (vgl. *LAG Frankf.* 16.6.1989 LAGE § 630 BGB Nr. 7; *Schäfer* Die Abwicklung des beendeten Arbeitsverhältnisses, Rz. 88).

Ein Titel auf Erteilung eines Arbeitszeugnisses ist insoweit **nicht vollstreckbar**, als er auch auf die Erzwingung der Erteilung eines **»wohlwollenden« Zeugnisses** gerichtet ist. Denn dann fehlt es an der erforderlichen Vollstreckungsfähigkeit des Titels, da der betreffende Begriff völlig unbestimmt und somit nicht geeignet ist, die vom Arbeitgeber vorzunehmende Handlung in ausreichender Weise näher zu bestimmen (*LAG RhPf* 25.3.2008 – 8 Ta 39/08 – EzA-SD 26/2008 S. 16 LS).

XII. Sonstige Auskünfte des Arbeitgebers

88 Siehe die Ausführungen oben bei Kap. 2 Rn. 337 ff.

B. Aufbewahrungs- und Herausgabepflichten

I. Herausgabe von Arbeitspapieren; kein Zurückbehaltungsrecht

89 Der Arbeitgeber ist gem. **§ 312 SGB III** verpflichtet, dem Arbeitnehmer zur Vorlage beim Arbeitsamt alle Tatsachen zu bescheinigen, die für die Entscheidung der Arbeitsverwaltung über den Anspruch des ehemaligen Arbeitnehmers auf Arbeitslosengeld erheblich sein können. Insoweit ist der Arbeitgeber zudem verpflichtet, die Arbeitsbescheinigung bei Beendigung des Arbeitsverhältnisses neben anderen Arbeitspapieren (Zeugnis, Urlaubsbescheinigung nach **§ 6 Abs. 2 BUrlG**, die Lohnsteuerkarte, das Sozialversicherungsnachweisheft sowie eine Bescheinigung nach **§ 19 Abs. 3 BKGG**) herauszugeben (vgl. dazu ausf. *Schäfer* Die Abwicklung des beendeten Arbeitsverhältnisses, Rz. 38 ff.).

Der Anspruch ist fällig mit der Beendigung des Arbeitsverhältnisses; aus technischen und organisatorischen Gründen ist dem Arbeitgeber aber ein **gewisser zeitlicher Spielraum** einzuräumen.

Ein Zurückbehaltungsrecht an den Arbeitspapieren nach § 273 BGB hat der Arbeitgeber nicht (*Becker-Schaffner* DB 1983, 1306). Denn dem Arbeitgeber sollen **keine Zwangsrechte zur Arbeitserfüllung** eingeräumt werden; der Arbeitnehmer benötigt sie zudem wegen der öffentlich-rechtlichen Verpflichtungen und zur Wahrnehmung seiner Grundrechte aus Art. 12

GG. Dieses Ergebnis rechtfertigt sich auch daraus, dass der Arbeitgeber die Leistung der Dienste aus dem Arbeitsverhältnis nicht erzwingen kann (*Schäfer* Die Abwicklung des beendeten Arbeitsverhältnisses, Rz. 14). Verweigert der Arbeitgeber die Herausgabe, kann der Arbeitnehmer im Klagewege vorgehen. Auch der Erlass einer **einstweiligen Verfügung** kommt in Betracht; für das Vorliegen des Verfügungsgrundes muss der Arbeitnehmer aber glaubhaft machen, dass die konkreten Arbeitspapiere für eine konkrete Arbeitsstelle benötigt werden (*LAG Bln.* 3.12.2002 – 19 Ta 2126/01 – EzA-SD 3/2002, S. 16 LS).

Macht ein Arbeitnehmer gegen den Arbeitgeber neben der Herausgabe der ausgefüllten Lohnsteuerkarte zugleich für den Fall nicht fristgerechter Ausfüllung und Herausgabe uneingeschränkt eine Entschädigung gem. § 61 Abs. 2 ArbGG geltend, sind mit der Entschädigung i.d.R. sämtliche Schadensersatzansprüche wegen der Nichtherausgabe (auch wegen entgangener Lohnsteuererstattung) abgegolten (*BAG* 20.2.1997 EzA § 611 BGB Arbeitgeberhaftung Nr. 5). 90

II. Darlegungs- und Beweislast

Für die ordnungsgemäße **Erfüllung** durch Herausgabe und Bescheinigung ist der **Arbeitgeber** darlegungs- und beweispflichtig, der **Arbeitnehmer** demgegenüber im Falle von **Schadensersatzansprüchen** bei verspäteter oder unrichtiger Erfüllung (§ 286 Abs. 1 BGB, §§ 280 ff., 241 Abs. 2 BGB; *BAG* 25.10.1967 AP Nr. 6 zu § 73 HGB; *Schäfer* Die Abwicklung des beendeten Arbeitsverhältnisses, Rz. 34). 91

III. Aufbewahrungspflichten

Darüber hinaus bestehen gegenüber dem Arbeitnehmer Pflichten zur **Aufbewahrung von Unterlagen** als nachwirkende Fürsorgepflicht, allerdings in den zeitlichen Grenzen von tariflichen Verfallklauseln, Verjährungsvorschriften oder § 242 BGB. Nach Auffassung von *Wank* (MünchArbR § 129 Rz. 2) ist die Verjährungsfrist von zum Teil 30 Jahren in Bezug auf den Anspruch allerdings im Hinblick auf eine Aufbewahrung regelmäßig zu lang, sodass sich aus Gründen der Zumutbarkeit nach § 242 BGB engere Grenzen ergeben; zu beachten ist in diesem Zusammenhang allerdings, dass durch §§ 195 ff. BGB die regelmäßige Verjährungsfrist nunmehr auf drei Jahre verkürzt worden ist. 92

IV. Sonderregelungen

Sonderregelungen enthalten **§ 257 HGB** (Quittungen über Zahlung von Arbeitslohn, die unter bestimmten Voraussetzungen sechs Jahre lang aufbewahrt werden müssen), **§ 147 AO, § 41 Abs. 1 S. 8 EStG** (Lohnkonten). 93

V. Herausgabepflicht des Arbeitnehmers; keine Übernahmepflicht

Der Arbeitnehmer ist verpflichtet, die **Arbeitsmittel** (Werkzeug, Geschäftsunterlagen) gem. § 666 BGB analog, §§ 861, 985 BGB dem Arbeitgeber **herauszugeben**. Ein Zurückbehaltungsrecht nach § 273 BGB steht dem Arbeitnehmer grds. nicht zu. Kommt er der Herausgabepflicht **verspätet** nach, weil er sich in den Eigenbesitz der Sachen gesetzt hat, so kommen Ansprüche auf **Schadensersatz** nach §§ 992, 823 BGB sowie auf **Nutzungsentschädigung** nach §§ 990, 989, 987 BGB in Betracht. Liegt keine verbotene Eigenmacht vor, können Ansprüche aus § 286 Abs. 1 BGB (Schadensersatz) und aus §§ 687 Abs. 1, 667 BGB (Nutzungsherausgabe) bestehen. Ist dem Arbeitnehmer der Anspruch auf Herausgabe schuldhaft unmöglich geworden, so ist er nach § 280 BGB dem Arbeitgeber zum Schadensersatz verpflichtet (vgl. *Busemann* Die Haftung des Arbeitnehmers gegenüber dem Arbeitgeber und Dritten, Rz. 89 ff.; *Schäfer* Die Abwicklung des beendeten Arbeitsverhältnisses, Rz. 121 ff.). 94

Der Arbeitnehmer trägt im Übrigen bei Rückgabe der dem Arbeitgeber gehörenden Gegenstände die **Transportgefahr**, weil der Erfüllungsort für diese Rückgabeverpflichtung die Betriebsstätte des Arbeitgebers ist. Der Arbeitnehmer handelt insoweit grob fahrlässig, sodass er Schadensersatz schuldet, wenn er schon benutzte Behältnisse nicht gesondert verschließt und verpackt, sodass der Inhalt ausläuft und die anderen Geräte unbrauchbar macht (*LAG RhPf* 8.5.1996 NZA-RR 1997, 163).

Der Arbeitgeber trägt allerdings die Darlegungs- und Beweislast dafür, dass die beschädigten Gegenstände diejenigen sind, die der Arbeitnehmer verschickt hat (*LAG RhPf* 8.5.1996 NZA-RR 1997, 163).

Der Arbeitnehmer ist nach Beendigung des Arbeitsverhältnisses nicht verpflichtet, ihm zur Verfügung gestellte Arbeitsmittel zu übernehmen (*LAG München* 30.5.2001 FA 2002, 92 LS).

C. Nachvertragliches Wettbewerbsverbot

I. Grundlagen

1. Normative Regelungen

95 **Nach Beendigung des Arbeitsverhältnisses besteht kein gesetzliches Wettbewerbsverbot** (*BAG* 19.5.1998 EzA § 74 HGB Nr. 61). Dem Arbeitgeber kann aber gleichwohl daran gelegen sein, zu verhindern, dass der Arbeitnehmer die bei ihm erlangten Kenntnisse in einem Konkurrenzunternehmen einsetzt. **§§ 74 ff. HGB** erlauben deshalb für kaufmännische Angestellte, **§§ 133 f. GewO** für technische Angestellte (bis 31.12.2002; ab 1.1.2003 § 110 GewO für alle Arbeitsverhältnisse, mit einer Verweisung auf §§ 74 ff. HGB), **§ 12 BBiG** für Auszubildende die Vereinbarung eines nachvertraglichen Wettbewerbsverbots, binden sie aber an besondere Voraussetzungen. Die wichtigste besteht darin, dass der Arbeitgeber dem Arbeitnehmer eine sog. **Karenzentschädigung** zahlen muss, also einen Ausgleich dafür, dass er gehindert ist, in einem anderen Unternehmen in seinem Beruf seinen Lebensunterhalt zu verdienen.

2. Ausdehnende Anwendung der §§ 74 ff. HGB; Abgrenzung zu freien Mitarbeitern

96 Für andere Angestellte sowie für alle Arbeiter fehlt es zwar an einer gesetzlichen Regelung. Das *BAG* (16.5.1969, 2.5.1970 AP Nr. 23 zu § 133 f. GewO; 12.11.1971 AP Nr. 26, 28 zu § 74 HGB) wendet insoweit jedoch §§ 74 ff. HGB im Wege der Rechtsfortbildung auf alle Arbeitsverhältnisse entsprechend an (vgl. *Busemann* Die Haftung des Arbeitnehmers gegenüber dem Arbeitgeber und Dritten, Rz. 93 ff.). Deshalb verweist die Neuregelung des § 110 GewO ab 1.1.2003 für alle Arbeitsverhältnisse auf §§ 74 ff. HGB. Das ist nur schwer verständlich; einleuchtend wäre es, §§ 74 ff. HGB – als überflüssige Sonderregelung – aufzuheben und gleich lautende Regelungen in die GewO aufzunehmen.

97 Keine Anwendung finden die Vorschriften dagegen für freie Mitarbeiter, die als Selbstständige tätig sind. Für sie ergibt sich ebenso wie für Organmitglieder juristischer Personen eine Grenze für vertragliche Vereinbarungen nur aus § 138 BGB (*BGH* 26.3.1984 BGHZ 91, 1).

§§ 74 ff. HGB sind aber **(analog)** anwendbar für **freiberufliche Tätigkeiten**, die durch Angestellte ausgeübt werden, jedenfalls wenn sie wirtschaftlich abhängig sind (*BAG* 21.1.1997 EzA § 74 HGB Nr. 59), sowie nach Auffassung von *Wank* (MünchArbR § 130 Rz. 8) für angestellte GmbH-Geschäftsführer. Wird allerdings mit einem »freien Mitarbeiter« vereinbart, er dürfe nicht für ein Unternehmen tätig sein, das mit dem Vertragspartner **in Wettbewerb steht**, ist es ihm nicht verwehrt, für ein anderes Unternehmen tätig zu werden, dessen Produktions- und Dienstleistungsangebot sich nicht mit dem des Vertragspartners überschneidet (*BAG* 21.1.1997 EzA § 74 HGB Nr. 59).

3. Vereinbarung vor Beendigung des Arbeitsverhältnisses

§§ 74 ff. HGB gelten nur, wenn das Wettbewerbsverbot **bei der Begründung oder während des Bestehens des Arbeitsverhältnisses vereinbart wurde**, z.B. auch mehrere Monate vor Beendigung des Arbeitsverhältnisses in einem Aufhebungsvertrag (*BAG* 3.5.1994 EzA § 74 HGB Nr. 56), nicht dagegen für nach der Beendigung getroffene Vereinbarungen. 98

So kann z.B. eine Regelung in einem Aufhebungsvertrag, mit der dem ausgeschiedenen Arbeitnehmer für die Dauer von sechs Monaten nach Beendigung seines Arbeitsverhältnisses untersagt wird, selbst oder mit Hilfe Dritter, Mitarbeiter seiner früheren Arbeitgeberin für eigene Zwecke abzuwerben, ein nachvertragliches Wettbewerbsverbot analog § 74 HGB darstellen, auch wenn die Parteien gleichzeitig eine früher vereinbarte Kundenschutzklausel aufheben, wenn der ausgeschiedene Arbeitnehmer durch diese Regelung in seinen beruflichen Möglichkeiten mehr als nur unerheblich eingeschränkt wird. Das ist insbesondere dann der Fall, wenn die frühere Arbeitgeberin mit hoch qualifizierten Arbeitnehmern Dienstleistungen für und bei Kunden erbringt und die persönliche Leistungserbringung durch die betreffenden Arbeitnehmer regelmäßig essentieller Bestandteil der Vertragsbeziehungen mit den Kunden ist (*ArbG Bln.* 11.2.2005 – 9 Ca 144/05 – EzA-SD 12/2005, S. 13 LS). 99

4. Arbeitnehmer im Ruhestand

Ein (nach)vertragliches Wettbewerbsverbot soll im Zweifel nicht mit dem Ruhestand des Arbeitnehmers außer Kraft treten. Diese Auslegungsregel gilt auch dann, wenn der Arbeitnehmer eine Betriebsrente bezieht (*BAG* 30.10.1984 EzA § 74 HGB Nr. 44). 100

5. Betriebsgeheimnisse; Abgrenzung

Zu beachten ist, dass der Arbeitnehmer Betriebsgeheimnisse auch ohne Vereinbarung und ohne Karenzentschädigung wahren muss. Der Arbeitgeber kann sich aber nicht durch einseitige Erweiterung des Begriffs Betriebsgeheimnis die Vorteile des kostenlosen Wettbewerbsverbots verschaffen. Wenn also der Arbeitgeber dem Arbeitnehmer als Betriebsgeheimnis, das zu wahren ist, die Verwendung der Kundenlisten untersagt, liegt darin ein Wettbewerbsverbot, das nur unter den Voraussetzungen der §§ 74 ff. HGB beachtlich ist (*BAG* 15.12.1987 EzA § 611 BGB Betriebsgeheimnis Nr. 1). 101

6. Möglicher Inhalt von Wettbewerbsverboten

Durch die Wettbewerbsabrede kann dem Arbeitnehmer jede Konkurrenz in einem anderen Unternehmen verboten sein **(allgemeine Konkurrenzklausel)** oder auch nur die Konkurrenztätigkeit in seinem bisherigen Arbeitsgebiet **(partielle Konkurrenzklausel)**. 102

Ein **bedingtes Wettbewerbsverbot** liegt vor, wenn sich der Arbeitgeber die Entscheidung vorbehält, ob er das Wettbewerbsverbot in Anspruch nehmen will (s.u. Rn. 128 ff.).

Zulässig ist jedenfalls die Vereinbarung einer aufschiebenden **Bedingung für das Inkrafttreten eines nachvertraglichen Wettbewerbsverbots** (*BAG* 13.7.2005 – 10 AZR 532/04 – EzA-SD 22/2005 S. 6 = BAG Report 2005, 359 = FA 2006, 27 LS). Wenn innerhalb einer im Arbeitsvertrag enthaltenen Vereinbarung unter der Überschrift »Wettbewerbsverbot« alle dieses Wettbewerbsverbot konstituierenden und ausgestaltenden Einzelelemente geregelt sind, und keine Regelungen enthalten sind, die damit in keinem Zusammenhang stehen, so ist eine innerhalb dieser Vereinbarung vorgesehene aufschiebende Bedingung für das Inkrafttreten des Wettbewerbsverbots **keine »überraschende Klausel«** i.S.v. § 305c Abs. 1 BGB. Es mangelt insoweit an dem dafür vorausgesetzten »Überrumpelungs- oder Übertölpelungseffekt« (*BAG* 13.7.2005 – 10 AZR 532/04 – EzA-SD 22/2005 S. 6 = BAG Report 2005, 359). 103

104 Bei einer beschränkten **Mandantenschutzklausel** ist es dem Angestellten, der sich selbstständig machen will, verboten, frühere Kunden seines Arbeitgebers zu umwerben. Allgemeine Mandantenschutzklauseln enthalten ein Verbot, frühere Mandanten auch nur zu betreuen. Bei steuerberatenden Berufen sind Mandantenschutzklauseln zulässig (*BAG* 27.9.1988 EzA § 611 BGB Konkurrenzklausel Nr. 1), bei Rechtsanwälten gem. § 3 BRAO nicht. Selbst wenn sie danach zulässig ist, darf die **Bindungsdauer von zwei Jahren nicht überschritten werden**. Eine längere Bindung beschränkt die Arbeitnehmerin in unzulässiger Weise in ihrer beruflichen Tätigkeit; die geltungserhaltende Reduktion einer solchen Klausel auf eine zweijährige Bindung ist nicht möglich (*BAG* 7.8.2002 EzA § 74 HGB Nr. 62; *LAG Köln* 24.8.2007 NZA-RR 2008, 10). Die arbeitsvertragliche Verpflichtung einer **Steuerassistentin**, im Falle des Ausscheidens für fünf Jahre 20 % des Jahresumsatzes mit solchen Mandanten an ihren ehemaligen Arbeitgeber als Entschädigung abzuführen, die sie von diesem übernommen hat, stellt als verdeckte Mandantenschutzklausel eine Umgehung i.S.v. § 75d S. 2 HGB dar. Der ehemalige Arbeitgeber kann deshalb aus einer solchen Vereinbarung keine Ansprüche herleiten (*BAG* 7.8.2002 EzA § 74 HGB Nr. 62).

105 Eine Kundenschutzklausel, durch die sich ein Mitarbeiter, **der PC-Programmierungen** durchführt, verpflichtet, bis zu zwei Jahre nach Beendigung der jeweiligen Projekte weder direkt noch indirekt für den jeweiligen Kunden seines Auftraggebers tätig zu werden, stellt i.d.R. eine Wettbewerbsabrede i.S.d. §§ 74 ff. HGB dar (*LAG Köln* 2.6.1999 – 2 Sa 138/99).

Entsprechend dem Schutzzweck der §§ 74 ff. HGB werden die verschiedensten Formen von Wettbewerbsbeschränkungen, z.B. das Verbot, in einem Konkurrenzunternehmen zu arbeiten, das Gebot der Einhaltung von Schweigepflichten sowie Rückgewährpflichten erfasst.

II. Voraussetzungen

1. Schriftform

106 Das Wettbewerbsverbot bedarf nach § 74 Abs. 1 HGB der Schriftform (**§§ 125, 126 BGB**); es genügt, wenn zwar die Wettbewerbsabrede nicht unterschrieben ist, sie aber fest mit dem unterschriebenen Arbeitsvertrag verbunden ist. Die Urkunde muss alle die mit der Wettbewerbsabrede getroffenen Einzelheiten enthalten, d.h. sowohl das Wettbewerbsverbot nach Ort, Zeit und Inhalt als auch die Verpflichtung des Arbeitgebers zur Zahlung der Karenzentschädigung und deren Höhe. Soll ein nachvertragliches Wettbewerbsverbot für eine KG »nur« durch einen **Prokuristen** unterschrieben werden, so wird das gesetzliche Schriftformerfordernis nur über den Vertretungszusatz der §§ 51, 53 Abs. 2 HGB (»ppa«) gewahrt (*LAG Hamm* 10.1.2005 NZA-RR 2005, 428). Auch die Zusage einer Karenzentschädigung in Allgemeinen Geschäftsbedingungen ist wirksam, wenn lediglich auf § 74 HGB verwiesen wird. Jedenfalls aber kann sich der Verwender der AGB nicht auf die Unwirksamkeit der Zusage berufen, wenn der Arbeitnehmer sich an das Wettbewerbsverbot hält (*LAG Nbg.* 16.6.2005 LAGE § 74 HGB Nr. 21); dies gilt auch bei einer Kündigung des Arbeitsverhältnisses durch den Arbeitgeber in der Probezeit (*BAG* 28.6.2006 EzA § 74 HGB Nr. 68 = NZA 2006, 1157).

Haben die Parteien im Arbeitsvertrag ein sechsmonatiges nachvertragliches Wettbewerbsverbot vereinbart und treffen sie während des Arbeitsverhältnisses eine **Vereinbarung über eine Verlängerung** der Laufzeit, die sich jedoch **als formnichtig erweist**, so besteht das Wettbewerbsverbot mit der ursprünglich vereinbarten Laufzeit fort (*LAG Köln* 8.6.2005 – 7 Sa 679/2004 – EzA-SD 6/2006 S. 7 LS). Wird dagegen ein schriftlicher befristeter Arbeitsvertrag, der eine Vereinbarung über ein nachvertragliches Wettbewerbsverbot enthält, **nach seinem Ablauf mündlich verlängert**, so ist das Wettbewerbsverbot mangels Einhaltung der Schriftform hinfällig (*LAG Hamm* 14.2.2007 LAGE § 74 HGB Nr. 21).

107 Die Urkunde muss dem Arbeitnehmer (auf Dauer; vgl. *LAG Nbg.* 21.7.1994 NZA 1995, 532 LS) **ausgehändigt werden** (§ 74 Abs. 1 HGB). Die Aushändigung muss nach Auffassung des *LAG Nbg.* (21.7.1994 NZA 1995, 532 LS) im unmittelbaren Zusammenhang mit dem Vertragsabschluss geschehen. Bei einer späteren Aushändigung kann das

Wettbewerbsverbot nur dann noch wirksam werden, wenn der Arbeitnehmer ihr ausdrücklich oder stillschweigend zustimmt.

Der Arbeitgeber trägt die Beweislast für die Aushändigung der Urkunde (MünchArbR/*Wank* § 130 Rz. 18).

Da die Aushändigung der Urkunde nur den **Informationszwecken des Arbeitnehmers dient**, ist es nach Auffassung des *LAG Hamm* (19.9.2003 – 7 Sa 863/03 – EzA-SD 23/2003, S. 7 LS) dem Arbeitgeber verwehrt, sich bei unterbliebener Aushändigung auf eine daraus resultierende Formunwirksamkeit zu berufen. Die Karenzentschädigung ist die Gegenleistung für die Wettbewerbsenthaltung. Aus dem Umkehrschluss zu § 74c Abs. 1 S. 3 HGB folgt danach, dass andere Gründe der objektiven Unmöglichkeit nicht den Wegfall der Karenzentschädigungspflicht bewirken.

Unterbleibt allerdings die gesetzlich vorgesehene Übergabe der Originalurkunde, so hindert dies den Arbeitnehmer nicht daran, sich auf das Wettbewerbsverbot zu berufen, 108
soweit die vorgesehene Schriftform eingehalten ist (*BAG* 23.11.2004 EzA § 74 HGB Nr. 65 = NZA 2005, 411 = BAG Report 2005, 135 m. Anm. *Kort* SAE 2005, 264). Da die Aushändigung nur den Informationszwecken des Arbeitnehmers dient, ist es umgekehrt dem Arbeitgeber verwehrt, sich bei unterbliebener Aushändigung auf eine daraus resultierende Formunwirksamkeit zu berufen. Denn die Karenzentschädigung ist die Gegenleistung für die Wettbewerbsenthaltung. Aus dem Umkehrschluss zu § 74c Abs. 1 S. 3 HGB folgt, dass andere Gründe der objektiven Unmöglichkeit nicht den Wegfall der Karenzentschädigungspflicht bewirken (*LAG Hamm* 19.9.2003 LAG Report 2004, 60).

2. Inhaltliche Voraussetzungen

a) Berechtigtes geschäftliches Interesse des Arbeitgebers (§ 74a Abs. 1 S. 1 HGB)

Für das zunächst erforderliche berechtigte geschäftliche Interesse des Arbeitgebers gem. 109
§ 74a Abs. 1 S. 1 HGB ist ein konkreter Bezug zwischen der früheren und der vorgesehenen neuen Tätigkeit erforderlich, sodass **zu befürchten ist, dass der Arbeitnehmer Geschäftsgeheimnisse weitergibt oder den Kundenkreis des früheren Arbeitgebers umwirbt** (*BAG* 17.4.1964 AP Nr. 16 zu § 133 f. GewO). Von Leitenden Angestellten abgesehen (*BAG* 16.12.1968 EzA § 133 f. GewO Nr. 11), bei denen durch eine Wettbewerbsklausel die Tätigkeit in einem Konkurrenzunternehmen schlechthin, also auch eine Tätigkeit auf kaufmännischem Gebiet verboten werden kann, hat der Arbeitgeber grds. ein berechtigtes Interesse an der Unterlassung von Arbeiten im neuen Betrieb, die der **früheren Tätigkeit vergleichbar** sind.

b) Keine unbillige Erschwerung des Fortkommens des Arbeitnehmers

Gleichwohl darf das Wettbewerbsverbot keine unbillige Erschwerung des Fortkommens des 110
Arbeitnehmers (§ 74a Abs. 1 S. 2 HGB) nach Maßgabe des **Verhältnismäßigkeitsprinzips** bewirken. **Das Verbot muss nach Ort, Zeit und Inhalt angemessen sein.**

So kann bei einem in der gesamten BRD **in mehreren Branchen tätigen Unternehmen** ein berechtigtes Interesse an einem umfassenden Wettbewerbsverbot bestehen. Würde dadurch aber dem Arbeitnehmer jede sinnvolle Verwertung seiner Arbeitskraft unmöglich gemacht, so muss dem Arbeitnehmer jedenfalls für eine bestimmte Gegend und für bestimmte Tätigkeitsbereiche auch eine Konkurrenztätigkeit erlaubt werden. **Im Übrigen kann ein Wettbewerbsverbot umso eher als wirksam anerkannt werden, je höher die zugesagte Karenzentschädigung ist** (*BAG* 2.12.1966 AP Nr. 18 zu § 133 f. GewO). Ein Wettbewerbsverbot, das dem Schutz der geschäftlichen Interessen des Arbeitgebers dient und auf das **Gebiet der alten Bundesländer beschränkt** ist, erschwert das berufliche Fortkommen des Arbeitnehmers nicht unbillig (*LAG Nds.* 8.12.2005 NZA-RR 2006, 426).

Das Wettbewerbsverbot ist unverbindlich, wenn der Arbeitgeber damit das Ziel verfolgt, 111
jede Stärkung der Konkurrenz durch den Arbeitsplatzwechsel zu verhindern, ohne dass die

Gefahr der Weitergabe von Geschäftsgeheimnissen oder des Einbruchs in den Kundenstamm zu besorgen ist (*BAG* 1.8.1995 EzA § 74 HGB Nr. 57).

c) Höchstdauer von zwei Jahren

112 Das Wettbewerbsverbot darf nicht für eine längere Zeit als zwei Jahre vereinbart werden (§ 74a Abs. 1 S. 3 HGB). Aber auch bei der Vereinbarung einer kürzeren Frist kann es unwirksam sein, wenn die Voraussetzungen nach § 74a Abs. 1 S. 1, 2 HGB nicht erfüllt sind. Ein für eine längere Zeit als zwei Jahre vereinbartes Wettbewerbsverbot ist hinsichtlich des zwei Jahre überschreitenden Zeitraums unwirksam (*BAG* 2.12.1966 AP Nr. 18 zu § 133 f. GewO).

d) Karenzentschädigung

aa) Grundlagen; Arbeitsunfähigkeit

113 Das Wettbewerbsverbot ist grds. nur wirksam, wenn zugleich eine unbedingte Verpflichtung zur Zahlung einer Karenzentschädigung über mindestens die Hälfte des zuletzt bezogenen Entgelts vereinbart und in die Urkunde über die Wettbewerbsabrede aufgenommen wird. Ein nachvertragliches Wettbewerbsverbot ist deshalb z.B. nicht verbindlich, wenn in einer Vertragsergänzung zum Anstellungsvertrag nicht mehr auf »50% der zuletzt bezogenen Leistungen« abgestellt wird, sondern auf »die Hälfte der zuletzt bezogenen vertragsmäßigen monatlichen Leistungen« (*LAG Düsseld.* 10.12.2002 NZA-RR 2003, 570).

114 Der Arbeitgeber muss sich **ausdrücklich** zur Zahlung der Karenzentschädigung verpflichten. Allerdings genügt auch ein Hinweis auf »die gesetzlich vorgesehene« Entschädigung (*BAG* 14.8.1975 EzA § 74 HGB Nr. 34); **im Zweifel liegt darin die Zusage einer Karenzentschädigung in der gesetzlichen Mindesthöhe** (*BAG* 28.6.2006 EzA § 74 HGB Nr. 68 = NZA 2006, 1157). Fraglich ist, ob der allgemeine Hinweis auf die §§ 74 ff. HGB ausreicht. Dagegen spricht nach Auffassung von *Wank* (MünchArbR § 130 Rz. 31), dass der Arbeitnehmer dadurch nicht deutlich genug über seine Rechte aufgeklärt wird. Ein nachvertragliches Wettbewerbsverbot ist für den Arbeitnehmer **jedenfalls unverbindlich, wenn die Wettbewerbstätigkeit von der vorherigen schriftlichen Zustimmung des Arbeitgebers abhängig gemacht wird** (*BAG* 4.6.1986 EzA § 74 HGB Nr. 47).

115 Die Vereinbarung über ein nachvertragliches Wettbewerbsverbot muss so eindeutig formuliert sein, dass aus der Sicht des Arbeitnehmers kein vernünftiger Zweifel über den Anspruch auf Karenzentschädigung bestehen kann. Das gilt insbesondere dann, wenn sich der Arbeitgeber vorbehält, das Wettbewerbsverbot nachträglich örtlich und sachlich zu beschränken oder die Beschäftigung bei einem bestimmten Arbeitgeber freizugeben (*BAG* 5.9.1995 EzA § 74 HGB Nr. 57; vgl. dazu *Bauer/Diller* DB 1997, 94 ff.).

116 **Erreicht die zugesagte Entschädigung nicht mindestens die Hälfte des zuletzt bezogenen Entgelts, so ist das Wettbewerbsverbot insgesamt unwirksam.**

Eine für den Verlust des Arbeitsplatzes in einem Aufhebungsvertrag, in dem zugleich ein nachvertragliches Wettbewerbsverbot vereinbart wurde, ohne dass eine Karenzentschädigung vorgesehen war, zugesagte **Abfindung ist keine Karenzentschädigung** i.S.d. § 74 Abs. 2 HGB (*BAG* 3.5.1994 EzA § 74 HGB Nr. 56).

117 Vereinbaren die Parteien in einem Auflösungsvertrag zunächst die Zahlung einer Abfindung und sodann in einer gesonderten Bestimmung, dass **sie nur unter der Voraussetzung gezahlt wird, dass der Arbeitnehmer keine Tätigkeit bei einem Wettbewerber aufnimmt,** so verstößt letztere Bestimmung gegen § 74 HGB und ist **nichtig.** Sie kann auch nicht gleichzeitig als Geschäftsgrundlage (§ 313 BGB) des Vergleichs angesehen werden, sodass dieser hinsichtlich der Beendigung des Arbeitsverhältnisses und der Abfindungszahlung wirksam bleibt (*LAG Brem.* 25.2.1994 NZA 1994, 889).

bb) Ausnahmen

Zwar sah **§ 75b HGB** Ausnahmen für Wettbewerbsverbote für Arbeitnehmer im außereuropäischen Ausland sowie für »Hochbesoldete« mit einer Vergütung von mehr als 8000 DM pro Jahr vor; diese Regelung wurde durch das 4. Euro-Einführungsgesetz vom 21.12.2000 (BGBl. I S. 1983) jedoch **aufgehoben**. 118

cc) Höhe und Berechnung der Karenzentschädigung

Im Hinblick auf die Höhe der zu zahlenden Karenzentschädigung enthält **§ 74 Abs. 2 HGB** die Grundsatzregelung, dass sie **mindestens die Hälfte des zuletzt bezogenen Entgelts betragen muss**; § 74b Abs. 2, 3 HGB enthalten Berechnungsvorschriften. **Bei der Berechnung sind alle Einkommensbestandteile zu berücksichtigen** (**einschließlich Leistungszulagen, Weihnachtsgeld, Urlaubsgeld, Provisionen, Gewinnbeteiligungen und Sachleistungen**; vgl. *BAG* 9.1.1990 EzA § 74 HGB Nr. 52; *LAG Hessen* 10.2.1997 LAGE § 74a HGB Nr. 1; s. dazu *Mückl/Otto* FA 2008, 297 ff.), **es sei denn es handelt sich um Bezüge, die zum Ersatz besonderer Auslagen dienen sollen** (§ 74b Abs. 3 HGB). Eine Sonderregelung für Bezüge in **wechselnder Höhe** enthält § 74 Abs. 2 HGB (maßgeblich ist der Durchschnittsbetrag der letzten drei Jahre); entscheidend ist, welche Beträge in diesem Zeitraum fällig werden, nicht dagegen, ob die Entgeltbestandteile in diesem Zeitraum verdient worden sind (*BAG* 16.11.1973 AP Nr. 34 zu § 74 HGB). Der Anspruch, einen **Dienst-Pkw auch privat nutzen zu dürfen**, ist bei der Berechnung der Karenzentschädigung nach den steuerlichen Regelungen **zu bewerten** (*LAG Hamm* 30.3.2000 – 16 Sa 1684/99). 119

Der Anspruch des Arbeitnehmers **entfällt** im Übrigen **nicht etwa deshalb, weil er arbeitsunfähig** ist und deshalb der Wettbewerb unterbleibt. Etwas anderes ergibt sich auch nicht aus § 313 Abs. 1 BGB (Wegfall der Geschäftsgrundlage). Denn nach den gesetzlichen Wertungen in § 74c Abs. 1 S. 3 und § 75a HGB liegt das Risiko, dass der Arbeitnehmer die Karenzentschädigung zu erhalten hat, obwohl er keinen Wettbewerb leisten kann, vom Fall der Freiheitsstrafe abgesehen, beim Arbeitgeber. Dieser ist darauf verwiesen, ein vereinbartes Wettbewerbsverbot während des Arbeitsverhältnisses durch einseitige Erklärung (s.u. Rn. 133) mit Ablauf eines Jahres seit der Erklärung entfallen zu lassen (*BAG* 23.11.2004 EzA § 74 HGB Nr. 65 = NZA 2005, 411 m. Anm. *Kort* SAE 2005, 264). 120

Die Anrechnung anderweitigen Erwerbs bestimmt sich nach § 74c HGB. Danach ist eine anrechnungsfreie Grenze vorgesehen; die Summe der Karenzentschädigung zuzüglich des anderweitigen Erwerbs oder des böswillig unterlassenen Erwerbs darf 110 % oder im Falle einer notwendigen Wohnsitzverlegung 125 % der Grundbezüge nicht übersteigen 121

Eine **Abfindung**, die der Arbeitnehmer bei der Auflösung des Anschlussarbeitsverhältnisses erhält, ist im Rahmen des § 74c Abs. 1 S. 1 HGB **nicht anrechenbar** (*LAG Hamm* 30.3.2000 – 16 Sa 1684/99). Ein Arbeitnehmer, dessen Arbeitsverhältnis nach dem Arbeitsvertrag mit **Vollendung des 63. Lebensjahres endet**, unterlässt nicht böswillig anderweitigen Erwerb i.S.d. § 74c HGB, wenn er sich nicht mehr um eine weitere Beschäftigung bemüht. 122

Der Arbeitgeber kann auch durch das **Angebot der Weiterbeschäftigung** an den Arbeitnehmer dessen Anspruch auf Karenzentschädigung nicht beseitigen oder mindern. Lehnt er ein solches Weiterbeschäftigungsangebot ab, so unterlässt er nicht böswillig anderweitigen Erwerb i.S.d. § 74c HGB (*BAG* 3.7.1990 EzA § 74c HGB Nr. 29).

Ob ein **Studium in der Karenzzeit** ein böswilliges Unterlassen anderweitigen Erwerbs i.S.v. § 74c Abs. 1 S. 1 HGB darstellt, ist nach den gesamten Umständen des einzelnen Falles zu entscheiden. Ein **Erfolg versprechendes Studium** wird regelmäßig kein böswilliges Unterlassen anderweitigen Erwerbs sein; anders ist die Rechtslage, wenn ein schulisch Minderbegabter studiert oder ein Studium generale oder ein sinn- oder planloses Studium betrieben wird (*BAG* 9.8.1974 EzA § 74 HGB Nr. 33). Voraussetzung für böswilliges Unterlassen ist zudem, dass der Arbeitnehmer bei Aufnahme des Studiums die **Möglichkeit hatte, eine zumutbare Arbeit mit dem im Gesetz genannten Mindestverdienst aufzunehmen. Feh-** 123

len entsprechende Darlegungen des Arbeitgebers, kommt der Aufnahme auch eines berufsfremden Studiums keine Bedeutung zu (*BAG* 13.2.1996 EzA § 74 HGB Nr. 58; **a.A.** *LAG Frankf.* 28.2.1994 NZA 1995, 632).

124 Auf die Karenzentschädigung sind **Renten** der gesetzlichen Rentenversicherung nicht anzurechnen. Ob Gleiches auch für Betriebsrenten gilt, hat das *BAG* (30.10.1984 EzA § 74 HGB Nr. 44) offen gelassen; anrechenbar ist aber jedenfalls das von der Bundesagentur für Arbeit gem. § 57 SGB III geleistete **Überbrückungsgeld** (*BAG* 16.11.2005 EzA § 74c HGB Nr. 35). Gleiches kann für **Arbeitslosengeld** gelten (*BAG* 27.11.1991 EzA § 4 TVG Nachwirkung Nr. 15 unter Hinw. auf den inzwischen aufgehobenen § 128a AFG; ebenso gleichwohl *LAG München* 14.8.2007 – 4 Sa 189/07; s. *Diller* BB 2008, 1680 ff.).

Gem. § 74c Abs. 1 S. 2 HGB gilt eine **erhöhte anrechnungsfreie Grenze (125 %)**, wenn der Arbeitnehmer durch das Wettbewerbsverbot **gezwungen worden ist, seinen Wohnsitz zu verlegen**. Mit der erhöhten **Anrechnungsfreigrenze** werden die **Mehraufwendungen ausgeglichen**, die der Arbeitnehmer durch den **Umzug** erleidet. Außerdem wird ein **Anreiz** geschaffen, **sich nach einer neuen Arbeit umzusehen** (vgl. *BAG* 23.2.1999 EzA § 74c HGB Nr. 34). Das ist nur dann der Fall, wenn das Wettbewerbsverbot für einen Wohnsitzwechsel des Arbeitnehmers ursächlich war (*BAG* 8.11.1994 EzA § 74c HGB Nr. 33), d.h. wenn er nur außerhalb seines bisherigen Wohnorts eine Tätigkeit ausüben kann, die nach Art, Vergütung und beruflichen Chancen seiner bisherigen Tätigkeit nahe kommt (*BAG* 23.2.1999 EzA § 74c HGB Nr. 34).

Für die Annahme der Ursächlichkeit eines Wohnsitzwechsels bedarf es jedoch keiner Darlegung und auch keines Nachweises des Arbeitnehmers, dass er ohne nachvertragliches Wettbewerbsverbot bei den am Ort ansässigen Wettbewerbern tatsächlich eine Anstellung gefunden hätte. Es ist ausreichend, wenn **er darlegt, dass er mit Rücksicht auf das Wettbewerbsverbot eine seiner früheren Tätigkeit vergleichbare Beschäftigung nur bei einem branchenfremden ortsansässigen Arbeitgeber unter dem Vorbehalt der späteren Versetzung aufnehmen konnte** (*BAG* 8.11.1994 EzA § 74c HGB Nr. 33). Ist am **bisherigen Wohnsitz ein Unternehmen ansässig**, bei dem die Aufnahme einer Tätigkeit dem Arbeitnehmer verboten ist, so muss der Arbeitnehmer **nicht nachweisen**, dass er – das nachvertragliche Wettbewerbsverbot hinweggedacht – bei diesem auch tatsächlich eine Anstellung gefunden hätte (*BAG* 23.2.1999 EzA § 74c HGB Nr. 34).

125 Im Übrigen ist der Arbeitgeber auch dafür darlegungspflichtig, dass sein früherer Mitarbeiter es unterlassen hat, eine mögliche, nach den gesamten Umständen zumutbare anderweitige Tätigkeit aufzunehmen, um den vom Gesetz geforderten Mindestverdienst zu erzielen (*BAG* 13.2.1996 EzA § 74 HGB Nr. 58).

dd) Abweichende Vereinbarungen

126 Von §§ 74–75 c HGB abweichende Vereinbarungen **zum Nachteil** des Arbeitnehmers sind **gem. § 75d HGB unwirksam**. Sieht eine Wettbewerbsvereinbarung z.B. keine bestimmte Entschädigung für die Karenzzeit vor, sondern nur die laufende Zahlung von Teilbeträgen während des Arbeitsverhältnisses, so ist das Wettbewerbsverbot i.d.R. unwirksam, weil die gesetzlich vorgeschriebene Mindestkarenzentschädigung (§ 74 Abs. 2 HGB) nicht gewährleistet ist (*BAG* 14.7.1981 EzA § 74 HGB Nr. 38).

In einem solchen Fall kann der Arbeitgeber nicht verlangen, dass der Arbeitnehmer die im Laufe des Arbeitsverhältnisses bezogenen Entschädigungsbeträge zurückzahlt, wenn er sich auf die Unverbindlichkeit des Wettbewerbsverbotes beruft und für ein Konkurrenzunternehmen tätig wird (*BAG* 14.7.1981 EzA § 74 HGB Nr. 38).

127 Zur Frage, inwieweit durch **Tarifverträge** von den §§ 74 ff. HGB abgewichen werden kann, hat das *BAG* (12.11.1971 EzA § 75d HGB Nr. 4) – zum alten Recht – als Grundsatz zur Diskussion gestellt, dass es sich insoweit bei nicht kaufmännischen Angestellten um das Rangverhältnis zwischen Tarifvertrag und analog anzuwendendem Gesetzesrecht, mithin Richterrecht handelt und dass es dazu neigt, dem Tarifvertrag vor dem Gesetzes- oder Rich-

terrecht, das zur Unverbindlichkeit des bedingten Wettbewerbsverbots führt, den Vorrang zuzuerkennen und nur gewisse Mindesterfordernisse für unabdingbar zu halten. Zu solchen Mindesterfordernissen gehören allerdings das Prinzip der Entschädigungspflicht sowie eine zeitliche, räumliche und sachliche Begrenzung des Wettbewerbsverbots. Inzwischen stellt sich die Frage anders, weil durch § 110 GewO nunmehr das Recht der Wettbewerbsverbote einheitlich für alle Arbeitnehmer gesetzlich ausdrücklich geregelt ist. Damit dürfte insgesamt der Vorrang von Tarifverträgen anzuerkennen sein unter Beachtung gewisser unabdingbarer Mindesterfordernisse.

3. Bedingtes Wettbewerbsverbot

Vereinbarungen zwischen den Parteien, wonach der Arbeitgeber erst bei Kündigung des Arbeitsverhältnisses dem Arbeitnehmer bekannt gibt, ob er ihn einem Wettbewerbsverbot unterstellt, oder ihn freigibt (sog. bedingte Wettbewerbsverbote) stellen eine unzulässige Umgehung des § 74 Abs. 2 HGB dar und sind für den Arbeitnehmer grds. unverbindlich. Er hat allerdings insoweit entsprechend § 75 HGB ein Wahlrecht. Er kann das Wettbewerbsverbot auch als wirksam betrachten und hat dann einen Anspruch auf die vorgesehene Karenzentschädigung. Betrachtet er es als unwirksam, kann er Konkurrenztätigkeit ausüben, erhält aber andererseits keine Karenzentschädigung. Ebenso unwirksam ist ein nachvertragliches Wettbewerbsverbot mit denselben Rechtsfolgen, das **nur für den Fall** einer vom Arbeitnehmer **»ausgelösten« Beendigung** des **Arbeitsverhältnisses** gelten soll (*BAG* 7.9.2004 EzA § 74 HGB Nr. 66 = NZA 2005, 1376 m. Anm. *Buchner* SAE 2007, 1 ff.; s. auch Kap. 3 Rn. 4954 zu den Auswirkungen einer Ausgleichsklausel in einem Aufhebungsvertrag auf dieses Wahlrecht). 128

Der Arbeitnehmer muss dieses Wahlrecht zu Beginn der Verbotszeit ausüben. Für einen Anspruch auf Karenzentschädigung aus einem für den Arbeitnehmer unverbindlichen Wettbewerbsverbot **genügt** es, **wenn der Arbeitnehmer sich zu Beginn der Karenzzeit endgültig für das Wettbewerbsverbot entscheidet und seiner Unterlassungspflicht nachkommt. Einer darüber hinausgehenden Erklärung gegenüber dem Arbeitgeber bedarf es nicht** (*BAG* 22.5.1990 EzA § 74 HGB Nr. 53 gegen *BAG* 13.5.1985 EzA § 74 HGB Nr. 48; 16.12.1986 EzA § 74 HGB Nr. 49). 129

Der Arbeitgeber hat in Anwendung des Rechtsgedankens aus **§ 264 Abs. 2 S. 1 BGB** allerdings das Recht, den wahlberechtigten Arbeitnehmer unter Bestimmung einer angemessenen Frist zur Vornahme der Wahl aufzufordern. Mit Ablauf der Frist geht das Wahlrecht auf den Arbeitgeber über (§ 264 Abs. 2 S. 2 BGB, *BAG* 22.5.1990 EzA § 74 HGB Nr. 53). Führen die Parteien einen **Rechtsstreit** darüber, **ob das Arbeitsverhältnis geendet hat**, so kann der Arbeitnehmer vorläufig Wettbewerb unterlassen und die Wahl nach Beendigung des Rechtsstreits ausüben (*BAG* 13.5.1986 EzA § 74 HGB Nr. 48; 16.12.1986 EzA § 74 HGB Nr. 49).

Hat ein ausgeschiedener Arbeitnehmer sich für die Einhaltung eines bedingten und daher unverbindlichen Wettbewerbsverbots entschieden, so kann er sich später nicht auf die Unverbindlichkeit berufen, wenn der Arbeitgeber mit der Zahlung der Karenzentschädigung in Verzug gerät. 130

Der unterlassungspflichtige Arbeitnehmer darf nicht unter Berufung auf die Einrede des nicht erfüllten Vertrages **(§ 320 BGB)** Wettbewerb betreiben, weil der Arbeitgeber sich mit der Zahlung der Karenzentschädigung in Verzug befindet. Vielmehr muss er, wenn er sich von dem Wettbewerbsverbot lösen will, sein Rücktritts- oder Kündigungsrecht ausüben (*BAG* 5.10.1982 EzA § 74 HGB Nr. 42). 131

Unwirksam ist ein nachvertragliches Wettbewerbsverbot auch dann, wenn die Wettbewerbstätigkeit von der vorherigen schriftlichen Zustimmung des Arbeitgebers abhängig gemacht wird (*BAG* 4.6.1985 EzA § 74 HGB Nr. 47). 132

III. Wegfall der Verpflichtungen

1. Verzicht des Arbeitgebers

133 Gem. **§ 75a HGB** kann der Arbeitgeber vor Beendigung des Arbeitsverhältnisses durch einseitige schriftliche Erklärung auf das Wettbewerbsverbot verzichten (gesetzlicher Fall einer Teilkündigung). **Ein nach Ablauf der Kündigungsfrist erklärter Verzicht ist unwirksam.**

134 Mit der Abgabe der Verzichtserklärung wird der Arbeitnehmer sofort von der Einhaltung des Wettbewerbsverbots befreit (*LAG Hamm* 11.7.2003 LAG Report 2004, 187). Der Arbeitgeber bleibt aber gleichwohl bis zum Ablauf eines Jahres nach der Erklärung zur Karenzentschädigung verpflichtet. Diese Verpflichtung realisiert sich allerdings nur dann, wenn das Arbeitsverhältnis innerhalb eines Jahres nach dem Verzicht beendet wird. Tritt die Beendigung später ein, braucht der Arbeitgeber nicht zu zahlen.

2. Einvernehmliche Aufhebung des Wettbewerbsverbots

135 Arbeitgeber und Arbeitnehmer können vor oder nach der Beendigung des Arbeitsverhältnisses das Wettbewerbsverbot einschließlich der Entschädigungsabrede jederzeit vertraglich aufheben; möglich ist dies auch durch einen **gerichtlichen Vergleich** (*BAG* 8.3.2006 EzA § 74 HGB Nr. 67).

Der Einhaltung einer Form bedarf es grds. nicht. Selbst wenn aber vertragliche Änderungen einem vereinbarten Schriftformerfordernis unterliegen (§ 125 BGB), sind mündlich vereinbarte Änderungen wirksam, wenn die Parteien die Maßgeblichkeit der mündlichen Vereinbarung übereinstimmend gewollt haben (*BAG* 10.1.1989 EzA § 74 HGB Nr. 51).

3. Kündigung vor Arbeitsbeginn; vertragswidrige Nichtaufnahme der Tätigkeit

136 Vereinbaren die Arbeitsvertragsparteien ein tätigkeitsbezogenes Wettbewerbsverbot, so ist im Zweifel davon auszugehen, dass es **nur dann Gültigkeit haben soll, wenn der Arbeitnehmer seine Tätigkeit aufgenommen hat.** Wird das Arbeitsverhältnis vor der Arbeitsaufnahme gekündigt und der Arbeitnehmer für die Dauer der Kündigungsfrist von der Arbeit freigestellt, besteht regelmäßig kein Anspruch auf Karenzentschädigung (*BAG* 26.5.1992 EzA § 74 HGB Nr. 54).

137 Gleiches gilt grds. auch dann, wenn der Arbeitnehmer unter Verletzung des mit seinem neuen Arbeitgeber abgeschlossenen Arbeitsvertrages die vorgesehene Tätigkeit **nicht aufnimmt, weil er sein vorangegangenes Arbeitsverhältnis bei einem Konkurrenzunternehmen fortsetzt.** Etwas **anderes** gilt aber dann, wenn der Arbeitnehmer bereits vor dem vorgesehenen Arbeitsbeginn **intensiv in seine neuen Aufgaben eingewiesen** wurde und dabei gerade diejenigen Informationen über geschäftliche und betriebliche Angelegenheiten erhielt, die durch das Wettbewerbsverbot geschützt werden sollten. Die Fortsetzung seines bisherigen Arbeitsverhältnisses ist dann eine verbotene Konkurrenztätigkeit (*BAG* 3.2.1987 EzA § 74 HGB Nr. 50).

4. Kündigung des Arbeitsverhältnisses; Nichtigkeit oder Anfechtung des Arbeitsvertrages

138 Bei einer **ordentlichen Kündigung** durch den Arbeitgeber hat der Arbeitnehmer gem. § 75 Abs. 2 1. Hs. HGB ein **Wahlrecht** dahin, ob er am Wettbewerbsverbot mit Karenzentschädigung festhalten oder sich innerhalb eines Monats nach der Kündigung lossagen will mit der Folge des Wegfalls der Entschädigungspflicht. Dies gilt immer im Falle einer betriebsbedingten Kündigung, dagegen bleibt das Wettbewerbsverbot trotz der Kündigung **bestehen, wenn für sie ein erheblicher Anlass in der Person des Arbeitnehmers liegt sowie dann, wenn sich der Arbeitgeber bereit erklärt, nicht nur die vertraglich vereinbarte, sondern die volle zuletzt bezogene Vergütung als Karenzentschädigung zu zahlen.**

139 Das Wahlrecht besteht auch dann, wenn die **außerordentliche Kündigung** durch den Arbeitgeber nicht auf einem vertragswidrigen Verhalten des Arbeitnehmers beruht, entgegen

§ 75 Abs. 3 HGB unabhängig davon, ob eine ordentliche oder eine außerordentliche Kündigung erklärt wird (s. auch Kap. 4 Rn. 2250 ff.). Denn § 75 Abs. 3 HGB ist im Hinblick auf § 75 Abs. 1 HGB, Art. 3 Abs. 1 GG **verfassungswidrig** (*BAG* 23.2.1977 EzA § 75 HGB Nr. 10; 19.5.1998 EzA § 74 HGB Nr. 15); in den neuen Bundesländern ist § 75 Abs. 3 nicht anzuwenden (Einigungsvertrag BGBl. II 1990 S. 889, 1020). Sagt sich der Arbeitgeber demzufolge **vor Ablauf eines Monats** nach Ausspruch der außerordentlichen Kündigung von der Wettbewerbsvereinbarung los, so kann nach Ausspruch einer Wiederholungskündigung **eine erneute Lösungserklärung** entbehrlich sein (*BAG* 19.5.1998 EzA § 74 HGB Nr. 15).

Diese Grundsätze gelten auch dann, wenn der **Arbeitnehmer** das Arbeitsverhältnis außerordentlich wegen eines vertragswidrigen Verhaltens des Arbeitgebers **kündigt** (§ 75 Abs. 1 HGB). Bei einer außerordentlichen Kündigung, die nicht auf einem vertragswidrigen Verhalten des Arbeitgebers beruht sowie bei einer ordentlichen Kündigung durch den Arbeitnehmer bleibt das Wettbewerbsverbot bestehen (MünchArbR/*Wank* § 130 Rz. 52, 53).

Die Nichtigkeit oder Anfechtung eines Arbeitsvertrages führt nicht schlechthin dazu, dass die Wettbewerbsverbotsvereinbarung einschließlich der Verpflichtung zur Zahlung der Karenzentschädigung nichtig ist. War das Arbeitsverhältnis bereits in Vollzug gesetzt, ist davon auszugehen, dass das Wettbewerbsverbot im Zweifel auch dann gelten soll, wenn der Arbeitsvertrag unwirksam ist (s. instr. *LAG München* 19.12.2007 LAGE § 74 HGB Nr. 22).

5. Aufhebungsvertrag

Wird das Arbeitsverhältnis durch Aufhebungsvertrag beendet, so kommt es darauf an, ob der Anlass dafür beim Arbeitgeber lag (dann gilt § 75 Abs. 1 HGB analog), oder beim Arbeitnehmer (dann bleibt das Wettbewerbsverbot bestehen). Bei vertragswidrigem Verhalten des Arbeitnehmers hat der Arbeitgeber ein Wahlrecht (MünchArbR/*Wank* § 130 Rz. 55; vgl. *BAG* 26.9.1963 AP Nr. 1 zu § 75 HGB; 24.9.1965 AP Nr. 3 zu § 75 HGB; 18.11.1967 AP Nr. 21 zu § 74 HGB; gegen eine analoge Anwendung des § 75 HGB *Wertheimer* NZA 1997, 522 ff.; abl. auch *Hoß* DB 1997, 1818 ff.); es muss aber für den Angestellten erkennbar sein, dass der Arbeitgeber das vertragswidrige Verhalten als wichtigen Grund für die Vertragsbeendigung für sich in Anspruch nimmt (*BAG* 18.11.1967 AP Nr. 21 zu § 74 HGB). 140

Zutreffend hat *Hoß* (DB 1997, 1818 ff.) darauf hingewiesen, dass die Arbeitsvertragsparteien, um jegliche Unklarheiten auszuschließen, genau und unmissverständlich im Aufhebungsvertrag unter Beachtung der §§ 74 ff. HGB regeln sollten, was gewollt ist. 141

Zur Beendigung des Arbeitsverhältnisses durch Urteil gem. § 9 KSchG, Fristablauf oder Bedingungseintritt vgl. *Wertheimer* NZA 1997, 523 ff.

6. Betriebsstilllegung; Insolvenz; Gründe in der Person des Arbeitnehmers

Die Verpflichtung zur Zahlung der Karenzentschädigung entfällt nicht, weil der Arbeitgeber den Betrieb einstellt (§ 324 BGB), der Arbeitnehmer keinen Wettbewerb machen kann, weil er keine neue Stelle findet, ein Studium betreibt oder aus Alters- oder Gesundheitsgründen keinen Wettbewerb machen kann, weil er sich aus dem Arbeitsleben zurückzieht (*BAG* 9.8.1974 EzA § 74 HGB Nr. 33; 3.7.1990 EzA § 74c HGB Nr. 29). 142

Eine Ausnahme enthält § 74c Abs. 1 S. 3 HGB für die Dauer der Verbüßung einer **Freiheitsstrafe**. In der Insolvenz des Arbeitgebers entfällt das Wettbewerbsverbot nicht, jedenfalls solange der Betrieb nicht stillgelegt wird. Der Insolvenzverwalter hat hinsichtlich des Wettbewerbsverbots ein Wahlrecht nach § 103 InsO. Lehnt er die Erfüllung ab, so hat der Arbeitnehmer einen Schadensersatzanspruch als einfache Insolvenzforderung. 143

IV. Unwirksamkeit der Wettbewerbsabrede; Schuldrechtsreform

144 §§ 74 Abs. 2, 74 a Abs. 2 S. 1, 2, 3 HGB, § 133 f. Abs. 2 GewO (bis 31.12.2002) enthalten ausdrückliche Regelungen von Nichtigkeitsgründen.

Bei Teilnichtigkeit (z.B. wenn die Wettbewerbsabrede eine unbillige Einschränkung des Fortkommens enthält, § 74a Abs. 1 HGB) ist sie entgegen § 139 BGB auf denjenigen Umfang zu reduzieren, der dem Gesetz entspricht.

Zwar enthalten §§ 74 ff. HGB zwingendes Recht (§ 75d S. 1 HGB). **Nach Beendigung des Arbeitsverhältnisses gelten die zwingenden Vorschriften des HGB aber nicht mehr.** Wird das Wettbewerbsverbot allerdings noch im Zusammenhang mit der Beendigung des Arbeitsverhältnisses vereinbart, unterliegt der Arbeitnehmer immer noch einer Abhängigkeit, sodass das zwingende Recht weiterhin gilt.

145 Zu beachten sind auf Grund der Schuldrechtsreform nunmehr auch §§ 305 ff. BGB, wenn ein nachvertragliches Wettbewerbsverbot – was der Regelfall ist – durch einen formularmäßig vorgefertigten Arbeitsvertrag vereinbart wird (vgl. *Bauer/Diller* NJW 2002, 1609 ff.). In Betracht kommt eine Unwirksamkeit **gem. § 305c Abs. 1 BGB** (überraschende Klausel); **fraglich ist das Verhältnis von § 74a Abs. 1 HGB und § 307 BGB.** Denn gem. § 74a Abs. 1 HGB ist das Wettbewerbsverbot unverbindlich, soweit es nicht zum Schutz eines berechtigten geschäftlichen Interesses des Arbeitgebers dient oder unter Berücksichtigung der zugesagten Entschädigung nach Ort, Zeit oder Gegenstand das Fortkommen des Arbeitnehmers unbillig erschwert. Insoweit erfolgt von Gesetzes wegen eine geltungserhaltende Reduktion (vgl. *Diller* NZA 2005, 251). Nach § 307 BGB sind formularmäßig vereinbarte Vertragsklauseln insgesamt unwirksam, wenn sie den Vertragspartner des Verwenders entgegen Treu und Glauben unangemessen benachteiligen. Ein Verstoß gegen das **Transparenzgebot** des § 307 BGB liegt dann **nicht** vor, wenn der Gegenstand eines nachvertraglichen Wettbewerbsverbots mit der Beendigung des Arbeitsverhältnisses **objektiv feststellbar** ist (*LAG Nds.* 8.12.2005 NZA-RR 2006, 426). In Rechtsprechung (*LAG Hamm* 14.4.2003 NZA-RR 2003, 513) und Literatur (*Thüsing/Leder* BB 2004, 46; *Diller* NZA 2005, 251) wird teilweise die Auffassung vertreten, dass § 74a HGB § 307 BGB vorgeht, eine **Inhaltskontrolle also neben § 74a Abs. 1 HGB nicht erfolgt.** Zu beachten ist auch **§ 305c Abs. 2 BGB** (Unklarheitenregel), die im Einzelfall zur Unwirksamkeit eines Wettbewerbsverbots führen kann, wenn **keine ausreichend klare Zusage** einer Karenzentschädigung gegeben ist (zutr. *Diller* NZA 2005, 252); das gilt vor allem, wenn der Arbeitgeber das **Wettbewerbsverbot selbst vorformuliert** hat (*BAG* 28.6.2006 EzA § 74 HGB Nr. 68 = NZA 2006, 1157).

Nach Auffassung des *LAG BW* (30.1.2008 NZA-RR 2008, 508) unterliegt ein nachvertragliches Wettbewerbsverbot gem. §§ 74 ff. HGB hinsichtlich seiner inhaltlichen, örtlichen und zeitlichen Reichweite deshalb **keiner Inhaltskontrolle**, da es jedenfalls bei nachträglicher Vereinbarung einen **gegenseitigen Vertrag** i.S.d. §§ 320 ff. BGB darstellt und die Regelung der vertraglichen Hauptleistungspflichten (»Leistungsbeschreibung«) ebenso wie das Verhältnis zwischen Leistung und Gegenleistung (Höhe der Karenzentschädigung) gem. § 397 Abs. 3 BGB kontrollfrei bleiben; eine Inhaltskontrolle findet insoweit nur nach § 74a HGB statt, der eine geltungserhaltende Reduktion vorsieht. Ein berechtigtes geschäftliches Interesse des Arbeitgebers an einem nachvertraglichen Wettbewerbsverbot (§ 74a HGB) kann auch dann bestehen, wenn sich die Warensortimente nur teilweise überschneiden. Eine feste Grenze dafür, wie groß die Überschneidung der Sortimente mindestens sein muss, gibt es nicht (*LAG BW* 30.1.2008 NZA-RR 2008, 508).

Zur Anwendung von § 309 Nr. 6 BGB auf Vertragsstrafen zur Absicherung eines nachvertraglichen Wettbewerbsverbots s.o. Kap. 3 Rn. 575 u. *Diller* NZA 2005, 253 f.

V. Rechtsfolgen bei Verletzung der Pflichten aus der Wettbewerbsabrede

Für die Wettbewerbsabrede gelten **§§ 320 ff. BGB**. Verletzt der Arbeitnehmer seine Unterlassungspflicht, so endet die Pflicht des Arbeitgebers zur Zahlung der Karenzentschädigung. Sie lebt aber wieder auf, wenn sich der Arbeitnehmer nunmehr an das Verbot hält (*BAG* 10.9.1985 EzA § 74 HGB Nr. 46). Bei schuldhaftem Verstoß des Arbeitnehmers geht der Anspruch auf Karenzentschädigung unter. Der Arbeitgeber kann aber auch gem. § 326 BGB von der Abrede zurücktreten, wenn er an der Einhaltung der Wettbewerbsabrede kein Interesse mehr hat, oder Schadensersatz wegen Nichterfüllung verlangen (*BAG* 10.9.1985 EzA § 74 HGB Nr. 46). 146

Zahlt der Arbeitgeber die Karenzentschädigung nicht, so darf der Arbeitnehmer **nicht** unter Berufung auf die Einrede des nicht erfüllten Vertrages (**§ 320 BGB) Wettbewerb betreiben**. Vielmehr muss er, wenn er sich von dem Wettbewerbsverbot lösen will, sein **Rücktritts- oder Kündigungsrecht ausüben** (*BAG* 5.10.1982 EzA § 74 HGB Nr. 42). 147

Gibt der Arbeitnehmer Anlass zu der Annahme, er habe das Wettbewerbsverbot verletzt, so hat der Arbeitgeber gegen ihn einen **Auskunftsanspruch** (§ 74c Abs. 2 HGB; *BAG* 22.4.1967 AP Nr. 12 zu § 242 BGB Auskunftspflicht). Es handelt sich um einen **Hilfsanspruch**, der es einem zur Zahlung von Karenzentschädigung verpflichteten Arbeitgeber ermöglichen soll, seine in § 74c Abs. 1 HGB normierten Anrechnungsrechte zu verwirklichen. Der Anspruch wird folglich nur fällig, wenn der Arbeitgeber überhaupt mit einer Forderung auf Zahlung von Karenzentschädigung konfrontiert wird (*LAG Köln* 8.6.2005 – 7 Sa 679/04 – EzA-SD 6/2006 S. 7 LS).

Möglich ist auch eine einstweilige Verfügung auf Unterlassung von weiterem nachvertraglichem Wettbewerb; aus einem Verstoß gegen das Wettbewerbsverbot folgt dann die erforderliche Wiederholungsgefahr (*LAG Nds.* 8.12.2005 NZA-RR 2006, 426).

VI. Verjährung

Ansprüche auf Karenzentschädigung gem. § 74 HGB waren Ansprüche auf andere Dienstbezüge i.S.d. **§ 196 Abs. 1 Nr. 8 BGB** und unterlagen daher der zweijährigen Verjährung der §§ 196, 201 BGB (*BAG* 3.4.1984 EzA § 196 BGB Nr. 5); für nach dem 1.1.2002 begründete Arbeitsverhältnisse gelten §§ 195 ff. BGB. 148

D. Rückzahlung von Ausbildungskosten

I. Grundlagen

Vielfach sehen Arbeitsverträge für den Fall, dass der Arbeitgeber den Arbeitnehmer durch die kostenpflichtige Teilnahme an Lehrgängen und Schulungsveranstaltungen erst in die Lage versetzt, seine vertraglichen Verpflichtungen zu erfüllen oder jedenfalls besser zu erfüllen, die Verpflichtung vor, die angefallenen Kosten ganz oder teilweise dann dem Arbeitgeber zu erstatten, wenn der Arbeitnehmer vor Ablauf eines bestimmten Bindungszeitraums aus dem Arbeitsverhältnis ausscheidet (vgl. ausf. *Schmidt* NZA 2004, 1002 ff.). 149

Eine derartige Vereinbarung muss **eindeutig** sein. Der Arbeitnehmer muss die Folgen erkennen können, die sich für ihn aus dem Abschluss einer solchen Vereinbarung ergeben (*BAG* 21.11.2002 EzA § 611 BGB Ausbildungsbeihilfe Nr. 2).

II. Wirksamkeitsvoraussetzungen; Inhaltskontrolle

1. Prüfungsmaßstab

150 Dem Arbeitnehmer ist eine von der Verpflichtung zur Rückzahlung von Ausbildungskosten ausgehende Bindung an das Unternehmen des Arbeitgebers zumutbar, wenn die Rückzahlungspflicht einem begründeten und billigenswerten Interesse des Arbeitgebers entspricht, d.h. wenn er mit der Ausbildungsmaßnahme eine **angemessene Gegenleistung** für die Rückzahlungsverpflichtung erhalten hat (*BAG* 15.5.1985 AP Nr. 9 zu § 611 BGB Ausbildungsbeihilfe; 24.6.2004 EzA § 611 BGB 2002 Ausbildungsbeihilfe Nr. 6 = NZA 2004, 1035 = BAG Report 2004, 349; vgl. dazu *Schmidt* NZA 2004, 1002 ff.; *Rischar* BB 2002, 2550 ff.).

151 Sowohl bei einer Kündigung des Arbeitnehmers als auch bei einer Kündigung des Arbeitgebers ist auf Grund einer Inhaltskontrolle zu ermitteln, **ob die Verpflichtung rechtswirksam vereinbart worden ist** (*BAG* 24.6.2004 EzA § 611 BGB 2002 Ausbildungsbeihilfe Nr. 6). Im Hinblick auf Art. 12 GG kommt es darauf an, dass den möglichen Nachteilen für den Arbeitnehmer (an sich ungewollte weitere Bindung an den Arbeitgeber) ein angemessener Ausgleich gegenübersteht. Bei der für die gerichtliche Inhaltskontrolle von Rückzahlungsklauseln erforderlichen **Interessenabwägung** ist zu prüfen, ob und inwieweit der Arbeitnehmer mit der Aus- und Weiterbildung einen **geldwerten Vorteil** erlangt. Das ist dann der Fall, wenn die Ausbildung auf dem allgemeinen Arbeitsmarkt oder im Bereich des bisherigen Arbeitgebers berufliche Möglichkeiten eröffnet, die dem Arbeitnehmer zuvor verschlossen waren. Dazu zählt auch, dass der Arbeitnehmer durch die Ausbildung überhaupt erst in die Lage versetzt wird, seine vertraglich geschuldete Leistung zu erbringen (*BAG* 19.2.2004 EzA § 611 BGB 2002 Ausbildungsbeihilfe Nr. 5 = BAG Report 2004, 281; zur Abgrenzung zur bloßen Einarbeitung s.u. Rn. 151 a.E.). Die Rückzahlungspflicht muss vom Standpunkt eines verständigen Beobachters aus einem begründeten und billigenswerten Interesse des Arbeitgebers entsprechen. **Dazu gehört das Interesse, die über die Leistung und Gegenleistung im Arbeitsverhältnis hinausgehenden ausbildungsbedingten Aufwendungen erstattet zu erhalten,** wenn der Arbeitnehmer nach Abschluss der Ausbildung das Arbeitsverhältnis beendet, und deshalb für den Arbeitgeber ein erneuter Ausbildungsaufwand entsteht (*BAG* 16.1.2003 EzA § 611 BGB 2002 Ausbildungsbeihilfe Nr. 7). Insgesamt muss die Erstattungspflicht dem Arbeitnehmer nach Treu und Glauben zumutbar sein; dabei kommt es auf die Dauer der Bindung, die Höhe des Rückzahlungsbetrages und dessen Abwicklung an (*BAG* 11.4.1984 EzA § 611 BGB Ausbildungsbeihilfe Nr. 4; *LAG Nds.* 6.8.2002 – 13 Sa 374/02 – EzA-SD 23/2002, S. 7 LS; vgl. *Meier/Schulz* NZA 1996, 742 ff.; *Huber/Blömecke* BB 1998 2157 ff.; vgl. auch *BAG* 21.11.2001 EzA § 611 BGB Inhaltskontrolle Nr. 9 zur Kombination von unbedingter Kostenbeteiligung und Rückzahlungsklausel bei vorzeitigem Ausscheiden). Ein billigenswertes Interesse des Arbeitgebers fehlt i.d.R. bei einarbeitungsbedingten Aufwendungen (*BAG* 16.1.2003 EzA § 611 BGB 2002 Ausbildungsbeihilfe Nr. 7).

152 Besteht die Bildungsmaßnahme aus **mehreren Unterrichtsabschnitten**, so sind die dazwischen liegenden Zeiten bei der Berechnung der Dauer der Maßnahme nicht mit zu berücksichtigen (*BAG* 6.9.1995 EzA § 611 BGB Ausbildungsbeihilfe Nr. 14).

2. Maßgeblicher Zeitpunkt für die Beurteilung

153 Maßgeblich für die Beurteilung dieser Voraussetzungen sind die Umstände im Zeitpunkt des **Vertragsabschlusses**. Die spätere Entwicklung kann dafür nur herangezogen werden, wenn sie bei Vertragsabschluss vorhersehbar war (*BAG* 24.7.1991 EzA § 611 BGB Ausbildungsbeihilfe Nr. 7).

154 Die zulässige Bindungsdauer richtet sich zudem nach Auffassung des *LAG Nds.* (20.2.2001 ZTR 2001, 331) **allein nach den Ausgaben, die der Arbeitgeber getragen hat.** Dies gilt auch dann, wenn die Fortbildung bei einem Vorarbeitgeber begonnen und bei dem

Arbeitgeber beendet wurde und der Arbeitgeberwechsel auf Grund der Vertragsgestaltung keine Rückzahlungspflicht ausgelöst hat (z.B. beim Beginn der Fortbildung zum gehobenen Dienst bei einer Innungskrankenkasse und dem Abschluss bei einer anderen Innungskrankenkasse).

3. Legitimation der Inhaltskontrolle

Die erforderliche richterliche Inhaltskontrolle einzelvertraglicher Klauseln ist nach der Rechtsprechung des *BAG* (16.3.1994 EzA § 611 BGB Ausbildungsbeihilfe Nr. 10) von Verfassung wegen geboten. § 242 BGB begründet die Befugnis zu einer richterlichen Inhaltskontrolle von Verträgen (*BAG* 19.2.2004 EzA § 611 BGB 2002 Ausbildungsbeihilfe Nr. 5 = BAG Report 2004, 281). Dabei haben die Gerichte den konkurrierenden Grundrechtspositionen des Arbeitnehmers und des Arbeitgebers ausgewogen Rechnung zu tragen (*Schmidt* NZA 2004, 1002 ff.). Die zulässige Bindungsintensität beurteilt sich anhand der **Fortbildungsdauer und der Qualität der erworbenen Qualifikation**. Die Bemessung der Bindungsfrist nach der Dauer der jeweiligen Bildungsmaßnahme beruht nicht auf rechnerischen Gesetzmäßigkeiten, sondern auf **richterrechtlich entwickelten Regelwerten**, die einzelfallbezogenen Abweichungen zugänglich sind (*BAG* 21.7.2005 EzA § 611 BGB 2002 Ausbildungsbeihilfe Nr. 8 = NZA 2006, 542). **Bei formularmäßigen arbeitsvertraglichen Regelungen ergibt sich die Legitimation der Inhaltskontrolle nunmehr aus** § 307 BGB (*BAG* 11.4.2006 EzA § 307 BGB 2002 Nr. 14 = NZA 2006, 1042). 155

► **Beispiel:**
Eine formularmäßige arbeitsvertragliche Regelung, nach der ein Arbeitnehmer über die Vertragskonstruktion eines **Darlehns** uneingeschränkt zur Rückzahlung anteiliger Fortbildungskosten verpflichtet wird, ungeachtet einer etwaigen Betriebstreue und/oder ungeachtet einer Differenzierung bzgl. der Rückzahlungsverpflichtung danach, aus welchem Verantwortungs- und Risikobereich eine Beendigung des Arbeitsverhältnisses entspringt, stellt eine unangemessene Benachteiligung i.S.d. § 307 BGB dar; eine solche Vereinbarung ist folglich unwirksam (*LAG SchlH* 25.5.2005 – 3 Sa 84/05 – EzA-SD 17/2005 S. 6; ebenso jetzt *BAG* 11.4.2006 EzA § 307 BGB 2002 Nr. 14; s.u. Rn. 193).

4. Höhe der Forderung

Der Arbeitgeber kann im Übrigen nur den Betrag zurückverlangen, den er **tatsächlich aufgewandt** hat, höchstens jedoch den vereinbarten Betrag. Der Arbeitgeber hat substantiiert vorzutragen, wie sich die Forderung zusammensetzt. Die einverständliche Festlegung eines bestimmten Betrages ändert daran nichts (*BAG* 16.3.1994 EzA § 611 BGB Ausbildungsbeihilfe Nr. 10). 156

5. Rückzahlungsverpflichtung bei Abbruch der Ausbildung

Auch Vereinbarungen über die Beteiligung von Arbeitnehmern an Ausbildungskosten für den Fall, dass sie eine länger dauernde Ausbildung vorzeitig abbrechen, sind nur zulässig, wenn sie unter Berücksichtigung aller Umstände des Einzelfalles nach **Treu und Glauben** dem Arbeitnehmer zuzumuten sind und einem begründeten und zu billigenden Interesse des Arbeitgebers entsprechen. 157

Will ein Arbeitgeber eine solche Kostenbeteiligung vereinbaren, muss er dem Arbeitnehmer eine angemessene **Überlegungsfrist** einräumen, innerhalb derer er sich ohne Kostenrisiko entscheiden kann, ob er die Ausbildung fortsetzen oder aufgeben will (*BAG* 20.2.1975 EzA Art. 12 GG Nr. 12; vgl. *Meier/Schulz* NZA 1996, 742 ff.). 158

Dabei verlangt das *BAG* (12.12.1979 EzA § 611 BGB Ausbildungsbeihilfe Nr. 1) nicht einmal, dass eine Rückzahlungsvereinbarung ausdrücklich für den Fall des Abbruchs der Ausbildung geschlossen wird. Sie kann sich auch aus einer ergänzenden Vertragsauslegung ergeben (*Meier/Schulz* NZA 1996, 742 ff.).

159 ► **Beispiel:**

Finanziert ein Land einem als Aushilfslehrer im Berufsschuldienst beschäftigten Sozialarbeiter eine zur ersten und zweiten Staatsprüfung für das Lehramt an berufsbildenden Schulen führende Ausbildung, so kann es damit die Verpflichtung des Studenten verbinden, die während der Dauer des Studiums gezahlten Vergütungen nach Vergütungsgruppe Vb BAT zurückzuzahlen, wenn er vor Ablauf von fünf Jahren nach Erwerb der Befähigung für das Lehramt an berufsbildenden Schulen aus dem Schuldienst des Landes ausscheidet.

In einem solchen Fall entsteht die Rückzahlungsverpflichtung auch dann, wenn der Student das Studium aus von ihm zu vertretenden Gründen abbricht. Ob die für die Dauer des Studiums gezahlte Vergütung in voller Höhe zurückgefordert werden kann, hat das *BAG* (12.12.1979 EzA § 611 BGB Ausbildungsbeihilfe Nr. 1; vgl. auch *BAG* 5.7.2000 EzA § 611 BGB Ausbildungsbeihilfe Nr. 20 zur Beendigung des Arbeitsverhältnisses auf Veranlassung des Arbeitnehmers) offen gelassen.

6. Kündigung des Arbeitsverhältnisses durch den Arbeitgeber

160 Verpflichtet sich der Arbeitnehmer einzelvertraglich zur Rückzahlung vom Arbeitgeber verauslagter Aus-, Fort- oder Weiterbildungskosten, wenn das Arbeitsverhältnis vor Ablauf einer bestimmten Frist endet, erfasst die Rückzahlungsklausel grds. **auch eine vorzeitige Beendigung des Arbeitsverhältnisses auf Grund einer arbeitgeberseitigen Kündigung** (*BAG* 24.6.2004 EzA § 611 BGB 2002 Ausbildungsbeihilfe Nr. 6; 24.6.2004 EzA § 611 BGB 2002 Ausbildungsbeihilfe Nr. 7 = BAG Report 2005, 6). Eine vorzeitige Kündigung des Arbeitgebers aus Gründen, die der Arbeitnehmer nicht beeinflussen kann, löst aber gleichwohl keine Rückzahlungspflicht des Arbeitnehmers aus (*BAG* 24.6.2004 EzA § 611 BGB 2002 Ausbildungsbeihilfe Nr. 6 = NZA 2004, 1035 = BAG Report 2004, 349).

Einzelvertragliche Abreden über die Rückzahlung von Ausbildungskosten sind deshalb insoweit **unwirksam**, wie sie eine Erstattung auch für den Fall einer betriebsbedingten Kündigung durch den Arbeitgeber vorsehen. Denn es handelt sich nur dann um eine ausgewogene Gesamtregelung, wenn der **Arbeitnehmer es in der Hand hat**, der Rückzahlungspflicht durch eigene Betriebstreue zu entgehen (*BAG* 6.5.1998 EzA § 611 BGB Ausbildungsbeihilfe Nr. 19; vgl. dazu *Zeranski* NJW 2000, 336 ff.). **Gleiches** gilt dann, wenn der Arbeitnehmer die für die Kündigung **maßgebenden Umstände nicht zu vertreten hat**. Denn in einem solchen Fall kann der Arbeitgeber sein Auswahlrisiko nicht durch die Inanspruchnahme der Rückzahlungsoption auf den Arbeitnehmer abwälzen (*BAG* 24.6.2004 EzA § 611 BGB 2002 Ausbildungsbeihilfe Nr. 7 = BAG Report 2005, 6).

161 Wirksam sind sie danach also dann, wenn verhaltensbedingte Kündigungsgründe gegeben sind. In einem solchen Fall ist dem Arbeitnehmer die Rückzahlung von Ausbildungskosten zumutbar, wenn die Beendigung des Arbeitsverhältnisses auf einem **vertragswidrigen Verhalten** beruht, das die Kündigung nach § 1 Abs. 2 KSchG sozial gerechtfertigt hat oder auf Grund dessen dem Arbeitgeber die Fortsetzung des Arbeitsverhältnisses nach § 626 Abs. 1 BGB unzumutbar war. Bedurfte die Kündigung des Arbeitgebers solcher Gründe nicht, kommt es für die Rückzahlungspflicht des Arbeitnehmers darauf an, **ob ein verständiger Arbeitgeber**, dem grds. an dem Erhalt der Bildungsinvestition für seinen Betrieb gelegen ist, das vertragswidrige Verhalten zum Anlass genommen hätte, die arbeitsvertraglichen Beziehungen zu beenden (*BAG* 24.6.2004 EzA § 611 BGB 2002 Ausbildungsbeihilfe Nr. 6). Dafür hat der Arbeitgeber als Gläubiger des Anspruchs auch dann die Darlegungs- und Beweislast, wenn zum Zeitpunkt des Zugangs der Kündigung wegen Nichterfüllung der Wartezeit das KSchG noch keine Anwendung findet (*BAG* 24.6.2004 EzA § 611 BGB 2002 Ausbildungsbeihilfe Nr. 6; *LAG Düsseld.* 8.5.2003 LAGE § 611 BGB 2002 Ausbildungsbeihilfe Nr. 1 = ARST 2004, 41 LS).

III. Darlegungs- und Beweislast

1. Überwiegende Wahrscheinlichkeit eines beruflichen Vorteils

Das *BAG* (24.7.1991 EzA § 611 BGB Ausbildungsbeihilfe Nr. 7; 24.7.1991 EzA § 611 BGB Ausbildungsbeihilfe Nr. 8) ist zunächst davon ausgegangen, dass der Arbeitgeber substantiiert darzulegen hat, dass außerhalb des eigenen Betriebes Bedarf an aus- oder fortgebildeten Fachkräften bestanden hat und gerade durch die Bildungsmaßnahme die Berufs- und Verdienstchancen des Arbeitnehmers gesteigert worden sind. Dazu wurden konkrete Angaben über die Lage auf dem Arbeitsmarkt für Arbeitskräfte mit dem Ausbildungsstand des betreffenden Arbeitnehmers verlangt. 162

Inzwischen geht das *BAG* (30.11.1994 EzA § 611 BGB Ausbildungsbeihilfe Nr. 12; vgl. auch *BAG* 19.2.2004 EzA § 611 BGB 2002 Ausbildungsbeihilfe Nr. 5) davon aus, dass es für die Annahme des geldwerten Vorteils des Arbeitnehmers ausreicht, wenn der Arbeitgeber Umstände dargelegt hat, aus denen sich ergibt, dass im Zeitpunkt der Vereinbarung der Rückzahlungsklausel durch die Aus- oder Fortbildung ein beruflicher Vorteil für den Arbeitnehmer mit überwiegender Wahrscheinlichkeit erwartet werden konnte. Dabei kann der Arbeitgeber zum einen darlegen und beweisen, dass außerhalb seines eigenen Betriebes Bedarf nach derart ausgebildeten Arbeitskräften besteht und die beruflichen Entwicklungsmöglichkeiten sowie die Verdienstchancen für diese Arbeitnehmer durch die von ihm finanzierte Aus- oder Fortbildung gesteigert worden sind (*BAG* 24.7.1991 EzA § 611 BGB Ausbildungsbeihilfe Nr. 8). Der Arbeitgeber genügt seiner Darlegungslast aber auch dann, wenn er substantiiert vorträgt, dass der Arbeitnehmer durch die Weiterbildung eine anerkannte Qualifikation erworben und ihm diese innerbetriebliche Vorteile gebracht hat. Dabei kann der Vorteil auch in der Einstellung selbst liegen (*BAG* 16.3.1994 EzA § 611 BGB Ausbildungsbeihilfe Nr. 10). Dem Arbeitnehmer obliegt es dann, dieses Wahrscheinlichkeitsurteil zu entkräften (*BAG* 30.11.1994 EzA § 611 BGB Ausbildungsbeihilfe Nr. 12). 163

2. Beispiele aus der Praxis

► Diese Voraussetzungen waren z.B. bei einer Bürokauffrau, die als Sekretärin beschäftigt war und beim Abschluss der Rückzahlungsvereinbarung über Englischkenntnisse aus ihrer Schulausbildung (Realschulnote, Schlussnote: ausreichend) sowie aus dem Besuch der B.-Schule verfügte, gegeben. Von einem Erfolg der Fortbildungsmaßnahme (ein 6-monatiger Sprachaufenthalt und der Mitarbeit in einem Unternehmen im Ausland) durch den Aufenthalt in ihrem englischen Tochterunternehmen durfte der Arbeitgeber als überwiegend wahrscheinlich ausgehen. Die Klägerin hatte als ersten Teil ihrer Fortbildung in der englischen Sprache über etwa 11/2 Jahre die Abendkurse an der B.-Schule besucht. Nach dem von ihr selbst aufgestellten Ausbildungsplan wollte sie ihre Fortbildung etwa sieben bis zehn Monate nach ihrer Rückkehr aus England mit einer Prüfung zur Fremdsprachenkorrespondentin vor der Industrie- und Handelskammer beenden. Damit war ein sinnvoller, zum beruflichen Aufstieg führender Weg vorgezeichnet. Die insoweit eingeholten Auskünfte des Arbeitsamtes und der Industrie- und Handelskammer zeigten, dass die Arbeitsmarktchancen für Sekretärinnen mit derartigen Fremdsprachenkenntnissen im Raum M. im maßgeblichen Zeitpunkt besonders gut waren. 164

Diese Einschätzung wurde letztlich durch die tatsächliche berufliche Entwicklung der Klägerin bestätigt: Schon nach einem halben Jahr hat sie mit einer erheblichen Gehaltssteigerung eine anderweitige Anstellung gesucht und gefunden. Ob diese günstige Entwicklung rein oder überwiegend auf den England-Aufenthalt zurückzuführen ist, wurde zwar im Einzelnen nicht festgestellt. Es erschien jedoch nach Auffassung des *BAG* (10.11.1994 EzA § 611 BGB Ausbildungsbeihilfe Nr. 12) kaum vorstellbar, dass er sich nicht positiv ausgewirkt habe.

- Die herstellerübergreifend durchgeführte Ausbildung zum **zertifizierten Automobilverkäufer** ist geeignet, den teilnehmenden Arbeitnehmern auf dem Arbeitsmarkt einen zusätzlichen Nutzen zu verschaffen (*LAG Köln* 6.3.2006 NZA-RR 2006, 404).
- Einen beruflichen Vorteil erreicht der Arbeitnehmer dann nicht, wenn **keine allgemein anerkannte Qualifikation** erreicht wird, sondern lediglich ein Zertifikat über die Lehrgangsteilnahme ausgestellt wird und der Arbeitnehmer ansonsten keine über das Normalmaß der beruflichen Fortbildung hinausgehende Qualifikation erlangt (*LAG Nds.* 6.8.2002 – 13 Sa 374/02 – EzA-SD 23/2002, S. 7 LS).
- Gleiches gilt dann, wenn der Arbeitgeber Schulungskosten weniger dafür aufwendet, eine Aus- oder Weiterbildung des Arbeitnehmers zu erreichen, sondern **um die Einarbeitung für einen bestimmten Arbeitsplatz** zu erzielen; eine Rückzahlungsklausel ist dann unwirksam (*LAG Düsseld.* 29.3.2001 NZA-RR 2002, 292).
- Erstreckt sich die Ausbildung zur **examinierten Altenpflegerin** über drei Jahre, in denen ca. 24,9 % der gesamten Arbeitszeit für Schulungsmaßnahmen ausfällt und der Arbeitgeber die Vergütung weiterzahlt, kann die lange Ausbildungsdauer unter diesen Umständen eine Bindungsdauer von zwei Jahren rechtfertigen. Denn die Arbeitnehmerin hat durch die Ausbildung zur Altenpflegerin einen geldwerten Vorteil erlangt. Die Berufsfreiheit der Arbeitnehmerin wird aufgrund einer vereinbarten zweijährigen Bindungsfrist nicht unverhältnismäßig beschränkt (*BAG* 21.7.2005 EzA § 611 BGB 2002 Ausbildungsbeihilfe Nr. 8 = NZA 2006, 542).

IV. Unwirksamkeit der vereinbarten Bindungsdauer

165 Ist die vereinbarte Bindungsdauer hinsichtlich ihres Umfangs unzulässig, so ist sie entsprechend der fraglichen Regelung analog § 139 BGB auf ein **angemessenes Maß** zurückzuführen (geltungserhaltende Reduktion; *BAG* 16.3.1994 EzA § 611 BGB Ausbildungsbeihilfe Nr. 10). Die Ermittlung eines darauf gerichteten mutmaßlichen Parteiwillens obliegt den Tatsachengerichten. Deren Entscheidung ist in der Revisionsinstanz nur beschränkt überprüfbar (*BAG* 5.12.2002 EzA § 611 BGB 2002 Ausbildungsbeihilfe Nr. 1 m. Anm. *Krebs* SAE 2004, 66 ff.).

V. Einzelfälle

166 ▶ Bei einer Lehrgangsdauer von drei bis vier Monaten (z.B. beim **Verwaltungslehrgang I** der bayerischen Verwaltungsschule) ist eine Bindungsdauer von zwei Jahren jedenfalls nicht zu lang bemessen. Das *BAG* (6.9.1995 EzA § 611 BGB Ausbildungsbeihilfe Nr. 14) neigt allerdings dazu, dass eine längere Bindungsdauer in derartigen Fällen regelmäßig unzulässig ist. Einen Grundsatz, dass die Bindungsdauer höchstens sechsmal so lang sein darf wie die Dauer der Maßnahme, gibt es nicht.

167 ▶ Ein dreiwöchiges **allgemeines Fortbildungsseminar**, das im Wesentlichen nur dazu dient, bereits erworbene und in der praktischen Tätigkeit benötigte Kenntnisse aufzufrischen und zu vertiefen, ohne dem Arbeitnehmer neue berufliche Chancen zu eröffnen oder sonstige Vorteile einzubringen, stellt keine angemessene Gegenleistung des Arbeitgebers für die vereinbarte Rückzahlungsverpflichtung dar. Diese ist dem Arbeitnehmer im konkreten Einzelfall daher nach den Grundsätzen von Treu und Glauben nicht zumutbar (*LAG Frankf.* 7.9.1988 NZA 1989, 392).

168 ▶ Eine **Lehrgangsdauer bis zu zwölf Monaten** rechtfertigt i.d.R. nur dann eine längere Bindung als drei Jahre nach Abschluss der Ausbildung, wenn durch die Teilnahme eine besonders hohe Qualifikation, verbunden mit überdurchschnittlichen Vorteilen für den Arbeitnehmer, entsteht (*BAG* 11.4.1984 EzA § 611 BGB Ausbildungsbeihilfe Nr. 4).

169 ▶ **Musterberechtigungen zum Führen von Flugzeugen** sind allgemein anerkannte Qualifikationsnachweise, da sie auf Grund öffentlich-rechtlicher Regelung (§ 66 LuftPerV a.F.) Voraussetzung für die Tätigkeit als Flugzeugführer auf dem jeweiligen Muster ist (*BAG* 19.2.2004 EzA § 611 BGB 2002 Ausbildungsbeihilfe Nr. 5 = BAG Report 2004, 281). Der

Inhaber dieser Musterberechtigung kann diese grds. auch bei anderen Arbeitgebern nutzen. Ihr Erwerb kann daher nicht mit einer nur dem Arbeitgeber dienenden Einweisung auf das Arbeitsgerät gleichgesetzt werden (*BAG* 19.2.2004 EzA § 611 BGB 2002 Ausbildungsbeihilfe Nr. 5 = BAG Report 2004, 281). Wegen der Besonderheiten der Musterberechtigung (insbesondere der gegenständlichen Begrenzung auf ein bestimmtes Flugzeugmuster) ist unabhängig von deren Art und der vom Arbeitgeber aufgewandten Kosten an sich regelmäßig nur eine Bindung von einem Jahr zulässig (*BAG* 16.3.1994 EzA § 611 BGB Ausbildungsbeihilfe Nr. 10). Die zulässige Bindungsdauer kann aber dann ein Jahr überschreiten, wenn zusätzlich **eine sog. CCC-Schulung erfolgt**, die das berufsmäßige Fliegen erlaubt (*LAG Köln* 19.9.2002 NZA-RR 2003, 237). Auch das *BAG* (19.2.2004 EzA § 611 BGB 2002 Ausbildungsbeihilfe Nr. 5) hat inzwischen eine Rückzahlungsverpflichtung für die Kosten der Teilnahme an einem zweimonatigen Lehrgang für den Erwerb der Musterberechtigung als rechtswirksam anerkannt, die auf drei Jahre verteilt war, wobei jeweils nach Ablauf eines Beschäftigungsjahres ein Drittel der Ausbildungskosten fällig sein sollte. Es handelte sich um durch den Besuch einer externen Flugschule entstandene, darlehensfinanzierte Kosten in Höhe von 34.000 DM.

- Die Teilnahme an **mehreren Wochenendseminaren** mit einer Gesamtdauer von einem Monat rechtfertigt die Bindung eines Arbeitnehmers nicht über ein Jahr hinaus. Im Bereich sich schnell entwickelnder Technologien indizieren Kurzlehrgänge ohne qualifizierten Abschluss Zweifel an der dem Arbeitnehmer verbleibenden, seinen Marktwert erhöhenden Qualifikation und eröffnen ihm i.d.R. keine neuen Berufsfelder, da die erworbenen Kenntnisse schon nach kurzer Zeit überholt sein können (*LAG Frankf.* 20.3.1986 NZA 1986, 753). **170**
- Eine **Lehrgangsdauer bis zu zwei Monaten** rechtfertigt i.d.R. nur dann eine längere Bindung als ein Jahr nach Abschluss der Ausbildung, wenn durch die Teilnahme am Lehrgang eine besonders hohe Qualifikation verbunden mit überdurchschnittlichen Vorteilen für den Arbeitnehmer entsteht oder wenn die Fortbildung besonders kostenintensiv ist (*BAG* 15.12.1993 EzA § 611 BGB Ausbildungsbeihilfe Nr. 9). **171**
- Bei einer **Lehrgangsdauer von 80 Tagen** ohne Arbeitsverpflichtung ist die zulässige Grenze der Bindungsdauer mit 27 Monaten erreicht (*LAG Köln* 17.7.2003 ARST 2004, 91). **172**

Die durch das Kündigungsfristengesetz (§ 622 BGB) geänderten Kündigungsfristen erfordern im Hinblick auf Rechtssicherheit und Praktikabilität **keine Änderung dieser Grundsätze** (*LAG Hamm* 14.8.1998 NZA-RR 1999, 292). **173**

- **Beispiel:** **174**
  Das ist bei der Weiterbildung zur Substitutin in einem Kaufhausunternehmen nicht der Fall, weil es keine anerkannte Ausbildung zum Substituten gibt. Im konkret entschiedenen Einzelfall ist die Klägerin nach dem Vortrag des Beklagten im Wissensteil in den Fächern Betriebswirtschaftslehre, Recht, integrierte Betriebs-Ergebnis-Planung, Personalplanung und Verkaufsförderung geprüft worden. Auf Grund der verhältnismäßig kurzen Dauer der Seminare können nur Grundkenntnisse vermittelt worden sein. Die Klägerin ist zwar nach den Tarifverträgen für den Einzelhandel des Landes Baden-Württemberg als Substitutin zwei Tarifgruppen höher gruppiert worden, als sie es vorher als Verkäuferin war. Das sind jedoch keine überdurchschnittlichen Vorteile. Schließlich war die Fortbildung nicht besonders kostenaufwändig. Die Beklagte hat für die Teilnahme der Klägerin an den Lehrgängen nach ihrem Vortrag insgesamt 3.974,69 DM aufgewandt. Selbst wenn man die während der Lehrgänge gezahlte Vergütung in der von der Beklagten behaupteten Höhe von 2.500 DM hinzurechnet, ergibt sich ein Betrag von lediglich 6500 DM. Das sind nur wenig mehr als zwei Monatsverdienste der Klägerin als Substitutin (*BAG* 15.12.1993 EzA § 611 BGB Ausbildungsbeihilfe Nr. 9).

- Eine **praktische Unterweisung** des Arbeitnehmers ist bei der Berechnung der Lehrgangsdauer nur dann (mit) zu berücksichtigen, wenn sie einen erheblichen Anteil der Arbeitszeit ausmacht und der Arbeitnehmer dadurch keine der Vergütung angemessene Arbeitsleistung erbringt (*BAG* 15.12.1993 EzA § 611 BGB Ausbildungsbeihilfe Nr. 9). **175**

176 ▶ Eine arbeitsvertragliche Klausel, in der sich der Arbeitnehmer verpflichtet, nach gut **zweimonatiger Ausbildung** nicht vor Ablauf von 36 vollen Beschäftigungsmonaten das Arbeitsverhältnis zu kündigen, ist jedenfalls dann rechtswirksam, wenn dabei zugleich eine zeitanteilige Kürzung des Rückzahlungsbetrages, je nach Dauer der Arbeitsleistung, vereinbart ist, der Arbeitnehmer durch die abgeschlossene Ausbildung in die Lage versetzt wird, seine beruflichen Chancen auf dem Arbeitsmarkt generell zu erhöhen und ein schützenswertes Interesse des Arbeitgebers an der vereinbarten Bindung infolge der aufgewandten Ausbildungskosten besteht (*ArbG Düsseld.* 3.11.1988 DB 1989, 1295).

177 ▶ Ein **sechsmonatiger Sprachaufenthalt** unter Mitarbeit in einem Unternehmen im Ausland kann eine Bindung des Arbeitnehmers an den Arbeitgeber bis zu zwei Jahren rechtfertigen (*BAG* 30.11.1994 EzA § 611 BGB Ausbildungsbeihilfe Nr. 12).

178 ▶ Eine mit einem Arbeitnehmer vereinbarte Rückzahlung von Ausbildungskosten für den Besuch einer **Sparkassenschule**, die bei einer Kündigung des Arbeitnehmers vor Ablauf von drei Jahren erfolgen soll, ist nicht schon deshalb unwirksam, weil sich vertragsgemäß die Erstattungspflicht nur um jeweils 1/3 für jedes Jahr der Betriebszugehörigkeit nach Abschluss des Lehrgangs mindert und nicht für jeden Monat eine entsprechende Herabsetzung vorgesehen ist (*BAG* 23.4.1986 EzA § 611 BGB Ausbildungsbeihilfe Nr. 5).

179 ▶ Die Teilnahme an einem etwa **halbjährigen Lehrgang** für den gehobenen Sparkassendienst auf Kosten des Arbeitgebers rechtfertigt im Rahmen der Gesamtbetrachtung keine drei Jahre übersteigende Rückzahlungsverpflichtung (*BAG* 23.2.1983 EzA § 611 BGB Ausbildungsbeihilfe Nr. 3).

180 ▶ Eine Bindungsdauer von zwei Jahren nach einer zweijährigen Weiterbildung zum **Arzt für Arbeitsmedizin** mit einer ratierlichen Minderung der Ausbildungskosten von 1/24 je Monat ist angesichts der durch die Ausbildung erlangten beruflichen Vorteile auch dann nicht zu beanstanden, wenn die theoretische Fortbildungsdauer ohne Arbeitsleistung nur drei Monate betragen hat (*LAG Köln* 15.3.1995 NZA 1995, 1201 LS).

181 Dauert die Fortbildung nicht länger als einen Monat, erfordern die Grundsätze der Verhältnismäßigkeit und der Rechtssicherheit eine weitere Abstufung der richterrechtlich entwickelten Regel, dass bei einer Fortbildung von bis zu zwei Monaten ohne Verpflichtung zur Arbeitsleistung höchstens eine einjährige Bindung vereinbart werden kann. Hat der Arbeitnehmer durch die Fortbildung keine besonders hohe Qualifikation erworben oder sind die vom Arbeitgeber aufgewendeten Fortbildungskosten nicht außergewöhnlich hoch, rechtfertigt eine Fortbildungsdauer von bis zu einem Monat nur eine Bindung des Arbeitnehmers bis zu sechs Monaten (*BAG* 5.12.2002 EzA § 611 BGB 2002 Ausbildungsbeihilfe Nr. 1 m. Anm. *Krebs* SAE 2004, 66 ff.).

VI. Tarifliche Normen; z.B. Nr. 7 SR 2 a BAT

1. Grundlagen

182 Nach Nr. 7 SR 2 a BAT wird vom Arbeitgeber dann, wenn ein Angestellter im Pflegedienst, der unter Abschnitt A der Anlage 1 b zum BAT fällt, auf Veranlassung und im Rahmen des Personalbedarfs, des Arbeitgebers fort- oder weitergebildet wird, sofern keine Ansprüche gegen andere Kostenträger bestehen, soweit er freigestellt werden muss, für die notwendige Fort- oder Weiterbildungszeit die bisherige Vergütung fortgezahlt; ferner werden die Kosten der Fort- oder Weiterbildung getragen. Der Angestellte ist verpflichtet, dem Arbeitgeber die Aufwendungen dann zu ersetzen, wenn das Arbeitsverhältnis auf Wunsch des Angestellten oder aus einem von ihm zu vertretenden Grunde endet. Vorgesehen ist im Übrigen eine Staffelung der Höhe der Rückzahlung, je nach dem Zeitpunkt der Beendigung des Arbeitsverhältnisses nach Abschluss der Ausbildung (im ersten Jahr sind die vollen Aufwendungen, im zweiten Jahr 2/3 und im dritten Jahr 1/3 der Aufwendungen zurückzuzahlen; zur inhaltlichen Bestimmtheit vgl. *ArbG Passau* 6.3.2001 NZA-RR 2002, 50).

2. Auf Veranlassung des Arbeitgebers

Das Tatbestandsmerkmal »auf Veranlassung des Arbeitgebers« bedeutet, dass die Fort- oder Weiterbildung vom Arbeitgeber **erkennbar gewollt** sein muss. Von wem die Initiative dazu ausging, ist unerheblich (*BAG* 14.6.1995 EzA §611 BGB Ausbildungsbeihilfe Nr. 13). Denn dann, wenn er die Weiterbildung erkennbar befürwortet hat, besteht kein sachlicher Grund dafür, Angestellte, die selbst initiativ werden und eine Weiterbildung beim Arbeitgeber anregen, anders zu behandeln als Arbeitnehmer, die dazu von ihm erst aufgefordert werden mussten. Denn das würde bedeuten, dass weder die aktiven Arbeitnehmer einen tarifvertraglichen Anspruch auf Übernahme der Weiterbildungskosten, noch der Arbeitgeber ihnen gegenüber einen tariflichen Rückzahlungsanspruch hätte. 183

3. Im Rahmen des Personalbedarfs

»Im Rahmen des Personalbedarfs« setzt voraus, dass **im tariflichen Bindungszeitraum wahrscheinlich Stellen zu besetzen sind, für die die zu erwerbende Qualifikation erforderlich ist.** Zwar dürfen insoweit keine zu hohen Anforderungen gestellt werden (*BAG* 14.6.1995 EzA §611 BGB Ausbildungsbeihilfe Nr. 13; 15.3.2000 NZA 2001, 39). Denn der Personalbedarf eines Arbeitgebers ist, zumal wenn es um längere Zeiträume geht, nicht sicher abschätzbar. Er ist von vielen Unwägbarkeiten abhängig. Für die Personalbedarfsplanung gibt es zudem keine feststehenden Grundsätze. Aktueller Personalbedarf ist daher nicht erforderlich. Andererseits kann die bloße Möglichkeit, dass beim Arbeitgeber irgendwann einmal entsprechende Stellen frei werden, nicht ausreichen. Das Merkmal »im Rahmen des Personalbedarfs des Arbeitgebers« hätte dann keine eigenständige Bedeutung mehr. Die Fort- oder Weiterbildung erfolgt vielmehr dann »im Rahmen des Personalbedarfs«, wenn beim Arbeitgeber in dem 3-jährigen Bindungszeitraum mit einiger Wahrscheinlichkeit Stellen zu besetzen sind, für die eine durch die Weiterbildung zu erwerbende Qualifikation Voraussetzung ist (*BAG* 15.3.2000 NZA 2001, 39). Ausreichend ist es auch, wenn dem Arbeitnehmer die höher gruppierte Stelle im Hinblick darauf übertragen wird, dass er anschließend die Weiterbildung durchführt (*BAG* 23.4.1997 EzA §611 BGB Ausbildungsbeihilfe Nr. 17). Andererseits ist es dem Arbeitgeber nicht verwehrt, mehr Arbeitnehmern die Weiterbildung zu finanzieren, als Stellen frei werden (*BAG* 14.6.1995 EzA §611 BGB Ausbildungsbeihilfe Nr. 13). Es reicht aber jedenfalls nicht aus, dass der Arbeitgeber lediglich eine **allgemeine Qualifizierung** seines Fachpersonals erreichen will (*BAG* 6.11.1996 EzA §611 BGB Ausbildungsbeihilfe Nr. 18). 184

4. Vergütungsrelevanz

Die inhaltsgleiche Regelung in Nr. 7 SR 2 a Berufsgenossenschafts-AngestelltenTV ist einschränkend dahin auszulegen, dass **nur vergütungsrelevante Bildungsmaßnahmen eine Rückzahlungspflicht des Arbeitnehmers auslösen können**. Die Regelung ist wirksam, obwohl sie erheblich von der Rechtsprechung des BAG (s.o. Rn. 150 ff.) zur Zulässigkeit einzelvertraglicher Rückzahlungsklauseln abweicht (*BAG* 6.5.1995 EzA § 611 BGB Ausbildungsbeihilfe Nr. 15). Denn Tarifverträge unterliegen nicht im selben Umfang der gerichtlichen Inhaltskontrolle wie Einzelarbeitsverträge. 185

Gleiches gilt im Rahmen von Nr. 7 SR 2 a BAT für die Fortbildung zur Fachkrankenschwester im Operationsdienst (*BAG* 6.9.1995 – 5 AZR 172/94), zum Hygienefachpfleger (*BAG* 6.9.1995 EzA § 611 BGB Ausbildungsbeihilfe Nr. 15 LS), bei einem 3-monatigen Lehrgang »Stationsleitung« (*BAG* 6.9.1995 – 5 AZR 618, 744/94) sowie für § 10a AVR-Caritas (Kosten der Weiterbildung zum Fachkrankenpfleger *BAG* 6.11.1996 EzA § 611 BGB Ausbildungsbeihilfe Nr. 16).

5. Beruflicher Vorteil des Arbeitnehmers

Liegen die Voraussetzungen für einen Anspruch auf Rückzahlung nach Nr. 7 SR 2 a BAT vor, so ist nicht zusätzlich zu prüfen, ob dem Arbeitnehmer ein beruflicher Vorteil erwachsen ist (*BAG* 6.11.1996 EzA §611 BGB Ausbildungsbeihilfe Nr. 18). 186

6. Darlegungs- und Beweislast

187 Der Arbeitgeber hat diese Voraussetzungen darzulegen. Er muss mindestens vortragen, dass und aus welchen Gründen er innerhalb des Bindungszeitraums wahrscheinlich Arbeitnehmer mit der zu erwerbenden Qualifikation braucht. Bestreitet der Arbeitnehmer den Vortrag, so ist Beweis zu erheben. Dabei kann es ein Indiz für die Richtigkeit der Behauptung des Arbeitgebers sein, wenn während des Bindungszeitraums tatsächlich entsprechende Stellen frei geworden sind. Diesen Anforderungen genügt es nicht, wenn der Arbeitgeber sich mit dem Sachvortrag begnügt, ein entsprechender Personalbedarf sei damals von der Pflegedienstleitung bejaht worden. Auch liege es im Interesse des Arbeitgebers, auf der Station neben der aktuell eingestellten Stationsleitung andere entsprechend qualifizierte Pflegekräfte für Vertretungsfälle zur Verfügung zu haben.

188 Das *BAG* (6.9.1995 EzA § 611 BGB Ausbildungsbeihilfe Nr. 15) hat insoweit angenommen, dass der Arbeitgeber nicht dargelegt hat, dass innerhalb der dreijährigen Bindungsfrist wahrscheinlich mit einem Freiwerden entsprechender Stellen zu rechnen ist. Er habe noch nicht einmal vorgetragen, dass nach dem Ausscheiden der Beklagten bis zur letzten mündlichen Verhandlung in der Berufungsinstanz einige Stellen zu besetzen gewesen seien. Auf die Frage, ob die Anforderungen an die Darlegungslast der Klägerin infolge des substantiierten Vortrags der Beklagten (Arbeitgeberin) gestiegen seien, komme es daher nicht mehr an.

VII. Vereinbarung zur Rückzahlung von Ausbildungskosten in Form einer Darlehensverpflichtung; Schuldumschaffung

189 Die Grundsätze zur Zulässigkeit von Vereinbarungen über die Rückzahlung von Ausbildungskosten gelten regelmäßig auch dann, wenn vereinbart wird, dass der Rückzahlungsbetrag als Darlehen (§ 607 Abs. 2 BGB) geschuldet werden soll (*BAG* 26.10.1994 EzA § 611 BGB Ausbildungsbeihilfe Nr. 11).

190 Ein **Schuldbestätigungsvertrag**, der unabhängig von der arbeitsvertraglichen Rückzahlungsklausel gilt und einer richterlichen Inhaltskontrolle anhand der hier erörterten Kriterien nicht unterliegen soll, kann **nur ausnahmsweise** angenommen werden. Er setzt voraus, dass die Parteien gerade den Streit über die beiderseitige Ungewissheit über die Wirksamkeit der Rückzahlungsklausel beenden wollten. Das *BAG* (26.10.1994 EzA § 611 BGB Ausbildungsbeihilfe Nr. 11) hat dem Abschluss eines Darlehensvertrages über die Rückzahlung von Ausbildungskosten nicht die Bedeutung einer formbedürftigen abstrakten Schuldumschaffung (§§ 780, 781 BGB) beigemessen, weil im Darlehensvertrag von einer Stundung der im Arbeitsvertrag vorgesehenen Rückzahlungsverpflichtung die Rede war, was gegen die Annahme sprach, dass die Parteien die alte Schuld zum Erlöschen bringen und eine neue Schuld begründen wollten. Folglich hätte es zur Annahme einer Schuldumschaffung besonderer, vom Arbeitgeber darzulegender Umstände bedurft, die er jedoch nicht vorgetragen hatte.

191 Auch ein deklaratorisches Schuldanerkenntnis war nicht gegeben, weil es einen Streit über die Forderung dem Grunde und der Höhe nach bei Abschluss des Darlehensvertrages nicht gegeben hatte, insbesondere entsprechende Zweifel an dessen Wirksamkeit nicht bestanden hatten. Folglich hatten die Parteien mit dem Darlehensvertrag die im Arbeitsvertrag vorgesehene Rückzahlungsverpflichtung zwar in Bezug auf Fälligkeit, Verzinsung und Tilgung dem Darlehensrecht unterstellt, den Grund für die Rückzahlungsverpflichtung jedoch unberührt gelassen, sodass die Vereinbarung an den von der Rechtsprechung des *BAG* (26.10.1994 EzA § 611 BGB Ausbildungsbeihilfe Nr. 11) entwickelten Grundsätzen zu messen war.

VIII. Der Sonderfall: Transferentschädigung in der Eishockeyliga

Unzulässig (Verstoß gegen § 138 BGB, Art. 12 GG) ist eine Regelung (z.B. in Art. 59 der Spielordnung des Deutschen Eishockeybundes), wonach beim Vereinswechsel eines Ligaspielers der abgebende Verein vom aufnehmenden Verein eine Entschädigung für Aus- und Weiterbildungskosten zu beanspruchen hat (Transferentschädigung), soweit danach eine Entschädigung auch dann verlangt werden kann, wenn das Arbeitsverhältnis bei dem abgebenden Verein bereits beendet war (*BAG* 20.11.1996 EzA § 611 BGB Berufssport Nr. 9; ausf. zur Entschädigungsregelung im internationalen Spielertransfer *Oberthür* NZA 2003, 462 ff.). 192

IX. Auswirkungen der Schuldrechtsreform

Die Auswirkungen der Schuldrechtsreform auf die Vereinbarung der Rückzahlung von Ausbildungskosten lassen sich mit *Schmidt* (NZA 2004, 1002 ff.; vgl. auch *Lakies* BB 2004, 1903 ff.) und der Rechtsprechung (*BAG* 5.6.2007 EzA § 611 BGB 2002 Ausbildungsbeihilfe Nr. 11 = NZA-RR 2008, 107; 23.1.2007 EzA § 307 BGB 2002 Nr. 19 = NZA 2007, 748; 11.4.2006 EzA § 307 BGB 2002 Nr. 13 = NZA 2006, 1042; 17.11.2005 EzA § 611 BGB 2002 Kirchliche Arbeitnehmer Nr. 7 = NZA 2006, 872; *LAG Köln* 6.3.2006 NZA-RR 2006, 4; s. dazu *Düwell/Ebeling* DB 2008, 406 ff.) wie folgt zusammenfassen: 193

- Durch die Schuldrechtsmodernisierung haben die ursprünglich auf § 242 BGB gestützten Kontrollmaßstäbe eine inhaltsgleiche **spezialgesetzliche Ausgestaltung in § 307 Abs. 1 BGB** erfahren (*BAG* 5.6.2007 EzA § 611 BGB 2002 Ausbildungsbeihilfe Nr. 11 = NZA-RR 2008, 107; so auch *BAG* 11.4.2006 EzA § 307 BGB 2002 Nr. 13 = NZA 2006, 1042; zur Rückzahlung von Weiterbildungskosten aufgrund kirchlicher Arbeitsvertragsrichtlinien vgl. *BAG* 17.11.2005 EzA § 611 BGB 2002 Kirchliche Arbeitnehmer Nr. 7 = NZA 2006, 872 u. o. Kap. 1 Rn. 600). Für die Inhaltskontrolle für vom Arbeitgeber vorformulierte Rückzahlungsklauseln kann deshalb auf die bisherige Rechtsprechung (s.o. Rn. 149 ff.) zurückgegriffen werden (ebenso *LAG Köln* 6.3.2006 NZA-RR 2006, 404).
- Rückzahlungsklauseln werden i.d.R. vom Arbeitgeber vorgegeben. Sie unterliegen auch dann der Inhaltskontrolle, wenn der Arbeitgeber sie erstmals verwendet. Auf die **Absicht der Mehrfachverwendung** kommt es wegen § 310 Abs. 3 BGB **nicht** an.
- **Bei kollektivrechtlichen Rückzahlungsklauseln scheidet eine Inhaltskontrolle von Gesetzes wegen aus.** Das gilt auch dann, wenn ihre Geltung nur einzelvertraglich vereinbart ist. Rückzahlungsklauseln **in kirchlichen Arbeitsvertragsrichtlinien** sind nur kontrollfrei, wenn sie auf kollektivrechtliche Rückzahlungsklauseln verweisen oder sie vollständig wiedergeben.
- Unwirksam ist eine Klausel, die den Arbeitnehmer mit Ausbildungskosten belastet, obwohl er durch die Ausbildung **keinen beruflichen Vorteil** erlangt. Entsprechendes gilt, wenn die Rückzahlungspflicht wegen der **Beendigung des Arbeitsverhältnisses** vor Ablauf der Bindungsfrist **auf Gründen** beruht, **die dem Arbeitnehmer nicht zuzurechnen sind.** Denn sie **benachteiligt den Arbeitnehmer entgegen den Geboten von Treu und Glauben unangemessen** und ist damit nach § 307 Abs. 1 S. 1 BGB unwirksam (so auch *BAG* 11.4.2006 EzA § 307 BGB 2002 Nr. 13 = NZA 2006, 1042). Der Vertragspraxis ist danach zu empfehlen, die Beendigungsgründe, die eine Erstattungspflicht des Arbeitnehmers zulässigerweise auslösen können, im Vertrag konkret zu benennen.
- Für die Bestimmung einer angemessenen Bindungsdauer kann das von der Rechtsprechung (s.o. Rn. 162 ff.) entwickelte Modell weiterhin Orientierungshilfe sein. Die Vereinbarung ratierlicher Kürzungen der Erstattungspflicht entsprechend dem tatsächlichen Verbleib verringern das Vertragsrisiko.
- Die Rechtsfolgen einer unwirksamen Rückzahlungsvereinbarung bestimmen sich künftig nach § 306 BGB. Das **schließt die geltungserhaltende Reduktion einer über-**

langen Bindungsdauer aus; Gleiches gilt für eine Auslegung dahin, dass sie nur für den Fall gilt, dass das Arbeitsverhältnis durch den Arbeitnehmer selbst oder wegen eines von ihm zu vertretenden Grundes durch den Arbeitgeber beendet wird (so jetzt *BAG* 11.4.2006 EzA § 307 BGB 2002 Nr. 13 = NZA 2006, 1042). Eine darauf zurückzuführende Vertragslücke ist auch nicht im Wege ergänzender Vertragsauslegung zu schließen, weil dies den Regelungszweck des § 307 BGB unterlaufen würde (s. *BAG* 23.1.2007 EzA § 307 BGB 2002 Nr. 19 = NZA 2007, 748).

Die Vereinbarung in einem Formulararbeitsvertrag, nach der ein Arbeitnehmer vom Arbeitgeber übernommene Kosten für ein **Fachhochschulstudium in jedem Fall (anteilig) zurückzahlen** muss, wenn das Arbeitsverhältnis vor Ablauf einer bestimmten Frist endet, **ist zu weit gefasst.** Sie ist **unwirksam,** weil die Rückzahlungspflicht ohne Rücksicht auf den jeweiligen Grund für die Beendigung des Arbeitsverhältnisses ausgelöst werden soll. Das gilt auch dann, wenn im Formulararbeitsvertrag unter Voranstellung des Wortes »insbesondere« zwei Beispielsfälle genannt sind, für die wirksam eine Rückzahlungsverpflichtung begründet werden könnte (Eigenkündigung des Arbeitnehmers und Kündigung durch den Arbeitgeber aus einem vom Arbeitnehmer zu vertretenden Grund). Weder eine geltungserhaltende Reduktion noch eine ergänzende Vertragsauslegung ändern an diesem Ergebnis etwas (*BAG* 23.1.2007 EzA § 307 BGB 2002 Nr. 19 = NZA 2007, 748).

Eine Bindung des Arbeitnehmers für die Dauer von drei Jahren benachteiligt ihn andererseits **nicht unangemessen,** wenn sich die Fortbildung über **mehr als sechs Monate** erstreckt, er in dieser Zeit freigestellt ist und der Arbeitgeber neben den Unterrichts- und Prüfungsgebühren die Kosten für die auswärtige Unterbringung und wöchentliche Heimfahrten übernimmt (*BAG* 5.6.2007 EzA § 611 BGB 2002 Ausbildungsbeihilfe Nr. 11 = NZA-RR 2008, 107).

194 Eine Formularvereinbarung, nach der sich der Arbeitnehmer zur Zurückzahlung von Fortbildungskosten für den Fall verpflichtet, dass er vor Ablauf von drei Jahren nach dem Ende der Fortbildung kündigt, ist gem. § 307 Abs. 1 BGB aber dann unwirksam, **wenn die Bindung unabhängig von der tatsächlichen Fortbildungsdauer gelten soll oder die Möglichkeit der Nutzung des Fortbildungseffektes innerhalb des Arbeitsverhältnisses in diesen drei Jahren nicht angelegt ist** (*LAG Hamm* 7.3.2006 LAGE § 307 BGB 2002 Nr. 9).

Eine Rückzahlungsklausel in einem Studien- und Ausbildungsvertrag mit nachvertraglicher betrieblicher Bleibefrist stellt auch dann eine **unangemessene Benachteiligung** des Arbeitnehmers dar, wenn der **Arbeitgeber seinerseits keinerlei Verpflichtung eingeht,** dem Arbeitnehmer die Eingehung eines Arbeitsverhältnisses nach erfolgreichem Abschluss der Ausbildung überhaupt zu ermöglichen. Gleiches gilt dann, wenn die Klausel **keinerlei Angaben über die etwaige Größenordnung der auflaufenden Kosten** sowie den Inhalt, den Ort, den zeitlichen Umfang und die Vergütung der nach der Ausbildung geschuldeten arbeitsvertraglichen Tätigkeit enthält (*LAG SchlH* 23.5.2007 – 3 Sa 28/07 – LAGE § 611 BGB 2002 Ausbildungsbeihilfe Nr. 4 = NZA-RR 2007, 514).

Ähnlich geht das *BAG* (18.3.2008 EzA § 307 BGB 2002 Nr. 36 = NZA 2008, 1004; s. dazu *Maier/Mosig* NZA 2008, 1168 ff.; s.a. oben Kap. 1 Rn. 576 ff.) davon aus, dass eine **Klausel,** die den **ratierlichen Abbau eines Studiendarlehens** für jeden Monat der späteren Tätigkeit vorsieht, dann **unangemessen** ist:

- nach § 307 Abs. 1 S. 1 BGB, wenn sie **keine Verpflichtung des Darlehensgebers enthält,** den Studierenden nach erfolgreichem Abschluss des Studiums zu **beschäftigen** und
- nach § 307 Abs. 1 S. 2 BGB, wenn sie den Studierenden **völlig im Unklaren** lässt, zu welchen Arbeitsbedingungen er nach erfolgreichem Abschluss des Studiums vom Darlehensgeber beschäftigt werden soll.

X. Rückzahlung von Fortbildungskosten durch den Arbeitgeber

Tritt der **Arbeitnehmer mit der Übernahme von Fortbildungskosten** aufgrund einer Vereinbarung mit dem Arbeitgeber in Vorleistung und vereinbaren die Parteien ausdrücklich die ratenweise Rückzahlung durch den Arbeitgeber nach erfolgreichem Abschluss der Fortbildung, so verstößt nach Auffassung des *ArbG Karlsruhe* (25.4.2006 NZA-RR 2006, 516) der **Ausschluss der Rückerstattungspflicht für den Fall der Betriebsschließung** gegen § 307 Abs. 1 BGB. Im Falle der Beendigung des Arbeitsverhältnisses ist auch eine Klausel, wonach dem Arbeitgeber nachgelassen wird, den vom Arbeitnehmer verauslagten Betrag in monatlichen Raten zu zurückzuzahlen; der zu zahlende Betrag wird vielmehr bei Beendigung des Arbeitsverhältnisses sofort fällig. 195

3. Teil
Kollektives Arbeitsrecht

Kapitel 10
Arbeitskampfrecht

Übersicht

A. Grundbegriffe

1 Unter den Begriff des Arbeitskampfes fallen alle kollektiven Maßnahmen, durch die die Arbeitnehmer- oder Arbeitgeberseite auf die jeweilige Gegenseite durch Störung der Arbeitsbeziehungen Druck ausübt, um ein bestimmtes Ziel zu erreichen (*Brox/Rüthers* Rz. 16, 17). Ziel ist die Durchsetzung kollektiver Arbeitsbedingungen für die Zukunft. Aufgabe des Arbeitskampfrechts ist es, Zulässigkeit und Rechtsfolgen derartiger Kampfmaßnahmen zu bestimmen.

2 Ihm fällt weiter die Aufgabe zu, gleiche Verhandlungschancen der kampfbeteiligten Parteien herzustellen (*BAG* 10.6.1980 EzA Art. 9 GG Arbeitskampf Nr. 37). **Mittel des Arbeitskampfes** sind als kollektive Kampfmittel in erster Linie auf Arbeitnehmerseite der Streik und auf Arbeitgeberseite die Aussperrung. Unter **Streik** wird die Druckausübung einer größeren Anzahl von Arbeitnehmern durch die planmäßige und gemeinschaftliche Vorenthaltung einer nach individualrechtlichen Regeln an sich zu erbringenden Arbeitsleistung verstanden. **Aussperrung** ist die Druckausübung durch einen oder mehrere Arbeitgeber mittels planmäßiger Verweigerung von Beschäftigung und Lohnzahlung gegenüber einem oder mehreren Arbeitnehmern zur Erreichung bestimmter Ziele (*Brox/Rüthers* Rz. 45 ff.). Für den Arbeitskampf relevant ist auch das in der jüngeren Rechtsprechung des BAG (s.u. Rn. 107 f.) entwickelte Institut der **suspendierenden Betriebs(teil)stilllegung** durch den Arbeitgeber als Reaktion auf einen Streik. Hierbei handelt es sich aber um kein eigentliches Arbeitskampfmittel, da sich der Arbeitgeber lediglich den gegen ihn gerichteten Streikmaßnahmen beugt (*BAG* 22.3.1994 EzA Art. 9 GG Arbeitskampf Nr. 115). Weiteres kollektives Mittel des Arbeitskampfes ist der **Boykott** (vgl. *BAG* 19.10.1976 EzA § 2 TVG Nr. 11). Mit diesem erstrebt die kämpfende Partei, den Kampfgegner gegen rechtsgeschäftliche Kontakte abzusperren (MünchArbR/*Otto* § 281 Rz. 18), beispielsweise durch die Aufforderung, mit einem bestimmten Arbeitgeber oder mehreren Arbeitgebern keine Arbeitsverträge abzuschließen oder durch den Aufruf, durch ein bestimmtes Verhalten die berufliche oder wirtschaftliche Betätigung des Kampfgegners faktisch einzuschränken. Daneben sind auf beiden Seiten Kampfmittel denkbar, die sich bei erster Betrachtung nicht als primär im kollektiven Arbeitskampfrecht wurzelnde Maßnahmen, sondern als Ausübung individualrechtlicher Rechtspositionen darstellen (*Däubler* Arbeitskampfrecht Rz. 1380 ff.). Hierzu gehören die **Massenänderungskündigung** und die kollektive Ausübung von **Zurückbehaltungsrechten**, sofern diese ihrer rechtlichen Struktur nach zunächst individualrechtlichen Gestaltungsmittel kollektiv, also gebündelt und aufeinander abgestimmt, ausgeübt werden, um auf die Gegenseite zur Erreichung eines gemeinsamen Zieles Druck auszuüben.

B. Die Rechtmäßigkeitsvoraussetzungen des Arbeitskampfes

I. Rechtsgrundlagen des Arbeitskampfrechts

1. Einfachgesetzliche Grundlagen

Einfachgesetzliche Regelungen des Arbeitskampfrechts fehlen weitgehend. Soweit der Begriff des Arbeitskampfes in einer Reihe von Gesetzen erwähnt wird (z.B. § 2 Abs. 1 Nr. 2 ArbGG, § 74 Abs. 2 BetrVG, § 66 Abs. 2 BPersVG, §§ 146, 174 SGB III, § 11 Abs. 5 AÜG, § 25 KSchG, § 91 Abs. 6 SGB IX) handelt es sich um neutrale Regelungen, die keine Grundsätze des Arbeitskampfrechts enthalten (*BAG* 26.4.1988 EzA Art. 9 GG Arbeitskampf Nr. 74; *BAG GS* 21.4.1971 EzA Art. 9 GG Nr. 6). 3

Es existiert ein Professorenentwurf zur Regelung kollektiver Arbeitskonflikte (*Birk/Konzen/Löwisch/Raiser/Seiter* Gesetz zur Regelung kollektiver Arbeitskonflikte, 1988). 4

2. § 74 Abs. 2 BetrVG, § 66 Abs. 2 BPersVG

§ 74 Abs. 2 BetrVG enthält das Verbot betriebsverfassungswidriger Arbeitskämpfe (§ 66 Abs. 2 BPersVG dementsprechend das Verbot personalvertretungswidriger Arbeitskämpfe), d.h. das Verbot von Kampfmaßnahmen, um die betriebsverfassungsrechtliche Gegenseite zu irgendeinem betriebsverfassungsrechtlichen Verhalten oder zum Abschluss einer Betriebsvereinbarung zu zwingen (*BAG* 17.12.1976 EzA Art. 9 GG Arbeitskampf Nr. 20; 7.6.1988 EzA Art. 9 GG Arbeitskampf Nr. 80). 5

Meinungsverschiedenheiten auf der Ebene des Betriebs sind ausschließlich auf friedlichem Wege unter Inanspruchnahme der im BetrVG vorgesehenen Mittel (Einigungsstelle, Arbeitsgerichtliches Beschlussverfahren) beizulegen. Rechtswidrig und zum Schadensersatz verpflichtend ist daher beispielsweise ein Streik, durch den der Arbeitgeber veranlasst werden soll, seinen Antrag beim Arbeitsgericht auf Ersetzung der Zustimmung des Betriebsrats zur Kündigung eines Betriebsratsmitglieds zurückzunehmen (*BAG* 7.6.1988 EzA Art. 9 GG Arbeitskampf Nr. 80). 6

Da Arbeitskampfmaßnahmen auf dem Gebiet der Betriebsverfassung auf Arbeitnehmerseite regelmäßig eine Mehrzahl von die Arbeit niederlegenden Arbeitnehmern voraussetzen und die Gesamtheit der Arbeitnehmer der Ordnung der Betriebsverfassung unterworfen ist, betrifft die Bestimmung jedenfalls mittelbar auch den einzelnen Arbeitnehmer (*BAG* 17.12.1976 EzA Art. 9 GG Arbeitskampf Nr. 20; str. **a.A.** *Brox/Rüthers* Rz. 406). Arbeitskämpfe auf dem Gebiet der Betriebsverfassung sind ohne Rücksicht auf die Frage, wer sie organisiert, rechtswidrig. In der Betriebsverfassung scheidet der Arbeitskampf als Rechtsinstitut aus. 7

3. Internationales Recht

Zum Teil werden rechtliche Konsequenzen für das geltende Arbeitskampfrecht auch aus bestehenden internationalen Verträgen hergeleitet (vgl. *Däubler* Arbeitskampfrecht Rz. 101 ff.; *Brox/Rüthers* Rz. 123 ff.), so insbes. aus Art. 6 Nr. 4 der Europäischen Sozialcharta (BGBl. 1964 II S. 1251; 1965 II S. 1122), Art. 11 der Europäischen Menschenrechtskonvention (BGBl. 1952 II S. 686) und ILO-Übereinkommen Nr. 87 (BGBl. 1965 II S. 2072 ff.). Das *BAG* (10.6.1980 EzA Art. 9 GG Arbeitskampf Nr. 37) ist der Auffassung, dass den beiden letztgenannten Bestimmungen kein über die ohnedies durch Art. 9 Abs. 3 GG gewährleisteten Grundsätze hinausgehender Regelungsgehalt zukommt. Im Hinblick auf Art. 6 ESC lässt das *BAG* (12.9.1984 EzA Art. 9 GG Arbeitskampf Nr. 54) offen, ob die Sozialcharta geltendes Bundesrecht ist oder der Transformation bedarf, hält aber die Gerichte im Rahmen der Rechtsfortbildung für verpflichtet, diejenige Lösung zu wählen, die auch der Gesetzgeber getroffen hätte. Dieser hätte die bestehenden völkerrechtlichen Verpflichtungen erfüllt. In der bisherigen Entscheidungspraxis hat das BAG allerdings den Regelungen der ESC keinen 8 über Art. 9 Abs. 3 GG hinausgehenden Garantiegehalt zugemessen und insbes. daran festgehalten, dass das Streikrecht grds. nur zur Durchsetzung tariflich regelbarer Ziele besteht (vgl. zum sog. Sympathiestreik *BAG* 5.3.1985 EzA Art. 9 GG Arbeitskampf Nr. 57). Auch die Beschränkung des Streikrechts auf Grund der Friedenspflicht (s.o. Rn. 18 ff.) ist mit Teil II Art. 6 Nr. 4 ESC vereinbar (*BAG* 19.6.2007 EzA Art. 9 GG Arbeitskampf Nr. 140; 10.12.2002 EzA Art. 9 GG Arbeitskampf Nr. 134).

4. Art. 9 Abs. 3 GG

9 Art. 9 Abs. 3 S. 1 GG gewährleistet für jedermann das Recht, zur Wahrung und Förderung der Arbeits- und Wirtschaftsbedingungen Vereinigungen zu bilden. Neben der individuellen Koalitionsfreiheit ist damit auch die kollektive Koalitionsfreiheit gewährleistet. Der sachliche Schutzbereich der kollektiven Koalitionsfreiheit schützt die Koalitionen selber in ihrer Bildung und ihrem Bestand (Existenzgarantie), ihrer organisatorischen Ausgestaltung (Organisationsautonomie) und als Betätigungsgarantie in ihrer Betätigung für die spezifischen Zwecke des Art. 9 Abs. 3 GG (*BVerfG* 26.6.1991 EzA Art. 9 GG Arbeitskampf Nr. 97). Dem persönlichen Schutzbereich unterfallen Arbeitnehmer und Arbeitgeber (*BVerfG* 26.6.1991 EzA Art. 9 GG Arbeitskampf Nr. 97), sowie auch eine Koalition von Koalitionen (vgl. *Rieble* Anm. zu BVerfG 26.6.1991 EzA Art. 9 GG Arbeitskampf Nr. 97). Für das Arbeitskampfrecht von Bedeutung ist die Betätigungsgarantie.

10 Zu der geschützten koalitionsmäßigen Betätigung gehört der Abschluss von Tarifverträgen (*BVerfG* 24.5.1977 BVerfGE 44, 322, 340 f.; 20.10.1981 BVerfGE 50, 290, 367). Die Betätigungsgarantie beinhaltet eine Koalitionsmittelgarantie für diejenigen Institute, die die Rechtsordnung dem Verfahren der Koalitionseinigung und des Koalitionskampfes zur Verfügung stellt und deren Verfügbarkeit für die Koalitionen unverzichtbar ist bzw. zu deren funktionstypischem Instrumentarium gehört.

11 Aus der Bindung an die von der Rechtsordnung zur Verfügung gestellten Institute leitet das *BAG* (7.6.1988 EzA Art. 9 GG Arbeitskampf Nr. 80) ab, dass Arbeitskämpfe als Kampfmittel nur in einem Tarifkonflikt zugelassen sind, da eine rechtliche Regelung über die Zulässigkeit von Arbeitskämpfen nur dem die Tarifautonomie des Art. 9 Abs. 3 Satz 1 GG konkretisierenden geltenden Tarifrecht zu entnehmen sei. Soweit die Verfolgung des Vereinigungszwecks des Art. 9 Abs. 3 GG von dem Einsatz bestimmter Mittel abhängt, werden auch diese vom Schutz des Grundrechts umfasst (*BVerfG* 26.6.1991 EzA Art. 9 GG Arbeitskampf Nr. 97).

12 Durch die Koalitionsmittelgarantie ist damit auch die Freiheit des Arbeitskampfes garantiert, die sich in die Freiheit des Kampfeintritts, die Freiheit der Kampfführung, die Freiheit der Wahl des Kampfmittels und die Freiheit der Kampfbeendigung aufgliedern lässt. Die Wahl der Kampfmittel, die die Koalitionen zur Erreichung des von ihnen verfolgten Zwecks einsetzen, überlässt Art. 9 Abs. 3 GG den Koalitionen selbst (*BVerfG* 26.6.1991 EzA Art. 9 GG Arbeitskampf Nr. 97).

13 Ein geschlossenes System allein zulässiger Arbeitskampfmittel gibt es damit nicht. Als verfassungsgarantiert anerkannt ist zunächst auf Seiten der Gewerkschaften das Streikrecht. Inwieweit auch die Aussperrung als Kampfmittel den verfassungsrechtlichen Schutz genießt, wird kontrovers diskutiert (vgl. etwa *Däubler* Arbeitskampfrecht Rz. 871 ff.; *Brox/Rüthers* Rz. 89 ff.). Das *BVerfG* (26.6.1991 EzA Art. 9 GG Arbeitskampf Nr. 97) hat diese Frage bisher nicht abschließend entschieden, unterstellt aber die suspendierende Abwehraussperrung, die zur Wiederherstellung der Verhandlungsparität eingesetzt wird und daher nicht generell geeignet ist, die durch die Anerkennung des Streikrechts angestrebte Herstellung der Verhandlungsparität zu Lasten der Arbeitnehmer zu beeinträchtigen, dem Schutz des Art. 9 Abs. 3 GG. Die verfassungsmäßige Gewährleistung richtet sich damit nach dem Kriterium

der Koalitionsparität. Schranken der Koalitionsbetätigungsgarantie ergeben sich ungeachtet der vorbehaltlosen Gewährleistung in Art. 9 Abs. 3 GG aus den Grundrechten Dritter und anderen mit Verfassungsrang ausgestatteten Rechten. Ferner besteht ein gesetzgeberischer Ausgestaltungsvorbehalt i.S. einer Grundrechtsprägung durch den Gesetzgeber.

Im Arbeitskampf grundrechtlich gewährleistet sind die Betätigungen beider kämpfender Koalitionen, sodass Beschränkungen, die der Wiederherstellung eines Verhandlungsgleichgewichts bei Tarifauseinandersetzungen dienen, durch Art. 9 Abs. 3 GG selbst gerechtfertigt sind (*BVerfG* 26.6.1991 EzA Art. 9 GG Arbeitskampf Nr. 97). 14

II. Der Streik

1. Gewerkschaftliche Organisation des Streiks

Nach ständiger Rechtsprechung (*BAG* 7.6.1988 EzA Art. 9 GG Arbeitskampf Nr. 80) ist Rechtmäßigkeitsvoraussetzung des Streiks, dass dieser gewerkschaftlich organisiert ist. Der nicht gewerkschaftlich organisierte, sog. wilde Streik ist daher rechtswidrig. 15

Gewerkschaftlich organisiert ist ein Streik zum einen, wenn der Arbeitsniederlegung ein gewerkschaftlicher Streikaufruf zugrunde liegt und der Streikbeschluss der Arbeitgeberseite mitgeteilt wird (*BAG* 17.12.1976 EzA Art. 9 GG Arbeitskampf Nr. 19; 31.10.1995 EzA Art. 9 GG Arbeitskampf Nr. 123). Ohne Bedeutung ist, ob der Streikbeschluss gewerkschaftsintern satzungsmäßig korrekt zustande kam, etwa erst nach einer in der Satzung vorgesehenen Urabstimmung, da dies nur von verbandsinterner Bedeutung ist (*BAG* 17.12.1976 Art. 9 GG Arbeitskampf Nr. 19). Dem von vornherein gewerkschaftlichen Streik weitgehend gleichgesetzt wird der zunächst verbandsfrei geführte, dann aber von der Gewerkschaft übernommene Streik. Durch diese Übernahme wird der Mangel ursprünglich fehlender gewerkschaftlicher Organisation rückwirkend geheilt (*BAG* 20.12.1963 EzA Art. 9 GG Arbeitskampf Nr. 7; 20.12.1963 EzA Art. 9 GG Arbeitskampf Nr. 8; vgl. ausf. *Konzen* Übernahme und Unterstützung wilder Streiks durch Gewerkschaften, ZfA 1970, 159). 16

Das Erfordernis gewerkschaftlicher Organisation des Streiks bedeutet demgegenüber nicht, dass sich an dem Streik nur gewerkschaftsangehörige Arbeitnehmer beteiligen dürfen. Vielmehr können sich an einem gewerkschaftlich getragenen Streik auch die nicht organisierten und ggf. auch die anders organisierten Arbeitnehmer beteiligen, weil das Arbeitskampfsystem ohne Beteiligung der Außenseiter nicht funktionstüchtig wäre (*BAG GS* 21.4.1971 EzA Art. 9 GG Nr. 6). 17

2. Beachtung der tarifvertraglichen Friedenspflicht

Ein Arbeitskampfverbot ergibt sich aus der tarifvertraglichen Friedenspflicht (MünchArbR/*Otto* § 285 Rz. 80 ff.) als schuldrechtliche Verpflichtung der Tarifvertragsparteien, während der Laufzeit des Tarifvertrags keine Arbeitskämpfe zu führen und die Mitglieder von Kampfaktionen abzuhalten (*BAG* 10.12.2002 EzA Art. 9 GG Arbeitskampf Nr. 134; 21.12.1982 EzA § 1 TVG Friedenspflicht Nr. 1). Unterschieden werden relative und absolute Friedenspflicht. 18

Die relative Friedenspflicht ist eine dem Tarifvertrag immanente gesetzliche Pflicht, die den Tarifvertragsparteien verbietet, einen bestehenden Tarifvertrag inhaltlich dadurch in Frage zu stellen, dass sie Veränderungen oder Verbesserungen der bereits vertraglich geregelten Gegenstände mit Mitteln des Arbeitskampfes erreichen wollen (*BAG* 27.6.1989 EzA Art. 9 GG Arbeitskampf Nr. 94; 21.12.1982 EzA § 1 TVG Friedenspflicht 19

Nr. 1). Die relative Friedenspflicht schützt dabei auch den einzelnen verbandsangehörigen Arbeitgeber, demgegenüber ein Firmentarifvertrag erstreikt werden soll, wenn die Regelungsziele des Firmentarifvertrags im Verbandstarifvertrag geregelt sind (*BAG* 10.12.2002 EzA Art. 9 GG Arbeitskampf Nr. 134).

20 Maßgebend ist der Inhalt und die Geltungsdauer des jeweiligen Tarifvertrags, wobei der Inhalt ggf. durch Auslegung nach den für die Auslegung von Tarifverträgen geltenden Grundsätzen zu ermitteln ist (*BAG* 10.12.2002 EzA Art. 9 GG Arbeitskampf Nr. 134; *Däubler* Arbeitskampfrecht Rz. 212).

21 Ferner ist es möglich, dass die Tarifvertragsparteien über die Laufzeit des Tarifvertrages hinaus die während der Laufzeit geltende Friedenspflicht vertraglich verlängern, ein gleichwohl geführter Arbeitskampf vor Ablauf der Verlängerung ist dann unzulässig (*BAG* 12.9.1984 EzA Art. 9 GG Arbeitskampf Nr. 54).

22 Die absolute Friedenspflicht verbietet während der Laufzeit eines Tarifvertrags jegliche Maßnahmen des Arbeitskampfes, ungeachtet der Frage, ob die erstrebte Regelung in dem geltenden Tarifvertrag schon angesprochen ist oder nicht, also auch dann, wenn keine im Tarifvertrag geregelten Punkte berührt sind.

Die absolute Friedenspflicht bedarf besonderer und ausdrücklicher Vereinbarung (MünchArbR/*Otto* § 285 Rz. 82).

3. Tariflich regelbares Kampfziel, Erfüllbarkeit der Tarifforderung durch die Gegenseite

23 Nach jüngerer Rechtsprechung des *BAG* (7.6.1988 EzA Art. 9 GG Arbeitskampf Nr. 80; 23.10.1984 EzA Art. 9 GG Arbeitskampf Nr. 55; 27.6.1989 EzA Art. 9 GG Arbeitskampf Nr. 94; 10.12.2002 EzA Art. 9 GG Arbeitskampf Nr. 134) muss der Streik zur Erreichung eines tariflich regelbaren Zieles geführt werden, d.h. es müssen Regelungen erstrebt werden, die zulässigerweise Inhalt eines Tarifvertrages sein können. Ein nicht tarifbezogener Streik ist rechtswidrig. Der Umfang tariflich regelbarer Ziele ergibt sich dabei aus § 1 TVG.

24 Unter dem Gesichtspunkt mangelnder Tarifvertragsbezogenheit unzulässig und rechtswidrig dürfte damit zunächst der sog. **politische Streik** sein (*LAG RhPf* 5.3.1986 LAGE Art. 9 Arbeitskampf Nr. 26). Der politische Streik war bisher nicht Gegenstand der *BAG*-Rechtsprechung, allerdings erwähnt das Urteil vom 27.6.1989 (EzA Art. 9 GG Arbeitskampf Nr. 94) diese Streikform als unzulässig. Eine Arbeitsniederlegung, durch die der Gesetzgeber zu einem bestimmten Verhalten veranlasst werden soll, ist folglich unzulässig. Gleiches dürfte für den sog. **Demonstrationsstreik** gelten, der kein unmittelbares Kampfziel hat, sondern Protest gegen ein bestimmtes Verhalten der Arbeitgeber oder gegen politische Entscheidungen und Maßnahmen darstellt (MünchArbR/*Otto* § 285 Rz. 34). Da nicht auf den Abschluss eines Tarifvertrags bezogen, ist weiter rechtswidrig der **betriebsverfassungswidrige Arbeitskampf**, d.h. die Druckausübung, um den Arbeitgeber zu einem betriebsverfassungsrechtlichen Verhalten oder zum Abschluss einer Betriebsvereinbarung zu zwingen. Rechtmäßig ist aber ein **Streik** mit dem Ziel, einen firmenbezogenen Verbandstarifvertrag **über den Ausgleich der mit einer geplanten Betriebsänderung verbundenen wirtschaftlichen Nachteile** herbeizuführen. Ein solcher Streik ist nicht wegen §§ 111 ff. BetrVG ausgeschlossen. Mit einem entsprechenden Streikaufruf muss weder bis zum Abschluss von Interessenausgleichs- und Sozialplanverhandlungen noch bis zum Abschluss zumindest der Interessenausgleichsverhandlungen auf betrieblicher Ebene gewartet werden. Das Streikziel einer Verlängerung der Fristen für betriebsbedingte Kündigungen auf Grund von Betriebsänderungen auf Zeiten von mehr als einem Jahr ist nicht rechtswidrig; ebenso wenig ist dies das Ziel einer mit der Betriebszugehörigkeit steigenden

Dauer der Kündigungsfrist ohne Begrenzung auf eine Höchstlänge. Tariflich regelbar und erstreikbar sind auch Ansprüche auf eine zu vergütende Teilnahme an Qualifizierungsmaßnahmen nach Beendigung des Arbeitsverhältnisses (*BAG* 24.4.2007 EzA Art 9 GG Arbeitskampf Nr. 139). Auch ein solcher Arbeitskampf unterliegt aber der tarifvertraglichen Friedenspflicht (*LAG Bln.-Bra.* 28.9.2007 LAGE Art. 9 GG Arbeitskampf Nr. 78a).

Unter dem Gesichtspunkt fehlender unmittelbarer Tarifvertragsbezogenheit und der damit einhergehenden Voraussetzung, dass die erhobenen Forderungen von der Gegenseite auch erfüllbar sein müssen, ist ferner auch die Zulässigkeit des sog. **Sympathie- oder Unterstützungsstreiks** rechtlich problematisch. Darunter wird ein Streik verstanden, mit dem ein anderer Streik, der sog. Hauptstreik, unterstützt werden soll, wobei auf Seiten der Gewerkschaft wie auch auf Seiten der betroffenen Arbeitgeber jeweils andere Parteien beteiligt sind als im Hauptkampf (*BAG* 19.6.2007 EzA Art 9 GG Arbeitskampf Nr. 140; 5.3.1985 EzA Art. 9 GG Arbeitskampf Nr. 57; 12.1.1988 EzA Art. 9 GG Arbeitskampf Nr. 73). Gekennzeichnet ist diese Form des Streiks also dadurch, dass sich die Kampfmaßnahmen gegen einen Arbeitgeber richten, demgegenüber eine tarifliche Regelung nicht erstrebt wird. Der Druck auf diesen Arbeitgeber soll vielmehr mittelbaren Druck auf eine andere Tarifvertragspartei erzeugen, um diese zum Nachgeben hinsichtlich einer erhobenen Forderung zu bewegen. Den Sympathiearbeitskampf erachtete das *BAG* nach früherer Rechtsprechung (5.3.1985 EzA Art. 9 GG Arbeitskampf Nr. 57; 12.1.1988 EzA Art. 9 GG Arbeitskampf Nr. 73; 9.4.1991 EzA Art. 9 GG Arbeitskampf Nr. 98) als i.d.R. unzulässig: Da der Arbeitskampf nur auf Grund seiner Hilfsfunktion für die Tarifautonomie gewährleistet und zulässig ist, dürfe er nur als Instrument zur Durchsetzung tariflicher Regelungen eingesetzt werden. Der Sympathiestreik diene nicht unmittelbar diesem Zweck. Der davon betroffene Unternehmer könne den Arbeitskampf nicht durch Nachgeben vermeiden oder zwischen Kampf und Nachgeben wählen, da ihm gegenüber überhaupt keine konkreten Forderungen erhoben werden. Hiervon seien Ausnahmen denkbar, etwa dann, wenn der betroffene Arbeitgeber seinerseits seine Neutralität im Hauptarbeitskampf verletzt hat, etwa durch Übernahme der Produktion eines im Hauptarbeitskampf bestreikten Betriebs oder der betroffene Arbeitgeber zwar rechtlich selbstständig ist, aber wirtschaftlich betrachtet auf Grund enger wirtschaftlicher Verflechtung mit einem im Hauptarbeitskampf betroffenen Unternehmen sich sein Betrieb als Betriebsteil dieses Unternehmens darstellt und er insoweit nicht mehr als außenstehender Dritter angesehen werden kann (*BAG* 5.3.1985 EzA Art. 9 GG Arbeitskampf Nr. 57). Nach nunmehriger Auffassung des *BAG* (19.6.2007 EzA Art 9 GG Arbeitskampf Nr. 140) sind sog. Unterstützungsstreiks nicht i.d.R. rechtswidrig, sondern zunächst von der Garantie der Betätigungsfreiheit der Koalitionen gedeckt. Sie sind nur rechtswidrig, wenn sie zur Unterstützung des Hauptarbeitskampfes offensichtlich ungeeignet, offensichtlich nicht erforderlich oder unangemessen sind. 25

Der Sympathiestreik ist abzugrenzen vom **Streik gegen Arbeitgeber-Außenseiter**. Bei diesem wird eine Tarifauseinandersetzung auf Verbandsebene geführt, d.h. der Streik richtet sich gegen die in einem Arbeitgeberverband zusammengeschlossenen Arbeitgeber, wird dann aber auch auf einen nicht verbandszugehörigen Arbeitgeber ausgedehnt, wobei dieser Arbeitgeber-Außenseiter aber die erhobenen Forderungen erfüllen kann, etwa durch Abschluss eines Firmentarifvertrages oder die Erklärung, dass er sich dem Ergebnis anschließt, das bei den Tarifvertragsverhandlungen zwischen Arbeitgeberverband und Gewerkschaft erreicht wird. Ein solcher Streik ist nicht unter dem Gesichtspunkt mangelnder Tarifvertragsbezogenheit oder der Nichterfüllbarkeit der erhobenen Forderungen rechtswidrig. Voraussetzung ist aber auf Grund des im Arbeitskampfrecht geltenden Verhältnismäßigkeitsprinzips, dass auch gegenüber dem Außenseiter-Arbeitgeber von der Gewerkschaft Forderungen für den Inhalt des abzuschließenden Tarifvertrags erhoben und dass i.d.R. über diese Forderungen auch Verhandlungen geführt wurden, was grds. voraussetzt, dass die Gewerkschaft ihre Forderungen gesondert gegenüber dem jeweiligen Außenseiter erhoben hat (*BAG* 9.4.1991 EzA Art. 9 GG Arbeitskampf Nr. 98). 26

Etwas anderes gilt nach Auffassung des *BAG* (18.2.2003 EzA Art. 9 GG Arbeitskampf Nr. 135) dann, wenn der Arbeitgeber-Außenseiter an dem Ergebnis des Arbeitskampfes partizipiert. Eine solche Partizipation ist insbes. gegeben, wenn arbeitsvertraglich oder in einem

Anerkennungs- oder Verweisungstarifvertrag dynamisch auf die Normen des jeweiligen Verbandstarifvertrags verwiesen wird und um diesen gestreikt wird.

Wegen Verstoßes gegen die negative Koalitionsfreiheit rechtswidrig ist eine als Streikziel angestrebte tarifvertragliche Regelung, die den Arbeitgeber zur Aufrechterhaltung seiner Mitgliedschaft im Arbeitgeberverband verpflichten soll (*BAG* 10.12.2002 EzA Art. 9 GG Arbeitskampf Nr. 134).

4. Verhältnismäßigkeitsprinzip

27 Als weitere Grenze der Zulässigkeit von Arbeitskampfmaßnahmen und damit auch von Streiks nennt das BAG wiederholt den Grundsatz der Verhältnismäßigkeit.

28 In der grundlegenden Entscheidung des *Großen Senats* vom 21.4.1971 (EzA Art. 9 GG Nr. 6) wird insoweit ausgeführt, dass Arbeitskämpfe nur eingeleitet und durchgeführt werden dürfen, wenn sie zur Erreichung rechtmäßiger Kampfziele und des nachfolgenden Arbeitsfriedens geeignet und sachlich erforderlich sind. Jede Arbeitskampfmaßnahme darf ferner nur nach Ausschöpfung aller Verständigungsmöglichkeiten ergriffen werden; der Arbeitskampf muss also das letzte mögliche Mittel (ultima-ratio) sein. Auch bei der Durchführung des Arbeitskampfes selbst ist der Grundsatz der Verhältnismäßigkeit zu beachten, was bedeutet, dass die Mittel des Arbeitskampfes ihrer Art nach nicht über das hinausgehen dürfen, was zur Durchsetzung des erstrebten Zieles erforderlich ist. Ein Arbeitskampf ist nur dann und solange rechtmäßig, wie er nach den Regeln eines fairen Kampfes geführt wird.

Für einen Streik ergeben sich dabei insbes. folgende Anforderungen:

a) Geeignetheit

29 Das Erfordernis der Geeignetheit als Bestandteil des Verhältnismäßigkeitsgrundsatzes hat, soweit ersichtlich, in der arbeitskampfrechtlichen Entscheidungspraxis bisher keine Rolle gespielt. In der Terminologie des öffentlichen Rechts ist eine Maßnahme nur geeignet, wenn sie den erstrebten Erfolg überhaupt zu erreichen vermag, d.h. es dürfen keine Mittel eingesetzt werden, die von vornherein ihrer Art nach den gewünschten Erfolg nicht herbeiführen können. Für einen sog. Unterstützungsstreik hat das *BAG* (16.9.2007 EzA Art. 9 GG Arbeitskampf Nr. 140) ausgeführt, dass dieser dann rechtswidrig sei wenn er zur Förderung der mit dem Hauptarbeitskampf verfolgten Ziele offensichtlich ungeeignet ist. Der Unterstützungsstreik dient dann nicht der Durchsetzung tariflicher Forderungen. Die zum Unterstützungsstreik aufrufende Gewerkschaft hat hinsichtlich der Tauglichkeit dieses Arbeitskampfmittels eine Einschätzungsprärogative

b) Ultima-ratio-Prinzip, Erforderlichkeit

30 Ein Streik ist erst nach Ausschöpfung aller Verständigungsmöglichkeiten zulässig. Der genaue Inhalt dieses Prinzips spielt insbes. bei der Beurteilung sog. **Warnstreiks** eine Rolle. Warnstreiks sind befristete Streiks, die der Arbeitgeberseite die Entschlossenheit der Arbeitnehmerseite zeigen soll, tariflich regelbare Ziele notfalls auch mit einem dauernden Arbeitskampf durchzusetzen (MünchArbR/*Otto* § 281 Rz. 25 ff.). Sie sind durch ihre zeitliche Begrenzung und dadurch gekennzeichnet, dass sie verhandlungsbegleitend geführt werden.

31 Das *BAG* (12.12.1976 EzA Art. 9 GG Arbeitskampf Nr. 19; 12.9.1984 EzA Art. 9 GG Arbeitskampf Nr. 54) hatte zunächst die Zulässigkeit solcher verhandlungsbegleitender Warnstreiks damit begründet, dass das ultima-ratio-Prinzip nicht kurze und zeitlich befristete Streiks verbiete, sondern in der Entscheidung des *Großen Senats* vom 21.4.1971 erkennbar ein Verbot nur für den Regelfall eines längerfristigen oder zeitlich unbegrenzten Arbeitskampfes statuiert worden sei. In der jüngeren Warnstreikentscheidung vom 21.6.1988 (EzA Art. 9 GG Arbeitskampf Nr. 75) wird diese rechtliche Beurteilung aufgegeben und festgestellt, dass sich kurzfristiger Warnstreik und längerfristiger Erzwingungsstreik rechtlich rele-

vant nicht unterscheiden und für beide Streikformen gleichermaßen das ultima-ratio-Prinzip gilt. Gleichwohl sind nach Auffassung des BAG Warnstreiks nicht wegen Verstoßes gegen dieses Prinzip rechtswidrig. Zu diesem Ergebnis gelangt das Gericht durch eine Konkretisierung des Merkmals »nach Ausschöpfung aller Verständigungsmöglichkeiten«. Durch dieses Kriterium werde nur der Zeitpunkt bestimmt, von dem an Arbeitskampfmaßnahmen überhaupt zulässig sind. Zur Bestimmung dieses Zeitpunkts komme es nicht auf eine materielle Betrachtungsweise mit der Fragestellung an, ob tatsächlich alle Verhandlungsmöglichkeiten ausgeschöpft sind oder noch eine Verständigungsmöglichkeit besteht, da dies zu einer Tarifzensur führe. Vielmehr sei der Zeitpunkt des Ausschöpfens aller Verhandlungsmöglichkeiten formell zu bestimmen und dann gegeben, wenn nach eigener, inhaltlich nicht nachprüfbarer Entscheidung einer der Tarifvertragsparteien die Verhandlungen gescheitert seien. Es bedarf keiner offiziellen, förmlichen Erklärung des Scheiterns der Verhandlungen. Diejenige Tarifvertragspartei, die zu Arbeitskampfmaßnahmen greift, bringt damit nämlich zum Ausdruck, dass sie die Verhandlungsmöglichkeiten für ausgeschöpft hält und keine Möglichkeit sieht, ohne den Einsatz von Arbeitskampfmitteln zu einer Einigung zu kommen. Ob diese Einschätzung zutrifft oder nicht, ist unerheblich.

Findet somit eine materielle Prüfung, ob tatsächlich keine Einigungsmöglichkeit mehr **32**
ohne Arbeitskampf besteht, nicht statt, beinhaltet das ultima-ratio-Prinzip ein lediglich formales Prinzip, aus dem sich folgende Konsequenzen ergeben (*BAG* 21.6.1988 EzA Art. 9 GG Arbeitskampf Nr. 75; 9.4.1991 EzA Art. 9 GG Arbeitskampf Nr. 98):

Vor Arbeitskampfmaßnahmen müssen Forderungen für den Inhalt des abzuschließenden **33**
Tarifvertrags erhoben worden sein. Lehnt die andere Partei Verhandlungen nicht von vornherein ab, müssen vor Arbeitskampfmaßnahmen über diese Forderungen auch Verhandlungen geführt werden. Hat der Tarifpartner eine Forderung bereits akzeptiert, scheidet ein Arbeitskampf aus. Haben die Tarifvertragsparteien Vereinbarungen getroffen, nach denen vor Aufnahme des Arbeitskampfs bestimmte Verfahrensregeln einzuhalten sind, etwa in Form einer Schlichtungsvereinbarung, ist dieses Verfahren vor Beginn des Arbeitskampfes einzuhalten (*BAG* 21.4.1971 EzA Art. 9 GG Nr. 6; 10.6.1980 EzA Art. 9 GG Arbeitskampf Nr. 37).

c) Verhältnismäßigkeit im engeren Sinne; Proportionalität

Der Grundsatz der Proportionalität als Verhältnismäßigkeit im engeren Sinne betrifft das **34**
Verhältnis der eingesetzten Kampfmittel zum Kampfziel und damit die Art der Durchführung des Arbeitskampfes (*Däubler* Arbeitskampfrecht Rz. 204b). Dieser Grundsatz wird vom BAG in erster Linie bei der Beurteilung von Aussperrungen herangezogen (s.u. Rn. 60 ff.), neuerdings (*BAG* 19.6.2007 EzA Art. 9 GG Arbeitskampf Nr. 140) auch zur Beurteilung der Rechtmäßigkeit sog. Unterstützungsstreiks.

Dieses Kriterium hat die Funktion, Kampfmaßnahmen auf Exzesse hin zu überprüfen, **35**
d.h. daraufhin, ob ein evidentes Missverhältnis von Kampfmaßnahme und Kampfziel besteht.

Als Folgerungen daraus werden genannt: **36**
Verbot des ruinösen Arbeitskampfes mit dem Ziel der Vernichtung des Gegners (*BAG GS* 21.4.1971 EzA Art. 9 GG Nr. 6; *Däubler* Arbeitskampfrecht Rz. 204b); Gebot fairer Kampfführung (*BAG GS* 21.4.1971 EzA Art. 9 GG Nr. 6) und damit Verbot unlauterer Kampfmittel (*Däubler* Arbeitskampfrecht Rz. 204e); Regelmäßige Begrenzung des Arbeitskampfgebiets auf das Tarifgebiet (*Däubler* Arbeitskampfrecht Rz. 204c; *BAG* 10.6.1980 EzA Art. 9 GG Arbeitskampf Nr. 37 für die Aussperrung); Verbot eines Unterstützungsstreiks zur Unterstützung eines rechtswidrigen Hauptarbeitskampfes oder über dessen Dauer hinaus (*BAG* 19.6.2007 EzA Art. 9 GG Arbeitskampf Nr. 140)

5. Erhaltungs- und Notstandsarbeiten

37 Weitere Schranke des Streikrechts ist nach allgemeiner Ansicht (MünchArbR/*Otto* § 285 Rz. 138 ff.) die Sicherstellung eines Notdienstes während des Streiks.

38 Unter Notdienst fallen zunächst sog. Erhaltungsarbeiten als diejenigen Arbeiten, die erforderlich sind, um die Anlagen und Betriebsmittel während des Arbeitskampfes so zu erhalten, dass nach Beendigung des Kampfes die Arbeit fortgesetzt werden kann, nicht aber Arbeiten, die lediglich sicherstellen sollen, dass arbeitswillige Arbeitnehmer weiterbeschäftigt werden können. Ein Arbeitskampf, der den erforderlichen Notdienst nicht zulässt, ist rechtswidrig.

39 Welche Arbeiten erforderlich sind, ist unter Berücksichtigung der Verhältnisse des Einzelfalles unter Einbeziehung der allgemeinen industriellen und der speziellen betrieblichen Gegebenheiten sowie von Art, Umfang und Dauer des Arbeitskampfes zu ermitteln (*BAG* 30.3.1982 EzA Art. 9 GG Arbeitskampf Nr. 46). Ausdrücklich offen gelassen hat das *BAG* (31.5.1995 EzA Art. 9 GG Arbeitskampf Nr. 119) die Frage, wer Träger dieser Erhaltungsarbeiten ist, diese also bestimmt und leitet. Zum Teil wird diese Befugnis dem Arbeitgeber (z.B. *Schell* BB 1969, 1179 [1180]), zum Teil den Gewerkschaften (*Däubler* Arbeitskampfrecht Rz. 226) zugesprochen. Nach vermittelnder Ansicht ist die Durchführung des Notdienstes eine gemeinsame Aufgabe von Arbeitgeber und Gewerkschaft (*LAG Nds.* 1.2.1980 DB 1980, 2041; *Brox/Rüthers* Rz. 293). Jedenfalls ist es Aufgabe der Arbeitskampfparteien, sich um eine Regelung des Notdienstes zu bemühen. Eine zwischen den Arbeitskampfparteien getroffene Vereinbarung zur Regelung des Notdienstes ist zulässig und dann für dessen Durchführung maßgeblich (*BAG* 31.5.1995 EzA Art. 9 GG Arbeitskampf Nr. 119).

40 Entsprechendes gilt für sog. Notstandsarbeiten, also solche, die notwendig sind, um vorrangige Rechtsgüter Dritter vor den Folgen eines Streiks zu schützen, also insbes. erforderlich sind, um die Versorgung der Bevölkerung mit lebensnotwendigen Gütern und Dienstleistungen (ärztliche Versorgung, Krankenhäuser) sicherzustellen.

41 Strittig ist, ob unter dem Gesichtspunkt der Meinungs- und Informationsfreiheit, Art. 5 Abs. 1 GG, bei der Bestreikung von Presseunternehmen jedenfalls die Herausgabe einer Notzeitung sichergestellt sein muss oder ob dies erst dann erforderlich ist, wenn die Bevölkerung das notwendige Mindestmaß an Information auch nicht auf anderem Wege beziehen kann, etwa bei einem kumulativen Ausfall aller oder der meisten Medien (so *Däubler* Arbeitskampfrecht Rz. 225a).

6. Persönliche Einschränkungen des Streikrechts

42 Die Treuepflicht des **Beamten** schließt eine Streikbeteiligung aus. Dies ist hergebrachter Grundsatz des Berufsbeamtentums. Auch für **Soldaten und Richter** gilt ein Arbeitskampfverbot (*Brox/Rüthers* Rz. 499, 542, 544). Für sonstige Arbeitnehmer des öffentlichen Dienstes bestehen keine Einschränkungen. Ein Verbot des Arbeitskampfes gilt auf Grund Art. 140 GG i.V.m. Art. 137 Abs. 3 WRV auch für **kirchliche Amtsträger und Arbeitnehmer im Kirchendienst** (*Brox/Rüthers* Rz. 546).

43 Für **Auszubildende** wird zum Teil mit Rücksicht auf den Ausbildungs- und Erziehungscharakter des Berufsausbildungsverhältnisses ein Streikrecht generell verneint (*Hromadka* DB 1972, 870 ff.), zum Teil generell bejaht (z.B. MünchArbR/*Otto* § 285 Rz. 64). Das *BAG* (12.9.1984 EzA Art. 9 GG Arbeitskampf Nr. 54) hat in diesem Zusammenhang bisher lediglich entschieden, dass die Gewerkschaft Auszubildende zur Teilnahme an einem Warnstreik jedenfalls dann aufrufen darf, wenn über die Ausbildungsvergütung verhandelt wird. Der Arbeitgeber könne nicht erwarten, dass sich Auszubildende beim Streik unsolidarisch verhalten.

7. Sonstige Streikschranken; Grundsatz der Tarifeinheit als Streikschranke?

Im Zusammenhang mit dem sog. Lokführerstreik des Jahres 2007 bzw. bei sonstigen Arbeitskampfmaßnahmen sog. Spartengewerkschaften ist diskutiert worden, ob ein Streik deshalb ausscheidet bzw. rechtswidrig ist, weil der mit ihm erstrebte Tarifvertrag nach dem Grundsatz der sog. Tarifeinheit (s.u. Kap. 11 Rn. 236 »Ein Betrieb – ein Tarifvertrag«) im Betrieb nicht zur Anwendung käme. Dies ist nicht der Fall (*LAG Sachsen* – 7 SaGa 19/07 – NZA 2008, 59; *LAG RhPf* 14.6.2007 LAGE Art. 9 GG Arbeitskampf Nr. 78). 44

In der Literatur (vgl. *Däubler* Arbeitskampfrecht Rz. 231 ff.) werden teilweise noch weitere Grenzen des Streikrechts genannt, die allerdings in der Praxis bisher kaum eine Rolle gespielt haben. 45

Verbot sittenwidriger Streiks, § 826 BGB: Er soll die äußerste Grenze für Kampfmaßnahmen sein, was aber voraussetzt, dass der Streik gegen das sog. Anstandsgefühl aller billig und gerecht Denkenden verstößt. Hierfür reicht der Aufruf zu einem rechtswidrigen Streik allein nicht aus. Es müssen weitere, besonders verwerfliche Umstände hinzukommen, die sich aus dem Zweck des Streiks, dem angewandten Mittel und der Verknüpfung von Mittel und Zweck ergeben können (*Brox/Rüthers* Rz. 372). In einem solchen Fall dürfte sich die Rechtswidrigkeit des Streiks aber bereits aus anderen Gesichtspunkten ergeben, etwa der Verfolgung tariflich nicht regelbarer Kampfziele oder dem Verstoß gegen das Verhältnismäßigkeitsprinzip, sodass es sich nur um einen Auffangtatbestand handelt.

Normen des Strafrechts (*Däubler* Arbeitskampfrecht Rz. 238 ff.): Angesprochen werden die Tatbestände der Nötigung (§ 240 StGB) und Erpressung (§ 253 StGB), wobei allerdings das den Vorschriften gemeinsame Tatbestandsmerkmal der Gewalt bzw. Drohung mit Gewalt durch den Streik an sich in aller Regel nicht erfüllt ist bzw. diese nicht rechtswidrig ist. 46

8. Streikexzesse

Ist der Streik an sich rechtmäßig, so sind in seinem Rahmen aber nicht alle Handlungen gedeckt, die zu einer Druckausübung auf den Arbeitgeber führen. 47

> Das Recht zum Streik beinhaltet grds. nur das Recht, die vertraglich geschuldete Arbeitsleistung zu verweigern. Gedeckt ist auch der Versuch und ggf. das Gelingen des Versuchs, Arbeitnehmer des bestreikten Betriebs oder neue, dem bestreikten Betrieb bisher nicht zugehörige Arbeitskräfte mit Mitteln des gütlichen Zuredens und des Appells an die Solidarität von der Arbeitsaufnahme abzuhalten. Handlungen, die darüber hinausgehen und evtl. strafrechtlich geschützte Interessen des Arbeitgebers oder Dritter verletzen, werden durch das Streikrecht nicht gerechtfertigt (*BAG* 21.6.1988 EzA Art. 9 GG Arbeitskampf Nr. 75; 8.11.1988 EzA Art. 9 GG Arbeitskampf Nr. 76). 48

Unzulässig ist danach etwa die Verhinderung des Zu- und Abgangs von Waren und Kunden sowie die Behinderung arbeitswilliger Arbeitnehmer am Betreten des Betriebs durch Maßnahmen, die über das bloße Zureden, sich am Streik zu beteiligen, hinausgehen, sog. Betriebsblockade (*LAG Köln* 2.7.1984 EzA Art. 9 GG Arbeitskampf Nr. 53). In der Entscheidung vom 8.11.1988 (EzA Art. 9 GG Arbeitskampf Nr. 76) hat das *BAG* offen gelassen, ob die sog. Betriebsblockade dann ein zulässiges Arbeitskampfmittel sein kann, wenn ansonsten auf Grund neuer technologischer Entwicklungen das Arbeitskampfmittel des Streiks leerläuft und zu diesem Kampfmittel gewerkschaftlich aufgerufen wurde. 49

> Wird von der streikführenden Gewerkschaft zu solchen unzulässigen Kampfmitteln aufgerufen, so ist der Streik an sich rechtswidrig. Kommt es hingegen nur zu entsprechenden Handlungen einzelner Streikteilnehmer anlässlich des Streiks, sog. Streikexzesse, wird dadurch nicht der Streik als solcher rechtswidrig (*BAG* 8.11.1988 EzA Art. 9 GG Arbeitskampf Nr. 76). 50

51 Es kommen aber Schadensersatzverpflichtungen der Arbeitnehmer, die Streikexzesse begehen, und u.U. auch solche der Gewerkschaft in Betracht, wenn deren Organmitglieder trotz Kenntnis der rechtswidrigen Handlungen nicht versuchen, die streikenden Arbeitnehmer von rechtswidrigen Handlungen abzuhalten (s.u. Rn. 148 ff.).

9. Rechtmäßigkeitsvermutung gewerkschaftlicher Streiks

52 Nach einer älteren Entscheidung des *BAG* (19.6.1973 EzA Art. 9 GG Arbeitskampf Nr. 14) besteht bei gewerkschaftlichen Streiks eine doppelte Vermutung:

Sofern eine Gewerkschaft einen Streik um die Regelung von Arbeits- und Wirtschaftsbedingungen führt, besteht eine Vermutung dafür, dass dieser Streik rechtmäßig ist. Ferner besteht eine Vermutung dafür, dass ein von einer Gewerkschaft geführter Streik die Regelung von Arbeits- und Wirtschaftsbedingungen zum Gegenstand hat.

53 Diese Aussage ist auf Kritik gestoßen (MünchArbR/*Otto* § 285 Rz. 17) und ist in einer jüngeren Entscheidung (*BAG* 29.11.1983 EzA § 626 BGB n.F. Nr. 89) dahingehend relativiert worden, dass nicht eine Rechts-, sondern nur eine eingeschränkte Tatsachenvermutung gemeint war. Der Arbeitgeber ist danach lediglich dafür beweispflichtig, dass ein unzulässiges Streikziel im Vordergrund stand. Weder Dritte noch gar die Gewerkschaft selbst dürften auf die Rechtmäßigkeit vertrauen.

III. Die Aussperrung

1. Arten der Aussperrung

54 Aussperrung ist die von einem oder mehreren Arbeitgebern planmäßig erfolgende Arbeitsausschließung mehrerer Arbeitnehmer zur Erreichung eines bestimmten Zieles.

Sie ist zu unterscheiden von der vorübergehenden Betriebs- oder Betriebsteilstilllegung im Umfang des Streikaufrufs, die ebenfalls auf die Lohnzahlungspflicht suspendierende Wirkung haben kann (s.u. Rn. 107 f.).

55 Nach der Art des Zieles lassen sich zunächst Angriffs- und Abwehraussperrung unterscheiden. Eine Angriffsaussperrung liegt nach der Begriffsbestimmung des *BAG* (10.6.1980 EzA Art. 9 GG Arbeitskampf Nr. 37) nur vor, wenn der oder die Arbeitgeber in einem Tarifgebiet den Arbeitskampf eröffnen und dabei ein eigenes kollektivvertragliches Regelungsziel verfolgen. Angriffsaussperrungen sind der bisherigen Arbeitskampfpraxis der Bundesrepublik fremd. Eine **Abwehraussperrung** liegt vor, wenn diese Reaktion auf Arbeitskampfmaßnahmen der Arbeitnehmerseite ist, also kein eigenständiges Tarifziel verfolgt wird. Nach dem Träger der Aussperrung kann ferner zwischen Verbandsaussperrung und der Aussperrung durch einen einzelnen Arbeitgeber unterschieden werden, da nach § 2 Abs. 1 TVG auch der einzelne Arbeitgeber Tarifvertragspartei sein kann. Nach der Wirkung der Aussperrung lassen sich schließlich suspendierende und lösende Aussperrung von einander abgrenzen: Bei der **suspendierenden Aussperrung** ruhen lediglich die wechselseitigen Pflichten aus dem Arbeitsverhältnis, während bei der **lösenden Aussperrung** das Arbeitsverhältnis zunächst beendet wird, allerdings ggf. verbunden mit einem Wiedereinstellungsanspruch des Arbeitnehmers nach Beendigung des Arbeitskampfes.

2. Rechtliche Zulässigkeit der Aussperrung

a) Abwehraussperrung

aa) Rechtsgrundlage

56 Nach Auffassung des *BAG* (*GS* 21.4.1971 EzA Art. 9 GG Arbeitskampf Nr. 37; 12.3.1985 EzA Art. 9 GG Arbeitskampf Nr. 58; 26.4.1988 EzA Art. 9 GG Arbeitskampf Nr. 74; 7.6.1988 EzA Art. 9 GG Arbeitskampf Nr. 79) sind Abwehraussperrungen grds. zulässig. Diese Aussperrungsbefugnis folgt aus der im Kern durch Art. 9 Abs. 3 GG gewährleisteten und durch § 1 Abs. 1 und § 2 Abs. 1 TVG näher konkretisierten Tarifau-

tonomie und dem die Funktionsfähigkeit der Tarifautonomie gewährleistetenden Grundsatz der Kampfparität (*BAG* 10.6.1980 EzA Art. 9 GG Arbeitskampf Nr. 37; 12.3.1985 EzA Art. 9 GG Arbeitskampf Nr. 58).

Das *BAG* (26.4.1988 EzA Art. 9 GG Arbeitskampf Nr. 74; 12.3.1985 EzA Art. 9 GG Arbeitskampf Nr. 58) hat bisher ausdrücklich offen gelassen, ob die Befugnis zur Abwehraussperrung als notwendiger Bestandteil der im Kern durch Art. 9 Abs. 3 GG grundrechtlich geschützten Kampfordnung garantiert ist. Das *BVerfG* (26.6.1991 EzA Art. 9 GG Arbeitskampf Nr. 97) bejaht einen solchen verfassungsrechtlichen Schutz jedenfalls für suspendierende Abwehraussperrungen als Abwehrmaßnahme gegen Teil- oder Schwerpunktstreiks zur Herstellung der Verhandlungsparität. Ob und wie weit das Arbeitskampfmittel der Aussperrung allgemein verfassungsrechtlich geschützt ist, wird dabei offen gelassen. Zum Teil (vgl. z.B. *Däubler* Arbeitskampfrecht Rz. 917) wird die Aussperrung als verfassungswidrig angesehen, da sie sich typischerweise auf eine Einschränkung der gewerkschaftlichen Koalitions- und Betätigungsfreiheit richte und daher eine rechtswidrige Maßnahme i.S.d. Art. 9 Abs. 3 S. 2 GG sei. Diese Ansicht ist vom *BAG* (10.6.1980 EzA Art. 9 GG Arbeitskampf Nr. 37; 12.3.1985 EzA Art. 9 GG Arbeitskampf Nr. 58) verworfen worden, da die Koalitionsfreiheit durch Art. 9 Abs. 3 S. 1 GG für jedermann und alle Berufe gewährleistet und nicht als reines Arbeitnehmer-Grundrecht ausgestaltet ist. Eine Interpretation als reines Arbeitnehmer-Grundrecht wird auch vom *BVerfG* (26.6.1991 EzA Art. 9 GG Arbeitskampf Nr. 97) abgelehnt. Das Aussperrungsverbot in Art. 29 Abs. 5 der Verfassung des Landes Hessen ist wegen Verstoßes gegen höherrangiges Bundesrecht nichtig (*BAG* 26.4.1988 EzA Art. 9 GG Arbeitskampf Nr. 74). 57

bb) Voraussetzungen und Grenzen der Aussperrung

(1) Verbandsbeschluss und dessen Mitteilung

Sofern der Arbeitskampf dem Abschluss eines Verbandstarifvertrages dient, setzt die Aussperrung einen entsprechenden Beschluss des Arbeitgeberverbandes voraus, der der Arbeitnehmerseite gegenüber hinreichend deutlich zum Ausdruck gebracht werden muss (*BAG* 31.10.1995 EzA Art. 9 GG Arbeitskampf Nr. 123). Die Aussperrung bedarf einer eindeutigen Erklärung des Arbeitgebers, die fehlt, wenn bei Schließung des Betriebs unklar bleibt, ob der Arbeitgeber nur auf eine streikbedingte Betriebsstörung reagieren oder selbst eine Kampfmaßnahme ergreifen will. 58

Fehlt es an einer solchen Erklärung gegenüber dem arbeitsbereiten Arbeitnehmer, der seine Arbeitsleistung ordnungsgemäß angeboten hat, tritt keine Suspendierung der Lohnzahlungspflicht ein und Annahmeverzugslohnansprüche bleiben bestehen (*BAG* 1.9.1994 EzA Art. 9 GG Arbeitskampf Nr. 120). 59

(2) Verhältnismäßigkeit, Proportionalität, Parität

Aus dem Erfordernis eines tatsächlichen Verhandlungsgleichgewichts zur Erreichung einer ausgewogenen tariflichen Regelung leiten sich die weiteren rechtlichen Grenzen der Abwehraussperrung ab. Nachdem bereits der Große Senat des *BAG* (21.4.1971 EzA Art. 9 GG Nr. 6) den allgemeinen Grundsatz formuliert hatte, dass alle Arbeitskampfmaßnahmen unter dem Gebot der Verhältnismäßigkeit stehen und dass im Rahmen der Verhältnismäßigkeit auch Aussperrungen zulässig sind, hat der Erste Senat das Verhältnismäßigkeitsprinzip in seiner die Zulässigkeit der Abwehraussperrung begrenzenden Funktion mit Hilfe des Grundsatzes der Kampfparität weiter konkretisiert. Die begrenzte Funktion und Legitimation der Abwehraussperrung als Mittel zur Wiederherstellung der Verhandlungsparität und zur Beseitigung eines Verhandlungsübergewichts der streikenden Gewerkschaft bestimmt zugleich den Inhalt des Übermaßverbots. 60

61 Als geeignet, erforderlich und proportional können nur solche Abwehraussperrungen gelten, die der Herstellung der Verhandlungsparität dienen (*BAG* 10.6.1980 EzA Art. 9 GG Arbeitskampf Nr. 37; 12.3.1985 EzA Art. 9 GG Arbeitskampf Nr. 58; 7.6.1988 EzA Art. 9 GG Arbeitskampf Nr. 79; 11.8.1992 EzA Art. 9 GG Arbeitskampf Nr. 105).

In weiterer Konkretisierung dieses Grundsatzes ergeben sich folgende Einschränkungen der Abwehraussperrung:

aaa) Begrenzung der Aussperrung auf das Tarifgebiet

62 Grds. ist nur eine Abwehraussperrung verhältnismäßig, die sich auf das Tarifgebiet beschränkt, also von Arbeitgebern vorgenommen wird, die dem räumlichen und fachlichen Geltungsbereich des von der kampfführenden Gewerkschaft angestrebten Tarifvertrags unterfallen würden.

63 Das Tarifgebiet ist angemessene Grenze des Kampfgebiets, da davon ausgegangen werden kann, dass die Tarifvertragsparteien bei Absprache der Tarifgebietsgrenzen die Erfordernisse der Verhandlungsparität beachtet haben (*BAG* 10.6.1980 EzA Art. 9 GG Arbeitskampf Nr. 37). Unzulässig dürfte damit eine sog. Sympathieaussperrung sein.

bbb) Zahlenmäßige Begrenzung der Aussperrungsbefugnis – Aussperrungsarithmetik –

64 Im Hinblick auf die Frage, nach welchen Kriterien zu beurteilen ist, ob eine Parität der Tarifvertragsparteien gegeben ist oder durch Kampfmaßnahmen der Arbeitgeberseite erst hergestellt werden muss, hat das *BAG* (*GS* 21.4.1971 EzA Art. 9 GG Nr. 6) zunächst auf eine materielle Paritätsbetrachtung abgestellt, die unter Berücksichtigung der konkreten wirtschaftlichen Situation danach fragt, ob eine Kampfmaßnahme nach der tatsächlichen Situation notwendig ist, um sicherzustellen, dass nicht eine Tarifvertragspartei der anderen von vornherein ihren Willen aufzwingen kann und möglichst gleiche Verhandlungschancen bestehen. Der Erste Senat (*BAG* 10.6.1980 EzA Art. 9 GG Arbeitskampf Nr. 36; 10.6.1980 EzA Art. 9 GG Arbeitskampf Nr. 37) hat es abgelehnt, die Paritätsbeurteilung unter Berücksichtigung aller die Verhandlungs- und Kampfkraft beeinflussender Faktoren politischer, wirtschaftlicher und sozialer Art vorzunehmen und damit eine Gesamtparitätsbetrachtung verworfen, da es nur um eine tarifbezogene Parität im Rahmen des Arbeitskampfes, nicht aber um den Ausgleich gesamtwirtschaftlicher Ungleichgewichte gehen könne. Erforderlich ist danach eine typisierende, abstrakt-materielle Betrachtungsweise (*BAG* 11.8.1992 EzA Art. 9 GG Arbeitskampf Nr. 105).

65 Als Kriterium der Paritätsbeurteilung hat das *BAG* (10.6.1980 EzA Art. 9 GG Arbeitskampf Nr. 37) für die suspendierende Abwehraussperrung als Reaktion auf einen eng begrenzten Teilstreik folgende, oft als Arbeitskampfarithmetik bezeichneten Maßstäbe aufgestellt: Wenn durch den Streikbeschluss weniger als 1/4 der Arbeitnehmer eines Tarifgebiets zur Arbeitsniederlegung aufgefordert werden, sog. eng geführter Teilstreik, kann die Arbeitgeberseite den Kampfrahmen erweitern und bis zu 25% der Arbeitnehmer des Tarifgebiets aussperren. Werden mehr als 1/4 der Arbeitnehmer des Tarifgebiets zum Streik aufgerufen, sei das Bedürfnis der Arbeitgeberseite nach einer Erweiterung des Kampfrahmens entsprechend geringer. Eine Störung der Kampfparität sei nicht zu befürchten, wenn etwa die Hälfte der Arbeitnehmer eines Tarifgebiets zum Streik aufgerufen werden oder von einem Aussperrungsbeschluss betroffen seien. Als denkbar bezeichnet das Gericht die Möglichkeit der Arbeitgeberseite, eine Aussperrungsbefugnis zunächst nicht voll auszunützen, dieses aber im weiteren Verlauf des Arbeitskampfes durch eine befristete Erweiterung der Aussperrung nachzuholen.

Diese sog. Aussperrungsarithmetik ist auf vielfältige Kritik gestoßen (vgl. *Otto* RdA 1981, 285, 292). In späteren Urteilen (*BAG* 12.3.1985 EzA Art. 9 GG Arbeitskampf Nr. 58; 7.6.1988 EzA Art. 9 GG Arbeitskampf Nr. 79) hat der Erste Senat die Anwendbarkeit starrer Zahlenverhältnisse zur Beurteilung der Parität relativiert: Ein Missverhältnis zwischen der Zahl der am Streik beteiligten und der ausgesperrten Arbeitnehmer könne ein wichtiges Indiz sein; Störungen der Kampfparität könnten aber auch andere Ursachen haben. Die Grenze sei insgesamt da zu ziehen, wo die legitime Reaktion aufhöre. Im Urteil vom 7.6.1988 (EzA Art. 9 GG Arbeitskampf Nr. 79) wird dann gleichwohl auf das zahlenmäßige Verhältnis abgestellt und bei einer mehrstufigen Aussperrung die Befugnis der Arbeitgeberseite anerkannt, bei nicht vollständiger Ausschöpfung der nach der Aussperrungsarithmetik zulässigen Aussperrungsquote in der ersten Stufe dieses »Aussperrungsguthaben« in der zweiten Stufe einzusetzen. 66

Nicht proportional ist jedenfalls eine zweitägige Aussperrung als Reaktion auf einen für eine halbe Stunde ausgerufenen Streik (*BAG* 11.8.1992 EzA Art. 9 GG Arbeitskampf Nr. 105).

> Bei Beurteilung der Parität und damit der Verhältnismäßigkeit ist auf den Aussperrungsbeschluss, nicht aber darauf abzustellen, inwieweit dieser befolgt wird und wie viele Arbeitnehmer in Befolgung des Beschlusses tatsächlich ausgesperrt worden sind (*BAG* 10.6.1980 EzA Art. 9 GG Arbeitskampf Nr. 37; 12.3.1985 EzA Art. 9 GG Arbeitskampf Nr. 58; 7.6.1988 EzA Art. 9 GG Arbeitskampf Nr. 79). 67

(3) Beschränkung der Aussperrungsbefugnis bezüglich einzelner Arbeitnehmer

> Ausgesperrt werden können auch nicht gewerkschaftlich organisierte und arbeitswillige Arbeitnehmer, da sich an einem gewerkschaftlich getragenen Streik auch nicht organisierte Arbeitnehmer beteiligen können. Im Gegenteil ist eine Aussperrung, die gezielt nur Mitglieder einer streikenden Gewerkschaft erfasst, nichtorganisierte Arbeitnehmer jedoch verschont, rechtswidrig, da eine solche Maßnahme gegen die positive Koalitionsfreiheit gerichtet und daher nach Art. 9 Abs. 3 S. 2 GG rechtswidrig ist (*BAG* 10.6.1980 EzA Art. 9 GG Arbeitskampf Nr. 38). 68

Auch **arbeitsunfähig erkrankte Arbeitnehmer** können ausgesperrt werden (*BAG* 7.6.1988 EzA Art. 9 GG Arbeitskampf Nr. 79). Die infolge der Aussperrung eintretende Suspendierung der arbeitsvertraglichen Pflichten (s.u. Rn. 129 f.) erfasst auch die Verpflichtung zur Leistung von Lohnersatzleistungen. Auch für **Schwerbehinderte** ergeben sich keine Einschränkungen (vgl. § 91 Abs. 6 SGB IX; *BAG* 7.6.1988 EzA Art. 9 GG Arbeitskampf Nr. 79). Schließlich können auch **Mitglieder des Betriebsrats** ausgesperrt werden, wobei infolge der Suspendierungswirkung der Aussperrung ein Entgeltanspruch entfällt und zwar auch dann, wenn sie während der Aussperrung Betriebsratsaufgaben wahrgenommen haben, da es sich auch bei dem Anspruch nach § 37 Abs. 2 BetrVG nur um einen über diese Vorschrift vermittelten Anspruch auf Arbeitsvergütung nach § 611 Abs. 1 BGB handelt (*BAG GS* 21.4.1971 AP Art. 9 GG Arbeitskampf Nr. 43; *BAG* 10.3.1987 EzA Art. 9 GG Arbeitskampf Nr. 89). 69

cc) Suspendierende und lösende Aussperrung

> Aus dem Grundsatz der Verhältnismäßigkeit folgt, dass jede Aussperrung zunächst nur suspendierende Wirkung hat (*BAG GS* 21.4.1971 EzA Art. 9 GG Arbeitskampf Nr. 6) und nur in bestimmten Ausnahmefällen eine lösende Aussperrung in Betracht kommt. Auch in solchen Ausnahmefällen dürfen Betriebsrats- und Personalratsmitglieder, Schwerbehinderte und Schwangere immer nur mit suspendierender Wirkung ausgesperrt werden, da diese Personen unter besonderem gesetzlichen Schutz stehen. 70

71 **Ausnahmsweise** kann eine lösende Aussperrung nach dem Grundsatz der Verhältnismäßigkeit unter folgenden Voraussetzungen zulässig sein:

Stellt sich die Aussperrung als Gegenmaßnahme auf einen rechtmäßigen Streik dar, kann sie im Anfangsstadium des Arbeitskampfes als Warnsignal i.d.R. nur suspendierend erklärt werden. Nur bei Hinzutreten zusätzlicher Umstände im Verlaufe des Arbeitskampfes oder wenn solche Umstände ausnahmsweise schon von Anfang an vorliegen, kann nach dem Gebot der Verhältnismäßigkeit die lösende Aussperrung gerechtfertigt sein. Als solcher Umstand kann etwa die Kampfintensität auf Arbeitnehmerseite in Betracht kommen, etwa in Form eines besonders lang anhaltenden Arbeitskampfes. Liegt ein zweifelsfrei rechtswidriger, nicht nur ganz kurzfristiger Streik vor, kann die Arbeitgeberseite bei Beachtung des Grundsatzes der Verhältnismäßigkeit eher zur lösenden Aussperrung greifen, da einem kollektiven Missbrauch der Tarifautonomie und des Arbeitskampfes auch mit kollektiven Maßnahmen müsse begegnet werden können (*BAG GS* 21.4.1971 EzA Art. 9 GG Arbeitskampf Nr. 6).

b) Angriffsaussperrung

72 Die Zulässigkeit einer Angriffssaussperrung ist umstritten. Der *Große Senat* hatte 1955 (AP Art. 9 GG Arbeitskampf Nr. 1) die Aussperrung als grds. zulässig erachtet und dabei nicht zwischen Abwehr- und Angriffsaussperrung differenziert. Der Beschluss des *Großen Senats* vom 21.4.1971 (EzA Art. 9 GG Arbeitskampf Nr. 6) geht im Rahmen der Verhältnismäßigkeit ebenfalls von der grundsätzlichen Zulässigkeit der Angriffsaussperrung aus. Nachfolgende Entscheidungen des *BAG* (10.6.1980 EzA Art. 9 GG Arbeitskampf Nr. 37; 26.4.1988 EzA Art. 9 GG Arbeitskampf Nr. 74) behandeln die Zulässigkeit der Abwehraussperrung nicht mehr, sondern lassen diese Frage ebenso offen, wie die Frage, ob die Aussperrung notwendiger Bestandteil einer im Kern durch Art. 9 Abs. 3 GG geschützten Kampfordnung ist. Auch das *BVerfG* (26.6.1991 EzA Art. 9 GG Arbeitskampf Nr. 97) lässt die Frage, inwieweit die Aussperrung allgemein verfassungsrechtlich geschützt ist, offen.

73 In der Literatur wird zum Teil (*Dütz* DB 1979, Beil. Nr. 14, S. 2; *Däubler* Arbeitskampfrecht Rz. 889i) die Ansicht vertreten, die Arbeitgeberseite benötige kein Angriffskampfmittel, sondern die individualrechtlichen Gestaltungsformen, wie z.B. Änderungskündigungen, reichten aus, um die gewünschten Regelungen in den einzelnen Arbeitsverhältnissen durchzusetzen und die zuständige Gewerkschaft verhandlungsbereit zu machen. Nach anderer Ansicht (*Rüthers/Bakker* Anm. zu *BAG* 26.4.1988 EzA Art. 9 GG Arbeitskampf Nr. 74; *Löwisch* RdA 1980, 1, 4) müsse der Arbeitgeberseite in Zeiten massiver gesamtwirtschaftlicher oder branchenspezifischer Rezession durch Gewährung eines arbeitskampfrechtlichen Initiativrechts die Möglichkeit zum partiellen Abbau tariflicher Leistungen zur Erhaltung der Unternehmen und Arbeitsplätze grds. gewährt werden.

IV. Der Boykottaufruf

74 Als weiteres kollektives Kampfmittel wird (*BAG* 19.10.1976 EzA § 1 TVG Nr. 7) der Boykott bzw. Boykottaufruf (zum Begriff s.o. Rn. 2) genannt und ausgeführt, dieser sei nicht von vornherein eine rechtswidrige Kampfmaßnahme, sondern gehöre neben Streik und Aussperrung zu den geschichtlich überkommenen Arbeitskampfmaßnahmen beider Seiten. Welche Rechtmäßigkeitsvoraussetzungen hierfür gelten, lässt das Gericht offen.

Der Boykott hat in der arbeitskampfrechtlichen Praxis der Bundesrepublik bisher keine größere Bedeutung erlangt.

75 Ein Boykottaufruf ist rechtswidrig, wenn er Dritte gezielt zum Vertragsbruch auffordert, es sei denn, der Vertrag wurde gerade deshalb abgeschlossen, um einen Streik (z.B. Übernahme von Streikarbeiten) ins Leere laufen zu lassen. Zulässig ist hingegen die Aufforderung, lediglich von der Vertragsfreiheit Gebrauch zu machen, also etwa von einem Vertragsschluss abzusehen oder von einem Kündigungsrecht Gebrauch zu machen.

Sofern die übrigen allgemeinen Arbeitskampfregeln beachtet werden, ist ein solcher Aufruf nur rechtswidrig, wenn ein zweckwidriges oder rücksichtsloses Verhalten, d.h. ein Rechtsmissbrauch i.e. Sinne vorliegt (MünchArbR/*Otto* § 286 Rz. 116 ff.). 76

V. Massenänderungskündigungen, kollektive Ausübung von Zurückbehaltungsrechten

Neben der Arbeitsniederlegung durch Streik kann es zu einer Vorenthaltung der Arbeitsleistung als gebündelte Ausübung von Zurückbehaltungsrechten, §§ 273, 320 BGB (s.o. Kap. 3 Rn. 305 ff.), kommen. 77

Erforderlich ist aber, dass die Voraussetzungen des gemeinsam ausgeübten Zurückbehaltungsrechts in der Person jeden Arbeitnehmers vorliegen und der Arbeitgeber in einer jeden Zweifel ausschließenden Weise davon in Kenntnis gesetzt wird, dass es sich um die Ausübung eines Zurückbehaltungsrechts, also um ein Mittel zur Durchsetzung einer individualrechtlichen Position handelt, ihm also insbes. auch die Gründe mitgeteilt werden, wegen derer die Arbeitsleistung zurückgehalten wird. 78

Fehlt es daran, liegt ein (wilder) Streik vor. Liegen diese Voraussetzungen vor, so handelt es sich um eine individualrechtlich zulässige Maßnahme, die nicht dadurch rechtswidrig wird, dass sie kollektiv erfolgt (*BAG* 20.12.1963 EzA Art. 9 GG Arbeitskampf Nr. 7; 14.2.1978 EzA § 273 BGB Nr. 2). 79

Strittig ist die rechtliche Einordnung sog. Massenänderungskündigungen (s.o. Kap. 4 Rn. 2941 ff.), also kollektiv ausgesprochener Änderungskündigungen der Arbeitnehmerseite oder gegenüber allen oder einer Vielzahl von Arbeitnehmern ausgesprochener Änderungskündigungen durch den Arbeitgeber. 80

Das *BAG* (28.4.1966 EzA § 124a GewO Nr. 5) hat Massenänderungskündigungen der Arbeitnehmerseite als kollektiven Arbeitskampf und Form des Streiks qualifiziert. Dies entspreche natürlicher Auffassung. Massenänderungskündigungen der Arbeitgeberseite sollen demgegenüber keine kollektivrechtlich zu bewertenden Kampfmaßnahmen, sondern ausschließlich nach kündigungsrechtlichen Maßstäben (§ 2 KSchG, § 626 BGB) zu beurteilende individualrechtliche Maßnahmen sein. 81

Eine Befreiung von den Anforderungen des KSchG ergibt sich nicht aus § 25 KSchG (MünchArbR/*Otto* § 286 Rz. 124). §§ 17 ff. KSchG finden Anwendung (*BAG* 8.2.1957 AP Nr. 1 zu § 1 TVG Friedenspflicht). Gegenüber dem durch § 15 KSchG geschützten Personenkreis sind ordentliche Massenänderungskündigungen unzulässig (*BAG* 29.1.1981 EzA § 15 KSchG Nr. 26), Beteiligungsrechte des Betriebsrats nach §§ 102 ff. BetrVG sind zu beachten. 82

Diese unterschiedliche Beurteilung von Arbeitnehmer- und Arbeitgebermassenänderungskündigung ist überwiegend auf Kritik gestoßen. Nach wohl überwiegender Auffassung ist auch die arbeitnehmerseitige Massenänderungskündigung ausschließlich nach individualrechtlichen Kriterien des Kündigungsrechts zu beurteilen, da individualrechtlich zulässige Verhaltensweisen nicht dadurch rechtswidrig werden, dass sie gebündelt und kollektiv vorgenommen werden (*Brox/Rüthers* Rz. 550 ff.). 83

C. Die Rechtsfolgen des rechtmäßigen Arbeitskampfes

I. Streik

1. Suspendierung der Hauptleistungspflichten

84 Durch den rechtmäßigen Streik wird die dem Arbeitnehmer aus dem Arbeitsvertrag obliegende Hauptleistungspflicht, also die Arbeitspflicht suspendiert (*BAG GS* 21.4.1971 EzA Art. 9 GG Nr. 6; *BAG* 31.5.1988 EzA Art. 9 GG Arbeitskampf Nr. 81). Ebenso kommt es zu einer Suspendierung der Vergütungspflicht (*BAG* 1.10.1991 EzA Art. 9 GG Arbeitskampf Nr. 99).

85 Auch wenn es nach Abschluss des Arbeitskampfes zum Abschluss eines Tarifvertrages kommt, der allgemein die Maßregelung oder Schlechterstellung von streikbeteiligten Arbeitnehmern verbietet, wird hierdurch kein Anspruch auf Vergütung für Zeiten der Streikteilnahme begründet (*BAG* 17.6.1997 EzA Art. 9 GG Arbeitskampf Nr. 128).

Die Suspendierung der Arbeitspflicht greift nicht ein hinsichtlich solcher Arbeitnehmer, die zur Durchführung von Erhaltungs- und Notstandsarbeiten (s.o. Rn. 37 ff.) verpflichtet sind (*Däubler* Arbeitskampfrecht Rz. 562a m.w.N.). Bei Gewährung von Sachleistungen, insbes. der Überlassung von Wohnraum, kann nach überwiegender Ansicht für die Dauer des Streiks vom Streikteilnehmer eine entsprechende Nutzungsentschädigung verlangt werden (*Däubler* Arbeitskampfrecht Rz. 567 m.w.N.).

86 Die Suspendierung der Arbeitspflicht tritt nicht schon durch den gewerkschaftlichen Streikaufruf ein, sondern erst dann, wenn der einzelne Arbeitnehmer konkludent oder ausdrücklich durch einseitige, empfangsbedürftige Willenserklärung erklärt, dass er an dem Streik teilnimmt und deshalb die Arbeitspflichten suspendiert werden. Die Erklärung erfolgt zumeist konkludent durch Niederlegung der Arbeit im Anschluss an den gewerkschaftlichen Aufruf zum Streik.

87 Der Arbeitgeber kann i.d.R. davon ausgehen, dass die Arbeitnehmer, die nach einem gewerkschaftlichen Streikaufruf nicht zur Arbeit erscheinen, von ihrem Streikrecht Gebrauch machen und damit ihre Arbeitspflichten suspendieren.

Umgekehrt endet die Streikbeteiligung und damit Suspendierung auch erst durch eine Erklärung des Arbeitnehmers, aus dem Streikgeschehen auszuscheiden, was auch vor Beendigung des Arbeitskampfes der Fall sein kann (*BAG* 31.5.1988 EzA Art. 9 GG Arbeitskampf Nr. 81; 15.1.1991 EzA Art. 9 GG Arbeitskampf Nr. 96; 1.10.1991 EzA Art. 9 GG Arbeitskampf Nr. 99). Statt einer Erklärung des Streikenden kommt auch eine auf Beendigung des Streiks gerichtete Erklärung der Gewerkschaft gegenüber dem Arbeitgeber oder im Falle des Konflikts über einen Verbandstarifvertrag gegenüber dem Arbeitgeberverband in Betracht, ggf. auch durch öffentliche Verlautbarung in den Medien (*BAG* 23.10.1996 EzA Art. 9 GG Arbeitskampf Nr. 126). Im Falle einer beabsichtigten Streikbeendigung vor einem Feiertag kann eine öffentliche Verlautbarung über die Medien eine unmittelbare Mitteilung aber nur ersetzen, wenn sie vor dem Feiertag zur Kenntnis des betroffenen Arbeitgebers gelangt. Voraussetzung ist ferner, dass die Meldung hinreichend genau darüber informiert, wann, wo und inwieweit der Streik enden soll und klar zum Ausdruck bringt, dass der Beschluss von der streikführenden Gewerkschaft stammt (*BAG* 23.10.1996 EzA Art. 9 GG Arbeitskampf Nr. 126).

2. Suspendierung und anderweitige Arbeitsbefreiung

88 Mit Hilfe der Anknüpfung der Suspendierungswirkung und ihrer Beendigung an eine zumindest konkludente Erklärung des Arbeitnehmers ist auch die Frage der Vergütungspflicht in Fällen zu lösen, in denen der Arbeitnehmer während eines Streiks aus anderen Gründen von der Arbeitspflicht befreit ist.

Im Falle der **Arbeitsunfähigkeit** besteht grds. ein Anspruch auf Vergütungsfortzahlung nach Maßgabe des EFZG. Ein Fortzahlungsanspruch besteht nach Maßgabe des sog. Lohnausfallprinzips (s.o. Kap. 3 Rn. 1841 ff.) nur dann, wenn der Arbeitnehmer, wäre er nicht erkrankt, einen Anspruch auf Vergütung gehabt hätte. Die Arbeitsunfähigkeit muss die einzige Ursache für den Ausfall der Arbeitsleistung sein. Diese Voraussetzung des Bestehens eines Vergütungsanspruchs ist problematisch, da nicht ausgeschlossen werden kann, dass sich der Arbeitnehmer, wäre er nicht erkrankt, am Streik mit der Folge der Suspendierung der Arbeitspflicht beteiligt hätte. Das *BAG* (1.10.1991 EzA Art. 9 GG Arbeitskampf Nr. 99) verneint die Einbeziehung eines hypothetischen Verhaltens des Arbeitnehmers im Falle des Nichtbestehens von Arbeitsunfähigkeit und stellt stattdessen auf die Erklärung der Streikteilnahme durch den Arbeitnehmer ab. Der Arbeitgeber könne jedenfalls bei solchen Arbeitnehmern, die schon **vor** Streikbeginn von der Arbeit befreit waren, nicht davon ausgehen, dass diese auch Streikteilnehmer seien. Es besteht damit hinsichtlich solcher Arbeitnehmer eine Vergütungsfortzahlungspflicht. Eine Vergütungsfortzahlungspflicht entfällt aber für die Tage, in denen streikbedingt im Betrieb überhaupt nicht gearbeitet wird (*BAG* 8.3.1973 EzA § 1 LohnFG Nr. 37). Beteiligt sich ein arbeitsunfähig erkrankter Arbeitnehmer aber an Streikmaßnahmen, entfällt ab diesem Zeitpunkt die Vergütungsfortzahlungspflicht (*Brox/Rüthers* Rz. 659, 650, 663). Höchstrichterlich noch nicht entschieden ist die Frage, ob eine Vergütungsfortzahlungspflicht auch dann besteht, wenn der Arbeitnehmer erst **während** eines laufenden Streiks erkrankt und sich am Streikgeschehen vor Erkrankung beteiligt hatte. Hier wird überwiegend ein Entfall der Fortzahlungspflicht angenommen mit der Maßgabe, dass der erkrankte Arbeitnehmer durch entsprechende Erklärung seine Streikteilnahme beenden könne (*Brox/Rüthers* Rz. 663; *Däubler* Arbeitskampfrecht Rz. 571 f.). Dementsprechend verringert sich auch die Sollarbeitszeit und der Lohnanspruch dann nicht, wenn sich ein Arbeitnehmer im Rahmen einer Gleitzeitregelung in zulässiger Weise aus dem betrieblichen Zeiterfassungssystem abmeldet und anschließend an einer Warnstreikkundgebung teilnimmt (*BAG* 26.7.2005 EzA Art. 9 GG Arbeitskampf Nr. 137). 89

Entsprechendes gilt bei Befreiung von der Arbeitspflicht auf Grund der Vorschriften des **MuSchG**. Mutterschaftslohn (§ 11 MuSchG) und Zuschuss zum Mutterschaftsgeld (§ 14 MuSchG) sind Arbeitsentgelt. Auch hier kommt es auf die Erklärung der Streikteilnahme/tatsächliche Beteiligung am Streikgeschehen und nicht auf eine hypothetische Beteiligung am Streikgeschehen an (*Däubler* Arbeitskampfrecht Rz. 573). 90

Ebenso wird ein bewilligter **Urlaub** nicht dadurch unterbrochen, dass während des Urlaubs der Betrieb bestreikt wird (*BAG* 9.2.1982 EzA § 1 BUrlG Nr. 18). Der Erholungsurlaub verlängert sich nicht automatisch um die Streiktage (*Däubler* Arbeitskampfrecht Rz. 574). Ob sich der Arbeitnehmer am Streikgeschehen beteiligt hätte, wenn er keinen Urlaub gehabt hätte, ist irrelevant. Entscheidend ist die tatsächliche Streikteilnahme. Der für die Urlaubszeit begründete Anspruch auf Entgeltfortzahlung wird durch einen Streik im Betrieb solange nicht berührt, als nicht der Arbeitnehmer auch für diese Zeit seine Teilnahme am Arbeitskampf erklärt oder sich am Streikgeschehen beteiligt. Dies gilt auch bei bewilligtem und angetretenem Sonderurlaub (*LAG Bln.* 13.5.1991 LAGE Art. 9 GG Arbeitskampf Nr. 44). 91

Bei gesetzlichen **Feiertagen** entfällt die Arbeitspflicht. Da auch die Feiertagsvergütung nach § 2 EFZG Arbeitsvergütung ist, steht Streikteilnehmern kein Anspruch auf Feiertagsvergütung für Feiertage zu, die in die Zeit der Streikteilnahme fallen, da konkurrierende Ursachen des Arbeitsausfalls den Anspruch nach § 2 EFZG ausschließen (*BAG* EzA § 1 FeiertagslohnzahlungsG Nr. 26; 31.5.1988 EzA Art. 9 GG Arbeitskampf Nr. 77 für die Aussperrung). Etwas anderes gilt, wenn die Gewerkschaft einen Streik am letzten Arbeitstag vor einem gesetzlichen Feiertag für beendet erklärt und die Arbeitnehmer am Tag nach dem Feiertag die Arbeit wieder aufnehmen, selbst dann, wenn die Gewerkschaft einen Tag nach Wiederaufnahme der Arbeit erneut zu einem Streik aufruft (*BAG* 11.5.1993 EzA § 1 FeiertagslohnzahlungsG Nr. 45). Nicht ausreichend ist hingegen die Erklärung der Gewerkschaft, den Streik lediglich für Tage auszusetzen, an denen ohnehin keine Arbeitspflicht besteht, da dann das objektiv unveränderte Streikgeschehen lediglich anders benannt wird, um vertragsrechtliche Folgen herbeizuführen (*BAG* 1.3.1995 EzA Art. 9 GG Arbeitskampf Nr. 118). 92

93 Auch bei Teilnahme an **Betriebsratsschulungen**, für deren Dauer das Betriebsratsmitglied unter Fortzahlung der Bezüge befreit war, § 37 Abs. 2, 6 BetrVG, verliert das Betriebsratsmitglied seinen Anspruch auf Fortzahlung des Arbeitsentgelts nicht allein dadurch, dass während dieser Zeit der Betrieb bestreikt wird. Unerheblich ist, ob er sich am Streik beteiligt hätte. Erst die Erklärung der Streikteilnahme oder die tatsächliche Beteiligung am Streikgeschehen führt zum Entfall des Vergütungsfortzahlungsanspruchs (*BAG* 15.1.1991 EzA Art. 9 GG Arbeitskampf Nr. 96).

94 Bei den nach §§ 43 Abs. 1, 17 Abs. 2 BetrVG von Gesetzes wegen durchzuführenden und den gem. § 43 Abs. 3 BetrVG auf Wunsch des Arbeitgebers einzuberufenden **Betriebsversammlungen** besteht nach § 44 Abs. 1 BetrVG Arbeitsbefreiung bei bestehender Vergütungspflicht, wobei die Vergütung zu zahlen ist, die der Arbeitnehmer erzielt hätte, wenn die Betriebsversammlung nicht stattgefunden hätte. Der Vergütungsanspruch für an der Versammlung teilnehmende Arbeitnehmer besteht hier unabhängig davon, ob sie sich an dem Streik beteiligen oder nicht (*BAG* 5.5.1987 EzA § 44 BetrVG Nr. 7).

3. Ausschluss von Kündigungen und Abmahnungen

95 Die Verweigerung der Arbeitsleistung durch Teilnahme am Streik stellt sich auf Grund der Suspendierung nicht als Verletzung der Arbeitspflicht dar, sodass eine Kündigung des Arbeitsverhältnisses wegen Verletzung der Arbeitspflicht ausscheidet (*BAG* 17.12.1976 EzA Art. 9 GG Arbeitskampf Nr. 19; KR-*Weigand* § 25 KSchG Rz. 18). Gleiches gilt für auf Verletzung der Arbeitspflicht gestützte Abmahnungen (*BAG* 26.4.1988 EzA Art. 9 GG Arbeitskampf Nr. 74).

96 Ausgesprochene Kündigungen sind an den Maßstäben der §§ 626 BGB, 1 KSchG zu messen. § 25 KSchG schließt die Anwendbarkeit des KSchG nicht aus, vielmehr ist diese Bestimmung infolge der Entwicklung der kollektiven Arbeitskampftheorie gegenstandslos geworden.

4. Grundsätzlicher Ausschluss von Schadensersatz- und Unterlassungsansprüchen

97 Ist der Streik rechtmäßig, scheiden Unterlassungsansprüche des Arbeitgebers aus §§ 1004, 823 BGB grds. aus, da diese eine rechtswidrige Beeinträchtigung von Rechtsgütern erfordern. Gleiches gilt für Schadensersatzansprüche.

98 Wenn auch einzelne Streikexzesse (s.o. Rn. 47 ff.), zu denen seitens der streikführenden Gewerkschaft nicht aufgerufen wurde, grds. nicht den Streik insgesamt rechtswidrig machen, können bei Streikexzessen doch Schadensersatz- und Unterlassungsansprüche bestehen (*BAG* 8.11.1984 EzA Art. 9 GG Arbeitskampf Nr. 91; *LAG Köln* 2.7.1984 EzA Art. 9 GG Arbeitskampf Nr. 53).

99 Schadensersatzansprüche infolge von Streikexzessen kommen unter dem Gesichtspunkt des Eingriffs in den eingerichteten und ausgeübten Gewerbebetrieben in Betracht und richten sich zum einen gegen die daran beteiligten Arbeitnehmer. Zum anderen können sie sich auch gegen die streikführende Gewerkschaft richten, sofern die Voraussetzungen des § 831 oder § 31 BGB gegeben sind.

100 Eine Haftung nach § 831 BGB besteht z.B., wenn sich Streikposten aktiv an Streikexzessen beteiligen (*BAG* 8.11.1988 EzA Art. 9 GG Arbeitskampf Nr. 91). Darüber hinaus kommt eine Haftung nach § 31 BGB analog in Betracht, wenn die von der streikenden Gewerkschaft unmittelbar mit der Durchführung und Beobachtung der jeweiligen Kampfmaßnahme beauftragten Organe und Personen, etwa örtliche Streikleiter, sich entweder selbst an Streikexzessen beteiligen, dazu aufrufen oder zumindest nicht auf die Streikenden einwirken, um diese zur Einhaltung der Grenzen des rechtmäßigen Arbeitskampfes anzuhalten. Denn eine Gewerkschaft, die zum Streik aufruft, ist verpflichtet, das Kampfverhalten der Arbeitnehmer

zu beobachten und ggf. auf diese einzuwirken, damit die Grenzen des Arbeitskampfes eingehalten werden (*BAG* 21.6.1988 EzA Art. 9 GG Arbeitskampf Nr. 75; 21.6.1988 EzA Art. 9 GG Arbeitskampf Nr. 76; 8.11.1988 EzA Art. 9 GG Arbeitskampf Nr. 91).

Unterlassungsansprüche gegen die streikführende Gewerkschaft scheiden bei einem an sich rechtmäßigen Streik aus. Ruft die Gewerkschaft zu Streikexzessen auf, ist der Streik insgesamt rechtswidrig. Liegt ein solcher Aufruf nicht vor, ist die streikführende Gewerkschaft nicht Störer i.S.d. § 1004 BGB. Für einen vorbeugenden Unterlassungsanspruch fehlt es schon an der erforderlichen Wiederholungsgefahr, da von einer Gewerkschaft, die Streikexzesse weder veranlasst, noch will, nicht zu befürchten ist, dass sie demnächst Streikexzesse veranlasst oder fordert (*BAG* 8.11.1988 EzA Art. 9 GG Arbeitskampf Nr. 91). Schuldner des vorbeugenden Unterlassungsanspruchs kann aber nur derjenige sein, von dem zu befürchten ist, dass er die zu unterlassende Handlung demnächst vornehmen wird. Ein Unterlassungsanspruch, auch gerichtet auf zukünftige Unterlassung entsprechend § 1004 BGB, kann demgegenüber gegen die örtlichen Streikleiter bestehen, wenn diese selbst sich an den unzulässigen Maßnahmen beteiligt haben oder die rechtswidrigen Handlungen anderer Streikteilnehmer kannten, ohne gegen sie einzuschreiten und Wiederholungsgefahr besteht. Auch ein Antrag, der sich gegen die örtliche Streikleitung mit dem Ziel richtet, dass diese entsprechend auf die streikbeteiligten Arbeitnehmer einwirkt, ist zulässig. Ein gegen die streikführende Gewerkschaft gerichteter Antrag auf Einwirkung auf die einzelnen Arbeitnehmer soll hingegen unbegründet sein, da zu einer solchen Einwirkung nur diejenigen verpflichtet und in der Lage seien, die unmittelbar mit der Durchführung und Beobachtung der jeweiligen Kampfmaßnahme beauftragt sind (*BAG* 21.6.1988 EzA Art. 9 GG Arbeitskampf Nr. 75). 101

5. Suspendierung und Fristen

Soweit Rechte aus dem Arbeitsverhältnis vom Ablauf bestimmter Fristen abhängen, wird die Zeit der Streikteilnahme angerechnet, soweit die Fristen lediglich auf den Bestand des Arbeitsverhältnisses abstellen, da infolge Streikteilnahme lediglich die Pflichten aus dem Arbeitsverhältnis suspendiert werden, im Übrigen aber das Arbeitsverhältnis fortbesteht (*Däubler* Arbeitskampfrecht Rz. 583). 102

Auf den Bestand des Arbeitsverhältnisses stellen etwa ab: § 1 Abs. 1 KSchG, § 622 Abs. 2 BGB, § 90 Abs. 1 Nr. 1 SGB IX, § 4 BUrlG, § 8 BetrVG, § 1 BetrAVG, § 13 BBiG.

Problematisch ist die Wirkung der Suspendierung auf vertragliche oder tarifliche Jahressonderleistungen. Hier stellt sich die Frage, ob auf Grund des Arbeitsausfalls die Jahressonderleistung zeitanteilig für die Zeit der Streikteilnahme gekürzt werden kann. Ob ein Kürzungsrecht besteht, hängt zum einen von der Fassung der tatbestandlichen Voraussetzungen der Jahressonderzahlung im Tarif- oder Arbeitsvertrag (*BAG* 13.2.2007 EzA Art. 9 GG Arbeitskampf Nr. 138; *LAG Frankf./M.* 17.2.1987 LAGE Art. 9 GG Arbeitskampf Nr. 34), zum anderen aber auch davon ab, ob mit der Prämie ausschließlich die Betriebstreue belohnt werden soll oder diese zumindest auch Entgelt für geleistete Arbeit ist (s.o. Kap. 3 Rn. 1008 ff.). Bei Sonderleistungen mit reinem Entgeltcharakter besteht ein anteiliges Kürzungsrecht (*BAG* 15.2.1990 EzA § 611 BGB Anwesenheitsprämie Nr. 9). Bei Leistungen mit Mischcharakter, die also sowohl Betriebstreue belohnen, als auch geleistete Arbeit vergüten wollen, führt der streikbedingte Arbeitsausfall i.d.R. nicht zu einem Entfall oder zeitanteiliger Kürzung der Jahressonderleistung, da hier in streikfreien Zeiten i.d.R. Arbeitsleistung erbracht wurde und ohne ausdrückliche Kürzungsregelung die Gewährung einer Sonderzahlung nicht an die zusätzliche, ungeschriebene Voraussetzung gebunden ist, dass im Bezugszeitraum eine nicht ganz unerhebliche Arbeitsleistung erbracht wurde (*BAG* 5.8.1992 EzA § 611 BGB Gratifikation, Prämie Nr. 90). Sofern eine betriebliche Regelung besteht, nach der eine Anwesenheitsprämie nur für Monate gezahlt wird, in denen der Arbeitnehmer keinerlei unbezahlte Ausfallzeiten aufweist, führt die Streikteilnahme zum Prämienverlust. Es handelt sich insoweit nicht um eine nach § 612a BGB verbotene Maßregelung (*BAG* 31.10.1995 EzA Art. 9 GG Arbeitskampf Nr. 123). Ein an sich gegebenes anteiliges Kürzungsrecht kann aber 103 auf Grund einer nach Beendigung des Arbeitskampfes zwischen den Tarifpartnern vereinbarten Maßregelungsklausel, nach der das Arbeitsverhältnis und die Betriebszugehörigkeit durch die Arbeitskampfmaßnahme als nicht unterbrochen gelten, soweit Ansprüche oder Anwartschaften von der ununterbrochenen Dauer des Arbeitsverhältnisses abhängen, ausgeschlossen sein (*BAG* 4.8.1987 EzA Art. 9 GG Arbeitskampf Nr. 71).

6. Vergütungsansprüche nicht streikbeteiligter Arbeitnehmer – Arbeitskampfrisiko und suspendierende Betriebs(teil)stilllegung

a) Arbeitskampfrisikolehre

104 Infolge des Streiks, insbes. bei Schwerpunktstreiks kann es zu Beeinträchtigungen auch in solchen Betrieben kommen, die vom Kampfgeschehen nicht unmittelbar selbst betroffen sind, etwa dadurch, dass für die Produktion benötigte Teile nicht geliefert, Zulieferprodukte nicht abgenommen oder betriebsnotwendige Transport- oder Versorgungsunternehmen bestreikt werden. Hierdurch kann es zum Wegfall wirtschaftlich sinnvoller Beschäftigungsmöglichkeiten für die in dem nur mittelbar betroffenen Betrieb beschäftigten Arbeitnehmer kommen, sodass sich die Frage stellt, wie sich die Einschränkung oder der Wegfall der Beschäftigungsmöglichkeit auf die Vergütungsansprüche der Arbeitnehmer des mittelbar betroffenen Betriebs auswirkt. Die gleiche Frage stellt sich für einen unmittelbar vom Kampfgeschehen betroffenen Betrieb- oder Betriebsteil, da bei einem Fortbestand der Vergütungsansprüche arbeitswilliger Arbeitnehmer, die arbeitskampfbedingt nicht beschäftigt werden können, dem Arbeitgeber nicht nur das Risiko des Produktionsstillstandes durch den gegen ihn gerichteten Streik, sondern zusätzlich auch das Risiko der Fortzahlung des Lohnes an die nicht am Streik beteiligten Arbeitnehmer, die infolge der Streikauswirkungen nicht beschäftigt werden können, aufgebürdet würde.

105 Im Grundsatz trägt der Arbeitgeber sowohl das Betriebs- als auch das Wirtschaftsrisiko (*BAG* 22.12.1980 EzA § 615 BGB Betriebsrisiko Nr. 7, 8; s.o. Kap. 3 Rn. 1594 ff., 1310 ff.). Dies gilt aber nach Auffassung des *BAG* (22.12.1980 EzA § 615 BGB Betriebsrisiko Nr. 7; 22.12.1980 EzA § 615 BGB Betriebsrisiko Nr. 8; 14.12.1993 EzA Art. 9 GG Arbeitskampf Nr. 113; 11.7.1995 EzA Art. 9 GG Arbeitskampf Nr. 122) bei arbeitskampfbedingtem Wegfall der Beschäftigungsmöglichkeit in unmittelbar betroffenen Betrieben nicht uneingeschränkt. Unter bestimmten Voraussetzungen greifen vielmehr die Grundsätze des sog. Arbeitskampfrisikos mit der Folge des Entfallens des Vergütungsanspruchs ein: Bei einem unmittelbar streikbetroffenen Betrieb ist zunächst Voraussetzung, dass dem Arbeitgeber die Beschäftigung des Arbeitnehmers unmöglich oder unzumutbar geworden ist (*BAG* 14.12.1993 EzA Art. 9 GG Arbeitskampf Nr. 113). Dies kann etwa bei einem sog. Wellenstreik (kurzzeitiger Streik innerhalb einer Schicht) der Fall sein, wenn sich die Abwehrmaßnahmen des Arbeitgebers z.B. in Form von Produktionskürzungen, Einsatz von Aushilfskräften oder Fremdvergabe von Arbeiten nicht ohne weiteres so begrenzen lassen, dass sie sich nur während der Dauer der einzelnen Kurzstreiks auswirken (*BAG* 12.11.1996 EzA Art. 9 GG Arbeitskampf Nr. 127; 17.2.1997 EzA Art. 9 GG Arbeitskampf Nr. 129; 15.12.1998 EzA Art. 9 GG Arbeitskampf Nr. 132). Bei mittelbar betroffenen Betrieben, stellt das *BAG* (22.12.1980 EzA § 615 BGB Betriebsrisiko Nr. 7) darauf ab, ob die Fernwirkungen eines Streiks bei typisierender Betrachtungsweise das Kräfteverhältnis der kampfführenden Parteien beeinflussen (Kampfparität). Dann tragen beide Seiten das Arbeitskampfrisiko, sodass Beschäftigungs- und Vergütungsansprüche für die Dauer der Störung entfallen. Umgekehrt trägt der Arbeitgeber das Risiko des Schadens infolge Produktionsausfalls. Eine Verlagerung des Lohnrisikos auf die Arbeitnehmer aus arbeitskampfrechtlichen Gründen scheidet aber aus, wenn die Ursache der Produktionseinschränkung auf einer unternehmerischen Fehldisposition beruht. An einer solchen Fehldisposition fehlt es, wenn die Absatzschwierigkeiten schwerwiegend und unvermeidbar waren (*BAG* 22.12.1980 EzA § 615 BGB Betriebsrisiko Nr. 7).

Nach Auffassung des *LAG Bln.* (6.8.1985 LAGE Art. 9 GG Arbeitskampf Nr. 22) ist in einem arbeitsgerichtlichen Verfahren nur zu überprüfen, ob offensichtlich eine unternehmerische Fehldisposition vorliegt. Bei typisierender Betrachtungsweise ist die Kampfparität z.B. dann tangiert, wenn die für den mittelbar betroffenen Betrieb zuständigen Verbände mit den unmittelbar kampfführenden Verbänden identisch oder doch organisatorisch eng verbunden sind (*BAG* 22.12.1980 EzA § 615 BGB Betriebsrisiko Nr. 7). 106

b) Suspendierende Betriebs(teil)stilllegung

Der Arbeitgeber kann einen Vergütungsanspruch nicht streikbeteiligter Arbeitnehmer aber auch dadurch ausschließen, dass er sich als Reaktion auf den Streik und im Umfang des Streikaufrufs entschließt, den bestreikten Betrieb oder Betriebsteil vorübergehend stillzulegen. Einer solchen Stilllegung kommt suspendierende Wirkung zu. 107

Zur Herbeiführung der suspendierenden Wirkung bedarf es neben der Stilllegung einer hinreichend eindeutigen Erklärung gegenüber den betroffenen Arbeitnehmern, nicht aber gegenüber der kampfführenden Gewerkschaft. Eine solche Erklärung kann auch stillschweigend erfolgen, wenn das gesamte Verhalten des Arbeitgebers deutlich macht, dass er sich dem Streik beugen und den Betrieb deshalb nicht weiterführen will. Hierfür reicht aber die bloße Einstellung der Beschäftigung nicht aus (*BAG* 22.3.1994 EzA Art. 9 GG Arbeitskampf Nr. 115; 31.1.1995 EzA Art. 9 GG Arbeitskampf Nr. 119; 11.7.1995 EzA Art. 9 GG Arbeitskampf Nr. 121; 11.7.1995 EzA Art. 9 GG Arbeitskampf Nr. 122; krit. *Fischer/Rüthers* Anm. zu EzA Art. 9 GG Arbeitskampf Nr. 115; *Thüsing* Anm. zu EzA Art. 9 GG Arbeitskampf Nr. 119). Stellt der Betrieb vorübergehend seine Tätigkeit ein, fehlt es aber an einer solchen Erklärung, kann ein Entfall von Vergütungsansprüchen nur unter dem Gesichtspunkt des Arbeitskampfrisikos in Betracht kommen (s.o. Rn. 105). 108

7. Arbeitsverweigerungsrecht bei Zuweisung von Streikbrecherarbeiten

Ein nicht streikender Arbeitnehmer kann die Übernahme direkter, nicht aber indirekter Streikarbeiten verweigern (*BAG* 25.7.1957 AP Nr. 3 zu § 615 BGB Betriebsrisiko; 10.9.1985 EzA Art. 9 GG Arbeitskampf Nr. 60). Direkte Streikarbeit liegt vor, wenn von einem Arbeitnehmer Verrichtungen gefordert werden, die bisher von den Streikenden erledigt wurden und die lediglich wegen des Streiks ihm, in dessen bisherigen Arbeitskreis sie an sich nicht fallen, übertragen werden. 109

Eine ausdrückliche Regelung enthält § 11 Abs. 5 AÜG für Leiharbeitnehmer. Diese sind nicht verpflichtet, bei einem Entleiher tätig zu sein, soweit dieser durch einen Arbeitskampf unmittelbar betroffen ist. Hierauf ist der Leiharbeitnehmer hinzuweisen. Macht der Leiharbeitnehmer von diesem Recht Gebrauch, erfüllt er seine Leistungspflicht aus dem Leiharbeitsvertrag durch bloße Arbeitsbereitschaft, soweit ihm der Verleiher keine andere Arbeit zuweist. Der Vergütungsanspruch bleibt dann bestehen, da die Nutzbarkeit der bereitgehaltenen Arbeitskraft zum Wirtschaftsrisiko des Verleihers gehört (*BAG* 1.2.1973 EzA § 615 BGB Betriebsrisiko Nr. 2). 110

8. Beteiligungsrechte des Betriebsrats

Das Betriebsratsamt eines Arbeitnehmers wird durch einen Arbeitskampf nicht berührt. 111

Der Betriebsrat verliert seine Beteiligungs- und Mitbestimmungsrechte bei einem Arbeitskampf nicht generell. Diese unterliegen aber bestimmten arbeitskampfbedingten Einschränkungen (*BAG GS* 21.4.1971 EzA Art. 9 GG Nr. 6; *BAG* 22.12.1980 EzA § 615 BGB Betriebsrisiko Nr. 7; 22.12.1980 EzA § 615 BGB Betriebsrisiko Nr. 8). Keinen arbeitskampfbedingten Einschränkungen unterliegt der Unterrichtungsanspruch des Betriebsrats nach § 80 Abs. 2 S. 1 BetrVG (*BAG* 10.12.2002 EzA § 80 BetrVG 2001 Nr. 1). 112

a) Personelle Angelegenheiten, insbes. §§ 99, 102, 103 BetrVG

113 Mitbestimmungsrechte des Betriebsrats bei personellen Einzelmaßnahmen (§ 99 Abs. 1 BetrVG) bestehen nicht, soweit sie sich auf arbeitskampfbedingte Maßnahmen beziehen (*BAG* 22.12.1980 EzA § 615 BGB Betriebsrisiko Nr. 7), mit denen der Arbeitgeber kampfbezogen agiert oder reagiert, die arbeitskampfbedingt und unmittelbar auf das Kampfgeschehen bezogen sind (*Wiese* NZA 1984, 378, 381).

Hierunter fallen beispielsweise Versetzungen für die Dauer des Arbeitskampfes, um die Arbeitsplätze streikender Arbeitnehmer zu besetzen, oder Einstellungen, um streikende Arbeitnehmer zu ersetzen, nicht aber Ein- oder Umgruppierungen, da es sich hierbei nur um Vollzug tariflicher Normen ohne Arbeitskampfrelevanz handelt. Bei personellen Einzelmaßnahmen, die nur während, nicht aber wegen des Arbeitskampfes vorgenommen werden, bleibt das Mitbestimmungsrecht des Betriebsrats bestehen.

114 Vom Arbeitskampf unberührt bleibt das Mitbestimmungsrecht des Betriebsrats bei Versetzungen von betriebsverfassungsrechtlichen Funktionsträgern nach § 103 Abs. 3 BetrVG (s.u. Kap. 12 Rn. 724 ff.).

Bei einer dauerhaften Versetzung in einen anderen Betrieb i.S.d. § 103 Abs. 3 BetrVG ist kaum denkbar, dass sie zur Abwendung von arbeitskampfbedingten Folgen notwendig ist. Bei Abwägung der beiderseitigen Interessen gebührt daher dem Schutz der Kontinuität der Amtsführung der Vorrang (GK-BetrVG/*Raab* § 103 Rz. 42).

115 Das in § 99 Abs. 1 BetrVG vorgesehene Informationsrecht des Betriebsrats ist hingegen arbeitskampfneutral und besteht deshalb ohne Einschränkungen auch im Arbeitskampf (GK-BetrVG/*Kraft/Raab* § 99 Rz. 15).

Ist arbeitskampfbedingt eine personelle Einzelmaßnahme i.S.d. § 99 Abs. 1 BetrVG zulässigerweise ohne Mitwirkung des Betriebsrats durchgeführt worden, so lebt das Mitbestimmungsrecht des Betriebsrats nach Beendigung des Arbeitskampfes hinsichtlich dieser Maßnahmen nicht wieder auf, da es dann an den tatbestandlichen Voraussetzungen des Mitbestimmungsrechts fehlt (str., so GK-BetrVG/*Kraft/Raab* § 99 Rz. 16; **a.A.** *Kittner* DKK § 99 Rz. 26).

116 Die Beteiligungsrechte des Betriebsrats nach §§ 102, 103 BetrVG unterliegen im Arbeitskampf ebenfalls Einschränkungen bei arbeitskampfbedingten Kündigungen (*BAG* 14.2.1978 EzA Art. 9 GG Arbeitskampf Nr. 22; 6.3.1979 EzA § 102 BetrVG 1972 Nr. 40; **a.A.** KR-*Etzel* § 102 BetrVG Rz. 26). Bei nicht arbeitskampfbedingten Kündigungen bleiben sie dagegen unberührt. Arbeitskampfbedingt ist eine Kündigung, durch die der Arbeitgeber auf Arbeitskampfmaßnahmen reagiert, etwa Kündigungen streikender Arbeitnehmer, um deren Arbeitsplatz durch arbeitswillige Arbeitnehmer zu besetzen oder um einer durch den Arbeitskampf verursachten Einschränkung Rechnung zu tragen, soweit der Betrieb selbst bestreikt wird oder zum umkämpften Tarifgebiet gehört. Ferner arbeitskampfbedingt sind Kündigungen, die als Reaktion auf Streikexzesse oder auf Arbeitsniederlegungen im Rahmen eines rechtswidrigen Streiks erfolgen. Die Darlegungs- und Beweislast dafür, dass eine Kündigung arbeitskampfbedingt ist, trägt der Arbeitgeber (GK-BetrVG/*Raab* § 102 Rz. 17).

117 Diese Grundsätze gelten auch für Kündigungen gegenüber Mitgliedern des Betriebsrats, des Wahlvorstandes oder Wahlbewerbern. Sind diese arbeitskampfbedingt, bedürfen sie nicht der Zustimmung des Betriebsrats nach § 103 Abs. 1 BetrVG. Der Arbeitgeber hat aber in entsprechender Anwendung des § 103 Abs. 2 BetrVG alsbald die Erteilung der Zustimmung beim Arbeitsgericht zu beantragen (*BAG* 14.2.1978 EzA § 15 KSchG n.F. Nr. 19).

b) Soziale Angelegenheiten, insbesondere Arbeitszeitregelungen

Während eines Arbeitskampfes besteht in unmittelbar vom Arbeitskampf betroffenen Betrieben kein Mitbestimmungsrecht des Betriebsrats nach § 87 Abs. 1 Nr. 2, 3 BetrVG hinsichtlich solcher Veränderungen der betriebsüblichen Arbeitszeit, die vom Arbeitgeber arbeitskampfbedingt und unmittelbar auf das Kampfgeschehen bezogen angeordnet werden (*BAG* 24.4.1979 EzA Art. 9 GG Arbeitskampf Nr. 34; 22.12.1980 EzA § 615 BGB Betriebsrisiko Nr. 7; 22.12.1980 EzA § 615 BGB Betriebsrisiko Nr. 8). 118

Bei der Anordnung von Kurzarbeit in nur mittelbar von Fernwirkungen des Arbeitskampfes betroffenen Betrieben, etwa infolge von Störungen der Zulieferung oder des Absatzes, unterscheidet das *BAG* (22.12.1980 EzA § 615 BGB Betriebsrisiko Nr. 7; 22.12.1980 EzA § 615 BGB Betriebsrisiko Nr. 8) danach, ob nach den Grundsätzen des Arbeitskampfrisikos (s.o. Rn. 104 ff.) beide Seiten, also auch die Arbeitnehmer des mittelbar betroffenen Betriebs, das Arbeitskampfrisiko zu tragen und hinzunehmen haben, dass sie für die Dauer der Störung keine oder nur eingeschränkte Beschäftigungs- und Vergütungsansprüche haben. In diesem Fall ist das »Ob«, d.h. die Voraussetzungen und der Umfang der arbeitskampfbedingten Arbeitszeitverkürzung eine mitbestimmungsfreie Rechtsfrage. Hinsichtlich des »Wie«, d.h. der konkreten Umsetzung bzw. Modalitäten der Arbeitszeitverkürzung (z.B. ab wann, für welche Arbeitnehmer und in welcher Form Kurzarbeit eingeführt werden soll) hat der Betriebsrat nach § 87 Abs. 1 Nr. 2, 3 BetrVG mitzubestimmen. Da der völlige oder teilweise Entfall der Vergütungsansprüche unmittelbare Folge des Arbeitskampfrisikos ist, ist ein Spruch der Einigungsstelle, der über die Regelung der Modalitäten der Arbeitszeitverkürzung hinaus Vergütungsansprüche begründet, rechtswidrig, da es insoweit an einem Mitbestimmungsrecht des Betriebsrats fehlt und daher keine Zuständigkeit der Einigungsstelle besteht (*LAG Hamm* 27.3.1985 LAGE Art. 9 GG Arbeitskampf Nr. 20). Liegt kein Fall vor, in dem die Arbeitnehmer des mittelbar betroffenen Betriebs auch ihrerseits das Arbeitskampfrisiko zu tragen haben, verbleibt es in vollem Umfang bei den Mitbestimmungsrechten des Betriebsrats. Gegebenenfalls muss die Frage im Rahmen einer einstweiligen Verfügung im Beschlussverfahren gerichtlich geklärt werden. 119

Diese Grundsätze gelten auch für sonstige Tatbestände der Mitbestimmung in sozialen Angelegenheiten (vgl. *BAG* 22.12.1980 EzA § 615 BGB Betriebsrisiko Nr. 7; 22.12.1980 EzA § 615 BGB Betriebsrisiko Nr. 8).

c) Mitbestimmung in wirtschaftlichen Angelegenheiten

Nach überwiegender Ansicht (*Brox/Rüthers* Rz. 461–465 m.w.N.) entfallen die Rechte des Betriebsrats nach §§ 111 f. BetrVG, wenn es um arbeitskampfbedingte Betriebsänderungen oder Betriebsstilllegungen geht. 120

9. Zahlung von Prämien an nicht streikbeteiligte Arbeitnehmer

Werden an Arbeitnehmer, die sich nicht am Streik beteiligen, während des laufenden Streiks oder nach dessen Beendigung Sonderzahlungen geleistet oder solche zugesagt, muss der Arbeitgeber wie bei jeder freiwilligen Leistung den arbeitsrechtlichen Gleichbehandlungsgrundsatz beachten und die Leistungsvoraussetzungen so abgrenzen, dass Arbeitnehmer des Betriebs nicht aus sachfremden oder willkürlichen Gründen von der Leistung ausgeschlossen werden (*BAG* 4.8.1987 EzA Art. 9 GG Arbeitskampf Nr. 70). 121

Die Zahlung einer Zulage allein dafür, dass Arbeitnehmer sich an einem Streik nicht beteiligen, stellt nach Ansicht des *BAG* (4.8.1987 EzA Art. 9 GG Arbeitskampf Nr. 70; 28.7.1992 EzA Art. 9 GG Arbeitskampf Nr. 106; 11.8.1992 EzA Art. 9 GG Arbeitskampf Nr. 105; 13.7.1993 EzA Art. 9 GG Arbeitskampf Nr. 112) eine unzulässige Maßregelung dar, wenn die Prämie schon während des Arbeitskampfes zugesagt und gezahlt wurde 122

(*BAG* 4.8.1987 EzA Art. 9 GG Arbeitskampf Nr. 70; 28.7.1992 EzA Art. 9 GG Arbeitskampf Nr. 106; 11.8.1992 EzA Art. 9 GG Arbeitskampf Nr. 105; 13.7.1993 EzA Art. 9 GG Arbeitskampf Nr. 112). Auch die Streikenden haben einen entsprechenden Zahlungsanspruch.

123 Nach anderer Auffassung (*Belling* NZA 1990, 214; *von Hoyningen-Huene* DB 1989, 1466) ist die Zahlung einer solchen Prämie ein zulässiges Arbeitskampfmittel. Der Arbeitgeber müsse ein Wahlrecht zwischen der Aussperrung und dem Versuch haben, durch Versprechen einer Prämie möglichst viele Arbeitnehmer von der Streikteilnahme abzuhalten.

124 Sachlich gerechtfertigt kann eine unterschiedliche Behandlung dann sein, wenn bei der Zusage der Prämie nicht nach der Streikbeteiligung differenziert wird, sondern diese als Ausgleich für Belastungen zugesagt wurde, denen die Begünstigten während des Streiks infolge einer Erschwerung der Arbeitsbedingungen ausgesetzt waren.

125 Psychische Belastungen und bei einem Streik üblicherweise auftretende Erschwerungen der Arbeit reichen jedoch nicht aus. Es muss sich um Belastungen handeln, die erheblich über das normale Maß hinausgehen, das mit jeder Streikarbeit verbunden ist (*BAG* 28.7.1992 EzA Art. 9 GG Arbeitskampf Nr. 106). Nach Auffassung des *LAG RhPf* (30.5.1996 LAGE Art. 9 GG Arbeitskampf Nr. 62) soll eine besondere Belastung vorliegen, wenn der Arbeitnehmer während eines Arbeitskampfes eine Tätigkeit übernimmt, die er nach dem Arbeitsvertrag nicht schuldet.

10. Arbeitskampf und schuldrechtliche Leistungspflichten

126 Infolge des Streiks kann es dazu kommen, dass der Unternehmer vertragliche Leistungspflichten Dritten gegenüber nicht oder nicht rechtzeitig erfüllen kann.

127 Soweit dieses Risiko nicht bereits durch entsprechende AGB beschränkt wird (vgl. dazu mit Beispielen: *Däubler* Arbeitskampfrecht Rz. 834g, h), scheidet nach h.M. (*Richardi* RdA 1986, 146, 154 f.; *Colneric* a.a.O. Rz. 837 ff.) eine Haftung des Unternehmers aus Verzug oder Unmöglichkeit aus.

128 Es liegt kein Verschulden i.S.d. § 276 Abs. 1 Satz 1 BGB vor und auch eine Zurechnung nach § 278 BGB scheidet aus, gleich ob der Streik rechtmäßig ist oder nicht, da der Unternehmer zu einem Nachgeben im Arbeitskampf nicht verpflichtet ist. Entsprechendes gilt bei Leistungsstörungen infolge rechtmäßiger Aussperrung (*Richardi* a.a.O., 155; *Brox/Rüthers* Rz. 384 f.).

II. Die suspendierende Aussperrung

1. Suspendierung der Hauptleistungspflichten

129 Durch die rechtmäßige Abwehraussperrung werden die wechselseitigen Hauptpflichten aus dem Arbeitsvertrag suspendiert (*BAG GS* 21.4.1971 EzA Art. 9 GG Nr. 6; *BAG* 26.4.1988 EzA Art. 9 GG Arbeitskampf Nr. 74), d.h. Arbeits- und Vergütungspflicht entfallen.

130 Annahmeverzug des Arbeitgebers gem. § 615 BGB tritt nicht ein. Schadensersatz- oder Unterlassungsansprüche scheiden aus. Eine Pflicht der Arbeitnehmer zur Durchführung von Erhaltungs- oder Notstandsarbeiten besteht nicht, da es dem Arbeitgeber freisteht, solche Arbeitnehmer von der Aussperrung auszunehmen, deren Tätigkeit er als unabdingbar betrachtet (*Däubler* Arbeitskampfrecht Rz. 1054).

2. Aussperrung und sonstige Arbeitsbefreiung

Ein bewilligter **Urlaub** wird nicht dadurch widerrufen, dass der Arbeitgeber die Arbeitnehmer des Betriebs für eine Zeit aussperrt, in die der bewilligte Urlaub ganz oder teilweise fällt (*BAG* 31.5.1988 EzA Art. 9 GG Arbeitskampf Nr. 78), da der Widerruf eines einmal bewilligten Urlaubs und erst recht eines bereits angetretenen nur in Ausnahmefällen, an deren Vorliegen strenge Anforderungen zu stellen sind, zulässig ist und daher zumindest dem Arbeitnehmer gegenüber eindeutig erklärt werden muss. Unerheblich ist, ob der Urlaub bei Beginn der Aussperrung schon angetreten ist oder erst im Laufe der Aussperrung beginnt. In den Urlaub fallende gesetzliche Feiertage sind nach § 2 EFZG zu bezahlen. Bei gesetzlichen **Feiertagen** entfällt im Übrigen die Vergütungsfortzahlungspflicht nach § 2 EFZG, da im Falle der Aussperrung der Feiertag nicht die alleinige Ursache des Arbeitsausfalls ist (*BAG* 31.5.1988 EzA Art. 9 GG Arbeitskampf Nr. 78). Auch **arbeitsunfähige Arbeitnehmer** können ausgesperrt werden mit der Folge, dass kein Lohnfortzahlungsanspruch besteht, da dann die Arbeitsunfähigkeit nicht alleinige Ursache der Arbeitsverhinderung ist (*BAG* 7.6.1988 EzA Art. 9 GG Arbeitskampf Nr. 78). Sofern **Mitglieder des Betriebsrats** ausgesperrt werden, entfällt ein Entgeltanspruch auch dann, wenn sie während der Aussperrung Betriebsratsaufgaben wahrgenommen haben, da auch der Anspruch nach § 37 Abs. 2 BetrVG nur ein über diese Vorschrift vermittelter Anspruch auf Arbeitsvergütung nach § 611 Abs. 1 BGB ist und daher infolge Suspendierung entfällt (*BAG* 10.3.1987 EzA Art. 9 GG Arbeitskampf Nr. 89). 131

3. Abkehrrecht der Ausgesperrten

Der suspendierend ausgesperrte Arbeitnehmer kann durch einseitige, empfangsbedürftige Willenserklärung das Arbeitsverhältnis ohne Einhaltung einer Frist endgültig lösen, um ggf. ein anderes Arbeitsverhältnis einzugehen (*BAG GS* 21.4.1971 EzA Art. 9 GG Nr. 6). 132

4. Suspendierung und Fristen

Es gelten die gleichen Grundsätze wie bei einem rechtmäßigen Streik. Insoweit wird auf die dortigen Ausführungen und Nachweise verwiesen (s.o. Rn. 102 f.). 133

5. Mittelbare Folgen der Aussperrung – Arbeitskampfrisiko

Es gelten die Ausführungen zum Streik entsprechend (s.o. Rn. 104 f.). 134

6. Beteiligungsrechte des Betriebsrats

Auch hier kann auf die entsprechenden Ausführungen zum Streik verwiesen werden (s.o. Rn. 111 ff.). 135

Bei unmittelbar der Durchführung der Aussperrung dienenden Maßnahmen, wie etwa der Änderung von Werksausweisen zur Unterscheidung der nicht ausgesperrten von den ausgesperrten Arbeitnehmern (*BAG* 16.12.1986 EzA Art. 9 GG Arbeitskampf Nr. 64), besteht kein Mitbestimmungsrecht des Betriebsrats. 136

Gleiches gilt bei sonstigen arbeitskampfrelevanten, arbeitskampfbedingten Maßnahmen.

7. Leistungsstörungen infolge Aussperrung

Die dargestellten Grundsätze (s.o. Rn. 126 f.) gelten auch bei Leistungsstörungen infolge rechtmäßiger Aussperrung (*Richardi* RdA 1986, 146, 155). 137

III. Lösende Aussperrung

1. Beendigung des Arbeitsverhältnisses

138 Die lösende Aussperrung führt als kollektivrechtlicher Lösungstatbestand eigener Art zur Beendigung des Arbeitsverhältnisses. Allerdings vernichtet nach Auffassung des *BAG* (15.6.1964 AP Nr. 36 zu Art. 9 GG Arbeitskampf) auch die lösende Aussperrung das zwischen Arbeitgeber und Arbeitnehmer bestehende arbeitsvertragliche Band nicht völlig.

Im Falle der Wiedereinstellung bestehen erworbene Anwartschaften fort.

2. Wiedereinstellungsanspruch

139 Nach dem Ende einer lösenden Aussperrung ist der Arbeitgeber grds. verpflichtet, sich auf Verhandlungen über die Wiedereinstellung einzulassen.

Aus dem Gebot der Verhältnismäßigkeit folgt, dass ungeachtet der lösenden Wirkung der bestehende Bestandsschutz der Arbeitsverhältnisse beachtet wird. Deshalb müssen ausgesperrte Arbeitnehmer grds. wieder eingestellt werden, soweit die Arbeitsplätze noch vorhanden sind. Die Wiedereinstellungsentscheidung ist nach billigem Ermessen (§ 315 BGB) zu treffen, was arbeitsgerichtlich überprüfbar ist. Verboten sind Diskriminierungen. Berücksichtigt werden können Art des Arbeitskampfes, Erkennbarkeit der Rechtswidrigkeit eines Streiks für den Arbeitnehmer und das Ausmaß der Beteiligung sowie die anderweitige Besetzung des Arbeitsplatzes oder der endgültige Wegfall des Arbeitsplatzes während des Arbeitskampfes.

140 Sind von mehreren gleichartigen Arbeitsplätzen nur Einzelne weggefallen, ist auch die Frage sachgerechter Auswahl unter Berücksichtigung der Kriterien des § 1 Abs. 3 KSchG zu prüfen (*BAG GS* 21.4.1971 EzA Art. 9 GG Nr. 6; *BAG* 15.6.1964 AP Nr. 36 zu Art. 9 GG Arbeitskampf).

D. Die Rechtsfolgen des rechtswidrigen Arbeitskampfes

I. Streik

1. Keine Suspendierung – Verletzung der Arbeitspflicht

141 Ist der Streik rechtswidrig, tritt keine Suspendierung der Arbeitspflicht ein (*BAG* 12.1.1988 EzA Art. 9 GG Arbeitskampf Nr. 73) und die Vorenthaltung der Arbeitsleistung ist auf Grund der darin liegenden Verletzung der Arbeitspflicht rechtswidrig.

Eine Vergütungspflicht des Arbeitgebers besteht auf Grund der Nichterbringung der geschuldeten Arbeitsleistung nicht, §§ 275 Abs. 1, 326 Abs. 1 BGB.

2. Abmahnung

142 Da keine Suspendierung der Arbeitspflicht eintritt, verletzt der Arbeitnehmer, der sich an einem rechtswidrigen Streik beteiligt, die ihm obliegende Hauptpflicht aus dem Arbeitsvertrag. Diese Pflichtverletzung kann Gegenstand einer Abmahnung sein.

3. Kündigung

Die Arbeitspflichtverletzung durch Teilnahme an einem rechtswidrigen Streik kann den Arbeitgeber ggf. zu einer fristlosen oder fristgerechten Kündigung berechtigen. 143

Der Arbeitgeber hat ein Wahlrecht, ob er auf einen rechtswidrigen Streik mit kollektiv-rechtlichen Mitteln, insbes. der suspendierenden Abwehraussperrung, oder mit Kündigungen reagiert (*BAG GS* 21.4.1971 EzA Art. 9 GG Nr. 6; *BAG* 29.11.1983 EzA Art. 9 GG Arbeitskampf Nr. 61). 144

Die Wirksamkeit der außerordentlichen Kündigung ist an § 626 BGB, die Wirksamkeit einer ordentlichen Kündigung im Anwendungsbereich des KSchG an §§ 1, 2 KSchG zu messen. § 25 KSchG führt nicht zur Unanwendbarkeit des KSchG, da der Arbeitgeber gerade nicht mit kollektiv-rechtlichen Mitteln auf den rechtswidrigen Streik reagiert (*BAG GS* 21.4.1971 Art. 9 GG Nr. 6). Der Sonderkündigungsschutz nach § 15 KSchG für betriebsverfassungsrechtliche Funktionsträger bleibt ebenso bestehen wie der Massenkündigungsschutz nach §§ 17 ff. KSchG (KR/*Weigand* § 25 KSchG Rz. 7 m.w.N.). Beteiligungsrechte des Betriebsrats nach § 102 BetrVG bestehen nicht (*BAG* 14.2.1978 EzA Art. 9 GG Arbeitskampf Nr. 22, 24). Bei Kündigungen gegenüber dem in § 103 Abs. 1 BetrVG genannten Personenkreis ist in entsprechender Anwendung von § 103 Abs. 2 BetrVG alsbald die Erteilung der Zustimmung beim Arbeitsgericht zu beantragen (*BAG* 14.2.1978 EzA § 15 KSchG n.F. Nr. 19). 145

Die Teilnahme an einem rechtswidrigen Streik ist Arbeitsvertragsbruch, der nach § 626 BGB ggf. nach vorheriger Abmahnung zur fristlosen Kündigung berechtigen kann (*BAG* 14.2.1978 EzA Art. 9 GG Arbeitskampf Nr. 22; 17.12.1976 EzA Art. 9 GG Arbeitskampf Nr. 20). Bei der im Rahmen der Prüfung des § 626 Abs. 1 BGB vorzunehmenden Interessenabwägung sind alle vernünftigerweise in Betracht kommenden Umstände des Einzelfalles zu beachten und die Interessen der Parteien vollständig gegeneinander abzuwägen (s.o. Kap. 4 Rn. 1356 ff.). Hierbei sind insbes. zu berücksichtigen die Erkennbarkeit der Rechtswidrigkeit des Streiks für den einzelnen Arbeitnehmer, der Grad der Beteiligung des Arbeitnehmers am rechtswidrigen Arbeitskampf, der bestehende Solidarisierungsdruck und ein eventuelles rechtswidriges, die Arbeitsniederlegung mit auslösendes Verhalten des Arbeitgebers (*BAG* 14.2.1978 EzA Art. 9 GG Arbeitskampf Nr. 22; 29.11.1983 EzA Art. 9 GG Arbeitskampf Nr. 61). Beurteilen Gewerkschaft und Arbeitgeber die Rechtmäßigkeit des Streiks unterschiedlich, ist zugunsten des Arbeitnehmers zu berücksichtigen, dass er auf die Richtigkeit der Ansicht der Gewerkschaft vertraut hat. Die tatsächliche Vermutung, dass ein gewerkschaftlich getragener Streik rechtmäßig ist, bedeutet hingegen nicht, dass auch Dritte subjektiv auf die Rechtmäßigkeit des Streiks vertrauen konnten. Diese Tatsache kann aber die Annahme rechtfertigen, dass die Rechtswidrigkeit des Streiks für den Arbeitnehmer nicht erkennbar war (*BAG* 29.11.1983 EzA Art. 9 GG Arbeitskampf Nr. 61). Auch bei einer ordentlichen Kündigung bedarf es einer einzelfallbezogenen Interessenabwägung zur Überprüfung der Frage sozialer Rechtfertigung der Kündigung aus verhaltensbedingten Gründen (s.o. Kap. 4 Rn. 2381 ff.). In diese Abwägung sind die bei der fristlosen Kündigung genannten Gesichtspunkte ebenfalls mit einzubeziehen (*BAG* 29.11.1983 EzA Art. 9 GG Arbeitskampf Nr. 61). 146

Nach der Rechtsprechung des *BAG* (21.10.1969 EzA § 626 BGB n.F. Nr. 1; 17.12.1976 EzA Art. 9 GG Arbeitskampf Nr. 20) ist der Gleichbehandlungsgrundsatz auf das Gestaltungsrecht der Kündigung nicht anwendbar und daher auch eine sog. herausgreifende Kündigung zulässig. 147

Im Schrifttum ist dies umstritten (vgl. KR/*Weigand* § 25 KSchG Rz. 22 m.w.N.).

4. Schadensersatzansprüche

148 Infolge des rechtswidrigen Streiks können sich deliktische und schuldrechtliche Schadensersatzansprüche ergeben, wobei zwischen Ansprüchen gegen die am Streikgeschehen beteiligten Arbeitnehmer und solchen gegen die Gewerkschaft zu unterscheiden ist (vgl. *Wendeling-Schröder* NZA 1993, 49 ff. zu den in Betracht kommenden Schadenspositionen).

a) Deliktische Ansprüche

149 Deliktische Schadensersatzansprüche können sich ergeben aus §§ 823 Abs. 1, 823 Abs. 2 und 826 BGB. § 823 Abs. 2 und § 826 BGB haben in der jüngeren Rechtsprechung des BAG angesichts der Ausweitung der Haftung nach § 823 Abs. 1 BGB keine Rolle gespielt. Die Haftungstatbestände der §§ 826, 823 Abs. 2 BGB sind gegenüber einer Haftung nach § 823 Abs. 1 BGB nicht vorrangig zu prüfen (*BAG* 21.6.1988 EzA Art. 9 GG Arbeitskampf Nr. 76).

aa) § 823 Abs. 1 BGB

150 Schadensersatzansprüche auf Grund des rechtswidrigen Streiks können sich zunächst aus § 823 Abs. 1 BGB ergeben.

151 Geschütztes Rechtsgut dieser Vorschrift ist auch der eingerichtete und ausgeübte Gewerbebetrieb, wobei eine Schadensersatzpflicht einen unmittelbaren Eingriff in dieses Rechtsgut voraussetzt.

152 Das Kriterium der Unmittelbarkeit ist dabei kein Tatsachenbegriff, sondern Wertungskriterium und wird dahin umschrieben, dass der Eingriff irgendwie gegen den Betrieb als solchen gerichtet, also betriebsbezogen ist und nicht nur vom Gewerbebetrieb ohne weiteres ablösbare Rechte oder Rechtsgüter betrifft. Die Rechtswidrigkeit des Eingriffs wird nicht wie bei einer Verletzung der sonstigen in § 823 Abs. 1 BGB aufgeführten Rechtsgüter durch den Eingriff selbst indiziert, sondern ist in jedem Einzelfall unter Heranziehung aller Umstände zu prüfen.

153 Der rechtswidrige Streik stellt grds. einen solchen rechtswidrigen Eingriff in das Recht am eingerichteten und ausgeübten Gewerbebetrieb dar (*BAG* 9.4.1991 EzA Art. 9 GG Arbeitskampf Nr. 98; 7.6.1988 EzA Art. 9 GG Arbeitskampf Nr. 80). Gleiches gilt für anlässlich eines rechtmäßigen Streiks begangene Streikexzesse (s.o. Rn. 47 ff.).

154 Der Haftung unterliegen die am Streikgeschehen beteiligten Arbeitnehmer (*BAG* 7.6.1988 EzA Art. 9 GG Arbeitskampf Nr. 80), wobei mehrere Arbeitnehmer nach § 840 BGB als Gesamtschuldner haften. Ferner besteht auch eine Haftung der einen rechtswidrigen Streik führenden Gewerkschaft (*BAG* 21.3.1978 EzA Art. 9 GG Arbeitskampf Nr. 25). An einem Verschulden kann es fehlen, wenn sich die Gewerkschaft zwar in einem vermeidbaren und damit ein Verschulden nicht ausschließenden Rechtsirrtum befand, ihr aber gleichwohl nicht zugemutet werden kann, auf die Durchsetzung einer neuartigen, in ihrer rechtlichen Zulässigkeit jeweils mit beachtlichen Gründen kontrovers diskutierten tariflichen Regelung, hinsichtlich derer noch keine höchstrichterliche Entscheidung vorliegt, zu verzichten, da anders eine endgültige Klärung der Rechtsfrage nicht zu erreichen ist (*BAG* 21.3.1978 EzA Art. 9 GG Arbeitskampf Nr. 25). Im Falle von Streikexzessen kommt eine Haftung der Gewerkschaft unter den Voraussetzungen der §§ 831 bzw. 31 BGB analog in Betracht (s.o. Rn. 98 ff.). Das *BAG* (20.12.1963 EzA Art. 9 GG Arbeitskampf Nr. 8) hält weiter eine gesamtschuldnerische Haftung von Gewerkschaft und rechtswidrig streikenden Arbeitnehmern für möglich, wenn die Gewerkschaft zwar den Streik nicht beginnt und auch nicht übernimmt, aber durch finanzielle Zuwendungen die Streikenden in ihrem Streikwillen bestärkt und deshalb Gehilfin i.S.d. § 830 Abs. 2 BGB ist.

Vereinbaren die Koalitionen nach Beendigung des Arbeitskampfes im Rahmen sog. Maßregelungsverbote Schadensersatzverzichtklauseln, kann dies nicht mit normativer Wirkung im Hinblick auf Schadensersatzansprüche des einzelnen Arbeitgebers erfolgen. Dem steht § 4 Abs. 1 TVG entgegen (*BAG* 8.11.1988 EzA Art. 9 GG Arbeitskampf Nr. 91). Möglich ist nur ein schuldrechtlicher Verzicht, für den die Koalitionen entsprechende Vertretungsmacht ihrer Mitglieder benötigen, die aber nicht schon durch Verbandsbeitritt begründet wird (*Brox/Rüthers* Rz. 273). **155**

Anspruchsinhaber ist der jeweils betroffene Arbeitgeber. U. U. kann auch ein Schadensersatzanspruch des Arbeitgeberverbandes aus § 823 Abs. 1 BGB bestehen, da das aus Art. 9 Abs. 3 GG gewährleistete Recht der Koalitionen auf Dasein und Betätigung Rechtsgutcharakter i.S.d. § 823 Abs. 1 BGB hat (*BAG* 26.4.1988 EzA Art. 9 GG Arbeitskampf Nr. 74). **156**

Ein Schadensersatzanspruch des Verbands wird jedoch i.d.R. am Nichteintritt eines Schadens und daran scheitern, dass sich das Verhalten der Gewerkschaft nicht gerade gegen die Existenz oder Betätigung der gegnerischen Koalition richtet (vgl. *Brox/Rüthers* Rz. 369). **157**

bb) § 823 Abs. 2 BGB

Weiter können Schadensersatzansprüche nach § 823 Abs. 2 BGB bestehen, sofern die streikbeteiligten Arbeitnehmer oder die kampfführende Gewerkschaft ein Schutzgesetz i.S.d. Vorschrift verletzen (*Brox/Rüthers* Rz. 371). Erforderlich ist der Verstoß gegen eine Rechtsnorm, die gerade dem Schutz des Geschädigten vor Verletzung seiner Rechte, Rechtsgüter oder rechtlich geschützter Interessen dient. Als solche kommen etwa die Straftatbestände der Nötigung und Erpressung, §§ 240, 253 StGB, in Betracht. Ob das Arbeitskampfverbot des § 74 Abs. 2 S. 1 BetrVG (entsprechend § 66 Abs. 2 BPersVG) Schutzgesetz zugunsten des Arbeitgebers ist, ist streitig, wird aber überwiegend verneint, da die Norm nur betriebsverfassungsrechtliche Verpflichtungen der Betriebspartner, nicht aber individualrechtliche Verhaltenspflichten festlegt (GK-BetrVG/*Kreutz* § 74 Rz. 94 m.w.N.; **a.A.** *Brox/Rüthers* Rz. 371). **158**

cc) § 826 BGB

Grundlage deliktischer Schadensersatzansprüche kann schließlich § 826 BGB sein, was eine vorsätzliche Schadenszufügung durch eine sittenwidrige Handlung voraussetzt. Sittenwidrig ist eine Handlung, wenn sie mit dem allgemeinen Anstands- und Billigkeitsgefühl im Zeitpunkt der Vornahme der Handlung nicht übereinstimmt, wobei die Grenzen flüssig sind und stets eine Prüfung aller Umstände des Einzelfalls erforderlich ist (*Brox/Rüthers* Rz. 372). Die Sittenwidrigkeit kann sich etwa daraus ergeben, dass der Einsatz der gewählten Kampfmittel außer Verhältnis zu dem verfolgten Ziel steht, weil die Kampfmittel beim bestreikten Unternehmen eine Begrenzung der nachteiligen Folgen über das gebotene Maß hinaus erschweren und in ungewöhnlichem Maß Unbeteiligte Nachteile und Belastungen in Kauf nehmen müssen (*BGH* 31.1.1978 AP Nr. 61 zu Art. 9 GG Arbeitskampf). Der Vorsatz muss die gesamten Schadenfolgen umfassen; einen Schaden, den der Täter nicht zumindest eventualiter gewollt hat, ist aus § 826 BGB nicht zu ersetzen. **159**

b) Schuldrechtliche Schadensersatzansprüche

aa) §§ 280, 283 BGB

Durch den rechtswidrigen Streik wird die Arbeitspflicht nicht suspendiert, sodass die Verletzung der Arbeitspflicht rechtswidrig ist. Hat der Arbeitnehmer die Nichterbringung der Arbeitsleistung zu vertreten, so besteht ein Schadensersatzanspruch aus §§ 280, 283 BGB. Zu berücksichtigen ist ein eventuelles Mitverschulden (§ 254 BGB) des Arbeitgebers, etwa dann, wenn er es unterlässt, die Arbeitnehmer auf die Unrechtmäßigkeit der Kampfhandlungen **160** hinzuweisen (*Brox/Rüthers* Rz. 332). Überwiegend wird eine gesamtschuldnerische Haftung der streikenden Arbeitnehmer angenommen (*BAG* 17.12.1958 AP Nr. 16 zu Art. 9 GG Arbeitskampf), während nach anderer Auffassung (*Brox/Rüthers* Rz. 333; *Däubler* Arbeitskampfrecht Rz. 1141) nur eine Haftung für den vom jeweiligen Arbeitnehmer selbst verursachten Schaden und bei Fehlen eines begrenzten Teilschadens eine anteilige Haftung befürwortet wird.

bb) Positive Forderungsverletzung des Tarifvertrages

161 Eine Haftung der Gewerkschaft kann sich aus dem Rechtsinstitut der positiven Forderungsverletzung ergeben, wenn sie gegen die tarifliche Friedenspflicht durch eigene Streikführung, Unterstützung eines wilden Streiks oder Vernachlässigung ihrer Einwirkungspflicht verstoßen hat (MünchArbR/*Otto* § 289 Rz. 25).

162 Ein Verschulden ihrer Erfüllungsgehilfen bzw. Organe muss sich die Gewerkschaft nach § 278 BGB bzw. § 31 BGB zurechnen lassen. Gläubiger des Anspruchs können sowohl die betroffenen Tarifpartner als auch deren Mitglieder sein, da es sich bei der Friedenspflicht um eine Verpflichtung mit Schutzwirkung für Dritte handelt und die einzelnen Arbeitgeber als Verbandsmitglieder in deren Schutzbereich mit einbezogen sind (*Brox/Rüthers* Rz. 367; *ArbG Stuttgart* 22.3.1988 EzA § 1 TVG Friedenspflicht Nr. 5).

5. Unterlassungsansprüche

163 Der rechtswidrige Streik begründet neben Schadensersatzansprüchen auch Unterlassungsansprüche gegenüber den streikbeteiligten Arbeitnehmern und der kampfbeteiligten Gewerkschaft. Anspruchsinhaber kann der einzelne Arbeitgeber, in bestimmten Konstellationen auch der Arbeitgeberverband sein. Darüber hinaus bestehen Unterlassungsansprüche bei Exzesshandlungen anlässlich eines rechtmäßigen Streiks (s.o. Rn. 98 ff.).

a) Deliktische Unterlassungsansprüche

164 Soweit ein Streik rechtswidrig ist, liegt ein Eingriff in den eingerichteten und ausgeübten Gewerbebetrieb vor. Es besteht daher auch ein quasi-negatorischer Unterlassungsanspruch entsprechend § 1004 Abs. 1 BGB.

Dieser kann sich gegen den einzelnen Arbeitnehmer richten, aber auch gegen die Gewerkschaft, die den rechtswidrigen Streik führt, veranlasst oder unterstützt. Anspruchsinhaber ist der betroffene Arbeitgeber. Daneben besteht gegenüber der kampfbeteiligten Gewerkschaft auch ein Unterlassungsanspruch des Arbeitgeberverbandes nach § 1004 BGB i.V.m. § 823 Abs. 1 BGB und Art. 9 GG, da durch rechtswidrige Arbeitskampfmaßnahmen das Recht auf koalitionsmäßige Betätigung des Arbeitgeberverbandes in unzulässiger Weise verletzt wird (*BAG* 8.11.1988 EzA Art. 9 GG Nr. 91; 26.4.1988 EzA Art. 9 GG Arbeitskampf Nr. 74; *LAG Bln.-Bra.* 28.9.2007 LAGE Art. 9 GG Arbeitskampf Nr. 78 a).

165 Ein drohender rechtswidriger Streik kann dabei nach überwiegender Ansicht auch im Wege der einstweiligen Verfügung untersagt werden, wobei allerdings strenge Anforderungen zu stellen sind, da durch eine Unterlassungsverfügung in das Kampfgleichgewicht eingegriffen werden kann. Die Rechtswidrigkeit muss positiv festgestellt werden; eine bloße Wahrscheinlichkeit reicht nicht aus (*LAG Köln* 14.6.1996 LAGE Art. 9 GG Arbeitskampf Nr. 63; MünchArbR/*Otto* § 293 Rz. 31 ff.; GMPM-G/*Germelmann* § 62 Rz. 91 ff.).

b) Schuldrechtliche Unterlassungsansprüche

> Soweit ein Arbeitskampf gegen die tarifvertragliche Friedenspflicht verstößt, besteht ein Unterlassungsanspruch des Arbeitgeberverbandes gegen die Gewerkschaft als unmittelbarer tarifvertraglicher Erfüllungsanspruch. 166

Ob auch dem einzelnen Arbeitgeber auf Grund seiner Verbandsmitgliedschaft ein Unterlassungsanspruch zusteht, ist streitig (abl. *LAG Frankf.* 23.4.1985 LAGE § 1 TVG Friedenspflicht Nr. 1; MünchArbR/*Otto* § 289 Rz. 4; bejahend *ArbG Stuttg.* 22.3.1988 EzA § 1 TVG Friedenspflicht Nr. 5). Die Beantwortung dieser Frage hängt von der rechtlichen Einordnung der Friedenspflicht ab: Qualifiziert man den Tarifvertrag insoweit als Vertrag zugunsten Dritter (so wohl *BAG* 31.10.1958, 14.11.1958 AP Nr. 2, 4 zu § 1 TVG Friedenspflicht; *ArbG Stuttg.* 22.3.1988 EzA § 1 TVG Friedenspflicht Nr. 5), auch also zugunsten der verbandszugehörigen Arbeitgeber, stehen diesen auch unmittelbar Erfüllungsansprüche aus der tarifvertraglichen Friedenspflicht zu. Geht man dagegen nur von einem Vertrag mit Schutzwirkung für Dritte aus, bestehen nur vertragliche Schadensersatzansprüche (*Brox/Rüthers* Rz. 220).

> Gegenüber dem einzelnen Arbeitnehmer kommt ein vertraglicher Unterlassungsanspruch in Betracht, wenn dieser durch die Teilnahme am Arbeitskampf seine arbeitsvertragliche Nebenpflichten verletzt, etwa durch arbeitsvertragswidrigen Aufruf der Kollegen zum Arbeitskampf oder Unterstützung von rechtswidrigen Kampfhandlungen (*Brox/Rüthers* Rz. 329). 167

6. Einwirkungspflichten

> Bei einem nicht gewerkschaftlich getragenen Streik kann die Arbeitgeberseite als Folge einer tarifvertraglichen Friedenspflicht von der Gewerkschaft Einwirkung auf die Streikenden verlangen, etwa in Form von Arbeitsaufrufen, Warnungen oder notfalls Verbandsausschluss (*Brox/Rüthers* Rz. 361; *Däubler* Arbeitskampfrecht Rz. 1292). 168

Eine entsprechende Leistungsklage muss kein bestimmtes Einwirkungsmittel angeben (*BAG* 29.4.1992 EzA § 1 TVG Durchführungspflicht Nr. 2).

7. Fristen und Anwartschaften

Hier kann auf die Ausführungen zu den Rechtsfolgen des rechtmäßigen Streiks verwiesen werden (s.o. Rn. 102 f.). Vorbehaltlich einer Kündigung bleibt auch bei einem rechtswidrigen Streik der Bestand des Arbeitsverhältnisses unberührt (*Brox/Rüthers* Rz. 325 ff.). 169

8. Mittelbare Streikfolgen

Während sich bei Fernwirkungen des rechtmäßigen Streiks das Bestehen eines Vergütungsanspruchs der Arbeitnehmer, deren Beschäftigungsmöglichkeit auf Grund der Fernwirkungen in Wegfall kommt, nach den Grundsätzen des sog. Arbeitskampfrisikos bemisst (s.o. Rn. 104 ff.), liegen neuere Entscheidungen des BAG zur Vergütungspflicht bei mittelbaren Auswirkungen des rechtswidrigen Streiks nicht vor. Ob auch hier die Grundsätze des Arbeitskampfrisikos eingreifen, ist streitig (bejahend *Löwisch* BB 1982, 1373 [1377]; abl. *Däubler* Arbeitskampfrecht Rz. 1196; MünchArbR/*Otto* § 290 Rz. 56 ff.) und im Hinblick darauf, dass die auf die Kampfparität bezogenen Erwägungen des BAG angesichts der zugunsten des bestreikten Arbeitgebers bestehenden Unterlassungs- und Schadensersatzansprüche nicht ohne weiteres übertragbar sind, problematisch. 170

171 Zumindest verlieren arbeitswillige Arbeitnehmer bei einem nicht gewerkschaftlich getragenen (wilden) Teilstreik in dem Betrieb, in dem sie beschäftigt sind, bei Wegfall einer Beschäftigungsmöglichkeit ihre Vergütungsansprüche (*BAG* 25.7.1957 AP Nr. 3 zu § 615 BGB Betriebsrisiko).

9. Beteiligungsrechte des Betriebsrats

172 Auch im Falle des rechtswidrigen Streiks bestehen Beteiligungsrechte des Betriebsrats bei arbeitskampfbedingten Maßnahmen nach überwiegender Auffassung nur eingeschränkt (s.o. Rn. 111 ff.; MünchArbR/*Matthes* § 331 Rz. 9 ff. m.w.N.).

10. Folgen für einen bestehenden Tarifvertrag

173 Verstößt der Streik gegen die tarifvertragliche Friedenspflicht, so kann die andere Tarifvertragspartei die Erfüllung ihrer schuldrechtlichen Pflichten (*Däubler* Arbeitskampfrecht Rz. 1294), also auch der eigenen Friedenspflicht, gem. § 320 BGB solange verweigern, bis die Gewerkschaft sich wieder vertragsgemäß verhält. Der Arbeitgeberverband kann also seine Einwirkung auf das Verhalten seiner Mitglieder im Interesse eines friedlichen Verhaltens beenden und ihnen auch die Vornahme tarifwidriger Kampfhandlungen freistellen (*Brox/Rüthers* Rz. 362).

174 Eine Beteiligung der Gewerkschaft an rechtswidrigen Streikmaßnahmen kann die andere Tarifvertragspartei im Einzelfall berechtigen, den Tarifvertrag fristlos aus wichtigem Grund zu kündigen. Auch schwerwiegende, insbes. grob schuldhafte Verstöße gegen die Friedenspflicht können ein Recht zur fristlosen Kündigung geben (*Däubler* Arbeitskampfrecht Rz. 1294; *Brox/Rüthers* Rz. 363).

II. Aussperrung

1. Keine Suspendierung – Fortbestehen der Vergütungspflicht

175 Die rechtswidrige Aussperrung hat keine Suspendierung der beiderseitigen Hauptleistungspflichten aus dem Arbeitsvertrag zur Folge. Die Beschäftigungspflicht des Arbeitgebers besteht fort.

176 Der Arbeitgeber, der die Arbeitsleistung nicht entgegennimmt, gerät auch ohne tatsächliches oder wörtliches Angebot der Arbeitsleistung in Annahmeverzug (§§ 293 ff. BGB) mit der Folge des § 615 BGB, d.h. er bleibt zur Zahlung der Arbeitsvergütung verpflichtet (*BAG* 11.8.1992 EzA Art. 9 GG Arbeitskampf Nr. 105).

Die rechtswidrige lösende Aussperrung beendet das Arbeitsverhältnis nicht (*Brox/Rüthers* Rz. 342).

2. Kündigung

177 Im Falle der rechtswidrigen, aber nur mit suspendierender Wirkung erklärten Aussperrung besteht ein Abkehrrecht des Arbeitnehmers, sodass es einer ordentlichen Kündigung des Arbeitnehmers, der sich aus dem Arbeitsverhältnis lösen will, nicht bedarf. Stattdessen kann ggf. auch die fristlose Kündigung erklärt werden (*Brox/Rüthers* Rz. 347). Auch bei Ausübung des Abkehrrechts kommt ein Schadensersatzanspruch des Arbeitnehmers nach § 628 Abs. 2 BGB in Betracht, da bei § 628 Abs. 2 BGB nicht auf die Form der Vertragsbeendigung, sondern auf deren Anlass abzustellen ist und ein Schadensersatzanspruch besteht, sofern der andere Vertragsteil durch ein vertragswidriges schuldhaftes Verhalten den Anlass für die Beendigung gegeben hat (s.o. Kap. 4 Rn. 1592 ff.).

3. Schadensersatzansprüche

Auch die rechtswidrige Aussperrung kann Schadensersatzansprüche begründen. Soweit es um Ansprüche des einzelnen Arbeitnehmers geht, ist sorgfältig zu prüfen, ob überhaupt ein Schaden eingetreten ist, da der Arbeitgeber nach § 615 BGB zur Fortzahlung der Arbeitsvergütung verpflichtet bleibt. Denkbar ist z.B. ein Schaden in Form von Kreditzinsen. Die schuldhafte Nichtbeschäftigung stellt eine Arbeitsvertragsverletzung dar, die zum Schadensersatz verpflichtet (*Brox/Rüthers* Rz. 345). Deliktische Schadensersatzansprüche können sich aus § 826 und § 823 Abs. 2 ergeben. Im Hinblick auf einen Schadensersatzanspruch des einzelnen Arbeitnehmers nach § 823 Abs. 1 BGB kontrovers beurteilt wird die Frage, ob ein Recht am Arbeitsplatz als durch § 823 Abs. 1 BGB geschütztes Rechtsgut anzuerkennen ist (so *Brox/Rüthers* Rz. 346; MünchArbR/*Otto* § 289 Rz. 56). Sofern ein solches Recht anerkannt wird, soll hier nur eine Haftung für Eingriffe Dritter, etwa des eine rechtswidrige Aussperrung anordnenden Arbeitgeberverbandes, nicht aber des Arbeitgebers bestehen, da dieser bereits auf Grund der Verletzung der arbeitsvertraglichen Pflichten hafte und die Verletzung vertraglicher Leistungspflichten eine Haftung nach § 823 Abs. 1 BGB nicht begründe (*Brox/Rüthers* Rz. 346 m.w.N.). 178

Ein Schadensersatzanspruch der Gewerkschaft kann sich aus § 823 Abs. 1 BGB ergeben, da das aus Art. 9 Abs. 3 GG gewährleistete Recht der Koalitionen auf Dasein und Betätigung Rechtsgutcharakter i.S.d. § 823 Abs. 1 BGB hat (vgl. im Zusammenhang eines Unterlassungsanspruchs *BAG* 26.4.1988 EzA Art. 9 GG Arbeitskampf Nr. 74). Allerdings muss sich die rechtswidrige Aussperrung gerade gegen Existenz oder Betätigung der Koalition richten, woran es zumeist fehlt (*Brox/Rüthers* Rz. 346). Wegen des durch das tarifvertragswidrige Verhalten des Tarifvertragspartners erlittenen Schadens kann die Gewerkschaft aus positiver Vertragsverletzung Schadensersatz verlangen. Dieses Recht steht auch dem gewerkschaftszugehörigen Arbeitnehmer zu, da es sich insoweit bei dem Tarifvertrag um einen Vertrag zumindest mit Schutzwirkung für Dritte handelt (*Brox/Rüthers* Rz. 377). 179

4. Unterlassungsansprüche

a) Deliktische Unterlassungsansprüche

Ein deliktischer Unterlassungsanspruch der Gewerkschaft gegen den kampfbeteiligten Arbeitgeberverband kann sich aus § 1004 Abs. 1 BGB i.V.m. § 823 Abs. 1 BGB und Art. 9 Abs. 3 GG ergeben, da durch rechtswidrige Arbeitskampfmaßnahmen das Recht der Gewerkschaft auf koalitionsmäßige Betätigung in unzulässiger Weise verletzt wird (*BAG* 26.4.1988 EzA Art. 9 GG Arbeitskampf Nr. 74). 180

Ob auch dem einzelnen Arbeitnehmer ein quasi-negatorischer Unterlassungsanspruch entsprechend § 1004 Abs. 1 BGB zusteht, hängt davon ab, ob ein Recht am Arbeitsplatz anerkannt wird.

b) Schuldrechtliche Unterlassungsansprüche

Verletzt der Arbeitgeberverband oder der Arbeitgeber als Partei des Tarifvertrages durch eine rechtswidrige Aussperrung die sich aus dem Vertrag ergebende Friedenspflicht, kann die Gewerkschaft als Tarifvertragspartei die Erfüllung des Tarifvertrages, also Unterlassung der Kampfmaßnahme, vom Vertragspartner verlangen. 181

Gegenüber dem Arbeitgeberverband kann auch geltend gemacht werden, dass er es unterlässt, seine Mitglieder zu unterstützen oder er auf seine Mitglieder einwirkt, Kampfmaßnahmen zu unterlassen (*Brox/Rüthers* Rz. 83).

5. Fristen, Anwartschaften; Folgen für einen bestehenden Tarifvertrag

182 Durch die rechtswidrige Aussperrung bleibt der rechtliche Bestand des Arbeitsverhältnisses unberührt. Auch darf ein rechtswidriges Verhalten des Arbeitgebers nicht dazu führen, dass vom Arbeitnehmer erworbene Anwartschaften beeinträchtigt werden (*Brox/Rüthers* Rz. 344). Die Folgen einer rechtswidrigen Aussperrung für einen bestehenden Tarifvertrag entsprechen denjenigen des rechtswidrigen Streiks (s.o. Rn. 173 f.).

Kapitel 11
Tarifvertragsrecht

Übersicht

A. Grundlagen des Tarifvertragsrechts

I. Bedeutung und Funktion des Tarifvertrages

1 Der Tarifvertrag verfolgt im Wesentlichen folgende vier Funktionen (*Kempen/Zachert* TVG Grundlagen Rz. 90 ff.; ArbRHb/*Schaub/Schaub* § 198 Rz. 4–8):

- **Schutzfunktion:** Der Tarifvertrag soll den einzelnen Arbeitnehmer davor schützen, dass der Arbeitgeber auf Grund seiner wirtschaftlichen Überlegenheit einseitig die Vertragsbedingungen festsetzt.

2 ▶ **Ordnungsfunktion:** Die durch die Tarifverträge bewirkte Vereinheitlichung der Arbeitsverträge ermöglicht eine Überschaubarkeit der Personalkosten für die Laufzeit des Tarifvertrages.

3 ▶ **Friedensfunktion:** Der Tarifvertrag schließt während seiner Laufzeit Arbeitskämpfe hinsichtlich der von ihm erfassten Gegenstände aus.

- **Verteilungsfunktion:** Durch die Tarifverträge nehmen die Arbeitnehmer zum einen an der Entwicklung des Sozialprodukts teil. Zum anderen ermöglichen sie eine sozialpolitische und bedürfnisgerechte Einkommensverteilung durch die Differenzierung in Lohn- und Gehaltsgruppen. 4

II. Rechtsgrundlagen

1. Tarifvertragsrecht und Grundgesetz

Nach Art. 9 Abs. 3 GG ist das Recht, zur Wahrung und Förderung der Arbeits- und Wirtschaftsbedingungen Vereinigungen zu bilden, für jedermann und für alle Berufe gewährleistet. Diese grundgesetzliche Gewährleistung beinhaltet die sog. individuelle und die kollektive Koalitionsfreiheit. 5

a) Individuelle Koalitionsfreiheit

Art. 9 Abs. 3 GG garantiert jedem Einzelnen das Recht, eine **Koalition** (Gewerkschaft oder Arbeitgeberverband) zu gründen, sich an der Gründung einer Koalition zu beteiligen, einer bestehenden Koalition beizutreten, beim Beitritt zwischen mehreren Koalitionen zu wählen, in der Koalition zu verbleiben und aus ihr auszutreten (*BVerfG* 1.3.1979 EzA § 7 MitbestG Nr. 1). Diese Berechtigungen werden unter dem Oberbegriff **positive Koalitionsfreiheit** zusammengefasst. 6

Daneben ist auch das Recht des Einzelnen verfassungsrechtlich geschützt, keiner Koalition beizutreten (*BVerfG* 15.7.1980 EzA § 5 TVG Nr. 7). Diese sog. **negative Koalitionsfreiheit** ist nur dann verletzt, wenn der Arbeitnehmer zum Eintritt in eine Vereinigung gedrängt und dabei ein über den Rahmen des Sozialadäquaten hinausgehender Druck ausgeübt wird (*BAG* 21.1.1987 EzA Art. 9 GG Nr. 42). Daraus folgt, dass Ansprüche aus nicht für allgemeinverbindlich erklärten Tarifverträgen nur tarifgebundenen Arbeitnehmern zustehen. Nach der Rechtsprechung sind jedoch tarifvertragliche **Differenzierungsklauseln**, die nur organisierten Arbeitnehmern Ansprüche auf tarifliche Leistungen gewähren, unwirksam (*BAG GS* 29.11.1967 EzA Art. 9 GG Nr. 3; 9.5.2007 NZA 2007, 1439 ff.). 7

Beide Aspekte dieser Koalitionsfreiheit sind allerdings nach der früheren Rechtsprechung des BVerfG (bis zum Aussperrungsbeschluss *BVerfG* 26.6.1991 EzA Art. 9 GG Arbeitskampf Nr. 97) nur in ihrem Kernbereich geschützt (*BVerfG* 18.11.1954 EzA Art. 9 GG Nr. 10). In seiner neueren Rechtsprechung hat das BVerfG den Schutz auf alle koalitionsspezifischen Verhaltensweisen erstreckt und nur durch das Ziel der Förderung der Arbeits- und Wirtschaftsbedingungen eingegrenzt (*BVerfG* 27.4.1999 NZA 1999, 992; *Wiedemann/Wiedemann* Einl. Rz. 76). 8

Alle Abreden, welche die individuelle Koalitionsfreiheit einschränken oder zu behindern suchen, sind nichtig, Art. 9 Abs. 3 S. 2 GG. An diese Ausübungsfreiheit sind nicht nur Träger öffentlicher Gewalt, sondern auch alle Privatrechtssubjekte sowie auch die Koalitionen selbst gebunden. Art. 9 Abs. 3 S. 2 GG ist ein gesetzliches Verbot i.S.v. § 134 BGB (*BAG* 4.6.2008 – 4 AZR 419/07 – EzA-SD 2008 Nr. 25 = FA 2008, 253). Diese Norm ist sowohl anwendbar, wenn der Inhalt eines Rechtsgeschäfts verbotswidrig ist, als auch dann, wenn ein Rechtsgeschäft zwar nicht wegen seines Inhalts, wohl aber wegen der besonderen Umstände der Vornahme gegen ein Gesetz verstößt, das aus diesen Gründen die Existenz des betreffenden Rechtsgeschäfts missbilligt (*BAG* 4.6.2008 – 4 AZR 419/07 – EzA-SD 2008 Nr. 25 = FA 2008, 253; 4.6.2008 – 4 AZR 316/07 – nv.). Ein in einer Satzung eines Arbeitgeberverbands vorgesehener Wechsel von der Vollmitgliedschaft in eine OT-Mitgliedschaft ist jedenfalls eine Abrede i.S.v. Art. 9 Abs. 3 S. 2 GG. Ein zwar vereinsrechtlich wirksamer Statuswechsel innerhalb eines Arbeitgeberverbandes von der Vollmitgliedschaft in die OT-Mitgliedschaft, ist als Abrede tarifrechtlich unwirksam und damit gem. Art. 9 Abs. 3 S. 2 GG i.V.m. § 134 BGB nichtig, sofern er, ohne die erforderliche Transparenz im Verhältnis zur an der Verhandlung beteiligten Gewerkschaft zu wahren, während laufender Verhandlungen erfolgt (*BAG* 4.6.2008 – 4 AZR 419/07 – EzA-SD 2008 Nr. 25 = FA 2008, 253; 4.6.2008 – 4 AZR 9

316/07 – nv.). Daneben ist bspw. auch eine Kündigung, die auf die Gewerkschaftszugehörigkeit eines Arbeitnehmers gestützt wird, unwirksam. Jede privatrechtliche Vereinbarung, die einen Arbeitgeber verpflichtet, auf Dauer Mitglied eines Arbeitgeberverbandes zu bleiben, verletzt seine durch Art. 9 Abs. 3 S. 1 GG garantierte negative Koalitionsfreiheit und ist nach Art. 9 Abs. 3 S. 2 GG nichtig (*BAG* 19.9.2006 EzA Art. 9 GG Nr. 88).

b) Kollektive Koalitionsfreiheit

10 Neben der individuellen Koalitionsfreiheit gewährleistet Art. 9 Abs. 3 GG einen Bestandsschutz der Vereinigung, deren organisatorische Ausgestaltung und ihr Recht, durch spezifisch koalitionsmäßige Betätigung die in Art. 9 Abs. 3 GG genannten Zwecke zu verfolgen (*BVerfG* 4.7.1995 EzA § 116 AFG Nr. 5). Aus dem verfassungsrechtlich geschützten Betätigungsrecht der Koalitionen folgt die Befugnis, die Arbeits- und Wirtschaftsbedingungen durch den selbstverantwortlichen Abschluss von Tarifverträgen zu regeln **(Tarifautonomie)**. Seit der Entscheidung des *BVerfG* vom 14.11.1995 (EzA Art. 9 GG Nr. 60) ist klargestellt, dass der Schutzbereich des Art. 9 Abs. 3 GG nicht von vornherein auf den Bereich des Unerlässlichen beschränkt ist, er erstreckt sich vielmehr auf alle Verhaltensweisen, die koalitionsspezifisch sind (zur Ausgestaltung und Einschränkung der Tarifautonomie durch den Gesetzgeber s. *Däubler/Däubler* TVG Einl. Rz. 124 ff.). Zum Schutz der ausgeübten Koalitionsbetätigungsfreiheit – ein sog. betriebliches Bündnis für Arbeit verstieß gegen tarifliche Regelungen – hat das BAG einen gewerkschaftlichen Unterlassungsanspruch gegen den Arbeitgeber gem. § 1004 BGB i.V.m. § 823 BGB und Art. 9 Abs. 3 GG anerkannt (20.4.1999 EzA Art. 9 GG Nr. 65). Die Befugnis einer Koalition zur Festlegung seiner Tarifzuständigkeit ist Ausdruck dieser grundrechtlich geschützten kollektiven Betätigungsfreiheit (*BAG* 18.7.2006 DB 2006, 2185; s.u. Rn. 40). Die Möglichkeit einer Arbeitgebervereinigung, im Wege eines abgestuften Modells neben einer Vollmitgliedschaft oder einer Gastmitgliedschaft auch eine Mitgliedschaft ohne Tarifbindung **(OT-Mitgliedschaft)** vorzusehen, ist ebenfalls durch die kollektive Koalitionsfreiheit garantiert (*BAG* 4.6.2008 – 4 AZR 419/07 – EzA-SD 2008 Nr. 25 = FA 2008, 253; 18.7.2006 DB 2006, 2185; s.u. Rn. 174). Ebenso ist die **Mitgliederwerbung** Teil der durch Art. 9 Abs. 3 S. 1 GG geschützten Betätigungsfreiheit der Gewerkschaften. Gewerkschaften haben grds. ein **Zutrittsrecht** zu Betrieben, um dort auch durch betriebsfremde Beauftragte um Mitglieder zu werben. Das Zutrittsrecht ist jedoch nicht unbeschränkt. Ihm können die verfassungsrechtlich geschützten Belange des Arbeitgebers, insbesondere dessen Interesse an einem störungsfreien Arbeitsablauf und der Wahrung des Betriebsfriedens entgegenstehen (*BAG* 28.2.2006 EzA Art. 9 GG Nr. 87).

2. Tarifvertragsgesetz und Durchführungsverordnung

11 Die **Reichweite** der verfassungsrechtlich gewährleisteten **Tarifautonomie** wird durch das TVG konkretisiert. Es wird auf der Grundlage seines § 11 durch eine Durchführungsverordnung vom 20.2.1970 (BGBl. I S. 193), modifiziert durch die Änderungsverordnung vom 19.12.1988 (BGBl. I S. 2307), neu bekannt gemacht am 16.1.1989 (BGBl. I S. 76 ff.) in ihrer seit dem 23.12.1988 geltenden Fassung (Tag des Inkrafttretens der Änderungsverordnung vom 19.12.1988, s. Art. 4 der Änderungsverordnung), zuletzt geändert durch Art. 301 der Achten Zuständigkeitsanpassungsverordnung vom 25.11.2003 (BGBl. I S. 2304) ergänzt, die Errichtung und Führung des Tarifregisters und des Tarifarchivs sowie das Verfahren bei der Allgemeinverbindlichkeit einschließlich des Tarifausschusses regelt.

3. Tarifvertragsrecht in den neuen Bundesländern

12 Nach Art. 8 Einigungsvertrag i.V.m. der Anl. I Kap. VIII Sachgebiet A Abschn. III Nr. 14 kommt das TVG seit dem 3.10.1990 auch in den neuen Bundesländern mit den folgenden Maßgaben zur Anwendung:

13 ▶ *Bis zum Abschluss eines neuen Tarifvertrages ist der geltende* **Rahmenkollektivvertrag** *oder Tarifvertrag mit allen Nachträgen und Zusatzvereinbarungen weiter anzuwenden, soweit eine Registrierung entsprechend dem Arbeitsgesetzbuch erfolgt ist. Der Rahmen-*

kollektivvertrag oder Tarifvertrag tritt ganz oder teilweise außer Kraft, wenn für denselben Geltungsbereich oder Teile desselben ein neuer Tarifvertrag in Kraft tritt. Bestimmungen bisheriger Rahmenkollektivverträge oder Tarifverträge, die in dem neuen Tarifvertrag nicht aufgehoben oder ersetzt sind, gelten weiter. Damit wurde die unbefristete Fortgeltung der Rahmenkollektivverträge und Tarifverträge i.S.d. Tarifrechts der DDR angeordnet, soweit diese nach dem AGB-DDR rechtswirksam zustande gekommen waren, um einen tariflosen Zustand zu verhindern.

- Rationalisierungsschutzabkommen, die vor dem 1.7.1990 abgeschlossen und registriert worden sind, treten ohne Nachwirkungen am 31.12.1990 außer Kraft; soweit Arbeitnehmer bis zum 31.12.1990 die Voraussetzungen der Rationalisierungsschutzabkommen erfüllt haben, bleiben deren Ansprüche und Rechte vorbehaltlich neuer tarifvertraglicher Regelungen unberührt. Die Regelungen des Einigungsvertrages und der dazu ergangenen Anlagen bleiben unberührt. 14

III. Begriffsbestimmung und Rechtsnatur des Tarifvertrages

1. Definition

Tarifvertrag ist der schriftliche Vertrag zwischen einem oder mehreren Arbeitgebern oder Arbeitgeberverbänden und einer oder mehreren Gewerkschaften zur Regelung von arbeitsrechtlichen Rechten und Pflichten der Tarifvertragsparteien **(schuldrechtlicher Teil)** und zur Festsetzung von Rechtsnormen über Inhalt, Abschluss und Beendigung von Arbeitsverhältnissen sowie über betriebliche und betriebsverfassungsrechtliche Fragen und gemeinsame Einrichtungen der Vertragsparteien (**normativer Teil;** *Hueck/Nipperdey* Bd. II, S. 207). 15

Danach kommt dem Tarifvertrag eine rechtliche Doppelfunktion zu.

2. Normativer Teil

Die Rechtsnormen des Tarifvertrages gelten **unmittelbar und zwingend**, § 4 Abs. 1 TVG. 16
Nach § 1 Abs. 1 TVG haben die Regelungen des Tarifvertrages den Charakter von Rechtsnormen; sie sind Gesetzen gleichgestellt (Art. 2 EGBGB, § 12 EGZPO, § 7 EGStPO). Der Tarifvertrag ist also in seinem normativen Teil ein für Dritte rechtsverbindlicher zweiseitiger kooperativer Normenvertrag. Daraus folgt, dass die Tarifnormen von gesetzlichen Vorschriften erfasst werden (das tarifliche Schriftformgebot z.B. unterfällt § 126 BGB und nicht etwa § 127 BGB). Tarifverträge sind in ihrem normativen Teil kraft ihrer Eigenschaft als Rechtsnormen wie Gesetze auszulegen. Daraus folgt auch weiter, dass der Richter Tarifverträge von Amts wegen anwenden muss (*BAG* 29.3.1957 AP Nr. 4 zu § 4 TVG Tarifkonkurrenz).

3. Schuldrechtlicher Teil

Der Tarifvertrag regelt die Rechte und Pflichten der Tarifvertragsparteien, § 1 Abs. 1 TVG. 17
Hieraus ergibt sich sein **gegenseitiger schuldrechtlicher Vertragscharakter**. Wie bei sonstigen schuldrechtlichen Verträgen entstehen bereits aus der Anbahnung des Tarifvertrages für die den Vertrag abschließenden Parteien Pflichten. Dementsprechend sind auch nachvertragliche Pflichten zu beachten. Die mit den Tarifnormen im Zusammenhang stehenden Pflichten sind die Friedens- und Durchführungspflicht (*Wiedemann/Thüsing* TVG § 1 Rz. 866 ff., 913 ff.). Der schuldrechtliche Teil des Tarifvertrages unterliegt auch im Übrigen den für Rechtsgeschäfte geltenden Regelungen (z.B. für die Auslegung: §§ 133, 157 BGB).

B. Voraussetzungen für den Abschluss von Tarifverträgen

I. Tariffähigkeit

1. Allgemeines

18 **Tariffähigkeit** ist die Fähigkeit, Partei eines Tarifvertrages zu sein (*BAG* 27.11.1964 AP Nr. 1 zu § 2 TVG Tarifzuständigkeit). Nach § 2 TVG können Tarifvertragsparteien Gewerkschaften sein, einzelne Arbeitgeber und die Vereinigung von Arbeitgebern sowie die Zusammenschlüsse von Gewerkschaften und Arbeitgebervereinigungen. Welche inhaltlichen Anforderungen an die Tariffähigkeit zu stellen sind, ist gesetzlich nicht geregelt. Da das TVG eine gesetzliche Konkretisierung der den nach Art. 9 Abs. 3 GG geschützten Koalitionen obliegenden Tarifautonomie ist, sind tariffähig alle Verbände, welche die Merkmale der Koalition erfüllen. Ein von einer nicht tariffähigen Vereinigung abgeschlossener Tarifvertrag ist nichtig (*BAG* 15.11.2006 EzA § 4 TVG Bauindustrie Nr. 131).

2. Der Begriff der Koalition

19 **Koalitionen** sind Zusammenschlüsse von Arbeitnehmern oder Arbeitgebern zur Wahrung und Förderung der Arbeits- und Wirtschaftsbedingungen. Es muss sich um freiwillig gebildete, gegnerfreie, unabhängige, auf überbetrieblicher Grundlage organisierte, mit einer gewissen Mächtigkeit und Durchsetzungskraft ausgestattete Vereinigungen handeln, deren satzungsgemäße Aufgabe es ist, unter Anerkennung des geltenden Tarifrechts die Interessen ihrer Mitglieder wahrzunehmen (*BVerfG* 20.10.1981 EzA § 2 TVG Nr. 13; *BAG* 16.1.1990 EzA § 2 TVG Nr. 18; 20.11.1990 EzA § 2 TVG Nr. 20).

3. Tariffähigkeit von Gewerkschaften und Vereinigungen von Arbeitgebern

20 Danach ist die Tariffähigkeit dieser Verbände im Einzelnen wie folgt zu bewerten:

a) Freie, auf Dauer angelegte Vereinigungen

21 **Koalitionen** können nur freiwillige Zusammenschlüsse von Arbeitnehmern oder Arbeitgebern sein. Koalitionen sind nur privatrechtliche Vereinigungen. Deshalb scheiden öffentlich-rechtlich organisierte Vereinigungen als Koalitionen aus. Ihre Struktur verträgt sich nicht mit dem Erfordernis der Freiwilligkeit. Eine Ausnahme besteht nur für die Innungen und Landesinnungsverbände, denen kraft Gesetzes die Tariffähigkeit zuerkannt ist (§§ 54 Abs. 3 Nr. 1, 82 Nr. 3, 85 Abs. 2 HwO). Aus der den Koalitionen verliehenen Normsetzungsbefugnis folgt auch, dass die Koalition demokratisch organisiert sein muss (*BVerfG* 6.5.1964 EzA § 2 TVG Nr. 5; *BAG* 9.7.1968 EzA Art. 9 GG Nr. 4). Gerade im Hinblick auf die Normsetzungsbefugnis müssen die Mitglieder an der Willensbildung ihres Verbandes mitwirken können. Auf die Rechtsfähigkeit der Koalition kommt es nicht an. So sind bspw. Gewerkschaften aus historischen Gründen zumeist nicht rechtsfähige Vereinigungen. Eine Koalition i.S.d. Art. 9 Abs. 3 GG muss eine korporative Verfassung haben, da die in Art. 9 GG genannten Vereinigungen am Vereinsgesetz zu messen sind. Eine korporative Gliederung setzt einen Mitgliederbestand, eine vom Wechsel der Mitglieder unabhängige Organisation und nach demokratischen Grundsätzen gegliederte Organe voraus. Diese Kriterien können letztlich nur auf gewisse Dauer angelegte Vereinigungen erfüllen. Sog. ad-hoc-Vereinigungen genügen diesen Anforderungen nicht.

b) Die Unabhängigkeit der Vereinigung

22 Die **Unabhängigkeit** i.S. einer Freiheit vom koalitionspolitischen Gegner bedeutet, dass in der Vereinigung nur Arbeitnehmer oder nur Arbeitgeber vertreten sind. Dieses Merkmal soll für eindeutige Vertretungsbeziehungen sorgen. »Harmonieverbände« unter Beteiligung beider Lager, wie bspw. der FDGB der früheren DDR, wären nicht tariffähig. Finanzielle und

personelle Abhängigkeiten von Gewerkschaft und Arbeitgeberverband dürfen nicht bestehen. Unbedenklich ist es jedoch, wenn eine Gewerkschaft es zulässt, dass der Geschäftsführer einer Bezirksverwaltung als Beisitzer von Einigungsstellen Honorare aus Arbeitgeberhand bezieht (*BAG* 14.12.1988 EzA §76 BetrVG 1972 Nr. 47). Die Rechtswirklichkeit zeigt, dass die Gegnerfreiheit im Hinblick auf die Verwirklichung des Sozialstaates kein absolutes Kriterium sein kann. So sind gewerkschaftliche Vertreter in Unternehmen der öffentlichen Hand und bei Sozialversicherungsträgern leitend tätig; der Montan-Arbeitsdirektor hat eine Doppelstellung als Repräsentant der Arbeitnehmer und als Chef des Personalbereichs. Periphere Überschneidungen sind hinzunehmen. Entscheidend ist, ob die Leitungsstruktur einer Vereinigung autonom ist.

Neben der Unabhängigkeit vom koalitionspolitischen Gegner bedarf es auch einer **Unabhängigkeit von dritter Seite,** insbes. vom Staat, von der Kirche und von einer politischen Partei. Eine Vereinigung, die satzungsgemäß kirchliche Interessen gegen finanzielle Unterstützung vertritt, verliert ohne besonderes Verfahren ihre Tariffähigkeit. 23

Aus dem Erfordernis der Unabhängigkeit folgt auch, dass die Vereinigung grds. **überbetrieblich** organisiert sein muss (*BAG* 16.1.1990 EzA §2 TVG Nr. 18), da sonst der Bestand der Vereinigung von den Einstellungen und Entlassungen des Arbeitgebers abhängig wäre. Obwohl sich die Eisenbahngewerkschaft und die Postgewerkschaft im DGB vor deren Privatisierungen auf jeweils nur ein Unternehmen beschränkt haben, war ihre Gewerkschaftseigenschaft allgemein anerkannt. Dies ließ sich nur wegen der Größe dieser Unternehmen rechtfertigen. Seit der Postreform stellt sich für die Postgewerkschaft diese Frage nicht mehr. Entsprechendes gilt auch für die Eisenbahngewerkschaft, wenn die Bahnreform vollständig vollzogen ist. Seit dem 2.7.2001 ist die Deutsche Postgewerkschaft in der Vereinten Dienstleistungsgewerkschaft (kurz: ver.di) aufgegangen. 24

c) Durchsetzungsfähigkeit

Die **grundgesetzlich gewährleistete Tarifautonomie** kann nur dann funktionieren, wenn eine Vereinigung in der Lage ist, auf den koalitionspolitischen Gegner **Druck** auszuüben, um tatsächlich auch die Arbeits- und Wirtschaftsbedingungen regeln zu können (*BAG* 14.12.2004 EzA §2 TVG Nr. 27). Eine Arbeitnehmervereinigung ist für den von ihr beanspruchten Zuständigkeitsbereich insgesamt oder überhaupt nicht tariffähig (*BAG* 28.3.2006 NZA 2006, 1112). 25

Für die Tariffähigkeit von Arbeitnehmervereinigungen ist daher die Mächtigkeit und **Druckfähigkeit** gegenüber dem sozialen Gegenspieler notwendig (*BAG* 16.1.1990 EzA §2 TVG Nr. 18), die erwarten lässt, dass sie als Tarifpartner vom sozialen Gegenspieler wahr- und ernst genommen wird (*BAG* 28.3.2006 NZA 2006, 1112). Mit Beschluss vom 6.6.2000 (EzA §2 TVG Nr. 2) hat der 1. Senat des BAG nochmals bekräftigt, dass für die Tariffähigkeit und damit Gewerkschaftseigenschaft einer Arbeitnehmervereinigung Voraussetzung ist, dass diese ihre Aufgabe als Tarifpartnerin sinnvoll erfüllen kann. Dazu bedarf es einer entsprechenden Durchsetzungskraft gegenüber dem sozialen Gegenspieler und einer ausreichenden Leistungsfähigkeit der Organisation. Soweit eine Arbeitnehmervereinigung in der Vergangenheit bereits Tarifverhandlungen geführt und solche zum Abschluss gebracht hat, liegt die Durchsetzungsfähigkeit auf der Hand. Sofern sie bereits in nennenswertem Umfang Tarifverträge geschlossenen hat, belegt dies regelmäßig ihre Durchsetzungskraft (*BAG* 28.3.2006 NZA 2006, 1112: betr. Christliche Gewerkschaft Metall). Dies gilt sowohl für den Abschluss originärer Tarifverträge als auch für den Abschluss von Anschlusstarifverträgen. Demgegenüber ist der Abschluss von Anschlusstarifverträgen (s.u. Rn. 54) dann lediglich ein Indiz für die Durchsetzungsfähigkeit (*BAG* 25.11.1986 EzA §2 TVG Nr. 17), wenn bisher Tarifverträge noch nicht in nennenswertem Umfang abgeschlossen wurden. Die Durchsetzungsfähigkeit und Mächtigkeit lässt sich in diesem Fall nur prognostisch beurteilen. Dazu hat die Arbeitnehmervereinigung, die Tariffähigkeit beansprucht, Tatsachen darzulegen und im Streitfall zu beweisen, die den Schluss rechtfertigen, die Arbeitgeberseite werde sie voraussichtlich nicht ignorieren und sich Tarifverhandlungen auf Dauer nicht entziehen können. Als hierzu geeignete Tatsachen kommen insbes. die Organisationsstärke sowie ggf. 26

die Fähigkeit in Betracht, durch Arbeitnehmer in Schlüsselpositionen Druck auszuüben (*BAG* 28.3.2006 NZA 2006, 1112). Auch eine relativ kleine Arbeitnehmervereinigung (hier: Flugbegleiter) kann die erforderliche Durchsetzungsfähigkeit besitzen, wenn in ihr spezialisierte Arbeitnehmer organisiert sind, die von Arbeitgeberseite im Falle von Arbeitskämpfen kurzfristig nur schwer ersetzbar sind (*BAG* 14.12.2004 EzA § 2 TVG Nr. 27).

27 Für die Tariffähigkeit eines Arbeitgeberverbandes kommt es demgegenüber nicht auf die Durchsetzungsfähigkeit an (*BAG* 20.11.1990 EzA § 2 TVG Nr. 20). Denn dem einzelnen Arbeitgeber ist die Tariffähigkeit kraft Gesetzes verliehen. Würde es auch für einen Arbeitgeberverband auf eine Durchsetzungsfähigkeit ankommen, so könnte sich der einzelne Arbeitgeber einem Tarifvertrag dadurch entziehen, dass er einem Arbeitgeberverband beitritt, dem die Durchsetzungsfähigkeit fehlt. Diese Begründung veranlasste das *BAG* (20.11.1990 EzA § 2 TVG Nr. 20) einer Vereinigung von 41 Berliner Rechtsanwälten die Tariffähigkeit zuzusprechen. Mit der Entscheidung vom 22.3.2000 (EzA § 2 TVG Nr. 22) hat das BAG klargestellt, dass der Umstand, dass einer Vereinigung nach ihrer Satzung auch Einzelmitglieder beitreten können, ihrer Eigenschaft als Spitzenorganisation nicht entgegensteht. In einem solchen Fall kann sie sowohl nach § 2 Abs. 1 TVG tariffähig sein als auch diese Rechtsmacht durch die Eigenschaft nach § 2 Abs. 3 TVG erlangen. Sieht die Satzung einer solchen Spitzenorganisation die Wahrnehmung ihrer Aufgaben als Arbeitgeberverband durch eine in ihr gebildete tarifpolitische Arbeitsgemeinschaft vor, der nur Einzelmitglieder angehören können, gehört der Abschluss von Tarifverträgen nicht i.S.v. § 2 Abs. 3 TVG zu den satzungsgemäßen Aufgaben der Spitzenorganisation.

d) Tarifwilligkeit und Anerkennung des Tarifrechts

28 Nach der Rechtsprechung des BAG müssen die **Vereinigungen nach § 2 TVG** zum einen willens sein, Tarifverträge abzuschließen (*BAG* 16.1.1990 EzA § 2 TVG Nr. 18). Zum anderen müssen sie das geltende Tarif-, Schlichtungs- und Arbeitskampfrecht anerkennen (*BAG* 25.11.1986 EzA § 2 TVG Nr. 17). Die Frage der Tarifwilligkeit beurteilt sich nach ihrer Satzung.

4. Tariffähigkeit des einzelnen Arbeitgebers

29 Nach § 2 Abs. 1 TVG ist auch jeder **einzelne Arbeitgeber** tariffähig, damit den Gewerkschaften stets ein Tarifvertragspartner zur Verfügung steht. Damit wird letztlich der verfassungsrechtlich garantierten kollektiven Koalitionsfreiheit Rechnung getragen. Welche Rechtsform der Arbeitgeber hat, spielt für die Tariffähigkeit keine Rolle. Entgegen den Voraussetzungen der Verbandstariffähigkeit ist es auch unerheblich, ob er tarifwillig oder durchsetzungsfähig ist. Gleichfalls muss er keine Mindestzahl von Arbeitnehmern beschäftigen.

30 Der **Arbeitgeber** verliert seine Tariffähigkeit nicht dadurch, dass er einem Verband beitritt. Unabhängig von der Mitgliedschaft des Arbeitgebers in einem Arbeitgeberverband kann die Gewerkschaft grds. von einem einzelnen Arbeitgeber den Abschluss eines Tarifvertrages verlangen.

31 Die Gewerkschaft kann den Abschluss eines Tarifvertrages nur dann nicht verlangen, wenn noch ein Verbandstarifvertrag besteht oder der Arbeitgeber zum Austritt aus dem Arbeitgeberverband gezwungen werden soll. Der von einem einzelnen Arbeitgeber abgeschlossene Tarifvertrag ist der **Firmentarifvertrag**, der oftmals auch als Unternehmens- oder Werkstarifvertrag bezeichnet wird. Nicht selten wird auch die etwas irreführende Bezeichnung Haustarifvertrag verwendet. Irreführend deshalb, weil Firmentarifverträge nach ihrem Inhalt als Anerkennungs- oder Haustarifvertrag ausgestaltet sein können. Mit einem **Anerkennungstarifvertrag** werden die Inhalte des nach dem Geltungsbereich an sich einschlägigen Verbandstarifvertrages, wäre der Arbeitgeber Mitglied des zuständigen Arbeitgeberverbandes, eins zu eins übernommen. Demgegenüber enthält ein Firmentarifvertrag in der Gestalt

eines **Haustarifvertrages** speziellere, vom Verbandstarifvertrag nach oben oder nach unten abweichende, Regelungen für ein Unternehmen oder einen Betrieb. Davon ist der sog. **Firmen bezogene Verbandstarifvertrag** zu unterscheiden. Der Unterschied gegenüber einem Firmentarifvertrag, den der einzelne Arbeitgeber mit der zuständigen Gewerkschaft abschließt, besteht darin, dass ein solcher Tarifvertrag von den jeweils zuständigen Arbeitgeberverbänden und den Gewerkschaften für ein bestimmtes Unternehmen abgeschlossen wird. Ein Konzern ist selbst nicht tariffähig, weil dort die Arbeitnehmer regelmäßig Arbeitsverträge nur mit den rechtlich selbstständigen Konzernunternehmen haben. Um innerhalb des Konzerns einheitliche Arbeitsbedingungen sicherzustellen, können bspw. einheitliche Haustarifverträge abgeschlossen werden.

5. Tariffähigkeit der Zusammenschlüsse von Gewerkschaften und Arbeitgebervereinigungen

Die **Spitzenorganisationen** der Gewerkschaften und Arbeitgebervereinigungen sind auch 32
tariffähig. Sie können Tarifverträge im eigenen Namen abschließen, wenn der Abschluss zu ihren satzungsgemäßen Aufgaben gehört, § 2 Abs. 3 TVG. Sie können auch im Namen der ihnen angeschlossenen Verbände Tarifverträge abschließen, wenn sie eine entsprechende Vollmacht haben, § 2 Abs. 2 TVG. Die den Spitzenverbänden kraft Gesetzes übertragenen Befugnisse führen nicht dazu, dass die sonstigen tariffähigen Organisationen ihre sich aus der Tariffähigkeit ergebenden Rechte verlieren. Deshalb kann eine Gewerkschaft für ihre Mitglieder durchaus Tarifverträge abschließen, auch wenn eine Spitzenorganisation schon für den gleichen Zuständigkeitsbereich durch Abschluss eines Tarifvertrages tätig geworden ist. Bei einer solchen Sachlage ist das Rangverhältnis zwischen beiden Tarifverträgen nach den Grundsätzen der Tarifkonkurrenz zu lösen (*BAG* 22.2.1957 AP Nr. 2 zu § 2 TVG; s.u. Rn. 232 ff.). Haben die Spitzenorganisationen einen Tarifvertrag abgeschlossen, so haften sie neben den ihnen angeschlossenen Verbänden für die Erfüllung der gegenseitigen Verpflichtungen, § 2 Abs. 4 TVG.

6. Weitere tariffähige Vereinigungen auf Arbeitgeberseite

Der Gesetzgeber kann privatrechtlichen oder öffentlich-rechtlichen Verbänden, die nicht die 33
Anforderungen an Berufsverbände i.S.d. § 2 Abs. 1 erfüllen, die **Tariffähigkeit verleihen** (*Wiedemann/Oetker* TVG § 2 Rz. 287). Nach § 54 Abs. 3 Nr. 1 HwO sind die Handwerksinnungen als ohne Beitrittszwang ausgestaltete Körperschaften des öffentlichen Rechts im Gegensatz zu Kreishandwerkerschaften und Handwerkskammern (§§ 80 ff. HwO) tariffähig (s.o. Rn. 21). Kreishandwerkerschaften sind also nicht tariffähig (*BAG* 10.12.1960 AP Nr. 12 zu § 11 ArbGG 1953). Die Arbeitnehmerkammern in Bremen und Saarland sind auch nicht tariffähig. Die BRD ist als Arbeitgeber Tarifvertragspartei für die Festlegung der Arbeits- und Wirtschaftsbedingungen der bei den Alliierten Streitkräften beschäftigten zivilen Arbeitnehmer, Art. 56 Abs. 5a ZA-NTS.

II. Beginn und Ende der Tariffähigkeit

1. Beginn der Tariffähigkeit

Die **Tariffähigkeit** von Gewerkschaften und Vereinigungen von Arbeitgebern liegt vor, 34
sobald die von der Rechtsprechung entwickelten Voraussetzungen erfüllt sind. Da diese Verbände regelmäßig nicht rechtsfähig sind und auch nicht rechtsfähig sein müssen, kommt es z.B. auf die Eintragung als Verein nach § 21 BGB nicht an. Für den Beginn der Tariffähigkeit des einzelnen Arbeitgebers genügt es bereits, wenn er die Beschäftigung von Arbeitnehmern beabsichtigt. Daraus folgt, dass die Tariffähigkeit nicht erst ab dem Zeitpunkt des Abschlusses des ersten Arbeitsvertrages eintritt.

Für den **Beginn der Tariffähigkeit** der Spitzenorganisationen und der weiteren tariffähi- 35
gen Vereinigungen auf Arbeitgeberseite kommt es allein darauf an, ob die in den einzelnen Bestimmungen aufgestellten Voraussetzungen vorliegen.

2. Ende der Tariffähigkeit

36 Die Tariffähigkeit von Gewerkschaften und Vereinigungen von Arbeitgebern **endet**, wenn eine ihrer Voraussetzungen wegfällt oder die Vereinigung selbst nicht mehr existiert, z.B. infolge eines Auflösungsbeschlusses. In der sich anschließenden Liquidation ist die Vereinigung nicht mehr tariffähig (*BAG* 25.9.1990 EzA § 10 ArbGG Nr. 4). Beschließt eine Arbeitgebervereinigung, künftig keine Tarifverträge mehr abzuschließen, so fehlt es an der Tarifwilligkeit mit der Folge, dass auch die Tariffähigkeit endet.

37 **Verliert** der Arbeitgeber seine Arbeitgebereigenschaft, z.B. weil er keine Arbeitnehmer mehr beschäftigt, insbes. also bei der Stilllegung des Unternehmens, so endet damit seine Tariffähigkeit. Ist der Arbeitgeber eine natürliche Person, so fällt die Tariffähigkeit mit seinem Tod nicht ersatzlos weg. An seine Stelle tritt der gesetzliche oder gewillkürte Erbe in den Tarifvertrag ein. Als juristische Person endet die Tariffähigkeit des Arbeitgebers mit ihrer Auflösung. Veränderungen im Gesellschafterbestand lassen die Arbeitgeberstellung der Personengesellschaft unberührt. Im Falle der Betriebsveräußerung endet die Tariffähigkeit des Arbeitgebers. Die Arbeitsverhältnisse gehen jedoch nach § 613a Abs. 1 S. 1 BGB mit dem Betrieb auf den Erwerber über (s.o. Kap. 3 Rn. 4165 ff.).

38 Liegen die gesetzlichen Voraussetzungen für die Tariffähigkeit der Spitzenorganisationen und der weiteren tariffähigen Vereinigungen von Arbeitgebern nicht mehr vor, so endet auch deren Tariffähigkeit.

III. Tarifzuständigkeit

1. Begriff und Bedeutung

39 Die **Tarifzuständigkeit** ist die in der Satzung der Arbeitgeber- oder Arbeitnehmervereinigung festgelegte Befugnis eines tariffähigen Verbandes, Tarifverträge mit einem bestimmten räumlichen, betrieblich-fachlichen und persönlichen Geltungsbereich abzuschließen (*BAG* 24.7.1990 EzA § 2 TVG Tarifzuständigkeit Nr. 2). Sie erfährt durch das Gesetz grds. weder eine Erweiterung noch eine Beschränkung. Eine Beschränkung auf die jeweiligen Verbandsmitglieder ist dagegen rechtlich nicht möglich (*BAG* 18.7.2006 DB 2006, 2185). Keine Frage der Tarifzuständigkeit ist die Zulässigkeit der Mitgliedschaft in einem Arbeitgeberverband ohne Verbandstarifbindung (OT-Mitgliedschaft). Die Tarifzuständigkeit einerseits und die Tarifgebundenheit andererseits sind in Inhalt, Voraussetzungen, verfassungsrechtlicher Grundlagen, materiellrechtlicher Folgen und prozessualer Behandlung völlig unterschiedlich ausgestaltet (*BAG* 18.7.2006 DB 2006, 2185).

Die Tarifzuständigkeit ist wie die Tariffähigkeit Voraussetzung für den Tarifvertrag (MünchArbR/*Löwisch* § 248 Rz. 61). Inhalt, Voraussetzungen und Folgen der Tarifzuständigkeit sind gesetzlich nicht geregelt. Sie wird in § 2a Abs. 1 Nr. 4, § 97 ArbGG vorausgesetzt (*BAG* 18.7.2006 DB 2006, 2185).

2. Bestimmung der Tarifzuständigkeit

a) Verbandstarifvertrag

40 Die Gewerkschaft bestimmt auf Grund ihrer durch Art. 9 Abs. 3 GG geschützten **Satzungsautonomie** als Ausdruck der kollektiven Betätigungsfreiheit selbst, welche Arbeitnehmer Mitglied werden können, für welche Arbeitnehmer sie ihre Aufgaben als Gewerkschaft – auch durch den Abschluss von Tarifverträgen – wahrnehmen und auf welche Betriebe sie ihre Tarifzuständigkeit erstrecken will (*BAG* 27.9.2005 EzA § 2 TVG Tarifzuständigkeit Nr. 9). Sie hat auch das Recht, den Zuständigkeitsbereich zu ändern. Eine Änderung ist nicht deshalb unzulässig, weil für den neu erfassten Bereich bereits eine andere Gewerkschaft tarifzuständig ist. Dies gilt auch dann, wenn die entsprechende Satzungsbestimmung aus

rechtlichen oder tatsächlichen Gründen dazu führen soll, dass von der Tarifzuständigkeitsregelung nur ein Unternehmen eines bestimmten Wirtschaftszweiges erfasst wird, während für die anderen Unternehmen des Wirtschaftszweiges eine andere Gewerkschaft zuständig ist. Es besteht keine Verpflichtung, den eigenen Zuständigkeitsbereich nicht auf Branchen, Gebiete oder bestimmte Arbeitnehmer zu erstrecken, die bereits von anderen Gewerkschaften erfasst werden (*BAG* 19.11.1985 EzA § 2 TVG Nr. 15). Das Industrieverbandsprinzip ist insoweit keine Rechtsnorm, welche die Satzungsautonomie einer Gewerkschaft beschränkt. Es handelt sich vielmehr um einen Organisationsgrundsatz der im DGB zusammengefassten Gewerkschaften, der im Interesse einer effektiven Gewerkschaftsarbeit sicherstellen will, dass die Arbeitnehmer eines Industriezweiges durch eine DGB-Gewerkschaft vertreten werden. Die Bestimmung der Grenze des jeweiligen Industriezweiges und damit der Zuständigkeit der jeweiligen Industriegewerkschaft liegt allein in der Satzungsautonomie der einzelnen Gewerkschaften, die lediglich intern durch die freiwillige Bindung an die Satzung des DGB beschränkt wird. Die Zuständigkeit einer DGB-Gewerkschaft für ein Unternehmen ergibt sich jedoch nicht schon daraus, dass sich die anderen in Frage kommenden Gewerkschaften für unzuständig erklären (*BAG* 22.11.1988 EzA § 2 TVG Tarifzuständigkeit Nr. 1). Den Gewerkschaften ist es grds. nicht verwehrt, sich in ihrer Satzungskompetenz zu beschränken und Änderungen der Satzung von der Zustimmung Dritter anhängig zu machen. Ein Verstoß gegen einen derartigen Zustimmungsvorbehalt führt im Außenverhältnis nicht notwendig zur Unwirksamkeit der Satzungsänderung (*BAG* 27.9.2005 EzA § 2 TVG Tarifzuständigkeit Nr. 9). Überschneiden sich die Organisationsbereiche zweier DGB-Gewerkschaften, ist eine Doppelzuständigkeit nach der von den Gewerkschaften durch ihre Mitgliedschaft anerkannten Satzung des DGB im Zweifel auszuschließen. Insoweit gilt der übergeordnete Grundsatz der DGB-Satzung: Ein Betrieb, eine Gewerkschaft. Solange das zur verbindlichen Klärung einer solchen Zuständigkeitsüberschneidung vorgesehene Schiedsverfahren nach § 16 DGB-Satzung noch nicht durchgeführt ist, bleibt es zunächst bei der Alleinzuständigkeit derjenigen Gewerkschaft, die vor Entstehen der Konkurrenzsituation als zuständig angesehen worden war, sodass sich alle Beteiligten (Verbände, Arbeitgeber und Arbeitnehmer) darauf einstellen konnten (*BAG* 12.11.1996 EzA § 2 TVG Tarifzuständigkeit Nr. 6). Die Satzung wird im Falle einer DGB-Gewerkschaft durch einen Schiedsspruch, der im Verfahren gem. §§ 15, 16 der Satzung des DGB ergeht, authentisch und sowohl für die streitenden Gewerkschaften als auch für den Arbeitgeber verbindlich interpretiert oder ergänzt (*BAG* 17.2.1970 AP Nr. 3 zu § 2 TVG Tarifzuständigkeit; 25.9.1996 EzA § 2 TVG Tarifzuständigkeit Nr. 5). Die Schiedsstelle ist allerdings nicht berechtigt, die Satzung der obsiegenden Gewerkschaft i.S. einer Zuständigkeitserweiterung zu ergänzen. Ihr ist aber bei der Satzungsauslegung und bei der Begrenzung der Organisationsbereiche ein Beurteilungsspielraum zuzubilligen (*BAG* 25.9.1996 EzA § 2 TVG Tarifzuständigkeit Nr. 5). Die vorgenannten Grundsätze zur Tarifzuständigkeit gelten entsprechend für eine Arbeitgebervereinigung. Hier wie da richtet sich die Tarifzuständigkeit nach der Verbandssatzung. Gegebenenfalls ist die Verbandssatzung nach dem objektivierten Willen des Satzungsgebers entsprechend den für die Auslegung von Tarifverträgen und Betriebsvereinbarungen geltenden Grundsätzen (*BAG* 18.7.2006 DB 2006, 2185). Die Ausgestaltung des Organisationsbereichs und die damit verbundene Festlegung der Tarifzuständigkeit stehen grds. jedem Verband frei. Dagegen kann eine Arbeitgeber- oder Arbeitnehmervereinigung ihre Tarifzuständigkeit nicht wirksam auf ihre jeweiligen Mitglieder beschränken. Der Umfang der Tarifzuständigkeit des Verbandes wäre dann von der Entscheidung einzelner Mitglieder über ihren Ein- und Austritt abhängig. Bei einer mitgliedschaftsbezogenen Tarifzuständigkeit würde der Verband im Ergebnis seine Tarifzuständigkeit nicht unmittelbar selbst regeln. Eine Satzungsbestimmung, die den Umfang der Tarifzuständigkeit einer Vereinigung vom Ein- und Austritt einzelner Mitglieder abhängig macht, ist mit dem geltenden System des Tarifvertragsrechts nicht vereinbar. Demgegenüber richtet sich die Tarifgebundenheit des einzelnen Arbeitnehmers oder Arbeitgebers grds. (Ausnahme davon die willensunabhängigen Tatbestände der §§ 3 Abs. 3 und 4 Abs. 5 TVG) nach dessen individueller Entscheidung über seine Mitgliedschaft im betreffenden Verband.

b) Firmentarifvertrag

41 Aus der dem **einzelnen Arbeitgeber** kraft Gesetzes verliehenen Tariffähigkeit folgt, dass er für alle seine Betriebe und Arbeitnehmer tarifzuständig ist. Seine Tarifzuständigkeit ist nicht einschränkbar. Jedoch muss auch die Tarifzuständigkeit seines Tarifvertragspartners gegeben sein; diese richtet sich nach der für die Gewerkschaft maßgebenden Satzung. Der darin bestimmte fachliche Geltungsbereich richtet sich regelmäßig nach dem überwiegenden Unternehmenszweck (*BAG* 22.11.1988 EzA § 2 TVG Tarifzuständigkeit Nr. 1). Wegen der in diesem Zusammenhang statt des Begriffs Firmentarifvertrag verwendeten anderen Bezeichnungen einschließlich ihrer Inhalte s.o. Rn. 31.

42 Dem Arbeitgeber ist es unbenommen, bspw. seinen Unternehmenszweck zu verändern oder aber seine Betriebsstätten zu verlegen. Die sich daraus regelmäßig ergebende Tarifunzuständigkeit der Gewerkschaft hat zur Folge, dass der Tarifvertrag seine Geltung verliert (MünchArbR/*Löwisch* § 248 Rz. 75). Nach Auffassung des BAG gilt jedoch im Fall des sog. **Herauswachsens** aus dem Geltungsbereich eines Tarifvertrages in entsprechender Anwendung des § 4 Abs. 5 TVG der Inhalt des Tarifvertrages kraft Nachwirkung weiter (z.B. der Arbeitgeber betreibt zunächst ein Elektro-Handwerk, entschließt sich dann aber, überwiegend Arbeitnehmerüberlassung durchzuführen; *BAG* 10.12.1997 AP Nr. 20 zu § 3 TVG im Anschluss und in Fortführung von *BAG* 18.3.1992 EzA § 4 TVG Nachwirkung Nr. 14).

IV. Tarifverträge tarifunzuständiger oder tarifunfähiger Parteien

43 Der Gesetzgeber hat weder geregelt, wie zu verfahren ist, wenn ein Tarifvertrag von einer **unzuständigen Tarifpartei** abgeschlossen und bereits angewandt worden ist, noch was dann gilt, wenn die Tarifzuständigkeit nach Abschluss eines Tarifvertrages, z.B. wegen einer Satzungsänderung, wegfällt.

44 Nach der Rechtsprechung des *BAG* (27.11.1964 AP Nr. 1 zu § 2 TVG Tarifzuständigkeit) ist der Tarifvertrag unwirksam, wenn bei Abschluss des Tarifvertrages einer Partei die Tariffähigkeit oder die Tarifzuständigkeit fehlt. Sind die Tarifvertragsparteien für den von ihnen abgeschlossenen Tarifvertrag nur teilweise tarifzuständig, ist der von der Tarifzuständigkeit nicht getragene Teil des Tarifvertrages regelmäßig nichtig. Der Tarifvertrag ist jedoch dann im Ganzen nichtig, wenn der von der Tarifzuständigkeit gedeckte Teil keine sinnvolle Regelung mehr darstellt.

45 Fällt die Tariffähigkeit nach Abschluss des Tarifvertrages weg, so ist der Tarifvertrag unwirksam, wenn nicht eine andere Tarifvertragspartei an die Stelle der tarifunfähigen Partei tritt (*BAG* 11.11.1970 AP Nr. 28 zu § 2 TVG den schuldrechtlichen Teil betreffend; *BAG* 15.10.1986 EzA § 2 TVG Nr. 16 den normativen Teil betreffend). Entsprechendes gilt auch für den Wegfall der Tarifzuständigkeit (MünchArbR/*Löwisch* § 248 Rz. 77).

V. Gerichtliche Entscheidung über die Tariffähigkeit und die Tarifzuständigkeit einer Vereinigung

46 Nach §§ 2a Abs. 1 Nr. 4, 97 ArbGG ist es statthaft, in einem arbeitsgerichtlichen Beschlussverfahren die **Tariffähigkeit und Tarifzuständigkeit** von Koalitionen klären zu lassen. Eine OT-Mitgliedschaft im sog. Stufenmodell betrifft keine Regelung zur personellen Tarifzuständigkeit eines Arbeitgeberverbandes. Sie kann nicht in einem Verfahren nach § 97 ArbGG überprüft werden (*BAG* 18.7.2006 DB 2006, 2185).

47 Bereits vor Abschluss eines Tarifvertrages soll eine solche Feststellung ermöglicht werden, um nicht die Arbeitskämpfe und die Verhandlungen um den Abschluss eines Tarifvertrages mit dem Risiko fehlender Tariffähigkeit und Tarifzuständigkeit zu belasten. Die Vorabklärung führt auch dazu, dass nach § 97 Abs. 5 ArbGG das erkennende Gericht sogar die **Aussetzung anderer Rechtsstreitigkeiten** anzuordnen hat. § 97 Abs. 5 S. 1 ArbGG stellt jedoch nach seinem eindeutigen Wortlaut darauf ab, ob es auf die Frage der Tariffähigkeit oder Tarifzuständigkeit tatsächlich ankommt, nicht darauf, ob es auf die Tariffähigkeit oder Tarifzuständigkeit möglicherweise ankommen könnte (*BAG* 28.1.2008 EzA § 97 ArbGG 1979

Nr. 9 betreffend die Tariffähigkeit). Dies entspricht auch dem besonderen arbeitsgerichtlichen Beschleunigungsgebot, das in § 9 Abs. 1 ArbGG vorgesehen ist. Das Aussetzungsverfahren verstößt nicht gegen Art. 9 Abs. 3 GG (*BAG* 28.1.2008 EzA § 97 ArbGG 1979 Nr. 9).

Dieses Verfahren ist nicht zu verwechseln mit der nach § 9 TVG möglichen Verbandsklage. In letzterem Verfahren wird die Gültigkeit eines Tarifvertrages verbindlich festgestellt. Das Verfahren nach § 9 TVG kommt also nur dann in Betracht, wenn bereits ein Tarifvertrag abgeschlossen worden ist. Im Verfahren zur Feststellung der Tariffähigkeit und Tarifzuständigkeit geht es um die Klärung der potenziellen Normsetzungsbefugnis einer Koalition. Die Antragsbefugnis steht neben der sich über ihre eigene Tariffähigkeit oder Tarifzuständigkeit im Unklaren befindlichen Koalition auch dem möglichen tariflichen Gegenspieler und konkurrierenden Koalitionen zu (*BAG* 10.9.1985 EzA § 2 TVG Nr. 14). Darüber hinaus kann auch der einzelne Arbeitgeber im Hinblick auf einen Haustarifvertrag das Verfahren einleiten. Selbst die obersten Bundes- und Landesarbeitsbehörden sind auf Grund ihrer Befugnisse im Verfahren über die Allgemeinverbindlichkeit antragsbefugt. Auch die Parteien des nach § 97 Abs. 5 ArbGG ausgesetzten Rechtsstreits sind berechtigt, einen Antrag zu stellen. Die Antragsbefugnis nach § 97 Abs. 5 S. 2 ArbGG beschränkt sich jedoch für diese auf die Vorfrage, wegen derer das Gericht sein Verfahren ausgesetzt hat (*BAG* 24.7.1990 EzA § 2 TVG Tarifzuständigkeit Nr. 2). Die Partei des ausgesetzten Rechtsstreits ist nicht befugt, eine andere als die von dem aussetzenden Gericht für entscheidungserheblich erachtete Frage der Tariffähigkeit oder Tarifzuständigkeit gerichtlich klären zu lassen. Welche Vorfrage das aussetzende Gericht für entscheidungserheblich erachtet hat, ist erforderlichenfalls durch Auslegung des Aussetzungsbeschlusses anhand der Beschlussformel und der Gründe zu ermitteln (*BAG* 29.6.2004 EzA § 97 ArbGG 1979 Nr. 4). Ob der Aussetzungsbeschluss zu Recht ergangen ist, ist unerheblich. Solange der Aussetzungsbeschluss besteht, haben die Parteien des ausgesetzten Rechtsstreits ein rechtliches Interesse an der gerichtlichen Entscheidung der Vorfrage, wegen derer das Verfahren ausgesetzt wurde (*BAG* 24.7.1990 EzA § 2 TVG Tarifzuständigkeit Nr. 2; 29.6.2004 EzA § 97 ArbGG 1979 Nr. 4). Das BAG hat demzufolge in der zuletzt genannten Entscheidung den Hauptantrag des Antragstellers mangels Antragsbefugnis als unzulässig zurückgewiesen, weil das aussetzende Gericht nicht wegen der den Gegenstand des Antrags bildenden Vorfrage den Rechtsstreit ausgesetzt hatte. 48

Die **Entscheidung über Tariffähigkeit und Tarifzuständigkeit** entfaltet gegenüber allen von den Tarifnormen Betroffenen Bindungswirkung (*BAG* 10.5.1989 EzA § 256 ZPO Nr. 32). Ist demnach rechtskräftig festgestellt, dass bspw. eine Gewerkschaft für ein bestimmtes Unternehmen nicht tarifzuständig ist, so steht die Entscheidung einer erneuten Entscheidung darüber nur dann nicht entgegen, wenn sich die Verhältnisse der Gewerkschaft geändert haben, z.B. bei einer Änderung der Satzung (*BAG* 19.11.1985 EzA § 2 TVG Nr. 15; 25.9.1996 EzA § 2 TVG Tarifzuständigkeit Nr. 5). 49

Eine **Feststellungsklage** über den Geltungsbereich eines Tarifvertrages ist gegenüber einem einzelnen Arbeitgeber unzulässig, weil die Tarifzuständigkeit im Verfahren nach § 97 ArbGG zu klären ist (*BAG* 10.5.1989 EzA § 256 ZPO Nr. 32). 50

In einem **Verfahren nach § 97 ArbGG** hat das *BAG* (12.12.1995 EzA § 2 TVG Tarifzuständigkeit Nr. 3) entschieden, dass die ÖTV nach ihrer Satzung i.d.F. vom 21.9.1994 für Unternehmen der Entsorgungswirtschaft tarifzuständig ist. Diese Zuständigkeit erfasst auch Unternehmen, deren betrieblicher Hauptzweck in der Vernichtung von Datenträgern aller Art besteht. Dies gilt auch dann, wenn das datenunkenntlich gemachte und zerstückelte Material Dritten zur Verwertung überlassen wird. 51

C. Abschluss, Beendigung und Form von Tarifverträgen

I. Abschluss von Tarifverträgen

Der **Tarifvertrag** ist dem allgemeinen Vertragsrecht zuzuordnen. Daraus folgt, dass er von den nach § 2 TVG tariffähigen Parteien nach den Vorschriften des bürgerlichen Rechts abgeschlossen wird (*BAG* 26.9.1984 EzA § 1 TVG Nr. 18). 52

53 Beim **Verbandstarifvertrag** erfolgt der Abschluss durch übereinstimmende Willenserklärungen der zur Vertretung befugten Organe der tariffähigen Gewerkschaft und des tariffähigen Arbeitgeberverbandes. **Firmentarifverträge** werden von einer Gewerkschaft mit einem einzelnen Arbeitgeber abgeschlossen. Treten die Spitzenorganisationen beider Koalitionen im eigenen Namen auf, so sind sie selbst Tarifvertragspartei, § 2 Abs. 3 TVG; treten sie dagegen als Stellvertreter nach § 2 Abs. 2 TVG auf, so sind die von ihnen vertretene Gewerkschaft und der vertretene Arbeitgeberverband selbst Partner des Tarifvertrages. § 2 Abs. 2 TVG ist Ausdruck des allgemeinen zivilrechtlichen Grundsatzes, wonach sich eine Tarifvertragspartei beim Abschluss eines Tarifvertrages vertreten lassen kann (*BAG* 12.2.1997 EzA § 2 TVG Nr. 21; 29.6.2004 EzA § 1 TVG Nr. 46). Es gelten auch beim Abschluss von Tarifverträgen die Grundsätze der Duldungsvollmacht (*BAG* 29.6.2004 EzA § 1 TVG Nr. 46). Dass dies in § 2 Abs. 2 TVG besonders hervorgehoben ist, hat Bedeutung in den Fällen, in denen die Spitzenorganisation nicht rechtsfähig ist. Gäbe es § 2 Abs. 2 TVG nicht, so könnten nur rechtsfähige Personen dem allgemeinen Recht entsprechend Vollmachtsträger werden (*BAG* 12.2.1997 EzA § 2 TVG Nr. 21). Die Bevollmächtigung kann ausdrücklich oder stillschweigend ohne besondere Form erfolgen. Jedoch muss beim Abschluss des Tarifvertrages klargestellt werden, dass der Vertreter (z.B. Spitzenorganisation) im Namen der vertretenen Tarifvertragspartei handelt. Nach h.M. genügt es, wenn der Vertreter den Tarifvertrag mit seinem Namen unterzeichnet, und wenn sich zweifelsfrei aus dem Inhalt der (Tarifvertrags-) Urkunde ergibt, dass er als Vertreter handelt (*BAG* 12.2.1997 EzA § 2 TVG Nr. 21).

54 Sind auf einer oder auf beiden Seiten mehrere Tarifvertragsparteien beteiligt, so spricht man von einem **mehrgliedrigen Tarifvertrag**. Fraglich ist, ob es sich rechtlich um einen oder entsprechend der Anzahl der Beteiligten auf einer Seite um mehrere selbstständige Tarifverträge handelt. Im Zweifel ist Letzteres anzunehmen, da nicht davon ausgegangen werden kann, dass eine tariffähige Partei sich ihrer Regelungsmacht ohne weiteres entledigen will, insbesondere auf ein autonomes Kündigungsrecht verzichten will (*BAG* 7.5.2008 – 4 AZR 229/07 – ZTR 2008, 615-617; 8.9.1976 EzA § 2 TVG Nr. 11). Bei den von einem Bundesverband in Vertretung für die Gliederungen abgeschlossenen Tarifwerken handelt es sich um mehrgliedrige Tarifverträge, weil zumindest auf einer Seite mehrere Tarifvertragsparteien am Tarifabschluss beteiligt sind. Ob dadurch entsprechend der Anzahl der auf einer Seite Beteiligten mehrere voneinander unabhängige und lediglich äußerlich in einer Urkunde zusammengefasste Tarifverträge zustande gekommen sind oder nur ein einziger, alle Beteiligten gemeinsam bindender einheitlicher Tarifvertrag, hängt vom Willen der Tarifvertragsparteien ab. Dieser ist durch Auslegung nach den Regeln der Auslegung von Verträgen gem. §§ 133, 157 BGB zu ermitteln (*BAG* 29.6.2004 EzA § 1 TVG Nr. 46). Nur bei rechtlicher Eigenständigkeit kann der Tarifvertrag von jedem Beteiligten ohne Rücksicht auf den anderen gekündigt werden; andernfalls können die auf einer Seite Beteiligten ihre Rechte gegenüber der Gegenseite nur gemeinsam ausüben, insbesondere steht ihnen das Recht zur Kündigung nur gemeinschaftlich zu (*BAG* 29.6.2004 EzA § 1 TVG Nr. 46). Ein mehrgliedriger Tarifvertrag ist auch ein sog. **Anschlusstarifvertrag**, der dann vorliegt, wenn sich eine weitere Partei nach Vertragsschluss dem Tarifvertrag anschließt.

55 Den tariffähigen Parteien steht **kein** auf den Abschluss eines Tarifvertrages gerichtlich durchsetzbarer **Verhandlungsanspruch** gegenüber dem koalitionspolitischen Gegner zu (*BAG* 14.2.1989 EzA Art. 9 GG Nr. 44). Etwas anderes wäre mit der Tarifautonomie nicht zu vereinbaren (MünchArbR/*Löwisch* § 249 Rz. 12). Um ihre Forderungen durchsetzen zu können, steht den tariffähigen Koalitionen jedoch das Instrumentarium des Arbeitskampfrechts zur Verfügung.

II. Beendigung von Tarifverträgen

1. Befristung

56 Der Tarifvertrag kann durch Zeitablauf enden. Gegen eine **Befristung** eines Tarifvertrages bestehen keine Bedenken. Eine Befristungskontrolle durch die Gerichte für Arbeitssachen erfolgt nicht. Es stellt sich lediglich die Frage, ob ein befristeter Tarifvertrag vorab ordentlich

gekündigt werden kann. Sofern ein ordentliches Kündigungsrecht im Tarifvertrag nicht vorgesehen ist, ist dies ausgeschlossen.

2. Auflösende Bedingung

Der Tarifvertrag kann auch unter einer **auflösenden Bedingung** stehen. Diese setzt jedoch im Hinblick auf die Rechtssicherheit und den Vertrauensschutz voraus, dass der Bedingungseintritt ohne weiteres bestimmbar ist. In diesem Zusammenhang ist an sog. Indexklauseln zu denken, die eine Beendigung des Tarifvertrages bei Erreichen eines konkret berechenbaren Kaufkraftschwundes vorsehen (*Däubler/Deinert* § 4 Rz. 76). Nach überwiegender Ansicht sind diese zulässig (s. dazu weitergehend *Däubler/Deinert* § 4 Rz. 76). 57

3. Aufhebungsvertrag

Den Tarifvertragsparteien steht es frei, den einmal abgeschlossenen Tarifvertrag auch jederzeit durch **Aufhebungsvertrag** zu beenden. Im Abschluss eines neuen Tarifvertrages über denselben Regelungsgegenstand liegt stillschweigend die Aufhebung des vorherigen Tarifvertrages. Nach Auffassung des *BAG* (8.9.1976 EzA § 2 TVG Nr. 11) unterliegt der Aufhebungsvertrag nicht der Schriftform nach § 1 Abs. 2 TVG. 58

4. Ordentliche Kündigung

In der Praxis endet der Tarifvertrag regelmäßig durch **ordentliche Kündigung** einer Tarifvertragspartei. Die Einzelheiten über Form und Frist der Kündigungserklärung können die Tarifvertragsparteien selbstständig regeln. Ansonsten gelten die für einseitige Willenserklärungen maßgebenden bürgerlich-rechtlichen Kriterien. Sofern die Tarifvertragsparteien keine Kündigungsfrist vereinbart haben, soll nach einer Meinung die Drei-Monats-Frist des § 77 Abs. 5 BetrVG entsprechend angewendet werden (*Löwisch/Rieble* § 1 Rz. 306). Das *BAG* (10.11.1982 EzA § 1 TVG Nr. 16) geht davon aus, dass **allenfalls** und **längstens** die Frist des § 77 Abs. 5 BetrVG zu Grunde gelegt werden kann. 59

Eine **Teilkündigung** ist nur zulässig, soweit im Tarifvertrag die Kündigung einzelner Bestimmungen vorbehalten ist, d.h. ausdrücklich zugelassen ist (*BAG* 3.12.1985 EzA § 1 TVG Nr. 21). Ob die Teilkündigung ohne eine solche Bestimmung aus dem Regelungszusammenhang des Tarifvertrages begründbar und damit zulässig ist, hatte das *BAG* in seinem Urteil vom 3.5.2006 (NZA 2006, 1125) angesichts des klaren verneinenden Wortlauts der Kündigungsregelung nicht zu entscheiden. 60

5. Außerordentliche Kündigung

Ein Tarifvertrag, auch ein befristeter, ist **außerordentlich** kündbar. Die Zulässigkeit der Kündigung ergibt sich aus der Rechtsnatur des Tarifvertrages als Dauerrechtsverhältnis. Es gilt der Grundsatz, dass jedes Dauerrechtsverhältnis vorzeitig aus wichtigem Grund beendet werden kann, wenn seine Fortsetzung bis zum vereinbarten Ende oder bis zum Ablauf der ordentlichen Kündigungsfrist einer Seite nicht zugemutet werden kann. Aus dem Ultima-Ratio-Grundsatz, der die außerordentliche Kündigung von Dauerrechtsverhältnissen prägt, folgt, dass die außerordentliche Kündigung des Tarifvertrages nur wirksam ist, wenn keine andere Möglichkeit besteht, die Unzumutbarkeit zu beseitigen. Die durch den Tarifvertrag unzumutbar belastete Partei muss daher zunächst versuchen, die Möglichkeiten der tarifautonomen Anpassung als milderes Mittel auszuschöpfen (*BAG* 18.12.1996 EzA § 1 TVG Fristlose Kündigung Nr. 2). Dies gilt insbes. wenn der außerordentlich gekündigte Tarifvertrag eine Nachverhandlungs- oder Revisionsklausel enthält (*BAG* 18.6.1997 EzA § 1 TVG Fristlose Kündigung Nr. 3). Aber auch ohne eine im Tarifvertrag ausdrücklich enthaltene Nachverhandlungs- oder Revisionsklausel besteht die Obliegenheit, mit der anderen Seite Verhandlungen zur Anpassung des Tarifvertrages aufzunehmen. Welche Umstände bei der außerordentlichen Kündigung eines Tarifvertrages als wichtiger Grund zu berücksichtigen sind, richtet sich nach dem Vorbringen des Kündigenden. Wird als Kündigungsgrund gel- 61 tend gemacht, dass eine künftige wirtschaftliche Belastung die außerordentliche und fristlose Kündigung des Tarifvertrages mit dieser belastenden Tarifnorm bedinge, so muss die Unzumutbarkeit der wirtschaftlichen Belastung in dem Zeitpunkt vorliegen, in welchem die Belastung wirksam wird; dies ist vom Kündigenden vorzutragen (*BAG* 18.2.1998 EzA § 1 TVG Fristlose Kündigung Nr. 4). Eine außerordentliche Kündigung eines Tarifvertrages kann mangels eines dahingehenden mutmaßlichen Willens des Kündigenden nicht nach § 140 BGB in eine ordentliche Kündigung umgedeutet werden, wenn dieser die Beendigung des Tarifvertrages ohne Nachwirkung festgestellt wissen will (*BAG* 18.6.1997 EzA § 1 TVG Fristlose Kündigung Nr. 3). Mit der außerordentlichen Kündigung von Tarifverträgen für das Baugewerbe in den neuen Bundesländern durch einen regionalen Bauarbeitgeberverband hat sich der 4. Senat im Urteil vom 26.4.2000 (EzA § 1 TVG Nr. 42) befasst. Danach ist zur Kündigung eines Tarifvertrages nur berechtigt, wer Partei des Tarifvertrages ist. Diese Eigenschaft ist danach zu bestimmen, wer im Tarifvertrag als Partei angegeben ist. Lässt sich dem Tarifvertrag auch kein Vertretungsverhältnis entnehmen, so ergibt sich, dass der nur angeblich Vertretene zur Kündigung des Tarifvertrages nicht befugt ist.

6. Wegfall der Geschäftsgrundlage

62 Da eine richterliche Anpassung des Tarifvertrages wegen der Tarifautonomie nicht in Betracht kommt (*BAG* 10.2.1988 AP Nr. 12 zu § 33 BAT), sind die **Grundsätze des Wegfalls der Geschäftsgrundlage** (§ 313 BGB) im Tarifvertragsrecht nicht anzuwenden (*BAG* 15.12.1976 EzA § 36 BAT Nr. 1; unklar jedoch *BAG* 18.6.1997 EzA § 1 TVG Fristlose Kündigung Nr. 3; dagegen z.B. auch *Däubler/Deinert* § 4 TVG Rz. 170; *Oetker* RdA 1995, 82, 98; *Zachert* RdA 1996, 140, 149; *Löwisch/Rieble* § 1 Rz. 523; *Wiedemann/Wank* § 4 Rz. 76, es bestehe kein Bedürfnis dafür; **a.A.** z.B. *Buchner* NZA 1993, 289, 294 f.; *Hey* ZfA 2002, 275, 294).

III. Form von Tarifverträgen

1. Allgemeines

63 Nach § 1 Abs. 2 TVG unterliegt der Tarifvertrag der **(konstitutiven) Schriftform**. Ist die Schriftform nicht beachtet, so ist der abgeschlossene Tarifvertrag nichtig, § 125 BGB (*Löwisch/Rieble* § 1 Rz. 380). Der Tarifvertrag muss schriftlich niedergelegt und von den Tarifvertragsparteien unterschrieben werden, § 126 BGB. Der Zweck der Schriftform besteht darin, Unklarheiten möglichst zu vermeiden und dem einzelnen Arbeitnehmer oder den Tarifvertragsparteien selbst eine sichere Grundlage für die jeweiligen Ansprüche zu verschaffen (*BAG* 9.7.1980 EzA § 1 TVG Nr. 13). Folglich kann der fehlenden Schriftform auch nicht der Einwand der Arglist entgegengehalten werden (*BAG* 21.3.1973 AP Nr. 12 zu § 4 TVG Geltungsbereich).

64 Das Schriftformgebot bezieht sich sowohl auf den normativen als auch auf den schuldrechtlichen Teil des Tarifvertrages. Ein Vorvertrag, in dem sich Tarifvertragsparteien zum Abschluss eines Tarifvertrages verpflichten, ist grds. formlos möglich, weil er kein Tarifvertrag i.S.d. TVG ist, sondern nur einen allgemeinen schuldrechtlichen Charakter hat (*BAG* 19.10.1976 EzA § 1 TVG Nr. 7; **a.A.** *Löwisch/Rieble* § 1 TVG Rz. 375). Auch Änderungstarifverträge bedürfen der Schriftform. Ein Aufhebungsvertrag muss nach Auffassung des BAG jedoch nicht schriftlich abgefasst sein (*BAG* 8.9.1976 EzA § 2 TVG Nr. 11; **a.A.** *Löwisch/Rieble* § 1 Rz. 378). Da nach § 126 Abs. 3 BGB die schriftliche Form durch die elektronische Form ersetzt werden kann, sofern sich aus der jeweiligen gesetzlichen Formvorschrift nichts anderes ergibt, können Tarifverträge durch die gegenseitige Übermittlung von Nachrichten per E-Mail wirksam abgeschlossen werden (*Däubler/Reim* § 1 TVG Rz. 144). Voraussetzung ist jedoch, dass die Tarifvertragsparteien dem jeweils übereinstimmenden elektronischen Text ihren Namen hinzufügen und ihn mit einer qualifizierten elektronischen Signatur nach dem Signaturgesetz versehen, § 126a Abs. 1 und 2 BGB.

2. Schriftform und Verweisung auf gesetzliche oder tarifliche Bestimmungen

a) Verweisung auf tarifliche Regelungen

Nach der Rechtsprechung des *BAG* (9.7.1980 EzA § 1 TVG Nr. 13) verstößt die **Bezugnahme auf einen anderen Tarifvertrag** dann nicht gegen § 1 Abs. 2 TVG, wenn die in Bezug genommenen tariflichen Regelungen anderweitig schriftlich abgefasst sind und in dem verweisenden Tarifvertrag so genau bezeichnet sind, dass Irrtümer über Art und Ausmaß der in Bezug genommenen Regelungen ausgeschlossen sind. Im Übrigen allgemein zur Verweisung und Bezugnahme s.u. Rn. 195 f. **65**

Soll bei einer Verweisung des Manteltarifvertrages für Löhne und Gehälter der Lohn- und Gehaltstarifvertrag in den Manteltarifvertrag **konstitutiv einbezogen** werden, so muss dies deutlich zum Ausdruck kommen. Die bloße Verweisung, dass die Entlohnung aller Arbeitnehmer auf Grund des Lohn- und Gehaltstarifvertrages erfolgt, reicht dazu nicht aus (*BAG* 2.3.1988 EzA § 1 TVG Form Nr. 1). **66**

b) Verweisung auf gesetzliche Bestimmungen

Auch die **Verweisung auf gesetzliche Bestimmungen** (z.B. auf das für Beamte geltende Nebentätigkeitsrecht nach § 11 S. 2 BAT; nach § 3 Abs. 3 des dem BAT nachfolgenden TVöD besteht kein Bezug mehr auf beamtenrechtliche Bestimmungen) genügt dem Schriftformerfordernis (MünchArbR/*Löwisch* § 249 Rz. 42). **67**

Die Frage der Verweisung auf andere Bestimmungen bzw. der Delegation der Rechtsetzungsbefugnis betrifft nicht nur das Formproblem nach § 1 Abs. 2 TVG, sondern darüber hinaus auch die weitere Frage, inwieweit solche Verweisungen bzw. Delegationen überhaupt zulässig sind (s.u. Rn. 195 f.). **68**

D. Inhalt, Auslegung und rechtliche Grenzen von Tarifverträgen

I. Der Inhalt von Tarifverträgen

1. Allgemeines

Ein Tarifvertrag besteht regelmäßig aus einem bürgerlich-rechtlichen Vertrag zwischen den Tarifvertragsparteien **(schuldrechtlicher Teil)**, sowie einem normativen Teil, der die Arbeitsbedingungen der von ihm erfassten Arbeitnehmer mit unmittelbarer und zwingender Wirkung regelt. Das TVG ermächtigt die Tarifvertragsparteien insoweit, Rechtsnormen zu schaffen, die den Inhalt, den Abschluss und die Beendigung des Arbeitsverhältnisses sowie betriebliche und betriebsverfassungsrechtliche Fragen betreffen, § 1 Abs. 1 TVG. **69**

Der **normative Teil** des TVG ist kein Gesetz im formellen Sinne, so dass dem Bundesverfassungsgericht auch kein Verwerfungsmonopol nach Art. 100 GG zusteht. **70**

2. Normativer Teil

a) Erfasste Rechtsverhältnisse und Personengruppen

Die **Rechtsnormen eines Tarifvertrages** wirken unmittelbar und zwingend auf bestehende Arbeitsverhältnisse ein, § 4 Abs. 1 TVG. Ob ein Arbeitsverhältnis vorliegt oder ob ein Arbeitnehmerstatus besteht, richtet sich nach den allgemeinen von der Rechtsprechung hierzu entwickelten Kriterien. Innerhalb der Gruppe der Arbeitnehmer werden sowohl in Vollzeit beschäftigte als auch in Teilzeit beschäftigte Arbeitnehmer erfasst, soweit nicht der tarifliche Geltungsbereich etwas anderes bestimmt. **71**

72 Nach § 12a TVG können die Rechtsverhältnisse **arbeitnehmerähnlicher Personen** durch Tarifvertrag geregelt werden. Damit trägt das TVG dem Umstand Rechnung, dass diesen Personen eine vergleichbare Schutzbedürftigkeit zukommt. Von dieser erweiterten Tarifmacht ist der Handelsvertreter i.S.d. § 84 HGB jedoch ausgenommen, § 12a Abs. 4 TVG.

73 Für **Heimarbeiter und ihre Auftraggeber** ist § 17 HAG maßgebend. Danach gelten als Tarifverträge auch schriftliche Vereinbarungen zwischen Gewerkschaften und Auftraggebern oder deren Vereinigungen über Inhalt, Abschluss oder Beendigung von Vertragsverhältnissen der in Heimarbeit Beschäftigten oder Gleichgestellten wie deren Auftraggebern. Entgeltregelungen i.S. dieses Gesetzes sind Tarifverträge, bindende Festsetzungen von Entgelten und sonstigen Vertragsbedingungen und von Mindestarbeitsbedingungen für fremde Hilfskräfte.

74 Über § 10 Abs. 2 BBiG, wonach auf den **Berufsausbildungsvertrag** grds. die für den Arbeitsvertrag geltenden Rechtsvorschriften und Rechtsgrundsätze anzuwenden sind, werden in einem Berufsausbildungsverhältnis stehende Personen auch den Tarifnormen unterstellt. Auch Volontäre und Praktikanten gehören dazu, § 26 BBiG. Nicht erfasst werden in einer Ausbildung stehende Personen, die auf öffentlich-rechtlicher Grundlage ihre Ausbildung erhalten (Schüler, Studenten, Referendare; *BAG* 19.6.1974 AP Nr. 3 zu § 3 BAT).

75 Da der **Beamte** zu seinem Dienstherrn in einem öffentlich-rechtlichen Dienstverhältnis steht, unterliegt er nicht dem Tarifvertrag.

76 Soweit es um bei den **Kirchen** beschäftigte Personen geht, ist danach zu unterscheiden, ob sich das Beschäftigungsverhältnis als öffentlich-rechtliches Dienstverhältnis oder als Arbeitsverhältnis darstellt. Diese Unterscheidung ist durch das den Kirchen in Art. 140 GG i.V.m. Art. 137 WRV garantierte Selbstbestimmungsrecht der Kirchen gerechtfertigt.

77 Wenn Arbeitnehmer mit ihrem Arbeitgeber neben dem Arbeitsverhältnis in einem weiteren Schuldverhältnis stehen (z.B. Darlehen, Mietvertrag), werden auch diese vertraglich begründeten Schuldverhältnisse von den Rechtsnormen eines Tarifvertrages (z.B. Ausschlussfristen) erfasst, wenn sie mit dem Arbeitsverhältnis in einem **engen Zusammenhang** stehen.

78 Davon ist dann auszugehen, wenn das Schuldverhältnis ohne das Arbeitsverhältnis gar nicht oder nicht zu den vereinbarten Konditionen abgeschlossen worden wäre. Ein mit dem Arbeitsverhältnis bestehender Zusammenhang ist anzunehmen bei Werksmietwohnungen, Mitarbeiterdarlehen (*BAG* 18.6.1980 AP Nr. 68 zu § 4 TVG Ausschlussfristen) und Jahreswagen (*BAG* 20.1.1982 EzA § 4 TVG Ausschlussfristen Nr. 48).

79 Unabhängig von der sachlichen Verknüpfung des vertraglichen oder gesetzlichen Schuldverhältnisses mit dem Arbeitsverhältnis ist stets im Wege der Auslegung zu prüfen, ob der Tarifvertrag auch das außerhalb des Arbeitsverhältnis stehende Schuldverhältnis erfassen will (MünchArbR/*Löwisch* § 253 Rz. 27).

b) Inhaltsnormen

80 **Inhaltsnormen** sind normative Bestimmungen, die den materiellen Gehalt der einzelnen Arbeitsverhältnisse regeln. Insoweit geht es insbes. um Regelungen, die das Austauschverhältnis betreffen.

81 So enthält der Tarifvertrag Regelungen über die Arbeitspflicht des Arbeitnehmers hinsichtlich der Art der geschuldeten Tätigkeit, die Dauer und die Lage der regelmäßigen Arbeitszeit, Fragen der Mehrarbeit und Kurzarbeit. Demgegenüber betrifft die Gegenleistungspflicht des Arbeitgebers insbes. die Höhe und Ermittlung von Lohn und Gehalt, Zuschläge und sonstige Entgelt- und Gratifikationsbestandteile.

82 Als Nebenpflichten werden regelmäßig neben Leistungspflichten (Vorschüsse, Aufwendungsersatz etc.) nicht klagbare Nebenpflichten (z.B. Ansage- und Aufklärungspflicht) und Schutzpflichten geregelt. Auch Fragen des Leistungsstörungsrechts (Sekundärpflichten) sind

regelmäßig Bestandteil von Tarifverträgen. So wird z.B. der Haftungsmaßstab für vom Arbeitnehmer verursachte schädigende Handlungen bestimmt.

c) Abschlussnormen

Abschlussnormen regeln den Abschluss neuer, die Wiederaufnahme alter oder Durchsetzung unterbrochener Arbeitsverhältnisse. Gegenstand können sowohl Formvorschriften als auch Abschlussverbote und Abschlussgebote sein. 83

Formvorschriften, insbes. der Schriftform, kommt insoweit regelmäßig nur deklaratorische Bedeutung zu. Dies folgt aus dem das Arbeitsrecht tragende Arbeitnehmerschutzprinzip, da ansonsten die rechtswirksame Begründung des Arbeitsverhältnisses verhindert wird. Eine Ausnahme ist bspw. in § 2 Abs. 3 TVöD (vorher wortgleich § 4 Abs. 2 BAT) zu sehen, wonach Nebenabreden nur wirksam sind, wenn sie schriftlich vereinbart werden (*BAG* 9.2.1972 AP Nr. 1 zu § 4 BAT). Abschlussnormen betreffen das **Wie** des Vertragsschlusses, sodass auch Regelungen über die Stellvertretung sowie über ein etwaiges Widerrufsrecht Gegenstand sein können. 84

Abschlussverbote betreffen das **Ob** des Vertragsschlusses. Sie untersagen die Beschäftigung bestimmter Arbeitnehmer auf bestimmten Arbeitsplätzen. Sie bezwecken regelmäßig den Gesundheitsschutz des Arbeitnehmers. Wird gegen ein Abschlussverbot verstoßen, so ist der Arbeitsvertrag ganz oder teilweise nichtig. Anders verhält es sich mit sog. **Beschäftigungsverboten**. Diese wollen nicht den Abschluss eines Arbeitsvertrages verhindern. Von daher gehören sie nicht zu den Abschluss-, sondern zu den Inhaltsnormen. Der Arbeitsvertrag ist wirksam, jedoch darf der Arbeitnehmer nicht beschäftigt werden. 85

Abschlussgebote bezwecken, dem Bewerber einen Arbeitsplatz zu verschaffen. Der Regelungszweck besteht aber nicht darin, dass dem Bewerber ein Anspruch auf Abschluss eines Arbeitsvertrages zukommt. Der Arbeitgeber unterliegt keinem Kontrahierungszwang. Das Abschlussgebot soll lediglich den Kreis der Bewerber bestimmen (*Löwisch/Rieble* § 1 TVG Rz. 71). 86

Abschlussgebote können jedoch dann einen Anspruch begründen, wenn es sich um die Wiedereinstellung ausgeschiedener Arbeitnehmer geht. Ist bspw. dem Arbeitnehmer gekündigt worden, und fällt der Kündigungsgrund nachträglich weg, kann in einer entsprechenden Klausel des Tarifvertrages ein Anspruch auf Wiedereinstellung gesehen werden. 87

d) Beendigungsnormen

Beendigungsnormen regeln, ob und auf welche Art und Weise das Arbeitsverhältnis beendigt werden kann. 88

Möglich sind z.B. Regelungen über den Ausschluss oder die Einschränkung der ordentlichen Kündigung durch den Arbeitgeber. So ist in Tarifverträgen häufig eine Unkündbarkeit älterer Arbeitnehmer geregelt. Soweit dagegen durch Tarifvertrag die ordentliche Kündigung des Arbeitnehmers ausgeschlossen oder erschwert wird, die außerordentliche Kündigung für den Arbeitgeber ausgeschlossen wird oder aber der wichtige Grund nach § 626 BGB durch eine Auflistung von Kündigungsgründen abschließend bestimmt wird, handelt es sich um unzulässige Beendigungsnormen. 89

Die Art und Weise der Beendigung betreffen Formvorschriften über Ausspruch und Zugang einer Kündigung sowie über den Abschluss eines Aufhebungsvertrages. Denkbar sind auch Tarifbestimmungen über Befristungen und auflösende Bedingungen. 90

e) Betriebsnormen

Inhalts-, Abschluss- und Beendigungsnormen wirken unmittelbar und zwingend auf das Arbeitsverhältnis der beiderseits tarifgebundenen Arbeitnehmer und Arbeitgeber ein. Betriebsnormen kommt dagegen bereits dann normative Kraft zu, wenn allein der Arbeitgeber tarifgebunden ist, § 3 Abs. 2 TVG. 91

92 Den Betriebsnormen unterfallen sog. **Solidar-** und sog. **Ordnungsnormen.** Bei ersteren geht es um kollektive Verpflichtungen des Arbeitgebers gegenüber der Belegschaft, deren Erfüllung der einzelne Arbeitnehmer nicht verlangen kann (Regelungen bspw. über Waschräume, die Einrichtung einer Kantine oder Unterstützungskasse und allgemeine Arbeitsschutzmaßnahmen). Letztere betreffen Fragen der Ordnung des Betriebes, wie Kleiderordnungen, Rauchverbote und Türkontrollen.

93 **Betriebsnorm** i.S.d. § 4 Abs. 1 S. 2, § 3 Abs. 2 TVG kann eine Tarifvertragsbestimmung nur sein, wenn sie eine normative und nicht nur schuldrechtliche Regelung für alle oder bestimmte Arbeitsverhältnisse enthält (*BAG* 1.8.2000 EzA § 1 TVG Betriebsnorm Nr. 2). Nach Auffassung des *BAG* (26.4.1990 EzA § 4 TVG Druckindustrie Nr. 20) liegt immer dann eine Betriebsnorm und keine Inhalts- oder Abschlussnorm vor, wenn eine Regelung nicht Inhalt eines Individualvertrages sein kann.

94 Dabei ist das Nichtkönnen nicht i.S. einer naturwissenschaftlichen Unmöglichkeit zu verstehen, sondern als evident sachlogische Unzweckmäßigkeit. Deshalb hat das *BAG* (26.4.1990 EzA § 4 TVG Druckindustrie Nr. 20) die qualitativen Besetzungsregeln der Anhänge zum Manteltarifvertrag für die gewerblichen Arbeitnehmer der Druckindustrie vom 3.3.1980 als Betriebsnormen qualifiziert. Ebenfalls ist eine Tarifnorm, die dem Arbeitgeber vorschreibt, welcher Prozentsatz der Belegschaft mit einer verlängerten regelmäßigen Arbeitszeit beschäftigt werden darf, eine Betriebsnorm, weil mit dieser Quote nicht unmittelbar die individuelle Arbeitszeit einzelner Arbeitnehmer geregelt wird, sondern sie sich vielmehr auf einen kollektiven Tatbestand, nämlich auf die Verteilung des betrieblichen Arbeitszeitvolumens, bezieht (*BAG* 17.6.1997 EzA § 99 BetrVG 1972 Einstellung Nr. 4).

f) Betriebsverfassungsrechtliche Normen

95 Die Befugnis der Tarifvertragsparteien **betriebsverfassungsrechtliche Fragen** regeln zu können, erstreckt sich sowohl auf die Organisation der Betriebsverfassung, als auch auf die Beteiligungsrechte der Arbeitnehmervertretung (s.u. Kap. 12 Rn. 2215 ff.).

Die Personalvertretung ist von einer tarifvertraglichen Gestaltung ausgenommen, §§ 3, 97 BPersVG.

96 Nach § 3 Abs. 2 TVG erfassen betriebsverfassungsrechtliche Normen auch nicht tarifgebundene Arbeitnehmer (Außenseiter). Denn nur eine einheitliche Betriebsverfassung wird der von allen Arbeitnehmern des Betriebs getragenen Regelungsmacht des Betriebsrats gerecht. Folglich sind tarifliche Normen stets daraufhin zu überprüfen, ob es sich um Inhaltsnormen handelt, die nur für die tarifgebundenen Arbeitnehmer gelten, oder aber für alle Arbeitnehmer des Betriebs geltende betriebsverfassungsrechtliche Normen vorliegen. Betriebsverfassungsrechtliche Regelungen, die verdeckte Inhaltsnormen sind oder solche enthalten, sind nicht zulässig (*BAG* 10.8.1987 EzA § 77 BetrVG 1972 Nr. 19).

97 Der organisatorische Teil der Betriebsverfassung unterliegt der Regelungskompetenz der Tarifvertragsparteien grds. nicht (s.u. Kap. 12 Rn. 2215 ff.).

98 Nach der Rechtsprechung des *BAG* (18.8.1987 EzA § 77 BetrVG 1972 Nr. 18; 10.2.1988 EzA § 1 TVG Nr. 34) können die Beteiligungsrechte des Betriebsrats durch Tarifvertrag erweitert werden. Eine Einschränkung der betriebsverfassungsrechtlichen Beteiligungsrechte des Betriebsrats ist nicht möglich (s.u. Kap. 12 Rn. 2216 f.).

g) Gemeinsame Einrichtungen

99 Nach § 4 Abs. 2 TVG können die Tarifvertragsparteien in Tarifverträgen **gemeinsame Einrichtungen** (Lohnausgleichskassen, Urlaubskassen etc.) vorsehen und darüber Rechtsnormen setzen. Gegenstand ist zum einen das Innenrecht des Trägers der gemeinsamen Einrichtung, zum anderen aber auch die davon zu unterscheidende Rechtsbeziehung der Arbeitnehmer und des Arbeitgebers zu der gemeinsamen Einrichtung.

h) Sonstige normative Bestimmungen

Nach §48 Abs.2 ArbGG können die Tarifvertragsparteien im Tarifvertrag die **Zuständigkeit** 100
eines an sich örtlich unzuständigen **Arbeitsgerichts** für bestimmte Rechtsstreitigkeiten festlegen. Hiervon haben sie z.B. in § 32 des Tarifvertrages über das Sozialkassenverfahren im Baugewerbe Gebrauch gemacht. Danach ist für Ansprüche zwischen den Zusatzversorgungskassen und der Urlaubsausgleichskasse der Bauindustrie auf der einen Seite und Arbeitgebern und Arbeitnehmern auf der anderen Seite Gerichtsstand das Arbeitsgericht Wiesbaden. §48 Abs.2 ArbGG räumt den Tarifvertragsparteien über §1 Abs.1 TVG hinaus zudem die Befugnis ein, prozessuale Fragen zu regeln; auf dieser Grundlage geschaffene Vorschriften gehören zum normativen Teil des Tarifvertrages (*Germelmann u.a.* §48 ArbGG Rz.99).

Darüber hinaus gestattet § 101 ArbGG die Zuständigkeit von **Schiedsgerichten** zu 101
bestimmen. Gem. § 101 Abs. 1 ArbGG ist die Vereinbarung über die Errichtung eines Schiedsgerichts unter Ausschluss der Arbeitsgerichtsbarkeit zulässig. Eine solche Vereinbarung betrifft den schuldrechtlichen Teil des Tarifvertrages mit der Folge, dass lediglich die Tarifvertragsparteien schuldrechtlich gebunden sind, bei Streitigkeiten aus Tarifverträgen oder über das Bestehen oder Nichtbestehen von Tarifverträgen das Schiedsgericht anzurufen. In einer solchen Vereinbarung kann auch die Abrede zur Bildung einer gemeinsamen Einrichtung der Tarifvertragsparteien i.S.d. §4 Abs.2 TVG gesehen werden (*Germelmann u.a.* §101 Rz.14).

Davon zu unterscheiden ist die **Einzelschiedsvereinbarung** nach §101 Abs.2 ArbGG, mit 102
der das Verbot von Schiedsgerichten in den Arbeitssachen des §4 ArbGG für tarifdispositiv erklärt wird. Eine solche Einzelschiedsvereinbarung hat normative Wirkung i.S.d. §4 Abs.1 TVG, sodass für die abschließend aufgeführten Berufsgruppen das Schiedsgericht zuständig ist.

Auf eine entsprechende Einrede, die jedoch verzichtbar ist, ist im Anwendungsbereich 103
einer Schiedsabrede eine Klage vor dem Arbeitsgericht als unzulässig abzuweisen (*Germelmann u.a.* §102 ArbGG Rz.107).

Davon zu unterscheiden ist die den Tarifvertragsparteien nach §76 Abs.8 BetrVG einge- 104
räumte Möglichkeit, durch betriebsverfassungsrechtliche Normen eine **tarifliche Schlichtungsstelle** an die Stelle der betriebsverfassungsrechtlichen Einigungsstelle zu setzen.

Sonstige normativ wirkende Regelungen in Tarifverträgen können auch Maßregelungsver- 105
bote nach Arbeitskämpfen sein, die nicht nur schuldrechtliche Bedeutung im Verhältnis der Tarifvertragsparteien zueinander haben. Ihnen kommt vielmehr eine unmittelbare und zwingende Wirkung i.S.d. §4 Abs.1 TVG zu (*BAG* 13.7.1993 EzA Art.9 GG Arbeitskampf Nr.112).

In Tarifverträgen sind häufig sog. **Protokollnotizen** enthalten. Ihr Rechtscharakter ist 106
nicht einheitlich. Sie können Normcharakter, aber auch erläuternden Charakter haben. Insoweit können sie als Auslegungshilfe herangezogen werden (*BAG* 27.8.1986 EzA §1 TVG Nr.25). Sollen sie Bestandteil des Tarifvertrages sein, bedürfen sie der Schriftform nach §1 Abs.2 TVG. Soll ihnen nur der Charakter einer Auslegungshilfe zukommen, ist die Schriftform nicht erforderlich. Sind sie schriftlich abgefasst, kommt ihnen im Zweifel Tarifcharakter zu (*Däubler/Reim* §1 TVG Rz.157). Die vorgenannten Rechtssätze hat das *BAG* in seinem Urteil vom 27.5.2008 (– 3 AZR 893/06 – nv) ausdrücklich bestätigt.

Letzteres gilt auch für sog. **Ergebnisniederschriften**, die im Zusammenhang mit den Tarifverhandlungen oder sonstiger Zusammenkünfte der Tarifvertragsparteien zustande kommen (*BAG* 3.12.1986 EzA §1 TVG Nr.32; vgl. auch *BAG* 5.7.2006 EzA §1 TVG Rückwirkung Nr.8, wonach eine Einigung zwischen Tarifvertragsparteien ein zivilrechtlicher Vorvertrag sein kann, der bei hinreichender Bestimmtheit zum Abschluss eines Tarifvertrages verpflichtet).

3. Schuldrechtlicher Teil

107 Wesentliche schuldrechtliche Verpflichtungen sind die Friedenspflicht und die Durchführungspflicht.

a) Friedenspflicht

108 Jedem Tarifvertrag ist die sog. **relative Friedenspflicht** immanent. Sie verbietet den Tarifvertragsparteien, während der Laufzeit des Tarifvertrages insoweit einen Arbeitskampf zu führen und ihre Mitglieder dazu aufzurufen (*BAG* 8.2.1957 AP Nr. 1 zu § 1 TVG Friedenspflicht).

109 Daraus folgt zum einen eine **Unterlassungspflicht** und zum anderen eine **Einwirkungspflicht**. Letztere bewirkt, dass die Tarifvertragspartei verpflichtet ist, auf die Verbandsmitglieder mit allen satzungsmäßig zulässigen Mitteln einzuwirken, wenn diese den Arbeitsfrieden zu brechen suchen oder gebrochen haben. Die auch ungeschrieben zu beachtende relative Friedenspflicht ist gegenständlich bezogen auf den Inhalt des laufenden Tarifvertrages. Eine außerhalb dieses Regelungsbereichs liegende Forderung darf also erhoben und mit den Mitteln des Arbeitskampfsrechts verfolgt werden. Um dies zu verhindern, müssten die Tarifvertragsparteien die sog. **absolute Friedenspflicht** ausdrücklich vereinbaren. Die absolute Friedenspflicht verbietet jede – auch eine auf tariflich nicht geregelte Fragen bezogene – Arbeitsniederlegung. Eine solche Vereinbarung unterliegt jedoch auch Beschränkungen. Ein genereller Verzicht auf das Recht zum Arbeitskampf wäre wohl als Grundrechtsverzicht mit Art. 9 Abs. 3 GG nicht zu vereinbaren (MünchArbR/*Löwisch* § 270 Rz. 11).

110 Die Friedenspflicht endet grds. mit dem Ablauf der zwingenden Wirkung der Tarifnorm eines Tarifvertrages. Die Tarifvertragsparteien können jedoch anderweitige Regelungen treffen. Mit dem Ablauf der Friedenspflicht können die Tarifvertragsparteien Arbeitskampfmaßnahmen einleiten.

b) Durchführungspflicht

111 Den Tarifvertragsparteien obliegt eine sog. Durchführungspflicht, die sie auch ohne ausdrückliche Vereinbarung gegenüber der anderen Tarifvertragspartei verpflichtet, auf ihre Mitglieder mit den Mitteln des Verbandsrechts einzuwirken, die Tarifnormen zu erfüllen.

112 Allerdings besteht eine **Einwirkungspflicht** dahin, eine bestimmte Regelung der Arbeitsbedingungen zu unterlassen, nur dann, wenn die Auslegung des Tarifvertrages eindeutig ergibt, dass die Regelung nicht dem Tarifvertrag entspricht oder ein entsprechendes rechtskräftiges Urteil bzw. eine verbindliche Entscheidung einer tariflichen Schlichtungsstelle vorliegt oder die Tarifvertragspartei selbst von der Tarifwidrigkeit der Regelung ausgeht (*BAG* 29.4.1992 EzA § 1 TVG Durchführungspflicht Nr. 2).

113 Ein Verstoß gegen die **Durchführungspflicht** kann ein wichtiger Grund zur fristlosen Kündigung des Tarifvertrages sein.

114 Hinsichtlich der gerichtlichen Geltendmachung ist das *BAG* (9.6.1982 EzA § 1 TVG Nr. 14) zunächst davon ausgegangen, dass nur eine Feststellungsklage in Betracht kommt, weil die Gegenpartei keine bestimmten verbandsrechtlichen Maßnahmen vorschreiben und damit auch keine Leistungsklage erheben kann. Später hat es (*BAG* 3.2.1988 EzA § 4 TVG Druckindustrie Nr. 14) angenommen, dass eine Leistungsklage dann zulässig ist, wenn ein bestimmtes Einwirkungsmittel benannt wird. Da es den Verbänden nach der Satzung regelmäßig freisteht, selbst zu entscheiden, wie sie auf ihre Mitglieder einwirken, wird eine derartige Klage aber grds. unbegründet sein. Das führte dazu, Feststellungsklage mit dem Ziel zu erheben, dass der Verband auf das Mitglied einwirkt, den Tarifvertrag tatsächlich anzuwenden (*BAG* 11.9.1991 EzA § 1 TVG Durchführungspflicht Nr. 1).

Nunmehr hält das BAG eine **Klage auf Einwirkung** als Leistungsklage auch dann für zulässig, wenn kein bestimmtes Einwirkungsmittel benannt wird (*BAG* 29.4.1992 EzA § 1 TVG Durchführungspflicht Nr. 2). 115

Die Zwangsvollstreckung erfolgt nach § 888 ZPO, so dass der Schuldner bei entsprechender Verurteilung die freie Wahl hat, welches Mittel der Einwirkung er wählt.

II. Auslegung von Tarifverträgen

1. Der schuldrechtliche Teil

Der **schuldrechtliche Teil** des Tarifvertrages ist nach den Regelungen des Vertragsrechts auszulegen, §§ 133, 157 BGB (*Wiedemann/Wank* TVG § 1 Rz. 984). 116

Danach ist nicht auf den inneren Willen des Erklärenden, sondern auf die objektive Erklärungsbedeutung abzustellen, wonach das äußere Verhalten so auszulegen ist, wie es der Erklärungsempfänger nach Treu und Glauben unter Berücksichtigung der Verkehrssitte verstehen muss. Neben dem Wortlaut sind auch die Begleitumstände, Entstehungsgeschichte, Äußerung der Parteien, Zweck und bestehende Interessenlage und die Verkehrssitte zu berücksichtigen.

2. Normativer Teil

Die Auslegung des **normativen Teils** eines Tarifvertrages folgt nach ständiger Rechtsprechung des *BAG* (12.9.1984 EzA § 1 TVG Auslegung Nr. 14) den für die Auslegung von Gesetzen geltenden Regeln. 117

Die Auslegung von Tarifnormen setzt ihre **Auslegungsfähigkeit** voraus. Ein Verstoß gegen das Gebot der Normenklarheit bzw. der fehlenden Justiziabilität mit der Folge der Nichtanwendbarkeit der Tarifnorm liegt vor, wenn nach Ausschöpfung der anerkannten Auslegungsmethoden nicht behebbare Zweifel am Norminhalt verbleiben (*BAG* 23.8.2006 – 4 AZR 444/05 – n.v.; 29.1.1986 BAGE 51, 59 ff.; 26.4.1966 EzA § 242 BGB Nr. 5). Bei der Auslegung ist zunächst vom **Wortlaut** auszugehen. Dabei ist der maßgebliche Sinn der Erklärung zu erforschen, ohne am Buchstaben zu haften. Soweit der Tarifwortlaut nicht eindeutig ist, ist der in den tariflichen Normen zum Ausdruck kommende wirkliche Wille der Tarifvertragsparteien mit zu berücksichtigen. Abzustellen ist ferner auf den tariflichen Gesamtzusammenhang, weil dieser Anhaltspunkte für den wirklichen Willen der Tarifvertragsparteien liefern und nur so der Sinn und Zweck der Tarifnorm zutreffend ermittelt werden kann. Lässt dies zweifelsfreie Auslegungsergebnisse nicht zu, dann können ohne Bindung an eine Reihenfolge weitere Kriterien, wie die Entstehungsgeschichte des Tarifvertrages, ggf. auch die praktische Tarifübung, ergänzend herangezogen werden. Auch die Praktikabilität denkbarer Auslegungsergebnisse ist zu berücksichtigen; im Zweifel gebührt derjenigen Tarifauslegung der Vorzug, die zu einer vernünftigen, sachgerechten, Zweck orientierten und praktisch brauchbaren Regelung führt (*BAG* 12.9.1984 EzA § 1 TVG Auslegung Nr. 14). Wenn die Tarifvertragsparteien ein Wort erwähnen, das in der Rechtsterminologie einen festen Inhalt hat, ist im Zweifel davon auszugehen, dass sie dies in demselben Sinn verstanden wissen wollen (*BAG* 28.1.1977 AP Nr. 1 zu § 1 TVG Tarifverträge: Ziegelindustrie). 118

Im Rahmen der **Auslegung** können Niederschriftserklärungen, Protokollnotizen, authentische Interpretationen der Tarifvertragsparteien, die nicht die förmlichen Voraussetzungen eines Tarifvertrages erfüllen, als Auslegungshilfe berücksichtigt werden, wenn sie den gemeinsamen Willen der Tarifvertragsparteien wiedergeben und nicht in offensichtlichem Widerspruch zum Wortlaut stehen (*BAG* 24.5.1978 EzA § 4 TVG Metallindustrie Nr. 11). 119

3. Rechtsfolgen lückenhafter tariflicher Regelungen

120 Tarifverträge erheben nicht den Anspruch, die Arbeitsbedingungen vollständig, umfassend und lückenlos zu regeln, auch können die Tarifvertragsparteien bewusst von einer Regelung für den fraglichen Einzelfall abgesehen haben (*BAG* 13.6.1973 AP Nr. 123 zu § 1 TVG Auslegung).

121 Eine die **Tariflücke** schließende Auslegung ist dann nicht möglich, wenn eine derartige Lücke bewusst und gewollt vereinbart ist. Ansonsten würde nämlich in die Tarifautonomie (Art. 9 Abs. 3 GG) eingegriffen (*BAG* 23.9.1981 AP Nr. 19 zu § 611 BGB Lehrer, Dozenten).

122 Dagegen können Lücken, die vorhanden waren, oder entstanden sind, ohne dass die Tarifvertragsparteien dies vorher gesehen haben, nach Treu und Glauben sowie nach dem in Betracht kommenden wirtschaftlichen und sozialen Zweck geschlossen werden (*BAG* 13.6.1973 AP Nr. 123 zu § 1 TVG Auslegung). Etwas anderes gilt, wenn für die Schließung der Regelungslücke verschiedene Möglichkeiten in Betracht kommen. Denn dann bestehen für die Tarifvertragsparteien Gestaltungsmöglichkeiten, über die sie auf Grund der Tarifhoheit selbst entscheiden müssen. Ein Tätigwerden von dritter Seite wäre dann ein verfassungswidriger Eingriff in die Tarifautonomie (*BAG* 10.12.1986 AP Nr. 1 zu § 42 MTB II).

4. Prozessuale Fragen

123 Ergibt sich aus dem Parteivortrag, dass tarifliche Normen für die Entscheidung erheblich sein könnten, so haben die Gerichte für Arbeitssachen den Inhalt dieser Rechtsnormen nach den Grundsätzen des § 293 ZPO zu ermitteln (*BAG* 9.8.1995 EzA § 293 ZPO Nr. 1).

124 Zum Inhalt eines Tarifvertrages gehört der Zeitpunkt seines Wirksamwerdens. Eine subjektive Beweislast besteht im Anwendungsbereich des § 293 ZPO nicht.

Ein Streit zwischen Arbeitgeber und Betriebsrat über die richtige Auslegung einer Tarifnorm kann grds. nicht in einem Beschlussverfahren ausgetragen werden (*BAG* 24.2.1987 EzA § 80 BetrVG 1972 Nr. 29).

III. Grenzen der Regelungsbefugnis der Tarifvertragsparteien

1. Tarifvertrag und überstaatliches Recht

125 **Tarifverträge** müssen mit dem unmittelbar geltenden überstaatlichen (zwischenstaatlichen) Recht vereinbar sein. Dazu gehört insbes. die Europäische Menschenrechtskonvention, das primäre Gemeinschaftsrecht, z.B. der EG-Vertrag, und die Verordnungen und Richtlinien der EG (s.o. Kap. 1 Rn. 634 ff.).

126 In der Praxis sehr bedeutsam ist Art. 141 (ex-Art. 119) Abs. 1 EGV, wonach Männern und Frauen bei gleicher Arbeit das gleiche Entgelt zusteht (s.o. Kap. 3 Rn. 756 ff.). Dabei hat das Lohngleichheitsgebot des Art. 141 Abs. 1 EGV auch Vorrang gegenüber Tarifverträgen, wie sich aus Art. 4 der Richtlinie 75/117/EWG ergibt. Nach dieser Vorschrift haben die Mitgliedstaaten sicherzustellen, dass mit dem Grundsatz des gleichen Entgelts unvereinbare Bestimmungen in Tarifverträgen nichtig sind oder für nichtig erklärt werden können (*EuGH* 27.6.1990 AP Nr. 21 zu Art. 119 EWG-Vertrag).

127 Verstößt eine tarifliche Bestimmung gegen eine EG-Richtlinie, so muss beachtet werden, dass sich die Richtlinie unmittelbar nur an die Mitgliedstaaten richtet. Daraus folgt, dass die richtlinienwidrige tarifliche Bestimmung nur dann nichtig ist, wenn der Arbeitgeber dem Staat zuzurechnen ist. Anderenfalls ist die der Richtlinie zuwiderlaufende tarifliche Bestim-

mung gemeinschaftskonform auszulegen (*Wissmann* ZTR 1994, 223; **a.A.** MünchArbR/*Löwisch* § 252 Rz. 87, der die Nichtigkeit der tariflichen Regelung annimmt).

Eine für die Praxis wichtige Rechtsfrage hat der *EuGH* in seinem Urteil vom 15.12.1994 entschieden (EzA Art. 119 EWG-Vertrag Nr. 24). Darin hat er die ihm gestellte Frage verneint, ob tarifvertragliche Regelungen, welche Mehrarbeitszuschläge nur bei Überschreiten der tarifvertraglich für Vollzeitbeschäftigte festgelegten Regelarbeitszeiten vorsehen, im Widerspruch zu Art. 119 Abs. 1 EG-Vertrag und Art. 1 der Richtlinie 75/117/EWG stehen. Nach der Auslegung des Art. 119 Abs. 1 EG-Vertrag durch den EuGH, der sich das *BAG* anschloss (20.6.1995 EzA § 2 BeschFG 1985 Nr. 41), fehlt es bereits an einer Ungleichbehandlung hinsichtlich des Arbeitsentgelts. Sie liegt nur dann vor, wenn bei gleicher Anzahl Stunden, die auf Grund eines Arbeitsverhältnisses geleistet werden, die den Vollzeitbeschäftigten gezahlte Gesamtvergütung höher ist als die den Teilzeitbeschäftigten gezahlte. In den dem EuGH vorgelegten Fällen erhielten Teilzeitbeschäftigte für die gleiche Anzahl geleisteter Arbeitsstunden die gleiche Gesamtvergütung wie Vollzeitbeschäftigte. Nach den dort anwendbaren Tarifverträgen hat ein Teilzeitbeschäftigter, dessen vertragliche Arbeitszeit 18 Stunden beträgt, wenn er eine 19. Stunde arbeitet, Anspruch auf die gleiche Gesamtvergütung wie ein Vollzeitbeschäftigter für 19 Arbeitsstunden. Überschreitet der Teilzeitbeschäftigte die tarifvertraglich festgelegte Regelarbeitszeit, erhält er ebenfalls die gleiche Gesamtvergütung wie der Vollzeitbeschäftigte, da auch er Anspruch auf Überstundenzuschläge hat. 128

2. Tarifvertrag und Grundgesetz

Die Tarifvertragsparteien sind umfassend an die **Verfassung**, insbes. an die Grundrechte gebunden. Es bestehen jedoch unterschiedliche Ansichten darüber, ob eine sog. unmittelbare oder lediglich eine mittelbare Grundrechtsbindung besteht (offen gelassen *BVerfG* 22.2.1994 EzA Art 3 GG Nr. 42; ebenso *BVerfG* 30.5.1990 BVerfGE 82, 126, 126 154). Nach Auffassung des 4. Senats des BAG unterliegen die Tarifvertragsparteien keiner unmittelbaren Grundrechtsbindung. Sie sind vielmehr wegen ihres insoweit vorrangigen Grundrechts der Koalitionsfreiheit aus Art. 9 Abs. 3 GG bis zur Grenze der Willkür frei, in eigener Selbstbestimmung Tarifregelungen festzulegen (*BAG* 30.8.2000 EzA Art. 9 GG Nr. 7). Demgegenüber vertritt wohl nach wie vor der 10. Senat des BAG eine Grundrechtsbindung (*BAG* 18.10.2000 EzA § 611 BGB Gratifikation, Prämie Nr. 161). Nach Ansicht des 3. Senats des BAG besteht im Gegensatz zu den Freiheitsrechten für die Gleichheitssätze eine unmittelbare Grundrechtsbindung (*BAG* 4.4.2000 EzA § 1 BetrAVG Gleichbehandlung Nr. 19; bestätigt in der Entscheidung des *Dritten Senats* v. 12.10.2004 EzA Art. 3 GG Nr. 102; **a.A.** *Sechster Senat* 27.5.2004 EzA Art. 3 GG Nr. 101). Eine Vorlage an den Großen Senat unterblieb jeweils, weil die Frage der Grundrechtsbindung nicht entscheidungserheblich war. 129

Tarifnormen sind jedenfalls Gesetze im materiellen Sinne, weil sie insbes. in ihren Regelungen der Arbeitsbedingungen objektives Recht für die Arbeitsverhältnisse setzen.

Daraus folgt auch, dass die Tarifverträge dem Rechtsstaatsprinzip, dem Sozialstaatsprinzip und dem Demokratieprinzip genügen müssen. Das danach zu beachtende Rechtsstaatsprinzip hat zur Folge, dass die Tarifvertragsparteien dem Gebot der Normenklarheit und auch dem Gebot des Vertrauensschutzes Rechnung tragen müssen. 130

Die Arbeitsgerichte haben eine vollständige Überprüfungskompetenz darüber, ob und inwieweit tarifliche Normen mit dem Grundgesetz, insbes. mit einzelnen Grundrechten unvereinbar sind, weil sie die Grenzen des Gestaltungsspielraums der Tarifvertragsparteien und damit der Tarifautonomie übersteigen (*BAG* 16.11.1982 AP Nr. 4 zu § 62 BAT; s.o. Kap. 1 Rn. 334 ff.). 131

► **Beispiel:** 132
Mit Urteil vom 25.7.1996 (EzA § 11 BAT Nr. 2) hat das *BAG* eine Ablieferungspflicht für Nebentätigkeitsvergütung im öffentlichen Dienst als mit Art. 12 Abs. 1 GG vereinbar angesehen. Angestellte werden durch die in § 11 BAT i.V.m. den in Bezug genomme-

nen für Beamte geltenden Nebentätigkeitsregelungen bestimmte Ablieferungspflicht nicht in ihrem Grundrecht auf freie Berufsausübung aus Art. 12 Abs. 1 GG unzulässig beeinträchtigt. Zwar berührt die Ablieferungspflicht den Schutzbereich des Art. 12 Abs. 1 GG, da die Angestellten in ihren Verdienstmöglichkeiten durch Nebentätigkeiten beschränkt werden. Der Eingriff ist jedoch im Hinblick auf den verfolgten Zweck nicht unverhältnismäßig. Die Ablieferungspflicht soll dem Anreiz entgegenwirken, Nebentätigkeiten auszuüben, die wegen ihres zeitlichen Umfangs zur Beeinträchtigung der arbeitsvertraglich geschuldeten Haupttätigkeit führen können. Diese Beschränkung ist zumutbar, da sie sich nur auf Nebentätigkeiten im öffentlichen Dienst bezieht und einen der jeweiligen Vergütungsgruppe angemessenen Freibetrag belässt.

3. Tarifverträge und Gesetzesrecht/Gesetzesvertretendes Richterrecht

133 Aus der **Normenhierarchie** folgt (s.o. Kap. 1 Rn. 263 ff.), dass das Gesetzesrecht über den Rechtsnormen des Tarifvertrages steht. Jedoch führt nicht jede tarifvertragliche Abweichung zu einem Gesetzesverstoß.

134 Ob ein solcher vorliegt, hängt vom Charakter des Gesetzes als **zweiseitig-zwingendes, einseitig-zwingendes** oder als **dispositives Gesetz** ab. Welcher Gesetzestypus vorliegt, ist letztlich durch Auslegung zu ermitteln.

135 **Zweiseitig-zwingende Gesetze** (z.B. die Organisation der Personalvertretung und in großen Teilen auch die der Betriebsverfassung, GWB, ZPO) lassen keinerlei tarifvertragliche Abweichungen zu.

136 **Einseitig zwingende Gesetze**, für deren Vorliegen eine Vermutung spricht (*BAG* 25.9.1987 EzA § 1 BeschFG 1985 Nr. 2), lassen Abweichungen nur zu Gunsten der Arbeitnehmer, nicht aber zu deren Ungunsten zu. So kann z.B. die in § 3 Abs. 1 BUrlG bestimmte Urlaubsdauer ohne weiteres verlängert werden, denn das BUrlG ist ein Schutzgesetz allein zu Gunsten der Arbeitnehmer. Auch die Befristungsregelung des BeschFG (vgl. nun § 22 Abs. 1 TzBfG) war lediglich eine Mindestarbeitsbedingung (*BAG* 5.9.1987 EzA § 1 BeschFG 1985 Nr. 2).

137 Gesetzliche Bestimmungen können auch **tarifdispositiv** sein, indem sie ein ausdrückliches Abweichen zu Gunsten oder zu Ungunsten sowohl des Arbeitgebers als auch des Arbeitnehmers nur den Tarifvertragsparteien, nicht aber den Parteien von Betriebsvereinbarungen oder Einzelarbeitsvertrag gestatten (vgl. z.B. § 622 Abs. 4 BGB s.o. Kap. 4 Rn. 258 ff.; § 13 BUrlG s.o. Kap. 3 Rn. 2333 ff.; § 4 Abs. 4 EFZG s.o. Kap. 3 Rn. 1874 ff.). Entsprechendes gilt für das am 18.8.2006 in Kraft getretene Allgemeine Gleichbehandlungsgesetz (BGBl. I S. 1897), wonach die Tarifvertragsparteien aufgrund der Öffnungsklausel nach § 15 Abs. 4 AGG vom Gesetz abweichende Geltendmachungsfristen bestimmen können (zu Gunsten wie zu Ungunsten der Arbeitnehmer; z.B. *Schrader/Schubert* Rz. 75). Weil der Schutz der Arbeitnehmer insoweit im Vordergrund steht, ist der Umfang der Abdingbarkeit gesetzlicher Schutzvorschriften durch Tarifvertrag nicht extensiv, sondern grds. restriktiv zu bestimmen (*BAG* 31.1.1979 EzA § 4 TVG Bundesbahn Nr. 1). Nehmen die Tarifvertragsparteien ihre Regelungskompetenz in Anspruch, so müssen sie ihre vom Gesetzesrecht abweichende tarifliche Regelung nicht mit sachlichen und vernünftigen Gründen rechtfertigen (*BAG* 23.10.1993 AP Nr. 37 zu § 616 BGB).

138 Infolge der gesetzgeberischen Enthaltsamkeit im Arbeitsrecht kommt dem **gesetzesvertretenden Richterrecht** in manchen Bereichen des Arbeitsrechts große Bedeutung zu (Arbeitskampfrecht, Gratifikationsrecht).

139 **Gesetzesvertretendes Richterrecht** ist regelmäßig tarifdispositiv (st. Rspr. des *BAG* seit 31.3.1966 EzA § 611 BGB Gratifikation, Prämie Nr. 17).

4. Tarifvertrag und Betriebsvereinbarungen

Grds. besteht eine umfassende Regelungskompetenz der Betriebspartner (*BAG GS* 7.11.1989 EzA §77 BetrVG 1972 Nr. 34). Diese haben jedoch den Tarifvorrang des §77 Abs. 3 BetrVG (s.u. Kap. 12 Rn. 1288 ff) und des §87 Abs. 1 Einleitungssatz BetrVG zu beachten. **140**

Zum Verhältnis beider Schranken hat der **Große Senat** des *BAG* in seiner Entscheidung vom 3.12.1991 nochmals ausführlich Stellung genommen (EzA §87 BetrVG Betriebliche Lohngestaltung Nr. 30). Danach werden Betriebsvereinbarungen im Rahmen der erzwingbaren Mitbestimmung nach §87 Abs. 1 BetrVG von der Sperre des §77 Abs. 3 BetrVG nicht erfasst (sog. Vorrangtheorie im Gegensatz zur sog. Zwei-Schranken-Theorie; s.u. Kap. 12 Rn. 1302 ff., 1301 f.). Nach der Entscheidung des BAG vom 6.12.2006 (EzA §112 BetrVG 2001 Nr. 21) sind die Tarifvertragsparteien frei, im Rahmen ihrer Tarifzuständigkeit einen **Tarifvertrag** zu vereinbaren, der die sozialen und wirtschaftlichen Folgen einer **Betriebsteilschließung** für die davon betroffenen Arbeitnehmer ausgleicht oder mildert. Hieran sind sie durch die etwa von Rechts wegen eröffnete Möglichkeit des Betriebsrats oder Personalrats und des Arbeitgebers, einen Sozialplan abzuschließen, nicht gehindert. In einem solchen Tarifvertrag, der seinerseits den Abschluss eines Sozialplans nicht hindert, ist eine Regelung zulässig, welche die Zahlung einer Abfindung an betriebsbedingt gekündigte Arbeitnehmer davon abhängig macht, dass diese gegen die Kündigung keine Kündigungsschutzklage erheben, wenn die schriftliche Kündigung einen entsprechenden Hinweis des Arbeitgebers enthält. Eine solche Regelung verstößt weder gegen den allgemeinen Gleichheitssatz noch gegen das Maßregelungsverbot. **141**

5. Tarifvertrag und Vertragsrecht

Von den Rechtsnormen eines Tarifvertrages kann im Einzelarbeitsvertrag abgewichen werden, soweit dies durch den Tarifvertrag gestattet ist oder die Regelung eine Änderung zu Gunsten der Arbeitnehmer enthält (§4 Abs. 3 TVG). **142**

> Tarifvertragliche Bestimmungen gehen dem Einzelarbeitsvertrag grds. vor. Da jedoch der Tarifvertrag lediglich Mindestarbeitsbedingungen darstellt, sind günstigere arbeitsvertragliche Regelungen möglich. Dies ergibt sich aus dem in §4 Abs. 3 TVG bestimmten Günstigkeitsprinzip (s.u. Rn. 247 ff.). **143**

IV. Einzelne tarifvertragliche Klauseln

1. Besetzungsregelungen

Ein Tarifvertrag kann für eine bestimmte Tätigkeit eine bestimmte Qualifikation verlangen. Das ist nicht zu beanstanden, wenn sie von vernünftigen Gründen getragen ist (*BAG* 26.4.1990 EzA §4 TVG Druckindustrie Nr. 20), z.B. wenn es um den Schutz einzelner Arbeitnehmer vor Überforderung geht. **144**

2. Differenzierungs-, Spannensicherungsklauseln

Die Tarifvertragsparteien versuchen mit sog. **Differenzierungsklauseln** den tarifgebundenen Arbeitgebern zu verbieten, bestimmte tariflich festgelegte Leistungen und Vergünstigungen auch den nicht bzw. anders organisierten Arbeitnehmern auf einzelvertraglicher Grundlage zu gewähren. Der weiteren Sicherung des dadurch festgelegten Abstandes der Lohnhöhe zu Gunsten tarifgebundener Arbeitnehmer dienen die **Spannensicherungsklauseln**, wonach der Arbeitgeber bei jeder zusätzlichen Leistung an Nichtorganisierte auch die Position der organisierten Arbeitnehmer verbessern muss. Solche Klauseln verstoßen zwar nicht gegen Art. 3 Abs. 1 GG, weil der Arbeitgeber die Arbeitnehmer je nach Tarifbindung unterschiedlich behandeln darf, sie bedeuten aber nach der Rechtsprechung des *BAG* (*GS* 29.11.1967 AP Nr. 13 zu Art. 9 GG) eine unzulässige Überschreitung der Tarifmacht und sind damit **145** unwirksam. Diese Klauseln sind für den Arbeitgeber unzumutbar, weil ihm die Unterstützung organisationspolitischer Interessen der Gewerkschaft zugemutet wird. Außerdem stellen sie eine Art Gebühr dar, die den Außenseitern für gewerkschaftliche Tätigkeit auferlegt wird und daher ihr Gerechtigkeitsempfinden verletzen muss. Auch die negative Koalitionsfreiheit für nicht tarifgebundene Außenseiter wird verletzt, weil auf sie ein sozial inadäquater Druck ausgeübt wird, bestimmte Leistungen nur durch Gewerkschaftsbeitritt erlangen zu können. Mit Urteil vom 18.3.2009 (– 4 AZR 64/08) hat das *BAG* entschieden, dass sog. einfache Differenzierungsklauseln rechtswirksam sein können. Einfache Differenzierungsklauseln sind solche, welche die Gewerkschaftszugehörigkeit des Arbeitnehmers zwar zur Voraussetzung für einen bestimmten materiellen Anspruch machen, die aber keine rechtlichen Schranken dafür aufstellen, dass der Arbeitgeber auf individualvertraglicher Ebene die tariflich vorgesehene Ungleichbehandlung beseitigt. Qualifizierte Differenzierungsklauseln wollen insoweit auf die individualrechtlichen Gestaltungsbefugnisse des Arbeitgebers einwirken, als im Ergebnis dem Gewerkschaftsmitglied in jedem Fall mehr zusteht als dem Nichtmitglied. Ob eine solche Klausel wirksam ist, hat der Vierte Senat des BAG in diesem Urteil offen gelassen. Demgegenüber sind **sog. Außenseiterklauseln** mit dem Inhalt, nicht organisierte Arbeitnehmer und Gewerkschaftsmitglieder gleich zu behandeln, als schuldrechtliche Vereinbarung zwischen den Tarifvertragsparteien zulässig.

3. Absicherung übertariflicher Lohnbestandteile durch Tarifverträge

a) Allgemeines

146 Übertarifliche Zulagen kann der Arbeitgeber mit einer Tariflohnerhöhung verrechnen, wenn die Zulagen dem Arbeitnehmer nicht als selbstständiger und anrechnungsfester Entgeltbestandteil neben dem jeweiligen Tarifentgelt zustehen. Die Anrechnungsfestigkeit kann sich aus einer Betriebsvereinbarung (*BAG* 23.3.1993 EzA § 4 TVG Tariflohnerhöhung Nr. 24) oder einer arbeitsvertraglichen Abrede ergeben. Zur Vermeidung von Rechtsstreitigkeiten ist es für die Praxis ratsam, bei Betriebsvereinbarungen über Zulagensysteme den Vorbehalt der Anrechnung künftiger Tariflohnerhöhungen und sonstiger Tarifverbesserungen aufzunehmen. Im Arbeitsvertrag sollte bspw. folgende Klausel enthalten sein:

147 »Alle außer-/übertariflichen Zulagen können jederzeit mit tariflichen Lohnerhöhungen verrechnet werden.«

Eine solcher Anrechnungsvorbehalt bzw. eine solche Anrechnungsklausel führt weder zur Unwirksamkeit nach § 308 Nr. 4 BGB noch verstößt sie gegen das Transparenzgebot des § 307 Abs. 1 S. 2 BGB. Für einen durchschnittlichen Arbeitnehmer ist erkennbar, dass im Fall der Tarifentgelterhöhung eine Zulagenkürzung erfolgen kann (*BAG* 1.3.2006 EzA § 4 TVG Tariflohnerhöhung Nr. 48).

148 Liegt ein ausdrücklicher Anrechnungsvorbehalt nicht vor, ist eine außer-/übertarifliche Zulage noch nicht ohne weiteres anrechnungsfest. Die tatsächliche Zahlung dieser Zulage beinhaltet nicht etwa einen rechtsgeschäftlichen Willen des Arbeitgebers, die Zulage abzusichern. Dies gilt selbst dann, wenn der Arbeitgeber die außer-/übertariflichen Verdienstbestandteile jahrelang vorbehaltlos geleistet und bisher niemals mit Tariflohnerhöhungen verrechnet hat. Die jahrelange Praxis der anrechnungsfreien Weitergabe von Tariflohnerhöhungen begründet keine betriebliche Übung dahingehend, dass der Tariflohn um die Zulage aufzustocken ist (*BAG* 22.9.1992 EzA § 87 BetrVG 1972 Betriebliche Lohngestaltung Nr. 35).

149 Wird im Arbeitsvertrag ein festes Monatsgehalt (Festbetrag) oberhalb des Tarifniveaus vereinbart, so ist dies ein Indiz für die Zulässigkeit der Anrechnung.

Für das BAG ergibt sich aus der getrennten Aufführung des Tariflohns und der Zulage noch nicht zwingend ein Anrechnungsverbot (*BAG* 22.9.1992 EzA § 87 BetrVG 1972 Betriebliche Lohngestaltung Nr. 35).

> Ob die außer-/übertariflichen Zulagen anrechnungsfest oder aber anrechnungsfähig sind, hängt entsprechend von der mit der Leistung verfolgten Zweckbestimmung ab. Allgemeine Zulagen sind anrechenbar. Nicht anrechenbar sind demgegenüber Zulagen, die besondere Leistungen oder Erschwernisse abgelten (z.B. Zulage für Betriebstreue, Lärmzulagen, Schmutzzulagen). **150**

Ist die außer-/übertarifliche Zulage nicht tarifbeständig, so kommt eine Anrechnung mit jeglicher tariflicher Entgelterhöhung in Betracht. Dies kann sowohl eine Entgelterhöhung auf Grund eines neu abgeschlossenen Tarifvertrages als auch die Erhöhung des Entgelts nach dem Erreichen einer bestimmten Anzahl von Berufsjahren sein. Etwas anderes gilt nur dann, wenn der Arbeitgeber ausdrücklich den Anrechnungsvorbehalt auf Entgelterhöhungen infolge von Neuabschlüssen von Tarifverträgen bezogen hat.

Der Arbeitgeber hat jedoch bei der Anrechnung von Zulagen stets den Gleichbehandlungsgrundsatz zu berücksichtigen (*BAG* 16.4.1980 EzA § 4 TVG Effektivklausel Nr. 1; s.o. Kap. 1 Rn. 392 ff.), auch z.B. bei der rückwirkenden Erhöhung der außer-/übertariflichen Lohnbestandteile. Ferner ist das Mitbestimmungsrecht des Betriebsrats nach § 87 Abs. 1 Nr. 10 BetrVG zu beachten (s.u. Kap. 12 Rn. 1633 ff.). **151**

b) Bestandsklauseln

Bestandsklauseln (auch Besitzstandsklauseln genannt; zur unterschiedlichen Terminologie *Däubler/Deinert* § 4 Rz. 781) bestimmen, dass bisherige, günstigere Arbeitsbedingungen durch das In-Kraft-Treten des Tarifvertrages nicht berührt werden. Sie sprechen lediglich den sich aus § 4 Abs. 3 TVG ergebenden Inhalt aus. Aus ihnen kann also nicht hergeleitet werden, dass der höhere Lohn zum Tariflohn erhoben wird oder der alte Lohn neben dem Tariflohn weiterzuzahlen ist (*BAG* 11.8.1965 AP Nr. 9 zu § 4 TVG Übertariflicher Lohn und Tariflohnerhöhung). **152**

c) Effektivklauseln

> Effektivklauseln lauten bspw. wie folgt: **153**
> »Die Tariflohnerhöhung ist effektiv zu gewähren.«
> oder
> »Die Tariflohnerhöhung tritt neben den tatsächlich gezahlten Lohn in jedem Fall hinzu.«

Mit einer sog. **Effektivgarantieklausel** soll erreicht werden, dass die bisher gezahlten Effektivlöhne in Zukunft erhöht um den im Tarifvertrag vorgesehenen Betrag und insgesamt einschließlich des zuvor übertariflichen Lohnbestandteils als unabdingbare tarifliche Mindestbedingungen zu leisten sind und nur durch einen neuen Tarifvertrag herabgesetzt werden können. Solche Regelungen sind unzulässig, weil es Aufgabe des Tarifvertrages ist, allgemeine Regelungen zu schaffen, den Mindestlohn festzulegen. Von daher kann nicht auf individuelle Lohnfestsetzungen Bezug genommen werden. Derartige Regelungen entbehren einer Rechtsgrundlage (*BAG* 16.9.1987 EzA § 4 TVG Effektivklausel Nr. 2). **154**

Mit der sog. **begrenzten Effektivklausel** bezwecken die Tarifvertragsparteien, dass der Aufsaugungseffekt nicht eintritt, sondern eine Aufstockung erfolgt, ohne dass der übertarifliche Lohnbestandteil dadurch zum Tariflohn würde. Solche Klauseln sind unwirksam, weil es sonst zu unterschiedlichen Mindestlöhnen kommt, während die Rechtsnormen des Tarifvertrages nur eine allgemeine und gleiche Lohnerhöhung vorsehen dürfen (*BAG* 16.9.1987 EzA § 4 TVG Effektivklausel Nr. 2). Darin ist ein Verstoß gegen Art. 3 Abs. 1 GG zu sehen. Außerdem unterliegen dem Tarifvertrag gegenüber günstigere Arbeitsbedingungen der einzelvertraglichen Vereinbarung. Des Weiteren wird das Schriftformerfordernis verletzt, weil sich der Tariflohn nicht aus der schriftlichen Urkunde ermitteln lässt. **155**

Nach Auffassung des Vierten Senats des BAG führen die zum Ausgleich für die Arbeitszeitverkürzung erfolgten Tariflohnerhöhungen auch nicht zum Zwecke der Erhaltung des **156**

Arbeitsentgelts auf der Grundlage der zuvor geltenden wöchentlichen Arbeitszeit zur Erhöhung des übertariflichen Stundenlohnanteils (*BAG* 16.9.1987 EzA § 4 TVG Effektivklausel Nr. 2). Im Gegensatz zu Wochen- und Monatslöhnen sieht der Vierte Senat Stundenlöhne, die zum Ausgleich einer gleichzeitig vorgenommenen Arbeitszeitverkürzung erhöht werden, als vom allgemeinen Anrechnungsvorbehalt erfasst an (*BAG* 3.6.1987 EzA § 4 TVG Metallindustrie Nr. 31; 16.9.1987 EzA § 4 TVG Effektivklausel Nr. 2). Demgegenüber vertritt der Erste Senat des BAG die Auffassung, dass der bei übertariflichen Zulagen bestehende, sich generell auf Tariflohnerhöhungen beziehende Anrechnungsvorbehalt im Zweifel nicht den Lohnausgleich für eine tarifliche Arbeitszeitverkürzung erfasst. Dieser Rechtssatz gilt nach dem Ersten Senat sowohl für tarifliche Monatsvergütungen (*BAG* 7.2.1996 EzA § 87 BetrVG 1972 Betriebliche Lohngestaltung Nr. 55) als auch für tarifliche Stundenlöhne (*BAG* 23.10.1996 – 1 AZR 299/96 – n.v., nicht entscheidungserhebliche Divergenz zu *BAG* 3.6.1987 EzA § 4 TVG Metallindustrie Nr. 31).

157 In diesem Zusammenhang hat das BAG eine Tarifnorm, wonach die Verkürzung der Wochenarbeitszeit keiner Arbeitsvertragspartei zusätzliche Vor- oder Nachteile bringen soll, als unzulässige Effektivklausel behandelt (*BAG* 16.9.1987 EzA § 4 TVG Effektivklausel Nr. 2).

158 **Anderer Ansicht** nach ist darin lediglich eine Verdienstsicherungsklausel zu sehen (*LAG RhPf* NZA 1987, 393). Tarifliche Verdienstsicherungsklauseln, die arbeitsvertraglich begründete Zulagen umfassen, sind unwirksam. Sie dürfen nicht anders behandelt werden als entsprechende Effektivklauseln (*Brox/Müller* Anm. zu *BAG* 16.9.1987 AP Nr. 15 zu § 4 TVG Effektivklausel).

d) Verrechnungsklauseln

159 Die Verrechnungsklauseln bringen zum Ausdruck, dass bisherige außer-/übertarifliche Vergütungen auf die Tariferhöhung angerechnet werden und spiegeln somit lediglich die Rechtslage wider. Sofern durch sie die sich eventuell aus dem Arbeitsvertrag ergebende Verpflichtung des Arbeitgebers zur Aufstockung der Tariferhöhung auf den bisherigen Effektivlohn ausgeschlossen werden soll, ist sie unwirksam (*BAG* 26.2.1986 EzA § 4 TVG Tariflohnerhöhung Nr. 8).

e) Verdienstsicherungsklauseln

160 Mit tariflichen Verdienstsicherungsklauseln soll in erster Linie älteren Arbeitnehmern, die wegen gesundheitlich bedingter Einschränkung der Leistungsfähigkeit auf dem bisherigen Arbeitsplatz nicht mehr einsetzbar sind und deshalb auf einen anderen Arbeitsplatz mit geringerer Entlohnung umgesetzt werden, das bisher zustehende Arbeitsentgelt einschließlich über- und/oder außertariflicher Zulagen zumindest für einen bestimmten Zeitraum gesichert werden.

161 Solche Klauseln lauten bspw. wie folgt:
»Arbeitnehmer nach Vollendung des 53. Lebensjahres haben Anspruch auf Entgeltsicherung, wenn …
Für die Berechnung des bisherigen Durchschnittsverdienstes sind zu Grunde zu legen: Tariflohn, tarifliche Leistungszulagen, außer … «

162 Nach der Rechtsprechung des *BAG* (15.5.1991 EzA § 4 TVG Metallindustrie Nr. 84) liegt insoweit nur eine zulässige Berechnungsgrundlage für den Verdienst gesicherten Durchschnittsverdienst und keine unzulässige Effektivklausel vor. Die übertariflichen Zulagen werden dadurch nicht mit tarifrechtlicher Wirkung abgesichert, sondern können, wie bei allen Arbeitnehmern, mit späteren Tariflohnerhöhungen nach allgemeinen arbeitsrechtlichen Grundsätzen ganz oder teilweise verrechnet werden.

E. Geltungsgrund eines Tarifvertrages

I. Tarifgebundenheit

1. Allgemeines

163 Da die Tarifvertragsparteien befugt sind, Tarifnormen zu setzen, bedarf es einer Legitimation im Verhältnis zwischen Normgeber und Normunterworfenen. Sie folgt aus der Mitgliedschaft der einzelnen Arbeitgeber und Arbeitnehmer in ihrem jeweiligen Verband und führt zur Bindung an den Tarifvertrag. Deshalb sind auch gem. § 3 Abs. 1 TVG die Mitglieder der Tarifvertragsparteien tarifgebunden und der Arbeitgeber, der selbst Partei des Tarifvertrages ist.

164 Eine Tarifbindung kraft Organisationszugehörigkeit besteht, wenn sowohl der Arbeitgeber als auch der Arbeitnehmer Mitglied derjenigen Organisation sind, die den Tarifvertrag abgeschlossen hat. Rechtsnormen von Tarifverträgen über betriebliche und betriebsverfassungsrechtliche Fragen gelten hingegen in allen Betrieben, in denen nur der Arbeitgeber tarifgebunden ist, § 3 Abs. 2 TVG, weiter sind Arbeitnehmer und Arbeitgeber tarifgebunden, die infolge Allgemeinverbindlicherklärung an den Tarifvertrag gebunden sind, § 5 TVG (s.u. Rn. 181 ff.).

165 Außer dem Arbeitgeber, der selbst Partei des Tarifvertrages ist, und den Mitgliedern der Tarifvertragsparteien sind darüber hinaus auch die Mitglieder der Verbände, die Spitzenorganisationen angehören, tarifgebunden, wenn die Spitzenorganisationen den Tarifvertrag im eigenen Namen abgeschlossen haben. Nach § 3 Abs. 3 TVG besteht die Tarifgebundenheit fort, bis der Tarifvertrag endet. Daraus folgt, dass sich Arbeitnehmer und Arbeitgeber durch Austritt aus ihrem Verband einem möglicherweise ungünstigen Tarifvertrag nicht entziehen können. Auch durch eine Insolvenzeröffnung über das Vermögen eines Arbeitgeberverbandes endet nicht ohne weiteres die normative Wirkung eines von dem Verband abgeschlossenen Tarifvertrages (*BAG* 27.6.2000 EzA § 3 TVG Nr. 18). Hierzu bedarf es vielmehr eines Beendigungstatbestandes.

166 Von der Tarifgebundenheit ist der persönliche Geltungsbereich eines bestehenden Tarifvertrages zu unterscheiden. Die Tarifbindung regelt die Frage, welche Personen überhaupt von der Normsetzungsbefugnis der Tarifpartner erfasst werden. Demgegenüber regelt der persönliche Geltungsbereich die tatsächlich von einem bestimmten Tarifvertrag erfassten Rechtsverhältnisse.

2. Beginn und Ende der Tarifgebundenheit bei Inhalts-, Abschluss- und Beendigungsnormen

a) Beginn

167 Die **Tarifgebundenheit** nach § 3 Abs. 1 TVG besteht ab dem Zeitpunkt, zu dem die Tarifnormen gelten und beiderseitige Mitgliedschaft vorliegt. Bei einer schon bestehenden Mitgliedschaft und dem Neuabschluss eines Tarifvertrages tritt die Tarifgebundenheit unmittelbar mit dem In-Kraft-Treten des Tarifvertrages ein. Treten Arbeitgeber und Arbeitnehmer während der Laufzeit eines Tarifvertrages in die jeweiligen Verbände ein, so beginnt die Tarifgebundenheit mit der Begründung der Mitgliedschaft (*BAG* 4.8.1993 EzA § 3 TVG Nr. 7). Die Modalitäten der Mitgliedschaft richten sich nach der Verbandssatzung, deren Grundlage wiederum das Vereinsrecht des BGB ist. So kann z.B. in einer Verbandssatzung geregelt sein, dass die Aufnahme von der Zustimmung eines besonderen Vereinsorgans abhängt; eine Tarifgebundenheit gilt dann erst mit der Zustimmung des Organs. Eine Vereinbarung zwischen Mitglied und Verband über einen rückwirkenden Beitritt ist tarifrechtlich ohne Bedeutung. Die Tarifgebundenheit beginnt mit dem Tag des tatsächlichen Beitritts (*BAG* 20.12.1988 EzA § 87 BetrVG 1972 Nr. 12), d.h. mit der satzungsgemäß zu Stande gekommenen Mitgliedschaft. Die Vereinbarung eines rückwirkenden Beginns der Mitgliedschaft führt nicht zu einem rückwirkenden Beginn der Tarifgebundenheit (*BAG* 22.11.2000

EzA § 3 TVG Nr. 20). Die Tarifvertragsparteien können auch die Rückwirkung von Tarifnormen vereinbaren (näher s.u. Rn. 216 ff.). Die Tarifgebundenheit beurteilt sich dann danach, ob die Arbeitsvertragsparteien zum Zeitpunkt des In-Kraft-Tretens Mitglieder ihrer Organisationen waren.

168 Die Tarifgebundenheit kann von den Tarifvertragsparteien über das TVG hinaus weder erweitert noch eingeschränkt werden. **Sog. Außenseiterklauseln** stellen lediglich schuldrechtliche Verpflichtungen der Tarifvertragsparteien dar, die Tarifnormen vertragsrechtlich im Arbeitsverhältnis mit Außenseitern anzuwenden.

169 Ist Tarifvertragspartei ein Spitzenverband, muss die Mitgliedschaft der Tarifgebundenen nicht zu ihm bestehen, sondern nur zu einem Mitgliedsverband. Liegt ein **Firmentarifvertrag** vor, fehlt auf Arbeitgeberseite die mitgliedschaftliche Begründung der Tarifgebundenheit. Der einzelne Arbeitgeber hat eine Doppelfunktion. Er ist zugleich Normgeber wie Normadressat.

170 Arbeitgeber kann eine natürliche und eine juristische Person sein. Da beide rechtsfähig sind, ist auch ihre Mitgliedsfähigkeit in den entsprechenden Organisationen gegeben. Handelt es sich um eine Personengesellschaft des HGB (OHG, KG), genügt ebenfalls die Mitgliedschaft der Gesellschaft (*Löwisch/Rieble* § 3 TVG Rz. 16). Anders verhält es sich bei einer BGB-Gesellschaft. Da Arbeitgeber die Gesellschafter sind, müssen sie gemeinschaftlich Mitglieder des Verbandes sein, um eine Tarifgebundenheit zu begründen. Auf Grund der nunmehr erfolgten Anerkennung der Rechtsfähigkeit der BGB-Gesellschaft (*BGH* 29.1.2001 EzA § 50 ZPO Nr. 4) dürfte die vorstehende Auffassung nicht mehr zutreffen.

171 Eine die Tarifgebundenheit auslösende Mitgliedschaft setzt voraus, dass dem Mitglied auch die zur Verfolgung des Satzungszwecks notwendigen Mitwirkungs- und Stimmrechte zustehen. Die Satzung einer tariffähigen Koalition kann vorsehen, dass sie neben den **Vollmitgliedern** auch den Status einer **Gastmitgliedschaft** beinhaltet. Gastmitgliedern, denen kein Stimmrecht zusteht, sind nicht Mitglieder i.S.d. § 3 Abs. 1 TVG (*BAG* 16.2.1962 AP Nr. 12 zu § 3 TVG Verbandszugehörigkeit).

172 Nichts anderes gilt für die rechtliche Beurteilung der Zulässigkeit einer über den Status einer Gastmitgliedschaft hinausgehenden **tarifbindungsfreien Mitgliedschaft** in **Arbeitgeberverbänden**. Angesichts der gegenwärtigen Wirtschaftslage versuchen insbes. mittelständische Arbeitgeber der hohen Regelungsdichte der Flächentarifverträge zu entgehen, um am jeweiligen Betrieb orientierte Arbeitsbedingungen zu schaffen. Viele Arbeitgeber ziehen daher zumindest in Erwägung, aus dem Arbeitgeberverband auszutreten (»Flucht aus den Tarifverträgen«). Dieser Reaktion bleibt jedoch eine unmittelbare Wirkung versagt, da nach § 3 Abs. 3 TVG die Tarifgebundenheit bestehen bleibt, bis der Tarifvertrag endet. Die Arbeitgeberverbände versuchen nunmehr, Modelle zu entwickeln, nach denen eine Mitgliedschaft im Arbeitgeberverband ohne Bindung an die entsprechenden Tarifverträge möglich wird, z.B. dadurch, dass der Arbeitgeberverband seine Tariffähigkeit aufgibt und nur noch seine Dienstleistungs- und Interessenvertretungsfunktion gegenüber den Mitgliedern wahrnimmt. Parallel dazu sollen sich diejenigen Mitglieder, die weiterhin den Abschluss von Verbandstarifverträgen wünschen, innerhalb des vormaligen Arbeitgeberverbandes zu einer Tarifgemeinschaft zusammenschließen, die die tarifrechtlichen Aufgaben des Arbeitgeberverbandes fortführen.

173 Der Arbeitgeberverband kann auch seine bisherige Funktion beibehalten und parallel dazu einen Verband zur Wahrnehmung der sonstigen sozialpolitischen Interessen gründen (**sog. Aufteilungsmodell**; vgl. *Wilhelm/Dannhorn* NZA 2006, 466, 467).

174 Daneben besteht das Modell einer **abgestuften Mitgliedschaft**. Neben den Vollmitgliedern und den Gastmitgliedern gibt es auch sog. **»OT-Mitglieder«** (Mitglied ohne Tarifbindung), z.B. im Verband der Mitteldeutschen Bekleidungsindustrie und im Verband der Nordwestdeutschen Textilindustrie. Die durch Satzungsänderung vom 29.6.1990 eingeführte OT-Mitgliedschaft im Verband der Holz- und Kunststoff verarbeitenden Industrie Rheinland-Pfalz hat das *LAG RhPf* mit Urteil vom 17.2.1995 (NZA 1995, 800) für zulässig gehalten. Die hiergegen eingelegte Revision brachte keine Klärung über die Frage der Zulässigkeit der OT-Mitgliedschaft, da das *BAG* das Verfahren mit Beschluss vom 23.10.1996 (EzA § 97 ArbGG 1979 Nr. 3) gem. § 97 Abs. 5 ArbGG aussetzte (das *LAG Hessen* hält in einem sol-

chen Fall eine Aussetzung des Rechtsstreits nach § 97 Abs. 5 ArbGG für nicht geboten; 6.10.1997 LAGE § 97 ArbGG 1997 Nr. 1). Führt man jedoch die vom *BAG* (16.2.1962 AP Nr. 12 zu § 3 TVG Verbandszugehörigkeit) zur Gastmitgliedschaft aufgestellten Grundsätze weiter, so ist wohl eine »OT-Mitgliedschaft« von Rechts wegen zulässig; insoweit liegt dann keine Mitgliedschaft i.S.d. § 3 Abs. 1 TVG vor (*LAG Hessen* 6.10.1997 LAGE § 97 ArbGG 1997 Nr. 1). Voraussetzung ist jedoch, dass die »OT-Mitglieder« auf die Tarifpolitik des Verbandes keinen direkten Einfluss nehmen dürfen. In diesem Falle begründen die von dem Verband abgeschlossenen Tarifverträge für die tarifbindungsfreien Mitglieder keine Rechte und Pflichten (für zulässig halten eine OT-Mitgliedschaft: z.B. *Buchner* NZA 1995, 761 ff.; *ders.* NZA 2006, 1377 ff.; *Reuter* RdA 1996, 201 ff.; *Thüsing* NZA 1997, 294; *Wilhelm/Dannhorn* NZA 2006, 466 ff.; für unzulässig: z.B. *Däubler* ZTR 1994, 448 ff.; *ders.* NZA 1996, 225 ff.; *Röckl* DB 1993, 2382 ff.). Zu beachten ist jedoch, dass der Wechsel in die »OT-Mitgliedschaft« die Tarifbindung bis zum Ende des Tarifvertrages bestehen lässt, § 3 Abs. 3 TVG (*Buchner* NZA 1994, 2 ff.; *ders.* NZA 1995, 761 ff.; *Otto* NZA 1996, 624 ff.). Nunmehr hat das ***BAG* am 18.7.2006** (DB 2006, 2185) entschieden, dass grds. keine durchgreifenden rechtlichen Bedenken dagegen bestünden, dass ein Arbeitgeberverband in seiner Satzung die Möglichkeit einer Mitgliedschaft ohne (die Folge der) Tarifgebundenheit **(OT-Mitgliedschaft)** vorsieht. Mitglieder, die von dieser Möglichkeit Gebrauch machten, seien dann keine Mitglieder i.S.v. § 3 Abs. 1 TVG. Die Möglichkeit, im Wege eines abgestuften Modells neben einer Vollmitgliedschaft oder einer reinen Gastmitgliedschaft auch eine Mitgliedschaft ohne Tarifbindung vorzusehen, folge im Grundsatz aus der Verbandsautonomie und der Koalitionsfreiheit. Dieses durch Art. 9 Abs. 3 GG garantierte Freiheitsrecht schütze auch die Selbstbestimmung der Koalitionen über ihre eigene Organisation, das Verfahren ihrer Willensbildung und die Führung der Geschäfte (unter Hinweis auf *BVerfG* 4.7.1995 EzA AFG § 116 Nr. 5). Dementsprechend unterfalle auch die Art und Weise der innerverbandlichen Organisation der Betätigungsfreiheit der Koalition. Die Koalitionen seien daher grds. nicht gehindert, in ihren Satzungen die Rechte und Pflichten ihrer Mitglieder unterschiedlich auszugestalten. Dies schließe die Möglichkeit ein, Mitgliedschaften vorzusehen, welche nicht die Rechtsfolgen des § 3 Abs. 1 TVG auslösten. Eine OT-Mitgliedschaft widerspreche grds. weder einfachem Recht noch Verfassungsrecht. Dadurch werde grds. auch nicht die Verhandlungsparität zwischen Arbeitgeberverband und Gewerkschaft in unzulässiger Weise zu Lasten der einen oder anderen Seite gestört. Da es im Entscheidungsfall nicht darauf ankam, ließ das BAG ausdrücklich offen, ob Verbände in ihrer Satzung eine Mitgliedschaft ohne Tarifbindung einschränkungslos vorsehen können oder ob und ggf. in welchem Umfang die OT-Mitglieder von der tarifpolitischen Willensbildung des Verbandes ausgeschlossen sein müssen und welche Fristen etwa bei einem Statuswechsel zum Schutze der Funktionsfähigkeit der Tarifautonomie einzuhalten sind. Das *LAG BW* hat (19.1.2007 LAGE § 3 TVG Nr. 7) entschieden, dass selbst ein während laufender Tarifvertragsverhandlungen einvernehmlicher, mit sofortiger Wirkung erfolgter Wechsel von der Vollmitgliedschaft in die OT-Mitgliedschaft zulässig sei. Das einer funktionierenden Tarifautonomie zu Grunde liegende Kräftegleichgewicht werde dadurch nicht verschoben, denn es bestehe für die Tarifvertragsparteien weder ein Verhandlungsanspruch geschweige denn ein Anspruch auf Abschluss eines Tarifvertrages. Das tarifverhandlungsakzessorische Arbeitskampfrecht sichere die Funktionalität der Tarifautonomie ab.

Mit Urteilen vom 4.6.2008 (– 4 AZR 419/07-EzA-SD 2008 Nr. 25 = FA 2008, 253 LS; – 4 AZR 316/07 – nv.; Stichwort: »**Blitzwechsel**« eines Arbeitgebers von einer Voll- in eine OT-Mitgliedschaft während laufender Tarifvertragsverhandlungen) hat das *BAG* zum einen die in einer Satzung vorgesehene Möglichkeit einer OT-Mitgliedschaft in der Form des sog. Stufenmodells von Rechts wegen nicht beanstandet. Zum anderen hat es als notwendige Voraussetzung einer wirksamen Regelung von OT-Mitgliedschaften angesehen, dass die Satzung für die Mitglieder ohne Tarifbindung nicht lediglich die Rechtsfolge des § 3 Abs. 1 TVG abbedingt, sondern darüber hinaus für Tarifangelegenheiten eine klare und eindeutige Trennung der Befugnisse von Mitgliedern mit und ohne Tarifbindung vorsieht. Drittens hat das BAG in diesen Entscheidungen erkannt, dass ein vereinsrechtlich wirksamer Statuswechsel in eine OT-Mitgliedschaft tarifrechtlich als eine die Funktionsfähigkeit der Tarifautonomie beeinträchtigende (störende) Abrede unwirksam ist, wenn er während laufender Tarifverhandlungen erfolgt und der konkrete Wechsel für die an der Verhandlung beteiligte Gewerkschaft nicht vor dem endgültigen Tarifabschluss erkennbar ist.

Die Gewerkschaft als Verhandlungspartner muss zu einem Zeitpunkt über die eingetretene Veränderung informiert werden, zu dem sie in die Lage versetzt wird, auf den Statuswechsel des Verbandsmitglieds mit Wirkung für den vor dem Abschluss stehenden Tarifvertrag zu reagieren. Die Gewerkschaft darf im Grundsatz bei Aufnahme der Tarifverhandlungen darauf vertrauen, dass diejenigen Arbeitgeber, die bei Verhandlungsbeginn Mitglied des an den Tarifverhandlungen beteiligten Arbeitgeberverbandes sind, an den auszuhandelnden Tarifvertrag gebunden sein werden (Geschäftsgrundlage). Wird die Gewerkschaft von der Arbeitgeberseite vom Wechsel in die OT-Mitgliedschaft nicht in Kenntnis des konkreten Vorgangs gesetzt (BAG spricht von Obliegenheit), ist der Statuswechsel hinsichtlich derjenigen Tarifverträge, die während des Statuswechsels verhandelt wurden, tarifrechtlich gem. Art. 9 Abs. 3 S. 2 GG i.V.m. § 134 BGB unwirksam. An diese Tarifverträge bleibt das OT-Mitglied trotz des vereinsrechtlich wirksamen Wechsels in diese Mitgliedschaft nach § 3 Abs. 1 TVG gebunden. Bereits mit Urteil vom 20.2.2008 (EzA Art. 9 GG Nr. 94) hatte das *BAG* entschieden, dass gegenüber einer nach Vereins- und Satzungsrecht wirksamen Vereinbarung über die Beendigung der Mitgliedschaft in einem Arbeitgeberverband ohne Einhaltung der satzungsmäßig vorgesehenen Austrittsfrist Wirksamkeitsbedenken aus koalitionsrechtlichen Gründen bestehen könnten, wenn durch eine solche Vereinbarung die Funktionsfähigkeit der Tarifautonomie beeinträchtigt würde. Dies komme insbesondere dann in Betracht, wenn durch sie die Grundlagen der Tarifverhandlungen und ihrer Ergebnisse nicht unerheblich verändert würden. Etwas Anderes gelte dann, wenn eine Tarifvertragspartei auf eine kurzfristige, verbandsrechtlich zulässige Beendigung der Mitgliedschaft im gegnerischen Verband auch nach dem Beginn der Tarifverhandlungen reagieren könne.

b) Ende

175 Die **Tarifgebundenheit des Arbeitnehmers** endet selbstverständlich bei Beendigung des Arbeitsverhältnisses und bei Änderungen des persönlichen (z.B. Wechsel vom Arbeiter- in den Angestelltenstatus) und räumlichen (z.B. Wegzug) Geltungsbereichs des Tarifvertrages. Auf Arbeitgeberseite tritt eine Beendigung der Tarifgebundenheit mit dem Wegfall der Tarifzuständigkeit ein. Außerdem kann sich das Gepräge des Betriebs derart verändern, dass der fachliche Geltungsbereich des Tarifvertrages nicht mehr einschlägig ist. Nach Auffassung des BAG wirkt der Tarifvertrag bei einem solchen **Herauswachsen** aus dem Tarifvertrag nicht gem. § 3 Abs. 3 TVG weiter (*BAG* 10.12.1997 EzA § 4 TVG Nachwirkung Nr. 26); der Tarifvertrag wirkt lediglich gem. § 4 Abs. 5 TVG nach. Nach § 3 Abs. 3 TVG bleibt die Tarifgebundenheit bestehen, bis der Tarifvertrag endet. Es kommt allein auf das Ende der Tarifgeltung an. Die Nachbindung (Weitergeltung/Nachgeltung) verstößt nicht gegen die Freiheit des Arbeitgebers, aus dem Arbeitgeberverband auszutreten und/oder einem anderen Arbeitgeberverband beizutreten (negative Koalitionsfreiheit; *BVerfG* 3.7.2000 EzA § 4 TVG Nachwirkung). Mit der Verbandsauflösung endet auch die Tarifbindung nach § 3 Abs. 1 TVG (*BAG* 15.10.1986 EzA § 2 TVG Nr. 16). Der Austritt einer der Arbeitsvertragsparteien aus dem jeweiligen Verband ändert an der unmittelbaren und zwingenden Wirkung des Tarifvertrages nichts (*BAG* 13.12.1995 EzA § 3 TVG Nr. 11). Im Zusammenhang mit einem Verbandsaustritt eines Arbeitgebers hat das *BAG* (1.12.2004 EzA § 3 TVG Verbandsaustritt Nr. 1) entschieden, dass die Wendung in einem Kündigungsschreiben »Hiermit kündigen wir die Mitgliedschaft… zum nächstmöglichen Termin« regelmäßig als eine satzungsgemäße Beendigung der Mitgliedschaft im Arbeitgeberverband auszulegen ist. Dem Austritt aus dem Verband ist der Verbandsausschluss gleichzustellen. Anderenfalls könnte die Fortdauer der Tarifgebundenheit durch einen provozierten Ausschluss umgangen werden. Auch eine automatische Beendigung der Mitgliedschaft durch auflösende Bedingung unterfällt § 3 Abs. 3 TVG (*Löwisch/Rieble* § 3 TVG Rz. 41). Nach Ablauf der Tarifgebundenheit durch Beendigung des Tarifvertrages muss das ausgetretene Verbandsmitglied die Nachwirkungsregelung

des § 4 Abs. 5 TVG beachten (*BAG* 13.12.1995 EzA § 3 TVG Nr. 11). Dies gilt auch dann, wenn der Zeitpunkt der Beendigung der Mitgliedschaft mit demjenigen der Beendigung des Tarifvertrages identisch ist (*BAG* 13.12.1995 EzA § 3 TVG Nr. 11).

Im Falle eines Verbandswechsels kann eine Tarifkonkurrenz eintreten. Diese ist nach den allgemeinen Grundsätzen zu lösen (s.u. Rn. 232 ff.). **176**

§ 3 Abs. 3 TVG greift im Falle des Todes von Arbeitgeber oder Arbeitnehmer nicht ein. Der Erbe ist also nicht mehr tarifgebunden. Entsprechendes gilt auch für die Umwandlung und Verschmelzung juristischer Personen (*BAG* 4.12.1974 AP Nr. 2 zu § 3 TVG). Im Fall des Betriebsübergangs findet § 3 Abs. 3 TVG im Hinblick auf die in § 613a Abs. 1 S. 2 BGB bestimmte individualrechtliche Fortgeltung keine Anwendung (s.o. Kap. 3 Rn. 4343 ff.). Eine Tarifgebundenheit bleibt jedoch dann bestehen, wenn zwischen Betriebserwerber und Veräußerer eine übereinstimmende Verbandsorganisation besteht. Ist der Erwerber Mitglied eines anderen Verbandes, so gelten die Tarifverträge der anderen Arbeitgeberorganisation, sofern der Arbeitnehmer der vertragsschließenden Gewerkschaft angehört, § 613 Abs. 1 S. 3 BGB. Tritt der Arbeitnehmer dieser Gewerkschaft erst später bei, gelten die Tarifverträge vom Tag der Mitgliedschaft an (*BAG* 19.3.1986 EzA § 613a BGB Nr. 51). Das Günstigkeitsprinzip findet Anwendung. **177**

§ 3 Abs. 3 TVG regelt lediglich die Fortdauer der Tarifgebundenheit in Bezug auf bestehende Tarifverträge (**sog. Nachbindung**). Nach dem Verbandsaustritt abgeschlossene neue Tarifverträge gelten für den Ausgetretenen nicht. Im Falle des abändernden Tarifvertrages stellt sich die Frage, ob die ungeänderten Tarifregelungen fortbestehen. Nach Auffassung des *BAG* (18.3.1992 EzA § 4 TVG Nachwirkung Nr. 14) spricht aus Gründen der Rechtsklarheit viel dafür, jede Änderung eines Tarifvertrages als Beendigung i.S.d. § 3 Abs. 3 TVG anzusehen. Mit Urteil vom 7.11.2001 (EzA § 3 TVG Nr. 24) hat der für das allgemeine Tarifrecht zuständige 4. Senat des *BAG* entschieden, dass die verlängerte Tarifgebundenheit (Nachgeltung/Nachbindung) nach § 3 Abs. 3 TVG endet, sobald eine Tarifnorm geändert wird. **178**

3. Betriebsnormen und betriebsverfassungsrechtliche Normen

Nach § 3 Abs. 2 TVG gelten Rechtsnormen des Tarifvertrages über **betriebliche und betriebsverfassungsrechtliche Fragen** für alle Betriebe, deren Arbeitgeber tarifgebunden ist. Es genügt, dass lediglich der Arbeitgeber Mitglied des Arbeitgeberverbandes ist oder aber der Arbeitgeber selbst Tarifvertragspartei eines sog. Haustarifvertrages ist. Nicht einmal die Mitgliedschaft eines Belegschaftsmitglieds in einer vertragschließenden Gewerkschaft ist erforderlich (*BAG* 20.3.1991 EzA § 4 TVG Tarifkonkurrenz Nr. 7), wenn der Regelungsinhalt solcher Normen eine betriebseinheitliche Geltung erfordert. Dem steht jedoch gegenüber, dass es an einer Legitimation der Gewerkschaft jedenfalls dann fehlt, wenn kein Arbeitnehmer Mitglied der tarifschließenden Gewerkschaft ist. Dementsprechend ist die sich aus § 3 Abs. 2 TVG ergebende Anwendung von Tarifnormen auch auf Nichtorganisierte unter verfassungsrechtlichen Gesichtspunkten vielfach beanstandet worden (*Wiedemann/Oetker* TVG § 3 Rz. 172 ff.). **179**

4. Gemeinsame Einrichtungen

Nach § 4 Abs. 2 TVG gelten für in einem Tarifvertrag bestimmte **gemeinsame Einrichtungen** der Tarifvertragsparteien (Lohnausgleichskassen, Urlaubskassen usw.) diese Regelungen auch unmittelbar und zwingend für die Satzung dieser Einrichtung und das Verhältnis der Einrichtung zu den tarifgebundenen Arbeitgebern und Arbeitnehmern. Daraus folgt, dass diese Vorschrift die Tarifgebundenheit voraussetzt. Bezweckt die gemeinsame Einrichtung z.B. die Umsetzung von Inhaltsnormen, so müssen Arbeitgeber und Arbeitnehmer Mitglied der entsprechenden Tarifvertragspartei sein. Nur in diesem Falle richtet sich die Beziehung der gemeinsamen Einrichtung zu Arbeitgeber und Arbeitnehmer nach den Tarifnormen. **180**

II. Allgemeinverbindlichkeit

1. Allgemeines

181 Die begrenzte Geltung des Tarifvertrages kann insbes. bei Konjunktureinbrüchen zu Nachteilen für die Tarifgebundenen führen. Den organisierten Arbeitnehmern droht der Verlust des Arbeitsplatzes, weil sie nur zu tariflichen Bedingungen zu beschäftigen sind, während nicht organisierte Arbeitnehmer ihre Arbeitskraft unter den tariflichen Arbeitsbedingungen dem Arbeitgeber anbieten können. Dem wirkt die Allgemeinverbindlichkeit entgegen, die Mindestarbeitsbedingungen schützt und Wettbewerbsverzerrungen verhindert (*BVerfG* 24.5.1977 EzA § 5 TVG Nr. 5). Durch sie werden Rechtswirkungen des Tarifvertrages auch auf Nichttarifgebundene erstreckt. Damit beinhaltet die Allgemeinverbindlichkeit auch eine Ordnungsfunktion wie der Tarifvertrag, denn sie führt dazu, dass in allen Betrieben des Geltungsbereichs des Tarifvertrages dieselben Normen anzuwenden sind.

182 Die **Allgemeinverbindlicherklärung** nach § 5 TVG ist ihrer Rechtsnatur nach weder ein Verwaltungsakt noch eine Rechtsverordnung, sondern ein Rechtssetzungsakt eigener Art zwischen autonomer Regelung und staatlicher Rechtssetzung, der eine eigenständige Grundlage in Art. 9 Abs. 3 GG findet (*BVerfG* 24.5.1977 EzA § 5 TVG Nr. 5). Sie ist verfassungsrechtlich nicht zu beanstanden, sie verletzt die Außenseiter insbes. nicht in ihrem Grundrecht auf positive und negative Koalitionsfreiheit (*BVerfG* 15.7.1980 EzA § 5 TVG Nr. 7). Die allgemeinverbindlichen Tarifnormen sind gegenüber den Außenseitern durch die staatliche Mitwirkung noch ausreichend demokratisch legitimiert (*BVerfG* 24.5.1977 EzA § 5 TVG Nr. 5).

2. Voraussetzungen

183 Die **Allgemeinverbindlicherklärung** setzt einen Antrag einer Tarifvertragspartei, die den Tarifvertrag abgeschlossen hat, einen rechtswirksamen Tarifvertrag, die Beschäftigung von mindestens 50 % der unter den Geltungsbereich des Tarifvertrages fallenden Arbeitnehmer durch tarifvertragsgebundene Arbeitgeber und ein öffentliches Interesse an der Allgemeinverbindlicherklärung voraus. Sofern sie zur Behebung eines sozialen Notstandes erforderlich erscheint, kann von dem Vorliegen eines öffentlichen Interesses und der 50 %-Regelung der unter den Geltungsbereich des Tarifvertrages fallenden Arbeitnehmer abgesehen werden. Gegenstand der Allgemeinverbindlicherklärung kann nur der normative Teil eines auch nachwirkenden rechtswirksamen Tarifvertrages sein, § 5 Abs. 4 TVG. Nicht nur der gesamte Tarifvertrag, sondern auch einzelne Normen können für allgemeinverbindlich erklärt werden. Die Rechtfertigung dieser Verfahrensweise folgt daraus, weil die zuständige Arbeitsbehörde nicht zur Allgemeinverbindlicherklärung verpflichtet ist.

184 Bei den tarifgebundenen Arbeitgebern müssen **wenigstens 50 %** aller unter den Geltungsbereich des Tarifvertrages fallenden Arbeitnehmer beschäftigt sein. Hierzu zählen sowohl die tarifgebundenen Arbeitnehmer als auch die Außenseiter. Nach Auffassung des *BAG* (24.1.1979 EzA § 5 TVG Nr. 6) genügt es auf der Grundlage des § 287 ZPO, wenn die Tatsachen zur Beschäftigtenzahl von den gerichtlichen Tatsacheninstanzen grob geschätzt sind und die Erfüllung der Voraussetzung mit hinreichender Sicherheit anzunehmen ist.

185 Die Allgemeinverbindlicherklärung muss im **öffentlichen Interesse** geboten sein. Dies ist dann der Fall, wenn sie geeignet ist, drohende wesentliche Nachteile von einer beachtlichen Zahl betroffener Arbeitnehmer abzuwenden (z.B. untertarifliche Bezahlung, Verlust von Anwartschaften etwa auf Urlaub oder zusätzliche Altersversorgung bei Arbeitsstellenwechsel). Der zuständigen Arbeitsbehörde steht ein politischer Beurteilungsspielraum zu, der anhand sozialstaatlicher Kriterien wahrzunehmen ist (*BAG* 28.3.1990 EzA § 5 TVG Nr. 10).

3. Verfahrensfragen

186 Das **Verfahren der Allgemeinverbindlicherklärung** ist in § 5 TVG und in der DVO i.d.F. vom 23.12.1988 (BGBl. 1989 I S. 77) geregelt (s.o. Rn. 11). Ergänzend sind die Verwaltungsverfahrensgesetze des Bundes und der Länder hinzuzuziehen.

Für die Allgemeinverbindlicherklärung ist entgegen dem Wortlaut das Bundesministerium für Arbeit und Soziales zuständig. Nach § 5 Abs. 6 TVG kann es der obersten Arbeitsbehörde eines Landes für einzelne Fälle das Recht zur Allgemeinverbindlicherklärung sowie zu deren Aufhebung übertragen. Liegen die Voraussetzungen für die Allgemeinverbindlicherklärung offensichtlich nicht vor, so kann der zuständige Minister den Antrag ablehnen, § 4 Abs. 2 DVO. Anderenfalls ist den Arbeitgebern und Arbeitnehmern, die von der Allgemeinverbindlicherklärung betroffen werden, den am Ausgang des Verfahrens interessierten Gewerkschaften und Vereinigungen der Arbeitgeber sowie den obersten Arbeitsbehörden der Länder, auf deren Bereich sich der Tarifvertrag erstreckt, Gelegenheit zur schriftlichen Stellungnahme sowie zur Äußerung in einer mündlichen und öffentlichen Verhandlung zu geben, § 5 Abs. 2 TVG. 187

Die Allgemeinverbindlicherklärung kann nur im Einvernehmen mit dem Tarifausschuss, der aus je drei Vertretern der Spitzenorganisationen der Arbeitgeber und der Arbeitnehmer besteht, ergehen. Besteht im Tarifausschuss eine Stimmenmehrheit für die Allgemeinverbindlicherklärung, ist der Minister nicht dazu verpflichtet. Er hat vielmehr nach pflichtgemäßem Ermessen zu entscheiden. 188

Die Allgemeinverbindlicherklärung wie ihre Aufhebung bedürfen der öffentlichen Bekanntmachung.

Für den Anspruch einer Tarifvertragspartei auf Allgemeinverbindlicherklärung ist der Rechtsweg zu den Verwaltungsgerichten gegeben. Ihr Charakter als Rechtssetzungsakt steht dem nicht entgegen (*BVerwG* 3.11.1988 EzA § 5 TVG Nr. 9). 189

4. Rechtsfolgen

Die **Allgemeinverbindlicherklärung** führt dazu, dass Tarifnormen entgegen § 3 Abs. 1 TVG und auch ohne Vorliegen einer entsprechenden einzelvertraglichen Vereinbarung oder betrieblichen Übung für alle Arbeitnehmer und Arbeitgeber gelten, die unter den räumlichen, betrieblich-fachlichen und persönlichen Geltungsbereich des Tarifvertrages fallen. 190

Dies gilt auch für den Fall der Eröffnung des Insolvenzverfahrens nach Eintritt der Allgemeinverbindlicherklärung, unabhängig davon, ob der Insolvenzverwalter die Arbeitnehmer weiter in der bisher betriebsüblichen Weise oder nur noch mit Abwicklungsarbeiten beschäftigt (*BAG* 28.1.1987 EzA § 3 TVG Nr. 5).

Die Erklärung wirkt nach § 7 S. 3 DVO zum TVG regelmäßig nicht vor dem Tag der Bekanntmachung des Antrags, sofern es sich nicht nur um die Erneuerung oder Änderung eines allgemeinverbindlichen Tarifvertrages handelt, weil dann durch eine **Rückwirkung** weder der Grundsatz der Rechtssicherheit noch der des Vertrauensschutzes berührt wird (*BAG* 25.9.1996 EzA § 5 TVG Nr. 12). Im Übrigen müssen bei der Rückwirkung der Erklärung die Grundsätze über die Rückwirkung von Gesetzen entsprechend angewendet werden. Voraussetzung ist deshalb, dass der Außenseiter mit einer Änderung der zuvor bestehenden Regelung rechnen konnte. Wird in einer Berufssparte erstmals ein Tarifvertrag für allgemeinverbindlich erklärt, so ist die Anordnung der Rückwirkung nur möglich, wenn auf diese Möglichkeit bereits bei der Veröffentlichung des Antrags hingewiesen worden ist. Eine Zurückverlegung der Rückwirkung auf einen Zeitpunkt vor der Veröffentlichung der Antragsstellung ist dann zulässig (*BAG* 3.11.1982 EzA § 5 TVG Nr. 8). 191

Bei einer **Änderung** des für allgemeinverbindlich erklärten Tarifvertrages werden die geänderten Vorschriften nur dann ihrerseits allgemeinverbindlich, wenn insoweit ein neues Verfahren durchgeführt wird. Die weiterhin wirksamen Normen bleiben allgemeinverbindlich, wenn dieser Teil des Tarifvertrages auch für sich sinnvoll ist, d.h. vom Sinn und Zweck des § 5 Abs. 1 TVG nach wie vor gedeckte Regelungen enthält (*BAG* 16.11.1965 AP Nr. 30 zu § 4 TVG Ausschlussfristen). 192

Aus der **Normerstreckungswirkung** ergibt sich, dass die Allgemeinverbindlicherklärung in zeitlicher Hinsicht an den Bestand des Tarifvertrages gebunden ist. Folglich endet ihre 193

Wirkung, wenn der Tarifvertrag endet, ohne nach § 4 Abs. 5 TVG nachzuwirken, z.B. dann, wenn der Tarifvertrag durch einen anderen ersetzt wird. Sofern der Tarifvertrag nachwirkt, gilt dies auch für die nicht organisierten Arbeitsvertragsparteien. Endet die Allgemeinverbindlichkeit vor Ablauf des Tarifvertrages, gilt er für die Tarifgebundenen weiterhin. Für die Außenseiter findet der Tarifvertrag dann kraft Nachwirkung Anwendung. Endet der Tarifvertrag und mit ihm zugleich die Allgemeinverbindlichkeit, wirkt er sowohl für die Tarifgebundenen als auch für die Außenseiter entsprechend § 4 Abs. 5 TVG nach. Ein nachfolgender, nicht für allgemeinverbindlich erklärter Tarifvertrag ersetzt für die Organisierten die nachwirkenden Tarifnormen, für die Außenseiter bleibt es hingegen bei der Geltung der bisherigen Tarifnormen kraft Nachwirkung. Der Abschluss eines mehrgliedrigen Tarifvertrages beschränkt regelmäßig nicht das Recht jeder einzelnen Tarifvertragspartei zu dessen Kündigung. Dies gilt auch dann, wenn alle Tarifvertragsparteien einer Seite gemeinsam die Allgemeinverbindlichkeit dieses Tarifvertrages beantragt haben. Die zulässige Kündigung eines allgemeinverbindlichen Tarifvertrages durch eine von mehreren Tarifvertragsparteien auf einer Seite bewirkt den Ablauf des Tarifvertrages i.S.v. § 5 Abs. 5 S. 3 TVG im Geltungsbereich der Kündigung und damit in diesem Umfang die Beendigung der Allgemeinverbindlichkeit des Tarifvertrages (*BAG* 8.11.2006 EzA § 5 TVG Nr. 14).

194 Für allgemeinverbindlich erklärt werden vor allem Tarifverträge des Baugewerbes, des Gerüstbaugewerbes, des Dachdeckerhandwerks, des Maler- und Lackiererhandwerks, des Gebäudereinigerhandwerks, des Einzelhandels, des Frisörhandwerks, des Hotel- und Gaststättengewerbes, des Bewachungsgewerbes und der Bekleidungsindustrie. Dabei ist aber stets zu beachten, dass auch im Rahmen eines Wirtschaftszweiges nicht jeder regional begrenzte Tarifvertrag allgemeinverbindlich ist. Außerdem erstreckt sich die Allgemeinverbindlicherklärung jeweils nur auf einen **konkreten Tarifvertrag**, nicht aber auf alle Tarifverträge des Wirtschaftszweiges.

III. Bezugnahme auf Tarifverträge

1. Bezugnahme auf Tarifverträge in Tarifverträgen

195 Die den Tarifvertragsparteien durch Art. 9 Abs. 3 GG übertragene Rechtsetzungskompetenz räumt auch die Möglichkeit ein, zur Regelung der Arbeits- und Wirtschaftsbedingungen auf tarifliche Regelungen zu verweisen. Eine solche Verweisung kann Teile eines Tarifvertrages oder aber den gesamten Tarifvertrag erfassen. Es gibt sog. **hinweisende Verweisungen**, z.B. der Erholungsurlaub richtet sich nach dem Tarifvertrag XY, und **inkorporierende Verweisungen**. Bei letzteren wird der in Bezug genommene Tarifvertrag Bestandteil des verweisenden Tarifvertrages. Wird auf einen bestimmten, bereits abgeschlossenen Tarifvertrag verwiesen, handelt es sich um eine sog. **statische Verweisungsklauseln**. Damit wird die Tarifgebundenheit auch für den fremden Tarifvertrag hergestellt. Derartige Verweisungen sind bedenkenfrei zulässig (*BAG* 8.3.1995 EzA § 1 TVG Nr. 40). Der in Bezug genommene Tarifvertrag liegt schriftlich vor, ist also inhaltlich bestimmt und lesbar. Für den Fall einer sog. **dynamischen Verweisungsklausel** (»... in der jeweils geltenden Fassung... «) gilt dies nicht uneingeschränkt. Hier ist zu berücksichtigen, dass im Zeitpunkt des Tarifabschlusses der dynamisch in Bezug genommene andere Tarifvertrag noch nicht vereinbart ist. Zwar wird durch diese Verweisungsklausel der Schriftform des § 1 Abs. 2 TVG Rechnung getragen, jedoch darf nicht außer Acht gelassen werden, dass die Tarifvertragsparteien eigenverantwortlich ihre Arbeits- und Wirtschaftsbedingungen innerhalb ihres Zuständigkeitsbereiches zu regeln haben.

196 **Sog. dynamische Verweisungen** (auch Blankettverweisungen genannt) sind daher nur ausnahmsweise dann zulässig, wenn der verweisende und der verwiesene Tarifvertrag von denselben Tarifvertragsparteien abgeschlossen worden sind oder wenn zwischen dem Geltungsbereich der verweisenden Vorschriften und dem Geltungsbereich der in Bezug genommenen Tarifregelungen ein enger Zusammenhang besteht.

In diesem Fall kann davon ausgegangen werden, dass die sachgerechte Regelung der Arbeitsbedingungen im Geltungsbereich des in Bezug genommenen Tarifvertrages auch für den Geltungsbereich des verweisenden Tarifvertrages sachgerecht ist (*BAG* 10.11.1982 EzA § 1 TVG Nr. 16). Bei einer Verweisung eines Tarifvertrags auf einen anderen Tarifvertrag ist bei Fehlen einer ausdrücklichen Regelung durch Auslegung zu ermitteln, ob die in Bezug genommenen Tarifnormen in ihrem jeweiligen Geltungszustand (z.B Geltung nur kraft Nachwirkung) Anwendung finden sollen oder ob die zwingende Wirkung der in Bezug genommenen Tarifnormen durch deren Kündigung nicht berührt wird, sondern nur durch die Kündigung des Verweisungstarifvertrags beseitigt werden kann. Wenn mit der Verweisung eine Gleichstellung mit der Entwicklung der in Bezug genommenen Tarifnormen gewollt ist, wie z.B. bei einem Anerkennungstarifvertrag, spricht das i.d.R. dafür, dass auch der Geltungszustand der in Bezug genommenen Tarifnormen auf den Verweisungstarifvertrag durchschlagen soll (*BAG* 7.5.2008 – 4 AZR 229/07 – ZTR 2008, 615; 29.8.2007 EzA § 4 TVG Nachwirkung Nr. 41 ZTR 2008, 309).

2. Bezugnahme in Betriebsvereinbarungen auf Tarifverträge

Die Verweisung auf einen bestimmten Tarifvertrag (**statische Verweisung**) oder einzelne **197**
tarifliche Bestimmungen in einer Betriebsvereinbarung ist jedenfalls dann zulässig, wenn der Arbeitgeber nicht tarifgebunden ist und ein bestehender Tarifvertrag die Sperrwirkung nach § 77 Abs. 3 BetrVG nicht entfalten kann. Dies ist dann gegeben, wenn der Tarifvertrag abgelaufen ist (*BAG* 23.6.1992 EzA § 611 BGB Direktionsrecht Nr. 12). Andernfalls verstößt die Bezugnahme gegen § 77 Abs. 3 BetrVG, denn die Bezugnahme würde im Ergebnis zu einer betrieblichen Allgemeinverbindlicherklärung von Tarifregelungen führen.

Mit der Aufgabenstellung des Betriebsverfassungsrechts sind folglich sog. **dynamische** **198**
Blankettverweisungen grds. unvereinbar (*BAG* 23.6.1992 EzA § 611 BGB Direktionsrecht Nr. 12), denn damit entäußern sich die Betriebspartner ihrer gesetzlichen Normsetzungsbefugnis.

3. Individualvertragliche Bezugnahme auf Tarifverträge

a) Allgemeines

Um einheitliche Arbeitsbedingungen für alle Arbeitnehmer eines Betriebes herbeizuführen, **199**
ist es in der Praxis üblich, die Arbeitsverhältnisse der nicht tarifgebundenen Arbeitnehmer durch Einzelarbeitsvertrag dem Tarifrecht zu unterstellen. **Bezugnahmeklauseln** haben jedoch keine Tarifgeltung i.S.d. TVG zur Folge, sondern machen den Tarifvertrag nur zum Bestandteil des Arbeitsvertrages (vgl. *BAG* 22.10.2008 – 4 AZR 784/07 – NZA 2009, 151). Bezugnahmeklauseln sind nach der Art ihrer Rechtswirkung und nach ihrem Inhalt zu unterscheiden. Ist der Arbeitnehmer nicht tarifgebunden, entfaltet die Bezugnahmeklausel **konstitutive Wirkung**. Bei Tarifgebundenheit des Arbeitnehmers läge es nahe, von einer **deklaratorischen Bedeutung** der Bezugnahmeklausel auszugehen, gilt doch der Tarifvertrag bereits nach § 3 Abs. 1 TVG. Gleichwohl geht das *BAG* (26.9.2001 EzA § 3 TVG Bezugnahme auf Tarifvertrag Nr. 19) von einer konstitutiven Wirkung aus (*Schliemann* NZA 2003, 3, 6). Nicht nur dass die Frage nach der Gewerkschaftszugehörigkeit unzulässig ist, sondern auch die Rechtsfolge bei einem Verbandsaustritt des Arbeitgebers rechtfertigen diese Beurteilung. Nach Ablauf der Wirkung des § 3 Abs. 3 TVG könnte bei den Gewerkschaftsmitgliedern ansonsten im Rahmen der Nachwirkung gem. § 4 Abs. 5 TVG ein tarifloser Zustand eintreten. Die Annahme einer doppelten Geltung des Tarifvertrages für Gewerkschaftsmitglieder verhindert diesen denkbaren Zustand. Nach dem Inhalt der Bezugnahmeklauseln ist von drei Grundtypen auszugehen: Neben der **statischen** (Verweis auf einen konkreten, bei Vertragsabschluss geltenden Tarifvertrag) und der **kleinen dynamischen Klausel** (Verweis auf einen konkreten Tarifvertrag einer bestimmten Branche in seiner jeweiligen Fassung) gibt es noch die **große dynamische Klausel** (Verweis auf den jeweils **einschlägigen** Tarifvertrag bzw. die jeweils einschlägigen Tarifverträge in ihrer jeweils gültigen Fassung). Mit diesen Klauseln soll eine möglichst große Gleichstellung aller Arbeitnehmer im Betrieb erreicht

werden. Somit ist eine vertragliche Bezugnahme als **Gleichstellungsabrede** anzusehen, wenn die für den Betrieb fachlich und räumlich einschlägigen Tarifverträge in Bezug genommen werden (*BAG* 4.9.1996 EzA § 3 TVG Bezugnahme auf Tarifvertrag Nr. 7) und der Arbeitgeber tarifgebunden ist (*BAG* 30.8.2000 EzA § 3 TVG Bezugnahme auf Tarifvertrag Nr. 13; 16.10.2002 EzA § 3 TVG Bezugnahme auf Tarifvertrag Nr. 22). Dieser Zweck ist bei der Auslegung von Bezugnahmeklauseln im **Zweifel anzunehmen** (*BAG* 4.9.1996 EzA § 3 TVG Bezugnahme auf Tarifvertrag Nr. 7). Diese Auslegung rechtfertigt sich daraus, dass der Arbeitgeber bei Vertragsabschluss das Bestehen einer Mitgliedschaft in der zuständigen Gewerkschaft und eine dadurch begründete Tarifgebundenheit des Arbeitnehmers regelmäßig nicht kennt und nicht erfragen darf. Das hat zur Folge, dass der Arbeitgeber, um eine Gleichstellung der bei ihm beschäftigten Arbeitnehmer zu erreichen, in alle Arbeitsverträge die Bezugnahmeklausel aufnimmt. Der Gleichstellungszweck beschränkt sich typischerweise darauf, die möglicherweise fehlende Tarifgebundenheit des Arbeitnehmers zu ersetzen, d.h. ihn einem tarifgebundenen Arbeitnehmer gleichzustellen. Die Auslegung einer dynamischen Bezugnahmeklausel als Gleichstellungsklausel kommt jedoch nicht in Betracht, wenn der Arbeitgeber selbst nicht tarifgebunden ist oder wenn der Arbeitsvertrag auf nach ihrem Geltungsbereich nicht einschlägige Tarifverträge verweist (*BAG* 14.12.2005 EzA § 3 TVG Nr. 32). Stellt eine Bezugnahmeklausel eine Gleichstellungsabrede dar, kann sie nicht als **Tarifwechsel- oder Transformationsklausel** oder sog. große dynamische Verweisungsklausel verstanden werden, nach der das für den jeweiligen Arbeitgeber einschlägige Tarifwerk gelten soll (*BAG* 16.10.2002 EzA § 3 TVG Bezugnahme auf Tarifvertrag Nr. 22). Denn bzgl. des anderen Tarifregimes fehlt es an der Tarifbindung des Arbeitgebers, die jedoch Voraussetzung für die Annahme einer Gleichstellungsabrede ist, die nur im Geltungsbereich des in Bezug genommenen Tarifvertrages wirkt. Es bedarf der Vereinbarung einer »Tarifwechselklausel« im Arbeitsvertrag (s.u. Rn. 201), um zu erreichen, dass das Arbeitsverhältnis den Tarifverträgen in jeweils gültiger Fassung unterliegt. Tritt der Arbeitgeber aus dem den Tarifvertrag abschließenden Arbeitgeberverband aus, fehlt die entscheidende Voraussetzung für die Annahme einer Gleichstellungsabrede (*BAG* 26.9.2001 EzA § 3 TVG Bezugnahme auf Tarifvertrag Nr. 19). Eine dynamische Bezugnahme auf Tarifverträge, an die der Arbeitgeber an seinem Sitz kraft Verbandszugehörigkeit gebunden ist, ist auch dann eine Gleichstellungsklausel, wenn der Arbeitnehmer außerhalb des räumlichen Geltungsbereiches dieser Tarifverträge beschäftigt wird (*BAG* 21.8.2002 EzA § 3 TVG Bezugnahme auf Tarifvertrag Nr. 21). Wegen der Rechtsfolgen der einzelvertraglichen Bezugnahme auf einen Tarifvertrag im Zusammenhang mit einem Betriebsübergang s.o. Kap. 3 Rn. 4369 ff.

b) Voraussetzungen und Gegenstand der Bezugnahme

200 Die gem. §§ 311, 241 BGB mögliche Bezugnahme auf einen Tarifvertrag muss insoweit bestimmt sein, dass erkennbar ist, ob überhaupt, auf welchen Tarifvertrag und ggf. auch auf welche Bestimmungen eines Tarifvertrages verwiesen werden soll (*BAG* 8.3.1995 EzA § 1 TVG Nr. 40). Der Zulässigkeit von Bezugnahmeklauseln für vorformulierte Arbeitsverträge steht das Transparenzgebot des § 307 Abs. 1 S. 2 BGB nicht entgegen, da § 2 Abs. 1 S. 2 Nr. 10 NachwG eine Sonderregelung darstellt, die einen allgemeinen Hinweis auf die geltenden Tarifverträge genügen lässt (*Däubler/Lorenz* § 3 TVG Rz. 219 m. w.N; krit. bei der großen dynamischen Verweisung *Wiedemann/Oetker* § 3 TVG Rz. 300f). Bei statischen Verweisungen bestehen deswegen keine Bedenken, weil auf einen bestimmten Tarifvertrag in einer bestimmten Fassung verwiesen wird, so dass Überraschungen nicht denkbar sind. Anders verhält es sich bei dynamischen Verweisungen, da die weitere tarifliche Entwicklung nicht vorhersehbar ist. Das *BAG* (30.11.1973 EzA § 242 BGB Ruhegeld Nr. 30) nimmt wegen der Richtigkeitsgewähr tarifvertraglicher Regelungen nur eine Angemessenheitskontrolle vor. Für Formulararbeitsverträge gehen nach In-Kraft-Treten der Schuldrechtsreform etwaige Zweifel über die Anwendbarkeit des gemeinten Tarifvertrages nach § 305c Abs. 2 BGB zu Lasten des Arbeitgebers. Der Auslegung einer Klausel im vom Arbeitgeber vorformulierten Arbeitsvertrag, wonach auf das Arbeitsverhältnis bestimmte benannte Tarifverträge, an die der Arbeitgeber

gebunden ist, Anwendung finden, als Gleichstellungsabrede steht die Unklarheitenregel des § 305c Abs. 2 BGB auch dann nicht entgegen, wenn dem Arbeitnehmer die Tarifgebundenheit des Arbeitgebers unbekannt war (*BAG* 19.3.2003 EzA § 3 TVG Bezugnahme auf Tarifvertrag Nr. 27). In seinem Urteil vom 14.12.2005 (EzA § 3 TVG Nr. 32) hatte das *BAG* in Bezug auf die Auslegungsregel zur Gleichstellungsabrede eine Rechtsprechungsänderung angekündigt. Nach dieser Entscheidung gilt für die Auslegung von arbeitsvertraglichen Bezugnahmeklauseln in bis zum 31.12.2001 abgeschlossenen Arbeitsverträgen (»Altverträge«) weiterhin die Auslegungsregel, wonach die Bezugnahme in einem von einem tarifgebundenen Arbeitgeber vorformulierten Arbeitsvertrag auf die für das Arbeitsverhältnis einschlägigen Tarifverträge regelmäßig als Gleichstellungsabrede auszulegen ist, also nur die Gleichstellung nicht tarifgebundener mit tarifgebundenen Arbeitnehmern bezweckt. Diese Auslegungsregel, so in der Ankündigung, beabsichtige der Vierte Senat des BAG nicht auf die ab dem 1.1.2002 abgeschlossene Arbeitsverträge anzuwenden. Insbesondere müssten auch die Wertungen des Rechts der Allgemeinen Geschäftsbedingungen beachtet werden. Nicht nur die Unklarheitenregel des § 305c Abs. 2 BGB, auch das Transparenzgebot des § 307 Abs. 1 S. 2 BGB und das Verbot der geltungserhaltenden Reduktion in § 306 BGB stritten als allgemeine Rechtsgrundsätze gegen eine wohlwollende Auslegung zu Gunsten des Klauselverwenders und damit auch dagegen, eine durch das Ende einer ursprünglich bestehenden Tarifgebundenheit auflösend bedingte Dynamik in Bezug genommener Tarifverträge, an die der Klauselverwender bei Vertragsschluss gedacht haben möge, als Vertragsinhalt auch dann zu erkennen, wenn sich hierfür weder im Vertragswortlaut noch in den, den Vertragsschluss begleitenden Umständen ein Anhaltspunkt finde. Mit Urteil vom 18.4.2007 (EzA § 3 TVG Bezugnahme auf Tarifvertrag Nr. 35) hat das *BAG* nunmehr seine angekündigte Rechtsprechungsänderung umgesetzt. Danach ist eine einzelvertraglich vereinbarte dynamische Bezugnahme auf einen bestimmten Tarifvertrag jedenfalls dann, wenn eine Tarifgebundenheit des Arbeitgebers an den im Arbeitsvertrag genannten Tarifvertrag nicht in einer für den Arbeitnehmer erkennbaren Weise zur auflösenden Bedingung gemacht worden ist, eine konstitutive Verweisungsklausel, die durch einen Verbandsaustritt des Arbeitgebers oder einen sonstigen Wegfall seiner Tarifgebundenheit **nicht** berührt wird. Mit Urteil vom 22.10.2008 (– 4 AZR 793/07 – Pressemitteilung Nr. 79/08 = FA 2008, 374) hat der Vierte Senat des *BAG* seine Rechtsprechung bestätigt. Sofern weder der Vertragswortlaut noch die Umstände bei Vertragsabschluss Anhaltspunkte für einen Willen der Parteien ergäben, es sollte nur eine Gleichstellungsabrede getroffen werden, sei der Arbeitgeber verpflichtet, auch die nach ihrem Verbandsaustritt geschlossenen Änderungstarifverträge gegenüber dem Arbeitnehmer arbeitsvertraglich anzuwenden. Das Ergebnis einer unbedingten zeitdynamischen Bindung des Arbeitsverhältnisses an den in Bezug genommen Tarifvertrag führt jedoch zu einer »konstitutiven Ewigkeitsklausel«. Das BAG weist aber zutreffend u.a. darauf hin, dass die Vertragsklausel der Arbeitgeber regelmäßig selbst formuliert und rechtsgeschäftliche Möglichkeiten bestünden, sich von der unbedingt zeitdynamischen Bindung zu lösen (Änderungsvereinbarung, Änderungskündigung). Ist die Klausel jedoch **vor dem 1.1.2002** vereinbart worden, ist sie aus Gründen des **Vertrauensschutzes wie eine sog. Gleichstellungsabrede** i.S.d. früheren Rechtsprechung des BAG **auszulegen**.

Um für **Neuverträge** gleichwohl den Zweck der Gleichstellung zu erreichen, muss die Klausel diese Intention im Einzelfall hinreichend deutlich zum Ausdruck bringen (*BAG* 18.4.2007 EzA § 3 TVG Bezugnahme auf Tarifvertrag Nr. 35). Folgende Formulierungen bieten sich an (vgl. *Bauer/Günther* NZA 2008, 6, 8):

Kleine dynamische Bezugnahmeklausel:

»Im Übrigen gilt der Tarifvertrag XY, an den der Arbeitgeber derzeit gebunden ist, in seiner jeweils gültigen Fassung. Diese Abrede gilt, weil und solange der Arbeitgeber tarifgebunden ist. Sie bezweckt die Gleichstellung nicht organisierter mit organisierten Arbeitnehmern. Endet oder entfällt die Tarifbindung des Arbeitgebers, gelten die in Bezug genommenen Tarifverträge mit dem Inhalt, den sie bei Ende der Tarifbindung des

Arbeitgebers hatten; der Arbeitnehmer hat keinen Anspruch auf Weitergabe künftiger Tarifentwicklungen.«

Große dynamische Bezugnahmeklausel:

»Im Übrigen gelten unabhängig von der Gewerkschaftszugehörigkeit des Arbeitnehmers die jeweils für den Arbeitgeber kraft eigenen Abschlusses, kraft Mitgliedschaft im Arbeitgeberverband oder kraft Allgemeinverbindlichkeit anwendbaren Tarifverträge in ihrer jeweils gültigen Fassung, so als wäre der Arbeitnehmer Mitglied der tarifschließenden Gewerkschaft. Derzeit sind dies die Tarifverträge der XY-Industrie. Endet die Tarifbindung des Arbeitgebers, so finden in der Folgezeit die Bestimmungen der Tarifverträge in ihrer zum Zeitpunkt des Endes der Tarifbindung geltenden Fassung Anwendung; der Arbeitnehmer hat keinen Anspruch auf Weitergabe zukünftiger Tarifänderungen. Diese Regelung gilt jeweils solange, bis für den Arbeitgeber wieder kraft eigenen Abschlusses, Mitgliedschaft im Arbeitgeberverband oder Allgemeinverbindlichkeit ein Tarifvertrag gemäß Satz 1 Anwendung findet. Dies bedeutet, dass insbesondere im Fall eines Verbandswechsels des Arbeitgebers, eines Betriebsübergangs oder eines Wechsels der Branche der dann für den Arbeitgeber kraft eigenen Abschlusses, Mitgliedschaft im Arbeitgeberverband oder Allgemeinverbindlichkeit anwendbare Tarifvertrag in seiner jeweils gültigen Fassung Anwendung findet.«

Der **Praxis** ist also anzuempfehlen, Bezugnahmeklauseln klar und eindeutig zu formulieren. Bezugnahmeklauseln sind zwar am Verbot überraschender Klauseln (§ 305c Abs. 1 BGB) zu messen. Jedoch greift dieses nicht durch, weil dynamische (kleine und große) Bezugnahmeklauseln im Arbeitsleben verbreitet und üblich sind (*Wiedemann/Oetker* § 3 TVG Rz. 303; *Diehn* NZA 2004, 129, 132). Nach § 310 Abs. 4 S. 1 BGB findet auf Tarifverträge die AGB-Kontrolle keine Anwendung; die Bezugnahmeklausel selbst unterliegt – siehe vorstehend – sehr wohl der AGB-Kontrolle. Wird auf den einschlägigen Tarifvertrag verwiesen, gilt § 310 Abs. 4 S. 1 BGB (*BAG* 28.6.2007 EzA § 310 BGB 2002 Nr. 5). Durch die Bereichsausnahme soll eine mittelbare Tarifzensur vermieden werden; von einem angemessenen Interessenausgleich, dies gilt auch für den Fall der Geltung von Tarifverträgen mittels arbeitsvertraglicher Bezugnahmeklausel (*Bayreuther* RdA 2003, 81, 90 f.; *Löwisch/Rieble* § 3 TVG Rz. 263; *Wiedemann/Oetker* § 3 TVG Rz. 340; *Witt* NZA 2004, 135, 136 f.) ist auszugehen (»Richtigkeitsgewähr«). Ob sich der dabei in Bezug genommene Tarifvertrag im Nachwirkungsstadium befindet, ist aus dem vorgenannten Sinn und Zweck der Bereichsausnahme unerheblich (*Däubler/Dorndorf/Bonin/Deinert* § 310 BGB Rz. 47). Die AGB-Kontrolle bleibt erhalten, sofern im Arbeitsvertrag nur auf eine einzelne Tarifklausel (*Bayreuther* RdA 2003, 81, 91; *Däubler/Lorenz* § 3 TVG Rz. 236; ErfK/*Franzen* § 3 TVG Rz. 34; MünchKomm/*Müller-Glöge* § 611 BGB Rz. 69) oder auf einen Regelungskomplex (abgrenzbare Sachbereiche wie z.B. Arbeitszeit, Entgelt oder Urlaub) verwiesen wird (str. vgl. *Däubler/Dorndorf/Bonin/Deinert* § 310 BGB Rz. 52 m.w.N.; ausdrücklich offen gelassen *BAG* 28.6.2007 EzA § 310 BGB 2002 Nr. 5; dagegen: *Bayreuther* RdA 2003, 81, 91, ErfK/*Preis* §§ 305–310 BGB Rz. 20 ff.; *Wiedemann/Oetker* § 3 TVG Rz. 343; dafür: *Däubler/Dorndorf/Bonin/Deinert* § 305c BGB Rz. 52; *Lakies* AR-Blattei SD 35 Rz. 101 ff.). Wird per Bezugnahmeklausel auf nicht einschlägige Tarifverträge verwiesen, erstreckt sich nach wohl überwiegender Meinung die AGB-Kontrolle auf die in Bezug genommen tariflichen Regelungen. Die Richtigkeitsgewähr bestehe nämlich nur innerhalb des Geltungsbereichs des Tarifvertrages. In anderen Gebieten und Branchen mögen die Verhältnisse so verschieden sein, dass die Tarifparteien dort eine ganz andere Regelung getroffen hätten (*Däubler/Dorndorf/Bonin/Deinert* § 310 BGB Rz. 50; *Diehn* NZA 2004, 129, 131; *Thüsing/Lambrich* NZA 2002, 1361, 1362 f.; *Witt* NZA 2004, 135, 137).

201 In **arbeitsgerichtlichen Verfahren** ist häufig festzustellen, dass konkrete Angaben über die Geltung eines bestimmten Tarifvertrages fehlen. Welcher Tarifvertrag zur Anwendung kommen soll, ist dann im Wege der Vertragsauslegung zu ermitteln, wobei im Zweifelsfall wohl der sog. einschlägige Tarifvertrag gemeint ist (bei Formulararbeitsverträgen s. Rn. 200).

Jedoch ist es den Arbeitsvertragsparteien im Rahmen der Vertragsfreiheit nicht verwehrt, einen branchenfremden Tarifvertrag arbeitsvertraglich zu vereinbaren. Eine arbeitsvertragliche Verweisungsklausel, mit der die Geltung eines bestimmten, dort benannten Tarifvertrages oder Tarifwerkes vereinbart worden ist, kann über ihren Wortlaut hinaus nur dann als Bezugnahme auf den jeweils für den Betrieb fachlich/betrieblich geltenden Tarifvertrag ausgelegt werden, wenn sich dies aus besonderen Umständen ergibt; der bloße Umstand, dass es sich um eine Gleichstellungsabrede handelt, genügt hierfür nicht (*BAG* 30.8.2000 EzA § 3 TVG Bezugnahme auf Tarifvertrag Nr. 13). Das *BAG* hat seine gegenteilige Ansicht in der Entscheidung vom 4.9.1996 (EzA § 3 TVG Bezugnahme auf Tarifvertrag Nr. 7) aufgegeben. Wird ein branchenfremdes Tarifwerk im Arbeitsvertrag in Bezug genommen, ist eine korrigierende Auslegung der Verweisungsklausel dahin, dass eine Verweisung auf das Tarifwerk erfolgt, dem der Arbeitgeber jeweils unterliegt, nicht möglich. Denn der 4. Senat des BAG hat an seiner früheren Entscheidung vom 4.9.1996 (EzA § 3 TVG Bezugnahme auf Tarifvertrag Nr. 7) nicht festgehalten (*BAG* 30.8.2000 EzA § 3 TVG Bezugnahme auf Tarifvertrag Nr. 13). Der Arbeitgeber kann sich mit einer sog. **Tarifwechselklausel** vorbehalten, ein anderes Tarifwerk einzuführen (*BAG* 25.10.2000 EzA § 3 TVG Bezugnahme auf Tarifvertrag Nr. 15). Verweist ein Arbeitsvertrag für den Urlaub auf die Geltung tariflicher Regelungen, ist das regelmäßig als Bezugnahme auf den gesamten tariflichen Regelungskomplex »Urlaub« zu verstehen. Dazu gehört auch ein zusätzliches tarifliches Urlaubsgeld (*BAG* 17.1.2006 EzA § 3 TVG Bezugnahme auf Tarifvertrag Nr. 33). Auf eine solche Bezugnahmeklausel ist die Unklarheitenregel nach § 305c Abs. 2 BGB nicht anzuwenden. Die Regelung ist hinreichend klar. Auf die Unklarheitenregel darf nur zurückgegriffen werden, wenn trotz Ausschöpfung der anerkannten Auslegungsmethoden nicht behebbare Zweifel verbleiben.

Eine solche kann wie folgt lauten (*Schliemann* NZA 2003, 3 [8]): 202
»Das Arbeitsverhältnis unterliegt den jeweils für den Betrieb oder Betriebsteil des Arbeitgebers fachlich/betrieblich anzuwendenden Tarifverträgen in der jeweils gültigen Fassung. Dies sind zurzeit die Tarifverträge der X-Industrie«.

Die Arbeitsvertragsparteien können die Anwendbarkeit auch nur einzelner Tarifbestimmungen vereinbaren. Vielfach sind Verträge vorzufinden, die detaillierte einzelvertragliche Regelungen und die Klausel enthalten, im Übrigen finde ein bestimmter Tarifvertrag Anwendung. 203

In zeitlicher Hinsicht ist eine Bezugnahme nicht notwendig auf den zur Zeit der Vereinbarung bestehenden Tarifvertrag beschränkt (sog. **statische Verweisung**). 204

Wie bereits aufgezeigt, ist auch eine **dynamische Bezugnahme** auf den jeweils geltenden Tarifvertrag möglich, so dass sich Änderungen des Tarifvertrages automatisch auch auf das betroffene Arbeitsverhältnis erstrecken. Wegen der Bedeutung einer derartigen Dynamisierung und des Umfangs der dynamischen Klausel muss sich die **Jeweiligkeitsklausel** aber eindeutig verhalten. Ist die Tragweite der Verweisung auf Tarifnormen in einem Formulararbeitsvertrag zweifelhaft, geht das nach § 305c Abs. 2 BGB zu Lasten des Arbeitgebers (*BAG* 9.11.2005 BB 2006, 386–388). 205

Nennen die Vertragsparteien einen bestimmten Tarifvertrag mit einer Datumsbezeichnung, so ist von einer **statischen Verweisung** auszugehen. Wird jedoch in einem Arbeitsvertrag ohne Datumsangabe auf einen im Übrigen genauer bezeichneten Tarifvertrag verwiesen, so ist im Zweifel anzunehmen, dieser Tarifvertrag solle in seiner jeweiligen Fassung Anwendung finden (dynamische Verweisung). Denn ein solcher Wille der Parteien ergibt sich zum einen aus der beabsichtigten Zukunftswirkung des Arbeitsverhältnisses, zum anderen daraus, dass die Parteien mit einer solchen Vereinbarung den nicht tarifgebundenen Arbeitnehmer ersichtlich einem tarifgebundenen Arbeitnehmer gleichstellen wollen (*BAG* 20.3.1991 EzA § 4 TVG Tarifkonkurrenz Nr. 7; 17.1.2006 EzA § 3 TVG Bezugnahme auf Tarifvertrag Nr. 33). 206

c) Rechtswirkungen

207 Im Hinblick auf die lediglich durch Inbezugnahme vereinbarte Anwendung des Tarifrechts werden auch nur vertragsrechtliche Rechtsfolgen bewirkt. Dies hat zur Folge, dass insbes. in gerichtlichen Verfahren auf die Rechte aus der Inbezugnahme verzichtet werden kann. Demgegenüber kann auf kraft Tarifgebundenheit entstandene tarifliche Rechte nur unter den Voraussetzungen des § 4 Abs. 1 S. 1 TVG verzichtet werden.

4. Tarifvertragsrecht und Gleichbehandlung

208 Nach dem **arbeitsrechtlichen Gleichbehandlungsgrundsatz** ist es dem Arbeitgeber verwehrt, bei gleich liegenden Sachverhalten in seinem Betrieb einzelne Arbeitnehmer oder einzelne Gruppen von Arbeitnehmern ohne sachlichen Grund von allgemein begünstigenden Regelungen des Arbeitsverhältnisses auszunehmen und damit schlechter zu stellen (z.B. *BAG* 25.4.1995 EzA § 1 BetrAVG Gleichbehandlung Nr. 8). Daraus folgt, dass der Arbeitgeber gehalten ist, auf die Arbeitsverträge aller nicht tarifgebundenen Arbeitnehmer die Tarifbestimmungen anzuwenden, wenn er das generell vereinbart (s.o. Kap. 1 Rn. 392 ff., 421 f.).

209 Gewährt der Arbeitgeber lediglich den tarifgebundenen Arbeitnehmern die sich aus den Tarifnormen ergebenden Leistungen, so liegt hierin gegenüber den nicht tarifgebundenen Arbeitnehmern kein Verstoß gegen den Gleichbehandlungsgrundsatz (*BAG* 20.7.1960 AP Nr. 7 zu § 4 TVG).

5. Bezugnahme auf Tarifverträge durch betriebliche Übung

210 Insbesondere in kleineren Betrieben werden die materiellen Arbeitsbedingungen häufig nicht schriftlich vereinbart. Jedoch wendet der Arbeitgeber allein der Einfachheit halber ein tarifliches Regelwerk ganz oder aber teilweise an. Liegt darin eine mehrjährige und regelmäßige Praxis und durfte bei objektivierter Betrachtung der Arbeitnehmer diese Handlungsweise als rechtsgeschäftliche Willenserklärung mit dem Inhalt einer Inbezugnahme verstehen, so gelten die Tarifvorschriften oder der Tarifvertrag als Vertragsrecht kraft betrieblicher Übung (s.o. Kap. 1 Rn. 469 f.). Für eine umfassende Inbezugnahme genügt jedoch nicht schon die bloße Zahlung. Erforderlich ist, dass der Arbeitgeber erkennen lässt, dass er das Tarifwerk als Ganzes anwendet (*BAG* 3.11.2004 – 4 AZR 541/03 – nicht amtlich veröffentlicht).

F. Der Geltungsbereich des normativen Teils eines Tarifvertrages

I. Allgemeines

211 Die Rechtsnormen eines Tarifvertrages gelten unmittelbar und zwingend zwischen den beiderseits Tarifgebundenen, die unter den Geltungsbereich des Tarifvertrages fallen, § 4 Abs. 1 TVG. Dieser wird von den Tarifvertragsparteien auf der Grundlage der Tarifzuständigkeit festgelegt. Dabei wird der zeitliche, räumliche, betrieblich-fachliche und persönliche Geltungsbereich unterschieden.

II. Der zeitliche Geltungsbereich

212 Der Tarifvertrag entfaltet seine Rechtswirkungen regelmäßig für eine bestimmte Dauer. Deshalb ist der Zeitpunkt des In-Kraft-Tretens zu bestimmen. In Tarifverträgen ist regelmäßig auch eine Regelung über seine Beendigung enthalten.

213 So bestimmt z.B. der Manteltarifvertrag des Einzelhandels für Baden-Württemberg vom 28.7.2003 in § 28:
»In-Kraft-Treten und Kündigung des Tarifvertrages
1. Dieser Manteltarifvertrag tritt am 1. April 2003 in Kraft …
2. Der Manteltarifvertrag kann schriftlich unter Einhaltung einer Frist von 3 Monaten zum Monatsende, erstmals zum 31.12.2005 gekündigt werden.«

1. In-Kraft-Treten des Tarifvertrages

a) Regelfall

Die Tarifvertragsparteien bestimmen regelmäßig datumsgenau den Zeitpunkt des In-Kraft-Tretens. Fehlt es insoweit an einer Regelung, so tritt der Tarifvertrag mit Unterzeichnung in Kraft (*Kempen/Zachert* § 4 TVG Rz. 31). Der Tarifvertrag erfasst die zum Zeitpunkt des In-Kraft-Tretens des Tarifvertrages bereits bestehenden Arbeitsverhältnisse. **214**

Dies gilt nicht, soweit es um sog. Abschlussnormen (s.o. Rn. 83 ff.) geht, die z.B. eine Schriftform für den Abschluss des bereits mündlich abgeschlossenen Arbeitsvertrages oder ein Beschäftigungsverbot nach Beendigung des 65. Lebensjahres vorsehen (*Kempen/Zachert* § 4 TVG Rz. 32). Würde die Schriftformklausel konstitutive Bedeutung für die Begründung von Arbeitsverhältnissen haben, so würden dadurch bereits mündlich abgeschlossene Arbeitsverträge nichtig. Dies würde dem Schutzprinzip des Tarifvertrages widersprechen. Insoweit kann den Abschlussnormen nur deklaratorische Bedeutung zukommen mit der Folge, dass jeder Arbeitsvertragspartei ein Anspruch auf nachträgliche schriftliche Niederlegung des Arbeitsvertrages zusteht. **215**

b) Rückwirkung

Die Tarifvertragsparteien können auch die rückwirkende Geltung des Tarifvertrages vereinbaren (*BAG* 23.11.1994 EzA § 1 TVG Rückwirkung Nr. 3; 11.10.2006 EzA § 1 TVG Rückwirkung Nr. 9). Dabei ist die **echte Rückwirkung** dadurch gekennzeichnet, dass sie nachträglich ändernd in bereits abgewickelte, der Vergangenheit angehörende Tatbestände eingreift. Demgegenüber betrifft die **unechte Rückwirkung** Fälle, in denen eine Norm auf gegenwärtig noch nicht abgeschlossene Sachverhalte für die Zukunft einwirkt und damit die betroffene Rechtsposition nachträglich entwertet (*BVerfG* BVerfGE 64, 87 [104]). Ob und welche Rückwirkung die Tarifvertragsparteien gewollt haben, ist im Wege der Auslegung des Tarifvertrages zu ermitteln. Hierzu bedarf es einer klaren und unmissverständlichen Vereinbarung (*BAG* 21.7.1988 EzA § 4 TVG Bauindustrie Nr. 144). **216**

Da die Tarifnormen Gesetze im materiellen Sinne (s.o. Rn. 16) sind, gelten jedenfalls für die echte Rückwirkung von Tarifvertragsnormen die gleichen Grundsätze wie für Gesetze, sodass sie grds. verboten ist, es sei denn, der tarifgebundene Arbeitnehmer ist nicht schutzwürdig, weil er im Zeitpunkt des In-Kraft-Tretens der Rechtsnorm mit einer Regelung rechnen musste (z.B. wegen einer gemeinsamen Erklärung der Tarifvertragsparteien oder der Aufnahme von Tarifvertragsverhandlungen wegen der auffällig schlechten Lage des Arbeitgebers; vgl. *BAG* 15.5.2000 EzA § 1 TVG Rückwirkung Nr. 5) das geltende Recht unklar und verworren war oder zwingende Gründe für eine Rückwirkung bestehen (*BVerfG* BVerfGE 19, 187 [195]). **217**

Bereits entstandene Ansprüche aus einem Arbeitsverhältnis können als sog. wohlerworbene Rechte nicht rückwirkend durch Tarifvertrag beseitigt werden (*BAG* 28.9.1983 EzA § 1 TVG Rückwirkung Nr. 2). Aus Gründen der Rechtsstaatlichkeit und der Rechtsklarheit ist es grds. auch nicht möglich, den Geltungsbereich eines bestehenden und angewendeten Tarifvertrages durch eine spätere Tarifvertragsnorm rückwirkend zu verändern. Dem steht bereits das Vertrauen der Tarifvertragsunterworfenen in die den Geltungsbereich von Tarifverträgen regelnden Tarifvertragsnormen entgegen (*BAG* 23.9.1981 AP Nr. 35 zu § 1 TVG Tarifverträge Bau). **218**

Tarifliche Kündigungsbeschränkungen sind auf Kündigungen, die vor Beginn des zeitlichen Geltungsbereichs des Tarifvertrages ausgesprochen worden sind, dann nicht anwendbar, wenn sich aus dem Tarifvertrag nicht eindeutig der Wille der Tarifvertragsparteien ergibt, die neue Regelung auch auf in der Vergangenheit liegende Tatbestände zu erstrecken (*BAG* 21.7.1988 EzA § 4 TVG Bauindustrie Nr. 44). Ansonsten ist im Zweifel von den Tarifvertragsparteien gewollt, dass rückwirkende Bestimmungen auch für bereits ausgeschiedene Arbeitnehmer gelten. Dies gilt aber nur dann, wenn zum Zeitpunkt des Tarifabschlusses und des rückdatierten In-Kraft-Tretens Tarifgebundenheit des ausgeschiedenen Arbeitnehmers bestand, weil anderenfalls die Tarifvertragsparteien ihre Regelungszuständigkeit auf nicht Normunterworfene ausdehnen könnten (*BAG* 19.6.1962 AP Nr. 5 zu § 1 TVG Rückwirkung). **219**

220 Die unechte Rückwirkung ist dagegen grds. zulässig. Jedoch unterliegt sie auch gewissen Grenzen, die sich aus dem Vertrauensschutz des Einzelnen auf den Fortbestand einer bestimmten Regelung ergeben. Es ist jeweils eine Abwägung zwischen dem Vertrauensschutz des Einzelnen und dem mit der tarifvertraglichen Regelung verfolgten Anliegen durchzuführen (*BAG* 10.10.1989 EzA § 2 VRG Bauindustrie Nr. 5).

2. Beendigung des Tarifvertrages

a) Zeitkollisionsregel

221 Das Verhältnis von zwei aufeinander folgenden Tarifverträgen wird durch die sog. Zeitkollisionsregel (**auch vielfach Ordnungsprinzip genannt**) gelöst. Die jüngere Rechtsnorm löst die ältere Bestimmung ab (*BAG* 16.5.1995 EzA § 4 TVG Wasser- und Umwelttechniken Nr. 1). Dabei ist es unerheblich, ob die abändernde Rechtsnorm zu Gunsten oder aber zum Nachteil der tarifgebundenen Arbeitnehmer wirkt. Nachteilige, ablösende Tarifverträge unterliegen nur der Prüfung, ob sie gegen höherrangiges Recht verstoßen.

b) Beendigungstatbestände

222 Die Geltung eines Tarifvertrages endet, wenn ein Beendigungstatbestand vorliegt.

Der Tarifvertrag wird regelmäßig durch ordentliche Kündigung beendet. Das Ob und Wie der Kündigung unterliegt mangels gesetzlicher Regelungen dem Gestaltungsspielraum der Tarifvertragsparteien. Neben der ordentlichen Kündigung kommen als weitere Beendigungstatbestände die außerordentliche Kündigung, die Befristung und Bedingung sowie der Aufhebungsvertrag in Betracht (s.o. Rn. 56 ff.). Unter Umständen ist auch eine Teilkündigung statthaft (s.o. Rn. 60).

III. Räumlicher Geltungsbereich

223 Der räumliche Geltungsbereich bestimmt das geographische Gebiet, für das der Tarifvertrag Geltung beansprucht. Von daher gibt es Orts-, Kreis-, Stadt-, Landes- und Bundestarifverträge. Es können aber auch einzelne Tarifgebiete innerhalb eines bestimmten geographischen Gebietes ausdrücklich ausgenommen werden (*BAG* 9.11.1956 AP Nr. 1 zu § 3 TVG Verbandszugehörigkeit). Erfolgt eine Neugliederung von Verwaltungseinheiten, so bleibt hiervon der Geltungsbereich des Tarifvertrages unberührt.

224 Für die Erfassung der Arbeitsverhältnisse ist die Lage des Betriebsortes maßgeblich. Sie wird durch Arbeiten von Arbeitnehmern außerhalb des Geltungsbereichs nur in Frage gestellt, wenn an dem auswärtigen Ort eine eigene, dauerhafte Betriebsstätte besteht.

IV. Betrieblich-fachlicher Geltungsbereich

225 Mit dem **betrieblich-fachlichen Geltungsbereich** wird die branchenmäßige Zugehörigkeit des Betriebs des Arbeitgebers bezeichnet.

Da die Gewerkschaften und Arbeitgeberverbände nach dem Industrieverbandsprinzip gegliedert sind, werden die Tarifverträge regelmäßig für einen bestimmten Wirtschaftszweig abgeschlossen (z.B. für das Baugewerbe, für das Frisörgewerbe usw.). Schwierigkeiten treten aber nicht selten bei der Auslegung des Umfangs des betrieblich-fachlichen Geltungsbereichs auf.

226 In vielen Betrieben werden Tätigkeiten verschiedener Branchen verrichtet. Bei **gemischten Tätigkeiten** in einem Betrieb und der damit einhergehenden möglichen Anwendbarkeit mehrerer Tarifverträge gilt grds. der Tarifvertrag für alle Arbeitnehmer, der die überwiegende Tätigkeit erfasst. Maßgebend ist also der wirtschaftliche und arbeitstechnische Hauptzweck des Betriebes, mithin die ihn prägende Tätigkeit (*BAG* 25.11.1987 EzA § 4 TVG Geltungsbereich Nr. 1).

Aus dem gesetzlich nicht verankerten **Prinzip der Tarifeinheit** ergibt sich, dass der Tarifvertrag vorbehaltlich einer ausdrücklichen abweichenden Regelung im Zweifel alle Arbeitsverhältnisse in einem Betrieb und in dazugehörigen Nebenbetrieben erfasst, auch solche, die fachfremde Beschäftigungen zum Gegenstand haben (*BAG* 20.3.1991 EzA § 4 TVG Tarifkonkurrenz Nr. 7). Handelt es sich jedoch um jeweils eigenständige Betriebe, so im Falle eines Unternehmens des Kraftfahrzeuggewerbes, das einen Autohandelsbetrieb und eine Reparaturwerkstatt betreibt, so gelten für jeden Betrieb die entsprechenden Tarifverträge. 227

Der **betrieblich-fachliche Geltungsbereich** darf mit dem Begriff der Tarifkonkurrenz nicht verwechselt werden. Letztere ist nur dann gegeben, wenn der Arbeitgeber für zwei Tarifverträge tarifgebunden ist. 228

V. Persönlicher Geltungsbereich

Der **persönliche Geltungsbereich** bestimmt, auf welche Arbeitnehmergruppen der Tarifvertrag Anwendung findet. Soweit keine Angaben gemacht werden, gilt der Tarifvertrag grds. für alle Personen, die unter den zeitlichen, räumlichen und betrieblich-fachlichen Geltungsbereich fallen. Angesichts der inzwischen zumindest als fragwürdig erkannten Unterscheidung zwischen Arbeitern und Angestellten werden zunehmend einheitliche Tarifverträge für beide Arbeitnehmergruppen abgeschlossen. Dennoch gibt es noch in vielen Bereichen eine Unterscheidung des persönlichen Geltungsbereichs nach Arbeitern und Angestellten (z.B. im öffentlichen Dienst). Im Übrigen bestehen besondere Tarifverträge vor allem für Auszubildende, Teilzeitbeschäftigte und für Arbeitnehmer, die atypische Tätigkeiten verrichten (*Kempen/Zachert* § 4 TVG Rz. 29). 229

Insbesondere der Herausnahme von Teilzeitbeschäftigten aus dem persönlichen Geltungsbereich eines Tarifvertrages stehen häufig rechtliche Bedenken entgegen. Soweit davon in manchen Berufszweigen vorrangig Frauen betroffen werden, ist die Nichtberücksichtigung am Maßstab des mittelbaren Diskriminierungsverbotes nach Art. 119 EG-Vertrag zu messen. Darüber hinaus ist das allgemeine Verbot der unterschiedlichen Behandlung von Teilzeitbeschäftigten nach § 4 TzBfG zu beachten. 230

► **Beispiel:** 231

Das *BAG* hat mit Urteil vom 28.3.1996 (EzA Art. 3 GG Nr. 57) den Ausschluss teilzeitbeschäftigter Studenten vom Geltungsbereich des BAT nach § 3 Buchst. n) als gleichheitswidrig angesehen. Der Status als Studierender und die in der Versicherungsfreiheit liegende sozialrechtliche Begünstigung sind keine sachlichen Gründe für eine arbeitsrechtliche Schlechterstellung dieser Arbeitnehmer bei der Gestaltung allgemeiner Arbeitsbedingungen.

VI. Tarifkonkurrenz und Tarifpluralität

1. Begriffe

Gelegentlich kommt es vor, dass ein Betrieb von mehreren Tarifverträgen erfasst wird. Dies verwundert, weil die Koalitionen weitgehend nach dem Industrieverbandsprinzip organisiert sind (s.o. Rn. 40). Liegt ein solcher Tatbestand vor, ist zu fragen, ob alle Tarifverträge auf die Arbeitsverhältnisse der Tarifgebundenen anzuwenden sind oder ob bestimmte Kriterien die Anwendung nur eines Tarifvertrags auf die Arbeitsverhältnisse im Betrieb zulassen. Dieser Sachverhalt gibt Anlass zu unterscheiden zwischen **Tarifkonkurrenz** und **Tarifpluralität**: Eine Tarifkonkurrenz liegt vor, wenn mehrere Tarifverträge auf ein Arbeitsverhältnis in einem Betrieb anzuwenden sind und dadurch derselbe Regelungsgegenstand mehrfach tarifvertraglich geregelt ist (*BAG* 23.3.2005 EzA § 4 TVG Tarifkonkurrenz Nr. 18; *Kempen/Zachert* § 4 TVG Rz. 117). Dazu muss der Geltungsbereich der zeitgleich geltenden Tarifverträge übereinstimmen und jeweils eine beiderseitige kongruente Tarifbindung der Arbeitsvertragsparteien und/oder Allgemeinverbindlichkeit bestehen. Bis zu seiner Entscheidung vom 20.3.1991 (EzA § 4 TVG Tarifkonkurrenz Nr. 7) sprach das BAG schon dann von Tarif- 232 konkurrenz, wenn allein der Arbeitgeber an die mehreren Tarifverträge gebunden war (*BAG* 24.9.1975 EzA § 4 TVG Tarifkonkurrenz Nr. 1). Nun bedarf es einer beidseitigen Tarifgeltung (*BAG* 20.3.1991 EzA § 4 TVG Tarifkonkurrenz Nr. 7). Um eine unerwünschte Tarifkonkurrenz zu vermeiden, vereinbaren die Tarifvertragsparteien in Bezug auf den tariflichen Geltungsbereich sog. Einschränkungsklauseln (*BAG* 20.3.1991 EzA § 4 TVG Tarifkonkurrenz Nr. 7). So kann z.B. eine Einschränkungsklausel den Inhalt haben, von einem anderen Tarifvertrag erfasste Betriebe von der Allgemeinverbindlichkeit auszunehmen (*BAG* 26.10.1983 EzA § 3 TVG Nr. 4). Von daher ist eine gründliche Auslegung der den Geltungsbereich des Tarifvertrages regelnden Normen vorzunehmen. Demgegenüber ist von einer Tarifpluralität auszugehen, wenn der Betrieb vom Geltungsbereich mehrerer von denselben oder verschiedenen Gewerkschaften abgeschlossenen Tarifverträgen erfasst wird, diese aber unterschiedliche Arbeitnehmer betreffen (*BAG* 28.5.1997 EzA § 4 TVG Nachwirkung Nr. 23; *Kempen/Zachert* § 4 TVG Rz. 118). Mit anderen Worten: Der Arbeitgeber ist jeweils an die den Betrieb erfassenden Tarifverträge gebunden, während für die einzelnen Arbeitnehmer jeweils nur ein Tarifvertrag kraft Tarifbindung oder Allgemeinverbindlichkeit gilt. Nach der Rechtsprechung des für allgemeine Fragen des Tarifrechts zuständigen 4. Senats des BAG führt nicht nur die tarifrechtliche Geltung zweier Tarifverträge zur Tarifpluralität, sondern auch die arbeitsvertragliche Inbezugnahme, weil sie die Geltung des Tarifvertrages bewirkt (*BAG* 20.3.1991 EzA § 4 TVG Tarifkonkurrenz Nr. 7; 28.5.1997 EzA § 4 TVG Nachwirkung Nr. 23). Demgegenüber ist nach Ansicht des 10. Senats des BAG eine Tarifpluralität nur bei tarifrechtlicher (Tarifgebundenheit und/oder Allgemeinverbindlichkeit) und nicht auch bei arbeitsvertraglicher Geltung mehrerer Tarifverträge gegeben (*BAG* 22.9.1993 EzA § 4 TVG Tarifkonkurrenz Nr. 8). Mit Urteil vom 22.10.2008 (– 4 AZR 784/07 – NZA 2009, 151) hat der Vierte Senat im Anschluss an seine Entscheidung vom 29.8.2007 (– 4 AZR 767/06 – EzA § 3 TVG Bezugnahme auf Tarifvertrag Nr. 37) und unter Aufgabe seiner Ansicht im Senatsurteil vom 20.3.1991 (EzA § 4 TVG Tarifkonkurrenz Nr. 7) entschieden, dass die individuell-vertragliche Bezugnahme eines Tarifvertrages nicht dessen tarifliche Geltung begründet und daher nicht zu einer Tarifkonkurrenz oder einer Tarifpluralität führen kann. Ein Fall der Tarifpluralität liegt auch nicht vor, wenn ein gem. § 4 Abs. 5 TVG nachwirkender Tarifvertrag und ein Tarifvertrag aufeinander treffen, an den nur der Arbeitgeber nach § 3 Abs. 3 TVG gebunden ist (*BAG* 28.5.1997 EzA § 4 TVG Nachwirkung Nr. 23). § 4 Abs. 5 TVG ist eine Sonderregelung, die dem Tatbestand der Tarifpluralität vorgeht. Kommt für alle Arbeitnehmer eine andere Abmachung i.S.d. § 4 Abs. 5 TVG nicht zu Stande, so wirkt der beendete Tarifvertrag für diejenigen Arbeitnehmer weiter, für die der neue Tarifvertrag nicht gilt (z.B. Firmentarifvertrag mit anderer Gewerkschaft, in der keine Mitgliedschaft besteht). Von daher kann es im Betrieb zu unterschiedlichen Arbeitsbedingungen kommen, was jedoch gesetzliche Folge der Anordnung der Nachwirkung ist.

233 ► **Beispiel für Tarifkonkurrenz:**
Für Betriebe des Schlossereihandwerks, die dem Tarifvertrag für das Schlosserhandwerk unterfallen, gilt daneben der BRTV-Bau, da er auch Montagearbeiten mit dem Werkstoff Metall erfasst (*BAG* 14.6.1989 EzA § 4 TVG Tarifkonkurrenz Nr. 4).
Das Verlegen von Glasbausteinen auf Bauten unterfällt dem Geltungsbereich des BRTV-Bau. Daneben kann der Rahmentarifvertrag des Glaserhandwerks gelten (*BAG* 29.11.1978 EzA § 4 TVG Tarifkonkurrenz Nr. 2).

234 ► **Beispiel für Tarifpluralität:**
Die Gewerkschaft IG Metall schließt mit einem Metall verarbeitenden Unternehmen einen Tarifvertrag ab. Daneben vereinbart das Metall verarbeitende Unternehmen mit der Christlichen Gewerkschaft Metall einen weiteren Tarifvertrag.

235 In beiden Fällen wird nach der ständigen Rechtsprechung des *BAG* (20.3.1991 EzA § 4 TVG Tarifkonkurrenz Nr. 7) in Anwendung der Grundsätze der Tarifeinheit und der Tarifspezialität der sachfernere Tarifvertrag verdrängt. Denn in einem Betrieb soll nur ein Tarifvertrag einheitlich Anwendung finden (**Grundsatz der Tarifeinheit**), wobei unter mehreren Tarifverträgen nach dem Grundsatz der Spezialität dem sachnäheren Tarifvertrag der Vorzug zu geben ist.

2. Der Grundsatz der Tarifeinheit

Aus den übergeordneten **Prinzipien der Rechtssicherheit und der Rechtsklarheit** folgt der gesetzlich nicht geregelte Grundsatz der Tarifeinheit. Er führt dazu, dass rechtliche und tatsächliche Unklarheiten, die sich aus dem Nebeneinander von verschiedenen Tarifverträgen in einem Betrieb ergeben, vermieden werden. Rechtsnormen eines Tarifvertrages über betriebliche und betriebsverfassungsrechtliche Fragen gelten nach § 3 Abs. 2 TVG für alle Betriebe, deren Arbeitgeber tarifgebunden ist. Ist dieser aber an zwei Tarifverträge gebunden, muss zumindest insoweit entschieden werden, welchem der Vorrang einzuräumen ist. Eine Abgrenzung zwischen Betriebsnormen und Inhaltsnormen bereitet oft tatsächliche Schwierigkeiten. Letztlich werden diese Schwierigkeiten nur durch die betriebseinheitliche Anwendung eines Tarifvertrages vermieden (*BAG* 20.3.1991 EzA § 4 TVG Tarifkonkurrenz Nr. 7). Dabei gewährleistet ein Anknüpfen an die Tarifbindung des Arbeitgebers einer vom Wechsel der Arbeitnehmer und vom Zufall unabhängige betriebseinheitliche Anwendung desjenigen Tarifvertrages, der den Erfordernissen des Betriebes und der dort beschäftigten Arbeitnehmer am besten gerecht wird. Für die Anwendung des Günstigkeitsprinzips ist insoweit kein Raum (*BAG* 14.6.1989 EzA § 4 TVG Tarifkonkurrenz Nr. 4). Auch wenn nur in einem von mehreren konkurrierenden Manteltarifverträgen die Altersversorgung geregelt ist, kann nicht angenommen werden, dass die Manteltarifverträge sich insoweit ergänzen sollen (*BAG* 5.9.1990 EzA § 4 TVG Tarifkonkurrenz Nr. 5). Nach dem Grundsatz der Tarifeinheit in einem Betrieb können die durch einen speziellen Tarifvertrag verdrängten Tarifverträge auch auf solche Arbeitsverhältnisse keine Anwendung mehr finden, bei denen mangels Organisationszugehörigkeit der Arbeitnehmer keine Tarifbindung an den speziellen Tarifvertrag besteht und dieser deshalb nicht zur Anwendung gelangt. Der Grundsatz der Tarifeinheit führt also nicht dazu, dass der spezielle Tarifvertrag ohne entsprechende Tarifbindung, Allgemeinverbindlichkeit oder vertragliche Abrede sozusagen automatisch auf alle Arbeitsverhältnisse des Betriebs anzuwenden ist. Dies wäre ansonsten ein Verstoß gegen die negative Koalitionsfreiheit (*BAG* 20.3.1991 EzA § 4 TVG Tarifkonkurrenz Nr. 7). Ob der Vierte Senat des BAG künftig weiterhin am Grundsatz der Tarifeinheit festhält, hat er selbst offen gelassen (vgl. *BAG* 22.10.2008 – 4 AZR 784/07 – NZA 2009, 151). 236

3. Der Grundsatz der Spezialität

Nach diesem Grundsatz gilt der Tarifvertrag, der dem Betrieb räumlich, betrieblich-fachlich und persönlich am nächsten steht und deshalb den Erfordernissen und Eigenarten des Betriebes und der darin tätigen Arbeitnehmer am besten Rechnung trägt (*BAG* 20.1.1994 EzA § 4 TVG Tarifkonkurrenz Nr. 9; 4.12.2002 EzA § 4 TVG Tarifkonkurrenz Nr. 17; 23.3.2005 EzA § 4 TVG Tarifkonkurrenz Nr. 18). Insoweit gehen Firmentarifverträge Verbandstarifverträgen als speziellere Regelungen vor. In seiner Entscheidung vom 23.3.2005 hat das *BAG* (EzA § 4 TVG Tarifkonkurrenz Nr. 18) nochmals klargestellt, das Firmentarifverträge gegenüber Verbandstarifverträgen stets die spezielleren Regelungen darstellen. Werden bspw. in einem Betrieb der Unterhaltungselektronik, der aus einem Ladengeschäft und einer Kundenwerkstatt besteht, die Arbeitnehmer überwiegend im technisch-handwerklich orientierten Werkstattbereich beschäftigt, so können aus diesen Gründen die Tarifverträge für den Einzelhandel keine Anwendung finden (*BAG* 25.11.1987 EzA § 4 TVG Geltungsbereich Nr. 1). 237

Nach einer älteren Entscheidung des Zehnten Senats des BAG liegt kein Fall der Tarifkonkurrenz und Tarifpluralität vor, wenn der Arbeitgeber nicht auf Grund Verbandszugehörigkeit, sondern allein kraft einzelvertraglicher Vereinbarung an einen spezielleren Tarifvertrag gebunden ist (*BAG* 22.9.1993 EzA § 4 TVG Tarifkonkurrenz Nr. 8; **a.A.** der Vierte Senat). Durch die einzelvertragliche Vereinbarung des spezielleren Tarifvertrages werde der gleichzeitig auf den Betrieb anzuwendende allgemeinverbindliche Tarifvertrag dann nicht verdrängt (so 10. Senat des *BAG* 22.9.1993 EzA § 4 TVG Tarifkonkurrenz Nr. 8). Demgegenüber liegt nach der Rechtsprechung des für Tariffragen zuständigen Vierten Senats des BAG eine Tarifkonkurrenz auch vor, wenn auf ein Arbeitsverhältnis neben einem kraft Allgemeinverbindlichkeit geltenden Tarifvertrag ein weiterer Tarifvertrag kraft arbeitsvertraglicher 238

Bezugnahme Anwendung findet (*BAG* 20.3.1991 EzA § 4 TVG Tarifkonkurrenz Nr. 7; 28.5.1997 EzA § 4 TVG Nachwirkung Nr. 23; 23.3.2005 EzA § 4 TVG Tarifkonkurrenz Nr. 18; s.o. Rn. 232). Die vertragliche Inbezugnahme eines Tarifvertrages ist danach letztlich eine von mehreren Arten, die Bindung an einen Tarifvertrag zu bewirken. Der einzige Unterschied zur beiderseitigen Tarifgebundenheit und Allgemeinverbindlichkeit ist darin zu sehen, dass durch die vertragliche Bezugnahme auf einen Tarifvertrag keine zwingende Geltung des Tarifvertrags eintritt. Folglich gilt: Finden kraft arbeitsvertraglicher Verweisung die Tarifverträge eines Wirtschaftszweiges Anwendung und unterfällt das Arbeitsverhältnis auch dem fachlichen Geltungsbereich eines anderen Manteltarifvertrages, an den die Parteien kraft Allgemeinverbindlichkeit gebunden sind, so wird der vertraglich in Bezug genommene Tarifvertrag nicht verdrängt, wenn die Verweisung konstitutiv und nicht nur deklaratorisch erfolgt ist (so 4. Senat des *BAG* 28.5.1997 EzA § 3 TVG Bezugnahme auf Tarifvertrag Nr. 8; 23.3.2005 EzA § 4 TVG Tarifkonkurrenz Nr. 18). Das Günstigkeitsprinzip gilt jedenfalls dann nicht, wenn beide Tarifverträge bereits kraft arbeitsvertraglicher Verweisung Anwendung finden und nur bei einem eine Geltung kraft Allgemeinverbindlichkeit hinzutritt und wenn beide Tarifverträge von derselben Gewerkschaft abgeschlossen worden sind. Denn in diesem Fall würde eine Anwendung des Günstigkeitsprinzips zu mit Sinn und Zweck der Allgemeinverbindlichkeit nicht zu vereinbarenden Ergebnissen führen (*BAG* 23.3.2005 EzA § 4 TVG Tarifkonkurrenz Nr. 18).

G. Wirkungsweise des normativen Teils eines Tarifvertrages

I. Allgemeines

239 Die normative Wirkung des Tarifvertrages ergibt sich aus § 4 Abs. 1 S. 1 TVG (s.o. Rn. 16). Damit wird ein Mindestmaß an Arbeitnehmerschutz erreicht. Von diesem gesetzesgleichen Recht kann nur zu Gunsten der tarifgebundenen Arbeitnehmer oder im Falle einer ausdrücklichen Gestattung durch die Tarifvertragsparteien abgewichen werden.

II. Unmittelbare Wirkung

240 Die Tarifnormen wirken wie andere Rechtsnormen automatisch und ohne Rücksicht auf die Kenntnis der Arbeitsvertragsparteien von dem Bestehen oder dem Inhalt der Tarifnormen auf das Arbeitsverhältnis ein.

241 Im Gegensatz zu einer einzelvertraglichen Inbezugnahme des Tarifvertrages werden die Rechtsnormen des Tarifvertrages im Falle der unmittelbaren Wirkung nicht Inhalt des Arbeitsvertrages, sondern sie überlagern arbeitsvertragliche Vereinbarungen und verdrängen dieselben, soweit sie zu ihnen im Widerspruch stehen (*Löwisch/Rieble* § 4 TVG Rz. 52).

242 Setzen die Tarifvertragsparteien eigenständige Rechtsnormen, so tritt die **unmittelbare Wirkung** der gesetzten Rechtsnormen ein. Neben der eigenständigen Rechtsetzung verweisen die Tarifvertragsparteien im Tarifvertrag auch auf andere Rechtsnormen. Die Verweisung auf gesetzliche Regelungen ist zulässig, wenn zwischen der tariflichen Regelung und dem in Bezug genommenen Recht ein enger Sachzusammenhang besteht (*BAG* 9.7.1980 EzA § 1 TVG Nr. 13). So ist z.B. in der in § 11 S. 1 BAT enthaltenen Verweisung für die Nebentätigkeit des Angestellten auf die für die Beamten des Arbeitgebers jeweils geltenden Bestimmungen keine unzulässige Delegation der Normsetzungsbefugnis der Tarifvertragsparteien zu sehen (*BAG* 25.7.1996 EzA § 11 BAT Nr. 2). Obgleich die Verweisung als solche zulässig ist, ist aber im Einzelfall weiter zu prüfen, ob die Tarifvertragsparteien damit eine selbstständige, unabhängige und eigenständige Regelung treffen wollten. Nur dann nämlich wirkt das in Bezug genommene Regelungswerk unmittelbar auf das Arbeitsverhältnis der tarifgebundenen Parteien ein. Ergibt die Auslegung der Verweisungsnorm keine Anhaltspunkte für eine Eigenständigkeit, so ist davon auszugehen, dass kein Normsetzungswille der Tarifvertragsparteien vorliegt und die Vorschrift lediglich deklaratorischen Charakter hat (*BAG* 23.9.1992 EzA § 4 TVG Bauindustrie Nr. 65). Eine unmittelbare Geltung der in Bezug genommenen Rechtsnormen greift nicht ein.

Soweit die Tarifvertragsparteien auf andere Tarifverträge verweisen, seien es eigene oder aber von anderen Tarifvertragsparteien abgeschlossene Tarifverträge, so gelten die für die Verweisung auf Gesetze dargestellten Grundsätze entsprechend. **243**

III. Zwingende Wirkung

Zwingende Wirkung des Tarifvertrages bedeutet, dass der Tarifvertrag als gesetzlicher Mindestarbeitsschutz schlechteren vertraglichen Absprachen vorgeht. Dem Tarifvertrag widersprechende arbeitsvertragliche Abreden sind nichtig, § 134 BGB. Daraus folgt auch, dass die zwingende Wirkung von Rechtsnormen des Tarifvertrages einem Prozessvergleich sowie einem Klageverzicht und einem Anerkenntnis nach §§ 306, 307 ZPO entgegenstehen können (s.u. Rn. 267 ff.). **244**

Ausnahmsweise besteht die zwingende Wirkung des Tarifvertrages dann nicht, wenn er selbst eine abweichende Regelung gestattet (**Öffnungsklausel**). Außerdem tritt die zwingende Wirkung dann zurück, wenn eine vom Tarifvertrag abweichende Abmachung eine Regelung zu Gunsten des tarifgebundenen Arbeitnehmers enthält (**Günstigkeitsprinzip § 4 Abs. 3 TVG**). **245**

Die Rechtsnormen eines nachwirkenden Tarifvertrages gelten zwar noch unmittelbar weiter, zwingende Wirkung kommt ihnen jedoch nicht mehr zu (*BAG* 28.1.1987 EzA § 4 TVG Nachwirkung Nr. 8). **246**

IV. Günstigkeitsprinzip

1. Grundlagen

Nach § 4 Abs. 3 2. Alt. TVG sind vom Tarifvertrag abweichende Abmachungen nur zulässig, soweit sie eine Änderung der Regelungen zu Gunsten des Arbeitnehmers enthalten. Das **Günstigkeitsprinzip** begrenzt die zwingende Wirkung der tarifvertraglichen Rechtsnormen auf Mindestarbeitsbedingungen; denn nach dem arbeitsrechtlichen Schutzgedanken ist es Aufgabe des Tarifvertrages, einen sozialen Mindestschutz zu garantieren. Durch das Günstigkeitsprinzip kommt auch zum Ausdruck, dass unterhalb des Niveaus der Rechtsnormen des Tarifvertrages liegende Vereinbarungen unzulässig sind. **247**

Das Günstigkeitsprinzip selbst unterliegt nicht der Disposition der Tarifvertragsparteien. Es ist tariffest und kann von den Tarifvertragsparteien weder normativ noch schuldrechtlich abbedungen werden (*BAG* 26.2.1986 EzA § 4 TVG Tariflohnerhöhung Nr. 8). **248**

Zu den abweichenden Abmachungen i.S.d. § 4 Abs. 3 TVG zählen neben vertraglichen Absprachen und Regelungsabreden grds. auch Betriebsvereinbarungen (*BAG* 14.12.1966 AP Nr. 27 zu § 59 BetrVG 1952; *Kempen/Zachert* § 4 TVG Rz. 175). Allerdings muss bei gleichen Regelungsinhalten wegen des Vorrangs des Tarifvertrages vor betrieblichen Regelungen nach § 77 Abs. 3 BetrVG und § 87 Abs. 1 BetrVG eine Öffnungsklausel für zusätzliche Betriebsvereinbarungen aufgenommen sein (*Kempen/Zachert* § 4 TVG Rz. 175). Ein anderer Tarifvertrag stellt jedoch keine andere Abmachung dar. Das Verhältnis von zwei Tarifverträgen ist nicht eine Frage des Günstigkeitsprinzips, sondern vielmehr eine solche der Tarifkonkurrenz (s.o. Rn. 232 ff.). **249**

Das Günstigkeitsprinzip erfasst insbes. die Inhalts-, Abschluss- und Beendigungsnormen des Tarifvertrages. So steht es z.B. den tarifgebundenen Arbeitsvertragsparteien frei, eine über das tarifliche Mindestentgelt hinausgehende Vergütung zu vereinbaren. Das Günstigkeitsprinzip gilt auch bei Abschluss- und Beendigungsnormen (z.B. ArbRHb/*Schaub/Schaub* § 204 Rz. 34; **a.A.** *Wiedemann/Wank* § 4 TVG Rz. 412–414). Eine Beschränkung nur auf Inhaltsnormen lässt sich dem Wortlaut des § 4 Abs. 3 TVG nicht entnehmen. Gerade bei **250**

Beendigungsnormen, z.B. bei Erreichen eines bestimmten Lebensalters, kann sich auch die Frage einer günstigeren arbeitsvertraglichen Regelung stellen. Auch Betriebsnormen und betriebsverfassungsrechtliche Normen unterliegen dem Günstigkeitsprinzip. So kann hinsichtlich der Lage der Arbeitszeit, die tarifvertraglich wie arbeitsvertraglich geregelt sein kann, durchaus ein Günstigkeitsvergleich vorgenommen werden. Auf Grund der persönlichen Situation einzelner Arbeitnehmer oder aber auf Grund besonderer betriebstechnischer Umstände einer Abteilung des Betriebes kann es günstiger sein, statt freitags samstags zu arbeiten. Für Normen über gemeinsame Einrichtungen findet das Günstigkeitsprinzip keine Anwendung (*BAG* 5.12.1958 AP Nr. 1 zu § 4 TVG Ausgleichskassen). Gemeinsame Einrichtungen verteilen Lasten und Risiken der Inanspruchnahme der Arbeitgeber auf die Gemeinschaft aller der Einrichtung unterfallender Arbeitgeber. Dem würde es widersprechen, wenn ein besonders leistungsfähiger Arbeitgeber aus der gemeinsamen Einrichtung ausscheren und seinen Arbeitnehmern zu Lasten der anderen, in der gemeinsamen Einrichtung zusammengefassten Arbeitnehmer bessere Leistungen zusichern könnte.

2. Günstigkeitsvergleich

251 Spricht der Tarifvertrag dem Arbeitnehmer ein Individualrecht zu, so geht eine andere Abmachung nur vor, wenn sie eine für den Arbeitnehmer günstigere Rechtsfolge auslöst. Dieser individuelle Günstigkeitsvergleich kommt nur dann in Betracht, wenn die Tarifnorm den einzelnen Arbeitnehmer schützen will. Bezweckt sie dagegen den Schutz der Belegschaft als Ganzes oder des Arbeitgebers ist ein kollektiver Günstigkeitsvergleich vorzunehmen, so insbes. im Verhältnis zwischen allgemeinen Arbeitsbedingungen und Betriebsvereinbarungen. Der kollektive Günstigkeitsvergleich hat seinen Anwendungsbereich vor allem im Zusammenhang mit dem Abbau von Sozialleistungen auf Grund einer Gesamtzusage oder einer arbeitsvertraglichen Einheitsregelung durch Tarifvertrag oder Betriebsvereinbarung. Nach Auffassung des *BAG* (*GS* 16.9.1986 EzA § 77 BetrVG 1972 Nr. 17; 21.9.1989 EzA § 77 BetrVG 1972 Nr. 33) hält die Umstrukturierung von Versorgungssystemen auch zum Nachteil des einzelnen Arbeitnehmers dem kollektiven Günstigkeitsvergleich stand, wenn der Gesamtdotierungsrahmen erhalten bleibt (s.o. Kap. 3 Rn. 3560 ff.).

252 Es ist ein **sog. Sachgruppenvergleich** durchzuführen. Danach sind in den Vergleich einzubeziehen alle Normen des Tarifvertrages und bspw. des Arbeitsvertrages, die in einem inneren Zusammenhang stehen, insbes. denselben Gegenstand betreffen oder aber die Verkehrsanschauung eine einheitliche Betrachtung gebietet (*BAG* 23.5.1984 AP Nr. 9 zu § 339 BGB).

253 Deshalb gehören Dauer des Urlaubs, Länge der Wartezeit und Höhe des Urlaubsgeldes zusammen, ebenso tariflicher Grundlohn und tarifliche Lohnzuschläge. Demgegenüber sind die Regelungskomplexe Urlaub und tarifliche Sonderzahlung einerseits sowie Vertragsstrafen andererseits nicht miteinander vergleichbar. Steht nicht fest, ob die vom Tarifvertrag abweichende Vereinbarung für den Arbeitnehmer günstiger ist als die tarifliche Regelung, ist sie unzulässig. Der Tarifvertrag geht also vor (*BAG* 12.4.1972 AP Nr. 13 zu § 4 TVG Günstigkeitsprinzip).

254 Für die Bewertung des Günstigkeitsvergleichs kommt es nicht auf die Auffassung der Arbeitsvertragsparteien an. Entscheidend ist vielmehr ein **objektiver Vergleichsmaßstab**. Es ist auf einem verständigen Dritten bei der Bewertung zurückzugreifen (*Löwisch/Rieble* § 4 TVG Rz. 203). Eine Erhöhung der Maximalarbeitszeit oder eine Verkürzung des Urlaubs ist von daher immer ungünstiger, auch wenn eine Erhöhung des Lohnes eintritt. Problematisch ist, ob arbeitsvertraglich eine Verlängerung der Arbeitszeit über die tarifvertragliche Arbeitszeit möglich ist. Bezweckt die im Wege der Auslegung zu ermittelnde Tarifnorm über die Arbeitszeit den Arbeitnehmerschutz, so ist eine individualvertragliche Verlängerung der Arbeitszeit unwirksam. Lassen die Tarifvertragsparteien jedoch Ausnahmen von der tarifvertraglich bestimmten Wochenarbeitszeit nach oben wie nach unten zu, so dient diese Rege-

lung erkennbar nicht mehr allein dem Arbeitnehmerschutz. Der Anwendungsbereich des Günstigkeitsprinzips ist dann eröffnet (MünchArbR/*Löwisch* § 225 Rz. 50 ff.).

Maßgeblicher Zeitpunkt für die Durchführung des Günstigkeitsvergleichs ist der des Abschlusses der abweichenden Vereinbarung (*BAG* 12.4.1972 AP Nr. 13 zu § 4 TVG Günstigkeitsprinzip). **255**

V. Nachwirkung

1. Zweck der Nachwirkung

Gem. § 4 Abs. 5 TVG gelten nach Ablauf des Tarifvertrages seine Rechtsnormen weiter, bis sie durch eine andere Abmachung ersetzt werden. Damit wird ein tarifloser Zustand vermieden (*BAG* 27.11.1991 EzA § 4 TVG Metallindustrie Nr. 87). Der Nachwirkung kommt Schutzcharakter zu Gunsten der Arbeitnehmer i.S. einer **Überbrückungsfunktion** zu. Damit wird erreicht, dass der Tarifvertragsinhalt nicht wegfällt und durch dispositives Gesetzesrecht ersetzt wird. Aber auch zu Gunsten des Arbeitgebers macht die Fortgeltung des Tarifvertrages Sinn, da es ihm rechtlich und auch tatsächlich kaum möglich wäre, den tariflichen Regelungsbestand zu ersetzen (*BAG* 13.7.1994 EzA § 4 TVG Nachwirkung Nr. 17). Dieser Zweck wird auch dann erfüllt, wenn nicht ein neuer Tarifvertrag an die Stelle des alten tritt, sondern eine den alten Tarifvertrag ändernde sonstige Abmachung i.S.d. Gesetzes vorliegt. **256**

2. Ablauf des Tarifvertrages

Ein Tarifvertrag läuft ab, wenn ein wirksamer Beendigungstatbestand vorliegt (s.o. Rn. 56 ff.). Das *BAG* (18.3.1992 EzA § 4 TVG Nachwirkung) wendet § 4 Abs. 5 TVG entsprechend auch auf andere Fälle an, in denen die Voraussetzungen der bisherigen Tarifgebundenheit entfallen, ohne dass der Tarifvertrag abgelaufen wäre. Dies betrifft die Auflösung des Verbandes, das Herausfallen des Arbeitnehmers aus dem Geltungsbereich des Tarifvertrages (*BAG* 2.12.1992 EzA § 3 TVG Nr. 6), das Herauswachsen des Betriebes aus dem Geltungsbereich des Tarifvertrages (*BAG* 10.12.1997 EzA § 4 TVG Nachwirkung Nr. 26) und den Wegfall der Tariffähigkeit. Diese erweiternde Auslegung des § 4 Abs. 5 TVG ist von seinem Schutzzweck her geboten. Entfällt die Tarifbindung auf Grund einer Gesamtrechtsnachfolge und besteht keine anderweitige Vereinbarung, so gilt entsprechend § 4 Abs. 5 TVG der Inhalt des Tarifvertrages kraft Nachwirkung für das Arbeitsverhältnis weiter (*BAG* 13.7.1994 EzA § 4 Nachwirkung Nr. 17). Selbst wenn die Allgemeinverbindlichkeit eines Tarifvertrages gem. § 5 Abs. 5 S. 3 TVG mit dessen Ablauf endet, wirken seine Rechtsnormen entsprechend § 4 Abs. 5 TVG auch gegenüber Nichttarifgebundenen (Außenseitern) nach. Diese Nachwirkung wird durch einen nicht für allgemeinverbindlich erklärten Folgetarifvertrag nicht beendet (*BAG* 25.10.2000 EzA § 4 TVG Nachwirkung Nr. 32). **257**

3. Weitergeltung der Rechtsnormen

Die **Nachwirkung** hat zur Folge, dass zwar die unmittelbare Geltung des Tarifvertrages erhalten bleibt, die zwingende Wirkung jedoch entfällt. Wirkt ein Tarifvertrag nach, kann ein tarifgebundener Arbeitnehmer Leistungen beanspruchen, die erst während des Nachwirkungszeitraums entstehen (*BAG* 16.8.1990 EzA § 4 TVG Nachwirkung Nr. 9). **258**

> Erfasst werden aber nur solche Arbeitsverhältnisse, die zum Zeitpunkt der Geltung des Tarifvertrages bereits begründet waren, nicht aber diejenigen, die erst im Nachwirkungszeitraum begründet werden (*BAG* 10.12.1997 EzA § 4 TVG Nachwirkung Nr. 26; 22.7.1998 EzA § 4 TVG Nachwirkung Nr. 27).Von der Nachwirkung erfasst werden dagegen Arbeitnehmer, die erst im Nachwirkungsstadium in die Gewerkschaft eintreten (*BAG* 4.8.1993 EzA § 3 TVG Nr. 7). **259**

260 Etwas anderes gilt, wenn sich im **Nachwirkungszeitraum** ein Ausbildungsverhältnis in ein Arbeitsverhältnis umwandelt (*BAG* 28.1.1987 EzA § 4 TVG Nachwirkung Nr. 8). Nach Ablauf des Tarifvertrages begründete Arbeitsverhältnisse können nur durch arbeitsvertragliche Inbezugnahme die Geltung der nachwirkenden Normen als Arbeitsvertragsinhalt vereinbaren (*BAG* 29.1.1975 EzA § 4 TVG Nachwirkung Nr. 3).

261 Der **Nachwirkung** unterliegen alle Rechtsnormen des Tarifvertrages. Sie endet, wenn sich die Voraussetzungen des Geltungsbereichs des Tarifvertrages z.B. durch eine Verlegung des Betriebs oder Änderung des Betriebszwecks im Nachwirkungszeitraum ändert. Die Nachwirkung einer Tarifregelung beschränkt sich darauf, dass der Zustand der Tarifnormen bis zum Abschluss einer anderen Abmachung erhalten bleibt, der bei Beendigung des Tarifvertrages bestanden hat. Dagegen erstreckt sich das Institut der Nachwirkung nicht auf Änderungen des Tarifvertrages nach seinem Ablauf. Es bleibt bei seiner statischen Wirkung auch dann, wenn die nachwirkende Tarifnorm dynamisch auf eine in einem anderen Tarifvertrag vereinbarte Rechtsnorm verweist, die nach dem Beginn der Nachwirkung geändert worden ist (*BAG* 10.3.2004 EzA § 4 TVG Nachwirkung Nr. 36). Mit anderen Worten: Aus der dynamischen wird eine statische Verweisung auf den anderen Tarifvertrag in der Fassung, die er bei Ablauf des verweisenden Tarifvertrags hat (*BAG* 29.1.2008 – 3 AZR 426/06 – ZTR 2008, 319 = FA 2008, 253). Von der Nachwirkung ist der Fortbestand der Tarifbindung zu unterscheiden. So bleiben Mitglieder eines tarifschließenden Verbandes, die aus diesem ausscheiden, nach § 3 Abs. 3 TVG an die zu diesem Zeitpunkt geltenden Tarifverträge gebunden (**sog. Nachbindung**). Enden diese Tarifverträge, wirken sie gem. § 4 Abs. 5 TVG nach. Ihre Rechtsnormen gelten weiter, bis sie für das einzelne Arbeitsverhältnis verbindlich durch eine andere Abmachung ersetzt werden (*BAG* 13.12.1995 DB 1996, 1284). Dies gilt selbst dann, wenn der Zeitpunkt der Beendigung der Mitgliedschaft mit demjenigen der Beendigung des Tarifvertrages identisch ist. Da das Gesetz allein hinsichtlich der Nachwirkung an den Ablauf des Tarifvertrages anknüpft, kommt es nicht auf die beiderseitige Tarifgebundenheit an. Deshalb tritt die Nachwirkung auch für nicht tarifgebundene Arbeitsvertragsparteien ein, wenn der abgelaufene Tarifvertrag für allgemeinverbindlich erklärt war (*BAG* 27.11.1991 EzA § 4 TVG Metallindustrie Nr. 87).

4. Andere Abmachung

262 Dem abgelaufenen Tarifvertrag kommt keine zwingende Wirkung mehr zu. Dies folgt aus der Möglichkeit, den nachwirkenden Tarifvertrag durch eine »andere Abmachung« zu ersetzen.

263 Der Wortlaut »ersetzt werden« (zukunftsbezogene Fassung des Gesetzes; *Frölich* NZA 1992, 1105 [1110 f.]) legt nahe, dass die andere Abmachung nach Ablauf des Tarifvertrages getroffen sein muss (*Löwisch/Rieble* § 4 TVG Rz. 234; *Wiedemann/Wank* § 4 TVG Rz. 360). Daraus folgt, dass eine frühere arbeitsvertragliche Regelung, die durch die Bindung an einen Tarifvertrag gegenstandslos geworden ist, nach Beendigung des Tarifvertrages nicht wieder aufleben kann (so 8. Senat des *BAG* 14.2.1991 EzA § 4 TVG Nachwirkung Nr. 10). Dagegen spricht nach dem Ersten Senat des BAG »viel dafür, dass durch die Beendigung der zwingenden Wirkung des Tarifvertrages eine frühere vertragliche Vereinbarung wieder auflebt und damit die Nachwirkung der Tarifnorm beseitigt« (*BAG* 21.9.1989 EzA § 77 BetrVG 1972 Nr. 33). Die Beantwortung dieser Rechtsfrage hat der Vierte Senat in seiner Entscheidung vom 28.5.1997 (EzA § 4 TVG Nachwirkung Nr. 23) ausdrücklich offen gelassen. Wenn man jedoch davon ausgeht, dass ein Abweichen von den Tarifnormen schon im Vorgriff auf die Nachwirkung möglich sein soll; so kann das nur durch ausdrückliche Vereinbarung geschehen (*BAG* 28.5.1997 EzA § 4 TVG Nachwirkung Nr. 23; MünchArbR/*Löwisch* § 266 Rz. 12).

264 Als andere Abmachungen i.S.v. § 4 Abs. 5 TVG kommen neben dem Tarifvertrag der Individualvertrag und Betriebsvereinbarungen in Betracht, unabhängig davon, ob sie auf einer Vereinbarung der Betriebspartner oder auf einem Spruch der Einigungsstelle beruhen (*BAG* 28.5.1997 EzA § 4 TVG Nachwirkung Nr. 23). Eine Betriebsvereinbarung kann jedoch nur dann an die Stelle eines Tarifvertrages treten, wenn die abzuändernden Tarifnormen auch

Gegenstand einer Betriebsvereinbarung sein können. Durch die Regelung des § 4 Abs. 5 TVG wird der in § 77 Abs. 3 BetrVG bestimmte Tarifvorrang nicht beseitigt.

Ein neuer Tarifvertrag kann nur dann eine andere Abmachung sein, wenn er auch auf das Arbeitsverhältnis anwendbar ist. Ein kraft Allgemeinverbindlicherklärung anwendbarer Tarifvertrag kann daher nur dann ersetzt werden, wenn auch der neue Tarifvertrag für allgemeinverbindlich erklärt worden ist (*BAG* 27.11.1991 EzA § 4 TVG Metallindustrie Nr. 87). **265**

5. Ausschluss der Nachwirkung

Die Tarifvertragsparteien können die Nachwirkung durch Regelung im Tarifvertrag ausschließen, befristen oder inhaltlich beschränken (*BAG* 16.8.1990 EzA § 4 TVG Nachwirkung Nr. 9). Diese Regelungen über die Nachwirkung können wegen der Vertragseigenschaft des Tarifvertrages auch stillschweigend erfolgen. Eine solche stillschweigende Vereinbarung, z.B. des Ausschlusses der Nachwirkung, kann auch in der Verpflichtung liegen, während einer längeren Kündigungsfrist Verhandlungen über den Abschluss eines dem gekündigten Tarifvertrag entsprechenden neuen Tarifvertrages zu führen (*BAG* 8.10.1997 EzA § 4 TVG Nachwirkung Nr. 26). **266**

H. Der Verlust tariflicher Rechte

I. Verzicht

Nach § 4 Abs. 4 S. 1 TVG ist ein Verzicht auf entstandene tarifliche Rechte wegen der unmittelbaren und zwingenden Wirkung des normativen Teils des Tarifvertrages nur in einem von den Tarifvertragsparteien gebilligten Vergleich zulässig. Da im Nachwirkungszeitraum die zwingende Wirkung der Tarifnormen nicht besteht, kann auf darin entstandene Ansprüche wirksam verzichtet werden. Gilt der Tarifvertrag nur kraft arbeitsvertraglicher Inbezugnahme, so liegen keine tariflichen Ansprüche vor. § 4 Abs. 4 S. 1 TVG findet also keine Anwendung. **267**

Das Verbot des Verzichts auf tarifliche Rechte soll verhindern, dass der Arbeitnehmer vom Arbeitgeber dazu gedrängt wird, seine gewerkschaftlich durchgesetzten Tarifvertragsansprüche einzelvertraglich wieder aufzugeben. § 4 Abs. 4 S. 1 TVG gilt sowohl für Erlassverträge als auch negative Schuldanerkenntnisse nach § 397 BGB. Das Verzichtsverbot erfasst auch Vereinbarungen, die die Durchsetzbarkeit tarifvertraglicher Ansprüche verhindern (pactum de non petendo). Abtretung und Aufrechnung nach §§ 398, 387 BGB unterfallen dem Verzichtsverbot nicht, es sei denn, die Abtretung erfolgt an den Arbeitgeber (Münch ArbR/*Löwisch* § 267 Rz. 10, 11, 12). **268**

Nicht erfasst ist dagegen die vereinbarte Kürzung der Arbeitszeit (Kurzarbeit), die vorübergehende Aussetzung der Arbeitspflicht (Suspendierung) oder der Verzicht auf die Einhaltung tariflicher Kündigungsfristen durch vorzeitigen Aufhebungsvertrag (*Kempen/Zachert* § 4 TVG Rz. 244). **269**

In Prozessvergleichen und Ausgleichsquittungen sind häufig Erlassregelungen enthalten. Fehlt es an einer Billigung beider Tarifvertragsparteien, so können diese Ansprüche weiterhin geltend gemacht werden. Schließen tarifgebundene Parteien über einen tariflichen Anspruch einen Prozessvergleich, bei dem sie durch Verbandsvertreter vertreten sind, so kommt es für die Wirksamkeit des Prozessvergleichs darauf an, ob die Vertreter zugleich bevollmächtigt sind, für ihre Tarifvertragsparteien die Zustimmung des Vergleichs zu erteilen. Da nur der Verzicht auf den Tarifanspruch nichtig ist, können sich die Arbeitsvertragsparteien ohne Zustimmung der Tarifvertragsparteien über die Voraussetzungen des tariflichen Anspruchs vergleichen (**sog. Tatsachenvergleich**; *BAG* 5.2.1970 AP Nr. 7 zu § 11 BUrlG). Ein Tatsachenvergleich liegt auch dann vor, wenn die Vertragsparteien damit einen Schlussstrich über tatsächliche Voraussetzungen für den Verfall von tariflichen Rechten nach einer tarifvertraglichen Ausschlussfristenregelung beilegen (*BAG* 5.11.1997 AP Nr. 17 zu § 4 TVG). **270**

271 Verlangt z.B. der tarifgebundene Arbeitnehmer vom tarifgebundenen Arbeitgeber den tariflichen Jahresurlaub von 25 Arbeitstagen, so kann in einem gerichtlichen Vergleich nicht etwa eine Einigung über 20 Urlaubstage getroffen werden. Dies wäre nur dann möglich, wenn die Parteien darüber gestritten hätten, ob der Arbeitgeber dem Arbeitnehmer bereits 10 Urlaubstage gewährt hat oder nicht (Streit über die tatsächlichen Grundlagen der noch bestehenden Anzahl der tarifvertraglich geregelten Urlaubstage).

II. Verwirkung

272 § 4 Abs. 4 S. 2 TVG erfasst den **Rechtsmissbrauch** durch illoyal verspätete Rechtsausübung. Dadurch wird der Schutz entstandener tariflicher Rechte erweitert, indem die Verwirkung nach § 242 BGB kraft Gesetzes ausgeschlossen ist. Dagegen werden die anderen Tatbestände des § 242 BGB wie der Einwand der Arglist, das Verlangen trotz Vorliegens einer Rückgewährspflicht (dolo petit-Einrede) sowie der Einwand des widersprüchlichen Verhaltens (venire contra factum proprium) vom TVG nicht berührt (MünchArbR/*Löwisch* § 268 Rz. 20).

III. Verjährung

273 Die Einrede der Verjährung hat im TVG keine eigenständige Regelung erfahren. Von daher richtet sich die Verjährung tariflicher Zahlungsansprüche nach den allgemeinen Vorschriften des BGB. Regelmäßig kommt die kurze Verjährungsfrist des § 195 BGB n.F. zur Anwendung (s.o. Kap. 3 Rn. 4657 ff.).

IV. Ausschlussfristen

1. Allgemeines

274 Ausschlussfristen bewirken, dass ein Recht nach Ablauf bestimmter Zeit erlischt, wenn es nicht (rechtzeitig) geltend gemacht worden ist (s.o. Kap. 3 Rn. 4702 ff.). Ausschlussfristen für die Geltendmachung tariflicher Rechte können nur im Tarifvertrag vereinbart werden, § 4 Abs. 4 S. 3 TVG.

275 Ergeben sich aus dem Parteivortrag Anhaltspunkte dafür, dass eine Ausschlussfrist anzuwenden ist, ist das Gericht nach § 293 ZPO gehalten, den entsprechenden Tarifvertrag und somit auch seine Ausschlussfrist von Amts wegen zu ermitteln (*BAG* 29.3.1957 AP Nr. 4 zu § 4 TVG Tarifkonkurrenz).

276 Demgegenüber führen Verjährungsfristen nicht zum Verlust des Anspruchs. Außerdem dürfen diese nur dann berücksichtigt werden, wenn sich der Schuldner auf die Verjährungsfrist beruft, § 214 Abs. 1 BGB. Häufig finden sich in Tarifverträgen auch Fristen für die Nachprüfung einer Auszahlung oder den Inhalt einer Abrechnung. Hierbei handelt es sich nicht um Ausschlussfristen, sondern um Regelungen, die der Beseitigung von Unklarheiten über Tatsachen dienen (*BAG* 10.10.1957 AP Nr. 12 zu § 1 TVG Auslegung).

277 Da Ausschlussfristen (Verfallfristen) für die Geltendmachung tariflicher Rechte nur im Tarifvertrag vereinbart werden können, sind in Arbeitsverträgen oder in Betriebsvereinbarungen enthaltene Ausschlussfristen für tarifliche Ansprüche unwirksam. Die Arbeitsvertragsparteien können aber vertragliche Ausschlussfristen vereinbaren. Diese erfassen neben den vertraglichen Ansprüchen auch tariflich geregelte Ansprüche, wenn die Parteien nicht tarifgebunden sind.

278 Mit den Ausschlussfristen verfolgen die Tarifvertragsparteien den Zweck, Rechtsfrieden und Rechtsklarheit zu schaffen. Das Arbeitsverhältnis ist als Dauerschuldverhältnis dadurch

geprägt, dass fortwährend einseitige oder wechselseitige Ansprüche entstehen und zu erfüllen sind. Die Arbeitsvertragsparteien werden angehalten, innerhalb kurzer Fristen ihre Ansprüche zu prüfen und ggf. geltend zu machen (*BAG* 8.6.1983 EzA §4 TVG Ausschlussfristen Nr. 55; s.o. Kap. 3 Rn. 4703).

Eine Geltendmachung ist nicht erforderlich, wenn der Schuldner den Anspruch anerkannt hat. Eine solche Anerkennung kann bereits in der Erteilung einer Lohnabrechnung liegen (*BAG* 29.5.1985 EzA § 4 TVG Ausschlussfristen Nr. 66; s.o. Kap. 3 Rn. 4801). 279

Der Lauf der Ausschlussfrist knüpft nicht an die Kenntnis der Arbeitsvertragsparteien an.

2. Auslegung einer Ausschlussfrist

Ausschlussfristen führen zum Erlöschen der tariflichen Ansprüche. Diese einschneidende Rechtsfolge gebietet es, Ausschlussfristen eng auszulegen (*BAG* 8.8.1985 EzA §4 TVG Ausschlussfristen Nr. 69). Dagegen sind in der Ausschlussklausel enthaltene Ausnahmeregelungen großzügig auszulegen. Außergewöhnlich kurze Ausschlussfristen können allerdings einen Verstoß gegen das Verbot der Sittenwidrigkeit oder gegen das Gebot von Treu und Glauben darstellen (*BAG* 16.11.1965 AP Nr. 30 zu §4 TVG Ausschlussfristen; s.o. Kap. 3 Rn. 4705, 4867 f.). 280

3. Gegenstand der Ausschlussfristen

a) Persönliche Geltung

In Ausschlussfristen ist nicht immer klar genug geregelt, ob ihr die Ansprüche beider Arbeitsvertragsparteien unterfallen. Mangels eindeutigen Wortlaut ist im Hinblick auf eine verfassungskonforme Auslegung (Art. 3 Abs. 1 GG) i.d.R. von einer beiderseitigen Geltung auszugehen. 281

b) Sachliche Geltung

Den Tarifvertragsparteien steht es frei, den Umfang der von der Ausschlussklausel erfassten Ansprüche zu bestimmen. Dies gilt ohne Frage für tarifliche Ansprüche. Auch außertarifliche Ansprüche (arbeitsvertragliche, betriebsverfassungsrechtliche und gesetzliche Ansprüche) können ihr unterworfen werden. 282

aa) Tarifvertragliche Ansprüche

Tarifliche Ausschlussklauseln beziehen sich grds. auf tarifliche Ansprüche. 283

bb) Gesetzliche Ansprüche

Enthält die Ausschlussklausel die Formulierung, das sämtliche beiderseitigen Ansprüche aus dem Arbeitsverhältnis und solche, die mit dem Arbeitsverhältnis in Verbindung stehen, der Ausschlussklausel unterliegen, dann erstreckt sich die Ausschlussklausel auch auf bereits entstandene gesetzliche Ansprüche (*BAG* 22.10.1980 EzA § 4 TVG Ausschlussfristen Nr. 44). Dies ist nicht zu beanstanden. Selbst dann, wenn der gesetzliche Anspruch unabdingbar ist, unterliegt er einer derart ausgestalteten Ausschlussklausel. Denn die Unabdingbarkeit beinhaltet nur die Garantie von Art und Umfang, verhindert aber nicht die der Rechtsklarheit dienende zeitliche Beschränkung (*BAG* 3.12.1970 AP Nr. 9 zu §5 BUrlG). Demgegenüber ist jedoch einzuwenden, dass es den Tarifvertragsparteien nicht zustehen kann, über zwingendes Gesetzesrecht gleichsam zu verfügen. 284

285 Tariflichen Ausschlussklauseln unterfallen u.a.:
- Ansprüche auf Rückforderung des Arbeitgebers wegen überzahlten Entgelts nach § 812 Abs. 1 BGB (*BAG* 25.10.1990 EzA § 4 TVG Ausschlussfristen Nr. 92);
- Annahmeverzugsansprüche aus § 615 BGB (*BAG* 27.11.1991 EzA § 4 TVG Nachwirkung Nr. 15);
- Auskunftsansprüche nach § 87c HGB (*BAG* 23.3.1982 EzA § 87c HGB Nr. 4);
- Feiertagslohnzahlungsansprüche (*BAG* 12.3.1971 AP Nr. 9 zu § 1 FeiertagslohnzahlungsG Berlin);
- Lohnfortzahlungsansprüche nach dem LFZG (*BAG* 24.5.1973 AP Nr. 52 zu § 4 TVG Ausschlussfristen);
- Schadenersatzansprüche aus positiver Vertragsverletzung (*BAG* 16.3.1995 EzA § 4 TVG Ausschlussfristen Nr. 110);
- Schadenersatzansprüche aus unerlaubter Handlung nach §§ 823 ff. BGB (*BAG* 26.5.1981 EzA § 4 TVG Ausschlussfristen Nr. 47).

286 Dagegen kann nicht Gegenstand einer Ausschlussklausel sein:
- Beschäftigungsanspruch im bestehenden Arbeitsverhältnis (*BAG* 15.5.1991 EzA § 4 Ausschlussfristen Nr. 91);
- Urlaubsentgelt nach dem BUrlG (*BAG* 24.11.1992 EzA § 4 TVG Nr. 102; gegen *BAG* 28.10.1960 AP Nr. 81 zu § 611 BGB Urlaubsrecht);
- Urlaubsabgeltung nach dem BUrlG (*BAG* 5.4.1984 EzA § 13 BUrlG Nr. 19; gegen *BAG* 3.2.1971 AP Nr. 9 zu § 7 BUrlG Abgeltung);
- Aufwendungsansprüche des Betriebsrats nach § 40 BetrVG (*BAG* 30.1.1973 AP Nr. 1 zu § 37 BetrVG 1972).

cc) Betriebsvereinbarte Ansprüche

287 Nach § 77 Abs. 4 S. 3 BetrVG können in einem Tarifvertrag Ausschlussfristen für die Geltendmachung von Ansprüchen aus Betriebsvereinbarungen vereinbart werden; Ausschlussfristen für Ansprüche aus Betriebsvereinbarungen können auch in Betriebsvereinbarungen geregelt werden.

288 Tarifliche Ausschlussfristen, die sich allgemein auf Ansprüche aus dem Arbeitsverhältnis erstrecken, gelten auch für einen Anspruch auf Zahlung einer einmaligen Abfindung aus einem Sozialplan anlässlich der Beendigung des Arbeitsverhältnisses (*BAG* 30.11.1994 NZA 1995, 643).

dd) Einzelvertragliche Ansprüche

289 Den tariflichen Ausschlussfristen unterliegen auch einzelvertragliche Ansprüche. Dies ergibt sich aus der unmittelbaren und zwingenden Wirkung der Ausschlussklausel, die als Inhaltsnorm auf die durch Arbeitsvertrag geschaffenen Ansprüche einwirkt. Zu beachten ist jedoch das Günstigkeitsprinzip. Haben die Arbeitsvertragsparteien abweichend von der tariflichen Ausschlussfrist eine inhaltlich anders ausgestaltete Regelung betreffend die Durchsetzung der Rechte geschaffen, so ist ein Günstigkeitsvergleich durchzuführen.

290 Einzelvertraglich begründete sog. Stammrechte, z.B. aus der betrieblichen Altersversorgung (*BAG* 27.2.1990 EzA § 4 TVG Ausschlussfrist Nr. 83) eines Arbeitnehmers, sind unverfallbar (s.o. Kap. 3 Rn. 4818 ff.).

4. Beginn der Ausschlussfrist

291 Mangels gesetzlicher Regelung steht es den Tarifvertragsparteien frei, den Beginn der Ausschlussfrist zu regeln. Sie knüpfen häufig an die Entstehung des Anspruchs, seine Fälligkeit, seine Ablehnung durch den Gegner und die Beendigung des Arbeitsverhältnisses an (s.o. Kap. 3 Rn. 4709 ff., 4867 ff.).

Im Falle regelmäßig wiederkehrender Entgeltleistungen bestimmen die Tarifvertragsparteien häufig einen bestimmten Auszahlungszeitpunkt. Damit legen sie zugleich die Fälligkeit fest. Knüpfen sie lediglich für den Beginn des Laufs der Ausschlussfrist an die Fälligkeit an, ohne einen bestimmten Auszahlungszeitpunkt zu benennen, greift § 614 S. 2 BGB ein, wonach die Vergütung nach dem Ablauf der einzelnen Zeitabschnitte zu entrichten ist, wenn sie nach Zeitabschnitten bemessen ist. **292**

Schuldet der Arbeitgeber Leistungsvergütung mit der Folge, dass die Entgelte von vornherein nicht feststehen, so ist der Anspruch i.d.R. erst dann fällig, wenn die Forderungen in ihrem Bestand feststellbar sind und geltend gemacht werden können. Der Gläubiger muss seine Forderung wenigstens annähernd beziffern können (*BAG* 27.11.1984 EzA § 4 TVG Ausschlussfristen Nr. 64). Dem Gläubiger wird oft als **Hilfsrecht** ein Anspruch auf eine Abrechnung zustehen. Dieser Anspruch ist zwar häufig tarifvertraglich nicht geregelt, jedoch kann sich ein solcher als Nebenpflicht aus dem Arbeitsverhältnis ergeben. Der Vergütungsanspruch als Hauptanspruch ist dann erst fällig, wenn der Arbeitgeber die Abrechnung erteilt (*BAG* 27.11.1984 EzA § 4 TVG Ausschlussfristen Nr. 64), es sei denn, es ist dem Arbeitnehmer unschwer möglich, seine Ansprüche zu beziffern (*BAG* 8.8.1985 EzA § 4 TVG Ausschlussfristen Nr. 69). Unterfällt der Abrechnungsanspruch auch der Ausschlussklausel, so beginnt die Frist für den Vergütungsanspruch spätestens mit Ablauf der Frist für den Hilfsanspruch. **293**

Bei Schadenersatzansprüchen beginnt die Ausschlussfrist, wenn der Schaden entstanden ist und die Ansprüche fällig geworden sind (s.o. Kap. 3 Rn. 4833 f.). **294**

Knüpft die Ausschlussfrist an die Beendigung des Arbeitsverhältnisses an, so ist im Zweifel nicht die tatsächliche, sondern die rechtliche Beendigung maßgebend (*BAG* 3.12.1970 AP Nr. 45 zu § 4 TVG Ausschlussfristen). Ist über die Beendigung des Arbeitsverhältnisses ein Rechtsstreit anhängig, so beginnt die Ausschlussfrist mit der Rechtskraft des Urteils. **295**

5. Geltendmachung

Die Geltendmachung von tarifvertraglichen Ansprüchen ist häufig an die Einhaltung bestimmter Modalitäten geknüpft. Zum einen ist vielfach eine Formbedürftigkeit vorgesehen. Zum anderen muss der Gläubiger z.B. mehrere Handlungen vornehmen (sog. zweistufige Ausschlussfrist; s.o. Kap. 3 Rn. 4709 ff.). **296**

Die Geltendmachung eines Anspruchs setzt voraus, dass der Gläubiger seine Forderung nach Grund und Höhe spezifiziert (s.o. Kap. 3 Rn. 4758 ff.). Dabei ist eine rechtliche Begründung nicht erforderlich. Nur im Falle der Individualisierung des Anspruchs ist nämlich der Schuldner in die Lage versetzt, die Berechtigung der Forderung zu prüfen. Eine Spezifizierung der Höhe nach ist dann entbehrlich, wenn sie dem Schuldner bekannt ist oder hätte bekannt sein müssen. **297**

Wiederkehrende Leistungen, wie bspw. die monatliche Vergütung, müssen immer wieder geltend gemacht werden, es sei denn, der Tarifvertrag lässt eine einmalige Geltendmachung genügen (*BAG* 5.4.1995 EzA § 4 TVG Ausschlussfristen Nr. 111). **298**

6. Einrede der Arglist und tarifliche Ausschlussfrist

Ausnahmsweise kann der Gläubiger dem Ablauf der Ausschlussfrist mit der Einwendung der unzulässigen Rechtsausübung begegnen. **299**

► **Beispiel:** **300**

Der Ablauf einer bei Fälligkeit beginnenden tariflichen Ausschlussfrist führt nach § 242 BGB nicht zum Verfall des Rückzahlungsanspruchs, wenn der Arbeitnehmer es pflichtwidrig unterlassen hat, dem Arbeitgeber Umstände mitzuteilen, die die Geltendmachung des Rückzahlungsanspruchs innerhalb der Ausschlussfrist ermöglicht hätten. Zu einer solchen Mitteilung ist der Arbeitnehmer verpflichtet, wenn er bemerkt hat, dass er eine gegenüber sonst ungewöhnlich hohe Zahlung erhalten hat, deren Grund er nicht klären kann (*BAG* 1.6.1995 EzA § 4 TVG Ausschlussfristen Nr. 114).

Dagegen ist der Einwand der Arglist nicht gerechtfertigt, wenn der Arbeitnehmer seine

Ansprüche nur mündlich geltend gemacht und der Arbeitgeber ihn auf die vorgeschriebene schriftliche Geltendmachung nicht aufmerksam gemacht hat (*BAG* 30.3.1962 AP Nr. 28 zu § 4 TVG Ausschlussfristen).

J. Bekanntgabe des Tarifvertrages

I. Grundsätzliches

301 Die Veröffentlichung von Tarifverträgen ist im TVG nicht vorgesehen. Der Gesetzgeber geht davon aus, dass die Verbände im Interesse ihrer Mitglieder die Tarifverträge bekannt machen. So sehen deren Satzungen regelmäßig vor, dass die Mitglieder einen Anspruch auf Aushändigung der jeweiligen Tarifverträge haben. Das TVG sieht lediglich eine Publikation der Tatsache des Abschlusses, der Änderung und Aufhebung der Tarifverträge sowie den Beginn und die Beendigung der Allgemeinverbindlichkeit vor, § 6 TVG.

II. Übersendungs- und Mitteilungspflichten

302 Die Tarifvertragsparteien sind verpflichtet, dem **Bundesministerium für Arbeit und Soziales** innerhalb eines Monats nach Abschluss kostenfrei die Urschrift oder eine beglaubigte Abschrift sowie zwei weitere Abschriften eines jeden Tarifvertrages und seiner Änderungen zu übersenden. Außerdem haben sie ihm das Außerkrafttreten eines jeden Tarifvertrages innerhalb eines Monats mitzuteilen; ferner sind sie verpflichtet, den obersten Arbeitsbehörden der Länder, auf deren Bereich sich der Tarifvertrag erstreckt, innerhalb eines Monats nach Abschluss kostenfrei je drei Abschriften des Tarifvertrages und seiner Änderungen zu übersenden und auch das Außerkrafttreten des Tarifvertrages innerhalb eines Monats mitzuteilen. Entspricht eine Tarifvertragspartei dieser Verpflichtung, so werden die übrigen Tarifvertragsparteien davon befreit. Die Übersendungs- und Mitteilungspflicht ist Grundlage dafür, dass das in § 6 TVG bestimmte Tarifregister überhaupt seine Funktion erfüllen kann. Von daher ist die **Authentizität des Tarifregisters** nur gewahrt, wenn die Tarifvertragsparteien ihre Pflichten erfüllen. Die Verpflichtung besteht auch gegenüber den obersten Arbeitsbehörden der Länder, obwohl diese zur Führung von Tarifregistern nicht verpflichtet sind.

303 Kommen die Tarifvertragsparteien diesen Pflichten nicht nach, so wird hierdurch die Rechtswirksamkeit des Tarifvertrages nicht berührt. Jedoch stellt es eine Ordnungswidrigkeit dar, wer vorsätzlich oder fahrlässig eine Übersendungs- oder Mitteilungspflicht nicht, unrichtig, nicht vollständig oder nicht rechtzeitig entspricht. Im Übrigen berührt ein Verstoß gegen diese Pflichten die Wirksamkeit des Tarifvertrages nicht; § 7 Abs. 1 TVG ist lediglich eine Ordnungsvorschrift (*BAG* 16.5.1995 EzA § 613a BGB Nr. 127).

III. Tarifregister

304 Seit Beginn der 16. Legislaturperiode wird das **Tarifregister** wiederum in Folge eines Organisationserlasses der Bundeskanzlerin (BGBl I 2005, S. 3197) beim Bundesministerium für Arbeit und Soziales (Anschrift: 53 123 Bonn, Rochusstraße 1, Telefon 02 28/9 95 27–0; im Internet abrufbar unter www.bmas.bund.de) geführt, in das der Abschluss, die Änderung und die Aufhebung der Tarifverträge sowie der Beginn und die Beendigung der Allgemeinverbindlichkeit eingetragen werden. Aus dem Merkmal »Abschluss« folgt im Umkehrschluss, dass der Wortlaut des Tarifvertrages nicht zu den einzutragenden Tatsachen gehört (*Däubler/Reinecke* § 6 TVG Rz. 12; *Kempen/Zachert* § 6 TVG Rz. 10; *Löwisch/Rieble* § 6 TVG Rz. 5; *Wiedemann/Oetker* § 6 TVG Rz. 16). Ebenso werden bei den zuständigen Landesministerien entsprechende Register geführt, wozu allerdings keine Rechtspflicht besteht (§ 6 TVG nennt nur das Bundesministerium; s. jedoch § 7 Abs. 1 S. 2 TVG, der Übersen-

dungs- und Mitteilungspflichten gegenüber den obersten Arbeitsbehörden der Länder vorsieht), weswegen auch die Gewährung von Auskunft und Einsicht nach herrschender Ansicht im pflichtgemäßen Ermessen der jeweiligen Landesbehörde steht (ErfK/*Franzen* § 6 TVG Rz. 4; *Löwisch/Rieble* § 6 TVG Rz. 10; *Wiedemann/Oetker* § 6 TVG Rz 10; keine analoge Anwendung des § 16 DVO-TVG). Damit wird erreicht, dass eine lückenlose Übersicht der bestehenden Tarifverträge besteht. Außerdem besteht beim BMAS ein Tarifarchiv, dessen Grundlage sich nicht aus dem TVG, sondern im Ergebnis aus § 16 DVO (Näheres zur DVO s.o. Rn. 11) ergibt (vgl. *Däubler/Reinecke* § 6 TVG Rz. 4). Auch die Bundesländer unterhalten Tarifarchive. Das Tarifregister ist öffentlich. Jedermann kann gem. § 16 S. 1 DVO ohne Nachweis eines besonderen Interesses Einsicht in das Tarifregister und die registrierten Tarifverträge nehmen. Letzteres betrifft das Tarifarchiv, in dem die Tarifverträge mit ihrem vollen Wortlaut hinterlegt sind. Einsicht nehmen bedeutet, dass der Zugang zu den Dokumenten zu gewährleisten ist. Der zuständige Bundesminister erteilt auf Anfrage Auskunft über die Eintragungen (vgl. § 16 S. 2 DVO). Hierfür besteht ein mittels einer allgemeinen Leistungsklage vor den Verwaltungsgerichten durchsetzbarer Anspruch des Bürgers gegen die das Tarifregister führende Behörde (*Däubler/Reinecke* § 6 TVG Rz. 30; *Wiedemann/Oetker* § 6 TVG Rz. 32). Auch dem Gericht steht dieser Weg zur Ermittlung des einschlägigen Tarifvertrages zu, § 46 Abs. 2 S. 1 ArbGG i.V.m. §§ 495, 293 ZPO (*Wiedemann/Oetker* § 6 TVG Rz. 32; s.a. zur Anwendung des § 293 ZPO *BAG* 29.3.1957 AP Nr. 4 zu § 4 TVG Tarifkonkurrenz). Der Minister ist jedoch nicht verpflichtet, über den Inhalt der Tarifverträge Auskunft zu erteilen, geschweige denn sie auf Verlangen zu kopieren. Aus der Formulierung in § 16 S. 2 DVO-TVG »Auskunft über die Eintragungen« folgt, dass sie sich nur auf die gem. § 6 und § 15 Abs. 2 DVO-TVG vorgenommenen Eintragungen in das Tarifregister erstreckt. Folglich muss über den Inhalt der registrierten Tarifverträge keine Auskunft erteilt werden (*Däubler/Reinecke* § 6 TVG Rz. 30; ErfK/*Franzen* § 6 TVG Rz. 2; *Wiedemann/Oetker* § 6 TVG Rz. 33). Ein berechtigtes Interesse an der Auskunft muss nicht dargelegt werden. Im Gegensatz zum Auskunftsrecht bezieht sich das jedermann zustehende Einsichtsrecht aber auch auf den Inhalt der Tarifverträge, einschließlich des Rechts sich Notizen und Kopien fertigen zu dürfen. Die Kosten für Kopien sind vom Einsichtnehmenden zu tragen (*Kempen/Zachert* § 6 TVG Rz. 18; *Wiedemann/Oetker* § 6 TVG Rz. 30). Weitergehende Ansprüche haben Arbeitnehmer, deren Arbeitsverhältnis von einem für allgemeinverbindlich erklärten Tarifvertrag erfasst wird, § 5 DVO. Entsprechendes gilt für Arbeitgeber. Diejenigen Stellen, die Tarifregister führen, erteilen telefonische Auskünfte darüber, ob ein Tarifvertrag allgemeinverbindlich ist. Ein weiteres Tarifregister führt das Wirtschafts- und Sozialwissenschaftliche Institut (WSI) des DGB in Düsseldorf (Hans-Böckler-Straße 39, 40 476 Düsseldorf, Telefon 02 11/77 78–0). Einen öffentlichen Glauben wie bspw. das Grundbuch genießt das Tarifregister nicht. Auf eine unrichtige Eintragung einer Inhaltsnorm kann also ein Anspruch nicht gestützt werden.

Der **Eintragung in das Tarifregister** kommt nur deklaratorische Bedeutung zu. Die Tarifverträge treten also auch ohne ihre Eintragung in Kraft. Anders verhält es sich bei der Allgemeinverbindlicherklärung. Sie erfolgt erst nach der Eintragung in das Tarifregister. 305

Im Falle der **Allgemeinverbindlichkeit** eines Tarifvertrages können die davon erfassten Arbeitnehmer und Arbeitgeber gegen Erstattung der Selbstkosten eine Abschrift der Tarifverträge von den Verbänden verlangen, § 9 Abs. 1 S. 1 DVO. Selbstkosten sind die Papier- und Vervielfältigungs- oder Druckkosten sowie das Übersendungsporto, § 9 Abs. 1 S. 2 i.V.m. § 5 S. 3 DVO. 306

IV. Auslegung der Tarifverträge im Betrieb, Nachweisgesetz

Die Arbeitgeber sind verpflichtet, die für ihren Betrieb maßgebenden **Tarifverträge** an geeigneter Stelle im Betrieb a**uszulegen,** § 8 TVG. Diese Verpflichtung besteht jedoch nur für den Vertragsarbeitgeber. Sofern ein Leiharbeitsverhältnis in Rede steht, ist demgemäß der Verleiher als Arbeitgeber auslagepflichtig. Die Auslagepflicht betrifft sowohl den normativen als auch den schuldrechtlichen Teil des Tarifvertrages mit seinem vollständigen Wortlaut. Im schuldrechtlichen Teil des Tarifvertrages könnte nämlich eine Abrede zu Gunsten Dritter 307 enthalten sein. Sofern der Tarifvertrag auf einen anderen Tarifvertrag Bezug nimmt, ist auch dieser Tarifvertrag auszulegen (*BAG* 10.11.1982 EzA § 1 TVG Nr. 16). Die Auslage der für den Betrieb maßgebenden Tarifverträge bedeutet, dass der Tarifvertrag nach seinem Geltungsbereich für den Betrieb einschlägig sein muss und der Arbeitgeber und mindestens ein Arbeitnehmer tarifgebunden sind (*Kempen/Zachert* § 8 TVG Rz. 2). Bei Rechtsnormen über betriebliche und betriebsverfassungsrechtliche Fragen (§ 3 Abs. 2 TVG) genügt die alleinige Tarifgebundenheit des Arbeitgebers. Die einschlägigen allgemeinverbindlichen Tarifverträge sind ohne weiteres auszulegen (vgl. auch § 9 Abs. 2 DVO). Eine Auslegungspflicht besteht jedoch nicht, wenn der nicht tarifgebundene Arbeitgeber die Anwendung von Tarifverträgen mit seinen Arbeitnehmern lediglich arbeitsvertraglich vereinbart hat (*Wiedemann/Oetker* § 8 TVG Rz. 16; *BAG* 23.1.2002 EzA § 2 NachwG Nr. 3 offen gelassen). § 8 TVG knüpft nämlich an die Tarifbindung des § 3 TVG an. Das TVG regelt nur den tariflichen Geltungsgrund der Tarifgebundenheit und der Allgemeinverbindlichkeit. Der Tarifvertrag ist nach der hier vertretenen Ansicht in der verfassten Sprache so zugänglich zu machen, dass er ohne Hilfe Dritter eingesehen werden kann (*Däubler/Reinecke* § 8 TVG Rz. 13). Danach genügt es nicht, den Tarifvertrag in der Personalabteilung zu hinterlegen (so jedoch *BAG* 5.11.1963 AP Nr. 1 zu § 1 TVG Bezugnahme auf Tarifvertrag).

308 Verstößt der tarifgebundene Arbeitgeber gegen die **Auslegungspflicht**, so enthält das TVG keine Sanktion. Denn § 8 TVG ist weder Schutzgesetz i.S.v. § 823 Abs. 2 BGB noch eine Konkretisierung der Fürsorgepflicht (*BAG* 30.9.1970 AP Nr. 2 zu § 70 BAT; 23.1.2002 EzA § 2 NachwG Nr. 3; s. aber Kap. 3 Rn. 4747 f.). Daraus folgt, dass bei Verletzung der Auslegungspflicht ein tarifgebundener Arbeitnehmer nicht mit der Begründung Schadenersatz verlangen kann, er habe z.B. eine Ausschlussfrist nicht gekannt. Die Verletzung der Auslegungspflicht kann nur dann zu Schadenersatzansprüchen des Arbeitnehmers führen, wenn er die Bekanntgabe des Tarifvertrags verlangt, der Arbeitgeber diese aber abgelehnt hat (*BAG* 22.11.1963 AP Nr. 6 zu § 611 BGB Öffentlicher Dienst). Beruft sich der Arbeitgeber insoweit auf die Nichteinhaltung der Ausschlussfrist, liegt hierin kein Verstoß gegen Treu und Glauben (*BAG* 5.11.1963 AP Nr. 1 zu § 1 TVG Bezugnahme auf Tarifvertrag). Diese Bewertung wird teilweise im Schrifttum mit der Begründung kritisiert, der Gesetzeszweck des § 8 TVG wolle den Arbeitnehmer begünstigen, der Schutzgesetzcharakter sei deswegen gegeben (z.B. *Däubler/Reinecke* § 8 TVG Rz. 18; *Gamillscheg* Kollektives Arbeitsrecht I § 13 II 2b S. 520; *Löwisch/Rieble* § 8 TVG Rz. 10, aber nunmehr in der Neuauflage anderer Ansicht § 8 TVG Rz. 14) unter Aufgabe der in der Vorauflage vertretenen Ansicht). § 8 TVG beinhalte eine Obliegenheit des Arbeitgebers, die es ihm verwehre, sich bei einem Verstoß hiergegen auf den Tarifvertrag zu berufen (*Kempen/Zachert* § 8 Rz. 6). Sofern jedoch der Tarifvertrag über § 8 TVG hinausgehend vorschreibt, dem Arbeitnehmer ein Exemplar des Tarifvertrages auszuhändigen, ist § 823 Abs. 2 BGB einschlägig, da dann von einem Schutzgesetz auszugehen ist (*Wiedemann/Oetker* § 8 TVG Rz. 23). Verheimlicht der Arbeitgeber auf Nachfrage die Anwendung eines Tarifvertrages auf das Arbeitsverhältnis, kommt ein Schadenersatzanspruch aus der wahrheitswidrigen Beantwortung der vom Arbeitnehmer gestellten Frage in Betracht, §§ 280 Abs. 1, 241 Abs. 2 BGB (*Wiedemann/Oetker* § 8 TVG Rz. 26).

309 Nach § 2 Abs. 1 S. 2 Nr. 10 NachwG vom 20.7.1995 (BGBl. I S. 946; s.o. Kap. 2 Rn. 399 ff.) ist der Arbeitgeber verpflichtet, in der Niederschrift über die wesentlichen Vertragsbedingungen einen in allgemeiner Form gehaltenen Hinweis auf die im Arbeitsverhältnis anzuwendenden Tarifverträge zu geben. Diese Vorschrift ist entgegen der Ansicht des *BAG* (17.4.2002 EzA § 2 NachwG Nr. 5) Schutzgesetz i.S.d. § 823 Abs. 2 BGB und verpflichtet bei Verletzung zum Schadenersatz, wenn bspw. der Arbeitnehmer wegen des fehlenden Hinweises auf die Geltung eines Tarifvertrags eine tarifliche Ausschlussfrist versäumt (ErfK/*Preis* Einf. NachwG Rz. 12; *Birk* NZA 1996, 281, 289; *Schäfer* Das Nachweisgesetz, D Rz. 189; *Dörner* HzA Gruppe 18 Rz. 433).

Kapitel 12
Betriebsverfassungsrecht

Übersicht Rn.

A. Der Anwendungsbereich des BetrVG

I. Räumlicher Geltungsbereich

1 Auf Grund des **Territorialitätsprinzip** (*BAG* 7.12.1989 § 102 BetrVG 1972 Nr. 74; 30.4.1987 EzA § 12 SchwbG Nr. 15; 9.11.1977 EzA § 102 BetrVG 1972 Nr. 31; 25.4.1978 EzA § 8 BetrVG 1972 Nr. 6) gilt das BetrVG für alle betriebsratsfähigen Betriebe in der BRD ohne Rücksicht auf die Staatsangehörigkeit des Inhabers.

2 Inländische Betriebe ausländischer Unternehmen unterfallen damit dem BetrVG, und zwar unabhängig davon, ob für die beschäftigten Arbeitnehmer kraft Vereinbarung ausländisches Arbeitsvertragsrecht gilt (*BAG* 7.12.1989 EzA § 102 BetrVG 1972 Nr. 74; 30.4.1987 EzA § 12 SchwbG Nr. 15). In einem ausländischen Unternehmen können für

die deutschen Betriebe Gesamtbetriebsräte (MünchArbR/*Hoyningen-Huene* § 298 Rz. 31) und ein Wirtschaftsausschuss (*BAG* 1.10.1974 EzA § 106 BetrVG Nr. 1; 31.10.1975 EzA § 106 BetrVG Nr. 2) gebildet werden.

3 Strittig ist die Möglichkeit der Bildung eines **Konzernbetriebsrates** (bejahend etwa MünchArbR/*v. Hoyningen-Huene* § 298 Rz. 31). Umgekehrt unterfallen **ausländische Betriebe** eines deutschen Unternehmens nicht dem BetrVG. Dies gilt auch für nach § 4 BetrVG selbstständige Betriebsteile im Ausland (GK-BetrVG/*Kraft/Franzen* § 1 Rz. 11).

4 Ob für im Ausland tätige Mitarbeiter eines inländischen Betriebes das BetrVG Anwendung findet, ist hingegen keine Frage des räumlichen, sondern des persönlichen Geltungsbereichs (vgl. GK-BetrVG/*Kraft/Franzen* § 1 Rz. 14 ff.). Zur Anwendbarkeit des BetrVG auf ausländische Arbeitnehmer, die vorübergehend in einem inländischen Betrieb tätig werden s.u. Rn. 9 f.

II. Persönlicher Geltungsbereich, § 5 BetrVG

1. Einführung

5 Anwendung findet das BetrVG nur auf **Arbeitnehmer** i.S.d. BetrVG. Das BetrVG geht in § 5 Abs. 1 BetrVG von dem allgemeinen arbeitsrechtlichen Begriff des Arbeitnehmers (s.o. Kap. 1 Rn. 38 ff.) unter Einbeziehung der Auszubildenden aus. Bestimmte Personen werden jedoch vom Arbeitnehmerbegriff ausgenommen, § 5 Abs. 2, Abs. 3 BetrVG. § 5 BetrVG umgrenzt damit den Personenkreis, der im Rahmen der Betriebsverfassung vom Betriebsrat repräsentiert wird.

6 Der Arbeitnehmerbegriff des Gesetzes ist zwingend und kann weder durch Tarifvertrag noch durch Betriebsvereinbarung geändert werden (GK-BetrVG/*Raab* § 5 Rz. 6)

7 Nicht zu den Arbeitnehmern i.S.d. BetrVG gehören damit insbes. **arbeitnehmerähnliche Personen** (§ 5 Abs. 1 ArbGG, § 12a Abs. 1, 3 TVG; vgl. GK-BetrVG/*Raab* § 5 Rz. 51; MünchArbR/*v. Hoyningen-Huene* § 299 Rz. 39), Personen, die kraft öffentlich-rechtlichen Zwangs beschäftigt werden, insbes. im Strafvollzug (*BAG* 18.11.1986 EzA § 2 ArbGG 1979 Nr. 8), Helfer im freiwilligen sozialen Jahr (*BAG* 12.2.1992 EzA § 5 BetrVG 1972 Nr. 54), Zivildienstleistende (GK-BetrVG/*Raab* § 5 Rz. 55) sowie Entwicklungshelfer (*BAG* 27.4.1977 EzA § 611 BGB Arbeitnehmerbegriff Nr. 10). Beamte sind keine Arbeitnehmer i.S.d. BetrVG und damit selbst dann nicht wahlberechtigt, wenn sie in einem von einem privaten Rechtsträger geführten Betrieb eingegliedert sind (*BAG* 28.3.2001 EzA § 7 BetrVG 1972 Nr. 2).

Gem. der Klarstellung in § 5 Abs. 1 BetrVG kommt es für die Beurteilung, ob jemand Arbeitnehmer i.S.d. BetrVG ist, nicht darauf an, ob die tatsächliche Beschäftigung im Betrieb, im Außendienst oder in Telearbeit erfolgt. Die mit derartigen Beschäftigungen verbundene Lockerung der für den Arbeitnehmerstatus typischen persönlichen Abhängigkeit, die u.a. auch durch die Eingliederung in den Betrieb des Arbeitgebers gekennzeichnet wird, ist unschädlich. Ausreichend ist insoweit die Einordnung in die Organisation. Erfasst werden damit sowohl die alternierende (Arbeit teils im Betrieb, teils an einem anderen Ort), die mobile (Arbeit an verschiedenen Orten) und die häusliche Telearbeit (vgl. BT-Drs. 14/5741, S. 35). Erforderlich ist aber auch bei diesen Beschäftigungsarten, dass der Betroffene nach den allgemeinen arbeitsrechtlichen Kriterien Arbeitnehmer ist (*Hanau* NJW 2001, 2513, 2515; zur Arbeitnehmereigenschaft bei Telearbeit s.u. Rn. 176; s.o. Kap. 1 Rn. 174).

Unerheblich ist auch, ob die Arbeit haupt- oder nebenberuflich, in Voll- oder Teilzeitbeschäftigung erfolgt (MünchArbR/*v. Hoyningen-Huene* § 299 Rz. 38; GK-BetrVG/*Raab* § 5 Rz. 28 ff.).

2. Auslandsentsendung

Ob die Vorschriften des BetrVG auch für solche Arbeitnehmer Anwendung finden, die von einem inländischen Betrieb ins Ausland entsandt werden, richtet sich danach, ob trotz der Entsendung die Betriebszugehörigkeit zum inländischen Betrieb bestehen bleibt; s.u. Rn. 165. 8

3. Vorübergehende Beschäftigung eines Arbeitnehmers aus einem ausländischen Betrieb im Inland

Im Fall der vorübergehenden Einstellung eines Arbeitnehmers eines ausländischen Betriebs in einen inländischen Betrieb, wird danach differenziert, ob sich betriebsverfassungsrechtliche Vorschriften auf das arbeitsrechtliche Grundverhältnis oder auf das sog. Durchführungsverhältnis beziehen. 9

Vorschriften, die das arbeitsvertragliche Grundverhältnis betreffen, wie z.B. § 87 Abs. 1 Nr. 4, 5, 10, 11 BetrVG (Modalitäten der Lohnzahlung, Urlaubsgewährung, betriebliche Lohngestaltung und Festsetzung von Akkord- und Prämiensätzen) sollen keine Anwendung finden. Gleiches gilt im Bereich der personellen Angelegenheiten bei Versetzungen und Kündigungen, §§ 99, 102 BetrVG. Vorschriften des BetrVG, die sich auf das Durchführungsverhältnis beziehen, weil sie an die Eingliederung des Arbeitnehmers in die betriebliche Organisation bzw. das Verhalten des Arbeitnehmers im Betrieb anknüpfen, sollen hingegen Anwendung finden, soweit dem inländischen Betriebsinhaber gegenüber diesen Arbeitnehmern das Direktionsrecht zusteht (MünchArbR/*v. Hoyningen-Huene* § 298 Rz. 44 ff.). 10

4. Zur Berufsausbildung Beschäftigte

Zu den Arbeitnehmern i.S.d. BetrVG gehören auch alle zu ihrer Berufsausbildung im Betrieb Beschäftigten, § 5 Abs. 1 BetrVG. 11

Dies sind alle Personen, denen in einem geordneten Ausbildungsgang berufliche Fähigkeiten vermittelt werden (vgl. § 1 Abs. 2 BBiG), aber auch diejenigen, die im Rahmen weisungsgebundener praktischer Tätigkeit zur Erlangung im Berufsleben verwertbarer Kenntnisse und Fähigkeiten beschäftigt werden (*BAG* 25.10.1989 EzA § 5 BetrVG 1972 Nr. 48; 30.10.1991 EzA § 5 BetrVG 1972 Nr. 50). 12

Voraussetzung ist, dass eine Eingliederung des Auszubildenden in den Betrieb des Ausbilders vorliegt und keine lediglich schulische, sondern eine zumindest auch betrieblich-praktische Unterweisung erfolgt, in der der Auszubildende auch beruflich aktiv tätig ist. 13

Die Berufsausbildung muss sich im Rahmen des arbeitstechnischen Zwecks eines Produktions- oder Dienstleistungsbetriebs vollziehen und die Auszubildenden in vergleichbarer Weise wie die sonstigen Arbeitnehmer in den Betrieb eingegliedert sein. 14

Vollzieht sich die Ausbildung in einem **reinen Ausbildungsbetrieb**, sind die Auszubildenden keine Arbeitnehmer i.S.d. BetrVG (sog. Rehabilitanden, vgl. *BAG* 13.6.2007 EzA § 5 BetrVG 2001 Nr. 2; 21.7.1993 EzA § 5 BetrVG 1972 Nr. 56; 20.3.1996 EzA § 5 BetrVG 1972 Nr. 59). Die nur informatorische Besichtigung des Betriebs oder das bloße Zuschauen bei der betrieblichen Arbeitsleistung anderer Arbeitnehmer des Betriebs genügen ebenfalls nicht. Auch darf es dem Betroffenen nicht völlig freigestellt sein, sich überhaupt zu betätigen. Erforderlich ist vielmehr, dass der Arbeitgeber ihm gegenständlich Aufgaben zu seiner Ausbildung zuweist. Die Zahlung eines Entgelts ist aber nicht erforderlich (*BAG* 25.10.1989 EzA § 5 BetrVG 1972 Nr. 48; GK-BetrVG/*Raab* § 5 Rz. 42). Erfasst werden demnach (vgl. GK-BetrVG/*Raab* § 5 Rz. 36) Lehrlinge, Anlernlinge, Volontäre und Praktikanten, Umschü- 15 ler und Teilnehmer an berufsvorbereitenden Maßnahmen (*BAG* 25.10.1989 EzA § 5 BetrVG 1972 Nr. 48), nicht aber Helfer im freiwilligen sozialen Jahr (*BAG* 12.2.1992 EzA § 5 BetrVG 1972 Nr. 53). Personen, die im Rahmen einer (Hoch-)Schulausbildung praktische Zeiten in Betrieben verbringen, sind nur dann Arbeitnehmer des Betriebs, wenn sie in einer eigenen rechtlichen Beziehung zum Betriebsinhaber stehen, auf Grund derer sie zur Erbringung von Arbeitsleistung verpflichtet sind, nicht aber dann, wenn nur rechtliche Beziehungen zwischen dem Träger der schulischen Ausbildung und dem Betriebsinhaber bestehen (*BAG* 30.10.1991 EzA § 5 BetrVG 1972 Nr. 50). Deshalb sind auch Jugendliche, die mit einem überbetrieblichen Ausbildungszentrum einen Berufsbildungsvertrag geschlossen haben, i.d.R. keine Arbeitnehmer i.S.d. BetrVG und gehören nicht zur Belegschaft des überbetrieblichen Ausbildungszentrums (*BAG* 21.7.1993 EzA § 5 BetrVG 1972 Nr. 56; **a.A.** noch *BAG* Vorlage-Beschluss 12.6.1986 EzA § 5 BetrVG 1972 Nr. 44), und zwar auch dann nicht, wenn gelegentlich zusammen mit anderen Mitarbeitern praktische Arbeiten ausgeführt werden (*BAG* 12.9.1996 EzA § 5 BetrVG 1972 Nr. 61). Andernfalls käme es zu einer Majorisierung der Stammbelegschaft des Ausbildungsbetriebs durch eine u.U. sehr große Zahl von Auszubildenden.

16 An einer Eingliederung fehlt es aber auch dann, wenn die Vermittlung einer Berufsausbildung nicht der alleinige oder überwiegende Betriebszweck ist, sondern daneben vom Arbeitgeber noch weitere arbeitstechnische Zwecke verfolgt werden. Für die Eingliederung der zu ihrer Berufsausbildung Beschäftigten kommt es nur darauf an, ob ihr Ausbildungsberuf von den betriebsangehörigen Arbeitern und Angestellten ausgeübt wird. Soweit das nicht der Fall ist, fehlt es auch in diesen Fällen an der Eingliederung (*BAG* 13.6.2007 EzA § 5 BetrVG 2001 Nr. 2).

5. Heimarbeiter

17 Nach § 5 Abs. 1 S. 2 BetrVG gelten auch Heimarbeiter (Heimarbeiter und Hausgewerbetreibende, vgl. § 2 Abs. 1 und 2 HAG; diese Definition gilt auch für den Heimarbeiterbegriff des BetrVG: *BAG* 25.3.1992 EzA § 6 BetrVG 1972 Nr. 3), die in der Hauptsache für den Betrieb arbeiten, als Arbeitnehmer i.S.d. BetrVG.

18 In der Hauptsache für den Betrieb arbeiten Heimarbeiter, wenn ihre Beschäftigung für den Betrieb gegenüber der Leistung von Heimarbeit für andere Auftraggeber überwiegt. Ob der Lebensunterhalt überwiegend aus der Tätigkeit für den Betrieb gewonnen wird, ist demgegenüber unerheblich (*BAG* 27.9.1974 EzA § 6 BetrVG 1972 Nr. 1).

6. Nicht-Arbeitnehmer, § 5 Abs. 2 BetrVG

19 Die in § 5 Abs. 2 BetrVG genannten Personen besitzen weder das aktive noch das passive Wahlrecht zum Betriebsrat. Sie bleiben außer Betracht, wenn eine Vorschrift eine bestimmte Zahl von Arbeitnehmern als Voraussetzung für ihre Anwendbarkeit verlangt (z.B. § 99 Abs. 1 BetrVG). Beteiligungsrechte, die diese Personen betreffen, stehen dem Betriebsrat nicht zu; Betriebsvereinbarungen entfalten für sie keine normative Wirkung (*BAG* 31.1.1979 EzA § 112 BetrVG 1972 Nr. 17; 10.6.1986 EzA § 87 BetrVG 1972 Arbeitszeit Nr. 18).

a) Mitglieder des Vertretungsorgans juristischer Personen

20 Von Nr. 1 werden nur Personen erfasst, die Mitglieder des Organs sind, das kraft Gesetz i.V.m. der Satzung zur regelmäßigen **Vertretung der juristischen Person befugt** ist. Wer kraft Gesetzes zur Vertretung befugt ist, bestimmt sich nach den maßgeblichen gesellschaftlichen Bestimmungen. Dies sind (vgl. GK-BetrVG/*Raab* § 5 Rz. 76 f.):

– Aktiengesellschaft: Die Vorstandsmitglieder (§ 78 AktG),

- Kommanditgesellschaft auf Aktien: die Komplementäre nach Maßgabe des Gesellschaftsvertrages (§ 278 Abs. 2 AktG), soweit nicht ein Komplementär vollständig von der Vertretung ausgeschlossen ist (§ 278 Abs. 2 AktG, §§ 125, 181 HGB),
- GmbH: die Geschäftsführer (§ 35 Abs. 1 GmbHG),
- Genossenschaften: Die Vorstandsmitglieder (§ 24 Abs. 1 GenG),
- rechtsfähiger Verein: Die Vorstandsmitglieder (§ 26 BGB) bzw. ein evtl. bestellter Sondervertreter nach § 30 BGB,
- Versicherungsverein: Die Vorstandsmitglieder (§ 34 VAG),
- Stiftungen: die Mitglieder des nach dem Stiftungsgeschäft bestellten Vertretungsorgans. Dies ist als notwendiges Stiftungsorgan in entsprechender Anwendung des Vereinsrechts der Vorstand (§§ 86 Abs. 1, 26 BGB).

Gesellschafter einer Personen- oder Kapitalgesellschaft, die selbst in einem von der Gesellschaft geleiteten Betrieb tätig werden, können je nach Ausgestaltung im Einzelfall Arbeitnehmer der Gesellschaft sein (vgl. GK-BetrVG/*Raab* § 5 Rz. 49). 21

Sind sie Mitglieder des vertretungsberechtigten Organs oder bei einer Personengesellschaft vertretungs- oder geschäftsführungsbefugt, scheidet eine Arbeitnehmereigenschaft bereits nach § 5 Abs. 2 Nr. 1, 2 BetrVG aus. Andernfalls ist zu prüfen, ob eine abhängige Beschäftigung auf Grund eines Arbeitsvertrages vorliegt. Daran fehlt es, wenn die Beschäftigung im Betrieb Teil der gesellschaftsrechtlichen Pflichten ist, wofür spricht, dass der Gesellschafter neben der Gewinnbeteiligung kein weiteres Entgelt bezieht oder der Gesellschafter maßgeblichen Einfluss auf die Geschäftsführung hat (vgl. *BAG* 10.4.1991 EzA § 611 BGB Arbeitnehmerbegriff Nr. 39; 28.11.1990 EzA § 611 BGB Arbeitnehmerbegriff Nr. 37). 22

b) Mitglieder von Personengesamtheiten

Nach Nr. 2 gelten nur die Mitglieder einer Personengesamtheit nicht als Arbeitnehmer, die kraft Gesetzes, Satzung oder Gesellschaftsvertrag zur Vertretung oder Geschäftsführung der Personengesamtheit berufen sind. Dies sind: 23

- BGB-Gesellschaft: alle oder einzelne Gesellschafter (§§ 709, 710, 714 BGB),
- Kommanditgesellschaft (KG): Die Komplementäre als persönlich haftende Gesellschafter (§§ 164, 170 HGB),
- nicht rechtsfähiger Verein: Der Vorstand (§ 54 BGB i.V.m. § 26 BGB entsprechend),
- Reederei: die Mitreeder bzw. der Korrespondentreeder (§§ 489, 493, 496 HGB),
- Erbengemeinschaft: alle Miterben (§ 2038 Abs. 1 BGB),
- Eheliche Gütergemeinschaft: beide Ehegatten (§ 1421 BGB) oder einer der Ehegatten, sofern dies ausdrücklich vereinbart ist.

Bei den übrigen Mitgliedern der Personengesamtheit richtet sich die Frage der Arbeitnehmereigenschaft nach allgemeinen Grundsätzen (s.o. Kap. 1 Rn. 38 ff.). Zu prüfen ist insbes., ob lediglich ein Gesellschafterverhältnis oder auf Grund entsprechender Weisungsgebundenheit ein Arbeitsverhältnis vorliegt. 24

c) Primär karitativ oder religiös motivierte Beschäftigung

Durch § 5 Abs. 2 Nr. 3 BetrVG werden solche Personen aus dem Kreis der Arbeitnehmer ausgeschlossen, bei deren Beschäftigung **Erwerbsabsichten keine Rolle spielen**, da ihre Lebensversorgung durch die Gemeinschaft, der sie zugehörig sind, gesichert ist (GK-BetrVG/*Raab* § 5 Rz. 79). Nach allgemeiner Ansicht (DKK/*Trümner* § 5 Rz. 143) sind daher Mönche, Ordensschwestern und Diakonissen religiöser Gemeinschaften keine Arbeitnehmer, es sei denn, diese Personen nehmen ein Beschäftigungsverhältnis auf, das in keinerlei Beziehung zu der Betätigung der religiösen Gemeinschaft steht und nicht durch eine religiöse oder karitative Motivation, sondern von einer Erwerbsabsicht getragen wird (GK-BetrVG/*Raab* § 5 Rz. 79). 25

26 Unerheblich ist auch, ob die in § 5 Abs. 2 Nr. 3 BetrVG genannten Personen unmittelbar in einer kirchlichen Einrichtung oder auf Grund eines Gestellungsvertrages zwischen ihrem Verband und einem anderen Betrieb in letzterem tätig werden (GK-BetrVG/*Raab* § 5 Rz. 79).

27 Kontrovers diskutiert wird die Rechtsstellung von in einem weltlichen Schwesternverband oder in freien Wohlfahrtsverbänden zusammengeschlossenen Krankenschwestern, insbes. DRK-Schwestern:

Nach Ansicht des *BAG* (20.2.1986 EzA § 5 BetrVG 1972 Nr. 45; vgl. auch *BAG* 3.6.1975 EzA § 5 BetrVG 1972 Nr. 19) sind die Mitglieder einer DRK-Schwesternschaft auch dann keine Arbeitnehmer, wenn sie nicht in einem von der Schwesternschaft selbst getragenen, sondern auf Grund eines Gestellungsvertrages in einem von einem Dritten betriebenen Krankenhaus tätig sind, weil die Erbringung der Arbeitsleistung auf der mitgliedschaftlichen Stellung der Krankenschwester zur Schwesternschaft beruhe. Etwas anderes soll für sog. Gastschwestern, also Schwestern, die nicht mitgliedschaftlich gebunden sind, gelten (*BAG* 4.7.1979 AP Nr. 10 zu § 611 BGB Rotes Kreuz). In der Literatur (vgl. DKK/*Trümner* § 5 Rz. 145 ff.) ist diese Rechtsprechung auf Kritik gestoßen.

d) Zur Heilung, Wiedereingewöhnung, Besserung oder Erziehung Beschäftigte

28 Kennzeichnend für die unter Nr. 4 fallende Personen ist, dass ihre Beschäftigung nicht auf die Erzielung eines Erwerbs gerichtet ist, sondern in erster Linie der Behebung physischer, psychischer oder sonstiger in der Person des Beschäftigten liegender Defekte dient, die sie an der Ausfüllung eines auf dem Arbeitsmarkt angebotenen Arbeitsplatzes hindern (GK-BetrVG/*Raab* § 5 Rz. 85). Die Beschäftigung muss vorwiegend ihrer Rehabilitation oder Resozialisierung dienen.

29 Dies gilt nicht nur für die Ziele der Heilung, sittlichen Besserung oder Erziehung, sondern auch für das Ziel der Wiedereingewöhnung. Es geht hierbei um die Wiederherstellung eines normalen Verhältnisses dieser Personen zum allgemeinen Erwerbsleben. Die Wiedereingewöhnung ist darauf gerichtet, Personen, die jedweder geregelten Arbeit entwöhnt sind oder sich nie an solche Arbeit gewöhnt haben, an geregelte Arbeit heranzuführen. Davon zu unterscheiden ist die Beschäftigung zur Berufsausbildung, durch die in erster Linie berufliche Kenntnisse und Fertigkeiten vermittelt werden sollen (*BAG* 25.10.1989 EzA § 5 BetrVG 1972 Nr. 48; vgl. auch *Buchner* NZA 1989, Beil. 1, S. 2 ff.). Bei einer aus medizinischen Gründen erfolgenden Beschäftigung ist eine entsprechende ärztliche Indikation erforderlich (DKK/*Trümner* § 5 Rz. 156). Im Übrigen muss der Schwerpunkt der Tätigkeit klar ersichtlich auf therapeutischem Gebiet liegen (DKK/*Trümner* § 5 Rz. 158).

e) Familienangehörige des Arbeitgebers

30 Auch bei Bestehen eines echten Arbeitsverhältnisses gelten der Ehegatte des Arbeitgebers sowie seine Eltern und Kinder (**Verwandte 1. Grades**, § 1589 BGB) und Schwiegereltern und Schwiegerkinder (**Verschwägerte 1. Grades**, § 1590 BGB) dann nicht als Arbeitnehmer i.S.d. BetrVG, wenn sie mit dem Arbeitgeber in häuslicher Gemeinschaft leben, sie also im Hausstand des Arbeitgebers ihren Lebensmittelpunkt haben (GK-BetrVG/*Raab* § 5 Rz. 88). Ist der Arbeitgeber eine Personengesamtheit, sind die mit deren vertretungsberechtigten Mitgliedern i.S.v. Nr. 5 verwandten oder verschwägerten Personen ebenfalls nicht Arbeitnehmer (DKK/*Trümner* § 5 Rz. 168). Ist der Arbeitgeber eine juristische Person, ist umstritten, ob die engen Verwandten eines Mitglieds des zur Vertretung berufenen Organs von Nr. 5 erfasst werden (bejahend: GK-BetrVG/*Raab* § 5 Rz. 91; *Fitting* § 5 Rz. 305; abl. HSWGNR/*Rose* § 5 Rz. 136 f.; DKK/*Trümner* § 5 Rz. 167, der eine Ausnahme im Falle der Ein-Personen-GmbH machen will, wenn ein entsprechendes Verwandtschaftsverhältnis zum Alleingesellschafter und -geschäftsführer besteht). Eine analoge Anwendung des Ausschlusstatbe-

standes bei Bestehen einer eheähnlichen Gemeinschaft bei Zusammenleben in häuslicher Gemeinschaft kommt nicht in Betracht (GK-BetrVG/*Raab* § 5 Rz. 89; abl. *ArbG Köln* 9.6.1976 DB 1976, 2068; DKK/*Trümner* § 5 Rz. 166).

7. Leitende Angestellte, § 5 Abs. 3, Abs. 4 BetrVG

a) Zweck und Bedeutung der Vorschrift

Da der Arbeitgeber, insbes. bei Großunternehmen darauf angewiesen ist, unternehmerische Aufgaben zu delegieren, sollen auf Grund der bestehenden Interessenpolarität zwischen Arbeitgeber und Arbeitnehmerschaft die Angestellten der Interessenvertretung durch den Betriebsrat entzogen werden, die zur Unternehmerseite gehören und in besonderer Nähe zum unternehmerischen Entscheidungsprozess stehen (GK-BetrVG/*Raab* § 5 Rz. 94). 31

Das BetrVG gilt für leitende Angestellte grds. nicht, es sei denn, das Gesetz selbst bezieht sie ausdrücklich in seinen Anwendungsbereich ein. Dies ist der Fall bei §§ 105, 107 Abs. 1 und 3 BetrVG, § 108 Abs. 2 BetrVG. Vorschriften des BetrVG die demgegenüber nur allgemein von »im Betrieb tätigen Personen« oder der »Belegschaft« sprechen, wie z.B. §§ 75 Abs. 1, 80 Abs. 1 Nr. 2 BetrVG können für leitende Angestellte keine Geltung beanspruchen (DKK/*Trümner* § 5 Rz. 174; GK-BetrVG/*Kreutz* § 75 Rz. 14; **a.A.** für § 75 Abs. 1 BetrVG: HSWGNR/*Worzalla* § 75 Rz. 3; *Wlotzke* DB 1989, 111, 118). Leitende Angestellte sind daher weder zum Betriebsrat wählbar, noch haben sie das aktive Wahlrecht; Mitwirkungs- und Mitbestimmungsrechte des Betriebsrates bestehen nicht. Betriebsvereinbarungen gelten für die leitenden Angestellten nicht. 32

Ausschließliches Repräsentationsorgan der leitenden Angestellten ist nur der Sprecherausschuss nach dem Sprecherausschussgesetz (SprAuG), s.u. Rn. 980 ff. 33

b) Zwingender und abschließender Charakter der Norm

§ 5 Abs. 3 BetrVG enthält eine **abschließende Definition** des leitenden Angestellten. Ein Rückgriff auf einen bereits vorgegebenen Begriff des leitenden Angestellten, wie ihn das BAG bis 1980 zur Vorläuferregelung befürwortete (*BAG* 5.3.1974 EzA § 5 BetrVG 1972 Nr. 7; aufgegeben von *BAG* 29.1.1980 EzA § 5 BetrVG 1972 Nr. 35), ist damit nicht mehr zulässig (GK-BetrVG/*Raab* § 5 Rz. 96). Die gesetzliche Regelung ist zwingend, d.h. durch Individual- oder Kollektivrechtliche Vereinbarungen nicht abänderbar (DKK/*Trümner* § 5 Rz. 187; vgl. auch: *BAG* 19.8.1975 EzA § 102 BetrVG 1972 Nr. 16; 5.3.1974 EzA § 5 BetrVG 1972 Nr. 7). 34

c) Gemeinsames Merkmal: Nach Arbeitsvertrag und Stellung im Unternehmen oder im Betrieb

Nach der gesetzlichen Regelung ist leitender Angestellter nur, wer die in § 5 Abs. 3 BetrVG aufgeführten Befugnisse oder Aufgaben nach Arbeitsvertrag und Stellung im Unternehmen oder im Betrieb wahrnimmt. Wird ein Arbeitnehmer in mehreren Betrieben desselben Unternehmens eingesetzt, so kann die Frage, ob er leitender Angestellter ist, nur einheitlich für alle Betriebe des Unternehmens beantwortet werden (*BAG* 25.2.1997 EzA § 87 BetrVG 1972 Arbeitszeit Nr. 57). 35

Durch dieses Merkmal soll sichergestellt werden, dass der Angestellte die ihm vertraglich eingeräumten Befugnisse und Aufgaben auch tatsächlich ausübt, also eine Identität von vertraglichen Befugnissen und faktischer Ausübung besteht, um Manipulationen entgegenzuwirken (BT-Drs. 11/2503, S. 30; vgl. *Buchner* NZA Beil. 1/1989, S. 6; *Richardi* NZA Beil. 1/1990, S. 4; GK-BetrVG/*Raab* § 5 Rz. 101). 36

37 Die Identität von vertraglichen und faktischen Befugnissen erfordert keine völlige Deckungsgleichheit (str.: vgl. DKK/*Trümner* § 5 Rz. 192 f.), wenn eine solche nur in dem Bereich besteht, in dem der Angestellte die in § 5 Abs. 3 Nr. 1–3 BetrVG genannten Merkmale erfüllt (GK-BetrVG/*Raab* § 5 Rz. 101).

38 Durch das Erfordernis, dass der Angestellte die in § 5 Abs. 3 Nr. 1–3 BetrVG genannten Aufgaben nach Stellung im Unternehmen oder im Betrieb ausüben muss, soll verdeutlicht werden, dass er die nach Arbeitsvertrag zugewiesenen Aufgaben tatsächlich im Unternehmen oder Betrieb ausüben muss und diese nicht nur gelegentlich oder vertretungsweise wahrnimmt (MünchArbR/*Richardi* § 26 Rz. 27). Nach überwiegender Auffassung (GK-BetrVG/*Raab* § 5 Rz. 103 f.; DKK/*Trümner* § 5 Rz. 194; **a.A.** *Martens* RdA 1989, 73, 77) soll durch die Aufnahme des Begriffspaares »Betrieb oder Unternehmen« in die Neufassung des § 5 Abs. 3 BetrVG die Rechtsprechung des *BAG* (23.1.1986 EzA § 5 BetrVG 1972 Nr. 42) zu § 5 Abs. 3 BetrVG a.F. präzisiert und klargestellt werden, dass eine Einstufung als leitender Angestellter nicht schon alleine daran scheitert, dass der Angestellte Funktionen nur auf Betriebs-, nicht aber auf Unternehmensebene ausübt.

39 Bei Wahrnehmung von Aufgaben nur auf Betriebsebene muss es sich aber um eine wichtige betriebsleitende Funktion mit dem Charakter einer unternehmerischen Aufgabe handeln (*BAG* 25.10.1989 EzA § 5 BetrVG 1972 Nr. 49) oder diese sich funktionsmäßig auf das Unternehmen beziehen (vgl. *BAG* 19.11.1974 EzA § 5 BetrVG 1972 Nr. 9; 19.11.1974 EzA § 5 BetrVG 1972 Nr. 10).

40 Nicht ausreichend ist deshalb, dass lediglich eine vorprogrammierte unternehmerische Entscheidung auf der betrieblich-arbeitstechnischen Ebene nachvollzogen wird (DKK/*Trümner* § 5 Rz. 194; GK-BetrVG/*Raab* § 5 Rz. 105).

d) Die einzelnen Tatbestände

aa) Nr. 1: Selbstständige Einstellungs- oder Entlassungsbefugnis

41 Ein leitender Angestellter gem. § 5 Abs. 3 Nr. 1 BetrVG muss nicht nur im Außenverhältnis befugt sein, Einstellungen und Entlassungen vorzunehmen, sondern auch im Innenverhältnis gegenüber dem Arbeitgeber eigenverantwortlich über die Einstellung **und** Entlassung einer bedeutenden Anzahl von Arbeitnehmern des Betriebes entscheiden können (*BAG* 11.3.1982 EzA § 5 BetrVG 1972 Nr. 41; GK-BetrVG/*Raab* § 5 Rz. 108 f.).

42 Die von § 5 Abs. 3 S. 2 Nr. 1 BetrVG vorausgesetzte Personalverantwortung kann den Status als leitender Angestellter nur begründen, wenn sie von erheblicher unternehmerischer Bedeutung ist. Diese kann sich aus der Zahl der betreffenden Arbeitnehmer oder aus der Bedeutung von deren Tätigkeit für das Unternehmen ergeben (*BAG* 10.10.2007 EzA § 5 BetrVG 2001 Nr. 3; 16.4.2002 EzA § 5 BetrVG 1972 Nr. 66).

Bereits das notwendige Zusammenwirken, z.B. des Leiters der Personalabteilung mit den Leitern der Fachabteilungen, schließt die Selbstständigkeit aus (*LAG Bln.* 5.3.1990 LAGE § 5 BetrVG 1972 Nr. 18), es sei denn, der Personalleiter ist befugt, sich in begründeten Fällen über das Votum der Fachabteilungen hinwegzusetzen (GK-BetrVG/*Raab* § 5 Rz. 111). Die von § 5 Abs. 3 S. 2 Nr. 1 BetrVG verlangte selbständige Ausübung der Personalkompetenz wird hingegen durch eine Bindung des betroffenen Angestellten an ein Budget oder einen Stellenplan nicht in Frage gestellt. Das gilt auch, wenn der Angestellte für die von ihm zu verantwortenden Einstellungen und Entlassungen zu Kontrollzwecken der Unterschrift eines Dritten bedarf (*BAG* 16.4.2002 EzA § 5 BetrVG 1972 Nr. 66).

bb) Nr. 2: Generalvollmacht oder Prokura

43 **Generalvollmacht** ist die Vollmacht zur Führung des gesamten Geschäftsbetriebs und vermittelt die Rechtsstellung zwischen der eines Vorstandsmitglieds und der eines Prokuristen

(*BAG* 5.3.1974 EzA § 5 BetrVG 1972 Nr. 7). Der Generalbevollmächtigte ist nur dann leitender Angestellter, wenn er die auf Grund der Vollmacht im Außenverhältnis eingeräumte Vertretungsmacht auch im Innenverhältnis ohne jede Einschränkungen ausüben darf (DKK/*Trümner* § 5 Rz. 213).

Prokura ist die handelsrechtliche und im Handelsregister einzutragende Vollmacht mit gesetzlich festgelegtem, Dritten gegenüber nicht beschränkbarem Inhalt (vgl. §§ 48–53 HGB). Eine gewöhnliche Handlungsvollmacht reicht für Nr. 2 hingegen nicht aus (*BAG* 10.4.1991 NZA 1991, 857, 858]; GK-BetrVG/*Raab* § 5 Rz. 120). 44

Sofern das Gesetz verlangt, dass die Prokura auch im Verhältnis zum Arbeitgeber nicht unbedeutend ist, ist damit gemeint, dass zwar keine völlige Deckungsgleichheit zwischen rechtlichem Können nach außen und rechtlichem Dürfen nach innen erforderlich ist (so vor der Neufassung des § 5 BetrVG *BAG* 27.4.1988 EzA § 5 BetrVG 1972 Nr. 47), andererseits genügt es nicht, dass es sich lediglich um einen sog. Titularprokuristen handelt oder der Prokura nur ein unbedeutender Aufgabenbereich mit starken Einschränkungen im Innenverhältnis zu Grunde liegt (*BAG* 11.1.1995 EzA § 5 BetrVG 1972 Nr. 58). 45

Zur Beurteilung, welches Maß an rechtlichem Dürfen im Innenverhältnis erforderlich ist, kann auf die Merkmale des § 5 Abs. 3 Nr. 3 BetrVG zurückgegriffen werden, sodass die Voraussetzungen der Nr. 2 dann erfüllt sind, wenn dem Prokuristen Aufgaben zugewiesen sind, die denen nach Nr. 3 in etwa gleichwertig sind, wenn also der Prokura ein bedeutender Aufgabenbereich mit erheblichem Entscheidungsspielraum zu Grunde liegt. Prokuristen, die ausschließlich Stabsfunktionen wahrnehmen, sind deshalb keine leitenden Angestellten i.S.d. § 5 Abs. 3 Nr. 2 BetrVG. 46

Sind die formalen Voraussetzungen der Tatbestände des Abs. 3 Nr. 2 erfüllt, ist nur zu prüfen, ob die durch eine Prokuraerteilung nach außen dokumentierten unternehmerischen Befugnisse nicht so weit aufgehoben sind, dass eine erhebliche unternehmerische Entscheidungsbefugnis in Wirklichkeit nicht besteht (*BAG* 11.1.1995 EzA § 5 BetrVG 1972 Nr. 58). 47

cc) Nr. 3: Funktionaler Grundtatbestand

(1) Einleitung, Zweck der Vorschrift

Nach § 5 Abs. 3 Nr. 3 ist ein Arbeitnehmer ferner dann leitender Angestellter, wenn **kumulativ** (MünchArbR/*Richardi* § 26 Rz. 39) folgende Voraussetzungen erfüllt sind: 48

- Regelmäßige Wahrnehmung sonstiger Aufgaben, die für den Bestand und die Entwicklung des Unternehmens oder eines Betriebs von Bedeutung sind;
- deren Erfüllung besondere Erfahrungen und Kenntnisse voraussetzt;
- wenn der Angestellte dabei entweder die Entscheidungen im Wesentlichen frei von Weisungen trifft oder sie maßgeblich beeinflusst.

Mit § 5 Abs. 3 S. 2 Nr. 3 BetrVG soll der ganz überwiegende Teil der leitenden Angestellten erfasst werden, die zwar Führungsaufgaben wahrnehmen, aber die Kriterien nach Nr. 1 und Nr. 2 nicht erfüllen (BT-Drs. 11/2503, S. 30). 49

Während Nr. 1 und Nr. 2 primär leitende Angestellte in sog. Linienfunktionen betreffen, die die maßgeblichen Entscheidungen (als Vorgesetzte) selbst treffen, werden von § 5 Abs. 3 S. 2 Nr. 3 BetrVG wesentlich auch Angestellte in sog. Stabsfunktionen erfasst, die die Entscheidungen wesentlich vorbereiten und somit planend und beratend tätig sind (GK-BetrVG/*Raab* § 5 Rz. 121 ff.; vgl. *BAG* 23.1.1986 EzA § 5 BetrVG 1972 Nr. 42; 29.1.1980 EzA § 5 BetrVG 1972 Nr. 35; 19.11.1974 EzA § 5 BetrVG 1972 Nr. 10). 50

51 Weil damit grds. an funktionale Merkmale zur Umschreibung der leitenden Angestellten angeknüpft wird, stellt § 5 Abs. 3 S. 2 Nr. 3 BetrVG den Grundtatbestand der leitenden Angestellten dar, der auf Nr. 1 und Nr. 2 zurückstrahlen kann, nicht jedoch umgekehrt (*Hromadka* BB 1990, 62; GK-BetrVG/*Raab* § 5 Rz. 123). Demgegenüber wird z. T. § 5 Abs. 3 S. 2 Nr. 3 BetrVG wegen des Begriffs »sonstige Aufgaben« als teilweise offener Tatbestand verstanden, sodass stets zu prüfen sein soll, ob die Aufgaben den in Nr. 1, 2 genannten Führungsaufgaben gleichwertig sind (*Richardi* NZA Beil. 1/1990, S. 4; *Wlotzke* DB 1989, 120).

(2) Wahrnehmung bedeutsamer unternehmerischer (Teil-)Aufgaben

52 Erforderlich ist, dass der Angestellte typisch unternehmerische Aufgaben wahrnimmt.

53 Der Angestellte muss auf Grund seiner leitenden Funktion **maßgeblichen Einfluss auf die Unternehmensführung** ausüben. Dieser Einfluss kann darin bestehen (vgl. DKK/*Trümner* § 5 Rz. 218), dass er selbst die maßgeblichen Entscheidungen trifft (Vorgesetzter in Linienfunktion) oder er kraft seiner Schlüsselposition planend oder beratend Voraussetzungen schafft, an denen die Unternehmensleitung nicht vorbeigehen kann (Angestellter in Stabsfunktion).

54 Nicht ausreichend ist, dass es sich um die rein arbeitstechnisch »vorprogrammierte« Durchführung unternehmerischer Entscheidungen handelt (vgl. *BAG* 23.1.1986 EzA § 5 BetrVG 1972 Nr. 42; 17.12.1974 EzA § 5 BetrVG 1972 Nr. 11; GK-BetrVG/*Raab* § 5 Rz. 126). An der Wahrnehmung einer unternehmerischen Teilaufgabe kann es auch dann fehlen, wenn bei starker Dezentralisation der unternehmerischen Aufgaben (sog. Atomisierung) die einzelne Tätigkeit nicht mehr von Bedeutung für Bestand und Entwicklung des Unternehmens ist (*BAG* 23.1.1986 EzA § 5 BetrVG 1972 Nr. 42; 29.1.1980 EzA § 5 BetrVG 1972 Nr. 35). Bei unternehmerischen Führungsaufgaben kann es sich nach der Entwurfsbegründung u.a. um solche wirtschaftlicher, technischer, kaufmännischer, organisatorischer, personeller, rechtlicher oder wissenschaftlicher Art handeln (vgl. BT-Drs. 11/2503, S. 30). Im Rahmen einer zweckgerichteten Auslegung kann berücksichtigt werden, ob auf Grund der ausgeübten Funktion eine Interessenpolarität zur Arbeitnehmerschaft und zum Betriebsrat entsteht, sodass sich eine Unvereinbarkeit der Aufgabe mit dem aktiven und passiven Wahlrecht zum Betriebsrat ergibt (vgl. GK-BetrVG/*Raab* § 5 Rz. 129).

55 Die Tätigkeit muss für Bestand **und** Entwicklung des Unternehmens oder eines Betriebs von Bedeutung sein. Eine bloß bestandssichernde Tätigkeit reicht ebenso wenig wie eine nur für die Entwicklung bedeutsame Tätigkeit (MünchArbR/*Richardi* § 26 Rz. 41).

56 Die Aufgaben müssen für die Verwirklichung der unternehmerischen Zielsetzung bedeutsam (so MünchArbR/*Richardi* § 26 Rz. 41) bzw. im Hinblick auf die Gesamtheit der Unternehmensaufgaben erheblich sein, d.h. einen beachtlichen Teilbereich der unternehmerischen Aufgaben insgesamt ausmachen (so GK-BetrVG/*Raab* § 5 Rz. 126). Trotz der missverständlichen Formulierung ist auf die Bedeutung der Aufgabe für das Unternehmen abzustellen (vgl. *BAG* 25.10.1989 EzA § 5 BetrVG 1972 Nr. 49). Wenn das Gesetz neben der Bedeutung der Aufgabe für Bestand und Entwicklung des Unternehmens auch auf eine derartige Bedeutung für einen Betrieb abstellt, soll damit lediglich berücksichtigt werden, dass bei einem mehrbetrieblichen Unternehmen eine für die Erreichung der Unternehmensziele wichtige Aufgabe vorliegen kann, wenn sie nur für Bestand und Entwicklung eines Betriebes von Bedeutung ist (vgl. BT-Drs. 11/2503, S. 30). Damit kann auch eine wichtige betriebsleitende Funktion je nach Lage der Umstände als unternehmerische Aufgabe angesehen werden (DKK/*Trümner* § 5 Rz. 222), wie z.B. die technische oder kaufmännische Leitung eines Zweigwerks in der Automobilindustrie (*Hromadka* BB 1990, 61).

(3) Regelmäßige Wahrnehmung

Die Wahrnehmung von Aufgaben erfolgt regelmäßig, wenn sie nicht nur gelegentlich erfolgt (vgl. BT-Drs. 11/2503, S. 30), sondern der Tätigkeit das Gepräge (*BAG* 23.1.1986 EzA § 5 BetrVG 1972 Nr. 42) gibt, d.h. diese schwerpunktmäßig bestimmt (*BAG* 25.10.1989 EzA § 5 BetrVG 1972 Nr. 49). Nach Auffassung des BAG ist insoweit darauf abzustellen, ob ein beachtlicher Teil der Arbeitszeit von diesen Tätigkeiten beansprucht wird (*BAG* 23.1.1986 EzA § 5 BetrVG 1972 Nr. 42). 57

An dieser rein zeitanteiligen Betrachtungsweise wird in der Literatur Kritik geübt (vgl. etwa GK-BetrVG/*Raab* § 5 Rz. 147: Allein maßgeblich sei, ob der Angestellte überhaupt Aufgaben wahrnehme, die qualitativ der Tätigkeit entsprechen, die ansonsten der Unternehmer selbst auszuführen hätte, die also für Bestand und Entwicklung des Unternehmens oder eines Betriebes von Bedeutung sind. Ist dies der Fall, soll es gleichgültig sein, ob hierin der [quantitative] Schwerpunkt der Arbeitszeit liegt). Bei lediglich vertretungsweiser Wahrnehmung der Aufgaben eines leitenden Angestellten kann der Vertreter nur dann selbst leitender Angestellter sein, wenn es sich um eine ständige Vertretung handelt (MünchArbR/*Richardi* § 26 Rz. 45; vgl. auch Entwurfsbegründung, BT-Drs. 11/2503, S. 30). 58

(4) Besondere Erfahrungen und Kenntnisse

Die Erfüllung derartiger Aufgaben setzt besondere Erfahrungen und Kenntnisse voraus, wenn dafür eine besondere Ausbildung oder längere Berufserfahrung erforderlich ist. 59

Die Art und Weise des Erwerbs der Kenntnisse ist unerheblich. Sie können auch durch längere Tätigkeit oder Selbststudium erworben werden (*BAG* 9.12.1975 EzA § 5 BetrVG 1972 Nr. 22; 10.2.1976 EzA § 5 BetrVG 1972 Nr. 24). 60

(5) Erheblicher Handlungsspielraum

Leitender Angestellter ist nur, wem ein erheblicher eigener Handlungsspielraum zusteht, wobei eine völlige Weisungsfreiheit nicht erforderlich ist (GK-BetrVG/*Raab* § 5 Rz. 136). 61

Eine Bindung an Vorgaben auf Grund von Richtlinien, Rechtsvorschriften oder Plänen steht der Annahme des erforderlichen erheblichen eigenen Handlungsspielraums ebenso wenig entgegen wie die Einbindung in Teamarbeit mit anderen leitenden Angestellten. Abzustellen ist darauf, inwieweit solche Vorgaben noch einen erheblichen Entscheidungsspielraum zulassen oder aber selbst schon Entscheidungsabläufe vorprogrammieren (DKK/*Trümner* § 5 Rz. 229; vgl. zum alten Recht *BAG* 9.12.1975 EzA § 5 BetrVG 1972 Nr. 22; 23.3.1976 EzA § 5 BetrVG 1972 Nr. 25). 62

Der Angestellte in Stabsfunktion muss auf Grund seiner arbeitsvertraglich geschuldeten Tätigkeit den Entscheidungsprozess wesentlich bestimmen, was anzunehmen ist, wenn er kraft seiner **Schlüsselposition** Voraussetzungen schafft, an denen die Unternehmensführung nicht vorbeigehen kann (*BAG* 29.1.1980 EzA § 5 BetrVG 1972 Nr. 35). Anhaltspunkt hierfür kann sein, ob die Unternehmensleitung im Falle des Abweichens von dem Vorschlag des Angestellten einem (internen) Begründungszwang, z.B. gegenüber einem Kontrollgremium im Unternehmen selbst unterliegt oder ob sie ihn ohne größere Argumentation ignorieren kann (GK-BetrVG/*Raab* § 5 Rz. 139). Ob auf dieses Kriterium auch bei Angestellten in Linienfunktion, die zwar selbst keine Entscheidungsbefugnis in personellen Angelegenheiten besitzen, über deren Vorschlag sich die Personalleitung aber nur mit triftiger Begründung hinwegsetzen kann, zurückgegriffen werden kann, ist streitig (dafür etwa *Buchner* NZA Beil. 1/1989, S. 8; *Hromadka* BB 1990, 61). An einem maßgeblichen Einfluss auf die Unternehmensleitung fehlt es insoweit jedenfalls, wenn der Vorgesetzte einer Fachabteilung bei 63

Einstellungen lediglich beratend hinzugezogen und ihm ein Vorschlagsrecht eingeräumt wird (*LAG BW* 25.6.1991 LAGE §5 BetrVG 1972 Nr. 20).

64 Indiz zur Beurteilung des Entscheidungsspielraums kann die **Leitungsebene** sein, der der Angestellte zugehörig ist: Je tiefer die konkrete Entscheidungsstufe in der Unternehmenshierarchie liegt, auf der der Angestellte unternehmens- oder betriebsleitende Aufgabenstellungen erfüllt, umso größer ist die Wahrscheinlichkeit, dass wesentliche unternehmerische Entscheidungsspielräume auf den höheren Entscheidungsstufen bereits verbraucht wurden. Von welcher Delegationsstufe ab leitende Angestellte im Unternehmen nicht mehr angenommen werden können, lässt sich allerdings nur im jeweiligen Einzelfall bestimmen (*BAG* 23.1.1986 EzA §5 BetrVG 1972 Nr. 42).

dd) Der Zweifelstatbestand nach §5 Abs. 4 BetrVG

(1) Zweck und Rechtsnatur, Anwendungsvoraussetzungen

65 Nach der Entwurfsbegründung (BT-Drs. 11/2503, S. 30) soll in Fällen, in denen eine Zuordnung nach dem funktionalen Grundtatbestand zweifelhaft bleibt, durch Anknüpfung an schnell feststellbare, formale Merkmale eine Entscheidungshilfe gegeben werden. Welche Rechtsnatur dieser Zweifelstatbestand hat, ist umstritten. Nach überwiegender Ansicht (*Buchner* NZA 1989, Beil. Nr. 1, S. 9; *Dänzer-Vanotti* a.a.O., S. 33; *Wlotzke* DB 1989, 122; *Richardi* NZA 1990, Beil. Nr. 1, S. 9f.; GK-BetrVG/*Raab* §5 Rz. 155ff.) handelt es sich um einen Hilfstatbestand, der in eindeutig nachrangigem Verhältnis zum funktionalen Grundtatbestand steht. Erst wenn bei der Anwendung des §5 Abs. 3 S. 2 Nr. 3 BetrVG Zweifel verbleiben, kann Abs. 4 dann als selbstständiger, §5 Abs. 3 S. 2 Nr. 3 BetrVG verdrängender Spezialtatbestand eingreifen, der das Vorliegen der Voraussetzungen als gegeben annimmt. Auf Grund dieses Verhältnisses von Haupt- und Hilfstatbestand (vgl. GK-BetrVG/*Raab* §5 Rz. 159; DKK/*Trümner* §5 Rz. 237) müssen zunächst die Voraussetzungen nach §5 Abs. 3 S. 2 Nr. 3 BetrVG geprüft werden. Erst wenn bei dieser Prüfung Zweifel verbleiben, kann auf Abs. 4 zurückgegriffen werden.

66 Deshalb ist es nicht statthaft, auf die vorrangige Prüfung der Merkmale des §5 Abs. 3 S. 2 Nr. 3 BetrVG zu verzichten und von vornherein i.S. einer widerlegbaren Vermutung davon auszugehen, dass ein Angestellter leitender Angestellter dann ist, wenn eine der Alternativen des Abs. 4 erfüllt ist, es sei denn, die Voraussetzungen des funktionalen Grundtatbestandes seien offensichtlich nicht erfüllt. Zuordnungen, die allein nach Abs. 4 vorgenommen werden, sind offensichtlich unwirksam (*Richardi* NZA Beil. 1/1990, S. 2, 10]; DKK/*Trümner* §5 Rz. 237).

(2) Bestehen von Zweifeln

67 Bei den für den Rückgriff auf Abs. 4 vorausgesetzten Zweifeln muss es sich nach ganz überwiegender Ansicht (vgl. DKK/*Trümner* §5 Rz. 241; GK-BetrVG/*Raab* §5 Rz. 161) um rechtliche, nicht tatsächliche (so aber MünchArbR/*Richardi* §26 Rz. 50f.) Zweifel handeln, sodass alle Tatsachen vor Heranziehung des Abs. 4 ermittelt sein müssen.

68 Erst wenn danach bei Anwendung des funktionalen Grundtatbestandes nach Ausschöpfung aller Auslegungsgrundsätze mindestens zwei Auslegungsergebnisse vertretbar erscheinen, etwa wenn sich beide auf unterschiedliche Auffassungen in der Literatur oder auf divergierende Instanzentscheidungen berufen können, kommt eine Anwendung des Zweifelstatbestandes in Betracht. Eine gefestigte höchstrichterliche Rechtsprechung zu der streitigen Frage schließt Zweifel i.S.d. Abs. 4 aus (GK-BetrVG/*Raab* §5 Rz. 162).

69 Maßstab ist, ob die Normanwender im Betrieb verständigerweise davon ausgehen durften, dass der Grundtatbestand zu keinem eindeutigen Ergebnis führt. Kommt das Arbeitsgericht

dagegen zu dem Ergebnis, dass sich die Zuordnung nach diesem Maßstab bereits aus der Grundnorm ergibt oder die Beteiligten eine Anwendung dieser Vorschrift gar nicht versucht haben, so nimmt es selbst die Zuordnung auf Grund des § 5 Abs. 3 S. 2 Nr. 3 BetrVG vor (*Röder* NZA 1989, Beil. Nr. 4, S. 6). Nach Auffassung von *Raab* (GK-BetrVG § 5 Rz. 165 findet § 5 Abs. 4 BetrVG im Übrigen nur dann Anwendung, wenn die betrieblichen Stellen die Norm tatsächlich unter Berufung auf Auslegungszweifel bei § 5 Abs. 3 S. 2 Nr. 3 BetrVG heranziehen. Dagegen soll sich im Wege teleologischer Reduktion die Zuordnung auch durch das Arbeitsgericht allein nach § 5 Abs. 3 BetrVG bestimmen, wenn sich die betriebliche Stelle auf die Anwendung der Grundnorm beschränkte, das Arbeitsgericht dagegen zu der Auffassung gelangt ist, dass aus Sicht der Zuordnungsstelle mehr als ein Auslegungsergebnis vertretbar gewesen wäre.

(3) Die Einzeltatbestände des § 5 Abs. 4 BetrVG

Sofern es auf die Anwendung des § 5 Abs. 4 BetrVG ankommt, genügt es, dass eine der dort genannten Alternativen erfüllt ist. 70

aaa) Nr. 1: Frühere Zuordnung

> Bei der Zuordnungsentscheidung anlässlich der letzten Wahl kann es sich um eine solche des Wahlvorstandes (§ 2 WO) oder bei zeitgleicher Wahl zu Betriebsrat und Sprecherausschuss um eine solche der beteiligten Wahlvorstände (§ 18a Abs. 1 BetrVG) bzw. des nach § 18a Abs. 2 BetrVG einzuschaltenden Vermittlers handeln. 71

Maßgebend ist die jeweils letzte Wahl. Wird die Zuordnungsentscheidung nachträglich in einem gerichtlichen Verfahren (etwa Wahlanfechtungsverfahren oder in einem Verfahren über die Feststellung der Nichtwählbarkeit nach § 24 Abs. 1 Nr. 6 BetrVG) korrigiert, ist allein diese gerichtliche Entscheidung für die Zuordnung maßgeblich (MünchArbR/*Richardi* § 26 Rz. 54; GK-BetrVG/*Raab* § 5 Rz. 167 f.).

> Soweit § 5 Abs. 4 Nr. 1 BetrVG darauf abstellt, dass der Angestellte durch rechtskräftige gerichtliche Entscheidung den leitenden Angestellten zugeordnet worden ist, wird es überwiegend (vgl. MünchArbR/*Richardi* § 26 Rz. 55) für ausreichend erachtet, dass in dem gerichtlichen Verfahren die Frage der Zuordnung lediglich als Vorfrage thematisiert wurde, etwa in einem Kündigungsschutzverfahren im Hinblick auf die Anwendbarkeit des § 105 BetrVG. 72

Da im Urteilsverfahren im Gegensatz zum Beschlussverfahren keine gerichtliche Ermittlung des Sachverhalts im Wege der Amtsermittlung greift, ist streitig, ob es sich jedenfalls dann um eine Entscheidung in einem Beschlussverfahren gehandelt haben muss (so z.B. MünchArbR/*Richardi* § 26 Rz. 55; *Fitting* § 5 Rz. 392; *Martens* RdA 1989, 84) oder auch eine Klärung als Vorfrage in einem Urteilsverfahren (GK-BetrVG/*Raab* § 5 Rz. 168) ausreicht. Ein Rückgriff auf das Kriterium der rechtskräftigen gerichtlichen Entscheidung scheidet aus, wenn sich die Umstände der Beschäftigung des Angestellten zwischenzeitlich verändert haben (GK-BetrVG/*Raab* § 5 Rz. 169). 73

Inwieweit gerichtliche Entscheidungen auf der Grundlage des § 5 Abs. 3, 4 BetrVG a.F. ihre bindende Wirkung behalten, erscheint fraglich (vgl. GK-BetrVG/*Raab* § 5 Rz. 170 ff.: Danach können auch Alt-Entscheidungen berücksichtigt werden, da der Gesetzgeber mit der Novelle 1988 die Vorschrift über leitende Angestellte ohne Einengung oder Erweiterung lediglich habe präzisieren wollen). 74

bbb) Nr. 2: Leitungsebene

Wesentlicher Anknüpfungspunkt für Nr. 2 ist die Leitungsebene i.S. einer hierarchischen Ebene im Unternehmen (GK-BetrVG/*Raab* § 5 Rz. 174). Diese Ebenen ergeben sich i.d.R. 75

aus einem Organisationsplan des Unternehmens, wobei sich allerdings eine schematische Anknüpfung an diese Pläne verbietet.

76 Maßgebend ist, ob der Angestellte einer Führungsebene angehört, auf der überwiegend Personen vertreten sind, die leitende Angestellte sind (GK-BetrVG/*Raab* § 5 Rz. 174). Überwiegend bedeutet, dass mehr als 50% der auf der Leitungsebene beschäftigten Angestellten leitende Angestellte sind (h.M., vgl. MünchArbR/*Richardi* § 26 Rz. 57; GK-BetrVG/*Raab* § 5 Rz. 175; DKK/*Trümner* § 5 Rz. 243).

Zu berücksichtigen sind nur solche Angestellte, die unstreitig leitende Angestellte i.S.d. § 5 Abs. 3 und 4 sind (GK-BetrVG/*Raab* § 5 Rz. 175).

ccc) Nr. 3: Regelmäßiges Jahresarbeitsentgelt

77 Unter Arbeitsentgelt i.S.d. Vorschrift sind in Anlehnung an § 14 SGB IV alle laufenden oder einmaligen Einnahmen aus einer Beschäftigung zu verstehen, gleichgültig ob ein Rechtsanspruch auf diese Einnahmen besteht oder in welcher Form sie geleistet werden (vgl. GK-BetrVG/*Raab* § 5 Rz. 176).

Neben dem Festgehalt sind daher auch Tantiemen, Gratifikationen und Sachbezüge zu berücksichtigen. Für variable Vergütungsbestandteile ist der Durchschnitt der letzten Jahre zu ermitteln. Einmalige Bezüge bleiben außer Betracht.

78 Aus Nr. 3 folgt die Pflicht des Arbeitgebers, dem Wahlvorstand die für den Gehaltsvergleich erforderlichen Daten im Rahmen der Erforderlichkeit zur Verfügung zu stellen (DKK/*Trümner* § 5 Rz. 244).

ddd) Nr. 4: Dreifache Bezugsgröße nach § 18 SGB IV

79 Nur wenn bei der Anwendung von Nr. 3 noch Zweifel verbleiben, darf § 5 Abs. 4 Nr. 4 BetrVG herangezogen werden, also nur dann, wenn sich nicht feststellen lässt, ob der Angestellte ein für leitende Angestellte in dem Unternehmen übliches Gehalt bezieht (GK-BetrVG/*Raab* § 5 Rz. 179). Die Bezugsgröße wird jährlich durch die Bezugsgrößen-VO neu festgesetzt.

e) Streitigkeiten

aa) Gerichtliche Statusklärung

80 Sofern die Frage, ob jemand Arbeitnehmer i.S.d. BetrVG ist, als Vorfrage in einem Urteilsverfahren eine Rolle spielt (etwa zur Klärung der Anwendbarkeit von §§ 102, 105 BetrVG), ist hierüber im Urteilsverfahren inzident zu entscheiden (vgl. *BAG* 19.8.1975 EzA § 102 BetrVG 1972 Nr. 15; EzA § 102 BetrVG 1972 Nr. 16). Weiterhin kann über die Frage des betriebsverfassungsrechtlichen Arbeitnehmerstatus auch in einem arbeitsgerichtlichen Beschlussverfahren, § 2a Abs. 1 Nr. 1 ArbGG, §§ 80 ff. ArbGG) entschieden werden. **Beteiligungs- und antragsbefugt** sind der betroffene Arbeitnehmer (*BAG* 23.1.1986 EzA § 5 BetrVG 1972 Nr. 43), der Betriebsrat, auch der Gesamtbetriebsrat (so GK-BetrVG/*Raab* § 5 Rz. 205; DKK/*Trümner* § 5 Rz. 251), der Arbeitgeber (*BAG* 23.1.1986 EzA § 233 ZPO Nr. 7) und im Zusammenhang mit einer Betriebsrats- oder Sprecherausschusswahl die beiden Wahlvorstände (*BAG* 5.3.1974 EzA § 5 BetrVG 1972 Nr. 7). Überwiegend (vgl. *BAG* 5.3.1974 EzA § 5 BetrVG 1972 Nr. 7; 19.11.1974 EzA § 5 BetrVG 1972 Nr. 10, allerdings offen gelassen für den Fall einer bloß abstrakten Feststellung; DKK/*Trümner* § 5 Rz. 251; HSWGNR/*Rose* § 5 Rz. 287) wird auch ein Antragsrecht einer im Betrieb vertretenen Gewerkschaft jedenfalls im Zusammenhang mit einer Betriebsratswahl angenommen. Kein Antragsrecht besteht für eine im Betriebsrat vertretene Gruppe oder Minderheitsliste (vgl. *LAG Frankf.* 21.4.1988 DB 1989, 487; *LAG Düsseld.* 24.10.1989 DB 1990, 283).

Das erforderliche **Rechtsschutzinteresse** für ein Statusfeststellungsverfahren besteht auch ohne Vorliegen eines aktuellen Streitfalles (vgl. *BAG* 19.11.1974 EzA § 5 BetrVG 1972 Nr. 9; 9.12.1975 EzA § 5 BetrVG 1972 Nr. 22; GK-BetrVG/*Raab* § 5 Rz. 206). Das Rechtsschutzbedürfnis entfällt, wenn der Arbeitnehmer aus dem Betrieb ausgeschieden ist oder im Betrieb eine andere Tätigkeit übernommen hat (*BAG* 23.1.1986 EzA § 233 ZPO Nr. 7). *Raab* (GK-BetrVG § 5 Rz. 206) nimmt bei Änderung der Tätigkeit nur dann einen Entfall des Rechtsschutzbedürfnisses an, wenn in Bezug auf die neue Tätigkeit Einigkeit über die Zuordnung besteht. Begegnen sich in einem Beschlussverfahren über die Frage, ob ein Arbeitnehmer leitender Angestellter ist, der negative Feststellungsantrag des Betriebsrats mit dem positiven Feststellungsantrag des Angestellten, so entfällt hierdurch nicht das Rechtsschutzinteresse für einen der Anträge (*BAG* 17.12.1974 EzA § 5 BetrVG 1972 Nr. 12). 81

bb) Zuordnungsverfahren anlässlich zeitgleicher Betriebsrat- und Sprecherausschusswahlen, § 18a BetrVG

Sofern Betriebsrats- und Sprecherausschusswahl nach § 13 Abs. 1 BetrVG, § 5 Abs. 1 SprAuG gesetzlich zwingend zeitgleich einzuleiten sind oder auch ohne Bestehen einer gesetzlichen Verpflichtung zeitgleich eingeleitet werden (vgl. MünchArbR/*Joost* § 304 Rz. 178), sieht § 18a BetrVG ein besonderes Abstimmungsverfahren zwischen den beteiligten Wahlvorständen zur Abklärung der Frage, wer leitender Angestellter ist, vor. Unverzüglich nach Aufstellung der Wählerlisten, spätestens jedoch zwei Wochen vor Einleitung der Wahl haben sich die Wahlvorstände gegenseitig darüber zu unterrichten, welche Angestellten sie den leitenden Angestellten zugeordnet haben. Im Falle von Divergenzen ist eine Einigung zu versuchen. Scheitert diese, ist ein Vermittler zu bestellen, der über die Zuordnung entscheidet (vgl. § 18a Abs. 2, 3 BetrVG). Die Zuordnung im Verfahren nach § 18a BetrVG ist für die Wahl verbindlich. Ein Einspruch gegen die in Übereinstimmung mit der Zuordnung aufgestellte Wählerliste ist nach § 4 Abs. 2 WahlO 1972 ausgeschlossen, es sei denn, die am Zuordnungsverfahren Beteiligten halten die Zuordnung selbst übereinstimmend für offensichtlich fehlerhaft. 82

Eine Anfechtung der Betriebsrats- bzw. Sprecherausschusswahl ist ausgeschlossen, soweit sie darauf gestützt wird, die Zuordnung sei fehlerhaft erfolgt. 83
Etwas anderes gilt nur in Fällen offensichtlicher Fehlerhaftigkeit der Zuordnung, § 18a Abs. 5 BetrVG. Eine solche offensichtliche Fehlerhaftigkeit liegt vor, wenn sich die Fehlerhaftigkeit dem mit den Gegebenheiten des Betriebs und Unternehmens Vertrauten geradezu aufdrängt (vgl. GK-BetrVG/*Kreutz* § 18a Rz. 102).

cc) Verhältnis von Zuordnungsverfahren nach § 18a BetrVG und arbeitsgerichtlichem Beschlussverfahren zur Statusklärung

Die Zuordnungsentscheidung nach § 18a BetrVG entfaltet über die Wahl hinaus keine Rechtswirkungen (GK-BetrVG/*Kreutz* § 18a Rz. 96, 106), es sei denn indirekt bei Anwendung des § 5 Abs. 4 Nr. 1 BetrVG. 84

Für andere Bereiche, in denen es auf die Zuordnung ankommt, ist daher die Zuordnungsentscheidung im Verfahren nach § 18a BetrVG nicht bindend. 85

Die Statusfrage kann vielmehr inzident im arbeitsgerichtlichen Urteilsverfahren oder selbst als Streitgegenstand in einem arbeitsgerichtlichen Beschlussverfahren thematisiert werden (*LAG Bln.* 5.3.1990 NZA 1990, 577; *LAG Hamm* 24.4.1990 NZA 1990, 704). § 18a Abs. 5 S. 1 BetrVG bestimmt insoweit, dass durch die Zuordnungsentscheidung der Rechtsweg nicht ausgeschlossen wird. Erfolgt eine rechtskräftige Zuordnungsentscheidung im Statusverfahren vor Durchführung der Wahl, so ist sie auch für die Wahl maßgeblich (GK-BetrVG/*Kreutz* § 18a Rz. 107).

III. Gegenständlicher Geltungsbereich

1. Einführung

86 Der Betrieb ist nach § 1 BetrVG Anknüpfungspunkt für die Wahl von Betriebsräten. Der Betriebsbegriff legt damit die Organisationseinheit fest, innerhalb derer die Arbeitnehmer zur Wahrnehmung von Mitbestimmungs- und Mitwirkungsrechten einen Betriebsrat wählen können (MünchArbR/*Richardi* § 31 Rz. 16). Das BetrVG definiert den Begriff des Betriebs nicht selbst, sondern setzt diesen voraus. Probleme der Abgrenzung können sich ergeben, wenn ein Unternehmen organisatorisch untergliedert ist und den von ihm verfolgten wirtschaftlichen Zweck unter Zuhilfenahme mehrerer arbeitstechnischer Einrichtungen verfolgt, sodass Unternehmen und Betrieb u.U. nicht identisch sind.

2. Betrieb und Unternehmen

a) Begriff

87 Nach herrschendem Verständnis ist **Betrieb** die organisatorische Einheit, innerhalb derer ein Arbeitgeber allein oder mit seinen Arbeitnehmern mit Hilfe von sächlichen und immateriellen Mitteln bestimmte arbeitstechnische Zwecke fortgesetzt verfolgt, die sich nicht in der Befriedigung des Eigenbedarfs erschöpfen (st. Rspr., vgl. etwa *BAG* 29.5.1991 EzA § 4 BetrVG 1972 Nr. 6). Durch das letztgenannte Merkmal sollen Haushalte aus dem Betriebsbegriff ausgegrenzt werden (*BAG* 17.2.1981 EzA § 111 BetrVG 1972 Nr. 13).

88 Demgegenüber wird als **Unternehmen** die organisatorische Einheit definiert, mit der ein Unternehmer für entferntere wirtschaftliche oder ideelle Ziele einen übergreifenden, i.d.R. wirtschaftlichen Zweck verfolgt (HSWGNR/*Rose* § 1 Rz. 13; GK-BetrVG/*Kraft/Franzen* § 1 Rz. 30) bzw. als Organisations- und Wirkungseinheit, durch die eine unternehmerische Zwecksetzung verwirklicht wird (MünchArbR/*Richardi* § 31 Rz. 18 ff.).

89 Die begriffliche Unterscheidung von Betrieb und Unternehmen ist betriebsverfassungsrechtlich damit nur von Relevanz, wenn ein Unternehmen den Unternehmenszweck in nach Zwecksetzung, Organisation oder räumlichen Lage unterscheidbaren Einheiten verfolgt. Nur dann kann sich die Frage stellen, ob eine Einheit einen Betrieb, Nebenbetrieb oder Betriebsteil bildet.

b) Kriterien der Abgrenzung

90 Mangels gesetzlicher Definition des Betriebsbegriffs kann die Entscheidung, ob eine organisatorische Unterteilung eines Unternehmens zum Bestehen nur eines oder aber mehrerer Betriebe führt, nicht durch einfache Subsumtion getroffen werden. Notwendig ist vielmehr eine wertende Betrachtung, sodass den Gerichten insoweit ein weiter Beurteilungsspielraum zusteht (*BAG* 29.1.1992 EzA § 7 BetrVG 1972 Nr. 1).

91 Entscheidend ist auf den **Zweck des Betriebsbegriffs** für die Betriebsverfassung abzustellen, der darin besteht, betriebsratsfähige Einheiten im Interesse einer arbeitnehmernahen Gestaltung der Mitbestimmungsordnung abzugrenzen (MünchArbR/*Richardi* § 31 Rz. 16; GK-BetrVG/*Kraft/Franzen* § 1 Rz. 36).

92 Das BAG stellt insbes. auf das Kriterium der Einheit der Organisation ab, die voraussetzt, dass die in einer Betriebsstätte vorhandenen materiellen und immateriellen Betriebsmittel für den oder die verfolgten arbeitstechnischen Zwecke zusammengefasst, geordnet und gezielt eingesetzt werden und der Einsatz der menschlichen Arbeitskraft von einem einheitlichen Leitungsapparat gesteuert wird (*BAG* 14.9.1988 EzA § 1 BetrVG 1972 Nr. 7; 29.5.1991 EzA § 4 BetrVG 1972 Nr. 6). Für das Vorliegen eines eigenständigen Betriebs spricht es, wenn in ihm einheitlich die für die Arbeitsbedingungen der Beschäftigten maßgeblichen Entscheidungen getroffen werden, insbes. in den wichtigsten der Mitbestimmung unterliegenden Angelegenheiten (*BAG* 29.1.1992 EzA § 7 BetrVG 1972 Nr. 1).

Weiter spricht für das Vorliegen nur eines Betriebes, wenn ein **einheitlicher arbeitstechnischer Zweck** unter **einheitlicher technischer Leitung** verfolgt wird (GK-BetrVG/*Kraft/Franzen* § 1 Rz. 38). Für das Vorliegen eines einheitlichen Betriebs kann ergänzend auch die räumliche Einheit sprechen. Dieser kommt aber, wie § 4 BetrVG zeigt, kein entscheidendes Gewicht zu. 93

3. Betriebsteil, Zuordnung von Kleinst- und Nebenbetrieben, § 4 BetrVG

§ 4 Abs. 1 BetrVG stellt unter bestimmten Voraussetzungen betriebliche Untergliederungen, 94
die nach der allgemeinen Definition des Betriebsbegriffs (s.o. Rn. 87) keine Betriebe sind (Betriebsteil), selbstständigen Betrieben gleich.

§ 4 Abs. 2 BetrVG ermöglicht den Arbeitnehmern eines Betriebs die Beteiligung an Betriebsratswahlen und ihre Repräsentation durch einen Betriebsrat, nämlich den des sog. Hauptbetriebs auch dann, wenn die Bildung eines eigenen Betriebsrats deshalb nicht möglich ist, weil es sich zwar um einen eigenständigen Betrieb i.S.d. BetrVG handelt, im Betrieb aber nicht die erforderliche Anzahl von Arbeitnehmern (§ 1 Abs. 1 BetrVG: fünf wahlberechtigte Arbeitnehmer, davon drei wählbar) beschäftigt wird (Kleinstbetriebe).

a) Betriebsteil, § 4 Abs. 1 BetrVG

aa) Funktion der Vorschrift

Die Funktion der Vorschrift besteht in erster Linie darin sicherzustellen, dass trotz organisatorischer Untergliederung eines Unternehmens eine sinnvolle, arbeitnehmernahe Ausgestaltung der Mitbestimmungsordnung gewährleistet bleibt und eine relative Verselbstständigung einer Organisation von Arbeitsstätten nicht den Verlust der Betriebsratsfähigkeit nach § 1 BetrVG zur Folge hat (MünchArbR/*Richardi* § 31 Rz. 16, 27). 95

Um dies sicherzustellen, werden durch § 4 Abs. 1 BetrVG organisatorisch relativ verselbstständigte Einheiten, die aber ihrerseits nach der allgemeinen Begriffsbestimmung keine eigenständigen Betriebe sind (Betriebsteile) und daher nach § 1 BetrVG eigentlich keinen eigenen Betriebsrat wählen könnten, unter bestimmten Voraussetzungen im Wege einer gesetzlichen Fiktion selbstständigen Betrieben gleichgestellt (Gesichtspunkt der arbeitnehmernahen Interessenvertretung).

bb) Begriffsbestimmung

Ein Betriebsteil ist in die Organisation des Hauptbetriebes eingegliedert. Er ist ihm gegenüber räumlich und organisatorisch abgrenzbar. Er ist aber nur relativ verselbstständigt und bleibt auf den Zweck des Hauptbetriebes ausgerichtet (*BAG* 29.5.1991 EzA § 5 BetrVG 1972 Nr. 6; 25.9.1986 EzA § 1 BetrVG 1972 Nr. 6). Die nur relative Verselbstständigung kommt insbes. dadurch zum Ausdruck, dass dem Betriebsteil ein eigener Leitungsapparat, der insbes. in personellen und sozialen Angelegenheiten wesentliche Entscheidungen selbstständig treffen kann, fehlt (*BAG* 17.2.1983 AP Nr. 4 zu § 4 BetrVG 1972; GK-BetrVG/*Kraft/Franzen* § 4 Rz. 4). Andererseits erfordert die notwendige relative Selbstständigkeit jedoch, dass eine den Einsatz der Arbeitnehmer bestimmende Leitung institutionalisiert ist und von dieser das Weisungsrecht des Arbeitgebers ausgeübt wird (*BAG* 28.6.1995 EzA § 4 BetrVG 1972 Nr. 7). 96

Zur beispielhaften Verdeutlichung werden genannt: Druckerei eines Zeitungsbetriebs, Lackierei einer Automobilfabrik, Auslieferungslager, Reparaturwerkstatt eines Spediteurs (§ 4 Rz. 15), räumlich getrennte Stepperei eines Schuhproduzenten (*Etzel* HzA Gruppe 19 Rz. 13 unter Hinweis auf *AG Offenbach* 15.3.1972 DB 1972, 1730). Zweigniederlassungen sollen i.d.R. selbstständige Betriebe sein, weil sie keine Hilfsfunktion für einen anderen Betrieb erfüllen, während Zweigstellen (Filialen) meist Betriebsteile darstellen, weil sie organisatorisch der Zentrale zugeordnet sind (ausführlich zu Filialen: DKK/*Trümner* § 4 Rz. 49 ff.). 97

cc) Betriebsratsfähigkeit von Betriebsteilen

98 Gem. § 4 S. 1 BetrVG können in Betriebsteilen eigene Betriebsräte gebildet werden, wenn:
- in dem Betriebsteil i.d.R. mindestens fünf ständig wahlberechtigte (vgl. § 7 BetrVG) Arbeitnehmer (vgl. § 5 BetrVG), von denen drei wählbar sind (vgl. § 8 BetrVG), vorhanden sind,

und
- der Betriebsteil räumlich weit vom Hauptbetrieb entfernt ist,

oder
- der Betriebsteil durch Aufgabenstellung und Organisation eigenständig ist.

(1) Räumlich weite Entfernung

99 Ob zwischen Betriebsteil und Hauptbetrieb eine räumlich weite Entfernung besteht, lässt sich nicht nach starren Kriterien beurteilen.

100 Entscheidend ist, ob die räumliche Entfernung einer lebendigen Gemeinschaft zwischen den Arbeitnehmern des Betriebes und des Betriebsteils entgegensteht und die Möglichkeit persönlicher Kontakte zwischen den Arbeitnehmern des Betriebsteils und dem Betriebsrat nicht mehr ausreichend gewährleistet ist und darüber hinaus auf Grund der räumlichen Entfernung auch eine ordnungsgemäße Betreuung der in dem Betriebsteil beschäftigten Arbeitnehmer durch den Betriebsrat des Hauptbetriebs nicht möglich ist (*BAG* 17.2.1983 AP Nr. 4 zu § 4 BetrVG 1972).

101 Vor diesem Hintergrund ist einerseits die Kilometerentfernung, andererseits die Leichtigkeit der Verkehrsverbindung von Bedeutung (GK-BetrVG/*Kraft/Franzen* § 4 Rz. 11). Als nicht räumlich weit entfernt wurden in der Rechtsprechung Entfernungen zwischen 7 und 70 km, als räumlich weit entfernt solche zwischen 20 und 300 km angesehen (vgl. die ausf. Nachw. bei DKK/*Trümner* § 4 Rz. 36, 37; GK-BetrVG/*Kraft/Franzen* § 4 Rz. 13, 14).

(2) Eigener Aufgabenbereich und Organisation

102 Ist der Betriebsteil durch Aufgabenbereich und (kumulativ, GK-BetrVG/*Kraft/Franzen* § 4 Rz. 15) Organisation eigenständig, kommt es auf die Entfernung zum Hauptbetrieb nicht mehr an. Praktische Bedeutung gewinnt diese Alternative somit dann, wenn ein Betriebsteil räumlich nahe am Hauptbetrieb liegt.

103 Die Anwendung der gesetzlichen Bestimmung bereitet deshalb Schwierigkeiten, weil der Betriebsteil nach seiner Definition gerade dadurch gekennzeichnet ist, dass er keinen eigenständigen Aufgabenbereich hat, sondern nur Teilfunktionen des Hauptbetriebs erfüllt und diesem auch organisatorisch eingegliedert ist (GK-BetrVG/*Kraft/Franzen* § 4 Rz. 15). Zum Teil (DKK/*Trümner* § 4 Rz. 46) wird deshalb angenommen, dass die Fallgruppe des § 4 S. 1 Nr. 2 BetrVG überflüssig geworden sei, weil bei organisatorischer Selbstständigkeit und eigenem Aufgabenbereich ohnehin die Voraussetzungen für einen echten Betrieb i.S.d. § 1 BetrVG erfüllt seien. Jedenfalls ist die Abgrenzung verschwommen.

104 Das *BAG* 29.1.1992 EzA § 7 BetrVG 1972 Nr. 1; 29.5.1991 EzA § 4 BetrVG 1972 Nr. 6) stellt deshalb nur auf eine relative Eigenständigkeit des Betriebsteils ab.

Je nach Grad der Verselbstständigung kann es sich dann aber um einen eigenen Betrieb, um einen als selbstständig geltenden Betriebsteil oder aber auch, falls der Grad der Eigenständigkeit nach Aufgabenbereich und Organisation nicht ausreicht, lediglich um einen unselbstständigen Teil eines Betriebes handeln, wobei den Gerichten ein erheblicher Beurteilungsspielraum zusteht (*BAG* 29.1.1992 EzA § 7 BetrVG 1972 Nr. 1).

Als Indizien für eine solche relative Eigenständigkeit werden genannt (vgl. GK-BetrVG/*Kraft/Franzen* § 4 Rz. 16): 105
- Bestehen einer eigenen Leitung, die für ihren Teilbereich im Wesentlichen selbstständig anordnen und entscheiden kann,
- Eigenständigkeit der Organisation insoweit, als im Betriebsteil der wesentliche Kern der der betrieblichen Mitbestimmung unterliegenden Arbeitgeberfunktionen auszuüben ist (*BAG* 29.1.1992 EzA § 7 BetrVG 1972 Nr. 1),
- eigener, vom Hauptbetrieb verschiedener, wenn auch diesem dienender, relativ eigenständiger arbeitstechnischer Zweck (*Richardi* § 4 Anm. 26; GK-BetrVG/*Kraft/Franzen* § 4 Rz. 16), zumeist fachfremde Hilfsfunktionen für den Gesamtbereich (*Fitting* § 4 Rz. 24),
- Geltung eines anderen Tarifvertrages als im Hauptbetrieb (GK-BetrVG/*Kraft/Franzen* § 4 Rz. 16).

Bei der Auslegung der unbestimmten Rechtsbegriffe des § 4 BetrVG ist stets das Ziel des Gesetzes zu beachten, den Arbeitnehmern jeder betrieblichen Einheit die Möglichkeit zu geben, durch einen Betriebsrat repräsentiert zu werden, der mit den Besonderheiten dieser betrieblichen Einheit deshalb besonders vertraut ist, weil seine Mitglieder ihr als Arbeitnehmer angehören (*BAG* 17.2.1983 AP Nr. 4 zu § 4 BetrVG 1972). 106

dd) Teilnahme an Betriebsratswahl des Hauptbetriebs

Auch wenn ein Betriebsteil die Voraussetzungen, unter denen ein eigener Betriebsrat gewählt werden kann, erfüllt, können die Arbeitnehmer des Betriebsteils mit Stimmenmehrheit beschließen, von der Bildung eines eigenen Betriebsrats abzusehen und stattdessen an der Wahl des Betriebsrats im Hauptbetrieb teilzunehmen, § 4 Abs. 1 S. 2 BetrVG. Durch Mehrheitsbeschluss kann damit die Verselbstständigung von Betriebsteilen rückgängig gemacht werden. 107

Der Beschluss bedarf der Stimmenmehrheit der im Betriebsteil beschäftigten Arbeitnehmer. Die Initiative zu einer derartigen Abstimmung kann von drei wahlberechtigten, im Betriebsteil beschäftigten Arbeitnehmern, einer im Betrieb vertretenen Gewerkschaft (zum Begriff s.o. Rn. 1041 f.) oder vom Betriebsrat des Hauptbetriebs ausgehen. Zu diesem Zweck bestehen auch Zutrittsrechte zum Betriebsteil (BT-Drs. 14/6352, S. 54). Der Zuordnungsbeschluss kann formlos gefasst werden. Eine Abstimmung auf einer Versammlung ist nicht erforderlich. Vielmehr reicht auch ein Beschluss im Umlaufverfahren aus (BT-Drs. 14/6352, S. 54). Ebenso wenig ist eine geheime Abstimmung notwendig. Erforderlich ist aber eine rechtzeitige Aufforderung zur Teilnahme an der Abstimmung an alle wahlberechtigten Arbeitnehmer des Betriebsteils (GK-BetrVG/*Kraft/Franzen* § 4 Rz. 21). Der Zuordnungsbeschluss ist dem Betriebsrat des Hauptbetriebs spätestens 10 Wochen vor Ablauf von dessen Amtszeit mitzuteilen, damit er bei der Wahlvorbereitung berücksichtigt werden kann. Die getroffene Zuordnung gilt so lange, bis sie von den betroffenen Arbeitnehmern des Betriebsteils mit Mehrheit widerrufen wird. Wird durch Tarifvertrag oder Betriebsvereinbarung nach § 3 Abs. 1 oder 2 BetrVG (s.u. Rn. 119 ff.) eine andere Zuordnung des Betriebsteils geregelt, geht diese Regelung vor (BT-Drs. 14/5741, S. 35).

Folge eines Beschlusses nach § 4 Abs. 1 S. 2 BetrVG ist auch, dass – soweit es für die Anwendbarkeit von Bestimmungen des BetrVG auf die Zahl der im Betrieb beschäftigten Arbeitnehmer ankommt (z.B. §§ 9, 38 BetrVG – die Arbeitnehmer des Betriebsteils, in dem der Beschluss gefasst wurde, als Arbeitnehmer des Hauptbetriebs gelten, also dort mitzählen (vgl. *Hanau* NJW 2000, 2513, 2514). Mängel eines zustimmenden oder ablehnenden Beschlusses der Mehrheit wegen Fehlens der gesetzlichen Voraussetzungen oder Mängeln im Wahlverfahren dürften nur im Zusammenhang mit einer Anfechtung der Wahl gem. § 19

BetrVG des Betriebsrats im Hauptbetrieb geltend gemacht werden können (*Hanau* NJW 2000, 2513, 2514). Wird entgegen einem Beschluss nach §4 Abs. 1 S. 2 BetrVG im Betriebsteil ein eigener Betriebsrat gewählt, ist dessen Wahl anfechtbar.

b) Kleinstbetriebe, Nebenbetriebe

108 Nach §4 S. 2 BetrVG in der bis zum 27.7.2001 geltenden Fassung wurden selbstständige Betriebe, in denen aber kein Betriebsrat gebildet werden konnte, weil die nach §1 Abs. 1 BetrVG Arbeitnehmeranzahl nicht erreicht wurde, nur dann dem Hauptbetrieb zugeordnet, wenn es sich um sog. Nebenbetriebe handelte (vgl. 2. Aufl., Rn. 98 ff.). Als Nebenbetriebe wurden dabei nur solche arbeitstechnischen Einheiten angesehen, die alle Voraussetzungen eines Betriebes erfüllen, insbes. über eine einheitliche Organisation und Leitung verfügen, die im Kern die Entscheidungen in personellen und wirtschaftlichen Angelegenheiten selbstständig treffen kann, in ihrer Aufgabenstellung aber auf reine Hilfeleistungen für den Hauptbetrieb ausgerichtet sind und den dort verfolgten Betriebszweck unterstützen (*BAG* 29.5.1991 EzA §4 BetrVG 1972 Nr. 6; 25.9.1986 EzA §1 BetrVG 1972 Nr. 6). Als Beispiele wurden etwa genannt die Produktion von Lebensmitteln in einem selbstständig organisierten Landgut zur Versorgung eines Krankenhauses, Hopfenplantage einer Bierbrauerei, Bauschreinerei eines Baubetriebs (MünchArbR/*Richardi* §31 Rz. 24). Folge war, dass die Arbeitnehmer von Kleinstbetrieben auch in Unternehmen, die mehrere Betriebe unterhalten, vertretungslos blieben, es sei denn es handelte sich um sog. Nebenbetriebe. Dieses Ergebnis wurde überwiegend schon unter der bis zum 27.7.2001 geltenden Rechtslage als nicht interessengerecht erachtet und die Auffassung vertreten, dass dann wenn ein Arbeitgeber/Unternehmen in mehreren Betrieben den gleichen arbeitstechnischen Zweck verfolgt und einer dieser Betriebe betriebsratsfähig ist, die nicht betriebsratsfähigen Kleinbetriebe mit dem betriebsratsfähigen Betrieb einen Betrieb i.S.d. BetrVG bilden. Der nicht betriebsratsfähige Kleinbetrieb blieb daher nach h.M. nur dann vertretungslos, wenn er allein die arbeitstechnische Organisation eines Unternehmens bildete, es sich also um ein Kleinunternehmen handelt (MünchArbR/*Richardi* §31 Rz. 36; DKK/*Trümner* §4 Rz. 67).

109 Durch §4 Abs. 2 BetrVG in der ab 28.7.2001 geltenden Fassung sind nunmehr Kleinstbetriebe mit weniger als fünf Arbeitnehmern unter dem Gesichtspunkt der Einbeziehung möglichst aller Arbeitnehmer in die Interessenvertretung dem Hauptbetrieb zuzuordnen, ohne dass es darauf ankommt, ob es sich um Nebenbetriebe i.S.d. Wahrnehmung einer reinen Hilfsfunktion für die arbeitstechnischen Zwecke des Hauptbetriebs handelt.

110 Durch die Neuregelung kann sich nunmehr die Frage stellen, welcher Betrieb als Hauptbetrieb anzusehen ist, wenn ein Unternehmen neben Kleinstbetrieben über mehrere betriebsratsfähige Betriebe verfügt. Sofern der Kleinstbetrieb ein Nebenbetrieb i.S.d. bis zum 27.7.2001 geltenden Rechtslage ist (s.o. Rn. 108), ist – sofern betriebsratsfähig – Hauptbetrieb der Betrieb, für dessen arbeitstechnische Zwecke der Nebenbetrieb eine Hilfs- bzw. Unterstützungsfunktion hat. Andernfalls kann darauf abgestellt werden, ob in einem der Betriebe, die als Hauptbetrieb in Betracht kommen, neben der Wahrnehmung im Kleinstbetrieb selbst, auch dort für die Belegschaft des Kleinstbetriebs maßgebliche Entscheidungen getroffen werden, hinsichtlich derer Beteiligungsrechte des Betriebsrats bestehen. Es kann auch darauf abgestellt werden, ob einer der Betriebe für den Kleinstbetrieb in personellen und sozialen Angelegenheiten eine durch Beratung unterstützende Funktion und deshalb eine hervorgehobene Bedeutung gegenüber anderen Betrieben hat (*BAG* 17.1.2007 EzA §4 BetrVG 2001 Nr. 2). Ist auch in Anwendung dieses Kriteriums keine Zuordnung möglich, kann die Zuordnung zum räumlich nächstgelegenen betriebsratsfähigen Betrieb erfolgen (vgl. *Richardi* NZA 2001, 346, 349]; vgl. GK-BetrVG/*Kraft*/*Franzen* §4 Rz. 7). Voraussetzung der Zuordnung ist grundsätzlich, dass beide Betriebe den gleichen Inhaber haben und demselben Unternehmen angehören. Gibt es überhaupt keinen betriebsratsfähigen Betrieb im Unternehmen (und greift auch keine Vereinbarung nach §3 BetrVG), wird zum Teil (*Reichold* NZA 2001, 857, 858] m.w.N.) die Auffassung vertreten, dass dann in verfassungskonformer

Auslegung der §§ 1, 4 BetrVG ein gemeinsamer Betriebsrat jedenfalls der räumlich oder arbeitstechnisch zusammenhängenden Betriebe im Unternehmen gebildet werden kann.

Die Arbeitnehmer des oder der Kleinstbetriebe werden durch den Betriebsrat des Hauptbetriebs repräsentiert und können diesen mitwählen und in diesen gewählt werden. Stellt das BetrVG auf eine bestimmte Anzahl von Arbeitnehmern im Betrieb ab, sind die Arbeitnehmer der Kleinstbetriebe und des betriebsratsfähigen Hauptbetriebs zusammenzurechnen (vgl. *BAG* 3.12.1985 EzA § 4 BetrVG 1972 Nr. 4).

4. Gemeinschaftsbetrieb mehrerer Unternehmen

a) Begriffsbestimmung

Grds. ist ein Betrieb jeweils nur einem Unternehmen zugeordnet. Organisatorische Untergliederungen verschiedener Unternehmen sind daher grds. auch verschiedene Betriebe (MünchArbR/*Richardi* § 31 Rz. 38). Die Bildung eines gemeinschaftlichen, unternehmensübergreifenden Betriebsrats scheidet daher regelmäßig aus. 111

Dennoch ist weitgehend anerkannt, dass zwei oder mehrere Unternehmen einen gemeinsamen Betrieb bilden können mit der Folge, dass dieser Betrieb i.S.d. BetrVG auch mehreren rechtlich selbstständigen Unternehmen zugeordnet wird.

Ein gemeinsamer Betrieb mehrerer Unternehmen liegt vor, wenn die in einer Betriebsstätte vorhandenen materiellen und immateriellen Betriebsmittel mehrerer Unternehmen für einen einheitlichen arbeitstechnischen Zweck zusammengefasst, geordnet und gezielt eingesetzt werden und der Einsatz der menschlichen Arbeitskraft von einem einheitlichen Leitungsapparat gesteuert wird. Grundlegende Voraussetzung für das Bestehen eines Gemeinschaftsbetriebs ist der Einsatz von Arbeitnehmern und Betriebsmitteln mehrerer Unternehmen durch eine einheitliche Leitung auf der Grundlage einer wenigstens stillschweigend getroffenen Vereinbarung (vgl. nur *BAG* 16.1.2008 EzA § 77 BetrVG 2001 Nr. 21) Die Wahrnehmung auch der Funktionen im wirtschaftlichen Bereich durch diese institutionelle Leitung ist nicht erforderlich. Ein gemeinschaftlicher Betrieb scheidet aus, wenn die Steuerung des Personaleinsatzes und die Nutzung von Betriebsmitteln nur durch ein Unternehmen erfolgt (*BAG* 22.6.2005 EzA § 1 BetrVG 2001 Nr. 4). Allein die mit einem Konzernverhältnis verbundene Beherrschung eines Unternehmens durch ein anderes genügt selbst dann nicht, wenn das beherrschende Unternehmen Weisungen erteilt (*BAG* 16.1.2008 EzA § 77 BetrVG 2001 Nr. 21). 112

Das *BAG* (14.9.1988 EzA § 1 BetrVG 1972 Nr. 7) hält eine rechtliche Führungsvereinbarung deshalb für notwendig, weil ohne eine solche nicht gewährleistet sei, dass der Betriebsrat in Fragen der personellen und sozialen Mitbestimmung einen zu einheitlicher Willensbildung für beide Unternehmen fähigen Ansprechpartner hat. Möglich ist auch die Bildung eines Gemeinschaftsbetriebs zwischen einer juristischen Person des Privatrechts und einer Körperschaft des öffentlichen Rechts, etwa bei Zusammenarbeit zwischen einer Universität und einem Wirtschaftsunternehmen, wobei das BetrVG Anwendung findet, wenn sich die Betriebsführung auf der Grundlage einer privatrechtlichen Vereinbarung in Form einer BGB-Gesellschaft vollzieht (*BAG* 24.1.1996 EzA § 1 BetrVG 1972 Nr. 10). 113

Auf Grund des Erfordernisses einer rechtlichen Vereinbarung gemeinsamer Führung reicht zur Annahme eines gemeinschaftlichen Betriebes nicht aus, dass eine faktische Personenidentität in der Leitung der selbstständigen Unternehmen besteht. Ebenso wenig genügt allein eine rein unternehmerische Zusammenarbeit oder Verbundenheit in einem Konzern (GK-BetrVG/*Kraft/Franzen* § 1 Rz. 48; MünchArbR/*Richardi* § 31 Rz. 39). Auch aus dem Bestehen einer Organschaft i.S.v. § 2 Abs. 2 Nr. 2 UStG ergibt sich nicht zwingend, dass die an der Organschaft beteiligten Unternehmen einen gemeinsamen Betrieb i.S.v. § 1 BetrVG bilden (*BAG* 25.5.2005 EzA § 1 BetrVG 2001 Nr. 3). Andererseits steht der Annahme einer konkludenten Führungsvereinbarung die formale Ausübung von Arbeitgeberbefugnissen durch den jeweiligen Vertragsarbeitgeber nicht entgegen (*BAG* 24.1.1996 EzA § 1 BetrVG 1972 Nr. 10). 114

b) Vermutungsregelung nach § 1 Abs. 2 BetrVG

115 Durch das BetrVerf-ReformG vom 23.7.2001 (BGBl. I S. 1852 ff) wurde in Form des § 1 Abs. 2 BetrVG eine Vermutungsregelung aufgenommen. Sind die tatbestandlichen Voraussetzungen erfüllt, wird **widerlegbar** (BegrRegE, BT-Drs. 14/5741, S. 33) vermutet, dass ein gemeinsamer Betrieb vorliegt, also auch die erforderliche Leitungsvereinbarung der beteiligten Unternehmen besteht (*BAG* 11.2.2004 EzA § 1 BetrVG 2001 Nr. 2; 22.6.2005 EzA § 1 BetrVG 2001 Nr. 4). Den beteiligten Unternehmen wird damit die Widerlegungslast aufgebürdet, um eine missbräuchliche Umgehung der Mitbestimmung zu erschweren (vgl. *Reichold* NZA 2001, 857, 858). Diese Vermutungsregelung enthält keine eigenständige Begriffsbestimmung des gemeinschaftlichen Betriebs. Maßgeblich bleibt vielmehr die von der Rechtsprechung entwickelte Begriffsbestimmung (s.o. Rn. 111; *BAG* 22.10.2003 EzA § 1 BetrVG 2001 Nr. 1; 11.2.2004 EzA § 1 BetrVG 2001 Nr. 2).

Gem. § 1 Abs. 2 Nr. 1 BetrVG wird das Vorliegen eines gemeinsamen Betriebs vermutet, wenn zur Verfolgung arbeitstechnischer Zwecke die Betriebsmittel sowie die Arbeitnehmer von den Unternehmen gemeinsam eingesetzt werden. Ob dieser Vermutungstatbestand wirklich den ihm zugedachten Zweck erfüllen kann, erscheint fraglich, weil dann, wenn der genannte gemeinsame Einsatz von Betriebsmitteln und Arbeitnehmern nachgewiesen werden kann, zugleich die Existenz eines gemeinsamen Betriebes erwiesen sein dürfte (vgl. *Richardi* NZA 2001, 346, 349). Nach der Rechtsprechung des *BAG* (11.2.2004 EzA § 1 BetrVG 2001 Nr. 2; 22.6.2005 EzA § 1 BetrVG 2001 Nr. 4) besteht die Funktion der Vermutungsregelung darin, das Vorliegen einer Leitungsvereinbarung zu vermuten. Für das Vorliegen einer rechtlichen Vereinbarung einer einheitlichen Leitung können ferner folgende tatsächliche Umstände sprechen (vgl. DKK/*Trümner* § 1 Rz. 74c): Gemeinsame räumliche Unterbringung, personelle, technische und organisatorische Verknüpfung der Arbeitsabläufe, Vorhandensein gemeinsamer Betriebseinrichtungen (Lohnbuchhaltung, Sekretariat, Kantine, betriebliche Altersversorgung), Arbeitnehmeraustausch, Personenidentität in den Unternehmensorganen, gemeinsame Wahrnehmung von Ausbildungsaufgaben.

Gem. § 1 Abs. 2 Nr. 2 BetrVG wird ein gemeinsamer Betrieb mehrerer Unternehmen dann widerlegbar vermutet, wenn die Spaltung eines Unternehmens zur Folge hat, dass von einem Betrieb ein oder mehrere Betriebsteile einem an der Spaltung beteiligten Unternehmen zugeordnet werden, ohne dass sich dabei die Organisation des betroffenen Betriebes wesentlich ändert. Eine nur unwesentliche Änderung liegt vor, wenn auch nach der Unternehmensaufspaltung der oder die bisherigen arbeitstechnische(n) Zweck(e) in dem Betrieb verfolgt und das hierfür schon bisher bestimmte sachliche, immaterielle und personelle Substrat und die einheitliche Leitung in Bezug auf den Kern der betriebsverfassungsrechtlich relevanten Arbeitgeberfunktionen beibehalten werden (GK-BetrVG/*Kraft/Franzen* § 1 Rz. 55). Unerheblich ist, ob die Spaltung nach dem UmwG erfolgte oder nach anderen Normen (GK-BetrVG/*Kraft/Franzen* § 1 Rz. 55).

c) Praktische Bedeutung

116 Die Frage, ob ein gemeinschaftlicher Betrieb vorliegt, ist insbes. von Bedeutung, wenn es zu unternehmensrechtlichen Umstrukturierungen kommt. Bilden etwa bei Ausgründungen, d.h. der Aufspaltung eines einheitlichen Unternehmens in mehrere juristisch selbstständige Unternehmen, die bisher einheitlich unternehmenszugehörigen betrieblichen Einheiten einen gemeinschaftlichen Betrieb der nunmehr entstandenen mehreren Unternehmen, bleibt die bisherige betriebsverfassungsrechtliche Organisationsstruktur erhalten (vgl. DKK/*Trümner* § 1 Rz. 81 ff).

117 Soweit das BetrVG für das Bestehen von Rechten des Betriebsrats auf eine bestimmte Mindestanzahl von Arbeitnehmern im Betrieb abstellt (z.B. § 95 Abs. 2 BetrVG), kommt es auf die Zahl der im Gemeinschaftsbetrieb beschäftigten Arbeitnehmer an.

Führen mehrere Unternehmen mit jeweils weniger als zwanzig wahlberechtigten Arbeitnehmern gemeinsam einen Betrieb, in dem insgesamt mehr als zwanzig wahlberechtigte Arbeitnehmer beschäftigt sind, so ist die Vorschrift des § 99 BetrVG auf Versetzungen in diesem Betrieb analog anwendbar (*BAG* 29.9.2004 EzA § 99 BetrVG 2001 Nr. 4). Ein Wirtschaftsausschuss muss deshalb auch dann gebildet werden, wenn ein Unternehmen allein zwar i.d.R. nicht mehr als 100 Arbeitnehmer ständig beschäftigt, aber mit einem anderen Unternehmen einen gemeinschaftlichen Betrieb unterhält und in diesem gemeinschaftlichen Betrieb mehr als 100 Arbeitnehmer beschäftigt werden, und zwar auch dann, wenn auch das andere Unternehmen für sich betrachtet weniger als die in § 106 Abs. 1 BetrVG geforderte Anzahl von Arbeitnehmern beschäftigt (*BAG* 1.8.1990 EzA § 106 BetrVG 1972 Nr. 16). 118

5. Möglichkeit abweichender Regelungen, § 3 BetrVG

a) Einleitung

Die durch den Betriebsbegriff und die Sonderregelungen für Betriebsteile und Kleinstbetriebe vorgegebene betriebsverfassungsrechtliche Organisationsstruktur ist grds. zwingend und einer anderweitigen Regelung durch Tarifvertrag, Betriebsvereinbarung oder Mehrheitsbeschluss der Arbeitnehmer nur dann zugänglich, wenn dies das BetrVG selbst ausdrücklich zulässt. Durch § 3 BetrVG i.d.F. des BetrVerf-ReformG v. 23.7.2001 (BGBl. I S. 1852 ff.) wurden die Möglichkeiten abweichender Regelungen erheblich erweitert, um durch flexible Vereinbarungslösungen den Verhältnissen des jeweiligen Betriebs, Unternehmens oder Konzerns Rechnung tragen zu können (BegrRegE, BT-Drs. 14/5741, S. 33). 119

Die Möglichkeit abweichender Vereinbarungen wird in erster Linie den Tarifvertragsparteien (§ 3 Abs. 1 Nr. 1–5 BetrVG), in eingeschränktem Umfang auch den Betriebspartnern durch Betriebsvereinbarung (§ 3 Abs. 1 Nr. 1, 2, 4, 5 BetrVG) und in einem Fall (§ 3 Abs. 1 Nr. 1a BetrVG) den Arbeitnehmern eingeräumt. Einer behördlichen Genehmigung oder Zustimmung bedürfen derartige abweichende Regelung im Gegensatz zur früheren Rechtslage nicht mehr.

b) Die zulässigen Regelungen

aa) Unternehmenseinheitlicher Betriebsrat, Zusammenfassung von Betrieben, § 3 Abs. 1 Nr. 1a, b BetrVG

(1) Anwendungsbereich

Durch § 3 Abs. 1 **Nr. 1a** BetrVG wird die Bildung eines für das gesamte Unternehmen zuständigen Betriebsrats ermöglicht. Gehören einem Unternehmen mehrere Betriebe an, kann an Stelle von mehreren Betriebsräten und einem Gesamtbetriebsrat dann ein unternehmenseinheitlicher Betriebsrat gewählt werden (BegrRegE, BT-Drs. 14/5741, S. 33 f.). Gem. § 3 Abs. 1 Nr. **1b** BetrVG ist die Zusammenfassung mehrerer Betriebe eines Unternehmens möglich, z.B. zu Regionalbetriebsräten bei Filialbetrieben (BegrRegE, BT-Drs. 14/5741, S. 34). 120

(2) Errichtung, Voraussetzungen

Bei Bildung eines unternehmenseinheitlichen Betriebsrats ist dieser von allen Wahlberechtigten des Unternehmens zu wählen und für alle im Unternehmen beschäftigten Arbeitnehmer i.S.d. BetrVG zuständig, unabhängig davon, ob diese in betriebsratsfähigen Betrieben beschäftigt werden. Bei der Zusammenfassung von mehreren Betrieben wird dieser von den Wahlberechtigten der zusammengefassten Betriebe gewählt und ist für alle Arbeitnehmer zuständig, die in einem der in die Zusammenfassung einbezogenen Betrieb beschäftigt sind (GK-BetrVG/*Kraft/Franzen* § 3 Rz. 59). Die kollektivrechtliche Abweichung vom gesetzlichen Organisationsmodell nach § 3 Abs. 1 Nr. 1 BetrVG setzt voraus, dass dies die Bildung 121 von Betriebsräten erleichtert oder einer sachgerechten Wahrnehmung der Interessen der Arbeitnehmer dient. Ersteres ist jedenfalls dann der Fall, wenn für Teile der von der Kollektivvereinbarung erfassten Unternehmensbereiche bisher kein Betriebsrat gebildet war und deshalb die Belegschaft dort außerhalb des Schutzes des BetrVG stand. Ferner ist diese Voraussetzung erfüllt, wenn durch die Kollektivvereinbarung tatsächliche Zweifel an der Betriebsratsfähigkeit von Betriebsteilen oder Kleinstbetrieben ausgeräumt werden (DKK/*Trümner* § 3 Rz. 29). Eine Dienlichkeit zur sachgerechten Wahrnehmung der Interessen der Arbeitnehmer liegt vor allem dann vor, wenn die Zusammenfassung von Betrieben die Bildung von Betriebsratsgremien in einer Größenordnung erlaubt, die ein Mindestmaß an Professionalisierung durch Aufgabenteilung, Spezialisierung etc. ermöglicht (DKK/*Trümner* § 3 Rz. 32).

bb) Spartenbetriebsräte, § 3 Abs. 1 Nr. 2 BetrVG

(1) Regelungszweck

122 Soweit ein Unternehmen oder ein Konzern nach Sparten, d.h. nach produkt- oder projektbezogenen Geschäftsbereichen organisiert ist, können durch eine Vereinbarung nach § 3 Abs. 1 Nr. 2 BetrVG sog. Spartenbetriebsräte gebildet werden, wenn die Spartenleitung auch Entscheidungen in beteiligungspflichtigen Angelegenheit trifft und dies der sachgerechten Wahrnehmung der Aufgaben des Betriebsrats dient. Die Gesetzesbegründung (BT-Drs. 14/5741, S. 34) nennt beispielhaft je nach Ausgestaltung der Spartenorganisation die Bildung ein oder mehrerer Betriebsräte je Sparte, mehrere Spartenbetriebsräte für ein als Betrieb anzusehendes Werk, die Bildung unternehmensübergreifender Spartenbetriebsräte und Spartengesamtbetriebsräte. § 3 Abs. 1 Nr. 2 BetrVG soll es durch Anpassung des Repräsentationsbereichs des Betriebsrats an die Organisationsstrukturen des Unternehmens ermöglichen, dass Arbeitgeber und Betriebsrat wieder dort zusammengeführt werden, wo sie kompetent miteinander verhandeln und Entscheidungen treffen können (BegrRegE, BT-Drs. 14/5741, S. 34).

(2) Voraussetzungen und Anwendungsbereich (vgl. ausf. *Friese* RdA 2003, 92 ff.)

123 Es muss sich um ein nach Sparten organisiertes Unternehmen oder einen Konzern handeln. Sparten liegen vor, wenn in einem Unternehmen zur Wahrnehmung der Objektaufgaben auf der der obersten Leitungsebene unmittelbar nachgeordneten Organisationseinheit objektbezogene Abteilungen gebildet werden, die jeweils für die Wahrnehmung einer Teilaufgabe zuständig sind (sog. Divisionale Organisationsstruktur, vgl. *Friese* RdA 2003, 92, 93). Da nach § 3 Abs. 1 Nr. 2 BetrVG ausschließliche Kriterien der Spartenbildung Produkte oder Projekte sind, scheiden andere Merkmale der Spartenbildung aus. Nicht erfasst sind daher z.B. (vgl. DKK/*Trümner* § 3 Rz. 38) Spartenbildungen durch Ausrichtung auf bestimmte Kundengruppen, Marktsegmente, Vertriebswege oder Absatzregionen, wenn sich diese Orientierung nicht auf eine Produkt- oder projektbezogene Spartenbildung stützt. Projektbezogen ist die Organisationsstruktur, wenn im Unternehmen zeitlich befristet Organisationseinheiten zur Wahrnehmung einmaliger, befristeter Objekte gebildet werden (*Friese* a.a.O., S. 93).

Die Spartenleitung muss in beteiligungspflichtigen Angelegenheiten Entscheidungskompetenzen haben; eine ausschließliche oder maßgebliche Entscheidungskompetenz ist nicht erforderlich (DKK/*Trümner* § 3 Rz. 45 f.; *Friese* a.a.O., S. 93 f.).

Die Bildung von Spartenbetriebsräten ist nur möglich, wenn sie der sachgerechten Wahrnehmung der Aufgaben des Betriebsrates dient. Nach der Gesetzesbegründung ist dieses Merkmal bereits dann erfüllt, wenn der Betriebsrat dort errichtet werden soll, wo ihm ein kompetenter Ansprechpartner und Entscheidungsträger gegenüber steht (BegrRegE, BT-Drs. 14/5741, S. 34). Durch die Bildung von Spartenbetriebsräten muss es zu einer Optimierung der Arbeitnehmerrepräsentation kommen (DKK/*Trümner* § 3 Rz. 48; *Friese* a.a.O., S. 100). Je geringer die Entscheidungskompetenz der Spartenleitung in beteiligungspflichtigen Fragen ist, desto weniger wird die Errichtung von Spartenbetriebsräten der Optimierung der Arbeitnehmerrepräsentation dienen (*Friese* a.a.O., S. 100). An einer Optimierung fehlt es ferner, wenn es durch die Bildung von Spartenbetriebsräten zu einem unfruchtbaren Nebeneinander mehrerer in ihrem Aufgabenbereich sich überschneidender Betriebsräte kommt (DKK/*Trümner* § 3 Rz. 49). Den Kollektivvertragsparteien steht insoweit ein Beurteilungsspielraum zu (*Trümner* a.a.O. Rz. 50).

§ 3 Abs. 1 Nr. 2 BetrVG ermöglicht die Bildung von Spartenbetriebsräten im Unternehmen oder im Konzern. Unternehmen sind solche im betriebsverfassungsrechtlichen Sinne (s.o. Rn. 87 ff.). Ob unter den Konzernbegriff nur Unterordnungskonzerne (§ 18 Abs. 1 AktG, so z.B. *Richardi* NZA 2001, 346, 350]; *Richardi/Annuß* DB 2001, 41 f.) oder aber auch Gleichordnungskonzerne (so z.B. *Friese* RdA 2003, 92, 94]; DKK/*Trümner* § 3 Rz. 41) fallen, ist strittig.

(3) Verhältnis zu den gesetzlichen Betriebsräten

Unklar ist, ob die vereinbarten Vertretungen an Stelle der bisher bestehenden Betriebsräte treten (so z.B. DKK/*Trümner* § 3 Rz. 56) oder zusätzlich zu ihnen gebildet werden können (so *Däubler* AuR 2001, 285, 288], *Friese* RdA 2003, 92, 96). Nach *Kraft/Franzen* (GK-BetrVG § 3 Rz. 15) ist zu differenzieren: Werden vorhandene Betriebe von der Sparte komplett umfasst, tritt der Spartenbetriebsrat an die Stelle des vorhandenen Betriebsrats. Wird nur ein Teil eines Betriebs in die Sparte einbezogen und ist der von der Sparte nicht erfasste Teil eines Betriebes betriebsratsfähig, bleibt der bestehende vorhandene Betriebsrat bestehen, ist allerdings nicht mehr für den von der Sparte erfassten Teil des Betriebs zuständig. 124

cc) Andere Arbeitnehmervertretungsstrukturen, § 3 Abs. 1 Nr. 3 BetrVG

(1) Anwendungsbereich

In Form einer Generalklausel ermöglicht § 3 Abs. 1 Nr. 3 BetrVG durch Tarifvertrag die Einführung anderer Arbeitnehmervertretungsstrukturen, soweit dies insbes. auf Grund der Betriebs-, Unternehmens- oder Konzernorganisation oder auf Grund anderer Formen der Zusammenarbeit von Unternehmen einer wirksamen und oder zweckmäßigen Interessenvertretung der Arbeitnehmer dient. Die Regelung soll es den Tarifvertragsparteien ermöglichen, unabhängig vom Gesetzgeber auch auf zukünftige neue Entwicklungen von Unternehmensstrukturen angemessen reagieren zu können (BegrRegE, BT-Drs. 14/5741, S. 34). Beispielhaft werden genannt (vgl. BegrRegE, BT-Drs. 14/5741, S. 34): Bildung einer nur ein- oder zweistufigen Interessenvertretung in einem kleinen mittelständischen Konzern; Errichtung eines Konzernbetriebsrats in einem Gleichordnungskonzern; Einrichtung von Arbeitnehmervertretungsstrukturen entlang der Produktionskette. 125

(2) Voraussetzungen

Die Bildung anderer Arbeitnehmervertretungsstrukturen muss einer wirksamen und zweckmäßigen Interessenvertretung der Arbeitnehmer dienen. Als Kriterien zur Ausfüllung dieser unbestimmten Begriffe, hinsichtlich derer den Tarifvertragsparteien ein großer Beurteilungs- und Ermessensspielraum zusteht, werden genannt (DKK/*Trümner* §3 Rz. 85): 126

> Einbeziehung möglichst aller Arbeitnehmer des vom Tarifvertrag erfassten Geltungsbereichs in die Vertretungsorganisation; Effektivierung der Mitbestimmungsordnung durch Überschreiten von Schwellenzahlen (z.B. bei Freistellungen); Professionalisierung der Interessenvertretung; Optimierte Mitbestimmungsausübung durch Einrichtung von Vertretungen in der Nähe des wirklichen Entscheidungsträgers. 127

dd) Arbeitsgemeinschaften, § 3 Abs. 1 Nr. 4 BetrVG

§ 3 Abs. 1 Nr. 4 BetrVG ermöglicht durch Kollektivvertrag die Bildung zusätzlicher betriebsverfassungsrechtlicher Gremien, die der unternehmensübergreifenden Zusammenarbeit von Arbeitnehmervertretungen dienen (Arbeitsgemeinschaften). Es handelt sich um keine Mitbe- 128 stimmungsorgane, sondern um Gremien zur Förderung der Zusammenarbeit zwischen Betriebsräten verschiedener Unternehmen durch Erfahrungsaustausch. Die Gesetzesbegründung (BT-Drs. 14/5741, S. 34) nennt als Anwendungsbereiche beispielhaft die Zusammenarbeit von Unternehmen in Form von just in time, fraktaler Fabrik oder shop in shop sowie die Zusammenarbeit von Betriebsräten von Unternehmen oder Konzernen einer bestimmten Region oder eines bestimmten Produktions- oder Dienstleistungsbereichs.

ee) Zusätzliche betriebsverfassungsrechtliche Vertretungen, § 3 Abs. 1 Nr. 5 BetrVG

129 Gem. § 3 Abs. 1 Nr. 5 BetrVG können zusätzliche betriebsverfassungsrechtliche Vertretungen zur Erleichterung der Zusammenarbeit zwischen Betriebsrat und Arbeitnehmern errichtet werden. In Betracht kommen derartige Vertretungen insbes. dort, wo der Kontakt zwischen Betriebsrat und den Arbeitnehmern nicht oder nicht in ausreichendem Umfang besteht, wie z.B. bei einem unternehmenseinheitlichen Betriebsrat eines bundesweit tätigen Unternehmens oder im Falle eines Regionalbetriebsrats, in denen Betriebe oder Betriebsteile nicht durch ein Betriebsratsmitglied vertreten sind (BegrRegE, BT-Drs. 14/5741, S. 34). Ferner kommen zusätzliche Vertretungen für bestimmte Arbeitnehmergruppen in Betracht, wie z.B. in Teilzeit Beschäftigte u.Ä. (GK-BetrVG/*Kraft/Franzen* § 3 Rz. 28). Da der Zweck derartiger Vertretungen in der Erleichterung der Zusammenarbeit zwischen Belegschaft und Betriebsrat besteht, setzt deren Errichtung die Existenz eines Betriebsrats in dem betroffenen Betrieb bzw. in der betroffenen betriebsverfassungsrechtlichen Organisationseinheit voraus (GK-BetrVG/*Kraft/Franzen* § 3 Rz. 29).

c) Form der abweichenden Regelung

130 Eine abweichende Regelung kann hauptsächlich durch Tarifvertrag, in eingeschränktem Umfang durch Betriebsvereinbarung und in einem Fall durch Beschluss der Belegschaft getroffen werden.

aa) Tarifvertrag

131 Sämtliche Regelungen i.S.d. § 3 Abs. 1 BetrVG können durch Tarifvertrag, insbes. auch durch Firmentarifvertrag geschlossen werden. Ob der Abschluss eines solchen Tarifvertrags zulässiges Ziel von Arbeitskampfmaßnahmen sein kann, ist streitig (vgl. GK-BetrVG/*Kraft/Franzen* § 3 Rz. 31, 32 m.w.N.; ablehnend etwa *Reichold* NZA 2001 857, 859]; bejahend etwa DKK/*Trümner* § 3 Rz. 153 m.w.N.). Die tarifliche Regelung kann nur durch einen Tarifvertrag getroffen werden, in dessen Geltungsbereich die betroffenen Betriebe, Unternehmen oder Konzerne fallen und nur, wenn der betroffene Arbeitgeber tarifgebunden ist. Sind diese Voraussetzungen erfüllt, gilt die tarifliche Regelung nach §§ 3 Abs. 2, 4 Abs. 1 S. 2 TVG ohne Rücksicht auf eine Tarifbindung der Arbeitnehmer. Fälle der Tarifkonkurrenz sind nach den auch sonst geltenden Grundsätzen (s.o. Kap. 11 Rn. 232 ff.) zu lösen (GK-BetrVG/*Kraft/Franzen* § 3 Rz. 33, 34).

bb) Betriebsvereinbarung

132 Eine Regelung durch Betriebsvereinbarung kommt gem. § 3 Abs. 2 BetrVG nur in den Fällen des § 3 Abs. 1 Nr. 1, 2, 4 und 5 BetrVG in Betracht und dies auch nur soweit keine tarifliche Regelung besteht und auch kein sonstiger Tarifvertrag gilt. Eine Regelungsbefugnis durch Betriebsvereinbarung scheidet damit schon dann aus, wenn auch nur ein Tarifvertrag, etwa über Entgelt oder sonstige Arbeitsbedingungen gilt (BegrRegE, BT-Drs. 14/5741 S. 34), ohne dass es auf die Zahl der von dem Tarifvertrag erfassten Arbeitnehmer ankäme (vgl. GK-BetrVG/*Kraft/Franzen* § 3 Rz. 38). Problematisch ist, welche betriebsverfassungsrechtliche Vertretung (Betriebsräte, Gesamt- oder Konzernbetriebsrat) zum Abschluss einer derartigen Betriebsvereinbarung zuständig ist, wenn die Vereinbarung mehrere Betriebe erfassen soll. Eine originäre Zuständigkeit des Gesamtbetriebsrats nach § 50 Abs. 1 BetrVG bzw. des Konzernbetriebsrats nach § 58 Abs. 1 BetrVG dürfte ausscheiden, da der Abschluss einer

Betriebsvereinbarung i.S.d. § 3 Abs. 2 BetrVG dazu führen kann, dass ein Betrieb bei den nächsten Betriebsratswahlen seine eigenständige Betriebsvertretung verliert (vgl. *Richardi* NZA 2001, 346, 350).

cc) Belegschaftsbeschluss

Im Falle des § 3 Abs. 1 Nr. 1a BetrVG können die Arbeitnehmer mit Stimmenmehrheit die Wahl eines unternehmenseinheitlichen Betriebsrats beschließen, wenn in einem Unternehmen mit mehreren Betrieben kein Tarifvertrag über die Bildung eines unternehmenseinheitlichen Betriebsrats und auch kein Betriebsrat besteht, § 3 Abs. 3 BetrVG. **133**

d) Geltungsbeginn einer abweichenden Regelung

Den Zeitpunkt, zu dem Regelungen nach § 3 Abs. 1 Nr. 1–3 BetrVG erstmals anzuwenden sind, bestimmt sich nach der entsprechenden Regelung im Tarifvertrag bzw. in der Betriebsvereinbarung, ansonsten nach § 3 Abs. 4 BetrVG. Fehlt eine ausdrückliche Vereinbarung über die erstmalige Anwendung, so findet die Vereinbarungslösung erstmals bei der nächsten regelmäßigen Betriebsratswahl Anwendung. Besteht kein Betriebsrat oder ist aus anderen Gründen eine Neuwahl erforderlich, so gilt die kollektivvertragliche Regelung bereits bei dieser Wahl. Wird ein unternehmenseinheitlicher Betriebsrat durch Beschluss der Arbeitnehmer nach § 3 Abs. 3 geschaffen, so gilt diese Regelung, sobald das Beschlussergebnis feststeht. Der Beginn der Geltung einer Vereinbarung i.S.d. § 3 Abs. 1 Nr. 5 BetrVG richtet sich nach der kollektiven Vereinbarung. Fehlt diese beginnt die Geltung mit der Geltung der Vereinbarung (GK-BetrVG/*Kraft/Franzen* § 3 Rz. 48). **134**

e) Rechtsfolgen einer abweichenden Vereinbarung

Gem. § 3 Abs. 5 BetrVG gelten die auf Grund eines Tarifvertrages oder einer Betriebsvereinbarung nach § 3 Abs. 1 Nr. 1–3 BetrVG gebildeten Organisationseinheiten als Betriebe i.S.d. BetrVG. Die Verhältnisse in diesen Organisationseinheiten sind deshalb z.B. maßgeblich für die Zahl der Betriebsratsmitglieder (§ 9 BetrVG), die Größe der Ausschüsse (§§ 27, 28 BetrVG) und die Zahl der Freistellungen (§ 38 BetrVG). Die in den Organisationseinheiten gebildeten Betriebsräte treten an die Stelle der in diesen Einheiten vorhandenen oder wählbaren Betriebsräte. Gem. § 3 Abs. 5 S. 2 BetrVG finden deshalb auf die in diesen Organisationseinheiten gebildeten Arbeitnehmervertretungen die Vorschriften über die Rechte und Pflichten des Betriebsrats und die Rechtsstellung seiner Mitglieder Anwendung. **135**

Für die Mitglieder einer nach § 3 Abs. 1 Nr. 5 BetrVG geschaffenen zusätzlichen betriebsverfassungsrechtlichen Vertretung gilt die umfassende Einbeziehung der Vorschriften über die Rechte und Pflichten des Betriebsrats und die Rechtsstellung seiner Mitglieder gem. § 3 Abs. 5 BetrVG nicht. Insbesondere können durch derartige zusätzliche Vertretungen, die nur einer Verbesserung des Informationsflusses zwischen Belegschaft und Betriebsrat dienen, keine Beteiligungsrechte ausgeübt werden. Die speziellen Schutzvorschriften für Betriebsratsmitglieder gelten für sie nicht. Kraft ausdrücklicher Einbeziehung gelten aber das Benachteiligungs-, Bevorzugungs- und Behinderungsverbot des § 78 BetrVG sowie nach § 79 Abs. 2 BetrVG die Geheimhaltungspflicht. Soweit Mitglieder der zusätzlichen Vertretung notwendige Tätigkeiten im Rahmen ihrer Aufgaben ausüben, dürfen sie in Anwendung von § 78 BetrVG keine Minderung ihres Arbeitsentgelts erleiden. Die Kosten für die Tätigkeit der zusätzlichen Vertretung trägt analog § 40 BetrVG der Arbeitgeber (GK-BetrVG/*Kraft/Franzen* § 3 Rz. 65 ff.).

f) Streitigkeiten

Streitigkeiten über die Zulässigkeit von kollektivvertraglichen Regelungen oder einer Regelung nach § 3 Abs. 3 BetrVG entscheiden die Arbeitsgerichte im Beschlussverfahren. Unzulässig ist aber ein Antrag mit dem Ziel festzustellen, ob die Voraussetzungen des § 3 BetrVG gegeben sind, ehe ein entsprechender Tarifvertrag oder eine Betriebsvereinbarung oder eine Abstimmung nach § 3 Abs. 3 BetrVG stattgefunden hat (GK-BetrVG/*Kraft/Franzen* § 3 Rz. 73). **136**

6. Gerichtliche Entscheidung über Zuordnungsfragen, § 18 Abs. 2 BetrVG; Folgen fehlerhafter Zuordnung

a) Gerichtliches Zuordnungsverfahren, § 18 Abs. 2 BetrVG

137 Ist zweifelhaft, ob eine betriebsratsfähige Organisationseinheit vorliegt, kann diese Frage auf Antrag des Arbeitgebers, jedes beteiligten Betriebsrats, jedes beteiligten Wahlvorstandes oder einer im Betrieb vertretenen Gewerkschaft gem. § 18 Abs. 2 BetrVG in einem arbeitsgerichtlichen Beschlussverfahren geklärt werden. Streitig ist, ob neben diesen Antragsberechtigten ein entsprechender Antrag auch von drei Wahlberechtigten aus dem betreffenden Haupt-, Nebenbetrieb oder Betriebsteil gestellt werden kann (abl. DKK/*Schneider* § 18 Rz. 20; bejahend: GK-BetrVG/*Kreutz* § 18 Rz. 58, der eine analoge Anwendung des § 19 Abs. 2 S. 1 BetrVG vor Durchführung der Wahl befürwortet, da so einer nachfolgenden Anfechtbarkeit vorgebeugt werden könne). Für das Antragsrecht der Gewerkschaften genügt es, dass diese im Hauptbetrieb, Betriebsteil oder Nebenbetrieb vertreten ist, um dessen Zuordnung es geht (GK-BetrVG/*Kreutz* § 18 Rz. 57).

138 Eine selbstständige Entscheidung des Arbeitsgerichts im Beschlussverfahren nach § 18 Abs. 2 BetrVG kann jederzeit und nicht nur vor einer Betriebsratswahl beantragt werden, sofern ein Rechtsschutzinteresse daran besteht (BegrRegE zum BetrVerf-ReformG vom 23.7.2001, BT-Drs. 14/5741, 38; zur früheren Rechtslage ebenso bereits *BAG* 9.4.1991 EzA § 18 BetrVG 1972 Nr. 7; 29.1.1987 EzA § 1 BetrVG 1972 Nr. 5; 25.11.1980 EzA § 18 BetrVG 1972 Nr. 4).

139 Ein Rechtsschutzinteresse besteht außerhalb einer bevorstehenden Betriebsratswahl dann, wenn der Zuordnungsstreit für zukünftige Wahlen oder die Abgrenzung der Zuständigkeitsbereiche gewählter Betriebsräte Bedeutung behält, auch wenn die Wahl nicht angefochten ist, weil der betriebsverfassungsrechtliche Umfang des Betriebes auch für den Umfang der Mitwirkungs- und Mitbestimmungsrechte des Betriebsrates von Bedeutung sein kann (*BAG* 25.11.1980 EzA § 18 BetrVG 1972 Nr. 4; 24.2.1976 EzA § 4 BetrVG 1972 Nr. 1).

140 Auch das in § 18 Abs. 2 BetrVG vorgesehene Antragsrecht der Gewerkschaften besteht unabhängig von einer bevorstehenden Betriebsratswahl (so *BAG* 25.4.1980 EzA § 18 BetrVG 1972 Nr. 4; 24.2.1976 EzA § 4 BetrVG 1972 Nr. 1; GK-BetrVG/*Kreutz* § 18 Rz. 57).

141 Im Verfahren nach § 18 Abs. 2 BetrVG kann insbes. geklärt werden, (vgl. BegrRegE, BT-Drs. 14/5741, S. 38), ob ein gemeinsamer Betrieb nach § 1 Abs. 2 BetrVG, ein selbstständiger Betrieb i.S.d. § 4 Abs. 1 S. 1 BetrVG oder eine betriebsratsfähige Organisationseinheit i.S.d. § 3 Abs. 1 Nr. 1–3 BetrVG vorliegt. Durch die jetzige Fassung des § 18 Abs. 2 BetrVG (»betriebsratsfähige Organisationseinheit«) wird insoweit die schon zur früheren Fassung des § 18 Abs. 2 BetrVG ergangene Rechtsprechung des BAG festgeschrieben, nach der im Verfahren nach § 18 BetrVG alle Zweifelsfragen betrieblicher Abgrenzung geklärt werden konnten, so z.B.:

- ob zwei selbstständige Betriebe vorliegen (*BAG* 17.1.1978 EzA § 1 BetrVG 1972 Nr. 1),
- ob durch die Zusammenlegung zweier Betriebe ein einheitlicher Betrieb entstanden ist (*BAG* 25.9.1986 EzA § 1 BetrVG 1972 Nr. 6),
- ob mehrere Unternehmen einen gemeinschaftlichen Betrieb bilden (*BAG* 9.4.1991 EzA § 18 BetrVG 1972 Nr. 7; 7.8.1986 EzA § 4 BetrVG 1972 Nr. 5),
- ob Hauptverwaltung und Produktionsstätte trotz räumlicher Einheit selbstständige Betriebe sind (*BAG* 23.9.1982 EzA § 1 BetrVG 1972 Nr. 3),
- ob selbstständige Kleinstbetriebe in einem Unternehmen, die keine Nebenbetriebe sind, selbst keinen Betriebsrat bilden können, aber den gleichen arbeitstechnischen Zweck wie ein anderer betriebsratsfähiger Betrieb des Arbeitgebers verfolgen, mit diesem einen Betrieb i.S.d. BetrVG bilden (*BAG* 3.12.1984 EzA § 4 BetrVG 1972 Nr. 4).

142 Die Entscheidung ist für alle am Verfahren Beteiligten und nur solange verbindlich, wie sich die rechtlichen und tatsächlichen strukturellen Voraussetzungen, die ihnen zu Grunde liegen, nicht ändern (*BAG* 29.1.1987 AP Nr. 6 zu § 1 BetrVG).

Die rechtskräftige Feststellung wirkt auch im Verhältnis zwischen dem/den beteiligten Unternehmen und seinen/ihren Arbeitnehmern (*BAG* 9.4.1991 EzA § 18 BetrVG 1972 Nr. 7; GK-BetrVG/*Kreutz* § 18 Rz. 63). 143

b) Folgen fehlerhafter Zuordnung

Ist bei einer Wahl eine falsche Zuordnung zu Grunde gelegt worden, weil der Betriebsbegriff verkannt wurde, ist die Betriebsratswahl grds. nur anfechtbar, § 19 BetrVG, nicht aber nichtig. 144

Eine Betriebsratswahl kann gem. § 19 BetrVG anfechtbar sein, wenn infolge unrichtiger Betriebsabgrenzung Vorschriften über das Wahlrecht und die Wählbarkeit verletzt worden sind und dadurch das Wahlergebnis beeinflusst worden sein könnte (*BAG* 13.9.1984 EzA § 19 BetrVG 1972 Nr. 20; 7.12.1988 EzA § 19 BetrVG 1972 Nr. 25).

Ein nach Ablauf der zweiwöchigen Anfechtungsfrist unter Verkennung des Betriebsbegriffs ins Amt berufender Betriebsrat bleibt daher grds. für die Dauer seiner Amtszeit im Amt (DKK/*Trümner* § 4 Rz. 71). Das Ergebnis einer gerichtlichen Zuordnungsentscheidung nach Durchführung der Wahl ist damit erst für die nächste Wahl maßgebend (vgl. DKK/*Schneider* § 18 Rz. 22). 145

Fraglich ist, welche Folgen eine fehlerhafte Zuordnung, die erst nach der Durchführung der Wahl gerichtlich festgestellt wird, für die Zuständigkeiten bestehender Betriebsräte hat: 146

- Ist ein Betriebsteil oder Nebenbetrieb zu Unrecht einem Hauptbetrieb zugeordnet worden, ist streitig, ob der im vermeintlichen Hauptbetrieb gebildete Betriebsrat nach wie vor auch für die unrichtigerweise als Nebenbetrieb oder Betriebsteil qualifizierten selbstständigen Betriebe zuständig bleibt oder der Betrieb betriebsratslos wird und einen eigenen Betriebsrat wählen kann (für Beibehaltung der Zuständigkeit: GK-BetrVG/*Kreutz* § 18 Rz. 62; DKK/*Schneider* § 18 Rz. 22; *Fitting* § 18 Rz. 62; dagegen: HSWGNR/*Nicolai* § 18 Rz. 47).
- Wird festgestellt, dass ein bisher als selbstständig behandelter Betriebsteil oder Nebenbetrieb dem Hauptbetrieb zuzuordnen ist, so bleibt der im Betriebsteil oder Nebenbetrieb gewählte Betriebsrat bis zum Ablauf der Amtszeit im Amt (DKK/*Schneider* § 18 Rz. 22; *Fitting* § 18 Rz. 63; GK-BetrVG/*Kreutz* § 18 Rz. 62; **a.A.** *Richardi* § 18 Rz. 33). 147
- Ist unter fehlerhafter Nichteinbeziehung der Arbeitnehmer von Nebenbetrieben, Betriebsteilen oder Kleinstbetrieben in einem Hauptbetrieb ein Betriebsrat gewählt worden, so ist dieser Betriebsrat auch für die nicht selbstständigen Betriebsteile und Betriebe zuständig (*BAG* 3.12.1985 EzA § 4 BetrVG Nr. 4; GK-BetrVG/*Kreutz* § 18 Rz. 62). 148
- Ist zu Unrecht ein gemeinsamer Betriebsrat für 2 oder mehr selbstständige Betriebe gewählt worden, bleibt dieser grds. für die in Wahrheit selbstständigen Betriebe zuständig. Etwas anderes gilt, wenn Teile eines bisher einheitlichen Betriebs im Wege einer Betriebs- oder Unternehmensaufspaltung auf ein anderes Unternehmen übertragen werden und die beteiligten Unternehmen keinen gemeinschaftlichen Betrieb bilden. In diesem Fall endet mit Rechtskraft der Entscheidung, dass kein gemeinschaftlicher Betrieb vorliegt, die Zuständigkeit des gewählten Betriebsrats für die abgespaltenen Teile. Die abgespaltenen Teile sind betriebsratslos. Für sie kann jederzeit nach § 13 Abs. 2 Nr. 6 BetrVG ein eigener Betriebsrat gewählt werden (GK-BetrVG/*Kreutz* § 18 Rz. 62 unter Hinweis auf *ArbG Bochum* 14.10.1986 BB 1987, 968). 149

7. Sonstige Voraussetzungen der Betriebsratsfähigkeit von Betrieben

a) Mindestanzahl wahlberechtigter Arbeitnehmer

150 Gem. § 1 BetrVG ist Voraussetzung für eine Betriebsratswahl, dass es sich um einen Betrieb mit i.d.R. mindestens fünf ständigen wahlberechtigten Arbeitnehmern handelt, von denen drei wählbar sind.

aa) Arbeitnehmer

151 Es gilt der allgemeine betriebsverfassungsrechtliche Arbeitnehmerbegriff (s.o. Rn. 5 ff.). Auf den Umfang der Arbeitsleistung kommt es nicht an. Arbeitnehmer sind daher auch Teilzeitbeschäftigte (vgl. *BAG* 29.1.1992 EzA § 7 BetrVG Nr. 1). Mangels Bestehens eines Arbeitsverhältnisses zum Entleiher, zählen Leiharbeitnehmer bei der Ermittlung der Betriebsgröße nicht mit (s.u. Rn. 178).

bb) In der Regel ständig beschäftigte Arbeitnehmer

152 Ein Arbeitnehmer ist dann ständig beschäftigt, wenn er nicht nur für eine von vornherein begrenzte Zeit eingestellt ist. Diese Voraussetzungen erfüllen unzweifelhaft Arbeitnehmer mit einem unbefristeten Arbeitsvertrag. Bei einer befristeten Einstellung kann der betreffende Arbeitnehmer dann ständig beschäftigt i.S.d. § 1 BetrVG sein, wenn es sich um einen Vertrag mit erheblicher Dauer handelt und solche Beschäftigungen im Betrieb üblich sind.

153 Arbeitnehmer, die in einem Probearbeitsverhältnis stehen, gehören zu den ständig Beschäftigten, wenn mit der Probezeit nur die erste Zeit eines unbefristeten oder eines langfristigen Arbeitsverhältnisses beabsichtigt ist. Nicht ständig beschäftigt sind Aushilfen (HSWGNR/*Rose* § 1 Rz. 65) und Saisonarbeiter, es sei denn, die Saison dauert das ganze Jahr oder den überwiegenden Teil des Jahres und die Arbeitnehmer sind für diese gesamte Zeit eingestellt. Bei reinen Kampagnebetrieben, d.h. solchen Betrieben, die nur während der Kampagne arbeiten und nur während dieser den Betriebszweck verfolgen, sind die Arbeitnehmer ständig beschäftigt, die für die Zeit der Kampagne eingestellt sind.

154 Unechte oder echte Leiharbeitnehmer (s.u. Rn. 168 f.) sind bei der Feststellung der Betriebsratsfähigkeit des Entleiherbetriebs nicht mitzurechnen (*BAG* 19.1.1989 EzA § 9 BetrVG Nr. 4; 18.1.1989 EzA § 14 AÜG Nr. 1). Auch nach Einfügung des § 7 S. 2 BetrVG durch das BetrVerf-ReformG vom 23.7.2001 (BGBl. I S. 1852 ff.) wird überwiegend an der Ansicht festgehalten, dass unabhängig von der im Einzelfall gegebenen Wahlberechtigung von Leiharbeitnehmern diese bei der Ermittlung der Zahl der ständig im Betrieb beschäftigten Arbeitnehmer i.S.d. § 1 BetrVG nicht mitzählen (»Wählen, ohne zu zählen«, vgl. *Hanau* RdA 2001, 65, 68; *Löwisch* BB 2001, 1734, 1737; *Richardi* NZA 2001, 346, 350; zweifelnd *Reichold* NZA 2001, 857, 861, siehe unten Rn. 177 ff.). Die ständig beschäftigten Arbeitnehmer in Nebenbetrieben i.S.d. § 4 S. 2 BetrVG und die Arbeitnehmer in Kleinstbetrieben, die einem betriebsratsfähigen Betrieb zugerechnet werden können (s.o. Rn. 108 ff.), werden berücksichtigt.

155 Durch Verwendung des Begriffs »i.d.R.« soll sichergestellt werden, dass nicht auf die zufällige Zahl von Arbeitnehmern am Stichtag abgestellt wird. Auszugehen ist von den im Normalzustand im Betrieb vorhandenen Arbeitnehmern. Vorübergehende Zeiten außergewöhnlichen Arbeitsanfalls sind genauso außer Betracht zu lassen wie Zeiten vorübergehenden Arbeitsrückganges (*BAG* 22.2.1983 AP Nr. 7 zu § 113 BetrVG 1972; GK-BetrVG/*Kraft/Franzen* § 1 Rz. 99).

b) Wahlberechtigung, § 7 BetrVG

Gem. § 7 S. 1 BetrVG sind alle Arbeitnehmer wahlberechtigt, die zum Zeitpunkt der Stimmabgabe dem Betrieb angehören und das 18. Lebensjahr vollendet haben. Gem. § 7 S. 2 BetrVG sind ferner Arbeitnehmer eines anderen Arbeitgebers wahlberechtigt, wenn sie länger als drei Monate im Betrieb eingesetzt werden. Die nach § 2 Abs. 3 WO erforderliche Eintragung in die Wählerliste ist hingegen nur förmliche Voraussetzung für die Ausübung des Wahlrechts, nicht aber zusätzliche materielle Voraussetzung für die Wahlberechtigung (MünchArbR/*Joost* § 304 Rz. 75). Beamte sind keine Arbeitnehmer i.S.d. BetrVG und damit selbst dann nicht wahlberechtigt, wenn sie in einem von einem privaten Rechtsträger geführten Betrieb eingegliedert sind (*BAG* 28.3.2001 EzA § 7 BetrVG 1972 Nr. 2). 156

aa) Maßgeblicher Zeitpunkt

Maßgeblicher Zeitpunkt für die Beurteilung der Wahlberechtigung ist der Zeitpunkt des Wahltags, bei mehreren Wahltagen der Zeitpunkt der Stimmabgabe (GK-BetrVG/*Kreutz* § 7 Rz. 77). 157

bb) Wahlalter

Für die Berechnung des Lebensalters gilt § 187 Abs. 2 S. 2 BGB. Der Tag der Geburt wird bei der Berechnung des Lebensalters mitgerechnet. Es genügt also, wenn der 18. Geburtstag auf den Wahltag fällt (MünchArbR/*Joost* § 304 Rz. 37). 158

cc) Betriebszugehörigkeit

Die Betriebszugehörigkeit setzt kumulativ grds. das Bestehen eines Arbeitsverhältnisses zum Betriebsinhaber und eine tatsächliche Eingliederung des Arbeitnehmers in die Betriebsorganisation voraus (*BAG* 18.11.1989 EzA § 9 BetrVG 1972 Nr. 4; 29.1.1992 EzA § 7 BetrVG 1972 Nr. 1; 25.11.1992 EzA § 9 BetrVG 1972 Nr. 5). Diese Voraussetzungen erfüllen auch Beschäftigte, deren Beschäftigung als Arbeitsbeschaffungsmaßnahme gefördert wird (*BAG* 13.10.2004 EzA § 5 BetrVG 2001 Nr. 1). Das Bestehen eines Arbeitsverhältnisses zum Betriebsinhaber ist jedoch im Falle des § 7 S. 2 BetrVG entbehrlich (dazu s.u. Rn. 177 ff.). 159

(1) Bestehen eines Arbeitsverhältnisses

aaa) Vorübergehende Arbeitsbefreiung, Suspendierung der Hauptleistungspflichten, Altersteilzeit

Auf das Wahlrecht ist es ohne Einfluss, wenn sich der Arbeitnehmer am Wahltag in Urlaub befindet oder infolge Krankheit die Arbeit nicht verrichten kann. Gleiches gilt für sonstige Fälle vorübergehender Arbeitsbefreiung, wie z.B. bei Bestehen gesetzlicher Beschäftigungsverbote nach §§ 3 Abs. 1, 2, 6 Abs. 1 MuSchG (GK-BetrVG/*Kreutz* § 7 Rz. 22). 160

Das Wahlrecht besteht grds. auch bei einem ruhenden Arbeitsverhältnis, insbes. also auch während der Ableistung von Wehr- oder Zivildienst (str., so etwa *BAG* 29.3.1974 EzA § 19 BetrVG 1972 Nr. 2; **a.A.** GK-BetrVG/*Kreutz* § 7 Rz. 23), während der Elternzeit (*BAG* 31.5.1989 EzA § 4 BetrVG 1972 Nr. 9; 25.5.2005 EzA § 40 BetrVG 2001 Nr. 9) oder während eines rechtmäßigen Arbeitskampfes (MünchArbR/*Joost* § 304 Rz. 68). Arbeitnehmer, die sich in der abschließenden Freistellungsphase eines Altersteilzeit-Blockmodells befinden, sind nicht wahlberechtigt (*BAG* 16.4.2003 EzA § 9 BetrVG 2001 Nr. 1; *LAG Düsseld.* 18.12.2002 LAGE § 9 BetrVG 2001 Nr. 1). 161

bbb) Gekündigte Arbeitsverhältnisse

162 Nach Ablauf der Kündigungsfrist ist die Wahlberechtigung anerkannt, wenn der Arbeitnehmer **Kündigungsschutzklage** erhoben hat und bis zum rechtskräftigen Abschluss des Kündigungsschutzrechtsstreits tatsächlich weiterbeschäftigt wird. Ob auch ohne tatsächliche Weiterbeschäftigung nach Ablauf der Kündigungsfrist die Wahlberechtigung erhalten bleibt, wenn der Arbeitnehmer Kündigungsschutzklage erhoben hat, ist hingegen streitig. Für das passive Wahlrecht hat das *BAG* (10.11.2004 EzA § 8 BetrVG 2001 Nr. 1; 14.5.1997 EzA § 8 BetrVG 1972 Nr. 8) dies bejaht. Für das aktive Wahlrecht wird dies zum Teil (etwa DKK/*Schneider* § 7 Rz. 13) mit der Begründung bejaht, die Ungewissheit über den Ausgang des Kündigungsschutzrechtsstreits dürfe nicht zu Lasten des Arbeitnehmers gehen. Nach wohl überwiegender Auffassung (*LAG Bln.* 2.5.1994 LAGE § 19 BetrVG 1972 Nr. 12; GK-BetrVG/*Kreutz* § 7 Rz. 29; *Fitting* § 7 Rz. 33) wird ein Fortbestand der Wahlberechtigung aber abgelehnt, da es ohne tatsächliche Weiterbeschäftigung an einer ausreichenden tatsächlichen Beziehung zum Betrieb fehle. Streitig ist, ob das Wahlrecht auch dann besteht, wenn der Arbeitnehmer nach erfolgter Kündigung zwar einen **Weiterbeschäftigungsanspruch** hat (§ 102 Abs. 5 BetrVG oder allgemeinen Weiterbeschäftigungsanspruch nach *BAG GS* 27.2.1985 EzA § 611 BGB Beschäftigungspflicht Nr. 9), diesen aber bis zur Wahl noch nicht durchgesetzt hat (dafür z.B. DKK/*Schneider* § 7 Rz. 13; *Galperin/Löwisch* § 7 Rz. 19; abl. z.B. GK-BetrVG/*Kreutz* § 7 Rz. 31; MünchArbR/*Joost* § 304 Rz. 73).

ccc) Nichtigkeit, Anfechtbarkeit

163 Bei Nichtigkeit oder Anfechtbarkeit des Arbeitsvertrages bleibt die Wahlberechtigung solange bestehen, bis dieser Rechtsmangel geltend gemacht wird, sofern das Arbeitsverhältnis tatsächlich in Vollzug gesetzt wurde (GK-BetrVG/*Kreutz* § 7 Rz. 21).

(2) Eingliederung in die Betriebsorganisation

164 Die Eingliederung in die Betriebsorganisation ist in folgenden Fällen problematisch:

aaa) Entsendung ins Ausland

165 Vgl. dazu ausführlich GK-BetrVG/*Kreutz* § 7 Rz. 33; DKK/*Trümner* § 5 Rz. 50 ff.

Fraglich ist, ob die Betriebszugehörigkeit eines Arbeitnehmers zu einem inländischen Betrieb noch besteht, wenn der Arbeitnehmer vorübergehend oder dauerhaft ins Ausland entsandt wird. Das *BAG* (7.12.1989 EzA § 102 BetrVG 1972 Nr. 74; 30.4.1987 EzA § 12 SchwbG Nr. 15) stellt darauf ab, ob sich die Auslandstätigkeit als Ausstrahlung des Inlandsbetriebs darstellt. Eine solche Ausstrahlung soll i.d.R. bei einer nur vorübergehenden Entsendung vorliegen, bei Entsendung auf Dauer oder bei Einstellung nur für eine bestimmte Tätigkeit im Ausland ohne Tätigkeit im inländischen Betrieb hingegen fehlen. Eine wesentliche Rolle soll auch die Frage der Integration in einen ausländischen Betrieb spielen (*BAG* 7.12.1989 EzA § 102 BetrVG 1972 Nr. 74). Auch bei einer dauerhaften Entsendung ins Ausland kann aber bei fehlender Integration in einen ausländischen Betrieb eine Zugehörigkeit zum Inlandsbetrieb gegeben sein. Für eine solche Zuordnung kann sprechen, dass der Arbeitnehmer vor dem Auslandseinsatz zunächst im inländischen Betrieb eingegliedert war und sich der Arbeitgeber arbeitsvertraglich vorbehalten hat, den Arbeitnehmer auch im Inland zu beschäftigen (*BAG* 7.12.1989 EzA § 102 BetrVG 1972 Nr. 74).

bbb) Außendienstmitarbeiter

166 Nur teilweise im Außendienst tätige Arbeitnehmer sind dem Betrieb zugehörig, in dem sie ihre Arbeitsleistung erbringen, wenn sie nicht im Außendienst tätig sind (MünchArbR/*Joost* § 304 Rz. 55). Fraglich ist die Betriebszugehörigkeit von ausschließlich im Außendienst tätigen Arbeitnehmern (Monteuren, Kraftfahrern, reisenden Vertretern, Auslieferungsfahrern, fliegendem Personal, Kundendienstberatern, Pharmaberatern, Service- und Wartungspersonal, Zeitungsausträgern. Zu letzteren vgl. *BAG* 29.1.1982 EzA § 7 BetrVG 1972 Nr. 1, das die

Betriebszugehörigkeit bejaht. In der jüngeren Literatur wird zum einen (MünchArbR/*Joost* § 304 Rz. 56) darauf abgestellt, ob der Arbeitnehmer einen Beitrag zur Betriebsleistung erbringt, also für dessen Betriebszweck eingesetzt wird. Zum anderen (DKK/*Trümner* § 5 Rz. 46 f.) wird darauf abgestellt, welche Stellung der Arbeitnehmer im betrieblichen Organisationsschema tatsächlich hat, wobei es darauf ankommen soll, wo und von wem die sozialen und personellen Mitbestimmungsangelegenheiten tatsächlich entschieden werden; das Ziel einer möglichst ortsnahen und effektiven Interessenvertretung soll berücksichtigt werden. Schließlich (GK-BetrVG/*Kreutz* § 7 Rz. 32) wird eine Bewertung in Anwendung der Kriterien des § 4 BetrVG befürwortet: Voraussetzung der Betriebszugehörigkeit ist danach, dass der einzelne oder eine Gruppe von ständigen Außendienstmitarbeitern unselbstständiger Betriebsteil sind, weil durch die ausgeübte Tätigkeit der Betriebszweck mitverfolgt wird, aber der oder die Mitarbeiter andererseits nicht nach § 4 S. 1 Nr. 1 oder 2 BetrVG als selbstständiger Betrieb gelten.

ccc) Drittbezogener Personaleinsatz

Zuordnungsprobleme können sich ferner ergeben, wenn der Arbeitnehmer auf Grund des mit seinem Arbeitgeber bestehenden Arbeitsvertrages nicht in dessen Betrieb, sondern in dem Betrieb eines anderen Arbeitgebers eingesetzt wird. Es stellt sich in diesen Dreieckskonstellationen die Frage, ob der Arbeitnehmer dem Betrieb seines Arbeitgebers oder dem Betrieb, in dem die tatsächliche Beschäftigung erfolgt, zuzuordnen ist. 167

- **Arbeitnehmerüberlassung:** 168

  Für die sog. **unechte Leiharbeit**, d.h. die nach Art. 1 § 1 Abs. 1 S. 1 AÜG erlaubnispflichtige gewerbsmäßige Arbeitnehmerüberlassung, ordnet Art. 1 § 14 Abs. 1 AÜG für die erlaubte Arbeitnehmerüberlassung an, dass die Arbeitnehmer auch während der Zeit ihrer Überlassung Angehörige des entsendenden Betriebs des Verleihers bleiben. Dort sind sie nach Maßgabe des § 7 S. 1 BetrVG wahlberechtigt. Gem. § 7 S. 2 BetrVG sind Leiharbeitnehmer jedoch auch im Entleiherbetrieb wahlberechtigt, wenn sie länger als drei Monate im Entleiherbetrieb eingesetzt werden. Unter dieser Voraussetzung steht ihnen das Wahlrecht ab dem ersten Tag der Überlassung zu (BegrRegE, BT-Drs. 14/5741, S. 36; *Schaub* NZA 2001, 364, 366; *Brors* NZA 2002, 123, 125). Ein passives Wahlrecht im Entleiherbetrieb besteht nicht, Art. 1 § 14 Abs. 2 AÜG.

  Bei gewerbsmäßiger, aber nicht erlaubter Arbeitnehmerüberlassung wird nach Art. 1 § 10 Abs. 1 AÜG ohnehin ein vollgültiges Arbeitsverhältnis zum Entleiher fingiert. Zusammen mit der tatsächlichen Arbeitsleistung des Arbeitnehmers für den Entleiherbetrieb begründet dies die Zugehörigkeit allein zum Entleiherbetrieb (GK-BetrVG/*Kreutz* § 7 Rz. 42; MünchArbR/*Joost* § 304 Rz. 59; *Brors* NZA 2002, 125).

  Bei der nicht gewerbsmäßigen Arbeitnehmerüberlassung, der sog. **echten Leiharbeit**, ist nach Auffassung des *BAG* (18.1.1989 EzA § 14 AÜG Nr. 1; 18.1.1989 EzA § 9 BetrVG 1972 Nr. 4) Art. 1 § 14 AÜG entsprechend mit der Folge anzuwenden, dass die überlassenen Arbeitnehmer jedenfalls zum Betrieb des Verleihers zugehörig und dort wahlberechtigt sind. Diese Grundsätze sollen auch bei einer konzerninternen Arbeitnehmerüberlassung gelten, weil es sich insoweit ebenfalls um einen Fall der nicht gewerbsmäßigen Arbeitnehmerüberlassung handelt (*BAG* 20.4.2005 EzA § 14 AÜG Nr. 5; MünchArbR/*Joost* § 304 Rz. 62). Auch solche Drittarbeitnehmer sind unter den Voraussetzungen des § 7 S. 2 BetrVG auch im Entleiherbetrieb wahlberechtigt (*Reichold* NZA 2001, 857, 861]; *Brors* NZA 2002, 123, 125). 169

- **Unternehmerarbeitnehmer, Fremdfirmenmitarbeiter:** 170

  Als Unternehmerarbeitnehmer bzw. Fremdfirmenmitarbeiter werden Arbeitnehmer bezeichnet, die zwar in einem fremden Betrieb tätig werden, dort aber lediglich insbes. im Rahmen von Werk- oder Dienstverträgen als Erfüllungsgehilfen Leistungspflichten ihres Arbeitgebers (Unternehmers) erfüllen. Als Beispiele werden genannt: Montage-, Reparatur-, Wartungs- und Bauarbeiten, Gebäudereinigung, Bewachung des Betriebsgeländes. Kennzeichnend für solche Verhältnisse ist der projektbezogene Einsatz, bei dem der Arbeitnehmer allein dem Weisungsrecht seines Arbeitgebers unterliegt (GK-BetrVG/

Kreutz § 7 Rz. 58). Solche Arbeitnehmer sind ausschließlich dem Betrieb ihres Arbeitgebers zugehörig (*BAG* 30.1.1991 EzA § 10 AÜG Nr. 3; 18.1.1989 EzA § 9 BetrVG 1972 Nr. 4; GK-BetrVG/*Kreutz* § 7 Rz. 58). Auch ein Wahlrecht nach Maßgabe des § 7 S. 2 BetrVG scheidet aus, da sie nicht dem Weisungsrecht des Betriebsinhabers unterstehen (*Reichold* NZA 2001, 857, 861]; *Schaub* NZA 2001, 364, 366]; *Brors* NZA 2002, 123, 126).

171 Vielfach werden solche Vertragsgestaltungen aber auch gewählt, um die Bestimmungen des AÜG zu umgehen. Nach dem *BAG* (30.1.1991 EzA § 10 AÜG Nr. 3; 13.5.1992 EzA § 10 AÜG Nr. 4) unterscheiden sich drittbezogener Personaleinsatz und Arbeitnehmerüberlassung dadurch, dass beim drittbezogenen Personaleinsatz auf Grund eines Dienst- oder Werkvertrages der Unternehmer (Arbeitgeber) die zur Erreichung eines wirtschaftlichen Erfolges notwendigen Handlungen selbst organisiert und sich dabei seiner Arbeitnehmer als Erfüllungshilfen bedient; er bleibt für die Erfüllung der im Vertrag mit dem Dritten vorgesehenen Dienste oder für die Herstellung des dem Dritten vertraglich geschuldeten Werkes verantwortlich. Dagegen liegt Arbeitnehmerüberlassung vor, wenn der Arbeitgeber dem Dritten geeignete Arbeitskräfte überlässt, die der Dritte nach eigenen betrieblichen Erfordernissen in seinem Betrieb nach seinen Weisungen einsetzt. Über die rechtliche Einordnung eines Vertrages als Arbeitnehmerüberlassungsvertrag oder als Werk- oder Dienstvertrag entscheidet der Geschäftsinhalt.

ddd) Mittelbares Arbeitsverhältnis

172 Der mittelbare Arbeitnehmer ist dem Betrieb des Hauptarbeitgebers zugehörig (GK-BetrVG/*Kreutz* § 7 Rz. 57).

eee) Gruppenarbeit bei Eigengruppe

173 Besteht der Arbeitsvertrag mit den einzelnen Gruppenmitgliedern, sind die Mitglieder der Gruppe Arbeitnehmer des Betriebs. Wird dagegen ein Arbeitsvertrag mit der Gruppe als solcher geschlossen, kann es sich je nach der Vertragsgestaltung im Einzelfall bei den Mitgliedern der Gruppe um mittelbare Arbeitnehmer, Unternehmerarbeitnehmer oder überlassene Arbeitnehmer handeln, für die dann die jeweils aufgezeigten Grundsätze der Zuordnung gelten (MünchArbR/*Joost* § 304 Rz. 65; GK-BetrVG/*Kreutz* § 7 Rz. 56).

fff) Ausbildung in mehreren Betrieben

174 Wird die betriebliche Berufsausbildung abschnittsweise in verschiedenen Betrieben des Unternehmens oder eines mit ihm verbundenen Unternehmen durchgeführt, jedoch von einem der Betriebe so zentral mit bindender Wirkung auch für die anderen Betriebe geleitet, dass die wesentlichen der Beteiligung des Betriebsrats unterliegenden, das Ausbildungsverhältnis berührenden Entscheidungen dort getroffen werden, so gehört der Auszubildende während der gesamten Ausbildungszeit dem die Ausbildung leitenden Stammbetrieb an und ist dort wahlberechtigt (*BAG* 13.3.1991 EzA § 60 BetrVG 1972 Nr. 2).

ggg) Heimarbeiter

175 Heimarbeiter gelten als Arbeitnehmer des Betriebs, wenn sie in der Hauptsache für den Betrieb arbeiten, § 6 Abs. 1, 2 BetrVG (s.o. Rn. 17 f.).

hhh) Telearbeit

176 Vgl. *Kilian/Borsum/Hoffmeister* NZA 1987, 401; *Simon/Kuhne* BB 1987, 202; *Wedde* ArbuR 1987, 325; *Kappus* NJW 1984, 2384; *Wank* AuA 1998, 192; *Hohmeister* NZA 1998, 1206.

Telearbeit liegt vor, wenn Personen unter Nutzung EDV-gestützter Informations- und Kommunikationstechnik an einem Arbeitsplatz außerhalb des eigentlichen Betriebs arbeiten (DKK/*Trümner* § 5 Rz. 35). In Bezug auf die Frage, ob diese Personen Arbeitnehmer und dem Betrieb zugehörig sind, wird zwischen Beschäftigung im Online und Offline-Betrieb unterschieden. Da im Online-Betrieb der Arbeitgeber die jeweilige Arbeitsaufgabe zuweisen und deren Erfüllung kontrollieren kann, liegt i.d.R. sowohl die für die Arbeitnehmereigenschaft erforderliche persönliche Abhängigkeit mit Weisungsgebundenheit als auch die für die Betriebszugehörigkeit erforderliche Eingliederung in den Arbeitsprozess des Betriebes vor (GK-BetrVG/*Raab* § 5 Rz. 45). Bei einer Tätigkeit im Offline-Betrieb ist zunächst anhand der konkreten Ausgestaltung der Tätigkeit die Arbeitnehmereigenschaft der betroffenen Person zu prüfen, wobei das Maß der persönlichen Abhängigkeit entscheidend ist (zu den insoweit in Frage kommenden Kriterien vgl. DKK/*Trümner* § 5 Rz. 38; GK-BetrVG/*Raab* § 5 Rz. 45). Handelt es sich um Arbeitnehmer, gehört der Arbeitsplatz i.d.R. zum Hauptbetrieb. Im Einzelfall können externe Arbeitsplätze aber auch einen Nebenbetrieb, Betriebsteil oder eigenständigen Betrieb darstellen (GK-BetrVG/*Raab* § 5 Rz. 47; *Kilian/Borsum/Hoffmeister* NZA 1987, 401, 405).

(3) Wahlberechtigung von Drittarbeitnehmern, § 7 S. 2 BetrVG

aaa) Zweck und Anwendungsbereich

Durch das BetrVerf-ReformG vom 23.7.2001 (BGBl. I S. 1852 ff.) wurde in § 7 S. 2 BetrVG das aktive Wahlrecht für bestimmte Drittarbeitnehmer eingeführt. Ungeachtet dessen, dass diese Arbeitnehmer in keinem Arbeitsverhältnis zu dem Inhaber des Betriebs stehen, in dem sie eingesetzt werden, gelten sie insoweit als zum Einsatzbetrieb zugehörig. **177**

Arbeitnehmer sind zur Arbeitsleistung i.S.d. § 7 S. 2 BetrVG überlassen, wenn sie in den Einsatzbetrieb derart eingegliedert sind, dass sie dem Weisungsrecht des Betriebsinhabers unterliegen. Das aktive Wahlrecht steht den überlassenen Arbeitnehmern unter der Voraussetzung, dass sie länger als drei Monate eingesetzt werden, ab dem ersten Arbeitstag im Einsatzbetrieb zu. Das Wahlrecht im Stammbetrieb (vgl. § 14 Abs. 1 AÜG) bleibt unberührt (BegrRegE, BT-Drs. 14/5741, S. 36). Zum Teil wird die Einschränkung durch das Erfordernis eines voraussichtlich länger als drei Monte dauernden Einsatzes für willkürlich und gegen Art. 3 Abs. 1 GG verstoßend angesehen (*Hamann* NZA 2003, 526, 529).

Unter der Voraussetzung eines länger als drei Monate erfolgenden Einsatzes werden durch § 7 S. 2 BetrVG erfasst (vgl. *Brors* NZA 2002, 123, 125 f.): Die Fälle der erlaubten, gewerbsmäßigen Arbeitnehmerüberlassung sowie die nicht gewerbsmäßige Arbeitnehmerüberlassung (s.o. Rn. 168 f.). Nicht erfasst wird die gewerbsmäßige, unerlaubte Arbeitnehmerüberlassung (s.o. Rn. 168). Bei dieser wird nach Art. 1 § 10 Abs. 1 AÜG ohnehin ein vollgültiges Arbeitsverhältnis zum Entleiher fingiert. Zusammen mit der tatsächlichen Arbeitsleistung des Arbeitnehmers für den Entleiherbetrieb begründet dies die Zugehörigkeit allein zum Entleiherbetrieb. Ebenfalls nicht von § 7 S. 2 BetrVG erfasst werden Unternehmerarbeitnehmer bzw. Fremdfirmenmitarbeiter (s.o. Rn. 170 f.).

bbb) Einbeziehung bei der Ermittlung betriebsverfassungsrechtlicher Schwellenwerte?

Kontrovers diskutiert wird die Frage, ob wahlberechtigte Drittarbeitnehmer i.S.d. § 7 S. 2 BetrVG auch zu berücksichtigen sind, wenn das BetrVG auf die Zahl der wahlberechtigten Arbeitnehmer (so §§ 1, 3 Abs. 3 S. 2, 9, 14 Abs. 4, 14a, 16 Abs. 2, 17 Abs. 3 und 4, 47 Abs. 7, 99, 111 BetrVG) bzw. auf die Zahl der Arbeitnehmer des Betriebs oder Unternehmens (so §§ 28 Abs. 1, 28a, 38, 86a, 95 Abs. 2, 106 Abs. 1, 110, 112 a BetrVG) abstellt oder ob diese Drittarbeitnehmer nur »wählen, ohne zu zählen« (*Hanau* RdA 2001, 65, 68). Das Bundesarbeitsgericht (*BAG* 16.4.2003 EzA § 9 BetrVG 2001 Nr. 1; 10.3.2004 EzA § 9 BetrVG 2001 Nr. 2) hat für § 9 BetrVG (Zahl der Betriebsratsmitglieder) entschieden, dass Leiharbeitnehmer nicht zu den Arbeitnehmern i.S.d. Bestimmung gehören, also nicht mitzählen. Dies gilt auch für nicht im Wege der gewerbsmäßigen Arbeitnehmerüberlassung überlassene Arbeitnehmer (*BAG* 10.3.2004 EzA § 9 BetrVG 2001 Nr. 2; zu § 38 BetrVG vgl. auch *LAG Hamm* 14.1.2003 LAGE § 9 BetrVG 2001 Nr. 1). Dies entspricht einer stark in der Literatur vertretenen Ansicht (so etwa *Löwisch* BB 2001, 1734, 1737], der eine Ausnahme für Vorschriften anerkennt, die die Wahl selbst betreffen, wie das Wahlvorschlagsrecht nach § 14 Abs. 3 und 4 BetrVG und bei der Wahlanfechtung nach § 19 Abs. 2 BetrVG; *Hanau* RdA 2001, 65, 68]; *Konzen* RdA 2001, 76, 83, 84). **178**

Nach anderer Auffassung zählen Arbeitnehmer i.S.d. § 7 S. 2 BetrVG bei der Ermittlung der Schwellenwerte mit (*Hamann* NZA 2003, 526, 530; so wohl auch *Reichold* NZA 2001, 857, 861]; *ders.* Beilage zu NZA 24/2001, 32, 37).

Nach *Richardi* (NZA 2001, 346, 350) sollen derartige Arbeitnehmer zumindest im Rahmen des § 9 BetrVG mitzählen, soweit in dieser Vorschrift auf die Zahl der **wahlberechtigten** Arbeitnehmer abgestellt werde.

dd) Streitigkeiten

179 Über die Wahlberechtigung entscheidet zunächst der Wahlvorstand bei der Aufstellung der Wählerliste, § 2 Abs. 1 WO. Gegen die Richtigkeit der Wählerliste kann schriftlich Einspruch beim Wahlvorstand eingelegt werden, mit Wirkung für die laufende Betriebsratswahl allerdings nur innerhalb einer Frist von zwei Wochen nach Erlass des Wahlausschreibens, § 4 Abs. 1 WO. Einspruchsberechtigt ist jeder Arbeitnehmer, darüber hinaus auch der Arbeitgeber und jede im Betrieb vertretene Gewerkschaft (GK-BetrVG/*Kreutz/Oetker* § 4 WO Rz. 2 ff.).

180 Bleibt nach der Entscheidung des Wahlvorstandes über den Einspruch die Frage der Wahlberechtigung streitig, so kann die Entscheidung des Wahlvorstandes bereits vor Abschluss des Wahlverfahrens in einem arbeitsgerichtlichen Beschlussverfahren selbstständig angefochten werden. Antragsgegner ist der Wahlvorstand. Nach Abschluss des Wahlverfahrens ist über die Frage der Wahlberechtigung im Wahlanfechtungsverfahren nach § 19 BetrVG als Vorfrage zu entscheiden, wobei ein Verstoß gegen § 7 BetrVG die Anfechtbarkeit der Wahl begründen kann (GK-BetrVG/*Kreutz* § 7 Rz. 81, 82).

181 Unabhängig von einer bevorstehenden Wahl kann in einem arbeitsgerichtlichen Beschlussverfahren über die Wahlberechtigung entschieden werden, wenn der betriebsverfassungsrechtliche Status eines Arbeitnehmers streitig ist und für die Zukunft geklärt werden soll.

182 Das Rechtsschutzinteresse an der Entscheidung über das aktive und passive Wahlrecht eines Belegschaftsmitgliedes zu einem bestimmten Betriebsrat wird weder durch die Möglichkeit der Wahlanfechtung noch dadurch ausgeschlossen, dass gegen die Richtigkeit der Wählerliste Einspruch eingelegt werden kann (*BAG* 28.4.1964 EzA § 4 BetrVG 1952 Nr. 1; **a.A.** GK-BetrVG/*Kreutz* § 7 Rz. 86).

c) Wählbarkeit, § 8 BetrVG

183 § 1 BetrVG verlangt für die Betriebsratsfähigkeit weiter, dass von den mindestens erforderlichen wahlberechtigten Arbeitnehmern drei auch selbst wählbar sind. Die Voraussetzungen des passiven Wahlrechts regelt § 8 BetrVG erschöpfend und zwingend. Nicht wählbar ist nach § 8 Abs. 1 S. 3 BetrVG, wer in Folge strafgerichtlicher Verurteilung die Fähigkeit, Rechte aus öffentlichen Wahlen zu erlangen, nicht besitzt.

aa) Wahlberechtigung

184 Voraussetzung der Wählbarkeit ist zunächst die Wahlberechtigung zum Betriebsrat (s.o. Rn. 156 ff.). Ungeachtet ihrer Wahlberechtigung nach § 7 S. 2 BetrVG sind Leiharbeitnehmer im Entleiherbetrieb nicht in den dortigen Betriebsrat wählbar, § 14 Abs. 2 S. 1 AÜG. Gekündigte Arbeitnehmer, die Kündigungsschutzklage erhoben haben, sind nach der Rechtsprechung des *BAG* (14.5.1997 EzA § 8; so auch DKK/*Schneider* § 8 Rz. 25; *Fitting* § 8 Rz. 18 Rz. 4) ebenfalls wählbar. Hierdurch soll verhindert werden, dass der Arbeitgeber die Wahl eines ihm nicht genehmen Kandidaten durch eine Kündigung unmöglich macht. Nach anderer Auffassung (GK-BetrVG/*Kreutz* § 8 Rz. 18; MünchArbR/*Joost* § 304 Rz. 82; *Bengelsdorf* DB 1989, 2024) ist die Wählbarkeit nach Ablauf der Kündigungsfrist nur gegeben, wenn der Arbeitnehmer tatsächlich weiterbeschäftigt wird. Eine in der Absicht der Verhinderung der

Wahl ausgesprochene Kündigung sei rechtsmissbräuchlich und rechtswidrig, sodass der Bewerber auch seine tatsächliche Weiterbeschäftigung ggf. im gerichtlichen Eilverfahren durchsetzen könne. Eine Unvereinbarkeit zwischen der **Mitgliedschaft im Wahlvorstand** und im Betriebsrat besteht nicht (GK-BetrVG/*Kreutz* § 8 Rz. 57; MünchArbR/*Joost* § 304 Rz. 84).

Passives Wahlrecht haben nach h.M. (vgl. DKK/*Schneider* § 8 Rz. 22) auch die Arbeitnehmer, die sich in einem **ruhenden Arbeitsverhältnis** befinden, also z.B. während der Elternzeit (*BAG* 25.5.2005 EzA § 40 BetrVG 2001 Nr. 9), Wehr- oder Zivildienst (**a.A.** GK-BetrVG/*Kreutz* § 8 Rz. 38, der im Falle des Wehrdienstes etc. für die Wählbarkeit verlangt, dass der Betreffende spätestens am Wahltag auch wieder in den Betrieb zurückkehrt, da sonst mangels Betriebszugehörigkeit die Wahlberechtigung als Voraussetzung der Wählbarkeit fehle). 185

bb) Sechsmonatige Betriebszugehörigkeit

Die Wählbarkeit ist nur gegeben, wenn der Arbeitnehmer dem Betrieb bereits sechs Monate angehört bzw. ein in Heimarbeit Beschäftigter bereits sechs Monate in der Hauptsache für den Betrieb gearbeitet hat. Hierdurch soll sichergestellt werden, dass der Wahlbewerber den für die Wahrnehmung des Betriebsratsamtes erforderlichen Überblick über die betrieblichen Verhältnisse erworben hat (BT-Drs. VI/1786, S. 37). 186

> Nicht erforderlich ist, dass während des gesamten Zeitraums von sechs Monaten auch die Voraussetzungen der aktiven Wahlberechtigung vorgelegen haben, sodass es unschädlich ist, dass der Wahlbewerber nicht bereits bei Beginn des sechsmonatigen Zeitraums das 18. Lebensjahr vollendet hatte (allg. Auffassung, vgl. GK-BetrVG/*Kreutz* § 8 Rz. 27). 187

Streitig ist, ob Zeiten mit eingerechnet werden können, in denen der jetzige Arbeitnehmer zwar zum Betrieb gehörte, aber nicht Arbeitnehmer i.S.d. BetrVG, also beispielsweise leitender Angestellter i.S.d. § 5 Abs. 3 BetrVG war. Dies wird überwiegend bejaht, weil er sich auch in diesen Zeiten mit den betrieblichen Verhältnissen vertraut machen konnte (so z.B. DKK/*Schneider* § 8 Rz. 11; **a.A.** GK-BetrVG/*Kreutz* § 8 Rz. 28). 188

Kontrovers diskutiert wird schließlich auch die Frage, ob Zeiten, die ein Leiharbeitnehmer im Entleiherbetrieb gearbeitet hat, mit eingerechnet werden können, wenn im Anschluss an das Leiharbeitsverhältnis ein Arbeitsverhältnis mit dem Entleiher begründet oder ein Unternehmerarbeitnehmer im Anschluss in ein Arbeitsverhältnis zum Auftraggeber übernommen wird. Zum Teil (so z.B. HSWGNR/*Nicolai* § 8 Rz. 14) wird dies bejaht, weil auch solche Zeiten zur Gewinnung des Überblicks über die betrieblichen Verhältnisse beitragen, zum Teil (z.B. GK-BetrVG/*Kreutz* § 8 Rz. 30) deshalb abgelehnt, weil während diesen Zeiten kein Arbeitsverhältnis zum Betriebsinhaber bestanden habe. 189

(1) Fristberechnung, maßgeblicher Zeitpunkt

Die Berechnung der Frist bestimmt sich nach §§ 187 Abs. 2 S. 2, 188 Abs. 2 BGB. Wird die Wahl beispielsweise am 15.3. durchgeführt, so ist die sechsmonatige Betriebszugehörigkeit dann erfüllt, wenn der Arbeitnehmer spätestens am 15.9. des vorangegangenen Jahres betriebszugehörig geworden ist. Wird die Wahl an mehreren Tagen durchgeführt, genügt nach überwiegender Ansicht (MünchArbR/*Joost* § 304 Rz. 92; **a.A.** GK-BetrVG/*Kreutz* § 8 Rz. 25: entscheidend ist der erste Tag) die Erfüllung der Wartefrist am letzten Wahltag. 190

(2) Zeiten tatsächlicher Nichtbeschäftigung

Fraglich ist, inwieweit Zeiten tatsächlicher Nichtbeschäftigung für die Erfüllung der Sechsmonatsfrist einbezogen werden können, da das Gesetz nicht ausdrücklich eine ununterbrochene Betriebszugehörigkeit verlangt. 191

aaa) Unterbrechung

192 Nach überwiegender Ansicht ist zwischen Unterbrechung der tatsächlichen Tätigkeit und Unterbrechung des rechtlichen Bestandes des Arbeitsverhältnisses zu unterscheiden.

193 Bei einer rechtlichen Unterbrechung des Bestands des Arbeitsverhältnisses beginnt die Sechs-Monats-Frist mit Neueinstellung grds. erneut zu laufen. Etwas anderes gilt nur, wenn zwischen den Arbeitsverhältnissen ein innerer Zusammenhang derart besteht, dass das neue Arbeitsverhältnis als Fortsetzung des früheren anzusehen und die Unterbrechung nur von kürzerer Dauer ist. Dann ist die Zeit der Unterbrechung selbst nicht mitzurechnen, wohl aber die davor liegende Zeit der Betriebszugehörigkeit (so z.B. DKK/*Schneider* § 8 Rz. 15). Eine Unterbrechung nur der tatsächlichen Beschäftigung unter Fortbestand des Arbeitsverhältnisses führt hingegen grds. nur zur Hemmung der Frist, also dazu, dass lediglich die Zwischenzeiten nicht angerechnet werden.

194 Kurzfristige Unterbrechungen, etwa infolge von Krankheit oder Urlaub sollen gänzlich mit einbezogen werden (*Fitting* § 8 Rz. 45 Kürzer als zwei Monate; HSWGNR/*Nicolai* § 8 Rz. 18).

195 Nach anderer Ansicht (GK-BetrVG/*Kreutz* § 8 Rz. 35; MünchArbR/*Joost* § 304 Rz. 63) sollen alle Zeiten der Betriebszugehörigkeit zusammenzurechnen und Zeiten der Unterbrechung unberücksichtigt bleiben, also immer nur von einer Hemmung der Frist auszugehen sein.

bbb) Wehrdienst, Zivildienst, Eignungsübungen

196 Zeiten der Ableistung von Wehr-, Zivildienst und Eignungsübungen werden auf die Dauer der Betriebszugehörigkeit wegen gesetzlicher Sonderregelungen (§ 6 Abs. 2 ArbPlSchG, § 78 Abs. 1 ZDG, § 6 Abs. 1 EigÜbG) angerechnet. Das gilt wegen Art. 39 Nr. 2 EG-Vertrag auch für entsprechende Dienstzeiten ausländischer Arbeitnehmer in ihrem Heimatland, soweit es sich um Arbeitnehmer aus EU-Mitgliedstaaten handelt (GK-BetrVG/*Kreutz* § 8 Rz. 39).

Fraglich ist, ob Entsprechendes auch für ausländische Arbeitnehmer aus anderen Staaten gilt (abl. GK-BetrVG/*Kreutz* § 8 Rz. 39; befürwortend: DKK/*Schneider* § 8 Rz. 13).

(3) Anrechnungszeiten, § 8 Abs. 1 S. 2 BetrVG

197 Auf die erforderliche Betriebszugehörigkeit von sechs Monaten werden Zeiten angerechnet, in denen der Arbeitnehmer unmittelbar vorher einem anderen Betrieb des Unternehmens oder des (Unterordnungs-)Konzerns angehört hat (vgl. GK-BetrVG/*Kreutz* § 8 Rz. 41).

198 Ein nahtloser zeitlicher Anschluss ist nicht erforderlich, es genügt vielmehr ein unmittelbarer zeitlicher Zusammenhang. Daran fehlt es, wenn der Arbeitnehmer zwischenzeitlich Arbeitnehmer eines Betriebes eines anderen Unternehmens oder außerhalb des Konzerns tätig oder längere Zeit arbeitslos war (HSWGNR/*Nicolai* § 8 Rz. 18; DKK/*Schneider* § 8 Rz. 9).

Im Übrigen ist es unerheblich, ob sich durch den Betriebswechsel auch der Arbeitgeber ändert (GK-BetrVG/*Kreutz* § 8 Rz. 44).

199 Bei einem **Betriebsinhaberwechsel** erfolgt eine Anrechnung der Zeiten nach § 613a BGB (HSWGNR/*Nicolai* § 8 Rz. 15; DKK/*Schneider* § 8 Rz. 8) bzw. auf Grund der Beibehaltung der Betriebsidentität (GK-BetrVG/*Kreutz* § 8 Rz. 47).

(4) Betriebsneugründungen, § 8 Abs. 2 BetrVG

Besteht der Betrieb weniger als sechs Monate, so sind alle Arbeitnehmer wählbar, die im Betrieb beschäftigt sind und die übrigen Voraussetzungen für die Wählbarkeit erfüllen. Maßgeblicher Zeitpunkt für die Beurteilung der Wählbarkeit nach § 8 Abs. 2 BetrVG ist der Tag des Erlasses der Wahlausschreibung durch den Wahlvorstand (§ 3 Abs. 1 WO) als erster Schritt der Einleitung der Betriebsratswahl. Es muss sich um einen neuen Betrieb handeln. Erfasst werden auch durch Umorganisation geschaffene neue Betriebe (GK-BetrVG/*Kreutz* § 8 Rz. 61 ff.). 200

Bei Vereinigung von Betrieben oder von Betrieben und Betriebsteilen ist unter Berücksichtigung der konkreten Verhältnisse darauf abzustellen, ob eine neue Einheit geschaffen wird oder eine vorhandene ihre betriebliche Identität bewahrt (DKK/*Schneider* § 8 Rz. 33). 201

cc) Streitigkeiten

Über die Wählbarkeit entscheidet zunächst der Wahlvorstand bei der Aufstellung der Wählerliste (§ 2 Abs. 1 WO) und bei der Prüfung von Wahlvorschlägen (§§ 7, 25 WO). Gegen die Richtigkeit der Wählerliste kann schriftlich Einspruch beim Wahlvorstand eingelegt werden, mit Wirkung für die laufende Betriebsratswahl allerdings nur innerhalb einer Frist von zwei Wochen nach Erlass des Wahlausschreibens, § 4 Abs. 1 WO. 202

Bleibt nach der Entscheidung des Wahlvorstandes über den Einspruch die Frage der Wahlberechtigung und damit die Wählbarkeit streitig oder wird durch den Wahlvorstand ein Wahlvorschlag mangels Wählbarkeit eines Bewerbers für ungültig erklärt oder beanstandet, so kann die Entscheidung des Wahlvorstandes bereits vor Abschluss des Wahlverfahrens in einem arbeitsgerichtlichen Beschlussverfahren selbstständig angefochten werden. Antragsgegner ist der Wahlvorstand (vgl. GK-BetrVG/*Kreutz* § 8 Rz. 65). Nach Abschluss der Wahl ist deren Anfechtung im Verfahren nach § 19 BetrVG möglich. 203

Die Wahl eines Nichtwählbaren oder die Streichung eines doch wählbaren Wahlbewerbers kommen als Anfechtungsgrund in Betracht (*BAG* 11.3.1975 EzA § 24 BetrVG 1972 Nr. 1; GK-BetrVG/*Kreutz* § 8 Rz. 66). Wird die Frist zur Anfechtung der Wahl (§ 19 Abs. 2 BetrVG) versäumt, so erlischt die Mitgliedschaft im Betriebsrat nur, wenn das Arbeitsgericht die Nichtwählbarkeit nach § 24 Abs. 1 Nr. 6 BetrVG rechtskräftig feststellt (GK-BetrVG/*Kreutz* § 8 Rz. 67). 204

8. Wegfall der Voraussetzungen

Sinkt die Zahl der ständig vorhandenen wahlberechtigten Arbeitnehmer unter die gesetzliche Mindestzahl, so endet die Betriebsratsfähigkeit des Betriebs und das Amt des Betriebsrates. Sinkt hingegen lediglich die Zahl der wählbaren Arbeitnehmer unter die vorgesehene Mindestzahl, ist dies für das Amt des Betriebsrates ohne Bedeutung (GK-BetrVG/*Kreutz* § 21 Rz. 37, 38). 205

9. Tatsächliche Wahl eines Betriebsrates

Auch in betriebsratsfähigen Betrieben ist das BetrVG grds. nur anwendbar, wenn tatsächlich ein Betriebsrat gewählt worden ist. Etwas anderes gilt nur für die im BetrVG vorgesehenen Individualrechte der Arbeitnehmer nach §§ 81 ff. BetrVG (MünchArbR/*v. Hoyningen-Huene* § 303 Rz. 4; GK-BetrVG/*Kraft/Franzen* § 1 Rz. 25). Voraussetzung der Anwendbarkeit ist aber hier, dass der Betrieb zumindest betriebsratsfähig ist. Zu den Individualrechten s.u. Rn. 1098 ff. 206

10. Gesetzlicher Ausschluss bestimmter Betriebe; Einschränkungen des Anwendungsbereichs

207 Das BetrVG gilt insbes. nicht
- für Religionsgemeinschaften und ihre karitativen und erzieherischen Einrichtungen (§ 118 Abs. 2 BetrVG),
- Betriebe der öffentlichen Hand (§ 130 BetrVG), für die die Personalvertretungsgesetze des Bundes und der Länder gelten,
- für die im Flugbetrieb beschäftigten Arbeitnehmer von Luftfahrtunternehmen, soweit nicht durch Tarifvertrag Arbeitnehmervertretungen errichtet werden (§ 117 Abs. 2 BetrVG),
- sowie für die zivilen Beschäftigten der alliierten Streitkräfte im Inland, für die eingeschränkt das BPersVG anwendbar ist (Art. 56 Abs. 9 ZA-NTS).

208 Mit Einschränkungen bzw. Änderungen gilt das BetrVG für Betriebe der Seeschifffahrt (§ 114 ff. BetrVG) und Tendenzbetriebe (§ 118 Abs. 1 BetrVG).

a) Öffentlicher Dienst, § 130 BetrVG; Zivile Beschäftigte der alliierten Streitkräfte

209 Für Verwaltungen und Betriebe des Bundes, der Länder, Gemeinden und sonstigen Körperschaften, Anstalten und Stiftungen des öffentlichen Rechtes gelten die einschlägigen Personalvertretungsgesetze des Bundes und der Länder.

210 Für die Abgrenzung zwischen BetrVG und Personalvertretungsrecht kommt es ausschließlich auf die formelle Rechtsform des Betriebes oder der Verwaltung an (*BAG* 7.11.1975 EzA § 118 BetrVG 1972 Nr. 8).

211 Liegt eine privatrechtliche Organisationsform vor, findet das BetrVG Anwendung, auch wenn in privatrechtlicher Form hoheitliche oder fiskalische Angelegenheiten erledigt werden. Umgekehrt findet das BetrVG keine Anwendung bei von einer öffentlichen Körperschaft unmittelbar geführten Betrieben, wie z.B. bei kommunalen Eigenbetrieben. Möglich ist aber die Bildung eines Gemeinschaftsbetriebs zwischen einer juristischen Person des Privatrechts und einer Körperschaft des öffentlichen Rechts, etwa bei Zusammenarbeit zwischen einer Universität und einem Wirtschaftsunternehmen, wobei das BetrVG Anwendung findet, wenn sich die Betriebsführung auf der Grundlage einer privatrechtlichen Vereinbarung in Form einer BGB-Gesellschaft vollzieht (*BAG* 24.1.1996 EzA § 1 BetrVG 1972 Nr. 10).

212 Die Rechte der Betriebsvertretung und der zivilen Arbeitskräfte bei den in der Bundesrepublik stationierten ausländischen Streitkräften bestimmen sich nach Art. 56 Abs. 9 ZA-NTS und dem UP zu Art. 56 Abs. 9 ZA-NTS i.d.F. der am 29. März 1998 (BGBl. II S. 1691) in Kraft getretenen Änderungen nach dem Abkommen vom 18. März 1993 (BGBl. 1994 II S. 2594) sowie der am 27. März 1998 (BGBl. II S. 1165) in Kraft getretenen Änderungen nach dem Abkommen vom 16. Mai 1994 (BGBl. II S. 3710). Danach gilt grds. das BPersVG vom 15. März 1994 mit seinen späteren Änderungen bis einschließlich der Änderung vom 16. Januar 1991, Abs. 1 Satz 1 des UP zu Art. 56 Abs. 9 ZA-NTS. Die im BPersVG vorgesehenen Mitbestimmungsrechte gelten jedoch nur nach Maßgabe des Abs. 6a des UP zu Art. 56 Abs. 9 ZA-NTS. Danach findet das im BPersVG vorgesehene Mitbestimmungsrecht mit einigen Modifikationen (vgl. Abs. 6aii – v UP zu Art. 56 Abs. 9 ZA-NTS) Anwendung, soweit der Mitbestimmung im Einzelfall nicht besonders schutzwürdige militärische Interessen entgegenstehen. In diesen Fällen gilt das Mitwirkungsverfahren, Abs. 6b UP zu Art. 56 Abs. 9 ZA-NTS.

b) Religionsgemeinschaften und deren karitative oder erzieherische Einrichtungen

213 Gem. § 118 Abs. 2 BetrVG sind Religionsgemeinschaften und deren karitative und erzieherische Einrichtungen unabhängig von ihrer Rechtsform von der Anwendung des BetrVG ausgenommen. Für die katholische und evangelische Kirche einschließlich ihrer nicht verselbstständigten Einrichtungen auch wirtschaftlicher Art (*BAG* 30.7.1987 EzA § 130 BetrVG 1972

Nr. 7; *LAG München* 9.10.1985 NZA 1986, 540 – Brauerei eines katholischen Ordens) ergibt sich auf Grund ihres öffentlich-rechtlichen Status die Nichtanwendbarkeit des BetrVG aus § 130 BetrVG. § 118 Abs. 2 BetrVG hat damit nur Bedeutung für privat-rechtlich organisierte Religionsgemeinschaften. Die beiden großen christlichen Kirchen haben allerdings für ihren Bereich ein eigenständiges Mitarbeitervertretungsrecht geschaffen. Im Bereich der katholischen Kirche handelt es sich um die Mitarbeitervertretungsordnung (MAVO, NZA 1994, 112; *Richardi* NZA 1994, 19; *Dütz* NJW 1994, 1369). Im Bereich der evangelischen Kirche existiert ein allgemeines Kirchengesetz über die Mitarbeitervertretungen bei den Dienststellen der evangelischen Kirche in Deutschland vom 5.10.1972 (EKrD) nebst entsprechenden Gesetzen in den einzelnen Landeskirchen (vgl. Nachw. bei GK-BetrVG/*Weber* § 118 Rz. 227 ff.).

Der Begriff der Religionsgemeinschaft in § 118 Abs. 2 ist ebenso zu verstehen wie der Begriff der Religionsgesellschaft i.S.d. Art. 137 Abs. 3 WRV. Es handelt sich damit um einen Verband von Angehörigen ein und desselben Glaubensbekenntnisses oder mehrerer verwandter Glaubensbekenntnisse (z.B. unierte Kirchen) zur allseitigen Erfüllung der durch das gemeinsame Bekenntnis gestellten Aufgaben (MünchArbR/*v. Hoyningen-Huene* § 298 Rz. 12). **214**

Fraglich ist, inwieweit diese Voraussetzungen religiöse Vereine, Orden, Säkularinstitute und Weltanschauungsgemeinschaften erfüllen (vgl. GK-BetrVG /*Weber* § 118 Rz. 219 ff.). Das den Kirchen durch Art. 140 GG i.V.m. Art. 137 Abs. 3 WRV gewährleistete Selbstbestimmungsrecht bezieht sich dabei nicht nur auf die organisierte Kirche.

Erfasst sind alle der Kirche in bestimmter Weise zugeordneten Einrichtungen ohne Rück- **215**
sicht auf ihre Rechtsform, soweit die Einrichtungen nach kirchlichem Selbstverständnis ihrem Zweck oder ihrer Aufgabe nach berufen sind, ein Stück Auftrag der Kirche in dieser Welt wahrzunehmen und zu erfüllen.

Da nach dem Selbstverständnis der evangelischen Kirche die Religionsausübung nicht nur **216**
die Bereiche des Glaubens und des Gottesdienstes, sondern auch die Freiheit zur Entfaltung und zur Wirksamkeit in der Welt umfasst, zählt auch die Öffentlichkeitsarbeit mit publizistischen Mitteln zur kirchlichen Mission, sodass auf einen rechtlich selbstständigen evangelischen Presseverband als Teil der evangelischen Kirche das BetrVG keine Anwendung findet (*BAG* 24.7.1991 EzA § 118 BetrVG 1972 Nr. 58).

Karitative und erzieherische Einrichtungen von Religionsgemeinschaften fallen unabhän- **217**
gig von der Rechtsform, in der sie geführt werden, nicht unter das BetrVG, wenn sie sich als Wesens- und Lebensäußerung der Kirche darstellen (*BAG* 6.12.1977 EzA § 188 BetrVG 1972 Nr. 16). Bei rechtlich selbstständigen Einrichtungen reicht nach Auffassung des BAG eine inhaltliche und organisatorische Zuordnung aus. Hierzu bedarf es einer institutionellen Verbindung zwischen der Religionsgemeinschaft und der Einrichtung, auf Grund derer die Religionsgemeinschaft über ein Mindestmaß an Einflussmöglichkeiten verfügt, um auf Dauer eine Übereinstimmung der religiösen Betätigung der Einrichtung mit ihren Vorstellungen gewährleisten zu können (*BAG* 5.12.2007 EzA § 118 BetrVG 2001 Nr. 8).

Die Einrichtung muss der Kirche so nahe stehen, dass sie teilhat an der Verwirklichung eines **218**
Stücks Auftrag der Kirche im Geist christlicher Religiosität im Einklang mit dem Bekenntnis der christlichen Kirche und in Verbindung mit den Amtsträgern der Kirche, sodass den kirchlichen Amtsträgern der entscheidende Einfluss auf die Einrichtung vorbehalten bleibt (*BAG* 6.12.1977 EzA § 118 BetrVG 1972 Nr. 16; 9.2.1988 EzA § 118 BetrVG 1972 Nr. 33). Eine erzieherische Einrichtung beispielsweise gehört dann zu einer Religionsgemeinschaft, wenn Kirche und Einrichtung die Erziehung nach Inhalt und Ziel identisch vornehmen und sichergestellt ist, dass die Kirche ihre Vorstellungen zur Gestaltung der Erziehung in der Einrichtung durchsetzen kann. Die Durchsetzungsmöglichkeiten müssen aber nicht statu-

tenmäßig abgesichert sein. Im Einzelfall können personelle Verflechtungen zwischen den Führungsgremien der Einrichtung und Amtsinhabern der Kirche genügen (*BAG* 14.4.1988 EzA § 118 BetrVG 1972 Nr. 42). Einrichtungen dieser Art sind etwa die von der Religionsgemeinschaft selbst eingerichteten und unterhaltenen Kindergärten, Schulen, Erwachsenenbildungsstätten, Krankenhäuser (dazu *BAG* 31.7.2002 EzA § 118 BetrVG 1972 Nr. 74), Kinderheime, Pflegeheime und Altersheime sowie die von der Kirche getragenen Institutionen des Caritas-Verbandes und des diakonischen Werkes. Fraglich ist, inwieweit auch nicht karitative und erzieherische Einrichtungen von § 118 Abs. 2 BetrVG erfasst sein können, die sich als Wesens- und Lebensäußerung der Kirche darstellen (vgl. GK-BetrVG /*Weber* § 118 Rz. 223).

c) Seeschifffahrt, Luftfahrt (§§ 114–117 BetrVG)

219 Auf Seeschifffahrtsunternehmen und ihre Betriebe findet das BetrVG uneingeschränkt Anwendung für die Landbetriebe und diejenigen Schiffe, die i.d.R. binnen 24 Stunden nach dem Auslaufen an den Sitz des Landbetriebes zurückkehren. Abweichungen für den Seebetrieb ergeben sich insbes. daraus, dass an Bord der Seeschiffe eine weitere Interessenvertretung, die Bordvertretung, errichtet werden kann. An Land vertritt der Seebetriebsrat die Interessen der Besatzungsmitglieder aller Schiffe eines Seeschifffahrtsunternehmens, wobei die Abgrenzung der Zuständigkeit von Bordvertretung und Seebetriebsrat in §§ 115 Abs. 7 Nr. 1, 116 Abs. 6 Nr. 1 BetrVG geregelt ist.

220 Im Bereich der Luftfahrt findet das Betriebsverfassungsgesetz nur auf Landbetriebe von Luftfahrtunternehmen uneingeschränkt Anwendung. Es gilt nicht für die im Flugbetrieb beschäftigten Arbeitnehmer. Im Flugbetrieb beschäftigt ist ein Arbeitnehmer, dessen Tätigkeit unmittelbar der Beförderung von Personen und Gütern durch Luftfahrzeuge dient. Verrichtet er daneben auch an den Boden gebundene Verwaltungs-, Leitungs- oder Organisationsaufgaben, so ist er vom Geltungsbereich des BetrVG nicht ausgenommen, wenn diese Tätigkeiten seiner arbeitsvertraglich geschuldeten Gesamttätigkeit das Gepräge geben (*BAG* 14.10.1986 EzA § 117 BetrVG 1972 Nr. 3). Erforderlich ist ferner eine für Personal im Flugbetrieb typischerweise besonders stark ausgeprägte Ortsungebundenheit. Hieran fehlt es z.B. Hubschrauberbesatzungen der ADAC-Luftrettung, sodass für diese das BetrVG gilt (*BAG* 20.2.2001 EzA § 117 BetrVG 1972 Nr. 5). Für die im Flugbetrieb beschäftigten Arbeitnehmer können durch Tarifvertrag besondere Vertretungen errichtet werden, § 117 Abs. 2 BetrVG. Ein Überblick über solche Tarifverträge findet sich bei GK-BetrVG/*Wiese*/*Franzen* § 117 Rz. 16.

d) Tendenzbetriebe, § 118 BetrVG

221 Zweck der Regelung des § 118 Abs. 1 BetrVG ist es, eine ausgewogene Regelung zwischen dem Sozialstaatsprinzip, in dem die Beteiligungsrechte der Arbeitnehmer ihre Grundlage haben und den Freiheitsrechten der Tendenzunternehmen zu schaffen (BT-Drs. VI/2729 S. 17; *BAG* 22.4.1975 EzA § 118 BetrVG 1972 Nr. 4).

aa) Die Bedeutung der Gewinnerzielungsabsicht

222 Nach Auffassung des *BAG* (22.5.1979 EzA § 118 BetrVG 1972 Nr. 22; 1.9.1987 EzA § 118 BetrVG 1972 Nr. 41) steht dem Tendenzcharakter eines Betriebes oder Unternehmens nicht entgegen, dass es gleichzeitig mit Gewinnerzielungsabsicht betrieben wird, es sei denn, das Unternehmen oder der Betrieb will sich auf eine karitative Bestimmung i.S.d. § 118 Abs. 1 Nr. 1 BetrVG berufen, wobei ein kostendeckendes Arbeiten jedoch die karitative Bestimmung nicht ausschließt (*BAG* 29.6.1988 EzA § 118 BetrVG 1972 Nr. 43).

bb) Die Tendenzeigenschaft

Geschützt sind Unternehmen und Betriebe, die unmittelbar und überwiegend den in § 118 Abs. 1 BetrVG genannten Bestimmungen dienen, wobei es möglich, aber nicht erforderlich ist, dass ein Tendenzunternehmen mehreren der genannten Bestimmungen dient (*BAG* 14.11.1975 EzA § 118 BetrVG 1972 Nr. 6). 223

(1) Politische Bestimmung

Einer politischen Bestimmung dienen in erster Linie die politischen Parteien mit ihren Untergliederungen, wie Jugend- und Frauenorganisationen unter Einschluss der von den Parteien getragenen Stiftungen und Bildungseinrichtungen, aber auch Bürgerinitiativen und Wählervereinigungen (MünchArbR/*Matthes* § 364 Rz. 7). 224

> Unter politischer Bestimmung ist nicht nur eine parteipolitische, sondern auch gesellschafts-, wirtschafts- oder sozialpolitische Bestimmung zu verstehen (vgl. *BAG* 21.7.1998 EzA § 118 BetrVG 1972 Nr. 68; GK-BetrVG//*Weber* § 118 Rz. 73; enger: DKK/*Wedde* § 118 Rz. 21). 225

Deshalb haben eine solche Bestimmung auch sonstige Zusammenschlüsse und Organisationen mit entsprechender Zielsetzung, nicht aber Vereine und Verbände, die der Interessenwahrnehmung gegenüber Dritten dienen, wie z.B. Mietervereine. Ebenfalls nicht erfasst ist die Erfüllung öffentlicher Aufgaben im Auftrag und nach Vorgaben staatlicher Stellen (*BAG* 21.7.1998 EzA § 118 BetrVG 1972 Nr. 68). Unterschiedlich beurteilt wird die Stellung von wirtschafts- und sozialpolitischen Vereinigungen, wie z.B. dem Bundesverband der deutschen Industrie, Verein der Kriegsopfer und ähnlicher Zusammenschlüsse (vgl. GK-BetrVG/*Weber* § 118 Rz. 73). 226

(2) Koalitionspolitische Bestimmung

> Geschützt sind Gewerkschaften und Arbeitgeberverbände, mit ihren Dachverbänden, Hauptverwaltungen und Verwaltungsstellen. Nicht ausreichend ist, dass ein Betrieb oder Unternehmen lediglich von einer Koalition getragen wird. 227

Bildungs- und Schulungseinrichtungen haben daher nur dann eine koalitionspolitische Bestimmung, wenn sie der Weiterbildung und Schulung von Gewerkschaftsmitgliedern im Hinblick auf ihre gewerkschaftliche Tätigkeit dienen (*BAG* 3.7.1990 EzA § 99 BetrVG 1972 Nr. 90; in Betracht kommt aber eine erzieherische Bestimmung). Die den Koalitionen verbundenen Erwerbsunternehmen (z.B. Wohnungsbaugesellschaften, Banken) und gemeinsame Einrichtungen der Tarifvertragsparteien, wie etwa Zusatzversorgungs-, Urlaubs- oder Lohnausgleichskassen, werden nicht erfasst (MünchArbR/*Matthes* § 364 Rz. 11). 228

(3) Konfessionelle Bestimmung

Konfessionellen Bestimmungen dienen Unternehmen, die nicht selbst Religionsgemeinschaften i.S.d. § 118 Abs. 2 BetrVG sind, deren Zwecksetzung aber Ausdruck einer bestimmten religiösen Überzeugung ist, wie z.B. kirchliche Männer-, Frauen- und Jugendverbände, die Heilsarmee oder die Vereinigung von Freigängern von Anthroposophen unter Ausschluss der Hersteller von kirchlichen Gerätschaften und Utensilien sowie der von Religionsgemeinschaften betriebenen Erwerbsunternehmen. 229

(4) Karitative Bestimmung

230 Ein Unternehmen dient dann karitativen Bestimmungen, wenn es sich den sozialen Dienst am körperlich oder seelisch leidenden Menschen zum Ziel gesetzt hat, wenn es auf Heilung oder Milderung innerer oder äußerer Nöte des Einzelnen gerichtet ist, wobei gleichgültig ist, ob diese Hilfe zur Linderung und Beseitigung der Nöte oder zu deren vorbeugender Abwehr geleistet wird (*BAG* 15.3.2006 EzA § 118 BetrVG 2001 Nr. 5; 24.5.1995 EzA § 118 BetrVG 1972 Nr. 63; 8.11.1988 EzA § 118 BetrVG 1972 Nr. 44). Eine karitative Bestimmung scheidet aus, wenn die Betätigung nicht freiwillig, sondern auf Grund gesetzlicher Verpflichtung oder in der Absicht der Gewinnerzielung erbracht wird, die nicht aber schon bei kostendeckender Arbeit vorliegt (*BAG* 29.6.1988 EzA § 118 BetrVG 1972 Nr. 43).

231 Bei einem in privatrechtlicher Rechtsform betriebenen Krankenhaus, dessen Anteile ausschließlich von einer Gebietskörperschaft gehalten werden, fehlt es nicht bereits deshalb an der Freiwilligkeit der Betätigung, weil die Gebietskörperschaft ihrerseits zur Sicherstellung der bedarfsgerechten Versorgung der Bevölkerung mit leistungsfähigen Krankenhäusern gesetzlich verpflichtet ist (*BAG* 22.11.1995 EzA § 118 BetrVG 1972 Nr. 65). Abzustellen ist insoweit nach dem Wortlaut des § 118 Abs. 1 S. 1 BetrVG ausschließlich auf das Unternehmen selbst und dessen Bestimmung und nicht auf die Beweggründe und Verhältnisse derer, die den Unternehmensträger gegründet haben, ihn beeinflussen oder gar beherrschen (*BAG* 24.5.1995 EzA § 118 BetrVG 1972 Nr. 63). Eine Gewinnerzielungsabsicht folgt auch nicht schon daraus, dass in einzelnen Rechnungsjahren ein Gewinn erzielt wurde, wenn nach den Regelungen des Unternehmens (z.B. Satzung) ein derartiger Gewinn wiederum nur für die karitative Bestimmung verwendet werden darf und damit lediglich den Charakter einer Rücklage hat (*BAG* 24.5.1995 EzA § 118 BetrVG 1972 Nr. 63). Solange das Unternehmen an sich privatrechtlich organisiert ist, ist unerheblich, ob Träger des Unternehmens die öffentliche Hand oder ein Sozialversicherungsträger ist (*BAG* 29.6.1988 EzA § 118 BetrVG 1972 Nr. 43). Eine karitative Bestimmung haben beispielsweise Berufsförderungswerke (*BAG* 29.6.1988 EzA § 118 BetrVG 1972 Nr. 43) und Werkstätten für Behinderte (*BAG* 7.4.1981 EzA § 118 BetrVG 1972 Nr. 26).

(5) Erzieherische Bestimmung

232 Eine erzieherische Bestimmung liegt vor, wenn ein Unternehmen darauf gerichtet ist, durch planmäßige und methodische Unterweisung in einer Mehrzahl allgemein bildender oder berufsbildender Fächer die Persönlichkeit eines Menschen zu formen und seine Entwicklung zu einem Glied der menschlichen Gesellschaft zu fördern, wobei eine solche Persönlichkeitsbildung nicht nur bei jungen Menschen, sondern im Rahmen der Erwachsenenbildung auch bei Erwachsenen möglich ist (*BAG* 3.7.1990 EzA § 99 BetrVG 1972 Nr. 90; 13.1.1987 EzA § 118 BetrVG 1972 Nr. 39).

Erziehung setzt voraus, dass sie mit einer gewissen Nachhaltigkeit gegenüber dem einzelnen zu erziehenden Menschen vorgenommen wird (*BAG* 21.6.1989 EzA § 118 BetrVG 1972 Nr. 49).

(6) Wissenschaftliche Bestimmung

233 Auszugehen ist von einem weiten Begriff der Wissenschaft, wie er durch die Rechtsprechung des Bundesverfassungsgerichts (z.B. *BVerfG* 29.5.1973 BVerfGE 35, 79, 113) definiert wurde.

Wissenschaft i.S.v. § 118 Abs. 1 S. 1 Nr. 1 BetrVG ist jede Tätigkeit, die nach Inhalt und Form als ernsthafter Versuch zur Ermittlung der Wahrheit anzusehen ist. Dabei ist unerheblich, ob es sich um grundlagen- oder anwendungsorientierte Forschung handelt, es sei denn, es handelt sich nur noch um die bloße Anwendung erreichter wissenschaftlicher Erkenntnisse ohne eigenes Streben nach neuen eigenen Erkenntnissen (*BAG* 20.11.1990 EzA § 118 BetrVG 1972 Nr. 57; 21.6.1989 EzA § 118 BetrVG 1972 Nr. 48). Neben wissenschaftlicher Forschung ist auch die wissenschaftliche Lehre erfasst (*BAG* 20.11.1990 EzA § 118 BetrVG 1972 Nr. 57). 234

Tendenzschutz genießen daher z.B. Bibliotheken, private Forschungsinstitute, auch Wirtschaftsforschungsinstitute und Museen (vgl. DKK/*Wedde* § 118 Rz. 34; MünchArbR/*Matthes* § 364 Rz. 22). Umstritten ist, ob Tendenzschutz auch die rein kommerzielle Forschung von Wirtschaftsunternehmen, z.B. die Forschungsabteilung einer Arzneimittelfabrik, genießt (so *Galperin/Löwisch* § 118 Rz. 20a; abl. etwa: DKK/*Wedde* § 118 Rz. 34). 235

(7) Künstlerische Bestimmung

Künstlerischen Bestimmungen wird gedient, wenn Werke der Sprache, der Musik, der darstellenden oder bildenden Kunst hervorgebracht oder dargestellt werden, wobei nicht nur die eigentliche künstlerische Betätigung, der sog. Werkbereich, sondern darüber hinaus auch die Darbietung und Verbreitung des Kunstwerks, der sog. Wirkbereich, geschützt wird (*BAG* 15.2.1989 EzA § 118 BetrVG 1972 Nr. 45). 236

Künstlerischen Bestimmungen können z.B. Theater (*BAG* 28.10.1986 EzA § 118 BetrVG 1972 Nr. 38) und Orchester (*BAG* 3.11.1982 EzA § 15 KSchG n.F. Nr. 28) dienen. Auch Verlage und Buchklubs können anders als der reine Buchhandel künstlerischen Bestimmungen dienen (*BAG* 15.2.1989 EzA § 118 BetrVG 1972 Nr. 45). Ferner werden genannt Kleinkunstbühnen, Kabaretts, Konzertagenturen, Chöre und Museen. 237

(8) Berichterstattung und Meinungsäußerungen

Berichterstattung ist die Weitergabe von Tatsachen, Meinungsäußerung die Abgabe einer Stellungnahme zur Beurteilung der Tatsachen (DKK/*Wedde* § 118 Rz. 41). 238

Tendenzschutz genießen daher in erster Linie alle Presseunternehmen, insbes. Zeitschriften und Zeitungsverlage (*BAG* 1.9.1987 EzA § 118 BetrVG 1972 Nr. 40; 1.9.1987 EzA § 118 BetrVG 1972 Nr. 41), Presse- und Nachrichtenagenturen (MünchArbR/*Matthes* § 364 Rz. 28). Geschützt sind ferner insbes. private Rundfunk- und Fernsehanstalten (*BAG* 11.2.1992 EzA § 118 BetrVG 1972 Nr. 60; 27.7.1993 EzA § 118 BetrVG 1972 Nr. 61). Reine Unternehmen des Handels und des Vertriebes mit Presse- und Filmerzeugnissen dienen nicht selbst der Berichterstattung und Meinungsäußerung und genießen daher ebenso wenig Tendenzschutz wie Verlage, die ohne eigenen redaktionellen Teil lediglich Anzeigenblätter, amtliche Bekanntmachungen oder Ähnliches herstellen (MünchArbR/*Matthes* § 364 Rz. 28).

Bei Druckereien von Verlags- und Presseunternehmen ist zu unterscheiden: Umfasst der 239
Verlag in einem einheitlichen Betrieb als unselbstständige Betriebsabteilung zugleich eine Druckerei, die alleine die eigenen Zeitungen oder Zeitschriften druckt, so hat auch die Druckerei Tendenzcharakter (*BAG* 9.12.1975 EzA § 118 BetrVG 1972 Nr. 10). Ist die Druckerei hingegen ein selbstständiger Betrieb, so unterliegt sie dem Tendenzschutz, wenn der Betrieb ausschließlich den Druck dieser Zeitungen oder Zeitschriften mit Tendenzcharakter zur Aufgabe hat und diese Aufgabe im Betrieb zumindest überwiegt (*BAG* 31.10.1975 EzA § 118 BetrVG 1972 Nr. 5). Ein selbstständiges Druckunternehmen ist auch dann kein Tendenzunternehmen, wenn es lediglich für ein Tendenzunternehmen tätig wird, etwa nur dessen Zei-

tung druckt. Dies gilt auch dann, wenn das Druckunternehmen abhängiges Unternehmen an einem sog. Tendenzkonzern ist (*BAG* 30.6.1981 EzA § 118 BetrVG 1972 Nr. 27).

(9) Sonstige Bestimmungen

240 **§ 118 Abs. 1 BetrVG enthält eine abschließende Aufzählung der geschützten Bestimmungen.**

Eine analoge Anwendung auf Betriebe und Unternehmen mit anderer ideeller Zielsetzung scheidet nach überwiegender Ansicht aus (MünchArbR/*Matthes* § 364 Rz. 31; DKK/*Wedde* § 118 Rz. 1; HSWGNR/*Hess* § 118 Rz. 12).

cc) Tendenzunternehmen und -betriebe; Mischunternehmen

241 Unternehmen bzw. Betriebe fallen nur dann unter § 118 Abs. 1 BetrVG, wenn sie unmittelbar und überwiegend den in Nr. 1 und 2 abschließend aufgeführten Zwecken dienen. Das gilt auch für Unternehmen mit wirtschaftlicher Zielsetzung, die zugleich auch nicht wirtschaftliche Zwecke und/oder weiter gehend auch mehrere der in § 118 Abs. 1 S. 1 BetrVG genannten Bestimmungen gleichzeitig verfolgen. Für die geistig-ideelle Bestimmung eines Unternehmens sind Einstellung, subjektive Absichten und Motive des Unternehmers unerheblich; entscheidend ist allein die Art des Unternehmens: Zweck der Unternehmenstätigkeit und der betrieblichen Arbeitsabläufe muss die Förderung der geistig-ideellen Bestimmung sein. Der Unternehmens- bzw. Betriebszweck muss selbst auf die Tendenz ausgerichtet sein (*BAG* 1.9.1987 EzA § 118 BetrVG 1972 Nr. 41; 14.11.1975 EzA § 118 BetrVG 1972 Nr. 6).

242 **Unmittelbarkeit ist dann gegeben, wenn der Unternehmenszweck selbst auf die Tendenz ausgerichtet und nicht nur nach seiner wirtschaftlichen Tätigkeit geeignet ist, den eigentlichen Tendenzbetrieb zu unterstützen.**

243 Eine nur wirtschaftliche Zielsetzung des Unternehmens genügt dem Erfordernis der Unmittelbarkeit auch dann nicht, wenn durch sie das eigentliche Tendenzunternehmen wirtschaftlich unterstützt werden soll oder wenn solche geistig-ideellen Aufgaben lediglich dazu dienen, einen anderen, nicht tendenzgeschützten Unternehmenszweck zu fördern (*BAG* 21.6.1989 EzA § 118 BetrVG 1972 Nr. 49). Nicht der Tendenzbestimmung unterliegen daher Unternehmen, die lediglich eine vorgegebene Tendenz technisch verarbeiten, ohne auf die Tendenz selbst Einfluss nehmen zu können.

244 Das in § 118 Abs. 1 BetrVG enthaltene Merkmal »überwiegend« hat einen quantitativen, nicht qualitativen Inhalt (*BAG* 21.6.1989 EzA § 118 BetrVG 1972 Nr. 49; anders die frühere Rechtsprechung des BAG, sog. **Geprägetheorie**, vgl. *BAG* 29.5.1970 EzA § 81 BetrVG 1952 Nr. 5).

245 **Entscheidend ist, in welchem quantitativen Umfang das Unternehmen seine personellen und sonstigen Mittel zur Verwirklichung seiner tendenzgeschützten und in welchem Umfang zur Verwirklichung seiner anderen Bestimmungen einsetzt. Der Einsatz der personellen und sonstigen Mittel muss regelmäßig in größerem Umfang zur Verwirklichung der tendenzgeschützten als nicht geschützter Zwecke erfolgen, wobei bei personalintensiven Betätigungen in erster Linie auf den zeitlichen Umfang des Personaleinsatzes abzustellen ist (*BAG* 15.3.2006 EzA § 118 BetrVG 2001 Nr. 5).**

246 Bei personalintensiven Unternehmen ist in erster Linie auf den **Personaleinsatz** abzustellen, d.h. auf die Arbeitszeitmenge, die regelmäßig zur Erreichung der verschiedenen Unternehmensziele verwendet wird. Zur Ermittlung des auf die tendenzgeschützten Bestimmungen des Unternehmens entfallenden Personaleinsatzes ist dabei nicht nur auf die sog. Tendenzträger, also auf diejenigen Mitarbeiter abzustellen, deren Aufgabe es ist, selbst inhaltlich auf

die Tendenzverwirklichung Einfluss zu nehmen. Einzubeziehen sind darüber hinaus auch die Mitarbeiter, die mit ihrer Arbeit der Verwirklichung der tendenzgeschützten Bestimmungen des Unternehmens dienen, etwa indem sie die technischen Voraussetzungen für die Tendenzverwirklichung schaffen (*BAG* 21.6.1989 EzA § 118 BetrVG 1972 Nr. 49). Werden mehrere von § 118 Abs. 1 BetrVG geschützte Tendenzen verfolgt, ist der auf die Verwirklichung dieser Bestimmungen insgesamt entfallende Einsatz von Mitteln zusammenzurechnen (vgl. *BAG* 15.2.1989 EzA § 118 BetrVG 1972 Nr. 45). In Unternehmen mit mehreren Betrieben bzw. Nebenbetrieben und selbstständigen Betriebsteilen (§ 4), in denen die Tendenzbestimmung des Unternehmens nur in einzelnen Betrieben verwirklicht wird (sog. Mischunternehmen) ist zwischen dem Tendenzcharakter des Unternehmens und der einzelnen Betriebe zu unterscheiden. Eine Einschränkung von Beteiligungsrechten auf Unternehmensebene (etwa Errichtung eines Wirtschaftsausschusses) ist nur dann gegeben, wenn das Unternehmen selbst im dargelegten Sinne überwiegend Tendenzcharakter hat. Für eine eventuelle Einschränkung von Beteiligungsrechten auf Ebene des jeweiligen Betriebes ist darauf abzustellen, ob der einzelne Betrieb überwiegend Tendenzbestimmungen verfolgt. Daher wird ein Betrieb, der nicht selbst der Verwirklichung einer geschützten Bestimmung dient, nicht schon deswegen zum Tendenzbetrieb, weil er Teil eines Tendenzunternehmens ist. Ebenso wenig wird ein Unternehmen dadurch zum Tendenzunternehmen, dass es abhängiges Unternehmen in einem sog. Tendenzkonzern ist (*BAG* 30.6.1981 EzA § 118 BetrVG 1972 Nr. 27). Umgekehrt kann auch dem Betrieb eines nicht tendenzgeschützten Unternehmens Tendenzschutz zukommen, wenn dessen arbeitstechnischer Zweck der Förderung einer geschützten Bestimmung dient (MünchArbR/*Matthes* § 364 Rz. 34).

dd) Umfang der Beschränkung der Mitbestimmungsrechte

(1) Wirtschaftliche Angelegenheiten

Auf die in § 118 Abs. 1 BetrVG genannten Tendenzunternehmen und -betriebe finden die §§ 106 bis 110 BetrVG keine Anwendung. Für die Bildung eines Wirtschaftsausschusses ist allein der unmittelbare und überwiegende Tendenzcharakter des Unternehmens entscheidend. Auf den Tendenzcharakter einzelner Betriebe oder den Tendenzcharakter des beherrschenden Konzernunternehmens kommt es nicht an (*BAG* 30.6.1981 EzA § 118 BetrVG 1972 Nr. 27). Durch den Ausschluss von § 110 BetrVG bleibt die Verpflichtung des Arbeitgebers nach § 43 Abs. 2 BetrVG, mindestens einmal im Jahr auf der Betriebsversammlung über die wirtschaftliche Lage und Entwicklung des Betriebes zu berichten, unberührt (*BAG* 8.3.1977 EzA § 43 BetrVG 1972 Nr. 1). 247

Die die Beteiligungsrechte des Betriebsrates bei **Betriebsänderungen** regelnden §§ 111 bis 113 BetrVG sind nach § 118 Abs. 1 BetrVG nur insoweit anzuwenden, als sie den Ausgleich oder die Milderung wirtschaftlicher Nachteile für die Arbeitnehmer infolge von Betriebsänderungen regeln. 248

Immer möglich bleibt damit die **Aufstellung eines Sozialplanes**, ggf. erzwungen durch Anrufung der Einigungsstelle. Da dies die umfassende und rechtzeitige Information des Betriebsrates voraussetzt, wird die Unterrichtungspflicht des Unternehmers auch im Tendenzbetrieb bzw. -unternehmen nicht ausgeschlossen. Nach ganz überwiegender Ansicht ist der Unternehmer aber nicht verpflichtet, einen Interessenausgleich mit dem Betriebsrat zu versuchen (vgl. MünchArbR/*Matthes* § 365 Rz. 5, 6). Ein Anspruch auf Nachteilsausgleich nach § 113 wegen Abweichens von einem Interessenausgleich bzw. der Nichtvornahme des Versuchs der Herbeiführung eines Interessenausgleichs kommt damit nicht in Betracht. Da aber andererseits § 118 Abs. 1 S. 2 BetrVG auf § 113 BetrVG verweist, folgt nach Auffassung des *BAG* (18.11.2003 EzA § 118 BetrVG 2001 Nr. 4; 27.10.1998 EzA § 113 BetrVG 1972 Nr. 27) aus einer harmonisierenden Auslegung, dass ein Nachteilsausgleichsanspruch dann in Betracht kommt, wenn der Arbeitgeber eine Betriebsänderung durchführt, ohne rechtzeitig seiner Unterrichtungs- und Beratungspflicht gegenüber dem Betriebsrat im Hinblick auf einen Sozialplan genügt zu haben. 249

250 Nach anderer Ansicht (GK-BetrVG/*Fabricius* 6. Aufl., § 118 Rz. 533) wird durch § 118 BetrVG nur ein Beratungsrecht des Betriebsrates darüber, ob überhaupt eine Betriebsänderung stattfinden soll, nicht aber ein Beratungsrecht hinsichtlich des »wie« der Durchführung ausgeschlossen. Ein Interessenausgleich sei daher mit beschränktem Inhalt möglich, bei Abweichungen greife daher auch unter diesem Gesichtspunkt die Sanktion des § 113 BetrVG. Streitig ist weiter, ob für die Frage eines eventuellen Ausschlusses der Vorschrift über den Interessenausgleich auf den Tendenzcharakter des Betriebes abzustellen ist, da die Beteiligungsrechte im Falle der Betriebsänderung auf der Ebene des einzelnen Betriebes angesiedelt sind (*Galperin/Löwisch* § 118 Rz. 33), oder auf den Tendenzcharakter des Unternehmens, da es sich bei Entscheidungen über das ob und wie einer Betriebsänderung um unternehmerische Entscheidungen in wirtschaftlichen Angelegenheiten handelt (so MünchArbR/*Matthes* § 365 Rz. 7).

(2) Sonstige Beteiligungsrechte

251 Im Übrigen ist das BetrVG nicht anwendbar, soweit dem die Eigenart des Unternehmens oder des Betriebes entgegensteht (sog. Eigenartsklausel). Dies ist dann der Fall, wenn durch die Ausübung von Beteiligungsrechten die geistig-ideelle Zielsetzung des Tendenzträgers ernstlich beeinträchtigt werden kann (st. Rspr., *BVerfG* 15.12.1999 EzA § 118 BetrVG 1972 Nr. 70; 15.12.1999 EzA § 118 BetrVG 1972 Nr. 71; *BAG* 22.5.1979 EzA § 118 BetrVG 1972 Nr. 22; 30.1.1990 EzA § 118 BetrVG 1972 Nr. 50).

252 Dies ist bei reinen Unterrichtungs- und Beratungsrechten des Betriebsrates, wie etwa bei Information und Beratung der Personalplanung (*BAG* 6.11.1990 EzA § 92 BetrVG 1972 Nr. 2) oder dem Einsichtsrecht des Betriebsrates in Lohnlisten (*BAG* 30.6.1981 EzA § 80 BetrVG 1972 Nr. 19) nicht der Fall. Ebenso wenig ist allein ausreichend, dass sich die Maßnahme auf einen Tendenzträger bezieht. Nach Auffassung des BAG (sog. **Maßnahmetheorie**, st. Rspr., vgl. *BAG* 21.9.1993 EzA § 118 BetrVG 1972 Nr. 62) ist vielmehr erforderlich, dass es sich um die Maßnahme gegenüber einem Tendenzträger handelt, die Maßnahme tendenzbezogen ist und die Ausübung des Beteiligungsrechtes die Tendenzverwirklichung ernstlich beeinträchtigen kann. Tendenzträger ist derjenige Arbeitnehmer, für dessen Tätigkeit die Bestimmungen und Zwecke der in § 118 Abs. 1 BetrVG genannten Unternehmen und Betriebe prägend sind, wobei solche Arbeiten allerdings nicht nur in völlig unbedeutendem Umfang verrichtet werden dürfen, andererseits aber auch nicht erforderlich ist, dass diese mehr als die Hälfte der Gesamtarbeitszeit in Anspruch nimmt (*BAG* 20.11.1990 EzA § 118 BetrVG 1972 Nr. 57). Hat die jeweilige Maßnahme Auswirkungen auf die Tendenzverfolgung, folgt hieraus nicht automatisch ein völliger Ausschluss des jeweiligen Beteiligungsrechts. Dieses ist vielmehr nur insoweit eingeschränkt, als seine Wahrnehmung die Tendenzverfolgung oder Tendenzverwirklichung ernsthaft beeinträchtigen oder verhindern könnte (*BAG* 11.2.1992 EzA § 118 BetrVG 1972 Nr. 60).

(3) Einzelfälle

aaa) Allgemeine personelle Angelegenheiten

253 Die Informationspflicht des Arbeitgebers über die **Personalplanung** (§ 92 BetrVG) besteht auch in einem Tendenzunternehmen (*BAG* 6.11.1990 EzA § 92 BetrVG 1972 Nr. 2). Bestehen bleiben auch die Beteiligungsrechte nach § 92 Abs. 3 und § 92a BetrVG (GK-BetrVG/*Weber* § 118 Rz. 193, 194). Das Recht, eine innerbetriebliche Stellenausschreibung zu verlangen (§ 93 BetrVG) wird durch § 118 BetrVG i.d.R. nicht ausgeschlossen (*BAG* 30.10.1979 EzA § 118 BetrVG 1972 Nr. 20). Eine Beteiligung bzgl. Personalfragebogen (§ 94 BetrVG) entfällt, soweit es um tendenzbezogene Fragen geht, wie z.B. bei einer wissenschaftlichen Einrichtung bei Einstellung von Wissenschaftlern die Frage einer Tätigkeit für das MfS (*BAG* 21.9.1993 EzA § 118 BetrVG 1972 Nr. 62). Ein Beteiligungsrecht bei der Aufstellung allgemeiner Beurteilungsgrundsätze entfällt in Tendenzunternehmen. Eine Mitbestimmung bei

der Aufstellung von Auswahlrichtlinien (§ 95 BetrVG) scheidet aus, soweit sich die Richtlinien auf Tendenzträger beziehen. Im Bereich der Berufsbildung gelten die §§ 96, 97 BetrVG uneingeschränkt, § 98 BetrVG nur insoweit, als es nicht um die Berufsausbildung und berufliche Fortbildung der Tendenzträger geht (GK-BetrVG/*Weber* § 118 Rz. 190 ff.); das Vorschlagsrecht und der Unterrichtungsanspruch des Betriebsrats nach § 98 Abs. 3 BetrVG bleiben aber bestehen (*BAG* 30.5.2006 EzA § 118 BetrVG 2001 Nr. 5).

bbb) Personelle Einzelmaßnahmen

Bei tendenzbezogenen Einstellungen oder Versetzungen hat der Betriebsrat kein Zustimmungsverweigerungs-, sondern nur ein Informationsrecht; der Arbeitgeber hat den Betriebsrat über die personelle Einzelmaßnahme lediglich zu informieren, muss aber nicht dessen Zustimmung einholen (st. Rspr., vgl. *BAG* 27.7.1993 EzA § 118 BetrVG 1972 Nr. 61; 8.5.1990 EzA § 118 BetrVG 1972 Nr. 52). Der Tendenzschutz des BetrVG zu Gunsten erzieherischer und karitativer Ziele schließt aber nicht aus, dass dem Betriebsrat durch Tarifvertrag ein Mitbestimmungsrecht bei der Einstellung von Tendenzträgern eingeräumt wird (*BAG* 31.1.1995 EzA § 99 BetrVG 1972 Nr. 126). 254

Auch vor einer vorläufigen Maßnahme ist der Betriebsrat entsprechend § 100 BetrVG zu unterrichten. Angesichts der Tatsache, dass eine Zustimmung des Betriebsrates nicht erforderlich ist, sondern der Arbeitgeber den Betriebsrat nur informieren und eine eventuelle Stellungnahme zur Kenntnis nehmen muss, nach Ablauf der Wochenfrist aber auf jeden Fall die Versetzung oder Einstellung durchführen kann, hat § 100 nur noch Bedeutung für Fälle, in denen der Arbeitgeber die Maßnahme vor Ablauf der Wochenfrist bzw. abschließender Stellungnahme des Betriebsrates durchführen will. Da die Maßnahme nach Ablauf der Wochenfrist auf jeden Fall durchgeführt werden kann, sind bei tendenzbezogenen personellen Einzelmaßnahmen besonders strenge Anforderungen an die Voraussetzung zu stellen, dass die vorläufige Durchführung aus sachlichen Gründen dringend erforderlich ist (*BAG* 8.5.1990 EzA § 118 BetrVG 1972 Nr. 52). Beachtet der Arbeitgeber auch dieses eingeschränkte Beteiligungsrecht nicht, kann der Betriebsrat bei einer unterlassenen oder nicht ordnungsgemäßen Unterrichtung nach § 101 BetrVG die Aufhebung der personellen Einzelmaßnahme verlangen (*BAG* 1.9.1987 EzA § 118 BetrVG 1972 Nr. 40). Ein Zustimmungsverweigerungsrecht besteht auch dann nicht, wenn der Betriebsrat zu einer Einstellung oder Versetzung seine Zustimmung mit einer tendenzneutralen Begründung verweigern will (*BAG* 27.7.1993 EzA § 118 BetrVG 1972 Nr. 61). Streiten Arbeitgeber und Betriebsrat anlässlich einer Einstellung oder Versetzung, zu der der Betriebsrat seine Zustimmung verweigert hat, darüber, ob die Maßnahme nach § 118 Abs. 1 BetrVG der Zustimmung des Betriebsrates bedarf oder nicht, so ist der Arbeitgeber nicht gehalten, diesen Streit in einem Zustimmungsersetzungsverfahren nach § 99 Abs. 4 BetrVG entscheiden zu lassen. Hierüber ist vielmehr im Aufhebungsverfahren nach § 101 BetrVG zu entscheiden (*BAG* 1.9.1987 EzA § 118 BetrVG 1972 Nr. 41). Der Tendenzcharakter eines Unternehmens oder Betriebes schließt das Mitbestimmungsrecht des Betriebsrates bei Ein- und Umgruppierungen nicht aus, da es um ein reines Mitbeurteilungsrecht geht (*BAG* 3.12.1985 EzA § 99 BetrVG 1972 Nr. 52; 31.5.1983 EzA § 118 BetrVG 1972 Nr. 36). 255

Bei der **Kündigung eines Tendenzträgers** in einem Tendenzunternehmen muss der Betriebsrat nach § 102 Abs. 1 BetrVG unter Mitteilung der Kündigungsgründe gehört werden, auch wenn die Kündigung aus tendenzbedingten Gründen erfolgt (*BAG* 7.11.1975 EzA § 118 BetrVG 1972 Nr. 9). Nach Auffassung des *BAG* (7.11.1975 EzA § 118 BetrVG 1972 Nr. 9; s.a. *BVerfG* 6.11.1979 EzA § 118 BetrVG 1972 Nr. 23) ist der Betriebsrat im Hinblick auf die tendenzbedingten Motive darauf beschränkt, soziale Gesichtspunkte geltend zu machen. Nach anderer Auffassung beeinträchtigt erst ein eventueller, durch den Widerspruch des Betriebsrats ausgelöster Weiterbeschäftigungsanspruch die Tendenzverwirklichung, sodass nur ein solcher, nicht aber das Widerspruchsrecht des Betriebsrates aus allen in § 102 Abs. 3 BetrVG genannten Gründen ausgeschlossen ist (MünchArbR/*Matthes* § 365 Rz. 28). 256

257 Inwieweit der besondere Kündigungsschutz für Betriebsratsmitglieder nach § 15 Abs. 1 KSchG, § 103 BetrVG bei einer Kündigung eines Betriebsratsmitgliedes oder sonstigen geschützten Funktionsträgers, der zugleich Tendenzträger ist, in einem Tendenzunternehmen eingeschränkt ist, wird kontrovers diskutiert. § 15 KSchG verbietet jedenfalls solche ordentlichen Kündigungen, die ein Tendenzunternehmen gegenüber einem dem Betriebsrat angehörenden Tendenzträger wegen nicht tendenzbezogener Leistungsmängel erklärt (*BAG* 3.11.1982 EzA § 15 KSchG n.F. Nr. 28). Zum Teil (KR-*Etzel* § 103 BetrVG Rz. 16a) wird die Ansicht vertreten, dass § 15 Abs. 1 KSchG uneingeschränkt Anwendung findet, zum Teil (*Hanau* AR-Blattei Anm. zu Betriebsverfassung VIIII Entsch. 55) soll bei einer ordentlichen, auf tendenzbedingte Gründe gestützten Kündigung nur eine Anhörungsverpflichtung gegenüber dem Betriebsrat bestehen. Für den Fall der außerordentlichen Kündigung eines Betriebsratsmitglieds, das Tendenzträger ist, aus tendenzbezogenen Gründen, hat das *BAG* (28.8.2003 EzA § 118 BetrVG 2001 Nr. 3) entschieden, dass es keiner Zustimmung des Betriebsrat nach § 103 BetrVG bedarf, sondern der Betriebsrat nur nach § 102 BetrVG anzuhören ist. § 118 Abs. 1 BetrVG steht der Anwendung von § 78a BetrVG grds. nicht entgegen. Sofern die Begründung eines Arbeitsverhältnisses die Tendenzverwirklichung beeinträchtigt, kann dies vom Arbeitgeber im Verfahren nach § 78a Abs. 4 BetrVG geltend gemacht und im Rahmen der Zumutbarkeitsprüfung berücksichtigt werden (*BAG* 23.6.1983 EzA § 78a BetrVG 1972 Nr. 11).

ccc) Soziale Angelegenheiten

258 Eine Einschränkung des Mitbestimmungsrechts in sozialen Angelegenheiten kommt nur in Ausnahmefällen in Betracht, da es hier meist um den wertneutralen Arbeitsablauf des Betriebes geht (*BAG* 13.2.1990 EzA § 118 BetrVG 1972 Nr. 51). Ausgeschlossen ist aber etwa die Mitbestimmung des Betriebsrats bei der Einführung von Regeln, die für Redakteure einer Wirtschaftszeitung im Interesse der unabhängigen Berichterstattung den Besitz von Wertpapieren oder die Ausübung von Nebentätigkeiten einschränken (*BAG* 28.5.2002 EzA § 87 BetrVG 1972 Betriebliche Ordnung Nr. 22). Einschränkungen können sich aber insbes. im Hinblick auf Arbeitszeitregelungen für Tendenzträger ergeben, wenn Arbeitszeitfragen nicht nur den technisch-organisatorischen Ablauf des Arbeitsprozesses betreffen, sondern auch einen Bezug zur Tendenzverwirklichung des Unternehmens haben. § 118 Abs. 1 BetrVG steht daher einem Mitbestimmungsrecht bei der Entscheidung des Trägers einer Privatschule als Tendenzunternehmen entgegen, im Rahmen eines Ganztagsschulbetriebes Lehrer an den Nachmittagen zu Unterrichts- und Betreuungsstunden heranzuziehen (*BAG* 13.1.1987 EzA § 118 BetrVG 1972 Nr. 39). Auch die Entscheidung einer karitativen Einrichtung, etwa eines Dialysezentrums, die angebotenen Leistungen durchgehend und nicht nur zu bestimmten Zeiten anzubieten, unterliegt nicht der Mitbestimmung des Betriebsrates, anders als die Aufstellung der jeweiligen Dienstpläne (*BAG* 18.4.1989 EzA § 76 BetrVG 1972 Nr. 48). Im Bereich von Funk und Presse führt die Tatsache, dass die Aktualität einer Berichterstattung auch von der Lage der Arbeitszeit derjenigen Arbeitnehmer abhängt, die an dieser Berichterstattung mitwirken, nicht von vornherein zu einem Ausschluss des Mitbestimmungsrechts des Betriebsrates nach § 87 Abs. 1 Nr. 2 BetrVG. Erst die konkrete mitbestimmte Regelung über die Lage der Arbeitszeit, die eine aktuelle Berichterstattung ernsthaft gefährdet oder unmöglich macht, ist von diesem Mitbestimmungsrecht des Betriebsrates nicht mehr gedeckt und damit unwirksam (*BAG* 11.2.1992 EzA § 118 BetrVG 1972 Nr. 60; *BVerfG* 15.12.1999 EzA § 118 BetrVG 1972 Nr. 71). Die Aktualität der Berichterstattung wird ebenfalls nicht beeinträchtigt, wenn der Betriebsrat bei der Dauer der Arbeitszeit der Redakteure an einzelnen Arbeitstagen, nicht aber bei Beginn und Ende der Arbeitszeit und der Festlegung der einzelnen Arbeitstage mitbestimmt (*BAG* 30.10.1990 EzA § 118 BetrVG 1972 Nr. 50). Selbst wenn aber für Redakteure in einer Betriebsvereinbarung Beginn und Ende der täglichen Arbeitszeit sowie die Verteilung der Arbeitszeit auf die einzelnen Wochentage geregelt wird, steht dem § 118 Abs. 1 BetrVG dann nicht entgegen, wenn die Betriebsvereinbarung die für die Aktualität der Berichterstattung relevanten Entscheidungen des Arbeitgebers (Redaktionsschluss, Lage und Dauer von Redaktionskonferenzen, Besetzung der Redaktionen u.a.)

als Vorgabe zu Grunde legt und sichergestellt ist, dass die Arbeitszeitregelung auch künftigen Tendenzentscheidungen nicht entgegensteht (*BAG* 14.1.1992 EzA § 118 BetrVG 1972 Nr. 59). Ist eine Arbeitszeitregelung mit dem Arbeitgeber vereinbart, ist diese in jedem Fall wirksam, da sie auch vom Willen des Tendenzunternehmens mitgetragen ist (MünchArbR/*Matthes* § 365 Rz. 38). Eine Einschränkung der Mitbestimmung kann sich auch bei Fragen der betrieblichen Lohngestaltung ergeben, wenn diese besonderen Tendenzbezug hat, etwa wenn eine Entgeltform gerade die Tendenz fördern soll, wie z.B. bei Zulagen für besondere Leistungen bei der Tendenzverwirklichung (*BAG* 13.2.1990 EzA § 118 BetrVG 1972 Nr. 51; 31.1.1984 EzA § 87 BetrVG 1972 Betriebliche Lohngestaltung Nr. 8).

In der Literatur wird zum Teil (*Weber* NZA-Beil. 3/1989, S. 5) eine Einschränkung der **259**
Mitbestimmungsrechte des Betriebsrates bei Fragen der Ordnung des Betriebes und des Verhaltens der Arbeitnehmer (§ 87 Abs. 1 Nr. 1 BetrVG) für erforderlich gehalten, wenn tendenzbedingte Gründe ausschlaggebend sind. Beispiele werden insoweit nicht genannt.

B. Der Betriebsrat

I. Die Wahl des Betriebsrats

1. Zeitpunkt der Wahl

a) Regelmäßige Betriebsratswahlen

Besteht in einem betriebsratsfähigen Betrieb noch kein Betriebsrat, so ist die Wahl jederzeit **260**
möglich, § 13 Abs. 2 Nr. 6 BetrVG. Besteht dagegen ein Betriebsrat, so finden die regelmäßigen Wahlen zwischen dem 1.3. und dem 31.5. statt, § 13 Abs. 1 BetrVG.

Findet eine regelmäßige Wahl vor dem 1.3. des Wahljahres statt, ohne dass ein Grund **261**
nach § 13 Abs. 2 BetrVG für vorgezogene außerordentliche Betriebsratswahlen vorliegt, ist die Wahl auf Grund eines groben und offensichtlichen Verstoßes gegen wesentliche Wahlvorschriften nichtig (*BAG* 11.4.1978 EzA § 19 BetrVG 1972 Nr. 17). Eine Wahl nach dem 31.5. berührt deren Wirksamkeit nicht.

Vielmehr endet die Amtszeit des bisherigen Betriebsrats mit dem 31.5., sodass der Betrieb ab **262**
diesem Zeitpunkt betriebsratslos ist. Nach § 13 Abs. 2 Nr. 6 BetrVG ist dann eine außerordentliche Betriebswahl zulässig. Die regelmäßigen Betriebsratswahlen sind nach § 13 Abs. 1 BetrVG, § 5 Abs. 1 SprAuG zeitgleich mit der Wahl des Sprecherausschusses für leitende Angestellte einzuleiten. Ein Verstoß gegen dieses Gebot zeitgleicher Wahleinleitung führt weder zur Nichtigkeit noch zur Anfechtbarkeit der Wahl (GK-BetrVG/*Kreutz* § 13 Rz. 25). Wird der andere Wahlvorstand jedoch nicht rechtzeitig bestellt oder tätig, hat die Verpflichtung zur Durchführung der eigenen Wahl Vorrang (MünchArbR/*Joost* § 304 Rz. 7).

b) Außerordentliche Betriebsratswahlen, § 13 Abs. 2 BetrVG

Außerhalb des Zeitraums für regelmäßige Wahlen kann ein Betriebsrat nur in den in § 13 **263**
Abs. 2 BetrVG genannten Fällen im Rahmen einer außerordentlichen Betriebsratswahl gewählt werden. Die Regelung ist zwingend und – bis auf den Ausnahmefall der Erforderlichkeit von Neuwahlen nach § 21a – abschließend (GK-BetrVG/*Kreutz* § 13 Rz. 8, 28).

Insbesondere folgt daraus, dass ein konstruktives Misstrauensvotum gegen den Betriebsrat durch Abwahl im Rahmen einer vorgezogenen Neuwahl nicht möglich ist (MünchArbR/*Joost* § 304 Rz. 9).

aa) Nr. 1: Wesentliche Änderung der Zahl der Beschäftigten

264 Der Betriebsrat ist neu zu wählen, wenn die Zahl der regelmäßig beschäftigten Arbeitnehmer mit Ablauf von 24 Monaten seit dem Tag der Wahl, d.h. bei mehreren Wahltagen der letzte Tag der Stimmabgabe (GK-BetrVG/*Kreutz* § 13 Rz. 39), um die Hälfte, mindestens aber um fünfzig, gestiegen oder gesunken ist. Für die Fristberechnung gelten § 187 Abs. 1, § 188 Abs. 2 BGB. Ist z.B. am 15.3. gewählt worden, so kommt es auf die Zahl der Arbeitnehmer am 15.3. des übernächsten Jahres an. Frühere, aber am Stichtag nicht mehr vorhandene Veränderungen bleiben ebenso außer Betracht wie Veränderungen, die erst nach dem Stichtag eintreten (GK-BetrVG/*Kreutz* § 13 Rz. 37).

bb) Nr. 2: Zu geringe Zahl von Betriebsratsmitgliedern

265 Der Betriebsrat ist ferner dann neu zu wählen, wenn die Gesamtzahl der Betriebsratsmitglieder nach Eintreten sämtlicher Ersatzmitglieder unter die nach §§ 9, 11 BetrVG vorgeschriebene Zahl von Betriebsratsmitgliedern gesunken ist. Die Neuwahl ist aber ausgeschlossen, solange noch Ersatzmitglieder in den Betriebsrat nachrücken können. Die Reihenfolge des Nachrückens richtet sich nach § 25 BetrVG. Bei Erschöpfung einer Liste ist auf ein Ersatzmitglied anderer Listen zurückzugreifen.

cc) Nr. 3: Rücktritt des Betriebsrats

266 Der Rücktritt setzt einen von der Mehrheit der gesetzlichen Mitglieder des Betriebsrats gefassten Beschluss voraus. Die Gründe für den Rücktritt (z.B. Herbeiführung von Neuwahlen, Protest) sind belanglos und gerichtlich nicht überprüfbar (*BAG* 3.4.1979 EzA § 40 BetrVG 1972 Nr. 45). Der Beschluss beendet das Amt des Betriebsrates auch hinsichtlich der Mitglieder, die gegen den Beschluss gestimmt haben. Vom Rücktritt des Betriebsrates ist daher die sog. Amtsniederlegung einzelner Betriebsratsmitglieder zu unterscheiden: Legen alle Betriebsratsmitglieder gem. § 24 Abs. 1 Nr. 2 BetrVG ihre Ämter nieder, besteht der Betriebsrat als solcher fort und es erlischt nur das persönliche Amt der Betroffenen, für die dann Ersatzmitglieder nachrücken (MünchArbR/*Joost* § 304 Rz. 21; GK-BetrVG/*Kreutz* § 13 Rz. 69).

dd) Nr. 4: Erfolgreiche Anfechtung der Betriebsratswahl

267 Bei erfolgreicher Wahlanfechtung im Verfahren nach § 19 BetrVG endet das Amt des Betriebsrates mit Rechtskraft des gerichtlichen Beschlusses. Der Beschluss muss die gesamte Betriebsratswahl für unwirksam erklären, da bei erfolgreicher Anfechtung nur der Wahl eines oder mehrerer Betriebsratsmitglieder der Betriebsrat als solcher im Amt bleibt. Beschließt der Betriebsrat vor Rechtskraft des Anfechtungsbeschlusses seinen Rücktritt (§ 13 Abs. 2 Nr. 3 BetrVG), verliert er gleichwohl mit Rechtskraft des Beschlusses die Befugnis zur vorläufigen Fortführung der Geschäfte nach § 22 BetrVG (*BAG* 29.5.1991 EzA § 4 BetrVG 1972 Nr. 6).

ee) Nr. 5: Auflösung durch gerichtliche Entscheidung

268 Der Betriebsrat ist ferner neu zu wählen, wenn der bisherige Betriebsrat wegen grober Verletzung gesetzlicher Pflichten durch rechtskräftigen gerichtlichen Beschluss in einem Verfahren nach § 23 Abs. 1 BetrVG aufgelöst wird. Eine Fortführung der Geschäfte bis zur Neuwahl ist nach § 22 BetrVG nicht möglich.

ff) Nr. 6: Nichtbestehen eines Betriebsrates

269 Ein Betriebsrat kann in einem betriebsratsfähigen Betrieb immer dann auch außerhalb der regulären Wahlzeit gewählt werden, wenn ein Betriebsrat bisher nicht besteht, z.B. dann, wenn ein Betriebsteil auf einen anderen Inhaber übertragen wird, der diesen als selbstständigen Betrieb fortführt (*BAG* 23.11.1988 EzA § 102 BetrVG 1972 Nr. 72).

c) Streitigkeiten

Über alle sich aus § 13 BetrVG ergebenden Streitigkeiten entscheidet das Arbeitsgericht im Beschlussverfahren, §§ 2a Abs. 1, Abs. 2, 80 ff. ArbGG. 270

2. Aktives und passives Wahlrecht

Das aktive Wahlrecht richtet sich nach § 7 BetrVG, das passive Wahlrecht nach § 8 BetrVG. 271
Zum aktiven und passiven Wahlrecht s.o. Rn. 156 ff., 183 ff.

3. Wahlverfahren; reguläres oder vereinfachtes Wahlverfahren

Einleitung und Durchführung der Wahl und die Feststellung des Wahlergebnisses obliegen 272
dem Wahlvorstand, § 18 Abs. 1 BetrVG.

Neben den maßgeblichen Bestimmungen des BetrVG ist das Wahlverfahren i.E. in der 273
Wahlordnung (WO) geregelt.

Seit dem BetrVerf-ReformG vom 23.7.2001 (BGBl. I S. 1852 ff.) unterscheidet das BetrVG zwischen regulärem Wahlverfahren (s.u. Rn. 274 ff.) und vereinfachtem Wahlverfahren (s.u. Rn. 365 ff.), vgl. § 14a BetrVG.

Das **reguläre** Wahlverfahren findet zwingend Anwendung in Betrieben mit i.d.R. mehr 274
als 100 wahlberechtigten Arbeitnehmern. Es ist regelmäßig auch anzuwenden in Betrieben mit i.d.R. 51–100 wahlberechtigten Arbeitnehmern. Das **vereinfachte** Wahlverfahren findet zwingend Anwendung bei Betrieben mit i.d.R. 5–50 wahlberechtigten Arbeitnehmern, § 14a Abs. 1 S. 1 BetrVG. Es kann in Betrieben mit i.d.R. 51–100 wahlberechtigten Arbeitnehmern Anwendung finden, wenn seine Anwendung zwischen Wahlvorstand und Arbeitgeber vereinbart wird, § 14a Abs. 5 BetrVG.

4. Das reguläre Wahlverfahren

a) Bestellung des Wahlvorstandes

aa) Bei Bestehen eines Betriebsrates

Besteht in einem Betrieb bereits ein Betriebsrat, hat dieser nach § 16 Abs. 1 BetrVG spä- 275
testens zehn Wochen vor Ablauf seiner Amtszeit einen Wahlvorstand zu bestellen. Besteht acht Wochen vor Ablauf der Amtszeit des amtierenden Betriebsrats kein Wahlvorstand, so kann er auch durch den Gesamtbetriebsrat oder, falls ein solcher nicht besteht durch den Konzernbetriebsrat bestellt werden, § 16 Abs. 3 BetrVG. Ferner besteht in diesem Fall auch die Möglichkeit, dass der Wahlvorstand durch das Arbeitsgericht bestellt wird (s.u. Rn. 289 ff.).

Bestellung des Wahlvorstandes bedeutet die Entscheidung durch Beschluss des Betriebsrats 276
(§ 33 BetrVG), dass der Wahlvorstand gebildet wird, wie viele und welche Mitglieder er haben und wer sein Vorsitzender sein soll; hinzukommen muss die Zustimmung der Betroffenen.

Bestellt werden können auch Mitglieder des noch amtierenden Betriebsrats sowie potenzielle Wahlbewerber und Unterzeichner von Wahlvorschlägen (*BAG* 12.10.1976 EzA § 8 BetrVG 1972 Nr. 2; GK-BetrVG/*Kreutz* § 16 Rz. 29). Der Wahlvorstand besteht aus zumindest drei wahlberechtigten Arbeitnehmern. Möglich ist auch die Bestellung eines stellvertretenden Vorsitzenden und von Ersatzmitgliedern (GK-BetrVG/*Kreutz* § 16 Rz. 25).

Soweit dies zur ordnungsgemäßen Durchführung der Wahl erforderlich ist, können auch 277
mehr als drei Mitglieder, stets aber eine ungerade Zahl bestellt werden. Die Frage der Erfor-

derlichkeit unterliegt dabei arbeitsgerichtlicher Kontrolle im Beschlussverfahren (GK-BetrVG/*Kreutz* § 16 Rz. 33; *Richardi* § 16 Rz. 8). Hierbei ist zu berücksichtigen, dass der Wahlvorstand nach § 1 Abs. 2 WO Wahlhelfer zu seiner Unterstützung heranziehen kann.

278 Eine Erhöhung kommt insbes. in Betracht, wenn in größeren Betrieben die Einrichtung von mehr als drei Wahlräumen notwendig ist, in denen gleichzeitig gewählt wird, da nach § 12 Abs. 2 WO während der Stimmabgabe ständig mindestens ein Mitglied des Wahlvorstandes anwesend sein muss (GK-BetrVG/*Kreutz* § 16 Rz. 33).

279 Sinkt infolge des Ausscheidens von Mitgliedern und weil keine Ersatzmitglieder mehr vorhanden sind, die Zahl der Wahlvorstandsmitglieder unter drei, so hat der Betriebsrat unverzüglich Ersatzmitglieder zu bestellen (*BAG* 14.12.1965 AP Nr. 5 zu § 16 BetrVG). Bleibt der Betriebsrat untätig, kann eine Ergänzung durch das Arbeitsgericht in entsprechender Anwendung des § 16 Abs. 2 BetrVG vorgenommen werden (GK-BetrVG/*Kreutz* § 16 Rz. 42). Auch dürfte in entsprechender Anwendung des § 16 Abs. 3 BetrVG eine Ergänzung durch den Gesamt- bzw. Konzernbetriebsrat in Betracht kommen.

280 Gem. § 16 Abs. 1 S. 5 BetrVG sollen dem Wahlvorstand dann, wenn dem Betrieb wahlberechtigte Frauen und Männer angehören, beide Geschlechter im Wahlvorstand vertreten sein. Ein Verstoß hiergegen begründet aber nicht die Anfechtbarkeit der Wahl, da es sich nicht um eine wesentliche Vorschrift über das Wahlverfahren i.S.d. § 19 Abs. 1 BetrVG handelt (GK-BetrVG/*Kreutz* § 16 Rz. 36).

281 Nach § 16 Abs. 1 S. 6 BetrVG kann jede im Betrieb vertretene **Gewerkschaft**, die nicht bereits im Wahlvorstand durch ein Mitglied vertreten ist, ein nicht stimmberechtigtes Mitglied, das nicht Funktionsträger der Gewerkschaft (vgl. *Engels/Natter* BB Beil. 1/1989, S. 1, 20; GK-BetrVG/*Kreutz* § 16 Rz. 46), aber wahlberechtigter Arbeitnehmer des Betriebs sein muss, in den Wahlvorstand entsenden. Das Entsenderecht setzt voraus, dass der Wahlvorstand bereits bestellt ist, da nur dann feststeht, ob die Gewerkschaft bereits durch ein Mitglied vertreten ist. War zunächst kein Mitglied der Gewerkschaft in den Wahlvorstand bestellt worden, scheidet das von der Gewerkschaft nach § 16 Abs. 1 S. 6 BetrVG entsandte nicht stimmberechtigte Mitglied dann aus, wenn durch das Nachrücken eines Ersatzmitgliedes die vorher nicht vertretene Gewerkschaft nunmehr ein Mitglied im Wahlvorstand hat (GK-BetrVG/*Kreutz* § 16 Rz. 44). Das gewerkschaftliche Entsenderecht ist zwingend. § 16 Abs. 1 S. 6 BetrVG ist daher wesentliche Vorschrift über das Wahlverfahren i.S.d. § 19 Abs. 1 BetrVG. Gleichwohl ist streitig, ob die unberechtigte Zurückweisung des von einer Gewerkschaft Entsandten durch den Wahlvorstand oder eine wegen Nicht-Vorliegens der Voraussetzungen des § 16 Abs. 1 S. 6 BetrVG unberechtigte Beteiligung des gewerkschaftlich Entsandten die Anfechtbarkeit der Wahl begründen kann, weil fraglich ist, ob die Mitwirkung oder Nichtmitwirkung stimmrechtsloser Wahlvorstandsmitglieder für das Wahlergebnis kausal i.S.d. § 19 Abs. 1 BetrVG sein kann (*Fitting* § 16 Rz. 55; DKK/*Schneider* § 16 Rz. 22).

bb) Bei betriebsratslosen Betrieben

282 In einem betriebsratsfähigen, aber betriebsratslosen Betrieb obliegt die Bestellung des Wahlvorstandes dem Gesamtbetriebsrat oder, wenn ein solcher nicht besteht, dem Konzernbetriebsrat, § 17 Abs. 1 BetrVG. Besteht auch kein Gesamt- oder Konzernbetriebsrat oder kommen diese Gremien ihrer Pflicht zur Bestellung des Wahlvorstandes nicht nach, wird gem. § 17 Abs. 2 BetrVG der Wahlvorstand in einer Betriebsversammlung von der Mehrheit der anwesenden Arbeitnehmer gewählt. Findet trotz Einladung keine derartige Betriebsversammlung statt oder wird auf ihr kein Wahlvorstand gewählt, kann eine arbeitsgerichtliche Einsetzung des Wahlvorstandes beantragt werden, § 17 Abs. 4 BetrVG (s.u. Rn. 296).

Einladungsberechtigt zu einer Betriebsversammlung nach § 17 Abs. 2 BetrVG sind nach § 17 Abs. 3 BetrVG drei wahlberechtigte Arbeitnehmer oder eine im Betrieb vertretene

Gewerkschaft. Diese Aufzählung ist nicht abschließend, sodass einladungsberechtigt auch der Arbeitgeber (*BAG* 19.3.1974 EzA § 17 BetrVG 1972 Nr. 1) sowie der Betriebsrat durch die Einberufung einer Betriebsversammlung gem. § 43 Abs. 1 BetrVG zur Wahl eines Wahlvorstandes für einen Termin nach Ablauf seiner Amtszeit (GK-BetrVG/*Kreutz* § 17 Rz. 22) sind. Erfolgt die Einladung durch drei wahlberechtigte Arbeitnehmer, so besteht für diese vom Zeitpunkt der Einladung bis zur Bekanntgabe des Wahlergebnisses oder, falls ein Betriebsrat in der Folge nicht gewählt wird, für drei Monate ab Einladung ein Schutz vor ordentlichen Kündigungen nach § 15 Abs. 3a KSchG (s.o. Kap. 4 Rn. 548).

Eine besondere Form der Einladung sieht das Gesetz nicht vor. Sie muss aber Zeit, Ort und Gegenstand der Betriebsversammlung sowie die Einladenden angeben. **283**

Die Einladung muss so bekannt gemacht werden, dass alle Arbeitnehmer des Betriebes hiervon Kenntnis nehmen können. Fehlt es hieran und haben die Arbeitnehmer auch nicht auf andere Weise tatsächlich hiervon erfahren und kann durch das Fernbleiben der nicht unterrichteten Arbeitnehmer das Wahlergebnis beeinflusst werden, ist die Wahl des Wahlvorstandes nichtig (*BAG* 7.5.1986 EzA § 17 BetrVG 1972 Nr. 5) und damit auch die von diesem Wahlvorstand durchgeführte Betriebsratswahl (GK-BetrVG/*Kreutz* § 17 Rz. 25). **284**

Der Arbeitgeber ist verpflichtet, allen regelmäßig auswärts beschäftigten Arbeitnehmern eine Einladung zu einer Betriebsversammlung zum Zweck der Wahl eines Wahlvorstandes für die erstmalige Wahl eines Betriebsrats zukommen zu lassen (*BAG* 26.2.1992 EzA § 17 BetrVG 1972 Nr. 6).

An der Versammlung können alle im Betrieb beschäftigten Arbeitnehmer mit Ausnahme der leitenden Angestellten teilnehmen. Strittig ist, ob der Arbeitgeber ein Teilnahmerecht hat (bejahend: *LAG Bln.* 10.2.1986 LAGE § 19 BetrVG 1972 Nr. 4; ablehnend: *ArbG Bielefeld* 23.6.1982 AuR 1983, 91; DKK/*Schneider* § 17 Rz. 6). Soweit dieses bejaht wird, scheidet jedenfalls eine Vertretung des Arbeitgebers durch eine betriebsfremde Person, etwa einen Rechtsanwalt aus (GK-BetrVG/*Kreutz* § 17 Rz. 28). **285**

Zweckmäßig, aber nicht erforderlich ist die förmliche Wahl eines Versammlungsleiters. Es genügt, wenn einer der einladenden Arbeitnehmer oder ein Beauftragter der einladenden Gewerkschaft die Versammlung eröffnet und die Wahl leitet. Denn für die Ordnungsmäßigkeit der Wahl ist es letztlich ohne Bedeutung, wer die Versammlung geleitet hat. Maßgeblich ist, dass der Wahlvorstand von der Mehrheit der anwesenden Arbeitnehmer gewählt wird (*BAG* 7.5.1986 EzA § 17 BetrVG 1972 Nr. 5). **286**

Nähere Vorschriften über das Wahlverfahren und den Abstimmungsmodus bestehen nicht. Gewählt wird mit der einfachen Mehrheit der Stimmen der anwesenden Arbeitnehmer. Stimmberechtigt sind auch die nicht wahlberechtigten Arbeitnehmer. Die Wahl kann durch Handzeichen erfolgen; eine geheime Wahl ist nicht erforderlich (*BAG* 7.5.1986 EzA § 17 BetrVG 1972 Nr. 5). **287**

Gewählt sind in der Gemeinschaftswahl die Bewerber in der Reihenfolge der höchsten Stimmenzahlen. Der Wahlvorstand ist bestellt, wenn die Gewählten die Annahme der Wahl erklären. **288**

cc) Bestellung des Wahlvorstandes durch das Arbeitsgericht

Das Gesetz sieht in vier Fällen die Bestellung eines Wahlvorstandes durch das Arbeitsgericht vor: **289**

- Nichtbestellung eines Wahlvorstandes durch den Betriebsrat acht Wochen vor Ablauf der Amtszeit des Betriebsrats auf Antrag von drei wahlberechtigten Arbeitnehmern oder einer im Betrieb vertretenen Gewerkschaft, § 16 Abs. 2 BetrVG.
- Trotz Einladung zu einer Betriebsversammlung i.S.d. § 17 Abs. 2 BetrVG zur Wahl eines Wahlvorstandes (s.o. Rn. 282) findet eine solche Betriebsversammlung entweder nicht statt oder auf der Versammlung wird kein Wahlvorstand gewählt, auf Antrag von drei wahlberechtigten Arbeitnehmern oder einer im Betrieb vertretenen Gewerkschaft, § 17 Abs. 4 i.V.m. § 16 Abs. 2 BetrVG. **290**

291 ▶ Nichtdurchführung einer Wahlversammlung trotz Einladung im vereinfachten Wahlverfahren oder auf der Wahlversammlung wird kein Wahlvorstand gewählt auf Antrag von drei wahlberechtigten Arbeitnehmern oder einer im Betrieb vertretenen Gewerkschaft, § 17a Nr. 4 i.V.m. §§ 17 Abs. 4, 16 Abs. 2 BetrVG.

292 ▶ Nach Auflösung des Betriebsrats wegen grober Verletzung gesetzlicher Pflichten i.S.d. § 23 Abs. 1 BetrVG von Amts wegen durch das Gericht 1. Instanz nach Rechtskraft des Auflösungsbeschlusses, § 23 Abs. 2 i.V.m. § 16 Abs. 2 BetrVG.

293 Soweit das Gesetz ein Antragsrecht einer im Betrieb vertretenen Gewerkschaft vorsieht, ist diese Voraussetzung erfüllt, wenn ihr mindestens ein Arbeitnehmer des Betriebs als Mitglied angehört und dieser nach der Satzung nicht offensichtlich zu Unrecht als Mitglied aufgenommen wurde. Die Tarifzuständigkeit der Gewerkschaft für den Betrieb oder das Unternehmen des Arbeitgebers ist dazu nicht erforderlich (*BAG* 10.11.2004 EzA § 17 BetrVG 2001 Nr. 1).

(1) § 16 Abs. 2 BetrVG

294 Der Antrag kann erst nach Eintritt des in § 16 Abs. 2 BetrVG genannten Zeitpunkts (acht Wochen vor Ablauf der Amtszeit) gestellt werden. Zu beachten ist jedoch, dass der Betriebsrat nach diesem Zeitpunkt, jedoch noch vor Ablauf seiner Amtszeit wegen der Subsidiarität des gerichtlichen Bestellungsverfahrens den Wahlvorstand noch solange bestellen kann, bis eine eventuell beantragte Bestellung eines Wahlvorstandes durch das Arbeitsgericht gem. § 16 Abs. 2 BetrVG rechtskräftig geworden ist (vgl. *BAG* 19.3.1974 EzA § 17 BetrVG 1972 Nr. 1). Gleiches dürfte für die bei Untätigkeit des Betriebsrats nach § 16 Abs. 3 BetrVG mögliche Bestellung des Wahlvorstandes durch den Gesamt- bzw. Konzernbetriebsrat gelten.

Ist die Amtszeit des Betriebsrats allerdings abgelaufen, so besteht er nicht mehr und kann auch den Wahlvorstand nicht mehr wirksam bestellen (*BAG* 14.11.1975 EzA § 16 BetrVG 1972 Nr. 4). In diesem Fall geht die Zuständigkeit zur Bestellung des Wahlvorstandes gem. § 17 Abs. 1 BetrVG sofern vorhanden auf den Gesamt- bzw. Konzernbetriebsrat, andernfalls auf die Betriebsversammlung nach § 17 Abs. 2 BetrVG über. Das Recht zur Anrufung des Arbeitsgerichts besteht neben der Befugnis des Gesamt- bzw. Konzernbetriebsrats zur Bestellung des Wahlvorstandes nach § 16 Abs. 3 (vgl. BegrRegE, BT-Drs. 14/5741, S. 38).

295 Ein Antrag von mindestens drei wahlberechtigten Arbeitnehmern – dem Arbeitgeber steht insoweit ein Antragsrecht nicht zu – führt nur dann zur Bestellung eines Wahlvorstandes durch das Arbeitsgericht, wenn während der gesamten Dauer des Verfahrens drei wahlberechtigte Arbeitnehmer ihren Antrag verfolgen; nicht ausreichend ist es, dass ein Antrag einmal wirksam gestellt worden ist. Da nach der Rechtsprechung des *BAG* (14.2.1978 EzA § 19 BetrVG 1972 Nr. 16; 21.11.1975 EzA § 118 BetrVG 1972 Nr. 11) die Antragsberechtigung eine Verfahrensvoraussetzung des Beschlussverfahrens ist, ist maßgeblicher Zeitpunkt der der letzten mündlichen Anhörung in der Rechtsbeschwerdeinstanz. Scheidet einer von nur drei Antragstellern aus dem Betrieb aus oder nimmt er seinen Antrag zurück, so darf das Arbeitsgericht keinen Wahlvorstand bestellen. An seine Stelle kann aber, weil eine Anfechtungsfrist insoweit nicht besteht (anders im Verfahren nach § 19 BetrVG im Hinblick auf die dort bestehende Anfechtungsfrist, vgl. *BAG* 12.2.1985 EzA § 19 BetrVG Nr. 21), ein anderer Wahlberechtigter durch seine nachträgliche Antragstellung treten, soweit dies vor Ablauf der Amtszeit des Betriebsrats erfolgt (GK-BetrVG/*Kreutz* § 16 Rz. 63). Die Bestellung durch das Arbeitsgericht wird erst mit Rechtskraft des Beschlusses wirksam.

(2) § 17 Abs. 4 i.V.m. § 16 Abs. 2 BetrVG

296 Die Bestellung eines Wahlvorstandes durch das Arbeitsgericht gem. § 17 Abs. 4 BetrVG hat nur subsidiäre Bedeutung. Durch die Anrufung des Arbeitsgerichts geht der Betriebsversammlung das ihr nach § 17 Abs. 2 BetrVG zustehende Recht, einen Wahlvorstand zu wählen, jedenfalls so lange nicht verlustig, als eine rechtskräftige Entscheidung noch nicht vor-

liegt (*BAG* 19.3.1974 EzA § 17 BetrVG 1972 Nr. 1). Entsprechendes dürfte für das Recht zur Bestellung des Wahlvorstandes durch den Gesamt- bzw. Konzernbetriebsrat nach § 17 Abs. 1 BetrVG gelten.

Die gerichtliche Bestellung eines Wahlvorstandes für die erstmalige Wahl eines Betriebsrats nach § 17 Abs. 4 BetrVG setzt jedenfalls grds. voraus, dass zuvor eine ordnungsgemäße Einladung zu einer Betriebsversammlung nach § 17 Abs. 3 BetrVG erfolgt ist. Von dieser Voraussetzung kann auch dann nicht abgesehen werden, wenn der Arbeitgeber sich weigert, eine ihm obliegende, zur Bewirkung der Einladung notwendige Mitwirkungshandlung vorzunehmen (*BAG* 26.2.1992 EzA § 17 BetrVG 1972 Nr. 6). 297

(3) § 17a Nr. 4 BetrVG i.V.m. §§ 17 Abs. 4, 16 Abs. 2 BetrVG

In entsprechender Anwendung des § 17 Abs. 4 BetrVG kann der Wahlvorstand durch das Arbeitsgericht bestellt werden, wenn im vereinfachten Wahlverfahren (§ 14a BetrVG, s.u. Rn. 365 ff.) trotz Einladung zur Wahlversammlung keine Wahlversammlung stattfindet oder auf dieser kein Wahlvorstand gewählt wird. 298

(4) § 23 Abs. 2 i.V.m. § 16 Abs. 2 BetrVG

Bei Auflösung des Betriebsrat durch Beschluss des Arbeitsgerichts sind außerordentliche Betriebsratswahlen durchzuführen, § 13 Abs. 2 Nr. 5 BetrVG. Gem. § 23 Abs. 2 BetrVG hat das Arbeitsgericht unverzüglich, d.h. ohne schuldhaftes Zögern, von Amts wegen einen Wahlvorstand einzusetzen. Zuständig ist das Arbeitsgericht 1. Instanz, das aber erst nach Rechtskraft des Auflösungsbeschlusses tätig werden kann (GK-BetrVG/*Oetker* § 23 Rz. 117). 299

(5) Besonderheiten bei der arbeitsgerichtlichen Bestellung

Bei mehr als 20 wahlberechtigten Arbeitnehmern dürfen betriebsfremde Mitglieder einer im Betrieb vertretenen Gewerkschaft bestellt werden, wenn dies nach den konkreten Verhältnissen des einzelnen Betriebes erforderlich ist, insbes. wenn nicht genügend Arbeitnehmer des Betriebes zur Übernahme des Wahlvorstandsamtes bereit oder in der Lage sind (*LAG Düsseld.* 7.11.1974 DB 75, 260]; vgl. GK-BetrVG/*Kreutz* § 16 Rz. 68). In dem Antrag können Vorschläge für die Zusammensetzung des Wahlvorstandes gemacht werden, an die das Arbeitsgericht allerdings nicht gebunden ist (*BAG* 10.11.2004 EzA § 17 BetrVG 2001 Nr. 1). Im Falle des § 23 Abs. 2 BetrVG steht das Vorschlagsrecht dem Antragsteller des Auflösungsverfahrens, ggf. also auch dem Arbeitgeber zu (str., so z.B. GK-BetrVG/*Oetker* § 23 Rz. 119; **a.A.** z.B. DKK/*Trittin* § 23 Rz. 64). 300

Wird der Antrag auf gerichtliche Bestellung eines Wahlvorstandes durch Arbeitnehmer des Betriebs angebracht, so besteht für die ersten drei in der Antragstellung aufgeführten Arbeitnehmer vom Zeitpunkt der Antragstellung bis zur Bekanntgabe des Wahlergebnisses oder, falls ein Betriebsrat in der Folge nicht gewählt wird, für drei Monate ab Antragstellung ein Schutz vor ordentlichen Kündigungen nach § 15 Abs. 3a KSchG (s.o. Kap. 4 Rn. 480).

dd) Die Rechtsstellung des Wahlvorstandes und seiner Mitglieder

(1) Unentgeltliches Ehrenamt, Vergütungsfortzahlung

Die Mitgliedschaft im Wahlvorstand ist ein unentgeltliches Ehrenamt. Besondere Vergütungen sind nach § 20 Abs. 2 BetrVG verboten. Soweit dies zur Betätigung im Wahlvorstand erforderlich ist, sind Wahlvorstandsmitglieder von ihrer beruflichen Tätigkeit zu befreien. Gem. § 20 Abs. 3 S. 2 BetrVG behalten betriebsangehörige Mitglieder des Wahlvorstandes den Anspruch auf das volle Arbeitsentgelt auch insoweit, als sie in Ausübung ihres Amtes Arbeitszeit versäumen. 301

302 Für die Höhe dieses Anspruchs gilt das sog. Lohnausfallprinzip, d.h. das Arbeitsentgelt ist so zu leisten, als wäre die Arbeitszeit nicht ausgefallen. Deshalb sind z.B. Überstunden, die ein Wahlvorstandsmitglied ohne seine Betätigung im Wahlvorstand geleistet hätte, auch dann zu vergüten, wenn es sich dabei nicht um regelmäßig anfallende Überstunden handelt (*BAG* 29.6.1988 EzA § 37 BetrVG 1972 Nr. 97). Der entsprechende Anspruch ist im arbeitsgerichtlichen Urteilsverfahren geltend zu machen (*BAG* 5.3.1974 EzA § 20 BetrVG 1972 Nr. 6). Für erforderliche Wahlvorstandstätigkeit, die aus betriebsbedingten Gründen außerhalb der Arbeitszeit zu leisten war, haben Wahlvorstandsmitglieder Ausgleichsansprüche in entsprechender Anwendung des § 37 Abs. 3 BetrVG (*BAG* 26.4.1995 EzA § 20 BetrVG 1972 Nr. 17).

(2) Kündigungsschutz

303 Die Mitglieder des Wahlvorstandes genießen vom Zeitpunkt ihrer Bestellung an nach § 15 Abs. 3 KSchG, § 103 BetrVG einen besonderen Kündigungsschutz (s.o. Kap. 4 Rn. 516 ff.).

(3) Schulungsveranstaltungen

304 Zur Betätigung im Wahlvorstand kann auch die Teilnahme an einer Schulungsveranstaltung über die Wahlvorschriften, die Einleitung und Durchführung der Betriebsratswahl gehören. Im Rahmen der Erforderlichkeit sind Wahlvorstandsmitglieder hierfür von der Arbeitspflicht zu befreien.

305 Betriebsangehörige Mitglieder des Wahlvorstandes behalten nach § 20 Abs. 3 S. 2 BetrVG ihren Vergütungsanspruch, der im arbeitsgerichtlichen Urteilsverfahren geltend zu machen ist. Die übrigen Kosten einer erforderlichen Schulungsveranstaltung trägt im Rahmen des Erforderlichen ebenfalls der Arbeitgeber, da es sich um Kosten der Wahl, § 20 Abs. 3 S. 1 BetrVG, handelt. Hierüber ist im arbeitsgerichtlichen Beschlussverfahren zu entscheiden. Der Anspruch auf Vergütungsfortzahlung nach § 20 Abs. 3 BetrVG ist hingegen im Urteilsverfahren zu verfolgen.

306 Die Erforderlichkeit ist allein am konkreten Wissensstand des einzelnen Wahlvorstandsmitglieds im Hinblick auf die zur ordnungsgemäßen eigenverantwortlichen Durchführung der Betriebsratswahl notwendigen Kenntnisse zu messen (GK-BetrVG/*Kreutz* § 20 Rz. 60). Der halbtägige Besuch einer Schulungsveranstaltung durch ein erstmals bestelltes Mitglied eines Wahlvorstands kann dabei auch ohne nähere Darlegung des Fehlens ausreichender Kenntnisse der Wahlvorschriften als erforderlich angesehen werden (*BAG* 7.6.1984 EzA § 20 BetrVG 1972 Nr. 13).

(4) Aufwendungen

307 Zu Aufwendungen des Wahlvorstandes und seiner Mitglieder s.u. Rn. 388 ff.

(5) Beginn und Ende des Amtes des Wahlvorstandes und seiner Mitglieder

308 Das Amt als Mitglied des Wahlvorstandes beginnt im Fall der Bestellung durch den Betriebsrat (bzw. Gesamt- oder Konzernbetriebsrat, §§ 16 Abs. 3, 17 Abs. 1 BetrVG) mit dessen Beschlussfassung, da die Zustimmung des Bestellten entsprechend § 184 Abs. 1 BGB auf diesen Zeitpunkt zurückwirkt. Das Amt des einzelnen Mitglieds endet bei Wegfall der Wahlberechtigung, insbes. bei Ausscheiden aus dem Betrieb sowie bei Erlöschen des Amtes des gesamten Wahlvorstandes. Jedes Mitglied kann sein Amt aber auch niederlegen, eine Abberufung einzelner Mitglieder durch den (Gesamt-/Konzern-)Betriebsrat ist nicht möglich (GK-BetrVG/*Kreutz* § 16 Rz. 83 f.). Das Amt des Wahlvorstandes insgesamt endet mit der Einberufung des neu gewählten Betriebsrats zur konstituierenden Sitzung nach § 29 Abs. 1 S. 1 BetrVG (*BAG* 14.11.1975 EzA § 16 BetrVG 1972 Nr. 4). Vorher kann der wirksam

bestellte Wahlvorstand nur durch gerichtliche Entscheidung gem. § 18 Abs. 1 S. 2 BetrVG durch einen anderen Wahlvorstand ersetzt werden (GK-BetrVG/*Kreutz* § 16 Rz. 79).

ee) Rechtsschutz gegen Entscheidungen des Wahlvorstandes

(1) Arbeitsgerichtliches Beschlussverfahren

Nach allgemeiner Ansicht können fehlerhafte Einzelmaßnahmen, Entscheidungen und Unterlassungen des Wahlvorstandes bereits vor Abschluss des Wahlverfahrens gesondert im Beschlussverfahren vor dem Arbeitsgericht angegriffen werden, obwohl das BetrVG ein entsprechendes Verfahren nicht vorsieht (*BAG* 3.6.1975 EzA § 5 BetrVG 1972 Nr. 19; 15.12.1972 EzA § 14 BetrVG 1972 Nr. 1; 15.12.1972 EzA § 9 BetrVG 1972 Nr. 1). **309**

Zum Antragsgegenstand kann auch ein Leistungsbegehren gemacht werden, wie z.B. das Begehren, einen zurückgewiesenen Wahlvorschlag anzunehmen oder einen Arbeitnehmer in die Wählerliste aufzunehmen (vgl. GK-BetrVG/*Kreutz* § 18 Rz. 67 zu weiteren Beispielen). Örtlich zuständig ist das Arbeitsgericht, in dessen Bezirk der Betrieb liegt.

Antragsberechtigt sind in entsprechender Anwendung des § 19 Abs. 2 S. 1 BetrVG der **310**
Arbeitgeber, jede im Betrieb vertretene Gewerkschaft und mindestens drei wahlberechtigte Arbeitnehmer (*BAG* 5.3.1974 EzA § 5 BetrVG 1972 Nr. 7). Ein einzelner Arbeitnehmer ist antragsberechtigt, wenn er durch eine Maßnahme des Wahlvorstandes unmittelbar in seinem aktiven oder passiven Wahlrecht betroffen wird (*BAG* 15.12.1972 EzA § 14 BetrVG 1972 Nr. 1). Entsprechend § 18 Abs. 2 BetrVG ist auch der Betriebsrat antragsberechtigt.

Beteiligungsbefugt (§ 83 Abs. 3 ArbGG) ist neben Antragsteller und Antragsgegner immer **311**
der Arbeitgeber. Eine im Betrieb vertretene Gewerkschaft, die nicht selbst Antragsteller ist, ist hingegen nur dann beteiligungsberechtigt, wenn ihr eigenes Wahlvorschlagsrecht nach § 14 Abs. 3, 5 BetrVG berührt ist. Ebenfalls besteht kein Beteiligungsrecht von drei beliebigen Wahlberechtigten, die nicht selbst Antragsteller sind. Antrags- und Beteiligungsbefugnis sind insoweit voneinander zu unterscheiden (GK-BetrVG/*Kreutz* § 18 Rz. 69; vgl. für den Fall der Wahlanfechtung *BAG* 19.9.1985 EzA § 19 BetrVG 1972 Nr. 22).

Das notwendige Rechtsschutzinteresse entfällt i.d.R. mit dem Abschluss des Wahlverfah- **312**
rens, weil und soweit damit einzelne Maßnahmen und Entscheidungen des Wahlvorstandes keine selbstständige Bedeutung mehr haben (*BAG* 3.6.1975 EzA § 5 BetrVG 1972 Nr. 19). Entsprechend § 264 Nr. 3 ZPO ist aber dann, wenn bei Abschluss des Wahlverfahrens noch nicht rechtskräftig über einen gegen Maßnahmen des Wahlvorstandes gerichteten Antrag entschieden ist, die Umstellung in einen Wahlanfechtungsantrag möglich, sofern der Antragsteller gem. § 19 Abs. 2 S. 1 BetrVG anfechtungsberechtigt ist (*BAG* 14.1.1983 EzA § 81 ArbGG 1979 Nr. 1).

(2) Einstweilige Verfügung im Beschlussverfahren

Da das Wahlverfahren in einem relativ kurzen Zeitraum abläuft und mit seinem Ende regelmäßig das Rechtsschutzinteresse für den Antrag entfällt, wird im Grundsatz allgemein auch die Möglichkeit des vorläufigen Rechtsschutzes im Wege einstweiliger Verfügung im Beschlussverfahren für zulässig erachtet, § 85 Abs. 2 ArbGG, §§ 935 ff. ZPO. **313**

Als Antragsziel sind dabei die Aussetzung der Wahl bis zum rechtskräftigen Abschluss des Hauptsacheverfahrens, d.h. des Beschlussverfahrens gegen Maßnahmen und Entscheidungen des Wahlvorstandes sowie die sofortige Erfüllung des im Hauptsacheverfahrens geltend gemachten Leistungsanspruchs im Wege der sog. Leistungsverfügung denkbar (vgl. GK-BetrVG/*Kreutz* § 18 Rz. 74).

aaa) Aussetzung der Wahl

314 Die Aussetzung der Wahl kommt nur unter besonderen Voraussetzungen in Betracht, da ein solcher gerichtlicher Eingriff zwar als milderes Mittel gegenüber dem Aufschub oder der Nichtigkeit der Wahl angesehen werden kann (vgl. *LAG Brem.* 27.2.1990 LAGE § 18 BetrVG 1972 Nr. 3) und den Vorteil hat, dass in Bezug auf den Streitgegenstand keine vollendeten Fakten geschaffen werden (GK-BetrVG/*Kreutz* § 18 Rz. 75), andererseits aber für einen erheblichen Zeitraum das BetrVG in dem fraglichen Betrieb faktisch suspendiert würde (*LAG Hamm* 10.4.1975 LAGE § 18 BetrVG 1972 Nr. 1) und deshalb vorrangig versucht werden muss, im Wege der Leistungsverfügung korrigierend in den Wahlablauf einzugreifen, nicht aber diesen bis zur Entscheidung in einem Hauptsacheverfahren zu blockieren (GK-BetrVG/*Kreutz* § 18 Rz. 75).

315 Als besondere Voraussetzungen, die eine Aussetzung der Wahl bis zum rechtskräftigen Abschluss des Hauptsacheverfahrens rechtfertigen können, werden beispielsweise folgende Kriterien und Fallgruppen genannt: Sichere Nichtigkeit der durchzuführenden Wahl (*LAG Köln* 8.5.2006 – 2 TaBV 22/06 – EzA-SD 19/06, S. 13; 27.12.1989 LAGE § 19 BetrVG 1972 Nr. 10; *LAG Frankf./M.* 16.7.1992 NZA 1993, 1008; 5.6.1992 NZA 1993, 192; GK-BetrVG/*Kreutz* § 18 Rz. 77); auch sichere Anfechtbarkeit (*LAG Hamm* 14.12.1989 DB 1990, 1571; *LAG BW* 16.9.1996 LAGE § 19 BetrVG 1972 Nr. 15; HSWGNR/*Nicolai* § 18 Rz. 39), nur bei schwer wiegenden Mängeln (*LAG Nbg.* 13.3.1991 LAGE § 18 BetrVG 1972 Nr. 4), nur bei Streit über die richtige Betriebsabgrenzung gem. § 18 Abs. 2 BetrVG (*Winterfeld* NZA Beil. 1/1990, S. 20 ff.).

bbb) Berichtigender Eingriff in das Wahlverfahren durch Leistungsverfügung

316 Ein berichtigender Eingriff in das Wahlverfahren mittels einer einstweiligen Leistungsverfügung im Beschlussverfahren wird ganz überwiegend anerkannt. Da aber auch solche Entscheidungen einen nicht unerheblichen Eingriff in das Wahlverfahren darstellen, sind an das Vorliegen eines Verfügungsanspruchs strenge Anforderungen zu stellen.

317 Erforderlich ist insoweit, dass nach Maßgabe einer am materiellen Wahlrecht orientierten Schlüssigkeitsprüfung ein Verstoß gegen eine wesentliche Wahlvorschrift zur Überzeugung des Gerichts vorliegt (GK-BetrVG/*Kreutz* § 18 Rz. 77; *Hanau* DB Beil. 4/1986, S. 10).

318 In Betracht kommt, dass dem Wahlvorstand die Durchführung einzelner Maßnahmen aufgegeben oder untersagt wird, z.B. einen bestimmten Wahlvorschlag zuzulassen (*LAG Nbg.* 13.3.1991 LAGE § 18 BetrVG 1972 Nr. 4; *LAG Hamm* 3.3.2006 – 13 TaBV 18/06 – EzA-SD 11/06, S. 12) oder nicht zuzulassen, das Wahlausschreiben etwa hinsichtlich der Zahl der Betriebsratsmitglieder zu korrigieren (GK-BetrVG/*Kreutz* § 18 Rz. 76; **a.A.** *LAG München* 14.4.1987 LAGE § 18 BetrVG 1972 Nr. 2; *LAG Frankf./M.* 21.3.1990 DB 1991, 239) oder eine willkürlich abgebrochene Wahl weiterzuführen (*LAG Brem.* 27.2.1990 LAGE § 18 BetrVG 1972 Nr. 3).

319 Ist die Berichtigung einzelner Fehler im Wahlgang nicht mehr möglich, so kann dem Wahlvorstand aufgegeben werden, den Wahlgang abzubrechen und neu einzuleiten (*LAG Brem.* 27.2.1990 LAGE § 18 BetrVG Nr. 3; GK-BetrVG/*Kreutz* § 18 Rz. 76), wobei streitig ist, ob es sich bei den Fehlern um solche handeln muss, die ansonsten zur Nichtigkeit oder nur zur Anfechtbarkeit der Wahl führen (*LAG München* 14.4.1987 LAGE § 18 BetrVG 1972 Nr. 2, [bei Mängeln, die zur Wahlnichtigkeit führen]; *LAG Frankf./M.* 21.3.1990 DB 1991, 239 [auch Anfechtungsgründe, es muss sich aber um schwer wiegende Fehler handeln]; *LAG Frankf./M.* 21.5.1990 BB 1991, 417 [nur bei Nichtigkeitsgründen]).

b) Einleitung der Wahl

320 Der Wahlvorstand ist verpflichtet, hat aber auch das Recht, das Wahlverfahren durchzuführen und die Wahl des Betriebsrats zu leiten (§ 18 Abs. 1 S. 1 BetrVG i.V.m. § 121 BGB, § 1 Abs. 1 WO). Er ist berechtigt, Rechtshilfe und Rechtsberatung einer im Betrieb vertretenen Gewerkschaft in Anspruch zu nehmen, um das komplizierte Wahlverfahren fehlerfrei abzuwickeln. Zu diesem Zweck kann er auch beschließen, Gewerkschaftsbeauftragte zu Sitzungen einzuladen (*LAG Düsseld.* 15.8.1980 BB 1980, 1424).

aa) Ersetzung des Wahlvorstandes durch das Arbeitsgericht (§ 18 Abs. 1 S. 2 BetrVG)

321 Kommt der gewählte oder bestellte Wahlvorstand seiner Verpflichtung gem. § 18 Abs. 1 BetrVG nicht nach, so wird auf Antrag des Betriebsrats, von mindestens drei wahlberechtigten Arbeitnehmern oder einer im Betrieb vertretenen Gewerkschaft in einem arbeitsgerichtlichen Beschlussverfahren, an dem der Wahlvorstand als Antragsgegner beteiligt ist, der Wahlvorstand insgesamt ersetzt. Die Ersetzung einzelner Mitglieder ist nicht vorgesehen und deshalb nicht zulässig. Möglich ist aber, dass ein abberufenes Mitglied in den neuen Wahlvorstand wieder bestellt wird (GK-BetrVG/*Kreutz* § 18 Rz. 50). Das Rechtsschutzinteresse entfällt mit der Folge der Unzulässigkeit eines entsprechenden Antrags, wenn das Arbeitsgericht in einem Verfahren nach § 18 Abs. 2 BetrVG rechtskräftig festgestellt hat, dass die Betriebsstätte, in der der Wahlvorstand die Betriebsratswahl durchführen soll, nicht betriebsratsfähig ist (*BAG* 1.12.2004 EzA § 18 BetrVG 2001 Nr. 1).

bb) Das Wahlausschreiben und dessen Vorbereitung

322 Die Einleitung der Wahl beginnt mit dem Erlass des Wahlausschreibens. Es muss spätestens sechs Wochen vor dem ersten Tag der Stimmabgabe mit erfolgen, § 3 Abs. 1 WO.

(1) Notwendiger Inhalt des Wahlausschreibens

323 Das Wahlausschreiben muss gem. § 3 Abs. 2 WO folgende Angaben enthalten:

- das Datum seines Erlasses nebst Unterschrift des Vorsitzenden und mindestens eines weiteren Mitglieds (§§ 3 Abs. 1, 3 Abs. 2 Nr. 1 WO);
- die Festlegung des Orts, wo die Wählerliste und ein Abdruck der WO ausgelegt werden (§§ 2 Abs. 4, 3 Abs. 2 Nr. 2 WO) oder zur Kenntnis genommen werden können;
- den Hinweis darauf, dass nur Arbeitnehmer wählen oder gewählt werden können, die in die Wählerliste eingetragen sind und dass Einsprüche gegen die Wählerliste nur vor Ablauf von zwei Wochen seit dem Erlass des Wahlausschreibens schriftlich beim Wahlvorstand eingelegt werden können unter Angabe des letzten Tages der Frist (§ 3 Abs. 2 Nr. 3 WO);
- den Anteil der Geschlechter und den Hinweis auf die notwendige Vertretung des Minderheitsgeschlecht entsprechend seinem zahlenmäßigen Verhältnis, wenn ein zumindest dreiköpfiger Betriebsrat zu wählen ist (§ 3 Abs. 2 Nr. 4 WO; § 15 Abs. 2 BetrVG);
- die Feststellung der Zahl der zu wählenden Betriebsratsmitglieder (§§ 9, 11 BetrVG) und die Zahl des auf das Geschlecht in der Minderheit (§ 15 Abs. 2 BetrVG) entfallenden Betriebsratssitze, § 3 Abs. 2 Nr. 5 WO;
- die Mindestzahl von Wahlberechtigten, von denen ein Wahlvorschlag unterzeichnet sein muss (§ 14 Abs. 5 BetrVG), § 3 Abs. 2 Nr. 6 WO;
- einen Hinweis darauf, dass Wahlvorschläge von im Betrieb vertretenen Gewerkschaften von zwei Beauftragten der Gewerkschaft unterzeichnet sein muss (§ 14 Abs. 5 BetrVG), § 3 Abs. 2 Nr. 7 WO;
- einen Hinweis darauf, dass dann, wenn mehr als drei Betriebsratsmitglieder zu wählen sind, Wahlvorschläge in Form von Vorschlagslisten vor Ablauf von zwei Wochen seit dem Erlass des Wahlausschreibens beim Wahlvorstand einzureichen sind; der letzte Tag dieser Frist ist anzugeben, § 3 Abs. 2 Nr. 8 WO;
- einen Hinweis darauf, dass die Stimmabgabe an Wahlvorschläge gebunden ist und nur fristgerecht (§ 3 Abs. 2 Nr. 8 WO) eingereichte Wahlvorschläge berücksichtigt werden dürfen, § 3 Abs. 2 Nr. 9 WO;

- die Angabe des Aushangsortes gültiger Wahlvorschläge, § 3 Abs. 2 Nr. 10 WO;
- Angabe von Ort, Tag und Zeit der Stimmabgabe sowie die Betriebsteile und Kleinstbetriebe, für die schriftliche Stimmabgabe (vgl. § 24 Abs. 3 WO) durch den Wahlvorstand beschlossen worden ist, § 3 Abs. 2 Nr. 11 WO;
- die Betriebsadresse des Wahlvorstands zur Abgabe von Wahlvorschlägen, Einsprüchen und sonstigen Erklärungen, § 3 Abs. 2 Nr. 12 WO;
- Angabe von Ort, Tag und Zeit der öffentlichen Stimmauszählung, § 3 Abs. 2 Nr. 13 WO.

324 Wird das Wahlausschreiben in einem Betrieb mit vielen Betriebsstätten durch Aushang bekannt gemacht (§ 3 Abs. 4 WO), muss grds. in jeder Betriebsstätte ein Wahlausschreiben ausgehängt werden. Andernfalls ist die Wahl anfechtbar (*BAG* 5.5.2004 EzA § 19 BetrVG 2001 Nr. 3). Ausländische Arbeitnehmer, die der deutschen Sprache nicht ausreichend mächtig sind, sind in geeigneter Weise zu unterrichten. Hiervon muss der Wahlvorstand ausgehen, wenn auch der Arbeitgeber wichtige Informationsschreiben an die Belegschaft nicht nur in deutscher, sondern auch in der den ausländischen Arbeitnehmern geläufigen Sprache abfasst (*BAG* 13.10.2004 EzA § 19 BetrVG 2001 Nr. 4).

(2) Aufstellung der Wählerliste, Abstimmungsverfahren gem. § 18a BetrVG, Abgrenzung der betriebsratsfähigen Einheit

325 Gem. § 2 Abs. 1 WO hat der Wahlvorstand zur Vorbereitung der Wahl eine Liste der Wahlberechtigten (Wählerliste), getrennt nach den Geschlechtern, aufzustellen. Dem Wahlvorstand steht gegen den Arbeitgeber ein Anspruch auf Erteilung der für die Erstellung der Wählerliste erforderlichen Auskünfte zu, § 2 Abs. 2 WO. Es kann deshalb die Mitteilung der für die Durchführung der Wahl erforderlichen Daten der Arbeitnehmer verlangt werden. Dieser Anspruch kann auch im Wege einer einstweiligen Verfügung durchgesetzt werden (*ArbG Augsburg* 27.4.1988 BB 1989, 218; GK-BetrVG/*Kreutz* § 2 WO Rz. 10).

326 Einsprüche gegen die Wählerliste müssen spätestens vor Ablauf von zwei Wochen nach Erlass des Wahlausschreibens, außer bei Neubeitritten oder Ausscheiden aus dem Betrieb, erfolgen (§§ 4 Abs. 1, 2, 3 WO). Einspruchsberechtigt sind alle Arbeitnehmer, unabhängig davon, ob sie selbst von der Unrichtigkeit betroffen sind, nicht aber die im Betrieb vertretenen Gewerkschaften oder der Arbeitgeber (*BAG* 25.6.1974 EzA § 19 BetrVG 1972 Nr. 3; 11.3.1975 EzA § 24 BetrVG 1972 Nr. 1; **a.A.** GK-BetrVG/*Kreutz* § 4 WO Rz. 3 f.). Über den Einspruch hat der Wahlvorstand unverzüglich zu entscheiden und ggf. die Wählerliste zu berichtigen. Nach Ablauf der Einspruchsfrist ist eine Änderung der Wählerliste im Übrigen nur in Ausnahmefällen möglich, vgl. § 4 Abs. 3 WO.

327 Bei Aufstellung der Wählerliste ist zu beachten, dass leitende Angestellte i.S.d. BetrVG nicht wahlberechtigt sind. Bei zeitgleicher Wahl zum Betriebsrat und zum Sprecherausschuss sieht § 18a BetrVG ein besonderes Abstimmungsverfahren zwischen den beteiligten Wahlvorständen vor (s.o. Rn. 82 f.). Die Aufstellung der Wählerliste macht es u.U. erforderlich abzuklären, welche Unternehmenseinheiten als Betrieb anzusehen sind. Auszugehen ist dabei von §§ 1, 4 BetrVG (s.o. Rn. 86 ff.).

328 Vor der Wahl kann eine Klärung der Frage, ob ein Betriebsteil oder Kleinstbetrieb selbstständig oder dem Hauptbetrieb zuzuordnen ist, gem. § 18 Abs. 2 BetrVG in einem arbeitsgerichtlichen Beschlussverfahren herbeigeführt werden (s.o. Rn. 137 ff.).

(3) Größe und Zusammensetzung des Betriebsrats; Schutz des Geschlechts in der Minderheit

329 Die Größe des Betriebsrates richtet sich grds. nach § 9 BetrVG. Hervorzuheben ist, dass es in Kleinbetrieben auf die Zahl der aktiv wahlberechtigten Arbeitnehmer, in Großbetrieben auf die Zahl der betriebsangehörigen Arbeitnehmer ohne Rücksicht auf die aktive Wahlberechtigung ankommt. Als Kleinbetriebe gelten Betriebe mit 5 bis 50 wahlberechtigten Arbeitnehmer. Zu Wahlberechtigung und Betriebszugehörigkeit s.o. Rn. 156 ff.). Arbeitnehmer i.S.v. § 9 BetrVG sind nur betriebsangehörige Arbeitnehmer. Das sind Personen, die in einem Arbeitsverhältnis zum Betriebsinhaber stehen und in die Betriebsorganisation eingegliedert sind (*BAG* 7.5.2008 EzA § 9 BetrVG 2001 Nr. 3).

Leiharbeitnehmer zählen bei der Ermittlung der Größe des Betriebsrates nicht mit (*BAG* 16.4.2003 EzA § 9 BetrVG 2001 Nr. 1). Zu berücksichtigen sind aber sog. ABM-Beschäftigte (*BAG* 13.10.2004 EzA § 5 BetrVG 2001 Nr. 1).

»In der Regel« beschäftigt i.S.v. § 9 BetrVG sind die Arbeitnehmer, die normalerweise während des größten Teils des Jahres in dem Betrieb beschäftigt werden. Maßgebend für die Beschäftigtenzahl ist nicht die durchschnittliche Anzahl der Beschäftigten eines bestimmten Zeitraums, sondern die normale Beschäftigtenzahl, also diejenige Personalstärke, die für den Betrieb im Allgemeinen kennzeichnend ist. Der Wahlvorstand hat für die Feststellung der Arbeitnehmerzahl nicht nur den Personalbestand in der Vergangenheit zugrunde zu legen, sondern auch die künftige, auf Grund konkreter Entscheidungen des Arbeitgebers zu erwartende Entwicklung des Beschäftigungsstandes einzubeziehen. Maßgebend sind die Verhältnisse bei Erlass des Wahlausschreibens. Werden Arbeitnehmer nicht ständig, sondern lediglich zeitweilig beschäftigt, kommt es für die Frage der regelmäßigen Beschäftigung darauf an, ob sie normalerweise während des größten Teils eines Jahres beschäftigt werden (*BAG* 7.5.2008 EzA § 9 BetrVG 2001 Nr. 3). 330

Angesichts der Arbeitnehmerfluktuation, der Notwendigkeit einer Prognose über die wirtschaftliche Entwicklung und der natürlichen Unsicherheit, z.B. festzustellen, ob i.d.R. 1000 oder aber 1001 Arbeitnehmer beschäftigt sind, ist dem Wahlvorstand, dem die zutreffende Bestimmung der Zahl der Betriebsratsmitglieder im Zeitpunkt des § 3 Abs. 2 Nr. 5 WO obliegt, für die Feststellung der maßgeblichen Arbeitnehmerzahl im Rahmen seines pflichtgemäßen Ermessens ein gewisser Beurteilungsspielraum einzuräumen (*BAG* 12.10.1976 EzA § 8 BetrVG 1972 Nr. 2).

Der Stichtag für die Feststellung der gesetzlichen Mitgliederzahl ist der Tag des Erlasses des Wahlausschreibens (*BAG* 12.10.1976 EzA § 8 BetrVG 1972 Nr. 2). Änderungen der so ermittelten Arbeitnehmerzahl bis zur Wahl sowie danach führen grds. zu keiner Veränderung der Zahl der zu wählenden bzw. gewählten Betriebsratsmitglieder. 331

Etwas anderes gilt nur dann, wenn der Betrieb seine Betriebsratsfähigkeit verliert.

Hat ein Betrieb weniger wählbare Arbeitnehmer als nach der Staffel zu § 9 BetrVG erforderlich wäre, so ist gem. § 11 BetrVG die nächstniedrigere Betriebsgröße nach der Staffel des § 9 BetrVG zu Grunde zu legen. Diese Bestimmung ist zwingend (MünchArbR/*Joost* § 304 Rz. 106). Strittig ist, ob § 11 BetrVG analog anwendbar ist, wenn nach erfolgter Wahl nicht genügend Gewählte die Wahl annehmen oder die vorgeschriebene Mitgliederzahl nicht erreicht wird, weil die Wahlvorschläge von vornherein nicht genügend Bewerber aufweisen bzw. bei Mehrheitswahl nicht genügend Bewerber überhaupt eine Stimme erhalten haben (so z.B. *LAG SchlH* 7.9.1988 LAGE § 11 BetrVG 1972 Nr. 1; *Richardi* § 9 Rz. 15; **a.A.** GK-BetrVG/*Kreutz* § 9 Rz. 21; § 11 Rz. 11 f.). 332

Für die Zusammensetzung des Betriebsrates ist zu beachten, dass § 15 Abs. 2 BetrVG einen besonderen Schutz für das sog. Geschlecht in der Minderheit vorsieht: Wenn der Betriebsrat aus mindestens drei Mitgliedern besteht, muss das Geschlecht, das in der Belegschaft in der Minderheit ist, mindestens entsprechend seinem zahlenmäßigen Verhältnis im Betriebsrat vertreten sein. 333

Diese durch das BetrVerf-ReformG vom 23.7.2001 (BGBl. I S. 1852 ff.) eingeführte Bestimmung soll sicherstellen, dass der Zugang von Frauen zum Betriebsrat nicht nur erleichtert, sondern tatsächlich durchgesetzt wird. Hierdurch soll dem Gleichberechtigungsgrundsatz des Art. 3 Abs. 2 Grundgesetz Rechnung getragen werden (BegrRegE, BT-Drs. 14/5741, S. 37). Diese sog. Geschlechterquote ist nach Auffassung des *BAG* (31.3.2004 EzA § 15 BetrVG 2001 Nr. 1) verfassungskonform.

334 Die Ermittlung der Anzahl der auf das Geschlecht in der Minderheit entfallenden Betriebsratssitze erfolgt gem. § 5 WO nach den Grundsätzen der Verhältniswahl in Anwendung des Höchstzahlverfahren nach d'Hondt.

Die Zahlen der am Tage des Erlasses des Wahlausschreibens im Betrieb beschäftigten Männer und Frauen werden in einer Reihe nebeneinander gestellt und jeweils durch 1, 2, 3, 4 usw. geteilt. Die ermittelten Teilzahlen sind nacheinander reihenweise unter den Zahlen der ersten Reihe aufzuführen. Unter den so gefundenen Teilzahlen werden so viele Höchstzahlen ausgesondert und der Größe nach geordnet, wie Betriebsratsmitglieder zu wählen sind. Das Geschlecht in der Minderheit erhält so viele Sitze zugeteilt, wie Höchstzahlen auf es entfallen.

335 ► **Beispiel:**
In einem Betrieb sind 255 Arbeitnehmer, davon 200 Männer und 55 Frauen beschäftigt. Der Betriebsrat besteht demnach gem. § 9 BetrVG aus 9 Mitgliedern. Die Frauen stellen das Geschlecht in der Minderheit dar. Zur Ermittlung der Anzahl der Betriebsratssitze, die mit Frauen besetzt werden müssen, ist das d'Hondt'sche Höchstzahlverfahren anzuwenden:

	200 Männer		*55 Frauen*
: 1 =	200 **(1)**	: 1 =	55 **(4)**
: 2 =	100 **(2)**	: 2 =	27,5 **(9)**
: 3 =	66,7 **(3)**		
: 4 =	50 **(5)**		
: 5 =	40 **(6)**		
: 6 =	33,3 **(7)**		
: 7 =	28,8 **(8)**		
: 9 =	22,2		

Auf das Geschlecht in der Minderheit (Frauen) entfallen zwei Höchstzahlen (4, 9), sodass von den neun Betriebsratssitzen zwei mit Frauen besetzt werden müssen.

336 Gem. § 15 Abs. 1 BetrVG soll sich der Betriebsrat ferner aus Arbeitnehmern der einzelnen Organisationsbereiche und der verschiedenen Beschäftigungsarten der im Betrieb tätigen Arbeitnehmer zusammensetzen. Es handelt sich um eine bloße Soll-Vorschrift, deren Nichtbeachtung keinen Einfluss auf die Wirksamkeit der Wahl hat.

c) Entgegennahme und Prüfung von Wahlvorschlägen

337 Die Betriebsratswahl erfolgt auf Grund von Wahlvorschlägen (§ 14 Abs. 3–5 BetrVG; §§ 6 ff., 27, 33, 36 Abs. 5 WO). Nur wer in einer entsprechenden Vorschlagsliste genannt ist, kann in den Betriebsrat gewählt werden (§§ 11, 20, 27 WO). Entsprechende Wahlvorschläge müssen vor Ablauf von zwei Wochen nach Erlass des Wahlausschreibens dem Wahlvorstand vorgelegt werden (§ 6 Abs. 1 WO, § 27 Abs. 1 WO; vgl. *LAG Frankf./M.* 7.2.1991 NZA 1992, 78). Wird bis dahin keine gültige Vorschlagsliste eingereicht, so ist eine Nachfrist zu setzen (§ 9 Abs. 1 WO). Geht auch dann keine gültige Vorschlagsliste ein, ist vom Wahlvorstand sofort bekannt zu machen, dass keine Wahl stattfindet, § 9 Abs. 2 WO.

338 Ohne schriftlichen Wahlvorschlag kann keine wirksame Wahl stattfinden, eine dennoch durchgeführte Wahl ist vielmehr nichtig (GK-BetrVG/*Kreutz* § 14 Rz. 48).

Die Vorschlagslisten sollen gem. §§ 6 Abs. 2, 27 Abs. 1 WO mindestens doppelt so viele Bewerber aufweisen, wie in dem Wahlvorgang Betriebsratsmitglieder zu wählen sind. Ein Verstoß hiergegen ist jedoch unschädlich.

aa) Vorschlagsberechtigung

Vorschlagsberechtigt sind die wahlberechtigten Arbeitnehmer des Betriebes (§ 14 Abs. 3 BetrVG) nach Maßgabe der in § 14 Abs. 4 BetrVG vorgesehenen Unterschriftsquoten (5% der wahlberechtigten Arbeitnehmer, mindestens drei wahlberechtigte Arbeitnehmer, ausnahmsweise zwei Wahlberechtigte; immer ausreichend 50 Wahlberechtigte). Jeder Wahlberechtigte kann nur auf einer Vorschlagsliste unterzeichnen, § 6 Abs. 5 WO. 339

Die Unterschrift muss persönlich geleistet werden, eine Stellvertretung ist unzulässig (GK-BetrVG/*Kreutz* § 14 Rz. 67). Streichungen auf der Liste, die vor der Einreichung vorgenommen wurden und nicht von allen Unterzeichnern getragen werden, sind unzulässig und machen den Wahlvorschlag ungültig (*BAG* 15.12.1972 EzA § 14 BetrVG 1972 Nr. 1; GK-BetrVG/*Kreutz* § 14 Rz. 70). 340

Die schriftliche Zustimmung der Bewerber zur Aufnahme in die Liste ist beizufügen, § 6 Abs. 3 WO. Die Gültigkeit eines eingereichten Wahlvorschlags wird nicht dadurch berührt, dass ein Unterzeichner seine Unterschrift zurückzieht, vgl. § 8 Abs. 1 Nr. 3 S. 2 BetrVG. Nimmt ein Kandidat vor Einreichung des Wahlvorschlages seine Kandidatur zurück, so wird er von der Liste gestrichen und der Wahlvorschlag muss neu aufgestellt und nochmals unterzeichnet werden. Erfolgt die Rücknahme nach Einreichung des Wahlvorschlages, so bleibt er wirksam, wenn der Betroffene vom Wahlvorstand gestrichen wird oder die Wähler in sonstiger geeigneter Weise auf die Rücknahme hingewiesen werden (*BAG* 27.4.1976 EzA § 19 BetrVG 1972 Nr. 8).

Daneben steht jeder im Betrieb vertretenen Gewerkschaft ein eigenes, allgemeines Wahlvorschlagsrecht zu (§ 14 Abs. 3, 5 BetrVG, § 27 WO). Damit soll kleineren Gewerkschaften der Zugang zur Betriebsratswahl erleichtert werden. Ausreichend ist die Unterzeichnung durch zwei Beauftragte der Gewerkschaft. Unterschriften weiterer Arbeitnehmer bedarf es nicht. Der Nachweis des Vertretenseins im Betrieb kann durch namentliche Benennung eines Mitglieds, aber auch durch mittelbare Beweismittel, z.B. durch notarielle Erklärungen geführt werden, ohne den Namen des im Betrieb des Arbeitgebers beschäftigten Mitglieds zu nennen. Ob diese Beweisführung ausreicht, ist eine Frage der freien Beweiswürdigung. Die Tatsachengerichte müssen dem geringeren Beweiswert mittelbarer Beweismittel durch besonders sorgfältige Beweiswürdigung und Begründung ihrer Entscheidung Rechnung tragen (*BAG* 25.3.1992 EzA § 2 BetrVG 1972 Nr. 14). 341

Zur Wahl vorgeschlagen werden kann jeder wählbare Arbeitnehmer (§ 8 BetrVG) innerhalb der Fristen der §§ 6, 9, 27 WO. 342

bb) Prüfung der Vorschlagslisten und Beseitigung von Mängeln

Unverzüglich (§ 121 BGB), möglichst aber zwei Tage nach Eingang hat der Wahlvorstand die Prüfung der Vorschlagslisten vorzunehmen und bei Ungültigkeit oder Beanstandung einer Liste den Listenvertreter (vgl. § 6 Abs. 4 WO) unverzüglich schriftlich unter Angabe der Gründe zu unterrichten, § 7 Abs. 2 S. 2 WO. 343

Welche Mängel zur Ungültigkeit der Vorschlagsliste führen, regelt i.E. § 8 WO (vgl. ausführlich zu Mängeln und deren Rechtsfolgen: *Heinze* NZA 1988, 568). Die Vorschrift unterscheidet zwischen unheilbaren (Abs. 1) und heilbaren (Abs. 2) Mängeln. Letztere können noch beseitigt werden, allerdings nur innerhalb von drei Arbeitstagen nach Beanstandung durch den Wahlvorstand. § 8 WO enthält keine abschließende Aufzählung von Ungültigkeitsgründen. Als weitere Ungültigkeitsgründe werden genannt: 344

- Streichungen auf der Liste, die vor der Einreichung vorgenommen wurden und nicht von allen Unterzeichnern getragen werden (*BAG* 15.12.1972 EzA § 14 BetrVG 1972 Nr. 1);
- Die Vorschlagsliste enthält einen Bewerber, der am Wahltag nicht wählbar ist (DKK/*Schneider* § 8 WO Rz. 3);
- Vorlage einer Vorschlagsliste durch eine nicht im Betrieb vertretene Gewerkschaft oder einer Vereinigung, die nicht Gewerkschaft ist (GK-BetrVG/*Kreutz* § 8 WO Rz. 9).

d) Bekanntmachung der gültigen Vorschlagslisten

345 Die gültigen Vorschlagslisten sind spätestens eine Woche vor Beginn der Stimmabgabe bekannt zu machen. Bei mehreren Listen ist durch Losentscheid die Reihenfolge der Listen festzulegen, § 10 WO.

e) Vorbereitung des Wahlganges

346 Zur Vorbereitung des Wahlganges ist festzustellen, ob die Wahl als Verhältnis- oder Mehrheitswahl stattfindet, vgl. § 14 Abs. 2 BetrVG (s.u. Rn. 360). Ferner sind entsprechende Stimmzettel, Wahlumschläge, -urnen, -kabinen zu beschaffen, vgl. §§ 11, 12 WO.

f) Überwachung der Stimmabgabe und Entgegennahme der Wahlumschläge

347 Der Wahlvorstand ist ferner verpflichtet, die Stimmabgabe zu überwachen und die Wahlumschläge entgegenzunehmen.

g) Stimmauszählung, Feststellung und Bekanntgabe des Ergebnisses und Wahlniederschrift

348 Nach Abschluss der Wahl hat der Wahlvorstand unverzüglich (§ 121 BGB) betriebsöffentlich die verschlossenen Wahlurnen zu öffnen und die Stimmen auszuzählen (§§ 13, 21 WO). Sodann ist das sich daraus ergebende Wahlergebnis in einer Niederschrift festzustellen, also insbes., wer als Betriebsratsmitglied gewählt ist (§§ 16, 23). Im Anschluss ist das Ergebnis den Arbeitnehmern des Betriebes bekannt zu geben (§§ 18, 23 WO). Obwohl das Gesetz nur von einer öffentlichen Auszählung der Stimmen spricht, ist nach Sinn und Zweck der Vorschrift davon auszugehen, dass die gesamte Ermittlung des Wahlergebnisses öffentlich vorzunehmen ist (*ArbG Bochum* 20.6.1975 DB 1975, 1898).

349 Der Wahlvorstand kann zur Stimmenauszählung Wahlhelfer heranziehen und sich auch technischer Hilfsmittel, insbes. EDV (vgl. *LAG Hamm* 26.2.1976 DB 1976, 1920) bedienen.

350 Es muss stets gewährleistet sein, dass der Wahlvorstand selbst den gesamten Vorgang der Stimmenauszählung einschließlich des Verhaltens der von ihm herangezogenen Wahlhelfer überwacht. Unzulässig ist es, einen Teil des Auszählungsvorgangs der Verantwortung anderer Personen zu überlassen.

Insbesondere auch bei Auszählung mittels EDV muss die Verantwortlichkeit des Wahlvorstandes für den Auszählungsvorgang gewahrt sein, was nicht der Fall ist, wenn sich nicht ständig Mitglieder des Wahlvorstandes im Rechenzentrum aufhalten und den Verbleib der Stimmzettel beobachten.

351 Der ungehinderte Zugang der Betriebsöffentlichkeit zum Ort der Stimmenauszählung ist wesentliches Merkmal für das Vorliegen einer öffentlichen Stimmenauszählung (*LAG Bln.* 16.11.1987 NZA 1988, 481). Die im Betrieb vertretenen Gewerkschaften haben das Recht, an der Stimmauszählung teilzunehmen (*BAG* 31.5.2000 EzA § 20 BetrVG 2001 Nr. 1).

h) Benachrichtigung der Gewählten

352 Die gewählten Betriebsratsmitglieder sind unverzüglich schriftlich zu benachrichtigen (§ 17 Abs. 1 WO). Erklärt der Gewählte nicht innerhalb von drei Arbeitstagen nach Zugang der Benachrichtigung, dass er die Wahl ablehnt, so gilt sie als angenommen.

i) Bekanntmachung der Gewählten

353 Sobald die Namen der Gewählten endgültig feststehen, sind sie durch zweiwöchigen Aushang bekannt zu machen. Darin liegt die endgültige Feststellung des Wahlergebnisses; ggf. beginnt damit die Amtszeit des Betriebsrats nach § 21 S. 2 BetrVG (§ 18 Abs. 1 BetrVG, § 23 WO).

j) Übersendung der Wahlniederschrift

Unverzüglich nach Abschluss der Wahl hat der Wahlvorstand dem Arbeitgeber und den im Betrieb vertretenen Gewerkschaften eine Wahlniederschrift zu übersenden (§ 18 S. 2 WO). Hat der Wahlvorstand diese Pflicht nicht erfüllt, so hat der gewählte Betriebsrat die Übersendung nachzuholen. 354

k) Einberufung der konstituierenden Sitzung des Betriebsrats

Gem. § 29 Abs. 1 BetrVG hat der Wahlvorstand vor Ablauf von einer Woche nach dem Wahltag die gewählten Betriebsratsmitglieder zur konstituierenden Betriebsratssitzung einzuladen. 355

5. Wahlgrundsätze

Die Betriebsratswahl findet als schriftliche Urnenwahl statt, §§ 11, 12 WO. Die Durchführung als Briefwahl nach Maßgabe der §§ 24–26 WO nur ausnahmsweise (vgl. *BAG* 14.2.1978 EzA § 19 BetrVG 1972 Nr. 16) möglich. 356

a) Geheime und unmittelbare Wahl

Gem. § 14 Abs. 1 BetrVG ist die Wahl als geheime Wahl durchzuführen. Unzulässig ist damit die öffentliche Stimmabgabe, z.B. in einer Betriebsversammlung. Der Wahlvorstand hat die Unverletzlichkeit des Wahlgeheimnisses durch geeignete Maßnahmen sicherzustellen und muss insbes. die in §§ Abs. 1 S. 2, 11 Abs. 2 S. 2, 11 Abs. 4, 12 Abs. 1, 25, 26 WO normierten Anforderungen erfüllen. Auf Grund der Geheimheit der Wahl ist eine Vertretung bei der Stimmabgabe nicht zulässig. 357

Aus dem Grundsatz der geheimen Wahl folgt, dass in einem gerichtlichen Verfahren eine Vernehmung von Arbeitnehmern über ihr Wahlverhalten ausgeschlossen ist, auch wenn der Arbeitnehmer auf sein Zeugnisverweigerungsrecht verzichtet (*LAG Düsseld.* 30.10.1984 DB 1985, 1137). 358

b) Freie, gleiche und allgemeine Wahl

Freie Wahl bedeutet, dass jeder Wahlberechtigte sein Wahlrecht ohne Zwang, Druck oder sonstige Einflussnahme auf seine Entschließungsfreiheit ausüben oder nicht ausüben kann, vgl. § 20 Abs. 2 BetrVG. Unzulässig ist es insbes., durch die äußere Gestaltung der Stimmzettel dem Wähler eine bestimmte Entscheidung nahe zu legen, vgl. § 11 Abs. 2 S. 2 WO (vgl. *BAG* 14.1.1969 EzA BetrVG 1952 Nr. 1). Der Wahlvorstand darf während der laufenden Betriebsratswahl Dritten keine Einsichtnahme in die mit den Stimmabgabevermerken versehenen Wählerlisten gestatten, da dies dazu führen kann, dass auf diejenigen, die ihre Stimme noch nicht abgegeben haben, Druck in Richtung auf eine Stimmabgabe ausgeübt werden könnte, was mit dem Grundsatz der freien Wahl unvereinbar ist (*BAG* 6.12.2000 EzA § 19 BetrVG 1972 Nr. 40). Gleiche Wahl bedeutet, dass jede Stimme das gleiche Gewicht hat und jeder Wahlberechtigte die gleiche Stimmenanzahl besitzt. Allgemeinheit der Wahl beinhaltet, dass jeder Wahlberechtigte sein Wahlrecht in formal gleicher Weise ausüben kann und alle wahlberechtigten Arbeitnehmer zur Wahl zugelassen sind. 359

c) Verhältnis- und Mehrheitswahl

Ob die Wahl als Verhältnis- oder Mehrheitswahl durchzuführen ist, richtet sich nach § 14 Abs. 2 BetrVG. Danach ist die Durchführung als Verhältniswahl der Regelfall. Mehrheitswahl findet statt, wenn nur ein Wahlvorschlag eingereicht wird oder der Betriebsrat im vereinfachten Verfahren nach § 14a BetrVG zu wählen ist. 360

aa) Verhältniswahl

361 Gem. § 14 Abs. 3 BetrVG erfolgt die Wahl im Regelfall nach den Grurzen der Verhältniswahl. Hierbei ist zunächst von dem Höchstzahlverfahren nach dndt auszugehen. Sodann ist aber der zwingenden Berücksichtigung des Geschlechts in Minderheit (§ 15 Abs. 2 BetrVG) Rechnung zu tragen, d.h. das Geschlecht in der Minde muss zumindest die nach § 5 WO (s.o. Rn. 333 ff.) ermittelte Anzahl von Mindestsitzen Betriebsrat erhalten.

Das Verfahren der Verteilung der Betriebsratssitze ist in § 15 WO geıt. Danach richtet sich die Verteilung der Betriebsratssitze auf die einzelnen Vorschlagen zunächst nach dem Höchstzahlverfahren. Die Reihenfolge der Bewerberinnen und Beber innerhalb der einzelnen Vorschlagslisten richtet sich dabei nach der Reihenfolge ihrenennung. Wird in Anwendung dieser Verteilung die Besetzung der nach § 5 WO errechn Anzahl der Mindestsitze durch Angehörige des Geschlechts in der Minderheit erreihat es damit sein Bewenden. Findet auf diese Weise hingegen nicht die erforderliche icksichtigung des Geschlechts in der Minderheit statt, richtet sich die Verteilung der Betratssitze nach § 15 Abs. 5 WO.

362 ► **Beispiel:** (nach *Schiefer/Korte* NZA 2002, 113, 114]; weitere Beisp bei GK-BetrVG/*Kreutz* § 15 WO Rz. 7 ff.)
Im Betrieb sind 100 Männer und 50 Frauen beschäftigt. Den Fra als Geschlecht in der Minderheit stehen nach § 15 Abs. 2 BetrVG i.V.m. § 5 WO (s.o. 334) mindestens zwei Betriebsratssitze zu. Der Betriebsrat besteht aus sieben Midern, § 9 BetrVG. Die Wahl erbringt folgendes Ergebnis: Liste 1 erhält 70 Stimmen, 2 erhält 50 Stimmen und Liste 3 erhält 30 Stimmen. Die Verteilung der Betriebsrtze auf die einzelnen Vorschlagslisten richtet sich zunächst nach dem Höchstzahfahren: Jede Liste erhält so viele Sitze im Betriebsrat, wie Höchstzahlen auf sie enth:

Liste 1 Stimmen gesamt: 70	Liste 2 Stimmen gesamt: 50	Liste 3 Stimmesamt: 30
: 2 = 35 (3)	: 2 = 25 (5)	: 2 = 1)
: 3 = 23 (6)	: 3 = 16 (8)	: 3 = 13)
: 4 = 17,5 (7)	: 4 = 12,5 (11)	: 4 = 7.4)
: 5 = 14 (10)		: 5 = 6)
: 6 = 11,66 (12)		

Auf die Liste 1 entfallen damit vier Betriebsratssitze, auf Liste 2 allen zwei Sitze und auf Liste 3 ein Sitz. Die Verteilung der Sitze unter den Bewerb einer Liste erfolgt grds. in der Reihenfolge, in der sie auf der Liste stehen.
Es soll unterstellt werden, dass die Listen folgende Bewerber aust:

Liste 1 Bewerber (Geschlecht) Höchstzahl	Liste 2 Bewerber (Geschlecht) Höchstzahl	Liste : Bewe(Geschlecht) Höchal
A (m) 1	G (m) 2	K (m)
B (m) 3	H (m) 5	L (m)
C (m) 6	I (m) 8	M (m
D (m) 7	J (m) 11	N (m
E (m) 10		O (w
F (w) 12		

Käme es nur auf die ermittelten Höchstzahlen an, wären von der Liste 1 die Kandidaten A, B, C und D, von der Liste 2 die Kandidaten G und H sowie von Liste 3 der Kandidat K in den Betriebsrat gewählt. Dies würde aber dazu führen, dass nur Männer dem Betriebsrat angehören. Gem. § 15 Abs. 2 BetrVG i.V.m. § 5 WO stehen den Frauen als Geschlecht in der Minderheit jedoch zwei Sitze zu. Um dies zu erreichen, ist in einem ersten Schritt der Kandidat mit der niedrigsten berücksichtigten Höchstzahl zu ermitteln, der nicht dem Geschlecht in der Minderheit angehört. Das ist hier der D mit der Höchstzahl 17,5. An seine Stelle tritt die Kandidatin des Geschlechts in der Minderheit, die auf derselben Vorschlagsliste benannt ist. Als erste weibliche Kandidatin auf der Liste 1 ist dies die F. Entsprechend ist anschließend mit dem Bewerber mit der zweitniedrigsten berücksichtigten Höchstzahl zu verfahren. Dies ist C mit der Höchstzahl 23. Da die Liste 1 jedoch keine weiteren weiblichen Kandidaten enthält, geht dieser Sitz auf die Vorschlagsliste über, auf die die folgende, noch nicht berücksichtigte Höchstzahl entfällt und die zugleich über Kandidaten des Geschlechts in der Minderheit verfügt. Entfällt die folgende Höchstzahl auf mehrere Vorschlagslisten, entscheidet das Los, welcher Liste der Sitz zufällt (§ 15 Abs. 5 Nr. 2 WO). Da die Liste 2 nur männliche Bewerber enthält, geht der Betriebsratssitz auf Liste 3 über, und dort auf die erste weibliche Kandidatin O. In den Betriebsrat gewählt sind damit A, B, F, G, H, K und O. Die Liste 3 erhält damit einen Sitz mehr als ihr eigentlich zusteht. Im Gegenzug verliert Liste 1 einen Sitz.
Dieses Verfahren ist grds. solange fortzusetzen, bis der Mindestanteil des Geschlechts in der Minderheit erreicht ist (§ 15 Abs. 5 Nr. 3 WO). Ist auf keiner Vorschlagsliste mehr ein Kandidat des Geschlechts in der Minderheit vorhanden, bleibt der Sitz bei der Liste, die zuletzt einen Sitz zu Gunsten des Minderheitengeschlechts hatte abgeben müssen (§ 15 Abs. 5 Nr. 5 WO). Kandidieren nicht ausreichend viele Angehörige des Geschlechts in der Minderheit, verbleiben die Sitze bei den jeweiligen Vorschlagslisten mit Angehörigen des anderen Geschlechts (§ 15 Abs. 5 Nr. 5 WO).

bb) Mehrheitswahl

Mehrheitswahl erfolgt, wenn nur ein einziger Wahlvorschlag (Vorschlagsliste) eingereicht worden ist oder der Betriebsrat im vereinfachten Verfahren nach § 14a BetrVG zu wählen ist, § 14 Abs. 2 BetrVG. Jeder Wähler hat dann so viele Stimmen, wie im jeweiligen Wahlgang Betriebsratsmitglieder zu wählen sind, § 20 Abs. 3. WO bzw. § 34 Abs. 1 WO, § 36 Abs. 4 i.V.m. § 34 Abs. 1 WO. Besteht der zu wählende Betriebsrat aus mindestens drei Mitgliedern, muss eine zwingende Berücksichtigung des Geschlechts in der Minderheit stattfinden, vgl. § 15 BetrVG und §§ 32, 36 Abs. 4 WO i.V.m. § 32 WO. Das Verfahren hierzu richtet sich nach § 22 WO (ggf. i.V.m. § 34 Abs. 5 WO bzw. §§ 36 Abs. 4, 34 Abs. 5 WO). Danach werden zunächst vorab die dem Geschlecht in der Minderheit zustehenden Mindestsitze in der Weise verteilt, dass die Mindestsitze mit Angehörigen dieses Geschlechts in der Reihenfolge der jeweils höchsten auf sie entfallenden Stimmenzahlen besetzt werden. Erst danach erfolgt die Verteilung der weiteren Sitze unabhängig von dem Geschlecht in der Reihenfolge der jeweils höchsten auf sie entfallenden Stimmzahlen. 363

► **Beispiel:** (nach *Schiefer/Korte* NZA 2002, 113, 115]; weitere Beispiele bei GK-BetrVG/*Kreutz* § 22 WO Rz. 1 ff.) 364
Im Betrieb werden 30 Arbeitnehmer, davon 20 Frauen und 10 Männer beschäftigt. Der Betriebsrat besteht aus drei Mitgliedern (§ 9 BetrVG), sodass eine Berücksichtigung des Geschlechts in der Minderheit erfolgen muss (§ 15 Abs. 2 BetrVG). Den Männern als Geschlecht in der Minderheit steht ein Betriebsratssitz zu, §§ 15 Abs. 2 BetrVG i.V.m. § 5 WO. Von den fünf Wahlbewerbern der einzigen Vorschlagsliste sind A, D, und E Frauen, B und C sind Männer. Die abgegebenen Stimmen verteilen sich wie folgt:

A (w):	12 Stimmen
B (m):	0 Stimmen
C (m):	3 Stimmen
D (w):	10 Stimmen
E (w):	5 Stimmen

Zunächst ist nach § 22 Abs. 1 WO der errechnete Mindestsitz für das männliche Geschlecht zu vergeben. Hierzu werden die dem Geschlecht in der Minderheit zustehenden Sitze mit Angehörigen dieses Geschlechts in der Reihenfolge der jeweils höchsten auf sie entfallenden Stimmenzahlen besetzt. Diesen Sitz erhält damit der C als der männliche Kandidat, der unter den Angehörigen des Minderheitengeschlechts die meisten Stimmen erhalten hat. Anschließend werden die weiteren Sitze unabhängig vom Geschlecht der Bewerber nach dem Mehrheitsprinzip verteilt und entfallen im Beispiel auf A und D. Gewählt sind also A, C und D.

6. Das vereinfachte Wahlverfahren

365 Gem. § 14a BetrVG findet in bestimmten Fällen die Wahl des Betriebsrats im sog. vereinfachten Verfahren statt. Durch dieses durch das BetrVerf-ReformG vom 23.7.2001 (BGBl. I S. 1852 ff) eingeführte Verfahren soll nach der Gesetzesbegründung (BT-Drs. 14/5741, S. 36 f.) erreicht werden, dass auch in Kleinbetrieben wieder vermehrt Interessenvertretungen gebildet werden. Die Wahl im vereinfachten Verfahren ist gem. § 14 Abs. 2 BetrVG stets Mehrheitswahl, sodass eine Mehrheit der Belegschaft alle Sitze besetzen kann (krit. dazu etwa *Hanau* NJW 2001, 2513, 2517).

a) Anwendungsbereich; Arten des vereinfachten Verfahrens

366 Das vereinfachte Wahlverfahren gem. § 14a BetrVG findet zwingend Anwendung bei Betrieben mit i.d.R. 5–50 wahlberechtigten Arbeitnehmern, § 14a Abs. 1 S. 1 BetrVG. Es kann in Betrieben mit i.d.R. 51–100 wahlberechtigten Arbeitnehmern Anwendung finden, wenn seine Anwendung zwischen Wahlvorstand und Arbeitgeber vereinbart wird, § 14a Abs. 5 BetrVG.

367 § 14a BetrVG unterscheidet zwischen drei Arten des vereinfachten Verfahrens. Gem. § 14a Abs. 1 BetrVG gibt es zunächst das **einstufige** oder **zweistufige** vereinfachte Verfahren (s.u. Rn. 372, 371). Im einstufigen vereinfachten Verfahren erfolgt die Bestellung des Wahlvorstandes durch den (Gesamt-/Konzern-) Betriebsrat und nur die Wahl des Betriebsrats auf einer Wahlversammlung. Beim zweistufigen vereinfachten Verfahren wird in einer ersten Wahlversammlung ein Wahlvorstand gewählt (1. Stufe) und in einer zweiten Wahlversammlung sodann der Betriebsrat (2. Stufe). Welches der beiden Verfahren zur Anwendung kommt, richtet sich danach, ob im Betrieb schon ein Betriebsrat bzw. im Unternehmen ein Gesamt- oder Konzernbetriebsrat vorhanden ist.

368 Das **einstufige** vereinfachte Verfahren findet Anwendung, wenn der Wahlvorstand nach §§ 17a Nr. 1, 16 BetrVG vom Betriebsrat, Gesamt- oder Konzernbetriebsrat bestellt oder gem. § 17a Nr. 4 BetrVG vom Arbeitsgericht bestellt worden ist. Ist ein Betriebsrat vorhanden, obliegt nach § 17a Nr. 1 i.V.m. § 16 BetrVG im vereinfachten einstufigen Verfahren in erster Linie dem Betriebsrat die Bestellung des Wahlvorstandes oder, wenn dieser bis acht Wochen vor Ablauf seiner Amtszeit untätig bleibt, sofern vorhanden dem Gesamt- bzw. Konzernbetriebsrat (§ 17a i.V.m. § 16 Abs. 3 BetrVG). Gab es bisher keinen Betriebsrat, aber einen Gesamt- oder Konzernbetriebsrat, obliegt diesem die Bestellung des Wahlvorstandes (§ 17a i.V.m. § 17 Abs. 2 BetrVG). Einzelheiten sind in § 36 WO geregelt.

369 Ist kein (Gesamt-/Konzern-)Betriebsrat vorhanden, kommt das **zweistufige** vereinfachte Verfahren zur Anwendung. Bei diesem wird in einer ersten Wahlversammlung ein Wahlvorstand gewählt (1. Stufe) und in einer zweiten Wahlversammlung sodann der Betriebsrat (2.

Stufe). Einzelheiten des Verfahrens sind in §§ 28–35 WO geregelt. Das zweistufige Verfahren findet Anwendung, wenn im Betrieb kein Betriebsrat besteht und im Unternehmen auch kein Gesamt- oder Konzernbetriebsrat vorhanden ist.

Gem. § 14a Abs. 5 BetrVG findet das vereinfachte Verfahren schließlich in Betrieben mit i.d.R. 51–100 wahlberechtigten Arbeitnehmern statt, wenn der Wahlvorstand und der Arbeitgeber dies vereinbaren (**Vereinfachtes Verfahren kraft Vereinbarung**; s.u. Rn. 373). Liegt eine solche Vereinbarung vor, richtet sich die Wahl des Betriebsrats nach den Bestimmungen des vereinfachten einstufigen Verfahrens, § 37 i.V.m. § 36 WO. **370**

b) Das zweistufige vereinfachte Wahlverfahren

Besteht kein Betriebsrat, Gesamt- oder Konzernbetriebsrat, von dem die Bestellung des Wahlvorstandes vorgenommen werden könnte (vgl. § 17a Nr. 3 i.V.m. § 17 Abs. 2 BetrVG), wird der Wahlvorstand in einer ersten Wahlversammlung in Mehrheitswahl gewählt, §§ 14a Abs. 1, 17 a Nr. 3 BetrVG, §§ 28, 29 WO. Einladungsberechtigt zu dieser Wahlversammlung sind 3 wahlberechtigte Arbeitnehmer des Betriebs oder eine im Betrieb vertretene Gewerkschaft (einladende Stelle), § 17a Nr. 3 i.V.m. § 17 Abs. 3 BetrVG. § 28 Abs. 1 WO schreibt einen bestimmten Mindestinhalt der Einladung vor. Nach Aushang der Einladung zur Wahlversammlung hat der Arbeitgeber der einladenden Stelle alle für die Anfertigung der Wählerliste erforderlichen Unterlagen (§ 2 WO) in einem versiegelten Umschlag auszuhändigen, § 29 WO. Der auf der ersten Wahlversammlung zu wählende Wahlvorstand besteht aus drei Mitgliedern; eine Erhöhung der Anzahl der Mitglieder ist nicht möglich, § 17a Nr. 2 BetrVG, § 29 WO. Nach seiner Wahl hat der Wahlvorstand **in** der Wahlversammlung die Wahl des Betriebsrats einzuleiten (vgl. § 30 WO) und das Wahlausschreiben mit einem bestimmten Mindestinhalt zu erlassen (§ 31 WO). Wahlvorschläge sind bis zum Ende dieser ersten Wahlversammlung einzureichen und nach Abschluss der Versammlung bekannt zu machen (§ 33 WO). Die eigentliche Wahl des Betriebsrats erfolgt auf einer zweiten Wahlversammlung. Zwischen der ersten Wahlversammlung und der zweiten Wahlversammlung muss mindestens eine Woche liegen (§ 14a Abs. 1 S. 3 BetrVG, § 28 Abs. 1 S. 2 WO). An der Teilnahme bei der zweiten Wahlversammlung verhinderten Wahlberechtigten ist auf Antrag die nachträgliche schriftliche Stimmabgabe zu ermöglichen (§ 14a Abs. 4 BetrVG, § 35 WO). Die Wahl und die Ermittlung des oder der Gewählten gilt § 34 WO. Hierbei ist der zwingenden Berücksichtigung des Geschlechts in der Minderheit Rechnung zu tragen, soweit der Betriebsrat aus mindestens drei Mitgliedern besteht, § 15 Abs. 2 BetrVG, § 34 Abs. 5 i.V.m. § 22 Abs. 1 WO. Insoweit wird auf die Ausführungen oben Rn. 333 ff., 361 ff. verwiesen. **371**

Findet trotz Einladung zur ersten Wahlversammlung eine solche nicht statt oder wird auf dieser kein Wahlvorstand gewählt, so kann dieser auf Antrag von mindestens drei wahlberechtigten Arbeitnehmern oder einer im Betrieb vertretenen Gewerkschaft vom Arbeitsgericht bestellt werden, §§ 17a Nr. 4, 17 Abs. 4, 16 Abs. 2 BetrVG (vgl. o. Rn. 298). In diesem Fall richtet sich das weitere Wahlverfahren nach den Grundsätzen des vereinfachten einstufigen Wahlverfahrens, § 14a Abs. 3 BetrVG.

c) Das vereinfachte einstufige Wahlverfahren

Dieses findet statt, wenn der Wahlvorstand durch den Betriebsrat (§ 17a Nr. 1 i.V.m. § 16 Abs. 1 BetrVG), durch den Gesamt- oder Konzernbetriebsrat (§ 17a S. 2 i.V.m. § 16 Abs. 3 BetrVG oder § 17a S. 2 i.V.m. § 17 Abs. 1 BetrVG) oder durch das Arbeitsgericht (§ 17a Nr. 4 i.V.m. § 17 Abs. 4 BetrVG) bestellt wurde. Da dann der Wahlvorstand bereits existiert, bedarf es einer (ersten) Wahlversammlung zur Wahl des Wahlvorstandes nicht mehr, sondern nur einer Wahlversammlung zur Wahl des Betriebsrats, § 14a Abs. 3 S. 1 BetrVG. Wahlvorschläge können nur bis 1 Woche vor Durchführung dieser Wahlversammlung gemacht werden, § 14a Abs. 3 S. 2 BetrVG, § 36 Abs. 5 WO. Die weiteren Einzelheiten des Wahlverfahrens regelt § 36 WO. Auch bei der Wahl im vereinfachten einstufigen Wahlverfahren ist dem zwingenden Schutz des Geschlechts in der Minderheit Rechnung zu tragen, § 15 Abs. 2 BetrVG, §§ 36 Abs. 4, 32, 34 Abs. 5 i.V.m. § 22 Abs. 1 WO, s.o. Rn. 333 ff., 361 ff. **372**

d) Das vereinbarte vereinfachte Wahlverfahren

373 Gem. § 14a Abs. 5 BetrVG kann in Betrieben mit i.d.R. 51 bis 100 wahlberechtigten Arbeitnehmern auch im vereinfachten Wahlverfahren gewählt werden, wenn der Wahlvorstand und der Arbeitgeber dies vereinbaren. Liegt eine solche Vereinbarung vor, richtet sich die Wahl nach den Grundsätzen des vereinfachten einstufigen Wahlverfahrens, § 37 WO i.V.m. § 36 WO.

7. Wahlschutz und Wahlkosten

374 Durch die in § 20 Abs. 1–3 BetrVG vorgesehenen Regelungen soll sichergestellt werden, dass die Wahl entsprechend den gesetzlichen Vorschriften frei und ungehindert durchgeführt werden kann. Flankiert werden diese Bestimmungen durch den besonderen Kündigungsschutz der Mitglieder des Wahlvorstandes und der Wahlbewerber nach § 103 BetrVG, § 15 Abs. 3 und 4 KSchG (s.o. Kap. 4 Rn. 516 ff.).

a) Behinderungsverbot, § 20 Abs. 1 BetrVG

375 Das Behinderungsverbot nach § 20 Abs. 1 BetrVG umfasst nicht nur den eigentlichen Abstimmungsvorgang, sondern alle mit der Wahl zusammenhängenden oder ihr dienenden Maßnahmen (MünchArbR/*Joost* § 304, Rz. 233), insbes. also auch die der Wahl vorausgehenden Abstimmungen und die sich auf die Betriebsratswahl beziehenden Beschlussfassungen der Wähler oder des Wahlvorstandes. Auch die Wahlwerbung unterliegt dem Behinderungsverbot (*BAG* 2.12.1960 AP Nr. 2 zu § 19 BetrVG; GK-BetrVG/*Kreutz* § 20 Rz. 7 f., 9).

376 Das Recht auf Wahlwerbung wird durch die allgemeine Meinungsfreiheit und für Gewerkschaften zusätzlich durch Art. 9 Abs. 3 GG gedeckt (*BVerfG* 30.11.1965 AP Nr. 7 zu Art. 9 GG; vgl. auch *BVerfG* 14.11.1995 EzA Art. 9 GG Nr. 60 zur Gewerkschaftswerbung eines im Betrieb beschäftigten Arbeitnehmers). Strittig ist insoweit, ob die Werbetätigkeit auch während der Arbeitszeit zulässig ist, soweit dadurch keine erhebliche Störung des betrieblichen Ablaufs eintritt (so DKK/*Schneider* § 20 Rz. 19; *Fitting* § 20 Rz. 8, vgl. auch *BVerfG* 14.11.1995 EzA Art. 9 GG Nr. 60) oder sich auf Zeiten vor Beginn und nach Ende der Arbeitszeit sowie auf Pausenzeiten zu beschränken hat (so GK-BetrVG/*Kreutz* § 20 Rz. 19; HSWGNR/*Nicolai* § 20 Rz. 14).

377 Das Verbot richtet sich gegen jedermann. Das behindernde Verhalten muss rechtswidrig, nicht aber schuldhaft sein (GK-BetrVG/*Kreutz* § 20 Rz. 12). Wahlbehinderung kann durch Unterlassen erfolgen, wenn der Arbeitgeber seinen gesetzlichen Pflichten zur Förderung der Wahl gem. § 2 Abs. 2 WO, § 20 Abs. 3 S. 1 BetrVG (Räume und Sachmittel), Abs. 3 S. 2 (Arbeitsbefreiungen) nicht nachkommt (weitere Beispiele bei DKK/*Schneider* § 20 Rz. 10 f.; GK-BetrVG/*Kreutz* § 20 Rz. 11 ff.). Wahlbehinderung kann auch durch aktives Tun erfolgen z.B. bei Versetzungen und der Verweigerung des Zugangs zum Betrieb.

378 Unter das Verbot der Behinderung der Betriebsratswahl fällt auch eine Kündigung, die anlässlich der Betätigung für die Betriebsratswahl oder in Zusammenhang mit ihr gerade deshalb ausgesprochen wird, um die Wahl dieses Arbeitnehmers zu verhindern oder ihn wegen seines Einsatzes bei der Betriebsratswahl zu maßregeln (*BAG* 7.5.1986 EzA § 17 BetrVG 1972 Nr. 5; 13.10.1977 EzA § 74 BetrVG 1972 Nr. 3).

379 Die Darlegungs- und Beweislast für einen Zusammenhang zwischen Kündigung und Betriebsratswahl trifft grds. den Arbeitnehmer. Je nach den besonderen Umständen des Falles kommen diesem aber die Grundsätze des Prima-facie-Beweises zugute. Bei einem unmittelbaren zeitlichen Zusammenhang kommt auch eine Beweislastumkehr in Betracht (*LAG Hamm* 15.1.1985 LAGE § 20 BetrVG 1972 Nr. 5; 27.8.1987 LAGE § 20 BetrVG 1972 Nr. 6). Nichtig ist z.B. eine Kündigung, die der Arbeitgeber in unmittelbarem zeitlichen Zusammenhang damit erklärt, dass der Arbeitnehmer die Unterschrift unter eine vom Arbeitgeber

vorgelegte Erklärung verweigert, der zufolge die Arbeitnehmer des Betriebes keinen Betriebsrat wollen (*ArbG München* 26.5.1987 DB 1987, 2662).

380 In Betracht kommt etwa auch die Anweisung, nicht als Wahlbewerber oder Mitglied des Wahlvorstandes zur Verfügung zu stehen (DKK/*Schneider* §20 Rz. 16) oder eine Mitteilung mit Anweisungscharakter des Arbeitgebers an wahlberechtigte Arbeitnehmer, dass sie leitende Angestellte und daher nicht wahlberechtigt seien (*LAG Hamm* 27.4.1972 DB 1972, 1297; *LAG BW* 31.5.1972 DB 1972, 1392).

b) Verbot der Wahlbeeinflussung, § 20 Abs. 2 BetrVG

381 §20 Abs. 2 BetrVG sichert als gegen jedermann gerichtetes Verbot die freie Willensbildung der Wahlbeteiligten gegenüber demjenigen, der bewusst die Wahl rechtswidrig durch Zufügung oder Androhung von Nachteilen oder durch Gewährung oder Versprechen von Vorteilen zu beeinflussen sucht, seien sie materieller oder immaterieller Natur (GK-BetrVG/*Kreutz* §20 Rz. 24). Das Beeinflussungsverbot schließt zulässige Maßnahmen der Wahlwerbung nicht aus. Zur Wahlwerbung berechtigt sind einzelne Wahlbewerber sowie auch die im Betrieb vertretenen Gewerkschaften. Stets unzulässig sind Werbemaßnahmen des Arbeitgebers.

382 Die tatsächliche und finanzielle Unterstützung einer Gruppe von Kandidaten bei der Herstellung einer Wahlzeitung durch den Arbeitgeber stellt einen Verstoß gegen § 20 Abs. 2 BetrVG dar, der zur Unwirksamkeit der Betriebsratswahl führt (*BAG* 4.12.1986 EzA § 19 BetrVG 1972 Nr. 24). Unzulässig ist auch die Werbung durch den Betriebsrat, da dieser hierdurch gegen seine Neutralitätspflicht nach § 75 BetrVG verstoßen würde (GK-BetrVG/*Kreutz* §20 Rz. 30).

383 Im Rahmen der **Wahlwerbung** betriebene Propaganda, auch die sog. Propagandalüge, stellt noch keine unzulässige Beeinflussung der Wahl dar (GK-BetrVG/*Kreutz* §20 Rz. 31; DKK/*Schneider* §20 Rz. 19). Die Grenze des Zulässigen ist aber dann überschritten, wenn es sich um diffamierende und grob wahrheitswidrige Propaganda gegen Wahlbewerber handelt, insbes. dann, wenn konkurrierende Wahlbewerber dadurch veranlasst werden, ihre Bewerbung zurückzuziehen (GK-BetrVG/*Kreutz* §20 Rz. 32). Kontrovers diskutiert wird, ob der diffamierte Wahlbewerber Unterlassung derartiger Werbung auch im Wege des arbeitsgerichtlichen Beschlussverfahrens (GK-BetrVG/*Kreutz* § 20 Rz. 33; DKK/*Schneider* § 20 Rz. 19) oder nur in einem Verfahren vor den ordentlichen Gerichten (HSWGNR/*Nicolai* §20 Rz. 20) verlangen kann.

384 Da sich das Verbot der Wahlbeeinflussung gegen jedermann richtet, sind Verbotsverletzungen auch durch Gewerkschaften insbes. dadurch möglich, dass einem Mitglied der Ausschluss aus der Gewerkschaft für den Fall angedroht wird, dass es auf einer anderen als von der jeweiligen Gewerkschaft unterstützten und gebilligten Vorschlagsliste kandidiert. Streitig (vgl. zum Meinungsstand GK-BetrVG/*Kreutz* § 20 Rz. 35 ff.) ist jedoch, unter welchen Voraussetzungen eine solche Nachteilsdrohung als rechtswidrig anzusehen ist. Nach Auffassung des *BGH* (30.5.1983 NJW 1984, 918; 19.10.1987 EzA §25 BGB Nr. 1) ist eine Ausschlussdrohung nur dann gerechtfertigt und nicht rechtswidrig, wenn über den bloßen Wettbewerb um Stimmen hinaus ein gewerkschaftsfeindliches Verhalten vorliegt, so z.B. bei Äußerungen und Handlungen eines Mitglieds, die im Zusammenhang mit der Wahl die Gewerkschaft allgemein oder die Grundordnung, die ihre Betätigung garantiert, in Frage stellen oder sich gegen die eigene Gewerkschaft und ihre satzungsmäßigen Zielsetzungen in einer ihr die – notfalls auch kritische – Solidarität aufkündigenden, mit der Mitgliedschaft schlechterdings nicht mehr zu vereinbarenden Weise, richten (*BGH* 19.10.1987 EzA § 25 BGB Nr. 1). Ein Ausschluss lediglich auf Grund der Kandidatur auf einer konkurrierenden Liste kommt hingegen nicht in Betracht, da dies dem Grundsatz der Wahlfreiheit zuwider laufen würde (*BGH* 30.5.1983 NJW 1984, 918; 19.10.1987 EzA §20 BGB Nr. 1).

c) Rechtsfolge von Verstößen

385 Die Verbote nach § 20 Abs. 1 und 2 BetrVG sind gesetzliche Verbote i.S.d. § 134 BGB (*BAG* 7.5.1986 EzA § 17 BetrVG 1972 Nr. 5; 13.10.1977 EzA § 74 BetrVG 1972 Nr. 3) und Schutzgesetze i.S.d. § 823 Abs. 2 BGB (MünchArbR/*Joost* § 304 Rz. 246). Vorsätzliche Verbotsverletzungen werden auf Antrag bestraft, § 119 Abs. 1 Nr. 1 BetrVG.

386 Wahlbehinderungen und Wahlbeeinflussungen können schon während des Wahlverfahrens im arbeitsgerichtlichen Beschlussverfahren angegriffen werden, ggf. auch im Wege einstweilige Verfügung. Nach der Wahl kann eine Wahlanfechtung nach § 19 Abs. 1 BetrVG begründet sein, da die Verbote wesentliche Vorschriften über das Wahlverfahren sind. Allerdings wird oft fraglich sein, ob hierdurch das Wahlergebnis beeinflusst werden konnte, wenn sich der Verstoß nur auf einzelne Arbeitnehmer bezogen hat (vgl. GK-BetrVG/*Kreutz* § 20 Rz. 42 ff.).

387 In besonders schwer wiegenden Fällen kann auch die Nichtigkeit der Wahl in Betracht kommen, so z.B. bei einer groben Wahlbeeinflussung, die der Abstimmung schon äußerlich den Anschein einer Wahl nimmt (MünchArbR/*Joost* § 304 Rz. 244). Als weitere Fallgruppen werden genannt: Fälle des offenen Terrors, der sich auf den eigentlichen Wahlakt erstreckt (*Fitting* § 20 Rz. 32); auf Grund gravierender Wahlbeeinflussung oder Wahlbehinderungen stand das Ergebnis der Wahl schon vorher fest (GK-BetrVG/*Kreutz* § 20 Rz. 43).

d) Wahlkosten und Arbeitsversäumnis, § 20 Abs. 3 BetrVG

388 Der Arbeitgeber hat die Kosten der Wahl zu tragen. Hierzu gehören die eigentlichen Kosten der Wahl, die Sachkosten und die persönlichen Kosten. Der Arbeitgeber hat allerdings nur die Kosten zu tragen, die erforderlich und verhältnismäßig sind (*BAG* 3.12.1987 EzA § 20 BetrVG 1972 Nr. 14; 8.4.1992 EzA § 20 BetrVG 1972 Nr. 15).

389 Als nicht erforderlich wurden in der Rechtsprechung angesehen: Kosten, die dadurch entstanden waren, dass der Wahlvorstand beschlossen hatte, mit Lichtbildern angereicherte Vorschlagslisten anfertigen zu lassen (*BAG* 3.12.1987 EzA § 20 BetrVG 1972 Nr. 14); Arbeitsversäumnis zum Sammeln von Stützunterschriften während der Arbeitszeit (*LAG Bln.* 9.1.1979 BB 1979, 1036); Teilnahme eines Wahlbewerbers während der Arbeitszeit an der Stimmauszählung (*LAG SchlH* 26.7.1989 NZA 1990, 118). Der Wahlvorstand hat zur Ausfüllung des unbestimmten Rechtsbegriffs der Erforderlichkeit allerdings einen Beurteilungsspielraum wie ein Betriebsrat im Rahmen der §§ 40, 37 Abs. 2, 6 BetrVG (*BAG* 3.12.1987 EzA § 20 BetrVG 1972 Nr. 14).

390 In Betracht kommt auch, dass mehrere Arbeitgeber als Gesamtschuldner haften, so bei einem Streit über das Bestehen eines gemeinsamen Betriebes mehrerer Unternehmer und die sich daraus ergebenden Konsequenzen für die Wahl eines Betriebsrats.

391 Als kostenpflichtige Arbeitgeber sind diejenigen Unternehmer anzusehen, die Umstände gesetzt haben, die das Vorliegen eines von ihnen gemeinsam geführten Betriebes ernsthaft als möglich erscheinen lassen. Dass auch tatsächlich ein gemeinsamer Betrieb dieser Unternehmer besteht, ist nicht erforderlich (*BAG* 8.4.1992 EzA § 20 BetrVG 1972 Nr. 15).

392 Erfasst werden die Wahlkosten im weitesten Sinne, also auch die Kosten der Bestellung des Wahlvorstandes (*BAG* 26.2.1992 EzA § 17 BetrVG 1972 Nr. 6), die Kosten nicht mutwilliger gerichtlicher Verfahren zur Klärung von Streitfragen im Zusammenhang mit der Wahl (*BAG* 31.5.2000 § 20 BetrVG 1972 Nr. 19; 8.4.1992 EzA § 20 BetrVG 1972 Nr. 15) bis hin zu den Kosten einer nicht mutwilligen Wahlanfechtung (GK-BetrVG/*Kreutz* § 20 Rz. 47). Gleiches gilt für Rechtsanwaltskosten, die einer im Betrieb vertrete-

nen Gewerkschaft bei der Wahrnehmung ihrer im Zusammenhang mit der Betriebsratswahl stehenden betriebsverfassungsrechtlichen Rechte in einem arbeitsgerichtlichen Beschlussverfahren entstehen (*BAG* 16.4.2003 EzA § 20 BetrVG 2001 Nr. 1).

Nicht erfasst sind aber die Wahlkampf- und insbes. die Wahlwerbungskosten (MünchArbR/ **393**
Joost § 304 Rz. 251). Zu den Kosten der Schulung für Mitglieder des Wahlvorstandes s.o. Rn. 304 ff.

Zu den Sachkosten gehören die Kosten, die dadurch entstehen, dass der Wahlvorstand **394**
Räumlichkeiten und Sachmittel benötigt. Diese hat der Arbeitgeber zur Verfügung zu stellen.

Wenn der Arbeitgeber die beantragten und erforderlichen Sachmittel nicht oder nicht **395**
rechtzeitig beschafft und zur Verfügung stellt, kann der Wahlvorstand das Nötige im eigenen Namen für Rechnung des Arbeitgebers beschaffen (GK-BetrVG/*Kreutz* § 20 Rz. 50; DKK/*Schneider* § 20 Rz. 31; HSWGNR/*Nicolai* § 20 Rz. 35).

Auslagen sind dann zu erstatten. Von Ansprüchen Dritter hat der Arbeitgeber den Wahlvorstand freizustellen (*BAG* 3.12.1987 EzA § 20 BetrVG 1972 Nr. 14; 8.4.1992 EzA § 20 BetrVG 1972 Nr. 15).

Der Arbeitgeber hat auch die erforderlichen persönlichen Kosten zu tragen, die bei der **396**
Betriebsratswahl entstehen, insbes. die der Wahlvorstandsmitglieder, Wahlhelfer oder des Vermittlers nach § 18a Abs. 2 BetrVG. Hierzu gehören u.a. notwendige Reisekosten.

Bei Benutzung des eigenen PKW für solche Reisen sind Unfallschäden zu ersetzen, wenn **397**
das Wahlvorstandsmitglied die Benutzung für erforderlich halten konnte oder der Arbeitgeber dies gewünscht hat (*BAG* 3.3.1983 EzA § 20 BetrVG 1972 Nr. 12; s.o. Kap. 3 Rn. 2822 ff.). Auch erstinstanzliche Rechtsanwaltskosten werden bei gerichtlichen Streitigkeiten im Zusammenhang mit der Betriebsratswahl dann erfasst, wenn die Rechtsverfolgung nicht offensichtlich aussichtslos erscheint und es sich um eine schwierige Sach- und Rechtslage handelt, sodass der jeweilige Beteiligte bei verständiger Abwägung aller Umstände die Hinzuziehung des Anwalts für erforderlich halten konnte (*BAG* 8.4.1992 EzA § 20 BetrVG 1972 Nr. 5; 26.11.1974 EzA § 20 BetrVG 1972 Nr. 7). Erstattungsfähig sind auch Rechtsanwaltskosten, die ein Wahlbewerber für ein einstweiliges Verfügungsverfahren aufwenden musste, um in seinen Freischichten den Betrieb zum Sammeln von Stützunterschriften für seinen Wahlvorschlag betreten zu dürfen (*LAG Hamm* 6.2.1980 EzA § 20 BetrVG 1972 Nr. 11). Die Ansprüche auf Erstattung von Wahlkosten bzw. Zurverfügungstellung von Sachmitteln sind im arbeitsgerichtlichen Beschlussverfahren geltend zu machen.

Für die wahlbedingte Arbeitsversäumnis bleibt gem. § 20 Abs. 3 S. 2 BetrVG i.V.m. § 611 **398**
BGB der im Urteilsverfahren geltend zu machende Lohnanspruch erhalten (Lohnausfallprinzip); im Übrigen gilt § 37 Abs. 2, 3 BetrVG entsprechend. Überstunden, die ein Wahlvorstandsmitglied ohne seine Betätigung im Wahlvorstand geleistet hätte, sind ihm auch dann zu vergüten, wenn es sich dabei nicht um regelmäßig anfallende Überstunden handelt (*BAG* 29.6.1988 EzA § 37 BetrVG 1972 Nr. 97).

8. Mängel der Betriebsratswahl (§ 19 BetrVG)

Rechtliche Mängel bei der Betriebsratwahl führen grds. nur zur Anfechtbarkeit der **399**
Betriebsratswahl in einem besonderen, fristgebundenen Anfechtungsverfahren, dessen Entscheidung nur für die Zukunft wirkt. Nur ausnahmsweise bei besonders groben offensichtlichen Rechtsverstößen ist hingegen die Wahl nichtig, d.h. von vornherein unwirksam.

a) Die Wahlanfechtung

400 Die Wahlanfechtung dient in erster Linie der Rechtssicherheit. Es soll möglichst umgehend, fristgebunden und zuverlässig geklärt werden, ob ein Betriebsrat wirksam gewählt worden ist. Die Anfechtung richtet sich gegen das festgestellte endgültige Wahlergebnis. Ziel ist die Korrektur oder Kassation des Wahlergebnisses (GK-BetrVG/*Kreutz* § 19 Rz. 12). Die Anfechtbarkeit der Wahl setzt nach § 19 Abs. 1 BetrVG voraus, dass
- gegen wesentliche Vorschriften über das Wahlrecht, die Wählbarkeit oder das Wahlverfahren verstoßen wurde,
- eine Berichtigung nicht erfolgt ist,
- und durch den Verstoß das Wahlergebnis geändert oder beeinflusst werden konnte (Kausalität).

aa) Verstoß gegen wesentliche Wahlvorschrift

401 Unbedeutende Verstöße sollen ohne Einfluss auf die Betriebsratswahl bleiben. Ganz überwiegend wird die Unterscheidung danach vorgenommen, ob es sich bei der verletzten Norm des BetrVG oder der Wahlordnung um eine zwingende Regelung (Mussvorschrift) oder um eine bloße Ordnungsvorschrift (Sollbestimmung) handelt.

402 Bei einer Verletzung von Mussvorschriften liegt i.d.R. eine Verletzung einer wesentlichen Wahlvorschrift vor, bei der Verletzung einer Sollvorschrift dagegen i.d.R. nicht (*BAG* 14.9.1988 EzA § 16 BetrVG 1972 Nr. 6; MünchArbR/*Joost* § 304 Rz. 260).

403 In beiden Richtungen besteht aber die Möglichkeit von Ausnahmen, d.h. die gebotene Einzelfallprüfung kann ergeben, dass eine zwingende Vorschrift nicht wesentlich oder eine Sollbestimmung als wesentlich anzusehen ist (**a.A.** GK-BetrVG/*Kreutz* § 19 Rz. 18, 19: alle zwingenden Vorschriften sind stets wesentlich, Sollvorschriften dagegen nur dann, wenn sie im Hinblick auf das Wahlergebnis wesentlich sind).

404 Wesentlich ist ein Verstoß gegen Vorschriften über das Wahlrecht. Der Verstoß kann in der Wahlbeteiligung nicht Wahlberechtigter oder im Ausschluss Wahlberechtigter von der Wahl liegen, (z.B. *BAG* 29.3.1974 EzA § 19 BetrVG 1972 Nr. 2 unberechtigter Ausschluss von Wehrdienstleistenden; 18.1.1989 EzA § 9 BetrVG 1972 Nr. 4 Berücksichtigung von Leiharbeitnehmern als betriebszugehörig; Wahlbeteiligung von Jugendlichen oder leitenden Angestellten, GK-BetrVG/*Kreutz* § 19 Rz. 22). Ein Verstoß liegt auch in der Wahl eines Nichtwählbaren oder Nichtzulassung eines Wählbaren zur Wahl (vgl. z.B. *BAG* 28.11.1977 EzA § 8 BetrVG 1972 Nr. 4; 15.12.1972 EzA § 14 BetrVG 1972 Nr. 1; 14.5.1997 EzA § 8 BetrVG 1972 Nr. 8: Wählbarkeit eines gekündigten Arbeitnehmers, der Kündigungsschutzklage erhoben hat).

405 Bei unberechtigter Nichtzulassung eines Wahlberechtigten zur Wahl durch Nichtaufnahme in die Wählerliste ist fraglich, ob ein Anfechtungsrecht wahlberechtigter Arbeitnehmer dann entfällt, wenn beim Wahlvorstand kein Einspruch gegen die Richtigkeit nach § 4 WO eingelegt worden ist. Nach überwiegender Ansicht (GK-BetrVG/*Kreutz* § 19 Rz. 59; HSWGNR/*Nicolai* § 19 Rz. 23; DKK/*Schneider* § 19 Rz. 6; **a.A.** *LAG Frankf./M.* 14.7.1988 BB 1988, 2317) ist dies nicht der Fall, da die Wahlordnung nicht die vom BetrVG eingeräumte Anfechtungsbefugnis einschränken kann. Soweit die Anfechtung auf eine fehlerhafte Zuordnung zum Kreis der leitenden Angestellten gestützt werden soll, ist zu beachten, dass dann, wenn ein Zuordnungsverfahren nach § 18a BetrVG stattgefunden hat, eine Anfechtung der Wahl nur in Betracht kommt, wenn die Zuordnung offensichtlich fehlerhaft war, § 18a Abs. 5 BetrVG. Der Mangel der Wählbarkeit entfällt, wenn der Arbeitnehmer vor oder bis zur letzten gerichtlichen Tatsachenverhandlung wählbar wird, z.B. inzwischen die sechsmonatige Betriebszugehörigkeit erfüllt hat (GK-BetrVG/*Kreutz* § 19 Rz. 24). Der Mangel der Wählbarkeit kann im Übrigen auch außerhalb eines Wahlanfechtungsverfahrens nach § 24 Abs. 1 Nr. 6 BetrVG geltend gemacht werden.

Vorschriften über das Wahlverfahren enthalten §§ 9–18 BetrVG und die Vorschriften der Wahlordnung. Als wesentliche Verstöße wurden beispielsweise angesehen: 406

Beispiele: Wahlausschreiben, Wählerliste, Wahlverfahren 407

- Fehlen oder nicht ordnungsgemäße Bekanntgabe des Wahlausschreibens, *BAG* 27.4.1976 EzA § 19 BetrVG 1972 Nr. 8. Wird das Wahlausschreiben in einem Betrieb mit vielen Betriebsstätten durch Aushang bekannt gemacht (§ 3 Abs. 4 WO), muss grds. in jeder Betriebsstätte ein Wahlausschreiben ausgehängt werden. Andernfalls ist die Wahl anfechtbar, *BAG* 5.5.2004 EzA § 19 BetrVG 2001 Nr. 3.
- Unterrichtung nicht Deutsch sprechender ausländischer Arbeitnehmer nur in deutscher Sprache, *LAG Hamm* 27.1.1982 DB 1982, 2252. Ausländische Arbeitnehmer, die der deutschen Sprache nicht ausreichend mächtig sind, sind in geeigneter Weise zu unterrichten. Hiervon muss der Wahlvorstand ausgehen, wenn auch der Arbeitgeber wichtige Informationsschreiben an die Belegschaft nicht nur in deutscher, sondern auch in der den ausländischen Arbeitnehmern geläufigen Sprache abfasst, *BAG* 13.10.2004 EzA § 19 BetrVG 2001 Nr. 4.
- Durchführung der Wahl im vereinfachten Verfahren nach § 14a BetrVG, obwohl die Voraussetzungen des vereinfachten Wahlverfahrens nicht vorlagen, *BAG* 19.11.2003 EzA § 19 BetrVG 2001 Nr. 2.
- Falsche Angabe der Frist zur Einreichung von Wahlvorschlägen, *BAG* 9.12.1992 EzA § 19 BetrVG 1972 Nr. 38.
- Nicht ausreichende Zeit zur Einsichtnahme in die Wählerliste, *LAG Köln* 16.1.1991 § 19 BetrVG 1972 Nr. 11.
- Fehlende Angabe des Orts der Wahlräume, es sei denn, dass eine Ergänzung so rechtzeitig erfolgt, dass keine Einschränkung des Wahlrechts eintritt, *BAG* 19.9.1985 EzA § 19 BetrVG 1972 Nr. 22, oder gleichwohl alle Arbeitnehmer an der Wahl teilgenommen haben, *LAG Bln.* 10.2.1986 LAGE § 19 BetrVG 1972 Nr. 4;
- Unrichtige Angabe der Zahl der zu wählenden Betriebsratsmitglieder, *BAG* 29.5.1991 EzA § 19 BetrVG 1972 Nr. 31;
- Unrichtige Angabe der auf das Geschlecht in der Minderheit (§ 15 Abs. 2 BetrVG, s.o. Rn. 333 ff.) entfallenden Sitze.
- Verkennung des Betriebsbegriffs, *BAG* 19.11.2003 EzA § 19 BetrVG 2001 Nr. 1; 13.9.1984 EzA § 19 BetrVG 1972 Nr. 20; 3.12.1985 EzA § 4 BetrVG 1972 Nr. 4. Wird die Anfechtung einer Betriebsratswahl darauf gestützt, dass in einem einheitlichen Betrieb unter Verletzung des Betriebsbegriffes mehrere Betriebsräte gewählt worden seien, so muss die Wahl aller Betriebsräte angefochten werden, *BAG* 31.5.2000 EzA § 19 BetrVG 1972 Nr. 39. Die Wahlanfechtungen müssen nicht in demselben Beschlussverfahren anhängig sein, *BAG* 14.11.2001 EzA § 19 BetrVG 1972 Nr. 42.

Beispiele: Mängel der Wahlvorschläge 408

- Fehlen der schriftlichen Zustimmung von Wahlbewerbern, *BAG* 1.6.1966 AP Nr. 15 zu § 18 BetrVG; *LAG Frankf./M.* 14.7.1988 BB 1988, 2317.
- Fehlen des Unterschriftenquorums (§ 14 Abs. 6 BetrVG), *BAG* 10.6.1983 EzA § 19 BetrVG 1972 Nr. 19.
- Streichung von Kandidaten ohne Zustimmung der Unterzeichner der Vorschlagsliste, *BAG* 15.12.1972 EzA § 14 BetrVG 1972 Nr. 1; *LAG Düsseld.* 18.1.1982 DB 1982, 1628.
- Nichtzulassung ordnungsgemäßer Wahlvorschläge, *LAG Hamm* 7.7.1976 EzA § 19 BetrVG 1972 Nr. 9.
- Ausschluss einer Vorschlagsliste, die von einem gekündigten Arbeitnehmer, der aber Kündigungsschutzklage erhoben hat, angeführt wird in Verkennung von dessen Wählbarkeit, *BAG* 14.5.1997 EzA § 8 BetrVG 1972 Nr. 8.
- Unzulässige Verkürzung der Frist zur Einreichung von Wahlvorschlägen, *BAG* 12.2.1960 AP Nr. 11 zu § 18 BetrVG.
- Der Wahlvorstand hat am letzten Tag der Frist zur Einreichung von Wahlvorschlägen Vorkehrungen zu treffen, damit er eingehende Wahlvorschläge möglichst sofort prüfen

und die Listenvertreter über etwaige Mängel informieren kann. Verletzt er diese Pflicht (vgl. § 7 Abs. 2 WO), kann dies zur Anfechtbarkeit der Wahl führen, *BAG* 25.5.2005 EzA § 14 BetrVG 2001 Nr. 1.

409 **Beispiele: Fehlerhafte Durchführung der Stimmabgabe**

- Verstöße gegen die Grundsätze geheimer, unmittelbarer, freier und allgemeiner Wahl, z.B. durch optische Hervorhebung einzelner Wahlmöglichkeiten auf Stimmzetteln, *BAG* 14.1.1969 EzA § 13 BetrVG 1952 Nr. 1; Nichtverwendung von Wahlumschlägen, *LAG Hamm* 27.1.1982 DB 1982, 2252; Tatsächliche oder finanzielle Unterstützung einer Gruppe von Kandidaten durch den Arbeitgeber (Herstellung einer Wahlzeitung), *BAG* 4.12.1986 EzA § 19 BetrVG 1972 Nr. 24; Zulassung der Einsichtnahme in die mit Stimmabgabevermerken versehenen Wählerlisten durch Dritte während der laufenden Betriebsratswahl, *BAG* 6.12.2000 EzA § 19 BetrVG 1972 Nr. 40; unterlassene Versiegelung der Wahlurne bei mehrtägiger Wahl (*LAG Ba-Wü* 1.8.2007–12 TaBV 7/07-LAGE § 19 BetrVG 2001 Nr 3).
- Nichtübersendung von Briefwahlunterlagen, *ArbG Brem.* 18.7.1990 AiB 1991, 125.
- Nichteinhaltung der für die Stimmabgabe im Wahlausschreiben angegebenen Zeit, *BAG* 19.9.1985 EzA § 19 BetrVG 1972 Nr. 22;
- Rechtswidrige Wahlbeeinflussung oder Wahlbehinderung, GK-BetrVG/*Kreutz* § 19 Rz. 31.

410 **Beispiele: Fehlerhafte Feststellung des Wahlergebnisses**

- Feststellung einer zu großen oder zu kleinen Zahl von Betriebsratsmitgliedern, vgl. *BAG* 29.5.1991 EzA § 19 BetrVG 1972 Nr. 31.
- Unrichtige Berücksichtigung des Geschlechts in der Minderheit (§ 15 Abs. 2 BetrVG, s.o. Rn. 361 ff.).
- Nichtberücksichtigung ordnungsgemäß abgegebener Stimmen oder Berücksichtigung ungültiger Stimmen, GK-BetrVG/*Kreutz* § 19 Rz. 32.
- Nichtwahrung der Verantwortlichkeit des Wahlvorstandes für den Auszählungsvorgang, Nichtöffentlichkeit der Stimmenauszählung, *LAG Bln.* 16.11.1987 LAGE § 19 BetrVG 1972 Nr. 6.
- Unterlassung unverzüglicher öffentlicher Stimmenauszählung, *ArbG Bochum* 20.6.1975 DB 1975, 1898.
- Öffnung der Freiumschläge der Briefwähler vor demjenigen Zeitpunkt, der im Wahlausschreiben als Beginn des Wahlzeitraums im Wahllokal angegeben ist, *LAG Nbg.* 27.11.2007 LAGE § 19 BetrVG 2001 Nr. 3a.

bb) Fehlende Berichtigung von Verstößen

411 Im Interesse der Vermeidung der mit einer Neuwahl verbundenen Schwierigkeiten schließt § 19 Abs. 1 BetrVG eine Anfechtung der Wahl aus, wenn eine rechtzeitige Berichtigung des Gesetzesverstoßes erfolgt ist.

412 Grds. sind alle Wahlfehler reparabel, von der fehlerhaften Bestellung des Wahlvorstandes über Fehler des Wahlverfahrens bis zur Feststellung des endgültigen Wahlergebnisses (*BAG* 19.9.1985 EzA § 19 BetrVG 1972 Nr. 22). Die Berichtigung ist rechtzeitig, wenn sie zu einem Zeitpunkt erfolgt, dass danach die Wahl noch ordnungsgemäß ablaufen kann (*BAG* 19.9.1985 EzA § 19 BetrVG 1972 Nr. 22).

Wenn erkennbar ist, dass die Rechtsverstöße das Wahlergebnis beeinflussen können und anders nicht zu beheben sind, ist ggf. der Abbruch eines eingeleiteten Wahlverfahrens in Kauf zu nehmen (GK-BetrVG/*Kreutz* § 19 Rz. 35).

cc) Kausalität des Wahlfehlers

Voraussetzung für die Wahlanfechtung ist, dass durch den Wahlverstoß das Wahlergebnis geändert oder beeinflusst werden könnte, sodass das Wahlergebnis ohne den Fehler möglicherweise anders ausgefallen wäre. Nicht entscheidend ist also, dass es tatsächlich durch den Fehler beeinflusst worden ist. 413

Nach jüngerer Rechtsprechung des *BAG* (14.9.1988 EzA § 16 BetrVG 1972 Nr. 6) ist entscheidend, ob eine hypothetische Betrachtung (Wahl ohne den Verstoß gegen wesentliche Vorschriften) unter Berücksichtigung der konkreten Umstände zwingend zu demselben Wahlergebnis führt. 414

Dies ist beispielsweise der Fall, wenn ein nicht wahlberechtigter Arbeitnehmer mit gewählt hat, der Stimmenunterschied aber so groß ist, dass beim Eliminieren seiner Stimme das Wahlergebnis nicht geändert wird, sondern dieselben Personen in derselben Reihenfolge aus denselben Listen gewählt sind (*BAG* 14.9.1988 EzA § 16 BetrVG 1972 Nr. 6). Nach anderer Auffassung ist maßgeblich, ob der Wahlfehler nach der allgemeinen Lebenserfahrung und den konkreten Umständen des Falles geeignet ist, das Wahlergebnis zu beeinflussen (GK-BetrVG/*Kreutz* § 19 Rz. 45). Zum Wahlergebnis gehört nicht die Reihenfolge, in der die Ersatzmitglieder gem. § 25 BetrVG nachrücken bzw. ein verhindertes Betriebsratsmitglied vertreten. Ein Wahlverstoß, der sich lediglich auf die Reihenfolge der Ersatzmitglieder auswirkt, beeinflusst daher nicht i.S.d. § 19 Abs. 1 BetrVG das Wahlergebnis und berechtigt nicht zur Wahlanfechtung (*BAG* 21.2.2001 EzA § 19 BetrVG 1972 Nr. 41).

§ 19 Abs. 1 BetrVG hat auch Bedeutung für die objektive Beweislast. 415

Wenn sich der Sachverhalt letztendlich nicht aufklären lässt, d.h. zur vollen Überzeugung des Arbeitsgerichts die Kausalität weder bejaht noch verneint werden kann, ist davon auszugehen, dass die Wahlanfechtung begründet ist (*BAG* 8.3.1957 AP Nr. 1 zu § 19 BetrVG; 14.9.1988 EzA § 16 BetrVG 1972 Nr. 6). 416

dd) Anfechtungsberechtigung

Nach § 19 Abs. 2 BetrVG sind anfechtungsberechtigt mindestens drei Wahlberechtigte, jede im Betrieb vertretene Gewerkschaft und der Arbeitgeber. Diese Aufzählung ist abschließend (GK-BetrVG/*Kreutz* § 19 Rz. 58). Die Antragsberechtigung als Verfahrensvoraussetzung und zusätzlich als Erfordernis für eine materiell-rechtlich günstige Entscheidung muss in jedem Stadium des Verfahrens vorliegen, ist also sowohl Prozess- als auch Begründetheitsvoraussetzung (*BAG* 14.2.1978 EzA § 19 BetrVG 1972 Nr. 16; 12.2.1985 EzA § 19 BetrVG 1972 Nr. 21; 4.12.1986 EzA § 19 BetrVG 1972 Nr. 24). 417

Bei der Wahlanfechtung durch drei wahlberechtigte Arbeitnehmer muss es sich nicht um einen gemeinsamen Antrag handeln (GK-BetrVG/*Kreutz* § 19 Rz. 66). Zu beachten ist, dass nach Auffassung des *BAG* (12.2.1985 EzA § 19 BetrVG 1972 Nr. 21) diese Anfechtungsberechtigung während der gesamten Dauer des Verfahrens fortbestehen muss, wobei nicht genügt, dass überhaupt kontinuierlich drei Wahlberechtigte die Wahlanfechtung betreiben, sondern erforderlich ist, dass die Wahlanfechtung von den antragstellenden Arbeitnehmern durchgehend getragen wird. 418

Insbesondere ist es nicht möglich, dass bei Wegfall eines der ursprünglich antragstellenden Arbeitnehmer etwa infolge der Rücknahme seines Antrags an seiner Stelle ein anderer Arbeitnehmer die Anfechtung weiter betreibt. Auch eine im Betrieb vertretene Gewerkschaft kann nach Ablauf der Ausschlussfrist des § 19 Abs. 2 BetrVG einem Wahlanfechtungsverfahren nicht als Antragsteller beitreten und nach Ausscheiden eines von drei antragstellenden Arbeitnehmern das Beschlussverfahren fortsetzen (*BAG* 10.6.1983 EzA § 19 BetrVG 1972 Nr. 19). Maßgeblicher Zeitpunkt der erforderlichen Wahlberechtigung ist grds. der 419

Zeitpunkt der Stimmabgabe (*BAG* 15.2.1989 EzA § 19 BetrVG 1972 Nr. 28; 4.12.1986 EzA § 19 BetrVG 1972 Nr. 24). Entfällt die Wahlberechtigung deshalb nach diesem Zeitpunkt, etwa infolge Ausscheidens des Arbeitnehmers aus dem Betrieb, lässt dies die Anfechtungsberechtigung grds. unberührt. Allerdings ist es notwendig, dass die Betriebszugehörigkeit bei einem der anfechtenden Arbeitnehmer fortbesteht und seine Wahlanfechtung während des Beschlussverfahrens von mindestens zwei weiteren, die Wahl ebenfalls anfechtenden wahlberechtigten Arbeitnehmern getragen wird, auch wenn diese inzwischen aus dem Betrieb ausgeschieden sind. Sind hingegen alle drei Anfechtenden aus dem Betrieb ausgeschieden, fehlt ihrem Anfechtungsantrag das Rechtsschutzbedürfnis (*BAG* 15.2.1989 EzA § 19 BetrVG 1972 Nr. 28). Keine weitere Zulässigkeitsvoraussetzung ist die Erhebung eines rechtzeitigen Einspruchs gem. § 4 WO beim Wahlvorstand.

420 Ist Arbeitgeber eine Gesellschaft, so ist nur diese, nicht aber der einzelne Gesellschafter anfechtungsberechtigt (*BAG* 28.11.1977 EzA § 19 BetrVG 1972 Nr. 14). Im Falle des Betriebsübergangs nach § 613a BGB entfällt das Anfechtungsrecht des Veräußerers (*LAG Düsseld.* 8.1.1979 BB 1979, 938; MünchArbR/*Joost* § 304 Rz. 270).

ee) Anfechtungsfrist

421 Gem. § 19 Abs. 2 S. 2 BetrVG muss die Anfechtung der Wahl innerhalb von zwei Wochen nach Bekanntgabe des Wahlergebnisses (§ 18 WO) erfolgen. Es handelt sich um eine materiell-rechtliche Ausschlussfrist. Mit ihrem Ablauf werden Mängel der Betriebsratswahl geheilt. Bei Versäumung der Frist ist der Antrag deshalb als unbegründet zurückzuweisen (GK-BetrVG/*Kreutz* § 19 Rz. 76). Eine Ausnahme gilt für den Mangel der Wählbarkeit, die nach § 24 Abs. 1 Nr. 6 BetrVG auch außerhalb dieser Frist vom Arbeitsgericht auf Antrag jederzeit festgestellt werden kann. Die Fristberechnung richtet sich nach §§ 187 Abs. 1, 188 Abs. 2, 193 BGB. Wird das Wahlergebnis an mehreren Stellen im Betrieb ausgehangen, so ist für den Beginn der Frist der letzte Tag des Aushangs maßgeblich.

422 Ausreichend ist, dass der Antrag innerhalb dieser Frist beim Arbeitsgericht eingeht (*BAG* 25.6.1974 EzA § 19 BetrVG 1972 Nr. 3). Ausreichend ist auch der Eingang bei einem örtlich unzuständigen Arbeitsgericht (*BAG* 15.7.1960 AP Nr. 10 zu § 76 BetrVG).

423 Bei verspäteter Anfechtung kann aber ggf. noch geprüft werden, ob die Wahl nichtig ist, da die Nichtigkeit der Wahl jederzeit geltend gemacht werden kann (GK-BetrVG/*Kreutz* § 19 Rz. 141).

ff) Anfechtungsverfahren

(1) Anfechtungsantrag und Begründung

424 Der Anfechtungsantrag ist beim örtlich zuständigen Arbeitsgericht, d.h. dem Gericht, in dessen Bezirk der Betrieb liegt (§ 82 S. 1 ArbGG), schriftlich oder zu Protokoll der Geschäftsstelle (§ 81 Abs. 1 ArbGG) anzubringen. Entsprechend § 253 Abs. 2 ZPO ist erforderlich, dass der Antragsteller einen Sachverhalt vorträgt, der möglicherweise die Ungültigkeit der Wahl ergeben kann (*BAG* 24.5.1965 AP Nr. 14 zu § 18 BetrVG 1952). Schlüssiger oder substantiierter Vortrag ist nicht erforderlich (*BAG* 3.6.1969 AP Nr. 17 zu § 18 BetrVG; GK-BetrVG/*Kreutz* § 19 Rz. 93).

425 Das Gericht ist nicht auf die Prüfung geltend gemachter Wahlfehler beschränkt, sondern hat alle Wahlverstöße zu berücksichtigen, die sich aus dem Vortrag der Beteiligten ergeben (*BAG* 20.7.1982 EzA § 76 BetrVG 1972 Nr. 12). Geht der Antrag im Beschlussverfahren ohne Einschränkung dahin, das Wahlergebnis für unwirksam zu erklären, so ist er i.d.R. dahin auszulegen, dass die Wahl unter jedem rechtlichen Gesichtspunkt überprüft werden soll. Damit wird neben der Anfechtbarkeit in Form eines Gestaltungsantrags zugleich die Feststellung der Nichtigkeit der Wahl begehrt (*BAG* 10.6.1983 EzA § 19 BetrVG Nr. 19; 13.11.1991 EzA § 27 BetrVG 1972 Nr. 7).

Die Anfechtung kann aber auch auf die bloße Berichtigung des Wahlergebnisses beschränkt werden (st. Rspr. vgl. *BAG* 24.11.1981 EzA § 76 BetrVG 1952 Nr. 11), so z.B. auf die Wahl eines einzelnen Betriebsmitglieds, wenn dessen Nichtwählbarkeit geltend gemacht wird (*BAG* 28.11.1977 EzA § 8 BetrVG 1972 Nr. 4). **426**

Anfechtungsgegner ist bei der Anfechtung der Gesamtwahl der Betriebsrat. Wird die Anfechtung darauf gestützt, dass unter Verkennung des Betriebsbegriffs in einem einheitlichen Betrieb mehrere Betriebsräte für jeweils einzelne Betriebsteile gewählt worden seien, so muss der Anfechtungsberechtigte die Wahl aller Betriebsräte anfechten. Die Anfechtung der Wahl nur eines dieser Betriebsräte ist unzulässig (*BAG* 7.12.1988 EzA § 19 BetrVG 1972 Nr. 25). Ist die Wahl nur eines oder mehrerer einzelner Betriebsratsmitglieder angefochten (z.B. wegen mangelnder Wählbarkeit), so sind nur diese Anfechtungsgegner (*Fitting* § 19 Rz. 42). Die unrichtige Kennzeichnung des Antragsgegners ist aber unschädlich, wenn sich dem Antrag nur entnehmen lässt, welche Wahl in welchem Umfang angefochten wird (*BAG* 20.7.1982 EzA § 76 BetrVG 1952 Nr. 12; *LAG Hamm* 27.3.1991 BB 1991, 1340). **427**

(2) Beteiligungsberechtigung

Beteiligter i.S.d. § 83 Abs. 3 BetrVG ist der Antragsteller, der Betriebsrat (*BAG* 11.4.1978 EzA § 19 BetrVG 1972 Nr. 17), nicht aber die einzelnen Mitglieder des Betriebsrats (*BAG* 14.1.1983 EzA § 81 ArbGG 1979 Nr. 1), es sei denn, gerade die Wahl eines einzelnen oder mehrerer einzelner Mitglieder ist angefochten (GK-BetrVG/*Kreutz* § 19 Rz. 96 f.) und der Arbeitgeber. Im Übrigen ist nur Beteiligter, wer in seiner betriebsverfassungsrechtlichen Rechtsposition durch das Anfechtungsverfahren unmittelbar betroffen ist, z.B. ein in Betracht kommendes Ersatzmitglied, wenn die Wahl eines einzelnen Betriebsratsmitgliedes wegen Nichtwählbarkeit angefochten wird, weil es dann im Falle erfolgreicher Anfechtung in den Betriebsrat nachrückt (GK-BetrVG/*Kreutz* § 19 Rz. 99). Nicht beteiligt sind die nicht selbst antragstellende Gewerkschaft (*BAG* 19.9.1985 EzA § 19 BetrVG 1972 Nr. 22; 18.1.1989 EzA § 9 BetrVG 1972 Nr. 4) sowie der Wahlvorstand (*BAG* 14.1.1993 EzA § 81 ArbGG 1979 Nr. 1). **428**

(3) Rechtsschutzinteresse

Als Verfahrensvoraussetzung ist in jedem Stadium des Verfahrens das Vorliegen eines Rechtsschutzinteresses erforderlich. Dieses entfällt, wenn das Amt des Betriebsrates vor der letzten Anhörung im Beschlussverfahren endet (*BAG* 13.3.1991 EzA § 19 BetrVG 1972 Nr. 29), nicht aber dann, wenn der Betriebsrat seinen Rücktritt beschließt, weil er dann nach §§ 22, 13 Abs. 2 Nr. 3 BetrVG die Geschäfte weiterführt (*BAG* 29.5.1991 EzA § 4 BetrVG 1972 Nr. 6). Bei einem Antrag von drei wahlberechtigten Arbeitnehmern entfällt das Rechtsschutzinteresse, wenn alle drei Arbeitnehmer zwischenzeitlich aus dem Betrieb ausgeschieden sind. Zumindest bei einem der Anfechtenden muss die Betriebszugehörigkeit fortbestehen (*BAG* 15.2.1989 EzA § 19 BetrVG 1972 Nr. 28). Wird die Anfechtung auf die Unrichtigkeit der Wählerliste gestützt, entfällt das Rechtsschutzinteresse nicht deshalb, weil nicht gem. § 4 WO Einspruch beim Wahlvorstand gegen die Richtigkeit der Wählerliste erhoben wurde (str., so MünchArbR/*Joost* § 304 Rz. 278; **a.A.** etwa *Richardi* § 19 Rz. 10: Unzulässigkeit der Anfechtung, wenn ein nach § 4 WO Einspruchsberechtigter trotz tatsächlicher Möglichkeit des Einspruchs keinen Einspruch erhoben hat; *LAG Düsseld.* 15.10.1973 DB 1974, 684; *LAG Frankf./M.* 14.7.1988 BB 1988, 2317). **429**

(4) Die Entscheidung des Arbeitsgerichts und ihre Rechtsfolgen

aaa) Abweisung des Antrags

Wird der Antrag zurückgewiesen, so steht für alle Verfahrensbeteiligten mit Rechtskraft der Entscheidung die Wirksamkeit der Wahl fest und kann von diesen auch nicht mehr unter dem Gesichtspunkt der Nichtigkeit angegriffen werden (GK-BetrVG/*Kreutz* § 19 Rz. 113). **430**

bbb) Erfolgreiche Anfechtung

431 Wird die Anfechtung für begründet erachtet, so hängt der Inhalt des Beschlusses im Rahmen der gestellten Anträge (§ 83 Abs. 1 ArbGG) von der Art des festgestellten Fehlers ab:

432 Soweit dies möglich ist, ist das Wahlergebnis zu korrigieren, die gerichtliche Korrektur geht der Kassation des Wahlergebnisses vor (*BAG* 29.5.1991 EzA § 19 BetrVG 1972 Nr. 31; 12.10.1976 EzA § 19 BetrVG 1972 Nr. 10).

Soweit eine Berichtigung auf Grund der Art des Verstoßes nicht in Betracht kommt, wird die Wahl für ungültig erklärt (GK-BetrVG/*Kreutz* § 19 Rz. 121). Der Beschluss hat rechtsgestaltende Wirkung und wirkt bei Eintritt der Rechtskraft für und gegen alle, allerdings nur mit Wirkung für die Zukunft (*BAG* 29.5.1991 EzA § 19 BetrVG 1972 Nr. 31; 13.3.1991 EzA § 19 BetrVG 1972 Nr. 29).

433 Eine Korrektur ist möglich, wenn dem Wahlvorstand bei der Feststellung des Wahlergebnisses Fehler unterlaufen sind und somit nur der wahren Wählerentscheidung Geltung verschafft wird, so etwa bei Korrektur fehlerhafter Stimmauszählung, fehlerhafter Anwendung der Grundsätze der Verhältniswahl oder fehlerhafter Verteilung der Stimmen oder Sitze auf die einzelnen Vorschlagslisten (GK-BetrVG/*Kreutz* § 19 Rz. 120; MünchArbR/*Joost* § 304 Rz. 280). Eine Korrektur scheidet aus, wenn die Wahl auf Grund unrichtiger Berechnung der Zahl der zu wählenden Betriebsratsmitglieder erfolgt (*BAG* 18.1.1989 EzA § 9 BetrVG 1972 Nr. 4). Teilweise GK-BetrVG/*Kreutz* § 19 Rz. 120) wird für den Fall der Listenwahl (Verhältniswahl) eine Berichtigung der Betriebsratsgröße für zulässig erachtet, weil nicht davon ausgegangen werden könne, dass die Entscheidung des Wählers für eine Liste von der Anzahl der zu wählenden Betriebsratsmitglieder abhänge. Ist eine Korrektur möglich, ist das richtige Wahlergebnis im Tenor positiv festzuhalten. Mit Rechtskraft der Entscheidung gilt das richtige Wahlergebnis (GK-BetrVG/*Kreutz* § 19 Rz. 118, 123).

434 Richtet sich der Antrag auf Ungültigerklärung des Wahlergebnisses insgesamt und ist eine Korrektur des Wahlfehlers nicht möglich, hat das Gericht die Wahl für ungültig zu erklären. Im Rahmen einer solchen Gesamtanfechtung ist die Wahl allerdings dann nur teilweise für ungültig zu erklären und der Antrag im Übrigen zurückzuweisen, wenn der Wahlfehler das Wahlergebnis nur in einem abgrenzbaren und rechtlich abtrennbaren Teilbereich beeinflusst hat, z.B. wenn nur die Wahl einzelner Mitglieder des Betriebsrats fehlerhaft erfolgt ist (MünchArbR/*Joost* § 304 Rz. 280). Bei erfolgreicher Gesamtanfechtung, endet mit Rechtskraft der Entscheidung die Amtszeit des Betriebsrats. Die bisher vorgenommenen Handlungen einschließlich des Abschlusses von Betriebsvereinbarungen bleiben allerdings aus Gründen der Rechtssicherheit wirksam (DKK/*Schneider* § 19 Rz. 34). Nur bis zur Rechtskraft der Entscheidung besteht für die Mitglieder des Betriebsrates der besondere Kündigungsschutz nach § 15 Abs. 1 KSchG, § 103 BetrVG. Der nachwirkende Kündigungsschutz besteht gem. § 15 Abs. 1 S. 2 KSchG nicht.

435 Ist die Wahl eines oder mehrerer Betriebsratsmitglieder wegen Nichtwählbarkeit für ungültig erklärt worden, so rückt mit Rechtskraft des Beschlusses ein Ersatzmitglied (§ 25 BetrVG) nach (*BAG* 28.11.1977 EzA § 8 BetrVG 1972 Nr. 4; 25.4.1978 EzA § 8 BetrVG 1972 Nr. 6).

b) Nichtigkeit der Wahl

436 Von Anfang an nichtig ist die Betriebsratswahl nur in ganz besonderen Ausnahmefällen, wenn nach dem Standpunkt eines mit den betrieblichen Verhältnissen vertrauten durchschnittlichen Beobachters ein so grober und offensichtlicher Verstoß gegen wesentliche Grundsätze des gesetzlichen Wahlrechts vorliegt, dass nicht einmal der Anschein einer dem Gesetz entsprechenden Wahl vorliegt (*BAG* 29.5.1991 EzA § 19 BetrVG 1972 Nr. 31; 13.11.1991 EzA § 27 BetrVG 1972 Nr. 7). Seine frühere Rechtsprechung, nach der bei mehreren Verstößen eine Gesamtbeurteilung vorzunehmen war und eine Massierung von Wahlverstößen, auch wenn jeder einzelne Verstoß für sich betrachtet nur die

Anfechtbarkeit begründet, zur Nichtigkeit der Wahl führen konnte (*BAG* 27.4.1976 EzA § 19 BetrVG 1972 Nr. 8; *LAG Köln* 16.9.1987 LAGE § 19 BetrVG 1972 Nr. 5), hat das *BAG* (19.11.2003 EzA § 19 BetrVG 2001 Nr. 2) aufgegeben: Führen Verstöße gegen Wahlvorschriften jeder für sich genommen nicht zur Nichtigkeit der Wahl, kann sich die Nichtigkeit auch nicht aus einer Gesamtwürdigung der einzelnen Verstöße ergeben.

Beispiele: 437

- **Nichtigkeit** ist bejaht worden bei Wahl eines Betriebsrates für einen nicht dem BetrVG unterliegenden Betrieb (*BAG* 9.2.1982 EzA § 118 BetrVG 1972 Nr. 33; 30.4.1997 EzA § 118 BetrVG 1972 Nr. 66);
- Wahl eines Betriebsrates für einen Betriebsteil, obwohl durch nicht angefochtene Wahl für diesen und andere Betriebsteile ein einheitlicher Betriebsrat gewählt wurde, der sich noch im Amt befindet (*BAG* 11.4.1978 EzA § 19 BetrVG 1972 Nr. 17);
- Wahl eines gemeinsamen Betriebsrats für mehrere Filialen, obwohl in einzelnen Filialen bereits ein Betriebsrat besteht (*ArbG Regensburg* 20.9.1990, 852);
- Wahl durch Zuruf in der Betriebsversammlung (*BAG* 12.10.1961 AP Nr. 84 zu § 611 BGB Urlaubsrecht);
- Wahl eines Betriebsrates außerhalb des regelmäßigen Wahlzeitraums, obwohl keiner der Ausnahmefälle des § 13 Abs. 2 BetrVG vorliegt (*BAG* 11.4.1978 EzA § 19 BetrVG 1972 Nr. 17).
- **Nicht nichtig** ist dagegen die Wahl bei nur fehlerhafter Betriebsabgrenzung unter irrtümlicher Verkennung des Betriebsbegriffs (vgl. § 18 Abs. 2 BetrVG), also weder bei fehlerhafter Zuordnung oder Nichtzuordnung von Betriebsteilen und Nebenbetrieben zum Hauptbetrieb (*BAG* 7.12.1988 EzA § 19 BetrVG 1972 Nr. 25; 13.9.1984 EzA § 19 BetrVG 1972 Nr. 20) noch bei der Wahl eines einheitlichen Betriebsrats für zwei selbstständige Betriebe (vgl. *BAG* 9.4.1991 EzA § 18 BetrVG 1972 Nr. 7). **Etwas anderes gilt**, wenn die Wahl unter Missachtung einer in einem nach § 18 Abs. 2 BetrVG ergangenen bindenden gerichtlichen Entscheidung durchgeführt wird (*BAG* 19.11.2003 EzA § 19 BetrVG 1972 Nr. 1);
- Nicht nichtig ist die Wahl eines Betriebsrates mit zu hoher oder zu niedriger Mitgliederzahl (*BAG* 29.5.1991 EzA § 19 BetrVG 1972 Nr. 31), wenn nur bei einzelnen Mitgliedern die Wählbarkeitsvoraussetzungen nicht vorlagen (GK-BetrVG/*Kreutz* § 19 Rz. 138);
- Ebenso folgt die Nichtigkeit nicht schon ohne weiteres aus der Durchführung der Betriebsratswahl im vereinfachten Verfahren, obwohl dessen Voraussetzungen nicht vorliegen (*BAG* 19.11.2003 EzA § 19 BetrVG 2001 Nr. 2).

Ist die Wahl nichtig, ist der Betrieb rechtlich von Anfang an betriebsratslos; alle vom »Betriebsrat« getroffenen Maßnahmen sind rechtunwirksam (*BAG* 29.3.1974 EzA § 19 BetrVG 1972 Nr. 2). Die aus der nichtigen Wahl hervorgegangene Arbeitnehmervertretung hat keinerlei betriebsverfassungsrechtlichen Befugnisse (*BAG* 13.3.1991 EzA § 19 BetrVG 1972 Nr. 29). 438

Streitig ist, ob dem Arbeitgeber, der in Kenntnis der Nichtigkeit den aus der Wahl hervorgegangenen Betriebsrat längere Zeit als rechtmäßige Vertretung anerkannt hat und sich jetzt auf die Nichtigkeit beruft, der Einwand der Arglist (§ 242 BGB) entgegengesetzt werden kann (abl. GK-BetrVG/*Kreutz* § 19 Rz. 140; MünchArbR/*Joost* § 304 Rz. 292; HSWGNR/*Nicolai* § 19 Rz. 44: Ein Vertrauensschutz kann aber auf individualrechtlicher Ebene bestehen; bejahend DKK/*Schneider* § 19 Rz. 44). Das *BAG* (27.4.1976 EzA § 19 BetrVG 1972 Nr. 8) lehnt dies ab. Der besondere Kündigungs- und Versetzungsschutz für Betriebsratsmitglieder nach § 15 KSchG, § 103 BetrVG greift nicht ein (*BAG* 29.9.1988 AP Nr. 76 zu § 613a BGB). In Betracht kommt aber der Kündigungs- und Versetzungsschutz für Wahlbewerber nach § 15 Abs. 3 KSchG. Ferner kann ein Anspruch des nichtig gewählten Betriebsratsmitglieds auf Erstattung tatsächlicher Aufwendungen nach betriebsverfassungsrechtlichen Grundsätzen bestehen, wenn die Nichtigkeit der Wahl nicht offenkundig ist (*BAG* 29.4.1998 EzA § 40 BetrVG 1972 Nr. 82: für den Fall einer nicht offenkundigen Verkennung des Geltungsbereichs des BetrVG nach § 118 Abs. 2 BetrVG).

439 Die Nichtigkeit der Wahl kann jederzeit geltend gemacht werden, sei es als Vorfrage (vgl. *BAG* 27.4.1976 EzA § 19 BetrVG 1972 Nr. 8), sei es selbst als Gegenstand eines arbeitsgerichtlichen Beschlussverfahrens oder im Rahmen eines Wahlanfechtungsverfahrens (vgl. *BAG* 10.6.1983 EzA § 19 BetrVG Nr. 19; 13.11.1991 EzA § 27 BetrVG 1972 Nr. 7).

Die Nichtigkeit der Wahl kann von jedermann geltend gemacht werden, der ein rechtliches Interesse an dieser Feststellung hat (*LAG Bln.* 8.4.2003 LAGE § 19 BetrVG 2001 Nr. 1; GK-BetrVG/*Kreutz* § 19 Rz. 145). Für die Beteiligungsberechtigung gelten die Ausführungen zur Wahlanfechtung entsprechend. Stellt das Gericht in einem arbeitsgerichtlichen Beschlussverfahren die Nichtigkeit der Wahl fest, entfaltet die Entscheidung für und gegen alle Rechtskraft (GK-BetrVG/*Kreutz* § 19 Rz. 146).

II. Die Amtszeit des Betriebsrats

1. Dauer der Amtszeit

440 Die regelmäßige Amtszeit des Betriebsrats beträgt nach § 21 S. 1 BetrVG vier Jahre. Sie kann sich verkürzen oder verlängern. Um eine Anpassung an die einheitlichen Wahltermine zu erreichen, erfolgt eine Verkürzung der Amtszeit, wenn eine vorzeitige Neuwahl erfolgt und der Betriebsrat bereits länger als ein Jahr im Amt ist (§ 13 Abs. 2 Nr. 1, 2 i.V.m. § 21 S. 4 BetrVG). Zu einer Verkürzung kommt es auch in sonstigen Fällen der vorzeitigen Beendigung der Amtszeit. Zu einer Verlängerung der regelmäßigen Amtszeit des Betriebsrats kommt es nach §§ 13 Abs. 2 S. 3, 21 S. 5 BetrVG, wenn die Amtszeit des bestehenden Betriebsrats zu Beginn des für die regelmäßigen Betriebsratswahlen festgelegten Zeitraum noch nicht 1 Jahr betragen hat. Dann wird die Amtszeit bis zum übernächsten Zeitraum der regelmäßigen Betriebsratswahlen verlängert.

2. Beginn der Amtszeit

a) Betriebsratsloser Betrieb

441 Besteht bei Bekanntgabe des Wahlergebnisses (= Aushang der Namen der neu gewählten Betriebsratsmitglieder, § 19 WO) noch kein Betriebsrat oder endete die Amtszeit des alten Betriebsrates vor Bekanntgabe des Wahlergebnisses, so beginnt die Amtszeit mit der Bekanntgabe des Wahlergebnisses, § 21 S. 2 BetrVG.

b) Betriebe mit Betriebsrat

442 Besteht im Zeitpunkt der Bekanntgabe des Wahlergebnisses noch ein Betriebsrat, so beginnt die Amtszeit des neuen Betriebsrats mit Ablauf der Amtszeit des alten Betriebsrats. In den Fällen der §§ 13 Abs. 2 Nr. 1, 2 BetrVG (außerordentliche Wahl während der Amtszeit des alten Betriebsrats) beginnt die Amtszeit des neuen Betriebsrats mit Bekanntgabe des Wahlergebnisses.

c) Wirkungen des Beginns der Amtszeit

443 Strittig ist, ob bereits mit Beginn der Amtszeit der Betriebsrat als Organ auch die vollen Rechte nach dem BetrVG hat, insbes. ob bereits bei Beginn der Amtszeit die bestehenden Beteiligungs- und Mitbestimmungsrechte zu beachten sind, oder aber für diese **Amtsführungsbefugnis** neben Beginn der Amtszeit erforderlich ist, dass der Betriebsrat sich in der konstituierenden Sitzung auch konstituiert hat, insbes. auch einen Vorsitzenden gewählt hat:

Nach Auffassung des 6. Senats des *BAG* (23.8.1984 EzA § 102 BetrVG 1972 Nr. 59) wird die Amtsausübungsbefugnis des Betriebsrats erst nach Konstituierung des Betriebsrats gem. §§ 29, 26 BetrVG begründet, sodass der Arbeitgeber zuvor Verhandlungen mit dem Betriebsrat ablehnen kann. Er ist grds. auch nicht verpflichtet, z.B. mit dem Ausspruch einer Kündigung eines Arbeitnehmers zu warten, bis sich der Betriebsrat konstituiert hat. Der 7. Senat des *BAG* (28.9.1983 EzA § 102 BetrVG 1972 Nr. 56) hingegen neigt zu der Ansicht, nach der der Betriebsrat auch ohne Wahl des Vorsitzenden und seines Stellvertreters funktionsfähig sei und damit wirksame Beschlüsse fassen könne.

Bereits mit Bekanntgabe des Wahlergebnisses, auch wenn dadurch noch nicht die Amtszeit des neu gewählten Betriebsrates beginnt, weil die Amtszeit des regulär gewählten alten Betriebsrats zu diesem Zeitpunkt noch nicht abgelaufen ist (§ 21 S. 2 2. Alt. BetrVG), besteht nach überwiegender Ansicht (vgl. GK-BetrVG/*Kreutz* § 21 Rz. 20; **a.A.** HSWGNR/*Schlochauer* § 21 Rz. 9) **Kündigungs- und Versetzungsschutz** wie für bereits amtierende Betriebsratsmitglieder. Insbesondere bedarf die außerordentliche Kündigung der Zustimmung des alten, noch im Amt befindlichen Betriebsrats nach § 103 BetrVG. 444

3. Ende der Amtszeit

a) Regelmäßige Beendigung

Die regelmäßige Amtszeit des Betriebsrates endet mit Ablauf von vier Jahren seit dem Beginn der Amtszeit, § 21 S. 1 BetrVG. Für die Fristberechnung gelten die §§ 187 ff. BGB. 445

► **Beispiel:** 446
Ist die Amtszeit des alten Betriebsrats am 23.4. erloschen, beginnt die Amtszeit des neuen Betriebsrats am 24.4. Sie endet vier Jahre später mit Ablauf des 23.4.

Die regelmäßige Amtszeit endet selbst dann nach Ablauf der Vierjahresfrist, wenn noch kein neuer Betriebsrat gewählt und der 31.5. noch nicht abgelaufen ist (h.M. vgl. etwa GK-BetrVG/*Kreutz* § 21 Rz. 24; HSWGNR/*Schlochauer* § 21 Rz. 13; DKK/*Buschmann* § 21 Rz. 17). 447

b) Abweichende Beendigung der Amtszeit

aa) Ablauf der nach § 21 S. 3 und 4 BetrVG verkürzten Amtszeit

Haben außerhalb des regelmäßigen Wahlzeitraums außerordentliche Betriebsratswahlen stattgefunden, so ist danach zu unterscheiden, ob der Betriebsrat zu Beginn des Zeitraums für die nächsten regelmäßigen Betriebsratswahlen (1.3. des regulären Wahljahres) bereits ein Jahr im Amt ist oder nicht: Befindet er sich bereits ein Jahr oder länger im Amt, so endet die Amtszeit des zwischenzeitlich gewählten Betriebsrats spätestens am 31.5. des Wahljahres, § 21 S. 3 BetrVG. Hat der zwischenzeitlich gewählte Betriebsrat noch keine einjährige Amtszeit aufzuweisen, ist ein neuer Betriebsrat nach § 13 Abs. 2 S. 2 BetrVG erst bei der übernächsten regelmäßigen Wahl zu wählen. Seine Amtszeit endet dann spätestens am 31.5. dieses dann maßgeblichen Wahljahres, § 21 S. 4 BetrVG. Der jeweilige 31.5. ist jedoch nur der späteste Zeitpunkt der Beendigung der Amtszeit. Vor dem 31.5. des jeweils maßgeblichen Wahljahres endet die Amtszeit des alten Betriebsrats mit der Bekanntgabe des Wahlergebnisses des neu gewählten Betriebsrats (*BAG* 28.9.1983 EzA § 102 BetrVG 1972 Nr. 56; GK-BetrVG/*Kreutz* § 21 Rz. 29). 448

bb) Ablauf der Amtszeit bei Veränderung der Belegschaftsstärke, Absinken der Zahl der Betriebsratsmitglieder und Rücktritt des Betriebsrats, Ausscheiden aller Betriebsratsmitglieder

Eine Besonderheit besteht in den Fällen vorzeitiger Neuwahl auf Grund einer Veränderung der Belegschaftsstärke (§ 13 Abs. 2 Nr. 1 BetrVG) und infolge Absinken der Mitgliederzahl des Betriebsrats unter die vorgeschriebene Größe (§ 13 Abs. 2 Nr. 3 BetrVG): In diesen Fällen endet die Amtszeit des bestehenden Betriebsrats mit Bekanntgabe des Wahlergebnisses, 449

§ 21 S. 5 BetrVG, spätestens aber mit Ablauf derjenigen Amtszeit, die ihm ohne den Eintritt der in §§ 13 Abs. 2 Nr. 1, 2 BetrVG aufgeführten Tatbestände zugestanden hätte (*LAG Düsseld./Köln* 20.9.1974 EzA § 22 BetrVG 1972 Nr. 1; GK-BetrVG/*Kreutz* § 21 Rz. 31). Bis zu diesem Zeitpunkt bleibt der Restbetriebsrat im Amt, auch wenn nur noch ein einziges Betriebsratsmitglied im Amt ist (*BAG* 18.8.1982 EzA § 102 BetrVG 1972 Nr. 48). Gleiches gilt für den Fall des Rücktritts des Betriebsrats insgesamt (§ 13 Abs. 2 Nr. 3 BetrVG).

450 Die Amtszeit des Betriebsrats endet ferner mit Ausscheiden aller Betriebsratsmitglieder einschließlich der Ersatzmitglieder (§ 24 Abs. 1 BetrVG). Maßgeblich ist der Zeitpunkt des Ausscheidens des letzten Mitglieds (GK-BetrVG/*Kreutz* § 21 Rz. 36).

cc) Anfechtung der Wahl, Auflösung des Betriebsrats

451 Im Falle erfolgreicher Wahlanfechtung (§ 13 Abs. 2 Nr. 4 BetrVG) oder der gerichtlichen Auflösung des Betriebsrats (§ 23 Abs. 1 BetrVG) endet die Amtszeit mit Rechtskraft des arbeitsgerichtlichen Beschlusses.

dd) Verlust der Betriebsratsfähigkeit, Ausscheiden des Betriebs aus dem Geltungsbereich des BetrVG

452 Das Amt des Betriebsrats endet ferner vorzeitig, wenn die Zahl der ständig wahlberechtigten Arbeitnehmer unter fünf sinkt oder der Betrieb nach §§ 118 Abs. 2, 130 BetrVG nicht mehr dem Geltungsbereich des BetrVG unterfällt (vgl. GK-BetrVG/*Kreutz* § 21 Rz. 37).

c) Übergangs- und Restmandat des Betriebsrats bei organisatorischen Veränderungen, §§ 21a, 21 b BetrVG

453 Durch das BetrVerf-ReformG vom 23.7.2001 (BGBl. I S. 1852 ff.) wurden erstmalig in das BetrVG selbst Regelungen über das sog. Übergangs- und Restmandat des Betriebsrats aufgenommen. Das Übergangsmandat war bislang nur spezialgesetzlich (insbes. in § 321 UmwG, § 13 SpTrUG, § 6b VermG; zur entsprechenden Anwendung in spezialgesetzlich nicht erfassten Fällen vgl. *BAG* 31.5.2000 EzA § 19 BetrVG 1972 Nr. 39) geregelt, während das Institut des Restmandats ohne gesetzliche Regelung von der Rechtsprechung entwickelt wurde (vgl. etwa *BAG* 16.6.1987 EzA § 111 BetrVG 1972 Nr. 21). Durch die Regelung des Übergangsmandats in § 21a BetrVG wollte der Gesetzgeber insoweit die Richtlinie 2001/23/EG vom 12.3.2001 (ABlEG Nr. L 82 S. 16) umsetzen (vgl. GK-BetrVG/*Kreutz* § 21a Rz. 2).

aa) Übergangsmandat, § 21a BetrVG

(1) Zweck

454 Durch das Übergangsmandat soll sichergestellt werden, dass in allen Fällen, in denen eine Änderung der Betriebsorganisation zum Verlust von Beteiligungsrechten und zum Verlust des betriebsverfassungsrechtlichen Schutzes von Arbeitnehmern führen würde, dieser Schutz zumindest für eine Übergangszeit erhalten bleibt, in der dann Betriebsräte in den geänderten Organisationsstrukturen gebildet werden können (BegrRegE, BT-Drs. 14/5741, S. 39).

(2) Voraussetzungen

455 Ein Übergangsmandat kommt gem. § 21a Abs. 1 S. 1, Abs. 2 S. 1 BetrVG im Falle der Spaltung eines Betriebs oder der Zusammenfassung mehrerer Betriebe oder Betriebsteile zu einem Betrieb in Betracht. Gem. § 21a Abs. 3 BetrVG ist es dabei unerheblich, ob es sich um unternehmensinterne oder unternehmensübergreifende Spaltungen oder Zusammenfassungen im Zusammenhang mit einer Betriebsveräußerung oder einer Umwandlung nach dem UmwG handelt.

Eine **Betriebsspaltung** liegt vor, wenn ein bisher einheitlicher Betrieb in mehrere organisatorisch selbstständige Einheiten geteilt wird (vgl. *LAG Köln* 23.1.2004–12 Ta BV 64/03, n.v.; ausf. GK-BetrVG/*Kreutz* § 21a Rz. 17 ff.; nach *Worzalla* FA 2001, 262 soll eine Spaltung ausscheiden, wenn alle Arbeitnehmer in einem Betriebsteil verbleiben, somit nur Betriebsmittel abgespalten und übertragen werden). Eine Betriebsspaltung setzt voraus, dass für den von der bisherigen Leitungsstelle konstituierten Betriebsbereich zukünftig mindestens zwei Leistungsstellen bestehen, denen jeweils für Teile der bisherigen Einheit Leitungsaufgaben und entsprechende Leitungsbefugnisse zukommen (GK-BetrVG/*Kreutz* § 21a Rz. 21). 456

Eine **Zusammenfassung** von Betrieben oder Betriebsteilen zu einem Betrieb liegt vor, wenn zuvor eigenständig organisierte Betriebe oder Teile solcher Betriebe so miteinander verflochten werden, dass beide ihre bisherige Identität verlieren und ein neuer, einheitlicher Betrieb unter einheitlicher Leitung entsteht (GK-BetrVG/*Kreutz* § 21a Rz. 58 ff.; *Fitting* § 111 Rz. 84). Kein Übergangsmandat besteht, wenn ein Betrieb lediglich in einen anderen Betrieb eingegliedert wird, in dem bereits ein Betriebsrat besteht, § 21a Abs. 1 S. 1 BetrVG. Eine solche Eingliederung liegt in Abgrenzung zur Zusammenfassung von Betrieben vor, wenn der Betrieb, in den der abgespaltene Betriebsteil aufgenommen wird, unter gleich bleibender Leitung und mit im Wesentlichen gleichem Zweck fortgeführt wird (*BAG* 21.1.2003 EzA § 77 BetrVG 2001 Nr. 3; *Worzalla* FA 2001, 261, 263), der aufnehmende Betrieb also in seiner Identität unverändert bleibt (vgl. GK-BetrVG/*Kreutz* § 21a Rz. 60 ff.). Dies kommt insbes. bei Betrieben mit erheblichen Größenunterschieden in Betracht, wenn der deutlich kleinere Betrieb nach dem Zusammenschluss unselbstständiger Betriebsteil des aufnehmenden größeren Betriebs wird (GK-BetrVG/*Oetker* § 111 Rz. 102). Nach GK-BetrVG/*Kreutz* (§ 21a Rz. 62) ist zur Abgrenzung von Eingliederung und Zusammenfassung auf die Wertung des § 13 Abs. 2 Nr. 1 BetrVG abzustellen. Eine Eingliederung liegt danach vor, wenn Betriebe zusammengefasst werden, von denen der kleinere regelmäßig weniger als die Hälfte der Arbeitnehmer des größeren Betriebs hat. Im Falle einer Eingliederung in einen Betrieb, in dem kein Betriebsrat besteht, besteht ein Übergangsmandat des Betriebsrats des ursprünglichen Betriebs, und zwar auch für die Arbeitnehmer des aufnehmenden Betriebs (str., so z.B. DKK/*Buschmann* § 21a Rz. 39; *Worzalla* FA 2001, 261, 263]; **a.A.** *Oetker/Busche* NZA Beil. 1/1991, 24; GK-BetrVG/*Kreutz* § 21a Rz. 65).

Für die Frage, ob eine Spaltung oder ein Zusammenschluss vorliegt, ist allein die organisatorische, tatsächliche Veränderung der betrieblichen Organisationsstrukturen entscheidend. Unerheblich ist demgegenüber, auf Grund welcher dahinter stehender Rechtsvorgänge diese Veränderungen vollzogen werden, vgl. § 21a Abs. 3 BetrVG. Ein Übergangsmandat kommt somit auch bei Spaltungen oder Zusammenfassungen als Folge rein unternehmensinterner Umstrukturierungen, in Betracht.

Ein Übergangsmandat setzt im Falle der Spaltung ferner die **Betriebsratsfähigkeit des abgespaltenen Betriebs oder Betriebsteils** voraus, § 21a Abs. 1 S. 1 i.V.m. § 1 Abs. 1 S. 1 BetrVG. Dort müssen also mindestens fünf ständig wahlberechtigte Arbeitnehmer, von denen drei wählbar sind, beschäftigt werden.

(3) Träger des Übergangsmandats

Im Falle der Spaltung obliegt die Wahrnehmung des Übergangsmandats dem Betriebsrat des vormals einheitlichen Betriebs. Dieser Betriebsrat bleibt in seiner vorherigen personellen Zusammensetzung bestehen, d.h. unter Einschluss der von ggf. in dem abgespaltenen Betriebsteil beschäftigten und nun übergegangenen Betriebsratsmitgliedern (*Fitting* § 21a Rz. 16), auch wenn diese nunmehr in Betrieben beschäftigt werden, die nicht betriebsratsfähig sind oder in Betriebe mit Betriebsrat eingegliedert wurden (GK-BetrVG/*Kreutz* § 21a Rz. 34). Bei einer Zusammenfassung obliegt die Wahrnehmung des Übergangsmandats dem Betriebsrat des nach der Zahl der wahlberechtigten Arbeitnehmer (§ 7 BetrVG) größten Betriebs oder Betriebsteils. Die Betriebsräte der anderen Betriebe oder Betriebsteile, die zu einem neuen Betrieb zusammengefasst werden, verlieren mit der Zusammenfassung ihre Ämter (*Worzalla* FA 2001, 261, 263). 457

(4) Inhalt des Übergangsmandats

458 Das Übergangsmandat ist ein Vollmandat, das zur umfassenden Wahrnehmung aller Betriebsratsgeschäfte und aller Beteiligungsrechte berechtigt. Der für die Wahrnehmung des Übergangsmandats zuständige Betriebsrat hat insbes. in den Betrieben, für die er kraft Übergangsmandats zuständig ist, unverzüglich Wahlvorstände für die Wahl eines eigenen Betriebsrats in diesen Betrieben zu bestellen. Der für die Wahrnehmung des Übergangsmandats zuständige Betriebsrat hat im Übrigen alle betriebsverfassungsrechtlichen Rechte und Pflichten in den Betrieben, in denen das Übergangsmandat besteht (*Fitting* § 21a Rz. 20; *Worzalla* FA 2001, 261, 263). Soweit im Falle der Spaltung die Voraussetzungen eines Übergangsmandats gegeben sind, bezieht sich dieses auf die abgespaltenen Betriebsteile, aber auch auf den Restbetrieb.

Im Falle der Zusammenfassung von Betrieben oder Betriebsteilen erstreckt sich das Übergangsmandat auch auf die Arbeitnehmer der Betriebe, in denen bisher noch kein Betriebsrat bestand (*Engels/Trebinger/Löhr-Steinhaus* DB 2001, 532, 534]; zweifelnd für den Fall, dass im größten Betrieb kein Betriebsrat besteht: *Richardi/Annuß* DB 2001 41, 44]; *Worzalla* FA 2001, 261, 263).

(5) Dauer des Übergangsmandats; Konsequenzen für den Betriebsrat des Ursprungsbetriebs

459 Gem. § 21a Abs. 1 S. 3, Abs. 2 S. 2 BetrVG endet das Übergangsmandat, sobald in den Betriebsteilen oder im aus der Zusammenfassung entstandenen neuen Betrieb ein neuer Betriebsrat gewählt und das Wahlergebnis bekannt gegeben ist, längstens aber sechs Monate nach tatsächlichem Vollzug der Spaltung oder Zusammenfassung. Ob zu diesem Zeitpunkt schon die zu Grunde liegenden gesellschaftsrechtlichen Vorgänge wie z.B. eine Umwandlung stattgefunden haben, ist unerheblich (*Worzalla* FA 2001, 261, 264).

Die Sechsmonatsfrist kann durch Tarifvertrag oder Betriebsvereinbarung um weitere sechs Monate verlängert werden. Hierdurch soll auf langwierige Umstrukturierungsvorgänge angemessen reagiert werden können. Die Betriebsvereinbarung muss zwischen dem Unternehmen, das für den abgespaltenen Betriebsteil oder den aus der Zusammenfassung entstandenen Betrieb zuständig ist und dem Betriebsrat, dem die Ausübung des Übergangsmandats zusteht, abgeschlossen werden.

Ob und ggf. unter welchen Voraussetzungen eine Betriebsspaltung zur Folge hat, dass der Betriebsrat des Ursprungsbetriebs nur noch ein zeitlich begrenztes Übergangsmandat hat, wird kontrovers diskutiert. Nach bisher überwiegender Auffassung bleibt der bisherige Betriebsrat bis zum Ablauf seiner regulären Amtszeit und nicht nur für die Dauer des Übergangsmandats im Amt, wenn von einem Betrieb nur ein Teil abgespalten wird, hierdurch aber die Identität des Betriebs nicht berührt wird (Betriebsteilabspaltung). Zu einem vorzeitigen Ende der Amtszeit sollte es hingegen kommen, wenn der Betrieb unter Beseitigung seiner Identität in neue selbstständige Betriebe aufgespalten wird und untergeht (vgl. zum Meinungsstand GK-BetrVG/*Kreutz* § 21a Rz. 19). Da im Falle der Betriebsteilabspaltung der ursprüngliche Betriebsrat im Amt bleibt, bedarf es nach GK-BetrVG/*Kreutz* (§ 21a Rz. 19) keines Übergangsmandats für den Ursprungsbetrieb, da dessen Arbeitnehmer ja durch den regulären Betriebsrat vertreten werden.

(6) Kosten aus der Wahrnehmung des Übergangsmandats

460 Für die Kosten aus der Wahrnehmung des Übergangsmandats gilt § 40 BetrVG. Erfasst das Übergangsmandat einen Betrieb oder Betriebsteil, der zu einem anderen Unternehmen gehört, haften die beteiligten Unternehmen (Arbeitgeber) in entsprechender Anwendung der §§ 421 ff. BGB als Gesamtschuldner (vgl. *Worzalla* FA 2001, 261, 264).

bb) Restmandat, § 21b BetrVG

(1) Zweck

> Das Restmandat soll die Wahrnehmung der sich infolge eines Betriebsuntergangs stellenden Aufgaben des Betriebsrats, insbes. nach §§ 111 ff. BetrVG sicherstellen, auch über den Zeitpunkt der Einstellung der Betriebsaktivität hinaus (BegrRegE, BT-Drs. 14/5741, S. 39; *BAG* 16.6.1987 EzA § 111 BetrVG 1972 Nr. 21). Sachlich erstreckt es sich aber nur auf die Aufgaben des Betriebsrats im Zusammenhang mit dem Betriebsuntergang. **461**

(2) Voraussetzungen

Der Betrieb muss durch Stilllegung, Spaltung oder Zusammenlegung untergegangen sein. **462** Der Betrieb ist untergegangen, wenn es ihn als organisatorische Einheit nicht mehr gibt (*Worzalla* FA 2001, 261, 265).

(3) Träger des Restmandats

Das Restmandat ist von dem Betriebsrat auszuüben, der bei Beendigung des Vollmandats im **463** Amt war. Maßgeblich für Größe und Zusammensetzung des das Restmandat ausübenden Betriebsrats ist also der Zeitpunkt, an dem das originäre Mandat endet und an seine Stelle das Restmandat tritt. Waren es zu diesem Zeitpunkt bereits weniger Mitglieder als in § 9 BetrVG vorgesehen, so steht diesen verbliebenen Mitgliedern das Restmandat zu (*BAG* 12.1.2000 EzA § 24 BetrVG 1972 Nr. 2).

(4) Inhalt des Restmandats

Das Restmandat berechtigt zur Wahrnehmung aller mit dem Untergang des Betriebs in **464** Zusammenhang stehenden Beteiligungsrechten, insbes. bei Kündigungen (§ 102 BetrVG) und im Zusammenhang mit der Aufstellung eines Interessenausgleichs und ggf. Sozialplans (§§ 111 ff. BetrVG, vgl. *BAG* 5.10.2000 EzA § 112 BetrVG 1972 Nr. 107). Dazu gehört auch die Änderung eines bereits geltenden Sozialplans, solange dieser nicht vollständig abgewickelt ist (*BAG* 5.10.2000 EzA § 112 BetrVG 1972 Nr. 107). Weiter gehend wird z. T. (*Richardi/Annuß* DB 2001, 41, 44]; *Däubler* AuR 2001, 1 ff.; abl. GK-BetrVG/*Kreutz* § 21b Rz. 13; *Worzalla* FA 2001, 261, 265) die Auffassung vertreten, dass Restmandat erstrecke sich auch auf noch unerledigte Betriebsratsaufgaben, die nicht mit dem Untergang des Betriebs in Zusammenhang stehen.

(5) Dauer und Beendigung des Restmandats

Eine feste zeitliche Begrenzung des Restmandats ist nicht vorgesehen. Es besteht solange, **465** wie noch Beteiligungsrechte auf Grund des Untergangs des Betriebs in Betracht kommen und ein mindestens einköpfiger Betriebsrat existiert, der willens ist, das Restmandat wahrzunehmen (*BAG* 12.1.2000 EzA § 24 BetrVG 1972 Nr. 2). Die das Restmandat ausübenden Betriebsratsmitglieder können ihr Amt niederlegen. Besteht der Betriebsrat nur noch aus einem Mitglied und ist eine Belegschaft nicht vorhanden, so kann die Amtsniederlegung dem Arbeitgeber gegenüber erklärt werden (*BAG* 12.1.2000 EzA § 24 BetrVG 1972 Nr. 2).

4. Weiterführung der Geschäfte des Betriebsrats, § 22 BetrVG

Mit Beendigung der Amtszeit verliert der Betriebsrat grds. alle Befugnisse. Eine Weiterfüh- **466** rung der Geschäfte über diesen Zeitpunkt hinaus ist nach § 22 BetrVG nur in den Fällen des § 13 Abs. 2 Nr. 1–3 BetrVG vorgesehen. Beschließt der Betriebsrat nicht seinen Rücktritt, sondern treten ohne entsprechenden Beschluss alle Betriebsratsmitglieder und Ersatzmitglieder in einer gleichzeitigen und abgestimmten Aktion zurück, so ist fraglich, ob in entsprechender Anwendung des § 22 BetrVG eine Weiterführung der Geschäfte in Betracht kommt (bejahend etwa: *Fitting* § 13 Rz. 41; abl. z.B. GK-BetrVG/*Kreutz* § 22 Rz. 12). § 22 BetrVG ist nicht anwendbar, wenn der amtierende Betriebsrat erst zurücktritt und bereits ein neuer Betriebsrat gewählt und das Wahlergebnis bekannt gemacht worden ist. Vielmehr beginnt dann sofort die Amtszeit des neuen Betriebsrats (GK-BetrVG/*Kreutz* § 22 Rz. 11).

467 § 22 BetrVG ist analog anwendbar, wenn der Betriebsrat vorübergehend beschlussunfähig ist, weil Betriebsratsmitglieder zeitweilig verhindert sind und nicht durch Ersatzmitglieder vertreten werden können (*BAG* 18.8.1982 EzA § 102 BetrVG 1972 Nr. 48). Für die Feststellung der Beschlussfähigkeit ist dann von der Zahl der nicht verhinderten Betriebsratsmitglieder auszugehen.

468 Die durch § 22 BetrVG eingeräumte Befugnis erstreckt sich auf alle Rechte und Pflichten eines ordnungsgemäß gewählten und zusammengesetzten Betriebsrats mit der zusätzlichen Verpflichtung, eine Neuwahl des Betriebsrats (vgl. § 13 Abs. 2 BetrVG) einzuleiten (*LAG Düsseld.* 16.10.1986 DB 1987, 177).

Während der Zeit der berechtigten Weiterführung der Geschäfte behalten die Betriebsratsmitglieder ihre persönliche Rechtsstellung weiter (vgl. zur Rechtsstellung *Auktor* NZA 2003, 950 ff.). Der nachwirkende Kündigungsschutz nach § 15 Abs. 1 S. 2 KSchG beginnt erst mit Beendigung der Befugnis zur Weiterführung der Geschäfte (GK-BetrVG/*Kreutz* § 22 Rz. 23). Die Geschäftsführungsbefugnis endet mit der Bekanntgabe des Wahlergebnisses sowie dann, wenn kein neuer Betriebsrat gewählt wird oder die Wahl nichtig ist, mit Ablauf der Amtszeit, die dem Betriebsrat ohne den Eintritt der Voraussetzungen gem. § 13 Abs. 2 Nr. 3 BetrVG zugestanden hätte, also nach Ablauf der regelmäßigen vierjährigen Amtszeit (vgl. GK-BetrVG/*Kreutz* § 22 Rz. 19 ff.).

5. Erlöschen der Mitgliedschaft im Betriebsrat, § 24 BetrVG

469 § 24 BetrVG regelt das Erlöschen der Mitgliedschaft des einzelnen Betriebsratsmitglieds, nicht die Auflösung des Betriebsrats als solchen. Die Vorschrift gilt entsprechend auch für Ersatzmitglieder, auch soweit sie noch nicht nachgerückt sind (GK-BetrVG/*Oetker* § 24 Rz. 58).

a) Tatbestände

470 Die Mitgliedschaft im Betriebsrat endet immer mit **Ablauf der Amtszeit des Betriebsrats** (§ 24 Abs. 1 Nr. 1 BetrVG), auch bei deren vorzeitiger Beendigung. Eine darüber hinausgehende persönliche Amtszeit gibt es nicht.

471 Sie endet ferner mit **Niederlegung des Amtes** (§ 24 Abs. 1 Nr. 2 BetrVG). Diese ist jederzeit und ohne Angabe von Gründen auch schon vor Beginn der Amtszeit durch formlose, einseitige empfangsbedürftige, unwiderrufliche (vgl. *BVerwG* 9.10.1959 AP Nr. 2 zu § 27 BPersVG) Willenserklärung gegenüber dem Betriebsrat mit sofortiger Wirkung oder mit Wirkung für einen späteren Zeitpunkt möglich (GK-BetrVG/*Oetker* § 24 Rz. 9 ff., 14). Die Amtsniederlegung unter einer Bedingung ist nur als Ankündigung der Niederlegung zu werten (DKK/*Buschmann* § 24 Rz. 9). Die Anfechtung der Erklärung ist nach h.M. außer im Falle widerrechtlicher Drohung ausgeschlossen (*LAG Frankf./M.* 8.10.1992 LAGE § 24 BetrVG 1972 Nr. 1; HSWGNR/*Schlochauer* § 24 Rz. 7; DKK/*Buschmann* § 24 Rz. 9; **a.A.** *Fitting* § 24 Rz. 11: Anfechtung ist immer ausgeschlossen; ebenso GK-BetrVG/*Oetker* § 24 Rz. 12).

472 Für das Erlöschen der Mitgliedschaft infolge **Beendigung des Arbeitsverhältnisses** (§ 24 Abs. 1 Nr. 3 BetrVG) ist die rechtliche Beendigung des Arbeitsverhältnisses maßgeblich. Ein Ruhen des Arbeitsverhältnisses (z.B. Wehr- und Zivildienst) reicht nicht aus, vielmehr rückt für die Dauer der Verhinderung ein Ersatzmitglied nach (GK-BetrVG/*Oetker* § 24 Rz. 32). Auch die Inanspruchnahme von Elternzeit führt nicht zum Erlöschen der Mitgliedschaft. Es liegt in diesem Fall auch keine Verhinderung vor, so dass kein Ersatzmitglied nachrückt (*BAG* 25.5.2005 EzA § 40 BetrVG 2001 Nr. 9).

473 Soweit durch Tarifvertrag oder Betriebsvereinbarung die Beendigung des Arbeitsverhältnisses bei Erreichung einer Altersgrenze bestimmt wird, endet auch das Arbeitsverhältnis von Betriebsratsmitgliedern ohne Kündigung (*BAG* 25.3.1971 EzA § 620 BGB Nr. 15). Sieht die Betriebsvereinbarung Ausnahmen von der Beendigung des Arbeitsverhältnisses vor, muss der Arbeitgeber von dieser Befugnis nicht zu Gunsten des Betriebsratsmitglieds Gebrauch machen (*BAG* 20.12.1984 EzA § 620 BGB Bedingung Nr. 4).

474 Bei Nichtigkeit oder Anfechtbarkeit des Arbeitsvertrages endet das Betriebsratsamt zu dem Zeitpunkt, zu dem sich ein Vertragspartner auf die Nichtigkeit beruft oder zu dem die Anfechtung erklärt und wirksam geworden ist (*Fitting* § 24 Rz. 21).

475 Erhebt das Betriebsratsmitglied gegen eine mit Zustimmung des Betriebsrats oder nach deren Ersetzung durch das Arbeitsgericht ausgesprochene außerordentliche Kündigung Kündigungsschutzklage, so bleibt bis zur rechtskräftigen Entscheidung des Arbeitsgerichts offen, ob das Arbeitsverhältnis rechtlich beendet ist. Deshalb ist das Betriebsratsmitglied grds. bis zur rechtskräftigen Entscheidung an der Amtsausübung zeitweilig verhindert (*LAG SchlH* 2.9.1976 DB 1976, 1974; MünchArbR/*Joost* § 305 Rz. 26). Inwieweit die Möglichkeit besteht im Wege der einstweiligen Verfügung die weitere Amtsausübung durchzusetzen, ist streitig, wird aber überwiegend (vgl. *LAG Nbg.* 10.10.1985 LAGE § 25 BetrVG 1972 Nr. 2; *LAG Düsseld./Köln* 27.2.1975 EzA § 25 BetrVG 1972 Nr. 1; MünchArbR/*Joost* § 305 Rz. 26) nur für den Fall bejaht, dass die Kündigung offensichtlich unwirksam (z.B. fehlende Zustimmung des Betriebsrats) ist oder der von der Rechtsprechung des *BAG* (*GS* 27.2.1985 EzA § 611 BGB Beschäftigungspflicht Nr. 9) entwickelte allgemeine Weiterbeschäftigungsanspruch besteht (**a.A.** für den Fall des Bestehens eines allgemeinen Weiterbeschäftigungsanspruchs: GK-BetrVG/*Oetker* § 25 Rz. 29).

476 **Verlust der Wählbarkeit** (§ 24 Abs. 1 Nr. 4 BetrVG) tritt u.a. ein bei Ausscheiden aus der Belegschaft des Betriebs, z.B. bei Versetzung in einen anderen Betrieb des Arbeitgebers (*LAG Hamm* 11.1.1989 DB 1989, 1732) oder Verlust der Eigenschaft als Arbeitnehmer i.S.d. BetrVG (vgl. MünchArbR/*Joost* § 305 Rz. 30, 31).

477 Bei gerichtlichem **Ausschluss eines Mitglieds aus dem Betriebsrat oder der Auflösung des Betriebsrats** (§ 21 Abs. 1 Nr. 5 BetrVG) in einem Verfahren nach § 23 Abs. 1 BetrVG endet die Mitgliedschaft mit Rechtskraft der arbeitsgerichtlichen Entscheidung.

478 Mit rechtskräftiger **gerichtlicher Feststellung der Nichtwählbarkeit** (§ 24 Abs. 1 Nr. 6 BetrVG) erlischt die Mitgliedschaft im Betriebsrat für die Zukunft, der Beschluss wirkt insoweit nicht feststellend, sondern rechtsgestaltend (*BAG* 29.9.1983 EzA § 15 KSchG n.F. Nr. 32). Da der nachträgliche Wegfall der Wählbarkeit bereits durch § 24 Abs. 1 Nr. 4 BetrVG geregelt ist, erfasst § 24 Abs. 1 Nr. 6 BetrVG nur die Fallgruppe der bereits zum Zeitpunkt der Wahl fehlenden Wählbarkeit. Es handelt sich um ein selbstständiges arbeitsgerichtliches Beschlussverfahren. Antragsberechtigt sind diejenigen, die auch eine Betriebsratswahl nach § 19 Abs. 2 BetrVG (s.o. Rn. 417 ff.) anfechten können; der Antrag ist jederzeit möglich, solange das betreffende Betriebsratsmitglied dem Betriebsrat noch angehört und der Mangel nicht geheilt ist, wobei es unerheblich ist, ob der Mangel der Nichtwählbarkeit schon vor Ablauf der Wahlanfechtungsfrist bekannt war oder erst später erkannt worden ist (*BAG* 11.3.1975 EzA § 24 BetrVG 1972 Nr. 1).

b) Rechtsfolgen des Erlöschens der Mitgliedschaft

479 In den Fällen des § 24 Abs. 1 Nr. 1–6 BetrVG endet das Betriebsratsamt mit Wirkung für die Zukunft und alle anderen Ämter, die das Betriebsratsmitglied als solches innehatte, z.B. die Mitgliedschaft im Gesamtbetriebsrat. Es endet zugleich die besondere persönliche Rechtsstellung. Der nachwirkende Kündigungsschutz nach § 15 Abs. 1 S. 1 KSchG gilt auch in den Fällen des § 24 Abs. 1 Nr. 2, 4 BetrVG (für den Fall der Amtsniederlegung ausdrücklich *BAG* 5.7.1979 EzA § 15 KSchG n.F. Nr. 22; vgl. im Übrigen GK-BetrVG/*Oetker* § 24 Rz. 56). Fraglich ist, ob § 24 Abs. 1 Nr. 6 BetrVG als ein Fall der Beendigung der Mitgliedschaft auf Grund einer gerichtlichen Entscheidung i.S.d. § 15 Abs. 1 S. 2 a.E. KSchG anzusehen ist (abl. GK-BetrVG/*Oetker* § 24 Rz. 55; bejahend KR-*Etzel* § 15 KSchG Rz. 66).

6. Ersatzmitglieder

480 § 25 BetrVG soll die Kontinuität der Arbeit des Betriebsrats und seine Beschlussfähigkeit (§ 33 Abs. 2 BetrVG) dadurch gewährleisten, dass bei Ausscheiden oder Verhinderung von Betriebsratsmitgliedern Ersatzmitglieder vorübergehend oder endgültig nachrücken. Bei einer Beendigung der Amtszeit des Betriebsrates als Kollektivorgan ist hingegen eine Neuwahl durchzuführen.

a) Zeitweilige Verhinderung

481 Ein Betriebsratsmitglied ist zeitweilig verhindert, wenn es unabhängig von der Vorhersehbarkeit der Verhinderung und deren Dauer aus tatsächlichen (insbes. Urlaub, Krankheit, Dienstreisen) oder rechtlichen Gründen seine amtlichen Funktionen nicht oder z.B. bei einer Betriebsratssitzung nur teilweise ausüben kann, oder wenn dies unzumutbar ist (*BAG* 23.8.1984 EzA § 103 BetrVG 1972 Nr. 30; 15.11.1984 EzA § 102 BetrVG 1972 Nr. 58).

482 Voraussetzung ist eine objektive Verhinderung, die ausscheidet, wenn das Betriebsratsmitglied lediglich nicht teilnehmen will, da dies auf eine gewillkürte Stellvertretung hinausliefe (*BAG* 5.9.1986 EzA § 15 KSchG n.F. Nr. 36).

483 Ein Betriebsratsmitglied ist insbes. dann zeitweise verhindert, an einer Betriebsratssitzung teilzunehmen, wenn dort über seine eigenen Angelegenheiten, von denen es unmittelbar betroffen ist, beraten und entscheiden wird. Dies ist z.B. bei der Kündigung (vgl. z.B. *BAG* 23.8.1984 EzA § 103 BetrVG 1972 Nr. 30; *LAG Nbg.* 10.10.1985 LAGE § 25 BetrVG 1972 Nr. 2) seines Arbeitsverhältnisses, einem Antrag gem. § 23 Abs. 1 S. 2 BetrVG oder bei der Entscheidung über die eigene Umgruppierung (*BAG* 3.8.1999 EzA § 33 BetrVG 1972 Nr. 1), nicht aber bei organisatorischen Akten des Betriebsrats wie z.B. Wahlen innerhalb des Betriebsrats (vgl. § 26 Abs. 1, 2 BetrVG) oder der Abberufung aus entsprechenden Funktionen der Fall (GK-BetrVG /*Raab* § 33 Rz. 26). Steht die Beendigung des Arbeitsverhältnisses eines Betriebsratsmitglieds im Streit und ist hierüber noch nicht rechtskräftig arbeitsgerichtlich entschieden, ist streitig, ob und unter welchen Voraussetzungen das dann verhinderte betroffene Betriebsratsmitglied im Wege der einstweiligen Verfügung einen Anspruch auf vorübergehende Fortführung des Amtes geltend machen kann. Überwiegend wird ein solcher Anspruch bejaht, wenn die Kündigung offensichtlich unbegründet ist oder dem Betriebsratsmitglied ein allgemeiner Weiterbeschäftigungsanspruch zusteht (s.o. Rn. 475).

484 Liegt eine Betroffenheit in einer persönlichen Angelegenheit vor, darf das Betriebsratsmitglied weder an der Beratung noch an der Abstimmung teilnehmen. Weil in Anwesenheit des Betroffenen eine unbefangene Beratung der Angelegenheit nicht möglich ist, besteht während der Verhandlung der Angelegenheit und der Abstimmung auch kein Anwesenheitsrecht (*BAG* 23.8.1984 EzA § 103 BetrVG 1972 Nr. 30; 26.8.1981 EzA § 103 BetrVG 1972 Nr. 27).

485 Nach Auffassung des *LAG Hamm* (10.3.2006 – 10 TaBV 151/05 – EzA-SD 10/06, S. 11) ist ein von einer beabsichtigten außerordentlichen Kündigung betroffenes Betriebsratsmitglied nicht dann wegen Interessenkollision verhindert, an einer Betriebsratssitzung beratend und abstimmend teilzunehmen, wenn der Betriebsrat gegen die einseitige Einstellung eines Mitarbeiters nach den §§ 99, 101 BetrVG vorgehen will, der das Betriebsratsmitglied wegen der beabsichtigten außerordentlichen Kündigung ersetzen soll. Ebenso wenig liegt eine Verhinderung vor, wenn der Betriebsrat seine Freistellung von Anwaltskosten und deren Durchsetzung beschließt, die durch die ohne Mitbestimmung des Betriebsrats durchgeführte Einstellung eines Mitarbeiters entstanden sind, der als Ersatz für das noch zu kündigende Betriebsratsmitglied vorgesehen ist. Soweit vom Betriebsrat kollektivrechtliche Interessen durchgesetzt werden sollen, reicht eine bloße mittelbare Betroffenheit eines Betriebsratsmitglieds nicht aus, um dessen Verhinderung anzunehmen.

Die Tatsache, dass das Betriebsratsmitglied von seinem Wohnort zum Betrieb fahren muss, um an den Sitzungen teilzunehmen, ist kein Grund zur Annahme eines Verhinderungsfalls (*BAG* 16.1.2008 EzA § 40 BetrVG 2001 Nr. 14).

Der Vorsitzende, dem das verhinderte Betriebsratsmitglied die Gründe der Verhinderung unverzüglich mitteilen muss, hat jeweils zu prüfen, ob eine Verhinderung tatsächlich vorliegt und darf nicht einfach von einer Verhinderung ausgehen. **486**

Hat sich ein Betriebsratsmitglied krankgemeldet, spricht allerdings eine Vermutung dafür, dass es tatsächlich arbeitsunfähig erkrankt und daher verhindert ist (*BAG* 5.9.1986 EzA § 15 KSchG n.F. Nr. 36). Hat der Arbeitgeber aber z.B. einen arbeitsunfähig erkrankten Betriebsobmann, dessen Stellvertreter zurückgetreten ist, außerhalb des Betriebes in einer Personalangelegenheit beteiligt, so muss er diesen trotz der Arbeitsunfähigkeit auch zu einer wenige Tage später beabsichtigten Kündigung desselben Arbeitnehmers gem. § 102 BetrVG anhören (*BAG* 15.11.1984 EzA § 102 BetrVG 1972 Nr. 58).

Liegt eine Verhinderung vor, hat der Betriebsratsvorsitzende rechtzeitig ein Ersatzmitglied **487**
zu laden. Unterlässt er das, so ist z.B. ein Zustimmungsbeschluss nach § 103 BetrVG nichtig (*BAG* 23.8.1984 EzA § 103 BetrVG 1972 Nr. 30).

b) Nachrücken des Ersatzmitglieds

Sobald die gesetzlichen Voraussetzungen vorliegen, rückt das Ersatzmitglied kraft Geset- **488**
zes zum Zeitpunkt des Ausscheidens des Betriebsratsmitglieds aus dem Betriebsrat bzw. mit dem Beginn der Verhinderung in den Betriebsrat nach. Das gilt selbst dann, wenn es selbst z.B. wegen Krankheit zeitweilig verhindert ist, weil es dann seinerseits gem. § 25 Abs. 1 BetrVG von dem nächsten Ersatzmitglied für die Dauer seiner Verhinderung vertreten wird (GK-BetrVG/*Oetker* § 25 Rz. 32).

Nach h.M. (*BAG* 5.9.1986 EzA § 15 KSchG n.F. Nr. 36; GK-BetrVG/*Oetker* § 25 Rz. 30; **a.A.** MünchArbR/*Joost* § 305 Rz. 55 f.: auch das Ersatzmitglied müsse eine Annahmeerklärung abgeben) ist weder ein konstitutiver Beschluss des Betriebsrats, noch eine Annahmeerklärung des Ersatzmitglieds erforderlich. Die Vertretung endet bei vorübergehender Verhinderung, wenn das ordentliche Mitglied seine Tätigkeit im Betrieb wieder aufnehmen kann oder das Ersatzmitglied selbst für eine längere Zeit als die voraussichtliche Vertretungsdauer verhindert sein wird (GK-BetrVG/*Oetker* § 25 Rz. 33).

c) Reihenfolge des Nachrückens

Die Reihenfolge des Nachrückens bestimmt sich nach § 25 Abs. 2 BetrVG danach, ob der **489**
Betriebsrat in Verhältniswahl (Listenwahl) oder Mehrheitswahl (Personenwahl) gewählt wurde.

aa) Verhältniswahl

Bei einer Verhältniswahl bleibt jeder Liste gem. § 25 Abs. 2 S. 1 BetrVG die Zahl der auf sie **490**
entfallenden Sitze grds. erhalten, sodass grds. der auf dieser Liste vorhandene nicht gewählte Bewerber nachrückt. Dies gilt aber nicht, wenn das Nachrücken des nächsten Bewerbers dazu führen würde, dass das Minderheitengeschlecht nicht mehr mindestens entsprechend seinem Verhältnis unter den wahlberechtigten Arbeitnehmern des im Betriebsrat vertreten wäre. In diesem Fall rückt derjenige nichtgewählte Bewerber auf der Liste nach, dessen Geschlecht dem des bisherigen Mitglieds entspricht. Fehlt eine entsprechende Person auf der Liste, ist die Liste erschöpft.

Die Folgen einer Listenerschöpfung regelt § 25 Abs. 2 S. 2 BetrVG: Im Falle der Listenerschöpfung ist das Ersatzmitglied derjenigen Vorschlagsliste zu entnehmen, auf die nach den Grundsätzen der Verhältniswahl der nächste Sitz entfallen würde. Die Vertretung des Minderheitengeschlechts nach § 15 Abs. 2 BetrVG ist zwingend zu beachten.

bb) Mehrheitswahl

491 Bei **Mehrheitswahl** (nur eine Vorschlagsliste, Wahl im vereinfachten Verfahren nach § 14a BetrVG) rückt das Ersatzmitglied mit der nächsthöheren Stimmenzahl nach, § 25 Abs. 2 S. 3 BetrVG. Eine Ausnahme gilt, wenn dies dazu führen würde, dass die Mindestrepräsentanz des Minderheitengeschlechts nicht mehr gewahrt wäre. Dann muss das Ersatzmitglied demselben Geschlecht angehören wie das zu ersetzende Mitglied.

cc) Fehlen von Ersatzmitgliedern; Erschöpfung aller Listen

492 Kann ein ausgeschiedenes Mitglied des Betriebsrats nicht mehr nach § 25 Abs. 2 BetrVG durch ein Ersatzmitglied ersetzt werden, so ist bei einem dauerhaften Ausscheiden eines Betriebsratsmitglieds unter den Voraussetzungen des § 13 Abs. 2 Nr. 2 BetrVG eine Neuwahl des Betriebsrats durchzuführen. Der bisherige Betriebsrat führt nach Maßgabe des § 22 BetrVG die Geschäfte vorläufig weiter.

d) Rechtsstellung der Ersatzmitglieder

493 Mit dem Ausscheiden eines Betriebsratsmitglieds oder im Falle zeitweiliger Verhinderung wird das Ersatzmitglied auf Dauer oder zeitweilig ordentliches Betriebsratsmitglied mit allen entsprechenden Rechten und Pflichten. Es übernimmt aber nicht kraft Gesetzes weiter gehende Funktionen des ausgeschiedenen oder verhinderten Mitglieds (Vorsitzender oder stellvertretender Vorsitzender des Betriebsrat, Mitgliedschaft in Ausschüssen usw.).

Darüber muss vielmehr der Betriebsrat sodann erneut entscheiden (*BAG* 6.9.1979 EzA § 15 KSchG n.F. Nr. 23; GK-BetrVG/*Oetker* § 25 Rz. 52). Das Ersatzmitglied genießt mit Amtsbeginn den besonderen Kündigungs- und Versetzungsschutz nach § 103 BetrVG, § 15 KSchG, insbes. auch den nachwirkenden Kündigungsschutz selbst bei nur kurzzeitiger Vertretung, wobei dieser Kündigungsschutz im Einzelfall auch vor Eintritt der eigentlichen Verhinderung eingreifen kann (s.o. Kap. 4 Rn. 516 ff.). Die Kündigung eines Ersatzmitglieds mit dem Ziel, seine Amtstätigkeit zu verhindern, ist wegen Verstoßes gegen § 78 BetrVG nach § 134 BGB nichtig (GK-BetrVG/*Oetker* § 25 Rz. 54). Zur Schulung von Ersatzmitgliedern s.u. Rn. 698.

III. Organisation und Geschäftsführung des Betriebsrats

1. Vorsitzender und Stellvertreter; Vertretung des Betriebsrats nach außen (§ 26 BetrVG)

a) Wahlpflicht, Bedeutung der Bestellung

494 Sofern der Betriebsrat aus mehreren Personen besteht, ist er kraft Gesetzes verpflichtet, einen Vorsitzenden und dessen Stellvertreter zu wählen. Bei Verletzung dieser Pflicht kann die Auflösung des Betriebsrates im Verfahren nach § 23 Abs. 1 BetrVG in Betracht kommen (DKK/*Wedde* § 26 Rz. 3).

Sofern der Betriebsrat keinen Vorsitzenden gewählt hat, ist fraglich, ob der Betriebsrat bereits funktionsfähig und amtsausübungsbefugt ist (s.o. Rn. 443 f.).

b) Durchführung der Wahl

495 Für die Durchführung der Wahl gem. § 26 BetrVG gelten §§ 33, 34 BetrVG. Mangels besonderer gesetzlicher Regelungen muss mindestens die Hälfte der Betriebsratsmitglieder an der Wahl teilnehmen, die formlos erfolgen kann und keine Auswahlmöglichkeiten zwischen mehreren Kandidaten erfordert. Die Wahl von Vorsitzendem und Stellvertreter erfolgt in zwei getrennten Wahlgängen; gewählt ist, wer die meisten Stimmen erhält (relative Mehrheit).

c) Mängel der Wahl

> Die Wahl ist nur bei besonders groben Rechtsverstößen nichtig, was ohne Einhaltung einer Frist geltend gemacht werden kann (*BAG* 13.11.1991 EzA § 26 BetrVG 1972 Nr. 5), sonstige Rechtsverstöße berechtigen hingegen in entsprechender Anwendung des § 19 BetrVG nur zur Anfechtung der Wahl (*BAG* 8.4.1992 EzA § 26 BetrVG 1972 Nr. 6; 13.11.1991 EzA § 26 BetrVG 1972 Nr. 5; 11.3.1992 EzA § 38 BetrVG 1972 Nr. 12). **496**

Die Anfechtung muss daher unter Wahrung der in § 19 Abs. 2 BetrVG vorgesehenen Zweiwochenfrist erfolgen. Anfechtungsberechtigt sind jedes Betriebsratsmitglied (*BAG* 13.11.1991 EzA § 26 BetrVG 1972 Nr. 5) und die im Betrieb vertretenen Gewerkschaften (*BAG* 13.10.1976 EzA § 26 BetrVG 1972 Nr. 2). Ein Anfechtungsrecht des Arbeitgebers und der wahlberechtigten Arbeitnehmer wird ganz überwiegend (vgl. GK-BetrVG/*Raab* § 26 Rz. 19; MünchArbR/*Joost* § 306 Rz. 13; offen gelassen von *BAG* 12.10.1976 EzA § 26 BetrVG 1972 Nr. 2) abgelehnt, da es sich anders als bei der Betriebsratswahl selbst um einen internen Vorgang des Betriebsrats handelt. Die gerichtliche Entscheidung hat rechtsgestaltenden Charakter und wirkt nur für die Zukunft (*BAG* 13.11.1991 EzA § 26 BetrVG 1972 Nr. 5). **497**

d) Ende der Amtszeit

Der Vorsitzende und sein Stellvertreter können ihre Ämter jederzeit niederlegen. Der Betriebsrat kann sie auch jederzeit durch Beschluss mit einfacher Mehrheit abberufen, ohne dass besondere Gründe vorliegen müssten, wenn dieser Beschluss nicht formell mangelhaft oder willkürlich ist oder gegen die guten Sitten verstößt (*BAG* 1.6.1966 EzA § 27 BetrVG 1952 Nr. 1; GK-BetrVG/*Raab* § 26 Rz. 26). **498**

e) Aufgaben und Rechtsstellung des Vorsitzenden

Soweit der Betriebsratsvorsitzende die ihm allein obliegenden Amtspflichten wahrnimmt (§ 27 Abs. 1 S. 2, Abs. 4, § 29 Abs. 2, 3, § 34 Abs. 1 S. 2; § 42 Abs. 1 S. 1 BetrVG), handelt er im eigenen Namen. **499**

Im Übrigen vertritt gem. § 26 Abs. 3 BetrVG der Vorsitzende den Betriebsrat nur im Rahmen der von diesem gefassten Beschlüsse. **500**

> Der Vorsitzende hat lediglich den vom Betriebsrat gebildeten Willen nach außen zu erklären, ist also nur Vertreter in der Erklärung, nicht aber echter Vertreter im Willen (*BAG* 17.2.1981 EzA § 112 BetrVG 1972 Nr. 21). Dies bedeutet, dass der Betriebsrat grds. seine Befugnisse, insbes. Mitbestimmungsrechte selbst auszuüben hat (MünchArbR/*Joost* § 306 Rz. 16). **501**

Soweit dies gesetzlich nicht ausdrücklich vorgesehen ist (vgl. z.B. § 27 Abs. 3 BetrVG), kann der Betriebsrat seine Befugnisse auch nicht auf den Vorsitzenden übertragen oder diesen zur Ausübung ermächtigen (*BAG* 28.2.1974 EzA § 102 BetrVG 1972 Nr. 8; GK-BetrVG/*Raab* § 26 Rz. 34). Es ist zulässig, dass der Betriebsrat lediglich einen Grundsatzbeschluss oder Alternativbeschlüsse fasst und den Vorsitzenden ermächtigt, im Rahmen dieser Weisungen und Richtlinien die endgültige Entscheidung selbst zu treffen, sofern die Entscheidung im Grundsatz vom Betriebsrat selbst getroffen wurde und der Vorsitzende deshalb nur einen eingeschränkten Handlungsspielraum hat (GK-BetrVG/*Raab* § 26 Rz. 35; MünchArbR/*Joost* § 306 Rz. 17; HSWGNR/*Glock* § 26 Rz. 42). Ferner ist es zulässig, dass der Betriebsrat im Einzelfall andere Betriebsratsmitglieder mit der Ausführung von Beschlüssen und Befugnissen betraut (GK-BetrVG/*Raab* § 26 Rz. 70). **502**

Liegt ein Beschluss des Betriebsrats nicht vor oder hält sich der Vorsitzende nicht an den Beschluss, ist die Erklärung schwebend unwirksam, d.h. nach § 177 Abs. 1 BGB durch den Betriebsrat genehmigungsfähig (s.u. Rn. 577; *BAG* 10.10.2007 EzA § 26 BetrVG 2001 Nr. 2; **503**

15.12.1961 EzA § 615 BGB Nr. 4). Die Genehmigung soll nach einer Entscheidung des BAG aus 1961 (*BAG* 15.12.1961 EzA § 615 BGB Nr. 4) auch durch stillschweigende Billigung, nach überwiegender Literaturansicht (GK-BetrVG/*Raab* § 26 Rz. 40; DKK/*Wedde* § 26 Rz. 36) nur durch ausdrücklichen Beschluss erfolgen können. Ein Handeln ohne Vertretungsmacht kann eine Schadensersatzpflicht des Vorsitzenden aus § 179 BGB begründen (GK-BetrVG/*Raab* § 26 Rz. 41; **a.A.** DKK/*Wedde* § 26 Rz. 22) und ggf. zum Ausschluss nach § 23 Abs. 1 BetrVG führen (vgl. DKK/*Wedde* § 26 Rz. 22).

504 Ein Anspruch des Arbeitgebers auf Vorlage und Prüfung des einer Erklärung des Vorsitzenden zu Grunde liegenden Beschlusses besteht nur insoweit, als berechtigte Zweifel bestehen (GK-BetrVG/*Raab* § 26 Rz. 42; MünchArbR/*Joost* § 306 Rz. 19), da eine gesetzliche, wenn auch jederzeit widerlegbare Vermutung dafür besteht, dass der Vorsitzende im Rahmen eines ordnungsgemäßen Beschlusses handelt (*BAG* 17.2.1981 EzA § 112 BetrVG 1972 Nr. 21).

505 Strittig ist, inwieweit der gute Glaube des Arbeitgebers an die Vertretungsmacht des Vorsitzenden, d.h. daran, dass dessen Erklärung ein ordnungsgemäßer Beschluss des Betriebsrats zu Grunde liegt, geschützt wird (vgl. dazu ausführlich GK-BetrVG/*Raab* § 26 Rz. 44 ff.). Zum Teil (GK-BetrVG/*Raab* § 26 Rz. 46) wird dies nur bejaht, wenn der Betriebsrat das Auftreten des Vorsitzenden für den Betriebsrat kennt, hätte erkennen müssen und hätte verhindern können und der Arbeitgeber auf den so gesetzten Rechtsschein vertraut hat und nach Treu und Glauben auch darauf vertrauen durfte. Zum Teil (HSWGNR/*Glock* § 26 Rz. 47) wird ein solcher Vertrauensschutz abgelehnt. Schließlich (MünchArbR/*Joost* § 306 Rz. 22) wird die Ansicht vertreten, der Arbeitgeber könne stets davon ausgehen, dass das Handeln des Vorsitzenden von einem Beschluss gedeckt sei, es sei denn, er weiß oder hätte wissen müssen, dass ein Beschluss nicht gefasst wurde oder ein bestehender Beschluss unwirksam ist. Besonderheiten gelten nach Auffassung des BAG für das Anhörungsverfahren bei Kündigungen, § 102 BetrVG (vgl. z.B. *BAG* 16.1.2003 EzA § 102 BetrVG 2001 Nr. 2; 2.4.1976 EzA § 102 BetrVG 1972 Nr. 21; s.o. Kap. 4 Rn. 460 ff.) und die Beschlussfassung des Betriebsrates bei Kündigungen von Betriebsratsmitgliedern, § 103 BetrVG (*BAG* 23.8.1984 EzA § 103 BetrVG 1972 Nr. 30; s.o. Kap. 4 Rn. 602 ff.).

506 Der Vorsitzende ist ferner nach § 26 Abs. 3 S. 2 BetrVG zur Entgegennahme von Erklärungen für den Betriebsrat befugt. Fristen beginnen nach Erklärungen des Arbeitgebers gegenüber dem Betriebsrat daher entsprechend § 130 BGB nur und frühestens bei Erklärung gegenüber dem Betriebsratsvorsitzenden oder im Falle seiner Verhinderung gegenüber seinem Stellvertreter oder bei Erklärungen gegenüber anderen Betriebsratsmitgliedern erst dann, wenn der Vorsitzende oder im Falle seiner Verhinderung sein Stellvertreter die Erklärung erhalten haben (vgl. *BAG* 27.6.1985 EzA § 102 BetrVG 1972 Nr. 60).

Fraglich ist der Zeitpunkt des Zugangs dann, wenn beide verhindert sind und für diesen Fall z.B. keinen Empfangsbevollmächtigten bestimmt haben. Dann ist jedes Betriebsratsmitglied zur Entgegennahme von Erklärungen berechtigt und verpflichtet (*BAG* 27.6.1985 EzA § 102 BetrVG 1972 Nr. 60).

507 Ist der Vorsitzende verhindert (§ 25 Abs. 1 S. 2 BetrVG), so nimmt sein Stellvertreter nur die Funktionen des Betriebsratsvorsitzenden, die diesem kraft Amtes zustehen, wahr. Als schlichtes Mitglied des Betriebsrats wird der Vorsitzende hingegen durch ein Ersatzmitglied vertreten (GK-BetrVG/*Raab* § 26 Rz. 66).

2. Der Betriebsausschuss und weitere Ausschüsse, §§ 27, 28 BetrVG

a) Pflicht zur Bildung

508 Die nur ab einer Betriebsratsgröße von neun Mitgliedern nach § 27 Abs. 1 BetrVG mögliche, dann aber obligatorische Bildung eines Betriebsausschusses (BA) dient der Straffung der

Betriebsratsarbeit. Kleinere Betriebsräte sind zur Bildung eines derartigen Ausschusses nicht berechtigt. Für sie besteht nur die Möglichkeit, die laufenden Geschäfte durch Beschluss auf den Vorsitzenden zu übertragen, § 27 Abs. 3 BetrVG, oder, sofern es sich um einen Betrieb mit zumindest mehr als 100 Arbeitnehmern handelt, der Übertragung von Aufgaben auf Ausschüsse (§ 28 BetrVG; s.u. Rn. 517 f.) oder Arbeitsgruppen (§ 28a BetrVG; s.u. Rn. 522 ff.). Die Verletzung der Pflicht zur Bildung eines BA kann zu einer Auflösung des Betriebsrats im Verfahren nach § 23 Abs. 1 BetrVG führen (GK-BetrVG/*Raab* § 27 Rz. 11). Der Arbeitgeber kann im Weigerungsfalle allerdings nicht die Zusammenarbeit mit dem Betriebsrat und auch nicht die Entgeltzahlung (§ 37 Abs. 2 BetrVG) wegen mangelnder Erforderlichkeit verweigern (GK-BetrVG/*Raab* § 27 Rz. 12; DKK/*Wedde* § 27 Rz. 3).

b) Mitglieder und Zusammensetzung, Wahlmängel

Geborene Mitglieder sind der Betriebsratsvorsitzende und sein Stellvertreter. Die Anzahl der übrigen Mitglieder hängt von der Größe des Betriebsrats ab (vgl. § 27 Abs. 1 BetrVG). Die Wahl der übrigen Mitglieder erfolgt in geheimer Wahl und grds. als Verhältniswahl (Listenwahl) nach dem Höchstzahlverfahren. Mehrheitswahl (Personenwahl) findet nur statt, wenn nur ein Wahlvorschlag gemacht ist, § 27 Abs. 1 S. 3, 4 BetrVG. Entsprechend § 33 Abs. 2 BetrVG ist die Wahl nur wirksam, wenn mindestens die Hälfte der Betriebsratsmitglieder an der Wahl teilnimmt (GK-BetrVG/*Raab* § 27 Rz. 17). **509**

Wahlmängel müssen grds. in einem Wahlanfechtungsverfahren in entsprechender Anwendung des § 19 BetrVG geltend gemacht werden, wobei an die Stelle der Anfechtungsbefugnis von drei Wahlberechtigten die eines einzelnen Betriebsratsmitglieds tritt und die Anfechtungsfrist von zwei Wochen analog § 19 Abs. 3 S. 2 BetrVG zu beachten ist. Eine Nichtigkeit der Wahl liegt nur vor, wenn so schwer wiegende und offensichtliche Gesetzesverstöße vorliegen, dass nicht einmal der Anschein einer dem Gesetz entsprechenden Wahl vorliegt (*BAG* 13.11.1991 EzA § 27 BetrVG 1972 Nr. 7). **510**

Wurde der Ausschuss nach den Grundsätzen der Verhältniswahl gewählt und beschließt der Betriebsrat diesen um ein zusätzliches Mitglied zu erweitern, sind sämtliche Ausschussmitglieder neu zu wählen (*BAG* 16.3.2005 EzA § 28 BetrVG 2001 Nr. 2).

c) Aufgaben

Gem. § 27 Abs. 2 S. 1 BetrVG führt der Betriebsausschuss die laufenden Geschäfte in eigener Zuständigkeit, innerhalb derer er an die Stelle des Betriebsrates tritt. Für die Geschäftsführung des BA gelten daher grds. die Vorschriften der §§ 29 ff. BetrVG entsprechend (GK-BetrVG/*Raab* § 27 Rz. 52 ff.). Der Betriebsrat kann nicht generell die laufenden Geschäfte selbst wahrnehmen, ist aber nicht gehindert, einzelne laufende Geschäfte durch Beschluss an sich zu ziehen oder Beschlüsse des BA aufzuheben, soweit sie noch nicht nach außen wirksam geworden sind (GK-BetrVG/*Raab* § 27 Rz. 62). **511**

Laufende Geschäfte sind (GK-BetrVG/*Raab* § 27 Rz. 64; DKK/*Wedde* § 27 Rz. 33) nur interne organisatorische und verwaltungsmäßige Aufgaben, die keiner Beschlussfassung durch den Betriebsrat bedürfen und i.d.R. wiederkehrend anfallen. **512**

Hierzu gehören z.B. die Vorbereitung von Betriebsratssitzungen, die Fertigung von Entwürfen für Betriebsvereinbarungen, die Erteilung von Auskünften, nicht aber die Ausübung der materiellen Mitbestimmungs- und Mitwirkungsrechte des Betriebsrates, auch nicht, wenn es sich um die routinemäßige Erledigung von Einzelfällen handelt (**a.A.** *Richardi* § 27 Rz. 74; MünchArbR/*Joost* § 306 Rz. 43), da andernfalls die in Abgrenzung zur Führung der laufenden Geschäfte in § 27 Abs. 2 S. 2 BetrVG ebenfalls vorgesehene Möglichkeit der Übertragung weiterer Aufgaben zur selbstständigen Erledigung nicht nachvollziehbar wäre.

513 Dem Betriebsausschuss können nach § 27 Abs. 2 S. 2 BetrVG auch weitere Aufgaben zur selbstständigen Erledigung oder deren Vorbereitung übertragen werden, auch die Ausübung von Mitbestimmungs- und Mitwirkungsrechten, allerdings mit Ausschluss des Abschlusses von Betriebsvereinbarungen und der vom Betriebsrat selbst durchzuführenden Wahlen (GK-BetrVG/*Raab* § 27 Rz. 68). Unzulässig ist es aber, dem Betriebsausschuss alle wesentlichen Aufgaben des Betriebsrats zu übertragen, sodass dieser i.d.R. nicht mehr als Plenum entscheidet und die vom Gesetzgeber gewollte Mitwirkung aller Betriebsratsmitglieder an der Willensbildung des Betriebsrats aufgehoben würde.

514 Der Betriebsrat muss daher in einem Kernbereich der gesetzlichen Befugnisse als Gesamtorgan zuständig bleiben (*BAG* 1.6.1976 EzA § 28 BetrVG 1972 Nr. 3; vgl. auch *BAG* 26.4.2005 EzA § 87 BetrVG 2001 Betriebliche Lohngestaltung Nr. 6).

515 Im Falle der Übertragung zur selbstständigen Erledigung ist der Betriebsausschuss ein verkleinerter Betriebsrat und tritt an dessen Stelle. Zur Übertragung bedarf es der Mehrheit der Stimmen der Mitglieder des Betriebsrates und der Schriftform des Beschlusses (§ 27 Abs. 2 S. 3 BetrVG), d.h. der Beschluss muss in einer vom Vorsitzenden unterzeichneten Urkunde niedergelegt werden, § 126 Abs. 1 BGB. Durch die Übertragung der Aufgaben wird die originäre Zuständigkeit des Betriebsrats nicht beseitigt. Er kann deshalb auch einen einzelnen Beschluss des Betriebsausschusses mit absoluter Mehrheit der Betriebsratsmitglieder aufheben oder ändern, solange der Beschluss Dritten gegenüber noch nicht wirksam geworden ist. Er kann ferner die Übertragung insgesamt oder teilweise widerrufen (§ 27 Abs. 2 S. 4 BetrVG).

d) Beendigung der Amtszeit

516 Der BA wird grds. für die Amtszeit des Betriebsrats gebildet. Die Mitgliedschaft im BA endet daher jedenfalls mit Ende der Amtszeit des Betriebsrats (§ 21 BetrVG) oder dessen Auflösung (§ 23 Abs. 1 BetrVG). Möglich ist auch eine Abberufung der weiteren Mitglieder des BA. Diese bedarf nach § 21 Abs. 1 S. 5, Abs. 2 S. 5 BetrVG geheimer Abstimmung mit qualifizierten Mehrheiten. Dieses Erfordernis ist nach Auffassung des *BAG* (29.4.1992 EzA § 38 BetrVG 1972 Nr. 13) nur zu beachten, wenn einzelne Mitglieder abberufen werden sollen, nicht aber dann, wenn die Ausschussmitglieder insgesamt neu gewählt werden, da dann die Neugewählten ohne weiteres an die Stelle der früher Gewählten treten. Möglich ist auch eine jederzeitige Amtsniederlegung, bei Vorsitzenden und Stellvertreter aber nur unter gleichzeitiger Niederlegung der Betriebsratsämter, da sie kraft Gesetzes geborene Mitglieder im BA sind (GK-BetrVG/*Raab* § 27 Rz. 29).

e) Weitere Ausschüsse

517 Im Interesse der weiteren Erleichterung und Beschleunigung der Betriebsratsarbeit kann der Betriebsrat in Betrieben mit mehr als 100 Arbeitnehmern weitere Ausschüsse einrichten. Die Möglichkeit, derartigen Ausschüssen Aufgaben zur selbstständigen Erledigung zu übertragen, besteht hingegen nur dann, wenn auch ein Betriebsausschuss gebildet ist, § 28 Abs. 1 BetrVG.

Ist kein Betriebsausschuss gebildet, können die Ausschüsse nur mit vorbereitenden Handlungen betraut werden. Ist hingegen ein Betriebsausschuss gebildet, können weiteren Ausschüssen mit Ausnahme der laufenden Geschäfte, des Abschlusses von Betriebsvereinbarungen und der Befugnisse des Vorsitzenden grds. alle Aufgaben nicht nur zur Vorbereitung, sondern auch zur selbstständigen Entscheidung zugewiesen werden, die der Zuständigkeit des Betriebsrats unterliegen. Zur selbstständigen Erledigung können insbes. auch Mitbestimmungs- und Mitwirkungsrechte übertragen werden, die der Ausschuss dann an Stelle des Betriebsrats ausübt, wie z.B. Beteiligungsbefugnisse in personellen Angelegenheiten (vgl. *BAG* 1.6.1976 EzA § 28 BetrVG 1972 Nr. 3).

Auch hier gilt aber, dass sich der Betriebsrat durch Übertragung von Aufgaben nicht jedweder eigener Entscheidungskompetenz begeben darf, sondern für einen Kernbereich der Mitbestimmungskompetenzen zuständig bleiben muss (*BAG* 20.10.1993 EzA § 28 BetrVG 1972 Nr. 4; vgl. auch *BAG* 26.4.2005 EzA § 87 BetrVG 2001 Betriebliche Lohngestaltung Nr. 6). 518

Die Übertragung erfolgt durch Beschluss, bei Übertragung zur selbstständigen Erledigung gilt nach § 28 Abs. 1 S. 3, § 27 Abs. 2 S. 2–4 BetrVG Schriftformerfordernis und die Notwendigkeit der Mehrarbeit der Stimmen der Mitglieder des Betriebsrats. Anzahl der Mitglieder und die Zusammensetzung des Ausschusses bestimmt der Betriebsrat nach pflichtgemäßem Ermessen (GK-BetrVG/*Raab* § 28 Rz. 30). 519

Alle Mitglieder von Ausschüssen des Betriebsrats nach § 28 Abs. 1 BetrVG müssen nach den Grundsätzen der Verhältniswahl gewählt werden; lediglich bei Vorliegen nur eines Wahlvorschlags erfolgt die Wahl nach den Grundsätzen der Mehrheitswahl, § 28 Abs. 1 i.V.m. § 27 Abs. 1 S. 3–5. Betriebsratsvorsitzender und sein Stellvertreter sind keine geborenen Mitglieder (*BAG* 16.11.2005 EzA § 28 BetrVG 2001 Nr. 3).

f) Gemeinsame Ausschüsse von Betriebsrat und Arbeitgeber

Möglich ist ferner die Bildung gemeinsamer Ausschüsse von Arbeitgeber und Betriebsrat als eigenständige Einrichtung der Betriebsverfassung, z.B. im sozialen Bereich, für die Verhängung von Betriebsbußen, die Verwaltung von Sozialeinrichtungen. § 28 Abs. 2 BetrVG betrifft dabei nur Ausschüsse mit Entscheidungsbefugnis. Gemeinsame Ausschüsse mit nur beratender Funktion unterliegen nicht den Voraussetzungen des § 28 Abs. 2 BetrVG und können daher auch in Betrieben ohne Betriebsausschuss gebildet werden. 520

Die Bildung gemeinsamer Ausschüsse mit Entscheidungsbefugnis ist nur möglich, sofern ein Betriebsausschuss besteht. Arbeitgeber und Betriebsrat müssen sich über die Zahl der von jeder Seite zu benennenden Mitglieder einigen. Für die Bestellung der Mitglieder des Betriebsrats gelten die Vorschriften für die Bildung weiterer Ausschüsse entsprechend, § 28 Abs. 2 BetrVG. Strittig (offen gelassen von *BAG* 12.7.1984 EzA § 102 BetrVG Nr. 57) ist, inwieweit bei Übertragung von Aufgaben zur selbstständigen Entscheidung auf gemeinsame Ausschüsse die Entscheidung des an sich zuständigen Betriebsrats durch Mehrheitsentscheidung des gemeinsamen Ausschusses ersetzt wird, was problematisch ist, wenn insbes. in mitbestimmungs- oder mitwirkungspflichtigen Angelegenheiten die arbeitgeberseitigen Mitglieder die Vertreter des Betriebsrats überstimmen. Zum Teil (*Richardi* § 28 Rz. 44; MünchArbR/*Joost* § 306 Rz. 65) wird deshalb die Ansicht vertreten, dass, soweit eine Mitwirkung des Betriebsrats erforderlich ist, es stets der Zustimmung der Mehrheit der Mitglieder des Repräsentationsorgans der Arbeitnehmer, also eines Mehrheitsbeschlusses der entsandten Betriebsratsmitglieder bedürfe. Überwiegend (etwa GK-BetrVG/*Raab* § 28 Rz. 44; HSWGNR/*Glock* § 28 Rz. 33) wird hingegen vertreten, dass die Beschlussfassung durch einfache Mehrheitsentscheidung erfolgen kann, z. T. allerdings mit der Einschränkung, dass der Betriebsrat bei Besetzung des Ausschusses keine unterparitätische Besetzung vereinbaren dürfe, weil dies auf einen unzulässigen Verzicht auf Beteiligungsrechte hinausliefe (GK-BetrVG/*Raab* § 28 Rz. 41). 521

3. Die Übertragung von Aufgaben auf Arbeitsgruppen, § 28a BetrVG

a) Zweck der Bestimmung

Durch die durch das BetrVerf-ReformG vom 23.7.2001 (BGBl. I S. 1852 ff.) eingefügte Bestimmung des § 28a BetrVG wird in Betrieben mit mehr als 100 Arbeitnehmern die Möglichkeit eröffnet, Arbeitsgruppen Beteiligungsrechte zur selbstständigen Wahrnehmung zu übertragen. Hierdurch soll den Bedürfnissen der Praxis und dem Wunsch der Arbeitnehmer nach mehr unmittelbarer Beteiligung Rechnung getragen werden (BegrRegE BT Dr. 14/5741, S. 40). 522

Die Bestimmung steht in Zusammenhang mit § 75 Abs. 2 S. 2 BetrVG (s.o. Rn. 1171 ff.), wonach Arbeitgeber und Betriebsrat verpflichtet sind, die Selbstständigkeit und Eigeninitiative der Arbeitnehmer und Arbeitsgruppen zu fördern. Bei einer Arbeitsgruppe i.S.d. § 28a BetrVG handelt es sich nicht um Organe des Betriebsrats. § 28a BetrVG weist der Arbeitsgruppe vielmehr eine selbstständige betriebsverfassungsrechtliche Stellung zu (*Löwisch* Beil. zu NZA 24/2001, S. 40, 43]; BB 2001, 1734, 1741).

b) Voraussetzungen

aa) Erforderliche Betriebsgröße

523 Eine Übertragung von Aufgaben auf eine Arbeitsgruppe ist gem. § 28 Abs. 1 S. 1 BetrVG nur in Betrieben mit mehr als 100 Arbeitnehmern (§ 5 BetrVG, vgl. oben Rn. 5 ff.) möglich. Obwohl in der Norm nicht auf die Anzahl der »i.d.R.« beschäftigten Arbeitnehmer abgestellt wird, dürfte auch hier nicht die zufällige effektive Zahl der zum Zeitpunkt der Übertragung betriebszugehörigen Arbeitnehmer maßgeblich sein, sondern die Zahl der Arbeitnehmer, auf die der Betrieb ohne Berücksichtigung einer vorübergehenden Erhöhung oder Verringerung der Arbeitsplätze ausgerichtet ist.

bb) Arbeitsgruppe

524 Eine Delegation von Beteiligungsrechten nach § 28a BetrVG kommt nur auf Arbeitsgruppen in Betracht. Mit dem Begriff der Arbeitsgruppe ist jede Zusammenfassung von Arbeitnehmern zur Erledigung bestimmter Arbeitsaufgaben gemeint. Erfasst ist nicht nur die sog. teilautonome Gruppenarbeit i.S.d. § 87 Abs. 1 Nr. 13 BetrVG (s.o. Rn. 1663 ff.), sondern auch sonstige Team- oder Projektarbeiten (BegrRegE, BT-Drs. 14/5741, S. 40; *Löwisch* BB 2001, 1734, 1740). Nach der Begründung zum Regierungsentwurf (BT-Drs. 14/5741, S. 40) können auch Arbeitnehmer eine Arbeitsgruppe bilden, die nebeneinander innerhalb einer bestimmten Beschäftigungsart oder Arbeitsbereichen gleich geartete Arbeitsaufgaben erfüllen. Eine Arbeitsgruppe kann somit jede organisatorisch oder sonst abgrenzbare Mehrheit von Arbeitnehmern bilden, gegenüber der der Arbeitgeber Leitungsfunktionen ausübt (*Natzel* DB 2001, 1362).

cc) Zusammenhang mit Aufgaben der Arbeitsgruppe

525 Gem. § 28a Abs. 1 S. 2 BetrVG müssen die vom Betriebsrat zu delegierenden Aufgaben in Zusammenhang mit den von der Arbeitsgruppe zu erledigenden Tätigkeiten stehen. Die Delegationsbefugnis bezieht sich damit auf Beteiligungsrechte hinsichtlich tätigkeits- und aufgabenbezogener Sachverhalte (BegrRegE, BT-Drs. 14/5741, S. 40). Die zu delegierenden Mitwirkungs- und Mitbestimmungsrechte müssen die Arbeitstätigkeit der Gruppenmitglieder betreffen. In Betracht kommen insbes. Tatbestände der Mitbestimmung in sozialen Angelegenheiten (§ 87 BetrVG), wie z.B. Arbeitszeit- und Pausenregelungen, Urlaubsplanung und Entgeltfragen (BegrRegE, BT-Drs. 14/5741, S. 40). Nach *Löwisch* (BB 2001, 1734, 1740) sollen personelle Einzelmaßnahmen (§ 99 BetrVG) nicht erfasst sein. Nach der Begründung zum Regierungsentwurf (BT-Drs. 14/5741, S. 40) scheidet auch in wirtschaftlichen Angelegenheiten eine Delegation aus (ebenso *Löwisch* BB 2001, 1734, 1740]; *Engels/Trebinger/Löhr-Steinhaus* DB 2001, 532, 537; **a.A.** *Annuß* NZA 2001, 367, 370, Fn. 25).

dd) Bestehen einer Rahmenvereinbarung

526 Die Delegation von Beteiligungsrechten an eine Arbeitsgruppe ist gem. § 28a S. 1 BetrVG nur nach Maßgabe einer mit dem Arbeitgeber abzuschließenden Rahmenvereinbarung möglich. In der Rahmenvereinbarung ist zu regeln, welche Aufgaben und Beteiligungsrechte in welchem Umfang auf die Arbeitsgruppe übertragen werden sollen (BegrRegE, BT-Drs. 14/5741, S. 40). Die Rahmenvereinbarung kann sowohl als formlose Regelungsabrede (*Natzel* DB 2001, 1362, 1363]; **a.A.** *Löwisch* BB 2001, 1734, 1740) als auch als Betriebsvereinbarung abgeschlossen werden. Der Abschluss einer solchen Vereinbarung ist aber nicht erzwingbar;

eine Zuständigkeit der Einigungsstelle besteht insoweit nicht (*Löwisch* BB 2001, 1734, 1740]; *Natzel* DB 2001, 1362, 1363]; *Konzen* RdA 2001, 85; *Reichold* NZA 2001, 857, 862]; *Annuß* NZA 2001, 367, 370). Soweit nichts anderes vereinbart ist, kann die Rahmenvereinbarung nach § 77 Abs. 5 BetrVG (entsprechend) gekündigt werden. Als freiwillige Vereinbarung entfaltet sie keine Nachwirkung (*Natzel* DB 2001, 1362, 1363).

ee) Qualifizierter Übertragungsbeschluss; Schriftform

Auf Grund der Rahmenvereinbarung erfolgt die eigentliche Übertragung von Aufgaben auf die Gruppe durch Beschluss des Betriebsrats mit der Mehrheit der Stimmen seiner Mitglieder. Die Übertragung bedarf der Schriftform. **527**

c) Rechtsfolgen; Abschluss von Gruppenvereinbarungen

Soweit der Arbeitsgruppe Aufgaben wirksam übertragen sind, tritt sie an die Stelle des Betriebsrats und nimmt die übertragenen Beteiligungsrechte wahr. Gem. § 28a Abs. 2 BetrVG kann die Arbeitsgruppe im Rahmen der ihr übertragenen Aufgaben mit dem Arbeitgeber Vereinbarungen schließen (sog. Gruppenvereinbarungen). Eine solche Vereinbarung bedarf der Mehrheit der Stimmen der Gruppenmitglieder. Als speziellere Regelung geht sie einer zum gleichen Sachverhalt gültigen generellen Betriebsvereinbarung vor (*Natzel* DB 2001, 1362, 1363]; *Neef* NZA 2001, 361, 363). **528**

Für derartige Gruppenvereinbarungen gilt gem. § 28a Abs. 2 S. 2 BetrVG die Bestimmung des § 77 BetrVG entsprechend: Ihnen kommt damit die Wirkung von Betriebsvereinbarungen zu (vgl. *Natzel* DB 2001, 1362, 1363]; *Löwisch* BB 2001, 1734, 1741). Sie gelten unmittelbar und zwingend (s.o. Rn. 1322 ff.) für die Gruppenmitglieder (§ 77 Abs. 4). Mangels abweichender Vereinbarung sind sie mit einer Frist von drei Monaten kündbar (§ 77 Abs. 5). In mitbestimmungspflichtigen Angelegenheiten (s.o. Rn. 1347 ff.) wirken derartige Vereinbarungen entsprechend § 77 Abs. 6 BetrVG nach. Ob eine Nachwirkung dann entfällt, wenn die Arbeitsgruppe ihre betriebsverfassungsrechtliche Funktion durch ein Absinken der Arbeitnehmerzahl unter 100, Widerruf der Übertragung durch den Betriebsrat oder Kündigung der Rahmenvereinbarung durch Betriebsrat oder Arbeitgeber verliert (so *Löwisch* BB 2001, 1734, 1741]; *ders.* Sonderbeil. NZA Heft 24/2001, 40, 43]; **a.A.** *Neef* NZA 2001, 361, 363) erscheint unter Berücksichtigung des Zwecks der Nachwirkung, einen ungeregelten Zustand zu vermeiden, fraglich. Vielmehr dürfte auch hier eine Nachwirkung bestehen. Eine neue Regelung kann dann entweder vom Betriebsrat oder auf Initiative des Arbeitgebers gegenüber dem Betriebsrat, jeweils ggf. unter Anrufung der Einigungsstelle, herbeigeführt werden. **529**

Eine Anrufung der Einigungsstelle durch die Arbeitsgruppe kommt nicht in Betracht. Die Einigungsstelle kann in Angelegenheiten, in denen ein Spruch der Einigungsstelle die Einigung zwischen Betriebsrat und Arbeitgeber ersetzt, vielmehr nur vom Betriebsrat angerufen werden, an den das delegierte Mitbestimmungsrecht bei einer Nicht-Einigung zwischen Arbeitgeber und Arbeitsgruppe nach § 28a Abs. 2 S. 3 BetrVG wieder zurückfällt. **530**

d) Rückfall des Beteiligungsrechts bei Nichteinigung; Widerruf der Übertragung

Können sich Arbeitgeber und Arbeitsgruppe in einer bestimmten Angelegenheit, deren Wahrnehmung an die Arbeitsgruppe delegiert wurde, nicht einigen, fällt das Beteiligungsrecht in dieser Angelegenheit wieder an den Betriebsrat zurück. Soweit es sich um eine Angelegenheit handelt, die der erzwingbaren Mitbestimmung unterliegt, können dann sowohl Betriebsrat als auch Arbeitgeber ggf. die Einigungsstelle anrufen, § 76 Abs. 5 BetrVG. **531**

Gem. § 28a Abs. 1 S. 4 BetrVG kann der Betriebsrat die Übertragung von Befugnissen jederzeit widerrufen. Dies setzt einen mit der Mehrheit der Stimmen der Mitglieder des Betriebsrats gefassten Beschluss, der der Schriftform bedarf, voraus. Von der Arbeitsgruppe zwischenzeitlich geschlossene Gruppenvereinbarungen (s.o. Rn. 528 ff.) bleiben auch nach Widerruf der Delegation durch den Betriebsrat wirksam (vgl. *Neef* NZA 2001, 361, 363), können aber dann durch den Betriebsrat gekündigt werden (*Engels/Trebinger/Löhr-Steinhaus* DB 2001, 532, 537]; *Natzel* DB 2001 1362, 1363). **532**

e) Streitigkeiten

533 Über Streitigkeiten im Zusammenhang mit der Übertragung von Aufgaben entscheidet gem. § 2a Abs. 1 Nr. 1 ArbGG das Arbeitsgericht im Beschlussverfahren. Beteiligungsfähig und antragsbefugt soll auf Grund ihrer selbstständigen betriebsverfassungsrechtlichen Stellung auch die Arbeitsgruppe selbst sein (so *Löwisch* BB 2001, 1734, 1741).

4. Betriebsratssitzungen, §§ 30 ff. BetrVG

a) Konstituierende Sitzung

534 Nach der bloßen Ordnungsvorschrift (GK-BetrVG /*Raab* § 29 Rz. 12) des § 29 Abs. 1 BetrVG hat der Wahlvorstand die erste Sitzung des neu gewählten Betriebsrates zur Wahl von Vorsitzenden und Stellvertretern vor Ablauf einer Woche nach dem Wahltag einzuberufen. Einzuladen sind alle als Betriebsratsmitglied gewählten Arbeitnehmer, bei Verhinderung ihre Ersatzmitglieder. Es besteht ein bis zur Bestellung des Wahlleiters für die Wahl des Vorsitzenden und Stellvertreters befristetes Teilnahmerecht des Vorsitzenden des Wahlvorstandes. Arbeitgeber und Gewerkschaftsbeauftragte haben hingegen kein Teilnahmerecht (HSWGNR/*Glock* § 29 Rz. 10; GK-BetrVG/*Raab* § 29 Rz. 17; ein Teilnahmerecht unter den Voraussetzungen des § 31 BetrVG bejaht demgegenüber DKK/*Wedde* § 29 Rz. 10). Kommt der Wahlvorstand seiner Verpflichtung zur Einberufung der konstituierenden Sitzung nicht rechtzeitig nach, soll nach einer Entscheidung des *BAG* (23.8.1984 EzA § 102 BetrVG 1972 Nr. 59) kein Selbstversammlungsrecht der Betriebsratsmitglieder bestehen. In der Literatur wird demgegenüber ein Selbstversammlungsrecht überwiegend bejaht, und zwar entweder unter der Voraussetzung des Ablaufes der in § 29 Abs. 1 BetrVG vorgesehenen Wochenfrist (GK-BetrVG/*Raab* § 29 Rz. 13; DKK/*Wedde* § 29 Rz. 7) oder dann, wenn der Wahlvorstand seiner Verpflichtung nicht innerhalb eines angemessenen Zeitraumes nachkommt (MünchArbR/*Joost* § 307 Rz. 4). Um übergangslos die Existenz eines funktionsfähigen Betriebsrates sicherzustellen, kann die konstituierende Sitzung auch vor Beendigung der Amtszeit des bisherigen Betriebsrates einberufen werden (*BAG* 23.8.1984 EzA § 102 BetrVG 1972 Nr. 59). Ob der Betriebsrat vor Durchführung der konstituierenden Sitzung, d.h. vor Wahl des Vorsitzenden und dessen Stellvertreters amtsausübungsbefugt ist und der Arbeitgeber bereits vor diesem Zeitpunkt etwaige Beteiligungsrechte des Betriebsrates beachten muss, ist umstritten (s.o. Rn. 443 f.).

b) Weitere Sitzungen

535 Beschlüsse des Betriebsrates können nur in förmlichen Sitzungen gefasst werden. Um eine Sitzung des Betriebsrates handelt es sich dabei nur dann, wenn die Mitglieder sich unter der Leitung des Vorsitzenden oder dessen Stellvertreters oder eines anderen Mitgliedes entsprechend der Geschäftsordnung nach entsprechender ordnungsgemäßer Einberufung zusammenfinden, um gemeinsam zu beraten und gegebenenfalls zu beschließen (*BAG* 23.8.1984 EzA § 102 BetrVG 1972 Nr. 59).

aa) Reguläre Sitzungen

536 Für die Einberufung der weiteren Sitzungen des Betriebsrates ist der Vorsitzende zuständig. Er beraumt die Sitzungen nach pflichtgemäßem Ermessen, insbes. unter Berücksichtigung des Arbeitsanfalles an. Durch entsprechende Regelung in der Geschäftsordnung oder durch sonstigen Beschluss des Betriebsrates können regelmäßig wiederkehrende Sitzungen vorgesehen werden. Ein Selbstversammlungsrecht des Betriebsrates ohne entsprechende Einladung des Vorsitzenden zur Durchführung einer Sitzung besteht nur dann, wenn sich sämtliche Mitglieder des Betriebsrates versammeln und einstimmig erklären, eine Betriebsratssitzung abhalten zu wollen (GK-BetrVG/*Raab* § 29 Rz. 25), da sich in diesem Fall die Schutzfunktion einer ordnungsgemäßen Einberufung erübrigt. Liegen diese Voraussetzungen nicht vor, besteht für Betriebsratsmitglieder gegen den Willen des Vorsitzenden nur die Möglichkeit, die Einberufung einer Sitzung nach § 29 Abs. 3 BetrVG zu erzwingen.

bb) Pflicht zur Einberufung

Da wirksame Beschlüsse des Betriebsrates nur auf einer ordnungsgemäß einberufenen Sitzung gefasst werden können, sieht § 29 Abs. 3 BetrVG im Interesse des Minderheitsschutzes vor, dass der Vorsitzende dann eine Sitzung einzuberufen und den Gegenstand, dessen Beratung beantragt ist, auf die Tagesordnung zu setzen hat, wenn dies von einem Viertel der Mitglieder des Betriebsrates oder vom Arbeitgeber beantragt wird. Der Antrag kann formlos an den Vorsitzenden des Betriebsrates gerichtet werden, muss aber den Gegenstand bezeichnen, dessen Beratung beantragt wird. Beruft der Vorsitzende trotz eines entsprechenden Antrages keine Sitzung ein, handelt er pflichtwidrig. Ein Selbsteinberufungsrecht des Antragstellers besteht in diesem Falle allerdings nicht (allg. Ansicht: vgl. DKK/*Wedde* § 29 Rz. 32; GK-BetrVG/*Raab* § 29 Rz. 31). Verstößt der Vorsitzende gegen seine Verpflichtung, so kann er gem. § 23 Abs. 1 BetrVG aus dem Betriebsrat ausgeschlossen werden. Ferner besteht die Möglichkeit, den Betriebsratsvorsitzenden abzuwählen (s.o. Rn. 498). 537

cc) Zeitpunkt der Sitzungen

Der Betriebsrat bzw. dessen Vorsitzender bestimmen auch den Zeitpunkt und die Dauer der Sitzungen (vgl. *BAG* 3.6.1969 EzA § 37 BetrVG 1952 Nr. 3). Gem. § 30 BetrVG finden die Sitzungen i.d.R. während der Arbeitszeit unter Berücksichtigung der betrieblichen Notwendigkeiten statt. Nicht jedes betriebliche Interesse stellt aber eine betriebliche Notwendigkeit dar. Bloße Erschwerungen des Betriebsablaufes reichen nicht aus. Es müssen vielmehr dringende betriebliche Gründe gegeben sein, die zwingenden Vorrang gegenüber dem Interesse des Betriebsrates haben, die Sitzung zu dem für zweckmäßig gehaltenen Zeitpunkt anzusetzen (GK-BetrVG/*Raab* § 30 Rz. 7; HSWGNR/*Glock* § 30 Rz. 5). 538

Eine generelle Verpflichtung, Sitzungen nur zu Beginn oder Ende der Arbeitszeit durchzuführen, besteht nicht (DKK/*Wedde* § 30 Rz. 7; GK-BetrVG/*Raab* § 30 Rz. 8; **a.A.** HSWGNR/*Glock* § 30 Rz. 7). Die Nichtbeachtung eventueller betrieblicher Notwendigkeiten hat auf die Wirksamkeit der vom Betriebsrat gefassten Beschlüsse keinen Einfluss. Auch das Arbeitsentgelt ist ungekürzt weiterzuzahlen. 539

Die wiederholte Verletzung der Pflicht zur Berücksichtigung betrieblicher Notwendigkeiten kann nach § 23 Abs. 1 BetrVG zum Ausschluss aus dem Betriebsrat oder zur Auflösung des Betriebsrates führen (GK-BetrVG/*Raab* § 30 Rz. 10). 540

dd) Rechtzeitige Ladung unter Mitteilung der Tagesordnung, Benachrichtigung des Arbeitgebers

Die Einberufung der Sitzungen erfolgt durch formlos mögliche Ladung des Vorsitzenden, aus der zumindest Tag, Uhrzeit, Ort der Sitzung und die Tagesordnung hervorgehen müssen. Zu laden sind sämtliche Betriebsratsmitglieder, bei Verhinderung Ersatzmitglieder, die Schwerbehindertenvertretung (§ 29 Abs. 2 S. 4 BetrVG), bei Bestehen eines Teilnahmerechtes auch die Jugend- und Auszubildendenvertretung (§ 29 Abs. 2 S. 4, § 67 BetrVG), ggf. der Vertrauensmann der Zivildienstleistenden (vgl. § 3 Abs. 1 ZDVG) und bei Vorliegen eines ordnungsgemäßen Teilnahmeantrages nach § 31 BetrVG auch die Beauftragten der im Betriebsrat vertretenen Gewerkschaften. Der Arbeitgeber ist nur dann einzuladen, wenn eine Sitzung auf sein Verlangen anberaumt worden ist oder er ausdrücklich eingeladen werden soll, § 29 Abs. 4 BetrVG. Im Übrigen ist er gem. § 30 BetrVG nur vom Zeitpunkt der Sitzung jeweils vorher zu verständigen, damit er dem sitzungsbedingten Arbeitsausfall durch organisatorische Vorkehrungen Rechnung tragen kann. Ein Anspruch des Arbeitgebers auf Mitteilung der Tagesordnung folgt aus der Unterrichtungspflicht des § 30 BetrVG nicht (vgl. nur GK-BetrVG/*Raab* § 30 Rz. 16). 541

542 Die Ladung muss nach § 29 Abs. 2 S. 3 BetrVG rechtzeitig und unter Mitteilung der Tagesordnung erfolgen. Diese Vorschrift gehört zu den wesentlichen und unverzichtbaren Verfahrensvorschriften, von deren Beachtung die Rechtswirksamkeit der Betriebsratsbeschlüsse abhängt. Dieser Mangel kann nur durch einstimmigen Beschluss der vollzählig versammelten Betriebsratsmitglieder geheilt werden (*BAG* 24.5.2006 EzA § 29 BetrVG 2001 Nr. 1; 28.4.1988 EzA § 29 BetrVG 1972 Nr. 1).

543 Rechtzeitig bedeutet, dass die Einladung so zeitig erfolgen muss, dass die Teilnehmer sich auf die Sitzung einstellen, sich ausreichend auf die Sitzung vorbereiten und dem Vorsitzenden eine eventuelle Verhinderung mitteilen können (GK-BetrVG/*Raab* § 29 Rz. 35). Maßgeblich sind jeweils die Umstände des Einzelfalles. Es empfiehlt sich, Ladungsfristen in der Geschäftsordnung festzulegen.

544 Die Ladung muss unter Mitteilung der Tagesordnung erfolgen. Diese legt der Vorsitzende nach pflichtgemäßem Ermessen unter Berücksichtigung der anstehenden Beratungsgegenstände fest. Die Tagesordnung muss die zu behandelnden Punkte möglichst konkret bezeichnen, damit sich alle Sitzungsteilnehmer darauf einstellen und ausreichend vorbereiten können (DKK/*Wedde* § 29 Rz. 21).

545 Deshalb reichen pauschale Sammelbezeichnungen, wie z.B. »Verschiedenes«, nicht aus. Eine Beschlussfassung über Punkte, die nur in dieser Form in der Tagesordnung kenntlich gemacht wurden, ist nur möglich, wenn der Betriebsrat vollzählig versammelt ist und kein Betriebsratsmitglied der Beschlussfassung widerspricht (*BAG* 28.10.1992 EzA § 29 BetrVG 1972 Nr. 2).

ee) Durchführung und Leitung der Sitzungen, Teilnahmerechte

546 Die Leitung der Betriebsratssitzungen obliegt dem Vorsitzenden, bei dessen Verhinderung dem Stellvertreter. Dem Vorsitzenden steht auch das Hausrecht im Sitzungsraum zu (GK-BetrVG/*Raab* § 29 Rz. 59).

547 Gem. § 30 BetrVG sind die Sitzungen des Betriebsrates nicht öffentlich. Teilnahmeberechtigt sind sämtliche Betriebsratsmitglieder, bei Verhinderung die Ersatzmitglieder, die Jugend- und Auszubildendenvertretung (§ 67 Abs. 1 BetrVG), die Schwerbehindertenvertretung (§ 32 BetrVG), der Vertrauensmann der Zivildienstleistenden (§ 3 Abs. 1 ZDVG), bei entsprechendem Beschluss des Betriebsrates der Sprecherausschuss, einzelne seiner Mitglieder oder auch der Unternehmenssprecherausschuss bzw. einzelne seiner Mitglieder (§§ 2 Abs. 2, 20 Abs. 4 SprAuG). Ein Teilnahmerecht der Beauftragten der im Betriebsrat vertretenen Gewerkschaften besteht nur nach Maßgabe des § 31 BetrVG. Der demnach erforderliche Antrag kann formlos gestellt werden. Nach Auffassung des *BAG* (28.2.1990 EzA § 31 BetrVG 1972 Nr. 1) kann der Betriebsrat in seiner Geschäftsordnung ein generelles Teilnahmerecht an den Betriebsratssitzungen für die im Betriebsrat vertretenen Gewerkschaften vorsehen. Die Gewerkschaft bestimmt allein die Person des Beauftragten. Eine Pflicht zur Entsendung besteht nicht. § 31 BetrVG ist entsprechend anwendbar für die Hinzuziehung von Gewerkschaftsbeauftragten zu Sitzungen der Ausschüsse, auch des Wirtschaftsausschusses (vgl. *BAG* 25.6.1987 EzA § 108 BetrVG 1972 Nr. 7; 18.11.1980 EzA § 108 BetrVG 1972 Nr. 4). Ein allgemeines Teilnahmerecht des Arbeitgebers besteht nicht. Teilnahmeberechtigt ist er nur hinsichtlich der Sitzungen, die auf sein Verlangen anberaumt worden sind oder zu denen er ausdrücklich eingeladen worden ist (vgl. § 29 Abs. 3, 4 BetrVG), wobei im ersten Fall sich das Teilnahmerecht auf die Verhandlung derjenigen Gegenstände beschränkt, deren Beratung er beantragt hat (h.M. vgl. DKK/*Wedde* § 29 Rz. 34; **a.A.** HSWGNR/*Glock* § 29 Rz. 41). Unter Beachtung des Gebotes zur vertrauensvollen Zusammenarbeit besteht eine Verpflichtung des Arbeitgebers zur Teilnahme (MünchArbR/*Joost* § 307 Rz. 28), wobei sich der Arbeitgeber allerdings vertreten lassen kann, sofern der Vertreter eine an der Leitung des Betriebs verantwortlich beteiligte Person ist und im Hinblick auf den Verhandlungsgegenstand kompetent ist (MünchArbR/*Joost* § 307 Rz. 29; GK-BetrVG/*Raab* § 29 Rz. 65; *BAG*

11.12.1991 EzA § 90 BetrVG 1972 Nr. 2). Eine Vertretung durch Betriebsfremde ist unzulässig. Nach § 29 Abs. 4 BetrVG kann der Arbeitgeber einen Vertreter seines Arbeitgeberverbandes hinzuziehen.

Ein Teilnahmerecht anderer Personen ist auf Grund der Nichtöffentlichkeit der Betriebsratssitzungen grds. nicht gegeben. Auch die Protokollführung muss durch ein Mitglied des Betriebsrates selbst erfolgen (*BAG* 17.10.1990 EzA § 40 BetrVG 1972 Nr. 65). Kontrovers diskutiert wird, ob es zulässig ist, zur Unterstützung des Protokollführers eine nicht dem Betriebsrat angehörende Schreibkraft hinzuziehen (so *Fitting* § 34 Rz. 11; DKK/*Wedde* § 30 Rz. 12; **a.A.** GK-BetrVG/*Raab* § 30 Rz. 22; HSWGNR/*Glock* § 30 Rz. 23). Der Betriebsrat kann unter den Voraussetzungen des § 80 Abs. 3 BetrVG Sachverständige zu den Sitzungen hinzuziehen, soweit dies zur ordnungsgemäßen Erfüllung seiner Aufgaben erforderlich ist. Durch den Grundsatz der Nichtöffentlichkeit ist es nach überwiegender Ansicht (DKK/*Wedde* § 30 Rz. 12; GK-BetrVG/*Raab* § 30 Rz. 20; **a.A.** HSWGNR/*Glock* § 30 Rz. 21: nur soweit sich die Zulässigkeit der Teilnahme aus dem Gesetz ergibt, wie z.B. bei § 102 Abs. 4 S. 2 für den von einer Kündigung betroffenen Arbeitnehmer) nicht ausgeschlossen, dass der Betriebsrat zu einzelnen Punkten der Tagesordnung auch sonstige Auskunftspersonen hinzuzieht, um sich deren Sachkunde nutzbar zu machen (vgl. auch § 80 Abs. 2 S. 3 BetrVG). 548

ff) Sitzungsniederschrift, § 34 BetrVG

Über jede förmliche (GK-BetrVG/*Raab* Rz. 6) Sitzung des Betriebsrates ist eine Sitzungsniederschrift aufzunehmen und zwar auch dann, wenn in der Sitzung keine Beschlüsse gefasst werden. § 34 BetrVG findet entsprechende Anwendung für förmliche Sitzungen des Betriebsausschusses und weitere Ausschüsse. 549

> § 34 BetrVG ist bloße Ordnungsvorschrift, deren Verletzung die Wirksamkeit etwaiger Beschlüsse unberührt lässt, aber im Wiederholungsfall zu Sanktionen nach § 23 Abs. 1 BetrVG führen kann. Ausnahmsweise können einzelne Beschlüsse des Betriebsrates wegen fehlender Aufnahme in die Sitzungsniederschrift dann nach § 125 BGB nichtig sein, wenn für sie Schriftform vorgesehen ist (vgl. § 36, § 27 Abs. 3, § 28 Abs. 1 und 3, § 50 Abs. 2 BetrVG) und auch nicht auf andere Weise das Erfordernis der Schriftlichkeit gewahrt wird (MünchArbR/*Joost* § 307 Rz. 81; GK-BetrVG/*Raab* § 34 Rz. 9, 10). 550

Die Verpflichtung zur Anfertigung einer Sitzungsniederschrift trifft den Betriebsrat, verantwortlich für ihre Ausführung ist der Vorsitzende, bei Verhinderung sein Stellvertreter. Der Betriebsrat kann aus dem Kreis der Betriebsratsmitglieder einen Schriftführer bestellen. Ob der Betriebsrat berechtigt ist, die Protokollführung einer Schreibkraft zu übertragen oder insoweit darauf beschränkt ist, eine Schreibkraft erst zur Ausarbeitung der von einem Betriebsratsmitglied als Protokollführer gefertigten Protokollnotizen hinzuziehen, ist umstritten (vgl. oben; für die Protokollführung im Wirtschaftsausschuss hält das *BAG* 17.10.1990 EzA § 40 BetrVG 1972 Nr. 65 die Hinzuziehung einer nicht dem Betriebsrat angehörigen Person als Protokollführer für zulässig). Tonbandaufnahmen als Grundlage der Protokollerstellung sind unter Berücksichtigung des Persönlichkeitsrechts der Anwesenden nur zulässig, wenn alle Anwesenden damit einverstanden sind (MünchArbR/*Joost* § 307 Rz. 70). 551

Das Sitzungsprotokoll ist vom Vorsitzenden und einem weiteren Mitglied des Betriebsrates zu unterzeichnen und muss den in § 34 Abs. 1 BetrVG aufgeführten Mindestinhalt aufweisen. Da die Beschlussfassung des Betriebsrates i.d.R. auf Grund entsprechender Anträge erfolgt, ist dringend zu empfehlen, den genauen Wortlaut des jeweils zur Abstimmung gestellten Antrags zu fixieren. Aufzunehmen ist der Wortlaut eines Antrages auch dann, wenn er abgelehnt wird, weil auch dann ein Beschluss des Betriebsrates vorliegt (MünchArbR/*Joost* § 307 Rz. 73). Die Angabe des Stimmenverhältnisses, mit dem Beschlüsse gefasst wurden, erfordert die Niederlegung der Zahl der Ja- und Nein-Stimmen, der Stimmenthaltungen und der zwar anwesenden, aber nicht an der Abstimmung teilnehmenden Betriebsratsmitglieder. Angaben dazu, wie jedes Betriebsratsmitglied gestimmt hat, sind 552 möglich, aber nicht zwingend vorgeschrieben, es sei denn, der Betriebsrat hat namentliche Abstimmung beschlossen (DKK/*Wedde* § 34 Rz. 3; *Fitting* § 34 Rz. 14). In der selbstständig neben der Niederschrift zu führenden Anwesenheitsliste haben sich alle Teilnehmer an der Sitzung einzutragen. Eine vom Vorsitzenden geführte Teilnehmerliste reicht nicht. Der Vorsitzende oder der Schriftführer hat jedoch im Protokoll oder in der Anwesenheitsliste Anfang und Ende der Teilnahme eines Betriebsratsmitgliedes an der Sitzung zu vermerken, falls dieses nicht während der gesamten Sitzung anwesend ist (GK-BetrVG/*Raab* § 34 Rz. 20).

553 Bei Teilnahme eines Gewerkschaftsbeauftragten oder des Arbeitgebers an der Sitzung, ist diesen gem. § 34 Abs. 2 BetrVG eine Abschrift der Niederschrift auszuhändigen, allerdings nur über den Teil der Sitzung, an dem der Betreffende tatsächlich teilgenommen hat.

554 Nach der Ordnungsvorschrift des § 34 Abs. 2 S. 2 BetrVG sind Einwendungen gegen die Niederschrift unverzüglich (d.h. ohne schuldhaftes Zögern, § 121 BGB) schriftlich zu erheben und dann der Niederschrift beizufügen. Sinn der Vorschrift ist es, Zweifel an der Richtigkeit der Niederschrift möglichst umgehend auszuräumen. Erhobene Einwendungen gegen die Niederschrift berühren die Wirksamkeit von Betriebsratsbeschlüssen nicht (GK-BetrVG/*Raab* § 34 Rz. 26), mindern aber gegebenenfalls den Beweiswert der Niederschrift. Die Sitzungsniederschrift ist im Übrigen lediglich Privaturkunde i.S.d. § 416 ZPO und erbringt damit lediglich vollen Beweis dafür, dass die in ihr enthaltenen Erklärungen über den Ablauf der Betriebsratssitzung von dem Vorsitzenden und dem weiteren Betriebsratsmitglied abgegeben worden sind, nicht aber für die inhaltliche Richtigkeit des Protokolls (MünchArbR/*Joost* § 307 Rz. 69). Die Niederschrift ist im Übrigen auch Urkunde i.S.d. §§ 267 ff. StGB und kann damit Gegenstand einer Urkundenfälschung sein (GK-BetrVG/*Raab* § 34 Rz. 13).

555 Die Niederschriften sind jedenfalls für die Amtszeit des Betriebsrates und darüber hinaus solange aufzubewahren, wie dies z.B. für den Nachweis fortwirkender Beschlüsse des Betriebsrates erforderlich ist (DKK/*Wedde* § 34 Rz. 12). Ob Eigentümer der Niederschriften der Betriebsrat (so z.B. DKK/*Wedde* § 34 Rz. 12) oder aber der Arbeitgeber (so z.B. GK-BetrVG/*Weber* § 40 Rz. 180) ist, ist umstritten. Auch soweit diese Unterlagen dem Eigentum des Arbeitgebers zugeordnet werden, ist aber die daraus resultierende Rechtsposition durch die Zweckbestimmung der Niederschrift beschränkt. Der Arbeitgeber kann auf Grund seines Eigentums deshalb auch nach Ablauf der Amtszeit des Betriebsrates weder die Akten herausverlangen, noch in sie Einsicht nehmen. Wird nach Beendigung der Amtszeit des alten kein neuer Betriebsrat gewählt, muss der Arbeitgeber die Akten vorläufig unter Verschluss nehmen und einem später gewählten Betriebsrat zur Verfügung stellten (HSWGNR/*Glock* § 34 Rz. 15).

gg) Einsichtsrecht der Betriebsratsmitglieder, § 34 Abs. 3 BetrVG

556 Durch das in § 34 Abs. 3 BetrVG vorgesehene Einsichtsrecht der Betriebsratsmitglieder soll sichergestellt werden, dass sich jedes Betriebsratsmitglied über die Vorgänge im Betriebsrat informieren kann. Es erfasst alle Unterlagen des Betriebsrates und der Ausschüsse. Zulässig ist die Anfertigung von Notizen. Ein Anspruch auf Überlassung der Unterlagen besteht dagegen nicht. Nach Auffassung des *BAG* (27.5.1982 EzA § 34 BetrVG 1972 Nr. 1; **a.A.** GK-BetrVG/*Raab* § 34 Rz. 31) beinhaltet das Einsichtsrecht nicht zugleich auch die Befugnis, Fotokopien dieser Unterlagen zu fertigen.

c) Beschlüsse des Betriebsrates, §§ 33, 35 BetrVG

aa) Sitzungserfordernis

557 Beschlüsse dienen der förmlichen internen Willensbildung des Betriebsrates und können nur in einer förmlichen Sitzung nach ordnungsgemäßer Ladung und Mitteilung der Tagesordnung gefasst werden.

Eine Beschlussfassung im sog. Umlaufverfahren, durch telegrafische oder telefonische Umfrage oder nacheinander geführte Gespräche des Betriebsratsvorsitzenden mit den einzelnen Betriebsratsmitgliedern ist unzulässig, und zwar auch dann, wenn sich sämtliche Betriebsratsmitglieder mit diesem Verfahren einverstanden erklärt haben (*BAG* 4.8.1975 EzA § 102 BetrVG 1972 Nr. 14; GK-BetrVG/*Raab* § 33 Rz. 11). 558

bb) Beschlussfähigkeit

Beschlüsse können nur gefasst werden, soweit der Betriebsrat beschlussfähig ist. Dies setzt gem. § 33 Abs. 2 BetrVG voraus, dass mindestens die Hälfte der Betriebsratsmitglieder an der Beschlussfassung teilnimmt. Es genügt also nicht, dass lediglich die Hälfte der Betriebsratsmitglieder im Sitzungssaal anwesend ist. Eine Teilnahme an der Abstimmung erfolgt durch Abgabe der Stimme und jedenfalls auch durch ausdrücklich erklärte Stimmenthaltung. Fraglich ist, wie das Verhalten eines Betriebsratsmitglieds zu bewerten ist, das weder mit ja, noch mit nein stimmt und auch nicht ausdrücklich seine Nichtteilnahme an der Abstimmung erklärt. Zum Teil (etwa DKK/*Wedde* § 33 Rz. 6) wird die Ansicht vertreten, dass bei nicht ausdrücklich erklärter Nichtteilnahme an der Abstimmung eine Vermutung dafür spreche, dass eine Stimmenthaltung und damit eine Teilnahme an der Abstimmung vorliege. Nach anderer Auffassung (GK-BetrVG/*Raab* § 33 Rz. 16) beteiligen sich nicht abstimmende Betriebsratsmitglieder nicht an der Abstimmung. Da die Beschlussfähigkeit Wirksamkeitsvoraussetzung eines Betriebsratsbeschlusses ist, sollten in der Sitzungsniederschrift nicht nur die Ja- und Nein-Stimmen, sondern auch die Stimmenthaltungen ausdrücklich aufgenommen werden. Bei der Feststellung der Beschlussfähigkeit sind Personen, die Stimmrecht haben, aber kein Betriebsratsmitglied sind, insbes. Jugend- und Auszubildendenvertreter, nicht zu berücksichtigen. 559

Wenn infolge einer vorübergehenden Verhinderung von Betriebsratsmitgliedern der Betriebsrat auch nach Einrücken von Ersatzmitgliedern nicht mehr mit der vorgeschriebenen Zahl besetzt ist, so nimmt der Restbetriebsrat in entsprechender Anwendung des § 22 BetrVG etwaige Beteiligungsrechte des Betriebsrates wahr. 560

Zur Feststellung der Beschlussfähigkeit ist dann von der Zahl der tatsächlich noch vorhandenen Betriebsratsmitglieder einschließlich der nachgerückten Ersatzmitglieder auszugehen (*BAG* 18.8.1982 EzA § 102 BetrVG 1972 Nr. 48).

cc) Stimmrecht, Abstimmungsverfahren, Mehrheiten

Stimmrecht haben grds. nur Betriebsratsmitglieder. Gesetzlich vorgesehen ist darüber hinaus ein Stimmrecht der Jugend- und Auszubildendenvertreter nach § 67 Abs. 2 BetrVG, soweit die zu fassenden Beschlüsse des Betriebsrates überwiegend Arbeitnehmer unter 18 Jahren oder die zu ihrer Berufsausbildung Beschäftigten unter 25 Jahren betreffen. Für andere an der Sitzung Teilnahmeberechtigte besteht ein Stimmrecht nicht. 561

Das Abstimmungsverfahren ist gesetzlich nicht geregelt und kann vom Betriebsrat im Einzelfall oder durch generelle Regelung in der Geschäftsordnung festgelegt werden. Sinnvoll sind Regelungen über offene oder geheime Abstimmung und die Reihenfolge der Stimmabgabe. 562

Betriebsratsbeschlüsse unterliegen nach § 33 Abs. 1 BetrVG dem Grundsatz der einfachen Stimmenmehrheit. Diese liegt vor, wenn der Beschluss mit der Mehrheit der Stimmen der anwesenden Mitglieder gefasst wird. Stimmengleichheit bedeutet Ablehnung des Antrages. Enthaltungen oder die Stimmen der an der Beschlussfassung nicht teilnehmenden Stimmberechtigten wirken also wie Gegenstimmen. Abweichend vom Grundsatz der einfachen Mehrheit ist in den gesetzlich ausdrücklich geregelten Fällen eine qualifizierte Mehrheit notwendig. Absolute Mehrheit der Stimmen der Betriebsratsmitglieder verlangen die § 13 Abs. 2 Nr. 3, § 27 Abs. 2, § 28 Abs. 1 S. 4, Abs. 2, § 28a Abs. 1, § 36, § 50 Abs. 2 S. 1, § 107 Abs. 3 S. 1 563

BetrVG. Eine absolute Mehrheit der Stimmen der Gruppenangehörigen erfordern §§ 31, 35 BetrVG. Soweit gesetzlich nichts anderes vorgesehen ist (vgl. z.B. § 27 Abs. 2 S. 3 BetrVG) erfolgt die Abstimmung ungeachtet der Gruppenzugehörigkeit gemeinsam.

Die Abstimmung kann grds. formlos erfolgen, sodass eine Abstimmung auch durch schlüssiges Verhalten möglich ist. Eine stillschweigende Beschlussfassung etwa derart, dass die Untätigkeit des Betriebsrates einen Beschluss erzeugen könnte, gibt es nicht (*BAG* 7.10.1980 EzA § 27 BetrVG 1972 Nr. 6; 13.11.1991 § 27 BetrVG 1972 Nr. 7).

dd) Aufhebung und Änderung von Beschlüssen

564 Beschlüsse können jederzeit durch einen neuen ordnungsgemäß zustande gekommenen Betriebsratsbeschluss aufgehoben oder abgeändert werden, solange sie noch nicht Dritten gegenüber wirksam geworden sind, insbes. dem Arbeitgeber die Entscheidung des Betriebsrates noch nicht durch den Betriebsratsvorsitzenden mitgeteilt worden ist (*LAG Hamm* 22.10.1991 LAGE § 611 BGB Direktionsrecht Nr. 11). Hat der Beschluss des Betriebsrates allerdings zum Abschluss einer Betriebsvereinbarung geführt, kommt eine Aufhebung des Beschlusses nicht mehr in Betracht. Es besteht lediglich die Möglichkeit, die Betriebsvereinbarung zu kündigen (DKK/*Wedde* § 33 Rz. 22).

ee) Unwirksamkeit von Betriebsratsbeschlüssen

(1) Voraussetzungen

565 Auf Grund seines Inhaltes ist ein Betriebsratsbeschluss unwirksam, wenn er gegen ein gesetzliches Verbot (§ 134 BGB), die guten Sitten (§ 138 BGB), gegen höherrangiges Recht verstößt oder eine Regelungszuständigkeit des Betriebsrates nicht bestand (vgl. GK-BetrVG/*Raab* § 33 Rz. 50 ff.; DKK/*Wedde* § 33 Rz. 24). Ein Betriebsratsbeschluss ist ferner dann nichtig, wenn ein grober Verstoß gegen Vorschriften und Grundsätze, deren Beachtung unerlässliche Voraussetzung einer Beschlussfassung ist, vorliegt (vgl. *BAG* 28.10.1992 EzA § 29 BetrVG Nr. 2; 23.8.1984 EzA § 103 BetrVG 1972 Nr. 30; 28.4.1988 EzA § 29 BetrVG 1972 Nr. 1).

566 Eine Nichtigkeit in diesem Sinne liegt **beispielsweise** vor bei:

- Beschlussfassung in einer Sitzung, zu der nicht ordnungsgemäß unter Mitteilung der Tagesordnung eingeladen wurde (*BAG* 10.10.2007 EzA § 26 BetrVG 2001 Nr. 2) oder die Beschlussfassung unter dem Tagesordnungspunkt »Verschiedenes« erfolgte, ohne diesen Punkt näher zu konkretisieren (*BAG* 28.4.1988 EzA § 29 BetrVG 1972 Nr. 1; 28.10.1992 EzA § 29 BetrVG 1972 Nr. 2; vgl. auch *BAG* 24.5.2006 EzA § 29 BetrVG 2001 Nr. 1);

567 - fehlender Beschlussfähigkeit des Betriebsrates;

568 - Beschlussfassung außerhalb von Sitzungen des Betriebsrates;

569 - Nichterreichen der erforderlichen Mehrheit;

570 - Beteiligung eines wegen Interessenkollision eigentlich verhinderten Betriebsratsmitglieds, obwohl ein Ersatzmitglied hätte geladen werden müssen (*BAG* 3.8.1999 EzA § 33 BetrVG 1972 Nr. 1);

571 - Nichtbeachtung einer eventuell zu wahrenden Schriftform des Beschlusses (vgl. z.B. § 27 Abs. 2, § 28 Abs. 1, § 28a Abs. 1, § 36 BetrVG);

572 - Beschlussfassung über Gegenstände, die nicht in die Zuständigkeit des Betriebsrates fallen, z.B. weil eine Zuständigkeit des Gesamtbetriebsrats gegeben war;

573 - Beteiligung von nicht Stimmberechtigten an der Beschlussfassung, es sei denn, die Stimmabgabe Nichtberechtigter war offensichtlich ohne Einfluss auf das Abstimmungsergebnis;

574 - Nichtbeteiligung der Mitglieder der Jugend- und Auszubildendenvertreter an der Abstimmung entgegen § 67 Abs. 2 BetrVG, wenn durch deren Stimme die Beschlussfassung hätte beeinflusst werden können;

- Mitwirken von nicht teilnahmeberechtigten Personen an der Betriebsratssitzung, wenn diese die Willensbildung des Betriebsrates beeinflusst haben (*BAG* 24.3.1977 EzA § 102 BetrVG 1972 Nr. 28; MünchArbR/*Joost* § 307 Rz. 54; GK-BetrVG/*Raab* § 33 Rz. 56); 575
- Unzuständigkeit des Betriebsrats, weil eine Zuständigkeit des Gesamtbetriebsrates bestand (*BAG* 24.5.2006 EzA § 29 BetrVG 2001 Nr. 1). 576

(2) Rechtsfolgen und gerichtliche Geltendmachung

Liegt ein Unwirksamkeitsgrund vor, so ist der Beschluss unwirksam. Dies führt grds. auch zur Unwirksamkeit der darauf beruhenden Maßnahmen. 577

In Betracht kommt aber eine nachträgliche Genehmigung durch den Betriebsrat durch eine spätere erneute, ordnungsgemäße Beschlussfassung mit der Folge, dass die Genehmigung auf den Zeitpunkt der Vornahme des Rechtsgeschäfts zurückwirkt, soweit es um die Wirksamkeit eines vom Betriebsratsvorsitzenden abgeschlossenen Vertrages geht (*BAG* 10.10.2007 EzA § 26 BetrVG 2001 Nr. 2). So bedarf etwa die wirksame Einleitung eines Beschlussverfahrens oder die Beauftragung eines Anwalts mit der Vertretung in einem gerichtlichen Verfahren eines wirksamen Beschlusses des Betriebsrats. Allerdings kann der Betriebsrat bis zu einer Prozessentscheidung die Einleitung des Verfahrens und/oder die Beauftragung eines Bevollmächtigten durch – ordnungsgemäßen – Beschluss genehmigen. Hierauf hat das Gericht hinzuweisen und Gelegenheit zu geben, die fehlende oder fehlerhafte Beschlussfassung nachzuholen (*BAG* 16.11.2005 EzA § 80 BetrVG 2001 Nr. 4). Ebenso ist die nachträgliche Genehmigung der Bestellung als Einigungsstellenbeisitzer möglich (*BAG* 10.10.2007 EzA § 26 BetrVG 2001 Nr. 2). Eine zeitliche Rückerstreckung der Genehmigung ist aber ausgeschlossen, wenn die Beschlussfassung des Betriebsrats erst nach dem für die Beurteilung des Sachverhalts maßgeblichen Zeitpunkt erfolgt, insbesondere bei Vereinbarungen, die eine Kostentragungspflicht des Arbeitgebers bedingen. Ist beispielsweise der Beschluss, ein Betriebsratsmitglied zu einer Schulungsveranstaltung zu entsenden, unwirksam, hat das entsandte Betriebsratsmitglied keinen Anspruch auf Zahlung des Lohnes für die Zeit der Teilnahme an der Schulungsveranstaltung, auch wenn eine nachträgliche Genehmigung erfolgt (*BAG* 10.10.2007 EzA § 26 BetrVG 2001 Nr. 2; 28.4.1988 EzA § 29 BetrVG 1972 Nr. 1). Ist der Vorsitzenden des Betriebsrates auf der Grundlage eines nichtigen Beschlusses gegenüber dem Arbeitgeber tätig geworden, kommt unter Umständen ein Schutz des guten Glaubens des Arbeitgebers in Betracht, wenn er die Nichtigkeit des Beschlusses weder kannte noch kennen musste (s.o. Rn. 505). 578

Die gerichtliche Geltendmachung der Unwirksamkeit eines Beschlusses kann jederzeit in jedem Verfahren erfolgen, und zwar entweder als Vorfrage in einem Verfahren, in dem es auf die Wirksamkeit des Beschlusses ankommt, oder im Rahmen eines arbeitsgerichtlichen Beschlussverfahrens, in welchem die Feststellung der Unwirksamkeit beantragt werden kann.

ff) Aussetzung von Beschlüssen

Die in § 35 BetrVG vorgesehene Aussetzung eines Beschlusses des Betriebsrates auf Grund eines entsprechenden Antrages der Jugend- und Auszubildendenvertretung oder der Schwerbehindertenvertretung soll den Beteiligten die Möglichkeit geben, die Angelegenheit noch einmal zu überdenken, um eine angemessenere Regelung zu finden (GK-BetrVG/*Raab* § 35 Rz. 9). Sofern in der Geschäftsordnung nicht Schriftform vorgesehen ist, kann der Antrag formlos gestellt werden. Außerhalb einer Sitzung des Betriebsrates ist er an den Vorsitzenden des Betriebsrates zu richten. Ein Antragsrecht der Schwerbehindertenvertretung besteht dann nicht, wenn etwaige Bedenken bereits bei der Beschlussfassung berücksichtigt wurden (str., so z.B. GK-BetrVG/*Raab* § 35 Rz. 14; **a.A.** HSWGNR/*Glock* § 35 Rz. 11). Der Antrag ist nur gegenüber Beschlüssen des Betriebsrates, nicht aber bei vom Betriebsrat 579 durchzuführenden Wahlen zulässig. Er muss so gefasst sein, dass ihm zu entnehmen ist, gegen welchen Beschluss er sich im Einzelnen richtet. Eine Frist ist gesetzlich nicht vorgesehen. Da aber eine Aussetzung nur für eine Woche seit der Beschlussfassung möglich ist, muss der Antrag faktisch innerhalb dieser Wochenfrist gestellt werden. Die Aussetzung kann nicht mehr beantragt werden, wenn der Beschluss bereits durchgeführt wurde (GK-BetrVG/*Raab* § 35 Rz. 17).

580 Liegt ein ordnungsgemäßer Antrag vor, muss der Vorsitzende ihm entsprechen. Streitig ist, ob der Vorsitzende die Aussetzung des Beschlusses ablehnen kann, wenn der Antrag nach eigenem Vortrag der Antragsteller offensichtlich unbegründet ist (so GK-BetrVG/*Raab* § 35 Rz. 20; **a.A.** DKK/*Wedde* § 35 Rz. 10: nur wenn sich die Ausübung des Antragsrechts als Rechtsmissbrauch darstellt; HSWGNR/*Glock* § 35 Rz. 17: kein formelles Prüfungsrecht des Vorsitzenden). Durch die Aussetzung werden Bestand und Wirksamkeit des Beschlusses nicht berührt. Dieser wird lediglich suspendiert und darf vom Vorsitzenden nicht vollzogen werden. Geschieht dies dennoch, ändert das nichts an der Wirksamkeit der auf dem Beschluss beruhenden Maßnahme. Allerdings kann hierin eine grobe Pflichtverletzung des § 23 Abs. 1 BetrVG liegen (GK-BetrVG/*Raab* § 35 Rz. 20, 21).

581 Durch den Antrag verlängern sich betriebsverfassungsrechtliche Fristen, nach deren Ablauf ein Schweigen des Betriebsrates als Zustimmung gewertet wird (z.B. § 99 Abs. 3, § 102 Abs. 2 BetrVG) nicht, da § 35 BetrVG lediglich eine interne Ordnungsvorschrift für die Geschäftsführung des Betriebsrates ist (GK-BetrVG/*Raab* § 35 Rz. 22 f.).

582 Bei der nach Fristablauf notwendigen erneuten Beschlussfassung kann der Betriebsrat den früheren Beschluss bestätigen, abändern oder aufheben. Wird ein inhaltlich veränderter Beschluss gefasst, kommt ein erneuter Aussetzungsantrag im Hinblick auf diesen Beschluss dann nicht in Betracht, wenn der erste Beschluss nur unerheblich geändert wird, § 35 Abs. 2 BetrVG. Eine nur unerhebliche Änderung liegt vor, wenn der ausgesetzte Beschluss bei objektiver Gesamtwürdigung in seinem sachlichen Kern erhalten bleibt (HSWGNR/*Glock* § 35 Rz. 31).

583 § 35 BetrVG ist entsprechend anwendbar für Beschlüsse des Betriebsausschusses und Beschlüsse weiterer Ausschüsse, soweit ihnen nach §§ 27 Abs. 2, 28 Abs. 1, 28 a Abs. 1 BetrVG Aufgaben zur selbstständigen Erledigung übertragen worden sind, wobei der Antrag an den Betriebsratsvorsitzenden, nicht an den Ausschussvorsitzenden zu richten ist. Auf Beschlüsse des Wirtschaftsausschusses ist die Vorschrift nicht anwendbar, da dieser keine originären Betriebsratsaufgaben, sondern ihm selbst gesetzlich zugewiesene Aufgaben zu erfüllen hat (GK-BetrVG/*Raab* § 35 Rz. 6; MünchArbR/*Joost* § 307 Rz. 63).

5. Geschäftsordnung, § 36 BetrVG

584 Der Erlass einer Geschäftsordnung ist dem Betriebsrat wegen ihrer Bedeutung für einen ordnungsgemäßen Ablauf der Betriebsratstätigkeit durch Sollvorschrift aufgegeben, deren Verletzung keine Auswirkungen auf die Wirksamkeit der Handlungen des Betriebsrates hat.

585 Da die Geschäftsordnung nur interne Bedeutung hat, ist strittig, ob ein unter Verstoß gegen Bestimmungen der Geschäftsordnung zustande gekommener Beschluss unwirksam ist. Zum Teil wird angenommen, dass ein Beschluss, der unter Verstoß gegen ihre Vorschriften zustande kommt, gleichwohl wirksam ist, soweit er nicht im Übrigen gegen zwingende gesetzliche Bestimmungen verstößt (z.B. DKK/*Wedde* § 36 Rz. 10) Nach anderer Ansicht kommt eine Unwirksamkeit jedenfalls bei Verstößen gegen Bestimmungen in Betracht, die nach ihrem erkennbaren Zweck für das Zustandekommen des Beschlusses und für den Schutz der Betriebsratsmitglieder als so wesentlich anzusehen sind, dass von ihrer Beachtung die Wirksamkeit des Beschlusses abhängen soll (so GK-BetrVG/*Raab* § 36 Rz. 18; vgl. auch *Richardi* § 36 Rz. 12: sofern es sich nicht lediglich um einen Verstoß gegen eine Ordnungsvorschrift handelt; MünchArbR/*Joost* § 307 Rz. 89).

Die Verletzung der Geschäftsordnung kann jedoch jedenfalls im Wiederholungsfalle eine Amtspflichtverletzung i.S.d. § 23 Abs. 1 BetrVG darstellen (DKK/*Wedde* § 36 Rz. 10).

Erforderlich ist ein Beschluss des Betriebsrates (§ 33 BetrVG), der ebenso wie Änderungen, Ergänzungen und ihre Aufhebung der Schriftform (§§ 125, 126 BGB) und der Mehrheit der Stimmen des Betriebsrates bedarf. Im Einzelfall kann mit der Mehrheit der Stimmen des Betriebsrates von der Geschäftsordnung abgewichen werden (GK-BetrVG/*Raab* § 36 Rz. 10; HSWGNR/*Glock* § 36 Rz. 13; **a.A.** *Richardi* § 36 Rz. 13: erforderlich sei das Einverständnis aller Betriebsratsmitglieder). 586

Die Geschäftsordnung kann nur die gesetzlichen Regelungen ergänzende Bestimmungen über die Geschäftsführung des Betriebsrates enthalten. Die gesetzlichen Bestimmungen über die Geschäftsführung in § 26 ff. BetrVG sind daher zu beachten und können nur ausgestaltet und ergänzt, nicht aber geändert werden (allg. Ansicht, vgl. nur *BAG* 16.11.2005 EzA § 28 BetrVG 2001 Nr. 3). Zur Geschäftsführung des Betriebsrates gehört alles, was sich auf die Durchführung der ihm durch das Betriebsverfassungsgesetz übertragenen Aufgaben bezieht. Möglich sind z.B. Regelungen über die Zuständigkeit der betriebsverfassungsrechtlichen Gremien, insbes. der Ausschüsse durch Festlegung, was zu den laufenden Geschäften gehört, Regelungen über die Formalien der Sitzungen (z.B. Termine, Form und Frist für Ladungen, Tagesordnung, Rederecht, Abstimmungsverfahren, Abmeldepflicht bei Verhinderungen etc.). Nicht geregelt werden können einseitig Fragen, die Gegenstand einer Vereinbarung mit dem Arbeitgeber sein müssen, wie z.B. die Abhaltung von Sprechstunden. Umgekehrt können Regelungen, die in eine Geschäftsordnung gehören, nicht Gegenstand einer Betriebsvereinbarung sein (ausf. DKK/*Wedde* § 36 Rz. 4). Die Geschäftsordnung gilt nur für die Dauer der Amtszeit des Betriebsrates, der sie erlassen hat (vgl. nur GK-BetrVG/*Raab* § 36 Rz. 17 m.w.N.). § 36 BetrVG gilt entsprechend für den Betriebsausschuss und weitere Ausschüsse des Betriebsrats, es sei denn, dass der Betriebsrat selbst in seiner Geschäftsordnung das Verfahren der Ausschüsse mitgeregelt oder ihnen eine eigene Geschäftsordnung gegeben hat (DKK/*Wedde* § 36 Rz. 2). 587

6. Sprechstunden und sonstige Inanspruchnahme des Betriebsrates, § 39 BetrVG

a) Einrichtung der Sprechstunde

Der Betriebsrat entscheidet alleine nach pflichtgemäßem Ermessen darüber, ob er Sprechstunden einrichtet, in welcher Weise die Sprechstunden durchgeführt und welche Betriebsratsmitglieder hiermit betraut werden. Soweit ein Betriebsausschuss besteht, gehört die Durchführung der Sprechstunden zu den von diesem wahrzunehmenden laufenden Geschäften (GK-BetrVG/*Weber* § 39 Rz. 18). Für Sprechstunden während der Arbeitszeit sind hingegen Zeit und Ort mit dem Arbeitgeber zu vereinbaren, § 39 Abs. 1 BetrVG. Erforderlich ist eine Einigung über die zeitliche Lage der Sprechstunden, d.h. Zeitpunkt und Häufigkeit sowie Dauer sowie über den Ort, an dem die Sprechstunden abgehalten werden sollen. Kommt eine Einigung zwischen Arbeitgeber und Betriebsrat nicht zu Stande, so entscheidet die Einigungsstelle über diese Fragen verbindlich unter Berücksichtigung der Belange des Betriebes und der Arbeitnehmer (§ 39 Abs. 1 S. 3 und 4, § 76 Abs. 5 S. 3 BetrVG). Keiner Vereinbarung mit dem Arbeitgeber bedarf es über Sprechstunden außerhalb der Arbeitszeit und außerhalb des Betriebes oder bei Abhaltung von Sprechstunden innerhalb des Betriebes, aber außerhalb der Arbeitszeit, wenn die betrieblichen Öffnungszeiten beachtet und die Sprechstunde innerhalb der dem Betriebsrat ohnehin zustehenden Räume durchgeführt wird (GK-BetrVG/*Weber* § 39 Rz. 14; HSWGNR/*Glock* § 39 Rz. 6). Um eine ordnungsgemäße Beratung der Arbeitnehmer sicherzustellen, kann der Betriebsrat im Rahmen der Erforderlichkeit gem. § 80 Abs. 3 BetrVG nach näherer Vereinbarung mit dem Arbeitgeber Sachverständige hinzuziehen (GK-BetrVG/*Weber* § 39 Rz. 20). Die Hinzuziehung von Gewerkschaftsbeauftragten ist gem. § 2 Abs. 1 und 2 BetrVG möglich. Der Arbeitgeber ist hiervon zu unterrichten, seiner Zustimmung bedarf es aber nicht (GK-BetrVG/*Weber* § 39 Rz. 20). 588

b) Besuchsrecht der Arbeitnehmer

589 Die Arbeitnehmer können die Sprechstunde des Betriebsrates zur Erörterung aller Angelegenheiten aufsuchen, die Gegenstand der Sprechstunde sein können, d.h. in allen Angelegenheiten, die mit ihrem individuellen Arbeitsverhältnis und ihrer Stellung im Betrieb zusammenhängen und in den Aufgabenbereich des Betriebsrates fallen (MünchArbR/*Joost* § 307 Rz. 99). Der Besuch muss erforderlich sein (*LAG Bln.* 3.11.1980 EzA § 39 BetrVG 1972; *LAG Nds.* 1.7.1986 NZA 1987, 33; GK-BetrVG/*Weber* § 39 Rz. 29). Daran fehlt es, wenn er nur erfolgt, um sich über eine Frage kollektiver Bedeutung, wie z.B. die Arbeitszeit für alle Arbeitnehmer, zu informieren, da hierfür geeignetere Hilfsmittel, wie z.B. das Schwarze Brett, schriftliche Informationen oder die Betriebsversammlung zur Verfügung stehen (*LAG Nds.* 1.7.1986 NZA 1987, 33).

590 Liegt eine Erforderlichkeit vor, muss sich der Arbeitnehmer vor dem Besuch der Sprechstunde bei seinem Vorgesetzten ordnungsgemäß abmelden und nach seiner Rückkehr wieder zurückmelden (*LAG Düsseld.* 9.8.1985 DB 1985, 2463; DKK/*Wedde* § 39 Rz. 24). Der Anlass für das Aufsuchen des Betriebsrates braucht nicht angegeben zu werden (GK-BetrVG/*Weber* § 39 Rz. 32).

591 Der Arbeitnehmer kann den Arbeitsplatz nur dann gegen den Willen des Arbeitgebers verlassen, wenn ihm ohne triftigen Grund der Besuch der Sprechstunde verweigert wird (DKK/*Wedde* § 39 Rz. 24; *Fitting* § 39 Rz. 28 a; **a.A.** GK-BetrVG/*Weber* § 39 Rz. 31). Soweit der Besuch der Sprechstunde erforderlich war, ist nach § 39 Abs. 3 BetrVG das Arbeitsentgelt nach dem Lohnausfallprinzip fortzuzahlen.

c) Sonstige Inanspruchnahme des Betriebsrates

592 Durch die Einrichtung von Sprechstunden bleibt das Recht des Arbeitnehmers unberührt, den Betriebsrat während der Arbeitszeit im Rahmen der Erforderlichkeit auch außerhalb der Sprechstunden aufzusuchen. Betriebsratsmitglieder sind nicht verpflichtet, Arbeitnehmer generell auf die Sprechstunde des Betriebsrates zu verweisen (*BAG* 23.6.1983 EzA § 37 BetrVG 1972 Nr. 78). Eine sonstige Inanspruchnahme liegt auch vor, wenn der Betriebsrat seinerseits den Arbeitnehmer in Wahrnehmung von dessen Interessen aufsucht, z.B. weil er den Arbeitnehmer über den Stand und das Ergebnis von Verhandlungen mit dem Arbeitgeber unterrichten will (*LAG Bln.* 3.11.1980 EzA § 39 BetrVG 1972 Nr. 1). Auch bei einer sonstigen erforderlichen Inanspruchnahme des Betriebsrates ist das Arbeitsentgelt nach Maßgabe des Lohnausfallprinzips weiterzuzahlen.

593 Eine Haftung der Betriebsratsmitglieder wegen der im Rahmen von Sprechstunden oder sonst gegebenen Auskünfte besteht nur im Falle der unerlaubten Handlung (§ 676 BGB). Da i.d.R. nur allgemeine Vermögensschäden in Betracht kommen, besteht damit ein Schadensersatzanspruch nur unter den Voraussetzungen des § 826 BGB, d.h. nur bei sittenwidriger vorsätzlicher Schädigung (HSWGNR/*Glock* § 39 Rz. 28; GK-BetrVG/*Weber* § 39 Rz. 39).

IV. Die Rechtsstellung der Betriebsratsmitglieder

594 Die Rechtsstellung der Betriebsratsmitglieder regelnden §§ 37, 38, 40, 78 BetrVG, ergänzt durch §§ 15, 16 KSchG, § 103 BetrVG (s.o. Kap. 4 Rn. 499 ff.) und § 78a BetrVG (s.o. Kap. 1 Rn. 87 ff.) dienen dazu, die innere und äußere Unabhängigkeit der betriebsverfassungsrechtlichen Mandatsträger und damit eine ordnungsgemäße Durchführung ihrer Aufgaben zu gewährleisten. Die auf das Betriebsratsamt bezogenen Sonderregelungen modifizieren die Stellung des Betriebsratsmitglieds als Arbeitnehmer; im Übrigen bleiben die Rechte und Pflichten aus dem Arbeitsverhältnis unberührt (GK-BetrVG/*Weber* § 37 Rz. 6).

1. Das Betriebsratsamt als Ehrenamt, § 37 Abs. 1 BetrVG

595 Das Amt des Betriebsrats ist als unentgeltliches, privates Ehrenamt auszuüben. § 37 Abs. 1 BetrVG dient der Wahrung der Unabhängigkeit und Überparteilichkeit der Tätigkeit der Betriebsratsmitglieder. An den Begriff der Unentgeltlichkeit ist daher im Interesse der Unabhängigkeit der Betriebsratsmitglieder ein strenger Maßstab anzulegen (DKK/*Wedde* § 37 Rz. 3; GK-BetrVG/*Weber* § 37 Rz. 8).

596 Dem Betriebsratsmitglied dürfen wegen seiner Amtsführung weder vom Arbeitgeber noch von anderen Personen eine besondere Vergütung oder sonstige geldwerte Vorteile gewährt oder versprochen werden, soweit sie das Amt nicht kraft Gesetzes mit sich bringt (GK-BetrVG/*Weber* § 37 Rz. 9). Verboten ist damit jede materielle Besserstellung. Die Gewährung immaterieller Vorteile wegen des Amtes ist nach § 78 S. 2 BetrVG unzulässig.

597 Unzulässig ist daher z.B. die Zahlung einer pauschalen Ausgleichszulage für Betriebsratsmitglieder, die Zahlung eines höheren Arbeitsentgeltes als an vergleichbare Arbeitnehmer, die Zahlung zusätzlicher Sitzungsgelder neben § 37 Abs. 2 und 3 BetrVG, die Ausnahme von nachteiligen Regelungen eines Tarifvertrages oder einer Betriebsvereinbarung ohne sachlichen Grund oder die nach den Maßstäben des § 37 Abs. 2, 3 BetrVG nicht erforderliche oder über § 38 Abs. 1 BetrVG hinausgehende, sachlich nicht gebotene Freistellung. Auch die Gewährung verbilligter Werkswohnungen, die Gewährung von Arbeitgeberdarlehen zu günstigeren Bedingungen als bei anderen Arbeitnehmern, die kostenlose Überlassung ansonsten kostenpflichtiger Parkplätze, die Gewährung eines längeren Urlaubes oder die nicht leistungsgerechte und auch nicht durch § 37 Abs. 4 BetrVG gebotene Beförderung stellen einen Verstoß gegen das Begünstigungsverbot dar.

598 Muss das Betriebsratsmitglied hingegen infolge seiner Amtstätigkeit eine minderentlohnte Tätigkeit verrichten, so hat der Arbeitgeber das bisherige Arbeitsentgelt weiterzuzahlen. Erfolgt die Beschäftigung mit einer geringer vergüteten Tätigkeit aber nicht auf Grund des Amtes, sondern aus in der Person des Betriebsratsmitglieds liegenden Gründen, z.B. weil es infolge von Krankheit nicht mehr in der Lage ist, die ursprüngliche Tätigkeit zu verrichten, hat auch das Betriebsratsmitglied eine Lohnminderung hinzunehmen, weil in der Fortzahlung des bisherigen Arbeitsentgelts die Gewährung eines unzulässigen Vorteils läge (GK-BetrVG/*Weber* § 37 Rz. 10; *Wedde* DKK § 37 Rz. 5).

599 Da die Betriebsratstätigkeit nicht mit der nach dem Arbeitsvertrag zu erbringenden Arbeitsleistung identisch ist, ist sie in einem Arbeitszeugnis grds. nicht zu erwähnen, es sei denn, der Arbeitnehmer wünscht dies (vgl. zum BPersVG: *BAG* 19.8.1992 EzA § 630 BGB Nr. 14; *LAG Hamm* 6.3.1991 DB 1991, 1527).

600 Gegen das Verbot des § 37 Abs. 1 BetrVG verstoßende Rechtsgeschäfte einschließlich Regelungen eines Tarifvertrages oder einer Betriebsvereinbarung sind nach § 134 BGB nichtig (GK-BetrVG/*Weber* § 37 Rz. 15). Inwieweit verbotswidrige Zuwendungen nach § 812 BGB vom Arbeitgeber zurückgefordert werden können oder einer solchen Rückforderung § 817 S. 2 BGB entgegensteht, ist streitig (für eine Rückforderung z.B. GK-BetrVG/*Weber* § 37 Rz. 15; HSWGNR/*Glock* § 37 Rz. 14; dagegen z.B. *Fitting* § 37 Rz. 11). Die Annahme unzulässiger Vorteile durch das Betriebsratsmitglied kann eine grobe Verletzung seiner gesetzlichen Pflichten darstellen und nach § 23 Abs. 1 BetrVG den Ausschluss aus dem Betriebsrat rechtfertigen (DKK/*Wedde* § 37 Rz. 7). Die vorsätzliche Begünstigung oder Benachteiligung eines Betriebsratsmitglieds durch den Arbeitgeber ist nach § 119 Abs. 1 Nr. 3 BetrVG strafbar.

2. Arbeitsbefreiung, § 37 Abs. 2 BetrVG

601 Betriebsratsmitglieder bleiben ungeachtet ihrer Tätigkeit Arbeitnehmer des Betriebes und sind als solche grds. auch verpflichtet, ihren arbeitsvertraglichen Pflichten nachzukommen. Andererseits sollen sie jedoch wegen der Inanspruchnahme durch die zusätzlichen betriebsverfassungsrechtlichen Aufgaben nicht benachteiligt werden, wobei das Gesetz davon ausgeht, dass die Amtstätigkeit grds. während der Arbeitszeit auszuüben ist.

602 § 37 Abs. 2 BetrVG will die Durchführung der Betriebsratsaufgaben durch Beschränkung der Verpflichtung zur beruflichen Arbeitsleistung sichern. Erforderliche Betriebsratsarbeit soll Vorrang vor der vertraglich geschuldeten Arbeitsleistung haben (*BAG* 27.6.1990 EzA § 37 BetrVG 1972 Nr. 104; 27.6.1990 EzA § 37 BetrVG 1972 Nr. 105).

a) Voraussetzungen

aa) Wahrnehmung von Aufgaben des Betriebsrates

603 Der Anspruch auf konkrete Arbeitsbefreiung setzt voraus, dass die Arbeitsbefreiung der Durchführung von Aufgaben des Betriebsrates dient.

604 Hierzu zählen alle dem Betriebsrat nach dem BetrVG, Tarifverträgen, Betriebsvereinbarungen sowie anderen Gesetzen obliegenden Aufgaben (vgl. GK-BetrVG/*Weber* § 37 Rz. 23 ff.)

Zu nennen sind insbes. die Teilnahme an Sitzungen des (Gesamt-, Konzern-)Betriebsrats, des Betriebsausschusses und der weiteren Ausschüsse, der (Gesamt-)Jugend- und Auszubildendenvertretung, des Wirtschaftsausschusses, die Wahrnehmung von Sprechstunden, die Teilnahme an Betriebs- und Abteilungsversammlungen, Betriebsräteversammlungen, die Teilnahme an Besprechungen mit dem Arbeitgeber und die Durchführung sonstiger Verhandlungen mit diesem, die Teilnahme an Betriebsbesichtigungen durch Gewerbeaufsichtsbeamte oder Vertreter der Berufsgenossenschaften sowie an Unfalluntersuchungen, Rundgänge durch den Betrieb in Erfüllung der Aufgaben nach § 80 Abs. 1 Nr. 1 BetrVG, die Betreuung einzelner Arbeitnehmer bei der Verwirklichung von Individualrechten (§§ 81 ff. BetrVG) oder sonstige Gespräche mit ihnen im Rahmen der Zuständigkeit des Betriebsrates, die Teilnahme an Einigungsstellenverfahren sowie insbes. auch die Verwirklichung der Beteiligungsrechte. In Betracht kommt auch außerhalb der Voraussetzungen von Betriebsräteversammlungen nach § 53 BetrVG eine Zusammenkunft der Betriebsräte, wenn von einzelnen Betriebsräten Bedarf an betriebsübergreifenden Absprachen über konkrete, in mehreren Betrieben des Unternehmens anstehende, mitbestimmungspflichtige Angelegenheiten gesehen wird (*BAG* 21.6.2006 – 7 AZR 418/05).

605 Nicht zu den Aufgaben des Betriebsrates gehören die Teilnahme an Gerichtsverhandlungen, es sei denn, der Betriebsrat oder ein Betriebsratsmitglied selbst ist Beteiligter eines arbeitsgerichtlichen Beschlussverfahrens (vgl. *BAG* 19.5.1983 EzA § 37 BetrVG 1972 Nr. 77). Führt ein Betriebsratsmitglied einen Rechtsstreit gegen seinen Arbeitgeber über Vergütungsansprüche für Zeiten seiner Betriebsratstätigkeit, handelt es sich also nicht um die Durchführung von Betriebsratsaufgaben (*LAG Düsseld.* 4.9.1990 LAGE § 37 BetrVG 1972 Nr. 34). Die Teilnahme als Zuhörer in einem Prozess ist nach Auffassung des *BAG* (19.5.1983 EzA § 37 BetrVG 1972 Nr. 77) auch nicht erforderlich, wenn es sich um einen grundsätzlichen Rechtsstreit von allgemeiner Bedeutung über eine für die Arbeit des Betriebsrates wesentliche Frage handelt (**a.A.** *LAG Brem.* 28.6.1989 DB 1990, 742; *LAG München* 14.1.1987 NZA 1987, 428; DKK/*Wedde* § 37 Rz. 22). Nicht erforderlich ist außer im Rahmen des § 37 Abs. 6, 7 BetrVG die Teilnahme an gewerkschaftlichen Veranstaltungen, an Tarifverhandlungen oder Informationsgesprächen mit Betriebsräten anderer Betriebe, sofern nicht die Voraussetzungen des §§ 53 BetrVG vorliegen oder ein konkreter betrieblicher Anlass dafür besteht (vgl. GK-BetrVG/*Weber* § 37 Rz. 29 ff.).

606 Ob eine Aufgabe zu der betriebsverfassungsrechtlichen Kompetenz des Betriebsrates gehört, ist objektiv zu beurteilen. Streitig ist, ob ein Anspruch auf Fortzahlung des Arbeitsentgeltes zumindest dann besteht, wenn das Betriebsratsmitglied in einem entschuldbaren Irrtum davon ausgegangen ist, Betriebsratstätigkeit auszuüben (bejahend *LAG Brem.* 28.6.1989 DB 1990, 742; DKK/*Wedde* § 37 Rz. 25; *Fitting* § 37 Rz. 40; abl. GK-BetrVG/*Weber* § 37 Rz. 21; HSWGNR/*Glock* § 37 Rz. 25; vgl. auch *BAG* 31.8.1994 EzA § 611 BGB Abmahnung Nr. 33).

bb) Erforderlichkeit der Arbeitsbefreiung

607 Ein Anspruch auf Arbeitsbefreiung besteht nur dann und nur insoweit, als es nach Umfang und Art des Betriebes zur ordnungsgemäßen Amtsausübung erforderlich ist. Was im Einzelfall als erforderlich anzusehen ist, kann nur anhand der konkreten Umstände beurteilt werden, und zwar sowohl im Hinblick auf die Zahl der Betriebsratsmitglieder als auch für die Dauer der Arbeitsbefreiung des einzelnen Mitgliedes. Deshalb kann der erforderliche Umfang der Freistellung nicht nach Richtwerten in Anlehnung an die Freistellungsstaffel des § 38 Abs. 1 BetrVG oder aus Erfahrungswerten vergleichbarer anderer Betriebsräte bestimmt werden (*BAG* 21.11.1978 EzA § 37 BetrVG 1972 Nr. 63; GK-BetrVG/*Weber* § 37 Rz. 36).

608 Erforderlich ist die Arbeitsbefreiung dann, wenn das oder die Betriebsratsmitglieder nach dem Urteil eines vernünftigen Dritten bei gewissenhafter Überlegung und unter Abwägung der Interessen des Betriebs, des Betriebsrats und der Belegschaft im Zeitpunkt der Inanspruchnahme der Arbeitsbefreiung diese zur ordnungsgemäßen Wahrnehmung der Aufgaben des Betriebsrates für erforderlich halten durften (*BAG* 6.8.1981 EzA § 37 BetrVG 1972 Nr. 74). Maßgeblich sind damit weder ausschließlich objektive noch ausschließlich subjektive Gesichtspunkte.

609 Vielmehr gilt ein verobjektivierter Beurteilungsmaßstab. Es besteht insoweit ein gewisser Beurteilungsspielraum des Betriebsrates (*BAG* 3.12.1987 EzA § 20 BetrVG 1972 Nr. 14; 16.10.1986 EzA § 37 BetrVG 1972 Nr. 87). Ein Beschluss des Betriebsrates über die Freistellung alleine genügt nicht, um die Voraussetzungen des § 37 Abs. 2 BetrVG zu bejahen (*BAG* 6.8.1981 EzA § 37 BetrVG 1972 Nr. 73).

610 Der Umfang der Arbeitsbefreiung hängt auch davon ab, welche Stellung das Betriebsratsmitglied innerhalb des Betriebsrates bekleidet bzw. welche Aufgaben ihm durch den Betriebsrat übertragen wurden, wobei es allerdings alleinige Sache des Betriebsrates ist, diese Aufgabenverteilung festzulegen (vgl. DKK/*Wedde* § 37 Rz. 27). Der Betriebsrat muss seine Aufgaben, soweit das möglich und zumutbar ist, von den nach § 38 BetrVG freigestellten Betriebsratsmitgliedern wahrnehmen lassen. Er kann jedoch nicht generell darauf verwiesen werden, Betriebsratstätigkeit nur von freigestellten Betriebsratsmitgliedern ausüben zu lassen (*BAG* 6.8.1981 EzA § 37 BetrVG 1972 Nr. 74).

611 Erforderlich ist die Arbeitsbefreiung z.B. für die Vorbereitung und Teilnahme an Betriebsrats- und Ausschusssitzungen, Betriebsversammlungen sowie für Wege- und Reisezeiten bei der notwendigen Wahrnehmung von Aufgaben des Betriebsrates außerhalb des Betriebes (vgl. *BAG* 15.2.1989 EzA § 37 BetrVG 1972 Nr. 101; 10.2.1988 EzA § 37 BetrVG 1972 Nr. 91).

b) Inhalt des Anspruches

612 Der Anspruch ist darauf gerichtet, von Fall zu Fall von der Verpflichtung der Arbeitsleistung entbunden zu werden. Darüber hinaus muss der Arbeitgeber auch bei der Zuteilung des Arbeitspensums auf die Inanspruchnahme des Betriebsratsmitgliedes durch seine Tätigkeit angemessen Rücksicht nehmen, was aber neben einer pauschalen Arbeitsherabsetzung bei schwankender Arbeitsbelastung auch dadurch erfolgen kann, dass der Arbeitgeber für eine nachträgliche Entlastung Sorge trägt (*BAG* 27.6.1990 EzA § 37 BetrVG 1972 Nr. 105).

613 § 37 Abs. 2 BetrVG ermöglicht auch die Befreiung von einer bestimmten Art der Arbeit, wenn dies zur ordnungsgemäßen Wahrnehmung der Aufgaben eines Betriebsratsmitgliedes erforderlich ist (GK-BetrVG/*Weber* § 37 Rz. 19). In Betracht kommt etwa eine Versetzung von der Nacht- in die Tagschicht (vgl. *LAG Düsseld.* 22.7.1974 DB 1975, 311), oder ein Wechsel vom Außen- in den Innendienst. Bei einem im Schichtbetrieb tätigen Betriebsratsmitglied kann § 37 Abs. 2 BetrVG auch zu einer Arbeitsbefreiung außerhalb des eigentlichen Anlasses der Betriebsratstätigkeit führen. So ist z.B. ein im Dreischichtbetrieb tätiges Betriebsratsmitglied, das an einer ganztätigen Betriebsratssitzung teilnimmt, nicht verpflichtet, die dem Sitzungstag vorangehende und ihm nachfolgende Nachtschicht zu arbeiten, soweit ihm eine Teilnahme an der Nachtschicht vor oder nach der Betriebsratssitzung nicht zumutbar ist (*LAG BW* 26.8.1988 NZA 1989, 567). In Anwendung von § 37 Abs. 2 BetrVG kann, auch ohne dass die Voraussetzungen des § 38 BetrVG vorliegen, die völlige oder teilweise pauschale Freistellung eines Betriebsratsmitgliedes zur ordnungsgemäßen Durchführung der Betriebsratsaufgaben erforderlich sein (vgl. *BAG* 13.11.1991 EzA § 37 BetrVG 1972 Nr. 106). Gleiches gilt für eine über § 38 BetrVG hinausgehende Freistellung für weitere Betriebsratsmitglieder (GK-BetrVG/*Weber* § 37 Rz. 18).

c) Durchführung der Arbeitsbefreiung

614 Nach Auffassung des *BAG* (15.7.1992 EzA BGB § 611 Abmahnung Nr. 26; 6.8.1981 EzA § 37 BetrVG 1972 Nr. 73; 19.6.1979 EzA § 37 BetrVG 1972 Nr. 65) muss der Arbeitgeber der Arbeitsbefreiung nicht zustimmen. Das Betriebsratsmitglied ist aber verpflichtet, sich bei seinem Vorgesetzten abzumelden (*BAG* 15.7.1992 EzA BGB § 611 Abmahnung Nr. 26). Bei der Abmeldung für die Erledigung von Betriebsratsaufgaben hat das Betriebsratsmitglied dem Arbeitgeber Ort und voraussichtliche Dauer der beabsichtigten Betriebsratstätigkeit mitzuteilen. Angaben auch zur Art der Betriebsratstätigkeit können nicht verlangt werden (*BAG* 15.3.1995 EzA § 37 BetrVG 1972 Nr. 124).

Inhalt dieser Verpflichtung ist nur die ordnungsgemäße Unterrichtung. Wie diese bewirkt wird, steht dem Betriebsratsmitglied frei. Eine persönliche Meldung kann der Arbeitgeber nicht erwarten (*BAG* 13.5.1997 EzA § 37 BetrVG 1972 Nr. 135).

615 Die Abmeldepflicht beruht jedenfalls auch auf dem Arbeitsvertrag, sodass ihre Verletzung Gegenstand und Inhalt einer entsprechenden Abmahnung des Arbeitgebers sein kann (*BAG* 15.7.1992 EzA § 611 BGB Abmahnung Nr. 26). Ihre Verletzung kann u.U. auch eine grobe Pflichtverletzung nach § 23 Abs. 1 BetrVG sein (GK-BetrVG/*Weber* § 37 Rz. 51).

616 Das Betriebsratsmitglied ist ferner auch zur Rückmeldung bei seinem Vorgesetzten nach Beendigung der Betriebsratstätigkeit verpflichtet (*BAG* 15.7.1992 EzA § 611 BGB Abmahnung Nr. 26). Eine Verpflichtung der Betriebsratsmitglieder, die von ihnen jeweils aufgewendete Zeit schriftlich aufzuzeichnen, besteht nicht (*BAG* 14.2.1990 BB 1990, 1625).

617 Da der Arbeitgeber kein Weisungsrecht hinsichtlich der Ausübung der Betriebsratstätigkeit hat, unterliegt das Verfahren bei der Ab- und Rückmeldung von Betriebsratsmitgliedern bei Wahrnehmung von Betriebsratsaufgaben während der Arbeitszeit nicht der Mitbestimmung nach § 87 Abs. 1 Nr. 1 BetrVG (*BAG* 23.6.1983 EzA § 37 BetrVG 1972 Nr. 78). Ebenfalls besteht kein Mitbestimmungsrecht des Betriebsrats nach § 87 Abs. 1 Nr. 1 BetrVG, wenn der Arbeitgeber regelt, wie Vorgesetzte verfahren sollen, wenn sich ihnen unterstellte Betriebsratsmitglieder ab- oder rückmelden, weil eine solche Regelung nur die Arbeitspflicht der Vorgesetzten konkretisiert (*BAG* 13.5.1997 EzA § 37 BetrVG 1972 Nr. 135).

d) Verbot der Minderung des Arbeitsentgelts

618 § 37 Abs. 2 BetrVG verbietet die Entgeltminderung während der Arbeitsbefreiung.

619 Anspruchsgrundlage für den Entgeltanspruch bleibt aber der Arbeitsvertrag i.V.m. § 611 Abs. 1 BGB (*BAG* 22.8.1985 EzA § 37 BetrVG 1972 Nr. 82). Als arbeitsvertraglicher Anspruch unterliegt er daher auch einer hierauf bezogenen tariflichen Ausschlussfrist

(*LAG München* 11.2.1987 DB 1987, 1156). Hinsichtlich der Lohnhöhe gilt das Lohnausfallprinzip, sodass das Entgelt einschließlich Zuschlägen, Zulagen und allgemeiner Zuwendungen zu zahlen ist, das das Betriebsratsmitglied ohne die Arbeitsbefreiung verdient hätte.

Deshalb besteht z.B. für ausgesperrte Betriebsratsmitglieder kein Lohnanspruch für die während der Aussperrung geleistete Betriebsratstätigkeit (*BAG* 25.10.1988 EzA Art. 9 GG Arbeitskampf Nr. 89). Aus dem Lohnausfallprinzip folgt auch, dass dem Betriebsratsmitglied ein Anspruch auf Vergütung für einen an sich in die Arbeitszeit fallenden Schulungstag dann nicht zusteht, wenn der betreffende Tag auf Grund einer Betriebsvereinbarung arbeitsfrei war und die dadurch ausgefallene Arbeitszeit vor- bzw. nachgearbeitet werden muss (*BAG* 27.6.1990 EzA § 37 BetrVG 1972 Nr. 104). Auf der anderen Seite ist bei der Berechnung des fortzuzahlenden Entgelts in Bezug auf leistungs- oder erfolgsabhängige Zahlungen die Betriebsratsarbeit zu berücksichtigen. Für monatliche Zuwendungen dieser Art ist der Durchschnittswert der an vergleichbare Arbeitnehmer gezahlten Leistungslöhne zu Grunde zu legen. Bei der Berechnung von Jahressonderleistungen, die an eine bestimmte Zielvorgabe anknüpfen, ist dann, wenn der Umsatz allein vom Mitarbeiter beeinflusst ist, die Vorgabe entsprechend dem Verhältnis der Betriebsratsarbeit zur insgesamt verfügbaren Arbeitszeit zu kürzen. Hängt der Umsatz auch von anderen Maßnahmen des Arbeitgebers ab (z.B. Marketing-Maßnahmen des Unternehmens), wofür der Arbeitgeber darlegungs- und beweispflichtig ist, kann eine Festlegung der neuen Umsatzvorgabe auf der Grundlage einer Schätzung nach § 287 ZPO erfolgen. Je größer dabei der Anteil am Umsatz ist, der durch den Mitarbeiter selbst beeinflussbar ist, desto stärker wirkt sich die Betriebsratsarbeit in Form einer Verringerung der Umsatzvorgabe aus (vgl. *Gaul* BB 1998, 101 ff. mit Berechnungsbeispielen). Einem vollständig freigestellten Betriebsratsmitglied, dem vor der Freistellung ein Dienstwagen auch zur privaten Nutzung zur Verfügung gestellt wurde, ist ein Fahrzeug auch nach seiner Freistellung zu überlassen, da die private Nutzungsmöglichkeit als Sachbezug Teil des Vergütungsanspruchs ist (*BAG* 23.6.2004 EzA § 37 BetrVG 2001 Nr. 2).

Nicht zum fortzuzahlenden Entgelt gehören finanzielle Leistungen des Arbeitgebers, die **620**
ausschließlich als Ersatz für besondere, im Zusammenhang mit der Arbeitsleistung stehende Aufwendungen gezahlt werden, wie z.B. Kilometergeld für Monteure (*BAG* 14.9.1988 NZA 1989, 856), Aufwandsentschädigungen, wie z.B. Fernauslösungen (*BAG* 18.9.1991 EzA § 37 BetrVG 1972 Nr. 109). Als Indiz dafür, dass typischerweise entsprechende Mehraufwendungen anfallen, kann auf die Festsetzung steuerfreier Pauschbeträge durch die Finanzverwaltung zurückgegriffen werden (*BAG* 5.4.2000 EzA § 37 BetrVG 1972 Nr. 141).

Etwas anderes gilt jedoch dann, wenn im Einzelfall eine als Aufwendungsersatz gekennzeichnete Leistung tatsächlich der Verbesserung des Lebensstandards des Arbeitnehmers dient und daher als Arbeitsentgelt anzusehen ist (*BAG* 5.4.2000 EzA § 37 BetrVG 1972 Nr. 141), wie z.B. der steuerpflichtige Teil der Nahauslösung nach § 7 des Bundesmontage-TV Metall (*BAG* 10.2.1988 EzA § 37 BetrVG 1972 Nr. 91). Hat ein Betriebsratsmitglied vor seiner Freistellung steuerfrei (z.B. Nachtarbeits-)Zuschläge zum Lohn erhalten, so kann es nach seiner Freistellung vom Arbeitgeber nicht deren unversteuerte Auszahlung verlangen, weil nach dem EStG nur die tatsächlich geleisteten erschwerten Arbeitsstunden steuerfrei sind, sodass die Steuerfreiheit den Anspruch nach § 37 Abs. 2 BetrVG nicht erfasst. Der Arbeitgeber ist auch nicht zur Zahlung der sich aus der eingetretenen Steuerpflichtigkeit ergebenden Differenz zum Nettolohn verpflichtet (*BAG* 22.8.1985 EzA § 37 BetrVG 1972 Nr. 82).

Der Begriff des fortzuzahlenden Arbeitsentgelts i.S.d. § 37 Abs. 2 BetrVG kann mangels **621**
einer Tariföffnungsklausel nicht in Tarifverträgen modifiziert werden (*BAG* 28.8.1991 EzA § 37 BetrVG 1972 Nr. 107).

e) Freizeitausgleich und Abgeltung, § 37 Abs. 3 BetrVG

622 Der Arbeitgeber hat grds. durch organisatorische Vorkehrungen dafür zu sorgen, dass die Betriebsratsmitglieder ihre Aufgaben während der Arbeitszeit erfüllen können. Soweit dies ausnahmsweise aus betriebsbedingten Gründen nicht möglich ist, soll das Betriebsratsmitglied jedenfalls einen Ausgleich für die ihm auferlegte Belastung erhalten, und zwar primär in Form des Freizeitausgleichs und nur sekundär durch Gewährung eines Vergütungszuschlages.

aa) Voraussetzungen

623 Es muss objektiv eine Betriebsratstätigkeit vorliegen, deren Durchführung aus betriebsbedingten Gründen außerhalb der Arbeitszeit erfolgte. Die zur ordnungsgemäßen Durchführung der Amtsaufgabe erforderliche Tätigkeit muss außerhalb der Arbeitszeit verrichtet worden sein.

624 Maßgeblich ist nicht die betriebsübliche, sondern die individuelle Arbeitszeit des Betriebsratsmitglieds (*BAG* 3.12.1987 EzA § 37 BetrVG 1972 Nr. 89). Dies gilt auch für Teilzeitbeschäftigte und andere Formen flexibler Arbeitszeitgestaltung (GK-BetrVG/*Weber* § 37 Rz. 82).

625 Ist die Arbeitsleistung hinsichtlich der zeitlichen Lage, des zeitlichen Umfanges und z. T. auch des Ortes ganz oder teilweise selbst bestimmbar und nicht innerhalb eines Betriebes zu erbringen, wie z.B. bei einem Lehrer, ist nach Auffassung des *BAG* (3.12.1987 EzA § 37 BetrVG 1972 Nr. 89) i.d.R. ohne nähere Darlegung und Nachweis davon auszugehen, dass außerhalb des Betriebes erbrachte Betriebsratstätigkeit außerhalb der individuellen Arbeitszeit geleistet wurde.

626 Betriebsbedingt sind alle Umstände, die auf die Eigenart des Betriebes, die Gestaltung des Arbeitsablaufes oder die Beschäftigungslage zurückzuführen sind sowie weiter solche, die vom Arbeitgeber veranlasst werden, also dem Arbeitgeberbereich zuzuordnen sind (*BAG* 16.4.2003 EzA § 37 BetrVG 2001 Nr. 1).

627 Der Gestaltung des Arbeitsablaufes in diesem Sinne zurechenbar ist z.B. die Teilnahme an einer Betriebsratssitzung außerhalb der Schicht des Betriebsratsmitglieds (GK-BetrVG/*Weber* § 37 Rz. 77). Erforderlich ist, dass bestimmte Gegebenheiten und Sachzwänge des Betriebes die Undurchführbarkeit der Betriebsratstätigkeit während der Arbeitszeit bedingen (*BAG* 7.6.1979 EzA § 87 BetrVG 1972 Nr. 102; 3.12.1987 EzA § 37 BetrVG 1972 Nr. 89). Gleiches gilt für Tätigkeiten, die zwar für sich alleine keine Betriebsratstätigkeit darstellen, aber in einem notwendigen sachlichen Zusammenhang mit der Durchführung einer Betriebsratstätigkeit stehen, wie z.B. Reisezeiten (zu Reisezeiten: *BAG* 21.6.2006 – 7 AZR 389/05 – NZA 2006, 1417 = FA 2007, 23 LS; 16.4.2003 EzA § 37 BetrVG 2001 Nr. 1) oder zusätzliche Wegezeiten, die ein Betriebsratsmitglied zur Erfüllung notwendiger Aufgaben aufwendet, wenn die Reise aus betriebsbedingten Gründen außerhalb der Arbeitszeit durchgeführt worden ist (*BAG* 15.2.1989 EzA § 37 BetrVG 1972 Nr. 101).

628 Wäre eine Durchführung der Betriebsratstätigkeit auch während der Arbeitszeit in Betracht gekommen, beruht die Durchführung dieser Aufgabe außerhalb der Arbeitszeit nur dann auf betriebsbedingten Gründen, wenn der Arbeitgeber zumindest darauf Einfluss genommen hat, dass sie nicht während der Arbeitszeit verrichtet werden soll (*BAG* 26.1.1994 EzA § 37 BetrVG 1972 Nr. 118).

Betriebsbedingte Gründe können sich auch aus der Arbeitszeitgestaltung ergeben. Gem. § 37 Abs. 3 S. 2 BetrVG (eingefügt durch das BetrVerf-ReformG vom 23.7.2001 BGBl. I S. 1852 ff.) liegen betriebsbedingte Gründe auch vor, wenn die Betriebsratstätigkeit wegen der unterschiedlichen Arbeitszeiten der Betriebsratsmitglieder nicht innerhalb der persönlichen Arbeitszeit erfolgen kann. Ohne das Hinzutreten weiterer Umstände ist dies der Fall, wenn es keinen Zeitraum gibt, in dem sich die Arbeitszeiten der einzelnen Betriebsratsmitglieder überschneiden. Gibt es hingegen einen Zeitraum sich überschneidender Arbeitszeiten der Betriebsratsmitglieder, müssen dann, wenn die Betriebsratstätigkeit gleichwohl außerhalb dieses Zeitraums durchgeführt werden soll, noch weitere Gründe, die dann die Betriebsbedingtheit i.S.d. § 37 Abs. 3 BetrVG ergeben, vorliegen, um einen Ausgleichsanspruch zu begründen (GK-BetrVG/*Weber* § 37 Rz. 82, 83). Kein Fall des § 37 Abs. 3 S. 2 BetrVG liegt z.B. vor, wenn der Betriebsrat eine Sitzung in die arbeitsfreie Zeit eines teilzeitbeschäftigten Betriebsratsmitgliedes legt, obwohl die Sitzung auch während dessen Arbeitszeit hätte stattfinden können. Angesichts dessen, dass der Gesetzgeber nur den Fall der Erledigung von Betriebsratstätigkeit außerhalb der Arbeitszeit wegen der unterschiedlichen Arbeitszeitgestaltung der Betriebsratsmitglieder erfasst hat, dürfte die früher diskutierte Streitfrage, ob bei teilzeitbeschäftigten Betriebsratsmitgliedern oder bei solchen, die nach anderen flexiblen Arbeitszeitformen, wie z.B. kapazitätsorientierte variable Arbeitszeit (vgl. § 12 TzBfG, s.o. Kap. 3 Rn. 4391 ff.) oder in einem Jobsharing-Arbeitsverhältnis (vgl. § 13 TzBfG, s.o. Kap. 3 Rn. 4407 ff.) beschäftigt werden, betriebsbedingte Gründe i.S.d. § 37 Abs. 3 BetrVG immer schon dann anzunehmen sind, wenn das Betriebsratsmitglied außerhalb seiner individuellen Arbeitszeit, aber innerhalb der betriebsüblichen Arbeitszeit Betriebsratstätigkeit entfaltet, nicht gegenstandslos geworden sein. Zum Teil (z.B. *LAG Frankf.* 3.3.1988 LAGE § 37 BetrVG 1972 Nr. 26; *LAG Bln.* 30.1.1990 LAGE § 37 BetrVG Nr. 32; DKK/*Wedde* § 37 Rz. 62) wird dies mit der Begründung bejaht, dass die Festlegung der Teilzeitarbeit Teil der betrieblichen Organisation sei. Nach anderer Auffassung (z.B. *LAG BW* 14.10.1997 LAGE § 37 BetrVG 1972 Nr. 51; *ArbG Gießen* 26.2.1986 NZA 1986, 614; *Bengelsdorf* NZA 1989, 905, 909 ff.]; GK-BetrVG/*Weber* § 37 Rz. 80 ff.; vermittelnd *LAG Düsseld.* 19.5.1993 LAGE § 37 BetrVG 1972 Nr. 41) bedarf es auch für die Betriebsratstätigkeit teilzeitbeschäftigter Betriebsratsmitglieder außerhalb ihrer persönlichen Arbeitszeit der gesonderten Prüfung betriebsbedingter Gründe. 629

Eine geplante Betriebsratstätigkeit außerhalb der individuellen Arbeitszeit ist dem Arbeitgeber mitzuteilen, damit dieser gegebenenfalls die Entscheidung darüber treffen kann, ob durch eine Änderung des Betriebsablaufes die Wahrnehmung der Aufgabe während der individuellen Arbeitszeit ermöglicht wird (*BAG* 3.12.1987 EzA § 37 BetrVG 1972 Nr. 89; 31.10.1985 EzA § 37 BetrVG 1972 Nr. 83). Einer Anzeige bedarf es nur dann nicht, wenn entsprechende Dispositionen des Arbeitgebers ohnehin nicht in Betracht kommen oder der Arbeitgeber eine Befreiung von der Arbeitspflicht während der Arbeitszeit auch für zukünftige Fälle bereits endgültig verweigert hat (*BAG* 3.12.1987 EzA § 37 BetrVG 1972 Nr. 89). 630

Nicht erfasst sind betriebsratsbedingte Gründe, d.h. solche Umstände, die sich aus der Gestaltung der Betriebsratstätigkeit durch den Betriebsrat ergeben und dem Einfluss des Arbeitgebers entzogen sind (*BAG* 19.7.1977 EzA § 37 BetrVG 1972 Nr. 57). 631

Die Teilnahme an Schulungs- und Bildungsveranstaltungen nach § 37 Abs. 6 und 7 BetrVG kann nach der Neufassung des § 37 Abs. 6 BetrVG durch das BetrV-ReformG Ausgleichsansprüche begründen, weil § 37 Abs. 6 BetrVG im Gegensatz zur früheren Rechtslage (vgl. zum früheren Recht etwa *BAG* 27.6.1990 EzA § 37 BetrVG 1972 Nr. 104) nunmehr auch auf § 37 Abs. 3 BetrVG verweist. Ein Freizeitausgleichsanspruch wird insbes. bei der Teilnahme teilzeitbeschäftigter Betriebsratsmitglieder an Schulungsveranstaltungen gegeben sein (vgl. GK-BetrVG/*Weber* § 37 Rz. 212). 632

bb) Arbeitsbefreiung und Abgeltung

633 Liegen die Voraussetzungen des § 37 Abs. 3 BetrVG vor, so besteht primär ein Anspruch auf Ausgleich durch Nachgewährung entsprechender Arbeitsbefreiung unter Fortzahlung des Arbeitsentgelts. Nur wenn dieser Anspruch aus betriebsbedingten Gründen nicht vor Ablauf eines Monates erfüllt werden konnte, besteht hilfsweise ein Abgeltungsanspruch auf Vergütung der aufgewendeten Zeit wie Mehrarbeit. Die Rangordnung der Ansprüche ist zwingend (DKK/*Wedde* § 37 Rz. 65). Insbesondere wandelt sich der Anspruch auf Freizeitausgleich weder durch bloßen Ablauf der Monatsfrist des § 37 Abs. 3 BetrVG noch dadurch in einen Vergütungsanspruch um, dass der Arbeitgeber den Freizeitausgleich nicht von sich aus gewährt (*BAG* 25.8.1999 EzA § 37 BetrVG 1972 Nr. 140).

634 Der Anspruch auf Arbeitsbefreiung ist von dem einzelnen Betriebsratsmitglied unverzüglich (§§ 121, 242 BGB) geltend zu machen. Sein Umfang entspricht dem Zeitaufwand der geleisteten Betriebsratstätigkeit. Ein Anspruch auf einen Freizeitzuschlag – entsprechend dem Mehrarbeitszuschlag – besteht nicht (*BAG* 19.7.1977 EzA § 37 BetrVG 1972 Nr. 55; **a.A.** DKK/*Wedde* § 37 Rz. 68). Das Arbeitsentgelt ist für die Zeit der Arbeitsbefreiung ungeschmälert weiterzuzahlen. Auch insoweit gibt es keinen Zuschlag (*BAG* 19.7.1977 EzA § 37 BetrVG 1972 Nr. 55).

635 Über die zeitliche Lage der Arbeitsbefreiung hat der Arbeitgeber nach billigem Ermessen (§ 315 Abs. 1 BGB) zu entscheiden, wobei den Vorstellungen des Betriebsratsmitglieds zu entsprechen ist, sofern nicht betriebliche Gründe entgegenstehen (GK-BetrVG/*Weber* § 37 Rz. 94). Er darf den Anspruch grds. nicht eigenmächtig durchsetzen und von sich aus der Arbeit fernbleiben (GK-BetrVG/*Weber* § 37 Rz. 90; MünchArbR/*Joost* § 308 Rz. 44). Zum Teil wird eine eigenmächtige Inanspruchnahme des Freizeitausgleiches dann als zulässig erachtet, wenn der Arbeitgeber den Ausgleichsanspruch nicht innerhalb eines Monates erfüllt und keine erkennbaren Gründe, die der Gewährung des Ausgleichsanspruches entgegenstehen, vorhanden sind (so DKK/*Wedde* § 37 Rz. 66).

636 Nach ganz überwiegender Meinung (GK-BetrVG/*Weber* § 37 Rz. 91; **a.A.** MünchArbR/*Joost* § 300 Rz. 43 f.) handelt es sich bei der in § 37 Abs. 3 BetrVG vorgesehenen Monatsfrist nicht um eine Ausschlussfrist, sodass der Anspruch auf Arbeitsbefreiung bestehen bleibt und der regulären Verjährung unterliegt, wenn die Arbeitsbefreiung aus anderen als betriebsbedingten Gründen nicht vor Ablauf eines Monates gewährt wird. Vor Ablauf der Verjährungsfrist kann jedoch eine Verwirkung des Anspruches eintreten, wenn der Arbeitnehmer den Anspruch unverhältnismäßig spät geltend macht (GK-BetrVG/*Weber* § 37 Rz. 92).

637 Ein Anspruch auf Abgeltung setzt nach § 37 Abs. 3 BetrVG voraus, dass die nachträgliche Arbeitsbefreiung aus betriebsbedingten Gründen vor Ablauf eines Monates nicht gewährt werden konnte.

638 Der Arbeitgeber hat kein Wahlrecht zwischen Arbeitsbefreiung und Abgeltung; die Arbeitsbefreiung hat vielmehr Vorrang. Betriebsbedingte Gründe i.S.d. § 37 Abs. 3 S. 2 BetrVG sind deshalb nur solche, die die Arbeitsbefreiung aus objektiven, in den betrieblichen Verhältnissen liegenden Gründen als nicht zumutbar erscheinen lassen. Hiervon kann das Betriebsratsmitglied ausgehen, wenn der Arbeitgeber unter Berufung auf solche Gründe den Freizeitausgleich verweigert. Fehlt es hieran, kann das Betriebsratsmitglied nur einen Anspruch auf Freizeitausgleich geltend machen (*BAG* 25.8.1999 EzA § 37 BetrVG 1972 Nr. 140).

639 Streitig ist, ob die Regelungen des § 37 Abs. 3 S. 2 BetrVG, derzufolge die abzugeltende Zeit wie Mehrarbeit zu vergüten ist, bedeutet, dass stets auch ein tarifvertraglich, durch Betriebsvereinbarung, Arbeitsvertrag oder gesetzlich vorgesehener Mehrarbeitszuschlag zu zahlen ist. Nach überwiegender Auffassung besteht ein solcher Anspruch nur, wenn ein Mehrarbeitszuschlag auch dann zu zahlen gewesen wäre, wenn durch die Tätigkeit, wäre sie als berufliche Tätigkeit erfolgt, ebenfalls ein Anspruch auf Mehrarbeitsvergütung ausgelöst worden wäre (*Richardi* § 37 Rz. 60; *BAG* 7.2.1985 EzA § 37 BetrVG 1972 Nr. 81). Deshalb ist nach Auffassung des *BAG* (7.2.1985 EzA § 37 BetrVG 1972 Nr. 81) für die Tätigkeit eines in

Teilzeit beschäftigten Betriebsratsmitglieds, das außerhalb seiner individuellen Arbeitszeit Betriebsratstätigkeit durchgeführt hat, bis zur Grenze der von einem vollbeschäftigten Arbeitnehmer zu leistenden Tätigkeit der Ausgleichsanspruch nach der für die regelmäßige Arbeitszeit in Ansatz zu bringenden Vergütung zu berechnen.

f) Streitigkeiten

Bei Streitigkeiten zwischen dem Betriebsrat und dem Arbeitgeber im Zusammenhang mit der vorübergehenden Arbeitsbefreiung nach § 37 Abs. 2, 3 BetrVG ist zwischen individualrechtlichen und betriebsverfassungsrechtlichen Streitigkeiten zu unterscheiden. Soweit es allein um die Frage geht, ob und inwieweit eine Arbeitsbefreiung zur Durchführung von Betriebsratsaufgaben erforderlich ist, ob Betriebsratstätigkeit aus betriebsbedingten Gründen außerhalb der Arbeitszeit durchzuführen ist oder die Arbeitsbefreiung aus betriebsbedingten Gründen nicht vor Ablauf eines Monates gewährt werden kann, findet das arbeitsgerichtliche Beschlussverfahren statt (*BAG* 27.6.1990 EzA § 37 BetrVG 1972 Nr. 105). Antragsberechtigt sind der Betriebsrat und der Arbeitgeber, ein einzelnes Betriebsratsmitglied dann, wenn es um seinen eigenen Anspruch auf Arbeitsbefreiung geht. Ansprüche auf Fortzahlung des Arbeitsentgelts, auf Freizeitausgleich unter Fortzahlung des Arbeitsentgelts sowie auf Mehrarbeitsvergütung sind hingegen im arbeitsgerichtlichen Urteilsverfahren geltend zu machen (*BAG* 21.5.1974 EzA § 37 BetrVG 1972 Nr. 24). 640

Die Darlegungslast verteilt sich wie folgt: Für die gesetzlichen Voraussetzungen des Entgeltfortzahlungsanspruchs nach § 37 Abs. 2 BetrVG i.V.m. § 611 BGB ist das Betriebsratsmitglied darlegungspflichtig. Es besteht aber eine abgestufte Darlegungslast (*BAG* 15.3.1995 EzA § 37 BetrVG 1972 Nr. 124). Das Betriebsratsmitglied hat zunächst stichwortartig zur Art der Betriebsratstätigkeit und deren Dauer vorzutragen. Das folgt schon aus dem allgemeinen Grundsatz, wonach der Antragsteller die anspruchsbegründenden Tatsachen darzulegen und im Bestreitensfall auch zu beweisen hat. Angaben zu Art und Umfang der Betriebsratstätigkeit sind an sich schon geeignet, das Vorliegen der gesetzlichen Voraussetzungen des Lohnfortzahlungsanspruchs nachzuvollziehen. Es ist sodann Sache des Arbeitgebers, seinerseits darzulegen, aus welchen Gründen unter Berücksichtigung der stichwortartigen Angaben des Betriebsratsmitglieds sich begründete Zweifel an der Erforderlichkeit der angegebenen Tätigkeit ergeben. Erst dann hat das Betriebsratsmitglied substantiiert darzulegen, auf Grund welcher Umstände es die Betriebsratstätigkeit für erforderlich halten durfte. 641

3. Freistellungen, § 38 BetrVG

a) Grundzüge

§ 38 BetrVG enthält keine § 37 Abs. 2 BetrVG verdrängende Sonderregelung, sondern pauschaliert lediglich den Anspruch des Betriebsrats auf Freistellung von Betriebsratsmitgliedern von ihrer beruflichen Tätigkeit, ohne dass jeweils der Nachweis geführt werden müsste, dass sie nach Größe und Art des Betriebes zur ordnungsgemäßen Durchführung der Betriebsratstätigkeit notwendig ist (*BAG* 19.5.1983 EzA § 37 BetrVG 1972 Nr. 77). Durch die Vorschrift sollen die sachgerechte Wahrnehmung der Betriebsratsaufgaben sichergestellt und Streitigkeiten über die Erforderlichkeit der Betriebsratstätigkeit vermieden werden (*BAG* 19.5.1983 EzA § 37 BetrVG 1972 Nr. 77). Durch Konzentration und Rationalisierung der Betriebsratstätigkeit soll zudem der Kostenaufwand für den Arbeitgeber verringert werden (MünchArbR/*Joost* § 308 Rz. 54). Der Freistellungsanspruch ist zunächst ein kollektiver Anspruch des Betriebsrats, der sich erst durch die Einigung zwischen Arbeitgeber und Betriebsrat in einen individuellen Anspruch des benannten Betriebsratsmitglieds auf Freistellung gegen den Arbeitgeber umwandelt (GK-BetrVG/*Weber* § 38 Rz. 9). 642

b) Zahl der freizustellenden Betriebsratsmitglieder

aa) Gesetzlicher Regelfall

643 Die Zahl der freizustellenden Betriebsratsmitglieder ergibt sich unmittelbar aus der Tabelle nach § 38 Abs. 1 BetrVG und ist abhängig von der Anzahl der Arbeitnehmer des Betriebs. Leiharbeitnehmer sind keine Arbeitnehmer des Entleiherbetriebes und daher bei der für die Anzahl der nach § 38 BetrVG freizustellenden Betriebsratsmitglieder maßgeblichen Belegschaftsstärke des Entleiherbetriebs nicht zu berücksichtigen (*BAG* 22.10.2003 EzA § 38 BetrVG 2001 Nr. 2). Für die Anwendung der Zahlenstaffel ist die individuelle Arbeitszeit des freizustellenden Betriebsratsmitglieds zunächst ohne Bedeutung: Wird ein teilzeitbeschäftigtes Betriebsratsmitglied vollständig freigestellt, wird diese Freistellung auf das Gesamtfreistellungsvolumen nach § 38 Abs. 1 BetrVG angerechnet. Der Betriebsrat kann grds. nicht mehr Freistellungen als gesetzlich vorgesehen beschließen. Stimmt der Arbeitgeber aber einer größeren als im Gesetz vorgesehenen Zahl von Freistellungen zu, sind diese zusammen mit den Mindestfreistellungen in einem Wahlgang vorzunehmen (*LAG Frankf./M.* 1.8.1991 DB 1991, 2494). Zur Feststellung der Zahl der i.d.R. beschäftigten Arbeitnehmer ist auf den Zeitpunkt der Beschlussfassung des Betriebsrates abzustellen (*BAG* 26.7.1989 EzA § 38 BetrVG 1972 Nr. 11). Ändert sich die Zahl der Beschäftigten nicht nur vorübergehend dergestalt, dass in Anwendung der Tabelle eine höhere oder niedrigere Zahl von Freistellungen vorzunehmen wäre, hat der Betriebsrat hierüber erneut zu beschließen. Gegebenenfalls kann der Arbeitgeber eine Entscheidung im Beschlussverfahren herbeiführen (vgl. MünchArbR/*Joost* § 308 Rz. 58; GK-BetrVG/*Weber* § 38 Rz. 13, 14, 103).

bb) Abweichende Regelungen, weitere Freistellungen, Teilfreistellungen

644 Gem. § 38 Abs. 1 S. 4 BetrVG können durch Tarifvertrag oder freiwillige Betriebsvereinbarung anderweitige Regelungen über die Freistellung vereinbart werden. Neben einer Erhöhung der Anzahl der freizustellenden Betriebsratsmitglieder kommt auch die Vereinbarung einer geringeren als nach der gesetzlichen Mindeststaffel vorgesehenen Anzahl freizustellender Betriebsratsmitglieder in Betracht. Durch einseitigen Beschluss des Betriebsrats oder entsprechender Regelung in der Geschäftsordnung des Betriebsrats kann dieser nicht einseitig eine abweichende Regelung herbeiführen (*BAG* 28.7.1989 EzA § 38 BetrVG 1972 Nr. 11).

645 Gem. § 38 Abs. 1 S. 3, 4 BetrVG, eingefügt durch das BetrVerf-ReformG vom 23.7.2001 (BGBl. I S. 1852 ff.), ist nunmehr gesetzlich klargestellt, dass der Betriebsrat berechtigt ist, statt der Freistellung eines Betriebsratsmitglieds die teilweise Freistellung mehrerer Betriebsratsmitglieder zu beschließen, was allerdings nicht zu einer zusätzlichen arbeitszeitmäßigen Belastung des Arbeitgebers führen darf (zur früheren Rechtslage vgl. *BAG* 26.6.1996 EzA § 38 BetrVG 1972 Nr. 15).

646 Wie eine solche Teilfreistellung umgesetzt wird (Aufteilung der täglichen Arbeitszeit, tageweise vollständige Freistellung), obliegt grds. der freien Organisationsentscheidung des Betriebsrats. Hält der Arbeitgeber die Teilfreistellung eines bestimmten Betriebsratsmitglieds generell oder in der vom Betriebsrat vorgesehenen Form für sachlich nicht vertretbar, kann er gem. § 38 Abs. 2 S. 4–7 BetrVG die Einigungsstelle anrufen (s.u. Rn. 654 ff.).

647 Werden Teilfreistellungen vorgenommen, so dürfen diese zusammengenommen nicht den Umfang der Freistellungen nach § 38 Abs. 1 S. 1, 2 BetrVG überschreiten, wobei sich das Freistellungsvolumen nach dem aus § 38 Abs. 1 S. 1 und 2 BetrVG auf der Basis von Vollarbeitsplätzen zu ermittelnden abstrakten Arbeitszeitvolumen bemisst (GK-BetrVG/*Weber* § 38 Rz. 30). Wird z.B. ein mit der Hälfte der betriebsüblichen Arbeitszeit teilzeitbeschäftigtes Betriebsratsmitglied zur Hälfte freigestellt, so beträgt das nicht in Anspruch genommene Freistellungspotenzial drei Viertel der betriebsüblichen Arbeitszeit (GK-BetrVG/*Weber* § 38 Rz. 30; **a.A.** *Löwisch* DB 2001, 1734, 1743).

Da die Freistellungen nach der Tabelle gem. § 38 Abs. 1 BetrVG nur mindestens vorzunehmen sind, können im Einzelfall nach den Verhältnissen des konkreten Betriebes zur ordnungsgemäßen Durchführung der Betriebsratsaufgaben gem. § 37 Abs. 2 BetrVG weitere Freistellungen für Stunden, Tage oder für die gesamte Arbeitszeit erforderlich sein (*BAG* 26.7.1989 EzA § 38 BetrVG 1972 Nr. 11). 648

Der Betriebsrat muss hierzu darlegen, dass nach Art und Umfang des Betriebes die zusätzliche Freistellung zur ordnungsgemäßen Durchführung der ihm obliegenden Aufgaben erforderlich ist und dartun, auf Grund welcher Tatsachen seine Arbeitsbelastung in zeitlicher Hinsicht derart erhöht ist, dass eine zusätzliche Freistellung erforderlich ist und weshalb auch nicht zeitweilig durch Ausschöpfung seiner sonstigen personellen Möglichkeiten die anfallenden notwendigen Betriebsratsarbeiten verrichtet werden können. Dabei ist zu berücksichtigen, dass für den Regelfall der Bedarf an Freistellungen bereits durch § 38 BetrVG abgedeckt ist (*BAG* 26.7.1989 EzA § 38 BetrVG 1972 Nr. 11; 12.2.1997 EzA § 38 BetrVG 1972 Nr. 16). Diese Grundsätze gelten entsprechend für die gänzliche oder teilweise Freistellung eines oder mehrerer Betriebsratsmitglieder in Betrieben mit i.d.R. weniger als 200 Arbeitnehmern. Auch insoweit bestimmt sich der erforderliche Umfang der generellen Freistellung nach den konkreten Verhältnissen im Betrieb und kann nicht nach Richtwerten in Anlehnung an die Freistellungsstaffel des § 38 Abs. 1 BetrVG bestimmt werden. Erforderlich ist, dass regelmäßig Betriebsratstätigkeit in einem bestimmten, einer Pauschalierung zugänglichen Mindestumfang anfällt (*BAG* 13.11.1991 EzA § 37 BetrVG 1972 Nr. 106). Ist ein Betriebsratsmitglied durch die Wahrnehmung einer Funktion in einem anderen betriebsverfassungsrechtlichen Organ, wie z.B. zum Gesamtbetriebsrat in einem zeitlich feststehenden Umfang an der Erledigung von Betriebsratsaufgaben verhindert, folgt hieraus nicht automatisch die Notwendigkeit einer entsprechenden weiteren Freistellung eines anderen Betriebsratsmitglieds. Die weitere Freistellung ist vielmehr nur dann erforderlich, wenn auch nach einer zumutbaren betriebsratsinternen Umverteilung die Aufgaben des Betriebsrats durch die anderen Betriebsratsmitglieder nicht erledigt werden können und deshalb eine weitere Freistellung unumgänglich ist (*BAG* 12.2.1997 EzA § 38 BetrVG 1972 Nr. 16). Gleiches gilt im Falle einer urlaubs-, krankheits- oder schulungsbedingte Verhinderung eines nach § 38 Abs. 1 BetrVG freigestellten Betriebsratsmitglieds (*BAG* 9.7.1997 EzA § 37 BetrVG 1972 Nr. 137). Die Einrichtung einer Betriebsratssprechstunde bedingt dies z.B. nicht, sondern hat nur zur Folge, dass vor Abhaltung der Sprechstunde im jeweils erforderlichen Umfang ein Betriebsratsmitglied gem. § 37 Abs. 2 BetrVG konkret von seiner Arbeitspflicht befreit wird (*BAG* 13.11.1991 EzA § 37 BetrVG 1972 Nr. 106). Eine zusätzliche Freistellung kann insbes. in Betracht kommen, wenn ein teilzeitbeschäftigtes Betriebsratsmitglied freigestellt worden ist, da der Gesetzgeber bei der Aufstellung der Freistellungsstaffel von vollzeitbeschäftigten Arbeitnehmern ausgegangen ist (vgl. *LAG Düsseld.* 26.9.1989 LAGE § 38 BetrVG 1972 Nr. 4; GK-BetrVG/*Weber* § 38 Rz. 21). 649

Über zusätzlich erforderliche Freistellung hat der Betriebsrat zunächst eine Einigung mit dem Arbeitgeber anzustreben. Kommt eine solche nicht zu Stande, entscheidet das Arbeitsgericht im Beschlussverfahren (*BAG* 22.5.1973 EzA § 38 BetrVG 1972 Nr. 5; 16.1.1979 EzA § 38 BetrVG 1972 Nr. 9). 650

cc) Entscheidung des Betriebsrates, Verfahren

Die freizustellenden Betriebsratsmitglieder werden vom Betriebsrat aus seiner Mitte nach vorheriger Beratung mit dem Arbeitgeber gewählt. Die vorgesehene Beratung mit dem Arbeitgeber hat mit dem gesamten Betriebsrat zu erfolgen (*BAG* 26.7.1993 EzA § 38 BetrVG 1972 Nr. 13). Wird sie unterlassen, so hat dies nach überwiegender Auffassung (GK-BetrVG/*Weber* § 38 Rz. 45; DKK/*Berg* § 38 Rz. 38; **a.A.** etwa: *ArbG Hagen* 20.12.1972 DB 1973, 191; *Richardi* § 38 Rz. 30) auf die Wirksamkeit der Wahl keinen Einfluss. Ein ausreichender Schutz des Arbeitgebers ist durch die Möglichkeit der Anrufung der Einigungsstelle bei Bedenken gegen den Freistellungsbeschluss gewährleistet. 651

652 Für die Durchführung der Wahl gilt folgendes (*BAG* 11.3.1992 EzA § 38 BetrVG 1972 Nr. 12):

Werden mehrere Vorschlagslisten eingereicht, so gelten die Grundsätze der Verhältniswahl, sodass die gewählten Betriebsratsmitglieder nach dem Höchstzahlensystem zu bestimmen sind. Die Erhöhung der Anzahl freizustellender Betriebsratsmitglieder während der laufenden Amtszeit des Betriebsrats erfordert die Neuwahl aller freizustellenden Betriebsratsmitglieder, wenn die ursprüngliche Freistellungswahl nach den Grundsätzen der Verhältniswahl erfolgt ist. Einer vorherigen Abberufung der bisher Freigestellten bedarf es dazu nicht (*BAG* 20.4.2005 EzA § 38 BetrVG 2001 Nr. 3). Liegt nur eine Vorschlagsliste vor, so gelten die Grundsätze der Mehrheitswahl. Die Personen mit den meisten Stimmen sind gewählt. Ist nur ein Betriebsratsmitglied freizustellen, so wird dieses mit einfacher Stimmenmehrheit gewählt.

653 Mängel der Wahl müssen grds. entsprechend § 19 BetrVG innerhalb der dort vorgesehenen Frist von zwei Wochen nach Abschluss der Wahl im Rahmen eines Wahlanfechtungsverfahrens geltend gemacht werden (*BAG* 15.1.1992 EzA § 19 BetrVG 1972 Nr. 37; 11.3.1992 EzA § 38 BetrVG 1972 Nr. 12). Die Anfechtungsfrist beginnt mit der Feststellung des Wahlergebnisses durch den Betriebsrat. Ausnahmsweise beginnt die Frist erst mit der tatsächlichen Kenntnisnahme, so z.B. für ein Betriebsratsmitglied, welches wegen Verhinderung nicht an der Betriebsratssitzung teilgenommen hat, in der die Wahl durchgeführt wurde (*BAG* 20.4.2005 EzA § 38 BetrVG 2001 Nr. 4). Eine Nichtigkeit der Wahl liegt nur bei ganz groben, offensichtlichen Rechtsverstößen vor, z.B. bei Verstoß gegen die Grundsätze der geheimen Wahl (vgl. GK-BetrVG/*Weber* § 38 Rz. 50).

654 Nach Durchführung der Wahl ist das Ergebnis dem Arbeitgeber bekannt zu geben. Er kann sein Einverständnis erklären und damit die Freistellung vornehmen.

655 Hält der Arbeitgeber eine oder mehrere Freistellungen für sachlich nicht vertretbar, so kann er innerhalb einer Frist von zwei Wochen nach der Bekanntgabe die Einigungsstelle anrufen. Unterbleibt dies, gilt das Einverständnis des Arbeitgebers als erteilt.

656 Es handelt sich um eine Ausschlussfrist, die bei Bestehen einer ständigen Einigungsstelle dann gewahrt ist, wenn vor ihrem Ablauf der Antrag des Arbeitgebers beim Einigungsstellenvorsitzenden eingegangen ist, andernfalls dann, wenn innerhalb der Frist beim Vorsitzenden des Betriebsrates ein Antrag des Arbeitgebers auf Bildung einer Einigungsstelle eingegangen ist (GK-BetrVG/*Weber* § 38 Rz. 57; vgl. auch DKK/*Berg* § 38 Rz. 48, der verlangt, dass der Antrag auch einen Vorschlag für den Vorsitzenden der Einigungsstelle und die Zahl der Beisitzer enthält). Die Einigungsstelle hat zu überprüfen, ob die betreffende Freistellung sachlich vertretbar ist. Sachlich nicht vertretbar ist die Auswahlentscheidung des Betriebsrates nur dann, wenn ihr betriebliche Notwendigkeit i.S.v. dringenden betrieblichen Gründen entgegenstehen, wenn diese Gründe zwingenden Vorrang vor dem Interesse des Betriebsrates an der Freistellung gerade dieses Betriebsratsmitglieds haben (GK-BetrVG/*Weber* § 38 Rz. 59). Bloße Erschwerungen des Betriebsablaufes oder sonstige Unannehmlichkeiten reichen nicht aus (DKK/*Berg* § 38 Rz. 46). Die Entscheidung des Betriebsrates hat grds. Vorrang und kann nur in engen Grenzen korrigiert werden (MünchArbR/*Joost* § 308 Rz. 74). Sachlich nicht vertretbar kann die Auswahl eines Betriebsratsmitglieds sein, das nicht oder nur mit unverhältnismäßigem Aufwand an seinem Arbeitsplatz zu ersetzen ist oder wenn durch die Freistellung mehrerer Betriebsratsmitglieder einer Arbeitsgruppe oder Abteilung entsprechende Schwierigkeiten entstehen (vgl. GK-BetrVG/*Weber* § 38 Rz. 59). Hält die Einigungsstelle die Freistellung für sachlich nicht vertretbar, so hat sie selbst ein anderes Betriebsratsmitglied freizustellen. Dabei hat sie nach § 38 Abs. 2 S. 6 BetrVG auch den Minderheitenschutz i.S.d. Satzes 1 zu beachten: Im Falle der Verhältniswahl ist dann, wenn ein Repräsentant einer im Betriebsrat vertretenen Minderheitsliste infolge sachlicher Unvertretbarkeit seiner Freistellung zu ersetzen ist, vorrangig zu prüfen, ob nicht ein anderes Mitglied

dieser Liste freigestellt werden kann. Zwingend muss dies allerdings nicht geschehen (GK-BetrVG/*Weber* § 38 Rz. 63).

dd) Ausscheiden und Verhinderung freigestellter Betriebsratsmitglieder

Bei Ausscheiden eines freigestellten Betriebsratsmitgliedes rückt das Ersatzmitglied (§ 25 Abs. 1 BetrVG) nur in die Rechtsstellung als Betriebsmitglied nach, sodass die Freistellung nicht automatisch für das Ersatzmitglied gilt. Bei zeitweiser Verhinderung behält das Mitglied seine Rechtsstellung als freigestelltes Betriebsratsmitglied; bei Verhinderung für längere Zeit hat aber der Betriebsrat unter Umständen gem. §§ 37 Abs. 2, 38 Abs. 1 BetrVG einen Anspruch auf zusätzliche zeitweise Freistellung eines seiner Mitglieder. Verhinderungen von kurzer Dauer werden allerdings durch die gesetzliche Pauschalierung der Freistellungen ausgeglichen und begründen keinen Anspruch auf eine Ersatzfreistellung (*BAG* 22.5.1973 EzA § 38 BetrVG 1972 Nr. 4). 657

Endet die Freistellung eines Betriebsratsmitglieds oder ist wegen einer Erhöhung der Beschäftigtenzahl eine weitere Freistellung vorzunehmen, stellt sich die Frage, in welcher Weise die Ersatzfreistellung oder Nachwahl zu erfolgen hat. Überwiegend wird es zunächst für zulässig gehalten, dass der Betriebsrat vorsorglich ersatzweise freizustellende Betriebsratsmitglieder wählt oder analog § 25 BetrVG beschließt, dass im Falle der Verhinderung oder des Ausscheidens des freigestellten Betriebsratsmitgliedes noch vorhandene, aber nicht gewählte Listenkandidaten freigestellt sind (GK-BetrVG/*Weber* § 38 Rz. 72; DKK/*Berg* § 38 Rz. 57; offen gelassen in *BAG* 28.10.1992 EzA § 38 BetrVG 1972 Nr. 14 – abl. *LAG Bln.* 9.6.1995 LAGE § 38 BetrVG 1972 Nr. 7). Fehlt eine solche vorsorgliche Wahl ist im Falle der Mehrheitswahl auch die Nachwahl im Wege der Mehrheitswahl vorzunehmen. Wurden die Freigestellten in Verhältniswahl gewählt, ist das ersatzweise freizustellende Betriebsratsmitglied in entsprechender Anwendung des § 25 Abs. 2 BetrVG der Vorschlagsliste zu entnehmen, der das zu ersetzende Mitglied angehörte. Bei Listenerschöpfung ist das ersatzweise freizustellende Mitglied im Wege der Mehrheitswahl zu wählen (*BAG* 14.11.2001 EzA § 38 BetrVG 1972 Nr. 19; 25.4.2001 EzA § 38 BetrVG 1972 Nr. 18; GK-BetrVG/*Weber* § 38 Rz. 74, 75). 658

ee) Die Rechtsstellung der freigestellten Betriebsratsmitglieder

Mit der Freistellung ist das Betriebsratsmitglied allein von der Arbeitspflicht entbunden, die übrigen Pflichten aus dem Arbeitsverhältnis bleiben bestehen. Es ist an die betriebsüblichen Arbeitszeiten gebunden und hat sich während der Arbeitszeit ausschließlich Betriebsratsaufgaben zu widmen oder sich für solche bereitzuhalten. Andere Tätigkeiten dürfen nicht ausgeübt werden. Es gelten die Urlaubsregelungen, die anzuwenden wären, wenn keine Freistellung bestünde (*BAG* 20.8.2002 EzA § 38 BetrVG 2001 Nr. 1; 31.5.1989 EzA § 37 BetrVG 1972 Nr. 100; 17.10.1990 EzA § 40 BetrVG 1972 Nr. 65). 659

Das freigestellte Betriebsratsmitglied hat sich grds. am Sitz des Betriebsrats für die Betriebsratstätigkeiten bereitzuhalten. Das gilt auch dann, wenn es vor der Freistellung seine Tätigkeit außerhalb des Betriebes zu leisten hatte. Die Freistellung führt dann zu einer Veränderung des Leistungsortes (*BAG* 28.8.1991 EzA § 40 BetrVG 1972 Nr. 66). Maßnahmen zur Anwesenheitskontrolle sind in gleicher Weise wie für andere Arbeitnehmer verbindlich. Zeiterfassungsgeräte sind auch von ihnen zu benutzen (GK-BetrVG/*Weber* § 38 Rz. 77). Wird die Anwesenheitspflicht missachtet, verletzt das Betriebsratsmitglied nicht nur seine Amtspflicht, sondern zugleich auch arbeitsvertragliche Pflichten und verliert für diese Zeit seinen Anspruch auf das Arbeitsentgelt (*BAG* 22.8.1974 EzA § 103 BetrVG 1972 Nr. 6; 21.7.1978 EzA § 37 BetrVG 1972 Nr. 60). Es besteht eine widerlegbare Vermutung dafür, dass das freigestellte Mitglied während der Arbeitszeit ausschließlich sein Amt ausübt. Nimmt es hingegen keine erforderlichen Betriebsratsaufgaben wahr, entfällt auch ein Vergütungsanspruch (*BAG* 19.5.1983 EzA § 37 BetrVG 1972 Nr. 77; 31.5.1989 EzA § 37 BetrVG 1972 Nr. 100). Der Arbeitgeber kann zwar verlangen, dass das Betriebsratsmitglied während 660 der Freistellung keiner anderen Tätigkeit nachgeht. Das Betriebsratsmitglied ist aber nicht verpflichtet, laufend Rechenschaft über seine Tätigkeit abzugeben (GK-BetrVG/*Weber* § 38 Rz. 83).

661 Ist außerhalb des Betriebes eine Betriebsratstätigkeit erforderlich, so hat sich das Betriebsratsmitglied bei der zuständigen betrieblichen Stelle abzumelden (DKK/*Wedde* § 38 Rz. 65). Für Betriebsratstätigkeit außerhalb der Dienstzeit hat das Betriebsratsmitglied Ausgleichsansprüche in Anwendung von § 37 Abs. 3 BetrVG nur dann, wenn die außerhalb der Dienstzeit liegende Tätigkeit durch betriebsbedingte Gründe (z.B. Betriebsratssitzungen im Mehrschichtbetrieb) außerhalb der Dienstzeit erfolgen musste (vgl. *BAG* 21.5.1974 EzA § 37 BetrVG 1972 Nr. 25; GK-BetrVG/*Weber* § 38 Rz. 87).

662 Wird ein freigestelltes Betriebsratsmitglied an bestimmten Tagen aus betriebsbedingten Gründen in besonderem Maße zeitlich beansprucht, so besteht kein Anspruch auf Freizeitausgleich, da der Gesetzgeber gewisse Mehr- und Mindertätigkeiten bezogen auf die betriebliche Arbeitszeit auf Grund der pauschalen Regelung der Freistellung in § 38 Abs. 1 BetrVG in Kauf nimmt (*BAG* 21.5.1974 EzA § 37 BetrVG 1972 Nr. 25).

ff) Beendigung der Freistellung

663 Die Freistellung endet in den Fällen der § 21, § 23 Abs. 1 S. 1, § 24 BetrVG sowie mit dem Ende der Amtszeit des Betriebsrats. Möglich ist auch die Abberufung. Diese erfolgt gem. § 38 Abs. 2 S. 8 i.V.m. § 27 Abs. 1 S. 5 BetrVG: Wurde über die Freistellung in Verhältniswahl entschieden, so bedarf die Abberufung einer Mehrheit von drei Vierteln der Stimmen des Betriebsrats in geheimer Abstimmung. Werden die freizustellenden Betriebsratsmitglieder insgesamt neu gewählt, so treten die neu Gewählten an die Stelle der früher Gewählten, ohne dass diese erst mit qualifizierter Mehrheit des Betriebsrats abberufen werden müssten (*BAG* 29.4.1992 EzA § 38 BetrVG 1972 Nr. 13). Bei Mehrheitswahl genügt für die Abberufung ein Betriebsratsbeschluss mit einfacher Mehrheit. Das freigestellte Betriebsratsmitglied kann weiter jederzeit seine Zustimmung zur Freistellung widerrufen, um seine berufliche Tätigkeit wieder aufzunehmen. Fraglich ist, ob der Arbeitgeber nach Maßgabe von § 2 Abs. 1 BetrVG verlangen kann, dass die Freistellung eines bestimmten Betriebsratsmitgliedes aufgehoben und stattdessen ein anderes Betriebsratsmitglied freigestellt wird (abl. *LAG Düsseld.* 26.9.1989 LAGE § 38 Nr. 4; bejahend GK-BetrVG/*Weber* § 38 Rz. 69).

gg) Streitigkeiten

664 Meinungsverschiedenheiten über die Zahl der Freistellungen und die Wahl der freizustellenden Betriebsratsmitglieder sind im arbeitsgerichtlichen Beschlussverfahren auszutragen. Antragsberechtigt sind der Betriebsrat, der Arbeitgeber und gegebenenfalls ein einzelnes Betriebsratsmitglied, wenn es selbst unmittelbar betroffen ist (GK-BetrVG/*Weber* § 38 Rz. 103). Ein Antragsrecht der im Betrieb vertretenen Gewerkschaften besteht nicht (MünchArbR/*Joost* § 308 Rz. 90). Bei Streitigkeiten zwischen Arbeitgeber und Betriebsratsmitglied über die Fortzahlung des Arbeitsentgelts, über arbeitsvertragliche Pflichten während der Freistellung und über Ansprüche nach § 38 Abs. 3 und 4 BetrVG ist im Urteilsverfahren zu entscheiden (GK-BetrVG/*Weber* § 38 Rz. 105).

4. Wirtschaftliche und berufliche Sicherung der Betriebsratsmitglieder

665 Durch § 37 Abs. 4, 5 BetrVG soll sichergestellt werden, dass die Betriebsratsmitglieder weder in wirtschaftlicher noch in beruflicher Hinsicht gegenüber vergleichbaren Arbeitnehmern mit betriebsüblicher Entwicklung Nachteile erleiden.

a) Entgeltschutz, § 37 Abs. 4 BetrVG

aa) Voraussetzungen und Inhalt

In Ergänzung zu § 37 Abs. 2 BetrVG, der zunächst nur die Weiterzahlung des bisherigen Arbeitsentgelts nach dem Lohnausfallprinzip sicherstellt, verbietet § 37 Abs. 4 BetrVG, das Arbeitsentgelt des Betriebsratsmitglieds geringer zu bemessen als das vergleichbarer Arbeitnehmer mit betriebsüblicher beruflicher Entwicklung. Es soll so gestellt werden, als ob es im Betrieb weitergearbeitet und keine Amtstätigkeit wahrgenommen hätte (*BAG* 11.5.1988 EzA § 4 TVG Tariflohnerhöhung Nr. 1). Maßgebend ist das Arbeitsentgelt vergleichbarer Arbeitnehmer mit betriebsüblicher, regelmäßiger beruflicher Entwicklung. Das Gesetz stellt damit auf eine hypothetische Betrachtung ab. Welche individuelle berufliche Entwicklung das Betriebsratsmitglied ohne das Amt mutmaßlich genommen hätte, ist unerheblich. Arbeitsentgelt i.S.d. § 37 Abs. 4 BetrVG ist grundsätzlich nur das vom Arbeitgeber aufgrund des Arbeitsvertrages geleistete Arbeitsentgelt, nicht aber Zuwendungen Dritter. Die von einem Dritten in Hinblick auf das Arbeitsverhältnis erbrachten Leistungen können aber Arbeitsentgelt darstellen, wenn der Dritte sie nach der Abrede der Arbeitsvertragsparteien anstelle oder neben dem zwischen ihnen vereinbarten Arbeitsentgelt erbringen soll. Erfüllt der Dritte gegenüber dem Arbeitnehmer die von ihm in Hinblick auf das Bestehen des Arbeitsverhältnisses übernommene Verpflichtung nicht, so kann an seiner Stelle der Arbeitgeber zur Leistung verpflichtet sein (so für den Fall von durch die Muttergesellschaft gewährten Aktienoptionen *BAG* 16.1.2008 EzA § 37 BetrVG 2001 Nr. 6). 666

Vergleichbar sind Arbeitnehmer des Betriebes, die im Zeitpunkt der Übernahme des Amtes, bei Ersatzmitgliedern im Zeitpunkt des Nachrückens, eine im Wesentlichen gleich qualifizierte Tätigkeit wie das Betriebsratsmitglied ausgeübt haben und auch hinsichtlich Persönlichkeit, Qualifikation und Leistung vergleichbar sind (*BAG* 15.1.1992 EzA § 37 BetrVG 1972 Nr. 110; 21.4.1983 EzA § 37 BetrVG 1972 Nr. 79; 19.1.2005 – 7 AZR 208/04). 667

Strittig ist, inwieweit persönliche Umstände in der Entwicklung des Betriebsratsmitglieds selbst bei der hypothetisch ausgerichteten Betrachtung Berücksichtigung finden können, z.B. dann, wenn das Betriebsratsmitglied durch längere Erkrankung an einer entsprechenden beruflichen Weiterentwicklung gehindert worden ist oder an einer betriebsüblichen Weiterbildungsmaßnahme ohne Erfolg teilgenommen hat. Zum Teil wird eine solche Berücksichtigung befürwortet, da anderenfalls eine Begünstigung wegen des Amtes vorläge (GK-BetrVG/*Weber* § 37 Rz. 114). Nach anderer Auffassung haben derartige persönliche Umstände außer Betracht zu bleiben, da das Gesetz gerade auf eine hypothetische Betrachtung nur unter Berücksichtigung der Verhältnisse vergleichbarer Arbeitnehmer und deren betriebsüblicher Entwicklung abstelle (DKK/*Wedde* § 37 Rz. 76). Ist der Arbeitsplatz eines freigestellten Betriebsratsmitgliedes ersatzlos weggefallen, so bemisst sich das Arbeitsentgelt nach der Tätigkeit, die ihm nach dem Arbeitsvertrag übertragen werden müsste, wenn es nicht freigestellt worden wäre (*BAG* 17.5.1977 EzA § 37 BetrVG 1972 Nr. 54). 668

Betriebsüblich ist die Entwicklung, die bei objektiv vergleichbarer Tätigkeit Arbeitnehmer mit vergleichbarer fachlicher und persönlicher Qualifikation bei Berücksichtigung der normalen betrieblichen und personellen Entwicklung in beruflicher Hinsicht genommen haben (*BAG* 17.8.2005 EzA § 37 BetrVG 2001 Nr. 5; 15.1.1992 EzA § 37 BetrVG 1972 Nr. 110; 13.11.1987 EzA § 37 BetrVG 1972 Nr. 88). 669

Die Betriebsüblichkeit in diesem Sinne entsteht auf Grund eines gleichförmigen Verhaltens des Arbeitgebers und einer von ihm aufgestellten Regel. Der Geschehensablauf muss so typisch sein, dass auf Grund der betrieblichen Gegebenheiten und Gesetzmäßigkeiten grundsätzlich, d.h. wenigsten in der überwiegenden Mehrzahl der vergleichbaren Fälle, damit gerechnet werden kann. Beförderungen sind deshalb nur dann betriebsüblich, wenn 670 nach den betrieblichen Gepflogenheiten das Betriebsratsmitglied befördert worden wäre oder wenigstens die überwiegende Mehrheit der vergleichbaren Arbeitnehmer des Betriebes einen derartigen Aufstieg erreicht haben (*BAG* 17.8.2005 EzA § 37 BetrVG 2001 Nr. 5; 15.1.1992 EzA § 37 BetrVG 1972 Nr. 110). Bewirbt sich ein Betriebsratsmitglied um einen höher dotierten Arbeitsplatz, besteht ein Anspruch des nicht berücksichtigten Betriebsratsmitgliedes auf das höhere Arbeitsentgelt deshalb nur dann, wenn eine personelle Auswahl im Rahmen der betriebsüblichen beruflichen Entwicklung zu einer Beförderung geführt hätte (*BAG* 13.11.1987 EzA § 37 BetrVG 1972 Nr. 88). Zur Beurteilung der betriebsüblichen Entwicklung sind auch Maßnahmen der beruflicher Fortbildung, an denen generell vergleichbare Arbeitnehmer teilgenommen haben und deshalb höher vergütet werden, zu berücksichtigen, wenn das betreffende Betriebsratsmitglied wegen der Betriebsratstätigkeit an solchen Maßnahmen nicht teilnehmen konnte (GK-BetrVG/*Weber* § 37 Rz. 117; DKK/*Wedde* § 37 Rz. 78).

671 Der Arbeitgeber hat das Arbeitsentgelt von sich aus laufend an das vergleichbarer Arbeitnehmer anzupassen (*BAG* 21.4.1983 EzA § 37 BetrVG 1972 Nr. 79).

Es dürfen keine finanziellen Nachteile daraus entstehen, dass das Betriebsratsmitglied wegen seiner Amtstätigkeit eine geringer entlohnte Tätigkeit hat übernehmen müssen, so z.B. Zeit- statt Akkordarbeit, Tages- statt Wechselschicht oder Aufgabe einer Tätigkeit als Schichtführer (*LAG Köln* 13.9.1984 DB 1985, 394; GK-BetrVG/*Weber* § 37 Rz. 119). Die Steigerungen des Arbeitsentgelts auf Grund betriebsüblicher Entwicklung sind jeweils zu berücksichtigen (GK-BetrVG/*Weber* § 37 Rz. 120). Lohnzuschläge, die vergleichbaren Arbeitnehmern zur Abgeltung besonderer persönlicher Leistungen (z.B. für Nachtarbeit) gewährt werden, bleiben außer Betracht, es sei denn, das Betriebsratsmitglied hätte diese Zuschläge ohne Freistellung verdient (*BAG* 17.5.1977 EzA § 37 BetrVG 1972 Nr. 54).

672 Der Anspruch umfasst nach § 37 Abs. 4 S. 2 auch allgemeine Zuwendungen des Arbeitgebers an vergleichbare Arbeitnehmer. Erfasst werden Zuwendungen, auch freiwillige widerrufliche, die neben dem eigentlichen Arbeitsentgelt generell allen, einer Gruppe vergleichbarer Arbeitnehmer oder auch einzelnen Arbeitnehmern nach objektiven Kriterien unabhängig von der persönlichen Leistung des einzelnen Arbeitnehmers gewährt werden (*BAG* 21.4.1983 EzA § 37 BetrVG 1972 Nr. 79).

bb) Dauer des Schutzes

673 Das Verbot der geringeren Entlohnung gilt ab Beginn der Mitgliedschaft im Betriebsrat bis zu einem Jahr nach Beendigung der individuellen Amtszeit im Betriebsrat. Für vollständig freigestellte Betriebsratsmitglieder erhöht sich der Zeitraum für den Entgeltschutz auf zwei Jahre nach Ablauf ihrer Amtszeit im Betriebsrat, wenn das Mitglied drei volle aufeinander folgende Amtszeiten von der beruflichen Tätigkeit, also i.d.R. zwölf Jahre freigestellt war, § 38 Abs. 3 BetrVG.

cc) Streitigkeiten, Auskunftsanspruch

674 Die aus § 37 Abs. 4 BetrVG resultierenden Ansprüche sind individualrechtliche Ansprüche und daher im arbeitsgerichtlichen Urteilsverfahren geltend zu machen. Dem Betriebsratsmitglied steht gegen den Arbeitgeber ein Auskunftsanspruch über das Arbeitsentgelt einschließlich etwaiger Zuwendungen vergleichbarer Arbeitnehmer zu (*BAG* 19.1.2005 – 7 AZR 208/04; DKK/*Wedde* § 37 Rz. 83).

b) Tätigkeitsschutz, § 37 Abs. 5 BetrVG

675 § 37 Abs. 5 BetrVG dient in Ergänzung des Entgeltschutzes dem Schutz der ideellen, langfristig auch den materiellen Interessen der Betriebsratsmitglieder, insbes. davor, nicht mit geringerwertiger Tätigkeit als vergleichbare Arbeitnehmer beschäftigt zu werden. Auf ständig freigestellte Betriebsratsmitglieder findet die Bestimmung nur Anwendung, wenn diese

nur teilweise freigestellt sind, im Übrigen erst nach Beendigung der Freistellung (GK-BetrVG/*Weber* § 37 Rz. 127).

676 Das Gebot gleichwertiger Beschäftigung begründet einen Anspruch darauf, nicht mit geringerwertigen Tätigkeiten als vor Amtsantritt beschäftigt zu werden.

677 § 37 Abs. 5 BetrVG enthält damit zu Gunsten des nicht freigestellten Betriebsratsmitgliedes eine partielle Versetzungssperre. Geringerwertige Tätigkeiten dürfen nur zugewiesen werden, wenn dies einzelvertraglich zulässig und durch zwingende betriebliche Notwendigkeiten geboten ist (*LAG Frankf./M.* 14.8.1986 LAGE § 37 BetrVG 1972 Nr. 21). Außerdem besteht ein Anspruch darauf, entsprechend der betriebsüblichen beruflichen Entwicklung vergleichbarer Arbeitnehmer diesen hinsichtlich ihrer Tätigkeit fortlaufend angeglichen zu werden, sofern das Betriebsratsmitglied eine entsprechende Qualifikation aufweist.

678 Es besteht ein Anspruch auf Teilnahme an Maßnahmen der Berufsbildung, der aus dem allgemeinen Benachteiligungsverbot nach § 78 S. 2 BetrVG resultiert (GK-BetrVG/*Weber* § 37 Rz. 129; DKK/*Wedde* § 37 Rz. 89).

679 Das Betriebsratsmitglied hat nach § 37 Abs. 5 BetrVG keinen Anspruch auf eine gleiche, sondern nur auf eine gleichwertige Beschäftigung. Gleichwertig ist die tatsächliche Beschäftigung dann, wenn sie unter Berücksichtigung aller Umstände nicht nur wie die vergleichbarer Arbeitnehmer vergütet, sondern auch ihrer Bedeutung nach entsprechend anerkannt wird. Streitig ist im Hinblick auf die erforderliche Anerkennung, ob insoweit auf die Anschauung der im Betrieb Beschäftigten (GK-BetrVG/*Weber* § 37 Rz. 128) oder auf die in der betreffenden Berufssparte vorherrschende Verkehrsauffassung (DKK/*Wedde* § 37 Rz. 86; *LAG Frankf./M.* 14.8.1986 LAGE § 37 BetrVG 1972 Nr. 21) abzustellen ist.

680 Ein Anspruch auf Beschäftigung mit gleichwertiger Tätigkeit besteht dann nicht, wenn der Beschäftigung unter Anlegung eines strengen Maßstabes zwingende betriebliche Notwendigkeiten entgegenstehen was nur der Fall ist, wenn die betrieblichen Gegebenheiten zwingenden Vorrang gegenüber dem Interesse des Betriebsratsmitglieds an gleichwertiger Beschäftigung haben (MünchArbR/*Joost* § 308 Rz. 168). Der Tätigkeitsschutz setzt vorhandene Möglichkeiten der Beschäftigung voraus. Eine Verpflichtung zur Schaffung neuer Arbeitsplätze für Betriebsratsmitglieder besteht nicht (GK-BetrVG/*Weber* § 37 Rz. 131).

681 Eine zwingende Notwendigkeit liegt etwa vor, wenn ein entsprechender Arbeitsplatz fehlt und für einen solchen auch kein Bedürfnis besteht, dem Betriebsratsmitglied die erforderliche Qualifikation fehlt oder die in Frage kommende Tätigkeit mit Unterbrechungen, wie sie das Amt des Betriebsratsmitglieds zwangsläufig mit sich bringt, nicht vereinbar ist, es sei denn, die Arbeit kann in Unterbrechungszeiten ohne weiteres durch einen anderen Arbeitnehmer verrichtet werden (DKK/*Wedde* § 37 Rz. 88; GK-BetrVG/*Weber* § 37 Rz. 131).

682 Für die Dauer des Schutzes gelten die gleichen Grundsätze wie für den Entgeltschutz (s.o. Rn. 673). Auch bei den Ansprüchen aus § 37 Abs. 5 BetrVG handelt es sich um individualrechtliche Ansprüche, die im arbeitsgerichtlichen Urteilsverfahren vom Betriebsratsmitglied geltend zu machen sind.

c) Schutz der beruflichen Entwicklung

aa) Besonderer Schutz freigestellter Betriebsratsmitglieder

683 § 38 Abs. 4 BetrVG sieht im Interesse der späteren Wiederaufnahme der beruflichen Tätigkeit und zur Gewährleistung des beruflichen Anschlusses an frühere Arbeitskollegen vor, dass freigestellte Betriebsratsmitglieder von inner- und außerbetrieblichen Maßnahmen der Berufsbildung nicht ausgeschlossen werden dürfen. Als gezielte Förderungsmaßnahmen nach Beendigung der Freistellung ist dem Betriebsratsmitglied im Rahmen der Möglichkei-

ten des Betriebes Gelegenheit zur Nachholung einer betriebsüblichen beruflichen Entwicklung zu geben, z.B. durch Umschulungs- oder Fortbildungsmaßnahmen. Voraussetzung für einen solchen Anspruch ist, dass die unterbliebene berufliche Entwicklung durch die Amtstätigkeit des Betriebsrats und nicht von diesem selbst, z.B. aus Nachlässigkeit, verursacht wurde (GK-BetrVG/*Weber* § 38 Rz. 98). Die Verpflichtung des Arbeitgebers besteht nur im Rahmen der Möglichkeiten des Betriebes, sodass die entsprechende Schulung für den Betrieb hinsichtlich Art, Dauer und des finanziellen Aufwandes vertretbar sein muss, woran es nicht bereits deshalb fehlt, weil innerbetrieblich nach Beendigung der Freistellung keine Schulungsmöglichkeiten angeboten werden. Gegebenenfalls ist dann auf außerbetriebliche Fortbildungsmöglichkeiten zurückzugreifen (DKK/*Berg* § 38 Rz. 78).

bb) Schutz der beruflichen Entwicklung nicht freigestellter Betriebsratsmitglieder

684 Obwohl eine spezielle und ausdrückliche gesetzliche Regelung in § 38 Abs. 4 S. 1 BetrVG nur für freigestellte Betriebsratsmitglieder existiert, haben auch nicht freigestellte Betriebsratsmitglieder einen Anspruch auf Teilnahme an Maßnahmen der Berufsbildung, der aus § 78 S. 2 BetrVG folgt. Hat das Betriebsratsmitglied an beruflichen Entwicklungen und Fortbildungen wegen seiner Tätigkeit zunächst nicht teilnehmen können, so muss ihm dazu vom Arbeitgeber nach Beendigung der Mitgliedschaft im Betriebsrat nachträglich Gelegenheit gegeben werden (GK-BetrVG/*Weber* § 37 Rz. 129; MünchArbR/*Joost* § 308 Rz. 174).

5. Teilnahme an Schulungs- und Bildungsveranstaltungen, § 37 Abs. 6, 7 BetrVG

685 § 37 Abs. 6, 7 BetrVG trägt der Tatsache Rechnung, dass Betriebsratsmitglieder ständig steigenden Anforderungen ausgesetzt sind und deshalb einer entsprechenden Qualifikation bedürfen (BR-Drs. 715/70, S. 40 f.). § 37 Abs. 7 BetrVG gewährt dabei jedem Betriebsratsmitglied einen individuellen Anspruch auf bezahlte Freistellung zur Teilnahme an geeigneten Veranstaltungen, der auf der Vorstellung beruht, dass die Betriebsratsmitglieder zur sachgerechten Ausübung ihres Amtes ein ausreichendes Maß an sozialpolitischen, wirtschaftlichen, rechtlichen und technischen Kenntnissen haben müssten (BT-Ausschuss für Arbeit und Sozialordnung, BT-Drs. VI/2729, S. 14). § 37 Abs. 6 BetrVG enthält demgegenüber einen kollektiven Anspruch des Betriebsrates zur gleichmäßigen individuellen Schulung und Bildung aller Betriebsratsmitglieder im Rahmen der Erforderlichkeit. Der Anspruch steht daher dem Betriebsrat als solchem zu. Ein eigener Anspruch des Betriebsratsmitglieds i.S. eines abgeleiteten individuellen Anspruches entsteht erst dann, wenn der Betriebsrat durch Beschluss zu Gunsten des betreffenden Betriebsratsmitglieds eine entsprechende Auswahlentscheidung getroffen hat (*BAG* 15.5.1986 EzA § 37 BetrVG 1972 Nr. 84; 5.4.1984 EzA § 37 BetrVG 1972 Nr. 80). Beide Ansprüche stehen nebeneinander. Insbesondere besteht keine gesetzliche Verpflichtung, zunächst den Anspruch nach § 37 Abs. 7 BetrVG auszuschöpfen, bevor der Betriebsrat eine Freistellung nach § 37 Abs. 6 BetrVG verlangen kann (*BAG* 5.4.1984 EzA § 37 BetrVG 1972 Nr. 80). Hat ein Betriebsratsmitglied in einer Schulung nach § 37 Abs. 7 BetrVG allerdings bereits die notwendigen Kenntnisse erworben, ist eine Arbeitsbefreiung über den gleichen Gegenstand nach § 37 Abs. 6 BetrVG nicht mehr erforderlich (GK-BetrVG/*Weber* § 37 Rz. 179).

a) Schulungs- und Bildungsveranstaltungen gem. § 37 Abs. 6 BetrVG

aa) Erforderlichkeit der Kenntnisse

686 Erforderlich i.S.d. § 37 Abs. 6 BetrVG ist die Vermittlung von Kenntnissen nur dann für die Betriebsratsarbeit, wenn sie unter Berücksichtigung der konkreten Situation im Betrieb und im Betriebsrat benötigt werden, damit die Betriebsratsmitglieder ihre derzeitigen oder demnächst anfallenden gesetzlichen Aufgaben wahrnehmen können. Dabei ist darauf abzustellen, ob nach den Verhältnissen des einzelnen Betriebes Fragen anstehen oder absehbar in naher Zukunft anstehen werden, die der Beteiligung des Betriebsrates unterliegen und für die im Hinblick auf den Wissensstand des Betriebsrates eine Schu-

lung des betreffenden Mitgliedes, gegebenenfalls unter Berücksichtigung der Aufgabenverteilung im Betriebsrat, erforderlich ist, damit er seine Beteiligungsrechte sach- und fachgerecht ausüben kann (st. Rspr., *BAG* 10.11.1993 EzA § 611 BGB Abmahnung Nr. 29; 15.5.1986 EzA § 37 BetrVG 1972 Nr. 85).

Von der Prüfung der Erforderlichkeit kann nicht deshalb abgesehen werden, weil der Arbeitgeber auf eine Mitteilung des Betriebsrats, ein bestimmtes Mitglied zu einer Schulungsveranstaltung entsenden zu wollen, geschwiegen hat (*BAG* 24.5.1995 EzA § 37 BetrVG 1972 Nr. 127). **687**

Das *BAG* (z.B. 10.11.1993 EzA § 611 BGB Abmahnung Nr. 29) unterscheidet zwischen Veranstaltungen, die der Vermittlung von Grundkenntnissen dienen und solchen, die Spezialkenntnisse vermitteln. **688**

Grds. ist die Vermittlung von Grundkenntnissen im Betriebsverfassungs-, allgemeinem Arbeitsrecht und im Bereich der Arbeitssicherheit und Unfallverhütung für jedes Betriebsratsmitglied erforderlich (*BAG* 7.5.2008 EzA § 37 BetrVG 2001 Nr. 7). **689**

Handelt es sich um ein Betriebsratsmitglied mit bereits langjähriger Tätigkeit im Betriebsrat, so werden derartige Kenntnisse allerdings im Regelfall durch die langjährige Erfahrung erworben. In einem solchen Fall muss das Betriebsratsmitglied näher darlegen, weshalb trotzdem die entsprechenden Kenntnisse nicht vorhanden sind (*BAG* 16.10.1986 EzA § 37 BetrVG 1972 Nr. 87; *LAG SchlH* 15.5.2007 MDR 2007, 1143–1144). Seine frühere Rechtsprechung (*BAG* 7.6.1989 EzA § 37 BetrVG 1972 Nr. 98; 9.9.1992 EzA § 37 BetrVG 1972 Nr. 113), derzufolge es einer entsprechenden Darlegung auch dann bedurfte, wenn die Schulung erst kurz vor dem Ende der Amtszeit des Betriebsrates stattfinden soll, hat das *BAG* (7.5.2008 EzA § 37 BetrVG 2001 Nr. 7) **aufgegeben.** Unter Berücksichtigung dieser Einschränkungen sind auch Schulungsveranstaltungen über Arbeitsschutz und Unfallverhütung als erforderlich anzusehen. Da jedes Betriebsratsmitglied sein Amt in eigener Verantwortung führen muss, ist es auch grds. ohne Bedeutung, ob ein oder mehrere andere Betriebsratsmitglieder bereits an einer Schulungsveranstaltung dieser Art teilgenommen haben, sodass es nicht auf den Kenntnisstand des Betriebsrates insgesamt, sondern auf den des betroffenen Betriebsratsmitglieds ankommt (*BAG* 15.5.1986 EzA § 37 BetrVG 1972 Nr. 85). In Betracht kommen auch Wiederholungs- und Vertiefungsveranstaltungen, insbes. bei einer Änderung der betrieblichen Verhältnisse oder der Rechtslage durch Gesetzgebung oder Rechtsprechung (GK-BetrVG/*Weber* § 37 Rz. 194). Nicht zu den grds. für jedes Betriebsratsmitglied erforderlichen Grundkenntnissen gehören im Regelfall solche im Sozial- und Sozialversicherungsrecht (*BAG* 4.6.2003 EzA § 40 BetrVG 2001 Nr. 4). **690**

Handelt es sich um die Vermittlung von Kenntnissen in speziellen Themenbereichen, ist eine Erforderlichkeit nur dann gegeben, wenn ein aktueller, betriebsbezogener Anlass für die Annahme besteht, dass die auf der Schulungsveranstaltung zu erwerbenden Kenntnisse derzeit oder in naher Zukunft von dem zu schulenden Betriebsratsmitglied benötigt werden, damit der Betriebsrat seine Beteiligungsrechte sach- und fachgerecht ausüben kann (*BAG* 10.11.1993 EzA § 611 BGB Abmahnung Nr. 29; 7.6.1989 EzA § 37 BetrVG 1972 Nr. 98). Im Gegensatz zur Vermittlung von Grundkenntnissen ist insoweit also auch darauf abzustellen, ob das betreffende Betriebsratsmitglied nach der internen Organisation des Betriebsrates mit der jeweiligen Aufgabe betraut ist (*BAG* 29.4.1992 EzA § 37 BetrVG 1972 Nr. 111). **691**

Immer Voraussetzung ist, dass die vermittelten Kenntnisse sich auf die Aufgaben des konkreten Betriebsrates und deren Durchführung im Betrieb beziehen. Nicht erforderlich ist die Vermittlung lediglich nützlicher Kenntnisse, wie z.B. eine Schulung in Gesprächsführung und Rhetorik (*BAG* 20.10.1993 EzA § 37 BetrVG 1972 Nr. 116; **a.A.** *LAG SchlH* 4.12.1990 **692**

LAGE § 37 BetrVG 1972 Nr. 35), es sei denn, dass der Betriebsrat darlegen kann, dass er seine gesetzlichen Aufgaben nur sachgerecht erfüllen kann, wenn die rhetorischen Fähigkeiten bestimmter Mitglieder durch eine Schulungsveranstaltung verbessert werden (vgl. *Sächs. LAG* 22.11.2002 LAGE § 37 BetrVG 2001 Nr. 1). In Betracht kommen z.B. Schulungsveranstaltungen über Diskussionsleitung für Betriebsratsvorsitzende und ihre Stellvertreter (*BAG* 15.2.1995 EzA § 37 BetrVG 1972 Nr. 125; 24.5.1994 EzA § 37 BetrVG 1972 Nr. 127). Nur unter diesen Voraussetzungen ist auch eine Schulung zum Thema »Schriftliche Kommunikation im Betrieb« erforderlich (*BAG* 15.2.1995 EzA § 37 BetrVG 1972 Nr. 125). Erforderlich kann z.B. auch eine Veranstaltung zur Erläuterung der aktuellen betriebsverfassungsrechtlichen Rechtsprechung des BAG und deren Umsetzung in die betriebliche Praxis sein. Hierfür muss sich der Betriebsrat nicht auf ein Selbststudium anhand von zur Verfügung gestellten Fachzeitschriften verweisen lassen (*BAG* 20.12.1995 EzA § 37 BetrVG 1972 Nr. 130). Die Teilnahme an einer Schulungsveranstaltung zum Thema »Mobbing« kann erforderlich sein, wenn der Betriebsrat etwa auf Grund bereits eingegangener Beschwerden von durch Mobbing betroffener Arbeitnehmer (§ 85 BetrVG) eine betriebliche Konfliktlage darlegen kann, aus der sich für ihn ein Handlungsbedarf zur Wahrnehmung seiner gesetzlichen Aufgabenstellung ergibt und zu deren Erledigung er das auf der Schulung vermittelte Wissen benötigt (*BAG* 15.1.1997 EzA § 37 BetrVG 1972 Nr. 133).

693 Bei dem Begriff der Erforderlichkeit handelt es sich um einen unbestimmten Rechtsbegriff, der dem Betriebsrat einen gewissen Beurteilungsspielraum belässt. Maßgeblich ist der Standpunkt eines vernünftigen Dritten, der die Interessen des Betriebes einerseits und die des Betriebsrates und der Arbeitnehmerschaft andererseits gegeneinander abwägt. Maßgeblich ist der Zeitpunkt der Beschlussfassung des Betriebsrats (*BAG* 10.11.1993 EzA § 611 BGB Abmahnung Nr. 29; 7.6.1989 EzA § 37 BetrVG 1972 Nr. 98).

694 Vermittelt eine Veranstaltung Kenntnisse, die nur zum Teil erforderlich sind und ist sie derart teilbar, dass die Themen klar voneinander abgegrenzt sind und zeitlich so behandelt werden, dass ein zeitweiser Besuch sinnvoll und möglich ist, so besteht der Anspruch gem. § 37 Abs. 6 BetrVG nur für diesen Teil der Veranstaltung. Ist die Veranstaltung dagegen nicht teilbar, so ist sie aus Praktikabilitätsgründen insgesamt als erforderlich anzusehen, wenn die erforderlichen Themen hinsichtlich des Zeitaufwandes mit mehr als 50% überwiegen (*BAG* 28.5.1976 EzA § 37 BetrVG 1972 Nr. 49).

bb) Umfang der Schulung

695 Sowohl die Dauer der Schulung als auch die Zahl der entsandten Betriebsratsmitglieder muss verhältnismäßig sein (vgl. GK-BetrVG/*Weber* § 37 Rz. 185 ff.). Weil insbes. Betriebsräte größerer Betriebe eine Aufgabenverteilung vornehmen müssen, genügt es bei der Vermittlung von Spezialkenntnissen oder vertieften Kenntnissen zu Einzelfragen dieser Rechtsgebiete, wenn nur diejenigen Betriebsratsmitglieder geschult werden, denen die Wahrnehmung dieser Aufgaben obliegt (*BAG* 29.4.1992 EzA § 37 BetrVG 1972 Nr. 111). Die zulässige Dauer hängt vom Wissensstand des zu schulenden Betriebsratsmitglieds und dem Umfang und der Schwierigkeit der zu erwerbenden Kenntnisse ab (GK-BetrVG/*Weber* § 37 Rz. 192).

cc) Auswahlentscheidung des Betriebsrats

696 Die Auswahl der Betriebsratsmitglieder trifft der Betriebsrat durch Beschluss (*BAG* 16.10.1986 EzA § 37 BetrVG 1972 Nr. 87). Erst auf Grund eines solchen Beschlusses entsteht ein abgeleiteter individueller Anspruch des Betriebsratsmitglieds auf Schulung (*BAG* 15.5.1986 EzA § 37 BetrVG 1972 Nr. 84; 5.4.1984 EzA § 37 BetrVG 1972 Nr. 80). Die Auswahlentscheidung ist nach pflichtgemäßem Ermessen unter Berücksichtigung der Geschäftsbedürfnisse des Betriebsrates einerseits und der betrieblichen Notwendigkeiten andererseits unter Berücksichtigung der Grundsätze des § 75 Abs. 1 BetrVG zu treffen (GK-BetrVG/*Weber* § 37 Rz. 256). Inwieweit ein Anspruch des Betriebsratsmitglieds gegenüber dem

Betriebsrat auf Schulung nach § 37 Abs. 6, insbes. zur Vermittlung von Grundkenntnissen besteht, wird kontrovers diskutiert (bejahend *Fitting* § 37 Rz. 237; **a.A.** z. T. GK-BetrVG/*Weber* § 37 Rz. 260: nur soweit es um die Vermittlung von Grundkenntnissen geht; bei Spezialkenntnissen nur, soweit dem Mitglied entsprechende Aufgaben zugewiesen sind).

Der Entsendungsbeschluss ist unwirksam, wenn er nicht in einer ordnungsgemäß einberufenen Sitzung (s.o. Rn. 542 ff.) gefasst wird, sodass dann kein Anspruch auf Vergütungsfortzahlung und keine Verpflichtung des Arbeitgebers zur Kostentragung nach § 40 BetrVG besteht (*BAG* 28.10.1992 EzA § 29 BetrVG 1972 Nr. 2; 28.4.1988 EzA § 29 BetrVG 1972 Nr. 1). Es muss ein wirksamer Beschluss vor Beginn der Veranstaltung vorliegen. Fehlt es hieran, kann dieser Mangel nicht durch einen nachträglichen Beschluss des Betriebsrats, durch den die Teilnahme gebilligt wird, geheilt werden (*BAG* 8.3.2000 EzA § 40 BetrVG 1972 Nr. 90). **697**

Da der Beschluss eine organisatorische Angelegenheit betrifft, kann sich das zur Auswahl anstehende Betriebsratsmitglied an der Beschlussfassung beteiligen (MünchArbR/*Joost* § 308 Rz. 109). Zur Teilnahme kann jedes Betriebsratsmitglied bestimmt werden, ein Ersatzmitglied erst ab dem Zeitpunkt seines Nachrückens. Bei nur zeitweiliger Vertretung ist im Regelfall die Schulung des Ersatzmitgliedes nicht notwendig. Etwas anderes gilt aber dann, wenn es häufig zur Vertretung herangezogen wird und eine Schulung für die Gewährleistung der Arbeitsfähigkeit des Betriebsrates erforderlich ist. Zu berücksichtigen sind insoweit neben der Vermittlung eines sachbezogenen Wissens u.a. die im Zeitpunkt der Beschlussfassung zu erwartende Dauer und Häufigkeit künftiger Vertretungsfälle und die noch verbleibende Amtszeit des Betriebsrates (*BAG* 15.5.1986 EzA § 37 BetrVG 1972 Nr. 84). Diesbezüglich muss der Betriebsrat eine auf Tatsachen gegründete Prognose über die künftige Häufigkeit und Dauer der Heranziehung des Ersatzmitglieds anstellen. Ihm steht hierbei ein nur eingeschränkt arbeitsgerichtlich überprüfbarer Prognose- und Beurteilungsspielraum zu (*BAG* 19.9.2001 EzA § 37 BetrVG 1972 Nr. 142). **698**

Hingegen besteht für Ersatzmitglieder, solange sie nicht gem. § 25 Abs. 1 S. 1 BetrVG für ein ausgeschiedenes Betriebsratsmitglied in den Betriebsrat nachgerückt sind, kein Anspruch auf bezahlte Freistellung für Schulungsveranstaltungen nach § 37 Abs. 7 BetrVG (*BAG* 31.8.1994 EzA § 37 BetrVG 1972 Nr. 122).

dd) Fortzahlung des Arbeitsentgelts

Das Arbeitsentgelt ist ohne Minderung fortzuzahlen, § 37 Abs. 6 S. 1 i.V.m. Abs. 2 BetrVG. Die für die allgemeine Arbeitsbefreiung geltenden Grundsätze sind entsprechend anzuwenden (s.o. Rn. 618 ff.). **699**

ee) Freizeitausgleich

Soweit die Teilnahme an einer Schulung außerhalb der Arbeitszeit stattfindet, kommt ein Anspruch auf Freizeitausgleich nach § 37 Abs. 6 i.V.m. § 37 Abs. 3 BetrVG (§ 37 Abs. 6 BetrVG wurde entsprechend geändert durch das BetrVerf-ReformG vom 23.7.2001 BGBl. I S. 1852 ff.) in Betracht. **700**

Ein Anspruch auf Freizeitausgleich setzt voraus, dass die die Schulungsteilnahme außerhalb der persönlichen Arbeitszeit aus betriebsbedingten Gründen erfolgte. Erforderlich ist ein betrieblicher Grund mit Ursache in der Sphäre des Arbeitgebers, so etwa, wenn die Veranstaltung auf Grund eines Einwands des Arbeitgebers nach § 37 Abs. 6 S. 5 BetrVG oder sonst auf seinen Wunsch oder auf Grund einer Entscheidung der Einigungsstelle nach § 37 Abs. 6 S. 6 BetrVG in eine Zeit außerhalb der betrieblichen Arbeitszeit, etwa in Abendstunden oder auf das Wochenende verlegt wird, oder wenn das Betriebsratsmitglied aus Rücksicht auf seine Unabkömmlichkeit an einer Schulungsveranstaltung außerhalb seiner Arbeitszeit teilnimmt (*Löwisch* BB 2001, 1734, 1742). Nach § 37 Abs. 6 S. 2 BetrVG liegen betriebsbedingte Gründe auch vor, wenn wegen Besonderheiten der betrieblichen

Arbeitszeitgestaltung die Schulung des Betriebsratsmitglieds außerhalb seiner Arbeitszeit erfolgt. Nach der Gesetzesbegründung (BT-Drs. 14/5741, S. 41) wird hiervon insbes. auch die Beschäftigung von Teilzeitbeschäftigten und sonstige Fälle eines besonderen Umfangs der Arbeitszeit (z.B. Abrufarbeit, Jobsharing) erfasst, wobei unerheblich ist, auf wessen Initiative das Betriebsratsmitglied eine Teilzeitbeschäftigung ausübt (GK-BetrVG/*Weber* § 37 Rz. 212; **a.A.** *Löwisch* BB 2001, 1734, 1742). Damit ist die früher bestehende Kontroverse zwischen BAG und EuGH (vgl. *EuGH* 6.2.1996 EzA § 37 BetrVG 1972 Nr. 129; vgl. auch *EuGH* 7.3.1996 EzA Art. 119 EWG-Vertrag Nr. 36; *BAG* 5.3.1997 EzA § 37 BetrVG 1972 Nr. 136) einer gesetzlichen Regelung zugeführt worden. Ein Arbeitnehmer ist vollzeitbeschäftigt i.S.v. § 37 Abs. 6 S. 2 Hs. 2 BetrVG, wenn er einen Arbeitsvertrag über die einem Arbeitstag üblicherweise entsprechende Zeit hat. Die Arbeitszeit eines vollzeitbeschäftigten Arbeitnehmers kann daher nur eine Arbeitszeit sein, deren Dauer sich im Rahmen der für vollzeitbeschäftigte Arbeitnehmer allgemein üblichen regelmäßigen Arbeitszeiten bewegt. Dabei können tarifvertragliche Festlegungen als Orientierung dienen. Betriebliche Arbeitszeiten, die wesentlich geringer sind als in einschlägigen Tarifverträgen festgelegte regelmäßige Arbeitszeiten, können nicht als Arbeitszeit vollzeitbeschäftigter Arbeitnehmer i.S.v. § 37 Abs. 6 S. 2 Hs. 2 BetrVG angesehen werden. Einen Ausgleichsanspruch nach § 37 Abs. 6 i.V.m. Abs. 3 BetrVG können nicht nur die reinen Schulungszeiten, sondern auch die zur An- und Abreise notwendigen Zeiten sowie die während der Schulungsveranstaltung anfallenden Pausenzeiten begründen (*BAG* 18.2.2005 EzA § 37 BetrVG 2001 Nr. 4). Auch Reisezeiten, die ein teilzeitbeschäftigtes Betriebsratsmitglied außerhalb seiner Arbeitszeit aufwendet, um an einer erforderlichen Schulungsveranstaltung teilzunehmen, können einen Freizeitausgleichsanspruch begründen, wenn die Teilzeitbeschäftigung Ursache für die Durchführung der Reisezeit außerhalb der Arbeitszeit ist. Hieran fehlt es, wenn die Reise auch bei einer Vollzeitbeschäftigung außerhalb der Arbeitszeit stattgefunden hätte (*BAG* 11.11.2004 EzA § 37 BetrVG 2001 Nr. 3).

701 Besonderheiten der betrieblichen Arbeitszeitgestaltung sollen ferner z.B. bestehen, wenn ein in einem rollierenden Arbeitszeitsystem arbeitendes Betriebsratsmitglied an einem diesem System entsprechenden arbeitsfreien Tag an einer Schulung teilnimmt oder wenn ein an sich in die Arbeitszeit fallender Schulungstag auf Grund einer Betriebsvereinbarung unter gleichzeitiger Anordnung von Vor- oder Nacharbeit arbeitsfrei ist (BegrRegE, BT-Drs. 14/5741, S. 41), wenn also eine von der üblichen Normalarbeitszeit abweichende Arbeitszeitgestaltung vorliegt (*Löwisch* BB 2001, 1734, 1742). Kein Ausgleichsanspruch besteht daher, wenn z.B. die Schulung eines vollzeitbeschäftigten Betriebsratsmitglieds an einem Schulungstag einmal länger dauert als die betriebliche Arbeitszeit dauert oder wenn ein Betriebsratsmitglied eines von Montag bis Freitag arbeitenden Betriebs an einem arbeitsfreien Samstag an einer Schulung teilnimmt (BegrRegE, BT-Drs. 14/5741, S. 41).

Liegen die genannten Voraussetzungen vor, so besteht ein Anspruch auf Freizeitausgleich (s.o. Rn. 622 ff.), dem Umfang nach begrenzt allerdings pro Schulungstag auf die Arbeitszeit eines vollzeitbeschäftigten Arbeitnehmers. Für diese Begrenzung des Ausgleichsanspruchs ist grds. die betriebsübliche Arbeitszeit vollzeitbeschäftigter Arbeitnehmer maßgeblich. Ist diese für verschiedene Arbeitnehmergruppen unterschiedlich festgelegt, kommt es auf die Arbeitszeit eines vollzeitbeschäftigten Arbeitnehmers der Abteilung oder Arbeitnehmergruppe an, der das teilzeitbeschäftigte Betriebsratsmitglied angehört (*BAG* 16.2.2005 EzA § 37 BetrVG 2001 Nr. 4).

b) Schulungs- und Bildungsveranstaltungen gem. § 37 Abs. 7 BetrVG

702 Der Anspruch nach § 37 Abs. 7 BetrVG ist ein individueller Anspruch des einzelnen Betriebsratsmitgliedes (*BAG* 18.12.1973 EzA § 37 BetrVG 1972 Nr. 20), der selbstständig neben dem Anspruch aus § 37 Abs. 6 BetrVG besteht (*BAG* 5.4.1984 EzA § 37 BetrVG 1972 Nr. 80), allerdings aber die Festlegung der zeitlichen Lage durch den Betriebsrat voraussetzt. Ein Anspruch von Ersatzmitgliedern besteht erst dann, wenn sie für ein ausgeschiedenes Betriebsratsmitglied in den Betriebsrat nachgerückt sind (*BAG* 14.12.1994 EzA § 37 BetrVG 1972 Nr. 122).

Der Anspruch besteht nur hinsichtlich solcher Schulungs- und Bildungsveranstaltungen, die von der zuständigen obersten Arbeitsbehörde des Landes nach Beratung mit den Spitzenorganisationen der Gewerkschaften und der Arbeitgeberverbände als geeignet anerkannt sind. Eine Erforderlichkeit i.S.d. § 37 Abs. 6 BetrVG ist hingegen nicht Voraussetzung. Eine Eignung liegt bei Veranstaltungen vor, die nach Zweck und Inhalt auf die ordnungsgemäße Durchführung der Aufgaben des Betriebsrates bezogen und diese zu fördern geeignet sind, ohne dass die vermittelten Kenntnisse für die konkrete Arbeit im konkreten Betrieb benötigt werden müssten. Ausreichend ist ein weiter Zusammenhang zur Betriebsratstätigkeit, der aber fehlt, wenn eine Veranstaltung i.S. eines Bildungsurlaubes nur der Allgemeinbildung des Betriebsratsmitglieds dient (*BAG* 11.8.1993 EzA § 37 BetrVG 1972 Nr. 117). Ungeeignet sind deshalb allgemeinpolitische, parteipolitische, rein gewerkschaftspolitische, allgemein gesellschaftspolitische, allgemein wirtschaftspolitische und kirchliche Themen (*BAG* 6.4.1976 EzA § 37 BetrVG 1972 Nr. 48). Inhaltlich muss jedes einzelne Thema geeignet sein. Anderenfalls muss die Anerkennung entweder verweigert oder durch entsprechende Nebenbestimmungen sichergestellt werden, dass die Veranstaltung in vollem Umfang geeignet ist (*BAG* 11.8.1993 EzA § 37 BetrVG 1972 Nr. 117). Ferner ist Voraussetzung der Anerkennung als geeignet, dass der Träger der Veranstaltung nach Zweckbestimmung und Organisation die Gewähr dafür bietet, dass eine nach ihrem Inhalt geeignete Veranstaltung auch ordnungsgemäß durchgeführt wird (*BAG* 6.4.1976 EzA § 37 BetrVG 1972 Nr. 48). Zuständig für die Anerkennung ist die Oberste Arbeitsbehörde des Landes, in dem der Veranstalter seinen Sitz hat (*BAG* 30.8.1989 EzA § 37 BetrVG 1972 Nr. 103). Für die vorgesehene Beratung in Form einer mündlichen Erörterung mit den Spitzenorganisationen sind die jeweiligen Organisationen auf Landesebene zuständig (GK-BetrVG/*Weber* § 37 Rz. 232). Über einen rechtzeitig gestellten Antrag auf Anerkennung einer Schulungs- und Bildungsveranstaltung kann die zuständige Behörde auch noch nach Veranstaltungsbeginn entscheiden (*BAG* 11.10.1995 EzA § 37 BetrVG 1972 Nr. 131). 703

Ist die Veranstaltung als geeignet anerkannt, so kann der Arbeitgeber gegen den Zahlungsanspruch nicht einwenden, ihr fehle die Eignung gem. § 37 Abs. 7 BetrVG (*BAG* 17.12.1981 EzA § 37 BetrVG 1972 Nr. 75). 704

Der Anspruch auf bezahlte Freistellung besteht für die Dauer von insgesamt drei Wochen, für Arbeitnehmer, die erstmals das Amt eines Betriebsmitglieds übernehmen und zuvor nicht Jugend- und Auszubildendenvertreter gewesen waren, für vier Wochen. Der normale Anspruch von drei Wochen beläuft sich also auf 15 Arbeitstage bei der Fünftagewoche oder 18 Arbeitstage bei der Sechstagewoche, wobei die Arbeitszeit des konkreten Betriebsratsmitglieds maßgeblich ist. Tage, an denen für das Betriebsratsmitglied keine Arbeitspflicht besteht, sind ebenso wenig anzurechnen, wie Schulungstage, an denen es erkrankt ist (GK-BetrVG/*Weber* § 37 Rz. 238). Verlängert oder verkürzt sich die Amtszeit des Betriebsrats, so ist der Freistellungsanspruch entsprechend der Verlängerung zu erhöhen bzw. entsprechend der Dauer der noch vor dem Betriebsrat liegenden Amtszeit zu reduzieren, da der dreiwöchige Anspruch auf die regelmäßige Amtszeit bezogen ist. Für Erstmitglieder im Betriebsrat besteht ein besonderes Schulungsbedürfnis, sodass sie ohne Rücksicht auf die Dauer der verkürzten Amtszeit und den dadurch verkürzten Freistellungsanspruch jedenfalls den Anspruch auf eine zusätzliche Woche Schulungsdauer haben (*BAG* 19.4.1989 EzA § 37 BetrVG 1972 Nr. 99). Wird der Anspruch während der Amtszeit nicht ausgeschöpft, so erlischt er. Eine Übertragung auf die nächste Amtsperiode findet nicht statt (GK-BetrVG/*Weber* § 37 Rz. 244). Nimmt ein Betriebsratsmitglied erst unmittelbar vor Ende seiner Amtszeit an einer als geeignet anerkannten Schulungsveranstaltung teil, so muss es darlegen, auf Grund welcher besonderer Umstände des Einzelfalles eine solche Festlegung des Zeitpunktes der Schulungsteilnahme durch den Betriebsrat noch pflichtgemäßem Ermessen entsprochen hat (*BAG* 9.9.1992 EzA § 37 BetrVG 1972 Nr. 113; 20.8.1996 EzA § 37 BetrVG 1972 Nr. 132). 705

Da es sich bei dem Anspruch nach § 37 Abs. 7 BetrVG um einen individuellen Anspruch des einzelnen Betriebsratsmitglieds handelt, hat der Betriebsrat keine Auswahlentscheidung 706 zu treffen. In Betracht kommt nur eine mittelbare Beeinflussung dadurch, dass der Betriebsrat bei der Festlegung des Zeitpunkts der Teilnahme die betrieblichen Notwendigkeiten berücksichtigen muss und im Rahmen einer Interessenabwägung seine eigenen Geschäftsbedürfnisse berücksichtigen darf (GK-BetrVG/*Weber* § 37 Rz. 263). Einer Entscheidung des Betriebsrates durch Beschluss bedarf es allerdings hinsichtlich der zeitlichen Lage (Beginn, Dauer) der Teilnahme (GK-BetrVG/*Weber* § 37 Rz. 264). Das Betriebsratsmitglied ist an die Entscheidung des Betriebsrats gebunden. Ohne dessen Zustimmung ist es nicht berechtigt, an der Veranstaltung teilzunehmen. Nimmt es trotzdem teil, so entfallen die Ansprüche gem. §§ 37 Abs. 2, 40 Abs. 1 BetrVG.

c) Die Durchführung der Freistellung nach § 37 Abs. 6 und 7 BetrVG

707 Nach überwiegender Auffassung (*BAG* 27.6.1990 – 7 AZR 348/89, n.v.; *LAG Düsseld.* 6.9.1995 LAGE § 37 BetrVG 1972 Nr. 44; DKK/*Wedde* § 37 Rz. 134 m.w.N.; **a.A.** etwa GK-BetrVG/*Weber* § 37 Rz. 278 ff.) bedarf das Betriebsratsmitglied nicht der Zustimmung des Arbeitgebers zur Teilnahme an der Schulungsveranstaltung.

708 Der Betriebsrat hat dem Arbeitgeber die Teilnahme und die zeitliche Lage der Veranstaltung rechtzeitig bekannt zu geben. Die Unterrichtung ist nur dann rechtzeitig, wenn der Arbeitgeber die wegen der Teilnahme des Mitgliedes notwendigen Dispositionen angemessene Zeit vorher treffen und gegebenenfalls das Verfahren vor der Einigungsstelle einleiten kann (*BAG* 18.3.1977 EzA § 37 BetrVG 1972 Nr. 53). Die Veranstaltung muss nach Gegenstand, Zeitpunkt, Dauer und Ort und unter Benennung des Veranstalters mitgeteilt werden (GK-BetrVG/*Weber* § 37 Rz. 268 ff.). Streitig ist, ob die unterlassene oder nicht rechtzeitige Unterrichtung des Arbeitgebers lediglich eine Pflichtwidrigkeit des Betriebsrates i.S.v. § 23 Abs. 1 BetrVG darstellt, oder aber auch den Anspruch auf Zahlung des Arbeitsentgelts und auf Kostentragung nach § 40 Abs. 1 BetrVG ausschließt (für letzteres MünchArbR/*Joost* § 308 Rz. 119; dagegen DKK/*Wedde* § 37 Rz. 130; GK-BetrVG/*Weber* § 37 Rz. 270). Hält der Arbeitgeber betriebliche Notwendigkeiten bei der Bestimmung der zeitlichen Lage der Veranstaltung für nicht ausreichend berücksichtigt, so kann er die Einigungsstelle anrufen. Deren Spruch ersetzt die Einigung zwischen Arbeitgeber und Betriebsrat. Hat der Arbeitgeber der Teilnahme eines Betriebsratsmitglieds an einer Schulungsveranstaltung widersprochen, so muss der Betriebsrat die Entsendung zur Schulung bis zu einer Klärung der Streitfrage zurückstellen (*BAG* 18.3.1977 EzA § 37 BetrVG 1972 Nr. 53).

d) Streitigkeiten

aa) Im Rahmen des § 37 Abs. 6 BetrVG

709 Über die Frage der Erforderlichkeit ist auf Antrag von Betriebsrat oder Arbeitgeber im arbeitsgerichtlichen Beschlussverfahren zu entscheiden. Das einzelne Betriebsratsmitglied ist nur antragsbefugt, wenn es durch einen entsprechenden Betriebsratsbeschluss einen Anspruch auf Arbeitsbefreiung erlangt hat oder es selbst Meinungsverschiedenheiten mit dem Betriebsrat über seine Teilnahme an einer Veranstaltung hat (MünchArbR/*Joost* § 308 Rz. 127). Ein Antragsrecht der Gewerkschaft besteht auch dann nicht, wenn sie Träger der Veranstaltung ist (*BAG* 28.1.1975 EzA § 37 BetrVG 1972 Nr. 37). Ist es nicht zumutbar, eine rechtskräftige Entscheidung in der Hauptsache abzuwarten, weil etwa dadurch die Teilnahme an einer erforderlichen Schulungsmaßnahme vereitelt wird und auch nicht nachholbar ist, so kann auf Antrag des Betriebsrats oder des betroffenen Betriebsratsmitglieds eine einstweilige Verfügung erwirkt werden (vgl. GK-BetrVG/*Weber* § 37 Rz. 282; **a.A.** etwa *LAG Düsseld.* 6.9.1995 LAGE § 37 BetrVG 1972 Nr. 44). Hinsichtlich der ausreichenden Berücksichtigung betrieblicher Notwendigkeiten besteht zunächst eine primäre Entscheidungszuständigkeit der Einigungsstelle, § 36 Abs. 6 S. 4 BetrVG. Kommt eine Entscheidung der Einigungsstelle nicht rechtzeitig vor Beginn der Schulungsveranstaltung zu Stande und droht dadurch die Teilnahme an einer erforderlichen Schulungsmaßnahme vereitelt zu werden, so kommt auch hier der Erlass einer einstweiligen Verfügung in Betracht, durch die dem Betriebsratsmitglied die Teilnahme an der Veranstaltung gestattet wird (GK-BetrVG/*Weber*

§ 37 Rz. 277; DKK/*Wedde* § 37 Rz. 132 m.w.N.; **a.A.** etwa HSWGNR/*Glock* § 37 Rz. 146a). Ansprüche des Betriebsratsmitglieds auf Fortzahlung des Arbeitsentgelts für die Zeit der Teilnahme an der Veranstaltung sind im arbeitsgerichtlichen Urteilsverfahren geltend zu machen (*BAG* 19.7.1977 EzA § 37 BetrVG 1972 Nr. 57).

bb) Im Rahmen des § 37 Abs. 7 BetrVG

Der Anspruch des Betriebsratsmitgliedes auf Fortzahlung des Arbeitsentgelts ist im Urteils- **710**
verfahren geltend zu machen. Streitigkeiten, die alleine den Umfang der Freistellung oder die Frage, ob eine Veranstaltung als geeignet anerkannt worden ist, sind im arbeitsgerichtlichen Beschlussverfahren auszutragen. Dies gilt auch für Streitigkeiten über die Rechtmäßigkeit der Anerkennung einer Veranstaltung, obwohl der Anerkennungsbescheid oder dessen Versagung VA i.S.d. § 35 S. 1 VwVfG ist, da es sich um eine Angelegenheit aus dem Betriebsverfassungsgesetz i.S.d. § 2a Abs. 1 Nr. 1 ArbGG handelt und damit eine spezielle anderweitige Zuweisung i.S.d. § 40 Abs. 1 S. 1 VwGO erfolgt ist (*BAG* 30.8.1989 EzA § 37 BetrVG 1972 Nr. 103). Der Antrag ist analog § 42 Abs. 1 VwGO entweder auf Aufhebung des Bescheides oder auf Verpflichtung der obersten Arbeitsbehörde zur Anerkennung zu richten. Eines Vorverfahrens nach §§ 68 ff. VwGO bedarf es nicht, da der Anerkennungsbescheid von einer Obersten Landesbehörde erlassen wird, § 68 Abs. 1 Nr. 1, Abs. 2 VwGO. Eine Klagefrist ist nicht zu beachten, da eine solche im ArbGG nicht vorgesehen ist. Die Anfechtung des Anerkennungsbescheides durch Einleitung eines Beschlussverfahrens hat aufschiebende Wirkung, § 80 Abs. 1 VwGO analog (vgl. GK-BetrVG/*Weber* § 37 Rz. 308). Antragsberechtigt sind die Spitzenorganisationen der Gewerkschaften und der Arbeitgeberverbände (*BAG* 30.8.1989 EzA § 37 BetrVG 1972 Nr. 103). Eine Antragsberechtigung des einzelnen Arbeitgebers, dessen Arbeitnehmer an der Veranstaltung teilnimmt, ist bisher vom *BAG* (25.6.1981 EzA § 37 BetrVG 1972 Nr. 71) auch dann abgelehnt worden, wenn er auf Grund der Anerkennung einer Schulungs- und Bildungsveranstaltung auf Lohnzahlung in Anspruch genommen wird. Auch im Rahmen einer Klage des Betriebsratsmitglieds auf Fortzahlung des Entgelts soll der Arbeitgeber nicht einwenden können, die Veranstaltung sei nicht i.S.d. § 37 Abs. 7 BetrVG geeignet gewesen (*BAG* 17.12.1981 EzA § 37 BetrVG 1972 Nr. 75). Überwiegend wird in der Literatur dies im Hinblick auf Art. 19 Abs. 4 GG für bedenklich gehalten (vgl. etwa HSWGNR/*Glock* § 37 Rz. 190; GK-BetrVG/*Weber* § 37 Rz. 306). In einer jüngeren Entscheidung hat das *BAG* (30.8.1989 EzA § 37 BetrVG 1972 Nr. 103) diese Frage offen gelassen.

6. Allgemeines Behinderungs-, Benachteiligungs- und Begünstigungsverbot, § 78 BetrVG

a) Zweck und Umfang der Regelung

Zweck der Vorschrift ist es, den Betriebsverfassungsorganen und ihren Mitgliedern **711**
durch Sicherung eines Mindestmaßes an rechtlicher und faktischer Unabhängigkeit eine ungestörte und unbeeinflusste Amtsausübung zu gewährleisten, indem sie vor persönlichen Nachteilen, auch in ihrer beruflichen Entwicklung geschützt werden und auch die Beeinflussung ihrer Amtstätigkeit durch Begünstigung ausgeschlossen wird.

Die speziellen Schutzregelungen der §§ 37, 38, 78a, 103 BetrVG, § 15 KSchG gehen der allge- **712**
meinen Regelung des § 78 BetrVG vor (HSWGNR/*Worzalla* § 78 Rz. 1). Neben den im Gesetz ausdrücklich aufgeführten Organen und Personen erstreckt sich der Schutz der Vorschrift auch auf Arbeitnehmervertreter im Aufsichtsrat nach dem BetrVG 1952 (§ 76 Abs. 2 S. 2 BetrVG 1952 i.V.m. § 129 BetrVG), auf Ersatzmitglieder, soweit sie im Betriebsrat oder in anderen Institutionen für ein verhindertes Mitglied vorübergehend oder endgültig nachrücken, sowie in entsprechender Anwendung auch auf Mitglieder des Wahlvorstandes und Wahlbewerber, nicht aber auf gewerkschaftliche Vertrauensleute (GK-BetrVG/*Kreutz* § 78 Rz. 10 ff.). Die in der Bestimmung enthaltenen Verbote richten sich nicht nur gegen den Arbeitgeber, sondern gegen jedermann (DKK/*Buschmann* § 78 Rz. 4).

b) Behinderungsverbot

713 Eine Behinderung i.S.d. Vorschrift liegt vor, wenn durch ein positives rechtswidriges Tun oder bei bestehender Handlungspflicht, auch durch ein Unterlassen, eine gesetzmäßige Tätigkeit der Funktionsträger erschwert oder unmöglich gemacht wird.

Wegen des Zweckes der gesetzlichen Regelung, die Funktionsfähigkeit der betriebsverfassungsrechtlichen Institutionen zu sichern, ist nach allerdings bestrittener Auffassung weder ein Verschulden noch eine Behinderungsabsicht des Arbeitgebers erforderlich (so z.B. MünchArbR/*Joost* § 308 Rz. 144; GK-BetrVG/*Kreutz* § 78 Rz. 29; HSWGNR/*Worzalla* § 78 Rz. 8; *LAG Köln* 23.10.1985 LAGE § 44 BetrVG 1972 Nr. 3). Die Nichtbeachtung einzelner Beteiligungsbefugnisse, insbes. gem. § 87 Abs. 1 BetrVG, stellt jedenfalls dann eine pflichtwidrige Unterlassung i.S. einer Behinderung dar, wenn der Arbeitgeber wiederholt, beharrlich oder grds. Mitwirkungs- und Mitbestimmungsrecht des Betriebsrats missachtet oder die Zusammenarbeit mit anderen betriebsverfassungsrechtlichen Institutionen verweigert (GK-BetrVG/*Kreutz* § 78 Rz. 31).

714 Rechtsgeschäfte, die gegen das Behinderungsverbot verstoßen, sind nach § 134 BGB nichtig. Das Behinderungsverbot ist Schutzgesetz i.S.d. § 823 Abs. 2 BGB (MünchArbR/*Joost* § 308 Rz. 145; GK-BetrVG/*Kreutz* § 78 Rz. 23). Grobe Verstöße des Arbeitgebers können Sanktionen nach § 23 Abs. 3 BetrVG auslösen.

715 Aus § 78 S. 1 BetrVG folgt ein unmittelbarer Unterlassungsanspruch (GK-BetrVG/*Kreutz* § 78 Rz. 38), der bei begangener Verbotsverletzung unter der Voraussetzung einer Wiederholungsgefahr im arbeitsgerichtlichen Beschlussverfahren, ggf. auch im Wege der einstweiligen Verfügung (vgl. *LAG Köln* 23.10.1985 LAGE § 44 BetrVG 1972 Nr. 3) geltend gemacht werden kann.

Die vorsätzliche Behinderung stellt nach § 119 Abs. 1 Nr. 2 BetrVG eine Straftat dar, die aber gem. § 119 Abs. 2 BetrVG nur auf Antrag verfolgt wird.

c) Benachteiligungs- und Begünstigungsverbot, § 78 S. 2 BetrVG

716 Im Interesse der Unabhängigkeit der Mitglieder betriebsverfassungsrechtlicher Organe ist jede Handlung untersagt, die im Hinblick auf die Amtsstellung im Allgemeinen oder in Bezug auf konkrete Tätigkeiten der Funktionsträger unmittelbar oder mittelbar zu Vor- oder Nachteilen materieller oder immaterieller Art führt.

717 Die Funktionsträger müssen so behandelt werden, wie sie ohne ihre Amtsstellung und ohne ihre Amtsausübung im Hinblick auf vergleichbare Arbeitnehmer bzw. Arbeitnehmergruppen zu behandeln wären (MünchArbR/*Joost* § 308 Rz. 146).

718 Verboten ist jede objektive Benachteiligung oder Begünstigung der Funktionsträger wegen ihrer Amtstätigkeit. Eine Benachteiligungs- oder Begünstigungsabsicht ist nicht erforderlich (GK-BetrVG/*Kreutz* § 78 Rz. 46). Der demnach erforderliche objektive Kausalzusammenhang besteht, wenn ein Funktionsträger bei einem Vergleich mit anderen Arbeitnehmern objektiv besser oder schlechter gestellt ist, soweit dies nicht aus sachlichen oder in der Person des Betroffenen liegenden Gründen bedingt ist (*BAG* 23.6.1975 § 40 BetrVG 1972 Nr. 21; 29.1.1974 EzA § 40 BetrVG 1972 Nr. 14).

719 Das Verbot richtet sich gegen jedermann und gilt nicht nur für die Dauer der Amtszeit des Betriebsratsmitglieds, sondern auch vor deren Beginn (**a.A.** GK-BetrVG/*Kreutz* § 78 Rz. 47) und nach deren Ende, soweit Handlungen wegen der späteren, gegenwärtigen oder früheren Amtstätigkeit vorgenommen werden (MünchArbR/*Joost* § 308 Rz. 149).

720 Als Benachteiligungen kommen insbes. in Betracht die Zuweisung minder bezahlter härterer, unangenehmerer, zeitlich oder örtlich ungünstiger liegender Arbeit (*LAG Düsseld.* 30.7.1970 DB 1970, 2035), Versetzungen mit Verschlechterung des Arbeitsgebiets (*LAG Bln.* 31.1.1983 AuR 1984, 54; *LAG Brem.* 12.8.1982 AP Nr. 15 zu § 99 BetrVG 1972), nicht aber

Versetzungen auf einen gleichwertigen Arbeitsplatz (*BAG* 9.6.1982 AP Nr. 1 zu § 107 BPersVG) oder Kündigung wegen rechtmäßiger Amtstätigkeit. § 78 S. 2 verbietet es auch, das kündigungsbegründende Verhalten deshalb als besonders schwer wiegend zu bewerten, weil es von einem Betriebsratsmitglied begangen wurde (*BAG* 22.2.1979 EzA § 103 BetrVG 1972 Nr. 23). Verboten sind auch Benachteiligungen im Hinblick auf die weitere berufliche Entwicklung (vgl. GK-BetrVG/*Kreutz* § 78 Rz. 54). Deshalb darf gegen den Willen des Arbeitnehmers dessen Betriebstätigkeit im Zeugnis keine Erwähnung finden (*LAG Frankf./M.* 2.12.1983 AuR 1984, 287; *ArbG Ludwigshafen* 18.3.1987 DB 1987, 1364; zum BPersVG: *BAG* 19.8.1992 EzA § 630 BGB Nr. 14; s.o. Kap. 9 Rn. 37). Keine Benachteiligung stellen allgemeine Maßnahmen dar, durch die die Lage aller Arbeitnehmer oder bestimmter Gruppen von Arbeitnehmern verschlechtert wird, da es dann an einem ursächlichen Zusammenhang mit der Amtstätigkeit fehlt (MünchArbR/*Joost* § 308 Rz. 147).

Begünstigungen sind alle Verbesserungen der Stellung des Betriebsratsmitglieds. In **721** Betracht kommen etwa Geldleistungen, Beförderungen, Lohn- oder Gehaltserhöhungen, Versetzungen auf einen bevorzugten Arbeitsplatz, die Gewährung zusätzlichen Sonderurlaubes, die Zahlung von Sitzungsgeldern oder überhöhte Aufwandsentschädigungen, die Besserstellung bei Reisekostenabrechnungen gegenüber einer einschlägigen betrieblichen Reisekostenregelung (*BAG* 16.4.2003 EzA § 37 BetrVG 2001 Nr. 1; 23.6.1975 EzA § 40 BetrVG 1972 Nr. 21; 29.1.1974 EzA § 40 BetrVG 1972 Nr. 14).

Rechtsfolge einer Verbotsverletzung ist zum einen die Nichtigkeit der gegen § 78 S. 2 **722** BetrVG verstoßenden Geschäfte nach § 134 BGB. Inwieweit eine Rückforderung einer Begünstigung durch § 817 S. 2 BGB ausgeschlossen ist, ist streitig (gegen die Anwendung von § 817 S. 2 BGB MünchArbR/*Joost* § 308 Rz. 154; GK-BetrVG/*Kreutz* § 78 Rz. 73 m.w.N. auch zur Gegenansicht). Bei verbotswidriger Benachteiligung besteht ein Schadensersatzanspruch nach § 823 Abs. 2 BGB, da das Benachteiligungsverbot Schutzgesetz ist, daneben aber auch ein Schadensersatzanspruch aus pVV (§§ 280 Abs. 1, 241 Abs. 2 BGB). Schadensersatzansprüche sind im arbeitsgerichtlichen Urteilsverfahren geltend zu machen (GK-BetrVG/*Kreutz* § 78 Rz. 72). Grobe Verstöße des Arbeitgebers rechtfertigen Sanktionen nach § 23 Abs. 3 BetrVG. Aus § 78 S. 2 BetrVG folgt ferner ein im Beschlussverfahren, ggf. auch im Wege der einstweiligen Verfügung geltend zu machender Unterlassungsanspruch (vgl. etwa HSWGNR/*Worzalla* § 78 Rz. 13). Dieser Unterlassungsanspruch kann vom betroffenen Funktionsträger (z.B. Betriebsratsmitglied), aber auch durch seine Institution (z.B. Betriebsrat) geltend gemacht werden. (GK-BetrVG/*Kreutz* § 78 Rz. 38). Die vorsätzliche Verletzung ist Straftat, die auf Antrag verfolgt wird, § 119 Abs. 1 Nr. 3, Abs. 2 BetrVG.

7. Kündigungsschutz, Übernahme Auszubildender

Zum besonderen Kündigungsschutz betriebsverfassungsrechtlicher Funktionsträger, s.o. **723** Kap. 2 Rn. 83 ff.; Kap. 4 Rn. 499 ff.

8. Versetzungsschutz, § 103 Abs. 3 BetrVG

Der durch das BetrVerf-ReformG vom 23.7.2001 (BGBl. I S. 1852 ff.) neu eingeführte § 103 **724** Abs. 3 BetrVG sieht einen Schutz betriebsverfassungsrechtlicher Funktionsträger vor Versetzungen gegen den Willen des Funktionsträgers, die zu einem Verlust des Amtes oder der Wählbarkeit führen würden, dadurch vor, dass solche Versetzungen an die Zustimmung des Betriebsrats gebunden werden. Wird die Zustimmung verweigert, kommt nur deren Ersetzung durch das Arbeitsgericht in Betracht.

Hierdurch soll verhindert werden, dass der Arbeitgeber durch solche Versetzungen auf die betriebsverfassungsrechtliche Stellung Einfluss nehmen oder die Unabhängigkeit der Amtsführung beeinträchtigen kann (BT-Drs. 14/5741, S. 50 f.; zur früheren Rechtslage vgl. *BAG* 21.9.1989 EzA § 99 BetrVG 1972 Nr. 76).

a) Anwendungsbereich

aa) Nur Versetzungen kraft Direktionsrechts

725 Der Schutz des § 103 Abs. 3 BetrVG bezieht sich nur auf Versetzungen i.S.d. § 95 Abs. 3 BetrVG (s.u. Rn. 1830 ff.), die der Arbeitgeber kraft seines arbeitsvertraglichen Direktionsrechts vornehmen kann.

726 Bei Versetzungen, die individualrechtlich nicht kraft Direktionsrechts angeordnet werden können, sondern einer Änderungskündigung bedürfen, greift hingegen bereits der besondere Kündigungsschutz für Funktionsträger (s.o. Kap. 4 Rn. 499 ff.).

bb) Verlust der Wählbarkeit bzw. des Amtes

727 Ferner erfasst § 103 Abs. 3 BetrVG nur Versetzungen, die zum Verlust des Amtes oder der Wählbarkeit führen. Für derartige Versetzungen ist § 103 Abs. 3 BetrVG lex specialis zu § 99 BetrVG. Für andere Versetzungen, d.h. solchen, die nicht zum Verlust des Amtes oder der Wählbarkeit führen, verbleibt es hingegen lediglich bei dem Beteiligungsrecht des Betriebsrats nach § 99 BetrVG (s.o. Rn. 1830 ff.).

Ein Verlust der Wählbarkeit wegen Verlustes der Betriebszugehörigkeit tritt zunächst in den Fällen einer auf Dauer angelegten Versetzung in einen anderen Betrieb ein. Unschädlich ist eine lediglich vorübergehende Abordnung (GK-BetrVG/*Raab* § 103 Rz. 33). Von einer nur vorübergehenden Abordnung ist auszugehen, wenn ein Einsatz des Arbeitnehmers in einem anderen Betrieb von vornherein nur für einen kurzen, zeitlich nicht erheblichen Zeitraum geplant ist oder dem Arbeitnehmer auch im entsendenden Betrieb nach wie vor ein Arbeitsbereich zugewiesen ist. Zur Beantwortung der Frage, ob eine Versetzung auf Dauer angelegt ist oder nicht, kann als Indiz auch darauf abgestellt werden, ob der Arbeitsplatz des Arbeitnehmers im entsendenden Betrieb während seiner Abwesenheit befristet oder auf Dauer mit einem anderen Arbeitnehmer besetzt wird (GK-BetrVG/*Raab* § 103 Rz. 33).

Sofern eine Versetzung unter dem Gesichtspunkt der Veränderung des Arbeitsortes (s.u. Rn. 1834 ff.) auf Grund einer mit einer örtlichen Verlegung verbundenen Ausgliederung eines Betriebsteils erfolgt und dem Betriebsrat ein Übergangsmandat nach § 21a BetrVG (s.o. Rn. 454 ff.) zusteht, soll nach einer Ansicht (GK-BetrVG/*Raab* § 103 Rz. 35) § 103 BetrVG keine Anwendung finden, da durch § 21a BetrVG ja gerade die Kontinuität der Amtsführung sichergestellt werde und es auch zu einem Wertungswiderspruch mit § 111 S. 3 Nr. 3 BetrVG käme, demzufolge die Entscheidung über das »Ob« der Durchführung einer Betriebsspaltung gerade mitbestimmungsfrei sei. Diese Ansicht erscheint fraglich. Es geht auch um die Frage, ob durch die räumliche Entfernung des im Rahmen der Ausgliederung Versetzten die Funktionsfähigkeit des Betriebsrats, der nach § 21a BetrVG das Übergangsmandat wahrnimmt, beeinträchtigt wird. Der unternehmerischen Entscheidung über das »Ob« der Betriebsspaltung kann im Rahmen der arbeitsgerichtlichen Zustimmungsersetzungsentscheidung ausreichend Rechnung getragen werden.

cc) Kein Einverständnis des Arbeitnehmers

728 Eine Zustimmung des Betriebsrats zu einer Versetzung i.S.d. § 103 Abs. 3 BetrVG ist nicht erforderlich, wenn der betroffene Arbeitnehmer einverstanden ist.

Ein die Zustimmungserforderlichkeit ausschließendes Einverständnis des Arbeitnehmers liegt vor, wenn die Versetzung auf seinen eigenen Wunsch hin erfolgt oder seine Zustimmung Ergebnis einer freien Entscheidung ist (vgl. *BAG* 20.9.1990 EzA § 99 BetrVG 1972 Nr. 95).

Im Prozess trägt der Arbeitgeber die objektive Beweislast für ein Einverständnis des Arbeitnehmers (GK-BetrVG/*Raab* § 103 Rz. 37).

b) Geschützter Personenkreis

Dem Versetzungsschutz des § 103 Abs. 3 BetrVG unterfallen Betriebsratsmitglieder, Ersatzmitglieder während und solange ein Verhinderungsfall vorliegt (s.o. Rn. 481 ff.), Mitglieder von nach § 3 Abs. 1 Nr. 1–3 BetrVG gebildeten Vertretungen (§ 3 Abs. 5 S. 2 BetrVG), Mitglieder der Jugend- und Auszubildendenvertretung, des Bord- und Seebetriebsrats, die Mitglieder des Wahlvorstands und die Wahlbewerber zu einem der genannten Gremien, Mitglieder eines Europäischen Betriebsrats sowie Mitglieder des Besonderen Verhandlungsgremiums und die Arbeitnehmervertreter im Rahmen eines Verfahrens zur Unterrichtung und Anhörung der Arbeitnehmer nach dem EBRG (§ 40 EBRG), Vertrauensmänner der Schwerbehinderten und Gesamtschwerbehindertenvertretung (§§ 96 Abs. 3, 97 Abs. 7 SGB IX), Wahlbewerber für das Amt der Schwerbehindertenvertreter (GK-BetrVG/*Raab* § 103 Rz. 7). 729

Die gesetzlichen Bestimmungen über den geschützten Personenkreis sind abschließend. Andere Personen, die diesem Personenkreis nicht unterfallen haben ggf. auf Grund der Wahrnehmung betriebsverfassungsrechtlicher Funktionen einen relativen Schutz nach § 78 BetrVG (Benachteiligungsverbot, s.o. Rn. 716 ff.).

Eine Versetzung ist danach unzulässig, wenn hierdurch die Tätigkeit des Organs, dem der Arbeitnehmer angehört (z.B. Wirtschaftsausschuss, Einigungsstelle), in rechtswidriger Weise beeinträchtigt wird oder wenn die Versetzung den betroffenen Arbeitnehmer wegen der Amtstätigkeit benachteiligt (GK-BetrVG/*Raab* § 103 Rz. 10).

c) Zeitliche Dauer des Versetzungsschutzes

Für **Mitglieder des Betriebsrats** besteht der Schutz nach § 103 Abs. 3 BetrVG für die Dauer ihrer Amtszeit (zu Beginn und Ende der Amtszeit s.o. Rn. 441 ff.); während der Amtszeit des Betriebsrats endet der Schutz des einzelnen Mitglieds mit dem Verlust der Mitgliedschaft im Betriebsrat (s. dazu o. Rn. 469 ff.). Nach Sinn und Zweck des mit § 103 Abs. 3 BetrVG beabsichtigten Schutzes kommt dieser auch bereits gewählten, aber noch nicht amtierenden Betriebsratsmitgliedern zugute (h.M., vgl. nur DKK/*Kittner* § 103 Rz. 15 m.w.N.). Der Schutz besteht auch für Mitglieder eines Betriebsrats, der nach § 22 BetrVG die Geschäfte weiterführt und in den Fällen eines Übergangs- bzw. Restmandates nach §§ 21a, 21 b BetrVG (GK-BetrVG/*Raab* § 103 Rz. 14). **Ersatzmitglieder** genießen den Versetzungsschutz sobald und solange sie für ein ausgeschiedenes Betriebsratsmitglied nachrücken oder ein zeitweilig verhindertes Mitglied vertreten. Fällt in den Verhinderungszeitraum eine Betriebsratssitzung, so beginnt der Schutz des Ersatzmitglieds bereits vor dem eigentlichen Verhinderungsfall, da sich das Ersatzmitglied auf die Sitzung vorbereiten muss. Dieser (vorgezogene) Schutz beginnt i.d.R. mit Zugang der Ladung zur Sitzung, längstens aber drei Arbeitstage vorher (GK-BetrVG/*Raab* § 103 Rz. 15; für den Kündigungsschutz vgl. *BAG* 17.1.1979 EzA § 15 KSchG a.F. Nr. 21). Bei Mitgliedern des Wahlvorstandes besteht der Schutz vom Zeitpunkt der Bestellung an bis zur Bekanntgabe des endgültigen Wahlergebnisses. Bei Wahlbewerbern besteht der Schutz von der Aufstellung des Wahlvorschlages an bis zur Bekanntgabe des Wahlergebnisses. Insoweit gelten die gleichen Grundsätze wie beim Kündigungsschutz (s. dazu o. Kap. 4 Rn. 516 ff.). 730

d) Einholung der Zustimmung des Betriebsrats

Bei einer dem Anwendungsbereich des § 103 Abs. 3 BetrVG unterfallende Versetzung ist der Arbeitgeber erst befugt, dem Arbeitnehmer einen anderen Arbeitsbereich zuzuweisen, wenn der Betriebsrat der Maßnahme zugestimmt hat. 731

aa) Information des Betriebsrats; Rechtsfolgen unvollständiger Information

Der Arbeitgeber hat den Betriebsrat zunächst über die beabsichtigte Versetzung zu unterrichten. Der Umfang der Unterrichtungspflicht richtet sich nach § 99 Abs. 1 BetrVG (zur Unterrichtungspflicht nach § 99 Abs. 1 BetrVG s.o. Rn. 1859 ff.). Ist die Unterrichtung mangelhaft, ist eine vom Betriebsrat erteilte Zustimmung unwirksam und der Betriebsrat kann 732 trotz der Zustimmung die Aufhebung der Maßnahme (§ 101 BetrVG analog, s.u. Rn. 1947 ff.) verlangen (GK-BetrVG/*Raab* § 103 Rz. 61).

bb) Entscheidung des Betriebsrats

733 Die Entscheidung darüber, ob die Zustimmung erteilt wird, erfolgt durch Beschluss des Betriebsrats oder eines hierzu ordnungsgemäß beauftragten Ausschusses nach §§ 27, 28 BetrVG (s.o. Rn. 508 ff.).

Grds. muss die Zustimmung des Betriebsrats vor der Versetzung vorliegen. Da die Versetzung ein Vorgang mit gewisser Dauerwirkung ist, ist aber auch eine nachträgliche Zustimmung möglich, die dann die weitere Beschäftigung auf dem veränderten Arbeitsplatz legitimiert (GK-BetrVG/*Raab* § 103 Rz. 50).

Ist der Beschluss des Betriebsrats unwirksam, fehlt es an einer wirksamen Zustimmung. In Betracht kommt aber ein Schutz des Arbeitgebers unter dem Gesichtspunkt des Vertrauensschutzes: Der Arbeitgeber darf grds. auf die Wirksamkeit eines Zustimmungsbeschlusses nach § 103 BetrVG vertrauen, wenn ihm der Betriebsratsvorsitzende oder sein Vertreter mitteilt, der Betriebsrat habe die beantragte Zustimmung erteilt. Das gilt aber dann nicht, wenn der Arbeitgeber die Tatsachen kennt oder kennen muss, aus denen die Unwirksamkeit des Beschlusses folgt. Eine Erkundigungspflicht des Arbeitgebers besteht insoweit allerdings nicht (*BAG* 23.8.1984 EzA § 103 BetrVG 1972 Nr. 30 zur Zustimmung zur außerordentlichen Kündigung).

Die Entscheidung des Betriebsrats ist an keine Form gebunden, bedarf keiner Begründung und ist nicht fristgebunden.

cc) Rechtslage bei fehlendem Betriebsrat

734 Soll in einem (noch oder wieder) betriebsratslosen Betrieb ein Mitglied des Wahlvorstandes oder ein Wahlbewerber oder ein Mitglied der Schwerbehindertenvertretung versetzt werden, ist kein Betriebsrat vorhanden, dessen Zustimmung eingeholt werden könnte. Um zu verhindern, dass in dieser Konstellation der durch § 103 Abs. 3 BetrVG beabsichtigte Schutz leer läuft, wird ganz überwiegend (vgl. nur GK-BetrVG/*Raab* § 103 Rz. 43 m.w.N.) eine Schließung dieser planwidrigen Regelungslücke dadurch befürwortet, dass die § 103 Abs. 3 BetrVG unterfallende Versetzung erst zulässig ist, wenn das Arbeitsgericht die Zustimmung rechtskräftig ersetzt hat (so für die Kündigung *BAG* 16.12.1982 EzA § 103 BetrVG 1972 Nr. 29; 30.5.1978 EzA § 102 BetrVG 1972 Nr. 34).

e) Ersetzung der Zustimmung durch das Arbeitsgericht

735 Erklärt der Betriebsrat nicht innerhalb einer Woche (§ 99 Abs. 3 BetrVG analog, vgl. GK-BetrVG/*Raab* § 103 Rz. 60) seit Unterrichtung die Zustimmung zur Versetzung, hat der Arbeitgeber die Möglichkeit, diese in einem arbeitsgerichtlichen Beschlussverfahren, an dem der von der beabsichtigten Versetzung betroffene Arbeitnehmer Beteiligter ist, ersetzen zu lassen. Der Antrag soll nach GK-BetrVG/*Raab* (§ 103 Rz. 63) auch dann noch statthaft sein, wenn der Arbeitnehmer (insoweit ohne Zustimmung) bereits auf dem neuen Arbeitsplatz beschäftigt wird.

aa) Dringende betriebliche Gründe

736 Gem. § 103 Abs. 3 S. 2 BetrVG hat das Arbeitsgericht die Zustimmung zu ersetzen, wenn die Versetzung auch unter Berücksichtigung der betriebsverfassungsrechtlichen Stellung des betroffenen Arbeitnehmers aus dringenden betrieblichen Gründen notwendig ist.

737 An solchen dringenden betrieblichen Gründen fehlt es von vornherein, wenn die Versetzung individualrechtlich im Wege der Ausübung des Direktionsrechts nicht zulässig ist oder ein Grund vorliegt, der den Betriebsrat bereits im Rahmen der in § 99 Abs. 2 BetrVG genannten Gründe berechtigt hätte, der Versetzung – würde es sich um die Ver-

setzung eines »normalen« Arbeitnehmers handeln – die Zustimmung zu verweigern. Im Übrigen ist eine Interessenabwägung vorzunehmen, innerhalb derer die individuellen Interessen des betroffenen Arbeitnehmers sowie das kollektive Interesse an der Kontinuität der Amtsführung gerade durch den betroffenen Amtsträger einerseits gegen die geltend gemachten betrieblichen Interessen des Arbeitgebers andererseits abzuwägen sind (GK-BetrVG/*Raab* § 103 Rz. 68, 69).

bb) Mögliche Entscheidungen des Gerichts

738 Liegen dringende betriebliche Gründe vor, ist die Zustimmung des Betriebsrats zur Versetzung zu ersetzen. Mit Rechtskraft der Entscheidung kann diese durchgeführt werden. Fehlt es an dringenden betrieblichen Gründen, ist der Antrag zurückzuweisen. Ist eine Zustimmung des Betriebsrats zur Versetzung nicht erforderlich, weil es sich nicht um eine Versetzung i.S.d. § 103 BetrVG handelt, ist der Antrag als unbegründet zurückzuweisen und gleichzeitig festzustellen, dass die Versetzung nicht nach § 103 BetrVG zustimmungspflichtig ist (GK-BetrVG/*Raab* § 103 Rz. 80). Tritt eine Erledigung des Verfahrens z.B. dadurch ein, dass der Betriebsrat die zunächst verweigerte Zustimmung erteilt oder die Versetzung nicht mehr zustimmungspflichtig ist (z.B. Ausscheiden des Arbeitnehmers; Arbeitnehmer stimmt freiwillig, s.o. Rn. 728 nunmehr der Versetzung zu), ist das Verfahren durch Beschluss nach § 83a Abs. 2 ArbGG einzustellen, auch wenn ein Beteiligter widerspricht (vgl. GK-BetrVG/*Raab* § 103 Rz. 76, 77).

f) Rechtsfolgen bei fehlender Zustimmung

739 Liegt weder eine Zustimmung noch eine rechtskräftige arbeitsgerichtliche Zustimmungsersetzungsentscheidung vor, so ist die Maßnahme nicht nur betriebsverfassungsrechtlich, sondern auch individualrechtlich unwirksam; die entsprechende Weisung des Arbeitgebers ist unverbindlich und braucht nicht befolgt werden (vgl. für Versetzungen nach § 99 BetrVG: *BAG* 26.1.1988 EzA § 99 BetrVG 1972 Nr. 58 und Rn. 1916 ff.). Die wiederholte Durchführung von Versetzungen, die dem Anwendungsbereich des § 103 BetrVG unterfallen, ohne Zustimmung des Betriebsrats und ohne gerichtliche Zustimmungsersetzungsentscheidung kann ferner ein grober Verstoß i.S.d. § 23 Abs. 3 BetrVG sein (s.u. Rn. 2149 ff.).

Der Betriebsrat hat ferner in analoger Anwendung des § 101 BetrVG die Möglichkeit, beim Arbeitsgericht die Aufhebung bzw. Rückgängigmachung der Versetzung zu beantragen (zum Verfahren nach § 101 BetrVG s.o. Rn. 1947 ff.). Die Analogie ist gerechtfertigt, weil der Zweck des Zustimmungserfordernisses im Falle einer betriebsverfassungsrechtlich unzulässigen Versetzung in gleicher Weise gefährdet oder vereitelt wird wie bei § 99 BetrVG (GK-BetrVG/*Raab* § 103 Rz. 50).

9. Geheimhaltungspflicht, § 79 BetrVG

a) Zweck der Vorschrift, Anwendungsbereich

740 Die in § 79 BetrVG vorgesehene Geheimhaltungspflicht ist Gegenstück und Sicherungsmittel zu den gesetzlichen Informationsrechten des Betriebsrats und anderer betriebsverfassungsrechtlicher Organe und trägt der Tatsache Rechnung, dass Funktionsträger auf Grund ihrer Amtsausübung und der ihnen zustehenden Informationsrechte wesentlich besser über geheimhaltungsbedürftige Umstände unterrichtet sind, als sie es ohne ihre Tätigkeit wären (DKK/*Buschmann* § 79 Rz. 1). Zweck der Geheimhaltung ist es, die auf Grund der Betriebs- und Geschäftsgeheimnisse bestehende Wettbewerbslage gegenüber den anderen Mitbewerbern zu sichern (*BAG* 26.2.1987 EzA § 79 BetrVG 1972 Nr. 1). Die Pflicht trifft sämtliche Mitglieder des Betriebsrates und die Ersatzmitglieder sowie die in Abs. 2 genannten Funktionsträger. Über den Wortlaut hinaus ist neben seinen Mitgliedern auch der Betriebsrat selbst als Organ zur Verschwiegenheit verpflichtet (*BAG* 26.2.1987 EzA § 79 BetrVG 1972 Nr. 1). In Bezug genommen wird § 79 für die Verschwiegenheitspflicht von Sachverständigen und

für vom Betriebsrat herangezogene Arbeitnehmer als Auskunftspersonen (§ 80 Abs. 4, § 108 Abs. 2, § 109 S. 3 BetrVG) und für Mitglieder des Wirtschaftsausschusses (§ 107 Abs. 3 BetrVG).

b) Voraussetzungen der Geheimhaltungspflicht

aa) Betriebs- und Geschäftsgeheimnisse

741 Betriebs- oder Geschäftsgeheimnis ist jede im Zusammenhang mit einem Betrieb stehende Tatsache, die nicht offenkundig, sondern nur einem eng begrenzten Personenkreis bekannt ist und nach dem bekundeten Willen des Betriebsinhabers auf Grund eines berechtigten wirtschaftlichen Interesses geheim gehalten werden soll.

742 Eine Tatsache ist offenkundig, wenn sich jeder Interessierte ohne besondere Mühe Kenntnis verschaffen kann (*BAG* 26.2.1987 EzA § 79 BetrVG 1972 Nr. 1). Es kommt außer auf den subjektiven Willen des Unternehmers auf die objektive Geheimhaltungsbedürftigkeit i.S. eines berechtigten wirtschaftlichen Interesses an, sog. objektiver, materieller Geheimnisbegriff (vgl. GK-BetrVG/*Oetker* § 79 Rz. 8). In Betracht kommen etwa: Herstellungsverfahren, Konstruktionszeichnungen, Rezepturen (*BAG* 16.3.1982 EzA § 242 BGB Nachvertragliche Treuepflicht Nr. 1), Lohn- und Gehaltslisten (*BAG* 26.2.1987 EzA § 79 BetrVG 1972 Nr. 1), Personalkostenstruktur, Kalkulationsunterlagen, Kundenlisten und sonstige Tatsachen oder Kenntnisse von wirtschaftlicher und kaufmännischer Bedeutung.

bb) Ausdrückliche Geheimhaltungserklärung

743 Die Geheimhaltungspflicht betrifft nur Tatsachen, die vom Arbeitgeber ausdrücklich als geheimhaltungsbedürftig bezeichnet worden sind. Die Erklärung muss klar und eindeutig sein, bedarf aber keiner bestimmten Form.

cc) Kenntniserlangung auf Grund der betriebsverfassungsrechtlichen Stellung

744 Die besondere betriebsverfassungsrechtliche Schweigepflicht bezieht sich nur auf solche Betriebs- und Geschäftsgeheimnisse, die den verpflichteten Personen wegen ihrer Zugehörigkeit zum Betriebsrat bzw. der in Abs. 2 genannten Einrichtungen bekannt geworden sind. Für anderweitig erlangte Kenntnisse ohne Zusammenhang mit der Amtstätigkeit gelten nur die allgemeinen Geheimhaltungspflichten (s.u. Rn. 749 ff.; s.o. Kap. 3 Rn. 433 ff.).

dd) Inhalt und Dauer der Schweigepflicht

745 Verboten ist die Offenbarung, also die Weitergabe des Geheimnisses an andere und die Verwertung des Geheimnisses, d.h. dessen wirtschaftliche Ausnutzung zum Zwecke der Gewinnerzielung. Die Geheimhaltungspflicht besteht ab Beginn der Amtstätigkeit. Sie besteht auch nach dem Ausscheiden aus dem Betrieb unbeschränkt weiter und erlischt erst dann, wenn das Geheimnis allgemein bekannt ist oder der Arbeitgeber es als nicht mehr geheimhaltungsbedürftig bezeichnet.

ee) Ausnahmen von der Geheimhaltungspflicht

746 Zulässig ist die Offenbarung von Geheimnissen an Mitglieder desselben Organs oder an die Mitglieder einer der in Abs. 1 S. 4 angeführten Vertretungen und Stellen, da diese ihrerseits einer gleichartigen Geheimhaltungspflicht unterliegen. Das Betriebsratsmitglied muss aber bei einer solchen Weitergabe auf die vom Arbeitgeber erklärte Geheimhaltungsbedürftigkeit hinweisen. Die Geheimhaltungspflicht entfällt ferner dann, wenn und soweit eine gesetzliche Offenbarungspflicht, etwa gegenüber Behörden und Gerichten besteht (MünchArbR/*Joost* § 308 Rz. 190).

ff) Sanktionen

747 Bei groben Verstößen kommt ein Ausschluss des Betriebsratsmitglieds aus dem Betriebsrat oder dessen Auflösung nach § 23 Abs. 1 BetrVG in Betracht. Aus § 79 Abs. 1 S. 1 BetrVG folgt ferner ein im Beschlussverfahren durchzusetzender Unterlassungsanspruch gegenüber Betriebsrat und seinen Mitgliedern (*BAG* 26.2.1987 EzA § 79 BetrVG Nr. 1).

748 § 79 BetrVG ist Schutzgesetz zu Gunsten des Arbeitgebers i.S.d. § 823 Abs. 2 BGB. Die unbefugte Offenbarung oder Verwertung eines Geheimnisses ist zugleich eine Verletzung von Pflichten aus dem Arbeitsverhältnis und kann daher eine Kündigung aus wichtigem Grund gem. § 15 KSchG, § 626 BGB rechtfertigen (GK-BetrVG/*Oetker* § 79 Rz. 46). Die vorsätzliche Verletzung der Geheimhaltungspflicht ist nach § 120 Abs. 1, 3, 4 BetrVG auf Antrag als Straftat verfolgbar.

gg) Weitere Verschwiegenheitspflichten

749 Neben § 79 BetrVG gibt es zum Schutz von Geheimnissen, die zum persönlichen Lebensbereich eines Arbeitnehmers gehören, spezielle betriebsverfassungsrechtliche Schweigepflichten, insbes. im Bereich personeller Angelegenheiten (vgl. § 99 Abs. 1 S. 3, § 102 Abs. 2 S. 5 BetrVG) und im Zusammenhang mit der Hinzuziehung bei der Erläuterung des Arbeitsentgelts oder bei Einsichtnahme in die Personalakte (§ 82 Abs. 2, § 83 Abs. 1 BetrVG). Auch die Verletzung dieser Verschwiegenheitspflichten ist als Antragsdelikt strafbewährt, § 120 Abs. 2, Abs. 5 BetrVG.

750 Darüber hinaus besteht auch eine allgemeine arbeitsvertragliche Schweigepflicht (s.o. Kap. 3 Rn. 433 ff.). Diese besteht gegenüber jedermann und bezieht sich inhaltlich auf alle Geheimnisse und vertraulichen Angelegenheiten, also auch auf solche, die nicht Betriebs- und Geschäftsgeheimnisse sind (vgl. *BAG* 15.12.1987 EzA § 611 BGB Betriebsgeheimnis Nr. 1; 16.3.1982 EzA § 242 BGB Nachvertragliche Treuepflicht Nr. 1). Auf welche Weise Kenntnis erlangt wurde, ist unerheblich, auch eine ausdrückliche Anordnung von vertraulicher Behandlung ist nicht erforderlich (GK-BetrVG/*Oetker* § 79 Rz. 54). Betriebs- und Geschäftsgeheimnisse unterliegen dem besonderen strafrechtlichen Schutz nach §§ 17 ff. UWG, ergänzt durch die Schadensersatzpflicht nach § 19 UWG. Eine Schadensersatzpflicht kann insoweit ferner aus § 823 Abs. 1 BGB unter dem Gesichtspunkte des Eingriffs in den eingerichteten ausgeübten Gewerbebetrieb resultieren (GK-BetrVG/*Oetker* § 79 Rz. 55). Ein besonderes Datengeheimnis besteht für Personen, die bei der Datenverarbeitung beschäftigt werden. Die unbefugte Verarbeitung oder Nutzung personenbezogener Daten ist untersagt und mit Strafe bedroht, §§ 5, 43 BDSG. Die speziellen betriebsverfassungsrechtlichen Geheimhaltungspflichten gehen der Regelung des § 5 BDSG vor (GK-BetrVG/*Oetker* § 79 Rz. 59).

751 Eine allgemeine Schweigepflicht der Betriebsratsmitglieder über Interna des Betriebsrates ist gesetzlich nicht vorgesehen und ergibt sich auch nicht aus dem Grundsatz der Nichtöffentlichkeit der Betriebsratssitzungen (*BAG* 5.9.1967 AP Nr. 8 zu § 23 BetrVG). Allerdings darf durch die Weitergabe von Informationen die Funktionsfähigkeit des Betriebsrates nicht ersichtlich gefährdet werden, da hierin ein Verstoß gegen Amtspflichten i.S.d. § 23 BetrVG liegt (*BAG* 21.2.1978 AP Nr. 1 zu § 74 BetrVG 1972; GK-BetrVG/*Oetker* § 79 Rz. 52).

V. Kosten und Sachaufwand des Betriebsrates, § 40 BetrVG

752 Kosten und Sachaufwand des Betriebsrats trägt im Rahmen der Erforderlichkeit der Arbeitgeber. Dies gilt auch dann, wenn die Betriebsratswahl nichtig ist, der Nichtigkeitsgrund aber nicht offenkundig ist (*BAG* 29.4.1998 EzA § 40 BetrVG 1972 Nr. 82).

1. Kosten

753 Durch die Tätigkeit des Betriebsrates entstehen zwangsläufig Kosten, die nicht durch die Erhebung und Leistung von Beiträgen der Arbeitnehmer und Dritter für Zwecke des Betriebsrates ausgeglichen werden können (sog. Umlageverbot, § 41 BetrVG). Gem. § 40 Abs. 1 BetrVG trägt die Kosten vielmehr der Arbeitgeber. Von § 40 BetrVG werden die tatsächlich entstandenen erforderlichen und verhältnismäßigen Kosten erfasst, die nicht durch § 37 Abs. 2, 6, 7 BetrVG abgedeckt sind. Kosten in diesem Sinne sind die durch die Tätigkeit des Betriebsrates und seiner Ausschüsse, insbes. die ordnungsgemäß laufende Geschäftsführung des Betriebsrates oder die amtliche Tätigkeit einzelner Betriebsratsmitglieder entstandenen Kosten, sofern sie objektiv der Durchführung von Aufgaben des Betriebsrats dienen. Die Kostentragungspflicht des Arbeitgebers besteht auch für einen Betriebsrat, dessen Wahl angefochten ist (GK-BetrVG/*Weber* § 40 Rz. 7). Im Falle der Nichtigkeit der Wahl besteht sie dann, wenn die Nichtigkeit der Wahl für die handelnden Scheinbetriebsratsmitglieder nicht offenkundig war (GK-BetrVG/*Weber* § 40 Rz. 7). So besteht z.B. bei einer wegen Verkennung des Geltungsbereichs des BetrVG nichtigen Betriebsratswahl gleichwohl ein Anspruch des nichtig gewählten Betriebsratsmitglieds auf Erstattung tatsächlicher Aufwendungen nach betriebsverfassungsrechtlichen Grundsätzen, wenn die Nichtgeltung des BetrVG nicht offenkundig war (*BAG* 29.4.1998 EzA § 40 BetrVG 1972 Nr. 82). Ebenso sind die Kosten eines Betriebsrates, der nach Stilllegung des Betriebes ein Restmandat wahrnimmt, vom Arbeitgeber zu tragen (*LAG Hamm* 5.1.1979 EzA § 40 BetrVG 1972 Nr. 42).

a) Erforderlichkeit

754 Erforderlich sind alle Kosten, die im Zeitpunkt der Verursachung bei gewissenhafter Abwägung aller Umstände unter Berücksichtigung des Grundsatzes der vertrauensvollen Zusammenarbeit (§ 2 Abs. 1 BetrVG) und damit auch der betrieblichen Belange für erforderlich gehalten werden durften, wobei es nicht auf die subjektive Einschätzung des einzelnen Betriebsrates, sondern auf das Urteil eines vernünftigen Dritten ankommt (GK-BetrVG/*Weber* § 40 Rz. 11). Dem Betriebsrat steht allerdings ein gewisser Beurteilungsspielraum zu (*BAG* 3.10.1978 EzA § 40 BetrVG 1972 Nr. 37).

755 Bei außergewöhnlichen Aufwendungen und Kosten ist eine vorherige Information des Arbeitgebers und Beratung mit ihm geboten (*BAG* 18.4.1967 EzA § 39 BetrVG 1952 Nr. 1; *LAG Frankf./M.* 26.11.1987 NZA 1988, 441). Die Unterlassung dieser Verpflichtung führt aber nicht zum Wegfall des Anspruches auf Kostenerstattung, wenn im Übrigen dessen Voraussetzungen gegeben sind.

aa) Einzelne Kosten

(1) Kosten aus der Tätigkeit des Betriebsrates

756 Kosten aus der Tätigkeit des Betriebsrates sind z.B. die Kosten für die Anfertigung der Sitzungsniederschrift, in Betrieben mit ausländischen Arbeitnehmern gegebenenfalls auch Übersetzungskosten (*LAG Düsseld./Köln* 30.1.1981 DB 1981, 1093). Inwieweit der Arbeitgeber Kosten für ein vom Betriebsrat herausgegebenes Mitteilungsblatt zu tragen hat, richtet sich nach den konkreten Verhältnissen des einzelnen Betriebes. Abzuwägen sind die Dringlichkeit der Unterrichtung vor der nächsten ordentlichen Betriebsversammlung und die etwaige Unzulänglichkeit anderer Informationsmittel einerseits sowie die Kostenbelastung für den Arbeitgeber andererseits (*BAG* 21.11.1978 EzA § 40 BetrVG 1972 Nr. 40). Allein daraus, dass der Arbeitgeber seine Arbeitnehmer durch ein elektronisches Kommunikationssystem unter Benutzung eines sonst gesperrten Schlüssels »an Alle« informiert, folgt nicht, dass dem Betriebsrat dasselbe Informationssystem mit demselben Schlüssel uneingeschränkt zur Verfügung gestellt werden müsste (*BAG* 17.2.1993 EzA § 40 BetrVG 1972 Nr. 69). Kosten aus der Tätigkeit des Betriebsrats sind auch die Kosten für Vorbereitungsmaßnahmen

zur Bildung des besonderen Verhandlungsgremiums nach dem EBRG (DKK/*Klebe* § 16 EBRG Rz. 1; s.u. Rn. 2235 ff. zu § 16 EBRG).

(2) Kosten aus der Tätigkeit der Betriebsratsmitglieder

Zu den Kosten für die Tätigkeit einzelner Betriebsratsmitglieder gehören vor allem Reisekosten (Fahrt, Unterkunft, Verpflegung) für das notwendige Aufsuchen auswärtiger Betriebe, Betriebsteile oder die Teilnahme an Sitzungen des Gesamt-, Konzernbetriebsrats oder des Wirtschaftsausschusses, nicht aber Reisekosten vom auswärtigen Schulungsort zum Betrieb zur Teilnahme an einer Betriebsratssitzung (*BAG* 24.6.1969 EzA § 39 BetrVG 1952 Nr. 3) oder die Fahrten eines freigestellten Betriebsratsmitglieds für regelmäßige Fahrten zwischen Wohnung und Betrieb (*BAG* 13.6.2007 EzA § 40 BetrVG 2001 Nr. 13; 28.8.1991 EzA § 40 BetrVG 1972 Nr. 66). Zur Erstattung von Fahrtkosten zwischen Wohnung und Betrieb ist der Arbeitgeber nur verpflichtet, wenn das Betriebsratsmitglied den Betrieb ausschließlich wegen der Wahrnehmung erforderlicher betriebsverfassungsrechtlicher Aufgaben, wie z.B. wegen der Teilnahme an einer Betriebratssitzung außerhalb der persönlichen Arbeitszeit, aufsucht (*BAG* 16.1.2008 EzA § 40 BetrVG 2001 Nr. 14). Bei einer gemeinsamen Reise mehrerer Betriebsratsmitglieder können diese auf die Mitfahrmöglichkeit im PKW eines anderen Betriebsratsmitgliedes verwiesen werden, es sei denn, die Mitfahrt erscheint unzumutbar (*BAG* 28.10.1992 ArbuR 1993, 120; *LAG Hamm* 13.11.1991 LAGE § 40 BetrVG 1972 Nr. 32). Besteht im Betrieb eine für die Arbeitnehmer verbindliche Reisekostenregelung, gilt dies grds. auch für Reisen von Betriebsratsmitgliedern im Rahmen ihrer Betriebsratstätigkeit (*BAG* 23.6.1975 EzA § 40 BetrVG 1972 Nr. 21). Erforderliche höhere Kosten, die vom Betriebsratsmitglied nicht beeinflussbar sind, sind aber ebenfalls zu erstatten (*BAG* 7.6.1984 EzA § 40 BetrVG 1972 Nr. 57). Ein Ersatz von Unfallschäden am eigenen PKW des Betriebsratsmitgliedes kommt in Betracht, wenn der Arbeitgeber die Benutzung ausdrücklich gewünscht oder diese zur Wahrnehmung gesetzlicher Aufgaben erforderlich war (vgl. *BAG* 3.3.1983 EzA § 20 BetrVG 1972 Nr. 12). Die Erstattung grenzüberschreitender Reisekosten kommt in Betracht, wenn der Arbeitgeber grenzüberschreitend ein mitbestimmungspflichtiges EDV-System einführen will und der zuständige Gesamtbetriebsrat daher mit betroffenen ausländischen Betriebsvertretungen Kontakt aufnehmen und sich mit diesen treffen will (*ArbG München* 29.8.1991 DB 1991, 2295). Zu ersetzen sind ferner Aufwendungen für Ferngespräche, Briefporto oder Aufwendungen zur Wiederherstellung der Gesundheit oder von Sachen, soweit die Schäden in Ausübung der Betriebsratstätigkeit entstanden sind. Bei Personenschäden ist der Haftungsausschluss der §§ 104 ff. SGB VII zu beachten (GK-BetrVG/*Weber* § 40 Rz. 80; s.o. Kap. 3 Rn. 2846 f.). **757**

(3) Kosten von Rechts- und Regelungsstreitigkeiten

Erstattungspflichtig sind auch erforderliche und verhältnismäßige Kosten von Rechtsstreitigkeiten, die der Betriebsrat in amtlicher Eigenschaft in betriebsverfassungsrechtlichen Angelegenheiten führt sowie die Kosten für Rechtsstreitigkeiten des einzelnen Betriebsratsmitglieds aus ihrer amtlichen Tätigkeit (*BAG* 14.10.1982 EzA § 40 BetrVG 1972 Nr. 52; 19.4.1989 EzA § 40 BetrVG 1972 Nr. 62; 31.1.1990 EzA § 40 BetrVG 1972 Nr. 64). Zur Tätigkeit des Betriebsrates gehört insoweit nämlich auch die Wahrnehmung seiner Rechte und die seiner Mitglieder gegenüber dem Arbeitgeber sowie allgemein die Befugnis zur Klärung betriebsverfassungsrechtlicher Streitfragen (*BAG* 3.10.1978 EzA § 40 BetrVG 1972 Nr. 37). Nicht erstattungsfähig sind Kosten des Rechtsstreites eines Betriebsratsmitgliedes, in welchem dieses individualrechtliche Ansprüche, wie z.B. den Anspruch auf Lohnfortzahlung wegen betriebsratsbedingter Arbeitsversäumnis geltend macht (*BAG* 14.10.1982 EzA § 40 BetrVG 1972 Nr. 52). Unerheblich ist der Ausgang des Verfahrens (GK-BetrVG/*Weber* § 40 Rz. 85). Kosten der Rechtsverfolgung sind dann nicht erforderlich, wenn das Verfahren ohne hinreichenden Anlass eingeleitet und ohne Aussicht auf Erfolg mutwillig durchgeführt wird oder der Grundsatz der Verhältnismäßigkeit missachtet ist. Bei der Beurteilung der Erforderlichkeit hat der Betriebsrat die Maßstäbe einzuhalten, die er gegebenenfalls anwenden würde, wenn er selbst bzw. seine Mitglieder die Kosten zu tragen hätten (*BAG* 28.8.1991 **758**

EzA § 113 BetrVG 1972 Nr. 21). Nicht erforderlich sind auch die Kosten eines Beschlussverfahrens, das erst so spät bei Gericht eingeleitet wird, dass ein sachgerechter Beschluss schon aus Zeitgründen nicht mehr getroffen werden kann (*LAG Frankf./M.* 15.10.1992 DB 1993, 1096). Strittig ist die Erforderlichkeit der Kosten eines Rechtsstreites über vom BAG bereits entschiedene Rechtsfragen (keine Erforderlichkeit: *LAG Hamm* 4.12.1985 DB 1986, 88; GK-BetrVG/*Weber* § 40 Rz. 86; **a.A.** DKK/*Wedde* § 40 Rz. 25).

759 Kosten für die Hinzuziehung eines Rechtsanwaltes, den der Betriebsrat auf Grund ordnungsgemäßen Beschlusses, der für jede Instanz gesondert zu erfolgen hat (*BAG* 17.8.2005 EzA § 40 BetrVG 2001 Nr. 10; 18.1.2006 – 7 ABR 25/05; *LAG Bln.* 26.1.1987 NZA 1987, 645; *LAG SchlH* 19.4.1983 DB 1984, 533), beauftragt hat, sind auch dann, wenn die Hinzuziehung eines Rechtsanwaltes vom Gesetz – z.B. im erstinstanzlichen arbeitsgerichtlichen Verfahren – nicht zwingend vorgeschrieben ist, zu erstatten, wenn der Betriebsrat sie nach pflichtgemäßer, verständiger Würdigung aller Umstände für erforderlich halten durfte, die Rechtsverfolgung insbes. nicht aussichtslos erscheint und nicht rechtsmissbräuchlich erfolgt (*BAG* 17.8.2005 EzA § 40 BetrVG 2001 Nr. 10; 19.3.2003 EzA § 40 BetrVG 2001 Nr. 3; 19.4.1989 EzA § 40 BetrVG 1972 Nr. 62). Ebenfalls ist ein ordnungsgemäßer Beschluss des Betriebsrats zur Durchführung des arbeitsgerichtlichen Beschlussverfahrens überhaupt erforderlich. Der Arbeitgeber kann dies im Beschlussverfahren zunächst mit Nichtwissen bestreiten. Ob ein ordnungsgemäßer Beschluss vorliegt ist dann ggf. im Wege der gerichtlichen Aufklärungspflicht zu klären (*BAG* 19.1.2005 – 7 ABR 24/04 – n.v.).

760 Nach anderer, strengerer Auffassung (so noch *BAG* 26.11.1974 EzA § 20 BetrVG 1972; HSWGNR/*Glock* § 40 Rz. 22) ist maßgebend, dass die Rechtsverfolgung wegen der Sach- und Rechtslage für den Betriebsrat Schwierigkeiten aufweist. Maßgeblich für die Beurteilung der Frage der Erforderlichkeit ist der Zeitpunkt der Beschlussfassung des Betriebsrats (*BAG* 19.4.1989 EzA § 40 BetrVG 1972 Nr. 62). Nach der Rechtsprechung des Bundesarbeitsgerichts (*BAG* 3.10.1978 EzA § 40 BetrVG 1972 Nr. 37; 4.12.1979 EzA § 40 BetrVG 1972 Nr. 47; einschränkender noch *BAG* 26.11.1974 EzA § 20 BetrVG 1972 Nr. 7) braucht der Betriebsrat die Möglichkeit gewerkschaftlichen Rechtsschutzes im Interesse der Kostenverringerung nicht in Anspruch zu nehmen (**a.A.** GK-BetrVG/*Weber* § 40 Rz. 105; HSWGNR/*Glock* § 40 Rz. 24; MünchArbR/*Joost* § 309 Rz. 21). In einem Ausschlussverfahren nach § 23 Abs. 1 BetrVG kann das betroffene Betriebsratsmitglied bei vernünftiger Betrachtung die Hinzuziehung eines Rechtsanwaltes dann nicht für erforderlich halten, wenn es das ihm vorgeworfene Verhalten nicht ernsthaft bestreiten kann und die rechtliche Würdigung dieses Verhaltens unzweifelhaft eine zum Ausschluss aus dem Betriebsrat führende grobe Pflichtverletzung i.S.d. § 23 Abs. 1 BetrVG ergibt (*BAG* 19.4.1989 EzA § 40 BetrVG 1972 Nr. 62). Liegen die Voraussetzungen der Erstattung von Rechtsanwaltskosten vor, ist der Betriebsrat gleichwohl nicht berechtigt, dem beauftragten Rechtsanwalt eine atypisch hohe Honorarzusage zu erteilen. Nicht erstattet werden müssen Fahrtkosten des Rechtsanwaltes für auswärtige Terminwahrnehmungen, wenn er keine besondere, über das normale Maß hinausgehende Sachkompetenz in den für den Rechtsstreit maßgeblichen Rechtsfragen hat und am Gerichtsort sachkundige Anwaltsbüros ansässig sind (*BAG* 16.10.1986 AP Nr. 31 zu § 40 BetrVG 1972). Grds. kann nur Honorar nach Maßgabe des RVG zugesagt werden (*BAG* 20.10.1999 EzA § 40 BetrVG 1972 Nr. 89). Die Zusage eines darüber hinausgehenden Honorars bedarf der vorherigen Vereinbarung mit dem Arbeitgeber (*LAG Frankf./M.* 26.11.1987 NZA 1988, 441; 13.8.1987 DB 1988, 971). Beauftragt der Betriebsrat einen Rechtsanwalt mit der Wahrnehmung seiner Interessen in einem Einigungsstellenverfahren, sind die Kosten zu erstatten, wenn der Regelungsgegenstand der Einigungsstelle schwierige Rechtsfragen aufwirft, die zwischen den Betriebspartnern umstritten sind und kein Betriebsratsmitglied über den zur sachgerechten Interessenwahrnehmung notwendigen juristischen Sachverstand verfügt (*BAG* 21.6.1989 EzA § 40 BetrVG 1972 Nr. 61). Nimmt der Insolvenzverwalter ein vom Arbeitgeber eingeleitetes, in erster Instanz anhängiges, durch die Eröffnung des Insolvenzverfahrens über das Vermögen des Arbeitgebers nach § 240 ZPO unterbrochenes arbeitsge-

richtliches Beschlussverfahren auf und führt dieses fort, sind die dem Betriebsrat entstandenen, nach § 40 Abs. 1 BetrVG vom Arbeitgeber zu tragenden Rechtsanwaltskosten Masseverbindlichkeiten nach § 55 Abs. 1 Nr. 1 InsO. Das gilt auch für Rechtsanwaltsgebühren, die bereits vor Eröffnung des Insolvenzverfahrens entstanden sind (*BAG* 17.8.2005 EzA § 40 BetrVG 2001 Nr. 10).

Nach Auffassung des *LAG RhPf* (4.5.1990 NZA 1991, 32) ist der Betriebsrat unter den **761**
Voraussetzungen des § 116 Nr. 2 ZPO prozesskostenhilfeberechtigt, wenn bei gegebener hinreichender Erfolgsaussicht der Arbeitgeber nicht in der Lage wäre, gem. § 40 Abs. 1 BetrVG die Prozesskosten aufzubringen.

Wird ein Rechtsanwalt nicht im Rahmen eines gerichtlichen Verfahrens, sondern zur **762**
sonstigen Beratung des Betriebsrates, etwa über eine vom Arbeitgeber vorgeschlagene Betriebsvereinbarung hinzugezogen, wird er als Sachverständiger tätig, sodass sich die Frage der Kostentragungspflicht nach §§ 40 Abs. 1, 80 Abs. 3 BetrVG bemisst. Neben der Erforderlichkeit der Hinzuziehung ist also weitere Voraussetzung, dass es i.S.d. § 80 Abs. 3 BetrVG zuvor zu einer näheren Vereinbarung mit dem Arbeitgeber oder deren Ersetzung durch Entscheidung des Arbeitsgerichts gekommen ist (s.u. Rn. 1406 ff.; *BAG* 25.4.1978 EzA § 80 BetrVG 1972 Nr. 15).

Auch für die Hinzuziehung sonstiger Sachverständiger ist Rechtsgrundlage allein § 80 Abs. 3 S. 1 BetrVG (*BAG* 26.2.1992 EzA § 80 BetrVG 1972 Nr. 40).

bb) Schulungs- und Bildungsveranstaltungen

Vgl. dazu zunächst oben Rn. 685 ff., insbes. auch zur Erforderlichkeit einzelner Veranstal- **763**
tungen.

Der Arbeitgeber hat auch die Kosten (Fahrt, Unterkunft, Verpflegung) für die Teilnahme **764**
an Schulungs- und Bildungsveranstaltungen gem. § 37 Abs. 6 BetrVG zu tragen, soweit sie erforderlich sind (*BAG* 7.6.1984 EzA § 40 BetrVG 1972 Nr. 57; zum Begriff der Erforderlichkeit s.o. Rn. 686 ff.).

Ein Anspruch auf Kostenerstattung setzt stets einen wirksamen Entsendebeschluss des **765**
Betriebsrats vor Beginn der Veranstaltung voraus. Ein Beschluss des Betriebsrats, der erst nach dem Besuch der Veranstaltung gefasst wird und in dem die Teilnahme des Betriebsratsmitglieds gebilligt wird, begründet keinen Anspruch des Betriebsrats auf Kostentragung nach § 40 BetrVG (*BAG* 8.3.2000 EzA § 40 BetrVG 1972 Nr. 90; **a.A.** etwa *Reitze* NZA 2002, 492, 493).

Bei Schulungs- und Bildungsveranstaltungen nach § 37 Abs. 7 BetrVG besteht grds. keine **766**
Kostentragungspflicht des Arbeitgebers, es sei denn, die Veranstaltung vermittelt zugleich für die Betriebsratsarbeit erforderliche Kenntnisse i.S.d. § 37 Abs. 6 BetrVG (*BAG* 21.7.1978 AP Nr. 4 zu § 38 BetrVG 1972; GK-BetrVG/*Weber* § 40 Rz. 74).

Bei gewerkschaftlichen Veranstaltungen ist es unzulässig, dass die Gewerkschaft aus der Ver- **767**
anstaltung einen finanziellen Gewinn erwirtschaftet (*BAG* 28.6.1995 EzA § 40 BetrVG 1972 Nr. 74). Dies gilt auch dann, wenn die Veranstaltung von einem gemeinnützigen Verein durchgeführt wird, wenn der Vereinsvorstand von der Gewerkschaft gestellt wird und diese über ihn Inhalt, Durchführung und Finanzierung solcher Veranstaltungen maßgebend bestimmt (*BAG* 28.6.1995 EzA § 40 BetrVG 1972 Nr. 75). Erfasst sind bei Gewerkschaftsveranstaltungen daher nur klar abgrenzbare Teilnehmergebühren, die dem Veranstalter durch die konkrete Veranstaltung entstanden sind, nicht dagegen die Vorhaltekosten einer Schulungsstätte, weil die Einrichtung in erster Linie den eigenen Interessen der Koalition dient (*BAG* 3.4.1979 EzA § 40 BetrVG 1972 Nr. 44; 15.1.1992 EzA § 40 BetrVG 1972 Nr. 68). Honoraraufwendungen für eigene Referenten oder die des DGB können deshalb nur dann

anteilig auf die Schulungsteilnehmer umgelegt werden, wenn eine entsprechende Lehrtätigkeit weder zu den Haupt- noch zu den Nebenpflichten des Referenten aus dessen Arbeitsverhältnis gehört (*BAG* 3.4.1979 EzA § 40 BetrVG 1972 Nr. 44). Das Fehlen eines Gewinns ergibt sich nicht schon daraus, dass der für die Unterbringung in Rechnung gestellte Tagessatz den steuerlichen Pauschalbeträgen entspricht. Jedenfalls wenn die Gewerkschaft den ihr abgetretenen Kostenerstattungsanspruch geltend macht, hat sie ihre erstattungsfähigen Kosten im Einzelnen anzugeben (*BAG* 15.1.1992 EzA § 40 BetrVG 1972 Nr. 68).

768 Soweit in einer Schulungs- und Bildungsveranstaltung nur teilweise erforderliche Kenntnisse vermittelt werden, so sind bei Teilbarkeit der Veranstaltung nur die auf den erforderlichen Teil entfallenden Kosten zu zahlen (GK-BetrVG/*Weber* § 40 Rz. 57). Überwiegt die nicht erforderliche Themenbehandlung, so entfällt der Anspruch insgesamt (*BAG* 28.5.1976 EzA § 37 BetrVG 1972 Nr. 49).

769 Bei mehreren qualitativ gleichwertigen Veranstaltungen ist der Betriebsrat im Rahmen seines Beurteilungsspielraums nach pflichtgemäßem Ermessen nicht verpflichtet, die Maßnahme auszuwählen, die für den Arbeitgeber mit den geringsten Kosten verbunden ist (*BAG* 28.6.1995 EzA § 40 BetrVG 1972 Nr. 74; **a.A.** etwa GK-BetrVG/*Weber* § 40 Rz. 58). Die Kosten einer teureren Veranstaltung hat der Arbeitgeber jedenfalls dann zu tragen, wenn diese qualitativ besser ist und die dadurch bedingten höheren Kosten verhältnismäßig sind (*BAG* 15.5.1986 EzA § 37 BetrVG 1972 Nr. 85). Der Betriebsrat ist aber nicht gehalten, an Hand einer umfassenden Marktanalyse den günstigsten Anbieter zu ermitteln. Bei vergleichbaren Seminarinhalten kann er seine Auswahlentscheidung auch von dem Veranstalter selbst abhängig machen und beispielsweise dabei berücksichtigen, dass gewerkschaftliche oder gewerkschaftsnahe Anbieter eine an den praktischen Bedürfnissen der Betriebsratsarbeit ausgerichtete Wissensvermittlung erwarten lassen (*BAG* 28.6.1995 EzA § 40 BetrVG 1972 Nr. 74). Entsprechendes gilt auch für die Wahl des Ortes der Schulungsveranstaltung, sodass Reisekosten zu einer weiter entfernt liegenden Schulungsstätte jedenfalls dann zu erstatten sind, wenn diese Schulung eine effektivere Ausbildung ermöglicht (DKK/*Wedde* § 40 Rz. 61).

770 Erstattungsfähig sind neben Reise- und Unterbringungskosten auch Verpflegungskosten. Unter dem Gesichtspunkt ersparter Eigenaufwendungen kann der Arbeitgeber ein Fünftel der tatsächlichen Verpflegungsaufwendungen in Abzug bringen (*BAG* 28.6.1995 EzA § 40 BetrVG 1972 Nr. 74).

b) Art der Kostentragung

771 Aus Rechtsgeschäften des Betriebsrates wird der Arbeitgeber mangels Vertretungsmacht des Betriebsrates für den Arbeitgeber nicht unmittelbar verpflichtet. Durch § 40 BetrVG wird vielmehr ein gesetzliches Schuldverhältnis begründet, aus dem sich unmittelbar Ansprüche des Betriebsrates oder der Betriebsratsmitglieder auf Leistungen des Arbeitgebers ergeben (GK-BetrVG/*Weber* § 40 Rz. 16). Soweit Verpflichtungen eingegangen wurden, besteht ein Freistellungsanspruch gegen den Arbeitgeber, der auf Befreiung von der Verbindlichkeit gerichtet ist (*BAG* 17.8.2005 EzA § 40 BetrVG 2001 Nr. 10; 19.4.1989 EzA § 40 BetrVG 1972 Nr. 62). Er steht dem Betriebsrat, aus abgeleitetem Recht aber auch dem Betriebsratsmitglied zu, das die Verbindlichkeit eingegangen ist (*BAG* 21.11.1978 EzA § 37 BetrVG 1972 Nr. 62).

772 Ist die Forderung des Dritten durch ein Betriebsratsmitglied erfüllt worden, so verwandelt sich der Freistellungs- in einen Zahlungsanspruch gegen den Arbeitgeber, der bei Verzug oder nach Eintritt der Rechtshängigkeit zu verzinsen ist (*BAG* 18.1.1989 EzA § 40 BetrVG 1972 Nr. 60). Der Betriebsrat bzw. das einzelne Mitglied kann für voraussichtliche Aufwendungen einen angemessenen Vorschuss verlangen. Insoweit kann auch ein Dispositionsfonds eingerichtet werden, im Hinblick auf das Begünstigungsverbot (§§ 37 Abs. 1, 78 S. 2 BetrVG) jedoch nur in angemessener Höhe und bei regelmäßiger Abrechnung in angemessenen Zeitabständen (GK-BetrVG/*Weber* § 40 Rz. 24). Wird von mehreren Arbeitgebern ein gemeinsamer Betrieb geführt, so tragen sie die Kosten gem. § 421 BGB als Gesamtschuldner (*BAG* 19.4.1989 EzA § 40 BetrVG 1972 Nr. 62).

In der Insolvenz sind Kostenerstattungsansprüche aus § 40 BetrVG grds. einfache Insolvenzforderungen, es sei denn, es geht um Aufwendungsersatz für Betriebsratstätigkeit nach Insolvenzeröffnung. Im Konkurs des Arbeitgebers sind Kostenerstattungsansprüche aus § 40 Abs. 1 BetrVG keine Masseschulden, sofern es sich nicht um Rückstände für die letzten sechs Monate handelt (*BAG* 14.11.1978 EzA § 40 BetrVG 1972 Nr. 39) oder es um Aufwendungsersatz für Betriebsratstätigkeit nach Konkurseröffnung geht (*LAG Hamm* 5.1.1979 EzA § 40 BetrVG 1972 Nr. 42). Als nicht bevorrechtigte Konkursforderungen nehmen sie am gerichtlichen Vergleichsverfahren teil. Der Betriebsrat ist insoweit Vergleichsgläubiger, § 25 VglO (*BAG* 16.10.1986 AP Nr. 26 zu § 40 BetrVG 1972). 773

c) Nachweis und Durchsetzung der Kosten, Kostenpauschale

Die entstandenen Kosten sind im Einzelnen nachzuweisen. Dies gilt auch für die erstattungsfähigen Kosten bei Teilnahme an einer Schulungsveranstaltung, wobei der Veranstalter dem teilnehmenden Betriebsratsmitglied gegenüber verpflichtet ist, die zur Aufschlüsselung der Kosten notwendigen Angaben zu machen (*BAG* 28.6.1995 EzA § 40 BetrVG 1972 Nr. 74). 774

Bei gewerkschaftlichen Schulungsveranstaltungen darf es nicht zu einer Gegnerfinanzierung durch den Arbeitgeber kommen. Es gelten insoweit koalitionsrechtliche Besonderheiten. Es ist deshalb nachzuweisen, dass die Berechnung pauschaler Schulungsgebühren exakt anhand von Einzelpositionen dargelegt wird, um überprüfen zu können, dass die enthaltenen Einzelposten auf der Durchführung der Veranstaltung beruhen. Ist der Schulungsbereich nach § 37 Abs. 6 BetrVG dabei von den übrigen Seminarveranstaltungen organisatorisch, personell und finanziell getrennt, ist auch eine Darlegung der Kosten auf Grund einer Mischkalkulation zulässig, indem die Kosten aller betriebsverfassungsrechtlichen Seminare gemeinsam ermittelt und anteilig den einzelnen Schulungsveranstaltungen zugeordnet werden (*BAG* 28.6.1995 EzA § 40 BetrVG 1972 Nr. 74). Voraussetzung der Aufschlüsselungspflicht unter dem Gesichtspunkt gewerkschaftlicher Schulungsveranstaltungen ist aber, dass tatsächlich hinreichend gesicherte satzungsmäßige oder personelle Möglichkeiten gewerkschaftlicher Einflussnahme bei der Verwendung der eingenommenen Beträge bestehen (*BAG* 17.6.1998 EzA § 40 BetrVG 1972 Nr. 83). Besteht eine Aufschlüsselungspflicht, kann diese auch durch Vorlage eines Gutachtens einer unabhängigen Wirtschaftsprüfungsgesellschaft, welches die schulungsbedingt angefallenen Selbstkosten des Schulungsträgers nach anerkannten kaufmännischen Grundsätzen ermittelt und testiert, erfüllt werden. Der Arbeitgeber kann zur Prüfung seiner Kostentragungspflicht nur solche Auskünfte verlangen, die zur Nachprüfung der Angaben des Veranstalters geeignet und erforderlich sind (*BAG* 17.6.1998 EzA § 40 BetrVG 1972 Nr. 84). Beschränkt sich ein in der Rechtsform des gemeinnützigen Vereins geführter gewerkschaftlicher Schulungsveranstalter auf die Durchführung betriebsverfassungsrechtlicher Schulungen, kommt eine Aufschlüsselungspflicht pauschaler Schulungsgebühren erst bei Vorliegen konkreter Anhaltspunkte für eine Gegnerfinanzierung in Betracht (*BAG* 17.6.1998 EzA § 40 BetrVG 1972 Nr. 85). 775

Möglich ist die Regulierung von Kosten in Anwendung einer Kostenpauschale, wenn sie nicht zu einer unzulässigen versteckten Vergütung der Betriebsratsmitglieder führt. Die Kostenpauschale muss sich daher im Rahmen der üblichen regelmäßig wiederkehrenden Aufwendungen halten (GK-BetrVG/*Weber* § 40 Rz. 21; DKK/*Wedde* § 40 Rz. 11). 776

Die Ansprüche des Betriebsrates oder auch des einzelnen Betriebsratsmitglieds sind im arbeitsgerichtlichen Beschlussverfahren durchzusetzen (*BAG* 18.1.1989 EzA § 40 BetrVG 1972 Nr. 60). Der Betriebsrat ist befugt, Kostenfreistellungs- und Auslagenerstattungsansprüche seiner Mitglieder im eigenen Namen geltend zu machen, kann aber nur die Erstattung an das jeweilige Betriebsratsmitglied verlangen (*BAG* 15.1.1992 EzA § 40 BetrVG 1972 Nr. 68). 777

d) Abtretbarkeit, Verjährung

778 Der Kostenerstattungsanspruch ist wie ein gewöhnlicher vermögensrechtlicher Anspruch abtretbar (*BAG* 25.4.1978 EzA § 37 BetrVG 1972 Nr. 59). Der Freistellungsanspruch ist nur an den Gläubiger der Forderung abtretbar und wandelt sich dann in einen Zahlungsanspruch um (*BAG* 17.8.2005 EzA § 40 BetrVG 2001 Nr. 10). Die Abtretung bedarf eines ordnungsgemäßen Beschlusses des Betriebsrats. Fehlt ein solcher Beschluss, erwirbt der Gläubiger keine unmittelbar gegen den Arbeitgeber durchsetzbare Forderung (*BAG* 13.5.1998 EzA § 80 BetrVG 1972 Nr. 42 zum Anspruch auf Freistellung von den Kosten aus der Hinzuziehung eines Sachverständigen). Der Anspruch auf Leistung eines Vorschusses ist auf Grund seiner Zweckbindung nicht abtretbar, § 399 BGB (MünchArbR/*Joost* § 309 Rz. 32).

779 Es gilt die reguläre Verjährung. Tarifliche Ausschlussfristen sind auf den Anspruch nicht anwendbar (*BAG* 30.1.1973 EzA § 40 BetrVG 1972 Nr. 4). Er kann aber nach § 242 BGB der Verwirkung unterliegen, wenn seine verspätete Geltendmachung Treu und Glauben widerspricht (*BAG* 14.11.1978 EzA § 40 BetrVG 1972 Nr. 38).

2. Sachaufwand und Büropersonal

780 § 40 Abs. 2 BetrVG begründet als Sonderregelung zu § 40 Abs. 1 BetrVG im Hinblick auf die zur Betriebsratsarbeit erforderlichen räumlichen, sachlichen und personellen Mittel einen Überlassungsanspruch gegen den Arbeitgeber, sodass der Betriebsrat nicht berechtigt ist, auf Kosten des Arbeitgebers selbst Personal- oder Sachmittel zu beschaffen (*BAG* 21.4.1983 EzA § 40 BetrVG 1972 Nr. 53). Der Arbeitgeber hat deshalb unter Berücksichtigung der betrieblichen Belange grds. die Wahl hinsichtlich der zur Verfügung zu stellenden Mittel (*BAG* 17.10.1990 EzA § 40 BetrVG 1972 Nr. 65).

781 Die Erforderlichkeit einzelner Mittel richtet sich nach den Verhältnissen des Einzelfalles unter Berücksichtigung von Größe des Betriebs, des Betriebsrates sowie dem Umfang der Geschäftstätigkeit des Betriebsrates. Im Einzelfall genügt die Ermöglichung der Mitbenutzung von Sachmitteln, wenn dies für die Tätigkeit des Betriebsrates ausreichend ist (MünchArbR/*Joost* § 309 Rz. 35).

a) Sachaufwand

782 Zu den zur Verfügung zu stellenden Mitteln gehören z.B.:

- Geeignete, beheizte und beleuchtete Räume grds. innerhalb des Betriebes. Je nach Umfang der Aufgaben des Betriebsrates muss der Arbeitgeber einen oder mehrere verschließbare (*ArbG Heilbronn* 17.2.1984 BB 1984, 982) Räume ständig oder zeitweise zur Verfügung stellen. Begrenzt durch das Kriterium der Rechtsmissbräuchlichkeit kann der Arbeitgeber eine Änderung der Raumzuweisung vornehmen. In der Zeit der Nutzung durch den Betriebsrat übt dieser das Hausrecht aus. Es steht dem Betriebsrat allerdings nur insoweit zu, wie dies zur Erfüllung seiner gesetzlichen Aufgaben erforderlich ist. Nur in diesem Umfang braucht der Arbeitgeber den Zugang vom Betriebsrat eingeladener Medienvertreter zum Betriebsratsbüro zu dulden (*BAG* 18.9.1991 EzA § 40 BetrVG 1972 Nr. 67). Der Raum muss grds. verschließbar und optisch und akustisch so weit abgeschirmt sein, dass ihn Zufallszeugen von außen nicht einsehen oder abhören können, ohne besonderen Aufwand zu betreiben. Er muss den Anforderungen an eine Arbeitsstätte entsprechen (*LAG Köln* 19.1.2001 NZA-RR 2001, 482).

783
- Büromöbel einschließlich verschließbarer Vorrichtungen zur Aufbewahrung der Akten und sonstiger wichtiger Gegenstände, Schreibmaschinen, Diktiergeräte, Schreib- und sonstiges Büromaterial. Mitbenutzung oder zur Verfügungstellung eines Kopiergerätes, je nach Größe des Betriebes. Das Fotokopieren einer gewerkschaftlichen Druckschrift mit eindeutigen gewerkschaftspolitischen Zielsetzungen muss der Arbeitgeber nicht dulden (*LAG Frankf./M.* 20.8.1987 LAGE § 40 BetrVG 1972 Nr. 23).

- Fachliteratur (Arbeits- und sozialrechtliche Gesetzessammlungen [z.B. »Arbeits- und Sozialordnung«]) in der neuesten Auflage. Bei Wahrnehmung des Auswahlrechts hinsichtlich der zur Verfügung zu stellenden Gesetzestexte braucht sich der Betriebsrat nicht ausschließlich vom Interesse des Arbeitgebers an einer möglichst geringen Kostenbelastung leiten zu lassen (*BAG* 24.1.1996 EzA § 40 BetrVG 1972 Nr. 77). Ferner Kommentare (auf dem neuesten Stand, *BAG* 26.10.1994 EzA § 40 BetrVG 1972 Nr. 72), Unfallverhütungsvorschriften, Tarifverträge, Fachzeitschriften (z.B. »Arbeitsrecht im Betrieb«, *BAG* 21.4.1983 EzA § 40 BetrVG 1972 Nr. 53; »Arbeit und Ökologiebriefe«, *LAG Frankf./M.* 21.3.1991 NZA 1991, 859; nicht verlangt werden kann die zur Verfügungstellung einer Tageszeitung, wie z.B. des Handelsblatts: *BAG* 29.11.1989 EzA § 40 BetrVG 1972 Nr. 63), Entscheidungssammlungen, wobei der Umfang von den Geschäftsbedürfnissen des konkreten Betriebsrates abhängt und das Verhältnismäßigkeitsprinzip zu wahren ist. Im Rahmen des Erforderlichen kann der Betriebsrat die ihm zu überlassende und vom Arbeitgeber zu beschaffende Literatur selbst auswählen und hat dabei einen gerichtlich beschränkt nachprüfbaren Ermessensspielraum (*BAG* 21.4.1983 EzA § 40 BetrVG 1972 Nr. 53). 784
- Schwarzes Brett für Bekanntmachungen des Betriebsrates (*BAG* 21.11.1978 EzA § 40 BetrVG 1972 Nr. 41). Über den Inhalt entscheidet der Betriebsrat grds. allein, muss sich aber im Rahmen seiner Aufgaben halten, sodass z.B. parteipolitische Propaganda (vgl. § 74 Abs. 2 S. 3 BetrVG) unzulässig ist (GK-BetrVG/*Weber* § 40 Rz. 142). Bei unzulässigen Aushängen kann der Arbeitgeber vom Betriebsrat die Entfernung verlangen (vgl. ausf. GK-BetrVG/*Weber* § 40 Rz. 144). Ein regelmäßig oder in unregelmäßigen Abständen erscheinendes Informationsblatt darf dann herausgegeben werden, wenn ein dringendes Informationsbedürfnis besteht, anderweitige Informationsmittel unzugänglich sind und die Kostenbelastung dem Arbeitgeber zumutbar ist (*BAG* 21.11.1978 EzA § 40 BetrVG 1972 Nr. 41; *LAG Bln.* 28.6.1984 NZA 1984, 405). Der Gesamtbetriebsrat ist nicht berechtigt, auf Kosten des Arbeitgebers ein Informationsblatt herauszugeben, da die Informationen der Belegschaft über die Tätigkeit des Gesamtbetriebsrats durch die einzelnen Betriebsräte ausreichend ist (*BAG* 21.11.1978 EzA § 40 BetrVG 1972 Nr. 41). In Betracht kommt auch die Durchführung von Fragebogenaktionen, soweit sich die Fragen im Rahmen der gesetzlichen Aufgaben halten und Betriebsablauf und Betriebfrieden hierdurch nicht gestört werden (*BAG* 8.2.1977 EzA § 70 BetrVG 1972 Nr. 1). 785

b) Insbesondere: Informations- und Kommunikationstechnik

Durch das BetrVerf-ReformG vom 23.7.2001 (BGBl. I S. 1852 ff.) wurde in § 40 Abs. 2 BetrVG eine ausdrückliche Erwähnung der Informations- und Kommunikationstechnik in § 40 Abs. 2 BetrVG eingeführt. Hierdurch soll klargestellt werden, »dass der Arbeitgeber verpflichtet ist, dem Betriebsrat auch Informations- und Kommunikationstechnik als moderne Sachmittel zur Verfügung zu stellen. Dazu gehören vor allem Computer mit der entsprechenden Software, aber auch die Nutzung im Betrieb oder Unternehmen vorhandener moderner Kommunikationsmöglichkeiten.« (so BegrRegE BT-Drs. 5741, S. 41). Ungeachtet dieser gesetzlichen Änderung verbleibt es aber dabei, dass auch diese Sachmittel »in erforderlichem Umfang« zur Verfügung zu stellen sind, sodass ein vom Merkmal der Erforderlichkeit unabhängiger Überlassungsanspruch des Betriebsrats nicht besteht, sondern es auf die konkreten Verhältnisse des einzelnen Betriebs und die Arbeit des einzelnen Betriebsrats ankommt (*LAG Köln* 27.9.2001 LAGE § 40 BetrVG 2001 Nr. 1). Für die Interpretation des Merkmals der Erforderlichkeit ist aber zu berücksichtigen, dass der Gesetzgeber in dem Bestreben um eine Verbesserung der Arbeitsbedingungen der Betriebsräte ein Signal zu Gunsten der Teilhabe des Betriebsrats an den Errungenschaften des technischen Fortschritts im Bereich der Informations- und Kommunikationstechnik gesetzt hat (GK-BetrVG/*Weber* § 40 Rz. 151). 786

- **Telefon/Fax:** Der Betriebsrat hat Anspruch auf einen Telefonanschluss, wobei der Arbeitgeber nur die Kosten für erforderliche und verhältnismäßige Telefongespräche trägt (vgl. *BAG* 27.5.1986 EzA § 87 BetrVG 1972 Kontrolleinrichtung Nr. 16). Ein Anspruch auf einen Telefonhauptanschluss besteht dann nicht, wenn der Betriebsrat eine betriebliche

Nebenstellenanlage ohne Empfänger- und Inhaltskontrolle benutzen kann, wobei die Mitbenutzung der betrieblichen Fernsprechanlage für den Betriebsrat eines Kleinbetriebes i.d.R. ausreichend und zumutbar ist (*LAG RhPf* 9.12.1991 NZA 1993, 426). Eine Telefonanlage muss so geschaltet werden, dass der Betriebsrat von sich aus die Arbeitnehmer weit verstreuter Filialen anrufen kann; die bloße telefonische Erreichbarkeit des Betriebsrats für die Mitarbeiter ist nicht ausreichend (*BAG* 9.6.1999 EzA § 40 BetrVG 1972 Nr. 88; 8.3.2000 – 7 ABR 73/98 – n.v.). In einem Betrieb mit mehreren, z.T. weit voneinander entfernt liegenden Betriebsstätten kann der Betriebsrat nach § 40 Abs. 2 BetrVG einen Anspruch gegen den Arbeitgeber haben, eine vorhandene Telefonanlage telefontechnisch so einrichten zu lassen, dass jedes einzelne Betriebsratsmitglied an seinem Arbeitsplatz von den Arbeitnehmern des Betriebs angerufen werden kann. Einen Anspruch darauf, dass die Telefone in den Betriebsstätten, in denen keine Betriebsratsmitglieder beschäftigt sind, telefontechnisch so eingerichtet werden, dass die Arbeitnehmer von dort aus sämtliche Betriebsratsmitglieder anrufen können, besteht demgegenüber nicht (*BAG* 27.11.2002 EzA § 40 BetrVG 2001 Nr. 1; 27.11.2002 EzA § 40 BetrVG 2001 Nr. 2; vgl. auch *BAG* 19.1.2005 – 7 ABR 24/04 – n.v.). Strittig ist die Zulässigkeit des Anschlusses des Betriebsratstelefons an einen automatischen Gebührenzähler (abl. DKK/*Berg* § 40 Rz. 111; bejahend GK-BetrVG/*Weber* § 40 Rz. 161). Soweit die Zulässigkeit einer Telefondatenerfassung bejaht wird, bleibt problematisch, inwieweit neben Zeitpunkt und Dauer des Gespräches auch die Zielnummer erfasst werden darf, da dies zu einer unzulässigen Überwachung der Betriebsratstätigkeit führen kann (vgl. *BAG* 27.5.1986 EzA § 87 BetrVG 1972 Kontrolleinrichtung Nr. 16; im B. v. 18.1.1989 – 7 ABR 38/87 – n.v. wird eine Erfassung der Zielnummer bei Ferngesprächen, nicht aber bei Haus-, Orts- und Nahbereichsgesprächen für zulässig erachtet; vgl. auch *BAG* 1.8.1990 NZA 1991, 316). Die Bereitstellung von Mobiltelefonen kann nur in besonderen Fällen verlangt werden, etwa wenn ein regelmäßig im Außendienst beschäftigter Betriebsratsvorsitzender auf Grund seiner Funktion ständig erreichbar sein muss (vgl. *LAG BW* 3.3.2006 LAGE § 40 BetrVG 2001 Nr. 6; GK-BetrVG/*Weber* § 40 Rz. 158). Auch ein Anrufbeantworter kann erforderlich sein, etwa um die telefonische Erreichbarkeit eines Betriebsrats eines Betriebs mit räumlich voneinander entfernten Verkaufsstellen mit unterschiedlichen Öffnungszeiten und überwiegend teilzeitbeschäftigten Arbeitnehmern sicherzustellen (*BAG* 15.11.2000 – 7 ABR 9/99 – n.v.). Auch kann ein Anspruch auf Bereitstellung eines Telefaxgeräts bestehen, wenn dies zur Aufrechterhaltung des Kontakts zwischen Betriebsrat und Arbeitnehmern und Betriebsrat und Arbeitgeber erforderlich ist (*BAG* 15.11.2000 – 7 ABR 9/99 – n.v.). Ein Anspruch auf ein eigenes Telefaxgerät besteht jedenfalls dann nicht, wenn der Betriebsrat die betrieblichen Telefaxgeräte und den täglichen Kurierdienst zwischen den Betriebsteilen mitbenutzen kann (*LAG Düsseld.* 24.6.1993 BB 1993, 1873). Nach Auffassung des *LAG Hamm* (14.5.1997 LAGE § 40 BetrVG 1972 Nr. 59) kann ein aus mehreren Mitgliedern bestehender Betriebsrat in der heutigen Zeit ohne konkrete Darlegung der Erforderlichkeit verlangen, dass ein Telefaxgerät zur Verfügung gestellt wird, wenn dem Betriebsrat die Mitbenutzung der Geräte des Arbeitgebers nicht zumutbar ist.

787 ▶ **Neue Kommunikationsmittel:** Während das *BAG* im Beschluss vom 17.2.1993 (EzA § 40 BetrVG 1972 Nr. 69) davon ausging, dass die Erforderlichkeit der Überlassung eines elektronischen Kommunikationssystems mit Mailbox nicht alleine daraus folge, dass der Arbeitgeber die Arbeitnehmer durch dieses Kommunikationssystem informiert, wird demgegenüber ganz überwiegend angenommen, dass ein Anspruch des Betriebsrats auf Mitbenutzung eines vom Arbeitgeber eingerichteten E-Mail-Systems besteht, wenn es sich um eine betriebsübliche Kommunikationsform handelt oder viele Telearbeitsplätze oder Arbeitsplätze im Außendienst vorhanden sind (vgl. GK-BetrVG/*Weber* § 40 Rz. 164, 165 m.w.N.). Kein Anspruch besteht auf Einrichtung einer allgemein abrufbaren Internet-Homepage des Betriebsrats. In einem größeren Betrieb, in dem die Arbeitsplätze ohnehin einen Zugang zum Intranet haben, darf es der Betriebsrat für erforderlich halten, dass ihm im Rahmen seiner Aufgaben ermöglicht wird, die Arbeitnehmer über das Intranet über seine Tätigkeit zu informieren (*BAG* 3.9.2003 EzA § 40 BetrVG 2001 Nr. 5). Soweit der Arbeitgeber dem Betriebsrat ein betriebsinternes Intranet zur eigenen Nutzung zur Ver-

fügung stellt, entscheidet der Betriebsrat allein ohne Zustimmung des Arbeitgebers über den Inhalt der Bekanntmachungen und Informationen der Belegschaft, sofern er sich im Rahmen seiner Aufgaben und Zuständigkeiten hält. Die sachliche Information und Unterrichtung der Belegschaft über den Stand von Tarifverhandlungen gehört zu den zulässigen tarifpolitischen Angelegenheiten i.S.d. § 74 Abs. 2 S. 3 BetrVG. Auch wenn eine Veröffentlichung des Betriebsrats den Aufgabenbereich des Betriebsrats überschreitet, ist der Arbeitgeber – ohne Vorliegen der Voraussetzungen der Nothilfe oder Notwehr – nicht berechtigt, einseitig vom Betriebsrat in das betriebsinterne Intranet eingestellte Seiten zu löschen. Insoweit gelten die gleichen Grundsätze wie bei Aushängen am Schwarzen Brett (*LAG Hamm* 12.3.2004 – 10 TaBV 161/03 – LAGReport 2004, 320). Der Nutzung des Intranets zur Veröffentlichung von Informationen des Betriebsrates steht nicht entgegen, dass der Arbeitgeber dieses Netz betriebsübergreifend unternehmensweit ausgestaltet hat (*BAG* 1.12.2004 EzA § 40 BetrVG 2001 Nr. 3). Jedenfalls soweit dem Arbeitgeber auf Grund der schon vorhandenen technischen Ausstattung keine besonderen Kosten entstehen und auch andere entgegenstehende Interessen nicht geltend gemacht werden, darf der Betriebsrat auch einen Internet-Zugang für erforderlich halten (*BAG* 3.9.2003 EzA § 40 BetrVG 2001 Nr. 6; zum Internet-Zugang s.a. *LAG Düsseld.* 2.9.2008 LAGE § 40 BetrVG 2001 Nr. 12).

- **Informationstechnik:** Je nach Inhalt und Umfang der wahrzunehmenden Aufgaben kann auch die Überlassung oder Mitbenutzung eines PC erforderlich sein (vgl. *BAG* 16.5.2007 EzA § 40 BetrVG 2001 Nr. 12; 12.5.1999 EzA § 40 BetrVG 1972 Nr. 87; 11.3.1998 EzA § 40 BetrVG 1972 Nr. 81; 11.11.1998 EzA § 40 BetrVG 1972 Nr. 86; *LAG Düsseld.* 6.1.1995 LAGE § 40 BetrVG 1972 Nr. 45; *LAG Köln* 10.1.1992 NZA 1992, 519; *Klebe/Kunz* NZA 1990, 257; *Krichel* NZA 1989, 668; zur Frage datenschutzrechtlicher Beschränkungen bei der Verarbeitung von Arbeitnehmerdaten vgl. *Gola/Wronka* NZA 1991, 790). Hierzu muss allerdings die konkrete Erforderlichkeit im Einzelnen dargelegt werden. Je größer der Betrieb ist, desto eher wird ein PC erforderlich sein (*BAG* 12.5.1999 EzA § 40 BetrVG 1972 Nr. 87), allerdings kann auch bei größeren Betrieben nicht auf die Darlegung der Erforderlichkeit verzichtet werden. Die Erforderlichkeit ist z.B. zu bejahen, wenn die Aufgaben der laufenden Geschäftsführung qualitativ und quantitativ so anwachsen, dass sie mit den bisherigen Sachmitteln nur unter Vernachlässigung anderer Rechte und Pflichten nach dem BetrVG bewältigt werden können. Die Beurteilung, ob die Benutzung eines PC erforderlich ist, obliegt dabei dem Betriebsrat, der bei seiner Entscheidung eine umfassende Interessenabwägung unter Berücksichtigung aller Umstände des Einzelfalles vorzunehmen hat. In diesem Rahmen steht dem Betriebsrat ein Beurteilungsspielraum zu, den die Gerichte zu beachten haben. Sie können die Entscheidung des Betriebsrats nur daraufhin überprüfen, ob das verlangte Sachmittel der Wahrnehmung gesetzlicher Aufgaben des Betriebsrats dienen soll und der Betriebsrat bei seiner Entscheidung den berechtigten Interessen des Arbeitgebers und der Belegschaft angemessen Rechnung getragen hat (*BAG* 12.5.1999 EzA § 40 BetrVG 1972 Nr. 87). Diese Maßstäbe gelten auch für die Frage der Erforderlichkeit von Software (*BAG* 11.3.1998 EzA § 40 BetrVG 1972 Nr. 81). Ein Anschluss des Betriebsrats an juristische Datenbanken (z.B. Juris) oder sonstige online verfügbare, kostenpflichtige juristische Fachmodule wird i.d.R. nicht erforderlich sein (GK-BetrVG/*Weber* § 40 Rz. 167). 788

c) Büropersonal

789 Ausmaß und Umfang des vom Arbeitgeber zur Verfügung zu stellenden Büropersonals, also in erster Linie Schreibkräfte, aber auch sonstige Hilfskräfte, z.B. für Vervielfältigungsarbeiten und Botengänge (*LAG BW* 25.11.1987 AuR 1989, 93), hängt vom Arbeitsanfall des Betriebsrates ab. Die Überlassung von Büropersonal wird nicht allein dadurch ausgeschlossen, dass der Arbeitgeber das Betriebsratsbüro mit Personalcomputern ausgestattet hat. Die Entscheidung darüber, ob und ggf. welche im Zusammenhang mit der Betriebsratsarbeit anfallenden Bürotätigkeiten einer Bürokraft übertragen werden, obliegt dem Betriebsrat nach pflichtgemäßem Ermessen. Hierbei hat er neben den Belangen der Belegschaft an einer

ordnungsgemäßen Ausübung des Betriebsratsamts auch die berechtigten Belange des Arbeitgebers, auch soweit sie auf eine Begrenzung der Kostentragungspflicht gerichtet sind, zu berücksichtigen (*BAG* 20.4.2005 EzA § 40 BetrVG 2001 Nr. 10). Soweit ein Anspruch auf Überlassung von Büropersonal besteht, hat der Betriebsrat kein eigenes Auswahlrecht hinsichtlich der in Betracht kommenden Personen (*BAG* 17.10.1990 EzA § 40 BetrVG 1972 Nr. 65). Der Arbeitgeber muss aber nach dem Grundsatz vertrauensvoller Zusammenarbeit auf die berechtigten Interessen des Betriebsrates Rücksicht nehmen, sodass der Betriebsrat z.B. eine Schreibkraft ablehnen kann, die sein Vertrauen nicht genießt (GK-BetrVG/*Weber* § 40 Rz. 170; offen gelassen in *BAG* 17.10.1990 EzA § 40 BetrVG 1972 Nr. 65; vgl. auch *BAG* 15.1.1997 EzA § 40 BetrVG 1972 Nr. 79). Das Büropersonal ist auf Grund seiner arbeitsvertraglichen Treuepflicht zur Verschwiegenheit über Betriebs- und Geschäftsgeheimnisse verpflichtet (*BAG* 17.10.1990 EzA § 40 BetrVG 1972 Nr. 65). Die Verpflichtung des Büropersonals, auch über Betriebsratsangelegenheiten Stillschweigen zu wahren, folgt aus dem Störungs- und Behinderungsverbot in § 78 BetrVG (HSWGNR/*Glock* § 40 Rz. 103).

d) Eigentum und Besitz

790 Die dem Betriebsrat vom Arbeitgeber überlassenen Sachen bleiben Eigentum des Arbeitgebers, wobei die Eigentümerbefugnisse aber durch die Zweckbindung der überlassenen Sachen beschränkt ist. Der Arbeitgeber kann deshalb die Herausgabe einer dem Betriebsrat überlassenen Sache verlangen, wenn er ein gleichwertiges Ersatzstück zur Verfügung stellt (GK-BetrVG/*Weber* § 40 Rz. 179). Strittig ist, ob der Arbeitgeber auch Eigentümer neuer Sachen wird, die durch Verarbeitung (§ 950 BGB) der dem Betriebsrat überlassenen Sachen entsteht, wie z.B. Betriebsratsakten oder Protokollbücher. Der Arbeitgeber kann jedenfalls auf Grund seines Eigentums vom Betriebsrat auch nach Ablauf von dessen Amtszeit die Akten weder herausverlangen noch in sie Einsicht nehmen und muss für den Betriebsrat die Herausgabe an diesen verlangen, wenn derartige Unterlagen von einem Dritten entzogen werden (GK-BetrVG/*Weber* § 40 Rz. 182; HSWGNR/*Glock* § 40 Rz. 101). In Bezug auf den Besitz an überlassenen Gegenständen besteht Einigkeit dahingehend, dass sich der Betriebsrat gegenüber Dritten verbotener Eigenmacht entsprechend § 860 BGB erwehren kann. Der Betriebsrat ist nicht berechtigt, Akten nach Beendigung seiner Amtszeit zu vernichten. Wird nach Beendigung der Amtszeit kein neuer Betriebsrat gewählt, sind die Akten nach § 2 Abs. 1 BetrVG vom Arbeitgeber vorläufig unter Verschluss zu nehmen und einem später gewählten Betriebsrat zur Verfügung zu stellen (GK-BetrVG/*Weber* § 40 Rz. 182). Soweit dem Betriebsrat ein Vorschuss für die Bestreitung der erforderlichen Kosten, z.B. in Form eines Dispositionsfonds, zur Verfügung gestellt wird, verbleiben die zur Verfügung gestellten Mittel im Eigentum des Arbeitgebers, der Betriebsrat hat lediglich die Verfügungsbefugnis (§ 185 BGB) darüber (GK-BetrVG/*Weber* § 40 Rz. 177).

3. Umlageverbot; Sonstige vermögensrechtliche Stellung des Betriebsrates, Haftung des Betriebsrates

791 Die Erhebung und Leistung von Beiträgen der Arbeitnehmer für Zwecke des Betriebsrates ist unzulässig, § 41 BetrVG. Das Umlageverbot dient nicht nur dem Schutz der Arbeitnehmer, sondern auch dem Schutz der Unabhängigkeit des Betriebsrats. Vereinbarungen oder Beschlüsse über die Erhebung solcher Leistungen sind nach § 134 BGB nichtig. Ggf. kommen auch Ansprüche des Betriebsrats auf Rückführung vom Arbeitgeber aus Mitteln der Arbeitnehmer unter Verstoß gegen das Umlageverbot erhobener Umlagen in Betracht (*BAG* 14.8.2002 EzA § 41 BetrVG 2001 Nr. 1). Um verbotene Beiträge handelt es sich allerdings nur dann, wenn diese aus dem Vermögen der Arbeitnehmer fließen, entweder durch direkte Abführung der Beiträge oder durch Kürzung ihrer Ansprüche. Betriebliche Einnahmen, die Eigentum des Arbeitgebers werden und den Arbeitnehmern nur mittelbar zufließen (*BAG* 14.8.2002 EzA § 41 BetrVG 2001 Nr. 1; 24.7.1991 EzA § 41 BetrVG 1972 Nr. 1 zu Tronc-Einnahmen einer Spielbank). Sammlungen für andere Zwecke, wie z.B. für gemeinschaftliche Feste, sind zulässig. Streitig ist, inwieweit einer Rückforderung verbotswidriger Beiträge § 817 S. 2 BGB entgegensteht (für eine Rückforderung GK-BetrVG/*Weber* § 41 Rz. 9; dagegen DKK/*Berg* § 41 Rz. 2). Obwohl das Umlageverbot unmittelbar nur Beiträge der Arbeitnehmer an den Betriebsrat betrifft, sind in entsprechender Anwendung auch Leistungen anderer (z.B. von Gewerkschaften oder politischen Parteien) für Zwecke des Betriebsrates unzulässig (GK-BetrVG/*Weber* § 41 Rz. 7; DKK/*Berg* § 41 Rz. 2).

Der Betriebsrat ist weder rechts- noch vermögensfähig (*BAG* 24.4.1986 EzA § 1 BetrVG **792**
1972 Nr. 4). Die Betriebsparteien können keine Vereinbarung treffen, durch die sich der Arbeitgeber verpflichtet, an den Betriebsrat im Falle der Verletzung von Mitbestimmungsrechten eine Vertragsstrafe zu bezahlen (*BAG* 29.9.2004 EzA § 40 BetrVG 2001 Nr. 7). Eine Vermögensfähigkeit besteht jedoch i.S. einer partiellen betriebsverfassungsrechtlichen Rechtsfähigkeit insoweit, als der Betriebsrat im Rahmen des BetrVG im Verhältnis zum Arbeitgeber Träger vermögensrechtlicher Ansprüche und Rechtspositionen sein kann, wie sie sich auf Grund des durch § 40 BetrVG begründeten gesetzlichen Schuldverhältnisse ergeben. Der Betriebsrat bleibt in entsprechender Anwendung von § 22 BetrVG, § 49 Abs. 2 BGB auch nach dem Ende seiner Amtszeit befugt, noch nicht erfüllte Kostenerstattungsansprüche gegen den Arbeitgeber weiter zu verfolgen und an den Gläubiger abzutreten (*BAG* 24.10.2001 EzA § 22 BetrVG 1972 Nr. 2). Überwiegend (DKK/*Schneider/Wedde* Einl. Rz. 121 f.) wird dem Betriebsrat ungeachtet der fehlenden Rechts- und Vermögensfähigkeit die Befugnis zugesprochen, im Rahmen seiner betriebsverfassungsrechtlichen Kompetenzen auch Verträge mit Dritten zu schließen (**a.A.** MünchArbR/*v. Hoyningen-Huene* § 299 Rz. 21). Aus derartigen Verträgen wird allerdings der Arbeitgeber nicht unmittelbar verpflichtet, es sei denn, er hat eine entsprechende Vollmacht erteilt. Eine persönliche Verpflichtung der einzelnen Betriebsratsmitglieder aus Rechtsgeschäften, die sie im Namen des Betriebsrates abschließen, besteht dann, wenn sich das Geschäft außerhalb des betriebsverfassungsrechtlichen Wirkungskreises des Betriebsrates bewegt oder aber ohne Vertretungsmacht für den Arbeitgeber getätigt wurde (MünchArbR/*v. Hoyningen-Huene* § 299 Rz. 25; GK-BetrVG/*Kraft/Franzen* § 1 Rz. 77; **a.A.** DKK/*Schneider/Wedde* Einl. Rz. 125). Geht es um ein Rechtsgeschäft im Rahmen des betriebsverfassungsrechtlichen Wirkungskreises, hat das Betriebsratsmitglied dann, soweit die Kostentragungspflicht des Arbeitgebers nach § 40 Abs. 1 BetrVG oder anderen betriebsverfassungsrechtlichen Vorschriften reicht, gegen diesen einen Freistellungs- oder Erstattungsanspruch (GK-BetrVG/*Kraft/Franzen* § 1 Rz. 73). Beruht der Abschluss des Rechtsgeschäfts mit Dritten auf einem Beschluss des Betriebsrats, so haften die Betriebsratsmitglieder, die dem Beschluss zugestimmt haben, als Gesamtschuldner (GK-BetrVG/*Kraft/Franzen* § 1 Rz. 77). Fraglich ist allerdings, inwieweit der Betriebsrat insoweit Vollstreckungsschuldner sein kann (vgl. *Rudolf* NZA 1988, 423 f.).

> Der Betriebsrat kann als Gremium nicht Schuldner von Schadensersatzansprüchen sein, **793**
> weil er selbst kein Vermögen hat und das BetrVG ihn nicht als Träger von Schadensersatzpflichten nennt (GK-BetrVG/*Kraft/Franzen* § 1 Rz. 75). In Betracht kommt nur eine Haftung der einzelnen Mitglieder.

Eine vertragliche oder deliktische Haftung Einzelner kann bestehen, wenn sie bei Ausübung **794**
der Betriebsratstätigkeit gleichzeitig arbeitsvertragliche Pflichten verletzen, den Tatbestand einer unerlaubten Handlung erfüllen oder Schutzgesetze i.S.d. § 823 Abs. 2 BGB verletzen (GK-BetrVG/*Kraft/Franzen* § 1 Rz. 78 ff.; MünchArbR/*v. Hoyningen-Huene* § 299 Rz. 25). Eine Haftung für die Erteilung unrichtiger Auskünfte oder Empfehlungen kommt nur bei Vorliegen einer unerlaubten Handlung (vgl. § 676 BGB), und, da es um allgemeine Vermögensschäden geht, also nur unter den Voraussetzungen des § 826 in Betracht (GK-BetrVG/*Weber* § 39 Rz. 39).

C. Sonstige Einrichtungen der Betriebsverfassung

I. Betriebsversammlung, §§ 42 ff. BetrVG

1. Aufgaben, Begriff und Rechtsnatur

795 Die Betriebsversammlung ist ein Organ der Betriebsverfassung (*BAG* 27.5.1982EzA § 42 BetrVG 1972 Nr. 3; 27.6.1989 EzA § 42 BetrVG 1972 Nr. 4), was aber insoweit missverständlich ist, als die Betriebsversammlung keine eigenen Entscheidungskompetenzen hat (*BAG* 27.6.1989 EzA § 42 BetrVG 1972 Nr. 4).

796 Ihrer Funktion nach ist sie lediglich ein Forum der Aussprache zwischen Belegschaft und Betriebsrat, ohne eigene Kontroll- und Entscheidungsbefugnisse.

797 Die Betriebsversammlung kann den Betriebsrat nicht abwählen, mangels Vertretungsbefugnis auch keine Vereinbarung mit dem Arbeitgeber treffen, sondern lediglich Entschließungen in Form von Beschlüssen und Stellungnahmen verabschieden, die für den Betriebsrat aber unverbindlich sind (GK-BetrVG/*Weber* § 45 Rz. 33). Sie kann nur in Betrieben mit einem gewählten Betriebsrat zusammentreten; sie besteht aus den Arbeitnehmern (§§ 5, 6 BetrVG) des Betriebs.

2. Ordentliche Betriebsversammlungen

798 Ordentliche Betriebsversammlungen haben gem. § 43 Abs. 1 BetrVG einmal in jedem Kalendervierteljahr, also viermal im Kalenderjahr stattzufinden, wobei zwei der ordentlichen Versammlungen als Abteilungsversammlungen durchzuführen sind, sofern die Voraussetzungen des § 42 Abs. 2 BetrVG vorliegen, vgl. § 43 Abs. 1 BetrVG. Es besteht eine gesetzliche Verpflichtung zur Einberufung. Die Unterlassung kann nach den Umständen des Einzelfalles eine grobe Pflichtverletzung i.S.d. § 23 Abs. 1 BetrVG sein (MünchArbR/*Joost* § 311 Rz. 8). Zur Absicherung der Durchführung der Betriebsversammlungen sieht § 43 Abs. 4 BetrVG unter bestimmten Voraussetzungen ein Antragsrecht der im Betrieb vertretenen Gewerkschaften vor. Kommt der Betriebsrat einem begründeten Antrag nicht nach, stellt die Unterlassung der Einberufung grds. eine grobe Pflichtverletzung dar (DKK/*Berg* § 43 Rz. 34).

3. Außerordentliche Betriebsversammlungen

a) Versammlung aus besonderen Gründen

799 Der Betriebsrat kann in jedem Kalendervierteljahr zusätzlich eine weitere Betriebsversammlung oder unter den Voraussetzungen des § 42 Abs. 2 BetrVG einmal weitere Abteilungsversammlungen durchführen, wenn dies aus besonderen Gründen zweckmäßig erscheint. Bei der Beurteilung der Zweckmäßigkeit hat er einen weiten, gerichtlich eingeschränkt kontrollierbaren Ermessensspielraum.

800 Aus dem Erfordernis, dass »besondere Gründe« vorliegen müssen, ergibt sich aber, dass weitere Betriebsversammlungen auf Ausnahmetatbestände beschränkt bleiben sollen. Es muss sich um eine wichtige Angelegenheit mit aktuellem Informationsbedarf und zusätzlichem Bedürfnis nach Meinungsaustausch handeln, dem durch eine Erörterung der Angelegenheit erst in der nächsten regelmäßigen ordentlichen Betriebsversammlung nicht ausreichend Rechnung getragen werden könnte.

801 Bestehen für aktuelle Betriebsänderungen nur planerische Zielvorstellungen des Arbeitgebers ohne konkrete Konzeptionen, gibt es noch keinen Grund für eine zusätzliche Betriebsversammlung (*BAG* 23.10.1991 EzA § 43 BetrVG 1972 Nr. 2).

b) Sonstige und auf Wunsch des Arbeitgebers einberufene Betriebsversammlungen

Eine weitere zusätzliche Betriebsversammlung kann nach § 43 Abs. 3 BetrVG durchgeführt werden, wenn entweder der Betriebsrat dies für erforderlich erachtet oder dies von einem Viertel der wahlberechtigten Arbeitnehmer des Betriebes oder vom Arbeitgeber beantragt wird. In den beiden letztgenannten Fällen ist der Betriebsrat verpflichtet, eine Betriebsversammlung einzuberufen und den beantragten Beratungsgegenstand auf die Tagesordnung zu setzen. Streitig ist, ob es im Hinblick auf eine vom Betriebsrat ohne das Vorliegen eines Antrages von einem Viertel der wahlberechtigten Arbeitnehmer oder des Arbeitgebers einberufenen Betriebsversammlung erforderlich ist, dass für diese außerordentliche Versammlung ein besonderer Grund gegeben ist (so *Richardi* § 43 Rz. 26; *Fitting* § 43 Rz. 38). Dagegen spricht, dass das Gesetz ein solches Erfordernis nicht aufweist und eine solche Betriebsversammlung auch außerhalb der Arbeitszeit und ohne Lohnfortzahlungsansprüche stattfindet (§ 44 Abs. 2 BetrVG), der Arbeitgeber also nicht überbelastet wird (so GK-BetrVG/*Weber* § 43 Rz. 44; MünchArbR/*Joost* § 311 Rz. 11). **802**

c) Andere Belegschaftsversammlungen

Der Arbeitgeber ist auf Grund seines Direktionsrechts berechtigt, auf von ihm einberufenen Mitarbeiterversammlungen über betriebliche Belange zu informieren, auch wenn Fragen berührt werden, für die der Betriebsrat zuständig ist. Diese Veranstaltungen dürfen aber nicht dazu missbraucht werden, um die betriebsverfassungsrechtliche Ordnung durch die Abhaltung einer Gegenveranstaltung zur Betriebsversammlung zu stören (*BAG* 27.6.1989 EzA § 42 BetrVG 1972 Nr. 4). Außerhalb von Betriebsversammlungen können sich die Arbeitnehmer eines Betriebes im Rahmen des allgemeinen Versammlungsrechts (Art. 8 Abs. 1 GG) auf Grund eigener Initiative außerhalb der Arbeitszeit oder mit Einwilligung des Arbeitgebers während der Arbeitszeit versammeln (MünchArbR/*Joost* § 311 Rz. 19). **803**

4. Durchführung

a) Voll-, Teil- und Abteilungsversammlungen

Die Betriebsversammlung ist grds. als Vollversammlung durchzuführen. Teilversammlungen sind ausnahmsweise nur dann zulässig, wenn eine Versammlung aller Arbeitnehmer zu demselben Zeitpunkt wegen der Eigenart des Betriebes nicht stattfinden kann, § 42 Abs. 1 S. 3 BetrVG. Soweit diese Voraussetzungen vorliegen, muss die Betriebsversammlung als Teilversammlung durchgeführt werden. **804**

> Auf Grund der Eigenart des Betriebes nicht möglich ist die Einberufung einer Vollversammlung dann, wenn technische und organisatorische Besonderheiten des Arbeitsablaufs die Durchführung von Teilversammlungen erfordern oder die Vollversammlung zu nicht vertretbaren Nachteilen für den Betrieb oder seine Belegschaft führen würde (MünchArbR/*Joost* § 312 Rz. 2, 3). Auf wirtschaftliche Zumutbarkeitserwägungen kommt es nicht an, es sei denn, es liegt ein Fall einer absoluten wirtschaftlichen Unzumutbarkeit vor (*BAG* 27.11.1987EzA § 44 BetrVG 1972 Nr. 8; 9.3.1976 EzA § 44 BetrVG 1972 Nr. 4). **805**

Dies ist z.B. der Fall, wenn der technische Funktionsablauf im Betrieb die Anwesenheit eines Teils der Arbeitnehmer ganztägig über 24 Stunden oder auch nur während des Tages in begrenzten Bereichen erfordert. Nicht ausreichend ist die Notwendigkeit, ein Verkaufgeschäft wegen der Durchführung der Versammlung für einen Teil des Tages zu schließen (*BAG* 9.3.1976 EzA § 44 BetrVG 1972 Nr. 4; vgl. auch *LAG Köln* 19.4.1988 DB 1988, 1400). Über die Aufteilung der Arbeitnehmer in Teilversammlungen entscheidet der Betriebsrat; die Teilversammlung soll einen annähernd repräsentativen Querschnitt der Arbeitnehmerschaft darstellen (GK-BetrVG/*Weber* § 42 Rz. 64). Unzulässig sind Teilversammlungen im Ausland für vorübergehend ins Ausland entsandte, aber einem inländischen Betrieb zugehö- **806** rige Arbeitnehmer, da dem der auf Deutschland beschränkte territoriale Anwendungsbereich des BetrVG entgegensteht (*BAG* 27.5.1982 EzA § 42 BetrVG 1972 Nr. 3).

807 Die in § 42 Abs. 2 BetrVG vorgesehenen Abteilungsversammlungen sollen die Erörterung der Angelegenheiten in den einzelnen Abteilungen ermöglichen, die in der großen Betriebsversammlung häufig nicht angesprochen werden können. Die organisatorische Abgrenzung kann sich dabei aus der Zuständigkeitsverteilung für die Zweckverfolgung des Betriebes, aus räumlicher Sicht oder auch vom Gegenstand her ergeben. Außer der Abgegrenztheit des Betriebsteils setzt die Durchführung einer Abteilungsversammlung voraus, dass sie für die Erörterung der besonderen Belange der Arbeitnehmer erforderlich ist. Es muss um besondere, gleich gelagerte Interessen der in dem organisatorisch oder räumlich abgegrenzten Betriebsteil beschäftigten Arbeitnehmer gehen, die sich von dem gemeinsamen Interesse der Arbeitnehmer des ganzen Betriebes im Übrigen unterscheiden. Dem Betriebsrat steht bei der Überprüfung dieser Voraussetzungen ein Beurteilungsspielraum zu (MünchArbR/*Joost* § 312 Rz. 13).

b) Einberufung, Ort

808 Die Einberufung der Betriebs- bzw. Abteilungsversammlung erfolgt durch den Betriebsrat, der auch Veranstalter der Betriebsversammlung ist. Er bestimmt durch Beschluss Zeitpunkt, Raum und Tagesordnung. Hinsichtlich des Zeitpunktes und der sonstigen Modalitäten ist im Hinblick auf das Gebot vertrauensvoller Zusammenarbeit eine weitestgehende Verständigung mit dem Arbeitgeber geboten. Der Beschluss ist von dem Vorsitzenden des Betriebsrates auszuführen. Hierzu sind die Arbeitnehmer in geeigneter Form unter Mitteilung der Tagesordnung einzuladen. Zu den regelmäßigen ordentlichen Betriebs- und Abteilungsversammlungen ist stets auch der Arbeitgeber unter Mitteilung der Tagesordnung einzuladen, § 43 Abs. 2 S. 1, Abs. 3 S. 2 BetrVG. Eine Unterrichtung des Arbeitgebers ist auf Grund des Gebots vertrauensvoller Zusammenarbeit auch bei weiteren, vom Betriebsrat oder auf Antrag der Arbeitnehmer nach § 43 Abs. 3 BetrVG einberufenen Betriebsversammlungen geboten (GK-BetrVG/*Weber* § 42 Rz. 28). Zeitpunkt und Tagesordnung der Versammlung sind auch den im Betrieb vertretenen Gewerkschaften rechtzeitig schriftlich mitzuteilen, § 46 Abs. 2 BetrVG.

809 Bei der Festsetzung des Zeitpunktes der Versammlung ist zu berücksichtigen, dass die ordentlichen, die außerordentlichen kalenderhalbjährlichen, die auf Wunsch des Arbeitgebers einberufenen Versammlungen sowie die Betriebsversammlung zur Einsetzung eines Wahlvorstandes (§ 17 BetrVG) gem. § 44 Abs. 1 BetrVG grds. während der Arbeitszeit stattzufinden haben. Nach Auffassung des *BAG* (27.11.1987 EzA § 44 BetrVG 1972 Nr. 8; 5.5.1987 EzA § 44 BetrVG 1972 Nr. 7) kommt es auf die betriebliche Arbeitszeit, nicht auf die persönliche Arbeitszeit des einzelnen Arbeitnehmers an. Haben diese unterschiedliche persönliche Arbeitszeiten, ist der Zeitpunkt der Versammlung so zu legen, dass möglichst viele Arbeitnehmer während ihrer persönlichen Arbeitszeit daran teilnehmen können (*BAG* 27.11.1987 EzA § 44 BetrVG 1972 Nr. 8). In mehrschichtigen Betrieben ist daher die Versammlung auf die Schnittstelle zwischen beiden Schichten anzuberaumen und zwar so, dass sowohl die Arbeitnehmer der ersten, als auch die Arbeitnehmer der zweiten Schicht zumindest mit einem Teil ihrer Arbeitszeit an der Versammlung teilnehmen können (*LAG SchlH* 30.5.1991 LAGE § 44 BetrVG 1972 Nr. 8). Eine Ausnahme vom Gebot der Durchführung während der Arbeitszeit besteht nur für den Fall, dass die Eigenart des Betriebes eine andere Regelung zwingend erfordert. Darunter ist in erster Linie die organisatorisch-technische Besonderheit des konkreten Einzelbetriebes zu verstehen, während wirtschaftliche Zumutbarkeitserwägungen grds. keine zwingenden Erfordernisse i.S.d. § 44 Abs. 1 S. 1 BetrVG darstellen, es sei denn, es liegt eine absolute wirtschaftliche Unzumutbarkeit vor (*BAG* 27.11.1987 EzA § 44 BetrVG 1972 Nr. 8; **a.A.** MünchArbR/*Joost* § 312 Rz. 22). Besonderheiten der betrieblichen Arbeitszeitgestaltung (z.B. Mehrschichtbetrieb) gehören nur dann zur Eigenart des Betriebes i.S.d. Ausnahmeregelung, wenn kein Zeitpunkt gefunden werden kann, der innerhalb der Arbeitszeit eines wesentlichen Teils der Belegschaft liegt (*BAG* 27.11.1987 EzA § 44 BetrVG 1972 Nr. 8). Streitig ist, ob dann, wenn die Besonderheiten der betrieblichen Arbeitszeitgestaltung im Einzelfall zur Eigenart des Betriebes i.S.d. § 44 Abs. 1 BetrVG gehören, in erster Linie eine Vollversammlung außerhalb der Arbeitszeit anzuberaumen ist oder der Betriebsrat Teilversammlungen während der Arbeitszeit (§ 42 Abs. 1 S. 2 BetrVG) in Erwägung zu ziehen hat, ob also dem Grundsatz der Vollversammlung oder dem Grundsatz der Versammlung während der Arbeitszeit Vorrang gebührt (für ersteres *LAG SchlH* 30.5.1991 LAGE § 44 BetrVG 1972 Nr. 8; für Letzteres GK-BetrVG/*Weber* § 44 Rz. 8 ff.). Nach einer weiteren Auffassung sind beide Gesichtspunkte gleichwertig, sodass der Betriebsrat die Entscheidung nach seinem Ermessen treffen kann (MünchArbR/*Joost* § 312 Rz. 20).

Die Betriebsversammlung muss grds. im Betriebsgebäude stattfinden. Steht kein geeigneter Raum zur Verfügung, ist ein außerhalb des Betriebes gelegener Versammlungsraum auf Kosten des Arbeitgebers (GK-BetrVG/*Weber* § 42 Rz. 23) anzumieten, wobei allerdings streitig ist, inwieweit der Betriebsrat selbst die Anmietung vornehmen kann oder diese vom Arbeitgeber vorgenommen werden muss (MünchArbR/*Joost* § 312 Rz. 26). Der Arbeitgeber ist auch zur Bereitstellung der sonstigen erforderlichen Mittel verpflichtet. Bei einer größeren Anzahl ausländischer Arbeitnehmer sind deshalb auch Dolmetscher für die wichtigsten Sprachen zu stellen (*LAG Düsseld.* 30.1.1981 EzA § 40 BetrVG 1972 Nr. 49). **810**

c) Teilnahmerechte

Die Betriebsversammlung ist unter Ausschluss der Öffentlichkeit durchzuführen, § 42 Abs. 1 BetrVG. Teilnahmeberechtigt sind alle betriebszugehörigen Arbeitnehmer i.S.d. Betriebsverfassungsrechts. Ein Teilnahmerecht besteht auch während des Urlaubes oder Erziehungsurlaubes (*BAG* 31.5.1989 EzA § 44 BetrVG 1972 Nr. 9) oder während eines Streiks (*BAG* 5.5.1987 EzA § 44 BetrVG 1972 Nr. 7). Ein Teilnahmerecht des Arbeitgebers besteht bei den nach § 43 Abs. 1 BetrVG vorgesehenen Versammlungen, und bei solchen nach § 43 Abs. 3 BetrVG, die auf Wunsch des Arbeitgebers durchgeführt werden. Bei sonstigen Betriebsversammlungen besteht ein Teilnahmerecht nicht, es sei denn, der Arbeitgeber ist vom Betriebsrat zur Teilnahme eingeladen worden (h.M. HSWGNR/*Worzalla* § 43 Rz. 43). Der Arbeitgeber ist nach § 46 Abs. 1 BetrVG berechtigt, bei Versammlungen, an denen er teilnimmt, einen Beauftragten der Arbeitgebervereinigung, der er angehört, hinzuziehen. In diesem Fall kann der Arbeitgeber vom Leiter der Betriebsversammlung verlangen, dass dem Beauftragten zu bestimmten Einzelthemen an seiner Stelle und für ihn das Wort erteilt wird (*BAG* 19.5.1978 EzA § 46 BetrVG 1972 Nr. 2). Die Vertretung des Arbeitgebers durch betriebsangehörige Personen ist zulässig, soweit diese bzgl. der zu erörternden Fragen die notwendige Kompetenz aufweisen (GK-BetrVG/*Weber* § 43 Rz. 52). Zum Teil weiter gehend wird die Hinzuziehung eines Rechtsanwaltes dann für zulässig erachtet, wenn der Arbeitgeber seinerseits nicht in einem Arbeitgeberverband organisiert ist und an der Versammlung auch ein Gewerkschaftsfunktionär teilnimmt (*Bauer* NJW 1988, 1130 f.). Nach noch weiter gehender Auffassung soll generell eine Vertretung durch betriebsfremde Personen zulässig sein (MünchArbR/*Joost* § 312 Rz. 35). Soweit *Joost* allerdings der Auffassung ist, dass die Ansicht, die eine Vertretung durch Betriebsfremde nicht zulässt, im Gesetz keine Stütze findet, ist darauf hinzuweisen, dass nach § 42 Abs. 1 S. 2 BetrVG die Betriebsversammlung nicht öffentlich ist. **811**

Teilnahmeberechtigt mit beratender Funktion sind Beauftragte der im Betrieb vertretenen Gewerkschaften, § 46 Abs. 1 BetrVG. Hierdurch wird ein eigenes Zutritts- und Teilnahmerecht des von der jeweiligen Gewerkschaft bestimmten Beauftragten begründet. Der Arbeitgeber kann die Teilnahme eines bestimmten Gewerkschaftsvertreters nur dann untersagen, wenn durch die Entsendung gerade dieses Vertreters Störungen im Bereich des Betriebsgeschehens ernstlich zu befürchten sind (*BAG* 14.2.1967 EzA § 45 BetrVG 1952 Nr. 1). **812**

Die Zulassung anderer Personen wird durch den Grundsatz der Nichtöffentlichkeit nicht prinzipiell ausgeschlossen. Immer möglich ist eine Teilnahme von Personen ohne eigenes Teilnahmerecht, wenn sämtliche nach dem Gesetz Teilnahmeberechtigten der Anwesenheit, etwa von Pressevertretern zustimmen (GK-BetrVG/*Weber* § 42 Rz. 48; **a.A.** DKK/*Berg* § 42 Rz. 15: Teilnahmerecht von Pressevertretern, sofern der Betriebsrat dies erlaubt). Ohne Zustimmung des Arbeitgebers, aber nur auf Grund einer Einladung des Betriebsrates teil- **813** nahmeberechtigt sind ferner Personen, die entweder zu den Arbeitnehmern eine besondere Beziehung haben oder aus anderen sachlichen Gründen innerhalb der funktionalen Zuständigkeit der Betriebsversammlung hinzugezogen werden (MünchArbR/*Joost* § 312 Rz. 40), so z.B. bei Hinzuziehung eines betriebsfremden Referenten zur Abhaltung eines Kurzreferates zu einem sozialpolitischen Thema von unmittelbarem Interesse für den Betrieb und seine Arbeitnehmer, sofern es dadurch nicht zu einer unzulässigen parteipolitischen Betätigung kommt (*BAG* 13.9.1977 EzA § 45 BetrVG 1972 Nr. 1) oder bei Hinzuziehung von zum Unternehmen oder Konzern gehörenden, aber betriebsfremden Mitgliedern des Gesamt- oder Konzernbetriebsrats oder des Wirtschaftsausschusses (vgl. *BAG* 28.11.1978 AP Nr. 2 zu § 42 BetrVG 1972; GK-BetrVG/*Weber* § 42 Rz. 49). Einen gegen Vergütung tätigen Sachverständigen kann der Betriebsrat nur unter den engen Voraussetzungen des § 80 Abs. 3 BetrVG, d.h. nur auf Grund einer Vereinbarung mit dem Arbeitgeber hinzuziehen (*BAG* 19.4.1989 EzA § 80 BetrVG 1972 Nr. 35; s.u. Rn. 1406 ff.).

d) Leitung, Hausrecht, Protokoll

814 Die Betriebsversammlung wird vom Betriebsratsvorsitzenden geleitet. Dieser hat die Einhaltung der Tagesordnung sowie einer gegebenenfalls durch die Betriebsversammlung beschlossenen Geschäftsordnung zu überwachen. Er erteilt und entzieht das Wort und führt eine Rednerliste. Eventuelle Abstimmungen erfolgen formlos unter seiner Leitung. Der Betriebsratsvorsitzende bzw. sein Stellvertreter übt während der Versammlung das Hausrecht aus, wobei das Hausrecht des Arbeitgebers aber dann wieder auflebt, wenn die Betriebsversammlung durch nachhaltige grobe Verstöße gegen die Befugnisse ihren Charakter als Betriebsversammlung verliert und der Versammlungsleiter den gesetzmäßigen Ablauf der Versammlung nicht mehr sicherstellen kann oder will (*BAG* 13.9.1977 EzA § 45 BetrVG 1972 Nr. 1; 28.11.1978 AP Nr. 2 zu § 42 BetrVG 1972; DKK/*Berg* § 42 Rz. 9).

815 Die Erstellung eines Protokolls über die Betriebsversammlung ist gesetzlich nicht vorgesehen. Der Arbeitgeber darf ohne Einwilligung des Betriebsrates keine Wortprotokolle von der Betriebsversammlung anfertigen lassen (*LAG Hamm* 9.7.1986 NZA 1986, 842). Der Betriebsrat muss allerdings stichwortartige Aufzeichnungen über den Inhalt von Betriebsversammlungen durch den Arbeitgeber dulden, wenn darin keine Namen von Mitarbeitern vermerkt werden (*LAG Düsseld.* 4.9.1991 LAGE § 43 BetrVG 1972 Nr. 1). Tonbandaufzeichnungen von Äußerungen in der Betriebsversammlung sind jedenfalls dann unzulässig, wenn sie ohne Wissen des Redners erfolgen. Der Versammlungsleiter ist daher verpflichtet, die Teilnehmer auf die Aufzeichnung ausdrücklich hinzuweisen (*LAG Düsseld.* 28.3.1980 DB 1980, 2396; *LAG München* 15.11.1977 BB 1979, 732). Wer die grundsätzliche Befugnis zur Aufnahme erteilen kann, ist im Einzelnen umstritten (das Spektrum der Meinungen reicht insoweit vom Versammlungsleiter, der Versammlung selbst – einstimmig oder durch Mehrheitsbeschluss – bis hin zum Redner, vgl. MünchArbR/*Joost* § 312 Rz. 46). Zum Schutze des Persönlichkeitsrechts kann jedenfalls jeder Redner verlangen, dass für die Dauer seines Beitrages das Aufnahmegerät abgeschaltet wird (DKK/*Berg* § 42 Rz. 14; **a.A.** MünchArbR/*Joost* § 312 Rz. 46, der die Zustimmung jeder einzelnen Person für notwendig erachtet).

5. Themen der Betriebsversammlung

a) Bericht von Betriebsrat und Arbeitgeber

816 Auf jeder ordentlichen Betriebsversammlung, d.h. einmal im Kalendervierteljahr, hat der Betriebsrat mündlich einen Tätigkeitsbericht zu erstatten (§ 43 Abs. 1 BetrVG), über dessen Inhalt zuvor im Betriebsrat ein Beschluss herbeizuführen ist (MünchArbR/*Joost* § 312 Rz. 54). Gegenstand der Information können nur die in § 45 BetrVG genannten Angelegenheiten sein. Insbesondere ist ein Überblick über die Tätigkeit des Betriebsrates und der Ausschüsse in der Zeit seit der letzten Berichterstattung bzw. der Konstituierung, über einzelne Aktivitäten, alle Maßnahmen, die der Betriebsrat getroffen hat, gegebenenfalls auch Überlegungen und Pläne sowie die allgemeine Lage des Betriebes zu geben. Soweit sie von Bedeutung für den Betrieb sind, ist im Tätigkeitsbericht auch über alle Vorgänge und Planungen

des Gesamt- und Konzernbetriebsrates zu berichten. Strittig ist im Hinblick auf die Unterrichtungspflicht des Arbeitgebers in Abstimmung mit dem Wirtschaftsausschuss über die wirtschaftliche Lage und Entwicklung des Unternehmens nach § 110 BetrVG, ob im Tätigkeitsbericht auch über die Tätigkeit des Wirtschaftsausschusses zu berichten ist (abl. GK-BetrVG/*Weber* § 43 Rz. 5.; HSWGNR/*Worzalla* § 43 Rz. 14; bejahend DKK/*Berg* § 43 Rz. 7; *Fitting* § 43 Rz. 13; MünchArbR/*Joost* § 312 Rz. 52). Nicht berichtet werden kann über die Tätigkeit der Arbeitnehmervertreter im Aufsichtsrat, da es sich insoweit nicht um Tätigkeit des Betriebsrates handelt (*BAG* 1.3.1966 EzA § 69 BetrVG 1952 Nr. 1). Betriebsverfassungsrechtliche Geheimhaltungspflichten (s.o. Rn. 740 ff.) sind auch im Rahmen des Tätigkeitsberichtes zu beachten (GK-BetrVG/*Weber* § 43 Rz. 7).

Einmal in jedem Kalenderjahr hat der Arbeitgeber in einer der vorgeschriebenen Betriebs- **817**
versammlungen einen Jahresbericht über das Personal- und Sozialwesen einschließlich des Stands der Gleichstellung von Frauen und Männern im Betrieb sowie der Integration der im Betrieb beschäftigten ausländischen Arbeitnehmer, über die wirtschaftliche Lage und Entwicklung des Betriebs sowie über den betrieblichen Umweltschutz (Legaldefinition in § 89 Abs. 3 BetrVG, vgl. u. Rn. 1681) zu erstatten, § 43 Abs. 2 BetrVG, wobei die Wahl der Versammlung ihm freisteht. Der Bericht ist mündlich (h.M. *Fitting* § 43 Rz. 20, GK-BetrVG/*Weber* § 43 Rz. 5; **a.A.** MünchArbR/*Joost* § 312 Rz. 63: Verteilung eines schriftlichen Berichts reicht) und auch in etwaigen Teilversammlungen ungekürzt zu erstatten. Die Pflicht zur Berichterstattung besteht nur insoweit, als dadurch Betriebs- oder Geschäftsgeheimnisse (s.o. Rn. 741 f.) nicht gefährdet werden, § 43 Abs. 2 S. 3 BetrVG. Der Bericht ist vom Arbeitgeber zu erstatten, der sich jedoch eines Vertreters bedienen kann, wobei der Vertreter mit den zu berichtenden Vorgängen und Umständen hinreichend vertraut sein muss (GK-BetrVG/*Weber* § 43 Rz. 52). Zum Personalwesen gehören die Personalbedarfsplanung, Personalbeschaffung und -organisation sowie die Personalführung, soweit kollektive Belange betroffen sind (GK-BetrVG/*Weber* § 43 Rz. 9 ff.). Unter Sozialwesen fällt insbes. der Bericht über betriebliche Sozialeinrichtungen und sonstige Sozialleistungen des Betriebes (GK-BetrVG/*Weber* § 43 Rz. 11 f.). Zur wirtschaftlichen Lage und Entwicklung des Betriebes gehören beispielsweise die finanzielle Situation, die Produktions-, Absatz und Marktlage, Investitionsvorhaben, Planung von Betriebsänderungen, die Grundlinien der betrieblichen Entwicklung einschließlich der Einschätzung zukünftiger Tendenzen sowie alle sonstigen Vorgänge und Daten, die für die Interessen der Belegschaft von Bedeutung sind (MünchArbR/*Joost* § 312 Rz. 58 f.). Einzubeziehen sind auch die den Betrieb berührenden Entwicklungen des Unternehmens (GK-BetrVG/*Weber* § 43 Rz. 15).

Unzulässig ist die Offenlegung von Betriebsratskosten durch den Arbeitgeber auf einer **818**
Betriebsversammlung im Rahmen der Darstellung des Betriebsergebnisses, wenn nur die betriebsratsbezogenen Kosten gesondert benannt und die übrigen Kosten global und zusammengefasst ausgewiesen werden, sodass sich die Arbeitnehmer kein zuverlässiges und aussagekräftiges Bild von allen kostenverursachenden und ertragsmindernden Faktoren machen können, da durch eine solche Informationsgestaltung der Betriebsrat in seiner Amtsführung beeinträchtigt werden kann (*BAG* 19.7.1995 EzA § 43 BetrVG 1972 Nr. 3). Die Berichtspflicht besteht unabhängig von der Verpflichtung zur Berichterstattung nach § 110 BetrVG.

b) Sonstige Themen

Neben diesen Berichten können auf der Betriebsversammlung gem. § 45 BetrVG alle Ange- **819**
legenheiten einschließlich solcher tarifpolitischer, sozialpolitischer, umweltpolitischer und wirtschaftlicher Art sowie Fragen der Förderung der Gleichstellung von Frauen und Männern und der Vereinbarkeit von Familie und Beruf sowie der Integration im Betrieb beschäftigter ausländischer Arbeitnehmer erörtert werden, die den Betrieb oder seine Arbeitnehmer unmittelbar betreffen. Bei der Hervorhebung einzelner Themen handelt es sich um keine abschließende Regelung. Behandelt werden können auch wirtschaftspolitische oder allgemein-politische Themen, soweit sie unmittelbare Auswirkungen auf den Betrieb und seine Arbeitnehmer haben können (MünchArbR/*Joost* § 312 Rz. 64). Unmittelbar betroffen sind Betrieb und Arbeitnehmer von innerbetrieblichen Vorgängen auch dann, wenn sie sich der

Mitbestimmung und Mitwirkung durch den Betriebsrat entziehen, z.B. das Betriebsklima, ein Betriebsinhaberwechsel, die allgemeinen Aufgaben des Betriebsrates, die Tarifsituation und Tarifpolitik hinsichtlich einschlägiger im Betrieb angewandter Tarifverträge, u.U. auch Gesetze und Gesetzesentwürfe, nicht aber allgemeine (interne oder gewerkschaftspolitische) gewerkschaftliche Angelegenheiten betreffen. Für die Erörterung von Angelegenheiten auf einer Betriebsversammlung gelten nach §§ 45, 74, Abs. 2 BetrVG das Verbot von Arbeitskampfmaßnahmen, der Beeinträchtigung des Arbeitsablaufes und des Friedens des Betriebes sowie das Verbot parteipolitischer Betätigung. Den Betrieb betreffende Arbeitskämpfe dürfen auf einer Betriebsversammlung weder geplant, durchgeführt noch unterstützt werden (GK-BetrVG/*Weber* § 45 Rz. 26). Durch das Verbot der Beeinträchtigung des Betriebsfriedens wird nicht ausgeschlossen, Kritik am Betriebsrat, dem Arbeitgeber oder den betrieblichen Zuständen zu äußern. Die Kritik muss jedoch das erforderliche Maß an Rücksichtnahme einhalten und darf insbes. nicht verletzend oder persönlich werden (*BAG* 22.10.1964 EzA § 44 BetrVG 1952 Nr. 1). Das absolute Verbot parteipolitischer Betätigung bezweckt neben der Wahrung des Betriebsfriedens, die Arbeitnehmer in ihrer Wahlfreiheit als Staatsbürger zu schützen (*BAG* 13.9.1977 EzA § 45 BetrVG 1972 Nr. 1). Soweit nach § 45 BetrVG zulässige Themen behandelt werden, ist es unschädlich, dass diese Themen auch im parteipolitischen Bereich diskutiert werden. Auf der Betriebsversammlung dürfen die parteipolitischen Vorstellungen, Stellungnahmen und Diskussionen dann aber nicht in Erscheinung treten. Ein Verstoß liegt beispielsweise vor, wenn ein sonst als Referent für Sachfragen nicht auftretender Politiker als Teil seiner Wahlkampfstrategie im Rahmen einer Betriebsversammlung über ein sachlich zulässiges Thema spricht (*BAG* 13.9.1977 EzA § 45 BetrVG 1972 Nr. 1).

820 Bei Verstößen gegen die gesetzliche Themenbeschränkung besteht eine Pflicht des Versammlungsleiters zum Einschreiten, deren Verletzung zu einem Ausschluss nach § 23 Abs. 1 BetrVG führen kann. Für teilnehmende Arbeitnehmer kann bei einem Fehlverhalten eine ordentliche oder außerordentliche Kündigung in Betracht kommen (*BAG* 22.10.1964 EzA § 44 BetrVG 1952 Nr. 1), bei einem unzulässigen Diskussionsbeitrag allerdings nur dann, wenn der Betriebsrat als Versammlungsleiter zuvor versucht hat, die Fortsetzung des Diskussionsbeitrages zu verhindern (*Fitting* § 45 Rz. 31).

821 Die Betriebsversammlung kann dem Betriebsrat Anträge unterbreiten und zu seinen Beschlüssen Stellung nehmen. Diese kollektive Meinungsäußerung erfolgt im Wege der Beschlussfassung nach vorheriger, formlos möglicher Abstimmung, wobei die von der Versammlung gefassten Beschlüsse für den Betriebsrat nicht verbindlich sind.

6. Fortzahlung des Arbeitsentgelts, Fahrtkostenerstattung

822 Die Zeit der Teilnahme an Versammlungen, die regelmäßig während der Arbeitszeit stattzufinden haben, ist den Arbeitnehmern einschließlich der zusätzlichen Wegezeiten wie Arbeitszeit zu vergüten, § 44 Abs. 1 S. 2 BetrVG. Gleiches gilt, wenn die Versammlung wegen der Eigenart des Betriebes außerhalb der Arbeitszeit stattfindet, wobei dann den Arbeitnehmern auch zusätzliche Fahrtkosten zu erstatten sind, § 44 Abs. 1 S. 3 BetrVG. Bei sonstigen Betriebsversammlungen besteht grds. kein Vergütungsanspruch, es sei denn, sie werden im Einvernehmen mit dem Arbeitgeber während der Arbeitszeit durchgeführt. Dann darf der Arbeitgeber das Arbeitsentgelt nicht mindern, § 44 Abs. 2 S. 2 BetrVG.

823 Das Gesetz differenziert damit nach vergütungs- und fahrtkostenerstattungspflichtigen, nur vergütungspflichtigen Versammlungen und Versammlungen ohne Anspruch auf Arbeitsentgelt und Fahrtkostenerstattung.

a) Vergütungs- und fahrtkostenerstattungspflichtige Versammlungen

824 Gem. § 44 Abs. 1 BetrVG ist die Zeit der Teilnahme an
- den Wahlversammlungen im vereinfachten Wahlverfahren (§ 14a BetrVG),
- der Betriebsversammlung zur Bestellung des Wahlvorstandes (§ 17 Abs. 1 BetrVG),
- den regelmäßigen Betriebs- oder Abteilungsversammlungen (§ 43 Abs. 1 S. 1 und 2 BetrVG),

- der in jedem Kalenderhalbjahr möglichen zusätzlichen Betriebs- oder Abteilungsversammlungen (§ 43 Abs. 1 S. 4 BetrVG) und
- den auf Antrag des Arbeitgebers einberufenen außerordentlichen Betriebs- oder Abteilungsversammlungen (§ 43 Abs. 3 BetrVG)

den Arbeitnehmern einschließlich zusätzlicher Wegezeiten wie Arbeitszeit zu vergüten.

Diese Vergütungsregelung gilt auch dann, wenn diese Versammlungen, die im Grundsatz während der Arbeitszeit stattzufinden haben, zulässigerweise wegen der Eigenart des Betriebes außerhalb der Arbeitszeit durchgeführt werden, wobei bei zulässiger Durchführung außerhalb der Arbeitszeit sich noch ein Anspruch auf Fahrtkostenersatz ergibt.

Bei dem Vergütungsanspruch nach § 44 Abs. 1 S. 2 und 3 BetrVG handelt es sich dabei nach Auffassung des *BGH* (31.5.1989 EzA § 44 BetrVG 1972 Nr. 9) um einen selbstständigen gesetzlichen Vergütungsanspruch, der nur davon abhängig ist, dass der betreffende Arbeitnehmer an einer der genannten Versammlungen teilgenommen hat. Nicht zu prüfen ist hingegen, ob der Arbeitnehmer, hätte er nicht an der Versammlung teilgenommen, einen Lohnanspruch erworben hätte, oder ob und inwieweit er ohne die Vergütung nach § 44 Abs. 1 S. 2 BetrVG einen Lohnverlust erleiden würde. Das Lohnausfallprinzip gilt nicht. **825**

Der Anspruch besteht daher z.B. auch bei Teilnahme während des Erholungs- (*BAG* 5.5.1987 EzA § 44 BetrVG 1972 Nr. 5) oder Erziehungsurlaubs (*BAG* 31.5.1989 EzA § 44 BetrVG 1972 Nr. 9), bei Kurzarbeit (*BAG* 5.5.1987 EzA § 44 BetrVG 1972 Nr. 6) und bei Teilnahme während eines Arbeitskampfes, unabhängig davon, ob sich die betroffenen Arbeitnehmer am Streik beteiligen oder nicht (*BAG* 5.5.1987 EzA § 44 BetrVG 1972 Nr. 7). **826**

Findet eine der genannten Versammlungen außerhalb der betrieblichen Arbeitszeit statt, besteht der Anspruch nur dann, wenn die Versammlung wegen der Eigenart des Betriebes außerhalb der Arbeitszeit stattfindet. Fehlt es daran, kommt jedoch eine Haftung des Arbeitgebers gegenüber den Arbeitnehmern unter dem Gesichtspunkt der Vertrauenshaftung in Betracht, wenn der Arbeitgeber durch ihm objektiv zurechenbare Umstände den Eindruck erweckt, dass er bereit sei, die Teilnahme zu vergüten. Darlegungs- und beweispflichtig für solche Umstände ist der Arbeitnehmer. Eine Vertrauenshaftung scheidet jedenfalls dann aus, wenn der Arbeitgeber vorher der Belegschaft gegenüber der Einberufung der Betriebsversammlung außerhalb der Arbeitszeit widersprochen hatte (*BAG* 27.11.1987 EzA § 44 BetrVG 1972 Nr. 8). Ferner kommt ein Schadensersatzanspruch des Arbeitnehmers gegen den Arbeitgeber in Betracht, wenn der Arbeitgeber es schuldhaft unterlassen hat, die Belegschaft auf die Rechtswidrigkeit der vom Betriebsrat außerhalb der Arbeitszeit einberufenen Betriebsversammlung hinzuweisen (*BAG* 27.11.1987 EzA § 44 BetrVG 1972 Nr. 8). **827**

Bei den nach § 43 Abs. 1 S. 4 BetrVG unter der Voraussetzung, dass dies aus besonderen Gründen geboten erscheint, möglichen zusätzlichen Betriebs- oder Abteilungsversammlungen, hängt die Vergütungspflicht des Arbeitgebers nach § 44 Abs. 1 BetrVG ausschließlich davon ab, ob solche besonderen Gründe für die Versammlung vorlagen, nicht aber davon, ob solche Gründe offensichtlich oder nicht offensichtlich waren. Wird sie ohne das Vorliegen besonderer Gründe durchgeführt, kommt demnach nur eine Haftung des Arbeitgebers unter dem Gesichtspunkt der Vertrauenshaftung oder der Verletzung vertraglicher Nebenpflichten in Betracht, die aber ausscheidet, wenn der Arbeitgeber die Belegschaft darauf hinweist, dass die Voraussetzungen für eine weitere Betriebsversammlung nach § 43 Abs. 1 S. 4 BetrVG nicht erfüllt sind (*BAG* 23.10.1991 EzA § 43 BetrVG 1972 Nr. 2). **828**

Die Anspruchshöhe richtet sich nach dem individuellen Lohn des Arbeitnehmers. Soweit sich betriebliche und persönliche Arbeitszeit decken, erhält der Arbeitnehmer statt des vertraglichen Entgeltanspruchs den gesetzlichen Vergütungsanspruch in gleicher Höhe. Soweit die Betriebsversammlung außerhalb der persönlichen Arbeitszeit liegt, hat der Arbeitnehmer den gesetzlichen Vergütungsanspruch zusätzlich zu dem vertraglichen Anspruch (*BAG* 5.5.1987 EzA § 44 BetrVG 1972 Nr. 5; 5.5.1987 EzA § 44 BetrVG 1972 Nr. 6; 5.5.1987 EzA § 44 BetrVG 1972 Nr. 7). **829**

830 Auch normalerweise geleistete besondere Zulagen sind zu zahlen (*Fitting* § 44 Rz. 31). Auf der anderen Seite besteht grds. kein Anspruch auf Mehrarbeitsvergütung oder entsprechende Zuschläge (*BAG* 5.5.1987 EzA § 44 BetrVG 1972 Nr. 5), es sei denn, es handelt sich um einen Arbeitnehmer, der während der Zeit der Betriebsversammlung tatsächliche Mehrarbeit geleistet hätte (*BAG* 18.9.1973 EzA § 44 BetrVG 1972 Nr. 2; **a.A.** etwa DKK/*Berg* § 44 Rz. 15). Kontrovers diskutiert wird, inwieweit der Anspruch entfällt, wenn in der Versammlung in erheblichem Umfang unzulässige Themen erörtert werden (vgl. GK-BetrVG/*Weber* § 44 Rz. 59.; MünchArbR/*Joost* § 312 Rz. 91 ff.). Einigkeit besteht darüber, dass jedenfalls unwesentliche Verstöße § 45 BetrVG außer Betracht bleiben. Bei wesentlichen Verstößen wird z. T. (*LAG Düsseld.* 22.1.1963 AP Nr. 7 zu § 43 BetrVG) für die Zeit unzulässiger Beiträge ein Entfallen des Lohnzahlungsanspruches angenommen. Unterlässt der an der Versammlung teilnehmende Arbeitgeber einen Hinweis auf die Unzulässigkeit bestimmter Themen und den damit einhergehenden Wegfall der Vergütungspflicht, behalten die Arbeitnehmer den Vergütungsanspruch unter dem Gesichtspunkt des Vertrauensschutzes (*LAG BW* 17.2.1987 DB 1987, 1441; *LAG Brem.* 5.3.1982 DB 1982, 1573; MünchArbR/*Joost* § 312 Rz. 93).

831 Der Vergütungsanspruch umfasst auch zusätzliche Wegezeiten, die Arbeitnehmer aufbringen müssen, um die Betriebsversammlung besuchen zu können. Zusätzlich sind nur Wegezeiten, die über die Wegezeit hinaus aufgewendet werden müssen, die zur Erfüllung der Arbeitspflicht benötigt wird (*BAG* 5.5.1987 EzA § 44 BetrVG 1972 Nr. 7).

832 Ein Anspruch auf Erstattung von Fahrtkosten besteht, wenn die Versammlung wegen der Eigenart des Betriebes außerhalb der Arbeitszeit stattfindet und dem Arbeitnehmer deshalb Fahrtkosten entstanden sind. Analog § 44 Abs. 1 S. 3 BetrVG besteht ein Fahrtkostenersatzanspruch auch dann, wenn die Versammlung zwar während der betrieblichen Arbeitszeit, jedoch außerhalb der persönlichen Arbeitszeit des Arbeitnehmers stattfindet, sodass dem Arbeitnehmer durch die Teilnahme an der Versammlung zusätzliche Fahrtkosten entstanden sind (*BAG* 5.5.1987 EzA § 44 BetrVG 1972 Nr. 7).

833 Streitig ist, inwieweit ein arbeitsvertraglicher Vergütungsanspruch hinsichtlich der Arbeitnehmer besteht, die nicht an der Versammlung teilnehmen, wenn auf Grund der Betriebsversammlung eine tatsächliche Beschäftigungsmöglichkeit nicht besteht. Z. T. (vgl. GK-BetrVG/*Weber* § 44 Rz. 64 ff.) wird vertreten, dass ein Vergütungsanspruch wegen Unmöglichkeit bzw. Unvermögen ausscheide, z. T. (MünchArbR/*Joost* § 312 Rz. 103; *Fitting* § 44 Rz. 35) werden Vergütungsansprüche unter dem Gesichtspunkt des Annahmeverzuges bzw. in Anwendung der Grundsätze über die Betriebsrisikolehre bejaht.

b) Nur vergütungspflichtige Versammlungen und Versammlungen ohne Anspruch auf Arbeitsentgelt und Fahrtkostenerstattung

834 Die vom Betriebsrat auf Grund eines eigenen Entschlusses oder auf Antrag von einem Viertel der wahlberechtigten Arbeitnehmer einberufenen außerordentlichen Betriebsversammlungen nach § 43 Abs. 3 BetrVG finden i.d.R. außerhalb der Arbeitszeit statt und begründen grds. keine Ansprüche wegen Vergütung, Wegezeiten oder Fahrtkosten. Werden sie während der Arbeitszeit durchgeführt, besteht ebenfalls kein Anspruch auf Zahlung der vertraglichen Vergütung. In Betracht kommen lediglich Ansprüche unter dem Gesichtspunkt der Vertrauenshaftung oder der Verletzung der Fürsorgepflicht, wenn der Arbeitgeber den Eindruck erweckt, mit der Durchführung einer solchen Versammlung während der Arbeitszeit einverstanden zu sein oder er, obwohl ihm dies möglich wäre, die Arbeitnehmer nicht darauf hinweist, dass er zur Entgeltfortzahlung nicht bereit ist (MünchArbR/*Joost* § 312 Rz. 106). Werden derartige Versammlungen im Einvernehmen mit dem Arbeitgeber während der Arbeitszeit durchgeführt, ist dieser nach § 44 Abs. 2 BetrVG nicht zur Minderung des Arbeitsentgelts berechtigt. Die Arbeitnehmer behalten also hier ihren vertraglichen Entgeltanspruch nach Maßgabe des sog. Lohnausfallprinzips. Ein Arbeitnehmer, der außerhalb seiner persönlichen Arbeitszeit an einer solchen Versammlung teilnimmt, hat demgemäß keinen Vergütungsanspruch. Ein Anspruch auf Vergütung zusätzlicher Wegezeit oder Erstattung von Fahrtkosten besteht nicht.

7. Streitigkeiten

Über Streitigkeiten im Zusammenhang mit der Einberufung und Durchführung von Betriebs- oder Abteilungsversammlungen ist im arbeitsgerichtlichen Beschlussverfahren zu entscheiden. Die Ansprüche der Arbeitnehmer auf Vergütung von Zeiten der Teilnahme an einer Betriebsversammlung, der zusätzlichen Wegezeiten und auf Erstattung von Fahrtkosten und auf Fortzahlung des Arbeitsentgelts sind im arbeitsgerichtlichen Urteilsverfahren geltend zu machen. **835**

II. Gesamtbetriebsrat, §§ 47 ff. BetrVG

1. Errichtung

a) Pflicht zur Errichtung, Folgen der Nichterrichtung

Gem. § 47 Abs. 1 BetrVG ist ein Gesamtbetriebsrat zu errichten, wenn in einem Unternehmen mehrere Betriebsräte bestehen. Liegen diese Voraussetzungen vor, ist die Errichtung eines Gesamtbetriebsrats zwingend vorgeschrieben. Die Verletzung der den einzelnen Betriebsräten auferlegten Verpflichtung, an der Errichtung des Gesamtbetriebsrates mitzuwirken, kann nach § 23 Abs. 1 BetrVG die Auflösung des untätigen Betriebsrates rechtfertigen (GK-BetrVG/*Kreutz* § 47 Rz. 30). **836**

> Soweit gesetzwidrig kein Gesamtbetriebsrat gebildet wird, hat dies zur Konsequenz, dass Beteiligungsrechte hinsichtlich solcher Angelegenheiten entfallen, die nach § 50 Abs. 1 BetrVG in den originären Zuständigkeitsbereich des Gesamtbetriebsrates (s.u. Rn. 858 ff.) fallen würden (GK-BetrVG/*Kreutz* § 50 Rz. 18). **837**

b) Voraussetzungen der Errichtung

Voraussetzung der Errichtung eines Gesamtbetriebsrates ist, dass in einem Unternehmen mehrere Betriebsräte bestehen, § 47 Abs. 1 BetrVG. **838**

Der Unternehmensbegriff ist gesetzlich nicht definiert und daher im Einzelnen streitig. Überwiegend wird als Unternehmen die organisatorische Einheit definiert, mit der ein Unternehmer für entferntere wirtschaftliche oder ideelle Ziele einen übergreifenden, i.d.R. wirtschaftlichen Zweck verfolgt bzw. als Organisations- und Wirkungseinheit, durch die eine unternehmerische Zwecksetzung verwirklicht wird (MünchArbR/*Richardi* § 31 Rz. 20 ff.; HSWGNR/*Rose* § 1 Rz. 12). Ein Unternehmen muss daher eine einheitliche und selbstständige Organisation sowie eine einheitliche Rechtspersönlichkeit aufweisen. **839**

> Deshalb können Betriebsräte von Betrieben verschiedener Rechtsträger auch dann keinen Gesamtbetriebsrat errichten, wenn die verschiedenen Rechtsträger wirtschaftlich verflochten sind oder die jeweilige Unternehmensleitung von denselben Personen ausgeübt wird (*BAG* 13.2.2007 EzA § 47 BetrVG 2001 Nr. 4; 29.11.1989 EzA § 47 BetrVG 1972 Nr. 6; 11.12.1987 EzA § 47 BetrVG 1972 Nr. 5). **840**

Bei der GmbH & Co. KG kommt deshalb die Bildung eines Gesamtbetriebsrates nur in Betracht, wenn die KG mehrere Betriebe hat. Hat zugleich auch die GmbH mehrere selbstständige Betriebe, kommt auch dort ein Gesamtbetriebsrat, im Übrigen aber wegen der fehlenden rechtlichen Identität beider Unternehmen nur die Bildung eines Konzernbetriebsrates nach § 54 in Betracht (HSWGNR/*Glock* § 47 Rz. 12; GK-BetrVG/*Kreutz* § 47 Rz. 20). **841**

Der gemeinsame Betrieb mehrerer Unternehmen bildet hinsichtlich der Errichtung eines Gesamtbetriebsrats mit den beteiligten Trägerunternehmen jeweils eine Unternehmenseinheit. Diese Frage war früher streitig (vgl. GK-BetrVG/*Kreutz* 6. Aufl., § 47 Rz. 16 m.w.N.). Durch Einfügung des § 47 Abs. 9 BetrVG durch das BetrVerf-ReformG hat der Gesetzgeber diese Frage aber nunmehr mitentschieden (vgl. GK-BetrVG/*Kreutz* § 47 Rz. 21). Mitglieder des Betriebsrats des gemeinsamen Betriebs sind demnach in den Gesamtbetriebsrat zu entsenden. Der Betriebsrat des gemeinsamen Betriebs hat sich an der Errichtung des Gesamtbetriebsrats in den einzelnen Trägerunternehmen zu beteiligen, wenn dort jeweils zumindest noch ein Betriebsrat besteht, bzw. Mitglieder in die dort schon bestehenden Gesamtbetriebsräte zu entsenden. Konsequenz ist, dass für den gemeinsamen Betrieb mehrere Gesamtbetriebsräte zuständig sein können (vgl. GK-BetrVG/*Kreutz* § 47 Rz. 21 und zur Abgrenzung der Zuständigkeiten mehrerer Gesamtbetriebsräte GK-BetrVG/*Kreutz* § 50 Rz. 77).

Entsteht bei einem Zusammenschluss von Rechtsträgern von Unternehmen ein neuer, eigener Unternehmensträger, etwa durch Gründung einer GmbH durch zwei AGen, ist auf den Geschäftsbereich der GmbH abzustellen, d.h. ein Gesamtbetriebsrat kann nur gebildet werden, wenn im Geschäftsbereich der GmbH zumindest zwei Betriebsräte bestehen. Entsteht durch den Zusammenschluss hingegen keine Kapital-, sondern nur eine Personenhandelsgesellschaft oder eine BGB-Gesellschaft, ist maßgeblich auf die Arbeitgeberstellung abzustellen. Nur wenn ein neuer Unternehmensträger in seinem Geschäftsbereich als Arbeitgeber Arbeitnehmer beschäftigt, kommt bei Bestehen mindestens zweier Betriebsräte die Errichtung eines Gesamtbetriebsrates in Betracht (GK-BetrVG/*Kreutz* § 47 Rz. 23). Bilden zwei oder mehrere Unternehmen eine Gesellschaft zur Führung von vorhandenen Betrieben (Betriebsführungsgesellschaft), ist kein Gesamtbetriebsrat zu errichten, wenn die Eigentümer-Gesellschafter Arbeitgeber des Betriebes bleiben, der Betrieb also nicht der Betriebsführungsgesellschaft übertragen wird (GK-BetrVG/*Kreutz* § 47 Rz. 24; DKK/*Trittin* § 47 Rz. 18). Nach herrschender Meinung (DKK/*Trittin* § 47 Rz. 17) können damit also natürliche Personen nur ausnahmsweise auch Träger mehrerer Unternehmen sein, wenn diese durch Leitung und Organisation völlig voneinander getrennt sind (**a.A.** MünchArbR/*Joost* § 313 Rz. 19 f.; GK-BetrVG/*Kreutz* § 47 Rz. 19: der gesamte Geschäftsbereich eines Einzelunternehmers, in dem er als Arbeitgeber Arbeitnehmer beschäftigt, bildet stets ein Unternehmen i.S.d. § 47 BetrVG).

842 Hat das Unternehmen seinen Sitz im Ausland, bestehen aber im Inland zwei Betriebsräte, ist für die inländischen Betriebe ein Gesamtbetriebsrat zu errichten, während Arbeitnehmervertretungen ausländischer Betriebe nicht an der Bildung des inländischen Gesamtbetriebsrates beteiligt werden können (GK-BetrVG/*Kreutz* § 47 Rz. 7, 8).

c) Bildung

843 Die Bildung des Gesamtbetriebsrates erfolgt durch die Entsendung von Betriebsratsmitgliedern. Er ist daher kein gewähltes, sondern ein aus – auf Grund ordnungsgemäßer Betriebsratsbeschlüsse – entsandten Betriebsratsmitgliedern bestehendes Organ der Betriebsverfassung (*LAG Frankf./M.* 21.12.1976 DB 1977, 2056). Der Gesamtbetriebsrat entsteht durch die Entsendung der Betriebsratsmitglieder zur konstituierenden Sitzung und Wahl des Vorsitzenden und seines Stellvertreters. Die Zuständigkeit für die Einladung der Betriebsräte zur konstituierenden Sitzung richtet sich nach § 51 Abs. 2 S. 1 BetrVG. Wird die Einladung pflichtwidrig unterlassen, ist streitig, ob die bereits bestimmten Gesamtbetriebsratsmitglieder oder einige von ihnen selbst die Initiative ergreifen und zur konstituierenden Sitzung einladen können (vgl. GK-BetrVG/*Kreutz* § 51 Rz. 15).

2. Größe und Zusammensetzung

844 Gem. § 47 Abs. 2 BetrVG entsendet jeder Betriebsrat mit bis zu drei Mitgliedern eines seiner Mitglieder und Betriebsräte mit mehr als drei Mitgliedern zwei seiner Mitglieder. Der Gesamtbetriebsrat hat damit also höchstens doppelt so viele Mitglieder wie Betriebsräte vorhanden sind.

845 Von der gesetzlichen Pauschalierung der Mitgliederzahl kann durch Tarifvertrag oder Betriebsvereinbarung abgewichen werden, § 47 Abs. 4, 5 BetrVG (vgl. *Klaasen* DB 1993, 2180 ff.). Für den Abschluss des Tarifvertrages genügt die Tarifbindung des Arbeitgebers, da der Vertrag eine betriebsverfassungsrechtliche Regelung enthält, § 3 Abs. 2 TVG. Für den Abschluss der Betriebsvereinbarung ist der Gesamtbetriebsrat in der gesetzlichen Größe zuständig (*BAG* 15.8.1978 EzA § 47 BetrVG 1972 Nr. 2). Grds. handelt es sich um eine freiwillige Betriebsvereinbarung. Gehören dem Gesamtbetriebsrat allerdings mehr als 40 Mitglieder an und besteht keine von der gesetzlichen Pauschalierung abweichende tarifliche Regelung, ist der Abschluss einer solchen Betriebsvereinbarung obligatorisch und mittels Einigungsstellenverfahrens erzwingbar, § 47 Abs. 6 BetrVG.

Über die zu entsendenden Mitglieder entscheidet der Betriebsrat durch Beschluss. Es erfolgt keine Wahl nach den Grundsätzen der Verhältniswahl (*BAG* 21.7.2004 EzA § 47 BetrVG 2001 Nr. 1). Soweit zwei Mitglieder zu entsenden sind, sollen die Geschlechter angemessen berücksichtigt werden. Für jedes Mitglied des Gesamtbetriebsrates ist vom Betriebsrat mindestens ein Ersatzmitglied zu bestellen und die Reihenfolge des Nachrückens festzulegen, § 47 Abs. 3 BetrVG (*BAG* 28.4.1992 EzA § 50 BetrVG 1972 Nr. 10; 26.1.1993 EzA § 99 BetrVG 1972 Nr. 109). 846

3. Stimmengewichtung

Da dem Gesamtbetriebsrat Vertreter unterschiedlich großer Betriebe angehören können, sieht § 47 Abs. 7 und 8 BetrVG eine spezielle Stimmengewichtung vor. Jedes Gesamtbetriebsratsmitglied hat so viele Stimmen, wie wahlberechtigte Arbeitnehmer in der Wählerliste desjenigen Betriebs eingetragen sind, in dem es gewählt worden ist. Sind zwei Mitglieder in den Gesamtbetriebsrat zu entsenden, stehen diesen die genannten Stimmen anteilig zu. 847

Gem. § 47 Abs. 9 BetrVG kann für Mitglieder des Gesamtbetriebsrats, die aus einem gemeinsamen Betrieb mehrerer Unternehmen entsandt worden sind, durch Tarifvertrag oder Betriebsvereinbarung eine andere Stimmengewichtung vereinbart werden. Hierdurch soll es beispielsweise ermöglicht werden, eine Regelung zu treffen, dass dann, wenn im Gesamtbetriebsrat eines der beteiligten Unternehmen über eine Angelegenheit beschlossen werden soll, die nur dieses Unternehmen betrifft, den Vertretern der Arbeitnehmer des gemeinsamen Betriebs nur die Stimmen der Arbeitnehmer, die in dem von der Regelung betroffenen Unternehmen beschäftigt sind, zustehen (BegrRegE zum BetrVerf-ReformG, BT-Drs. 14/5741, S. 42). 848

4. Organisation und Geschäftsführung des Gesamtbetriebsrats

Gem. § 51 Abs. 1 BetrVG gelten für Organisation und Geschäftsführung des Gesamtbetriebsrates weitgehend die für den Betriebsrat geltenden Vorschriften entsprechend. Folglich wählt der Gesamtbetriebsrat unter der Leitung des aus seiner Mitte bestellten Wahlleiters einen Vorsitzenden und einen stellvertretenden Vorsitzenden (§ 51 Abs. 1, Abs. 2, § 26 Abs. 1 BetrVG). Die Aufgaben von Vorsitzendem und stellvertretendem Vorsitzenden entsprechen denen von Vorsitzendem und stellvertretendem Vorsitzenden eines Betriebsrates. Besteht der Gesamtbetriebsrat aus weniger als neun Mitgliedern, können die laufenden Geschäfte auf den Vorsitzenden oder andere Gesamtbetriebsratsmitglieder übertragen werden, §§ 51 Abs. 1, 27 Abs. 3 BetrVG. Der Vorsitzende wird grds. für eine unbefristete Amtszeit gewählt. Weil die Mitgliedschaft im Gesamtbetriebsrat mit dem Erlöschen der Mitgliedschaft im Betriebsrat entfällt, endet das Amt des Gesamtbetriebsratsvorsitzenden mit der Amtszeit des Betriebsrats, der ihn entsandt hat. Deshalb ist regelmäßig eine Neuwahl des Vorsitzenden alle vier Jahre erforderlich. Das Amt endet außerdem in allen anderen Fällen des Erlöschens der Mitgliedschaft des Vorsitzenden im Gesamtbetriebsrat. Der Vorsitzende und sein Stellvertreter können jederzeit abgewählt werden und ihr Amt niederlegen. 849

Hat der Gesamtbetriebsrat neun oder mehr Mitglieder, ist ein Gesamtbetriebsausschuss zur Führung der laufenden Geschäfte zu bilden, dem der Vorsitzende und sein Stellvertreter kraft Amtes angehören und dessen weitere Größe sich nach der Staffel des § 51 Abs. 1 S. 2 richtet. Die weiteren Mitglieder des Gesamtbetriebsausschusses sind nach den Grundsätzen der Verhältniswahl zu wählen (*BAG* 21.7.2004 EzA § 47 BetrVG 2001 Nr. 1). Neben der dem Gesamtbetriebsausschuss obliegenden Führung der laufenden Geschäfte können dem Gesamtbetriebsausschuss Aufgaben zur selbstständigen Erledigung übertragen werden, §§ 51 Abs. 1, 27 Abs. 2 BetrVG. Seine Beschlüsse werden mit der Mehrheit der Stimmen der anwe- 850 senden Mitglieder gefasst, §§ 51 Abs. 5, 33 Abs. 1 BetrVG. Vergrößert sich die Zahl der Mitglieder des Gesamtbetriebsrats und dadurch nach § 51 Abs. 1 BetrVG auch die Zahl der Mitglieder im Gesamtbetriebsausschuss, sind auch alle weiteren Mitglieder des Gesamtbetriebsausschusses nach den Grundsätzen der Verhältniswahl neu zu wählen (*BAG* 16.3.2005 EzA § 51 BetrVG 2001 Nr. 2 = AP Nr. 5 zu § 51 BetrVG). Möglich ist auch die Bildung weiterer Ausschüsse, § 51 Abs. 1 i.V.m. § 28 BetrVG.

851 Für die Einberufung der Sitzungen des Gesamtbetriebsrates gilt § 29 Abs. 2–4 BetrVG entsprechend, § 51 Abs. 2 S. 3 BetrVG. Die Einzelbetriebsräte können eine Gesamtsbetriebsratssitzung nicht erzwingen. Entsprechend anwendbar ist gem. § 51 Abs. 2 BetrVG jedoch § 29 Abs. 3 BetrVG, sodass eine Sitzung anzuberaumen und ein Gegenstand auf die Tagesordnung zu setzen ist, wenn dies von einem Viertel der Mitglieder des Gesamtbetriebsrats beantragt wird. Sitzungen können auch in Einzelbetrieben des Unternehmens durchgeführt werden, in denen Betriebsräte gebildet sind (*BAG* 24.7.1979 EzA § 40 BetrVG 1972 Nr. 46). Ein Teilnahmerecht des Arbeitgebers besteht nach Maßgabe von § 29 Abs. 4 BetrVG. Zu beachten sind ferner die Teilnahmerechte der Gesamt-Jugend- und Auszubildendenvertretung (§§ 73 Abs. 2, 67 Abs. 1 BetrVG) und der Gesamtschwerbehindertenvertretung (§ 52 BetrVG). Das Teilnahmerecht von Gewerkschaftsbeauftragten richtet sich nach §§ 51 Abs. 1, 31 BetrVG. Nach überwiegender Auffassung (GK-BetrVG/*Kreutz* § 51 Rz. 59; MünchArbR/*Joost* § 312 Rz. 96; **a.A.** DKK/*Trittin* § 51 Rz. 45) ist es nicht ausreichend, dass die Gewerkschaft nur in einem Betriebsrat vertreten ist. Sie muss vielmehr im Gesamtbetriebsrat selbst vertreten sein. Das für den Antrag auf Teilnahme des Gewerkschaftsbeauftragten erforderliche Quorum von einem Viertel der Mitglieder des Gesamtbetriebsrats bezieht sich nach überwiegender Auffassung (GK-BetrVG/*Kreutz* § 51 Rz. 59; HSWGNR/*Glock* § 51 Rz. 29; *Fitting* § 51 Rz. 36) auf das Stimmgewicht der Gesamtbetriebsratsmitglieder nach § 47 Abs. 7, 8 BetrVG.

852 Beschlüsse des Gesamtbetriebsrates werden mit der Mehrheit der Stimmen der anwesenden Mitglieder gefasst, wobei die Zahl der Stimmen maßgeblich ist, die jedem Gesamtbetriebsratsmitglied infolge der Stimmengewichtung zusteht. Beschlussfähigkeit ist gegeben, wenn mindestens die Hälfte der Mitglieder an der Beschlussfassung teilnimmt und die Teilnehmenden nach dem Grundsatz der Stimmengewichtung (§ 47 Abs. 7, 8 BetrVG) mindestens die Hälfte aller Stimmen vertreten, § 51 Abs. 3 BetrVG. Die Mitglieder des Gesamtbetriebsrates üben trotz ihrer Entsendung durch die Einzelbetriebsräte ein freies Mandat aus und sind nicht an Weisungen der Einzelbetriebsräte gebunden.

853 Hinsichtlich Kosten, Sachaufwand und Personal findet die Vorschrift des § 40 BetrVG entsprechende Anwendung, § 51 Abs. 1 BetrVG. Ein eigenes, an alle Arbeitnehmer herausgegebenes Informationsblatt ist nicht erforderlich, da in aller Regel ausreicht, dass der einzelne Betriebsrat den Arbeitnehmern mit Hilfe seiner Informationsmittel die Ergebnisse der Tätigkeit auch des Gesamtbetriebsrates übermittelt (*BAG* 21.11.1978 EzA § 40 BetrVG 1972 Nr. 40).

5. Rechtsstellung der Mitglieder

854 Für die Mitglieder des Gesamtbetriebsrates ist § 37 Abs. 1–3 BetrVG entsprechend anwendbar, § 51 Abs. 1 BetrVG. Der Gesamtbetriebsrat hat kein Recht auf volle Freistellung eines seiner Mitglieder nach § 38 BetrVG, jedoch einen Anspruch auf zeitweise zusätzliche Freistellung nach § 37 Abs. 2 BetrVG, soweit dies zur ordnungsgemäßen Durchführung der Aufgaben erforderlich ist (*LAG München* 19.7.1990 NZA 1991, 905). Ist im Rahmen der Arbeitsbefreiung nach § 37 Abs. 2 BetrVG eine vollständige Arbeitsbefreiung erforderlich, ist streitig, ob das formelle Freistellungsverfahren nach § 38 Abs. 2 BetrVG entsprechend anzuwenden ist (abl. MünchArbR/*Joost* § 312 Rz. 108; GK-BetrVG/*Kreutz* § 51 Rz. 55; bejahend DKK/*Trittin* § 51 Rz. 51).

855 Anspruch auf Arbeitsbefreiung zur Teilnahme an Schulungs- und Bildungsveranstaltungen haben Gesamtbetriebsratsmitglieder nur in ihrer Eigenschaft als Betriebsratsmitglieder, wobei die Tätigkeit im Gesamtbetriebsrat bei der Feststellung der Erforderlichkeit einer Veranstaltung mit zu berücksichtigen ist. Zur Beschlussfassung über die Entsendung ist aber in jedem Falle der Betriebsrat, nicht der Gesamtbetriebsrat berufen (*BAG* 10.6.1975 EzA § 37 BetrVG 1972 Nr. 42). Die besonderen Schutzbestimmungen nach §§ 37 Abs. 4, 5, 38 Abs. 4 BetrVG und der besondere Kündigungsschutz (§ 15 KSchG, § 103 BetrVG) finden auf die Gesamtbetriebsratsmitglieder als solche keine Anwendung, gelten für sie aber in ihrer Eigenschaft als Mitglieder des Betriebsrates. Auch die Mitglieder des Gesamtbetriebsrates unterliegen der Geheimhaltungspflicht, § 79 Abs. 2 BetrVG.

6. Amtszeit und Beendigung der Mitgliedschaft

Für den einmal gebildeten Gesamtbetriebsrat sieht das Gesetz keine begrenzte Amtszeit vor. **856** Es handelt sich vielmehr um eine betriebsverfassungsrechtliche Dauereinrichtung mit wechselnder Mitgliedschaft. Sein Amt endet immer dann, wenn die Voraussetzungen für seine Errichtung weggefallen sind, er kein Mitglied mehr hat oder das Unternehmen, für das er errichtet ist, rechtlich untergeht (vgl. GK-BetrVG/*Kreutz* § 47 Rz. 50). Das ist insbes. bei gesellschaftsrechtlicher Gesamtrechtsnachfolge in Umwandlungsfällen der Fall (vgl. GK-BetrVG/*Kreutz* § 47 Rz. 50). Soweit ein Unternehmen sämtliche Betriebe an einen bisher arbeitnehmerlosen neuen Inhaber überträgt, besteht der Gesamtbetriebsrat als Gesamtbetriebsrat des übernehmenden Unternehmens fort. Ein Fortbestand kommt aber dann nicht in Betracht, wenn entweder nicht sämtliche Betriebe eines Unternehmens auf den neuen Inhaber übertragen werden oder das übernehmende Unternehmen bereits einen oder mehrere Betriebe hat und sich die betrieblichen Strukturen im übernehmenden Unternehmen durch die Integration der neuen Betriebe in das Unternehmen entsprechend ändern (*BAG* 5.6.2002 EzA § 47 BetrVG 1972 Nr. 9; **a.A.** etwa *Hohenstatt/Müller-Bonanni* NZA 2003, 766, 767 f.]: Fortbestand des Gesamtbetriebsrats im übernehmenden Unternehmen, wenn die Betriebsstrukturen im Wesentlichen erhalten bleiben). Anders als beim Betriebsrat (§ 23 Abs. 1 BetrVG) ist die Möglichkeit der gerichtlichen Auflösung des Gesamtbetriebsrats nicht vorgesehen.

Die Beendigung der Mitgliedschaft des einzelnen Mitglieds richtet sich nach § 49 BetrVG. **857** Das gerichtliche Ausschlussverfahren nach § 48 BetrVG entspricht dem Verfahren nach § 23 Abs. 1 BetrVG. Die Pflichtverletzung muss sich auf die Tätigkeit im Gesamtbetriebsrat beziehen. Das ausgeschlossene Mitglied kann während der Amtszeit des entsendenden Betriebsrates nicht erneut entsandt werden (GK-BetrVG/*Kreutz* § 48 Rz. 18 ff., 24).

7. Zuständigkeit des Gesamtbetriebsrates

§ 50 BetrVG regelt die Zuständigkeitsabgrenzung zwischen dem Gesamtbetriebsrat und Ein- **858** zelbetriebsräten zwingend (*BAG* 28.4.1992 EzA § 50 BetrVG 1972 Nr. 10). Sie kann durch Tarifvertrag, Betriebsvereinbarung oder Vereinbarung zwischen Gesamtbetriebsrat und Einzelbetriebsräten nicht abgeändert werden (GK-BetrVG/*Kreutz* § 50 Rz. 6; zur Unabänderbarkeit durch Tarifvertrag vgl. *BAG* 11.11.1998 EzA § 50 BetrVG 1972 Nr. 16). Nach Auffassung des *BAG* (28.4.1992 EzA § 50 BetrVG 1972 Nr. 10) räumt § 50 Abs. 1 BetrVG dem Gesamtbetriebsrat insoweit eine originäre Zuständigkeit für überbetriebliche Angelegenheiten des Unternehmens oder Gesamtunternehmens und für Angelegenheiten mehrerer Betriebe ein.

> Im Verhältnis zu den Einzelbetriebsräten gilt der Grundsatz der Zuständigkeitstrennung. **859** Ein originäres Mitbestimmungsrecht des Gesamtbetriebsrates und entsprechende Mitbestimmungsrechte der Einzelbetriebe schließen sich gegenseitig aus (*BAG* 5.12.1975 EzA § 47 BetrVG 1972 Nr. 1; 6.4.1976 EzA § 50 BetrVG 1972 Nr. 2; 3.5.1984 EzA § 81 ArbGG 1979 Nr. 6; *LAG Düsseld.* 6.2.1991 LAGE § 50 BetrVG 1972 Nr. 4).

Nach anderer Auffassung bleibt eine Zuständigkeit der Einzelbetriebsräte auch bei einer an **860** sich in den Zuständigkeitsbereich des Gesamtbetriebsrates fallenden Angelegenheit jedenfalls solange bestehen, wie dieser von seiner Zuständigkeit keinen Gebrauch macht (*LAG Nbg.* 21.9.1992 NZA 1993, 281; DKK/*Trittin* § 50 Rz. 13).

a) Originäre Zuständigkeit

861 Eine originäre Zuständigkeit des Gesamtbetriebsrates besteht, wenn es um die Behandlung überbetrieblicher Angelegenheiten, also solcher geht, die das Gesamtunternehmen oder mehrere (zumindest also zwei) Betriebe betreffen und nicht durch die einzelnen Betriebsräte innerhalb ihrer Betriebe geregelt werden können. Ein Nicht-Regeln-Können durch die einzelnen Betriebsräte liegt dabei vor, wenn der einzelne Betriebsrat objektiv oder subjektiv außer Stande ist, das Mitbestimmungsrecht auszuüben, aber auch dann, wenn ein zwingendes Erfordernis für eine unternehmenseinheitliche oder jedenfalls betriebsübergreifende Regelung besteht, wobei auf die Verhältnisse des einzelnen konkreten Unternehmens abzustellen ist (*BAG* 10.10.2006 EzA § 77 BetrVG 2001 Nr. 18). Ein zwingendes Erfordernis folgt allerdings nicht bereits aus der Zweckmäßigkeit einer einheitlichen Regelung oder allein aus dem Koordinationsinteresse des Arbeitgebers (*BAG* 28.4.1992 EzA § 50 BetrVG 1972 Nr. 10; 26.1.1993 EzA § 99 BetrVG 1972 Nr. 109).

862 Eine objektive Unmöglichkeit liegt vor, wenn eine Maßnahme ihrem Gegenstand nach ausschließlich unternehmensbezogen ist und auch gedanklich nicht in Teilakte zerlegt werden kann, wie insbes. bei der Errichtung und Verwaltung unternehmensbezogener Sozialeinrichtungen (GK-BetrVG/*Kreutz* § 50 Rz. 27 ff.). Eine subjektive Unmöglichkeit liegt insbes. im Bereich freiwilliger Betriebsvereinbarungen dann vor, wenn der Arbeitgeber nur auf überbetrieblicher Ebene zu einer Regelung bereit ist (*BAG* 10.10.2006 EzA § 77 BetrVG 2001 Nr. 18; 26.4.2005 EzA § 87 BetrVG 2001 Betriebliche Lohngestaltung Nr. 6; 28.4.1992 EzA § 50 BetrVG 1972 Nr. 10) oder es um die Gewährung freiwilliger Leistungen geht, da hier ein Mitbestimmungsrecht des Betriebsrates nur hinsichtlich der Frage der Verteilung der Leistungen besteht, der Arbeitgeber aber mitbestimmungsfrei u.a. darüber entscheidet, an welchen Adressatenkreis er das Gesamtvolumen verteilen will. Erklärt der Arbeitgeber diesbezüglich, er wolle die zusätzliche Leistung nur erbringen, wenn eine einheitliche Regelung für das Gesamtunternehmen zustande komme, ist den einzelnen Betriebsräten die Wahrnehmung des Mitbestimmungsrechts nach § 87 Abs. 1 Nr. 10 BetrVG subjektiv unmöglich (*BAG* 11.2.1992 EzA § 76 BetrVG 1972 Nr. 60). Die Theorie der subjektiven Unmöglichkeit ist aber nicht anwendbar, wenn der Arbeitgeber zur Reduzierung einer den Arbeitnehmern zustehenden Leistung oder zu einer diese belastenden Regelung der Mitbestimmung des Betriebsrats bedarf, so etwa dann wenn ein Tarifvertrag vorsieht, dass ein tariflicher Anspruch durch eine freiwillige Betriebsvereinbarung gekürzt werden kann und er die Zuständigkeit nicht abweichend regelt (*BAG* 19.6.2007 EzA § 58 BetrVG 2001 Nr. 1).

863 Ein zwingendes Erfordernis für eine unternehmenseinheitliche oder jedenfalls betriebsübergreifende Regelung kann sich aus tatsächlichen, produktionstechnischen Notwendigkeiten oder aus Rechtsgründen, insbes. der Notwendigkeit der Gleichbehandlung der Arbeitnehmer eines Unternehmens (*BAG* 23.9.1975 EzA § 50 BetrVG 1972 Nr. 1) oder daraus ergeben, dass die finanziellen Auswirkungen einer Vereinbarung nur für das Unternehmen insgesamt beurteilt werden können (*BAG* 29.3.1977 EzA § 87 BetrVG 1972 Leistungslohn Nr. 2; *LAG Düsseld.* 6.2.1991 LAGE § 50 BetrVG 1972 Nr. 4). Eine technische Notwendigkeit für eine betriebsübergreifende Regelung kann vorliegen, wenn für mehrer Betriebe ein einheitliches, § 87 Abs. 1 Nr. 6 BetrVG unterfallendes Datenverarbeitungssystem eingeführt werden soll, das die Verwendung eines einheitlichen Programms, einheitlicher Formate und einheitlicher Eingabemasken erfordert (*BAG* 14.11.2006 EzA § 50 BetrVG 2001 Nr. 6). Nach *Kreutz* (GK-BetrVG § 50 Rz. 36) soll ein zwingendes Erfordernis dann gegeben sein, wenn eine betriebliche Regelung einer Angelegenheit notwendig die Entscheidung dieser Angelegenheit in anderen Betrieben präjudizieren müsste oder die Einzelbetriebsräte nach den konkreten Umständen in überbetrieblichen Angelegenheiten divergierende Interessen verfolgen, sodass dem Arbeitgeber etwa durch mehrere Einigungsstellen unterschiedliche Regelungen aufgezwungen werden könnten, die mit der vorgegebenen, nicht der Mitbestimmung unterliegenden Struktur des Unternehmens in Widerspruch stünden. Soweit danach eine Zuständigkeit des Gesamtbetriebsrates besteht, ist weiter zu prüfen, inwieweit eine einheitliche

Regelung erforderlich ist. Möglich ist, dass sich die Zuständigkeit des Gesamtbetriebsrats auf Rahmenvorschriften beschränkt, die durch die Einzelbetriebsräte durch detaillierte betriebsspezifische Einzelregelungen zu ergänzen oder auszufüllen sind (DKK/*Trittin* § 50 Rz. 15).

Soweit eine originäre Zuständigkeit des Gesamtbetriebsrats besteht, besteht eine Rege- **864**
lungskompetenz für die Angelegenheit insgesamt und nicht nur eine Rahmenregelungskompetenz (*BAG* 14.11.2006 EzA § 50 BetrVG 2001 Nr. 6). Die Regelungskompetenz des Gesamtbetriebsrats erstreckt sich gem. § 50 Abs. 1 S. 1 2. Hs. BetrVG (eingefügt durch das BetrVerf-ReformG vom 23.7.2001 BGBl. I S. 1852 ff.) auch auf Betriebe, in denen kein Betriebsrat besteht. Der Gesamtbetriebsrat kann dann seine Beteiligungsrechte auch für die davon betroffenen betriebsratslosen Betriebe wahrnehmen. Hierdurch soll erreicht werden, dass die dort beschäftigten Arbeitnehmer in überbetrieblichen Angelegenheiten mit Arbeitnehmern aus Betrieben mit einem Betriebsrat gleichbehandelt werden. Die Zuständigkeitserstreckung gilt nur im originären Zuständigkeitsbereich des Gesamtbetriebsrats. Dieser ist nicht berechtigt, in betriebsratslosen Betrieben die Rolle des örtlichen Betriebsrats zu übernehmen und rein betriebsbezogene Angelegenheiten zu regeln (BegrRegE, BT-Drs. 14/5741, S. 42 f.). Durch diese gesetzliche Regelung ist eine zum früheren Recht bestehende Streitfrage entschieden worden (vgl. zum früheren Recht *BAG* 16.8.1983 EzA § 50 BetrVG 1972 Nr. 9).

b) Einzelfälle

In sozialen Angelegenheiten ist eine Zuständigkeit des Gesamtbetriebsrates i.d.R. nur gegeben, **865**
wenn es um Regelungen geht, die wegen einer arbeitstechnischen Verbundenheit mehrerer Betriebe oder ihrer übergreifenden wirtschaftlichen Auswirkungen unternehmenseinheitlich beurteilt werden müssen (MünchArbR/*Joost* § 312 Rz. 55), wie z.B. bei unternehmenseinheitlicher Altersversorgung (*BAG* 8.12.1981 EzA § 242 BGB Ruhegeld Nr. 96), freiwilligen Leistungen, die der Arbeitgeber nur unternehmenseinheitlich gewähren will, wie z.B. Jahressondervergütung (*BAG* 11.2.1992 EzA § 76 BetrVG 1972 Nr. 60) oder freiwillige Provisionszahlungen (*LAG Düsseld.* 5.7.1991 LAGE § 50 BetrVG 1972 Nr. 6), Richtlinien zur Darlehensgewährung beim Eigenheimbau (*BAG* 6.4.1976 EzA § 50 BetrVG 1972 Nr. 2), Regelung eines unternehmenseinheitlichen Entgeltsystems für alle Vertriebsbeauftragten (*BAG* 6.12.1988 EzA § 87 BetrVG 1972 Betriebliche Lohngestaltung Nr. 23), Regelung der ergebnisabhängigen Bezahlung der Abteilungsleiter im Verkauf (*BAG* 31.1.1989 EzA § 81 ArbGG 1979 Nr. 14), unternehmenseinheitliches Vergütungssystem für AT-Angestellte (*LAG Düsseld.* 4.3.1992 NZA 1992, 613), der tarifersetzenden Regelung der Vergütung der Beschäftigten einer Gewerkschaft (*BAG* 14.12.1999 EzA § 87 BetrVG 1972 Betriebliche Lohngestaltung Nr. 68), Einführung und Nutzung einer unternehmenseinheitlichen Telefonvermittlungsanlage (*BAG* 11.11.1998 EzA § 50 BetrVG 1972 Nr. 17), Einführung eines EDV-Systems mit unternehmenseinheitlichen Standards bei Hard- und Software (*BAG* 14.11.2006 EzA § 50 BetrVG 2001 Nr. 6; *LAG Düsseld.* 21.8.1987 NZA 1988, 211), Einführung eines Personaldatenverarbeitungssystems im Unternehmen (*LAG Köln* 3.7.1987 DB 1987, 2107), Erlass verbindlicher Arbeits- und Sicherheitsanweisungen zur Unfallverhütung betreffend unternehmensweit einheitliche Montagearbeiten im Außendienst (*BAG* 16.6.1998 EzA § 87 BetrVG 1972 Arbeitssicherheit Nr. 3) oder der betriebsübergreifenden Einführung von Ethikrichtlinien (*BAG* 22.7.2008 EzA § 87 BetrVG 2001 Betriebliche Ordnung Nr. 3; *LAG Düsseld.* 14.11.2005 LAGE § 87 BetrVG 2001 Betriebliche Ordnung Nr. 2).

Abgelehnt wurde eine Zuständigkeit des Gesamtbetriebsrates bei der Aufstellung von **866**
Urlaubsplänen (*BAG* 5.2.1965 AP Nr. 1 zu § 56 BetrVG Urlaubsplan), Arbeitszeitregelungen (*BAG* 23.9.1975 EzA § 50 BetrVG 1972 Nr. 1), der Einführung von Kurzarbeit (*BAG* 29.11.1978 AP Nr. 18 zu § 611 BGB Bergbau), der Einführung einer Telefonanlage, wenn deren jeweilige Ausgestaltung in den einzelnen Betrieben offen bleibt und sich die Regelung schwerpunktmäßig auf die Nutzung bezieht (*LAG Düsseld.* 30.6.1997 LAGE § 50 BetrVG 1972 Nr. 7). Der wirtschaftliche Zwang zur Sanierung eines Unternehmens begründet nach § 50 Abs. 1 BetrVG nicht die Zuständigkeit des Gesamtbetriebsrats für die Aufhebung einer Betriebsvereinbarung über eine Kontoführungspauschale, die der Betriebsrat eines einzelnen Betriebs abgeschlossen hat (*BAG* 15.1.2002 EzA § 50 BetrVG 1972 Nr. 19).

867 Im Bereich der Mitbestimmung bei der Gestaltung von Arbeitsplatz, Arbeitsablauf und Arbeitsumgebung (§§ 90, 91 BetrVG) besteht i.d.R. keine Zuständigkeit des Gesamtbetriebsrates, es sei denn, die Planungen und Änderungsmaßnahmen werden wegen der Gleichartigkeit der Betriebe bzw. ihrer arbeitstechnischen Verflochtenheit unternehmenszentral durchgeführt, sodass überbetriebliche Aspekte berücksichtigt werden müssen (MünchArbR/*Joost* § 312 Rz. 59).

868 Die Mitbestimmung in personellen Angelegenheiten (§§ 92 ff. BetrVG) obliegt bei personellen Einzelmaßnahmen den jeweiligen Betriebsräten, insbes. auch bei einer Versetzung in einen anderen Betrieb des Unternehmens (*BAG* 26.1.1993 EzA BetrVG 1972 Nr. 109). Eine Zuständigkeit des Gesamtbetriebsrates kommt in Betracht für unternehmenseinheitliche allgemeine Planungen und Maßnahmen, insbes. Personalplanung nach § 92 BetrVG, aber auch bei der unternehmenseinheitlichen Einführung von Anforderungsprofilen (*BAG* 31.1.1984 EzA § 95 BetrVG 1972 Nr. 7; 31.5.1983 EzA § 95 BetrVG 1972 Nr. 6), bei einer sich von vorneherein auf mehrere Betriebe erstreckenden Berufsbildungsmaßnahme (*BAG* 12.11.1991 EzA § 98 BetrVG 1972 Nr. 8).

869 Im Bereich der wirtschaftlichen Angelegenheiten weist das Gesetz dem Gesamtbetriebsrat ausdrücklich Zuständigkeiten im Zusammenhang mit der Errichtung und der Wahrnehmung und der Aufgaben des Wirtschaftsausschusses zu (§§ 107, 108 Abs. 6, § 109 S. 4 BetrVG). Eine Zuständigkeit des Gesamtbetriebsrats besteht auch im Falle des § 108a BetrVG (GTAW-*Gross/Thon* BetrVG § 109a Rz. 1). Die Wahrnehmung der Beteiligungsrechte bei Betriebsänderungen fällt grds. in die Zuständigkeit der einzelnen Betriebsräte, es sei denn, die Maßnahme betrifft mehrere oder sogar alle Betriebe des Unternehmens, so z.B. bei der Stilllegung aller Betriebe (*BAG* 3.5.2006 EzA § 112 BetrVG 2001 Nr. 17; 17.2.1981 EzA § 112 BetrVG 1972 Nr. 21). Beabsichtigt der Arbeitgeber eine Betriebsänderung, die mehrere Betriebe des Unternehmens betrifft, ist zur Vereinbarung des Interessenausgleichs nach § 50 Abs. 1 BetrVG der Gesamtbetriebsrat zuständig. Daraus folgt nicht automatisch die Zuständigkeit des Gesamtbetriebsrats auch für den Abschluss des Sozialplans. Vielmehr muss auch insoweit ein zwingendes Bedürfnis nach einer betriebsübergreifenden Regelung bestehen. Dies ist der Fall, wenn die in dem Interessenausgleich vereinbarte Betriebsänderung mehrere oder alle Betriebe des Unternehmens betrifft und betriebsübergreifende Kompensationsregelungen erfordert (*BAG* 23.10.2002 EzA § 50 BetrVG 2001 Nr. 1; 11.12.2001 EzA § 50 BetrVG 1972 Nr. 18) oder ein mit dem Arbeitgeber im Rahmen des Interessenausgleich vereinbartes, das Gesamtunternehmen betreffendes Sanierungskonzept nur auf der Grundlage eines bestimmten, auf das gesamte Unternehmen bezogenen Sozialplanvolumens realisiert werden kann (*BAG* 3.5.2006 EzA § 112 BetrVG 2001 Nr. 17). Plant ein Arbeitgeber die Verlegung eines Betriebes und dessen Zusammenlegung mit einem anderen seiner Betriebe, so ist der Gesamtbetriebsrat für Verhandlungen über einen Interessenausgleich zuständig (*BAG* 24.1.1996 EzA § 50 BetrVG 1972 Nr. 14).

c) Auftragszuständigkeit

870 Neben der originären Zuständigkeit hat der Gesamtbetriebsrat gem. § 50 Abs. 2 BetrVG eine vor Abschluss einer verbindlichen Regelung jederzeit widerrufbare Auftragszuständigkeit, die auch den Abschluss von Betriebsvereinbarungen, nicht aber die generelle Übertragung ganzer Zuständigkeitsbereiche vorsehen kann. Die Beauftragung muss schriftlich erfolgen. Der Beschluss bedarf der Mehrheit der Stimmen der Mitglieder des Betriebsrates. Die Verhandlungs- und auch die Entscheidungsbefugnis geht dann auf den Gesamtbetriebsrat über, wenn der Einzelbetriebsrat sie sich nicht vorbehält. Der Gesamtbetriebsrat kann immer nur insoweit handeln, als dies rechtlich auch dem Betriebsrat möglich wäre. Neben der Übertragung von materiellen Mitbestimmungsbefugnissen kommt nach § 50 Abs. 2 BetrVG auch die Ermächtigung in Betracht, ein Beteiligungsrecht des Einzelbetriebsrats im eigenen Namen, z.B. kraft Prozessstandschaft in einem Beschlussverfahren auszuüben (*BAG* 6.4.1976 EzA § 50 BetrVG 1972 Nr. 2).

d) Gesamtbetriebsvereinbarungen

871 Im Rahmen seiner Zuständigkeit kann der Gesamtbetriebsrat Gesamtbetriebsvereinbarungen abschließen, die unmittelbar für alle Arbeitnehmer gelten, die ihm unterfallen und durch den Gesamtbetriebsrat repräsentiert werden, §§ 51 Abs. 5, 77 Abs. 4 BetrVG. Dies sind zum einen Betriebe, deren Betriebsräte Mitglieder in den Gesamtbetriebsrat entsandt haben. Ferner gem. § 50 Abs. 1 S. 1 2. Hs. BetrVG Betriebe, in denen kein Betriebsrat besteht, wenn es um die Regelung einer Angelegenheit geht, die in den originären Zuständigkeitsbereich des Gesamtbetriebsrats fällt (s.o. Rn. 861 ff.). Eine für das Gesamtunternehmen geschlossene Gesamtbetriebsvereinbarung gilt auch für Arbeitsverhältnisse in später errichteten oder in das Unternehmen (identitätswahrend) übernommenen Betrieben, unabhängig davon, ob in diesen ein Betriebsrat gewählt worden ist bzw. noch besteht (GK-BetrVG/*Kreutz* § 50 Rz. 76). Sofern die Voraussetzungen der Errichtung des Gesamtbetriebsrates entfallen und dieser deshalb als Kollegialorgan aufhört zu existieren (s.o. Rn. 856), gelten Gesamtbetriebsvereinbarungen, die vom Gesamtbetriebsrat kraft Auftrags (§ 50 Abs. 2 BetrVG, s.o. Rn. 870) abgeschlossen wurden, als Betriebsvereinbarungen in den einzelnen Betrieben weiter (DKK/*Trittin* § 50 Rz. 11c). Ob dies auch für Gesamtbetriebsvereinbarungen gilt, die der Gesamtbetriebsrat im originären Zuständigkeitsbereich nach § 50 Abs. 1 BetrVG (s.o. Rn. 861 ff.) abgeschlossen hat, ist umstritten (zum Meinungsstand etwa DKK/*Trittin* § 50 Rz. 11d ff.). Nach Auffassung des *BAG* (18.9.2002 EzA § 613a BGB 2002 Nr. 5) gelten Gesamtbetriebsvereinbarungen im Anschluss an einen Betriebsinhaberwechsel als solche jedenfalls dann unverändert fort, wenn Gegenstand der Übertragung mindestens zwei Betriebe oder als selbstständige Betriebe fortgeführte Betriebsteile sind und der neue Inhaber zum Zeitpunkt der Übernahme noch nicht über eigene Betriebe verfügt. Eine Kündigung muss deshalb gegenüber dem (ggf. noch zu errichtenden) Gesamtbetriebsrat im Unternehmen des Erwerbers erfolgen. Wird nur ein Betrieb oder ein einzelner Betriebsteil, der als selbständiger Betrieb fortgeführt wird, übertragen, so dass beim Erwerber kein Gesamtbetriebsrat gebildet werden kann, gelten die Gesamtbetriebsvereinbarungen des bisherigen Inhabers in der übertragenen Einheit als Einzelbetriebsvereinbarung (kollektiv) fort.

III. Betriebsräteversammlung, § 53 BetrVG

872 Die mindestens einmal in jedem Kalenderjahr durch den Gesamtbetriebsrat unter Einhaltung einer ordnungsgemäßen Ladungsfrist einzuberufende Betriebsräteversammlung ist auf Unternehmensebene Ersatz dafür, dass eine Unternehmensbelegschaftsversammlung praktisch nur schwer durchführbar wäre. Gegenstand der Versammlung sind der Tätigkeitsbericht des Gesamtbetriebsrates, der Lagebericht des Unternehmens über das Personal- und Sozialwesen unter Einschluss der in § 53 Abs. 2 Nr. 2 BetrVG genannten Themenbereiche (Gleichstellung, Integration, Umweltschutz) sowie weitere unmittelbar das Unternehmen betreffende Angelegenheiten. Leitung, Durchführung, Teilnahmeberechtigung und -verpflichtung sind gesetzlich nicht geregelt. Insoweit gelten die Grundsätze über die Durchführung der Betriebsversammlung (s.o. Rn. 804 ff.) entsprechend. Eine Entscheidungskompetenz oder verbindliche Weisungsbefugnis gegenüber dem Gesamtbetriebsrat besteht nicht. Die Betriebsräteversammlung kann vielmehr nur Anregungen und Empfehlungen beschließen.

IV. Konzernbetriebsrat, §§ 54 ff. BetrVG

873 Für sog. Unterordnungskonzerne (§ 18 Abs. 1 AktG) ist fakultativ die Errichtung eines Konzernbetriebsrates bei der Konzernspitze, also auf Ebene des herrschenden Unternehmens (§ 17 AktG) vorgesehen. Dadurch soll einer Aushöhlung betriebsverfassungsrechtlicher Beteiligungsrechte auf Unternehmensebene begegnet werden (GK-BetrVG/*Kreutz* § 54 Rz. 4).

1. Konzernbegriff

874 Die Errichtung eines Konzernbetriebsrates ist nur bei einem sog. Unterordnungskonzern möglich (§ 54 Abs. 1 BetrVG, § 18 Abs. 1 AktG).

875 Ein Unterordnungskonzern liegt vor, wenn ein oder mehrere abhängige Unternehmen unter der einheitlichen Leitung eines herrschenden Unternehmens zusammengefasst sind. Unternehmen im konzernrechtlichen Sinne ist unabhängig von der jeweiligen Rechtsform jeder Rechtsträger, der außerhalb einer Gesellschaft noch andere unternehmerische Interessen hat und selbst verfolgt, sodass es zu den Interessenkonflikten kommen kann, die das Konzernrecht regelt (*BGH* 16.2.1981 BGHZ 80, 72; 16.9.1985 BGHZ 95, 337).

876 Rechtsträger eines Konzernunternehmens können daher alle Personenvereinigungen des Privatrechts, Kapitalgesellschaften, ein Einzelkaufmann oder auch eine sonstige natürliche Person sein (*BAG* 22.11.1995 EzA § 54 BetrVG 1972 Nr. 5). Bei Unternehmensträgerschaft von Bund, Länder, Gemeinden, sonstigen Körperschaften, Anstalten und Stiftungen des öffentlichen Rechts kommt die Bildung eines Konzernbetriebsrates nach § 130 BetrVG nicht in Betracht. Abhängige Unternehmen sind rechtlich selbstständige Unternehmen, auf die ein anderes Unternehmen (herrschendes Unternehmen) unmittelbar oder mittelbar einen beherrschenden Einfluss ausüben kann (§ 17 Abs. 1 AktG), sodass die Möglichkeit beherrschenden Einflusses ausreicht (*BAG* 22.11.1995 EzA § 54 BetrVG 1972 Nr. 5). Der beherrschende Einfluss muss zumindest gesellschaftsrechtlich, also rechtlich abgesichert vermittelt sein, sodass eine Abhängigkeit als Folge von Rechtsbeziehungen zu Lieferanten, Abnehmern oder Kreditgebern nicht ausreicht (*BGH* 26.3.1984 BGHZ 90, 381, 395 ff.]; GK-BetrVG/*Kreutz* § 54 Rz. 19; **a.A.** DKK/*Trittin* § 54 Rz. 17). Als Mittel der Beherrschung (vgl. ausf. GK-BetrVG/*Kreutz* § 54 Rz. 18) kommen insbes. Stimmrechte in Betracht, durch die in den Willensbildungsorganen der beherrschten Unternehmen Einfluss genommen werden kann (Mehrheitsbeteiligung, Minderheitsbeteiligung bei im Übrigen zersplitterten Anteilsbesitz, Stimmbindungsverträge, Treuhandverhältnisse), Beherrschungsverträge (§ 291 AktG), Eingliederung (§ 319 AktG), Entsendungsrechte des herrschenden Unternehmens in Verwaltungs-, Leitungs- und Aufsichtsorgane der beherrschten Unternehmen. Eine Mehrheitsbeteiligung an Personengesellschaften führt zur erforderlichen Abhängigkeit erst dann, wenn im Gesellschaftsvertrag in wichtigen Fragen der Geschäftspolitik das Einstimmigkeitsprinzip des § 119 Abs. 1 HGB abbedungen ist. Bei der GmbH & Co. KG, die nur einen einzigen Komplementär hat, genügt für die Begründung der Abhängigkeit die mehrheitliche Beteiligung an der Komplementär-GmbH (*BAG* 22.11.1995 EzA § 54 BetrVG 1972 Nr. 5).

877 Das für einen Unterordnungskonzern über die Möglichkeit beherrschender Einflussnahme hinausgehende Erfordernis der Zusammenfassung der rechtlich selbstständigen Unternehmen unter einheitlicher Leitung ist erfüllt, wenn wesentliche Vorgaben, etwa im finanziellen Bereich oder im Bereich der Produktplanung und -herstellung für die Konzernunternehmen nach einem einheitlichen Plan gemacht werden (MünchArbR/*Joost* § 315 Rz. 11 f.).

a) System gesetzlicher Vermutungen

878 Zur Feststellung von Abhängigkeit und einheitlicher Leitung enthält das AktG gesetzliche Vermutungen. Von einem abhängigen Unternehmen wird widerleglich vermutet, dass es mit dem herrschenden Unternehmen einen Konzern bildet, wobei die erforderliche Abhängigkeit ihrerseits widerleglich vermutet wird, wenn an dem Unternehmen ein anderes Unternehmen mit Mehrheit beteiligt ist, §§ 18 Abs. 1 S. 3, 17 Abs. 2 AktG. Wann eine Mehrheitsbeteiligung vorliegt, regelt § 16 Abs. 1, Abs. 4 AktG. Zur Errichtung eines Konzernbetriebsrates genügt daher zunächst die Feststellung, dass die beteiligten Unternehmen im Mehrheitsbesitz eines anderen Unternehmens stehen. Besteht zwischen Unternehmen

ein Beherrschungsvertrag (§ 291 AktG) oder ist ein Unternehmen in das andere eingegliedert (§ 319 AktG) wird das Bestehen eines Unterordnungskonzerns unwiderleglich vermutet, § 18 Abs. 1 S. 2 AktG.

b) Sonderfälle

aa) Gemeinschaftsunternehmen

Gemeinschaftsunternehmen sind dadurch gekennzeichnet, dass zwei oder mehr Unternehmen (»Mütter«) gemeinsam an einem anderen Unternehmen (»Tochter«) dergestalt beteiligt sind, dass sie auf Grund gemeinsamer Willensbildung Einfluss auf das Gemeinschaftsunternehmen nehmen, etwa zur Durchführung gemeinsamer Forschungsvorhaben oder der Absatzkoordination (GK-BetrVG/*Kreutz* § 54 Rz. 38 ff.). Nach der Rechtsprechung des *BAG* (30.10.1986 EzA § 54 BetrVG 1972 Nr. 3) kann ein Unternehmen auch von mehreren anderen Unternehmen abhängig i.S.d. § 17 Abs. 1 AktG sein, sofern die anderen Unternehmen die Möglichkeit gemeinsamer Herrschaftsausübung vereinbart haben, d.h. die Beherrschungsmöglichkeit durch vertragliche oder organisatorische Bindungen verfestigt ist, z.B. durch Stimmrechtspoolung, Konsorzialverträge, Schaffung besonderer Leitungsorgane oder vertragliche Koordinierung der Willensbildung (MünchArbR/*Joost* § 315 Rz. 27). 879

Wird von den »Müttern« des Gemeinschaftsunternehmens die einheitliche Leitung über dieses tatsächlich gemeinsam ausgeübt, so weist das Gemeinschaftsunternehmen eine mehrfache Konzernzugehörigkeit zu allen Mutterunternehmen auf. Deshalb kann (nur) bei jedem der herrschenden Mutterunternehmen unter Beteiligung des Gesamtbetriebsrates (bzw. des Betriebsrates) des Gemeinschaftsunternehmen ein Konzernbetriebsrat gebildet werden. Die Bildung eines Konzernbetriebsrats bei der gemeinschaftlichen Leitung hingegen ist nicht möglich (*BAG* 13.10.2004 EzA § 54 BetrVG 2001 Nr. 1; 30.10.1986 EzA § 54 BetrVG 1972 Nr. 3). 880

bb) Konzern im Konzern

Bei einem mehrstufigen, vertikal gegliederten Unterordnungskonzern kann auch bei einem Tochterunternehmen dieses Konzerns ein Konzernbetriebsrat gebildet werden, wenn der Tochtergesellschaft ein betriebsverfassungsrechtlich relevanter Spielraum für die bei ihm und für die von ihm abhängigen Unternehmen zu treffenden Entscheidungen verbleibt. 881

Es kann damit zum Bestehen eines Konzernbetriebsrats nicht nur bei der Konzernspitze, sondern zusätzlich auch bei Teilkonzernspitzen kommen (*BAG* 21.10.1980 EzA § 54 BetrVG 1972 Nr. 1; GK-BetrVG/*Kreutz* § 54 Rz. 37; **a.A.** MünchArbR/*Joost* § 315 Rz. 16). 882

cc) Auslandsbezug

Liegen abhängige Konzernunternehmen im Ausland, findet auf sie das BetrVG auf Grund des Territorialitätsprinzips (s.o. Rn. 1 ff.) keine Anwendung, sodass sie sich an der Bildung eines Konzernbetriebsrats nicht beteiligen können (GK-BetrVG/*Kreutz* § 54 Rz. 42), es sei denn, das abhängige Unternehmen mit Sitz im Ausland unterhält seinerseits einen Betrieb mit Betriebsrat im Inland. In diesem Fall kann sich der Betriebsrat des inländischen Betriebes an der Errichtung des Konzernbetriebsrates bei der inländischen Konzernspitze beteiligen (MünchArbR/*Joost* § 315 Rz. 39). 883

Hat das herrschende Unternehmen eines Unterordnungskonzerns seinen Sitz im Ausland, kann auf Grund des Territorialitätsprinzips ein Konzernbetriebsrat am Sitz des herrschenden Unternehmens nicht gebildet werden (vgl. *BAG* 14.2.2007 EzA § 54 BetrVG 2001 Nr. 3). Nach ganz überwiegender Auffassung (HSWGNR/*Glock* § 54 Rz. 19; DKK/*Trittin* § 54 Rz. 32) kann jedenfalls dann nach der Lehre vom Konzern im Konzern ein Konzernbetriebs- 884 rat gebildet werden, wenn die inländische Konzerngruppe unter selbstständiger einheitlicher Leitung einer Unterkonzernspitze zusammengefasst ist und dieser ein betriebsverfassungsrechtlicher relevanter Spielraum für Entscheidungen verbleibt (sog. Teilkonzernspitze, *BAG* 16.5.2007 – 7 ABR 63/06 – FA 2007, 356 LS; vgl. auch *BAG* 14.2.2007 EzA § 54 BetrVG 2001 Nr. 3). Ob auch ohne diese Voraussetzungen ein inländischer Konzernbetriebsrat gebildet werden kann, wird kontrovers diskutiert (bejahend MünchArbR/*Joost* § 315 Rz. 35 f.; DKK/*Trittin* § 54 Rz. 29; abl. GK-BetrVG/*Kreutz* § 54 Rz. 43).

2. Errichtung

885 Die Errichtung eines Konzernbetriebsrates ist nach § 54 BetrVG möglich, wenn in einem Unterordnungskonzern für die Konzernunternehmen mindestens zwei Gesamtbetriebsräte gebildet worden sind. Besteht nur ein Betriebsrat, so tritt dieser an die Stelle des Gesamtbetriebsrates und zwar auch dann, wenn ein Unternehmen mehrere Betriebe hat, aber nur in einem von ihnen ein Betriebsrat gebildet worden ist (MünchArbR/*Joost* § 315 Rz. 41). Für die Errichtung genügt es, wenn ein Gesamtbetriebsrat bzw. Betriebsrat, der 50% der Arbeitnehmer sämtlicher Konzernunternehmen repräsentiert, der Errichtung zustimmt. Abzustellen ist damit auf die Zahl der Arbeitnehmer aller Konzernunternehmen, gleichgültig, inwieweit dort (Gesamt-)Betriebsräte bestehen oder nicht (*BAG* 11.8.1993 EzA § 54 BetrVG 1972 Nr. 4; **a.A.** *Behrens/Schaude* DB 1991, 278). Jeder Gesamtbetriebsrat entsendet zwei Mitglieder, § 55 Abs. 1 BetrVG, wobei die Geschlechter angemessen berücksichtigt werden sollen. Jedem der beiden Mitglieder stehen die Stimmen der Mitglieder des entsendenden Gesamtbetriebsrats je zur Hälfte zu, § 55 Abs. 3 BetrVG. Durch Betriebsvereinbarung oder Tarifvertrag kann die Mitgliederzahl abweichend bestimmt werden, § 55 Abs. 4 BetrVG. Die Beschlussfassung des Gesamtbetriebsrats über die zu entsendenden Mitglieder erfolgt einheitlich. Die Zuständigkeit zur Einberufung der konstituierenden Sitzung richtet sich nach § 59 Abs. 2 BetrVG.

3. Amtszeit

886 Der Konzernbetriebsrat ist ebenso wie der Gesamtbetriebsrat eine Dauereinrichtung und hat keine feste Amtszeit. Er findet sein Ende, wenn die Voraussetzungen für die Zulässigkeit seiner Entrichtung entfallen, etwa dann, wenn das beherrschende Unternehmen seinen beherrschenden Einfluss verloren hat (*BAG* 23.8.2006 EzA § 54 BetrVG 2001 Nr. 2). Die Gesamtbetriebsräte können ferner durch Mehrheitsbeschluss den Konzernbetriebsrat auflösen. Die Mitgliedschaft des einzelnen Mitglieds im Konzernbetriebsrat erlischt bei Abberufung durch den Gesamtbetriebsrat, dem Erlöschen der Mitgliedschaft im Gesamtbetriebsrat, Amtsniederlegung oder Ausschluss durch gerichtliche Entscheidung, § 57 BetrVG.

4. Geschäftsführung

887 Für die Geschäftsführung des Konzernbetriebsrates gilt § 59 Abs. 1 BetrVG mit den dort enthaltenen Verweisungen. Die Errichtung eines Wirtschaftsausschusses durch den Konzernbetriebsrat auf Konzernebene ist nicht möglich (*BAG* 23.8.1989 EzA § 106 BetrVG 1972 Nr. 9; GK-BetrVG/*Oetker* § 106 Rz. 16).

5. Zuständigkeit

888 Ebenso wie bei Regelung der Zuständigkeit des Gesamtbetriebsrates unterscheidet das Gesetz zwischen originärer und Auftragszuständigkeit, § 58 BetrVG. Eine originäre Zuständigkeit besteht für die Behandlung von Angelegenheiten, die den Konzern oder mehrere Konzernunternehmen betreffen und nicht durch die einzelnen Gesamtbetriebsräte innerhalb ihrer Unternehmen geregelt werden können. Hinsichtlich der Nichtregelbarkeit gelten die Grundsätze über die Zuständigkeit des Gesamtbetriebsrates entsprechend (s.o. Rn. 861 ff.). So besteht z.B. eine originäre Zuständigkeit des Konzernbetriebsrats für den Abschluss einer Konzernbetriebsvereinbarung über den Austausch von Mitarbeiterdaten zwischen Konzernunternehmen (*BAG* 20.12.1995 EzA § 58 BetrVG 1972 Nr. 1).

Besteht eine originäre Zuständigkeit des Konzernbetriebsrats in diesem Sinne, so erstreckt sich diese gem. § 58 Abs. 1 S. 1 2. Hs. BetrVG (eingefügt durch das BetrVerf-ReformG vom 23.7.2001, BGBl. I S. 1852 ff.) auch auf konzernzugehörige Unternehmen, die einen Gesamtbetriebsrat nicht gebildet haben, sowie auf Betriebe der Konzernunternehmen ohne Betriebsrat.

6. Konzernbetriebsvereinbarungen

Der Konzernbetriebsrat kann Betriebsvereinbarungen abschließen. Fraglich ist, inwieweit **889** dann, wenn solche Vereinbarungen zwischen Konzernbetriebsrat und dem herrschenden Unternehmen abgeschlossen werden, sie auch normative Wirkung im Verhältnis der beherrschten Unternehmen zu den dort beschäftigten Arbeitnehmern hat. Dieses Problem ergibt sich, weil der Konzern als solcher keine Rechtspersönlichkeit ist, noch Arbeitgebereigenschaft im Bezug auf die in den beherrschten Unternehmen beschäftigten Arbeitnehmer hat (vgl. GK-BetrVG/*Kreutz* § 58 Rz. 11 ff.). Zum Teil (MünchArbR/*Joost* § 315 Rz. 82 ff.) wird eine solche Wirkung der Konzernbetriebsvereinbarung für die Arbeitsverhältnisse in allen Konzernunternehmen abgelehnt, es sei denn, die Konzernunternehmen haben die Vereinbarung entweder selbst mit abgeschlossen oder dem herrschenden Unternehmen eine Abschlussvollmacht erteilt. Im Übrigen soll das herrschende Unternehmen lediglich betriebsverfassungsrechtlich verpflichtet sein, die von ihm abgeschlossene Betriebsvereinbarung in dem betroffenen Konzernunternehmen durchzusetzen. Nach überwiegender Auffassung ist eine Wirkung von Konzernbetriebsvereinbarungen für die im Konzern beschäftigten Arbeitnehmer zu bejahen, weil dem Konzern im Zuständigkeitsbereich des Konzernbetriebsrates selbst Arbeitgeberstellung i.S. einer betriebsverfassungsrechtlichen Teilrechtsfähigkeit zukomme (GK-BetrVG/*Kreutz* § 58 Rz. 11 ff.; DKK/*Trittin* § 58 Rz. 9 ff.; *Fitting* § 58 Rz. 34 ff.). Ein Konzernbetriebsrat hat eine Auftragsangelegenheit nach § 58 Abs. 2 BetrVG zur Regelung des Mitbestimmungsrechts nach § 87 Abs. 1 Nr. 4 BetrVG mit den jeweiligen Konzernunternehmen zu verhandeln. Die Leitung der herrschenden Konzerngesellschaft kann in diesen Fällen nicht zum Abschluss einer Konzernbetriebsvereinbarung verpflichtet werden (*BAG* 12.11.1997 EzA § 58 BetrVG 1972 Nr. 2).

V. Jugend- und Auszubildendenvertretung (JAV), §§ 60 ff. BetrVG

1. Funktion und Stellung

Die in einem Betrieb bestehende JAV ist kein gleichberechtigt neben dem Betriebsrat **890** bestehendes Organ der Betriebsverfassung. Vielmehr obliegt dem Betriebsrat die Wahrnehmung der Interessen aller Arbeitnehmer des Betriebes gegenüber dem Arbeitgeber, damit auch solcher, die in § 60 Abs. 1 BetrVG aufgezählt sind (*BAG* 13.3.1991 EzA § 60 BetrVG 1972 Nr. 2). Der JAV stehen gegenüber dem Arbeitgeber keine eigenen Mitbestimmungsrechte zu.

Sie ist daher nur ein relativ selbstständiges Organ der Betriebsverfassung und nimmt eine **891** Hilfsfunktion für den Betriebsrat wahr (GK-BetrVG/*Oetker* vor § 60 Rz. 30). In dieser Funktion soll sie darauf hinwirken, dass der Betriebsrat seine Beteiligungsbefugnisse im Interesse der von ihr vertretenen jugendlichen und der zu ihrer Berufsausbildung beschäftigten Arbeitnehmer wahrnimmt.

2. Errichtung, Wahl, Amtszeit

In Betrieben (§§ 1, 4 BetrVG, s.o. Rn. 87 ff.) mit i.d.R. mindestens 5 Arbeitnehmern unter **892** 18 Jahren oder zu ihrer Berufsausbildung beschäftigten Arbeitnehmern (§ 5 Abs. 1 BetrVG) ist die Errichtung einer JAV durch vom Betriebsrat vorzubereitende und durchzuführende Wahl (§§ 60 Abs. 1, 80 Abs. 1 Nr. 5 BetrVG) zwingend vorgeschrieben.

893 Da die JAV bloßes Hilfsorgan für den Betriebsrat ist, ist umstritten, ob ihre Errichtung die Existenz eines Betriebsrates im jeweiligen Betrieb voraussetzt (so GK-BetrVG/*Oetker* § 60 Rz. 38; **a.A.** etwa: DKK/*Trittin* § 60 Rz. 26). Soweit die Existenz eines Betriebsrates vorausgesetzt wird, soll gleichwohl ein nur kurzzeitiger, vorübergehender oder zeitweiliger betriebsratsloser Zustand (z.B. durch nicht rechtzeitige Neuwahl des Betriebsrates) ohne Einfluss auf den rechtlichen Bestand einer rechtmäßig amtierenden JAV sein (vgl. GK-BetrVG/*Oetker* § 60 Rz. 43: längstens sechs Monate).

894 Wahlberechtigt sind alle Arbeitnehmer, die das 18. Lebensjahr noch nicht vollendet haben, sowie die zu ihrer Berufsausbildung beschäftigten Arbeitnehmer unter 25 Jahren. Letztere können damit sowohl an der Wahl des Betriebsrates als auch an der Wahl zur JAV teilnehmen. Voraussetzung der Wahlberechtigung ist weiter ebenso wie bei der Betriebsratswahl die Betriebszugehörigkeit (s.o. Rn. 159 ff.). Die formelle Ausübung des Wahlrechts setzt ferner die Eintragung in die Wählerliste voraus (§§ 30, 2 Abs. 3 WahlO). Wählbar sind alle Arbeitnehmer des Betriebes, die das 25. Lebensjahr zu Beginn der Amtszeit noch nicht vollendet haben (§§ 61 Abs. 2, 64 Abs. 3 BetrVG). Einer Zustimmung des gesetzlichen Vertreters zur Kandidatur für minderjährige Arbeitnehmer bedarf es nicht (§ 113 BGB). Eine Doppelmitgliedschaft im Betriebsrat und in der JAV ist unzulässig, § 61 Abs. 2 BetrVG. Das passive Wahlrecht setzt die Eintragung in die Wählerliste voraus (§§ 30, 2 Abs. 3 Wahlordnung). Arbeitnehmer des Betriebes im Alter von 18 bis 25 Jahren, die nicht zur ihrer Berufsausbildung, sondern regulär als Arbeitnehmer beschäftigt werden und damit nicht aktiv wahlberechtigt sind, sind aber auch ohne Eintragung in die Wählerliste wählbar (MünchArbR/*Joost* § 317 Rz. 17).

895 Die Größe der JAV hängt von der Zahl der im Betrieb beschäftigten jugendlichen und auszubildenden Arbeitnehmer ab, § 62 Abs. 1 BetrVG. Für die Zusammensetzung der JAV gilt zunächst die Soll-Vorschrift des § 62 Abs. 2 BetrVG, deren Nichtbeachtung aber nicht zur Nichtigkeit oder Anfechtbarkeit der Wahl führt (GK-BetrVG/*Oetker* § 62 Rz. 25). Ferner ist die Muss-Vorschrift des § 62 Abs. 3 BetrVG (Berücksichtigung des Geschlechts) zu beachten (zur Berechnung vgl. GK-BetrVG/*Oetker* § 62 Rz. 28 ff.). Stehen bei der Wahl nicht genügend wählbare Arbeitnehmer der Minderheitsgruppe zur Verfügung, entfällt der freibleibende Sitz auf die andere Arbeitnehmergruppe. Verstößt der Wahlvorstand bei der Aufteilung der Sitze gegen § 62 Abs. 3 BetrVG, führt dies zwar nicht zur Nichtigkeit der Wahl, aber zu deren Anfechtbarkeit (GK-BetrVG/*Oetker* § 62 Rz. 33).

896 Regelmäßige Wahlen finden alle zwei Jahre in der Zeit vom 1.10. bis 30.11. statt, wobei die erstmaligen Wahlen im Jahre 1988 stattzufinden hatten (vgl. §§ 64 Abs. 1, 125 Abs. 2 BetrVG). Bei einer außerordentlichen Wahl wird die Amtszeit der JAV mit dem regelmäßigen Wahlzeitraum harmonisiert, vgl. § 64 Abs. 2 BetrVG. Eine außerordentliche Wahl ist unter den gleichen Voraussetzungen durchzuführen wie eine außerordentliche Betriebsratswahl (§ 64 Abs. 1 i.V.m. § 13 Abs. 2 BetrVG; s.o. Rn. 263 ff.) mit Ausnahme des außerordentlichen Wahlgrundes eines Anstieges oder Absinkens der Arbeitnehmerzahl. Vorbereitung und Durchführung der Wahl obliegen dem vom amtierenden Betriebsrat zu bestellenden Wahlvorstand (§ 63 Abs. 2 BetrVG). Eine eventuell amtierende JAV hat bei der diesbezüglichen Beschlussfassung des Betriebsrates ein Stimmrecht, § 67 Abs. 2 BetrVG. Die Pflicht zur Bestellung des Wahlvorstandes ist gesetzliche Pflicht i.S.d. § 23 Abs. 1 BetrVG. Der Wahlvorstand muss mindestens aus drei Mitgliedern bestehen. Die Bestellung eines größeren Wahlvorstandes kommt in Betracht, wenn dies zur ordnungsgemäßen Durchführung der Wahl erforderlich ist (GK-BetrVG/*Oetker* § 63 Rz. 18, 19; **a.A.** HSWGNR/*Rose* § 63 Rz. 38). Mitglied des Wahlvorstandes kann jeder Arbeitnehmer des Betriebes sein. Die Bestellung von Ersatzmitgliedern ist zulässig. Gehörte dem Wahlvorstand nicht bereits ein stimmberechtigtes Mitglied der Gewerkschaft an, kann jede im Betrieb vertretene Gewerkschaft einen betriebsangehörigen Beauftragten in den Wahlvorstand entsenden, §§ 63 Abs. 2, 16 Abs. 1 BetrVG. Kommt der Betriebsrat seiner Verpflichtung zur Bestellung des Wahlvorstandes nicht oder nicht rechtzeitig nach, kann dieser auf Antrag von mindestens drei zum Betriebsrat wahlberechtigten Arbeitnehmern oder jugendlichen Arbeitnehmern sowie jeder im Betrieb vertretenen Gewerkschaft durch das Arbeitsgericht bestellt werden, §§ 63 Abs. 3, 16 Abs. 2 BetrVG. Eine arbeitsgerichtliche Ersetzung des Wahlvorstandes auf Antrag kommt in

Betracht, wenn die Wahl vom Wahlvorstand nicht unverzüglich eingeleitet, durchgeführt und das Wahlergebnis festgestellt wird, §§ 63 Abs. 3, 18 Abs. 1 BetrVG. Eine Ersatzbestellung des Wahlvorstandes kommt auch durch den Gesamtbetriebsrat oder, falls ein solcher nicht besteht, durch den Konzernbetriebsrat in Betracht, wenn 8 Wochen vor Ablauf der Amtszeit des Betriebsrats noch kein Wahlvorstand besteht, §§ 63 Abs. 3, 16 Abs. 3 BetrVG.

In kleineren Betrieben mit i.d.R. fünf bis 50 der in § 60 Abs. 1 BetrVG genannten Arbeitnehmer findet die Wahl der JAV im vereinfachten Wahlverfahren nach § 14a BetrVG statt, § 63 Abs. 4 BetrVG. In Betrieben mit i.d.R. 51 bis 100 der in § 60 Abs. 1 BetrVG genannten Arbeitnehmer kann die Durchführung des vereinfachten Wahlverfahrens zwischen Wahlvorstand und Arbeitgeber vereinbart werden.

Hinsichtlich Durchführung, Wahlgrundsätze und Wahlschutz verweist § 63 Abs. 2 BetrVG **897** im Wesentlichen auf die für die Betriebswahl geltenden Grundsätze. Neben dem besonderen Kündigungsschutz für Mitglieder des Wahlvorstandes und Wahlbewerber gem. § 15 Abs. 3 KSchG, § 103 BetrVG greift der besondere Schutz nach § 78a BetrVG nach Ansicht des *BAG* (22.9.1983 EzA § 78a BetrVG 1972 Nr. 1) nicht erst mit Beginn der Amtszeit, sondern bei einem gewählten Bewerber bereits dann, wenn das Ergebnis der Wahl auf Grund der öffentlichen Stimmauszählung feststeht, damit noch vor der Bekanntgabe des Wahlergebnisses durch den Wahlvorstand.

Die Wahlanfechtung erfolgt im Verfahren nach §§ 19, 63 Abs. 2 BetrVG. Der Betriebsrat **898** ist im entsprechenden Beschlussverfahren Beteiligter (*BAG* 20.2.1986 EzA § 64 BetrVG 1972 Nr. 2).

Die regelmäßige Amtszeit beträgt zwei Jahre (§ 64 Abs. 2 BetrVG) und beginnt mit der **899** Bekanntgabe des Wahlergebnisses. Sie endet regelmäßig zwei Jahre nach ihrem Beginn. Eine Ausnahme hiervon enthält § 64 Abs. 2 S. 3 BetrVG für den Fall, dass die Amtszeit einer JAV zum Beginn des für die regelmäßigen Neuwahlen festgelegten Zeitraumes noch nicht ein Jahr betragen hat. In diesem Fall erfolgt die Neuwahl erst im übernächsten Zeitraum der regelmäßigen Wahlen. Die Mitgliedschaft in der JAV endet in den gleichen Fällen, wie die Mitgliedschaft im Betriebsrat, §§ 65 Abs. 1, 24 Abs. 1 BetrVG, also durch Ablauf der Amtszeit, Niederlegung des Amtes, Beendigung des Arbeitsverhältnisses, Verlust der Wählbarkeit, Ausschluss aus der JAV oder Auflösung derselben auf Grund einer gerichtlichen Entscheidung und durch gerichtliche Entscheidung über die Feststellung der Nichtwählbarkeit nach Ablauf der Anfechtungsfrist. Ein Verlust der Wählbarkeit alleine infolge des Überschreitens der Altersgrenze im Laufe der Amtszeit ist unschädlich, § 64 Abs. 3 BetrVG. Auf Grund der Unzulässigkeit einer Doppelmitgliedschaft in Betriebsrat und JAV (§ 61 Abs. 2 BetrVG) führt die Wahl eines JAV-Vertreters in den Betriebsrat mit der Annahme der Wahl zum Verlust der Wählbarkeit und damit zur Beendigung der Mitgliedschaft in der JAV (§§ 65 Abs. 1, 24 Abs. 1 Nr. 4 BetrVG). Nach Auffassung des *BAG* (21.8.1979 EzA § 78a BetrVG 1972 Nr. 6) endet die Mitgliedschaft in der JAV eines Jugendvertreters auch dann endgültig, wenn der Jugendvertreter, der zugleich Ersatzmitglied des Betriebsrates ist, nur für ein zeitweilig verhindertes Mitglied hinzugezogen wird.

3. Aufgaben und Rechte

a) Allgemeine Aufgaben

Die JAV nimmt die besonderen Belange der Arbeitnehmer i.S.v. § 60 Abs. 1 BetrVG wahr, **900** § 60 Abs. 2 BetrVG. Sie soll deren Interessen gegenüber dem Betriebsrat artikulieren und dafür sorgen, dass die Belange dieser Arbeitnehmer im Rahmen der Betriebsratsarbeit angemessen berücksichtigt werden. Zu diesem Zweck werden ihr besondere Befugnisse gegenüber dem Betriebsrat verliehen; Mitwirkungs- und Mitbestimmungsrechte stehen aber ausschließlich dem Betriebsrat zu (*BAG* 10.6.1975 EzA § 65 BetrVG 1972 Nr. 6).

Die allgemeinen Aufgaben regelt § 70 BetrVG. Das dort vorgesehene Antragsrecht bezieht **901** sich auf alle Maßnahmen, die in den Aufgabenbereich des Betriebsrates fallen (GK-BetrVG/*Oetker* § 70 Rz. 13). Ihm korrespondiert die Verpflichtung des Betriebsrats nach § 80 Abs. 1 Nr. 3 BetrVG, Anregungen entgegenzunehmen und, falls sie berechtigt erscheinen, durch Verhandlung mit dem Arbeitgeber auf eine Erledigung hinzuwirken. Über die Berechtigung entscheidet der Betriebsrat jedoch nach freiem Ermessen. Die in § 70 Abs. 1 Nr. 2 BetrVG normierte Überwachungsaufgabe erstreckt sich nicht nur auf solche Vorschriften, die ausschließlich die in § 60 Abs. 1 BetrVG genannten Arbeitnehmer betreffen, sondern gilt für alle Normen, die auf diesen Personenkreis anwendbar sind. Überwiegend wird angenommen, dass eine beabsichtigte Überwachungsmaßnahme unter dem Vorbehalt einer Zustimmung durch den Betriebsrat steht und der Arbeitgeber nur unter dieser Voraussetzung zur Duldung entsprechender Maßnahmen verpflichtet ist. Mit Zustimmung des Betriebsrates kann die Jugendvertretung z.B. die Arbeitsplätze jugendlicher Arbeitnehmer aufsuchen, um zu prüfen, ob die zu Gunsten dieser Arbeitnehmer geltenden Bestimmungen eingehalten werden, ohne dass es eines konkreten Verdachtes eines Verstoßes gegen diese Vorschriften bedürfte (*BAG* 21.1.1982 EzA § 70 BetrVG 1972 Nr. 2). Mit Zustimmung des Betriebsrates ist auch die Durchführung einer Fragebogenaktion unter jugendlichen Arbeitnehmern zulässig, soweit sich die Fragen im Rahmen der gesetzlichen Aufgaben der Jugendvertretung und des Betriebsrates halten und Betriebsablauf und Betriebsfrieden nicht gestört werden (*BAG* 8.2.1977 EzA § 70 BetrVG 1972 Nr. 1). Die Jugendvertretung hat ferner Anregungen der in § 60 Abs. 1 BetrVG genannten Arbeitnehmer entgegenzunehmen und gegebenenfalls dem Betriebsrat zu unterbreiten und dort auf eine Erledigung hinzuwirken. Hiervon unberührt bleibt das Recht der Arbeitnehmer, sich unmittelbar an den Betriebsrat zu wenden, § 80 Abs. 1 Nr. 3 BetrVG.

b) Informationsrechte

902 § 70 Abs. 2 BetrVG normiert einen umfassenden, auf alle für die Erfüllung ihrer Aufgaben relevanten Angaben in tatsächlicher und rechtlicher Hinsicht gerichteten Unterrichtungsanspruch der JAV. Dieser Anspruch besteht ausschließlich gegenüber dem Betriebsrat, nicht unmittelbar gegenüber dem Arbeitgeber. Der Betriebsrat hat von sich aus eine entsprechende Unterrichtungspflicht. Zur Weitergabe von Betriebs- und Geschäftsgeheimnissen i.S.d. § 79 Abs. 1 BetrVG an die JAV ist der Betriebsrat nicht berechtigt, da seine Geheimhaltungspflicht ihr gegenüber in § 79 Abs. 1 S. 4 BetrVG nicht aufgehoben worden ist. Die JAV kann verlangen, dass der Betriebsrat die zur Durchführung ihrer Aufgaben erforderlichen Unterlagen zur Verfügung stellt. Inhalt des Anspruches ist die Überlassung, nicht die bloße Einsichtnahme. Verlangt werden kann nur die Vorlage solcher Unterlagen, die der Betriebsrat hat oder nach § 80 Abs. 2 BetrVG seinerseits vom Arbeitgeber beanspruchen kann. Soweit daher auch der Betriebsrat im Einzelfall seinerseits nur ein Einsichtsrecht hat (z.B. Einsichtnahme in die Bruttolohn- und Gehaltslisten, § 80 Abs. 2 S. 2 BetrVG), besteht keine Vorlagepflicht des Betriebsrates. Kein Anspruch besteht auf die Vorlage von Unterlagen, die Angaben enthalten, die nach §§ 79 BetrVG oder 99 Abs. 1 S. 3 BetrVG geheim zu halten sind (GK-BetrVG/*Oetker* § 70 Rz. 64, 65).

c) Befugnisse im Zusammenhang mit Sitzungen des Betriebsrates

903 Der Betriebsrat soll Angelegenheiten, die besonders die in § 60 Abs. 1 genannten Arbeitnehmer betreffen, der JAV zur Beratung zuleiten, § 67 Abs. 3 BetrVG, damit diese sich angemessen auf die entsprechende Sitzung des Betriebsrates vorbereiten kann. Bei dieser Verpflichtung des Betriebsrates handelt es sich um eine gesetzliche Pflicht i.S.d. § 23 Abs. 1 BetrVG. Nach erfolgter Vorberatung kann die JAV beim Betriebsrat beantragen, Angelegenheiten, die besonders die zu ihr wahlberechtigten Arbeitnehmer betreffen, auf die Tagesordnung der nächsten Betriebsratssitzung zu setzen, § 67 Abs. 3 BetrVG.

904 Es besteht ferner ein durch § 67 Abs. 1 BetrVG geregeltes Teilnahmerecht: Zu jeder Betriebsratssitzung kann immer ein Vertreter der JAV entsandt werden. Diese ist zu jeder Sitzung rechtzeitig unter Mitteilung der Tagesordnung zu laden, § 29 Abs. 2 BetrVG. Ein Teilnahmerecht der gesamten JAV besteht dann, wenn Angelegenheiten behandelt werden, die besonders die in § 60 Abs. 1 BetrVG genannten Arbeitnehmer betreffen. Das Teilnahmerecht beschränkt sich auf den entsprechenden Tagesordnungspunkt. Im Hinblick darauf, dass § 67 Abs. 1 BetrVG ein allgemeines Teilnahmerecht vorsieht bei einer »besonderen Betroffenheit«, andererseits § 67 Abs. 2 BetrVG das Bestehen eines Stimmrechts davon

abhängig macht, dass die zu fassenden Beschlüsse des Betriebsrates »überwiegend« die in § 60 Abs. 1 genannten Arbeitnehmer betreffen, ist streitig, ob der Begriff der »besonderen Betroffenheit« ausschließlich qualitativ oder aber daneben auch quantitativ zu verstehen ist (vgl. GK-BetrVG/*Oetker* § 67 Rz. 25). Ein allgemeines Teilnahmerecht besteht jedenfalls auf Grund qualitativer Betrachtung bei jugendspezifischen Angelegenheiten, die für jugendliche oder auszubildende Arbeitnehmer des Betriebes in dieser Eigenschaft von spezieller Bedeutung sind. Soweit angenommen wird, dass die besondere Betroffenheit auch durch quantitative Aspekte vermittelt werden kann (GK-BetrVG/*Oetker* § 67 Rz. 26; DKK/*Trittin* § 67 Rz. 13), liegt eine besondere Betroffenheit dann vor, wenn es um Angelegenheiten geht, die zahlenmäßig mehr die in § 60 Abs. 1 BetrVG genannten Arbeitnehmer als die anderen Arbeitnehmer betrifft. Strittig ist ferner, ob die betreffende Angelegenheit kollektiven Charakter haben muss, insbes. bei personellen Einzelmaßnahmen gegenüber jugendlichen bzw. auszubildenden Arbeitnehmern unter 25 Jahren. Z. T. (GK-BetrVG/*Oetker* § 67 Rz. 27) wird bei Fehlen eines kollektiven Bezuges, ein Teilnahmerecht generell verneint, z. T. (DKK/*Trittin* § 67 Rz. 15) generell bejaht, nach noch anderer Auffassung (*Fitting* § 67 Rz. 14) dann angenommen, wenn bei einer personellen Einzelmaßnahme besondere jugend- oder ausbildungsspezifische Gesichtspunkte eine Rolle spielen oder wenn sie von präjudizieller Bedeutung für die jugendlichen oder auszubildenden Arbeitnehmer ist. Besteht ein Teilnahmerecht, beinhaltet dies ein Rederecht in der betreffenden Sitzung des Betriebsrates.

Ein Stimmrecht bei der Beschlussfassung des Betriebsrates besteht nach § 67 Abs. 2 BetrVG dann, wenn der Beschluss »überwiegend« die in § 60 Abs. 1 BetrVG genannten Arbeitnehmer betrifft, was dann der Fall ist, wenn der Beschluss zahlenmäßig mehr jugendliche oder auszubildenden Arbeitnehmer als andere Arbeitnehmer betrifft. Teilnahme- und Stimmrecht sind damit nicht deckungsgleich. **905**

Wird ein Beschluss des Betriebsrates ohne die notwendige Beteiligung der JAV an der Abstimmung gefasst, ist der Beschluss des Betriebsrates jedenfalls dann unwirksam, wenn die Beteiligung der JAV auf das Abstimmungsergebnis rechnerisch einen Einfluss haben konnte (*BAG* 6.5.1975 EzA § 65 BetrVG 1972 Nr. 5). **906**

Obwohl gesetzlich nicht ausdrücklich geregelt, wird überwiegend (vgl. GK-BetrVG/*Oetker* § 67 Rz. 30 ff. m.w.N.) unter den Voraussetzungen des § 67 Abs. 1, Abs. 2 BetrVG ein Teilnahme- bzw. Stimmrecht der JAV bei Sitzungen von Ausschüssen des Betriebsrates anerkannt. Damit sich das Stimmverhältnis zwischen Betriebsrat und JAV nicht verschiebt, muss das zahlenmäßige Verhältnis zwischen Betriebsratsmitgliedern und Mitgliedern der JAV gewahrt werden. Es dürfen daher nur so viele Vertreter entsandt werden, dass das Verhältnis im Ausschluss dem Verhältnis im Betriebsrat gleicht. **907**

Gem. §§ 35, 66 BetrVG hat die JAV die Möglichkeit, beim Betriebsrat einen Antrag auf Aussetzung eines Betriebsratsbeschlusses (s.o. Rn. 579 ff.) zu stellen, wenn sie eine erhebliche Beeinträchtigung wichtiger Interessen der zu ihr wahlberechtigten Arbeitnehmer als gegeben erachtet. Der Beschluss ist von der JAV als Organ mit der Mehrheit ihrer Mitglieder und nicht nur der Mehrheit ihrer bei der Beschlussfassung anwesenden Mitglieder zu fassen. Ferner besteht ein Teilnahmerecht der JAV bei allen offiziellen Besprechungen zwischen Arbeitgeber und Betriebsrat, in denen Angelegenheiten behandelt werden, die besonders die in § 60 Abs. 1 genannten Arbeitnehmer betreffen. Der Begriff der »besonderen Betroffenheit« deckt sich mit dem in § 67 Abs. 1 BetrVG (s.o. Rn. 904). Das Teilnahmerecht besteht unstreitig auch bei Besprechungen zwischen Arbeitgeber und Ausschüssen des Betriebsrates. Streitig ist, ob auch Besprechungen zwischen Arbeitgeber und Betriebsratsvorsitzenden erfasst sind (bejahend GK-BetrVG/*Oetker* § 68 Rz. 7; DKK/*Trittin* § 68 Rz. 2; **a.A.** z.B. *Fitting* § 68 Rz. 5). Nach überwiegender Auffassung (z.B. MünchArbR/*Joost* § 316 Rz. 71; DKK/*Trittin* § 68 Rz. 8) besteht bei einem Teilnahmerecht auch ein Rederecht (**a.A.** GK-BetrVG/*Oetker* § 68 Rz. 17: nur Anwesenheitsrecht). **908**

4. Organisation und Geschäftsführung

909 Bezüglich der Organisation und Geschäftsführung verweist § 65 Abs. 1 BetrVG überwiegend auf die für den Betriebsrat geltenden Bestimmungen.

Hinsichtlich des Rechts zur Bildung von Ausschüssen (§ 65 BetrVG i.V.m. § 28 Abs. 1 S. 1, 2 BetrVG) ist fraglich, ob die Bildung von Ausschüssen voraussetzt, dass mehr als 100 der in § 60 Abs. 1 BetrVG genannten Arbeitnehmer im Betrieb beschäftigt werden (so GK-BetrVG/*Oetker* § 65 Rz. 29) oder ausreicht, dass unabhängig von der Zahl Jugendlicher oder zur Berufsausbildung Beschäftigter im Betrieb überhaupt mehr als 100 Arbeitnehmer beschäftigt werden.

Die Einrichtung von Sprechstunden setzt voraus, dass i.d.R. mehr als 50 Arbeitnehmer i.S.d. § 60 Abs. 1 BetrVG beschäftigt werden, § 69 BetrVG. Über die Einrichtung entscheidet die JAV nach Ermessen durch Mehrheitsbeschluss, während Zeit und Ort der Sprechstunden zwischen Betriebsrat und Arbeitgeber zu vereinbaren sind. Kommt eine Einigung nicht zu Stande, so entscheidet die Einigungsstelle, deren Anrufung aber alleine dem Betriebsrat oder dem Arbeitgeber obliegt. An den Sprechstunden kann der Betriebsratsvorsitzende oder ein vom Betriebsrat beauftragtes Betriebsratsmitglied beratend teilnehmen.

5. Rechtsstellung der Mitglieder

910 § 65 BetrVG verweist auf die für die Mitglieder des Betriebsrates geltenden Bestimmungen, insbes. auf die Regelungen des § 37 BetrVG (s.o. Rn. 594 ff.).

911 Auch für die Schulung von Jugendvertretern nach § 37 Abs. 6 und 7 BetrVG gilt daher im Grundsatz das Gleiche wie für die Betriebsratsschulung. Erforderlich ist sie, wenn sie zur ordnungsgemäßen Durchführung des ihr nach dem BetrVG obliegenden Aufgaben- und Wirkungskreises notwendig ist. Dabei ist zu berücksichtigen, dass ihr Aufgabenkreis gegenüber dem des Betriebsrates kleiner ist (*BAG* 6.5.1975 EzA § 65 BetrVG 1972 Nr. 5). Erforderlich kann die Vermittlung von Kenntnissen der der JAV zugewiesenen Aufgaben und der ihr gegenüber dem Betriebsrat eingeräumten Rechte sein (*BAG* 6.5.1975 EzA § 65 BetrVG 1972 Nr. 5.). Kenntnisse über Aufgaben und Befugnisse der Gesamt-JAV sind in gewissem Umfange für die Arbeit erforderlich, da die JAV auf eine enge Zusammenarbeit mit der Gesamt-JAV angewiesen ist (*BAG* 10.6.1975 EzA § 37 BetrVG 1972 Nr. 42). Gesundheitsschutz im Betrieb kann auf einer Schulungsveranstaltung dann thematisiert werden, wenn der Jugendschutz im Mittelpunkt der Schulung steht, nicht aber die in § 87 Abs. 1 Nr. 7 BetrVG genannten Mitbestimmungsrechte, weil diese nur vom Betriebsrat wahrgenommen werden können (*BAG* 10.6.1975 EzA § 37 BetrVG 1972 Nr. 42). Diese bisherige, eher restriktive Rechtsprechung des BAG ist auf Kritik gestoßen. Weiter gehend werden daher zum Teil auch Schulungsveranstaltungen als erforderlich angesehen, wenn sie Kenntnisse zum allgemeinen Arbeitsrecht und allgemein betriebsverfassungsrechtliche Kenntnisse einschließlich der Mitbestimmungsrechte vermitteln (DKK/*Trittin* § 65 Rz. 22).

912 Für die JAV-Vertreter gilt in gleicher Weise wie für die Mitglieder des Betriebsrates das Benachteiligungs- und Begünstigungsverbot, § 78 BetrVG (s.o. Rn. 711 ff.). Neben dem besonderen Kündigungsschutz (§ 15 Abs. 1 KSchG, § 103 BetrVG, s.o. Kap. 4 Rn. 547, 516 ff.) und Versetzungsschutz (§ 103 Abs. 3 BetrVG, s.o. Rn. 724 ff.) besteht bei Auszubildenden, die Mitglied der JAV sind, im Falle der Beendigung des Berufsausbildungsverhältnisses der besondere Schutz des § 78a BetrVG (s.o. Kap. 2 Rn. 83 ff.).

6. Jugend- und Auszubildendenversammlung

913 Die JAV kann im Einvernehmen mit dem Betriebsrat vor oder nach jeder Betriebsversammlung, im Einvernehmen mit Betriebsrat und Arbeitgeber auch zu einem anderen Zeitpunkt eine Jugend- und Auzubildendenversammlung einberufen. Eine Rechtspflicht zur Durchführung besteht nicht. Teilnahmeberechtigt sind alle zur JAV aktiv wahlberechtigten Arbeitnehmer, die JAV-Vertreter selbst, der Betriebsratsvorsitzende oder ein vom Betriebsrat beauftragtes Betriebsratsmitglied, der Arbeitgeber sowie die Beauftragten der Gewerkschaften und Arbeitgebervereinigungen unter den gleichen Voraussetzungen wie bei einer

Betriebsversammlung. Der Arbeitgeber hat Rederecht. Hinsichtlich der Vergütung der teilnahmeberechtigten Arbeitnehmer, dem Zuständigkeitsbereich der Jugend- und Auszubildendenversammlung gelten die entsprechenden Vorschriften für Betriebsversammlungen, § 71 S. 3 i.V.m. §§ 44–46 BetrVG (s.o. Rn. 795 ff.).

7. Gesamt-Jugend- und Auszubildendenvertretung, §§ 72 f. BetrVG

Bestehen in einem Unternehmen mehrere JAV, so ist eine Gesamt-Jugend- und Auszubildendenvertretung zu errichten, in die jede JAV grds. ein Mitglied entsendet. Die Gesamt-JAV soll bei Bestehen eines Gesamtbetriebsrates bei diesem die überbetrieblichen Interessen der in § 60 Abs. 1 BetrVG genannten Arbeitnehmer zur Geltung bringen. Sie ist insofern Hilfsorgan für den Gesamtbetriebsrat. Streitig ist deshalb, ob dann, wenn entgegen § 47 BetrVG kein Gesamtbetriebsrat errichtet ist, auch die Bildung einer Gesamt-JAV ausscheidet (so MünchArbR/*Joost* § 318 Rz. 4; **a.A.** GK-BetrVG/*Oetker* § 72 Rz. 11). Ihre Zuständigkeit im Verhältnis zu den einzelnen JAV entspricht derjenigen zwischen Gesamtbetriebsrat und den einzelnen Betriebsräten (s.o. Rn. 858 ff.). **914**

8. Konzern-Jugend- und Auszubildendenvertretung, §§ 73a, b BetrVG

Bestehen in einem Konzern (§ 18 Abs. 1 AktG, s.o. Rn. 874 ff.) mehrere Gesamt-Jugend- und Auszubildendenvertretungen, kann gem. § 73a BetrVG durch Beschluss einer qualifizierten Mehrheit der Gesamt-Jugend- und Auszubildendenvertretungen (Zustimmung der Gesamt-JAV‘s der Konzernunternehmen, in denen insgesamt mindestens 75% der in § 60 Abs. 1 BetrVG genannten Arbeitnehmer beschäftigt sind) eine Konzern–JAV errichtet werden. Bei dieser handelt es sich um ein Hilfsorgan für den Konzernbetriebsrat. Ihre Zuständigkeit erstreckt sich nach § 73b Abs. 2 BetrVG i.V.m. § 58 Abs. 1 BetrVG auf solche Angelegenheiten, die den Konzern oder mehrere Konzernunternehmen betreffen und nicht durch die Gesamt-Jugend- und Auszubildendenvertretungen geregelt werden können (s.o. Rn. 888). Ferner besteht die Möglichkeit der Beauftragung der Konzern-JAV durch eine Gesamt-JAV, § 73b Abs. 2 BetrVG i.V.m. § 58 Abs. 2 BetrVG. Die Vorschriften über die Entsendung der Mitglieder und die Bestellung von Ersatzmitgliedern (§ 73a Abs. 2 BetrVG) und die Stimmengewichtung (§ 73a Abs. 3, 4 BetrVG) entsprechen den Regelungen für den Gesamt- und Konzernbetriebsrat (s.o. Rn. 844 ff.). **915**

VI. Wirtschaftsausschuss (WA), §§ 106 ff. BetrVG

1. Funktion

Der WA ist ein Hilfsorgan des Betriebsrats bzw. Gesamtbetriebsrats und dient letztlich der Erfüllung von Betriebsratsaufgaben (*BAG* 8.3.1983 EzA § 118 BetrVG 1972 Nr. 34). Träger der eigentlichen Mitbestimmungsrechte, insbes. nach §§ 111–113 BetrVG bleibt der Betriebsrat. **916**

Seiner Struktur nach ist der WA damit Beratungsorgan und Informationsquelle für den Betriebsrat, vgl. § 106 Abs. 1 BetrVG und hat die Aufgabe, die Zusammenarbeit und Information zwischen Unternehmer (Arbeitgeber) und (Gesamt-)Betriebsrat zu fördern. Der WA soll den wirtschaftlich ungeschulten Betriebsrat unterstützen (*BAG* 23.8.1989 EzA § 106 BetrVG Nr. 9). Die Fragen der Unternehmenspolitik sollen frühzeitig vorbesprochen und abgeklärt werden, bevor auf Grund konkreter Planung die speziellen Unterrichtungsrechts-, Beratungs- und Mitbestimmungsrechte des Betriebsrats eingreifen. **917**

2. Bildung und Zusammensetzung

a) Pflicht zur Bildung des WA

918 In Unternehmen mit i.d.R. mehr als 100 Beschäftigten besteht eine Pflicht zur Bildung des WA. Unternehmen ist die organisatorische Einheit, mit der der Unternehmer seine wirtschaftlichen oder ideellen Zwecke verfolgt (*BAG* 7.8.1986 AP Nr. 5 zu § 1 BetrVG). Ein Unternehmen setzt einen einheitlichen Rechtsträger voraus. Es kann mit dem Betrieb identisch sein, aber auch mehrere Betriebe erfassen. Kein WA kann gebildet werden auf Ebene des Konzernbetriebsrats (*BAG* 23.8.1989 EzA § 106 BetrVG Nr. 9); eine analoge Anwendung des § 106 BetrVG scheidet aus.

b) Unternehmen mit Sitz im Ausland

919 Bei Unternehmen mit Sitz im Ausland ist bei Vorliegen der sonstigen gesetzlichen Voraussetzungen für die inländischen Unternehmensteile ebenfalls ein WA zu bilden, wenn für diese ein über die einzelnen Betriebszwecke hinausgehender Unternehmenszweck und eine übergeordnete einheitliche Organisation besteht und dabei auch ein nach außen zum Ausdruck kommender, auf Einheit bedachter Organisationswille des oder der Eigentümer festzustellen ist (*BAG* 1.10.1974 EzA § 106 BetrVG 1972 Nr. 1). Damit ist unerheblich, ob die Unternehmensleitung vom Inland oder Ausland her erfolgt (*BAG* 31.10.1975 EzA § 106 BetrVG 1972 Nr. 2).

c) Beschäftigtenzahl

920 Bei der Ermittlung der Beschäftigtenzahl i.S.v. § 106 Abs. 1 BetrVG ist auf die normale Beschäftigtenzahl abzustellen. Dazu bedarf es eines Rückblicks und einer Einschätzung der nahen zukünftigen Entwicklung der Personalstärke (*LAG Bln.* 25.4.1988 EzA § 106 BetrVG Nr. 7). In Unternehmen mit weniger als 101 Arbeitnehmern stehen die Unterrichtungsrechte des WA nicht unmittelbar dem Betriebsrat zu (*BAG* 5.2.1991 EzA § 106 BetrVG Nr. 10; 5.2.1991 EzA § 106 BetrVG Nr. 15).

921 Bei einem Gemeinschaftsbetrieb mehrerer Unternehmen (enge, räumliche, personelle und organisatorische Verknüpfung und einheitlicher Leitungsapparat, s.o. Rn. 111 ff.) mit i.d.R. mehr als 100 ständig beschäftigten Arbeitnehmern, ist ein WA auch dann zu bilden, wenn keines der beteiligten Unternehmen für sich allein diese Beschäftigtenzahl erreicht (*BAG* 1.8.1990 EzA § 106 BetrVG Nr. 16).

d) Errichtung

922 Zur Errichtung des WA ist, wenn im Unternehmen nur ein Betriebsrat besteht, dieser berufen. Besteht ein Gesamtbetriebsrat, ist der WA auf Ebene des Gesamtbetriebsrats zu bilden, § 107 BetrVG. Streitig ist, ob ein WA durch Wahl einzelner Betriebsräte gebildet werden kann, wenn die einzelnen Betriebsräte des Unternehmens ihrer Verpflichtung zur Errichtung eines Gesamtbetriebsrats nicht nachkommen. Dies wird nahezu einhellig verneint (GK-BetrVG/*Oetker* § 107 Rz. 22; DKK/*Däubler* § 107 Rz. 16; *Fitting* § 107 Rz. 20; MünchArbR/*Joost* § 319 Rz. 14), da nur die Errichtung eines einzigen WA in Betracht kommt und die einzelnen Betriebsräte für die Errichtung keine konkurrierende Kompetenz haben können.

e) Übertragung der Aufgaben auf einen Ausschuss des Betriebsrats

923 Nach § 107 Abs. 3 BetrVG ist unter bestimmten Voraussetzungen die Übertragung der Aufgaben des WA auf einen Ausschuss des Betriebsrats möglich. Da der Betriebsrat nur Ausschüsse bilden kann, wenn auch ein Betriebsausschuss gebildet ist (vgl. § 28 BetrVG), ein Betriebsausschuss aber nur gebildet werden kann, wenn der Betriebsrat 9 oder mehrere Mitglieder hat (vgl. § 27 BetrVG), besteht diese Möglichkeit nur in Betrieben mit i.d.R. mindestens 301 beschäftigten Arbeitnehmern (vgl. § 9 BetrVG). Die Zahl der Mitglieder darf die Zahl der Mitglieder des Betriebsausschusses nicht übersteigen (vgl. dazu § 27 BetrVG). In gleicher Anzahl

wie der Ausschuss Mitglieder hat, können weitere Arbeitnehmer einschließlich leitender Angestellter berufen werden. Die maximale Zahl der Ausschussmitglieder beträgt damit 22. Entsprechendes gilt für die Übertragung auf einen Ausschuss des Gesamtbetriebsrats.

f) Mitgliederzahl

Die Mitgliederzahl des WA beträgt mindestens drei und höchstens sieben Mitglieder, § 107 Abs. 1 BetrVG, wobei über die Größe innerhalb dieses Rahmens der (Gesamt-)Betriebsrat durch Mehrheitsbeschluss bestimmt. Eine Staffelung nach Größe des Unternehmens gibt es nicht. Es muss mindestens 1 Betriebsratsmitglied im WA sein, nicht aber notwendigerweise ein Mitglied des Gesamtbetriebsrats (MünchArbR/*Joost* § 319 Rz. 19; GK-BetrVG/*Oetker* § 107 Rz. 12). Die Mitglieder müssen im Übrigen dem Unternehmen angehören. Auch leitende Angestellte i.S.d. § 5 Abs. 3 BetrVG können als Mitglied bestimmt werden, § 107 Abs. 1 BetrVG. Sind leitende Angestellte berufen worden, stehen sie dem Arbeitgeber nicht mehr zu dessen Unterstützung in den Sitzungen des WA (vgl. § 108 Abs. 2 BetrVG) zur Verfügung (GK-BetrVG/*Oetker* § 107 Rz. 10). 924

g) Persönliche Qualifikation der Mitglieder

Nach § 107 Abs. 1 BetrVG sollen die Mitglieder die erforderliche persönliche und fachliche Eignung besitzen. Eignung erfordert, dass – zumindest nach angemessener Einarbeitung unter Inanspruchnahme der gesetzlich zulässigen Schulungsveranstaltungen – betriebswirtschaftliche Grundkenntnisse und die Fähigkeit vorhanden sind, z.B. den Jahresabschluss anhand von Erläuterungen zu verstehen und gezielte Fragen zu stellen (vgl. *BAG* 18.7.1978 AP Nr. 1 zu § 108 BetrVG 1972). Persönliche Eignung verlangt, dass sich das Mitglied bei der Beratung von sachlichen Erwägungen leiten lässt und die Verschwiegenheitspflicht einhält (GK-BetrVG/*Oetker* § 107 Rz. 18). Zum Teil (*Fitting* § 107 Rz. 11) wird die persönliche Eignung umschrieben mit: Gesunder Menschenverstand, Anständigkeit und Zuverlässigkeit. Ob diese Voraussetzungen gerichtlich überprüfbar sind, ist umstritten, aber wohl zu verneinen (vgl. GK-BetrVG/*Oetker* § 107 Rz. 19). 925

h) Amtszeit

Gem. § 107 Abs. 2 BetrVG werden die Mitglieder des WA vom Betriebsrat für die Dauer seiner Amtszeit bestellt. Besteht ein Gesamtbetriebsrat, sodass die Mitglieder des WA von diesem bestimmt wurden, richtet sich die Amtszeit der Mitglieder des WA nach der Mehrheit der Mitglieder des Gesamtbetriebsrates, § 107 Abs. 2 BetrVG. 926

▶ **Beispiel:** 927

Besteht der Gesamtbetriebsrat aus zwölf Personen (je ein Arbeiter und ein Angestellter aus sechs Betrieben), so beginnt die Amtszeit der Mitglieder des WA am Tag des Beschlusses über ihre Bestellung. Sie endet, wenn die Amtszeit der Betriebsräte von vier Betrieben abgelaufen ist. Die Mitglieder des WA können jederzeit abberufen werden, § 107 Abs. 2 BetrVG. Ferner besteht die Möglichkeit der Amtsniederlegung. Die Amtszeit der Mitglieder des WA endet ferner dann, wenn die Belegschaftsstärke des Unternehmens nicht nur vorübergehend auf weniger als 101 ständig beschäftigte Arbeitnehmer absinkt (*BAG* 7.4.2004 EzA § 106 BetrVG 2001 Nr. 1).

i) Rechtsstellung der Mitglieder

Die Rechtsstellung der Mitglieder des WA ist im Gesetz nicht näher geregelt. 928

Sofern das Mitglied des WA Betriebsratsmitglied ist, genießt es als solches den vollen gesetzlichen Schutz. Für die Mitglieder des WA, die nicht zugleich Betriebsratsmitglied sind, wird z. T. (vgl. zum Meinungsstand GK-BetrVG/*Oetker* § 107 Rz. 36 ff.) eine analoge Anwendung der für Betriebsratsmitglieder geltenden Vorschriften befürwortet. 929

930 Analog anwendbar sind nach allgemeiner Ansicht jedenfalls § 37 Abs. 1 (unentgeltliches Ehrenamt), § 37 Abs. 2 (Arbeitsbefreiung unter Vergütungsfortzahlung), § 37 Abs. 3 (Freizeitausgleich) und § 40 Abs. 1 und 2 (Kostenersatz und Sachaufwand, *BAG* 17.10.1990 EzA § 40 BetrVG 1972 Nr. 65). Unterschiedliche Auffassungen bestehen hinsichtlich der Frage, ob auch § 37 Abs. 4 (keine geringere Bemessung des Arbeitsentgelts) und § 37 Abs. 5 (Beschäftigung mit gleichwertigen Tätigkeiten) analoge Anwendung finden (so z.B. DKK/*Däubler* § 107 Rz. 30) oder insoweit nur das Benachteiligungsverbot des § 78 S. 2 BetrVG (so z.B. GK-BetrVG/*Oetker* § 107 Rz. 40). § 15 KSchG gilt nicht entsprechend, sondern es besteht nur ein relativer, aus dem Benachteiligungsverbot des § 78 BetrVG folgender Kündigungsschutz. (so die ganz h.M.; z.B. MünchArbR/*Joost* § 319 Rz. 114; GK-BetrVG/*Oetker* § 107 Rz. 41). Nach bisheriger, stark kritisierter (vgl. GK-BetrVG/*Fabricius* 6. Aufl., § 107 Rz. 44 ff. m.w.N.; DKK/*Däubler* § 107 Rz. 32; *Fitting* § 107 Rz. 25) Auffassung des *BAG* (6.11.1973 EzA § 37 BetrVG 1972 Nr. 16; zust. etwa GK-BetrVG/*Oetker* § 107 Rz. 37) kommt eine Anwendung des § 37 Abs. 6 BetrVG 1972 auf Mitglieder eines Wirtschaftsausschusses nur in ihrer Eigenschaft als Betriebsratsmitglied auf Grund eines Beschlusses des einzelnen Betriebsrats in Betracht. Im Regelfall sei dabei davon auszugehen, dass Mitglieder des Wirtschaftsausschusses die zur Erfüllung ihrer Aufgaben erforderlichen Kenntnisse besitzen. Etwas anderes soll nur in Ausnahmefällen gelten, wenn die Mitglieder des WA die vom Arbeitgeber kraft Gesetzes zu gebenden Informationen nicht verstehen (*BAG* 11.11.1998 EzA § 37 BetrVG 1972 Nr. 139; 28.4.1988 NZA 1989, 221). Die Mitglieder des Wirtschaftsausschusses unterliegen der gleichen Geheimhaltungspflicht wie Betriebsratsmitglieder, § 79 Abs. 2 BetrVG.

3. Sitzungen des WA

a) Sitzungsturnus, Allgemeines

931 Als Sitzungsturnus bestimmt § 108 Abs. 1 BetrVG, dass die Sitzungen des WA einmal im Monat stattfinden sollen. Hiervon kann abgewichen werden, wenn nicht genügend Beratungsgegenstände vorhanden sind oder wegen dringender wirtschaftlicher Entscheidungen zwischenzeitlich eine Sitzung erforderlich ist. Zeit und Ort der Sitzung sind mit dem Unternehmer abzustimmen. Der WA kann zur Vorbereitung der Sitzung mit dem Unternehmer auch ohne diesen zu einer Sitzung zusammentreten (*BAG* 16.3.1982 EzA § 108 BetrVG 1972 Nr. 5). Zweckmäßig ist die schriftliche Niederlegung einer Tagesordnung, die Bestimmung eines Vorsitzenden, der den Kontakt mit dem Unternehmer hält und die Sitzung vorbereitet sowie die Erstellung einer Geschäftsordnung (DKK/*Däubler* § 108 Rz. 4). Die Sitzungen sind nicht öffentlich.

932 Die Tagesordnung wird weitgehend bestimmt durch die in § 106 Abs. 2 und 3 BetrVG genannten Gegenstände. Aus dem Gebot vertrauensvoller Zusammenarbeit folgt, dass der Unternehmer von sich aus verpflichtet ist, im Vorfeld von Sitzungen von sich aus die als Gegenstand einer Beratung in Betracht kommenden Gegenstände mitzuteilen.

b) Teilnahmepflicht des Unternehmers, sonstige Teilnahmeberechtigte

933 Grds. besteht eine Teilnahmepflicht des Unternehmens an den Sitzungen, § 108 Abs. 2 BetrVG. Unternehmer ist bei Einzelfirmen der Inhaber, bei juristischen Personen oder anderen Personengesamtheiten mindestens ein Mitglied des gesetzlichen Vertretungsorgans bzw. eine zur Vertretung oder Geschäftsführung berufene Person. Statt des Unternehmers kann ein Vertreter des Unternehmers teilnehmen. Vertreter ist nicht irgendeine vom Unternehmer bestellte Person, sondern nur diejenige, die ihn in seinen unternehmerischen Funktionen vertritt, also insbes. ein leitender Angestellter, der Generalvollmacht oder Prokura hat (vgl. GK-BetrVG/*Oetker* § 108 Rz. 21). Der Unternehmer kann sachverständige Arbeitnehmer zu seiner Unterstützung heranziehen, § 108 Abs. 2 BetrVG.

934 Sonstige Teilnahmeberechtigte sind analog § 31 BetrVG auch Beauftragte einer im Unternehmen vertretenen Gesellschaft. Allerdings kann die Teilnahme jeweils nur für eine konkret bestimmte Sitzung des WA beschlossen werden (*BAG* 25.6.1987 EzA § 108 BetrVG 1972

Nr. 7). Auch die Schwerbehindertenvertretung (§ 95 SGB IX) ist berechtigt, an den Sitzungen beratend teilzunehmen (*BAG* 4.6.1987 EzA § 108 BetrVG 1972 Nr. 6).

Die Hinzuziehung von Sachverständigen zur Vermittlung von fehlenden fachlichen oder rechtlichen Kenntnissen zur Beurteilung einer konkreten aktuellen Frage ist sowohl auf Initiative des WA als auch auf Initiative des Unternehmers möglich, § 108 Abs. 2 BetrVG. Dies setzt aber eine Einigung mit dem Partner voraus, § 108 Abs. 2 i.V.m. § 80 Abs. 3 BetrVG. 935

Hinsichtlich der Erforderlichkeit der Hinzuziehung eines Sachverständigen ist zu berücksichtigen, dass der WA nach Auffassung des *BAG* (18.7.1978 EzA § 108 BetrVG Nr. 3) grds. selbst die erforderlichen Kenntnisse für seine Tätigkeit hat. 936

Kommt eine Einigung über die Hinzuziehung nicht zu Stande, muss der Betriebsrat ein arbeitsgerichtliches Beschlussverfahren einleiten (*BAG* 25.4.1978 EzA § 80 BetrVG 1972 Nr. 15, s.u. Rn. 1406 ff.).

4. Aufgaben des WA, Beratung und Unterrichtung des Betriebsrates

Der WA hat die Aufgabe, wirtschaftliche Angelegenheiten mit dem Unternehmer zu beraten und den Betriebsrat zu unterrichten, § 106 Abs. 1 BetrVG. Beratungen dienen der Vorbereitung einer Entscheidung und setzen einen Meinungsaustausch über das Für und Wider der zu treffenden Entscheidung, also eine Diskussion, voraus. 937

Der WA braucht nicht abzuwarten, bis der Unternehmer bestimmte wirtschaftliche Angelegenheiten in seine Überlegungen einbezogen hat, sondern kann seinerseits initiativ werden und die Beratung über von ihm erwogene wirtschaftliche Angelegenheiten des Unternehmens verlangen; eine Vorlage von Unterlagen kann er jedoch erst dann verlangen, wenn der Unternehmer sich die vom WA vorgeschlagenen Beratungsgegenstände zu Eigen gemacht hat (vgl. GK-BetrVG/*Fabricius* 6. Aufl., § 106 Rz. 56). 938

Die Unterrichtung des Betriebsrats hat gem. § 108 Abs. 4 BetrVG unverzüglich, d.h. so bald wie möglich nach jeder Sitzung und vollständig zu erfolgen. Eine ausschließlich schriftliche Information, etwa durch Übersendung des Sitzungsprotokolls reicht nur, wenn der Betriebsrat sich damit einverstanden erklärt hat, da der Betriebsrat seinerseits ein Interesse daran haben kann, Fragen an den WA zu richten (DKK/*Däubler* § 108 Rz. 29). Zu empfehlen ist die Abfassung eines schriftlichen Berichts und dessen mündliche Erläuterung. 939

5. Die wirtschaftlichen Angelegenheiten

Wirtschaftliche Angelegenheiten i.S.d. § 106 BetrVG sind grds. nicht solche, die sich nur auf einzelne Geschäftsvorfälle beziehen. Einzelne Geschäfte und Maßnahmen der laufenden Geschäftsführung können aber dann wirtschaftliche Angelegenheit sein, wenn sie für das Unternehmen von besonderer Bedeutung sind. 940

Der Katalog in § 106 Abs. 3 BetrVG enthält nur eine beispielhafte, nicht abschließende Aufzählung der wirtschaftlichen Angelegenheiten (GK-BetrVG/*Oetker* § 106 Rz. 40).

a) Wirtschaftliche und finanzielle Lage des Unternehmens

Gemeint ist die konkrete wirtschaftliche Situation des Unternehmens. Hierzu gehören alle auf das Unternehmen einwirkenden Gegebenheiten, die für die unternehmerische Planung von Bedeutung sind, insbes. Verluste, Gewinne, Risikolage, Versorgungslage mit Rohstoffen und Energie, Konjunktur, Konkurrenz, Entwicklung der Branche, Auftragsbestand, Lieferzeiten, Exportabhängigkeit. Die finanzielle Lage umfasst insbes. die Liquidität (Fähigkeit des Unternehmens, seine finanziellen Verpflichtungen erfüllen zu können), Kreditkosten, 941

Schwierigkeiten bei der Kreditbeschaffung, Preisgestaltung und deren Kalkulationsgrundlagen. Zu berichten ist auch über einen beabsichtigten oder bereits gestellten Antrag auf Eröffnung des Insolvenzverfahrens bzw. über einen Konkurs- oder Vergleichsantrag.

b) Produktions- und Absatzlage

942 Die Absatzlage wird durch die Faktoren gekennzeichnet, die für den Absatz (Vertrieb, Umsatz, Verkauf) der Erzeugnisse oder Dienstleistungen des Unternehmens bestimmend sind, insbes. durch die binnen- und außenwirtschaftliche Marktlage. Die Darstellung durch den Unternehmer hat anhand der Verkaufs- und Umsatzstatistiken des Unternehmens und der Unterlagen der Marktforschung zu erfolgen. Es sollte über die Kundenstruktur und über evtl. Abhängigkeiten von Großkunden unterrichtet werden.

943 Produktionslage meint das Verhältnis der Gütermenge und -art, die erzeugt werden könnte, zur tatsächlichen Erzeugung, aufgegliedert nach Typen und Warenarten. Die Unterrichtung hat sich zu beziehen auf mögliche Produktionskapazität und tatsächliche Kapazitätsauslastung, Daten bezüglich Arbeitszeit und Überstunden.

944 Hier zeigen sich besonders deutlich die Auswirkungen auf die Personalplanung: Sind die Kapazitäten nicht ausgelastet, ist mit Kurzarbeit oder Entlassungen zu rechnen. Reicht umgekehrt die normale Kapazität nicht aus, sind Mehrarbeit und/oder Einstellungen zu erwarten.

c) Produktions- und Investitionsprogramm

945 Produktionsprogramm ist der Plan über die Erzeugung von Gütern in einem bestimmten Zeitraum nach Zahl der herzustellenden Erzeugnisse, Zahl der Varianten der Erzeugnisse und Anzahl der Fertigungsstufen. Durch das Produktionsprogramm wird die zu erbringende Leistung der Betriebe festgelegt. Das Investitionsprogramm enthält die Planung über die lang- und mittelfristige Anlage von Kapital zur Veränderung der Sachgüterbestände. Hier ist besonders auch auf die Auswirkungen auf die Personalplanung einzugehen, da das Investitionsprogramm sowohl zu Entlassungen, Neueinstellungen und Umschulungen führen kann, so insbes. bei Rationalisierungsinvestitionen.

d) Rationalisierungsvorhaben

946 Unter Rationalisierung werden Maßnahmen zur Steigerung des wirtschaftlichen Erfolgs, zur Vereinfachung des Fertigungs- und Verteilungsprozesses, insbes. durch Einsatz technischer Hilfsmittel, verstanden. Es werden alle Vorhaben erfasst, die die Leistungen des Betriebes verbessern, insbes. den Aufwand an menschlicher Arbeit, aber auch an Zeit, Energie und Material herabsetzen. Hierunter fällt bspw. auch die Entscheidung, bisher selbst produzierte Teile nunmehr von einer Drittfirma zuzukaufen.

e) Fabrikations- und Arbeitsmethoden, Einführung neuer Arbeitsmethoden

947 Unter Fabrikationsmethoden sind die technischen Abläufe im weitesten Sinne zu verstehen. Arbeitsmethoden beziehen sich auf die Bedingungen, unter denen die Arbeit zu erbringen ist. Beispiele: Einführung neuer Technologien, Fließbandarbeit, Einzel- oder Gruppenarbeit, Schichtarbeit, Einsatz von EDV (CAD, CNC), gleitende Arbeitszeit.

f) Fragen des betrieblichen Umweltschutzes

948 Zu unterrichten ist nur über Fragen des **betrieblichen** Umweltschutzes. Hierfür gilt die Legaldefinition des § 89 Abs. 3 BetrVG (s.o. Rn. 1681).

g) Einschränkung oder Stilllegung von Betrieben oder Betriebsteilen

949 Unter Stilllegung ist die Aufgabe des Betriebszwecks unter gleichzeitiger Auflösung der Betriebsorganisation auf Grund eines ernsthaften Willensentschlusses des Unternehmers für

unbestimmte nicht nur vorübergehende Zeit zu verstehen. Bei der Betriebseinschränkung wird der Betriebszweck weiter verfolgt, aber die Leistung der Betriebsanlagen herabgesetzt. § 106 Abs. 3 Nr. 6 BetrVG entspricht insoweit weitgehend § 111 Nr. 1 BetrVG, allerdings kommt es für die Unterrichtung des WA auf Größe und Bedeutung der Betriebsteile nicht an. Auch die Einschränkung oder Stilllegung nicht wesentlicher Betriebsteile unterliegt der Informationspflicht. Zu unterrichten ist der WA auch über die Stilllegung von Betrieben, für die kein Betriebsrat gebildet worden ist (*BAG* 9.5.1995 EzA § 106 BetrVG 1972 Nr. 18).

h) Verlegung von Betrieben oder Betriebsteilen

Verlegung ist jede wesentliche Veränderung der örtlichen Lage des Betriebs. Entspricht § 111 **950**
Nr. 2 BetrVG.

i) Zusammenschluss oder Spaltung von Unternehmen oder Betrieben

Ein Zusammenschluss liegt vor, wenn aus mehreren bisher selbstständigen Betrieben ein **951**
neuer Betrieb gebildet wird oder wenn ein bestehender Betrieb unter Aufgabe seiner arbeitstechnischen Selbstständigkeit in einen anderen Betrieb aufgeht. Durch die Einbeziehung der Spaltung sollte der durch das UmwG eröffneten Möglichkeit, Rechtsträger durch Spaltung real zu teilen, Rechnung getragen werden, da eine solche Spaltung auch zur Teilung von Betrieben i.S.d. BetrVG führen kann. Im Falle der Unternehmensspaltung sollte dem besonderen Informationsinteresse der Arbeitnehmer Rechnung getragen werden (vgl. (GK-BetrVG/*Oetker* § 106 Rz. 65 ff.).

j) Änderung der Betriebsorganisation oder des Betriebszwecks

Im Gegensatz zu § 111 Nr. 4 BetrVG ist hier jede vom Unternehmer in Betracht gezogene **952**
Änderung gemeint und nicht nur grundlegende Änderungen.

Betriebsorganisation ist das bestehende Ordnungsgefüge für die Verbindung von Betriebs- **953**
zweck, im Betrieb arbeitenden Menschen und Betriebsanlagen mit dem Ziel der bestmöglichen Erfüllung der Betriebsaufgaben. Eine Änderung ist insbes. eine weit gehende Änderung des Betriebsaufbaus oder der Zuständigkeiten, Ausgliederung von wesentlichen Betriebsteilen, Änderung der Unterstellungsverhältnisse.

Mit Betriebszweck i.S.v. § 111 S. 2 Nr. 4 BetrVG ist der arbeitstechnische Zweck eines **954**
Betriebs gemeint, nicht der wirtschaftliche. Der Betriebszweck kann sich dadurch ändern, dass dem bisherigen Betrieb eine weitere Abteilung mit einem weiteren arbeitstechnischen Betriebszweck hinzugefügt wird (*BAG* 17.12.1985 EzA § 111 BetrVG 1972 Nr. 17).

k) Übernahme des Unternehmens

Der durch das am 19.8.2008 in Kraft getretene **Gesetz zur Begrenzung der mit Finanzin-** **955**
vestitionen verbundenen Risiken (Risikobegrenzungsgesetz, BT-Drs. 16/7438) eingefügte Tatbestand des § 106 Abs. 3 Nr. 9a BetrVG soll durch eine Information im Vorfeld eines Unternehmens(ver)kaufs einen besseren Schutz der Belegschaften bei Unternehmensübernahmen gewährleisten. Die Informationspflicht besteht nur dann, wenn im Falle des Unternehmens(ver)kaufs damit der Erwerb der Kontrolle durch den Erwerber verbunden ist. Nach der Gesetzesbegründung (BT-Drs. 16/7438, S. 15) liegt unter Verweis auf § 29 Abs. 2 WpÜG eine Kontrolle des Unternehmens insbesondere dann vor, wenn mindestens **30 % der Stimmrechte** an dem Unternehmen gehalten werden. § 29 Abs. 2 WpÜG bezieht sich indes nur auf börsennotierte Aktiengesellschaften. Bei nicht börsennotierten Aktiengesellschaften und allen anderen Gesellschaften wird die Kontrollschwelle erst überschritten, wenn mehr als **50 % der Stimmrechte** gehalten werden (*Schröder/Falter* NZA 2008, 1099; GTAW/*Gross/Thon* BetrVG, § 106 Rz. 25). Durch § 106 Abs. 2 S. 2 BetrVG wird klargestellt, welchen Mindestumfang (vgl. *Schröder/Falter* NZA 2008, 1099) die vom zu übernehmenden Unternehmen zu gebende Information haben muss.

l) Sonstige Vorgänge und Vorhaben, welche die Interessen der Arbeitnehmer des Unternehmens wesentlich berühren können

956 Es handelt sich um eine Generalklausel und damit um einen Auffangtatbestand. In Betracht kommen: Kooperationen, gesellschaftsrechtliche Zusammenschlüsse mit anderen Unternehmen, allgemeine wirtschaftliche Lage der Branche, Verlagerung der Produktion ins Ausland, Veräußerung von Geschäftsanteilen einer GmbH, behördliche Umweltschutzauflagen, die Einfluss auf die Produktion oder die Arbeitsbedingungen haben, Rechtsstreitigkeiten, deren Ausgang erheblichen Einfluss auf die finanzielle Lage des Unternehmens haben.

6. Die Unterrichtungspflicht des Unternehmers

957 Gem. § 106 Abs. 2 BetrVG hat der Unternehmer den WA über die wirtschaftlichen Angelegenheiten rechtzeitig, umfassend und unter Vorlage der erforderlichen Unterlagen zu unterrichten, soweit nicht dadurch Betriebs- oder Geschäftsgeheimnisse des Unternehmens gefährdet werden. Ferner sind die sich daraus ergebenden Auswirkungen auf die Personalplanung darzustellen.

a) Rechtzeitige und umfassende Unterrichtung

958 Rechtzeitig bedeutet, dass der WA von geplanten unternehmerischen Entscheidungen und sonstigen Vorfällen so frühzeitig unterrichtet wird, dass der WA sein Beratungsrecht betriebswirtschaftlich sinnvoll ausüben kann. Er muss eine eigene Stellungnahme und eigene Vorschläge erarbeiten und in die Diskussion mit dem Unternehmer einbringen können. Das einzelne WA-Mitglied muss so viel Zeit haben, dass es in die Lage versetzt wird, aktiv an der Beratung teilzunehmen (GK-BetrVG/*Oetker* § 106 Rz. 78 ff.). Umfassend ist die Unterrichtung dann, wenn die für die Beratung anstehenden wirtschaftlichen Angelegenheiten dem Umfang nach unter Angabe der Gründe, der Tatsachen und Auswirkungen den Mitgliedern des WA erschöpfend zur Kenntnis gebracht werden, und diese dadurch in die Lage versetzt werden, sich ein eigenes Urteil zu bilden, um über den Gegenstand beraten zu können (GK-BetrVG/*Oetker* § 106 Rz. 83).

Im Fall des § 106 Abs. 3 Nr. 9a BetrVG wird durch die Verwendung des Begriffs »potentieller Erwerber« in § 106 Abs. 2 S. 2 BetrVG klargestellt, dass eine Unterrichtungspflicht jedenfalls vor Abschluss des Unternehmenskaufvertrags besteht (vgl. *Schröder/Falter* NZA 2008, 1097, 1099 f.).

b) Vorlage der erforderlichen Unterlagen

959 Vorlage bedeutet, dass dem WA die Unterlagen derart zugänglich gemacht werden, dass es von seinem Willen abhängt, ob er davon Kenntnis nimmt. Als Unterlagen kommen alle der unternehmerischen Planung und Entscheidung zu Grunde liegenden Materialien wie z.B. Berichte, Pläne, Statistiken, Schaubilder, Bedarfsanalysen, Organisationsmodelle, Rentabilitätsberechnungen, Marktanalysen, Bilanzen, Gewinn- und Verlustrechnungen in Betracht. Welche Unterlagen erforderlich sind, bestimmt sich danach, inwieweit sie für das Verständnis der und Diskussion über die zu beratenden wirtschaftlichen Angelegenheiten notwendig sind (vgl. GK-BetrVG/*Oetker* § 106 Rz. 90 ff.).

960 Der Wirtschaftsprüfungsbericht nach § 321 HGB ist eine Unterlage, die eine wirtschaftliche Angelegenheit des Unternehmens betrifft (*BAG* 8.8.1989 EzA § 106 BetrVG Nr. 8). Keine vorzulegende Unterlage ist der Veräußerungsvertrag bei Übertragung sämtlicher Geschäftsanteile einer GmbH auf einen neuen Gesellschafter. Hier besteht lediglich ein Unterrichtungsanspruch darüber, dass eine Übertragung stattfindet, wer der Erwerber ist und darüber, ob anlässlich der Veräußerung Absprachen über die künftige Unternehmenspolitik getroffen wurden, nicht aber über den Veräußerungspreis (*BAG* 22.1.1991 EzA § 106 BetrVG Nr. 14). Monatliche Erfolgsrechnungen für einzelne Filialen oder Betriebe haben einen Bezug zu wirtschaftlichen Angelegenheiten. Fraglich kann aber sein, ob die regelmä-

ßige Vorlage dieser Unterlagen erforderlich ist. Hierüber entscheidet die Einigungsstelle (*BAG* 17.9.1991 EzA § 106 BetrVG Nr. 17). Zu den vorzulegenden Unterlagen dürfte im Falle einer Umwandlung nach dem UmwG auch der Umwandlungsbericht gehören (vgl. §§ 8 Abs. 1, 36 Abs. 1, 127, 135 Abs. 1, 162, 192 i.V.m. §§ 176, 178, 177, 179 UmwG), den die Vertretungsorgane der beteiligten Rechtsträger grds. zu erstellen haben und in dem das jeweilige Umwandlungsvorhaben rechtlich und wirtschaftlich zu erläutern und zu begründen ist (*Willemsen* RdA 1998, 23, 31).

c) Zeitpunkt der Vorlage

Nach Auffassung des *BAG* (20.11.1984 EzA § 106 BetrVG Nr. 6) müssen die Mitglieder des WA die Möglichkeit haben, sich gründlich auf die Sitzungen vorzubereiten, wobei der Umfang der erforderlichen Vorbereitung von den zu beratenden Angelegenheiten abhängt. **961**

> Der Unternehmer kann verpflichtet sein, Unterlagen den Mitgliedern des WA schon vor der Sitzung zeitweise zur Sitzungsvorbereitung zu überlassen und aus der Hand zu geben. Bei Beendigung der Sitzung sind diese Unterlagen wieder zurückzugeben. Die Mitglieder des WA können sich Notizen machen. Die Anfertigung von Kopien bedarf der Zustimmung des Unternehmers (*BAG* 20.11.1984 EzA § 106 BetrVG Nr. 6). **962**

d) Gefährdung von Betriebs- oder Geschäftsgeheimnissen

Sowohl der Umfang der Unterrichtung und Beratung als auch die Heranziehung von Unterlagen wird beschränkt durch das Recht des Unternehmers, die Auskunfterteilung zu verweigern, soweit dadurch Betriebs- oder Geschäftsgeheimnisse gefährdet werden. **963**

> Betriebs- oder Geschäftsgeheimnisse sind Tatsachen, die im Zusammenhang mit dem technischen Betrieb oder der wirtschaftlichen Betätigung des Unternehmens stehen, nur einem eng begrenzten Personenkreis bekannt, also nicht offenkundig sind, nach dem bekundeten Willen des Unternehmers geheim gehalten werden sollen, und deren Geheimhaltung für den Betrieb oder das Unternehmen wichtig ist. **964**

Betriebsgeheimnisse können z.B. sein: technische Geräte und Maschinen, Herstellungsverfahren, Konstruktionszeichnungen, Versuchsprotokolle, Modelle, Schablonen, Schnitte, Rezepturen. Geschäftsgeheimnisse betreffen demgegenüber Tatsachen und Erkenntnisse von wirtschaftlicher, kaufmännischer Bedeutung, z.B. Kalkulationsunterlagen, Kundenlisten, Bezugsquellen, beabsichtigte oder eingeleitete Verhandlungen. Ob eine Gefährdung vorliegt, hängt von der Zuverlässigkeit der Mitglieder des WA einerseits und/oder der Höhe des Geheimhaltungsgrades andererseits ab. **965**

e) Darstellung der Auswirkungen auf die Personalplanung

Bei der Unterrichtung sind die Auswirkungen auf die Personalplanung darzustellen. Dies betrifft nur die Auswirkungen bestimmter wirtschaftlicher Angelegenheiten auf die Personalplanung, nicht diese selbst, da die Mitbestimmung insoweit dem Betriebsrat, nicht aber dem WA obliegt, §§ 92 ff. BetrVG (GK-BetrVG/*Oetker* § 106 Rz. 48). **966**

7. Insbesondere: Der Jahresabschluss

Gem. § 108 Abs. 5 BetrVG ist vom Unternehmer dem WA unter Beteiligung des Betriebsrats der Jahresabschluss zu erläutern. **967**

Unter Jahresabschluss ist die Jahresbilanz (Handelsbilanz) und die Gewinn- und Verlustrechnung zu verstehen, § 242 HGB, sowie bei Kapitalgesellschaften der als ergänzende Erläuterung aufzustellende Anhang (§§ 264–288 HGB).

Sehr streitig ist, ob der Jahresabschluss und die darauf bezüglichen Unterlagen vorzulegen sind (so GK-BetrVG/*Oetker* § 108 Rz. 63, 64; *Fitting* § 106 Rz. 25; DKK/*Däubler* § 108 Rz. 34, 35; abl. HSWGNR/*Hess* § 108 Rz. 20). Da es sich hierbei wohl in jedem Fall um Unterlagen handelt, die einen Bezug zu wirtschaftlichen Angelegenheiten haben, kann hier nur die Geheimhaltungsbedürftigkeit problematisch sein. Er ist dem Wirtschaftsausschuss jedenfalls dann vorzulegen ist, wenn ein wirksamer Spruch der Einigungsstelle den Unternehmer zur Vorlage des Wirtschaftsprüfungsberichts verpflichtet (*BAG* 8.9.1989 EzA § 106 BetrVG 1972 Nr. 8).

968 Die Bilanz ist zu erläutern. Der Unternehmer muss deshalb die einzelnen Bilanzposten erklären und ihre Zusammenhänge darstellen, wobei auf Fragen der Beteiligten einzugehen ist und diese zu beantworten sind (*BAG* 18.7.1978 EzA § 108 BetrVG 1972 Nr. 3).

969 Der Zeitpunkt der Unterrichtung hängt von den rechtlichen Bestimmungen über den Zeitpunkt der Aufstellung des Jahresabschlusses ab: § 243 Abs. 3 HGB, Kaufleute allgemein: innerhalb der einem ordnungsgemäßen Geschäftsgang entsprechenden Zeit § 264 Abs. 1 HBG, Kapitalgesellschaften: kleine Kapitalgesellschaften innerhalb der ersten sechs Monate des Geschäftsjahres, große und mittelgroße Kapitalgesellschaften innerhalb der ersten drei Monate (vgl. GK-BetrVG/*Oetker* § 108 Rz. 65).

970 Bei großen und mittelgroßen Kapitalgesellschaften ist der Jahresabschluss und der Lagebericht von einem Abschlussprüfer zu prüfen (§ 316 HGB). Auch der Prüfungsbericht gem. § 321 HGB ist eine Unterlage, die sich auf wirtschaftliche Angelegenheiten bezieht (*BAG* 8.8.1989 EzA § 106 Nr. 8).

971 Bei Kapitalgesellschaften ist streitig, ob die Unterrichtung des WA bereits bei Aufstellung des Jahresabschlusses oder erst nach Abschlussprüfung oder gar erst nach Feststellung des Ausschlusses durch Vorstand und Aufsichtsrat bzw. Hauptversammlung zu erfolgen hat (vgl. GK-BetrVG/*Fabricius* 6. Aufl., § 108 Rz. 85 ff. bereits nach Aufstellung des Jahresabschlusses durch den Vorstand; **a.A.** MünchArbR/*Joost* § 319 Rz. 45: erst nach Feststellung des Jahresabschlusses durch Vorstand und Aufsichtsrat oder die Hauptversammlung bzw. bei der GmbH nach Feststellung durch die Gesellschafter; vgl. zum Meinungsstand GK-BetrVG/*Oetker* § 108 Rz. 65).

8. Die Durchsetzung des Informations- und Einsichtsanspruchs

972 Gem. § 109 BetrVG entscheidet die Einigungsstelle, wenn eine Auskunft über wirtschaftliche Angelegenheiten i.S.d. § 106 BetrVG entgegen dem Verlangen des WA nicht, nicht rechtzeitig oder nur ungenügend erteilt wird und hierüber zwischen Unternehmer und Betriebsrat (nicht WA) eine Einigung nicht zu Stande kommt. Der Spruch der Einigungsstelle ersetzt die Einigung zwischen Arbeitgeber und Betriebsrat.

973 Sofern eine (freiwillige) Einigung zwischen Arbeitgeber und Betriebsrat zustande kommt, ist der Unternehmer in dem Umfang der Einigung zur Unterrichtung/Vorlage verpflichtet. Kommt er dieser Verpflichtung nicht nach, so kann der Betriebsrat ein arbeitsgerichtliches Beschlussverfahren einleiten. Nach Rechtskraft des entsprechenden Beschlusses ist die Zwangsvollstreckung möglich.

974 Sofern eine Einigung zwischen Unternehmer und Betriebsrat nicht zustande kommt, haben beide Beteiligten die Möglichkeit die Einigungsstelle anzurufen.

975 Die Einigungsstelle ist nach *BAG* (11.7.2000 EzA § 109 BetrVG 1972 Nr. 2; 17.9.1991 EzA § 106 BetrVG Nr. 17) zuständig, wenn die geforderte Unterrichtung eine wirtschaftliche Angelegenheit i.S.d. § 106 BetrVG betrifft bzw. die geforderten Unterlagen einen Bezug zu solchen Angelegenheiten haben. Ob die Vorlage der Unterlagen erforderlich ist oder ob durch ihre Vorlage bzw. die gewünschte Unterrichtung Betriebs- oder Geschäftsgeheimnisse gefährdet werden, entscheidet zunächst die Einigungsstelle.

Nach Auffassung des *BAG* (17.9.1991 EzA § 106 BetrVG Nr. 17) wird es angesichts des weit gefassten und nicht abschließenden Katalogs des § 106 Abs. 3 BetrVG eine seltene Ausnahme darstellen, dass im Unternehmen erstellte, vorhandene und benutzte Unterlagen keinen solchen Bezug aufweisen. 976

Das Bestellungsverfahren (§ 98 ArbGG) bzw. das Verfahren vor der Einigungsstelle und ein arbeitsgerichtliches Beschlussverfahren, in welchem die Feststellung der Zuständigkeit oder Unzuständigkeit der Einigungsstelle beantragt wird (sog. Vorabentscheidungsverfahren) können gleichzeitig betrieben werden. Das Einigungsstellen- bzw. Bestellungsverfahren kann nicht mit Rücksicht auf das laufende Vorabentscheidungsverfahren ausgesetzt werden. Erst die rechtskräftige Entscheidung im Vorabentscheidungsverfahren bindet die Beteiligten sowohl im Bestellungs- als auch im Einigungsstellenverfahren (*BAG* 17.9.1991 EzA § 106 BetrVG Nr. 17). 977

Der Spruch der Einigungsstelle unterliegt nach nunmehriger Auffassung des *BAG* (11.7.2000 EzA § 109 BetrVG 1972 Nr. 2) der vollen Rechtskontrolle durch die Arbeitsgerichte. Insbesondere handelt es sich auch bei der Entscheidung der Einigungsstelle, ob der Unternehmer die Unterrichtung unter Berufung auf Betriebs- oder Geschäftsgeheimnisse verweigern kann, um eine Rechtsentscheidung, die der vollen Rechtskontrolle durch die Gerichte und nicht nur einer nach § 76 Abs. 5 BetrVG eingeschränkten Ermessenskontrolle unterliegt (*BAG* 11.7.2000 EzA § 109 BetrVG 1972 Nr. 2; **a.A.** noch *BAG* 8.8.1989 EzA § 106 BetrVG Nr. 8; 17.9.1991 EzA § 106 BetrVG Nr. 17). 978

Konsequenz ist u.a., dass die Unwirksamkeit des Spruchs ohne Einhaltung einer Frist geltend gemacht werden kann, da nach § 76 Abs. 5 ArbGG nur eine behauptete Fehlerhaftigkeit einer von der Einigungsstelle getroffenen Ermessensentscheidung innerhalb von zwei Wochen gerichtlich geltend gemacht werden muss, nicht aber Fehler über die Entscheidung in Rechtsfragen.

9. Rechte des Betriebsrats bei Unternehmensübernahme

Besteht im Falle des § 106 Abs. 3 Nr. 9a BetrVG kein Wirtschaftsausschuss, so ist an seiner Stelle nach § 109a BetrVG der Betriebsrat nach § 106 Abs. 1 und 2 BetrVG zu beteiligen. Auf das oben Gesagte wird verwiesen. Nach § 109a S. 2 BetrVG gilt § 109 BetrVG entsprechend, so dass hinsichtlich der Durchsetzung des Informations- und Einsichtsanspruchs auf die obigen Ausführungen (s.o. Rn. 972 ff.) verwiesen wird. Besteht das zu übernehmende Unternehmen aus mehreren Betrieben und ist ein Gesamtbetriebsrat gebildet, so besteht eine Zuständigkeit des Gesamtbetriebsrats nach § 50 Abs. 1 BetrVG, da die Übernahme das Gesamtunternehmen betrifft (GTAW/*Gross/Thon* BetrVG § 109a Rz. 1). 979

VII. Der Sprecherausschuss der leitenden Angestellten, SprAuG

1. Allgemeines

Gem. § 5 Abs. 3 BetrVG sind leitende Angestellte keine Arbeitnehmer i.S.d. BetrVG (s.o. Rn. 31 ff.). Da gleichwohl auch für sie ein Bedürfnis nach kollektiver Interessenvertretung besteht, sieht das SprAuG die Einführung von Sprecherausschüssen der leitenden Angestellten vor. Das Gesetz gilt auch in den neuen Bundesländern ab 3.10.1990 (Art. 8 Anl. I Kap. VIII Sachgebiet A Abschn. 3 Nr. 13 Einigungsvertrag). 980

Im Gegensatz zum BetrVG sieht das SprAuG keine eigenen Mitbestimmungsrechte vor, sondern normiert in erster Linie Mitwirkungsrechte in Form von Informations- und Beratungsrechten. Durch die Mitwirkung des Sprecherausschusses sollen angemessene Arbeitsbedingungen für leitende Angestellte und deren Information auch über ihren Tätigkeitsbereich hinaus gewährleistet werden. Ferner sollen die besonderen Kenntnisse der leitenden Angestellten in Entscheidungsprozesse des Unternehmens eingebracht werden (BT-Drs. 11/2503, S. 26). 981

2. Geltungsbereich

982 Das SprAuG gilt für alle leitenden Angestellten. Sein räumlicher Geltungsbereich entspricht dem des BetrVG (s.o. Rn. 1 ff.). Der sachliche Geltungsbereich ergibt sich aus § 1 Abs. 3 SprAuG. Demnach gilt das Gesetz nicht für den Bereich des öffentlichen Dienstes (s.o. Rn. 209 ff.) und für Religionsgemeinschaften und ihre karitativen und erzieherischen Einrichtungen unbeschadet deren Rechtsform (s.o. Rn. 213 ff.). Eine § 118 BetrVG entsprechende Regelung fehlt. Bei Tendenzbetrieben und -unternehmen (s.o. Rn. 221 ff.) sieht § 32 Abs. 1 S. 2 SprAuG lediglich einen Ausschluss des Mitwirkungsrechts in wirtschaftlichen Angelegenheiten vor. Zur Abgrenzung der leitenden Angestellten von Arbeitnehmern i.S.d. BetrVG sieht § 18a BetrVG bei zeitgleichen Betriebsrats- und Sprecherausschusswahlen ein besonderes innerbetriebliches Zuordnungsverfahren unter Beteiligung beider Wahlvorstände vor (s.o. Rn. 82 f.).

3. Zusammenarbeit mit Arbeitgeber und Betriebsrat

983 § 2 Abs. 1 SprAuG normiert ebenso wie § 2 BetrVG das Gebot vertrauensvoller Zusammenarbeit mit dem Arbeitgeber (s.u. Rn. 1110 ff.). Nicht einbezogen in die Zusammenarbeit sind die Verbände der leitenden Angestellten, sodass das Sprecherausschussmitglied außerhalb des Betriebes den Kontakt zu seiner Koalition suchen muss. Unberührt bleiben die originären Aufgaben der Koalitionen nach Art. 9 Abs. 3 GG (s.u. Rn. 1049 ff.). Gem. § 2 Abs. 1 SprAuG hat der Arbeitgeber vor Abschluss einer Betriebsvereinbarung oder einer sonstigen Vereinbarung mit dem Betriebsrat, die rechtliche Interessen der leitenden Angestellten berührt, den Sprecherausschuss rechtzeitig zu hören. Die Verletzung der Anhörungsverpflichtung ist für die Wirksamkeit von Betriebs- und sonstigen Vereinbarungen ohne Bedeutung. Bei nachhaltiger Nichtbeteiligung kann eine strafbewerte Behinderung i.S.d. § 34 Abs. 1 S. 2 SprAuG vorliegen.

984 Die Interessen der leitenden Angestellten werden berührt, wenn die Vereinbarung Regelung enthält, die auf die leitenden Angestellten zurückwirken, wie z.B. bei betriebseinheitlichen Regelungen über die Einführung von Betriebsurlaub oder die Einführung von für alle Arbeitnehmer geltenden Sozialleistungen.

985 § 2 Abs. 4 SprAuG normiert ebenso wie § 74 Abs. 2 BetrVG eine betriebliche Friedenspflicht und das Verbot parteipolitischer Betätigung im Betrieb (s.u. Rn. 1134 ff.). Für die Zusammenarbeit zwischen Betriebsrat und Sprecherausschuss sieht § 2 Abs. 2 SprAuG lediglich die Berechtigung des jeweiligen Organs vor, Vertretern des anderen Organs das Recht zur Sitzungsteilnahme einzuräumen. Ferner soll einmal jährlich eine gemeinsame Sitzung beider Organe stattfinden. Gemeinsame Besprechungen beider Organe mit dem Arbeitgeber sind gesetzlich nicht vorgesehen, aber zulässig.

4. Wahl, Errichtung und Amtszeit

986 In welchen Betrieben Sprecherausschüsse errichtet werden können, ist in § 1 Abs. 1, 2 SprAuG geregelt. Der dort verwendete Betriebsbegriff entspricht dem des BetrVG (s.o. Rn. 87 ff.). Betriebsteile werden dem Hauptbetrieb zugerechnet; strittig ist, ob Nebenbetriebe sprecherausschussfähig sind (abl. MünchArbR/*Joost* § 322 Rz. 16; dafür *Oetker* ZfA 1990, 43 ff., 47). In Unternehmen mit mehreren Betrieben, von denen keiner oder nur einzelne die Voraussetzungen eines Sprecherausschusses nach § 1 Abs. 1, 2 SprAuG erfüllen, kann nach § 20 Abs. 1 SprAuG ein Unternehmenssprecherausschuss gewählt werden, wenn im Unternehmen insgesamt mindestens zehn leitende Angestellte beschäftigt werden und dies die Mehrheit der leitenden Angestellten des Unternehmens verlangt. Die Wahl ist von einem Wahlvorstand (§ 7 SprAuG) vorzubereiten und durchzuführen, der entweder von einem schon bestehenden Sprecherausschuss bestellt oder – falls ein solcher noch nicht vorhanden ist – in einer Versammlung von der Mehrheit der anwesenden leitenden Angestellten des Betriebes zu wählen ist. Einladungsberechtigt sind 3 leitende Angestellte. Die Teilnah-

meberechtigung an der Versammlung ergibt sich aus § 7 Abs. 3 SprAuG. Gem. § 5 SprAuG finden die regelmäßigen Wahlen alle vier Jahre in der Zeit vom 1.3. bis 31.5. statt und sind zeitgleich mit den regelmäßigen Betriebsratswahlen einzuleiten. Außerordentliche Sprecherausschusswahlen finden in den Fällen des § 5 Abs. 2 SprAuG statt, wobei § 5 Abs. 2 der Regelung des § 13 Abs. 2 Nr. 6, 5, 4 und 3 BetrVG (s.o. Rn. 263 ff.) entspricht. Wahlberechtigung und Wählbarkeit sind in § 3 SprAuG geregelt. Die allgemeinen Wahlvorschriften regelt § 6 SprAuG, der weitgehend § 14 BetrVG entspricht. Die Größe des Sprecherausschusses richtet sich nach der Zahl der im Betrieb beschäftigten leitenden Angestellten, § 4 SprAuG. Wahlschutz und Wahlkosten sind in § 8 SprAuG entsprechend § 20 BetrVG geregelt (s.o. Rn. 374 ff.). Die Regelung der Wahlanfechtung in § 8 SprAuG entspricht der Regelung des § 19 BetrVG (s.o. Rn. 400 ff.). Allerdings besteht bei der Wahlanfechtung kein Antragsrecht der Gewerkschaften. Das Amt des Sprecherausschusses erlischt unter den Voraussetzungen des § 9 Abs. 2 SprAuG, der § 24 BetrVG entspricht (s.o. Rn. 469 ff.). Ferner sieht § 9 Abs. 1 SprAuG ein § 23 Abs. 1 BetrVG nachgebildetes Verfahren zum Ausschluss eines Mitglieds oder zur Auflösung des Ausschlusses insgesamt wegen grober Verletzung von gesetzlichen Pflichten vor (s.u. Rn. 2190 ff.). Ein Antragsrecht der Gewerkschaften besteht jedoch nicht.

5. Rechte und Pflichten, Rechtsstellung der Sprecherausschussmitglieder; Kosten des Sprecherausschusses

§ 14 Abs. 1 SprAuG regelt die Arbeitsbefreiung für die Wahrnehmung von gesetzlichen Aufgaben. Die Vorschrift entspricht weitgehend § 37 Abs. 2 BetrVG (s.o. Rn. 601 ff.). Eine § 37 Abs. 3 BetrVG (Freizeitausgleich und Abgeltung) entsprechende Vorschrift fehlt. Eine spezielle wirtschaftliche und berufliche Absicherung der Ausschussmitglieder ist im Gegensatz zum BetrVG (vgl. § 37 Abs. 4, 5 BetrVG) nicht ausdrücklich geregelt. Für sie gilt jedoch gem. § 2 Abs. 3 das allgemeine Behinderungs-, Benachteiligungs- und Begünstigungsverbot, das § 78 BetrVG entspricht (s.o. Rn. 711 ff.) und insbes. auch ein Benachteiligungsverbot hinsichtlich der beruflichen Entwicklung beinhaltet. Eine Freistellung für Schulungs- und Bildungsveranstaltungen sieht das SprAuG nicht vor. Gleichfalls fehlt eine spezielle Regelung des Kündigungsschutzes. 987

Sprecherausschussmitglieder genießen aber einen relativen Kündigungsschutz: Eine Kündigung, die wegen der Tätigkeit im Sprecherausschuss erfolgt, ist wegen Verstoßes gegen § 2 Abs. 3 SprAuG unwirksam, § 134 BGB. Das Ausschussmitglied ist für den Kausalzusammenhang zwischen Tätigkeit und Kündigung darlegungs- und beweispflichtig, kann sich jedoch auf die Grundsätze des Beweises des ersten Anscheines berufen (MünchArbR/*Joost* § 323 Rz. 96). 988

Die Ausschussmitglieder trifft eine Geheimhaltungspflicht, § 29 SprAuG. Die Vorschrift entspricht § 79 BetrVG (s.o. Rn. 740 ff.). 989

Kosten und Sachaufwand des Sprecherausschusses trägt § 14 Abs. 2 SprAuG der Arbeitgeber. Es gelten die betriebsverfassungsrechtlichen Grundsätze (s.o. Rn. 752 ff.).

6. Geschäftsführung des Sprecherausschusses

Entsprechend § 26 Abs. 1 BetrVG (s.o. Rn. 494 ff.) ist vom Sprecherausschuss in der konstituierenden Sitzung ein Vorsitzender und dessen Stellvertreter zu wählen, §§ 11 Abs. 1, 12 Abs. 1 SprAuG. Vorsitzender und Stellvertreter können durch Mehrheitsbeschluss des Sprecherausschusses abberufen werden. Der Vorsitzende vertritt den Ausschuss im Rahmen der gefassten Beschlüsse und ist auch zur passiven Vertretung des Ausschusses berufen. Der Ausschuss kann die laufenden Geschäfte auf den Vorsitzenden oder andere Mitglieder des Sprecherausschusses übertragen, § 11 Abs. 2, 3 SprAuG. §§ 12 und 13 SprAuG, die die Einberufung und Durchführung der Sitzungen näher regeln, sind § 29 BetrVG nachgebildet (s.o. Rn. 534 ff.). 990

7. Sonstige Einrichtungen

a) Versammlung der leitenden Angestellten

991 Gem. § 15 Abs. 1 SprAuG soll der Sprecherausschuss einmal im Kalenderjahr eine Versammlung der leitenden Angestellten einberufen und in dieser einen Tätigkeitsbericht erstatten. Eine außerordentliche Versammlung hat der Sprecherausschuss einzuberufen und den beantragten Beratungsgegenstand auf die Tagesordnung zu setzen, wenn dies der Arbeitgeber oder ein Viertel der leitenden Angestellten beantragen. Die Versammlung soll während der Arbeitszeit stattfinden (§ 15 Abs. 2 SprAuG), sodass für die Zeit der Teilnahme das Arbeitsentgelt fortzuzahlen ist. Sie ist nicht öffentlich. Ein Teilnahmerecht für Gewerkschaftsvertreter oder Vertreter des Arbeitgeberverbandes ist nicht vorgesehen. Die Versammlungsleitung obliegt dem Vorsitzenden des Sprecherausschusses bzw. seinem Vertreter. Zu der Versammlung ist gem. § 15 Abs. 3 SprAuG der Arbeitgeber unter Mitteilung der Tagesordnung einzuladen. Er hat dort ein Rederecht und ist verpflichtet, einen Bericht über Angelegenheiten der leitenden Angestellten und die wirtschaftliche Lage und Entwicklung des Betriebes zu erstatten, soweit hierdurch nicht Betriebs- oder Geschäftsgeheimnisse gefährdet werden.

b) Gesamtsprecherausschuss

992 Ein Gesamtsprecherausschuss ist zu errichten, wenn in einem Unternehmen mehrere Sprecherausschüsse bestehen. Jeder Sprecherausschuss entsendet eines seiner Mitglieder, wobei der jeweilige Sprecherausschuss befugt ist, das entsandte Mitglied wieder abzuberufen. Die Mitgliederzahl des Gesamtsprecherausschusses kann durch Vereinbarung mit dem Arbeitgeber abweichend geregelt werden, vgl. § 16 Abs. 1, 2 SprAuG. Die Geschäftsführung des Gesamtsprecherausschusses ist in § 19 SprAuG geregelt. Beschlussfähigkeit besteht, wenn mindestens die Hälfte der Mitglieder an der Beschlussfassung teilnimmt und die Teilnehmenden mindestens die Hälfte aller Stimmen vertreten. Stellvertretung durch Ersatzmitglieder ist zulässig, § 19 Abs. 3 SprAuG. Die Stimmengewichtung richtet sich nach der Zahl der leitenden Angestellten in dem Betrieb, dessen Sprecherausschuss das Mitglied entsandt hat, vgl. § 16 Abs. 4 SprAuG.

993 Die Zuständigkeitsregelung des § 18 SprAuG entspricht der Regelung über die Zuständigkeit des Gesamtbetriebsrats (§ 51 BetrVG, s.o. Rn. 858 ff.).

994 Die Beendigung der Mitgliedschaft ist in § 17 Abs. 2 SprAuG abschließend geregelt. Gem. § 17 Abs. 1 SprAuG besteht ferner auf Antrag von einem Viertel der Leitenden Angestellten des Unternehmens, des Gesamtsprecherausschusses oder des Arbeitgebers die Möglichkeit, arbeitsgerichtlich den Ausschluss eines Mitglieds aus dem Gesamtsprecherausschuss wegen grober Verletzung seiner gesetzlichen Pflichten zu beantragen. Die Vorschrift entspricht § 48 BetrVG, der seinerseits § 23 Abs. 1 BetrVG nachgebildet ist (s.u. Rn. 2190 ff.).

c) Konzernsprecherausschuss

995 Für einen Konzern (s.o. Rn. 874 ff.) kann nach § 21 SprAuG durch Beschlüsse der einzelnen Gesamtsprecherausschüsse ein Konzernsprecherausschuss errichtet werden, sofern die zustimmenden Sprecherausschüsse insgesamt 75% der leitenden Angestellten der Konzernunternehmen repräsentieren. Sofern in einem Konzernunternehmen nur ein Sprecherausschuss oder ein Unternehmenssprecherausschuss besteht, tritt er an die Stelle des Gesamtsprecherausschusses und nimmt dessen Funktion wahr. Die Stimmengewichtung richtet sich nach § 21 Abs. 4 SprAuG. Für die Geschäftsführung, den Ausschluss das Erlöschen der Mitgliedschaft verweist § 24 SprAuG auf die entsprechenden Regelungen für den Gesamtsprecherausschuss. Die Zuständigkeitsregelung des § 23 SprAuG entspricht § 58 BetrVG (s.o. Rn. 888).

d) Unternehmenssprecherausschuss

In Unternehmen mit mehreren Betrieben, von denen keiner oder nur einzelne die Voraussetzungen eines Sprecherausschusses erfüllen, ermöglicht § 20 SprAuG die Errichtung eines Unternehmenssprecherausschusses, wenn in dem Unternehmen insgesamt mindestens zehn leitende Angestellte beschäftigt werden, vgl. § 20 SprAuG. 996

8. Allgemeine Aufgaben

a) Umfassender Vertretungsauftrag

Gem. § 25 Abs. 1 SprAuG vertritt der Sprecherausschuss die kollektiven Interessen der leitenden Angestellten. 997

Es besteht eine umfassende Vertretungskompetenz, sodass der Sprecherausschuss ungeachtet der Regelung einzelner Mitwirkungsrechte in allen kollektiven Angelegenheiten der leitenden Angestellten tätig werden kann. Aus der Generalkompetenz folgen allerdings keine besonderen Mitwirkungsrechte. 998

Eine Angelegenheit hat kollektiven Charakter, wenn sie ihrer Art nach (potenziell) eine allgemeine ist, mag sie auch zunächst nur einen einzelnen leitenden Angestellten betreffen (MünchArbR/*Joost* § 324 Rz. 49). Ein Initiativrecht besteht dergestalt, dass der Sprecherausschuss in allen Fragen kollektiver Interessenwahrnehmung an den Arbeitgeber herantreten und bestimmte Maßnahmen bei ihm beantragen kann. Dem korrespondiert die Verpflichtung des Arbeitgebers, Anträge entgegenzunehmen und sich mit ihnen zu befassen und ggf. die Angelegenheit mit dem Sprecherausschuss zu erörtern. 999

b) Unterrichtungspflicht

Gem. § 25 Abs. 2 SprAuG besteht ein § 80 Abs. 2 BetrVG (s.u. Rn. 1389 ff.) nachgebildetes Unterrichtungsrecht des Sprecherausschusses unter Einschluss des Rechts, die Vorlage erforderlicher Unterlagen verlangen zu können. 1000

Im Gegensatz zu § 80 Abs. 2 S. 2 BetrVG ist ein Einblicksrecht in Lohn- und Gehaltslisten nicht vorgesehen, wird aber überwiegend unter dem Gesichtspunkt des allgemeinen Informationsrechts angenommen (MünchArbR/*Joost* § 324 Rz. 53). Die Hinzuziehung von Sachverständigen sieht das SprAuG im Gegensatz zum BetrVG nicht vor.

c) Grundsätze für die Behandlung der leitenden Angestellten

Gem. § 27 SprAuG haben Arbeitgeber und Sprecherausschuss darüber zu wachen, dass alle leitenden Angestellten des Betriebs nach den Grundsätzen von Recht und Billigkeit behandelt werden. Die Vorschrift entspricht wörtlich § 75 BetrVG (s.u. Rn. 1153 ff.). 1001

d) Anhörungsrecht bei Betriebsvereinbarungen

Vor Abschluss von Betriebsvereinbarungen oder sonstigen Vereinbarungen mit dem Betriebsrat, die rechtliche Interessen der leitenden Angestellten berühren, ist der Sprecherausschuss rechtzeitig anzuhören, § 2 Abs. 1 SprAuG. Dieses Anhörungsrecht dient der Wahrung der Interessen der leitenden Angestellten bei Vereinbarungen mit dem Betriebsrat, die aus tatsächlichen Gründen nicht ohne Auswirkungen auf die Rechtsstellung der leitenden Angestellten bleiben können (BT-Drs. XI/2503, S. 43), wie etwa dann, wenn die abzuschließende Vereinbarung eine notwendig betriebseinheitliche Regelung enthält, bei der einheitlichen Gewährung freiwilliger Leistungen für alle Arbeitnehmer, bei Gesamtvereinbarungen über die Ordnung des Betriebes, Urlaubsplänen oder die Lage der Arbeitszeit. 1002

1003 Die Verletzung der Anhörungspflicht ist auf die Wirksamkeit der mit dem Betriebsrat getroffenen Vereinbarungen ohne Einfluss (MünchArbR/*Joost* § 324 Rz. 58).

9. Richtlinien und Vereinbarungen

a) Begriff

1004 Gem. § 28 Abs. 1 BetrVG können Arbeitgeber und Sprecherausschuss Richtlinien über den Inhalt, den Abschluss oder die Beendigung von Arbeitsverhältnissen der leitenden Angestellten schriftlich vereinbaren.

1005 Eine unmittelbare und zwingende Wirkung kommt einer Richtlinie nur zu, wenn dies zwischen Arbeitgeber und Sprecherausschuss vereinbart ist (§ 28 Abs. 2 SprAuG).

1006 Obwohl somit formal zwischen Richtlinie und Vereinbarung unterschieden wird, lassen sich die Vereinbarungen nach § 28 SprAuG unter dem Begriff der Sprecherausschussvereinbarung zusammenfassen. Eine solche Vereinbarung ist eine bloße Richtlinie, wenn die normative Wirkung für die Arbeitsverhältnisse nicht vereinbart wird (MünchArbR/*Joost* § 324 Rz. 6). Die Sprecherausschussvereinbarung ist damit ebenso wie Betriebsvereinbarung und Tarifvertrag ein Kollektivvertrag, dem allerdings nicht kraft Gesetzes, sondern nur kraft Vereinbarung normative Wirkung zukommen kann.

b) Gesetzes- und Tarifvorrang

1007 Sprecherausschussvereinbarungen dürfen nicht gegen höherrangiges Recht verstoßen. Bei einem Gesetzesverstoß sind derartige Vereinbarungen nichtig. Höherrangiges Recht sind auch evtl. für leitende Angestellte geltende Tarifverträge, die aber gem. § 4 Abs. 3 TVG (Günstigkeitsprinzip) nur einseitig zwingend sind. Im Gegensatz zur Betriebsvereinbarung (vgl. §§ 77 Abs. 3, 87 Abs. 1 BetrVG) ist ein gesetzlicher Tarifvorbehalt bzw. -vorrang für die Sprecherausschussvereinbarung gesetzlich nicht geregelt. Teilweise (z.B. MünchArbR/*Joost* § 324 Rz. 10) wird unter dem Gesichtspunkt des Schutzes der Tarifautonomie gleichwohl auch ungeschrieben ein Tarifvorbehalt angenommen.

c) Inhalt und Regelungsschranken

1008 Gem. § 28 Abs. 1 SprAuG haben Arbeitgeber und Sprecherausschuss grds. eine umfassende Regelungskompetenz hinsichtlich Inhalt (z.B. Grundsätze über das Gehaltssystem und die Gehaltshöhe, Tantiemen, Sachleistungen), Abschluss (z.B. Formvorschriften, Auswahlrichtlinien, Abschlussge- und -verbote) und Beendigung (z.B. Schriftform der Kündigung, Kündigungsfristen) von Arbeitsverhältnissen. Die Formulierung des § 28 Abs. 1 SprAuG entspricht der des § 1 Abs. 1 TVG.

1009 Da eine Richtlinie nur vorliegt, wenn sie für eine unbestimmte Vielzahl künftiger Fälle gelten soll, erstreckt sich die Mitwirkung des Sprecherausschusses nur auf kollektive Sachverhalte, nicht aber auf Bestimmungen, die nur für einzelne Arbeitsverhältnisse gelten sollen (MünchArbR/*Joost* § 324 Rz. 23).

1010 Die vereinbarten Richtlinien müssen sich im Rahmen der dem Sprecherausschuss zugewiesenen Kompetenzen halten, ferner dürfen sie nicht gegen höherrangiges Recht verstoßen.

1011 Insbesondere müssen die Grundsätze für die Behandlung der leitenden Angestellten nach § 27 SprAuG berücksichtigt werden. Richtlinien unterliegen ebenso wie Betriebsvereinbarungen (s.u. Rn. 1306 f.) einer gerichtlichen Billigkeitskontrolle, insbes. daraufhin, ob der Gleichbehandlungsgrundsatz und das Prinzip des Vertrauensschutzes gewahrt ist.

d) Wirkungen

Im Gegensatz zu Betriebsvereinbarungen (§ 77 Abs. 4 BetrVG) haben Richtlinien nur dann unmittelbare und zwingende Wirkung (s.u. Rn. 1322 ff.), wenn dies Arbeitgeber und Sprecherausschuss vereinbaren, § 28 Abs. 2 SprAuG. Gem. § 28 Abs. 2 S. 2 SprAuG gilt im Verhältnis von Richtlinie zu Arbeitsvertrag das Günstigkeitsprinzip. Für die Beurteilung der Günstigkeit gelten die für die Betriebsvereinbarung entwickelten Gründsätze entsprechend (s.u. Rn. 1324 ff.). Ebenso wie bei der Betriebsvereinbarung (§ 77 Abs. 4 BetrVG, s.u. Rn. 1330) ist gem. § 28 Abs. 2 SprAuG ein Verzicht auf die Rechte aus einer Richtlinie nur mit Zustimmung des Sprecherausschusses zulässig. **1012**

Soweit Sprecherausschuss und Arbeitgeber nicht vereinbaren, dass die Richtlinie unmittelbare und zwingende Wirkung haben soll, kann die Richtlinie Wirkungen nur im Verhältnis zwischen Sprecherausschuss und Arbeitgeber entfalten. Ein Richtlinienverstoß ist hingegen für die Wirksamkeit richtlinienwidriger Arbeitsverträge ohne rechtliche Bedeutung. Richtlinienverstöße berechtigen den Sprecherausschuss, im arbeitsgerichtlichen Beschlussverfahren (§ 2a ArbGG) die Einhaltung der Richtlinie gegenüber dem Arbeitgeber durchzusetzen bzw. feststellen zu lassen, dass der Arbeitgeber nicht berechtigt war, von der Richtlinie abzuweichen. Im Einzelfall ist dabei im Wege der Auslegung zu ermitteln, ob der Arbeitgeber berechtigt sein sollte, bei Vorliegen besonderer Gründe in Einzelfällen von der Richtlinie abzuweichen oder aber verpflichtet ist, die Richtlinie ohne die Möglichkeit von Ausnahmen einzuhalten (MünchArbR/*Joost* § 324 Rz. 28, 29). **1013**

e) Abschluss und Beendigung

Der Abschluss von Sprecherausschussvereinbarungen unterliegt gem. § 28 Abs. 1 SprAuG dem Freiwilligkeitsprinzip. Der Sprecherausschuss hat nicht die Möglichkeit, den Abschluss einer Vereinbarung zu erzwingen. **1014**

Die Sprecherausschussvereinbarung kommt durch übereinstimmende Willenserklärungen von Sprecherausschuss und Arbeitgeber zu Stande. Der Arbeitgeber kann sich vertreten lassen. Für den Sprecherausschuss handelt dessen Vorsitzender auf Grund eines entsprechenden Beschlusses des Sprecherausschusses. Gem. § 28 Abs. 1 SprAuG muss die Vereinbarung zwingend schriftlich abgeschlossen werden, andernfalls tritt Nichtigkeit ein (§ 125 S. 1 BGB). Die für Betriebsvereinbarungen geltenden Regeln gelten entsprechend (s.u. Rn. 1270 ff.).

Eine unmittelbar und zwingend geltende Sprecherausschussvereinbarung kann gem. § 28 Abs. 2 SprAuG vorbehaltlich einer anderweitigen Vereinbarung mit einer Frist von drei Monaten gekündigt werden. Aus wichtigem Grund kann eine Vereinbarung jederzeit ohne Einhaltung einer Kündigungsfrist gekündigt werden. Zulässig ist auch die Vereinbarung einer Befristung. Für Richtlinien ohne unmittelbare und zwingende Wirkung enthält das Gesetz keine Regelung. Sind solche Richtlinien auf Dauer angelegt, können sie jederzeit ohne Einhaltung einer Frist gekündigt werden (MünchArbR/*Joost* § 324 Rz. 40). **1015**

Eine Nachwirkung gekündigter Richtlinien ist gesetzlich nicht vorgesehen. Sie tritt daher nur ein, wenn dies zwischen Sprecherausschuss und Arbeitgeber vereinbart worden ist (MünchArbR/*Joost* § 324 Rz. 42). **1016**

Eine Richtlinie tritt ferner außer Kraft durch einvernehmliche Aufhebung oder Ablösung durch eine zeitlich nachfolgende Richtlinie gleichen Regelungsgegenstandes. Im Falle des Betriebsübergangs gilt § 613a Abs. 1 S. 2 BGB für Sprecherausschussvereinbarungen entsprechend (MünchArbR/*Joost* § 324 Rz. 44). **1017**

10. Unterstützung einzelner leitender Angestellter

Gem. § 26 Abs. 1 SprAuG kann der leitende Angestellte bei der Wahrnehmung seiner Belange gegenüber dem Arbeitgeber ein Mitglied des Sprecherausschusses zur Unterstüt- **1018** zung und Vermittlung hinzuziehen. In Betracht kommen alle rechtlichen und sonstigen Belange des leitenden Angestellten in seiner Eigenschaft als Arbeitnehmer. Das Sprecherausschussmitglied ist in entsprechender Anwendung des § 82 Abs. 2 S. 3 BetrVG zur Verschwiegenheit über den Inhalt der Verhandlungen verpflichtet (MünchArbR/*Joost* § 324 Rz. 64).

1019 Gem. § 26 Abs. 2 SprAuG besteht für den leitenden Angestellten das Recht, in die über ihn geführten Personalakten Einsicht zu nehmen und Erklärungen zu deren Inhalt abzugeben, die auf sein Verlangen den Personalakten beizufügen sind. Bei Einsichtnahme kann ein Mitglied des Sprecherausschusses hinzugezogen werden. Es gilt der materielle Personalaktenbegriff (s.u. Rn. 1085). Das hinzugezogene Sprecherausschussmitglied hat über den Inhalt der Personalakte Stillschweigen zu bewahren, sofern es nicht durch den leitenden Angestellten hiervon entbunden wird. Die Verletzung der Schweigepflicht ist nach § 35 Abs. 2 SprAuG strafbewehrt und kann zu Schadenersatzansprüchen führen.

11. Arbeitsbedingungen und Beurteilungsgrundsätze

1020 § 30 SprAuG normiert eine Unterrichtungs- und Beratungspflicht des Arbeitgebers bei einer Änderung der Gehaltsgestaltung und sonstiger allgemeiner Arbeitsbedingungen sowie bei Einführung oder Änderung allgemeiner Beurteilungsgrundsätze. Hierdurch soll der Sprecherausschuss von vornherein in die Entscheidungsprozesse eingebunden werden. Die Gehaltsgestaltung erfasst die Festlegung genereller Regelungen der Gehaltsfindung, nicht aber die Höhe des Gehalts selbst.

1021 Der Begriff des Gehalts umfasst ebenso wie bei § 87 Abs. 1 Nr. 10 BetrVG (s.u. Rn. 1612 ff.) außer dem unmittelbaren Arbeitsentgelt alle geldwerten Leistungen mit Entgeltcharakter, die im Hinblick auf die Arbeitsleistung erbracht werden. Sonstige allgemeine Arbeitsbedingungen sind alle formellen oder materiellen kollektiven Regelungen, die für das Arbeitsverhältnis gelten, wie z.B. alle sozialen Angelegenheiten i.S.d. § 87 Abs. 1 BetrVG, aber auch Regelungen über Dienstfahrzeuge, Wettbewerbsverbote, Verschwiegenheitspflichten oder Reisekostenregelungen (MünchArbR/*Joost* § 324 Rz. 70).

1022 Über den Wortlaut hinaus erfasst § 30 SprAuG nicht nur die Änderung allgemeiner Arbeitsbedingungen, sondern auch deren erstmalige Einführung (MünchArbR/*Joost* § 324 Rz. 71). Die Mitwirkung des Sprecherausschusses bei der Einführung oder Änderung allgemeiner Beurteilungsgrundsätze entspricht dem entsprechenden Beteiligungsrecht des Betriebsrats nach § 94 Abs. 2 BetrVG (s.u. Rn. 1736 ff.).

1023 Die Unterrichtung hat rechtzeitig zu erfolgen, d.h. zu einem Zeitpunkt, in dem der Sprecherausschuss noch die Möglichkeit hat, auf die Entscheidung des Arbeitgebers Einfluss zu nehmen. Auf Verlangen des Sprecherausschusses hat die Unterrichtung anhand der erforderlichen Unterlagen zu erfolgen (vgl. § 25 Abs. 2 SprAuG).

12. Personelle Einzelmaßnahmen

1024 Gem. § 31 SprAuG hat der Arbeitgeber dem Sprecherausschuss jede beabsichtigte Einstellung oder personelle Veränderung eines leitenden Angestellten rechtzeitig mitzuteilen. Ferner besteht eine Anhörungspflicht vor Ausspruch einer Kündigung eines leitenden Angestellten.

1025 Der Begriff der Einstellung entspricht dem in § 99 Abs. 1 BetrVG verwendeten (s.u. Rn. 1805 ff.). Ferner liegt eine Einstellung i.S.d. Vorschrift vor, wenn ein im Betrieb bereits beschäftigter Arbeitnehmer erstmalig die Funktion eines leitenden Angestellten übernimmt (MünchArbR/*Joost* § 324 Rz. 76). Sonstige personelle Veränderungen sind bspw. eine beabsichtigte Umgruppierung oder Versetzung, insbes. aber auch jede Veränderung der bisherigen Leitungsaufgabe des leitenden Angestellten, wie z.B. der Widerruf von Vollmachten. Ferner liegt eine personelle Veränderung vor, wenn der leitende Angestellte aus eigenem

Entschluss den Betrieb verlässt, z.B. durch Eigenkündigung oder Übernahme von Funktionen in einem anderen Betrieb desselben Unternehmens oder einem anderen Unternehmen desselben Konzerns. Da bereits die bloße Absicht mitteilungspflichtig ist, muss die Unterrichtung so rechtzeitig erfolgen, dass der Sprecherausschuss auf die Entscheidung des Arbeitgebers noch einwirken kann (MünchArbR/*Joost* § 324 Rz. 78). Obwohl § 31 SprAuG nur eine Unterrichtungspflicht normiert, ist der Arbeitgeber auf Grund des allgemeinen Gebots der vertrauensvollen Zusammenarbeit (§ 2 Abs. 1 SprAuG) auf Wunsch des Sprecherausschusses verpflichtet, die Maßnahme mit dem Sprecherausschuss zu erörtern.

> Die Verletzung der Mitteilungspflicht hat keine Auswirkungen auf die Wirksamkeit der personellen Maßnahme, ist jedoch Ordnungswidrigkeit nach § 36 SprAuG. 1026

Im Rahmen des Beteiligungsrechts obliegt den Mitgliedern des Sprecherausschusses nach § 31 Abs. 3 SprAuG eine Verschwiegenheitspflicht.

> Vor Ausspruch einer Kündigung eines leitenden Angestellten hat der Arbeitgeber den Sprecherausschuss gem. § 31 Abs. 2 SprAuG zu hören und diesem die Gründe für die Kündigung mitzuteilen. Eine ohne vorherige Anhörung ausgesprochene Kündigung ist rechtlich unwirksam. 1027

Der Sprecherausschuss hat im Falle der ordentlichen Kündigung die Möglichkeit innerhalb einer Woche, bei einer außerordentlichen Kündigung unverzüglich (ohne schuldhaftes Zögern), spätestens jedoch innerhalb von 3 Tagen unter Angabe von Gründen eventuelle Bedenken schriftlich mitzuteilen. Äußert er sich innerhalb der maßgebenden Frist nicht, so gilt dies als Einverständnis des Sprecherausschusses mit der Kündigung. 1028

> Sofern die Zuordnung eines zu kündigenden Angestellten zum Kreis der leitenden Angestellten zweifelhaft ist, sollte vorsorglich sowohl der Betriebsrat als auch der Sprecherausschuss zur Kündigung angehört werden, da bei Anhörung des falschen Repräsentationsorgans die Kündigung unwirksam ist (MünchArbR/*Joost* § 324 Rz. 82). 1029

13. Wirtschaftliche Angelegenheiten

Der Unternehmer hat den Sprecherausschuss mindestens einmal im Kalenderhalbjahr über die wirtschaftlichen Angelegenheiten des Betriebs und des Unternehmens i.S.d. § 106 Abs. 3 BetrVG (s.o. Rn. 940 ff.) zu unterrichten, soweit dadurch nicht Betriebs- oder Geschäftsgeheimnisse des Unternehmens (s.o. Rn. 963 ff.) gefährdet werden. Ausgenommen sind Tendenzunternehmen bzw. -betriebe i.S.d. § 118 Abs. 1 BetrVG (s.o. Rn. 221 ff.). § 32 Abs. 1 SprAuG verpflichtet anders als § 106 BetrVG nicht zur Vorlage von Unterlagen. Zum Teil (z.B. MünchArbR/*Joost* § 324 Rz. 99) wird eine analoge Anwendung des § 106 Abs. 2 BetrVG befürwortet. Zum anderen wird die Ansicht vertreten, die Vorlage von Unterlagen könne nur im Rahmen der allgemeinen Unterrichtungspflicht nach § 25 SprAuG verlangt werden (so z.B. *Schaub* ArbRHb § 254 I 2d). Verstöße gegen die Unterrichtungspflicht können gem. § 36 SprAuG als Ordnungswidrigkeit zu ahnden sein. 1030

Gem. § 31 Abs. 2 SprAuG hat der Unternehmer den Sprecherausschuss über geplante Betriebsänderungen i.S.d. § 111 BetrVG (s.u. Rn. 1978 ff.), die auch wesentliche Nachteile für leitende Angestellte zur Folge haben können, rechtzeitig und umfassend zu unterrichten und bei zu befürchtenden wirtschaftlichen Nachteilen für die leitenden Angestellten mit dem Sprecherausschuss über Maßnahmen zum Ausgleich oder zur Milderung dieser Nachteile zu beraten. Anders als bei § 111 BetrVG, in dessen Rahmen dann, wenn eine der dort aufgeführten Betriebsänderungen geplant ist, vermutet wird, dass diese auch wesentliche Nachteile für die Belegschaft oder erhebliche Teile der Belegschaft zur Folge haben kann, greift im Rahmen des § 32 Abs. 2 SprAuG eine entsprechende Vermutung nicht (MünchArbR/*Joost* § 324 Rz. 107). 1031

1032 Im Gegensatz zu § 111 BetrVG, sieht § 32 SprAuG keine Beratungspflicht des Arbeitgebers mit dem Sprecherausschuss über die geplante Betriebsänderung an sich, sondern nur über den Ausgleich oder die Milderung zu erwartender Nachteile vor.

1033 Ein Sozialplan kann nicht erzwungen werden. Möglich ist nur der Abschluss freiwilliger Vereinbarungen gem. § 28 SprAuG.

14. Streitigkeiten und Sanktionen

1034 Streitigkeiten über das Bestehen, den Umfang und die ordnungsgemäße Erfüllung von Mitwirkungsansprüchen zwischen Arbeitgeber und Sprecherausschuss sind im arbeitsgerichtlichen Beschlussverfahren zu entscheiden. Individualrechtliche Ansprüche der leitenden Angestellten nach § 26 SprAuG und Ansprüche aus Sprecherausschussvereinbarungen gem. § 28 Abs. 2 SprAuG sind im arbeitsgerichtlichen Urteilsverfahren zu verfolgen.

1035 Bei einer Verletzung von Mitwirkungsrechten kann der Sprecherausschuss die ihm eingeräumten Rechte im Rahmen eines arbeitsgerichtlichen Beschlussverfahrens, ggf. auch im Wege der einstweiligen Verfügung (§ 85 Abs. 2 ArbGG) durchsetzen. Da nach dem SprAuG allerdings nur Unterrichtungs-, Anhörungs- und Beratungsrechte bestehen, können auch nur diese Ansprüche im Wege der einstweiligen Verfügung durchgesetzt werden. Ein Anspruch auf Unterlassung der Maßnahme besteht nach überwiegender Ansicht nicht (vgl. MünchArbR/*Joost* § 324 Rz. 45, 46).

1036 Eine Unwirksamkeit der Maßnahme bei Verletzung von Mitwirkungsrechten sieht § 31 Abs. 2 SprAuG nur für den Ausspruch von Kündigungen ohne vorherige Anhörung des Sprecherausschusses vor.

1037 Die Nichterfüllung von Unterrichtungs- oder Mitteilungspflichten gem. §§ 30 S. 1, 31 Abs. 1, 32 Abs. 1, Abs. 2 S. 1 SprAuG kann Ordnungswidrigkeit nach § 36 SprAuG sein. Die vorsätzliche und nachhaltige Missachtung von Mitwirkungsrechten kann darüber hinaus den Straftatbestand der Behinderung der Amtsausübung gem. § 34 SprAuG erfüllen.

D. Die Rechtsstellung der Koalitionen im Betrieb

I. Zusammenwirkung der Koalitionen mit Arbeitgeber und Betriebsrat

1038 Dem BetrVG liegt der Gedanke der Aufgabentrennung und Unabhängigkeit der Betriebspartner von den Koalitionen zu Grunde (BR-Drs. 715/70, S. 35). Ihre Verpflichtung zum Zusammenwirken mit den im Betrieb vertretenen Koalitionen nach § 2 Abs. 1 BetrVG begründet kein selbstständiges Recht der Koalitionen, sich in das betriebliche Geschehen einzuschalten.

1039 Den Koalitionen steht kein allgemeines Kontrollrecht über alle betriebsverfassungsrechtlichen Aktivitäten zu (*BAG* 30.10.1986 EzA § 47 BetrVG 1972 Nr. 4). Eine Antragsbefugnis im arbeitsgerichtlichen Beschlussverfahren, die Vereinbarkeit von Betriebsvereinbarungen mit tarifvertraglichen Regelungen überprüfen zu lassen, besteht daher ebenso wenig wie ein Anspruch einer Gewerkschaft gegen den Arbeitgeber, die Anwendung einer Betriebsvereinbarung zu unterlassen, weil diese gegen zwingende tarifliche Vorgaben verstößt (*BAG* 23.2.1988 EzA § 81 ArbGG 1979 Nr. 13; 20.8.1991 EzA Art. 9 GG Nr. 54).

1040 Die Verpflichtung zum Zusammenwirken mit den Koalitionen erstreckt sich auf den gesamten Bereich der Zusammenarbeit von Arbeitgeber und Betriebsrat, wobei allerdings die Beiziehung der Koalitionen nach pflichtgemäßem Ermessen vom Willen der Betriebspartner abhängt. Eine Pflicht der Koalitionen zur Zusammenarbeit besteht hingegen nicht (GK-BetrVG/*Kraft*/*Franzen* § 2 Rz. 22).

Die Pflicht zum Zusammenwirken bezieht sich nur auf im Betrieb vertretene Gewerkschaften und Arbeitgebervereinigungen. Arbeitgebervereinigungen sind vertreten, wenn der Arbeitgeber Mitglied ist. Gewerkschaften sind vertreten, wenn ihnen mindestens ein Arbeitnehmer des Betriebes angehört, der nicht zu den leitenden Angestellten i.S.d. § 5 Abs. 3 BetrVG zählt (*BAG* 25.3.1992 EzA § 2 BetrVG 1972 Nr. 14). 1041

Im Streitfall obliegt der Gewerkschaft der Beweis, dass sie im Betrieb vertreten ist (GK-BetrVG/*Kraft/Franzen* § 2 Rz. 39). Der Beweis braucht nicht durch namentliche Nennung des gewerkschaftszugehörigen Arbeitnehmers erfolgen, sondern kann auch durch mittelbare Beweismittel, z.B. durch notarielle Erklärungen oder die Aussage eines Sekretärs der betreffenden Gewerkschaft erbracht werden. Ob diese Beweisführung im Einzelfall ausreicht, ist eine Frage der Beweiswürdigung (*BAG* 25.3.1992 EzA § 2 BetrVG 1972 Nr. 14). Auch im BetrVG gilt der allgemeine Gewerkschaftsbegriff. Eine Gewerkschaft i.S.d. Betriebsverfassungsgesetzes ist nur eine tariffähige Arbeitnehmervereinigung (*BAG* 19.9.2006 – 1 ABR 53/05 – EzA-SD 20/06, S. 3). 1042

Es gilt der allgemeine Gewerkschaftsbegriff. Gewerkschaften i.S.d. BetrVG sind daher nur tariffähige Vereinigungen (*BAG* 19.9.2006 EzA Art. 9 GG Nr. 89).

II. Zugangsrecht der Gewerkschaften zum Betrieb, § 2 Abs. 2 BetrVG

Als Unterstützungsrecht zur Realisierung der im BetrVG genannten Aufgaben gewährt § 2 Abs. 2 BetrVG den im Betrieb vertretenen Gewerkschaften ein Zutrittsrecht zum Betrieb. Es ist grds. an die im BetrVG geregelten Aufgaben und Befugnisse gebunden und gewährt damit keinen allgemeinen Zugang. Ausreichend sind aber auch Aufgaben der Gewerkschaften, wenn sie in einem inneren Zusammenhang mit dem BetrVG stehen und die Gewerkschaft an deren Lösung ein berechtigtes Interesse hat (*BAG* 26.6.1973 EzA § 2 BetrVG 1972 Nr. 5; abl. GK-BetrVG/*Kraft/Franzen* § 2 Rz. 52). 1043

Ausdrücklich im BetrVG geregelte Aufgaben, die ein Zutrittsrecht begründen können, sind: 1044

- Befugnisse im Zusammenhang mit Betriebsratswahlen (§ 14 Abs. 5, 8, § 16 Abs. 2, § 17 Abs. 2 und 3, 18 Abs. 1 und 2);
- Teilnahmerechte an (Gesamt-, Konzern-)Betriebsratssitzungen, der (Gesamt-)Jugend- und Auszubildendenvertretung (§§ 31, 51 Abs. 1, § 59 Abs. 1, § 65 Abs. 1, § 73 Abs. 2);
- Recht zur Teilnahme an einer Sitzung des Wirtschaftsausschusses analog § 31 BetrVG (*BAG* 25.6.1987 EzA § 108 BetrVG 1972 Nr. 7);
- Teilnahmerecht an Betriebs- und Abteilungsversammlungen, Betriebsräteversammlungen, Jugend- und Auszubildendenversammlungen (§§ 46, 53 Abs. 2, § 71);
- Mitgliedschaft des Gewerkschaftsvertreters in einer tariflichen Schlichtungsstelle nach § 76 Abs. 8 BetrVG.

Darüber hinaus besteht ein akzessorisches Zugangsrecht dann, wenn der Betriebsrat oder ein von ihm gebildeter Ausschuss im Rahmen der ihm zugewiesenen Aufgaben die Unterstützung der Gewerkschaft an Ort und Stelle wünscht (vgl. *BAG* 17.1.1989 EzA § 2 BetrVG 1972 Nr. 12). Dies erfordert einen entsprechenden Beschluss des Betriebsrats oder des Ausschusses (GK-BetrVG/*Kraft/Franzen* § 2 Rz 62; **a.A.** DKK/*Berg* § 2 Rz. 33: ausreichend sei der Ausspruch einer Einladung durch den BR-Vorsitzenden oder einen Ausschussvorsitzenden). Nicht zu den Aufgaben der Gewerkschaft gehört ein allgemeines Ermittlungs-, Kontroll- oder Überwachungsrecht, sodass auch aus dem in § 23 BetrVG normierten Antragsrecht der Gewerkschaft selbst dann kein Zutrittsrecht folgt, wenn konkrete Anhaltspunkte für grobe Pflichtverstöße der Betriebspartner vorliegen (MünchArbR/*v. Hoyningen-Huene* § 302 Rz. 14). Das Zugangsrecht ist nicht von vorneherein auf bestimmte Betriebsbereiche, wie etwa das BR-Zimmer oder die Betriebsversammlung, beschränkt, sondern kann im Einzelfall auch zum Besuch einzelner Arbeitnehmer an ihrem Arbeitsplatz berechtigen, insbes. dann, wenn der Betriebsrat im Rahmen seiner Aufgaben einzelne Arbeitsplätze aufsuchen 1045 kann und hierzu die Hinzuziehung eines Gewerkschaftsbeauftragten beschlossen hat (*BAG* 17.1.1989 EzA § 2 BetrVG 1972 Nr. 12). Sofern dies nicht zur Erfüllung konkreter Aufgaben und Befugnisse notwendig ist, besteht allerdings kein allgemeines Zugangsrecht zu allen Betriebsteilen und Arbeitsplätzen (GK-BetrVG/*Kraft/Franzen* § 2 Rz. 64).

1046 § 2 Abs. 2 BetrVG begründet einen Rechtsanspruch auf Zutritt; der Arbeitgeber ist zur Duldung gesetzlich verpflichtet.

1047 Das Zutrittsrecht darf jedoch nicht gegen den Willen des Arbeitgebers im Wege der Selbsthilfe durchgesetzt werden, sofern nicht die engen Voraussetzungen der §§ 229 ff. BGB vorliegen, sondern muss vielmehr gegebenenfalls im arbeitsgerichtlichen Beschlussverfahren, auch im Rahmen der einstweiligen Verfügung erstritten werden (vgl. *LAG Hamm* 9.3.1972 EzA § 2 BetrVG 1972 Nr. 1). Vor Aufsuchen des Betriebes ist der Arbeitgeber oder sein Vertreter rechtzeitig, in Eilfällen auch unmittelbar vor dem Besuch über die Gründe, aus denen Zugang begehrt wird, die Stellen und Personen, die besucht werden sollen und die Person des Beauftragten zu unterrichten (GK-BetrVG/*Kraft/Franzen* § 2 Rz. 66).

1048 Der Arbeitgeber kann den Zutritt zum einen verweigern, wenn die gesetzlichen Voraussetzungen nach § 2 Abs. 2 BetrVG nicht erfüllt sind, also der Zugang nicht der Wahrnehmung betriebsverfassungsrechtlicher Aufgaben oder Befugnisse dient oder wenn er nicht rechtzeitig unterrichtet wurde. Ferner kann er den Zutritt verweigern, wenn unumgängliche Notwendigkeiten des Betriebsablaufs, zwingende Sicherheitsvorschriften oder der Schutz von Betriebsgeheimnissen entgegenstehen. Eine unumgängliche Notwendigkeit des Betriebsablaufs liegt vor, wenn der Zugang zu einer schwer wiegenden, für den Arbeitgeber unzumutbaren Störung des Betriebsablaufes führt (GK-BetrVG/*Kraft/Franzen* § 2 Rz. 73 ff.). Zwingende Sicherheitsvorschriften können nur eingreifen, wenn sie das Betreten bestimmter Räumlichkeiten allgemein für alle dort nicht beschäftigten Personen verbieten (DKK/*Berg* § 2 Rz. 40). Der Schutz von Betriebsgeheimnissen steht dem Zugangsrecht nur entgegen, wenn es sich um lebensnotwendige Betriebsgeheimnisse handelt oder wenn gegenüber dem zutrittfordernden Gewerkschaftsfunktionär konkret der Verdacht besteht, er werde Geheimnisse verraten, da auch Gewerkschaftsvertretern nach § 79 Abs. 2 BetrVG eine strafbewehrte (§ 120 Abs. 1 BetrVG) Geheimhaltungspflicht auferlegt ist (GK-BetrVG/*Kraft/Franzen* § 2 Rz. 75). Einem bestimmten Gewerkschaftsbeauftragten kann der Zutritt nur verweigert werden, wenn die Ausübung des Zutrittsrechts gerade durch ihn rechtsmissbräuchlich erscheint, so etwa dann, wenn der Beauftragte den Betriebsfrieden bei früheren Besuchen gestört, sich nicht an den Themenkatalog des § 45 BetrVG gehalten oder strafbare Handlungen gegen den Arbeitgeber begangen hat und Wiederholungsgefahr besteht (GK-BetrVG/*Kraft/Franzen* § 2 Rz. 76). Streitig ist, ob während oder unmittelbar vor einem Arbeitskampf ein Zugangsrecht von Vertretern kampfbeteiligter oder kampfvorbereitender Gewerkschaften ausscheidet. Z. T. (DKK/*Berg* § 2 Rz. 38a; *Fitting* § 2 Rz. 76) wird ein Zugangsrecht uneingeschränkt bejaht, z. T. (HSWGNR/*Rose* § 2 Rz. 114; GK-BetrVG/*Kraft/Franzen* § 2 Rz. 78) generell verneint.

III. Originäre Aufgaben der Koalitionen, § 2 Abs. 3 BetrVG

1049 Gem. § 2 Abs. 3 BetrVG werden die Aufgaben der arbeitsrechtlichen Koalitionen, insbes. die Förderung der Arbeits- und Wirtschaftsbedingungen durch den Abschluss von Tarifverträgen, nicht berührt.

1050 Aus Art. 9 Abs. 3 GG folgt eine verfassungsrechtliche Garantie der koalitionsmäßigen Betätigung sowohl für die Koalition selbst als auch für ihre Mitglieder, die auch das Recht zur Werbung neuer Mitglieder beinhaltet (*BAG* 23.9.1986 EzA Art. 9 GG Nr. 40; *BVerfG* 14.11.1995 EzA Art. 9 GG Nr. 60).

Die Werbung ist nur durch betriebsangehörige Mitglieder der werbenden Gewerkschaft zulässig. Allein die Mitgliedschaft im Betriebsrat schließt eine Werbung durch ein einzelnes Betriebsratsmitglied nicht aus (vgl. § 74 Abs. 3 BetrVG); allerdings darf die Werbung nicht unter Ausnutzung der Amtsautorität als Betriebsratsmitglied erfolgen, da dies dem Grundsatz der gewerkschaftsneutralen Amtsführung zuwiderlaufen würde (vgl. zu Personalratswahlen: *BVerwG* 22.8.1991 EzA § 23 BetrVG 1972 Nr. 30). 1051

Die Mitgliederwerbung ist grundrechtlich nicht nur in dem Maße geschützt, wie sie für die Erhaltung und die Sicherung des Bestandes der Gewerkschaften unerlässlich ist. Sofern während der Arbeitszeit Mitgliederwerbung betrieben wird, sind für die Frage, ob hierin eine Verletzung arbeitsvertraglicher Pflichten liegt, deshalb der Schutz nach Art. 9 Abs. 3 GG und die durch Art. 2 Abs. 1 GG geschützte wirtschaftliche Betätigungsfreiheit des Arbeitgebers, die insbes. bei einer Störung des Betriebsfriedens und des Arbeitsablaufs berührt wird, gegeneinander abzuwägen (*BVerfG* 14.11.1995 EzA Art. 9 GG Nr. 60). 1052

Die Werbung darf nicht grob unwahr oder hetzerisch sein, die negative Koalitionsfreiheit nicht verletzen und muss sich auf die koalitionsspezifischen Argumente ohne parteipolitischen Inhalt beschränken. Auch darf der Arbeitgeber nicht unsachlich angegriffen werden (GK-BetrVG/*Kraft/Franzen* § 2 Rz. 89). 1053

Das Werberecht begründet lediglich einen Duldungsanspruch gegen den Arbeitgeber, nicht aber das Recht, hierbei auf das Eigentum, Betriebsmittel, organisatorische Einrichtungen oder personelle Mittel des Arbeitgebers zuzugreifen. 1054

Nicht zu dulden braucht der Arbeitgeber daher die Anbringung von Aufklebern mit Gewerkschaftsemblemen auf in seinem Eigentum stehenden Schutzhelmen (*BAG* 23.2.1979 EzA Art. 9 GG Nr. 29) oder die Verteilung gewerkschaftlichen Werbe- und Informationsmaterials über ein hausinternes Postverteilungssystem für dienstliche Zwecke (*BAG* 23.9.1986 EzA Art. 9 GG Nr. 40). Hinzunehmen ist hingegen die Plakatwerbung von Gewerkschaften und die Anbringung von Schriftgut zur Selbstdarstellung der Gewerkschaften an Anschlagtafeln des Betriebes (*BAG* 14.2.1978 EzA Art. 9 GG Nr. 25; 30.8.1983 EzA Art. 9 GG Nr. 37). 1055

Soweit eine Gewerkschaft im Betrieb vertreten ist und Werbetätigkeiten deshalb durch betriebsangehörige Gewerkschaftsmitglieder durchführen lassen kann, folgt aus der koalitionsrechtlichen Betätigungsgarantie kein Zutrittsrecht betriebsfremder Gewerkschaftsmitglieder zum Zwecke der Werbung (*BAG* 19.1.1982 EzA Art. 9 GG Nr. 34 im Anschluss an *BVerfG* 17.2.1981 EzA Art. 9 GG Nr. 32). 1056

Aus Art. 9 Abs. 3 GG folgt keine besondere Stellung gewerkschaftlicher Vertrauensleute im Betrieb. Diese haben keinerlei betriebsverfassungsrechtliche Funktion und deshalb auch keinen Anspruch auf Durchführung ihrer Wahl im Betrieb, auch nicht außerhalb der Arbeitszeit (*BAG* 8.12.1978 EzA Art. 9 GG Nr. 28). Ihnen kommt kein besonderer individualarbeitsrechtlicher Status etwa i.S. eines besonderen Kündigungsschutzes oder eines Rechts auf bezahlte Freistellung zur Wahrnehmung gewerkschaftlicher Aufgaben zu. Verboten ist eine Benachteiligung wegen der gewerkschaftlichen Tätigkeit, § 75 BetrVG. 1057

E. Rechte des einzelnen Arbeitnehmers nach dem BetrVG, §§ 81–86 BetrVG

I. Zweck und Rechtsnatur

§§ 81–86 BetrVG gewähren dem einzelnen Arbeitnehmer Mitwirkungs- und Beschwerderechte, die als Ergänzung zu den kollektiven Beteiligungsrechten des Betriebsrats dem einzelnen Arbeitnehmer ein Mitsprache- und Mitwirkungsrecht »rund um seinen Arbeitsplatz« einräumen sollen (vgl. BegrRegE, BR-Drs. 715/70, S. 47). 1058

1059 Es handelt sich um Individualrechte, die für alle Arbeitnehmer i.S.d. BetrVG gelten, die in einem betriebsratsfähigen Betrieb beschäftigt werden. Unerheblich ist, ob ein Betriebsrat existiert oder nicht (GK-BetrVG/*Wiese* Vor § 81 Rz. 23), es sei denn, die jeweilige Bestimmung setzt die Existenz eines Betriebsrates voraus, wie insbes. § 85 Abs. 2 BetrVG (MünchArbR/*v. Hoyningen-Huene* § 303 Rz. 4).

1060 Für Arbeitnehmer, die nicht dem BetrVG unterfallen oder in einem nicht betriebsratsfähigen Betrieb beschäftigt werden, folgen inhaltlich entsprechende Rechte aus der allgemeinen Fürsorgepflicht des Arbeitgebers (GK-BetrVG/*Wiese* Vor § 81 Rz. 18).

II. Prozessuale Durchsetzung

1061 Auf Grund ihres Charakters als Individualrechte erfolgt die Durchsetzung der in §§ 81–86 BetrVG vorgesehenen Rechte nicht im Beschluss-, sondern im arbeitsgerichtlichen Urteilsverfahren (*BAG* 24.4.1979 EzA § 82 BetrVG 1972 Nr. 1; GK-BetrVG/*Wiese* Vor § 81 Rz. 41).

1062 Das gilt auch, soweit es um die Befugnis des Arbeitnehmers nach §§ 82 Abs. 2, 83 Abs. 1, 84 Abs. 1 BetrVG geht, in den dort genannten Angelegenheiten ein Mitglied des Betriebsrates hinzuzuziehen (*BAG* 24.4.1979 EzA § 82 BetrVG 1972 Nr. 1). Der Befugnis des Arbeitnehmers, ein Betriebsratsmitglied hinzuzuziehen, entspricht allerdings kein eigener Anspruch des hinzugezogenen Betriebsratsmitglieds gegenüber dem Arbeitgeber, der von dem Betriebsratsmitglied selbstständig geltend gemacht werden könnte (*BAG* 23.2.1984 EzA § 82 BetrVG 1972 Nr. 2).

III. Schadensersatzanspruch, Zurückbehaltungsrecht

1063 Erfüllt der Arbeitgeber die ihm nach §§ 81–86 BetrVG gegenüber dem einzelnen Arbeitnehmer obliegenden Verpflichtungen nicht, kommt neben dem im Urteilsverfahren durchzusetzenden Anspruch auf Erfüllung auch ein Schadensersatzanspruch aus pVV (§§ 280 BGB) oder aus § 823 Abs. 2 BGB in Betracht (vgl. ausf. GK-BetrVG/*Wiese* Vor § 81 Rz. 37, 39). Ebenfalls besteht ein Zurückbehaltungsrecht, wobei allerdings umstritten ist, ob dies nur in schwer wiegenden Fällen anzunehmen ist (vgl. GK-BetrVG/*Wiese* Vor § 81 Rz. 37).

IV. Unterrichtungs- und Erörterungspflicht, § 81 BetrVG

1. Zweck der Vorschrift, Verhältnis zu anderen Regelungen

1064 Durch die in § 81 BetrVG vorgesehene Unterrichtungs- und Erörterungspflicht des Arbeitgebers soll die Einarbeitung des Arbeitnehmers erleichtert, seine Integration gefördert, das betriebliche Geschehen in seinen Zusammenhängen transparenter und von der Arbeit und dem Betrieb ausgehende Gefahren vorsorglich abgewendet werden (GK-BetrVG/*Wiese* § 81 Rz. 1). Die ordnungsgemäße Erbringung der Arbeitsleistung soll ermöglicht werden und der Arbeitnehmer die Möglichkeit erhalten, sich über die Gesamtzusammenhänge des Arbeitsablaufs zu informieren (MünchArbR/*v. Hoyningen-Huene* § 303 Rz. 8).

1065 § 81 BetrVG verdrängt nicht ggf. nach anderen Vorschriften bestehende Rechte des Betriebsrats. Unberührt bleibt insbes. die Unterrichtungspflicht des Arbeitgebers, § 90 BetrVG (DKK/*Buschmann* § 81 Rz. 3). Problematisch kann die Abgrenzung der Unterrichtung nach § 81 BetrVG zu den nach § 98 BetrVG der Mitbestimmung des Betriebsrats unterliegenden betrieblichen Bildungsmaßnahmen sein.

Nach Auffassung des *BAG* (23.4.1991 EzA § 98 BetrVG 1972 Nr. 7) umfasst der Begriff der Berufsbildung i.S.d. § 98 Abs. 1 BetrVG zumindest alle Maßnahmen der Berufsbildung i.S.d. BBiG also Berufsausbildung, berufliche Fortbildung und berufliche Umschulung, während sich mitbestimmungsfreie Maßnahmen der Unterrichtung nach § 81 BetrVG in der Einweisung eines Arbeitnehmers an einem konkreten Arbeitsplatz erschöpfen und voraussetzen, dass der Arbeitnehmer die für die Ausübung der Tätigkeit an diesem Arbeitsplatz erforderlichen beruflichen Kenntnisse und Erfahrungen besitzt (*BAG* 10.2.1988 EzA § 98 BetrVG 1972 Nr. 4). 1066

2. Unterrichtung des Arbeitnehmers über seine Funktion

Die vorgeschriebene Unterrichtung des Arbeitnehmers hat unaufgefordert vor der Arbeitsaufnahme zu erfolgen (DKK/*Buschmann* § 81 Rz. 6) und muss so konkret und eingehend erfolgen, dass er die übernommene Funktion wahrnehmen kann (GK-BetrVG/*Wiese* § 81 Rz. 5). Eine allgemeine Darstellung während eines Vorstellungsgespräches dürfte hierzu nicht ausreichend sein (HSWGNR/*Rose* § 81 Rz. 4). Ausländische Arbeitnehmer müssen ggf. in ihrer Heimatsprache unterrichtet werden (GK-BetrVG/*Wiese* § 81 Rz. 10; *LAG BW* 1.12.1989 AiB 1990, 313). Eine bestimmte Form der Unterrichtung ist nicht vorgeschrieben. Schriftliche Hinweise (Stellen- oder Arbeitsplatzbeschreibungen) sind i.d.R. nur Hilfsmittel, durch die die mündliche Erörterung ergänzt, nicht aber ersetzt werden kann (GK-BetrVG/*Wiese* § 81 Rz. 9). Der Arbeitgeber muss die Unterrichtungspflicht nicht höchstpersönlich erfüllen, sondern kann sie auf zuständige Personen (z.B. Meister) delegieren (MünchArbR/*v. Hoyningen-Huene* § 303 Rz. 12). Die Unterrichtung hat sich insbes. zu beziehen auf Arbeitsplatz und Arbeitsgerät, Art der Tätigkeit und Zusammenhang mit dem Endprodukt, Bedienung und Wartung von Maschinen und Gerät, Beschaffenheit der Arbeitsstoffe, Einordnung der Arbeitsaufgabe in die Arbeitsorganisation. Bei kaufmännischen Tätigkeiten kann hierzu auch die Unterrichtung über die bei der Tätigkeit zu beachtenden rechtlichen Vorgaben, wie z.B. Zollbestimmungen gehören (DKK/*Buschmann* § 81 Rz. 10). 1067

3. Belehrung über Unfall- und Gesundheitsgefahren

Diese vor Beginn der erstmaligen Beschäftigung durchzuführende Belehrung dient dem vorbeugenden Gesundheits- und Unfallschutz. Unfall- und Gesundheitsgefahren sind im Einzelnen darzulegen und der Arbeitnehmer ist über die Einrichtungen der Gefahrenabwehr, insbes. über vorhandene Sicherheitseinrichtungen nebst zu benutzender Schutzausrüstung zu informieren und zu deren Benutzung anzuhalten. Erforderlichenfalls ist das Funktionieren der Sicherheitseinrichtungen und das Tragen von Schutzausrüstungen zu demonstrieren (GK-BetrVG/*Wiese* § 81 Rz. 14). 1068

4. Unterrichtung über Veränderungen im Arbeitsbereich

Eine Unterrichtung hat nach § 81 Abs. 2 BetrVG ferner dann zu erfolgen, wenn sich der Arbeitsbereich des Arbeitnehmers im Laufe seiner Beschäftigung ändert. Sie hat so rechtzeitig zu erfolgen, dass der Arbeitnehmer ausreichend Gelegenheit hat, sich mit den Veränderungen vertraut machen und sich auf sie einstellen (DKK/*Buschmann* § 81 Rz. 14) und ggf. seine Rechte aus § 82 BetrVG wahrnehmen zu können (GK-BetrVG/*Wiese* § 81 Rz. 7). Arbeitsbereich ist der Bereich, in dem sich die Arbeit des Arbeitnehmers vollzieht. Dazu gehören nicht nur der Arbeitsplatz und dessen unmittelbare Arbeitsumgebung, sondern bei einer nicht an einen festen Arbeitsplatz gebundenen Tätigkeit auch deren gesamter Wirkungsbereich (DKK/*Buschmann* § 81 Rz. 14). Entscheidend ist, ob durch die Veränderung ein erneutes Unterrichtungsbedürfnis in Bezug auf die in Abs. 1 genannten Gegenstände ergibt (GK-BetrVG/*Wiese* § 81 Rz. 8). 1069

5. Unterrichtung und Erörterung bei der Planung und Einführung neuer Techniken

1070 § 81 Abs. 4 BetrVG betrifft die Planung von technischen Anlagen, Arbeitsverfahren und Arbeitsabläufen sowie von Arbeitsplätzen. Der Arbeitnehmer soll in Ergänzung der nach § 90 BetrVG gegenüber dem Betriebsrat bestehenden Informationspflicht selbst in den Informationsprozess bei der Planung und Einführung neuer Technologien einbezogen werden (BT-Drs. 11/3618, S. 28). Durch die Information sollen Ängste abgebaut und die Bereitschaft erhöht werden, sich auf andere Anforderungen einzustellen (BT-Drs. 11/2503, S. 35). Die Unterrichtung hat zu erfolgen, sobald sich konkrete Maßnahmen abzeichnen, die den Arbeitnehmer in den vom Gesetz genannten Bereichen betreffen (BT-Drs. 11/2503, S. 35). Sie hat sich auf alle Gesichtspunkte zu erstrecken, die für den Arbeitnehmer von Bedeutung sein können (DKK/*Buschmann* § 81 Rz. 17).

1071 Sobald feststeht, dass sich die Tätigkeit des Arbeitnehmers ändern wird und die bisherigen beruflichen Kenntnisse und Fähigkeiten hierfür nicht ausreichen, hat der Arbeitgeber mit dem Arbeitnehmer zu erörtern, welche Qualifizierungsmaßnahmen ergriffen werden können. Die Erörterungspflicht ist umfassend und muss ggf. auch außerbetriebliche Bildungsmaßnahmen mit einbeziehen (GK-BetrVG/*Wiese* § 81 Rz. 21). Der Arbeitnehmer kann zu der Erörterung ein ausschließlich von ihm zu bestimmendes (DKK/*Buschmann* § 81 Rz. 20) Betriebsratsmitglied hinzuziehen. Dieses kann sich aktiv durch Fragen oder Vorschläge an der Besprechung beteiligen (GK-BetrVG/*Wiese* § 81 Rz. 24).

1072 § 81 Abs. 4 BetrVG begründet keinen Rechtsanspruch des Arbeitnehmers auf Umschulung oder Weiterbildung (GK-BetrVG/*Wiese* § 81 Rz. 21). Unterlässt der Arbeitgeber die gebotene Erörterung kann dies aber zur Folge haben, dass der für den Erwerb der erforderlichen Kenntnisse einzuräumende Anpassungszeitraum vor Ausspruch etwa einer personenbedingten Kündigung länger zu bemessen ist (*Löwisch* BB 1988, 1954; *Fitting* § 81 Rz. 25).

V. Anhörungs- und Erörterungsrecht des Arbeitnehmers, § 82 BetrVG

1. Zweck der Vorschrift

1073 In Ergänzung zu § 81 BetrVG gibt die Vorschrift dem Arbeitnehmer die Möglichkeit, von sich aus die Initiative zu ergreifen, um für ihn wichtige Informationen einzuholen und durch eigene Stellungnahmen oder Vorschläge an der Meinungsbildung im Betrieb mitzuwirken. Sie ist damit Ausdruck des Demokratie- und Selbstbestimmungsgedankens (MünchArbR/*v. Hoyningen-Huene* § 303 Rz. 14). Die Eigeninitiative und die Mitarbeit sollen gefördert werden (HSWGNR/*Rose* § 82 Rz. 2).

2. Anhörungs- und Erörterungsrecht

1074 Der Arbeitnehmer kann das Anhörungs- und Erörterungsrecht grds. während der Arbeitszeit ausüben. Das Arbeitsentgelt ist für diese Zeit weiterzuzahlen (GK-BetrVG/*Wiese* § 82 Rz. 3). Das Anhörungs- und Erörterungsrecht besteht hinsichtlich aller betrieblichen, nicht aber in rein persönlichen-privaten Angelegenheiten, die den Arbeitnehmer selbst betreffen (MünchArbR/*v. Hoyningen-Huene* § 303 Rz. 14).

1075 Zuständig ist auf Arbeitgeberseite der unmittelbare Vorgesetzte (GK-BetrVG/*Wiese* § 82 Rz. 7) bzw. diejenigen, die nach Maßgabe der organisatorischen Gliederung des Betriebs für die betreffenden Maßnahmen zuständig sind (HSWGNR/*Rose* § 82 Rz. 10).

3. Erläuterung des Arbeitsentgelts

1076 Der Anspruch auf Erläuterung von Berechnung und Zusammensetzung des Arbeitsentgelts kann ohne konkreten Anlass jederzeit geltend gemacht werden. Der Begriff des Arbeitsentgelts umfasst alle dem Arbeitnehmer zufließenden Bezüge, neben dem Lohn oder Gehalt also auch Zulagen, Prämien, Provisionen, Auslösungen, Gratifikationen und Betriebsrenten (GK-BetrVG/*Wiese* § 82 Rz. 12). Zu erläutern sind die Zusammensetzung als auch die Höhe.

Eine bloß pauschale Lohnbescheinigung genügt nicht, wohl aber eine detaillierte Lohn- und Gehaltsabrechnung, die die Zusammensetzung des Bruttoverdienstes sowie die Berechnung des Nettoverdienstes klar und verständlich ausweist und bei eventuellen Rückfragen weiter erläutert wird (HSWGNR/*Rose* § 82 Rz. 19). **1077**

Nach Ansicht von *Wiese* (GK-BetrVG § 82 Rz. 13) sind dem Arbeitnehmer auch die für die Berechnung des Arbeitentgelts maßgeblichen Rechtsgrundlagen (Gesetz, Tarifvertrag, Betriebsvereinbarung, Arbeitsvertrag, Freiwilligkeit) zugänglich zu machen bzw. zu erläutern. **1078**

Das Recht des Betriebsrats nach Maßgabe von § 80 Abs. 2 BetrVG Einsicht in die Listen der Bruttolöhne und -gehälter zu nehmen, bleibt unberührt (*BAG* 18.9.1973 EzA § 80 BetrVG 1972 Nr. 5). **1079**

4. Erörterung der Leistungsbeurteilung und Möglichkeiten beruflicher Entwicklung

Durch den Anspruch auf sog. Beurteilungsgespräche soll dem Arbeitnehmer die Möglichkeit gegeben werden, seine Position im Betrieb und seine Aufstiegschancen realistisch einzuschätzen (HSWGNR/*Rose* § 82 Rz. 23). Fehlbeurteilungen sollen vermieden werden. Beurteilungen sind dem Arbeitnehmer zur Kenntnis zu bringen und ihm gegenüber zu erläutern. Ein Anspruch auf Aushändigung einer schriftlichen Leistungsbeurteilung besteht nicht (BetrVG/*Wiese* § 82 Rz. 16). Schriftliche Beurteilungen kann der Arbeitnehmer aber nach § 83 BetrVG einsehen und schriftlich dazu Stellung nehmen. **1080**

5. Hinzuziehung eines Betriebsratsmitglieds

Der Arbeitnehmer kann zu der Erörterung ein ausschließlich von ihm zu bestimmendes (DKK/*Buschmann* § 82 Rz. 20) Betriebsratsmitglied hinzuziehen. Dieses kann sich aktiv durch Fragen oder Vorschläge an der Besprechung beteiligen (GK-BetrVG/*Wiese* § 82 Rz. 21). Das Hinzuziehungsrecht bezieht sich nur auf Erörterungen der in Abs. 2 genannten Angelegenheiten (*BAG* 16.11.2004 EzA § 82 BetrVG 2001 Nr. 1; GK-BetrVG/*Wiese* § 82 Rz. 20; *Fitting* § 82 Rz. 12; **a.A.** DKK/*Buschmann* § 82 Rz. 12). Das Hinzuziehungsrecht besteht auch, wenn die Gesprächsgegenstände teilweise identisch mit den in § 82 Abs. 2 Satz 1 BetrVG genannten Themen sind, etwa wenn das Gespräch über einen Aufhebungsvertrag nicht nur die Modalitäten der Aufhebungsvereinbarung zum Inhalt hat, sondern auch die Beurteilung der Leistungen des Arbeitnehmers und seine Entwicklungsmöglichkeiten im Betrieb thematisiert und es unter diesen Gesichtspunkten darum geht, ob der Arbeitnehmer sich überhaupt auf eine Aufhebungsvereinbarung einlassen will (*BAG* 16.11.2004 EzA § 82 BetrVG 2001 Nr. 1). **1081**

Das Betriebsratsmitglied unterliegt nach § 82 Abs. 2 S. 3 BetrVG einer Schweigepflicht, die auch gegenüber anderen Betriebsratsmitgliedern einzuhalten ist (DKK/*Buschmann* § 82 Rz. 13). **1082**

Unerheblich für das Hinzuziehungsrecht ist, auf wessen Initiative ein Gespräch in Angelegenheiten des Abs. 2 stattfindet. Es besteht auch bei Beratungs- und Förderungsgesprächen auf Veranlassung des Arbeitgebers und auch dann, wenn über die in § 82 Abs. 2 S. 1 BetrVG genannten Themen hinausgehende Einzelpunkte erörtert werden (*BAG* 24.4.1979 EzA § 82 BetrVG 1972 Nr. 1; GK-BetrVG/*Wiese* § 82 Rz. 20). **1083**

VI. Einsicht in Personalakten, § 83 BetrVG

1. Zweck der Vorschrift

1084 Das Einsichtsrecht dient der innerbetrieblichen Transparenz und soll eine Kontrolle des Arbeitgeberverhaltens ermöglichen. Ferner soll der Arbeitnehmer nachvollziehen können, wie sich von ihm wahrgenommene Erörterungs-, Anhörungs- und Beschwerderechte ausgewirkt haben (MünchArbR/*v. Hoyningen-Huene* § 303 Rz. 37).

2. Begriff der Personalakte

1085 Es gilt der sog. materielle Personalaktenbegriff. Danach ist Personalakte jede Sammlung von Unterlagen über einen bestimmten Arbeitnehmer des Betriebs, unabhängig davon, wo und in welcher Form diese Angaben über den Arbeitnehmer gesammelt werden (s.o. Kap. 3 Rn. 2967 ff.).

3. Einsicht durch Arbeitnehmer

1086 Der Arbeitnehmer kann das Einsichtsrecht jederzeit auch ohne besonderen Anlass geltend machen (GK-BetrVG/*Wiese/Franzen* § 83 Rz. 36; MünchArbR/*v. Hoyningen-Huene* § 303 Rz. 41; **a.A.** HSWGNR/*Rose* § 83 Rz. 35: nur aus besonderem Anlass, sonst in angemessenen zeitlichen Abständen). Die Einsichtnahme erfolgt unter Vergütungsfortzahlung während der Arbeitszeit. Hierbei ist aber auf die betrieblichen Verhältnisse Rücksicht zu nehmen (MünchArbR/*v. Hoyningen-Huene* § 303 Rz. 41). Angaben auf elektronischen Datenträgern oder in sonst verschlüsselter Form sind lesbar zu machen und ggf. zu erläutern (GK-BetrVG/*Wiese/Franzen* § 83 Rz. 37). Der Arbeitnehmer ist berechtigt, sich Notizen und Kopien auf eigene Kosten zu machen (DKK/*Buschmann* § 83 Rz. 6). Umstritten ist, ob das Einsichtsrecht ein höchstpersönliches Recht ist oder ob der Arbeitnehmer dieses auch durch einen Bevollmächtigten ausüben lassen kann (dafür *ArbG Reutlingen* 8.5.1981 BB 1981, 1092; dagegen HSWGNR/*Rose* § 83 Rz. 40; GK-BetrVG/*Wiese/Franzen* § 83 Rz. 40). Für den Bereich des öffentlichen Dienstes ist nach § 13 BAT die Einsichtnahme durch einen schriftlich Bevollmächtigten zulässig. Einzelheiten des Einsichtsrechts (Häufigkeit, Ort, Voranmeldung etc.) können durch eine nach § 87 Abs. 1 Nr. 1 BetrVG erzwingbare Betriebsvereinbarung geregelt werden (DKK/*Buschmann* § 83 Rz. 7; GK-BetrVG/*Wiese/Franzen* § 83 Rz. 36).

4. Hinzuziehung eines Betriebsratsmitglieds

1087 Der Arbeitnehmer kann ein Betriebsratsmitglied seiner Wahl hinzuziehen, das in demselben Umfang zur Einsicht berechtigt ist, wie der Arbeitnehmer selbst (*Fitting* § 83 Rz. 41). Über den Inhalt der Personalakte hat das Betriebsratsmitglied vorbehaltlich einer Entbindung von der Schweigepflicht durch den Arbeitnehmer Stillschweigen, auch anderen Betriebsratsmitgliedern (GK-BetrVG/*Wiese/Franzen* § 83 Rz. 46) gegenüber zu wahren. Schwerbehinderte Arbeitnehmer sind außerdem berechtigt, die Schwerbehindertenvertretung hinzuzuziehen, § 95 Abs. 3 SGB IX.

5. Erklärungen des Arbeitnehmers zur Personalakte

1088 Durch die Möglichkeit, Erklärungen zur Personalakte abzugeben, erhält der Arbeitnehmer die Möglichkeit, den Inhalt der Personalakte zu ergänzen oder die Beifügung von Richtigstellungen und Gegenvorstellungen zu erreichen. Die Erklärung ist auch dann zu den Akten zu nehmen, wenn der Arbeitgeber sie für unzutreffend hält (*Fitting* § 83 Rz. 14; einschränkend für Unterlagen, die nicht in eine Personalakte gehören [Formelles Prüfungsrecht des Arbeitgebers]: GK-BetrVG/*Wiese/Franzen* § 83 Rz. 64). Die Erklärungen sind in räumlichen Zusammenhang mit den Inhalten der Personalakte, auf die sie sich beziehen, zu bringen (HSWGNR/*Rose* § 83 Rz. 44 ff.). Neben diesem Gegendarstellungsrecht kann der Arbeitnehmer die Entfernung und Beseitigung von rechtswidrigen, beeinträchtigenden Angaben aus den Personalakten verlangen (vgl. z.B. *BAG* 5.8.1992 EzA § 611 BGB Abmahnung Nr. 25; s.o. Kap. 3 Rn. 3008 ff.).

VII. Beschwerderecht, §§ 84, 85 BetrVG

1. Allgemeines

§§ 84, 85 BetrVG eröffnen für den Arbeitnehmer zwei Möglichkeiten der innerbetrieblichen Beschwerde, nämlich entweder die Beschwerde bei den zuständigen Stellen des Betriebs (§ 84 Abs. 1 BetrVG) oder die Beschwerde beim Betriebsrat (§ 85 Abs. 1 BetrVG). Der Arbeitnehmer hat insoweit ein Wahlrecht (DKK/*Buschmann* § 84 Rz. 3). Das Beschwerderecht besteht unabhängig von einem eventuellen Klagerecht vor dem ArbG. Allerdings werden durch das innerbetriebliche Beschwerdeverfahren gesetzliche Fristen nicht gehemmt, wohl aber tarifliche Ausschlussfristen, die lediglich eine schlichte Geltendmachung vorschreiben (MünchArbR/*v. Hoyningen-Huene* § 303 Rz. 24). Überwiegend (GK-BetrVG/*Wiese* § 84 Rz. 9; **a.A.** DKK/*Buschmann* § 84 Rz. 3) wird die Ansicht vertreten, dass der Arbeitnehmer den innerbetrieblichen Beschwerdeweg ausgeschöpft haben muss, bevor er sich an außerbetriebliche Stellen wendet. 1089

2. Beschwerdegegenstand und Beschwerdeverfahren

Unter Beschwerde ist jedes Vorbringen des Arbeitnehmers zu verstehen, mit dem er darauf hinweist, dass er sich selbst entweder vom Arbeitgeber oder von Arbeitnehmern des Betriebs benachteiligt, ungerecht behandelt oder in sonstiger Weise beeinträchtigt fühlt und Abhilfe des belastenden Zustandes begehrt (*BAG* 22.11.2005 EzA § 85 BetrVG 2001 Nr. 1). Der Kreis der beschwerdefähigen Angelegenheiten ist umfassend (DKK/*Buschmann* § 84 Rz. 6). 1090

Es kann sich um tatsächliche oder rechtliche Beeinträchtigungen handeln (*LAG Frankf./M.* 10.2.1987 DB 1987, 223, 227). Es kommt auf den subjektiven Standpunkt des Arbeitnehmers an (GK-BetrVG/*Wiese* § 84 Rz. 8). Notwendig ist allerdings, dass ein Zusammenhang mit dem Arbeitsverhältnis besteht (DKK/*Buschmann* § 84 Rz. 6) und der Arbeitnehmer sich selbst beeinträchtigt fühlt. § 84 BetrVG begründet insoweit kein Recht zur Popularbeschwerde (*BAG* 22.11.2005 EzA § 85 BetrVG 2001 Nr. 1; *LAG SchlH* 21.12.1989 NZA 1990, 703 f.; GK-BetrVG/*Wiese* § 84 Rz. 11). 1091

Die Beschwerde, die weder form- noch fristgebunden ist (MünchArbR/*v. Hoyningen-Huene* § 303 Rz. 20), ist bei der zuständigen Stelle des Betriebs einzulegen, wobei sich die Zuständigkeit nach dem organisatorischen Aufbau des Betriebs bestimmt. Regelmäßig zuständig ist der unmittelbare Vorgesetzte (GK-BetrVG/*Wiese* § 84 Rz. 16). Durch Tarifvertrag oder Betriebsvereinbarung können die Einzelheiten des Beschwerdeverfahrens geregelt werden, § 86 BetrVG. Aufschiebende Wirkung hat die Beschwerde nicht (GK-BetrVG/*Wiese* § 84 Rz. 18). Zur Unterstützung oder Vermittlung im Rahmen der Beschwerdeeinlegung und des weiteren Beschwerdeverfahrens kann der Arbeitnehmer ein beliebiges Mitglied des Betriebsrates hinzuziehen, § 84 Abs. 1 S. 2 BetrVG. Eine besondere betriebsverfassungsrechtliche Schweigepflicht ist nicht vorgesehen. Betriebsratsmitglied und Arbeitgeber dürfen jedoch das allgemeine Persönlichkeitsrecht des Arbeitnehmers nicht verletzen (DKK/*Buschmann* § 84 Rz. 14). Insoweit besteht kein Anspruch auf anonyme (GK-BetrVG/*Wiese* § 84 Rz. 23), wohl aber vertrauliche (*v. Hoyningen-Huene* BB 1991, 2215) Behandlung der Beschwerde. 1092

Der Arbeitgeber hat zu prüfen, ob die Beschwerde berechtigt ist und das Ergebnis dieser Überprüfung dem Arbeitnehmer mündlich oder schriftlich mitzuteilen. Bei längerer Überprüfungsdauer besteht ein Anspruch auf Zwischenbescheid. Zum Bescheid gehört – jedenfalls im Falle der Ablehnung der Beschwerde – die Mitteilung der wesentlichen Gründe (GK-BetrVG/*Wiese* § 84 Rz. 27). 1093

Erkennt der Arbeitgeber die Beschwerde als berechtigt an, hat er ihr abzuhelfen. Soweit Beschwerdegegenstand nicht ein Rechtsanspruch des Arbeitnehmers ist, liegt es im Ermessen des Arbeitgebers, wie er im Rahmen des Möglichen und Zumutbaren Abhilfe schafft (MünchArbR/*v. Hoyningen-Huene* § 303 Rz. 21). Bei Anerkennung der Beschwerde als 1094 berechtigt, soll nach einer Auffassung (*Fitting* § 84 Rz. 18.) stets eine Selbstbindung des Arbeitgebers mit der Folge eines Rechtsanspruchs des Arbeitnehmers auf Abhilfe resultieren, nach anderer Auffassung (GK-BetrVG/*Wiese* § 84 Rz. 26) nur dann, wenn die Auslegung der Erklärung des Arbeitgebers ergibt, dass er nicht nur deklaratorisch die nach § 84 Abs. 2 BetrVG bestehende Abhilfeverpflichtung bestätigen, sondern sich zusätzlich rechtsgeschäftlich hat binden wollen.

3. Benachteiligungsverbot

1095 Dem Arbeitnehmer dürfen wegen der Beschwerde selbst keine Nachteile entstehen, § 84 Abs. 3 BetrVG. Maßnahmen des Arbeitgebers, die gegen dieses Benachteiligungsverbot verstoßen, wie z.B. Kündigungen, Versetzung oder Kürzung von Lohnzahlungen sind nichtig, § 134 BGB (*Fitting* § 84 Rz. 21; MünchArbR/*v. Hoyningen-Huene* § 303 Rz. 22). In Betracht kommt ferner ein Schadensersatzanspruch, da § 84 Abs. 3 BetrVG Schutzgesetz i.S.d. § 823 Abs. 2 BGB ist (GK-BetrVG/*Wiese* § 84 Rz. 35).

1096 Sanktionen auf Grund des Inhalts oder der Begleitumstände der Beschwerde sind aber dann zulässig, wenn etwa völlig haltlos schwere Anschuldigungen gegen den Arbeitgeber bzw. Arbeitskollegen erhoben werden oder die wiederholte Einlegung grundloser Beschwerden den Arbeitnehmer als Querulanten ausweist oder auf Grund der Beschwerde auch ein Fehlverhalten des sich beschwerenden Arbeitnehmers aufgedeckt wird (*BAG* 11.3.1982 – 2 AZR 798/79 – n.v.; GK-BetrVG/*Wiese* § 84 Rz. 34).

4. Beschwerde beim Betriebsrat, § 85 BetrVG

1097 Der Arbeitnehmer kann vor, nach oder auch gleichzeitig (vgl. GK-BetrVG/*Wiese* § 84 Rz. 31) zur Beschwerde nach § 84 Abs. 1 BetrVG auch Beschwerde zum Betriebsrat erheben. Der Kreis der beschwerdefähigen Angelegenheiten ist identisch (DKK/*Buschmann* § 85 Rz. 2). Das Benachteiligungsverbot des § 84 Abs. 3 BetrVG gilt auch im Rahmen des Beschwerdeverfahrens beim Betriebsrat.

1098 Der Betriebsrat bzw. der Betriebsausschuss (§ 27 Abs. 3 S. 2 BetrVG) oder ein für die Behandlung von Beschwerden nach § 28 BetrVG gebildeter Ausschuss haben die Beschwerde entgegenzunehmen und über die Frage der Berechtigung nach pflichtgemäßem Ermessen durch Beschluss zu entscheiden (MünchArbR/*v. Hoyningen-Huene* § 303 Rz. 28). Bei negativer Entscheidung besteht eine Begründungspflicht gegenüber dem Arbeitnehmer (GK-BetrVG/*Wiese* § 85 Rz. 6). Hält der Betriebsrat die Beschwerde für begründet, so ist er verpflichtet, beim Arbeitgeber auf Abhilfe hinzuwirken. Ziel der Verhandlungen mit dem Arbeitgeber ist es, die Berechtigung der Beschwerde festzustellen. Wird hierüber übereinstimmend entschieden, ist das Beschwerdeverfahren nach § 85 BetrVG beendet. Wird die Beschwerde übereinstimmend für begründet erachtet, hat der Arbeitgeber für Abhilfe zu sorgen. Hierauf hat der Arbeitnehmer einen Rechtsanspruch (GK-BetrVG/*Wiese* § 85 Rz. 8).

1099 Kommt eine Einigung zwischen Betriebsrat und Arbeitgeber über die Berechtigung der Beschwerde nicht zu Stande, so kann ausschließlich der Betriebsrat (nicht auch der einzelne sich beschwerende Arbeitnehmer, vgl. *BAG* 28.6.1984 EzA § 85 BetrVG 1972 Nr. 1 und auch nicht der Arbeitgeber, vgl. z.B. DKK/*Buschmann* § 85 Rz. 8) die Einigungsstelle anrufen.

1100 In Anwendung von § 85 Abs. 2 S. 3 BetrVG besteht nach h.M. (*BAG* 22.11.2005 EzA § 85 BetrVG 2001 Nr. 1; 28.6.1984 EzA § 85 BetrVG 1972 Nr. 1; GK-BetrVG/*Wiese* § 85 Rz. 14 ff.) eine Zuständigkeit der Einigungsstelle nur, wenn Gegenstand der Beschwerde kein Rechtsanspruch ist, es sich also um eine sog. Regelungsstreitigkeit nicht-kollektiver Art handelt. Ferner darf es sich nicht um eine ausschließlich vergangenheitsbezogene Beschwerde handeln (*BAG* 22.11.2005 EzA § 85 BetrVG 2001 Nr. 1).

Nach **a.A.** (DKK/*Buschmann* § 85 Rz. 10) ist die Einigungsstelle lediglich an einer verbindlichen Entscheidung gehindert, ein Tätigwerden der Einigungsstelle könne aber auf jeden Fall beantragt werden. Immer möglich ist auch bei Rechtsansprüchen die Durchführung eines freiwilligen Einigungsstellenverfahrens (*BAG* 28.6.1984 EzA § 85 BetrVG 1972 Nr. 1). **1101**

> Eine Regelungsstreitigkeit nicht-kollektiver Art liegt vor, wenn nur einzelne Arbeitsverhältnisse betroffen sind und vor allem rein tatsächliche Beeinträchtigungen in Rede stehen, aus denen (noch) keine Rechtsansprüche des einzelnen Arbeitnehmers erwachsen, über die im arbeitsgerichtlichen Urteilsverfahren zu entscheiden wäre (*Fitting* § 85 Rz. 6). **1102**

Da ein Rechtsanspruch des Arbeitnehmers auch aus einer Verletzung der arbeitgeberseitigen Fürsorgepflicht bzw. des Gleichbehandlungsgrundsatzes folgen kann, ist eine Zuständigkeit der Einigungsstelle nur selten gegeben (GK-BetrVG/*Wiese* § 85 Rz. 11; *Nebendahl/Lunk* NZA 1990, 678). Nach *Buschmann* (DKK § 85 Rz. 15) besteht eine Zuständigkeit der Einigungsstelle dann, wenn es um aus Fürsorgepflichten ableitbare Nebenansprüche geht, die nicht klar gegeben, nicht allgemein anerkannt und nicht oder nur schwer konkretisierbar sind und sich somit nicht in rechtlichen Abwehransprüchen verdichten können (ebenso *Hunold* DB 1993, 2282, 2284). Als Beispiele werden genannt: Ständige Eingriffe von Vorgesetzten oder Kollegen in den Aufgabenbereich des Arbeitnehmers, mangelnde Information und Zielsetzung, unsachgemäße Kritik oder Kontrolle, ständiger Einsatz als Springer unter Verschonung anderer Arbeitnehmer, Beschwer durch eine kollektive Regelung, etwa der Arbeitszeit mit dem Ziel der Beschwerde, für sich persönlich eine abweichende Regelung zu erreichen (GK-BetrVG/*Wiese* § 85 Rz. 18). **1103**

Auf die Herausnahme einer Abmahnung aus der Personalakte besteht hingegen ein Rechtsanspruch, sodass nach h.M. (*LAG Bln.* 19.8.1988 LAGE § 98 ArbGG 1979 Nr. 11; GK-BetrVG/*Wiese* § 85 Rz. 15; **a.A.** *LAG Köln* 16.11.1984 NZA 1985, 191) keine Zuständigkeit der Einigungsstelle gegeben ist. **1104**

> Die Einigungsstelle kann durch ihren Spruch nur die Berechtigung der Beschwerde und nicht die Verpflichtung des Arbeitgebers zu bestimmten konkreten Abhilfemaßnahmen feststellen (*BAG* 22.11.2005 EzA § 85 BetrVG 2001 Nr. 1; *Hunold* DB 1993, 2283; GK-BetrVG/*Wiese* § 85 Rz. 24). Auch zusätzliche Leistungspflichten des Arbeitgebers können durch einen Spruch der Einigungsstelle nicht begründet werden (*BAG* 28.6.1984 EzA § 85 BetrVG 1972 Nr. 1). Da der Arbeitgeber bei einem stattgebenden Beschluss der Einigungsstelle verpflichtet ist, geeignete Maßnahmen zur Abhilfe zu ergreifen, muss sich dem Spruch entnehmen lassen, welche tatsächlichen Umstände die Einigungsstelle als zu vermeidende Beeinträchtigung der Arbeitnehmer angesehen hat. Fehlt es hieran, ist der Spruch mangels hinreichender Bestimmtheit unwirksam (*BAG* 22.11.2005 EzA § 85 BetrVG 2001 Nr. 1). **1105**

Das über § 85 Abs. 2 BetrVG dem Betriebsrat eingeräumte Mitbestimmungsrecht mit der Möglichkeit zur Erzwingung einer Regelung darf schließlich nicht dazu führen, dass die Mitbestimmung des Betriebsrats erweitert oder das abgestufte System der Beteiligungsrechte durchbrochen wird (*LAG Hamm* 16.4.1986 BB 1986, 1359; MünchArbR/*v. Hoyningen-Huene* § 303 Rz. 34). **1106**

> Streitigkeiten über die Zuständigkeit der Einigungsstelle sind im Beschlussverfahren, Ansprüche des Arbeitnehmers auf Abhilfe nach Feststellung der Berechtigung der Beschwerde im Urteilsverfahren geltend zu machen (GK-BetrVG/*Wiese* § 85 Rz. 31 ff.). **1107**

VIII. Vorschlagsrecht der Arbeitnehmer, § 86a BetrVG

1. Zweck der Vorschrift

1108 Durch die durch das BetrV-ReformG vom 23.7.2001 (BGBl. I S. 1852 ff.) eingefügte Bestimmung soll das demokratische Engagement der Arbeitnehmer dadurch stärken, dass ihnen die Möglichkeit eröffnet wird, stärker Einfluss auf die Betriebsratsarbeit nehmen und ihre Ideen und Sichtweisen im Interesse einer Belebung und Bereicherung der innerbetrieblichen Diskussion einbringen zu können (BegrRegE BT-Drs. 14/5741, S. 47).

2. Ausgestaltung des Vorschlagsrechts

1109 Das Vorschlagsrecht ist an keine besonderen Voraussetzungen gebunden und kann form- und fristfrei von jedem Arbeitnehmer ausgeübt werden. Gegenstand des Vorschlagsrechts kann jedes Thema sein, das in die Zuständigkeit des Betriebsrats fällt.

Wird der Vorschlag von mindestens 5% der Arbeitnehmer des Betriebs unterstützt, hat der Betriebsrat diesen innerhalb von zwei Monaten auf die Tagesordnung einer Betriebsratssitzung zu setzen. Wie der Betriebsrat den Vorschlag behandelt, obliegt allein seiner Entscheidung. Einen Anspruch darauf, dass der Betriebsrat auf Grund des Vorschlags in bestimmter Weise tätig wird, besteht nicht (BegrRegE, BT-Drs. 14/5741, S. 47). So steht es dem Betriebsrat frei, den Vorschlag lediglich zur Kenntnis zu nehmen oder diesen zunächst zurückzustellen oder ihn nach § 80 Abs. 1 Nr. 2 oder 3 BetrVG zum Gegenstand von Verhandlungen mit dem Arbeitgeber zu machen.

Nach *Wiese* (GK-BetrVG § 86a Rz. 17) hat der Arbeitnehmer in entsprechender Anwendung des § 80 Abs. 1 Nr. 3 BetrVG einen Anspruch auf Unterrichtung über die Behandlung seines Vorschlags. Dies beinhaltet ggf. auch die Verpflichtung, dem Arbeitnehmer nach angemessener Zeit einen Zwischenbescheid zu geben. Sofern der vorschlagende Arbeitnehmer bei Äußerung seines Vorschlags gegenüber dem Betriebsrat verlangt, dass sein Name bei einer eventuellen Weiterverfolgung des Vorschlags durch den Betriebsrat nicht genannt wird, ist vom Betriebsrat diese Anonymität zu wahren. Dem Arbeitnehmer dürfen aus der Ausübung des Vorschlagsrechts keine Nachteile erwachsen, § 612a BGB (GK-BetrVG/*Wiese* § 86a Rz. 19).

F. Grundsätze für die Zusammenarbeit zwischen Arbeitgeber und Betriebsrat und die Durchführung der Mitwirkung

I. Das Gebot vertrauensvoller Zusammenarbeit, § 2 Abs. 1 BetrVG

1. Inhalt

1110 Unter Anerkennung der Interessengegensätze zwischen Arbeitgeber und Betriebsrat wird durch § 2 Abs. 1 BetrVG in Form einer Generalklausel das betriebsverfassungsrechtliche Kooperationsgebot normiert.

1111 § 2 Abs. 1 BetrVG ist bei der Auslegung aller Bestimmungen des BetrVG zu beachten und insoweit mit § 242 BGB vergleichbar (GK-BetrVG/*Kraft*/*Franzen* § 2 Rz. 13). Insbesondere dürfen Rechte nach der Betriebsverfassung nicht mutwillig oder rechtsmissbräuchlich ausgeübt werden (*BAG* 3.10.1978 EzA § 40 BetrVG 1972 Nr. 37).

1112 Trotz bestehender Interessengegensätze sollen Arbeitgeber und Betriebsrat sich bei der Verfolgung ihrer Interessen am Wohl der Belegschaft und des Betriebs orientieren. Die Zusammenarbeit zum Ausgleich der Interessengegensätze soll in gegenseitiger Ehrlichkeit und Offenheit erfolgen.

Das Gebot vertrauensvoller Zusammenarbeit gilt nicht nur für den Betriebsrat als Gremium, sondern auch für einzelne Betriebsratsmitglieder und sonstige betriebsverfassungsrechtliche Einrichtungen der Arbeitnehmer bei der Wahrnehmung betriebsverfassungsrechtlicher Aufgaben, nicht jedoch für das Verhältnis der Betriebsratsmitglieder oder einzelner Arbeitnehmer untereinander. Das Gebot richtet sich neben dem Arbeitgeber auch an die von ihm mit der Wahrnehmung betriebsverfassungsrechtlicher Aufgaben betrauten Personen. Die Pflicht vertrauensvoller Zusammenarbeit gilt auch für die Koalitionen, soweit sie im Rahmen der Betriebsverfassung tätig werden, sodass bei Wahrnehmung betriebsverfassungsrechtlicher Befugnisse auch gewerkschaftliche Beauftragte an diesen Grundsatz gebunden sind (GK-BetrVG/*Kraft/Franzen* § 2 Rz. 10). **1113**

2. Anwendungsbeispiele

Wenn auch § 2 Abs. 1 BetrVG nicht dazu führt, über die im Gesetz bestimmten Fälle hinaus weitere Mitbestimmungsrechte zu begründen, können im Einzelfall aus der Bestimmung doch unmittelbar Rechte und Pflichten folgen. **1114**

Beispiele: **1115**

Unzulässig ist z.B.:

- die betriebsöffentliche Bekanntgabe des Arbeitgebers, wegen der personellen Zusammensetzung des Betriebsrats nicht mehr zu einer Zusammenarbeit mit diesem bereit zu sein (DKK/*Berg* § 2 Rz. 6 unter Hinw. auf *ArbG Brem.* 4.7.1991 – 4 A BVGa 12/91);
- der Aushang von Schriftverkehr zwischen Arbeitgeber und Betriebsrat am schwarzen Brett ohne Zustimmung des Verhandlungspartners (*LAG Düsseld.* 25.5.1976 BB 1977, 294);
- die Versendung eines Schreibens des Arbeitgebers an den Betriebsrat an zahlreiche Betriebsangehörige, in denen der Verhandlungspartner mit ehrverletzenden Vorwürfen angegriffen wird (*LAG Köln* 16.11.1990 BB 1991, 1191);
- die Offenlegung von Betriebsratskosten durch den Arbeitgeber auf einer Betriebsversammlung im Rahmen der Darstellung des Betriebsergebnisses, wenn nur die betriebsratsbezogenen Kosten gesondert benannt und die übrigen Kosten global und zusammengefasst ausgewiesen werden, sodass sich die Arbeitnehmer kein zuverlässiges und aussagekräftiges Bild von allen kostenverursachenden und ertragsmindernden Faktoren machen können (*BAG* 19.7.1995 EzA § 43 BetrVG 1972 Nr. 3; 12.11.1997 EzA § 23 BetrVG 1972 Nr. 38);
- das Öffnen der an den Betriebsrat gerichteten Post (*ArbG Wesel* 23.1.1992 AiB 1993, 43);
- die Verwehrung des Zutritts zum Betrieb oder einzelnen Betriebsteilen oder Arbeitsplätzen für Betriebsratsmitglieder (*ArbG Elmshorn* 5.12.1990 AiB 1991, 56);
- die Unterstützung von gegen den Arbeitgeber gerichteter Propaganda durch den Betriebsrat (GK-BetrVG/*Kraft/Franzen* § 2 Rz. 49);
- bei einer vom Arbeitgeber beabsichtigten nicht vollständigen Anrechnung einer Tariflohnerhöhung auf übertarifliche Zulagen die Vorgabe eigener Verteilungsgrundsätze durch den Arbeitgeber, über die dieser keine Verhandlungen zulässt, sondern für den Fall abweichender Vorstellungen des Betriebsrats von vornherein eine mitbestimmungsfreie Vollanrechnung vorsieht (*BAG* 26.5.1998 EzA § 87 BetrVG 1972 Betriebliche Lohngestaltung Nr. 65).

II. Allgemeine Grundsätze für die Zusammenarbeit zwischen Arbeitgeber und Betriebsrat, § 74 BetrVG

§ 74 BetrVG konkretisiert (neben §§ 75, 76 Abs. 5, § 112 Abs. 5 BetrVG) das Gebot vertrauensvoller Zusammenarbeit. **1116**

1. Monatliche Besprechung und Verhandlungspflicht, § 74 Abs. 1 BetrVG

1117 § 74 Abs. 1 BetrVG soll einen regelmäßigen persönlichen Kontakt zwischen Arbeitgeber und Betriebsrat sicherstellen. Trotz der Formulierung als Sollvorschrift handelt es sich um eine betriebsverfassungsrechtliche Pflicht, die zwar keinen unmittelbaren Erfüllungsanspruch begründet, aber Sanktionen nach § 23 Abs. 1 bzw. Abs. 3 BetrVG rechtfertigen kann, wenn sich eine Seite generell oder wiederholt ohne sachlichen Grund weigert, an vom anderen Teil gewünschten Besprechungen teilzunehmen (GK-BetrVG/*Kreutz* § 74 Rz. 12).

1118 Teilnehmer sind:

- alle Betriebsratsmitglieder; sie sind teilnahmeberechtigt, aber auch teilnahmeverpflichtet. Die Monatsbesprechungen gehören nicht zu den laufenden Geschäften i.S.v. § 27 Abs. 3, 4 BetrVG. Die regelmäßige Monatsbesprechung kann nicht einem Betriebsratsausschuss oder einem gemeinsamen Ausschuss zwischen Betriebsrat und Arbeitgeber übertragen werden (GK-BetrVG/*Kreutz* § 74 Rz. 14);
- 1119 der Arbeitgeber bzw. nach dem Gesetz vertretungsberechtigte Personen, in Einzelfällen auch solche Personen, die Arbeitgeberfunktionen wahrnehmen, für die Betriebsleitung zu sprechen befugt und dazu auch aus eigener Sachkunde auch in der Lage sind (vgl. *BAG* 11.12.1991 EzA § 90 BetrVG 1972 Nr. 2); immer möglich ist die Hinzuziehung weiterer betriebsangehöriger Personen zur Berichterstattung oder als Sachverständiger (GK-BetrVG/*Kreutz* § 74 Rz. 15);
- 1120 die Schwerbehindertenvertretung (§ 95 Abs. 5 SGB IX);
- 1121 unter den Voraussetzungen des § 68 BetrVG die Jugend- und Auszubildendenvertretung.

1122 Nach ganz überwiegender Auffassung (vgl. GK-BetrVG/*Kreutz* § 74 Rz. 18; **a.A.** DKK/*Berg* § 74 Rz. 6) können Beauftragte der im Betrieb vertretenen Gewerkschaften oder des Arbeitgeberverbandes nur mit Einverständnis der Betriebspartner teilnehmen.

1123 Nähere Modalitäten der Besprechung sind gesetzlich nicht geregelt, sodass sich die Betriebspartner hierüber, etwa in Form einer allgemeinen Verfahrensordnung, einigen müssen. Die gemeinsame Besprechung kann in zeitlichem Zusammenhang mit einer Betriebsratssitzung durchgeführt werden, allerdings nicht mit einer solchen Sitzung verbunden und nicht dadurch ersetzt werden, dass der Arbeitgeber monatlich einmal an einer Sitzung des Betriebsrats teilnimmt. In einer solchen gemeinsamen Sitzung können auch keine Betriebsratsbeschlüsse gefasst werden (GK-BetrVG/*Kreutz* § 74 Rz. 23).

1124 § 74 Abs. 1 S. 2 BetrVG begründet lediglich eine Einlassungs- und Erörterungspflicht: die wechselseitigen Standpunkte sind darzulegen und gegebenenfalls zu diskutieren. Unbenommen bleibt das Recht, auf dem jeweiligen Standpunkt zu beharren. Die Einlassungs- und Erörterungspflicht besteht auch dann, wenn der Betriebsrat eine Regelung in einer nicht mitbestimmungspflichtigen Angelegenheit anstrebt (*BAG* 13.10.1987 EzA § 87 BetrVG 1972 Arbeitszeit Nr. 25) sowie dann, wenn für die Beilegung einer Streitigkeit letztlich die Einigungsstelle zuständig ist.

2. Arbeitskampfverbot, § 74 Abs. 2 S. 1 BetrVG

a) Inhalt

1125 Meinungsverschiedenheiten über die Regelung oder Durchsetzung betriebsverfassungsrechtlicher Streitigkeiten sollen ausschließlich in den gesetzlich dafür vorgesehenen Verfahren (Einigungsstelle, Beschlussverfahren) ausgetragen werden.

1126 Keine Seite darf Arbeitskampfmaßnahmen durchführen, um den anderen Teil zu einem bestimmten betriebsverfassungsrechtlichen Verhalten oder zum Abschluss einer Betriebsvereinbarung zu zwingen. Verbotsadressaten sind neben Arbeitgeber und dem Betriebsrat als Organ auch die einzelnen Betriebsratsmitglieder in ihrer Eigenschaft als Amtsträger, weil der Betriebsrat nur durch seine Mitglieder handlungsfähig ist (*BAG* 21.2.1978 EzA § 74 BetrVG 1972 Nr. 4; 5.12.1975 EzA § 87 BetrVG 1972 Betriebliche Ordnung Nr. 1).

Aus § 74 Abs. 3 BetrVG folgt, dass auch Betriebsratsmitglieder in ihrer Eigenschaft als Arbeitnehmer sich an rechtmäßigen Arbeitskämpfen beteiligen können. Hierbei müssen sie aber jede zusätzliche Bezugnahme und jeden ausdrücklichen Hinweis auf die Amtsstellung unterlassen und dürfen diese nicht besonders hervorheben (*Wiese* NZA 1984, 378, 379). 1127

Maßnahmen des Arbeitskampfs sind alle Entscheidungen und Ausführungsakte, die auf Druckausübung mittels kollektiver Störung der Arbeitsbeziehungen durch Kampfmittel (Streik, Aussperrung, kollektive Ausübung von Individualrechten, Boykott, Betriebsbesetzung) gerichtet sind, um ein bestimmtes Ziel zu erreichen, wobei auch Leitungs-, Organisations-, Einleitungs-, Vorbereitungs- und Unterstützungsmaßnahmen einschließlich der Drohung mit Arbeitskampfmaßnahmen erfasst sind (*Wiese* NZA 1984, 378). 1128

b) Verbotsadressaten

Für den Betriebsrat als Organ gilt das Arbeitskampfverbot strikt und beinhaltet die Verpflichtung zur Unterlassung aller Unterstützungsmaßnahmen für den von einer tariffähigen Gewerkschaft organisierten Arbeitskampf, durch die der Arbeitgeber als Tarifpartei unmittelbar oder mittelbar betroffen wird; der Betriebsrat hat sich insoweit neutral zu verhalten (*BAG* 22.12.1980 EzA § 615 BGB Betriebsrisiko Nr. 8). Es besteht allerdings keine Einwirkungspflicht des Betriebsrats auf die Belegschaft dahingehend, sich nicht am Streik zu beteiligen (vgl. *Wiese* NZA 1984, 383 m.w.N.). Das Kampfverbot gilt auch für andere betriebsverfassungsrechtliche Funktionsträger, so für die nach § 3 Abs. 1 Nr. 1–3 BetrVG gebildeten Arbeitnehmervertretungen, die Jugend- und Auszubildendenvertretung und ihre Mitglieder, die Schwerbehindertenvertretung sowie für Mitglieder des Wirtschaftsausschusses und der Einigungsstelle (GK-BetrVG/*Kreutz* § 74 Rz. 39). Das Verbot soll sich nach Auffassung des *BAG* (17.12.1976 EzA Art. 9 GG Arbeitskampf Nr. 20) jedenfalls mittelbar auch an einzelne Arbeitnehmer bzw. die Belegschaft mit der Folge richten, dass auch ohne entsprechenden Aufruf durch den Betriebsrat Arbeitsniederlegungen zur Durchsetzung betriebsverfassungsrechtlicher Regelungen bereits aus diesem Grunde rechtswidrig sind. Nach anderer, überwiegender Auffassung (vgl. GK-BetrVG/*Kreutz* § 74 Rz. 40) gehören der einzelne Arbeitnehmer bzw. die Belegschaft nicht zum Kreis der Normadressaten. Derartige Maßnahmen einzelner Arbeitnehmer oder der Belegschaft sind rechtswidrig, da es sich nach allgemeinen Arbeitskampfgrundsätzen um die Teilnahme an einem rechtswidrigen, da nicht gewerkschaftlich getragenen Arbeitskampf handelt. An den Arbeitgeber richtet sich das Arbeitskampfverbot nur in seiner betriebsverfassungsrechtlichen Funktion. Zulässig bleibt die Teilnahme an Arbeitskampfmaßnahmen der Tarifpartner zur Regelung eines tarifrechtlichen Zieles. Unberührt vom Verbot bleiben Arbeitskämpfe tariffähiger Parteien und zwar auch dann, wenn der Arbeitskampf lediglich zum Abschluss eines Firmentarifvertrages oder zur Durchsetzung betrieblicher oder betriebsverfassungsrechtlicher Regelungen gem. §§ 1, 3 Abs. 2 TVG geführt wird (GK-BetrVG/*Kreutz* § 74 Rz. 43). 1129

c) Rechtsfolgen einer Verbotsverletzung

§ 74 Abs. 2 S. 1 BetrVG räumt den Verbotsadressaten gegenseitige selbstständige, von § 23 BetrVG unabhängige Unterlassungsansprüche ein (*BAG* 22.7.1980 EzA § 74 BetrVG 1972 Nr. 5). Bei bestehender Wiederholungsgefahr bzw. bei bereits konkret bevorstehenden Verbotsverletzungen kann ein Unterlassungsanspruch auch im Wege des vorbeugenden Rechtsschutzes im arbeitsgerichtlichen Beschlussverfahren, ggf. auch im Wege der einstweiligen Verfügung (§ 85 Abs. 2 ArbGG, §§ 935 ff. ZPO) geltend gemacht werden. 1130

Der Antrag muss dabei bestimmt und auf einzelne konkrete Handlungen gerichtet sein. Bei fortdauernd widerrechtlichen Kampfmaßnahmen kann der Beeinträchtigte analog § 1004 BGB einen Beseitigungsanspruch gegen den Störer geltend machen (*Wiese* NZA 1984, 378, 383), etwa dahingehend, dass vom Betriebsrat oder von Betriebsratsmitgliedern, die einen rechtswidrigen Arbeitskampf der Belegschaft initiiert haben, verlangt wird, auf die Belegschaft mit dem Ziel der Beendigung der Kampfmaßnahme einzuwirken (GK-BetrVG/ 1131

Kreutz § 74 Rz. 89). Verstöße gegen das Verbot stellen eine Verletzung gesetzlicher Pflichten i.S.d. § 23 BetrVG dar.

1132 Das Arbeitskampfverbot legt grds. nur betriebsverfassungsrechtliche Verpflichtungen für die Betriebspartner fest, schafft aber keine individualrechtlichen Verhaltenspflichten, sodass ein Verstoß für sich genommen keine individualrechtlichen Rechtsfolgen nach sich zieht. Individualrechtliche Konsequenzen können sich ergeben, wenn der Verstoß gegen das Verbot zugleich auch ein Verstoß gegen einzelvertragliche Pflichten ist (GK-BetrVG/*Kreutz* § 74 Rz. 93 ff.). § 74 Abs. 2 S. 1 BetrVG ist kein Schutzgesetz i.S.d. § 823 Abs. 2 BGB zu Gunsten des Arbeitgebers gegenüber den Betriebsratsmitgliedern (str., vgl. GK-BetrVG/*Kreutz* § 74 Rz. 94 m.w.N.).

d) Betriebsratsamt und Arbeitskampf

1133 Das Betriebsratsamt besteht auch während eines Arbeitskampfes grds. mit allen Rechten und Pflichten weiter (*BAG* 25.10.1988 EzA Art. 9 GG Arbeitskampf Nr. 89). Mitwirkungsrechte des Betriebsrats können aber arbeitskampfbedingt eingeschränkt sein. Die Arbeitsverhältnisse der Betriebsratsmitglieder können daher nur suspendiert, nicht aber durch lösende Aussperrung gelöst werden (*BAG GS* 21.4.1971 EzA Art. 9 GG Nr. 6; *BVerfG* 19.2.1975 EzA Art. 9 GG Arbeitskampf Nr. 16). Zu arbeitskampfbedingten Einschränkungen von Rechten des Betriebsrats s.o. Kap. 10 Rn. 111 ff., 172.

3. Allgemeine betriebsverfassungsrechtliche Friedenspflicht, § 74 Abs. 2 S. 2 BetrVG

1134 Nach Maßgabe der in § 74 Abs. 2 S. 2 BetrVG normierten allgemeinen Friedenspflicht haben Arbeitgeber und Betriebsrat alle Betätigungen zu unterlassen, durch die der Arbeitsablauf oder der Betriebsfrieden beeinträchtigt werden. Das Verbot richtet sich auch an die einzelnen Betriebsratsmitglieder in dieser Eigenschaft. Arbeitsablauf ist die tatsächliche Verrichtung der Arbeit gem. der im Betrieb geltenden und gehandhabten organisatorischen, räumlichen und zeitlichen Gestaltung der Arbeitsprozesse. Der Begriff des Betriebsfriedens kennzeichnet den Zustand friedlichen Zusammenlebens und Zusammenwirkens zwischen Arbeitgeber und Arbeitnehmern, zwischen den Arbeitnehmern selbst und zwischen Arbeitgeber und Betriebsrat (GK-BetrVG/*Kreutz* § 74 Rz. 130).

1135 Nach h.M. (vgl. GK-BetrVG/*Kreutz* § 74 Rz. 132 m.w.N.) begründet die Vorschrift lediglich eine wechselseitige Unterlassungspflicht, nicht aber eine Einwirkungspflicht dahingehend, aktiv auf die Wahrung des Betriebsfriedens hinzuwirken.

1136 Die Unterlassungspflicht greift nicht erst dann, wenn bereits eine konkrete Störung eingetreten ist (so aber z.B. DKK/*Berg* § 74 Rz. 22), da nach dem Zweck des Verbots eine konkrete Beeinträchtigung gerade vermieden werden soll, sondern schon dann, wenn eine konkrete Störung des Arbeitsablaufs oder des Betriebsfriedens mit hoher Wahrscheinlichkeit zu besorgen ist (h.M. GK-BetrVG/*Kreutz* § 74 Rz. 133 m.w.N.).

Die Unterlassungspflicht setzt eine Rechtswidrigkeit der Beeinträchtigung voraus, an der es fehlt, wenn Arbeitgeber oder Betriebsrat von gesetzlichen Befugnissen Gebrauch machen.

1137 Der **Arbeitsablauf** wird **beispielsweise** gestört:

- wenn der Betriebsrat Arbeitnehmer auffordert, Arbeitgeberweisungen nicht mehr zu befolgen oder in sonstiger Weise Arbeitnehmer von der Erfüllung arbeitsvertraglicher Pflichten abhält (GK-BetrVG/*Kreutz* § 74 Rz. 135);
- wenn während der Arbeitszeit umfangreiche Fragebogenaktionen durchgeführt werden (MünchArbR/*v. Hoyningen-Huene* § 301 Rz. 46).

1138 Der **Betriebsfrieden** wird **beispielsweise** gestört,

- wenn das im BetrVG vorgesehene einschlägige Verfahren zur Beilegung von Meinungsverschiedenheiten nicht eingehalten wird, z.B. wenn der Betriebsrat versucht, die Belegschaft dadurch einseitig gegen den Arbeitgeber zu beeinflussen, dass er die Korrespondenz mit dem Arbeitgeber zu Streitigkeiten am schwarzen Brett veröffentlicht (*LAG Düsseld.* 25.5.1976 BB 1977, 295);

- durch die Veröffentlichung von Fehlzeiten der Betriebsratsmitglieder (*LAG Nds.* 9.3.1990 AuR 1991, 153);
- wenn die Aushänge des anderen Betriebspartners am schwarzen Brett eigenmächtig entfernt werden (GK-BetrVG/*Kreutz* § 74 Rz. 138).

Die Rechtsfolgen eines Verstoßes gegen die Friedenspflicht entsprechen denen der Verletzung des betriebsverfassungsrechtlichen Arbeitskampfverbotes (s.o. Rn. 1130 ff.). 1139

4. Verbot parteipolitischer Betätigung im Betrieb, § 74 Abs. 2 S. 3 BetrVG

a) Verbotszweck und Inhalt, Verbotsadressaten

Verbotszweck ist der Schutz des Betriebsfriedens und des Arbeitsablaufs, da beide erfahrungsgemäß bei parteipolitischer Betätigung besonders gefährdet sind. Nach Auffassung des *BAG* (12.6.1986 EzA § 74 BetrVG 1972 Nr. 7; abl. GK-BetrVG/*Kreutz* § 74 Rz. 99) sichert das absolute Verbot parteipolitischer Betätigung u.a. auch die parteipolitische Neutralität des Betriebsrats, weil die Arbeitnehmer des Betriebs im Kollektiv der Arbeitnehmerschaft, dem sie sich nicht entziehen können, in ihrer Meinungs- und Wahlfreiheit als Staatsbürger nicht beeinflusst werden sollen. Die durch die Vorschrift herbeigeführte Begrenzung des Grundrechts auf freie Meinungsäußerung nach Art. 5 Abs. 1 GG ist verfassungsgemäß; im Einzelfall ist die Regelung aber wegen der herausragenden Bedeutung des Grundrechts unter besonderer Berücksichtigung des Art. 5 Abs. 1 S. 2 GG auszulegen (*BVerfG* 28.4.1976 EzA § 74 BetrVG 1972 Nr. 1). 1140

> Es handelt sich um ein absolutes Verbot, sodass es auf eine konkrete Gefährdung von Arbeitsablauf oder Betriebsfrieden nicht ankommt (*BAG* 13.9.1977 EzA § 45 BetrVG 1972 Nr. 1). 1141

Gem. § 74 Abs. 2 S. 3 BetrVG bleibt vom Verbot der parteipolitischen Betätigung die Behandlung der genannten Angelegenheiten unberührt, soweit sie den Betrieb oder seine Arbeitnehmer unmittelbar betreffen, auch wenn derartige Fragen bereits Gegenstand kontroverser Stellungnahmen politischer Parteien sind. Hierbei dürfen sich die Verbotsadressaten jedoch nicht zum Sprachrohr einer Partei oder Gruppierung machen und ihre Sachaussagen nicht erkennbar mit Werturteilen für oder gegen eine Partei verbinden (GK-BetrVG/*Kreutz* § 74 Rz. 123). 1142

Verbotsadressaten sind der Arbeitgeber, der Betriebsrat als Kollektivorgan, das einzelne Betriebsratsmitglied in dieser Eigenschaft, Gesamt- und Konzernbetriebsrat und ihre Mitglieder in ihrem gesamten Amtsbereich sowie die Jugend- und Auszubildendenvertretung und ihre Mitglieder und die Schwerbehindertenvertretung (GK-BetrVG/*Kreutz* § 74 Rz. 101 ff.). Vom Verbot nicht betroffen sind die im Betrieb vertretenen Gewerkschaften und Arbeitnehmer, die nicht Funktionsträger i.S.d. § 74 BetrVG sind. 1143

b) Parteipolitische Betätigung

Der Begriff Parteipolitik ist weit auszulegen. Verboten ist jede Betätigung für oder gegen eine politische Partei, wobei es sich nicht um eine Partei i.S.v. Art. 21 GG und des Parteiengesetz zu handeln braucht. 1144

> Es genügt eine politische Gruppierung, für die geworben oder die unterstützt wird. Erfasst wird mithin auch das Eintreten für oder gegen eine bestimmte politische Richtung. 1145

Dabei ist jede politische Betätigung verboten, weil alle politischen Fragen in den Bereich parteipolitischer Stellungnahmen fallen (*BAG* 12.6.1986 EzA § 74 BetrVG 1972 Nr. 7).

1146 Als verbotene Betätigung kommen vor allem die Propaganda (Agitation, Werbung) in Wort und Schrift (Verteilung von Informationsmaterial, Zeitungen, Druckschriften, Flugblätter), das Anbringen von Plakaten und Aushängen, das Tragen von Ansteckplaketten oder von Abziehbildern sowie die Veranlassung oder sonstige Organisation von Resolutionen, Abstimmungen, Umfragen und von Geld- und Unterschriftensammlungen in Betracht (GK-BetrVG/*Kreutz* § 74 Rz. 112).

1147 Eine parteipolitische Betätigung liegt dabei nur dann vor, wenn ausdrücklich oder in deutlich erkennbarer Weise auf eine politische Partei, Gruppierung oder Bewegung Bezug genommen wird oder für oder gegen deren führende Repräsentanten eingetreten wird.

1148 Verboten ist demnach z.B. der Aushang von Flugblättern einer Gewerkschaft zur Raketenstationierung am schwarzen Brett des Betriebsrats (*BAG* 12.6.1986 EzA § 74 BetrVG 1972 Nr. 7), die Verteilung von Flugblättern politischen Inhalts (*BAG* 21.2.1978 EzA § 74 BetrVG 1972 Nr. 4) oder die Einladung von Parteipolitikern in Wahlkampfzeiten als Referenten in einer Betriebsversammlung (*BAG* 13.9.1977 EzA § 42 BetrVG 1972 Nr. 1).

Verboten sind nur aktive Tätigkeiten; eine Einwirkungspflicht von Arbeitgeber und Betriebsrat gegen parteipolitische Aktivitäten von Belegschaftsmitgliedern besteht hingegen nicht (GK-BetrVG/*Kreutz* § 74 Rz. 114).

c) Im Betrieb

1149 Das Verbot parteipolitischer Betätigung gilt auf dem gesamten Betriebsgelände unter Einschluss sämtlicher Betriebseinrichtungen und auch für Betätigungen in unmittelbarer Betriebsnähe, sofern diese objektiv in den Betrieb hineinwirken (z.B. das Verteilen von Flugschriften parteipolitischen Inhalts vor dem Fabriktor, *BAG* 21.2.1978 EzA § 74 BetrVG 1972 Nr. 4).

Nicht verboten sind persönliche Gespräche über parteipolitische Fragen zwischen Betriebsratsmitglieder und dem Arbeitgeber, zwischen einzelnen Betriebsratsmitgliedern und zwischen einzelnen Arbeitnehmern (GK-BetrVG/*Kreutz* § 74 Rz. 116).

1150 Während z. T. (MünchArbR/*v. Hoyningen-Huene* § 301 Rz. 61) die Auffassung vertreten wird, dass über den Wortlaut hinaus jede parteipolitische Aktivität des Arbeitgebers, des Betriebsrats oder einzelner Betriebsratsmitglieder in ihrer Funktion als Organ der Betriebsverfassung verboten sei, ist nach anderer, wohl überwiegender Auffassung (vgl. GK-BetrVG/*Kreutz* § 74 Rz. 117 m.w.N.) die räumliche Begrenzung des Verbots strikt zu beachten, sodass beispielsweise Betriebsratsmitglieder bei parteipolitischer Betätigung außerhalb des Betriebes auch ihre Funktion angeben und hervorheben können.

d) Rechtsfolgen

1151 Verstöße gegen die Friedenspflicht begründen einen eigenständigen, von § 23 Abs. 1, 3 BetrVG unabhängigen, auf ein zukünftiges Verhalten gerichteten Unterlassungsanspruch der jeweils anderen Seite (*BAG* 22.7.1980 EzA § 74 BetrVG 1972 Nr. 5; 12.6.1986 EzA § 74 BetrVG 1972 Nr. 7), der im arbeitsgerichtlichen Beschlussverfahren geltend gemacht werden kann.

Ferner kommt ein Vorgehen nach § 23 BetrVG in Betracht. Individualrechtliche Konsequenzen können nur ergriffen werden, wenn der Verstoß gegen das betriebsverfassungsrechtliche Verbot zugleich eine Verletzung individualvertraglicher Pflichten ist (vgl. GK-BetrVG/*Kreutz* § 74 Rz. 126 f.).

5. Gewerkschaftliche Betätigung von Funktionsträgern, § 74 Abs. 3 BetrVG

§ 74 Abs. 3 BetrVG sichert die gewerkschaftliche Betätigung betriebsverfassungsrechtlicher Funktionsträger in der Rolle als Arbeitnehmer und Gewerkschaftsmitglied, ohne allerdings die Funktionsträger von den sich aus §§ 2 Abs. 1, 74 Abs. 2, 75, 79 BetrVG ergebenden Amtspflichten zu entbinden. Insbesondere ist das Gebot gewerkschaftsneutraler Amtsführung (§ 75 Abs. 1 BetrVG) zu beachten, sodass der Funktionsträger auch in herausgehobener Funktion zwar nicht ausdrücklich darauf hinweisen muss, nicht in Amtseigenschaft, sondern als Gewerkschaftsmitglied zu handeln, er andererseits aber bei gewerkschaftlicher Betätigung (z.B. Werbung) die Amtsstellung auch nicht besonders hervorheben oder das Amt nicht dadurch ausnutzen darf, dass Mittel und Räumlichkeiten, die dem Betriebsrat zur Verfügung stehen, für Gewerkschaftszwecke eingesetzt werden (vgl. GK-BetrVG/*Kreutz* § 74 Rz. 149 m.w.N.). **1152**

III. Grundsätze für die Behandlung von Betriebsangehörigen, § 75 BetrVG

1. Überwachungspflicht

a) Inhalt

§ 75 Abs. 1 BetrVG begründet eine kollektivrechtliche Überwachungspflicht von Arbeitgeber, Betriebsrat und Betriebsratsmitgliedern, der im Sinne einer gegenseitigen Kontrollpflicht für die Einhaltung der Grundsätze von Recht und Billigkeit bei der Behandlung von im Betrieb tätigen Personen ein Überwachungsrecht korrespondiert. Die Vorschrift begründet keine eigenständigen subjektiven Rechte der geschützten Arbeitnehmer gegen Arbeitgeber oder Betriebsrat, sodass auf sie auch nicht entsprechende Beseitigungs- oder Unterlassungsansprüche einzelner Arbeitnehmer gestützt werden können. Allerdings werden arbeitsvertragliche Schutz- und Fürsorgepflichten des Arbeitgebers und der arbeitsrechtliche Gleichbehandlungsgrundsatz inhaltlich von den Grundsätzen des § 75 BetrVG mitgeprägt (GK-BetrVG/*Kreutz* § 75 Rz. 24, 25). **1153**

> Bei Verstößen gegen die Grundsätze des § 75 BetrVG besteht ein eigenständiger Unterlassungs- oder Beseitigungsanspruch des jeweiligen Betriebspartners gegen den anderen, der im arbeitsgerichtlichen Beschlussverfahren, gegebenenfalls auch im Wege der einstweiligen Verfügung, geltend gemacht werden kann. Möglich ist auch ein entsprechender Feststellungsantrag (GK-BetrVG/*Kreutz* § 75 Rz. 27), wobei aber das beanstandete Verhalten genau angegeben werden muss, damit der Antrag nicht als zu weit gefasster, sog. Globalantrag, als unbegründet zurückgewiesen wird (*BAG* 11.12.1991 EzA § 90 BetrVG 1972 Nr. 2). **1154**

Bei groben Pflichtverletzungen kommen Sanktionen nach § 23 Abs. 1, 3 BetrVG in Betracht.

Umstritten ist, ob § 75 BetrVG Schutzgesetz i.S.v. § 823 Abs. 2 BGB ist und Verstöße des Arbeitgebers Schadensersatzansprüche zu Gunsten des betroffenen Arbeitnehmers auslösen können (bejahend *BAG* 5.4.1984 EzA § 17 BBiG Nr. 1 (obiter dictum); abl. die h.M., vgl. GK-BetrVG/*Kreutz* § 75 Rz. 138 m.w.N.). § 75 BetrVG ist Verbotsgesetz i.S.v. § 134 BGB, wobei auf Grund des kollektivrechtlichen Charakters der Norm ein Verstoß gegen § 75 BetrVG nur die Nichtigkeit von Rechtsgeschäften auf betriebsverfassungsrechtlich-kollektiver Ebene zur Folge hat. Insoweit ist § 75 BetrVG hauptsächlich Kontrollnorm für Betriebsvereinbarungen, insbes. Sozialpläne und sonstige betriebliche Einigungen (s.u. Rn. 1306 f., 2074 ff.). **1155**

b) Anwendungsbereich

Neben dem Betriebsrat als Kollektivorgan verpflichtet § 75 BetrVG auch jedes einzelne Betriebsratsmitglied. Der Arbeitgeber hat die Pflichten aus § 75 BetrVG in jedem betriebsratsfähigen Betrieb unabhängig von der Errichtung eines Betriebsrats zu beachten. Das Ver- **1156** bot richtet sich nicht unmittelbar an den einzelnen, im Betrieb tätigen Arbeitnehmer, der aber zu einem entsprechenden Verhalten gegebenenfalls arbeitsvertraglich verpflichtet ist. Arbeitnehmer, die Arbeitskollegen wegen ihrer Abstammung, Religion, Nationalität etc. diskriminieren, können dadurch auch ihre Friedenspflicht aus dem Arbeitsverhältnis verletzen und deliktisch rechtswidrig handeln. Arbeitgeber und Betriebsrat haben darüber hinaus gem. §§ 75, 80 Abs. 1 Nr. 1 BetrVG einzugreifen (GK-BetrVG/*Kreutz* § 75 Rz. 12).

1157 Der Schutz der Vorschrift erstreckt sich auf alle im Betrieb tätigen Personen. Deshalb werden in den Schutzbereich überwiegend auch nicht betriebsangehörige Arbeitnehmer (z.B. nicht betriebsangehörige Monteure, Bauarbeiter, Leiharbeitnehmer) einbezogen (MünchArbR/*v. Hoyningen-Huene* § 301 Rz. 69; **a.A.** GK-BetrVG/*Kreutz* § 75 Rz. 13). Für leitende Angestellte gilt die spezielle Vorschrift des § 27 SprAuG. Nicht erfasst werden die noch nicht im Betrieb beschäftigten und die bereits ausgeschiedenen Arbeitnehmer, soweit nicht im Rahmen betriebsverfassungsrechtlicher Aufgaben Regelungen getroffen werden, die gerade die Pensionäre betreffen (Altersversorgung, sonstige Sozialleistungen, vgl. DKK/*Berg* § 75 Rz. 7).

c) Grundsätze von Recht und Billigkeit

1158 Unter Grundsätzen des Rechts ist die geltende, für das Arbeitsverhältnis maßgebliche Rechtsordnung unter Einschluss der positiv gesetzlichen Regelungen, des arbeitsrechtlichen Gewohnheitsrechts, des Richterrechts, der tarifvertraglichen Regelungen und der Regelungen in den maßgeblichen Betriebsvereinbarungen zu verstehen. Die Behandlung in Entsprechung dieser Grundsätze erfordert, dass das geltende Recht im Betrieb beachtet wird und insbes. alle Rechtsansprüche der Arbeitnehmer anerkannt und erfüllt werden (GK-BetrVG/*Kreutz* § 75 Rz. 29). Durch die Beachtung der Grundsätze der Billigkeit soll bei Einzelentscheidungen Gerechtigkeit hergestellt werden.

1159 Der Grundsatz kommt insbes. dann zum Tragen, wenn einem Vertragspartner das Recht zur einseitigen Leistungsbestimmung nach billigem Ermessen zusteht (vgl. §§ 315 ff. BGB), bspw. bei der Ausübung des Direktionsrechts (s.o. Kap. 1 Rn. 492 ff.). Nach ständiger, allerdings umstrittener Rechtsprechung des BAG unterliegen auch Betriebsvereinbarungen unter Einschluss von Sozialplänen einer allgemeinen gerichtlichen Billigkeitskontrolle (s.u. Rn. 1306 f.; grundlegend *BAG* 30.1.1970 EzA § 242 BGB Nr. 31; vgl. auch *BAG* 25.4.1991 EzA § 611 BGB Gratifikation, Prämie Nr. 85).

1160 Besondere Bedeutung hinsichtlich der zu beachtenden Grundsätze des Rechts haben Art. 3 Abs. 1 GG sowie der allgemeine arbeitsrechtliche Gleichbehandlungsgrundsatz (s.o. Kap. 1 Rn. 392 ff.), wobei § 75 Abs. 1 in Form einer nicht abschließenden Aufzählung absolute Differenzierungsverbote enthält. Die Betriebspartner müssen bei Betriebsvereinbarungen den betriebsverfassungsrechtlichen Gleichbehandlungsgrundsatz und den allgemeinen Gleichheitssatz beachten (*BAG* 22.3.2005 EzA § 75 BetrVG 2001 Nr. 2; s.o. Rn. 1306). Abstammung ist die bluts- oder volksmäßige Herkunft einschließlich der Rassenzugehörigkeit, sodass insbes. jede unterschiedliche Behandlung wegen der Herkunft aus einer bestimmten Familie, der Zugehörigkeit zu einer ethnischen Minderheit oder wegen der Hautfarbe unzulässig ist. Religion erfasst die Zugehörigkeit zu einer Kirche oder Glaubensgemeinschaft sowie auch das Bekenntnis zu einer nicht religions-orientierten Weltanschauung. Unter Nationalität ist die Staatsangehörigkeit zu verstehen, sodass ausländische oder staatenlose Arbeitnehmer im Betrieb nicht anders behandelt werden dürfen als deutsche Arbeitnehmer. Die Pflicht zur Beachtung ausländerrechtlicher Bestimmungen (z.B. Arbeitserlaubnis nach § 284 SGB III) bleibt indessen unberührt. Unter Herkunft ist das Herkommen aus einem bestimmten Gebiet sowie aus einer bestimmten sozialen oder gesellschaftlichen Schicht zu verstehen. Die politische Betätigung und Einstellung betrifft jedes politische Denken und Handeln. Das politische Verhalten eines Arbeitnehmers rechtfertigt erst dann arbeitsrechtliche Konsequenzen, wenn es zugleich konkrete betriebliche oder arbeitsvertragliche Pflichten verletzt (vgl. *BAG* 15.7.1971 EzA § 1 KSchG Nr. 19). Weiter darf die bereits durch Art. 9

Abs. 3 GG geschützte gewerkschaftliche Betätigung und Einstellung grds. nicht zur Grundlage von Differenzierungen gemacht werden, wobei aber auf Grund der Freiwilligkeit des Verbandsbeitritts und der Beschränkung der Verbandsmacht auf die Mitglieder die sich aus §§ 3, 4 TVG ergebende Ungleichbehandlung von gewerkschaftlich organisierten und nicht organisierten Arbeitnehmern bei der Gewährung (günstigerer) tariflicher Leistungen zulässig bleibt (vgl. *BAG* 21.1.1987 EzA Art. 9 GG Nr. 42). Unzulässig ist/sind beispielsweise, die Einstellung eines Arbeitnehmers von dessen Austritt aus der Gewerkschaft abhängig zu machen (*BAG* 2.6.1987 EzA Art. 9 GG Nr. 43), die Zahlung sog. Streikbruchprämien (*BAG* 11.8.1992 EzA Art. 9 GG Arbeitskampf Nr. 105; 13.7.1993 EzA Art. 9 GG Arbeitskampf Nr. 112) oder die Verletzung der den Betriebsrat und seine Mitglieder treffenden Neutralitätspflicht im Sinne strikter gewerkschaftlicher Unparteilichkeit der Amtsausübung, etwa durch Ausübung von Druck auf Arbeitnehmer zum Eintritt oder Nichteintritt in eine bestimmte Gewerkschaft (vgl. GK-BetrVG/*Kreutz* § 75 Rz. 58 f.).

Das Verbot der Benachteiligung wegen Geschlechtszugehörigkeit soll die Gleichberechti- **1161**
gung der Geschlechter sichern und verbietet so die unmittelbare wie auch die mittelbare Ungleichbehandlung wegen des Geschlechts.

Zur teilweisen Umsetzung der Richtlinie 2000/78/EG vom 27.11.2000 (ABlEG L 303, S. 16) ist durch das BetrVerf-ReformG vom 23.7.2001 (BGBl. I S. 1852 ff.) als absolutes Diskriminierungsverbot ferner das Verbot der unterschiedlichen Behandlung von Personen wegen ihrer sexuellen Identität aufgenommen worden. Sexuelle Identität ist die sexuelle Orientierung, in der eine Person sich selbst erlebt. In Betracht kommen neben der Heterosexualität insbes. die Homo- und Bisexualität, nicht aber krankhafte Ausprägungen sexueller Neigungen wie z.B. Exhibitionismus, Fetischismus, Voyeurismus, Pädophilie, Sadismus. Auch die Neigung, die für das andere Geschlecht typische Kleidung zu tragen (Transvestismus), ist nicht geschützt (GK-BetrVG/*Kreutz* § 75 Rz. 76).

Durch § 75 Abs. 1 S. 2 BetrVG soll der Schutz älterer Arbeitnehmer sichergestellt werden. **1162**
Die Vorschrift verbietet jede objektive Benachteiligung wegen der Überschreitung bestimmter Altersstufen, ohne selbst an konkrete Altersstufen anzuknüpfen; die Berücksichtigung tatsächlicher Unterschiede und für die jeweilige Maßnahme erheblicher Sachgesichtspunkte, z.B. bei altersbedingtem Nachlassen körperlicher oder geistiger Kräfte im Einzelfall, bleibt aber möglich (vgl. für Sozialplanregelung *BAG* 14.2.1984 EzA § 112 BetrVG 1972 Nr. 30). Bei jeder schematisierten Bildung von Altersstufen ist eine besonders sorgfältige Überprüfung des Vorliegens sachlicher Gründe notwendig (*BAG* 14.1.1986 EzA § 1 BetrVG Nr. 40).

2. Schutz und Förderung der freien Entfaltung der Persönlichkeit

a) Inhalt

§ 75 Abs. 2 S. 1BetrVG knüpft an Art. 2 GG an. Durch die Vorschrift soll der allgemeinen **1163**
Forderung nach einer verstärkten Berücksichtigung der Persönlichkeitsrechte auch im Arbeitsleben dadurch Rechnung getragen werden, dass Arbeitgeber und Betriebsrat auf den Schutz der Persönlichkeit des einzelnen Arbeitnehmers und der freien Entfaltung seiner Persönlichkeit verpflichtet werden (vgl. BT-Drs. VI/1786, S. 46). Die Vorschrift wird durch die §§ 80–86, 90–91, und 96–98 BetrVG konkretisiert und ergänzt.

§ 75 Abs. 2 BetrVG begründet nur Amtspflichten für die Normadressaten, nicht aber sub- **1164**
jektive Rechte für die geschützten Arbeitnehmer. Die Regelung dient insbes. als Auslegungsregel, begründet aber keine neuen Beteiligungsrechte des Betriebsrats in Angelegenheiten, in denen sie das BetrVG nicht vorsieht (GK-BetrVG/*Kreutz* § 75 Rz. 120 f.). § 75 Abs. 2 BetrVG begrenzt darüber hinaus die Regelungsmacht der Betriebspartner und ist insoweit Kontrollnorm für die Überprüfung der Rechtmäßigkeit von Betriebsvereinbarungen, Betriebsabsprachen und sonstigen betrieblichen Einigungen zwischen Arbeitgeber und Betriebsrat. § 75 Abs. 2 BetrVG ist insoweit Verbotsgesetz (§ 134 BGB); ein Verstoß hat die Nichtigkeit der zwischen Arbeitgeber und Betriebsrat getroffenen betrieblichen Regelung zur Folge (*BAG* 11.3.1986 EzA § 87 BetrVG 1972 Kontrolleinrichtung Nr. 15; GK-BetrVG/*Kreutz* § 75 Rz. 139).

1165 Inhalt der Schutzpflicht ist insbes., rechtswidrige Verletzungen des Persönlichkeitsrechts der Arbeitnehmer zu unterbinden. Zum Persönlichkeitsrecht gehören (vgl. GK-BetrVG/*Kreutz* §75 Rz. 97 ff.) das Recht am eigenen Bild und an der eigenen Stimme, das Recht am Charakterbild, das Recht an der Ehre und das Recht auf Achtung des Privatlebens und der Intimsphäre sowie das Recht auf informationelle Selbstbestimmung (vgl. *BVerfG* 15.12.1983 BVerfGE 65, 1, 41 ff.).

1166 Bestimmung von Inhalt und Grenzen dieser Rechte im Einzelnen sowie die Feststellung der Rechtswidrigkeit einer Persönlichkeitsverletzung setzen eine einzelfallbezogene Güter- und Interessenabwägung voraus. Demnach ist eine Einschränkung einzelner Persönlichkeitsrechte des Arbeitnehmers nur zulässig, soweit dies auf Grund überwiegender betrieblicher Interessen, insbes. im Interesse eines ungestörten Arbeitsablaufes erforderlich ist und hierbei die Einschränkung nur so gering und schonend erfolgt, wie dies zur Erreichung des rechtlich zulässigen Zweckes geboten ist (GK-BetrVG/*Kreutz* § 75 Rz. 95).

b) Einzelfälle

1167 Wegen einer Verletzung des Persönlichkeitsrechts unzulässig ist/sind z.B.:

- ▶ Die Überwachung des Arbeitnehmers durch heimliche oder offene optische Überwachung, z.B. durch Einwegscheiben oder durch den Einsatz von Videokameras (vgl. *BAG* 26.2.1992 EzA § 1004 BGB Nr. 4; s.o. Kap. 1 Rn. 294 ff.), es sei denn, der Einsatz derartiger Mittel dient in erster Linie der Kontrolle beobachtungsbedürftiger Arbeitsvorgänge (Walzstraßen, Hochöfen), oder der Kontrolle aus Sicherheitsgründen (Bankschalter, Warenhäuser) und der einzelne Arbeitnehmer wurde über diese Maßnahme informiert (GK-BetrVG/*Kreutz* § 75 Rz. 97).

1168 ▶ Die offene oder heimliche akustische Überwachung durch Abhörgeräte sowie das Abhören dienstlicher oder privater Telefongespräche (*BAG* 1.3.1973 EzA § 611 BGB Nr. 10; *BVerfG* 19.12.1991 EzA § 611 BGB Persönlichkeitsrecht Nr. 10). Die Erfassung von Telefondaten ist bei entsprechender Regelung in einer Betriebsvereinbarung jedenfalls dann zulässig, wenn nur die Daten von Dienst- oder dienstlich veranlassten Privatgesprächen, nicht aber die von reinen Privatgesprächen aufgezeichnet werden (*BAG* 27.5.1986 EzA § 87 BetrVG 1972 Kontrolleinrichtung Nr. 16).

1169 ▶ Die Einholung graphologischer Gutachten und die Durchführung psychologischer Tests und Eignungsuntersuchungen ohne Einwilligung des Arbeitnehmers.

1170 ▶ Persönlichkeitsrechtsverletzende Fragen des Arbeitgebers bei der Einstellung (s.o. Kap. 2 Rn. 249 ff.).

3. Förderung der Selbstständigkeit und Eigeninitiative der Arbeitnehmer und Arbeitsgruppen

1171 Durch das BetrVerf-ReformG vom 23.7.2001 (BGBl. I S. 1852 ff.) wurde eine Betriebsrat und Arbeitgeber gemeinsam treffende Förderungspflicht der Selbstständigkeit und Eigeninitiative der Arbeitnehmer und der Arbeitsgruppen in § 75 Abs. 2 S. 2 BetrVG aufgenommen.

a) Zweck, Funktion

1172 Die Förderungspflicht soll einen Beitrag zu mehr Demokratie im Betrieb leisten, insbes. durch eine entsprechende Gestaltung der Betriebsorganisation und der Arbeit, die Freiräume für Entscheidungen, Eigenverantwortung und Kreativität der Arbeitnehmer und der Arbeitsgruppen schafft. Hierdurch soll zugleich eine wesentliche Grundlage für die Beteiligungsrechte der einzelnen Arbeitnehmer (§§ 81–86 a BetrVG, s.o. Rn. 1058 ff.) und der Arbeitsgruppen (§ 28a BetrVG, s.o. Rn. 522 ff.) geschaffen und deren Bedeutung in der Betriebsverfassung hervorgehoben werden (BegrRegE, BT-Drs. 14/5741, S. 45).

§ 75 Abs. 2 S. 2 BetrVG begründet nur Amtspflichten für die Normadressaten, nicht aber subjektive Rechte für die Arbeitnehmer oder Arbeitsgruppen. Die Förderungspflicht prägt aber die Schutz- und Fürsorgepflicht des Arbeitgebers im Arbeitsverhältnis, begründet aber keine neuen Beteiligungsrechte des Betriebsrats in Angelegenheiten, in denen sie das BetrVG nicht vorsieht (GK-BetrVG/*Kreutz* § 75 Rz. 126, 127). Im Sinne einer Leitlinie wird zum Ausdruck gebracht, dass betriebliche Regelungen, die im Rahmen des rechtlich Zulässigen die Selbstständigkeit und Eigeninitiative der Arbeitnehmer oder der Arbeitsgruppen verstärken, gesetzgeberisch gewünscht sind und solche Regelungen dem Wohl des Betriebs und seiner Arbeitnehmer i.S.d. § 2 Abs. 1 BetrVG entsprechen (GK-BetrVG/*Kreutz* § 75 Rz. 128). In Bezug auf die Förderung der Selbstständigkeit und Eigeninitiative von Arbeitsgruppen beinhaltet § 75 Abs. 2 S. 2 BetrVG eine Leitlinie für die Ermessensausübung der Einigungsstelle bei der Aufstellung von Regelungen nach § 87 Abs. 1 Nr. 13 BetrVG (*Löwisch* NZA Sonderbeilage zu NZA Heft 24/2001, S. 40, 43; zur Mitbestimmung hinsichtlich der Grundsätze über die Durchführung von Gruppenarbeit nach § 87 Abs. 1 Nr. 13 BetrVG s.u. Rn. 1663 ff.). **1173**

b) Inhalt

Die Förderung einzelner Arbeitnehmer kann z.B. durch die Eröffnung von Handlungs- und Entscheidungsspielräumen, den Abbau organisatorischer Zwänge und die aktive Unterstützung bei der Wahrnehmung und Ausübung eigener betriebsverfassungsrechtlicher Beteiligungsrechte der Arbeitnehmer erfolgen (GK-BetrVG/*Kreutz* § 75 Rz. 128, 129). **1174**

Die Förderungspflicht hinsichtlich Arbeitsgruppen i.S.d. § 75 Abs. 2 S. 2 BetrVG bezieht sich auf alle Arten von Arbeitsgruppen, wie z.B. teilautonome Arbeitsgruppen (vgl. § 87 Abs. 1 Nr. 13 BetrVG, s.u. Rn. 1663 ff.) oder Team- oder Projektgruppen (GK-BetrVG/*Kreutz* § 75 Rz. 131). Sie besteht nur hinsichtlich bestehender Arbeitsgruppen; eine Verpflichtung des Arbeitgebers zur Einführung von Gruppenarbeit folgt aus § 75 Abs. 2 S. 2 BetrVG nicht (GK-BetrVG/*Kreutz* § 75 Rz. 133). Die Förderung kann beispielsweise dadurch erfolgen, dass der Gruppe für die Erledigung ihrer Aufgaben Eigenverantwortung eingeräumt und der Arbeitsgruppe nach § 28a BetrVG (s.o. Rn. 522 ff.) betriebsverfassungsrechtliche Entscheidungsbefugnisse übertragen werden (vgl. GK-BetrVG/*Kreutz* § 75 Rz. 135; nach *Löwisch* Sonderbeilage zu NZA Heft 24/2001, S. 40, 43 soll aus § 75 Abs. 2 S. 2 BetrVG die Verpflichtung folgen, von der Übertragungsbefugnis des § 28a BetrVG Gebrauch zu machen, soweit keine sachlichen Gründe entgegenstehen). **1175**

IV. Die Einigungsstelle, §§ 76, 76 a BetrVG

Die Einigungsstelle ist ein institutionalisiertes betriebsverfassungsrechtliches Schlichtungs- und Entscheidungsorgan. Sie dient der Beilegung von Meinungsverschiedenheiten durch verbindliche Entscheidung als betriebliche Zwangsschlichtung (*BVerfG* 18.10.1986 EzA § 76 BetrVG 1972 Nr. 38) und dem vorgelagert der Hilfestellung zu einer Einigung der Betriebspartner (GK-BetrVG/*Kreutz* § 76 Rz. 5, 6). **1176**

1. Die Zuständigkeit der Einigungsstelle

a) Freiwilliges Einigungsstellenverfahren

> § 76 Abs. 1, 6 BetrVG eröffnet den Betriebspartnern auf übereinstimmenden Antrag den Weg zur Einigungsstelle zur Beilegung sämtlicher Meinungsverschiedenheiten in Regelungs- und auch Rechtsstreitigkeiten (*BAG* 20.11.1990 EzA § 76 BetrVG 1972 Nr. 55). **1177**

Rechtstreitigkeiten betreffen das Bestehen, den Inhalt oder Umfang gesetzlicher oder vertraglicher Ansprüche. Regelungsstreitigkeiten betreffen Differenzen der Betriebspartner über die Gestaltung einer betrieblichen Regelung. Geht es um Rechtsstreitigkeiten, führt die Tatsache, dass die Betriebspartner über den Gegenstand der Rechtsstreitigkeit nicht verfügen können, nicht zur Unzuständigkeit der freiwillig errichteten Einigungsstelle, sondern nur dazu, dass der Spruch der Einigungsstelle für die Betriebspartner nicht verbindlich ist und gegebenenfalls in einem nachfolgenden arbeitsgerichtlichen Beschlussverfahren aufzuheben ist (GK-BetrVG/*Kreutz* § 76 Rz. 21).

1178 Haben die Betriebsparteien daher vereinbart, dass zunächst die Einigungsstelle entscheiden soll, ist ein vorher eingeleitetes arbeitsgerichtliches Beschlussverfahren unzulässig (*BAG* 20.11.1990 EzA § 76 BetrVG 1972 Nr. 55). In Regelungsstreitigkeiten ist bei einem freiwilligen Einigungsstellenverfahren die Zuständigkeit der Einigungsstelle unbeschränkt. Es kann daher auch durchgeführt werden in Angelegenheiten, in denen dem Betriebsrat kein Mitbestimmungs- oder Mitwirkungsrecht zusteht (GK-BetrVG/*Kreutz* § 76 Rz. 24).

b) Erzwingbares Einigungsstellenverfahren

1179 Die Einigungsstelle ist in allen gesetzlich bestimmten Fällen zuständig, in denen ihr Spruch die Einigung von Arbeitgeber und Betriebsrat ersetzt und sie deshalb bereits auf Antrag von nur einer Seite tätig werden kann, § 76 Abs. 5 BetrVG.

1180 Solche kompetenzzuweisenden Einzelvorschriften sind insbes.: § 37 Abs. 6, 7; § 38 Abs. 2; § 39 Abs. 1; § 47 Abs. 6; § 55 Abs. 4 i.V.m. § 47 Abs. 6; § 65 i.V.m. § 37 Abs. 6 und 7; § 69 i.V.m. § 39 Abs. 1; § 72 Abs. 6; § 85 Abs. 2; § 87 Abs. 2; § 91; § 94 Abs. 1, 2; § 95 Abs. 1, 2; § 98 Abs. 4, 6; § 102 Abs. 6; § 109; § 112 Abs. 4; § 116 Abs. 3 Nr. 2, 4, 8 BetrVG. In diesem gesetzlichen Rahmen kann die Einigungsstelle angerufen werden, nachdem zuvor erfolglose Verhandlungen stattgefunden haben (vgl. *Berenz* NZA Beil. 2/1991, S. 23 ff.) oder sich eine Seite auf Verhandlungen überhaupt nicht einlässt (*LAG BW* 16.10.1991 NZA 1992, 186). Ob die Verhandlungen zwischen Arbeitgeber und Betriebsrat als gescheitert zu betrachten sind, steht im Beurteilungsermessen der Betriebspartner, sodass dann, wenn diese Annahme nicht ohne jeglichen Anlass erfolgt, die Bildung der Einigungsstelle betrieben werden kann (*LAG Frankf./M.* 12.11.1991 NZA 1992, 853).

1181 Der Anwendungsbereich der erzwingbaren Einigungsstellenverfahrens kann durch Tarifvertrag erweitert werden, sofern dieser festlegt, dass der Spruch der Einigungsstelle die Einigung zwischen Arbeitgeber und Betriebsrat in einer Angelegenheit, in der nach dem BetrVG an sich kein Mitbestimmungsrecht besteht, die Einigung zwischen Betriebsrat und Arbeitgeber ersetzt (*BAG* 18.8.1987 EzA § 77 BetrVG 1972 Nr. 18).

2. Errichtung der Einigungsstelle

1182 Die Einigungsstelle ist grds. nicht eine ständige Einrichtung, sondern wird vielmehr in jedem Einzelfall neu gebildet. Durch freiwillige, nicht erzwingbare Betriebsvereinbarung kann aber auch eine ständige Einigungsstelle errichtet werden (§ 76 Abs. 1 S. 2 BetrVG).

a) Freiwilliges Einigungsstellenverfahren

1183 Die Einigungsstelle kann hier nur im jederzeit widerruflichen (GK-BetrVG/*Kreutz* § 76 Rz. 33) Einverständnis beider Parteien errichtet und tätig werden. Sind beide Parteien zwar mit der Verhandlung ihrer Meinungsverschiedenheiten vor der Einigungsstelle einverstanden, können sich aber nicht auf eine bestimmte Anzahl von Beisitzern sowie den Vorsitzenden einigen, kann das arbeitsgerichtliche Bestellungsverfahren nach §§ 76 Abs. 2 BetrVG, 98 ArbGG durchgeführt werden, was aber ebenfalls das unwiderrufene Einverständnis beider Teile zur Durchführung des freiwilligen Verfahrens und damit einen Antrag beider Parteien voraussetzt (GK-BetrVG/*Kreutz* § 76 Rz. 33).

b) Erzwingbares Einigungsstellenverfahren

1184 In den Fällen, in denen der Spruch der Einigungsstelle die Einigung zwischen Arbeitgeber und Betriebsrat ersetzt, kann die Einigungsstelle auch gegen den Willen der anderen Partei auf Antrag nur einer Partei tätig werden. Kommt zwischen den Betriebspartnern eine Einigung über die Anzahl der Beisitzer und über die Person des Vorsitzenden zu Stande, ist damit die Einigungsstelle errichtet und kann ihre Tätigkeit aufnehmen. Kommt eine solche Einigung nicht zu Stande, so wird der Vorsitzende und die Anzahl der Beisitzer jeder Seite auf Antrag einer Partei vom Arbeitsgericht bestimmt, § 76 Abs. 2 BetrVG, § 98 ArbGG (s.u. Rn. 1191 ff.). Ist der Vorsitzende bestellt, steht weiter die Anzahl der Beisitzer fest und hat eine Seite ihre Beisitzer benannt, ist die Einigungsstelle auch dann errichtet, wenn die andere Partei noch keine Beisitzer bestellt hat, § 76 Abs. 5 S. 1 BetrVG.

c) Größe und Zusammensetzung

Die Einigungsstelle besteht aus einer gleichen Anzahl von Beisitzern für jede Seite und einem unparteiischen Vorsitzenden. Über beide Fragen sollen sich die Betriebspartner einigen. Kommt eine Einigung nicht zu Stande, so entscheidet das ArbG abschließend über die Zahl der Beisitzer und/oder über die Person des Vorsitzenden, § 76 Abs. 2 S. 2 BetrVG. Maßgeblich sind insoweit Größe und Art des Betriebes sowie die Schwierigkeit der zu behandelnden Angelegenheit. Eine gesetzliche Regelung der Anzahl der Beisitzer fehlt. 1185

Für den Regelfall werden in der Rechtsprechung je zwei Beisitzer (*LAG Hamm* 20.6.1975 DB 1975, 2452; *LAG München* 15.7.1991 NZA 1992, 185; *LAG Frankf.* 29.9.1992 NZA 1993, 1008) oder je ein Beisitzer (*LAG SchlH* 28.1.1993 DB 1993, 1591; *LAG Hamm* 8.4.1987 NZA 1988, 210) als angemessen und ausreichend angesehen. 1186

Die Bestellung von mehr als drei Beisitzern soll in aller Regel nicht vertretbar sein (*LAG München* 31.1.1989 NZA 1989, 525). Bei der Auswahl der Beisitzer, die von der Seite, die sie bestellt hat, jederzeit wieder abberufen werden können, sind die Beteiligten grds. frei. Es können auch betriebsfremde Personen und auch der Arbeitgeber selbst bzw. Betriebsratsmitglieder bestellt werden (*BAG* 14.1.1983 EzA § 79 BetrVG 1972 Nr. 34; 6.5.1986 EzA § 112 BetrVG 1972 Nr. 39). Ebenso können Vertreter der Gewerkschaften (*BAG* 14.12.1988 EzA § 76 BetrVG 1972 Nr. 47) oder der Arbeitgebervereinigungen und auch Rechtsanwälte benannt werden. Eine Ablehnung der von einer Seite bestellten Beisitzer durch die andere wegen Befangenheit oder ein Stimmrechtsauschluss bei persönlicher Betroffenheit kommt nach h.M. nicht in Betracht (GK-BetrVG/*Kreutz* § 76 Rz. 48; **a.A.** *Schmitt* NZA 1987, 78, 82 f.). Zulässig ist auch die Bestellung von stellvertretenden Beisitzern. 1187

Können sich die Parteien nicht auf die Person des Vorsitzenden einigen, so wird dieser auf Antrag einer Seite durch das ArbG bestellt. Der Vorsitzende muss unparteiisch sein. Sofern Berufsrichter bestellt werden, bedürfen sie zur Übernahme des Amtes einer Nebentätigkeitsgenehmigung, § 40 DRiG. 1188

Der bestellte Vorsitzende kann in analoger Anwendung von § 1032 Abs. 1 ZPO wegen der Besorgnis der Befangenheit abgelehnt werden (*BAG* 11.9.2001 EzA § 76 BetrVG 1972 Nr. 68). Das Ablehnungsrecht verliert allerdings nach § 43 ZPO analog, wer sich auf die Verhandlung vor der Einigungsstelle in Kenntnis der Ablehnungsgründe rügelos einlässt (*BAG* 9.5.1995 EzA § 76 BetrVG 1972 Nr. 66). Das Ablehnungsgesuch können nur die Betriebsparteien selbst, nicht aber die bestellten Beisitzer stellen. In Betracht kommt insoweit nur, dass die Beisitzer als Boten handeln. Das Ablehnungsgesuch muss schriftlich erfolgen (*BAG* 29.1.2002 EzA § 76 BetrVG 1972 Nr. 70). 1189

Im Hinblick auf das Verfahren gilt Folgendes (*BAG* 11.9.2001 EzA § 76 BetrVG 1972 Nr. 68): Wird ein Ablehnungsgesuch gestellt, so befindet über die Ablehnung die Einigungsstelle, allerdings unter Ausschluss des abgelehnten Vorsitzenden. An der Abstimmung können sich somit nur die Beisitzer der Betriebsparteien beteiligen. Findet der Ablehnungsantrag keine Mehrheit, ist er abgelehnt. Wird der Ablehnungsantrag von der Einigungsstelle zurückgewiesen, kann der Beteiligte, der den Antrag gestellt hatte, entsprechend § 1037 Abs. 3 ZPO innerhalb einer Frist von einem Monat eine arbeitsgerichtliche Entscheidung 1190 beantragen. Bis zur Einreichung eines solchen Antrags und während eines anhängigen Verfahrens kann das Einigungsstellenverfahren entsprechend § 1037 Abs. 3 S. 2 ZPO fortgesetzt und ggf. durch Spruch abgeschlossen werden. Darüber, ob das Verfahren trotz eines angekündigten oder gestellten Antrags auf gerichtliche Klärung der Befangenheitsgründe fortgesetzt oder ausgesetzt wird, entscheidet die Einigungsstelle nach freiem Ermessen. Wird das Einigungsstellenverfahren fortgesetzt und abgeschlossen und ist deshalb die betroffene Partei gehindert, eine Überprüfung ihres Ablehnungsgesuchs durch ein staatliches Gericht zu erlangen, ist über das Vorliegen von Befangenheitsgründen ausnahmsweise im Verfahren über die Anfechtung des Einigungsstellenspruchs zu befinden.

d) Arbeitsgerichtliches Bestellungsverfahren

1191 Kommt eine Einigung der Betriebspartner über die Anzahl der Beisitzer und/oder über die Person des Vorsitzenden nicht zu Stande, so entscheidet hierüber gem. § 76 Abs. 2 BetrVG, § 98 ArbGG das ArbG im Beschlussverfahren. Beteiligte sind Arbeitgeber und Betriebsrat. Die Entscheidung erfolgt erst- und zweitinstanzlich durch den Vorsitzenden der Kammer, § 98 Abs. 1, Abs. 2 ArbGG. Die Beteiligten sind zu hören; ohne mündliche Anhörung kann nur mit Einverständnis der Beteiligten entschieden werden, §§ 98, 83 Abs. 4 ArbGG. Die Ladungs- und Einlassungsfristen betragen 48 Stunden. Der Beschluss soll den Beteiligten innerhalb von zwei Wochen nach Antragseingang zugestellt werden und ist spätestens innerhalb von vier Wochen nach Antragseingang zuzustellen, § 98 Abs. 1 ArbGG. Nach überwiegender Auffassung (GK-BetrVG/*Kreutz* § 76 Rz. 63; **a.A.** *LAG Düsseld.* 8.2.1991 LAGE § 98 ArbGG 1979 Nr. 19) kann das Bestellungsverfahren nicht im Wege des vorläufigen Rechtsschutzes betrieben werden. Der Antrag ist zu begründen, wobei nicht nur die mangelnde Einigung der Parteien, sondern auch der Gegenstand der Meinungsverschiedenheit, über den die zu errichtende Einigungsstelle einen Spruch fällen soll, anzugeben ist.

1192 Der Antrag darf nur dann als unbegründet abgewiesen werden, wenn die Einigungsstelle offensichtlich unzuständig ist, d.h., wenn ihre Zuständigkeit im konkreten Streitfall nach den zur Antragsbegründung vorgetragenen Tatsachen auf den ersten Blick unter keinem denkbaren rechtlichen Gesichtspunkt als möglich erscheint bzw. wenn sich die Streitigkeit sofort erkennbar nicht unter einen mitbestimmungspflichtigen Tatbestand des Betriebsverfassungsgesetzes subsumieren lässt (GK-BetrVG/*Kreutz* § 76 Rz. 66 m.w.N.).

Die Einigungsstelle ist nicht bereits deshalb offensichtlich unzuständig, weil es an der Aufnahme förmlicher Verhandlungen über den streitigen Regelungsgegenstand zwischen den Betriebsparteien fehlt. Es reicht vielmehr aus, wenn sich eine Seite nicht auf Verhandlungen eingelassen hat (*LAG Hamm* 9.8.2004 LAGE § 98 ArbGG 1979 Nr. 43). Eine offensichtliche Unzuständigkeit ist z.B. angenommen worden, wenn eine nicht enumerativ in § 111 BetrVG aufgeführte Betriebsänderung dargelegt wird, ohne allerdings wesentliche Nachteile für die betroffenen Arbeitnehmer darlegen zu können (*LAG Nds.* 2.11.2006 LAGE § 111 BetrVG 2001 Nr. 6 betr. Rückkehr von einer verlängerten Arbeitszeit zur Normalarbeitszeit).

1193 Soweit der Vorsitzende das Amt nicht annimmt, hat das Gericht einen anderen Vorsitzenden zu bestellen. Fraglich ist, ob dies im selben Verfahren geschehen kann oder ein neuer Antrag nach § 98 ArbGG zu stellen ist (so GMPM-G/*Matthes* § 98 Rz. 28). Durch die gerichtliche Entscheidung sind die Parteien nicht gehindert, sich auf einen anderen Vorsitzenden zu einigen. Die Entscheidung des ArbG wird in diesem Fall gegenstandslos (GK-BetrVG/*Kreutz* § 76 Rz. 74).

1194 Die für die Zuständigkeit der Einigungsstelle maßgebliche Frage des Bestehens oder Nichtbestehens eines Mitbestimmungsrechts kann unabhängig von dem Errichtungsverfahren zum Gegenstand eines auf die Feststellung des Bestehens oder Nichtbestehens des entsprechenden Mitbestimmungsrechts gerichteten selbstständigen arbeitsgerichtlichen

Beschlussverfahrens gemacht werden (*BAG* 25.4.1989 EzA § 98 ArbGG 1979 Nr. 6). Ist ein sog. Vorabentscheidungsverfahren anhängig, darf aber das Bestellungsverfahren nicht bis zu dessen Abschluss ausgesetzt werden (*BAG* 24.11.1981 EzA § 76 BetrVG 1972 Nr. 33; **a.A.** *LAG RhPf* 29.7.1985 LAGE § 98 ArbGG 1979 Nr. 9).

Hierdurch würde der Zweck des Bestellungsverfahrens, möglichst rasch eine formal funktionsfähige Einigungsstelle, die über ihre Zuständigkeit primär selbst zu entscheiden hat, zur Verfügung zu stellen, vereitelt. Umgekehrt hat die Inzidententscheidung des Arbeitsgerichts im Bestellungsverfahren darüber, ob ein Mitbestimmungsrecht besteht oder nicht, keine Bindungswirkung für ein Vorabentscheidungsverfahren, da diese Frage im Bestellungsverfahren nur Vorfrage, aber nicht Streitgegenstand ist. Die rechtskräftige Abweisung des Antrages des Betriebsrates auf Bestellung eines Einigungsstellenvorsitzenden mit der Begründung, die Einigungsstelle sei offensichtlich unzuständig, lässt daher nicht des Rechtsschutzinteresse des Betriebsrates an der Feststellung des umstrittenen Mitbestimmungsrechtes entfallen. Der Betriebsrat kann erneut die Bestellung eines Einigungsstellenvorsitzenden beantragen, wenn das geltend gemachte Mitbestimmungsrecht im Vorabentscheidungsverfahren unter den Beteiligten rechtskräftig festgestellt worden ist (*BAG* 25.4.1989 EzA § 98 ArbGG 1979 Nr. 6). 1195

3. Die Rechtsstellung der Mitglieder

Die Mitgliedschaft in der Einigungsstelle wird erst durch die Annahme des Amtes durch die bestellte Person begründet; eine Pflicht dazu besteht nicht. Berufsrichter dürfen nur den Vorsitz in Einigungsstellen übernehmen und bedürfen hierzu einer Nebentätigkeitsgenehmigung, die zu versagen ist, wenn der Richter nach der Geschäftsverteilung mit der Angelegenheit befasst werden kann, §§ 4 Abs. 2 Nr. 5, 40 DRiG. Die Einigungsstellenbeisitzer sind an Weisungen der sie bestellenden Seite nicht gebunden. Ihre Bestellung kann jedoch von der jeweiligen Seite widerrufen werden (GK-BetrVG/*Kreutz* § 76 Rz. 91). Mitglieder der Einigungsstelle dürfen gem. § 78 BetrVG in der Ausübung ihrer Tätigkeit nicht gestört oder behindert oder wegen ihrer Tätigkeit benachteiligt oder begünstigt werden. Verstöße hiergegen sind unter Strafe gestellt, § 119 BetrVG. Ein besonderer Kündigungsschutz besteht nicht; eine Kündigung wegen der Tätigkeit als Mitglied der Einigungsstelle verstößt aber gegen § 78 BetrVG und ist deshalb nach § 134 BGB nichtig. Es besteht nach § 79 Abs. 2 BetrVG zudem eine strafbewehrte (§ 120 Abs. 1 Nr. 1 BetrVG) Geheimhaltungspflicht. 1196

4. Das Verfahren vor der Einigungsstelle

Mit Ausnahme der Regelungen über die Beschlussfassung und dem Gebot, unverzüglich tätig zu werden (§ 76 Abs. 3 BetrVG), gibt es keine gesetzlich geregelte Verfahrensordnung. Eine solche kann durch freiwillige Betriebsvereinbarung geregelt werden (§ 76 Abs. 4 BetrVG). Aus der Stellung des Vorsitzenden folgt, dass er die Sitzungen der Einigungsstelle einberuft, leitet und sonstige verfahrensleitende Maßnahmen trifft. 1197

Die Ausgestaltung des Verfahrens liegt weitgehend im Ermessen der Einigungsstelle, wobei dieses Ermessen durch allgemein anerkannte elementare Verfahrensgrundsätze begrenzt ist (*BAG* 18.4.1989 EzA § 76 BetrVG 1972 Nr. 48; 18.1.1994 EzA § 76 BetrVG 1972 Nr. 63). 1198

a) Antragserfordernis

Die errichtete Einigungsstelle wird nur auf Antrag tätig. Der Antrag muss erkennen lassen, in welcher Meinungsverschiedenheit und in welchem Umfang ein Spruch der Einigungsstelle ergehen soll. Ein bestimmter Sachantrag ist nicht notwendig. 1199

1200 Anträge können im Laufe des Verfahrens geändert oder erweitert werden (*BAG* 28.7.1981 EzA § 87 BetrVG 1972 Urlaub Nr. 4; 30.1.1990 EzA § 87 BetrVG 1972 Betriebliche Lohngestaltung Nr. 27). Im Gegensatz zum gerichtlichen Verfahren hat der Antrag nur verfahrenseinleitende Funktion. Eine strikte Bindung der Einigungsstelle an die von den Beteiligten gestellten Anträge besteht nicht. Sie muss sich lediglich in dem Entscheidungsrahmen halten, der durch die konkrete Meinungsverschiedenheit, soweit diese in den Anträgen Ausdruck findet und zu deren Beilegung sie angerufen wurde, vorgegeben wird (*BAG* 30.1.1990 EzA § 87 BetrVG 1972 Betriebliche Lohngestaltung Nr. 27). Der Streitgegenstand wird damit nicht durch die Fassung der Anträge begrenzt und bestimmt, sondern durch den in den Anträgen zum Ausdruck kommenden Regelungsgegenstand. Neben der verfahrenseinleitenden Funktion haben damit Anträge nur den Zweck, die regelungsbedürftige Angelegenheit zu umschreiben und Vorschläge für deren Lösung zu machen.

b) Rechtliches Gehör

1201 Die Einigungsstelle muss beiden Parteien rechtliches Gehör gewähren (Art. 103 Abs. 1 GG), wobei streitig ist, ob dies notwendig eine mündliche Verhandlung bedingt (dafür *Pünnel* Die Einigungsstelle des Betriebsverfassungsgesetzes 1972, 3. Aufl., Rz. 52; *Heinze* RdA 1990, 262, 266, 271]; dagegen GK-BetrVG/*Kreutz* § 76 Rz. 101; MünchArbR/*Joost* § 320 Rz. 35). Nach Auffassung des 1. Senates des *BAG* (11.2.1992 EzA § 76 BetrVG 1972 Nr. 60) ist rechtliches Gehör nur den Mitgliedern der Einigungsstelle, nicht jedoch den Betriebspartnern zu gewähren, da diese gerade durch ihre Beisitzer in der Einigungsstelle vertreten werden. Diese Aussage wird überwiegend kritisiert und der Anspruch auf rechtliches Gehör den Betriebspartnern selbst zugeordnet (vgl. etwa GK-BetrVG/*Kreutz* § 76 Rz. 100; MünchArbR/*Joost* § 320 Rz. 35; DKK/*Berg* § 76 Rz. 62).

c) Sitzungen

1202 Die Einigungsstelle hat zwingend zumindest eine Sitzung abzuhalten, da sie ihre Beschlüsse nach mündlicher Beratung fasst (§ 76 Abs. 3 BetrVG). Die Durchführung weiterer Sitzungen liegt in ihrem Ermessen. Die Einladung erlässt der Vorsitzende. Die Sitzungen sind nicht öffentlich, auch nicht betriebsöffentlich, aber soweit mündliche Erörterung stattfindet, beteiligtenöffentlich (GK-BetrVG/*Kreutz* § 76 Rz. 106).

1203 Die abschließende mündliche Beratung und Beschlussfassung muss auf jeden Fall in Abwesenheit der Betriebsparteien erfolgen, da ein Verstoß gegen diesen Verfahrensgrundsatz zur Unwirksamkeit des Einigungsstellenspruches führt (*BAG* 18.1.1994 EzA § 76 BetrVG 1972 Nr. 63).

Zulässig bleibt trotz des Grundsatzes der Nichtöffentlichkeit die Hinzuziehung eines Protokollführers (GK-BetrVG/*Kreutz* § 76 Rz. 106).

1204 Werden Ort und Zeit einer Sitzung der Einigungsstelle nicht zwischen allen Mitgliedern abgesprochen, so hat der Vorsitzende für die Einladung der Beisitzer zu sorgen. Bedient er sich dazu einzelner Beisitzer und leiten diese die Einladung nicht weiter, so fehlt es an einer ordnungsgemäßen Einladung. Zwar kann vereinbart werden, dass ein Beisitzer als Ladungsbevollmächtigter eines anderen Beisitzers gelten soll, eine solche Ausnahmeregelung ist jedoch im Zweifel nicht anzunehmen.

1205 Haben nicht alle Beisitzer an der Sitzung der Einigungsstelle teilgenommen, weil sie nicht ordnungsgemäß eingeladen wurden, und ergeht dennoch ein Einigungsstellenspruch, so ist dieser unwirksam (*BAG* 27.6.1995 EzA § 76 BetrVG 1972 Nr. 65). Mängel der Einladung können durch rügelose Einlassung geheilt werden.

d) Vertretung

Die Parteien können sich im Verfahren vor der Einigungsstelle durch Bevollmächtigte unterstützen oder vertreten lassen, auch durch Rechtsanwälte (*BAG* 21.6.1989 EzA § 40 BetrVG Nr. 61). Die Kosten eines vom Betriebsrat beauftragten Rechtsanwaltes hat der Arbeitgeber nur nach Maßgabe und in den Grenzen des § 40 Abs. 1 BetrVG zu tragen (*BAG* 14.2.1996 EzA § 40 BetrVG 1972 Nr. 76; s.o. Rn. 758 ff.). 1206

Für die Beantwortung der Frage, ob die Hinzuziehung eines anwaltlichen Verfahrensbevollmächtigten vor der Einigungsstelle zur Vertretung des Betriebsrats pflichtgemäßem Ermessen entspricht, ist in erster Linie maßgebend, ob zwischen den Betriebsparteien schwierige Rechtsfragen streitig sind. Hierfür kann von indizieller Bedeutung sein, ob auch der Arbeitgeber sich durch einen Verfahrensbevollmächtigten hat vertreten lassen. Nicht berücksichtigt werden darf bei der Entscheidung des Betriebsrats das Gebühreninteresse des Anwalts, auch wenn dieser den Betriebsrat bereits vor Durchführung des Einigungsstellenverfahrens beraten hat (*BAG* 14.2.1996 EzA § 40 BetrVG 1972 Nr. 76). 1207

Das anwaltliche Honorar richtet sich nach dem RVG (vgl. § 17 Nr. 7 d RVG).Wenn bei Sozialplanverhandlungen des Volumen des Sozialplans streitig ist, bemisst sich der Gegenstandswert aus der Differenz des jeweils vorgeschlagenen Sozialplanvolumens (*BAG* 14.2.1996 EzA § 40 BetrVG 1972 Nr. 76). 1208

e) Untersuchungsgrundsatz

Nach ganz überwiegender Auffassung (vgl. GK-BetrVG/*Kreutz* § 76 Rz. 103; **a.A.** *Heinze* RdA 1990, 262, 265, 270]; MünchArbR/*Joost* § 320 Rz. 41) gilt für das Einigungsstellenverfahren der Untersuchungsgrundsatz, sodass die Einigungsstelle ihrer Entscheidung nicht nur die Tatsachen zu Grunde legen darf und über diese Beweis erheben kann, die von den Parteien vorgebracht worden sind, sondern vielmehr auch selbst Ermittlungen anstellen, Zeugen und Sachverständige hören, Gutachten einholen und Ortsbesichtigungen durchführen kann. Eine selbstständige Anfechtung eines Beweisbeschlusses der Einigungsstelle ist nicht statthaft (*BAG* 4.7.1989 EzA § 87 BetrVG 1972 Betriebliche Lohngestaltung Nr. 24). Zwangsmittel zur Durchführung von Ermittlungen stehen der Einigungsstelle weder gegen die Beteiligten noch gegen Zeugen und Sachverständige zu; eine Vereidigung ist ausgeschlossen (GK-BetrVG/*Kreutz* § 76 Rz. 104). 1209

f) Beschlussfassung

Die Einigungsstelle trifft ihre Entscheidungen durch Beschluss. Für die eigentliche, sachentscheidende Beschlussfassung sieht § 76 Abs. 3 S. 2 BetrVG ein zweistufiges Verfahren vor: Zunächst stimmen die Beisitzer alleine ab. Findet demnach eine Entscheidung keine Mehrheit, so ist nach weiterer Beratung erneut, diesmal unter Beteiligung des Vorsitzenden abzustimmen, sodass letztendlich die Stimme des Vorsitzenden den Ausschlag gibt. Dieses zweistufige Verfahren gilt nur für die eigentliche Sachentscheidung, nicht aber für verfahrensleitende Beschlüsse (MünchArbR/*Joost* § 320 Rz. 44). Die Beschlüsse sind nach mündlicher Beratung zu fassen, was gleichzeitige Anwesenheit der an der Beschlussfassung Mitwirkenden voraussetzt und eine Beschlussfassung im Umlaufverfahren oder durch schriftliches Votum ausschließt. Die abschließende mündliche Beratung und Beschlussfassung muss zur Vermeidung der Unwirksamkeit des Einigungsstellenspruchs nicht-öffentlich, insbes. in Abwesenheit der Betriebsparteien erfolgen (*BAG* 18.1.1994 EzA § 76 BetrVG 1972 Nr. 63). 1210

Im erzwingbaren Einigungsstellenverfahren ist Beschlussfähigkeit auch dann gegeben, wenn die von einer Seite bestellten Mitglieder trotz rechtzeitiger Einladung der Sitzung fernbleiben oder eine Seite keine Beisitzer bestellt hat, § 76 Abs. 5 S. 2 BetrVG. Die Beschlüsse werden mit Stimmenmehrheit gefasst. Besteht eine zur Entscheidung anstehende Gesamtregelung aus Einzelbestimmungen, muss sich die Beschlussfassung mit Stimmenmehrheit grds. 1211 auf diese Gesamtregelung und nicht auf die Einzelbestimmungen mit möglicherweise wechselnden Mehrheiten beziehen. Dass die Gesamtregelung von der Mehrheit der Einigungsstellenmitglieder getragen ist, kann sich aber außer aus einer förmlichen Schlussabstimmung auch aus den Umständen, z.B. wenn die Einzelregelungen übereinstimmend oder jeweils mit der gleichen Mehrheit beschlossen worden sind, ergeben (*BAG* 18.4.1989 EzA § 76 BetrVG 1972 Nr. 48). Streitig ist, wie eine Stimmenthaltung von Beisitzern zu werten ist: Nach einer Auffassung (vgl. etwa *LAG Frankf./M.* 25.9.1990 LAGE § 76 BetrVG 1972 Nr. 37; DKK/*Berg* § 76 Rz. 78) sind Stimmenthaltungen nicht mitzuzählen und ein Spruch dementsprechend schon dann beschlossen, wenn die Zahl der Ja-Stimmen größer als die der Nein-Stimmen ist. Dies gilt nach Auffassung des *BAG* (17.9.1991 EzA § 112 BetrVG 1972 Nr. 58) jedenfalls für die Fälle, in denen der Spruch der Einigungsstelle die Einigung zwischen den Betriebspartnern ersetzt. Nach anderer Auffassung (GK-BetrVG/*Kreutz* § 76 Rz. 111) kommt es auf die Mehrheit der Mitgliederstimmen an, sodass Enthaltungen wie Nein-Stimmen wirken.

1212 Ergibt sich bei der ersten Abstimmung Stimmengleichheit, ist erneut zu beraten und dann erneut unter Mitwirkung des Vorsitzenden abzustimmen. Ergibt sich bereits bei der ersten Abstimmung der Beisitzer eine Mehrheit gegen den Beschlussantrag, findet grds. kein zweiter Abstimmungsvorgang statt, sondern die Einigungsstelle hat die Beratung fortzusetzen und nach einer anderweitigen Lösung zu suchen (GK-BetrVG/*Kreutz* § 76 Rz. 113; **a.A.** DKK/*Berg* § 76 Rz. 77). Etwas anderes soll gelten, wenn ein Vermittlungsvorschlag des Vorsitzenden abgelehnt wurde (*LAG BW* 8.10.1986 NZA 1988, 214).

1213 Der verfahrensabschließende Beschluss ist schriftlich niederzulegen, vom Vorsitzenden zu unterschreiben und Arbeitgeber und Betriebsrat zuzuleiten, § 76 Abs. 3 S. 3 BetrVG. Der Spruch muss nicht begründet werden. Eine fehlende Begründung führt nicht zur Unwirksamkeit (*BAG* 30.10.1979 EzA § 76 BetrVG 1972 Nr. 26; GK-BetrVG/*Kreutz* § 76 Rz. 117).

aa) Keine Bindung an die Anträge

1214 Die Einigungsstelle ist an die Anträge der Parteien nicht gebunden, muss sich jedoch in dem Entscheidungsrahmen halten, der durch die konkrete Meinungsverschiedenheit, soweit diese in den Anträgen Ausdruck findet und zu deren Beilegung sie angerufen wurde, vorgegeben wird (*BAG* 30.1.1990 EzA § 87 BetrVG 1972 Betriebliche Lohngestaltung Nr. 27). Innerhalb dieses Rahmens ist es daher möglich, dass die Einigungsstelle eine von den Parteien nicht beantragte, nicht einmal erwogene Lösung beschließt (GK-BetrVG/*Kreutz* § 76 Rz. 114). Diesem gesetzlichen Entscheidungsfreiraum entspricht aber auch eine Entscheidungspflicht.

1215 Die Einigungsstelle muss den Konflikt vollständig lösen und den ihr vorgelegten Sachverhalt insgesamt und umfassend vollständig einer Entscheidung zuführen (*BAG* 30.1.1990 EzA § 87 BetrVG 1972 Betriebliche Lohngestaltung Nr. 27). Sie darf sich daher nicht lediglich auf die Zurückweisung eines Antrages, für den sich keine Mehrheit findet, beschränken. Ebenso wenig kann sie die Regelungsaufgabe wieder an die Betriebspartner zur Erarbeitung einer betriebsautonomen Regelung zurückverweisen, sondern muss grds. selbst eine Lösung erarbeiten (*BAG* 26.8.2008 EzA § 87 BetrVG 2001 Überwachung Nr. 2; 22.1.2002 EzA § 76 BetrVG 1972 Nr. 69).

1216 Gleichwohl sind Einigungsstellensprüche, die den Regelungsgegenstand zunächst nur abstrakt-generell regeln, Maßnahmen des Arbeitgebers im konkreten Einzelfall aber an eine weitere Zustimmung des Betriebsrats knüpfen und für den Fall der Nichterteilung der Zustimmung ein erneutes Einigungsstellenverfahren vorsehen, nicht generell ausgeschlossen und jedenfalls dann nicht zu beanstanden, wenn durch sie der Regelungsstreit grundsätzlich gelöst, aber zugleich dem Umstand Rechnung getragen wird, dass die erst künftig auftretenden Einzelfälle jeweils noch eine Würdigung der konkreten Umstände sowie eine unter Beachtung des Verhältnismäßigkeitsgrundsatzes vorzunehmende Interessenabwägung verlangen (*BAG* 26.8.2008 EzA § 87 BetrVG 2001 Überwachung Nr. 2).

bb) Vorläufige Regelungen; Zwischenbeschlüsse

Die Einigungsstelle insgesamt, nicht der Vorsitzende allein, kann, wenn ihr das sachlich geboten erscheint, auch eine vorläufige Regelung bis zur endgültigen Entscheidung beschließen (GK-BetrVG/*Kreutz* § 76 Rz. 115 m.w.N.). Die Einigungsstelle kann auch verfahrensbegleitende Zwischenbeschlüsse treffen. Solche verfahrensbegleitenden Zwischenbeschlüsse sind statthaft, sie sind aber jedenfalls dann, wenn sie nicht die Feststellung der eigenen Zuständigkeit zum Gegenstand haben, nicht gesondert gerichtlich anfechtbar. Ein zuständigkeitsbejahender Zwischenbeschluss ist jedenfalls dann nicht mehr gesondert gerichtlich anfechtbar, wenn bereits vor der gerichtlichen Anhörung im Verfahren erster Instanz der abschließend regelnde Spruch der Einigungsstelle vorliegt (*BAG* 22.1.2002 EzA § 76 BetrVG 1972 Nr. 69). Umgekehrt hat die unterbliebene Anfechtung eines zuständigkeitsbejahenden Zwischenbeschlusses der Einigungsstelle nicht zur Folge, dass in einem gegen den abschließenden Spruch der Einigungsstelle gerichteten arbeitsgerichtlichen Beschlussverfahren die Frage der Zuständigkeit der Einigungsstelle der gerichtlichen Überprüfung entzogen wäre (*BAG* 22.11.2005 EzA § 85 BetrVG 2001 Nr. 1). 1217

cc) Inhaltliche Schranken des Spruchs

Die Einigungsstelle kann nur im Rahmen ihrer Zuständigkeit tätig werden, worüber sie zunächst selbst zu entscheiden hat. Hält sie sich für unzuständig, ist dies durch Beschluss festzustellen. Damit ist das Einigungsstellenverfahren beendet (*BAG* 30.1.1990 EzA § 87 BetrVG 1972 Betriebliche Lohngestaltung Nr. 27). Diese Entscheidung unterliegt der vollen, nicht fristgebundenen Nachprüfung durch das ArbG im Beschlussverfahren. Bejaht das ArbG die Zuständigkeit, so stellt es die Unwirksamkeit des Spruchs der Einigungsstelle fest. Das Einigungsstellenverfahren ist dann fortzusetzen, wobei streitig ist, ob dann eine neue Einigungsstelle errichtet werden muss oder das Verfahren vor der ursprünglichen Einigungsstelle fortgeführt wird (vgl. GK-BetrVG/*Kreutz* § 76 Rz. 174). 1218

Bejaht die Einigungsstelle ihre Zuständigkeit, muss sie bei ihrer Entscheidung zwingendes Recht beachten. Im Bereich des erzwingbaren Einigungsstellenverfahrens ersetzt der Spruch der Einigungsstelle die Einigung zwischen Arbeitgeber und Betriebsrat, sodass sie die Regelungsschranken zu beachten hat, die auch Arbeitgeber und Betriebsrat bei einer freiwilligen Einigung hätten beachten müssen, wie z.B. die Grenzen der Regelungsmacht nach § 77 Abs. 3, § 87 Abs. 1 BetrVG (s.u. Rn. 1282 ff.). Die Einigungsstelle hat ferner gem. § 76 Abs. 5 S. 3 BetrVG ihre Beschlüsse immer unter angemessener Berücksichtigung der Belange des Betriebs und der betroffenen Arbeitnehmer nach billigem Ermessen zu fassen. Für die Entscheidung über einen Sozialplan gilt die speziellere Regelung des § 112 Abs. 5 BetrVG (s.u. Rn. 2084 ff.). Der Einigungsstelle wird insoweit ein Regelungsermessen eingeräumt, welches durch die angemessene Berücksichtigung der betroffenen Belange bzw. der Billigkeit lediglich eingeengt wird. Gerichtlich überprüfbar ist lediglich, ob die Grenzen dieses Ermessens überschritten werden. Innerhalb dieser Grenzen besteht ein gerichtlich nichtüberprüfbarer Gestaltungsspielraum (*BAG* 28.9.1988 EzA § 112 BetrVG 1972 Nr. 49). 1219

dd) Die Wirkung des Spruchs

(1) Freiwilliges Einigungsstellenverfahren, § 76 Abs. 6 BetrVG

Soweit die Betriebspartner lediglich mit dem Tätigwerden der Einigungsstelle einverstanden gewesen sind und sich nicht im Voraus dem Spruch der Einigungsstelle unterworfen haben, ist ein derartiger Spruch lediglich ein unverbindlicher Einigungsvorschlag. Akzeptiert diesen eine Seite nicht, ist das freiwillige Einigungsstellenverfahren gescheitert und die Betriebspartner müssen selbst weiterverhandeln. Wird der Spruch angenommen, kann die Rechtmäßigkeit gleichwohl durch das ArbG geklärt werden (GK-BetrVG/*Kreutz* § 76 Rz. 133). Haben sich beide Seiten im Voraus dem Spruch unterworfen, so ersetzt der Spruch der Einigungsstelle die Einigung zwischen Arbeitgeber und Betriebsrat und hat die Wirkung, die 1220 diese Einigung hätte und hat also je nach seinem Inhalt die Wirkung einer Betriebsvereinbarung oder einer (bloßen) betrieblichen Einigung. Rechtsfehler können ohne Bindung an eine Frist arbeitsgerichtlich geltend gemacht werden (GK-BetrVG/*Kreutz* § 76 Rz. 132). Haben die Betriebspartner den Spruch nachträglich angenommen, so kommt hierdurch eine Betriebsvereinbarung oder eine betriebliche Einigung mit dem Inhalt des Spruchs der Einigungsstelle zu Stande. Der Spruch selbst verliert jede eigenständige Bedeutung.

(2) Erzwingbares Einigungsstellenverfahren, § 76 Abs. 5 BetrVG

1221 Hier ersetzt der Spruch der Einigungsstelle die Einigung zwischen Arbeitgeber und Betriebsrat kraft Gesetz und hat die Wirkungen, die eine unmittelbare Einigung zwischen den Betriebspartner auch hätte, häufig also die einer Betriebsvereinbarung; in Rechtsfragen hat der Spruch streitentscheidende, rechtsfeststellende Bedeutung. Rechtsfehlerhafte Sprüche sind unwirksam; diese Unwirksamkeit kann unbefristet arbeitsgerichtlich geltend gemacht werden. Eine Überschreitung der Grenzen des Ermessens kann allerdings nur innerhalb einer Frist von zwei Wochen arbeitsgerichtlich geltend gemacht werden, § 76 Abs. 5 S. 4 BetrVG. Soweit der Spruch der Einigungsstelle die Einigung der Betriebspartner über den Abschluss einer Betriebsvereinbarung ersetzt, ist er qualitativ Betriebsvereinbarung, sodass die für Betriebsvereinbarungen geltenden Regelungen (§ 77 Abs. 4–6 BetrVG) Anwendung finden (s.u. Rn. 1322 ff.). Es ist zulässig, dass die Einigungsstelle im Rahmen des ihr zustehenden Ermessens eine Kündigungsfrist in den Spruch aufnimmt (*BAG* 28.7.1981 EzA § 87 BetrVG 1972 Urlaub Nr. 4; 8.3.1977 EzA § 87 BetrVG 1972 Lohn- und Arbeitsentgelt Nr. 6).

g) Durchsetzung der aus einem Spruch folgenden Rechte

1222 Ein verbindlicher Spruch der Einigungsstelle ist selbst kein Vollstreckungstitel. Es ist Sache des Arbeitgebers, den Spruch der Einigungsstelle durchzuführen, § 77 Abs. 1 BetrVG. Die sich aus dem Spruch ergebenden Rechte und Pflichten der Betriebspartner untereinander können im arbeitsgerichtlichen Beschlussverfahren geltend gemacht werden. Gegebenenfalls ist der arbeitsgerichtliche Beschluss dann Vollstreckungstitel nach § 85 Abs. 1 ArbGG. Folgen aus dem Spruch auf Grund der normativen Wirkungen gem. § 77 Abs. 4 BetrVG Rechte der Arbeitnehmer gegen den Arbeitgeber oder umgekehrt, so sind diese im Urteilsverfahren vor dem Arbeitsgericht geltend zu machen, in welchem die Rechtswirksamkeit des Spruchs als Vorfrage zu prüfen ist. Dies gilt aber nur für Rechtsfehler, nicht für Ermessensüberschreitungen i.S.d. § 76 Abs. 5 BetrVG, da solche nur vom Arbeitgeber oder Betriebsrat im Beschlussverfahren innerhalb der Ausschlussfrist von zwei Wochen geltend gemacht werden können. Ist bei Einleitung des Urteilsverfahrens ein Beschlussverfahren über die Wirksamkeit des Einigungsstellenspruches anhängig, so ist das Urteilsverfahren gem. § 148 ZPO auszusetzen (GK-BetrVG/*Kreutz* § 76 Rz. 139).

h) Gerichtliche Überprüfung des Spruchs

1223 Der Spruch der Einigungsstelle kann auf seine Rechtmäßigkeit zum einen inzident in einem anderen arbeitsgerichtlichen Beschluss- oder Urteilsverfahren geprüft werden, sofern die Entscheidung in diesem Verfahren von der Rechtswirksamkeit des Spruchs abhängt. Zu beachten ist aber, dass eine Überschreitung der Grenzen des Ermessens nur von Arbeitgeber und Betriebsrat in einem Beschlussverfahren und unter Wahrung der Ausschlussfrist von zwei Wochen geltend gemacht werden kann und somit nicht Gegenstand einer Inzidentprüfung sein kann.

1224 Zum anderen kann die Frage der Rechtswirksamkeit des Einigungsstellenspruches auch selbst zum Verfahrensgegenstand eines arbeitsgerichtlichen Beschlussverfahrens gemacht werden. Der Antrag ist auf die Feststellung zu richten, dass der Spruch (ganz oder teilweise) rechtsunwirksam ist, da die gerichtliche Entscheidung nur feststellende, keine rechtsgestaltende Wirkung hat (st. Rspr., *BAG* 21.9.1993 EzA § 87 BetrVG 1972 Nr. 19).

Ein rechtliches Interesse an der Feststellung, dass ein Spruch der Einigungsstelle unwirksam ist, besteht nur, soweit und solange diesem ein betriebsverfassungsrechtlicher Konflikt zugrunde liegt und fortbesteht (*BAG* 19.2.2002 EzA § 256 ZPO Nr. 65). Antragsbefugt sind Betriebsrat und Arbeitgeber, nicht aber Gewerkschaften und Arbeitgeberverbände (*BAG* 18.8.1987 EzA § 81 ArbGG 1979 Nr. 13; 23.2.1988 EzA § 81 ArbGG 1979 Nr. 11) und die Einigungsstelle selbst (*BAG* 28.6.1984 EzA § 85 BetrVG 1972 Nr. 1). Auch der Betriebsrat kann den Antrag auf Feststellung der Unwirksamkeit zulässigerweise darauf stützen, dass die Einigungsstelle zu Unrecht vom Bestehen eines Mitbestimmungsrechts ausgegangen sei (*BAG* 20.7.1999 EzA § 87 BetrVG 1972 Betriebliche Lohngestaltung Nr. 67). Einzelne Arbeitnehmer können beteiligungsbefugt sein, wenn sie durch die Feststellung der Unwirksamkeit des Spruchs der Einigungsstelle unmittelbar betroffen werden, wie z.B. Betriebsratsmitglieder in den Fällen der §§ 37 Abs. 6 und 38 Abs. 2 BetrVG oder Arbeitnehmer in den Fällen des § 87 Abs. 1 Nr. 5, 9 BetrVG (GK-BetrVG/*Kreutz* § 76 Rz. 149). Im Verfahren der Überprüfung eines Spruchs der Einigungsstelle im Beschwerdeverfahren nach § 85 Abs. 2 BetrVG ist der beschwerdeführende Arbeitnehmer nicht Beteiligter (*BAG* 28.6.1984 EzA § 85 BetrVG 1972 Nr. 1). 1225

Eine Frist zur Überprüfung der Rechtmäßigkeit eines Einigungsstellenspruchs besteht grds. nicht. Uneingeschränkt gilt dies aber nur für reine Rechtsfehler des Beschlusses (z.B. fehlende Zuständigkeit der Einigungsstelle, Verletzung grundlegender Verfahrensanforderungen, Verstoß gegen höherrangiges Recht). 1226

> Die Überschreitung der Grenzen des Ermessens muss hingegen binnen einer Frist von 2 Wochen, deren Nichteinhaltung von Amts wegen zu berücksichtigen ist und die mit Zuleitung des Spruchs beginnt (§§ 187 ff. BGB), beim Arbeitsgericht geltend gemacht werden. Es handelt sich nicht um eine prozessuale, sondern um eine materiellrechtliche Ausschlussfrist, die nicht verlängert werden kann. Ihre Versäumung führt dazu, dass die Überschreitung der Grenzen des Ermessens gerichtlich nicht mehr, auch nicht in einem anderen Verfahren, in dem die Frage der Wirksamkeit des Spruchs Vorfrage ist, geprüft werden kann. Zur Wahrung der Frist ist es erforderlich, dass der Antrag auch entsprechend begründet wird. Eine nach Ablauf der Frist nachgeschobene Begründung für den Feststellungsantrag heilt den Mangel nicht (*BAG* 26.5.1988 EzA § 76 BetrVG 1972 Nr. 41). 1227

Wird eine Ermessensüberschreitung rechtzeitig geltend gemacht, unterliegt arbeitsgerichtlicher Überprüfung nur die Frage, ob die Grenzen des Ermessens überschritten sind. Eine Zweckmäßigkeitskontrolle findet nicht statt (*BAG* 31.8.1982 EzA § 87 BetrVG 1972 Arbeitszeit Nr. 13). Als Rechtsfrage ist die Einhaltung der Grenzen des Ermessens auch durch das Rechtsbeschwerdegericht uneingeschränkt überprüfbar; ein Beurteilungsspielraum der Tatsacheninstanzen besteht insoweit nicht (*BAG* 11.3.1986 EzA § 87 BetrVG 1972 Kontrolleinrichtung Nr. 15). Maßgeblich ist dabei allein, ob die getroffene Regelung die Belange des Betriebes und der betroffenen Arbeitnehmer angemessen berücksichtigt und billigem Ermessen entspricht, nicht aber, welche Überlegungen die Einigungsstelle selbst angestellt hat und von welchen Tatumständen sie sich bei ihrer Entscheidung hat leiten lassen. Auch die Frage, ob die Einigungsstelle verfahrensfehlerhaft gehandelt hat, ist nicht Gegenstand der gerichtlichen Überprüfung (*BAG* 29.1.2002 EzA § 76 BetrVG 1972 Nr. 70). Beurteilungszeitpunkt ist der Zeitpunkt der Beschlussfassung der Einigungsstelle (*BAG* 31.8.1982 EzA § 87 BetrVG 1972 Arbeitszeit Nr. 13). 1228

> Die Grenzen des Ermessens sind gewahrt, wenn der Spruch einmal die Belange des Betriebs und der getroffenen Arbeitnehmer angemessen berücksichtigt hat und er zum anderen der Billigkeit entspricht. Bei der Überprüfung ist der Zweck des jeweiligen Mitbestimmungsrechts zu beachten: Die von der Einigungsstelle getroffene Regelung muss auch denjenigen Interessen Rechnung tragen, um deren Willen dem Betriebsrat ein Mitbestimmungsrecht zusteht; die getroffene Regelung muss sich als Wahrnehmung dieses Mitbestimmungsrechts darstellen (*BAG* 17.10.1989 EzA § 76 BetrVG 1972 Nr. 54). 1229

1230 Deshalb muss z.B. ein Spruch der Einigungsstelle die Frage, in welchem Verhältnis die Provisionssätze der einzelnen Vertriebsrepräsentanten zueinander stehen sollen, jedenfalls insoweit selbst regeln, als die Festsetzung unterschiedlicher Provisionssätze sich an bestimmten Kriterien zu orientieren hat. Er darf die Festlegung nicht ohne solche Kriterien dem Arbeitgeber allein überlassen (*BAG* 17.10.1989 EzA § 76 BetrVG 1972 Nr. 54). Ein Spruch über die Regelung einer zusätzlichen Jahressondervergütung muss die Frage, in welchem Verhältnis die Vergütungen der einzelnen Arbeitnehmer zueinander stehen sollen, jedenfalls insoweit selbst regeln, als die Festsetzung unterschiedlich hoher Jahressondervergütungen sich an bestimmten Kriterien zu orientieren hat (*BAG* 11.2.1992 EzA § 76 BetrVG 1972 Nr. 60).

1231 Im Rahmen der gerichtlichen Überprüfung sind die Belange des Betriebes, der betroffenen Arbeitnehmer und die tatsächlichen Umstände, die das für die Abwägung maßgebliche jeweilige Gewicht dieser Belange begründen, gegebenenfalls im Rahmen der Amtsermittlung (§ 83 Abs. 1 ArbGG) durch Beweisaufnahme festzustellen, unabhängig davon, ob sie von den Betriebspartnern im Einigungsstellenverfahren vorgetragen worden sind (*BAG* 31.8.1982 EzA § 87 BetrVG 1972 Arbeitszeit Nr. 8).

1232 Das Arbeitsgericht stellt entweder die Unwirksamkeit des Einigungsstellenspruches fest oder weist den Antrag zurück, kann aber den Spruch weder abändern noch die Meinungsverschiedenheit durch eine eigene Regelung beilegen. Bei einer Entscheidung der Einigungsstelle in einer reinen Rechtsfrage stellt hingegen das Arbeitsgericht nicht nur die Unwirksamkeit des rechtsfehlerhaften Spruches fest, sondern entscheidet die Rechtsfrage selbst abschließend (GK-BetrVG/*Kreutz* § 76 Rz. 173).

1233 Sind bei einer Gesamtregelung nur einzelne Teile des Spruches unwirksam, führt entgegen § 139 BGB die Teilunwirksamkeit nicht zur Unwirksamkeit des gesamten Spruchs, wenn der wirksame Teil auch ohne die unwirksame Bestimmung eine sinnvolle und in sich geschlossene Regelung enthält (*BAG* 28.4.1981 EzA § 87 BetrVG 1972 Vorschlagswesen Nr. 2; 28.7.1981 EzA § 87 BetrVG 1972 Urlaub Nr. 4).

1234 Ist der Spruch unwirksam und beruht diese Unwirksamkeit nicht darauf, dass die Einigungsstelle unzuständig war, sondern beispielsweise auf einer Überschreitung des Ermessens, ist nach überwiegender Ansicht (vgl. *BAG* 30.1.1990 EzA § 87 BetrVG Betriebliche Lohngestaltung Nr. 27) das Verfahren vor der bereits bestehenden Einigungsstelle fortzusetzen; der Bildung einer neuen Einigungsstelle bedarf es nicht.

i) Kosten der Einigungsstelle, Vergütung der Mitglieder, § 76a BetrVG

1235 Gem. § 76a BetrVG trägt der Arbeitgeber die Kosten der Einigungsstelle, betriebsfremde Beisitzer und der Vorsitzende der Einigungsstelle haben einen gesetzlichen Vergütungsanspruch nach § 76a Abs. 3 BetrVG. Betriebsangehörige Beisitzer einer Einigungsstelle erhalten keine gesonderte Vergütung, sondern nur Entgeltfortzahlung nach Maßgabe der für die Betriebsratstätigkeit geltenden Bestimmungen, § 76a Abs. 2 BetrVG.

aa) Kosten

1236 Gem. § 76a Abs. 1 BetrVG trägt die Kosten der Einigungsstelle der Arbeitgeber. Hierzu gehören die aus der Anrufung und Errichtung der Einigungsstelle, deren Tätigkeit sowie der ihrer Mitglieder entstehenden Sachkosten (Geschäftsaufwand) und persönliche Kosten der Mitglieder. Vom Arbeitgeber sind im erforderlichen Umfange Räumlichkeiten, Büromaterial und auch eine Schreibkraft zur Verfügung zu stellen. Ferner zählen zu den Kosten die Auslagen bzw. Aufwendungen der Mitglieder der Einigungsstelle, wie z.B. Reise-, Übernachtungs- und Verpflegungskosten, Auslagen für Telefon, Porto und Fotokopien. Die Vereinbarung einer Pauschalierung ist zulässig.

1237 Erfasst sind auch die Kosten eines von der Einigungsstelle hinzugezogenen Sachverständigen. Eine Vereinbarung über die Bestellung des Sachverständigen mit dem Arbeitgeber ist nicht erforderlich. Sachverständigenkosten sind als Kosten der Einigungsstelle aber nur dann vom Arbeitgeber zu tragen, wenn die Hinzuziehung erforderlich ist und die damit verbundenen Kosten verhältnismäßig sind. Für die Beurteilung der Erforderlichkeit und der Verhältnismäßigkeit gelten dieselben Maßstäbe wie für die Erforderlichkeit der Kosten des Betriebsrates i.S.d. § 40 Abs. 1 BetrVG (*BAG* 13.11.1991 EzA § 76a BetrVG 1972 Nr. 1; s.o. Rn. 754 ff.).

Auch im Übrigen gilt der Grundsatz der Erforderlichkeit und Verhältnismäßigkeit, da es sich insoweit um einen das gesamte Betriebsverfassungsrecht beherrschenden Grundsatz handelt (GK-BetrVG/*Kreutz* § 76a Rz. 9). Die Erforderlichkeit der Kostenverursachung ist dabei nicht rückblickend nach einem reinen objektiven Maßstab, sondern vom Zeitpunkt der Entscheidung der Einigungsstelle aus zu beurteilen. Grds. ist die Erforderlichkeit zu bejahen, wenn die Einigungsstelle wie ein vernünftiger Dritter bei gewissenhafter Überlegung und verständiger und ruhiger Abwägung aller Umstände zur Zeit ihres Beschlusses zu dem Ergebnis gelangen durfte, der noch zu verursachende Kostenaufwand sei für ihre Tätigkeit erforderlich. Die Grenzen der Erforderlichkeit sind überschritten, wenn Kosten ohne hinreichenden Anlass veranlasst oder mutwillig herbeigeführt werden oder der Grundsatz der Verhältnismäßigkeit missachtet wird. Insoweit steht der Einigungsstelle ein gewisser Beurteilungsspielraum zu (*BAG* 13.11.1991 EzA § 76a BetrVG 1972 Nr. 1). **1238**

Nicht zu den Kosten der Einigungsstelle zählen die Kosten eines vom Betriebsrat zu seiner Vertretung vor der Einigungsstelle herangezogenen Rechtsanwaltes; eine Kostenerstattungspflicht kommt hier nur nach § 40 Abs. 1 BetrVG in Betracht (*BAG* 21.6.1989 EzA § 40 BetrVG 1972 Nr. 61). Die im Rahmen des § 40 Abs. 1 BetrVG zu wahrende Erforderlichkeit der Hinzuziehung ist nicht bereits deshalb zu bejahen, weil der Vorsitzende der Einigungsstelle die schriftliche Vorbereitung und die Darlegung der Standpunkte der Beteiligten vor der Einigungsstelle verlangt hat. **1239**

Als erforderlich kann ein Betriebsrat die Hinzuziehung eines Rechtsanwaltes grds. nur dann ansehen, wenn der Regelungsgegenstand des Einigungsstellenverfahrens schwierige Rechtsfragen aufwirft, die zwischen den Betriebspartnern umstritten sind, und kein Betriebsratsmitglied über den zur sachgerechten Interessenwahrnehmung notwendigen juristischen Sachverstand verfügt, wobei dem Betriebsrat ein Beurteilungsspielraum zusteht (*BAG* 21.6.1989 EzA § 40 BetrVG 1972 Nr. 61). Der Betriebsrat braucht sich dann nicht auf die Vertretung seiner Interessen durch einen von ihm benannten betriebsfremden anwaltlichen Beisitzer verweisen lassen (*BAG* 14.2.1996 EzA § 40 BetrVG 1972 Nr. 76). **1240**

Die Vergütung des Rechtsanwalt für seine Tätigkeit vor der Einigungsstelle bestimmt sich nach dem RVG (vgl. § 17 RVG). Vor Inkrafttreten des § 76a BetrVG hat das *BAG* (21.6.1989 EzA § 40 BetrVG 1972 Nr. 61) die Auffassung vertreten, der Betriebsrat sei berechtigt, einem Rechtsanwalt für die Wahrnehmung seiner Interessen vor der Einigungsstelle ein Honorar in Höhe der Vergütung eines betriebsfremden Beisitzers zuzusagen, wenn dieser nur gegen eine derartige Honorarzahlung zur Mandatsübernahme bereit ist und sich das Erfordernis einer Honorarvereinbarung daraus ergibt, dass der Gegenstandswert der anwaltlichen Tätigkeit nach billigem Ermessen zu bestimmen wäre. Ob hieran festzuhalten ist, ist fraglich (bejahend etwa DKK/*Berg* § 76a Rz. 13; abl. *Ziege* NZA 1990, 926, 930]; GK-BetrVG/*Kreutz* § 76a Rz. 19; MünchArbR/*Joost* § 320 Rz. 105). Honorardurchsetzungskosten zählen ebenfalls nicht zu den vom Arbeitgeber nach § 76a Abs. 1 BetrVG zu tragenden Kosten, können aber ein nach § 286 Abs. 1 BGB zu ersetzender Verzugsschaden sein, wobei zum Schaden auch die Anwaltskosten des sich selbst vertretenden Rechtsanwaltes gehören können (*BAG* 27.7.1994 EzA § 76a BetrVG 1972 Nr. 8). **1241**

bb) Vergütung

Betriebsangehörige Beisitzer haben keinen gesonderten Vergütungsanspruch, sondern Anspruch auf Arbeitsbefreiung entsprechend der für ein Betriebsratsmitglied geltenden Vorschriften, § 76a Abs. 2 BetrVG. Nach überwiegender Ansicht (vgl. GK-BetrVG/*Kreutz* § 76a **1242**

Rz. 63) darf den betriebsangehörigen Beisitzern keine darüber hinausgehende, besondere Vergütung zugesagt werden, weil dies ein Verstoß gegen das allgemeine Begünstigungsverbot (§ 78 S. 2 BetrVG) wäre.

1243 Betriebsfremde Beisitzer und der Vorsitzende der Einigungsstelle haben gem. § 76a Abs. 3, 4 BetrVG einen gesetzlichen Vergütungsanspruch. Strittig ist, ob aus dem Grundsatz der Verhältnismäßigkeit und Erforderlichkeit folgt, dass der Betriebsrat betriebsfremde Personen mit Vergütungsanspruch nur dann zu Beisitzern bestellen darf, wenn dies erforderlich ist, weil betriebsangehörige Personen mit entsprechender Sachkunde, die das Vertrauen des Betriebsrates genießen, nicht zur Verfügung stehen (so vor Inkrafttreten des § 76a BetrVG *BAG* 14.12.1988 EzA § 76 BetrVG 1972 Nr. 47; zum Streitstand: GK-BetrVG/*Kreutz* § 76a Rz. 30).

1244 Nach neuerer Rechtsprechung (*BAG* 24.4.1996 EzA § 76a BetrVG 1972 Nr. 10) entzieht es sich jedenfalls gerichtlicher Überprüfung, ob tatsächlich keine betriebsangehörigen Personen vorhanden sind, die das Vertrauen des Betriebsrats genießen. Es reicht insoweit die entsprechende Behauptung des Betriebsrats, die in der Auswahlentscheidung konkludent zum Ausdruck kommt.

1245 Der gesetzliche Vergütungsanspruch eines vom Betriebsrat bestellten Beisitzers setzt voraus, dass dieser durch einen wirksamen Betriebsratsbeschluss bestellt worden ist (*BAG* 19.8.1992 EzA § 76a BetrVG 1972 Nr. 7). Dem Vergütungsanspruch eines Gewerkschaftsfunktionärs steht nicht entgegen, dass dieser verpflichtet ist, das Honorar ganz oder zu einem Teil einer Stiftung der Gewerkschaft zur Verfügung zu stellen (*BAG* 14.12.1988 EzA § 76 BetrVG 1972 Nr. 47).

1246 Sofern ein Rechtsanwalt als betriebsfremder Beisitzer oder Vorsitzender einer Einigungsstelle tätig geworden ist, richtet sich dessen Vergütungsanspruch ausschließlich nach § 76a BetrVG, nicht aber nach dem RVG (*BAG* 20.2.1991 EzA § 76 BetrVG 1972 Nr. 56).

1247 Das Gesetz regelt die Höhe der Vergütung von Vorsitzenden und betriebsfremden Beisitzern nicht selbst, sondern ermächtigt in § 76a Abs. 4 BetrVG den Bundesminister für Arbeit- und Sozialordnung zum Erlass einer entsprechenden Rechtsverordnung, die bisher nicht erlassen wurde. Es existiert bisher lediglich ein Verordnungsentwurf vom 13.6.1990 (zum Inhalt vgl. MünchArbR/*Joost* § 320 Rz. 113). Solange es an der in § 76a Abs. 4 BetrVG vorgesehenen Rechtsverordnung fehlt, richtet sich nach Auffassung des *BAG* (12.2.1992 EzA § 76a BetrVG 1972 Nr. 6; 28.8.1996 EzA § 76a BetrVG 1972 Nr. 11) die Höhe des geschuldeten Honorars grds. nach einer zwischen Arbeitgeber und Vorsitzendem/betriebsfremden Beisitzer getroffenen Vergütungsvereinbarung. Besteht eine solche nicht, bedarf es einer Bestimmung der Vergütungshöhe durch das anspruchsberechtigte Einigungsstellenmitglied nach billigem Ermessen gem. den §§ 316, 315 BGB unter Beachtung der Grundsätze des § 76a Abs. 4 S. 3–5 BetrVG.

1248 Unabhängig von der Betonung des erforderlichen Zeitaufwandes in § 76a Abs. 4 BetrVG ist die Vereinbarung eines zeitunabhängigen Pauschalhonorars zulässig. Liegt eine Vereinbarung über die Vergütungshöhe zwischen Arbeitgeber und Vorsitzendem der Einigungsstelle vor, entspricht es i.d.R. billigem Ermessen, wenn das betriebsfremde Einigungsstellenmitglied im Rahmen der von ihm zu treffenden Leistungsbestimmungen einen Honoraranspruch in Höhe von 7/10 der Vorsitzendenvergütung geltend macht, sofern keine Anhaltspunkte dafür bestehen, dass die Vorsitzendenvergütung ihrerseits nicht billigem Ermessen entspricht und nicht durch besondere, individuelle Umstände geprägt ist (*BAG* 14.2.1996 EzA § 76a BetrVG 1972 Nr. 9).

1249 Sofern das anspruchstellende Einigungsstellenmitglied umsatzsteuerpflichtig ist, umfasst der gesetzliche Vergütungsanspruch auch ohne gesonderte Vereinbarung mit dem Arbeitgeber die hierauf entfallende Mehrwertsteuer (*BAG* 14.2.1996 EzA § 76a BetrVG 1972 Nr. 9).

Bei Abrechnung nach Stundensätzen werden in der Literatur Höchststundensätze zwischen 104 EUR (so GK-BetrVG/*Kreutz* § 76a Rz. 46 m.w.N. in Anlehnung an § 3 ZSEG) und ca. 250 € (so z.B. DKK/*Berg* § 76a Rz. 23; *Pünnel* Die Einigungsstelle Rz. 174) vorgeschlagen, sodass sich für eine Streitigkeit mit durchschnittlichem Schwierigkeitsgrad und Umfang ein mittlerer Stundensatz von ca. 160 € ergibt, der nicht nur für die eigentliche Sitzungszeit, sondern auch für Zeiten der Vor- und Nachbereitung der Sitzungen zu veranschlagen ist (DKK/*Berg* § 76a Rz. 22). 1250

Gem. § 76a Abs. 5 BetrVG kann durch Tarifvertrag oder freiwillige Betriebsvereinbarung eine abweichende Regelung getroffen werden. Nach ganz überwiegender Ansicht (vgl. GK-BetrVG/*Kreutz* § 76a Rz. 60) kann der Arbeitgeber mit dem Vergütungsberechtigten einzelvertraglich auch höhere Vergütungen vereinbaren als diejenigen, die sich aus § 76a Abs. 4 BetrVG ergeben. Fraglich ist, ob die Vereinbarung einer höheren Vergütung mit den externen Beisitzern der Arbeitgeberseite auch einen erhöhten Anspruch der Beisitzer der Betriebsratsseite begründet (vgl. *Bauer/Röder* DB 1989, 224; *Löwisch* DB 1989, 223; *Schäfer* NZA 1991, 836; *Kamphausen* NZA 1992, 55). 1251

cc) Kosten und Vergütung in der Insolvenz und im Konkurs

In der Insolvenz sind die Kosten der Einigungsstelle einschließlich der Vergütungsansprüche Masseschulden, wenn das Verfahren von dem Insolvenzverwalter oder gegen ihn betrieben wird, hingegen einfache, nicht bevorrechtigte Insolvenzforderungen, wenn die Einigungsstelle ihre Tätigkeit bereits vor Insolvenzeröffnung beendet hat und damit der die Kostenerstattung verursachende Vorgang zum Zeitpunkt der Eröffnung bereits völlig abgeschlossen ist. Entsprechendes gilt für noch nach Maßgabe der Konkursordnung abzuwickelnde Verfahren: die Kosten der Einigungsstelle einschließlich der Vergütungsansprüche sind dann Masseschulden gem. § 59 Abs. 1 Nr. 1 KO, wenn das Verfahren von dem Konkursverwalter oder gegen ihn betrieben wird, hingegen einfache, nicht bevorrechtigte Konkursforderungen, wenn die Einigungsstelle ihre Tätigkeit bereits vor Konkurseröffnung beendet hat und damit der die Kostenerstattung verursachende Vorgang zum Zeitpunkt der Konkurseröffnung bereits völlig abgeschlossen ist (*BAG* 25.8.1983 EzA § 49 KO Nr. 11). 1252

dd) Honorardurchsetzungskosten

Die Kosten der Durchsetzung des Honoraranspruchs des anspruchsberechtigten Einigungsstellenmitglieds sind im arbeitsgerichtlichen Beschlussverfahren geltend zu machen. Solche Honorardurchsetzungskosten zählen nicht zu den vom Arbeitgeber nach § 76a Abs. 1 BetrVG zu tragenden Kosten der Einigungsstelle. Sie können aber ein nach § 286 Abs. 1 BGB zu ersetzender Verzugsschaden sein, wobei zum Schaden auch die im Beschlussverfahren entstehenden Anwaltskosten anzusehen sein können, auch soweit das Einigungsstellenmitglied Rechtsanwalt ist und das Beschlussverfahren selbst führt (*BAG* 27.7.1994 EzA § 76a BetrVG 1972 Nr. 8). 1253

j) Tarifliche Schlichtungsstelle

Gem. § 76 Abs. 8 BetrVG kann durch Tarifvertrag bestimmt werden, dass die Einigungsstelle durch eine tarifliche Schlichtungsstelle ersetzt wird. Eine solche Regelung gilt gem. § 3 Abs. 2 TVG für alle Betriebe, deren Arbeitgeber tarifgebunden sind. Für das Verfahren der tariflichen Schlichtungsstelle gelten die zwingenden gesetzlichen Vorschriften über das Verfahren der Einigungsstelle. Der Spruch der tariflichen Schlichtungsstelle unterliegt daher im selben Umfang der arbeitsgerichtlichen Überprüfung, in dem auch der Spruch der Einigungsstelle der gerichtlichen Nachprüfung unterliegen würde (*BAG* 18.8.1987 EzA § 77 BetrVG 1972 Nr. 18). 1254

V. Die betriebliche Einigung

1. Allgemeines

1255 § 77 Abs. 1 BetrVG spricht allgemein von Vereinbarungen zwischen Betriebsrat und Arbeitgeber.

1256 Vereinbarung ist der Oberbegriff für Regelungsabreden (auch Betriebsabsprache, Betriebsabrede oder formlose betriebliche Einigung genannt) und die in § 77 Abs. 1–6 BetrVG näher geregelte, förmliche Betriebsvereinbarung.

1257 Regelungsabrede und Betriebsvereinbarung sind Ausübungsformen der Mitbestimmung, aber auch Instrumente der sonstigen Zusammenarbeit zwischen Arbeitgeber und Betriebsrat (§ 2 Abs. 1 BetrVG) und die Mittel zur Beilegung von Meinungsverschiedenheiten (§ 74 Abs. 1 BetrVG; GK-BetrVG/*Kreutz* § 77 Rz. 6).

2. Durchführung betrieblicher Einigungen, § 77 Abs. 1 BetrVG; Durchsetzung vereinbarungskonformen Verhaltens; Verbot des Eingriffs in die Betriebsleitung

1258 Gem. § 77 Abs. 1 BetrVG sind Vereinbarungen zwischen den Betriebspartnern, auch soweit sie auf einem Spruch der Einigungsstelle beruhen, vom Arbeitgeber durchzuführen.

1259 Es besteht eine Durchführungspflicht des Arbeitgebers für betriebliche Einigungen, der auf Seiten des Betriebsrats ein im arbeitsgerichtlichen Beschlussverfahren (§§ 2a, 80 ff. ArbGG) durchsetzbarer Durchführungsanspruch entspricht.

1260 Unabhängig von der Frage, ob sich dieser Durchführungsanspruch aus § 77 Abs. 1 oder aus der Vereinbarung selbst ergibt, erfasst er die Durchführung aller getroffenen Vereinbarungen (st. Rspr., vgl. etwa *BAG* 23.6.1992 EzA § 87 BetrVG 1972 Arbeitszeit Nr. 51).

1261 Ferner hat der Betriebsrat einen im arbeitsgerichtlichen Beschlussverfahren unabhängig von den Voraussetzungen des § 23 Abs. 3 BetrVG durchsetzbaren Unterlassungsanspruch bezüglich vereinbarungswidriger Maßnahmen (*BAG* 10.11.1987 EzA § 77 BetrVG 1972 Nr. 19). Andererseits räumt der Durchführungsanspruch dem Betriebsrat nicht das Recht ein, vom Arbeitgeber die Erfüllung von Ansprüchen der Arbeitnehmer aus diesen Betriebsvereinbarungen verlangen zu können (*BAG* 17.10.1989 EzA § 112 BetrVG 1972 Nr. 54).

1262 Dem Betriebsrat sind nach § 77 Abs. 1 S. 2 BetrVG einseitige Eingriffe in die Betriebsführung außer beim Vollzug von Betriebsratsbeschlüssen und soweit ein Vollzugsrecht im Gesetz (§§ 39 Abs. 1, 44 Abs. 2, 37 Abs. 6, 38 Abs. 2 BetrVG) selbst vorgesehen ist oder soweit der Arbeitgeber die Durchführung betrieblicher Einigungen durch Vereinbarung auf den Betriebsrat überträgt, verboten. Ein unberechtigter Eingriff ist eine Verletzung von Amtspflichten i.S.d. § 23 Abs. 1 BetrVG und kann das handelnde Betriebsratsmitglied zum Schadensersatz unter dem Gesichtspunkt des Eingriffs in den eingerichteten ausgeübten Gewerbebetrieb nach §§ 823, 826 BGB verpflichten (GK-BetrVG/*Kreutz* § 77 Rz. 27).

1263 Auch dann, wenn der Arbeitgeber betriebliche Einigungen nicht durchführt oder unter Verletzung von Mitwirkungs- oder Mitbestimmungsrechten des Betriebsrats handelt, besteht kein Selbsthilferecht des Betriebsrats. Dieser muss vielmehr seine Ansprüche auf dem Rechtsweg durchsetzen.

3. Die Regelungsabrede (Betriebsabsprache)

Regelungsabrede ist jede verbindliche Einigung von Arbeitgeber und Betriebsrat, die nicht Betriebsvereinbarung ist. § 77 Abs. 2, 3, 4 BetrVG sind auf Regelungsabreden nicht anwendbar. Der Abschluss ist formfrei möglich. 1264

Ihnen kommt keine normative Wirkung (s.u. Rn. 1323) zu. Der Tarifvorrang nach § 77 Abs. 3 BetrVG gilt für sie nach herrschender Meinung (*BAG* 20.4.1999 EzA Art. 9 GG Nr. 65; GK-BetrVG/*Kreutz* § 77 Rz. 135 m.w.N.; **a.A.** MünchArbR/*Matthes* § 327 Rz. 73) nicht. Zielt eine Regelungsabrede allerdings darauf ab, einen normativ geltenden Tarifvertrag als kollektive Ordnung zu verdrängen, kann dies nach Auffassung des BAG einen Unterlassungsanspruch der betroffenen Gewerkschaft entsprechend § 1004 BGB begründen (*BAG* 20.4.1999 EzA Art. 9 GG Nr. 65), der im Beschlussverfahren geltend zu machen ist (*BAG* 13.3.2001 EzA § 17a GVG Nr. 13). 1265

Als Vertrag kann die Regelungsabrede auch durch schlüssiges Verhalten zustande kommen, wobei jedoch auf Seiten des Betriebsrats ein Beschluss erforderlich ist (MünchArbR/*Matthes* § 329 Rz. 102).

Durch Regelungsabreden können zum einen im Rahmen der funktionellen Zuständigkeit des Betriebsrats schuldrechtliche Verpflichtungen der Betriebspartner begründet werden. So kann z.B. der Arbeitgeber die Verpflichtung eingehen, eine geplante personelle Maßnahme nicht oder anders als vorgesehen durchzuführen. Regelungsabreden dienen ferner als Instrument der Wahrnehmung der Beteiligung des Betriebsrats, insbes. bei der Regelung von Einzelfällen und Angelegenheiten, die keine Dauerwirkung haben (z.B. Einigungen zwischen Arbeitgeber und Betriebsrat im Rahmen der §§ 37 Abs. 6, 7, 38 Abs. 2 BetrVG oder im Rahmen der §§ 98, 99, 100, 102, 111 BetrVG) oder bei der Festlegung der Lage des Urlaubes einzelner Arbeitnehmer, der Zuweisung einer Werkswohnung oder bei der Anordnung konkreter Überstunden für einzelne Arbeitnehmer, §§ 87 Abs. 1 Nr. 5, Nr. 9, Nr. 3 BetrVG). Insbesondere kann der Betriebsrat auch dort sein Einverständnis durch formlose Regelungsabrede erteilen, wo das Gesetz seine Mitbestimmung verlangt, so z.B. bei sozialen Angelegenheiten nach § 87 Abs. 1 BetrVG (*BAG* 14.1.1991 EzA § 87 BetrVG 1972 Kurzarbeit Nr. 1). 1266

Eine Regelungsabrede endet durch Zweckerreichung bei Vollzug der geregelten Maßnahme, durch einverständliche Aufhebung oder Ersetzung durch eine andere Absprache, nicht aber durch Widerruf, Rücktritt oder Rücknahme der Zustimmung. Auf Dauer angelegte Regelungen können aus wichtigem Grund gekündigt werden. 1267

Wird durch sie eine mitbestimmungspflichtige Angelegenheit i.S.v. § 87 Abs. 1 BetrVG geregelt, gilt eine Kündigungsfrist von 3 Monaten entsprechend § 77 Abs. 5 BetrVG (*BAG* 10.3.1992 EzA § 77 BetrVG 1972 Nr. 47). Fraglich ist, ob analog § 77 Abs. 6 BetrVG eine Nachwirkung einer gekündigten Regelungsabrede in Betracht kommt (vgl. GK-BetrVG/*Kreutz* § 77 Rz. 22). Nach Auffassung des *BAG* (23.6.1992 EzA § 87 BetrVG 1972 Arbeitszeit Nr. 50) ist das jedenfalls dann der Fall, wenn Gegenstand der Regelungsabrede eine mitbestimmungspflichtige Angelegenheit ist. 1268

4. Die Betriebsvereinbarung

a) Begriff und Rechtsnatur

Die Betriebsvereinbarung ist ein formgebundener, zweiseitiger kollektiver Normenvertrag zwischen Arbeitgeber und Betriebsrat, den diese im Rahmen ihrer gesetzlichen Aufgaben abschließen (so die herrschende Vertragstheorie, vgl. GK-BetrVG/*Kreutz* § 77 Rz. 35). 1269

Sie ist ein eigenständiges betriebsverfassungsrechtliches Rechtsinstitut, das vor allem in § 77 Abs. 2–6 BetrVG geregelt ist und Regelungen enthält, die für den einzelnen Arbeitnehmer im Betrieb unmittelbar und zwingend gelten (§ 77 Abs. 4 S. 1 BetrVG). Ein Unterschied zwischen freiwilligen (§ 88 BetrVG) und erzwingbaren (z.B. § 87 BetrVG) Betriebsvereinbarungen besteht lediglich im Hinblick auf die in § 77 Abs. 6 BetrVG vorgesehene Nachwirkung, die nur erzwingbaren Betriebsvereinbarungen zukommt, im Übrigen dagegen nicht eingreift (*BAG GS* 16.9.1986 EzA § 77 BetrVG 1972 Nr. 17). Die Betriebsvereinbarung steht im Rangverhältnis zwischen Arbeitsvertrag und Tarifvertrag.

b) Zustandekommen, Form

1270 Nach § 77 Abs. 2 BetrVG sind Betriebsvereinbarungen von Betriebsrat und Arbeitgeber gemeinsam zu beschließen und schriftlich niederzulegen. Das Erfordernis eines gemeinsamen Beschlusses bedeutet nicht, dass dies in einer gemeinsamen Sitzung zu erfolgen hat.

1271 Die Betriebsvereinbarung kommt vielmehr wie ein Vertrag durch Angebot und Annahme, also durch übereinstimmende Willenserklärung der Betriebspartner, zu Stande. Die Erklärung des Betriebsrats muss auf einem ordnungsgemäßen Beschluss des Betriebsrats beruhen.

1272 Eine Übertragung der Befugnis zum Abschluss von Betriebsvereinbarungen auf den Betriebsausschuss oder sonstige Ausschüsse ist ebenso wenig möglich (vgl. §§ 27 Abs. 2, 28 Abs. 1 BetrVG) wie eine Bevollmächtigung des Vorsitzenden. Möglich ist jedoch die nachträgliche Genehmigung einer vom Betriebsratsvorsitzenden abgeschlossenen Betriebsvereinbarung durch entsprechenden Beschluss des Betriebsrats (MünchArbR/*Matthes* § 328 Rz. 9). Im Rahmen ihrer Zuständigkeiten können auch Gesamt- und Konzernbetriebsrat, nicht aber die JAV, die Gesamt-JAV, der Wirtschaftsausschuss oder die Betriebsversammlung Betriebsvereinbarungen abschließen. Für den Sprecherausschuss kommt nach § 28 SprAuG nur die Vereinbarung von Richtlinien in Betracht, die aber nur Normcharakter haben, wenn dies Arbeitgeber und Sprecherausschuss schriftlich vereinbaren (§ 28 Abs. 2 S. 1 SprAuG).

1273 In Angelegenheiten der erzwingbaren Mitbestimmung können Betriebsvereinbarungen weiter auch durch den Spruch der Einigungsstelle zustande kommen (vgl. oben Rn. 1220 f.).

1274 Die Betriebsvereinbarung bedarf zwingend der Schriftform (§ 77 Abs. 2 BetrVG i.V.m. §§ 125, 126 Abs. 1, 2 BGB), was erfordert, dass beide Seiten auf Grund eines wirksamen Betriebsratsbeschlusses ihre Unterschrift auf derselben Urkunde leisten; der Austausch gleich lautender, jeweils nur von einer Seite unterzeichneter Urkunden genügt nicht (*BAG* 14.2.1978 AP Nr. 60 zu Art. 9 GG Arbeitskampf).

1275 Anlagen, auf die die Betriebsvereinbarung Bezug nimmt und die mit der Betriebsvereinbarung zu einer einheitlichen Urkunde verbunden sind, müssen nicht gesondert unterzeichnet werden (*BAG* 11.11.1986 EzA § 1 BetrAVG Gleichberechtigung Nr. 2). Zur Wahrung der Schriftform ausreichend ist es auch, wenn die Betriebsvereinbarung auf eine andere schriftliche Regelung, z.B. einen Tarifvertrag oder eine fremde Betriebsvereinbarung, verweist, auch wenn der jeweilige Inhalt nicht besonders wiedergegeben wird (*BAG* 23.6.1992 EzA § 77 BetrVG 1972 Nr. 49). Unzulässig ist dagegen die dynamische Verweisung auf den jeweils geltenden Tarifvertrag, weil es sich dabei um einen unzulässigen Verzicht auf eine vorhersehbare und bestimmbare eigene inhaltliche Gestaltung durch den Betriebsrat handelt und dies in Widerspruch zum Grundsatz der höchstpersönlichen Mandatsausübung stünde. Folge einer solchen sog. dynamischen Verweisung ist aber nicht die Unwirksamkeit der Betriebsvereinbarung insgesamt. Vielmehr bezieht sich die Verweisung dann auf den Tarifvertrag, der zum Zeitpunkt des Abschlusses der Betriebsvereinbarung galt (*BAG* 23.6.1992 EzA §77 BetrVG 1972 Nr. 49).

Ist eine als Betriebsvereinbarung vorgesehene Abmachung wegen Formmangels als Betriebsvereinbarung unwirksam, kann sie gegebenenfalls als formlose Regelungsabrede aufrechterhalten werden (*Etzel* HzA Gruppe 19 Rz. 983). **1276**

Die Auslegungspflicht nach §77 Abs. 2 S. 3 BetrVG ist keine Wirksamkeitsvoraussetzung (GK-BetrVG/*Kreutz* §77 Rz. 50 m.w.N.). Ob sich der Arbeitgeber unter Umständen schadensersatzpflichtig macht, wenn Arbeitnehmern dadurch ein Schaden entsteht, dass sie von einer Betriebsvereinbarung keine Kenntnis hatten, wird ohne nähere Argumente kontrovers beurteilt (abl. GK-BetrVG/*Kreutz* §77 Rz. 52; bejahend DKK/*Berg* §77 Rz. 33). Für die entsprechende Ordnungsvorschrift des §8 TVG hat das *BAG* (6.7.1972 EzA §4 TVG Ausschlussfristen Nr. 11) die Entstehung von Schadensersatzansprüchen verneint. **1277**

c) Auslegung

Die allgemeinen Auslegungsgrundsätze der §§133, 157 BGB gelten für die Betriebsvereinbarung nur insoweit, als es sich um den schuldrechtlichen Teil, also um die Regelungen handelt, die das Verhältnis Betriebsrat/Arbeitgeber regeln. Da der normative Teil der Betriebsvereinbarung die Arbeitsverhältnisse des Betriebs unmittelbar wie ein Gesetz gestaltet (§77 Abs. 4 S. 1 BetrVG), gelten für die Auslegung des normativen Teils grds. die für die Auslegung von Gesetzesnormen maßgeblichen Regeln. **1278**

Es kommt auf den objektiven Erklärungswert der Norm an, wie er sich aus Wortlaut, Zweck der Regelung sowie dem Gesamtzusammenhang der einzelnen Bestimmungen ergibt. Der wirkliche Wille der Betriebsparteien kann nur berücksichtigt werden, sofern dieser im Wortlaut der Regelung der Betriebsvereinbarung seinen Ausdruck gefunden hat (*BAG* 11.6.1975 EzA §77 BetrVG 1972 Nr. 1). Hilfsweise sind bei der Auslegung weiter die Entstehungsgeschichte und die bisherige tatsächliche betriebliche Handhabung zu berücksichtigen, wobei eine betriebliche Handhabung unbeachtlich ist, soweit sie zum klaren Inhalt der Betriebsvereinbarung in Widerspruch steht (MünchArbR/*Matthes* §328 Rz. 6). Die Betriebspartner können die Betriebsvereinbarung selbst durch schriftlich fixierte und unterzeichnete ergänzende Betriebsvereinbarungen und Protokollnotizen, die der Betriebsvereinbarung beigefügt und in dieser ausdrücklich in Bezug genommen sind, interpretieren, sofern sie mit der Betriebsvereinbarung eine Gesamturkunde bilden, also insbes. zusammengeheftet sind (GK-BetrVG/*Kreutz* §77 Rz. 67). Enthält die Betriebsvereinbarung planwidrige Regelungslücken, kommt eine ergänzende Auslegung in Betracht, wobei der hypothetische Wille der Betriebspartner maßgeblich und zu fragen ist, wie die Betriebspartner als vernünftige, redliche Partner nach Treu und Glauben die Lücke geschlossen hätten (GK-BetrVG/*Kreutz* §77 Rz. 70). **1279**

d) Inhalt

Betriebsvereinbarungen können zum einen das Verhältnis Arbeitgeber-Betriebsrat durch Begründung wechselseitiger Rechte und Pflichten regeln, sog. schuldrechtlicher Teil (MünchArbR/*Matthes* §328 Rz. 2). Im sog. normativen Teil können durch Betriebsvereinbarungen grds. alle formellen und materiellen Arbeitsbedingungen geregelt werden (*BAG* 12.12.2006 EzA §88 BetrVG 2001 Nr. 1; 6.8.1991 EzA §77 BetrVG 1972 Nr. 40), soweit die Angelegenheiten zum Aufgabenbereich des Betriebsrats gehören. **1280**

Es können daher umfassend Regelungen getroffen werden, die unmittelbar Inhalt, Abschluss oder die Beendigung von Arbeitsverhältnissen bzw. betriebliche oder betriebsverfassungsrechtliche Fragen regeln, soweit nicht ein Vorrang gesetzlicher oder tariflicher Regelungen besteht (*BAG* 19.10.2005 EzA §77 BetrVG 2001 Nr. 13; DKK/ **1281**

Berg § 77 Rz. 37; **a.A.** hinsichtlich betriebsverfassungsrechtlicher Regelungen [nur soweit das BetrVG solche zulässt, z.B. § 38 Abs. 1 S. 3 BetrVG] GK-BetrVG/*Kreutz* § 77 Rz. 93, 187 ff.).

Möglich ist es etwa, in einer aus Anlass eines Betriebsübergangs geschlossenen Betriebsvereinbarung zu vereinbaren, dass Arbeitnehmer einen Anspruch auf Abschluss eines Arbeitsvertrages mit dem Betriebsveräußerer haben, wenn eine Beschäftigung beim Erwerber aus betrieblichen Gründen nicht möglich ist (*BAG* 19.10.2005 EzA § 77 BetrVG 2001 Nr. 13).

e) Grenzen der Regelungsbefugnis

1282 Die Regelungsbefugnis (Betriebsautonomie) besteht nicht schrankenlos. Vielmehr sind bestimmte Grenzen zu beachten.

aa) Höherrangiges Recht

1283 Betriebsvereinbarungen dürfen grds. nicht gegen höherrangiges, zwingendes staatliches Recht verstoßen. Insbesondere sind neben §§ 134, 138 BGB die in §§ 2 Abs. 1, 75 BetrVG normierten Grundsätze zu beachten.

1284 Die Betriebsparteien sind beim Abschluss von Betriebsvereinbarungen gem. § 75 Abs. 1, Abs. 2 S. 1 BetrVG zur Wahrung der durch Art. 2 Abs. 1 GG geschützten allgemeinen Handlungsfreiheit der Arbeitnehmer verpflichtet. Sie dürfen diese nur beschränken, wenn die getroffene Regelung zur Erreichung ihres Zwecks geeignet, erforderlich und verhältnismäßig ist. (*BAG* 12.12.2006 EzA § 88 BetrVG 2001 Nr. 1; 13.2.2007 EzA § 87 BetrVG 2001 Betriebliche Ordnung Nr. 2; zur Videoüberwachung *BAG* 26.8.2008 EzA § 87 BetrVG 2001 Überwachung Nr. 2; 29.6.2004 EzA § 611 BGB 2002 Persönlichkeitsrecht Nr. 2).

1285 Von gesetzlichen Bestimmungen, die zum Schutz bzw. zu Gunsten der Arbeitnehmer geschaffen wurden und daher nur einseitig zwingend sind, kann durch Betriebsvereinbarung zu Gunsten der Arbeitnehmer abgewichen werden, sodass im Verhältnis zwischen Gesetz und Betriebsvereinbarung das Günstigkeitsprinzip gilt. Zu Ungunsten der Arbeitnehmer kann durch Betriebsvereinbarung von gesetzlichen Bestimmungen nur abgewichen werden, wenn dies die entsprechende gesetzliche Bestimmung ausdrücklich vorsieht.

1286 Hierzu reicht nicht aus, dass die gesetzliche Bestimmung tarifdispositiv ausgestaltet ist. Ebenso wenig kann durch Betriebsvereinbarung zu Ungunsten der Arbeitnehmer von tarifdispositivem Richterrecht abgewichen werden (DKK/*Berg* § 77 Rz. 10), da im ersteren Fall nur eine Regelungszuständigkeit der Tarifvertragsparteien besteht und im letzteren Fall der Betriebsrat nicht das gleiche Verhandlungsgewicht wie eine Gewerkschaft in Tarifverhandlungen hat, sodass die Gefahr unausgewogener Regelungen besteht.

1287 Als privatrechtlicher Normenvertrag besteht keine unmittelbare Bindung der Betriebsvereinbarung an die Grundrechte. Über die dem Grundrechtsschutz der Arbeitnehmer dienenden Grundsätze für die Behandlung der Betriebsangehörigen gem. § 75 BetrVG besteht jedoch eine mittelbare Grundrechtsbindung, sodass ein Eingriff in den grundrechtlich geschützten Bereich der Arbeitnehmer durch Betriebsvereinbarung unzulässig ist (*BAG GS* 7.11.1989 EzA § 77 BetrVG 1972 Nr. 34; GK-BetrVG/*Kreutz* § 77 Rz. 293, 294).

bb) Der Tarifvorbehalt, § 77 Abs. 3 BetrVG

(1) Zweck

1288 § 77 Abs. 3 BetrVG räumt den Tarifvertragsparteien eine Vorrangkompetenz ein.

Zweck der Regelung ist die Sicherung der ausgeübten und aktualisierten Tarifautonomie vor Aushöhlung und Bedeutungsminderung durch Betriebsvereinbarungen (*BAG* 1.12.1992 EzA §77 BetrVG 1972 Nr. 50). Die Normsetzungsbefugnis der Tarifvertragsparteien soll nicht dadurch ausgehöhlt werden, dass die Betriebspartner ergänzende oder abweichende Regelungen vereinbaren.

Der Tarifvorbehalt gilt für materielle aber auch formelle (z.B. Ausschlussfristen) Arbeitsbedingungen (*BAG* 9.4.1991 EzA §77 BetrVG 1972 Nr. 39). **1289**

Betriebsvereinbarungen, die gegen §77 Abs. 3 BetrVG verstoßen, sind unwirksam (*BAG* 20.4.1999 EzA §77 BetrVG 1972 Nr. 64; 13.8.1980 EzA §77 BetrVG 1972 Nr. 8). Dies gilt auch für vortarifliche Betriebsvereinbarungen, d.h. solche, die schon bestehen, wenn ein Tarifvertrag in Kraft tritt, der den gleichen Gegenstand regelt (GK-BetrVG/*Kreutz* §77 Rz. 132). **1290**

Hinsichtlich einer tarifwidrigen Betriebsvereinbarung besteht keine Durchführungspflicht des Arbeitgebers (*BAG* 29.4.2004 EzA §77 BetrVG 2001 Nr. 8).

Der Tarifvorbehalt verbietet jede betriebliche Regelung über die tariflich geregelte Angelegenheit und damit auch eine günstigere Betriebsvereinbarung. Unzulässig ist auch die vollständige Übernahme der tariflichen Regelung für alle Arbeitnehmer des Betriebs (MünchArbR/*Matthes* §327 Rz. 65). **1291**

(2) Rückwirkende Genehmigung durch Tariföffnungsklausel

Die Tarifvertragsparteien können eine gegen den Tarifvorbehalt des §77 Abs. 3 S. 1 BetrVG verstoßende und deshalb zunächst unwirksame Betriebsvereinbarung durch die nachträgliche tarifliche Vereinbarung einer Tariföffnungsklausel i.S.d. §77 Abs. 3 S. 2 BetrVG genehmigen. Eine rückwirkende Genehmigung ist aber nicht unbegrenzt möglich, sondern nur unter Berücksichtigung der Grundsätze des Vertrauensschutzes (*BAG* 20.4.1999 EzA §77 BetrVG 1972 Nr. 64). Insoweit gelten die allgemeinen Grundsätze, die für eine Rückwirkung von Tarifverträgen gelten (s.o. Kap. 11 Rn. 216 ff.). **1292**

(3) Voraussetzungen

Es kommt für den Tarifvorrang nicht darauf an, ob im Betrieb tatsächlich Tarifbindung besteht. Ausreichend ist vielmehr, dass der Betrieb, unabhängig von der persönlichen Tarifbindung, unter den räumlichen, betrieblichen, fachlichen und zeitlichen Geltungsbereich des Tarifvertrages fällt (*BAG* 26.8.2008 EzA §87 BetrVG 2001 Betriebliche Lohngestaltung Nr. 16; 10.10.2006 EzA §77 BetrVG 2001 Nr. 18; 27.1.1987 EzA §99 BetrVG 1972 Nr. 55). **1293**

Besteht ein branchenspezifischer Tarifvertrag, ist eine Betriebsvereinbarung wegen §77 Abs. 3 BetrVG selbst dann unwirksam, wenn sie diesen oder einen branchenfremden Tarifvertrag lediglich für unverändert anwendbar erklärt. Es kommt weder darauf an, ob der Arbeitgeber tarifgebunden ist, noch darauf, wie viele Arbeitnehmer vom branchenspezifischen Tarifvertrag normativ oder durch einzelvertragliche Verweisung erfasst werden (*BAG* 20.11.2001 EzA §77 BetrVG 1972 Nr. 70). Die Sperrwirkung greift auch ein bei Firmentarifverträgen (*BAG* 21.1.2003 EzA §77 BetrVG 2001 Nr. 3; h.M., vgl. GK-BetrVG/*Kreutz* §77 Rz. 103), nicht aber bei einem nur noch kraft Nachwirkung (§4 Abs. 5 TVG) geltenden Tarifvertrag, es sei denn, dass die Regelung zugleich tarifüblich i.S.d. §77 Abs. 3 BetrVG ist (GK-BetrVG/*Kreutz* §77 Rz. 105; *BAG* 27.11.2002 EzA §77 BetrVG 2001 Nr. 2). §77 Abs. 3 BetrVG greift ferner nicht ein, wenn ein vom Geltungsbereich des Tarifvertrages nicht erfasster Arbeitgeber diesen einzelvertraglich durch Inbezugnahme mit seinen Arbeitneh- **1294** mern vereinbart (*BAG* 27.1.1987 EzA § 99 BetrVG 1972 Nr. 55). Der Tarifvorrang gilt schließlich nicht für Regelungsabreden (h.M. vgl. GK-BetrVG/*Kreutz* § 77 Rz. 135).

1295 Geregelt ist eine Angelegenheit durch Tarifvertrag, wenn ein gegenwärtig in Kraft befindlicher Tarifvertrag bestimmte Arbeitsbedingungen tatsächlich regelt. Die Sperrwirkung greift nur insoweit, als der Tarifvertrag selbst eine Regelung enthält, wobei die Reichweite einer tarifvertraglichen Regelung durch Auslegung zu ermitteln ist.

1296 Eine reine Negativregelung in Form eines ausdrücklichen Verzichts auf eine Regelung oder die tarifvertragliche Bestimmung, dass die Gestaltung bestimmter Arbeitsbedingungen einer einzelvertraglichen Regelung vorbehalten bleiben soll, begründen keine Sperrwirkung, da sie nur den nicht schützenswerten Zweck verfolgt, eine Gestaltung durch Betriebsvereinbarung zu verhindern (*BAG* 1.12.1992 EzA § 77 BetrVG 1972 Nr. 50). Gleiches gilt auch, wenn sich Tarifvertragsparteien trotz entsprechender Tarifforderungen letztlich über eine bestimmte Regelung nicht einigen konnten (*BAG* 23.10.1985 EzA § 4 TVG Metallindustrie Nr. 21). Bei Teilregelungen ist fraglich, inwieweit die positive Regelung zugleich den Willen der Tarifvertragsparteien zum Ausdruck bringt, hinsichtlich des nicht geregelten Teils, weiter gehende Ansprüche auszuschließen.

1297 Maßgeblich ist, ob die tarifliche Regelung die mitbestimmungspflichtige Angelegenheit selbst abschließend und zwingend regelt und damit schon selbst dem Schutzzweck des sonst gegebenen Mitbestimmungsrechts Genüge tut (*BAG* 17.12.1985 EzA § 87 BetrVG 1972 Lohngestaltung Nr. 11).

1298 Gewährt z.B. ein einschlägiger Tarifvertrag einen Nachtarbeitszuschlag, schließt dies eine Betriebsvereinbarung über die Zahlung einer Wechselschichtprämie nicht aus; eine tarifliche Wechselschichtzulage für die zweite und dritte Schicht enthält aber die Negativregelung, dass für die erste Schicht keine Zulage zu zahlen ist, sodass insoweit die Sperrwirkung greift (GK-BetrVG/*Kreutz* § 77 Rz. 111). Trifft ein Tarifvertrag eine bestimmte Entgeltregelung zur Vergütung der geschuldeten Arbeitsleistung, sind damit Regelungen in Betriebsvereinbarungen, die weitere Leistungen mit Entgeltcharakter (Gratifikationen, Zuschläge) vorsehen, grds. nicht ausgeschlossen, es sei denn, durch eine Zulage wird das tarifliche Entgelt schlicht und für alle Arbeitnehmer gleichmäßig erhöht (*BAG* 17.12.1985 EzA § 87 BetrVG 1972 Lohngestaltung Nr. 11). Entscheidend ist, ob die in der Betriebsvereinbarung vorgesehenen Leistungen zweckidentisch mit der tariflichen Grundvergütung sind. Hiervon ist bei allgemeinen, nicht an besondere Voraussetzungen gebundenen außertariflichen Zulagen auszugehen (*BAG* 9.12.1997 EzA § 77 BetrVG 1972 Nr. 61).

1299 Arbeitsbedingungen werden i.S.d. § 77 Abs. 3 S. 1 2. Alt. BetrVG dann üblicherweise durch Tarifvertrag geregelt, wenn zwar gegenwärtig eine tarifliche Regelung nicht besteht, etwa weil der Tarifvertrag gekündigt ist und lediglich nachwirkt, die bisherige Tarifpraxis und das Verhalten der Tarifvertragsparteien aber erkennen lässt, dass die Angelegenheit auch künftig wieder tarifvertraglich geregelt werden soll (*BAG* 26.8.2008 EzA § 87 BetrVG 2001 Betriebliche Lohngestaltung Nr. 16).

1300 Keine Tarifüblichkeit liegt vor, wenn es in der Vergangenheit noch keinen einschlägigen Tarifvertrag gab und die Tarifvertragsparteien lediglich beabsichtigen, die Angelegenheit künftig tariflich zu regeln. Dies gilt selbst dann, wenn sie bereits Tarifverhandlungen geführt haben (*BAG* 26.8.2008 EzA § 87 BetrVG 2001 Betriebliche Lohngestaltung Nr. 16).

1301 Auch ein längerer Zeitraum, in dem es an einer bestehenden tariflichen Regelung fehlt, schließt nicht die Annahme aus, dass die Regelung der Angelegenheit gleichwohl tarifüblich ist (MünchArbR/*Matthes* § 327 Rz. 67). Sperrwirkung tritt nur im Geltungsbereich des abgelaufenen Tarifvertrages und nur in dem Umfang ein, in dem der abgelaufene Tarifvertrag bestimmte Arbeitsbedingungen sachlich geregelt hat (GK-BetrVG/*Kreutz* § 77 Rz. 119, 121).

(4) Ausnahmen; Verhältnis von § 77 Abs. 3 zu § 87 Abs. 1 Eingangssatz BetrVG; tarifvertragliche Öffnungsklausel

Gem. § 112 Abs. 1 S. 4 BetrVG gilt § 77 Abs. 3 BetrVG nicht für den Sozialplan. § 77 Abs. 3 BetrVG greift nach Auffassung des *BAG* (*GS* 3.12.1991 EzA § 87 BetrVG 1972 Betriebliche Lohngestaltung Nr. 30) ferner nicht ein im Anwendungsbereich des § 87 Abs. 1 BetrVG. 1302

Im Bereich der erzwingbaren Mitbestimmung ist damit ein Mitbestimmungsrecht nur dann ausgeschlossen, wenn die betreffende Angelegenheit auch für den Betrieb tatsächlich tariflich geregelt ist, was insbes. eine Tarifbindung des Arbeitgebers voraussetzt. 1303

Hiermit hat sich das BAG für die sog. Vorrangtheorie im Gegensatz zu der in der Literatur stark vertretenen (vgl. GK-BetrVG/*Kreutz* § 77 Rz. 139) Zweischranken-Theorie ausgesprochen, die die Sperrwirkung des § 77 Abs. 3 BetrVG auch im Anwendungsbereich des § 87 Abs. 1 BetrVG eingreifen lassen will. Auch eine für mehrere Jahre unkündbare Betriebsvereinbarung, die dem Arbeitgeber in bestimmtem Umfang das Recht gewährt, Überstunden anzuordnen verstößt damit nicht gegen § 77 Abs. 3 BetrVG, da eine solche Regelung vom Mitbestimmungsrecht nach § 87 Abs. 1 Nr. 3 BetrVG gedeckt ist (*BAG* 3.6.2003 EzA § 77 BetrVG 2001 Nr. 5).

Die Sperrwirkung kann ferner durch eine tarifvertragliche Öffnungsklausel ausgeschlossen werden, § 77 Abs. 3 S. 2 BetrVG. Der Tarifvertrag muss die Zulässigkeit der Betriebsvereinbarung klar zum Ausdruck bringen, ohne dass allerdings der Begriff Betriebsvereinbarung verwendet werden muss (vgl. *BAG* 20.2.2001 EzA § 77 BetrVG 1972 Nr. 65; 20.12.1961 AP Nr. 7 zu § 59 BetrVG; st. Rspr., vgl. GK-BetrVG/*Kreutz* § 77 Rz. 150). 1304

Der Tarifvertrag kann dabei nicht nur ergänzende, sondern auch abweichende Regelungen zulassen (*BAG* 18.8.1987 EzA § 77 BetrVG 1972 Nr. 18). Problematisch unter dem Gesichtspunkt der Verletzung von Grundsätzen der Tarifautonomie ist ein Verzicht auf eigene tarifvertragliche Regelungen in größerem Umfang (*BAG* 18.8.1987 EzA § 77 BetrVG 1972 Nr. 18; GK-BetrVG/*Kreutz* § 77 Rz. 156). Eine gem. § 77 Abs. 3 S. 2 BetrVG abgeschlossene Betriebsvereinbarung ist grds. in ihrer Laufzeit auf die Dauer des Tarifvertrages sowie ggf., dessen Nachwirkungszeitraum beschränkt (*BAG* 25.8.1983 EzA § 77 BetrVG 1972 Nr. 12). Keine Öffnungsklauseln sind sog. tarifvertragliche Bestimmungsklauseln. Diese bestimmen Personen oder Stellen zur Konkretisierung der im Tarifvertrag nur rahmenmäßig festgelegten Arbeitsbedingungen (GK-BetrVG/*Kreutz* § 77 Rz. 160). Erfolgt eine solche Konkretisierung durch die Betriebspartner, so geht die normative Wirkung allein von der tariflichen Norm aus und erfasst damit nur die tarifgebundenen Arbeitsverhältnisse (*BAG* 28.11.1984 EzA § 4 TVG Rundfunk Nr. 12). Ob eine Öffnungsklausel oder eine Bestimmungsklausel gewollt ist, ist durch Auslegung zu ermitteln. Bei Verwendung des Begriffs »Betriebsvereinbarung« im Tarifvertrag handelt es sich jedenfalls aber um eine Öffnungsklausel (GK-BetrVG/*Kreutz* § 77 Rz. 160). 1305

cc) Sonstige Regelungsschranken

(1) Gerichtliche Billigkeitskontrolle

Nach ständiger Rechtsprechung (*BAG* 1.12.1992 EzA § 77 BetrVG 1972 Nr. 50) unterliegen Betriebsvereinbarungen einer gerichtlichen Billigkeitskontrolle. 1306

Die Einhaltung der Grenzen der Billigkeit ist als weitere Grenze der Regelungsbefugnis zu beachten. Maßstab der gerichtlichen Prüfung ist dabei die Bindung der Betriebspartner an die Zielbestimmungen des BetrVG, wie sie insbes. in § 75 BetrVG umschrieben sind. Es geht darum, ob die von den Betriebspartnern vereinbarte Regelung in sich der Billigkeit entspricht oder ob einzelne Arbeitnehmer oder Gruppen in unbilliger Weise benachteiligt werden (*BAG* 1.12.1992 EzA § 77 BetrVG 1972 Nr. 50). 1307

1308 Begründet wird diese Auffassung im Wesentlichen damit, dass zwischen Arbeitgeber und Betriebsrat keine Verhandlungsparität bestehe, sodass nicht wie bei einem Tarifvertrag die Gewähr dafür gegeben sei, dass eine Betriebsvereinbarung einen billigen Ausgleich der widerstreitenden Interessen der Arbeitnehmer und des Betriebs beinhalte (*BAG* 30.1.1970 EzA § 242 BGB Nr. 31). Das Gericht soll, auch wenn die Voraussetzungen der §§ 134, 138 BGB nicht erfüllt sind, korrigierend eingreifen können, wenn der Inhalt der Betriebsvereinbarung unbillig oder unangemessen ist. In der Literatur wird diese Auffassung ganz überwiegend abgelehnt (vgl. GK-BetrVG/*Kreutz* § 77 Rz. 300 ff. m.w.N.). Insbesondere wird geltend gemacht, dass sich die unter dem Gesichtspunkt der Billigkeitskontrolle in Anspruch genommenen Grenzen der Regelungsbefugnis bereits unmittelbar aus §§ 75 Abs. 1, 2 Abs. 1 BetrVG ergeben und insbes. ein Verstoß gegen den Gleichbehandlungsgrundsatz oder gegen bestehende Diskriminierungsverbote bereits als unmittelbarer Verstoß gegen höherrangiges Recht der Regelungsbefugnis Grenzen setzen (z.B. MünchArbR/*Matthes* § 328 Rz. 86 f.). Die gerichtliche Billigkeitskontrolle ist insbes. bei Sozialplänen und Betriebsvereinbarungen von Bedeutung (s.u. Rn. 2072 ff.). Die Betriebspartner müssen bei Betriebsvereinbarungen den betriebsverfassungsrechtlichen Gleichbehandlungsgrundsatz und den allgemeinen Gleichheitssatz beachten. Die unterschiedliche Behandlung von Arbeitnehmergruppen muss sachlich gerechtfertigt sein, wobei an eine personenbezogene Ungleichbehandlung strengere Anforderungen zu stellen sind als an eine sachverhaltsbezogene (*BAG* 22.3.2005 EzA § 75 BetrVG 2001 Nr. 2).

(2) Sonstige Grenzen, Einzelfälle

1309 Die Betriebsparteien sind beim Abschluss von Betriebsvereinbarungen gem. § 75 Abs. 1, Abs. 2 S. 1 BetrVG zur Wahrung der durch Art. 2 Abs. 1 GG geschützten allgemeinen Handlungsfreiheit der Arbeitnehmer verpflichtet. Sie dürfen diese nur beschränken, wenn die getroffene Regelung zur Erreichung ihres Zwecks geeignet, erforderlich und verhältnismäßig ist (*BAG* 12.12.2006 EzA § 88 BetrVG 2001 Nr. 1; 13.2.2007 EzA § 87 BetrVG Betriebliche Ordnung Nr. 2).

1310 Unter dem Gesichtspunkt des Schutzes der Individualsphäre des Arbeitnehmers bzw. unter dem Gesichtspunkt des Schutzzweckes von Betriebsvereinbarungen (Arbeitnehmerschutz) werden weitere Schranken der Regelungsbefugnis diskutiert (vgl. GK-BetrVG/*Kreutz* § 77 Rz. 307 ff.), ohne dass sich bisher eine einheitliche dogmatische Begründung hat durchsetzen können. Als unzulässig werden etwa Betriebsvereinbarungen angesehen, die lediglich einzelne konkrete Arbeitsverhältnisse betreffen (DKK/*Berg* § 77 Rz. 38). Unter dem Gesichtspunkt eines unzulässigen Eingriffs in den durch § 75 Abs. 2 geschützten Persönlichkeitsbereich der einzelnen Arbeitnehmer werden bspw. Regelungen als unzulässig angesehen, die die Gestaltung der arbeitsfreien Zeit (GK-BetrVG/*Kreutz* § 77 Rz. 331) oder die Verwendung des verdienten Arbeitsentgelts (*BAG* 11.7.2000 EzA § 87 BetrVG 1972 Sozialeinrichtung Nr. 17; 1.12.1992 EzA § 87 BetrVG 1972 Betriebliche Lohngestaltung Nr. 20), Nebenbeschäftigungsverbote (GK-BetrVG/*Kreutz* § 77 Rz. 335) oder die Verpflichtung zur Teilnahme an Betriebsfeiern oder Ausflügen (DKK/*Berg* § 77 Rz. 38) betreffen.

1311 In bereits entstandene fällige Ansprüche und Anwartschaften der Arbeitnehmer kann durch Betriebsvereinbarung grds. nicht durch Erlass, Herabsetzung oder Stundung eingegriffen werden (GK-BetrVG/*Kreutz* § 77 Rz. 321 ff.). Besonderheiten gelten insoweit für auf Grund vertraglicher Einheitsregelung, Gesamtzusage oder betrieblicher Übung entstandene Ansprüche (vgl. u. Rn. 1327 ff.).

1312 Unzulässig ist die Festlegung von Kostenpauschalen für die Bearbeitung von Lohnpfändungen (*BAG* 18.7.2006 EzA § 75 BetrVG 2001 Nr. 4). Entsprechendes dürfte für die Festlegung von Lohn- und Gehaltsabtretungsverboten gelten. Einschränkungen ergeben sich auch bei *Eingriffen in den Bestand* des Arbeitsverhältnisses. So können vertragliche Kündigungsbeschränkungen nicht durch Betriebsvereinbarung aufgehoben oder zwingende gesetzliche Kündigungsschutzbestimmungen abgeändert oder umgangen werden (GK-BetrVG/*Kreutz*

§ 77 Rz. 338). Beispielsweise darf in einem Sozialplan die Zahlung von Abfindungen nicht davon abhängig gemacht werden, dass die betroffenen Arbeitnehmer keine gerichtlichen Schritte gegen die Kündigung unternehmen (*BAG* 20.6.1985 EzA § 4 KSchG Ausgleichsquittung Nr. 1). Auch kann eine Betriebsvereinbarung grds. das Arbeitsverhältnis weder auflösen noch eigenständige Möglichkeiten der Auflösung des Arbeitsverhältnisses, z.B. als Disziplinarmaßnahme schaffen (*BAG* 28.4.1982 EzA § 87 BetrVG 1972 Betriebsbuße Nr. 5). Problematisch ist ferner die Möglichkeit der Einführung von Altersgrenzen, bei deren Erreichen die betroffenen Arbeitsverhältnisse ohne weiteres enden (s.o. Kap. 5 Rn. 396 ff.). Die Vereinbarung einer Altersgrenze bedarf stets besonderer Gründe und ist nur in den Grenzen von Recht und Billigkeit zulässig, wobei auf Seiten der Arbeitnehmer insbes. das Recht auf freie Entfaltung der Persönlichkeit und ihre Berufsfreiheit zu berücksichtigen sind. Die Betriebsvereinbarung darf nicht zu einer Umgehung zwingender kündigungsschutzrechtlicher Vorschriften verstoßen und muss Raum für eine individuelle Beurteilung lassen. Sie muss in Übereinstimmung mit den Grundsätzen des BAG zur Befristung von Arbeitsverhältnissen stehen und inhaltlich so gestaltet sein, dass dem Arbeitnehmer der Kündigungsschutz ohne sachlichen Grund weder verkürzt noch genommen wird (*BAG GS* 7.11.1989 EzA § 77 BetrVG 1972 Nr. 34). Auf Seiten des Arbeitgebers muss eine derartige Vereinbarung zur Sicherung einer ausgewogenen Altersstruktur sowie einer angemessenen Personal- und Nachwuchsplanung geboten sein. Zu seinen Gunsten können auch die Interessen der übrigen Arbeitnehmer berücksichtigt werden, denen durch ein vorhersehbares Ausscheiden älterer Arbeitnehmer der Einstieg in die berufliche Tätigkeit oder der berufliche Aufstieg ermöglicht wird. Im Verhältnis zu einer einzelvertraglichen Vereinbarung über eine Altersgrenze gilt das Günstigkeitsprinzip; günstiger ist z.B. eine Regelung, die dem Arbeitnehmer länger die Wahlmöglichkeit zwischen Arbeit und Ruhestand einräumt (*BAG GS* 7.11.1989 EzA § 77 BetrVG 1972 Nr. 34).

Betriebsvereinbarungen können nur in bestimmten Grenzen auch Regelungen zu **1313**
Ungunsten der Arbeitnehmer enthalten und diesen unter Wahrung ihrer Persönlichkeitsrechte bestimmte Pflichten auferlegen. Zulässig sind belastende Regelungen, die in sachgerechter Weise der Ordnung des Betriebes dienen, wie beispielsweise Rauchverbot oder Torkontrollen (DKK/*Berg* § 77 Rz. 40). Zulässig sind auch Regelungen über die Kleidung der Arbeitnehmer, wobei aber die Kostentragungspflicht des Arbeitgebers für von ihm zu stellende Arbeits- und Schutzkleidung nicht auf die Arbeitnehmer abgewälzt werden darf (*BAG* 1.12.1992 EzA § 87 BetrVG 1972 Betriebliche Ordnung Nr. 20). Unzulässig sind dagegen Betriebsvereinbarungen, durch die materielle Arbeitsbedingungen ausschließlich zu Ungunsten der Arbeitnehmer gestaltet werden (*BAG* 1.12.1992 EzA § 87 BetrVG 1972 Betriebliche Ordnung Nr. 20). Unwirksam ist beispielsweise eine Betriebsvereinbarung, die materiell nur in einem Haftungsausschluss zu Gunsten des Arbeitgebers besteht (vgl. *BAG* 5.3.1959 AP Nr. 26 zu § 611 BGB Fürsorgepflicht; GK-BetrVG/*Kreutz* § 77 Rz. 346). Eine ausschließliche Belastung der Arbeitnehmer dürfte aber dann nicht vorliegen, wenn der Arbeitgeber im Hinblick auf den Haftungsausschluss eine zusätzliche Leistung erbringt, etwa den Arbeitnehmern einen eigenen Parkplatz zur Verfügung stellt oder zur Sicherung des Eigentums der Arbeitnehmer besondere Einrichtungen überlässt und die Haftung nur für den Fall ausschließt, dass ein Arbeitnehmer hiervon keinen Gebrauch macht (GK-BetrVG/*Kreutz* § 77 Rz. 347). Unzulässig ist es auch, in einem mitbestimmungspflichtigen Tatbestand dem Arbeitgeber das alleinige Gestaltungsrecht zu überlassen. Der Betriebsrat darf sich seiner gesetzlichen Mitbestimmungsrechte nicht in der Substanz begeben (*BAG* 26.4.2005 EzA § 87 BetrVG 2001 Betriebliche Lohngestaltung Nr. 6).

f) Geltungsbereich

Die Betriebsvereinbarung gilt räumlich für den Betrieb, dessen Betriebsrat sie abge- **1314**
schlossen hat.

Bei Betriebsvereinbarungen des Gesamt- oder Konzernbetriebsrats, die dieser auf Grund eines konkreten Auftrages einzelner Betriebsräte bzw. des Betriebsrats (§§ 50 Abs. 2, 58 Abs. 2 BetrVG) abgeschlossen hat, ist der Geltungsbereich ebenfalls auf die konkreten Betriebe begrenzt (DKK/*Berg* § 77 Rz. 34). Gesamt- oder Konzernbetriebsvereinbarungen, die vom Gesamt- oder Konzernbetriebsrat im Rahmen der originären Zuständigkeiten abgeschlossen werden, erstrecken sich nach nunmehr ausdrücklicher gesetzlicher Regelung in §§ 50 Abs. 1, 58 Abs. 1 BetrVG auch auf die Betriebe des Unternehmens bzw. Konzerns ohne Betriebsrat bzw. Gesamtbetriebsrat.

1315 Der persönliche Geltungsbereich erstreckt sich auf alle Arbeitnehmer i.S.d. BetrVG des jeweiligen Betriebes einschließlich solcher Arbeitnehmer, die erst nach ihrem Abschluss in den Betrieb eintreten (DKK/*Berg* § 77 Rz. 35).

1316 Für zum Zeitpunkt des Abschlusses der Betriebsvereinbarung aus dem Betrieb bereits ausgeschiedene Arbeitnehmer gelten Betriebsvereinbarungen grds. nicht (*BAG* 25.10.1988 EzA § 77 BetrVG 1972 Nr. 26). Überwiegend werden allerdings Ausnahmen für zulässig erachtet, so z.B. Sozialplanregelungen, die Leistungen für solche Arbeitnehmer vorsehen, die bei Abschluss des Sozialplan bereits aus dem Betrieb ausgeschieden waren (*Fitting* § 77 Rz. 37). In der Literatur wird kontrovers diskutiert, inwieweit sich der Geltungsbereich einer Betriebsvereinbarung z.B. bei einer betrieblichen Ruhegeldregelung oder über die Nutzung von Werkmietwohnungen auch auf die aus dem Betrieb bereits ausgeschiedenen Ruheständler oder Pensionäre erstrecken kann (vgl. *Fitting* § 77 Rz. 39). Nach Auffassung des *BAG* (25.10.1988 EzA § 77 BetrVG 1972 Nr. 26) wirkt eine Betriebsvereinbarung über betriebliche Ruhegelder, die Einschränkungen der betrieblichen Leistungen vorsieht, nicht hinsichtlich derjenigen früheren Arbeitnehmer, die bei Inkrafttreten der neuen Betriebsvereinbarung bereits im Ruhestand leben und Bezüge nach einer früheren Regelung erhalten. Diese erwerben bei Eintritt in den Ruhestand einen entsprechenden Individualanspruch, der betrieblicher Gestaltung grds. nicht zugänglich ist. Auch ein allgemeiner Vorbehalt späterer Änderung in der Betriebsvereinbarung ändert hieran nichts. Etwas anderes kann gelten für Leistungen, die sowohl aktiven Arbeitnehmern als auch den Ruheständlern erbracht werden, wie z.B. Unterstützungsleistungen zur Ergänzung der Krankenversicherungsleistungen, da der erkennbare Sinn einer solchen Betriebsvereinbarung gerade darin besteht, aktive Beschäftigte und Ruheständler gleichzustellen. Derartige Leistungen können auch für Ruheständler durch neue Betriebsvereinbarung insoweit gekürzt werden, als auch die aktive Belegschaft Kürzungen hinnehmen muss (*BAG* 13.5.1997 EzA § 77 BetrVG 1972 Ruhestand Nr. 1).

1317 Der Geltungsbereich einer Betriebsvereinbarung kann von den Betriebspartnern zumindest nicht mit normativer Wirkung auf andere, vom Betriebsrat nicht repräsentierte Arbeitnehmer erstreckt werden. Erfolgt eine solche Einbeziehung, kann die entsprechende Vereinbarung aber als Vertrag zu Gunsten Dritter, § 328 BGB, anzusehen sein (*BAG* 31.1.1979 EzA § 112 BetrVG 1972 Nr. 17).

Möglich ist dies aber nur, wenn die Betriebsvereinbarung Regelungen zu Gunsten dieser einbezogenen Arbeitnehmer enthält; Verpflichtungen können für diese Personen aber nicht begründet werden (MünchArbR/*Matthes* § 328 Rz. 23).

1318 In zeitlicher Hinsicht gelten Betriebsvereinbarungen grds. von ihrem förmlichen Abschluss an. Bei einer auf einem Spruch der Einigungsstelle beruhenden Betriebsvereinbarung richtet sich der Zeitpunkt des Inkrafttretens im Bereich der erzwingbaren Mitbestimmung und bei freiwilliger im Voraus erklärter Unterwerfung unter den Spruch der Einigungsstelle nach dem Zeitpunkt der letzten Zustellung des Beschlusses, § 76 Abs. 3 S. 3 BetrVG.

Grds. können die Betriebsparteien den zeitlichen Geltungsbereich einer Betriebsvereinbarung auch ausdrücklich festlegen. Der zeitliche Geltungsbereich kann dabei rückwirkend auch auf bereits abgeschlossene Lebenssachverhalte erstreckt werden (*BAG* 8.3.1977 EzA § 87 BetrVG 1972 Entgelt Nr. 6). Rückwirkende Regelungen sind aber nicht unbeschränkt möglich (vgl. GK-BetrVG/*Kreutz* § 77 Rz. 197, 198). Unbeschränkt zulässig sind nur Regelungen, die vom Arbeitgeber selbst abgeschlossen wurden und die Arbeitnehmer ausschließlich begünstigen. Soweit eine rückwirkende Begünstigung der Arbeitnehmer durch bindenden Spruch der Einigungsstelle erfolgt, ist auf Seiten des Arbeitgebers der Grundsatz des Vertrauensschutzes zu beachten. 1319

Rückwirkende Regelungen, die zu Lasten der Arbeitnehmer getroffen werden, sind dann unzulässig, wenn die Arbeitnehmer mit rückwirkender Verschlechterung nicht zu rechnen brauchten. 1320

Soweit die für die Arbeitnehmer günstigere Regelung auf einer einzelvertraglichen Vereinbarung beruht, gilt insoweit ohnehin das Günstigkeitsprinzip. Bei einer rückwirkenden Ablösung einer bestehenden Betriebsvereinbarung durch eine für die Arbeitnehmer ungünstigere können die Arbeitnehmer dann nicht auf einen Fortbestand der bisherigen Regelung vertrauen, wenn die bisher bestehende Betriebsvereinbarung gekündigt worden oder sonst abgelaufen ist, die bisherigen Regelungen nunmehr kraft Nachwirkung oder nur noch rein faktisch angewendet werden und die Arbeitnehmer (insbes. bei entsprechender Mitteilung des Arbeitgebers oder bei langwierigen Verhandlungen) erkennen müssen, dass mit einer Änderung zu rechnen ist (GK-BetrVG/*Kreutz* § 77 Rz. 198; *Fitting* § 77 Rz. 43 f.). 1321

g) Rechtswirkungen der Betriebsvereinbarung

Gem. § 77 Abs. 4 S. 1 BetrVG gelten die normativen Regelungen einer Betriebsvereinbarung ebenso wie Tarifnormen gem. § 4 Abs. 1 und 3 TVG unmittelbar und zwingend. 1322

aa) Normative Wirkung

Betriebsvereinbarungen kommt kraft Gesetzes unmittelbare Geltung zu, d.h. ihre normativen Regelungen wirken als Gesetz des Betriebes unabhängig vom Willen und der Kenntnis der Vertragspartner von außen auf die Arbeitsverhältnisse ein, ohne zum Bestandteil des Arbeitsvertrages zu werden (*BAG* 21.9.1989 EzA § 77 BetrVG 1972 Nr. 33). 1323

bb) Zwingende Wirkung

(1) Allgemeines, Günstigkeitsprinzip

Von den Regelungen einer Betriebsvereinbarung kann nicht zu Ungunsten der Arbeitnehmer durch anderweitige Absprachen der Arbeitsvertragsparteien abgewichen werden, sofern nicht solche belastende Abweichungen durch die Betriebsvereinbarung ausdrücklich zugelassen werden (MünchArbR/*Matthes* § 328 Rz. 26). Arbeitsvertragliche Abweichungen zu Gunsten der Arbeitnehmer sind jederzeit möglich. Insoweit gilt das Günstigkeitsprinzip (*BAG GS* 16.9.1986 EzA § 77 BetrVG 1972 Nr. 17). 1324

Der demnach erforderliche Günstigkeitsvergleich ist als Sachgruppenvergleich vorzunehmen, d.h. es sind die in einem inneren Zusammenhang stehenden Teilkomplexe der Regelungen zu vergleichen (*BAG* 27.01.2004 EzA § 77 BetrVG 2001 Nr. 7; 19.12.1958 AP Nr. 1 zu § 4 TVG Sozialzulagen; GK-BetrVG/*Kreutz* § 77 Rz. 245). Der Günstigkeitsvergleich ist an einem objektiven Beurteilungsmaßstab, nicht nach der subjektiven Einschätzung des jeweiligen Arbeitnehmers durchzuführen (GK-BetrVG/*Kreutz* § 77 Rz. 246). 1325

1326 Das Günstigkeitsprinzip gilt nicht bei sog. betriebsvereinbarungsoffenen arbeitsvertraglichen Regelungen.

Dies sind Regelungen, die von vorneherein unter dem Vorbehalt einer Regelung durch Betriebsvereinbarung stehen, etwa indem auf bestehende oder die jeweilige Betriebsvereinbarung verwiesen wird (*BAG* 12.8.1982 EzA § 77 BetrVG 1972 Nr. 9).

(2) Die ablösende, umstrukturierende (verschlechternde) Betriebsvereinbarung

1327 Das Günstigkeitsprinzip gilt grds. auch im Verhältnis Betriebsvereinbarung zu allgemeinen Arbeitsbedingungen auf Grund arbeitsvertraglicher Einheitsregelungen, Gesamtzusagen oder betrieblicher Übungen, sodass auch hier ein individueller Günstigkeitsvergleich vorzunehmen ist (*BAG* 21.9.1989 EzA § 77 BetrVG 1972 Nr. 33; *BAG GS* 7.11.1989 EzA § 77 BetrVG 1972 Nr. 34).

1328 Besonderheiten gelten nach Auffassung des Großen Senats des *BAG* (*GS* 16.9.1986 EzA § 77 BetrVG 1972 Nr. 17) für Ansprüche der Arbeitnehmer auf Sozialleistungen (Gratifikationen, Jubiläumszuwendungen), soweit diese auf einer betrieblichen Einheitsregelung beruhen: Eine Betriebsvereinbarung verdrängt schlechtere Arbeitsbedingungen, unerheblich, ob es sich um Einzel- oder Gesamtzusagen handelt (Günstigkeitsprinzip). Wirkt sich die Regelung der Betriebsvereinbarung nicht bei allen Arbeitnehmern günstiger aus, erfolgt kein individueller, sondern ein kollektiver Günstigkeitsvergleich, bei dem die Gesamtheit der Sozialleistungen des Arbeitgebers, die aus einem bestimmten Anlass oder zu einem bestimmten Zweck gewährt werden, vor und nach Abschluss der Betriebsvereinbarung vergleichsweise gegenüberzustellen sind. Liegt insgesamt keine Verschlechterung vor, so können Ansprüche der Arbeitnehmer in den Grenzen von Recht und Billigkeit durch eine sog. umstrukturierende Betriebsvereinbarung beschränkt werden. Handelt es sich hingegen auch bei Durchführung eines nur kollektiven Günstigkeitsvergleichs um eine verschlechternde Betriebsvereinbarung, etwa deshalb, weil der Arbeitgeber seine Aufwendungen für die zugesagten Sozialleistungen reduzieren will, kann die Betriebsvereinbarung die vertraglichen Ansprüche der Arbeitnehmer nicht verdrängen. Die Verschlechterung kann hier nur im Wege der individualrechtlichen Änderungskündigung, der Ausübung eines vorbehaltenen Widerrufsrechts oder durch Anpassung wegen Wegfalls der Geschäftsgrundlage (vgl. *BAG* 9.7.1985 EzA § 1 BetrVG Nr. 37) durchgesetzt werden (*BAG GS* 16.9.1986 EzA § 77 BetrVG 1972 Nr. 17), wobei dann aber das Mitbestimmungsrecht des Betriebsrats nach § 87 Abs. 1 Nr. 10 BetrVG zu beachten ist.

1329 Eine Ablösung durch eine umstrukturierende Betriebsvereinbarung kommt nur hinsichtlich solcher Ansprüche der Arbeitnehmer in Betracht, die in einem entsprechenden Bezugssystem zueinander stehen und damit einen kollektiven Bezug zueinander aufweisen. Eine Ablösung anderer Ansprüche kommt nicht in Betracht. Regelt eine Betriebsvereinbarung die bisher auf arbeitsvertraglicher Einheitsregelung beruhenden wesentlichen Arbeitsbedingungen insgesamt neu, also auch hinsichtlich nicht ablösbarer Ansprüche, scheidet wegen des inneren und nicht trennbaren Gestaltungszusammenhang zwischen ablösbaren und nicht ablösbaren Ansprüchen ein kollektiver Günstigkeitsvergleich und damit eine Ablösung aus (*BAG* 28.3.2000 EzA § 77 BetrVG 1972 Ablösung Nr. 1).

Zur Geltendmachung des Wegfalls der Geschäftsgrundlage bei einer durch Gesamtzusage errichteten betrieblichen Altersversorgung hat das *BAG* (23.9.1997 EzA § 77 BetrVG 1972 Nr. 60) folgende Grundsätze aufgestellt: Wenn ein Arbeitgeber wegen des von ihm behaupteten Wegfalls der Geschäftsgrundlage eines durch Gesamtzusage errichteten Versorgungswerks eine verschlechternde Neuregelung schaffen will, ist die Einigungsstelle zuständig, falls sich Arbeitgeber und Betriebsrat nicht einigen. Der Betriebsrat darf seine Mitwirkung an einer Neuregelung nicht verweigern. Er muss mit dem Arbeitgeber notfalls unter dem

Vorbehalt der vertragsrechtlich zulässigen Umsetzung der Regelung verhandeln (im Anschluss an *BAG GS* Beschl. v. 16.9.1986 EzA § 77 BetrVG 1972 Nr. 17). Die Frage, ob die Geschäftsgrundlage einer Gesamtzusage über betriebliche Altersversorgung weggefallen ist, ist entscheidend für den Umfang der der Einigungsstelle zustehenden Regelungsbefugnis. Ist die Geschäftsgrundlage weggefallen, kann die Einigungsstelle eine vorbehaltlose Neuregelung treffen. Die Geschäftsgrundlage einer Versorgungszusage ist weggefallen, wenn sich die zu Grunde gelegte Rechtslage nach Erteilung der Zusage ganz wesentlich und unerwartet geändert hat, und dies beim Arbeitgeber zu erheblichen Mehrbelastungen geführt hat. Die Geschäftsgrundlage ist auch weggefallen, wenn der bei der Versorgungszusage erkennbare Versorgungszweck dadurch verfehlt wird, dass die unveränderte Anwendung der Versorgungszusage zu einer gegenüber dem ursprünglichen Versorgungsziel planwidrig eintretenden Überversorgung führen würde. Ist die Geschäftsgrundlage weggefallen, kann die anpassende Neuregelung auch in zeitanteilig erdiente Besitzstände eingreifen. Sie muss sich dabei an den Zielen der ursprünglichen Regelung orientieren, auf deren Einhaltung die Arbeitnehmer vertrauen durften.

h) Verzicht, Verwirkung, Ausschlussfristen

Durch § 77 Abs. 1 S. 2–4 BetrVG werden die Rechte der Arbeitnehmer aus einer Betriebsvereinbarung zusätzlich dadurch abgesichert, dass die Dispositionsbefugnis der Arbeitnehmer über diese Rechte eingeschränkt wird. Ein Verzicht auf Rechte der Arbeitnehmer aus einer Betriebsvereinbarung ist nur mit Zustimmung (vorherige Einwilligung, nachträgliche Genehmigung, §§ 182 ff. BGB) des Betriebsrats zulässig. Dies gilt insbes. auch bei einem Anspruchsverzicht durch Ausgleichsquittung (s.o. Kap. 3 Rn. 4881 ff.). Die Zustimmung des Betriebsrats zu einem Verzicht auf einen Anspruch aus einer Betriebsvereinbarung muss sich dabei auf den einzelnen konkreten Verzicht beziehen (*BAG* 27.1.2004 EzA § 77 BetrVG 2001 Nr. 7). Anwendung findet allerdings das Günstigkeitsprinzip: Auch ohne Zustimmung des Betriebsrats ist ein Verzicht wirksam, wenn bei einem Sachgruppenvergleich zweifelsfrei feststellbar ist, dass die Abweichung von der Betriebsvereinbarung für den Arbeitnehmer objektiv die günstigere Regelung ist (*BAG* 27.1.2004 EzA § 77 BetrVG 2001 Nr. 7). 1330

Grds. ist auch die Wirksamkeit des Verzichts im Rahmen eines (gerichtlichen) Vergleichs von der Zustimmung des Betriebsrats abhängig, es sei denn, es handelt sich um einen reinen Tatsachenvergleich, durch den lediglich die Ungewissheit über die tatsächlichen Voraussetzungen eines Anspruchs aus einer Betriebsvereinbarung beseitigt wird, z.B. über die Zahl der geleisteten Überstunden (*BAG* 31.7.1996 EzA § 112 BetrVG 1972 Nr. 88; *Fitting* § 77 Rz. 134 **a.A.** GK-BetrVG/*Kreutz* § 77 Rz. 278). 1331

Die bloße Klagerücknahme (§ 269 ZPO) ist im Gegensatz zum prozessualen Anspruchsverzicht (§ 306 ZPO) kein Verzicht (*Fitting* § 77 Rz. 134). Das Verzichtsverbot besteht auch nach Beendigung des Arbeitsverhältnisses. Im Gegensatz zum Arbeitgeber kann der Arbeitnehmer Ansprüche aus einer Betriebsvereinbarung auch nicht verwirken. Hierdurch wird allerdings nur die Berufung des Arbeitgebers auf eine sog. »illoyale Verspätung«, nicht aber der Einwand unzulässiger Rechtsausübung ausgeschlossen, wenn sich die Unzulässigkeit aus anderen Umständen als der Verspätung ergibt (GK-BetrVG/*Kreutz* § 77 Rz. 282, 283). 1332

Ausschlussfristen für Rechte der Arbeitnehmer aus einer Betriebsvereinbarung können nur durch die Betriebsvereinbarung selbst oder durch einen Tarifvertrag geregelt werden. Unzulässig ist damit eine ungünstigere einzelvertragliche Vereinbarung von Ausschlussfristen. 1333

Das Gleiche gilt für die Abkürzung von Verjährungsfristen. Ob eine tarifvertragliche Ausschluss- oder Verjährungsfrist auch Ansprüche aus einer Betriebsvereinbarung erfasst, ist eine Frage der Auslegung der tarifvertraglichen Bestimmung. Sofern die entsprechende 1334

Betriebsvereinbarung selbst Ausschlussfristen normiert, darf die Regelung nicht in Widerspruch zu einer denselben Anspruch erfassenden tarifvertraglichen Ausschlussfrist stehen (*BAG* 9.4.1991 EzA § 77 BetrVG 1972 Nr. 39).

i) Beendigung der Betriebsvereinbarung

aa) Kündigung

1335 Gem. § 77 Abs. 5 BetrVG kann jede Seite die Betriebsvereinbarung mit einer Frist von drei Monaten kündigen, sofern die Betriebsvereinbarung selbst keine abweichenden Vorschriften über Kündigungsfristen enthält. Im **Insolvenz- bzw. Konkursverfahren** können Betriebsvereinbarungen, die Leistungen vorsehen, die die Masse belasten, auch dann mit einer Frist von drei Monaten gekündigt werden, wenn eine längere Kündigungsfrist vereinbart ist (§ 120 Abs. 1 InsO, für noch nach Maßgabe der Konkursordnung abzuwickelnde Verfahren gilt diese Vorschrift ebenfalls auf Grund der vorzeitigen Inkraftsetzung durch das Arbeitsrechtliche Beschäftigungsförderungsgesetzes vom 13.9.1996).

1336 Die ordentliche Kündigung bedarf keines sachlichen Kündigungsgrundes und unterliegt keiner gerichtlichen Billigkeits- oder Inhaltskontrolle (*BAG* 26.4.1990 EzA § 77 BetrVG 1972 Nr. 35). Die Möglichkeit der ordentlichen Kündbarkeit kann in der Betriebsvereinbarung ausgeschlossen werden (*BAG* 10.3.1992 EzA § 77 BetrVG 1972 Nr. 46).

1337 Ferner kann sich der Ausschluss der ordentlichen Kündbarkeit auch aus Inhalt und Zweck der Betriebsvereinbarung ergeben, etwa bei Vereinbarungen zur Regelung einer einmaligen Angelegenheit, weil eine Kündigung dem Zweck der Regelung widersprechen würde (MünchArbR/*Matthes* § 328 Rz. 39). Besonderheiten gelten bei Betriebsvereinbarungen im Bereich der betrieblichen Altersversorgung. Auch solche Vereinbarungen sind kündbar und wirken nicht nach. Die auf Grund der Betriebsvereinbarung erworbenen Besitzstände der betroffenen Arbeitnehmer werden aber kraft Gesetzes nach den Grundsätzen der Verhältnismäßigkeit und des Vertrauensschutzes geschützt. Je stärker in Besitzstände eingegriffen wird, desto gewichtiger müssen die Änderungsgründe sein (*BAG* 11.5.1999 EzA § 1 BetrAVG Betriebsvereinbarung Nr. 1; 17.2.1992 § 77 EzA BetrVG 1972 Nr. 46; 18.4.1989 EzA § 77 BetrVG 1972 Nr. 28).

1338 Eine Betriebsvereinbarung kann ferner auch fristlos aus wichtigem Grund gekündigt werden, wenn Tatsachen vorliegen, auf Grund derer dem Kündigenden die Bindung an die Betriebsvereinbarung selbst bis zum Ablauf der Kündigungsfrist nicht zugemutet werden kann (*BAG* 28.4.1992 EzA § 50 BetrVG 1972 Nr. 10).

1339 Ein wichtiger Grund kann insbes. in der Veränderung wirtschaftlicher Verhältnisse und in einer Änderung der Rechtslage, nicht aber in einer beabsichtigten Betriebsveräußerung bestehen (GK-BetrVG/*Kreutz* § 77 Rz. 366).

1340 Die **Kündigung einer Betriebsvereinbarung** muss unmissverständlich und eindeutig sein. Kommen als möglicher Gegenstand einer Kündigung mehrere Betriebsvereinbarungen in Betracht, muss sich aus der Kündigungserklärung zweifelsfrei ergeben, welche Betriebsvereinbarung gekündigt werden soll. Hierzu ist die Kündigungserklärung erforderlichenfalls auszulegen. Hierbei ist – anders als bei der Auslegung des normativen Inhalts einer Betriebsvereinbarung – keine objektivierende Betrachtung maßgeblich, sondern § 133 BGB anzuwenden (*BAG* 19.2.2008 EzA § 77 BetrVG 2001 Nr. 23).

1341 Die **Teilkündigung einer Betriebsvereinbarung** ist regelmäßig zulässig, wenn der gekündigte Teil einen selbständigen Regelungskomplex betrifft, der ebenso in einer eigenständigen Betriebsvereinbarung geregelt werden könnte. Wollen die Betriebsparteien in einem solchen Fall die Teilkündigung ausschließen, müssen sie dies in der Betriebsvereinbarung deutlich zum Ausdruck bringen (*BAG* 6.11.2007 EzA § 77 BetrVG 2001 Nr. 19).

bb) Sonstige Beendigungsgründe; Auswirkungen betrieblicher Umstrukturierungen

Eine Betriebsvereinbarung endet mit **Ablauf der Zeit oder Erreichung des Zwecks**, für die sie abgeschlossen wurde (DKK/*Berg* § 77 Rz. 45). Ferner beendet auch das Außerkrafttreten eines Tarifvertrages, der eine ergänzende Betriebsvereinbarung gestattet, die Betriebsvereinbarung (*BAG* 25.8.1983 EzA § 77 BetrVG 1972 Nr. 12). Weiter können Arbeitgeber und Betriebsrat eine Betriebsvereinbarung jederzeit durch schriftlichen (§ 77 Abs. 2 BetrVG) **Aufhebungsvertrag** aufheben oder durch eine **neue Betriebsvereinbarung** ablösen, wobei die Aufhebung der alten Betriebsvereinbarung nicht ausdrücklich erfolgen muss, wenn die neue Betriebsvereinbarung denselben Gegenstand regelt (MünchArbR/*Matthes* § 328 Rz. 37). Hingegen wird eine Betriebsvereinbarung nicht durch eine Regelungsabrede abgelöst (*BAG* 20.11.1990 EzA § 77 BetrVG 1972 Nr. 37). Das *BAG* (20.11.1990 EzA § 77 BetrVG 1972 Nr. 37) hat insoweit offen gelassen, ob in einer entsprechenden formlosen Regelungsabrede zugleich ein Aufhebungsvertrag hinsichtlich der entgegenstehenden Betriebsvereinbarung gesehen werden kann. Fraglich ist dies, weil nach überwiegender Auffassung (vgl. *Fitting* § 77 Rz. 143) der Aufhebungsvertrag der Schriftform bedarf. Die Betriebsvereinbarung endet ferner mit **Stilllegung des Betriebs** mit Ausnahme von Vereinbarungen, die im Zusammenhang mit der Betriebsstilllegung abgeschlossen wurden (Sozialplan) oder unabhängig vom Untergang des Betriebs die Arbeitsbedingungen gestalten sollen, wie z.B. Regelungen über die betriebliche Altersversorgung (vgl. GK-BetrVG/*Kreutz* § 77 Rz. 375). 1342

Im Falle der **Eingliederung eines Betriebs** als unselbstständiger Betriebsteil in einen anderen Betrieb oder wenn ein als selbstständig geltender Betriebsteil oder ein Nebenbetrieb (§ 4 BetrVG, s.o. Rn. 95 ff.) ihre betriebsverfassungsrechtliche Selbstständigkeit verlieren, gelten die Betriebsvereinbarungen des aufnehmenden Betriebes weiter, während die Betriebsvereinbarungen des eingegliederten Betriebs mit Ausnahme solcher Vereinbarungen, die im Hinblick auf die Eingliederung abgeschlossen wurden (Sozialplan) oder Regelungsgegenstände betreffen, für die es im aufnehmenden Betrieb keine Betriebsvereinbarungen gibt und deren weitere Anwendung im aufnehmenden Betrieb möglich und sinnvoll ist, im Zeitpunkt der Eingliederung enden (*Fitting* § 77 Rz. 163; **a.A.** GK-BetrVG/*Kreutz* § 77 Rz. 377). Bei **Zusammenfassung mehrerer Betriebe** unter Bildung eines neuen Betriebs bleiben die Betriebsvereinbarungen der Ursprungsbetriebe solange bestehen, wie ihre Anwendung im neuen Betrieb möglich und sinnvoll ist und nicht neue Regelungen für den neuen Betrieb geschaffen sind (DKK/*Berg* § 77 Rz. 49; *Fitting* § 77 Rz. 164).

Bei einem **rechtsgeschäftlichen Betriebsinhaberwechsel** (Betriebsübergang oder Betriebsteilübergang, s.o. Kap. 3 Rn. 4165 ff.) wird danach differenziert, ob der Wechsel zu einer Änderung der bisherigen Betriebsidentität führt oder nicht (vgl. DKK/*Berg* § 77 Rz. 50, 51; GK-BetrVG/*Kreutz* § 77 Rz. 389 ff.). 1343

Bleibt die bisherige Betriebsidentität erhalten, gelten die Betriebsvereinbarungen uneingeschränkt fort (*BAG* 27.7.1994 EzA § 613a BGB Nr. 123). Das gilt auch für die im übergehenden Betrieb geltenden Gesamt- und Konzernbetriebsvereinbarungen, es sei denn, im Unternehmen des Erwerbers bestehen kollidierende Gesamt- bzw. Konzernbetriebsvereinbarungen. Dann kommen diese zur Anwendung (*BAG* 27.6.1985 EzA § 77 BetrVG 1972 Nr. 16). Bleibt die Betriebsidentität nicht erhalten, gelten die Betriebsvereinbarungen im verbleibenden Restbetrieb unverändert weiter. Im übergegangenen Betriebsteil gelten sie bis zum Abschluss neuer Betriebsvereinbarungen dann weiter, wenn der übergegangene Betriebsteil als neu entstandener Betrieb oder als selbstständiger Betrieb geltender Betriebsteil (§ 4 BetrVG) fortgeführt wird. Verliert hingegen der übergegangene Betriebsteil oder Betrieb seine Selbstständigkeit durch Eingliederung in einen bereits bestehenden Betrieb, gelten bestehende (Gesamt-, Konzern-) Betriebsvereinbarungen nicht kollektivrechtlich weiter. Gem. § 613a Abs. 1 S. 2 BGB erfolgt vielmehr eine Transformation der Rechtsnormen der Betriebsvereinbarungen des übergegangenen Betriebs in Individualrecht mit einjähriger Veränderungssperre, sofern sie nicht bereits unmittelbar durch im neuen Betrieb bestehende (Gesamt-, Konzern-) Betriebsvereinbarung nach § 613a Abs. 1 S. 3 BGB ersetzt werden. Soweit Betriebsvereinbarungsregelungen individualrechtlich fortwirken, wird dieser individualrechtliche Bestandsschutz durch eine 1344 neue Betriebsvereinbarung mit entsprechendem Regelungsgegenstand nach § 613a Abs. 1 S. 3 BGB verdrängt (s.o. Kap. 3 Rn. 4343 ff.).

1345 Die Grundsätze über das **Fehlen oder den Wegfall der Geschäftsgrundlage** können auch bei Betriebsvereinbarungen zur Anwendung kommen. Sofern eine Anpassung an die veränderten Verhältnisse in Betracht kommt und hierüber keine Einigung der Betriebspartner erzielt werden kann, entscheidet im Bereich der Zuständigkeit der Einigungsstelle die Einigungsstelle verbindlich (*BAG* 10.8.1994 EzA § 112 BetrVG 1972 Nr. 76). Kommt eine Anpassung an die veränderten Umstände nicht in Betracht, kann sich eine Partei von der Betriebsvereinbarung lossagen, was in der Wirkung einer außerordentlichen Kündigung gleichkommt (GK-BetrVG/*Kreutz* § 77 Rz. 384). Ferner ist auch die Anfechtung einer Betriebsvereinbarung wegen Irrtum, arglistiger Täuschung oder Drohung möglich, allerdings nur mit Wirkung für die Zukunft (*BAG* 15.12.1961 EzA § 615 BGB Nr. 4).

1346 Kein Beendigungsgrund ist der **Tod des Betriebsinhabers** oder die **Neuwahl** eines Betriebsrats. Wird ein Betrieb betriebsratslos oder verliert er seine Betriebsratsfähigkeit, bleiben bestehende Betriebsratsvereinbarungen zunächst wirksam, sind aber vom Arbeitgeber durch entsprechende Erklärung gegenüber den betroffenen Arbeitnehmern kündbar (GK-BetrVG/*Kreutz* § 77 Rz. 383; DKK/*Berg* § 77 Rz. 52).

j) Nachwirkung

1347 Gem. § 77 Abs. 6 BetrVG gelten Regelungen einer Betriebsvereinbarung in Angelegenheiten, in denen ein Spruch der Einigungsstelle die Einigung zwischen Arbeitgeber und Betriebsrat ersetzen kann, weiter, bis sie durch eine andere Abmachung ersetzt werden.

1348 Durch diese Nachwirkung soll verhindert werden, dass sich in Mitbestimmungsangelegenheiten, in denen sich durch Abschluss einer Betriebsvereinbarung eine gewisse Regelungsnotwendigkeit erwiesen hat, zeitliche Regelungslücken zwischen der abgelaufenen und einer neuen Betriebsvereinbarung auftun. Die Bestimmung gilt nicht für freiwillige Betriebsvereinbarungen (*BAG* 26.4.1990 EzA § 77 BetrVG 1972 Nr. 35).

1349 Strittig ist, ob die Betriebspartner bei freiwilligen Betriebsvereinbarungen eine Nachwirkung vereinbaren können. Dies wird z. T. mit der Begründung verneint, dass solche Vereinbarungen dann ständig nachwirken könnten, wenn ein Betriebspartner zur Ablösung nicht bereit ist. Etwas anderes soll nur für die Vereinbarung einer zeitlich befristeten Nachwirkung gelten (vgl. GK-BetrVG/*Kreutz* § 77 Rz. 410 ff. m.w.N.).

1350 Nach Auffassung des *BAG* (28.4.1998 EzA § 77 BetrVG 1972 Nachwirkung Nr. 1; so auch *LAG Frankf./M.* 22.3.1994 LAGE § 77 BetrVG 1972 Nr 17; 5.5.1994 LAGE § 77 BetrVG 1972 Nr 18; *LAG Düsseld.* 20.5.1997 LAGE § 77 BetrVG 1972 Nachwirkung Nr. 4) ist die Vereinbarung einer Nachwirkung möglich. Eine solche Vereinbarung ist dahin auszulegen, dass die Nachwirkung auch gegen den Willen einer Seite beendet werden kann. Scheitern die Bemühungen um eine einvernehmliche Neuregelung, kann also von jedem Betriebspartner analog § 76 Abs. 6 BetrVG die Einigungsstelle angerufen werden, die dann eine verbindliche Entscheidung trifft.

Die Nachwirkung einer Betriebsvereinbarung gem. § 77 Abs. 6 BetrVG ist dispositiv und kann von den Betriebspartnern abbedungen werden (*BAG* 17.1.1995 EzA § 77 BetrVG 1972 Nr. 54).

1351 Enthält eine Betriebsvereinbarung sowohl mitbestimmungspflichtige als auch freiwillige Regelungen nebeneinander, so erstreckt sich die Nachwirkung grds. nur auf die Bestimmungen über mitbestimmungspflichtige Angelegenheiten, sofern sie eine aus sich heraus handhabbare Regelung enthalten (*BAG* 23.6.1992 EzA § 77 BetrVG 1972 Nr. 49). Hiervon sind Fallgestaltungen zu unterscheiden, die Regelungen betreffen, deren Regelungsgegenstand selbst teils mitbestimmungspflichtige, teils jedoch mitbestimmungsfreie Elemente enthält.

Dies ist insbes. bei betrieblichen Sozialleistungen der Fall, da bei diesen nach der Rechtsprechung des BAG nach § 87 Abs. 1 Nr. 10 BetrVG kein Mitbestimmungsrecht darüber besteht, ob, in welchem Umfang (Dotierungsrahmen) und an welchen Personenkreis Leistungen gewährt werden sollen, während die Regelung des Verteilungsschlüssels mitbestimmungspflichtig ist. Beabsichtigt der Arbeitgeber mit der Kündigung einer bestehenden Betriebsvereinbarung eine Änderung der nicht der Mitbestimmung unterliegenden Umstände (Erbringung der zusätzlichen Leistung überhaupt, Dotierungsrahmen), scheidet eine Nachwirkung aus (*BAG* 17.1.1995 EzA § 77 BetrVG 1972 Nr. 54). Will der Arbeitgeber hingegen mit der Kündigung eine Änderung des derzeitigen Verteilungs- und Leistungsplans erreichen, wirkt die gekündigte Betriebsvereinbarung solange nach, bis sie durch eine andere ersetzt ist (*BAG* 26.8.2008 EzA § 87 BetrVG 2001 Betriebliche Lohngestaltung Nr. 16; 26.10.1993 EzA § 77 BetrVG 1972 Nr. 53). Ist mit einer Herabsetzung des Dotierungsrahmens eine Änderung des Leistungsplans verbunden, was dann nicht der Fall ist, wenn jede Leistung im gleichen Verhältnis gekürzt wird, besteht eine Nachwirkung, sodass der Arbeitgeber das Leistungsvolumen nur in der Weise ohne Eintritt der Nachwirkung kürzen kann, dass er jede einzelne Leistung im gleichen Verhältnis kürzt, sodass der Leistungsplan unverändert bleibt (vgl. für übertarifliche Zulagen *BAG* 3.12.1991 EzA § 87 BetrVG 1972 Betriebliche Lohngestaltung Nr. 30; s.u. Rn. 1632 ff.).

Die Nachwirkung setzt voraus, dass die zeitliche Geltung der Betriebsvereinbarung als **1352**
solche z.B. durch Ablauf der Befristung oder durch Kündigung der Betriebsvereinbarung nach Ablauf der Kündigungsfrist beendet ist. Nachwirkung tritt auch ein bei einer fristlosen Kündigung (*BAG* 10.8.1994 EzA § 112 BetrVG 1972 Nr. 76).

Nachwirkung bedeutet, dass die Regelungen der Betriebsvereinbarung auch nach ihrer **1353**
Beendigung mit unmittelbarer, allerdings nicht mehr mit zwingender Wirkung fortgelten und zwar auch für Arbeitnehmer, die erst im Nachwirkungszeitraum in den Betrieb eintreten (GK-BetrVG/*Kreutz* § 77 Rz. 413). Die Nachwirkung endet durch jede im Nachwirkungszeitraum getroffene andere Abmachung (Tarifvertrag, Betriebsvereinbarung, Arbeitsvertrag) über denselben Regelungsgegenstand (GK-BetrVG/*Kreutz* § 77 Rz. 417).

k) Rechtsmängel, Streitigkeiten

Die Unwirksamkeit einer Betriebsvereinbarung kann sich insbes. daraus ergeben, dass **1354**
die notwendige Schriftform nicht gewahrt wurde, ein wirksamer Betriebsratsbeschluss nicht vorliegt, die Betriebsvereinbarung durch einen unzuständigen Betriebsrat (z.B. Gesamt- statt Einzelbetriebsrat) abgeschlossen wurde, die Betriebsvereinbarung gegen höherrangiges Recht oder den Tarifvorbehalt verstößt, den Maßstäben gerichtlicher Billigkeitskontrolle nicht gerecht wird oder sonstige Grenzen der Regelungsbefugnis missachtet.

Einigungsstellensprüche sind darüber hinaus unwirksam, wenn die getroffene Regelung der **1355**
erzwingbaren Mitbestimmung der Betriebspartner nicht unterlag und es damit an der Zuständigkeit der Einigungsstelle fehlte, sofern die Betriebspartner sich nicht dem Spruch der Einigungsstelle im Voraus unterworfen haben oder diesen nachträglich annehmen. Ferner ist der Spruch der Einigungsstelle dann unwirksam, wenn er die Grenzen des Ermessens überschreitet und dieser Mangel rechtzeitig von einem der Betriebspartner gerichtlich geltend gemacht wird (s.o. Rn. 1223 ff.).

Liegt ein Unwirksamkeitsgrund vor, ist die Betriebsvereinbarung grds. insgesamt nichtig. **1356**
Eine bloße Teilnichtigkeit liegt vor, wenn lediglich einzelne Bestimmungen unwirksam sind und der von der Unwirksamkeit nicht betroffene Teil noch eine in sich geschlossene und für sich allein handhabbare Regelung enthält (*BAG* 23.6.1992 EzA § 77 BetrVG 1972 Nr. 49).

1357 Eine Umdeutung (§ 140 BGB; vgl. *Belling/Hartmann* NZA 1998, 673 ff.) einer unwirksamen Betriebsvereinbarung in ein individualrechtliches Rechtsgeschäft, z.B. einen Vertrag zu Gunsten Dritter mit der Folge, dass die Betriebsvereinbarung zum Inhalt der Einzelverträge der Arbeitnehmer wird, kommt dann in Betracht, wenn besondere tatsächliche Umstände vorliegen, aus denen die Arbeitnehmer nach Treu und Glauben schließen durften, dass der Arbeitgeber über die betriebsverfassungsrechtliche Verpflichtung hinaus sich für eine bestimmte Leistung binden wollte (*BAG* 24.1.1996 EzA § 77 BetrVG 1972 Nr. 55; 23.8.1989 EzA § 77 BetrVG 1972 Nr. 29). So kommt etwa eine Umdeutung einer unwirksamen Betriebsvereinbarung in eine vertragliche Einheitsregelung nur in Betracht, wenn und soweit besondere Umstände die Annahme rechtfertigen, der Arbeitgeber habe sich unabhängig von der Betriebsvereinbarung auf jeden Fall verpflichten wollen, die in der Betriebsvereinbarung vorgesehenen Leistungen zu erbringen (*BAG* 5.3.1997 EzA § 77 BetrVG 1972 Nr. 58). Vollzieht der Arbeitgeber in Kenntnis der Unwirksamkeit einer Betriebsvereinbarung deren Regelungen gleichwohl, können aus diesem Verhalten individualrechtliche Ansprüche unter dem Gesichtspunkt der Gesamtzusage oder der betrieblichen Übung entstehen (*BAG* 13.8.1980 EzA § 77 BetrVG 1972 Nr. 8; s.o. Kap. 1 Rn. 441 ff.). Eine unwirksame Betriebsvereinbarung wird auch nicht dadurch zum Inhalt des Einzelarbeitsvertrages, dass in diesem auf die im Betrieb geltenden Betriebsvereinbarungen Bezug genommen wird, da bei solchen Inbezugnahmen regelmäßig davon auszugehen sein wird, dass nur gültige Betriebsvereinbarungen gemeint sind (MünchArbR/*Matthes* § 319 Rz. 91). In Betracht kommt ferner die Umdeutung einer unwirksamen Betriebsvereinbarung in eine Regelungsabrede; der Rückforderung bereits an die Arbeitnehmer auf Grund der unwirksamen Betriebsvereinbarung erbrachter Leistungen steht dann der Arglisteinwand (§ 242 BGB) entgegen, da die Regelungsabrede den Arbeitgeber dem Betriebsrat gegenüber verpflichtet, im Verhältnis zu den Arbeitnehmern einen individualrechtlichen Rechtsgrund für die Leistungen zu schaffen und der Arbeitgeber sich widersprüchlich verhalten würde, wenn er sich auf die Rechtsgrundlosigkeit der Leistung berufen würde (*Belling/Hartmann* NZA 1998, 673 ff.).

1358 Streitigkeiten zwischen Arbeitgeber und Betriebsrat darüber, ob und wie eine getroffene Vereinbarung auszuführen ist und über das Bestehen, Nichtbestehen einer Betriebsvereinbarung, über deren Zulässigkeit und Rechtswirksamkeit, über deren Inhalt, Nachwirkung und Auslegung entscheidet das Arbeitsgericht auf Antrag im Beschlussverfahren, § 2a Abs. 1 Nr. 1, Abs. 2 §§ 80 ff. ArbGG. Bei Betriebsvereinbarungen, die auf verbindlichem Spruch der Einigungsstelle beruhen, ist die Ausschlussfrist des § 76 Abs. 5 S. 4 BetrVG für die Geltendmachung von Ermessensfehlern zu beachten.

1359 Soweit in Frage steht, ob eine Betriebsvereinbarung wegen Verstoß gegen den Tarifvorbehalt nach § 77 Abs. 3 BetrVG unwirksam ist, besteht für einen auf Feststellung der Unwirksamkeit gerichteten Antrag im Beschlussverfahren keine Antragsbefugnis der betroffenen Gewerkschaft (*BAG* 23.2.1988 EzA § 81 ArbGG 1979 Nr. 13) oder des betroffenen Arbeitgeberverbandes (*LAG Hamm* 21.12.1988 LAGE § 76 BetrVG 1972 Nr. 33). Zulässig ist dagegen ein auf Unterlassung der Anwendung einer Betriebsvereinbarung gerichteter Antrag einer im Betrieb vertretenen Gewerkschaft nach § 23 Abs. 3 BetrVG gegen den Arbeitgeber oder ein entsprechender Antrag nach § 23 Abs. 1 BetrVG gegen den Betriebsrat (*BAG* 20.8.1991 EzA § 77 BetrVG 1972 Nr. 41; 22.6.1993 EzA § 23 BetrVG 1972 Nr. 35).

1360 Streitigkeiten über Ansprüche einzelner Arbeitnehmer auf Grund einer Betriebsvereinbarung sind im arbeitsgerichtlichen Urteilsverfahren zu entscheiden, wobei das Bestehen oder die Wirksamkeit oder der Inhalt der Betriebsvereinbarung als Vorfrage zu entscheiden sein kann.

G. Überblick über die Beteiligungsrechte des Betriebsrats

Das BetrVG sieht unterschiedliche Beteiligungsformen vor, die unter dem Oberbegriff Beteiligungsrechte als Mitbestimmungsrechte und als Mitwirkungsrechte unterschieden werden. 1361

I. Mitbestimmungsrechte

Die Mitbestimmung ist die stärkste Form der – gleichberechtigten – Beteiligung des Betriebsrates und bedeutet, dass eine Angelegenheit nicht einseitig durch den Arbeitgeber gegen den Willen des Betriebsrats geregelt werden. Der Betriebsrat muss entweder positiv mitwirken, z.B. durch vertragliche Einigung oder durch Zustimmung (positives Konsensprinzip) oder er kann durch eine negative Stellungnahme (Widerspruch) zu Regelungen, die der Arbeitgeber getroffen hat, deren Wirksamwerden verhindern bzw. ihre Unwirksamkeit herbeiführen (negatives Konsensprinzip). 1362

1. Positives Konsensprinzip

Dem positiven Konsensprinzip unterliegen insbesondere: 1363
- soziale Angelegenheiten, § 87 BetrVG (s.u. Rn. 1415 ff.),
- Personalfragebogen und die Aufstellung von Beurteilungsgrundsätzen, § 94 BetrVG (s.u. Rn. 1728 ff.),
- die Aufstellung von Auswahlrichtlinien über die personelle Auswahl, § 95 BetrVG (s.u. Rn. 1740 ff.),
- Regelungen über Bildungs- und Berufsbildungsmaßnahmen, § 97 Abs. 2, § 98 Abs. 1 BetrVG (s.u. Rn. 1768 ff.),
- die Einstellung, Ein- und Umgruppierung, Versetzung von Arbeitnehmern in Unternehmen mit mehr als 20 Arbeitnehmern vorbehaltlich der vorläufigen Durchführung der Maßnahme, §§ 99, 100 BetrVG (s.u. Rn. 1801 ff.),
- die außerordentliche Kündigung von betriebsverfassungsrechtlichen Mandatsträgern, insbes. von Betriebsratsmitgliedern, § 103 BetrVG, § 15 KSchG (s.o. Kap. 4 Rn. 499 ff.) und die amtsbeendende Versetzung von BR-Mitgliedern, § 103 (s.o. Rn. 724 ff.),
- nur bei Vorliegen einer entsprechenden Betriebsvereinbarung die ordentliche Kündigung eines Arbeitnehmers, § 102 Abs. 6 BetrVG (s.o. Kap. 4 Rn. 491 ff.),
- die Aufstellung eines Sozialplans bei Betriebsänderungen, §§ 111, 112 Abs. 1 S. 2 BetrVG (s.u. Rn. 2059 ff.).

2. Initiativrecht

Sofern das BetrVG zu Gunsten des Betriebsrats Mitbestimmungsrechte normiert, besteht überwiegend auch ein Initiativrecht des Betriebsrats als durchsetzbares Recht, eine Entscheidung über seinen Antrag, eine betriebliche Angelegenheit zu regeln, zu erzwingen, in dem der Betriebsrat die Einigungsstelle (z.B. §§ 87 Abs. 2, 91, 95 Abs. 2, 112 Abs. 1 S. 2, Abs. 4 BetrVG) oder das Arbeitsgericht (z.B. §§ 98 Abs. 5, 104 BetrVG) anruft. 1364

3. Negatives Konsensprinzip

Mitbestimmungsrechte in Ausgestaltung des reinen negativen Konsensprinzips sieht das BetrVG nicht vor. Der Betriebsrat kann nicht allein durch einen Einspruch einer Maßnahme des Arbeitgebers die Wirksamkeit nehmen. Das BetrVG enthält aber Regelungen, die einem modifizierten negativen Konsensprinzip unterliegen, in dem bei fehlendem Konsens ein Verfahren vor dem Arbeitsgericht vorgesehen ist. Diesem modifizierten negativen Konsensprinzip unterliegen insbesondere: 1365
- der Widerspruch gegen die Bestellung und die Forderung nach Abberufung eines Ausbilders, § 98 Abs. 2, Abs. 5 BetrVG (s.u. Rn. 1796 ff.),
- das Bestreiten der Erforderlichkeit der vorläufigen Durchführung einer personellen Maßnahme, § 100 Abs. 1 BetrVG (s.u. Rn. 1931 ff.).

1366 Angelehnt an das negative Konsensprinzip ist der Widerspruch des Betriebsrats bei ordentlichen Kündigungen von Arbeitnehmern (§ 102 Abs. 3 BetrVG i.V.m. § 1 Abs. 2 S. 2 KSchG, s.o. Kap. 4 Rn. 1687 ff.), weil auch insoweit der Widerspruch des Betriebsrats allein die Kündigung des Arbeitsverhältnisses durch den Arbeitgeber nicht verhindern kann.

4. Korrigierendes Mitbestimmungsrecht

1367 § 91 BetrVG sieht das Recht des Betriebsrats vor, unter bestimmten Voraussetzungen bei der Änderung der Arbeitsplätze, des Arbeitsablaufs oder der Arbeitsumgebung eine Korrektur durch Erzwingung von Ausgleichsmaßnahmen zu erzwingen, das eingeschränkt als Mitbestimmungsrecht qualifiziert werden kann (s.u. Rn. 1702 f.).

II. Mitwirkungsrechte (Beratungs-, Anhörungs-, Informationsrechte)

1368 Ein bloßes Mitwirkungsrecht liegt vor, wenn der Arbeitgeber alle Entscheidungen treffen und ausführen kann, ohne dass ihn ein entgegenstehender oder abweichender Wille des Betriebsrats rechtlich daran hindert, dem Betriebsrat aber die Möglichkeit eingeräumt wird, durch Vorbringen von Tatsachen und Argumenten die betriebsleitenden Entschließungen des Arbeitgebers vor allem im personellen und wirtschaftlichen Bereich zu beeinflussen. Beratungsrechte (§§ 38 Abs. 2, 90, 92, 92a, 96, 97, 111 BetrVG) verpflichten den Arbeitgeber, bevor er eine Entscheidung trifft, diese zuvor mit dem Betriebsrat zu beraten. Ein Beratungsrecht ist auch für den Wirtschaftsausschuss vorgesehen, § 106 Abs. 1 BetrVG. Eine gegenüber der Beratung schwächere Form der Mitwirkung ist die Anhörung des Betriebsrats, § 102 Abs. 1 BetrVG. Als weitere Form der Beteiligung sieht das BetrVG Unterrichtungs- und Informationsrechte des Betriebsrats vor, und zwar in Form eines allgemeinen Informationsanspruchs (§ 80 Abs. 2 BetrVG) und durch Einräumung spezieller Informationsrechte (§§ 89 Abs. 2, 90, 92 Abs. 1, 99 Abs. 1, 102 Abs. 1 S. 2, 111, 105 BetrVG).

H. Allgemeine Aufgaben des Betriebsrats; Pflichten des Arbeitgebers

1369 Allgemeine Aufgabe des Betriebsrates ist die Vertretung der Interessen der Arbeitnehmer des Betriebes gegenüber dem Arbeitgeber. Neben der Wahrnehmung der im BetrVG geregelten Beteiligungsrechte, der dem Betriebsrat innerhalb der Organisation der Betriebsverfassung zugewiesenen Aufgaben (vgl. §§ 16 Abs. 1, 22, 43, 47 Abs. 2, 63 Abs. 2. 80 Abs. 1 Nr. 5 BetrVG) und der Beachtung der Grundsätze für die Behandlung von Betriebsangehörigen nach § 75 BetrVG, weisen auch andere Gesetze dem Betriebsrat bestimmte Aufgaben zu (z.B. §§ 3, 17, 20 KSchG, §§ 85 Abs. 2, 93 SGB IX, §§ 9, 11, 12 ASiG, 21, 22 MitbestG, 89 Abs. 2, 104 AktG; vgl. MünchArbR/*Matthes* § 3325 Rz. 4). Weiter weist § 80 BetrVG dem Betriebsrat eine Reihe allgemeiner Aufgaben zu.

I. Die allgemeinen Aufgaben des Betriebsrates nach § 80 Abs. 1 BetrVG

1. Überwachungsaufgaben

a) Inhalt

1370 Die Überwachungsaufgabe nach § 80 Abs. 1 Nr. 1 BetrVG erstreckt sich auf alle Rechtsvorschriften, die sich zu Gunsten der im Betrieb tätigen Arbeitnehmer auswirken, und damit nicht nur auf die allgemeinen Arbeitnehmerschutzgesetze, sondern auf alle Rechtsvorschriften, die zumindest auch einen Schutz des Arbeitnehmers bezwecken.

1371 Erfasst sind z.B. Grundrechte der Arbeitnehmer, europarechtliche Vorschriften, wie insbes. Art. 39, 95, 138, 141 EGV, Gesetze und Verordnungen zum Arbeitsschutz (z.B. Arbeitszeitbestimmungen, MuSchG, UVV der Berufsgenossenschaften), sonstige zu Gunsten der

Arbeitnehmer geltende Gesetze und Vorschriften des Arbeitsrechts (z.B. KSchG, BUrlG, EFZG, AÜG, NachwG, vgl. *BAG* 19.10.1999 EzA § 80 BetrVG 1972 Nr. 45), Gesetze und Vorschriften der Sozialversicherung. Ebenso besteht eine Überwachungsaufgabe des Betriebsrats hinsichtlich der in Formulararbeitsverträgen enthaltenen Bestimmungen in Bezug auf ihre Vereinbarkeit mit den Vorgaben des Nachweisgesetzes sowie mit dem Recht der Allgemeinen Geschäftsbedingungen, allerdings nur i.S. einer Rechts- nicht auch einer Zweckmäßigkeitskontrolle (*BAG* 16.11.2005 EzA § 80 BetrVG 2001 Nr. 4). Auch das BDSG ist ein zu Gunsten der Arbeitnehmer geltendes Gesetz (*BAG* 17.3.1987 EzA § 80 BetrVG 1972 Nr. 30), wobei die Überwachungsaufgabe des Betriebsrats nicht durch die identische Überwachungsaufgabe des Datenschutzbeauftragten nach § 37 BDSG eingeschränkt wird (GK-BetrVG/*Kraft/Weber* § 80 Rz. 14). Ferner gehören hierzu die individualrechtlichen Vorschriften des BetrVG (§§ 81–85 BetrVG) sowie die ungeschriebenen arbeitsrechtlichen Grundsätze (Gleichbehandlungsgrundsatz, Behandlung nach Recht und Billigkeit, Fürsorgepflicht).

Die Überwachungspflicht bzgl. der Einhaltung von Tarifverträgen erstreckt sich auf nor- 1372
mative, aber auch schuldrechtliche Bestimmungen, sofern sie zugunsten der Arbeitnehmer wirken (*BAG* 11.7.1972 EzA § 80 BetrVG 1972 Nr. 1) und auch auf betriebsverfassungsrechtliche Bestimmungen des Tarifvertrages. Gleichgültig ist, ob tarifvertragliche Vorschriften kraft Tarifbindung oder nur auf Grund einzelvertraglicher Vereinbarung Anwendung finden (*BAG* 18.9.1973 EzA § 80 BetrVG 1972 Nr. 5). Tarifvertraglichen Regelungen stehen bindende Festsetzungen nach §§ 19, 22 HAG gleich. Durch Tarifvertrag können die Überwachungspflichten und das ihnen korrespondierende Überwachungsrecht des Betriebsrats nicht aufgehoben werden. Ein Tarifvertrag kann diese Aufgabe des Betriebsrats auch für seine eigenen Regelungen nicht beseitigen oder einschränken (*BAG* 21.10.2003 EzA § 80 BetrVG 2001 Nr. 3).

Ein Überwachungsrecht besteht weiter im Hinblick auf die Einhaltung von Betriebsver- 1373
einbarungen, auch Gesamt- oder Konzernvereinbarungen (*BAG* 20.12.1988 EzA § 80 BetrVG 1972 Nr. 33) und Regelungsabreden. Einigungsstellensprüche stehen Betriebsvereinbarungen gleich.

Die Überwachungspflicht des Betriebsrats erstreckt sich nicht auf die Einhaltung indivi- 1374
dueller arbeitsvertraglicher Vereinbarungen, aber auf arbeitsvertragliche Einheitsregelungen, auch wenn sie auf betrieblicher Übung beruhen (GK-BetrVG/*Kraft/Weber* § 80 Rz. 17), wobei sich die Prüfung nicht darauf zu beschränken hat, ob diese Regelungen überhaupt betrieblich angewandt werden, sondern auch das Recht zur Überprüfung der Einhaltung im Einzelfall umfasst (GK-BetrVG/*Kraft/Weber* § 80 Rz. 18). Erfasst sind auch die Arbeitsbedingungen der übertariflich bezahlten Arbeitnehmer (*BAG* 30.6.1981 EzA § 80 BetrVG 1972 Nr. 19) sowie von außertariflichen Angestellten jedenfalls dann, wenn im Einzelfall eine vertragliche Einheitsregelung oder eine sonstige kollektive Regelung zu Grunde liegt (*BAG* 20.12.1988 DB 1989, 1032). Das ist bereits dann der Fall, wenn fraglich ist, ob überhaupt nach generalisierenden Grundsätzen verfahren wird (*BAG* 19.3.1981 EzA § 80 BetrVG 1972 Nr. 18; 17.12.1980 EzA § 80 BetrVG 1972 Nr. 16).

b) Durchführung

Der Betriebsrat kann auch ohne das Bestehen eines Verdachts eines Verstoßes gegen die 1375
genannten Rechtsvorschriften tätig werden und insoweit ohne konkreten Anlass Stichproben machen. Er bestimmt nach pflichtgemäßem Ermessen, ob er tätig wird. Er muss aber bekannt gewordenen Hinweisen und Verdachtsmomenten nachgehen, wenn sie die Möglichkeit eines Rechtsverstoßes nahe legen (GK-BetrVG/*Kraft/Weber* § 80 Rz. 25). Beschränkt ist die Befugnis des Betriebsrats durch das Verbot, durch einseitige Handlungen in die Leitung des Betriebs und der Betriebsabläufe einzugreifen (vgl. § 77 Abs. 1 S. 2 BetrVG) und das allgemeine Verbot des Rechtsmissbrauchs (*BAG* 11.7.1972 EzA § 80 BetrVG 1972 Nr. 1). Stellt der Betriebsrat Rechtsverstöße fest, so hat er den Arbeitgeber auf sie hinzuweisen und auf Abhilfe zu drängen; zu einer umfassenden Rechtsberatung der Arbeitnehmer ist er weder verpflichtet noch berechtigt (vgl. *BAG* 11.12.1973 EzA § 37 BetrVG 1972 Nr. 19). Soweit ein

Rechtsverstoß die Rechte von Arbeitnehmern beeinträchtigt, hat der Betriebsrat diese zu informieren und sie auf die Möglichkeiten gerichtlicher Maßnahmen hinzuweisen (DKK/*Buschmann* § 80 Rz. 12). Bei Verstößen gegen Unfallverhütungsvorschriften kann auch der Träger der Unfallversicherung oder die zuständige Gewerbeaufsichtsbehörde informiert werden, wenn der Arbeitgeber keine Abhilfe schafft. Sonstige Anzeigen bei Behörden oder die Informierung der Öffentlichkeit sind nur zulässig, wenn alle innerbetrieblichen Bemühungen ohne Erfolg geblieben sind (MünchArbR/*Matthes* § 325 Rz. 24).

1376 Zur Prüfung der Einhaltung der genannten Vorschriften hat der Betriebsrat ein eigenes, von der Zustimmung des Arbeitgebers unabhängiges Zugangsrecht zum Arbeitsplatz von Belegschaftsangehörigen und kann auch ohne konkreten Verdacht Betriebsbegehungen durchführen (*BAG* 17.1.1989 EzA § 2 BetrVG 1972 Nr. 12; 13.6.1989 EzA § 80 BetrVG 1972 Nr. 36).

1377 Der Betriebsrat kann auch Belegschaftsangehörige, die in einem fremden Betrieb eingesetzt werden, aufsuchen, allerdings nicht, wenn der Inhaber des Fremdbetriebes den Zugang verbietet (*BAG* 13.6.1989 EzA § 80 BetrVG 1972 Nr. 36).

c) Gerichtliche Durchsetzung

1378 Streitigkeiten zwischen Betriebsrat und Arbeitgeber darüber, ob hinsichtlich einer Angelegenheit überhaupt ein Überwachungsrecht besteht oder hinsichtlich der Durchführung, können im arbeitsgerichtlichen Beschlussverfahren geklärt werden.

1379 Hingegen ist es Sache des einzelnen Arbeitnehmers, die ihm zustehenden Ansprüche gerichtlich geltend zu machen; ein gerichtlich durchsetzbarer Anspruch des Betriebsrats darauf, dass der Arbeitgeber die zu Gunsten der Arbeitnehmer geltenden Regelung tatsächlich durchführt oder einhält, besteht nicht. Der Betriebsrat hat auch nicht die Möglichkeit, im Beschlussverfahren feststellen zu lassen, der Arbeitgeber sei verpflichtet, eine zu Gunsten der Arbeitnehmer bestehende allgemeine Regelung in bestimmter Weise durchzuführen (*BAG* 10.6.1986 EzA § 80 BetrVG 1972 Nr. 26).

1380 Unberührt hiervon bleibt die Befugnis des Betriebsrats nach § 77 Abs. 1 S. 1 BetrVG, vom Arbeitgeber zu verlangen, Betriebsvereinbarungen so, wie sie abgeschlossen sind, durchzuführen. Auch hieraus folgt aber nicht die Befugnis des Betriebsrats, vom Arbeitgeber aus eigenem Recht die Erfüllung von Ansprüchen der Arbeitnehmer aus dieser Betriebsvereinbarung zu verlangen (*BAG* 17.10.1989 EzA § 112 BetrVG 1972 Nr. 54).

2. Antragsrecht

1381 Das Antragsrecht nach § 80 Abs. 1 Nr. 2 BetrVG kann sich auf alle Maßnahmen sozialer, personeller oder wirtschaftlicher Art beziehen, soweit es sich um Angelegenheiten handelt, die einen konkreten Bezug zum Betrieb, seine Arbeitnehmer sowie zur Zuständigkeit des Betriebsrats haben und es nicht nur um rein individuelle Belange einzelner Arbeitnehmer geht (GK-BetrVG/*Kraft/Weber* § 80 Rz. 31, 32). Die Vorschrift verpflichtet den Arbeitgeber grds. nur, mit dem Betriebsrat über den Antrag zu verhandeln und eine Lösung zu suchen; die Herbeiführung einer Entscheidung über einen Antrag auch gegen den Willen des Arbeitgebers ist hingegen nur möglich, soweit nach anderen Vorschriften ein echtes Initiativrecht des Betriebsrats gegeben ist, insbes. in den Fällen, in denen die Einigungsstelle gem. § 76 Abs. 5 BetrVG eine verbindliche Entscheidung herbeiführen kann.

3. Förderung der Durchsetzung der Gleichstellung von Frauen und Männern

1382 Auf Grund der Vorschrift ist der Betriebsrat über § 75 BetrVG hinaus selbst verpflichtet, die Gleichberechtigung zu fördern, indem er auf den Arbeitgeber durch entsprechende Anregungen, Anträge und Vorschläge einwirkt (vgl. §§ 92 Abs. 3, 96 Abs. 2 S. 2 BetrVG).

4. Förderung der Vereinbarkeit von Familie und Erwerbstätigkeit

Die dem Betriebsrat durch das BetrV-ReformG vom 23.7.2001 (BGBl. I S. 1852 ff.) neu zugewiesene Aufgabe nach § 80 Abs. 1 Nr. 2b BetrVG soll es Arbeitnehmern mit Familienpflichten erleichtern, eine Berufstätigkeit auszuüben. Gedacht ist insbes. an Vorschläge des Betriebsrats zur familienfreundlichen Gestaltung der betrieblichen Arbeitszeit (so BegrRegE BT-Drs. 14/5741, S. 46). 1383

5. Aufgreifen von Anregungen

§ 80 Abs. 1 Nr. 3 BetrVG begründet eine Verpflichtung des Betriebsrats, sich mit den ihm vorgetragenen Anregungen zu befassen und hierüber in einer nächsten Sitzung zu beraten und über deren weitere Behandlung einen Beschluss herbeizuführen. Bei entsprechender Beschlussfassung muss er in Verhandlungen mit dem Arbeitgeber eintreten und ist ferner verpflichtet, die Arbeitnehmer oder die JAV, die die Anregungen gegeben haben, über den Stand und das Ergebnis der Verhandlungen mit dem Arbeitgeber zu unterrichten (GK-BetrVG/*Kraft/Weber* § 80 Rz. 37). Soweit es sich bei einer Anregung zugleich um eine Beschwerde eines Arbeitnehmers handelt, ist diese nach § 85 BetrVG zu behandeln (s.o. Rn. 1089 ff.). Für die Abgrenzung von Anregung und Beschwerde ist entscheidend, ob ein Arbeitnehmer sich in seinen bestehenden Rechten beeinträchtigt fühlt oder ob er den gegebenen Zustand zwar für rechtmäßig, aber für änderungsbedürftig hält (GK-BetrVG/*Kraft/Weber* § 80 Rz. 36). 1384

6. Wahl der JAV, Zusammenarbeit mit JAV

Der Betriebsrat hat durch Information der Betroffenen, die Vermittlung von Kenntnissen und Erfahrungen und die Bereitstellung der sächlichen Mittel nach Kräften dafür zu sorgen, dass eine JAV gewählt wird. Die Pflicht zur Zusammenarbeit, die organisatorisch durch §§ 67, 68 BetrVG abgesichert ist, beinhaltet, dass der Betriebsrat die JAV in allen Angelegenheiten jugendlicher Arbeitnehmer und Auszubildender zu beraten und ihr die zur sachgerechten Wahrnehmung ihrer Aufgaben notwendigen Hilfen zu geben hat (GK-BetrVG/*Kraft/Weber* § 80 Rz. 45). Zur JAV s.o. Rn. 890 ff. 1385

7. Eingliederung schutzbedürftiger Personen

Neben der Überwachung der für den jeweiligen Personenkreis geltenden Vorschriften (z.B. SGB IX) soll der Betriebsrat nach § 80 Abs. 1 Nr. 4, 6, 7 BetrVG aktiv werden, um diesen Personen eine Beschäftigungsmöglichkeit im Betrieb zu verschaffen, zu verbessern oder zu erhalten. Der Betriebsrat soll sich der schutzbedürftigen Personen bei der Durchführung personeller Einzelmaßnahmen annehmen und besondere Anstrengungen unternehmen, um den Schutzbedürftigen angemessene Arbeitsplätze zukommen zu lassen und dafür zu sorgen, dass die genannten Personen im Betrieb nicht abseits stehen. In Bezug auf ausländische Arbeitnehmer (Nr. 7, modifiziert durch das BetrV-ReformG vom 23.7.2001, BGBl. I S. 1852 ff.) soll der Betriebsrat das wechselseitige Verständnis fördern und Rassismus und Fremdenfeindlichkeit im Betrieb bekämpfen (vgl. BegrRegE BT-Drs. 14/5741, S. 46). 1386

8. Beschäftigungsförderung und -sicherung

Gem. § 80 Abs. 1 Nr. 8 BetrVG (eingefügt durch das BetrV-ReformG vom 23.7.2001, BGBl. I S. 1852 ff.) obliegt es dem Betriebsrat, die Beschäftigung im Betrieb zu sichern und zu fördern, um den Arbeitnehmern in Anbetracht häufiger Umstrukturierungen und Fusionen die Arbeitsplätze zu erhalten (vgl. BegrRegE BT-Drs. 14/5741, S. 46). Der Erfüllung dieses Zwecks dienen die dem Betriebsrat nach §§ 92a, 96, 97, 111, 112 BetrVG eingeräumten Befugnisse. 1387

9. Förderung des Arbeitsschutzes und des betrieblichen Umweltschutzes

1388 § 80 Abs. 1 Nr. 9 BetrVG wurde durch das BetrVerf-ReformG vom 23.7.2001 (BGBl. I S. 1852 ff.) eingefügt. Eine Überwachungsaufgabe hinsichtlich der Bestimmungen des Arbeitsschutzes folgt bereits aus § 80 Abs. 1 Nr. 1 BetrVG, wobei diese Aufgabe durch § 89 BetrVG und § 87 Abs. 1 Nr. 7 BetrVG konkretisiert wird.

Die Förderung des betrieblichen Umweltschutzes (zum Begriff vgl. § 89 Abs. 3 BetrVG, s.u. Rn. 1681) soll die besondere Bedeutung dieses Leitzieles betonen (vgl. BegrRegE BT-Drs. 14/5741, S. 46). Konkretisiert wird diese Aufgabe durch § 89 BetrVG (s.u. Rn. 1676 ff.).

II. Die Informationspflicht des Arbeitgebers, § 80 Abs. 2 BetrVG

1. Allgemeines

1389 § 80 Abs. 2 S. 1 BetrVG, dem als Spezialregelungen §§ 89 Abs. 2 S. 2, 90 Abs. 1. 92, 99 Abs. 1, 102 Abs. 1 BetrVG vorgehen, begründet eine vom Betriebsrat im Beschlussverfahren einklagbare (vgl. *BAG* 17.5.1983 EzA § 80 BetrVG 1972 Nr. 27) Rechtspflicht des Arbeitgebers zu unaufgeforderter, rechtzeitiger und umfassender Information gegenüber dem Betriebsrat. Der Arbeitgeber muss die Unterrichtung nicht persönlich vornehmen, sondern kann sich vertreten lassen und bestimmen, welche konkreten Personen Informationen an den Betriebsrat geben dürfen (GK-BetrVG/*Kraft/Weber* § 80 Rz. 55). Da § 80 Abs. 2 BetrVG dem Betriebsrat das Recht einräumt, sich zur Informationserlangung jederzeit an den Arbeitgeber oder die von ihm beauftragten Personen zu wenden, ist der Arbeitgeber sogar berechtigt, Arbeitnehmern zu untersagen, dem Betriebsrat Auskunft über betriebliche Angelegenheiten zu geben, die diese nur auf Grund ihrer Tätigkeit und Stellung im Betrieb und zur Erfüllung ihrer Arbeitsaufgaben selbst haben (MünchArbR/*Matthes* § 326 Rz. 6). Aus § 80 Abs. 2 BetrVG folgt deshalb auch keine Pflicht eines Arbeitnehmers, Fragen des Betriebsrats zu beantworten (GK-BetrVG/*Kraft/Weber* § 80 Rz. 55). Andererseits wird durch § 80 Abs. 2 BetrVG nicht eine anderweitige Informationsbeschaffung durch den Betriebsrat, etwa durch Aufsuchen der Arbeitnehmer an ihrem Arbeitsplatz (vgl. *BAG* 13.6.1989 EzA § 80 BetrVG 1972 Nr. 36) oder durch Durchführung einer Fragebogenaktion im Rahmen der gesetzlichen Aufgaben und ohne Störung des Betriebsablaufes und des Betriebsfriedens (*BAG* 8.2.1977 EzA § 70 BetrVG 1972 Nr. 1) ausgeschlossen (DKK/*Buschmann* § 80 Rz. 99 ff.). Der Informationsanspruch wird weder durch das BDSG (*BAG* 17.3.1983 EzA § 80 BetrVG 1972 Nr. 24) noch durch ein Geheimhaltungsinteresse des Arbeitgebers beschränkt (*BAG* 5.2.1991 EzA § 106 BetrVG 1972 Nr. 15). Soweit über persönliche Umstände und Verhältnisse einzelner Arbeitnehmer zu unterrichten ist, ergibt sich auch unter dem Gesichtspunkt des Persönlichkeitsrechts der betroffenen Arbeitnehmer keine Einschränkung des Unterrichtungsrechts, da das Persönlichkeitsrecht hinreichend dadurch geschützt ist, dass die Mitglieder des Betriebsrats gem. § 79 BetrVG zur Verschwiegenheit verpflichtet sind und das Individualinteresse gegenüber dem kollektivrechtlich begründeten Einsichtsrechts zurücktreten muss (*BAG* 20.12.1988 EzA § 80 BetrVG 1972 Nr. 33). Der Auskunftsanspruch wird auch nicht dadurch begrenzt, dass sich der Arbeitgeber Informationen erst beschaffen muss. So hat der Betriebsrat einen Informationsanspruch über die Arbeitszeit der Mitarbeiter unter dem Gesichtspunkt der Überprüfung der Einhaltung der Arbeitszeitvorschriften (§ 80 Abs. 1 Nr. 1 BetrVG) auch dann, wenn der Arbeitgeber im Rahmen sog. Vertrauensarbeitszeit auf eine Arbeitszeitkontrolle seiner Mitarbeiter verzichtet (*BAG* 6.5.2003 EzA § 80 BetrVG 2001 Nr. 2). Der allgemeine Unterrichtungsanspruch des Betriebsrats nach § 80 Abs. 2 S. 1 BetrVG wird auch für den Bereich der Vergütung nicht verdrängt durch das in § 80 Abs. 2 S. 2 Hs. 2 BetrVG geregelte Recht auf Einblick in die Bruttolohn- und Gehaltslisten (*BAG* 10.10.2006 EzA § 80 BetrVG 2001 Nr. 5 = NZA 2007, 106).

2. Aufgabenbezug des Informationsanspruchs

Der Informationsanspruch besteht nur zur Durchführung der Aufgaben des Betriebsrats nach dem BetrVG und hat damit Hilfsfunktion im Verhältnis zu der gesetzlichen Aufgabe. 1390

Der Aufgabenbezug begrenzt Inhalt und Umfang des Informationsrechts (*BAG* 20.9.1990 EzA § 80 BetrVG 1972 Nr. 39). Zu den Aufgaben des Betriebsrats i.S.v. § 80 Abs. 2 S. 1 BetrVG gehören dessen allgemeine Aufgaben gem. dem Katalog des § 80 Abs. 1 BetrVG, die vom Vorliegen besonderer Mitwirkungs- oder Mitbestimmungsrechte unabhängig sind. Zu ihnen gehört ferner die Wahrnehmung von Beteiligungsrechten nach dem Betriebsverfassungsgesetz (*BAG* 19.2.2008 EzA § 80 BetrVG 2001 Nr. 8). Nicht erforderlich ist aber, dass bereits feststeht, dass sich für den Betriebsrat Aufgaben stellen. Für den Auskunftsanspruch genügt es, dass der Betriebsrat die Auskunft benötigt, um überhaupt feststellen zu können, ob ihm ein Mitbestimmungsrecht zusteht und ob er davon Gebrauch machen soll, sofern nicht ein Mitbestimmungsrecht offensichtlich nicht in Betracht kommt (*BAG* 19.2.2008 EzA § 80 BetrVG 2001 Nr. 8; 10.10.2006 EzA § 80 BetrVG 2001 Nr. 6; 26.1.1988 EzA § 80 BetrVG 1972 Nr. 32; 30.1.1989 EzA § 80 BetrVG 1972 Nr. 34). Ferner sind die Informationen zu erteilen, die der Betriebsrat benötigt, um prüfen zu können, ob er von einem ihm nach § 87 Abs. 1 BetrVG zustehenden Initiativrecht Gebrauch machen soll (*BAG* 20.9.1990 EzA § 80 BetrVG 1972 Nr. 39).

So kann der Betriebsrat z.B. Auskunft über die Auswertung einer im Betrieb durchgeführten Umfrage bereits verlangen, wenn eine hinreichende Wahrscheinlichkeit dafür besteht, dass die gewonnenen Erkenntnisse Aufgaben des Betriebsrats betreffen, wobei für den erforderlichen Grad der Wahrscheinlichkeit der jeweilige Kenntnisstand des Betriebsrats maßgeblich ist. Die Anforderungen sind umso niedriger, je weniger der Betriebsrat auf Grund der ihm bereits zugänglichen Informationen beurteilen kann, ob die begehrten Auskünfte tatsächlich zur Durchführung seiner Aufgaben erforderlich sind. Über je weiter gehende Informationen der Betriebsrat verfügt, desto mehr muss er zur Erlangung weiter gehender Informationen darlegen, zur Ausübung welcher Rechte er seine Kenntnisse als nicht ausreichend ansieht, und welche Erkenntnisse er sich aus den weiter gehenden Informationen verspricht (*BAG* 8.6.1999 EzA § 80 BetrVG 1972 Nr. 44). Verwendet der Arbeitgeber mit dem Betriebsrat abgestimmte Formulararbeitsverträge, hat dieser nur dann einen Anspruch auf Vorlage der ausgefüllten Arbeitsverträge, um die Einhaltung des Nachweisgesetzes zu überwachen, wenn er konkrete Anhaltspunkte für die Erforderlichkeit weiterer Informationen darlegt (*BAG* 19.10.1999 EzA § 80 BetrVG 1972 Nr. 45). Der Aufgabenbezug kann sich auch aus der Überwachungsaufgabe des Betriebsrates nach § 80 Abs. 1 Nr. 1 BetrVG ergeben. So begründet die Aufgabe des Betriebsrates, die Einhaltung des Gleichbehandlungsgrundsatzes i.S.d. § 75 Abs. 1 BetrVG zu überwachen, einen Anspruch auf Auskunft über die mit den Arbeitnehmern im Rahmen eines tariflichen Leistungslohnsystems individuell vereinbarten Umsatzziele (*BAG* 21.10.2003 EzA § 80 BetrVG 1972 Nr. 3). 1391

Soweit sich für den Betriebsrat Aufgaben allerdings erst dann stellen, wenn der Arbeitgeber eine Maßnahme ergreift oder plant, die Beteiligungsrechte des Betriebsrats auslöst, kann dieser Auskünfte, die zur Erfüllung dieser Aufgaben erforderlich sind, auch erst dann verlangen, wenn der Arbeitgeber tätig wird und damit Aufgaben des Betriebsrats auslöst (*BAG* 27.6.1989 EzA § 80 BetrVG 1972 Nr. 37). Bei wirtschaftlichen Angelegenheiten besteht ein Informationsrecht des Betriebsrats nur dann, soweit sie unmittelbar Aufgaben des Betriebsrats selbst betreffen, wie dies etwa bei einer Betriebsänderung der Fall ist. Hingegen stehen dann, wenn in einem Unternehmen ein Wirtschaftsausschuss nicht zu errichten ist, die allgemeinen Unterrichtungsansprüche des Wirtschaftausschusses über wirtschaftliche Angelegenheiten nicht dem Betriebsrat zu (*BAG* 5.2.1991 EzA § 106 BetrVG 1972 Nr. 15). 1392

Durch den durch das BetrVerf-ReformG vom 23.7.2001 (BGBl. I S. 1852 ff.) eingefügten 2. Hs. des § 80 Abs. 2 S. 1 BetrVG wurde klargestellt, dass Gegenstand der vom Arbeitgeber geschuldeten Unterrichtung auch die Beschäftigung von Personen ist, die in keinem Arbeitsverhältnis zum Arbeitgeber stehen, wie insbes. Leiharbeitnehmer, Fremdfirmenmitarbeiter 1393 oder freie Mitarbeiter, mit Ausnahme von Personen, die nur kurzfristig im Betrieb eingesetzt werden, wie z.B. der Elektriker, der eine defekte Stromleitung zu reparieren hat (BegrRegE BT-Drs. 14/5741, S. 46). Hierdurch soll dem Betriebsrat ein besserer Überblick über die neuen Beschäftigungsformen gegeben werden (BegrRegE BT-Drs. 14/5741., S. 28). Der erforderliche Aufgabenbezug hinsichtlich dieser Informationen ergibt sich aus § 80 Abs. 1 Nr. 8 und § 92a BetrVG (GK-BetrVG/*Kraft/Weber* § 80 Rz. 63). Ein dementsprechender Auskunftsanspruch war bezüglich freier Mitarbeiter auch nach bisheriger Rechtslage anerkannt (*BAG* 15.12.1998 EzA § 80 BetrVG 1972 Nr. 43). Prozessual muss der Betriebsrat sein Auskunftsbegehren nach Art und Umfang konkretisieren. Ist dies wegen der großen Zahl freier Mitarbeiter und der Vielzahl von Beschäftigungsmodalitäten nicht möglich, kann er zunächst eine Gesamtübersicht zu einem von ihm bestimmten Stichtag verlangen (*BAG* 15.12.1998 EzA § 80 BetrVG 1972 Nr. 43).

3. Rechtzeitige und umfassende Unterrichtung; Form der Auskunftserteilung

1394 Grds. hat der Arbeitgeber den Betriebsrat unaufgefordert von sich aus zu unterrichten und muss prüfen, ob er über eine Information verfügt, die für den Betriebsrat zur Erfüllung seiner gesetzlichen Aufgaben notwendig ist. Rechtzeitig ist die Information dann, wenn sie so frühzeitig erfolgt, dass der Betriebsrat die entsprechende gesetzliche Aufgabe ordnungsgemäß erfüllen kann (GK-BetrVG/*Kraft/Weber* § 80 Rz. 68). Sie ist umfassend, wenn sie unter Einbeziehung auch der Einzelheiten und in verständlicher Form alle Angaben enthält, die der Betriebsrat benötigt, um seine Entscheidung ordnungsgemäß treffen zu können, wobei allerdings nur diejenigen Tatsachen und Umstände mitzuteilen sind, die der Arbeitgeber selbst kennt. Der Arbeitgeber kann auch verpflichtet sein, Informationen zu beschaffen, zu denen er bislang keine Daten erhoben hat (*BAG* 6.5.2003 EzA § 80 BetrVG 2001 Nr. 2; GK-BetrVG/*Kraft/Weber* § 80 Rz. 70). Es obliegt grundsätzlich der Entscheidung des Arbeitgebers, in welcher Form er den Auskunftsanspruch des Betriebsrats erfüllen will; insbesondere bei komplexen Informationen kann er aber nach § 2 Abs. 1 BetrVG zur Erteilung einer schriftlichen Auskunft verpflichtet sein (*BAG* 10.10.2006 EzA § 80 BetrVG 2001 Nr. 6).

4. Zur Verfügung stellen von Unterlagen

1395 Die Pflicht zur Vorlage von Unterlagen besteht nur bei entsprechendem Verlangen des Betriebsrats und nur dann, wenn die Vorlage zur Durchführung von Aufgaben des Betriebsrats erforderlich ist. Das ist schon dann der Fall, wenn erst die Prüfung dieser Unterlagen ergeben kann, ob der Betriebsrat aus eigener Initiative tätig werden soll oder kann, sofern nur wahrscheinlich ist, dass die geforderten Unterlagen eine solche Prüfung überhaupt ermöglichen (*BAG* 20.9.1990 EzA § 80 BetrVG 1972 Nr. 39). Die Vorlage ist z.B. dann nicht erforderlich, wenn der Betriebsrat mit Hilfe einer einfachen Rechenoperation in der Lage ist, die gewünschten Daten aus den vorhandenen Unterlagen selbst zu ermitteln (*BAG* 24.1.2006 EzA § 80 BetrVG 2001 Nr. 5). Zur Verfügung zu stellen sind alle Unterlagen, die der Arbeitgeber im Besitz hat und die Angaben enthalten, die für die Aufgabe des Betriebsrats, zu deren Durchführung sie verlangt werden, von Belang sind. Verlangt werden kann lediglich die Überlassung vorhandener oder jederzeit erstellbarer Unterlagen, nicht aber die Installation von Anlagen, die die geforderten Unterlagen erst erstellen sollen (*BAG* 7.8.1986 EzA § 80 BetrVG 1972 Nr. 27). Sind erforderliche Daten elektronisch gespeichert und mit einem vorhandenen Programm jederzeit abrufbar, sind sie auszudrucken (vgl. *BAG* 17.3.1983 EzA § 80 BetrVG 1972 Nr. 24). Da nach § 83 Abs. 1 BetrVG das Einsichtsrecht in Personalakten ausschließlich dem Arbeitnehmer zusteht, dürfen Personalakten nicht auf Grund von § 80 Abs. 2 BetrVG dem Betriebsrat überlassen werden, was aber nicht ausschließt, dass der Betriebsrat Einzelinformationen oder Abschriften bestimmter Schriftstücke aus der Personalakte verlangen kann, wenn diese zur Durchführung einer konkreten gesetzlichen Aufgabe benötigt werden (*BAG* 20.12.1988 EzA § 80 BetrVG 1972 Nr. 33).

1396 Die Unterlagen sind zur Verfügung zu stellen. Dies beinhaltet die Aushändigung und Überlassung für angemessene Zeit im Original oder in Kopie. Ein Anspruch auf Überlassung auf Dauer kann bestehen, wenn der Betriebsrat die Unterlagen nachweislich für seine Aufgabenerfüllung auf Dauer benötigt (GK-BetrVG/*Kraft/Weber* § 80 Rz. 86). Streitig ist, ob der Betriebsrat berechtigt ist, von Unterlagen, die ihm nicht auf Dauer zu überlassen sind, ohne Zustimmung des Arbeitgebers Abschriften oder Kopien zu fertigen (abl. MünchArbR/*Matthes* § 326 Rz. 21; bejahend DKK/*Buschmann* § 80 Rz. 96; GK-BetrVG/*Kraft/Weber* § 80 Rz. 86).

Für den Bereich der Löhne und Gehälter stellt das Einblicksrecht in die Lohn- und Gehaltslisten (§ 80 Abs. 2 S. 2 BetrVG, s.u. Rn. 1397 ff.) die speziellere, einen Anspruch auf zur Verfügung stellen von Unterlagen nach § 80 Abs. 2 BetrVG verdrängende Regelung dar (*BAG* 10.10.2006 EzA § 80 BetrVG 2001 Nr. 6).

III. Einblicksrecht in Lohn- und Gehaltslisten, § 80 Abs. 2 S. 2 BetrVG

Obwohl § 80 Abs. 2 S. 2 BetrVG das Recht auf Einsichtnahme in Lohn- und Gehaltslisten davon abhängig macht, dass sie zur Erfüllung von Aufgaben des Betriebsrats erforderlich ist, besteht ein jederzeitiges Einsichtsrecht, ohne dass die zuständigen Betriebsratsmitglieder hierfür einen schlüssigen Anlass nennen müssten (*BAG* 18.9.1973 EzA § 80 BetrVG 1972 Nr. 4). Das Einblicksrecht besteht neben dem Unterrichtungsanspruch nach § 80 Abs. 2 BetrVG. Lediglich im Hinblick auf die Überlassung von Unterlagen handelt es sich bei dem Einblicksrecht um eine Spezialregelung (*BAG* 10.10.2006 EzA § 80 BetrVG 2001 Nr. 6). 1397

Dies gilt auch bei außertariflichen Angestellten, da der Betriebsrat ein berechtigtes Interesse an der Prüfung hat, ob mit den gewährten Vergütungen eine innerbetriebliche Lohngerechtigkeit erreicht ist oder ob er in Wahrnehmung seines Initiativrechts nach § 87 Abs. 1 Nr. 10, 11 BetrVG eine andere Regelung anstreben soll (*BAG* 30.6.1981 EzA § 80 BetrVG 1972 Nr. 19; 3.12.1981 EzA § 80 BetrVG 1972 Nr. 21). Gleiches gilt, wenn für die Arbeitsverhältnisse in einem Betrieb überhaupt kein Tarifvertrag existiert (*BAG* 30.4.1981 EzA § 80 BetrVG 1972 Nr. 17). Kein Einsichtsrecht besteht hinsichtlich der Gehälter der leitenden Angestellten i.S.v. § 5 Abs. 3, 4 BetrVG. Das Einblicksrecht darf nicht rechtsmissbräuchlich ausgeübt werden, besteht im Übrigen aber unabhängig vom Willen einzelner Arbeitnehmer, gegebenenfalls auch gegen deren Willen (GK-BetrVG/*Kraft/Weber* § 80 Rz. 93) und wird auch durch Vorschriften des BDSG nicht beschränkt (*BAG* 17.3.1983 EzA § 80 BetrVG 1972 Nr. 24). 1398

1. Einsichtsberechtigte

Für Betriebsräte mit weniger als neun Mitgliedern, die demzufolge keinen Betriebsausschuss oder sonstigen Ausschuss bilden können (vgl. §§ 27 Abs. 1, 28 Abs. 1 BetrVG) steht das Einsichtsrecht dem mit der Führung der laufenden Geschäfte beauftragten Betriebsratsvorsitzenden oder einem anderen damit beauftragten Betriebsratsmitglied zu (*BAG* 18.9.1973 EzA § 80 BetrVG 1972 Nr. 4; 10.2.1987 EzA § 80 BetrVG 1972 Nr. 28). 1399

2. Inhalt und Umfang des Einsichtsrechts

Die Listen sind lediglich zur Einsicht vorzulegen, nicht aber dem Betriebsrat zu überlassen. 1400
Sofern die erforderlichen Daten in EDV-Anlagen gespeichert sind, kann der Betriebsrat verlangen, dass Bruttolohn- und Gehaltslisten ausgedruckt und ihm zur Einsicht vorgelegt werden (*BAG* 17.3.1983 EzA § 80 BetrVG 1972 Nr. 24). Der Betriebsrat ist nicht befugt, Listen zu fotokopieren, sondern hat nur das Recht, sich einzelne Notizen zu machen (*BAG* 15.6.1976 EzA § 80 BetrVG 1972 Nr. 14).

1401 Es besteht kein Anspruch darauf, in derartige Listen ohne Anwesenheit anderer Personen Einsicht zu nehmen. Bei der Einsichtnahme dürfen aber keine Personen anwesend sein, die den Betriebsrat überwachen oder mit seiner Überwachung beauftragt sind (*BAG* 16.8.1995 EzA § 80 BetrVG 1972 Nr. 41).

1402 Das Einsichtsrecht erstreckt sich auf die effektiven Bruttobezüge. Die Lohnlisten müssen alle Lohnbestandteile enthalten einschließlich übertariflicher Zulagen und solcher Zahlungen, die individuell unter Berücksichtigung verschiedener Umstände ausgehandelt und gezahlt werden (*BAG* 10.2.1987 EzA § 80 BetrVG 1972 Nr. 28). Auch freiwillig gewährte Prämien gehören als Gehaltsbestandsteile zu den Bruttobezügen (*BAG* 17.3.1983 EzA § 80 BetrVG 1972 Nr. 24). Das Einsichtsrecht erstreckt sich nicht auf die Gehälter der leitenden Angestellten i.S.v. § 5 Abs. 3, 4 BetrVG (GK-BetrVG/*Kraft/Weber* § 80 Rz. 89). Es besteht aber auch hinsichtlich der Gehaltslisten der Tendenzträger in einem Tendenzunternehmen (*BAG* 13.2.2007 EzA § 80 BetrVG 2001 Nr. 7; 30.6.1981 EzA § 80 BetrVG 1972 Nr. 19). Der Anspruch kann im arbeitsgerichtlichen Beschlussverfahren geltend gemacht werden. Die Vollstreckung richtet sich nach § 888 ZPO.

IV. Sachkundige Arbeitnehmer als Auskunftspersonen, § 80 Abs. 2 S. 3 BetrVG

1403 Nach dem durch das BetrVerf-ReformG vom 23.7.2001 (BGBl. I S. 1852 ff.) eingefügten Satz 3 in § 80 Abs. 2 BetrVG ist der Arbeitgeber verpflichtet, dem Betriebsrat sachkundige Arbeitnehmer als Auskunftspersonen zur Verfügung zu stellen, soweit es zur ordnungsgemäßen Erfüllung der Aufgaben des Betriebsrats erforderlich ist. Soweit betriebliche Notwendigkeiten nicht entgegenstehen, hat der Arbeitgeber dabei die personellen Wünsche des Betriebsrats zu berücksichtigen. Hierdurch soll der intern vorhandene Sachverstand der Arbeitnehmer für den Betriebsrat nutzbar gemacht und bei Problemlösungen einbezogen werden (BegrRegE BT-Drs. 14/5741, S. 46 f.).

1404 Die Voraussetzungen, unter denen eine Inanspruchnahme von Arbeitnehmern als Auskunftspersonen möglich ist, sind denen der Inanspruchnahme eines Sachverständigen nachgebildet. Auf die hierzu entwickelten Grundsätze wird weitgehend zurückgegriffen werden können. Die Zur-Verfügung-Stellung von Arbeitnehmern als Auskunftspersonen muss zur Erfüllung von Aufgaben des Betriebsrats erforderlich und verhältnismäßig sein. Der Betriebsrat muss hierzu darlegen können, dass er ohne die Hinzuziehung sachkundiger Arbeitnehmer die von ihm anlässlich eines konkreten Sachverhalts zu bewältigenden Aufgaben wegen fehlender Fachkenntnis oder mangelnder Kenntnis tatsächlicher Umstände nicht erfüllen kann und ihm auch sonst kein anderes, kostengünstigeres Mittel zur Erlangung der für seine Tätigkeit erforderlichen Information zur Verfügung steht. Eine bloße Sachdienlichkeit ist hierfür nicht ausreichend (vgl. *Natzel* NZA 2001, 872, 873). Die Hinzuziehung muss ferner auf der Grundlage eines ordnungsgemäßen Betriebsratsbeschlusses gefordert werden.

1405 Die Auswahlentscheidung, wer als sachkundiger Arbeitnehmer zur Verfügung gestellt wird, obliegt dem Arbeitgeber, der aber – soweit nicht betriebliche Notwendigkeiten entgegenstehen – die Vorschläge des Betriebsrats zu berücksichtigen hat. Entgegenstehende betriebliche Notwendigkeiten sind anzunehmen, wenn die Heranziehung des sachkundigen Arbeitnehmers die Organisation, den Arbeitsablauf oder die Sicherheit im Betrieb beeinträchtigen oder unverhältnismäßig hohe Kosten verursachen würde (*Natzel* NZA 2001, 872, 873). Streitigkeiten sind im arbeitsgerichtlichen Beschlussverfahren auszutragen.

Die als Auskunftspersonen herangezogenen Arbeitnehmer unterliegen einer Geheimhaltungspflicht nach § 80 Abs. 4 i.V.m. § 79 BetrVG (s.o. Rn. 740 ff.) und unterfallen dem Benachteiligungs- und Begünstigungsverbot des § 78 BetrVG (s.o. Rn. 711 ff.).

V. Hinzuziehung von Sachverständigen, § 80 Abs. 3 BetrVG

Aufgabe eines Sachverständigen ist es, dem Betriebsrat fehlende Sachkenntnisse zu vermitteln, die dieser zur Wahrnehmung einer konkreten Aufgabe nach dem BetrVG benötigt. Seine Aufgabe ist es hingegen nicht, dem Betriebsrat fehlende Sachkenntnisse in bestimmten Angelegenheiten generell und auf Vorrat zu vermitteln. Dem Erwerb solcher Kenntnisse dienen vielmehr die Schulungsansprüche des Betriebsrats nach § 37 Abs. 6, Abs. 7 BetrVG (*BAG* 25.7.1989 EzA § 80 BetrVG 1972 Nr. 38). Als Sachverständige i.S.d. Vorschrift kommen Personen in Betracht, die dem Betriebsrat fehlende Fachkenntnisse zur Beantwortung konkreter und aktueller Fragen vermitteln, damit dieser die ihm Einzelfall obliegende betriebsverfassungsrechtliche Aufgabe sachgerecht erfüllen kann. Dies gilt auch dann, wenn der Sachverständige dem Betriebsrat seine Sachkunde nicht neutral, sondern von den Interessen des Betriebsrats geleitet zur Verfügung stellen soll (*BAG* 16.11.2005 EzA § 80 BetrVG 2001 Nr. 4). **1406**

Grds. kommt damit die Hinzuziehung eines Sachverständigen nur in Betracht, wenn sich dem Betriebsrat eine bestimmte Aufgabe stellt, für deren Erfüllung Kenntnisse und Erfahrungen erforderlich sind, über die er nicht verfügt. **1407**

Offen gelassen hat das *BAG* (17.3.1987 EzA § 80 BetrVG 1972 Nr. 30) die Frage, ob die Hinzuziehung eines Sachverständigen bereits zu einem Zeitpunkt in Betracht kommen kann, in dem noch nicht feststeht, ob sich eine Aufgabe für den Betriebsrat stellt, dass Fachwissen des Sachverständigen vielmehr erst die Beantwortung der Frage ermöglichen kann, ob sich für den Betriebsrat eine Aufgabe stellt (bejahend DKK/*Buschmann* § 80 Rz. 131; abl. GK-BetrVG/*Kraft/Weber* § 80 Rz. 125). **1408**

Die Hinzuziehung des Sachverständigen muss ferner erforderlich und verhältnismäßig sein. Dies setzt voraus, dass der Betriebsrat zunächst seinen Informationsanspruch nach § 80 Abs. 2 BetrVG gegenüber dem Arbeitgeber ausschöpft und gegebenenfalls noch ergänzende Informationen unter Vorlage entsprechender Unterlagen anfordert (*BAG* 4.6.1987 EzA § 80 BetrVG 1972 Nr. 31). Auch muss der Betriebsrat zunächst andere, kostengünstigere Möglichkeiten ausschöpfen, um sich die erforderlichen Kenntnisse zu verschaffen. Der Betriebsrat muss zunächst alle ihm sonst zur Verfügung stehenden Erkenntnisquellen nutzen, um sich das erforderliche Wissen anzueignen, wozu auch gehört, sich zuvor bei dem Arbeitgeber um die Klärung der offenen Fragen zu bemühen (*BAG* 16.11.2005 EzA § 80 BetrVG 2001 Nr. 4). In Betracht kommt auch die Hinzuziehung sachkundiger Arbeitnehmer als Auskunftspersonen nach § 80 Abs. 2 S. 3 BetrVG(vgl. *Natzel* NZA 2001, 872). **1409**

Andere, vorrangig in Anspruch zu nehmende Erkenntnisquellen können etwa Auskünfte durch die Gewerkschaft, das Studium der Fachliteratur, aber auch eine vom Arbeitgeber angebotene Unterrichtung durch Fachkräfte des Betriebs oder (bei EDV-Einführung) durch Vertreter des Systemherstellers oder des Systemverkäufers sein (*BAG* 4.6.1987 EzA § 80 BetrVG 1972 Nr. 31; 26.2.1992 EzA § 80 BetrVG 1972 Nr. 40). Sachverständiger kann auch ein Rechtsanwalt sein, der von einem Betriebsrat lediglich zur Beratung über eine vom Arbeitgeber vorgeschlagene Betriebsvereinbarung hinzugezogen wird (*BAG* 25.4.1978 EzA § 80 BetrVG 1972 Nr. 15). Wird ein Rechtsanwalt hingegen mit der Vertretung in einem gerichtlichen Verfahren oder in einem Verfahren vor der Einigungsstelle beauftragt, richtet sich die Kostentragungspflicht ausschließlich nach § 40 BetrVG (s.o. Rn. 758 ff.). **1410**

Die Hinzuziehung eines Sachverständigen erfordert einen ordnungsgemäßen Beschluss des Betriebsrats, der möglichst genau bezeichnen muss, für welche Aufgabe und zu welchem Thema ihm fachliche und/oder rechtliche Kenntnisse fehlen, die die Hinzuziehung erforderlich machen (*BAG* 4.6.1987 EzA § 80 BetrVG 1972 Nr. 31). Ferner ist erforder- **1411** lich, dass über die Zuziehung eines Sachverständigen entsprechend dem gefassten Beschluss eine auch formlos mögliche Vereinbarung mit dem Arbeitgeber herbeigeführt wird, in welcher die Person des Sachverständigen, sein Honorar und der Gegenstand der Tätigkeit festzulegen sind (GK-BetrVG/*Kraft/Weber* § 80 Rz. 127).

1412 Das bloße Schweigen des Arbeitgebers auf ein entsprechendes Schreiben des Betriebsrats kann nicht als Zustimmung zur näheren Vereinbarung i.S.d. § 80 Abs. 3 BetrVG gewertet werden (*BAG* 19.4.1989 EzA § 80 BetrVG 1972 Nr. 35). Sofern eine solche Vereinbarung zustande kommt, kann der Betriebsrat nach ihrer Maßgabe den Sachverständigen beauftragen.

1413 Kommt eine Vereinbarung nicht zu Stande, kann der Betriebsrat im arbeitsgerichtlichen Beschlussverfahren beantragen, die vom Arbeitgeber verweigerte Zustimmung zu der vorgeschlagenen Vereinbarung zu ersetzen. Entspricht das Gericht dem Antrag, gilt gem. § 894 ZPO das Vereinbarungsangebot des Betriebsrats als durch den Arbeitgeber angenommen (*BAG* 19.4.1989 EzA § 80 BetrVG 1972 Nr. 35; 26.2.1992 EzA § 80 BetrVG 1972 Nr. 40).

1414 Strittig ist, ob das Gericht auch einen vom Antrag des Betriebsrats abweichenden Inhalt der Vereinbarung beschließen kann (abl. GK-BetrVG/*Kraft/Weber* § 80 Rz. 129; bejahend MünchArbR/*Matthes* § 327 Rz. 37). Strittig ist weiter, ob eine Kostentragungspflicht des Arbeitgebers auch dann besteht, wenn der Betriebsrat den Sachverständigen beauftragt, bevor eine rechtskräftige Entscheidung vorliegt, später dann aber rechtskräftig arbeitsgerichtlich festgestellt wird, dass die Hinzuziehung des Sachverständigen erforderlich war (so *LAG Frankf.* 11.11.1986 DB 1987, 614; DKK/*Buschmann* § 80 Rz. 129; **a.A.** GK-BetrVG/*Kraft/Weber* § 80 Rz. 112). Unter dem Gesichtspunkt der Vorwegnahme der Hauptsache wird die Frage kontrovers beurteilt, ob gegebenenfalls die Bestellung eines Gutachters im Wege der einstweiligen Verfügung in Betracht kommt (abl. *LAG Köln* 5.3.1986 LAGE § 80 BetrVG 1972 Nr. 5; bejahend *LAG Hamm* 15.3.1994 LAGE § 80 BetrVG 1972 Nr. 12).

J. Mitbestimmung in sozialen Angelegenheiten, § 87 BetrVG

I. Allgemeine Fragen

1. Überblick, Zweck, Annex-Regelungen

1415 Im Bereich der sozialen Angelegenheiten sieht das BetrVG eine echte Mitbestimmung des Betriebsrats als stärkste Form der Beteiligung vor. Hierdurch wird eine gleichberechtigte Teilhabe der durch den Betriebsrat repräsentierten Arbeitnehmer an den sie betreffenden Entscheidungen gewährleistet.

1416 Die in § 87 BetrVG aufgeführten Angelegenheiten können von Arbeitgeber und Betriebsrat nur gemeinsam geregelt werden. Die fehlende Zustimmung des Betriebsrats kann auch nicht (wie etwa bei § 99 BetrVG) durch eine gerichtliche Entscheidung überwunden werden. Die Mitbestimmung ist insoweit notwendig, als es ohne Beteiligung beider Seiten und ohne Konsens zu keiner Regelung kommt, es sei denn, die Einigungsstelle trifft auf Initiative einer Seite eine Regelung, §§ 87 Abs. 2, 76 BetrVG.

1417 Die Mitbestimmung hat im Bereich der sozialen Angelegenheiten auch nicht nur korrigierende Funktion dergestalt, dass sich Aufgaben für den Betriebsrat erst dann stellen, wenn der Arbeitgeber eine bestimmte Angelegenheit regeln oder Maßnahmen durchführen will. Vielmehr kann der Betriebsrat auch von sich aus initiativ werden und – ggf. durch Anrufung der Einigungsstelle – die Regelung einer Angelegenheit auch gegen den Willen des Arbeitgebers anstreben und durchsetzen.

Die Mitbestimmung des Betriebsrats ist in sozialen Angelegenheiten kraft Gesetzes auf die in § 87 Abs. 1 Nr. 1–13 BetrVG erschöpfend aufgezählten Möglichkeiten beschränkt; in anderen sozialen Angelegenheiten sind grds. nur freiwillige Betriebsvereinbarungen gem. § 88 BetrVG möglich (GK-BetrVG/*Wiese* § 87 Rz. 4). Kontrovers diskutiert wird, ob es dann zu einer unzulässigen Erweiterung der Mitbestimmungsrechte über den gesetzlich vorgegebenen Rahmen hinaus kommt, wenn im Zusammenhang mit der Regelung einer unzweifelhaft der Mitbestimmung des Betriebsrats unterliegenden Angelegenheit auch eine sog. Annex-Regelung, d.h. eine Regelung, ohne die eine mitbestimmungspflichtige Angelegenheit nicht sinnvoll geordnet werden kann, weil die davon betroffenen Fragen in einem unmittelbaren Zusammenhang mit der beteiligungspflichtigen Angelegenheit selbst stehen, getroffen wird. In der Praxis hat sich diese Frage vor allem im Hinblick darauf gestellt, ob anlässlich der Regelung einer mitbestimmungspflichtigen Angelegenheit auch eine Regelung über die hierdurch verursachten Kosten getroffen werden kann, so z.B. die Regelung der Kostentragungspflicht bei bargeldloser Lohnzahlung, § 87 Abs. 1 Nr. 4 BetrVG (vgl. *BAG* 8.3.1977 EzA § 87 BetrVG 1972 Lohn- und Arbeitsentgelt Nr. 6; 10.8.1993 EzA § 87 BetrVG 1972 Lohn- und Arbeitsentgelt Nr. 16) oder bei der Einführung einheitlicher Dienstkleidung (vgl. *BAG* 13.2.2007 EzA § 87 BetrVG 2001 Betriebliche Ordnung Nr. 2; *LAG Nbg.* 10.9.2002 LAGE § 87 BetrVG 2001 Betriebliche Ordnung Nr. 1; *LAG Bln.* 20.9.2005 LAGE § 87 BetrVG 2001 Betriebliche Ordnung Nr. 3). Sofern eine solche Annex-Regelung unmittelbar zwischen den Betriebspartnern vereinbart wird, hat diese Frage keine Bedeutung, da freiwillige Vereinbarungen unter Berücksichtigung der allgemeinen Grenzen der Regelungsbefugnis stets zulässig sind. Praktisch relevant wird sie dann, wenn es zu einer entsprechenden Regelung durch Spruch der Einigungsstelle kommt, da im erzwingbaren Einigungsstellenverfahren die Regelungskompetenz der Einigungsstelle durch die Reichweite des jeweiligen Mitbestimmungsrechts beschränkt ist. 1418

Überwiegend (*BAG* 8.3.1977 EzA § 87 BetrVG 1972 Lohn- und Arbeitsentgelt Nr. 6) werden Annex-Regelungen dann für zulässig erachtet, wenn ohne sie eine mitbestimmungspflichtige Angelegenheit nicht sinnvoll geordnet werden kann, da sie dann zum Inhalt des einzelnen Mitbestimmungstatbestands selbst gehörten (MünchArbR/*Matthes* § 332 Rz. 4). 1419

Nach anderer Auffassung (GK-BetrVG/*Wiese* § 87 Rz. 39 ff.) sind derartige Regelungen nicht mehr vom jeweiligen Mitbestimmungsrecht gedeckt, sodass eine Zuständigkeit der Einigungsstelle zu einer ausdrücklichen Regelung der Kostenfrage nicht besteht und durch einen entsprechenden Spruch nicht selbstständige Nebenleistungspflichten begründet werden können. 1420

Wenn auch der Katalog des § 87 Abs. 1 BetrVG abschließend ist, ist doch nach überwiegender Ansicht eine Erweiterung von Mitbestimmungsrechten durch Tarifvertrag oder Betriebsvereinbarung zulässig, während umgekehrt eine Einschränkung nicht in Betracht kommt (s.u. Rn. 2216 ff.). 1421

2. Allgemeine Voraussetzungen der notwendigen Mitbestimmung

a) Kollektiver Tatbestand

Die Mitbestimmungsrechte des Betriebsrats nach § 87 Abs. 1 BetrVG erstrecken sich grds. nur auf generelle, kollektive Tatbestände im Gegensatz zu mitbestimmungsfreien Individualmaßnahmen bzw. Einzelfallregelungen (*BAG* 18.10.1994 EzA § 87 BetrVG 1972 Betriebliche Lohngestaltung Nr. 47; 22.10.1991 EzA § 87 BetrVG 1972 Arbeitszeit Nr. 49). Eine Ausnahme gilt nur für § 87 Abs. 1 Nr. 5 BetrVG (Festlegung des Urlaubs einzelner Arbeitnehmer) und für § 87 Abs. 1 Nr. 9 BetrVG (Zuweisung/Kündigung von Werkmietwohnungen). 1422

1423 Ein kollektiver Tatbestand liegt immer dann vor, wenn sich eine Regelungsfrage stellt, die kollektive Interessen der Arbeitnehmer des Betriebes berührt. Dies ist dann der Fall, wenn eine Angelegenheit der gesamten oder jedenfalls einer durch besondere Merkmale bestimmten Gruppe der Belegschaft zu regeln ist oder eine Regelung für mehrere oder auch nur für einen bestimmten Arbeitsplatz nach funktionsbezogenen, d.h. von der Person des jeweiligen Inhabers unabhängigen Merkmals zu treffen ist, weil hiervon potenziell jeder Inhaber des Arbeitsplatzes betroffen ist. Ein kollektiver Bezug in diesem Sinne kann auch bei der Regelung einer einmaligen Angelegenheit vorliegen (vgl. z.B. *BAG* 14.6.1994 EzA § 87 BetrVG 1972 Betriebliche Lohngestaltung Nr. 45; 22.10.1991 EzA § 87 BetrVG 1972 Arbeitszeit Nr. 49).

1424 Maßgeblich ist damit eine qualitative, nicht quantitative Betrachtung. Die Tatsache, dass von einer Regelung mehrere Arbeitnehmer betroffen sind, kann lediglich ein Indiz dafür sein, dass ein kollektiver Tatbestand vorliegt (vgl. *BAG* 5.11.1986 EzA § 87 BetrVG 1972 Arbeitszeit Nr. 21). Eine mitbestimmungsfreie Individualmaßnahme bzw. Einzelfallregelung liegt daher nur dann vor, wenn ausschließlich die Besonderheiten des konkreten Arbeitsverhältnisses im Hinblick auf gerade den Einzelarbeitnehmer betreffende Umstände Maßnahmen erfordern und bei einander ähnlichen Maßnahmen gegenüber mehreren Arbeitnehmern kein innerer Zusammenhang besteht (vgl. z.B. *BAG GS* 3.12.1991 EzA § 87 BetrVG 1972 Betriebliche Lohngestaltung Nr. 30; 14.6.1994 EzA § 87 BetrVG 1972 Betriebliche Lohngestaltung Nr. 45). Mitbestimmungsfrei ist beispielsweise die Vereinbarung einer individuellen Arbeitszeit, wenn dies vom Arbeitnehmer auf Grund besonderer familiärer Umstände gewünscht wird (MünchArbR/*Matthes* § 332 Rz. 26) oder die Anrechnung einer Tariflohnerhöhung auf eine übertarifliche Zulage auf Wunsch des Arbeitnehmers, um steuerliche Nachteile zu vermeiden (*BAG* 27.10.1992 EzA § 87 BetrVG 1972 Betriebliche Lohngestaltung Nr. 40). Bei Einzelregelungen liegt ein kollektiver Tatbestand vor, wenn sich bei einem Austausch der Person des betroffenen Arbeitnehmers das gleiche Regelungsbedürfnis ergibt (DKK/*Klebe* § 87 Rz. 16).

b) Formelle und materielle Arbeitsbedingungen

1425 § 56 BetrVG 1952 beschränkte die notwendige Mitbestimmung des Betriebsrats auf formelle Arbeitsbedingungen, insbes. die betriebliche Ordnung unter Ausschluss der materiellen Arbeitsbedingungen, d.h. das Verhältnis von arbeitsvertraglicher Leistung und Gegenleistung bzw. allem, was den Umfang der Leistungspflichten von Arbeitgeber und Arbeitnehmer beeinflusst (vgl. GK-BetrVG/*Wiese* § 87 Rz. 34). Demgegenüber erstreckt § 87 Abs. 1 BetrVG 1972 die Mitbestimmung zum Teil auch auf sog. materielle Arbeitsbedingungen, wie z.B. bei der vorübergehenden Verkürzung oder Verlängerung der betriebsüblichen Arbeitszeit (§ 87 Abs. 1 Nr. 3 BetrVG) oder der Mitbestimmung hinsichtlich der geltenden Faktoren bei der Festsetzung der Akkord- und Prämiensätze sowie vergleichbarer leistungsbezogener Entgelte (§ 87 Abs. 1 Nr. 11 BetrVG), sodass nach ganz überwiegender Auffassung (z.B. MünchArbR/*Matthes* § 332 Rz. 3; DKK/*Klebe* § 87 Rz. 17) diese Unterscheidung nunmehr ohne praktische Bedeutung ist.

1426 Es gibt daher weder eine Begrenzung des Mitbestimmungsrechts auf die Regelung formeller Arbeitsbedingungen noch einen generellen Grundsatz dahingehend, dass durch die Ausübung von Mitbestimmungsrechten nicht in die unternehmerische Entscheidungsfreiheit eingegriffen werden dürfe (vgl. *BAG* 18.4.1989 EzA § 87 BetrVG 1972 Nr. 13; 16.7.1991 EzA § 87 BetrVG 1972 Betriebliche Lohngestaltung Nr. 28).

3. Grenzen der notwendigen Mitbestimmung

a) Allgemeine Grenzen

Die notwendige Mitbestimmung unterliegt den allgemeinen Grenzen der Regelungsbefugnis (s.o. Rn. 1283 ff., 1306 f.), nicht aber dem allgemeinen Tarifvorbehalt nach § 77 Abs. 3 BetrVG (s.u. Rn. 1302 ff.). Gem. § 87 Abs. 1 Eingangssatz BetrVG hat der Betriebsrat darüber hinaus nur mitzubestimmen, soweit keine gesetzliche oder tarifliche Regelung besteht. **1427**

b) Gesetzes- und Tarifvorbehalt

aa) Zweck

Ein Mitbestimmungsrecht entfällt, wenn eine gesetzliche oder tarifliche Regelung eine der in § 87 Abs. 1 BetrVG genannten Angelegenheiten besteht, da dann ein ausreichender Schutz der Arbeitnehmer bereits auf übergeordneter Ebene sichergestellt ist (z.B. *BAG* 18.4.1989 EzA § 87 BetrVG 1972 Nr. 13; 4.7.1989 EzA § 87 BetrVG 1972 Betriebliche Lohngestaltung Nr. 24). **1428**

Unerheblich ist, ob die gesetzliche oder tarifliche Regelung tatsächlich die Interessen der Arbeitnehmer angemessen wahrt und effektiven Schutz bietet (MünchArbR/*Matthes* § 332 Rz. 11). **1429**

bb) Verhältnis zu § 77 Abs. 3 BetrVG

Nach Auffassung des *BAG* (*GS* 3.12.1991 EzA § 87 BetrVG 1972 Betriebliche Lohngestaltung Nr. 30) richtet sich im Bereich des § 87 BetrVG die Frage des Tarifvorrangs ausschließlich nach § 87 Abs. 1 Eingangssatz BetrVG und nicht zusätzlich auch nach § 77 Abs. 3 BetrVG. **1430**

Im Bereich der erzwingbaren Mitbestimmung ist damit ein Mitbestimmungsrecht nur dann ausgeschlossen, wenn die betreffende Angelegenheit auch für den Betrieb tatsächlich tariflich geregelt ist, sog. Vorrangtheorie (s.o. Rn. 1302 ff.). **1431**

cc) Voraussetzungen

(1) Bestehen einer gesetzlichen oder tariflichen Regelung

Durch eine gesetzliche Regelung wird das Mitbestimmungsrecht nur dann ausgeschlossen, wenn es sich um zwingendes, nicht lediglich dispositives Recht handelt (*BAG* 13.3.1973 EzA § 87 BetrVG 1972 Werkwohnung Nr. 2; 29.3.1977 EzA § 87 BetrVG 1972 Leistungslohn Nr. 2). Ausreichend ist, dass es sich um ein Gesetz im materiellen Sinne handelt. **1432**

Ein Ausschluss der Mitbestimmung greift daher auch bei einer Regelung durch Rechtsverordnung, Unfallverhütungsvorschriften oder autonomes Satzungsrecht öffentlich-rechtlicher Körperschaften ein (*Fitting* § 77 Rz. 53). Zwingend ist auch eine lediglich tarifdispositive gesetzliche Regelung, da eine solche nur einer abweichenden Regelung durch die Tarifvertragsparteien, nicht aber durch die Betriebspartner offen steht (GK-BetrVG/*Wiese* § 87 Rz. 60). Gesetzesvertretendes Richterrecht wird weitgehend einer gesetzlichen Regelung gleichgestellt, soweit es zwingendem Recht gleichkommt (GK-BetrVG/*Wiese* § 87 Rz. 58; MünchArbR/*Matthes* § 332 Rz. 13). Soweit dies abgelehnt wird (*Fitting* § 87 Rz. 30; DKK/*Klebe* § 87 Rz. 26) wird darauf verwiesen, dass Richterrecht nicht in gleicher Weise wie Gesetze durch ein förmliches Verfahren gegen Veränderungen abgesichert sei (Rechtssicherheit). **1433**

1434 Ein Verwaltungsakt steht einer gesetzlichen Regelung nicht gleich; allerdings scheidet nach Auffassung des BAG ein Mitbestimmungsrecht aber dann aus, wenn der Arbeitgeber auf Grund verbindlicher Vorgaben keinen Regelungsspielraum mehr hat (vgl. *BAG* 8.8.1989 EzA § 87 BetrVG 1972 Initiativrecht Nr. 5; 27.1.1987 EzA § 99 BetrVG 1972 Nr. 55; 26.5.1988 EzA § 87 BetrVG 1972 Nr. 11; 9.7.1991 EzA § 87 BetrVG 1972 Betriebliche Ordnung Nr. 18).

1435 Fraglich ist, inwieweit der Arbeitgeber bei noch nicht bestandskräftigen Verwaltungsakten gem. § 2 Abs. 1 BetrVG verpflichtet sein kann, ggf. Widerspruch und Anfechtungsklage gegen den Verwaltungsakt zu erheben (dafür *Dörner/Wildschütz* AiB 1995, 257 ff.; vgl. auch DKK/*Klebe* § 87 Rz. 34). Das sog. Besserstellungsverbot, das dem Empfänger einer Zuwendung der öffentlichen Hand, z.B. einer Großforschungseinrichtung, bei einer Zuwendung die Auflage erteilt, eigene Arbeitnehmer nicht besser zu stellen als die Arbeitnehmer des Zuwendungsgebers, mit der Folge, dass bei Nichtbeachtung der Entzug der Zuwendung droht, schränkt das Mitbestimmungsrecht in Fragen der betrieblichen Lohngestaltung nach § 87 Abs. 1 Nr. 10 BetrVG nicht a priori ein. Es kann jedoch eine Bindung des den Betriebsparteien und auch der Einigungsstelle zustehenden Ermessens bewirken (*LAG München* 11.10.2007 LAGE § 87 BetrVG 2001 Betriebliche Lohngestaltung Nr. 2).

1436 Das Vorliegen einer tariflichen Regelung setzt voraus, dass Tarifbindung des Arbeitgebers auf Grund Mitgliedschaft in der Tarifvertragspartei oder auf Grund Allgemeinverbindlichkeitserklärung besteht (*BAG GS* 3.12.1991 EzA § 87 BetrVG 1972 Betriebliche Lohngestaltung Nr. 30; 24.2.1987 EzA § 87 BetrVG 1972 Nr. 10). Eine Tarifbindung auch von Arbeitnehmern des Betriebes ist demgegenüber nicht erforderlich.

1437 Der Arbeitnehmer kann sich durch Beitritt zur Tarifvertragspartei jederzeit den tarifvertraglichen Schutz verschaffen (MünchArbR/*Matthes* § 332 Rz. 16). Die Sperrwirkung der tariflichen Regelung beginnt mit dem tatsächlichen Beitritt des Arbeitgebers zum Arbeitgeberverband (*BAG* 20.12.1988 EzA § 87 BetrVG 1972 Nr. 12). Einem lediglich nachwirkenden Tarifvertrag kommt eine zwingende Wirkung nicht zu (*BAG* 14.2.1989 EzA § 87 BetrVG 1972 Leistungslohn Nr. 17; 24.2.1987 EzA § 87 BetrVG 1972 Nr. 10).

1438 Tritt eine gesetzliche oder tarifliche Regelung erst später in Kraft, so wird eine getroffene, entgegenstehende mitbestimmte Regelung unwirksam (GK-BetrVG/*Wiese* § 87 Rz. 82). Für die Frage, ob eine Betriebsvereinbarung wegen des Bestehens einer tariflichen Regelung nach § 87 Abs. 1 Eingangssatz BetrVG unwirksam ist, kommt es umgekehrt nicht auf den Zeitpunkt des Abschlusses der Betriebsvereinbarung an, sondern darauf, ob und inwieweit sich die Geltungszeiträume überschneiden. Der Wirksamkeit einer Betriebsvereinbarung, die erst nach Ende der zwingenden und unmittelbaren Geltung des Tarifvertrags (§ 4 Abs. 1 TVG) in Kraft treten soll, steht nicht entgegen, dass sie bereits vorher abgeschlossen worden ist. Das gilt vor allem, wenn durch die Betriebsvereinbarung eine nahtlos anschließende, vom bisherigen Tarifvertrag abweichende Regelung getroffen werden soll (*BAG* 27.11.2002 EzA § 77 BetrVG 2001 Nr. 2).

(2) Regelungsdichte; Umfang des Ausschlusses

1439 Ein Mitbestimmungsrecht entfällt nur, soweit die tarifliche oder gesetzliche Regelung die Angelegenheit selbst abschließend regelt, sodass keine weitere Regelungsmöglichkeit besteht. Der durch die notwendige Mitbestimmung angestrebte Schutz ist dann substanziell bereits verwirklicht worden, das einseitige Bestimmungsrecht des Arbeitgebers beseitigt und zusätzliche betriebliche Regelungen sind nicht erforderlich, weil der Arbeitgeber nur die Tarif- oder Gesetzesnorm zu vollziehen hat.

Soweit ungeachtet der gesetzlichen und tariflichen Regelung noch ein Regelungsspielraum verbleibt, besteht insoweit auch ein Mitbestimmungsrecht (*BAG GS* 2.12.1991 EzA § 87 BetrVG 1972 Betriebliche Lohngestaltung Nr. 30; 21.9.1993 EzA § 87 BetrVG 1972 Nr. 19). 1440

Möglich ist auch, dass die gesetzliche oder tarifliche Regelung die nähere Ausgestaltung der Angelegenheit den Betriebspartnern überlässt oder ausdrücklich abweichende oder ergänzende betriebliche Regelungen zulässt. Im Rahmen einer solchen Öffnungsklausel bleibt das Mitbestimmungsrecht dann bestehen (*BAG* 28.2.1984 EzA § 87 BetrVG 1972 Leistungslohn Nr. 9; MünchArbR/*Matthes* § 332 Rz. 18, 19). Eine tarifliche Regelung, die das einseitige Bestimmungsrecht des Arbeitgebers wieder herstellt, ist keine Tarifnorm i.S.d. § 87 Abs. 1 Eingangssatz BetrVG, weil hierdurch gegen den Schutzzweck des § 87 Abs. 1 BetrVG verstoßen würde. Das Mitbestimmungsrecht des Betriebsrats bleibt dann bestehen (*BAG* 3.5.2006 EzA § 87 BetrVG 2001 Arbeitszeit Nr. 9; 18.4.1989 EzA § 87 BetrVG 1972 Nr. 13; 17.11.1998 EzA § 87 BetrVG 1972 Arbeitszeit Nr. 59). Zulässig ist aber eine tarifliche Regelung, die dem Arbeitgeber für einen zeitlich eng begrenzten Zeitraum die einseitige Anordnung von Überstunden gestattet, wenn er die Zustimmung des Betriebsrats zu kurzfristig notwendigen und unaufschiebbaren Überstunden nicht erreichen kann (*BAG* 17.11.1998 EzA § 87 BetrVG 1972 Arbeitszeit Nr. 59). Die Reichweite einer tariflichen Regelung ist stets durch Auslegung zu ermitteln. Dies gilt auch für die Frage, ob die Tarifpartner eine von ihnen getroffene Regelung als abschließend in dem Sinne verstanden haben, dass eine bestimmte Frage nicht geregelt werden sollte (vgl. GK-BetrVG/*Wiese* § 87 Rz. 70). Allein aus dem Umstand, dass ein Tarifvertrag Arbeitsbedingungen für außertarifliche Angestellte nicht regelt, folgt kein Ausschluss von Mitbestimmungsrechten des Betriebsrates für diesen Personenkreis (vgl. *BAG* 22.1.1980 EzA § 87 BetrVG 1972 Lohn- und Arbeitsentgelt Nr. 11). 1441

4. Ausübung der Mitbestimmung

a) Allgemeines

Die Mitbestimmungsrechte gem. § 87 Abs. 1 BetrVG stehen dem Betriebsrat als solchem zu. Es handelt sich nicht um laufende Geschäfte gem. § 27 Abs. 3 S. 1 BetrVG (GK-BetrVG/*Wiese* § 87 Rz. 83). Die Wahrnehmung kann gem. §§ 27 Abs. 3, 28 Abs. 1 BetrVG auf Ausschüsse übertragen werden. Dies gilt aber nicht für den Abschluss von Betriebsvereinbarungen, § 27 Abs. 3 S. 2 BetrVG. Zum Abschluss von Betriebsvereinbarungen durch Arbeitsgruppen nach § 28a Abs. 2 BetrVG s.o. Rn. 522 ff. Der Betriebsrat kann nicht im Vorhinein auf Mitbestimmungsrechte verzichten (GK-BetrVG/*Wiese* § 87 Rz. 5). Die Frage, ob statt des Betriebsrats der Gesamt- oder Konzernbetriebsrat zuständig ist, richtet sich nach §§ 50 Abs. 1, 58 Abs. 1 BetrVG (s.o. Rn. 858 ff.; 888). Die Wahrnehmung der Mitbestimmungsrechte erfolgt durch formlose Regelungsabrede oder förmliche Betriebsvereinbarung (s.o. Rn. 1255 ff.), wobei Betriebsvereinbarungen insbes. bei Dauerregelungen in Betracht kommen werden. 1442

Wird in einem Betrieb erstmalig ein Betriebsrat gewählt, treten die zuvor mitbestimmungsfrei getroffenen Maßnahmen nicht von selbst außer Kraft. Der Betriebsrat kann vielmehr auf Grund seines Initiativrechts (vgl. sogleich unten) ihre Änderung verlangen und nach §§ 87 Abs. 2, 76 Abs. 5 BetrVG durchsetzen (GK-BetrVG/*Wiese* § 87 Rz. 85). 1443

Nach anderer Auffassung obliegt es dem Arbeitgeber, unverzüglich nach Wahl des Betriebsrats die Initiative zu ergreifen, um dessen Zustimmung zu erhalten (DKK/*Klebe* § 87 Rz. 8). 1444

b) Initiativrecht

Nach ständiger Rechtsprechung des *BAG* (14.11.1974 EzA § 87 BetrVG 1972 Initiativrecht Nr. 2; 8.8.1989 EzA § 87 BetrVG 1972 Initiativrecht Nr. 5) schließt ein Mitbestimmungsrecht 1445 nach § 87 Abs. 1 BetrVG grds. auch ein Initiativrecht des Betriebsrats ein, da Mitbestimmung gleiche Rechte für beide Teile mit der Folge bedeutet, dass sowohl der Arbeitgeber als auch der Betriebsrat die Initiative für eine erstrebte Regelung ergreifen und zu deren Herbeiführung erforderlichenfalls die Einigungsstelle anrufen können. Ein Initiativrecht besteht auch dann, wenn in einer mitbestimmungspflichtigen Angelegenheit lediglich die bisherige betriebliche Praxis zum Inhalt einer Betriebsvereinbarung gemacht werden soll (*BAG* 8.8.1989 EzA § 87 BetrVG 1972 Initiativrecht Nr. 5).

1446 Der Betriebsrat ist also nicht darauf beschränkt, einer vom Arbeitgeber geplanten Regelung zuzustimmen oder die Zustimmung hierzu zu verweigern. Er kann vielmehr auch von sich aus die Regelung einer Angelegenheit anstreben. Das Initiativrecht des Betriebsrates reicht grds. ebenso weit wie sein entsprechendes Mitbestimmungsrecht.

1447 Das Mitbestimmungsrecht steht insoweit nicht unter dem allgemeinen Vorbehalt, dass durch seine Ausübung nicht in die unternehmerische Entscheidungsfreiheit eingegriffen werden dürfte (*BAG* 31.8.1982 EzA § 87 BetrVG 1972 Arbeitszeit Nr. 13; 4.3.1986 EzA § 87 BetrVG 1972 Nr. 17; 16.7.1991 EzA § 87 BetrVG 1972 Nr. 28).

1448 Eine Einschränkung kann sich nur aus dem Zweck des Mitbestimmungsrechtes selbst ergeben, nämlich dann, wenn die Wahrnehmung des Initiativrechts gerade dem Sinn des Mitbestimmungsrechts und der mit ihm verfolgten Schutzfunktion dadurch widersprechen würde, dass durch die Regelung erst Gefahren geschaffen werden, deren Vermeidung das Mitbestimmungsrecht dient.

1449 So soll z.B. das Mitbestimmungsrecht nach § 87 Abs. 1 Nr. 6 BetrVG dazu dienen, technischen Kontrolldruck von den Arbeitnehmern möglichst fern zu halten, sodass kein Initiativrecht des Betriebsrates dahingehend besteht, die Einführung solcher Kontrolleinrichtungen, etwa von Zeiterfassungsgeräten verlangen zu können (*BAG* 28.11.1989 EzA § 87 BetrVG 1972 Kontrolleinrichtung Nr. 18).

5. Eil- und Notfälle, probeweise Maßnahmen, vertragliche Vorgaben von Kunden

1450 Das Mitbestimmungsrecht besteht auch in sog. Eilfällen, also Situationen, in denen möglichst umgehend eine Regelung erfolgen muss (*BAG* 2.3.1982 EzA § 87 BetrVG 1972 Arbeitszeit Nr. 11; 19.2.1991 EzA § 87 BetrVG 1972 Arbeitszeit Nr. 46; 17.11.1998 EzA § 87 BetrVG 1972 Arbeitszeit Nr. 59).

1451 Der Gesetzgeber hat im Gegensatz zu anderen Konstellationen (vgl. § 100 BetrVG) keinen Anlass gesehen, für Eilfälle eine Ausnahme vom Mitbestimmungsrecht zu normieren. Die Betriebspartner können dem Auftreten von Eilfällen durch eine vorweggenommene Regelung Rechnung tragen. Eine solche Regelung kann auch zum Inhalt haben, dass der Arbeitgeber bei kurzfristig notwendig werdenden Maßnahmen, z.B. der Änderung eines Dienstplanes, eine – ggf. vorläufige – einseitige Regelung treffen kann, wobei auch mit einer derartigen Regelung dem Mitbestimmungsrecht des Betriebsrats Rechnung getragen wird (*BAG* 12.1.1988 EzA § 87 BetrVG 1972 Arbeitszeit Nr. 26; 8.8.1989 EzA § 23 BetrVG 1972 Nr. 27). Besteht keine vorsorgliche Regelung, ist der Betriebsrat nach § 2 Abs. 1 BetrVG verpflichtet, eine dringende Eilentscheidung zu ermöglichen (GK-BetrVG/*Wiese* § 87 Rz. 160). Eine einstweilige Regelung einer mitbestimmungspflichtigen Angelegenheit durch eine einstweilige Verfügung des Arbeitsgerichts kommt nach ganz überwiegender Auffassung nicht in Betracht, da es an einer Zuständigkeit der Arbeitsgerichte für eine Entscheidung in Regelungsstreitigkeiten fehlt (GK-BetrVG/*Wiese* § 87 Rz. 161 m.w.N. auch zur abw. Ansicht; MünchArbR/*Matthes* § 332 Rz. 28).

Einseitige Maßnahmen des Arbeitgebers sind nur ausnahmsweise in Notfällen zulässig, d.h. in plötzlichen, nicht vorhersehbaren Situationen, die zur Verhinderung nicht wieder gutzumachender Schäden zu unaufschiebbaren Maßnahmen zwingen. 1452

Aus dem Gebot der vertrauensvollen Zusammenarbeit (§ 2 Abs. 1 BetrVG) ergibt sich, dass in solchen extremen Notsituationen der Arbeitgeber das Recht hat, vorläufig zur Abwendung akuter Gefahren oder Schäden eine Maßnahme durchzuführen, wenn er unverzüglich die Beteiligung des Betriebsrats nachholt (*BAG* 19.2.1991 EzA § 87 BetrVG 1972 Arbeitszeit Nr. 46), d.h. den Betriebsrat unverzüglich nachträglich unterrichtet (vgl. GK-BetrVG/*Wiese* § 87 Rz. 162 ff.). 1453

Ein Mitbestimmungsrecht des Betriebsrats besteht schließlich auch dann, wenn der Arbeitgeber mitbestimmungspflichtige Maßnahmen zunächst nur probeweise durchführen will (DKK/*Klebe* § 87 Rz. 24). 1454

Das Mitbestimmungsrecht scheidet auch nicht deshalb aus, weil der Arbeitgeber zu einem bestimmten Verhalten durch Vorgaben seiner Kunden verpflichtet ist. Werden z.B. Arbeitnehmer in einem Betrieb eines Kunden eingesetzt, der über eine biometrische Zugangskontrolle verfügt und ist der Arbeitgeber durch Vorgabe des Kunden gehalten, den eingesetzten Arbeitnehmern die Benutzung des Systems aufzugeben, unterliegt die dementsprechende Anweisung der Mitbestimmung des Betriebsrats nach § 87 Abs. 1 Nr. 1 und 6 BetrVG. Der Arbeitgeber muss durch entsprechende Vertragsgestaltung mit dem Kunden sicherstellen, dass die ordnungsgemäße Wahrnehmung der Mitbestimmungsrechte des Betriebsrats gewährleistet ist (*BAG* 27.1.2004 EzA § 87 BetrVG 2001 Kontrolleinrichtung Nr. 1). 1455

6. Individualrechtliche Folgen fehlender Mitbestimmung; Theorie der Wirksamkeitsvoraussetzung

Die Beachtung bestehender Mitbestimmungsrechte ist Wirksamkeitsvoraussetzung für solche Maßnahmen des Arbeitgebers, die den Arbeitnehmer belasten, sog. Theorie der Wirksamkeitsvoraussetzung (*BAG GS* 3.12.1991 EzA § 87 BetrVG 1972 Betriebliche Lohngestaltung Nr. 30; *BAG* 3.5.1994 EzA § 23 BetrVG 1972 Nr. 36). Nicht mitbestimmte, den Arbeitnehmer belastende, einseitige rechtsgeschäftliche Maßnahmen oder vertragliche Vereinbarungen sind unwirksam. 1456

Die Verletzung des Mitbestimmungsrechts des Betriebsrats nach § 87 Abs. 1 Nr. 10 BetrVG bei der Änderung einer im Betrieb geltenden Vergütungsordnung hat beispielsweise zur Folge, dass die Vergütungsordnung mit der vor der Änderung bestehenden Struktur weiter anzuwenden ist. Dies kann bei Neueinstellungen dazu führen, dass Ansprüche auf eine höhere Vergütung als die vertraglich vereinbarte entstehen (*BAG* 11.6.2002 EzA § 87 BetrVG 1972 Betriebliche Lohngestaltung Nr. 76).

Der Arbeitnehmer braucht entsprechenden Anweisungen, die ohne Beachtung von Mitbestimmungsrechten getroffen werden, keine Folge zu leisten. Hatte der Betriebsrat etwa für einen bestimmten Zeitraum der Einführung von Wechselschichten zugestimmt (§ 87 Abs. 1 Nr. 2 BetrVG) und ordnet der Arbeitgeber ohne Zustimmung des Betriebsrats vorzeitig die Rückkehr zur Normalarbeitszeit an, ist diese Anweisung den Arbeitnehmern gegenüber unwirksam und der Arbeitgeber zur Zahlung der sich bei Wechselschicht ergebenden Vergütung unter dem Gesichtspunkt des Annahmeverzugs verpflichtet (*BAG* 18.9.2002 EzA § 87 BetrVG 2001 Arbeitszeit Nr. 1). Besonderheiten gelten bei der Verletzung von Mitbestimmungsrechten nach § 99 BetrVG bei Ein- bzw. Umgruppierungen, s. dazu Rn. 1918. Maßnahmen, die dem Arbeitnehmer günstig sind, bleiben aber trotz einer Verletzung von Mitbestimmungsrechten wirksam (MünchArbR/*Matthes* § 330 Rz. 7). Andererseits folgt allein aus der Verletzung von Mitbestimmungsrechten kein Anspruch der Arbeitnehmer; dem Grund- 1457 satz der Wirksamkeitsvoraussetzung kann i.d.R. nicht entnommen werden, dass bei Verletzung eines Mitbestimmungsrechts Zahlungsansprüche entstehen, die bisher nicht bestanden haben (*BAG* 20.8.1991 EzA § 87 BetrVG 1972 Betriebliche Lohngestaltung Nr. 29). Eine Heilung der Unwirksamkeit für die Vergangenheit durch nachträgliche Zustimmung ist ausgeschlossen (MünchArbR/*Matthes* § 330 Rz. 17 m.w.N.). Rechtsgeschäfte des Arbeitgebers mit Dritten bleiben unbeschadet einer Verletzung von Mitbestimmungsrechten wirksam (*BAG* 22.10.1985 EzA § 87 BetrVG 1972 Werkwohnung Nr. 7).

II. Fragen der Ordnung des Betriebes und des Verhaltens der Arbeitnehmer im Betrieb, § 87 Abs. 1 Nr. 1 BetrVG

1. Zweck

1458 Das Verhalten der Arbeitnehmer im Betrieb unterliegt grds. dem Direktionsrecht des Arbeitgebers. Zweck des Mitbestimmungsrechts ist es, die gleichberechtigte Beteiligung der Arbeitnehmer an der Gestaltung der Arbeitsbedingungen und der Zusammenarbeit von Arbeitgeber und Arbeitnehmer sowie der Arbeitnehmer untereinander zu gewährleisten.

1459 Es soll sichergestellt werden, dass bei Ausübung des Direktionsrechts auch die Interessen der Arbeitnehmer berücksichtigt werden. Das Direktionsrecht des Arbeitgebers soll eingeschränkt und seine Vormachtstellung durch die gleichberechtigte Teilhabe der Arbeitnehmerseite an der Gestaltung der betrieblichen Ordnung ersetzt werden (*BAG* 14.1.1986 EzA § 87 BetrVG 1972 Betriebliche Ordnung Nr. 11).

Zweck ist damit auch der Schutz der Persönlichkeit des einzelnen Arbeitnehmers (*Fitting* § 87 Rz. 63).

2. Voraussetzungen des Mitbestimmungsrechts

1460 Nach ständiger Rechtsprechung des *BAG* (8.8.1989 EzA § 87 BetrVG 1972 Betriebliche Ordnung Nr. 13; 8.11.1994 EzA § 87 BetrVG 1972 Betriebliche Ordnung Nr. 21) unterfallen dem Mitbestimmungstatbestand alle Maßnahmen, die darauf gerichtet sind, die Ordnung des Betriebes zu gewährleisten oder aufrechtzuerhalten. Gegenstand der Mitbestimmung ist danach die Gestaltung des Zusammenlebens und des Zusammenwirkens der Arbeitnehmer im Betrieb.

1461 Das Mitbestimmungsrecht betrifft die Gestaltung der Ordnung des Betriebs durch die Schaffung allgemein gültiger, verbindlicher Verhaltensregeln und sonstiger Maßnahmen, durch die das Verhalten der Arbeitnehmer in Bezug auf die betriebliche Ordnung beeinflusst werden soll.

Ordnung des Betriebes ist dabei die Sicherung eines ungestörten Arbeitsablaufs und des reibungslosen Zusammenlebens/Zusammenwirkens der Arbeitnehmer im Betrieb. Es geht damit um Maßnahmen, die das sog. Ordnungsverhalten der Arbeitnehmer betreffen.

1462 Hiervon abzugrenzen sind Maßnahmen, die das reine Arbeitsverhalten betreffen. Auf das Arbeitsverhalten beziehen sich alle Regeln und Weisungen, die bei der unmittelbaren Erbringung der Arbeitsleistung zu beachten sind. Bezüglich solcher Maßnahmen besteht kein Mitbestimmungsrecht.

1463 Lediglich das Arbeitsverhalten wird berührt, wenn der Arbeitgeber kraft seiner Organisations- und Leistungsmacht näher bestimmt, welche Arbeiten in welcher Weise auszuführen sind. Nicht mitbestimmungspflichtig sind danach Anordnungen, mit denen die Arbeitspflicht unmittelbar konkretisiert wird (*BAG* 1.12.1992 EzA § 87 BetrVG 1972 Betriebliche

Ordnung Nr. 20; 8.11.1994 EzA § 87 BetrVG 1972 Betriebliche Ordnung Nr. 21; 8.6.1999 EzA § 87 BetrVG 1972 Betriebliche Ordnung Nr. 25). Ob eine Anordnung das Ordnungsverhalten oder das mitbestimmungsfreie Arbeitsverhalten betrifft, richtet sich nicht nach den subjektiven Vorstellungen des Arbeitgebers. Maßgeblich ist vielmehr der objektive Regelungszweck, der sich nach dem Inhalt der Maßnahme und der Art des zu beeinflussenden betrieblichen Geschehens bestimmt (*BAG* 11.6.2002 EzA § 87 BetrVG 1972 Ordnung des Betriebs Nr. 28). Sofern das Ordnungsverhalten betroffen ist, unterliegen nicht nur Maßnahmen, durch die eine verbindliche Verhaltenspflicht begründet werden soll, der Mitbestimmung. Vielmehr ist ausreichend, dass Anreize zur Befolgung der Ordnung gegeben oder Sanktionen für Verstöße gegen diese Ordnung angedroht oder ergriffen werden sollen (MünchArbR/*Matthes* § 333 Rz. 3).

Auf Grund seines Mitbestimmungsrechts kann der Betriebsrat stets nur eine Regelung verlangen, die dem Arbeitgeber rechtlich möglich ist. **1464**

Macht etwa die Genehmigungsbehörde dem Betreiber einer kerntechnischen Anlage zur Auflage, dass Personen nur nach Durchführung einer Sicherheitsprüfung durch die Genehmigungsbehörde eingestellt und weiterbeschäftigt werden dürfen, so kann der Betriebsrat keine abweichende Regelung verlangen (*BAG* 9.7.1991 EzA BetrVG 1972 § 87 Betriebliche Ordnung Nr. 18). Gleiches gilt für sonstige durch bindenden Verwaltungsakt getroffene Anordnungen (s.o. Rn. 1434 f.; *BAG* 26.5.1988 EzA § 87 BetrVG 1972 Nr. 11). **1465**

3. Einzelfälle

a) Erfasste Regelungsgegenstände

Von § 87 Abs. 1 Nr. 1 BetrVG **erfasst** ist/sind: **1466**

- Rauch- und Alkoholverbote, sofern ein solches Verbot nicht auf Grund bestehender Sicherheitsvorschriften, behördlicher Anweisungen oder in sonstiger Weise arbeitsnotwendig ist (*BAG* 23.9.1986 EzA § 87 BetrVG 1972 Betriebliche Ordnung Nr. 12; 10.11.1987 EzA § 77 BetrVG 1972 Nr. 19); zu den Grenzen einer Betriebsvereinbarung über ein Rauchverbot vgl. *BAG* 19.1.1999 EzA § 87 BetrVG 1972 Betriebliche Ordnung Nr. 24; zu Alkoholverbot vgl. *LAG SchlH* 20.11.2007 LAGE § 87 BetrVG 2001 Betriebliche Ordnung Nr. 6.
- Verbot des Radiohörens während der Arbeitszeit (*BAG* 14.1.1986 EzA § 87 BetrVG 1972 Betriebliche Ordnung Nr. 11); **1467**
- Maßnahmen zur Kontrolle des Ordnungsverhaltens der Arbeitnehmer, wie z.B. Regelungen über Anwesenheits-, Pünktlichkeits-, Tor- und sonstige Verhaltenskontrollen, soweit sie nicht nur auf die Arbeitsleistung bezogen sind. Einführung, Ausgestaltung und Nutzung von Passierscheinen oder Werksausweisen, Einführung eines Verfahrens bei Krankmeldung oder Abmeldung beim Verlassen des Arbeitsplatzes (GK-BetrVG/*Wiese* § 87 Rz. 213); **1468**
- die Anweisung an die in einem Kundenbetrieb eingesetzten Arbeitnehmer, sich der im Kundenbetrieb eingerichteten biometrischen Zugangskontrolle (Fingerabdruckerfassung) zu unterziehen. Die Mitbestimmungspflichtigkeit entfällt nicht deshalb, weil dem Arbeitgeber vom Kunden die Verhaltensregeln vorgegeben (*BAG* 27.1.2004 EzA § 87 BetrVG 2001 Kontrolleinrichtung Nr. 1); **1469**
- Fragen der Arbeitskleidung (*BAG* 13.2.2007 EzA § 87 BetrVG 2001 Betriebliche Ordnung Nr. 2), sofern eine bestimmte Kleidung nicht arbeitsnotwendig ist, etwa aus hygienischen Gründen (*BAG* 8.8.1989 EzA § 87 BetrVG 1972 Betriebliche Ordnung Nr. 13), so z.B. die Anordnung auf der Dienstkleidung ein Namensschild zu tragen (*BAG* 11.6.2002 EzA § 87 BetrVG 1972 Ordnung des Betriebs Nr. 28) Zur Regelung der Kosten für die Kleidung als Annexregelung vgl. *BAG* 13.2.2007 EzA § 87 BetrVG 2001 Betriebliche Ordnung Nr. 2; *LAG Nbg.* 10.9.2002 LAGE § 87 BetrVG 2001 Betriebliche Ordnung Nr. 1. **1470**

1471 ▶ die Anweisung des Arbeitgebers, Verkäuferinnen dürfen sich im Geschäftslokal nur stehend aufhalten (*ArbG Köln* 13.7.1989 EzA § 87 BetrVG 1972 Betriebliche Ordnung Nr. 14);

1472 ▶ Benutzungsregelungen für zur Verfügung gestellte Wasch- und Umkleideräume, Fahrradstellplätze, Parkplätze (GK-BetrVG/*Wiese* § 87 Rz. 219);

1473 ▶ Regelungen über die Sicherung der vom Arbeitnehmer eingebrachten Sachen (*BAG* 1.7.1965 EzA § 611 BGB Fürsorgepflicht Nr. 5);

1474 ▶ das Verbot, während der gesetzlich vorgeschriebenen Mittagspause den Betrieb zu verlassen (*BAG* 21.8.1990 EzA § 87 BetrVG 1972 Betriebliche Ordnung Nr. 16);

1475 ▶ Benutzung des Telefons oder firmeneigener Kraftfahrzeuge für private Zwecke, soweit dies vom Arbeitgeber grds. gestattet wurde (*LAG Nbg.* 29.1.1987 NZA 1987, 572);

1476 ▶ formalisierte Krankengespräche, die der Aufklärung eines überdurchschnittlichen Krankenstandes durch Befragung einer nach abstrakten Kriterien ermittelten Mehrzahl von Arbeitnehmern dienen (*BAG* 8.11.1994 EzA § 87 BetrVG 1972 Betriebliche Ordnung Nr. 21);

1477 ▶ Regelungen über die Mitnahme von Arbeitsunterlagen nach Hause (DKK/*Klebe* § 87 Rz. 50);

1478 ▶ die Anordnung des Arbeitgebers, bereits vom ersten Tag der Erkrankung an eine Arbeitsunfähigkeitsbescheinigung vorzulegen (*BAG* 5.5.1992 EzA § 87 Betriebliche Ordnung Nr. 19). Dies gilt auch unter Geltung des EFZG für eine nach § 5 Abs. 1 S. 3 EFZG zulässige Anweisung des Arbeitgebers, Zeiten der Arbeitsunfähigkeit unabhängig von deren Dauer generell durch eine vor Ablauf des dritten Kalendertages nach Beginn der Arbeitsunfähigkeit vorzulegende Bescheinigung nachzuweisen (*BAG* 25.1.2000 EzA § 87 BetrVG 1972 Betriebliche Ordnung Nr. 26);

1479 ▶ die Anordnung des Arbeitgebers, dass im Falle eines Arztbesuches in der Arbeitszeit die Notwendigkeit hierzu vom behandelnden Arzt auf einem vom Arbeitgeber entwickelten Formular bescheinigt werden soll (*BAG* 21.1.1997 EzA § 87 BetrVG 1972 Betriebliche Ordnung Nr. 22);

1480 ▶ zu Ethikrichtlinien vgl. *BAG* 22.7.2008 EzA § 87 BetrVG 2001 Betriebliche Ordnung Nr. 3; *LAG Düsseld.* 14.11.2005 LAGE § 87 BetrVG 2001 Betriebliche Ordnung Nr. 2.

b) Nicht erfasste Regelungsgegenstände

1481 **Nicht** von § 87 Abs. 1 Nr. 1 BetrVG **erfasst** ist/sind:

▶ Abmahnungen wegen Verletzung arbeitsvertraglicher Pflichten (*BAG* 30.1.1979 EzA § 87 BetrVG 1972 Betriebsbuße Nr. 3);

1482 ▶ Maßnahmen, zu deren Durchführung der Arbeitgeber auf Grund behördlicher Anordnungen verpflichtet ist (*BAG* 9.7.1991 EzA § 87 BetrVG 1972 Betriebliche Ordnung Nr. 18), wie z.B. die Durchführung von Sicherheitsüberprüfungen in einer kerntechnischen Anlage auf Grund entsprechender behördlicher Auflage;

1483 ▶ die Installation eines Zugangssicherungssystems, wenn durch den Einsatz codierter Ausweiskarten lediglich der Ein- oder Ausgang zu Betriebsräumen freigegeben wird, ohne festzuhalten, wer wann in welcher Richtung den Zugang benutzt (*BAG* 10.4.1984 EzA § 87 BetrVG 1972 Betriebliche Ordnung Nr. 10);

1484 ▶ Maßnahmen und Anordnungen zur Unterstützung polizeilicher Ermittlungen (*BAG* 17.8.1982 EzA § 87 BetrVG 1972 Betriebliche Ordnung Nr. 9);

1485 ▶ Erlass einer Dienstreiseordnung (*BAG* 8.12.1991 EzA § 87 BetrVG 1972 Betriebliche Ordnung Nr. 8);

1486 ▶ Die Einführung arbeitsbegleitender Papiere, wie z.B. Tätigkeitsberichte, Tagesnotizen, Arbeitsberichte (*BAG* 9.12.1980 EzA § 87 BetrVG 1972 Betriebliche Ordnung Nr. 3; 24.11.1981 EzA § 87 BetrVG 1972 Betriebliche Ordnung Nr. 7);

1487 ▶ der Einsatz von Privatdetektiven zur Überwachung von Arbeitnehmern bei der Erfüllung ihrer Arbeitspflicht (*BAG* 26.3.1991 EzA § 87 BetrVG 1972 Überwachung Nr. 1);

1488 ▶ die Einführung von Führungsrichtlinien, die regeln, in welcher Weise Mitarbeiter allgemein ihre Arbeitsaufgaben und Führungskräfte ihre Führungsaufgaben zu erledigen haben (*BAG* 23.10.1984 EzA § 94 BetrVG 1972 Nr. 1);

- die Anordnung einer außerplanmäßigen Dienstreise außerhalb der normalen Arbeitszeit, wenn während der Reisezeit keine Arbeitsleistung zu erbringen ist (*BAG* 23.7.1996 EzA § 87 BetrVG 1972 Arbeitszeit Nr. 55); 1489
- die Regelung, wie Vorgesetzte verfahren sollen, wenn sich ihnen unterstellte Betriebsratsmitglieder ab- oder rückmelden, da insoweit nur die Arbeitspflicht der Vorgesetzten konkretisiert wird (*BAG* 13.5.1997 EzA § 37 BetrVG 1972 Nr. 135); 1490
- allgemein alle Anordnungen des Arbeitgebers, die sich auf die Arbeitspflicht des Arbeitnehmers beziehen, insbes. Gegenstand, Ort, Zeit, Reihenfolge, Art und Weise der Erledigung der Arbeit regeln, wie z.B. die Anordnung, in Geschäftsbriefen auch den Vornamen anzugeben (*BAG* 8.6.1999 EzA § 87 BetrVG 1972 Betriebliche Ordnung Nr. 25). 1491

c) Insbesondere: Betriebsbußen

aa) Begriff, grundsätzliche Zulässigkeit

> Die Betriebsbuße ist eine Sanktion bei Verstößen des Arbeitnehmers gegen die kollektive betriebliche Ordnung und damit eine Sanktion mit Strafcharakter, die über die individualrechtlich zulässigen Reaktionsmöglichkeiten hinausgeht (*BAG* 17.10.1989 EzA § 87 BetrVG 1972 Betriebsbuße Nr. 8). 1492

Der Erlass einer Betriebsbußordnung, also eines Regelwerks mit Beschreibung der einzelnen Verletzungshandlungen und ihrer Folgen ist zulässig, unterliegt aber nach § 87 Abs. 1 Nr. 1 BetrVG der Mitbestimmung des Betriebsrats (*BAG* 17.10.1989 EzA § 87 BetrVG 1972 Betriebsbuße Nr. 8). 1493

> Maßnahmen, die als Betriebsbußen zu qualifizieren sind, können nur auf Grund einer zwischen den Betriebspartnern vereinbarten Betriebsbußordnung und nur für Verstöße gegen die Regeln über das Ordnungsverhalten verhängt werden; fehlt eine solche mitbestimmte Betriebsbußordnung, sind gleichwohl vom Arbeitgeber verhängte Maßnahmen unwirksam (*BAG* 17.10.1989 EzA § 87 BetrVG 1972 Betriebsbuße Nr. 8). 1494

In der Praxis besteht daher das Hauptproblem darin, Maßnahmen mit Betriebsbußcharakter von mitbestimmungsfrei möglichen individualrechtlichen Sanktionen abzugrenzen.

bb) Abgrenzung zu individualrechtlichen Sanktionen

Auf Verstöße des Arbeitnehmers gegen arbeitsvertragliche Pflichten kann der Arbeitgeber mit individualrechtlichen Mitteln, insbes. einer Abmahnung, einer Versetzung, einer Kündigung oder der Einforderung einer vereinbarten Vertragsstrafe reagieren. Hinsichtlich solcher Maßnahmen besteht kein Mitbestimmungsrecht des Betriebsrats nach § 87 Abs. 1 Nr. 1 BetrVG, und zwar auch dann nicht, wenn der Arbeitgeber zu derartigen Maßnahmen als Reaktion auf Verstöße gegen die kollektive betriebliche Ordnung greift (*BAG* 17.10.1989 EzA § 87 BetrVG 1972 Betriebsbuße Nr. 8). Soweit Versetzungen oder Kündigungen ausgesprochen werden, beschränken sich die Rechte des Betriebsrats auf eine Beteiligung nach §§ 99, 102 BetrVG. 1495

> Eine Betriebsbuße liegt demgegenüber vor, wenn der Arbeitgeber zu Maßnahmen greift, die über die individualrechtlichen Möglichkeiten des Arbeitgebers hinausgehen, wie etwa der Entzug von Vergünstigungen (*BAG* 22.10.1985 EzA § 87 BetrVG 1972 Betriebliche Lohngestaltung Nr. 10), eine Abmahnung, die einen über den Warnzweck hinausgehenden Sanktionscharakter hat, etwa indem sie ein Unwerturteil über die Person des Arbeitnehmers beinhaltet oder formalisierte Sanktionen in der Stufenfolge Verwarnung, Verweisung, Versetzung, Entlassung (*BAG* 7.11.1979 EzA § 87 BetrVG 1972 Betriebsbuße Nr. 4) sowie beförderungshemmende Missbilligungen (*BAG* 17.10.1989 EzA § 87 BetrVG 1972 Betriebsbuße Nr. 8). 1496

1497 Bei Bestehen einer Betriebsbußordnung ist der Arbeitgeber nicht auf die Verhängung einer Betriebsbuße beschränkt, sondern kann auch mit rein individualrechtlichen Sanktionen reagieren (*BAG* 17.10.1989 EzA § 87 BetrVG 1972 Betriebsbuße Nr. 8).

cc) Die Beteiligung des Betriebsrats an Sanktionen

1498 Besteht eine Betriebsbußordnung, ist auch die Festsetzung einer Buße im Einzelfall mitbestimmungspflichtig. Fehlt es an einer solchen Bußordnung, hat der Betriebsrat kein Mitbestimmungsrecht im Einzelfall bei der Festsetzung arbeitgeberseitiger Maßnahmen mit Bußcharakter; derartige Maßnahmen sind vielmehr unwirksam (*BAG* 17.10.1989 EzA § 87 BetrVG 1972 Betriebsbuße Nr. 8). Die Einführung und die Verhängung müssen rechtsstaatlichen Grundsätzen genügen, was voraussetzt, dass die Bußtatbestände eindeutig festgelegt, die Art der Bußen bestimmt sowie die zulässige Höhe und die Verwendung von Geldbußen geregelt ist. Insbesondere muss die Gewährung rechtlichen Gehörs sichergestellt sein (DKK/*Klebe* § 87 Rz. 59 ff.).

1499 Die Festsetzung der Buße im Einzelfall innerhalb des gesetzten Rahmens muss nach Art und Höhe angemessen sein und darf nicht Persönlichkeitsrechte des Arbeitnehmers verletzen, sodass z.B. eine Anprangerung durch Namensnennung am Schwarzen Brett unzulässig ist (*Fitting* § 87 Rz. 90). Eine Kündigung oder Rückgruppierung kann in der Bußordnung als Disziplinarmaßnahme nicht vorgesehen werden, da diese Maßnahme mit dem zwingenden Kündigungsschutzrecht nicht vereinbar ist (*BAG* 28.4.1982 EzA § 87 BetrVG 1972 Betriebsbuße Nr. 5; DKK/*Klebe* § 87 Rz. 57).

dd) Gerichtliche Überprüfung

1500 Die Verhängung einer Betriebsbuße unterliegt in vollem Umfang der arbeitsgerichtlichen Kontrolle in einem von dem betroffenen Arbeitnehmer angestrengten Urteilsverfahren, § 2 ArbGG. Die Arbeitsgerichte sind befugt, alle mit der Verhängung einer Betriebsbuße zusammenhängenden Fragen nachzuprüfen.

1501 Das Prüfungsrecht bezieht sich damit insbes. auch auf die Frage, ob die Bußordnung wirksam erlassen worden ist, ob der Arbeitnehmer die ihm zur Last gelegte Handlung tatsächlich begangen hat, ob die Grundsätze eines rechtsstaatlichen, ordnungsgemäßen Verfahrens beachtet worden sind, ob die verhängte Buße nach der Bußordnung zulässig ist und schließlich auch darauf, ob sie im Einzelfall angemessen ist (GK-BetrVG/*Wiese* § 87 Rz. 266).

III. Beginn und Ende der täglichen Arbeitszeit einschließlich der Pausen sowie Verteilung der Arbeitszeit auf die einzelnen Wochentage, § 87 Abs. 1 Nr. 2 BetrVG

1. Zweck, Inhalt des Mitbestimmungsrechts

1502 Zweck des Mitbestimmungsrechts ist es, die Interessen der Arbeitnehmer an der Lage ihrer Arbeitszeit und damit zugleich der Freizeit für die Gestaltung ihres Privatlebens zur Geltung zu bringen (*BAG* 14.11.2006 EzA § 87 BetrVG 2001 Arbeitszeit Nr. 10; 21.12.1982 EzA § 87 BetrVG 1972 Arbeitszeit Nr. 16). Das Mitbestimmungsrecht bezieht sich nur auf die Verteilung, d.h. die zeitliche Lage, nicht jedoch auf die Dauer der wöchentlichen Arbeitszeit.

1503 Diese ist vielmehr tarifvertraglich oder einzelvertraglich vorgegeben (*BAG* 13.7.1987 EzA § 87 BetrVG 1972 Arbeitszeit Nr. 22). Arbeitszeit ist dabei nicht nur die Zeit, die von der Arbeitsleistung ausgefüllt wird, sondern diejenige, in der der Arbeitnehmer dem Arbeitgeber seine Arbeitskraft zur Verfügung stellt, sodass hierzu auch Arbeitsbereitschaft, Bereitschaftsdienst und Zeiten einer Rufbereitschaft gehören (*BAG* 21.12.1982 EzA § 87 BetrVG 1972 Arbeitszeit Nr. 16; s.o. Kap. 3 Rn. 31 ff.). Arbeitszeit i.S.v. § 87 Abs. 1 Nr. 2 BetrVG ist die Zeit, während derer der Arbeitnehmer die von ihm in einem bestimmten zeitlichen Umfang vertraglich geschuldete Arbeitsleistung tatsächlich erbringen soll. Der Arbeitszeitbegriff i.S.d. Mitbestimmungstatbestandes ist damit nicht ganz deckungsgleich mit dem vergütungsrechtlichen Arbeitszeitbegriff und dem des Arbeitszeitgesetzes und der Richtlinie 2003/88/EG (*BAG* 14.11.2006 EzA § 87 BetrVG 2001 Arbeitszeit Nr. 10), so dass Dienstreisezeiten regelmäßig keine Arbeitszeit im betriebsverfassungsrechtlichen Sinne sind.

Tarifverträge, die die wöchentliche Arbeitszeit verkürzen oder Möglichkeiten zur Flexibi- 1504
lisierung der Arbeitszeit vorsehen, ohne die näheren Einzelheiten der Umsetzung selbst abschließend zu regeln, lassen das Mitbestimmungsrecht im Rahmen der tarifvertraglichen Vorgaben unberührt (vgl. GK-BetrVG/*Wiese* § 87 Rz. 280 ff.).

> Sofern eine Einigung der Betriebspartner über die Umsetzung einer tariflichen Arbeits- 1505
> zeitverkürzung nicht erreicht wird, ist der Arbeitgeber nicht berechtigt, Anfang und Ende der täglichen Arbeitszeit einschließlich der Pausen sowie der Verteilung der wöchentlichen Arbeitszeit auf die einzelnen Wochentage ohne Zustimmung des Betriebsrates einseitig festzulegen, solange die bisherige Verteilung der Arbeitszeit nach dem neuen Tarifvertrag beibehalten werden kann (*BAG* 19.2.1991 EzA § 87 BetrVG 1972 Arbeitszeit Nr. 46).

Das Mitbestimmungsrecht bezieht sich **nicht** auf die Öffnungszeiten des Betriebes oder 1506
Betriebsnutzungszeiten. Gleichwohl wird z.B. in einem Kaufhaus vom Mitbestimmungsrecht auch eine Arbeitszeitregelung gedeckt, die die Ausschöpfung der gesetzlichen Ladenöffnungszeiten unmöglich macht (*BAG* 31.8.1982 EzA § 87 BetrVG 1972 Arbeitszeit Nr. 1).

> Wenn auch die Dauer der wöchentlichen Arbeitszeit nicht der Mitbestimmung des 1507
> Betriebsrats unterliegt (*BAG* 22.6.1993 EzA § 23 BetrVG 1972 Nr. 35), werden hierdurch Regelungen über die tägliche Arbeitszeit nicht ausgeschlossen, die mittelbar auch die Dauer der Wochenarbeitszeit berühren, wie etwa die Festlegung der Höchstzahl von Tagen in der Woche, an denen Teilzeitbeschäftigte Arbeitnehmer beschäftigt werden sollen oder die Festlegung der Mindestdauer der täglichen Arbeitszeit (*BAG* 13.10.1987 EzA § 87 BetrVG 1972 Arbeitszeit Nr. 25; 28.9.1988 EzA § 87 BetrVG 1972 Arbeitszeit Nr. 30; 16.7.1991 EzA § 87 BetrVG 1972 Arbeitszeit Nr. 48).

Das Mitbestimmungsrecht besteht nur bei Vorliegen eines kollektiven Tatbestands (vgl. oben Rn. 1422 ff.).

a) Verteilung der Arbeitszeit auf die Wochentage

Das Mitbestimmungsrecht erstreckt sich auf die Frage, wie eine vorgegebene Arbeitszeit auf 1508
die einzelnen Wochentage verteilt wird, d.h. an wie vielen Tagen der Woche gearbeitet und an welchen Tagen länger und an welchen Tagen kürzer gearbeitet wird (DKK/*Klebe* § 87 Rz. 78). Auch die Frage, ob zu festen Zeiten oder mit variabler Arbeitszeit gearbeitet wird, unterliegt der Mitbestimmung. Das Mitbestimmungsrecht umfasst auch die Befugnis des Betriebsrats, initiativ zu werden, um für einen bestimmten Tag im Jahr Ausnahmen von der regulären Arbeitszeitregelung vorzusehen (*BAG* 26.10.2004 EzA § 87 BetrVG 2001 Arbeitszeit Nr. 7 »Karnevalsdienstag«).

b) Lage der täglichen Arbeitszeit

Das Mitbestimmungsrecht besteht nicht nur bei Dauerregelungen, sondern auch bei einer 1509
nur vorübergehenden Änderung der Lage der Arbeitszeit, so z.B. bei Verlegung von Arbeitszeiten bei sog. Brückentagen (*BAG* 13.7.1977 EzA § 87 BetrVG 1972 Arbeitszeit Nr. 3; DKK/*Klebe* § 87 Rz. 75). Eine Änderung der Arbeitszeitlage unterliegt ebenfalls der

Mitbestimmung. Mangels kollektiven Tatbestands nicht mitbestimmungspflichtig sind Vereinbarungen zwischen Arbeitgeber und Arbeitnehmer über die Lage der Arbeitszeit, die nur durch individuelle Umstände bedingt sind, wie z.B. zeitliche Notwendigkeiten infolge Kinderbetreuung.

c) Pausen

1510 Mitbestimmungspflichtig ist weiter die Lage der Pausen. Pausen sind im Voraus festgelegte Unterbrechungen der Arbeitszeit, in denen der Arbeitnehmer weder Arbeit zu leisten noch sich dafür bereit zu halten hat, sondern frei darüber entscheiden kann, wo und wie er diese Zeit verbringen will (*BAG* 23.9.1992 EzA § 12 AZO Nr. 6; s.o. Kap. 3 Rn. 67 ff.). Eine Pause i.S.d. § 87 Abs. 1 Nr. 3 BetrVG liegt damit nur vor bei Ruhepausen, durch die die Arbeitszeit unterbrochen wird, die also selbst nicht zur Arbeitszeit gehören und deshalb auch nicht vergütet werden müssen. Nicht erfasst sind daher bezahlte Lernpausen (*BAG* 28.7.1981 EzA § 87 BetrVG 1972 Arbeitszeit Nr. 9) oder tarifvertraglich vorgeschriebene Unterbrechungen der Arbeit an Bildschirmgeräten, während deren eine anderweitige Beschäftigung zulässig ist (*BAG* 6.12.1983 EzA § 87 BetrVG 1972 Bildschirmarbeit Nr. 1). Für Teilzeitkräfte unterliegt bspw. die Frage, ob deren kurze Arbeitszeit noch durch gesetzlich nicht erforderliche Pausen verlängert wird, der Mitbestimmung (*BAG* 13.10.1987 EzA § 87 BetrVG 1972 Nr. 25).

2. Anwendungsfälle

a) Gleitende Arbeitszeit

1511 Mitbestimmungspflichtig ist die Einführung und Änderung gleitender Arbeitszeit (*BAG* 18.4.1989 EzA § 87 BetrVG 1972 Arbeitszeit Nr. 35). Dies gilt für die Regelung der täglichen Arbeitszeit, der Kernzeit, der Gleitzeit und Regelungen über die Möglichkeit der Ansammlung von Gleitzeitguthaben bzw. Gleitzeitsalden und der entsprechenden Ausgleichszeiträume (DKK/*Klebe* § 87 Rz. 80; zu Arbeitszeitkonten s. *BAG* 22.7.2003 EzA § 87 BetrVG 2001 Arbeitszeit Nr. 4).

b) Teilzeitarbeit

1512 Die Einführung von Teilzeitarbeit selbst ist mitbestimmungsfrei, weil es insoweit um die Dauer der wöchentlichen Arbeitszeit geht. Mitbestimmungspflichtig sind aber generelle Regelungen über die Lage der Teilzeitarbeit einschließlich der Regelung der Frage, ob Teilzeitkräfte zu festen Zeiten oder nach Bedarf beschäftigt werden sollen (*BAG* 13.10.1987 EzA § 87 BetrVG 1972 Arbeitszeit Nr. 25; 28.9.1988 EzA § 87 BetrVG 1972 Arbeitszeit Nr. 30). Dem Mitbestimmungsrecht unterliegt die Festlegung der Mindestdauer der täglichen Arbeitszeit, der Höchstzahl von Tagen in der Woche, an denen teilzeitbeschäftigte Arbeitnehmer beschäftigt werden sollen, die Mindestzahl arbeitsfreier Samstage, die Dauer der Pausen und auch die Frage, inwieweit die tägliche Arbeitszeit in einer oder mehreren Schichten geleistet werden soll und ob und in welchem Umfang sich die Arbeitszeit der teilzeitbeschäftigten Arbeitnehmer mit den Ladenöffnungszeiten decken soll oder nicht (*BAG* 13.10.1987 EzA § 87 BetrVG 1972 Arbeitszeit Nr. 25; 28.9.1988 EzA § 87 BetrVG 1972 Arbeitszeit Nr. 30).

c) Schichtarbeit

1513 Die Einführung von Schichtarbeit, die Festlegung und Änderung der Anzahl der Schichten sowie ihre Modalitäten, d.h. die Abgrenzung des Personenkreises, der Schichtarbeit zu leisten hat, und die Aufstellung der konkreten Schichtpläne als Zuordnung der Arbeitnehmer zu einzelnen Schichten einschließlich der Regelung der Frage, ob und unter welchen Voraussetzungen Arbeitnehmer von einer Schicht in eine andere umgesetzt werden können, unterliegt der Mitbestimmung (*BAG* 27.6.1989 EzA § 87 BetrVG 1972 Arbeitszeit Nr. 36; 19.2.1991 EzA § 95 BetrVG 1972 Nr. 23). Wird mit dem Betriebsrat für einen bestimmten Zeitraum Wechselschichtarbeit vereinbart, bedarf die vorzeitige Rückkehr zur Normalarbeitszeit ebenfalls der Zustimmung des Betriebsrats. Fehlt diese, muss der Arbeitgeber die ggf. höhere Wechselschichtvergütung unter dem Gesichtspunkt des Annahmeverzugs zahlen (*BAG* 18.9.2002 EzA § 87 BetrVG 2001 Arbeitszeit Nr. 1).

> Das Mitbestimmungsrecht erfasst auch den einzelnen Schicht- oder Dienstplan selbst (*BAG* 28.10.1986 EzA § 87 BetrVG 1972 Arbeitszeit Nr. 20), sowie Aufstellung und Veränderung eines Jahresschichtplanes (*BAG* 1.7.2003 EzA § 87 BetrVG 2001 Arbeitszeit Nr. 2). Möglich ist aber auch eine Regelung, die sich auf die Festlegung von Grundsätzen beschränkt, denen die einzelnen Schichtpläne entsprechen müssen und die Aufstellung der einzelnen Schichtpläne entsprechend diesen Grundsätzen dem Arbeitgeber überlässt (*BAG* 28.5.2002 EzA § 87 BetrVG 1972 Arbeitszeit Nr. 65; 28.10.1986 EzA § 87 BetrVG 1972 Arbeitszeit Nr. 20). **1514**

Ein Mitbestimmungsrecht besteht auch bei sog. Rollierregelungen, die bei einem an allen sechs Werktagen der Woche geöffneten Betrieb regeln, an welchem der sechs Werktage die einzelnen Arbeitnehmer nicht arbeiten müssen, wenn sie nur zur Arbeitsleistung an fünf Tagen verpflichtet sind. Mitbestimmungspflichtig ist damit die Entscheidung, ob es sich um ein vorwärts rollierendes System handeln soll, welche Rolliergruppen aufgestellt werden, welche Arbeitnehmer einer Rolliergruppe zugeordnet werden sollen und ob für die einzelnen Rolliergruppen Freizeitkalender zu führen sind (*BAG* 31.1.1989 EzA § 87 BetrVG 1972 Arbeitszeit Nr. 32). **1515**

d) Bereitschaftsdienste

Rufbereitschaft als Verpflichtung des Arbeitnehmers, sich an einem von ihm selbst gewählten, dem Arbeitgeber mitzuteilenden Ort aufzuhalten, um auf Abruf die Arbeit i.d.R. unverzüglich aufnehmen zu können, unterliegt der Mitbestimmung des Betriebsrats (*BAG* 21.12.1982 EzA § 87 BetrVG 1972 Arbeitszeit Nr. 16) ebenso wie die Einführung und nähere Ausgestaltung von Bereitschaftsdiensten, d.h. der Bestimmung des Aufenthaltsorts, an dem sich der Arbeitnehmer für die jederzeitige Arbeitsaufnahme bereit zu halten hat (DKK/*Klebe* § 87 Rz. 83 m.w.N.). Bei Bereitschaftsdiensten außerhalb der regelmäßigen Arbeitszeit besteht ein Mitbestimmungsrecht auch nach § 87 Abs. 1 Nr. 3 BetrVG. Dieses erstreckt sich auch auf die Frage, ob der entsprechende Arbeitsanfall überhaupt durch Einrichtung eines Bereitschaftsdienstes abgedeckt werden soll (*BAG* 28.2.2000 EzA § 87 BetrVG 1972 Arbeitszeit Nr. 61). **1516**

e) Leiharbeitnehmer

Der Betriebsrat des Entleiherbetriebs hat über die Arbeitszeit der Leiharbeitnehmer, die in diesem Betrieb arbeiten, mitzubestimmen. § 14 AÜG steht dem nicht entgegen. Die Einbeziehung der Leiharbeitnehmer folgt aus dem Schutzzweck der Norm, da diese Personen wie Arbeitnehmer im Betrieb tätig werden (*BAG* 15.12.1992 EzA § 14 AÜG Nr. 3). **1517**

IV. Vorübergehende Verkürzung/Verlängerung der Arbeitszeit, § 87 Abs. 1 Nr. 3 BetrVG

1. Inhalt des Mitbestimmungsrechts

§ 87 Abs. 1 Nr. 3 BetrVG ist ein Unterfall des Mitbestimmungsrechts nach § 87 Abs. 1 Nr. 2 BetrVG. Es gilt der auch für den Tatbestand des § 87 Abs. 1 Nr. 2 geltende Arbeitszeitbegriff (*BAG* 14.11.2006 EzA § 87 BetrVG 2001 Arbeitszeit Nr. 10; s.o. Rn. 1502 ff.). **1518**

> Eine Verkürzung der betriebsüblichen Arbeitszeit liegt vor, wenn für einen überschaubaren Zeitraum von dem allgemein geltenden Zeitvolumen abgewichen wird, um anschließend zur betriebsüblichen Dauer der Arbeitszeit zurückzukehren, so bei Kurzarbeit oder der ersatzlosen Streichung von in einem Jahresschichtplan vorgesehenen Schichten **1519**

(*BAG* 1.7.2003 EzA § 87 BetrVG 2001 Arbeitszeit Nr. 2). Eine Verlängerung liegt im Falle von Überstunden vor. Unter **betriebsüblicher** Arbeitszeit ist die regelmäßige betriebliche Arbeitszeit zu verstehen. Bei unterschiedlichen Arbeitszeiten im Betrieb ist jedoch nicht auf die im Betrieb häufigste Arbeitszeit, sondern auf die für bestimmte Arbeitsplätze und Arbeitnehmergruppen geltenden Arbeitszeiten abzustellen, sodass es in ein und demselben Betrieb mehrere betriebsübliche Arbeitszeiten geben kann (*BAG* 21.11.1978 EzA § 87 BetrVG 1972 Arbeitszeit Nr. 7; 16.7.1991 EzA § 87 BetrVG 1972 Arbeitszeit Nr. 48).
Ob sich durch die vorübergehende Veränderung der Arbeitszeit auch die Vergütung ändert, ist unerheblich (*BAG* 3.5.2006 EzA § 87 BetrVG 2001 Arbeitszeit Nr. 9).

1520 Betriebsübliche Arbeitszeiten sind insoweit alle Arbeitszeiten, die die Arbeitnehmer, ein Teil von ihnen oder auch ein einzelner Arbeitnehmer jeweils individualrechtlich dem Arbeitgeber schulden, sodass der Betriebsrat auch bei der vorübergehenden Verlängerung der Arbeitszeit von Teilzeitbeschäftigten selbst dann mitzubestimmen hat, wenn für diese unterschiedliche Wochenarbeitszeiten gelten (*BAG* 24.4.2007 EzA § 87 BetrVG 2001 Arbeitszeit Nr. 11; 16.7.1991 EzA § 87 BetrVG 1972 Arbeitszeit Nr. 48; 23.6.1996 EzA § 87 BetrVG 1972 Arbeitszeit Nr. 56). Ebenso besteht ein Mitbestimmungsrecht des Betriebsrats nach § 87 Abs. 1 Nr. 3 BetrVG bei der Einführung eines Bereitschaftsdienstes außerhalb der regelmäßigen Arbeitszeit. Dieses erstreckt sich auch auf die Frage, ob der entsprechende Arbeitsanfall überhaupt durch Einrichtung eines Bereitschaftsdienstes abgedeckt werden soll (*BAG* 28.2.2000 EzA § 87 BetrVG 1972 Arbeitszeit Nr. 61).Eine tarifliche Jahresarbeitszeit ist i.d.R. nicht gleichbedeutend mit der betriebsüblichen Arbeitszeit, so dass allein eine Überschreitung der Jahresarbeitszeit nicht das Mitbestimmungsrecht auslöst (*BAG* 11.12.2001 EzA § 87 BetrVG 1972 Arbeitszeit Nr. 64). Nach Auffassung des *BAG* (22.7.2003 EzA § 87 BetrVG 2001 Arbeitszeit Nr. 4) liegt eine Regelung, nach der Plusstunden auf einem Arbeitszeitkonto zu einem Stichtag als Überstunden bezahlt werden müssen und unverschuldete Minusstunden verfallen, im Rahmen des Mitbestimmungsrechts nach § 87 Abs. 1 Nr. 3 BetrVG.

Keine Verlängerung der betriebsüblichen Arbeitszeit liegt nach Auffassung des *BAG* (23.7.1996 EzA § 87 BetrVG 1972 Arbeitszeit Nr. 55) vor, wenn der Arbeitgeber eine außerplanmäßige Dienstreise anordnet, die Reisezeiten außerhalb der normalen Arbeitszeit erforderlich macht, wenn während der Reisezeit keine Arbeitsleistung zu erbringen ist (vgl. auch *LAG Bln.* 11.11.2005 LAGE § 87 BetrVG 2001 Arbeitszeit Nr. 4). Beschäftigt der Arbeitgeber für einen Sonntagsverkauf Arbeitnehmer eines anderen Betriebs für lediglich einen Tag, besteht kein Mitbestimmungsrecht des Betriebsrats des Betriebs, in dem der Sonntagsverkauf durchgeführt wird, nach § 87 Abs. 1 Nr. 3 BetrVG, da für diese Arbeitnehmer bisher im Betrieb noch überhaupt keine übliche Arbeitszeit bestand. In Betracht kommen hier aber Mitbestimmungsrechte nach § 87 Abs. 1 Nr. 2 und nach § 99 BetrVG (*BAG* 25.2.1997 EzA § 87 BetrVG 1972 Arbeitszeit Nr. 57). Mitbestimmungspflichtig nach § 87 Abs. 1 Nr. 3 BetrVG ist auch die Durchführung einer Mitarbeiterversammlung außerhalb der betriebsüblichen Arbeitszeit, wenn eine Teilnahmeverpflichtung der Arbeitnehmer besteht (*BAG* 13.3.2001 EzA § 87 BetrVG 1972 Arbeitszeit Nr. 62). Für Leiharbeitnehmer besteht im Verleiherbetrieb eine betriebsübliche Arbeitszeit nach Maßgabe des mit dem Verleiher vereinbarten Stundenkontingents. Werden Leiharbeitnehmer in einen Betrieb entsandt, dessen betriebsübliche Arbeitszeit die vom Leiharbeitnehmer dem Verleiher geschuldete vertragliche Arbeitszeit übersteigt, liegt eine Verlängerung der betriebsüblichen Arbeitszeit gem. § 87 Abs. 1 Nr. 3 BetrVG vor. Das Mitbestimmungsrecht steht dem beim Verleiher gebildeten Betriebsrat zu (*BAG* 19.6.2001 EzA § 87 BetrVG 1972 Arbeitszeit Nr. 63).

1521 Eine vorübergehende Verkürzung oder Verlängerung der Arbeitszeit liegt vor, wenn für einen überschaubaren Zeitraum vom ansonsten maßgeblichen Zeitvolumen abgewichen werden soll, um anschließend zur betriebsüblichen Dauer zurückzukehren (*BAG* 24.4.2007 EzA § 87 BetrVG 2001 Arbeitszeit Nr. 11).

Dies gilt auch dann, wenn der Endzeitpunkt noch nicht feststeht, aber die Absicht besteht, nach Fortfall des Anlasses zur bisherigen Arbeitszeit zurückzukehren (GK-BetrVG/*Wiese* § 87 Rz. 384). Erfasst wird jede Form von vorübergehender Verkürzung oder Verlängerung (DKK/*Klebe* § 87 Rz. 88), auch dann, wenn sie auf einer für mehrere Jahre unkündbaren Betriebsvereinbarung beruhen, da allein hierdurch die Arbeitszeitveränderung nicht ihren vorübergehenden Charakter verliert (*BAG* 3.6.2003 EzA § 77 BetrVG 2001 Nr. 5). Der Arbeitgeber kann das Mitbestimmungsrecht bei der Anordnung von Überstunden nicht dadurch umgehen, dass er die Arbeiten auf eine geschäftlich nicht tätige Firma »überträgt«, die von denselben Geschäftsführern wie der Arbeitgeber geführt wird und die Arbeiten im Betrieb des Arbeitgebers, auf seinen Betriebsanlagen sowie gerade mit den Arbeitnehmern ausführt, die vom Arbeitgeber zu den Überstunden herangezogen werden sollten (*BAG* 22.10.1991 EzA § 87 BetrVG Arbeitszeit Nr. 49).

Bei arbeitskampfbedingten Veränderungen der betriebsüblichen Arbeitszeit bestehen nur eingeschränkte Beteiligungsrechte des Betriebsrats (s.o. Kap. 10 Rn. 111 ff.). **1522**

2. Kein Ausschluss des Initiativrechts

Nach der Rechtsprechung des *BAG* (4.3.1986 EzA § 87 BetrVG 1972 Arbeitszeit Nr. 17) beinhaltet § 87 Abs. 1 Nr. 3 BetrVG auch ein Initiativrecht des Betriebsrats zur Einführung von Kurzarbeit. Streitig ist, ob Entsprechendes auch für die Einführung von Überstunden gilt (so DKK/*Klebe* § 87 Rz. 89; *Fitting* § 87 Rz. 159), was fraglich erscheint, da das Mitbestimmungsrecht bei Überstunden gerade dem Schutz der Arbeitnehmer vor den Gefahren einer Mehrarbeit und dem Schutz der Freizeit vor Beeinträchtigung dient (MünchArbR/*Matthes* § 335 Rz. 43). **1523**

3. Rückkehr zur Normalarbeitszeit

Kehrt der Betrieb nach Durchführung von Überstunden über längere Zeit oder nach Vereinbarung von Kurzarbeit früher als zunächst vorgesehen zur betriebsüblichen Arbeitszeit zurück, besteht kein Mitbestimmungsrecht, da die betriebsübliche Arbeitszeit nicht verändert, sondern lediglich wieder hergestellt wird (*BAG* 11.7.1990 EzA § 615 BGB Betriebsrisiko Nr. 11). **1524**

4. Überstunden

Ein Mitbestimmungsrecht bei Überstunden setzt das Vorliegen eines kollektiven Tatbestandes voraus (s.o. Rn. 1422 ff.), der vorliegt, wenn Regelungsfragen auftreten, die die kollektiven Interessen der Arbeitnehmer betreffen, sodass ein Mitbestimmungsrecht ausscheidet, wenn es lediglich um individuelle Besonderheiten und Wünsche einzelner Arbeitnehmer geht. Ein kollektiver Tatbestand scheidet aber nicht schon deshalb aus, weil nur ein einzelner Arbeitnehmer betroffen ist, da auch in einem solchen Fall zu klären sein kann, wie viele Überstunden, wann und von wem zu leisten sind (*BAG* 16.7.1991 EzA § 87 BetrVG 1972 Arbeitszeit Nr. 48). Unerheblich ist, ob die Überstunden freiwillig geleistet werden (*BAG* 11.11.1986 EzA § 87 BetrVG 1972 Arbeitszeit Nr. 21) und ob der Arbeitgeber die Überstunden ausdrücklich anordnet oder lediglich duldet (*BAG* 27.11.1990 EzA § 87 BetrVG 1972 Arbeitszeit Nr. 40). Das Vorliegen eines bloßen Eilfalles schließt das Mitbestimmungsrecht des Betriebsrats nicht aus (s.o. Rn. 1450 ff.). **1525**

5. Kurzarbeit

Kurzarbeit liegt vor, wenn die betriebsübliche Arbeitszeit durch Arbeitsausfall von Stunden, bestimmten Wochentagen oder ganzen Wochen herabgesetzt wird. Der Mitbestimmung unterliegt die Regelung der Frage, ob überhaupt in welchem Rahmen Kurzarbeit eingeführt wird und wie die Verteilung der geänderten Arbeitszeit auf die einzelnen Wochentage zu erfolgen hat (DKK/*Klebe* § 87 Rz. 101). Strittig ist, ob sich das Mitbestimmungsrecht auch auf die finanzielle Milderung der Folgen der Kurzarbeit erstreckt. Zum Teil wird dies mit **1526** der Begründung angenommen, dass Zweck des Mitbestimmungsrechts gerade der Schutz vor Entgeltverlusten infolge Kurzarbeit sei (DKK/*Klebe* § 87 Rz. 102; MünchArbR/*Matthes* § 335 Rz. 37). Dagegen wird geltend gemacht, das Mitbestimmungsrecht erstrecke sich nach dem Wortlaut des § 87 Abs. 1 Nr. 2 BetrVG nur auf die Arbeitszeit (abl. auch *BAG* 21.1.2003 EzA § 77 BetrVG 2001 Nr. 3; *LAG Köln* 14.6.1989 NZA 1989, 939; HSWGNR/*Worzalla* § 87 Rz. 197).

6. Mitbestimmung und Arbeitsvertrag

1527 Die Beachtung des Mitbestimmungsrechts ist Wirksamkeitsvoraussetzung (s.o. Rn. 1456 f.) für alle Maßnahmen zur vorübergehenden Verkürzung der Arbeitszeit. Wird ohne Beachtung des Mitbestimmungsrechts Kurzarbeit angeordnet, ist das volle Arbeitsentgelt nach § 615 BGB fortzuzahlen (*BAG* 14.2.1991 EzA § 87 BetrVG 1972 Kurzarbeit Nr. 1).

1528 Sofern Kurzarbeit in einer Betriebsvereinbarung vereinbart wird, wirken deren Regelungen gem. § 77 Abs. 4 BetrVG unmittelbar und zwingend, sodass die Vereinbarung unmittelbar den entsprechenden Verlust des Entgeltanspruches bewirkt (*BAG* 14.2.1991 EzA § 87 BetrVG 1972 Kurzarbeit Nr. 1; 9.5.1984 EzA § 1 LFZG Nr. 71).

1529 Sofern die Betriebspartner Mehrarbeit in einer Betriebsvereinbarung vereinbart haben, wirkt auch diese Regelung unmittelbar und zwingend auf die Arbeitsverhältnisse ein und die Arbeitnehmer sind zur Leistung der vereinbarten Mehrarbeit verpflichtet (*Richardi* § 87 Rz. 360, 335.; MünchArbR/*Matthes* § 335 Rz. 49).

V. Auszahlung der Arbeitsentgelte, § 87 Abs. 1 Nr. 4 BetrVG

1530 Arbeitsentgelt sind die vom Arbeitgeber zu erbringenden Vergütungsleistungen, also neben Lohn oder Gehalt im engeren Sinne auch Zulagen, Gratifikationen, Provisionen, Gewinnbeteiligungen, zusätzliches Urlaubsentgelt, vermögenswirksame Leistungen, Auslösungen, Sachleistungen, Reisekosten, Wegegelder oder Spesen (GK-BetrVG/*Wiese* § 87 Rz. 425). Ein Mitbestimmungsrecht besteht nicht hinsichtlich der Höhe der jeweils zu zahlenden Vergütung.

1531 Das Mitbestimmungsrecht bezieht sich auf die Zeit der Auszahlung i.S.d. Festlegung der Entgeltzahlungszeiträume (monatlich/wöchentlich) und die Festlegung des Zahlungszeitpunkts (Tag, Stunde) sowie die Leistung von Abschlagszahlungen (DKK/*Klebe* § 87 Rz. 106). Auch eine Regelung, nach der ein über die regelmäßige Wochenarbeitszeit hinausgehendes Zeitguthaben erst am Ende eines bestimmten Verteilungszeitraums vergütet wird, ist erfasst (*BAG* 15.1.2002 EzA § 614 BGB Nr. 1).

1532 Ort der Entgeltleistung ist regelmäßig der Betrieb des Arbeitgebers (§ 269 Abs. 1, 2 BGB). § 269 BGB ist dispositiv, sodass (vorbehaltlich entgegenstehender gesetzlicher Regelungen, etwa § 35 Abs. 2 SeemG) abweichende Regelungen getroffen werden können. Sofern Deputate geschuldet werden, ist mitbestimmungspflichtig, ob diese anzuliefern oder vom Arbeitnehmer abzuholen sind (MünchArbR/*Matthes* § 336 Rz. 8).

1533 Zur Art der Auszahlung des Arbeitsentgelts gehört vor allem die Entscheidung, ob das Entgelt in bar oder bargeldlos gezahlt werden soll. Nach ständiger Rechtsprechung des *BAG* (8.3.1977 EzA § 87 BetrVG 1972 Lohn und Arbeitsentgelt Nr. 6; 10.8.1993 EzA § 87 BetrVG 1972 Lohn und Arbeitsentgelt Nr. 16) kann zur Regelung der bargeldlosen Auszahlung des Arbeitsentgelts als notwendiger Annex auch eine solche über die Zahlung von Kontoführungsgebühren oder die Einführung einer Kontostunde (Freistellung von der Arbeitspflicht) gehören.

Nicht zu beanstanden ist etwa die Einführung einer Kontoführungspauschale in Höhe von monatlich 3,50 DM (*BAG* 5.3.1991 EzA § 87 BetrVG 1972 Lohn und Arbeitsentgelt Nr. 15). Solche Annex-Regelungen sind aber nur insoweit möglich, als hierdurch die durch die bargeldlose Überweisung anfallenden Kosten oder der erforderliche Zeitaufwand unvermeidlich anfallen. So ist etwa der Spruch einer Einigungsstelle, der den Arbeitgeber verpflichtet, alle Arbeitnehmer monatlich eine Stunde zum Ausgleich des Aufwands, der mit der bargeldlosen Auszahlung des Arbeitsentgelts verbunden ist, freizustellen, ermessensfehlerhaft, wenn die bargeldlose Auszahlung des Arbeitsentgelts nicht notwendigerweise zur Inanspruchnahme von Freizeit führt, weil z.B. der Arbeitgeber angeboten hat, bei Bedarf Bargeld während der Arbeitszeit kostenlos gegen Scheck auszuzahlen (*BAG* 18.8.1993 EzA § 87 BetrVG 1972 Lohn und Arbeitsentgelt Nr. 16). Lässt ein Tarifvertrag die Einführung der bargeldlosen Entgeltzahlung zu, ohne die Frage der Kostentragung zu regeln, ist es eine Frage der Auslegung, ob insoweit eine abschließende tarifliche Regelung oder aber Raum für ergänzende betriebliche Regelungen besteht (vgl. einerseits *BAG* 31.8.1982 EzA § 87 BetrVG 1972 Nr. 9, andererseits *BAG* 5.3.1991 EzA § 87 BetrVG 1972 Lohn und Arbeitsentgelt Nr. 15). 1534

VI. Urlaub, § 87 Abs. 1 Nr. 5 BetrVG

1. Zweck; Begriff des Urlaubs

Durch das Mitbestimmungsrecht sollen die Urlaubswünsche einzelner Arbeitnehmer und die betrieblichen Interessen an der Kontinuität des Betriebsablaufs sinnvoll aufeinander abgestimmt werden (*BAG* 18.6.1974 EzA § 87 BetrVG 1972 Urlaub Nr. 1). Die zwingenden Vorschriften des BUrlG und einschlägiger Tarifverträge sind zu beachten. Das Mitbestimmungsrecht erstreckt sich nicht auf die Dauer des Urlaubs sowie das Urlaubsentgelt und die Zahlung eines zusätzlichen Urlaubsgeldes (GK-BetrVG/*Wiese* § 87 Rz. 446 f.). 1535

Der Mitbestimmungstatbestand bezieht sich auf jede Form des Urlaubs, also nicht nur Erholungsurlaub, sondern auch Bildungs- (dazu *BAG* 28.5.2002 § 87 BetrVG 1972 Bildungsurlaub Nr. 1) und Sonderurlaub, Zusatzurlaub für Schwerbehinderte sowie jede andere Form bezahlter oder unbezahlter Freistellung (*BAG* 17.11.1977 EzA § 9 BUrlG Nr. 9; GK-BetrVG/*Wiese* § 87 Rz. 444). 1536

2. Allgemeine Urlaubsgrundsätze

Allgemeine Urlaubsgrundsätze sind betriebliche Richtlinien, nach denen Urlaub im Einzelfall gewährt oder – z.B. in Saisonbetrieben – nicht gewährt werden darf oder soll (*BAG* 18.6.1974 EzA § 87 BetrVG 1972 Urlaub Nr. 1). Der Mitbestimmung unterliegt insbes. die Einführung von Betriebsferien. 1537

Hierbei kann auch eine Regelung für mehrere aufeinander folgende Jahre getroffen werden (*BAG* 28.7.1981 EzA § 87 BetrVG 1972 Urlaub Nr. 4). Soweit Arbeitnehmer zum Zeitpunkt der Betriebsferien noch keinen Urlaubsanspruch erworben haben und nicht im Betrieb beschäftigt werden, behalten sie ihren vollen Lohnanspruch. Die Einführung von Betriebsferien begründet dringende betriebliche Belange i.S.d. § 7 Abs. 1 BUrlG, hinter denen abweichende Urlaubswünsche des einzelnen Arbeitnehmers zurücktreten müssen (*BAG* 28.7.1981 EzA § 87 BetrVG 1972 Urlaub Nr. 4). Unter Berücksichtigung der Wertungen des BUrlG dürften aber Regelungen über Betriebsferien unzulässig sein, die dem Arbeitnehmer keinerlei individuellen Spielraum für die Urlaubsplanung belassen. 1538

1539 In Betracht kommen weiter Regelungen einschließlich ihrer späteren Änderungen und Aufhebung über Urlaubszeiten für bestimmte Betriebsabteilungen oder Gruppen von Arbeitnehmern, befristete Urlaubssperren, die Verteilung auf das laufende und die Übertragung auf das nächste Urlaubsjahr, die Berücksichtigung persönlicher Umstände (z.B. schulpflichtige Kinder) sowie das Verfahren für die Beantragung und die Gewährung (z.B. durch Urlaubslisten) von Urlaub (GK-BetrVG/*Wiese* § 87 Rz. 453, 454; DKK/*Klebe* § 87 Rz. 113).

1540 Der Betriebsrat kann im Wege des Initiativrechts die Aufstellung von Urlaubsgrundsätzen verlangen, wobei allerdings streitig ist, ob er über die Einigungsstelle auch ggf. die Schließung des Betriebs zur Einführung von Betriebsferien durchsetzen kann. Zum Teil (GK-BetrVG/*Wiese* § 87 Rz. 463) wird dies unter Hinweis darauf, dass die Schließung des Betriebes eine allein dem Arbeitgeber zustehende Entscheidung im unternehmerischen Bereich sei, abgelehnt. Nach anderer Auffassung erstreckt sich das Initiativrecht auch auf die Einführung von Betriebsferien, da die Frage, ob in unangemessener Weise die Belange des Betriebs beeinträchtigt werden, lediglich eine Frage des Inhalts der Regelung und der Ermessensentscheidung der Einigungsstelle, nicht aber eine solche nach dem Bestehen eines entsprechenden Initiativrechts sei (MünchArbR/*Matthes* § 337 Rz. 22; DKK/*Klebe* § 87 Rz. 114; *Fitting* § 87 Rz. 198).

3. Urlaubsplan

1541 Ein Urlaubsplan ist die genaue Festlegung der zeitlichen Lage des Urlaubs der einzelnen Arbeitnehmer im Urlaubsjahr einschließlich der Regelung der Urlaubsvertretung, bei Betriebsferien die Festlegung deren zeitlicher Lage (GK-BetrVG/*Wiese* § 87 Rz. 460).

1542 Mitbestimmungspflichtig ist auch die Änderung des Urlaubsplans (DKK/*Klebe* § 87 Rz. 117). Sofern ein Urlaubsplan vereinbart ist, wird hierdurch der Urlaubsanspruch der einzelnen Arbeitnehmer konkretisiert, sodass sie zum bezeichneten Zeitpunkt den Urlaub ohne besondere Urlaubsgewährung durch den Arbeitgeber antreten können und sich lediglich abmelden müssen (DKK/*Klebe* § 87 Rz. 115). Vom Urlaubsplan abzugrenzen ist die Urlaubsliste, bei der es sich lediglich um ein Verzeichnis der von den Arbeitnehmern geäußerten Urlaubswünsche handelt. Ihre Führung betrifft das Verfahren der Urlaubsgewährung und ist deshalb als Urlaubsgrundsatz mitbestimmungspflichtig (GK-BetrVG/*Wiese* § 87 Rz. 465). Durch bloße Eintragung in die Urlaubsliste wird noch kein Anspruch des einzelnen Arbeitnehmers begründet, den Urlaub zu einem bestimmten Zeitpunkt antreten zu können. Bei Fehlen eines Urlaubsplans kann aber durch die Eintragung in die Urlaubsliste der Urlaub festgelegt werden, wenn der Arbeitgeber dem Wunsch eines Arbeitnehmers nicht innerhalb angemessener Frist widerspricht (*LAG Düsseld.* 8.5.1970 DB 1970, 1136).

4. Festsetzung der Lage des Urlaubs für einzelne Arbeitnehmer

1543 Soweit der einzelne Arbeitnehmer mit der zeitlichen Festlegung seines Urlaubs nicht einverstanden ist, besteht nach § 87 Abs. 1 Nr. 5 BetrVG ein Mitbestimmungsrecht des Betriebsrats im Einzelfall, sofern zwischen dem einzelnen Arbeitnehmer und dem Arbeitgeber keine Einigung über die zeitliche Lage zu Stande kommt. Das Vorliegen eines sog. kollektiven Tatbestandes ist demnach hier nach überwiegender Ansicht nicht erforderlich (DKK/*Klebe* § 87 Rz. 118; *Fitting* § 87 Rz. 206; **a.A.** GK-BetrVG/*Wiese* § 87 Rz 470, 471; MünchArbR/*Matthes* § 337 Rz. 20, die auch hier einen kollektiven Tatbestand verlangen, sodass nach dieser Auffassung mindestens die Abstimmung der zeitlichen Lage des Urlaubs von 2 Arbeitnehmern erforderlich sein soll). Kommt keine Einigung zwischen den Betriebspartnern zu Stande, entscheidet die Einigungsstelle.

Die zwischen Betriebsrat und Arbeitgeber erzielte Einigung oder die Entscheidung der Einigungsstelle schließen nicht aus, dass der betroffene Arbeitnehmer auf Erteilung des Urlaubs für einen bestimmten anderen Zeitraum unter Berufung auf § 7 Abs. 1 BUrlG im Urteilsverfahren klagt (*Fitting* § 87 Rz. 211; DKK/*Klebe* § 87 Rz. 119). 1544

Das Rechtsschutzbedürfnis für eine auf Urlaubserteilung gerichtete Klage entfällt nicht dadurch, dass der Arbeitnehmer sich nicht zuvor mit dem Ziel der Einleitung des Mitbestimmungsverfahrens an den Betriebsrat gewendet hat (*Fitting* § 87 Rz. 211; DKK/*Klebe* § 87 Rz. 119). 1545

VII. Technische Überwachungseinrichtungen, § 87 Abs. 1 Nr. 6 BetrVG

1. Zweck, Verhältnis zum BDSG

Das Mitbestimmungsrecht dient dem Persönlichkeitsschutz der Arbeitnehmer. Technische Kontrolleinrichtungen greifen stark in den persönlichen Bereich der Arbeitnehmer ein, wobei es zu einer Gefährdung des Persönlichkeitsrechts der Arbeitnehmer dadurch kommen kann, dass durch die technische Ermittlung von Verhaltens- und Leistungsdaten eine wesentlich größere Anzahl von Daten ununterbrochen erhoben werden kann als bei der Überwachung durch Menschen, und die Abläufe der Datenermittlung und -verwertung für den Arbeitnehmer nicht durchschaubar sind. 1546

Die ununterbrochene Ermittlung und jederzeitige Abrufbarkeit von Informationen kann den Arbeitnehmer zum Objekt einer anonymen Kontrolle machen, der er sich nicht entziehen kann (*BAG* 8.11.1994 EzA § 87 BetrVG 1972 Kontrolleinrichtung Nr. 20; BT-Drs. VI/1786, S. 49). Das Mitbestimmungsrecht des Betriebsrats soll insoweit einen präventiven Schutz der Persönlichkeitssphäre der betroffenen Arbeitnehmer sicherstellen (GK-BetrVG/*Wiese* § 87 Rz. 484). 1547

Die Erhebung, Speicherung und Verarbeitung von Daten unterliegt Beschränkungen nach dem Bundesdatenschutzgesetz (BDSG, s.o. Kap. 3 Rn. 3031 ff.). 1548

Nach Auffassung des *BAG* (27.5.1986 EzA § 87 BetrVG 1972 Kontrolleinrichtung Nr. 16) ergeben sich aus den Bestimmungen des BDSG aber keine zusätzlichen Beschränkungen für Regelungen der Betriebspartner: Die Verarbeitung personenbezogener Daten ist datenschutzrechtlich schon dann zulässig, wenn sie durch eine Betriebsvereinbarung oder durch einen Spruch der Einigungsstelle erlaubt wird, sofern den Grundsätzen über den Persönlichkeitsschutz der Arbeitnehmer (§ 75 Abs. 2 BetrVG) ausreichend Rechnung getragen wird. Die Bestimmungen des BDSG sind aber insoweit von Bedeutung, als sie den Grundsatz der Verhältnismäßigkeit konkretisieren, wie z.B. die Verpflichtung zur unverzüglichen Löschung der Daten nach § 6b Abs. 5 BDSG (*BAG* 26.8.2008 EzA § 87 BetrVG 2001 Überwachung Nr. 2). 1549

Dies setzt eine Abwägung der wechselseitigen schutzwerten Interessen voraus.

2. Voraussetzungen des Mitbestimmungsrechts

Der Mitbestimmung des Betriebsrats nach § 87 Abs. 1 Nr. 6 BetrVG unterliegt nur die Überwachung der Arbeitnehmer hinsichtlich ihres Verhaltens und ihrer Leistung durch technische Einrichtungen. 1550

a) Technische Einrichtung

1551 Ein Mitbestimmungsrecht besteht nicht bei der bloßen Überwachung durch Personen (z.B. Vorgesetzte, Inspektoren, Privatdetektive oder Werkschutz), sondern setzt voraus, dass die Überwachung mittels einer technischen Einrichtung erfolgt. Eine technische Einrichtung liegt nur dann vor, wenn durch ein technisches Gerät eine gewisse eigenständige Leistung im Zuge der Überwachung erbracht wird, indem das Gerät oder die Anlage selbst Tätigkeiten verrichtet, die sonst der überwachende Mensch wahrnehmen muss, da Zweck des Mitbestimmungsrechts gerade der Schutz vor der Ersetzung der menschlichen Kontrolle durch technische Einrichtungen ist.

1552 Erfasst sind damit nur technische Einrichtungen, die selbst eine eigenständige Kontrollwirkung haben, indem sie zumindest zum Teil von Menschen unabhängig Leistungs- oder Verhaltensdaten erfassen oder auswerten, nicht hingegen bloße technische Hilfsmittel einer Überwachung durch Menschen (*BAG* 8.11.1994 EzA § 87 BetrVG 1972 Nr. 20), wie z.B. beim Einsatz einer Stoppuhr, Lupe, Rechenmaschine oder herkömmlicher Schreibgeräte, mit denen der Arbeitnehmer selbst seine Arbeitsleistung auf Papier aufschreibt (vgl. *BAG* 24.11.1981 EzA § 87 BetrVG 1972 Betriebliche Ordnung Nr. 7).

1553 Auf die Modalitäten der technischen Überwachung kommt es ebenso wenig an wie auf deren zeitliche Dauer. Technische Überwachungseinrichtungen sind bspw. Film- und Videokameras (zur Videoüberwachung vgl. *BAG* 26.8.2008 EzA § 87 BetrVG 2001 Überwachung Nr. 2; 29.6.2004 EzA § 611 BGB 2002 Persönlichkeitsrecht Nr. 2), Produktographen, Tachographen, Abhörvorrichtungen, Zeiterfassungsgeräte, und alle Geräte und Systeme der elektronischen Datenverarbeitung (*BAG* 14.9.1984 EzA § 87 BetrVG 1972 Kontrolleinrichtung Nr. 11; 23.4.1985 EzA § 87 BetrVG 1972 Kontrolleinrichtung Nr. 13; 11.3.1986 EzA § 87 BetrVG 1972 Kontrolleinrichtung Nr. 15). Bei Computersystemen hängt die Beurteilung maßgeblich von der eingesetzten Software ab, sodass die Einheit von Rechner und Programm technische Einrichtung i.S.v. § 87 Abs. 1 Nr. 6 BetrVG sein kann (vgl. *BAG* 26.7.1994 EzA § 87 BetrVG 1972 Kontrolleinrichtung Nr. 19). Nicht erforderlich ist, dass bereits die Erhebung von leistungs- oder verhaltensbezogenen Daten durch die technische Einrichtung selbst erfolgt.

1554 Bei EDV-Einsatz ist ausreichend, dass Daten einem System zum Zwecke der Speicherung und Verarbeitung manuell eingegeben werden müssen, da schon das Verarbeiten von Informationen für sich allein als Überwachung zu verstehen sein kann, nämlich dann, wenn solche Daten programmgemäß zu Aussagen über Verhalten oder Leistung einzelner Arbeitnehmer verarbeitet werden (*BAG* 14.9.1984 EzA § 87 BetrVG 1972 Kontrolleinrichtung Nr. 11; 26.7.1994 EzA § 87 BetrVG 1972 Kontrolleinrichtung Nr. 19).

1555 Nicht erfasst sind technische Einrichtungen, die ausschließlich zur Kontrolle von Maschinen oder technischen Vorgängen geeignet sind, ohne dass daraus Rückschlüsse auf das Verhalten oder die Leistung des Arbeitnehmers gezogen werden können (*BAG* 9.9.1975 EzA § 87 BetrVG 1972 Kontrolleinrichtung Nr. 2). Ein Mitbestimmungsrecht scheidet aus, wenn die Einführung bestimmter Kontrollgeräte gesetzlich oder tariflich vorgeschrieben ist, wie z.B. bei Fahrtenschreibern gem. § 57a StVZO (*BAG* 10.7.1979 EzA § 87 BetrVG 1972 Kontrolleinsrichtung Nr. 6).

1556 Erfasst sind beispielsweise Personalinformationssysteme, ISDN-Telefonanlagen und Systeme der Betriebsdatenerfassung (vgl. GK-BetrVG/*Wiese* § 87 Rz. 551 ff.; DKK/*Klebe* § 87 Rz. 164–166 zu weiteren Einzelfällen).

b) Eignung zur Überwachung

Ungeachtet des Wortlauts erfasst § 87 Abs. 1, 6 BetrVG nicht nur technische Einrichtungen, die dazu bestimmt sind, Verhalten oder Leistung von Arbeitnehmern zu überwachen, sondern vielmehr auch solche Anlagen, die auf Grund ihrer Konstruktion oder Verwendung im konkreten Fall objektiv zur Überwachung geeignet sind, indem sie dem Arbeitgeber Daten über das Verhalten oder die Leistung der Arbeitnehmer zur Verfügung stellt und es somit ausschließlich von seinem Willen abhängt, ob er von der Möglichkeit ihrer Verwendung zu Kontrollzwecken Gebrauch macht (*BAG* 9.9.1975 EzA § 87 BetrVG 1972 Kontrolleinrichtung Nr. 2; 23.4.1985 EzA § 87 BetrVG 1972 Kontrolleinrichtung Nr. 12). 1557

Auf die Absicht des Arbeitgebers, die Einrichtung auch zur Überwachung zu verwenden, kommt es nicht an. Unerheblich ist auch, ob die Überwachung primärer Zweck oder bloße Nebenwirkung des Einsatzes der technischen Einrichtung ist (*BAG* 10.7.1979 EzA § 87 BetrVG 1972 Kontrolleinrichtung Nr. 6). Eine objektive Eignung zur Überwachung der Arbeitnehmer ist zum einen zu bejahen, wenn auf Grund der verwendeten technischen Einrichtung bzw. des verwendeten Programms unmittelbar Verhaltens- und Leistungsdaten erfasst und aufgezeichnet werden (*BAG* 6.12.1983 EzA § 87 BetrVG 1972 Bildschirmarbeit Nr. 1), zum anderen aber auch dann, wenn mittels der technischen Einrichtung, etwa des verwendeten Programms, auf anderem Wege gewonnene Verhaltens- und Leistungsdaten ausgewertet werden können, sodass eine Überwachung allein schon durch die technische Verarbeitung anderweitig gewonnener Informationen vorliegt (*BAG* 26.7.1994 § 87 BetrVG 1972 Kontrolleinrichtung Nr. 19) und generell dann, wenn durch die Verarbeitung gleich welcher Daten Aussagen über Verhalten und Leistung der Arbeitnehmer gewonnen werden können, z.B. durch Einsatz von Personalinformationssystemen (*BAG* 11.3.1986 EzA § 87 BetrVG 1972 Kontrolleinrichtung Nr. 15). 1558

Überwachung setzt voraus, dass erhobene Leistungs- bzw. Verhaltensdaten einzelnen Arbeitnehmern zugeordnet werden können, die betroffenen Arbeitnehmer also identifizierbar, die gewonnenen Daten individualisiert oder individualisierbar sind. Hierfür reicht grds. nicht aus, dass lediglich auf einer Gruppe von Arbeitnehmern bezogene Daten erhoben oder verarbeitet werden. Etwas anderes gilt aber dann, wenn der von der technischen Einrichtung auf die Gruppe ausgehende Überwachungsdruck auf die einzelnen Gruppenmitglieder durchschlägt. 1559

Das ist dann der Fall, wenn es sich um eine kleine überschaubare Gruppe von Arbeitnehmern handelt und sich für das einzelne Gruppenmitglied infolge der Größe und Organisation der Gruppe sowie der Art ihrer Tätigkeit entsprechende Anpassungszwänge ergeben, so etwa, wenn die Arbeitnehmer der Gruppe im Gruppenakkord arbeiten (*BAG* 18.2.1986 EzA § 87 BetrVG 1972 Kontrolleinrichtung Nr. 14) oder die Gruppe in ihrer Gesamtheit für ihr Arbeitsergebnis verantwortlich gemacht wird und schlechte Leistungen einzelner für die übrigen Gruppenmitglieder bestimmbar bleiben (*BAG* 26.7.1994 EzA § 87 BetrVG 1972 Kontrolleinrichtung Nr. 19). 1560

c) Verhaltens- oder Leistungsdaten

Erforderlich ist weiter, dass sich die technische Überwachung auf Verhalten oder Leistung der Arbeitnehmer bezieht. 1561

Leistung i.S.d. Bestimmung ist die vom Arbeitnehmer in Erfüllung seiner vertraglichen Pflicht geleistete Arbeit, nicht im naturwissenschaftlich-technischen Sinne die Arbeit pro Zeiteinheit. Ein Leistungsdatum ist bereits die Anzahl der gefertigten Stücke, auch wenn kein Bezug zur für die Erstellung der Stücke verbrauchten Zeit hergestellt wird (*BAG* 18.2.1986 EzA § 87 BetrVG 1972 Kontrolleinrichtung Nr. 14). 1562

Die Leistung kann auch in einem Unterlassen bestehen, sodass auch Daten über Krankheitszeiten und sonstige Ausfallzeiten Leistungsdaten sind (DKK/*Klebe* § 87 Rz. 148).

1563 Verhalten i.S.d. Vorschrift ist jedes vom Arbeitnehmer willentlich gesteuerte Tun oder Unterlassen, das sich auf die Arbeitsleistung oder die betriebliche Ordnung bezieht (*BAG* 11.3.1986 EzA § 87 BetrVG 1972 Kontrolleinrichtung Nr. 15), nach weitergehender, überwiegender Auffassung jedes für die Beurteilung des Arbeitnehmers relevante Tun oder Unterlassen (GK-BetrVG/*Wiese* § 87 Rz. 537).

1564 Verhaltens- oder leistungserheblich sind bspw. Daten über Beginn und Ende der täglichen Arbeitszeit, Einzelheiten der Vertragserfüllung, Überstunden, Streikbeteiligung, krankheitsbedingte Fehlzeiten, attestfreie Krankheitszeiten und unentschuldigte Fehlzeiten (vgl. *BAG* 11.3.1986 EzA § 87 BetrVG 1972 Kontrolleinrichtung Nr. 15), krankhafte Trunk- oder Drogensucht, Abrechnung des Kantinenessens, des Werkbusverkehrs, von Belegschaftseinkäufen oder die Inanspruchnahme betrieblicher Darlehen (GK-BetrVG/*Wiese* § 87 Rz. 544).

3. Umfang des Mitbestimmungsrechts

1565 Das Mitbestimmungsrecht erstreckt sich auf Einführung und Anwendung der Einrichtung. Es besteht auch dann, wenn es sich um eine Einrichtung eines Kunden handelt und der Arbeitgeber die dort eingesetzten Arbeitnehmer anweist, die Einrichtung zu benutzen, weil ihm dies vom Kunden so vorgegeben ist (*BAG* 27.1.2004 EzA § 87 BetrVG 2001 Kontrolleinrichtung Nr. 1).

1566 Einführung der technischen Einrichtung ist die Entscheidung, ob, für welchen Zeitraum, an welchem Ort, mit welcher Zweckbestimmung und Wirkungsweise sie betrieben werden soll unter Einschluss der Auswahl von Programmen für eine EDV-Anlage. Anwendung ist die Entscheidung über den Einsatz der Überwachungseinrichtung und die dadurch bewirkten Überwachungsmaßnahmen im Einzelnen, wie z.B. die Entscheidung über Einschaltzeiten, die generell oder auf bestimmte Gruppen von Arbeitnehmern bzw. Arbeitsplätze begrenzte Verwendung der Einrichtung, Art und Umfang der Datenverarbeitung (GK-BetrVG/*Wiese* § 87 Rz. 568 f.).

1567 Erfasst ist auch jede Veränderung der technischen Einrichtung, die zugleich zu einer Änderung der vereinbarten Verwendung führt (DKK/*Klebe* § 87 Rz. 156, 157). Bei einer bereits bestehenden Überwachungseinrichtung hat der Betriebsrat auch dann über die Anwendung mitzubestimmen, wenn er bei der Einführung der Einrichtung noch nicht zu beteiligen war (GK-BetrVG/*Wiese* § 87 Rz. 569). Da Zweck des Mitbestimmungsrechts ist, technischen Kontrolldruck von den Arbeitnehmern möglichst fern zu halten, unterliegt die Abschaffung von Überwachungstechnik nicht der Mitbestimmung des Betriebsrats (*BAG* 28.11.1989 EzA § 87 BetrVG 1972 Kontrolleinrichtung Nr. 18).

1568 Der Mitbestimmung unterliegt insbes. die Regelung der Frage, welche Daten überhaupt erhoben und gespeichert werden, die Verwendung der Daten, die Regelung des Zugriffs auf die Daten und die Speicherungsdauer der Daten (DKK/*Klebe* § 87 Rz. 158).

1569 Nicht vom Mitbestimmungsrecht gedeckt sind Regelungen, die dem Betriebsrat über seine gesetzlichen Befugnisse nach § 80 Abs. 1 Nr. 1 und § 75 Abs. 1 BetrVG hinaus zusätzliche Kontrollbefugnisse einräumen (*BAG* 6.12.1983 EzA § 87 BetrVG 1972 Bildschirmarbeit Nr. 1; GK-BetrVG/*Wiese* § 87 Rz. 570; **a.A.** DKK/*Klebe* § 87 Rz. 161). Ebenfalls nicht der Mitbestimmung unterliegen die Maßnahmen des Arbeitgebers, die er auf Grund des Überwachungsergebnisses trifft (z.B. Abmahnung, Versetzung, Kündigung). Hier greifen nur spezielle Beteiligungsrechte, z.B. nach §§ 99 ff., 102 ff. BetrVG (GK-BetrVG/*Wiese* § 87 Rz. 535). Mitbestimmungspflichtig sind aber Folgeregelungen, mit denen Maßnahmen des

Arbeitgebers beschränkt werden, um Belastungen der Arbeitnehmer durch die technische Überwachung entgegenzuwirken. Die Einigungsstelle kann deshalb auch Regelungen über die Verwendung der durch die technische Überwachung gewonnenen Aussagen und zur Begrenzung der Auswertung treffen (*BAG* 11.3.1986 EzA § 87 BetrVG 1972 Kontrolleinrichtung Nr. 15; 27.5.1986 EzA § 87 BetrVG 1972 Kontrolleinrichtung Nr. 16).

4. Initiativrecht

Im Rahmen des Mitbestimmungsrechts hat der Betriebsrat auch ein Initiativrecht, das er insbes. auch zu einer Änderung der Anwendung, ihrer Einschränkung oder Abschaffung einsetzen kann (GK-BetrVG/*Wiese* § 87 Rz. 572, 574). Da das Mitbestimmungsrecht dazu dient, technischen Kontrolldruck von den Arbeitnehmern möglichst fern zu halten, bezieht es sich nach Auffassung des *BAG* (28.11.1989 EzA § 87 BetrVG 1972 Kontrolleinrichtung Nr. 18) aber nicht darauf, dass der Betriebsrat auch die Einführung einer technischen Kontrolleinrichtung verlangen kann. 1570

5. Folgen unterbliebener Mitbestimmung

Wird das Mitbestimmungsrecht des Betriebsrats nicht beachtet, so kann dieser die Beseitigung des rechtswidrigen Zustands bzw. die Unterlassung der rechtswidrigen Verwendung der Kontrolleinrichtung im arbeitsgerichtlichen Beschlussverfahren, ggf. auch im Wege der einstweiligen Verfügung verlangen (GK-BetrVG/*Wiese* § 87 Rz. 579, s.u. Rn. 2181 ff.). Der einzelne Arbeitnehmer braucht eine rechtswidrig eingeführte oder angewendete Kontrolleinrichtung weder zu bedienen noch zu nutzen und hat ein Leistungsverweigerungsrecht unter Beibehaltung des Vergütungsanspruchs, wenn die Erbringung der geschuldeten Arbeitsleistung nicht möglich ist, ohne dass die Kontrolleinrichtung Leistung oder Verhalten festhält (GK-BetrVG/*Wiese* § 87 Rz. 580). Der Arbeitnehmer kann die Löschung betriebsverfassungswidrig erhobener Daten verlangen (GK-BetrVG/*Wiese* § 87 Rz. 581; MünchArbR/*Matthes* § 338 Rz. 56). 1571

VIII. Verhütung von Arbeitsunfällen und Berufskrankheiten, Gesundheitsschutz im Rahmen der gesetzlichen Vorschriften oder Unfallverhütungsvorschriften, § 87 Abs. 1 Nr. 7 BetrVG

1. Zweck, Allgemeines

§ 87 Abs. 1 Nr. 7 BetrVG dient der Vorbeugung von Arbeitsunfällen (§ 8 SGB VII) und Berufskrankheiten (§ 9 SGB VII) sowie dem Gesundheitsschutz im Rahmen der gesetzlichen Vorschriften oder der Unfallverhütungsvorschriften. Zweck des Mitbestimmungsrechts ist es, das Interesse der Arbeitnehmer am Arbeitsschutz zu stärken und die Erfahrungen und Kenntnisse des Betriebsrats für eine Effektivierung des Arbeitsschutzes nutzbar zu machen (MünchArbR/*Matthes* § 343 Rz. 2). 1572

Da Normen des Arbeitsschutzrechts oft lediglich Rahmenvorschriften enthalten, die Verwirklichung des konkreten Sicherheitsziels im Interesse der Berücksichtigung der besonderen betrieblichen Gegebenheiten und der technischen Entwicklung der pflichtgemäßen Entscheidung des Arbeitgebers überlassen, sodass eine Auswahl unter mehreren Möglichkeiten besteht, soll der Betriebsrat bei der Auswahl unter mehreren möglichen Maßnahmen durch Wahrnehmung des Mitbestimmungsrechts die Interessen der Arbeitnehmer zur Geltung bringen (GK-BetrVG/*Wiese* § 87 Rz. 586). 1573

§ 87 Abs. 1 Nr. 7 BetrVG wird ergänzt durch §§ 80 Abs. 1 Nr. 1, 88 Nr. 1 und 89 BetrVG sowie eine Reihe anderer Vorschriften, insbes. des ASiG (vgl. s.u. Rn. 1684 ff.; s.o. Kap. 3 Rn. 2716 ff.). Eine Neuregelung des Arbeitsschutzes ist in Form des Arbeitsschutzgesetzes vom 7.8.1996 (ArbSchG, BGBl. I S. 1246) erfolgt, wobei dieses Gesetz die bisher verstreuten 1574 arbeitsschutzrechtlichen Bestimmungen integriert. Das Arbeitsschutzrecht wird in besonderer Weise durch europäisches Arbeitsschutzrecht in Form europäischer Richtlinien geprägt (z.B. EG-Bildschirmrichtlinie). Vor ihrer Umsetzung in nationales Recht und bereits vor Ablauf der Umsetzungsfrist kommt solchen Richtlinien insbes. die Bedeutung zu, dass Vorschriften des nationalen Rechts, etwa arbeitsschutzrechtliche Generalklauseln richtlinienkonform auszulegen sind (*BAG* 2.4.1996 EzA § 87 BetrVG 1972 Bildschirmarbeit Nr. 1; *EuGH* 13.5.1986 NJW 1986, 3020).

2. Voraussetzungen des Mitbestimmungsrechts

1575 Das Mitbestimmungsrecht des Betriebsrats besteht nur im Rahmen der gesetzlichen Vorschriften oder der Unfallverhütungsvorschriften.

1576 Voraussetzung ist, dass überhaupt eine Regelung durch gesetzliche Vorschriften oder Unfallverhütungsvorschriften besteht und diese vorgegebene Regelung durch konkrete Maßnahmen noch ausfüllungsbedürftig ist.

1577 Fehlt es daher für einen bestimmten Bereich überhaupt an gesetzlichen Vorgaben oder an Vorgaben durch Unfallverhütungsvorschriften, scheidet ein erzwingbares Mitbestimmungsrecht aus, da hier überhaupt kein ausfüllungsbedürftiger Rahmen gegeben ist. Ist die gesetzliche Regelung oder die Regelung durch Unfallverhütungsvorschriften selbst bereits abschließend und daher nicht mehr ausfüllungsbedürftig, scheidet ein erzwingbares Mitbestimmungsrecht schon nach § 87 Abs. 1 Eingangssatz BetrVG (Bestehen einer gesetzlichen Regelung) aus. Möglich ist dann nur der Abschluss freiwilliger Betriebsvereinbarungen, vgl. § 88 BetrVG. Erforderlich ist damit immer das Bestehen eines Regelungsspielraums für den Arbeitgeber (*BAG* 15.1.2002 EzA § 87 BetrVG 1972 Gesundheitsschutz Nr. 2; 28.7.1981 EzA § 87 BetrVG 1972 Arbeitszeit Nr. 9).

1578 Ein Entscheidungsspielraum besteht auch dann, wenn eine Vorschrift des Arbeitsschutzes zwar eine bestimmte Maßnahme vorschreibt, jedoch die Möglichkeit der Beantragung einer Ausnahmegenehmigung enthält, da der Arbeitgeber dann zwischen der angeordneten Maßnahme und der gestatteten Abweichung entscheiden kann (GK-BetrVG/*Wiese* § 87 Rz. 606).

1579 Kontrovers diskutiert wird, ob ein Regelungsspielraum auch dann besteht, wenn eine Norm dem Arbeitgeber einen Beurteilungsspielraum einräumt, ob die Voraussetzungen der Norm erfüllt sind (abl. *BAG* 6.12.1983 EzA § 87 BetrVG 1972 Bildschirmarbeit Nr. 1, zu C III 3b; GK-BetrVG/*Wiese* § 87 Rz. 597; bejahend *Fitting* § 87 Rz. 273, 275). Zu den gesetzlichen Vorschriften i.S.d. Bestimmung zählen auch Rechtsverordnungen (DKK/*Klebe* § 87 Rz. 174). Tarifvertragliche Vorschriften reichen ebenso wenig wie gesetzliche Bestimmungen, die ausschließlich dem Schutz Dritter oder der Allgemeinheit dienen (GK-BetrVG/*Wiese* § 87 Rz. 592). Umstritten ist, ob Generalklauseln des öffentlich-rechtlichen Arbeitsschutzrechts (vor allem § 62 HGB, § 3 ArbStättV, § 2 Abs. 1 VBG 1; jetzt auch § 3 ArbSchG) gesetzliche Vorschriften i.S.v. § 87 Abs. 1 Nr. 1 BetrVG sind. Damit § 87 Abs. 1 Nr. 7 BetrVG nicht zum Einfallstor für Rechtspolitik des Betriebsrats wird, wird dies zum Teil (GK-BetrVG/*Wiese* § 87 Rz. 604; MünchArbR/*Matthes* § 343 Rz. 16; **a.A.** DKK/*Klebe* § 87 Rz. 181; *Fitting* § 87 Rz. 274) nur unter der Voraussetzung angenommen, dass eine konkrete, objektiv feststellbare Gefahr für Leben oder Gesundheit der Arbeitnehmer und nicht nur eine Belästigung besteht. Nach Auffassung des *BAG* (16.6.1998 EzA § 87 BetrVG 1972 Arbeitssicherheit Nr. 3) stellt § 2 Abs. 1 VBG 1 jedenfalls dann eine ausfüllungsbedürftige Rahmenvorschrift dar, wenn der Arbeitgeber umfassende Arbeits- und Sicherheitsanweisungen erlässt.

Nach jüngerer Rechtsprechung des *BAG* (2.4.1996 EzA § 87 BetrVG 1972 Bildschirmarbeit Nr. 1) sind Generalklauseln des öffentlich-rechtlichen Arbeitsschutzrechts im Licht der europäischen Arbeitsschutzrechte zu sehen und richtlinienkonform auszulegen, sodass sie dann, wenn europäische Arbeitsschutzrichtlinien bestehen, die noch nicht in nationales Recht umgesetzt sind, als Einfallstor für eine richtlinienkonforme Auslegung nationalen Rechts dienen können und dann unter diesem Gesichtspunkt als ausfüllungsbedürftige Rahmenbestimmungen anzusehen sind. 1580

Unter diesem Gesichtspunkt hat das *BAG* (2.4.1996 EzA § 87 BetrVG 1972 Bildschirmarbeit Nr. 1) ein Mitbestimmungsrecht des Betriebsrats nach § 87 Abs. 1 Nr. 7 BetrVG i.V.m. § 120a GewO und Art. 7 der EG-Bildschirmrichtlinie (90/270/EWG) hinsichtlich betrieblicher Regelungen über die Unterbrechung von Bildschirmarbeit durch andere Tätigkeiten oder Pausen, nicht jedoch hinsichtlich Augenuntersuchungen der am Bildschirm beschäftigten Arbeitnehmer bejaht (zum Teil anders noch *BAG* 6.12.1983 EzA § 87 BetrVG 1972 Bildschirmarbeit Nr. 1). Zwischenzeitlich ist die EG-Bildschirmrichtlinie in Form der BildscharbV in nationales Recht umgesetzt worden, die ihrerseits eine Reihe von ausfüllungsbedürftigen Rahmenvorschriften enthält (vgl. DKK/*Klebe* § 87 Rz. 200 ff. m.w.N.). 1581

Ausfüllungsbedürftige Normen enthalten z.B. das ASiG, das ArbSchG (z.B. über die Gefährdungsbeurteilung, § 5, und die Unterweisung der Arbeitnehmer, § 12, vgl. *BAG* 8.6.2004 EzA § 87 BetrVG 2001 Gesundheitsschutz Nr. 1; s.u. Rn. 1684 ff.; s.o. Kap. 3 Rn. 2716 ff.), die GefStV, die ArbStV (vgl. den Überblick bei DKK/*Klebe* § 87 Rz. 188 ff.), die BildschirmarbV (vgl. *Siemes* NZA 1998, 232 ff.) sowie § 2 Abs. 1 VBG 1 (Unfallverhütungsvorschriften- allgemeine Vorschriften, vgl. *BAG* 16.6.1998 EzA § 87 BetrVG 1972 Arbeitssicherheit Nr. 3). Auch § 6 Abs. 5 ArbZG enthält einen ausfüllungsbedürftigen Regelungsspielraum hinsichtlich der Frage, ob als Ausgleich für Nachtarbeit bezahlte freie Tage oder ein Entgeltzuschlag gewährt wird (*BAG* 26.4.2005 EzA § 87 BetrVG 2001 Gesundheitsschutz Nr. 3). Ein Mitbestimmungsrecht besteht aber nicht hinsichtlich der Zahl der freien Tage und der Höhe des Zuschlags (*BAG* 26.8.1997 EzA § 87 BetrVG 1972 Gesundheitsschutz Nr. 1).

3. Inhalt des Mitbestimmungsrechts

Soweit ein Mitbestimmungsrecht besteht, kommen Regelungen über technische Maßnahmen, Sicherheitsanlagen, die Organisation des Arbeitsschutzes im Betrieb oder bezüglich des Verhaltens der Arbeitnehmer zur Vermeidung von Arbeitsunfällen und Gesundheitsgefahren in Betracht, wobei sie sich stets im Rahmen der normativen Vorgaben halten müssen. Nicht gedeckt sind Regelungen über die Folgen eingetretener Gesundheitsschäden, etwa über Schadensersatzleistungen u.Ä. (MünchArbR/*Matthes* § 343 Rz. 24). 1582

Die Kosten gesetzlich notwendiger Schutzkleidung hat stets der Arbeitgeber zu tragen; ein Mitbestimmungsrecht insoweit besteht daher nicht. In einer freiwilligen Betriebsvereinbarung nach § 88 BetrVG kann eine Kostenbeteiligung der Arbeitnehmer vorgesehen werden, falls die Schutzkleidung den Arbeitnehmern zum privaten Gebrauch überlassen und dieser Gebrauchsvorteil auch in Anspruch genommen wird (*BAG* 18.8.1982 EzA § 618 BGB Nr. 4). Insoweit kommt auch ein Mitbestimmungsrecht des Betriebsrats nach § 87 Abs. 1 Nr. 10 BetrVG in Betracht (MünchArbR/*Matthes* § 343 Rz. 27). 1583

Das im Rahmen des Mitbestimmungsrechts bestehende Initiativrecht des Betriebsrats bezieht sich nicht nur auf die Einführung von Regelungen über den Arbeitsschutz, sondern auch auf die Änderung bestehender Regelungen. Es wird nicht dadurch eingeschränkt, dass die vom Betriebsrat angestrebte Regelung höhere Kosten verursacht als die vom Arbeitgeber bereits getroffene oder geplante Regelung (MünchArbR/*Matthes* § 343 Rz. 30, 31). 1584

IX. Sozialeinrichtungen, § 87 Abs. 1 Nr. 8 BetrVG

1. Begriff der Sozialeinrichtung

1585 Sozialeinrichtungen sind alle Einrichtungen des Betriebs, Unternehmens oder Konzerns, durch die den Arbeitnehmern zusätzliche Vorteile gewährt werden, wobei der Begriff der Einrichtung erfordert, dass eine gewisse Institutionalisierung, d.h. eine gewisse, auf längeren Bestand ausgerichtete Organisation mit einer abgesonderten Vermögensmasse vorhanden ist. Es muss sich um ein zweckgebundenes Sondervermögen mit abgrenzbarer, auf Dauer gerichteter besonderer Organisation, das eine rechtliche und tatsächliche Verwaltung verlangt, handeln (*BAG* 15.9.1987 EzA § 87 BetrVG 1972 Sozialeinrichtung Nr. 15).

1586 Sofern es an dieser Verselbstständigung fehlt, können soziale Leistungen an die Arbeitnehmer dem Mitbestimmungsrecht des Betriebsrats nach § 87 Abs. 1 Nr. 10 BetrVG unterfallen. Als Sozialeinrichtungen kommen etwa in Betracht Kantinen (*BAG* 15.9.1987 EzA § 87 BetrVG 1972 Sozialeinrichtung Nr. 15), Erholungsräume, Kindergärten, Pensions- und Unterstützungskassen (*BAG* 10.3.1992 EzA § 87 BetrVG 1972 Altersversorgung Nr. 4), Fortbildungseinrichtungen, u.U. auch Werkmietwohnungen (vgl. GK-BetrVG/*Wiese* § 87 Rz. 693). Mangels einer Organisation sind keine Sozialeinrichtungen in der Bilanz ausgewiesene Rückstellungen für soziale Zwecke, Sozialleistungen, betriebliche Altersversorgungsleistungen durch generelle Direktzusagen (*BAG* 12.6.1975 EzA § 87 BetrVG 1972 Lohn und Arbeitsentgelt Nr. 3), sowie nicht aus einem Sondervermögen geleistete Arbeitgeberdarlehen (*BAG* 9.12.1980 EzA § 87 BetrVG 1972 Betriebliche Lohngestaltung Nr. 1).

2. Inhalt des Mitbestimmungsrechts

a) Errichtung, Auflösung, Umfang der Mittel

1587 Ein Mitbestimmungsrecht des Betriebsrats besteht nicht hinsichtlich der Frage, ob überhaupt eine Sozialeinrichtung errichtet wird, hinsichtlich der Zweckbestimmung einer solchen Einrichtung und der Abgrenzung des begünstigten Personenkreises sowie hinsichtlich der Ausstattung der Einrichtung mit finanziellen Mitteln (*BAG* 15.9.1987 EzA § 87 BetrVG 1972 Sozialeinrichtung Nr. 15; 10.3.1992 EzA § 87 BetrVG 1972 Altersversorgung Nr. 4). Auch die Auflösung einer sozialen Einrichtung kann ebenso mitbestimmungsfrei erfolgen wie eine Kürzung der Mittel durch den Arbeitgeber. Im letzteren Fall besteht allerdings bei der Neuverteilung der reduzierten Mittel ein Mitbestimmungsrecht (*BAG* 10.3.1992 EzA § 87 BetrVG 1972 Altersversorgung Nr. 4).

b) Form und Ausgestaltung

1588 Mitbestimmungspflichtig ist dagegen die Rechtsform der Einrichtung oder deren Änderung, nachdem der Arbeitgeber sich für eine Sozialeinrichtung entschieden hat, z.B. die Regelung der Frage, ob die Einrichtung ohne eigene Rechtsfähigkeit, als juristische Person, von einem selbstständigen fremden Unternehmen oder als unselbstständige Betriebsabteilung betrieben werden soll (GK-BetrVG/*Wiese* § 87 Rz. 719 ff.). Mitbestimmungspflichtig ist ferner die Ausgestaltung der Sozialeinrichtung, d.h. die Festlegung allgemeiner Grundsätze in Bezug auf die Arbeitsweise der Einrichtung insbes. durch Aufstellung allgemeiner Grundsätze über die Benutzung und Verwaltung (DKK/*Klebe* § 87 Rz. 216).

1589 Bei der Ausgestaltung handelt es sich damit um Maßnahmen, die gem. ihrer Bedeutung und ihrer zeitlichen Reihenfolge nach der grundsätzlichen Entscheidung über die Errichtung zwischen der Bestimmung der Form und der laufenden Verwaltung der Sozialeinrichtung liegen (*BAG* 13.3.1973 EzA § 87 BetrVG 1972 Werkwohnung Nr. 2). Hierzu gehören Regelungen über die Ausgestaltung der Satzung, bei unselbstständigen Einrichtungen die Bildung eines Verwaltungsgremiums, die Aufstellung einer Geschäftsordnung oder von Benutzungsrichtlinien, die Konkretisierung der allgemeinen Zweckbestimmung, die Aufstellung von Grundsätzen über die Verwendung der finanziellen Mittel in dem durch die Entscheidung des Arbeitgebers über die Errichtung vorgegebenen Rahmen, etwa durch Aufstellung eines Leistungsplans oder einer Versorgungsrichtlinie (*BAG* 26.4.1988 EzA § 87 BetrVG 1972 Altersversorgung Nr. 2; GK-BetrVG/*Wiese* § 87 Rz. 726–733).

c) Verwaltung

Mitbestimmungspflichtig ist auch die Verwaltung der Sozialeinrichtung. 1590

Das Mitbestimmungsrecht erstreckt sich nicht nur auf die Aufstellung allgemeiner Verwaltungsrichtlinien, sondern auch auf einzelne Verwaltungsmaßnahmen (*BAG* 16.3.1982 EzA § 87 BetrVG 1972 Vorschlagswesen Nr. 3). 1591

Hierzu gehören alle auf die Geschäftsführung, Nutzung und Erhaltung der Sozialeinrichtung bezogenen Maßnahmen, soweit sie nicht zur mitbestimmungsfreien Errichtung gehören, wie z.B. Entscheidungen über die Personaleinteilung, die Leistungen der Sozialeinrichtung im Einzelnen und die Nutzungsentgelte (GK-BetrVG/*Wiese* § 87 Rz. 736). 1592

Jede Regelung der Verwaltung muss sicherstellen, dass der gleichberechtigte Einfluss des Betriebsrats gewährleistet ist (GK-BetrVG/*Wiese* § 87 Rz. 742). 1593

Bei unselbstständigen Einrichtungen kommt die Bildung eines gemeinsamen Ausschusses nach § 28 Abs. 3 BetrVG oder die Errichtung eines anderen, gemeinsamen Verwaltungsgremiums in Betracht; möglich ist auch die völlige oder teilweise Übertragung der Verwaltung auf den Betriebsrat (*BAG* 24.4.1986 EzA § 1 BetrVG 1972 Nr. 4). Bei einer Verpachtung einer Sozialeinrichtung bestehen Mitbestimmungsrechte nur in dem Umfang, wie dem Arbeitgeber Befugnisse gegenüber dem Pächter zustehen, wobei der Arbeitgeber verpflichtet ist, seine Befugnisse nur in Übereinstimmung mit dem Betriebsrat auszuüben (GK-BetrVG/*Wiese* § 87 Rz. 746). Bei rechtlich selbstständigen Einrichtungen kann die Mitbestimmung des Betriebsrats zunächst durch eine zweistufige Lösung sichergestellt werden: Mitbestimmungspflichtige Fragen sind zunächst zwischen Arbeitgeber und Betriebsrat auszuhandeln. Die gefundene Einigung ist dann vom Arbeitgeber gegenüber der juristischen Person durchzusetzen. Möglich ist aber auch eine einstufige, organschaftliche Lösung, indem die satzungsmäßigen Organe der juristischen Person von Arbeitgeber und Betriebsrat gleichberechtigt bestimmt werden, wobei entweder Arbeitgeber und Betriebsrat getrennt die gleiche Anzahl von Vertretern in das jeweilige Organ entsenden (*BAG* 13.7.1978 EzA § 87 BetrVG 1972 Sozialeinrichtung Nr. 10) oder die Organpersonen gleichberechtigt bestimmt werden, sodass gewährleistet ist, dass der Betriebsrat in diesen einen gleichberechtigten Einfluss auf die Verwaltung hat (GK-BetrVG/*Wiese* § 87 Rz. 751). Die mitbestimmungspflichtigen Angelegenheiten sind dann nur noch von den zuständigen Organen der Sozialeinrichtung selbst zu entscheiden (*BAG* 13.7.1978 EzA § 87 BetrVG 1972 Sozialeinrichtung Nr. 10). 1594

3. Folgen unterbliebener Mitbestimmung

Maßnahmen zum Nachteil der Arbeitnehmer, die unter Verstoß gegen das Mitbestimmungsrecht zustande gekommen sind, sind individualrechtlich unwirksam. 1595

Dies gilt insbes. für den Widerruf von Leistungen oder Anwartschaften der betrieblichen Altersversorgung zur Durchsetzung eines neuen Leistungsplanes, sofern der Widerruf zu einer Änderung des bisherigen Leistungsplanes führt und es nicht ausnahmsweise an einem

Regelungsspielraum für die Verteilung der verbleibenden Mittel fehlt (*BAG* 10.3.1992 EzA § 87 BetrVG 1972 Altersversorgung Nr. 4; *BAG* 9.5.1989 EzA § 87 BetrVG 1972 Altersversorgung Nr. 3). Allein aus der Verletzung des Mitbestimmungsrechts entstehen aber keine Zahlungsansprüche, die bisher nicht bestanden haben (*BAG* 20.8.1991 EzA § 87 BetrVG 1972 Betriebliche Lohngestaltung Nr. 29).

X. Zuweisung, Kündigung und allgemeine Festlegung der Nutzungsbedingungen von Werkmietwohnungen, § 87 Abs. 1 Nr. 9 BetrVG

1. Zweck

1596 Soweit Arbeitnehmern mit Rücksicht auf das Bestehen eines Arbeitsverhältnisses Wohnräume vermietet werden, ist der einzelne Arbeitnehmer über die bloße arbeitsrechtliche Bindung hinaus zusätzlich bei der Gestaltung seines außerdienstlichen Lebensbereiches vom Arbeitgeber abhängig.

1597 Da der mietrechtliche Kündigungsschutz bei Werkmietwohnungen geringer als bei sonstigen Mietwohnungen ist, soll durch die Mitbestimmung des Betriebsrats dieses gesteigerte Schutzbedürfnis, aber auch das kollektive Interesse der Belegschaft an einer gerechten Auswahl und Gleichbehandlung bei der Gestaltung der Mietbedingungen berücksichtigt werden (GK-BetrVG/*Wiese* § 87 Rz. 761).

2. Werkmietwohnungen

1598 Nur die sog. Werkmietwohnung, nicht hingegen Werkdienstwohnungen unterfallen § 87 Abs. 1 Nr. 9 BetrVG (*BAG* 28.7.1992 EzA § 87 BetrVG 1972 Werkwohnung Nr. 8).

1599 Für die Werkmietwohnung ist kennzeichnend, dass sie mit Rücksicht auf das Bestehen eines Dienstverhältnisses vermietet wird (§ 576 BGB), sodass also neben dem Arbeitsvertrag ein Mietvertrag abgeschlossen wird. Eine Werkdienstwohnung liegt demgegenüber vor, wenn dem Arbeitnehmer Wohnräume im Rahmen seines Arbeitsverhältnisses aus dienstlichen Gründen überlassen werden (z.B. Pförtner, Kraftfahrer, Hausmeister, vgl. § 576b BGB).

1600 Ihre Überlassung ist unmittelbarer Bestandteil des Arbeitsvertrages und regelmäßig Teil der Vergütung, sodass kein selbstständiger Mietvertrag vorliegt (*BAG* 28.7.1992 EzA § 87 BetrVG 1972 Werkwohnung Nr. 8). Unerheblich ist demgegenüber, ob die Wohnung unter dem marktüblichen Preis und auf Dauer oder nur vorübergehend vermietet wird (MünchArbR/*Matthes* § 340 Rz. 5). Unerheblich ist weiter, wer Eigentümer bzw. Vermieter der Wohnräume ist. Ist ein Dritter Eigentümer/Vermieter, besteht das Mitbestimmungsrecht nur im Rahmen der rechtlichen Einflussmöglichkeiten des Arbeitgebers auf den Dritten, z.B. in Form eines Belegungs- oder Vorschlagsrechts (*BAG* 18.7.1978 EzA § 87 BetrVG 1972 Werkwohnung Nr. 6). Bei Gewährung bloßer Mietzuschüsse kommt lediglich ein Mitbestimmungsrecht nach § 87 Abs. 1 Nr. 10 BetrVG in Betracht. Bei Wohnräumen im Eigentum einer selbstständigen juristischen Person kommt darüber hinaus eine Mitbestimmung unter dem Gesichtspunkt des § 87 Abs. 1 Nr. 8 BetrVG (Sozialeinrichtung) in Frage. Sofern der notwendige Zusammenhang mit dem Arbeitsverhältnis besteht, werden Räume jeder Art, also auch Behelfsheime, transportable Baracken, Wohnwagen oder andere Schlafstätten erfasst (DKK/*Klebe* § 87 Rz. 229).

3. Inhalt des Mitbestimmungsrechts

a) Mitbestimmungsfreie Entscheidungen

Ob der Arbeitgeber überhaupt Wohnräume zur Verfügung stellt, unterliegt ebenso wenig dem Mitbestimmungsrecht wie die spätere Entwidmung, der Umfang der zur Verfügung gestellten finanziellen Mittel (Dotierungsrahmen) und die Festlegung des begünstigten Personenkreises (vgl. *BAG* 23.3.1993 EzA § 87 BetrVG 1972 Werkwohnung Nr. 9). 1601

Das Mitbestimmungsrecht beschränkt sich grds. auf Arbeitnehmer i.S.d. § 5 Abs. 1 BetrVG, sodass Wohnungen, die ihrer Bestimmung nach von vornherein nicht nur für Arbeitnehmer in diesem Sinne, sondern nur für Leitende Angestellte bestimmt sind, nicht unter das Mitbestimmungsrecht fallen (*BAG* 23.3.1993 EzA § 87 BetrVG 1972 Werkwohnung Nr. 9). Werden jedoch aus einem einheitlichen Bestand Wohnungen sowohl an vom Betriebsrat repräsentierte Arbeitnehmer als auch an Personen vergeben, die nicht vom Betriebsrat repräsentiert werden, erstreckt sich das Mitbestimmungsrecht auch auf die Zuweisung und Kündigung, nicht jedoch auf die Festlegung der Nutzungsbedingungen derjenigen Wohnungen, die nicht an vom Betriebsrat repräsentierte Arbeitnehmer vermietet werden (*BAG* 28.7.1992 EzA § 87 BetrVG 1972 Werkwohnung Nr. 8). 1602

b) Mitbestimmungspflichtige Regelungen

aa) Allgemeine Festlegung von Nutzungsbedingungen

Die allgemeine Festlegung von Nutzungsbedingungen erfasst generelle Regelungen, die für die Nutzung der Wohnungsräume maßgeblich sein sollen, z.B. durch Hausordnungen, Aufstellung eines Mustermietvertrages, Regelungen über Schönheitsreparaturen etc. unter Einschluss der Regelungen darüber, ob neben der Miete Nebenkosten gesondert erhoben und abgerechnet werden sollen. Ferner erfasst sind Regelungen darüber, ob und ggf. wie lange die Wohnung noch nach einer Beendigung des Arbeitsverhältnisses bewohnt werden darf, insbes. auch bei Pensionären (MünchArbR/*Matthes* § 340 Rz. 11). Nach Auffassung des *BAG* (28.7.1992 EzA § 87 BetrVG 1972 Werkwohnung Nr. 8) gehören zu den allgemeinen Nutzungsbedingungen auch die Grundsätze der Mietzinsbildung, allerdings nur im Rahmen der vom Arbeitgeber eingeräumten finanziellen Grundausstattung (Dotierung). 1603

Zu diesem mitbestimmungsfreien Dotierungsrahmen gehört jedenfalls derjenige Teil der Kosten der Werkmietwohnungen, den der Arbeitgeber nicht auf die Mieten umlegen, sondern zur Verbilligung der Mieten selbst tragen will, sodass Mieterhöhungen zur Deckung gestiegener Kosten nicht der Mitbestimmung des Betriebsrates unterliegen, weil dies zu einer höheren Belastung des Arbeitgebers als gewollt führen könnte (*BAG* 13.3.1873 EzA § 87 BetrVG 1972 Werkwohnung Nr. 2). weiter gehend wird zum Teil (MünchArbR/*Matthes* § 340 Rz. 17 ff.) die Ansicht vertreten, dass sich das Mitbestimmungsrecht hinsichtlich der Höhe des Mietzinses nur auf die Frage erstrecke, ob der von den Arbeitnehmern als Mieter aufzubringende Teil der Kosten und des Gewinns von allen Arbeitnehmern gleichmäßig nach Größe und Ausstattung der Wohnung aufgebracht werden soll oder ob die Mieten unterschiedlich nach sozialen Kriterien erbracht werden sollen. Mitbestimmungsfrei ist die Festsetzung der jeweiligen Mieten für eine bestimmte Wohnung im Einzelfall, und zwar auch dann, wenn Grundsätze der Mietzinsbildung zwischen den Betriebspartnern vereinbart sind. Mitbestimmte Nutzungsbedingungen sind für die Begründung und Abänderung des Mietvertrages verbindlich; unter Verstoß gegen die Mitbestimmung getroffene Vereinbarungen sind unwirksam (GK-BetrVG/*Wiese* § 87 Rz. 799). 1604

bb) Zuweisung und Kündigung

1605 Zuweisung ist die Entscheidung über die Person des Begünstigten. Werden Werkmietwohnungen aus einem einheitlichen Bestand ohne feste Zuordnung sowohl an Arbeitnehmer des Betriebs als auch an Personen vergeben, die nicht vom Betriebsrat repräsentiert werden (z.B. Leitende Angestellte), erstreckt sich das Mitbestimmungsrecht bei der Zuweisung und Kündigung auch auf die Zuweisung und Kündigung von Wohnungen, die Dritten überlassen wurde, da jede Wohnung, die einem Dritten zugewiesen wird, für einen Arbeitnehmer nicht mehr in Betracht kommt (*BAG* 28.7.1992 EzA § 87 BetrVG 1972 Werkwohnung Nr. 8).

1606 Strittig ist, ob die Mitbestimmung Wirksamkeitsvoraussetzung für den Abschluss des Mietvertrages ist. Zum Teil (*Fitting* § 87 Rz. 393; DKK/*Klebe* § 87 Rz. 235) wird dies mit der Begründung angenommen, dass andernfalls das Mitbestimmungsrecht ausgehöhlt werden könnte. Nach anderer Auffassung (GK-BetrVG/*Wiese* § 87 Rz. 781; MünchArbR/*Matthes* § 340 Rz. 40) ist die Nichtwahrung des Mitbestimmungsrechts für die Wirksamkeit des Mietvertrages ohne Belang. Der Betriebsrat soll nur nach allgemeinen Grundsätzen die Beseitigung der Folgen der unzulässigen Zuweisung, d.h. ggf. die Kündigung des Mietverhältnisses, verlangen können, während der von der Kündigung betroffene Arbeitnehmer ggf. nur einen Schadensersatzanspruch gegen den Arbeitgeber hat. Das Mitbestimmungsrecht besteht grds. in jedem Einzelfall, es sei denn, die Betriebspartner hätten allgemein, etwa durch generelle Belegungsgrundsätze oder Erstellung einer Anwärterliste geregelt, nach welchen Gesichtspunkten in welcher Reihenfolge die Wohnungen vergeben werden sollen (GK-BetrVG/*Wiese* § 87 Rz. 783).

1607 Mitbestimmungspflichtig ist auch die ordentliche oder außerordentliche Kündigung des Mietverhältnisses. Eine unter Missachtung des Mitbestimmungsrechts ausgesprochene Kündigung ist unwirksam (GK-BetrVG/*Wiese* § 87 Rz. 787). Da das Mitbestimmungsrecht primär objektiv- und nicht personenbezogen ist, bleibt es auch dann bestehen, wenn zum Zeitpunkt der Kündigung das Arbeitsverhältnis bereits beendet worden ist (*BAG* 28.7.1992 EzA § 87 BetrVG 1972 Werkwohnung Nr. 8). Die mietrechtlichen Kündigungsvorschriften bleiben unberührt. Eine vertragliche Koppelung zwischen Beendigung des Arbeitsverhältnisses und der des Mietverhältnisses ist nach § 565a Abs. 2 BGB unzulässig.

1608 Ist Vermieter nicht der Arbeitgeber, sondern ein Dritter, so bestehen diesem gegenüber keine Mitbestimmungsrechte. Mitbestimmungspflichtig ist nur die Entscheidung des Arbeitgebers, den Dritten zur Kündigung zu bestimmen (GK-BetrVG/*Wiese* § 87 Rz. 788). Soweit der Vermieter eine rechtlich selbstständige Sozialeinrichtung i.S.v. § 87 Abs. 1 Nr. 8 BetrVG ist, unterliegt die Kündigung als Verwaltungsmaßnahme schon nach § 87 Abs. 1 Nr. 8 BetrVG der Mitbestimmung MünchArbR/*Matthes* § 340 Rz. 28).

1609 Wird die Kündigung mit Zustimmung des Betriebsrats oder mit die Zustimmung des Betriebsrats ersetzender Entscheidung der Einigungsstelle ausgesprochen, so ist sie unwirksam, wenn der Arbeitgeber zusammen mit der Kündigung nicht auch die Zustimmungserklärung des Betriebsrats oder der Einigungsstelle schriftlich vorlegt und der Arbeitnehmer die Kündigung aus diesem Grunde unverzüglich zurückweist, es sei denn, der Betriebsrat hätte den Arbeitnehmer von der Einwilligung in Kenntnis gesetzt, § 182 Abs. 3, § 111 S. 2 und 3 BGB (GK-BetrVG/*Wiese* § 87 Rz. 787).

XI. Betriebliche Lohngestaltung, § 87 Abs. 1 Nr. 10 BetrVG

1. Zweck der Regelung

1610 § 87 Abs. 1 Nr. 10 BetrVG gibt dem Betriebsrat ein umfassendes Mitbestimmungsrecht in nahezu allen Fragen der betrieblichen Lohngestaltung. Zweck ist es, die Arbeitnehmer vor einer einseitig an den Interessen des Unternehmens orientierten oder willkürlichen Lohngestaltung zu schützen. Die Angemessenheit und Durchsichtigkeit des innerbetrieblichen Lohngefüges und die Wahrung der innerbetrieblichen Lohngerechtigkeit sollen gesichert werden (*BAG* 19.9.1995 EzA § 87 BetrVG 1972 Betriebliche Lohngestaltung Nr. 53; *BAG GS* 3.12.1991 EzA § 87 BetrVG 1972 Betriebliche Lohngestaltung Nr. 30). Es geht damit um die Angemessenheit und Durchsichtigkeit des innerbetrieblichen Lohngefüges und die innerbetriebliche Lohngerechtigkeit.

1611 Immer dann, wenn es darum geht, eine betriebliche Lohnform einsichtig und durchschaubar zu machen, wenn es darauf ankommt, das Verhältnis der den einzelnen Arbeitnehmern zufließenden Leistungen zueinander zu bestimmen, greift das Mitbestimmungsrecht des Betriebsrats ein (*BAG* 19.7.1991 EzA § 87 BetrVG 1972 Betriebliche Lohngestaltung Nr. 28). Sofern ein kollektiver Schutz auf tariflicher Ebene nicht bereits verwirklicht ist, soll ein solcher auf betrieblicher Ebene gewährt werden. Bedeutung hat dieses Mitbestimmungsrecht insbes. dann, wenn eine tarifliche Lohnregelung überhaupt fehlt, wenn bei Bestehen einer tariflichen Regelung Arbeitnehmer vom persönlichen Geltungsbereich des Tarifvertrages nicht erfasst werden oder es um Leistungen geht, die tariflich nicht – oder nicht vollständig – geregelt sind.

2. Gegenstand und Grenzen des Mitbestimmungsrechts

a) Der Lohnbegriff

1612 Der Begriff des Lohnes in § 87 Abs. 1 Nr. 10 BetrVG ist in einem weiten Sinne zu verstehen.

Zum Lohn i.S.d. Bestimmung gehören alle geld- oder geldwerten Leistungen des Arbeitgebers, sofern sie im Hinblick auf die erbrachte oder zu erbringende Arbeitsleistung des Arbeitnehmers im Arbeitsverhältnis gewährt werden, und zwar unabhängig davon, wie sie bezeichnet werden (*BAG* 10.6.1986 EzA § 87 BetrVG 1972 Betriebliche Lohngestaltung Nr. 12).

1613 Hierzu gehören etwa zinsgünstige Arbeitgeberdarlehen (*BAG* 9.12.1980 EzA § 87 BetrVG 1972 Betriebliche Lohngestaltung Nr. 1; wenn ein Sonderfonds gebildet wurde, greift § 87 Abs. 1 Nr. 8, s.o. Rn. 1585 ff.), Mietzuschüsse und Kosten für Familienheimfahrten (*BAG* 10.6.1986 EzA § 87 BetrVG 1972 Betriebliche Lohngestaltung Nr. 12), Leistungen der betrieblichen Altersversorgung, soweit nicht § 87 Abs. 1 Nr. 8 BetrVG eingreift (*BAG* 4.5.1982 EzA § 87 BetrVG 1972 Lohn- und Arbeitsentgelt Nr. 13), übertarifliche Zulagen jeder Art (*BAG GS* 3.12.1991 EzA § 87 BetrVG 1972 Betriebliche Lohngestaltung Nr. 30), Möglichkeiten zum verbilligten Bezug von Produkten oder Dienstleistungen (*BAG* 22.10.1985 EzA § 87 BetrVG 1972 Betriebliche Lohngestaltung Nr. 10), Prämien, Ergebnisbeteiligungen, vermögenswirksame Leistungen, Investivlohn (DKK/*Klebe* § 87 Rz. 243). Auch eine Zeitgutschrift anlässlich der Teilnahme an einem Betriebsausflug kann Vergütungscharakter haben, wenn der Zweck der Gewährung eines Betriebsausflugs mit Zeitgutschrift dem Zweck einer Erfolgsprämie entsprach (*BAG* 27.1.1998 EzA § 87 BetrVG 1972 Arbeitszeit Nr. 58).

1614 Unerheblich ist, ob es sich um Einmalzahlungen oder laufende Leistungen handelt oder ob die Leistung freiwillig erbracht wird (*BAG* 26.1.1988 EzA § 80 BetrVG 1972 Nr. 32). Nicht erfasst sind hingegen Leistungen, die keinen Vergütungscharakter haben, sondern sich als reiner Aufwendungsersatz darstellen (*BAG* 10.6.1986 EzA § 87 BetrVG 1972 Betriebliche Lohngestaltung Nr. 12; 30.1.1990 EzA § 87 BetrVG 1972 Betriebliche Lohngestaltung Nr. 27), wie z.B. der Ersatz von Reisekosten (*BAG* 8.12.1981 EzA § 87 BetrVG 1972 Betriebliche Ordnung Nr. 8) oder angemessener, pauschalierter Ersatz von Aufwendungen bei Geschäftsreisen (*BAG* 27.10.1998 EzA § 87 BetrVG 1972 Betriebliche Lohngestaltung Nr. 66).

b) Kollektiver Tatbestand

1615 Das Mitbestimmungsrecht besteht nur bei kollektiven Tatbeständen. Ausgenommen sind individuelle Lohnvereinbarungen, d.h. Regelungen, die nur mit Rücksicht auf den Einzelfall auf Grund besonderer Umstände des einzelnen Arbeitnehmers und ohne inneren Zusammenhang mit Leistungen an andere Arbeitnehmer getroffen wurden (*BAG GS* 3.12.1991 EzA § 87 BetrVG Betriebliche Lohngestaltung Nr. 30).

1616 Ein kollektiver Tatbestand liegt unabhängig von der Zahl der betroffenen Arbeitnehmer dann vor, wenn Grund und/oder Höhe der Leistungen von allgemeinen Merkmalen abhängig gemacht werden, die von einer Mehrzahl der Arbeitnehmer des Betriebes erfüllt werden können (*Fitting* § 87 Rz. 419), so etwa dann, wenn an die Arbeitsleistung selbst (*BAG* 27.10.1992 EzA § 87 BetrVG 1972 Betriebliche Lohngestaltung Nr. 40; 14.6.1994 EzA § 87 BetrVG 1972 Betriebliche Lohngestaltung Nr. 45), an Leistungsgesichtspunkte (*BAG* 29.2.2000 EzA § 87 Betriebliche Lohngestaltung Nr. 69), an die Dauer der Betriebszugehörigkeit oder Gehaltserhöhungen in der zurückliegenden Zeit (*BAG* 27.10.1992 EzA § 87 BetrVG 1972 Betriebliche Lohngestaltung Nr. 40), an das Vorhandensein oder Nichtvorhandensein von Fehlzeiten (*BAG* 22.9.1992 EzA § 87 BetrVG 1972 Betriebliche Lohngestaltung Nr. 37), an die Inanspruchnahme von tariflicher Alterssicherung (*BAG* 23.3.1993 EzA § 87 BetrVG 1972 Betriebliche Lohngestaltung Nr. 37) oder an allgemeine Erwägungen sozialer Art (*BAG* 14.6.1994 EzA § 87 BetrVG 1972 Betriebliche Lohngestaltung Nr. 45) angeknüpft wird. Ein kollektiver Bezug ist insbes. auch dann gegeben, wenn der Arbeitgeber für eine Leistung an eine Mehrzahl von Arbeitnehmern ein bestimmtes Budget vorgibt (*BAG* 10.10.2006 EzA § 80 BetrVG 2001 Nr. 6).

1617 Kein kollektiver Tatbestand liegt vor, wenn die gewählte Regelung auf Wunsch des Arbeitnehmers zur Vermeidung steuerlicher Nachteile getroffen wird (*BAG* 27.10.1992 EzA § 87 BetrVG 1972 Betriebliche Lohngestaltung Nr. 40), wenn gegenüber einem einzelnen Arbeitnehmer eine Tariflohnerhöhung auf eine übertarifliche Zulage deshalb angerechnet wird, weil dieser trotz Umsetzung auf einen tariflich niedriger bewerteten Arbeitsplatz unverändert die bisherige Vergütung erhält (*BAG* 22.9.1992 EzA § 87 BetrVG 1972 Betriebliche Lohngestaltung Nr. 37) oder der Arbeitgeber individuell bedingt auf Gegebenheiten des Arbeitsmarktes reagiert, etwa dann, wenn ein Arbeitnehmer nur gegen ein Gehalt, das über demjenigen vergleichbarer Arbeitskollegen liegt, zum Eintritt in den Betrieb oder zum Verbleib im Betrieb bereit ist (*BAG* 10.10.2006 EzA § 80 BetrVG 2001 Nr. 5; 14.6.1994 EzA § 87 BetrVG 1972 Betriebliche Lohngestaltung Nr. 45).

c) Betriebliche Lohngestaltung

1618 § 87 Abs. 1 Nr. 10 BetrVG eröffnet ein umfassendes Mitbestimmungsrecht hinsichtlich aller Fragen der betrieblichen Lohngestaltung. Entlohnungsgrundsätze und Entlohnungsmethoden sind lediglich Unterfälle der umfassenden betrieblichen Lohngestaltung, also nur beispielhaft angeführt (*BAG* 22.1.1980 EzA § 87 BetrVG 1972 Lohn- und Arbeitsentgelt Nr. 11).

Die betriebliche Lohngestaltung betrifft die Festlegung abstrakt-genereller Regelungen zur Lohnfindung, wie z.B. die Schaffung von Lohn- und Gehaltsgruppen. Es geht um die Strukturformen des Entgelts und die Grundlagen der Lohnfindung, um die Ausformung des jeweiligen Entlohnungssystems und damit um die Festlegung derjenigen Elemente, die dieses System im Einzelnen ausgestalten und zu einem in sich geschlossenen machen. 1619

Kein Mitbestimmungsrecht besteht unmittelbar hinsichtlich der Höhe des Lohnes (*BAG* 22.1.1980 EzA § 87 BetrVG 1972 Lohn- und Arbeitsentgelt Nr. 11; 14.12.1993 EzA § 87 BetrVG 1972 Betriebliche Lohngestaltung Nr. 43). Dennoch wird ein Mitbestimmungsrecht nicht dadurch ausgeschlossen, dass beispielsweise Regelungen über die Grundlage der Entgeltfindung, etwa in Form der isolierten Festsetzung von Wertunterschieden nach Prozentsätzen oder sonstigen Bezugsgrößen bei der Bildung von Gehaltsgruppen mittelbar Auswirkungen auf die Entgelthöhe haben können (*BAG* 14.12.1993 EzA § 87 BetrVG 1972 Betriebliche Lohngestaltung Nr. 43). Das Mitbestimmungsrecht des Betriebsrats setzt erst ein, wenn es um die Festlegung der betrieblichen Lohngestaltung selbst geht, nicht aber schon dann, wenn der Arbeitgeber vorbereitende Maßnahmen ergreift, wie etwa Zeitstudien vor Festlegung eines Zeitfaktors (*BAG* 24.11.1981 EzA § 87 BetrVG 1972 Betriebliche Ordnung Nr. 7). 1620

Mitbestimmungspflichtig ist nicht nur die Aufstellung, Einführung und Anwendung bestimmter Entlohnungsgrundsätze bzw. -methoden, sondern auch deren Änderung, wie z.B. der Übergang von Akkord- auf Zeitlohn (*BAG* 17.12.1968 EzA § 56 BetrVG Nr. 16; *LAG Düsseld.* 23.12.1988 NZA 1989, 404) oder der Wechsel eines Prämiensystems (GK-BetrVG/*Wiese* § 87 Rz. 935). Die Verletzung des Mitbestimmungsrechts des Betriebsrats nach § 87 Abs. 1 Nr. 10 BetrVG bei der Änderung einer im Betrieb geltenden Vergütungsordnung hat zur Folge, dass die Vergütungsordnung mit der vor der Änderung bestehenden Struktur weiter anzuwenden ist. Dies kann bei Neueinstellungen dazu führen, dass Ansprüche auf eine höhere Vergütung als die vertraglich vereinbarte entstehen (*BAG* 11.6.2002 EzA § 87 BetrVG 1972 Betriebliche Lohngestaltung Nr. 76). 1621

aa) Entlohnungsgrundsätze

Entlohnungsgrundsätze betreffen die Primärentscheidung über das System, nach denen das Arbeitsentgelt bemessen werden soll und die Ausformung dieses Systems (*BAG* 28.2.2006 EzA § 87 BetrVG 2001 Betriebliche Lohngestaltung Nr. 9; 6.12.1988 EzA § 87 BetrVG 1972 Betriebliche Lohngestaltung Nr. 23). 1622

Mitbestimmungspflichtig ist/sind **beispielsweise**: 1623

- ▶ Die Entscheidung über die Frage, nach welchem Entlohnungssystem im Betrieb oder in einzelnen Abteilungen vergütet werden soll (Zeitlohn/Leistungslohn, *BAG* 20.11.1990 EzA § 77 BetrVG 1972 Nr. 37).
- ▶ die nähere Ausgestaltung des gewählten Systems, so etwa beim Zeitlohn die Festlegung des Zeitraums der Lohnfindung, die Entscheidung darüber, ob im Einzel- oder Gruppenakkord gearbeitet wird, ob und welche Prämien eingeführt werden sollen und für welche Leistungen Prämien gewährt werden, die Festlegung der Prämienentgeltkurve (GK-BetrVG/*Wiese* § 87 Rz. 904–909);
- ▶ Die Entscheidung darüber, ob und für welche Leistungen Provisionen gezahlt, welches Provisionssystem angewandt wird, die Arten der Provision und wie die einzelnen Provisionsformen ausgestaltet werden sollen, die Anrechenbarkeit der Provision auf das Lohnfixum, das Verhältnis der Provisionen zueinander, die Festsetzung der Bezugsgrößen (z.B. ob bei Erreichen einer bestimmten Provisionshöhe diese und/oder eine andere Provision progressiv oder degressiv beeinflusst werden, ob also auch eine Provision ganz oder teilweise entfällt), die Festlegung der Punktezahl für jedes Geschäft eines

Punktesystems; das Verhältnis von festen und variablen Einkommensbestandteilen, das Verhältnis der variablen Einkommensbestandteile zueinander sowie die abstrakte Staffelung der Provisionssätze (*BAG* 6.12.1988 EzA § 87 BetrVG 1972 Betriebliche Lohngestaltung Nr. 23).

- Die Einführung und Ausgestaltung von Zulagen; bei Erschwerniszulagen z.B. die Erstellung eines Katalogs zuschlagspflichtiger Arbeiten, die Festlegung des Zeitraums, für den eine zuschlagspflichtige Gefährdung anzunehmen ist, die Zuordnung der einzelnen zuschlagspflichtigen Arbeitsleistungen zu bestimmten Lästigkeitsgruppen und die Festlegung des Verhältnisses der für die Arbeiten der einzelnen Lästigkeitsgruppen zu zahlenden Erschwerniszuschläge zueinander (*BAG* 4.7.1989 EzA § 87 BetrVG 1972 Betriebliche Lohngestaltung Nr. 24). Erfasst ist auch die Regelung von Zulagen von vorübergehend ins Ausland entsandter Mitarbeiter (*BAG* 30.1.1990 EzA § 87 BetrVG 1972 Betriebliche Lohngestaltung Nr. 27).
- Die Einführung eines sonstigen Systems erfolgsabhängiger Vergütung und seiner näheren Ausgestaltung, wie die Regelung von Vorgaben, Optionsklassen, Vorgabenbemessungsgrundlagen für die Elemente der einzelnen Optionsklassen, Gewichtungsfaktoren und Provisionsstufen (GK-BetrVG/*Wiese* § 87 Rz. 918).
- Bildung von Gehaltsgruppen nach bestimmten Kriterien einschließlich der isolierten Festsetzung der Wertunterschiede nach Prozentsätzen oder sonstigen Bezugsgrößen (*BAG* 27.10.1992 EzA § 87 BetrVG 1972 Betriebliche Lohngestaltung Nr. 40; 14.12.1993 EzA § 87 BetrVG 1972 Betriebliche Lohngestaltung Nr. 43). Dies gilt auch für AT-Angestellte (*BAG* 27.10.1992 EzA § 87 BetrVG 1972 Betriebliche Lohngestaltung Nr. 40; GK-BetrVG/*Wiese* § 87 Rz. 923 ff.). Auch bei der Änderung eines derartigen Eingruppierungsschemas ist der Betriebsrat zu beteiligen (*BAG* 13.3.2001 EzA § 87 BetrVG 1972 Betriebliche Lohngestaltung Nr. 72). Mitbestimmungsfrei sind jedoch die Festsetzung der Gehaltshöhe, z.B. die Festlegung des Wertunterschieds zwischen der letzten Tarifgruppe und der ersten AT-Gruppe sowie die Entscheidung über individuelle Gehaltserhöhungen (*BAG* 21.8.1990 NZA 1991, 434). Bestehen jedoch für Teile der Belegschaft verschiedenartige Entgeltsysteme, die durch Unterschiede der Tätigkeiten bedingt sind, so erstreckt sich das Mitbestimmungsrecht nicht auf das Verhältnis der einzelnen Entgeltsysteme zueinander. Hieraus folgt, dass eine Entgelterhöhung bei Angestellten in Leitungspositionen, deren Gehälter auf Grund einer betrieblichen Regelung nicht unerheblich oberhalb der höchsten Tarifgruppe liegen, außer Betracht zu bleiben hat, soweit es um die Frage geht, ob die gleichzeitig bei anderen Arbeitnehmern vorgenommene Anrechnung einer Tariferhöhung auf übertarifliche Zulagen einen Gestaltungsspielraum offen lässt und deshalb der Mitbestimmung des Betriebsrats unterliegt (*BAG* 19.9.1995 EzA § 87 BetrVG 1972 Betriebliche Lohngestaltung Nr. 53).
- Ein Mitbestimmungsrecht nach § 87 Abs. 1 Nr. 10 BetrVG (i.V.m. § 87 Abs. 1 Nr. 7 BetrVG) besteht auch hinsichtlich der Frage, ob als Ausgleich für Nachtarbeit i.S.d. § 6 Abs. 5 ArbZG bezahlte freie Tage oder ein Entgeltzuschlag gewährt wird. Ein Mitbestimmungsrecht besteht aber nicht hinsichtlich der Zahl der freien Tage und der Höhe des Zuschlags (*BAG* 26.8.1997 EzA § 87 BetrVG 1972 Gesundheitsschutz Nr. 1).
- Eine Änderung bestehender Entlohnungsgrundsätze liegt vor, wenn Teile der Gesamtvergütung künftig nicht mehr als zusätzliche Einmalzahlung zu einem bestimmten Datum geleistet werden, sondern die Gesamtvergütung auf monatlich gleich bleibende Beträge verteilt wird (*BAG* 26.8.2008 EzA § 87 BetrVG 2001 Betriebliche Lohngestaltung Nr. 16; 28.2.2006 EzA § 87 BetrVG 2001 Betriebliche Lohngestaltung Nr. 9).

bb) Entlohnungsmethoden

1624 Entlohnungsmethode ist das Verfahren zur Durchführung der Entlohnungsgrundsätze, insbes. zur Bewertung der Arbeitsleistung für die Lohngestaltung im Rahmen der vorher festgelegten Entlohnungsgrundsätze (*BAG* 16.7.1991 EzA § 87 Betriebliche Lohngestaltung Nr. 28).

Mitbestimmungspflichtig sind daher alle Entscheidungen über das im Hinblick auf die Lohngestaltung für die Bewertung der Arbeitsleistung anzuwendende Verfahren, insbes. (GK-BetrVG/*Wiese* § 87 Rz. 923 ff.): 1625
- beim Zeitlohn die Zahl, die Art und die Tatbestandsmerkmale der Vergütungsgruppen (*BAG* 14.12.1993 EzA § 87 BetrVG 1972 Betriebliche Lohngestaltung Nr. 43);
- beim Akkordlohn die Entscheidung darüber, ob die Akkordvorgabe z.B. geschätzt, ausgehandelt oder nach arbeitswissenschaftlichen Grundsätzen ermittelt werden soll unter Einfluss der Methode selbst;
- bei der Prämienvergütung die Entscheidung darüber, wie Bezugs- bzw. Ausgangsleistung, auf die der Prämiengrundlohn bezogen ist, festgelegt werden soll, wobei sich bei der Anwendung arbeitswissenschaftlicher Grundsätze das Mitbestimmungsrecht auch auf die zur Anwendung kommende Methode selbst bezieht.

Nicht mitbestimmungspflichtig sind lediglich vorbereitende Maßnahmen im Vorfeld der Entscheidung über Entlohnungsgrundsätze bzw. -methoden, wie z.B. die Durchführung von Zeitstudien (*BAG* 24.11.1981 EzA § 87 BetrVG 1972 Betriebliche Ordnung Nr. 7). 1626

Nicht mitbestimmungspflichtig ist auch die Festsetzung der Fließbandgeschwindigkeit, weil sie nicht die Entlohnung, sondern den Arbeitsablauf betrifft (GK-BetrVG/*Wiese* § 87 Rz. 931) sowie die Ein- und Zuteilung der Bearbeitungsgebiete von Außendienstangestellten (*BAG* 16.7.1991 EzA § 87 BetrVG 1972 Betriebliche Lohngestaltung Nr. 28), da auch diese Zuteilung nicht unmittelbar die Entlohnung, sondern den Umfang der Arbeitsleistung und die Bedingungen, unter denen die Arbeit zu verrichten ist, betrifft.

d) Besonderheiten bei freiwilligen Leistungen und im Rahmen der betrieblichen Altersversorgung

Bei freiwilligen Leistungen des Arbeitgebers erstreckt sich das Mitbestimmungsrecht nicht darauf, ob überhaupt eine Leistung erbracht wird, welche finanziellen Mittel hierfür zur Verfügung gestellt werden, welcher Zweck mit der Leistung verfolgt werden soll und wie der begünstigte Personenkreis abstrakt einzugrenzen ist (*BAG GS* 3.12.1991 EzA § 87 BetrVG 1972 Betriebliche Lohngestaltung Nr. 30; 14.6.1994 EzA § 87 BetrVG 1972 Betriebliche Lohngestaltung Nr. 45; 27.10.1992 EzA § 87 BetrVG 1972 Betriebliche Lohngestaltung Nr. 40). Gleiches gilt für eine betriebliche Altersversorgung. Auch hier entscheidet der Arbeitgeber frei darüber, ob und in welchem Umfang er finanzielle Mittel zur Verfügung stellen will, welcher Arbeitnehmerkreis begünstigt werden soll und in welcher Versorgungsform und mit welchem Versicherungsunternehmen ggf. die betriebliche Altersversorgung gewährt werden soll (*BAG* 16.2.1993 EzA § 87 BetrVG 1972 Betriebliche Lohngestaltung Nr. 41). 1627

Dem Betriebsrat steht hinsichtlich dieser Entscheidungen auch kein Initiativrecht zu, insbes. kann er nicht die Einführung zusätzlicher, freiwilliger Leistungen des Arbeitgebers erzwingen. Überwiegend wird aber angenommen, dass aus dem Mitbestimmungsrecht des Betriebsrats ein Zustimmungsverweigerungsrecht folgt, wenn der Betriebsrat die Einführung einer freiwilligen Leistung mit bestimmter Zwecksetzung verhindern will (GK-BetrVG/*Wiese* § 87 Rz. 864 m.w.N.; so für eine Prämie *BAG* 10.2.1988 EzA § 87 BetrVG 1972 Betriebliche Lohngestaltung Nr. 18). 1628

Nicht ausgeschlossen wird das Mitbestimmungsrecht des Betriebsrats dadurch, das der Arbeitgeber eine einmalige Sonderleistung bereits erbracht hat und er die erbrachten Zahlungen nicht mehr zurückfordern kann. Führt die nachfolgende Regelung mit dem Betriebsrat bzw. durch Spruch der Einigungsstelle dazu, dass Kosten entstehen, die den ursprünglich vorgesehenen Dotierungsrahmen übersteigen, berührt dies das Mitbestimmungsrecht nicht (*BAG* 14.6.1994 EzA § 87 BetrVG 1972 Betriebliche Lohngestaltung Nr. 45).

1629 Der Mitbestimmung unterliegt hingegen die Aufstellung von Verteilungsgrundsätzen, d.h. die Regelung der Frage, wie die zur Verfügung gestellten Mittel unter Berücksichtigung der vom Arbeitgeber mitbestimmungsfrei getroffenen Entscheidungen verteilt werden sollen (*BAG GS* 3.12.1991 EzA § 87 BetrVG 1972 Betriebliche Lohngestaltung Nr. 30).

1630 Das Mitbestimmungsrecht greift damit nur, wenn der Arbeitgeber überhaupt Mittel zur Verteilung zur Verfügung stellt. Dies setzt allerdings nicht voraus, dass er auf Grund einer einheitlichen Entscheidung eine bestimmte Vermögensmasse zur Verfügung stellt. Ausreichend ist vielmehr, dass sich ein zur Verteilung anstehendes finanzielles Volumen daraus ergibt, dass der Arbeitgeber allgemein betriebliche Zulagen auf Grund einer individuellen Entscheidung erbringt. Die Höhe des vorgegebenen Dotierungsrahmens ergibt sich dann aus der Addition der individuell gewährten Zulagen (*BAG* 17.12.1985 EzA § 87 BetrVG 1972 Betriebliche Lohngestaltung Nr. 11; 14.6.1994 EzA § 87 BetrVG 1972 Betriebliche Lohngestaltung Nr. 45). Gleiches gilt für Leistungen der betrieblichen Altersversorgung. Ein Mitbestimmungsrecht des Betriebsrats besteht hier hinsichtlich der Leistungsordnung, also über die Voraussetzungen für die Entstehung und das Erlöschen von Anwartschaften und Ansprüchen (*BAG* 16.2.1993 EzA § 87 BetrVG 1972 Betriebliche Lohngestaltung Nr. 41).

1631 Da der Arbeitgeber in der Entscheidung frei ist, ob er überhaupt zusätzliche freiwillige Leistungen erbringt, unterliegt auch die Entscheidung, freiwillige Leistungen wieder einzustellen, nicht der Mitbestimmung des Betriebsrats (*BAG* 10.2.1988 EzA § 87 BetrVG 1972 Betriebliche Lohngestaltung Nr. 18). Gleiches gilt im Grundsatz auch bei der Kürzung freiwilliger Leistungen. Ein Mitbestimmungsrecht besteht hier aber dann, wenn sich infolge der Kürzung die Verteilungsgrundsätze hinsichtlich der verbleibenden freiwilligen Leistungen ändern (*BAG GS* 3.12.1991 EzA § 87 BetrVG 1972 Betriebliche Lohngestaltung Nr. 30; *BAG* 31.10.1995 EzA § 87 BetrVG 1972 Betriebliche Lohngestaltung Nr. 54).

e) Insbesondere: Anrechnung von Tariflohnerhöhungen auf übertarifliche Zulagen

1632 Die genannten Grundsätze bei der Kürzung freiwilliger Leistungen gelten insbes. auch bei einer Anrechnung von Tariflohnerhöhungen auf übertarifliche Zulagen (vgl. *BAG GS* 3.12.1991 EzA § 87 BetrVG 1972 Betriebliche Lohngestaltung Nr. 30; *BAG* 31.10.1995 EzA § 87 BetrVG 1972 Betriebliche Lohngestaltung Nr. 54).

aa) Voraussetzungen eines Mitbestimmungsrechts

1633 Ein Mitbestimmungsrecht besteht, wenn sich durch die Anrechnung oder den Widerruf von freiwilligen Zulagen die Verteilungsgrundsätze ändern und ein Regelungsspielraum für eine anderweitige Anrechnung verbleibt. Die Verteilungsgrundsätze ändern sich dann, wenn sich das Verhältnis der Zulagen untereinander ändert.

1634 ► **Beispiel** (nach *BAG GS* 3.12.1991 EzA § 87 BetrVG 1972 Betriebliche Lohngestaltung Nr. 30):
Beträgt das Tarifentgelt für A, B und C bisher 3000 € und erhielt A eine Zulage in Höhe von 100 €, B in Höhe von 200 € und C in Höhe von 400 € (Verhältnis 1: 2: 4), betragen die Effektiventgelte nach einer vollständigen Anrechnung einer Tariflohnerhöhung von 3 % zwar nach wie vor bei A 3100 €, bei B 3200 € und bei C 3400 €. Die Zulagen haben sich jedoch bei A auf 10 €, bei B auf 110 € und bei C auf 310 € verringert. Dies beinhaltet auch eine Veränderung des Verhältnisses der Zulagen zueinander von 1: 2: 4 auf 1: 11: 31.

Auch bei einer prozentual gleichen Anrechnung können sich damit die Verteilungsgrundsätze ändern. Ein Mitbestimmungsrecht entfällt nur dann, wenn auch nach der Anrechnung das Verhältnis der Zulagen zueinander unverändert bleibt. Bei einer Kürzung von Zulagen um den gleichen Prozentsatz ändert sich im Allgemeinen der Verteilungsgrundsatz nicht. Etwas anderes gilt aber dann, wenn die Arbeitnehmer nach der bisherigen Regelung einen bestimmten Sockelbetrag als Zulage erhalten und die prozentual gleichmäßige Anrechnung dazu führt, dass die Zulage bei einzelnen Arbeitnehmern nicht mehr erreicht wird. 1635

Auch bei einer Veränderung der Verteilungsgrundsätze entfällt ein Mitbestimmungsrecht dann, wenn die Anrechnung bzw. der Widerruf zum vollständigen Wegfall aller Zulagen führt oder der Änderung der Verteilungsgrundsätze rechtliche Hindernisse entgegenstehen. Rechtliche Hindernisse bestehen bei einer vollständigen und gleichmäßigen Verrechnung der Tariflohnerhöhung auf alle Zulagen, da der Arbeitgeber nicht mehr als die Tariflohnerhöhung anrechnen kann und ihm insoweit also jede weitere Gestaltungsmöglichkeit fehlt. 1636

Dies gilt auch dann, wenn der Arbeitgeber die Anrechnung bei wenigen Arbeitnehmern irrtümlich unterlässt, die betroffenen Arbeitnehmer aber unmittelbar nach Feststellung seines Irrtums über die nunmehrige Anrechnung informiert (*BAG* 31.10.1995 EzA § 87 BetrVG 1972 Betriebliche Lohngestaltung Nr. 54). Bei einer vollständigen Anrechnung besteht ausnahmsweise ein Mitbestimmungsrecht, wenn trotz der vollen Anrechnung noch ein Regelungsspielraum verbleibt. Will ein Arbeitgeber übertarifliche Zulagen, die er in unterschiedlicher Höhe gewährt, voll auf eine neu geschaffene tarifliche Zulage anrechnen, so bleibt ausnahmsweise noch ein Regelungsspielraum bestehen, wenn gleichzeitig mit der Einführung der neuen Tarifzulage auch die Tarifgehälter linear erhöht werden und der Arbeitgeber nicht nur die Tarifgehälter entsprechend anhebt, sondern auch – ohne Rechtspflicht – seine übertariflichen Zulagen (*BAG* 14.2.1995 EzA § 87 BetrVG 1972 Betriebliche Lohngestaltung Nr. 50). 1637

Führt der Arbeitgeber eine Anrechnung einer Tariflohnerhöhung in mehreren Stufen durch, die – für sich betrachtet – ganz oder teilweise mitbestimmungsfrei sind, kann gleichwohl ein Mitbestimmungsrecht bestehen, wenn der mehrstufigen Anrechnung ein einheitliches Konzept des Arbeitgebers zu Grunde liegt und sich bei Gesamtbetrachtung des Vorgangs eine Veränderung der Verteilungsgrundsätze ergibt (*BAG* 14.2.1995 EzA § 87 BetrVG 1972 Betriebliche Lohngestaltung Nr. 49). Gleiches gilt, wenn der Arbeitgeber auf Grund eines einheitlichen Konzepts – eine für sich betrachtet – mitbestimmungsfreie Anrechnung vornimmt, im Zusammenhang damit aber neue Zulagen gewährt, sodass in Wirklichkeit nur das Zulagenvolumen zum Teil umverteilt wird. Ein derartiges einheitliches Konzept liegt vor, wenn der Arbeitgeber durch die Anrechnung Spielräume schaffen und für neue Leistungen nutzen will (*BAG* 26.5.1998 EzA § 87 BetrVG 1972 Betriebliche Lohngestaltung Nr. 65). 1638

Gleiches gilt, wenn der Arbeitgeber auf Grund einer einheitlichen Konzeption zunächst eine Tariflohnerhöhung voll auf übertarifliche Zulagen anrechnet und wenig später eine neue übertarifliche Zulage zusagt, wobei der Annahme einer einheitlichen Konzeption nicht entgegensteht, dass der Arbeitgeber zum Zeitpunkt der Anrechnung noch nicht im Einzelnen und abschließend entschieden hat, wem und in welcher Höhe neue übertarifliche Leistungen gewährt werden sollen (*BAG* 17.1.1995 EzA § 87 BetrVG 1972 Betriebliche Lohngestaltung Nr. 48). 1639

bb) Individualrechtliche Voraussetzungen; Folgen der Verletzung des Mitbestimmungsrechts

Neben der Wahrung des Mitbestimmungsrechts des Betriebsrats setzt die Wirksamkeit einer Verrechnung übertariflicher Zulagen auch die individualrechtliche Zulässigkeit der Verrechnung voraus (*BAG* 7.2.1996 EzA § 87 Betriebliche Lohngestaltung Nr. 55). 1640

1641 Individualrechtlich zulässig ist eine Verrechnung zunächst, wenn der Arbeitsvertrag bereits eine entsprechende Vereinbarung enthält. Ohne entsprechende Vereinbarung muss der Vertrag ausgelegt werden. Soll dem Arbeitnehmer auf Grund einer vertraglichen Abrede die Zulage als selbstständiger Lohnbestandteil neben dem jeweiligen Tariflohn zustehen, scheidet eine Anrechnung aus. Indiz hierfür kann die Ausweisung der Zulage als selbstständiger Lohnbestandteil sein (*BAG* 7.2.1995 EzA § 4 TVG Tariflohnerhöhung Nr. 30). Wird eine Zulage zum Ausgleich besonderer Belastungen gewährt, spricht dies gegen ein Kürzungsrecht des Arbeitgebers (*BAG* 23.3.1993 EzA § 4 TVG Tariflohnerhöhung Nr. 24). Ist kein besonderer Zweck zu ermitteln und enthält auch der Arbeitsvertrag keine abweichende Vereinbarung, ist nach Auffassung des *BAG* (z.B. 7.2.1995 EzA § 4 TVG Tariflohnerhöhung Nr. 30) eine Anrechnung individualrechtlich selbst dann nicht ausgeschlossen, wenn die Zahlung jahrelang vorbehaltlos geleistet wurde und bisher nie mit Tariflohnerhöhungen verrechnet wurde. Ist eine übertarifliche Zulage (stillschweigend oder ausdrücklich) mit einem Anrechnungsvorbehalt verbunden, der sich generell auf Tariflohnerhöhungen bezieht, so erfasst dieser Vorbehalt aber im Zweifel nicht den Lohnausgleich für eine tarifliche Arbeitszeitverkürzung (*BAG* 7.2.1996 EzA § 87 BetrVG 1972 Betriebliche Lohngestaltung Nr. 55; 23.10.1996 EzA § 87 BetrVG 1972 Betriebliche Lohngestaltung Nr. 58).

1642 Nimmt der Arbeitgeber mitbestimmungspflichtige Anrechnungen ohne Zustimmung des Betriebsrats oder einer sie ersetzenden Entscheidung der Einigungsstelle vor, sind die Anrechnungen in vollem Umfang unwirksam (*BAG GS* 3.12.1991 EzA § 87 BetrVG 1972 Betriebliche Lohngestaltung Nr. 30; *BAG* 23.10.1996 EzA § 87 BetrVG 1972 Betriebliche Lohngestaltung Nr. 58), sodass die Ansprüche uneingeschränkt fortbestehen.

1643 Eine Verletzung des Mitbestimmungsrechts führt hingegen nicht dazu, dass Ansprüche der Arbeitnehmer begründet werden, die vor der mitbestimmungspflichtigen Maßnahme nicht bestanden und bei Beachten des Mitbestimmungsrechts nicht entstanden wären (*BAG* 28.9.1994 EzA § 87 BetrVG 1972 Betriebliche Lohngestaltung Nr. 44).

cc) Praktische Hinweise

1644 Aus der dargelegten Rechtsprechung des BAG folgt für die Praxis, dass der Arbeitgeber eine Anrechnung mitbestimmungsfrei nur vornehmen kann, wenn sich durch die Anrechnung die bisherigen Verteilungsgrundsätze nicht ändern oder der Widerruf zum vollständigen Wegfall aller Zulagen führt oder die Tariflohnerhöhung vollständig und gleichmäßig auf alle Zulagen verrechnet wird. Beabsichtigt der Arbeitgeber eine anderweitige Anrechnung, insbes. eine solche, die zu einer Veränderung der bisherigen Verteilungsgrundsätze führt, muss er das Mitbestimmungsrecht des Betriebsrats beachten. Dies kann zu zeitlichen Problemen führen, da ein evtl. erforderliches Einigungsstellenverfahren erhebliche Zeit in Anspruch nehmen kann. Diesem zeitlichen Problem trägt das *BAG* (19.9.1995 EzA § 76 BetrVG 1972 Nr. 67) dadurch Rechnung, dass es – auch durch Spruch der Einigungsstelle – eine auf den Zeitpunkt der Tariferhöhung zurückwirkende Betriebsvereinbarung dann für zulässig erachtet, wenn der Arbeitgeber zunächst mitbestimmungsfrei das Zulagenvolumen und – unter Beibehaltung der bisherigen Verteilungsrelation – auch die einzelnen Zulagen kürzt, zugleich aber bekannt gibt, dass er eine Änderung der Verteilungsrelationen erreichen will und dem Betriebsrat eine entsprechende rückwirkende Betriebsvereinbarung vorschlägt. Ob durch eine solche rückwirkende Betriebsvereinbarung auch eine zunächst mitbestimmungswidrig vorgenommene Anrechnung nachträglich geheilt werden kann, hat das *BAG* (19.9.1995 EzA § 76 BetrVG 1972 Nr. 67) offen gelassen, aber als zweifelhaft bezeichnet, sodass von dieser Möglichkeit abgesehen werden sollte. Bei einer beabsichtigten nicht vollständigen Anrechnung einer Tariflohnerhöhung auf übertarifliche Zulagen muss auch davor gewarnt werden zu versuchen, den Betriebsrat dadurch unter Druck zu setzen, dass für den Fall der Nichtzustimmung zu der beabsichtigten Anrechnung angekündigt wird, dann eine nicht mitbestimmungspflichtige Vollanrechnung vorzunehmen. Ein derartiges Vorgehen verletzt das Mitbestimmungsrecht aus § 87 Abs. 1 Nr. 10 BetrVG und stellt einen Verstoß gegen das Gebot vertrauensvoller Zusammenarbeit dar (*BAG* 26.5.1998 EzA § 87 BetrVG 1972 Betriebliche Lohngestaltung Nr. 65). Eine derartige Reaktion des Arbeitgebers ist aber dann nicht zu beanstanden, wenn der Betriebsrat nicht den vorgeschlagenen Verteilungsgrundsätzen, sondern der (nicht mitbestimmungspflichtigen) Kürzung des Leistungsvolumens widerspricht.

dd) Initiativrecht

Nur im Rahmen des Mitbestimmungsrechts besteht auch ein Initiativrecht des Betriebsrats. **1645**
Es besteht daher nicht hinsichtlich der mitbestimmungsfrei vom Arbeitgeber zu treffenden Entscheidungen bei freiwilligen Leistungen (s.o. Rn. 1627 ff.). Das Initiativrecht erstreckt sich insbes. auch auf eine Änderung der bisher praktizierten Entlohnungsgrundsätze, und zwar auch dann, wenn mit der Umstellung des Entlohnungssystems für den Arbeitgeber höhere finanzielle Aufwendungen verbunden sind (GK-BetrVG/*Wiese* § 87 Rz. 951 ff.).

XII. Leistungsbezogene Entgelte, § 87 Abs. 1 Nr. 11 BetrVG

1. Zweck der Regelung, Begriff des leistungsbezogenen Entgelts

> Leistungslöhne bedeuten für den Arbeitnehmer einerseits einen Anreiz, andererseits aber **1646**
> auch eine besondere Belastung. Zum einen dient das Mitbestimmungsrecht dem Schutz der Arbeitnehmer vor diesen Belastungen. Zum anderen soll das Mitbestimmungsrecht der innerbetrieblichen Lohngerechtigkeit dienen, da bei der Bewertung von Leistungen ein Beurteilungsspielraum gegeben ist (GK-BetrVG/*Wiese* § 87 Rz. 962).

Leistungsbezogene Entgelte sind kraft ausdrücklicher Nennung zunächst Akkord- und Prä- **1647**
mienlohn (zu den Begriffen s.o. Kap. 3 Rn. 919 ff.; 934 ff.), darüber hinaus auch andere, vergleichbare leistungsbezogene Entgelte.

> Erfasst sind nicht alle leistungsbezogenen Entgelte, sondern nur solche, die mit Akkord- **1648**
> oder Prämienlohn vergleichbar sind. Voraussetzung ist also, dass der Arbeitnehmer das Arbeitsergebnis mit seiner Leistung beeinflussen kann. Eine Vergleichbarkeit mit Akkord oder Prämie ist gegeben, wenn eine Leistung gemessen und mit einer Bezugs-/Normalleistung verglichen wird (*BAG* 22.10.1985 EzA § 87 BetrVG 1972 Leistungslohn Nr. 11).

An einer Vergleichbarkeit fehlt es deshalb bei tariflichen oder betrieblich festen Leistungszu- **1649**
lagen, bei gleich bleibenden übertariflichen Zulagen, die der Arbeitgeber in Erwartung besonderer Leistungen den Arbeitnehmern gewährt, bei betrieblichen Erfolgs- oder Gewinnbeteiligungen, Jahresabschlussvergütungen, Gratifikationen, Treue- oder Umsatzprämien und bei Anwesenheits- und Pünktlichkeitsprämien (GK-BetrVG/*Wiese* § 87 Rz. 967–969). Nach Auffassung des *BAG* (28.7.1981 EzA § 87 BetrVG 1972 Leistungslohn Nr. 4; 13.3.1984 EzA § 87 BetrVG 1972 Leistungslohn Nr. 10; 26.7.1988 EzA § 87 BetrVG 1972 Leistungslohn Nr. 16; **a.A.** DKK/*Klebe* § 87 Rz. 282 für Abschlussprovisionen) fehlt es an einer Vergleichbarkeit auch bei Anteils-, Leitungs- und Abschlussprovisionen. Ein Mitbestimmungsrecht bei Provisionen ergibt sich aber nach Maßgabe des § 87 Abs. 1 Nr. 10 BetrVG hinsichtlich der Wahl der Entgeltformen und insbes. auch der Provisionsarten. Ebenso kein vergleichbares leistungsbezogenes Entgelt ist eine Leistungsprämie, bei der allein die in einem Beurteilungszeitraum von drei Monaten erbrachte Leistung die Höhe der Vergütung in den folgenden zwölf Monaten bestimmt (*BAG* 15.5.2001 EzA § 87 BetrVG 1972 Leistungslohn Nr. 18).

2. Inhalt des Mitbestimmungsrechts

1650 Das Mitbestimmungsrecht erstreckt sich auf die Festlegung aller Bezugsgrößen für den Leistungslohn, d.h. auf alle Ansätze für die Bewertung der Leistung (*BAG* 28.7.1981 EzA § 87 BetrVG 1972 Leistungslohn Nr. 4), so auf die Festsetzung und Änderung der Vorgabezeiten (*BAG* 16.4.2002 EzA § 87 BetrVG 1972 Leistungslohn Nr. 19), die Festsetzung des Zeit- oder Geldfaktors (*BAG* 13.9.1983 EzA § 87 BetrVG 1972 Leistungslohn Nr. 8; 16.12.1986 EzA § 87 BetrVG 1972 Leistungslohn Nr. 14), die Festlegung der Dauer und zeitlichen Lage von Erholungszeiten als Bestandteil der Vorgabezeit unter Einschluss der Frage, ob innerhalb eines Akkordlohnsystems die in der Vorgabezeit enthaltene Erholungszeit zu feststehenden Kurzpausen zusammengefasst werden soll (*BAG* 24.11.1987 EzA § 87 BetrVG 1972 Leistungslohn Nr. 15). Da sich die Mitbestimmung auch auf den Zeit- und Geldfaktor bezieht, besteht hier im Gegensatz zu § 87 Abs. 1 Nr. 10 BetrVG ein Mitbestimmungsrecht auch hinsichtlich der Lohnhöhe (*BAG* 16.12.1986 EzA § 87 BetrVG 1972 Leistungslohn Nr. 14). Der Betriebsrat kann sein Mitbestimmungsrecht dahin ausüben, dass er die konkrete Festsetzung der Vorgabezeiten nach der Vereinbarung einer wissenschaftlichen Methode zur Ermittlung der Grundzeiten und nach gemeinsamer Festlegung der Höhe von sachlichen und persönlichen Verteilzeiten und des Umfangs der Erholungszeiten dem Arbeitgeber allein überlässt (*BAG* 16.4.2002 EzA § 87 BetrVG 1972 Leistungslohn Nr. 19).

1651 Im Rahmen des Mitbestimmungsrechts hat der Betriebsrat auch ein Initiativrecht, das sich auch auf die Geldfaktoren erstreckt (*BAG* 20.9.1990 EzA § 80 BetrVG 1972 Nr. 39).

XIII. Betriebliches Vorschlagswesen, § 87 Abs. 1 Nr. 12 BetrVG

1. Zweck des Mitbestimmungsrechts

1652 § 87 Abs. 1 Nr. 12 BetrVG dient in erster Linie dem Schutz und der Förderung der freien Entfaltung der Persönlichkeit der Arbeitnehmer und ihrer damit zusammenhängenden Interessen (*BAG* 16.3.1982 EzA § 87 BetrVG 1972 Vorschlagswesen Nr. 3), indem die Behandlung betrieblicher Verbesserungsvorschläge für die Arbeitnehmer durchschaubar gestaltet wird.

1653 Es soll sichergestellt werden, dass die Arbeitnehmer des Betriebes gleichmäßig nach den Grundsätzen von Recht und Billigkeit behandelt werden. Eine derartige Ausgestaltung liegt dabei auch im Interesse des jeweiligen Betriebes, das innerbetrieblich vorhandene Verbesserungspotenzial zu aktivieren (GK-BetrVG/*Wiese* § 87 Rz. 1017).

2. Begriff, Abgrenzung zu Arbeitnehmererfindungen

1654 Die Vorschrift erfasst alle Systeme und Methoden, durch die Vorschläge von Arbeitnehmern, die sie außerhalb ihres eigentlichen Pflichtenkreises freiwillig zur Vereinfachung, Erleichterung, Beschleunigung und sicheren Gestaltung der betrieblichen Arbeit machen, angeregt und gesammelt, ausgewertet und bewertet werden (*Fitting* § 87 Rz. 539).

1655 Auf welchem Gebiet der Vorschlag erfolgt, ist unerheblich. Es kann sich um Vorschläge zur Verbesserung auf organisatorischem oder technischem Gebiet oder im Verwaltungsablauf, aber auch um Verbesserungen im Arbeits- und Gesundheitsschutz im Interesse der weiteren Humanisierung der Arbeit im Betrieb handeln (MüchArbR/*Matthes* § 334 Rz. 3). Ein Verbesserungsvorschlag liegt nur dann vor, wenn es sich um eine Anregung handelt, die im Falle ihrer Berücksichtigung zu einer Verbesserung gegenüber dem Ist-Zustand führen würde. Bloße Kritik fällt nicht hierunter (GK-BetrVG/*Wiese* § 87 Rz. 1012).

Erfasst werden nur sog. freie Verbesserungsvorschläge, d.h. solche, bei denen es sich um eine zusätzliche Leistung der Arbeitnehmer handelt, zu deren Erbringung sie nicht ohnehin bereits arbeitsvertraglich verpflichtet sind (DKK/*Klebe* § 87 Rz. 293). 1656

Unter diesem Gesichtspunkt problematisch ist die Einordnung sog. Qualitätszirkel. Zum Teil (z.B. GK-BetrVG/*Wiese* § 87 Rz. 1014; MünchArbR/*Matthes* § 342 Rz. 6) werden Verbesserungsvorschläge aus sog. Qualitätszirkeln dem Bereich der Diensterfindungen zugerechnet, soweit sie im betrieblichen Interesse eingerichtet und während der Arbeitszeit unter Leitung von Vorgesetzten durchgeführt werden, da dies im Rahmen der arbeitsvertraglichen Verpflichtungen geschehe. Nach anderer Auffassung (z.B. DKK/*Klebe* § 87 Rz. 293) sollen auch solche Verbesserungsvorschläge von § 87 Abs. 1 Nr. 12 BetrVG erfasst sein. Entscheidend dürfte auch insoweit sein, ob die Arbeitnehmer inner- oder außerhalb ihrer arbeitsvertraglich geschuldeten Arbeitsleistung in solchen Zirkeln zusammengefasst werden (*Fitting* § 87 Rz. 547). Bei Qualitätszirkeln kommt darüber hinaus auch ein Mitbestimmungsrecht nach §§ 96 ff. BetrVG in Betracht, wenn Ziel des Arbeitskreises auch die über die Einweisung in den Arbeitsbereich hinausgehende Fortbildung und weitere Qualifikation der Arbeitnehmer ist (*Fitting* § 87 Rz. 548). 1657

Ein Mitbestimmungsrecht besteht nicht hinsichtlich technischer Erfindungen i.S.v. § 2 ArbNErfG, also solchen die patent- oder gebrauchsmusterfähig sind, da das ArbNErfG insoweit eine abschließende Regelung enthält (GK-BetrVG/*Wiese* § 87 Rz. 1011; s.o. Kap. 3 Rn. 3149 ff.). 1658

Für sog. qualifizierte technische Verbesserungsvorschläge (§ 3 ArbNErfG) ist ein Mitbestimmungsrecht nur hinsichtlich Vergütung und Durchsetzung von Ansprüchen ausgeschlossen, da nur diese Fragen durch § 20 Abs. 1 i.V.m. §§ 9, 12 ArbNErfG geregelt sind, sodass alle über den Vergütungsanspruch hinausgehenden regelungsbedürftigen Fragen, die für die Behandlung technischer Verbesserungsvorschläge von Bedeutung sein können, der Mitbestimmung des Betriebsrats unterliegen (GK-BetrVG/*Wiese* § 87 Rz. 1016; DKK/*Klebe* § 87 Rz. 291). 1659

3. Gegenstand der Mitbestimmung

Die Mitbestimmung bezieht sich nur auf die Grundsätze über das betriebliche Vorschlagswesen und damit allein auf generelle Regelungen, nicht aber Regelungen im Einzelfall (*BAG* 28.4.1981 EzA § 87 BetrVG 1972 Vorschlagswesen Nr. 2). 1660

Es besteht keine Verpflichtung des Arbeitgebers, einen Verbesserungsvorschlag anzunehmen. Annahme und Verwertung sind daher mitbestimmungsfrei (vgl. *BAG* 28.4.1981 EzA § 87 BetrVG 1972 Vorschlagswesen Nr. 2). Ebenso kann der Arbeitgeber mitbestimmungsfrei darüber entscheiden, ob und welche Mittel er zur Vergütung von Verbesserungsvorschlägen zur Verfügung stellt, sodass eine Regelung, wonach der Arbeitgeber auch für nicht verwertete Verbesserungsvorschläge eine Anerkennungsprämie zu zahlen hat, nicht mehr vom Mitbestimmungsrecht gedeckt ist (*BAG* 28.4.1981 EzA § 87 BetrVG 1972 Vorschlagswesen Nr. 2). Allerdings kann nach anderen Vorschriften ein individualrechtlicher Vergütungsanspruch des Arbeitnehmers entstehen (*BAG* 30.4.1965 AP Nr. 1 zu § 20 ArbNErfG; 28.4.1981 EzA § 87 BetrVG 1972 Vorschlagswesen Nr. 2). Die Mitbestimmung bei der Einführung eines betrieblichen Vorschlagswesens bezieht sich auf die Frage, ob für die Behandlung und Bewertung von Verbesserungsvorschlägen im Betrieb überhaupt Grundsätze i.S. einer allgemeinen Regelung geschaffen werden sollen oder nicht (MünchArbR/*Matthes* § 342 Rz. 10, 11). Die Einführung einer solchen Regelung kann daher nur mit Zustimmung des Betriebsrats oder unter Einschaltung der Einigungsstelle erfolgen. Der Betriebsrat seinerseits hat ein Initiativrecht und kann die Schaffung einer solchen Regelung notfalls über einen Spruch der 1661

Einigungsstelle erzwingen. Nach Auffassung des *BAG* (28.4.1991 EzA § 87 BetrVG 1972 Vorschlagswesen Nr. 2) kann das Initiativrecht nur ausgeübt werden, wenn ein Bedürfnis für die Regelung des Vorschlagswesens besteht, nicht aber, wenn auf Grund der konkreten betrieblichen Situation keinerlei Regelungsbedürfnis erkennbar ist. Diese Ansicht wird in der Literatur (GK-BetrVG/*Wiese* § 87 Rz. 1025; MüchArbR/*Matthes* § 334 Rz. 12) überwiegend abgelehnt. Danach grenzt das Fehlen eines Regelungsbedürfnisses lediglich den Ermessensspielraum der Einigungsstelle ein. Dass die Schaffung einer Organisation für das betriebliche Vorschlagswesen Kosten verursacht, steht einem Initiativrecht des Betriebsrats nicht entgegen (*BAG* 28.4.1981 EzA § 87 BetrVG 1972 Vorschlagswesen Nr. 2). Das Mitbestimmungsrecht des Betriebsrats bei der Ausgestaltung des betrieblichen Vorschlagswesens bezieht sich auf die generelle Ausgestaltung, die Organisation, das Verfahren des Vorschlagswesens sowie die Änderung derartiger Regelungen, die Definition des Verbesserungsvorschlages, Festlegung des begünstigten Personenkreises sowie generelle Regelungen über die zu gewährende Prämie (GK-BetrVG/*Wiese* § 87 Rz. 1028 ff.). Im Rahmen der Regelung der Organisation ist zu entscheiden, ob besondere Organe (Beauftragter für das betriebliche Vorschlagswesen, Prüfungs- und Bewertungsausschuss) eingesetzt werden, wobei eine paritätische Zusammensetzung der Prüfungsausschüsse nicht erforderlich ist (*BAG* 28.4.1981 EzA § 87 BetrVG 1972 Vorschlagswesen Nr. 2; **a.A.** DKK/*Klebe* § 87 Rz. 297). Ferner sollten Regelungen über die Einreichungsmodalitäten, die Behandlung und Durchführung der angenommenen Vorschläge sowie über deren Bewertung getroffen werden (DKK/*Klebe* § 87 Rz. 300). Die Bewertung und die Festsetzung der Prämienhöhe im Einzelfall anhand der festgelegten Grundsätze unterliegt nicht der Mitbestimmung (*BAG* 16.3.1982 EzA § 87 BetrVG 1972 Vorschlagswesen Nr. 3), sondern nur die Festlegung derjenigen Faktoren, nach denen sich die Prämie bemessen soll. Dabei dürfen Faktoren für die Bemessung der Prämie jedoch nicht in der Weise festgelegt werden, dass sie zwingend eine Prämie von bestimmter Höhe, etwa eines bestimmten Prozentsatzes vom Nutzen des Verbesserungsvorschlags, ergeben (*BAG* 28.4.1981 EzA § 87 BetrVG 1972 Vorschlagswesen Nr. 2).

4. Form der Mitbestimmung; Mitbestimmung und Arbeitsverhältnis

1662 Regelungen über das betriebliche Vorschlagswesen erfolgen zweckmäßigerweise in einer Betriebsvereinbarung (Beispiel bei *Heilmann/Taeger* BB 1990, 1969, 1974 f.), ausreichend ist aber auch eine bloße Regelungsabrede (GK-BetrVG/*Wiese* § 87 Rz. 1037). Die Betriebsparteien können insoweit auch zur verbindlichen Beurteilung eingereichter Verbesserungsvorschläge paritätische Kommissionen einrichten (vgl. *BAG* 20.1.2004 EzA § 87 BetrVG 2001 Schiedsgutachten Nr. 1 zu Entscheidungsbefugnis und einzuhaltendem Verfahren solcher Kommissionen). Die Wahrung des Mitbestimmungsrechts ist nicht Voraussetzung für einen eventuellen individualrechtlichen Vergütungsanspruch des Arbeitnehmers, sodass auch kein Rückzahlungsanspruch des Arbeitgebers in Bezug auf Prämien besteht, die er unter Missachtung des Mitbestimmungsrechts des Betriebsrats gezahlt hat (GK-BetrVG/*Wiese* § 87 Rz. 1038). Besteht eine mitbestimmte Regelung, so hat der Arbeitnehmer Anspruch auf Bemessung seiner Prämie unter Beachtung der in dieser Regelung festgelegten Grundsätze. Entspricht die Prämie dem nicht, besteht ein Anspruch auf Neufestsetzung. Eine unter Verstoß gegen die vereinbarten Grundsätze festgesetzte Prämie wird in aller Regel nicht billigem Ermessen i.S.v. § 315 BGB entsprechen und daher unwirksam sein (MünchArbR/*Matthes* § 342 Rz. 24).

XIV. Grundsätze über die Durchführung von Gruppenarbeit, § 87 Abs. 1 Nr. 13 BetrVG

1. Zweck des Mitbestimmungsrechts

1663 Das durch das BetrV-ReformG vom 23.7.2001 (BGBl. I S. 1852 ff.) eingeführte Mitbestimmungsrecht bezüglich der Grundsätze der Gruppenarbeit soll bei der sog. teilautonomen Gruppenarbeit (s.u. Rn. 1664) der Gefahr vorbeugen, dass der Gruppendruck zu einer »Selbstausbeutung« der Gruppenmitglieder und zu einer Ausgrenzung leistungsschwächerer Gruppenmitglieder führen kann (BegrRegE BT-Drs. 14/5741, S. 47).

2. Begriff der Gruppenarbeit

§ 87 Abs. 1 Nr. 13 2. Hs. BetrVG definiert den Begriff der vom Mitbestimmungsrecht erfassten Gruppenarbeit. 1664

§ 87 Abs. 1 Nr. 13 BetrVG betrifft nur die sog. teilautonome Gruppenarbeit. Diese liegt vor, wenn einer vom Arbeitgeber zusammengefassten Gruppe aus mehreren Arbeitnehmern (sog. Betriebsgruppe im Gegensatz zur Eigengruppe) eine Gesamtaufgabe von gewisser Dauer zur im Wesentlichen eigenverantwortlichen Erledigung übertragen wird, sodass die Gruppe in diesem Rahmen die Durchführung der ihr übertragenen Aufgabe planend gestalten kann und die Gruppe in den betrieblichen Ablauf eingegliedert ist (vgl. GK-BetrVG/*Wiese* § 87 Rz. 1040–1042).

Nicht erfasst werden Gruppen, die sich in dem reinen Organisationsakt der Zusammenfassung mehrerer Arbeitnehmer erschöpfen, ohne diesen zugleich Entscheidungskompetenzen für die Gestaltung planender und ausführender Tätigkeiten zuzubilligen (*Preis/Elert* NZA 2001, 371, 372). Mangels Eingliederung in den Betriebsablauf nicht erfasst werden Arbeitsgruppen, die nur parallel zur Arbeitsorganisation bestehen, wie z.B. Projekt- oder Steuerungsgruppen (BegrReg-E BT-Drs. 14/5741, S. 48).

3. Inhalt des Mitbestimmungsrechts

Ein Mitbestimmungsrecht besteht nur hinsichtlich der Durchführung, nicht aber hinsichtlich der Einführung und Beendigung von Gruppenarbeit. In diesem Rahmen besteht ein Mitbestimmungsrecht unter Einschluss eines Initiativrechts des Betriebsrats aber nur hinsichtlich der **Grundsätze** der Durchführung der Gruppenarbeit. 1665

a) Mitbestimmungsfreie Vorgaben

Die Einführung und Beendigung von Gruppenarbeit ist mitbestimmungsfrei. Unberührt bleiben die Beteiligungsrechte des Betriebsrats nach § 90 BetrVG (s.u. Rn. 1690 ff.) und § 111 BetrVG (BegrRegE BT-Drs. 14/5741 S. 47, s.u. Rn. 1964 ff.), insbes. stellt die Einführung von Gruppenarbeit die Einführung grundlegend neuer Arbeitsmethoden i.S.d. § 111 S. 3 Nr. 5 BetrVG dar. Ebenso nach § 87 Abs. 1 Nr. 13 BetrVG mitbestimmungsfrei ist die Bestimmung der der Gruppe übertragenen Gesamtaufgabe, die Festlegung des Maßes der Eigenverantwortlichkeit sowie Bestimmung von Größe und personeller Zusammensetzung der Gruppe (GK-BetrVG/*Wiese* § 87 Rz. 1049 ff.). 1666

b) Mitbestimmung bei Grundsätzen der Durchführung der Gruppenarbeit

Ein Mitbestimmungsrecht im Rahmen der arbeitgeberseitigen Vorgaben besteht nur hinsichtlich der *Grundsätze* der Durchführung der Gruppenarbeit. Dies sind generelle Regelungen z.B. darüber, wie die der Arbeitsgruppe übertragene Eigenverantwortlichkeit ausgeübt werden soll (GK-BetrVG/*Wiese* § 87 Rz. 1060). Die Gesetzesbegründung (BegrRegE BT-Drs. 14/5741, S. 47) nennt ferner Regelungen zu Fragen wie Wahl eines Gruppensprechers, dessen Stellung und Aufgaben, Abhalten von Gruppengesprächen zwecks Meinungsaustauschs und -bildung in der Gruppe, Zusammenarbeit in der Gruppe und mit anderen Gruppen, Berücksichtigung von leistungsschwächeren Arbeitnehmern, Konfliktlösung in der Gruppe. Ferner werden folgende Angelegenheiten genannt (GK-BetrVG/*Wiese* § 87 Rz. 1064): Arbeitssicherheit, Arbeitsvorbereitung, Aufgabenverteilung innerhalb der Gruppe, Information der Gruppenmitglieder über die Gesamtaufgabe, Kommunikation mit dem Betriebsrat, Kontrollmaßnahmen, Materialbeschaffung, Planung der Gesamtaufgabe, Pflege und Instandhaltung von Arbeitsmaterial und -mitteln, Qualifizierung der Gruppenmitglieder, Qualitätssicherung, Übergabe bei Schichtwechsel, Urlaubsplanung (soweit die Arbeitsgruppe dafür zuständig sein soll), Festlegung der Vorgesetzten und deren Kompetenzen. § 75 Abs. 2 S. 2 BetrVG verpflichtet i.S. einer Leitlinie Betriebsrat und Arbeitgeber, ggf. auch die Einigungsstelle dazu, die Selbstständigkeit und Eigeninitiative der Arbeitsgruppe zu stärken (*Löwisch* Sonderbeil. zu NZA Heft 24/2001, S. 40, 43; s.o. Rn. 1171 ff.). 1667

4. Sonstige Mitbestimmungsrechte bei Gruppenarbeit

1668 Soweit Angelegenheiten in Zusammenhang mit Gruppenarbeit nicht dem Mitbestimmungsrecht nach § 87 Abs. 1 Nr. 13 BetrVG unterfallen, kommen Mitbestimmungs- oder Beteiligungsrechte nach anderen Tatbeständen in Betracht (vgl. *Preis/Elert* NZA 2001, 371, 373 f.), so z.B. hinsichtlich der Einführung von Gruppenarbeit nach §§ 90 Abs. 2, 111 BetrVG, der Aufstellung von Verhaltensregeln innerhalb der Gruppe nach § 87 Abs. 1 Nr. 1 BetrVG, der Aufstellung von Arbeitszeitplänen, Mehrarbeitsregelungen, Urlaubsgrundsätze nach § 87 Abs. 1 Nr. 2, 3 und 5 BetrVG, der Lohn- und Gehaltsgestaltung (z.B. Einführung oder Änderung eines 3-gliedrigen gruppenbezogenen Entgeltsystems mit den Vergütungsbestandteilen Grundlohn, individueller Leistungsbonus, Gruppenprämie) nach § 87 Abs. 1 Nr. 10, 11 BetrVG, der Gruppenüberwachung nach § 87 Abs. 1 Nr. 6 BetrVG.

5. Übertragung von Betriebsratsaufgaben auf Arbeitsgruppen

1669 § 28a BetrVG sieht in Betrieben mit mehr als 100 Arbeitnehmern die Möglichkeit der Übertragung von Aufgaben des Betriebsrats auf Arbeitsgruppen vor (s.o. Rn. 522 ff.), sodass einzelne die Gruppe betreffende Mitbestimmungsrechte auf diese übertragen werden können und auch der Abschluss von Betriebsvereinbarungen ggf. durch die Arbeitsgruppe erfolgen kann.

XV. Streitigkeiten zwischen Arbeitgeber und Betriebsrat im Rahmen des § 87 Abs. 1 BetrVG

1. Einigungsstelle

1670 Kann in mitbestimmungspflichtigen Angelegenheiten eine Übereinstimmung zwischen Arbeitgeber und Betriebsrat nicht erzielt werden, entscheidet nach § 87 Abs. 2 S. 1 BetrVG die Einigungsstelle bzw. eine tarifliche Schlichtungsstelle (vgl. § 76 Abs. 8 BetrVG). Die Zuständigkeit der Einigungsstelle entspricht dem Umfang des Mitbestimmungsrechts. Der Betriebsrat ist zur Anrufung der Einigungsstelle dann und so weit berechtigt, als ihm ein Initiativrecht zusteht. Das Antragsrecht ist insoweit die verfahrensrechtliche Seite des Initiativrechts. Zum Einigungsstellenverfahren s.o. Rn. 1176 ff.

2. Arbeitsgericht

1671 Über Rechtsstreitigkeiten aus der Anwendung des § 87 BetrVG entscheiden die Arbeitsgerichte im Beschlussverfahren. Dies gilt vor allem für Streitigkeiten darüber, ob, mit welchem Inhalt und Umfang in einer bestimmten Angelegenheit ein Mitbestimmungsrecht besteht, aber auch für sämtliche anderen Rechtsstreitigkeiten zwischen Arbeitgeber und Betriebsrat im Rahmen der notwendigen Mitbestimmung, wie z.B. Streitigkeiten über die Frage, ob das Mitbestimmungsrecht wirksam ausgeübt worden ist, über das Bestehen, den Inhalt oder die Durchführung einer Betriebsvereinbarung, über die Einhaltung von Verpflichtungen aus Betriebsvereinbarungen und Betriebsabsprachen und über die Rückgängigmachung von Maßnahmen des Arbeitgebers bei Verletzung von Mitbestimmungsrechten (GK-BetrVG/*Wiese* § 87 Rz. 1074). Gleiches gilt für Ansprüche des Betriebsrats auf Unterlassung mitbestimmungswidrigen Verhaltens und Anträge nach § 23 Abs. 3 BetrVG (s.u. Rn. 2149 ff.).

1672 Sofern im sog. Vorabentscheidungsverfahren hinsichtlich einer bestimmten Angelegenheit das Bestehen oder Nichtbestehen eines Mitbestimmungsrechts festgestellt werden soll, ist bei Formulierung des Antrags darauf zu achten, dass nach der Rechtsprechung des *BAG* (11.12.1991 EzA § 90 BetrVG 1972 Nr. 2) ein sog. Globalantrag zwar nicht unzulässig, aber unbegründet ist, wenn er auch nur einen Sachverhalt mit umfasst, in dem das behauptete Mitbestimmungsrecht nicht besteht bzw. das geleugnete Mitbestimmungsrecht besteht.

So sollte beispielsweise nicht formuliert werden: »Es wird festgestellt, dass dem Betriebsrat bei der Anordnung oder Duldung von Mehrarbeit ein Mitbestimmungsrecht zusteht«. Dieser Antrag würde nämlich auch ein Mitbestimmungsrecht in Anspruch nehmen, wenn es sich um einen Notfall (s.o. Rn. 1450 ff.) oder eine Maßnahme ohne kollektiven Bezug (s.o. Rn. 1422 ff.) handelt und damit Fallgruppen erfassen, in denen kein Mitbestimmungsrecht besteht. Stattdessen könnte formuliert werden: »Es wird festgestellt, dass dem Betriebsrat bei der Anordnung oder Duldung von Mehrarbeit in der Abteilung 'Lagerhaltung' anlässlich der jährlich stattfindenden Inventur ein Mitbestimmungsrecht zusteht, es sei denn, es handelt sich um einen Einzel- oder Notfall.« Ferner setzen Feststellungsanträge gem. § 256 Abs. 1 ZPO ein Rechtsschutzinteresse voraus, das auch noch im Zeitpunkt der letzten mündlichen Anhörung über die Anträge gegeben sein muss. Es fehlt, wenn eine abstrakte Rechtsfrage geklärt und damit praktisch ein Rechtsgutachten erstattet werden soll. Es entfällt ferner dann, wenn ein konkreter, in der Vergangenheit liegender Vorgang, der zum Verfahren geführt hat, zum Zeitpunkt der gerichtlichen Entscheidung bereits abgeschlossen ist, ohne dass auch nur eine geringe Wahrscheinlichkeit besteht, dass sich ein gleichartiger Vorgang wiederholen wird, sodass die begehrte Entscheidung keinen der Beteiligten in einem betriebsverfassungsrechtlichen Recht oder Rechtsverhältnis mehr betreffen kann. 1673

Für negative, auf Leugnung eines Mitbestimmungsrechts gerichtete Feststellungsanträge des Arbeitgebers besteht ein Rechtsschutzinteresse nur dann, wenn der Betriebsrat sich in einer bestimmten Angelegenheit eines Mitbestimmungsrechts ernsthaft berühmt (GK-BetrVG/*Wiese* § 87 Rz. 1080). 1674

XVI. Freiwillige Betriebsvereinbarungen, § 88 BetrVG

§ 88 BetrVG eröffnet die Möglichkeit, Betriebsvereinbarungen auch über Angelegenheiten zu schließen, die nicht mitbestimmungspflichtig sind. Die Vorschrift enthält keine abschließende Aufzählung der regelbaren Gegenstände, sondern begründet vielmehr eine umfassende Regelungskompetenz (*BAG GS* 7.11.1989 EzA 77 BetrVG 1972 Nr. 34). Für freiwillige Betriebsvereinbarungen nach § 88 BetrVG gelten die allgemeinen Vorschriften des § 77 BetrVG über Zustandekommen, Wirkung und Kündbarkeit (s.o. Rn. 1269 ff.). Ein Initiativrecht besteht nicht. Freiwillige Betriebsvereinbarungen wirken nicht nach (GK-BetrVG/*Wiese* § 88 Rz. 5). Eine Zuständigkeit der Einigungsstelle zur Entscheidung von Regelungsstreitigkeiten besteht nicht kraft Gesetzes, sondern nur nach Maßgabe des § 76 Abs. 6 BetrVG im freiwilligen Einigungsstellenverfahren (s.o. Rn. 1177 f.). 1675

K. Mitwirkung beim Arbeitsschutz und beim betrieblichen Umweltschutz, § 89 BetrVG

I. Zweck der Regelung

§ 89 BetrVG stellt klar, dass nicht nur der Arbeitgeber, sondern auch die mit dem Unfallschutz befassten sonstigen Stellen verpflichtet sind, den Betriebsrat in allen Fragen des Arbeitsschutzes zu beteiligen. Die Zusammenarbeit zwischen Betriebsrat und Arbeitgeber sowie den jeweils zuständigen Behörden bei der tatsächlichen Durchführung des Arbeitsschutzes soll durch die Regelung durch Einbeziehung der Kenntnisse und Interessen der Arbeitnehmer intensiviert werden. Durch das BetrV-Reformgesetz vom 23.7.2001 (BGBl. I S. 1852 ff.) wurde die Zuständigkeit des Betriebsrats auf den betrieblichen Umweltschutz erstreckt: Der Betriebsrat soll danach wegen der Wechselwirkung von Arbeits- und Umweltschutz die gleiche Rechtsstellung im betrieblichen Umweltschutz erhalten, wie er sie im Arbeitsschutz innehat. Ein generelles umweltpolitisches Mandat des Betriebsrats zu Gunsten Dritter oder der Allgemeinheit ohne Bezug zum Betrieb wird aber nicht begründet (Gesetzesbegründung, BT-Drs. 14/5741, S. 48). 1676

II. Durchführung der Vorschriften über Arbeitsschutz, Unfallverhütung und betrieblichen Umweltschutz

1677 § 89 Abs. 1 S. 1 BetrVG ergänzt die allgemeine Überwachungsaufgabe des Betriebsrats nach § 80 Abs. 1, Nr. 1, 2, 9 BetrVG.

1. Arbeitsschutz, Unfallverhütung

1678 Der Betriebsrat hat sich dafür einzusetzen, dass die Vorschriften über den Arbeitsschutz und die Unfallverhütung durchgeführt werden.

a) Inhalt der Aufgabe

1679 Der Betriebsrat kann alle ihm erforderlich erscheinenden Maßnahmen ergreifen. Eines konkreten Anlasses bedarf es nicht. Der Betriebsrat soll gerade präventiv tätig werden und auf den innerbetrieblichen Entscheidungsprozess Einfluss nehmen können (GK-BetrVG/*Wiese* § 89 Rz. 10). Dies beinhaltet die Berechtigung und Verpflichtung, Maßnahmen des Arbeitsschutzes anzuregen, bei Verstößen beim Arbeitgeber auf Abhilfe zu drängen, sich an die zuständigen Stellen zu wenden und darauf hinzuwirken, dass auch Verstöße der Arbeitnehmer gegen derartige Vorschriften unterbleiben. Die Überwachungsaufgabe beinhaltet das Recht, auch nicht allgemein zugängliche, insbes. nach den einschlägigen Arbeitsschutz- und Unfallverhütungsvorschriften mit dem Verbotsschild »Unbefugten ist der Zutritt verboten« gekennzeichnete Anlagen zu betreten. Einer Genehmigung des Arbeitgebers bedarf es hierzu nicht; allerdings ist eine Anmeldung bei der zuständigen aufsichtführenden Stelle des Betriebes erforderlich (GK-BetrVG/*Wiese* § 89 Rz. 10, 11).

b) In Betracht kommende Vorschriften

1680 Der Begriff des Arbeitsschutzes i.S.d. § 89 BetrVG ist weit zu verstehen. Zu den Vorschriften des Arbeitsschutzes gehören die staatlichen Arbeitsschutzvorschriften (Übersicht bei MünchArbR/*Wlotzke* §§ 207, 210 ff.), einschließlich der allgemein anerkannten Regeln der Technik, des Standes von Wissenschaft und Technik (vgl. z.B. § 3 Abs. 1 GerSiG, § 3 Abs. 1 ArbStättVO und GK-BetrVG/*Wiese* § 89 Rz. 16 ff.), die Unfallverhütungsvorschriften der Berufsgenossenschaften (vgl. GK-BetrVG/*Wiese* § 89 Rz. 20), einschlägige Bestimmungen in Tarifverträgen oder Betriebsvereinbarungen im Rahmen des § 87 Abs. 1 Nr. 7 BetrVG (s.o. Rn. 1572 ff.) oder nach § 88 Nr. 1 BetrVG. Einen guten Überblick über die geltenden Arbeitsschutz- und Unfallverhütungsvorschriften enthält der jährliche Bericht der Bundesregierung (Bundesarbeitsministerium) nach § 25 SGB VII (vgl. BT-Drs. 14/2471, abrufbar z.B. über www.bundestag.de->Datenbanken->Drucksachen). Der Betriebsrat hat gem. § 40 Abs. 2 BetrVG einen Anspruch darauf, dass ihm die maßgeblichen Bestimmungen vom Arbeitgeber zur Verfügung gestellt werden.

2. Betrieblicher Umweltschutz

1681 § 89 Abs. 3 BetrVG enthält eine Legaldefinition des Begriffs »Betrieblicher Umweltschutz«, ohne allerdings den Begriff »Umweltschutz« selbst zu definieren. Hierunter kann der Schutz der natürlichen Lebensgrundlagen für den Menschen (u.a. Tiere, Pflanzen, Luft, Wasser, Boden) vor schädlichen Einwirkungen verstanden werden. Unter betrieblichem Umweltschutz kann damit die Einflussnahme auf umweltgerechte und umweltschützende Arbeits- und Betriebsbedingungen verstanden werden (GK-BetrVG/*Wiese* § 89 Rz. 28). Ein generelles umweltpolitisches Mandat des Betriebsrats zu Gunsten Dritter oder der Allgemeinheit ohne Bezug zum Betrieb besteht nicht (Gesetzesbegründung, BT-Drs. 14/5741, S. 48).

III. Zusammenarbeit mit Behörden bei der Bekämpfung von Unfall- und Gesundheitsgefahren

§ 89 Abs. 1 S. 2 BetrVG begründet eine Pflicht des Betriebsrats zur Unterstützung der zuständigen Behörden und Stellen durch Beratung und Anregung für Maßnahmen des Arbeitsschutzes. Ein Mandat des Betriebsrats zur Zusammenarbeit mit den für den Umweltschutz zuständigen Behörden besteht hingegen nicht. Die Pflicht zur Zusammenarbeit mit den zuständigen Behörden im Rahmen des Arbeitsschutzes beinhaltet eine Auskunftspflicht, die durch die Verschwiegenheitspflicht nach § 79 BetrVG nicht eingeschränkt ist (GK-BetrVG/*Wiese* § 89 Rz. 60). Sofern der Betriebsrat von sich aus an die zuständigen Behörden Daten weitergibt, muss er datenschutzrechtliche Bestimmungen beachten. Die dem Betriebsrat nach § 89 Abs. 1 S. 2 BetrVG obliegende Pflicht, die für den Arbeitsschutz zuständigen Behörden zu unterstützen, berechtigt ihn deshalb nicht stets und einschränkungslos, den Aufsichtsbehörden die vom Arbeitgeber elektronisch erfassten tatsächlich geleisteten Arbeitszeiten der Arbeitnehmer namensbezogen mitzuteilen. Aus Gründen des Datenschutzes muss er vielmehr im Einzelfall die Erforderlichkeit der Datenweitergabe prüfen und hierbei die Interessen der betroffenen Arbeitnehmer berücksichtigen (*BAG* 3.6.2003 EzA § 89 BetrVG 2001 Nr. 1). **1682**

Bei Verstößen des Arbeitgebers gegen Vorschriften des Arbeitsschutzes muss der Betriebsrat sich zunächst an den Arbeitgeber wenden, um eine Beseitigung der Mängel herbeizuführen. Bleibt dies ohne Erfolg, kann er sich an die zuständigen Stellen wenden und entsprechende Kontrollen veranlassen (GK-BetrVG/*Wiese* § 89 Rz. 58). Die für den Arbeitsschutz zuständigen Stellen sind ihrerseits verpflichtet, bei Fragen des Arbeitsschutzes und der Unfallverhütung den Betriebsrat zu beteiligen und ihn insbes. zu Betriebsbesichtigungen und zu Untersuchungen von Arbeitsunfällen unter Einschluss aller Ermittlungen hinzuzuziehen. Für den Arbeitsschutz zuständige Behörden sind insbes. die Gewerbeaufsichtsämter, Gesundheitsämter, Emissionsschutz- und Bauaufsichtsbehörden; Träger der gesetzlichen Unfallversicherung sind insbes. die Berufsgenossenschaften. Sonstige in Betracht kommende Stellen sind z.B. Betriebsärzte, Sicherheitsbeauftragte oder die Fachkräfte für Arbeitssicherheit (vgl. die Aufstellung bei GK-BetrVG/*Wiese* § 89 Rz. 61 ff.).

Die Zusammenarbeit zwischen technischen Aufsichtsbeamten der Berufsgenossenschaften und der Behörden des Arbeitsschutzes mit den Betriebsräten ist Gegenstand bundes- und landesrechtlicher Regelungen durch Verwaltungsvorschriften und Dienstanweisungen (vgl. die Aufstellung bei GK-BetrVG/*Wiese* § 89 Rz. 67 f.).

IV. Hinzuziehung des Betriebsrats

Gem. § 89 Abs. 2 S. 1 BetrVG sind der Arbeitgeber und die in § 89 Abs. 1 S. 2 BetrVG genannten Behörden/Stellen (s.o. Rn. 1682) verpflichtet, den Betriebsrat oder von ihm bestellte Mitglieder bei allen im Zusammenhang mit dem Arbeits- und betrieblichen Umweltschutz oder der Unfallverhütung stehenden Besichtigungen und Fragen und bei der Unfalluntersuchung hinzuzuziehen. Der Arbeitgeber hat den Betriebsrat auch bei allen in Zusammenhang mit dem betrieblichen Umweltschutz stehenden Fragen und Besichtigungen hinzuzuziehen. Vorher ist der Betriebsrat gem. § 80 Abs. 2 BetrVG (s.o. Rn. 1389 ff.) ggf. unter Vorlage erforderlicher Unterlagen zu unterrichten. Die Ergebnisse sind mit dem Betriebsrat nach § 89 Abs. 1 S. 2 BetrVG zu beraten. Gem. § 89 Abs. 5 BetrVG erhält der Betriebsrat vom Arbeitgeber Niederschriften über alle Untersuchungen, Besichtigungen und Besprechungen, zu denen der Betriebsrat hinzuziehen war, unabhängig davon, ob er tatsächlich hinzugezogen worden ist oder trotz Hinzuziehung nicht teilgenommen hat. Ein Anspruch auf Fertigung derartiger Niederschriften wird hierdurch nicht begründet (GK-BetrVG/*Wiese* § 89 Rz. 71 f.). **1683**

V. Mitteilung von Auflagen, Anordnungen; Unfallanzeigen

1684 Der Arbeitgeber ist nach § 89 Abs. 2 S. 2 BetrVG ferner verpflichtet, dem Betriebsrat unverzüglich die den Arbeitsschutz, die Unfallverhütung oder den betrieblichen Umweltschutz betreffenden Auflagen und Anordnungen der zuständigen Stellen mitzuteilen und ihm nach § 89 Abs. 6 BetrVG eine Durchschrift der vom Betriebsrat zu unterschreibenden Unfallanzeige auszuhändigen. Unterrichtungspflichten anderer Stellen bestehen z.B. nach §§ 9 Abs. 2, 12 Abs. 4 ASiG, § 54 Abs. 1 Nr. 4 BImSchG. Diese speziellen Unterrichtungspflichten lassen den allgemeinen Unterrichtungsanspruch nach § 80 Abs. 2 BetrVG unberührt.

VI. Beteiligung des Betriebsrats bei der Organisation des Arbeitsschutzes

1. ASiG

1685 Unter den Voraussetzungen der §§ 2, 5 ASiG hat der Arbeitgeber Betriebsärzte bzw. Fachkräfte für Arbeitssicherheit zu bestellen, die ihn beim Arbeitsschutz und bei der Unfallverhütung zwecks Verwirklichung der gesetzlichen Sicherheitsziele unterstützen sollen. Der Arbeitgeber hat den Betriebsärzten bzw. den Fachkräften für Arbeitssicherheit die in §§ 3, 6 ASiG genannten Aufgaben zu übertragen. Soweit eine Verpflichtung zur Bestellung besteht, kann der Arbeitgeber diese Personen als voll- oder teilzeitbeschäftigte Arbeitnehmer oder als freiberufliche Kräfte beschäftigen oder aber auch einen überbetrieblichen Dienst verpflichten (vgl. §§ 2 Abs. 3 S. 2, 4, 5 Abs. 3 S. 2, 4, 9 Abs. 3 S. 3, 19 ASiG). Die Entscheidung darüber, welche dieser Möglichkeiten realisiert wird, unterliegt der Mitbestimmung des Betriebsrats nach § 87 Abs. 1 Nr. 7 BetrVG (*BAG* 10.4.1979 EzA § 87 BetrVG 1972 Arbeitssicherheit Nr. 2). Dieses Mitbestimmungsrecht ist auch dann gegeben, wenn die Berufsgenossenschaft gem. § 24 SGB VII einen überbetrieblichen Dienst mit Anschlusszwang eingerichtet hat, da von diesem unter den im Gesetz genannten Voraussetzungen eine Befreiung möglich ist und damit nach erfolgreichem Antrag eine Wahlfreiheit des Arbeitgebers besteht (GK-BetrVG/*Wiese* § 87 Rz. 652). Sofern Betriebsärzte oder Fachkräfte für Arbeitssicherheit als Arbeitnehmer beschäftigt werden sollen, bedarf deren Bestellung nach § 9 Abs. 3 ASiG der Zustimmung des Betriebsrats. § 9 Abs. 3 ASiG verweist insoweit auf § 87 i.V.m. § 76 BetrVG, sodass anders als nach § 99 BetrVG zum einen der Betriebsrat aus jedem ihm erheblich erscheinenden Grund die Zustimmung verweigern kann und zum anderen über die Berechtigung der Zustimmungsverweigerung nicht das Arbeitsgericht, sondern die Einigungsstelle nach billigem Ermessen zu entscheiden hat. Unter Bestellung ist dabei die Einweisung in die Funktion zu verstehen (GK-BetrVG/*Wiese* § 87 Rz. 654). Die Zustimmung des Betriebsrats ist Wirksamkeitsvoraussetzung der Bestellung. Z. T. (MünchArbR/*Matthes* § 344 Rz. 30) wird die Ansicht vertreten, bei einer Bestellung ohne Zustimmung des Betriebsrats könne dieser in entsprechender Anwendung des § 101 BetrVG arbeitsgerichtlich die Aufhebung der Bestellung beantragen.

1686 Auch die Abberufung eines als Arbeitnehmer beschäftigten Betriebsarztes oder einer Fachkraft für Arbeitssicherheit bedarf der Zustimmung des Betriebsrates. Die fehlende und auch nicht durch die Einigungsstelle ersetzte Zustimmung des Betriebsrats zur Abberufung führt zumindest dann zur Unwirksamkeit einer ausgesprochenen Beendigungskündigung, wenn diese auf Gründe gestützt wird, die sachlich mit der Tätigkeit eines Betriebsarztes im untrennbaren Zusammenhang stehen (*BAG* 24.3.1988 EzA § 9 ASiG Nr. 1; s.o. Kap. 4 Rn. 836 ff.). Ob die fehlende Zustimmung im Übrigen, d.h. dann, wenn die Kündigung nicht auf Gründe gestützt wird, die sachlich mit der Tätigkeit zusammenhängen, zur Unwirksamkeit der Kündigung führt (MünchArbR/*Matthes* § 344 Rz. 31) oder nur bei der Prüfung der sozialen Rechtfertigung der Kündigung zu berücksichtigen ist (GK-BetrVG/*Wiese* § 87 Rz. 655), ist strittig. Unberührt bleibt das bei jeder Kündigung zu beachtende Beteiligungsrecht des Betriebsrats nach § 102 BetrVG.

1687 Mitbestimmungspflichtig ist nach § 9 Abs. 3 ASiG auch der Umfang der den Betriebsärzten oder Fachkräften für Arbeitssicherheit zu übertragenden Aufgaben sowie deren Einschränkung und Erweiterung (GK-BetrVG/*Wiese* § 87 Rz. 661). Allerdings führt dieses Mitbestimmungsrecht nicht dazu, dass dem Arbeitgeber eine Pflicht zur Durchführung von Untersuchungen auferlegt werden könnte, zu deren Vornahme er auf Grund anderer Vorschriften des Arbeitsschutzes nicht verpflichtet ist (*BAG* 6.12.1983 EzA § 87 BetrVG 1972 Bildschirmarbeit Nr. 1). Das Mitbestimmungsrecht besteht nur bei als Arbeitnehmern beschäftigten Kräften; die freiberuflich tätigen Betriebsärzte oder Fachkräfte für Arbeitssicherheit oder bei Anschluss an einen überbetrieblichen Dienst besteht lediglich die Verpflichtung, den Betriebsrat zu hören.

Inwieweit den im Rahmen des ASiG bestehenden Mitbestimmungsrechten des Betriebsrats zugleich ein Initiativrecht korrespondiert, ist im Einzelnen streitig. Ganz überwiegend wird ein Initiativrecht gerichtet auf Abberufung eines angestellten Betriebsarztes oder einer Fachkraft für Arbeitssicherheit anerkannt (GK-BetrVG/*Wiese* § 87 Rz. 674), sowie auch dahingehend, einen Wechsel hinsichtlich der Form der Organisation des Arbeitsschutzes verlangen und notfalls durch Anrufung der Einigungsstelle durchsetzen zu können, soweit der Betriebsrat nicht an eine früher getroffene Einigung noch gebunden ist (MünchArbR/*Matthes* § 344 Rz. 38). Auf Grund des Initiativrechts kann der Betriebsrat auch verlangen, dass die Aufgaben der Betriebsärzte bzw. der Fachkräfte für Arbeitssicherheit erweitert oder entzogen werden (MünchArbR/*Matthes* § 344 Rz. 51). 1688

2. Sonstige Beteiligungsrechte

Nach § 22 SGB VII hat der Unternehmer in Unternehmen mit regelmäßig mehr als 20 Beschäftigten unter Beteiligung des Betriebsrats Sicherheitsbeauftragte zu bestellen, die die Aufgabe haben, den Unternehmer bei der Durchführung von Maßnahmen zur Verhütung von Arbeitsunfällen und Berufskrankheiten zu unterstützen und sich insbes. vom Vorhandensein und der Benutzung von vorgeschriebenen Schutzeinrichtungen und -ausrüstungen zu überzeugen und auf Gefahren aufmerksam zu machen. Die Bestellung eines oder mehrerer Sicherheitsbeauftragter hat unter Mitwirkung des Betriebsrats zu erfolgen. Es besteht ein Anhörungs- und Beratungsrecht; die Bestellung bedarf aber nicht der Zustimmung des Betriebsrats. Gleiches gilt für die Abberufung eines Sicherheitsbeauftragten (GK-BetrVG/*Wiese* § 89 Rz. 78). In Betrieben mit mehr als 20 Beschäftigten ist ein Arbeitsschutzausschuss zu bilden (§ 11 ASiG), dem auch zwei Betriebsratsmitglieder angehören müssen. Hinsichtlich der Zahl der im Arbeitsschutzausschuss vertretenen Betriebsärzte, Fachkräfte für Arbeitssicherheit und Sicherheitsbeauftragten enthält § 11 ASiG keine Regelung, sodass der Betriebsrat hierüber nach § 87 Abs. 1 Nr. 7 BetrVG mitzubestimmen hat, wobei auch Regelungen über das Auswahlverfahren getroffen werden können. Die Berufung der einzelnen Mitglieder auf der Grundlage der vereinbarten Regelung sowie deren Abberufung ist nicht mitbestimungspflichtig und obliegt allein dem Arbeitgeber. Ein Mitbestimmungsrecht besteht aber hinsichtlich von Regelungen über die Geschäftsführung des Arbeitsschutzausschusses (GK-BetrVG/*Wiese* § 87 Rz. 670 ff.). 1689

L. Mitbestimmung bei der Gestaltung von Arbeitsplätzen, Arbeitsablauf und Arbeitsumgebung, §§ 90, 91 BetrVG

I. Allgemeines

Durch §§ 90, 91 BetrVG soll ein Bereich erfasst werden, der zwar nicht durch arbeitsschutzrechtliche Bestimmungen geregelt ist, dem aber im Vorfeld des Arbeitsschutzes erhebliche Bedeutung für die Erhaltung der Gesundheit der Arbeitnehmer zukommt. Durch die Orientierung der Beteiligungsrechte an den arbeitswissenschaftlichen Kenntnissen über die menschengerechte Gestaltung der Arbeit sind auch die arbeitspsychologischen und betriebssoziologischen Bezüge der Arbeit zu berücksichtigen. Ziel der Regelung ist die Humanisierung der Arbeit bei der Gestaltung von Arbeitsplatz, Arbeitsablauf und Arbeitsumgebung. 1690

1691 Werden die Arbeitnehmer durch Änderungen, die den gesicherten arbeitswissenschaftlichen Erkenntnissen widersprechen, in besonderer Weise belastet, so hat der Betriebsrat ein korrigierendes Mitbestimmungsrecht, mit dem er angemessene Maßnahmen zur Abwendung, Milderung oder zum Ausgleich der Belastung verlangen kann.

II. Beteiligungspflichtige Maßnahmen

1692 § 90 Abs. 1 Nr. 1 BetrVG bezieht sich auf alle der betrieblichen Zweckbestimmung dienenden Räume, in denen Arbeitnehmer tätig sind. Nicht erfasst werden Reparatur- oder Renovierungsarbeiten, die aber z.B. bei neuer Farbgebung von Räumen im Rahmen von § 90 Abs. 1 Nr. 4 BetrVG Bedeutung erlangen können sowie bei geplanten Abbrucharbeiten (GK-BetrVG/*Wiese/Weber* § 90 Rz. 10.). Hinsichtlich der Gestaltung der betrieblichen Räume können sich für den Betriebsrat weitergehende Mitbestimmungsrechte unter Einschluss eines entsprechenden Initiativrechts nach § 87 Abs. 1 Nr. 7 BetrVG ergeben, da hierbei die Bestimmungen der Arbeitsstättenverordnung zu beachten sind und diese weitgehend Regelungsspielräume der Betriebspartner belässt (GK-BetrVG/*Wiese/Weber* § 90 Rz. 11, GK-BetrVG/*Wiese* § 87 Rz. 616 ff.).

1693 Technische Anlagen i.S.d. § 90 Abs. 1 Nr. 2 BetrVG sind alle technischen Einrichtungen, die die Arbeit und den Aufenthalt im Betrieb erst ermöglichen, vor allem also Produktionsanlagen, Maschinen, Computeranlagen und Bildschirmgeräte, aber auch Klima- und Beleuchtungsanlagen, nicht aber bloßes Handwerkszeug und Büromittel. Nicht erfasst ist die bloße Reparatur oder Ersatzbeschaffung von technischen Anlagen, es sei denn, dass sich daraus andersartige Auswirkungen auf die Arbeitsbedingungen ergeben können (GK-BetrVG/*Wiese/Weber* § 90 Rz. 15).

1694 Arbeitsablauf und Arbeitsverfahren i.S.v. § 90 Abs. 1 Nr. 3 BetrVG hängen miteinander zusammen, sodass eine genaue Abgrenzung schwierig ist. Gemeint ist die Gesamtheit der Planung der Arbeit, wie sie im Betrieb im Zusammenwirken aller sächlichen und personellen Mittel erbracht werden soll (MünchArbR/*Matthes* § 345 Rz. 9). Arbeitsablauf ist die organisatorische, räumliche und zeitliche Gestaltung des Arbeitsprozesses im Zusammenwirken von Menschen und Betriebsmitteln (*Etzel* HzA Gruppe 19 Rz. 563). Hierzu gehört die Entscheidung über den Ort der Arbeit, die Arbeitszeitgestaltung (z.B. Ein- oder Mehrschichtbetrieb) und die Gestaltung der Arbeit im Übrigen (z.B. Einzel- oder Gruppenarbeit) und über den Arbeitsrhythmus (z.B. Einführung von Fließbandarbeit, Bandgeschwindigkeit bei Fließbandarbeit.

1695 Arbeitsverfahren ist die Technologie zur Veränderung des Arbeitsgegenstandes i.S.d. Arbeitsaufgabe, z.B. die Verwendung technischer Hilfsmittel, von Automaten oder EDV-Anlagen (GK-BetrVG/*Wiese/Weber* § 90 Rz. 19). Nicht unter die Gestaltung von Arbeitsverfahren und Arbeitsablauf fällt die Vergabe eines Teiles der Buchungsarbeiten an eine Firma, um aufgelaufene Buchungsrückstände aufzuarbeiten (*LAG Hamm* 3.12.1976 EzA § 90 BetrVG 1972 Nr. 1).

1696 Arbeitsplatz i.S.d. § 90 Abs. 1 Nr. 4 BetrVG ist der für den einzelnen Arbeitnehmer in der Planung vorgesehene Tätigkeitsbereich im räumlich-funktionalen Sinne (GK-BetrVG/*Wiese/Weber* § 90 Rz. 21). Die Planung betrifft die Ausgestaltung der einzelnen Arbeitsplätze hinsichtlich ihrer räumlichen Unterbringung, Ausstattung mit Geräten, Beleuchtung, Belüftung, Beheizung und ihrer Abschirmung vor schädlichen Umwelteinflüssen.

III. Unterrichtung und Beratung

1697 Der Arbeitgeber hat den Betriebsrat über die geplante Maßnahme zu unterrichten und diese mit ihm zu beraten. Er bleibt aber in seiner Entscheidung frei und braucht auf Grund der Vorschläge des Betriebsrats eine Planung nicht zu ändern (GK-BetrVG/*Wiese/Weber* § 90 Rz. 32).

Der Arbeitgeber kann mit der Unterrichtung und Beratung einen mit der Aufgabe betrauten, sachkundigen Arbeitnehmer beauftragen (vgl. *BAG* 11.12.1991 EzA § 90 BetrVG 1972 Nr. 2). Ein Initiativrecht des Betriebsrats dahingehend, selbst Pläne für eine Änderung der in Nr. 1–4 genannten Gegenstände vorzulegen und deren Erörterung erzwingen zu können, besteht nicht (GK-BetrVG/*Wiese/Weber* § 90 Rz. 23). 1698

Der Betriebsrat ist vom Arbeitgeber über die Planung, nicht erst über den fertigen Plan der genannten Maßnahmen und damit dann zu unterrichten, wenn das Stadium der Vorüberlegungen abgeschlossen ist. Nach dem Zweck der Vorschrift soll er so rechtzeitig unterrichtet werden, dass ihm Zeit bleibt, sich selbst über die Auswirkungen der genannten Maßnahmen auf die Arbeitnehmer ein eigenes Urteil zu bilden, sich mit dem Arbeitgeber zu beraten und damit auf dessen Willensbildung Einfluss zu nehmen (*BAG* 11.12.1991 EzA § 90 BetrVG 1972 Nr. 2). Rechtzeitig ist die Unterrichtung daher dann, wenn sie möglichst frühzeitig erfolgt, sobald feststeht, dass Maßnahmen getroffen werden sollen oder doch ernsthaft erwogen werden und erste Überlegungen über die Möglichkeiten ihrer Durchführung angestellt werden (GK-BetrVG/*Wiese/Weber* § 90 Rz. 6). Das Recht auf Unterrichtung bezieht sich nur auf zukünftige Maßnahmen, nicht auf Maßnahmen, deren Planung bereits abgeschlossen ist. Für die Unterrichtung ist keine bestimmte Form vorgeschrieben. Der Arbeitgeber hat die geplanten Maßnahmen hinsichtlich Gegenstand, Ziel und Durchführung unter Aufzeigung der Auswirkungen für die Arbeitnehmer und die Möglichkeiten zur Berücksichtigung ihrer Interessen umfassend zu erläutern. Hierbei muss er von sich aus alle notwendigen Unterlagen (z.B. Baupläne, technische Zeichnungen) vorlegen und bei umfangreichem Unterlagenmaterial dieses dem Betriebsrat zeitweilig überlassen. 1699

Die Pflicht zur Beratung der vorgesehenen Maßnahmen beinhaltet, dass der Arbeitgeber nach der Information dem Betriebsrat angemessene Zeit lässt, sich als Gremium mit der Angelegenheit zu befassen, sich mit den Argumenten des Betriebsrats auseinander zu setzen und sich um eine für beide Seiten angemessene Lösung zu bemühen. Der Betriebsrat kann in der Beratung alle Gesichtspunkte einbringen, die aus seiner Sicht für die Planung im Hinblick auf die Arbeitsbedingungen bedeutsam sind (GK-BetrVG/*Wiese/Weber* § 90 Rz. 29). 1700

Bei der Beratung sollen auch die gesicherten arbeitswissenschaftlichen Erkenntnisse über die menschengerechte Gestaltung der Arbeit berücksichtigt werden. Vgl. zum Begriff der gesicherten arbeitswissenschaftlichen Erkenntnisse unten Rn. 1705 ff. 1701

IV. Mitbestimmung des Betriebsrates

1. Korrigierendes Mitbestimmungsrecht

Wenn Arbeitnehmer durch Änderungen der Arbeitsplätze, des Arbeitsablaufes oder der Arbeitsumgebung, die den gesicherten arbeitswissenschaftlichen Erkenntnissen über die menschengerechte Gestaltung der Arbeit offensichtlich widersprechen, in besonderer Weise belastet werden, gewährt § 91 BetrVG ein sog. korrigierendes, ein Initiativrecht beinhaltendes Mitbestimmungsrecht (GK-BetrVG/*Wiese/Weber* § 91 Rz. 1). 1702

> Durch dieses Mitbestimmungsrecht kann lediglich die Korrektur von Zuständen an konkreten Arbeitsplätzen, nicht aber generell eine bestimmte menschengerechte Gestaltung der Arbeitsplätze und Arbeitsabläufe erzwungen werden (*BAG* 6.12.1983 EzA § 87 BetrVG 1972 Bildschirmarbeit Nr. 1). 1703

Es greift aber nicht erst bei Abschluss der Planung, sondern schon während des Planungsstadiums selbst ein (*BAG* 6.12.1983 EzA § 87 BetrVG 1972 Bildschirmarbeit Nr. 1; **a.A.** GK-BetrVG/*Wiese/Weber* § 91 Rz. 8).

2. Voraussetzungen des Mitbestimmungsrechts

Das Mitbestimmungsrecht des Betriebsrats dient nicht der Verbesserung bestehender Zustände. Es ist nur gegeben, wenn die in § 91 BetrVG genannte besondere Belastung der 1704

Arbeitnehmer auf einer Änderung von Arbeitsplätzen, des Arbeitsablaufes oder der Arbeitsumgebung beruht und erstreckt sich damit nicht auf Fälle, in denen schon bestehende Verhältnisse den gesicherten arbeitswissenschaftlichen Erkenntnissen über die menschengerechte Gestaltung der Arbeit offensichtlich widersprechen (*BAG* 28.7.1981 EzA § 87 BetrVG 1972 Arbeitszeit Nr. 9). Andererseits ist unerheblich, ob die Änderung auf einer Planung des Arbeitgebers beruht oder ad hoc vorgenommen wird oder unbeabsichtigt eintritt oder ob sie zuvor mit dem Betriebsrat beraten wurde. Entscheidend ist allein die Änderung an sich (GK-BetrVG/*Wiese/Weber* § 91 Rz. 7).

1705 Es muss ferner ein Verstoß gegen gesicherte arbeitswissenschaftliche Erkenntnisse über die menschengerechte Gestaltung der Arbeit vorliegen.

1706 Gesicherte arbeitswissenschaftliche Erkenntnisse sind solche, die nach dem derzeitigen Stand der Arbeitswissenschaft bei den Fachleuten allgemein Anerkennung gefunden haben (GK-BetrVG/*Wiese/Weber* § 90 Rz. 36). In gesetzlichen Vorschriften in Bezug genommene Regelwerke, Richtlinien, Fachnormen u. ä. Werke (z.B. DIN-Normen, technische Normen des VDE, VDI, Sicherheitsregeln der Berufsgenossenschaften) enthalten i.d.R. gesicherte arbeitswissenschaftliche Erkenntnisse. Gleiches gilt für tarifvertragliche Regelungen innerhalb ihres Geltungsbereiches (MünchArbR/*Matthes* § 345 Rz. 35). Ein offensichtlicher Widerspruch liegt vor, wenn er eindeutig, d.h. ohne weiteres für den sachkundigen Betriebspraktiker erkennbar ist (GK-BetrVG/*Wiese/Weber* § 91 Rz. 13).

1707 Durch den Verstoß müssen die betroffenen Arbeitnehmer in besonderer Weise belastet werden. Eine besondere Belastung liegt vor, wenn sie objektiv das für die konkrete Tätigkeit sich aus den gesicherten arbeitswissenschaftlichen Erkenntnissen ergebende Maß überschreitet. Ausreichend ist die Belastung einzelner Arbeitnehmer, wenn durch die Änderung generell jeder an einem bestimmten Arbeitsplatz eingesetzte Arbeitnehmer ungeachtet seiner persönlichen Konstitution besonders belastet wird (GK-BetrVG/*Wiese/Weber* § 91 Rz. 20).

1708 Der Einsatz von Bildschirmgeräten an Arbeitsplätzen widerspricht nicht generell gesicherten arbeitswissenschaftlichen Erkenntnissen, sodass der Betriebsrat nicht in Anwendung von § 91 BetrVG generalpräventiv bestimmte Ausgleichsmaßnahmen verlangen kann (GK-BetrVG/*Wiese/Weber* § 91 Rz. 21). Zwischenzeitlich ist die EG-Bildschirmrichtlinie (90/270/EWG) in Form der BildscharbV in nationales Recht umgesetzt worden, die ihrerseits eine Reihe von ausfüllungsbedürftigen Rahmenvorschriften enthält, sodass umfangreiche Mitbestimmungsrechte des Betriebsrats nach § 87 Abs. 1 Nr. 7 BetrVG bestehen (vgl. DKK/*Klebe* § 87 Rz. 200 ff. m.w.N.). Dadurch ist in diesem Bereich die Rechtsprechung des *BAG* (2.4.1996 EzA § 87 BetrVG 1972 Bildschirmarbeit Nr. 1), die ebenfalls ein Mitbestimmungsrecht des Betriebsrats in richtlinienkonformer Auslegung des § 120a GewO annahm, überholt.

3. Korrekturmaßnahmen

1709 Für die korrigierenden Maßnahmen sieht das Gesetz eine Rangfolge vor. In erster Linie soll die völlige Beseitigung der Belastung erreicht werden, nur wenn auch dies nicht möglich ist, soll zumindest ein Ausgleich für die besondere Belastung gewährt werden. Angemessen sind Maßnahmen, wenn sie unter Berücksichtigung der Belastung des Betriebes, des Standes der Technik sowie der betrieblichen Möglichkeiten durchführbar, geeignet, erforderlich und für den Betrieb vertretbar sind (GK-BetrVG/*Wiese/Weber* § 91 Rz. 27). Maßnahmen zur Milderung sind etwa die Gewährung von Hilfs- und Schutzmitteln, Arbeitsunterbrechungen oder die Zuweisung von Ausgleichstätigkeiten. Zusätzliche Leistungen können etwa Getränke, Verpflegung, Reinigungsmittel, bezahlte Freistellung oder die Zahlung von Zuschlägen sein (MünchArbR/*Matthes* § 345 Rz. 43, 44).

V. Streitigkeiten

Kommt eine Einigung zwischen Arbeitgeber und Betriebsrat über die Art und die Angemessenheit der Maßnahmen nicht zu Stande, so entscheidet die Einigungsstelle, die auch die Frage ihrer Zuständigkeit und damit zu prüfen hat, ob die Voraussetzungen der Mitbestimmung des Betriebsrats vorliegen. Ferner kann durch ein arbeitsgerichtliches Beschlussverfahren die Rechtsfrage geklärt werden, ob im Einzelfall ein Mitbestimmungsrecht des Betriebsrats nach § 91 BetrVG besteht. Erforderlich ist, dass der diesbezügliche Feststellungsantrag ganz konkret den Sachverhalt, für den ein Mitbestimmungsrecht in Anspruch genommen wird, umschreibt, da ein zu weit gefasster, sog. Globalantrag, zwar nicht unzulässig, aber dann unbegründet ist, wenn auch nur eine Fallkonstellation denkbar ist, in der ein Mitbestimmungsrecht nicht besteht, die aber vom Wortlaut des Antrages mit umfasst ist. Werden durch den Spruch der Einigungsstelle Individualansprüche einzelner Arbeitnehmer begründet, sind sie im Urteilsverfahren einklagbar. Gegebenenfalls besteht auch ein Zurückbehaltungsrecht des Arbeitnehmers (vgl. GK-BetrVG/*Wiese/Weber* § 91 Rz. 37). 1710

M. Mitbestimmung in personellen Angelegenheiten

I. Allgemeine personelle Angelegenheiten

1. Personalplanung, § 92 BetrVG

a) Zweck der Vorschrift

Zweck der Regelung ist es, eine Objektivierung und bessere Durchschaubarkeit sowohl der allgemeinen Personalwirtschaft als auch der personellen Einzelentscheidungen zu erreichen (BR-Drs. 715/70, S. 50). Durch rechtzeitige und umfassende Information bereits in diesem Stadium soll der Betriebsrat in die Lage versetzt werden, bei eventuell auf der Planung aufbauenden personellen Einzelmaßnahmen sachgerecht mitwirken zu können. Abs. 3 bezweckt, Frauenförderung ausdrücklich zum Gegenstand der Personalplanung zu machen und den Arbeitgeber zu verpflichten, bereits bei der Personalplanung die Frauenförderung von sich aus zu berücksichtigen (BT-Drs. 14/5741, S. 48). 1711

b) Begriff der Personalplanung

Von der Personalplanung i.S.v. § 92 BetrVG werden alle diejenigen Überlegungen und Entscheidungen erfasst, die die Grundlage für nachfolgende personelle Einzelmaßnahmen, Einstellungen, Versetzungen, Fortbildung, Entlassung u.Ä. sein können (MünchArbR/*Matthes* § 346 Rz. 4). Eine Planung setzt nicht voraus, dass sie sich auf den gesamten Betrieb bezieht. Sie liegt auch dann vor, wenn es um einzelne Betriebsteile oder bestimmte Projekte geht (*BAG* 6.11.1990 EzA § 92 BetrVG 1972 Nr. 2). 1712

Dem Begriff der Personalplanung unterfällt damit jede Planung, die sich auf den gegenwärtigen und zukünftigen Personalbedarf in quantitativer und qualitativer Hinsicht, auf dessen Deckung im weitesten Sinne und auf den abstrakten Einsatz der personellen Kapazität bezieht. Hierzu gehört zunächst die Personalbedarfsplanung, nicht aber die dieser Bedarfsplanung vorgelagerte weitere unternehmerische Planung, wie etwa Produktions-, Investitions- und Rationalisierungsplanung (*LAG Bln.* 13.6.1988 LAGE § 92 BetrVG 1972 Nr. 2). Erst wenn und soweit der Arbeitgeber Ergebnisse aus anderen Bereichen zur Grundlage seiner Personalplanung macht, hat er auch über diese Ergebnisse im Rahmen des § 92 BetrVG zu unterrichten (*BAG* 19.6.1984 EzA § 92 BetrVG 1972 Nr. 1). Diese vorgelagerten unternehmerischen Planungen und Entscheidungen können aber Gegenstand der Unterrichtungspflicht gegenüber dem Wirtschaftsausschuss, § 106 Abs. 2 BetrVG, sein, da im Rahmen dieser Unterrichtung auch über die Auswirkungen für die Personalplanung zu informieren ist. Zur Personalplanung gehört ferner die Personaldeckungsplanung, also die Planung der Maßnah- 1713 men, mit denen ein festgestellter künftiger Personalbedarf gedeckt werden soll. Weiter zählt hierzu die Personalabbauplanung, wenn der gegenwärtige Personalbestand reduziert werden soll. Ebenfalls erfasst ist die Personalentwicklungsplanung als Planung der Deckung des Personalbedarfs mit schon vorhandenen Arbeitnehmern. Schließlich unterfällt § 92 BetrVG auch die Personaleinsatzplanung, die sich mit der Frage beschäftigt, wo und wie die Arbeitnehmer im Betrieb eingesetzt werden sollen. Nicht erfasst werden die Personalkostenplanung sowie Maßnahmen der Planungskontrolle (GK-BetrVG/*Kraft/Raab* § 92 Rz. 17 f.) und die Planung der Personalorganisation (Organisation des Personalwesens oder innere hierarchische Struktur des im Betrieb vorhandenen Personals), es sei denn, es geht um deren Einrichtung und damit um deren Personalbedarf und dessen Deckung (*Hunold* DB 1989, 1335). Eine Planung, die sich lediglich auf die berufliche Entwicklung oder den konkreten Arbeitseinsatz einzelner Arbeitnehmer bezieht, unterfällt ebenfalls nicht dem Anwendungsbereich des § 92 BetrVG. Gleiches gilt für die Planung künftiger Beschäftigungsbedingungen (z.B. Arbeitszeit, Entgelt, Arbeitsplatzgestaltung). Diesbezüglich können spezielle Mitbestimmungstatbestände (§§ 87, 88, 90, 91 BetrVG) berührt sein.

1714 Nach überwiegender Ansicht (GK-BetrVG/*Kraft/Raab* § 92 Rz. 5; **a.A.** DKK/*Schneider* § 92 Rz. 42) bezieht sich § 92 BetrVG nicht auf leitende Angestellte i.S.v. § 5 Abs. 3, 4 BetrVG, es sei denn, die Personalplanung befasst sich damit, wie Arbeitnehmer die Qualifikation zum leitenden Angestellten erreichen können, sofern es im Rahmen der Personalentwicklungsplanung darum geht, welcher Bedarf an leitenden Angestellten besteht und wie dieser eventuell mit Arbeitnehmern des Betriebes gedeckt werden kann (GK-BetrVG/*Kraft/Raab* § 92 Rz. 5).

c) Unterrichtungspflicht

1715 Die Unterrichtungspflicht besteht nur, wenn und soweit eine Personalplanung vorhanden ist. Über Überlegungen im Vorstadium der Planung ist noch nicht zu unterrichten. Solange der Arbeitgeber deshalb nur Handlungsspielräume auslotet, etwa Möglichkeiten einer Personalreduzierung erkundet, diese Möglichkeiten aber ersichtlich noch nicht nutzen will, besteht keine Unterrichtungspflicht (*BAG* 19.6.1984 EzA § 92 BetrVG 1972 Nr. 1).Unberührt bleibt der Anspruch des Betriebsrats auf Ermittlung des Berufsbildungsbedarfs nach § 96 BetrVG (s.u. Rn. 1780).

1716 Die Unterrichtung muss rechtzeitig erfolgen. Welcher Zeitpunkt hierfür maßgeblich ist, wird kontrovers diskutiert: Zum Teil (*Hunold* DB 1989, 1336) wird es als ausreichend erachtet, wenn der Unternehmer nach Abschluss der Planung unterrichtet, wenn bis zur Realisierung durch Einzelmaßnahmen noch so viel Zeit verbleibt, dass der Betriebsrat vorher gegebenenfalls Änderungen erreichen kann. Begründet wird dies damit, dass der Betriebsrat nur über die Planung zu unterrichten, nicht aber in die Planung einzuschalten sei. Nach anderer Auffassung setzt die Unterrichtungspflicht bereits in der Phase der Entscheidungsfindung (z.B. GK-BetrVG/*Kraft/Raab* § 92 Rz. 22; DKK/*Schneider* § 92 Rz. 36) ein. Zum Teil (MünchArbR/*Matthes* § 346 Rz. 13) wird der Zeitpunkt als maßgeblich angesehen, in welchem konkrete Vorstellungen über mögliche Maßnahmen zur Erreichung des vorgegebenen Ziels entwickelt werden sollen, was i.d.R. mit Abschluss der Personalbedarfsplanung angenommen werden könne. Ergeben sich gegenüber der bisherigen, dem Betriebsrat mitgeteilten Planung Änderungen und Neuerungen, ist hierüber ebenfalls zu unterrichten.

1717 Umfassend ist die Unterrichtung, wenn der Arbeitgeber dem Betriebsrat alle Tatsachen mitteilt, auf die er die jeweilige Personalplanung stützt (*BAG* 19.6.1984 EzA § 92 BetrVG 1972 Nr. 1), die also für seine Personalplanung relevant sind. Die Unterrichtung muss sich auch auf die Wege und Methoden erstrecken, auf denen die Personalplanung zu bestimmten Annahmen und Folgerungen gekommen ist (MünchArbR/*Matthes* § 346, Rz. 12).

Bei Einsatz organisatorischer und technischer Hilfsmittel (Assessment-Center, Personalinformationssysteme) sind die mit deren Hilfe gewonnenen Unterlagen, soweit sie Planungsgrundlage sind, vorzulegen. Streitig ist, ob neben der Unterrichtung über gewonnene Ergebnisse auch über die technischen Einzelheiten des eingesetzten Hilfsmittels, etwa vorhandene Programme, zu unterrichten ist (abl. GK-BetrVG/*Kraft* 7. Aufl., § 92 Rz. 21; bejahend *Fitting* § 92 Rz. 25.). 1718

Die Unterrichtung hat anhand von Unterlagen zu erfolgen. Dies bedeutet jedenfalls, dass dem Betriebsrat die Unterlagen zur Einsicht vorzulegen sind. Ob darüber hinaus eine Verpflichtung des Arbeitgebers besteht, dem Betriebsrat die Unterlagen zeitweilig zu überlassen, ist strittig (abl. GK-BetrVG/*Kraft/Raab* § 92 Rz. 27; MünchArbR/*Matthes* § 346 Rz. 15; bejahend DKK/*Schneider* § 92 Rz. 40; *Jedzig* DB 1989, 978, 981]; *Hunold* DB 1989, 1336; *LAG München* 6.8.1986 LAGE § 92 BetrVG 1972 Nr. 1). Zweck der Zugänglichmachung der Unterlagen ist es, dem Betriebsrat die Möglichkeit zu geben, zu überprüfen, ob die vom Arbeitgeber zur Personalplanung gemachten Angaben auch tatsächlich zutreffen (*BAG* 19.6.1984 EzA § 92 BetrVG 1972 Nr. 1). 1719

Zur Einsicht vorzulegen sind alle Unterlagen, die der Arbeitgeber selbst zur Grundlage seiner Planung gemacht hat. Dazu können auch Unterlagen gehören, die in anderem Zusammenhang erarbeitet wurden, wenn sich der Betriebsrat nur anhand dieser Unterlagen ein verlässliches Bild von der Personalplanung machen kann (*BAG* 19.6.1984 EzA § 92 BetrVG 1972 Nr. 1). 1720

In Betracht kommen z.B. Personalstatistiken, Übersichten, Bedarfsberechnungen, aber auch die Erstellung von Anforderungsprofilen (*BAG* 31.5.1983 EzA § 95 BetrVG 1972 Nr. 6) und Stellenbeschreibungen (*BAG* 31.1.1984 EzA § 95 BetrVG 1972 Nr. 7), da die Gesamtheit der Stellenbeschreibungen ausweist, wie viel Personal benötigt wird. Das Einsichtrecht besteht nur hinsichtlich vorhandener Unterlagen. Ein Anspruch auf zusätzliche Erstellung nicht vorhandener Unterlagen besteht nicht (GK-BetrVG/*Kraft/Raab* § 92 Rz. 29). Die wahrheitswidrige, unvollständige oder verspätete Unterrichtung des Betriebsrates im Rahmen der Personalplanung ist Ordnungswidrigkeit gem. § 121 BetrVG. 1721

d) Beratungspflicht

Der Arbeitgeber hat mit dem Betriebsrat über Art und Umfang der erforderlichen Maßnahmen und über die Vermeidung von Härten zu beraten. Das Beratungsrecht ist damit enger als das von § 92 Abs. 1 S. 1 BetrVG eingeräumte Informationsrecht und besteht nur hinsichtlich der mit der Personalplanung verbundenen personellen Maßnahmen. Der Beratungspflicht unterliegt damit nicht die Personalbedarfsplanung, sondern nur die aus ihr im Rahmen der Personaldeckungsplanung folgenden konkreten Maßnahmen (*BAG* 6.11.1990 EzA § 92 BetrVG 1972 Nr. 2). Zu beraten ist auch, ob ein Personalbedarf durch Einstellung eigener Arbeitnehmer, durch Leiharbeitnehmer oder durch Fremdfirmenarbeiter gedeckt werden soll oder ob ein Personalabbau durch die Einschränkung von Leiharbeit und Fremdfirmenarbeit vermieden werden kann (*BAG* 31.1.1989 EzA § 80 BetrVG 1972 Nr. 34). Inhalt der Beratungspflicht ist es auf Seiten des Arbeitgebers, Anregungen und Bedenken des Betriebsrates entgegenzunehmen und mit diesem zu erörtern. Eine Verpflichtung, die Vorstellungen des Betriebsrates zu berücksichtigen, besteht nicht. 1722

e) Vorschlagsrecht

Der Betriebsrat kann dem Arbeitgeber Vorschläge für die Einführung und Durchführung einer Personalplanung machen. Soweit eine Personalplanung nicht besteht, kann deren Einführung vom Betriebsrat jedoch nicht erzwungen werden. Der Arbeitgeber ist lediglich verpflichtet, sich mit den Vorschlägen des Betriebsrates ernsthaft zu befassen. 1723

f) Entsprechende Geltung für Maßnahmen nach § 80 Abs. 1 Nr. 2a, b BetrVG

1724 Nach dem durch das BetrVerf-ReformG vom 23.7.2001 (BGBl. I S. 1852 ff.) eingefügten § 92 Abs. 3 BetrVG gelten die Absätze 1 und 2 des § 92 entsprechend für Maßnahmen i.S.d. § 80 Abs. 1 Nr. 2a, b BetrVG, d.h. für Maßnahmen der Durchsetzung der tatsächlichen Gleichstellung von Frauen und Männern und für Maßnahmen zur Förderung der Vereinbarkeit von Familie und Erwerbstätigkeit, insbes. für die Aufstellung und Durchführung von Maßnahmen zur Förderung der Gleichstellung von Frauen und Männern. Der Arbeitgeber soll hierdurch verpflichtet werden, bereits von sich aus bei der Personalplanung die Frauenförderung zu berücksichtigen, seine Vorstellungen hierzu, insbes. die damit verbundenen personellen Maßnahmen und erforderlichen Berufsbildungsmaßnahmen, dem Betriebsrat anhand von Unterlagen zu unterbreiten und mit ihm zu beraten (BegrRegE BT-Drs. 14/5741, S. 48). Neben der Pflicht zur Unterrichtung und Beratung derartiger Maßnahmen besteht auch ein entsprechendes Vorschlagsrecht des Betriebsrats. Nach GK-BetrVG/*Kraft/Raab* (§ 92 Rz. 41) sollen die in Absatz 3 genannten Maßnahmen nur dann dem § 92 BetrVG unterfallen, wenn sie Teil der Personalplanung sind.

2. Vorschläge zur Beschäftigungsförderung und -sicherung, § 92a BetrVG

a) Zweck der Vorschrift

1725 Das durch das BetrV-ReformG vom 23.7.2001 (BGBl. I S. 1852 ff.) eingefügte Beteiligungsrecht des Betriebsrats nach § 92a BetrVG soll nach der Gesetzesbegründung (BT-Drs. 14/5741, S. 49) dazu beitragen, dass der Meinungsbildungsprozess im Betrieb zu Fragen der Sicherung und Förderung von Beschäftigung in Gang gehalten wird und der Arbeitgeber sich den Vorschlägen des Betriebsrats stellen muss, auch wenn sie den Bereich der Unternehmensführung betreffen. Die Regelung wird zum Teil als überflüssig kritisiert (GK-BetrVG/*Kraft/Raab* § 92a Rz. 1, 6).

b) Vorschlagsrecht des Betriebsrats

1726 Gem. § 92a Abs. 1 BetrVG kann der Betriebsrat dem Arbeitgeber Vorschläge zur Sicherung und Förderung der Beschäftigung machen. Die beispielhafte Aufzählung möglicher Vorschlagsthemen ist nicht abschließend. Eine Verpflichtung des Arbeitgebers entsprechend den Vorschlägen des Betriebsrats zu verfahren besteht nicht.

c) Beratungspflicht des Arbeitgebers

1727 Der Arbeitgeber ist nach Abs. 2 verpflichtet, mit dem Betriebsrat dessen Vorschläge zu beraten. Beratung bedeutet, dass der Arbeitgeber Vorschläge des Betriebsrats entgegen nimmt, mit diesem erörtert und sich argumentativ mit den Vorschlägen auseinander setzt. Hält er die Vorschläge für ungeeignet, hat der Arbeitgeber dies gegenüber dem Betriebsrat zu begründen. In Betrieben mit mehr als 100 Arbeitnehmern muss die Begründung schriftlich erfolgen. Erfüllt der Arbeitgeber seine Pflicht zur schriftlichen Ablehnungsbegründung nicht, besteht ein im Beschlussverfahren durchsetzbarer Erfüllungsanspruch des Betriebsrats. Bei wiederholten Verstößen kommt auch ein Vorgehen nach § 23 Abs. 3 BetrVG in Betracht (GK-BetrVG/*Kraft/Raab* § 92a Rz. 42).

Arbeitgeber oder Betriebsrat können zu den Beratungen einen Vertreter des (Landes-)Arbeitsamtes (jetzt: Agenturen für Arbeit) hinzuziehen. Hierdurch soll nach der Gesetzesbegründung (BT-Drs. 14/5741, S. 49) erreicht werden, »dass zu dem Potenzial an innerbetrieblichen Wissen über Sicherung und Ausbau der Beschäftigung überbetriebliche Kenntnisse und Erfahrungen insbes. über Fortbildungs- und Umschulungsmaßnahmen sowie deren Unterstützung durch die Arbeitsverwaltung hinzukommen.«

3. Personalfragebogen, Beurteilungsgrundsätze, § 94 BetrVG

a) Zweck der Vorschrift

> Das durch § 94 BetrVG eingeräumte Mitbestimmungsrecht soll im Interesse eines präventiven Schutzes des Persönlichkeitsrechts des Arbeitnehmers sicherstellen, dass Fragen des Arbeitgebers auf die Gegenstände und den Umfang beschränkt bleiben, für die ein berechtigtes Auskunftsbedürfnis besteht. Die Mitbestimmung bei der Aufstellung von Beurteilungsgrundsätzen soll der Objektivierung solcher Grundsätze im Interesse der Arbeitnehmer dienen (BR-Drs. 715/70, S. 50 zu § 94). **1728**

Durch die Aufstellung von Beurteilungsgrundsätzen soll ein einheitliches Vorgehen bei der Beurteilung und ein Bewerten nach einheitlichen Maßstäben ermöglicht und so erreicht werden, dass die Beurteilungsergebnisse miteinander vergleichbar sind (*BAG* 23.10.1984 EzA § 94 BetrVG 1972 Nr. 1). **1729**

b) Personalfragebogen

aa) Anwendungsbereich

> § 94 BetrVG gilt für jede systematische und generelle, d.h. auf alle Arbeitnehmer oder bestimmte Arbeitnehmergruppen bezogene Erhebung von persönlichen Angaben (MünchArbR/*Matthes* § 347 Rz. 7) und erfasst damit nicht nur die systematische, schriftliche Zusammenstellung von Fragen. **1730**

Erfasst werden vielmehr auch standardisierte Fragen in Tests oder Interviews, z.B. auch Fragen des Arbeitgebers aus einer formularmäßigen Zusammenfassung von Fragen über die persönlichen Verhältnisse, die dem Bewerber mündlich gestellt und die Antworten vom Arbeitgeber selbst vermerkt werden (*BAG* 21.9.1993 EzA § 118 BetrVG 1972 Nr. 62). Unerheblich ist, ob die Fragen im Hinblick auf eine beabsichtigte Einstellung oder schon beschäftigten Arbeitnehmern gestellt werden (GK-BetrVG/*Kraft/Raab* § 94 Rz. 15). Unerheblich ist ferner, ob sie vom Arbeitgeber selbst oder durch einen von diesem beauftragten Dritten, etwa einem Beratungsunternehmen gestellt werden, sofern von diesem nicht nur eine allgemeine Beurteilung abgegeben wird, sondern die einzelnen Antworten dem Arbeitgeber zur Kenntnis gebracht werden (MünchArbR/*Matthes* § 347 Rz. 10). Gem. § 94 Abs. 2 BetrVG besteht das Mitbestimmungsrecht auch für persönliche Angaben in schriftlichen Formulararbeitsverträgen. Hierdurch soll verhindert werden, dass die Beteiligung des Betriebsrates bei der Verwendung von Personalfragebögen umgangen wird. Nicht erfasst (vgl. GK-BetrVG/*Kraft/Raab* § 94 Rz. 17 ff.) sind: Nicht standardisierte Fragen im Rahmen eines Vorstellungsgespräches, ärztliche Fragebogen für Einstellungsuntersuchungen, es sei denn, der Arbeitnehmer muss den Werksarzt von der Schweigepflicht entbinden, um überhaupt eingestellt zu werden und die Einholung von Auskünften über Arbeitnehmer oder Bewerber bei Dritten. Strittig ist, ob auch die Art und Weise der Verarbeitung der gewonnenen Daten und deren Verwendung der Mitbestimmung des Betriebsrats nach § 94 BetrVG unterliegt (so z.B. *Fitting* § 94 Rz. 10; DKK/*Klebe* § 94 Rz. 7). Dies erscheint angesichts des Wortlauts der Bestimmung und des speziellen Mitbestimmungsrechts des Betriebsrats nach § 87 Abs. 1 Nr. 6 BetrVG bei elektronischer Weiterverarbeitung der erhobenen Daten fraglich (abl. deshalb z.B. GK-BetrVG/*Kraft/Raab* § 94 Rz. 20.; MünchArbR/*Matthes* § 347 Rz. 27 f.). **1731**

In zeitlicher Hinsicht ist die Zustimmung des Betriebsrates erforderlich bei der Neueinführung, aber auch bei der Änderung bestehender Fragebogen. Auch die Weiterverwendung mitbestimmungsfrei eingeführter Fragebögen bedarf der Zustimmung des Betriebsrates, so etwa vor Inkrafttreten des BetrVG 1972 eingeführte Personalfragebogen (GK-BetrVG/*Kraft/Raab* § 94 Rz. 6) oder die Weiterverwendung von vor der Wahl eines Betriebsrates eingeführten (vgl. für Beurteilungsrichtlinien: *LAG Frankf.* 6.3.1990 DB 1991, 1027). Der **1732**

Arbeitgeber kann aber in dieser Konstellation von der Zustimmung des Betriebsrates ausgehen, wenn dieser der Weiterverwendung nicht widersprochen hat (GK-BetrVG/*Kraft/Raab* § 94 Rz. 6).

bb) Beteiligung des Betriebsrates

1733 Personalfragebögen bedürfen der Zustimmung des Betriebsrates. Das Mitbestimmungsrecht greift damit erst dann, wenn der Arbeitgeber sich entschlossen hat, überhaupt Personalfragebögen einzusetzen. Ein Initiativrecht des Betriebsrates besteht nicht, sodass der Betriebsrat die Einführung von Fragebögen nicht erzwingen kann (*LAG Düsseld.* 24.7.1984 DB 1985, 134; GK-BetrVG/*Kraft/Raab* § 94 Rz. 5).

1734 Das Einigungsstellenverfahren kann nur vom Arbeitgeber betrieben werden. Arbeitgeber und Betriebsrat haben ebenso wie die Einigungsstelle bei ihrer Entscheidung zu berücksichtigen, dass nur zulässige Fragen in den Fragenkatalog aufgenommen werden. Welche Fragen zulässig sind, richtet sich allein nach individualrechtlichen Grundsätzen (s.o. Kap. 2 Rn. 247 ff.). Fragen, die nach diesen Grundsätzen unzulässig sind, werden nicht durch Zustimmung des Betriebsrates zulässig. Die Einigung zwischen Arbeitgeber und Betriebsrat bzw. der Spruch der Einigungsstelle sind in entsprechender Anwendung des § 77 Abs. 5 BetrVG für beide Seiten kündbar (GK-BetrVG/*Kraft/Raab* § 94 Rz. 13). Eine Nachwirkung i.S.d. § 77 Abs. 6 BetrVG tritt nach h.M. nicht ein, da dies zu einem Leerlaufen des Mitbestimmungsrechts nach § 94 BetrVG führen würde. Da nur der Arbeitgeber die Einigungsstelle anrufen kann, hieran aber bei Eingreifen einer Nachwirkung kein Interesse haben wird, liefe dies auf eine zeitlich nicht begrenzte Weiterverwendungsmöglichkeit von Personalfragebogen hinaus, zu denen nach Ablauf der Kündigungsfrist eine Zustimmung des Betriebsrates nicht mehr vorliegt (MünchArbR/*Matthes* § 347 Rz. 23). Nach Ablauf der Kündigungsfrist werden daher die entsprechenden Fragestellungen unzulässig.

cc) Verstoß gegen das Mitbestimmungsrecht

1735 Fehlt es an der Zustimmung des Betriebsrates, so verletzt der Arbeitgeber betriebsverfassungsrechtliche Pflichten. In Betracht kommt insoweit ein Vorgehen nach § 23 Abs. 3 BetrVG. Unter den Voraussetzungen dieser Norm steht dem Betriebsrat ein Anspruch auf Unterlassung der unzulässigen Datenerhebung oder ein Anspruch auf Löschung unzulässig erhobener Daten zu. Dem Arbeitnehmer steht ein Löschungsanspruch nach § 35 Abs. 2 BDSG zu (*Fitting* § 94 Rz. 34). Streitig ist, ob der Arbeitnehmer Fragen, die zwar individualrechtlich zulässig sind, hinsichtlich derer aber die Zustimmung des Betriebsrates fehlt, gleichwohl wahrheitsgemäß beantworten muss und ob die wahrheitswidrige Beantwortung solcher Fragen den Arbeitgeber zur Anfechtung des Arbeitsvertrages nach § 123 BGB berechtigt. Z. T. (*BAG* 2.12.1999 EzA § 94 BetrVG 1972 Nr 4; GK-BetrVG/*Kraft/Raab* § 94 Rz. 41; *Richardi/Thüsing* § 94 Rz. 51) wird einem Verstoß gegen das Beteiligungsrecht jede individualrechtliche Wirkung mit der Begründung abgesprochen, dass es sich bei § 94 BetrVG um eine rein betriebsverfassungsrechtliche Norm handele. Nach anderer Auffassung (z.B. DKK/*Klebe* § 94 Rz. 25; MünchArbR/*Matthes* § 347 Rz. 31) wird aus dem Schutzzweck des § 94 BetrVG gefolgert, dass die wahrheitswidrige Beantwortung individualrechtlich zulässiger, aber nicht mitbestimmter Fragen den Arbeitgeber nicht zur Anfechtung des Arbeitsvertrages berechtigt. Der Arbeitnehmer kann ferner die Löschung unzulässig erhobener und anschließend gespeicherter Daten verlangen (*BAG* 22.10.1986 AP Nr. 2 zu § 23 BDSG; s.o. Kap. 6 Rn. 103 ff.).

c) Allgemeine Beurteilungsgrundsätze

aa) Begriff

Allgemeine Beurteilungsgrundsätze sind für alle Arbeitnehmer oder für abstrakt beschriebene Gruppen von Arbeitnehmern des Betriebes geltende Grundsätze, die verfestigt und schriftlich fixiert sind und der Beurteilung von Leistung und Verhalten des Arbeitnehmers nach einer bestimmten Verfahrensweise zu Grunde gelegt werden (*BAG* 23.10.1984 EzA § 94 BetrVG 1972 Nr. 1). Erfasst ist auch die Aufstellung allgemeiner Beurteilungsgrundsätze für Bewerber, insbes. in Form der Erstellung von Systemen zur Auswertung der Bewerbungsunterlagen, Einstellungsprüfungen und psychologischen Testverfahren (*Galperin/Löwisch* § 94 Rz. 29). 1736

Eine Beurteilung i.S.d. § 94 BetrVG liegt nur vor, wenn sie sich auf die Person eines oder mehrerer bestimmter Arbeitnehmer und nicht nur auf einen Arbeitsplatz bezieht. Keine Beurteilungsgrundsätze sind daher Arbeitsplatzbewertungen, Arbeitsplatzbeschreibungen, Funktionsbeschreibungen (*BAG* 14.1.1986 EzA § 95 BetrVG 1972 Nr. 11). Führungsrichtlinien, die lediglich regeln, dass Vorgesetzte nachgeordnete Mitarbeiter unter bestimmten Voraussetzungen auf die Erfüllung ihrer Arbeitsaufgaben zu kontrollieren haben, sind grds. keine Beurteilungsgrundsätze, auch wenn das Ergebnis der Kontrolle Grundlage für die Beurteilung und Förderung des Mitarbeiters sein soll, es sei denn, es werden darüber hinaus allgemeine Grundsätze aufgestellt, die diese Beurteilung näher regeln und gestalten (*BAG* 23.10.1984 EzA § 94 BetrVG 1972 Nr. 1). Gegenstand von Beurteilungsgrundsätzen kann die Frage sein, hinsichtlich welcher Aspekte der Arbeitnehmer beurteilt werden soll, nach welchen Merkmalen und Kriterien und mit welchem Gewicht der einzelnen Kriterien die Bewertung erfolgt und welche Verfahren mit welchen Methoden hierbei zum Einsatz kommen (MünchArbR/*Matthes* § 348 Rz. 6). Beurteilungsgrundsätze liegen auch bei Anwendung eines wenig ausdifferenzierten Systems vor, das nur Teilaspekte der Tätigkeit berücksichtigt, solange die Beurteilung im Hinblick auf die – wenn auch wenigen – Kriterien noch generellen Charakter hat (*LAG Bln.* 22.4.1987 LAGE § 23 BetrVG 1972 Nr. 8). Das Mitbestimmungsrecht besteht auch, wenn die Beurteilungsgrundsätze in Form eines Programms zur Verwendung im Rahmen einer Datenverarbeitungsanlage erstellt werden (GK-BetrVG/*Kraft/Raab* § 94 Rz. 47). 1737

bb) Beteiligung des Betriebsrates

Ein Zustimmungserfordernis besteht nur, wenn der Arbeitgeber die Entscheidung getroffen hat, Mitarbeiter überhaupt nach festen Regeln zu beurteilen. Ein Initiativrecht des Betriebsrates gerichtet auf die Aufstellung und Anwendung allgemeiner Beurteilungsgrundsätze besteht nicht. Besteht Zustimmungspflicht, bezieht sich diese nicht nur auf die Einführung solcher Grundsätze, sondern auch auf deren nähere inhaltliche Ausgestaltung (MünchArbR/*Matthes* § 348 Rz. 10). 1738

cc) Verstoß gegen das Mitbestimmungsrecht

Mitbestimmte Beurteilungsgrundsätze sind vom Arbeitgeber anzuwenden. Die Verwendung ohne Zustimmung des Betriebsrates ist unzulässig und berechtigt diesen unter den Voraussetzungen des § 23 Abs. 3 BetrVG zur Geltendmachung eines Unterlassungsanspruches gegenüber dem Arbeitgeber. Gegenüber dem Arbeitnehmer ist eine Beurteilung auf Grund von nicht mitbestimmten Beurteilungsgrundsätzen unzulässig. Er kann verlangen, dass solche Beurteilungen nicht verwendet und aus seiner Personalakte entfernt werden (*BAG* 28.3.1979 AP Nr. 3 zu § 75 BPersVG). Die Durchführung psychologischer Tests und graphologischer Gutachten bedarf in jedem Fall auch der Zustimmung des betroffenen Arbeitgebers bzw. Bewerbers (s.o. Kap. 3 Rz. 2322). 1739

4. Auswahlrichtlinien, § 95 BetrVG

a) Zweck der Vorschrift

1740 Durch das Beteiligungsrecht im Vorfeld personeller Einzelmaßnahmen sollen die erforderlichen personellen Entscheidungen im Interesse des Betriebsfriedens und einer gerechteren Behandlung der Arbeitnehmer durchschaubarer gemacht und an objektive Kriterien gebunden werden (BR-Drs. 715/70, S. 32, 50). Auswahlrichtlinien sollen die Entscheidung des Arbeitgebers nicht ersetzen, sondern sie an objektive Kriterien binden (GK-BetrVG/*Kraft/Raab* § 95 Rz. 1).

1741 Soweit § 95 Abs. 2 BetrVG vorsieht, dass in Betrieben mit mehr als 500 Arbeitnehmern der Betriebsrat die Aufstellung von Auswahlrichtlinien verlangen kann, wird diese Bestimmung überwiegend trotz z. T. geäußerter Bedenken für verfassungsmäßig gehalten (vgl. GK-BetrVG/*Kraft/Raab* § 95 Rz. 25 ff.).

b) Begriff der Auswahlrichtlinien

1742 Auswahlrichtlinien sind abstrakt formulierte Präferenzregeln bei personellen Auswahlentscheidungen, wenn für die jeweilige personelle Einzelmaßnahme mehrere Arbeitnehmer in Betracht kommen. Es handelt sich um abstrakt generell formulierte Grundsätze zur Entscheidung der Frage, welchen von mehreren in Betracht kommenden Arbeitnehmern oder Bewerbern gegenüber eine anstehende personelle Einzelmaßnahme vorgenommen werden soll. Auswahlrichtlinien liegen dabei auch vor, wenn es nicht um Präferenzregeln geht, die zukünftig immer angewendet werden sollen, sondern um solche für eine konkret bevorstehende Maßnahme, wie z.B. bei einem Punktesystem für konkret anstehende Kündigungen (*BAG* 26.7.2005 EzA § 95 BetrVG 2001 Nr. 1).

1743 Die abstrakte Festlegung, welche Aufgaben in einer bestimmten betrieblichen Funktion zu verrichten sind und welche Anforderungen ein Stelleninhaber erfüllen soll, ist eine der Personalauswahlentscheidung vorgelagerte Festlegung. § 95 BetrVG erfasst deshalb weder Anforderungsprofile, in denen für einen bestimmten Arbeitsplatz die fachlichen, persönlichen und sonstigen Voraussetzungen abstrakt festgelegt werden, die ein Stelleninhaber erfüllen soll (*BAG* 31.5.1983 EzA § 95 BetrVG 1972 Nr. 6) noch Stellenbeschreibungen (*BAG* 31.1.1984 EzA § 95 BetrVG 1972 Nr. 7) oder Funktionsbeschreibungen (*BAG* 14.1.1986 EzA § 95 BetrVG 1972 Nr. 11). Soweit der Arbeitgeber Anforderungsprofile erstellt, bedeutet dies nicht, dass die dort festgelegten fachlichen und persönlichen Anforderungen in dem Sinne verbindlich sind, dass Auswahlrichtlinien nur festlegen könnten, dass der Arbeitnehmer jeweils diese Anforderungen erfüllen muss, da dann das Mitbestimmungsrecht nach § 95 BetrVG faktisch leer laufen würde. Inwieweit die vom Arbeitnehmer nach dem Inhalt der Auswahlrichtlinien zu erfüllenden fachlichen und persönlichen Voraussetzungen von denjenigen Anforderungen generell oder in Ausnahmefällen abweichen dürfen, die der Arbeitgeber in Anforderungsprofilen gesetzt hat, bleibt damit eine Frage der betrieblichen Einigung bzw. im Falle eines Spruches der Einigungsstelle eine solche der Wahrung der Grenzen des der Einigungsstelle eingeräumten Ermessens (*BAG* 31.5.1983 EzA § 95 BetrVG 1972 Nr. 6).

1744 Auswahlrichtlinien dürfen lediglich den Ermessensspielraum des Arbeitgebers einschränken, ihn aber nicht gänzlich beseitigen (*BAG* 26.7.2005 EzA § 95 BetrVG 2001 Nr. 1; GK-BetrVG/*Kraft/Raab* § 95 Rz. 11). Ob dies auch bei einem zwischen den Betriebspartnern vereinbarten Punktesystem für die Sozialauswahl bei betriebsbedingten Kündigungen gilt, hat das BAG (26.7.2005 EzA § 95 BetrVG 2001 Nr. 1) offen gelassen. Nach anderer Auffassung (z.B. MünchArbR/*Matthes* § 349 Rz. 6; DKK/*Klebe* § 95 Rz. 23) liegen unter Berücksichtigung des Zwecks des Beteiligungsrechts Auswahlrichtlinien auch dann vor, wenn diese selbst die Entscheidung des Arbeitgebers binden.

Unerheblich für den Begriff der Auswahlrichtlinien ist es, in welcher Form die in ihr enthaltenen Grundsätze zur Auswahlentscheidung festgelegt werden. Insbesondere ist keine Schriftform erforderlich. 1745

Soweit personelle Auswahlentscheidungen mittels Datenverarbeitungsanlagen (Personalinformationssysteme) erarbeitet werden und hierbei nach abstrakt-generellen Regeln selektiert wird, enthalten diese Auswahlrichtlinien und bedürfen daher insoweit der Zustimmung des Betriebsrates (GK-BetrVG/*Kraft/Raab* § 95 Rz. 6). Umgekehrt müssen Auswahlprogramme einer mitbestimmten Auswahlrichtlinie entsprechen, da ansonsten die erarbeitete Auswahlentscheidung einen Verstoß gegen die Auswahlrichtlinie darstellen würde (MünchArbR/*Matthes* § 349 Rz. 7). 1746

Umstritten ist, inwieweit auch Verfahrensregeln zur Feststellung der laut Auswahlrichtlinien zu beachtenden Gesichtspunkte, etwa die Festlegung der verwertbaren Unterlagen, dem Mitbestimmungsrecht unterliegen. Da es sich um Fragen der Datenerhebung und der Beurteilung von Arbeitnehmern handelt und insoweit spezielle Beteiligungsrechte (Personalfragebogen, Beurteilungsgrundsätze, § 94 BetrVG) existieren, wird dies weitgehend abgelehnt (GK-BetrVG/*Kraft/Raab* § 95 Rz. 14 ff; MünchArbR/*Matthes* § 349 Rz. 15; **a. A;** DKK/*Klebe* § 95 Rz. 26). 1747

c) Inhalt der Auswahlrichtlinien

aa) Grenzen der Regelungsbefugnis

Auswahlrichtlinien dürfen nicht gegen höherrangiges Recht, insbes. gegen gesetzliche Diskriminierungsverbote (Art. 3 Abs. 3 GG, § 75 Abs. 1 BetrVG, § 611a BGB) verstoßen. Notwendige Differenzierungen müssen daher durch die Anforderungen des Arbeitsplatzes und der Arbeitsaufgabe oder durch berechtigte Interessen des Betriebes oder der Arbeitnehmer gerechtfertigt sein (MünchArbR/*Matthes* § 349 Rz. 16). Z. T. (s.o. Rn. 1744) wird als weitere Grenze angesehen, dass dem Arbeitgeber jedenfalls ein Entscheidungsspielraum verbleiben muss. 1748

bb) Allgemeiner Inhalt

Auswahlrichtlinien müssen auch bei Erstellung aus einem konkreten Anlass (z.B. Betriebseinschränkung, -erweiterung) abstrakt-generell formulierte, in die Zukunft wirkende arbeitsplatzbezogene Kriterien enthalten, die sich mit fachlichen persönlichen und sozialen Merkmalen des Arbeitnehmers befassen, die für die Besetzung des in Aussicht genommenen Arbeitsplatzes von Bedeutung sein können. Als fachliche Voraussetzung kommen etwa Ausbildung, Erfahrungen, besondere Kenntnisse, körperliche und charakterliche Eigenschaften des Arbeitnehmers oder Bewerbers, in Betracht. Persönliche Voraussetzungen sind etwa Alter oder körperliche Leistungsfähigkeit. Soziale Gesichtspunkte sind alle Umstände, durch die der von einer personellen Einzelmaßnahme betroffene Arbeitnehmer besonders belastet wird oder die es gerechtfertigt erscheinen lassen, gerade diesem Arbeitnehmer den Vorzug zu geben, wie etwa Dauer der Betriebszugehörigkeit, Alter, Gesundheitszustand, besondere Schutzbedürftigkeit als Schwerbehinderter oder infolge von Schwangerschaft (vgl. MünchArbR/*Matthes* § 349 Rz. 9, 12). Neben der Normierung der Kriterien kann auch deren Gewichtung geregelt werden (*Hunold* DB 1989, 1338). Möglich sind auch Regelungen über die Zusammensetzung der Belegschaft nach gewissen Merkmalen durch Festlegung von Quoten (vgl. MünchArbR/*Matthes* § 349 Rz. 14). 1749

cc) Einzelne Maßnahmen

(1) Einstellung und Versetzung

Im Rahmen des § 95 BetrVG gilt der allgemeine betriebsverfassungsrechtliche Einstellungs- und Versetzungsbegriff (s.u. Rn. 1805 ff.). Im Vordergrund stehen bei diesen Maßnahmen fachliche und persönliche Auswahlkriterien, bei der Einstellung z.B. Altersgrenzen, die 1750

Eigenschaft als Jugendlicher oder weibliche Arbeitnehmer oder Regelung über die anteilsmäßige Zusammensetzung der Belegschaft nach gewissen Merkmalen. Geregelt werden kann auch die bevorzugte Berücksichtigung interner gegenüber externen Bewerbern. Bei einer Versetzung mit Ortsveränderung oder Veränderung der betrieblichen Position können soziale Gesichtspunkte, z.B. Alter, Familienstand, Dauer der Betriebszugehörigkeit eine Rolle spielen. Die Einigungsstelle kann für Versetzungen insoweit eine Bewertung in Form eines Punkteschemas beschließen. Dabei muss allerdings dem Arbeitgeber ein Entscheidungsspielraum verbleiben, der umso größer sein muss, desto weniger differenziert das Punktesystem ausgestattet ist. Andernfalls hält sich der Spruch der Einigungsstelle nicht mehr in den Grenzen billigen Ermessens i.S.d. § 76 Abs. 5 BetrVG (*BAG* 27.10.1992 EzA § 95 BetrVG 1972 Nr. 26).

(2) Umgruppierungen

1751 Da die Eingruppierungsmerkmale bereits durch Tarifvertrag oder Betriebsvereinbarung geregelt sind, besteht bei einer Umgruppierung i.d.R. keine Auswahlmöglichkeit für den Arbeitgeber, sodass Auswahlrichtlinien für Umgruppierungen regelmäßig keinen Sinn machen (MünchArbR/*Matthes* § 349 Rz. 21; GK-BetrVG/*Kraft/Raab* § 95 Rz. 34; vgl. aber *BAG* 10.12.2002 EzA § 99 BetrVG 2001 Umgruppierung Nr. 1 zur Festlegung von Kriterien für die Auswahl von Beamten zur sog. Insichbeurlaubung gem. § 4 Abs. 3 PostPersRG).

(3) Kündigungen

1752 Ein Punkteschema für die soziale Auswahl bei betriebsbedingten Kündigungen ist auch dann eine nach § 95 Abs. 1 BetrVG mitbestimmungspflichtige Auswahlrichtlinie, wenn es der Arbeitgeber nicht generell auf alle künftigen betriebsbedingten Kündigungen, sondern nur auf konkret bevorstehende Kündigungen anwenden will (*BAG* 26.7.2005 EzA § 95 BetrVG 2001 Nr. 1).

Strittig ist, ob Auswahlrichtlinien immer nur für Fälle betriebsbedingter Kündigungen zur Konkretisierung der hierbei nach § 1 Abs. 3 S. 1 KSchG vorzunehmenden Sozialauswahl aufgestellt werden können oder auch für Kündigungen aus personen- oder verhaltensbedingten Gründen in Betracht kommen. Z. T. (*Fitting* § 95 Rz. 24; DKK/*Klebe* § 95 Rz. 24) wird die Ansicht vertreten, auch bei personen- oder verhaltensbedingten Kündigungen komme die Aufstellung von Auswahlrichtlinien etwa in Form der Normierung des Erfordernisses einer bestimmten Anzahl von Abmahnungen oder einer bestimmten vorauszusetzenden Krankheitsdauer in Betracht. Nach anderer Auffassung (GK-BetrVG/*Kraft/Raab* § 95 Rz. 36; MünchArbR/*Matthes* § 349 Rz. 23; HSWGNR/*Rose* § 95 Rz. 48) kommt bei personen- bzw. verhaltensbedingten Kündigungen eine Auswahlentscheidung nicht in Betracht, sodass auch keine Auswahlrichtlinien erstellt werden können. Es handelt sich dann vielmehr um Beschränkungen des Kündigungsrechts.

1753 Bei der betriebsbedingten Kündigung können sich Auswahlrichtlinien auf die vom Arbeitgeber vorzunehmende Sozialauswahl erstrecken. Sie müssen dabei der Wertung in § 1 Abs. 3 S. 1 KSchG entsprechen (*BAG* 20.10.1983 EzA § 1 KSchG Betriebsbedingte Kündigung Nr. 28). Dies bedeutet zum einen, dass nur soziale Gesichtspunkte berücksichtigt werden können. Zum anderen müssen zumindest die Grunddaten des § 1 Abs. 3 KSchG berücksichtigt werden (*BAG* 11.3.1976 AP Nr. 1 zu § 95 BetrVG 1972). Ob die Gewichtung dieser Kriterien so fixiert sein darf, dass dem Arbeitgeber kein Entscheidungsspielraum mehr verbleibt, hat das *BAG* (26.7.2005 EzA § 95 BetrVG 2001 Nr. 1) zuletzt offen gelassen (anders noch *BAG* 18.1.1990 EzA § 1 KSchG Soziale Auswahl Nr. 28; 20.10.1983 EzA § 1 KSchG Betriebsbedingte Kündigung Nr. 28: Zur Vermeidung unbilliger Härten muss ein individueller Entscheidungsspielraum des Arbeitgebers offen bleiben). Möglich ist auch die Bewertung sozialer Gesichtspunkte mit Hilfe eines Punkteschemas. Bei der Festlegung der Punktewerte der einzelnen Auswahlkriterien (Alter, Betriebszugehörigkeit, Unterhaltsverpflichtungen, Schwerbehinderung) steht den Betriebspartnern zur Ausfüllung des Begriffes »ausreichende soziale Gesichtspunkte« i.S.d. § 1 Abs. 3 S. 1 KSchG ein vom Arbeitsgericht im Rahmen eines Prozesses eines betroffenen Arbeitnehmers zu respektierender Beurteilungsspielraum zu.

Da Auswahlrichtlinien die gesetzlichen Mindestanforderungen an die Sozialauswahl nach § 1 Abs. 3 KSchG nicht verdrängen können, können nicht von vorneherein Arbeitnehmer bestimmter Abteilungen oder Arbeitsgruppen ohne ausreichende sachliche Kriterien als nicht vergleichbar eingestuft werden (*BAG* 15.6.1989 EzA § 1 KSchG Soziale Auswahl Nr. 27). 1754

d) Die Beteiligung des Betriebsrates

Sofern der Arbeitgeber Auswahlrichtlinien einführen will, bedürfen diese nach § 95 Abs. 1 BetrVG der Zustimmung des Betriebsrates sowohl hinsichtlich ihrer Einführung überhaupt als auch hinsichtlich ihres Inhaltes. Kommt eine Einigung nicht zu Stande, so kann in Betrieben mit weniger als 500 Arbeitnehmern nur der Arbeitgeber die Einigungsstelle anrufen. Ein Initiativrecht des Betriebsrates besteht dann nicht. Die Zustimmung des Betriebsrates bedarf keiner besonderen Form. Nur in Betrieben mit mehr als 500 Arbeitnehmern steht nach § 95 Abs. 2 BetrVG dem Betriebsrat ein Initiativrecht zu, d.h., er kann gegebenenfalls unter Anrufung der Einigungsstelle die Aufstellung von Auswahlrichtlinien verlangen. 1755

Ungeachtet der im Einzelnen streitigen Rechtsnatur von Auswahlrichtlinien (vgl. GK-BetrVG/*Kraft/Raab* § 95 Rz. 3 ff.) besteht Einigkeit, dass auch bei formloser Erteilung der Zustimmung des Betriebsrates (Regelungsabrede) dieser seine Zustimmung nicht einseitig widerrufen kann, sondern nur analog § 77 Abs. 5 BetrVG kündigen kann, mit der Folge, dass der Arbeitgeber nach Ablauf der Kündigungsfrist nicht mehr berechtigt ist, diese Richtlinien weiter anzuwenden. Der Arbeitgeber muss sich in diesem Fall vielmehr um die erneute Zustimmung des Betriebsrates bemühen oder einen Spruch der Einigungsstelle herbeiführen. Der Arbeitgeber hat seinerseits die Möglichkeit, von der Verwendung der Auswahlrichtlinien abzusehen. Eine Nachwirkung gem. § 77 Abs. 6 BetrVG kommt für Auswahlrichtlinien i.S.d. § 95 Abs. 1 BetrVG nicht in Betracht, weil danach nur der Arbeitgeber die Einigungsstelle anrufen kann, sodass er die Auswahlrichtlinien weiterverwenden könnte, obwohl der Betriebsrat seine Zustimmung wirksam gekündigt und damit beseitigt hat. Ob Richtlinien, deren Aufstellung der Betriebsrat nach § 95 Abs. 2 BetrVG erzwingen kann, nachwirken, wird kontrovers diskutiert. Im Hinblick darauf, dass nach § 95 Abs. 2 BetrVG im Gegensatz zu § 95 Abs. 1 BetrVG auch der Betriebsrat ein Initiativrecht hat und somit beide Betriebspartner eine neue Abmachung erzwingen können, wird eine Nachwirkung überwiegend bejaht (vgl. ausf. GK-BetrVG/*Kraft/Raab* § 95 Rz. 9). 1756

e) Verletzung des Beteiligungsrechts, Auswahlrichtlinien und personelle Einzelmaßnahmen

Die Verwendung von Auswahlrichtlinien ohne Zustimmung des Betriebsrates durch den Arbeitgeber ist eine Verletzung betriebsverfassungsrechtlicher Pflichten und kann einen Unterlassungsanspruch des Betriebsrats nach § 23 BetrVG rechtfertigen. Daneben besteht nach Auffassung des *BAG* (26.7.2005 EzA § 95 BetrVG 2001 Nr. 1) auch ein allgemeiner Unterlassungsanspruch. 1757

Verstößt eine Einstellung oder Versetzung gegen eine rechtswirksam vereinbarte Auswahlrichtlinie, so kann der Betriebsrat nach § 99 Abs. 2 Nr. 2 BetrVG seine Zustimmung zur Maßnahme verweigern (s.u. Rn. 1885 f.). Gleiches gilt für eine vom Arbeitgeber selbst gesetzte, nicht mitbestimmte Auswahlrichtlinie (*Richardi/Thüsing* § 95 Rz. 70; MünchArbR/*Matthes* § 349 Rz. 38). Gegen Auswahlrichtlinien verstoßende Kündigungen berechtigen den Betriebsrat nach § 102 Abs. 3 Nr. 2 BetrVG zum Kündigungswiderspruch. Dieser führt nach § 1 Abs. 2 S. 2 Nr. 1a KSchG zur Sozialwidrigkeit der Kündigung und löst den Weiterbeschäftigungsanspruch des Arbeitnehmers nach § 102 Abs. 5 BetrVG aus (s.o. Kap. 4 Rn. 3324 ff.). Im Übrigen ist der Verstoß gegen Auswahlrichtlinien für die Rechtswirksamkeit der den personellen Maßnahmen zu Grunde liegenden Rechtsgeschäfte, wie etwa den Abschluss oder die Änderung des Arbeitsvertrages oder die Zuweisung eines anderen Arbeitsbereiches, ohne Bedeutung und führt nicht zu deren Unwirksamkeit (MünchArbR/*Matthes* § 349 Rz. 39). 1758

5. Stellenausschreibung, § 93 BetrVG

a) Zweck der Vorschrift

1759 Die Vorschrift soll den innerbetrieblichen Arbeitsmarkt erschließen und im Betrieb selbst vorhandene Möglichkeiten des Personaleinsatzes aktivieren (BR-Drs. 715/70, S. 32, 50).

1760 Innerbetrieblichen Bewerbern soll Kenntnis von einer freien Stelle vermittelt und ihnen die Möglichkeit gegeben werden, ihr Interesse an dieser Stelle kundzutun. Außerdem sollen Verstimmungen und Beunruhigungen in der Belegschaft über die Hereinnahme Außenstehender trotz eines möglicherweise im Betrieb vorhandenen qualifizierten Arbeitnehmerpotenzials vermieden werden (*BAG* 23.2.1988 EzA § 93 BetrVG 1972 Nr. 3).

b) Inhalt der Stellenausschreibung

1761 Eine Stellenausschreibung muss als Mindestinhalt angeben, um welchen Arbeitsplatz es sich handelt und welche Anforderungen ein Bewerber erfüllen muss. Fehlt es an diesem Mindestinhalt, liegt keine Stellenausschreibung i.S.d. Gesetzes vor (*BAG* 23.2.1988 EzA § 93 BetrVG 1972 Nr. 3). Sie soll die mögliche Vergütung angeben. Auch die Angabe einer Bewerbungsfrist ist zweckmäßig.

1762 Legt eine Betriebsvereinbarung für den Aushang innerbetrieblicher Stellenbeschreibung einen Fristrahmen fest und schreibt sie vor, dass der letzte Tag der Aushangfrist in der Stellenausschreibung anzugeben ist, so liegt allerdings darin allein noch keine Beschränkung der Auswahl des Arbeitgebers auf den Kreis derjenigen Betriebsangehörigen, die sich innerhalb der Aushangfrist beworben haben (*BAG* 18.11.1980 EzA § 93 BetrVG 1972 Nr. 1).

1763 Nach § 611b BGB soll auch die innerbetriebliche Stellenausschreibung geschlechtsneutral erfolgen. Im Übrigen bestimmt der Arbeitgeber den Inhalt der Stellenausschreibung, insbes. der persönlichen und fachlichen Mindestvoraussetzungen allein. Bei den in einer Stellenbeschreibung genannten Mindestvoraussetzungen handelt es sich nicht um Auswahlrichtlinien i.S.v. § 95 BetrVG (s.o. Rn. 1743). Der Arbeitgeber genügt allerdings nicht der vom Betriebsrat geforderten innerbetrieblichen Stellenausschreibung, wenn er eine bestimmte Stelle im Betrieb zwar ausschreibt, in einer Stellenanzeige in der Tagespresse dann aber geringere Anforderungen für eine Bewerbung um diese Stelle nennt. Er schließt damit nämlich diejenigen innerbetrieblichen Bewerber von einer Bewerbung um die Stelle aus, die diese geringen Anforderungen erfüllen und sich nur deswegen nicht beworben haben, weil sie die innerbetrieblich geforderten höheren Anforderungen nicht erfüllen. Dies widerspricht Sinn und Zweck der Vorschrift, den innerbetrieblichen Bewerbern zumindest die gleichen Chancen für die Besetzung der freien Stelle einzuräumen wie den außerbetrieblichen Bewerbern (*BAG* 23.2.1988 EzA § 93 BetrVG 1972 Nr. 3).

c) Die Beteiligung des Betriebsrates

1764 Der Betriebsrat kann nach § 93 BetrVG verlangen, dass Arbeitsplätze, die besetzt werden sollen, allgemein oder für bestimmte Arten von Tätigkeit vor ihrer Besetzung innerhalb des Betriebes ausgeschrieben werden. Nicht aber kann der Betriebsrat die innerbetriebliche Ausschreibung für einzelne, konkrete Arbeitsplätze fordern (*LAG Köln* 1.4.1993 LAGE § 93 BetrVG 1972 Nr. 2).

1765 Die Ausschreibung der Stellen für leitende Angestellte kann nach herrschender Meinung nicht gefordert werden (vgl. GK-BetrVG/*Kraft/Raab* § 93 Rz. 8). Die Eigenart eines Tendenzbetriebes (§ 118 Abs. 1 BetrVG, s.o. Rn. 221 ff.) steht in aller Regel dem Ausschreibungsverlangen auch dann nicht entgegen, wenn sich die Ausschreibung auf sog. Tendenzträger erstrecken soll. Die Frage der Tendenzbeeinträchtigung stellt sich nämlich erst, wenn der Betriebsrat wegen einer unterbliebenen Ausschreibung seine Zustimmung zur personellen Einzelmaßnahme verweigern will (*BAG* 30.1.1979 EzA § 118 BetrVG 1972 Nr. 20). Ein überbetriebliches, unternehmensweites Ausschreibungsverlangen durch den Gesamtbetriebsrat kommt in Betracht, wenn eine unternehmenseinheitliche Personalplanung betrieben wird (MünchArbR/*Matthes* § 350 Rz. 7). Kontrovers beurteilt wird, ob ein Mitbestimmungsrecht des Betriebsrates auch hinsichtlich der Art und Weise der Ausschreibung (Aushang, Rundschreiben o. Ä.) besteht. Z. T. (z.B. DKK/*Buschmann* § 93 Rz. 10; *Fitting* § 93 Rz. 6) wird dies mit der Begründung angenommen, dass erst diese Einzelheiten die Anwendung der Vorschrift ermöglichen. Überwiegend wird demgegenüber ein so weit gehendes Mitbestimmungsrecht abgelehnt, da § 93 BetrVG im Gegensatz zu §§ 94, 95 BetrVG nicht die Einschaltung der Einigungsstelle vorsehe und eine Vereinbarung mit dem Arbeitgeber insoweit jedenfalls nicht erzwungen werden könne (*BAG* 27.10.1992 EzA § 95 BetrVG 1972 Nr. 26; GK-BetrVG/*Kraft/Raab* § 93 Rz. 23). Jedenfalls können derartige Regelungen in einer freiwilligen Betriebsvereinbarung vereinbart werden.

Sofern ein Ausschreibungsverlangen gestellt ist, ist der Arbeitgeber dem Betriebsrat **1766**
gegenüber zur Erfüllung dieses Verlangens verpflichtet, allerdings nicht hinsichtlich solcher Arbeitsplätze, für deren Besetzung das Verfahren nach § 99 BetrVG bereits eingeleitet wurde (GK-BetrVG/*Kraft/Raab* § 93 Rz. 20).

Durch § 93 BetrVG ist der Arbeitgeber nicht gezwungen, einen Bewerber aus dem Betrieb **1767**
auch tatsächlich zu berücksichtigen, es sei denn, dass Auswahlrichtlinien gem. § 95 BetrVG dies vorsehen. Auch ist der Arbeitgeber nicht gehindert, neben der innerbetrieblichen Ausschreibung gleichzeitig außerhalb des Betriebes, etwa durch Anzeigen, nach geeigneten Bewerbern zu suchen (GK-BetrVG/*Kraft/Raab* § 93 Rz. 19).

6. Berufsbildung, §§ 96–98 BetrVG

a) Zweck der Vorschriften

Unter Berücksichtigung der technischen und wirtschaftlichen Entwicklung kommt der **1768**
Möglichkeit der Teilnahme an berufsbildenden Maßnahmen für die Arbeitnehmer entscheidende Bedeutung zu. Häufig entscheidet die Teilnahme an Maßnahmen der betrieblichen Berufsbildung darüber, ob der Arbeitnehmer seinen Arbeitsplatz behalten oder an einem beruflichen Aufstieg teilnehmen kann (*BAG* 5.11.1985 EzA § 98 BetrVG 1972 Nr. 2).

> Die Beteiligung des Betriebsrates soll insbes. eine ordnungsgemäße Durchführung der **1769**
> Bildungsmaßnahmen sowie eine gerechte Beteiligung der Arbeitnehmer an den bestehenden Bildungsmöglichkeiten gewährleisten.

Arbeitgeber und Betriebsrat werden daher verpflichtet, sich der Berufsbildung der Arbeitnehmer als besondere Aufgabe anzunehmen (BR-Drs. 715/70, S. 51).

b) Begriff der Berufsbildung

> Die in § 96 Abs. 1 BetrVG statuierte Förderungspflicht bezieht sich auf die Berufsbildung **1770**
> insgesamt unter Einschluss außerbetrieblicher Maßnahmen, damit insbes. auf die Berufsausbildung, die berufliche Fortbildung und die berufliche Umschulung (vgl. § 1 BBiG, § 35 Abs. 1 SGB VII), aber auch auf andere Maßnahmen, bei denen dem Betreffenden in systematischer Form Fähigkeiten vermittelt werden, die ihn zur Ausfüllung seines Arbeitsplatzes und für seine berufliche Tätigkeit qualifizieren, sofern solchen Maßnahmen ein gewisser Plan zu Grunde liegt (*BAG* 5.11.1985 EzA § 98 BetrVG Nr. 2; 23.4.1991 EzA § 98 BetrVG Nr. 7).

1771 Auf die Dauer der Maßnahme kommt es nicht an. Maßnahmen der Berufsbildung sind auch kürzere Seminare und Kurse sowie Vorträge zu einzelnen Themen, nicht aber bloße Informationsveranstaltungen wie der Besuch von Messen und Ausstellungen oder reiner Erfahrungsaustausch (MünchArbR/*Matthes* § 351 Rz. 14). Nicht zur Berufsbildung i.S.d. § 96 ff. BetrVG gehört die arbeitsplatzbezogene Unterrichtung des Arbeitnehmers nach § 81 Abs. 1, 2 BetrVG (s.o. Rn. 1064 ff.).

1772 Maßnahmen, die ausschließlich der Arbeitsunterweisung dienen, unterfallen nicht dem Begriff der Berufsbildung i.S.d. §§ 96 ff. BetrVG.

1773 Die Abgrenzung von Maßnahmen der Berufsbildung zu solchen der Arbeitsunterweisung wird im Einzelnen kontrovers diskutiert (vgl. GK-BetrVG/*Raab* § 96 Rz. 12 ff.). Nach Auffassung des *BAG* (23.4.1991 EzA § 98 BetrVG 1972 Nr. 7; 28.1.1992 EzA § 96 BetrVG 1972 Nr. 1) gehören zur betrieblichen Berufsbildung alle Maßnahmen, die über die mitbestimmungsfreie Unterrichtung des Arbeitnehmers hinsichtlich seiner Aufgaben und Verantwortung, über die Art seiner Tätigkeit und ihrer Einordnung in den Arbeitsablauf des Betriebes sowie über die Unfall- und Gesundheitsgefahren und die Maßnahmen und Einrichtungen zur Abwendung dieser Gefahren i.S.v. § 81 BetrVG hinausgehen, in dem sie dem Arbeitnehmer gezielt Kenntnisse oder Erfahrungen vermitteln, die ihn zur Ausübung einer bestimmten Tätigkeit erst befähigen. Die Unterrichtungspflicht des Arbeitgebers nach § 81 BetrVG erschöpfe sich dagegen in der Einweisung an einem konkreten Arbeitsplatz, wobei dieser Einsatz voraussetze, dass der Arbeitnehmer die für die Ausübung seiner Tätigkeit an diesem Arbeitsplatz erforderlichen beruflichen Kenntnisse und Erfahrungen schon besitze. Bei § 81 BetrVG geht es damit um die konkrete Ausübung der Tätigkeit unter Einsatz der bereits gewonnenen Kenntnisse und Erfahrungen (GK-BetrVG/*Raab* § 96 Rz. 17). Keine Maßnahmen der Berufsbildung sind folglich Veranstaltungen, die durchgeführt werden, nachdem eine Befragung von Kunden eines Selbstbedienungswarenhauses ergeben hat, dass Kunden das Verhalten und die Leistung der Arbeitnehmer in einzelnen Abteilungen als wenig freundlich, hilfsbereit und oder fachkundig bewertet haben, um diese Mängel abzustellen (*BAG* 28.1.1992 EzA § 96 BetrVG 1972 Nr. 1). Unterschiedlich beurteilt wird die Bildung sog. Qualitätszirkel, das sind Arbeitskreise, die i.d.R. von Arbeitnehmern unterschiedlicher Abteilungen auf Veranlassung des Arbeitgebers zum gegenseitigen Erfahrungs- und Informationsaustausches gebildet werden. Z. T. (GK-BetrVG/*Raab* § 96 Rz. 21) werden diese Zirkel nicht den Berufsbildungsmaßnahmen zugeordnet, da es an einer systematischen Kenntnisvermittlung fehle und der berufspraktische Bezug im Vordergrund stehe. Z. T. (*Fitting* § 96 Rz. 24; DKK/*Buschmann* § 96 Rz. 9) werden auch solche Arbeitskreise § 96 ff. BetrVG zugeordnet.

1774 Im Gegensatz zu §§ 96, 97 BetrVG beziehen sich die Mitbestimmungsrechte nach § 98 Abs. 6 BetrVG auch auf sonstige Bildungsmaßnahmen, die dem Arbeitnehmer Kenntnisse, Erfahrungen und Einsichten auf Gebieten außerhalb seines Berufes in einem planmäßigen Ausbildungsgang vermitteln, wie etwa Sprachkurse, Lehrgänge in erster Hilfe, Seminare über Arbeitsrecht oder Informatikkurse, und die nicht nur der bloßen Freizeitbeschäftigung oder Unterhaltung dienen (GK-BetrVG/*Raab* § 98 Rz. 38 f., 41).

c) Betriebliche und außerbetriebliche Bildungsmaßnahmen

1775 Soweit das Gesetz zwischen betrieblichen und außerbetrieblichen Maßnahmen der Berufsbildung unterscheidet, ist der Begriff der betrieblichen Berufsbildungsmaßnahme funktional zu verstehen, sodass es nicht darauf ankommt, an welchem Ort die Maßnahme durchgeführt wird. Eine betriebliche Berufsbildungsmaßnahme liegt vielmehr vor, wenn der Arbeitgeber Träger bzw. Veranstalter der Maßnahme ist und die Berufsbildungsmaßnahme für seine Arbeitnehmer durchführt.

Für die Trägerschaft des Arbeitgebers reicht es aus, wenn der Arbeitgeber auf Inhalt und Organisation der Berufsbildung rechtlich oder tatsächlich einen beherrschenden Einfluss hat, auch wenn die Maßnahme von einem Dritten durchgeführt wird (*BAG* 4.12.1990 EzA § 98 BetrVG 1972 Nr. 6; 12.11.1991 EzA § 98 BetrVG 1972 Nr. 8; 18.4.2000 EzA § 98 BetrVG 1972 Nr. 9). 1776

Vereinbaren mehrere Arbeitgeber die gemeinsame Durchführung von Maßnahmen der Berufsbildung, ohne dass einzelne Arbeitgeber einen beherrschenden Einfluss hätten, scheidet ein Mitbestimmungsrecht des Betriebsrats nach § 98 Abs. 1 BetrVG bei Durchführung der Bildungsmaßnahme aus. Das Mitbestimmungsrecht verlagert sich jedoch auf den Abschluss der Vereinbarung vor, auf welcher die gemeinsame Ausbildung beruht: In entsprechender Anwendung des § 98 Abs. 1 BetrVG haben die Betriebsräte dann bereits bei Abschluss der Vereinbarung über die Zusammenarbeit der Arbeitgeber mitzubestimmen, als Regelungen über die spätere Durchführung der Bildungsmaßnahmen getroffen werden (*BAG* 18.4.2000 EzA § 98 BetrVG 1972 Nr. 9).

d) Förderung und Beratung der Berufsbildung, §§ 96, 97 Abs. 1 BetrVG

Die in § 96 Abs. 1 S. 1 BetrVG vorgesehene Förderungspflicht der Betriebspartner hat pro- 1777
grammatischen Charakter, ohne konkrete Verpflichtungen des Arbeitgebers, etwa zur Einrichtung von Berufsbildungsmaßnahmen zu begründen (GK-BetrVG/*Raab* § 96 Rz. 22). Dabei sind die bestehenden gesetzlichen Bestimmungen, insbes. das BBiG und die dazu erlassenen Ausbildungsordnungen (vgl. die Aufstellung bei *Schaub* Arbeitsrechts-Handbuch § 174 II, 8), das SGB III (§§ 59 ff.) und die Vorschriften über die Berufsschulpflicht (vgl. z.B. § 9 JArbSchG; § 14 Abs. 1 Nr. 4 BBiG) zu beachten (GK-BetrVG/*Raab* § 96 Rz. 24). Zuständige Stellen für die in § 96 Abs. 1 BetrVG erwähnte Zusammenarbeit sind insbes. Handwerks-, Industrie- und Handelskammern, Landwirtschafts-, Rechtsanwalts- und Notarkammern, Wirtschaftsprüferkammern, Ärzte- und Apothekerkammern (§ 71 BBiG n.F.), die nach § 71 BBiG n.F. durch Rechtsverordnung bestimmten Stellen, die jeweiligen Landesausschüsse und der Berufsbildungsausschuss (§§ 82, 83 BBiG n.F.), die Bundesagentur für Arbeit nebst Arbeitsagenturen sowie die Berufs- und weiterbildenden Schulen. Auch eine Zusammenarbeit mit Gewerkschaften und Arbeitgeberverbänden ist sinnvoll.

§§ 96 Abs. 1 und 97 Abs. 1 BetrVG begründen eine Verpflichtung des Arbeitgebers, alle Fragen der Berufsbildung auf Verlangen des Betriebsrates und in den Fällen des § 97 Abs. 1 BetrVG auch von sich aus mit diesem zu beraten. Er bleibt aber grds. frei in seiner Entscheidung, ob er Maßnahmen der Berufsbildung für seine Arbeitnehmer ergreifen will oder nicht. 1778

Ohne Verlangen des Betriebsrates besteht eine Unterrichtungs- und Beratungspflicht des Arbeitgebers nach § 97 Abs. 1 BetrVG dann, wenn der Arbeitgeber betriebliche Einrichtungen zur Berufsbildung schaffen, betriebliche Berufsbildungsmaßnahmen durchführen oder Arbeitnehmer an außerbetrieblichen Berufsbildungsmaßnahmen teilnehmen lassen will (MünchArbR/*Matthes* § 351 Rz. 8). Beratungsgegenstand ist die Art und Form der Einrichtung, ihre sachliche und personelle Ausstattung, die Einführung von betrieblichen Berufsbildungsmaßnahmen nach Art und Zielsetzung sowie die Frage, ob der Arbeitgeber sich an außerbetrieblichen Berufsbildungsmaßnahmen beteiligen soll und welche Arbeitnehmer wann und wie lange an welchen außerbetrieblichen Berufsbildungsmaßnahmen teilnehmen sollen (GK-BetrVG/*Raab* § 97 Rz. 6–10).

§§ 96 Abs. 1, 97 BetrVG geben dem Betriebsrat einen durchsetzbaren Anspruch auf Bera- 1779
tung und entsprechende Unterrichtung, der im arbeitsgerichtlichen Beschlussverfahren geltend gemacht werden kann (GK-BetrVG/*Raab* § 96 Rz. 36). Soweit der Arbeitgeber die ihm obliegenden Beratungspflichten grob verletzt, so etwa, wenn er ständig jegliche Gespräche

mit dem Betriebsrat über berufliche Bildungsmaßnahmen verweigert, kommt ein Antrag gem. §23 Abs. 3 BetrVG in Betracht (GK-BetrVG/*Raab* §96 Rz. 37).

e) Anspruch des Betriebsrats auf Ermittlung des Berufsbildungsbedarfs, §96 Abs. 1 S. 2 BetrVG

1780 §96 Abs. 1 S. 2 BetrVG verpflichtet den Arbeitgeber, auf Verlangen des Betriebsrats den Berufsbildungsbedarf für den Betrieb zu ermitteln. Hierdurch soll der Betriebsrat insbes. bei Fehlen einer Personalentwicklungsplanung in die Lage versetzt werden, seine für die Qualifizierung der Arbeitnehmer bedeutsamen Beteiligungsrechte bei der Berufsbildung wirksam ausüben zu können (BegrRegE BT-Drs. 14/5741, S. 49).

Die Ermittlung des Berufsbildungsbedarfs bedingt eine Ist-Analyse (Erfassung der beschäftigten Arbeitnehmer und deren beruflicher Qualifikation) und die Erstellung eines Soll-Konzepts (Wie viele Arbeitnehmer mit welcher Qualifikation sind in Zukunft zur Erreichung des Betriebszwecks erforderlich?). Schließlich ist ein Vergleich zwischen Ist- und Sollzustand vorzunehmen, um unter Berücksichtigung der betrieblichen Bildungsinteressen der Arbeitnehmer im Betrieb den Bedarf an Ausbildungs- und Qualifizierungsmaßnahmen zu ermitteln (vgl. BegrRegE BT-Drs. 14/5741, S. 49; GK-BetrVG/*Raab* §96 Rz. 30).

f) Mitbestimmung des Betriebsrats bei drohendem Qualifikationsverlust, §97 Abs. 2 BetrVG

aa) Zweck

1781 Grds. hat der Betriebsrat im Bereich der betrieblichen Berufsbildung echte Mitbestimmungsrechte nur hinsichtlich der **Durchführung** von Maßnahmen, zu denen sich der Arbeitgeber bereits entschlossen hat (§98 BetrVG, s.u. Rn. 1787 ff.). Unter den Voraussetzungen des §97 Abs. 2 BetrVG besteht hingegen ein echtes, ggf. über die Einigungsstelle durchsetzbares Mitbestimmungsrecht des Betriebsrats auch bei der **Einführung** von betrieblichen Berufsbildungsmaßnahmen. Bei einem drohenden Qualifikationsverlust in Folge der in §97 Abs. 2 BetrVG genannten Planungen des Arbeitgebers sollen durch präventive Qualifizierungsmaßnahmen spätere Entlassungen verhindert werden (BegrRegE BT-Drs. 14/5741, S. 50). Dies beinhaltet ein Initiativrecht des Betriebsrats.

bb) Voraussetzungen des Mitbestimmungsrechts

1782 Das Mitbestimmungsrecht besteht, wenn der Arbeitgeber Maßnahmen plant oder durchgeführt hat, die dazu führen, dass sich die Tätigkeit der betroffenen Arbeitnehmer ändert und ihre (bisherigen) beruflichen Kenntnisse und Fertigkeiten zur Erfüllung der (neuen) Aufgaben nicht mehr ausreichen.

(1) Maßnahmen des Arbeitgebers

1783 Als Maßnahmen, die zu einer Änderung der Tätigkeit der Arbeitnehmer führen können, kommen insbes. eine (durchgeführte oder geplante) Änderung der Arbeitsabläufe, Arbeitsverfahren, der technischen Anlagen oder der Arbeitsplätze in Betracht. Aber auch andere Maßnahmen sind erfasst. Der ursprüngliche Gesetzentwurf der Bundesregierung (BT-Drs. 14/5741, S. 15) sah ein Mitbestimmungsrecht nur bei der Planung technischer Anlagen, Arbeitsverfahren und Arbeitsabläufen oder Arbeitsplätzen mit drohendem Qualifikationsverlust vor. Auf Anregung des Ausschusses für Arbeit und Sozialordnung (BT-Drs. 14/6352, S. 55) wurde an dieser Einschränkung nicht festgehalten. Durch die Erstreckung auf sämtliche Maßnahmen, die zu einer Tätigkeit mit drohendem Qualifikationsdefizit führen, soll das Mitbestimmungsrecht des Betriebsrats generell bei derartigen geplanten oder auch schon durchgeführten Maßnahmen greifen (vgl. Begr. des Ausschusses für Arbeit und Sozialordnung, BT-Drs. 14/6352, S. 55).

Erforderlich ist aber, dass es sich um eine oder mehrere Maßnahmen handelt, die über bloße Einzelfallmaßnahmen hinausgehen, die lediglich von §81 Abs. 4 BetrVG erfasst werden (vgl. *Reichold* NZA 2001, 857, 864). Zur Abgrenzung von derartigen bloßen Einzelmaßnahmen kann nach hier vertretener Auffassung darauf abgestellt werden, ob die Maßnahme ungeachtet der Tatsache, dass sie sich möglicherweise nur auf einen Arbeitnehmer bezieht, einen kollektiven Bezug aufweist, wie dies als Voraussetzung der Mitbestimmung nach § 87 BetrVG erforderlich ist (s.o. Rn. 1422 ff.). Eine Maßnahme, die auch im Übrigen die Voraussetzungen des § 97 Abs. 2 BetrVG erfüllt (Änderung der Tätigkeit, Qualifikationsdefizit, s.u. Rn. 1785 f.), unterläge danach der Mitbestimmung nach § 97 Abs. 2 BetrVG, wenn ihre Planung oder Durchführung funktionsbezogen, d.h. von der Person des jeweiligen Arbeitsplatzinhabers unabhängigen Merkmalen erfolgt ist.

(2) Änderung der Tätigkeit

Die geplante oder durchgeführte Maßnahme des Arbeitgebers muss zu einer Änderung der Tätigkeit führen. Hierfür ist eine inhaltliche Änderung notwendig, die zu einer Änderung des Anforderungsprofils führt; bloß äußerliche Veränderungen reichen nicht aus (GK-BetrVG/*Raab* § 97 Rz. 18). **1784**

(3) Qualifikationsverlust

Die Änderung der Tätigkeit muss dazu führen, dass die beruflichen Kenntnisse und Fähigkeiten der Arbeitnehmer zur Erfüllung der Aufgaben nicht mehr ausreichen oder bei geplanten Maßnahmen nicht mehr ausreichen werden. Hierfür ist nicht der Stand der Kenntnisse und Fähigkeiten des konkreten Arbeitsplatzinhabers maßgeblich. Vielmehr ist entscheidend, ob ein Arbeitnehmer, der die für die bisherige Tätigkeit erforderlichen Voraussetzungen erfüllt, ohne Zusatzqualifikationen auch die neue Tätigkeit verrichten kann oder nicht (GK-BetrVG/*Raab* § 97 Rz. 20). **1785**

cc) Inhalt des Mitbestimmungsrechts

Liegen die Voraussetzungen nach § 97 Abs. 2 S. 1 BetrVG vor und können sich Betriebsrat und Arbeitgeber nicht über die Durchführung von Maßnahmen der beruflichen Fortbildung zur Vermeidung eines Qualifikationsdefizits einigen, entscheidet gem. § 97 Abs. 2 S. 2 und 3 BetrVG die Einigungsstelle verbindlich, ob und welche Bildungsmaßnahme(n) durchgeführt werden. Hinsichtlich des »Wie« der Durchführung besteht ein Mitbestimmungsrecht des Betriebsrats nach § 98 BetrVG (s.u. Rn. 1787 ff.). **1786**

Bei ihrer Ermessensentscheidung hat die Einigungsstelle insbes. die Kosten der Bildungsmaßnahme einerseits und das Bestandschutzinteresse der betroffenen Arbeitnehmer andererseits zu berücksichtigen, wobei unter Kostengesichtspunkten ein überwiegendes Interesse des Arbeitgebers an der Nichtdurchführung der Bildungsmaßnahme erst dann angenommen werden kann, wenn sich die Anforderungen an den neuen Arbeitsplatz so sehr verändern, dass eine Weiterbildung der betroffenen Arbeitnehmer keinen Erfolg verspricht oder einen unverhältnismäßigen Aufwand in dem Sinne verursachen würde, dass die Kosten der Bildungsmaßnahme die Kosten für andere Arbeitskräfte mit der erforderlichen Qualifikation erheblich übersteigt oder wegen der zu erwartenden Kosten die Umsetzung der geplanten Maßnahme insgesamt in Frage stellen würde (GK-BetrVG/*Raab* § 97 Rz. 19, 27).

g) Durchführung betrieblicher Bildungsmaßnahmen, § 98 BetrVG

aa) Voraussetzungen des Mitbestimmungsrechts

> Ein Mitbestimmungsrecht des Betriebsrates besteht erst dann, wenn der Arbeitgeber sich überhaupt entschließt, eine betriebliche Bildungsmaßnahme durchzuführen. § 98 BetrVG erfasst daher weder die Entscheidung, ob die Maßnahme durchgeführt wird, noch das mit ihr verfolgte Ziel, die generelle Festlegung der Gruppe der Teilnehmer einschließlich deren Zahl noch den Umfang der finanziellen Aufwendungen (*BAG* 8.12.1987 EzA § 98 BetrVG 1972 Nr. 3; GK-BetrVG/*Raab* § 98 Rz. 9). **1787**

1788 Der Arbeitgeber kann eine einmal geplante Bildungsmaßnahme auch wieder absagen, selbst dann, wenn Grund der Absage ist, dass mit dem Betriebsrat keine Einigung bezüglich der Teilnehmer erzielt werden konnte (*LAG RhPf* 12.12.1988 NZA 1989, 943).

bb) Mitbestimmung bei der Durchführung der Berufsbildung

1789 Der Mitbestimmung des Betriebsrates unterliegt die Durchführung aller betrieblichen Berufsbildungsmaßnahmen (zum Begriff s.o. Rn. 1770 ff.). Sie bezieht sich nur auf generelle, abstrakte Maßnahmen der Durchführung, nicht auf konkrete Einzelmaßnahmen im Rahmen der Ausbildung des einzelnen Arbeitnehmers.

1790 Ziel ist die Anpassung der bestehenden gesetzlichen Regelungen (insbes. des BBiG) an die Verhältnisse des Betriebes und die Aufstellung allgemeiner Ordnungsvorschriften, wie z.B. Pläne für die Reihenfolge der zu durchlaufenden Stationen, Zeit und Ort der Veranstaltung, Führung und Überwachung von Berichtsheften, Aufstellung von Lehrplänen (GK-BetrVG/*Raab* § 98 Rz. 10) oder die Einführung von regelmäßigen Beurteilungen und Kontrollen des Ausbildungsstandes (*LAG Köln* 12.4.1983 EzA § 98 BetrVG 1972 Nr. 1). Der Mitbestimmung unterfallen daher Inhalt und Umfang der zu vermittelnden Kenntnisse und Fertigkeiten, die Methoden der Kenntnisvermittlung, die Gestaltung der Ausbildungsmaßnahme als Seminar- oder Vortragsveranstaltung, Ort, Zeit und Dauer der Maßnahme sowie Fragen der Leistungskontrolle durch Prüfungen und das Prüfungsverfahren selbst (*BAG* 5.11.1985 EzA § 98 BetrVG 1972 Nr. 2; MünchArbR/*Matthes* § 351 Rz. 22). Zur Durchführung der Ausbildung gehört auch die Festlegung der Dauer der Ausbildung. Der Betriebsrat hat daher mitzubestimmen, wenn der Arbeitgeber generell eine nach § 29 Abs. 2 BBiG a.F. (jetzt § 8 BBiG n.F.) verkürzte Ausbildung vorsehen will (*BAG* 24 8. 2004 EzA § 98 BetrVG 2001 Nr. 1).

Ein Mitbestimmungsrecht entfällt allerdings, soweit dem Arbeitgeber hinsichtlich der Durchführung auf Grund bestehender gesetzlicher Vorschriften kein Gestaltungsspielraum mehr verbleibt (*BAG* 5.11.1985 EzA § 98 BetrVG 1972 Nr. 2). Nicht der Mitbestimmung unterfällt die Ausgestaltung der der Ausbildung zu Grunde liegenden vertraglichen Vereinbarungen. Mitbestimmungsfrei ist daher bspw. die Ausgestaltung von Rückzahlungsklauseln hinsichtlich der Ausbildungskosten (h.M., vgl. GK-BetrVG/*Raab* § 98 Rz. 13; MünchArbR/*Matthes* § 351 Rz. 26; **a.A.** DKK/*Buschmann* § 98 Rz. 4; zur individualrechtlichen Zulässigkeit solcher Klauseln s.o. Kap. 9 Rn. 149 ff.). Zur eventuellen Vorverlagerung der Mitbestimmung bei Vereinbarung der gemeinsamen Durchführung von Maßnahmen der Berufsbildung durch mehrere Arbeitgeber, s.o. Rn. 1776.

1791 Das Mitbestimmungsrecht kann durch Betriebsvereinbarung oder durch Regelungsabrede ausgeübt werden. Kommt eine Einigung nicht zu Stande, so entscheidet auf Antrag von Arbeitgeber oder Betriebsrat die Einigungsstelle, § 96 Abs. 4 BetrVG. Auch nach einem Spruch der Einigungsstelle kann der Arbeitgeber von der Durchführung der Maßnahme noch absehen (*LAG RhPf* 12.12.1988 NZA 1989, 943). Eine Zuständigkeit des Gesamtbetriebsrates kommt in Betracht, wenn die Maßnahme überbetrieblich und unternehmenseinheitlich durchgeführt wird. Zu beachten ist ein eventuelles Stimmrecht der Jugend- und Auszubildendenvertretung nach § 67 Abs. 2 BetrVG bei der entsprechenden Beschlussfassung des Betriebsrates, sofern die Berufsbildungsmaßnahme Jugendliche oder zu ihrer Berufsausbildung beschäftigte Arbeitnehmer betrifft.

(1) Mitbestimmung bei der Teilnehmerauswahl

1792 Das Vorschlagsrecht des Betriebsrates nach § 98 Abs. 3 BetrVG setzt voraus, dass der Arbeitgeber überhaupt betriebliche Maßnahmen der Berufsbildung selbst durchführt oder für außerbetriebliche Maßnahmen der Berufsbildung Arbeitnehmer freistellt oder die durch die Teilnahme von Arbeitnehmern entstehenden Kosten ganz oder teilweise trägt. Unerheblich ist, ob die Freistellung bezahlt oder unbezahlt erfolgt (MünchArbR/*Matthes* § 351 Rz. 30). Unter diesen Voraussetzungen besteht das Vorschlagsrecht auch dann, wenn der Arbeitgeber die Teilnahme an sonstigen Bildungsmaßnahmen i.S.d. § 98 Abs. 6 BetrVG durch Freistellung oder zumindest teilweise Kostenübernahme fördert (*Richardi/Thüsing*§ 98 Rz. 54b; GK-BetrVG/*Raab* § 98 Rz. 22). Nicht der Mitbestimmung des Betriebsrates unterliegt die Entscheidung des Arbeitgebers, ob er überhaupt Bildungsveranstaltungen fördern will, welche persönlichen und fachlichen Voraussetzungen erfüllt sein müssen und wie viele Teilnehmer gefördert werden sollen (MünchArbR/*Matthes* § 351 Rz. 34).

Innerhalb dieser Vorgaben soll das Vorschlagsrecht nach § 98 Abs. 3 BetrVG für eine Gleichbehandlung der Arbeitnehmer sorgen. 1793

Der Betriebsrat kann deshalb nur einzelne Arbeitnehmer oder bestimmte Arbeitnehmergruppen für eine Teilnahme vorschlagen, nicht aber lediglich einfach die vom Arbeitgeber vorgesehenen Teilnehmer ablehnen. 1794

Eine Einigungspflicht besteht nur hinsichtlich der vom Betriebsrat vorgeschlagenen Teilnehmer. Schlagen Arbeitgeber und Betriebsrat insgesamt mehr Arbeitnehmer vor, als Teilnehmerplätze vorhanden sind, so müssen alle vorgeschlagenen Arbeitnehmer in die Auswahl einbezogen werden, was auch im Falle der Teilnahmeentscheidung durch die Einigungsstelle gilt (*BAG* 8.12.1987 EzA § 98 BetrVG 1972 Nr. 3), da ansonsten die Beteiligung des Betriebsrates bei der Verteilungsentscheidung dadurch vereitelt werden könnte, dass bereits der Arbeitgeber so viele Teilnehmer benennt, wie Plätze vorhanden sind. Hat der Betriebsrat seinerseits Teilnehmer vorgeschlagen und kommt über diese von ihm vorgeschlagenen Teilnehmer eine Einigung mit dem Arbeitgeber nicht zu Stande, so entscheidet über die Teilnehmenden nach § 98 Abs. 4 BetrVG verbindlich die Einigungsstelle (vgl. *BAG* 30.5.2006 EzA § 98 BetrVG 2001 Nr. 2). 1795

(2) Mitbestimmung bei der Bestellung/Abberufung von Ausbildern

Durch das Widerspruchs- bzw. Abberufungsrecht nach § 98 Abs. 2 BetrVG soll der Betriebsrat neben den nach § 33 BBiG n.F. zuständigen Stellen als eine Art Überwachungsorgan bzgl. der mit der betrieblichen Berufsbildung beauftragten Personen etabliert werden, um sicherzustellen, dass die Berufsausbildung durch geeignete Personen erfolgt, die ihrer Ausbildungspflicht auch nachkommen. Hierzu hat der Arbeitgeber den Betriebsrat nach § 80 Abs. 2 BetrVG rechtzeitig vor der Bestellung eines Ausbilders zu unterrichten (GK-BetrVG/*Raab* § 98 Rz. 16). Bestellung bedeutet die Übertragung bestimmter Aufgaben und Kompetenzen; Abberufung ist deren Entzug (DKK/*Buschmann* § 98 Rz. 15). 1796

Widerspruchs- und Abberufungsrecht bestehen nicht nur bei den eigentlichen Maßnahmen der Berufsbildung i.S.d. § 1 BBiG n.F. (Berufsausbildung, berufliche Fortbildung, berufliche Umschulung), sondern nach § 98 Abs. 6 BetrVG auch bei sonstigen betrieblichen Bildungsmaßnahmen unabhängig davon, ob es sich beim bestellten Ausbilder um einen Arbeitnehmer des Betriebes, einen Betriebsfremden oder leitenden Angestellten handelt. Ein Mitbestimmungsrecht scheidet nur aus, wenn der Arbeitgeber selbst die Ausbildung durchführt (GK-BetrVG/*Raab* § 98 Rz. 17). Für den Bereich der eigentlichen Berufsbildung ergeben sich die Anforderungen an die erforderliche persönliche oder fachliche Eignung aus §§ 28–30 BBiG n.F. bzw. §§ 21, 22 HandwO, die für den Bereich der gewerblichen Wirtschaft in der Ausbilder-Eignungsverordnung Gewerbliche Wirtschaft (vom 20.4.1972, BGBl. I S. 707, zuletzt geändert durch VO vom 12.11.1991, BGBl. I S. 2110) präzisiert werden. Für sonstige betriebliche Bildungsmaßnahmen braucht der Betriebsrat die Bestellung der mit der Durchführung beauftragten Personen nicht hinzunehmen, wenn diese nach allgemeinen Maßstäben ungeeignet sind (DKK/*Buschmann* § 98 Rz. 12). Eine Vernachlässigung der Aufgaben liegt vor, wenn der Ausbilder die Ausbildung nicht mit der erforderlichen Gründlichkeit und Gewissenhaftigkeit ausführt, sodass befürchtet werden muss, dass die Auszubildenden das Ziel der Ausbildung nicht erreichen. Erforderlich sind schwerwiegende, vom Betriebsrat durch Tatsachen zu belegende Gründe. Ein geringfügiges oder einmaliges Fehlverhalten genügt nicht (GK-BetrVG/*Raab* § 98 Rz. 20). Widerspruchs- bzw. Abberufungsantrag des Betriebsrates setzen einen ordnungsgemäßen Beschluss voraus, der ggf. (vgl. § 67 Abs. 1, 2 BetrVG) unter Beteiligung der Jugend- und Auszubildendenvertretung zu fassen ist. 1797

1798 Einigen sich Arbeitgeber und Betriebsrat über Bestellung oder Abberufung nicht, so hat der Betriebsrat das Recht, beim Arbeitsgericht einen im Beschlussverfahren zu entscheidenden Antrag zu stellen, dem Arbeitgeber aufzugeben, eine bestimmte Person nicht zu bestellen oder abzuberufen, § 98 Abs. 5 BetrVG. Liegt eine rechtskräftige Entscheidung vor und befolgt der Arbeitgeber diese nicht, so kann im Falle der Bestellung auf Antrag des Betriebsrates nach vorheriger Androhung, die bereits auf Antrag des Betriebsrates im Untersagungsbeschluss enthalten sein kann, ein Ordnungsgeld bis zu 10.000 € festgesetzt werden, sofern der Arbeitgeber schuldhaft handelt. Beruft der Arbeitgeber entgegen einer rechtskräftigen Entscheidung eine bestellte Person nicht ab, setzt das Arbeitsgericht auf Antrag des Betriebsrates auch ohne Verschulden des Arbeitgebers Zwangsgeld bis zu 250 € für jeden Tag der Zuwiderhandlung fest, wobei die Festsetzung oder Vollstreckung allerdings ausscheidet, sobald der Arbeitgeber die Anordnung befolgt.

1799 Durch eine rechtskräftige gerichtliche Abberufungsentscheidung wird eine eventuell notwendige Kündigung des Vertragsverhältnisses mit dem Ausbilder nicht ersetzt; sie lässt auch das Mitbestimmungsrecht des Betriebsrates nach § 102 BetrVG unberührt. Ein Weiterbeschäftigungsanspruch als Ausbilder nach § 102 Abs. 5 BetrVG kommt nicht in Betracht, da dies im Gegensatz zur gerichtlichen Entscheidung über die Abberufung stehen würde (GK-BetrVG/*Raab* § 98 Rz. 38). Sofern die Bestellung zum Ausbilder mit einer Einstellung oder Versetzung i.S.d. § 99 Abs. 1 BetrVG verbunden ist, ist grds. das Mitbestimmungsrecht des Betriebsrates nach § 99 BetrVG zu beachten. Der Betriebsrat kann allerdings die Zustimmung nicht mit der Begründung verweigern, die Bestellung verstoße deshalb gegen ein Gesetz i.S.d. § 99 Abs. 2 Nr. 1 BetrVG, da der Ausbilder ungeeignet i.S.d. § 98 Abs. 2 BetrVG sei. §§ 98 Abs. 2 und 5 BetrVG sind insoweit Sonderregelungen gegenüber § 99 BetrVG (GK-BetrVG/*Raab* § 98 Rz. 37). Im Verhältnis zu § 23 Abs. 3 BetrVG geht § 98 Abs. 5 BetrVG in seinem Anwendungsbereich, also für den Fall, dass nach Beteiligung des Betriebsrates keine Übereinkunft erzielt werden kann, als lex specialis vor. Ein Anwendungsbereich für § 23 Abs. 3 BetrVG verbleibt damit nur für einen eventuellen Antrag des Betriebsrates, dem Arbeitgeber aufzugeben, für die Zukunft in vergleichbaren Fällen die Berufung ungeeigneter Personen zu unterlassen bzw. Bestellungen ohne Beteiligung des Betriebsrates zukünftig zu unterlassen (so GK-BetrVG/*Raab* § 98 Rz. 34).

1800 Kontrovers diskutiert wird, ob die Bestellung des Ausbilders unwirksam ist, wenn der Betriebsrat ihr widersprochen hat und ob deshalb auch ein Antragsrecht des Arbeitgebers besteht, vom Arbeitsgericht klären zu lassen, ob der Widerspruch des Betriebsrates begründet ist (dafür *Richardi/Thüsing* § 98 Rz. 35; DKK/*Buschmann* § 98 Rz. 16; dagegen GK-BetrVG/*Raab* § 98 Rz. 31, 32; MünchArbR/*Matthes* § 351 Rz. 42).

II. Personelle Einzelmaßnahmen

1. Einstellung, Versetzung, Eingruppierung, Umgruppierung, §§ 99–101 BetrVG

a) Zweck und Geltungsbereich der Regelung

1801 Zweck der Beteiligung des Betriebsrates ist der Schutz der vorhandenen Belegschaft vor Veränderungen und der Schutz des von der personellen Einzelmaßnahme betroffenen Arbeitnehmers (GK-BetrVG/*Kraft/Raab* § 99 Rz. 6). §§ 99–101 BetrVG gelten nur in Unternehmen, in denen i.d.R. mehr als 20 wahlberechtigte Arbeitnehmer beschäftigt sind und in denen ein Betriebsrat konstituiert ist (*BAG* 23.8.1984 EzA § 102 BetrVG 1972 Nr. 59).

1802 Entscheidend ist die regelmäßige Beschäftigtenzahl im Zeitpunkt der Vornahme der personellen Einzelmaßnahmen, nicht die zufällige effektive Zahl der wahlberechtigten Arbeitnehmer zu diesem Zeitpunkt, d.h. es kommt ohne Berücksichtigung einer vorübergehenden Erhöhung oder Verringerung der Personalstärke auf die Zahl der Arbeitsplätze an, auf die das Unternehmen ausgerichtet ist (vgl. *BAG* 31.7.1986 EzA § 17 KSchG Nr. 3).

Einzubeziehen sind dabei die Arbeitnehmer der Betriebe des konkreten Unternehmens unter Einbeziehung etwa vorhandener nicht betriebsratsfähiger Betriebsteile und Nebenbetriebe sowie nicht betriebratsfähiger Kleinbetriebe (vgl. so schon zur Rechtslage vor Inkrafttreten des BetrVG-ReformG vom 23.7.2001: *BAG* 3.12.1985 EzA § 4 BetrVG 1972 Nr. 4). Der Einzustellende zählt nicht mit (h.M. vgl. GK-BetrVG/*Kraft/Raab* § 99 Rz. 7; **a.A.** MünchArbR/*Matthes* § 352 Rz. 5). Führen mehrere Unternehmen mit jeweils weniger als zwanzig wahlberechtigten Arbeitnehmern gemeinsam einen Betrieb, in dem insgesamt mehr als zwanzig wahlberechtigte Arbeitnehmer beschäftigt sind, so ist die Vorschrift des § 99 BetrVG auf Versetzungen in diesem Betrieb analog anwendbar (*BAG* 29.9.2004 EzA § 99 BetrVG 2001 Nr. 4). 1803

b) Inhalt des Beteiligungsrechts

Die Beteiligung des Betriebsrates bei personellen Einzelmaßnahmen ist i.S.d. positiven Konsensprinzips ausgestaltet: Die in § 99 Abs. 1 BetrVG erwähnten Maßnahmen bedürfen zu ihrer betriebsverfassungsrechtlichen Wirksamkeit der Zustimmung des Betriebsrates. Diese muss entweder ausdrücklich erteilt sein oder infolge Fristablaufs fiktiv als erteilt gelten (vgl. § 99 Abs. 3 S. 2 BetrVG) oder arbeitsgerichtlich ersetzt sein (vgl. § 99 Abs. 4 BetrVG). Das Beteiligungsrecht des Betriebsrates greift erst, wenn sich der Arbeitgeber entschlossen hat, eine personelle Einzelmaßnahme durchzuführen. Der Betriebsrat seinerseits kann die Durchführung einer Maßnahme oder einer anderen als der vom Arbeitgeber geplanten Maßnahme nicht erzwingen. Es besteht damit kein Initiativrecht. Der Betriebsrat kann lediglich personelle Einzelmaßnahmen anregen und beispielsweise andere Bewerber zur Einstellung vorschlagen. Unter dem Gesichtspunkt der vertrauensvollen Zusammenarbeit (§ 2 Abs. 1 BetrVG) ist der Arbeitgeber jedoch lediglich verpflichtet, die Anregungen und Argumente des Betriebsrates ernsthaft in Erwägung zu ziehen (*BAG* 3.12.1985 EzA § 99 BetrVG 1972 Nr. 46). 1804

c) Die Maßnahmen im Einzelnen

aa) Einstellung

(1) Begriff

Das BetrVG definiert den Begriff der Einstellung nicht selbst. Während z. T. (z.B. HSWGNR/*Schlochauer* § 99 Rz. 15) hierunter der Abschluss des Arbeitsvertrages, z. T. (z.B. *Richardi/Thüsing* § 99 Rz. 29) die tatsächliche Eingliederung in den Betrieb verstanden wurde, hat das *BAG* (14.5.1974 EzA § 99 BetrVG 1972 Nr. 6) zunächst hierunter sowohl die Begründung des Arbeitsverhältnisses als auch die zeitlich damit zusammenfallende, vorhergehende oder auch nachfolgende tatsächliche Arbeitsaufnahme verstanden, wobei das Mitbestimmungsrecht jeweils dem zeitlich ersten Vorgang zugeordnet wurde. 1805

Nach nunmehriger Rechtsprechung des *BAG* (vgl. etwa 13.12.2005 EzA § 99 BetrVG 2001 Nr. 4) liegt eine Einstellung vor, wenn der Mitarbeiter derart in die Arbeitsorganisation des Betriebs eingegliedert wird, dass der Betriebsinhaber die für eine weisungsgebundene Tätigkeit typischen Entscheidungen über Zeit und Ort der Tätigkeit zu treffen hat, wobei der Mitarbeiter dabei auch in einem Arbeitsverhältnis oder einem sonstigen Rechtsverhältnis zu Dritten stehen kann. Erforderlich ist aber stets, dass der Betriebsinhaber die Personalhoheit in Form der Entscheidungsbefugnis hinsichtlich Zeit und Ort der Tätigkeit besitzt. Beruht die tatsächliche Beschäftigung auf dem Abschluss eines Arbeitsvertrages mit dem Betriebsinhaber, ist der Betriebsrat jedoch nicht erst vor Aufnahme der tatsächlichen Beschäftigung, sondern vor Abschluss des Vertrages, der zur Einstellung führt, zu beteiligen (*BAG* 28.4.1992 EzA § 99 BetrVG 1972 Nr. 106; 19.6.2001 EzA § 99 BetrVG 1972 Einstellung Nr. 9). Auf das Rechtsverhältnis, in dem die tatsächlich beschäftigte Person zum Arbeitgeber als Betriebsinhaber steht, kommt es nicht entscheidend an, insbes. ist nicht erforderlich, dass der Beschäftigung der einzugliedernden Personen ein Arbeitsvertrag zugrunde liegt (*BAG* 12.11.2002 § 99 BetrVG 2001 Nr. 2). 1806

1807 Maßgebend ist das Merkmal der Eingliederung, das dann erfüllt ist, wenn die zu verrichtende Tätigkeit ihrer Art nach eine weisungsgebundene Tätigkeit ist, die der Verwirklichung des arbeitstechnischen Zwecks des Betriebes zu dienen bestimmt ist und daher vom Arbeitgeber organisiert werden muss (*BAG* 30.8.1994 EzA § 99 BetrVG 1972 Nr. 125).

1808 Unerheblich ist die voraussichtliche Dauer der Beschäftigung, sodass auch Einstellungen für nur wenige Tage der Zustimmung des Betriebsrates bedürfen (*BAG* 16.12.1986 EzA § 99 BetrVG 1972 Nr. 54). Mangels Eingliederung liegt keine Einstellung vor beim Einsatz sog. Testkäufer, wenn den einzelnen Niederlassungen keinerlei Befugnis zusteht, deren Arbeitseinsatz zu organisieren (*LAG Hamm* 24.2.2006 – 13 TaBV 178/05 – EzA-SD 11/06, S. 12).

(2) Einzelfälle

1809 ▶ Der Mitbestimmung des Betriebsrates unterliegt immer die Neueinstellung von Arbeitnehmern auf der Grundlage eines Arbeitsvertrages, wobei es nicht darauf ankommt, ob dieser fehlerfrei geschlossen ist oder an Mängeln leidet, sodass auch die Aufnahme eines faktischen Arbeitsverhältnisses ausreicht (GK-BetrVG/*Kraft/Raab* § 99 Rz. 26).

1810 ▶ Ausreichend ist auch die Beschäftigung in Vollzug eines mittelbaren Arbeitsverhältnisses (*BAG* 18.4.1989 EzA § 99 BetrVG 1972 Nr. 73).

1811 ▶ Gleiches gilt für die Begründung eines Ausbildungsverhältnisses, auch im Rahmen eines Praktikums oder Volontariats (MünchArbR/*Matthes* § 352 Rz. 12), nicht aber bei der Beschäftigung von Schülerpraktikanten, da diese nicht der Verwirklichung des Betriebszweckes dient, sondern Teil der schulischen Ausbildung ist (*BAG* 8.5.1990 EzA § 99 BetrVG 1972 Nr. 88).

1812 ▶ Hingegen liegt eine Einstellung auch dann vor, wenn Personen für eine in Aussicht genommene Beschäftigung eine Ausbildung erhalten, ohne die eine solche Beschäftigung nicht möglich wäre, wobei es keinen Unterschied macht, ob diese nach der Ausbildung in einem Arbeitsverhältnis oder als freie Mitarbeiter beschäftigt werden sollen (*BAG* 20.4.1993 EzA § 99 BetrVG 1972 Nr. 114; 3.10.1989 EzA § 99 BetrVG 1972 Nr. 79).

1813 ▶ Eine Einstellung liegt auch vor, wenn eine Arbeitnehmerin während des Erziehungsurlaubs mit Zustimmung des Arbeitgebers ihre ursprüngliche Tätigkeit mit verringerter Stundenzahl wieder aufnimmt. Hierdurch werden nämlich die Interessen der Belegschaft in gleicher Weise berührt wie bei einer Neueinstellung, da sich für die bisher zur Vertretung herangezogenen Mitarbeiter neue Auswahlfragen ergeben können (*BAG* 28.4.1998 EzA § 99 BetrVG 1972 Einstellung Nr. 5).

1814 ▶ Einstellung ist auch die Besetzung eines zuvor ausgeschriebenen Arbeitsplatzes im Wege der Erhöhung der vertraglichen Arbeitszeit schon beschäftigter Arbeitnehmer, soweit deren zeitlich erhöhter Einsatz länger als einen Monat andauern soll (*BAG* 25.1.2005 EzA § 99 BetrVG 2001 Einstellung Nr. 3) und es sich um eine erhebliche Heraufsetzung der Arbeitszeit handelt. Dies ist dann der Fall, wenn der Arbeitgeber den zeitlichen Mehrbedarf als Stelle ausgeschrieben hat oder nach § 93 BetrVG hätte ausschreiben müssen (*BAG* 15.5.2007 – 1 ABR 32/06 – NZA 2007, 1240 – 1245 = FA 2007, 347 LS).

1815 ▶ Ebenfalls Einstellung ist die Beschäftigung von Rote-Kreuz-Pflegekräften in einem Krankenhaus auf Grund eines Gestellungsvertrages, wenn die Pflegekräfte in den Betrieb eingegliedert sind, was anzunehmen ist, wenn der Träger des Krankenhauses auch ihnen gegenüber die für ein Arbeitsverhältnis typischen Weisungsbefugnisse hinsichtlich des Arbeitseinsatzes hat (*BAG* 22.4.1997 EzA § 99 BetrVG Einstellung Nr. 3).

1816 ▶ Die Verlängerung eines befristeten Arbeitsverhältnisses oder dessen Umwandlung in ein unbefristetes ist ebenfalls Einstellung, es sei denn, es handelt sich um ein befristetes Probearbeitsverhältnis, sofern dem Betriebsrat vor der Einstellung zur Probe mitgeteilt wurde, der Arbeitnehmer solle bei Bewährung auf unbestimmte Zeit weiterbeschäftigt werden (*BAG* 7.8.1990 EzA § 99 BetrVG 1972 Nr. 91).

1817 ▶ Gleiches soll gelten, wenn die Verlängerung darauf beruht, dass sich eine vereinbarte Befristung als rechtsunwirksam erweist oder ein Leiharbeitnehmer länger als ursprünglich vorgesehen beschäftigt werden soll (MünchArbR/*Matthes* § 352 Rz. 16, 24).

- Um die Verlängerung eines befristeten Vertragsverhältnisses in diesem Sinne handelt es sich auch bei der Übernahme eines Auszubildenden (GK-BetrVG/*Kraft/Raab* § 99 Rz. 29 m.w.N.), nicht aber bei der Begründung eines unbefristeten Arbeitsverhältnisses im Anschluss an die Ausbildung in Anwendung des § 78a BetrVG (h.M. GK-BetrVG/*Kraft/Raab* § 99 Rz. 33 m.w.N.; **a.A.** MünchArbR/*Matthes* § 352 Rz. 18). **1818**
- Ebenso soll eine Einstellung vorliegen, wenn ein Arbeitsverhältnis über eine tarifliche Altersgrenze hinaus verlängert wird (*BAG* 12.7.1988 EzA § 99 BetrVG 1972 Nr. 59; **a.A.** etwa GK-BetrVG/*Kraft/Raab* § 99 Rz. 28). Eine Altersgrenze in einer Betriebsvereinbarung enthält i.d.R. kein Verbot einer Beschäftigung des Arbeitnehmers über die Altersgrenze hinaus, es sei denn, dass ein solches Verbot in der Betriebsvereinbarung deutlichen Ausdruck findet. Deshalb ist der Betriebsrat i.d.R. nicht berechtigt, seine Zustimmung zur Weiterbeschäftigung dieses Arbeitnehmers zu verweigern (*BAG* 10.3.1992 EzA § 99 BetrVG 1972 Nr. 104). **1819**
- Ferner liegt eine Einstellung auch bei der erstmaligen Ausgabe von Arbeit an Heimarbeiter, die in der Hauptsache für den Betrieb arbeiten, vor (vgl. MünchArbR/*Matthes* § 352 Rz. 17). **1820**
- Da kein Betriebsfremder neu in den Betrieb kommt, liegt **keine** Einstellung vor, wenn ein Arbeitnehmer nach einem Ruhen des Arbeitsverhältnisses (z.B. Wehrdienst, Erziehungsurlaub, suspendierende Aussperrung) seine Beschäftigung wieder aufnimmt (GK-BetrVG/*Kraft/Raab* § 99 Rz. 35). **1821**
- Um eine Einstellung handelt es sich aber, wenn mit einem Arbeitnehmer oder einer Arbeitnehmerin nach Antritt des Erziehungsurlaubs vereinbart wird, dass sie auf ihrem bisherigen Arbeitsplatz hilfsweise eine befristete Teilzeitbeschäftigung aufnehmen sollen (*BAG* 28.4.1998 EzA § 99 BetrVG 1972 Einstellung Nr. 5). **1822**
- **Keine** Einstellung liegt vor bei einvernehmlicher Fortsetzung des Arbeitsverhältnisses nach Ausspruch einer Kündigung vor Ablauf der Kündigungsfrist, der Kündigungsrücknahme oder der Anerkennung des Klageanspruches in einem Kündigungsschutzprozess sowie bei einer tatsächlichen Beschäftigung während des Kündigungsschutzprozesses auf Grund des betriebsverfassungsrechtlichen (§ 102 Abs. 5 BetrVG) oder allgemeinen (s.o. Kap. 4 Rn. 3324 ff.) Weiterbeschäftigungsanspruches (*LAG Frankf./M.* 12.5.1987 LAGE § 101 BetrVG 1972 Nr. 2; GK-BetrVG/*Kraft/Raab* § 99 Rz. 34). **1823**
- Die Versetzung eines Arbeitnehmers von einem Betrieb in einen anderen Betrieb des Unternehmens ist für den aufnehmenden Betrieb grds. Einstellung i.S.d. § 99 BetrVG (*BAG* 16.12.1986 EzA § 99 BetrVG 1972 Nr. 54). **1824**
- Die Rückkehr eines solchen Arbeitnehmers in den Betrieb, in dem er ursprünglich beschäftigt war, ist **keine** Einstellung, wenn bei Durchführung der Versetzung von vorneherein feststand, dass der Mitarbeiter zurückkehrt. Die vorübergehende Entsendung und die anschließende Rückkehr ist vielmehr eine einheitliche Maßnahme, die gegebenenfalls nur unter dem Gesichtspunkt der Versetzung der Zustimmung des Betriebsrates des abgebenden Betriebes bedarf (*BAG* 14.11.1989 EzA § 99 BetrVG 1972 Nr. 85). **1825**

> Da es nach der Rechtsprechung des *BAG* (s.o. Rn. 1806) auf die tatsächliche Eingliederung in den Betrieb, nicht aber darauf ankommt, in welchem Rechtsverhältnis die eingegliederten Personen zum Arbeitgeber als Betriebsinhaber stehen, kann eine Einstellung auch vorliegen, wenn die beschäftigten Personen nicht auf Grund eines Arbeitsverhältnisses zum Betriebsinhaber, sondern auf Grund eines anderen Rechtsverhältnisses im Betrieb beschäftigt werden. **1826**

Kraft ausdrücklicher gesetzlicher Regelung in Art. 1 § 14 Abs. 3 AÜG ist der Betriebsrat des Entleiherbetriebes vor der Übernahme eines Leiharbeitnehmers zur Arbeitsleistung nach § 99 BetrVG zu beteiligen. Diese Vorschrift ist wegen gleicher Interessenlage und der Betroffenheit der Belegschaft des aufnehmenden Betriebes auch auf die nicht gewerbsmäßige und die unerlaubte gewerbsmäßige Arbeitnehmerüberlassung entsprechend anzuwenden (*BAG* 28.9.1988 EzA § 99 BetrVG 1972 Nr. 68). Einstellung ist noch nicht die Aufnahme von Leiharbeitnehmern in einen Stellenpool, aus dem der Verleiher auf Anforderung des Entleihers **1827**

Kräfte für die Einsätze im Entleiherbetrieb auswählt, sondern die tatsächlichen konkreten Einsätze (*BAG* 23.1.2008 EzA § 99 BetrVG 2001 Einstellung Nr. 8).

1828 Für die Beurteilung der Frage, ob der Einsatz sog. Fremdfirmenmitarbeiter, d.h. von Personen, die im Betrieb tätig werden, weil sie auf Grund eines Werk- oder Dienstvertrages selbst oder als Arbeitnehmer eines Dritten verpflichtet sind, bestimmte Arbeitsleistungen im Betrieb zu erbringen, Einstellung i.S.d. § 99 BetrVG ist, kommt es nach der Rechtsprechung des *BAG* (5.3.1991 EzA § 99 BetrVG 1972 Nr. 99; 1.12.1992 EzA § 99 BetrVG 1972 Nr. 110; 18.10.1994 EzA § 99 BetrVG 1972 Nr. 124) nicht nur darauf an, ob die von ihnen zu erbringende Dienstleistung oder das von ihnen zu erstellende Werk hinsichtlich Art, Umfang, Güte, Zeit und Ort in den betrieblichen Arbeitsprozess eingeplant ist. Hinzukommen muss vielmehr, dass diese Personen selbst in die Arbeitsorganisation des Arbeitgebers eingegliedert werden, sodass dieser die für ein Arbeitsverhältnis typische Entscheidung über deren Arbeitseinsatz auch nach Zeit und Ort zu treffen hat, er also die Personalhoheit über diese Personen besitzt und damit wenigstens einen Teil der Arbeitgeberstellung übernimmt (*BAG* 13.3.2001 EzA § 99 BetrVG 1972 Einstellung Nr. 8). Dies kann nicht bereits deshalb angenommen werden, weil die zu erbringende Dienstleistung oder das zu erstellende Werk vertraglich hinsichtlich aller Einzelheiten zwischen Dienst- oder Werknehmer und Unternehmer so detailliert geregelt ist, dass dem Dienst- oder Werknehmer hinsichtlich der Erbringung der Dienstleistung bzw. der Erstellung des Werkes kein eigener Entscheidungsspielraum verbleibt (*BAG* 1.12.1992 EzA § 99 BetrVG 1972 Nr. 110). Soweit keine Einstellung i.S.d. § 99 BetrVG vorliegt, kann die Übertragung von Aufgaben, die bislang im Betrieb verrichtet wurden, auf Dritte eine Betriebsänderung sein, an der der Betriebsrat nach näherer Maßgabe der §§ 111 f. BetrVG zu beteiligen ist (vgl. *BAG* 5.3.1991 EzA § 99 BetrVG 1972 Nr. 99). Die Einstellung einer sog MAE-Kraft (»1-Euro-Job«) ist Einstellung i.S.d. § 99 BetrVG (*BAG* 2.10.2007 EzA § 99 BetrVG 2001 Einstellung Nr. 7).

1829 Die Beschäftigung freier Mitarbeiter ist nach neuerer Rechtsprechung des *BAG* (30.8.1994 EzA § 99 BetrVG 1972 Nr. 125) keine mitbestimmungspflichtige Einstellung, da die für die Eingliederung in eine fremde Arbeitsorganisation charakteristische Unterwerfung unter die Organisationsgewalt und damit auch unter Weisungen des Betriebsinhabers i.d.R. nicht im erforderlichen Umfang gegeben ist, da beim freien Mitarbeiter i.d.R. gerade die durch Weisungsgebundenheit und Eingliederung bestimmte persönliche Abhängigkeit fehlt. Ein Mitbestimmungsrecht des Betriebsrates kommt daher nur bei atypischen Sachverhalten in Frage (zu solchen Sachverhalten vgl. *BAG* 15.4.1986 EzA § 99 BetrVG 1972 Nr. 50; 3.7.1990 EzA § 99 BetrVG 1972 Nr. 90; 20.4.1993 EzA § 99 BetrVG 1972 Nr. 114). Ein atypischer Sachverhalt soll nach Auffassung des *BAG* (30.8.1994 EzA § 99 BetrVG 1972 Nr. 125) vorliegen, wenn eine Abweichung von der normalen Beschäftigungssituation eines freien Mitarbeiters deshalb vorliegt, weil sich die Tätigkeit nicht nennenswert von der weisungsabhängigen Tätigkeit vergleichbarer Arbeitnehmer desselben Betriebes unterscheidet.

bb) Versetzung

(1) Zweck und Anwendungsbereich

1830 § 95 Abs. 3 BetrVG enthält eine eigenständige, betriebsverfassungsrechtliche Definition des Versetzungsbegriffs, mit der gegenüber der Regelung in § 60 Abs. 3 BetrVG 1952 erreicht werden sollte, den Mitbestimmungsbereich des Betriebsrates zu erweitern. Insbesondere sollten auch sog. Umsetzungen, d.h. Versetzungen innerhalb des gleichen Betriebes oder der gleichen Betriebsabteilung, erfasst werden (BR-Drs. 715/70, S. 50). Versetzung ist danach die Zuweisung eines anderen Arbeitsbereiches, die die voraussichtliche Dauer von einem Monat überschreitet oder mit einer erheblichen Änderung der Umstände verbunden ist, unter denen die Arbeit zu leisten ist, soweit nicht der Arbeitnehmer nach der Eigenart des Arbeitsverhältnisses üblicherweise nicht ständig an einem bestimmten Arbeitsplatz beschäftigt wird. Das Beteiligungsrecht besteht bei Arbeitnehmern und Auszubildenden (*BAG* 3.12.1985 EzA § 95 BetrVG 1972 Nr. 10). Zustimmungspflichtig ist auch die Versetzung anderer Personen, die im Betrieb zusammen mit den Arbeitnehmern dessen arbeitstechnischen Zweck durch weisungsgebundene Tätigkeit verwirklichen, so etwa, wenn Leiharbeitnehmern im Entleiherbetrieb ein anderer Arbeitsbereich zugewiesen wird, es sei denn, der Leiharbeitnehmer ist von vorneherein zur Vertretung von Arbeitnehmern auf verschiedenen Arbeitsplätzen entliehen worden (vgl. MünchArbR/*Matthes* § 353 Rz. 29).

Nach der Eigenart des Arbeitsverhältnisses liegt üblicherweise ein Wechsel der Arbeitsbereiche vor bei Montagekolonnen, Springern, Arbeitnehmern, die innerhalb des Betriebes üblicherweise an wechselnden Arbeitsplätzen eingesetzt werden oder bei Auszubildenden, denen planmäßig unterschiedliche Ausbildungsplätze zugewiesen werden (*BAG* 3.12.1985 EzA § 95 BetrVG 1972 Nr. 10). **1831**

Ein solcher Wechsel des Arbeitsortes muss dabei charakteristisch für das Arbeitsverhältnis sein (GK-BetrVG/*Kraft/Raab* § 99 Rz. 76). Hierfür genügt nicht, dass dem Arbeitgeber die arbeitsvertragliche Befugnis zusteht, dem Arbeitnehmer unterschiedliche Arbeitsplätze zuzuweisen (*BAG* 18.12.1986 EzA § 95 BetrVG 1972 Nr. 12). Andererseits kommt es auf die Häufigkeit des Wechsels nicht an (MünchArbR/*Matthes* § 353 Rz. 26). **1832**

Zur Versetzung von Betriebsratsmitgliedern s.o. Rn. 724 ff.

(2) Änderung des Arbeitsbereiches

Der Begriff des Arbeitsbereiches ist funktional zu verstehen und umfasst mehr als den Ort der Arbeitsleistung, nämlich die Art der Tätigkeit, wie sie sich aus der geschuldeten Arbeitsleistung und dem Inhalt der Arbeitsaufgabe ergibt und die Einordnung des Arbeitnehmers in die betriebliche Organisation (*BAG* 17.6.2008 EzA § 95 BetrVG 2001 Nr. 8; 10.4.1984 EzA § 95 BetrVG 1972 Nr. 8). **1833**

> Eine Änderung des Arbeitsbereiches liegt damit vor, wenn dem Arbeitnehmer ein neuer Tätigkeitsbereich zugewiesen wird oder wenn der Arbeitnehmer seine bisherige Stellung in der betrieblichen Organisation verändern muss, ohne dass es auf eine rein örtliche Veränderung des Arbeitsplatzes ankäme (GK-BetrVG/*Kraft/Raab* § 99 Rz. 67). Nach Ansicht des *BAG* (18.2.1986 EzA § 95 BetrVG 1972 Nr. 12; 1.8.1989 EzA § 95 BetrVG 1972 Nr. 16; 8.8.1989 EzA § 95 BetrVG 1972 Nr. 18) liegt eine Versetzung darüber hinaus auch bei einer bloßen Veränderung des Arbeitsortes vor, selbst wenn sich Arbeitsaufgabe oder Einordnung in die betriebliche Organisation nicht ändern. **1834**

Auszugrenzen sind bloße Bagatellfälle örtlicher Veränderung, wobei allerdings die Kriterien, wann eine örtliche Veränderung relevant ist, unterschiedlich beurteilt werden (vgl. GK-BetrVG/*Kraft/Raab* § 99 Rz. 66). Kein Bagatellfall liegt vor bei der Versetzung eines Filialmitarbeiters in eine andere Filiale, die mit einem räumlichen Wechsel der politischen Gemeinde verbunden ist (*LAG Hamm* 23.1.2004 – 10 Ta BV 43/03 – FA 2004, 151). Umgekehrt liegt ohne das Hinzutreten weiterer Umstände keine Versetzung vor, wenn ein Betrieb oder ein räumlich gesonderter Betriebsteil um wenige Kilometer innerhalb einer politischen Gemeinde verlagert wird (*BAG* 27.6.2006 EzA § 95 BetrVG 2001 Nr. 3). **1835**

Unerheblich ist, ob der neu zugewiesene Arbeitsbereich höher-, nieder- oder gleichwertig ist. Keine Zuweisung eines neuen Arbeitsbereiches liegt vor, wenn sich die zugewiesene Tätigkeit innerhalb der normalen Schwankungsbreite der dem Arbeitnehmer obliegenden Tätigkeit hält. **1836**

> Eine Änderung des Arbeitsbereiches liegt nur dann vor, wenn der Gegenstand der geschuldeten Arbeitsleistung, der Inhalt der Arbeitsaufgabe, ein anderer wird und sich deshalb das Gesamtbild der Tätigkeit des Arbeitnehmers ändert (*BAG* 13.3.2007 EzA § 95 BetrVG 2001 Nr. 5; 10.4.1984 EzA § 95 BetrVG 1972 Nr. 8; 30.9.1993 EzA § 99 BetrVG 1972 Nr. 118). Keine Zuweisung eines anderen Arbeitsbereichs ist der vollständige Entzug der Arbeitsaufgaben, etwa bei einer Freistellung innerhalb der Kündigungsfrist (*BAG* 28.3.2000 EzA § 95 BetrVG 1972 Nr. 33). **1837**

1838 Bei einem Entzug von Teilaufgaben bei im Übrigen gleich bleibender Tätigkeit liegt eine Versetzung deshalb nur dann vor, wenn durch den Entzug ein von dem bisherigen grundlegend abweichender neuer Arbeitsbereich entsteht (*BAG* 2.4.1996 EzA § 99 BetrVG 1972 Nr. 29).

1839 Eine Änderung des Arbeitsbereiches durch eine Änderung der organisatorischen Eingliederung liegt vor, wenn der Arbeitnehmer aus einer betrieblichen Einheit herausgenommen und einer anderen Einheit zugewiesen wird (*BAG* 17.6.2008 EzA § 95 BetrVG 2001 Nr. 8; 29.2.2000 EzA § 95 BetrVG 1972 Nr. 31; 10.4.1984 EzA § 95 BetrVG 1972 Nr. 8). Erfasst ist der Wechsel aus einer betrieblichen Einheit, an deren Spitze ein auch zu Personalentscheidungen befugter Vorgesetzter steht, wie z.B. aus einer Betriebsabteilung in eine andere (vgl. *LAG SchlH* 27.2.2007 LAGE § 99 BetrVG 2001 Nr. 3).

1840 Eine Änderung des Arbeitsbereichs kann auch beim Wechsel des Arbeitnehmers vom Einzel- in den Gruppenakkord vorliegen. Insoweit sind auch die durch die Einbindung in die Gruppe entstehenden Abhängigkeiten und die Notwendigkeit der Zusammenarbeit mit den anderen Gruppenmitgliedern zu berücksichtigen (*BAG* 22.4.1997 EzA § 99 BetrVG Versetzung Nr. 2). Der bloße Vorgesetztenwechsel ohne Änderung der Einordnung in die betriebliche Organisation ist hingegen ebenso wenig Versetzung (GK-BetrVG/*Kraft/Raab* § 99 Rz. 71) wie die Zuordnung der betrieblichen Einheit zu einer anderen Leitungsstelle (*BAG* 10.4.1984 EzA § 95 BetrVG 1972 Nr. 8).

1841 Problematisch ist die betriebsverfassungsrechtliche Beurteilung zumindest der dauerhaften Versetzung eines Arbeitnehmers in einen anderen Betrieb des Unternehmens oder in den Betrieb eines Tochterunternehmens. Einigkeit besteht dahingehend, dass jedenfalls ein Mitbestimmungsrecht unter dem Gesichtspunkt der Einstellung des Betriebsrates des aufnehmenden Betriebes besteht. Ob darüber hinaus auch ein Zustimmungserfordernis unter dem Gesichtspunkt der Versetzung des Betriebsrates des abgebenden Betriebes besteht, wird kontrovers diskutiert. Zum Teil (vgl. GK-BetrVG/*Kraft/Raab* § 99 Rz. 102 ff.) wird dies mit der Begründung verneint, dass sich aus der Sicht des abgebenden Betriebes der Wechsel des Arbeitnehmers als Ausscheiden darstelle und ein solches Ausscheiden abgesehen vom Beteiligungsrecht des Betriebsrates bei Kündigung nach § 102 BetrVG nicht der Beteiligung des Betriebsrates unterfalle.

1842 Bei einer Versetzung in einen anderen Betrieb desselben Unternehmens bejaht das *BAG* (19.2.1991 EzA § 95 BetrVG 1972 Nr. 24; 20.9.1990 EzA § 99 BetrVG 1972 Nr. 95; 26.1.1993 EzA § 99 BetrVG 1972 Nr. 109) ein Mitbestimmungsrecht des Betriebsrates des entsendenden Betriebes sowohl bei einer Versetzung des Arbeitnehmers auf Dauer als auch bei einer nur vorübergehenden Entsendung. Bei einer Versetzung auf Dauer entfällt das Mitbestimmungsrecht jedoch dann, wenn der Arbeitnehmer mit ihr einverstanden ist, sie selbst gewünscht hat oder sie jedenfalls seinen Wünschen und seiner freien Entscheidung entspricht (*BAG* 20.9.1990 EzA § 99 BetrVG 1972 Nr. 95).

1843 In diesem Fall erfordert der Gesichtspunkt des Schutzes des betroffenen Arbeitnehmers kein Mitbestimmungsrecht. Aber auch der weiter beabsichtigte Schutz der verbleibenden Belegschaft kann nicht erreicht werden. Bei Einverständnis zwischen Arbeitgeber und zu versetzendem Arbeitgeber kann das Ziel der Versetzung nämlich auf jeden Fall erreicht werden, etwa durch den mitbestimmungsfreien Abschluss eines Auflösungsvertrages und die Neubegründung eines Arbeitsverhältnisses mit dem aufnehmenden Betrieb oder Eigenkündigung des Arbeitnehmers und anschließender Neubegründung des Arbeitsverhältnisses, sodass der Betriebsrat des abgebenden Betriebes das Ausscheiden eines versetzungswilligen Arbeitnehmers letztlich nicht verhindern kann.

1844 Ob der Arbeitsbereich i.S.v. § 95 Abs. 3 BetrVG auch durch die Umstände, unter denen die Arbeit zu leisten ist, gekennzeichnet werden kann, ist angesichts der Tatsache, dass eine solche erhebliche Änderung der Umstände weitere, nach dem Wortlaut des Gesetzes zusätzliche Voraussetzung zur Änderung des Arbeitsbereiches ist, streitig (vgl. MünchArbR/*Matthes* § 353 Rz. 13; GK-BetrVG/*Kraft/Raab* § 99 Rz. 62 ff.).

Das *BAG* (16.7.1991 EzA § 95 BetrVG 1972 Nr. 25) steht nunmehr (anders noch *BAG* 26.5.1988 EzA § 95 BetrVG 1972 Nr. 13) auf dem Standpunkt, dass abgesehen vom Wechsel des Arbeitsortes (s.o. Rn. 1834) eine erhebliche Änderung der Umstände, unter denen die Arbeit zu leisten ist, nicht auch zu einer Änderung des Arbeitsbereiches führt. **1845**

Die Verlängerung oder Verkürzung der Wochenarbeitszeit, auch hinsichtlich der Mindestwochenarbeitszeit von Teilzeitkräften mit variabler Arbeitszeit, stellt für sich alleine daher ebenso wenig eine Versetzung dar wie die Veränderung der Lage der Arbeitszeit (*BAG* 19.2.1991 EzA § 95 BetrVG 1972 Nr. 23; 16.7.1991 EzA § 95 BetrVG 1972 Nr. 25; 23.11.1993 EzA § 95 BetrVG 1972 Nr. 28). **1846**

(3) Dauer der Versetzung

Liegt eine Änderung des Arbeitsbereiches vor, handelt es sich jedenfalls um eine zustimmungspflichtige Versetzung, wenn die Maßnahme von vorneherein auf eine Dauer von mehr als einem Monat angelegt ist. Bei kürzeren Maßnahmen muss eine erhebliche Änderung der Umstände, unter denen die Arbeit zu leisten ist, hinzutreten. **1847**

Ist bei Zuweisung des anderen Arbeitsbereiches eine Überschreitung der Dauer von einem Monat weder beabsichtigt noch vorhersehbar, so besteht grds. kein Mitbestimmungsrecht. Kürzere Überschreitungen der Frist sind unschädlich (GK-BetrVG/*Kraft/Raab* § 99 Rz. 77). Umstritten ist, ob und unter welchen Voraussetzungen die Zustimmung des Betriebsrates zu einem späteren Zeitpunkt einzuholen ist, wenn sich im Laufe der Maßnahme herausstellt, dass die Monatsfrist wesentlich überschritten werden wird. **1848**

Zum Teil (GK-BetrVG/*Kraft/Raab* § 99 Rz. 77; DKK/*Kittner* § 99 Rz. 108) wird das Zustimmungserfordernis generell bejaht, zum Teil (HSWGNR/*Schlochauer* § 99 Rz. 52; *Fitting* § 99 Rz. 155) wird die Ansicht vertreten, das Zustimmungserfordernis bestehe nur dann, wenn sich später herausstelle, dass zum einen die Monatsfrist überschritten wird und diese Überschreitung ihrerseits auch selbst die Dauer von einem Monat überschreiten wird. Nach noch anderer Ansicht (MünchArbR/*Matthes* § 353 Rz. 20) besteht das Zustimmungserfordernis dann, wenn neue Tatsachen bekannt werden, die eine neue Entscheidung erforderlich machen, ob die bisherige Vertretungsregelung beibehalten oder durch eine andere ersetzt werden soll, wenn die Beibehaltung der Regelung ihrerseits die voraussichtliche Dauer eines Monats überschreitet. **1849**

Kommt es wegen Unterschreitung der Monatsfrist auf eine erhebliche Änderung der Umstände an, sind damit die äußeren Umstände gemeint, unter denen die – ohnehin schon andere – Arbeit zu verrichten ist (*BAG* 13.3.2007 EzA § 95 BetrVG 2001 Nr. 5; 11.12.2007 EzA § 95 BetrVG 2001 Nr. 7), wie etwa die äußeren Arbeitsbedingungen für die Gestaltung des Arbeitsplatzes, die Ausstattung mit technischen Hilfsmitteln, Mitarbeitern und Vorgesetzten, die Entfernung zur Wohnung (*BAG* 1.8.1989 EzA § 95 BetrVG 1972 Nr. 16) und zu den Sozialeinrichtungen, die Lage der Arbeitszeit, Lärm, Schmutz, Hitze oder Nässe. Es muss sich um den Arbeitnehmer belastende Umstände handeln (*BAG* 28.9.1988 EzA § 95 BetrVG 1972 Nr. 14). Erheblich ist eine Änderung dieser Umstände dann, wenn sie nach Auffassung eines vernünftigen Arbeitnehmers als bedeutsam im Vergleich zur bisherigen Situation betrachtet werden (GK-BetrVG/*Kraft/Raab* § 99 Rz. 79, vgl. *BAG* 28.8.2007 EzA § 95 BetrVG 2001 Nr. 6). **1850**

Normale, mit jeder Zuweisung eines anderen Arbeitsbereichs verbundene Belastungen, wie **1851**
das Zusammenwirken mit anderen Arbeitnehmern und in ungewohnter Arbeitsumgebung,

reichen hierzu nicht aus (*BAG* 28.9.1988 EzA § 95 BetrVG 1972 Nr. 14; 19.2.1991 EzA § 95 BetrVG 1972 Nr. 24). Bei einer (Auslands-) Dienstreise kann nicht generell aus der Notwendigkeit einer auswärtigen Übernachtung auf eine erhebliche Änderung der Arbeitsumstände i.S.d. § 95 Abs. 3 BetrVG geschlossen werden (*BAG* 21.9.1999 EzA § 95 BetrVG 1972 Nr. 30).

cc) Eingruppierung

1852 Eingruppierung i.S.v. § 99 Abs. 1 BetrVG ist die Zuordnung eines Arbeitnehmers auf Grund der von ihm vertragsgemäß auszuübenden Tätigkeit zu einer bestimmten Vergütungsgruppe einer im Betrieb geltenden Vergütungsordnung. Eine Eingruppierung ist vorzunehmen, wenn im Betrieb ein allgemein angewandtes Entgeltschema existiert, unabhängig davon, ob diese Vergütungsordnung kraft Tarifbindung wirkt, auf einer Betriebsvereinbarung beruht oder auf Grund einzelvertraglicher Inbezugnahme oder auf Grund einer betrieblichen Übung zur Anwendung kommt oder vom Arbeitgeber einseitig geschaffen wurde (*BAG* 23.11.1993 EzA § 99 BetrVG 1972 Nr. 119; 3.12.1985 EzA § 118 BetrVG 1972 Nr. 37).

1853 Das Mitbestimmungsrecht erstreckt sich bei einer nach Lohn- und Fallgruppen aufgebauten tariflichen Vergütungsordnung dabei nicht nur auf die Bestimmung der Lohngruppe, sondern auch auf die der richtigen Fallgruppe dieser Lohngruppe, wenn damit unterschiedliche Rechtsfolgewirkungen verbunden sein können, wie etwa bei Fallgruppen, aus denen ein sog. Bewährungsaufstieg vorgesehen ist (*BAG* 27.7.1993 EzA § 99 BetrVG 1972 Nr. 116). Soweit sich die nach § 10 Abs. 4 AÜG (»Equal Pay«) an den Leiharbeitnehmer zu zahlende Vergütung aus einer beim Entleiher geltenden kollektiven Vergütungsordnung ergibt, ist eine Eingruppierung des Leiharbeitnehmers vorzunehmen. Das Beteiligungsrecht nach § 99 BetrVG steht dem Betriebsrat des Verleiherbetriebs zu (*BAG* 17.6.2008 EzA § 99 BetrVG 2001 Eingruppierung Nr. 3; *Hamann* NZA 2003, 526, 531 f.).

1854 Die Eingruppierung eines Arbeitnehmers ist keine nach außen wirkende konstitutive Maßnahme des Arbeitgebers, sondern lediglich Rechtsanwendung, da eine bestehende Gehaltsgruppenordnung regelmäßig einen Anspruch des Arbeitnehmers unmittelbar auf Vergütung entsprechend dieser Ordnung begründet. Sie ist eine lediglich deklaratorische Feststellung, dass die Tätigkeit des Arbeitnehmers einer bestimmten Lohn- oder Gehaltsgruppe entspricht. Die Beteiligung des Betriebsrates besteht in einem Recht auf Mitbeurteilung der Rechtsanwendung durch den Arbeitgeber (*BAG* 3.5.2006 EzA § 99 BetrVG 2001 Umgruppierung Nr. 1) und soll sicherstellen, dass die angesichts der allgemein und weit gehaltenen Fassung der Tätigkeitsmerkmale schwierige Prüfung, welche Vergütungsgruppe der Tätigkeit des Arbeitnehmers entspricht, möglichst zutreffend erfolgt. Sie dient damit der einheitlichen und gleichmäßigen Anwendung der Lohn- und Gehaltsgruppenordnung und damit der innerbetrieblichen Lohngerechtigkeit und Transparenz der vorgenommenen Eingruppierungen (*BAG* 23.11.1993 EzA § 99 BetrVG 1972 Nr. 119). Aus dieser Rechtsnatur der Eingruppierungsentscheidung ergeben sich Besonderheiten bei der Durchsetzung des Beteiligungsrechts des Betriebsrats (s.u. Rn. 1952 ff.). Eine Verpflichtung des Arbeitgebers, eine Eingruppierungsentscheidung zu treffen, besteht nur, wenn er anlässlich der Einstellung oder Versetzung des Arbeitnehmers diesem erstmals eine Tätigkeit oder eine andere Tätigkeit zuweist oder sich die anzuwendende Vergütungsgruppenordnung ändert (vgl. für den Fall der Versetzung *BAG* 12.12.2006 EzA § 99 BetrVG 2001 Eingruppierung Nr. 2).

Ist dies nicht der Fall, kann der Betriebsrat vom Arbeitgeber nicht verlangen, dass dieser eine erneute Eingruppierungsentscheidung unter seiner Beteiligung trifft, nur weil er eine mit seiner erklärten oder ersetzten Zustimmung erfolgte Eingruppierung nicht oder nicht mehr für zutreffend hält (*BAG* 18.6.1991 EzA § 99 BetrVG 1972 Nr. 100).

1855 Die Beurteilung des Arbeitgebers, die Tätigkeit des Arbeitnehmers übersteige die Merkmale der obersten tariflichen Vergütungsgruppe und sei daher dem außertariflichen Bereich zuzuordnen, ist ebenfalls eine Eingruppierung i.S.v. § 99 Abs. 1 Satz 1 BetrVG (*BAG*

12.12.2006 EzA § 99 BetrVG 2001 Eingruppierung Nr. 2; anders wohl *BAG* 31.5.1983 EzA § 118 BetrVG 1972 Nr. 36). Auch die Einstufung eines bisher außertariflich vergüteten Angestellten in die höchste tarifliche Vergütungsgruppe stellt sich als Eingruppierung dar (*BAG* 28.1.1986 EzA § 99 BetrVG 1972 Nr. 47). Der Betriebsrat hat nach § 99 Abs. 1 S. 1 BetrVG ein Mitbeurteilungsrecht bei der Frage, ob ein bislang außertariflich vergüteter Angestellter nach einer Versetzung weiterhin außertariflich eingruppiert ist oder nunmehr unter eine tarifliche Vergütungsordnung fällt (*BAG* 12.12.2006 EzA § 99 BetrVG 2001 Eingruppierung Nr. 2). Die Zuordnung zu einer allein für freiwillige betriebliche Sozialleistungen gebildeten Gruppe ist nicht Eingruppierung (GK-BetrVG/*Kraft*/*Raab* § 99 Rz. 41), während eine Eingruppierung aber dann vorliegt, wenn nach einer Zulagenregelung Arbeitnehmern einer bestimmten Vergütungsgruppe eine Zulage gewährt wird, die an Tätigkeitsmerkmale anknüpft, die für die Eingruppierung in die Vergütungsgruppe nicht maßgebend waren (*BAG* 24.6.1986 EzA § 99 BetrVG 1972 Nr. 51). Die Vereinbarung eines Nettolohnes mit geringfügig beschäftigten Arbeitnehmern entbindet den Arbeitgeber nicht von der Verpflichtung, diese unter Beteiligung des Betriebsrates in einer auch für die geringfügig beschäftigten Arbeitnehmer geltenden Vergütungsgruppenordnung einzugruppieren, auch wenn diese Bruttovergütungen vorsieht (*BAG* 18.6.1991 EzA § 99 BetrVG 1972 Nr. 101). Ferner stellt die Zuordnung der verschiedenen Arbeitsgänge in der Heimarbeit in die auf Grund der bindenden Festsetzung nach § 19 HAG vorgegebenen Entgeltgruppen und die Zuweisung der Tätigkeiten an die Heimarbeiter eine mitbestimmungspflichtige Eingruppierung dar (*BAG* 20.9.1990 EzA § 99 BetrVG 1972 Nr. 96). Keine erneute Eingruppierung ist erforderlich, wenn sich unmittelbar an ein befristetes Arbeitsverhältnis ein weiteres Arbeitsverhältnis anschließt, wenn sich weder die Tätigkeit noch das maßgebliche Entgeltgruppenschema ändern (*BAG* 11.11.1997 EzA § 99 BetrVG 1972 Eingruppierung Nr. 1).

Obwohl die erstmalige Eingruppierung regelmäßig mit der Einstellung des Arbeitnehmers zusammenfällt, sind Einstellung und Eingruppierung jeweils selbstständige betriebsverfassungsrechtliche Vorgänge, die beide der Zustimmung des Betriebsrates bedürfen. Möglich ist daher die Zustimmungserteilung zur Einstellung unter gleichzeitiger Zustimmungsverweigerung zur vorgesehenen Eingruppierung. Nicht möglich ist aber die Verweigerung der Zustimmung zur Einstellung wegen einer vermeintlich unzutreffenden Eingruppierung, da tarifliche Eingruppierungsvorschriften nicht gerade der Einstellung entgegenstehen (s.u. Rn. 1877 ff.). **1856**

dd) Umgruppierung

Umgruppierung bedeutet die Änderung der Zuordnung eines Arbeitnehmers innerhalb des für ihn maßgebenden tariflichen oder betrieblichen Entgeltschemas einschließlich der Berichtigung einer bislang unrichtigen Eingruppierung (*BAG* 30.5.1990 EzA § 99 BetrVG 1972 Nr. 89) sowie der bei einer durch die Veränderung der Vergütungsgruppenmerkmale notwendig werdenden neuen Zuweisung einer bestimmten Vergütungsgruppe. **1857**

Eine solche Änderung des Vergütungsschemas liegt auch vor, wenn ein nachfolgender Tarifvertrag zwar sowohl die Zahl der Gehaltsgruppen als auch die abstrakten Tätigkeitsmerkmale übernimmt, für die Gehaltsgruppe jedoch auf andere Kriterien (z.B. statt Lebensalter nunmehr auf Tätigkeitsjahre in der Gehaltsgruppe) abgestellt wird (*BAG* 3.10.1989 EzA § 99 BetrVG 1972 Nr. 83). Eine neue Eingruppierungsentscheidung ist auch zu treffen, wenn ein Arbeitnehmer versetzt wird, auch wenn trotz der Versetzung die bisherige Eingruppierung beibehalten wird (*BAG* 18.6.1991 EzA § 99 BetrVG 1972 Nr. 100). Keine Umgruppierung liegt in der Änderung des Entgelts auf individualvertraglicher Basis, auch nicht in Form der bewussten, freiwilligen Gewährung einer höheren Tarifgruppe (GK-BetrVG/*Kraft*/*Raab* § 99 Rz. 54). Eine mitbestimmungspflichtige Umgruppierung liegt auch vor, wenn der Arbeitgeber auf Grund einer Prüfung zu dem Ergebnis gelangt, dass der Arbeitnehmer nicht mehr in einer der Gehaltsgruppen der maßgeblichen Vergütungsordnung einzugruppieren **1858** ist, weil seine Tätigkeit höherwertige Qualifikationsmerkmale als die höchste Vergütungsgruppe aufweist. Wächst ein Arbeitnehmer aus einer tariflichen Vergütungsordnung heraus und besteht ein gestuftes außertarifliches Vergütungssystem, so ist eine Umgruppierung erst mit der Eingruppierung in die außertarifliche Vergütungsordnung vollständig vorgenommen (*BAG* 17.6.2008 – 1 ABR 37/07; 26.10.2004 EzA § 99 BetrVG 2001 Umgruppierung Nr. 2).

d) Regelung der Mitbestimmung

aa) Die Mitteilungspflicht des Arbeitgebers

(1) Inhalt

1859 § 99 Abs. 1 BetrVG regelt die den Arbeitgeber treffenden Pflichten einheitlich für sämtliche der in der Vorschrift genannten personellen Einzelmaßnahmen.

1860 Als Mindestbestandteil einer Arbeitgeberinformation ist erforderlich, dass die Natur der geplanten Maßnahme, die Person der Beteiligten, die vorgesehene Eingruppierung und die Auswirkungen der Maßnahme mitgeteilt, Bewerbungsunterlagen vorgelegt werden und um Zustimmung zur geplanten Maßnahme gebeten wird. Eine bestimmte Form der Unterrichtung ist nicht vorgesehen. Aus Beweisgründen sollte diese schriftlich erfolgen.

1861 Empfangsberechtigt auf Seiten des Betriebsrates ist gem. § 26 Abs. 3 S. 2 BetrVG der Betriebsratsvorsitzende, im Falle seiner Verhinderung der stellvertretende Betriebsratsvorsitzende. Die Unterrichtung eines nicht bevollmächtigten Betriebsratsmitgliedes setzt die Wochenfrist nicht in Gang. In diesem Fall beginnt sie erst mit tatsächlicher Kenntnisnahme des Vorsitzenden (s.o. Rn. 506 f.).

1862 Bei der Einstellung ist unter Vorlage der Bewerbungsunterlagen über sämtliche inner- oder außerbetriebliche Bewerber zu unterrichten (*BAG* 10.11.1992 EzA § 99 BetrVG 1972 Nr. 108). Ausgenommen sind Bewerber, die ihre Bewerbung zurückgezogen haben und nach allerdings umstrittener Ansicht (vgl. GK-BetrVG/*Kraft/Raab* § 99 Rz. 88 m.w.N.) solche Bewerber, die offensichtlich für die Besetzung des Arbeitsplatzes nicht in Betracht kommen. Zu den vorzulegenden Unterlagen gehören grundsätzlich auch solche Unterlagen, die der Arbeitgeber anlässlich einer Bewerbung über die Person des Bewerbers gefertigt hat. Dies sind vor allem Schriftstücke, die der Arbeitgeber allein oder zusammen mit dem jeweiligen Bewerber erstellt hat, um auf ihrer Grundlage seine Auswahlentscheidung zu treffen, wie etwa Personalfragebögen, standardisierte Interview- oder Prüfungsergebnisse oder schriftliche Protokolle über Bewerbungsgespräche. Aufzeichnungen, die für die Auswahlentscheidung des Arbeitgebers ohne jegliche Bedeutung sind, wie formlose, unstrukturierte Gesprächsnotizen, muss dieser dem Betriebsrat nicht vorlegen. (*BAG* 17.6.2008 EzA § 81 SGB IX Nr. 16; 14.12.2005 EzA § 99 BetrVG 2001 Nr. 6).

1863 Beruht die Auswahlentscheidung des Arbeitgebers für einen von mehreren Stellenbewerbern maßgeblich auf zuvor geführten Vorstellungsgesprächen, so gehört zur Auskunft über die Person der Beteiligten nach § 99 Abs. 1 Satz 1 BetrVG, dass der Arbeitgeber den Betriebsrat über den für seine Entscheidung bedeutsamen Inhalt dieser Gespräche unterrichtet (*BAG* 28.6.2005 EzA § 99 BetrVG 2001 Nr. 8). Sofern ein Personalberatungsunternehmen mit der Personalsuche beauftragt wurde, und dieses dem Arbeitgeber aus einem etwa in einer Kartei vorhandenen Bestand Einstellungsvorschläge unterbreitet, ist der Arbeitgeber nach Ansicht des *BAG* (18.12.1990 EzA § 99 BetrVG 1972 Nr. 97) nur zur Unterrichtung unter Vorlage der Bewerbungsunterlagen der vom Beratungsunternehmen vorgeschlagenen Bewerber verpflichtet. Das BAG hat offen gelassen, ob dann, wenn das Beratungsunternehmen nicht auf einen vorhandenen Bestand zurückgreift, sondern selbst mittels Annonce nach Interessenten sucht, der Arbeitgeber verpflichtet ist, vom Beratungsunternehmen alle Bewerbungsunterlagen herauszuverlangen und den Betriebsrat mittels dieser zu unterrichten. Hierfür spricht die Verpflichtung des Arbeitgebers zur Vorlage der Unterlagen aller Bewerber. Nach Ansicht des *BAG* (3.12.1985 EzA § 99 BetrVG 1972 Nr. 46) besteht die Vorlagepflicht stets hinsichtlich sämtlicher Bewerber. Nach anderer Auffassung (GK-BetrVG/*Kraft/Raab* § 99 Rz. 88; MünchArbR/*Matthes* § 352 Rz. 38) besteht hingegen grds. nur eine Vorlagepflicht hinsichtlich des Bewerbers, der eingestellt werden soll, es sei denn, im Betrieb existiert eine Auswahlrichtlinie i.S.d. § 95 BetrVG, die einen Vergleich zwischen mehreren Bewerbern vorsieht und deshalb der Betriebsrat die Unterlagen benötigt, um festzustellen, ob gegen die Richtlinien verstoßen wurde.

Zu den vorzulegenden Unterlagen gehören die vom Bewerber selbst eingereichten (Zeugnis, Lebenslauf), aber auch vom Arbeitgeber anlässlich von Vorstellungsgesprächen gefertigten Unterlagen wie Personalfragebögen, Prüfungs- und Testergebnisse, nicht aber bei internen Bewerbern ohne deren Zustimmung die Personalakte (DKK/*Kittner* § 99 Rz. 144). Nicht vorzulegen ist ein bereits abgeschlossener oder entworfener Arbeitsvertrag (*BAG* 18.10.1988 EzA § 99 BetrVG 1972 Nr. 69). **1864**

Die Unterrichtungspflicht bezieht sich mit Ausnahme der vorgesehenen Eingruppierung und des in Aussicht genommenen Arbeitsplatzes auch nicht auf den sonstigen Inhalt des Arbeitsvertrages, insbes. nicht auf die Höhe der Vergütung (*BAG* 3.10.1989 EzA § 99 BetrVG 1972 Nr. 77). Bei der Einstellung von Leiharbeitnehmern muss dem Betriebsrat Einsicht in die Arbeitnehmerüberlassungsverträge gewährt werden; eine Verpflichtung, dem Betriebsrat Auskunft über die Arbeitsverträge der Leiharbeitnehmer mit dem Verleiher zu geben, besteht hingegen nicht (*BAG* 6.6.1978 EzA § 99 BetrVG 1972 Nr. 19). Die Pflicht zur Vorlage der Unterlagen beinhaltet die Verpflichtung des Arbeitgebers, dem Betriebsrat diese Unterlagen auszuhändigen und bis zur Beschlussfassung über den Antrag auf Zustimmung, längstens also für eine Woche, zu überlassen (*BAG* 3.12.1985 EzA § 99 BetrVG 1972 Nr. 46; **a.A.** GK-BetrVG/*Kraft/Raab* § 99 Rz. 96). Ein Anspruch auf persönliche Vorstellung des Bewerbers beim Betriebsrat besteht ebenso wenig wie ein Anspruch auf Teilnahme an den Einstellungsgesprächen (GK-BetrVG/*Kraft/Raab* § 99 Rz. 98). **1865**

Die Auskunft über den in Aussicht genommenen Arbeitsplatz muss die Stelle, die der Arbeitnehmer einnehmen soll, aber auch die zu übernehmende Funktion, also seine Stellung im Betrieb angeben. **1866**

Zu unterrichten ist ferner unter Vorlage der erforderlichen Unterlagen über die Auswirkungen der geplanten Maßnahme auf die vorhandene Belegschaft, wie etwa der Hinweis auf den Abbau von Überstunden durch Neueinstellungen, Kündigungen oder Versetzungen oder Nachteile sonstiger Art. Als erforderliche Unterlagen kommen hier solche nach § 92 BetrVG (Personalplanung) in Betracht, wie etwa Organisations-, Beschäftigungs- oder Stellenpläne. **1867**

Ferner ist die vorgesehene Eingruppierung mitzuteilen. Die Unterrichtung hierüber hat zu erfolgen, obwohl die Eingruppierung selbst ebenfalls der Mitbestimmung nach § 99 Abs. 1 BetrVG unterliegt. **1868**

Bei der Versetzung gelten hinsichtlich der Unterrichtungspflicht die gleichen Grundsätze wie bei der Einstellung. Mitzuteilen sind neben dem innegehabten und dem in Aussicht genommenen Arbeitsplatz nebst der beabsichtigten Eingruppierung die vorgesehene Dauer der Maßnahme. **1869**

Mitgeteilt werden sollte, ob die Versetzung mit Einverständnis des Arbeitnehmers erfolgt. Zur Unterrichtung über die Auswirkungen der geplanten Versetzung gehört die Mitteilung einer eventuellen Änderung sowohl der materiellen Arbeitsbedingungen als auch der äußeren Umstände, unter denen die neu zugewiesene Arbeit zu leisten ist. Sind etwa bei einer geplanten dauerhaften Zuweisung einer Beförderungsstelle mehrere Bewerber vorhanden, so ist über diese unter Vorlage der Bewerbungsunterlagen zu unterrichten. **1870**

1871 Bei der Ein- oder Umgruppierung hat der Arbeitgeber die in Aussicht genommene Lohn- oder Gehaltsgruppe anzugeben und die Tätigkeit des Arbeitgebers zu beschreiben. Der Arbeitgeber hat den Betriebsrat über die Tatsachen zu unterrichten, die ihn zu der geplanten Eingruppierung veranlassen (*ArbG Regensburg* 15.7.1992 EzA § 99 BetrVG 1972 Nr. 107; GK-BetrVG/*Kraft/Raab* § 99 Rz. 99).

Als vorzulegende Unterlagen kommen hier etwa Stellenbeschreibungen oder Aufgabenkataloge in Betracht (MünchArbR/*Matthes* § 355 Rz. 17).

(2) Verschwiegenheitspflicht des Betriebsrates

1872 Zum Schutz der Intimsphäre der betroffenen Arbeitnehmer sieht § 99 Abs. 1 S. 3 i.V.m. § 79 Abs. 1 S. 2–4 BetrVG eine Verschwiegenheitspflicht für sämtliche Mitglieder des Betriebsrates vor, die sich auf alle persönlichen Verhältnisse und Angelegenheiten der Arbeitnehmer, die einer vertraulichen Behandlung bedürfen, erstreckt. Soweit nach § 79 Abs. 1 S. 4 BetrVG eine Verschwiegenheitspflicht nicht gegenüber Mitgliedern des Gesamt- oder Konzernbetriebsrates oder dem Arbeitnehmervertreter des Aufsichtsrats besteht, wird zum Teil (GK-BetrVG/*Kraft/Raab* § 99 Rz. 111) im Hinblick auf den Persönlichkeitsschutz des Arbeitnehmers dennoch eine Schweigepflicht befürwortet. Die Verletzung der Verschwiegenheitspflicht begründet einen Schadensersatzanspruch nach § 823 Abs. 2 BGB und ist auf Antrag des betroffenen Arbeitnehmers strafrechtlich verfolgbar, § 120 BetrVG.

(3) Zeitpunkt der Mitteilung

1873 Die oben näher dargestellten Mitteilungspflichten hat der Arbeitgeber vor der Durchführung der personellen Maßnahme zu erfüllen.

1874 Da der Betriebsrat nach § 99 Abs. 3 BetrVG eine Woche Zeit zur Äußerung hat, muss die Unterrichtung mindestens eine Woche, ehe die Maßnahme durchgeführt werden soll, erfolgen. Soll bei einer Einstellung die Beschäftigung im Betrieb auf Grund eines Arbeitsvertrages erfolgen, so ist der Betriebsrat bereits vor Abschluss des Arbeitsvertrages und nicht erst vor Arbeitsaufnahme zu unterrichten (*BAG* 28.4.1992 EzA § 99 BetrVG 1972 Nr. 106).

(4) Reaktionsmöglichkeit des Betriebsrats bei Untätigkeit des Arbeitgebers

1875 Unterlässt der Arbeitgeber eine betriebsverfassungsrechtlich gebotene Ein- oder Umgruppierung, so kann der Betriebsrat zur Sicherung seiner Mitbestimmungsrechte verlangen, dem Arbeitgeber die Ein- oder Umgruppierung aufzugeben und ihn sodann zur Einholung seiner Zustimmung sowie bei deren Verweigerung zur Einleitung des arbeitsgerichtlichen Zustimmungsersetzungsverfahrens zu verpflichten (*BAG* 26.10.2004 EzA § 99 BetrVG 2001 Umgruppierung Nr. 2).

bb) Zustimmungsverweigerungsgründe

1876 Der Betriebsrat kann seine Zustimmung nur aus den in § 99 Abs. 2 BetrVG abschließend aufgezählten Gründen verweigern (GK-BetrVG/*Kraft/Raab* § 99 Rz. 129). Möglich ist eine Erweiterung der Zustimmungsverweigerungsgründe durch Tarifvertrag (*BAG* 1.8.1989 EzA § 99 BetrVG 1972 Nr. 75). Ferner ist durch Tarifvertrag die Einräumung eines echten Mitbestimmungsrechts bei der Frage, welcher Bewerber einzustellen ist, möglich (*BAG* 10.2.1988 EzA § 1 TVG Nr. 34).

(1) Rechtsverstoß

> Ein Gesetzes- oder Verordnungsverstoß ist Zustimmungsverweigerungsgrund nur dann, wenn die gesetzliche Bestimmung gerade der personellen Einzelmaßnahme entgegensteht; die Maßnahme als solche muss gesetzeswidrig sein (*BAG* 14.12.2004 EzA § 99 BetrVG 2001 Einstellung Nr. 1; 16.7.1985 EzA § 99 BetrVG 1972 Nr. 40). Andererseits ist nicht erforderlich, dass sie gegen ein gesetzliches Verbot im technischen Sinne (§ 134 BGB) verstößt (*BAG* 18.10.1988 EzA § 99 BetrVG 1972 Nr. 68). 1877

In Betracht kommt zunächst ein Verstoß gegen Arbeitsschutzbestimmungen, wie z.B. gesetzliche Einstellungs- oder Beschäftigungsverbote (z.B. § 4 MuSchG, §§ 22 ff. JArbSchG, §§ 284 ff. SGB III). Nach Auffassung des *BAG* (14.11.1989 EzA § 99 BetrVG 1972 Nr. 84) verstößt ferner die Einstellung eines nicht schwerbehinderten Arbeitnehmers gegen eine gesetzliche Vorschrift, wenn der Arbeitgeber vor der Einstellung nicht gem. § 81 SGB IX geprüft hat, ob der freie Arbeitsplatz mit einem schwerbehinderten Arbeitnehmer besetzt werden kann. Bei einer Versetzung hingegen begründet die Verletzung dieser Prüfungspflicht nach § 81 SGB IX kein Zustimmungsverweigerungsrecht (*BAG* 17.6.2008 EzA § 81 SGB IX Nr. 16). Einer Einstellung oder Versetzung kann der Betriebsrat zudem dann die Zustimmung verweigern, wenn der Arbeitgeber hierbei gegen § 9 TzBfG verstoßen hat (*Kleimt* NZA 2001, 63, 70]; GK-BetrVG/*Kraft*/*Raab* § 99 Rz. 131). Im Falle der beabsichtigten Einstellung von Leiharbeitnehmern kann der Betriebsrat die Zustimmung mit der Begründung verweigern, es liege eine gewerbsmäßige Arbeitnehmerüberlassung ohne die nach § 1 Abs. 1 AÜG erforderliche Erlaubnis vor (*LAG SchlH* 18.6.2008 LAGE § 99 BetrVG 2001 Nr. 6). Wenn der Arbeitgeber die Einstellung davon abhängig macht, ob dieser Gewerkschaftsmitglied ist, kann der Betriebsrat wegen des hierin liegenden Verstoßes gegen Art. 9 Abs. 3 GG die Zustimmung verweigern (vgl. *BAG* 28.3.2000 EzA § 99 BetrVG 1972 Einstellung Nr. 6). Ein Zustimmungsverweigerungsrecht besteht bei Einstellung eines Arbeitnehmers als Datenschutzbeauftragter auch dann, wenn der Bewerber nicht die nach § 36 Abs. 2 BDSG erforderliche Qualifikation besitzt (h.M., vgl. DKK/*Kittner* § 99 Rz. 175a). Mit dieser Begründung kann der Betriebsrat auch der beabsichtigten Versetzung eines Arbeitnehmers auf einen Arbeitsplatz als Datenschutzbeauftragter die Zustimmung verweigern (*BAG* 22.3.1994 EzA § 99 BetrVG 1972 Nr. 121). Im Hinblick darauf, dass ein Verstoß gegen § 611a BGB bei einer Einstellung dem Benachteiligten nur einen Schadensersatzanspruch zugesteht, ist umstritten, ob ein Verstoß gegen die Vorschrift Zustimmungsverweigerungsgrund im Hinblick auf die Einstellung ist (abl. GK-BetrVG/*Kraft*/*Raab* § 99 Rz. 132; bejahend DKK/*Kittner* § 99 Rz. 175). Bei Versetzung, Eingruppierung und Umgruppierung wird demgegenüber allgemein ein Verstoß gegen § 611a BGB als Zustimmungsverweigerungsgrund angesehen, wenn diese Maßnahmen selbst diskriminierend sind, d.h. den diskriminierten Arbeitnehmer betreffen (vgl. GK-BetrVG/*Kraft*/*Raab* § 99 Rz. 132). 1878

Da in diesen Fällen nicht die personelle Maßnahme selbst gegen eine Rechtsvorschrift verstößt, liegt kein Zustimmungsverweigerungsgrund vor bei Verletzung der in § 99 Abs. 1 BetrVG normierten Unterrichtungspflicht des Arbeitgebers (*BAG* 28.1.1986 EzA § 99 BetrVG 1972 Nr. 48) oder einem Verstoß bloß einzelner Bestimmungen des Arbeitsvertrages gegen Rechtsvorschriften, etwa bei einer unzulässigen Befristung (*BAG* 16.7.1985 EzA § 99 BetrVG 1972 Nr. 40) oder der Vereinbarung einer untertariflichen Vergütung (MünchArbR/*Matthes* § 352 Rz. 66; zur untertariflichen Vergütung: *BAG* 28.3.2000 EzA § 99 BetrVG 1972 Einstellung Nr. 6). Zumindest im Fall nicht gewerbsmäßiger Arbeitnehmerüberlassung kann der Betriebsrat seine Zustimmung zur Übernahme eines Leiharbeitnehmers nicht wegen eines Verstoßes gegen das Gleichstellungsgebot in § 9 Nr. 2, § 3 Abs. 1 Nr. 3 AÜG n.F. verweigern. Darauf, ob dieses Gebot auf die nicht gewerbsmäßige Arbeitnehmerüberlassung Anwendung findet, kommt es nicht an (*BAG* 25.1.2005 EzA § 99 BetrVG 2001 Nr. 7). 1879

Unfallverhütungsvorschriften sind (über Gesetze und Verordnungen hinaus) vor allem die auf Grund von § 15 SGB VII von den Berufsgenossenschaften erlassenen Vorschriften. Als Verstoß gegen eine UVV kommt etwa die Versetzung einer Person ohne die nötige Qualifi- 1880 kation in die Position einer Aufsichtsperson in Betracht (DKK/*Kittner* § 99 Rz. 176 unter Hinweis auf *ArbG Bln.* 15.3.1988 AiB 1988, 292).

1881 Ein Verstoß gegen Inhaltsnormen eines Tarifvertrages setzt voraus, dass der betroffene Arbeitnehmer tarifgebunden ist, wobei Tarifbindung auch aus der einzelvertraglichen Inbezugnahme oder unter dem Gesichtspunkt der betrieblichen Übung ergeben kann. Kein auf § 99 Abs. 2 Nr. 1 BetrVG stützbares Zustimmungsverweigerungsrecht des Betriebsrats besteht, wenn der Arbeitgeber nach der Kündigung des maßgeblichen Tarifvertrags im Nachwirkungszeitraum des § 4 Abs. 5 TVG einen Arbeitnehmer zu untertariflichen Bedingungen einstellt (*BAG* 9.7.1996 EzA § 99 BetrVG 1972 Nr. 139). Hauptanwendungsbereich dieses Zustimmungsverweigerungsgrundes sind Eingruppierung und Umgruppierung. Einer beabsichtigten Eingruppierung kann der Betriebsrat die Zustimmung nicht nur mit der Begründung verweigern, der betroffene Arbeitnehmer erfülle die Voraussetzungen einer höheren Vergütungsgruppe, sondern auch mit der Begründung, der Arbeitnehmer erfülle lediglich die Voraussetzungen einer niedrigeren Gruppe, da das Mitbestimmungsrecht der innerbetrieblichen Lohngerechtigkeit und Transparenz bei Eingruppierungen dient und es letztlich zu einer zutreffenden Eingruppierung kommen soll (*BAG* 28.4.1998 EzA § 99 BetrVG 1972 Eingruppierung Nr. 2). Einer geplanten Eingruppierung kann der Betriebsrat die Zustimmung auch mit der Begründung verweigern, dass die vom Arbeitgeber angewandte Vergütungsgruppenordnung nicht diejenige sei, die im Betrieb zur Anwendung kommen müsse (*BAG* 27.6.2000 EzA § 99 BetrVG 1972 Eingruppierung Nr. 3; 27.1.1987 EzA § 99 BetrVG 1972 Nr. 55). Stützt der Betriebsrat eine Zustimmungsverweigerung auf einen Verstoß der Eingruppierung gegen den Gleichheitssatz des Art. 3 Abs. 1 GG kann dies von den Gerichten auch dann überprüft werden, wenn dies erst nach Ablauf der Wochenfrist geltend gemacht wurde. Die Gerichte dürfen ungültige Normen nicht zur Grundlage einer Ersetzungsentscheidung machen. Möglichen Unwirksamkeitsgründen haben sie aber nur bei Vorliegen entsprechender – offensichtlicher oder substantiiert vorgetragener – Anhaltspunkte nachzugehen (*BAG* 6.8.2002 EzA § 99 BetrVG 1972 Umgruppierung Nr. 2). Wird eine tarifliche Gehaltsgruppenordnung nur teilweise dahin geändert, dass eine Gehaltsgruppe durch 2 neue Gehaltsgruppen ersetzt wird, während die anderen Gehaltsgruppen unverändert bleiben, ist eine Verweigerung der Zustimmung des Betriebsrates zu der vom Arbeitgeber beabsichtigten Neueingruppierung eines bisher mit Zustimmung des Betriebsrates in die abgelöste Gehaltsgruppe eingruppierten Arbeitnehmers unbeachtlich, mit der der Betriebsrat lediglich geltend macht, der Arbeitnehmer erfülle – bei gleich bleibender Tätigkeit – die Voraussetzungen einer höheren (unveränderten) Gehaltsgruppe (*BAG* 18.1.1994 EzA § 99 BetrVG 1972 Nr. 120). Bei Einstellungen kommen Verstöße gegen tarifvertragliche Abschlussverbote und -gebote in Betracht. So kann der Betriebsrat beispielsweise die Zustimmung dann verweigern, wenn für den Arbeitnehmer eine Wochenarbeitszeit von weniger als 20 Wochenstunden vorgesehen ist, ein Tarifvertrag die Beschäftigung von Arbeitnehmern mit einer Arbeitszeit von weniger als 20 Wochenarbeitsstunden aber untersagt (*BAG* 28.1.1992 EzA § 99 BetrVG 1972 Nr. 103). Ferner ist hier zu denken an sog. Besetzungsregeln (vgl. *BAG* 18.3.2008 EzA § 99 BetrVG 2001 Einstellung Nr. 9; 26.4.1990 EzA § 4 TVG Druckindustrie Nr. 20) oder tarifliche Wiedereinstellungsklauseln. In Betracht kommt auch ein Verstoß gegen Betriebsnormen eines Tarifvertrages. Verlangt eine Betriebsnorm die Einhaltung bestimmter Quoten hinsichtlich des Prozentsatzes der Belegschaft mit einer verlängerten regelmäßigen Arbeitszeit zu bestimmten, etwa halbjährlichen Stichtagen, so kann der Betriebsrat einer Einstellung nicht mit der Begründung widersprechen, die vereinbarte Arbeitszeit verstoße gegen den Tarifvertrag, weil es durch die Neueinstellung zu einer Überschreitung der Quote käme, da es die Tarifbestimmung dem Arbeitgeber überlässt, wie er die vorgesehene Quote, etwa durch einvernehmliche Kürzung der Arbeitszeit anderer Arbeitnehmer erreichen will (*BAG* 17.6.1997 EzA § 99 BetrVG 1972 Einstellung Nr. 4).

1882 Auch eine Verletzung von Bestimmungen einer Betriebsvereinbarung über personelle Maßnahmen kann zur Verweigerung der Zustimmung berechtigen, soweit die Betriebsvereinbarung gem. §§ 77 Abs. 3 und 87 Abs. 1 Eingangssatz zulässig ist (DKK/*Kittner* § 99 Rz. 178). Zu denken ist hier insbes. an Regelungen in einem Interessenausgleich oder Sozialplan. Verpflichtet sich der Arbeitgeber in einem Sozialplan, die auf Grund Betriebsänderung ausgeschiedenen Arbeitnehmer ein Jahr lang bei gleicher Qualifikation bevorzugt gegenüber anderen Arbeitnehmern einzustellen und ihnen die Bewerbung dadurch zu ermöglichen, dass er sie von freigewordenen Stellen unterrichtet, so kann der Betriebsrat bei Verstoß gegen diese Verpflichtung die Zustimmung zur Einstellung eines anderen Bewerbers verweigern (*BAG* 18.12.1990 EzA § 99 BetrVG 1972 Nr. 97). Ferner ist zu denken an Vereinbarungen über soziale Angelegenheiten, wie über die Nichtverwendung von aus technischen Überwachungseinrichtungen gewonnenen Daten zu Personalentscheidungen, Festlegungen über die Personalplanung und zur Durchführung der beruflichen Bildung sowie zur Erweiterung des Mitbestimmungsrechts bei personellen Einzelmaßnahmen, wie der vereinbarten Beteiligung des Betriebsrates an Einstellungsgesprächen (*LAG Bln.* 11.2.1985 NZA 1985, 604; DKK/*Kittner* § 99 Rz. 178). Ist durch Betriebsvereinbarung die Beschäftigung über eine Altersgrenze von 65 Jahren hinaus verboten und bringt diese Betriebsvereinbarung dies deutlich zum Ausdruck, so kann der Betriebsrat unter Berufung auf Weiterbeschäftigung über die Altersgrenze hinaus die Zustimmung verweigern (vgl. *BAG* 10.3.1992 EzA § 99 BetrVG 1972 Nr. 104).

Als gerichtliche Entscheidungen kommen insbes. rechtskräftige Entscheidungen nach **1883** §§ 100 Abs. 3, 101 BetrVG oder strafgerichtliche Berufsverbote (§ 70 StGB) in Betracht. Nach überwiegender Ansicht (vgl. DKK/*Kittner* § 99 Rz. 179; **a.A.** GK-BetrVG/*Kraft/Raab* § 99 Rz. 136) kann der Einstellung eines Kraftfahrers nach Ausspruch eines Fahrverbotes nach § 44 StGB oder nach Entzug der Fahrerlaubnis gem. § 69 ff. StGB die Zustimmung verweigert werden. Nicht ausreichend ist eine gerichtliche Entscheidung, der zufolge der Arbeitgeber einen Arbeitnehmer zu den bestehenden vertraglichen Bedingungen tatsächlich beschäftigen muss, wenn der Inhalt der Arbeitsaufgaben des Arbeitnehmers nicht Streitgegenstand in diesem Verfahren war (*BAG* 26.10.2004 EzA § 99 BetrVG 2001 Nr. 5).

Behördliche Anordnungen können sich z.B. ergeben aus § 33 BBiG n.F., §§ 23, 24 **1884** HandwO, § 27 JArbSchG, Anordnungen gem. § 120b GewO oder § 35 GefStoffV (vgl. DKK/*Kittner* § 99 Rz. 180).

(2) Verstoß gegen Auswahlrichtlinien

Dieser Zustimmungsverweigerungsgrund kommt nur bei Einstellung oder Versetzung in **1885** Frage. Unerheblich ist, ob der Betriebsrat die Aufstellung der Richtlinien verlangen konnte (§ 95 Abs. 2 BetrVG) oder die Maßnahme auf Grund freiwilliger Einführung seiner Mitbestimmung unterlag (§ 95 Abs. 1 BetrVG). Strittig ist, ob auch ein Verstoß gegen vom Arbeitgeber selbst gesetzte, vom Betriebsrat aber noch nicht mitbestimmte Auswahlrichtlinien die Zustimmungsverweigerung rechtfertigt (abl. *LAG Frankf./M.* 16.10.1984 DB 1985, 1534). Nach *Kittner* (DKK § 99 Rz. 181) kommen dann aber die Zustimmungsverweigerungsgründe nach § 99 Abs. 2 Nr. 3 oder 4 BetrVG zur Anwendung, da der Arbeitgeber an eigenen Vorgaben festgehalten werden müsse.

Beruht die Richtlinie auf einem Spruch der Einigungsstelle, kann in einem eventuellen **1886** Zustimmungsersetzungsverfahren eine Ermessensüberschreitung des Spruchs der Einigungsstelle nicht mehr geltend gemacht werden. Im Zustimmungsersetzungsverfahren kann nur geprüft werden, ob die Richtlinie wegen Verstoß gegen zwingendes Recht nichtig ist, nicht aber, ob die Einigungsstelle ihr Ermessen überschritten hat. Dies ist im Verfahren nach § 76 Abs. 5 BetrVG innerhalb der dort vorgesehenen 2-Wochen-Frist geltend zu machen (GK-BetrVG/*Kraft/Raab* § 99 Rz. 139; s.o. Rn. 1223 ff.).

(3) Nachteile für andere Arbeitnehmer

Der Zustimmungsverweigerungsgrund nach § 99 Abs. 2 Nr. 3 BetrVG dient dem Schutz vor **1887** Nichtbeachtung berechtigter Belange von im Betrieb beschäftigten Arbeitnehmern, die von einer personellen Maßnahme betroffen werden können (BR-Drs. 715/70, S. 51) und hat Bedeutung nur für Einstellungen und Versetzungen. Der Zustimmungsverweigerungsgrund setzt 4 Tatbestandselemente voraus, die kumulativ vorliegen müssen.

1888 Erforderlich ist die durch Tatsachen begründbare Besorgung von Nachteilen, die Kausalität zwischen Maßnahme und Nachteilen, das Vorliegen von Nachteilen und schließlich die fehlende Rechtfertigung der Nachteile. Im Rahmen der auch unter Berücksichtigung des Amtsermittlungsgrundsatzes im Beschlussverfahren bestehenden Mitwirkungspflicht der Beteiligten trägt der Arbeitgeber die Darlegungs- und Beweislast dafür, dass trotz eines gegebenen Nachteiles die Maßnahme aus betrieblichen oder persönlichen Gründen gerechtfertigt ist. Im Übrigen trägt die Darlegungslast der Betriebsrat (DKK/*Kittner* § 99 Rz. 182).

1889 Durch Tatsachen begründet ist eine Besorgnis eventueller Nachteile, wenn sie auf Grund der vorgetragenen konkreten Fakten objektiv als begründet erscheint. Bloße Vermutungen reichen nicht aus. Die vorgetragenen Tatsachen müssen die geäußerten Befürchtungen rechtfertigen (*BAG* 26.10.2004 EzA § 99 BetrVG 2001 Nr. 5; GK-BetrVG/*Kraft*/*Raab* § 99 Rz. 140). Erforderlich ist ein Ursachenzusammenhang zwischen der Maßnahme und dem befürchteten Nachteil. Der Nachteil muss unmittelbare Folge der Maßnahme in dem Sinne sein, dass Nachteile, die erst durch weitere, zusätzliche Umstände eintreten (etwa durch eine sich möglicherweise verschlechternde Konjunktur (*BAG* 7.11.1977 EzA § 100 BetrVG 1972 Nr. 1), nicht ausreichen. Eine Mitursächlichkeit der Maßnahme reicht aus. Sie muss weder die einzige noch die maßgebliche Ursache sein (GK-BetrVG/*Kraft*/*Raab* § 99 Rz. 141). Ein Nachteil kann zunächst in der Kündigung eines anderen Arbeitnehmers bestehen, z.B. wenn Neueinstellungen angesichts der bestehenden wirtschaftlichen Lage des Betriebes über kurz oder lang zu Kündigungen vorhandener Arbeitnehmer führen können (*Hanau* BB 1972, 452). Die Vorschrift will den Kündigungsschutz der im Betrieb beschäftigten Arbeitnehmer faktisch verstärken. Unnötige Kündigungen sollen durch das Zustimmungsverweigerungsrecht des Betriebsrats vermieden werden. Der Arbeitgeber soll die von ihm geplante Kündigung nicht allein mit der Situation rechtfertigen können, die sich aus der Einstellung oder Versetzung anderer Arbeitnehmer ergibt (*BAG* 15.9.1987 EzA § 99 BetrVG 1972 Nr. 56). So begründet die Versetzung eines Arbeitnehmers, dessen Arbeitsplatz entfällt, auf einen noch besetzten Arbeitsplatz die Besorgnis, dass dem Arbeitsplatzinhaber gekündigt wird. Eine vom Betriebsrat mit dieser Begründung verweigerte Zustimmung kann allerdings durch das Gericht ersetzt werden, wenn nach den Grundsätzen für eine soziale Auswahl die betriebsbedingte Kündigung gerade gegenüber demjenigen Arbeitnehmer auszusprechen ist, auf dessen Arbeitsplatz die Versetzung erfolgen soll (*BAG* 15.9.1987 EzA § 99 BetrVG 1972 Nr. 56). Fallen die Arbeitsplätze mehrerer vergleichbarer Arbeitnehmer weg und stehen nur für einen Teil dieser Arbeitnehmer andere Beschäftigungsmöglichkeiten zur Verfügung, sodass eine Sozialauswahl vorzunehmen ist (§ 1 Abs. 3 KSchG), begründet die Versetzung eines Arbeitnehmers auf einen der freien Arbeitsplätze i.S.d. § 99 Abs. 2 Nr. 3 BetrVG die Besorgnis, dass einem anderen Arbeitnehmer infolge dieser Maßnahme gekündigt wird. Der Betriebsrat kann die Zustimmung zu dieser Versetzung mit der Begründung verweigern, der Arbeitgeber habe soziale Auswahlkriterien nicht berücksichtigt (*BAG* 30.8.1995 EzA § 99 BetrVG 1972 Nr. 130; 2.4.1996 EzA § 99 BetrVG 1972 Versetzung Nr. 1). Die Nichterfüllung der bloßen Erwartung eines Arbeitnehmers, selbst den Arbeitsplatz zu erhalten, auf den ein anderer Mitarbeiter versetzt werden soll, ist kein die Zustimmungsverweigerung rechtfertigender Nachteil (*BAG* 26.10.2004 EzA § 99 BetrVG 2001 Nr. 5).

Streitig ist die Behandlung einer Ersatzeinstellung während eines Kündigungsschutzprozesses (vgl. *Schmidt* ArbuR 1986, 97). Zum Teil (GK-BetrVG/*Kraft*/*Raab* § 99 Rz. 142) wird die Einstellung eines Arbeitnehmers, der den Arbeitsplatz des gekündigten Arbeitnehmers einnehmen soll, nur dann als Nachteil i.S.v. § 99 Abs. 2 Nr. 3 BetrVG aufgefasst, wenn die Kündigung wegen Wegfall des Arbeitsplatzes ausgesprochen wurde. Zum Teil (DKK/*Kittner* § 99 Rz. 190; MünchArbR/*Matthes* § 352 Rz. 76) wird dies weiter gehend auch im Falle einer personen- oder verhaltensbedingten Kündigung angenommen, da sich die Position des gekündigten Arbeitnehmers durch die Neueinstellung wenn auch nicht rechtlich, so doch faktisch verschlechtere.

Durch das BetrVG-Reformgesetz vom 23.7.2001 (BGBl. I S. 1852 ff.) wurde § 92 Abs. 2 Nr. 3 BetrVG dahingehend ergänzt, dass bei einer unbefristeten Einstellung als Nachteil auch die Nicht-Berücksichtigung eines gleichgeeigneten befristet Beschäftigten gilt. Hierdurch soll es nach der Gesetzesbegründung dem Betriebsrat ermöglicht werden, im Rahmen der Personalpolitik des Arbeitgebers auf die Übernahme befristet Beschäftigter in ein unbefristetes Arbeitsverhältnis hinzuwirken (vgl. BT-Drs. 14/5741, S. 50). 1890

Nach GK-BetrVG/*Kraft*/*Raab* (§ 99 Rz. 151) soll eine auf diesen Zustimmungsverweigerungsgrund gestützte Zustimmungsverweigerung des Betriebsrats nur wirksam sein, wenn sich ein befristet Beschäftigter auch tatsächlich auf die zu besetzende Stelle beworben hat. Diese Ansicht erscheint fraglich und findet im Gesetzeswortlaut keine Stütze. Wenn der vom Betriebsrat für die Besetzung der unbefristeten Stelle in Blick genommene derzeit befristet Beschäftigte sich nicht für eine unbefristete Beschäftigung interessiert, ist dies im Rahmen des Zustimmungsersetzungsverfahrens zu berücksichtigen. In einer derartigen Konstellation liegt der vom Betriebsrat geltend gemachte Nachteil nicht vor, sodass dann – wenn der Betriebsrat zwischenzeitlich nicht ohnehin seine Zustimmung erteilt – die verweigerte Zustimmung zu ersetzen ist.

Ein sonstiger Nachteil liegt in der Verschlechterung der faktischen und rechtlichen Stellung der Arbeitnehmer des Betriebes. Ein tatsächlicher Nachteil kann im Falle der Versetzung etwa für die in der Abteilung verbleibenden Arbeitnehmer auch die auf der Versetzung beruhenden tatsächlichen Erschwerungen der Arbeit von nicht unerheblichem Gewicht sein (*BAG* 15.9.1987 EzA § 99 BetrVG 1972 Nr. 56). 1891

Die Vereitelung bloßer Beförderungschancen genügt nicht, es sei denn, sie haben sich zu einer rechtlich gesicherten Anwartschaft verdichtet (*BAG* 18.9.2002 EzA § 99 BetrVG 1972 Nr. 140; 13.6.1989 EzA § 99 BetrVG 1972 Nr. 74). Als weitere Nachteile kommen wirtschaftliche Nachteile in Betracht, die auf einer Einstellung oder Versetzung beruhende Nichtverlängerung befristeter Arbeitsverhältnisse oder die Nichtübernahme von Auszubildenden, Kurzarbeit wegen Einstellungen oder Überstunden der verbleibenden Arbeitnehmer wegen Versetzungen, nicht aber der Abbau von Überstunden auf Grund von Neueinstellungen (DKK/*Kittner* § 99 Rz. 188 f.; **a.A.** für den Abbau von Überstunden GK-BetrVG/*Kraft*/*Raab* § 99 Rz. 154). 1892

Trotz zu befürchtenden Nachteils entfällt ein Zustimmungsverweigerungsrecht dann, wenn die Maßnahme aus betrieblichen oder persönlichen, vom Arbeitgeber im Einzelnen darzulegenden Gründen gerechtfertigt ist. Die Formulierung bezieht sich dabei offensichtlich auf § 1 Abs. 1 KSchG. Einigkeit besteht aber dahingehend, dass die verlangten Gründe nicht so schwerwiegend sein müssen, um eine Kündigung zu rechtfertigen. Andererseits müssen aber doch erhebliche Rechtfertigungsgründe vorliegen (GK-BetrVG/*Kraft*/*Raab* § 99 Rz. 154). Als betriebliche oder persönliche Gründe werden z.B. die Notwendigkeit, einen besonders qualifizierten Arbeitnehmer, auch gegen höheren Lohn, zu gewinnen oder zu versetzen oder die Ungeeignetheit des bisherigen Arbeitsplatzinhabers genannt (*Richardi*/*Thüsing* § 99 Rz. 225). 1893

(4) Nachteil für den betroffenen Arbeitnehmer

Dieser Zustimmungsverweigerungsgrund dient der Wahrung der Individualinteressen des Arbeitnehmers, den die personelle Maßnahme selbst betrifft (*BAG* 6.10.1978 EzA § 99 BetrVG 1972 Nr. 24). Der Begriff des Nachteils entspricht dem in § 99 Abs. 2 Nr. 3 (s.o. Rn. 1888 ff.). Nach überwiegender Ansicht besteht ein Zustimmungsverweigerungsrecht dann nicht, wenn der Arbeitnehmer mit der Veränderung seiner gegenwärtigen Lage aus freien Stücken einverstanden ist (*BAG* 20.9.1990 EzA § 99 BetrVG 1972 Nr. 95; GK-BetrVG/*Kraft*/*Raab* § 99 Rz. 156; **a.A.** DKK/*Kittner* § 99 Rz. 194). 1894

1895 Umstritten ist, ob der Zustimmungsverweigerungsgrund auch bei Neueinstellungen in Betracht kommt. Zum Teil (GK-BetrVG/*Kraft*/*Raab* § 99 Rz. 157; MünchArbR/*Matthes* § 352 Rz. 80) wird dies mit der Begründung verneint, dass die Einstellung notwendigerweise die Zustimmung des Arbeitnehmers voraussetze. Die Vereinbarung schlechterer Arbeitsbedingungen als mit vergleichbaren vorhandenen Arbeitnehmern oder die befristete Einstellung auf eine Dauerstelle sollen deshalb kein Zustimmungsverweigerungsrecht begründen. Nach anderer Auffassung (DKK/*Kittner* § 99 Rz. 193 f.) sind auch bei Neueinstellungen Benachteiligungen im genannten Sinne möglich. Der Zustimmungsverweigerungsgrund kommt insbes. bei Versetzungen in Betracht. Nachteile können hier die Änderung der materiellen Arbeitsbedingungen, die Verschlechterung der Umstände, unter denen die Arbeit zu leisten ist, oder auch eine Erschwernis beim Erreichen des Arbeitsplatzes sein. Fallen mehrere vergleichbare Arbeitsplätze weg und stehen lediglich für einen Teil der betroffenen Arbeitnehmer gleichwertige Arbeitsplätze zur Verfügung, so kann der Betriebsrat die Zustimmung zur Versetzung eines Arbeitnehmers auf einen niedriger einzustufenden Arbeitsplatz gem. § 99 Abs. 2 Nr. 4 BetrVG mit der Begründung verweigern, der Arbeitgeber habe soziale Auswahlkriterien nicht berücksichtigt (*BAG* 2.4.1996 EzA § 99 BetrVG 1972 Versetzung Nr. 1). Sofern der Arbeitnehmer die Versetzung selbst gewünscht hat oder diese seinen Wünschen und seiner freien Entscheidung entspricht, liegt ein in das Mitbestimmungsrecht des Betriebsrats ausschließendes Einverständnis vor (*BAG* 20.9.1990 EzA § 99 BetrVG 1972 Nr. 95). Allein der Verzicht auf die Erhebung einer Klage gegen eine entsprechende Änderungskündigung genügt jedoch nicht, um auf einen solchen Wunsch schließen zu können (*BAG* 2.4.1996 EzA § 99 BetrVG 1972 Versetzung Nr. 1). Auch dieses Zustimmungsverweigerungsrecht entfällt, wenn die Versetzung und die damit verbundenen Nachteile durch betriebliche oder in der Person des Arbeitnehmers liegende Gründe gerechtfertigt sind (s.o. Rn. 1893).

(5) Unterbliebene Stellenausschreibung

1896 Die Ausschreibung muss verlangt worden sein, bevor der Arbeitgeber sich zur Einstellung oder Versetzung entschlossen hat (*BAG* 14.12.2004 EzA § 99 BetrVG 2001 Einstellung Nr. 1). Eine Ausschreibung ist auch dann vorzunehmen, wenn nach Ansicht des Arbeitgebers kein betriebsangehöriger Arbeitnehmer für die zu besetzende Stelle in Betracht kommt. Umstritten ist, ob in einem solchen Fall die Berufung des Betriebsrates auf den Zustimmungsverweigerungsgrund rechtsmissbräuchlich sein kann (bejahend *LAG Hessen* AP Nr. 7 zu § 93 BetrVG 1972; GK-BetrVG/*Kraft*/*Raab* § 99 Rz. 161; abl. MünchArbR/*Matthes* § 352 Rz. 85).

1897 Das Zustimmungsverweigerungsrecht besteht nicht nur dann, wenn eine vom Betriebsrat verlangte Stellenausschreibung gänzlich unterblieben ist, sondern auch dann, wenn diese nicht ordnungsgemäß erfolgt ist, so z.B. wenn nicht alle Arbeitnehmer von ihr Kenntnis nehmen konnten (MünchArbR/*Matthes* § 352 Rz. 86) oder die mit dem Betriebsrat vereinbarte Form nicht eingehalten wurde (GK-BetrVG/*Kraft*/*Raab* § 99 Rz. 161) oder der Arbeitgeber in einer externen Ausschreibung geringere Anforderungen für eine Bewerbung als in der innerbetrieblichen Ausschreibung nennt (*BAG* 23.2.1988 EzA § 93 BetrVG 1972 Nr. 3).

1898 Die Mindestanforderungen an Inhalt und Form einer Ausschreibung ergeben sich aus ihrem Zweck. Dieser geht dahin, die zu besetzende Stelle den in Betracht kommenden Arbeitnehmern zur Kenntnis zu bringen und ihnen die Möglichkeit zu geben, ihr Interesse an der Stelle kundzutun und sich darum zu bewerben. Aus der Ausschreibung muss daher hervorgehen, um welchen Arbeitsplatz es sich handelt und welche Anforderungen ein Bewerber erfüllen muss. Außerdem muss die Bekanntmachung so erfolgen, dass alle als Bewerber in Betracht kommenden Arbeitnehmer die Möglichkeit haben, von der Ausschreibung Kenntnis zu nehmen. Eine bestimmte Form der Bekanntmachung ist nicht vorgeschrieben. Regelmäßig erforderlich, aber auch ausreichend ist es, wenn die Ausschreibung in der Weise bekannt gemacht wird, in der üblicherweise die Information der Arbeitnehmer erfolgt (*BAG* 17.6.2008 EzA § 81 SGB IX Nr. 16).

(6) Störung des Betriebsfriedens

Voraussetzung ist die durch Tatsachen objektiv begründete Besorgnis, dass der Betreffende den Betriebsfrieden dort, wo er tatsächlich eingesetzt werden soll, gerade durch gesetzeswidriges Verhalten oder durch eine Verletzung des Diskriminierungsverbotes (§ 75 Abs. 1 BetrVG), insbes. durch rassistische oder fremdenfeindliche Betätigung stört, d.h. wenn ein Verhalten zu besorgen ist, das in besonders schwer wiegender Weise gegen die Voraussetzungen verstößt, die an die Art des Umganges zwischen Arbeitnehmern gestellt werden müssen. Eine mögliche Störung des Betriebsfriedens aus anderen Gründen reicht nicht aus (*BAG* 16.11.2004 EzA § 99 BetrVG 2001 Einstellung Nr. 2). **1899**

Es sind strenge Anforderungen zu stellen. In Betracht kommen (vgl. MünchArbR/*Matthes* § 352 Rz. 88): Strafbare Handlungen, wie Diebstähle, Belästigungen und Beleidigungen von Mitarbeitern, unsittliches Verhalten, Streitigkeiten und Schlägereien, körperliche Züchtigungen von Jugendlichen, Denunziationen und üble Nachreden sowie unterschiedliche und schikanöse Behandlung von Untergebenen. Mit dem vom Gesetz besonders hervorgehobenen rassistischen oder fremdenfeindlichen Betätigungen ist ein (verbales oder sonstiges) Verhalten gemeint, das andere Menschen wegen ihrer Zugehörigkeit zu einer bestimmten Rasse oder wegen ihrer Herkunft in ihrer Würde herabsetzt, verächtlich macht oder eine feindliche, aggressiv ablehnende Haltung zum Ausdruck bringt (vgl. GK-BetrVG/*Raab* § 104 Rz. 7). **1900**

cc) Die Entscheidung des Betriebsrates, Form und Frist

Will der Betriebsrat seine Zustimmung verweigern, so hat er dies dem Arbeitgeber unter Angabe von Gründen innerhalb einer Woche schriftlich mitzuteilen. Zur Wahrung der Schriftform genügt die Textform des § 126b BGB (*BAG* 9.12.2008 – 1 ABR 79/07). Ausreichend ist daher auch ein rechtzeitig per Telefax übermitteltes Verweigerungsschreiben (*BAG* 11.6.2002 EzA § 99 BetrVG 1972 Nr. 139). Wird die Form oder die Frist nicht gewahrt, gilt die Zustimmung als erteilt, § 99 Abs. 3 BetrVG. Die Wochenfrist beginnt grds. erst mit vollständiger und ordnungsgemäßer Unterrichtung des Betriebsrates durch den Arbeitgeber. **1901**

Unter dem Gesichtspunkt des Gebotes der vertrauensvollen Zusammenarbeit ist der Betriebsrat im Falle nicht vollständiger Unterrichtung aber verpflichtet, den Arbeitgeber schriftlich darauf hinzuweisen, dass er für eine abschließende Stellungnahme ergänzende Auskünfte benötigt. Bleibt dieser untätig, so beginnt die Frist nicht zu laufen. Holt er die fehlenden Informationen nach, beginnt ab diesem Zeitpunkt die Wochenfrist. Unterlässt der Betriebsrat einen solchen Hinweis, gilt nach Ablauf der Woche die Zustimmung als erteilt (*BAG* 14.3.1989 EzA § 99 BetrVG 1972 Nr. 71). Auf einen derartigen Hinweis kann der Betriebsrat allerdings dann verzichten, wenn die Unterrichtung durch den Arbeitgeber ohne jeden Zweifel offensichtlich unzureichend ist (*BAG* 14.12.2004 EzA § 99 BetrVG 2001 Nr. 6; *Schüren* Anm. zu *BAG* 14.3.1989 EzA § 99 BetrVG 1972 Nr. 71). Bei einer offensichtlich unvollständigen Unterrichtung wird die Wochenfrist auch dann nicht in Gang gesetzt, wenn der Betriebsrat zum Zustimmungsersuchen des Arbeitgebers in der Sache Stellung nimmt (*BAG* 14.12.2004 EzA § 99 BetrVG 2001 Nr. 6). **1902**

Hat der Betriebsrat bereits auf eine unvollständige Unterrichtung hin die Zustimmung verweigert, so kann der Arbeitgeber noch im Zustimmungsersetzungsverfahren die fehlende Unterrichtung nachholen. Der Betriebsrat kann dann innerhalb einer Woche weitere, sich aus der nachgeschobenen Unterrichtung ergebende Zustimmungsverweigerungsgründe geltend machen. Die Entscheidung über den Zustimmungsersetzungsantrag steht dann die **1903** zunächst unvollständige Unterrichtung des Betriebsrates nicht mehr entgegen (*BAG* 20.12.1988 EzA § 99 BetrVG 1972 Nr. 70).

1904 Nach Auffassung des *BAG* (15.4.1986 EzA § 99 BetrVG 1972 Nr. 49) muss der Betriebsrat alle Gründe, mit denen er seine Zustimmung zu einer personellen Einzelmaßnahme verweigern will, innerhalb der Wochenfrist dem Arbeitgeber mitteilen. Er kann im arbeitsgerichtlichen Beschlussverfahren keine neuen Gründe nachschieben.

1905 Vor Fristablauf ist eine Fristverlängerung sowohl durch Vereinbarung zwischen Arbeitgeber und Betriebsrat (*BAG* 3.5.2006 EzA § 99 BetrVG 2001 Umgruppierung Nr. 1; 17.5.1983 EzA § 99 BetrVG 1972 Nr. 36; 16.11.2004 EzA § 99 BetrVG 2001 Einstellung Nr. 2) als auch durch Tarifvertrag (*BAG* 22.10.1985 EzA § 99 BetrVG 1972 Nr. 44) möglich. Die Fristberechnung erfolgt nach §§ 187 ff. BGB. Die Zustimmungsverweigerung muss auf einem wirksam gefassten Beschluss des Betriebsrates beruhen. Die Zustimmungsverweigerung als solche und auch die dafür angeführten Gründe müssen schriftlich niedergelegt werden. Sie muss einschließlich der Gründe vom Betriebsratsvorsitzenden oder im Falle der Verhinderung von seinem Stellvertreter unterzeichnet werden. Die gesetzliche Schriftform ist nicht gewahrt, wenn die schriftlich niedergelegten Gründe nicht unterzeichnet sind (*BAG* 24.7.1979 EzA § 99 BetrVG 1972 Nr. 26). Die Begründung darf sich nicht auf die Wiederholung des oder auf pauschale, formelhafte Bezugnahme auf den Gesetzeswortlaut beschränken (*BAG* 16.7.1985 EzA § 99 BetrVG 1972 Nr. 40). Unbeachtlich ist die Begründung auch dann, wenn die Gründe völlig sachfremd oder willkürlich sind oder offensichtlich auf keinen der Verweigerungsgründe Bezug nehmen (vgl. *Dannhäuser* NZA 1989, 617).

1906 Erforderlich, aber auch ausreichend ist es, wenn die vom Betriebsrat für die Verweigerung seiner Zustimmung vorgetragene Begründung es als möglich erscheinen lässt, dass ein Zustimmungsverweigerungsgrund des § 99 Abs. 2 BetrVG geltend gemacht wird. Nur eine Begründung, die offensichtlich auf keinen der Verweigerungsgründe Bezug nimmt, ist unbeachtlich mit der Folge, dass die Zustimmung des Betriebsrates als erteilt gilt (*BAG* 26.1.1988 EzA § 99 BetrVG 1972 Nr. 58).

1907 Auch unter diesen Voraussetzungen kann im Einzelfall die Zustimmungsverweigerung rechtsmissbräuchlich sein, wenn der Betriebsrat in gleich gelagerten Fällen die Zustimmung aus Gründen verweigert, von denen allgemein anerkannt ist, dass sie ein Zustimmungsverweigerungsrecht nicht tragen (*BAG* 16.7.1985 EzA § 99 BetrVG 1972 Nr. 40). Da das *BAG* (10.2.1988 EzA § 72a ArbGG 1979 Nr. 50) festgestellt hat, dass der Verstoß einzelner Bestimmungen des Arbeitsvertrages gegen höherrangige Bestimmungen nicht zu einer Zustimmungsverweigerung bei einer Einstellung berechtigen, ist nach Auffassung von *Kraft/Raab* (GK-BetrVG § 99 Rz. 119) eine Zustimmungsverweigerung mit dieser Begründung in Zukunft unbeachtlich.

1908 Genügt die Begründung der Substantiierungspflicht, so ist die Zustimmungsverweigerung wirksam und kann nur im arbeitsgerichtlichen Zustimmungsersetzungsverfahren gem. § 99 Abs. 4 BetrVG ersetzt werden.

1909 Die wirksam erteilte Zustimmung kann nicht nachträglich widerrufen werden (GK-BetrVG/*Kraft/Raab* § 99 Rz. 165). Umgekehrt ist der Betriebsrat nicht gehindert, einen Zustimmungsverweigerungsbeschluss nachträglich wieder aufzuheben, da dadurch nicht in fremde schutzwürdige Rechtspositionen eingegriffen wird.

dd) Das Zustimmungsersetzungsverfahren

1910 Nach wirksamer Zustimmungsverweigerung kann der Arbeitgeber gem. § 99 Abs. 4 BetrVG im arbeitsgerichtlichen Beschlussverfahren die Ersetzung der Zustimmung des Betriebsrates beantragen.

Der Antrag lautet auf Ersetzung der verweigerten Zustimmung. Sofern der Arbeitgeber auch der Auffassung ist, die Zustimmung gelte – etwa wegen unzureichender Begründung – als erteilt, kann er dem durch einen entsprechenden Hilfsantrag, gerichtet auf Feststellung, dass die Zustimmung als erteilt gilt, Rechnung tragen. Notwendig ist eine solche doppelte Antragstellung nicht, da nach Auffassung des *BAG* (18.10.1988 EzA § 99 BetrVG 1972 Nr. 69) das Gericht auch ohne ausdrücklich darauf gerichteten Antrag festzustellen hat, dass die Zustimmung als erteilt gilt, wenn der Arbeitgeber die Ersetzung einer vom Betriebsrat verweigerten Zustimmung beantragt hat und sich im Verfahren herausstellt, dass die Zustimmung bereits als erteilt gilt. 1911

Beantragt der Arbeitgeber nur die Feststellung, dass die Zustimmung als erteilt gilt, so ist dieser Feststellungsantrag als unbegründet abzuweisen, wenn sich ergibt, dass der Betriebsrat noch nicht vollständig unterrichtet ist und der Betriebsrat dies – sofern keine offensichtlich unvollständige Unterrichtung vorlag – innerhalb der Wochenfrist gerügt hat (s.o. Rn. 1902; *BAG* 28.1.1986 EzA § 99 BetrVG 1972 Nr. 48). 1912

Streitgegenstand des Zustimmungsersetzungsverfahrens ist, ob die vom Betriebsrat rechtzeitig geltend gemachten Zustimmungsverweigerungsgründe tatsächlich gegeben sind. Der Betriebsrat kann im Zustimmungsersetzungsverfahren keine weiteren Zustimmungsverweigerungsgründe nachschieben. 1913

Die Darlegungs- und Beweislast für das Nichtvorliegen eines Verweigerungsgrundes trägt nach h.M. (GK-BetrVG/*Kraft/Raab* § 99 Rz. 173 m.w.N.; **a.A.** *Galperin/Löwisch* § 99 Rz. 116; MünchArbR/*Matthes* § 352 Rz. 119) der Arbeitgeber, ebenso wie für die rechtzeitige und vollständige Unterrichtung des Betriebsrates (*BAG* 28.1.1986 EzA § 99 BetrVG 1972 Nr. 48). 1914

Soweit bei einer Ein- oder Umgruppierung im Zustimmungsersetzungsverfahren eine bestimmte Entgeltgruppe als zutreffend ermittelt oder als unzutreffend ausgeschlossen wurde, kann nach Auffassung des *BAG* (3.5.1994 EzA § 99 BetrVG 1972 Nr. 122) der Arbeitnehmer seinen Entgeltanspruch unmittelbar auf die gerichtliche Entscheidung stützen. Insoweit ist ein Anspruch nicht von einer weiteren Prüfung der tariflichen Eingruppierungsvoraussetzung abhängig. Der Arbeitnehmer ist aber nicht gehindert, gegenüber dem Arbeitgeber eine günstigere als die im Beschlussverfahren angenommene Eingruppierung geltend zu machen. 1915

ee) Individualrechtliche Wirkung der fehlenden Zustimmung

Führt der Arbeitgeber eine Einstellung ohne Zustimmung des Betriebsrates durch, so ist dies auf die Wirksamkeit des Arbeitsvertrages ohne Einfluss, allerdings darf der Arbeitgeber den betriebsverfassungswidrig eingestellten Arbeitnehmer nicht beschäftigen, wobei der Arbeitnehmer jedoch den Entgeltanspruch auch für die Zeit der Nichtbeschäftigung behält (*BAG* 2.7.1980 EzA § 99 BetrVG 1972 Nr. 28). Es ist zulässig (*BAG* 17.2.1983 EzA § 620 BGB Nr. 62) und zu empfehlen, den Arbeitsvertrag unter der auflösenden Bedingung abzuschließen, dass er mit Ablauf von zwei Wochen nach Rechtskraft einer die Zustimmung ablehnenden gerichtlichen Entscheidung endet. Eine ohne Zustimmung des Betriebsrats angeordnete Versetzung ist nach Auffassung des *BAG* (26.1.1988 EzA § 99 BetrVG 1972 Nr. 58) entsprechend § 134 BGB dem Arbeitnehmer gegenüber unwirksam. 1916

Er kann verlangen, unverändert weiterbeschäftigt zu werden. Die Weigerung, einer ohne Zustimmung des Betriebsrates erklärten Versetzung zu folgen, stellt daher keine Verletzung arbeitsvertraglicher Pflichten dar, auch wenn die Maßnahme individualrechtlich, etwa auf Grund rechtmäßiger Ausübung des Direktionsrechts, zulässig war. Begründet wird dies damit, dass der Arbeitgeber betriebsverfassungsrechtlich rechtswidrig handele und § 99 1917

BetrVG gerade auch dem Schutz des betroffenen Arbeitnehmers diene. Muss der Arbeitgeber, da vom Direktionsrecht nicht mehr gedeckt, eine Versetzung individualrechtlich durch Änderungskündigung durchsetzen, so ist die Zustimmung des Betriebsrates zur Versetzung nach § 99 BetrVG nicht Wirksamkeitsvoraussetzung der Änderungskündigung, sondern nur Wirksamkeitsvoraussetzung für die tatsächliche Zuweisung des neuen Arbeitsbereiches nach Ablauf der Kündigungsfrist. Der Arbeitgeber kann die geänderten Vertragsbedingungen solange nicht durchsetzen, wie das Verfahren nach § 99 BetrVG nicht ordnungsgemäß durchgeführt ist. Der Arbeitnehmer ist insoweit in dem alten Arbeitsbereich weiterzubeschäftigen, der ihm nicht wirksam entzogen worden ist (*BAG* 30.9.1993 EzA § 99 BetrVG 1972 Nr. 118). Das Beteiligungsrecht des Betriebsrats nach § 102 BetrVG (s.o. Kap. 4 Rn. 1635 ff.) ist vor Ausspruch einer solchen Änderungskündigung zu beachten.

1918 Bei der Ein- oder Umgruppierung bleibt ein Verstoß gegen das Mitbestimmungsrecht des Betriebsrates individualrechtlich ohne Auswirkungen (*BAG* 30.9.1983 EzA § 99 BetrVG 1972 Nr. 118).

e) Vorläufige personelle Maßnahmen, § 100 BetrVG

aa) Zweck und Anwendungsbereich

1919 Im Hinblick auf die bei Einhaltung des regulären Verfahrens nach § 99 BetrVG bestehende Gefahr, dass auch dringende personelle Maßnahmen aus betrieblicher Sicht nicht mehr rechtzeitig durchgeführt werden können, will § 100 BetrVG das grundsätzliche Zustimmungserfordernis vor Durchführung der Maßnahme für solche Maßnahmen mildern, die aus sachlichen Gründen nicht aufgeschoben werden können, sondern sofort vorgenommen werden müssen (BR-Drs. 715/70, S. 52). Neben dem Verfahren nach § 100 BetrVG scheidet ein Antrag auf Erlass einer einstweiligen Anordnung im arbeitsgerichtlichen Beschlussverfahren, gerichtet auf Ersetzung der Zustimmung, aus (GK-BetrVG/*Kraft/Raab* § 100 Rz. 3).

1920 Hauptanwendungsbereich des Verfahrens nach § 100 BetrVG sind Einstellungen und Versetzungen. Nach überwiegender Ansicht (vgl. MünchArbR/*Matthes* § 355 Rz. 22; offen gelassen von *BAG* 27.1.1987 EzA § 99 BetrVG 1972 Nr. 55; **a.A.** GK-BetrVG/*Kraft/Raab* § 100 Rz. 6) kommt eine Anwendung des § 100 BetrVG bei Ein- und Umgruppierungen nicht in Betracht, da es sich bei diesen Maßnahmen lediglich um Akte der Rechtsanwendung bzw. um die Kundgabe des bei dieser Rechtsanwendung gefundenen Ergebnisses, und um keine nach außen wirkende Maßnahme, die vorläufig durchgeführt werden könne, handelt.

1921 Ein Vorgehen nach § 100 BetrVG kommt immer dann in Betracht, wenn die Zustimmung des Betriebsrates nicht oder noch nicht erteilt ist und auch nicht als erteilt gilt.

Überwiegend (GK-BetrVG/*Kraft/Raab* § 100 Rz. 16 f. m.w.N.; **a.A.** DKK/*Kittner* § 100 Rz. 12) wird angenommen, dass die vorläufige Durchführung einer Maßnahme auch dann in Betracht kommt, wenn der Betriebsrat über die beabsichtigte endgültige Maßnahme gem. § 99 Abs. 1 BetrVG noch nicht ordnungsgemäß unterrichtet wurde.

bb) Voraussetzungen

1922 Die vorläufige Maßnahme muss aus sachlichen Gründen dringend erforderlich sein. Dies setzt voraus, dass ohne die sofortige Durchführung der Maßnahme spürbare Nachteile für den Betrieb eintreten oder ihm spürbare Vorteile verloren gehen, wenn also die Maßnahme im Interesse des Betriebes keinen Aufschub duldet (GK-BetrVG/*Kraft/Raab* § 100 Rz. 9). Abzustellen ist auf den Zeitpunkt der Durchführung der Maßnahme. Ein dauernder Missbrauch der Möglichkeit zur vorläufigen Durchführung personeller Maßnahmen kann zu Maßnahmen gegen den Arbeitgeber nach § 23 Abs. 3 BetrVG berechtigen (*Fitting* § 100 Rz. 6).

Entfällt der dringende betriebliche Grund nachträglich, muss die vorläufige Maßnahme nicht aufgehoben werden (*BAG* 6.10.1978 EzA § 99 BetrVG 1972 Nr. 24). Unerheblich sind soziale Belange des betroffenen Arbeitnehmers und die Frage, ob noch andere Arbeitnehmer für die Maßnahme in Frage gekommen wären (*BAG* 7.11.1977 EzA § 100 BetrVG 1972 Nr. 1; GK-BetrVG/*Kraft* § 100 Rz. 9). Kontrovers diskutiert wird, ob ein Organisationsverschulden des Arbeitgebers, der einer vorhersehbaren betrieblichen Situation, die den sachlichen Grund abgeben soll, nicht durch rechtzeitige andere Maßnahmen Rechnung getragen hat, eine Dringlichkeit ausschließt (abl. MünchArbR/*Matthes* § 352 Rz. 124; GK-BetrVG/*Kraft/Raab* § 100 Rz. 11; bejahend DKK/*Kittner* § 100 Rz. 3; *Fitting* § 100 Rz. 4). Eine Einstellung ist dringlich, wenn das längere Freibleiben des Arbeitsplatzes mit dem ordnungsgemäßen, geregelten Ablauf des Betriebes unvereinbar ist, so z.B. dann, wenn eine Stelle unvorhergesehen frei wird, die Einarbeitung nur durch den unvorhergesehen ausscheidenden Stelleninhaber erfolgen kann oder nur so ein Bewerber, der die für den Betrieb entscheidende Qualifikation besitzt, gewonnen werden kann. Eine Versetzung ist dringlich, wenn ohne sie der betriebliche Arbeitsablauf ernsthaft gefährdet wäre, so etwa bei einem momentanen besonderen Arbeitskräftebedarf in einem Bereich (GK-BetrVG/*Kraft/Raab* § 100 Rz. 12, 14). 1923

cc) Das Verfahren

(1) Information von Arbeitnehmer und Betriebsrat

Gem. § 100 Abs. 1 S. 2 BetrVG ist der Arbeitgeber verpflichtet, den betroffenen Arbeitnehmer über die Sach- und Rechtslage, d.h. über die Vorläufigkeit der Maßnahme und die Möglichkeit, sie später rückgängig zu machen, zu unterrichten. 1924

> Die Unterrichtung des Arbeitnehmers ist keine Wirksamkeitsvoraussetzung für die vorläufige Durchführung der Maßnahme. 1925

Die Verletzung der Aufklärungspflicht kann aber den Arbeitgeber aus culpa in contrahendo (§§ 311 Abs. 2, 241 Abs. 2, 280 Abs. 1 BGB) oder unter dem Gesichtspunkt der Verletzung der Fürsorgepflicht zum Schadensersatz verpflichten (vgl. GK-BetrVG/*Kraft/Raab* § 100 Rz. 20). 1926

> Bei vorläufigen Einstellungen ist der Abschluss eines unter der auflösenden Bedingung der Nichterteilung der Zustimmung des Betriebsrates bzw. der rechtskräftigen Abweisung des Zustimmungsersetzungsantrages stehenden Arbeitsvertrages zu empfehlen (zur Zulässigkeit vgl. *BAG* 17.2.1983 EzA 620 BGB Nr. 62). 1927

Ferner hat der Arbeitgeber den Betriebsrat unverzüglich (ohne schuldhaftes Zögern, § 121 Abs. 1 BGB) von der vorläufigen personellen Maßnahme zu unterrichten. 1928

Die Unterrichtung des Betriebsrats kann sowohl vor als notfalls auch unmittelbar nach Durchführung der Maßnahme erfolgen (*BAG* 7.11.1977 EzA § 100 BetrVG 1972 Nr. 1). Sie muss sich auf die vorläufige Maßnahme und auf die sachlichen Gründe, die die vorläufige Durchführung dringend erforderlich machen, beziehen, ist aber an keine Form gebunden.

Die Vorlage von Unterlagen ist nicht vorgesehen. Diese Unterrichtung ist nicht identisch mit der nach § 99 Abs. 1 BetrVG vor der endgültigen Durchführung der personellen Maßnahme erforderlichen Unterrichtung des Betriebsrates. Beide können jedoch gleichzeitig und in einem Schriftstück vorgenommen werden. 1929

> Verletzt der Arbeitgeber seine Informationspflicht, so ist die Maßnahme nach überwiegender Ansicht (GK-BetrVG/*Kraft/Raab* § 100 Rz. 23; DKK/*Kittner* § 100 Rz. 16; **a.A.** HSWGNR/*Schlochauer* § 100 Rz. 16) in entsprechender Anwendung des § 101 BetrVG auf Antrag des Betriebsrates rückgängig zu machen. 1930

(2) Reaktionsmöglichkeiten des Betriebsrates

1931 Stimmt der Betriebsrat der vorläufigen Durchführung zu, kann die Maßnahme vom Arbeitgeber aufrechterhalten werden, bis das nach § 99 BetrVG zu wahrende reguläre Verfahren abgeschlossen ist. Schweigt der Betriebsrat auf die Arbeitgeberinformation über die vorläufige Maßnahme oder bestreitet er verspätet die Dringlichkeit, gilt die Maßnahme als vorläufig gebilligt (GK-BetrVG/*Kraft/Raab* § 100 Rz. 27).

1932 Sofern der Betriebsrat die Dringlichkeit der Maßnahme bestreiten will, hat er dies gem. § 100 Abs. 2 BetrVG dem Arbeitgeber unverzüglich (§ 121 BGB) mitzuteilen. Bei regelmäßigem, wöchentlichen Turnus der Betriebsratssitzungen ist hierüber auf der dem Eingang der Mitteilung des Arbeitgebers nachfolgenden Sitzung zu beschließen (DKK/*Kittner* § 100 Rz. 21). Der Einberufung einer Sondersitzung bedarf es nicht (MünchArbR/*Matthes* § 352 Rz. 129). Der Beschluss, der keiner Begründung bedarf, ist dem Arbeitgeber sodann mitzuteilen, was auch formlos möglich ist.

1933 Liegt ein rechtzeitiges Bestreiten vor, darf der Arbeitgeber die vorläufige personelle Maßnahme nur aufrechterhalten, wenn er innerhalb von 3 Tagen das Arbeitsgericht mit dem sog. Doppelantrag nach § 100 Abs. 2 BetrVG anruft. Das Bestreiten der Dringlichkeit bezüglich der vorläufigen Maßnahme ist allerdings nicht identisch mit der Verweigerung der Zustimmung zur endgültigen Durchführung der Maßnahme i.S.d. § 99 Abs. 3 BetrVG: Stimmt der Betriebsrat der endgültigen Maßnahme nach ordnungsgemäßer Unterrichtung durch den Arbeitgeber nach § 99 Abs. 1 BetrVG zu oder gilt seine Zustimmung zur endgültigen Maßnahme nach § 99 Abs. 3 S. 2 BetrVG als erteilt, so kann die Maßnahme als endgültige vorgenommen werden. Ein bereits nach § 100 Abs. 2 BetrVG anhängiges arbeitsgerichtliches Verfahren ist dann erledigt und einzustellen (*BAG* 18.10.1988 EzA § 100 BetrVG 1972 Nr. 4).

(3) Arbeitsgerichtliches Verfahren

aaa) Antrag des Arbeitgebers

1934 Bestreitet der Betriebsrat rechtzeitig die Notwendigkeit der vorläufigen Maßnahme, so muss der Arbeitgeber, wenn er die Maßnahme gleichwohl aufrechterhalten will, innerhalb einer Ausschlussfrist (GK-BetrVG/*Kraft/Raab* § 100 Rz. 34 m.w.N., **a.A.** *Schlicht* BB 1980, 632: Wiedereinsetzung bei Fristversäumung möglich) von drei Kalendertagen nach Zugang der Mitteilung das Arbeitsgericht anrufen.

1935 In Form des sog. Doppelantrags ist zu beantragen, die Zustimmung des Betriebsrats zu ersetzen **und** festzustellen, dass die Maßnahme aus sachlichen Gründen dringend erforderlich war.

1936 Streitig ist, ob der Antrag auch innerhalb der 3-Tages-Frist ordnungsgemäß begründet werden muss (so DKK/*Kittner* § 100 Rz. 30 unter Hinweis auf *LAG Frankf.* 13.9.1988 DB 1990, 1092; **a.A.** HSWGNR/*Schlochauer* § 100 Rz. 30). Der betroffene Arbeitnehmer ist nicht Beteiligter dieses Beschlussverfahrens (GK-BetrVG/*Kraft/Raab* § 100 Rz. 39). Nach ganz überwiegender Auffassung ist Streitgegenstand des Verfahrens, soweit es sich auf die Ersetzung der Zustimmung des Betriebsrats bezieht, die Zustimmung zur endgültigen, nicht nur zur vorläufigen Durchführung der Maßnahme, sodass das Verfahren nach § 100 Abs. 2 und 3 BetrVG die Verfahren nach § 99 Abs. 4 BetrVG und § 100 BetrVG miteinander verbindet (*Richardi/Thüsing* § 100 Rz. 24; MünchArbR/*Matthes* § 352 Rz. 133; DKK/*Kittner* § 100 Rz. 27; **a.A.** GK-BetrVG/*Kraft/Raab* § 100 Rz. 36).

1937 § 100 Abs. 2 BetrVG erfasst nur den Regelfall, dass der Betriebsrat sowohl die Dringlichkeit der vorläufigen Maßnahme bestreitet als auch die Zustimmung zur endgültigen Maßnahme bereits verweigert hat. In diesem Regelfall sind beide Anträge miteinander zu verbinden. Stellt der Arbeitgeber innerhalb der Frist lediglich den Feststellungsantrag, ist dieser unzulässig (*BAG* 15.9.1987 EzA § 99 BetrVG 1972 Nr. 57).

> Wurde hingegen vom Betriebsrat zunächst nur die Dringlichkeit der vorläufigen Maßnahme bestritten und läuft die Frist für die Zustimmungsverweigerung zur endgültigen Maßnahme noch, wäre ein jetzt schon gestellter Antrag auf Ersetzung der Zustimmung sinnlos. Gleichwohl muss der Arbeitgeber die Dreitagesfrist beachten, kann sich aber dann zunächst auf den auf Feststellung der Dringlichkeit gerichteten Antrag beschränken. Der Zustimmungsersetzungsantrag ist dann nach erfolgter Zustimmungsverweigerung unverzüglich (DKK/*Kittner* § 100 Rz. 28), nach anderer Auffassung innerhalb von drei Tagen nach Zustimmungsverweigerung (MünchArbR/*Matthes* § 352 Rz. 137) in das Verfahren einzuführen. **1938**

Noch weiter gehend will *Matthes* (MünchArbR § 352 Rz. 138, abl. DKK/*Kittner* § 100 Rz. 28) auch den Feststellungsantrag noch innerhalb von drei Tagen nach Zustimmungsverweigerung zulassen. Hat der Arbeitgeber nach Verweigerung der Zustimmung das reguläre Zustimmungsersetzungsverfahren nach § 99 Abs. 4 BetrVG eingeleitet und tritt erst dann eine Situation ein, die ihn zur vorläufigen Durchführung der Maßnahme veranlasst, kann der Arbeitgeber, soweit der Betriebsrat die Dringlichkeit bestritten hat, den auf Feststellung der Dringlichkeit gerichteten Antrag in das schon schwebende Zustimmungsersetzungsverfahren einbringen (HSWGNR/*Schlochauer* § 100 Rz. 29; DKK/*Kittner* § 100 Rz. 29). **1939**

bbb) Entscheidung des Arbeitsgerichts

Folgende Entscheidungen des Arbeitsgerichts sind denkbar (vgl. HSWGNR/*Schlochauer* § 100 Rz. 33 ff.; DKK/*Kittner* § 100 Rz. 34 ff.): **1940**

- Wird die Zustimmung ersetzt und die Feststellung getroffen, dass die vorläufige Maßnahme dringend erforderlich war, kann der Arbeitgeber die Maßnahme endgültig durchführen.
- Unterliegt der Arbeitgeber mit beiden Anträgen, so endet die Maßnahme mit Ablauf von zwei Wochen nach Rechtskraft der Entscheidung (vgl. u. Rn. 1945 ff.). Das Gericht darf den Feststellungsantrag des Arbeitgebers allerdings nur dann abweisen, wenn die Maßnahme »offensichtlich« nicht dringend war (vgl. § 100 Abs. 3 S. 1 BetrVG). § 100 Abs. 3 BetrVG fordert damit eine Entscheidung des Gerichts, die formell weder vom Arbeitgeber noch vom Betriebsrat beantragt worden ist (MünchArbR/*Matthes* § 352 Rz. 141). Fehlt es an der offensichtlichen Nichtdringlichkeit, so ist dem Feststellungsantrag des Arbeitgebers stattzugeben (MünchArbR/*Matthes* § 352 Rz. 141). Will das Gericht den Feststellungsantrag zurückweisen, darf es sich damit nicht auf die bloße Abweisung des Feststellungsantrages beschränken, sondern muss im Tenor seiner Entscheidung feststellen, dass offensichtlich die vorläufige Maßnahme aus sachlichen Gründen nicht dringend erforderlich war (*BAG* 18.10.1988 EzA § 100 BetrVG 1972 Nr. 4). **1941**

> Eine »offensichtliche« Nichtdringlichkeit liegt nur vor, wenn der Arbeitgeber die Situation grob verkannt hat und die vorläufige Durchführung der Maßnahme leichtfertig war (*BAG* 7.11.1977 EzA § 100 BetrVG 1972 Nr. 1). **1942**

- Sofern das Arbeitsgericht die Feststellung der dringenden Erforderlichkeit trifft, die Zustimmung jedoch nicht ersetzt, endet die vorläufige Maßnahme gem. § 100 Abs. 3 BetrVG. **1943**
- Soweit das Arbeitsgericht die Zustimmung ersetzt, aber die vorläufige Durchführung für offensichtlich sachlich nicht dringend erforderlich hält, kann die Maßnahme nach Rechtskraft der Entscheidung endgültig aufrechterhalten bleiben (GK-BetrVG/*Kraft/Raab* § 100 Rz. 42). Mit Rechtskraft dieser Entscheidung endet die Rechtshängigkeit des Feststellungsantrages, das Verfahren ist einzustellen (*BAG* 18.10.1988 EzA § 100 BetrVG 1972 Nr. 4). **1944**

ccc) Rechtsfolgen der Entscheidung

1945 Gem. § 100 Abs. 3 BetrVG endet die vorläufige personelle Maßnahme zwei Wochen nach Rechtskraft einer Entscheidung, durch die entweder die Zustimmung des Betriebsrates nicht ersetzt wird oder/und sie feststellt, dass die Maßnahme offensichtlich aus sachlichen Gründen nicht dringend erforderlich war. Kontrovers diskutiert wird, ob hieraus folgt, dass der zu Grunde liegende individualrechtliche Vorgang (etwa der Abschluss des Arbeitsvertrages) automatisch aufgehoben ist oder es noch einer individualrechtlichen Gestaltungserklärung (z.B. einer Kündigung) bedarf. Überwiegend (GK-BetrVG/*Kraft*/*Raab* § 100 Rz. 46; HSWGNR/*Schlochauer* § 100 Rz. 40) wird angenommen, dass der Arbeitgeber nur die Berechtigung verliert, die Maßnahme weiterhin aufrechtzuerhalten, ohne jedoch der rechtskräftigen gerichtlichen Entscheidung selbst bereits unmittelbar rechtsgestaltende Wirkung zuzuerkennen. Nach anderer Auffassung (*Fitting* § 100 Rz. 18) wirkt die rechtskräftige gerichtliche Entscheidung selbst rechtsgestaltend. Soweit eine rechtsgestaltende Wirkung nicht angenommen wird, ist der Arbeitgeber auch – sofern nicht von vornherein der Arbeitsvertrag unter einer auflösenden Bedingung geschlossen wurde – zur Kündigung des Arbeitsverhältnisses berechtigt, wobei z. T. (GK-BetrVG/*Kraft*/*Raab* § 100 Rz. 47) grds. nur die Möglichkeit der ordentlichen Kündigung bestehen soll, nach **anderer Ansicht** (DKK/*Kittner* § 100 Rz. 41) auch eine fristlose Kündigung dann in Betracht kommen soll, wenn der Arbeitnehmer beim Abschluss des Arbeitsvertrages über die Bedenken des Betriebsrates unterrichtet wurde. Soweit eine ordentliche Kündigung in Betracht kommt, ist der Arbeitgeber zur Beschäftigung des Arbeitnehmers bis zum Ablauf der Kündigungsfrist nicht berechtigt; der Arbeitnehmer behält bis zur Beendigung des Arbeitsvertrages seinen Entgeltanspruch nach § 615 BGB (DKK/*Kittner* § 100 Rz. 40).

1946 Bei einer vorläufigen Versetzung darf der Arbeitnehmer nach Ablauf von zwei Wochen nach Rechtskraft der Entscheidung nicht mehr an dem neuen Arbeitsplatz beschäftigt werden, sodass der betroffene Arbeitnehmer nicht mehr zur Durchführung der ihm zugewiesenen Arbeit verpflichtet ist. Bei Versetzungen in Ausübung des Direktionsrechts ist die Versetzungsanweisung zurückzunehmen, bei Versetzungen im Wege der Änderungskündigung ist diese im Einvernehmen mit dem Arbeitnehmer oder durch weitere Änderungskündigung rückgängig zu machen. Erhält der Arbeitgeber zwei Wochen nach Rechtskraft die Maßnahme weiterhin aufrecht, kann der Betriebsrat das Verfahren gem. § 101 BetrVG betreiben.

f) Aufhebung der Maßnahme und Zwangsgeld, § 101 BetrVG

aa) Voraussetzungen und Anwendungsbereich

1947 Unmittelbar Anwendung findet § 101 BetrVG auf Einstellungen und Versetzungen. Für Ein- und Umgruppierungen gelten Besonderheiten (s.u. Rn. 1952 ff.). Ein Aufhebungsanspruch des Betriebsrates besteht, wenn eine Einstellung oder Versetzung ohne Zustimmung des Betriebsrates endgültig durchgeführt wird, wenn der Arbeitgeber eine vorläufige personelle Maßnahme trotz Bestreitens der Dringlichkeit durch den Betriebsrat aufrechterhält und nicht innerhalb von drei Tagen das Arbeitsgericht angerufen wurde (§ 100 Abs. 2 BetrVG) oder wenn der Arbeitgeber eine vorläufige personelle Maßnahme länger als zwei Wochen aufrechterhält, nachdem eine rechtskräftige Entscheidung gem. § 100 Abs. 3 BetrVG vorliegt. Über den unmittelbaren Anwendungsbereich hinaus besteht ein Aufhebungsanspruch auch dann, wenn auf Grund einer tariflichen Regelung die Einstellung der vollen Mitbestimmung des Betriebsrates unterlag und dieses Mitbestimmungsrecht nicht beachtet worden ist (*BAG* 1.8.1989 EzA § 99 BetrVG 1972 Nr. 75). Ferner besteht ein Aufhebungsanspruch, wenn der Arbeitgeber eine vorläufige Maßnahme ohne Unterrichtung des Betriebsrates i.S.v. § 100 Abs. 2 S. 1 durchgeführt hat (GK-BetrVG/*Kraft*/*Raab* § 101 Rz. 4).

bb) Verfahren und Entscheidung des Gerichts, Festsetzung von Zwangsgeld

1948 Der Antrag setzt einen entsprechenden Betriebsratsbeschluss voraus. Der Antrag ist nicht fristgebunden, das Antragsrecht kann aber verwirkt werden, wenn der Betriebsrat längere Zeit in Kenntnis der Maßnahme vom Arbeitgeber nicht die Aufhebung verlangt und auch sonst nichts unternommen hat (MünchArbR/*Matthes* § 354 Rz. 8). Der betroffene Arbeitnehmer ist nicht Beteiligter des Verfahrens (GK-BetrVG/*Kraft/Raab* § 101 Rz. 11). Für die gerichtliche Entscheidung ist unerheblich, ob der Betriebsrat die Zustimmung zu Recht verweigert hat oder ob der Zustimmungsverweigerungsgrund nachträglich wegfällt (*BAG* 20.11.1990 EzA § 118 BetrVG 1972 Nr. 57).

Nach Auffassung des *BAG* (18.7.1978 EzA § 99 BetrVG 1972 Nr. 23; 21.11.1978 EzA § 101 BetrVG 1972 Nr. 3) kann der Arbeitgeber im Aufhebungsverfahren nicht hilfsweise den Antrag auf gerichtliche Ersetzung der Zustimmung des Betriebsrats stellen (zust. GK-BetrVG/*Kraft/Raab* § 101 Rz. 10; **a.A.** MünchArbR/*Matthes* § 354 Rz. 11). 1949

Wenn der Arbeitgeber seinerseits ein Verfahren nach § 100 Abs. 2 S. 3 BetrVG eingeleitet hat, 1950
kann der Antrag vom Betriebsrat bereits in diesem Verfahren vorsorglich für den Fall gestellt werden, dass das Arbeitsgericht dem Antrag des Arbeitgebers nicht entspricht (MünchArbR/*Matthes* § 354 Rz. 9; GK-BetrVG/*Kraft/Raab* § 101 Rz. 9). Aufhebung der Maßnahme bedeutet die Beseitigung der tatsächlichen Situation durch Nichtbeschäftigung des betriebsverfassungswidrig eingestellten Arbeitnehmers bzw. Nichtbeschäftigung des Arbeitnehmers im neuen Arbeitsbereich bei der betriebsverfassungswidrigen Versetzung.

Hebt der Arbeitgeber die Maßnahme während des Verfahrens nach § 101 BetrVG auf oder 1951
endet sie auf andere Weise und liegt keine Erledigungserklärung vor, so ist der Antrag als unbegründet abzuweisen (*Matthes* DB 1989, 1285, 1289). Kommt der Arbeitgeber der Verpflichtung zur Aufhebung einer personellen Maßnahme trotz rechtskräftiger Entscheidung nicht nach, kann der Betriebsrat beantragen, ihn zur Aufhebung der Maßnahme durch Zwangsgeld anzuhalten. Nach überwiegender Ansicht (GK-BetrVG/*Kraft/Raab* § 101 Rz. 12 m.w.N.) wird dem Arbeitgeber zur Aufhebung der Maßnahme in entsprechender Anwendung des § 100 Abs. 3 BetrVG eine Frist von zwei Wochen nach Rechtskraft der Entscheidung zugebilligt. Nach anderer Ansicht (z.B. DKK/*Kittner* § 101 Rz. 13; MünchArbR/*Matthes* § 354 Rz. 20) ist hingegen die Verpflichtung unverzüglich nach Rechtskraft zu erfüllen. Nach ganz überwiegender Ansicht ist die Festsetzung des Zwangsgeldes eine Zwangsvollstreckungsmaßnahme zur Erzwingung einer unvertretbaren Handlung i.S.v. § 888 ZPO, sodass das Zwangsgeld nur solange festgesetzt oder vollstreckt werden kann, als der Arbeitgeber die personelle Maßnahme und der Betriebsrat seinen Antrag aufrechterhalten. Andererseits kommt es aber auf ein Verschulden des Arbeitgebers nicht an (GK-BetrVG/*Kraft/Raab* § 101 Rz. 14). Da das Verfahren ein spezielles Zwangsvollstreckungsverfahren ist, sind nach § 85 Abs. 2 ArbGG die Vorschriften der ZPO über die Zwangsvollstreckung entsprechend anzuwenden. Gem. § 891 ZPO kann daher die Entscheidung nach Anhörung des Arbeitgebers ohne mündliche Verhandlung durch den Vorsitzenden allein ergehen.

cc) Besonderheiten bei Ein- und Umgruppierung

Die für den Vergütungsanspruch maßgebliche Eingruppierung ist keine nach außen wir- 1952
kende konstitutive Maßnahme des Arbeitgebers, sondern lediglich Rechtsanwendung. Ein- oder Umgruppierung i.S.v. § 99 BetrVG ist danach die Kundgabe des vom Arbeitgeber bei der Anwendung der Vergütungsordnung gefundenen Ergebnisses.

Nach Ansicht des *BAG* (12.12.2006 EzA § 99 BetrVG 2001 Eingruppierung Nr. 2; 1953
3.5.1994 EzA § 99 BetrVG 1972 Nr. 122; 9.3.1993 EzA § 99 BetrVG 1972 Nr. 113) kann der Betriebsrat im Verfahren nach § 101 BetrVG nicht die Aufhebung einer unzutreffenden Ein- und Umgruppierung verlangen, da es an einer Maßnahme fehlt, deren Aufhebung vom Gericht aufgegeben werden könnte. Er kann aber nach § 101 BetrVG stattdessen beantragen, dem Arbeitgeber aufzugeben, die Zustimmung des Betriebsrates einzuholen bzw. – falls der Betriebsrat diese nicht erteilt – das Zustimmungsersetzungsverfahren nach § 99 Abs. 4 BetrVG durchzuführen.

1954 Bleibt der Arbeitgeber im Zustimmungsersetzungsverfahren erfolglos, bedeutet dies praktisch, dass er seinen Antrag auf Zustimmung des Betriebsrates zur Eingruppierung wiederholen muss. Dieser Antrag kann aber nur eine andere Entgeltgruppe als diejenige zum Gegenstand haben, zu der das Gericht bereits rechtskräftig die Ersetzung der Zustimmung versagt hat. Der Betriebsrat kann die Fortsetzung des Beteiligungsverfahrens dadurch erzwingen, dass er dem Arbeitgeber nach § 101 BetrVG aufgeben lässt, nunmehr eine andere als die ursprünglich beabsichtigte Eingruppierung vorzunehmen und hierzu die Zustimmung des Betriebsrates einzuholen.

1955 Unterlässt der Arbeitgeber eine Ein- bzw. Umgruppierung, obwohl eine solche notwendig ist, kann der Betriebsrat nach § 101 BetrVG verlangen, dass der Arbeitgeber die beabsichtigte Eingruppierung/Umgruppierung mitteilt und hiezu die Zustimmung des Betriebsrats einholt. Die Notwendigkeit einer erneuten Ein- bzw. Umgruppierungsentscheidung besteht dabei stets bei Versetzungen, da eine solche nach § 95 Abs. 3 S. 1 BetrVG stets mit der Zuweisung eines anderen Arbeitsbereichs verbunden ist. Daher muss der Arbeitgeber auch in diesem Fall die Eingruppierung des Arbeitnehmers überprüfen. Gelangt er hierbei zu dem Ergebnis, dass auf Grund der geänderten Tätigkeit der Arbeitnehmer einer anderen Vergütungsgruppe zuzuordnen ist, handelt es sich um eine Umgruppierung. Ergibt die Prüfung des Arbeitgebers, dass es trotz geänderter Tätigkeit bei der bisherigen Zuordnung verbleibt, liegt eine erneute Eingruppierung i.S.v. § 99 Abs. 1 S. 1 BetrVG vor (*BAG* 12.12.2006 EzA § 99 BetrVG 2001 Eingruppierung Nr. 2).

dd) Sonstiger Rechtsschutz des Betriebsrates, Verhältnis zu § 23 Abs. 3 BetrVG

1956 § 101 BetrVG gibt dem Betriebsrat lediglich das Recht, die Aufhebung gerade derjenigen konkreten personellen Einzelmaßnahmen zu verlangen, die der Arbeitgeber mitbestimmungswidrig tatsächlich durchgeführt hat. Nur insoweit, als es um die Beseitigung eines bereits eingetretenen mitbestimmungswidrigen Zustandes geht, enthält § 101 BetrVG eine Sonderregelung, die einem aus § 23 Abs. 3 BetrVG etwa sich ergebenden Anspruch auf Aufhebung dieser personellen Maßnahme vorgeht.

1957 Ein Anspruch aus § 23 Abs. 3 BetrVG auf künftige Beachtung der Mitbestimmungsrechte des Betriebsrates wird durch § 101 BetrVG nicht ausgeschlossen (*BAG* 17.3.1987 EzA § 23 BetrVG 1972 Nr. 16).

1958 Im Hinblick darauf, dass ein Beschlussverfahren nach § 101 BetrVG oft nicht vor Beendigung der personellen Maßnahme zum Abschluss kommt, wird die Möglichkeit einer auf Aufhebung der Maßnahme gerichteten einstweiligen Verfügung kontrovers beurteilt (abl. etwa GK-BetrVG/*Kraft/Raab* § 101 Rz. 17; *LAG Frankf./M.* 15.12.1987 NZA 1989, 232; bejahend etwa DKK/*Kittner* § 101 Rz. 26 m.w.N.; *LAG Frankf./M.* 19.4.1988 LAGE § 99 BetrVG 1972 Nr. 17). Das *BAG* (3.5.1994 EzA § 23 BetrVG 1972 Nr. 36) hat die Frage, ob auch bei personellen Einzelmaßnahmen ähnlich wie im Bereich der sozialen Angelegenheiten ein allgemeiner Unterlassungsanspruch besteht, offen gelassen (s.u. Rn. 2181 ff., 2185).

Ein Anspruch des Betriebsrats gegen den Arbeitgeber, bei einer unterlassenen Beteiligung die Zustimmung des Betriebsrats zu einer Einstellung nachträglich einzuholen, besteht nicht. Ein hierauf gerichteter Antrag ist im Hinblick auf die Möglichkeit, nach § 101 BetrVG vorzugehen, unzulässig (*BAG* 20.2.2001 EzA § 99 BetrVG 1972 Einstellung Nr. 7).

1959 Besteht zwischen Arbeitgeber und Betriebsrat Streit über die Mitbestimmungspflichtigkeit einer bestimmten Maßnahme oder über die Reichweite der gegenseitigen Rechte und Pflichten anlässlich der Vornahme solcher Maßnahmen, kann die jeweilige Frage zum Gegenstand eines im arbeitsgerichtlichen Beschlussverfahren zu verfolgenden Feststellungsantrages gemacht werden.

Dies gilt etwa hinsichtlich der Frage über die Verpflichtung zur Vorlage bestimmter Unterlagen im Rahmen der Unterrichtung des Betriebsrates nach § 99 Abs. 1 BetrVG (*BAG* 3.12.1985 EzA § 99 BetrVG 1972 Nr. 46) oder hinsichtlich der Frage, ob der Betriebsrat mit einer bestimmten Begründung die Zustimmung verweigern kann (*BAG* 16.7.1985 EzA § 99 BetrVG 1972 Nr. 40) oder ob eine bestimmte Maßnahme der Zustimmung des Betriebsrates bedarf (*BAG* 28.10.1986 EzA § 118 BetrVG 1972 Nr. 38). 1960

2. Die Beteiligung des Betriebsrates bei Kündigungen, § 102 BetrVG

Näheres siehe oben unter Kap. 4 Rn. 357 ff., 1635 ff. 1961

3. Kündigung und Versetzung auf Verlangen des Betriebsrates, § 104 BetrVG

Näheres siehe oben unter Kap. 4 Rn. 1546 ff. 1962

4. Mitteilungspflichten bei leitenden Angestellten, § 105 BetrVG

Da auch personelle Veränderungen im Bereich der leitenden Angestellten für die Belegschaft von Bedeutung sein können und der Betriebsrat für eine effiziente Arbeit auf die Kenntnis der Funktionsaufteilung in Unternehmen und Betrieb angewiesen ist, sieht § 105 BetrVG für Arbeitnehmer, die leitende Angestellte sind (§ 5 Abs. 3–5 BetrVG), die Pflicht des Arbeitgebers vor, deren Einstellung und sonstige vom Arbeitgeber ausgehende personelle Veränderungen, wie z.B. Versetzungen, Änderungen in den Funktionen, dem Betriebsrat rechtzeitig mitzuteilen. Rechtzeitig ist die Information, wenn sie so frühzeitig vor Durchführung der personellen Maßnahme erfolgt, dass der Betriebsrat Bedenken geltend machen und der Arbeitgeber diese berücksichtigen kann. Ein Verstoß gegen § 105 BetrVG führt nicht zur Unwirksamkeit der Maßnahme gegenüber dem leitenden Angestellten. Bei einem groben, nicht nur einmaligen Verstoß des Arbeitgebers gegen § 105 kommt ggf. ein Verfahren nach § 23 Abs. 3 BetrVG in Betracht (GK-BetrVG/*Raab* § 105 Rz. 15). 1963

N. Mitbestimmung in wirtschaftlichen Angelegenheiten, Betriebsänderungen, §§ 111 ff. BetrVG

I. Allgemeines

In wirtschaftlichen Angelegenheiten besteht zunächst ein Unterrichtungs- und Beratungsanspruch des Wirtschaftsausschusses nach Maßgabe von §§ 106 ff. BetrVG (s.o. Rn. 937 ff.). 1964

§§ 111–113 BetrVG normieren darüber hinaus eine abgestufte Beteiligung des Betriebsrates bei Betriebsänderungen. Die Betriebsänderung als solche unterliegt nicht der Mitbestimmung des Betriebsrates. 1965

> Der Unternehmer ist verpflichtet, den Betriebsrat über eine geplante Betriebsänderung zu unterrichten und diese mit ihm zu beraten mit dem Ziel, einen Interessenausgleich, also eine Einigung über die Betriebsänderung herbeizuführen. Auch ohne eine solche Einigung kann der Unternehmer die Betriebsänderung jedoch wie geplant durchführen. Erzwingbare Rechte hat der Betriebsrat nur im Interesse des Ausgleichs bzw. Abmilderung der durch die Betriebsänderung entstehenden wirtschaftlichen Nachteile der Arbeitnehmer. 1966

Diesbezüglich kann er – abgesehen von der Ausnahmeregelung des § 112a BetrVG – notfalls über einen Spruch der Einigungsstelle die Aufstellung eines Sozialplanes erzwingen. Der in § 113 BetrVG vorgesehene Anspruch auf Nachteilsausgleich dient u.a. der Sicherung der Mitwirkungsrechte des Betriebsrates gem. §§ 111, 112 BetrVG. 1967

II. Voraussetzungen des Beteiligungsrechtes

1968 Ein Beteiligungsrecht nach §§ 111 ff. BetrVG setzt voraus, dass im jeweiligen Unternehmen i.d.R. mehr als 20 wahlberechtigte Arbeitnehmer beschäftigt werden, ein Betriebsrat existiert und sich die geplante Maßnahme als Betriebsänderung i.S.d. § 111 BetrVG darstellt.

1. Unternehmensgröße

1969 Ein Beteiligungsrecht des Betriebsrats nach §§ 111 ff. BetrVG setzt voraus, dass im Unternehmen mehr als 20 wahlberechtigte Arbeitnehmer beschäftigt werden.

1970 Der Schwellenwert des § 111 BetrVG i.d.F. des BetrVerf-Reformgesetzes stellt nicht mehr auf die Anzahl der im Betrieb regelmäßig beschäftigten Arbeitnehmer ab. Maßgeblich ist nunmehr die Zahl der im Unternehmen regelmäßig beschäftigten, wahlberechtigten Arbeitnehmer.

Die frühere Anknüpfung an die Zahl der regelmäßig im Betrieb beschäftigten Arbeitnehmer konnte dazu führen, dass auch große, aber stark untergliederte Unternehmen Betriebsänderungen ohne Sozialplanpflicht durchführen konnten. Durch die Neuregelung soll sichergestellt werden, dass der Schutzzweck des Schwellenwertes, kleinere Unternehmen vor zu starker finanzieller Belastung durch Sozialpläne zu schützen, tatsächlich nur solchen Unternehmen zugute kommt (BT-Drs. 14/5741, S. 51). Die Neuregelung kann dazu führen, dass es auch in absoluten Kleinbetrieben, in denen ein Betriebsrat besteht, zu sozialplanpflichtigen Betriebsänderungen kommen kann (vgl. *Annuß* NZA 2001, 367, 369).

Unternehmen i.S.d. § 111 BetrVG ist der Rechtsträger des Betriebs, in dem die Betriebsänderung durchgeführt werden soll. Ob das Unternehmens seinen Sitz im In- oder Ausland hat, ist unerheblich, wenn sich der von einer geplanten Betriebsänderung betroffene Betrieb im Inland befindet (GK-BetrVG/*Oetker* § 111 Rz. 10).

Im Hinblick auf die Frage, ob der Schwellenwert erreicht ist, kann die Bestimmung des maßgeblichen Unternehmens bei sog. Gemeinschaftsbetrieben (s.o. Rn. 111 ff.) problematisch sein. Wurde für den Gemeinschaftsbetrieb als Träger zugleich auch ein eigenständiges Gemeinschaftsunternehmen geschaffen, ist allein dieses für die Berechnung des Schwellenwerts maßgeblich (GK-BetrVG/*Oetker* § 111 Rz. 11). Fehlt es hieran, ist streitig, ob dann in jedem der am Gemeinschaftsbetrieb beteiligten Unternehmen der Schwellenwert erreicht sein muss (so *Annuß* NZA 2001, 367, 369) oder jedenfalls ausreicht, dass in einem der beteiligten Unternehmen der Schwellenwert erreicht wird (so GK-BetrVG/*Oetker* § 111 Rz. 11). Wird der Schwellenwert rechnerisch nur erreicht, wenn die Zahl der Arbeitnehmer der am Gemeinschaftsbetrieb beteiligten Unternehmen addiert wird, wird dies z. T. (GK-BetrVG/*Oetker* § 111 Rz. 11) im Hinblick auf den Zweck des Schwellenwertes jedenfalls dann für ausreichend erachtet, wenn in dem Gemeinschaftsbetrieb selbst der Schwellenwert überschritten wird.

Zum Arbeitnehmerbegriff s.o. Rn. 5 ff. Zur Wahlberechtigung s.o. Rn. 156 ff.

1971 Ist der unternehmensbezogene Schwellenwert erreicht, ist die Beurteilung, ob eine Betriebsänderung vorliegt oder nicht, nach wie vor betriebsbezogen vorzunehmen. Hierfür gilt der allgemeine Betriebsbegriff des BetrVG (s.o. Rn. 87 ff.). Zu beachten ist, dass dann, wenn von der durch § 3 Abs. 1 Nr. 1 bis 3 BetrVG eröffneten Möglichkeit Gebrauch gemacht wurde, durch Tarifvertrag oder Betriebsvereinbarung vom BetrVG abweichende betriebsverfassungsrechtliche Organisationseinheiten zu bilden (s.o. Rn. 119 ff.), diese gem. § 3 Abs. 5 S. 1 BetrVG als Betriebe i.S.d. BetrVG gelten. Dies gilt auch im Rahmen der § 111 ff. BetrVG.

Dies ist insbes. für die Beurteilung der Frage von Bedeutung, ob eine Betriebsänderung i.S.d. § 111 BetrVG vorliegt: Wurde eine Vereinbarung i.S.d. § 3 Abs. 1 Nr. 1 bis 3 BetrVG getroffen, beurteilt sich die Stilllegung oder Einschränkung eines Betriebs bzw. Betriebsteils ausschließlich nach den Verhältnissen in der per Tarifvertrag oder Betriebsvereinbarung geschaffenen betriebsverfassungsrechtlichen Organisationseinheit (GK-BetrVG/*Oetker* § 111 Rz. 14).

Bei der Ermittlung der regelmäßigen Beschäftigtenzahl des Unternehmens ist auf den Zeitpunkt abzustellen, in dem die Beteiligungsrechte des Betriebsrates nach den §§ 111, 112 BetrVG entstehen. 1972

Maßgeblich ist dabei nicht die zufällige tatsächliche Beschäftigtenzahl zu diesem Zeitpunkt, sondern die normale Beschäftigtenzahl des Unternehmens, d.h. diejenige Personalstärke, die für das Unternehmen im Allgemeinen kennzeichnend ist (*BAG* 16.11.2004 EzA § 111 BetrVG 2001 Nr. 2). 1973

Dies erfordert regelmäßig sowohl einen Rückblick als auch eine Prognose, im Falle einer Betriebsänderung durch Betriebsstilllegung kann allerdings nur ein Rückblick auf die bisherige Belegschaftsstärke in Frage kommen (*BAG* 9.5.1995 EzA § 111 BetrVG 1972 Nr. 30). Gleiches gilt, wenn die Betriebsänderung gerade in einer Reduzierung des Personalbestandes besteht. Wieweit in die Vergangenheit zurückzublicken ist, wenn sich die Verringerung der Belegschaftsstärke in mehreren Schritten vollzieht, hängt auch von den personalwirtschaftlichen Entscheidungen des Arbeitgebers ab. Dienten die Reduzierungen letztlich einer beabsichtigten Stilllegung, ist auf die Belegschaftsstärke vor der ersten Verringerung abzustellen. Diente dagegen eine Verringerung der Rationalisierung, um den Betrieb in eingeschränktem Umfang fortführen zu können und stabilisiert sich der Personalbestand zunächst auf niedrigerem Niveau, so ergibt sich daraus eine neue, das Unternehmen kennzeichnende Personalstärke. Von dieser ist auszugehen, wenn es später dann doch zu weiteren Einschränkungen oder gar zur Stilllegung kommt, weil sich die an die Rationalisierung geknüpften Erwartungen nicht erfüllt haben (vgl. zu § 111 BetrVG a.F. *BAG* 10.12.1996 EzA § 111 BetrVG 1972 Nr. 33). Werden Arbeitnehmer nicht ständig, sondern lediglich zeitweilig beschäftigt, kommt es für die Frage der regelmäßigen Beschäftigung darauf an, ob die Arbeitnehmer während des größten Teils eines Jahres normalerweise beschäftigt werden. In reinen Kampagnebetrieben ist die Beschäftigtenzahl während der Kampagne maßgebend (*BAG* 16.11.2004 EzA § 111 BetrVG 2001 Nr. 2). 1974

2. Bestehen eines Betriebsrates zum Zeitpunkt des Betriebsänderungsentschlusses

Die Wahrnehmung der Beteiligungsrechte setzt voraus, dass der Betriebsrat bereits in dem Zeitpunkt besteht, in dem der Arbeitgeber auf Grund abgeschlossener Prüfungen und Vorüberlegungen grds. zu einer Betriebsänderung entschlossen ist. Einem erst später gewählten Betriebsrat stehen selbst dann keine Beteiligungsrechte zu, wenn dem Unternehmer zum Zeitpunkt des Abschlusses einer Planung bekannt war, dass im Betrieb ein Betriebsrat gewählt werden soll (*BAG* 28.10.1992 EzA § 112 BetrVG 1972 Nr. 60). Gegenstand der Mitbestimmung des Betriebsrats hinsichtlich eines Interessenausgleichs als auch eines Sozialplanes ist bereits die vom Arbeitgeber beabsichtigte, noch in der Zukunft liegende Betriebsänderung. Anknüpfungspunkt ist damit die Planung des Arbeitgebers (*BAG* 28.3.2006 EzA § 111 BetrVG 2001 Nr. 1). 1975

Bestand zu dem genannten Zeitpunkt ein Betriebsrat, kann er den Abschluss eines Sozialplanes auch dann noch verlangen und ggf. durch Anrufung der Einigungsstelle erzwingen, wenn die Betriebsänderung schon ohne seine Beteiligung durchgeführt worden ist (*BAG* 15.10.1979 EzA § 111 BetrVG 1972 Nr. 8). Der für einen angeblichen Betriebsteil (§ 4 BetrVG) gewählte Betriebsrat hat die sich aus § 111 BetrVG ergebenden Beteiligungsrechte auch dann, wenn es sich tatsächlich nicht um einen Betriebsteil handelt, die Wahl des Betriebsrats aber nicht im Verfahren nach § 19 BetrVG angefochten wurde (*BAG* 27.6.1995 EzA § 111 BetrVG 1972 Nr. 31). 1976

Handelt es sich um eine betriebsübergreifende Betriebsänderung, die zu einer originären Zuständigkeit des Gesamtbetriebsrats nach § 50 Abs. 1 BetrVG (s.o. Rn. 861 ff.) führt, besteht eine Zuständigkeit des Gesamtbetriebsrats auch für betriebsratslose Betriebe. Dies ist nunmehr in § 50 Abs. 1 BetrVG i.d.F. des BetrVG-Reformgesetzes ausdrücklich geregelt und der hierüber unter Geltung des § 50 BetrVG a.F. bestehende Streit (vgl. einerseits *BAG* 16.8.1983 EzA § 50 BetrVG 1972 Nr. 9; andererseits *BAG* 8.6.1999 EzA § 111 BetrVG 1972 Nr. 37) einer gesetzlichen Regelung zugeführt worden.

1977 Besteht zu dem in Rn. 1975 genannten Zeitpunkt ein Betriebsrat, behält dieser bei organisatorischen Veränderungen gem. §§ 21a, b BetrVG ein Übergangs- und ggf. Restmandat (s.o. Rn. 453 ff.). Das Restmandat berechtigt zur Wahrnehmung der Beteiligungsrechte nach §§ 111, 112 BetrVG trotz Betriebsuntergangs. Das Übergangsmandat nach § 21a BetrVG ist insbes. von Bedeutung, wenn durch Abspaltung oder Ausgliederung ein eigenständiger Betrieb entsteht und der neue Rechtsträger anschließend in diesem eine Betriebsänderung durchführen will. Streitig ist hierbei, ob zur Ermittlung des Schwellenwerts auf die Zahl der Arbeitnehmer in dem übertragenen Unternehmen (so GK-BetrVG/*Oetker* § 111 Rz. 25) oder die vorherige Arbeitnehmerzahl des nunmehr gespaltenen Unternehmens (so *Richardi/Thüsing* § 111 Rz. 25: analoge Anwendung des § 325 Abs. 2 S. 1 UmwG) abzustellen ist.

3. Betriebsänderungen

1978 § 111 S. 3 Nr. 1 bis 5 BetrVG zählt enumerativ eine Reihe von Maßnahmen auf, die als Betriebsänderung gelten. Bei diesen Maßnahmen wird gesetzlich fingiert, dass sie zugleich wesentliche Nachteile für die Belegschaft oder erhebliche Teile der Belegschaft zur Folge haben können, sodass das Vorliegen dieser Voraussetzungen bei diesen Betriebsänderungen nicht gesondert zu prüfen ist. Die Beteiligungsrechte des Betriebsrates entfallen daher nicht deshalb, weil im Einzelfall solche wesentlichen Nachteile nicht zu befürchten sind. Ob ausgleichs- oder milderungswürdige Nachteile entstehen oder entstanden sind, ist lediglich bei der Aufstellung des Sozialplanes zu prüfen und notfalls von der Einigungsstelle nach billigem Ermessen zu entscheiden (*BAG* 17.8.1982 17.12.1985 EzA § 111 BetrVG 1972 Nr. 14; 17.12.1985 EzA § 111 BetrVG 1972 Nr. 17).

Soweit die Tatbestände des § 111 S. 3 Nr. 1–5 BetrVG auf den Betrieb abstellen, gilt der allgemeine betriebsverfassungsrechtliche Betriebsbegriff (s.o. Rn. 87 ff.). Zu beachten ist, dass dann, wenn von der durch § 3 Abs. 1 Nr. 1 bis 3 BetrVG eröffneten Möglichkeit der Schaffung abweichender betriebsverfassungsrechtlicher Organisationseinheiten durch Tarifvertrag oder Betriebsvereinbarung (s.o. Rn. 119 ff.) Gebrauch gemacht wurde, diese Einheiten gem. § 3 Abs. 5 S. 1 BetrVG als Betriebe gelten. Dies gilt auch im Rahmen des § 111 BetrVG.

Dies ist insbes. für die Beurteilung der Frage von Bedeutung, ob eine Betriebsänderung i.S.d. § 111 BetrVG vorliegt: Wurde eine Vereinbarung i.S.d. § 3 Abs. 1 Nr. 1 bis 3 BetrVG getroffen, beurteilt sich die Stilllegung oder Einschränkung eines Betriebs bzw. Betriebsteils ausschließlich nach den Verhältnissen in der per Tarifvertrag oder Betriebsvereinbarung geschaffenen betriebsverfassungsrechtlichen Organisationseinheit (GK-BetrVG/*Oetker* § 111 Rz. 14).

1979 Umstritten ist, ob der Katalog gesetzlich erfasster Betriebsänderungen in § 111 S. 3 BetrVG erschöpfend ist (so etwa *Richardi/Annuß* § 111 Rz. 41; HSWGNR/*Hess* § 111 Rz. 44 f.; **a.A.** etwa GK-BetrVG/*Oetker* § 111 Rz. 36; DKK/*Däubler* § 111 Rz. 33; *LAG BW* 16.6.1987 LAGE § 111 BetrVG 1972 Nr. 6). Das *BAG* (17.8.1982 EzA § 111 BetrVG 1972 Nr. 14) hat diese Frage bisher ausdrücklich offen gelassen.

4. Die einzelnen Betriebsänderungen

a) Einschränkungen oder Stilllegung des ganzen Betriebes oder wesentlicher Betriebsteile, § 111 S. 3 Nr. 1 BetrVG

aa) Betriebseinschränkung

Eine Betriebseinschränkung ist eine erhebliche, ungewöhnliche und nicht nur vorübergehende Herabsetzung der Leistungsfähigkeit des Betriebes, gleichgültig ob sie durch Außerbetriebsetzung von Betriebsanlagen oder durch Personalreduzierung erfolgt (*BAG* 22.5.1979 EzA § 111 BetrVG 1972 Nr. 7; 7.8.1990 EzA § 111 BetrVG 1972 Nr. 27). 1980

Keine Betriebseinschränkung liegt vor, wenn die Betriebsleistungen dieselben bleiben, jedoch in einer geringeren Zahl von Stunden erbracht werden sollen (*LAG BW* 16.6.1987 LAGE § 111 BetrVG 1972 Nr. 6; DKK/*Däubler* § 111 Rz. 42). Bei der Überprüfung ist von dem regelmäßigen Erscheinungsbild des Betriebes auszugehen. Gewöhnliche Schwankungen der Betriebstätigkeit, die mit der Eigenart des jeweiligen Betriebes zusammenhängen, sind keine Betriebsänderungen (*BAG* 22.5.1979 EzA § 111 BetrVG 1972 Nr. 7). 1981

(1) Einschränkung sachlicher Betriebsmittel

Eine Herabsetzung der Leistungsfähigkeit des Betriebes durch Einschränkung sachlicher Betriebsmittel ist z.B. gegeben bei der Stilllegung oder Veräußerung von Betriebsanlagen, nicht aber dann, wenn Betriebsmittel lediglich in einem geringeren Umfang als bisher genutzt werden, wie z.B. bei der Einführung von Kurzarbeit oder bei Herabsetzung der Zahl der Arbeitsschichten (GK-BetrVG/*Oetker* § 111 Rz. 63 m.w.N.). 1982

(2) Verringerung der personellen Leistungsfähigkeit

Nach ständiger Rechtsprechung des *BAG* (z.B. *BAG* 28.3.2006EzA § 111 BetrVG 2001 Nr. 1; 7.8.1990 EzA § 111 BetrVG 1972 Nr. 27) kann eine Betriebseinschränkung auch in der Weise erfolgen, dass die sächlichen Betriebsmittel als solche unverändert bleiben, jedoch in erheblichem Umfang Personal abgebaut wird. Zu beachten ist aber, dass im Falle einer Betriebsänderung durch Personalabbau unter bestimmten Voraussetzungen die Sozialplanpflicht (nicht die Verpflichtung zur Durchführung des Interessenausgleichsverfahrens) entfallen kann (s.u. Rn. 2063) 1983

Richtschnur für die Feststellung der Erheblichkeit des Personalabbaues sind die Zahlen- und Prozentangaben gem. § 17 Abs. 1 KSchG mit der Maßgabe, dass von dem Personalabbau mindestens 5% der Belegschaft des Betriebes betroffen sein müssen. 1984

Dies bedeutet:

Betriebsgröße	beabsichtigter Personalabbau
21–59 AN	mehr als 5 AN
60–499 AN	mehr als 25 AN oder 10%
500–600 AN	mindestens 30 AN
ab 601 AN	mindestens 5%

Dabei sind auch die Arbeitsverhältnisse mitzuzählen, die nur deshalb gekündigt werden, weil die Arbeitnehmer dem Übergang auf einen Teilbetriebserwerber (§ 613a BGB) widersprochen haben und eine Beschäftigungsmöglichkeit im Restbetrieb nicht mehr besteht (*BAG* 10.12.1996 EzA § 111 BetrVG 1972 Nr. 34).

1985 Maßgebender Anknüpfungspunkt für das Mitbestimmungsrecht ist dabei die unternehmerische Entscheidung aus der sich ergibt, wie viele Arbeitnehmer voraussichtlich insgesamt entlassen werden. Unerheblich ist, innerhalb welcher Zeit der Personalabbau erfolgt, sofern er Folge einer einheitlichen unternehmerischen Planung ist (*BAG* 28.3.2006 EzA § 111 BetrVG 2001 Nr. 1; 2.8.1983 EzA § 111 BetrVG 1972 Nr. 16).

Für eine einheitliche Planung wird vielfach ein Beweis des ersten Anscheins sprechen, insbes. dann, wenn ein enger zeitlicher Zusammenhang zwischen mehreren Entlassungswellen besteht (vgl. *BAG* 28.3.2006 EzA § 111 BetrVG 2001 Nr. 1) sodass dann dem Arbeitgeber der Beweis dafür obliegt, dass eine weitere Personalreduzierung auf einer neuen Planung beruht (MünchArbR/*Matthes* § 360 Rz. 32). Einzubeziehen sind nicht nur Arbeitnehmer, die aus betrieblichen Gründen entlassen werden. Gleichgestellt sind mit Rücksicht auf § 112a Abs. 1 S. 2 BetrVG Arbeitnehmer, die im Hinblick auf die geplante Personalreduzierung vom Arbeitgeber zum Abschluss eines Aufhebungsvertrages oder zu einer Eigenkündigung veranlasst werden (*BAG* 4.7.1989 EzA § 111 BetrVG 1972 Nr. 24). Einzubeziehen sind nach ganz überwiegender Ansicht auch Versetzungen in andere Betriebe des Unternehmens oder in andere Unternehmen des Konzerns, da auch dies zu einer Verringerung der Betriebsgröße führt (*Richardi* NZA 1984, 179; DKK/*Däubler* § 111 Rz. 56). Nicht mitzurechnen sind nach Auffassung des *BAG* (2.8.1983 EzA § 111 BetrVG 1972 Nr. 16; str., **a.A.** MünchArbR/*Matthes* § 360 Rz. 35; DKK/*Däubler* § 111 Rz. 57) Arbeitnehmer, deren Arbeitsverhältnis infolge verhaltens- oder personenbedingter Kündigung oder durch Fristablauf endet. Auf das Verhältnis des Personalabbaus zur Gesamtbelegschaft des Betriebs und nicht zur Belegschaft eines Betriebsteils ist auch dann abzustellen, wenn der Personalabbau in einem wesentlichen Betriebsteil erfolgt (*LAG Bln.* 9.12.2005 LAGE § 111 BetrVG 2001 Nr. 4).

bb) Betriebsstilllegung

1986 Eine Betriebsstilllegung liegt vor, wenn die Betriebs- und Produktionsgemeinschaft zwischen Arbeitgebern und Arbeitnehmern für einen seiner Dauer nach unbestimmten, wirtschaftlich nicht unerheblichen Zeitraum aufgegeben wird (*BAG* 27.9.1984 EzA § 613a BGB Nr. 40; s.o. Kap. 4 Rn. 2477 ff.).

1987 Nach Auffassung des *LAG München* (15.2.1989 NZA 1990, 288) liegt keine beteiligungspflichtige Betriebsstilllegung vor, wenn ein Betrieb geschlossen wird, der von vornherein und für die Arbeitnehmer erkennbar nur für einen zeitlich begrenzten Betriebszweck errichtet worden ist und nunmehr wegen Zweckerreichung geschlossen wird. Um eine Betriebsstilllegung und nicht nur um eine Betriebsverlegung handelt es sich hingegen, wenn im Rahmen einer Betriebsveräußerung eine nicht unerhebliche räumliche Verlegung des Betriebes vorgenommen, die alte Betriebsgemeinschaft tatsächlich und rechtsbeständig aufgelöst und der Betrieb an dem neuen Ort mit einer wesentlichen neuen Belegschaft fortgeführt wird (*BAG* 12.2.1987 EzA § 613a BGB Nr. 64). Auch die Verpachtung eines Betriebes zum Zwecke der Stilllegung durch den Pächter kann eine dem Verpächter zuzurechnende Betriebsstilllegung darstellen (*BAG* 17.3.1987 EzA § 111 BetrVG 1972 Nr. 19).

cc) Wesentlicher Betriebsteil

1988 Das *BAG* (7.8.1990 EzA § 111 BetrVG 1972 Nr. 27) hat das Vorliegen eines wesentlichen Betriebsteils im Rahmen einer quantitativen Betrachtung bislang nur bejaht, wenn in dem fraglichen Betriebsteil ein erheblicher Teil der Gesamtbelegschaft beschäftigt ist und hierbei wiederum auf die Zahlenwerte nach § 17 Abs. 1 KSchG abstellt (s.o. Rn. 1983). Es hat offen gelassen, ob ein Betriebsteil auch dadurch zu einem wesentlichen wird, dass ihm eine erhebliche wirtschaftliche Bedeutung zukommt. Jedenfalls ist ein Betriebsteil nicht allein deswegen ein wesentlicher Betriebsteil, weil in ihm ein notwendiges Vorprodukt gefertigt wird (*BAG* 7.8.1990 EzA § 111 BetrVG 1972 Nr. 27)

In der Literatur wird weitgehend demgegenüber eine qualitative Betrachtungsweise befürwortet, wonach ein wesentlicher Betriebsteil dann vorliegen soll, wenn er wirtschaftlich oder von seiner Funktion her von wesentlicher oder erheblicher Bedeutung für den ganzen Betrieb ist (so HSWGNR/*Hess* § 111 Rz. 136; *Hunold* BB 1984, 2278; *Jaeger* BB 1988, 1038) oder wenn dessen Stilllegung, Einschränkung oder Verlegung wesentliche Nachteile für die Belegschaft oder erhebliche Teile der Belegschaft i.S.v. § 17 KSchG zur Folge haben kann (so MünchArbR/*Matthes* § 360 Rz. 50). 1989

b) Verlegung des Betriebes, § 111 S. 3 Nr. 2 BetrVG

Verlegung eines Betriebes oder eines Betriebsteiles ist jede nicht nur geringfügige Veränderung der örtlichen Lage des Betriebes oder Betriebsteiles (*BAG* 17.8.1982 EzA § 111 BetrVG 1972 Nr. 14). 1990

Werden nur die sachlichen Betriebsmittel verlegt, der Betrieb aber an dem neuen Ort mit einer im Wesentlichen neuen Belegschaft fortgeführt, weil sich ein erheblicher Teil der Arbeitnehmer weigert, am neuen Ort weiterzuarbeiten, so liegt keine Betriebsverlegung, sondern eine Stilllegung vor (*BAG* 12.2.1987 EzA § 613a BGB Nr. 64). 1991

c) Zusammenschluss mit anderen Betrieben, Spaltung von Betrieben, § 111 S. 3 Nr. 3 BetrVG

Ein Zusammenschluss liegt vor, wenn zuvor relativ selbstständige organisatorische Einheiten zu einer einzigen organisatorischen Einheit zur technischen Durchführung der Aufgaben bzw. Gegenstände und Zwecke eines Unternehmens zusammengeschlossen werden und unter einheitlicher Leitung stehen (GK-BetrVG/*Oetker* § 111 Rz. 102). Auch Betriebe verschiedener Unternehmen können zu einem Gemeinschaftsbetrieb (s.o. Rn. 111 ff.) zusammengeschlossen werden (GK-BetrVG/*Oetker* § 111 Rz. 104). Bei einer geplanten Zusammenlegung mit einem anderen Betrieb des Arbeitgebers besteht für die Verhandlungen über einen Interessenausgleich eine Zuständigkeit des Gesamtbetriebsrats (*BAG* 24.1.1996 EzA § 50 BetrVG 1972 Nr. 14). 1992

Spaltung ist die Teilung eines bisher einheitlichen Betriebes in mehrere neue organisatorisch selbstständige Einheiten durch gesellschaftsrechtliche Spaltungsvorgänge (§ 123 UmwG) oder auch rechtsgeschäftliche Übertragungsakte. Entscheidend ist, ob sich durch die Maßnahme die bisherige Betriebsstruktur derart verändert, dass Teile des Betriebs von diesem getrennt werden (GK-BetrVG/*Oetker* § 111 Rz. 103). Eine Spaltung setzt voraus, dass zumindest zwei neue Einheiten entstehen. Dieses Erfordernis ist auch erfüllt, wenn ein abgespaltener Betriebsteil anschließend in einen anderen Betrieb – desselben Arbeitgebers oder eines Betriebsteilerwerbers – eingegliedert wird und dabei untergeht (*BAG* 18.3.2008 EzA § 111 BetrVG 2001 Nr. 5). Eine Spaltung i.S.d. § 111 S. 3 Nr. 3 BetrVG liegt etwa auch vor, wenn der Arbeitgeber einen Betriebsteil ausgliedert, um ihn auf ein anderes Unternehmen zu übertragen (*BAG* 10.12.1996 EzA § 111 BetrVG 1972 Nr. 35). Auch ein gemeinsamer Betrieb mehrerer Unternehmen kann Gegenstand einer Betriebsspaltung sein (*BAG* 12.11.2002 NZA 2003, 676; ausf. *Gaul* NZA 2003, 695 ff.). Keine Spaltung liegt jedoch vor, wenn sich die Maßnahme darin erschöpft, die betriebliche Tätigkeit eines Betriebsteils zu beenden, ohne dass dessen Substrat erhalten bliebe. Dann handelt es sich um eine Stilllegung dieses Betriebsteils und nicht um eine Spaltung des Betriebs (*BAG* 18.3.2008 EzA § 111 BetrVG 2001 Nr. 5). 1993

Zuständig für die Wahrnehmung der Beteiligungsrechte anlässlich einer solchen Betriebsänderung sind die Betriebsräte der betroffenen Betriebe oder des betroffenen Betriebes auch dann, wenn infolge der Betriebsänderung ein neuer Betriebsrat zu wählen ist. Insoweit besteht ein Rest- ggf. auch Übergangsmandat (s.o. Rn. 453 ff.). 1994

1995 Keine Betriebsspaltung liegt vor bei der Aufspaltung eines Unternehmens in je eine rechtlich selbstständige Besitz- und Produktionsgesellschaft derart, dass die Produktionsgesellschaft die Betriebsmittel von der Betriebsgesellschaft pachtet und die Arbeitnehmer übernimmt, da der Betrieb als organisatorische Einheit unberührt bleibt (*BAG* 17.2.1981 EzA § 111 BetrVG 1972 Nr. 13). Fraglich ist, ob im Falle einer Spaltung bzw. Ausgliederung nach Maßgabe des UmwG allein in der umwandlungsbedingten vermögensrechtlichen Neuzuordnung zugleich die Einleitung einer Betriebsspaltung i.S.d. § 111 S. 2 Nr. 3 BetrVG liegt. Dies dürfte nicht der Fall sein, da § 111 S. 2 Nr. 3 BetrVG nicht auf die vermögensrechtliche Zuordnung, sondern auf die organisatorische Aufspaltung des Ausgangsbetriebs abstellt und damit eine auf die Betriebsorganisation abzielende Veränderung voraussetzt (vgl. *Willemsen* RdA 1998, 23, 30).

d) Grundlegende Änderungen der Betriebsorganisation, des Betriebszwecks oder der Betriebsanlagen, § 111 S. 3 Nr. 4 BetrVG

1996 Eine Änderung der Betriebsorganisation i.S.v. § 111 S. 3 Nr. 4 BetrVG liegt vor, wenn der Betriebsaufbau, insbesondere hinsichtlich Zuständigkeiten und Verantwortung, umgewandelt wird. Grundlegend ist die Änderung, wenn sie sich auf den Betriebsablauf in erheblicher Weise auswirkt. Maßgeblich dafür ist der Grad der Veränderung. Es kommt entscheidend darauf an, ob die Änderung einschneidende Auswirkungen auf den Betriebsablauf, die Arbeitsweise oder die Arbeitsbedingungen der Arbeitnehmer hat. Die Änderung muss in ihrer Gesamtschau von erheblicher Bedeutung für den gesamten Betriebsablauf sein (*BAG* 18.3.2008 EzA § 111 BetrVG 2001 Nr. 5).

1997 Als Beispiele werden etwa genannt Dezentralisierung oder Zentralisierung, Änderung der Unterstellungsverhältnisse, Übergang zu einer Organisation nach Sparten bzw. Geschäftsbereichen oder einer Änderung von Zahl, Zuschnitt oder innerer Struktur von Betriebsabteilungen (MünchArbR/*Matthes* § 360 Rz. 64), ferner die Einführung von Großraumbüros, der Anschluss an Rechenzentren, die Schaffung von Telearbeitsplätzen, die Umstellung auf ein Inhouse-Netz sowie der Übergang zur Gruppenarbeit oder zu einer Organisation nach Sparten oder Geschäftsbereichen (vgl. DKK/*Däubler* § 111 Rz. 82).

1998 Betriebszweck i.S.d. Regelung ist der arbeitstechnische, nicht der wirtschaftliche Zweck (*BAG* 17.12.1985 EzA § 111 BetrVG 1972 Nr. 17).

Eine Änderung liegt jedenfalls dann vor, wenn ein anderes Produkt oder eine Dienstleistung mit anderem Inhalt angeboten wird, kann aber auch dann gegeben sein, wenn dem bisherigen Betrieb eine weitere Abteilung mit einem weiteren arbeitstechnischen Betriebszweck hinzugefügt wird (*BAG* 17.12.1985 EzA § 111 BetrVG 1972 Nr. 17) oder eine bisher erbrachte Leistung oder ein bisher hergestelltes Produkt in Wegfall gerät, d.h. wesentliche arbeitstechnische Zwecke nicht weiterverfolgt werden (*BAG* 16.6.1987 EzA § 111 BetrVG 1972 Nr. 20; 28.4.1993 EzA § 111 BetrVG 1972 Nr. 28).

1999 Betriebsanlagen sind allgemein solche, die dem arbeitstechnischen Produktions- und Leistungsprozess dienen (*BAG* 26.10.1982 EzA § 111 BetrVG 1972 Nr. 15), wie Gebäude, technische Vorrichtungen, Maschinen und Werkzeuge.

2000 Nicht nur die Änderung sämtlicher Anlagen, sondern auch die Änderung einzelner Anlagen kann relevant sein, wenn es sich um solche handelt, die in der Gesamtschau von erheblicher Bedeutung für den Gesamtbetriebsablauf sind. Bleibt dies zweifelhaft, so hat die Zahl der von der Änderung betroffenen Arbeitnehmer – wie auch im Rahmen des § 111 S. 2 Nr. 1 BetrVG (s.o. Rn. 1983) – indizielle Bedeutung (*BAG* 26.10.1982 EzA § 111 BetrVG 1972 Nr. 15).

Die genannten Änderungen müssen grundlegend sein. Maßgeblich ist zunächst eine qualitative Betrachtung, d.h. in erster Linie ist auf den Grad der Veränderung und die technische Neuheit abzustellen, ergänzend darauf, ob die jeweilige Änderung wesentliche Nachteile für die von der Änderung betroffenen Arbeitnehmer zur Folge haben kann. Ergänzend ist in quantitativer Betrachtung darauf abzustellen, ob ein erheblicher Teil der Belegschaft von der Änderung betroffen ist. 2001

Dabei kann auf die Sätze des § 17 Abs. 1 KSchG als Richtschnur zurückgegriffen werden (*BAG* 26.10.1982 EzA § 111 BetrVG 1972 Nr. 15). Erfolgt die Änderung in mehreren Schritten, ist ggf. eine Gesamtbetrachtung geboten, wenn sie auf einem einheitlichen Plan beruht (MünchArbR/*Matthes* § 360 Rz. 65).

e) Einführung grundlegend neuer Arbeitsmethoden und Fertigungsverfahren, § 111 S. 3 Nr. 5 BetrVG

Dieser Tatbestand überschneidet sich mit § 111 S. 2 Nr. 4, stellt aber im Gegensatz zu diesem nicht in erster Linie auf die Arbeitsmittel, sondern auf die Art der Verwertung der menschlichen Arbeitskraft ab. I. d. R. werden die Voraussetzungen beider Bestimmungen erfüllt oder nicht erfüllt sein, da eine Änderung des Betriebszweckes oder der Betriebsanlagen vielfach auch neue Fertigungsverfahren und diese wiederum neue Arbeitsmethoden bedingen (DKK/*Däubler* § 111 Rz. 89). Erfasst sind bspw. der Übergang zur Gruppenarbeit und die Umstellung auf EDV-Anlagen. Strittig ist, ob eine Änderung der Arbeitsmethode auch dann vorliegt, wenn die Arbeitsleistung der Arbeitnehmer nur noch in Teilzeitarbeit, in variabler Arbeitszeit oder in anderen Schichten in Anspruch genommen wird (vgl. MünchArbR/*Matthes* § 360 Rz. 71 m.w.N.). In der Aufgabe der Eigenfertigung eines notwendigen Vorproduktes kann die Einführung einer grundlegend neuen Arbeitsmethode oder eines grundlegend neuen Fertigungsverfahrens liegen (*BAG* 7.8.1990 EzA § 111 BetrVG 1972 Nr. 27). 2002

Für die Beurteilung der Neuheit kommt es auf die Neuheit für den Betrieb, nicht auf die technische Neuheit im Allgemeinen an (GK-BetrVG/*Oetker* § 111 Rz. 126). Durch das Merkmal »grundlegend« sollen rein routinemäßige Verbesserungen ausgegrenzt werden. 2003

Auch hier kann im Übrigen ergänzend darauf abgestellt werden, ob durch die neue Arbeitsmethode oder das neue Fertigungsverfahren eine erhebliche Zahl von Arbeitnehmern betroffen ist, wobei die Werte des § 17 Abs. 1 KSchG als Richtschnur dienen können (*BAG* 7.8.1990 EzA § 111 BetrVG 1972 Nr. 27).

III. Unterrichtung des Betriebsrats, Beratung der Betriebsänderung

1. Pflichten des Arbeitgebers

Über eine geplante Betriebsänderung hat der Unternehmer den Betriebsrat rechtzeitig und umfassend zu unterrichten. 2004

Da § 111 BetrVG nach seinem Schutzzweck alle dort aufgezählten, für die Arbeitnehmer nachteiligen Maßnahmen erfassen will, die dem Verantwortungsbereich des Unternehmers zuzurechnen sind, besteht die Unterrichtungspflicht auch für solche Maßnahmen, die mehr oder minder durch die wirtschaftliche Situation diktiert werden. 2005

Das Merkmal der Planung hat nach Auffassung des *BAG* (18.12.1984 EzA § 113 BetrVG 1972 Nr. 12) damit nur Bedeutung für den Zeitpunkt, zu dem der Unternehmer den Betriebsrat zu unterrichten und mit ihm zu beraten hat.

Unternehmer i.S.d. Vorschrift ist diejenige Rechtsperson, die Inhaber des Betriebes, für den eine Betriebsänderung geplant wird, und Arbeitgeber der in diesem Betrieb beschäftig- 2006 ten Arbeitnehmer ist (*BAG* 15.1.1991 EzA § 303 AktG Nr. 1). Dies gilt auch dann, wenn es sich um ein von einem anderen Unternehmen beherrschtes Konzernunternehmen handelt (MünchArbR/*Matthes* § 361 Rz. 5). Im Falle der Insolvenz trifft die Informationspflicht den Insolvenzverwalter.

2007 Rechtzeitig ist die Unterrichtung, wenn sie in einem Stadium erfolgt, in dem der Plan zur Betriebsänderung noch nicht, und zwar auch noch nicht teilweise verwirklicht ist. Der Unternehmer muss den Betriebsrat unterrichten, bevor er darüber entschieden hat, ob und inwieweit die Betriebsänderung erfolgt (*BAG* 14.9.1976 EzA § 113 BetrVG 1972 Nr. 2). An bloßen Vorüberlegungen ist der Betriebsrat nicht zu beteiligen (*LAG Düsseld.* 27.8.1985 NZA 1986, 371).

2008 Die Unterrichtungspflicht des Unternehmers besteht somit dann, wenn er ein bestimmtes Konzept zur Betriebsänderung entwickelt hat, das er zu verwirklichen beabsichtigt. An den Tatbestandsmerkmalen der Planung fehlt es nicht deshalb, weil die beabsichtigte Maßnahme eine spontane Reaktion auf plötzlich eintretende besondere Umstände, etwa eine wirtschaftliche Notlage, ist.

2009 Eine umfassende Unterrichtung erfordert die Mitteilung über Inhalt, Umfang und Auswirkungen der geplanten Betriebsänderung auf die Arbeitnehmerschaft. Erforderliche Unterlagen sind nach § 80 Abs. 2 BetrVG vorzulegen.

2010 Nicht mitzuteilen sind Daten, die für die Planung keine Rolle gespielt haben (*LAG Hamm* 5.3.1986 BB 1986, 1291). Die Unterrichtungspflicht entfällt nicht deshalb, weil ein zeitlich unbefristeter Sozialplan mit dem Betriebsrat vereinbart wurde (*BAG* 29.11.1983 EzA § 113 BetrVG 1972 Nr. 11). Zu unterrichten ist grds. der Betriebsrat des Betriebes, in dem die Betriebsänderung stattfinden soll. Eine Zuständigkeit des Gesamtbetriebsrates kann ausnahmsweise dann bestehen, wenn eine Betriebsänderung sich als einheitliche Maßnahme auf mehrere Betriebe erstreckt und nur einheitlich durchgeführt werden kann (MünchArbR/*Matthes* § 361 Rz. 6), wie etwa bei der Stilllegung sämtlicher Betriebe eines Unternehmens (*BAG* 17.2.1983 EzA § 112 BetrVG 1972 Nr. 21). Eine solche Zuständigkeit des Gesamtbetriebsrats besteht auch dann, wenn der Arbeitgeber bei einem notwendig werdenden Personalabbau in einer ersten Stufe zunächst nur die Entlassung älterer Arbeitnehmer ohne Rücksicht auf betriebliche oder sonstige Besonderheiten in den einzelnen Betrieben beabsichtigt (*BAG* 20.4.1994 EzA § 113 BetrVG 1972 Nr. 22). Möglich bleibt immer die Übertragung von Zuständigkeiten durch Einzelbetriebsräte auf den Gesamtbetriebsrat nach § 50 Abs. 2 BetrVG.

2011 Die gesetzlich vorgesehene Beratung mit dem Betriebsrat soll dazu dienen, die widerstreitenden Interessen der Arbeitnehmer und des Unternehmers gegeneinander abzuwägen und zu einer Einigung zu gelangen, sei es in Form eines Interessenausgleichs oder eines Sozialplans. Zu beraten ist darüber, ob und ggf. wann und in welcher Weise die beabsichtigte Betriebsänderung durchgeführt werden soll (*BAG* 14.9.1976 EzA § 113 BetrVG 1972 Nr. 2).

2012 Die Beratungspflicht besteht auch dann, wenn der Betriebsrat anlässlich einer geplanten Betriebsänderung nach § 112a BetrVG einen Sozialplan nicht erzwingen kann (*BAG* 8.11.1988 EzA § 113 BetrVG 1972 Nr. 18) sowie dann, wenn zwischen den Betriebspartnern für eventuelle künftige Betriebsänderungen bereits ein zeitlich unbefristeter Sozialplan vereinbart wurde (*BAG* 29.11.1983 EzA § 113 BetrVG 1972 Nr. 11).

2. Pflichtverletzungen des Unternehmers, Streitigkeiten

2013 Verstöße gegen die Verpflichtungen aus § 111 BetrVG machen die unternehmerischen Maßnahmen zur Durchführung der Betriebsänderung nicht unwirksam, soweit die sonstigen einschlägigen Vorschriften (§§ 99, 100, 102 BetrVG, § 17 KSchG) beachtet worden sind

(GK-BetrVG/*Oetker* § 111 Rz. 185). Erfüllt der Unternehmer seine Unterrichtungs- und Beratungspflicht nicht, so kann der Betriebsrat seine Ansprüche im Beschlussverfahren, den Informationsanspruch ggf. auch im Wege der einstweiligen Verfügung durchsetzen.

Zur Frage, ob ein ggf. im Wege der einstweiligen Verfügung durchsetzbarer Anspruch auf Unterlassung der Betriebsänderung und des Ausspruchs von Kündigungen bis zur Beratung derselben mit dem Betriebsrat und Abschluss des Verfahrens zur Herbeiführung eines Interessenausgleichs besteht s.u. Rn. 2039 ff. Die Verletzung der Informationspflicht kann eine Ordnungswidrigkeit nach § 121 BetrVG sein. Bei schweren Verstößen kommt auch ein Verfahren nach § 23 Abs. 3 BetrVG in Betracht. Die Ansprüche auf Unterrichtung und Beratung erlöschen mit Durchführung der Betriebsänderung. **2014**

Der Betriebsrat kann auch noch nach Durchführung der Betriebsänderung einen Sozialplan verlangen und über die Anrufung der Einigungsstelle erzwingen, auch wenn er vorher nicht unterrichtet und die Betriebsänderung mit ihm nicht beraten wurde (*BAG* 15.10.1979 EzA § 111 BetrVG 1972 Nr. 8). **2015**

Streitigkeiten darüber, ob eine Unterrichtungs- oder Beratungspflicht gem. § 111 BetrVG besteht oder ob sie verletzt worden ist, kann das Arbeitsgericht vorab im Beschlussverfahren entscheiden. Stellt das Gericht fest, dass die Maßnahme keine Beteiligungsrechte auslöst, so sind die Gerichte daran in einem späteren Verfahren nach § 113 Abs. 3 BetrVG ebenso gebunden, wie an die umgekehrte Feststellung, dass die Maßnahme Beteiligungsrechte des Betriebsrats auslöst (*BAG* 10.11.1987 EzA 113 BetrVG 1972 Nr. 16). Ist die Betriebsänderung abgeschlossen, so besteht für einen auf die Feststellung der Beteiligungspflichtigkeit des Betriebsrats gerichteten Feststellungsantrag nur dann das erforderliche Rechtsschutzinteresse, wenn die nachträgliche Entscheidung der Wiederherstellung des Betriebsfriedens dient oder ähnliche Fälle im Betrieb unmittelbar zur Entscheidung anstehen oder sich schon einmal ereignet haben und eine Wiederholung zu erwarten ist (*BAG* 18.3.1975 EzA § 80 ArbGG 1953 Nr. 7). **2016**

IV. Der Interessenausgleich

Nach der Unterrichtung des Betriebsrates über eine geplante Betriebsänderung müssen Beratungen über einen Interessenausgleich und einen Sozialplan stattfinden. Beides erfolgt in einem gleichförmigen Verfahren: Die Betriebspartner sollen Vorschläge zur Beilegung von Meinungsverschiedenheiten machen, sie können den Vorstand der Bundesagentur für Arbeit bzw. die von diesem beauftragten Bediensteten um Vermittlung ersuchen und schließlich die Einigungsstelle anrufen. Der entscheidende Unterschied besteht allerdings darin, dass die Einigungsstelle im Rahmen des Verfahrens zur Herbeiführung eines Interessenausgleichs nur vermittelnde Funktion hat, aber gegen den Willen eines der Betriebspartner nicht selbst einen Interessenausgleich beschließen kann. **2017**

Im Gegensatz zum Sozialplan ist damit ein Interessenausgleich über die Einigungsstelle nicht erzwingbar. Sie kann daher in einem von ihr zu beschließenden Sozialplan keine Bestimmungen aufnehmen, die nur Gegenstand eines Interessenausgleichs sein können. Ein Spruch der Einigungsstelle, der solche Maßnahmen zum Inhalt hat, ist unwirksam (*BAG* 17.9.1991 EzA § 112 BetrVG 1972 Nr. 58). **2018**

1. Das Verfahren zur Herbeiführung eines Interessenausgleichs

Die Verhandlungen über einen Interessenausgleich sind auch dann durchzuführen, wenn nach § 112a BetrVG ein Sozialplan nicht erzwungen werden kann (*BAG* 8.11.1988 EzA § 113 BetrVG 1972 Nr. 18) sowie auch dann, wenn die Betriebspartner zu einem früheren Zeit- **2019** punkt bereits einen Rahmensozialplan für zukünftige Betriebsänderungen vereinbart haben (*BAG* 29.11.1983 EzA § 113 BetrVG 1972 Nr. 11).

2020 Die Verhandlungen müssen mit dem zuständigen Betriebsrat geführt werden. Dies kann auch der Gesamtbetriebsrat sein, wenn es sich um Maßnahmen handelt, die das gesamte Unternehmen oder mehrere Betriebe betreffen (*BAG* 3.5.2006 EzA § 112 BetrVG 2001 Nr. 17), z.B. bei einer geplanten Zusammenlegung mit einem anderen Betrieb des Unternehmers. Bei Zweifeln über den zuständigen Verhandlungspartner muss der Arbeitgeber die in Betracht kommenden Arbeitnehmervertretungen zur Klärung der Zuständigkeitsfrage auffordern. Weist er hingegen ohne weiteres einen der möglichen Verhandlungspartner zurück, so trägt er im Rahmen des § 113 Abs. 3 BetrVG das Risiko, dass sein Verhandlungsversuch als unzureichend gewertet wird, wenn dieser zuständig gewesen wäre (*BAG* 24.1.1996 EzA § 50 BetrVG 1972 Nr. 14). Eine Zuständigkeit des Gesamtbetriebsrats für den Abschluss des Interessenausgleichs indiziert aber nicht notwendig auch dessen Zuständigkeit für den Abschluss eines Sozialplans (*BAG* 3.5.2006 EzA § 112 BetrVG 2001 Nr. 17).

a) Hinzuziehung eines Beraters durch den Betriebsrat

2021 In Unternehmen mit mehr als 300 Arbeitnehmern kann der Betriebsrat zusätzlich zu den Möglichkeiten nach § 80 Abs. 2 und 3 BetrVG gem. § 111 S. 2 BetrVG zu seiner Unterstützung einen Berater hinzuziehen.

Hierdurch soll der Betriebsrat in die Lage versetzt werden, die Auswirkungen einer geplanten Betriebsänderung rasch zu erfassen und in kurzer Zeit mit Hilfe eines externen Sachverstands fundierte Alternativvorschläge vor allem für eine Beschäftigungssicherung so rechtzeitig zu erarbeiten, dass er auf die Entscheidung des Arbeitgebers noch Einfluss nehmen kann (BT-Drs. 14/5741, S. 52). Im Interesse der Beschleunigung des Verfahrens bedarf es keiner vorherigen Vereinbarung mit dem Unternehmer.

aa) Erforderliche Unternehmensgröße

2022 Das Recht zur Hinzuziehung eines Beraters besteht im Hinblick auf die Kostenbelastung des Unternehmens (vgl. BT-Drs. 14/5741, S. 52) nur in Unternehmen, die mehr als 300 Arbeitnehmer beschäftigen. In kleineren Unternehmen kann der Betriebsrat nur seine Rechte aus § 80 Abs. 2 und 3 BetrVG wahrnehmen. Für den Unternehmensbegriff gelten dieselben Grundsätze wie bei § 111 S. 1 BetrVG (s.o. Rn. 1969). Es gilt der Arbeitnehmerbegriff des § 5 BetrVG (s.o. Rn. 5 ff.). Unerheblich ist, ob die Arbeitnehmer wahlberechtigt sind oder im Ausland beschäftigt sind (GK-BetrVG/*Oetker* § 111 Rz. 158).

bb) Entscheidung des Betriebsrats

2023 Die Entscheidung, ob ein Berater hinzugezogen wird, obliegt nach pflichtgemäßem Ermessen dem Betriebsrat durch Beschluss. Eine Vereinbarung mit dem Unternehmer ist nicht erforderlich, im Hinblick auf die Kostentragung des Unternehmers aber zweckmäßig. Im Rahmen der Ermessensentscheidung muss der Betriebsrat berücksichtigen, ob die Hinzuziehung eines Beraters erforderlich ist. Dies hängt zum einen davon ab, ob zu erwarten ist, dass der Berater unter Berücksichtigung der beim Betriebsrat schon vorhandenen Kenntnisse und Qualifikationen dem Betriebsrat zusätzliche Kenntnisse vermitteln kann. Nach GK-BetrVG/*Oetker* (§ 111 Rz. 160) ist der Betriebsrat auch verpflichtet zu prüfen, ob andere, kostengünstigere Möglichkeiten zur Verschaffung der erforderlichen Kenntnisse zur Verfügung stehen. Jedenfalls kann der Betriebsrat aber nicht generell darauf verwiesen werden, es stünden in ausreichendem Maße betriebs- oder unternehmensinterne Berater zur Verfügung (GK-BetrVG/*Oetker* § 111 Rz. 160; *Annuß* NZA 2001, 367, 369); die Hinzuziehung eines externen Beraters ist vielmehr der vom Gesetzgeber gewollte Regelfall (vgl. BT-Drs. 14/5741, S. 52).

cc) Anzahl der Berater

Grds. ist der Betriebsrat auf die Hinzuziehung eines Beraters beschränkt. Etwas anderes gilt, wenn die Betriebsänderung unterschiedliche Teilaspekte umfasst, bei deren Beratung verschiedene Qualifikationen erforderlich sind, die durch einen Berater nicht abgedeckt werden können (GK-BetrVG/*Oetker* § 111 Rz. 155). **2024**

dd) Person und Rechtsstellung des Beraters

Die Hinzuziehung eines **externen** Beraters ist der gesetzlich gewollte Regelfall (BT-Drs. 14/5741, S. 52). Der Berater muss auf Grund seiner Qualifikation geeignet sein, den Betriebsrat im Hinblick auf die Auswirkungen der geplanten Betriebsänderung und die Erarbeitung von Alternativen zu beraten, was i.d.R. betriebswirtschaftliche und technische Kenntnisse voraussetzt (GK-BetrVG/*Oetker* § 111 Rz. 153). Die Hinzuziehung eines rechtlichen Beraters richtet sich im Regelfall hingegen nach § 80 Abs. 3 BetrVG (s.o. Rn. 1406 ff.; GK-BetrVG/*Oetker* § 111 Rz. 153; str., **a.A.** etwa: *Fitting* § 111 Rz. 120; *Reichold* NZA 2001, 865), es sei denn, die Erarbeitung eines Alternativkonzepts wirft auch rechtliche Fragestellungen auf. In Betracht kommt nicht nur die Hinzuziehung einer natürlichen Person, sondern auch eines Beratungsunternehmens (GK-BetrVG/*Oetker* § 111 Rz. 154). **2025**

Der Beschluss des Betriebsrats, einen Berater hinzuziehen, berechtigt diesen, das Betriebsgelände zur Wahrnehmung seiner Beratungstätigkeit zu betreten (GK-BetrVG/*Oetker* § 111 Rz. 165). Wenn der Betriebsrat dies will, ist der Berater berechtigt, an den Beratungen zwischen Betriebsrat und Unternehmer über die beabsichtige Betriebsänderung teilzunehmen; ein eigenes Informationsrecht gegenüber dem Unternehmer hat der Berater aber nicht (GK-BetrVG/*Oetker* § 111 Rz. 181, 182).

Der Berater unterliegt nach §§ 111 S. 2, 80 Abs. 4, 79 BetrVG einer strafbewehrten (vgl. § 120 Abs. 1 Nr. 3a BetrVG) Verschwiegenheitspflicht hinsichtlich ihm bekannt gewordener Betriebs- und Geschäftsgeheimnisse (s.o. Rn. 740 ff.).

ee) Umfang der Beratungstätigkeit

Zweck des dem Betriebsrat eingeräumten Rechts der Hinzuziehung eines Beraters ist die schnelle Erfassung der Auswirkungen einer geplanten Betriebsänderung und die Unterstützung bei der Erarbeitung von Alternativkonzepten (BT-Drs. 14/5741, S. 52). Im Rahmen der Beratungen mit dem Unternehmer soll der Betriebsrat argumentativ Einfluss auf das »Ob« und »Wie« der geplanten Betriebsänderung nehmen können. Aus diesem Gesetzeszweck folgt, dass die Beratungstätigkeit des Beraters auf das Verfahren zur Herbeiführung eines Interessenausgleichs beschränkt ist und sich nicht auch auf das Sozialplanverfahren bezieht. Nach Ansicht von *Oetker* (GK-BetrVG § 111 Rz. 161) soll sich die Hinzuziehung eines Beraters sogar nur auf die erste Phase der unmittelbaren Beratung zwischen Betriebsrat und Unternehmer beschränken, also nicht mehr die Phasen einer evtl. Hinzuziehung des Vorstandes der Bundesagentur für Arbeit bzw. die von diesem beauftragten Bediensteten (s.u. Rn. 2029) oder des Versuchs der Herbeiführung eines Interessenausgleichs vor der Einigungsstelle (s.u. Rn. 2030 ff.) umfassen. Diese einengende Betrachtung erscheint unter Berücksichtigung des Gesetzeszwecks nicht angebracht, da sich ein Beratungsbedarf für Alternativkonzepte in jeder Phase des Verfahrens zur Herbeiführung eines Interessenausgleichs stellen kann. **2026**

ff) Kosten des Beraters

Die Kostentragungspflicht für die Hinzuziehung eines Beraters richtet sich nach § 40 BetrVG und damit nach dem Grundsatz der Erforderlichkeit (s.o. Rn. 754 ff.). Existieren für die Beratungstätigkeit Gebührenordnungen, so sind nur die sich in diesem Rahmen bewegenden Honorare verhältnismäßig. Ansonsten kann auf den Maßstab der üblichen Vergütung i.S.d. § 612 BGB abgestellt werden (GK-BetrVG/*Oetker* § 111 Rz. 164). **2027**

b) Verhandlungen zwischen Betriebsrat und Arbeitgeber

2028 Gegenstand der Verhandlungen ist die geplante Betriebsänderung als solche, d.h. die Frage, ob sie überhaupt vorgenommen werden soll oder ob Gegeninteressen der Arbeitnehmer überwiegen. Weiter kann es um den Umfang der beabsichtigten Maßnahme (z.B. die Zahl der geplanten Kündigungen) sowie darum gehen, mit welchen Mitteln (Ausnutzung der Fluktuation, Aufhebungsverträge, Änderungskündigungen usw.) sie realisiert werden soll. Auch der Zeitpunkt der Vornahme kann von wesentlicher Bedeutung sein. Bei Betriebseinschränkungen oder Stilllegungen ist die Möglichkeit alternativer Produktion zu erörtern, oder zu fragen, ob die Möglichkeiten der Kurzarbeit effektiv erschöpft sind. Gegebenenfalls sollte auch über sonstige Umschulungs- und Weiterbildungsmöglichkeiten – z.B. unter Einschaltung von Vertretern der Agenturen für Arbeit – verhandelt werden. Bei Betriebsänderungen nach § 111 S. 2 Nr. 4, 5 BetrVG sind auch die Nachteile neuer Techniken unter Einschluss etwaiger Gesundheitsfragen zu erörtern. Der Betriebsrat kann auch vorschlagen, zunächst nur Probeläufe durchzuführen, um die wirtschaftlichen und sozialen Auswirkungen besser beurteilen zu können oder ein Gutachten einzuholen (DKK/*Däubler* §§ 112, 112 a Rz. 3).

c) Einschaltung des Vorstandes der Bundesagentur für Arbeit

2029 Kommt eine Einigung zwischen den Betriebspartnern nicht zu Stande, kann jede Seite nach § 112 Abs. 2 BetrVG den Vorstand der Bundesagentur für Arbeit, um Vermittlung ersuchen, der die Aufgaben auf andere Bedienstete der Bundesagentur übertragen kann. Hierbei wird es insbes. um die Frage gehen, welche Umschulungs- und Weiterbildungsmaßnahmen die Bundesagentur bzw. die Agenturen für Arbeit anbieten können und inwieweit andere Förderungsmittel zur Verfügung stehen (DKK/*Däubler* §§ 112, 112 a Rz. 4). Bei einem Ersuchen eines der Betriebspartner ist der andere Betriebspartner verpflichtet, an dem Vermittlungsversuch teilzunehmen (vgl. GK-BetrVG/*Oetker* §§ 112, 112 a Rz. 211). In der **Insolvenz** geht gem. § 121 InsO dem Verfahren vor der Einigungsstelle (s.u. Rn. 2030 ff.) nur dann ein Vermittlungsversuch Vorstandes der Bundesagentur für Arbeit voraus, wenn der Betriebsrat und der Insolvenzverwalter gemeinsam um eine solche Vermittlung ersuchen.

Der Vorstand der Bundesagentur bzw. die von diesem benannten Bediensteten können nur Einigungsvorschläge unterbreiten, die abgelehnt werden können. Ob eine Vereinbarung zulässig ist, in der sich die Betriebspartner im Vorhinein einem etwaigen Vorschlag unterwerfen, ist streitig (str., vgl. GK-BetrVG/*Oetker* §§ 112, 112 a Rz. 210).

d) Anrufung der Einigungsstelle

2030 Bleibt auch der Vermittlungsversuch des Vorstandes der Bundesagentur für Arbeit erfolglos oder wird dieser nicht eingeschaltet, so können der Unternehmer oder der Betriebsrat die Einigungsstelle anrufen, § 112 Abs. 2 BetrVG. Jeder Betriebspartner entscheidet autonom darüber, ob er es für sinnvoll erachtet, Verhandlungen mit der Gegenseite fortzuführen oder die Einigungsstelle anzurufen (*LAG Nds.* 25.10.2005 LAGE § 98 ArbGG 1979 Nr. 45). Eine betriebsverfassungsrechtliche Pflicht des Unternehmers zur Anrufung der Einigungsstelle besteht nicht, es handelt sich vielmehr um eine bloße Obliegenheit (vgl. MünchArbR/*Matthes* § 361 Rz. 26).

2031 Allerdings muss der Arbeitgeber faktisch die Einigungsstelle anrufen, da er andernfalls wegen Nichtausschöpfung des Verfahrens zur Herbeiführung eines Interessenausgleichs mit Nachteilsausgleichsansprüchen der betroffenen Arbeitnehmer nach § 113 BetrVG konfrontiert ist (*BAG* 18.12.1984 EzA § 113 BetrVG 1972 Nr. 12; zum Nachteilsausgleich s.u. Rn. 2042 ff.).

2032 Der Interessenausgleich ist nicht erzwingbar. Kommt eine Einigung nicht zu Stande, so hat die Einigungsstelle das Scheitern des Versuches, einen Interessenausgleich herbeizuführen, festzustellen und das Verfahren einzustellen. Für die Errichtung und Zusammensetzung der

Einigungsstelle gilt § 76 Abs. 2 BetrVG (s.o. Rn. 1182 ff.), sodass der Vorsitzende und die Zahl der Beisitzer auf Antrag einer Seite notfalls gem. § 98 ArbGG durch das Arbeitsgericht bestimmt werden können. Nach Auffassung des *LAG Bln.* (24.1.2006 LAGE § 98 ArbGG Nr. 46) soll schon in diesem Stadium gleichzeitig auch die Errichtung einer Einigungsstelle zur Aufstellung eines Sozialplans beantragt werden können. Der Vorsitzende der Einigungsstelle kann ohne Zustimmung der Beisitzer den Vorstand der Bundesagentur für Arbeit bzw. die von diesem beauftragten Bediensteten zur Aufbereitung des bisherigen Streitstandes und Einbeziehung etwaiger Maßnahmen nach dem SGB III laden. Kommt eine Einigung zu Stande, ist sie schriftlich niederzulegen und vom Vorsitzenden der Einigungsstelle und den Betriebspartnern zu unterschreiben.

2. Form und Inhalt

Gem. § 112 Abs. 1 BetrVG muss der Interessenausgleich schriftlich niedergelegt und von **2033** den Betriebspartnern unterschrieben werden. Bei Zustandekommen erst in der Einigungsstelle hat nach Abs. 3 S. 3 zusätzlich auch der Vorsitzende zu unterschreiben. Ein nur mündlich vereinbarter Interessenausgleich ist unwirksam (*BAG* 26.10.2004 EzA § 113 BetrVG 2001 Nr. 5; 9.7.1985 EzA § 113 BetrVG 1972 Nr. 13). An einer wirksamen Einigung fehlt es auch dann, wenn der Betriebsrat gegen die Betriebsänderung von vornherein keinerlei Einwände erhebt und ausschließlich den Abschluss eines Sozialplanes verlangt (*LAG Bln.* 9.8.1987 LAGE § 112a BetrVG Nr. 2). Die Schriftform ist nicht dadurch gewahrt, dass Unternehmer und Betriebsrat eine an das Arbeitsamt (jetzt: Agentur für Arbeit) gerichtete Massenentlassungsanzeige gemeinsam unterzeichnen. Erst recht reicht nicht das bloße Schweigen des Betriebsrats nach Unterrichtung durch den Arbeitgeber über die beabsichtigte Betriebsänderung.

Gegenstand des Interessenausgleichs kann alles sein, was nicht Gegenstand des Sozial- **2034** plans gem. § 112 Abs. 1 S. 2 BetrVG ist (*BAG* 17.9.1991 EzA § 112 BetrVG 1972 Nr. 58), z.B. Regelungen darüber, ob, wann und in welcher Form die geplante unternehmerische Maßnahme durchgeführt wird (*BAG* 27.10.1987 EzA § 112 BetrVG 1972 Nr. 41), nicht jedoch Regelungen zum Ausgleich oder zur Milderung wirtschaftlicher Nachteile, die dem Sozialplan vorbehalten sind. Bei Massenentlassungen kommen Auswahlrichtlinien in Betracht (*BAG* 20.10.1983 EzA § 1 KSchG Betriebsbedingte Kündigung Nr. 28). Die Auswahlrichtlinien können in gleichem Umfang von den Grundsätzen über die soziale Auswahl nach § 1 Abs. 3 KSchG abweichen, wie Personalrichtlinien i.S.v. § 95 Abs. 1, 2 BetrVG (*BAG* 18.1.1990 EzA § 1 KSchG Soziale Auswahl Nr. 28). Im Interessenausgleich können auch Maßnahmen vereinbart werden, durch die wirtschaftliche Nachteile für die von der Betriebsänderung betroffenen Arbeitnehmer nach Möglichkeit verhindert werden, wie z.B. Kündigungsverbote, Versetzungs- und Umschulungspflichten (*BAG* 17.9.1991 EzA § 112 BetrVG 1972 Nr. 58). Inhalt kann auch die vorbehaltlose Zustimmung des Betriebsrats zur geplanten Maßnahme sein. Vereinbaren Arbeitgeber und Betriebsrat vor Durchführung einer Maßnahme schriftlich, in welcher Weise die wirtschaftlichen Nachteile der von dieser Maßnahme betroffenen Arbeitnehmer ausgeglichen oder gemildert werden sollen, so kann darin auch eine solche Einigung der Betriebspartner darüber liegen, dass diese Maßnahme so wie geplant durchgeführt werden soll (*BAG* 20.4.1994 EzA § 113 BetrVG 1972 Nr. 22).

3. Rechtsnatur und Bindungswirkung

Nach Auffassung des *BAG* (28.8.1991 EzA § 113 BetrVG 1972 Nr. 21) erzeugt ein Inte- **2035** ressenausgleich keinen Anspruch des Betriebsrates auf dessen Einhaltung.

Dementsprechend wird in der Literatur überwiegend (vgl. GK-BetrVG/*Oetker* §§ 112, 112 a Rz. 60, 61) der Interessenausgleich als besondere Vereinbarung kollektiver Art ohne Bindungswirkung angesehen. Ein Interessenausgleich entfaltet grundsätzlich auch keine normative Wirkung für die Arbeitsverhältnisse der Arbeitnehmer (*BAG* 14.11.2006 EzA § 112

BetrVG 2001 Nr. 19); möglich ist jedoch, dass Regelungen in einem Interessenausgleich ihrem Inhalt nach Sozialplanregelungen darstellen, wenn sie sich nicht auf das Ob und Wie der Betriebsänderung beziehen (vgl. *BAG* 14.11.2006 EzA § 112 BetrVG 2001 Nr. 19). Nach anderer Auffassung (MünchArbR/*Matthes* § 361 Rz. 28) ist ein vereinbarter Interessenausgleich mit der Folge eines Durchführungsanspruches des Betriebsrates bindend, es sei denn, zwingende Gründe i.S.d. § 113 Abs. 1 BetrVG rechtfertigen eine Abweichung vom Interessenausgleich.

2036 Soweit demnach nach überwiegender Auffassung ein vereinbarter Interessenausgleich keine bindende Wirkung erzeugt und somit nicht echte Betriebsvereinbarung ist, steht es den Betriebspartnern doch frei, anlässlich einer geplanten Betriebsänderung bestimmte Fragen durch freiwillige Betriebsvereinbarung zu regeln. Ist zweifelhaft, ob eine (verbindliche) Betriebsvereinbarung oder ein Interessenausgleich abgeschlossen wurde, muss im Wege der Auslegung geklärt werden, ob eine gerichtlich erzwingbare Regelung gewollt war (DKK/*Däubler* §§ 112, 112 a Rz. 19, 21).

4. Interessenausgleich und Einzelbeteiligungsrechte des Betriebsrates; Auswirkungen des Interessenausgleichs auf Kündigungsschutzprozesse

2037 Ein gefundener Interessenausgleich lässt grds. alle Einzelbeteiligungsrechte des Betriebsrates (z.B. §§ 99, 102 BetrVG) unberührt. Er kann allerdings bereits so konkret und detailliert gefasst sein, dass damit der Betriebsrat seine einzelnen Beteiligungsrechte schon wahrgenommen hat.

Ob dies der Fall ist, ist eine Auslegungsfrage (MünchArbR/*Matthes* § 361 Rz. 16). Bei personellen Einzelmaßnahmen ist eine solche Auslegung jedenfalls nur dann gerechtfertigt, wenn die betroffenen Arbeitnehmer, die gekündigt, versetzt, umgruppiert oder fortgebildet werden sollen, feststehen und der Interessenausgleich erkennen lässt, dass damit auch diesen konkreten Einzelmaßnahmen zugestimmt wird (MünchArbR/*Matthes* § 361 Rz. 16). Werden in einem Interessenausgleich die zu kündigenden Arbeitnehmer namentlich bezeichnet, so wird gem. § 1 Abs. 5 KSchG vermutet, dass die Kündigung durch dringende betriebliche Erfordernisse bedingt ist. Die soziale Auswahl kann nur auf grobe Fehlerhaftigkeit überprüft werden. Dies gilt nicht, soweit sich die Sachlage nach Zustandekommen des Interessenausgleichs wesentlich verändert hat. Gem. § 1 Abs. 5 KSchG ersetzt ein Interessenausgleich mit Namensliste ferner die Stellungnahme des Betriebsrats nach § 17 Abs. 3 S. 2 KSchG (zu den kündigungsrechtlichen Auswirkungen eines Interessenausgleichs mit Namensliste s.o. D/1578 ff.). In der Insolvenz hat ein zwischen Betriebsrat und Insolvenzverwalter vereinbarter Interessenausgleich, in dem die Arbeitnehmer, denen gekündigt werden soll, namentlich benannt werden, ebenfalls weit reichende kündigungsrechtliche Wirkungen (s.o. D/1643 ff.).

5. Wirksamkeit der Betriebsänderung

2038 Soweit der Unternehmer vor Durchführung der Betriebsänderung nicht versucht hat, einen Interessenausgleich mit dem Betriebsrat herbeizuführen, ist dies für die Wirksamkeit der Betriebsänderung ohne Bedeutung.

Folge eines unterlassenen Versuchs des Interessenausgleichs ist das Entstehen von Nachteilsausgleichsansprüchen der betroffenen Arbeitnehmer § 113 BetrVG (s.u. Rn. 2042 ff.).

6. Unterlassungsansprüche des Betriebsrats – Kündigungsverbot während der Verhandlungen?

Umstritten (vgl. *Ehrich* BB 1993, 356) ist, ob der Betriebsrat einen im Wege der einstweiligen Verfügung (§ 85 Abs. 2 ArbGG, §§ 935, 940 ZPO) durchsetzbaren Anspruch darauf hat, dass der Unternehmer eine geplante Betriebsänderung und die zu ihrer Durchführung notwendigen Maßnahmen (z.B. Kündigungen) solange unterlässt, bis die Betriebsänderung mit dem Betriebsrat beraten worden und das Verfahren zur Herbeiführung eines Interessenausgleichs abgeschlossen worden ist. 2039

Zum Teil wird ein solcher Anspruch unter Hinweis darauf, dass § 113 BetrVG eine spezielle Sanktion bei Nichteinhalten des vorgeschriebenen Verfahrens zur Herbeiführung eines Interessenausgleiches enthält, abgelehnt (*LAG Düsseld.* 14.12.2005 LAGE § 111 BetrVG 2001 Nr. 4; *LAG RhPf* 28.3.1989 LAGE § 111 BetrVG 1972 Nr. 10; *LAG SchlH* 13.1.1992 LAGE § 111 BetrVG 1972 Nr. 11; *LAG BW* 28.8.1985 DB 1986, 805; *LAG Düsseld.* 19.11.1996 LAGE § 111 BetrVG 1972 Nr. 14; *Etzel* HzA Gruppe 19 Rz. 908; *Heinze* DB Beil. 9/1983, S. 20; *Bengelsdorf* DB 1990, 1233). 2040

Nach überwiegender Ansicht wird eine derartige einstweilige Verfügung unter Hinweis darauf, dass ansonsten die Rechte des Betriebsrats leer laufen würden, für zulässig gehalten, zeitlich befristet allerdings durch die Beratungen über einen Interessenausgleich (*LAG Hamm* 30.7.2007 – 10 TaBVGa 17/07 – EzA-SD 20/2007, S. 11; *LAG Bln.* 7.9.1995 LAGE § 111 BetrVG 1972 Nr. 13; *LAG Frankf./M.* 6.4.1993 LAGE § 111 BetrVG 1972 Nr. 12; *LAG Hmb.* 5.2.1986 LAGE § 23 BetrVG 1972 Nr. 5; *LAG Hamm* 23.3.1983 ArbuR 1984, 54; DKK/*Däubler* §§ 112, 112 a Rz. 23). § 113 Abs. 3 S. 2 und 3 BetrVG in der bis zum 31.12.1998 geltenden Fassung sah eine zeitliche Grenze von zwei Monaten (bzw. bei Anrufung der Einigungsstelle innerhalb der Zweimonatsfrist nach Ablauf von einem Monat nach Anrufung der Einigungsstelle, wenn dadurch insgesamt die Zweimonatsfrist überschritten wird) vor, nach deren Überschreitung der Versuch eines Interessenausgleichs als unternommen galt. Unter Geltung dieser mit Wirkung zum 1.1.1999 aufgehobenen Regelung war streitig, ob jedenfalls eine Untersagung der zur Durchführung der Betriebsänderung notwendigen Maßnahmen durch einstweilige Verfügung maximal bis zu dieser zeitlichen Grenze in Betracht kommt. Zum Teil (*LAG Hmb.* NZA-RR 1997, 296; *LAG Düsseld.* DB 1997, 1286; *Löwisch* NZA 1996, 1016; *Schiefer* DB 1998, 925, 929]; *Roeder/Baeck* BB Beil. 17/1996, 24; *Schwedes* BB Beil. 17/1996, 7; *Meinel* DB 1997, 170, 171) wurde dies mit der Begründung angenommen, dass der Arbeitgeber nach Ablauf der in § 113 Abs. 3 a.F. BetrVG geregelten Fristen seine Verhandlungspflichten gegenüber dem Betriebsrat erfüllt habe. Nach **anderer Ansicht** (DKK/*Däubler* 6. Aufl., §§ 112, 112 a Rz. 23a; *Klebe* AiB 1996, 721; *Nielebock* AiB 1997, 97; *Dütz* ArbuR 1998, 181 ff.; *ArbG Hmb.* NZA-RR 1997, 296) regelte § 113 Abs. 3 a.F. BetrVG nur die individualrechtliche Frage des Bestehens von Nachteilsausgleichsansprüchen. Deshalb komme eine Untersagungsverfügung auch nach Ablauf der in § 113 Abs. 3 a.F. BetrVG geregelten Fristen in Betracht, wenn der Arbeitgeber das in § 112 BetrVG geregelte Verfahren nicht voll ausschöpfe, sodass er zur Wahrung der Rechte des Betriebsrats auch nach Ablauf der genannten Fristen ggf. das Einigungsstellenverfahren einleiten müsse. Bei Betriebsänderungen, die sich im Rahmen von Umwandlungen nach dem UmwG vollziehen, ist fraglich, ob ein Unterlassungsanspruch des Betriebsrats gerichtet darauf besteht, dass den beteiligten Rechtsträgern die Zuleitung der umwandlungsrechtlichen Verträge bzw. ihre Entwürfe an das Registergericht zum Zwecke der Eintragung bis zum Abschluss des Interessenausgleichsverfahrens untersagt wird (so *Bachner/Köstler/Trittin/Trümner* Arbeitsrecht bei Umwandlungen, 1997, S. 100 f.; abl.: *Willemsen* RdA 1998, 23, 29 f.). 2041

V. Der Nachteilsausgleich, § 113 BetrVG

§ 113 BetrVG hat eine Sanktions- und Ausgleichsfunktion: Zum einen soll für die Arbeitnehmer die Einhaltung der Beteiligung des Betriebsrats bei unternehmerischen Maßnahmen 2042 abgesichert werden, zum anderen soll sichergestellt werden, dass Arbeitnehmer, die von ohne Beachtung der Mitbestimmungsrechte durchgeführten Maßnahmen nachteilig betroffen sind, einen Ausgleich erhalten (BR-Drs. 715/70, S. 55). Der Nachteilsausgleichsanspruch setzt kein Verschulden des Arbeitgebers voraus (*BAG* 13.6.1989 EzA § 113 BetrVG 1972 Nr. 19). Der Anspruch setzt voraus, dass der Unternehmer eine Betriebsänderung durchführt, ohne zuvor einen Interessenausgleich mit dem Betriebsrat versucht zu haben, oder von einem vereinbarten Interessenausgleich ohne zwingenden Grund abweicht.

2043 Der Unternehmer führt eine nachteilsausgleichspflichtige Betriebsänderung durch, sobald er mit der Durchführung der Betriebsänderung begonnen hat, ohne bis dahin den Versuch eines Interessenausgleichs unternommen zu haben. Er beginnt in diesem Sinne mit der Betriebsänderung, wenn er unumkehrbare Maßnahmen ergreift und damit vollendete Tatsachen schafft (*BAG* 30.5.2006 EzA § 113 BetrVG 2001 Nr. 7).

Da nicht unumkehrbar, stellen weder die Verlautbarung der beabsichtigten Betriebsstilllegung oder die bloße Einstellung der Produktion, noch die Freistellung des ganz überwiegenden Teils der Arbeitnehmer den Beginn der Betriebsänderung dar (*BAG* 30.5.2006 EzA § 113 BetrVG 2001 Nr. 7).

1. Der Versuch eines Interessenausgleichs

2044 Der Unternehmer, der Ansprüche auf Nachteilsausgleich vermeiden will, muss das für den Versuch einer Einigung über den Interessenausgleich vorgesehene Verfahren voll ausschöpfen. Er muss, falls keine Einigung mit dem Betriebsrat möglich ist und dieser nicht selbst die Initiative ergreift, die Einigungsstelle anrufen, um dort einen Interessenausgleich zu versuchen (*BAG* 20.11.2001 EzA § 113 BetrVG 1972 Nr. 29; 18.12.1984 EzA § 113 BetrVG 1972 Nr. 12). Ruft der Betriebsrat die Einigungsstelle an, muss sich der Unternehmer auf das Verfahren vor der Einigungsstelle einlassen (MünchArbR/*Matthes* § 361 Rz. 26, 35).

Unschädlich ist allerdings der Verzicht auf die Einschaltung des Vorstandes der Bundesagentur für Arbeit bzw. die von diesem beauftragten Bediensteten (DKK/*Däubler* § 113 Rz. 11). Der Versuch bis hin vor die Einigungsstelle muss auch in den Fällen des § 112a BetrVG (*BAG* 8.11.1988 EzA § 113 BetrVG 1972 Nr. 18) sowie auch bei Vereinbarung eines vorsorglichen Sozialplanes (*BAG* 29.11.1983 EzA § 113 BetrVG 1972 Nr. 11) unternommen werden.

2045 Der Versuch eines Interessenausgleichs ist auch erfüllt, wenn der Betriebsrat sich auf eine Verhandlung vor der vom Unternehmer angerufenen Einigungsstelle überhaupt nicht einlässt oder beide Betriebspartner übereinkommen, dass ein Einigungsversuch vor der Einigungsstelle zwecklos ist und deshalb von der Anrufung der Einigungsstelle abgesehen wird.

Nach § 113 Abs. 3 S. 2, 3 BetrVG in der bis zum 31.12.1998 geltenden Fassung galt ferner der Versuch eines Interessenausgleichs als erfüllt, wenn der Unternehmer den Betriebsrat ordnungsgemäß unterrichtet hat und nicht innerhalb von zwei Monaten nach Beginn der Beratungen oder schriftlicher Aufforderung zur Aufnahme der Beratungen ein Interessenausgleich zu Stande gekommen ist. Wurde innerhalb der Zweimonatsfrist die Einigungsstelle angerufen, so endete die Frist einen Monat nach Anrufung der Einigungsstelle, wenn durch die Anrufung die Zweimonatsfrist überschritten wird.

2046 In der **Insolvenz** besteht darüber hinaus für den Insolvenzverwalter nach § 122 InsO die Möglichkeit, beim Arbeitsgericht die Zustimmung dazu zu beantragen, dass die Betriebsänderung ohne das in § 112 Abs. 2 BetrVG vorgesehene Verfahren (also ohne

Anrufung der Einigungsstelle) durchgeführt wird, wenn er den Betriebsrat rechtzeitig und umfassend unterrichtet hat (s.o. Rn. 2004 ff.) und innerhalb von drei Wochen nach Aufnahme der Verhandlungen über einen Interessenausgleich oder nach Aufforderung zur Verhandlungsaufnahme ein Interessenausgleich noch nicht zu Stande gekommen ist. Soweit ein solches Verfahren eingeleitet wird, scheiden Ansprüche auf Nachteilsausgleich aus. Die Zustimmung ist nach § 122 Abs. 2 InsO durch das Arbeitsgericht zu erteilen, wenn die wirtschaftliche Lage des Unternehmens auch unter Berücksichtigung der sozialen Belange der Arbeitnehmer erfordert, dass die Betriebsänderung ohne vorheriges Verfahren nach § 112 Abs. 2 BetrVG durchgeführt wird.

Hat der Unternehmer die Betriebsänderung ohne Ausschöpfung des Verfahrens durchgeführt ohne vorher bis vor die Einigungsstelle den Versuch zur Herbeiführung eines Interessenausgleichs unternommen zu haben, kann das in § 112 Abs. 2 BetrVG vorgesehene Einigungsverfahren nicht mehr nachgeholt werden. Selbst die nachträgliche Erklärung des Betriebsrats, er wolle keine rechtlichen Schritte wegen des unterbliebenen Versuchs eines Interessenausgleichs unternehmen, ändert nichts an dem Bestehen des Anspruchs auf Nachteilsausgleich (*BAG* 14.9.1976 EzA § 113 BetrVG 1972 Nr. 2). Die Notwendigkeit der Anrufung der Einigungsstelle auf Grund eigener Initiative des Unternehmers entfällt auch nicht deshalb, weil zwingende Gründe die Betriebsänderung erforderlich machen. Allerdings kann vom Unternehmer nicht ein offensichtlich sinnloser Versuch eines Interessenausgleichs verlangt werden, z.B. dann, wenn das völlig überschuldete Unternehmen illiquide und auch bzgl. der Lohnzahlung völlig abhängig von Krediten einer Sparkasse ist, deren Gewährung wiederum abhängig ist vom Erfolg der Verhandlungen über eine Betriebsübernahme mit einem Dritten. Denn dann ist der Versuch eines Interessenausgleichs nur leere Formalität, hat jeden Sinn verloren, erfüllt nicht mehr den sozialen Schutzzweck, dem er dienen soll, sondern wirkt sich eher nachteilig für die betroffenen Arbeitnehmer aus (*BAG* 23.1.1979 EzA § 113 BetrVG 1972 Nr. 9). 2047

2. Abweichung vom Interessenausgleich

Ein Nachteilsausgleichsanspruch entsteht auch dann, wenn der Unternehmer von einem mit dem Betriebsrat vereinbarten Interessenausgleich abweicht, es sei denn, dass zwingende Gründe die Änderung erforderlich gemacht haben. 2048

Eine Abweichung rechtfertigen nur Gründe, die beim Abschluss des Interessenausgleichs nicht bekannt waren oder erst danach eingetreten sind und dem Unternehmer ein Festhalten am Interessenausgleich unzumutbar machen (DKK/*Däubler* § 113 Rz. 4). Es sind strenge Anforderungen i.S.d. Grundsätze vom Wegfall der Geschäftsgrundlage zu stellen (GK-BetrVG/*Oetker* § 113 Rz. 29). 2049

Nicht ausreichend ist, dass der Unternehmer sich an einen »Interessenausgleich« hält, der mit dem Betriebsrat zu einem Zeitpunkt vereinbart wurde, zu welchem die Maßnahme noch so unklar war, dass vernünftigerweise eine Einigung über das Ob und Wie der Maßnahme noch nicht möglich war. Die Aufstellung eines solchen, vorsorglichen Interessenausgleichs ist nicht möglich (*BAG* 19.1.1999 EzA § 113 BetrVG 1972 Nr. 28).

Ob diese Voraussetzungen erfüllt sind, kann nur in dem vom Arbeitnehmer eingeleiteten Prozess auf Zahlung einer Abfindung bzw. auf Nachteilsausgleich geklärt werden, nicht aber zum Gegenstand eines gesonderten Beschlussverfahrens gemacht werden (*BAG* 18.3.1975 EzA § 112 BetrVG 1972 Nr. 7). 2050

3. Ansprüche auf Nachteilsausgleich

Kommt es auf Grund von Abweichungen vom Interessenausgleich oder infolge der ohne den Versuch eines Interessenausgleichs durchgeführten Betriebsänderung zu Entlassungen, so besteht für die betroffenen Arbeitnehmer nach § 113 Abs. 1 und 3 BetrVG ein individual- 2051 rechtlicher Anspruch auf Zahlung einer Abfindung entsprechend § 10 KSchG. Auch Arbeitnehmer, denen im Falle einer Teilbetriebsveräußerung (§ 613a BGB) ausschließlich deshalb gekündigt wird, weil sie einem Übergang des Arbeitsverhältnisses auf den Erwerber widersprochen haben und eine Beschäftigungsmöglichkeit im Restbetrieb nicht mehr besteht, haben einen Anspruch auf Nachteilsausgleich (*BAG* 10.12.1996 EzA § 111 BetrVG 1972 Nr. 34). In der **Insolvenz** besteht ein Anspruch nicht, wenn der Insolvenzverwalter von der Möglichkeit des § 122 InsO Gebrauch gemacht hat (s.o. Rn. 2045). Entlassung bedeutet die tatsächliche Beendigung des Arbeitsverhältnisses, unabhängig davon, ob die Beendigung auf wirksamen oder unwirksamen rechtlichen Willenserklärungen (Kündigungen, Änderungskündigungen nach Ablehnung des Änderungsangebots oder einer sonstigen einseitigen Maßnahme) beruht. Einer betriebsbedingten Kündigung steht entsprechend § 112a Abs. 1 S. 2 BetrVG gleich, wenn der Arbeitnehmer auf Grund eines Aufhebungsvertrages ausscheidet. Gleiches gilt für eine Eigenkündigung, die vom Unternehmer aus Gründen der Betriebsänderung veranlasst worden ist (*BAG* 23.8.1988 EzA § 113 BetrVG 1972 Nr. 17; 8.11.1988 EzA § 113 BetrVG 1972 Nr. 18). Werden Arbeitnehmer durch Nichtzahlung des Lohnes zur Kündigung veranlasst, liegt darin nur dann eine Entlassung infolge einer Betriebsänderung, wenn der Arbeitgeber mit Rücksicht auf eine von ihm geplante Betriebsstilllegung durch die Nichtzahlung des Lohnes die Arbeitnehmer zu Eigenkündigungen veranlassen will (*BAG* 4.7.1989 EzA § 112 BetrVG 1972 Nr. 24). Ob eine ausgesprochene Kündigung wirksam ist oder nicht, ist unerheblich (str., so GK-BetrVG/*Oetker* § 113 Rz. 60; DKK/*Däubler* § 113 Rz. 14), da sich der Arbeitgeber bei Berufung auf die Unwirksamkeit der Kündigung zu seinem eigenen Verhalten in Widerspruch setzen würde.

2052 Über die Höhe der Abfindung entscheidet das Arbeitsgericht entsprechend § 287 Abs. 1 ZPO unter Würdigung aller Umstände nach freier Überzeugung unter Berücksichtigung der Grenzen des § 10 Abs. 2 KSchG (s.o. Kap. 4 Rn. 3246 ff.). Zu berücksichtigen sind Lebensalter und Betriebszugehörigkeit (*BAG* 13.6.1989 EzA § 113 BetrVG 1972 Nr. 19). Berücksichtigt werden kann auch, ob dem Ausscheiden aus dem Betrieb eine längere Arbeitslosigkeit folgte und ob gewachsene soziale Bindungen zerstört wurden (vgl. *BAG* 9.7.1985 EzA § 113 BetrVG 1972 Nr. 13) sowie der Grad der Zuwiderhandlung gegen betriebsverfassungsrechtliche Pflichten (GK-BetrVG/*Oetker* § 113 Rz. 83 ff.). Bei der Festsetzung des Nachteilsausgleichs ist das Gericht hingegen nicht an § 112 Abs. 5 S. 2 Nr. 2 BetrVG gebunden, sodass auch Arbeitnehmern ein Nachteilsausgleich zugesprochen werden kann, die nur deshalb entlassen werden, weil sie einem Teilbetriebsübergang widersprochen haben und im Restbetrieb für sie keine Beschäftigungsmöglichkeit mehr besteht (*BAG* 10.12.1996 EzA § 111 BetrVG 1972 Nr. 34).

2053 Der Anspruch auf eine Abfindung besteht unabhängig davon, ob noch ein Sozialplananspruch besteht. Die Abfindungsansprüche aus dem Sozialplan und solche nach § 113 BetrVG sind miteinander derart zu verrechnen, dass dem Arbeitnehmer der höhere Anspruch zusteht, unabhängig davon, ob eine solche Anrechnung im Sozialplan vorgesehen ist oder nicht (*BAG* 20.11.2001 EzA § 113 BetrVG 1972 Nr. 29; 13.6.1989 EzA § 113 BetrVG 1972 Nr. 19; 18.12.1984 EzA § 113 BetrVG 1972 Nr. 12). Das gilt jedenfalls dann, wenn das Unternehmen vor Beginn der Betriebsänderung den Konsultationspflichten der Massenentlassungsrichtlinie EGRL 59/98 genügt hat (*BAG* 16.5.2007 EzA § 613a BGB 2002 Nr. 70 = NZA 2007, 1296).

2054 Wendet sich der Arbeitnehmer gerichtlich gegen die Wirksamkeit der Kündigung, kann er den Anspruch auf Nachteilsausgleich hilfsweise für den Fall geltend machen, dass seine Kündigungsschutzklage abgewiesen werden sollte.

2055 Der Klageantrag des Arbeitnehmers im Urteilsverfahren geht dahin, »die Beklagte zur Zahlung einer Abfindung zu verurteilen, deren Höhe das Gericht gem. § 10 KSchG festsetzt«. Ein Antrag auf eine bestimmte Abfindungssumme ist entbehrlich, allerdings müssen die für die Bemessung der Abfindung maßgebenden Umstände in der Klageschrift mitgeteilt werden (*BAG* 22.2.1983 EzA § 4 TVG Ausschlussfristen Nr. 54).

Der Abfindungsanspruch wird von tariflichen Ausschlussfristen erfasst (*BAG* 3.8.1982 EzA § 113 BetrVG 1972 Nr. 10; 29.11.1983 EzA § 113 BetrVG 1972 Nr. 11; s.o. Kap. 3 Rn. 4827 ff.). Auf einen entstandenen Anspruch auf Nachteilsausgleich kann der Arbeitnehmer im Rahmen einer allgemeinen Ausschlussklausel wirksam verzichten (*BAG* 23.9.2003 EzA § 113 BetrVG 2001 Nr. 3). Die Fälligkeit des Abfindungsanspruches tritt mit Ausscheiden des entlassenen Arbeitnehmers ein. 2056

Gem. § 113 Abs. 2 BetrVG sind andere wirtschaftliche Nachteile zeitlich begrenzt auf zwölf Monate vom Arbeitgeber auszugleichen. Diese können z.B. in einer geringeren Vergütung, höheren Fahrtkosten oder in einem größeren Verschleiß von Arbeitskleidung bestehen. Immaterielle Nachteile bleiben unberücksichtigt. 2057

Hat noch der Insolvenzschuldner die geplante Betriebsänderung durchgeführt, ohne den Versuch eines Interessenausgleichs unternommen zu haben, so sind in der nachfolgenden Insolvenz die Ansprüche auf Nachteilsausgleich grundsätzlich einfache Insolvenzforderungen nach § 38 InsO. Masseverbindlichkeit sind sie dann, wenn die Durchführung der Betriebsänderung vor Eröffnung des Insolvenzverfahrens durch einen sog. starken Insolvenzverwalter erfolgt, auf den die Verwaltungs- und Verfügungsbefugnis übergegangen ist, also dem Schuldner ein allgemeines Verfügungsverbot nach § 21 Abs. 2 Nr. 2 Alt. 1 InsO auferlegt wurde. Geht die Verwaltungs- und Verfügungsbefugnis nicht auf den vorläufigen Insolvenzverwalter (sog. schwacher Insolvenzverwalter) über, sind solche Nachteilsausgleichsansprüche auch dann bloße Insolvenzforderungen, wenn nach Anordnung des Insolvenzgerichts Verfügungen des Schuldners nur noch mit Zustimmung des vorläufigen Insolvenzverwalters wirksam sein sollten und dieser ermächtigt sein sollte, mit rechtlicher Wirkung für den Schuldner zu handeln und die Betriebsänderung mit Zustimmung des vorläufigen Insolvenzverwalters begonnen wurde (*BAG* 4.12.2002 EzA § 113 BetrVG 1972 Nr. 30). 2058

VI. Der Sozialplan

1. Begriff, Zweck, Voraussetzungen

Sozialplan ist die Einigung zwischen Unternehmer und Betriebsrat über den Ausgleich und die Milderung der wirtschaftlichen Nachteile, die den betroffenen Arbeitnehmern durch die geplante Betriebsänderung entstehen, § 112 Abs. 1 S. 2 BetrVG. Der Sozialplan hat in erster Linie eine Überleitungs- und Vorsorgefunktion; ob er daneben auch eine Entschädigungsfunktion für den Verlust des Arbeitsplatzes als solchen hat, wird kontrovers diskutiert: Nachdem der Große Senat des *BAG* (13.12.1978 EzA § 112 BetrVG 1972 Nr. 15) ausgeführt hat, dass in Sozialplänen pauschaliert und unter Umständen gestaffelt Abfindungen gewährt werden können, die einen Ausgleich für den Verlust des Arbeitsplatzes darstellen sollen, und zwar ohne Rücksicht darauf, ob der einzelne Arbeitnehmer tatsächlich einen wirtschaftlichen Nachteil erlitten hat, was als Entscheidung zu Gunsten der sog. Entschädigungstheorie angesehen wurde, ist diese Entscheidung des *Großen Senates* nach Ansicht des 1. Senats (23.4.1985 EzA § 112 BetrVG 1972 Nr. 34) nicht als Entscheidung für die Entschädigungstheorie zu werten. Durch das Abstellen auf Alter und Dauer der Betriebszugehörigkeit bei Berechnung der Abfindungen werde auf Kriterien abgestellt, die bei der gebotenen pauschalierenden und vorausschauenden Betrachtungsweise eine Aussage darüber erlauben, welche wirtschaftlichen Nachteile für den infolge der Betriebsänderung ausscheidenden Arbeitnehmer zu erwarten seien, sodass letztendlich auch insoweit die Überbrückungsfunktion im Vordergrund stehe. Auch nach dem nunmehr zuständigen 10. Senat (*BAG* 9.11.1994 EzA § 112 BetrVG 1972 Nr. 78) sind Sozialplanansprüche ihrem Zweck nach keine abstrakte Entschädigung für den Verlust des Arbeitsplatzes, sondern Ausgleich für konkrete wirtschaftliche Nachteile. 2059

Voraussetzung für die Verpflichtung des Unternehmers zu Beratungen über einen Sozialplan bzw. für das Recht des Betriebsrats, vom Unternehmer die Aufstellung eines Sozialplanes zu verlangen, sind das Vorliegen einer geplanten Betriebsänderung (s.o. Rn. 1978 ff.) und das Bestehen eines Betriebsrats zu diesem Zeitpunkt (s.o. Rn. 1975 ff.). 2060

2061 Ggf. behält der Betriebsrat ein Restmandat (s.o. Rn. 461 ff.) zur Aufstellung des Sozialplanes (*BAG* 16.6.1987 EzA § 111 BetrVG 1972 Nr. 20). Zuständig ist jeweils der Betriebsrat des Betriebes, in dem die Betriebsänderung durchgeführt werden soll. Im Falle eines rechtsgeschäftlichen Übergangs eines Betriebsteils auf ein anderes Unternehmen besteht eine Zuständigkeit des Betriebsrats des Unternehmens, das die Betriebsänderung herbeigeführt hat, und zwar nicht nur für die im bisherigen Betrieb verbliebene Belegschaft, sondern auch für die im abgetrennten Betriebsteil tätigen Arbeitnehmer. Unabhängig von einer konkret geplanten Betriebsänderung können die Betriebspartner – allerdings nur im Wege der freiwilligen Einigung – für noch nicht geplante, aber in groben Umrissen schon abschätzbare Betriebsänderungen einen Sozialplan vereinbaren. Soweit ein solcher vorsorglicher Sozialplan wirksame Regelungen enthält, ist das Mitbestimmungsrecht des Betriebsrats nach § 112 BetrVG verbraucht, falls eine entsprechende Betriebsänderung später tatsächlich vorgenommen wird. Hierin liegt noch kein (unzulässiger) Verzicht auf künftige Mitbestimmungsrechte (*BAG* 26.8.1997 EzA § 112 BetrVG 1972 Nr. 96). Ein vorsorglicher Sozialplan kann auch abgeschlossen werden, wenn ungewiss ist, ob ein bestimmter Vorgang überhaupt eine Betriebsänderung ist, etwa bei Ungewissheit darüber, ob bei Kündigung eines Dienstleistungsauftrags und dessen anschließender Neuvergabe an einen anderen Auftragnehmer ein Betriebsübergang vorliegt. Die streitige Frage, ob von einer Betriebsstilllegung oder von einem Betriebsübergang auszugehen ist, können die Betriebspartner in einem Rechtsstreit über die Wirksamkeit des Sozialplans zur Entscheidung stellen (*BAG* 1.4.1998 EzA § 112 BetrVG 1972 Nr. 99). Unberührt bleibt die Verpflichtung des Unternehmers, die Betriebsänderung mit dem Betriebsrat zu beraten und einen Interessenausgleich zu versuchen. Ein vorsorglicher Sozialplan wirkt im Falle seiner Kündigung nicht nach (MünchArbR/*Matthes* § 362 Rz. 7).

2. Betriebsänderungen ohne Sozialplanpflicht

2062 Gem. § 112a BetrVG können bestimmte Betriebsänderungen ohne Sozialplanpflicht durchgeführt werden. Möglich bleibt dann nur der freiwillige Abschluss eines Sozialplans. Andere Beteiligungsrechte des Betriebsrats, insbes. die den Unternehmer treffenden Pflichten zur Herbeiführung eines Interessenausgleichs, bleiben unberührt (*BAG* 8.11.1988 EzA § 113 BetrVG 1972 Nr. 18).

a) Personalabbau

2063 Eine Ausnahme von der Sozialplanpflicht besteht nach § 112a BetrVG zunächst dann, wenn die geplante Betriebsänderung lediglich in einem Personalabbau besteht und die in der Staffel des § 112a Abs. 1 BetrVG aufgeführte Mindestzahl von entlassenen Arbeitnehmern nicht überschritten wird.

2064 § 112a Abs. 1 BetrVG kommt immer dann zur Anwendung, wenn ohne den eine Betriebsänderung i.S.v. § 111 S. 3 Nr. 1 BetrVG darstellenden Personalabbau die Tatbestandsvoraussetzungen einer Betriebsänderung i.S.v. § 111 BetrVG nicht gegeben sind (*BAG* 28.3.2006 EzA § 111 BetrVG 2001 Nr. 1).

Zu beachten ist, dass die Zahlen des § 112a Abs. 1 BetrVG nicht maßgeblich für die Beurteilung der Frage sind, ob ein reiner Personalabbau überhaupt eine Betriebsänderung ist. Hierzu stellt die Rechtsprechung vielmehr auf die geringeren Zahlen des § 17 KSchG ab (s.o. Rn. 1983).

2065 Auch wenn daher keine Sozialplanpflicht besteht, kann der Unternehmer zur Vermeidung von Ansprüchen auf Nachteilsausgleich nach § 113 Abs. 3 BetrVG verpflichtet sein, einen Interessenausgleich bis hin vor die Einigungsstelle zu versuchen.

2066 Zur Bestimmung der Anzahl der entlassenen Arbeitnehmer ist auf die Anzahl der aus betriebsbedingten Gründen entlassenen Arbeitnehmer abzustellen. Das Gesetz stellt der

Entlassung auch Aufhebungsverträge gleich, die vom Arbeitgeber aus Gründen der Betriebsänderung veranlasst werden. Gleiches gilt für vom Arbeitgeber im Hinblick auf die geplante Betriebsstilllegung veranlasste Eigenkündigungen von Arbeitnehmern (*BAG* 23.8.1988 EzA § 113 BetrVG 1972 Nr. 17).

b) Neu gegründete Unternehmen

Um Unternehmen die schwierige Anfangsphase des Aufbaus zu erleichtern, besteht bei Neugründungen in den ersten vier Jahren bei geplanten Betriebsänderungen keine Sozialplanpflicht, es sei denn, die Neugründung steht im Zusammenhang mit der rechtlichen Umstrukturierung von Unternehmen und Konzernen (z.B. Verschmelzung von Unternehmen, Umwandlung, Auflösung mit anschließender Neugründung, Aufspaltung in mehrere neu gegründete Unternehmen oder die Abspaltung von Unternehmensteilen auf neu gegründete Tochtergesellschaften, vgl. BT-Drs. 10/2102, S. 28). **2067**

Voraussetzung für eine rechtliche Umstrukturierung von Unternehmen in diesem Sinne ist nicht, dass schon bestehende Unternehmen dabei in ihrer rechtlichen Struktur geändert werden. Gerade die auch genannte Abspaltung von bestehenden Unternehmensteilen auf neu gegründete Tochtergesellschaften macht deutlich, dass der Gesetzgeber auch Fälle erfassen wollte, in denen bestehende Unternehmen in ihrer rechtlichen Struktur und ihrem Bestand unverändert bleiben. Die Abspaltung von bestehenden Unternehmensteilen bezieht sich daher nicht auf bestehende rechtliche Einheiten, sondern auf abgrenzbare unternehmerische Aktivitäten, deren Wahrnehmung von einer rechtlichen Einheit auf eine andere verlagert wird. Es geht nicht um die Änderung bestehender rechtlicher Strukturen, d.h. von bestehenden Unternehmen als juristischen Personen, sondern darum, dass bestehende unternehmerische Aktivitäten innerhalb von rechtlichen Strukturen wahrgenommen werden, die sich von den bisher bestehenden unterscheiden (*BAG* 22.2.1995 EzA § 112a BetrVG 1972 Nr. 8). **2068**

> Maßgebend ist alleine das Alter des Unternehmens, nicht das Alter des Betriebes (*BAG* 27.6.2006 EzA § 112a BetrVG 1972 Nr. 2). Eine Sozialplanpflicht besteht deshalb auch dann nicht, wenn ein neu gegründetes Unternehmen einen Betrieb übernimmt, der selbst schon länger als vier Jahre besteht (*BAG* 13.6.1989 EzA § 112a BetrVG 1972 Nr. 4). **2069**

Die Vorschrift ist nur auf Betriebsänderungen anzuwenden, die in den ersten vier Jahren nach der Neugründung auch durchgeführt werden, sodass es weder auf den Zeitpunkt der Unterrichtung des Betriebsrates über die geplante Betriebsänderung, noch auf den Zeitpunkt des Zuganges von Kündigungen, sondern ausschließlich auf den Termin ankommt, zu dem Arbeitnehmer entlassen werden sollen (*Etzel* HzA Gruppe 19 Rz. 961). **2070**

3. Verfahren für die Aufstellung des Sozialplans

Für die Aufstellung eines Sozialplans gilt grds. dasselbe Verfahren wie zur Herbeiführung des Interessenausgleichs (s.o. Rn. 2019 ff.). Kommt eine Einigung zwischen den Betriebspartnern nicht zu Stande, können sie den Vorstand der Bundesagentur für Arbeit bzw. die von diesem beauftragten Bediensteten um Vermittlung ersuchen oder sofort die Einigungsstelle anrufen. Diese hat eine Einigung der Betriebspartner zu versuchen. Gelingt dies nicht, so hat die Einigungsstelle – anders als im Verfahren zur Erreichung eines Interessenausgleichs – über die Aufstellung eines Sozialplans zu entscheiden. **2071**

4. Inhalt und Regelungsgrenzen

a) Freiwilliger Sozialplan

> Bei einem Sozialplan, der nicht auf einem Spruch der Einigungsstelle beruht, sondern zwischen den Betriebspartnern ausgehandelt und vereinbart wurde (freiwilliger Sozialplan), sind diese grds. frei in der Entscheidung, welche wirtschaftlichen Nachteile der **2072**

von einer Betriebsänderung betroffenen Arbeitnehmer durch welche Leistungen ausgeglichen oder gemildert werden sollen (*BAG* 11.8.1993 EzA § 112 BetrVG 1972 Nr. 70; 19.7.1995 EzA § 112 BetrVG 1972 Nr. 82).

2073 Sie können bei ihrer Regelung von einem Nachteilsausgleich auch gänzlich absehen und nach der Vermeidbarkeit von Nachteilen unterscheiden (*BAG* 30.11.1994 EzA § 112 BetrVG 1972 Nr. 80). Welche Leistungen zum Ausgleich oder zur Milderung von Nachteilen vorgesehen werden sollten, hängt von der Art der Betriebsänderung und den tatsächlich entstehenden Nachteilen ab. In Betracht kommen materielle Regelungen in Form finanzieller Leistungen, wie etwa Abfindungen, Erstattung von Umzugskosten, Zahlung von Wegegeld, Lohnausgleichszahlungen, Ergänzung von Arbeitslosengeld und -hilfe, Ausgleich für Rentenminderung, Übernahme von Kosten für Umschulungsmaßnahmen, Weitergewährung von Gratifikationen oder Werkswohnungen, Regelung der Rückzahlung von Arbeitgeberdarlehen, Ausgleich für den Verlust von Anwartschaften aus der betrieblichen Altersversorgung oder die Bildung eines Sozialfonds für Härtefälle. Darüber hinaus können formelle Regelungen, wie z.B. die Festlegung des Kreises der Anspruchsberechtigten sowie verfahrensmäßige Regelungen, z.B. die Festlegung von Stichtagen für die Berechnung von Beschäftigungsjahren oder Fälligkeitstermine in den Sozialplan aufgenommen werden. Die Betriebspartner sind aus Praktikabilitätsgründen auch befugt, die Zahlung eines Abfindungszuschlages für unterhaltsberechtigte Kinder davon abhängig zu machen, dass diese auf der Lohnsteuerkarte eingetragen sind (*BAG* 12.3.1997 EzA § 112 BetrVG 1972 Nr. 92).

aa) Grenzen der Regelungsmacht; Auslegungsfragen

2074 Bei Vereinbarung eines freiwilligen Sozialplanes müssen die Betriebspartner die sich aus höherrangigem Recht ergebenden Schranken der Regelungsbefugnis beachten. Ein freiwilliger Sozialplan darf insbes. nicht gegen den Gleichbehandlungsgrundsatz und gegen die Grundsätze des § 75 BetrVG verstoßen. Die Maßstäbe des § 112 Abs. 5 BetrVG gelten jedoch für den freiwilligen Sozialplan nicht.

2075 Der Gleichbehandlungsgrundsatz verbietet eine sachfremde Schlechterstellung einzelner Arbeitnehmer oder einzelner Arbeitnehmergruppen gegenüber anderen Arbeitnehmern oder Arbeitnehmergruppen in vergleichbarer Lage. Eine Differenzierung ist sachfremd, wenn es für sie keine sachlichen und billigenswerten Gründe gibt, die unterschiedliche Behandlung sich vielmehr als sachwidrig und willkürlich erweist (*BAG* 9.11.1994 EzA § 112 BetrVG 1972 Nr. 78; s.o. Kap. 1 Rn. 392 ff.). Die Regelungen eines Sozialplanes müssen damit billigem Ermessen entsprechen.

2076 Keine Regelungsgrenze ergibt sich unter dem Gesichtspunkt des Tarifvorranges. Nach § 112 Abs. 1 S. 4 BetrVG ist § 77 Abs. 3 BetrVG auf Sozialpläne nicht anzuwenden, sodass Sozialpläne auch Leistungen für Betriebsänderungen vorsehen können, die bereits tariflich geregelt worden sind, etwa in Rationalisierungsschutzabkommen. Die Ausnahme von der Regelungssperre des § 112 Abs. 1 S. 4 BetrVG gilt allerdings nicht für einen freiwilligen **vorsorglichen** Sozialplan (*BAG* 14.11.2006 EzA § 112 BetrVG 2001 Nr. 19). Ist der Sozialplan ungünstiger als eine auf das Arbeitsverhältnis anwendbare tarifliche Regelung, geht die günstigere tarifliche Regelung nach § 4 Abs. 3 TVG vor. Ob die Leistungen aus dem Sozialplan und dem Tarifvertrag aufeinander anzurechnen sind, bestimmt sich nach der jeweils getroffenen Regelung (MünchArbR/*Matthes* § 362 Rz. 22). Keine Regelungskompetenz besteht für leitende Angestellte. Insoweit besteht nach § 32 Abs. 2 SprAuG nur eine Beratungspflicht mit dem Sprecherausschuss (s.o. Rn. 1030 ff.). Zulässig dürfte es jedoch sein, dass die Betriebspartner durch Vertrag zu Gunsten Dritter (§ 328 BGB) die leitenden Angestellten in den Kreis der aus dem Sozialplan Berechtigten einbeziehen (*BAG* 31.1.1979 EzA § 112 BetrVG 1972 Nr. 17, insoweit nicht aufgegeben durch *BAG* 16.7.1985 EzA § 112 BetrVG 1972 Nr. 38). Fehlt es an einer solchen Einbeziehung, ist der Arbeitgeber auch nach dem arbeitsrechtlichen Gleichbehandlungsgrundsatz nicht verpflichtet, den leitenden Angestellten ebenso wie den von einem Sozialplan begünstigten Arbeitnehmern eine Abfindung für den Verlust ihres Arbeitsplatzes zu zahlen (*BAG* 16.7.1985 EzA § 112 BetrVG 1972 Nr. 38).

bb) Einzelfälle

(1) Abfindungen

Für die Bemessungen von Abfindungen müssen nicht die Höchstgrenzen nach § 113 BetrVG i.V.m. § 10 KSchG beachtet werden (*BAG* 27.10.1987 EzA § 112 BetrVG 1972 Nr. 41). Möglich ist sowohl die Bemessung der Abfindung nach einer bestimmten, insbes. die Dauer der Betriebszugehörigkeit, Lebensalter und Unterhaltspflichten berücksichtigenden Formel, als auch die Festsetzung individueller Abfindungsbeträge (*BAG* 12.2.1985 EzA § 112 BetrVG 1972 Nr. 33; 28.10.1992 EzA § 112 BetrVG 1972 Nr. 66) sowie die Festsetzung von Ausgleichsleistungen für ältere Arbeitnehmer nach den zu erwartenden tatsächlichen Nachteilen bis zum Eintritt in den Ruhestand bei gleichzeitiger Festsetzung von an der Dauer der Betriebszugehörigkeit orientierten Pauschalabfindungen für jüngere Arbeitnehmer (*BAG* 14.2.1984 EzA § 112 BetrVG 1972 Nr. 30; zur Berücksichtigung der Rentennähe unter Geltung des AGG vgl. *LAG Nds.* LAGE § 75 BetrVG 2001 Nr. 5). Die Betriebsparteien dürfen in Sozialplänen für Arbeitnehmer, die Anspruch auf vorgezogene Altersrente haben, geringere Abfindungsansprüche vorsehen. Das gilt auch, wenn der Rentenbezug mit Abschlägen verbunden ist. Hierin liegt keine unzulässige Diskriminierung, § 10 Nr. 6 AGG (*BAG* 11.11.2008 – 1 AZR 475/07). Ebenfalls zulässig sind Höchstbegrenzungsklauseln, auch wenn sie zur Begrenzung mit Alter und Betriebszugehörigkeit steigender Abfindungen führen. Hierin liegt keine Altersdiskriminierung (*BAG* 2.10.2007 EzA § 75 BetrVG 2001 Nr. 6). Auch die Berechnung von Abfindungsansprüchen teilzeitbeschäftigter Arbeitnehmer entsprechend der persönlichen Arbeitszeit im Verhältnis zur tariflichen Arbeitszeit oder die nur anteilige Berücksichtigung von Zeiten der Teilzeitbeschäftigung (*BAG* 14.8.2001 EzA §112 BetrVG 1972 Nr. 108) ist nicht zu beanstanden (*BAG* 28.10.1992 EzA § 112 BetrVG 1972 Nr. 65). Demgegenüber verstößt es gegen die Grundsätze von Recht und Billigkeit, bei der für die Höhe der Abfindung maßgeblichen Berechnung der Beschäftigungszeit Zeiten des Erziehungsurlaubes/Elternzeit auszunehmen (*BAG* 21.10.2003 EzA § 112 BetrVG 2001 Nr. 9). Nicht zu beanstanden ist die Festsetzung geringerer Abfindungen für Arbeitnehmer, die im Zusammenhang mit einer Betriebsstilllegung vorzeitig durch Eigenkündigung ausscheiden (*BAG* 13.2.2007 EzA § 112 BetrVG 2001 Nr. 20; 11.8.1993 EzA § 112 BetrVG 1972 Nr. 70) oder ein zumutbares Weiterbeschäftigungsangebot ablehnen (*BAG* 6.11.2007 EzA § 112 BetrVG 2001 Nr. 25). Möglich ist die Festsetzung von Höchstbeträgen oder Höchstbegrenzungsklauseln (*BAG* 19.10.1999 EzA § 112 BetrVG 1972 Nr. 104; 23.8.1988 EzA § 112 BetrVG 1972 Nr. 44). In einem Sozialplan kann vereinbart werden, dass eine zu gewährende Abfindung zeitanteilig zurückzuerstatten ist, wenn der Arbeitnehmer ein Folgearbeitsverhältnis bei einem anderen Arbeitgeber zu einem bestimmten Stichtag durch Eigenkündigung beendet (*BAG* 9.11.1994 EzA § 112 BetrVG 1972 Nr. 81). Ebenfalls zulässig ist es, zu vereinbaren, dass Arbeitnehmer, die nach Bekanntwerden eines vom Arbeitgeber zunächst geplanten Personalabbaues einen Aufhebungsvertrag vereinbart haben, eine geringere Abfindung erhalten, als diejenigen, welche eine solche Beendigungsvereinbarung erst nach der später erfolgten Mitteilung des Arbeitgebers geschlossen haben, er beabsichtige, den Betrieb stillzulegen (*BAG* 24.11.1993 EzA § 112 BetrVG 1972 Nr. 71). Ferner kann in einem Sozialplan vorgesehen werden, dass Arbeitnehmer keine Abfindung erhalten, wenn sie durch »Vermittlung« des Arbeitgebers einen neuen Arbeitsplatz erhalten. Dabei kann der Sozialplan unter »Vermittlung« jeden Beitrag des Arbeitgebers verstehen, der das neue Arbeitsverhältnis erst möglich machte (*BAG* 19.6.1996 EzA § 112 BetrVG 1972 Nr. 85). Kein Verstoß gegen § 75 BetrVG liegt vor, wenn der Sozialplan für Arbeitnehmer, die ohne Einhaltung einer Kündigungsfrist ausscheiden, eine höhere Abfindung vorsieht (*BAG* 11.2.1998 EzA § 112 BetrVG 1972 Nr. 97). Unzulässig ist hingegen eine Gruppenbildung, die dazu dienen soll, dem Arbeitgeber eine eingearbeitete und qualifizierte Belegschaft zu erhalten. Betriebliche Interessen an der Erhaltung der Belegschaft oder von Teilen derselben sind daher nicht geeignet, Differenzierungen bei der Höhe von Sozialplanabfindungen zu recht- 2077 fertigen (*BAG* 6.11.2007 EzA § 112 BetrVG 2001 Nr. 25). Ebenso wenig sind betriebliche Interessen, die personelle Zusammensetzung der Belegschaft bis zu einem bestimmten Zeitpunkt zu sichern, geeignet, Differenzierungen bei der Höhe von Sozialplanabfindungen zu rechtfertigen (*BAG* 19.2.2008 EzA § 112 BetrVG 2001 Nr. 26).

Wird in einem Sozialplan für die Berechnung der Abfindung an das Durchschnittsentgelt »vor dem Kündigungstermin« abgestellt, so soll im Zweifel entsprechend dem allgemeinen arbeitsrechtlichen Sprachgebrauch der Tag des Ablaufs der Kündigungsfrist und nicht der Tag der Kündigungserklärung maßgebend sein (*BAG* 17.11.1998 EzA § 102 BetrVG 1972 Nr. 102). Sozialplanleistungen dürfen nicht vom Verzicht auf die Erhebung einer Kündigungsschutzklage abhängig gemacht werden. Die Betriebsparteien sind aber nicht gehindert, bei einer Betriebsänderung im Interesse des Arbeitgebers an alsbaldiger Planungssicherheit zusätzlich zu einem Sozialplan in einer freiwilligen Betriebsvereinbarung Leistungen für den Fall vorzusehen, dass der Arbeitnehmer von der Möglichkeit zur Erhebung einer Kündigungsschutzklage keinen Gebrauch macht (sog. »Turboprämie«). Das Verbot, Sozialplanleistungen von einem entsprechenden Verzicht abhängig zu machen, darf dadurch allerdings nicht umgangen werden. Ob eine solche Umgehung vorliegt, kann regelmäßig nur unter Berücksichtigung der Umstände des konkreten Einzelfalls beurteilt werden. Eine Umgehung kann insbesondere vorliegen, wenn der Sozialplan keine angemessene Abmilderung der wirtschaftlichen Nachteile vorsieht oder wenn greifbare Anhaltspunkte für die Annahme bestehen, dem »an sich« für den Sozialplan zur Verfügung stehenden Finanzvolumen seien zum Nachteil der von der Betriebsänderung betroffenen Arbeitnehmer Mittel entzogen und funktionswidrig im »Bereinigungsinteresse« des Arbeitgebers eingesetzt worden (*BAG* 31.5.2005 EzA § 112 BetrVG 2001 Nr. 14). Die Betriebsparteien können in einem Sozialplan regeln, dass Abfindungen, die der Arbeitgeber auf Grund eines Tarifvertrags wegen einer Betriebsänderung zahlt, zur Erfüllung von Sozialplanansprüchen führen (*BAG* 14.11.2006 EzA § 112 BetrVG 2001 Nr. 19).

2078 Wird ein Sozialplan erst geraume Zeit nach der Durchführung der Betriebsstilllegung aufgestellt, ist es zulässig, bei der Bemessung der Sozialplanleistungen auf die wirtschaftlichen Nachteile der entlassenen Arbeitnehmer abzustellen, mit denen zum Zeitpunkt der Betriebsstilllegung typischerweise zu rechnen war, ohne zu berücksichtigen, dass einzelne Arbeitnehmer diese Nachteile tatsächlich nicht erlitten haben (*BAG* 23.4.1985 EzA § 112 BetrVG 1972 Nr. 34). Die Fälligkeit der Abfindung kann auf den Zeitpunkt des rechtskräftigen Abschlusses eines Kündigungsschutzprozesses hinausgeschoben und dabei bestimmt werden, dass eine Abfindung gem. §§ 9, 10 KSchG auf die Sozialplanabfindung anzurechnen ist (*BAG* 20.6.1985 EzA § 4 KSchG Ausgleichsquittung Nr. 1).

(2) Kreis der Anspruchsberechtigten

2079 Es ist mit dem Gebot der Gleichbehandlung der Belegschaftsangehörigen nach § 75 Abs. 1 BetrVG nicht vereinbar, dass die Betriebsparteien den Ausgleich der wirtschaftlichen Nachteile aus einer Betriebsänderung von der rechtsgeschäftlichen Form der Beendigung des Arbeitsverhältnisses abhängig machen. Ein Sozialplan soll die Nachteile, die der Belegschaft in Folge der Betriebsänderung entstehen, mildern oder ausgleichen. Dieser Unterstützung bedarf ein Arbeitnehmer, der aus Anlass der Betriebsänderung selbst kündigt, regelmäßig in gleicher Weise wie ein Arbeitnehmer, der vom Arbeitgeber gekündigt wird. Eine Sozialplanregelung, die formal zwischen Arbeitgeber- und Arbeitnehmerkündigung unterscheidet und den generellen Anspruchsausschluss aller Arbeitnehmer vorsieht, die ihr Arbeitsverhältnis selbst gekündigt haben, verstößt gegen § 75 Abs. 1 BetrVG. Eine solche Differenzierung ist im Hinblick auf Abfindungsansprüche nicht durch Sachgründe gerechtfertigt. Einen Sozialplananspruch haben vielmehr dann auch die Arbeitnehmer, die aus Anlass der Betriebsänderung selbst gekündigt haben (*BAG* 20.5.2008 EzA § 112 BetrVG 2001 Nr. 27). Eine Veranlassung in diesem Sinne liegt vor, wenn der Arbeitgeber bei dem Arbeitnehmer im Hinblick auf eine konkret geplante Betriebsänderung die berechtigte Annahme hervorgerufen hat, mit der eigenen Initiative komme er einer sonst notwendig werdenden betriebsbedingten Kündigung seitens des Arbeitgebers nur zuvor. Dabei kommt es nicht darauf an, ob der Arbeitgeber die

Absicht hatte, den Arbeitnehmer zu einer Eigenkündigung zu bewegen. Entscheidend ist vielmehr, ob die Erwartung des Arbeitnehmers, sein Arbeitsplatz werde nach der Betriebsänderung entfallen, auf Grund eines entsprechenden Verhaltens des Arbeitgebers bei Ausspruch der Eigenkündigung objektiv gerechtfertigt war (*BAG* 25.3.2003 EzA § 112 BetrVG 2001 Nr. 6; 22.7.2003 EzA § 112 BetrVG 2001 Nr. 7). Ein bloßer Hinweis auf eine unsichere Lage des Unternehmens, auf notwendig werdende Betriebsänderungen oder der Rat, sich eine neue Stelle zu suchen, genügen nicht. Nicht mehr von einer Betriebsänderung veranlasst ist die Eigenkündigung eines Arbeitnehmers i.d.R. dann, wenn der Arbeitgeber die Durchführung einer zunächst beabsichtigten Betriebsänderung vollständig oder jedenfalls hinsichtlich des diesen Arbeitnehmer betreffenden Teils endgültig aufgegeben und den Arbeitnehmer hiervon in Kenntnis gesetzt hat. In einem solchen Fall hat der Arbeitnehmer regelmäßig nicht mehr die wirtschaftlichen Nachteile zu besorgen, die der Sozialplan ausgleichen oder abmildern soll (*BAG* 26.10.2004 EzA § 112 BetrVG 2001 Nr. 11). Liegt eine Veranlassung vor, sind gekündigte Arbeitnehmer und solche, die auf Grund einer Eigenkündigung oder eines Aufhebungsvertrages ausgeschieden sind, gleich zu behandeln.

Nicht zu beanstanden ist auch die Unterscheidung zwischen Arbeitnehmern, die ihr Arbeitsverhältnis selbst kündigen und solchen, die auf Grund eines von ihnen gewünschten Aufhebungsvertrages ausscheiden. Der Arbeitgeber kann so entscheiden, ob er den Arbeitnehmer für die ordnungsgemäße Durchführung der Betriebsänderung oder noch darüber hinaus benötigt oder ob ihm das freiwillige Ausscheiden des Arbeitnehmers nur eine ohnehin notwendig werdende Kündigung erspart (*BAG* 19.7.1995 EzA § 112 BetrVG 1972 Nr. 82). Zulässig ist damit auch der Ausschluss von Arbeitnehmern, die das Arbeitsverhältnis vorzeitig durch Aufhebungsvertrag aufgelöst haben, nachdem sie eine neue Beschäftigung gefunden haben (*BAG* 25.11.1993 EzA § 242 BGB Gleichbehandlung Nr. 58). Ebenfalls zulässig ist der Ausschluss von Arbeitnehmern aus dem Kreis der Anspruchsberechtigten, die durch Vermittlung des Arbeitgebers einen neuen Arbeitsplatz erhalten (*BAG* 22.3.2005 EzA § 112 BetrVG 2001 Nr. 113). Nimmt ein Sozialplan von seinem Geltungsbereich solche Arbeitnehmer aus, die einen angebotenen zumutbaren Arbeitsplatz ablehnen, gilt dies auch für den Fall, dass Arbeitnehmer dem Übergang ihres Arbeitsverhältnisses im Wege eines Betriebsübergangs nach § 613a BGB widersprechen. Die Weiterarbeit beim Betriebserwerber ist i.d.R. zumutbar, auch wenn beim Betriebserwerber die Arbeitsverhältnisse durch einen anderen – ungünstigeren – Tarifvertrag i.S.d. § 613a Abs. 1 S. 3 BGB geregelt sind (*BAG* 5.2.1997 EzA § 112 BetrVG 1972 Nr. 92). Sieht hingegen ein Sozialplan Abfindungen ohne nähere Einschränkungen bei betriebsbedingten Kündigungen vor, so haben mangels entgegenstehender Anhaltspunkte auch solche Arbeitnehmer einen Anspruch, die deshalb entlassen werden, weil sie dem Übergang ihres Arbeitsverhältnisses auf den Erwerber widersprochen haben (*BAG* 15.12.1998 EzA § 112 BetrVG 1972 Nr. 103). Macht der Sozialplan den Anspruch davon abhängig, dass das Arbeitsverhältnis durch arbeitgeberseitige Kündigung oder durch den vom Arbeitgeber veranlassten Abschluss eines Aufhebungsvertrages endet, entsteht der Anspruch auf Sozialplanabfindung nicht, wenn der Arbeitnehmer nach Abschluss des Aufhebungsvertrages, aber vor der vereinbarten Beendigung des Arbeitsverhältnisses stirbt (*BAG* 25.9.1996 EzA § 112 BetrVG 1972 Nr. 89).

Möglich ist es auch, Arbeitnehmer von Leistungen des Sozialplanes auszuschließen, die **2080**
vorgezogenes Altersruhegeld in Anspruch nehmen können (*BAG* 26.7.1988 EzA § 112 BetrVG 1972 Nr. 43) oder die zum Zeitpunkt der Auflösung des Arbeitsverhältnisses die Voraussetzungen für den übergangslosen Rentenbezug nach Beendigung des Anspruchs auf Arbeitslosengeld erfüllen (*BAG* 31.7.1996 EzA § 112 BetrVG 1972 Nr. 86). Die Betriebsparteien dürfen zwar gem. wegen der sich aus Art. 6 GG ergebenden Wertungen in Sozialplänen keine Regelungen treffen, die geeignet sind, Ehe und Familie zu diskriminieren und Arbeitnehmer wegen ihrer ehelichen Lebensgemeinschaft oder der Wahrnehmung von Rechten und Pflichten gegenüber Kindern zu benachteiligen. Hieraus ergibt sich aber für die Betriebsparteien nicht die Pflicht, verheiratete Arbeitnehmer oder solche, die mit ihren Kindern in häuslicher Gemeinschaft leben, gegenüber unverheirateten, kinderlosen Arbeitnehmern zu bevorzugen (*BAG* 6.11.2007 EzA § 112 BetrVG 2001 Nr. 25).

(3) Stichtagsregelungen, Ausschlussklauseln

2081 In einem Sozialplan können grds. Stichtagsregelungen vorgesehen werden, die einen Abfindungsanspruch davon abhängig machen, dass der Arbeitnehmer nach einem bestimmten Stichtag ausscheidet, sodass Arbeitnehmer ausgeschlossen werden, die vor diesem Stichtag durch eine Eigenkündigung ausscheiden. Die Wahl des Stichtages muss allerdings sachlich gerechtfertigt sein. Den Betriebsparteien kommt bei ihrer Festlegung ein erheblicher Ermessensspielraum zu. Die mit ihnen ggf. verbundenen Härten müssen hingenommen werden, wenn die Wahl des Stichtags am gegebenen Sachverhalt orientiert und somit sachlich vertretbar ist und das auch auf die zwischen den Gruppen gezogenen Grenzen zutrifft. In einem Sozialplan sind Stichtagsregelungen insbesondere dann gerechtfertigt, wenn sie dem Zweck dienen, die Leistungen auf diejenigen Arbeitnehmer zu beschränken, die von der Betriebsänderung betroffen sind und durch diese Nachteile zu besorgen haben (*BAG* 19.2.2008 EzA § 112 BetrVG 2001 Nr. 26). Als gerechtfertigt wurde es z.B. angesehen, wenn ein Sozialplan Arbeitnehmer von seinem Geltungsbereich ausnimmt, die vor dem Scheitern des Interessenausgleichs ihr Arbeitsverhältnis im Hinblick auf die vom Arbeitgeber angekündigte Betriebsstilllegung selbst kündigen (*BAG* 24.1.1996 EzA § 112 BetrVG 1972 Nr. 83; 30.11.1994 EzA § 112 BetrVG 1972 Nr. 80) und auch dann, wenn Arbeitnehmer vom Geltungsbereich des Sozialplanes ausgenommen werden, die im Zeitpunkt des Inkrafttretens des Sozialplanes, der in einem zeitlich nahen Zusammenhang zum Abschluss des Interessenausgleichs steht, ihr Arbeitsverhältnis im Hinblick auf die angekündigte Betriebsstilllegung selbst beendigt haben (*BAG* 24.1.1996 EzA § 112 BetrVG 1972 Nr. 83). Die sachliche Rechtfertigung ergibt sich daraus, dass in beiden Fällen auf einen Zeitpunkt abgestellt wird, zu dem endgültig feststeht, wie die bislang geplante Betriebsänderung im Einzelnen durchgeführt werden soll.

Als Verstoß gegen § 75 Abs. 1 S. 1 BetrVG unzulässig sind Klauseln, die einen Anspruch auf Sozialplanleistungen von Bedingungen abhängig machen, deren Erfüllung dem Arbeitnehmer unzumutbar sind, wie z.B. die Auflage, dass ein eventueller Betriebs(teil)übernehmer zu verklagen ist (*BAG* 22.7.2003 EzA § 112 BetrVG 2001 Nr. 7).

(4) Sonstige Regelungen

2082 Unzulässig ist eine Sozialplanregelung, nach der die Erstattungsansprüche der Bundesagentur für Arbeit gegen den Arbeitgeber nach § 128 AFG (jetzt § 147a SGB III) allein auf die Abfindung der Arbeitnehmer angerechnet werden, für die der Arbeitgeber das Arbeitslosengeld zu erstatten hat (*BAG* 26.6.1990 EzA § 112 BetrVG 1972 Nr. 55). Möglich ist hingegen eine Regelung darüber, wer das Risiko zu tragen hat, wenn das Arbeitsamt (Agentur für Arbeit) nach Abschluss eines Aufhebungsvertrages eine Sperrfrist verhängt (*BAG* 27.10.1987 EzA § 112 BetrVG 1972 Nr. 41). Nicht zulässig ist eine Sozialplanvereinbarung, die beinhaltet, dass Meinungsverschiedenheiten zwischen Arbeitgeber und Arbeitnehmern aus der Anwendung des Sozialplanes durch einen verbindlichen Spruch einer Einigungsstelle entschieden werden sollen, da es sich um eine unzulässige Schiedsabrede handelt (*BAG* 27.10.1987 EzA § 76 BetrVG 1972 Nr. 37).

2083 Zulässig ist eine Vereinbarung, dass für die Bemessung der Abfindung nur die Betriebszugehörigkeit beim Arbeitgeber und seinem Rechtsvorgänger, nicht aber die in einem Überleitungsvertrag vom Arbeitgeber anerkannte Betriebszugehörigkeit bei einem früheren Arbeitgeber zu berücksichtigen ist (*BAG* 16.3.1994 EzA § 112 BetrVG 1972 Nr. 73). Gleiches gilt für eine Regelung, dass bei der Berechnung nur die tatsächliche Betriebszugehörigkeit zu Grunde gelegt wird und Dienstjahre bei der NVA der ehemaligen DDR außer Betracht bleiben, obwohl diese nach der Förderungsverordnung auf die Betriebszugehörigkeit angerechnet worden waren (*BAG* 30.3.1994 EzA § 112 BetrVG 1972 Nr. 74). Auch ist es zulässig, den Anspruch auf eine Abfindung von einer entsprechenden Zweckzuwendung der Treuhandanstalt abhängig zu machen (*BAG* 11.8.1993 EzA § 112 BetrVG 1972 Nr. 69; 16.3.1994 EzA § 112 BetrVG 1972 Nr. 72). Haben die Betriebsparteien in einem Sozialplan für die Höhe der Abfindung auch auf die Dauer der Beschäftigung abgestellt, verstößt es gegen die Grundsätze von Recht und Billigkeit, wenn sie davon Zeiten des Erziehungsurlaubs ausnehmen (*BAG* 12.11.2002 EzA § 112 BetrVG 2001 Nr. 3).

b) Erzwungener Sozialplan

aa) Richtlinien nach § 112 Abs. 5 BetrVG

Kommt eine Einigung der Betriebspartner nicht zu Stande, so entscheidet nach § 112 Abs. 4 BetrVG die Einigungsstelle. Ihr Spruch ersetzt die Einigung zwischen Betriebsrat und Unternehmer. 2084

Auch die Einigungsstelle hat zunächst die allgemeinen Grenzen der Regelungsbefugnis zu beachten, die auch für den freiwillig vereinbarten Sozialplan gelten. Insbesondere sind die Grundsätze des § 75 BetrVG und der arbeitsrechtliche Gleichbehandlungsgrundsatz zu beachten (s.o. Rn. 2074 ff.). Darüber hinaus hat sie bei ihrer Ermessensentscheidung die Grenzen des § 112 Abs. 5 BetrVG zu beachten. § 112 Abs. 5 BetrVG ist insoweit Spezialregelung zu § 76 Abs. 5 S. 3 BetrVG. 2085

Die Einigungsstelle hat demnach bei einem Beschluss über einen Sozialplan nicht nur die sozialen Belange der betroffenen Arbeitnehmer zu berücksichtigen und auf die wirtschaftliche Vertretbarkeit ihrer Entscheidung für das Unternehmen zu achten. Sie muss insbes. den Gegebenheiten des konkreten Einzelfalles Rechnung tragen, die Aussichten der betroffenen Arbeitnehmer auf dem Arbeitsmarkt berücksichtigen und diejenigen Arbeitnehmer, die eine zumutbare Weiterbeschäftigung ablehnen, von Leistungen aus dem Sozialplan ausschließen. Ferner hat sie bei der Bemessung des Gesamtbetrages der Sozialplanleistungen darauf zu achten, dass der Fortbestand des Unternehmens oder die nach Durchführung der Betriebsänderung verbleibenden Arbeitsplätze nicht gefährdet werden. 2086

Ein Verstoß gegen diese Richtlinien stellt einen Ermessensfehler dar, der nach § 76 Abs. 5 S. 4 BetrVG nur fristgebunden (Zweiwochenfrist!) gerichtlich geltend gemacht werden kann (*BAG* 26.5.1988 EzA § 76 BetrVG 1972 Nr. 41; s.o. Rn. 1223 ff.). 2087

(1) Einzelfallorientierung

Soweit § 112 Abs. 5 Nr. 1 BetrVG der Einigungsstelle auferlegt, beim Ausgleich oder bei der Milderung wirtschaftlicher Nachteile i.d.R. den Gegebenheiten des Einzelfalles Rechnung zu tragen, bedeutet dies nach der Gesetzesbegründung (BT-Drs. 10/2102, S. 17), dass sie sich insbes. um den Ausgleich feststellbarer oder zu erwartender materieller Einbußen des Arbeitnehmers im Einzelfall bemühen und weniger generell pauschale Abfindungssummen festsetzen soll. 2088

Der Ausgleich der durch die Betriebsänderung entstehenden Nachteile soll möglichst konkret vorgenommen werden. Diese Regelung schließt nicht aus, dass Sozialplanleistungen gleichwohl pauschaliert werden, insbes. wenn die konkreten Nachteile der Arbeitnehmer nicht prognostiziert werden können (MünchArbR/*Matthes* § 362 Rz. 25). Zulässig sind demnach etwa Sozialplanformeln, die die Dauer der Betriebszugehörigkeit, das Lebensalter, die Zahl der Unterhaltspflichten und eine mögliche Schwerbehinderung berücksichtigen (vgl. etwa *BAG* 6.5.2003 EzA § 112 BetrVG 2001 Nr. 8). Da der Sozialplan dem Ausgleich oder der Milderung wirtschaftlicher Nachteile der Arbeitnehmer dient und diese beiden Alternativen des § 112 Abs. 1 S. 2 BetrVG gleichberechtigt nebeneinander stehen, reicht es aus, dass die Nachteile lediglich gemildert, nicht aber vollständig ausgeglichen werden. Es liegt im Ermessen der Einigungsstelle festzulegen, ob und welche Nachteile ganz oder teilweise ausgeglichen und welche lediglich gemildert werden. Soweit für das Unternehmen wirtschaftlich vertretbar, darf die Einigungsstelle allerdings Leistungen nur bis zur Grenze des vollen Ausgleichs der wirtschaftlichen Nachteile vorsehen. Im Rahmen der wirtschaftlichen Vertretbarkeit für das Unternehmen muss sie allerdings grds. Leistungen vorsehen, die noch als substantielle, spürbare Milderung der wirtschaftlichen Nachteile angesehen werden können (*BAG* 24.8.2004 EzA § 112 BetrVG 2001 Nr. 12). 2089

2090 Es kann damit zunächst an die Dauer der Betriebszugehörigkeit, das Lebensalter und an Unterhaltsverpflichtungen des Arbeitnehmers angeknüpft werden, jedoch ist die Einigungsstelle grds. verpflichtet, auch die weiteren vom Gesetz genannten Gesichtspunkte als Faktoren bei der Bemessung der – ggf. pauschalierten – Abfindung zu berücksichtigen. Ermessensfehlerhaft ist daher ein Spruch der Einigungsstelle, der allen Arbeitnehmern gleichmäßig eine pauschale Abfindung zuspricht, deren Berechnung allein an die Dauer der Betriebszugehörigkeit anknüpft, ohne weitere individuelle Umstände, wie insbes. die Aussichten auf dem Arbeitsmarkt zu berücksichtigen (*BAG* 14.9.1994 EzA § 112 BetrVG 1972 Nr. 77). Maßgebend sind die Verhältnisse im Zeitpunkt ihrer Entscheidung. Ausgeglichen werden können nur wirtschaftliche, nicht aber ideelle oder sonstige Nachteile (MünchArbR/*Matthes* § 362 Rz. 26). Der Verlust des Arbeitsplatzes an sich wird überwiegend (*BAG* 27.10.1987 EzA § 112 BetrVG 1972 Nr. 41; MünchArbR/*Matthes* § 362 Rz. 26; HSWGNR/*Hess* § 112 Rz. 68) als wirtschaftlicher Nachteil angesehen, da auch bei sofortiger Aufnahme einer anderweitigen Tätigkeit der in diesem neuen Arbeitsverhältnis bestehende geringere Bestandsschutz wirtschaftlicher Nachteil ist. Zu den berücksichtigungsfähigen Nachteilsfolgen gehört im Falle der Betriebsänderung durch Spaltung nicht eine etwaige Verringerung der Haftungsmasse bei dem Betriebserwerber sowie dessen befristete Befreiung von der Sozialplanpflicht nach § 112a Abs. 2 BetrVG (*BAG* 10.12.1996 EzA § 111 BetrVG 1972 Nr. 35). Fällt ein Betriebsübergang mit einer Betriebsänderung zusammen, können deshalb in einem von der Einigungsstelle aufgestellten Sozialplan nur diejenigen Nachteile ausgeglichen bzw. gemildert werden, die die Betriebsänderung selbst verursacht (*BAG* 25.1.2000 EzA § 112 BetrVG 1972 Nr. 106).

(2) Zumutbare anderweitige Beschäftigung, Arbeitsmarktaussichten

2091 Die Berücksichtigung der Aussichten auf dem Arbeitsmarkt bedeutet, dass die Einigungsstelle bei der Festsetzung von Abfindungen eine Prognose darüber zu treffen hat, ob Arbeitnehmer auf dem Arbeitsmarkt gut vermittelbar sind oder aber für längere Zeit arbeitslos sein werden. Dies erfordert im Allgemeinen die Einholung einer Auskunft bei der zuständigen Agentur für Arbeit (früher: Arbeitsamt). Die Einigungsstelle kann dann nach pflichtgemäßem Ermessen Gruppen mit unterschiedlichen Berufsaussichten bilden und entsprechend differenziert Abfindungen festsetzen (*Etzel* HzA Gruppe 19 Rz. 945).

2092 Die Einigungsstelle soll Arbeitnehmer von Leistungen ausschließen, die einen angebotenen zumutbaren Arbeitsplatz im Betrieb, Unternehmen oder Konzern ablehnen. Zur Bestimmung des Begriffs der Zumutbarkeit wird überwiegend auf eine Gleichwertigkeit der Arbeitsbedingungen zwischen altem und neuem Arbeitsverhältnis in finanzieller und beruflicher Hinsicht abgestellt.

2093 Zumutbar sind die neuen Arbeitsbedingungen nur, wenn sie der Ausbildung und den Fähigkeiten des Arbeitnehmers entsprechen und auch wirtschaftlich gleichwertig sind (GK-BetrVG/*Oetker* §§ 112, 112 a Rz. 333).

2094 Nicht zumutbar sind Arbeitsbedingungen insbes. dann, wenn dem Arbeitnehmer eine erheblich geringere Vergütung angeboten wird als bisher, sofern der wirtschaftliche Verlust nicht ausgeglichen wird (MünchArbR/*Matthes* § 362 Rz. 30). Zum Teil wird vorgeschlagen, die Zumutbarkeitskriterien des § 121 SGB III unmittelbar (*Löwisch* BB 1985, 1205) oder als Auslegungshilfe (MünchArbR/*Matthes* § 362 Rz. 30) heranzuziehen (abl. z.B. GK-BetrVG/*Oetker* §§ 112, 112 a Rz. 335 m.w.N.).

2095 Der Sozialplan kann selbst Regelungen darüber treffen, unter welchen Voraussetzungen das Angebot eines anderen Arbeitsplatzes für den betroffenen Arbeitnehmer zumutbar ist (*BAG* 27.10.1987 EzA § 112 BetrVG 1972 Nr. 41) oder auch bestimmen, dass eine paritätische Kommission über die Zumutbarkeit eines Arbeitsplatzes entscheiden soll (vgl. *BAG* 8.12.1976 EzA § 112 BetrVG 1972 Nr. 11). Es ist auch vom Regelungsermessen der Einigungsstelle gedeckt, wenn sie abschließend regelt, unter welchen persönlichen Voraussetzungen Arbeitnehmer einen nach Art der Tätigkeit entsprechenden und in der Vergütung möglichst gleichwertigen Arbeitsplatz ablehnen können, ohne den Anspruch auf Abfindung zu verlieren (*BAG* 28.9.1988 EzA § 112 BetrVG 1972 Nr. 49).

Keine Unzumutbarkeit wird allein dadurch begründet, dass der Betrieb, in dem der Arbeitnehmer weiterbeschäftigt werden kann, außerhalb des bisherigen Beschäftigungsortes gelegen ist. Durch diese Bestimmung wird nicht ausgeschlossen, dass die Einigungsstelle auch an sich wirtschaftlich gleichwertige Arbeitsplätze als unzumutbar erachtet, wenn diese aus anderen besonderen Umständen (z.B. relativ hohes Lebensalter, pflegebedürftige Familienangehörige, Berufstätigkeit des Ehegatten, Schwerbehinderteneigenschaft, schulpflichtige Kinder) folgt (DKK/*Däubler* §§ 112, 112 a Rz. 76). Andererseits liegt kein Ermessenfehler vor, wenn die Einigungsstelle auf solche besonderen persönlichen Umstände keine Rücksicht nimmt (*BAG* 25.10.1983 EzA § 112 BetrVG 1972 Nr. 28). **2096**

Durch § 112 Abs. 5 Nr. 2 BetrVG wird nicht ausgeschlossen, dass die Einigungsstelle im Rahmen des billigen Ermessens auch denjenigen keine oder nur eine geringere Abfindung zuerkennen kann, die einen unzumutbaren Arbeitsplatz ablehnen (*BAG* 28.9.1988 EzA § 112 BetrVG 1972 Nr. 49). Sofern Arbeitnehmer ein unzumutbares Weiterbeschäftigungsgebot annehmen, sollten sie indessen nicht völlig von den Leistungen des Sozialplanes ausgeschlossen werden, sondern die Abfindungen auf die Höhe der Einkommensminderung begrenzt werden oder sonstige Nachteile (z.B. Ausgleich verfallbarer Versorgungsanwartschaften) vorgesehen werden (*Etzel* HzA Gruppe 19 Rz. 951, 952). **2097**

(3) Förderungsmöglichkeiten des SGB III; Transfer-Sozialplan

Gem. § 112 Abs. 5 Nr. 2a BetrVG soll die Einigungsstelle insbes. die im SGB III vorgesehenen Förderungsmöglichkeiten zur Vermeidung von Arbeitslosigkeit berücksichtigen. **2098**

> Hierdurch soll erreicht werden, dass die Sozialplanmittel nicht ausschließlich für die Zahlung von Abfindungen verwendet werden, sondern verstärkt auch für Maßnahmen eingesetzt werden, die den von einer Betriebsänderung betroffenen Arbeitnehmern nach Möglichkeit zu einer Anschlussbeschäftigung verhelfen oder zumindest neue Beschäftigungsperspektiven schaffen (BT-Drs. 14/5471, S. 52). Sozialpläne, die einen derartigen Inhalt aufweisen, werden in der Praxis auch Transfer-Sozialpläne genannt. **2099**

Beispiele: Zu den von dem SGB III geförderten Maßnahmen der sog. aktiven Arbeitsförderung gehören insbes. Maßnahmen der inner- und außerbetrieblichen Qualifizierung, der Förderung der Anschlusstätigkeit bei einem anderen Arbeitgeber bis hin zu Leistungen, die der Vorbereitung einer selbstständigen wirtschaftlichen Existenz des Arbeitnehmers dienen (BT-Drs. 14/5471, S. 52). In Betracht kommen z.B. die Bereitstellung von Sozialplanmitteln für Weiterbildungs- und Trainingsmaßnahmen (§ 77 SGB III), Maßnahmen zum Abschluss einer Berufsausbildung, Fort- und Weiterbildungsmaßnahmen sowie Zuschüsse zur Aufnahme einer anderweitigen Beschäftigung (z.B. Überbrückungsgelder bis zur Aufnahme einer selbstständigen Tätigkeit (§ 57 SGB III), ferner z.B. Umzugskosten-, Fahrtkosten- und Einstellungszuschüsse; GK-BetrVG/*Oetker* §§ 112, 112 a Rz. 384). Ebenfalls gehören hierzu die Förderung der Teilnahme an Transfermaßnahmen gem. § 216a SGB III und die Gewährung von Transferkurzarbeitergeld nach § 216b SGB III (*Gaul/Bonanni* DB 2003, 2386, 2390; s.u. Rn. 2143).

Die Einigungsstelle hat die genannten Maßnahmen lediglich »zu berücksichtigen«. Sie ist damit nicht verpflichtet, derartige Maßnahmen vorzusehen. Sie ist lediglich verpflichtet, die Aufnahme entsprechender Regelungen in den Sozialplan zu prüfen. Erscheint die Aufnahme derartiger Maßnahmen in den Sozialplan nicht zweckdienlich, liegt bei ihrer Nicht-Aufnahme kein Ermessensfehler vor (GK-BetrVG/*Oetker* §§ 112, 112 a Rz. 340). Zur Frage, ob die genannten Maßnahmen auch gegen den Willen des Unternehmers durch Spruch der Einigungsstelle in den Sozialplan aufgenommen werden können siehe unten Rn. 2103.

(4) Wirtschaftliche Vertretbarkeit für das Unternehmen

2100 Die Einigungsstelle ist ferner verpflichtet, auf die wirtschaftliche Vertretbarkeit ihrer Entscheidung für das Unternehmen zu achten. Der Gesamtbetrag der Sozialplanleistungen darf nicht so bestimmt werden, dass der Fortbestand des Unternehmens oder die verbleibenden Arbeitsplätze gefährdet werden. Liquidität, Rentabilität und Wettbewerbsfähigkeit des Unternehmens müssen erhalten bleiben (MünchArbR/*Matthes* § 362 Rz. 32). Maßgeblich ist nicht die Situation des Betriebes, sondern die des Unternehmens, bei dem von mehreren Unternehmen geleiteten Gemeinschaftsbetrieb die wirtschaftliche Lage aller beteiligten Unternehmen (DKK/*Däubler* §§ 112, 112 a Rz. 85). Die wirtschaftlichen Verhältnisse des Unternehmens sind ferner dann allein nicht maßgeblich, wenn ein sog. Berechnungsdurchgriff auf eine Konzernobergesellschaft geboten ist (*BAG* 24.8.2004 EzA § 112 BetrVG 2001 Nr. 12).

2101 Zur Ermittlung der wirtschaftlichen Vertretbarkeit kann auf verschiedene Anhaltspunkte abgestellt werden (vgl. DKK/*Däubler* §§ 112, 112 a Rz. 87 ff.; GK-BetrVG/*Oetker* §§ 112, 112 a Rz. 318 ff.; *v. Hoyningen-Huene* RdA 1986, 104): Eine Gegenüberstellung zwischen Sozialplankosten und den durch die Betriebsänderung erzielten Einsparungen, die Selbsteinschätzung des Unternehmens hinsichtlich seiner Belastbarkeit durch einen Sozialplan, insbes. bei Bildung von in der Steuer- bzw. Handelsbilanz aufgeführten Rückstellungen, der allgemeine Liquiditäts- und Kreditstatus. Bleiben Zweifel hinsichtlich der wirtschaftlichen Vertretbarkeit, ist von der Einigungsstelle ein betriebswirtschaftlicher Sachverständiger beizuziehen (*v. Hoyningen-Huene* RdA 1986, 110). Das *BAG* (27.10.1987 EzA § 112 BetrVG 1972 Nr. 41) hat ein Sozialplanvolumen in Höhe des durch die Betriebsänderung eintretenden Einspareffekts eines Jahres für vertretbar gehalten und (*BAG* 6.5.2003 EzA § 112 BetrVG 2001 Nr. 8) im Falle von langfristigen Kostenersparnissen auch in Höhe der erwarteten Kostenersparnis von 2 Jahren.
Nach Auffassung des *BAG* (6.5.2003 EzA § 112 BetrVG 2001 Nr. 8) folgt aus § 112 Abs. 5 Nr. 3 BetrVG, dass je nach den Umständen des Einzelfalles auch eine Belastung des Unternehmens durch den Sozialplan bis an den Rand der Bestandsgefährdung möglich ist. Danach sind umso größere Belastungen für das Unternehmen vertretbar, je härter die Betriebsänderung die Arbeitnehmer trifft.

bb) Sonstige Grenzen

2102 Die Einigungsstelle kann keine Bestimmungen treffen, die das ob und wie der Betriebsänderung selbst betreffen, da solche Regelungen nur Gegenstand eines freiwillig vereinbarten Interessenausgleichs sein können (*BAG* 17.9.1991 EzA § 112 BetrVG 1972 Nr. 58).

2103 Unzulässig sind daher Versetzungsgebote, die Begründung einer Wiedereinstellungs- oder Umschulungspflicht, die Aufhebung von Wettbewerbsverboten und das Verbot der Anordnung von Überstunden oder der Beschäftigung von Fremdfirmenmitarbeitern (vgl. MünchArbR/*Matthes* § 362 Rz. 35 m.w.N.). Kontrovers diskutiert wird die Frage, inwieweit die Einigungsstelle gegen den Willen des Unternehmers durch Spruch die im SGB III vorgesehenen Förderungsmöglichkeiten (s.o. Rn. 2098) als Inhalt des Sozialplans beschließen kann (für eine generelle Erzwingbarkeit wohl DKK/*Däubler* §§ 112, 112 a Rz. 176; *Bepler* ArbuR 1999, 219, 226; generell gegen eine Erzwingbarkeit *Matthes* RdA 1998, 178, 181; *Bachner/Schindele* NZA 1999, 130, 134). Nach zutreffender Ansicht können gegen den Willen des Arbeitgebers Förderungsmaßnahmen nur in den Sozialplan aufgenommen werden, wenn hierdurch nicht in die unternehmerische Entscheidungsfreiheit durch Veränderung des Betriebszwecks oder einer Pflicht zur Fortsetzung betrieblicher Tätigkeiten eingegriffen wird, wie es etwa bei Auferlegung der Durchführung einer unternehmensinternen Transfermaßnahme oder der Einführung von Transferkurzarbeit durch eine betriebsorganisatorisch eigenständige Einheit beim Arbeitgeber abgewickelt werden soll (*Richardi/Annuß* BetrVG Rz. 161 ff.).

5. Form, Rechtsnatur und Wirkungen

Der Sozialplan hat gem. § 112 Abs. 1 S. 3 BetrVG die Wirkung einer Betriebsvereinbarung (s.o. Rn. 1269 ff.). Er ist eine Betriebsvereinbarung besonderer Art (*BAG* 27.8.1975 EzA § 4 TVG Bergbau Nr. 4). Er bedarf der Schriftform (§ 112 Abs. 1 S. 2, §§ 125, 126 BGB). Dem Schriftformerfordernis ist durch eine Verweisung auf genau bezeichnete andere schriftliche Reglungen genüge getan (*BAG* 14.11.2006 EzA § 112 BetrVG 2001 Nr. 19). Die Regelungen eines Sozialplans gelten nach § 77 Abs. 4 BetrVG unmittelbar und zwingend und begründen unmittelbar Ansprüche der Arbeitnehmer auf die im Sozialplan geregelten Leistungen (*BAG* 17.10.1989 EzA § 112 BetrVG 1972 Nr. 54). Ein Verzicht auf solche Ansprüche ist nur mit Zustimmung der Betriebspartner möglich, es sei denn, bei einem Sachgruppenvergleich ist in Anwendung des Günstigkeitsprinzips die den Verzicht enthaltende Regelung zweifelsfrei und objektiv für den verzichtenden Arbeitnehmer günstiger (*BAG* 27.1.2004 EzA § 77 BetrVG 2001 Nr. 7). Wird ein gemeinsamer Betrieb mehrerer Unternehmen gespalten, begründet der gemeinsam vereinbarte Sozialplan nur Ansprüche der Arbeitnehmer gegen den jeweiligen Vertragsarbeitgeber. Eine gesamtschuldnerische Haftung der der am gemeinsamen Betrieb beteiligten Rechtsträger bedarf einer ausdrücklichen Vereinbarung der Sozialpartner (*BAG* 12.11.2002 EzA § 112 BetrVG 2001 Nr. 2; vgl. *Gaul* NZA 2003, 695, 700). 2104

Die Betriebspartner können einen abgeschlossenen Sozialplan einvernehmlich aufheben und mit Wirkung für die Zukunft durch einen neuen Sozialplan ersetzen. Ein Eingriff in die auf der Grundlage des bisherigen Sozialplans bereits begründeten Ansprüche ist nur unter Beachtung der Grundsätze des Vertrauensschutzes und der Verhältnismäßigkeit möglich. Demnach ist eine Verschlechterung der bestehenden Regelung z.B. zulässig, wenn die Arbeitnehmer mit einer rückwirkenden Verschlechterung rechnen mussten, die Rechtslage auf Grund der bisherigen Regelung unklar und verworren war, wenn die bisherige Regelung abgelaufen oder wenn eine Anpassung an die geänderten tatsächlichen Verhältnisse wegen Wegfalls der Geschäftsgrundlage erforderlich ist. Allerdings müssen auch dann die Eingriffe, am Zweck der Maßnahme gemessen, verhältnismäßig (geeignet, erforderlich und proportional) sein (*BAG* 5.10.2000 EzA § 112 BetrVG 1972 Nr. 107; 10.8.1994 EzA § 112 BetrVG 1972 Nr. 76). 2105

Liegen die Voraussetzungen eines Wegfalls der Geschäftsgrundlage vor, dann können die Betriebspartner die Regelungen des Sozialplanes den veränderten tatsächlichen Umständen anpassen. Der Betriebspartner, der sich auf den Wegfall der Geschäftsgrundlage beruft, hat dann gegenüber dem anderen einen Anspruch auf Aufnahme von Verhandlungen über die Anpassung der im Sozialplan getroffenen Regelung. Verweigert der andere Betriebspartner eine solche Anpassung oder kommt es nicht zu einem Einvernehmen, kann er die Einigungsstelle anrufen, die verbindlich entscheidet. Die anpassende Regelung kann auf Grund des anzupassenden Sozialplanes schon entstandene Ansprüche der Arbeitnehmer auch zu deren Ungunsten abändern, ohne dass dem der Vertrauensschutz der Arbeitnehmer entgegensteht (*BAG* 10.8.1994 EzA § 112 BetrVG 1972 Nr. 76). 2106

Vereinbaren Arbeitgeber und Betriebsrat einen Interessenausgleich und Sozialplan im Hinblick auf eine geplante Betriebsstilllegung, entfällt die Geschäftsgrundlage des Sozialplans, wenn alsbald nach Ausspruch der Kündigungen der Betrieb von einem Dritten übernommen wird, der sich bereit erklärt, alle Arbeitsverhältnisse zu den bisherigen Bedingungen fortzuführen (*BAG* 28.8.1996 EzA § 112 BetrVG 1972 Nr. 87). 2107

Sofern der Sozialplan dies nicht selbst vorsieht, ist er grds. weder ordentlich noch außerordentlich kündbar. Eine Ausnahme gilt nur für sog. Dauerregelungen. 2108

Solche Dauerregelungen liegen nur dann vor, wenn ein einmal entstandener wirtschaftlicher Nachteil der Arbeitnehmer nicht durch eine einmalige Leistung, sondern durch auf bestimmte oder unbestimmte Zeit laufende Leistungen ausgeglichen oder gemildert werden soll. Gekündigte Dauerregelungen wirken aber bis zu einer Neuregelung nach. Die ersetzende Regelung kann Ansprüche der Arbeitnehmer, die vor dem Wirksamwerden der Kündigung entstanden sind, nicht zu Ungunsten der Arbeitnehmer abändern, und zwar auch dann nicht, wenn die Arbeitnehmer auf Grund bestimmter Umstände nicht mehr auf den unveränderten Fortbestand des Sozialplanes vertrauen konnten (*BAG* 10.8.1994 EzA § 112 BetrVG 1972 Nr. 76).

2109 Abfindungsansprüche aus einem Sozialplan sind vererbbare Ansprüche. Ein Übergang auf den Erben setzt jedoch voraus, dass er zum Zeitpunkt des Todes des Arbeitnehmers bereits entstanden war. Stirbt ein betriebsbedingt gekündigter Arbeitnehmer vor Ablauf der Kündigungsfrist, kann die Auslegung des Sozialplans ergeben, dass ein Abfindungsanspruch nicht entsteht, da die Nachteile, deren Ausgleich eine Sozialplanabfindung typischerweise dienen soll, dann nicht entstehen (vgl. *BAG* 27.6.2006 EzA § 112 BetrVG 2001 Nr. 18).

6. Streitigkeiten

a) Beschlussverfahren

2110 Arbeitgeber und Betriebsrat können im Beschlussverfahren klären lassen, ob überhaupt eine Betriebsänderung vorliegt und deshalb eine Pflicht zur Verhandlung über Interessenausgleich und Sozialplan besteht, wobei eine rechtskräftige Entscheidung auch für eine noch tagende Einigungsstelle verbindlich ist (*BAG* 22.1.1980 EzA § 111 BetrVG 1972 Nr. 11; 15.10.1979 EzA § 111 BetrVG 1972 Nr. 8). Wird ein solches Verfahren nicht betrieben oder ist noch nicht rechtskräftig abgeschlossen, hat die Einigungsstelle ihre Zuständigkeit selbst zu prüfen.

2111 Die Unwirksamkeit eines von der Einigungsstelle verabschiedeten Sozialplanes wegen Überschreitung der Grenzen des Ermessens ist arbeitsgerichtlich unter Berücksichtigung der Anfechtungsfrist von zwei Wochen gem. § 76 Abs. 5 BetrVG geltend zu machen. Der Antrag im Beschlussverfahren ist auf die Feststellung der Unwirksamkeit des Sozialplanes zu richten. Der für die Anwaltsgebühren maßgebende Gegenstandswert bestimmt sich dabei i.d.R. nach der Differenz zwischen den Vorstellungen beider Seiten in der Einigungsstelle über das Sozialplanvolumen (*LAG Düsseld.* 29.11.1994 DB 1995, 52; *LAG Hamm* 13.10.1988 DB 1989, 52), darf jedoch 1 Mio. DM nicht übersteigen (so *LAG Düsseld.* 29.11.1994 DB 1995, 52; krit. DKK/*Däubler* §§ 112, 112 a Rz. 151).

2112 Der Anspruch des Betriebsrats auf Durchführung einer Betriebsvereinbarung hat nicht die Befugnis zum Inhalt, vom Arbeitgeber aus eigenem Recht die Erfüllung von Ansprüchen der Arbeitnehmer aus dieser Betriebsvereinbarung zu verlangen. Ein dahingehender Antrag des Betriebsrates ist unzulässig (*BAG* 17.10.1989 EzA § 112 BetrVG 1972 Nr. 54).

b) Klage des einzelnen Arbeitnehmers

2113 Der einzelne betroffene Arbeitnehmer kann ihm aus dem Sozialplan erwachsende Ansprüche im arbeitsgerichtlichen Urteilsverfahren einklagen, hierbei aber nicht geltend machen, die Festlegung des Gesamtvolumens des Sozialplanes sei ermessensmissbräuchlich (*BAG* 17.2.1981 EzA § 112 BetrVG 1972 Nr. 21; 26.7.1988 EzA § 112 BetrVG 1972 Nr. 43). Hat der Sozialplan den klagenden Arbeitnehmer aber unter Verletzung der Grundsätze des § 75 BetrVG oder des allgemeinen arbeitsrechtlichen Gleichbehandlungsgrundsatzes schlechter behandelt oder von jeder Leistung ausgeschlossen, kann dieser verlangen, so gestellt zu werden, wie er stehen würde, wenn die Parteien des Sozialplanes Recht und Billigkeit beachtet hätten.

Da ein neuer Sozialplan, der diese Grundsätze zu beachten hätte, i.d.R. nicht mehr zustande kommen kann, muss das Arbeitsgericht die Billigkeitskontrolle ersetzen und den Betrag bestimmen, der dem Kläger bei Beachtung dieser Grundsätze zugestanden hätte, auch wenn dies mittelbar zu einer Erweiterung des Sozialplanvolumens führt, sofern die Mehrbelastung des Arbeitgebers durch die Korrektur im Verhältnis zum Gesamtvolumen des Sozialplanes nicht ins Gewicht fällt (*BAG* 26.6.1990 EzA § 112 BetrVG 1972 Nr. 55). 2114

Zu beachten ist, dass Sozialplanansprüche tariflichen Ausschlussfristen unterfallen können. 2115

Erfasst eine tarifliche Ausschlussfrist allgemeine Ansprüche aus dem Arbeitsverhältnis, so gilt sie auch für einen Anspruch auf Zahlung einer einmaligen Abfindung aus einem Sozialplan anlässlich der Beendigung des Arbeitsverhältnisses (*BAG* 30.11.1994 EzA § 4 TVG Ausschlussfristen Nr. 10). Ansprüche, die erst nach Beendigung des Arbeitsverhältnisses fällig werden, werden nur dann von einer tariflichen Ausschlussklausel erfasst, wenn dies in dem Tarifvertrag deutlich zum Ausdruck kommt (*BAG* 3.4.1990 EzA § 4 TVG Ausschlussfristen Nr. 94). 2116

VII. Besonderheiten im Insolvenz-, Konkurs- und Vergleichsverfahren

Die Vorschriften über die Beteiligung des Betriebsrates bei Betriebsänderungen gelten grds. auch in der Insolvenz bzw. bei Verfahren, die noch nach Maßgabe der Konkursordnung abzuwickeln sind (= Verfahren, die vor dem 1.1.1999 beantragt wurden, Art. 103 EGInsO) auch im Konkurs- und Vergleichsverfahren. Besonderheiten ergeben sich in der Insolvenz aus §§ 121–128 der Insolvenzordnung (InsO). Diese Vorschriften gelten auch für Konkursverfahren nach Maßgabe der Konkursordnung auf Grund deren vorzeitiger Inkraftsetzung durch das Arbeitsrechtliche Beschäftigungsförderungsgesetz vom 13.9.1996. 2117

Im Insolvenz- bzw. Konkursverfahren tritt der Insolvenz- bzw. Konkursverwalter auch hinsichtlich der betriebsverfassungsrechtlichen Pflichten im Zusammenhang mit einer Betriebsänderung an die Stelle des Unternehmers (*BAG* 6.5.1986 EzA § 112 BetrVG 1972 Nr. 39) und hat daher den Betriebsrat über eine geplante Betriebsänderung zu unterrichten und den Versuch eines Interessenausgleichs zu unternehmen, wobei es gleichgültig ist, ob das Insolvenz- bzw. Konkursverfahren erst während einer schon vom Unternehmer begonnenen Betriebsänderung eröffnet wird oder eine Betriebsänderung erst vom Insolvenz- bzw. Konkursverwalter selbst geplant und durchgeführt wird. 2118

Wird nach § 21 Abs. 2 InsO nach Beantragung aber vor Eröffnung des Insolvenzverfahrens ein vorläufiger Insolvenzverwalter durch das Insolvenzgericht bestellt **und** dem Schuldner ein allgemeines Verfügungsverbot nach §§ 21 Abs. 2 Nr. 2, 22 Abs. 1 InsO auferlegt, geht die Arbeitgeberfunktion auf den vorläufigen Insolvenzverwalter über, da dann nur dieser eine Verwaltungs- und Verfügungsbefugnis über das Vermögen des Schuldners hat. Bei Bestellung eines vorläufigen Insolvenzverwalters ohne gleichzeitige Anordnung eines allgemeinen Verfügungsverbots verbleibt die Arbeitgeberfunktion beim Schuldner, es sei denn das Insolvenzgericht trifft hierüber im Bestellungsbeschluss gem. § 22 Abs. 2 InsO ausdrücklich eine andere Anordnung (*Lakies* BB 1998, 2638, 2639)Bei der der Eröffnung eines Konkursverfahrens vorhergehenden Anordnung von Sequestration steht der Sequestor dem Verwalter nicht gleich, sodass die Beachtung der Beteiligungsrechte des Betriebsrats – ebenso wie im Vergleichsverfahren – dem Arbeitgeber obliegt (MünchArbR/*Matthes* 1. Aufl., § 355 Rz. 6, 19).

Auch die Zuständigkeit der Einigungsstelle zur verbindlichen Entscheidung über einen Sozialplan wird nicht berührt. 2119

Hierbei ist nicht erforderlich, dass der Insolvenz- bzw. Konkursverwalter selbst oder ein Insolvenz- bzw. Konkursgläubiger zum Beisitzer der Einigungsstelle bestellt wird (*BAG* 6.5.1986 EzA § 112 BetrVG 1972 Nr. 39). Die Einigungsstelle hat aber einen Vertreter des Gläubigerausschusses anzuhören (*Fitting* 19. Aufl., § 1 SozplKonkG Rz. 12b).

2120 Besonderheiten gelten im Insolvenz- bzw. Konkursverfahren hinsichtlich des Verfahrens zur Aufstellung eines Interessenausgleichs und wegen der Möglichkeit eines besonderen Beschlussverfahrens zum Kündigungsschutz.

§§ 121–128 InsO, die auf Grund ihrer vorzeitigen Inkraftsetzung durch das arbeitsrechtliche Beschäftigungsförderungsgesetz vom 13.9.1996 nicht nur im Insolvenzverfahren, sondern auch im Konkursverfahren gelten, regeln für das Gesamtvollstreckungsverfahren Besonderheiten. Dies gilt zunächst hinsichtlich des Verfahrens zur Aufstellung eines Interessenausgleichs und möglichen Ansprüchen auf Nachteilsausgleich bei Nichtausschöpfung des Verfahrens zur Herbeiführung eines Interessenausgleichs (s.o. Rn. 2029, Rn. 2037 a.E., Rn. 2045 a.E., Rn. 2051). Weiter kann der Insolvenz- bzw. Konkursverwalter ein besonderes, kündigungsschutzrechtlich relevantes Beschlussverfahren nach § 126 InsO einleiten, wenn innerhalb von drei Wochen nach Verhandlungsbeginn oder schriftlicher Aufforderung zu Verhandlungen ein Interessenausgleich, der die zu kündigenden Arbeitnehmer namentlich benennt, nicht zu Stande gekommen ist, obwohl der Verwalter den Betriebsrat über die beabsichtigte Betriebsänderung rechtzeitig und umfassend unterrichtet hat. Inhalt des Antrags ist die begehrte Feststellung, dass die Kündigung der Arbeitsverhältnisse der im Antrag namentlich bezeichneten Arbeitnehmer durch dringende betriebliche Erfordernisse bedingt und sozial gerechtfertigt ist. Die soziale Auswahl der Arbeitnehmer kann gerichtlich nur im Hinblick auf die Dauer der Betriebszugehörigkeit, das Lebensalter und die Unterhaltspflichten nachgeprüft werden. Beteiligte des Beschlussverfahrens sind der Verwalter, der Betriebsrat und die bezeichneten Arbeitnehmer, die nicht mit der Beendigung des Arbeitsverhältnisses oder im Falle der Änderungskündigung mit den veränderten Arbeitsbedingungen einverstanden sind. Die Entscheidung des Arbeitsgerichts ist gem. § 127 InsO für einen nachfolgenden Kündigungsschutzprozess bindend; ein ggf. vorher eingeleitetes Kündigungsschutzverfahren ist auszusetzen. Gem. § 128 InsO kann dieses Beschlussverfahren auch durchgeführt werden, wenn die Betriebsänderung erst nach einer Betriebsveräußerung vom Erwerber durchgeführt werden soll. Die gerichtliche Feststellung erstreckt sich dann auch darauf, dass die Kündigung der Arbeitsverhältnisse nicht wegen des Betriebsübergangs erfolgt (vgl. zum kündigungsschutzrechtlichen Beschlussverfahren o. Kap. 4 Rn. 2789 ff.).

2121 Auch in der Insolvenz bzw. im Konkurs des Unternehmens ist bei Betriebsänderungen grds. ein Sozialplan aufzustellen, selbst wenn der Geschäftsbetrieb bereits vollständig eingestellt ist.

Von der Aufstellung eines Sozialplanes kann abgesehen werden, wenn keine Mittel aus der Masse für Leistungen aus dem Sozialplan zur Verfügung stehen (*LAG Köln* 30.1.1986 LAGE § 112 BetrVG 1972 Nr. 9).

2122 Befriedigung und Umfang der in einem Sozialplan festgelegten Ansprüche werden für Verfahren, die noch nach der Konkursordnung abzuwickeln sind, durch das SozplKonkG und für Verfahren nach Maßgabe der InsO durch §§ 123, 124 InsO geregelt.

Für das **Insolvenzverfahren** ist zwischen Sozialplänen vor und nach Eröffnung des Insolvenzverfahrens zu unterscheiden.

2123 Für einen **nach** Eröffnung des Insolvenzverfahrens aufgestellten Sozialplan kann nach § 123 Abs. 1 InsO für Leistungen an Arbeitnehmer höchstens ein Gesamtbetrag von bis zu 2 1/2 Monatsverdiensten der von einer Entlassung betroffenen Arbeitnehmer vorgesehen werden, wobei zur Bestimmung des Monatsverdienstes auf § 10 Abs. 3 KSchG verwiesen wird (vgl. o. Kap. 4 Rn. 3249 ff.). Bemessungszeitraum ist der Monat, in dem das Arbeitsverhältnis der Mehrzahl der betroffenen Arbeitnehmer endet. Für diesen Monat ist der Arbeitsverdienst aller von der Entlassung betroffenen Arbeitnehmer zu berechnen und sodann mit 2,5 zu multiplizieren (*Fitting* 19. Aufl., § 2 SozplKonkG Rz. 13, 17 zur entsprechenden Regelung des SozplKonkG). Über die Umlegung des so ermittelten Gesamtbetrages entscheiden die Betriebspartner oder die Einigungsstelle nach billigem Ermessen. Der in § 123 Abs. 1 InsO genannte Höchstbetrag stellt eine absolute Höchstgrenze dar, die nicht überschritten werden darf. Ein Überschreiten der Höchstgrenze führt grds. zur Rechtsunwirksamkeit des Sozialplans. Lässt der Sozialplan allerdings die ihm zu Grunde liegenden Verteilungsmaßstäbe erkennen, kommt eine anteilige Kürzung aller Ansprüche bis zur Erreichung des zulässigen Volumens in Betracht (FK-InsO/*Eisenbeis* § 123 Rz. 12). Sofern der Sozialplan nichtig ist, muss ein neuer Sozialplan vereinbart oder das Einigungsstellenverfahren initiiert werden. Gem. § 123 Abs. 2 InsO sind Verbindlichkeiten aus einem derartigen Sozialplan Masseverbindlichkeiten. Es darf für die Berichtigung dieser Sozialplanforderungen aber nicht mehr als ein Drittel der Masse verwendet werden, die ohne Sozialplanforderungen für die Verteilung an die Insolvenzgläubiger zur Verfügung stünde. Bei Übersteigung dieser Grenze sind die einzelnen Sozialplanforderungen anteilig zu kürzen. Der gekürzte, nicht berücksichtigte Teil der Forderung ist dann einfache Insolvenzforderung. Gem. § 123 Abs. 3 InsO sollen vom Insolvenzverwalter mit Zustimmung des Insolvenzgerichts Abschlagszahlungen auf die Sozialplanforderungen geleistet werden, so oft hinreichende Barmittel in der Masse vorhanden sind. Eine Zwangsvollstreckung in die Masse wegen einer Sozialplanforderung ist unzulässig. Sind Bestand oder Höhe einer solchen Sozialplanforderung streitig, ist deshalb nicht die Leistungsklage, sondern die Feststellungsklage zutreffende Klageart (*BAG* 29.10.2002 EzA § 112 BetrVG 2001 Nr. 4).

Ein Sozialplan, der **vor** Eröffnung des Insolvenzverfahrens, aber nicht früher als drei **2124** Monate vor dem Eröffnungsantrag aufgestellt wurde, kann gem. § 124 InsO sowohl vom Insolvenzverwalter als auch vom Betriebsrat widerrufen werden. Erfolgt ein solcher Widerruf, ist ggf. ein neuer Sozialplan aufzustellen, für den dann die Regelungen des § 123 InsO gelten. Gem. § 124 Abs. 2 InsO sind dann im Rahmen dieses Sozialplans auch die Arbeitnehmer zu berücksichtigen, denen Forderungen aus dem widerrufenen Sozialplan zustanden. Haben Arbeitnehmer aus dem widerrufenen Sozialplan bereits vor Eröffnung des Insolvenzverfahrens Leistungen erhalten, können diese nach § 124 Abs. 3 InsO nicht wegen des Widerrufs zurückgefordert werden. Bei der Aufstellung eines neuen Sozialplans sind dann aber derartige Leistungen bei der Berechnung des Gesamtbetrags der Sozialplanforderungen nach § 123 Abs. 1 InsO bis zur Höhe von zweieinhalb Monatsverdiensten abzusetzen. Abfindungsansprüche aus einem vor Insolvenzeröffnung aufgestellten Sozialplan sind Insolvenzforderungen i.S.v. § 38 InsO, falls der Abschluss nicht durch einen vorläufigen Insolvenzverwalter mit Verfügungsbefugnis i.S.v. § 55 Abs. 2 InsO erfolgte (*BAG* 31.7.2002 EzA § 55 InsO Nr. 3; FK-InsO/*Eisenbeis* § 124 Rz. 3). Für die entsprechende Fallgestaltung im Rahmen eines Konkursverfahrens wird zum Teil (*Fitting* 19. Aufl., § 4 SozplKonkG Rz. 21) die Ansicht vertreten, dass der Betriebsrat nach den Grundsätzen über den Wegfall der Geschäftsgrundlage den Abschluss eines neuen Sozialplanes verlangen könne, für den dann – als Sozialplan im Konkurs – die Maßstäbe des § 2 SozplKonkG gelten. Dies ist auch unter Geltung der InsO zu erwägen, ggf. mit der Folge, dass der Betriebsrat dann die Aufstellung eines neuen Sozialplans nach Maßgabe des § 123 InsO verlangen kann.

Gesamtvollstreckungsrechtliche Besonderheiten gelten beim freiwilligen Sozialplan in **2125** der Insolvenz eines Gemeinschaftsbetriebs. Dem Insolvenzverwalter über die Vermögen mehrerer einen Gemeinschaftsbetrieb führenden Unternehmen ist es aus Rücksicht auf die Insolvenzgläubiger verwehrt, in einem Sozialplan Verpflichtungen zur Zahlung von Abfindungen an Arbeitnehmer einzugehen, die nicht in einem Arbeitsverhältnis zu dem jeweiligen Gemeinschuldner standen. Er darf jedenfalls insoweit keine gesamtschuldnerischen Verbindlichkeiten der mehreren Insolvenzmassen für die Sozialplanansprüche aller in dem Gemeinschaftsbetrieb beschäftigten Arbeitnehmer begründen. Ein vom Insolvenzverwalter geschlossener Sozialplan ist nach Möglichkeit dahin auszulegen, dass die im Gemeinschaftsbetrieb beschäftigten Arbeitnehmer Abfindungsansprüche nur gegenüber ihrem jeweiligen Vertragsarbeitgeber, nicht gegenüber allen am Gemeinschaftsbetrieb beteiligten Arbeitgebern erwerben sollen (*BAG* EzA § 112 BetrVG 2001 Nr. 2 für das Konkursverfahren).

2126 Für noch nach Maßgabe der Konkursordnung abzuwickelnde **Konkursverfahren** gelten entsprechende Regelungen: Nach § 2 SozplKonkG können in einem Sozialplan, der nach Eröffnung des Konkursverfahrens aufgestellt wird, für Leistungen an Arbeitnehmer höchstens ein Gesamtbetrag bis zu 21/2 Monatsverdiensten der von der Entlassung betroffenen Arbeitnehmer vorgesehen werden. Zur Bestimmung des Monatsverdienstes verweist auch § 2 SozplKonkG auf § 10 Abs. 3 KSchG (s.o. Kap. 4 Rn. 3249 ff.). Über die Umlegung des so ermittelten Gesamtbetrages entscheiden die Betriebspartner oder die Einigungsstelle nach billigem Ermessen. Strittig sind die Rechtsfolgen für die Wirksamkeit eines Sozialplanes, der den höchstzulässigen Gesamtbetrag überschreitet (vgl. *Fitting* 19. Aufl., § 2 SozplKonkG Rz. 18 ff). Grds. ist ein solcher Sozialplan nichtig. Er kann teilweise durch anteilige Kürzung aller Ansprüche bis zum Erreichen des zulässigen Volumens aufrechterhalten werden, wenn die Verteilungsmaßstäbe eindeutig erkennbar sind und durch eine anteilige Kürzung nicht berührt werden. Die Befriedigung von Ansprüchen der Arbeitnehmer aus einem Sozialplan im Konkurs wird durch die §§ 2 ff. SozplKonkG geregelt. Zum Teil (MünchArbR/*Matthes* 1. Aufl., § 355 Rz. 7) wird die Ansicht vertreten, dass durch das Sozialplankonkursgesetz nur die Befriedigung von Abfindungsansprüchen entlassener Arbeitnehmer, nicht jedoch die Befriedigung anderer Ansprüche, die sich aus einem Sozialplan ergeben können, geregelt würden. Nach anderer Ansicht (GK-BetrVG/*Fabricius* 6. Aufl., §§ 112, 112 a Rz. 161 ff.) gelten die beschränkten Befriedigungsmöglichkeiten für alle Ansprüche aus einem Sozialplan. Ansprüche aus einem nach Konkurseröffnung aufgestellten Sozialplan sind – soweit das nach § 2 SozplKonkG zulässige Gesamtvolumen eingehalten wurde – bevorrechtigte Konkursforderungen mit dem Rang des § 61 Abs. 1 Nr. 1 KO. Für die Berichtigung dieser Forderung darf jedoch nicht mehr als ein Drittel der für Verteilung an die Konkursgläubiger zur Verfügung stehenden Konkursmasse verwendet werden, § 4 SozplKonkG. Reicht dieses Drittel zur Befriedigung der Ansprüche nicht aus, so werden diese für das Vorrecht nach § 61 Abs. 1 Nr. 1 KO verhältnismäßig gekürzt. Der nicht bevorrechtigte Teil der Forderung ist einfache Konkursforderung nach § 61 Abs. 1 Nr. 6 KO und kann nach Beendigung des Konkursverfahrens gegen den Gemeinschuldner geltend gemacht werden. Der Konkursverwalter ist nicht berechtigt, die Sozialplanforderung im Prüfungstermin allein deshalb zu bestreiten, weil noch nicht feststeht, wie hoch die zur Verteilung kommende Konkursmasse sein wird (*BAG* 10.8.1988 EzA § 146 KO Nr. 2). Eine weitere Kürzung auch des bevorrechtigten Teils der Sozialplanforderung müssen die Arbeitnehmer ggf. hinnehmen, wenn die Konkursmasse nicht zur Befriedigung aller nach § 61 Abs. 1 Nr. 1 KO bevorrechtigten Forderungen ausreicht.

2127 Für Sozialpläne, die vor der Eröffnung des Konkursverfahrens oder eines Vergleichsverfahrens, nicht aber früher als drei Monate vor dem Antrag auf Eröffnung eines solchen Verfahrens aufgestellt worden sind, führt die Nichtbeachtung der Obergrenze des Gesamtvolumens nach § 2 SozplKonkG nicht zur Unwirksamkeit des Sozialplans. Ansprüche aus einem solchen Sozialplan können jedoch nur in der Höhe geltend gemacht werden, wie sie in Sozialplänen nach Eröffnung des Verfahrens hätten vereinbart werden können. In dieser Höhe sind sie bevorrechtigte Konkursforderungen, § 4 SozplKonkG. Ansprüche aus Sozialplänen, die früher als drei Monate vor Antrag auf Konkurs- oder Vergleichseröffnung abgeschlossen wurden, sind keine bevorrechtigten Forderungen und können daher nur als einfache Konkursforderung nach § 61 Abs. 1 Nr. 6 KO geltend gemacht werden. Zum Teil (*Fitting* 19. Aufl., § 4 SozplKonkG Rz. 21; **a.A.** MünchArbR/*Matthes* 1. Aufl., § 355 Rz. 13) wird die Ansicht vertreten, dass der Betriebsrat nach den Grundsätzen über den Wegfall der Geschäftsgrundlage den Abschluss eines neuen Sozialplanes verlangen könne, für den dann – als Sozialplan im Konkurs – die Maßstäbe des § 2 SozplKonkG gelten. Soweit Ansprüche der Arbeitnehmer aus Sozialplänen im Konkursverfahren geltend gemacht werden können und nach Maßgabe des SozplKonkG dort ein Vorrecht genießen, nehmen sie am Vergleichsverfahren nicht teil, § 5 SozplKonkG. Insoweit bleiben ihre Ansprüche in voller Höhe erhalten, während sie hinsichtlich anderer Ansprüche Vergleichsgläubiger sind. Hinsichtlich des über die im Konkursverfahren geltenden Grenzen hinausgehenden Abfindungsanspruchs müssen die Arbeitnehmer dann eine Kürzung von weiter gehenden Sozialplanansprüchen nach Maßgabe des Vergleichs hinnehmen.

Der **Anspruch auf Nachteilsausgleich in der Insolvenz** ist, wenn er vor Verfahrenseröff- 2128
nung entstanden ist, Insolvenzforderung nach § 38 InsO. Dies gilt selbst dann, wenn die einen Nachteilsausgleichsanspruch bedingenden Kündigungen vor Eröffnung des Insolvenzverfahrens in Absprache mit dem vorläufigen Insolvenzverwalter und mit dessen Zustimmung erfolgten (*BAG* 8.4.2003 EzA § 55 InsO Nr. 4; 4.12.2002 EzA § 113 BetrVG 1972 Nr. 30).

Ist der Anspruch auf Nachteilsausgleich nach Verfahrenseröffnung entstanden, beruht er auf einer Handlung des Insolvenzverwalters und ist daher Masseverbindlichkeit nach § 55 Abs. 1 Nr. 1 InsO. Begründet ein Insolvenzverwalter nach Anzeige der Masseunzulänglichkeit Ansprüche auf Nachteilsausgleich dadurch, dass er eine Betriebsänderung durchführt, ohne zuvor den Versuch eines Interessenausgleichs unternommen zu haben, handelt es sich um Neumasseverbindlichkeiten i.S.v. § 209 Abs. 1 Nr. 2 InsO, die regelmäßig im Wege der Leistungsklage verfolgt werden können (*BAG* 30.5.2006 EzA § 113 BetrVG 2001 Nr. 7).

Für Verfahren, die noch nach Maßgabe der **Konkursordnung** abzuwickeln sind, gilt: Wenn die Betriebsänderung nach Eröffnung des Konkursverfahrens vom Konkursverwalter oder dem Versuch eines Interessenausgleichs oder in Abweichung von einem Interessenausgleich durchgeführt wurde, handelt es sich um Masseschulden nach § 59 Abs. 1 Nr. 1 KO, da der Nachteilsausgleichsanspruch dann ein Anspruch aus Handlungen des Konkursverwalters ist, im Übrigen handelt es sich um einfache Konkursforderungen nach § 61 Abs. 1 Nr. 6 KO, und zwar selbst dann, wenn das Arbeitsverhältnis erst durch eine vom Konkursverwalter in Ausführung der begonnenen Betriebsänderung ausgesprochene Kündigung beendet wird (*BAG* 3.4.1990 EzA § 113 BetrVG 1972 Nr. 20; 27.10.1998 EzA § 112 BetrVG 1972 Nr. 102).

VIII. Förderung von Transfermaßnahmen durch die Bundesagentur für Arbeit

1. Einleitung

Im Zusammenhang mit Verhandlungen über einen Sozialplan sind die im SGB III vorgese- 2129
henen Förderungsmöglichkeiten zur Vermeidung von Arbeitslosigkeit zu berücksichtigen (§ 112 Abs. 5 Nr. 2a BetrVG). Während bis zum 31.12.2003 nach Maßgabe der §§ 254 ff. SGB III a.F. als Instrument der aktiven Arbeitsförderung an Träger von Arbeitsförderungsmaßnahmen Zuschüsse zu Eingliederungsmaßnahmen auf Grund eines Sozialplans geleistet werden konnten (vgl. dazu ausf. 3. Aufl., Rz. 1915 ff. mw.N.) und es sich hierbei um echte Zuschüsse zu den Sozialplänen handelte, hat sich dies durch das Dritte Gesetz für moderne Dienstleistungen am Arbeitsmarkt vom 23.12.2003 (BGBl. I S. 2848 ff., »Hartz III«) geändert. Das SGB III sieht nach wie vor die Förderung sog. Transferleistungen, insbes. in Form der Förderung von Transfermaßnahmen (§ 216a SGB III) und des Transferkurzarbeitergeldes, § 216b SGB III, vor.

> Die Förderung von Transfermaßnahmen nach § 216a SGB III unterscheidet sich aber von 2130
> der bisher bestehenden Regelung dadurch, dass es sich bei dem Förderanspruch um einen Individualanspruch des Arbeitnehmers handelt, der vom Arbeitgeber geltend gemacht wird. Dies steht einer unterschiedlichen Aufteilung der Gesamtförderung entgegen.

Denn es dürfte ausgeschlossen sein, dass der Arbeitgeber Zuwendungen, die er in Erfüllung eines individuellen Anspruchs einzelner Arbeitnehmer gewährt, zum Teil einbehält, um den einbehaltenen Teil für Transfermaßnahmen bei anderen Arbeitnehmern auszugeben (*Gaul/ Bonanni* DB 2003, 2386, 2387).

2. Förderung von Transfermaßnahmen, § 216a SGB III

2131 Die Förderung von Transfermaßnahmen ist in § 216a SGB III geregelt. Die Zuständigkeit der Agentur für Arbeit, in dessen Bezirk der Betrieb des Arbeitgebers liegt, ist in § 327 Abs. 3 SGB III geregelt.

a) Begriff der Transfermaßnahme, Voraussetzungen

2132 Die Voraussetzungen einer Förderung von Transfermaßnahmen ergeben sich aus § 216a SGB III.

Transfermaßnahmen sind nach § 216a Abs. 1 S. 2 SGB III alle Maßnahmen zur Eingliederung von Arbeitnehmern in den Arbeitsmarkt, an deren Finanzierung sich der Arbeitgeber angemessen beteiligt und die von einem Dritten, d.h. von einem vom Arbeitgeber verschiedenen Rechtsträger angeboten werden.

aa) Drohende Arbeitslosigkeit aufgrund Betriebsänderung

2133 Eine Eingliederungsmaßnahme ist nur förderungsfähig, wenn die durch sie geförderten Arbeitnehmer von Arbeitslosigkeit bedroht sind und dies auf die Betriebsänderung zurückzuführen ist, § 261a Abs. 1 SGB III. Gem. § 17 SGB III sind von Arbeitslosigkeit bedrohte Arbeitnehmer solche, die versicherungspflichtig beschäftigt sind, alsbald mit der Beendigung der Beschäftigung rechnen müssen und danach voraussichtlich arbeitslos werden. Mit einer Beendigung des Arbeitsverhältnisses ist zu rechnen, wenn der Arbeitgeber die Beendigung des Arbeitsverhältnisses aus betriebsbedingten Gründen angekündigt hat, wobei die Art und Weise der Beendigung (Kündigung, Aufhebungsvertrag, Veranlassung zur Eigenkündigung) ebenso unerheblich ist, wie die Rechtswirksamkeit der Beendigung (GK-BetrVG/*Oetker* §§ 112, 112 a Rz. 379).

Die Gefahr einer Arbeitslosigkeit i.S.d. § 17 SGB III besteht nicht bei einer bestehenden Weiterbeschäftigungsmöglichkeit beim bisherigen Arbeitgeber oder bei einem Dritten. Voraussetzung ist allerdings, dass ein entsprechender Arbeitsplatz angeboten wurde und dem Arbeitnehmer zumutbar ist, wobei sich die Zumutbarkeit nach den Kriterien des § 112 Abs. 5 S. 2 Nr. 2 BetrVG (s.o. Rn. 2091 ff.) richtet (GK-BetrVG/*Oetker* §§ 112, 112 a Rz. 380; **a.A.** *Löwisch* RdA 1997, 287, 289]: Zumutbarkeit richtet sich nach § 121 SGB III).

Die Bedrohung mit Arbeitslosigkeit muss ursächlich auf eine Betriebsänderung i.S.d. § 111 BetrVG (s.o. Rn. 1978 ff.) zurückzuführen sein. Die Betriebsgröße ist allerdings unerheblich. Droht die Beendigung des Arbeitsverhältnisses aus anderen Gründen oder ist die Maßnahme des Unternehmers keine Betriebsänderung i.S.d. § 111 BetrVG, scheidet eine Förderung aus.

bb) Angemessene Beteiligung des Arbeitgebers

2134 Der Arbeitgeber muss sich an der Finanzierung der Transfermaßnahme angemessen beteiligen. Die Förderung soll eine Mitfinanzierung sein. Die Prüfung, ob eine angemessene finanzielle Beteiligung vorliegt, bedingt eine wertende Betrachtungsweise. Zunächst sind die Kosten der vorgesehenen Transfermaßnahme zu ermitteln und mit denjenigen finanziellen Mitteln in ein Verhältnis zu setzen, die der Arbeitgeber für diese Maßnahmen bereitstellt. Im Rahmen der wertenden Betrachtung können sodann u.a. die wirtschaftliche Lage (Leistungsfähigkeit) des Unternehmers, die Zahl der von einer Entlassung bedrohten Arbeitnehmer, Art und Dauer der Maßnahmen sowie die durch die Betriebsänderung ggf. beabsichtigten Einsparungen berücksichtigt werden (vgl. GK-BetrVG/*Oetker* §§ 112, 112 a Rz. 391 zur entsprechenden (Alt-) Regelung in § 255 Abs. 1 Nr. 5 SGB III a.F.).

cc) Eingliederung in den Arbeitsmarkt als Zweck der Maßnahme

2135 § 216a SGB III enthält keinen Katalog der förderungswürdigen Maßnahmen. Bei der Wahl der Maßnahme soll die nach Einschätzung der Handelnden im Einzelfall beste Lösung ermöglicht werden (vgl. *Gaul/Bonanni* DB 2003, 2386, 2386). In Betracht kommen etwa Weiterbildungs- und Trainingsmaßnahmen, Maßnahmen zum Abschluss einer Berufsbildung, Fort- und Weiterbildungsmaßnahmen. Ausgeschlossen ist eine Förderung nach § 216a Abs. 3 SGB III wenn die Maßnahme dazu dient, den Arbeitnehmer auf eine Anschlussbeschäftigung im selben Betrieb oder in einem anderen Betrieb desselben Unternehmens oder bei Konzernzugehörigkeit in einem anderen Betrieb eines Konzernunternehmens vorzubereiten.

dd) Durchführung durch Dritten, Qualitätssicherung, Gesicherte Durchführung der Maßnahme

Die Maßnahme muss durch einen Dritten, d.h., durch einen vom Arbeitgeber verschiedenen Rechtsträger angeboten werden. Die Auswahl des Dritten obliegt den betrieblichen Sozialpartnern (BT-Drs. 15/1515, S. 91). Voraussetzung ist nur, dass der Dritte ein internes Qualitätssicherungssystem anwendet, mit dem zum Abschluss der Maßnahme die Zufriedenheit der Teilnehmer und des Auftraggebers festgestellt werden (vgl. BT-Drs. 15/1515, S. 91). 2136

Die von § 216a Abs. 1 Nr. 3 SGB III geforderte gesicherte Durchführung der Maßnahme erfordert zum einen, dass die Bereitstellung der vom Unternehmer zugesagten finanziellen Mittel sichergestellt ist. Dies kann ggf. auch die Absicherung durch Sicherheiten (z.B. Bürgschaft) bedingen (DKK/*Däubler* §§ 112, 112 a Rz. 167). Zum anderen muss in organisatorischer Hinsicht die tatsächliche Durchführung der Maßnahme während der gesamten vorgesehenen Dauer sichergestellt sein.

ee) Keine Entlastung von ohnehin bestehenden Verpflichtungen

Gem. § 216a Abs. 3 S. 2 SGB III darf der Arbeitgeber durch die Förderung nicht von bestehenden (gesetzlichen oder vertraglichen) Verpflichtungen entlastet werden. 2137

Werden im einem Sozialplan hinsichtlich von förderungswürdigen Transfermaßnahmen Leistungsansprüche der Arbeitnehmer vorgesehen, sollte daher darauf geachtet werden, dass eine Anrechnung mit den vom Arbeitnehmer beanspruchbaren Förderungsleistungen nach § 216a SGB III vorgesehen wird, da ansonsten eine Verdoppelung der Leistungsansprüche der Arbeitnehmerseite eintreten kann (*Gaul/Bonanni* DB 2003, 2386, 2387). 2138

b) Förderungshöhe

Der Zuschuss beträgt 50% der tatsächlich aufzuwendenden Maßnahmekosten, jedoch höchstens 2.500 € je gefördertem Arbeitnehmer. 2139

c) Beratungspflicht der Agenturen für Arbeit; Verwaltungsverfahren

Gem. § 216a Abs. 4 SGB III haben die Agenturen für Arbeit auf Verlangen den Unternehmer und den Betriebsrat über die Förderungsmöglichkeiten von Eingliederungsmaßnahmen insbes. im Rahmen von Sozialplanverhandlungen zu beraten. Die Beratung soll und kann aber bereits bei den Interessenausgleichsverhandlungen einsetzen. 2140

Zuständig für die Leistungen ist die Agentur für Arbeit in deren Bezirk der Betrieb des Arbeitgebers liegt, § 327 Abs. 3 SGB III). Der Antrag auf Leistungen zur Förderung von Transfermaßnahmen ist innerhalb einer Ausschlussfrist von drei Monaten zu stellen, beginnend mit Ablauf des Monats, in dem die Maßnahme beginnt. Der Arbeitgeber hat nach § 320 Abs. 4a SGB III die Voraussetzungen für die Erbringung von Leistungen zur Förderung von Transfermaßnahmen nachzuweisen.

3. Transferkurzarbeitergeld

2141 Im Unterschied zu der bisherigen Regelung (§ 175 SGB III a.F. – Kurzarbeitergeld in einer betriebsorganisatorisch eigenständigen Einheit) setzt das Transferkurzarbeitergeld nach § 216b SGB III keine Erheblichkeit des Arbeitsausfalls voraus. Die Transferkurzarbeit soll damit als Instrument zur Begleitung aller betrieblichen Restrukturierungsprozesse geöffnet werden (BT-Drs. 15/1515, S. 92 und 15/1749, S. 28).

a) Allgemeine Voraussetzungen

2142 Voraussetzung der Gewährung von Transferkurzarbeitergeld gem. § 216b Abs. 1 SGB III ist zunächst, dass Arbeitnehmer von einem dauerhaften unvermeidbaren Arbeitsausfall mit Entgeltausfall betroffen sind. Es genügt also ein dauerhafter Arbeitsausfall, was der Fall ist, wenn unter Berücksichtigung der Umstände des Einzelfalles davon auszugehen ist, dass der betroffene Betrieb in absehbarer Zeit die Arbeitskapazitäten nicht mehr im bisherigen Umfang benötigt (vgl. § 216b Abs. 2 SGB III). Nach § 216 Abs. 1 Nr. 4 SGB III muss der dauerhafte Arbeitsausfall der Agentur für Arbeit angezeigt worden sein.

b) Betriebliche Voraussetzungen

2143 Nach § 216 Abs. 3 SGB III muss als betriebliche Voraussetzung zunächst die Durchführung einer Personalanpassungsmaßnahme aufgrund einer Betriebsänderung vorliegen. Bestimmte Schwellenwerte müssen hierzu nicht erreicht werden. Weiter ist betriebliche Voraussetzung, dass die von Arbeitsausfall betroffenen Arbeitnehmer zur Vermeidung von Entlassungen und zur Verbesserung ihrer Eingliederungschancen in einer betriebsorganisatorisch eigenständigen Einheit (beE) zusammengefasst werden. Dies bedingt eine eindeutige Trennung zwischen den Arbeitnehmern, die der beE angehören und denjenigen, die im Betrieb verbleiben. Die beE unterscheidet sich vom Betrieb oder Betriebsteil dadurch, dass in ihr wegen der besonderen Aufgabenstellung sowie der dem Personalbestand nicht angemessenen Ausstattung mit technischen Arbeitsmitteln die Verfolgung eines eigenen arbeitstechnischen Zwecks allenfalls Nebensache ist (*Gaul/Bonanni* DB 2003, 2386, 2388). Die beE kann beim Arbeitgeber, aber auch bei einem anderen Rechtsträger gebildet werden.

c) Persönliche Voraussetzungen, Ausschlusstatbestände

2144 Die zu erfüllenden persönlichen Voraussetzungen ergeben sich im Einzelnen aus §§ 216b Abs. 4 SGB III. Wegen des Bedrohtseins von Arbeitslosigkeit, s.o. Rn. 2133. Ausgeschlossen ist ein Anspruch nach § 216b Abs. 7 SGB III, wenn die vorübergehende Beschäftigung in der beE dazu dient, den Arbeitnehmer anschließend auf einem Arbeitsplatz im selben Betrieb oder in einem anderen Betrieb desselben Unternehmens oder bei Konzernzugehörigkeit in einem anderen Betrieb eines Konzernunternehmens einzusetzen.

Zu beachten ist, dass ferner auch die allgemeinen Ausschlusstatbestände des § 172 Abs. 2 und 3 SGB III gelten, § 216b Abs. 4 S. 2 SGB III.

d) Höhe, Dauer, Verwaltungsverfahren, Beratungspflicht der Agenturen für Arbeit

2145 Die Höhe des Transferkurzarbeitergeldes ergibt sich aus § 178 SGB III (60 bzw. 67% der Nettoentgeltdifferenz). Die Bezugsdauer beträgt nach § 216b Abs. 8 SGB III zwölf Monate.

Die Anzeige über den Arbeitsausfall hat gem. § 216b Abs. 5 SGB III bei der Agentur für Arbeit zu erfolgen, in der der personalabgebende Betrieb seinen Sitz hat. Den Arbeitgeber treffen Unterrichtungspflichten gegenüber der Agentur für Arbeit nach §§ 216b Abs. 9, 320 Abs. 4 SGB III. Gem. § 216b Abs. 5 S. 2 i.V.m. § 216a Abs. 4 SGB III haben die Agenturen für Arbeit auf Verlangen über die Möglichkeiten der Beantragung von Transferkurzarbeitergeld zu informieren und zu beraten

O. Sanktionen des BetrVG

I. Unmittelbare Erfüllungs- und Unterlassungsansprüche

> Vorschriften des BetrVG, die eine Verpflichtung zur Leistung von Geld und Sachen, zur Unterrichtung des Betriebsrats oder zur Vorlage von Unterlagen normieren, gewähren dem Betriebsrat einen Anspruch (§ 194 BGB) auf Erfüllung dieser Verpflichtungen, ohne dass solche Ansprüche durch § 23 Abs. 3 BetrVG auf den Fall beschränkt wären, dass die Nichterfüllung der Verpflichtung sich zugleich als grober Pflichtverstoß des Arbeitgebers darstellt (*BAG* 17.5.1983 EzA § 80 BetrVG 1972 Nr. 25; 22.2.1983 EzA § 23 BetrVG 1972 Nr. 9). **2146**

Mittels Leistungsantrags kann ein solcher Anspruch im arbeitsgerichtlichen Beschlussverfahren geltend gemacht und nach Maßgabe von § 85 Abs. 1 ArbGG ohne die Beschränkungen nach § 23 Abs. 3 S. 2–5 BetrVG vollstreckt werden. Informations- und Einsichtsrechte ergeben sich bspw. aus §§ 80 Abs. 2 (*BAG* 17.5.1983 EzA § 80 BetrVG 1972 Nr. 25), 89 Abs. 2 S. 2 (*BAG* 22.2.1983 EzA § 23 BetrVG 1972 Nr. 9) 90 S. 1 (GK-BetrVG/*Oetker* § 23 Rz. 144), 92 Abs. 1 S. 1 und 99 Abs. 1 S. 1 (GK-BetrVG/*Oetker* § 23 Rz. 147), 111 Abs. 1 S. 1 BetrVG (*BAG* 22.2.1983 EzA § 23 BetrVG 1972 Nr. 9). Besonderheiten gelten im Hinblick auf das Informations- und Einsichtsrecht des Wirtschaftsausschusses nach § 106 Abs. 2 BetrVG. Bei Streit über den Umfang der Information und die Erforderlichkeit der Vorlage von Unterlagen entscheidet hier primär nach § 109 BetrVG die Einigungsstelle (s.o. Rn. 974 ff.). Sachleistungs- bzw. Geldansprüche ergeben sich z.B. aus §§ 20 Abs. 3, 40, 44 BetrVG (vgl. *BAG* 22.2.1983 EzA § 23 BetrVG 1972 Nr. 9). Einen unmittelbar mittels Leistungsantrag im arbeitsgerichtlichen Beschlussverfahren geltend zu machenden Anspruch enthalten ferner § 37 Abs. 2 und 3 BetrVG, soweit es allein um die Frage der Arbeitsbefreiung eines Betriebsratsmitglieds geht bzw. um die Frage, ob die Betriebsratstätigkeit außerhalb der Arbeitszeit durchzuführen ist (*BAG* 27.6.1990 EzA § 37 BetrVG 1972 Nr. 105). Einen unmittelbaren Anspruch auf Durchführung einer geforderten Stellenausschreibung gibt auch § 93 BetrVG (GK-BetrVG/*Oetker* § 23 Rz. 147). **2147**

Wechselseitige Unterlassungsansprüche werden durch § 74 Abs. 2 S. 2, 3 BetrVG (Verbot der Beeinträchtigung von Arbeitsablauf und Betriebsfrieden, Verbot parteipolitischer Betätigung) begründet (*BAG* 12.6.1986 EzA § 74 BetrVG 1972 Nr. 7). Nach Auffassung des *BAG* (26.2.1987 EzA § 79 BetrVG 1972 Nr. 1) normiert auch § 79 Abs. 1 BetrVG (Wahrung von Betriebs- oder Geschäftsgeheimnissen) einen unmittelbaren Unterlassungsanspruch des Arbeitgebers gegen den Betriebsrat und einzelne Betriebsratsmitglieder. Demgegenüber wird für § 77 Abs. 1 S. 2 BetrVG (Verbot des Eingriffs in die Betriebsleitung) überwiegend die Ansicht vertreten, dass hier Unterlassungsansprüche des Arbeitgebers nur nach Maßgabe des § 23 Abs. 1 BetrVG in Betracht kommen (GK-BetrVG/*Kreutz* § 77 Rz. 27). Soweit Unterlassungsansprüche des Arbeitgebers bestehen, schließt deren Geltendmachung die Einleitung eines Verfahrens nach § 23 Abs. 1 BetrVG nicht aus, da Unterlassungsansprüche einerseits und das Amtsenthebungsverfahren andererseits unterschiedliche Rechtsfolgen auslösen (*BAG* 22.7.1980 EzA § 74 BetrVG 1972 Nr. 5). **2148**

II. § 23 Abs. 3 BetrVG

1. Zweck

§ 23 Abs. 3 BetrVG gibt dem Betriebsrat oder einer im Betrieb vertretenen Gewerkschaft die Möglichkeit, bei groben Verstößen des Arbeitgebers gegen seine Verpflichtungen aus dem BetrVG beim Arbeitsgericht ein Zwangsverfahren einzuleiten. Die Regelung ist im Hinblick auf die Sanktionsregelungen gegen den Betriebsrat in Abs. 1 aus Gründen der Gleichgewichtigkeit geschaffen worden (Bericht 10. Ausschuss zu BT-Drs. VI/2729, S. 21). Der Antrag kann sich auf Unterlassung, Duldung oder Vornahme einer Handlung richten. Eine Zuwi- **2149** derhandlung kann bei Unterlassungs- und Duldungsverpflichtung zu einer Ordnungsgeld- und bei Vornahmeverpflichtung zur Zwangsgeldfestsetzung führen. Das Verfahren gliedert sich demnach zweistufig in Erkenntnis- und Vollstreckungsverfahren.

2150 Zweck der Vorschrift ist es, ein Mindestmaß gesetzmäßigen Verhaltens des Arbeitgebers im Rahmen der betriebsverfassungsrechtlichen Ordnung für die Zukunft sicherzustellen (*BAG* 20.8.1991 EzA § 77 BetrVG 1972 Nr. 41).

2. Voraussetzungen

2151 Erforderlich ist ein grober Verstoß des Arbeitgebers gegen betriebsverfassungsrechtliche Pflichten. Die Begriffe »Verpflichtungen aus diesem Gesetz« i.S.d. Abs. 3 und »gesetzliche Pflichten« i.S.d. Abs. 1 (s.u. Rn. 2193 ff.) entsprechen sich weitgehend (*Fitting* § 23 Rz. 59), sodass zu den Pflichten auch solche betriebsverfassungsrechtlichen Verpflichtungen des Arbeitgebers gehören, die in anderen Gesetzen normiert sind, wie z.B. in § 17 Abs. 2 KSchG, § 9 Abs. 3 ASiG, §§ 95–99 SGB IX (DKK/*Trittin* § 23 Rz. 69). Verpflichtungen aus Tarifverträgen werden nur erfasst, soweit sie die betriebsverfassungsrechtliche Rechtsstellung des Arbeitgebers konkretisieren (*LAG BW* 29.10.1990 LAGE § 77 BetrVG 1972 Nr. 10; GK-BetrVG/*Oetker* § 23 Rz. 165). Ebenso sind Verpflichtungen aus Betriebsvereinbarungen, auch soweit sie auf einem Spruch der Einigungsstelle beruhen, und aus Regelungsabreden Verpflichtungen i.S.d. § 23 Abs. 3 BetrVG, da sie ihre Grundlage im BetrVG haben (*LAG BW* 29.10.1990 LAGE § 77 BetrVG 1972 Nr. 10; GK-BetrVG/*Oetker* § 23 Rz. 166).

2152 Es werden grds. sämtliche Verstöße des Arbeitgebers gegen seine betriebsverfassungsrechtlichen Pflichten unabhängig davon erfasst, ob sich deren Vollstreckung nach §§ 887, 888 und 890 ZPO richten würde, sodass auch die Verletzung von Zahlungspflichten, der Pflicht zur Herausgabe bestimmter Sachen oder zur Abgabe einer Willenserklärung – sofern betriebsverfassungsrechtlich geschuldet – als Pflichtverstoß in Betracht kommt (str. so GK-BetrVG/*Oetker* § 23 Rz. 171; DKK/*Trittin* § 23 Rz. 71; **a.A.** *Fitting* § 23 Rz. 56).

2153 Nicht erfasst werden Verstöße gegen sonstige arbeitsrechtliche Gesetze und den Arbeitsvertrag; in Betracht kommen aber Verstöße gegen die Rechte einzelner Arbeitnehmer nach Maßgabe der §§ 81 ff. BetrVG (GK-BetrVG/*Oetker* § 23 Rz. 167).

2154 Eine grobe Pflichtverletzung setzt nicht ein Verschulden des Arbeitgebers voraus; entscheidend ist vielmehr, ob der Verstoß so erheblich war, dass unter Berücksichtigung des Gebots zur vertrauensvollen Zusammenarbeit die Anrufung des Arbeitgerichts gerechtfertigt erscheint (*BAG* 16.7.1991 EzA § 87 BetrVG 1972 Arbeitszeit Nr. 48). Unerheblich ist auch, ob es sich um einen erstmaligen oder wiederholten Verstoß handelt; objektiv erheblich kann auch ein einmaliger schwer wiegender Pflichtverstoß sein (*BAG* 14.11.1989 EzA § 99 BetrVG 1972 Nr. 85).

2155 Leichtere Verstöße können bei Fortsetzung oder Wiederholung zu einem groben Verstoß werden (*BAG* 16.7.1991 EzA § 87 BetrVG 1972 Arbeitszeit Nr. 48). Ein grober Verstoß scheidet aus, wenn der Arbeitgeber in einer schwierigen und ungeklärten Rechtsfrage eine bestimmte Meinung vertritt und nach dieser handelt (*BAG* 14.11.1989 EzA § 99 BetrVG 1972 Nr. 85; 16.7.1991 EzA § 87 BetrVG 1972 Arbeitszeit Nr. 48). Strittig ist, ob der Unterlassungsanspruch nach § 23 Abs. 3 BetrVG eine Wiederholungsgefahr oder das Andauern des rechtswidrigen Zustandes voraussetzt (so *BAG* 27.11.1990 EzA § 87 BetrVG 1972 Arbeitszeit Nr. 40, wobei eine Vielzahl von Verstößen die Wiederholungsgefahr indiziert; GK-BetrVG/*Oetker* § 23 Rz. 176; **a.A.** *BAG* 18.4.1985 EzA § 23 BetrVG 1972 Nr. 10; DKK/*Trittin* § 23 Rz. 78; *Fitting* § 23 Rz. 65). Nach überwiegender Auffassung ist ferner Voraussetzung, dass der grobe Pflichtverstoß bereits begangen wurde.

Nicht ausreichend ist die bloße, konkrete Befürchtung eines bevorstehenden groben Pflichtverstoßes (*BAG* 18.4.1985 EzA § 23 BetrVG 1972 Nr. 10; **a.A.** GK-BetrVG/*Oetker* § 23 Rz. 174; DKK/*Trittin* § 23 Rz. 78). **2156**

3. Einzelfälle

a) Wahl des Betriebsrats, Amtsführung, Zusammenarbeit

Schwere oder fortgesetzt leichtere Verstöße gegen das Gebot vertrauensvoller Zusammenarbeit; Wahlbehinderung und Wahlbeeinflussung; Öffnen von Betriebsratspost oder Nichtweiterleitung derselben an den Betriebsrat; Verhinderung einer Betriebsversammlung; Verstöße gegen die betriebliche Friedenspflicht; Verstöße gegen das Verbot der parteipolitischen Betätigung; schwer wiegende Verstöße gegen das Behinderungs- und Benachteiligungsverbot; Diskriminierung der Betriebsratsarbeit durch Veröffentlichung des Schriftwechsels während laufender Verhandlungen oder plakative Veröffentlichung der betriebsratsbedingten Fehlzeiten oder undifferenzierte plakative Heraushebung von Betriebsratskosten (*BAG* 12.11.1997 EzA § 23 BetrVG 1972 Nr. 38); Nichtdurchführung von Vereinbarungen mit dem Betriebsrat, auch soweit sie auf einem Spruch der Einigungsstelle beruhen (GK-BetrVG/*Oetker* § 23 Rz. 178; DKK/*Trittin* § 23 Rz. 80). **2157**

b) Beteiligungs- und Mitbestimmungsrechte

Eine Verletzung der sich aus dem BetrVG ergebenden Pflichten des Arbeitgebers liegt insbes. auch dann vor, wenn er Unterrichtungs-, Mitwirkungs- oder Mitbestimmungsrechte des Betriebsrats missachtet (*BAG* 16.7.1991 EzA § 87 BetrVG 1972 Arbeitszeit Nr. 48; 17.3.1987 EzA § 23 BetrVG 1972 Nr. 16). **2158**

c) Ständige Verletzung von Individualrechten einzelner Arbeitnehmer

Beharrliche Verletzung der Beschwerderechte einzelner Arbeitnehmer gem. §§ 81 ff. BetrVG bzw. die beharrliche Weigerung des Arbeitgebers, ein Betriebsratsmitglied auf Verlangen eines Arbeitnehmers in den Fällen der §§ 82 Abs. 2, 83 Abs. 1 bzw. 84 Abs. 1 BetrVG hinzuzuziehen oder die willkürliche Ungleichbehandlung einzelner Arbeitnehmer bzw. Verletzung von Persönlichkeitsrechten gem. § 75 BetrVG (vgl. DKK/*Trittin* § 23 Rz. 83). **2159**

d) Gewerkschaftsrechte

Versagung des Zutritts von Gewerkschaftsbeauftragten zum Betrieb gem. § 2 Abs. 2 BetrVG; Abschluss von Betriebsvereinbarungen entgegen § 77 Abs. 3 BetrVG (*BAG* 20.8.1991 EzA § 77 BetrVG 1972 Nr. 41). **2160**

4. Verfahren

a) Erkenntnisverfahren

Für das Erkenntnisverfahren ist das Arbeitsgericht zuständig, das gem. §§ 2a Abs. 1 Nr. 1, Abs. 2, 80 ff. ArbGG im Beschlussverfahren entscheidet. Das Verfahren setzt einen den Verfahrensgegenstand bestimmenden Antrag voraus. **2161**

Bei Antragstellung ist zu beachten, dass der Antrag so konkret wie möglich gefasst und sich auf einzelne, tatbestandlich umschriebene Handlungen beziehen sollte. Ein sog. Globalantrag ist zwar nicht unzulässig (so die frühere Rechtsprechung des *BAG* (8.11.1983 EzA § 81 ArbGG 1979 Nr. 4), aber unbegründet, wenn eine Fallkonstellation denkbar ist, in der die in Anspruch genommene Unterlassungs-, Vornahme- oder Duldungspflicht des Arbeitgebers nicht besteht (*BAG* 3.5.1994 EzA § 23 BetrVG 1972 Nr. 36; 6.12.1994 EzA § 23 BetrVG 1972 Nr. 37). **2162**

2163 So ist bspw. ein Antrag des Betriebsrats auf Unterlassung mitbestimmungswidriger Versetzungen dann insgesamt unbegründet, wenn er so global gefasst ist, dass er Fallgestaltungen umfasst, in denen der Arbeitgeber nach § 100 Abs. 1 BetrVG Personalmaßnahmen vorläufig ohne Zustimmung des Betriebsrats durchführen kann (*BAG* 6.12.1994 EzA § 23 BetrVG 1972 Nr. 37). Ein weit gefasster Antrag (Globalantrag) des Betriebsrats auf Unterlassung der Anordnung von Mehrarbeit, ohne die erforderliche Mitbestimmung des Betriebsrats ist zulässig, aber unbegründet, wenn der Arbeitgeber praktisch auftretende Fallgruppen aufzeigt, in denen ein in einer Betriebsvereinbarung geregeltes einseitiges Anordnungsrecht des Arbeitgebers bei nicht planbarer Mehrarbeit in Betracht kommt (*LAG Köln* AP Nr. 85 zu § 87 BetrVG 1972 Arbeitszeit).

2164 Antragsberechtigt sind der Betriebsrat und eine im Betrieb vertretene Gewerkschaft, auch wenn sie nicht Gläubiger der Verpflichtung sind, gegen die der Arbeitgeber grob verstoßen hat; insoweit handelt es sich um einen Fall gesetzlicher Prozessstandschaft (GK-BetrVG/*Oetker* § 23 Rz. 187). Ein namens des Betriebsrats gestellter Antrag bedarf zu seiner Zulässigkeit der ordnungsgemäßen Beschlussfassung des Betriebsrats, wobei ausreichend ist, dass der Beschluss den Gegenstand, über den eine Klärung herbeigeführt werden soll, und das angestrebte Ergebnis bezeichnet (*BAG* 29.4.2004 EzA § 77 BetrVG 2001 Nr. 8). Legt der Betriebsrat die Einhaltung der Voraussetzungen für einen wirksamen Beschluss des Gremiums über die Einleitung eines Gerichtsverfahrens im Einzelnen und unter Beifügung von Unterlagen dar, ist ein pauschales Bestreiten mit Nichtwissen durch den Arbeitgeber unbeachtlich (*BAG* 9.12.2003 – 1 ABR 44/02 – AP Nr. 1 zu § 33 BetrVG 1972 = FA 2004, 255 LS).

2165 Mit dem Antrag kann zugleich der Antrag, dem Arbeitgeber für den Fall der Zuwiderhandlung Ordnungsgeld anzudrohen, verbunden werden (*LAG Brem.* 12.4.1989 LAGE § 23 BetrVG 1972 Nr. 19; GK-BetrVG/*Oetker* § 23 Rz. 185).

2166 Beide Anträge können in erster Instanz einseitig und in den Rechtsmittelinstanzen mit Zustimmung der anderen Beteiligten zurückgenommen werden, vgl. §§ 81 Abs. 2 S. 1, 87 Abs. 2 S. 3, 92 Abs. 2 S. 3 ArbGG.

2167 **Antragsbeispiel**: Unter Berücksichtigung der Rechtsprechung des BAG zum Globalantrag kommt etwa für einen auf die Unterlassung der Anordnung von Mehrarbeit gerichteten Unterlassungsantrag folgende Formulierung in Betracht (vgl. *Fiebig* NZA 1993, 58):

- Dem Antragsgegner wird aufgegeben, zu leistende Überstunden in einem Betrieb nur mit Zustimmung des Betriebsrats anzuordnen oder zu dulden, es sei denn, es handelt sich um eine Maßnahme in einem Einzel- oder Notfall, um eine tendenz- oder arbeitskampfbezogene Maßnahme.
- Für jeden Fall der Zuwiderhandlung gegen die Verpflichtung aus Nr. 1 wird dem Antragsgegner – bezogen auf jeden Tag und jeden Arbeitnehmer – ein Ordnungsgeld, dessen Höhe in das Ermessen des Gerichts gestellt wird, ersatzweise Ordnungshaft, angedroht.

b) Vollstreckungsverfahren

2168 Zwangsmittel ist im Fall des § 23 Abs. 3 S. 2 BetrVG (Unterlassung oder Duldung einer Handlung) Ordnungsgeld, im Fall des § 23 Abs. 3 S. 3 BetrVG (Vornahme einer Handlung) Zwangsgeld, wobei das Höchstmaß des Ordnungs- bzw. Zwangsgeldes auf 10.000 € begrenzt ist. Ordnungs- oder Zwangshaft sind ausgeschlossen, § 85 Abs. 1 S. 3 ArbGG. Zuständig für das Vollstreckungsverfahren ist das Arbeitsgericht.

2169 Erforderlich ist ein neuer Antrag, der erst gestellt werden kann, wenn der Beschluss im Erkenntnisverfahren rechtskräftig geworden ist (GK-BetrVG/*Oetker* § 23 Rz. 196).

Ob insoweit auch ein gerichtlicher Vergleich als Grundlage des Vollstreckungsverfahrens in Betracht kommt, wird kontrovers diskutiert (so *LAG Brem.* 12.4.1989 LAGE § 23 BetrVG 1972 Nr. 19; DKK/*Trittin* § 23 Rz. 97; **a.A.** *LAG Düsseld.* 26.4.1993 LAGE § 23 BetrVG 1972 Nr. 30). Die ablehnende Ansicht verweist darauf, dass § 23 BetrVG eine gerichtliche Entscheidung voraussetze und im Übrigen die Frage, ob ein grober Verstoß vorliege, nicht der Disposition der Beteiligten unterliege. 2170

aa) Ordnungsgeld

Neben der Rechtskraft der Entscheidung im Erkenntnisverfahren ist Voraussetzung der Festsetzung von Ordnungsgeld dessen vorherige Androhung, wobei strittig ist, ob zusätzlich erforderlich ist, dass auch der Androhungsbeschluss rechtskräftig ist (so z.B. *Richardi/Thüsing* § 23 Rz. 107; **a.A.** *Fitting* § 23 Rz. 79; GK-BetrVG/*Oetker* § 23 Rz. 202; DKK/*Trittin* § 23 Rz. 104). 2171

Sofern die Androhung nicht bereits in dem die Unterlassungs- oder Duldungsverpflichtung aussprechenden Beschluss des Erkenntnisverfahrens enthalten ist, muss sie durch gesonderten Beschluss erfolgen, für den antragsberechtigt nicht nur der Antragsteller des Erkenntnisverfahrens ist, sondern jeder nach § 23 Abs. 3 S. 4 BetrVG Antragsberechtigte (GK-BetrVG/*Oetker* Abs. 23 Rz. 204). Die Androhung muss nicht bereits die Festsetzung der Höhe, aber die Angabe des gesetzlichen Höchstmaßes enthalten (*LAG Düsseld.* 13.8.1987 LAGE § 23 BetrVG 1972 Nr. 10). 2172

Ist im Beschluss ein der Höhe nach bestimmtes Ordnungsgeld angedroht worden, kann kein höheres verhängt werden (GK-BetrVG/*Oetker* § 23 Rz. 205). Der Androhungsbeschluss kann ohne mündliche Verhandlung, aber nur nach Anhörung des Arbeitgebers ergehen, § 85 Abs. 1 ArbGG, § 891 ZPO. In diesem Fall entscheidet der Vorsitzende allein, § 53 Abs. 1 ArbGG. Gegen den gesonderten Androhungsbeschluss ist das Rechtsmittel der sofortigen Beschwerde gegeben, § 85 Abs. 1 S. 3 ArbGG, §§ 891 S. 1, 793, 577 ZPO, § 78 Abs. 1 ArbGG. 2173

Die Festsetzung des Zwangsmittels setzt ferner voraus, dass der Arbeitgeber nach Rechtskraft der Entscheidung im Erkenntnisverfahren und nach erfolgter Androhung gegen die ihm auferlegte Verpflichtung schuldhaft verstoßen hat, da das Ordnungsgeld nicht nur bloßes Beugemittel ist (*BAG* 18.4.1985 EzA § 23 BetrVG 1972 Nr. 10). 2174

Die Festsetzung des Zwangsmittels erfolgt durch Beschluss, der ohne mündliche Verhandlung, aber nur nach Anhörung des Arbeitgebers ergehen kann, § 85 Abs. 1 ArbGG, § 891 ZPO. Wird ohne mündliche Verhandlung entschieden, entscheidet der Vorsitzende der zuständigen Kammer allein, § 53 Abs. 1 ArbGG. Gegen den Beschluss ist das Rechtsmittel der sofortigen Beschwerde gegeben, § 85 Abs. 1 S. 3 ArbGG, §§ 891 S. 1, 793, 577 ZPO, § 78 Abs. 1 ArbGG. 2175

bb) Zwangsgeld

Zwangsgeld wird auf Antrag festgesetzt, wenn der Arbeitgeber nach Rechtskraft der Entscheidung im Erkenntnisverfahren die ihm auferlegte und noch mögliche (GK-BetrVG/*Oetker* § 23 Rz. 217) Handlung nicht vornimmt, wobei unerheblich ist, ob es sich um eine vertretbare oder unvertretbare Handlung handelt (DKK/*Trittin* § 23 Rz. 108). 2176

Da das Zwangsgeld nur Beugemittel ohne repressiven Charakter ist, ist ein Verschulden nicht erforderlich (GK-BetrVG/*Oetker* § 23 Rz. 218). Eine vorherige Androhung ist entbehrlich, aber auf Antrag möglich (GK-BetrVG/*Oetker* § 23 Rz. 215, 216). 2177

2178 Die Festsetzung erfolgt durch Beschluss, der gem. § 85 Abs. 1 ArbGG i.V.m. § 891 ZPO ohne mündliche Verhandlung (Alleinentscheidung des Vorsitzenden, § 53 Abs. 1 ArbGG), aber nur nach Anhörung des Arbeitgebers ergehen kann. Rechtsmittel ist die sofortige Beschwerde nach § 85 Abs. 1 S. 3 ArbGG, §§ 891 S. 1, 793, 577 ZPO, § 78 Abs. 1 ArbGG.

c) Sicherung des Anspruchs auf einstweilige Verfügung?

2179 Kontrovers diskutiert wird, ob der sich aus § 23 Abs. 3 BetrVG selbst ergebende Anspruch auch im Wege der einstweiligen Verfügung (§ 85 Abs. ArbGG, § 935 ZPO) geltend gemacht werden kann. Hiervon ist die Frage zu unterscheiden, ob ggf. § 23 Abs. 3 BetrVG eine abschließende Regelung des betriebsverfassungsrechtlichen Unterlassungsanspruchs beinhaltet oder ob daneben weitere Unterlassungsansprüche bestehen und diese ggf. durch einstweilige Verfügung sicherungsfähig sind (s.u. Rn. 2181 ff.).

2180 Nach überwiegender Ansicht ist die Sicherung des sich aus § 23 Abs. 3 BetrVG ergebenden Anspruchs durch einstweilige Verfügung möglich.

Begründet wird dies damit, dass hierfür die vom Gesetzgeber angestrebte Gleichgewichtigkeit des § 23 Abs. 3 BetrVG mit dem Verfahren nach § 23 Abs. 1 BetrVG, in welchem die Möglichkeit der Untersagung der Amtsausübung bis zur Entscheidung in der Hauptsache durch einstweilige Verfügung zugelassen werde, spreche und § 23 Abs. 3 BetrVG auch nicht Sanktionsnormen, sondern Mittel zur Gewährleistung eines Mindestmaßes gesetzmäßigen Verhaltens des Arbeitgebers sei und durch § 85 Abs. 1 S. 3 BetrVG die Zwangsvollstreckung im Verfahren nach § 23 Abs. 3 BetrVG eingeschränkt werde, während für den Erlass einer einstweiligen Verfügung nach § 85 Abs. 2 BetrVG keine Einschränkungen vorgesehen seien (*LAG Köln* 22.4.1985 NZA 1985, 634; *LAG Düsseld.* 16.5.1990 NZA 1991, 29; DKK/*Trittin* § 23 Rz. 95; GK-BetrVG/*Oetker* § 23 Rz. 189 ff.). Sofern die Möglichkeit einer einstweiligen Verfügung abgelehnt wird (*LAG Nds.* 5.6.1987 LAGE § 23 BetrVG 1972 Nr. 11; *LAG Köln* 21.2.1989 LAGE § 23 BetrVG 1972 Nr. 20; *Richardi/Thüsing* § 23 Rz. 103) wird zur Begründung geltend gemacht, dass durch § 23 Abs. 3 S. 2–5 BetrVG das Vollstreckungsverfahren für die Ansprüche nach § 23 Abs. 1 S. 1 BetrVG speziell geregelt sei und bei Anwendung der allgemeinen Vollstreckungsregelung diese Spezialregelungen unterlaufen würden. Insbesondere könnte im Rahmen einer einstweiligen Verfügung bereits vor Rechtskraft der Entscheidung Ordnungs- bzw. Zwangsgeld in Höhe von bis zu 250.000 € und Ordnungs- bzw. Zwangshaft verhängt werden, während nach § 23 Abs. 3 S. 2–5 BetrVG die Verhängung von Zwangsmitteln erst nach Rechtskraft der Entscheidung unter Begrenzung der Höhe von Ordnungs- und Zwangsgeld auf höchstens 10 000 € und unter Ausschluss von Ordnungs- und Zwangshaft (vgl. § 85 Abs. 1 S. 3 ArbGG) möglich sei. Auch könne eine Sanktion nicht auf Grund bloßer Glaubhaftmachung der Anspruchsgrundlage ausgesprochen werden.

III. Allgemeiner betriebsverfassungsrechtlicher Unterlassungs- bzw. Beseitigungsanspruch, insbes. im Bereich erzwingbarer Mitbestimmung

2181 Seit langem kontrovers diskutiert wird die Frage, ob dem Betriebsrat neben dem Unterlassungsanspruch aus § 23 Abs. 3 BetrVG ein allgemeiner Unterlassungsanspruch hinsichtlich solcher Maßnahmen des Arbeitgebers zusteht, die dieser mitbestimmungswidrig durchführt. Von Bedeutung ist diese Frage vor allem dafür, ob ein Unterlassungsanspruch nur unter der Voraussetzung eines groben Verstoßes gegen betriebsverfassungsrechtliche Pflichten besteht und sich in der Zwangsvollstreckung ausschließlich nach § 23 Abs. 3 S. 2–5 BetrVG richtet. Zum Teil (so z.B. noch *BAG* 22.2.1983 EzA § 23 BetrVG 1972 Nr. 9; *LAG Nds.* 5.6.1987 LAGE § 23 BetrVG 1972 Nr. 11; *LAG BW* 28.8.1985 DB 1986, 805; *LAG Bln.* 17.5.1984 BB 1984, 1551) wurde ein derartiger allgemeiner Unterlassungsanspruch unter Behauptung des abschließenden Charakters des § 23 Abs. 3 abgelehnt, zum Teil (so z.B. bereits *BAG* 18.4.1985 EzA § 23 BetrVG 1972 Nr. 10 [6. Senat]; *LAG Hamburg* 9.5.1989 LAGE § 23 BetrVG 1972 Nr. 26; *LAG Frankf./M.* 11.8.1987 LAGE § 23 BetrVG 1972 Nr. 12) befürwortet.

Der 1. Senat des *BAG* (3.5.1994 EzA § 23 BetrVG 1972 Nr. 36) hat einen allgemeinen Unterlassungsanspruch des Betriebsrats bei Verletzung von Mitbestimmungsrechten aus § 87 BetrVG bejaht, da ohne Anerkennung eines solchen Anspruchs eine hinreichende Sicherung des erzwingbaren Mitbestimmungsrechts bis zum ordnungsgemäßen Abschluss des Mitbestimmungsverfahrens auf anderem Wege nicht gewährleistet sei. Die genannte Entscheidung hält dabei auch die Durchsetzung eines solchen Anspruchs im Wege der einstweiligen Verfügung für grds. möglich. 2182

Den sich aus dem nur summarischen Charakter eines Eilverfahrens ergebenden Problemen könne dadurch Rechnung getragen werden, dass bei den Anforderungen, die an den Verfügungsgrund zu stellen sind, das Gewicht des drohenden Verstoßes und die Bedeutung der umstrittenen Maßnahme einerseits für den Arbeitgeber und andererseits die Belegschaft angemessen berücksichtigt würden. 2183

Der allgemeine Unterlassungsanspruch wegen Verletzung von Mitbestimmungsrechten nach § 87 BetrVG setzt eine Wiederholungsgefahr voraus. Für diese besteht bei bereits erfolgter Verletzung des Mitbestimmungsrechts eine tatsächliche Vermutung, es sei denn, dass besondere Umstände einen neuen Eingriff unwahrscheinlich machen (*BAG* 29.2.2000 EzA § 87 BetrV 1972 Betriebliche Lohngestaltung Nr. 69). 2184

Die genannte Rechtsprechung des 1. Senats bezieht sich nur auf die Verletzung von Mitbestimmungsrechten nach § 87 BetrVG. Ob der Gesichtspunkt der ansonsten nicht gegebenen hinreichenden Sicherung des Mitbestimmungsrechts auch im Bereich der personellen Einzelmaßnahmen (§ 99 BetrVG) unter Berücksichtigung der speziellen Sanktionsmöglichkeiten nach §§ 100, 101 BetrVG die Annahme eines allgemeinen Unterlassungsanspruchs rechtfertigt, hat das *BAG* sowohl im Beschluss v. 3.5.1994 (EzA § 23 BetrVG 1972 Nr. 36) als auch im Beschluss v. 6.12.1994 (EzA § 23 BetrVG 1972 Nr. 37) offen gelassen. Es hat allerdings darauf hingewiesen, dass die Reichweite der speziellen Regelungen der §§ 100, 101 BetrVG begrenzt sei, da der Aufhebungsanspruch nach § 101 BetrVG nur im Nachhinein wirke und daher bei vorübergehenden Maßnahmen, die sich vor Rechtskraft der Gerichtsentscheidung erledigen, ins Leere ginge, während ein allgemeiner Unterlassungsanspruch dem Betriebsrat die weiter gehende Möglichkeit bieten würde, mitbestimmungswidrige Personalmaßnahmen von vornherein zu verhindern.

Inwieweit in anderen Angelegenheiten ein allgemeiner Unterlassungsanspruch anzuerkennen ist, wird nach wie vor kontrovers diskutiert. Das *BAG* (26.7.2005 EzA § 95 BetrVG 2001 Nr. 1) hat nunmehr auch einen allgemeinen Unterlassungsanspruch bei Verletzung des dem Betriebsrat bei Auswahlrichtlinien für Kündigungen nach § 95 Abs. 1 BetrVG zustehenden Mitbestimmungsrechts bejaht. 2185

So wird etwa für die Gestaltung von Arbeitsplatz, Arbeitsablauf und Arbeitsumgebung zum Teil (DKK/*Trittin* § 23 Rz. 131) die Ansicht vertreten, dem Betriebsrat stehe ein Anspruch auf Unterlassung der genannten Maßnahmen zu, bis der Arbeitgeber seine Unterrichtungs- und Beratungspflicht erfüllt habe. Zum Teil (GK-BetrVG/*Oetker* § 23 Rz. 145) wird die Ansicht vertreten, dass ein solcher Anspruch deshalb ausscheide, da der Arbeitgeber in seiner unternehmerischen Entscheidung ungeachtet des Beteiligungsrechts nach § 90 BetrVG frei bleibe, die Maßnahme durchzuführen oder nicht. Im Bereich der wirtschaftlichen Angelegenheiten schließlich ist streitig, ob dem Betriebsrat ein Unterlassungsanspruch bzgl. der geplanten Betriebsänderung wenigstens solange zusteht, bis der Unternehmer die ihm nach §§ 111, 112 BetrVG obliegenden Pflichten erfüllt hat (vgl. dazu o. Rn. 2039 ff.).

2186 Soweit demnach ein allgemeiner Unterlassungsanspruch in Betracht kommt, kann dieser ggf. auch im Wege der einstweiligen Verfügung durchgesetzt werden (*BAG* 3.5.1994 EzA § 23 BetrVG 1972 Nr. 36), wobei bei Prüfung des Verfügungsgrundes das Gewicht des drohenden Verstoßes und die Bedeutung der umstrittenen Maßnahmen einerseits für den Arbeitgeber und andererseits für die Belegschaft angemessen zu berücksichtigen sind. Auch hier ist auf eine möglichst präzise Antragsfassung zu achten, da ein sog. Globalantrag der Gefahr der Abweisung als unbegründet dann unterliegt, wenn nur eine Fallgestaltung denkbar ist, in der kein Mitbestimmungsrecht des Betriebsrats und damit keine Unterlassungspflicht des Arbeitgebers besteht (vgl. o. Rn. 2161 ff.).

Als Gegenstück zum betriebsverfassungsrechtlichen Unterlassungsanspruch hat das *BAG* (16.6.1998 EzA § 87 BetrVG 1972 Arbeitssicherheit Nr. 3) auch einen Beseitigungsanspruch anerkannt, falls das mitbestimmungswidrige Verhalten bereits vollzogen ist. Hat etwa der Arbeitgeber unter Verletzung des Mitbestimmungsrechts nach § 87 Abs. 1 Nr. 7 BetrVG verbindliche Arbeits- und Sicherheitsanweisungen durch Aufnahme in ein Handbuch bekannt gegeben, kann der Betriebsrat die Beseitigung des betriebsverfassungswidrigen Zustandes durch Herausnahme aus dem Handbuch verlangen.

IV. Spezielle Sanktionen und Verfahren

2187 Das BetrVG enthält darüber hinaus Spezialvorschriften, die ein gesetzmäßiges Verhalten des Arbeitgebers erzwingen sollen. Hierzu zählen zunächst die von der Normstruktur ähnlich ausgestalteten Verfahren nach §§ 101, 98 Abs. 5 BetrVG. In Bezug auf § 101 BetrVG ist das *BAG* (17.3.1987 EzA § 23 BetrVG 1972 Nr. 16) der Ansicht, dass diese Bestimmung einen Anspruch des Betriebsrats auf künftige Beachtung seiner Mitbestimmungsrechte nach § 23 Abs. 3 BetrVG nicht ausschließt, sondern nur eine abschließende Regelung in Bezug auf die Beseitigung eines bereits eingetretenen mitbestimmungswidrigen Zustandes enthalte und durch bloße Aufhebung der mitbestimmungswidrigen Maßnahme der Anspruch auf künftige Beachtung der Mitbestimmungsrechte nicht erfüllt werde. Ob diese Erwägungen auch auf § 98 Abs. 5 BetrVG zutreffen, soweit es um die zukünftige Beachtung von Mitbestimmungsrechten geht, wird unterschiedlich beurteilt (bejahend GK-BetrVG/*Oetker* § 23 Rz. 148, 150, 159 m.w.N.). Eine spezielle Sanktion enthält weiter § 102 Abs. 1 S. 2 BetrVG, demzufolge eine ohne oder ohne ordnungsgemäße Anhörung des Betriebsrats ausgesprochene Kündigung unwirksam ist. Auch hier soll die Beachtung der Unterrichtungspflichten für die Zukunft mittels eines Antrags nach § 23 Abs. 3 BetrVG geltend gemacht werden können (GK-BetrVG/*Oetker* § 23 Rz. 150). Ferner enthält § 113 BetrVG eine spezielle Sanktionsregelung, aus der zum Teil gefolgert wird, dass ein Anspruch des Betriebsrats auf Unterlassung der Betriebsänderung bis zum Versuch der Herbeiführung eines Interessenausgleichs nicht besteht. Schließlich enthält § 104 BetrVG eine spezielle Regelung zur Entfernung betriebsstörender Arbeitnehmer.

V. Initiativrecht, Einigungsstelle

2188 Im Bereich erzwingbarer Mitbestimmung, also bei Angelegenheiten, die dem positiven Konsensprinzip unterliegen, können Regelungen weiter durch Einschaltung der Einigungsstelle erzwungen werden, und zwar auf Grund des bestehenden Initiativrechts auch vom Betriebsrat (s.o. Rn. 1445 ff.).

VI. Theorie der Wirksamkeitsvoraussetzung

2189 Eine mittelbare Sanktion für die Nichteinhaltung erzwingbarer Mitbestimmungsrechte des Betriebsrats ergibt sich auch daraus, dass die Verletzung von Mitbestimmungsrechten des Betriebsrats im Verhältnis zwischen Arbeitgeber und Arbeitnehmer nach der sog. Theorie der Wirksamkeitsvoraussetzung (s.o. Rn. 1456 f.) jedenfalls zur Unwirksamkeit solcher Maßnahmen oder Rechtsgeschäfte führt, die den Arbeitnehmer belasten.

VII. § 23 Abs. 1 BetrVG

1. Zweck und Anwendungsbereich

§ 23 Abs. 1 BetrVG regelt sowohl die Amtsenthebung des Betriebsratsmitglieds als auch die Auflösung des Betriebsrats insgesamt. 2190

Die Bestimmung ist Mittel zur Sicherstellung eines Mindestmaßes an gesetzmäßiger Amtsausübung des Betriebsrats für die Zukunft (*BAG* 22.2.1983 EzA § 23 BetrVG 1972 Nr. 9). § 23 Abs. 1 BetrVG regelt den Ausschluss aus dem und die Auflösung des Betriebsrats abschließend. 2191

Einen Ausschluss infolge einer Mehrheitsentscheidung des Betriebsrats oder der Betriebsversammlung gibt es daneben nicht (DKK/*Trittin* § 23 Rz. 2). Im Bereich des Gesamt- und Konzernbetriebsrats wird § 23 Abs. 1 BetrVG durch die Sonderregelungen der §§ 48, 56 BetrVG verdrängt: In Betracht kommt hier nur ein Ausschluss einzelner Mitglieder, nicht jedoch die Auflösung des Gremiums an sich (GK-BetrVG/*Oetker* § 23 Rz. 4). Auf die JAV findet gem. § 65 Abs. 1 BetrVG lediglich § 23 Abs. 1 BetrVG, nicht aber Abs. 2, 3 Anwendung, sodass die Bestellung eines Wahlvorstandes nicht dem Arbeitsgericht, sondern dem Betriebsrat nach Maßgabe von § 63 Abs. 2 und 3 BetrVG obliegt (GK-BetrVG/*Oetker* § 23 Rz. 5). 2192

2. Ausschluss eines Mitglieds aus dem Betriebsrat

a) Voraussetzungen

Der Ausschluss eines Betriebsratsmitglieds aus dem Betriebsrat kann wegen grober Verletzung von gesetzlichen Pflichten beim Arbeitsgericht beantragt werden. Entscheidend ist damit die Verletzung gesetzlicher Pflichten. 2193

Gesetzliche Pflichten i.S.d. Vorschriften sind sämtliche Pflichten eines Betriebsratsmitglieds, die sich gerade aus seiner Amtsstellung und seinem konkreten Aufgabenkreis ergeben ohne Rücksicht darauf, wem gegenüber sie bestehen (GK-BetrVG/*Oetker* § 23 Rz. 14, 15). Eine bloße Verletzung arbeitsvertraglicher Pflichten reicht nicht (DKK/*Trittin* § 23 Rz. 8). 2194

Erforderlich ist eine grobe Verletzung der Pflichten. 2195

Eine grobe Pflichtverletzung liegt vor, wenn der Verstoß objektiv erheblich und offensichtlich schwer wiegend ist (*BAG* 22.6.1993 EzA § 23 BetrVG 1972 Nr. 35), also besonders schwerwiegend gegen Sinn und Zweck des Gesetzes verstößt (GK-BetrVG/*Oetker* § 23 Rz. 35). Die konkrete Pflichtverletzung muss unter Berücksichtigung aller Umstände, insbes. der betrieblichen Gegebenheiten, des Anlasses und der Persönlichkeit des Betriebsratsmitglieds so erheblich sein, dass für die Zukunft nicht mehr auf eine pflichtgemäße Erfüllung der Amtsausübung vertraut werden kann (so für das BPersVG *BVerwG* 22.8.1991 EzA § 23 BetrVG 1972 Nr. 30). 2196

Auch ein einmaliger schwerer Verstoß kann ausreichen (GK-BetrVG/*Oetker* § 23 Rz. 36). Überwiegend (so für das BPersVG *BVerwG* 22.8.1991 EzA § 23 BetrVG 1972 Nr. 30; DKK/*Trittin* § 23 Rz. 11; *Fitting* § 23 Rz. 17; *LAG Düsseld.* 15.10.1992 LAGE § 611 BGB Abmahnung Nr. 33; **a.A.** GK-BetrVG/*Oetker* § 23 Rz. 37; MünchArbR/*Joost* § 310 Rz. 8) wird auch ein Verschulden für erforderlich gehalten. Bei dem Begriff der groben Verletzung gesetzli- 2197 cher Pflichten handelt es sich um einen unbestimmten Rechtsbegriff, der in der Rechtsbeschwerdeinstanz nur eingeschränkt daraufhin nachprüfbar ist, ob das Landesarbeitsgericht den unbestimmten Rechtsbegriff selbst verkannt hat, ob bei der Anwendung Denkgesetze oder allgemeine Erfahrungsgesetze verletzt sind, oder ob wesentliche Umstände nicht berücksichtigt wurden (*BAG* 21.2.1978 EzA § 74 BetrVG 1972 Nr. 4; GK-BetrVG/*Oetker* § 23 Rz. 34).

b) Einzelfälle

2198 Zu den gesetzlichen Pflichten zählen zunächst alle sich aus dem BetrVG ergebenden Pflichten.

Dies sind z.B. die Pflicht zur vertrauensvollen Zusammenarbeit nach § 2 Abs. 1 BetrVG (*BAG* 21.2.1978 EzA § 74 BetrVG 1972 Nr. 4; zu Einzelfällen GK-BetrVG/*Oetker* § 23 Rz. 47; s.o. Rn. 1110 ff.), Friedenspflicht und Verbot parteipolitischer Betätigung im Betrieb nach § 74 Abs. 2 BetrVG (vgl. GK-BetrVG/*Oetker* § 23 Rz. 49, 50; s.o. Rn. 1134 ff.), Pflicht zur Unterlassung von Kampfmaßnahmen zwischen Arbeitgeber und Betriebsrat gem. § 74 Abs. 2 S. 1 BetrVG (s.o. Rn. 1125 ff.), Pflicht zur Behandlung aller im Betrieb tätigen Personen nach den Grundsätzen von Recht und Billigkeit gem. § 75 Abs. 1 BetrVG (vgl. GK-BetrVG/*Oetker* § 23 Rz. 51; s.o. Rn. 1153 ff.), Schweigepflicht gem. §§ 79, 82 Abs. 2, 83 Abs. 1, 99 Abs. 1, 102 Abs. 2 BetrVG (GK-BetrVG/*Oetker* § 23 Rz. 52; s.o. Rn. 740 ff.), Pflicht zur Berücksichtigung betrieblicher Notwendigkeit bei der Ansetzung von Betriebsratssitzungen gem. § 30 S. 2 BetrVG (*LAG Hamm* 8.6.1978 EzA § 37 BetrVG 1972 Nr. 58), Pflicht zur Wahrnehmung betriebsverfassungsrechtlicher Befugnisse (GK-BetrVG/*Oetker* § 23 Rz. 53) oder Pflicht zur Mitarbeit bei der Ausübung von Aufgaben des Betriebsrats (HSWGNR/*Schlochauer* § 23 Rz. 29).

2199 Zu den gesetzlichen Amtspflichten zählen auch die, die sich aus einer besonderen Stellung innerhalb des Betriebsrats ergeben, etwa aus der Stellung als Vorsitzender oder dessen Stellvertreter (*Fitting* § 23 Rz. 15). Weiter zählen hierzu die in Tarifverträgen oder Betriebsvereinbarungen enthaltenen Pflichten, soweit durch sie die nach dem BetrVG bestehenden Pflichten konkretisiert werden (GK-BetrVG/*Oetker* § 23 Rz. 16).

Zum Anlass für ein Ausschlussverfahren können nur Amtspflichtverletzungen aus der laufenden Amtsperiode genommen werden (*BAG* 29.4.1969 AP Nr. 9 zu § 23 BetrVG; *LAG Brem.* 27.10.1987 DB 1988, 136; DKK/*Trittin* § 23 Rz. 14; **a.A.** GK-BetrVG/*Oetker* § 23 Rz. 43: Auch Amtspflichtverletzungen aus der abgelaufenen Amtszeit, sofern die Amtspflichtverletzung für die Amtsausübung dieses Betriebsratsmitglieds belastend fortwirkt).

c) Verfahren

2200 Über den Antrag, der nur von den in § 23 Abs. 1 BetrVG aufgeführten Antragsberechtigten gestellt werden kann, entscheidet das Arbeitsgericht im Beschlussverfahren, §§ 2a Abs. 1 Nr. 1, Abs. 2, 80 ff. ArbGG. Der Antrag kann zunächst von einem Viertel der wahlberechtigten Arbeitnehmer (vgl. § 7 BetrVG) des Betriebs gestellt werden, wobei die Mindestzahl nach dem regelmäßigen Stand der Belegschaft ermittelt werden und während des gesamten Verfahrens vorliegen muss (GK-BetrVG/*Oetker* § 23 Rz. 63 m.w.N.). Streitig ist, ob für aus dem Verfahren ausscheidende andere wahlberechtigte Arbeitnehmer als Antragsteller dem Verfahren beitreten und so ein Absinken unter die Mindestzahl verhindern können (*Fitting* § 23 Rz. 9; abl. GK-BetrVG/*Oetker* § 23 Rz. 64; DKK/*Trittin* § 23 Rz. 25; abl. für das entsprechende Quorum bei der Anfechtung der Betriebsratswahl *BAG* 12.2.1985 EzA § 19 BetrVG 1972 Nr. 21). Antragsberechtigt ist ferner der Arbeitgeber, allerdings nur hinsichtlich solcher Pflichtverletzungen, die das Verhältnis des Betriebsratsmitglieds zum Arbeitgeber betreffen, da er nicht Interessenwahrer der Belegschaft oder des Betriebsrats ist (GK-

BetrVG/*Oetker* § 23 Rz. 65). Antragsberechtigt ist ferner jede im Betrieb vertretene Gewerkschaft unabhängig davon, ob das betroffene Betriebsratsmitglied der antragstellenden Gewerkschaft angehört oder nicht (GK-BetrVG/*Oetker* § 23 Rz. 66). Antragsberechtigt ist schließlich auch der Betriebsrat selbst. Bei dem erforderlichen Beschluss, der nach § 33 BetrVG mit einfacher Mehrheit zu fassen ist, wirkt das auszuschließende Mitglied nicht mit (*Fitting* § 23 Rz. 13). Scheidet das Betriebsratsmitglied nach Antragstellung aus anderen Gründen aus dem Betriebsrat aus, tritt Erledigung ein. Bei entsprechender Erklärung ist das Verfahren nach § 83a ArbGG einzustellen. Fehlt es an übereinstimmenden Erklärungen, ist bei entsprechender Umstellung des Antrags die Erledigung festzustellen, ansonsten der Antrag wegen Fehlens des Rechtsschutzinteresses abzuweisen (GK-BetrVG/*Oetker* § 23 Rz. 77, 78).

d) Einstweilige Verfügung

2201 In klarliegenden, dringenden und äußerst schwerwiegenden Fällen kann durch einstweilige Verfügung im Beschlussverfahren das Arbeitsgericht die weitere Amtsausübung eines Betriebsratsmitglieds bis zur Entscheidung in der Hauptsache untersagen, wenn die weitere Zusammenarbeit mit dem Betriebsratsmitglied unter Anlegung eines strengen Maßstabes nicht einmal mehr vorübergehend zumutbar erscheint (*BAG* 29.4.1969 AP Nr. 9 zu § 23 BetrVG; *LAG Hamm* 18.9.1975 EzA § 23 BetrVG 1972 Nr. 2; DKK/*Trittin* § 23 Rz. 37; GK-BetrVG/*Oetker* § 23 Rz. 82).

Wird dem Antrag stattgegeben, wird das Betriebsratsmitglied durch ein Ersatzmitglied vertreten, § 25 Abs. 1 BetrVG. Ein Ausschluss aus dem Betriebsrat durch einstweilige Verfügung ist nicht möglich.

e) Wirkungen des Ausschlusses

2202 Der Ausschluss wird mit Rechtskraft des arbeitsgerichtlichen Beschlusses wirksam und führt unmittelbar zum Verlust des Amtes und der damit verbundenen Rechte und Pflichten (GK-BetrVG/*Oetker* § 23 Rz. 85). Der besondere Kündigungsschutz besteht nicht mehr. Dies gilt auch für den nachwirkenden Kündigungsschutz nach § 15 Abs. 1 S. 2 KSchG. Gem. § 25 BetrVG rückt ein Ersatzmitglied in den Betriebsrat nach. Das ausgeschlossene Mitglied kann erneut in den Betriebsrat gewählt werden. Dies gilt auch bei vorzeitiger Neuwahl nach § 13 Abs. 2 BetrVG (GK-BetrVG/*Oetker* § 23 Rz. 91).

f) Verhältnis zu anderen, insbes. individualrechtlichen Sanktionsmitteln

2203 Durch § 23 Abs. 1 BetrVG werden Unterlassungsansprüche des Arbeitgebers gegen den Betriebsrat bzw. einzelne Betriebsratsmitglieder nicht ausgeschlossen; er ist nicht verpflichtet, den Ausschluss aus dem Betriebsrat vorrangig zu betreiben (*BAG* 22.7.1980 EzA § 74 BetrVG 1972 Nr. 5).

2204 Bei reinen Amtspflichtverletzungen ist nur eine Amtsenthebung nach § 23 Abs. 1 BetrVG, nicht aber eine außerordentliche Kündigung möglich. Stellt sich die Pflichtverletzung aber gleichzeitig als Verletzung der Amts- und arbeitsvertraglichen Pflichten dar (z.B. wenn ein Betriebsratsmitglied eine Arbeitsbefreiung nach § 37 Abs. 2 BetrVG in Anspruch nimmt, obwohl es weiß, dass deren Voraussetzungen nicht vorliegen), schließen sich die Möglichkeiten außerordentlicher Kündigung gem. § 626 BGB, § 15 Abs. 1 KSchG und die der Amtsenthebung nach § 23 Abs. 1 BetrVG nach der herrschenden sog. Simultantheorie nicht aus (s.o. Kap. 4 Rn. 553 ff.). Gleiches gilt für Abmahnungen.

2205 Da aber eine wirksame außerordentliche Kündigung zum Erlöschen der Mitgliedschaft im Betriebsrat führt (§ 24 Abs. 1 Nr. 3 BetrVG), sind die Anforderungen an die Kündigung strenger als gegenüber anderen Arbeitnehmern. Die Kündigung ist nur gerechtfertigt, wenn unter Anlegung eines besonders strengen Maßstabs das pflichtwidrige Verhalten als schwerer Verstoß gegen die Pflichten aus dem Arbeitsverhältnis zu werten ist (*BAG* 16.10.1986 AP Nr. 95 zu § 626 BGB; 15.7.1992 EzA § 611 BGB Abmahnung Nr. 26). Entsprechendes gilt für Abmahnungen, da es sich hierbei um die i.d.R. notwendige Vorstufe zur Kündigung handelt (*BAG* 10.11.1993 EzA § 611 BGB Abmahnung Nr. 29). Hält ein Betriebsratsmitglied sein Verhalten irrig für rechtmäßig, schließt dies allein eine Abmahnung nicht aus. Abzustellen ist vielmehr darauf, ob für einen objektiv urteilenden Dritten ohne weiteres der Pflichtverstoß erkennbar war (*BAG* 10.11.1993 EzA § 611 BGB Abmahnung Nr. 29). Stellt sich ein Verhalten sowohl als Verstoß gegen arbeitsvertragliche Pflichten als auch gegen Amtspflichten dar, hat der Arbeitgeber die Wahl zwischen Amtsenthebungsverfahren und außerordentlicher Kündigung/Abmahnung (GK-BetrVG/*Oetker* § 23 Rz. 32).

3. Auflösung des Betriebsrats

a) Voraussetzungen

2206 Nach § 23 Abs. 1 BetrVG kann ferner der Betriebsrat insgesamt wegen grober Verletzung seiner gesetzlichen Pflichten aufgelöst werden, wobei auch hier gesetzliche Pflichten alle Amtspflichten sind, die dem Betriebsrat als solchem obliegen. Es gelten daher grds. die gleichen Voraussetzungen wie für den Ausschluss eines einzelnen Betriebsratsmitglieds (GK-BetrVG/*Oetker* § 23 Rz. 95). Neben den oben (s.o. Rn. 2193 ff.) dargestellten Pflichten kommt insbes. die Vernachlässigung der gesetzlichen Aufgaben und Befugnisse, die der Betriebsrat im Rahmen der Mitbestimmungsordnung hat, in Betracht (vgl. GK-BetrVG/*Oetker* § 23 Rz. 101 m.w.N.).

2207 Erforderlich ist stets, dass die gesetzlichen Pflichten vom Betriebsrat als solchem, d.h. als Kollektivorgan, verletzt werden. Nicht ausreichend ist daher, dass sämtliche Betriebsratsmitglieder als einzelne, sei es auch gleichzeitig und gemeinsam, eine Amtspflichtverletzung begehen.

2208 Im Falle einer gesetzwidrigen Beschlussfassung reichen aber Mehrheitsbeschlüsse gem. § 33 BetrVG aus (DKK/*Trittin* § 23 Rz. 49). Gleichzeitige, jedoch einzelne Pflichtverletzungen mehrerer oder aller Betriebsratsmitglieder rechtfertigen nur eine Amtsenthebung der einzelnen Mitglieder mit der Folge, dass der Betriebsrat als solcher unter Nachrücken der Ersatzmitglieder bestehen bleibt (GK-BetrVG/*Oetker* § 23 Rz. 96).

2209 Eine grobe Verletzung liegt vor, wenn der Verstoß objektiv erheblich ist; ein Verschulden ist nach allgemeiner Meinung nicht Tatbestandsvoraussetzung, da der Betriebsrat als Gremium nicht schuldhaft handeln kann (vgl. GK-BetrVG/*Oetker* § 23 Rz. 100 m.w.N.).

2210 Berücksichtigt werden können nur Pflichtverletzungen aus der laufenden, nicht aus der vorangegangenen Amtsperiode, auch wenn der Betriebsrat in gleicher Zusammensetzung wieder gewählt wird (h.M., GK-BetrVG/*Oetker* § 23 Rz. 98; DKK/*Trittin* § 23 Rz. 56; **a.A.** HSWGNR/*Schlochauer* § 23 Rz. 44).

b) Verfahren

2211 Über den Antrag entscheidet das Arbeitsgericht im Beschlussverfahren, §§ 2a Abs. 1 Nr. 1, Abs. 2, 80 ff. ArbGG. Antragsberechtigt sind ein Viertel der wahlberechtigten Arbeitnehmer, der Arbeitgeber und eine im Betrieb vertretene Gewerkschaft. Beschließt der Betriebsrat nach Einleitung des Verfahrens seinen Rücktritt (§ 13 Abs. 2 Nr. 3 BetrVG), entfällt hierdurch nicht das Rechtsschutzbedürfnis für den Auflösungsantrag bis zur Neuwahl des Betriebsrats und Bekanntgabe des Wahlergebnisses, da der Betriebsrat sonst durch Verzögerung der Bestellung des Wahlvorstandes die Neuwahl verzögern könnte. Etwas anderes kann nur dann gelten, wenn sämtliche Betriebsratsmitglieder und auch die Ersatzmitglieder ihr

Amt niederlegen, §§ 24 Abs. 1 Nr. 2 BetrVG, 13 Abs. 2 Nr. 2 BetrVG (vgl. GK-BetrVG/*Oetker* § 23 Rz. 104).

c) Wirkungen

Die Auflösung wird mit Rechtskraft des arbeitgerichtlichen Beschlusses mit der Folge der sofortigen Beendigung der Amtszeit des Betriebsrats wirksam. Eine Berechtigung des aufgelösten Betriebsrats zur Fortführung der Geschäfte bis zur Neuwahl eines neuen Betriebsrats besteht nicht, vgl. §§ 13 Abs. 2 Nr. 5, 22 BetrVG. Der besondere Kündigungsschutz der Betriebsratsmitglieder nach § 15 Abs. 1 KSchG, § 103 BetrVG endet (GK-BetrVG/*Oetker* § 23 Rz. 114). 2212

d) Gerichtliche Einsetzung eines Wahlvorstandes, § 23 Abs. 2 BetrVG

Im Falle der gerichtlichen Auflösung des Betriebsrats hat gem. § 23 Abs. 2 BetrVG das Arbeitsgericht unverzüglich einen Wahlvorstand für die Neuwahl des Betriebsrats einzusetzen. Strittig ist, ob die Einsetzung des Wahlvorstandes erst nach Rechtskraft des Auflösungsbeschlusses möglich ist (so GK-BetrVG/*Oetker* § 23 Rz. 117) oder aber bereits mit dem Auflösungsbeschluss verbunden werden kann (so *Fitting* § 23 Rz. 46). Die Einsetzung erfolgt auch ohne Antrag von Amts wegen durch das Gericht erster Instanz, auch wenn das Auflösungsverfahren im höheren Rechtszug abgeschlossen wird (GK-BetrVG/*Oetker* § 23 Rz. 118). § 23 Abs. 2 S. 2 verweist ergänzend auf § 16 Abs. 2 BetrVG (s.o. Rn. 294 f.). 2213

VIII. Straf- und Bußgeldvorschriften

§§ 119–121 BetrVG stellen bestimmte Verhaltensweisen unter Strafe oder bedrohen diese mit Geldbuße. 2214

P. Abweichende Ausgestaltung betriebsverfassungsrechtlicher Regelungen durch Kollektivvertrag – Erweiterung von Mitwirkungs- und Mitbestimmungsrechten

I. Organisationsnormen

> Bestimmungen des BetrVG, die Wahl und Organisation des Betriebsrats betreffen, sind zweiseitig zwingend, d.h. grds. nicht durch abweichende Regelungen in Tarifverträgen oder Betriebsvereinbarungen abänderbar (*BAG* 10.2.1988 EzA § 1 TVG Nr. 34; 11.11.1998 EzA § 50 BetrVG 1972 Nr. 16), es sei denn, das BetrVG selbst lässt abweichende Regelungen ausdrücklich zu, wie z.B. in §§ 3, 21a, 38 Abs. 1, 47 Abs. 4, 55 Abs. 4, 72 Abs. 4 und 8, 76 Abs. 5, 86, 117 Abs. 2 BetrVG. 2215

II. Uneinschränkbarkeit von Beteiligungsrechten

> Die Regelungen des BetrVG über die Beteiligungsrechte des Betriebsrats sind einseitig zwingend und damit Mindestbestimmungen. Sie sind nicht zu Lasten des Betriebsrats durch Tarifvertrag oder Betriebsvereinbarungen einschränkbar. 2216

Der Betriebsrat kann auf gesetzliche Beteiligungsrechte grds. auch nicht verzichten (vgl. *BAG* 29.11.1983 EzA § 113 BetrVG 1972 Nr. 11; DKK/*Klebe* § 87 Rz. 39). Sofern eine Betriebsvereinbarung Befugnisse auf den Arbeitgeber oder eine paritätische Kommission überträgt, darf das Mitbestimmungsrecht des Betriebsrats nicht in seiner Substanz beeinträchtigt werden, da der Betriebsrat seine Befugnisse eigenverantwortlich wahrnehmen muss 2217

(*BAG* 26.7.1988 EzA § 87 BetrVG 1972 Leistungslohn Nr. 16; 11.2.1992 EzA § 76 BetrVG 1972 Nr. 60).

III. Erweiterung von Beteiligungsrechten

1. Durch Betriebsvereinbarungen und Regelungsabreden

2218 Die Möglichkeit einer Erweiterung von Beteiligungsrechten des Betriebsrats durch Betriebsvereinbarung ist im BetrVG ausdrücklich nur in § 102 Abs. 6 BetrVG vorgesehen, wonach durch Betriebsvereinbarung Kündigungen an eine Zustimmung des Betriebsrats gebunden und im Falle der Nichteinigung die Zuständigkeit der Einigungsstelle begründet werden kann. Im Hinblick auf die Freiwilligkeit einer solchen Regelung wird aber auch darüber hinaus die Möglichkeit einer Erweiterung von Beteiligungsrechten durch freiwillige Betriebsvereinbarung ganz überwiegend anerkannt (vgl. z.B. GK-BetrVG/*Wiese* § 87 Rz. 7 ff.; *Fitting* § 1 Rz. 249 ff.). Die Betriebsparteien können das Mitbestimmungsrecht des Betriebsrats durch Regelungsabrede erweitern. Eine Verletzung bzw. Nichtbeachtung der so erweiterten Mitbestimmungsrechte führt aber nicht zur Unwirksamkeit der Maßnahme gegenüber dem Arbeitnehmer in Anwendung der Grundsätze der Theorie der Wirksamkeitsvoraussetzung (*BAG* 14.8.2001 EzA § 88 BetrVG 1972 Nr. 1; zur Theorie der Wirksamkeitsvoraussetzung s.o. Rn. 2189).

2. Durch Tarifvertrag

2219 Nach Auffassung des *BAG* (10.2.1988 EzA § 1 TVG Nr. 34 betr. Einstellungen; 18.8.1987 EzA § 77 BetrVG 1972 Nr. 18 betr. Dauer der Arbeitszeit; 22.10.1985 EzA § 99 BetrVG 1972 Nr. 44 betr. Verlängerung der Frist des § 99 Abs. 3 BetrVG; **a.A.** *Richardi* NZA 1988, 674 ff.) ist eine Erweiterung betriebsverfassungsrechtlicher Beteiligungsrechte durch Tarifvertrag zulässig. Zur Begründung wird auf die umfassende Regelungskompetenz der Tarifvertragsparteien nach § 1 TVG auch für betriebsverfassungsrechtliche Fragen und darauf verwiesen, dass trotz Streits über diese Frage bereits unter Geltung des BetrVG 1952 bei Schaffung des BetrVG 1972 durch den Gesetzgeber nicht klar zum Ausdruck gebracht worden sei, dass eine Erweiterung von Mitwirkungsrechten habe untersagt werden sollen. Danach sind die Regelungen des BetrVG als Arbeitnehmerschutzbestimmungen nur einseitig zwingender Natur und enthalten lediglich Mindeststandards.

Q. Europäischer Betriebsrat (EBR)

I. Gesetzliche Grundlagen, Grundzüge der Regelung

2220 Durch das Gesetz über Europäische Betriebsräte – EBRG – v. 28.10.1996 (BGBl. I S. 1548, 2022) hat die Bundesrepublik die »Richtlinie 94/45/EG des Rates v. 22.9.1994 über die Einsetzung eines Europäischen Betriebsrats oder die Schaffung eines Verfahrens zur Unterrichtung und Anhörung der Arbeitnehmer in gemeinschaftsweit operierenden Unternehmen und Unternehmensgruppen« (ABlEG Nr. L 254 v. 30.9.1994, S. 64 ff.) in nationales Recht umgesetzt.

2221 Soweit das EBRG auslegungsbedürftig ist, sind die Grundsätze richtlinienkonformer Auslegung zu berücksichtigen (DKK/*Däubler* Vor § 1 EBRG Rz. 14; zur richtlinienkonformen Auslegung vgl. etwa *BAG* 2.4.1996 EzA § 87 BetrVG 1972 Bildschirmarbeit Nr. 1; *EuGH* 14.7.1994 – Faccini Dori – EzA Art. 189 EWG-Vertrag Nr. 1).

2222 Die Richtlinie gibt zur Erreichung des Ziels der Anhörung und Unterrichtung der Vertreter der Arbeitnehmer von in mehreren Mitgliedstaaten tätigen Unternehmen und Unternehmensgruppen keine verbindliche Organisationsstruktur vor. Dementsprechend überlässt das EBRG den Sozialpartner die autonome Organisation:

> Es soll ein Aushandlungsprozess zwischen dem sog. besonderen Verhandlungsgremium und der sog. zentralen Leitung mit dem Ziel des Abschlusses einer Vereinbarung (§ 17 EBRG) stattfinden. Inhaltlich kann diese Vereinbarung die Ausgestaltung eines Verfahrens zur Unterrichtung und Anhörung der Arbeitnehmervertreter auf nationaler Ebene oder die Errichtung eines oder mehrerer EBR regeln. Kommt eine derartige Vereinbarung nicht zu Stande, ist innerhalb bestimmter Fristen ein EBR kraft Gesetzes zu errichten (§ 21 EBRG). **2223**

Das EBRG lässt die Organisationsstrukturen des BetrVG unberührt. Bei dem EBR handelt es sich insbes. nicht um eine vierte Ebene der Betriebsverfassung neben Einzel-, Gesamt- und Konzernbetriebsrat. Seiner Funktion nach ähnelt er dem betriebsverfassungsrechtlichen Wirtschaftsausschuss. Die Rechte des EBR sind als Mitwirkungs-, nicht aber als echte Mitbestimmungsrechte ausgestaltet.

II. Geltungsbereich des EBRG

1. Räumlicher Geltungsbereich

a) Begriff der zentralen Leitung

Das EBRG knüpft zur Bestimmung seines räumlichen Geltungsbereichs an den Sitz der sog. zentralen Leitung an. **2224**

> Zentrale Leitung ist das Leitungsorgan, dem die Geschäftsführung und die Vertretung für das Unternehmen zustehen (MünchArbR/*Joost* § 366 Rz. 28). **2225**

Maßgeblich ist grds. der tatsächliche (MünchArbR/*Joost* § 366 Rz. 11) Sitz der zentralen Leitung im Inland.

b) Sitz der zentralen Leitung im Inland

> Das EBRG gilt zunächst für gemeinschaftsweit tätige Unternehmen mit Sitz im Inland und für gemeinschaftsweit tätige Unternehmensgruppen mit Sitz des herrschenden Unternehmens im Inland (§ 2 Abs. 1 EBRG). **2226**

c) Sitz der zentralen Leitung in einem Drittstaat bzw. in einem anderen Mitgliedstaat

> Befindet sich der **Sitz der zentralen Leitung in einem Drittstaat**, also einem Staat, der nicht Mitgliedsstaat der Europäischen Union oder Vertragsstaat des Abkommens über den europäischen Wirtschaftsraum ist (vgl. § 2 Abs. 3 EBRG), findet das EBRG nach § 2 Abs. 2 nur unter bestimmten Voraussetzungen Anwendung. **2227**

Anwendung findet das EBRG, wenn:
- sich eine für in Mitgliedstaaten liegende Betriebe oder Unternehmen zuständige »nachgeordnete Leitung« im Inland befindet (z.B. »Europadirektion«, vgl. DKK/*Däubler* § 2 EBRG Rz. 3),
- oder bei Fehlen einer solchen nachgeordneten Leitung die zentrale Leitung einen Betrieb oder ein Unternehmen mit Sitz im Inland als Vertreter benennt,
- oder bei Nichtbenennung eines derartigen Vertreters der im Inland liegende Betrieb bzw. das im Inland liegende Unternehmen verglichen mit den in anderen Mitgliedstaaten lie-

genden Betrieben des Unternehmens oder der Unternehmensgruppe die meisten Arbeitnehmer beschäftigt. Diese Regelung findet entsprechende Anwendung, wenn in verschiedenen Mitgliedstaaten »nachgeordnete Leitungen« existieren (DKK/*Däubler* § 2 EBRG Rz. 4). Das EBRG ist anwendbar, wenn im Einzugsbereich der in Deutschland liegenden nachgeordneten Leitung der höchste Prozentsatz der in der Gemeinschaft tätigen Arbeitnehmer beschäftigt ist. Entsprechendes gilt für den Fall, dass ein Unternehmen in einem Mitgliedsstaat mehrere Betriebe bzw. eine Unternehmensgruppe mehrere Unternehmen besitzt: Das EBRG ist anwendbar, wenn im Inland der höchste Prozentsatz der in der Gemeinschaft tätigen Arbeitnehmer beschäftigt wird (DKK/*Däubler* § 2 EBRG Rz. 4).

2228 Befindet sich der **Sitz der zentralen Leitung in einem anderen Mitgliedstaat**, ist das EBRG grds. nicht anzuwenden. Maßgeblich ist dann vielmehr das jeweilige nationale Ausführungsgesetz zur Richtlinie 94/45/EG. Gem. § 2 Abs. 4 EBRG finden jedoch bestimmte Normen des EBRG Anwendung, die im Inland stattfindende Vorgänge regeln, z.B. Auskunftsanspruch, Bestellung der auf das Inland entfallenden Arbeitnehmervertreter, Berichtspflicht gegenüber inländischen Arbeitnehmervertretungen, Pflicht zur Weiterleitung eines im Inland gestellten Antrags auf Bildung des besonderen Verhandlungsgremiums an die zentrale Leitung.

2. Sachlicher Geltungsbereich

2229 Das EBRG findet gem. § 3 EBRG nur auf gemeinschaftsweit tätige Unternehmen oder Unternehmensgruppen Anwendung. Dies sind Unternehmen und Unternehmensgruppen aller Rechtsformen, die in den Mitgliedstaaten (§ 2 Abs. 3 EBRG) mindestens 1000 Arbeitnehmer beschäftigen, davon in mindestens zwei Mitgliedstaaten jeweils mindestens 150 Arbeitnehmer.

Mitgliedstaaten i.S.d. § 2 Abs. 3 EBRG sind Belgien, Dänemark, Deutschland, Finnland, Frankreich, Griechenland, Großbritannien, Irland, Italien, Luxemburg, Niederlande, Österreich, Portugal, Schweden, Spanien sowie die Mitgliedstaaten des Europäischen Wirtschaftsraums Island, Liechtenstein und Norwegen.

2230 Als **Unternehmen** ist unabhängig von der Rechtsform der jeweilige Rechtsträger i.S.d. betreibenden Rechtssubjekts zu verstehen (MünchArbR/*Joost* § 366 Rz. 15). Unternehmen kann auch eine natürliche Person sein (*BAG* 30.3.2004 EzA § 5 EBRG Nr. 1).

Es gilt der gemeinschaftsrechtliche Unternehmensbegriff, der auch die Erbringung von Dienstleistungen durch die öffentliche Hand erfassen kann (DKK/*Däubler* § 2 EBRG Rz. 2). Erfasst werden auch **Tendenzunternehmen**. Für diese sieht § 34 EBRG lediglich bestimmte Einschränkungen der Mitwirkungsrechte des EBR kraft Gesetz vor.

2231 Eine **Unternehmensgruppe** ist eine Gruppe, die aus einem herrschenden Unternehmen und den von diesem abhängigen Unternehmen besteht (Art. 2 Abs. 1 lit. b) der Richtlinie 94/45/EG. Der Begriff der Unternehmensgruppe wird unter Verzicht auf die tatsächliche Ausübung einheitlicher Leitungsmacht durch die bloße Abhängigkeit bestimmt, sodass die **Möglichkeit** des beherrschenden Einflusses ausreicht (*BAG* 30.3.2004 EzA § 5 EBRG Nr. 1). Gleichgeordnete Unternehmen unter einheitlicher Leitung werden nicht erfasst. § 6 Abs. 2 EBRG enthält verschiedene – widerlegbare – Vermutungstatbestände für einen beherrschenden Einfluss.

Der Begriff der Unternehmensgruppe i.S.d. EBRG knüpft nicht an die nationalen Regelungen über den Konzern an. Insbesondere ist der Begriff des »herrschenden Unternehmens« weiter als der Abhängigkeitsbegriff des § 17 AktG und wird durch § 6 EBRG eigenständig bestimmt (vgl. DKK/*Kittner* § 6 EBRG Rz. 4 mit Beispielen von Abhängigkeitstatbeständen). Gemeinschaftsunternehmen (»joint ventures«) sind abhängige Unternehmen aller Muttergesellschaften (str., so z.B. MünchArbR/*Joost* § 366 Rz. 18; DKK/*Kittner* § 6 EBRG Rz. 7; **a.A.** *Fitting* Anh. 3 Rz. 20).

Die Berechnung der Arbeitnehmeranzahl richtet sich nach § 4 EBRG. Es gilt der betriebsverfassungsrechtliche Arbeitnehmerbegriff (s.o. Rn. 5 ff.). Leitende Angestellte i.S.d. § 5 Abs. 3 BetrVG zählen trotz Verweises des § 4 nur auf § 5 Abs. 1 BetrVG nicht mit (»Redaktionsversehen«, vgl. MünchArbR/*Joost* § 366 Rz. 24; *Fitting* Anh. 3 Rz. 12). 2232

Wer Arbeitnehmer unter denen in einem anderen Mitgliedstaat Beschäftigten ist, richtet sich nach dem Recht des jeweiligen Mitgliedstaates.

Bei der Feststellung der nach § 3 EBRG erforderlichen Arbeitnehmerzahlen kommt es gem. § 4 EBRG auf die Anzahl der im Durchschnitt der letzten zwei Jahre vor Initiative der zentralen Leitung zur Bildung des besonderen Verhandlungsgremiums (§ 9 Abs. 1 EBRG) oder dem Eingang des Antrags der Arbeitnehmer oder ihrer Vertreter auf Bildung des besonderen Verhandlungsgremiums (§ 9 Abs. 2 EBRG) beschäftigten Arbeitnehmer an. Diese Zahl wird ermittelt, indem die Beschäftigtenzahl pro Tag der letzten 730 Tage durch die Zahl 730 geteilt wird.

§ 4 EBRG stellt dem Wortlaut nach auf die tatsächliche Beschäftigtenzahl, nicht auf die Zahl der i.d.R. beschäftigten Arbeitnehmer ab. Umstritten ist deshalb, ob vergangene und zukünftige Entwicklungen der Beschäftigtenzahl berücksichtigt werden können, etwa bei bereits feststehender zukünftiger Herabsetzung der Beschäftigtenzahl (abl. etwa MünchArbR/*Joost* § 366 Rz. 25; **a.A.** etwa *Fitting* Anh.3 Rz. 11).

3. Weiter bestehende Vereinbarungen

Bestand in einem gemeinschaftsweit tätigen Unternehmen oder einer Unternehmensgruppe bereits vor dem 22. September 1996 eine Vereinbarung über eine grenzüberschreitende Unterrichtung und Anhörung der Arbeitnehmer, ist das EBRG nach § 41 EBRG nicht anwendbar, wenn diese Vereinbarung dem in § 41 EBRG normierten Mindestinhalt entspricht (vgl. i.E. DKK/*Däubler* § 41 EBRG Rz. 4 ff.). 2233

III. Das besondere Verhandlungsgremium (BVG)

Das EBRG sieht primär eine Ausgestaltung des Verfahrens zur grenzüberschreitenden Unterrichtung und Anhörung durch Abschluss einer entsprechenden Vereinbarung der Sozialpartner vor. Hierzu gibt das EBRG ein Verhandlungsverfahren vor. Danach finden die Verhandlungen zwischen der zentralen Leitung und auf Arbeitnehmerseite dem sog. besonderen Verhandlungsgremium (BVG) statt (§ 8 EBRG). Das BVG hat die Aufgabe, in vertrauensvoller Zusammenarbeit mit der zentralen Leitung eine Vereinbarung über die grenzüberschreitende Unterrichtung und Anhörung auszuhandeln und abzuschließen (§ 8 Abs. 1 EBRG). 2234

1. Die Bildung des besonderen Verhandlungsgremiums

Das BVG kann auf Initiative der zentralen Leitung oder aber auf entsprechenden Antrag der Arbeitnehmer oder ihrer Vertreter gebildet werden (§ 9 Abs. 1 EBRG). 2235

a) Initiative der zentralen Leitung

Eine Initiative zur Bildung des BVG durch die zentrale Leitung erfolgt dadurch, dass sie dieses Vorhaben derjenigen Arbeitnehmervertretung mitteilt, die für die Bestellung der Mitglieder des BVG nach § 1 EBRG zuständig ist (s.u. Rn. 2243). 2236

b) Antrag der Arbeitnehmer oder ihrer Vertretung

2237 Gem. § 9 Abs. 1 EBRG kann die Bildung des BVG auch von den Arbeitnehmern oder ihren Vertretern schriftlich bei der zentralen Leitung beantragt werden

aa) Gemeinschaftsweiter Antrag

2238 Wirksam ist nur ein gemeinschaftsweiter Antrag.

Er muss gem. § 9 Abs. 2 EBRG von mindestens 100 Arbeitnehmern oder ihren Vertretern aus mindestens zwei Betrieben oder Unternehmen, die in verschiedenen Mitgliedstaaten liegen, unterzeichnet sein. Bei Stellung mehrerer Anträge sind die Unterschriften zu addieren. Der Antrag kann bei einer im Inland liegenden Betriebs- oder Unternehmensleitung eingereicht werden. Diese hat ihn unverzüglich an die zentrale Leitung weiterzuleiten und die Antragsteller hierüber zu unterrichten.

bb) Unterrichtungs- und Auskunftsanspruch

2239 Gem. § 9 Abs. 3 EBRG hat die zentrale Leitung die Antragsteller, die örtlichen Betriebs- oder Unternehmensleitungen sowie die in inländischen Betrieben vertretenen Gewerkschaften über die Bildung eines BVG und seine Zusammensetzung zu unterrichten. Hierdurch sollen sich alle Betroffenen frühzeitig auf das Verfahren einstellen und die Mitglieder des BVG bestellen können (BT-Drs. 13/4520, S. 21). Insbesondere ist darüber zu unterrichten, ob ein BVG zu bilden ist und wie viele Sitze auf die jeweiligen Mitgliedstaaten entfallen.

§ 5 EBRG sieht einen Auskunftsanspruch der Arbeitnehmervertretungen hinsichtlich bestimmter Tatsachen (Anzahl der Arbeitnehmer, Verteilung auf die Mitgliedstaaten, Struktur des Unternehmens bzw. der Unternehmensgruppe) vor. Zur Auskunftspflicht, wenn sich die zentrale Leitung einer gemeinschaftsweiten Unternehmensgruppe nicht in einem Mitgliedstaat befindet vgl. *EuGH* 13.1.2004 EzA EG-Vertrag 1999 Richtlinie 94/45/EG Nr. 3.

2240 Über den Wortlaut hinaus besteht der Auskunftsanspruch aber auch dann, wenn die Auskünfte benötigt werden, um überhaupt festzustellen, ob die Anwendungsvoraussetzungen des EBRG vorliegen und beinhaltet auch einen Anspruch auf Vorlage von Unterlagen (*BAG* 30.3.2004 EzA § 5 EBRG Nr. 1; MünchArbR/*Joost* § 366 Rz. 44, 45; *Fitting* Anh. 3 Rz. 23; DKK/*Däubler* § 5 Rz. 3; *LAG Düsseld.* 21.1.1999 LAGE § 5 EBRG Nr. 1; *EuGH* 29.3.2001 EzA Richtlinie 94/45/EG EG-Vertrag 1999 Nr. 2).

Der Auskunftsanspruch erstreckt sich insbesondere auf die Informationen, die zur Beurteilung der Frage erforderlich sind, ob ein Unternehmen unmittelbar oder mittelbar einen beherrschenden Einfluss auf andere Unternehmen ausüben kann, wenn eine gewisse Wahrscheinlichkeit für die Anwendbarkeit des EBRG besteht (*BAG* 30.3.2004 a.a.O.).

2241 **Auskunftsberechtigt** ist jede betriebliche Arbeitnehmervertretung im Inland (Betriebsrat, Gesamt-/Konzernbetriebsrat sowie jedes bei einer ausländischen Niederlassung nach dortigem Recht als Arbeitnehmervertretung geltendes Vertretungsgremium. **Auskunftsverpflichtet** ist die zentrale Leitung mit Sitz im Inland. Wird das Auskunftsverlangen von einem (Gesamt-)Betriebsrat gestellt, kann er auch gegenüber der örtlichen Betriebs- oder Unternehmensleitung geltend gemacht werden, die dann die für die Auskünfte erforderlichen Informationen und Unterlagen bei der zentralen Leitung einzuholen hat, § 5 Abs. 2 EBRG. Dies gilt auch dann, wenn die zentrale Leitung ihren Sitz nicht im Inland hat, § 2 Abs. 4 EBRG.

2. Zusammensetzung des BVG

Die Zusammensetzung des BVG regelt § 10 EBRG. Ihm gehören aus jedem Mitgliedstaat, in dem das Unternehmen oder die Unternehmensgruppe einen Betrieb hat, ein Mitglied an (Grundsatz der Repräsentativität). § 10 Abs. 2 EBRG sieht eine Erhöhung der Mitgliederzahlen für Mitgliedstaaten vor, in denen verhältnismäßig viele Arbeitnehmer des Unternehmens oder der Unternehmensgruppe beschäftigt sind (Grundsatz der Proportionalität). 2242

Im Hinblick darauf, dass Art. 5 Abs. 2 lit. b der Richtlinie 94/45/EG eine Höchstzahl von 17 Mitgliedern für das BVG vorsieht, § 10 Abs. 2 EBRG aber zu einer höheren Mitgliederzahl führen kann, wird kontrovers diskutiert, ob entsprechend der Anzahl der Mitgliedstaaten das BVG auf maximal 18 Mitglieder zu begrenzen ist (so MünchArbR/*Joost* § 366 Rz. 51; abl. *Fitting* Anh. 3 Rz. 30). Gem. § 10 Abs. 3 EBRG können Ersatzmitglieder bestellt werden, die die Hauptmitglieder bei Verhinderung oder bei deren Ausscheiden vertreten.

3. Bestellung der Mitglieder

a) Inländische Mitglieder

Die Bestellung der deutschen Mitglieder bestimmt sich nach § 11 EBRG, und zwar auch dann, wenn sich die zentrale Leitung nicht im Inland befindet. Die Bestellung erfolgt grds. durch die betriebsverfassungsrechtlichen Repräsentationsorgane; gibt es im inländischen Unternehmen solche nicht, können keine Mitglieder bestellt werden. 2243

§ 11 Abs. 2, 3 EBRG enthält umfangreiche Regelungen darüber, welches betriebsverfassungsrechtliche Repräsentationsorgan zur Bestellung zuständig ist.

b) Vertreter aus anderen Mitgliedstaaten

Die Bestellung der Mitglieder des BVG aus anderen Mitgliedstaaten bei Sitz der zentralen Leitung im Inland bestimmt sich nach dem jeweiligen nationalen Recht. 2244

c) Vertreter aus Drittstaaten

Unter den Voraussetzungen des § 14 EBRG, können zentrale Leitung und BVG vereinbaren, dass Arbeitnehmervertreter aus Drittstaaten in das BVG einbezogen werden und dabei deren Anzahl und Rechtsstellung durch Vereinbarung festlegen. 2245

d) Unterrichtung der zentralen Leitung über die Mitglieder

Nach der Beschlussfassung der für die Bestellung nach § 11 EBRG zuständigen Gremien sind der zentralen Leitung die Namen, Anschriften und die Betriebszugehörigkeit der Mitglieder des BVG mitzuteilen, die ihrerseits wiederum die örtlichen Betriebs- und Unternehmensleitungen, die dort bestehenden Arbeitnehmervertretungen sowie die in inländischen Betrieben vertretenen Gewerkschaften hiervon unterrichtet, damit alle Beteiligten sich ein Bild über die personelle Zusammensetzung des BVG machen können. 2246

4. Geschäftsführung des BVG

a) Sitzungen

Unverzüglich nach der Unterrichtung über die Zusammensetzung des BVG hat die zentrale Leitung gem. § 13 Abs. 1 EBRG die Mitglieder zur **konstituierenden Sitzung** einzuladen und hiervon die örtlichen Betriebs- und Unternehmensleitungen zu unterrichten. Unterlässt sie dies, kann sie hierzu im arbeitsgerichtlichen Beschlussverfahren verpflichtet werden. 2247

Daneben dürfte auch das Recht bestehen, selbst zusammenzutreten (MünchArbR/*Joost* § 366 Rz. 69; vgl. zur entsprechenden Problematik bei der konstitutiven Betriebsratssitzung oben Rn. 534). In der konstituierenden Sitzung wählt das Gremium aus seiner Mitte einen Vorsitzenden. Obwohl gesetzlich nicht geregelt, ist auch die Wahl eines Stellvertreters möglich.

Gem. § 13 Abs. 2 EBRG hat das BVG das Recht, vor jeder Sitzung mit der zentralen Leitung eine **weitere, interne Sitzung** durchzuführen, zu der der Vorsitzende einlädt. Dabei ist nach § 13 Abs. 2 S. 2 i.V.m. § 8 Abs. 3 EBRG Häufigkeit und Ort mit der zentralen Leitung einvernehmlich festzulegen. Nach *Klebe* (DKK § 13 EBRG Rz. 8) sollen aber diesbezügliche Vorschläge des BVG im Hinblick auf dessen Rolle und die vorgesehene eigenverantwortliche Wahrnehmung seiner Aufgaben nur abgelehnt werden können, wenn nachvollziehbare, erhebliche Gründe dagegen sprechen. Fehlt es hieran, soll eine Ablehnung der zentralen Leitung unerheblich sein. Des Weiteren kommt es zu **Sitzungen mit der zentralen Leitung**, in denen die Verhandlungen über die Ausgestaltung der grenzüberschreitenden Information und Anhörung ausgehandelt werden sollen. Gem. § 8 Abs. 3 EBRG sind Zeitpunkt, Häufigkeit und Ort dieser Verhandlungen einvernehmlich festzulegen.

b) Geschäftsordnung

2248 Das BVG kann sich gem. § 13 Abs. 1 EBRG eine Geschäftsordnung durch entsprechenden Beschluss geben, in der beispielsweise die Bildung eines Vorstandes oder eines Verhandlungsausschusses, die Einladungsfristen zu den internen Sitzungen, das Verfahren zur Aufstellung der Tagesordnung, das Abstimmungsverfahren, das Anwesenheitsrecht Dritter oder die Grundsätze der internen Kommunikation der Mitglieder zwischen den Sitzungen geregelt werden können.

c) Beschlussfassung

2249 Beschlüsse des BVG bedürfen der Mehrheit der Stimmen seiner Mitglieder (§ 13 Abs. 3 EBRG), d.h. die Mehrheit nur der anwesenden Mitglieder reicht nicht aus.

Stimmenthaltungen und die Nichtteilnahme wirken sich als Nein-Stimmen aus. Jedes Mitglied hat eine Stimme. Die Beschlüsse sind in Sitzungen zu fassen; eine Beschlussfassung in anderer Weise, etwa im Umlaufverfahren ist unzulässig (DKK/*Klebe* § 13 EBRG Rz. 9). Grds. reicht die einfache Mehrheit der Stimmen aus. Der nach § 15 Abs. 1 EBRG mögliche Beschluss, keine Verhandlungen aufzunehmen oder sie zu beenden (s.u. Rn. 2260), bedarf einer qualifizierten Mehrheit von zwei Dritteln der Stimmen.

d) Unterstützung durch Sachverständige

2250 Das BVG kann sich gem. § 13 Abs. 4 EBRG durch Sachverständige seiner Wahl unterstützen lassen, soweit dies zur ordnungsgemäßen Erfüllung seiner Aufgaben erforderlich ist. Sachverständige können auch Beauftragte von Gewerkschaften sein.

Die Kostentragungspflicht der zentralen Leitung beschränkt sich gem. § 16 Abs. 1 EBRG auf die Hinzuziehung **eines** Sachverständigen. Ob die Einschränkung durch das Kriterium der Erforderlichkeit in § 13 Abs. 4 EBRG richtlinienkonform ist, ist streitig.

Zum Teil (so etwa DKK/*Klebe* § 13 EBRG Rz. 11; *Bachner/Nielebock* AuR 1997, 131) wird die Richtlinienkonformität unter Hinweis darauf verneint, dass Art. 5 Abs. 4 S. 3 der Richtlinie 94/45/EG eine entsprechende Einschränkung nicht vorsieht. Grenze der Hinzuziehung ist danach nur der Grundsatz vertrauensvoller Zusammenarbeit nach § 8 Abs. 3 EBRG. Nach anderer Auffassung (MünchArbR/*Joost* § 366 Rz. 84 m.w.N.; wohl auch *Fitting* Anh. 3 Rz. 40) handelt es sich nur um eine Klarstellung i.S.d. selbstverständlichen Grundsatzes der Erforderlichkeit des Betriebsverfassungsrechts.

5. Amtszeit des BVG

Das EBRG enthält keine ausdrückliche Regelung über die Amtszeit des BVG. 2251
Die Amtszeit des BVG endet unter dem Gesichtspunkt der Erfüllung seiner Aufgaben, wenn es zum Abschluss einer Vereinbarung über die grenzüberschreitende Unterrichtung und Anhörung kommt oder das BVG beschließt, keine Verhandlungen aufzunehmen bzw. diese zu beenden (§ 15 EBRG), oder wenn es nicht zu Verhandlungen bzw. zum Abschluss einer Vereinbarung kommt (vgl. § 21 EBRG).

6. Rechtsstellung der Mitglieder des BVG

Die Rechtsstellung inländischer Mitglieder des BVG entspricht gem. § 40 Abs. 2 EBRG der der Mitglieder des EBR (vgl. Rn. 2295 ff.). 2252

7. Kosten und Sachaufwand

a) Grundsatz

Gem. § 16 Abs. 1 EBRG hat die zentrale Leitung die durch die Bildung und Tätigkeit des BVG entstehenden Kosten zu tragen und die erforderlichen Sach- und Personalmittel zur Verfügung zu stellen. 2253

Obwohl die Bestimmung missverständlich nur hinsichtlich einzelner Kosten auf das Merkmal der Erforderlichkeit abstellt, gilt der Grundsatz der Erforderlichkeit hinsichtlich aller Kosten (MünchArbR/*Joost* § 366 Rz. 80 m.w.N.). Die zu § 40 BetrVG entwickelten Grundsätze können herangezogen werden (DKK/*Klebe* § 16 EBRG Rz. 1; s.o. Rn. 754 ff.). 2254

Kosten für Vorbereitungsmaßnahmen zur Bildung des BVG werden auch durch § 40 BetrVG direkt erfasst.

b) Umfang

Erfasst werden die Kosten der Bildung und Tätigkeit des BVG. 2255

Kosten der Bildung des BVG sind etwa: 2256
Aufwendungen für Auslandsreisen, die zur Vorbereitung des Antrags nach § 9 EBRG gemacht werden (*ArbG Hmb.* 17.4.1997 AuR 1998, 42); Kosten, die durch den Auskunftsanspruch nach § 5 EBRG (s.o. Rn. 2239 f.) entstehen (MünchArbR/*Joost* § 366 Rz. 81); Wahlkosten.

Kosten der Tätigkeit des BVG sind etwa: 2257
Durch die Geschäftsführung entstehende Kosten, insbes. Kosten der Sitzungen (s.o. Rn. 2247), wie z.B. Kosten der Einladungen, Übersetzungskosten, die erforderlichen Reise-, Aufenthalts- und Verpflegungskosten der Mitglieder; Außerhalb der Sitzungen anfallende Kosten, wie z.B. Kosten von Telefonaten unter den Mitgliedern, Übersetzungen von Unterlagen, Kosten eines erforderlichen Kontakts unter den Mitgliedern zwischen den Treffen des BVG; Kosten aus Streitigkeiten, die im Zusammenhang mit der Bildung/Tätigkeit des BVG stehen unter Einschluss der erforderlichen Hinzuziehung eines Rechtsanwalts DKK/*Klebe* § 16 EBRG Rz. 3 ff.; zur Erforderlichkeit der Hinzuziehung eines Rechtsanwalts s.o. Rn. 758 ff.).

Die Kostentragungspflicht bei **Hinzuziehung eines Sachverständigen** (s.o. Rn. 2250) ist gem. § 16 Abs. 1 S. 2 EBRG auf die Hinzuziehung **eines** Sachverständigen begrenzt. Hierbei ist streitig, ob das BVG auf Kosten der zentralen Leitung einen (weiteren) Sachverständigen dann hinzuziehen kann, wenn der zuerst zugezogene seine Tätigkeit beendet hat (so DKK/*Klebe* § 16 EBRG Rz. 7; noch weiter gehender *Bachner/Nielebock* AuR 1997, 131) oder es aber auch in diesem Fall bei der Hinzuziehung nur insgesamt eines Sachverständigen zu verbleiben hat (so etwa MünchArbR/*Joost* § 366 Rz. 84).

Die erforderlichen **Sach- und Personalmittel** sind von der zentralen Leitung zur Verfügung zu stellen. Es handelt sich um einen Anspruch des BVG auf Überlassung (MünchArbR/*Joost* § 366 Rz. 87; s.o. Rn. 780 ff.). Erfasst sind z.B. Räume, sachliche Mittel (z.B. Telefon, Telefax, Gesetzestexte einschl. der erforderlichen Übersetzungen), Büropersonal, Dolmetscher.

c) Haftung

2258 Kostentragungspflichtig ist die zentrale Leitung. Gem. § 16 Abs. 2 EBRG besteht aber eine gesamtschuldnerische Haftung des deutschen Arbeitgebers für Kostenerstattungsansprüche, damit das inländische Mitglied des BVG im Streitfall die Kosten vor einem deutschen Gericht durchsetzen kann (BT-Drs. 13/4529, S. 22). Von Relevanz ist dies insbes., wenn sich die zentrale Leitung nicht im Inland befindet (vgl. § 2 Abs. 4 EBRG).

IV. Freiwillige Vereinbarungen über eine grenzüberschreitende Unterrichtung der Arbeitnehmer oder ihrer Vertreter

1. Mögliche Ergebnisse des Verhandlungsprozesses im Überblick

2259 Ist das BVG gebildet, hat dieses gem. § 8 EBRG die Aufgabe, mit der zentralen Leitung eine Vereinbarung über eine grenzüberschreitenden Unterrichtung und Anhörung zu treffen, wobei Inhalt und organisatorische Ausgestaltung eines solchen Verfahrens weitgehend der Disposition der Beteiligten überlassen bleiben (Grundsatz der Gestaltungsfreiheit, § 17 EBRG). Für das Ergebnis der Verhandlungen gibt es vier Möglichkeiten:

a) Beschluss über Beendigung der Verhandlungen

2260 Das BVG kann gem. § 15 EBRG mit einer Mehrheit von mindestens zwei Dritteln seiner Mitglieder beschließen, keine Verhandlungen mit der zentralen Leitung aufzunehmen oder bereits begonnene Verhandlungen zu beenden. In diesem Fall ist das Verfahren zur Herbeiführung einer grenzüberschreitenden Unterrichtung und Anhörung beendet. Es kommt dann weder zum Abschluss einer entsprechenden Vereinbarung noch zur Errichtung eines EBR kraft Gesetz. Ein neuer Antrag auf Bildung eines BVG kann vorbehaltlich einer anderen Vereinbarung mit der zentralen Leitung frühestens nach Ablauf von zwei Jahren nach dem Beschluss gestellt werden. Es handelt sich damit um einen zumindest zeitweisen Verzicht der Arbeitnehmer auf eine grenzüberschreitende Unterrichtung und Anhörung.

b) Scheitern der Verhandlungen/Bildung eines EBR kraft Gesetz

2261 Verweigert die zentrale Leitung die Aufnahme von Verhandlungen innerhalb von sechs Monaten nach Stellung des Antrags auf Bildung des BVG (s.o. Rn. 2238) oder kommt innerhalb von drei Jahren nach Antragstellung keine Vereinbarung über eine grenzüberschreitende Unterrichtung und Anhörung zu Stande oder erklären das BVG und die zentrale Leitung die Verhandlungen vorzeitig für gescheitert, ist gem. § 21 Abs. 1 EBRG ein EBR kraft Gesetz zu bilden (zum EBR kraft Gesetz s.u. Rn. 2280 ff.).

c) Vereinbartes Mitwirkungsverfahren

2262 BVG und zentrale Leitung können eine Vereinbarung über das Verfahren der grenzübergreifenden Unterrichtung und Anhörung schließen. Die Vereinbarung muss nur bestimmte Mindestvoraussetzungen erfüllen (s.u. Rn. 2264 ff.). Im Übrigen gilt der Grundsatz der Gestaltungsfreiheit (§ 17 EBRG). Zu beachten sind lediglich die inhaltlichen Vorgaben des § 19 EBRG (s.u. Rn. 2272 f.).

d) Vereinbarter EBR

BVG und zentrale Leitung können auch die Errichtung eines oder mehrerer EBR vereinbaren (s.u. Rn. 2275 ff.). Auch die inhaltliche Ausgestaltung einer solchen Vereinbarung unterliegt nur bestimmten Mindestanforderungen (s.u. Rn. 2276). § 18 EBRG regelt lediglich als Soll-Vorschrift, welche Angelegenheiten in einer solchen Vereinbarung geregelt werden sollen. 2263

2. Gemeinsame Mindestanforderungen einer Vereinbarung

Bei Abschluss einer Vereinbarung über ein Verfahren zur grenzüberschreitenden Unterrichtung und Anhörung bzw. über die Errichtung eines oder mehrerer EBR sind nach § 17 EBRG bestimmte Mindestanforderungen zu beachten. 2264

Werden diese Mindestanforderungen nicht beachtet, handelt es sich nicht um eine Vereinbarung nach § 17 EBRG. Die Folge davon ist, dass das BVG weiter existiert und spätestens nach drei Jahren ein EBR kraft Gesetzes zu errichten ist. Derartige Mängel können aber durch nachträgliche Ergänzung der Vereinbarung geheilt werden (DKK/*Däubler* § 17 Rz. 16). 2265

Demgegenüber vertritt *Joost* (MünchArbR § 366 Rz. 106) für die Vereinbarung eines EBR die Auffassung, dass dann, wenn die Vereinbarung an dem Mangel leidet, dass sie sich nicht auf alle Unternehmen, Betriebe und Arbeitnehmer erstreckt, dies nicht zur Unwirksamkeit der Vereinbarung, sondern dazu führt, dass sich die Vereinbarung kraft Gesetzes entsprechend weit erstreckt (anders aber MünchArbR/*Joost* § 366 Rz. 99).

Grenzüberschreitende Ausgestaltung: Die zu vereinbarende Unterrichtung und Anhörung muss sich auf grenzübergreifende Vorgänge beziehen, d.h. Vorgänge, die sich in mindestens zwei Mitgliedstaaten auswirken. 2266

Erfassung aller Arbeitnehmer: Gem. § 17 S. 2 EBRG muss sich die Vereinbarung auf alle in den Mitgliedstaaten beschäftigten Arbeitnehmer erstrecken, in denen das Unternehmen oder die Unternehmensgruppe einen Betrieb hat.

Anhörung: Es muss eine Anhörung vereinbart werden, die den Anforderungen des § 1 Abs. 4 EBRG genügt. Die Vereinbarung muss daher den Arbeitnehmervertretern das Recht einräumen, in eine Beratung mit der zentralen Leitung oder einer anderen geeigneten Leitungsebene einzutreten. Dies setzt voraus, dass in einem kommunikativen Prozess Gründe und Gegengründe ausgetauscht und abgewogen werden können (DKK/*Däubler* § 1 EBRG Rz. 7; MünchArbR/*Joost* § 366 Rz. 102).

Unterrichtung: Die Vereinbarung muss eine Unterrichtung der Arbeitnehmer i.S. einer Informationsübermittlung über grenzübergreifende Vorgänge vorsehen. Die Unterrichtung soll die Arbeitnehmervertreter in die Lage versetzen, die Angelegenheit ohne weitere Nachforschungen beurteilen und erörtern zu können (MünchArbR/*Joost* § 366 Rz. 101).

Schriftform: Eine Vereinbarung bedarf zu ihrer Wirksamkeit nach §§ 18 Abs. 1, 19 Abs. 1 EBRG der Schriftform.

3. Keine Vereinbarung von Mitbestimmungsrechten

Über die Unterrichtung und Anhörung hinausgehende echte Mitbestimmungsrechte der Arbeitnehmervertreter können zwischen BVG und zentraler Leitung nicht vereinbart werden. Hierzu fehlt es an einem entsprechenden Mandat (DKK/*Däubler* § 18 EBRG Rz. 13; MünchArbR/*Joost* § 366 Rz. 103). 2267

4. Rechtsnatur und Auslegung einer Vereinbarung

Kommt es zum Abschluss einer Vereinbarung, handelt es sich um einen Kollektivvertrag mit normativer Wirkung eigener Art, für dessen Auslegung die Grundsätze der Auslegung von Tarifverträgen (s.o. Kap. 11 Rn. 116 ff.) bzw. Betriebsvereinbarungen (s.o. Rn. 1278 f.) gelten (DKK/*Däubler* § 17 EBRG Rz. 11, 17). 2268

5. Fortgeltung beendeter Vereinbarungen

2269 Sowohl die Vereinbarung über ein Mitwirkungsverfahren als auch die Vereinbarung eines EBR können auf bestimmte oder unbestimmte Zeit geschlossen sein. Im ersten Fall enden sie nach Zeitablauf, im zweiten durch Kündigung. Soweit die jeweilige Vereinbarung selbst eine Übergangsregelung enthält (vgl. § 18 Abs. 1 Nr. 6 EBRG), ist diese maßgeblich. Denkbar sind z.B. Regelungen, die einen ersatzlosen Wegfall des Gremiums oder die Fortwirkung der Vereinbarung für eine bestimmte Dauer oder die Errichtung eines EBR kraft Gesetz vorsehen (vgl. zu weiteren Gestaltungsmöglichkeiten DKK/*Däubler* § 20 Rz. 2).

2270 Fehlt es an einer entsprechenden Übergangsregelung in der Vereinbarung selbst, sieht § 20 EBRG eine Fortgeltung der jeweiligen Vereinbarung vor, wenn vor Beendigung der Vereinbarung das Antrags- oder Initiativrecht zur Schaffung eines BVG ausgeübt worden ist, wobei das Antragsrecht auch einem auf Grund der Vereinbarung geschaffenen Arbeitnehmervertretungsgremium, wie z.B. dem EBR, zusteht.

Die Fortgeltung endet, wenn eine neue Vereinbarung geschlossen oder ein EBR kraft Gesetzes errichtet ist oder wenn das nunmehr installierte BVG einen Beschluss nach § 15 EBRG (s.o. Rn. 2260) fasst.

6. Vereinbartes Mitwirkungsverfahren

2271 Zentrale Leitung und BVG können unter Verzicht auf eine organisatorisch verfestigte Institution ein selbst entwickeltes Verfahren zur Unterrichtung und Anhörung der Arbeitnehmer vereinbaren, das auf die besonderen Verhältnisse des Unternehmens bzw. der Unternehmensgruppe zugeschnitten ist.

a) Form, Mindestinhalt

2272 Die Vereinbarung bedarf der Schriftform (§ 19 EBRG). Über die für jede Vereinbarung geltenden Mindestanforderungen (s.o. Rn. 2264 f.) hinaus, muss eine derartige Vereinbarung die inhaltlichen Anforderungen des § 19 EBRG beachten. Andernfalls fehlt es an einer wirksamen Vereinbarung.

2273 **Unterrichtung über grenzüberschreitende Angelegenheiten mit erheblichen Auswirkungen:** Die Vereinbarung muss eine Unterrichtung über grenzüberschreitende Angelegenheiten mit erheblichen Auswirkungen auf die Arbeitnehmer vorsehen. Dies sind zum einen die im Katalog des § 33 Abs. 1 EBRG genannten Angelegenheiten, darüber hinaus dürften hierzu auch die im Katalog des § 32 Abs. 2 EBRG aufgeführten Angelegenheiten zählen (MünchArbR/*Joost* § 366 Rz. 126; DKK/*Däubler* § 19 EBRG Rz. 2). Auf welchem Weg die Unterrichtung erfolgt, unterliegt der freien Vereinbarung. Vorgesehen werden kann z.B. die Unterrichtung durch die örtlichen Unternehmens- oder Betriebsleitungen.

Regelung der gemeinsamen Beratung der Vertretungen und Anhörung: Die Vereinbarung muss regeln, unter welchen Voraussetzungen die nationalen Interessenvertretungen das Recht haben, die ihnen übermittelten Informationen gemeinsam zu beraten und wie diese ihre Vorschläge oder Bedenken mit der zentralen Leitung oder einer anderen geeigneten Leitungsebene erörtern können.

b) Fortgeltung beendeter Vereinbarungen

2274 Wenn die Vereinbarung über den EBR beendet ist, so gilt sie nach Maßgabe des § 20 EBRG fort (s.o. Rn. 2269).

7. Europäischer Betriebsrat kraft Vereinbarung

BVG und zentrale Leitung können auch die Errichtung eines oder mehrerer (z.B. spartenbezogener) EBR vereinbaren. Auch hier gilt der Grundsatz der Gestaltungsfreiheit; insbes. sind zentrale Leitung und BVG nicht an die Bestimmungen über den EBR kraft Gesetzes gebunden. 2275

a) Form, notwendiger Mindestinhalt der Vereinbarung

Die Vereinbarung bedarf der Schriftform (§ 18 Abs. 1 EBRG) und muss den bereits genannten Mindestanforderungen genügen (s.o. Rn. 2264 f.). 2276

b) Soll-Inhalt

In Form einer bloßen Soll-Vorschrift, deren Nichtbeachtung die Wirksamkeit der Vereinbarung unberührt lässt, sieht § 18 Abs. 1 EBRG bestimmte Regelungsbereiche vor, die in der Vereinbarung geregelt werden sollen. Es handelt sich hierbei um: 2277
- Beschreibung des Geltungsbereichs (Nr. 1) in Form der Bezeichnung der erfassten Betriebe und Unternehmen;
- Organisatorische Regelungen (Nr. 2) über die Zusammensetzung des EBR, Anzahl der Mitglieder, Ersatzmitglieder und Mandatsdauer. Hierbei kann eine unterschiedliche Gewichtung hinsichtlich der Betriebe/Unternehmen bzw. der Mitgliedstaaten vereinbart werden. Eine Entsendung eines Mitglieds aus jedem Mitgliedstaat braucht nicht vorgesehen werden. Ebenso ist es zulässig, die Entsendung von betriebsfremden Personen (z.B. Gewerkschaftsfunktionären) oder Nicht-Arbeitnehmern vorzusehen. Soweit die Entsendung inländischer Arbeitnehmervertreter vorgesehen ist, richtet sich die Zuständigkeit hierzu gem. § 18 Abs. 2 EBRG nach § 23 EBRG;
- Kompetenzregelungen, Regelung des Anhörungs- und Beratungsverfahrens (Nr. 3): Die Vereinbarung kann die Gegenstände festlegen, über die der EBR zu unterrichten ist. Soweit die erfassten Vorgänge noch eine grenzüberschreitende Dimension haben, kann hierbei der Katalog des § 32 EBRG auch erheblich überschritten werden (DKK/*Däubler* § 18 EBRG Rz. 10). Ebenso können Zeitpunkt und Verfahren der Unterrichtung und Anhörung ausgestaltet werden. Nach *Däubler* (DKK § 18 EBRG Rz. 12, 13) ist es auch möglich, dem EBR das Recht einzuräumen, die Unterlassung geplanter Maßnahmen vor Durchführung der Unterrichtung/Anhörung zu verlangen;
- Regelungen über die Einzelheiten der Sitzungen (Nr. 4);
- Regelungen über Kosten- und Sachaufwand (Nr. 5);
- Anpassungsklausel (Nr. 6): Die Vereinbarung soll eine Klausel zur Anpassung an Strukturveränderungen (z.B. Vergrößerung oder Verkleinerung der Unternehmensgruppe), eine Regelung der Geltungsdauer (feste Laufzeit oder Kündigung) und das bei ihrer Neuverhandlung anzuwendende Verfahren sowie eine Übergangsregelung (Erhaltung der Kontinuität bis zum Abschluss einer neuen Vereinbarung) enthalten (vgl. i.E. DKK/*Däubler* § 18 EBRG Rz. 17 ff.).

c) Fortgeltung beendeter Vereinbarungen

Wenn die Vereinbarung über den EBR beendet ist, so gilt sie nach Maßgabe des § 20 EBRG fort (s.o. Rn. 2269). 2278

8. Rechtliche Stellung der Mitglieder; Grundsätze der Zusammenarbeit

Für die Rechtsstellung der Mitglieder des EBR kraft Vereinbarung bzw. der Arbeitnehmervertreter im Rahmen des vereinbarten Verfahrens grenzüberschreitender Unterrichtung und Anhörung gelten gem. § 40 Abs. 1, 2 EBRG die für die Mitglieder eines EBR kraft Gesetzes geltenden Bestimmungen (s.u. Rn. 2295). Entsprechendes gilt für die Verschwiegenheitspflicht (§ 39 Abs. 2, 3, 4 EBRG (s.u. Rn. 2295). Für die Zusammenarbeit zwischen den 2279

Arbeitnehmervertretungen und der zentralen Leitung gilt gem. § 38 S. 2 EBRG der Grundsatz der vertrauensvollen Zusammenarbeit (s.u. Rn. 2342).

V. Der Europäische Betriebsrat kraft Gesetz

1. Rechtsnatur, Stellung im System der Betriebsverfassung

2280 Kommt es zu keiner freiwilligen Vereinbarung über eine grenzüberschreitende Unterrichtung und Anhörung der Arbeitnehmer oder ihrer Vertreter, ist der EBR gem. § 21 EBRG kraft Gesetzes zu bilden.

2281 Beim EBR kraft Gesetzes handelt es sich um ein transnational ausschließlich mit Arbeitnehmervertretern besetztes besonderes Organ der Betriebsverfassung, das den sonstigen Organen der Betriebsverfassung (Betriebsrat, Gesamt-/Konzernbetriebsrat) weder über- noch untergeordnet ist.

2282 Ihm sind lediglich Unterrichtungs- und Anhörungs-, nicht aber echte Mitbestimmungsrechte zugewiesen. Sein Aufgabenbereich ähnelt dem des Wirtschaftsauschusses (MünchArbR/*Joost* § 366 Rz. 1).

2. Errichtung

a) Errichtungsvoraussetzungen

2283 Sofern nicht das BVG nach § 15 EBRG beschlossen hat, keine Verhandlungen aufzunehmen oder begonnene Verhandlungen zu beenden, kommt es zur Errichtung eines EBR kraft Gesetzes nach § 21 EBRG in drei Konstellationen:

aa) Verweigerung von Verhandlungen:

2284 Verweigert die zentrale Leitung innerhalb von sechs Monaten nach Eingang des Antrags auf Bildung des BVG (§ 9 EBRG, s.o. Rn. 2237 f.) die Aufnahme von Verhandlungen mit dem BVG über eine freiwillige Vereinbarung über die grenzüberschreitende Unterrichtung und Anhörung, gilt eine Verhandlungslösung als gescheitert und es kommt zur Errichtung des EBR kraft Gesetzes. Ging die Initiative zur Bildung des BVG von der zentralen Leitung aus (s.o. Rn. 2236), beginnt die Sechsmonatsfrist nach einer Auffassung (DKK/*Kittner* § 21 EBRG Rz. 5) mit dem Tag, an dem die zentrale Leitung über eine Initiative i.S.d. § 9 EBRG beschließt, nach anderer Auffassung (MünchArbR/*Joost* § 367 Rz. 3) mit der Bildung des BVG. Eine Verweigerung von Verhandlungen liegt auch dann vor, wenn die zentrale Leitung keinen Zweifel daran lässt, dass sie eine freiwillige Vereinbarung oder die Bildung eines EBR ablehnt oder keinen vom gesetzlichen Modell abweichenden EBR zu akzeptieren gedenkt (DKK/*Kittner* § 21 EBRG Rz. 3)

bb) Ausbleiben einer Verhandlungslösung:

2285 Ein EBR kraft Gesetzes ist weiter zu errichten, wenn es innerhalb von drei Jahren nach Eingang des Antrags auf Errichtung des BVG oder einer Initiative der zentralen Leitung (s.o. Rn. 2236) nicht zum Abschluss einer freiwilligen Vereinbarung (s.o. Rn. 2259 ff.) kommt. Bis zur tatsächlichen Errichtung des EBR kraft Gesetzes dürften BVG und zentrale Leitung auch noch nach Ablauf der Frist eine Verhandlungslösung vereinbaren können (MünchArbR/*Joost* § 367 Rz. 4).

cc) Übereinstimmende Erklärung des Scheiterns der Verhandlungen:

Ein EBR kraft Gesetzes ist ferner zu errichten, wenn BVG und zentrale Leitung übereinstimmend die Verhandlungen über eine freiwillige Vereinbarung (s.o. Rn. 2259 ff.) für gescheitert erklären. Vorzeitig ist das Scheitern, wenn die Erklärung vor Ablauf von drei Jahren (s.o. Rn. 2285) erfolgt. Es reicht aus, wenn zunächst eine Seite das Scheitern erklärt und die andere Seite sich dieser Erklärung anschließt (DKK/*Kittner* § 21 EBRG Rz. 6). 2286

b) Zusammensetzung

Der EBR kraft Gesetzes besteht gem. § 22 Abs. 1 EBRG ausschließlich aus Arbeitnehmern des gemeinschaftsweit tätigen Unternehmens bzw. der Unternehmensgruppe. Es können Ersatzmitglieder bestellt werden. 2287

Leitende Angestellte können dem EBR kraft Gesetzes nicht angehören. Unter den Voraussetzungen des § 22 Abs. 6 EBRG kann das zuständige Sprecherausschussgremium eines gemeinschaftsweit tätigen Unternehmens/einer Unternehmensgruppe mit Sitz der zentralen Leitung im Inland lediglich einen leitenden Angestellten bestimmen, der mit Rederecht an den Sitzungen zur Unterrichtung und Anhörung des EBR teilnimmt.

Die Zahl der Mitglieder ergibt sich aus § 22 Abs. 2–4 EBRG. Neben der Entsendung eines Vertreters aus jedem Mitgliedstaat in dem sich ein Betrieb befindet (Grundsatz der Repräsentativität) kommt es zu einer Erhöhung nach der Zahl der vertretenen Arbeitnehmer (Grundsatz der Proportionalität). 2288

Ändert sich die Zahl der Arbeitnehmer nach Errichtung des EBR oder ist nach Errichtung ein weiterer Mitgliedstaat zu berücksichtigen, sieht § 36 Abs. 2 EBRG ein spezielles Verfahren zur Anpassung der Zusammensetzung des EBR vor (s.u. Rn. 2294).

c) Bestellung der inländischen Arbeitnehmervertreter

Die Bestellung der inländischen Arbeitnehmervertreter richtet sich immer nach § 23 EBRG, unabhängig davon, ob sich auch die Errichtung des EBR kraft Gesetzes nach dem EBRG oder nach dem Recht eines anderen Mitgliedstaates richtet (§ 2 Abs. 4 EBRG). 2289

Die Bestellung obliegt nach Maßgabe von § 23 Abs. 1–5 EBRG den betriebsverfassungsrechtlichen Repräsentationsorganen. Das jeweilige Bestellungsorgan hat die zentrale Leitung über die bestellten Mitglieder zu unterrichten. Die zentrale Leitung ihrerseits unterrichtet ihrerseits die örtlichen Betriebs-/Unternehmensleitungen, die dort bestehenden Arbeitnehmervertretungen sowie die in inländischen Betrieben vertretenen Gewerkschaften, § 24 EBRG.

3. Amtszeit

Der EBR ist gesetzlich als Dauereinrichtung konzipiert. Er endet kraft Gesetzes nur, wenn die zwingenden gesetzlichen Voraussetzungen seiner Errichtung dauerhaft wegfallen oder es zum Abschluss einer Vereinbarung nach § 17 EBRG (s.o. Rn. 2259 ff.) kommt. 2290

Die gesetzlichen Voraussetzungen der Errichtung eines EBR entfallen, wenn das Unternehmen bzw. die Unternehmensgruppe nicht mehr gemeinschaftsweit tätig ist oder die nach § 3 EBRG erforderlichen Mindestarbeitnehmerzahlen nicht mehr erreicht werden (MünchArbR/*Joost* § 367 Rz. 79; s.o. Rn. 2229 ff.).

2291 Die Bildung eines EBR kraft Gesetzes erfolgt nur subsidiär, wenn es nicht zum Abschluss einer freiwilligen Vereinbarung über eine grenzüberschreitende Anhörung und Unterrichtung gekommen ist (s.o. Rn. 2259 ff.). Auch nach Errichtung des EBR kraft Gesetzes ist der Abschluss einer derartigen Vereinbarung möglich.

2292 Gem. § 37 EBRG hat der EBR spätestens (vgl. *Gaul* NJW 1996, 3378, 3383]; MünchArbR/*Joost* § 367 Rz. 83) vier Jahre nach seiner konstituierenden Sitzung mit der Mehrheit der Stimmen seiner Mitglieder einen Beschluss darüber zu fassen, ob mit der zentralen Leitung eine freiwillige Vereinbarung über eine grenzüberschreitende Unterrichtung und Anhörung ausgehandelt werden soll.

Wird ein entsprechender Beschluss gefasst, hat der EBR die Rechte und Pflichten des besonderen Verhandlungsgremiums (s.o. Rn. 2234) und die gleiche Gestaltungsfreiheit (s.o. Rn. 2259 ff.).

2293 Kommt eine Verhandlungslösung zu Stande, endet das Amt des EBR, § 37 S. 3 EBRG.

4. Dauer der Mitgliedschaft des einzelnen EBR-Mitglieds

2294 Die Dauer der Mitgliedschaft des einzelnen Mitglieds im EBR beträgt vier Jahre nach Bestellung durch das Bestellungsorgan, § 36 Abs. 1 EBRG. Nach dem Ablauf der Mitgliedschaft hat das Bestellungsorgan (s.o. Rn. 2289) über die Neubestellung zu befinden.

Vor Ablauf der Dauer der Mitgliedschaft kann das Amt des einzelnen EBR-Mitglieds durch Abberufung durch das Bestellungsorgan, Amtsniederlegung oder Entfall der Voraussetzungen für eine Mitgliedschaft enden. Wurden Ersatzmitglieder bestellt, rücken diese nach; andernfalls hat das Bestellungsorgan ein neues Mitglied zu bestellen.

Zu einer Beendigung der Amtszeit kommt es gem. § 36 Abs. 2 EBRG ferner dann, wenn sich auf Grund einer Änderung der Arbeitnehmerzahl eine Änderung der Zusammensetzung des EBR nach § 22 Abs. 2–4 EBRG ergibt (s.o. Rn. 2287). Dies hat die zentrale Leitung alle zwei Jahre zu überprüfen und dem EBR mitzuteilen. Ergibt sich eine andere Zusammensetzung, hat der EBR bei den nationalen Bestellungsorganen (s.o. Rn. 2289) zu veranlassen, dass die Mitglieder des EBR in den Mitgliedstaaten neu bestellt werden, in denen sich gegenüber dem vorherigen Zeitraum abweichende Anzahl der Arbeitnehmervertreter ergibt. Für diese Mitgliedstaaten sind **sämtliche** Mitglieder des EBR neu zu bestellen. Mit der Neubestellung endet die Mitgliedschaft der bisher aus diesen Mitgliedstaaten stammenden Mitglieder des EBR.

5. Rechtsstellung der Mitglieder

2295 Die Rechtsstellung und den Schutz der **inländischen Mitglieder** eines EBR regelt § 40 Abs. 1 EBRG unabhängig davon, ob der EBR im Inland oder in einem anderen Mitgliedstaat gebildet ist (§ 2 Abs. 4 EBRG) durch einen Verweis auf die für Betriebsratsmitglieder geltenden Bestimmungen der §§ 37 Abs. 1–5 BetrVG (Ehrenamt, s.o. Rn. 595 ff.; Arbeitsbefreiung, Entgeltfortzahlung, Freizeitausgleich, s.o. Rn. 601 ff.; wirtschaftliche und berufliche Sicherung, s.o. Rn. 665 ff.), 78 BetrVG (Behinderungs-, Benachteiligungs- und Begünstigungsverbot, s.o. Rn. 711 ff.); § 103 BetrVG, § 15 KSchG (Kündigungsschutz, s.o. Kap. 2 Rn. 83 ff.; Kap. 4 Rn. 499 ff.; Versetzungsschutz s.o. Rn. 724 ff.).

Eine Verweisung auf § 37 Abs. 6 und 7 BetrVG fehlt. Problematisch ist deshalb, ob und in welchem Rahmen ein Anspruch auf Teilnahme an Schulungsveranstaltungen besteht. Zum Teil (*Bachner/Nielebock* AuR 1997, 129, 132]; DKK/*Kittner* § 40 EBRG Rz. 2) wird einem Mitglied des EBR, das zugleich Mitglied eines Betriebsrats ist, ein Schulungsanspruch nach Maßgabe der §§ 37 Abs. 6, 7 BetrVG zugebilligt, zum Teil (MünchArbR/*Joost* § 367 Rz. 92; *Gaul* NJW 1996, 3378, 3384) unter Hinweis auf eine fehlende Regelung im EBRG abgelehnt. Auch nach dieser Ansicht bleibt aber nach § 40 Abs. 1 EBRG i.V.m. § 37 Abs. 2 BetrVG die

Arbeitsbefreiung unter Entgeltfortzahlung zwecks Teilnahme an einer Schulungsveranstaltung möglich (vgl. MünchArbR/*Joost* § 367 Rz. 92).

§ 39 Abs. 2 EBRG sieht eine Geheimhaltungspflicht für Mitglieder und Ersatzmitglieder des EBR hinsichtlich von Betriebs- und Geschäftsgeheimnissen vor, die im Wesentlichen den für Betriebsratsmitglieder geltenden Regelungen (s.o. Rn. 740 ff.) entspricht. Diese gilt nicht gegenüber den in § 39 Abs. 2 S. 3 EBRG aufgeführten Stellen und Personen.

Die rechtliche Stellung der **Mitglieder aus anderen Mitgliedstaaten** eines im Inland gebildeten EBR richtet sich grds. nach dem nationalen Recht des Entsendestaates. Die Geheimhaltungspflicht nach § 39 Abs. 2 EBRG gilt aber auch für sie. Durch die Strafvorschrift des § 44 EBRG i.V.m. § 42 EBRG ist auch ihnen gegenüber jede Behinderung, Störung, Benachteiligung oder Begünstigung verboten. 2296

6. Geschäftsführung

a) Konstituierende Sitzung; Wahl von Vorsitzendem und Stellvertreter

Nach Benennung der bestellten Mitglieder, hat die zentrale Leitung gem. § 25 Abs. 1 EBRG die benannten Mitglieder des EBR zur konstituierenden Sitzung einzuladen. 2297

> Unterbleibt die Einladung, besteht ein Selbsteinladungsrecht der EBR-Mitglieder (MünchArbR/*Joost* § 367 Rz. 14). 2298

Die Mitglieder des EBR wählen aus ihrer Mitte einen Vorsitzenden und einen Stellvertreter. Die Wahl bedarf der Mehrheit der Stimmen der anwesenden Mitglieder (§ 28 S. 2 EBRG analog). Das EBRG enthält keine etwa § 33 Abs. 2 BetrVG entsprechende Regelung über die Beschlussfähigkeit. Zum Teil (MünchArbR/*Joost* § 367 Rz. 15, 29 m.w.N.) wird die Ansicht vertreten, dass eine Beschlussfähigkeit nur vorliege, wenn mindestens die Hälfte der Mitglieder des EBR anwesend sind. Dies erscheint im Hinblick auf das Fehlen einer gesetzlichen Regelung zumindest als fraglich. Mit der Mehrheit der Stimmen der anwesenden Mitglieder ist auch eine Abwahl des Vorsitzenden möglich.

b) Befugnisse des Vorsitzenden/Stellvertreters

Der Vorsitzende und im Falle seiner Verhinderung sein Stellvertreter vertritt den EBR im Rahmen der von ihm gefassten Beschlüsse und ist zur Entgegennahme von Erklärungen befugt, die dem EBR gegenüber abzugeben sind, § 25 Abs. 2 EBRG. Die Bestimmung entspricht § 26 Abs. 3 BetrVG (s.o. Rn. 499 ff.). Er ist Ansprechpartner der zentralen Leitung und außerdem geborenes Mitglied des geschäftsführenden Ausschusses (s.u. Rn. 2300). Kann ein solcher Ausschuss nicht errichtet werden, kann dem Vorsitzenden die Führung der laufenden Geschäfte übertragen werden (s.u. Rn. 2300). 2299

c) Geschäftsführender Ausschuss

Besteht der EBR aus neun oder mehr Mitgliedern, hat er gem. § 26 Abs. 1 EBRG einen geschäftsführenden Ausschuss zu bilden, der die laufenden Geschäfte (zum Begriff s.o. Rn. 511 ff.) führt. Besteht der EBR aus weniger als neun Mitgliedern, so kann die Führung der laufenden Geschäfte durch Beschluss des EBR dem Vorsitzenden oder einem anderen Mitglied des EBR übertragen werden. 2300

Neben der Führung der laufenden Geschäfte handelt der geschäftsführende Ausschuss gem. § 33 Abs. 2 EBRG an Stelle des EBR, wenn die zentrale Leitung über außergewöhnliche Umstände (§ 33 Abs. 1 EBRG, s.u. Rn. 2330 ff.) unterrichtet.

Der geschäftsführende Ausschuss besteht aus dem Vorsitzenden des EBR als geborenem Mitglied und zwei weiteren, vom EBR zu wählenden Mitgliedern, die unterschiedlichen Mitgliedstaaten angehören sollen, § 26 Abs. 1 EBRG.

Für die Sitzungen des geschäftsführenden Ausschusses gelten gem. § 27 Abs. 2 EBRG die für die Sitzungen des EBR geltenden Regelungen (s.u. Rn. 2301 ff.) entsprechend, sodass er für weitere Sitzungen außerhalb der Unterrichtung nach § 33 EBRG des Einverständnisses der zentralen Leitung bedarf. Der Ausschuss kann sich wie der EBR durch Sachverständige unterstützen lassen (§ 29 EBRG, s.u. Rn. 2307).

d) Sitzungen

2301 Ein unbeschränktes Recht des EBR zur Einberufung von Sitzungen nach pflichtgemäßem Ermessen besteht nicht. Das Recht zur Abhaltung von Sitzungen ist vielmehr durch das EBRG begrenzt.

aa) Interne Sitzungen

2302 Gem. § 27 Abs. 1 EBRG besteht das Recht zur Einberufung interner, nicht-öffentlicher Sitzungen des EBR grds. nur in Abhängigkeit mit der Unterrichtung der zentralen Leitung gem. §§ 32 oder 33 EBRG.

Im Zusammenhang mit derartigen Unterrichtungen hat der EBR das Recht, eine interne Sitzung durchzuführen. Weitere interne Sitzungen bedürfen gem. § 27 Abs. 1 EBRG des Einverständnisses der zentralen Leitung. Ob diese Einschränkung richtlinienkonform ist und der Eigenständigkeit und Eigenverantwortung des EBR gerecht wird, wird unterschiedlich beurteilt (bejahend etwa: MünchArbR/*Joost* § 367 Rz. 24; abl. etwa *Oetker* EAS B 8300 Rz. 164; *Gaul* NJW 1996, 3382).

2303 Die zentrale Leitung hat ihr Einverständnis zu weiteren Sitzungen unter Beachtung des Gebots vertrauensvoller Zusammenarbeit (§ 38 EBRG) zu erteilen, wenn sie zum Wohl der Arbeitnehmer erforderlich erscheint (MünchArbR/*Joost* § 367 Rz. 24).

Die Einberufung zu internen Sitzungen erfolgt durch den Vorsitzenden. Zeitpunkt und Ort sind mit der zentralen Leitung abzustimmen. Dies dient lediglich der Sicherstellung der erforderlichen technischen und logistischen Unterstützung, sodass der EBR bei seiner Entscheidung im Rahmen des Erforderlichen frei bleibt (DKK/*Kittner* § 27 EBRG Rz. 4). Entsprechendes gilt für interne Sitzungen des geschäftsführenden Ausschusses (§ 27 Abs. 2 EBRG), sodass dieser gem. §§ 33 Abs. 2, 27 Abs. 2 EBRG ein Recht zur Durchführung einer internen Sitzung ohne Einverständnis der zentralen Leitung hat, wenn es zu einer Unterrichtung über außergewöhnliche Umstände nach § 33 Abs. 1 EBRG kommt. Zu dieser Sitzung des Ausschusses sind nach Maßgabe des § 33 Abs. 2 EBRG weitere Mitglieder des EBR einzuladen, die dann ebenfalls als Ausschussmitglieder gelten und Stimmrecht haben.

bb) Gemeinsame Sitzungen mit der zentralen Leitung

2304 In richtlinienkonformer Auslegung (vgl. Nr. 2 und 4 des Anhangs zur Richtlinie 94/45/EG) des § 32 EBRG besteht ein Recht des EBR, zumindest einmal jährlich im Rahmen einer Unterrichtung nach § 32 Abs. 1 EBRG zu einer gemeinsamen Sitzung mit der zentralen Leitung zusammenzutreten (MünchArbR/*Joost* § 367 Rz. 23; s.u. Rn. 2315 ff.). Gleiches gilt bei einer Unterrichtung über außergewöhnliche Umstände nach § 33 Abs. 1 EBRG, sofern kein geschäftsführender Ausschuss besteht (vgl. § 33 Abs. 2 EBRG).

Besteht ein geschäftsführender Ausschuss, so hat dieser das Recht, eine gemeinsame Sitzung zu verlangen (vgl. Nr. 3 des Anhangs zur Richtlinie 94/45/EG), zu der dann auch die Mitglieder des EBR zu laden sind, die für Betriebe oder Unternehmen bestellt worden sind, die unmittelbar von den geplanten Maßnahmen betroffen sind; sie gelten dann als Ausschussmitglieder. Zu den gemeinsamen Sitzungen hat die zentrale Leitung, ggf. auf Antrag des EBR einzuladen.

e) Geschäftsordnung

Gem. § 28 EBRG soll sich der EBR eine schriftliche Geschäftsordnung geben. Der Beschluss hierüber bedarf der Mehrheit der Stimmen der Mitglieder des EBR (absolute Mehrheit). Neben den üblichen Regularien können beispielsweise die Grundsätze für die Information der örtlichen Arbeitnehmervertretungen gem. § 35 EBRG festgelegt werden (DKK/*Kittner* § 28 Rz. 2). 2305

f) Beschlüsse

Gem. § 28 S. 1 EBRG werden Beschlüsse grds. mit der Mehrheit der Stimmen der anwesenden Mitglieder gefasst. Etwas anderes gilt für Beschlüsse über die Geschäftsordnung (§ 28 S. 2 EBRG) und Beschlüsse über die Aufnahme von Verhandlungen mit der zentralen Leitung gem. § 37 EBRG (s.u. Rn. 2305, 2291). Diese bedürfen der Mehrheit der Stimmen aller Mitglieder des EBR (absolute Mehrheit). 2306

Zum Teil (MünchArbR/*Joost* § 367 Rz. 15, 29 m.w.N.) wird für die Wirksamkeit gefasster Beschlüsse das Vorliegen einer Beschlussfähigkeit gefordert und die Ansicht vertreten, dass diese in entsprechender Anwendung des § 33 Abs. 2 BetrVG nur vorliege, wenn mindestens die Hälfte der Mitglieder des EBR anwesend sind. Dies erscheint im Hinblick auf das Fehlen einer gesetzlichen Regelung zumindest als fraglich.

g) Kosten und Sachaufwand; Sachverständige

Die Regelung des § 30 EBRG über Kosten und Sachaufwand entspricht der Regelung des § 16 EBRG für das BVG (s.o. Rn. 2253 ff.). Hierauf wird auch wegen der gesamtschuldnerischen Haftung des inländischen Arbeitgebers verwiesen. 2307

Die vorgesehene Begrenzung der Kostentragungspflicht auf die Kosten nur **eines** Sachverständigen bedeutet, dass für eine Angelegenheit/Aufgabe auf Kosten der zentralen Leitung nicht mehr als ein Sachverständiger beauftragt werden kann. 2308

Für unterschiedliche, wechselnde Aufgaben können nacheinander mehrere Sachverständigenaufträge erteilt werden (DKK/*Kittner* § 30 Rz. 2; MünchArbR/*Joost* § 367 Rz. 31).

7. Zuständigkeit des EBR kraft Gesetzes nur in grenzüberschreitenden Angelegenheiten

§§ 32 und 33 EBRG weisen dem EBR hinsichtlich bestimmter Angelegenheiten Zuständigkeiten zu. Gem. § 31 EBRG ist aber Grundvoraussetzung einer Zuständigkeit des EBR für die Angelegenheiten nach §§ 32, 33 EBRG, dass es sich um eine grenzüberschreitende Angelegenheit handelt. 2309

Gem. § 31 Abs. 1 EBRG liegt bei Sitz der zentralen Leitung in Deutschland eine grenzüberschreitende Angelegenheit dann vor, wenn die der Mitwirkung unterliegende Angelegenheit mindestens zwei Betriebe oder Unternehmen in verschiedenen Mitgliedstaaten betrifft. Nicht erforderlich ist, dass sich die von der zentralen Leitung beabsichtigte Maßnahme gleichzeitig auf die verschiedenen Betriebe oder Unternehmen auswirkt, sofern sie auf einer einheitlichen Planung beruht (MünchArbR/*Joost* § 367 Rz. 35). Liegt die zentrale Leitung in Deutschland, liegt eine grenzüberschreitende Angelegenheit auch dann vor, wenn eine Maßnahme geplant ist, die sich lediglich in einem anderen Mitgliedstaat auswirkt. 2310

Beispiel (nach DKK/*Kittner* § 31 Rz. 3): 2311
Plant die zentrale Leitung in Deutschland die Stilllegung eines Betriebs in Belgien, betrifft die Angelegenheit ein Unternehmen in einem Mitgliedstaat (= das herrschende Unternehmen in Deutschland) und einen Betrieb in einem anderen Mitgliedstaat (= den zu schließenden in Belgien).

Nach *Joost* (MünchArbR § 367 Rz. 35; vgl. auch *Fitting* Anh. 3 Rz. 67) folgt der grenzüberschreitende Charakter hier daraus, dass für die geplante Rationalisierungsmaßnahme Betriebe in mehreren Mitgliedstaaten in Betracht kommen, letztlich aber nur ein Betrieb ausgewählt wird. Von einer grenzüberschreitenden Angelegenheit kann danach auch dann ausgegangen werden, wenn letztlich nur ein Betrieb betroffen sein wird, die Maßnahme aber unter Berücksichtigung der Verhältnisse des ganzen grenzübergreifenden Unternehmens/Unternehmensgruppe getroffen wird.

2312 Liegt die zentrale Leitung nicht in einem Mitgliedstaat, ist aber ein EBR nach § 2 Abs. 2 EBRG gebildet worden (s.o. Rn. 2227), handelt es sich nach § 31 Abs. 2 EBRG nur dann um eine grenzüberschreitende Angelegenheit, wenn sie sich auf das Hoheitsgebiet der Mitgliedstaaten erstreckt und mindestens zwei Betriebe oder zwei Unternehmen in verschiedenen Mitgliedstaaten betrifft.

2313 ▶ **Beispiel** (nach DKK/*Kittner* § 31 Rz. 3):
Die zentrale Leitung in der Schweiz plant die Stilllegung eines Betriebs in Belgien; ihr Tochterunternehmen in Deutschland gilt gem. § 2 Abs. 2 EBRG als zentrale Leitung, hat aber mit dem Vorgang nichts zu tun: Die Angelegenheit betrifft nur einen Betrieb in einem Mitgliedstaat; der EBR braucht gem. § 31 Abs. 2 EBRG nicht unterrichtet zu werden.

Anders dürfte dieser Fall dann zu beurteilen sein, wenn die zentrale Leitung über weitere Betriebe in weiteren Mitgliedstaaten verfügt, die potenziell ebenfalls für die geplante Rationalisierungsmaßnahme in Betracht kommen, sodass bei der Entscheidung über die Maßnahme die Umstände mehrerer Betriebe zu berücksichtigen sind, sofern diese in verschiedenen Mitgliedstaaten liegen (z.B. wenn es neben dem Betrieb in Belgien noch einen in Frankreich gibt und eine Entscheidung zu treffen ist, welcher der beiden Betriebe stillgelegt werden soll.).

8. Mitwirkungsrechte des EBR kraft Gesetzes

2314 Dem EBR stehen nach §§ 32, 33 EBRG lediglich Unterrichtungs- und Anhörungsrechte, nicht aber echte Mitbestimmungsrechte zu. Seine Rechte bleiben daher weit hinter den Beteiligungsrechten der Interessenvertretungen nach dem BetrVG zurück. Andererseits werden die Mitwirkungs- und Mitbestimmungsrechte der Organe nach dem BetrVG von der Mitwirkung auf europäischer Ebene nicht berührt.

a) Jährliche Unterrichtung und Anhörung, § 32 EBRG

aa) Gegenstand der Unterrichtung und Anhörung

2315 Die zentrale Leitung hat gem. § 32 Abs. 1 EBRG den EBR einmal im Kalenderjahr über die Entwicklung der Geschäftslage und die Perspektiven des gemeinschaftsweit tätigen Unternehmens/der Unternehmensgruppe unter rechtzeitiger Vorlage der erforderlichen Unterlagen zu unterrichten und ihn anzuhören.

bb) Der Katalog des § 32 Abs. 2 EBRG:

2316 § 32 Abs. 2 EBRG enthält einen nur **beispielhaften** Katalog dessen, was zur Entwicklung der Geschäftslage und den Perspektiven gehört, der den §§ 106 Abs. 3, 111 S. 2 BetrVG nachgebildet ist. Es muss sich immer um eine grenzüberschreitende Angelegenheit handeln (s.o. Rn. 2309 ff.).

▶ § 32 Abs. 2 Nr. 1 EBRG: Zur Struktur des Unternehmens/Unternehmensgruppe gehören insbes. dessen Organisationsstrukturen und die Verteilung der betrieblichen Aktivitäten auf die Mitgliedstaaten. Die Unterrichtung über die wirtschaftliche und finanzielle Lage entspricht § 106 Abs. 3 Nr. 1 BetrVG (s.o. Rn. 941).

- § 32 Abs. 2 Nr. 2 EBRG: Der Begriff der Produktions- und Absatzlage entspricht § 106 Abs. 3 Nr. 2 BetrVG (s.o. Rn. 942 ff.). Die weiter genannte Geschäftslage kennzeichnet die Situation des Unternehmens im Gemeinschaftsmarkt (MünchArbR/*Joost* § 367 Rz. 41). 2317
- § 32 Abs. 2 Nr. 3 EBRG: Die Beschäftigungslage bezieht sich auf den Stand der Beschäftigung im Unternehmen bzw. in der Unternehmensgruppe unter Einschluss des Umfangs der Beschäftigung (z.B. Kurzarbeit). Zur Unterrichtung über die voraussichtliche Entwicklung der Beschäftigungslage ist die Personalplanung einschließlich konkret bevorstehender Veränderungen einzubeziehen (MünchArbR/*Joost* § 367 Rz. 42). 2318
- § 32 Abs. 2 Nr. 4 EBRG: Zu Investitionsprogrammen vgl. § 106 Abs. 3 Nr. 3 BetrVG (s.o. Rn. 945). Zu unterrichten ist insbes. über Vorgaben zur Erneuerung oder Neuanschaffung von Produktionsanlagen, Schaffung neuer Fertigungsbereiche, Entwicklung neuer Technologien (MünchArbR/*Joost* § 367 Rz. 43). 2319
- § 32 Abs. 2 Nr. 5 EBRG: Grundlegende Änderung der Organisation sind weit reichende Veränderungen der Unternehmensstruktur, z.B. hinsichtlich der Leitungs- oder Entscheidungsstruktur oder der sonstigen Tätigkeitsorganisation (MünchArbR/*Joost* § 367 Rz. 44; vgl. auch § 106 Abs. 3 Nr. 9 und § 111 S. 3 Nr. 4 BetrVG, s.o. Rn. 912 ff., 1996 ff.). 2320
- § 32 Abs. 2 Nr. 6 EBRG: Ein Arbeitsverfahren kennzeichnet den Einsatz menschlicher Arbeitskraft (z.B. Gruppen-, Fließbandarbeit). Fertigungsverfahren sind die technischen Herstellungsverfahren für die Güterproduktion. Vgl. auch § 111 S. 3 Nr. 5 BetrVG (s.o. Rn. 2002 f.). 2321
- § 32 Abs. 2 Nr. 7 EBRG: Hierbei handelt es sich um die Veränderung ganzer Produktionsstandorte oder die räumliche oder betriebliche Verlegung von wesentlichen Betriebsteilen. Zur Frage, wann ein wesentlicher Betriebsteil vorliegt s.o. Rn. 1988 f. 2322
- § 32 Abs. 2 Nr. 8 EBRG: Zum Zusammenschluss/Spaltung von Betrieben s.o. Rn. 1992 ff. Auf Unternehmensebene werden neben der Verschmelzung/Spaltung von Unternehmen nach dem UmwG (§§ 2 ff., 123 ff. UmwG) auch entsprechende Vorgänge durch Einzelrechtsübertragungen, wie z.B. die Aufspaltung in eine Anlage- und Betriebsgesellschaft erfasst (MünchArbR/*Joost* § 367 Rz. 47). 2323
- § 32 Abs. 2 Nr. 9 EBRG: Entspricht weitgehend § 111 S. 3 Nr. 1 BetrVG, s.o. Rn. 1980 ff. 2324
- § 32 Abs. 2 Nr. 10 EBRG: Der Begriff der Massenentlassung ist weder im EBRG noch in der Richtlinie 94/45/EG definiert. Nach *Joost* (MünchArbR § 367 Rz. 49) kann auf die in § 17 KSchG vorgesehenen Zahlen zurückgegriffen werden. 2325

cc) Rechtzeitige Vorlage von Unterlagen

Die jährliche Unterrichtung muss gem. § 32 Abs. 1 EBRG unter rechtzeitiger Vorlage der erforderlichen Unterlagen erfolgen. 2326

> Diese Verpflichtung ist der entsprechenden Verpflichtung im Rahmen der Unterrichtung des Wirtschaftsausschusses nachgebildet. Die hierzu entwickelten Grundsätze (s.o. Rn. 957 ff.) können herangezogen werden. Da Nr. 2 S. 1 des Anhangs der Richtlinie 94/45/EG vorsieht, dass der EBR und die zentrale Leitung einmal jährlich zur Unterrichtung und Anhörung **auf der Grundlage eines von der zentralen Leitung vorgelegten Berichts** zusammentreten, ist § 32 Abs. 1 EBRG richtlinienkonform dahin auszulegen, dass zu den erforderlichen Unterlagen auch ein, ggf. eigens zu fertigender, schriftlicher Bericht der zentralen Leitung über die Geschäftslage und die Perspektiven des gemeinschaftsweit tätigen Unternehmens/der Unternehmensgruppe gehört (MünchArbR/*Joost* § 367 Rz. 51). 2327

Rechtzeitige Vorlage bedeutet, dass sie so zeitig erfolgt, dass sich die Mitglieder des EBR auf die gemeinsame Sitzung mit der zentralen Leitung, ggf. unter Hinzuziehung eines Sachverständigen (s.o. Rn. 2307), vorbereiten können.

dd) Die gemeinsame Sitzung zwischen EBR und zentraler Leitung

2328 Unterrichtung und Anhörung des EBR durch die zentrale Leitung erfolgen gem. § 27 Abs. 1 EBRG in einer gemeinsamen Sitzung (s.o. Rn. 2304). Nach Maßgabe des § 23 Abs. 6 EBRG können vom zuständigen Sprecherausschuss benannte leitende Angestellte mit Rederecht, nicht aber mit Stimmrecht, an den Sitzungen teilnehmen. Zeitpunkt und Ort der Sitzung sind mit der zentralen Leitung zu vereinbaren, § 27 Abs. 1 S. 3 EBRG.

2329 Da der EBR im Rahmen der Anhörung argumentativ Einfluss auf die Entscheidungen der zentralen Leitung nehmen können soll, hat er einen Anspruch darauf, dass die Sitzung rechtzeitig vor der endgültigen Entscheidung der zentralen Leitung stattfindet (MünchArbR/*Joost* § 367 Rz. 55).

Die Unterrichtung durch die zentrale Leitung in der Sitzung erfolgt auf der Grundlage der vorzulegenden Unterlagen (s.o. Rn. 2326) mündlich. Es besteht ein Fragerecht der Mitglieder des EBR.

Anhörung bedeutet, dass ein Meinungsaustausch zwischen EBR und zentraler Leitung stattfindet, innerhalb dessen der EBR seine Vorstellungen einbringen kann, die von der zentralen Leitung zu erwägen sind. Die zentrale Leitung bleibt aber in ihrer Entscheidung frei.

b) Zusätzliche Unterrichtung und Anhörung über außergewöhnliche Umstände, § 33 EBRG

2330 Um eine Anhörung des EBR auch dann sicherzustellen, wenn zwischen den jährlichen gemeinsamen Sitzungen Entscheidungen in grenzüberschreitenden Angelegenheiten mit erheblichen Auswirkungen anstehen, sieht § 33 EBRG unter bestimmten Voraussetzungen eine zusätzliche Unterrichtung und ggf. Anhörung vor.

aa) Voraussetzungen

2331 Gem. § 33 Abs. 1 EBRG ist eine zusätzliche Unterrichtung und ggf. Anhörung über außergewöhnliche Umstände vorzunehmen, die erhebliche Auswirkungen auf die Interessen der Arbeitnehmer haben.

Als nicht abschließende Regelbeispiele nennt § 33 Abs. 1 EBRG i.S.v. unwiderleglichen Vermutungstatbeständen die Verlegung bzw. Stilllegung von Unternehmen, Betrieben oder wesentlichen Betriebsteilen und Massenentlassungen (zu diesen Tatbeständen s.o. Rn. 2316).

2332 Bei anderen Gegenständen kommt es zur Beurteilung der Frage, ob sie erhebliche Auswirkungen auf die Interessen der Arbeitnehmer haben, darauf an, inwieweit Auswirkungen auf die Arbeitnehmer zu erwarten sind und wie schwer wiegend sie sich darstellen. Es kann darauf abgestellt werden, ob die Auswirkungen den Auswirkungen der in den Regelbeispielen genannten Tatbestände gleichkommen.

Derartige Auswirkungen können etwa die Gefährdung von Arbeitsplätzen, Umgestaltungen der Arbeitsmethoden, Arbeitsumgebung oder Arbeitsbedingungen und Rationalisierungsvorhaben sein (MünchArbR/*Joost* § 367 Rz. 60).

2333 Außergewöhnlich sind Umstände, über die nach der zeitlichen Planung der zentralen Leitung zwischen den kalenderjährlichen Sitzungen entschieden werden soll.

bb) Durchführung

2334 Über außergewöhnliche Umstände hat die zentrale Leitung stets rechtzeitig und unter Vorlage der erforderlichen Unterlagen (s.o. Rn. 2326) schriftlich zu unterrichten. Zu einer Anhörung im Rahmen einer gemeinsamen Sitzung kommt es hingegen nur auf eine entsprechende Initiative des EBR bzw. des geschäftsführenden Ausschusses.

Besteht ein geschäftsführender Ausschuss (§ 26 Abs. 1 EBRG, s.o. Rn. 2300), so ist dieser gem. § 33 Abs. 2 EBRG an Stelle des EBR zu beteiligen. Die Unterrichtung hat ihm gegenüber zu erfolgen. Der Ausschuss entscheidet darüber, ob er eine gemeinsame Sitzung mit der zentralen Leitung verlangen soll. Er hat hinsichtlich der Sitzungen die gleichen Rechte wie der EBR nach § 27 Abs. 1 S. 2–5 EBRG (s.o. Rn. 2301 ff.), insbes. das Recht zur Durchführung einer vorbereitenden Sitzung (s.o. Rn. 2302).

c) Einschränkungen bei Betriebs- oder Geschäftsgeheimnissen

Gem. § 39 Abs. 1 EBRG bestehen die Unterrichtungspflichten der zentralen Leitung insoweit nicht, als dadurch Betriebs- oder Geschäftsgeheimnisse (zum Begriff s.o. Rn. 741 f.) gefährdet würden. Eine Gefährdung liegt nur vor, wenn trotz der Geheimhaltungspflicht der Mitglieder des EBR bzw. des geschäftsführenden Ausschusses eine Offenbarung des Geheimnisses droht. **2335**

d) Einschränkungen wegen Tendenzschutzes

Nach § 34 EBRG sind die Mitwirkungsrechte des EBR bei Unternehmen und herrschenden Unternehmensgruppen, die unmittelbar und überwiegend (s.o. Rn. 241–246) den in § 118 Abs. 1 S. 1 Nr. 1 und 2 BetrVG genannten Zwecken oder Bestimmungen (s.o. Rn. 224 ff.) dienen, dergestalt eingeschränkt, dass sich die Pflicht zur Unterrichtung und Anhörung nur auf Gegenstände nach §§ 32 Abs. 2 Nr. 5–10 (s.o. Rn. 2316), 33 EBRG (s.o. Rn. 2330 f.) bezieht, und sich inhaltlich auf den Ausgleich oder die Milderung der wirtschaftlichen Nachteile beschränkt, die den Arbeitnehmern infolge der Unternehmens- oder Betriebsänderungen entstehen. **2336**

> Stark umstritten ist, ob die durch § 34 EBRG vorgesehenen Einschränkungen richtlinienkonform sind. **2337**

Art. 8 Abs. 3 der Richtlinie 94/45/EG sieht Ausnahmen i.S. eines Tendenzschutzes nur für Unternehmen vor, »die in Bezug auf Berichterstattung und Meinungsäußerung unmittelbar und überwiegend eine bestimmte weltanschauliche Tendenz verfolgen«. Die Richtlinie zieht somit den Kreis der in Betracht kommenden Tendenzeigenschaft enger als § 34 EBRG i.V.m. § 118 Abs. 1 BetrVG: Die Richtlinie bezieht sich nur auf sog. Medienunternehmen und dies auch nur dann, wenn diese eine bestimmte weltanschauliche Tendenz verfolgen (vgl. zum Meinungsstand ausführlich DKK/*Kittner* § 34 EBRG Rz. 4; MünchArbR/*Joost* § 367 Rz. 75, jeweils m.w.N.).

e) Unterrichtung der örtlichen Arbeitnehmervertreter

> Der EBR oder im Falle des § 33 Abs. 2 EBRG (s.o. Rn. 2331 f.) der Ausschuss haben gem. § 35 Abs. 1 EBRG den örtlichen Arbeitnehmervertretern über alle Unterrichtungen und Anhörungen zu berichten. **2338**

Die Unterrichtung obliegt dem Vorsitzenden des EBR bzw. einem oder mehreren vom EBR beauftragten Mitgliedern bzw. im Falle des § 33 Abs. 2 EBRG dem Ausschuss bzw. dem Vorsitzenden oder einem beauftragten Mitglied. Welchen betriebsverfassungsrechtlichen Organen (Betriebsrat, Gesamt- bzw. Konzernbetriebsrat) gegenüber zu berichten ist, ist gesetzlich nicht geregelt. Zum Teil wird dies in das Ermessen des EBR bzw. des Ausschusses gestellt (so wohl DKK/*Kittner* § 35 Rz. 2), zum Teil (so etwa MünchArbR/*Joost* § 367 Rz. 64 m.w.N.) wird angenommen, dass der Bericht gegenüber der jeweils höchsten Arbeitnehmervertretung zu erfolgen hat, gegenüber anderen Vertretungsorganen nur, wenn sie in dem Gremium auf höherer Ebene nicht vertreten sind. In betriebsratslosen Betrieben/Unternehmen ist der Bericht unmittelbar gegenüber den Arbeitnehmern zu erstatten, etwa mündlich in einer Belegschaftsversammlung oder durch Aushang eines schriftlichen Berichts am Schwarzen Brett.

2339 Die leitenden Angestellten sind, sofern ein Sprecherausschuss existiert, nach Maßgabe des § 35 Abs. 2 EBRG gesondert zu informieren.

2340 Eine bestimmte Form ist für den Bericht nicht vorgesehen. Er kann schriftlich, mündlich oder in Kombination beider Formen erstattet werden.

2341 Soweit der Bericht gegenüber betriebsverfassungsrechtlichen Organen zu erstatten ist, ist auch über Betriebs- oder Geschäftsgeheimnisse zu berichten. Eine Geheimhaltungspflicht besteht insoweit nicht, vgl. § 39 Abs. 2 S. 3 EBRG. Vielmehr sieht § 39 Abs. 3 Nr. 4 EBRG eine Geheimhaltungspflicht der örtlichen Arbeitnehmervertreter vor. Diese Grundsätze gelten auch bei dem Bericht gegenüber den bestehenden Sprecherausschüssen der leitenden Angestellten (vgl. MünchArbR/*Joost* § 367 Rz. 71). Soweit in betriebsratslosen Betrieben/Unternehmen der Bericht gegenüber den Arbeitnehmern zu erstatten ist, gilt hingegen hinsichtlich von Betriebs- und Geschäftsgeheimnissen eine Verschwiegenheitspflicht, § 39 Abs. 2 S. 1 EBRG.

f) Gebot vertrauensvoller Zusammenarbeit

2342 § 38 EBRG sieht das Gebot vertrauensvoller Zusammenarbeit zwischen EBR und zentraler Leitung vor. Dieses entspricht dem entsprechenden Gebot im Rahmen des BetrVG (s.o. Rn. 1110 ff.).

VI. Sanktionen

1. Unmittelbare Erfüllungsansprüche

2343 Soweit das EBRG eine Verpflichtung zur Leistung von Geld und Sachen, zur Unterrichtung oder zur Vorlage von Unterlagen vorsieht, handelt es sich um Ansprüche, die arbeitsgerichtlich geltend gemacht werden können (s.u. Rn. 2146 ff.). Dies gilt bspw. für den Auskunftsanspruch nach § 5 EBRG (DKK/*Däubler* § 5 EBRG Rz. 6).

2. Rechtsfolgen der Nichtbeachtung der Mitwirkungsrechte

2344 Entsprechend dem betriebsverfassungsrechtlichen Streit über die Anerkennung eines allgemeinen Unterlassungsanspruchs bei Nichtbeachtung von Beteiligungsrechten (s.o. Rn. 2181 ff.), besteht auch im Rahmen des EBRG Streit darüber, ob der EBR oder ein vereinbartes Gremium zur Unterrichtung und Anhörung die Unterlassung einer der Beteiligung unterliegenden Maßnahme, ggf. im Wege der einstweiligen Verfügung, verlangen kann. Zum Teil (etwa MünchArbR/*Joost* § 367 Rz. 73; *Hromadka* DB 1995, 1125, 1130) wird dies mit der Begründung abgelehnt, ein derartiger Anspruch gehe über das dem EBR eingeräumte, bloße Beteiligungsrecht (Unterrichtung/Anhörung) hinaus. Zum Teil (etwa DKK/*Däubler* Vor § 1 EBRG Rz. 20 unter Hinweis auch auf französische Rechtsprechung) wird ein solcher Anspruch mit der Begründung bejaht, andernfalls sei die Sicherstellung der Beteiligungsrechte nicht ausreichend gewährleistet.

3. Straf- und Bußgeldvorschriften

2345 §§ 43–45 EBRG bedrohen bestimmte Verhaltensweisen mit Strafe oder Bußgeldverhängung, so insbes. die Offenbarung von Betriebs- oder Geschäftsgeheimnissen, Behinderung oder Begünstigung, unzureichende oder verspätete Unterrichtung.

VII. Streitigkeiten

2346 Über Streitigkeiten über Angelegenheiten aus dem EBRG entscheidet gem. § 2a Abs. 2 Nr. 3b ArbGG das Arbeitsgericht im Beschlussverfahren. Dies gilt etwa für Streitigkeiten über den Auskunftsanspruch nach § 5 EBRG, die Bildung des BVG, die Kostentragungspflicht nach § 16 EBRG sowie für Streitigkeiten im Zusammenhang mit einer Vereinbarung über die Ausgestaltung einer grenzüberschreitenden Unterrichtung und Anhörung oder im Zusammenhang mit der Errichtung oder Tätigkeit eines EBR kraft Gesetzes. EBR, BVG oder kraft freiwilliger Vereinbarung geschaffene Einrichtungen sind beteiligtenfähig (DKK/*Däubler* Vor § 1 EBRG Rz. 15). Örtlich zuständig ist das Arbeitsgericht, in dessen Bezirk das Unternehmen bzw. das herrschende Unternehmen seinen Sitz hat, § 82 S. 4 ArbGG.

Über individualrechtliche Ansprüche der Mitglieder des EBR, BVG bzw. kraft Vereinba- **2347**
rung errichteter Einrichtungen, wie insbes. Ansprüche auf Weiterzahlung des Arbeitsentgelts, ist gem. § 2 Abs. 1 Nr. 3a ArbGG im arbeitsgerichtlichen Urteilsverfahren zu entscheiden. Die örtliche Zuständigkeit richtet sich nach den allgemeinen Bestimmungen.

4. Teil
Arbeitsgerichtsverfahren

Kapitel 13
Gerichtsorganisation und Zuständigkeit

Übersicht Rn.

A. Gerichtsorganisation

I. Arbeitsgerichtsbarkeit als Sonderzivilgerichtsbarkeit

1 Bei der Arbeitsgerichtsbarkeit handelt es sich um eine der fünf Gerichtsbarkeiten, die im GG in Art. 95 aufgezählt sind. Sie gehört zu den vier Sondergerichtsbarkeiten – Verwaltungs-, Finanz-, Arbeits- und Sozialgerichtsbarkeit –, die sich im Verfahren und der zu bearbeitenden Rechtsmaterie von der ordentlichen Gerichtsbarkeit – Zivil- und Strafgerichtsbarkeit – unterscheiden.

Es besteht allerdings eine **Verwandtschaft zur ordentlichen Zivilgerichtsbarkeit**. Von der zu bearbeitenden Materie ist der weit überwiegende Teil **Sonderzivilrecht**. Insofern lässt sich das Arbeitsrecht als Sonderrecht der abhängigen Arbeit charakterisieren. Soweit Individualstreitigkeiten zwischen Arbeitgebern und Arbeitnehmern ausgetragen werden, handelt es sich um Zivilrecht, welches seine Wurzeln in den §§ 611 ff. BGB hat, und lediglich durch Sondergesetze, z.B. das KSchG, modifiziert und weiterentwickelt wird. Das arbeitsrechtliche Urteilsverfahren ist denn auch dem Zivilprozessverfahren angenähert, welches gem. § 46 Abs. 2 ArbGG dann Anwendung findet, wenn keine besonderen Verfahrensvorschriften im ArbGG festgeschrieben worden sind. 2

Abweichungen und Unterschiede zum zivilprozessualen Charakter finden sich im arbeitsgerichtlichen Beschlussverfahren, §§ 80 ff. ArbGG, welches in den in § 2a ArbGG enumerativ aufgezählten Fällen zur Anwendung kommt. In diesen Verfahren wird die grds. weiter bestehende Parteienherrschaft, § 83 ArbGG, beschränkt durch den aus dem Verwaltungsprozess stammenden – allerdings nur eingeschränkt geltenden – Untersuchungsgrundsatz, § 83 Abs. 1 ArbGG (vgl. *Schaub* ArbGVerf § 58 Rz. 48 ff.). 3

Im Verhältnis zur ordentlichen Gerichtsbarkeit bestand vor dem Inkrafttreten des 4. Gesetzes zur Änderung der VwGO vom 17.12.1990 (BGBl. I S. 2809) am 1.1.1991 Streit darüber, ob es sich um eine Frage der sachlichen Zuständigkeit oder um eine solche des richtigen Rechtsweges handelte. Die h.M. ging davon aus, dass es sich bei der Abgrenzung lediglich um eine Frage der sachlichen Zuständigkeit handelte (*BAG* 20.12.1990 EzA § 48 ArbGG 1979 Nr. 1). 4

Aufgrund dieses Gesetzes wurden der § 48 ArbGG und die §§ 17 bis 17 b GVG neu gefasst, die Überschriften des § 2 ArbGG geändert und § 48a ArbGG a.F. gestrichen. Wegen dieser Änderungen geht die heute h.M. davon aus, dass der Gesetzgeber die Gleichwertigkeit aller Gerichtszweige betonen wollte und **es sich** deswegen **bei der Zuständigkeit der ArbG gegenüber den ordentlichen Gerichten um eine Frage der Rechtswegzuständigkeit und nicht der sachlichen Zuständigkeit handelt** (vgl. *BAG* 26.3.1992 EzA § 48 ArbGG 1979 Nr. 5). 5

II. Aufbau der Arbeitsgerichtsbarkeit

1. Instanzenzug

Die Arbeitsgerichtsbarkeit ist dreistufig aufgebaut, § 1 ArbGG. Es gibt auf Landesebene die Arbeitsgerichte (ArbG), §§ 14 ff. ArbGG, als **Eingangsgerichte aller arbeitsgerichtlichen Verfahren, unabhängig vom Streitwert, der Verfahrensart** oder des Schwierigkeitsgrades der zu behandelnden Materie. 6

Als zweite Instanz werden ebenfalls von den Ländern die Landesarbeitsgerichte (LAG) eingerichtet, §§ 33 ff. ArbGG. Sie sind **obere Landesgerichte** und stehen damit dem Rang nach den OLG und OVG gleich. Aufgabe des LAG ist es, über Berufungen gegen die Urteile, §§ 64 ff. ArbGG, und Beschwerden gegen die Beschlüsse des ArbG im Beschlussverfahren, §§ 87 ff. ArbGG, zu entscheiden. Außerdem sind sie gem. § 78 Abs. 1 ArbGG das Beschwerdegericht i.S.d. §§ 567 ff. ZPO. **Eine erstinstanzliche Zuständigkeit kommt dem LAG nur bei der Amtsenthebung und Verhängung von Ordnungsgeldern gegen ehrenamtliche Richter** zu, §§ 21 Abs. 5 S. 2, 27, 28 ArbGG. 7

Das Bundesarbeitsgericht (BAG) als oberstes Bundesgericht, Art. 95 Abs. 1 GG, hat die Aufgabe der Wahrung der Rechtseinheit und der Fortentwicklung des Arbeitsrechts. Es hat über die Revisionen und sofortigen Beschwerden gegen die Urteile des LAG, §§ 72 Abs. 1, 72 a Abs. 5 S. 2, 72 b ArbGG, über die Rechtsbeschwerden gegen die Beschlüsse im Beschwerdeverfahren, §§ 92 ff. ArbGG, und über die Rechtsbeschwerden nach § 78 ArbGG i.V.m. §§ 574 ff. ZPO zu befinden. Im Fall der Sprungrevision, § 76 ArbGG, und der Sprungrechtsbeschwerde, § 96a ArbGG, befindet es unmittelbar über die Urteile und Beschlüsse der ArbG. 8

2. Ressortierung der Arbeitsgerichtsbarkeit

9 Bis zum Änderungsgesetz zum ArbGG vom 26.6.1990 (BGBl. I S. 1206) sah § 15 ArbGG a.F. vor, dass die Arbeitsgerichtsbarkeit zum Ressort der Arbeits- und Sozialbehörden der Länder gehörte. Durch die neue Fassung des § 15 ArbGG wird es den Ländern ermöglicht, die Arbeitsgerichtsbarkeit dem Ressort der Justizbehörden als umfassende Rechtspflegeministerien zuzuordnen (*Koch* NJW 1991, 1856 ff.). Davon haben alle Bundesländer bis auf Bayern und Brandenburg Gebrauch gemacht (GK-ArbGG/Dörner § 15 Rz. 3).

3. Einrichtung der Gerichte

a) Form

10 Die Einrichtung, Aufhebung und Verlegung der ArbG bedarf grds. eines Landesgesetzes, § 14 Abs. 2 ArbGG. Gleiches gilt für die Änderung von Gerichtsbezirken, die Zuweisung einzelner Sachgebiete an ein ArbG für die Bezirke mehrerer ArbG und die Einrichtung von Kammern eines ArbG an einem anderen Ort als dem Gerichtssitz selbst.

11 Das Erfordernis einer gesetzlichen Grundlage für die angeführten Maßnahmen ergibt sich aus dem Grundsatz der Gewaltenteilung und des Grundrechts auf den gesetzlichen Richter. Durch die allein durch Gesetze regelbare Gerichtsorganisation soll im Interesse der Unabhängigkeit der Gerichte, der Verwaltung und ihrer Behörden der Zugriff auf die Gerichtsorganisation entzogen werden (vgl. *BVerfG* 10.6.1953 BVerfGE 2, 307, 312 ff.).

b) Verfahren und Zuständigkeiten

12 Die Frage der Festlegung und Grenzen der einzelnen Gerichtsbezirke obliegt den Ländern innerhalb ihres Hoheitsgebietes. Die Gerichtsbezirke in der Arbeitsgerichtsbarkeit müssen nicht mit denen der ordentlichen Gerichtsbarkeit übereinstimmen.

13 Mehrere Länder können gem. § 14 Abs. 3 ArbGG durch Staatsvertrag vereinbaren, dass gemeinsame ArbG eingerichtet oder die Ausdehnung von Gerichtsbezirken über Landesgrenzen hinweg vorgesehen werden. Der Staatsvertrag ist durch den Erlass entsprechender Gesetze der beteiligten Länder umzusetzen.

14 Bei diesen Akten der Gerichtsorganisation sind den Vereinigungen der Arbeitgeber und Arbeitnehmer, soweit sie für das Arbeitsleben im Landesgebiet wesentliche Bedeutung haben, Anhörungsrechte vor der Festlegung dieser Organisationsakte vom Gesetzgeber in § 14 Abs. 5 ArbGG eingeräumt worden. Die Frage, ob einer Koalition »wesentliche Bedeutung« i.S.d. § 14 Abs. 5 ArbGG zukommt, richtet sich nach ihrem Einfluss auf das öffentliche Arbeitsleben im betroffenen Gebiet, nicht nach ihrer Mitgliederstärke (*Schaub* ArbGVerf § 2 Rz. 3 ff.).

15 Die Einrichtung der LAG erfolgt nach denselben Regeln wie die Einrichtung der ArbG, § 33 ArbGG. Es können sowohl mehrere LAG in einem Bundesland bestehen, z.B. in Bayern in München und Nürnberg, als auch ein LAG für mehrere Bundesländer eingerichtet werden.

16 Das BAG, welches kraft verfassungsrechtlichen Auftrags zu konstituieren war, Art. 95 GG, hat seinen Sitz in Erfurt, § 40 ArbGG.

c) Gerichtstage und auswärtige Kammern

17 Eine Besonderheit der Arbeitsgerichtsbarkeit gegenüber der ordentlichen Zivilgerichtsbarkeit besteht darin, dass die Einrichtung von Gerichtstagen noch weit verbreitet ist. Diese werden nicht durch Gesetz, sondern durch Verwaltungsakt oder Rechtsverordnung festgelegt (zum Verfahren vgl. § 14 Abs. 4 ArbGG). Im Gegensatz zur ordentlichen Zivilgerichtsbarkeit, in der der Rechtsuchende sich zum Gericht hin zu bewegen hat, kommt dieses in der Arbeitsgerichtsbarkeit dem Rechtsuchenden entgegen. Ihre Berechtigung findet die Einrichtung von Gerichtstagen darin, dass im Gegensatz zu den Zivilgerichten die Gerichtsbezirke der ArbG weit größer sind.

Die Abhaltung eines Gerichtstages an einem anderen Ort als dem Gerichtsort bedeutet gerichtsorganisatorisch lediglich, dass an bestimmten Sitzungstagen Verhandlungen einer bestimmten Kammer, die durch den Geschäftsverteilungsplan bestimmt wird, außerhalb des Sitzes des ArbG, nämlich am Ort des Gerichtstages abgehalten werden. **Die Bestimmung der einzelnen Sitzungstage obliegt der Gerichtsverwaltung, die Bestimmung des jeweiligen Sitzungstermins und der näheren Einzelheiten im Rahmen der durchzuführenden Verhandlungen dem Kammervorsitzenden.** Eine eigene Geschäftsstelle ist am Ort des Gerichtstages i.d.R. nicht eingerichtet und auch nicht erforderlich. 18

Anträge und Erklärungen können allerdings an den Sitzungstagen und während der Sitzungsstunden am Ort des Gerichtstages gegenüber dem Gericht zu Protokoll gegeben werden. 19

Bei der Einrichtung von auswärtigen Kammern handelt es sich dagegen um die Einrichtung einer eigenen Gerichtsstelle an einem anderen Ort außerhalb des Sitzes des Hauptgerichtes. Sie sind für die Erledigung der Rechtsfälle zuständig, die in dem ihnen zugewiesenen Teil des Gesamtgerichtsbezirks anfallen. Es handelt sich um ständige Einrichtungen des Hauptgerichts mit einer ständig eingerichteten Geschäftsstelle. Die Verhandlungen der auswärtigen Kammern finden am zugewiesenen Ort und nicht am Sitz des Hauptgerichts statt. 20

Da die auswärtigen Kammern gleichwohl Kammern des Hauptgerichts sind, handelt es sich bei Fragen der Dienstaufsicht und der Geschäftsverteilung des richterlichen und nichtrichterlichen Personals um Fragen der Gerichtsorganisation des Hauptgerichts. 21

Parteien können Schriftsätze und Erklärungen sowohl am Sitz der auswärtigen Kammern als auch am Sitz des Hauptgerichts fristwahrend einreichen und abgeben. § 129a Abs. 2 ZPO findet keine Anwendung, da die Geschäftsstelle des Hauptgerichts auch für die Entgegennahme von Schriftsätzen und Erklärungen in Rechtssachen zuständig ist, die nach dem Geschäftsverteilungsplan von anderen Kammern zu bearbeiten sind (vgl. *BAG* 23.9.1981 NJW 1982, 119). 22

d) Fachkammern

Gemäß § 17 Abs. 2, Abs. 3 ArbGG sollen die Landesregierung oder die ermächtigte oberste Landesbehörde, soweit ein sachliches Bedürfnis besteht, berechtigt sein, bei einzelnen ArbG oder LAG **Fachkammern für bestimmte Berufe, Gewerbe und Gruppen von** Arbeitnehmern zu bilden, die auch gerichtsübergreifend zuständig sein sollen, § 35 Abs. 1 S. 2 i.V.m. § 17 Abs. 2 ArbGG. Soweit diese Bestimmung von § 14 Abs. 2 Nr. 4 und Nr. 6 ArbGG abweicht, wonach für diese Gerichtsorganisationsakte ein förmliches Gesetz notwendig ist, bestehen erhebliche Bedenken an der Wirksamkeit dieser Ermächtigungsnorm. Nach twA (vgl. GMPM-G/*Prütting* § 17 Rz. 16) ist § 17 Abs. 2 S. 2 und 3 ArbGG insofern nicht anwendbar. 23

Der Sinn der Bildung von Fachkammern liegt darin, notwendiges Fachwissen der Kammervorsitzenden und der ehrenamtlichen Richter zu konzentrieren und effektiv einzusetzen. Die ehrenamtlichen Richter sind deswegen aus den Kreisen der Arbeitnehmer und Arbeitgeber zu entnehmen, für die die Fachkammer gebildet wurde, § 30 ArbGG. **Sind Fachkammern errichtet, sind sie für alle Streitigkeiten der ihnen auf Grund ihrer Berufe oder Gewerbe oder Gruppenzugehörigkeit zugewiesenen Parteien zuständig.** Fachkammern für bestimmte Streitgegenstände können nicht gebildet werden. Eine derartige Spezialisierung bestimmter Kammern kann lediglich im Rahmen der Erstellung des Geschäftsverteilungsplanes des betreffenden Gerichts herbeigeführt werden. 24

4. Verwaltung und Dienstaufsicht der Gerichte

a) Zuständigkeiten

25 Die Geschäfte der Verwaltung und Dienstaufsicht führt die zuständige oberste Landesbehörde, also je nach Landesgerichtsorganisationsgesetz das Justiz- oder das Arbeitsministerium, §§ 15 Abs. 1 S. 1, 34 ArbGG (s.o. Rn. 9).

26 Beim BAG ist gem. § 40 Abs. 2 ArbGG grds. der Bundesminister für Arbeit und Soziales im Einvernehmen mit dem Bundesminister der Justiz zuständig. Dieser kann allerdings gem. § 40 Abs. 2 S. 2 ArbGG diese Geschäfte ganz oder teilweise auf den Präsidenten des BAG übertragen, was er auch getan hat. In der Geschäftsordnung des BAG (vgl. Abdruck bei GMPM-G/*Prütting* § 44 Rz. 10) sind in § 2 die wahrzunehmenden und übertragenen Aufgaben zusammengefasst.

27 Unter Gerichts- und Justizverwaltung (vgl. Begriffe bei *Kissel* § 12 Rz. 85, 105 ff.) versteht man die gesamte verwaltende Tätigkeit bei den Gerichten, die nicht selbst Rechtsprechung ist. Sie schafft für diese die notwendigen materiellen und personellen Voraussetzungen. Hierzu gehört die Bereitstellung der erforderlichen Räume, der Einrichtungen und Arbeitsmittel sowie die Ausstattung der Gerichte mit Personal und die damit zusammenhängenden Fragen der Ernennung, Einstellung, Entlassung, Beförderung und Dienstaufsicht. Weiterhin gehören hierzu die Regelungen bzgl. der konkreten Ausstattung und Durchführung des Dienstbetriebes sowohl der Richter als auch des nichtrichterlichen Personals, sowie des Haushalts-, Kassen- und Berichtswesen.

28 Die Zuständigkeiten innerhalb der Gerichtsverwaltung liegen nicht immer, wie es § 15 Abs. 1 ArbGG vermuten ließe, bei der zuständigen obersten Landesbehörde. Vielmehr sind sie je nach der zu regelnden Materie unterschiedlich verteilt. Zum Teil liegen sie direkt beim Gesetzgeber, so z.B. bezüglich des Haushaltes und der Bereitstellung der erforderlichen Geldmittel. Andere Bereiche werden von der Regierung bzw. dem zuständigen Minister selbst durchgeführt, z.B. die Ernennung von Richtern. Wieder andere Bereiche sind kraft Delegation nachgeordneten Behörden übertragen worden. Die meisten Aufgaben sind in der Praxis von den zuständigen obersten Dienstbehörden, an die Präsidenten der LAG bzw. des BAG delegiert worden (vgl. z.B. für Rheinland-Pfalz: Landesverordnung über Beamte und arbeitsrechtliche Zuständigkeit im Geschäftsbereich des Ministeriums der Justiz vom 14.8.1991, GVBl S. 224 i.d.F. vom 2.11.1992, GVBl S. 41; §§ 15 Abs. 2, 34 Abs. 2, 40 Abs. 2 S. 2 ArbGG).

29 Die Verteilung der richterlichen Geschäfte erfolgt durch den Geschäftsverteilungsplan im Wege der richterlichen Selbstverwaltung (§ 6a ArbGG i.V.m. §§ 21a ff. GVG).

b) Dienstaufsicht

30 Als Teil der Gerichtsverwaltung ist auch die Dienstaufsicht zu verstehen (vgl. GMPM-G/*Prütting* § 15 Rz. 15). Dabei handelt es sich um die Überwachung der ordnungsgemäßen Ausführung der Dienstgeschäfte durch die bei den Gerichten tätigen Arbeiter, Angestellten, Beamte und Richter. Hinsichtlich der Richter ist eine Dienstaufsicht jedoch nur insoweit zulässig, als sie nicht die richterliche Unabhängigkeit beeinträchtigt, § 26 DRiG.

31 Gegenstand der Dienstaufsicht bei den Richtern sind jedenfalls diejenigen Angelegenheiten der Gerichtsorganisation, die ihnen gem. §§ 15 Abs. 2, 34 Abs. 2, 40 Abs. 2 ArbGG durch die zuständige Behörde übertragen worden sind. Hier besteht eine Weisungsgebundenheit und Berichtspflicht der Richter. Die übertragenen Aufgaben können wieder eingeschränkt oder rückgängig gemacht werden.

32 **Im Rahmen der richterlichen Tätigkeit, der eigentlichen »Rechtsprechung«, ist eine Dienstaufsicht unzulässig,** soweit sie mittelbar oder unmittelbar Einfluss auf die eigentliche Entscheidungsfindung nehmen könnte. Sie ist allerdings zulässig, soweit es die ordnungsgemäße Erledigung der Dienstgeschäfte überhaupt und den ordnungsgemäßen Geschäftsablauf, sowie den äußeren Rahmen, in dem die Rechtsprechungstätigkeit zu erbringen ist, betrifft (vgl. z.B. zur Pflicht zum Tragen der Amtstracht *BVerfG* 22.10.1974 BVerfGE 38, 139).

c) Beteiligung der Gewerkschaften und Arbeitgeberverbände

Die Gewerkschaften und Arbeitgeberverbände sind gem. §§ 15 Abs. 1 S. 2, 34 Abs. 1 ArbGG in die Verwaltung und Dienstaufsicht insoweit integriert, als sie vor dem Erlass allgemeiner Anordnungen ein Anhörungsrecht haben. Das Anhörungsrecht setzt voraus, dass es sich um allgemeine Anordnungen, also nicht um einzelfallbezogene Entscheidungen handelt. Die Pflicht zur Anhörung besteht daher bei abstrakt generellen Regelungen, z.B. vor dem Erlass von Rechtsverordnungen oder Verwaltungsvorschriften. Sie besteht nur dann, wenn diese Regelungen nicht nur rein technischer Art sind, da dann die Interessen der beteiligten Verbände i.d.R. nicht berührt werden können. 33

Eine ohne Anhörung der Verbände erlassene Rechtsverordnung oder Verwaltungsvorschrift ist nichtig (*BVerfG* 17.11.1959 BVerfGE 10, 227; GMPM-G/*Prütting* § 15 Rz. 20, 21). Inwieweit den Anregungen der angehörten Verbände Rechnung getragen wird, steht im Ermessen der zuständigen befassten Verwaltungsbehörde. 34

5. Zusammensetzung der Kammern des ArbG und des LAG, sowie der Senate beim BAG

Bei den Gerichten für Arbeitssachen handelt es sich in allen Instanzen um Kollegialgerichte. Beim ArbG und beim LAG werden die Kammern in der Besetzung mit je einem Berufsrichter und zwei ehrenamtlichen Richtern (§ 45a DRiG), jeweils einem von Seiten der Arbeitnehmer und einem von Seiten der Arbeitgeber, tätig, §§ 16 Abs. 1, Abs. 2, 35 Abs. 1, Abs. 2 ArbGG. Die Kammern in der ersten und zweiten Instanz entscheiden also in derselben numerischen Besetzung. 35

Die Zahl der erforderlichen Kammervorsitzenden und ehrenamtlichen Richter richtet sich nach dem Arbeitsanfall. Die oberste Landesbehörde bestimmt nach Anhörung der in § 14 Abs. 5 ArbGG genannten Verbände die Zahl der zu errichtenden Kammern, § 17 Abs. 1, § 35 Abs. 3 ArbGG. 36

Beim BAG werden die Senate in der Besetzung mit je drei Berufsrichtern und zwei ehrenamtlichen Richtern tätig. Der nur in den Fällen des § 45 Abs. 2 ArbGG außerhalb des normalen Instanzenzugs tätig werdende Große Senat setzt sich zusammen aus dem Präsidenten, je einem Berufsrichter der Senate, in denen der Präsident nicht den Vorsitz führt, und je drei ehrenamtlichen Richtern aus den Kreisen der Arbeitnehmer und der Arbeitgeber § 45 Abs. 5 ArbGG (zur Zuständigkeit und zu den Aufgaben vgl. *Ascheid* Rz. 141 ff.). 37

Der Vorsitz der Spruchkörper ist den Berufsrichtern übertragen. Es muss sich in der ersten Instanz nicht um bereits auf Lebenszeit angestellte Richter handeln und auch nicht um Richter, die ständiges Mitglied des Gerichts sind. Es können auch Richter auf Probe oder kraft Auftrags, § 18 Abs. 7 ArbGG, oder abgeordnete Richter anderer Gerichte mit dem Kammervorsitz betraut werden. Bei den Rechtsmittelinstanzen können jedoch nur Richter auf Lebenszeit eingesetzt werden. 38

Bei den LAG kann auch ein Richter am ArbG im Rahmen einer Abordnung einen Kammervorsitz für einen beschränkten Zeitraum wahrnehmen. Eine Abordnung kann der Erprobung für eine spätere Ernennung zum Vorsitzenden Richter am LAG dienen oder auch der Besetzung einer Hilfskammer, die wegen Überlastung des LAG für einen überschaubaren Zeitraum eingerichtet worden ist (*Schaub* ArbGVerf § 3 Rz. 14). 39

III. Gerichtspersonen

1. Berufsrichter

a) Ausbildung und Befähigungsvoraussetzungen

Die persönlichen Voraussetzungen zur Ernennung zum Berufsrichter in der Arbeitsgerichtsbarkeit entsprechen denen anderer Gerichtszweige (vgl. §§ 5 ff. DRiG). 40

Zurzeit noch nicht erforderlich ist eine besondere Qualifikation im Arbeitsrecht oder das Vorhandensein von Erfahrungen im Arbeitsleben (anders noch § 18 Abs. 3 ArbGG 1953). Spezialkenntnisse im Arbeitsrecht können zwar sowohl an den Universitäten als auch 41 in besonderen Arbeitsgemeinschaften im Rahmen der Wahlfächer im ersten und zweiten Staatsexamen erworben werden, sind jedoch nach den gesetzlichen Grundlagen keine Einstellungsvoraussetzung.

42 Diskutiert wird, ob dieses Manko durch berufsbegleitende Praktika der Berufsrichter in der Arbeitsgerichtsbarkeit ausgeglichen werden sollte (vgl. Beschluss der 53. LAG-Präsidenten Konferenz vom 29.5.1991, Anlage 7 zum Konferenzprotokoll; *Zitscher* NZA 1990, 55). Dies dürfte jedoch ohne eine Änderung der §§ 5 ff. DRiG nach Ernennung zum Richter nur auf freiwilliger Basis möglich sein (vgl. *Schmidt* Rheinland-Pfälzische Arbeitsrichter im Betriebspraktikum in: Arbeitsrecht und Arbeitsgerichtsbarkeit, Festschrift, S. 717 ff.).

b) Ernennung/Berufung

43 Als Berufsrichter werden am ArbG Richter auf Probe, Richter kraft Auftrags, § 18 Abs. 7 ArbGG, und Richter auf Lebenszeit eingesetzt. Der Richter auf Probe führt die Amtsbezeichnung »Richter«, der Richter kraft Auftrags und der Richter auf Lebenszeit führen die Amtsbezeichnung »Richter am Arbeitsgericht«.

44 Daneben sind am ArbG noch der Direktor bzw. Präsident des ArbG tätig. Sie sind am ArbG tätige Berufsrichter auf Lebenszeit, denen zusätzlich die Behördenleiterfunktion übertragen worden ist.

aa) Ernennung der am ArbG tätigen Richter

45 Die Berufsrichter führen den Vorsitz der am ArbG eingerichteten Kammern. Sie werden auf Vorschlag der zuständigen obersten Landesbehörde nach Beratungen eines zu bildenden Ausschusses, bestehend aus Vertretern der Gewerkschaften und Vereinigungen von Arbeitgebern, die für das Arbeitsleben im Landesgebiet wesentliche Bedeutung haben, ernannt, § 18 Abs. 1, Abs. 2 ArbGG. Soweit in einigen Bundesländern Richterwahlausschüsse errichtet worden sind, sind diese nach den landesrechtlichen Vorschriften vor der Ernennung zu beteiligen (vgl. GMPM-G/*Prütting* § 18 Rz. 11).

46 Sofern in einigen Ländern Richter auf Probe ernannt werden, ohne dass zuvor der gem. § 18 Abs. 2 ArbGG einzubeziehende Ausschuss angehört worden ist (vgl. *Schmidt/Luczak* FS Arbeitsgerichtsbarkeit S. 227), bestehen hiergegen Bedenken. § 18 Abs. 7 ArbGG, der die Verwendung von Richtern auf Probe und Richtern kraft Auftrags als Vorsitzende an den ArbG vorsieht, enthält keine Ausnahme von dem bestehenden Anhörungsrecht gem. § 18 Abs. 2 ArbGG. Auch diese Richter üben i.d.R. eine mehrjährige Tätigkeit an einem ArbG aus, sodass die Interessen der beteiligten Gewerkschaften und Arbeitgeberverbänden an einer Mitwirkung bei deren Ernennung die Gleichen sind wie bei der Ernennung von Richtern auf Lebenszeit.

47 **Eine Verletzung des Anhörungsrechts der Verbände führt allerdings nicht zur Unwirksamkeit der Ernennung oder zu einer Pflicht, die Ernennung rückgängig zu machen.** Weder in § 18 ArbGG, noch in den §§ 18, 19 DRiG ist die nicht erfolgte Anhörung als Unwirksamkeitsgrund einer Ernennung eines Richters auf Probe aufgeführt.

48 Zum Direktor/Präsidenten des ArbG sind Berufsrichter zu bestellen, die hierfür geeignet sind, Art. 33 Abs. 2 GG. Sie müssen neben ihrer Rechtsprechungstätigkeit als Vorsitzender einer Kammer auch Verwaltungs- und Repräsentationsaufgaben durchführen, sowie die Dienstaufsicht über die ihnen unterstellten Beamten und Angestellten ausüben können. Besondere gesetzliche Vorschriften für das Ernennungsverfahren bzw. für Befähigungsvoraussetzungen sind nicht bestimmt. In einzelnen Bundesländern ist allerdings durch Verwaltungsvorschriften geregelt, dass vor der Einweisung in Beförderungsposten und entsprechender Ernennung eine Erprobung beim LAG zu erfolgen hat (vgl. für Rheinland-Pfalz Besetzungs-VV, 25.6.1990, Justizbl. 1990, 120 ff.).

bb) Ernennung der Vorsitzenden Richter am LAG

49 Berufsrichter am LAG werden auf Vorschlag der zuständigen obersten Landesbehörde nach Anhörung der im Landesgebiet tätigen Gewerkschaften und Vereinigungen von Arbeitge-

bern, die für das Arbeitsleben im Landesgebiet wesentliche Bedeutung haben, vom Ministerpräsidenten des Landes ernannt.

Besondere Qualifizierungs- und Ernennungsvoraussetzungen sind im Gesetz nicht vorgesehen. Sie ergeben sich aus Art. 33 Abs. 2 GG und der auszuübenden Tätigkeit. Der »einfache« Richter am LAG ist Vorsitzender und alleiniger Berufsrichter der im Arbeitsgerichtsverfahren vorgesehenen letzten Tatsacheninstanz. Wegen der im Arbeitsgerichtsverfahren ausschließlich gegebenen Zulassungsrevision (s.u. Kap. 14 Rn. 760) findet daher spätestens am LAG die überwiegende Mehrzahl der Verfahren seine Beendigung. Der Vorsitzende am LAG sollte besondere Erfahrungen und Kenntnisse im Bereich des Arbeitsrechts besitzen. Ergänzend gibt es in den Ländern teilweise Verwaltungsvorschriften (vgl. für Rheinland-Pfalz Besetzung-VV, 25.6.1990, Justizbl. 1990, 120 ff.), die weitere Auswahlkriterien, z.B. eine Erprobung, enthalten. 50

Der Präsident des LAG hat neben seiner Rechtsprechungstätigkeit überwiegend die Aufgabe, als Behördenleiter des LAG tätig zu sein. Er übt gleichzeitig unmittelbar oder mittelbar die Dienstaufsicht über alle Richter, Beamten und Angestellten des entsprechenden LAG-Bezirks aus. Neben besonderen Kenntnissen im Bereich des Rechts muss ein LAG-Präsident daher auch geeignet sein, Personal-, Haushalts-, Verwaltungs-, Fortbildungs- und Repräsentationsaufgaben zu erfüllen. 51

cc) Ernennung der beim BAG tätigen Richter

Beim BAG sind Richter am BAG, Vorsitzende Richter am BAG und der Präsident des BAG tätig. Die Voraussetzungen des Verfahrens für die Ernennung sind in § 42 ArbGG und im Richterwahlgesetz des Bundes geregelt. 52

Sie müssen gem. § 42 Abs. 2 ArbGG das 35. Lebensjahr vollendet haben und gem. § 11 Richterwahlgesetz »die sachlichen und persönlichen Voraussetzungen für dieses Amt besitzen«. Worin diese genau bestehen, ist nicht gesetzlich festgelegt, sodass wieder auf Art. 33 GG zurückzugreifen ist. 53

Hierbei ist von besonderer Bedeutung, dass das BAG in hohem Maße rechtschöpfend tätig wird, da es eine einheitliche Kodifizierung des Arbeitsrechts bislang nicht gibt. Neben umfangreichen Kenntnissen im Arbeitsrecht ist daher auch eine gewisse Fähigkeit zum wissenschaftlichen und analytischen Denken und Arbeiten notwendig. 54

Ernannt werden die Richter am BAG gem. § 1 Richterwahlgesetz i.V.m. § 42 Abs. 1 ArbGG vom Bundesminister für Arbeit und Soziales (zur Mitwirkung des Richterwahlausschusses vgl. *Schmidt/Luczak* FS Arbeitsgerichtsbarkeit S. 231). 55

Vorsitzende Richter am BAG (VRBAG) sind die Vorsitzenden der einzelnen am BAG eingerichteten Senate. Sie werden i.d.R. aus dem Kreis der beisitzenden BAG-Richter ernannt. Bei der Ernennung zum VRBAG wirkt der Richterwahlausschuss nicht mehr mit. Die Entscheidung und Ernennung obliegt allein dem Bundesminister für Arbeit und Soziales (vgl. GMPM-G/*Prütting* § 42 Rz. 5). 56

Der Präsident des BAG ist Vorsitzender eines Senats und gleichzeitig der Behördenleiter des BAG. Das Ernennungsverfahren ist das Gleiche wie das der Vorsitzenden Richter am BAG. Der Bundesminister für Arbeit und Soziales entscheidet, nachdem er sich mit dem Bundesminister der Justiz ins Benehmen gesetzt hat. Der Ernennungsakt wird vom Bundespräsidenten vollzogen. 57

c) Statusrechtliche Rechte und Pflichten der Berufsrichter

Die statusrechtlichen Rechte und Pflichten der Berufsrichter in der Arbeitsgerichtsbarkeit sind die Gleichen wie die der Richter in der ordentlichen Gerichtsbarkeit. Sie ergeben sich aus der Verfassung, Art. 97 GG und dem DRiG, welches für die Berufsrichter aller Gerichtszweige gilt (*Schmidt/Luczak* FS Arbeitsgerichtsbarkeit S. 232 ff.). 58

Hervorzuheben ist die richterliche Unabhängigkeit, die sowohl sachlich als auch persönlich gewährleistet sein muss, Art. 97 Abs. 1 GG, § 25 DRiG. Die Weisungsfreiheit umfasst nicht nur die Ungebundenheit an Weisungen der Dienstvorgesetzten, sondern auch eine Ungebundenheit bezüglich Empfehlungen und Vorgaben der Exekutive. 59

60 **Sie besteht allerdings nur hinsichtlich der Rechtsprechungstätigkeit.** Wird diese nicht berührt, untersteht auch der Berufsrichter der Dienstaufsicht, § 26 DRiG (s.o. Rn. 30 ff.). Besteht ein Streit darüber, ob eine Maßnahme der Dienstaufsicht die richterliche Unabhängigkeit verletzt oder nicht, entscheidet das mit Berufsrichtern besetzte Richterdienstgericht, §§ 26 Abs. 3, 61 ff. DRiG.

61 Die persönliche Unabhängigkeit des Arbeitsrichters ist zum einen durch seine grundsätzliche Unabsetzbarkeit gewährleistet, zum anderen ist sie durch eine angemessene Besoldung durch die Anstellungskörperschaft, welche gesetzlich normiert sein muss, zu sichern. Schließlich dient ihr auch das Spruchrichterprivileg des § 839 Abs. 2 BGB.

62 Nach einer Entscheidung des *BAG* vom 20.4.1961 (AP Nr. 1 zu § 41 ZPO) wird die persönliche Unabhängigkeit der Richter durch die Mitwirkung der Arbeitgeberverbände und Gewerkschaften bei der Bestellung der Richter nicht angetastet. **Fraglich erscheint dies allerdings dann, wenn nach den landesgesetzlichen Vorschriften den Verbänden nicht nur lediglich ein Anhörungsrecht, sondern etwa in Richterwahlausschüssen auch ein Mitbestimmungsrecht eingeräumt wird.** Zumindest bei der Ernennung in Beförderungsämter muss sichergestellt werden, dass den Verbänden keine Stimmenmehrheit zukommt. **Ansonsten besteht die Gefahr der Beeinflussung und Abhängigkeit der Richter.** Es ist nämlich zu bedenken, dass die Verbände als Parteivertreter in den einzelnen Verfahren vor den Arbeitsgerichten auftreten und sie deswegen naturgemäß ein gewisses Interesse an einer bestimmten Ausrichtung eines Richters haben (vgl. allgemein zur Problematik der Besetzung von Richterwahlausschüssen *Kissel* § 1 Rz. 36 m.w.N.).

2. Ehrenamtliche Richter

a) Aufgaben allgemein

63 In der Arbeitsgerichtsbarkeit sind die Spruchkörper der Gerichte in allen drei Instanzen mit ehrenamtlichen Richtern besetzt. **In der ersten und zweiten Instanz stellen sie die Mehrheit der im Spruchkörper rechtsprechenden Richter.**

64 Ihre Mitwirkung an der Rechtsprechung im Arbeitsrecht beruht auf zwei wesentlichen Aspekten. Zum einen sollen sie evtl. fehlende Kenntnisse der Vielfalt des Arbeitslebens und der Arbeitswirklichkeit bei den Berufsrichtern ausgleichen und ihre besondere Sachkenntnis in den Entscheidungsprozess einbringen.

65 Daneben soll das Mitwirken der Repräsentanten der im Arbeitsleben beteiligten sozialen Gruppen an der Rechtsprechung eine **höhere Akzeptanz** der zu treffenden arbeitsgerichtlichen Entscheidungen bei den Prozessbeteiligten mit sich bringen.

b) Verfahren und Voraussetzungen der Berufung der ehrenamtlichen Richter

aa) Berufungsverfahren

66 Die ehrenamtlichen Richter werden von der zuständigen Stelle (§ 20 Abs. 1 ArbGG; vgl. *Hohmann* NZA 2002, 551) für die Dauer von fünf Jahren berufen. Sie sind Vorschlagslisten zu entnehmen, die von den im Gerichtsbezirk bestehenden Gewerkschaften, sonstigen selbstständigen Vereinigungen von Arbeitnehmern mit sozial- oder berufspolitischer Zwecksetzung und den Arbeitgeberverbänden sowie von den in § 22 Abs. 2 Nr. 3 ArbGG genannten Körperschaften aufgestellt und der obersten Landesbehörde zugeleitet worden sind.

67 **Bei der Berufung handelt es sich um einen Verwaltungsakt**, der mit der Zustellung des Berufungsschreibens erlassen wird (vgl. *BAG* 11.3.1965 AP Nr. 28 zu § 2 ArbGG 1953 Zuständigkeitsprüfung). Darüber hinaus sehen die Richtergesetze i.d.R. vor, dass dem ehrenamtlichen Richter noch eine Ernennungsurkunde ausgehändigt wird, der allerdings nur deklaratorische Bedeutung zukommt.

68 Kommt es zum Streit über die Rechtmäßigkeit oder gar Nichtigkeit einer Berufung bzw. Nichtberufung, handelt es sich um eine öffentlich-rechtliche Streitigkeit, die gem. § 40 Abs. 1 S. 1 VwGO von den Verwaltungsgerichten zu entscheiden ist (vgl. GMPM-G/

Prütting § 20 Rz. 38). Klagebefugt sind die vorschlagsberechtigten Vereinigungen und Verbände, sofern sie der Ansicht sind, in ihrem Vorschlagsrecht durch Nichtbeachtung durch die oberste Landesbehörde oder durch willkürliche Auswahl aus der Liste nachteilig betroffen zu sein, der einzelne berufene ehrenamtliche Richter, sofern er der Ansicht ist, er sei zu Unrecht ernannt worden, sowie die Prozessparteien, wenn sie die ordnungsgemäße Besetzung der Richterbank rügen und eine Verletzung von Art. 101 Abs. 2 GG für gegeben erachten (vgl. GMPM-G/*Prütting* § 20 Rz. 41, 42).

Ob ein einzelner nicht berücksichtigter Bewerber, der der Ansicht ist, er hätte vor einem 69
ernannten ehrenamtlichen Richter berücksichtigt werden müssen, ein Klagerecht hat, ist strittig (so wohl *Grunsky* § 20 Rz. 3). Dagegen spricht, dass es **kein subjektives Recht** auf Ernennung gibt und somit auch keine Rechtsbeeinträchtigung durch die Ernennung eines anderen Bewerbers (GMPM-G/*Prütting* § 20 Rz. 40).

Die Prozessparteien können Rechtsmittel gegen Entscheidungen der Tatsachengerichte 70
nicht auf Verfahrensfehler bei der Berufung der ehrenamtlichen Richter stützen, §§ 65, 88 ArbGG.

Bevor die ehrenamtlichen Richter in der Rechtsprechung tätig werden können, sind sie 71
gem. § 45 Abs. 2 DRiG zu vereidigen. Die Vereidigung muss nicht vor jeder Amtsperiode neu erfolgen, sie gilt für die gesamte Dauer der Ausübung des Amtes (GMPM-G/*Prütting* § 20 Rz. 10).

bb) Auswahl aus Listenvorschlägen

Das Gesetz schreibt nur vor, dass die ehrenamtlichen Richter aus den Listenvorschlägen aus- 72
zuwählen sind und dabei in angemessenem Verhältnis unter billiger Berücksichtigung der Minderheiten vorzugehen ist. Ob darüber hinaus eine Bindung der obersten Landesbehörde bzw. des BMAS an die Reihenfolge der Listen der ehrenamtlichen Richter besteht, ist in der Literatur umstritten (so die h.M. GMPM-G/*Prütting* § 20 Rz. 26 ff. m.w.N.).

Jedenfalls ist die zuständige Stelle (§ 20 Abs. 1 ArbGG) berechtigt zu überprüfen, ob die 73
gesetzlichen Voraussetzungen für die Berufung eines vorgeschlagenen Kandidaten gegeben sind, § 21 ArbGG, und ob ein »angemessenes Verhältnis« zwischen den die verschiedenen Listen einreichenden Vereinigungen gewahrt bleibt. Für die Ansicht, dass es keine Bindung der zuständigen Stelle an die Reihenfolge der eingereichten Listen gibt, spricht neben dem Wortlaut des § 20 ArbGG auch der Umstand, dass es sich bei den ehrenamtlichen Richtern um Träger der dritten Staatsgewalt handelt. Für ihre Ernennung dürfen die zuständigen Stellen daher grds. nicht an Vorschläge außerstaatlicher Gruppen gebunden sein (vgl. *BVerfG* 9.12.1985 NZA 1986, 201).

Die eingereichten Listen beziehen sich jeweils auf einen Gerichtsbezirk. Die vorschlags- 74
berechtigten Vereinigungen können dabei selbstständig die Initiative ergreifen und Listen bei der zuständigen obersten Landesbehörde oder dem BMAS einreichen. Diese muss allerdings die vorschlagsberechtigten Vereinigungen auch von sich aus zur Einreichung entsprechender Listen auffordern. Eine Verletzung dieser Aufforderungspflicht führt nicht zur Rechtswidrigkeit der Berufung der einzelnen ehrenamtlichen Richter. Allerdings können die übergangenen Vereinigungen vor den Verwaltungsgerichten auf Berücksichtigung klagen.

Die einzelnen Vorschlagslisten gelten für das ArbG insgesamt. Welchen Kammern die 75
ehrenamtlichen Richter dann zugeordnet werden, ist eine Frage des Geschäftsverteilungsplanes. Etwas anderes gilt nur für die ehrenamtlichen Richter, die für spezielle Fachkammern vorgesehen sind, §§ 17 Abs. 2, 35 Abs. 3 ArbGG. Diese werden auf einer besonderen Vorschlagsliste vorgeschlagen und für eine bestimmte Kammer von der zuständigen Stelle ernannt.

Die ehrenamtlichen Richter beim BAG werden vom Bundesministerium für Arbeit und Soziales berufen, § 43 ArbGG.

cc) Dauer der Amtszeit

76 Die Dauer einer Amtszeit beträgt gem. § 20 Abs. 1 ArbGG fünf Jahre. Ein ehrenamtlicher Richter kann allerdings mehrmals nacheinander berufen werden.

77 Im Falle des Ausscheidens vor Ablauf der Fünf-Jahres-Frist kann ein anderer ehrenamtlicher Richter ergänzend berufen werden. Dies ist allerdings nur dann notwendig, wenn die Zahl der verbliebenen ehrenamtlichen Richter an einem Gericht nicht mehr zur ordnungsgemäßen Wahrnehmung der Rechtsprechung ausreicht (*Grunsky* § 20 Rz. 15).

78 Diese im Wege der »Ergänzungsberufung« neu ernannten ehrenamtlichen Richter werden nach dem Gesetzeswortlaut dann auch für eine Amtszeit von fünf Jahren berufen (**a.A.** *Grunsky* a.a.O.).

dd) Persönliche Voraussetzungen für eine Berufung

79 Die persönlichen Voraussetzungen für die Berufung sind in den §§ 21, 37, 43 ArbGG geregelt. Bei ArbG können Personen ernannt werden, die das 25. Lebensjahr vollendet haben, bei den LAG das 30. und bei dem BAG das 35. Lebensjahr. Eine Berufung beim LAG oder BAG setzt voraus, dass die ehrenamtlichen Richter zumindest eine Amtsperiode bei einem ArbG tätig waren.

80 Ausschlussgründe, die einer Person das Amt des ehrenamtlichen Richters verwehren, sind in § 21 Abs. 2 bis 4 ArbGG grds. abschließend aufgezählt (GMPM-G/*Prütting* § 21 Rz. 7 ff.; *BVerfG* 17.12.1969 BVerfGE 27, 322).

81 Etwas anderes galt nach der bisherigen Meinung des BAG nur für die Berufung von Anwälten und Notaren, sofern sie im selben Arbeitsgerichtsbezirk, in dem sie berufen werden sollen, ihrem Beruf nachgehen. Zwar enthält das ArbGG, anders als die VwGO (vgl. §§ 22 Nr. 5, 24 VwGO) und die FGO (vgl. § 21 FGO) keine Vorschrift, die es den Anwälten und Notaren grds. verbietet, als ehrenamtliche Richter tätig zu werden. Dennoch wurde aus dem Gesichtspunkt der möglichen Befangenheit heraus zur Wahrung der Unparteilichkeit des Richters, dass zumindest an den Gerichten, an denen ein Anwalt oder Notar regelmäßig tätig wird, die Ausübung eines ehrenamtlichen Richteramtes nicht möglich ist (vgl. *BAG* 22.10.1975 AP Nr. 4 zu § 43 ArbGG). Diese Ansicht hat das BAG nunmehr aufgegeben (*BAG* 11.8.2004 – 1 AS 6/03).

82 Hierfür spricht der Umstand, dass auch Verbandsvertreter, welche wie Anwälte als Parteivertreter auftreten, ehrenamtliche Richter nach dem ArbGG sein können.

83 **Zu berufen sind nur Personen, die im Bezirk des ArbG bzw. des LAG als Arbeitnehmer oder Arbeitgeber tätig sind oder wohnen, § 21 Abs. 1 ArbGG.** Wer alles unter diesen Personenkreis fällt, ist für die Arbeitgeber in § 22 ArbGG und für die Arbeitnehmer in § 23 ArbGG festgesetzt (bzgl. Arbeitnehmern, die sich im Rahmen vereinbarter Altersteilzeit in der Freistellungsphase befinden vgl. *Andelewski* NZA 2002, 665).

84 Ehrenamtliche Richter aus den Kreisen der Arbeitgeber können auch Personen sein, die regelmäßig zu gewissen Zeiten des Jahres keine Arbeitnehmer beschäftigen, § 23 Abs. 1, 2. Alt. ArbGG. Hierunter fallen z.B. Arbeitgeber, die nur Saison- oder Kampagnebetriebe haben.

85 Hierbei kommt es nicht auf einen genau fixierten Zeitraum an, welcher als »vorübergehend« zu verstehen ist. Entscheidend ist lediglich, dass der Arbeitgeber nicht endgültig darauf verzichten will, zukünftig Arbeitnehmer zu beschäftigen, etwa weil er seinen Betrieb aufgeben will.

86 § 22 Abs. 2 ArbGG stellt gewisse Personengruppen den Arbeitgebern gleich, auch wenn sie im Normalfall selbst nicht die Eigenschaft eines Arbeitgebers haben. Hierzu gehören **die zur Vertretung berechtigten Organe bzw. Organmitglieder von juristischen Personen, Geschäftsführer, Betriebs- oder Personalleiter, soweit sie zur Einstellung von Arbeitnehmern in dem Betrieb berechtigt sind oder Personen, denen Prokura- oder Generalvollmacht erteilt ist** (vgl. Besonderheiten bei Fachkammern, § 30), **und Beamte sowie Angestellte – nicht Arbeiter! – die bei einer juristischen Person des öffentlichen Rechts beschäftigt sind.** Die h.M. geht davon aus, dass nur Beamte und Angestellte in leitender Stellung zu den ehrenamtlichen Richtern berufen werden dürfen. Auch wenn dies nicht aus-

drücklich in § 22 Abs. 2 Nr. 3 ArbGG so formuliert ist, ergibt sich dies doch aus dem Gesamtgefüge des § 22 Abs. 2 ArbGG. Die Nr. 1, 2 und 4 setzen **arbeitgeberähnliche Funktionen der zu berufenden ehrenamtlichen Richter voraus**, sodass dies nach Sinn und Zweck der Vorschrift auch für die Nr. 3 gelten muss.

Schließlich können gem. § 22 Abs. 2 Nr. 4 ArbGG auch **Mitglieder und Angestellte von Vereinigungen von Arbeitgebern und Zusammenschlüssen solcher Vereinigungen** zu ehrenamtlichen Richtern auf der Arbeitgeberseite berufen werden, sofern die Personen kraft Satzung oder Vollmacht zur Vertretung berufen sind. 87

Ehrenamtliche Richter aus Kreisen der Arbeitnehmer können alle Arbeitnehmer oder arbeitnehmerähnliche Personen i.S.d. § 5 ArbGG sein. Darüber hinaus können gem. § 23 Abs. 1 ArbGG **auch Arbeitnehmer, die derzeit arbeitslos sind, als ehrenamtliche Richter berufen werden**. Nach § 23 Abs. 2 ArbGG können schließlich auch **Mitglieder und Angestellte von Gewerkschaften, von selbstständigen Vereinigungen von Arbeitnehmern mit sozial- oder berufspolitischer Zwecksetzung oder Vorstandsmitglieder und Angestellte von Zusammenschlüssen von Gewerkschaften als ehrenamtliche Richter der Arbeitnehmerseite** berufen werden, wenn diese Personen kraft Satzung oder Vollmacht zur Vertretung befugt sind. **Diese ehrenamtlichen Richter können auch dann in einem konkreten Prozess einem Spruchkörper angehören, wenn ihre Gewerkschaft als Prozessbevollmächtigte des Arbeitnehmers beteiligt ist** (*BAG* 18.10.1977 EzA § 42 ZPO Nr. 1). 88

c) Mitwirkung der ehrenamtlichen Richter an der Rechtsprechung ihres Spruchkörpers

aa) Zuteilung der ehrenamtlichen Richter zu den Spruchkörpern des Gerichts

Gemäß § 6a Nr. 4 ArbGG können die ehrenamtlichen Richter mehreren Spruchkörpern ihres Gerichts angehören. Aus den §§ 31, 39, 43 ArbGG ergibt sich allerdings, dass sie nicht willkürlich zu bestimmten Sitzungstagen herangezogen werden können. Grds. hat jeder Vorsitzende für die seiner Kammer zugeteilten ehrenamtlichen Richter eine Liste aufzustellen, und die ehrenamtlichen Richter nach der Reihenfolge dieser Liste zu den Sitzungstagen heranzuziehen. **Die Aufstellung einer solchen Liste ist zwingend** (*BAG* 30.1.1963 AP Nr. 2 zu § 39 ArbGG 1953). **Damit soll sichergestellt werden, dass der gesetzliche Richter i.S.d. Art. 101 Abs. 1 S. 2 GG gewährleistet ist.** Die Aufstellung der Liste hat im Voraus für ein Geschäftsjahr zu erfolgen und vor Beginn der Amtszeit eines neu zu berufenden ehrenamtlichen Richters. Die Liste muss allerdings nicht immer vom Vorsitzenden der betreffenden Kammer selbst aufgestellt werden. Es genügt, wenn das Präsidium des Gerichts bei der Zuteilung der ehrenamtlichen Richter an die einzelnen Spruchkörper eine entsprechende Liste aufstellt, die sich der Vorsitzende stillschweigend zu Eigen macht (*BAG* 30.1.1963 a.a.O.). 89

Das Gesetz geht in den §§ 31, 39, 43 ArbGG davon aus, dass die verschiedenen Kammern des Arbeitsgerichts eigene Listen aufstellen. **In der Praxis kommt es allerdings auch vor, dass nur eine einzige allgemeine Liste für alle Kammern erstellt wird.** Ob dieses Verfahren zulässig ist, ist streitig (dafür *BAG* 7.5.1998 EzA § 551 Nr. 6 ZPO; 16.10.2008 – 7 AZN 427/08 – FA 2008, 94; dagegen wegen des Wortlauts des Gesetzes GMPM-G/*Prütting* § 31 Rz. 8; vgl. MünchArbR/*Brehm* § 388 Rz. 72). 90

Die Auffassung der h.M. ist nicht zwingend. §§ 31, 39 ArbGG stellen lediglich Sollvorschriften auf. Aus § 6a Nr. 4 ArbGG ergibt sich hingegen, dass ehrenamtliche Richter auch mehreren Spruchkörpern angehören können. **Insofern ist der gesetzliche Richter i.S.d. Art. 101 Abs. 1 S. 2 GG auch dann gewährleistet, wenn für mehrere Kammern eines Gerichts nur eine gemeinsame Liste aufgestellt wird** (Schwab/Weth-*Liebscher* § 31 Rz. 7). Die ehrenamtlichen Richter sind in diesem Fall der Reihenfolge der Liste nach auf die einzelnen Sitzungstage der Kammern zu verteilen. Haben mehrere Kammern am selben Tag Sitzungstermine, ist im Voraus festzulegen, welcher Kammer zuerst die nach der Liste als nächstes heranzuziehenden ehrenamtlichen Richter zuzuordnen sind. 91

Ein Nachteil einer gemeinsamen Liste besteht allerdings ab dem 1.7.2008 für Verbandsvertreter. Nach § 11 Abs. 5 S. 2 ArbGG i.d.F. ab dem 1.7.2008 (vgl. Art. 11 des Gesetzes zur Neuregelung des Rechtsberatungsgesetzes v. 12.12.2007 BGBl. I S. 2840) dürfen ehrenamtli- 92 che Richter nicht vor einem Spruchkörper auftreten, dem sie angehören, außer es liegt ein Fall nach § 11 Abs. 2 Nr. 1 ArbGG i.d.F. ab dem 1.7.2008 vor. Faktisch können daher ehrenamtliche Richter von Verbänden bei einer gemeinsamen Liste aller Kammern eines Arbeitsgerichtes vor diesem nicht mehr als Parteivertreter auftreten.

93 Bei der Aufstellung der Listen ist auf eine gleichmäßige Heranziehung zu achten. Hierbei steht es grds. im Ermessen des Präsidiums bzw. des Vorsitzenden, welches System er dabei verwendet. Sinnvoll ist eine alphabetische Heranziehung oder eine Heranziehung entsprechend den Berufungsdaten. Da die Heranziehung der Richter nach Aufstellung der Liste zwingend der Reihenfolge nach erfolgt, es sich daher um eine rotierende Liste handelt, ist gewährleistet, dass alle einer Kammer bzw. den Kammern des Gerichts zugewiesenen Richter an der Spruchrichtertätigkeit gleichmäßig teilhaben.

94 Bei der Erstellung der gemeinsamen Liste bzw. der Einzellisten für die einzelnen Kammern ist der Ausschuss der ehrenamtlichen Richter gem. § 29 ArbGG zu beteiligen.

95 Die ehrenamtlichen Richter sind nach den gesetzlichen Bestimmungen zu den einzelnen »Sitzungen« heranzuziehen. **Unter einer Sitzung ist dabei nur der Einzelsitzungstag zu verstehen, nicht hingegen die Verhandlung einer bestimmten Sache** insgesamt (*BVerfG* 6.2.1989 NZA 1998, 445). Allerdings ist es nach der Rechtsprechung des BAG zulässig, im Falle der Verlegung oder Vertagung einer Verhandlung auf einen anderen Termin oder bei einem zweiten Verhandlungstag wieder die gleichen ehrenamtlichen Richter des ersten Verhandlungstages zu laden, auch wenn dies nicht der Reihenfolge der Liste entspricht, sofern dies im Geschäftsverteilungsplan ausdrücklich für jeden Fall so vorgesehen ist (*BAG* 16.11.1995 EzA Art. 20 EinigungsV Nr. 47; 26.9.1996 EzA § 39 ArbGG 1979 Nr. 5) **oder im Einverständnis mit allen beteiligten Parteien geschieht** (*BAG* 19.6.1973 EzA Art. 9 GG Nr. 8; vgl. *LAG Köln* 12.4.1985 LAGE § 87 BetrVG 1972 Kontrolleinrichtungen Nr. 6).

96 Ein vorsätzliches Abweichen von der Liste durch den Vorsitzenden oder den zur Ladung berufenen Urkundsbeamten stellt eine Amtspflichtverletzung dar und einen Verstoß gegen Art. 101 Abs. 2 GG. Ein solcher Verstoß kann sowohl mit der Berufung als auch mit der Revision angegriffen werden, § 547 Nr. 1 ZPO, nach Erschöpfung des Rechtswegs auch mit der Verfassungsbeschwerde. Geschah die Abweichung von der Liste hingegen nicht willkürlich, sondern versehentlich, wird aus dem Charakter der Sollvorschrift des § 31 Abs. 1 ArbGG abgeleitet, dass eine verfahrensrechtliche Rüge darauf nicht gestützt werden kann (*BAG* 30.1.1963 AP Nr. 2 zu § 39 ArbGG 1953). Eine fehlerhafte Heranziehung eines ehrenamtlichen Richters führt nicht im Wege des Domino-Effektes dazu, dass in den folgenden Terminen in allen anderen Verfahren der gesetzliche Richter nicht gewahrt ist (*BAG* 7.5.1998 EzA § 551 Nr. 6 ZPO).

97 Die ehrenamtlichen Richter sind rechtzeitig zu den einzelnen Sitzungen zu laden. Sie haben dieser Ladung grds. Folge zu leisten. Entsprechend haben sie einen Anspruch darauf, gem. der Reihenfolge der Liste auch geladen zu werden. Sind sie an einem bestimmten Terminstag verhindert, müssen sie sich entschuldigen. In diesem Fall ist nach der Liste der nächste ehrenamtliche Richter zu laden. Geht dies, etwa aus Zeitgründen, nicht mehr, wird in der Praxis z. T. ein anderer erreichbarer ehrenamtlicher Richter geladen, auch wenn er nicht der nächste in der Liste ist. Dies erscheint im Hinblick auf Art. 101 GG bedenklich. § 31 Abs. 2 ArbGG empfiehlt in einer »Kannvorschrift«, für diese Fälle der unvorhergesehenen Verhinderung eine Hilfsliste für die Heranziehung aufzustellen. In dieser sind nicht alle ehrenamtlichen Richter aufzunehmen. **Sie kann sich auf die Richter beschränken, die am Gerichtssitz oder in seiner Nähe wohnen oder arbeiten.**

bb) Informations- und Unterrichtungsrecht

98 Der Kammer- bzw. Anhörungstermin ist regelmäßig bereits durch schriftsätzliches Vorbringen der Parteien bzw. Verfahrensbeteiligten vorbereitet. Die ehrenamtlichen Richter können ihrer Aufgabe nur dann nachkommen, wenn sie vor Durchführung der Verhandlung vom Vorsitzenden über den Sach- und Streitstand der zu verhandelnden Rechtsfälle informiert

worden sind. Dies ergibt sich zwar nicht unmittelbar aus dem Gesetz, folgt jedoch aus der Stellung der ehrenamtlichen Richter, die als vollwertige und voll stimmberechtigte Mitglieder des Spruchkörpers anzusehen sind (Schwab/Weth-*Liebscher* § 31 Rz. 34). Wie diese Information vom Vorsitzenden durchgeführt wird, ob durch vorherige Akten- oder vorherige Aktenauszugsversendung oder durch mündliche Information vor dem Termin, steht im erstinstanzlichen Verfahren im pflichtgemäßen Ermessen des Vorsitzenden (*Ostheimer/Wiegand/Hohmann* S. 55). **Regelmäßig wird eine mündliche Information kurz vor dem Kammertermin durchgeführt.**

Darüber hinaus steht den ehrenamtlichen Richtern das Recht zu, **ab der Ladung zum Gerichtstermin in die Akten Einsicht zu nehmen, sofern eine Verzögerung des Verfahrens damit nicht einhergeht** (vgl. *Schaub* ArbGVerf § 3 Rz. 52). Ein Anspruch auf Entschädigung für die verwendete Zeit steht ihnen allerdings nur dann zu, wenn die Akteneinsicht vom Vorsitzenden angeordnet worden ist (*LAG Brem.* 25.7.1988 LAGE § 26 ArbGG 1979 Nr. 1). 99

Bei den LAG hat sich die Übung entwickelt, den ehrenamtlichen Richtern vor dem Kammertermin Kopien des angefochtenen Urteils der ersten Instanz sowie der wesentlichen Schriftsätze zu übersenden. Eine Verpflichtung der Parteien, entsprechende Doppel ihrer Schriftsätze dem LAG zu übersenden, besteht nicht, ist aber üblich und hilfreich. Für die Revisionsinstanz ist dies in § 8 Abs. 3 GO des BAG vorgeschrieben. 100

cc) Teilnahme an den Kammer-Senatssitzungen

Bei der Teilnahme an den Gerichtssitzungen stehen den ehrenamtlichen Richtern dieselben Rechte und Befugnisse wie den beisitzenden Richtern bei den Landgerichten zu, §§ 53 Abs. 2, 64 Abs. 5, 72 Abs. 5 ArbGG. Sie können daher nach Erteilung des Wortes durch den Vorsitzenden selbstständig Fragen an die Parteien, Prozessbevollmächtigten, Zeugen und Sachverständigen stellen, §§ 136 Abs. 2, 396 Abs. 3, 402 ZPO, ohne sie vorher dem Vorsitzenden vorzulegen oder seine Zustimmung einzuholen. Sie haben in der mündlichen Verhandlung an allen Entscheidungen mitzuwirken, sofern es sich nicht um prozessleitende Verfügungen handelt (s.u. Rn. 104). 101

Für die Beratung und Abstimmung gelten die §§ 192 ff. GVG. Den ehrenamtlichen Richtern kommt volles Stimmrecht zu. Sie können daher den Vorsitzenden bei der Entscheidungsfindung überstimmen. 102

Zu fällende Urteile oder Beschlüsse sind nach Absetzung in der 2. und 3. Instanz auch von den ehrenamtlichen Richtern mit zu unterschreiben, §§ 69 Abs. 1, 75 Abs. 2, 87 Abs. 2, 92 Abs. 2 ArbGG (vgl. für den Fall der Verhinderung *BAG* 22.8.2007 EzA § 72b ArbGG 1979 Nr. 3). In der ersten Instanz ist dies gesetzlich nicht vorgeschrieben. Es ist allerdings üblich, dass die ehrenamtlichen Richter den unmittelbar nach Urteilsfindung vom Vorsitzenden zu fertigenden handschriftlichen Urteilstenor mit unterschreiben. Gezwungen werden können sie hierzu nicht. 103

dd) Abgrenzung der Zuständigkeit des Vorsitzenden und der vollbesetzten Kammer/des Senats

Die funktionelle Zuständigkeit im Spruchkörper wird in den §§ 53, 55, 56, 58, 60 Abs. 3, Abs. 4 ArbGG geregelt. **Dem Vorsitzenden sind zum einen die prozessleitenden Maßnahmen und die zur Prozessdurchführung notwendigen Anordnungen alleine übertragen worden**, z.B. nach § 56 ArbGG die zur Durchführung der streitigen Verhandlung notwendigen Anordnungen gegenüber den Verfahrensbeteiligten zu treffen. Gemäß § 53 Abs. 2 ArbGG i.V.m. § 216 Abs. 2 ZPO bestimmt der Vorsitzende allein den Termin zur mündlichen Verhandlung, leitet diese, § 53 Abs. 2 ArbGG i.V.m. § 136 ZPO, und verkündet die von der Kammer getroffene Entscheidung, § 136 Abs. 4 ZPO. 104

Daneben hat der Gesetzgeber dem Vorsitzenden auch einige materiellrechtliche Entscheidungen allein überantwortet. Gemäß § 53 Abs. 1 ArbGG erlässt er die nicht auf Grund einer mündlichen Verhandlung zu fassenden Beschlüsse und Verfügungen grds. selbst, soweit nichts anderes gesetzlich bestimmt ist. **Unter Beschlüssen i.S.d. § 53 Abs. 1** 105

ArbGG sind dabei Entscheidungen zu verstehen, die ohne oder nur auf Grund freigestellter mündlicher Verhandlung zu erlassen sind. Sofern ein solcher Beschluss ohne mündliche Verhandlung ergeht, hat der Vorsitzende ihn alleine zu erlassen, ergeht er in der freigestellten, dennoch vor der Kammer durchgeführten mündlichen Verhandlung, hat ihn allerdings die Kammer im Ganzen zu treffen (vgl. z.B. §§ 37, 91 a Abs. 1, 118 148, 225 f., 248 ZPO; weitere Bsp. bei GMPM-G/*Germelmann* § 53 Rz. 7).

106 **Darüber hinaus postuliert § 55 Abs. 1 ArbGG in bestimmten Fällen ein Alleinentscheidungsrecht des Vorsitzenden in materiellrechtlichen Fragen außerhalb der streitigen Verhandlung.** Ungeklärt war, wie sich der Gesetzgeber die Frage der Zuständigkeit für Urteile nach § 341 Abs. 2 ZPO vorgestellt hatte (vgl. *Griebeling* NZA 2002, 1073; vgl. Vorauflage Rz. 105). Mit der Ergänzung des § 55 Abs. 1 Nr. 4a ArbGG hat der Gesetzgeber nunmehr klargestellt, dass der Vorsitzende alleine über die Verwerfung des Einspruchs gegen ein Versäumnisurteil oder einen Vollstreckungsbescheid entscheidet, sofern die Entscheidung nicht in der streitigen Verhandlung, d.h. im Kammertermin, ergeht. Gleiches gilt bei Entscheidungen über Tatbestandsberichtigungsanträge, sofern nicht eine Partei ausdrücklich eine mündliche Verhandlung beantragt, § 320 Abs. 3 ZPO (vgl. § 55 Abs. 1 Nr. 10, Abs. 2 ArbGG; *Franzen/Natter/Riecker* NZA 2008, 377 ff.). Dies gilt allerdings nur für das erstinstanzliche Verfahren. § 64 Abs. 7 ArbGG verweist nicht auf § 55 Abs. 1 Nr. 10 ArbGG.

107 Bei diesen zu treffenden Entscheidungen handelt es sich im Wesentlichen um formaljuristisch zu treffende Entscheidungen. Die praktischen Erfahrungen der ehrenamtlichen Richter sind hier nicht nötig und die Interessen der hinter den ehrenamtlichen Richter stehenden Gruppierungen nicht tangiert. Andererseits kann durch das Alleinentscheidungsrecht des Vorsitzenden eine wesentliche Straffung des Verfahrens erreicht werden.

d) Statusrechtliche Rechte und Pflichten

aa) Ablehnung der Berufung/Niederlegung des Amtes

108 Bei der Berufung zum ehrenamtlichen Richter handelt es sich um ein staatsbürgerliches Ehrenamt und damit um eine staatsbürgerliche Pflicht, das Amt zu übernehmen. Eine Ablehnung oder Niederlegung ist grds. nur in den in § 24 ArbGG aufgezählten Fällen zulässig. Nach ganz h.M. (vgl. GMPM-G/*Prütting* § 24 Rz. 6 m.w.N.) ist der Katalog des § 24 ArbGG allerdings nicht abschließend, wie sich aus der Generalklausel in § 24 Abs. 1 Nr. 5 ArbGG ergibt. Im Einvernehmen mit der obersten zuständigen Landesbehörde kann auf Antrag des ehrenamtlichen Richters auch eine einvernehmliche Entbindung von der staatsbürgerlichen Pflicht erfolgen.

109 Niederlegen kann das Amt zum einen, wer einen Ablehnungsgrund i.S.d. § 24 ArbGG geltend machen kann oder wer die Muss- oder Sollvorschriften zur Berufung zum ehrenamtlichen Richter nicht oder nicht mehr erfüllt, §§ 20, 21 ArbGG.

110 Über die Berechtigung der Ablehnung bzw. Niederlegung des Amtes entscheidet gem. § 24 Abs. 2 ArbGG die zuständige Stelle. Auch wenn § 24 Abs. 2 S. 2 ArbGG vorschreibt, dass diese Entscheidung endgültig sei, wird aus verfassungsrechtlichen Gründen gem. Art. 19 Abs. 4 GG der Rechtsweg zu den Verwaltungsgerichten eröffnet sein (vgl. zur Verfassungsmäßigkeit des § 24 Abs. 2 S. 2 ArbGG GMPM-G/*Prütting* § 24 Rz. 18, 19 m.w.N.).

bb) Ehrenamt

111 Weil es sich um ein Ehrenamt handelt, erhalten die ehrenamtlichen Richter keine Vergütung, sondern lediglich eine Entschädigung für Zeitversäumnis, Wegegeld und sonstigen Aufwand. Einzelheiten sind ab dem 1.7.2004 in den §§ 15 ff. Justizvergütungs- und -entschädigungsgesetz geregelt.

cc) Schutz der ehrenamtlichen Richter

112 Gemäß § 26 ArbGG darf niemand in der Übernahme oder Ausübung des Amtes als ehrenamtlicher Richter beschränkt oder deswegen benachteiligt werden.

Geschützt ist ein ehrenamtlicher Richter sowohl gegen berufliche Benachteiligung, z.B. Zuweisung einer geringer bezahlten Beschäftigung, Übergehen bei Beförderungen etc., als auch gegen Maßnahmen Dritter. Hier kommt z.B. in Betracht, dass ein von einer Gewerkschaft entsandter ehrenamtlicher Richter an einer Entscheidung mitgewirkt hat, die nicht den Verbandsinteressen konform erscheint. 113

Maßnahmen, die auf die Benachteiligung hinauslaufen, sind gem. § 134 BGB i.V.m. § 26 Abs. 1 ArbGG nichtig. Daneben stellt § 26 Abs. 1 ArbGG ein Schutzgesetz i.S.d. § 823 Abs. 2 BGB dar. Das Spruchrichterprivileg des § 839 Abs. 3 BGB gilt auch für ehrenamtliche Richter. 114

Eine Verdienstkürzung für die Zeit, in der Amtsgeschäften als ehrenamtlicher Richter nachgegangen wird, soll allerdings nach einer Meinung zulässig sein. Dies folge bereits daraus, dass es sich um ein Ehrenamt handelt (GMPM-G/*Prütting* § 26 Rz. 17). Gerade hierfür sehe das Gesetz für die Entschädigung ehrenamtlicher Richter eine Ausgleichszahlung vor. Nach anderer Ansicht habe ein Arbeitgeber über § 616 BGB zumindest den Teil des Arbeitsentgeltes zu zahlen, der durch die Entschädigungsregelung des ehrenamtlichen Richterentschädigungsgesetzes nicht gedeckt wird (GK-ArbGG/*Dörner* § 26 Rz. 7). Das BAG ist der Auffassung, es sei allein Sache des Staates, die Entschädigung festzusetzen (*BAG* 25.8.1982 EzA § 26 ArbGG 1979 Nr. 1). 115

Gemäß § 26 Abs. 2 ArbGG wird mit Freiheitsstrafe bis zu einem Jahr oder mit Geldstrafe bestraft, wer einen anderen in der Übernahme oder in der Ausübung seines Amtes als ehrenamtlicher Richter beschränkt oder wegen der Übernahme oder Ausübung des Amtes benachteiligt. 116

dd) Sachliche Unabhängigkeit

Die ehrenamtlichen Richter sind bei ihrer Rechtsprechungstätigkeit sachlich unabhängig und an keine Weisungen gebunden, § 45 DRiG, **insbes. nicht an solche der sie vorschlagenden Verbände**. Sie haben ihre Entscheidungen getreu dem GG für die Bundesrepublik Deutschland, den Landesverfassungen und dem Gesetz zu treffen, nach bestem Gewissen und Wissen ohne Ansehung der Person zu urteilen und nur der Wahrheit und Gerechtigkeit zu dienen. **Ehrenamtliche Richter sollen nicht Amtswalter bestimmter Arbeitnehmer- oder Arbeitgeberinteressen sein**, sondern als unabhängige Richter ihre Erfahrungen als Arbeitgeber oder Arbeitnehmer in die Rechtsprechung der ArbG einbringen. 117

ee) Geheimhaltungspflicht

Ehrenamtliche Richter haben, ebenso wie Berufsrichter, das Beratungsgeheimnis zu wahren, § 45 DRiG, und unterliegen insofern den einschlägigen Strafbestimmungen, § 353b StGB. 118

ff) Disziplinarmaßnahmen gegen ehrenamtliche Richter

Kommt ein ehrenamtlicher Richter seinen Verpflichtungen nicht nach, insbes. erscheint er nicht oder öfters zu spät ohne genügende Entschuldigung zu den Terminsitzungen, kann gegen ihn gem. § 28 ArbGG auf Antrag des Vorsitzenden der Kammer ein Ordnungsgeld verhängt werden. 119

Weitere, ein Ordnungsgeld rechtfertigende Pflichtverstöße können z.B. darin liegen, dass ein ehrenamtlicher Richter der zweiten Instanz die Unterschriftsleistung unter ein Urteil verweigert, fortgesetzt die Verhandlungsleitung des Vorsitzenden stört, sich einer Abstimmung verweigert oder seine Pflicht zur Amtsverschwiegenheit missachtet. 120

Das Ordnungsgeld verhängt eine Kammer des LAG, welche zu Beginn jedes Geschäftsjahres vom Präsidenten des LAG bestimmt wird. Es wird ohne mündliche Verhandlung durch Beschluss verhängt. Der ehrenamtliche Richter ist zuvor anzuhören. Die Entscheidung ist gem. § 28 S. 3 ArbGG endgültig (bzgl. des Verfahrens vgl. GMPM-G/*Prütting* § 28 Rz. 8 ff.). 121

122 Bei schwerwiegenden oder wiederholten Pflichtverstößen kommt eine Amtsenthebung in Betracht, § 27 ArbGG. Diese erfolgt auf Antrag der zuständigen Stelle, beim BAG auf Antrag des Bundesministers für Arbeit und Soziales und wird durch die vom Präsidium des LAG zu Beginn des Geschäftsjahres bestimmte Kammer dieses Gerichts, beim BAG durch den vom Präsidium des BAG bestimmten Senat, nach Anhörung des ehrenamtlichen Richters entschieden. Die Entscheidung ist unanfechtbar. Gemäß §§ 27 S. 2, 21 Abs. 5 ArbGG kann die entscheidende Kammer anordnen, dass der ehrenamtliche Richter bis zur Entscheidung nicht mehr zu Sitzungen heranzuziehen ist. Mit der Entscheidung über die Amtsenthebung erlischt das Amt.

123 Eine Amtspflichtverletzung, die eine Amtsenthebung rechtfertigt, muss von erheblichem Ausmaß sein, damit sie als »grob« i.S.d. § 27 ArbGG eingestuft werden kann. Dies erfordert in objektiver Hinsicht einen Pflichtverstoß von erheblichem Gewicht, **in subjektiver Hinsicht ein Verschulden.** Darunter fallen zum einen Verstöße gegen die gesetzlich vorgeschriebenen Pflichten im Zusammenhang mit der richterlichen Tätigkeit (s.o. Rn. 101–103, 118). Daneben kann aber auch ein außeramtliches Verhalten Umstände mit sich bringen, die eine Amtsenthebung rechtfertigen. Hierbei sind dieselben Maßstäbe anzusetzen wie bei Berufsrichtern (vgl. *LAG BW* 11.1.2008 LAGE § 27 ArbGG 1979 Nr. 5).

124 Grds. ist es einem ehrenamtlichen Richter selbstverständlich unbenommen, seine politischen, gewerkschaftlichen, religiösen oder sozialpolitischen Ansichten nach außen hin zu äußern und sich entsprechend zu betätigen. Etwas anderes gilt aber dann, wenn er sich mit verfassungswidrigen Zielen und Tendenzen identifiziert und entsprechend nach außen hin tätig wird (vgl. *LAG Hamm* 25.8.1993 LAGE § 27 ArbGG 1979 Nr. 4; *BVerfG* 6.5.2008 NZA 2008, 962 ff.).

e) Beendigung des Amtes des ehrenamtlichen Richters

125 Das Amt des ehrenamtlichen Richters endet mit seinem Tod oder mit Ablauf der Amtsperiode, für die er berufen worden ist.

126 Vorzeitig endet das Amt auf Grund einer Amtsenthebung nach § 27 ArbGG, einer Amtsniederlegung nach § 24 ArbGG oder einer Amtsentbindung gem. § 21 Abs. 5 ArbGG. Eine solche erfolgt auf Antrag der zuständigen Stelle oder auf eigenen Antrag des ehrenamtlichen Richters, wenn das Fehlen einer Mussvoraussetzung für die Berufung nachträglich bekannt wird oder eine solche Voraussetzung nachträglich fortfällt, § 21 Abs. 5 S. 1 ArbGG. Auch in diesem Fall entscheidet die zuständige Kammer/Senat beim LAG/BAG durch Beschluss nach Anhörung des ehrenamtlichen Richters.

127 **Verliert der ehrenamtliche Richter seine Eigenschaft als Arbeitnehmer oder Arbeitgeber allein wegen Erreichens der Altersgrenze, findet eine Amtsentbindung nur auf seinen Antrag hin statt, § 21 Abs. 6 ArbGG.** Eine Amtsenthebung ist allerdings möglich, wenn ein ehrenamtlicher Richter von der Arbeitnehmerseite auf die Arbeitgeberseite wechselt (*BAG* 19.8.2004 EzA § 43 ArbGG 1979 Nr. 3).

f) Ausschuss der ehrenamtlichen Richter

128 Bei den ArbG mit mehr als einer Kammer und bei den LAG wird ein Ausschuss der ehrenamtlichen Richter gebildet, §§ 29 Abs. 1, 38 ArbGG. Er besteht aus mindestens je drei ehrenamtlichen Richtern aus den Kreisen der Arbeitnehmer und Arbeitgeber, die von den ehrenamtlichen Richtern in getrennter Wahl bestimmt werden. Die ehrenamtlichen Richter können die Zahl der Mitglieder des Ausschusses selbst festlegen, sofern Landesrecht nicht etwas anderes bestimmt. Beim BAG wird kein Ausschuss der ehrenamtlichen Richter gebildet. Dort werden die Aufgaben, die ansonsten dem Ausschuss zufallen, von den beiden lebensältesten ehrenamtlichen Richtern aus den Kreisen der Arbeitnehmer und Arbeitgeber wahrgenommen, § 44 Abs. 1 ArbGG.

129 Der Ausschuss soll die Interessen der ehrenamtlichen Richter wahren. Er ist in den in § 29 Abs. 2 ArbGG aufgezählten Fällen zu beteiligen, z.B. bei Aufstellung des Geschäftsverteilungsplanes des Gerichtes. Ihm stehen insofern Anhörungsrechte zu. Daneben kann er dem

Direktor/Präsidenten des Gerichtes und den die Verwaltung und Dienstaufsicht führenden Stellen Wünsche der ehrenamtlichen Richter vortragen.

Der Ausschuss tagt unter der Leitung des Direktors/Präsidenten des Gerichts, wenn ein solcher nicht vorhanden oder verhindert ist, unter der Leitung des dienstältesten Vorsitzenden, §§ 29 Abs. 1 S. 3, 38 ArbGG. Der Vorsitzende ist auch für die Einberufung der Sitzung und Ladung der Ausschussmitglieder zuständig. Wann er hierzu verpflichtet ist, ergibt sich nicht aus dem Gesetz, ist aber jedenfalls anzunehmen, wenn die Mehrheit der Ausschussmitglieder dies beantragt (MünchArbR/*Brehm* § 389 Rz. 88). 130

3. Rechtspfleger

Nach § 9 Abs. 3 ArbGG gelten die Vorschriften über die Wahrnehmung der Geschäfte bei den ordentlichen Gerichten durch Rechtspfleger in allen Rechtszügen entsprechend (zur Ausbildung und den Befähigungsvoraussetzungen vgl. *Hermann* FS Arbeitsgerichtsbarkeit S. 278 ff.). 131

a) Aufgaben

Zu den dem Rechtspfleger in der Arbeitsgerichtsbarkeit übertragenen Aufgaben zählen insbesondere: 132

- die Durchführung des Mahnverfahrens, § 20 Nr. 1 RPflG, § 46a ArbGG;
- im Verfahren über die Gewährung von Prozesskostenhilfe die dem Rechtspfleger nach § 118 Abs. 3 ZPO vom Richter übertragenen Aufgaben, sowie die Bestimmung des Zeitpunktes der Einstellung, der Abänderung oder Wiederaufnahme von Ratenzahlungen, §§ 120, 124 ZPO;
- die Erteilung von Vollstreckungsklauseln nach den §§ 726, 727–729, 733 und 794 ZPO;
- die Durchführung des Kostenfestsetzungsverfahrens gem. den §§ 103 ff. ZPO gegen die unterlegene Partei, sowie die Festsetzung der Vergütung des Rechtsanwaltes gegen die eigene Partei nach § 11 RVG, § 21 RPflG;
- die Besetzung der Rechtsantragsstelle.

Die Rechtsantragsstellen sind Teil der Geschäftsstelle, § 7 ArbGG. Sie dienen dazu, die oftmals rechtsunkundigen Parteien bei der Aufnahme von Klagen, Anträgen und Erklärungen zu unterstützen, damit diese den gesetzlichen Erfordernissen, z.B. für Schriftsätze, § 130 ZPO, oder für eine Klageerhebung, § 253 ZPO, entsprechen. 133

Die Rechtspfleger in der Rechtsantragsstelle üben dabei allerdings keine rechtsberatende Tätigkeit aus, § 3 BeratungshilfeG. Ihre Aufgabe besteht allein darin, darauf hinzuwirken, dass die antragstellende Partei sich über die für ihre Anträge erheblichen Tatsachen vollständig erklärt. 134

Nach § 27 RPflG können darüber hinaus einem Rechtspfleger auch andere Dienstgeschäfte, einschließlich der Geschäfte eines Urkundsbeamten der Geschäftsstelle, übertragen werden (*Hermann* FS Arbeitsgerichtsbarkeit S. 269 ff.). 135

b) Rechtsbehelfe gegen Entscheidungen

Entscheidungen des Rechtspflegers können nach § 11 RPflG überprüft werden. Nach § 11 Abs. 1 RPflG ist grds. die sofortige Beschwerde einzulegen. Eine Ausnahme besteht für den Fall, dass – falls ein Richter die Entscheidung getroffen hätte – nach den allgemeinen verfahrensrechtlichen Vorschriften ein Rechtsmittel nicht gegeben wäre, z.B. falls der Beschwerdewert nach § 567 Abs. 2 S. 2 ZPO nicht erreicht werden würde. In diesem Fall ist die »sofortige Erinnerung« nach § 11 Abs. 2 RPflG einzulegen. 136

4. Urkundsbeamte der Geschäftsstelle

Bei jedem ArbG, LAG und beim BAG ist eine Geschäftsstelle gem. § 7 ArbGG eingerichtet. Sie ist mit Urkundsbeamten, sowie bei Bedarf mit Schreibkräften besetzt. Bei den Urkundsbeamten handelt es sich um selbstständige Organe der Rechtspflege, die einen ihnen bestimmt zugewiesenen Bereich betreuen (*BAG* 11.2.1985 EzA § 317 ZPO Nr. 1). 137

a) Aufgaben

138 Zu den wesentlichen Aufgaben der Geschäftsstelle gehören:
- die Aktenführung;
- die Führung der Termin- und Geschäftskalender;
- die Erteilung und Versagung von Zwangsvollstreckungsklauseln, soweit nicht der Rechtspfleger zuständig ist, §§ 724 Abs. 2, 725 Abs. 2 ZPO;
- die Aufnahme und Beurkundung des Sitzungsprotokolls, § 159 ZPO, sowie die Erteilung von Abschriften, Ausfertigung von Auszügen aus den Prozessakten;
- die Erteilung des Rechtskraftzeugnisses und der Notfristatteste, § 706 ZPO;
- die Bewirkung der von Amts wegen vorzunehmenden Zustellungen und Ladungen, §§ 214, 160 ff. ZPO;
- die Entgegennahme von Einsprüchen gegen ein Versäumnisurteil, § 59 ArbGG;
- die Entgegennahme eines Antrags auf Einleitung eines Beschlussverfahrens bzw. dessen Rücknahme, § 81 Abs. 1, Abs. 2 ArbGG;
- die Entgegennahme von Erklärungen der Beteiligten im Beschwerdeverfahren und Rechtsbeschwerdeverfahren, §§ 90, 95 ArbGG;
- sowie sonstige Aufgaben, wie sie auch den Geschäftsstellen der ordentlichen Justiz obliegen, §§ 46 Abs. 2, 62 Abs. 2, 64 Abs. 6, 72 Abs. 5 ArbGG i.V.m. den einzelnen Vorschriften der ZPO (*Kissel* § 153 Rz. 7).

b) Ausbildung und Bestellung

139 Die persönlichen Voraussetzungen für eine Bestellung zum Urkundsbeamten ergeben sich aus § 153 Abs. 2 bis 5 GVG.

Der Urkundsbeamte der Geschäftsstelle ist als selbstständiges Organ der Rechtspflege **im Rahmen seines Aufgabenbereiches keinen Weisungen, auch nicht denen der Richter unterworfen**. So kann ein Richter z.B. nicht gegen den Willen des Urkundsbeamten, der ein Sitzungsprotokoll aufgenommen hat, dieses berichtigen.

5. Ausschluss und Ablehnung von Gerichtspersonen

a) Verfahren

140 Hinsichtlich der inhaltlichen Voraussetzungen für die Ablehnung von Gerichtspersonen finden sich im ArbGG keine Sondervorschriften. Es gelten daher die §§ 41 ff. ZPO für Richter und ehrenamtliche Richter, sowie Urkundsbeamten der Geschäftsstelle und für Rechtspfleger i.V.m. § 10 RPflG, für Sachverständige § 406 ZPO, für Dolmetscher § 191 GVG.

141 **Verfahrensmäßig enthält das ArbGG hingegen in § 49 ArbGG eine von den Vorschriften der ZPO abweichende Sondervorschrift.**

142 Über ein Ablehnungsgesuch eines Richters entscheidet nach § 49 ArbGG i.d.R. ohne mündliche Verhandlung die vollbesetzte Kammer der ArbG, beim LAG die Kammer des LAG §§ 49, 64 Abs. 7 ArbGG, wobei anstelle des abgelehnten Richters – sei es ein ehrenamtlicher oder ein Berufsrichter – der geschäftsplanmäßig bestellte Vertreter hinzuzuziehen ist. Teilweise ist in den Geschäftsverteilungsplänen der Gerichte vorgesehen, dass der zweite Vertreter über den Ablehnungsantrag zu befinden hat.

143 **Eine Ausnahme besteht bei Ablehnungsgesuchen, die rechtsmissbräuchlich, lediglich mit der Intention der Prozessverschleppung gestellt werden. Über deren Unzulässigkeit kann der Spruchkörper unter Einschluss des abgelehnten Richters befinden** (a.A. GMPM-G/*Germelmann* § 49 Rz. 35, 46).

144 Falls das ArbG oder das LAG auf Grund mehrerer Ablehnungen beschlussunfähig geworden ist, entscheidet über die Ablehnung beim ArbG das LAG durch die vollbesetzte Kammer, beim LAG das BAG (*BAG* 7.2.1968 AP Nr. 3 zu § 41 ZPO). Zur Entscheidung über ein Ablehnungsgesuch sind die Richter heranzuziehen, die im Zeitpunkt der Anbringung eines Ablehnungsgesuches zum Spruchkörper gehören.

145 Die Vorschrift gilt in allen Verfahrensarten und für alle Gerichtspersonen, d.h. auch für Urkundsbeamten der Geschäftsstelle sowie Rechtspfleger. § 49 ArbGG geht insofern § 10 Abs. 2 RPflG vor (GMPM-G/*Germelmann* § 49 Rz. 3).

Ein Ablehnungsgesuch kann von jeder Partei, jedem Nebenintervenienten und über die Selbstanzeige auch von dem Betroffenen selbst, § 48 ZPO, oder von Amts wegen erfolgen. 146

Inhalt und Form des Ablehnungsgesuches richten sich nach den §§ 44, 48 ZPO. **Eine besondere Form ist demnach nicht vorgeschrieben, das Ablehnungsgesuch kann mündlich, schriftlich oder zu Protokoll der Geschäftsstelle erklärt werden.** Ferner ist die konkret abgelehnte Person zu benennen. In dem Ablehnungsgesuch sind die die Ablehnung begründenden Tatsachen anzugeben und glaubhaft zu machen. 147

Ein Ablehnungsgesuch ist unzulässig, wenn pauschal das ganze Gericht abgelehnt wird (GK-ArbGG/*Schütz* § 49 Rz. 35). Es gilt der Grundsatz der Individualablehnung. Allerdings können auch mehrere Richter aus den gleichen Gründen einzeln abgelehnt werden. Weiterhin ist ein Ablehnungsgesuch unzulässig, wenn sich die das Gesuch stellende Partei auf eine Verhandlung vor dem Richter nach Entstehung des Ablehnungsgrundes eingelassen hat oder Anträge gestellt hat, §§ 43, 44 Abs. 4 ZPO. 148

Schließlich ist das Gesuch unzulässig, wenn es lediglich der Prozessverschleppung dient oder rechtsmissbräuchlich ist (*Schaub* ArbGVerf § 6 Rz. 14) oder eine Ablehnung erst nach Beendigung einer Instanz eingebracht wird (*BAG* 18.3.1964 AP Nr. 112 zu § 43 ZPO). 149

Über das Ablehnungsgesuch wird durch Beschluss entschieden. Den beteiligten Parteien oder Verfahrensbeteiligten ist vor Beschlussfassung rechtliches Gehör zu gewähren. Dies gilt auch im Falle der **Selbstablehnung eines Richters** (*BVerfG* 8.6.1993 NJW 1993, 2229). 150

Der Beschluss enthält keine Kostenentscheidung, da die Entscheidung Teil des Hauptverfahrens ist und Gerichtsgebühren nicht erwachsen (*Zöller/Vollkommer* § 46 Rz. 23). 151

Gegen ihn ist **kein Rechtsmittel** gegeben, § 49 Abs. 3 ArbGG. Diese Vorschrift ist im Interesse der Beschleunigung des arbeitsgerichtlichen Verfahrens gerechtfertigt (vgl. *LAG RhPf* 17.11.1981 EzA § 49 ArbGG 1979 Nr. 1; *BAG* 27.7.1998 NZA 1999, 335). Dies soll selbst dann gelten, wenn der Beschluss unter Mitwirkung des abgelehnten Richters gefasst wird und eine Zurückweisung des Antrags wegen Rechtsmissbrauchs erfolgt (vgl. *LAG RhPf* 10.3.1982 EzA § 49 ArbGG 1979 Nr. 2). Hingegen soll ein Beschluss, wenn der Kammervorsitzende ihn entgegen § 49 Abs. 1 ArbGG allein erlassen hat, wegen greifbarer Gesetzeswidrigkeit anfechtbar sein (*LAG Köln* 18.8.1992 LAGE § 49 ArbGG 1979 Nr. 6). 152

b) Gründe für die Ausschließung/Ablehnung von Richtern

Kraft Gesetzes ist ein Richter bei Vorliegen einer der sich aus § 41 ZPO erschöpfend aufgezählten Gründe zur Behandlung einer Rechtssache ausgeschlossen. Darüber hinaus kann er gem. § 42 ZPO wegen **Besorgnis der Befangenheit** abgelehnt werden. Eine solche ist nach § 42 Abs. 2 ZPO dann gegeben, wenn Gründe vorliegen, die geeignet sind, Misstrauen gegen die Unparteilichkeit eines Richters zu rechtfertigen. **Hierbei kommt es nicht darauf an, ob der Richter tatsächlich befangen ist, vielmehr ist entscheidend, ob es den objektiven Anschein hat, dass der Richter befangen sein könnte** (*BAG* 29.10.1992 EzA § 42 ZPO Nr. 3). 153

Dies ist allerdings noch nicht der Fall, wenn der Richter im Rahmen seiner ihm obliegenden Aufklärungspflicht gem. § 139 ZPO gewisse Rechtsansichten äußert oder sich zu Prozessrisiken einer Partei einlässt. Der Vorsitzende hat gem. § 57 Abs. 2 ArbGG die gütliche Erledigung des Rechtsstreits in jeder Lage des Verfahrens anzustreben. Daraus ergibt sich zwangsläufig, die Parteien über Prozessrisiken und ggf. rechtliche Aspekte zu informieren, um eine gütliche Einigung überhaupt herbeiführen zu können. 154

Beispiele für mögliche Ablehnungsgründe: 155

- ▶ Freundschaftliche oder feindselige Beziehungen zu einer Partei oder ihrem Prozessbevollmächtigten;
- ▶ Gutachterliche Tätigkeit für eine Prozesspartei im vorgerichtlichen Stadium (*ArbG München* 27.6.1978 AP Nr. 4 zu § 42 ZPO);

- Unsachliche Äußerung oder Verfahrensleitung, aus der sich die Bevorzugung einer Partei ergibt;

156 **Beispiele, die grds. keinen Ablehnungsgrund darstellen:**

- Persönliche Angriffe einer Partei oder ihres Prozessbevollmächtigten gegen einen Richter;
- Zughörigkeit zu einer Partei, Gewerkschaft oder eines Arbeitgeberverbandes (*BAG* 6.8.1997 EzA § 49 ArbGG 1979 Nr. 5);
- Äußerung von Rechtsansichten in wissenschaftlichen Veröffentlichungen oder in früheren Verfahren (*BSG* 1.3.1993 NZA 1993, 621; *BAG* 29.10.1992 NZA 1993, 238).

c) Rechtsfolge des wirksamen Ausschlusses einer Gerichtsperson

157 Ein ausgeschlossener Richter darf sich nicht mehr an der Entscheidung dieses Falles beteiligen. Geschieht dies doch, ist das Richterkollegium nicht an seine Amtshandlungen gebunden, ein gefälltes Urteil ist mit der Berufung oder der Revision angreifbar, § 547 Nr. 3 ZPO, im Falle der Rechtskraft eines Urteils besteht die Möglichkeit der Nichtigkeitsklage, § 579 Abs. 1 Nr. 2, 3 ZPO.

158 Nach Eingang eines Ablehnungsgesuches darf der abgelehnte Richter vor dessen Bescheidung nur unaufschiebbare Amtshandlungen durchführen, § 47 ZPO. Kraft Gesetzes gem. § 41 ZPO ausgeschlossene Gerichtspersonen müssen sich jeglicher Tätigkeit enthalten. Sie können auch nicht unaufschiebbare Tätigkeiten verrichten.

159 Bei anderen Gerichtspersonen gelten die gleichen Grundsätze. Unzulässigerweise erfolgte Amtshandlungen sind mit den jeweils hierfür vorgesehenen Rechtsmitteln anfechtbar.

IV. Geschäftsverteilung

1. Sinn und Zweck

160 Bei der Geschäftsverteilung handelt es sich um eine **gerichtliche Selbstverwaltungsangelegenheit, zur Bestimmung des gesetzlichen Richters i.S.d. Art. 101 GG**. Sie erfolgt in richterlicher Unabhängigkeit und darf nicht durch Weisungen vorgesetzter Stellen, insbes. der Exekutivorgane oder der Arbeitnehmer- oder Arbeitgeberkoalitionen beeinflusst werden.

161 Sinn und Zweck der Geschäftsverteilung, die durch den Geschäftsverteilungsplan erfasst wird, ist es, die anfallenden Rechtsstreitigkeiten vorab nach objektiv nachprüfbaren Kriterien auf die einzelnen Kammern und Richter zu verteilen. Der Geschäftsverteilungsplan muss eindeutig die Geschäfte jeweils einer bestimmten Kammer und einem bestimmten Richter zuweisen (*BAG* 14.4.1961 AP Nr. 10 zu Art. 101 GG).

2. Aufstellung des Geschäftsverteilungsplanes

162 Der Geschäftsverteilungsplan wird durch das Präsidium des Gerichts aufgestellt. Gemäß § 6a ArbGG finden dabei die §§ 21a bis i GVG entsprechend Anwendung, sofern in § 6a ArbGG keine Abweichungen bestimmt sind.

163 Nach § 21a GVG wird bei jedem Gericht ein Präsidium gebildet. Dieses besteht aus dem Präsidenten/Direktor oder Aufsicht führenden Richter und einer gewissen Zahl gewählter Richter, die von der Größe des Gerichts abhängig ist. Entscheidend ist die Zahl der Richterplanstellen am Ablauf des Tages, der dem Tage, an dem das Geschäftsjahr beginnt, um sechs Monate vorhergeht, § 21d GVG. Nicht entscheidend ist die Zahl der tatsächlich an einem Gericht tätigen Richter, sondern die Anzahl der Richterplanstellen (*Kissel* § 21d Rz. 1 ff., § 21a Rz. 7 ff.).

164 In Abweichung zu § 21a GVG sieht § 6a ArbGG vor, dass bei Plenarpräsidien, d.h. bei Präsidien, die auf Grund ihrer geringen Anzahl von Planstellen nicht gewählt, sondern gesetzlich bestimmt sind, die Aufgaben des Präsidiums gem. § 6a Nr. 1 ArbGG durch den Vorsitzenden, bei mehreren Vorsitzenden einvernehmlich, wahrgenommen werden. Der Unterschied zu § 21a Abs. 2 Nr. 3 GVG liegt darin, dass es nicht auf die Wählbarkeit des

Richters i.S.d. § 21b GVG ankommt. Es können daher entsprechend § 18 Abs. 7 ArbGG auch Richter auf Probe und Richter kraft Auftrags, welche bei den ArbG als Vorsitzende eingesetzt werden können (s.o. Rn. 38), Präsidiumsaufgaben wahrnehmen. In der ordentlichen Gerichtsbarkeit ist dies nicht möglich, da den Richtern auf Probe und Richtern kraft Auftrags ein passives Wahlrecht nicht zukommt, §§ 71b Abs. 1 S. 2, 71 a Abs. 2 S. 1 Nr. 3 GVG.

Die Aufgabenwahrnehmung muss bei einem aus zwei Vorsitzenden bestehenden Präsidium des ArbG einvernehmlich erfolgen, d.h. im Konsens der beiden Vorsitzenden. Einigen sich die Vorsitzenden nicht, so entscheidet das Präsidium des LAG oder, soweit ein solches nicht besteht, der Präsident dieses Gerichtes. 165

Hiervon abweichend gilt für LAG mit weniger als drei Richterplanstellen gem. § 6a Nr. 2 ArbGG, dass die Wahrnehmung der Präsidiumsaufgaben durch den Präsidenten des LAG im Benehmen mit einem evtl. vorhandenen zweiten Vorsitzenden erfolgt. »Benehmen« bedeutet, dass ein Konsens nicht notwendig ist, der Präsident vielmehr den zweiten Vorsitzenden lediglich anzuhören und dieser ein Recht zur Stellungnahme hat. 166

Bei einem Wahlpräsidium bestimmen sich die Wahlmodalitäten nach § 21b GVG. Aktives Wahlrecht kommt dabei allen Berufsrichtern zu, d.h. neben den Richtern auf Lebenszeit auch den Richtern auf Zeit, kraft Auftrags oder auf Probe. Passives Wahlrecht genießen allerdings nur die Richter auf Lebenszeit und auf Zeit (*Kissel* § 21b Rz. 1–11). 167

Für die Wahl zu den Präsidien der Gerichte besteht Wahlpflicht (GMPM-G/*Prütting* § 6a Rz. 16 m.w.N.), denn das Wahlrecht dient nicht der Sicherung und Wahrung eigener Belange, sondern der Wahrung der richterlichen Aufgaben des Gerichts insgesamt. Nehmen wahlberechtigte Richter dennoch nicht an der Wahl teil, so können gegen sie Maßnahmen im Rahmen der Dienstaufsicht nach § 26 DRiG eingeleitet werden. 168

Eine Nichtbeteiligung von wahlberechtigten Richtern hat allerdings keinen Einfluss auf die Wirksamkeit der Wahl (*Kissel* § 21b Rz. 16). Wer gewählt worden ist, ist verpflichtet, das Amt auszuüben. Dies ergibt sich aus den gleichen Erwägungen, wie sie der Wahlpflicht zugrunde liegen. Auch eine Niederlegung des Amtes während der Amtszeit ist gesetzlich nicht vorgesehen. 169

3. Inhalt des Geschäftsverteilungsplanes

Der Geschäftsverteilungsplan regelt die Verteilung der Geschäfte auf die einzelnen Kammern, jeweils für ein Jahr. In ihm werden die Vorsitzenden und ehrenamtlichen Richter den einzelnen Kammern zugewiesen und deren Vertretung geregelt, § 21e GVG. Die Bestimmung der Verteilung der Aufgaben obliegt grds. dem Präsidium. Lediglich der Präsident oder Aufsicht führende Vorsitzende bestimmt selbst, welche richterlichen Aufgaben er wahrnimmt, § 6a Nr. 3 ArbGG. Es obliegt seinem pflichtgemäßen Ermessen, welche richterlichen Tätigkeiten er sich neben seinen Verwaltungstätigkeiten zuweist. 170

a) Verteilung der anfallenden Geschäfte

Die Verteilung der anfallenden Geschäfte muss vollständig sein (GMPM-G/*Prütting* § 6a Rz. 48) **und nach objektiven allgemeinen und nachprüfbaren Merkmalen erfolgen.** Insbesondere dürfen nicht einzelne bestimmte Geschäfte einem bestimmten Richter zugewiesen werden. 171

Für die Zuteilung der Geschäfte gibt es keine gesetzlich vorgeschriebenen zwingenden Verfahrensgrundsätze. Die Geschäftsverteilung kann daher nach folgenden Kriterien erfolgen: 172

- Verteilung nach **räumlichen Gesichtspunkten**, d.h. Zuweisung bestimmter Unterbezirke des Gerichtsbezirkes an einzelne Kammern;
- Zuweisung nach **sachlichen Gesichtspunkten**, d.h. nach den Gegenständen der Prozesse, z.B. Zuweisung aller Kündigungsschutzverfahren der Kammer 1, Zuweisung aller betriebsverfassungsrechtlichen Streitigkeiten der Kammer 2, etc.;

- Zuweisung der Geschäfte **nach den Anfangsbuchstaben des Namens des/der Beklagten,** z.B. Kammer 1 Verfahren A bis H, Kammer 2 Verfahren I bis M ... Streitig ist dabei, ob die Geschäftsverteilung auch nach den Anfangsbuchstaben des Klägers erfolgen kann (vgl. *Schaub* ArbGVerf § 5 Rz. 14);
- Nach dem **zeitlichen Eingang der Rechtsstreitigkeiten,** z.B. jede 1. und 7. Sache Kammer 1, jede 2. und 6. Sache Kammer 2, etc. Dieses Verfahren eignet sich am besten für eine gleichmäßige Verteilung der anfallenden Geschäfte auf die einzelnen Kammern. **Es besteht allerdings keine Verpflichtung, alle Kammern mit der gleichen Anzahl von Verfahren zu belasten.** Liegen besondere Belastungen bei einem Kammervorsitzenden vor, z.B. durch Prüfungstätigkeit oder Referendarausbildung etc., ist auch eine ungleichmäßige Verteilung der Anzahl der eingehenden Rechtsstreitigkeiten auf die einzelnen Kammern zulässig. **Es muss nur gewährleistet sein, dass jede Kammer überhaupt an der Rechtsprechungstätigkeit des Gerichts teilnimmt.**

173 Bei der Gliederung nach dem zeitlichen Eingang der Rechtsstreitigkeiten ist sicherzustellen, dass **Manipulationen möglichst ausgeschlossen werden, insbes. dass solche nicht in der Geschäftsstelle vorgenommen werden können.** Es empfiehlt sich daher, zunächst alle eingehenden Klagen eines Tages am folgenden Tag nach den Anfangsbuchstaben des Klägers oder des Beklagten zu ordnen und sie dann nach einem Zahlenschlüssel den einzelnen Kammern zuzuordnen.

174 Unzulässig ist es hingegen, Rechtsstreitigkeiten nach der Organisationszugehörigkeit der Parteien oder nach dem Umfang oder dem Schwierigkeitsgrad zu verteilen. Hierbei handelt es sich nicht um objektiv nachprüfbare Kriterien.

175 Sachzusammenhangsregelungen im Geschäftsverteilungsplan, wonach die grundsätzliche Zuordnung von Rechtsstreitigkeiten an die einzelnen Kammern durchbrochen wird, sind zulässig, um eine effiziente Rechtsprechung zu gewährleisten. Jedoch müssen auch bei diesen Sachzusammenhangsregelungen objektiv bestimmte Merkmale gegeben sein, wonach ein Sachzusammenhang festzustellen ist, z.B. dass Rechtsstreitigkeiten zwischen Parteien, die bereits ein anderes anhängiges Verfahren beim gleichen Gericht haben, derselben Kammer zuzuweisen sind. Hingegen sind Sachzusammenhangsregelungen, die nur ausfüllungsbedürftige unbestimmte Zuordnungskriterien enthalten, z.B. »Fälle mit ähnlicher Rechtsproblematik«, als unzulässig anzusehen (vgl. *BAG* 22.3.2001 EzA Art. 101 GG Nr. 5).

b) Verteilung der Richter auf die Spruchkörper

176 Im Geschäftsverteilungsplan ist ferner die Zuweisung der Vorsitzenden und der ehrenamtlichen Richter auf die einzelnen Kammern zu regeln. Hierbei können sowohl die Vorsitzenden als auch die ehrenamtlichen Richter mehreren Kammern zugeteilt werden, § 21e Abs. 1 S. 4 GVG, § 6a Nr. 4 ArbGG (s.o. Rn. 89 ff.).

177 Sind die ehrenamtlichen Richter auf bestimmte einzelne Kammern verteilt, so hat jeder Vorsitzende zu Beginn des Geschäftsjahres eine Beisitzerliste aufzustellen, nach deren Reihenfolge die Beisitzer zu den einzelnen Sitzungen heranzuziehen sind (s.o. Rn. 89).

4. Änderung des Geschäftsverteilungsplanes

178 Grds. soll und darf ein Geschäftsverteilungsplan während des Geschäftsjahres nicht geändert werden, damit der gesetzliche Richter gewährleistet bleibt, Art. 101 GG. Lediglich unter den Voraussetzungen des § 21e GVG ist eine Änderung durch das Präsidium zulässig, d.h. insbes. im Falle der Überlastung oder ungenügenden Auslastung eines Richters oder Spruchkörpers, sowie im Falle des Wechsels oder dauernden Verhinderung einzelner Richter. Der Geschäftsverteilungsplan darf nicht geändert werden, um willkürlich bestimmte Fälle bestimmten Kammern oder Richtern zuzuweisen. Eine Ergänzung des Geschäftsverteilungsplanes, bei einer versehentlich nicht bemerkten Lücke, ist hingegen zulässig (GMPM-G/*Prütting* § 6a Rz. 50).

5. Mitwirkung des Ausschusses der ehrenamtlichen Richter

Siehe oben Rn. 128 ff. **179**

6. Rechtsbehelfe gegen den Geschäftsverteilungsplan

a) Rechtsbehelfe der Prozessparteien

180 **Die Prozessparteien und sonstigen Beteiligten in den Verfahren vor den Gerichten für Arbeitssachen haben keine Möglichkeit, den Geschäftsverteilungsplan im Ganzen oder wegen einzelner Bestimmungen isoliert anzufechten oder gerichtlich überprüfen zu lassen** (*Kissel* § 21e Rz. 120 ff.). Dies folgt aus seiner Rechtsnatur als innergerichtlicher Organisationsakt, dessen Erlass weder einen Justizverwaltungsakt darstellt, noch den Erlass einer Rechtsnorm, die in einem Normenkontrollverfahren nach § 47 VwGO überprüfbar wäre (*Kissel* § 21e Rz. 102 ff.).

181 Die Prozessbeteiligten können ihn allerdings bei einer fehlerhaften Geschäftsverteilung, die eine nicht ordnungsgemäße Besetzung des Gerichts zur Folge hat, **inzident im Verfahren mit dem allgemeinen Rechtsmittel der Besetzungsgründe überprüfen lassen, §§ 547, 579 ZPO**. Das Rechtsmittelgericht muss dann die Gesetzmäßigkeit des Geschäftsverteilungsplanes überprüfen. Daneben steht den Parteien nach Erschöpfung des Rechtsweges die Möglichkeit der Erhebung einer Verfassungsbeschwerde nach Art. 93 GG wegen Verletzung des gesetzlichen Richters offen, Art. 101 Abs. 1 S. 2 GG.

b) Rechtsbehelfe der Richter

182 Nach Ansicht des *BVerwG* (28.11.1975 NJW 1976, 1224; zust. *BGH* 31.1.1984 NJW 1984, 2531), können Richter durch die Geschäftsverteilung in ihrer Rechtsstellung betroffen werden. Zur Klärung dieser Frage sei danach der Verwaltungsrechtsweg gegeben, da es sich um eine öffentlich-rechtliche Streitigkeit nicht verfassungsrechtlicher Art i.S.d. § 40 VwGO handele (*BVerfG* 9.6.1983 NJW 1983, 2589). Die richtige Klageart sei dabei die Feststellungsklage gem. § 43 VwGO. Nach **a.A.** sollen die Richterdienstgerichte zuständig sein, über mögliche Rechtsbeeinträchtigung der einzelnen Richter zu befinden (so z.B. GMPM-G/*Prütting* § 6a Rz. 53 m.w.N.).

183 Um eine mögliche Verletzung gesetzlicher Vorschriften durch den Geschäftsverteilungsplan zu bemerken und diesen einer Überprüfung zugänglich zu machen, haben die Prozessparteien und sonstigen Beteiligten das Recht, den Geschäftsverteilungsplan einzusehen. Er ist gem. § 21e Abs. 8 GVG im Gericht zur Einsichtnahme auszulegen.

7. Die Geschäftsverteilung in den einzelnen Spruchkörpern

184 Da bei den ArbG und LAG die einzelnen Spruchkörper nur mit einem Vorsitzenden und den ehrenamtlichen Richtern besetzt sind, bedarf es einer gesonderten Geschäftsverteilung innerhalb der Kammern nicht. Den ehrenamtlichen Richtern dürfen keine Geschäfte zur eigenen Wahrnehmung übertragen werden, sodass der Vorsitzende alle anfallenden Geschäfte zu erledigen hat. Die Beteiligung der ehrenamtlichen Richter richtet sich nach den Vorschriften der §§ 31, 53, 55 ArbGG.

185 Bezüglich der Verteilung der Geschäfte beim BAG gilt § 21g GVG entsprechend (Einzelheiten vgl. bei *Ascheid* Rz. 207–812).

B. Zuständigkeit

I. Internationale Zuständigkeit

1. Begriff

186 Die internationale Zuständigkeit bestimmt die staatliche Zuständigkeit für die Entscheidung eines bestimmten Rechtsstreits.

2. Bestimmung der internationalen Zuständigkeit deutscher ArbG

187 Voraussetzung der internationalen Zuständigkeit deutscher ArbG ist, dass für den jeweiligen Rechtsstreit die deutsche Gerichtsbarkeit gegeben ist. Dieser unterfallen grds. alle Personen, die sich im Geltungsbereich des ArbGG aufhalten. Ausgenommen sind gem. den §§ 18 bis 20 GVG in erster Linie Mitglieder diplomatischer Missionen, konsularischer Vertretungen (*BAG* 3.7.1996 EzA § 20 GVG Nr. 1; 16.5.2002 – 2 AZR 688/00), ihre Familienmitglieder und Hausangestellten (vgl. *Kissel* §§ 18 Rz. 10 ff., 19 Rz. 1 ff.) sowie Personen, die auf Grund völkerrechtlicher Vereinbarungen oder sonstiger Rechtsvorschriften des Völkerrechts von der deutschen Gerichtsbarkeit befreit sind (vgl. *Schaub* ArbGVerf § 8 Rz. 1 ff.).

188 Daneben begründet § 8 AEntG eine internationale Zuständigkeit deutscher Arbeitsgerichte (*BAG* 11.9.2002 EzA § 2 ArbGG 1979 Nr. 58).

189 Unterliegen Personen nicht der deutschen Gerichtsbarkeit, sind bereits verfahrensrechtliche Anordnungen ihnen gegenüber unwirksam, wie z.B. die Ladung als Zeuge, Partei oder Sachverständiger. Zustellungen in Bereichen, die der deutschen Gerichtsbarkeit nicht unterliegen, sind unzulässig. Erst recht gilt dies für materiellrechtliche gerichtliche Entscheidungen.

190 Soweit Personen der deutschen Gerichtsbarkeit nicht unterliegen, können sie sich ihr allerdings freiwillig unterwerfen; für bestimmte Ausnahmefälle kann dies in völkerrechtlichen Verträgen vereinbart werden. So unterliegen z.B. **Individualstreitigkeiten ziviler Arbeitnehmer der Nato-Stationierungstruppen** gem. Art. 56 Abs. 8 ZA-NTS der deutschen Gerichtsbarkeit. Die BRD tritt für den jeweiligen Entsendestaat, welcher als Arbeitgeber anzusehen ist (vgl. *BAG* 14.1.1993 – 2 AZR 387/92 – n.v.) im Prozess als **Prozessstandschafter** auf. Streitigkeiten im Personalvertretungsrecht werden gem. Art. 56 Abs. 9 ZA-NTS i.V.m. Art. 9 des hierzu ergangenen Unterzeichnungsprotokolls ebenfalls vor den deutschen ArbG ausgetragen, wobei die BRD hier lediglich **als Vertreterin** des Entsendestaates tätig wird.

191 **Beispiele für das Beklagtenrubrum:**

- im Individualprozess: BRD, vertreten durch den Bundesminister der Finanzen, dieser vertreten durch das Ministerium des Innern und Sport Rh.-Pf., dieser vertreten durch die Aufsichts- und Dienstleistungsdirektion Trier,
- im personalvertretungsrechtlichen Beschlussverfahren: BRD, vertreten durch den Bundesminister der Finanzen, dieser vertreten durch das Ministerium des Inneren und Sport Rh.-Pf., dieser vertreten durch die Aufsichts- und Dienstleistungsdirektion (Verteidigungslastenverwaltung), Trier, für die Dienststelle US 6540 th CSG Kaiserslautern.

192 Ist festgestellt, dass die Parteien eines Rechtsstreits grds. der deutschen Gerichtsbarkeit unterliegen, ist als nächster Schritt zu prüfen, ob auch im Übrigen die internationale Zuständigkeit der deutschen ArbG gegeben ist.

193 Hierbei gilt der Grundsatz, dass sich die internationale Zuständigkeit nach der örtlichen Zuständigkeit, mithin nach den §§ 12 ff. ZPO richtet (vgl. *BAG* 27.1.1983 – 2 AZR 188/81 – n.v.; 17.7.1997 EzA § 23 ZPO Nr. 1; 9.10.2002 NZA 2003, 339).

194 Sie kann sich daher aus dem Gerichtsstand des Erfüllungsortes, § 29 ZPO, einer wirksamen Gerichtsstandsvereinbarung gem. § 38 ZPO oder infolge von rügelosem Verhandeln der

beklagten Partei gem. § 39 ZPO ergeben. Im letzteren Fall ist allerdings Voraussetzung, dass zuvor ein Hinweis gem. § 504 ZPO ergangen ist. Sofern die Prozessparteien gem. § 38 ZPO einen ausländischen Gerichtsstand vereinbart haben, ist diese Vereinbarung nur dann wirksam, wenn neben den Voraussetzungen des § 38 ZPO zumindest auch eine **Auslandsberührung des Arbeitsverhältnisses** besteht, d.h. eine Partei dem Gerichtsstandsstaat angehört (*Schaub* ArbGVerf § 8 Rz. 23), vor dem ausländischen Gericht ein rechtsstaatliches Verfahren gewährleistet ist, nicht aus tatsächlichen oder rechtlichen Gründen eine Rechtsverfolgung im Ausland praktisch unmöglich ist, z.B. im Falle eines Bürgerkriegs (*BAG* 20.7.1970 AP Nr. 4 zu § 38 ZPO Internationale Zuständigkeit) und nicht durch die Gerichtsstandsvereinbarung gegen grundlegende Schutzprinzipien des Arbeitsrechts verstoßen wird (*BAG* 5.9.1972 AP Nr. 159 zu § 242 BGB Ruhegehalt).

Beim Gerichtsstand des Vermögens, § 23 ZPO, ist weiter Voraussetzung, dass der Rechtsstand einen hinreichenden Bezug zum Inland hat. Dies ist nicht der Fall, wenn beide Parteien ihren Wohnsitz oder Sitz im Ausland haben, sich dort gewöhnlich aufhalten, eine fremde Staatsangehörigkeit besitzen, das streitige Rechtsverhältnis materiell nach ausländischem Recht zu entscheiden ist, der Erfüllungsort sich im Ausland befindet und das Vorhandensein von Vermögen in Deutschland keine erkennbare Bedeutung für die Führung des Rechtsstreits hat (*BAG* 17.7.1997 NZA 1997, 1183). 195

Als lex specialis gehen den Vorschriften der ZPO über die örtliche Zuständigkeit internationale Vereinbarungen vor. Für die ursprünglichen Gründungsmitglieder der EWG (Belgien, BRD, Frankreich, Italien, Luxemburg, und Niederlande), sowie den später beigetretenen Mitgliedsländern Dänemark (ohne Grönland), Irland, Großbritannien, Portugal, Spanien, Nordirland sowie Griechenland (GK-ArbGG/*Wenzel* § 2 Rz. 259), galt insofern das europäische Gerichtsstandübereinkommen vom 27.9.1968 in Zivil und Handelssachen – für Dänemark gilt es immer noch –, das auch das Arbeitsvertragsrecht erfasst (*BAG* 12.6.1986 EzA § 269 BGB Nr. 2). Für die übrigen EU-Mitgliedstaaten wurde das EuGVÜ mit Wirkung zum 1.3.2002 durch die EuGVVO ersetzt. Die Regelung der Art. 2 ff. EuGVÜ/EuGVVO finden Anwendung auf Parteien, die in einem der Vertragsstaaten ihren Wohnsitz haben, Art. 2 EuGVÜ/EuGVVO. **Es kommt also nicht auf die Staatsangehörigkeit, sondern auf den Wohnsitz der Partei an.** Nach der EuGVVO hat der Arbeitnehmer grds. die Wahl, ob er seinen Arbeitgeber an dessen Sitz (Art 14 Nr. 1 EuGVVO), am Sitz der ihn beschäftigenden Niederlassung (Art. 5 Nr. 5, 18 Abs. 1 EuGVVO) oder an seinem gewöhnlichen Arbeitsort (Art. 19 Abs. 2 EuGVVO) verklagen will. Der Arbeitgeber kann den Arbeitnehmer hingegen grds. nur an seinem Wohnsitz (Art. 20 Abs. 1 EuGVVO) verklagen (vgl. *Däubler* NZA 2003, 1297 ff.). Besonders hervorzuhebende Bestimmungen finden sich in Art. 5 Nr. 1 EuGVÜ/EuGVVO, Gerichtsstand des Erfüllungsortes, Art. 17 EuGVÜ/Art. 23 EuGVVO, Gerichtsstandvereinbarung, welche weniger strenge Anforderungen als § 38 ZPO hat und Art. 18 EuGVÜ/Art. 24 EuGVVO, wonach auch durch rügelose Einlassung ein Gerichtsstand begründet werden kann (s.o. Kap. 1 Rz. 941 ff.; *Maurer* FA 2002, 130 ff.; *Thüsing* NZA 2003, 1303 ff., 1309 f.). Im Arbeitsgerichtsverfahren ist dies allerdings noch nicht der Fall, wenn sich eine Partei vor oder im Gütetermin bereits materiell zur Sache einlässt (*BAG* 2.7.2008 – 10 AZR 355/07 – FA 2008, 317). 196

Zu beachten ist, dass aus der internationalen Zuständigkeit eines deutschen Arbeitsgerichts keineswegs auch die Anwendbarkeit materiellen deutschen Arbeitsrechts folgt. Auf ein Arbeitsverhältnis mit Auslandsberührung findet vielmehr das Recht Anwendung, dessen Geltung die Parteien ausdrücklich oder stillschweigend vereinbart haben oder das sich auf Grund objektiver Anknüpfungspunkte ergibt (Art. 27, 30 EGBGB; s.o. Kap. 1 Rn. 711 ff.; vgl. *LAG SchlH* 26.9.2007 LAGE Art. 30 EGBGB Nr. 8). 197

Im Verhältnis zwischen den EU-Mitgliedsstaaten und – im Wesentlichen – den EFTA-Staaten Norwegen, Island, der Schweiz und Polen gilt das Lugano Übereinkommen über die gerichtliche Zuständigkeit und die Vollstreckung gerichtlicher Entscheidungen in Zivil- und Handelssachen vom 19.9.1998 (vgl. *Däubler* NZA 2003, 1298 ff.). 198

3. Entscheidungen über die internationale Zuständigkeit

199 Das Vorliegen der internationalen Zuständigkeit ist Sachurteilsvoraussetzung und daher vom Gericht in jeder Lage des Verfahrens von Amts wegen zu prüfen (*BAG* 13.11.2007 EzA Art. 30 EGBGB Nr. 9). **Die die internationale Zuständigkeit begründenden Umstände müssen am Ende der mündlichen Verhandlung in der letzten Tatsacheninstanz vorliegen.** Ist dies nicht der Fall, ist die Klage als unzulässig abzuweisen. Eine Verweisung an ein anderes ausländisches Gericht gem. § 48 ArbGG, § 17a GVG ist nicht möglich. Diese Vorschriften setzen bereits die Zuständigkeit deutscher Gerichte voraus, regeln lediglich die Frage der Zulässigkeit des richtigen, vor deutschen Gerichten möglichen Rechtsweges, der richtigen Verfahrensart sowie der richtigen sachlichen und örtlichen Zuständigkeit (*LAG RhPf* 15.10.1991 NZA 1992, 138). Wird das Fehlen der internationalen Zuständigkeit vom Gericht nicht erkannt, ergeht mithin kein Prozessurteil, sondern erlässt das Gericht ein Sachurteil, wird der Mangel der fehlenden internationalen Zuständigkeit durch den Eintritt der Rechtskraft geheilt (*LAG RhPf* 15.10.1991 a.a.O.).

II. Rechtswegzuständigkeit

1. Verhältnis der Arbeitsgerichtsbarkeit zu anderen Gerichtsbarkeiten

200 Das Verhältnis der ArbG zu den ordentlichen Gerichten ist eine Frage der Rechtswegzuständigkeit (s.o. Rn. 4 f.).

201 Der Rechtsweg zu den ArbG ist ausschließlich in den in §§ 2 bis 3 ArbGG aufgeführten Streitigkeiten gegeben. Hierbei ist bestimmend der Streitgegenstand des Verfahrens, welcher im Urteilsverfahren durch die Klageschrift, im Beschlussverfahren durch den Antrag des Antragstellers und den jeweils dahinter stehenden Lebenssachverhalt bestimmt wird. Eine Zuständigkeit durch rügeloses Einlassen der Parteien oder durch eine Gerichtsstandsvereinbarung für Streitgegenstände, die nicht in den §§ 2, 2 a ArbGG aufgeführt sind, lässt sich nicht begründen (vgl. *BAG* 28.10.1997 EzA § 34 ZPO Nr. 1, bzgl. der Verneinung der Zuständigkeit für anwaltliche Gebührenklagen).

202 Für andere Streitigkeiten als für Arbeitssachen sind die ArbG nur dann zuständig, wenn eine Zusammenhangsklage gem. § 2 Abs. 3 ArbGG vorliegt, eine Rechtsstreitigkeit zwischen einer juristischen Person und ihrem gesetzlichen Vertreter gem. § 2 Abs. 4 ArbGG auf Grund einer Vereinbarung zwischen den Parteien vor die ArbG gebracht wird oder der Rechtsstreit zwar eigentlich zur Zuständigkeit einer anderen Gerichtsbarkeit gehört, jedoch auf Grund einer fehlerhaften, aber bindenden Verweisung an die Arbeitsgerichtsbarkeit gelangt ist.

203 Streitig ist, ob mit einer **rechtswegfremden Forderung** seitens des Beklagten **aufgerechnet werden kann** (*LAG München* 10.3.1998 LAGE § 17 GVG Nr. 1; ausführlich *Grunsky* § 2 Rz. 11 ff.; GK-ArbGG/*Wenzel* § 2 Rz. 27 ff.; Schwab/Weth-*Walker* § 2 Rz. 23 ff.). Nach der h.M. soll dies zumindest mit einer zivilrechtlichen Forderung möglich sein. Begründet wird dies mit der Neufassung des § 17 Abs. 2 GVG, wonach das Gericht des zulässigen Rechtsweges den Rechtsstreit unter allen in Betracht kommenden rechtlichen Gesichtspunkten zu entscheiden hat. **Das *BAG* (23.8.2001 NZA 2001, 1158) hat allerdings eine Zuständigkeit für die Entscheidung über eine zur Aufrechnung gestellten rechtswegfremden Gegenforderung verneint.** Die Aufrechnung sei kein »rechtlicher Gesichtspunkt« i.S.d. § 17 Abs. 2 GVG, sondern ein selbstständiges Gegenrecht. Das Arbeitsgericht müsse daher in einem solchen Fall ein Vorbehaltsurteil nach § 302 ZPO erlassen und im Übrigen das Verfahren bis zur Entscheidung über die einem anderen Rechtsweg zugewiesene Gegenforderung aussetzen, § 148 ZPO (*LAG RhPf* 6.4.2006 – 11 Ta 24/06). Nach neuer Rechtsprechung des *BAG* (28.11.2007 EzA § 2 ArbGG 1979 Nr. 68) kann das ArbG durch Vorbehaltsurteil entscheiden und nach dessen Rechtskraft das Verfahren an das zuständige Gericht verweisen. Dieses müsse dann das Nachverfahren nach § 302 Abs. 4 ZPO durchführen.

Für die Erhebung einer Widerklage, auch einer hilfsweisen, gelten die allgemeinen Zuständigkeitsvoraussetzungen, d.h. die Arbeitsgerichtsbarkeit muss für die Widerklageforderung gem. den §§ 2, 2 a ArbGG zuständig sein und sei es auch nur unter den Voraussetzungen einer Zusammenhangsklage gem. § 2 Abs. 3 ArbGG. 204

2. Entscheidung über die Zulässigkeit des Rechtswegs

Das ArbG hat in jeder Lage des Verfahrens von Amts wegen über die Zulässigkeit des zu ihm beschrittenen Rechtswegs zu befinden; es handelt sich um eine Prozessvoraussetzung. 205

a) Vorabentscheidungsverfahren

Hält das ArbG den Rechtsweg für zulässig und rügt ihn keine der Parteien, wird über ihn i.d.R. konkludent in der Entscheidung mitentschieden. Hält es das Gericht für prozessökonomisch, kann es auch gem. § 17a Abs. 3 S. 1 GVG eine Vorabentscheidung außerhalb der Hauptsacheentscheidung treffen. 206

Eine Vorabentscheidung ist durchzuführen, wenn eine Partei die Zulässigkeit des Rechtswegs rügt, § 17a Abs. 3 S. 2 GVG. Diese Rüge kann bis zur Beendigung der mündlichen Verhandlung zur Hauptsache 1. Instanz erhoben werden (*Kissel* NJW 1991, 945, 948). Dies gilt selbst dann, wenn das Gericht in einer Vorabentscheidung bereits einmal konkludent die Zulässigkeit des Rechtswegs bejaht hat, z.B. bei einem stattgebenden Versäumnisurteil, über das nach eingelegtem Einspruch nunmehr im Hauptsacheverfahren zu befinden ist. Eine Bindungswirkung an dieses Versäumnisurteil gem. § 318 ZPO bzgl. der Zulässigkeit des Rechtswegs besteht nach § 343 ZPO nicht. 207

Der Gegenpartei ist vor der Vorabentscheidung rechtliches Gehör zu gewähren. Die Anhörung kann schriftlich erfolgen, da gem. § 17a Abs. 4 S. 1 GVG die Entscheidung über die Rüge außerhalb der mündlichen Verhandlung durch Beschluss ergehen kann. Diese Entscheidung hat in Abweichung zu § 53 ArbGG stets durch die vollbesetzte Kammer des ArbG zu erfolgen, § 48 Abs. 1 Nr. 2 ArbGG. Die Anwendung dieser Bestimmung ist in der Praxis Zeit raubend und unbefriedigend, da die ehrenamtlichen Richter in aller Regel weder Interesse noch Kenntnisse für diese rein juristisch zu klärenden Verfahrensfragen mitbringen. Alleine darf der Vorsitzende nur unter den Voraussetzungen des § 944 ZPO im einstweiligen Rechtsschutzverfahren entscheiden. 208

Geht das Gericht von der Unzulässigkeit des zu ihm beschrittenen Rechtswegs aus, ist das Vorabentscheidungsverfahren gem. § 17a Abs. 4 GVG zwingend durchzuführen. Eine Entscheidung im Hauptsacheverfahren, insbes. eine Abweisung der Klage oder des Antrags als unzulässig, ist nach der Neufassung des § 17 GVG nicht mehr möglich. Der Rechtsstreit ist vielmehr von Amts wegen an das zuständige Gericht des zuständigen Rechtswegs zu verweisen. Auch in diesem Fall ist den Parteien vor der Entscheidung des ArbG rechtliches Gehör zu gewähren. 209

Streitig ist, ob die §§ 17 ff. GVG auch im PKH-Verfahren Anwendung finden. Dafür spricht der Wortlaut des § 117 Abs. 1 S. 1 ZPO (vgl. zum Meinungsstand *Zöller/Gummer* Vor §§ 17 ff. GVG Rz. 12; *BAG* 27.10.1992 EzA § 17a GVG Nr. 2). 210

Kann die vor dem ArbG in einer bürgerlich-rechtlichen Streitigkeit erhobene Klage nur dann Erfolg haben, wenn der Kläger Arbeitnehmer ist (**sic-non-Fall**), z.B. bei Kündigungsschutzklagen nach §§ 4, 13 KSchG, reicht nach Ansicht des 5. Senats des *BAG* (24.4.1996 EzA § 2 ArbGG 1979 Nr. 31) allerdings die bloße Rechtsansicht des Klägers, er sei Arbeitnehmer, zur Bejahung der arbeitsgerichtlichen Zuständigkeit aus. Ist er es tatsächlich nicht, ist die Klage vom ArbG nicht an das Gericht eines anderen Rechtswegs zu verweisen, sondern als unbegründet abzuweisen. 211
Kann der Klageanspruch sowohl auf eine arbeitsrechtliche Rechtsgrundlage gestützt werden als auch auf eine zivil- oder öffentlich-rechtliche, ist das Arbeitsgericht zuständig, wenn es als erstes Gericht angegangen wird. Dies ergibt sich aus § 17 Abs. 2 GVG (**et-et-Fall**).

212 ▶ **Beispiel:**
Es wird ein Zahlungsanspruch nach Ausbleiben der erhofften Erbeinsetzung auf den Gesichtspunkt der fehlgegangenen Vergütungserwartung gestützt und auf ein testamentarisches Vermächtnis.

213 Wird ein Klageanspruch auf sich ausschließende Anspruchsgrundlagen gestützt (**aut-aut-Fall)** und ist der Rechtsweg zur Arbeitsgerichtsbarkeit nur bei Vorliegen einer Anspruchsgrundlage gegeben, sind die zuständigkeitsbegründenden Tatsachen notfalls im Wege der Beweisaufnahme zu klären. Liegen sie nicht vor, ist der Rechtsstreit an die zuständige Gerichtsbarkeit zu verweisen (GK-ArbGG/*Wenzel* §2 Rz. 286 ff.).

214 ▶ **Beispiel:**
Vergütungsanspruch aus einem freien Dienstverhältnis oder Tariflohnanspruch aus einem Arbeitsverhältnis.

215 Die Entscheidung ergeht durch Beschluss in voller Kammerbesetzung. Der Tenor des Beschlusses setzt sich dabei aus zwei Teilen zusammen. Zunächst wird die Unzulässigkeit des beschrittenen Rechtswegs ausgesprochen und sodann der Rechtsstreit an das zuständige Gericht verwiesen. Im Verweisungsbeschluss wird nicht nur der richtige Rechtsweg aufgezeigt, sondern es muss auch das örtliche und funktionell zuständige Gericht bestimmt werden.

216 ▶ **Beispiel:**
Das ArbG Kaiserslautern erklärt sich für unzuständig und verweist den Rechtsstreit an das zuständige Landgericht Kaiserslautern.

217 Die Nichtabhilfeentscheidung nach § 572 Abs. 1 ZPO wird ebenfalls von der Kammer getroffen, wobei eine andere Besetzung möglich ist (*LAG SchlH* 1.7.2005 NZA 2005, 1079; Schwab/Weth-*Schwab* § 78 Rz. 45).

b) Teilverweisung

218 Eine Teilverweisung des Rechtsstreits ist grds. nicht möglich. Etwas anderes gilt nur bei einer objektiven Klagehäufung, wenn einzelne geltend gemachte Ansprüche nicht zur Zuständigkeit der Arbeitsgerichtsbarkeit gehören. In diesem Falle ist nach Abtrennung der zu verweisenden Ansprüche gem. § 145 ZPO eine Teilverweisung möglich (GMPM-G/*Germelmann* § 48 Rz. 33).

c) Bindung an die Anträge

219 Da die Bestimmung des zuständigen Gerichts von Amts wegen erfolgt, ist das Gericht grds. nicht an die Anträge der Parteien gebunden. **Etwas anderes gilt nur dann, wenn den Parteien ein Bestimmungsrecht innerhalb des Rechtswegs zukommt**, an den der Rechtsstreit verwiesen wird, **z.B. bei mehreren örtlich zuständigen Gerichten**, und der Kläger ein solches Wahlrecht zumindest hilfsweise vor der Entscheidung gegenüber dem Gericht ausgeübt hat.

d) Rechtsmittel gegen den Verweisungsbeschluss

220 Sowohl die positive als auch die negative Rechtswegentscheidung des ArbG ist mit der sofortigen Beschwerde gem. § 17a Abs. 4 S. 3 GVG anfechtbar. Deshalb ist der Verweisungsbeschluss zu begründen. Er wird, wenn er in mündlicher Verhandlung ergeht, mit seiner Verkündung, ansonsten mit Zustellung gem. § 329 Abs. 3 ZPO wirksam.

221 Entscheidet das ArbG über die Zulässigkeit des Rechtswegs in der Hauptsacheentscheidung selbst, da keine der Parteien die Rechtswegzuständigkeit vorab gerügt hat, tritt die Bindungswirkung unmittelbar ein, da eine erstmalige Rüge erst in der Rechtsmittelinstanz gem. § 17a Abs. 5 GVG nicht möglich ist (*BAG* 9.7.1996 EzA § 65 ArbGG Nr. 3; 14.12.1998 NZA 1999, 391).

Lediglich wenn das ArbG entgegen § 48 Abs. 1 ArbGG i.V.m. § 17a Abs. 3 S. 2 GVG trotz der Rüge einer Partei erst in der Hauptsacheentscheidung über die Rechtswegzuständigkeit befindet, ohne zuvor ein Vorabentscheidungsverfahren durchzuführen, gilt der **Meistbegünstigungsgrundsatz**. Die beschwerte Partei kann dann wahlweise sofortige Beschwerde gem. § 17a Abs. 4 S. 2 GVG oder das Rechtsmittel einlegen, das gegen die Hauptsacheentscheidung gegeben wäre (*BAG* 26.3.1992 EzA § 48 ArbGG 1979 Nr. 5). Das LAG muss über die sofortige Beschwerde selbst entscheiden. Eine Zurückverweisung ist unzulässig (*BAG* 17.2.2003 EzA § 17a GVG Nr. 16). § 572 Abs. 3 ZPO wird insoweit vom arbeitsgerichtlichen Beschleunigungsgrundsatz, §§ 9, 61 a ArbGG, verdrängt. 222

Gegen die Entscheidung des LAG ist unter den Voraussetzungen des § 17a Abs. 4 S. 4 und 5 GVG die weitere Beschwerde möglich. Hierbei handelt es sich um eine Rechtsbeschwerde nach den §§ 574 ff. ZPO (*BAG* 26.9.2002 EzA § 17a GVG Nr. 14). Die Nichtzulassung der weiteren Beschwerde ist grds. nicht anfechtbar (*BAG* 22.10.1999 NZA 2000, 503). 223

e) Bindungswirkung des Verweisungsbeschlusses

Erwächst ein die Unzulässigkeit des Rechtswegs aussprechender Beschluss in Rechtskraft, hat dieser eine **aufdrängende Wirkung** für das Gericht, an das der Rechtsstreit verwiesen worden ist, § 17a Abs. 2 S. 3 GVG. Insbesondere ist eine Zurückverweisung ausgeschlossen, selbst wenn die Verweisung fehlerhaft erfolgt sein sollte. Allerdings bindet der Verweisungsbeschluss lediglich hinsichtlich des Rechtswegs, d.h. eine Weiterverweisung innerhalb des Rechtswegs an ein anderes, z.B. örtlich zuständiges Gericht bleibt möglich (*BAG* 1.7.1992 EzA § 17a GVG Nr. 1). 224

Lediglich in Ausnahmefällen, bei offensichtlicher Gesetzeswidrigkeit, kommt einem Verweisungsbeschluss für das Gericht, an den der Rechtsstreit verwiesen wird, keine Bindungswirkung zu (vgl. *BAG* 1.7.1992 EzA § 17a GVG Nr. 1). 225

III. Sachliche Zuständigkeit

Die sachliche Zuständigkeit der ArbG, d.h. die Zuständigkeit nach der Art der Angelegenheit, ergibt sich aus den §§ 2 bis 4 ArbGG, wobei § 2 ArbGG die Zuständigkeit im Urteilsverfahren, § 2a ArbGG im Beschlussverfahren, § 3 ArbGG die im Falle der Rechtsnachfolgeschaft oder der gesetzlichen Prozessstandschaft und § 4 ArbGG die Möglichkeit des Ausschlusses der Arbeitsgerichtsbarkeit regelt. 226

§§ 2 ff. ArbGG knüpfen dabei hinsichtlich der sachlichen Zuständigkeit an die Parteien des Streitverhältnisses sowie an die Art des Rechtsverhältnisses an. Auszugehen ist dabei vom durch den Klage- bzw. Beschlussantrag bestimmten Streitgegenstand bzw. Verfahrensgegenstand (*BAG* 27.3.1990 EzA § 2 ArbGG 1979 Nr. 18). 227

Ist die sachliche Zuständigkeit der ArbG gegeben, haben sie den Rechtsstreit unter allen in Betracht kommenden rechtlichen Gesichtspunkten zu überprüfen, § 17 Abs. 2 GVG, auch wenn dabei ggf. auch über miteinander konkurrierende Ansprüche zu entscheiden ist, für die eigentlich ein anderes Gericht zuständig wäre (s.o. Rn. 202 ff.). 228

Das ArbG erster Instanz hat die sachliche Zuständigkeit von Amts wegen in jeder Phase des Verfahrens zu prüfen. Es hat darüber entweder konkludent bei Bejahung der Zuständigkeit in seiner Entscheidung, ansonsten entsprechend der Verfahrensvorschriften der §§ 17 ff. GVG zu entscheiden (s.o. Rn. 206 ff.). Eine erneute Prüfung der sachlichen Zuständigkeit in der Berufungsinstanz findet hingegen nicht statt, § 65 ArbGG. 229

1. Zuständigkeit im Urteilsverfahren

Gemeinsame Voraussetzung aller enumerativ aufgezählten Zuständigkeitsregelungen ist, dass es sich bei dem Streitverhältnis um eine **bürgerliche Rechtsstreitigkeit** handelt, d.h. die beteiligten Parteien auf der Ebene der Gleichordnung sich gegenüber stehen und über Rechtsfolgen oder Rechtsverhältnisse streiten, die dem Privatrecht angehören (*Kissel* § 13 Rz. 9 ff.). 230

231 Eine solche bürgerlich-rechtliche Streitigkeit liegt z.B. **nicht** vor, wenn der Arbeitnehmer vom Arbeitgeber verlangt, ihn für einen bestimmten Zeitraum bei der zuständigen Krankenkasse anzumelden. Für einen solchen Rechtsstreit sind die Sozialgerichte zuständig (*BAG* 5.10.2005 EzA § 3 ArbGG 1979 Nr. 63). Gleiches gilt, wenn Streitgegenstand die Zahlung oder die Rückforderung überzahlter Arbeitgeberzuschüsse zur Kranken- oder Pflegeversicherung ist (*BAG* 19.8.2008 EzA § 2 ArbGG 1979 Nr. 72).

Ebenfalls um keine bürgerlich rechtliche Streitigkeit handelt es sich bei Streitigkeiten aus Beschäftigungsverhältnissen nach § 19 Abs. 2 BSHG a.F., jetzt **§ 16 Abs. 3 SGB II** (*BAG* 8.11.2006 EzA § 2 ArbGG 1979 Nr. 65; 26.9.2007 EzA § 611 BGB 2002 Arbeitnehmerbegriff Nr. 12 = FA 2008, 27 LS; *LSG RhPf* 12.9.2005 – L 3 ER 79/05).

a) Streitigkeiten aus/über das Bestehen von Tarifverträgen

232 Nach § 2 Abs. 1 Nr. 1 ArbGG sind die ArbG zuständig für bürgerliche Rechtsstreitigkeiten zwischen Tarifvertragsparteien oder zwischen diesen und Dritten aus Tarifverträgen oder über deren Bestehen oder Nichtbestehen.

233 **Eine der Parteien muss eine Tarifvertragspartei sein** (zum Begriff § 2 TVG). Auf der anderen Seite des Rechtsstreits kann ebenfalls eine Tarifvertragspartei stehen, wobei es nicht ausgeschlossen ist, dass auf beiden Seiten Arbeitgeber oder Gewerkschaften sich gegenüberstehen, oder aber ein Dritter. **Dritter ist dabei jeder, der nicht selbst Partei des Tarifvertrages ist,** insbes. Mitglieder der tarifvertragschließenden Koalitionen.

234 Der Streitgegenstand muss entweder seine Grundlage in einem Tarifvertrag haben, weil ein Anspruch aus einem Tarifvertrag geltend gemacht wird, oder dieser muss selbst Gegenstand eines Feststellungsstreits sein.

235 Es sind dabei sowohl Streitigkeiten hinsichtlich des obligatorischen, als auch des normativen Teils eines Tarifvertrags denkbar.

236 **Beispiele:**

- Streitigkeiten auf Durchführung des Tarifvertrages, z.B. auf Einwirkung auf die Verbandsmitglieder der gegnerischen Tarifvertragspartei (*BAG* 29.4.1992 EzA § 1 TVG Durchführungspflicht Nr. 2);
- Geltendmachung eines Anspruchs auf Wahrung der Friedenspflicht und damit Unterlassung von Arbeitskampfmaßnahmen (*BAG* 21.12.1982 EzA § 1 TVG Friedenspflicht Nr. 1);
- Ansprüche auf Führung von Tarifverhandlungen gegen die gegnerische Tarifvertragspartei (GMPM-G/*Matthes* § 2 Rz. 12);
- Streitigkeiten hinsichtlich des normativen Teils eines Tarifvertrages können z.B. die Wirksamkeit des Tarifvertrags, seinen Bestand, seinen Fortbestand, seinen zeitlichen, räumlichen und beruflichen Geltungsbereich oder seine Auslegung betreffen (MünchArbR/*Brehm* § 389 Rz. 17).

237 Die ArbG haben ferner darüber zu entscheiden, wenn der Streit darum geht, ob ein Tarifvertrag besteht oder nicht. Darunter fallen Streitigkeiten über seinen wirksamen Abschluss, seine Gültigkeit oder die Wirksamkeit seiner Kündigung (*BAG* 26.9.1984 EzA § 1 TVG Nr. 18).

238 **Erforderlich ist dabei nicht, dass der gesamte Tarifvertrag im Streit steht. Es genügt, wenn nur über die Wirksamkeit oder den Inhalt einer oder mehrerer Normen gestritten wird** (*BAG* 28.9.1977 EzA § 9 TVG Nr. 2). Schließlich fällt auch der Streit über den Umfang oder über die Wirksamkeit einer Allgemeinverbindlicherklärung eines Tarifvertrages unter § 2 Abs. 1 Nr. 1 ArbGG (GMPM-G/*Matthes* § 2 Rz. 18).

239 Rechtskräftigen Entscheidungen in Rechtsstreitigkeiten zwischen Tarifvertragsparteien kommt gem. § 9 TVG Bindungswirkung für Verfahren zwischen tarifgebundenen Parteien sowie zwischen diesen und Dritten zu (*Wiedemann/Oetker* § 9 Rz. 32 ff.).

b) Arbeitskampfstreitigkeiten, § 2 Abs. 1 Nr. 2 ArbGG

Nach § 2 Abs. 1 Nr. 2 ArbGG sind die ArbG für Rechtsstreitigkeiten zwischen tariffähigen Parteien oder zwischen diesen und Dritten aus unerlaubten Handlungen zuständig, soweit es sich **um Maßnahmen zum Zwecke des Arbeitskampfes oder um Fragen der Vereinigungsfreiheit einschließlich des hiermit im Zusammenhang stehenden Betätigungsrechts der Vereinigung handelt.** 240

Beispiele: 241

- Betätigungsrecht einer Vereinigung.
- Zutrittsrecht einer Gewerkschaft zu einem Betrieb.
- Wahl der Vertrauensleute im Betrieb (*BAG* 8.12.1978 EzA Art. 9 GG Nr. 28).
- Fragen der Mitgliederwerbung (vgl. zum Aushängen von Plakaten *BAG* 30.8.1983 EzA Art. 9 GG Nr. 37; zum Verteilen von Zeitungen im Betrieb *BAG* 23.2.1979 EzA Art. 9 GG Nr. 30).
- Ehrenrührige Äußerungen eines Gewerkschaftssekretärs (Vorwurf mangelnder Tariftreue) gegenüber dem Arbeitgeber (*BAG* 29.10.2001 EzA § 2 ArbGG 1979 Nr. 56).

Auf einer Seite des Rechtsstreits muss eine tatsächlich tariffähige Partei stehen. Insofern unterscheidet sich der Wortlaut des § 2 Abs. 1 Nr. 2 ArbGG von dem der Nr. 1. In der Literatur wird allerdings vertreten, dass die Partei nur grds. tariffähig sein muss, jedoch noch nicht alle Merkmale einer tatsächlich tariffähigen Partei aufweisen muss, z.B. wenn die »Mächtigkeit« noch fehlt (GK-ArbGG/*Wenzel* § 2 Rz. 91; vgl. *BAG* 17.2.1998 EzA Art. 9 GG Nr. 63). Die andere Partei des Rechtsstreits kann ebenfalls eine tariffähige Partei sein, z.B. bei einem Streit konkurrierender Gewerkschaften hinsichtlich Maßnahmen eines Arbeitskampfes. Die Gegenpartei kann aber auch ein einzelner Arbeitgeber oder ein unabhängiger Dritter sein. 242

Streitgegenstand muss ein Anspruch aus unerlaubter Handlung zum Zwecke der Durchführung eines Arbeitskampfes sein oder er muss Fragen der Vereinigungsfreiheit berühren. Der Begriff der unerlaubten Handlung ist dabei weit auszulegen und ist nicht an die Voraussetzungen der §§ 823 ff. BGB gebunden (*BAG* 18.8.1987 EzA § 72a ArbGG 1979 Nr. 49). Erfasst werden sollen alle Rechtsstreitigkeiten aus der Beteiligung der Koalition am Arbeitskampf oder hinsichtlich möglicher Eingriffe in die Vereinigungsfreiheit, deren Zulässigkeit oder Rechtmäßigkeit umstritten ist, soweit es sich um eine bürgerlich-rechtliche Streitigkeit handelt. 243

Maßnahmen zum Zwecke des Arbeitskampfes liegen vor, sobald eine kollektive Druckausübung durch Arbeitnehmer oder Arbeitgeber gegeben ist, durch die das Arbeitsverhältnis berührt wird. Der Begriff geht daher über die herkömmlichen Arbeitskampfmittel wie Streik, Aussperrung und Boykott hinaus (*BAG* 31.10.1958 AP Nr. 2 zu § 1 TVG Friedenspflicht). **Eine Zuständigkeit ist nur gegeben, wenn unerlaubte Handlungen als Maßnahme zum Zwecke des Arbeitskampfes begangen werden, nicht lediglich anlässlich eines Arbeitskampfes.** Streitig ist, ob arbeitskampfübliche Maßnahmen, z.B. ein Streik, auch dann die Zuständigkeit der ArbG begründen, wenn es sich tatsächlich um politische Kampfmaßnahmen handelt (so GMPM-G/*Matthes* § 2 Rz. 36; **a.A.** MünchArbR/*Brehm* § 378 Rz. 23). 244

Bei Rechtsstreitigkeiten zwischen Koalitionen und ihren Mitgliedern kommt es auf die Art des Rechtsstreits an. Handelt es sich lediglich um Streitigkeiten aus der vereinsrechtlichen Zugehörigkeit, gehören sie vor die ordentlichen Gerichte. Fragen wie die Pflicht zur Aufnahme eines Bewerbers oder seines Ausschlusses sind vom ArbG zu entscheiden (MünchArbR/*Brehm* § 389 Rz. 23). 245

c) Bürgerliche Rechtsstreitigkeiten zwischen Arbeitnehmern und Arbeitgebern, § 2 Abs. 1 Nr. 3a ArbGG

§ 2 Abs. 1 Nr. 3a ArbGG begründet eine umfassende Zuständigkeit der ArbG für bürgerliche Rechtsstreitigkeiten zwischen Arbeitnehmern und Arbeitgebern aus den zwischen ihnen bestehenden Arbeitsverhältnissen. 246

aa) Arbeitnehmerbegriff

247 Der Arbeitnehmerbegriff bestimmt sich nach § 5 ArbGG. Darunter fallen Arbeiter, Angestellte und zu ihrer Berufsausbildung Beschäftigte. Es gilt auch hier die allgemeine Definition des »Arbeitnehmerbegriffs« (s.o. Kap. 1 Rn. 40 ff.), d.h. es handelt sich um Personen, die auf Grund privatrechtlichen Vertrages in persönlicher Abhängigkeit weisungsgebundene und fremdbestimmte Arbeit für einen anderen entgeltlich erbringen. Unwesentlich ist es, ob auch eine wirtschaftliche Abhängigkeit besteht (*BAG* 13.5.1996 EzA § 5 ArbGG 1979 Nr. 14).

248 **Nicht als Arbeitnehmer** i.S.d. ArbGG **gelten** nach § 5 Abs. 1 S. 3 ArbGG Personen in Personengesamtheiten und juristischen Personen, die diese kraft Gesetzes, Satzung oder Gesellschaftsvertrag – nicht kraft rechtsgeschäftlicher Vollmacht! (*BAG* 5.5.1997 EzA § 5 ArbGG 1979 Nr. 21) – allein oder als Mitglied des Vertretungsorgans vertreten (s.u. Rn. 303). Dies gilt auch für den Geschäftsführer einer Vor-GmbH (*BAG* 13.5.1996 EzA § 5 ArbGG 1979 Nr. 4).

249 Ein Dienstnehmer, der zum Geschäftsführer einer GmbH bestellt werden soll, wird auch nicht dadurch zum Arbeitnehmer, dass die Bestellung zum Geschäftsführer unterbleibt (*BAG* 25.6.1997 EzA § 2 ArbGG 1979 Nr. 37).

250 Für Klagen eines Geschäftsführers einer GmbH gegen die Kündigung seines Anstellungsverhältnisses sind die ArbG wegen § 5 Abs. 1 S. 3 ArbGG selbst dann nicht zuständig, wenn auf Grund interner Weisungsgebundenheit das Anstellungsverhältnis materiell als Arbeitsverhältnis anzusehen ist (*BAG* 6.5.1999 EzA § 5 ArbGG 1979 Nr. 33; 23.8.2001 EzA § 5 ArbGG 1979 Nr. 36). Gleiches gilt nach neuer, geänderter Rechtsprechung des BAG (*BAG* 9.7.2003 EzA § 2 ArbGG 1979 Nr. 5), wenn der Geschäftsführer einer GmbH & Co. KG mit der KG einen Anstellungsvertrag hat, der nach Abberufung als Geschäftsführer von der KG gekündigt wird.

251 Mit dem Abschluss eines schriftlichen Geschäftsführervertrages wird, sofern nicht vertraglich etwas anderes vereinbart worden ist, ein zuvor bestehendes Arbeitsverhältnis einvernehmlich beendet. Mit dem Verlust der Organstellung als Geschäftsführer wandelt sich der zu Grunde liegende Geschäftsführerdienstvertrag nicht wieder in ein Arbeitsverhältnis um (*BAG* 5.6.2008 – 2 AZR 754/06 – FA 2008, 379 = NZA 2008, 1002).

252 Bei »zur Berufsausbildung Beschäftigten« ist unerheblich, ob sie ein Entgelt erhalten und ob es sich um eine Grundausbildung oder eine Fortbildung handelt (*BAG* 10.2.1981 EzA § 5 BetrVG 1972 Nr. 37). Unter diese Gruppe fallen auch Umschüler, Volontäre und Praktikanten. Notwendig ist allerdings, dass die Ausbildung auf Grund privatrechtlichen Vertrages erfolgt (*BAG* 21.5.1997 EzA § 5 ArbGG 1979 Nr. 22; 24.2.1999 EzA § 5 ArbGG 1979 Nr. 32).

253 Den Arbeitnehmern gleichgestellt sind Heimarbeiter und solche Personen, die wegen ihrer **wirtschaftlichen Abhängigkeit** als arbeitnehmerähnliche Personen anzusehen sind, § 5 Abs. 1 S. 2 ArbGG (s.o. Kap. 1 Rn. 164 ff.; *BAG* 14.1.1997 EzA § 5 ArbGG 1979 Nr. 16).

254 Für die Frage der Zuständigkeit der Arbeitsgerichtsbarkeit ist hierbei eine Wahlfeststellung zulässig (*BAG* 14.1.1997 EzA § 5 ArbGG 1979 Nr. 16; vgl. zum Franchisenehmer *BAG* 14.1.1997 EzA § 5 ArbGG 1979 Nr. 16; 16.7.1997 EzA § 5 ArbGG 1979 Nr. 24).

255 Nach § 5 Abs. 3 ArbGG sind schließlich Handelsvertreter Arbeitnehmer i.S.d. ArbGG, wenn sie die in der Vorschrift genannte Verdienstgrenze nicht überschreiten und wenn sie vertraglich nicht für weitere Unternehmen tätig werden dürfen oder dies auf Grund Art und Umfang der Tätigkeit gar nicht möglich ist (zur Abgrenzung von Handelsvertretern zu kaufmännischen Angestellten vgl. *BAG* 21.2.1990 EzA § 611 BGB Arbeitnehmerbegriff Nr. 32). Maßgeblich sind dabei die tatsächlich verdienten Entgelte, nicht die gezahlten Vorschüsse. § 5 Abs. 3 ArbGG stellt eine abschließende Regelung für Handelsvertreter i.S.d. § 84 HGB dar, ein Rückgriff auf § 5 Abs. 1 S. 2 ArbGG, etwa ob es sich auch um arbeitnehmerähnliche Personen handelt, ist unzulässig (*BAG* 6.5.1999 EzA § 5 ArbGG 1979 Nr. 33).

bb) Arbeitgeberbegriff

Arbeitgeber ist jede natürliche oder juristische Person, die einen Arbeitnehmer beschäftigt. Bei einer Personengesellschaft sind neben der Gesellschaft auch die persönlich haftenden Gesellschafter Arbeitgeber i.S.d. § 2 ArbGG (*BAG* 13.6.1997 NZA 1997, 1128; 28.2.2006 EzA § 36 ZPO 2002 Nr. 4), z.B. bei einer GmbH & Co KG auch die Komplementär GmbH. 256

Im Leiharbeitsverhältnis ist die Arbeitgeberfunktion zwischen dem Verleiher und Entleiher aufgeteilt (s.o. Kap. 3 Rn. 4448, 3505, 3508 ff.). Soweit Ansprüche des Leiharbeitnehmers gegen den Entleiher geltend gemacht werden, mit dem er keinen eigenen Arbeitsvertrag hat, auf den jedoch Arbeitgeberrechte kraft Vertrages mit dem Entleiher übergegangen sind, ist auch dieser Arbeitgeber i.S.d. § 2 Abs. 1 Nr. 3 ArbGG (GMPM-G/*Matthes* § 2 Rz. 52). 257

cc) Streitigkeiten aus dem Arbeitsverhältnis

Die Zuständigkeit besteht bei Streitigkeiten aus dem Arbeitsverhältnis. Ob ein Arbeitsverhältnis dabei rechtswirksam begründet worden ist oder noch fortbesteht oder bereits beendet ist, ist für die Frage der sachlichen Zuständigkeit unerheblich. Entscheidend ist allein, dass ein solches bestanden hat oder begründet werden sollte (*LAG Hessen* 12.8.1997 LAGE § 2 ArbGG 1979 Nr. 27). 258

Darunter fallen z.B. auch Streitigkeiten aus faktischen Arbeitsverhältnissen (s.o. Kap. 2 Rn. 524 ff.), aus unzulässiger Schwarzarbeit, aus fingierten Arbeitsverhältnissen zwischen Entleiher und Leiharbeitnehmer gem. § 10 AÜG, sowie aus dem Arbeitsverhältnis mit zugewiesenen Arbeitslosen gem. § 260 SGB III, nicht jedoch Klagen ehemaliger Zwangsarbeiter (*BAG* 16.2.2000 EzA § 2 ArbGG 1979 Nr. 49). 259

Unerheblich ist auf Grund welcher Anspruchsgrundlage Ansprüche aus dem Arbeitsverhältnis geltend gemacht werden, ob aus dem Arbeitsvertrag, aus Gesetzen, Tarifverträgen oder Betriebsvereinbarungen. 260

Ein Anspruch aus einem Arbeitsverhältnis liegt auch dann vor, wenn er durch Vergleich oder Schuldanerkenntnis umgestaltet worden ist. Bei gemischten Verträgen kommt es darauf an, aus welchem Teil des Vertrages der Streitgegenstand hergeleitet wird. Geht es um Streitigkeiten hinsichtlich des gesamten Vertrages, sind grds. die Gerichte für Arbeitssachen zuständig (MünchArbR/*Brehm* § 389 Rz. 34). Streitigkeiten hinsichtlich Werkmietwohnungen nach § 565b BGB gehören zur Zuständigkeit der Amtsgerichte, § 29a ZPO; hinsichtlich Werkdienstwohnungen gem. § 565e BGB zur Zuständigkeit der Arbeitsgerichte (*BAG* 2.11.1999 NZA 2000, 277). 261

Bei Ansprüchen aus dem BetrVG ist zu differenzieren: Hat der Anspruch seine Grundlage im Arbeitsverhältnis und ist er nur durch betriebsverfassungsrechtliche Vorschriften, z.B. im Umfang, beeinflusst, ist er im Urteilsverfahren nach § 2 Abs. 1 Nr. 3a) ArbGG geltend zu machen. Hat er hingegen seine Grundlage direkt im BetrVG, ist er im Beschlussverfahren nach § 2a Abs. 1 Nr. 1 ArbGG geltend zu machen. 262

Beispiele für im Urteilsverfahren geltend zu machende Ansprüche: 263

- Anspruch eines Auszubildenden auf Weiterbeschäftigung gem. § 78a BetrVG (*BAG* 15.12.1983 EzA § 78a BetrVG 1972 Nr. 13).
- Ansprüche des Arbeitnehmers gem. § 102 Abs. 5 BetrVG.
- Ansprüche der Arbeitnehmer auf Nachteilsausgleich gem. § 113 Abs. 3 BetrVG (*BAG* 28.6.1978 EzA § 4 TVG Ausschlussfristen Nr. 34).
- Vergütungsansprüche von Betriebsratsmitgliedern während Betriebsratstätigkeit oder bei Besuch von Schulungsveranstaltungen (*BAG* 30.1.1973 EzA § 37 BetrVG 1972 Nr. 5), nicht aber Ansprüche auf Ersatz der Schulungskosten und Fahrtkosten, die ihre Grundlage in § 40 Abs. 1 BetrVG haben und deswegen im Beschlussverfahren nach § 2a Abs. 1 Nr. 1 ArbGG geltend zu machen sind.

- Geltendmachung von Lohnansprüchen durch den Wahlvorstand gem. § 20 Abs. 3 S. 2 BetrVG (*BAG* 11.5.1973 EzA § 20 BetrVG 1972 Nr. 2).
- Geltendmachung von Freizeitausgleich durch ein Betriebsratsmitglied nach § 37 Abs. 3 BetrVG (*BAG* 21.5.1974 EzA § 37 BetrVG 1972 Nr. 24).
- Zahlung von Arbeitsentgelt für Zeiten der Teilnahme an einer Betriebsversammlung nach §§ 20 Abs. 3, 44 Abs. 1 BetrVG (*BAG* 1.10.1974 EzA § 44 BetrVG 1972 Nr. 3).
- Ansprüche der Arbeitnehmer nach den §§ 81 ff. BetrVG bzgl. Anhörungs-, Erörterungs- und Unterrichtungsrechte.
- Schadensersatzanspruch eines Betriebsratsmitgliedes wegen Benachteiligung bei einer Beförderung (*BAG* 31.10.1985 AP Nr. 5 zu § 46 BPersVG).
- Verweisungsbeschluss ergeht unter Ignorierung der ständigen höchstrichterlichen Rechtsprechung und h.M. in der Literatur, ohne weitere argumentative Auseinandersetzung (*BAG* 28.2.2006 EzA § 36 ZPO 2002 Nr. 4).
- Verweisungsbeschluss erging vor Rechtshängigkeit der Klage (*BAG* 9.2.2006 NZA 2006, 454 ff.).

264 Im Mittelpunkt stehen in der Praxis Vergütungs- oder Zeugnisansprüche des Arbeitnehmers und Ansprüche des Arbeitgebers auf Arbeitsleistung oder Schadenersatzansprüche wegen Verletzung arbeitsvertraglicher Haupt- oder Nebenpflichten.

d) Streitigkeiten über das Bestehen oder Nichtbestehen eines Arbeitsverhältnisses

265 Unter die Zuständigkeitsnorm des § 2 Abs. 1 Nr. 3b ArbGG fallen der überwiegende Teil der bei den ArbG anhängigen Prozesse, nämlich die Kündigungsschutzverfahren. Daneben fallen hierunter Streitverfahren über die Frage der Wirksamkeit einer vereinbarten Befristung, einer erklärten Anfechtung des Arbeitsvertrages oder auch der Wirksamkeit oder der tatsächlichen Erklärung einer behaupteten Eigenkündigung des Arbeitnehmers, die Frage, ob zwischen Entleiher und Leiharbeitnehmer ein Arbeitsverhältnis nach § 10 AÜG zustande gekommen ist und ob zwischen Auszubildenden und Ausbilder ein Arbeitsverhältnis nach § 78a BetrVG bzw. § 9 BPersVG zustande gekommen ist, sowie auch Streitigkeiten über den Inhalt eines Arbeitsverhältnisses, z.B. Statusklagen von freien Mitarbeitern (*BAG* 22.6.1977 EzA § 611 BGB Abhängigkeit Nr. 24).

266 Kann die erhobene Klage nur dann Erfolg haben, wenn der Kläger Arbeitnehmer ist (sic-non-Fall), reicht die bloße Rechtsansicht des Klägers, er sei Arbeitnehmer, zur Begründung der arbeitsgerichtlichen Zuständigkeit aus (*BAG* 24.4.1996 EzA § 2 ArbGG 1979 Nr. 31; 10.12.1996 NZA 1997, 674; zu den aut-aut und et-et-Fällen s.o. Rn. 211; vgl. *Schliemann* FA 1998, 173 ff.).
Ein sic-non-Fall liegt dabei bereits dann vor, wenn der Antrag lautet: »... dass das Arbeitsverhältnis durch die Kündigung vom ... nicht beendet wird.« Auf die Wirksamkeit der Kündigung, auch zum ausgesprochenen Zeitpunkt, kommt es dabei nicht an. In dem Antrag ist der Streitgegenstand enthalten, dass das Vertragsverhältnis ein Arbeitsverhältnis ist. Der Klageerfolg hängt damit unabhängig von der Wirksamkeit der Kündigung auch von Tatsachen ab, die für die Bestimmung des Rechtswegs entscheidend sind. Konsequenz dieser Antragstellung ist es, dass die Klage bereits dann als unbegründet abzuweisen ist, wenn kein Arbeitsverhältnis vorliegt, ohne dass dabei über die Wirksamkeit der Kündigung des Vertragsverhältnisses an sich eine Entscheidung ergeht (*BAG* 19.12.2000 NZA 2001, 285).

267 Soll auch darüber eine Entscheidung ergehen, ist es sachdienlich, einen entsprechenden eigenständigen Antrag zu stellen, ggf. als Hilfsantrag. Bevor über diesen Antrag entschieden werden kann, ist auch diesbezüglich über die Zuständigkeit zu befinden. Sie kann sich aus § 5 Abs. 1 Nr. 2 ArbGG ergeben oder aus § 2 Abs. 3 ArbGG. Gegen Letzteres bestehen allerdings Bedenken wegen Erschleichung des Rechtswegs. Ist für den Hilfsantrag der Rechtsweg zu den Gerichten für Arbeitssachen nicht gegeben, ist das Verfahren insofern abzutrennen und an die ordentliche Gerichtsbarkeit zu verweisen (*BAG* 19.12.2000 NZA 2001, 285).

e) Verhandlungen über und Nachwirkungen aus Arbeitsverträgen, § 2 Abs. 1 Nr. 3c ArbGG

Hierunter fallen Schadensersatzansprüche im Rahmen von Vorverhandlungen über die Eingehung eines Arbeitsverhältnisses, insbes. Fragen des Ersatzes von Vorstellungskosten oder Ansprüche gem. § 611a BGB wegen Verstoßes gegen das Benachteiligungsverbot, Ansprüche auf Rückgabe eingesandter Bewerbungsunterlagen, auf Mitteilung von Ergebnissen durchgeführter Tests oder auf Löschung gespeicherter persönlicher Daten (*BAG* 6.6.1984 EzA Art. 2 GG Nr. 2). **268**

Ansprüche auf Grund des Nachwirkens eines Arbeitsverhältnisses kommen in Betracht bei Verstößen gegen Wettbewerbsverbote, bei Ansprüchen auf Gewährung von Ruhegeldern (*BAG* 22.10.1990 NZA 1991, 935), auf Erteilung von Zeugnissen oder Auskünfte, bei der Geltendmachung von Schadensersatzansprüchen wegen falscher Auskünfte. Auf Arbeitgeberseite kommen Klagen auf Rückgabe von Arbeitsunterlagen oder Arbeitsgerät und auf Rückzahlung von Arbeitgeberdarlehen oder Gratifikationen oder Ausbildungskosten bei vorzeitiger Lösung eines Arbeitsverhältnisses vor. **269**

f) Ansprüche aus unerlaubter Handlung, § 2 Abs. 1 Nr. 3d ArbGG

§ 2 Abs. 1 Nr. 3d ArbGG setzt voraus, dass die behauptete unerlaubte Handlung mit dem Arbeitsverhältnis im Zusammenhang steht, d.h. eine Verletzung arbeitsvertraglicher Pflichten mit sich bringt oder zumindest durch das Arbeitsverhältnis die tatsächlichen Voraussetzungen für die Begehung der unerlaubten Handlung geschaffen wurden. **270**

Der Begriff der unerlaubten Handlung ist dabei weit auszulegen und umfasst auch Tatbestände der reinen Gefährdungshaftung (GMPM-G/*Matthes* § 2 Rz. 73). Der Tatbestand muss entweder zwischen den Arbeitsvertragsparteien verübt worden sein oder der Arbeitgeber muss in den Fällen der §§ 31, 831 BGB als gesetzlicher Vertreter oder für seinen Erfüllungsgehilfen in Anspruch genommen werden. **271**

Der Die ArbG sind analog § 2 Abs. 1 Nr. 3d ArbGG zuständig, wenn ein Arbeitnehmer einer juristischen Person deren Geschäftsführer wegen unerlaubter Handlung verklagt (*BAG* 24.6.1996 EzA § 2 ArbGG 1979 Nr. 32). **272**

Der Zeitpunkt der Tatbegehung ist unmaßgeblich. Er kann sowohl vor Beginn, während oder auch nach Beendigung des Arbeitsverhältnisses begangen worden sein (vgl. *OLG Frankf.* 15.8.1991 DB 1991, 2680). **273**

g) Streitigkeiten über Arbeitspapiere, § 2 Abs. 1 Nr. 3e ArbGG

Die ArbG sind zuständig für die Ansprüche auf Ausstellung und Herausgabe von Arbeitspapieren, hingegen nicht auf ordnungsgemäße Ausfüllung und Berichtigung z.B. der Lohnsteuerkarten, des Sozialversicherungsnachweisheftes oder der Arbeitsbescheinigung nach § 312 SGB III. Insoweit sind die Finanz- bzw. Sozialgerichte zuständig (*BAG* 15.1.1992 EzA § 133 AFG Nr. 5; 30.8.2000 EzA § 2 ArbGG 1979 Nr. 51; 11.6.2003 EzA § 2 ArbGG 1979 Nr. 59; **a.A.** GMPM-G/*Matthes* § 2 Rz. 77), da es sich hierbei um Streitfragen öffentlich-rechtlicher Art handelt. **274**

Unter Arbeitspapieren sind sämtliche Papiere zu verstehen, die der Arbeitgeber dem Arbeitnehmer zu erteilen hat, oder die er vom Arbeitnehmer zur Erfüllung steuer- oder sozialversicherungsrechtlicher Obliegenheiten überlassen bekommen hat, z.B. Lohnsteuerkarte, Versicherungskarte oder Versicherungsnachweisheft, Arbeitsbescheinigungen nach § 312 SGB III, Entgeltbelege nach § 9 HAG, die Urlaubsbescheinigung nach § 6 BUrlG, Verdienstbescheinigungen, Zeugnisse etc. **275**

h) Ansprüche aus rechtlichem oder wirtschaftlichem Zusammenhang, § 2 Abs. 1 Nr. 4a ArbGG

§ 2 Abs. 1 Nr. 4a ArbGG erfasst Streitigkeiten bürgerlich-rechtlicher Art zwischen Arbeitnehmern oder deren Hinterbliebenen und Arbeitgebern über Ansprüche, die mit dem Arbeitsverhältnis in rechtlichem oder unmittelbar wirtschaftlichem Zusammenhang stehen, z.B. Schadenersatzansprüche nach den §§ 844, 845 BGB, bestehende Ansprüche des Arbeitgebers auf Bezahlung von bezogenen Waren des Verblichenen, dem Recht des verbilligten **276**

Einkaufs, der Nutzung von betriebseigenen Parkplätzen oder Sporteinrichtungen (vgl. weitere Einzelfälle bei GMPM-G/*Matthes* § 2 Rz. 83 ff.). Ein rechtlicher Zusammenhang ist gegeben, wenn der Anspruch auf dem Arbeitsverhältnis beruht oder durch es bedingt ist, ein wirtschaftlicher, sofern er seine Grundlage im Austauschverhältnis Arbeitsleistung – Entgelt hat.

i) Streitigkeiten mit Einrichtungen der Tarifvertragsparteien oder Sozialeinrichtungen, § 2 Abs. 1 Nr. 4b und 6 ArbGG

277 Diese Vorschriften begründen die Zuständigkeit der ArbG für Streitigkeiten zwischen Arbeitnehmern oder ihren Hinterbliebenen und gemeinsamen Einrichtungen der Tarifvertragsparteien oder Sozialeinrichtungen des privaten Rechts, z.B. mit Lohnausgleichskassen oder Urlaubskassen des Baugewerbes, mit Zusatzversorgungs-, Unterstützungs- und Ausgleichskassen für Vorruhestandsleistungen nach § 8 VRG oder Leistungen nach dem Altersteilzeitgesetz, § 9 AltTzG (GMPM-G/*Matthes* § 2 Rz. 87 ff.). Klagen von Arbeitgebern gegen von ihnen selbst finanzierte Beschäftigungsgesellschaften fallen unter diese Zuständigkeitsnorm. Bei einer Beschäftigungs- und Qualifizierungsgesellschaft handelt es sich um eine Sozialeinrichtung i.S.d. § 2 Abs. 1 Nr. 4b ArbGG (*BAG* 23.8.2001 NZA 2002, 230). Sie sollen analog auch die Zuständigkeit für Klagen einer gemeinsamen Einrichtung der Tarifvertragsparteien gegen den Geschäftsführer einer GmbH auf Schadensersatz eröffnen (*LAG Bln.* 24.6.1999 FA 2000, 28).

j) Streitigkeiten mit Insolvenzversicherungen, § 2 Abs. 1 Nr. 5 ArbGG

278 **§ 2 Abs. 1 Nr. 5 ArbGG** erfasst Ansprüche von Arbeitnehmern oder ihren Hinterbliebenen auf Leistungen der Insolvenzversicherung nach den §§ 7 ff. BetrAVG, d.h. Versorgungsansprüche im Falle der Insolvenz des Arbeitgebers oder gleichgestellte Sachverhalte.

k) Streitigkeiten nach dem Entwicklungshilfegesetz, § 2 Abs. 1 Nr. 7 ArbGG

279 Bürgerlich-rechtliche Rechtsstreitigkeiten zwischen Entwicklungshelfern und Trägern des Entwicklungsdienstes nach dem Entwicklungshelfergesetz vom 18.6.1979 (BGBl. I S. 549) sind ebenfalls bei den ArbG auszutragen, § 19 Abs. 1 EhfG.

280 Für die öffentlich-rechtlichen Streitigkeiten gem. § 19 Abs. 2 EhfG ist der Rechtsweg zu den Sozialgerichten gegeben.

l) Streitigkeiten anlässlich »freiwilligem sozialen Jahr«, § 2 Abs. 1 Nr. 8 ArbGG

281 Streitigkeiten im oder auf Grund der Absolvierung eines freiwilligen sozialen oder ökologischen Jahres sind vor den ArbG auszutragen. Auch wenn die **Helfer keine Arbeitnehmer** sind (*BAG* 12.2.1992 EzA § 5 BetrVG 1972 Nr. 53), sieht sie der Gesetzgeber dennoch wie Arbeitnehmer als schutzwürdig an (vgl. Gesetz zur Förderung eines freiwilligen ökologischen Jahres vom 17.12.1993 BGBl. I S. 2118). Für ihre Tätigkeit finden die Arbeitsschutzbestimmungen und das BUrlG Anwendung.

m) Streitigkeiten aus gemeinsamer Arbeit und unerlaubter Handlung, § 2 Abs. 1 Nr. 9 ArbGG

282 Die ArbG sind ferner zuständig für bürgerliche Rechtsstreitigkeiten zwischen Arbeitnehmern aus gemeinsamer Arbeit und aus unerlaubten Handlungen, soweit diese mit dem Arbeitsverhältnis im Zusammenhang stehen. Hier geht es insbes. um Streitigkeiten von Mitgliedern einer Arbeitsgruppe, z.B. über die Verteilung gemeinsamen Lohnes oder darüber, wie Schadenersatzansprüche untereinander aufgeteilt werden sollen oder wie bei Fahrgemeinschaften abzurechnen ist. Die notwendige Verknüpfung zwischen unerlaubter Handlung und dem Arbeitsverhältnis besteht dann, wenn es zur unerlaubten Handlung nicht gekommen wäre, hätte kein gemeinsames Arbeitsverhältnis bestanden (*BAG* 11.7.1995 EzA § 2 ArbGG 1979 Nr. 30).

Auch hier ist der Begriff der unerlaubten Handlung weit auszulegen. Ein schuldhaftes Handeln ist nicht erforderlich, sodass auch Ansprüche aus Gefährdungshaftung erfasst sind. 283

n) Streitigkeiten in Behindertenwerkstätten, § 2 Abs. 1 Nr. 10 ArbGG

Die wenig praxisrelevante Vorschrift wurde durch Änderungsgesetz vom 23.7.1996 (BGBl. I S. 1088) in das ArbGG eingeführt (vgl. Einzelheiten GK-ArbGG/*Wenzel* § 2 Rz. 186 f.). 284

o) Zuständigkeit bei Erfinder- und Urheberstreitigkeiten, § 2 Abs. 2 ArbGG

Bürgerliche Rechtsstreitigkeiten zwischen Arbeitnehmern und Arbeitgebern, bei denen es **ausschließlich** um Ansprüche auf Leistungen aus einer festgestellten oder festgesetzten Vergütung für eine Arbeitnehmererfindung oder für einen technischen Verbesserungsvorschlag nach § 20 Abs. 1 ArbNErfG geht oder die als Urheberrechtstreitigkeiten aus Arbeitsverhältnissen **ausschließlich** Ansprüche auf Leistung einer vereinbarten Vergütung zum Gegenstand haben, sind vor den ArbG auszutragen, § 2 Abs. 2 ArbGG. Soweit die Streitigkeit über die Erfindung des Arbeitnehmers selbst geht, ist gem. § 39 Abs. 1 ArbNErfG i.V.m. § 143 PatentG der Streit vor den Landgerichten auszutragen (*BAG* 21.8.1996 § 73 ArbGG 1979 Nr. 2; 9.7.1997 EzA § 2 ArbGG 1979 Nr. 39; zum Verfahren und dem vorgeschalteten Schiedsverfahren nach § 28 ArbNErfG vgl. MünchArbR/*Sack* § 99 Rz. 149 ff.). 285

»Ausschließlich« um Ansprüche auf Leistungen einer festgesetzten oder vereinbarten Vergütung geht es auch noch, wenn auf Auskunfts- und Rechnungslegung geklagt wird, um Vergütungsansprüche geltend zu machen (*Kissel* § 13 Rz. 167). 286

Soweit gleichzeitig mit dem Vergütungsanspruch andere Ansprüche aus dem Rechtsverhältnis geltend gemacht werden, ist der Rechtsstreit gem. § 17a GVG an das Landgericht zu verweisen. Soweit zunächst Vergütungsansprüche, später weitere Ansprüche geltend gemacht werden, wird hingegen die einmal begründete Zuständigkeit beim ArbG gem. § 261 Abs. 3 Nr. 2 ZPO nicht berührt. Lediglich die später geltend gemachten Ansprüche sind nach § 145 ZPO abzutrennen und gem. § 17a Abs. 2 GVG zu verweisen. 287

§ 2 Abs. 2 ArbGG begründet, anders als § 2 Abs. 1 ArbGG, keine ausschließliche Zuständigkeit der ArbG. Die Parteien können daher diese Rechtsstreitigkeiten auch z.B. kraft Gerichtsstandsvereinbarung vor die ordentlichen Gerichte bringen und damit die Zuständigkeit der ArbG ausschließen. Ausgenommen hiervon sind die Ansprüche aus einem technischen Verbesserungsvorschlag (GMPM-G/*Matthes* § 2 Rz. 110). 288

p) Zusammenhangsklagen, § 2 Abs. 3 ArbGG

§ 2 Abs. 3 ArbGG begründet eine fakultative Zuständigkeit der ArbG. Auch nicht unter § 2 Abs. 1, 2 ArbGG fallende Rechtsstreitigkeiten können vor die ArbG gebracht werden, wenn der Anspruch mit einer bei einem ArbG anhängigen oder gleichzeitig anhängig werdenden bürgerlichen Rechtsstreitigkeit der in den Abs. 1 und 2 bezeichneten Art **in rechtlichem oder unmittelbar wirtschaftlichem Zusammenhang steht und für seine Geltendmachung nicht die ausschließliche Zuständigkeit eines anderen Gerichts gegeben ist** (*BAG* 23.8.2001 NZA 2001, 1158). 289

> Die umgekehrte Möglichkeit, arbeitsrechtliche Streitigkeiten im Zusammenhang mit einer bürgerlichen Rechtsstreitigkeit vor den ordentlichen Gerichten zu verhandeln, besteht nicht. 290

Ein **unmittelbarer wirtschaftlicher Zusammenhang** besteht dann, wenn die arbeitsrechtliche Streitigkeit und die Streitigkeit der Zusammenhangsklage aus einem einheitlichen Lebenssachverhalt entspringen und nicht nur rein zufällig in Verbindung zueinander stehen. 291

292 **Beispiele:**

- Bürgschaftsklagen bei Klage gegen Schuldner und Bürge.
- Klage auf Schadenersatz aus unerlaubter Handlung gegen einen Mittäter, auch wenn dieser nicht Arbeitnehmer oder Arbeitgeber ist.
- Klagen des Lohnpfändungsgläubigers gegen den Drittschuldner auf Erfüllung der gepfändeten Lohnforderung und auf Schadenersatz nach § 840 Abs. 2 ZPO (*BAG* 23.9.1960 AP Nr. 3 zu § 61 ArbGG 1953 Kosten).

293 Ein **rechtlicher Zusammenhang** besteht, wenn die Ansprüche der Haupt- und der Zusammenhangsklage aus demselben Tatbestand abgeleitet werden.

294 ▶ **Beispiel:**
Ansprüche aus einer Hauptverbindlichkeit gegen den Arbeitgeber und aus einer Sicherheitsverbindlichkeit gegen die ihn stützende Bank (*Schaub* ArbGVerf § 10 Rz. 113).

295 Voraussetzung ist, dass die Hauptklage in die Zuständigkeit der Arbeitsgerichtsbarkeit gehört (*BAG* 11.6.2003 EzA § 2 ArbGG 1979 Nr. 60). Unwesentlich ist, ob diese zuerst, gleichzeitig oder nach der Zusammenhangsklage erhoben wird (GMPM-G/*Matthes* § 2 Rz. 116). Die ggf. zunächst fehlende Zuständigkeit für die Zusammenhangsklage wird durch späteres Anbringen der Hauptklage geheilt (*Kissel* § 13 Rz. 169). Fällt die Hauptklage später wieder weg, verbleibt es bezüglich der Zusammenhangsklage bei der einmal begründeten Zuständigkeit der Arbeitsgerichtsbarkeit, § 261 Abs. 3 Nr. 2 ZPO. Ob dies auch bei einer Klagerücknahme gilt, ist streitig (so Schwab/Weth-*Walter* § 2 Rz. 185; **a.A.** *BAG* 29.11.2006 EzA § 2 ArbGG 1979 Nr. 66). Die Hauptklage muss allerdings zumindest einmal zulässig gewesen sein. Hierbei ist es nicht ausreichend, wenn die Hauptklage nur deswegen zulässig ist, weil ein sic-non-Fall vorliegt (*BAG* 11.6.2003 EzA § 2 ArbGG 1979 Nr. 60; **a.A.** *LAG Hessen* 20.1.2000 NZA 2000, 1304; *LAG München* 28.2.1998 LAGE § 2 ArbGG 1979 Nr. 28).

296 Haupt- und Zusammenhangsklage müssen zwar nicht das gleiche Begehren haben, jedoch in der gleichen Verfahrensart erhoben sein. Nur dann ist eine einheitliche Entscheidung über den gleichen Lebenssachverhalt, der sowohl der Haupt- als auch der Zusammenhangsklage zugrunde liegt, möglich. Die Parteien der Zusammenhangsklage müssen nicht die gleichen sein, wie die Parteien der Hauptklage. **Allerdings muss eine Partei der Hauptklage auch Partei der Zusammenhangsklage sein.**

297 Eine Zuständigkeit besteht dann nicht, wenn die ausschließliche Zuständigkeit eines anderen Gerichts für die Zusammenhangsklage gegeben ist (*BAG* 28.8.2001 NZA 2001, 1158).

298 **Beispiele:**

Keine Zusammenhangsklage bei Rechtsstreitigkeiten über:

- Mietverhältnisse, § 29a ZPO, sofern es sich um Werkmietwohnungen handelt, sofern der Arbeitnehmer sie ganz oder überwiegend mit eigenen Einrichtungsgegenstände möbliert hat oder
- in ihr mit eigener Familie einen eigenen Hausstand führt, § 576 BGB (vgl. GMPM-G/*Matthes* § 2 Rz. 61);
- bei dinglichen Streitigkeiten, § 24 ZPO;
- bei Erfinderrechtsstreitigkeiten, § 39 Abs. 1 ArbNErfG, § 104 UrheberrechtsG.

299 Besteht Streit zwischen den Parteien über die Zulässigkeit der Erhebung einer Zusammenhangsklage, ist entsprechend den §§ 17aff. GVG vorab zu verhandeln und zu entscheiden (Rn. 206 ff.).

q) Streitigkeiten mit Organmitgliedern, § 2 Abs. 4 ArbGG

300 Gem. § 2 Abs. 4 ArbGG können auch bürgerliche Rechtsstreitigkeiten zwischen juristischen Personen des Privatrechts und Personen, die kraft Gesetzes allein oder als Mitglieder des Vertretungsorgans der juristischen Person zu deren Vertretung befugt sind, vor die Gerichte für Arbeitssachen gebracht werden, **wenn eine entsprechende Gerichtsstandsvereinbarung vorliegt.**

Sinn und Zweck dieser Vorschrift ist es, diesem Personenkreis, der gem. § 5 Abs. 1 S. 3 ArbGG nicht als Arbeitnehmer i.S.d. ArbGG anzusehen ist, zu ermöglichen, ihre Streitigkeiten aus ihren Anstellungsverhältnissen vor die ArbG bringen zu können. 301

§ 2 Abs. 4 ArbGG stellt gegenüber § 38 ZPO eine verdrängende Sonderregelung dar, sodass dessen Voraussetzungen nicht gegeben sein müssen. **Die Zuständigkeit des ArbG kann daher auch mündlich vereinbart oder** – zumindest nach richterlichem Hinweis gem. § 504 ZPO – **durch rügelose Einlassung begründet werden** (Letzteres ist str. GK-ArbGG/*Wenzel* § 2 Rz. 222). 302

Unabhängig von § 2 Abs. 4 ArbGG können Organvertreter, die vor Bestellung zum Organ bereits Arbeitnehmer der juristischen Person waren, Rechtsstreitigkeiten vor den ArbG gem. § 2 Abs. 1 Nr. 3 ArbGG austragen, nachdem ihre Organstellung etwa durch Abruf oder Widerruf geendet hat. Im Zweifel ist anzunehmen, dass das zugrunde liegende Arbeitsverhältnis nur geruht hat und wieder auflebt (*BAG* 9.5.1985 EzA § 5 ArbGG 1979 Nr. 3; vgl. auch *BAG* 21.2.1994 EzA § 2 ArbGG Nr. 28). Etwas anderes kann gelten, wenn ein neuer Dienstvertrag mit verbesserten Arbeitsbedingungen abgeschlossen wurde. In diesem Fall geht das *BAG* (vgl. 28.9.1995 EzA § 5 ArbGG 1979 Nr. 12; 18.12.1996 EzA § 2 ArbGG 1979 Nr. 35) davon aus, dass das Arbeitsverhältnis beendet wurde. 303

Im Falle der rügelosen Einlassung wird eine Zuständigkeit nur dann begründet, wenn das ArbG hierauf gem. § 504 ZPO hingewiesen hat. 304

2. Sachliche Zuständigkeit im Beschlussverfahren

In den in § 2a Abs. 1 ArbGG genannten Fällen ist das ArbG ausschließlich zuständig, wobei gem. § 2a Abs. 2 ArbGG das Beschlussverfahren Anwendung findet. 305

§ 2a ArbGG setzt nicht das Vorliegen einer bürgerlichen Rechtsstreitigkeit voraus. 306

a) Angelegenheiten aus dem Betriebsverfassungsgesetz, § 2a Abs. 1 Nr. 1 ArbGG

§ 2a Abs. 1 Nr. 1 ArbGG begründet eine umfassende Zuständigkeit der ArbG für alle Streitigkeiten aus dem BetrVG, soweit nicht nach den Straf- und Ordnungsvorschriften der §§ 119 bis 121 BetrVG die Zuständigkeit der ordentlichen Gerichte gegeben ist (GK-ArbGG/*Dörner* § 2a Rz. 11). Auch Unterlassungsklagen von Gewerkschaften gegen die Durchführung tarifwidriger Vereinbarungen zwischen den Betriebspartnern sind im Beschlussverfahren geltend zu machen (*BAG* 13.3.2001 EzA § 17a GVG Nr. 13). 307

Über den Wortlaut des § 2a Abs. 1 Nr. 1 ArbGG hinaus, in dem nur von »Angelegenheiten aus dem BetrVG« die Rede ist, werden von der Rechtsprechung auch sonstige betriebsverfassungsrechtliche Streitigkeiten auf Grund von Vorschriften in anderen Gesetzen mit betriebsverfassungsrechtlichem Inhalt unter diese Zuständigkeitsnorm subsumiert, z.B. Streitigkeiten gem. § 17 Abs. 2 KSchG, § 9 ASiG, § 21a JArbSchG, § 14 AÜG. Als Angelegenheiten aus dem BetrVG sind danach auch Streitigkeiten aus einer durch Tarifvertrag geregelten Betriebsverfassung gem. §§ 3 Abs. 1 und 117 Abs. 2 BetrVG anzusehen (*BAG* 5.11.1985 EzA § 117 BetrVG 1972 Nr. 2). 308

Individualansprüche von Arbeitnehmern oder Organmitgliedern der Betriebsverfassung, deren Anspruchsgrundlage sich in den Individualarbeitsverträgen befindet und die nur durch betriebsverfassungsrechtliche Normen im Umfang oder Art ausgeformt worden sind, sind hingegen nicht in Beschlussverfahren, sondern im Urteilsverfahren geltend zu machen (s.o. Rn. 262 f.). 309

Neben § 2a Abs. 1 Nr. 1 ArbGG ergibt sich eine Zuständigkeit der ArbG für die Entscheidung materiellen Betriebsverfassungsrechts aus der **Ziff. 9 des Unterzeichnungsprotokolls zu Art. 56 Abs. 9 ZA-NTS**. Danach sind die deutschen Gerichte für Arbeitssachen im Beschlussverfahren für Streitigkeiten der Betriebsvertretungen der bei den Stationierungsstreitkräften beschäftigten zivilen Arbeitskräfte mit ihren Dienststellen zuständig, auch wenn für diese über Art. 56 Abs. 9 ZA-NTS mit einigen Abweichungen das deutsche BPersVG anstatt des BetrVG Anwendung findet. 310

b) Angelegenheiten aus dem SprAuG, § 2a Abs. 1 Nr. 2 ArbGG

311 Nach § 2a Abs. 1 Nr. 2 ArbGG werden alle Angelegenheiten aus dem SprAuG den ArbG zugewiesen, es sei denn, es handelt sich um Streitigkeiten in Bußgeld oder Strafsachen nach den §§ 35, 36 SprAuG. Die Vorschrift entspricht inhaltlich der des § 2a Abs. 1 Nr. 1 ArbGG.

312 Ist streitig, ob ein Arbeitnehmer leitender Angestellter i.S.d. § 5 Abs. 3 BetrVG ist, handelt es sich um eine Frage aus dem BetrVG, sodass sich die Zuständigkeit aus § 2a Abs. 1 Nr. 1 ArbGG und nicht aus § 2a Abs. 1 Nr. 2 ArbGG ergibt (*BAG* 5.3.1974 EzA § 5 BetrVG 1972 Nr. 7).

c) Mitbestimmungsangelegenheiten, § 2a Abs. 1 Nr. 3 ArbGG

313 Nach § 2a Abs. 1 Nr. 3 ArbGG sind die ArbG für Streitigkeiten aus den Gesetzen, in denen Mitbestimmungsrechte der Arbeitnehmerschaft gegenüber den Arbeitgebern geregelt sind, zuständig, soweit es um die Wahl von Vertretern der Arbeitnehmer in den Aufsichtsrat und ihre Abberufung geht, mit Ausnahme der Abberufung nach § 103 Abs. 3 des AktienG. **Die Zuständigkeit bezieht sich auf die Bestimmungen des MitbestG, des MitbestErgG und des DrittelbG, jedoch nicht auf die des Montan-MitbestG.** Für Streitigkeiten anlässlich der Wahl der Arbeitnehmervertreter im Aufsichtsrat nach dem Montan-MitbestG, nach dem die Arbeitnehmervertreter von der Hauptversammlung der Anteilseigner gewählt werden, sind die ordentlichen Gerichte zuständig.

314 Materiell geht es in diesen Streitigkeiten um Fragen der Anfechtung und Nichtigkeit der Wahl gem. §§ 21, 22 MitbestG, §§ 10, 10 k MitbestErgG sowie § 11 DrittelbG. Daneben sind Streitigkeiten, die sich anlässlich der Wahl von Arbeitnehmervertretern ergeben, ebenfalls von den ArbG zu entscheiden (GMPM-G/*Matthes* § 2a Rz. 67, 68).

315 Für Streitigkeiten aus dem Abberufungsverfahren sind die ArbG insofern zuständig, als sie darüber zu befinden haben, ob das Abberufungsverfahren ordnungsgemäß durchgeführt worden ist und ob die Voraussetzungen für ein solches Verfahren vorliegen, nicht jedoch ob ein Abberufungsgrund gegeben ist, § 12 DrittelbG, § 23 MitbestG, § 10m MitbestErgG.

316 Nicht von § 2a Abs. 1 Nr. 3 ArbGG erfasst sind Streitigkeiten über das Erlöschen eines Aufsichtsratsamtes nach § 24 Abs. 1 MitbestG und § 10n MitbestErgG, da es sich nicht um eine Frage der Wahl oder Abberufung handelt.

d) Angelegenheiten aus den §§ 94, 95, 139 SGB IX, § 2a Abs. 1 Nr. 3a ArbGG

317 Streitigkeiten bzgl. der Wahl, der Amtszeit und der Aufgaben der Schwerbehindertenvertretung sind nun auch kraft gesetzlicher Bestimmung den ArbG zugewiesen. Bereits vor Inkrafttreten dieser Bestimmung am 1.7.2001 nahm das BAG eine Zuständigkeit für diese Angelegenheiten nach § 2a Abs. 1 Nr. 1 ArbGG an (*BAG* 21.9.1989 EzA § 14 SchwbG Nr. 2).

318 Daneben enthält § 2a Abs. 1 Nr. 3a ArbGG eine Zuständigkeitsregelung zugunsten der Arbeitsgerichte bzgl. Angelegenheiten und Streitigkeiten des Werkstattrates, § 139 SGB IX (vgl. Einzelheiten GK-ArbGG/*Dörner* § 2a Rz. 75).

e) Angelegenheiten aus dem Gesetz über Europäische Betriebsräte, § 2 Abs. 1 Nr. 3b ArbGG

319 Die Zuständigkeit besteht nur, sofern die §§ 43–45 dieses Gesetztes keine anderen Gerichte für zuständig erklären (Einzelheiten vgl. GK-ArbGG/*Dörner* § 2a Rz. 76).

f) Entscheidung über die Tariffähigkeit und Tarifzuständigkeit

320 Nach § 2a Abs. 1 Nr. 4 ArbGG haben die ArbG über Streitigkeiten hinsichtlich der Tariffähigkeit und der Tarifzuständigkeit einer Vereinigung zu befinden.

321 Unter **Tariffähigkeit** versteht man die Fähigkeit, Partei eines Tarifvertrages zu sein. Hierfür kommen gem. § 2 Abs. 1 TVG der einzelne Arbeitgeber, Gewerkschaften sowie Vereinigungen von Arbeitgebern in Frage. Obwohl nicht vom Wortlaut der Vorschrift umfasst, der von »Vereinigungen« ausgeht, soll auch der Streit um die Tariffähigkeit eines einzelnen Arbeitgebers gem. § 2a Abs. 1 Nr. 4 ArbGG im Beschlussverfahren entschieden werden (*Schaub* ArbGVerf Rz. 101).

Tarifzuständigkeit ist die Fähigkeit einer tariffähigen Vereinigung, Tarifverträge mit einem bestimmten Geltungsbereich abschließen zu können (*Wiedemann/Oetker* § 2 Rz. 56 ff.). 322

Die Fragen der Tariffähigkeit und Tarifzuständigkeit können nicht inzident als Vorfrage in einem anderen Prozess geklärt werden. Kommt es auf eine solche Streitfrage in einem anderen anhängigen Verfahren an, ist das Verfahren auszusetzen, bis hierüber in dem vor dem ArbG durchzuführenden Beschlussverfahren gem. § 97 ArbGG eine Entscheidung ergangen ist (*BAG* 28.1.2008 EzA § 97 ArbGG 1979 Nr. 9). 323

3. Sachliche Zuständigkeit in sonstigen Fällen, § 3 ArbGG

Die gem. §§ 2 und 2 a ArbGG begründete Zuständigkeit besteht auch dann, wenn ein Rechtsstreit durch einen Rechtsnachfolger oder durch eine Person geführt wird, die kraft Gesetzes oder kraft Vereinbarung anstelle des sachlich Berechtigten oder Verpflichteten hierzu befugt ist. Gleichgültig ist, auf welcher Seite des Rechtsstreits ein Rechtsnachfolger oder eine sonstwie zur Prozessführung befugte Person auftritt. Es können z.B. auch auf beiden Seiten des Rechtsstreits Rechtsnachfolger den Rechtsstreit führen. 324

Der Begriff »Rechtsnachfolge« ist dabei im weitesten Sinne zu verstehen. Er erfasst auch die Sachverhalte, in denen ein Dritter auf Grund seiner gesellschaftsrechtlichen Stellung als Inhaber in Anspruch genommen wird (*BAG* 13.6.1997 EzA § 3 ArbGG 1979 Nr. 1; 15.3.2000 EzA § 3 ArbGG 1979 Nr. 2 hinsichtlich der Inanspruchnahme einer Konzernobergesellschaft).

▶ **Beispiel:** 325
Ein Arbeitnehmer nimmt die Gesellschafter seiner Arbeitgeberin, einer GmbH, im Wege des Durchgriffs in Anspruch (*BAG* 13.6.1997 EzA § 3 ArbGG 1979 Nr. 1).

§ 3 ArbGG knüpft an eine Rechtsnachfolge oder einen Übergang der Verfügungsgewalt vor Einleitung des Streitverfahrens an. **Eine erst im Laufe eines bereits anhängigen Rechtsstreits eintretende Rechtsnachfolge oder Prozessführungsbefugnis berührt die einmal gegebene Zuständigkeit des ArbG nach den §§ 2 und 2 a ArbGG nicht mehr, § 261 Abs. 3 Nr. 2 ZPO.** Für Unterbrechungen und Fortsetzungen des Verfahrens gelten die §§ 239 ff. ZPO. § 3 ArbGG begründet wie die §§ 2, 2 a ArbGG eine ausschließliche, einer Parteivereinbarung entzogene Zuständigkeit der ArbG. 326

Unter Rechtsnachfolge ist sowohl die Universal- als auch eine Singularsukzession kraft Gesetzes zu verstehen (*BAG* 7.10.1981 EzA § 48 ArbGG Nr. 1), als auch die Rechtsnachfolge kraft Rechtsgeschäft. Auch im Fall der Durchgriffshaftung (*BAG* 11.11.1989 EzA § 2 ArbGG 1979 Nr. 10) und im Fall der Inanspruchnahme der Konzernobergesellschaft wendet das BAG § 3 ArbGG an (*BAG* 15.3.2000 EzA § 3 ArbGG 1979 Nr. 2). 327

Beispiele für gesetzliche Universalsukzession: 328

▶ Erbfall, § 1922 BGB;
▶ Verschmelzung von Kapitalgesellschaften, §§ 339 ff. AktG;
▶ Umwandlung einer Kapitalgesellschaft in eine Personengesellschaft, § 1 UmwG.
▶ Klage gegen den Insolvenzverwalter persönlich nach § 61 InsO (*BAG* 9.7.2003 EzA § 2 ArbGG 1979 Nr. 5).
▶ Gläubiger des Arbeitnehmers nach Pfändung von Arbeitslohn, auch bei Pfändung von verschleiertem Arbeitseinkommen nach § 850h ZPO (vgl. Schwab/Weth-*Walker* § 3 Rz. 10).

Beispiele für gesetzliche Singularsukzession: 329

▶ Gesetzlicher Forderungsübergang gem. § 426 Abs. 2 BGB, § 774 BGB, § 6 EFZG, § 187 SGB III oder § 115 SGB X (*BAG* 12.6.1997 EzA § 2 ArbGG 1979 Nr. 38).

330 **Beispiele für rechtsgeschäftliche Rechtsnachfolge:**

- Abtretung von Forderungen, §§ 398 ff. BGB;
- Eintritt eines Gesellschafters in das Geschäft eines Einzelhandelskaufmanns, §§ 25, 28 HGB;
- Schuldübernahme oder Schuldbeitritt, §§ 414 ff. BGB.
- Klage gegen vollmachtlosen Vertreter (§ 179 BGB) auf die Erfüllung von Ansprüchen aus dem Arbeitsverhältnis oder auf Schadenersatz (*BAG* 7.4.2003 EzA § 3 ArbGG 1979 Nr. 4).

331 **Beispiele für gesetzliche Prozessführungsbefugnis:**

- Verfügungsrecht des Insolvenzverwalters gem. § 80 InsO,
- des Testamentsvollstreckers, §§ 2212 f. BGB,
- der BRD für die NATO-Stationierungsstreitkräfte, Art. 56 Abs. 8 des ZA-NTS.

4. Entscheidung über die sachliche Zuständigkeit

332 Für das Vorabentscheidungsverfahren gelten die o. unter Rn. 206 ff. gemachten Ausführungen entsprechend. Bei fehlender sachlicher Zuständigkeit ist die Klage nicht als unzulässig abzuweisen, sondern gem. den § 48 ArbGG i.V.m. §§ 17 ff. GVG an das zuständige Gericht zu verweisen.

IV. Örtliche Zuständigkeit

1. Urteilsverfahren

333 Für das Urteilsverfahren enthält das ArbGG keine eigenständigen Regelungen, mit Ausnahme des § 48 Abs. 1a ArbGG. Über § 46 Abs. 2 ArbGG finden die §§ 12 ff. ZPO entsprechend Anwendung.

a) Allgemeiner Gerichtsstand

334 Der allgemeine Gerichtsstand natürlicher Personen bestimmt sich gem. § 13 ZPO, §§ 7 ff. BGB nach ihrem Wohnsitz. Dies gilt auch für Parteien kraft Amtes, z.B. den Insolvenzverwalter. Für exterritoriale Deutsche bestimmt sich der allgemeine Gerichtsstand nach § 15 ZPO und für wohnsitzlose Personen ist der Gerichtsstand ihres Aufenthaltsortes gem. § 16 ZPO einschlägig.

335 Der allgemeine Gerichtsstand juristischer Personen des privaten und öffentlichen Rechts wird durch ihren Sitz bestimmt, § 17 ZPO. Sofern sich aus den Umständen des Einzelfalls nichts anderes ergibt, ist dies der Sitz an dem Ort, von dem aus die Verwaltung geführt wird. § 17 ZPO ist entsprechend auf parteifähige Prozesssubjekte anzuwenden, die nicht den juristischen Personen zuzurechnen sind, z.B. die OHG oder KG oder die in § 10 ArbGG genannten Gewerkschaften und Arbeitgebervereinigungen.

336 Der allgemeine Gerichtsstand des Fiskus bestimmt sich gem. § 18 ZPO nach dem Sitz der Behörde, die ihn in einem Rechtsstreit vertritt.

b) Gerichtsstand des Erfüllungsortes

337 Im Arbeitsgerichtsverfahren kommt dem Gerichtsstand des Erfüllungsortes nach § 29 Abs. 1 ZPO, d.h. an dem die streitige Verpflichtung aus dem Arbeitsvertrag zu erfüllen ist, eine besondere Bedeutung zu. § 29 Abs. 1 ZPO gilt auch für Rechtsstreitigkeiten aus einem vertragsähnlichen Vertrauensverhältnis oder auf Grund Nachwirkens eines Vertragsverhältnisses. Wo eine streitige Verpflichtung zu erfüllen ist, richtet sich nach materiellem Recht, §§ 269, 270 BGB.

338 Streitig ist, ob die Arbeitsvertragsparteien gem. § 269 BGB hinsichtlich der Erfüllungspflichten aus dem Arbeitsvertrag materiell-rechtlich frei einen Erfüllungsort vereinbaren können, der über § 29 Abs. 1 ZPO dann prozessrechtliche Zuständigkeiten begründet, wenn

es sich bei den Arbeitsvertragsparteien nicht um Vollkaufleute, juristische Personen des öffentlichen Rechts oder öffentlich-rechtliches Sondervermögen handelt, sodass § 38 Abs. 1 ZPO grds. eine Gerichtsstandsvereinbarung nicht zulassen würde (bejahend *Schaub* ArbGVerf § 9 Rz. 14; **a.A.** GMPM-G/*Matthes* § 2 Rz. 154). *Germelmann/Matthes* ist darin zuzustimmen, dass willkürliche materiell-rechtliche Erfüllungsortsvereinbarungen die prozessuale Zuständigkeitsbestimmung des § 29 Abs. 1, Abs. 2 ZPO nicht missbrauchen dürfen. **Materiell-rechtliche Erfüllungsortvereinbarungen sind daher nur dann gem. § 29 Abs. 1 ZPO auch prozessual zuständigkeitsbegründend, wenn sie sich an den tatsächlichen Leistungserbringungsorten nach den konkreten Umständen des Arbeitsverhältnisses orientieren.**

Fehlt es an einer materiell-rechtlichen Vereinbarung, bestimmt sich der Erfüllungsort gem. § 29 Abs. 1 ZPO nach den Umständen und der Natur des Arbeitsverhältnisses. Dabei ist vom Grundsatz her für jede Vertragsleistung der Erfüllungsort gesondert zu bestimmen, z.B. kann der Ort der Beschäftigungspflicht vom Ort der Lohnzahlungspflicht differieren. **339**

I. d. R. werden die Arbeitsvertragsparteien allerdings einen einheitlichen Erfüllungsort für alle gegenseitigen Ansprüche **aus dem Dauerschuldverhältnis »Arbeitsverhältnis«** gewollt haben. **Er liegt am Sitz des Betriebes**, sofern der Arbeitnehmer dort ständig beschäftigt wird (*BAG* 3.12.1985 EzA § 269 ZPO Nr. 1). **Ansonsten kommt es auf den Schwerpunkt des Arbeitsverhältnisses an.** Dies gilt insbes. in den Fällen, in denen Arbeitnehmer an verschiedenen Orten beschäftigt werden, wie z.B. Außendienstmitarbeiter oder Montagearbeiter. **Entscheidungserhebliche Momente sind dabei, wo der Arbeitsvertrag geschlossen wurde, von wo Einsätze gesteuert und Weisungen gegeben werden, von wo aus Berichtspflichten bestehen und wo Zahlungsverpflichtungen erfüllt werden** (*LAG RhPf* 29.11.1984 NZA 1985, 540). **340**

Am Gerichtsstand des Erfüllungsortes können dann alle Streitigkeiten aus dem Vertragsverhältnis gerichtlich ausgetragen werden, seien es Erfüllungsklagen, Bestandsstreitigkeiten oder Feststellungsklagen hinsichtlich der Aufhebung, Umgestaltung oder Inhaltsänderung des Vertragsverhältnisses. **Der Gerichtsstand des Erfüllungsortes bleibt auch nach Beendigung des Arbeitsverhältnisses für Streitigkeiten wegen rückständiger Verpflichtungen maßgeblich** (GMPM-G/*Matthes* § 2 Rz. 156), auch wenn dem in der gerichtlichen Praxis nicht immer Rechnung getragen wird. **341**

Heftig umstritten ist, wo der Erfüllungsort von Arbeitsverhältnissen bei Arbeitnehmern im Außendienst und bei Reisetätigkeit ist, die ihre Tätigkeit von zu Hause aus antreten. In der gerichtlichen Praxis wird teilweise vom Wohnsitz des Arbeitnehmers als Erfüllungsort ausgegangen (*BAG* 12.6.1986 EzA § 269 BGB Nr. 2; *LAG Brem.* 3.9.2003 LAGE § 36 ZPO Nr. 4), zunehmend ein einheitlicher Erfüllungsort i.S.d. § 29 ZPO überhaupt abgelehnt (*ArbG Elmshorn* 13.2.2002 – 4 Ca 2624 e/01; *ArbG Kaiserslautern* 4.12.1997 – 7 Ca 2541/97; *ArbG Mannheim* 20.3.1997 – 2 Ca 11/97; *ArbG Karlsruhe* 5.12.1995 – 2 Ca 505/95; *ArbG Krefeld* 11.7.1997 – 5 Ca 168/97; *ArbG Regensburg* 16.3.1994 NZA 1995, 96; *ArbG Bamberg* 8.11.1994 NZA 1995, 864; vgl. zum Meinungsstand *Ostrop/Zumkeller* NZA 1994, 644; *dies.* NZA 1995, 16; *Schulz* NZA 1995, 14 f.). Mit der Neuregelung in § 48 Abs. 1a ArbGG dürfte sich dieser Meinungsstreit erübrigen (s.u. Rn. 347). **342**

c) Gerichtsstand der Niederlassung

§ 21 ZPO begründet einen besonderen Gerichtsstand der Niederlassung im Gerichtsbezirk des ArbG der Niederlassung nur dann, wenn dort auch Arbeitsverträge abgeschlossen werden (*Schaub* ArbGVerf § 9 Rz. 10). Der Gerichtsstand setzt voraus, dass die Niederlassung die eines Erwerbsunternehmers ist, von gewisser Dauer angelegt ist, einen gewissen sächlichen Bestand aufweist, unter einer selbstständigen Leitung besteht, dass selbstständig Arbeitsverträge abgeschlossen werden dürfen und die Klage einen Bezug zum Geschäftsbetrieb der Niederlassung hat (GMPM-G/*Matthes* § 2 Rz. 158). Strittig ist, ob darüber hinaus **343** auch der Arbeitsvertrag des konkret klagenden Arbeitnehmers in der Niederlassung abgeschlossen worden sein muss. Ausreichend ist dabei, dass die materielle Entscheidung in der Niederlassung getroffen wird, auch wenn ggf. der formale Akt einer Arbeitsvertragsunterzeichnung in der Hauptniederlassung erfolgt (*ArbG Kaiserslautern* 12.8.1999 – 7 Ca 2184/98; str. vgl. GK-ArbGG/*Wenzel* § 2 Rz. 236).

344 Der Gerichtsstand muss zum Zeitpunkt der Klageerhebung bestehen (*Stein-Jonas/Schumann* § 21 Rz. 13).

d) Gerichtsstand der unerlaubten Handlung

345 Bei Klagen aus unerlaubter Handlung ist das Gericht zuständig, in dessen Bezirk die unerlaubte Handlung begangen worden ist, § 32 ZPO. Der Begriff ist weit zu verstehen und umfasst auch Tatbestände der Gefährdungshaftung. Relevant wird dieser Gerichtsstand insbes. bei Klagen des Arbeitgebers hinsichtlich Arbeitskampfmaßnahmen gem. § 2 Abs. 1 Nr. 2 ArbGG.

e) Weitere besondere Gerichtsstände, Gerichtsstand des Arbeitsortes

346 Weitere besondere Gerichtsstände ergeben sich aus dem Gerichtsstand der Widerklage, § 33 ZPO, der Vermögensverwaltung, § 31 ZPO und des Vermögens, § 23 ZPO (vgl. *Schaub* ArbGVerf § 9 Rz. 22 ff.), sowie bei Klagen wegen Verstoßes gegen das Benachteiligungsverbot nach § 15 AGG (s.o. Kap. 2 Rn. 169 ff.) aus § 61b Abs. 2 ArbGG.

347 Mit § 48 Abs. 1a ArbGG wurde der neue Gerichtsstand des Arbeitsortes eingefügt. Für Streitigkeiten nach § 2 Abs. 1 Nr. 3, 4a, 7, 8, 10 sowie Abs. 2 ArbGG ist auch das ArbG zuständig, in dessen Bezirk der Arbeitnehmer gewöhnlich seine Arbeit verrichtet. Ist ein solcher gewöhnlicher Arbeitsort nicht feststellbar, z.B. bei Außendienstmitarbeitern (vgl. Rn. 342), ist auch das ArbG örtlich zuständig, von dessen Bezirk aus der Arbeitnehmer gewöhnlich seine Arbeit verrichtet oder gewöhnlich verrichtet hat. Bei Außendienstmitarbeitern, die ihre Kunden meist von ihrem Wohnsitz aus anfahren, ist damit auch das ArbG des Wohnsitzes des Arbeitnehmers zuständig (vgl. *Franzen/Natter/Riecken* NZA 2008, 377 ff., 378).

f) Gerichtsstandsvereinbarung

aa) § 38 ZPO

348 **Gem. § 38 Abs. 1, 2, 3 ZPO** kann ein an sich örtlich unzuständiges Gericht kraft Gerichtsstandsvereinbarung zwischen den Streitparteien **vor dem Entstehen der Rechtsstreitigkeit** als zuständig vereinbart werden. Dies gilt nach § 46 Abs. 2 ArbGG auch für arbeitsrechtliche Streitigkeiten (*BAG* 15.11.1972 EzA § 38 ZPO Nr. 1).

349 Nach § 38 Abs. 2 ZPO darf eine der beiden Parteien im Inland keinen allgemeinen Gerichtsstand haben, und die Vereinbarung muss schriftlich abgeschlossen worden sein. Hat eine der beiden Parteien einen inländischen allgemeinen Gerichtsstand, so kann für das Inland nur ein Gericht gewählt werden, bei dem diese Partei ihren allgemeinen oder aber auch einen besonderen Gerichtsstand hat.

350 Für Angehörige der dem EUGVVO beigetretenen Länder (s.o. Rn. 196) bestehen gem. Art. 23 EUGVVO vereinfachte Möglichkeiten der Vereinbarung eines örtlich zuständigen Gerichtes, die § 38 Abs. 2 ZPO vorgehen.

351 **Nach dem Entstehen einer Streitigkeit – jedoch vor Rechtshängigkeit, § 261 Abs. 3 Nr. 2 ZPO** – ist eine ausdrücklich schriftlich vereinbarte Gerichtsstandsvereinbarung gem. § 38 Abs. 3 Nr. 1 ZPO ohne die strengen Voraussetzungen des Abs. 2 zulässig.

352 Schließlich ist eine Gerichtsstandsvereinbarung gem. § 38 Abs. 3 Nr. 2 ZPO im Falle der nachträglichen Erschwerung der Rechtsverfolgung möglich. Diese liegt dann vor, wenn die mit der Klage in Anspruch zu nehmende Partei nach Vertragsschluss ihren Wohnsitz oder gewöhnlichen Aufenthaltsort aus dem Geltungsbereich deutscher Gesetze verlegt hat oder

ihren Wohnsitz oder gewöhnlichen Aufenthalt im Zeitpunkt der Klageerhebung nicht bekannt ist. Auch diese Gerichtsstandsvereinbarung muss schriftlich abgefasst werden.

bb) § 48 Abs. 2 ArbGG

Gem. § 48 Abs. 2 ArbGG können die Tarifvertragsparteien darüber hinaus die Zuständigkeit eines an sich örtlich unzuständigen ArbG festlegen, sofern es sich um eine bürgerliche Rechtsstreitigkeit zwischen Arbeitnehmer und Arbeitgeber aus einem Arbeitsverhältnis oder aus Verhandlungen über die Eingehung eines solchen handelt, wenn sich dieses nach einem Tarifvertrag bestimmt oder über bürgerliche Rechtsstreitigkeiten aus dem Verhältnis einer gemeinsamen Einrichtung der Tarifvertragsparteien zu den Arbeitnehmern und Arbeitgebern. **Sinn und Zweck dieser Gerichtsstandsvereinbarung ist es, eine einheitliche Auslegung von Tarifverträgen zu gewährleisten.** Der tariflich vereinbarte Gerichtsstand ist daher, sofern nichts anderes vereinbart ist, regelmäßig ein ausschließlicher. 353

Die Gerichtsstandsvereinbarung gilt nur für tarifgebundene Parteien, § 3 TVG, oder im Falle der Allgemeinverbindlicherklärung des Tarifvertrages (*BAG* 19.3.1975 EzA § 5 TVG Nr. 3). Nach § 48 Abs. 2 S. 2 ArbGG können sich auch nicht tarifgebundene Arbeitsvertragsparteien einer solchen Gerichtsstandsvereinbarung der Tarifvertragsparteien anschließen, wenn sie ihren Arbeitsvertrag voll umfänglich dem Tarifvertrag unterstellen. 354

Streitig ist, ob auch solche Streitigkeiten von der tariflichen Gerichtsstandsvereinbarung erfasst werden, die lediglich auf Grund von Nachwirkungen aus einem Arbeitsverhältnis erwachsen, welches dem einschlägigen Tarifvertrag unterlag, z.B. im Fall von Ruhegeldstreitigkeiten (dafür *Schaub* ArbGVerf § 9 Rz. 29; **a.A.** GK-ArbGG/*Bader* § 48 Rz. 95; GMPM-G/*Germelmann* § 48 Rz. 101). Gegen eine Einbeziehung spricht insbes. der Wortlaut des § 48 Abs. 2 Nr. 1 ArbGG. 355

g) Gerichtsstand der rügelosen Einlassung

Ein an sich örtlich nicht zuständiges ArbG wird infolge rügeloser Einlassung des Beklagten zuständig, wenn er zur Hauptsache mündlich verhandelt, § 39 ZPO. Er muss jedoch zuvor gem. § 504 ZPO belehrt worden sein. Allein ein Verhandeln im Gütetermin ist noch nicht als rügelose Einlassung zu werten, § 54 Abs. 2 S. 3 ArbGG. 356

2. Beschlussverfahren

Im Beschlussverfahren regelt sich die örtliche Zuständigkeit in betriebsverfassungsrechtlichen Streitigkeiten nach § 82 ArbGG. Danach ist das ArbG zuständig, in dessen Bezirk der Betrieb liegt. § 82 Abs. 1 ArbGG knüpft an den im BetrVG verwendeten Betriebsbegriff (s.o. Kap. 12 Rn. 87 ff.) an. Soweit ein Betriebsteil nach § 4 BetrVG als selbstständiger Betrieb gilt, ist das ArbG zuständig, in dessen Bezirk der Betriebsteil liegt. Nicht auf den Sitz des Betriebes, sondern des Unternehmens kommt es für die Zuständigkeit in Angelegenheiten des Gesamtbetriebsrats, des Konzernbetriebsrats, der Gesamtjugendvertretung, des Wirtschaftsausschusses und der Vertretung der Arbeitnehmer im Aufsichtsrat an (MünchArbR/*Brehm* § 389 Rz. 82). 357

Die Bestellung der inländischen Arbeitnehmervertreter im Europäischem Betriebsrat einer gemeinschaftsweiten Unternehmensgruppe mit Sitz des herrschenden Unternehmens im Ausland nach § 18 Abs. 2, § 23 Abs. 3 lit. a) EBRG ist eine Angelegenheit des Gesamtbetriebsrats i.S.v. § 82 Abs. 1 S. 2 ArbGG. Für Streitigkeiten über die Rechtmäßigkeit der Bestellung ist das Arbeitsgericht örtlich und international zuständig, in dessen Bezirk das nach Zahl der wahlberechtigten Arbeitnehmer größte Unternehmen, bei dem ein Gesamtbetriebsrat gebildet ist, seinen Sitz hat (*BAG* 18.4.2007 EzA § 82 ArbGG 1979 Nr. 2). 358

Bei § 82 ArbGG handelt es sich um eine ausschließliche Zuständigkeitsregelung, die von den Verfahrensbeteiligten nicht abbedungen werden kann. 359

Bei Streitigkeiten über die Tariffähigkeit einer Vereinigung oder die Tarifzuständigkeit gem. § 2a Abs. 1 Nr. 3 ArbGG richtet sich die örtliche Zuständigkeit nach dem Sitz der Vereinigung, § 17 ZPO, um deren Tariffähigkeit oder Tarifzuständigkeit es geht. 360

3. Entscheidungen über die örtliche Zuständigkeit

361 Die ArbG haben über die örtliche Zuständigkeit in beiden Verfahrensarten, Urteils- und Beschlussverfahren, gem. § 48 ArbGG i.V.m. §§ 17 ff. GVG bzw. § 80 Abs. 3 ArbGG i.V.m. § 48 Abs. 1 ArbGG i.V.m. §§ 17 ff. GVG von Amts wegen zu befinden (s.o. Rn. 205 ff.). Besteht Streit über die örtliche Zuständigkeit oder geht das ArbG von einer örtlichen Unzuständigkeit aus, wird über diese Frage im Vorabentscheidungsverfahren gem. § 17a Abs. 2, Abs. 3, Abs. 4 GVG befunden. Eine Abweisung der Klage als unzulässig wegen fehlender örtlicher Zuständigkeit ist nicht möglich. Der Rechtsstreit ist an das zuständige örtliche ArbG von Amts wegen zu verweisen. Dies gilt auch im Beschlussverfahren nach § 80 Abs. 3 ArbGG, der auf § 48 ArbGG und damit auf die §§ 17 ff. GVG verweist (**a.A.** *Schaub* ArbGVerf § 9 Rz. 39; wie hier GMPM-G/*Matthes* § 82 Rz. 4).

362 Der Beschluss wird, sofern er nicht erst in der streitigen Verhandlung ergeht, vom Vorsitzenden allein erlassen, §§ 48 Abs. 1 Nr. 2, 55 Abs. 1 Nr. 7 ArbGG. Er kann i.d.F., sofern notwendig, auch alleine Beweisaufnahmen zur Ermittlung der notwendigen Feststellungen zur Bestimmung der örtlichen Zuständigkeit durchführen. Dies ergibt sich daraus, dass unter streitiger Verhandlung i.S.d. § 55 Abs. 1 ArbGG nur die Verhandlung zu verstehen ist, in der auch die Anträge nach § 137 Abs. 1 ZPO gestellt werden und in der auch zur Sache entschieden werden kann (vgl. GK-ArbGG/*Schütz* § 55 Rz. 7). Das Vorabentscheidungsverfahren nach § 17a GVG ist aber grundsätzlich »vorab« durchzuführen, i.d.R. noch vor dem Gütetermin, wenn die örtliche Zuständigkeit bereits wie regelmäßig unmittelbar nach Klagezustellung gerügt wurde und damit außerhalb der streitigen Verhandlung. Diese darf auch erst nach dem obligatorischen Gütetermin angesetzt werden. Der Beschluss ist unanfechtbar, § 48 Abs. 1 Nr. 1 ArbGG (vgl. *LAG Hessen* 14.2.2002 EzA § 48 ArbGG 1979 Nr. 15).

V. Ausschluss der Arbeitsgerichtsbarkeit

363 Nach § 4 ArbGG kann die sachliche Zuständigkeit der ArbG im Urteilsverfahren gem. § 2 Abs. 1, 2 ArbGG – **nicht jedoch gem. Abs. 3 und Abs. 4** – nach Maßgabe der §§ 101 bis 110 ArbGG ausgeschlossen werden. Eine Durchbrechung der ausschließlichen Zuständigkeit ist nach dem eindeutigen Wortlaut nur im Urteils- und nicht im Beschlussverfahren möglich.

364 Dem widerspricht auch nicht, dass nach § 76 BetrVG bei Meinungsverschiedenheiten zwischen Arbeitgeber und Betriebsrat eine Einigungsstelle angerufen werden kann bzw. nach Maßgabe der einzelnen gesetzlichen Bestimmungen im BetrVG angerufen werden muss. Bei dem Verfahren vor der Einigungsstelle handelt es sich lediglich um ein innerbetriebliches Vorverfahren, das die staatliche Gerichtsbarkeit nicht verdrängt, § 76 Abs. 7 BetrVG. Entscheidungen der Einigungsstelle unterliegen der gerichtlichen Kontrolle. Für Regelungsstreitigkeiten ist dies in § 76 Abs. 5 BetrVG ausdrücklich festgeschrieben. Sofern Arbeitgeber und Betriebsrat im Rahmen des § 76 Abs. 6 BetrVG darüber hinaus vereinbaren, dass eine Einigungsstelle über Rechtsfragen entscheiden soll, ist eine solche Abrede nur dann zulässig, wenn gegen die Entscheidung der Einigungsstelle die Anrufung des ArbG möglich sein soll. Ansonsten würde es sich um eine unzulässige Vereinbarung eines Schiedsgerichts handeln (vgl. *BAG* 20.11.1990 EzA § 76 BetrVG 1972 Nr. 55).

365 **Im Bereich des Handwerks** können die Handwerksinnungen für Streitigkeiten zwischen Ausbildenden und Auszubildenden Ausschüsse bilden, vor denen ein Vorverfahren durchzuführen ist, § 111 Abs. 2 ArbGG, bevor Klage beim ArbG erhoben werden kann (s.u. Kap. 15 Rn. 30 ff.). Die Durchführung dieses Vorverfahrens ist Prozessvoraussetzung für eine Verhandlung vor dem ArbG. Im Übrigen wird die Zuständigkeit der Arbeitsgerichtsbarkeit jedoch nicht berührt. In anderen Bereichen können die zuständigen Stellen i.S.d. BBiG Ausschüsse bilden, § 111 Abs. 2 S. 1 ArbGG (s.u. Kap. 15 Rn. 31).

366 § 111 Abs. 1 ArbGG enthält eine abdrängende Sonderzuständigkeit der Seemannsämter nach dem SeemG.

VI. Bestimmung des zuständigen Gerichts

Kommt es zwischen verschiedenen Gerichten zum Streit über die Zuständigkeit, ist das zuständige Gericht gem. den §§ 36, 37 ZPO zu bestimmen. Für die Entscheidung zuständig ist das im Rechtszug nächst höhere Gericht, d.h. bei ArbG des gleichen Landesarbeitsgerichtsbezirks das LAG. Streiten zwei Arbeitsgerichte verschiedener LAG-Bezirke um die Frage der örtlichen Zuständigkeit, § 36 Abs. 1 Nr. 6 ZPO, entscheidet nach § 36 Abs. 2 ZPO das LAG, zu dessen Bezirk das zuerst mit der Sache befasste Gericht gehört. Im Fall des § 36 Abs. 1 Nr. 3 ZPO ist § 36 Abs. 2 ZPO dahingehend entsprechend auszulegen, dass das LAG, zu dessen Bezirk das zuerst angegangene ArbG gehört, für die Entscheidung zuständig ist (*Reinecke* FA 1998, 210). Bei Kompetenzkonflikten zwischen ArbG und ordentlichen Gerichten ist nach Ansicht des BAG das oberste Bundesgericht zuständig, das als Erstes angegangen wird (*BAG* 6.1.1971 AP Nr. 8 zu § 36 ZPO; 22.7.1998 EzA § 36 ZPO Nr. 28; 13.1.2003 EzA § 36 ZPO Nr. 29). 367

In der Praxis der häufigste Fall der Gerichtsbestimmung ist der sog. negative Kompetenzkonflikt, d.h. wenn sich verschiedene Gerichte, von denen eines für den Rechtsstreit tatsächlich zuständig ist, rechtskräftig für unzuständig erklärt haben, § 36 Nr. 6 ZPO. 368

Die Entscheidung des bestimmenden Gerichts ergeht durch Beschluss, § 329 ZPO. Das Gericht hat grds. die bindende Wirkung eines Verweisungsbeschlusses gem. § 17a GVG zu beachten und darf nur bei **offensichtlich rechtsfehlerhafter Gesetzesanwendung** dem Verweisungsbeschluss entgegentreten. 369

Beispiele: 370

- Der Grundsatz der Gewährung des rechtlichen Gehörs wurde vor der Verweisung missachtet (*BAG* 27.10.1992 EzA § 17a GVG Nr. 2);
- der Verweisungsbeschluss erging offensichtlich gesetzwidrig, da sich das weiter verweisende Gericht über die vom Kläger oder vom verweisenden Gericht nach § 17a Abs. 2 S. 2 GVG unter mehreren zuständigen Gerichten getroffene Wahl hinweggesetzt hat (*BAG* 14.1.1994 EzA § 36 ZPO Nr. 19);
- das ArbG hat nicht in voller Besetzung unter Hinzuziehung der ehrenamtlichen Richter gem. § 48 Abs. 1 S. 2 ArbGG, sondern durch den Vorsitzenden allein den Verweisungsbeschluss erlassen;
- das Arbeitsgericht hat auf Grund falscher Angaben des Klägers über den (Wohn)Sitz des Beklagten geirrt (*BAG* 11.11.1996 EzA § 36 ZPO Nr. 25).
- Verweisungsbeschluss ignoriert ohne Argumentation ständige Rspr. und h.M. in der Lit. (*BAG* 28.2.2006 EzA § 36 ZPO 2002 Nr. 4).
- Verweisungsbeschluss erging vor Rechtshängigkeit der Klage (*BAG* 9.2.2006 EzA § 36 ZPO 2002 Nr. 3 = NZA 2006, 454 ff.).

VII. Funktionelle Zuständigkeit

Die funktionelle Zuständigkeit regelt, wer an einem ArbG welche Tätigkeiten zu erledigen hat. In der Arbeitsgerichtsbarkeit ist dabei die Abgrenzung der Befugnisse des Vorsitzenden gegenüber der Kammer (s.o. Rn. 104 ff.), die Abgrenzung einzelner Kammern untereinander, insbes. von Fachkammern (s.o. Rn. 23 f.) und die Abgrenzung der Kompetenzen zwischen Richtern und Rechtspflegern und den Urkundsbeamten von Bedeutung. 371

Kapitel 14
Urteils- und Beschlussverfahren

Übersicht

A. Urteilsverfahren

I. Rechtsnatur

1 Beim Urteilsverfahren handelt es sich um einen Zivilprozess, auf den grds. die Vorschriften der ZPO anwendbar sind. Dies ergibt sich aus den Verweisungen auf die ZPO in den §§ 46 Abs. 2, 64 Abs. 6 und 72 Abs. 5 ArbGG. Die Bestimmungen der ZPO sind allerdings nur dann anwendbar, wenn das ArbGG keine besonderen Bestimmungen bzgl. des Verfahrens enthält.

2 Das Urteilsverfahren findet in den in § 2 ArbGG enumerativ aufgezählten bürgerlichen Rechtsstreitigkeiten statt (s.o. Kap. 13 Rn. 230 ff.).

II. Die Parteien

1. Parteifähigkeit

a) Allgemeines

3 Parteien sind die in der Klageschrift bezeichneten Personen, also diejenigen, von denen und gegen die staatliche Rechtsschutzhandlungen im eigenen Namen begehrt wird (**formeller Parteibegriff**; *Zöller/Vollkommer* Vor § 50 Rz. 2).

Parteien können weder **Zeuge**, §§ 373–401 ZPO i.V.m. § 46 Abs. 2 ArbGG noch **Streitgehilfe** sein, § 66 ZPO i.V.m. § 46 Abs. 2 ArbGG.

Vor Erhebung einer Klage sollte unter prozesstaktischen Erwägungen stets geprüft werden, wer klagen und wer verklagt werden soll: 4
- Mitverklagen unbequemer Zeugen (vorher prüfen, ob nach Beweislastverteilung überhaupt sinnvoll!); spätere Klageerweiterung
- Forderungsabtretung
- Klage nur eines Gesamt- oder Mitgläubigers
- gewillkürte Prozessstandschaft
- Widerklage

b) Begriff

Parteifähigkeit ist die Fähigkeit, Partei eines Rechtsstreites zu sein (GMPM-G/*Matthes* § 10 Rz. 3; Schwab/Weth-*Weth* § 10 Rz. 1 ff.). Gem. § 50 ZPO ist parteifähig, wer rechtsfähig ist. 5

Handwerksinnungen, Handwerksinnungsverbände, Kreishandwerkerschaften und Handwerkskammern sind parteifähig. Handwerksinnungen, Kreishandwerkerschaften und Handwerkskammern sind als Körperschaften des öffentlichen Rechts, §§ 53, 89, 90 HandwO, rechtsfähig, die Handwerksinnungsverbände als juristische Personen des privaten Rechtes, § 80 S. 1 HandwO.

Im arbeitsgerichtlichen Urteilsverfahren erweitert § 10 ArbGG die Parteifähigkeit. Ungeachtet ihrer Rechtsform sind **Gewerkschaften, selbstständige tariffähige Ortsvereine** sowie die **Spitzenorganisationen der Gewerkschaften und Arbeitgeberverbände** parteifähig, – **nicht hingegen der Betriebsrat**. 6

c) Probleme

aa) Richtiger Kläger/richtiger Beklagter

Besondere Sorgfalt ist darauf zu richten, dass die Klage gegen den richtigen und genau bezeichneten Gegner gerichtet wird. Nachlässigkeiten können zu prozessualen und sonstigen Nachteilen (z.B. keine fristunterbrechende rechtzeitige Zustellung) oder Problemen bei der Zwangsvollstreckung führen (zu Anwaltshaftung s. *Chab* AnwBl 2009, 139). Schwierigkeiten können insbesondere bei einer Klage gegen den Arbeitgeber auftreten, wenn dieser keine natürliche Person ist. 7

Die Klageschrift muss die »Bezeichnung der Parteien« enthalten (§ 253 Abs. 2 Nr. 1 ZPO). Die gesetzlichen Vertreter juristischer Personen oder parteifähiger Handelsgesellschaften sollen genau bezeichnet werden, §§ 253 Abs. 4, 130 ZPO. Ein Verstoß gegen die bloße Sollvorschrift des § 130 ZPO führt zwar nicht zu einer unwirksamen Klageerhebung, möglicherweise jedoch zu Nachteilen (*Gift/Baur* D/Rz. 4). Eine ungenaue Bezeichnung der gesetzlichen Vertreter kann Zweifel wecken, an wen gem. § 171 ZPO zuzustellen ist, dadurch Verzögerungen der Zustellung verursachen und zu Schwierigkeiten bei der Vollstreckung aus einem Titel führen (KR-*Friedrich* § 4 KSchG Rz. 152). Eine Auslegung einer ungenauen Parteibezeichnung wird bei nicht korrekt benannten gesetzlichen Vertretern oder persönlich haftenden Gesellschaftern erschwert. 8

Die GmbH vertritt der (die) Geschäftsführer, § 35 GmbHG, die Aktiengesellschaft der Vorstand, § 78 Abs. 1 AktG, bei Prozessen gegen Mitglieder des Vorstandes der Aufsichtsrat, § 112 AktG, soweit nicht besondere Vertreter gem. § 147 AktG bestimmt sind, die OHG die Gesellschafter, §§ 125 ff. HGB, die KG der (die) Komplementär(e), §§ 161 Abs. 2, 170 HGB, die KG a.A. die persönlich haftenden Gesellschafter, § 278 Abs. 2 AktG, die Genossenschaft der Vorstand, § 24 GenG, Vereine der Vorstand, § 26 Abs. 2 BGB ebenso Stiftungen, § 86 BGB. Bei Liquidationsgesellschaften ordnen die jeweiligen Vorschriften besondere Vertretungsverhältnisse an. 9

(1) Gesellschaft bürgerlichen Rechts – Passivrubrum

10 **Nach der Rechtsprechungsänderung des BGH** (*BGH* 29.1.2001 EzA § 50 ZPO Nr. 4) ist die (Außen-) GbR soweit sie durch Teilnahme am Rechtsverkehr eigene Rechte und Pflichten begründet aktiv und passiv parteifähig. Die Gesellschafter haften – vergleichbar der Haftung bei der OHG – akzessorisch. Im Passivprozess ist es wegen der persönlichen Gesellschafterhaftung für den Kläger – wie bei der OHG – ratsam, neben der Gesellschaft auch die Gesellschafter persönlich zu verklagen (*BGH* 29.1.2001 EzA § 50 ZPO Nr. 4).

11 **Muster:**

gegen

1. die Bau-ARGE, Bahnhofstraße 22, 67655 Kaiserslautern, vertreten durch ihre Gesellschafter Peter Müller und Fritz Meyer, ebenda

– Beklagte zu 1 –

2. den persönlich haftenden Gesellschafter Peter Müller, Bahnhofstraße 22, 67655 Kaiserslautern

– Beklagter zu 2 –

3. den persönlich haftenden Gesellschafter Fritz Meyer, Bahnhofstraße 22, 67655 Kaiserslautern

– Beklagter zu 3 –

12 Angehörige freier Berufe können zur gemeinschaftlichen Berufsausübung die besondere Gesellschaftsform der Partnerschaft wählen. Die Partnerschaft ist voll rechtsfähig und damit parteifähig (*Zöller/Vollkommer* § 50 Rz. 20). Werden zunächst sämtliche Partner verklagt, so gilt dies lediglich als falsche Parteibezeichnung, so dass eine Berichtigung des Beklagtenrubrums möglich ist (*BAG* 1.3.2007 EzA § 4 KSchG n.F. Nr. 76).

(2) OHG/KG – Passivrubrum

13 Eine OHG/KG kann unter ihrer Firma verklagt werden, §§ 124 Abs. 1, 161 Abs. 2 HGB. Sie sind also parteifähig und die Firma ist die anzugebende Parteibezeichnung. In das Gesellschaftsvermögen kann nur aus einem gegen die Gesellschaft ergangenen Titel vollstreckt werden, § 124 Abs. 2 HGB. Bei einer Klage gegen eine OHG/KG sollten **alle – persönlich haftenden – Gesellschafter** aufgeführt werden. Bei Zweifeln an der Liquidität der Gesellschaft sollten die Gesellschafter persönlich mitverklagt werden, um in das Privatvermögen vollstrecken zu können, § 129 Abs. 4 HGB (*Gravenhorst* JurisPR-ARBR 17/2006 ANM. 6).

14 **Muster:**

gegen

die Werbe OHG, Hauptstraße 13, 67655 Kaiserslautern, vertreten durch ihre Gesellschafter X und Y, ebenda – Beklagte 1 –

gegen

1. die Werbe KG, Hauptstraße 13, 67655 Kaiserslautern, vertreten durch ihre persönlich haftenden Gesellschafter X und Y, ebenda

– Beklagte zu 1 –

2. den persönlich haftenden Gesellschafter X, Hauptstraße 13, 67655 Kaiserslautern

– Beklagter zu 2 –

3. den persönlich haftenden Gesellschafter Y, Hauptstraße 13, 67655 Kaiserslautern

– Beklagter zu 3 –

Der persönlich haftende Gesellschafter einer Kommanditgesellschaft ist neben der Kommanditgesellschaft Arbeitgeber i.S.d. § 2 Abs. 1 Nr. 3 ArbGG (*BAG* 28.2.2006 EzA § 36 ZPO 2002 Nr. 4).

(3) GmbH – Passivrubrum

Vor Erhebung einer Klage gegen eine GmbH empfiehlt es sich, in Zweifelsfällen zu prüfen, ob die GmbH überhaupt **im Handelsregister eingetragen** ist (Muster s.u. Rn. 88). Die Eintragung hat konstitutive Wirkung für das Entstehen einer GmbH, §§ 11, 13 GmbHG. Zwecks Meidung eines Rechtsanwaltsregresses sollte auch der Prozessbevollmächtigte auf Beklagtenseite ggf. die **Parteifähigkeit einer klagenden GmbH durch Einsichtnahme in das Handelsregister überprüfen**. Der/Die vertretungsberechtigte(n) Geschäftsführer einer GmbH sollte(n) zutreffend namentlich bezeichnet werden. 15

Muster: 16

gegen

die Werbe GmbH, Hauptstraße 13, 67655 Kaiserslautern, gesetzlich vertreten durch ihren alleinvertretungsberechtigten Geschäftsführer X, ebenda

– Beklagte –

Im **Streit über die Partei- und Prozessfähigkeit einer beklagten GmbH** wird diese als parteifähig behandelt, da anderenfalls kein Rechtsstreit über die Frage der Partei- und Prozessfähigkeit geführt werden könnte (*BAG* 22.3.1988 EzA § 50 ZPO Nr. 2; 19.3.2002 EzA § 50 ZPO Nr. 5). Wird eine beklagte GmbH während eines Kündigungsrechtsstreites aufgelöst, verliert sie nicht ihre Parteifähigkeit (*BAG* 9.7.1981 EzA § 50 ZPO Nr. 1). Der Arbeitnehmer hat ein schutzbedürftiges Interesse an der Entscheidung des Rechtsstreites, weil das Ergebnis für seinen weiteren Berufsweg erhebliche Auswirkungen haben kann. Eine nach § 141a FGG von Amts wegen gelöschte GmbH ist gleichwohl über vermögensrechtliche Ansprüche parteifähig, deren Bestehen sich erst nach der Löschung herausstellt (*BAG* 19.3.2002 EzA § 50 ZPO Nr. 5). Auch im Passivprozess bleibt die GmbH parteifähig, wenn sie wegen Vermögenslosigkeit oder nach vollzogener Liquidation im Handelsregister gelöscht worden ist und der Kläger substantiiert behauptet, die GmbH habe noch Aktivvermögen (*BAG* 25.9.2003 EzA § 50 ZPO 2002 Nr. 2). Eine Auskunftsklage kann fortgeführt werden, wenn die GmbH im Zeitpunkt der Löschung durch einen Prozessbevollmächtigten vertreten war (*BAG* 4.6.2003 EzA § 50 ZPO 2002 Nr. 1). 17

(4) GmbH & Co. KG – Passivrubrum

Muster: 18

gegen

die Bau GmbH & Co. KG, Hauptstraße 111, 67655 Kaiserslautern, vertreten durch ihre alleinvertretungsberechtigte Komplementärin, die B-Vertriebs-GmbH, diese vertreten durch ihren Geschäftsführer W, ebenda

– Beklagte –

Fehlt die korrekte Bezeichnung »vertreten durch die Komplementärin« schadet das nach Auffassung des *BGH* (29.6.1993 NJW 1993, 2811) nicht, sofern die Geschäftsführer namentlich aufgeführt sind. Zustellungen haben nicht an die GmbH als persönlich haftende Gesellschafterin zu erfolgen, sondern an deren Geschäftsführer. Sind die Geschäftsführer namentlich bezeichnet, besteht kein Zweifel, an wen zuzustellen ist. 19

20 Da erfahrungsgemäß bei Klagen gegen eine GmbH & Co. KG häufig in der Zwangsvollstreckung Schwierigkeiten auftreten, empfiehlt es sich in Zweifelsfällen, zugleich die **Komplementärin** im Wege der subjektiven Klagehäufung gem. § 161 Abs. 2 i.V.m. § 128 Satz 1 HGB zu **verklagen**, s.o. L/Rz 11. Die persönlich haftende Gesellschafterin einer Kommanditgesellschaft ist Arbeitgeberin i.S.d. § 2 Abs. 1 Nr. 3 ArbGG (*BAG* 1.3.1993 EzA ArbGG 1979 § 2 Nr. 24).

(5) AG – Passivrubrum

21 **Muster:**
gegen

die Energie-Versorgungs-Aktiengesellschaft, Energiestraße 13, 67655 Kaiserslautern, gesetzlich vertreten durch den Vorstand D und Dipl.-Ing. W, ebenda

– Beklagte –

(6) Genossenschaft – Passivrubrum

22 **Muster:**
gegen

die Sparbank eG, Hauptstraße 1, 67655 Kaiserslautern, gesetzlich vertreten durch den Vorstand D und Dipl.-Kaufmann M., ebenda

– Beklagte –

(7) NATO – Truppen – Passivrubrum

23 (s.o. Kap. 1 Rn. 237 f.; Kap. 13 Rn. 191; s.u. Rn. 51)

(8) Fiskus – Passivrubrum

24 **Muster:**
gegen

das Finanzamt Kaiserslautern, Eisenbahnstraße 56, 67655 Kaiserslautern, vertreten durch seinen Leiter, ebenda

– Beklagte –

(9) Bundesagentur für Arbeit – Passivrubrum

25 **Muster:**
gegen

die Bundesagentur für Arbeit, vertreten durch den Vorstand

– Beklagte –

(10) Insolvenzverwalter – Passivrubrum

Der Insolvenzverwalter ist Partei kraft Amtes (str., anders Vertretertheorie, s. i.E. *Zöller/ Vollkommer* § 51 Rz. 7). 26

- **Rückständiges Arbeitsentgelt bei Verfahrenseröffnung** 27
  Bei einem Rechtsstreit um derartige Ansprüche liegt ein Fall gesetzlicher Prozessstandschaft vor; § 80 InsO.
- **Masseverbindlichkeiten nach §§ 55 Abs. 1 Nr. 2, 209 Abs. 1 Nr. 2, 3 InsO** 28
  Für Rechtsstreitigkeiten über derartige Masseverbindlichkeiten sowie betriebsverfassungsrechtliche Streitigkeiten ist der Insolvenzverwalter als Arbeitgeber Partei (*Zwanziger* Das Arbeitsrecht der Insolvenzordnung, 2. Aufl., Rz. 92 ff.) ebenso wie bei Auseinandersetzungen über eine von ihm ausgesprochene Kündigung (*Berrisch* FA 2008, 197).

Muster: 29

gegen

den Rechtsanwalt R, Hauptstraße 1, 67655 Kaiserslautern als Insolvenzverwalter über das Vermögen der GmbH & Co. KG, Sauerwiese 111, 67655 Kaiserslautern

– Beklagte –

Ordnet das Insolvenzgericht Eigenverwaltung an, behält der Schuldner die Prozessführungsbefugnis (*BAG* 8.5.2008 – 6 AZR 517/07 – FA 2008, 286 LS). Gemäß § 270 Abs. 1 InsO bleibt er nämlich berechtigt, unter Aufsicht eines Sachwalters die Insolvenzmasse zu verwalten. 30

(11) Ausländische Kapitalgesellschaften

Der Rechtsanwalt des Beklagten sollte **vorsorglich die Parteifähigkeit einer klagenden ausländischen Kapitalgesellschaft bestreiten**; das Gericht muss diese dann von Amts wegen prüfen, § 56 ZPO i.V.m. § 46 Abs. 2 ArbGG. Auslandsgesellschaften behalten nach der europarechtlichen Gründungstheorie auch nach Verlegung des Verwaltungssitzes nach Deutschland ihre Rechtspersönlichkeit und Parteifähigkeit (*Zöller/Vollkommer* § 50 Rz. 21a). Beispiele für parteifähige Auslandsgesellschaften sind insbesondere die britische **»private limited company«** (*BGH* 14.3.2005 NJW 2005, 1648) und die niederländische **»BV«** (*BGH* 13.3.2003 NJW 2003, 1461). 31

(12) Arbeitnehmerüberlassung/Leiharbeit

Der Verleiher bleibt bei nach § 1 AÜG erlaubter Arbeitnehmerüberlassung Arbeitgeber. Fehlt die erforderliche Erlaubnis, fingiert § 10 Abs. 1 AÜG ein Arbeitsverhältnis zwischen Entleiher und Leiharbeitnehmer (s.o. Kap. 3 Rn. 4519 ff.). 32

(13) Betriebsübergang

- **Arbeitgeber** 33
  Eine Klage ist nach der Rechtsprechung des BAG grds. gegen den **Arbeitgeber** zu richten, der kündigte (*BAG* 26.5.1983 EzA § 613a BGB Nr. 34; 27.9.1984 EzA § 613a BGB Nr. 40; *Küttner/Kreitner* Personalbuch 1998 Betriebsübergang, Rz. 89 ff.; *Kreitner* FA 1998, 3; vgl. zum Auflösungsantrag gem. §§ 9, 10 KSchG: *BAG* 20.3.1997 EzA § 613a BGB Nr. 148). Erfolgt der Betriebsübergang (vgl. hierzu *Worzalla* FA 1998, 44; *Annuß* NZA 1998, 70; *ders.* BB 1998, 1582) erst nach der Klageerhebung, wirkt die Rechtskraft eines Urteils gegen den alten Arbeitgeber gem. § 325 ZPO auch gegen den neuen Arbeitgeber. Hingegen scheidet eine Rechtskrafterstreckung bei einem Betriebsübergang nach Kündigung, aber vor Klageerhebung, aus; ein erstrittener Titel ist gegenüber dem Betriebserwerber wirkungslos. Der Rechtsanwalt des Arbeitnehmers sollte daher sorgfältig prüfen, ob er

den Betriebsveräußerer und/oder den Betriebserwerber verklagt, um schnellstmöglich und Kosten sparend die rechtlichen Interessen seines Mandanten durchzusetzen.
Zu differenzieren ist zunächst danach, ob der Betriebsveräußerer oder der Betriebserwerber kündigte und ob im Zeitpunkt der Klageerhebung der Betriebsübergang bereits stattgefunden hatte. Ein Betriebsübergang tritt mit dem Wechsel in der Person des Inhabers des Betriebs ein. Einer besonderen Übertragung einer Leitungsmacht bedarf es daneben nicht. Der bisherige Inhaber muss seine wirtschaftliche Betätigung in dem Betrieb/-steil einstellen und der neue Inhaber den Betrieb tatsächlich führen (*BAG* 12.11.1998 EzA § 613a BGB Nr. 170).

34 ▶ **Kündigung durch Betriebserwerber**
Kündigt der Betriebserwerber vor Betriebsübergang und erhebt der Arbeitnehmer vor Betriebsübergang Klage, so ist die Klage gegen den Betriebsveräußerer als Arbeitgeber im Zeitpunkt der Klageerhebung zu richten. Der nach Klageerhebung erfolgende Betriebsübergang hat gem. § 265 Abs. 2 ZPO keinen Einfluss auf den Prozess; die Rechtskraft eines Urteils erstreckt sich nach § 325 BGB auf den neuen Arbeitgeber, der Titel kann gem. § 727 ZPO umgeschrieben werden. Einer isolierten Feststellungsklage gegen den Betriebsveräußerer nach Betriebsübergang fehlt grds. das **Rechtsschutzbedürfnis**, da eine Rechtskraftwirkung gem. § 325 ZPO gegenüber dem Betriebserwerber nicht eintritt (*Hillebrecht* NZA 1989 Beil. 4, S. 14, 19). Dient eine Klage nur der Vorbereitung der Durchsetzung von Ansprüchen aus § 613a BGB gegen den Betriebserwerber, geht es nach Auffassung des *BAG* (16.3.1989 – 2 AZR 726/87 – n.v.) um eine überflüssige Prozessführung.
Kündigt der Betriebserwerber nach Betriebsübergang, ist die Klage gegen ihn zu richten.

35 ▶ **Kündigung des Betriebsveräußerers**
Kündigt der Betriebsveräußerer vor Betriebsübergang und wird Klage vor Betriebsübergang erhoben, so ist die Klage gegen den Betriebsveräußerer zu richten. Der nach Klageerhebung erfolgende Betriebsübergang hat gem. § 265 Abs. 2 ZPO keinen Einfluss auf den Prozess; die Rechtskraft eines Urteils erstreckt sich nach § 325 BGB auf den neuen Arbeitgeber, der Titel kann gem. § 727 ZPO umgeschrieben werden.
Kündigt der Betriebsveräußerer vor Betriebsübergang und wird Klage nach Betriebsübergang erhoben, so ist für die Klärung der Wirksamkeit der Kündigung der Betriebsveräußerer auch nach dem Betriebsübergang passivlegitimiert (*BAG* 18.3.1999 EzA § 613a BGB Nr. 179). Wird in dem Kündigungsrechtsstreit zwischen Arbeitnehmer und Betriebsveräußerer rechtskräftig die Unwirksamkeit der von diesem ausgesprochenen Kündigung wegen Betriebsübergangs festgestellt, findet aber § 325 ZPO im Verhältnis zu dem Betriebserwerber weder unmittelbare noch entsprechende Anwendung, weil der Betriebsübergang vor Eintritt der Rechtshängigkeit vollzogen wurde (*BAG* 18.2.1999 EzA § 613a BGB Nr. 176). Es empfiehlt sich daher, nicht nur eine Kündigungsschutzklage gem. § 4 KSchG gegen den kündigenden Betriebsveräußerer zu richten, sondern im Wege der subjektiven Klagehäufung auch eine allgemeine Feststellungsklage nach § 256 ZPO gegen den (möglichen) Betriebserwerber.
Kündigt der Betriebsveräußerer nach Betriebsübergang, ist die Klage gegen den Betriebserwerber zu richten, da dieser nunmehr der Arbeitgeber ist (*Kreitner* a.a.O.). Das *LAG Köln* (18.3.1994 – 13 Sa 924/93 – n.v.) hält eine Klage gegen den Betriebsveräußerer in diesem Fall bereits für unschlüssig; zumindest dürfte ein Feststellungsinteresse gegenüber dem Betriebsveräußerer zu verneinen sein.

36 ▶ **Ungewissheit hinsichtlich des Betriebsübergangs**
Hat der Arbeitnehmer **Kenntnis über einen Betriebsübergang und die Person des Betriebserwerbers, weiß er jedoch nicht den genauen Zeitpunkt des Betriebsübergangs**, muss er dennoch innerhalb der Dreiwochenfrist des § 4 KSchG Kündigungsschutzklage erheben.
Im Rahmen eines Kündigungsschutzprozesses trägt der Arbeitgeber die volle Darlegungs- und Beweislast für die Tatsachen, die die Kündigung bedingen; er muss für die soziale Rechtfertigung erhebliche Gründe vortragen und nachweisen. Der Arbeitnehmer kann sich darauf beschränken, eine Betriebsstilllegung unter Hinweis auf einen Betriebsübergang zu bestreiten (*BAG* 5.12.1985 EzA § 613a BGB Nr. 50).

Der Arbeitgeber muss nunmehr darlegen und beweisen, dass es neben dem Betriebsübergang einen sachlichen Grund für die Kündigung gibt, sodass der Betriebsübergang nur Anlass, nicht aber der tragende Grund für die Kündigung war. 37

Die Kündigungsschutzklage ist gegen den Arbeitgeber zu richten. 38

Kündigte der Betriebsveräußerer, sollte bei fehlender Kenntnis eines Betriebsübergangs die Kündigungsschutzklage gegen den Betriebsveräußerer erhoben werden sowie im Wege einer unbedingten (*BAG* 31.3.1993 EzA § 4 KSchG n.F. Nr. 48) subjektiven Klagehäufung auch gegenüber dem angeblichen Betriebserwerber. Betriebsveräußerer und Betriebserwerber können in demselben Rechtsstreit als Arbeitgeber verklagt werden; sie sind dann Streitgenossen (*BAG* 25.4.1996 EzA § 4 TVG Ausschlussfristen Nr. 123). Vorsorglich sollte grds. unverzüglich eine Zurückweisung der Kündigung gem. § 174 BGB erfolgen.

Fand ein Betriebsübergang erst nach Kündigung und Klageerhebung statt, hat die Kündigungsschutzklage gegen den Betriebsveräußerer als Arbeitgeber im Kündigungszeitpunkt mangels einer Betriebsstilllegung Erfolgsaussichten. Erfolgte der Betriebsübergang nach Kündigung durch den Betriebsveräußerer, aber vor Klageerhebung, findet zwar § 325 ZPO keine Anwendung, jedoch wird auf Grund der subjektiven Klagehäufung dasselbe Gericht hinsichtlich des beklagten Betriebserwerbers ebenfalls einen Betriebsübergang bejahen. 39

Kündigt der Betriebsveräußerer nach Betriebsübergang, scheitert die Klage gegen den Betriebsveräußerer, weil er im Zeitpunkt des Ausspruchs der Kündigung nicht (mehr) Arbeitgeber war. Hat der Arbeitnehmer rechtzeitig dessen Vollmacht gem. § 174 BGB gerügt, ist ein Obsiegen gegenüber dem Betriebserwerber allein deshalb wahrscheinlich, weil die Kündigung nicht durch den Arbeitgeber ausgesprochen wurde und denkbarer Beklagtenvortrag einer Bevollmächtigung/nachträglichen Genehmigung auf Grund der Rüge des § 174 BGB abgeschnitten ist. Die Anträge sind derart zu ändern, dass die zunächst hilfsweise gegen den Betriebserwerber gestellte Kündigungsschutzklage als Hauptantrag gestellt wird. 40

Klagt ein Arbeitnehmer in subjektiver Klagehäufung gegen den bisherigen Arbeitgeber und Betriebsinhaber auf Feststellung, dass das Arbeitsverhältnis durch eine von diesem ausgesprochene Kündigung nicht aufgelöst worden ist und gegen den behaupteten Betriebsübernehmer zugleich auf Feststellung, dass mit ihm das beim bisherigen Arbeitgeber begründete Arbeitsverhältnis fortbesteht, so handelt es sich um zwei Streitgegenstände, die hinsichtlich des Streitwertes selbstständig bis zum Höchstbetrag nach § 12 Abs. 7 S. 1 ArbGG zu bewerten sind (*LAG Köln* 16.12.1993 AE 2/1994, 20). 41

Fehlen dem Arbeitnehmer jegliche Kenntnisse über einen Betriebsübergang, vermutet er oder sein Prozessbevollmächtigter aber einen bevorstehenden Betriebsübergang, sollte fristgerecht Kündigungsschutzklage gegen den kündigenden Betriebsveräußerer erhoben werden. Um zu vermeiden, dass die Gegenseite Vorkehrungen trifft, sollte weder in der Klageschrift noch im Gütetermin ein möglicher Betriebsübergang angesprochen werden, sondern intensiv außergerichtlich Informationen eingezogen werden. In einem Insolvenzverfahren sollte vor dem Kammertermin die Akte des Insolvenzgerichtes eingesehen werden. In den Protokollen der Gläubigerversammlung finden sich häufig Ausführungen des Insolvenzverwalters zu der Frage, ob die Insolvenzmasse zerschlagen oder insgesamt veräußert werden soll. Verdichten sich im Laufe des Kündigungsschutzprozesses die Anzeichen einer Betriebsübernahme sollte eine Klageerweiterung erfolgen. 42

(14) Wiedereinstellungsanspruch

Das *BAG* hat mit seiner Entscheidung vom 27.2.1997 (EzA § 1 KSchG Wiedereinstellungsanspruch Nr. 1) eine »Renaissance des Wiedereinstellungsanspruchs« eingeleitet (*Nägele* BB 1998, 1686; *Manske* FA 1998, 143; *Annuß* BB 1998, 1582 [1587]; *Ricken* NZA 1998, 460; *Linck* FA 2000, 334). Ein Wiedereinstellungsanspruch entsteht, wenn sich die zum maßgeblichen Zeitpunkt des Ausspruchs der Kündigung zunächst richtige Arbeitgeberprognose des Wegfalles einer Beschäftigungsmöglichkeit des Arbeitnehmers zum Kündigungstermin noch während des Laufs der Kündigungsfrist auf Grund sich ändernder Umstände (neuer Kausalverlauf) als unrichtig erweist (*BAG* 27.2.1997 EzA § 1 KSchG Wiedereinstellungsanspruch Nr. 1; 6.8.1997 EzA § 1 KSchG Wiedereinstellungsanspruch Nr. 2; 4.12.1997 EzA § 1 KSchG 43

Wiedereinstellungsanspruch Nr. 3). Der Arbeitnehmer hat gem. § 242 BGB dann grds. einen Anspruch auf Weiterbeschäftigung. Im Fall einer Kündigung wegen Betriebsstilllegung richtet sich der Anspruch gegen den zum Zeitpunkt des Kündigungsausspruchs noch nicht »greifbaren« Betriebsübernehmer. Nach der Rechtsprechung des *BAG* (13.11.1997 EzA § 613a BGB Nr. 154; 12.11.1998 EzA § 613a BGB Nr. 171) ist das Fortsetzungsverlangen gegenüber dem Betriebserwerber zu erklären. Das Fortsetzungsverlangen muss dem Betriebserwerber innerhalb der Kündigungsfrist (*BAG* 28.6.2000 EzA § 1 KSchG Wiedereinstellungsanspruch Nr. 5) oder – ausnahmsweise auch danach – unverzüglich nach Kenntniserlangung von den den Betriebsübergang ausmachenden tatsächlichen Umständen zugehen (*BAG* 12.11.1998 EzA § 613a BGB Nr. 171; *Kleinebrink* FA 1999, 138).

In einer Kündigungsschutzklage empfiehlt es sich, den Wiedereinstellungsantrag als Hilfsantrag in Form einer Leistungsklage – vergleichbar dem Weiterbeschäftigungsanspruch – anhängig zu machen. Bei einer Beendigung des Arbeitsverhältnisses durch Vergleich sollte in Zweifelsfällen ausdrücklich ein Verzicht auf einen eventuellen Wiedereinstellungsanspruch aufgenommen werden (*Nägele* a.a.O.).

bb) Parteiberichtigung oder Parteiwechsel

(1) Allgemeines

44 Ein Parteiwechsel auf Beklagtenseite liegt vor, wenn anstelle des ursprünglich Beklagten nunmehr eine **andere Person** verklagt wird.

45 Eine Parteiberichtigung ist nur dann möglich, wenn die **Identität der ursprünglich verklagten Partei** erhalten bleibt. Das ist nicht der Fall, wenn die beklagte Partei richtig und eindeutig bezeichnet war, die Klage aber irrtümlich gegen die materiell-rechtlich falsche Beklagte gerichtet war (*LAG München* 2.8.1988 NZA 1989, 233). Unklarheiten in der Parteibezeichnung können im gerichtlichen Verfahren jederzeit richtig gestellt werden (*BAG* 22.1.1975 EzA § 268 ZPO Nr. 1).

46 Die Unterscheidung erlangt in der Praxis große Relevanz, falls durch die Klage eine **Frist**, – insbesondere die Klagefrist der §§ 4, 7, 13 KSchG –, gewahrt werden soll. Ein Parteiwechsel wirkt nicht auf den Zeitpunkt der ursprünglichen Klageeinreichung zurück (*LAG Bln.* 26.6.2003 LAGE § 263 ZPO Nr. 2). Hingegen wirkt die Parteiberichtigung »ex tunc« auf den Klageeingang zurück (*LAG Nürnberg* 6.8.2002 LAGE § 626 BGB Nr. 143). Nach der Rechtsprechung des BAG (*BAG* 15.3.2001 EzA § 4 KSchG n.F. Nr. 61) ist in einem Kündigungsschutzprozess bei der Ermittlung einer **nicht eindeutig bezeichneten Partei** auf Beklagtenseite auf das Kündigungsschreiben zurückzugreifen, sofern es der Klageschrift beiliegt (s.u. Rn. 84 Muster Kündigungsschutzklage). Ergibt sich in einem Kündigungsrechtsstreit aus dem der Klageschrift beigefügten Kündigungsschreiben, wer als beklagte Partei gemeint ist, ist eine Berichtigung der Parteibezeichnung regelmäßig möglich (*BAG* 28.8.2008 ArbRB 2009, 65). Dies gilt auch, wenn der Arbeitnehmer bei einer Partnerschaftsgesellschaft nach dem PartGG beschäftigt ist und eine Kündigungsschutzklage sich fälschlich gegen sämtliche einzelnen Partner richtet (*BAG* 1.3.2007 EzA § 4 KSchG n.F. Nr. 76).

(2) Einzelfälle

47 ▶ **Firma**

Wird eine Partei nur mit der Firma bezeichnet, so ist der **Inhaber der Firma**, – und zwar derjenige zum Zeitpunkt der Klageeinreichung (Kläger) bzw. Zustellung (Beklagter) –, Partei (*OLG München* 10.3.1971 NJW 1971, 1615). Die Angabe der Firma ohne Bezeichnung des Inhabers genügt den Erfordernissen des § 253 Abs. 2 Nr. 1 ZPO, weil ein Kaufmann gem. § 17 Abs. 2 HGB unter seiner Firma verklagt werden kann. Hiervon zu unterscheiden ist die **Klage gegen eine Firma unter Bezeichnung des – unzutreffenden – Inhabers**. Nennt die Klageschrift A als Inhaber, während B der Inhaber ist, liegt eine Klageänderung und keine Parteiberichtigung vor. Unzulässige oder falsche Firma schadet nur dann nicht, wenn dennoch die Identität des Beklagten zweifelsfrei feststeht (*Zöller/Greger* § 253 Rz. 8a).

▶ **Vertretung bei Abgabe der Kündigungserklärung** 48
Nennt der Kläger im Rubrum irrtümlich nicht seinen Arbeitgeber, sondern dessen Bevollmächtigten, der ausweislich eines der Klageschrift beiliegenden Kündigungsschreibens »namens und in Vollmacht« eines (anderen) Unternehmens die Kündigungserklärung abgibt, so hat das Gericht analog § 319 ZPO das Passivrubrum zu berichtigen (*BAG* 15.3.2001 EzA § 4 KSchG n.F. Nr. 61).

▶ **GmbH** 49
Richtet der Arbeitnehmer **gegen den als Unternehmer bezeichnenden Geschäftsführer einer GmbH unter der Geschäftsanschrift** eine Kündigungsschutzklage, wird hierdurch die Klagefrist des § 4 KSchG gewahrt, da das Passivrubrum jederzeit berichtigt werden kann (*LAG Hamm* 21.8.1980 EzA § 4 KSchG n.F. Nr. 18). Die Parteibezeichnung in der Klageschrift ist auszulegen. Die Klage war auf Grund der Angaben in der Klageschrift dem Geschäftsführer der GmbH zugestellt worden. Der Geschäftsführer hat erkennen können, dass der Kläger den Fortbestand des bestehenden Arbeitsverhältnisses mit der GmbH festgestellt wissen wollte.
Hingegen ist eine Parteiberichtigung – jedenfalls dann in der Berufungsinstanz – nicht mehr möglich, wenn die natürliche Person bereits bei Einreichung eines Mahnbescheides überhaupt nicht mehr Geschäftsführer der GmbH war (*OLG Köln* 3.7.1985 GmbHRdsch. 1986, 47).

▶ **GmbH & Co. KG** 50
Die **gegen die persönlich haftende Gesellschafterin einer GmbH & Co. KG gerichtete Kündigungsschutzklage** kann jedenfalls in der Berufungsinstanz gegen den Willen der verklagten Gesellschafterin nicht mehr dahingehend berichtigt werden, dass die tatsächliche Arbeitgeberin, die GmbH & Co. KG, Beklagte sein soll (*LAG Bln.* 18.1.1982 EzA § 4 KSchG n.F. Nr. 21). Eine Berichtigung der Bezeichnung der beklagten Partei in der Berufungsinstanz kann für die richtig bezeichnete Beklagte gleich bedeutend mit dem Verlust einer Instanz sein. Das LAG Bln. stellt bei der Auslegung der Parteibezeichnung darauf ab, dass dem Kläger bzw. seinen Prozessbevollmächtigten die firmenrechtliche Konstruktion der Beklagten genauestens bekannt war – anders als in dem vom *LAG Hamm* (21.8.1980 EzA § 4 KSchG n.F. Nr. 18) entschiedenen Fall. Das LAG Bln. betont die Pflicht der Prozessbevollmächtigten »besonders sorgfältig« zu prüfen, ob die Kündigungsschutzklage auch gegen die »richtige« Partei erhoben worden ist.

▶ **Stationierungsstreitkräfte** 51
Erhebt ein bei NATO-Truppen beschäftigter Zivilangestellter **gegen den ausländischen militärischen Arbeitgeber selbst oder die Beschäftigungsdienststelle Klage** statt gegen die Bundesrepublik als Prozessstandschafterin gem. Art. 56 Abs. 8 ZA-NTS, so ist streitig, ob diese Klage die Dreiwochenfrist des § 4 KSchG wahrt. Ein Teil der Rechtsprechung hält eine bloße Berichtigung des Rubrums für unzulässig (*LAG Köln* 20.11.1987 LAGE § 5 KSchG Nr. 39; *ArbG Bln.* 10.3.1988 NZA 1989, 277; *LAG RhPf* 27.4.1990 LAGE § 4 KSchG Nr. 17). Der Kläger hat mit der Klageschrift unmissverständlich die beklagte Partei bezeichnet, nämlich den alliierten Arbeitgeber bzw. die alliierte Dienststelle. Eine Parteiberichtigung kommt hingegen nur bei einer unzutreffenden oder ungenauen Bezeichnung der Partei in Betracht, wobei die Identität der Partei gewahrt bleiben muss. Die BRD ist eindeutig eine andere Person als der alliierte Arbeitgeber oder die alliierte Dienststelle und nicht lediglich ungenau bezeichnet. Hingegen hatte das *LAG Köln* (29.8.1986 – 6 Ta 200/P 6 – n.v.) unter Bezugnahme auf das *BAG* (3.7.1969 AP Nr. 1 § 46 TV AL II) eine Parteiberichtigung zugelassen. Der Arbeitgeber sei verklagt worden; die materielle Arbeitgeberstellung wurde durch die gesetzliche Prozessstandschaft der BRD nicht geändert. Das *BAG* stellt in seinem Urteil vom 13. Juli 1989 (juris) klar, dass eine Parteiberichtigung nur in Betracht kommt, wenn – wie in der Entscheidung vom 3. Juli 1969 – zumindest die Endvertretung richtig bezeichnet worden war.

▶ **Fristwahrung nach Parteiwechsel** 52
Erfolgt die Zustellung einer Kündigungsschutzklage nach Parteiwechsel ohne Verschulden des Gerichtes nicht **»demnächst« i.S.d. § 270 Abs. 3 ZPO**, so ist – zumindest nach entsprechender Rüge des Beklagten gem. § 295 ZPO – die Klagefrist des § 4 KSchG nicht

gewahrt. In dem vom *ArbG Bln.* (10.3.1988 a.a.O.) entschiedenen Fall der Klage eines Zivilangestellten der Britischen Stationierungsstreitkräfte lautet das Passivrubrum »vertr. d. d. Manager«. Die Klage konnte nicht zugestellt werden. Nach Richtigstellung des Passivrubrums konnte erst zwei Monate nach Kündigungszugang die Zustellung an die Prozessstandschafterin erfolgen. Das ArbG Bln. vertrat die Auffassung, selbst wenn eine Parteiberichtigung zulässig wäre und die Klage somit innerhalb der Dreiwochenfrist eingereicht wurde, sei keine fristwahrende Zustellung i.S.d. § 4 KSchG erfolgt. Die Kündigung gilt gem. §§ 7, 13 Abs. 1 S. 2 KSchG als von Anfang an rechtswirksam.
Liegt keine bloße Parteiberichtigung vor, sondern ein gewillkürter Parteiwechsel auf Beklagtenseite, kommt es für die Wahrung der Dreiwochenfrist gem. §§ 4, 7, 13 KSchG nicht auf den Zeitpunkt des Prozessbeginns, sondern auf den Zeitpunkt des Parteiwechsels an (*LAG Hamm* 17.8.1982 EzA § 4 KSchG n.F. Nr. 23; *BAG* 31.3.1993 EzA § 4 KSchG n.F. Nr. 46; *LAG Bln.* 26.6.2003 jurion).

53 ▶ **Zustellungsfehler**
Ist die Klage überhaupt nicht zugestellt, fehlt es an einer wirksamen Klageerhebung (*Zöller/Greger* § 253 Rz. 26; siehe zur Zustellung im arbeitsgerichtlichen Verfahren *Laber* FA 1998, 204). Die Rechtshängigkeit der Streitsache wird nicht begründet, § 261 Abs. 1 ZPO.

d) Beschlussverfahren

aa) Beteiligte

54 Das arbeitsgerichtliche Beschlussverfahren kennt keine Parteien, sondern stattdessen Beteiligte, §§ 80 ff. ArbGG.

55 Beteiligt sich die Bundesrepublik Deutschland gem. Abs. 9 des Unterzeichnungsprotokolls zu Art. 56 Abs. 9 ZA-NTS auf Antrag einer Truppe an einem von der Betriebsvertretung einer Dienststelle eingeleiteten Verfahren über den Umfang des Mitbestimmungsrechts bei der Einstellung von Arbeitnehmern, ist sie alleinige Beteiligte im Sinne einer Prozessstandschafterin; die betroffene Dienststelle ist hingegen nicht beteiligt (*BAG* 7.11.2000 EzA § 83 ArbGG 1979 Nr. 9).

bb) Beteiligtenfähigkeit

56 Beteiligtenfähigkeit ist die Fähigkeit, im eigenen Namen ein Beschlussverfahren zur Geltendmachung oder zur Verteidigung von Rechten zu betreiben (GMPM-G/*Matthes* § 10 Rz. 15; Schwab/Weth-*Weth* § 10 Rz. 16).

57 Wer parteifähig ist, ist grds. auch beteiligtenfähig. Darüber hinaus erweitert § 10, 2. Hs. ArbGG die Beteiligtenfähigkeit; die nach dem BetrVG, SprAuG, MitbestG, MitbestErgG und dem BetrVG 1952 sowie den zu den genannten Gesetzen ergangenen Rechtsverordnungen beteiligten Personen und Stellen sind beteiligtenfähig. Beteiligtenfähige Personen sind beispielsweise der Vertrauensmann der Schwerbehinderten, Beauftragte der Gewerkschaften und Arbeitgeberverbände, Betriebs- und Aufsichtsratsmitglieder. Beispiele für beteiligungsfähige Stellen sind der Betriebsrat, Gesamtbetriebsrat, Konzernbetriebsrat, Sprecherausschüsse, Jugend- und Auszubildendenvertretung, Wirtschaftsausschuss und Schwerbehindertenvertretung (s.u. Rn. 1079 ff.).

58 In Verfahren zur Feststellung der Tariffähigkeit sind die betroffenen Verbände sowie die obersten Arbeitsbehörden des Bundes und Länder beteiligtenfähig.

2. Die Prozessfähigkeit

a) Begriff

59 Prozessfähigkeit ist die Fähigkeit, Prozesshandlungen selbst oder durch selbstgewählte Vertreter wirksam vornehmen oder entgegennehmen zu können (*Zöller/Vollkommer* § 52 Rz. 1).

b) Abgrenzung

60 Von der Prozessfähigkeit zu unterscheiden ist die **Postulationsfähigkeit**, die Fähigkeit, dem prozessualen Handeln die rechtserhebliche Erscheinungsform zu geben (*Zöller/Vollkommer* Vor § 50 Rz. 16). § 11 Abs. 1 ArbGG modifiziert § 79 ZPO, § 11 Abs. 2 ArbGG, § 78 ZPO. Das Verfahren vor dem ArbG ist grds. ein **Parteiprozess**, vor dem LAG und BAG besteht hingegen **Vertretungszwang**. Zur Prozessvertretung vor dem BAG sind nur Rechtsanwälte zugelassen (Rechtsanwaltsprozess); nicht – anders als vor dem ArbG und LAG – Verbandsvertreter. Für Rechtsanwälte besteht **kein Lokalisierungszwang** i.S.d. § 18 Abs. 1 BRAO; jeder bei einem deutschen Gericht zugelassene Rechtsanwalt ist postulationsfähig.

61 **Ausländische Rechtsanwälte** aus einem Mitgliedstaat der EG dürfen im Einvernehmen mit einem vertretungsberechtigten deutschen Rechtsanwalt auftreten, § 4 Rechtsanwaltsdienstleistungsgesetz i.V.m. Richtlinie 77/249 EWG vom 22.3.1977; darüber hinaus kann ihnen die Justizverwaltung nach § 157 Abs. 3 ZPO i.V.m. § 46 Abs. 2 ArbGG das Auftreten gestatten.

c) Probleme

aa) Natürliche Personen

(1) Minderjähriger Arbeitgeber

62 Ein Minderjähriger kann durch seinen gesetzlichen Vertreter mit Genehmigung des Vormundschaftsgerichts zum selbstständigen Betrieb eines Erwerbsgeschäftes ermächtigt werden (s.o. Kap. 2 Rn. 381 ff.). Er ist dann für sämtliche Rechtsgeschäfte, die der Betrieb nach der Verkehrsauffassung mit sich bringt, unbeschränkt geschäfts- und somit prozessfähig. Regelmäßig stehen arbeitsrechtliche Streitigkeiten im Zusammenhang mit dem Betrieb eines Erwerbsgeschäftes. Vor Abschluss eines Vergleiches durch einen unter Vormundschaft stehenden minderjährigen Arbeitgeber ist zu prüfen, ob der Vergleichswert € 3.000,– übersteigt, falls der Vergleich nicht auf einem schriftlichen oder protokollierten Vorschlag des Gerichtes beruht, § 1822 BGB.

63 Der Rechtsanwalt sollte das Gericht um einen entsprechenden Vergleichsvorschlag bitten, da er anderenfalls vor einem unwiderruflichen Vergleichsabschluss gem. § 1822 Nr. 12 BGB die Zustimmung des Vormundschaftsgerichts einholen muss.

(2) Minderjähriger Arbeitnehmer

64 Der Minderjährige, den sein gesetzlicher Vertreter ermächtigt hat, in Dienst oder Arbeit zu treten, ist für alle sich aus dem Dienst- oder Arbeitsverhältnis erwachsenden arbeitsrechtlichen Streitigkeiten prozessfähig, § 113 BGB, § 51 ZPO, § 46 Abs. 2 ArbGG (s.o. Kap. 2 Rn. 384 ff.). Die Ermächtigung kann konkludent erfolgen; ein bloßes »Dulden« bedeutet aber nicht automatisch eine konkludente Ermächtigung durch schlüssiges Verhalten (*BAG* 19.7.1974 EzA § 133 BGB Nr. 1). Eine erteilte Ermächtigung schließt einen **Gewerkschaftsbeitritt** ein, für daraus folgende Rechtsstreitigkeiten ist der minderjährige Arbeitnehmer prozessfähig (*LG Essen* 18.3.1965 AP Nr. 3 zu § 113 BGB; *LG Frankf.* 5.4.1967 FamRZ 1967, 680).

65 Eingehung, Aufhebung und Erfüllung der Pflichten aus einem Ausbildungsvertrag werden nicht durch eine allgemeine Ermächtigung erfasst. Der minderjährige Auszubildende ist nicht prozessfähig für Streitigkeiten aus dem Berufsausbildungsverhältnis (*BAG* 21.3.1957 AP Nr. 2 zu § 612 BGB).

66 Der Aufhebungsvertrag über einen Ausbildungsvertrag sollte schriftlich erfolgen und muss von dem gesetzlichen Vertreter gegengezeichnet werden. Der Auszubildende kann nach Erlangung der Volljährigkeit den schwebend unwirksamen Aufhebungsvertrag gem. § 108 Abs. 3 BGB genehmigen. Aus Beweisgründen sollte die Genehmigung schriftlich erfolgen.

bb) Juristische Personen

(1) Gesetzliche Vertreter juristischer Personen

67 Juristische Personen handeln durch ihre gesetzlichen Vertreter, die auch zur Prozessführung berufen sind (s.o. Rn. 7 ff.).

(2) Vertreter der Sozialversicherungsträger

68 Die Sozialversicherungsträger werden durch ihre gesetzlichen Vertreter, Vorstände oder besonders Beauftragte vertreten, § 71 Abs. 3 SGG (s.o. Rn. 25).

(3) Vertreter des Fiskus

69 Den Fiskus vertritt der Leiter der gesetzlich berufenen zuständigen Behörde (s.o. Rn. 24).

cc) Versäumnisurteil

70 Bestehen Zweifel an der Prozessfähigkeit einer Partei darf ein Versäumnisurteil nicht erlassen werden. Die Frage der Prozessfähigkeit ist zunächst zu klären (*BAG* 18.2.1974 EzA § 56 ZPO Nr. 1).

3. Die Prozessführungsbefugnis

a) Begriff

71 Die Prozessführungsbefugnis ist das Recht, einen Prozess als die richtige Partei im eigenen Namen zu führen (*Zöller/Vollkommer* Vor § 50 Rz. 18). Die Prozessführungsbefugnis richtet sich grds. nach dem materiellen Recht; sie steht demjenigen zu, der aus dem Rechtsverhältnis unmittelbar berechtigt oder verpflichtet ist.

b) Prozessstandschaft

72 Der Grundsatz, dass die Prozessführungsbefugnis sich nach dem materiellen Recht richtet, erfährt durch das Institut der Prozessstandschaft eine Ausnahme.

aa) Gesetzliche Prozessstandschaft

73 Für **Rechtsstreitigkeiten ziviler Arbeitskräfte der NATO-Truppen** regelt Art. 56 Abs. 8 ZA-NTS einen Fall gesetzlicher Prozessstandschaft. Die BRD tritt als Prozessstandschafterin an die Stelle des jeweiligen Entsendestaates, bei dessen Truppe der Arbeitnehmer beschäftigt ist (KR-*Weigand* Art. 56 NATO-ZusAbk Rz. 48 f.; *Granow* NJW 1995, 424). Die Prozessführungsbefugnis der Bundesrepublik hängt davon ab, ob die konkrete Streitigkeit nach Sinn und Zweck des NTS und des ZA-NTS überhaupt der deutschen Gerichtsbarkeit unterworfen werden sollte (*BAG* 30.11.1984 AP Nr. 6 zu Art. 56 ZA-NTS). Begründete der Entsendestaat durch einseitigen Hoheitsakt nach seinem Dienstrecht ein Beschäftigungsverhältnis, so sind deutsche Gerichte nicht zur Entscheidung befugt (zum Passivrubrum s.o. Rn. 23).

74 Weitere Fälle gesetzlicher Prozessstandschaft enthalten **§ 265 ZPO, §§ 1368, 1422, 1629 Abs. 3 BGB, § 13 Abs. 1 UWG und § 13 Abs. 2 AGBG.**

Dem **Insolvenzverwalter/Testamentsvollstrecker/Nachlass-/Zwangsverwalter** steht nach der herrschenden Rechtsprechung als Partei kraft Amtes (Amtstheorie) die Prozessstandschaft zu. Unter den Voraussetzungen des § 22 Abs. 1 S. 1 InsO ist auch der vorläufige – »starke« – Insolvenzverwalter Amtspartei (*Zöller/Vollkommer* §51 Rz. 7; *Zwanziger* Das Arbeitsrecht der Insolvenzordnung, 2. Aufl., Rz. 79).

bb) Gewillkürte Prozessstandschaft

Überträgt der Rechtsträger durch Rechtsgeschäft die Befugnis, einen Prozess zu führen, auf einen Dritten, der dann im eigenen Namen den Prozess führt, liegt eine gewillkürte Prozessstandschaft vor (GMPM-G/*Matthes* § 3 Rz. 15, § 11 Rz. 30 f.; Schwab/Weth-*Walker* § 3 Rz. 26; *BAG* 10.9.1984 AP Nr. 81 zu Art. 9 GG). Die gewillkürte Prozessstandschaft ist zwar zulässig, um Missbrauchsfälle auszuschließen, aber nur unter bestimmten **Voraussetzungen:** 75
- zunächst muss eine **wirksame Ermächtigung bzw. Genehmigung**, §§ 182 ff. BGB, spätestens zum Zeitpunkt der letzten mündlichen Verhandlung, vorliegen;
- der Prozessstandschafter muss ein **eigenes schutzwürdiges Interesse** an der Geltendmachung des fremden Rechtes haben (z.B. Inkasso, beherrschender Gesellschafter einer GmbH für deren Ansprüche, hingegen nicht bloße Einziehungsermächtigung, Klage des Gemeinschuldners anstelle des Insolvenzverwalters);
- **Abtretbarkeit** des Rechtes bzw. seiner Ausübung;
- kein Unterlaufen der **Vertretungsbeschränkung des § 11 Abs. 3 ArbGG.**

Der klagende Prozessstandschafter kann bei einer Leistungsklage nur dann Leistung an sich beantragen, falls der Beklagte gem. § 362 Abs. 2 BGB mit befreiender Wirkung an ihn zahlen kann; anderenfalls muss Leistung an den Rechtsträger begehrt werden, vorsorglich hilfsweise. 76

Antrag: 77
1. Der Beklagte wird verurteilt, an den Kläger € 3000 nebst 5% Zinsen über dem Basiszinssatz seit Rechtshängigkeit zu zahlen.

hilfsweise

2. Der Beklagte wird verurteilt, an die Bau-GmbH, Alleestraße 11, 67655 Kaiserslautern € 3000 nebst 5% Zinsen über dem Basiszinssatz seit Rechtshängigkeit zu zahlen.

Die Rechtskraft des Urteils wirkt gegen den Rechtsträger; ihm gegenüber besteht die **Einrede der Rechtshängigkeit**, § 261 Abs. 3 Nr. 1 ZPO; der Rechtsträger kann den Prozess nicht mehr selbst führen. Der Prozessstandschafter ist Partei, der Rechtsträger kann Zeuge sein. 78

III. Die Vertreter

1. Mandatsübernahme

Die Anforderungen an die rechtsanwaltlichen Sorgfaltspflichten sind bei arbeitsrechtlichen Mandanten sehr hoch (*Schlee* AnwBl 1990, 154); der Anwalt ist von Haftungsgefahren umlauert (*Zirnbauer* FA 1998, 40; *ders.* FA 1997, 2; *Chab* AnwBl 2009, 139). Die vielfältigen Fristen im Arbeitsrecht sprechen gegen die in der Praxis verbreitete Gewohnheit, die Vereinbarung von Besprechungsterminen an Mitarbeiterinnen zu delegieren. Hierbei werden selbst bei geschulten Personal Fristen leicht übersehen, weshalb ein zeitnaher Rückruf durch den Anwalt regelmäßig geboten ist. Insbesondere darf nicht darauf vertraut werden, dass sich der Mandant bereits an seine Rechtsschutzversicherung gewandt hat. Das *LAG Sachsen* (AiB Telegramm 1999, 7) hat zutreffend darauf hingewiesen, dass die Rechtsberatung der Versicherten nicht der Rechtsschutzversicherung obliegt. Der Mandant kann daher nicht darauf vertrauen, dass der Mitarbeiter der Rechtsschutzversicherung ihn über Fristen belehrt. Ein Rechtsanwalt, der die Vertretung eines Arbeitnehmers in einem Arbeitsgerichtsprozess übernimmt, muss die **veröffentlichte höchstrichterliche Rechtsprechung** berücksichtigen (*BGH* 29.3.1983 NJW 1983, 1665). Neben der Rechtsprechung des BAG und der LAG gewinnt die Rechtsprechung des EuGH zunehmend an Bedeutung. Fristen, insbesondere tarifvertragliche Ausschlussfristen, sind durch **äußerst genaue und umfangreiche Sachverhaltsaufklärung** zu erfragen und zu wahren (*BGH* a.a.O.). 79

a) Checklisten

80 Die nachfolgenden Checklisten sollen Zeit sparend die Sachverhaltsaufklärung und routinemäßige Überprüfung von Formalien und Fristen erleichtern. Sie erheben keinen Anspruch auf Vollständigkeit (vgl. auch die umfassende Checkliste in FA 1998, 112).

81 **Mandatsannahme**

A. Persönliche Angaben

I. Mandant

1. Vorname:	4. PLZ/Ort:
2. Name:	5. Telefax:
3. Straße:	6. Telefon:

II. Gegner

1. Vorname:	4. PLZ/Ort:
2. Name:	5. Telefax:
3. Straße:	6. Telefon:

Kollisionsprüfung am … durch …

B. Angaben zur Kündigungsschutzklage

1. Datum der Kündigung:
2. Zugang der schriftlichen Kündigung:
3. Ablauf der Kündigungsfrist:
4. Lebensalter:
5. Familienstand:
6. Kinderzahl:
7. schwerbehindert:
8. Beruf/Tätigkeit:
9. Betriebszugehörigkeit:
10. Monatliches Bruttoeinkommen:
11. Urlaubs-/Weihnachtsgeld usw.:
12. Anzahl der Mitarbeiter (keine Azubis; Teilzeitbeschäftigte 0,5/0,75; Neueinstellungen nach dem 31.12.2003):
13. Betriebsrat, falls ja, Betriebsratsvorsitzender:

C. Fristfragen

– Schwerbehindert/Gleichstellung	ja ☐	nein ☐
– Antrag auf Schwerbehinderung wann gestellt:	ja ☐	nein ☐
– bei Frauen schwanger	ja ☐	nein ☐

- Klagefrist 3-Wo (§ 4 KSchG)
- nachträgl. Zulassung 2-Wo (§ 5 KSchG)
- befristeter Arbeitsvertrag 3-Wo (§ 1 TzBfG, *Will* FA 1998, 77; *BAG* 20.1.1999 BB 1999, 322)
- Änderungskündigung: Kündigungsfrist/3-Wochen-Frist (kein § 270 Abs. 3 ZPO!, *BAG* 17.6.1998 EzA § 2 KSchG Nr. 30)
- Rügefrist 1-Wo (§ 174 BGB)
- Schwanger 2-Wo (§ 9 MuSchG)
- Schwerbehinderung: 3-Wo (*BAG* 12.1.2006 EzA § 85 SGB IX Nr. 5) falls Zustimmungsbescheid Widerspruch 1 Mo
- Insolvenz: umfassende Klagefrist 3-Wo (§ 113 Abs. 2 InsO, *Heinze* NZA 1999, 57 [59])

- Ausschlussfristen:
- Tarifvertrag:
- Betriebsvereinbarung:
- betriebliche Übung:
- Checkliste Ausschlussfristen ja ☐ nein ☐

im Fristkalender notiert durch: …

D. Kosten

- Selbstzahler ja ☐ nein ☐
- Rechtsschutz ja ☐ nein ☐
- Versicherungsnehmer: Mandant ☐ sonstige Person ☐
- Versicherungsgesellschaft
- Versicherungsscheinnummer

Anschreiben an Rechtsschutzversicherung	ja ☐	nein ☐

- PKH ja ☐ nein ☐
- Checkliste PKH
- Beiordnung, § 11a ArbGG ja ☐ nein ☐

Erklärung über die persönlichen und wirtschaftlichen Verhältnisse	ja ☐	nein ☐

E. Unterlagen zu einem Besprechungstermin mitbringen

1. Schriftstücke der Gegenseite (Arbeitsvertrag, Kündigungs-, Abmahnungs-, Forderungsschreiben usw.)
2. 2 Einheitsvollmachten, Hans Soldan GmbH V 118
3. 1 Prozessvollmacht in Arbeitsgerichtssachen mit anhängender Bestätigung gem. § 12a Abs. 1 ArbGG

F. Akte vorbereiten

1. Akte anlegen
2. Arbeitsvertrag, -änderungen, Gratifikationszusagen usw.
3. Falls möglich: Tarifvertrag, Betriebsvereinbarung usw.
4. Mandatsbedingungen

Anschreiben Rechtsschutzversicherung 82

Ihr Versicherungsnehmer:
Versicherungsscheinnummer:
Sehr geehrte Damen und Herren,
ihr Versicherungsnehmer hat mich mit der Wahrnehmung seiner Interessen in einer arbeitsrechtlichen Angelegenheit beauftragt hat. Zu Ihrer Information übersende ich Ihnen in der Anlage in Fotokopie:
- Kündigungsschreiben der Gegenseite
- meine Kündigungsschutzklage nebst Anlagen.

Um die dreiwöchige Klagefrist zu wahren, habe ich die in Ablichtung beiliegende Kündigungsschutzklage bereits bei dem zuständigen ArbG eingereicht. Ich frage an, ob Sie für ein erstinstanzliches arbeitsgerichtliches Verfahren kostendeckenden Rechtsschutz gewähren. Der Feststellungsantrag zu 2. erfolgt, weil wegen der Zurückweisung der Kündigung gem. § 174 BGB mit einer erneuten Kündigung gerechnet werden muss. Den Weiterbeschäftigungsantrag muss ich stellen, da ich mich andernfalls regresspflichtig machen würde. Beschäftigt nämlich die Gegenseite nach einem Obsiegen des Versicherungsnehmers diesen nicht weiter, kann eine Weiterbeschäftigung nicht im Wege der einstweiligen Verfügung durchgesetzt werden (*LAG Frankf.* 23.3.1987 NZA 1988, 37) und Ihrem Versicherungsnehmer drohen vermeidbare erhebliche Nachteile.

83 **Checkliste Kündigung**

A. Kündigungserklärung

- hinreichend deutliche und bestimmte Kündigungserklärung: ☐
  (bloße Androhung einer Kündigung, Anfechtung, Berufung auf nichtigen Arbeitsvertrag oder Befristung)
- Kündigung durch alle Gesellschafter einer GbR (*BAG* 21.4.2005 AP Nr. 4 zu § 623 BGB)
- fristlose Kündigung: ☐
- § 1a KSchG ? (*Fischinger* FA 2008, 260)

☐ Aufforderungsschreiben aoK, § 626 Abs. 2 S. 3 BGB

- Fristgerechte Kündigung (§ 113 InsO, *Lakies* BB 1998, 2638): ☐

☐ Arbeitgeberanschreiben

☐ Antrag auf nachträgliche Zulassung, § 5 KSchG.

Zurückweisung, §§ 174, 180 BGB

(*Diller* FA 1999, 106)
Wer ist kündigungsberechtigt:
...
Keine Alleinvertretungsberechtigung: ☐
Kündigung durch Bevollmächtigten: ☐
Falls ja, liegt Vollmacht bei: ☐
Handelt es sich um eine Originalvollmacht: ☐
Berechtigt die Vollmacht zur Kündigung: ☐
Ist Unterschrift identifizierbar: ☐

☐ Zurückweisungsschreiben, § 174 BGB (Originalvollmacht beilegen)

C. Partei

Handelsregisterauszug sinnvoll?
☐ Auskunftsersuchen aus dem Handelsregister

D. formelle Mängel der Kündigung

I. Schriftform
(*Kleinebrink* FA 2000, 174; FA 2001, 354)
- § 623 BGB:
- keine Kündigung per Telefax
- Übergabe (»anfassen, nicht angucken«, *LAG Düsseld.* 18.4.2007 – 12 Sa 132/07 – Jurion = FA 2007, 286 LS)

II. schriftliche Begründung erforderlich
- aoK eines Ausbildungsvertrages, § 22 Abs. 3 BBiG: ☐
- Konstitutive tarifvertragliche Begründungsklausel: ☐
- Konstitutive Begründungsklausel in Betriebsvereinbarung: ☐
- Konstitutive einzelvertragliche Begründungsklausel: ☐

III. außerordentliche Verdachtskündigung
- Anhörung des Arbeitnehmers
- Zuziehung eines Rechtsanwalts zur Anhörung erlaubt? (*BAG* 13.3.2008 EzA § 626 BGB 2002 Verdacht strafbarer Handlung Nr. 6)

E. Betriebsrat (Ettwig FA 1998, 234, 274; Roos AiB 1998, 610)

– Besteht ein BR:	ja ☐	nein ☐
– Liegt Kündigung Stellungnahme BR bei, § 102 Abs. 4 BetrVG:	ja ☐	nein ☐

☐ Aufforderung Stellungnahme BR zuzuleiten
☐ Auskunftsersuchen an BR

– Wurde ein Anhörungsverfahren überhaupt durchgeführt, § 102 Abs. 1 S. 3 BetrVG?	ja ☐	nein ☐
– Erfolgte bei Kündigung innerhalb der ersten sechs Monate Unterrichtung des BR?	ja ☐	nein ☐
– Wann erfolgte Mitteilung an BR?		
– An wen erfolgte die Mitteilung?		
– War der Mitteilungsempfänger empfangsberechtigtes BR-Mitglied?	ja ☐	nein ☐

- Wann war das Anhörungsverfahren abgeschlossen?
- Ende der Anhörungsfrist gem. § 102 Abs. 2 BetrVG (aoK: 3 Tage, oK: 1 Wo):

– Vor Ablauf abschließende Äußerung BR? wann: …	ja ☐	nein ☐
– Welche Kündigungsgründe/-sachverhalt teilte der Arbeitgeber mit? Vergleich mit Vortrag im Prozess! Sind Kündigungsgründe im Prozess nachgeschoben; unterlassene Wiederholung der Anhörung bei veränderten Kündigungstatsachen?	ja ☐	welche? nein ☐
– Anhörung zu hilfsweise ausgesprochener oK bei aoK (Umdeutung)?	ja ☐	nein ☐
– Aktueller Kündigungsentschluss (abzugrenzen von »Anhörung auf Vorrat«)	ja ☐	nein ☐
	ja ☐	nein ☐
– Ist die Kündigung »demnächst« nach Abschluss des Anhörungsverfahrens ausgesprochen worden (circa 1 Mo)?	ja ☐	nein ☐

wann: …

F. allgemeiner Kündigungsschutz

– Wartezeit (6 Mo) erfüllt, § 1 Abs. 1 KSchG?	ja ☐	nein ☐
– Betriebsgröße ausreichend, § 23 Abs. 1 KSchG?	ja ☐	nein ☐

AN bereits am 31.12.2003 im Arbeitsverhältnis? Kein Absinken der »Alt-Arbeitnehmer« unter 5,25?
(s. hierzu *BAG* 21.9.2006 FA 2006, 380)

– Kein vertretungsberechtigtes Organmitglied, § 14 Abs. 1 KSchG?	ja ☐	nein ☐
– Leitender Angestellter i.S.v. § 14 Abs. 2 KSchG?	ja ☐	nein ☐

- 2 Wo-Frist des § 626 Abs. 2 BGB eingehalten? ja ☐ nein ☐
- Verhaltensbedingte Kündigung: einschlägige Abmahnung in den letzten 2 Jahren? ja ☐ nein ☐
- falls ja, Abmahnung auf Wirksamkeit überprüfen! (*Bergwitz* BB 1998, 2310)
- Sozialauswahl (*BAG* 3.12.1998 EzA § 1 KSchG Soziale Auswahl Nr. 37)

Soziale Auswahl Nr. 37; *Matthießen* NZA 1998, 1153; *Bader* a.a.O.; *Löwisch* BB 1999, 102)

☐ Änderungskündigung: Annahme unter Vorbehalt

G. Sonderkündigungsschutz

- § 85 SGB IX
- Schwerbehinderte (GdB v. mindestens 50) ja ☐ nein ☐
- Gleichstellung (GdB v. mindestens 30 und Gleichstellungsbescheid): ja ☐ nein ☐
- Antrag auf Schwerbehinderung/Gleichstellung: ja ☐ nein ☐

☐ Mitteilung über Schwerbehinderung/Gleichstellung/Antrag (3 Wo)

- Zustimmungsbescheid erfolgt? ja ☐ nein ☐

☐ Widerspruch gegen Zustimmungsbescheid (1 Mo)

- Erfolgte Kündigung binnen eines Monats ab Zustellung des Zustimmungsbescheides, § 88 Abs. 3 SGB IX? ja ☐ nein ☐
- **Betriebsrat**
- Mitglied des
- des BR: ja ☐ nein ☐
- der Jugend- oder Auszubildendenvertretung: ja ☐ nein ☐
- der Bordvertretung/des Seebetriebsrats: ja ☐ nein ☐
- Ersatzmitglied: ja ☐ nein ☐
- Kündigungsschutz als Einladende, § 15 Abs. 3a KSchG? ja ☐ nein ☐
- Kündigungsschutz als Wahlbewerber für die ersten 6 Mo nach Bekanntgabe des Wahlergebnisses, § 15 Abs. 3 S. 2 KSchG? ja ☐ nein ☐
- Kündigungsschutz während Zeit der Vertretung eines ausgeschiedenen oder verhinderten BR-Mitglieds? ja ☐ nein ☐
- Nachwirkender Kündigungsschutz nach Vertretungsfall, § 15 Abs. 1 S. 2 BetrVG? ja ☐ nein ☐
- Ist ein gerichtliches Zustimmungsersetzungsverfahren innerhalb der 2-Wo-Frist des § 626 Abs. 2 BGB eingeleitet worden? ja ☐ nein ☐
- Hat der Arbeitgeber unverzüglich nach Rechtskraft der Zustimmungsersetzung gekündigt? ja ☐ nein ☐
- Endet das Betriebsratsamt während des gerichtlichen Zustimmungsersetzungsverfahrens? ja ☐ nein ☐
- Falls ja, hat der Arbeitgeber unverzüglich gekündigt? ja ☐ nein ☐
- Nachwirkender Kündigungsschutz BR, § 15 Abs. 1 S. 2 KSchG (1 J. bzw. 6 Mo)? ja ☐ nein ☐

– Kündigungsschutz Wahlvorstand/Wahlbewerber, § 15 Abs. 3 S. 1 KSchG?	ja ☐	nein ☐
– Nachwirkender Kündigungsschutz Wahlvorstand/Wahlbewerber, § 15 Abs. 3 S. 2 KSchG (6 Mo)?	ja ☐	nein ☐
– Kündigungsschutz Einladende, § 15 Abs. 3a KSchG?	ja ☐	nein ☐

– **Frauenschutz** (ausführliche Checkliste: FA 1998, Heft 9; *Schliemann/König* NZA 1998, 1030)

– Sonderkündigungsschutz während Schwangerschaft, § 9 Abs. 1 MuSchG (*BAG* 7.5.1998 NZA 1998, 1049)?	ja ☐	nein ☐

☐ Mitteilung der Schwangerschaft an Arbeitgeber, 2 Wo

– Sonderkündigungsschutz 4 Mo nach Entbindung, § 9 Abs. 1 MuSchG?	ja ☐	nein ☐
– Zustimmungsbescheid zur Kündigung, § 9 Abs. 3 MuSchG?	ja ☐	nein ☐

☐ Widerspruch gegen Zustimmungsbescheid

– Bei aoK, 2 Wo-Frist gewahrt?	ja ☐	nein ☐
– Sonderkündigungsschutz hinsichtlich des ursprünglichen Arbeitsverhältnisses während Elternzeit, § 18 BEEG?	ja ☐	nein ☐
– Sonderkündigungsschutz des während des ErzUrlaubs bei dem eigenen Arbeitgeber begründeten Teilzeitarbeitsverhältnisses, § 18 BEEG?	ja ☐	nein ☐
– Zustimmungsbescheid zur Kündigung, § 18 Abs. 1 S. 2 BEEG?	ja ☐	nein ☐

☐ Widerspruch gegen Zustimmungsbescheid

– Sonderkündigungsschutz nach dem ArbPlSchG?	ja ☐	nein ☐
– Sonderkündigungsschutz der Azubis, § 22 BBiG?	ja ☐	nein ☐
– Sonderkündigungsschutz durch Tarifvertrag (z.B. Alterskündigungsschutz)? (*Thannheiser* AiB 1998, 601)	ja ☐	nein ☐

Sonderkündigungsschutz nach § 5 PflegeZG? (*Böggemann* FA 2008, 357)

H. Sicherung von sonstigen Ansprüchen

I. (Verzugs-) Lohnansprüche
II. Urlaubsansprüche (*EuGH* 20.1.2009 – C-350/06 – und – C-520/06)
III. Insolvenzgeld, 2 Mo-Frist (§ 324 Abs. 3 SGB III)
IV. AGG-Ansprüche: 2 Mo-Frist, dann 3 Mo- Frist (§ 63b ArbGG)
V. (Zwischen-) Zeugnis

weiterführende Checklisten und Arbeitshilfen

- Annahme von kündigungsrechtlichen Mandaten, FA-Spezial 4/98
- Mandatsbetreuung bei Schwangerschaft einer Mitarbeiterin, FA-Spezial 9/98
- Mandatsbetreuung bei Erziehungsurlaub, FA-Spezial 10/98
- Betriebsbedingte Kündigung, FA-Spezial 1/2000
- Betriebsbedingte Kündigung: Betriebsratsanhörung, *Kleinebrink* ArbRB 2003, 88

- Krankheitsbedingte Kündigung/Kündigung wegen häufiger Kurzerkrankungen, FA-Spezial 5/2000
- Verhaltensbedingte Kündigung/Abmahnung/Verdachtskündigung, FA-Spezial 12/2000
- Verhaltensbedingte Kündigungsgründe, FA-Spezial 1/2001, *Sitzenfrei* DPI 2008, 243, *Haas* FA 2008, 169
- Elternzeit, FA-Spezial 6/2001; *Schulte/Traut* ArbRB 2008, 383
- Wiedereinstellungszusagen, *Kleinebrink* ArbRB 2008, 317
- Pflegezeitgesetz, *Böggemann* FA 2008, 357; *Fröhlich* ArbRB 2008, 84
- zu Aufhebungsverträgen, *Welslau* DPL 2009, 10; *Kleinebrink* DPL 2008, 149

84 **Kündigungsschutzklage**

Namens und unter Vollmachtsvorlage des Klägers erhebe ich Klage und werde **beantragen:**

1. Es wird festgestellt, dass das Arbeitsverhältnis des Klägers bei der Beklagten nicht durch die Kündigung vom 5.5.2006 zum 30.6.2006 aufgelöst wird (s.u. Rn. 247 ff.)
2. Es wird festgestellt, dass das Arbeitsverhältnis zwischen den Parteien über den 30.6.2006 unverändert fortbesteht und auch nicht durch andere Beendigungsgründe aufgelöst wird (s.u. Rn. 255 ff., *BAG* 13.3.1997 EzA § 4 KSchG n.F. Nr. 57, *Schwab* NZA 1998, 342; *Wenzel* DB 1997, 1869, *Bitter* DB 1997, 1407).

hilfsweise für den Fall des Obsiegens (s.o. Kap. 3 Rn. 2276)

3. Die Beklagte wird verurteilt, den Kläger zu unveränderten Bedingungen als Werkmeister in der Abteilung ... entsprechend des sachlichen Tätigkeitsbereiches im Arbeitsvertrag vom ... (Anlage K 1) weiterzubeschäftigen (s.u. Rn. 227 f.; *Tschöpe* DB 2004, 434; *Dollmann* BB 2003, 2681).

hilfsweise

4. Die Beklagte wird verurteilt, den Kläger zu unveränderten Bedingungen als Werkmeister in der Abteilung ... entsprechend des sachlichen Tätigkeitsbereiches im Arbeitsvertrag vom ... (Anlage K 1) weiterzubeschäftigen (*Strathmann* DB 2003, 2438).

äußerst hilfsweise

5. Die Beklagte wird verurteilt, an den Kläger 1800 € als Urlaubsabgeltung zu zahlen.
6. Die Beklagte wird verurteilt, dem Kläger ein Zeugnis zu erteilen, das sich auf Art und Dauer sowie Führung und Leistung in dem Arbeitsverhältnis erstreckt. Für den Fall, dass die Beklagte nicht binnen eines Monats ab Urteilsverkündung ein qualifiziertes Zeugnis erteilt, wird der Beklagten ein Zwangsgeld, dessen Höhe ich in das Ermessen des Gerichtes setze, ersatzweise Zwangshaft, angedroht.
7. Hilfsweise für den Fall, dass der Klageantrag zu Ziff. 1 Erfolg hat:

Die Beklagte wird verurteilt, an den Kläger am 31.7.2006 sowie jedem letzten Tag der Folgemonate, der vor der Beendigung der Rechtshängigkeit des Klageantrags zu Ziff. 1 liegt, je € 2.000,– brutto Monatsvergütung an den Kläger zu zahlen, und zwar zzgl. Jahreszinsen aus den vorgenannten Bruttobeträgen seit den vorgenannten Fälligkeitsdaten in Höhe von 5 Prozentpunkten über dem jeweiligen Basiszinssatz (dieser Antrag auf zukünftige Vergütung wird von *Gravenhorst* Bestandsstreit – Beschäftigung – Vergütung, in FS Arbeitsgemeinschaft Arbeitsrecht, S. 313 ff. nicht nur für zulässig, sondern zur Meidung eines Anwaltsregresses für geboten gehalten. Das *BAG* hat in seinem Urteil vom 13.3.2002 (EzA § 259 ZPO Nr. 1) hingegen Bedenken gegen die Zulässigkeit eines derartigen Antrags geäußert).

8. Zum Zweck der Zwangsvollstreckung wird dem Kläger gem. § 317 Abs. 2 S. 2 ZPO i.V.m. § 46 ArbGG eine abgekürzte – mit Vollstreckungsklausel und Zustellungsnachweis versehene –, Ausfertigung des Urteils erteilt.

Begründung:

Der 46-jährige Kläger, verheiratet, zwei unterhaltspflichtige Kinder, ist bei der Beklagten als Werkmeister auf Grund des Arbeitsvertrages vom …,

– Anlage K 1 –

in deren Betrieb in Kaiserslautern beschäftigt und verdiente zuletzt unter Einbeziehung aller Vergütungsbestandteile ein durchschnittliches monatliches Bruttoeinkommen von € … Die Beklagte beschäftigt i.d.R. mehr als 5 Arbeitnehmer (bzw. bei Neueinstellungen nach dem 31.12.2003: »mehr als 10 Arbeitnehmer«) – Auszubildende ausgenommen –; teilzeitbeschäftigte Arbeitnehmer mit nicht mehr als 20 Std. sind mit 0,5 und mit nicht mehr als 30 Std. sind mit 0,75 berücksichtigt.

Die Beklagte kündigte dem Kläger mit Schreiben vom …,

– Anlage K 2 –

am … zugegangen das Arbeitsverhältnis.

Die Kündigung ist sozial ungerechtfertigt; es liegen weder Gründe in der Person oder im Verhalten des Klägers, noch dringende betriebliche Erfordernisse vor, die eine Kündigung rechtfertigen könnten.

Die ordnungsgemäße Anhörung des Betriebsrates wird mit Nichtwissen bestritten (nach Vortrag Arbeitgeber muss Arbeitnehmer substantiiert erwidern, *BAG* 16.3.2000 EzA § 626 BGB n.F. Nr. 179).

Eine betriebsbedingte Kündigung wird auch wegen der Richtigkeit der sozialen Auswahl beanstandet. Der Kläger hat die Beklagte insoweit in einem außergerichtlichen Schreiben

– Anlage K 3 –

aufgefordert, die Gründe anzugeben, die zu der getroffenen sozialen Auswahl geführt haben (vgl. zur Darlegungs- und Beweislast in Kündigungsrechtsstreitigkeiten *Becker-Schaffner* ZAP 2002, 1367).

In dem gleichen Schreiben hat der Kläger die Gegenseite aufgefordert, zu versichern, dass keine anderweitigen Beendigungstatbestände geltend gemacht noch weitere Kündigungen während des Kündigungsschutzprozesses ausgesprochen werden. Bisher ist diese Erklärung nicht erfolgt, sodass der Kläger wegen der Gefahr nicht ohne weiteres erkennbarer (Prozess-)Kündigungen ein Rechtsschutzinteresse für eine Feststellungsklage nach § 256 ZPO hat (*BAG* 27.1.1994 EzA § 4 KSchG n.F. Nr. 48). Weitere Kündigungen sind insbesondere wegen der Zurückweisung der Kündigung gem. §§ 174, 180 BGB mit Schreiben vom …

– Anlage K 4 –

zu befürchten. Sollte die geforderte Zusicherung noch schriftlich oder zu Protokoll erfolgen, wird der Kläger danach den Antrag zu 2. zurückzunehmen.

Der Hilfsantrag zu 4) macht den Wiedereinstellungsanspruch des Klägers für den Fall geltend, dass das Gericht die Kündigung als wirksam ansieht. Der Kläger bestreitet, dass die der Kündigung zu Grunde liegende Prognose sich nach Kündigungsausspruch bewahrheitet hat, weil sich die maßgeblichen Verhältnisse verändert haben.

Der Antrag zur 5) macht im Hinblick auf Urteil des Bundesarbeitsgerichtes vom 17.1.1995 (EzA Nr. 98 zu § 7 BUrlG; s. hierzu *Stichler* BB 1995, 1485) bereits jetzt den Urlaubsabgeltungsanspruch geltend.

Mit dem in der Anlage K 3 beiliegenden Schreiben hatte der Kläger bisher vergeblich um Erteilung eines qualifiziertes Zeugnis gebeten; – ebenso um Erteilung von Urlaub.

85 **Aufforderungsschreiben aoK, §626 Abs. 2 S. 3 BGB**

Sehr geehrte Damen und Herren,
Ihr vorgenannter Mitarbeiter hat mich mit der Wahrnehmung seiner Interessen beauftragt. Ich bestätige den Eingang ihrer fristlosen Kündigung und fordere Sie auf, mir **unverzüglich, längstens binnen 5 Tagen, die Kündigungsgründe mitzuteilen.**
Ich weise Sie eindringlich daraufhin, dass meinem Mandanten gem. §626 Abs. 2 S. 3 BGB ein Auskunftsrecht zusteht. Sollten Sie die Kündigungsgründe dennoch nicht unverzüglich mitteilen, gehe ich weiter davon aus, dass kein wichtiger Grund vorliegt und werde deshalb vor dem zuständigen Arbeitsgericht die bereits vorbereitete Klage gegen die Kündigung einreichen. Die Kosten dieses Prozesses haben Sie unter dem Gesichtspunkt des **Schadensersatzes** wegen Verletzung der Ihnen obliegenden Auskunftspflicht auch dann zu tragen, wenn Sie wider Erwarten in dem Kündigungsprozess obsiegen sollten.
Ich bitte Sie höflich, mir den Eingang dieses Schreibens umgehend zu bestätigen.

86 **Arbeitgeberanschreiben**

Sehr geehrte Damen und Herren,
Ihr vorgenannter Mitarbeiter hat mich mit der Wahrnehmung seiner Interessen beauftragt hat.
Ich habe gegen Ihre Kündigung beim zuständigen ArbG **Kündigungsschutzklage** eingereicht.
Vorsorglich biete ich die **Arbeitskraft** meines Mandanten erneut an.
Ich mache bereits jetzt bis zum rechtskräftigen Abschluss des Verfahrens Ansprüche meines Mandanten aus Arbeitsvertrag, Tarifvertrag, Betriebsvereinbarung, betrieblicher Übung usw. wegen sämtlicher ihm zustehender Leistungen, wie rückständiges und künftiges **Arbeitsentgelt**, gleich welcher Art oder Benennung und zwar einschließlich Grundgehalt, Zulagen, freiwilligen Leistungen, Urlaubs- u. Weihnachtsgeld sowie zwischenzeitliche Gehaltserhöhungen aller Art –, ausdrücklich geltend.
Weiterhin mache ich für meinen Mandanten dessen **Urlaubsanspruch** für das laufende Kalenderjahr sowie etwaigen Resturlaub für vorangegangene Zeiträume geltend und bitte um Gewährung.
Ich fordere für meinen Mandanten die Erteilung eines qualifizierten **Zwischenzeugnisses/Zeugnisses**

binnen 2 Wochen.

Bitte teilen Sie mir mit, ob in Ihrem Betrieb rechtliche Regeln bestehen, durch die die Ansprüche meines Mandanten einer **Ausschlussfrist (Verfallfrist)** unterworfen sind – Betriebsvereinbarungen, betriebliche Übung und dergleichen und die entsprechenden Unterlagen bei. Nach dem Urteil des BGH vom 29.3.1983 habe ich Sie um die vorstehende Auskunft zu ersuchen und zugleich anzufragen, ob es möglich ist, mit Ihnen eine Regelung dahingehend zu vereinbaren, dass eine klageweise Geltendmachung von **Zahlungsansprüchen** aller Art zunächst unterbleiben kann. Sie müssen mir rechtsverbindlich erklären, bei sämtlichen Zahlungsansprüchen gleich welcher Art auf sämtliche auf Zeitablauf beruhenden Einwendungen (Ausschlussfristen, Verfallfristen usw.) mit der Maßgabe zu verzichten, dass im Verhältnis zwischen meinem Mandanten und Ihnen derartige Fristen als nicht vorhanden betrachtet werden. Bitte geben Sie mit Ihre Erklärung binnen

2 Wochen

nach Zugang dieses Schreibens; verstreicht diese Frist fruchtlos, werde ich die Klage erweitern.
Sollte die Kündigung aus betriebsbedingte Gründen ausgesprochen sein, bezweifele ich die Richtigkeit der sozialen Auswahl und fordere Sie auf, mir binnen

2 Wochen

die **Gründe** anzugeben, **die zu der getroffenen sozialen Auswahl geführt haben.** Diese Aufforderung beruht auf § 1 Abs. 3, S. 1, letzter Halbs. KSchG. Aufgrund dieser Aufforderung ergibt sich nach der Rechtsprechung des BAG eine abgestufte Darlegungs- und Beweislast.
Bitte bestätigen Sie mir binnen

2 Wochen

dass Sie meinen Mandanten bei Obsiegen mit der Kündigungsschutzklage in erster Instanz auch ohne einen Weiterbeschäftigungsantrag ab dem Tag der Urteilsverkündung mit der bisherigen Tätigkeit und der bisherigen Vergütung zunächst bis zum Ende des zweitinstanzlichen Verfahrens **weiterbeschäftigen** sowie sämtliche Ansprüche aus Annahmeverzug sofort zahlen werden. Bitte versichern Sie mir binnen

2 Wochen

dass Sie keine anderen Beendigungstatbestände geltend machen noch weitere Kündigungen bis zum rechtskräftigen Abschluss des Kündigungsschutzverfahrens aussprechen werden.
Ich darf Sie höflich bitten, mir den Eingang dieses Schreibens umgehend zu bestätigen und zur Vermeidung unnötiger Kosten die gesetzten Termine einzuhalten.

Zurückweisungsschreiben, § 174 BGB 87

(– per Telefax und Einwurfeinschreiben (siehe zu Zugang und Zustellung: *Laber* FA 1998, 170; *Hohmeister* BB 1998, 1477; *Neuvians/Mensler* BB 1998, 1206 –)
Sehr geehrte Damen und Herren,
Ihr vorgenannter Mitarbeiter hat mich mit der Wahrnehmung seiner Interessen beauftragt. Ich weise namens meines Mandanten unter Vorlage einer mich hierzu berechtigenden

– Originalvollmacht –

die Kündigung vom … gem. §§ 174, 180 BGB zurück, weil der Kündigung keine Originalvollmacht beilag. Die Zurückweisung erfolgt auch, weil die Unterschrift nicht den Anforderungen der Rechtsprechung genügt. Darüber hinaus wird die Kündigung wegen Mängel in der Vertretung zurückgewiesen.
(s.o. Kap. 4 Rn. 18 f.)

Auskunftsersuchen aus dem Handelsregister 88

über die Firma
XY
Bauunternehmung
Sitz der Firma
Hauptstraße 1
67655 Kaiserslautern
Sehr geehrte Damen und Herren,
ich bitte um kurzfristige Übersendung eines unbeglaubigten Handelsregisterauszuges über die oben genannte Firma. Für den Fall, dass es sich um eine GmbH & Co. KG handelt, bitte ich gleichzeitig um die Erteilung und Übersendung eines unbeglaubigten Handelsregisterauszuges der Komplementär-GmbH.
Falls im Handelsregister keine Eintragung festzustellen ist, bitte ich um Mitteilung, ob eine ähnlich lautende Firma bekannt ist.
Ich versichere, dass die mit diesem Auskunftsersuchen erbetenen Daten aus dem Handelsregister benötigt werden, um arbeitsrechtliche Ansprüche zu verfolgen und durchzusetzen.
Ich sichere umgehende Begleichung der durch mein Auskunftsersuchen entstehenden Kosten anwaltlich zu.

89

Aufforderung Stellungnahme Betriebsrat zuzuleiten

Sehr geehrte Damen und Herren,
Ihr vorgenannter Mitarbeiter hat mich mit der Wahrnehmung seiner Interessen beauftragt.
Gem. § 102 Abs. 4 BetrVG sind Sie verpflichtet, sofern der Betriebsrat widersprochen hat, mit der Kündigung eine Abschrift der Stellungnahme des Betriebsrates dem gekündigten Arbeitnehmer zuzuleiten. Ich weise Sie nachdrücklich darauf hin, dass ich bei Verletzung dieser Pflicht den Anspruch meines Mandanten auf Überlassung der Stellungnahme des Betriebsrats im Klagewege durchsetzen werde. Ich sehe Ihrer Rückantwort **binnen einer Woche** entgegen.

90

Auskunftsersuchen an Betriebsrat

Sehr geehrte Damen und Herren,
ihr vorgenannter Kollege hat mich mit der Wahrnehmung seiner Interessen beauftragt.
Ich habe gegen die ausgesprochene Kündigung bei dem zuständigen ArbG Kündigungsschutzklage eingereicht. Um den Rechtsstreit für Ihren Kollegen bestmöglich führen zu können, bitte ich Sie höflich, mir mitzuteilen, **ob der Betriebsrat vor Ausspruch der Kündigung angehört wurde**. Falls ja, bitte ich Sie weiterhin, sofern möglich, mir eine **Fotokopie des Anhörungsschreibens** zu übersenden bzw. den Inhalt des Anhörungsgespräches mir stichpunktartig schriftlich oder telefonisch zu übermitteln. Bitte teilen Sie mir auch den zeitlichen Ablauf des Anhörungsverfahrens und ihre Stellungnahme zur Kündigung mit. Ich danke Ihnen bereits jetzt für ihre Bemühungen!

91

Änderungskündigung: Annahme unter Vorbehalt

(3-Wochen-Frist: kein § 270 Abs. 3 ZPO!, *BAG* 17.6.1998 EzA § 2 KSchG Nr. 30)
Sehr geehrte Damen und Herren,
Ihr vorgenannter Mitarbeiter hat mich mit der Wahrnehmung seiner Interessen beauftragt.
Ich bestätige den Eingang Ihres Schreibens vom ... Namens meines Mandanten und unter Bezugnahme auf die beiliegende

– Originalvollmacht –

nehme ich das in der Änderungskündigung liegende Angebot unter dem Vorbehalt an, dass die Änderung der Arbeitsbedingungen nicht sozial ungerechtfertigt ist (§ 2 KSchG).
Ich bitte, mir den Eingang meines Schreibens umgehend zu bestätigen.

92

Widerspruch gegen Zustimmungsbescheid des Integrationsamtes

Sehr geehrte Damen und Herren,
der vorgenannte Schwerbehinderte hat mich mit der Wahrnehmung seiner Interessen beauftragt. Ich lege namens und in Vollmacht meines Mandanten gegen den in Fotokopie beiliegenden Zustimmungsbescheid

Widerspruch

ein.

Begründung:

I. Die Widerspruchseinlegung erfolgt einstweilen aus Fristwahrungsgründen.
II. Antragstellung und Begründung werden in einem gesonderten Schriftsatz erfolgen.
III. Zur Vorbereitung dieses Schriftsatzes stelle ich unter Bezugnahme auf die

– beiliegende Originalvollmacht –

den

Antrag
mir Akteneinsicht zu gewähren

und bitte höflich, mir die Akte kurzfristig auf die Kanzlei zu überlassen. Sollte dies nicht möglich sein, bitte ich, die Akte an das ArbG Kaiserslautern, Bahnhofstraße 24, 67655 Kaiserslautern zu übersenden, damit ich dort Akteneinsicht nehmen kann.

b) Gesetzliche Belehrungspflicht über Selbstkostentragung

Der Rechtsanwalt hat seinen Mandanten vor einer Beauftragung auf die Kostentragungspflicht des § 12a Abs. 1 S. 2 ArbGG hinzuweisen; – anderenfalls kann der Mandant dem Rechtsanwalt sein Honorar verweigern (*Zirnbauer* FA 1997, 40). Aus Beweisgründen empfiehlt sich eine schriftliche Bestätigung der Belehrung. 93

> Ich bestätige ausdrücklich, vor Abschluss der Vereinbarung über die Vertretung darauf hingewiesen worden zu sein, dass im Arbeitsgerichtsprozess erster Instanz auch für die obsiegende Partei kein Anspruch auf Entschädigung wegen Zeitversäumnis und auf Erstattung der Kosten für die Zuziehung eines/einer Prozessbevollmächtigten oder eines Beistandes besteht. 94
> Ich bin außerdem darauf hingewiesen worden, dass ich auch selbst auftreten oder mich durch einen Verbandsvertreter vertreten lassen kann.
>
> …, den … Unterschrift

c) Erörterung der Höhe der Prozesskosten

Fragt der Mandant nach der Höhe der voraussichtlichen Prozesskosten, so hat der Rechtsanwalt die zu erwartenden Gebühren genau zu berechnen und mitzuteilen; im weiteren Verfahrensverlauf ein Überschreiten der errechneten Kosten. Ungefragt braucht der Rechtsanwalt grds. nicht auf die genaue Vergütungshöhe hinzuweisen, etwas anderes gilt bei unwirtschaftlicher bzw. mit hohem Prozessrisiko belasteter Rechtsverfolgung. Der Rechtsanwalt ist gegenüber seinem Mandanten verpflichtet, die Rechtsverfolgung so wahrzunehmen, dass seinem Mandanten die geringsten Kosten erwachsen (*OLG Düsseld.* 4.12.1986 AnwBl 1987, 197). 95

2. Prozesskostenhilfe (PKH)

a) Aufklärungspflicht gegenüber Mandant

Der Rechtsanwalt muss einen Mandanten ungefragt auf die Möglichkeit von Prozesskosten- und Beratungshilfe hinweisen, sofern ihm wirtschaftlich beengte Verhältnisse erkennbar sind. 96

b) Bewilligung grundsätzlich

Die PKH wird in der Arbeitsgerichtsbarkeit unter den gleichen Voraussetzungen wie in der ordentlichen Gerichtsbarkeit gewährt (§ 11a Abs. 3 ArbGG, § 114 ff. ZPO; *Schwab* NZA 1995, 115 f.). Zu den anwaltlichen Beratungspflichten gehört es, auf § 120 Abs. 4 ZPO hinzuweisen; **eine Änderung der wirtschaftlichen Verhältnisse berechtigt den Staat innerhalb eines Zeitraumes von vier Jahren nach Verfahrensbeendigung nachträglich Leistungen an die Staatskasse zu fordern (vorläufige Kostenbefreiung).** In Kündigungsschutzverfahren führt ihre Gewährung häufig nur zu einer vorübergehenden Kostenbefreiung, da nach Arbeitsaufnahme bei einem anderen Arbeitgeber regelmäßig eine Veränderung der wirtschaftlichen Verhältnisse eintritt. 97

Der beigeordnete Rechtsanwalt hat einen unmittelbaren Gebührenanspruch gegen die Staatskasse, § 45 RVG. Ab einem Gegenstandswert von 3000 € verringert sich die Anwaltsvergütung, § 49 RVG. Der Rechtsanwalt sollte daher stets einen Antrag gem. § 55 RVG stellen, um im Falle einer Ratenzahlung seines Mandanten an die Staatskasse die Differenz zwischen den gesetzlichen Gebühren und den PKH-Gebühren nach § 49 RVG zu erhalten, § 50 RVG. **Reisekosten** werden erstattet, sofern durch die Beiordnung eines auswärtigen Prozessbevollmächtigten die Kosten eines Verkehrsanwaltes erspart werden (*BAG* 18.7.2005 EzA § 121 ZPO 2002 Nr. 1). 98

c) Ausschluss der Bewilligung

99 Die Klage muss im Unterschied zu einer Beiordnung gem. § 11a ArbGG in tatsächlicher wie rechtlicher Hinsicht hinreichende Erfolgsaussichten haben, d.h. das Rechtsschutzbegehren muss vertretbar sein (*LAG Düsseld.* 10.4.1985 LAGE § 114 ZPO Nr. 5). Bei summarischer Prüfung der Sach- und Rechtslage muss eine gewisse Wahrscheinlichkeit dafür bestehen, dass der Antragsteller obsiegen wird. Der Prozesserfolg braucht jedoch nicht gewiss zu sein (*LAG München* 26.6.1987 AnwBl 1987, 499). Ist eine Beweisaufnahme durchzuführen, ist regelmäßig eine gewisse Erfolgsaussicht zu bejahen. In einem Kündigungsschutzverfahren genügt zunächst eine fristgerechte **schlüssige Kündigungsschutzklage**. Der antragstellende Arbeitnehmer ist nämlich für das Vorliegen von Kündigungsgründen nicht darlegungs- und beweispflichtig. Strengere Anforderungen werden bei fragwürdigen Sachverhalten gestellt. Bei der überschlägigen Überprüfung der Erfolgsaussichten kann das Gericht ein rechtskräftiges strafgerichtliches Urteil würdigen und mit entsprechender Begründung hinreichende Erfolgsaussichten verneinen (*LAG RhPf* 24.9.1985 LAGE § 114 ZPO Nr. 9). Klagt eine Partei unter dem Gesichtspunkt des Annahmeverzuges Entgelt ein, ohne die bezogenen Leistungen der Bundesanstalt für Arbeit in Abzug zu bringen, wird PKH nicht bewilligt (*LAG Nürnberg* 22.7.1988 LAGE § 114 ZPO Nr. 14). PKH wird nicht für den kostspieligeren gleichwertigen prozessualen Weg gewährt; eine derartige Rechtsverfolgung wäre mutwillig. Für eine Weiterbeschäftigungsantrag in einem Kündigungsschutzprozess lehnte das *LAG Düsseld.* (17.5.1989 LAGE § 114 ZPO Nr. 16) PKH wegen Mutwillens ab, weil er nicht als uneigentlicher oder unechter Hilfsantrag gestellt war. Ebenso hielt das *LAG Düsseld.* (12.8.1985 LAGE § 114 ZPO Nr. 7) eine Zahlungsklage für mutwillig, die statt einer Klageerweiterung einer anhängigen Kündigungsschutzklage erhoben wurde und versagte für die Vergütungsklage PKH. PKH scheidet aus, wenn Ansprüche zwischen den Parteien unstreitig sind und die Gegenseite ihnen nachkommen wird. Eine Partei darf nämlich in ihrem prozessualen Verhalten nicht von demjenigen abweichen, das eine verständige Partei, die die »Kosten aus eigener Tasche« aufbringen müsste, in der gleichen prozessualen Situation zeigen würde (*LAG SchlH* 8.6.1983 NJW 1984, 830).

100 Eine Prüfung der Erfolgsaussichten erfolgt nicht, wenn das ArbG die Berufung, das LAG die Revision zugelassen hat. Das Gericht gab durch die Zulassung des Rechtsmittels hinreichende Erfolgsaussichten des Rechtsbehelfs zu erkennen (GMPM-G/*Germelmann* § 11a Rz. 111).

Gewährung von PKH ist grds. ausgeschlossen, wenn der Mandant **rechtsschutzversichert** ist. Ausnahmsweise bewilligen Gerichte sie dennoch, wenn die Rechtsschutzversicherung Kostenschutz ablehnt und trotz Gegenvorstellung gem. § 17 ARB bei ihrer Weigerung bleibt (*LAG Düsseld.* 12.11.1981 AnwBl 1982, 77; *LAG RhPf* 28.4.1988 LAGE § 115 ZPO Nr. 31). Hat der Mandant mit seiner Rechtsschutzversicherung eine **Selbstbeteiligung** vereinbart, kann das Gericht Prozesskostenhilfe bis zur Höhe der Selbstbeteiligung gewähren (*LAG RhPf* 5.6.1998 – 10 Sa 89/98 – n.v.). Die Selbstbeteiligung gilt gem. § 2 ARB 75/§ 5 Abs. 3c ARB 94 »in jedem Versicherungsfall«, also nur einmal im Instanzenzug, weshalb ein entsprechender Antrag in erster Instanz erfolgen sollte.

101 Ebenso scheidet PKH aus, wenn dem Mandanten **gewerkschaftlicher Rechtsschutz** zusteht (*LAG Frankf.* 21.4.1986 LAGE § 115 ZPO Nr. 20; *LAG RhPf* 7.1.1988 LAGE § 114 ZPO Nr. 13). Sie kann allerdings gewährt werden, wenn aus nachvollziehbaren Gründen das Vertrauen in den gewerkschaftlichen Rechtsschutz erschüttert ist (*LAG Köln* 16.2.1983 EzA § 115 ZPO Nr. 7; *LAG Düsseld.* 2.1.1986 LAGE § 115 ZPO Nr. 21; *LAG SchlH* 24.10.2003 – 2 Ta 215/03). Hierfür reicht nicht aus, dass sich der Antragsteller »lieber anwaltlich« vertreten lassen will (*LAG Düsseld.* 25.3.1983 EzA § 115 ZPO Nr. 8). Der Antragsteller hat die Gründe, die für eine Unzumutbarkeit sprechen, substantiiert darzulegen; bloße Schlagworte reichen nicht aus (*LAG Brem.* 8.11.1994 LAGE § 115 ZPO Nr. 48).

d) Persönliche Voraussetzungen

102 Gem. § 115 Abs. 1 S. 1 ZPO hat die Partei »ihr Einkommen einzusetzen«. Vom Parteieinkommen in Abzug zu bringen, sind Steuern, Vorsorgeaufwendungen, Werbungskosten, Frei-

betrag für Erwerbstätige, Unterhaltsfreibeträge, Unterkunftskosten sowie besondere Belastungen (s.u. Checkliste PKH, Rn. 128). Bei **doppelverdienenden Ehegatten** sind die Einkünfte des mitverdienenden Ehegatten nach § 115 Abs. 1 S. 3 Nr. 2 ZPO bei dem Unterhaltsfreibetrag des Ehepartners anzurechnen.

Ob bei **einfachverdienenden Ehegatten** bei der Bewilligung von PKH für den nichtverdienenden Ehegatten das Einkommen des verdienenden Ehegatten berücksichtigt werden darf, ist äußerst streitig. Der unterhaltsberechtigte Ehegatte hat grds. einen die Gewährung von PKH ausschließenden Anspruch gegen den unterhaltspflichtigen Ehegatten auf **Prozesskostenvorschuss gem. § 1360a BGB**. Umstritten ist bereits, ob in arbeitsrechtlichen Streitigkeiten eine Vorschusspflicht besteht. Eine Pflicht zu einem Prozesskostenvorschuss wird z. T. mit der Begründung verneint, Streitigkeiten vor den Gerichten für Arbeitssachen gehörten nicht zu den **»persönlichen Angelegenheiten« i.S.v. § 1360a Abs. 4 BGB** (*LAG Hamm* 13.1.1982 EzA § 115 ZPO Nr. 3; *LAG BW* 19.9.1984 EzA § 115 ZPO Nr. 11; *LAG Köln* 7.6.1985 LAGE § 115 ZPO Nr. 12; *LAG Köln* 4.2.1986 LAGE § 115 ZPO Nr. 15; *LAG RhPf* 27.10.1987 NZA 1988, 177; *Zöller/Philippi* § 115 Rz. 68 m.w.N., der jedoch Kündigungsschutzprozesse als persönliche Angelegenheit ansieht). Darüber hinaus verstoße die enge Auslegung des Begriffs der »persönlichen Angelegenheit« auf die eheliche Lebensgemeinschaft gegen den besonderen verfassungsrechtlichen Schutz von Ehe und Familie gem. Art. 6 GG. Andererseits wird die Auffassung vertreten, arbeitsrechtliche Streitigkeiten erfüllten das Tatbestandsmerkmal »persönliche Angelegenheit« des § 1360a Abs. 4 BGB und dieser Anspruch habe Vorrang vor der Bewilligung von PKH (*LAG RhPf* 6.5.1982 EzA § 115 ZPO Nr. 4; *LAG Düsseld.* 27.10.1983 EzA § 115 ZPO Nr. 9). Das *BAG* hat mit Beschluss vom 5.4.2006 (– 3 AZB 61/04 – EzA § 115 ZPO 2002 Nr. 1) arbeitsrechtliche Bestandsstreitigkeiten als »persönliche Angelegenheiten« i.S.v. § 1360a Abs. 4 BGB gewertet und einen Prozesskostenvorschussanspruch gegen den Ehegatten bejaht. 103

Unstreitig entfällt ein Anspruch auf Prozesskostenvorschuss gem. § 1360a BGB gegen den unterhaltspflichtigen Ehegatten, wenn dieser nicht leistungsfähig ist (*LAG Bln.* 12.6.1985 LAGE § 115 ZPO Nr. 14; *LAG RhPf* 24.3.1988 LAGE § 115 ZPO Nr. 33). 104

Gerichte, die einen Anspruch auf Prozesskostenvorschuss verneinen, berücksichtigten das Einkommen eines leistungsstarken Unterhaltspflichtigen teilweise dennoch. Das *LAG Köln* (4.2.1986 LAGE § 115 ZPO Nr. 15) und das *LAG Düsseld.* (9.4.1986 LAGE § 115 ZPO Nr. 18, 19; 26.5.1989 LAGE § 115 ZPO Nr. 38) zogen § 138 AFG heran, andere Gerichte legen § 115 Abs. 1 S. 2 ZPO dahingehend aus, dass das Ehegatteneinkommen zu berücksichtigen sei (*LAG RhPf* 27.10.1987 NZA 1988, 177; *LAG Köln* 29.3.1989 LAGE § 115 ZPO Nr. 35). Kosten der Lebensführung werden erfahrungsgemäß aus gemeinsamen Einkünften getragen, wobei der höher verdienende Teil mehr in den »gemeinsamen Topf« zuschießt. Eine Anordnung von Ratenzahlungen scheidet aus, wenn das »Einkommen« allein in der fiktiven teilweisen Anrechnung des Ehegatteneinkommens besteht (*LAG Nürnberg* 16.9.1992 LAGE § 115 ZPO Nr. 45). Zur Vermeidung einer verfassungswidrigen Benachteiligung der ehelichen Lebensgemeinschaft sind nach Ansicht des *LAG Nürnberg* (24.1.1990 LAGE § 115 ZPO Nr. 41) die Gerichte gehalten, eine Anrechnung auch bei nichtehelichen Lebensgemeinschaften vorzunehmen und in geeigneter Form auf eine vollständige Erklärung der Einkünfte hinzuwirken. Dagegen wird eingewandt, dass es bei der heute anzutreffenden Vielgestaltigkeit familienrechtlicher Beziehungen keine allgemeinen Erfahrungssätze gibt, noch besteht eine Rechtsgrundlage für eine pauschale Anrechnung. Die Vorschriften des SGB III passen nicht in das PKH-Recht (*LAG Hmb.* 19.4.1989 LAGE § 115 ZPO Nr. 36). 105

Abfindungen, die an einen Arbeitnehmer nach einem Kündigungsschutzprozess gezahlt werden, sind als Bestandteile eigenen Vermögens i.S.d. § 115 ZPO bei der Bewilligung von Prozesskostenhilfe zu berücksichtigen (*BAG* 24.4.2006 EzA § 115 ZPO 2002 Nr. 2 = FA 2006, 211; *LAG RhPf* 8.7.2005 – 9 Ta 83/05 – jurion; *LAG Köln* 28.7.2004 – 2 Ta 237/04 – jurion). Kann der Arbeitnehmer die Abfindung nicht beitreiben, kann er in entsprechender Anwendung von § 120 Abs. 4 ZPO eine nachträgliche Änderung des Prozesskostenhilfebeschlusses beantragen (*LAG SchlH* 25.5.2005 – 1 Ta 93/04 – jurion). Ein Beschluss über Bewilligung von Prozesskostenhilfe ohne eigenen Beitrag kann auf Grund einer gezahlten Abfindung geändert und der Arbeitnehmer zur Zahlung verpflichtet werden (*LAG RhPf* 106

23.8.2005 – 10 Ta 194/05 – jurion; 13.8.2004 – 10 Ta 170/04 – jurion). Die Abfindung ist nicht zu berücksichtigen, falls der Arbeitnehmer trotz der Abfindung weiterhin in beengten finanziellen Verhältnissen lebt (*LAG BW* 8.7.2004 – 4 Ta 7/04 – jurion) oder die sog. Schongrenze nicht überschritten wird. Die Höhe der Schongrenze ist umstritten. Eine Orientierungsgröße ist das Schonvermögen i.S.v. § 90 Abs. 2 Nr. 9 SGB XII (*LAG RhPf* 11.12.2003 – 3 Ta 1325/03 – jurion). Es beläuft sich auf derzeit 2.301,– € für Ledige zzgl. 256,– € für jede unterhaltsberechtigte Person (§ 1 Abs. 1 Nr. 2 Verordnung zur Durchführung des § 90 Abs. 2 Nr. 9 SGB XII). Nach Auffassung des LAG Köln gehört eine Abfindung nicht zum einzusetzenden Vermögen, wenn sie zur Schuldentilgung, insbesondere für ein vom Antragsteller bewohntes Hausgrundstück, eingesetzt wird (*LAG Köln* 12.4.2006 – 14 Ta 144/06 – EzA-SD 19/2006, 15). Grundsätzlich muss geprüft werden, in welchem Umfang eine Abfindung einzusetzen ist, da dem Arbeitnehmer durch den Verlust des Arbeitsplatzes Kosten (z.B. für Bewerbungen, Schulungen, Umzug usw.) entstehen, die aus der Abfindung beglichen werden (*BAG* 24.4. 2006 EzA § 115 ZPO 2002 Nr. 2 = FA 2006, 211). Der Antragsteller sollte daher zu der Höhe derartiger Kosten substantiiert vortragen. Der Einsatz der gesamten Abfindung ist allerdings nach Auffassung des BAG zumutbar, wenn der Arbeitnehmer zeitnah zur Beendigung des Arbeitsverhältnisses eine gleichwertige neue Stelle am selben Ort gefunden hat.

107 Ob es einer Partei zuzumuten ist, den Rückkaufswert einer **Lebensversicherung** zur Aufbringung von Prozesskosten einzusetzen, wird in der Rechtsprechung nicht einheitlich beurteilt. Die Frage der Zumutbarkeit sollte einzelfallbezogen geprüft werden. Die Grenze der Zumutbarkeit ist überschritten, wenn die Auflösung der Lebensversicherung eine angemessene Alterssicherung (vgl. hierzu § 90 Abs. 3 S. 2 SGB XII) wesentlich erschwert (*OLG Zweibrücken* 26.9.2007 – 6 WF 192/07 – OLG Report 2008, 11; *Sächs. LAG* 27.9.2005 – 4 Ta 163/05 – EzA-SD 19/2006, 14). Hingegen ist eine Lebensversicherung, die nicht der zusätzlichen Altersvorsorge i.S.v. § 90 Abs. 2 Nr. 2 SGB XII dient, beispielsweise eine Lebensversicherung auf den Heiratsfall der Tochter, einzusetzen (*BAG* 5.5.2006 EzA § 115 ZPO 2002 Nr. 4 = FA 2006, 320). Renditeeinbußen führen nicht ohne weiteres zur Unzumutbarkeit. Sofern der Rückkaufswert der Versicherung deutlich über den eingezahlten Beiträgen liegt, ist eine Verwertung zumutbar (*BAG* 5.5.2006 EzA § 115 ZPO 2002 Nr. 4 = FA 2006, 320). Weiterhin ist im Wege einer Einzelfallprüfung zu klären, ob durch Beleihungen oder sonstige Verwertung der Kapitallebensversicherung einsetzbare geldwerte Positionen zumutbarerweise geschaffen werden können (*LAG Bln.-Bra.* 4.1.2007 – 2 Ta 2161/06 – Beck RS 2007, 45365).

108 Das Guthaben aus einem noch nicht zuteilungsreifen **Bausparvertrag** gehört zum einzusetzenden Vermögen des Antragstellers (*BAG* 26.4.2006 EzA § 115 ZPO 2002 Nr. 3 = FA 2006, 210); ebenso das Guthaben aus einem zuteilungsreifen Bausparvertrag (*BGH* 18.7.2007 – XII ZA 11/07 – FamRZ 2007, 1720).

109 Veräußert eine bedürftige Partei ihr **Familienheim**, so hat sie das dadurch erlangte Vermögen zur Bestreitung der Prozesskosten einzusetzen, selbst wenn sie den Verkaufserlös für den Erwerb eines neuen angemessenen Hausgrundstücks i.S.v. § 90 Abs. 2 Nr. 8 SGB XII verwandt hat (*BGH* 31.10.2007 – XII ZB 55/07 – BeckRS 2007, 19934). Mit der Verwertung des früheren Familienheims ist nämlich dessen Privilegierung entfallen und hat sich nicht an dem Verkaufserlös fortgesetzt.

e) Zeitpunkt der Antragstellung

110 Der Antrag auf PKH sollte schnellstmöglich gestellt werden; nach Abschluss der Instanz ist er nicht mehr möglich. Die PKH beginnt grds. ab Bewilligungsreife, also dem Zeitpunkt, ab dem das Gericht sie bei ordnungsgemäßer Antragstellung zu bewilligen hat. Ein ordnungsgemäßer PKH-Antrag liegt vor, wenn die »Erklärung über die persönlichen und wirtschaftlichen Verhältnisse« richtig und vollständig ausgefüllt ist sowie die erforderlichen Belege beigefügt sind (*LAG Nürnberg* 10.11.1987 LAGE § 119 ZPO Nr. 6; 15.4.2003 LAGE § 118 ZPO 2002 Nr. 1). Eine rückwirkende Bewilligung ist möglich, wenn der PKH-Antrag formgerecht unter Beifügung der erforderlichen Unterlagen gestellt war, eine Entscheidung aber

infolge des gerichtlichen Geschäftsganges erst später erfolgt (*LAG Hmb.* 22.4.1985 LAGE § 119 ZPO Nr. 4). Spätestens im Beschwerdeverfahren müssen die erforderlichen Angaben über die persönlichen und wirtschaftlichen Voraussetzungen für die Bewilligung von Prozesskostenhilfe vollständig vorliegen, da anderenfalls dem Beschwerdegericht die Entscheidungsgrundlage fehlt (*LAG RhPf* 18.5.2005 – 6 Ta 177/05 – jurion). Rechtsanwälte werden häufig erst kurz vor Ablauf der Dreiwochenfrist des § 4 KSchG aufgesucht, zur Fristwahrung muss kurzfristig Klage eingereicht werden. Die Güteverhandlung sollte spätestens zwei Wochen nach Klageeinreichung stattfinden; bis zu diesem Zeitpunkt können häufig nicht die Belege, insbesondere der Bewilligungsbescheid der Bundesagentur für Arbeit, vorgelegt werden. Der Rechtsanwalt müsste sich unter Umständen einer Einigung im Gütetermin allein deshalb widersetzen, weil die erforderlichen PKH-Unterlagen durch seinen Mandanten noch nicht vollständig beigebracht werden konnten. Das *LAG Düsseld.* (16.2.1984 EzA § 119 ZPO Nr. 2) hält es daher im arbeitsgerichtlichen Verfahren für gerechtfertigt, PKH rückwirkend ab Antragstellung zu gewähren, falls die notwendigen Unterlagen in angemessener Frist nachgereicht werden. Den Antragsteller darf an der verzögerten Einreichung der Bewilligungsunterlagen kein Verschulden treffen (*LAG Nürnberg* 10.11.1987 LAGE § 119 ZPO Nr. 6). Eine durch den Rechtsanwalt verursachte Verzögerung ist dem Antragsteller zuzurechnen und führt zu Schadensersatzansprüchen des Mandanten gegenüber dem Rechtsanwalt.

Gem. § 117 Abs. 4 ZPO ist der Vordruck »Erklärung über die persönlichen und wirt- 111
schaftlichen Verhältnisse« zu benutzen (*LAG SchlH* 1.3.1988 LAGE § 119 ZPO Nr. 5). Nach Auffassung des *BGH* (17.3.1992 JurBüro 1993, 51) hat sich der Antragsteller grds. auch in der Rechtsmittelinstanz des genannten Vordrucks zu bedienen. Eine Bezugnahme auf eine im früheren Rechtszug auf dem Vordruck abgegebene Erklärung reicht nur dann aus, wenn die Verhältnisse seitdem unverändert geblieben sind und dies bei der Bezugnahme deutlich gemacht wird (*BGH* 16.3.1983 NJW 1983, 2145).

Ein vorgeschaltetes PKH-Verfahren verbietet sich im Regelfall wegen der zahlreichen 112
Fristen im Arbeitsrecht – es wahrt weder die Klagefrist des § 4 KSchG noch unterbricht es tarifliche Ausschlussfristen (*LAG Köln* 11.3.1996 LAGE § 4 KSchG Nr. 34).

f) Erweiterung des PKH-Gesuchs

Die PKH erfasst nur die zum Zeitpunkt der Bewilligungsreife rechtshängigen Ansprüche 113
(*Gift/Baur* D/Rz. 110). Eine danach erhobene Widerklage oder Klageerweiterung sowie die Rechtsverteidigung hiergegen, bedarf eines erneuten PKH-Antrages. Werden in einem **Vergleich nicht rechtshängige streitige Ansprüche** mitverglichen, bedarf es vor Vergleichsschluss eines entsprechenden Antrags, damit die PKH auf den Vergleich insgesamt ausgedehnt werden kann (GK-ArbGG/*Bader* § 11a Rz 132).

Beendet der den Gegenstand des Prozesses abdeckende **außergerichtliche Vergleich** den 114
Rechtsstreit, so erhält der Rechtsanwalt nach überwiegender Meinung in der Arbeitsgerichtsbarkeit aus der Landeskasse eine Vergleichsgebühr für die Mitwirkung an dem außergerichtlichen Vergleich (*LAG Köln* 24.11.1997 AnwBl 1999, 125; *LAG Thüringen* 30.4.1997 LAGE § 121 BRAGO Nr. 5; *LAG RhPf* 15.9.1993 NZA 1994, 144).

g) Rechtsbehelf

Die Entscheidung des Gerichtes über den PKH-Antrag erfolgt durch **Beschluss** für die 115
jeweilige Instanz, §§ 119, 127 ZPO. Gegen die stattgebende Entscheidung kann die Staatskasse sofortige Beschwerde einlegen, wenn keine Raten oder zu zahlende Beträge festgesetzt sind, § 127 Abs. 3 S. 1 ZPO. Der Antragsteller kann nur eine sofortige Beschwerde innerhalb einer Notfrist von einem Monat nach Zustellung des versagenden Beschlusses einlegen, falls – soweit kein Bestandsschutzstreit vorliegt – der Streitwert des Hauptsacheverfahrens 600 € übersteigt, es sei denn die Prozesskostenhilfe wurde ausschließlich im Hinblick auf die persönlichen oder wirtschaftlichen Voraussetzungen für die Prozesskostenhilfe abgelehnt,

§§ 127 Abs. 2, 3; 46 Abs. 2 S. 3 ArbGG (*Schmidt/Schwab/Wildschütz* NZA 2001, 1161 [1162]). Der Prozessgegner kann gegen einen stattgebenden PKH-Beschluss mangels Beschwer keinen Rechtsbehelf einlegen.

116 Das Gericht kann die **Bewilligung der PKH aufheben**, wenn der Antragsteller unrichtige Angaben hinsichtlich des Streitverhältnisses oder der persönlichen und wirtschaftlichen Verhältnisse gemacht hat bzw. länger als 3 Monate mit der Zahlung einer festgesetzten Rate im Rückstand ist (§ 124 ZPO).

3. Beiordnung

117 Neben der PKH gem. §§ 114 ZPO besteht im Arbeitsgerichtsprozess in **erster Instanz** (*LAG Bln.* 26.8.1980 EzA § 11a ArbGG 1979 Nr. 1) die Möglichkeit einer Beiordnung gem. § 11a ArbGG, worauf das Gericht hinweisen muss, § 11a Abs. 1 S. 2 ArbGG. Im Unterschied zu § 114 ZPO macht § 11a ArbGG eine Beiordnung nicht von hinreichenden Erfolgsaussichten abhängig, setzt aber voraus, dass die Gegenseite anwaltlich vertreten ist. Die bloße Beiordnung nach § 11a ArbGG bewirkt keine Befreiung von der Verpflichtung zur Zahlung der Gerichtskosten (*LAG Hamm* 10.7.1981 EzA § 11a ArbGG 1979 Nr. 2).

a) Gegenrechtsanwalt

118 Ist die Gegenpartei durch einen **Rechtsanwalt** vertreten, so kann der Partei auf ihren Antrag hin für das erstinstanzliche Verfahren ein Rechtsanwalt beigeordnet werden, § 11a ArbGG; das Gericht hat die anwaltlich nicht vertretene Partei hierüber zu belehren, § 11a Abs. 1 S. 2 ArbGG. Die Vertretung der Gegenseite durch einen Verbandsvertreter reicht nicht aus, selbst wenn dieser auch als Rechtsanwalt zugelassen ist (*LAG Düsseld.* 9.6.1988 LAGE § 11a ArbGG 1979 Nr. 5; Schwab/Weth-*Vollstädt* § 11a Rz. 79; GK-ArbGG/*Bader* § 11a Rz. 188; *Grunsky* § 11 a Rz 13; **a.A.** *Ascheid* Urteils- und Beschlussverfahren, Rz 353; GMPM-G/*Germelmann* § 11a Rz. 56).

b) Ausschluss der Beiordnung

119 Ebenso wie bei der PKH scheidet eine Beiordnung aus, wenn die Partei **rechtsschutzversichert** ist oder die Möglichkeit hat, sich durch einen **Koalitionsvertreter** vor Gericht vertreten zu lassen.

Ein Antrag wird zurückgewiesen, wenn die Rechtsverfolgung offensichtlich mutwillig ist, also schon auf den ersten Blick ohne nähere Prüfung erkennbar ist, dass sie erfolglos sein muss (GK-ArbGG/*Bader* § 11a Rz 201). Beispielsweise ist eine Lohnklage offensichtlich mutwillig, wenn auf Grund allgemeinverbindlichen Tarifvertrags verfallene Gehaltsansprüche geltend gemacht werden (*LAG Köln* 8.12.1987 – 6 Ta 281/87 – n.v.).

c) Persönliche Voraussetzungen

120 Soweit § 11a ArbGG keine Abweichungen enthält, gelten die §§ 114 ff. ZPO entsprechend, insbesondere hinsichtlich der subjektiven Voraussetzungen.

d) Doppelte Antragstellung

121 Da bei einem Antrag auf Beiordnung gem. § 11a ArbGG nicht die hinreichende Erfolgsaussicht der Rechtsverfolgung notwendig ist, empfiehlt es sich bei der Antragstellung zweispurig zu verfahren (*Tiedemann* ArbRB 2008, 320). Das *LAG Brem.* (26.2.1986 LAGE § 11a ArbGG 1979 Nr. 3), *LAG Düsseld.* (29.10.1986 LAGE § 11a ArbGG 1979 Nr. 4) und das *LAG SA* (11.6.1997 LAGE § 11a ArbGG Nr. 6) unterstellen zwar zugunsten des Rechtsanwaltes, dass der Antrag auf Beiordnung eines Prozessbevollmächtigten gem. § 114 ZPO als »Minus« einen Antrag auf Beiordnung gem. § 11a ArbGG enthält. Die Praxis der Gerichte ist jedoch nicht einheitlich, weshalb der Antrag auf Bewilligung von PKH ausdrücklich klarstellen sollte, dass für den Fall der Versagung von PKH mangels hinreichender Erfolgsaussicht hilfsweise ein Antrag gem. § 11a ArbGG gestellt wird, falls sich der Gegner anwaltlich

vertreten lässt. Ein vorsorglich vorab bei der Klageeinreichung gestellter Antrag ist zulässig und nach Bestellung eines Rechtsanwalts für den Gegner zu entscheiden (*Gift/Baur* D/ Rz. 105).

Hinreichende Erfolgsaussichten bestehen nach Auffassung des *LAG Hessen* (1.8.2006 LAGE § 114 ZPO 2002 Nr. 6) für einen allgemeinen Feststellungsantrag (»**Schleppnetzantrag**«), sofern er ausreichend begründet ist. In diesem Fall ist für den allgemeinen Feststellungsantrag auch ohne Ausspruch einer weiteren Kündigung Prozesskostenhilfe zu bewilligen. **122**

e) Rechtswirkungen der Beiordnung nach § 11a ArbGG

Die Beiordnung eines Rechtsanwalts gem. § 11a ArbGG entfaltet geringere Rechtswirkungen als die Beiordnung im PKH-Verfahren. Eine Beiordnung nach § 11a ArbGG befreit die Partei nicht von der Pflicht zur Tragung von **Gerichts- und Gerichtsvollzieherkosten. Reisekosten** des beigeordneten Rechtsanwalts muss dieser gesondert beantragen und begründen. **123**

f) Rechtsbehelf

Der vollumfänglich stattgebende Beschluss ist unanfechtbar, anderenfalls ist die sofortige Beschwerde entsprechend derjenigen im PKH-Verfahren an das LAG statthaft, § 11a Abs. 3 ArbGG, § 127 Abs. 2, 3 ZPO, § 46 Abs. 2 S. 3 ArbGG. **124**

g) Aufhebung der Prozesskostenhilfebewilligung

Eine Partei kann eine nach § 120 Abs. 4 S. 2 ZPO geforderte Erklärung im Verfahren der Beschwerde gegen die Aufhebung der Prozesskostenhilfebewilligung auch dann nachholen, wenn sie die Frist für die Erklärung schuldhaft versäumt hat (*BAG* 18.11.2003 EzA § 120 ZPO 2002 Nr. 1). **125**

Das Gericht kann gem. § 124 Ziff. 1 ZPO die Bewilligung der Prozesskostenhilfe aufheben, wenn sich aus der Beweisaufnahme ergibt, dass die unbemittelte Partei vorsätzlich falsche Angaben zu dem für die Beurteilung der Erfolgsaussicht maßgeblichen Sachverhalt gemacht hatte (*LAG Nds.* 19.7.2006 LAGE § 124 ZPO 2002 Nr. 2). **126**

4. PKH/§ 11a ArbGG im Beschlussverfahren/Checkliste

Im Beschlussverfahren ist grds. die Bewilligung von PKH bzw. die Beiordnung gem. § 11a ArbGG möglich, § 80 Abs. 2 ArbGG. Sofern der Betriebsrat gegen den Arbeitgeber gem. **§ 40 BetrVG** einen **realisierbaren Anspruch** auf Zahlung der Prozesskosten hat, ist der Betriebsrat nicht wirtschaftlich bedürftig. Die Gewährung von PKH für den Betriebsrat für die Durchführung eines Beschlussverfahrens kommt ausnahmsweise in Betracht, wenn bei gegebener hinreichender Erfolgsaussicht der Arbeitgeber nicht in der Lage wäre, die Prozesskosten aufzubringen (*LAG RhPf* 4.5.1990 LAGE § 116 ZPO Nr. 1; *Paulsen* NZA 1989, 836). Ein Antrag kommt im Beschlussverfahren für das **beteiligte Betriebsratsmitglied im Zustimmungsverfahren zu seiner außerordentlichen Kündigung gem. § 103 Abs. 2 BetrVG** in Betracht. Die Beteiligung des Betriebsratsmitgliedes an diesem Verfahren ist keine Betriebsratstätigkeit, sodass zugunsten des beteiligten Betriebsratsmitgliedes kein Anspruch gem. § 40 BetrVG besteht. **127**

Checkliste PKH **128**

Monatliches Bruttoeinkommen bereinigt
- **Steuern** (Belege)
- Pflichtbeiträge zur **Sozialversicherung** einschließlich der Arbeitslosenversicherung
- Beiträge zu öffentlichen oder privaten **Versicherungen** (Kfz-Haftpflichtversicherung, private Haftpflichtversicherung, Lebensversicherung, Hausratsversicherung, private Unfallversicherung, private Kranken- oder Krankentagegeldversicherung, Gebäudeversicherung)

– **Werbungskosten** (Kosten von Arbeitskleidung und Arbeitsmitteln, Kosten doppelter Haushaltsführung, Kosten der Fahrt zum Arbeitsplatz)
= **bereinigtes Erwerbseinkommen**
bereinigtes Erwerbseinkommen abzüglich
– **Erwerbstätigenfreibetrag,** § 115 Abs. 1 S. 3 Nr. 1 ZPO zurzeit **176,– €.** Der Erwerbstätigenfreibetrag steht nur einer noch im Arbeitsverhältnis stehenden Partei zu!
– **Unterhaltsfreibeträge,** vgl. *Schönfelder* FN zu § 115 Abs. 1ZPO (1.7.2008 – 30.6.2009)
– Partei: z.Zt. **386,– €**
– Ehegatte oder Lebenspartner: z.Zt. **386,– €** abzgl. eigenes Einkommen des Unterhalts berechtigten
– die weiteren Unterhaltsberechtigten: z.Zt. **270,– €** abzgl. eigenes Einkommen des Unterhaltsberechtigten
– **Unterkunftskosten** (soweit tatsächlich geleistet, Belege)
– Nettomiete, Mietnebenkosten einschließlich Umlage auf Betriebskosten
– bei selbst genutztem Wohnraum: Belastung durch Fremdfinanzierungen und Instandhaltung, Gebühren (Wasser, Müll, Strom usw.), Heizkosten
– **besondere Belastungen** § 1610a BGB, Mehrbedarfsbeträge des § 30 SGB XII i.V.m. LandesVO, Rh.-Pf.; 100% z.Zt. **345,– €**
– 17% des Regelsatzes, § 30 Abs. 1 SGB XII
– Personen über 65 Lebensjahren
– erwerbsunfähige Personen
– werdende Mütter nach der 12. Schwangerschaftswoche
– 36% des Regelsatzes, § 30 Abs. 2, 1. HS SGB XII
– Alleinerziehende eines Kindes unter 7 Jahren oder 2/3 Kinder unter 16 Jahren
– über 15-jährige Behinderte, denen Eingliederungshilfe nach § 54 Abs. 1 Nr. 1–3 SGB XII gewährt ist, § 30 Abs. 4 SGB XII
– 35% des Regelsatzes, § 30 Abs. 3, Ziff. 2 SGB XII
– Alleinerziehende mit mehr als 3 Kindern unter 16 Jahren
– Mehrbedarf von Kranken (Krankenkostzulage), § 23 Abs. 4 BSHG
– **Abzahlungs- und Schuldverpflichtungen** (Belege)
Monatsraten oder auf Monatsraten umgerechnet, soweit sie angemessener Lebensführung dienen (keine Luxusausgaben, vgl. *Thomas/Putzo* § 115 Rz. 13 f.) und tatsächlich geleistet werden (*LAG RhPf* MDR 2004, 718)
= **einzusetzendes Einkommen gem. Tab. zu § 115 Abs. 1 S. 4 ZPO**

5. Rechtsschutzversicherung

129 Die Selbstkostentragung gem. § 12a ArbGG erhöht die Bedeutung der Rechtsschutzversicherung im Bereich des Arbeitsrechtes. Der rechtsschutzversicherte Mandant sollte zunächst darüber aufgeklärt werden, dass der Rechtsanwalt nicht verpflichtet ist, unentgeltlich gegenüber der Rechtsschutzversicherung tätig zu werden. Die Wahrnehmung der Interessen gegenüber der Rechtsschutzversicherung stellt ein eigenes gebührenpflichtiges gesondertes Mandat dar (*Küttner* NZA 1996, 453). Die Beratung des rechtsschutzversicherten Mandanten über seine Rechte und Pflichten aus dem Versicherungsverhältnis ist als Beratungsgebühr gem. Nr. 2100 VV RVG abzurechnen, der Gegenstandswert bestimmt sich an der voraussichtlichen Kostenhöhe. Berechnet der Rechtsanwalt keine Gebühren, so verhält er sich standeswidrig (*Schaub* NZA 1989, 865).

130 Übernimmt der Rechtsanwalt die Korrespondenz mit der Rechtsschutzversicherung, so muss er sämtliche versicherungsrechtliche Obliegenheiten seines Mandanten als Repräsentant gegenüber der Versicherung ordnungsgemäß wahrnehmen. Anderenfalls macht er sich schadensersatzpflichtig, auch wenn er meint, die Korrespondenz nur gefälligkeitshalber zu führen. Die Korrespondenz mit der Rechtsschutzversicherung ist gem. Nr. 2400 VV gesondert zu vergüten (*Küttner* a.a.O.).

Der Rechtsanwalt sollte seine Entscheidung hinsichtlich seiner Tätigkeit gegenüber der Rechtsschutzversicherung dem Mandanten schriftlich mitteilen. 131

> 132 Ich werde gegenüber ihrer Rechtsschutzversicherung nicht tätig, da diese Tätigkeit ein gesondertes gebührenpflichtiges Mandat darstellt und ein Verzicht auf die Geltendmachung dieser Gebühren standeswidrig wäre. Sie müssen ihre Pflichten gegenüber der Rechtsschutzversicherung selbst sorgfältig wahrnehmen und die Versicherung umgehend unterrichten. Die Versicherung wird ihnen dann mitteilen, ob und in welchem Umfang Versicherungsschutz besteht.

Der Rechtsanwalt, der gegenüber der Versicherung tätig wird, sollte den Mandanten ausdrücklich schriftlich auf die Gebührenpflichtigkeit dieses Mandates hinweisen (*Fischer* FA 2008, 293). 133

> 134 Sie haben mir mitgeteilt, dass Sie rechtsschutzversichert sind. Die Korrespondenz mit Ihrer Rechtsschutzversicherung stellt ein gesondertes gebührenpflichtiges Mandat dar. Ein Verzicht auf Gebühren verstößt gegen das anwaltliche Standesrecht. Hierauf habe ich Sie bereits im Besprechungstermin hingewiesen; Sie haben mich dennoch gebeten, die Angelegenheit gegenüber Ihrer Rechtsschutzversicherung zu klären. Die Kosten hierfür müssen Sie auch dann tragen, wenn die Rechtsschutzversicherung Kostenzusage erteilt.

Der Rechtsanwalt sollte den rechtsschutzversicherten Mandanten, unabhängig davon, ob er mit der Rechtsschutzversicherung die Korrespondenz übernimmt oder nicht, auf die **Risikoausschlüsse** hinweisen. Danach besteht insbesondere kein Versicherungsschutz für: 135

- gesetzliche Vertreter juristischer Personen (z.B. Kündigung des Anstellungsvertrages eines GmbH-Geschäftsführers),
- Streitigkeiten aus dem Handelsvertreterrecht,
- Arbeitnehmererfindungen oder Verbesserungsvorschläge,
- vorsätzlich verursachte Versicherungsfälle (z.B. Kündigungen wegen vorgetäuschter Arbeitsunfähigkeit, Begehung von Straftaten usw.),
- Streitigkeiten aus dem kollektiven Arbeitsrecht, sofern keine Beteiligung im Beschlussverfahren wegen einer personellen Einzelmaßnahmen vorliegt (*Harbauer* § 24 ARB 75 Rz. 36).
- während der Wartezeit.

Reisekosten können gegenüber der Rechtsschutzversicherung geltend gemacht werden, sofern und soweit hierdurch Kosten für einen Verkehrsanwalt erspart werden. Insoweit kann auf die Rechtsprechung des Bundesarbeitsgerichtes zur Prozesskostenhilfe verwiesen werden (s.o. Rn. 98: *BAG* 18.7.2005 EzA § 121 ZPO 2002 Nr. 1). 136

Nach § 14 Abs. 3 ARB 75/§ 4 Abs. 1c ARB 94 liegt ein Versicherungsfall in dem Zeitpunkt vor, in dem ein tatsächlicher oder behaupteter Rechtsverstoß vom Arbeitgeber, vom Arbeitnehmer oder durch einen Dritten begangen wurde. In der Praxis treten immer wieder unterschiedliche Auffassungen zwischen Rechtsanwälten und Rechtsschutzversicherungen bei der Frage auf, ob überhaupt ein tatsächlicher oder behaupteter Rechtsverstoß vorliegt (z.B. Angebot zum Abschluss eines Aufhebungsvertrags) oder hinsichtlich des Zeitpunkts eines Rechtsverstoßes (Kettenarbeitsverträge, Dauerverstöße, wiederholte Verstöße). 137

Die Rechtsprechung sah überwiegend in dem bloßen **Angebot des Arbeitgebers zum Abschluss eines Aufhebungsvertrages** keinen Versicherungsfall, sofern kein Beratungsrechtsschutz vorliegt. Einige Gerichte nehmen bei zusätzlichen besonderen Umständen einen Versicherungsfall an, z.B. wenn: 138

- der Arbeitgeber eine Änderungskündigung bei Verweigerung einer Versetzung androht, obwohl ein verständiger Arbeitgeber eine Kündigung nicht ernsthaft in Betracht gezogen hätte (*AG Tettnang* 17.11.1995 AnwBl. 1997, 292),
- der Arbeitgeber dem Arbeitnehmer ernsthaft mit einer Kündigung oder sonstigen persönlichen Nachteilen droht, falls er keinen Aufhebungsvertrag akzeptiert (*AG Bergisch-Gladbach* 28.2.1996 r+s 1997, 69),

- der Arbeitgeber gegenüber einem langjährigen Arbeitnehmer erklärt, das Arbeitsverhältnis müsse beendet werden (*LG Baden-Baden* 19.12.1996 NJW-RR 1997, 790),
- der Arbeitgeber erklärt, er werde »schon Mittel und Wege finden, das Arbeitsverhältnis kurzfristig aus verhaltensbedingten Gründen zu kündigen«. Die Eintrittspflicht der Rechtsschutzversicherung beschränkt sich nicht darauf, die versuchte Nötigung abzuwehren, sondern dem Drängen des Arbeitgebers, das Arbeitsverhältnis aufzulösen, ist auch durch das Aushandeln besonders günstiger Konditionen für die Auflösung des Arbeitsvertrages zu begegnen (*LG Hannover* 8.6.1996 r+s 1997, 202)

139 Andere Gerichte sehen hingegen auch in diesen Fällen keine Einstandspflicht der Rechtsschutzversicherung. Ein Versicherungsfall liegt danach auch dann nicht vor, wenn:
- der Arbeitgeber eine Kündigung androht (*AG Frankf.* 3.11.1994 r+s 1995, 304),
- der Arbeitgeber ohne Vorankündigung dem Arbeitnehmer in einem Personalgespräch mitteilt, man habe für ihn keine Verwendung mehr. Es bestehe die Möglichkeit eines Aufhebungsvertrages – anderenfalls erfolge die Kündigung (*AG Hannover* 4.8.1995 r+s 1996, 107),
- der Arbeitgeber den Betriebsrat zu einer fristlosen Kündigung anhört (*AG Hmb.* 22.8.1995 r+s 1996, 107),
- der Arbeitgeber unter Hinweis auf eine ansonsten unumgängliche Kündigung ein Abfindungsangebot unterbreitet (*AG München* 25.1.1996 ZfS 1996, 272).

140 Das *OLG Saarbrücken* (19.7.2006 r+s 2006, 495) nimmt einen Rechtsschutzfall bereits dann an, wenn ein Arbeitgeber einem Arbeitnehmer seine betriebsbedingte Entlassung ankündigt. Wegen der grundsätzlichen Bedeutung der Angelegenheit hat das OLG Saarbrücken die Revision zum Bundesgerichtshof zugelassen.

141 Der *BGH* hat mit Urteil vom 19.11.2008 (FA 2009, 28) die Eintrittspflicht des Rechtsschutzversicherers bei vom Versicherungsnehmer behaupteten Rechtsverstoß durch Kündigungsandrohung des Arbeitgebers bejaht (*Cornelius-Winkler/Ennemann* FA 2009, 2; *Fischer* FA 2009, 3). Die Entscheidung ist für alle ARB-Versionen maßgeblich und auch für abgelehnte alte Schadensfälle (*Cornelius-Winkler/Ennemann* a.a.O.). Der Arbeitnehmer muss gegenüber seiner Rechtsschutzversicherung vortragen, dass:
- sein Arbeitgeber ernsthaft mit einer Kündigung gedroht hat,
- die angedrohte Kündigung nach Auffassung des Arbeitnehmers rechtswidrig gewesen wäre,
- die Kündigungsandrohung bei vom Arbeitgeber ausgehenden Verhandlungen zu einer einvernehmlichen Beendigung des Arbeitsverhältnisses erfolgte (*Fischer* a.a.O.).

142 Kein Versicherungsfall liegt hingegen vor, wenn:
- die Aufhebung des Arbeitsverhältnisses vom Arbeitnehmer veranlasst wurde,
- der Arbeitgeber lediglich »vorgefühlt« hat, ohne mit letzter Konsequenz die einvernehmliche Beendigung anzustreben.

143 **Außergerichtliche Anwaltstätigkeit** gehört nur dann zum Rechtszug i.S.d. § 19 RVG, wenn sie erfolgt, nachdem der Anwalt einen (unbedingten) Prozessauftrag erhalten hat. Um eine deutliche Abgrenzung zu erleichtern, kann es sich empfehlen, getrennte Vollmachten für das außergerichtliche und das gerichtliche Verfahren zu verwenden und statt einer Klageandrohung in einem außergerichtlichen Schreiben es mit dem Hinweis auf den anwaltlichen Rat an den Mandanten im Weigerungsfall Klage zu erheben, bewenden zu lassen (*Haller* BB 1996, 2514 [2516]).

144 Ein Prozessauftrag kann nicht unterstellt werden, wenn der Arbeitgeber einen Rechtsanwalt beauftragt, mit einem Arbeitnehmer bzw. dessen anwaltlichen Vertreter Gespräche zwecks gütlicher Aufhebung des Arbeitsvertrages zu führen (*OLG Hamm* 1.4.1992 VersR 1993, 94). Zu dem Zeitpunkt der außergerichtlichen Verhandlungen ist noch nicht absehbar, ob überhaupt eine Kündigung ausgesprochen wird, gegen die eine Kündigungsschutzklage erfolgt und damit eine Rechtsverteidigung des Arbeitgebers vor Gericht erforderlich wird. Im Fall einer nachfolgenden arbeitsgerichtlichen Auseinandersetzung ist die Geschäftsgebühr gem. Nr. 2400 VV auf die Verfahrensgebühr nach Nr. 3100 VV zur Hälfte, jedoch höchstens mit einem Gebührensatz von 0,75 auf die Verfahrensgebühr des gerichtlichen Verfahrens anzurechnen. Eine **Anrechnung** erfolgt immer dann, wenn die Tätigkeit des Rechtsanwalts, die die Geschäftsgebühr nach Nr. 2400 VV ausgelöst hat, zu dem Kreis der Tätigkeiten gehört, die im Fall eines Prozessauftrages gem. § 19 RVG durch die Prozessgebühr abgegolten werden.

Erfolgt ein **Vergleichsabschluss vor dem Arbeitsgericht, obwohl bereits das Berufungsverfahren** eingeleitet ist, fallen auch die gem. Nr. 3200 VV um 3/10 erhöhten Gebühren an (*OLG SchlH* 2.12.1982 JurBüro 1983, 551). Eine 16/10 Verfahrensgebühr kann nur anfallen, wenn bereits Schriftsätze, die Sachanträge enthalten, bei dem Berufungsgericht eingegangen sind, Nr. 3201 VV. Ist das für das Berufungsverfahren zuständige LAG mehr als 100 km vom Wohnort des Versicherungsnehmers entfernt, so hat die Rechtsschutzversicherung Reisekosten des Rechtsanwalts bis zur Höhe einer zusätzlichen Prozessgebühr zzgl. Auslagen zu tragen, § 2 Abs. 1a) ARB 75. 145

Einigen sich die Parteien nach Ausspruch einer Kündigung dahingehend, dass die **Kündigung durch den Arbeitgeber »zurückgenommen«** wird und das Arbeitsverhältnis zu unveränderten Bedingungen fortbesteht, weigern sich viele Rechtsschutzversicherungen eine Vergleichsgebühr zu zahlen. Der Arbeitnehmer sei mit seinem Begehren voll durchgedrungen; ein Nachgeben seinerseits liege nicht vor. Demgegenüber weist das *LAG Hamm* (30.4.1997 AnwBl. 1997, 568) zutreffend daraufhin, dass eine Kündigung als einseitige rechtsgestaltende Willenserklärung von dem Arbeitgeber nicht zurückgenommen werden kann. Hierzu bedarf es eines Einverständnisses des Arbeitnehmers, sodass ein gegenseitiges Nachgeben beider Parteien vorliegt. 146

Der Rechtsanwalt hat seinen Mandanten weiterhin darauf hinzuweisen, dass die Rechtsschutzversicherung **häufig nur einen eingeschränkten Versicherungsschutz** gewährt. So wird oft bei Kündigungsschutzprozessen die Kostenzusage für Weiterbeschäftigungs- und Lohnzahlungsanträge wegen mangelnder Erfolgsaussichten des Antrags oder Obliegenheitsverletzung, §§ 17, 15 ARB 75, abgelehnt (*Küttner* a.a.O.; zu Gebühren im Arbeitsrecht: *Schiffer* FA 1997, 4; *Zirnbauer* FA 1997, 40; *Steffen* FA 1998, 74). Beschäftigt der Arbeitgeber nach einem obsiegenden Urteil in einem erstinstanzlichen Kündigungsschutzverfahren den Arbeitnehmer nicht weiter oder zahlt er keine Vergütung unter dem Gesichtspunkt des Annahmeverzugs, kann im Wege eines Eilantrages keine Weiterbeschäftigung oder Zahlung einer Vergütung erreicht werden. Erscheint der Arbeitgeber schon überhaupt nicht zum Gütetermin, kann der Arbeitnehmer, der keinen Weiterbeschäftigungsanspruch anhängig gemacht hat, kein entsprechendes Versäumnisurteil beantragen; – ein schwerer anwaltlicher Fehler. 147

Die Gerichte werden regelmäßig darauf verweisen, durch entsprechende Antragstellung im erstinstanzlichen Verfahren hätte eine Eilbedürftigkeit vermieden können. Die Erhebung einer Kündigungsschutzklage hemmt grds. nicht den Lauf von Verfallsfristen; – unterlässt der Rechtsanwalt wegen Verweigerung einer entsprechenden Kostenzusage der Rechtsschutzversicherung die Erhebung einer Zahlungsklage, drohen ihm Regressansprüche. Auch das Unterlassen des Weiterbeschäftigungsantrags ist regelmäßig ein rechtsanwaltlicher Haftpflichtfall (*Küttner/Sobolewski* AnwBl 1985, 493). Ebenso begeht der Rechtsanwalt nach Auffassung des *OLG Düsseld.* (AnwBl. 1998, 351) einen Fehler, wenn er – falls sein Mandant noch während des Laufs des erstinstanzlichen Kündigungsschutzverfahrens eine andere Arbeitsstelle findet – keinen Auflösungsantrag gem. § 9 KSchG stellt. Der Auflösungsantrag erhöht gem. § 12 Abs. 7 S. 1 2. Hs. ArbGG nicht den Gegenstandswert, sodass in erster Instanz keine Kostennachteile bei Stellung eines Auflösungsantrages entstehen können. 148

Der Rechtsanwalt sollte dem Mandanten ein Bestätigungsschreiben nach dem Besprechungstermin übersenden, in dem er die von ihm für erforderlich angesehenen Maßnahmen darlegt und dem Mandanten bestätigt, welche kostenauslösenden Schritte vor einer Kostenzusage, nach einer Kostenzusage oder bei teilweiser Kostenzusage auf Grund des vom Mandanten im Besprechungstermin erteilten Auftrages unternommen werden. 149

6. Prozessvertretung vor den ArbG

a) Urteilsverfahren

Für die Prozessvertretung vor den ArbG gelten die Vorschriften der Zivilprozessordnung, §§ 78 ff. ZPO, entsprechend, soweit im ArbGG keine Sonderregelungen normiert sind, § 46 Abs. 2 ArbGG. 150

aa) Freie Rechtsanwaltswahl

151 Das Verfahren vor dem ArbG ist ein **Parteiprozess**. Die prozessfähige Partei kann daher den Prozess selbst führen und muss sich nicht vertreten lassen. Die Partei(en) können aber auch jeden in der Bundesrepublik zugelassenen Rechtsanwalt mit der Prozessführung beauftragen; – mit Ausnahme der beim BGH zugelassenen Rechtsanwälte, § 172 BRAO.

bb) Ausländische Rechtsanwälte

152 Ausländische Rechtsanwälte sind grundsätzlich als Prozessvertreter ausgeschlossen, sofern sie nicht als europäische Anwälte den Regelungen des Gesetzes über die Tätigkeit europäischer Rechtsanwalt in Deutschland (EURAG) unterfallen. Ein europäischer Anwalt, der sich in Deutschland niedergelassen hat (§ 2 EURAG) oder gemäß § 11 EURAG zugelassen ist, unterliegt keinen Beschränkungen. Ein europäischer Rechtsanwalt, der nur vorübergehend Dienstleistungen in Deutschland erbringen will, muss die Regelungen der §§ 25 ff. EURAG beachten.

cc) Bevollmächtigte

153 Der Rechtsanwalt kann Untervollmacht erteilen, § 81 ZPO. **Stationsreferendare**, also Referendare, die bei dem Rechtsanwalt im Vorbereitungsdienst beschäftigt sind, können mit Untervollmacht vor dem ArbG auftreten, da die Parteien vor dem Arbeitsgericht den Rechtsstreit selbst führen können, § 157 ZPO i.d.F. ab dem 1.7.2008 (vgl. Art. 8 des Gesetzes zur Neuregelung des Rechtsberatungsgesetzes v. 12.12.2007 BGBl. I S. 2851).

154 Streitig war, ob sog. **Nebentätigkeitsreferendare**, die nicht zur Ausbildung bei einem Rechtsanwalt tätig sind oder sonstige Angestellte eines Rechtsanwalts, insbesondere Bürovorsteher, unterbevollmächtigt werden können (GK-ArbGG/*Bader* § 11 Rz. 106; GMPM-G/*Germelmann* § 11 Rz. 49; *Winterstein* NZA 1988, 574). Das *BAG* (22.2.1990 EzA § 11 ArbGG 1979 Nr. 7) hat die Möglichkeit einer Unterbevollmächtigung von Nebentätigkeitsreferendaren nach der Neuregelung des § 11 ArbGG bejaht. Nach § 11 Abs. 3 S. 1 ArbGG sind nur solche Personen ausgeschlossen, die die Besorgung fremder Rechtsangelegenheiten vor Gericht geschäftsmäßig betreiben. Weisungsgebundene Angestellte handeln als Erfüllungsgehilfen nicht geschäftsmäßig, wenn der Geschäftsherr nach dem Grundverhältnis mit der Partei für diese geschäftsmäßig tätig wird. Auch die Besonderheiten des arbeitsgerichtlichen Verfahrens stehen der Unterbevollmächtigung eines Nebentätigkeitsreferendars nicht entgegen.

155 Das Urteil des BAG dürfte auch für die Unterbevollmächtigung anderer Angestellter eines Rechtsanwalts einschlägig sein (GMPM-G/*Germelmann* § 11 Rz. 43; *Schwab/Weth-Weth* § 11 Rz. 33; *Gift/Baur* D/Rz. 92 GK-ArbGG/*Bader* § 11 Rz. 106). Das *LAG München* (10.3.1989 LAGE § 11 ArbGG 1979 Nr. 7; 5.4.1989 LAGE § 11 ArbGG 1979 Nr. 8) geht davon aus, dass ein **angestellter Bürovorsteher** eines Rechtsanwalts als Unterbevollmächtigter nicht gem. § 11 Abs. 3 ArbGG in der mündlichen Verhandlung vor den ArbG ausgeschlossen ist. Zweck des § 11 ArbGG ist es, bei der Partei nicht das Gefühl aufkommen zu lassen, den Prozess letztlich wegen fehlender Anwaltsunterstützung verloren zu haben. Eine solche soll jedoch vorliegen, wenn der Rechtsanwalt den Prozess durch Kontrolle und Anleitung seines vor Gericht auftretenden Bürovorstehers lenkt. Die möglicherweise unerfreulichen praktischen Auswirkungen betreffen ArbG in gleicher Weise wie Amtsgerichte und rechtfertigen keine unterschiedliche Handhabung bei den ArbG. In der Praxis bestehen viele ArbG weiterhin auf einer Wahrnehmung der mündlichen Verhandlung durch den Rechtsanwalt.

156 Der Gesetzgeber hat bei der Neuregelung des Rechtsberatungsgesetzes v. 12.12.2007 ausdrücklich keine Regelung zu der Frage der Zulässigkeit der Vertretung von Rechtsanwälten durch Kanzleimitarbeiter getroffen. Die Gesetzesbegründung (BT-Drs. 16/3655 S. 91) führt hierzu aus: »Soweit es darüber hinaus nach geltendem Recht teilweise auch als zulässig angesehen wird, dass Rechtsanwälte ihre Kanzleimitarbeiter, vor allem Bürovorsteher und nebenberuflich außerhalb der Anwaltsstation bei ihnen tätige Referendare bzw. Assessoren, gele-

gentlich mit Terminsvollmacht zur mündlichen Verhandlung entsenden, besteht ein unabweisbares Regelungsbedürfnis nicht. Ein **ständiges, regelmäßiges Entsenden von Mitarbeitern** wird auch nach geltendem Recht als **unzulässig** angesehen.«

§ 11 Abs. 2 ArbGG i.d.F. ab dem 1.7.2008 (vgl. Art. 11 des Gesetzes zur Neuregelung des Rechtsberatungsgesetzes v. 12.12.2007 BGBl. I S. 2852; *Düwell* FA 2008, 200) enthält eine abschließende Regelung hinsichtlich der Personen, die neben Rechtsanwälten zur Prozessvertretung vor den Arbeitsgerichten befugt sind: Beschäftigte, Familienangehörige, arbeitsrechtliche Verbände und Organisationen: 157

- **Beschäftigte** 158
  Natürliche und juristische Personen können sich vor dem Arbeitsgericht durch eigene Beschäftigte (z.B. Personalleiter) oder Konzernmitarbeiter (»eines mit ihr verbundenen Unternehmen«) vertreten lassen. Im öffentlichen Dienst können neben eigenen Beamten oder Angestellten auch Beschäftigte der zuständigen Aufsichtsbehörde oder eines kommunalen Spitzenverbandes die Prozessvertretung vor dem Arbeitsgericht übernehmen.
- **Familienangehörige/Lebenspartner** 159
  Familienangehörige (insbesondere Ehegatten, Verlobte, Verwandte und Verschwägerte gerader Linie, Geschwister, Ehegatten der Geschwister und Geschwister der Ehegatten, Geschwister der Eltern, Pflegeeltern und Pflegekinder, siehe § 15 AO) und Lebenspartner nach § 11 Lebenspartnerschaftsgesetz können die Prozessvertretung vor dem Arbeitsgericht übernehmen, sofern sie selbst volljährig sind und die Vertretung unentgeltlich erfolgt.
- **Verbände/Organisationen** 160
  Ab 1.7.2008 können arbeitsrechtliche Organisationen und Verbände, die Gewerkschaften, Arbeitgebervereinigungen oder die DGB-Rechtsschutz-GmbH selbst bevollmächtigt werden. Der Gesetzgeber ging davon aus, dass diese Verbände mit rechtlichen Fragen des Arbeitslebens ständig befasst sind und damit eine den Rechtsanwälten vergleichbare juristische Kompetenz gegeben ist. Weitere Verbände sind hingegen nicht vertretungsbefugt (s. BT-Drs. 16/3655, S. 93).

Das Arbeitsgericht hat von Amts wegen die Vertretungsbefugnis von Bevollmächtigten zu prüfen. Zweifel müssen unter Wahrung rechtlichen Gehörs geklärt werden. Besteht keine Vertretungsbefugnis hat der Vorsitzende nach § 55 Abs. 1 Nr. 9 ArbGG i.d.F. ab 1.7.2008 durch Beschluss ohne Beteiligung der ehrenamtlichen Richter den Bevollmächtigten **auszuschließen**. 161

Gebührenrechtlich ist zu beachten, dass gem. § 5 RVG Vergütung für eine Tätigkeit, die der Rechtsanwalt nicht persönlich vornimmt, nur abgerechnet werden darf, wenn er durch einen Rechtsanwalt, den allgemeinen Vertreter, einen Assessor bei einem Rechtsanwalt oder einen Stationsreferendar vertreten wird. 162

Der Rechtsanwalt kann auch einen die Voraussetzungen des § 11 Abs. 1 S. 2, 3 ArbGG erfüllenden **Verbandsvertreter unterbevollmächtigen**. Hingegen darf an gem. § 11 Abs. 3 ArbGG von der Prozessvertretung ausgeschlossene Personen, insbesondere Prozessagenten oder Beistände, keine Untervollmacht erteilt werden. Ebenso hat der Vorsitzende zu verfahren, wenn der Bevollmächtigte nicht zu ordnungsgemäßem Vortrag in der Lage ist. Der Zurückweisungsbeschluss ist **unanfechtbar** – lediglich eine Rüge nach § 78a ArbGG ist möglich. 163

dd) Antidiskriminierungsverbände

Antidiskriminierungsverbände können gem. § 23 Abs. 2 AGG im Rahmen ihres Satzungszweckes vor den Arbeitsgerichten – nicht vor den Landesarbeitsgerichten und dem Bundesarbeitsgericht –, als Beistände Benachteiligter auftreten (*Schleusener/Suckow/Voigt* AGG, § 23 Rz. 12 ff.). 164

ee) Vertretung durch Richter

Das Gesetz zur Neuregelung des Rechtsberatungsgesetzes hat eine Beschränkung der Vertretungsmöglichkeit durch Richter neu eingeführt. § 11 Abs. 5 ArbGG i.d.F. ab dem 1.7.2008 165 verbietet Berufsrichtern als Bevollmächtigte vor dem Gericht aufzutreten, dem sie angehören. Bei ehrenamtlichen Richtern beschränkt sich das Vertretungsverbot auf den Spruchkörper, dem sie angehören. Eine Besorgnis der Befangenheit wegen möglicher kollegialer Bindung der Richter soll hierdurch vermieden werden (siehe BT-Drs. 16/3655, S. 94).

b) Beschlussverfahren

166 Die Parteien können sich im Beschlussverfahren erster Instanz selbst vertreten oder – wie im Urteilsverfahren – vertreten lassen.

167 Ein vom Betriebsrat beauftragter Rechtsanwalt sollte zunächst prüfen, ob der Betriebsrat einen **ordnungsgemäßen förmlichen Beschluss** gefasst hat, ein Beschlussverfahren einzuleiten und ihn mit der Wahrnehmung seiner Interessen zu beauftragen (*Langer* S. 156; *Müller/Bauer* 74 f.). Der Beschluss gilt im Zweifel **nur für die jeweilige Instanz** (*LAG Bln.* 26.1.1987 NZA 1987, 645). Fehlt ein Beschluss oder beschloss der Betriebsrat nicht ordnungsgemäß, hat der Betriebsrat keinen Kostenübernahmeanspruch gem. § 40 Abs. 1 BetrVG. Folglich erhält der Rechtsanwalt **kein Honorar**, da der Betriebsrat als solcher vermögenslos ist. Eine Inanspruchnahme einzelner Betriebsratsmitglieder scheidet regelmäßig aus, da der Rechtsanwalt vor Mandatsübernahme verpflichtet ist, auf einen ordnungsgemäßen Betriebsratsbeschluss hinzuwirken. Der Betriebsrat wird regelmäßig nur dann ein Beschlussverfahren durchführen wollen, wenn die einzelnen Betriebsratsmitglieder nicht Kostenschuldner werden.

168 Die Kosten der Hinzuziehung eines Rechtsanwalts im Beschlussverfahren erster Instanz hat der Arbeitgeber nur zu zahlen, wenn der Betriebsrat die Prozessvertretung durch einen Rechtsanwalt bei pflichtgemäßer und verständiger Würdigung der zu berücksichtigenden Umstände für notwendig erachten darf (*BAG* 19.4.1989 EzA § 40 BetrVG 1972 Nr. 40). Nach der Intention des Gesetzgebers soll – vergleichbar der PKH – bei rein mutwilligen oder offensichtlich aussichtslosen Beschlussverfahren dem Arbeitgeber nicht die Kosten des vom Betriebsrat beauftragten Rechtsanwalts auferlegt werden. Hingegen kann der Arbeitgeber den Betriebsrat nicht auf eine Vertretung durch Gewerkschaftsvertreter verweisen, um einem gerechtfertigten Kostenerstattungsanspruch nach § 40 BetrVG zu entgehen (*BAG* 3.10.1978 EzA § 40 BetrVG 1972 Nr. 37).

169 Eine **Unterbevollmächtigung** ist im Beschlussverfahren unter den gleichen Voraussetzungen wie im Urteilsverfahren möglich.

7. Prozessvertretung vor den LAG

a) Urteilsverfahren

170 Im Urteilsverfahren herrscht beim LAG **Vertretungszwang** (§ 11 Abs. 4 ArbGG i.d.F. ab dem 1.7.2008); ausgenommen vom Vertretungszwang sind lediglich Verfahren vor dem beauftragten oder ersuchten Richter sowie Erklärungen, die vor dem Urkundsbeamten der Geschäftsstelle vorgenommen werden können. Die wichtigste Ausnahme vom Vertretungszwang im Bereich der Arbeitsgerichtsbarkeit dürfte die Erledigung eines Beweisbeschlusses durch ein anderes Gericht sein (GMPM-G/*Germelmann* § 11 Rz. 136). Eine Partei wird als säumig behandelt, die vor dem LAG ohne postulationsfähigen Prozessvertreter erscheint (*Schwab/Weth-Weth* § 11 Rz. 46). **Untervollmacht** kann nur an solche Personen erteilt werden, die vor dem LAG auftreten dürfen. Mitarbeiter eines Rechtsanwalts können daher nicht unterbevollmächtigt werden. Referendare, auch Stationsreferendare, sind ebenfalls nicht untervertretungsbefugt (*Schwab* Die Berufung im arbeitsgerichtlichen Verfahren, 2005, S. 140); sie dürfen nur im Beistand eines Rechtsanwaltes im Rahmen des § 59 Abs. 2 BRAO Parteirechte übernehmen (GMPM-G/*Germelmann* § 11 Rz. 107). Nur als amtlich bestellter Vertreter darf ein Stationsreferendar ausnahmsweise beim LAG auftreten.

171 Ist der Rechtsanwalt selbst Partei, auch als Partei kraft Amtes oder als gesetzlicher Vertreter, kann er sich gem. § 78 Abs. 3 ZPO vor dem LAG selbst vertreten.

172 Einspruch gegen ein Versäumnisurteil des LAG kann die Partei selbst einlegen, § 64 Abs. 7 ArbGG i.V.m. § 59 ArbGG.

b) Beschlussverfahren

Im Beschlussverfahren vor dem LAG herrscht **kein Anwaltszwang für die mündliche Anhörung** (GMPM-G/*Germelmann* § 11 Rz. 111; *Schwab/Weth-Weth* § 11 Rz. 49). Die **Beschwerdeschrift** muss aber gem. § 89 Abs. 1 ArbGG zwingend durch einen Rechtsanwalt oder einen Koalitionsvertreter i.S.v. § 11 Abs. 2 S. 2 ArbGG unterschrieben sein. 173

8. Prozessvertretung vor dem BAG

a) Urteilsverfahren

Vor dem BAG herrscht Vertretungszwang, zugelassen ist jeder bei einem deutschen Gericht zugelassene **Rechtsanwalt** (*Schwab/Weth-Weth* § 11 Rz. 50). Untervollmacht darf nur einem Rechtsanwalt oder ihren amtlichen bestellten Vertretern erteilt werden (GMPM-G/*Germelmann* § 11 Rz. 113). 174

Ab dem 1.7.2008 können erstmals aufgrund der dann geltenden Regelung in § 11 Abs. 4 ArbGG **Verbandsvertreter** – mit Befähigung zum Richteramt – vor dem Bundesarbeitsgericht als Vertreter auftreten. Diese Erweiterung der Vertretungsmöglichkeit dürfte zu Lasten der Rechtsanwälte gehen. 175

b) Beschlussverfahren

Im Beschlussverfahren muss die **Rechtsbeschwerdeschrift und die Rechtsbeschwerdebegründung** durch einen Rechtsanwalt unterzeichnet sein, § 94 Abs. 1 ArbGG, im Übrigen können sich die Beteiligten selbst vertreten (GMPM-G/*Germelmann* § 11 Rz. 116 f.; *Schwab/Weth-Weth* § 11 Rz. 53). 176

IV. Verfahrensgrundsätze

1. Dispositionsgrundsatz

Das gesamte Verfahren steht zur Disposition der Parteien. Das ArbG wird nur tätig, wenn eine Partei ein Rechtsschutzbegehren an das Gericht richtet, sei es durch die Stellung eines Antrags auf Erlass eines Mahnbescheids, die Erhebung einer Klage oder den Antrag auf Erlass eines Arrestes oder einer einstweiligen Verfügung. Das ArbG wird nicht von Amts wegen tätig. 177

Es obliegt weiterhin den Parteien, wie das Verfahren seine Beendigung findet. In Betracht kommt eine einseitige Klagerücknahme gem. § 46 Abs. 2 ArbGG i.V.m. § 269 ZPO, ein Vergleich, eine übereinstimmende Erledigungserklärung oder ein Urteil des Gerichts nach entsprechender Antragstellung einer oder beider Parteien. 178

2. Verhandlungsgrundsatz

Das Gericht wird nicht von Amts wegen bei der Ermittlung des streitgegenständlichen Sachverhalts tätig. Es obliegt allein den Parteien durch entsprechenden Sachvortrag und Antragstellung, den Streitstoff des Prozesses zu bestimmen (*BAG* 30.9.1976 EzA § 9 KSchG 1969 Nr. 3). 179

Das Gericht kann und muss allerdings nach § 139 ZPO auf die Parteien einwirken, sich über alle erheblichen Tatsachen vollständig zu erklären, sachdienliche Anträge zu stellen sowie bei ungenügenden Angaben der geltend gemachten Tatsachen diese zu ergänzen und entsprechende Beweismittel zu benennen (*Zöller/Greger* § 139 Rz. 10 ff. mit Einzelbeispielen). 180

Das Gericht kann gem. §§ 142 bis 144 ZPO von Amts wegen die Vorlage von Urkunden, Akten sowie die Anordnung der Einvernahme des Augenscheins sowie die Begutachtung durch Sachverständige anordnen. Aus den §§ 56 Abs. 1, 61 a Abs. 3, Abs. 4 ArbGG ergeben sich darüber hinaus weitere Einwirkungsmöglichkeiten und -pflichten des Gerichts. Da der Vorsitzende darauf hinwirken soll, dass die streitige Verhandlung möglichst in einem Termin 181 zu Ende geführt werden kann, hat er den Parteien bzgl. ihres notwendigen Sachvortrags und gegebenenfalls Beweisantritts Auflagen zu machen, die regelmäßig bereits im Gütetermin nach gescheitertem Einigungsversuch erlassen werden (s.u. Rn. 367 ff.).

182 Bei seiner Entscheidung hat das Gericht allein den von den Parteien in das Verfahren eingebrachten tatsächlichen Streitstoff zu Grunde zu legen (*BAG* 24.3.1983 EzA § 1 KSchG 1969 Betriebsbedingte Kündigung Nr. 21).

3. Grundsatz der Mündlichkeit

183 Nach dem Grundsatz der Mündlichkeit darf ein Urteil nur auf Grund des in der mündlichen Verhandlung von den Parteien eingebrachten Streitstoffes gefällt werden. Vorbereitende Schriftsätze der Parteien sollen lediglich die mündliche Verhandlung vorbereiten. Insbesondere streitiges und erhebliches Parteivorbringen ist immer ausdrücklich zum Gegenstand der mündlichen Verhandlung zu machen. Stellt z.B. das Gericht nach dem Schluss der mündlichen Verhandlung fest, dass ein richterlicher Hinweis hätte ergehen müssen, ist es verpflichtet, die mündliche Verhandlung gem. § 156 ZPO wieder zu eröffnen (*BAG* 23.1.1996 EzA § 64 ArbGG 1979 Nr. 33).

184 **Ein schriftliches Verfahren gem. § 128 Abs. 2 ZPO gibt es in erster Instanz gem. § 46 Abs. 2 ArbGG nicht**, nur im Rechtsmittelverfahren, da die §§ 64 Abs. 7, 72 Abs. 6 ArbGG nicht auf § 46 Abs. 2 verweisen, sodass § 128 Abs. 2 ZPO anwendbar bleibt.

185 Seine Berechtigung hat dies darin, dass gerade im Arbeitsgerichtsprozess häufig prozessunerfahrene Parteien ohne anwaltliche Hilfe beteiligt sind, die regelmäßig in der Wahrnehmung ihrer prozessualen Rechte bei Einführung eines schriftlichen Verfahrens behindert werden würden.

186 Eine Ausnahme vom Grundsatz der Mündlichkeit besteht bei einer **Entscheidung nach Aktenlage**, die auch im Arbeitsgerichtsprozess gem. den §§ 46 Abs. 2 ArbGG, 251a, 331 a ZPO möglich, jedoch selten ist.

4. Grundsatz der Unmittelbarkeit

187 Die streitige Verhandlung sowie eine durchzuführende Beweisaufnahme hat unmittelbar vor dem erkennenden Gericht zu erfolgen. Eine Übertragung z.B. einer Beweisaufnahme auf ein Gerichtsmitglied ist nicht möglich. So ist eine Beweisaufnahme nach § 58 Abs. 1 S. 1 ArbGG grds. an der Gerichtsstelle vor der Kammer durchzuführen. Soweit § 58 Abs. 1 S. 2 ArbGG vorsieht, dass die Beweisaufnahme auf den Vorsitzenden alleine übertragen werden kann, falls eine Beweisaufnahme an der Gerichtsstelle selbst nicht möglich ist, handelt es sich nicht um eine Beauftragung des Vorsitzenden i.S.d. § 361 ZPO. Das Gericht wird insofern lediglich in einer verminderten Besetzung tätig.

5. Grundsatz der Öffentlichkeit der Verhandlung

188 Güte- und Kammertermin, eine Beweisaufnahme und die Verkündung der Entscheidung hat öffentlich zu erfolgen, § 52 ArbGG. In der Praxis werden Urteile regelmäßig am Schluss der mündlichen Verhandlung, d.h. am Ende des Terminstages verkündet. Da dazwischen regelmäßig noch die Beratung des Gerichts liegt, sind die Parteien und ihre Vertreter häufig zum Zeitpunkt der Verkündung der Entscheidung nicht mehr anwesend, sondern informieren sich später telefonisch über den Ausgang des Verfahrens. **Ein Urteil des Gerichts ist dennoch – auch wenn der Gerichtssaal leer ist und keine Öffentlichkeit vorhanden – öffentlich zu verkünden, da es ansonsten nicht existent ist.**

189 Die Öffentlichkeit darf nur ausgeschlossen werden, wenn eine Gefährdung der öffentlichen Ordnung oder eine Gefährdung der Sittlichkeit zu befürchten ist oder wenn eine Partei den Ausschluss der Öffentlichkeit beantragt, weil Betriebs-, Geschäfts- oder Erfindergeheimnisse zum Gegenstand der Verhandlung oder einer Beweisaufnahme gemacht werden. Außerdem kann nach § 171b GVG die Öffentlichkeit ausgeschlossen werden, soweit Umstände aus dem persönlichen Lebensbereich einer Partei oder eines Zeugen zur Sprache kommen und schutzwürdige Interessen der betreffenden Person einer öffentli-

chen Erörterung entgegenstehen. Bezüglich des Verfahrens verweist § 52 S. 3 ArbGG auf die §§ 173 bis 175 GVG.

Eine erweiterte Möglichkeit des Ausschlusses der Öffentlichkeit sieht § 52 S. 3 ArbGG für das Güteverfahren vor. Danach können bereits Zweckmäßigkeitsgründe ausreichen, die Öffentlichkeit während der Güteverhandlung auszuschließen. Sinn und Zweck der Regelung ist es, Vergleichsgespräche zwischen den Parteien zu erleichtern und zu fördern. 190

Ton- und Fernseh- und Rundfunkaufnahmen sowie Ton- und Filmaufnahmen während der öffentlichen Verhandlung sind gem. den §§ 52 S. 3 ArbGG, 169 S. 2 GVG unzulässig. 191

Eine Verhandlung ist nur dann öffentlich, wenn an ihr Zuhörer nach Belieben die Möglichkeit haben, teilzunehmen. Jedermann muss sich darüber informieren können, wann und wo eine Verhandlung stattfindet, wobei es genügt, wenn das Gericht einen entsprechenden Hinweis in Form eines Terminaushangs an dem jeweiligen Sitzungsraum anbringt. Der Streitgegenstand der Verhandlung muss darauf nicht angegeben werden. 192

Der Öffentlichkeit muss es möglich sein, den Ort der Verhandlung ungehindert zu erreichen. Dies ist nicht der Fall, wenn auf Grund Anordnung des Gerichts der Zugang behindert wird oder das Gericht eine von ihm nicht angeordnete, aber bestehende Behinderung trotz ihres Erkennens nicht beseitigen lässt (*BAG* 12.4.1973 EzA § 611 BGB Nr. 12). Keine Behinderung der Öffentlichkeit liegt vor, wenn die Außentür eines Gerichtsgebäudes versehentlich ins Schloss fällt, ein Gerichtswachmeister irrtümlich den Zutritt zum Gerichtssaal verhindert oder zwar die Eingangstür zum Gerichtsgebäude verschlossen ist, Zuhörer sich jedoch durch eine Klingel Einlass verschaffen können. 193

Keine Verletzung der Öffentlichkeit liegt ferner vor, wenn eine Partei einen präsenten Zeugen benennt, über dessen Vernehmung noch durch das Gericht zu entscheiden ist und der Vorsitzende vorsorglich den Zeugen auffordert, den Gerichtssaal bis zu seiner Vernehmung zu verlassen (*BAG* 21.1.1988 EzA § 394 ZPO Nr. 1). 194

Ein Gerichtssaal muss nicht derart dimensioniert sein, dass sämtliche interessierten Zuhörer Platz finden, darf allerdings andererseits nicht so klein gewählt sein, dass die Teilnahme an der Verhandlung praktisch unmöglich wird. 195

Wird eine Sitzung kurzfristig von dem zunächst anberaumten Gerichtsort verlegt, z.B. in einen anderen Sitzungssaal, muss ein entsprechender Hinweis am ursprünglich geplanten Verhandlungsort angebracht werden. 196

Die Wahrung der Öffentlichkeit muss sich aus dem Terminsprotokoll ergeben, § 160 Abs. 1 Nr. 5 ZPO, dem insofern alleinige Beweiskraft zukommt, § 165 S. 1 ZPO. 197

Wird der Grundsatz der Öffentlichkeit vom ArbG verletzt, liegt zwar ein schwerer Verfahrensmangel vor, der jedoch im Ergebnis i.d.R. unerheblich ist, da das LAG als Berufungsgericht allein deswegen das Verfahren nach § 68 ArbGG nicht an das ArbG zurückverweisen kann. Hat das LAG hingegen zu Unrecht die Öffentlichkeit ausgeschlossen, liegt ein absoluter Revisionsgrund i.S.d. § 547 Nr. 6 ZPO vor. Dieser absolute Revisionsgrund ist allerdings davon abhängig, dass gegen das Urteil nach § 72 Abs. 1 ArbGG überhaupt eine Revision möglich ist. Allein die Verletzung des Öffentlichkeitsgebotes stellt keinen eigenständigen Revisionsgrund dar (GMPM-G/*Germelmann* § 52 Rz. 37). 198

6. Der Beschleunigungsgrundsatz

Nach § 9 Abs. 1 ArbGG ist das Verfahren in allen Rechtszügen zu beschleunigen. Insbesondere bei Bestandsstreitigkeiten (vgl. § 61a ArbGG) soll den Beteiligten nicht zugemutet werden, für einen längeren Zeitraum im Unklaren über den Ausgang eines Verfahrens zu bleiben. In der Praxis wird angestrebt, zumindest die Kündigungsschutzverfahren in der ersten Instanz in einem Zeitraum von längstens sechs Monaten zu erledigen. 199

200 Um die Beschleunigung des Verfahrens zu erreichen, sieht das ArbGG eine Reihe von Vorschriften vor, die in Abweichung von der ZPO eine Beschleunigung mit sich bringen:

- Nach § 49 Abs. 3 ArbGG ist ein Beschluss über die Ablehnung von Richtern unanfechtbar (vgl. demgegenüber § 46 Abs. 2 ZPO);
- § 55 ArbGG sieht ein Alleinentscheidungsrecht des Vorsitzenden in bestimmten Fällen vor. Die Entscheidung ergeht nach § 55 Abs. 3 ArbGG im unmittelbaren Anschluss an die Güteverhandlung oder gem. § 55 Abs. 2 ArbGG auch ohne mündliche Verhandlung;
- §§ 56 Abs. 2, 61 Abs. 4 ArbGG regeln die Zurückweisung verspäteten Parteivorbringens;
- Prozessbevollmächtigte können unter den Voraussetzungen des § 51 ArbGG bei zuvor angeordnetem persönlichen Erscheinen der Parteien zurückgewiesen werden, sodass von der Gegenpartei ein Versäumnisurteil beantragt werden kann. Bei Leistungsklagen wird damit wegen der grds. bestehenden vorläufigen Vollstreckbarkeit von Urteilen, § 62 ArbGG, einer Prozessverschleppung vorgebeugt;
- gem. §§ 47 Abs. 1, 80 Abs. 2 ArbGG muss die Ladungsfrist lediglich eine Woche betragen (vgl. § 274 Abs. 3 S. 1 ZPO);
- die Einspruchsfrist gegen Versäumnisurteile ist nach § 59 S. 1 ArbGG auf eine Woche abgekürzt (vgl. § 339 Abs. 1 ZPO);
- Urteile und Beschlüsse sind binnen drei Wochen ab Übergabe an die Geschäftsstelle zuzustellen, §§ 50 Abs. 1, 80 Abs. 2 ArbGG;
- grds. werden Entscheidungen des ArbG im unmittelbaren Anschluss an die mündliche Verhandlung vor der Kammer verkündet. Ein besonderer Verkündungstermin ist nur ausnahmsweise unter den Voraussetzungen des § 60 Abs. 1 S. 1 ArbGG möglich;
- neuer Tatsachenvortrag und neue Beweismittel sind in der Berufungsinstanz nur beschränkt zulässig, § 67 ArbGG;
- eine Zurückverweisung des Verfahrens in die erste Instanz ist im Urteilsverfahren bei Verfahrensmängeln nach § 68 ArbGG nicht zulässig, im Beschlussverfahren darüber hinaus grds. ausgeschlossen, § 91 ArbGG;
- der Vorsitzende hat den Kammertermin so vorzubereiten, dass er möglichst in einem Termin zu Ende geführt werden kann, § 56 ArbGG. Viele Vorsitzende laden daher konsequent gem. § 56 Abs. 1 Nr. 4 ArbGG Zeugen, auf die sich eine Partei in ihren vorbereitenden Schriftsätzen bezogen hat, vorsorglich zum Kammertermin zu, sofern ihre Vernehmung wahrscheinlich ist. Zeugen können dann im unmittelbaren Anschluss an die streitige Verhandlung vernommen werden, § 279 Abs. 2 ZPO, sodass ein eigener Beweisbeschluss nach § 358 ZPO und Bestimmung eines eigenen Termins zur Durchführung der Beweisaufnahme nicht notwendig wird (vgl. GMPM-G/*Prütting* § 58 Rz. 42);
- darüber hinaus ist der Beschleunigungsgrundsatz gem. § 9 Abs. 1 ArbGG im Rahmen notwendig werdender Ermessensausübung des Gerichts, z.B. ob ein Verfahren auszusetzen ist, §§ 148, 149 ZPO, oder eine Klageänderung zugelassen wird, § 263 ZPO, mit zu berücksichtigen;
- § 61a ArbGG bestimmt, dass Verfahren in Rechtsstreitigkeiten über das Bestehen, das Nichtbestehen oder die Kündigung eines Arbeitsverhältnisses vorrangig zu erledigen sind. Erfasst werden damit sämtliche Verfahren, die den Bestand oder das Zustandekommen eines rechtswirksamen Arbeitsverhältnisses bzw. das weitere Bestehen eines Arbeitsverhältnisses zum Streitgegenstand haben. Darunter fallen neben Kündigungsschutzverfahren auch Rechtsstreitigkeiten, in denen z.B. die Wirksamkeit der Anfechtung eines Arbeitsvertrages, eines Auflösungsvertrages oder einer Änderungskündigung streitig ist. Nicht erfasst werden Streitigkeiten um einen Einstellungsanspruch. Denn der Wortlaut des § 61a ArbGG erfasst nur das Bestehen oder Nichtbestehen eines Arbeitsvertrages, nicht jedoch einen zukünftigen Arbeitsvertrag und seinen Abschluss (GMPM-G/*Germelmann* § 61a Rz. 5). Sind mit einer Bestandsstreitigkeit weitere Ansprüche im Rahmen der Klagehäufung verbunden worden, so gilt für das

gesamte Verfahren der Beschleunigungsgrundsatz des § 61a ArbGG, es sei denn, die anderen Ansprüche werden von der Bestandsstreitigkeit gem. § 145 ZPO abgetrennt. Mangels gesetzlicher Definition ist es grds. Sache des Gerichts, darüber zu entscheiden, wie eine vorrangige Erledigung durchgeführt wird. Es kann der Festsetzung von Kammerterminen in Kündigungsschutzstreitigkeiten Vorrang gewährt werden, z.B. durch Aufsparen von Terminen für Bestandsstreitigkeiten oder durch Terminsverlegung anderer Streitigkeiten, um Platz für Bestandsstreitigkeiten zu schaffen;
- nach § 61a Abs. 2 ArbGG soll die Güteverhandlung in Bestandsstreitigkeiten innerhalb von zwei Wochen nach Klageerhebung terminiert werden. Nach dem Wortlaut handelt es sich um eine Sollvorschrift, sodass eine absolute Verpflichtung des Gerichts nicht besteht, es jedoch in seinem Ermessen bei der Festlegung des Gütetermins eingeschränkt ist (strenger GMPM-G/*Germelmann* § 61a Rz. 11).

Ein Verstoß gegen den in den §§ 9 Abs. 1 und 61 a ArbGG festgeschriebenen Beschleunigungsgrundsatz hat verfahrensrechtlich allerdings keine Auswirkungen, insbes. kann eine Partei hierauf weder eine Berufung noch eine Revision stützen. Der Gesetzgeber hat auch keine sonstigen Folgen an die Verletzung dieser Pflicht geknüpft. Allenfalls steht den Parteien die Möglichkeit offen, Dienstaufsichtsbeschwerde gegen die betreffenden Richter zu erheben, die für das Verfahren freilich ebenfalls keine Folgen mehr hat. 201

V. Gegenüber dem ordentlichen Zivilprozess ausgenommene Verfahrensarten

Nach § 46 Abs. 2 S. 2 ArbGG sind für das arbeitsgerichtliche Verfahren folgende Bestimmungen der ZPO ausgenommen: 202
- §§ 275 ff. ZPO über den frühen ersten Termin,
- § 128 Abs. 2 und 3 ZPO über das schriftliche Verfahren in erster Instanz (s.o. Rn. 184),
- §§ 592 ff. ZPO über den **Urkunden- und Wechselprozess.**

Ein solches Verfahren wäre denkbar, wenn ein Arbeitgeber z.B. das Arbeitsentgelt mit Scheck oder Wechsel bezahlt. 203

Fraglich ist, ob insofern nur eine bestimmte Verfahrensart im Arbeitsgerichtsprozess unzulässig ist oder ob § 46 Abs. 2 S. 2 ArbGG insofern eine Zuständigkeitsregelung enthält, sodass wegen der Abstraktheit einer Wechsel- und Scheckverpflichtung gar nicht mehr von einer arbeitsrechtlichen Streitigkeit gesprochen werden kann (vgl. GMPM-G/*Germelmann* § 46 Rz. 31 f.). **Nach seiner systematischen Stellung handelt es sich bei § 46 Abs. 2 S. 2 ArbGG nicht um eine Zuständigkeitsnorm.** Die Vorschrift will nur eine bestimmte Verfahrensart ausschließen. Auch ist es dem Arbeitsgerichtsverfahren nicht generell fremd, über abstrakte Ansprüche zu entscheiden.

Deswegen ist auch bei Klagen aus abstrakten Schuldverhältnissen, z.B. aus einem Wechsel oder einem Scheck, die Zuständigkeit des ArbG gegeben, sofern sich dies aus den §§ 2 ff. ArbGG ergibt. Lediglich die Verfahrensform des Urkunden- und Wechselprozesses ist gem. § 46 Abs. 2 ArbGG ausgeschlossen (*BAG* 7.11.1996 EzA § 2 ArbGG 1979 Nr. 34). 204

VI. Einleitung des Urteilsverfahrens

1. Allgemeines

Das Urteilsverfahren wird durch Erhebung einer Klage, den Antrag auf Erlass eines Mahnbescheides oder durch den Antrag eines Arrestes oder einer einstweiligen Verfügung eingeleitet. 205

2. Mahnverfahren

Im Beschlussverfahren ist ein Mahnverfahren unzulässig (GMPM-G/*Germelmann* § 46a Rz. 2). 206

207 Im Urteilsverfahren gelten die Vorschriften der ZPO entsprechend, § 46a Abs. 1 ArbGG, wobei jedoch einige Besonderheiten zu beachten sind, § 46a Abs. 2 – Abs. 7 ArbGG:

- Die Zuständigkeit richtet sich nach den **Verhältnissen des Antragsgegners**, § 46a Abs. 2 ArbGG;
- Die **Widerspruchsfrist** ist auf **eine Woche** abgekürzt, § 46a Abs. 3 ArbGG;
- Gegen den einem Versäumnisurteil gleichstehenden Vollstreckungsbescheid, § 700 ZPO, ist ein **Einspruch** ebenfalls nur **binnen einer Woche** zulässig, § 59 ArbGG;
- Zuständig für die Durchführung des Mahnverfahrens ist das ArbG, das bei Klageerhebung zuständig wäre, § 46a Abs. 2 ArbGG.

208 Ist das ArbG örtlich unzuständig, so hat der Rechtspfleger gem. § 691 ZPO den Antrag auf Erlass eines Mahnbescheides kostenpflichtig zurückzuweisen; er kann das Mahnverfahren auf Antrag bindend an das örtlich zuständige ArbG abgeben, wenn dem zwischenzeitlich verzogenen Antragsgegner der Mahnbescheid unter der benannten Anschrift nicht zugestellt werden konnte (*BAG* 28.12.1981 NJW 1982, 2792). Unzulässig ist eine Abgabe nach Feststellung der sachlichen Unzuständigkeit bzw. fehlenden Rechtswegzuständigkeit, da der Rechtspfleger keinen Beschluss nach §17 a GVG erlassen kann (GMPM-G/*Germelmann* § 46a Rz. 16). In der Folge ist der Antragsteller auf die Unzuständigkeit hinzuweisen und die Möglichkeit, den Antrag zurückzunehmen und beim sachlich zuständigen Gericht neu zu stellen (*BGH* 12.10.1989 – I AZR 618/89).

209 Streitig ist, ob ein verspäteter Einspruch gegen den Vollstreckungsbescheid ohne mündliche Verhandlung als unzulässig verworfen werden kann, § 341 Abs. 1 und 2 ZPO (h.M. *LAG BW* 27.5.1993 LAGE § 700 ZPO Nr. 1; GMPM-G/*Germelmann* § 46a Rz. 32; GK-ArbGG/*Bader* § 46a Rz. 80) oder ein Termin zur mündlichen Verhandlung gem. § 46a Abs. 6 ArbGG anberaumt werden muss (*LAG Brem.* 17.8.1988 LAGE § 46a ArbGG 1979 Nr. 1). Der h.M. ist zuzustimmen, da der Vollstreckungsbescheid einem ersten Versäumnisurteil gleich steht (bzgl. der Frage, ob dies der Vorsitzende alleine entscheiden kann oder die ehrenamtlichen Richter hinzuzuziehen sind vgl. Kap. 13 Rn. 106).

210 Vom Mahnverfahren sollte nur Gebrauch gemacht werden, wenn mit einem Widerspruch des Schuldners nicht zu rechnen ist; anderenfalls **führt es nur zu zeitlichen Verzögerungen**. Der Rechtsanwalt hat seinen Mandanten gem. § 12a ArbGG darauf hinzuweisen, dass die Kosten für seine Beauftragung im Mahnverfahren nicht erstattungsfähig sind. Bezüglich der weiteren Einzelheiten des Verfahrensablaufes vgl. § 46a Abs. 4–7 ArbGG.

3. Klagearten

211 Mit Klageerhebung macht der Kläger ein bestimmtes Rechtsbegehren gegen einen bestimmten Klagegegner geltend, § 253 Abs. 2 ZPO. Wie im ordentlichen Zivilprozess können auch vor dem ArbG Leistungs-, Feststellungs- und Gestaltungsklagen erhoben werden.

a) Leistungsklagen

212 Mittels Leistungsklage erstrebt der Kläger die Verurteilung des Beklagten zu einer Leistung, Duldung oder Unterlassung. Die Leistungsklage enthält zwei Elemente, die Feststellung einer Schuld des Beklagten und den Leistungsbefehl, die Schuld zu erfüllen. Grds. sind Leistungsurteile vollstreckbar, es sei denn, es handelt sich um eine Verurteilung zur Leistung von Diensten, § 888 Abs. 2 ZPO.

213 Hat der Insolvenzverwalter die Masseunzulänglichkeit gem. § 208 InsO angezeigt, können Forderungen i.S.d. § 209 Abs. 1 Nr. 3 InsO nicht mehr mit der Leistungsklage verfolgt werden. Auf Grund des Vollstreckungsverbotes nach § 210 InsO fehlt es am Rechtsschutzinteresse. Möglich bleibt eine Feststellungsklage (*BAG* 11.12.2001 EzA § 210 InsO Nr. 1).

214 Leistungsklagen sind nur zulässig, wenn sie hinreichend bestimmt sind i.S.d. § 253 Abs. 2 ZPO. Das Urteil muss bei Bestätigung des Leistungsantrags vollstreckbar sein. So fehlt z.B.

einem Leistungsantrag »... das Arbeitsverhältnis ordnungsgemäß abzurechnen ...« die hinreichende Bestimmtheit, der Antrag ist unzulässig (*BAG* 25.4.2001 EzA § 253 ZPO Nr. 21).

Bedeutsam in der Praxis sind die Einklagung von Vergütungsansprüchen, die Erstellung oder Berichtigung eines Zeugnisses, die Entfernung einer Abmahnung sowie die Geltendmachung von Weiterbeschäftigungsansprüchen im Zusammenhang mit Kündigungsschutzklagen. **215**

aa) Vergütungsansprüche

Der **Leistungsantrag kann sowohl auf den Brutto- als auch auf den Nettolohnbetrag** gestellt werden. Arbeitsvertraglich schuldet der Arbeitgeber einen Bruttobetrag (*BAG* 29.8.1984 EzA § 123 BGB Nr. 25). **In der Klagebegründung ist der geltend gemachte Bruttolohnanspruch zeitlich, d.h. kalendermäßig zu konkretisieren, z.B. für welchen Monat er geltend gemacht wird, da er sonst nicht hinreichend bestimmt i.S.d. § 253 Abs. 2 ZPO ist** (*BAG* 5.9.1995 NZA 1996, 266; vgl. *Ascheid* Rz. 710 ff.). **216**

Sind bereits teilweise Nettobeträge auf einen Bruttolohnanspruch erbracht worden, ist der Klageantrag auf den Bruttobetrag abzüglich der gezahlten Nettobeträge zu formulieren (*BAG* 15.11.1978 EzA § 613a BGB Nr. 21). Gleiches gilt, wenn teilweise Nettolohnansprüche gem. § 115 SGB X auf die BA übergegangen sind, da diese bereits Arbeitslosengeld gezahlt hat. In Abzug zu bringen sind auch die von der BA abgeführten Arbeitnehmeranteile an der Kranken-, Pflege- und Rentenversicherung, § 14 SGB IV (*LAG Nbg.* 24.6.2003 – 6 Sa 424/02). Im Klageantrag ist vom geltend gemachten Bruttobetrag das gezahlte Arbeitslosengeld beziffert abzuziehen (*BAG* 15.11.1978 EzA § 613a BGB Nr. 21). **217**

Beispiele: **218**

- ▶ Die Beklagte wird verurteilt, an den Kläger 5.000 € brutto abzüglich gezahlter 1.250 € netto zu zahlen.
- ▶ Die Beklagte wird verurteilt, an den Kläger 5.000 € brutto abzüglich auf die Bundesagentur für Arbeit übergegangener 2.444 € netto zu zahlen.

Soweit mit dem Leistungsantrag auf Lohnzahlung Zinsen verlangt werden, war lange Zeit fraglich, ob diese vom Brutto- oder nur vom Nettobetrag geltend gemacht werden können. Der Arbeitgeber ist Schuldner einer Bruttoforderung, sodass grds. die Verzinsung der Bruttoforderung verlangt werden kann, § 288 BGB (*BAG* 11.8.1998 EzA § 288 BGB Nr. 1; 18.1.2000 EzA § 288 BGB Nr. 2; *LAG Hmb.* 11.4.1991 LAGE § 288 BGB Nr. 1; *Nägele/Stauff* FA 1998, 366 ff.). Dennoch sprach der 4. Senat des BAG nur Zinsen aus dem Nettobetrag zu, da auch nur der Nettobetrag vollstreckt werden kann (*BAG* 13.2.1985 EzA § 611 BGB Nettolohn, Lohnsteuer Nr. 5). Nunmehr hat der große Senat die Frage abschließend entschieden. Zinsen können aus dem Bruttobetrag geltend gemacht werden (*BAG GS* 7.3.2001 EzA § 288 BGB Nr. 3). Hierbei beträgt der Zinssatz 5 % über dem Basiszinssatz gem. § 288 Abs. 1 BGB. § 288 Abs. 2 BGB ist auf Ansprüche aus einem Arbeitsverhältnis nicht anwendbar (*BAG* 23.2.2005 EzA § 209 InsO Nr. 4). **219**

▶ **Beispiel:** **220**
Der Beklagte wird verurteilt, an die Klägerin 5.000 € brutto zuzüglich 5 % Zinsen über dem Basiszinssatz nach § 247 BGB ab Klagezustellung zu zahlen (Beachte: Übergangsvorschriften § 7 EGBGB; vgl. *BAG* 1.10.2002 EzA § 4 TVG Ausschlussfristen Nr. 157).

Unter den Voraussetzungen der §§ 257 bis 259 ZPO können auch Leistungsklagen auf zukünftige, noch nicht fällige Leistungen erhoben werden, was in der Praxis allerdings selten vorkommt. Entgeltklagen kommen hierbei grds. nicht in Betracht, da sie von einer Gegenleistung, nämlich der Erbringung der Arbeitsleistung abhängig sind (vgl. *BAG* 26.5.1993 EzA § 242 BGB betriebliche Übung Nr. 28). Denkbar sind sie z.B. bei Rückzahlungsforderungen wegen gewährter Arbeitgeberdarlehen oder Ruhegeldansprüchen. **221**

222 ▶ **Beispiel:**
Die Beklagte wird verurteilt, entsprechend der bei ihr geltenden Betriebsvereinbarung »Versorgungsbezüge« vom 1.3.2007 dem Kläger zu jedem Monatsersten 539 € zu zahlen.

bb) Klagen auf Erteilung oder Berichtigung eines Zeugnisses

223 Zeugnisklagen können sich auf die erstmalige Erteilung oder die Berichtigung eines ausgestellten Zeugnisses beziehen. Bei Berichtigungsklagen ist im Klageantrag im Einzelnen bestimmt aufzuzeigen, was geändert werden soll. Nur dann ist die Leistungsklage genügend bestimmt i.S.d. § 253 Abs. 2 Nr. 2 ZPO.

224 ▶ **Beispiel:**
Es wird beantragt, dem Beklagten aufzugeben, das der Klägerin am 5. 2. 2009 erteilte Zeugnis, in folgenden Punkten zu berichtigen:
a) In Abs. 2 muss es statt »Ihr Aufgabengebiet umfasste die Erledigung der Kundenabfragen« richtig heißen: »Ihr Aufgabengebiet umfasste die Erledigung der Kundenabfragen und die Erstellung von schriftlichen Angeboten«.
b) In Abs. 6 muss es statt »Sie erledigte die ihr übertragenen Aufgaben zu unserer Zufriedenheit« richtig heißen: »Sie erledigte die ihr übertragenen Aufgaben stets zu unserer vollen Zufriedenheit«.

cc) Klage gegen eine Abmahnung

225 **Bei der Klage gegen eine erteilte Abmahnung durch den Arbeitgeber können nur Leistungsanträge gestellt werden.** Eine Feststellungsklage wäre regelmäßig unzulässig, da mit dieser nur das Bestehen oder Nichtbestehen eines Rechtsverhältnisses geltend gemacht werden kann. Bei der Frage der Wirksamkeit einer Abmahnung handelt es sich aber um eine Tatsache (*BAG* 17.10.1989 EzA § 87 BetrVG 1972 Betriebsbuße Nr. 8). Leistungsbegehren können sich auf den Widerruf der Abmahnung und ihre Entfernung aus der Personalakte beziehen. Ein Anspruch auf einen Widerruf der in einer Abmahnung enthaltenen Vorwürfe besteht nur, wenn in diesen eine Verletzung des allgemeinen Persönlichkeitsrechts liegt (*BAG* 27.11.1985 EzA § 611 BGB Fürsorgepflicht Nr. 38).

226 ▶ **Beispiel:**
Die Beklagte wird verurteilt, die dem Kläger am 2. 2. 2009 erteilte Abmahnung aus der Personalakte zu entfernen.
... und die in ihr erhobene Behauptung, der Kläger habe einen Werkzeugkasten gestohlen, zu widerrufen.

dd) Geltendmachung von Weiterbeschäftigungsansprüchen

227 Weiterbeschäftigungsansprüche werden i.d.R. im Zusammenhang mit Kündigungsschutzklagen geltend gemacht. Es muss konkret beantragt werden, wie der Arbeitgeber den Arbeitnehmer weiterbeschäftigen soll. Ansonsten sind die Urteile nicht vollstreckbar. Strittig ist, ob es ausreicht, im Klageantrag auf die bisherige Art der Beschäftigung oder die gem. Arbeitsvertrag geschuldete Beschäftigung zu verweisen (so *LAG Hamm* 22.1.1986 LAGE § 888 ZPO Nr. 4, *LAG Bln.* 6.6.1986 LAGE § 888 ZPO Nr. 7; *LAG SchlH* 6.1.1987 LAGE § 888 ZPO Nr. 10; **a.A.** *LAG RhPf* 7.1.1986 LAGE § 888 ZPO Nr. 6; *LAG Frankf./M.* 27.11.1992 LAGE § 888 ZPO Nr. 30). Um sicher zu gehen, sollte die Tätigkeit im Klageantrag benannt werden. Zu beachten ist dabei aber, dass durch den Klageantrag das Direktionsrecht des Arbeitgebers nicht eingeschränkt werden darf, da ansonsten dem Antrag nicht stattgegeben werden kann.

► **Beispiel:** 228
Die Beklagte wird verurteilt, den Kläger über den 2. 1. 2009 hinaus zu unveränderten Bedingungen gem. dem Arbeitsvertrag ... als Maschinenschlosser, ... in der Buchhaltung als Buchhalter weiterzubeschäftigen.
Der Natur nach handelt es sich um Leistungsbegehren nach § 259 ZPO (*BAG* 13.6.1985 EzA § 611 BGB Beschäftigung Nr. 16).

Die Stellung eines Weiterbeschäftigungsanspruchs kann u.U. auch die Anrufungsfrist nach § 4 KSchG für eine erst danach ausgesprochene weitere Kündigung verlängern bzw. wahren. Dies ist analog § 6 KSchG dann der Fall, wenn die nachfolgende Kündigung auf die selben Gründe gestützt wird, wie die zunächst angegriffene und diese nachfolgende Kündigung nicht erst zu einem wesentlich späteren Zeitpunkt Wirkung entfalten soll (*BAG* 23.4.2008 – 2 AZR 699/06 – FA 2008, 303 LS; vgl. auch unten Rn. 255 ff). 229

ee) Unterlassungsanträge

Unterlassungsanträge kommen z.B. bei Wettbewerbsverstößen ehemaliger Arbeitnehmer gegen Wettbewerbsvereinbarungen oder bei der Verletzung von Betriebs- oder Geschäftsgeheimnissen in Betracht (vgl. *BAG* 25.4.1989 EzA § 611 BGB Betriebsgeheimnis Nr. 2). Die Vollstreckung eines stattgebenden Urteils erfolgt in dem Fall nach § 890 ZPO. Deswegen sollte im Antrag bereits die Androhung eines Ordnungsgeldes mit aufgenommen werden (§ 890 Abs. 2 ZPO). 230

► **Beispiel:** 231
Dem Beklagten wird bei Meidung eines Ordnungsgeldes bis zu 250.000,– € aufgegeben, es zu unterlassen, als Handelsvertreter für Staubsauger im Gebiet RhPf und Saarland vor dem 1.2.2007 tätig zu werden.

b) Feststellungsklagen

Die weit überwiegende Anzahl der Klagen vor den ArbG sind **Kündigungsschutzstreitigkeiten**. Hierbei handelt es sich um **Feststellungsklagen**, die das Bestehen bzw. das Nichtbestehen eines Rechtsverhältnisses zum Gegenstand haben. 232

Steht die Wirksamkeit einer Kündigung im Streit und findet das KSchG zwischen den Parteien Anwendung, ist der Klageantrag gem. den §§ 4, 13 KSchG zu formulieren. **Streitgegenstand ist die Frage, ob das Arbeitsverhältnis durch die konkrete Kündigung aufgelöst ist/wird** (Bsp. s.u. Rn. 247 ff.). Sind andere Beendigungsgründe streitig oder findet das KSchG keine Anwendung, ist ein allgemeiner Feststellungsantrag nach § 256 ZPO zu stellen (*Berkowsky* NZA 2001, 801 ff.). 233

Daneben werden Feststellungsklagen häufig bei Eingruppierungsstreitigkeiten, Streit über die Rechtswidrigkeit von Disziplinarmaßnahmen, Streit über die Rechtmäßigkeit von Anordnungen des Arbeitgebers im Rahmen seines Direktionsrechts (s.o. Kap. 1 Rn. 492 ff.; *BAG* 26.1.1993 EzA § 99 BetrVG 1972 Nr. 109; 11.6.2006 EzA § 307 BGB 2002 Nr. 15) und bei Streit über den Rechtsübergang eines Arbeitsverhältnisses gem. § 613a BGB erhoben. 234

Bei der Formulierung des Klageantrages ist immer darauf zu achten, dass mit einer Feststellungsklage die Feststellung des Bestehens oder Nichtbestehens eines Rechtsverhältnisses, nicht jedoch von Tatsachen oder abstrakten Rechtsfragen beantragt werden kann. 235

Das für eine Feststellungsklage notwendige Feststellungsinteresse setzt voraus, dass der Kläger sein Begehren nicht auf einfachere Weise, z.B. mit einer Leistungsklage, geltend machen kann, eine Unsicherheit über das Bestehen oder Nichtbestehen des Rechtsverhältnisses besteht, ein Bedürfnis für eine baldige richterliche Feststellung vorhanden ist und eine Entscheidung des Gerichts geeignet ist, den Rechtsfrieden zwischen den Parteien wiederherzustellen. 236

237 Die grds. bestehende Subsidiarität der Feststellungsklage gegenüber der Leistungsklage ist nur dann nicht gegeben, wenn ihre Rechtskraft weitergeht als die der Leistungsklage (*BAG* 13.11.1987 EzA § 37 BetrAVG 1972 Nr. 88) oder wenn zu erwarten ist, dass der Beklagte auch ohne Leistungsbefehl einem Feststellungsurteil nachkommen wird. Dies ist regelmäßig dann der Fall, wenn Beklagte eine Körperschaft oder Anstalt des öffentlichen Rechts ist (*BAG* 7.11.1986 AP Nr. 13 zu § 50 BAT). Gleiches gilt für Parteien kraft Amtes, z.B. Insolvenz- und Vergleichsverwalter, da sie unter der Aufsicht des Amtsgerichts stehen, sowie für den Pensionssicherungsverein als Träger der gesetzlichen Insolvenzversicherung (*BAG* 22.9.1987 EzA § 1 BetrAVG Ablösung Nr. 1).

238 Einzelne Vorfragen oder Elemente eines Rechtsverhältnisses sind nur dann mit einer Feststellungsklage isoliert einklagbar – sog. Elementenfeststellungsklagen (GMPM-G/*Germelmann* § 46 Rz. 76) –, wenn damit der Streit der Parteien insgesamt beigelegt werden kann. Dies ist z.B. bei der Frage der etwaigen Anrechnung von Vordienstzeiten auf die Berechnung von Dienst- und Beschäftigungszeiten im Hinblick auf eine spätere Ruhegeldberechnung zu bejahen (*BAG* 8.5.1984 EzA § 7 BetrAVG Nr. 14).

239 **Das Feststellungsinteresse ist eine Prozessvoraussetzung**, da es Teil des Rechtsschutzbedürfnisses ist (*BAG* 20.12.1963 EzA Art. 9 GG Arbeitskampf Nr. 7). Sein Fehlen führt zur Abweisung der Klage als unzulässig, sofern der Klage sonst stattzugeben wäre. Das Fehlen des Feststellungsinteresses verhindert allerdings nicht ein die Klage abweisendes Sachurteil im Fall ihrer Unbegründetheit (str. so *Ascheid* Rz. 728; *Zöller/Greger* § 256 Rz. 7; **a.A.** *Schaub* ArbGVerf § 21 Rz. 20).

aa) Einzelfragen zum Feststellungsinteresse

240 Gegenüber einer Leistungsklage auf zukünftige Leistungen, § 257 ff. ZPO, ist eine Feststellungsklage nicht subsidiär (*BAG* 10.6.1989 EzA § 1 BetrAVG Gleichberechtigung Nr. 3). Gleiches gilt für Eingruppierungsstreitigkeiten zumindest im öffentlichen Dienst, da von Körperschaften des öffentlichen Rechts zu erwarten ist, dass sie ein Feststellungsurteil befolgen und in der Praxis auch umsetzen werden.

241 **Musterbeispiel für einen Klageantrag:**

Es wird beantragt, festzustellen, dass die Beklagte verpflichtet ist, die Klägerin in die Gehaltsgruppe C 4 des TVAL II einzugruppieren und zu vergüten.

242 Häufige Fälle von Feststellungsklagen sind Statusklagen, z.B. dass ein Arbeitsverhältnis zustande gekommen ist, dass ein bestimmtes Rechtsverhältnis ein Arbeitsverhältnis darstellt oder dass ein Arbeitsverhältnis wegen unwirksamer Befristungsabrede über den Befristungstermin hinaus fortbesteht.

243 **Musterbeispiel:**

Es wird festgestellt, dass das Arbeitsverhältnis zwischen den Parteien über den 1. 5. 2009 hinaus fortbesteht.

244 **Vergangenheitsbezogene Feststellungsklagen, mit denen festgestellt werden soll, dass ein Vertragsverhältnis in der Vergangenheit ein Arbeitsverhältnis darstellte, sind i.d.R. mangels Feststellungsinteresse abzuweisen. Auch die Erklärung eines Sozialleistungsträgers, er werde das Ergebnis einer arbeitsrechtlichen Entscheidung bei der Prüfung eines sozialrechtlichen Anspruchs übernehmen, begründet kein Feststellungsinteresse** (*BAG* 21.6.2000 EzA § 256 ZPO Nr. 53).

245 Ein Feststellungsinteresse besteht auch dann, wenn ein Kläger Schadenersatzansprüche geltend macht und der schädigende Zustand noch andauert, sodass in der Zukunft mit der Entstehung weiterer Schäden zu rechnen ist (*BAG* 5.5.1988 EzA § 831 BGB Nr. 1). Der Geschädigte muss dabei nicht teilweise für bereits bezifferbare Schäden die Leistungsklage

erheben und nur für zukünftige Schäden zur Feststellungsklage übergehen (*BAG* 20.3.1958 AP Nr. 16 zu § 256 ZPO).

Wird bei einer Klage auf Unterlassung von Wettbewerbshandlungen das Wettbewerbsverbot infolge Zeitablaufs hinfällig, kann zu einer Feststellungsklage übergegangen werden, mit dem Antrag, dass eine Unterlassungspflicht bestand. Das Feststellungsinteresse ergibt sich in diesem Fall aus der präjudiziellen Wirkung des Feststellungsurteils hinsichtlich eines später ggf. folgenden Schadenersatzprozesses (*BAG* 19.5.1967 AP Nr. 20 zu § 133 f.GewO). 246

bb) Kündigungsschutzklagen bei Beendigungskündigung

Die häufigste Feststellungsklage im Arbeitsgerichtsprozess ist die Kündigungsschutzklage. Hierbei wendet sich der Arbeitnehmer gegen eine Kündigung des Arbeitgebers. Der Klageantrag muss bei Geltung des KSchG im betreffenden Arbeitsverhältnis (s.o. Kap. 4 Rn. 1822 ff.) richtig lauten: 247
Es wird festgestellt, dass das Arbeitsverhältnis des Klägers bei dem Beklagten durch die ordentliche Kündigung vom 1.2.2009 zum 29.2.2009 nicht beendet wird.
Nicht:
Es wird festgestellt, dass die ordentliche Kündigung vom 1.2.2009 zum 29.2.2009 unwirksam ist.

Nach der Rechtsprechung des BAG gilt die sog. **punktuelle Streitgegenstandstheorie**. Das ArbG hat in seinem Urteil zwei Feststellungen zu treffen, nämlich ob ein Arbeitsverhältnis zum Kündigungszeitpunkt bestand und ob dieses durch die konkret angegriffene Kündigung zu dem in ihr ausgesprochenen Zeitpunkt seine Beendigung gefunden hat (*BAG* 21.1.1988 EzA § 4 KSchG n.F. Nr. 33; 16.9.2005 EzA § 17 KSchG Nr. 15). 248

Teilweise wird in der Literatur die Ansicht vertreten, dass bei dem Kündigungsschutzantrag entsprechend § 4 KSchG nur geprüft werden kann, ob die Kündigung sozial ungerechtfertigt ist. Sonstige Unwirksamkeitsgründe könnten nur geprüft werden, wenn zusätzlich ein allgemeiner Feststellungsantrag nach § 256 ZPO gestellt wird (*Berkowsky* NZA 2001, 802 ff.). 249

Nach h.M. ist allerdings trotz der punktuellen Streitgegenstandstheorie bei der Beendigungskündigungsschutzklage die Wirksamkeit der Kündigung unter jedem Gesichtspunkt zu prüfen. Nicht nur das Vorliegen der Voraussetzungen der §§ 626 BGB, 1 KSchG, sondern auch das von sonstigen Kündigungsschutzvorschriften, z.B. § 9 MuSchG, § 102 BetrVG ist zu untersuchen (vgl. *BAG* 21.6.2000 EzA § 102 BetrVG Nr. 109). 250

Aufgrund der punktuellen Streitgegenstandstheorie muss der Arbeitnehmer, dem von seinem Arbeitgeber gleichzeitig oder nacheinander mehrere Kündigungen ausgesprochen werden, grds. jede einzelne Kündigung in der sich aus § 4 S. 1 KSchG ergebenden Frist mit einem Kündigungsschutzantrag isoliert angreifen, will er verhindern, dass nicht eine Kündigung bzgl. der Sozialwidrigkeit gem. § 7 KSchG als wirksam angesehen wird. Die einzelnen Kündigungsschutzanträge können allerdings in einer Klageschrift und auch sprachlich in einem Satz zusammengefasst werden. 251

Musterbeispiel: 252
Es wird festgestellt, dass das Arbeitsverhältnis zwischen den Parteien weder durch die ordentliche Kündigung der Beklagten vom 1.2.2009 zum 31.3. 2009 aufgelöst wird, noch durch die *fristlose* Kündigung vom 4.2.2009 seine Beendigung gefunden hat.

Wird dem Arbeitnehmer außerordentlich und hilfsweise ordentlich gekündigt, muss sich ein Kündigungsschutzantrag sowohl gegen die außerordentliche Kündigung als auch gegen die hilfsweise ausgesprochene ordentliche Kündigung richten. Der Arbeitnehmer kann bei dieser Fallkonstellation bis zum Schluss der mündlichen Verhandlung erklären, ob er auch die hilfsweise ordentliche Kündigung angreifen möchte (KR-*Friedrich* § 4 KSchG Rz. 236). 253

254 **Musterbeispiel:**

Es wird festgestellt, dass das Arbeitsverhältnis zwischen den Parteien weder durch die fristlose Kündigung vom 1.2.2009 noch durch die hilfsweise ausgesprochene ordentliche Kündigung zum 31.3. 2009 seine Beendigung gefunden hat.

255 Mit dem Kündigungsschutzantrag gem. § 4 KSchG kann ein allgemeiner Feststellungsantrag nach § 256 ZPO auf Feststellung, dass das Arbeitsverhältnis weiter fortbesteht, verbunden werden (*BAG* 21.1.1988 EzA § 4 KSchG n.F. Nr. 33). Voraussetzung ist ein Feststellungsinteresse des Arbeitnehmers. Dies ist dann gegeben, wenn das Arbeitsverhältnis ggf. noch durch andere Beendigungsgründe außer der angegriffenen Kündigung beendet worden sein könnte, z.B. durch einen Aufhebungsvertrag oder durch eine behauptete Eigenkündigung des Arbeitnehmers. **Dieses Feststellungsinteresse muss der Arbeitnehmer darlegen, da ansonsten seine Klage, selbst wenn er gegen die konkret angegriffene Kündigung mit seinem Kündigungsschutzantrag Erfolg haben sollte, im Übrigen abzuweisen ist.** Der Streitgegenstand dieses zusätzlichen Feststellungsantrages geht nämlich über die Nichtbeendigung des Arbeitsverhältnisses durch die Kündigungserklärung des Arbeitgebers hinaus und begehrt die Feststellung des Fortbestehens des Arbeitsverhältnisses bis zum Zeitpunkt der letzten mündlichen Verhandlung in der Tatsacheninstanz.

256 Ergibt sich im Hinblick auf die Klagebegründung, dass sich die Klage nur gegen die konkret angegriffene Kündigung des Arbeitgebers richtet, kann und soll das Gericht nach § 139 ZPO aufklären, ob der zusätzliche allgemeine Feststellungsantrag als bloße Floskel gegenstandslos ist (vgl. *BAG* 27.1.1994 EzA § 4 KSchG n.F. Nr. 48; 16.3.1994 EzA § 4 KSchG n.F. Nr. 49; 13.3.1997 EzA § 4 KSchG n.F. Nr. 57).

257 **Muster Negativbeispiel:**

Es wird festgestellt, dass das Arbeitsverhältnis nicht durch die fristlose Kündigung aufgelöst worden ist, sondern zu unveränderten Bedingungen fortbesteht.

258 Will der Kläger tatsächlich neben seinem Kündigungsschutzantrag einen allgemeinen Feststellungsantrag aufrechterhalten **und macht er dies auch in seiner Klagebegründung** deutlich, muss er ein Feststellungsinteresse im Zeitpunkt der letzten mündlichen Verhandlung darlegen, da ansonsten die Klage insoweit als unzulässig abzuweisen ist (*BAG* 13.3.1997 EzA § 4 KSchG n.F. Nr. 57). Alleine die Möglichkeit, dass der Arbeitgeber weitere Kündigungen ausgesprochen haben könnte, reicht hierfür nicht aus.

259 Im Fall einer weiteren Kündigung, die während des Prozesses ausgesprochen wurde, muss der Kläger diese gesondert mit einer Kündigungsschutzklage angreifen oder im Rahmen eines bereits laufenden Arbeitsrechtsstreits dem Gericht gegenüber klar anzeigen, dass ein bereits gestellter allgemeiner Feststellungsantrag diese neue Kündigung mit umfassen soll, sonst wird die Klage über diese Kündigung nicht rechtshängig (*BAG* 10.10.2002 NZA 2003, 684). Dieser ist dann im Wortlaut neu, entsprechend § 4 KSchG, umzuformulieren (*BAG* 13.3.1997 EzA § 4 KSchG n.F. Nr. 57).

Diese Mitteilung muss nach Auffassung des BAG (*BAG* 7.12.1995 EzA § 4 KSchG n.F. Nr. 56) **nicht innerhalb von drei Wochen nach Ausspruch der weiteren Kündigung erfolgen, sondern kann bis zum Schluss der mündlichen Verhandlung erster Instanz erklärt werden.** Dies gilt unabhängig davon, ob im Zeitpunkt der Klageerhebung für den allgemeinen Feststellungsantrag bereits ein Feststellungsinteresse bestand oder nicht, sofern dieser nur ernstlich erhoben wurde (vgl. *LAG RhPf* Beschluss v. 22.6.1998 NZA 1999, 336).

260 »Ob im Zeitpunkt des Ablaufs der Klagefrist ... der im Prozess erfolgten nochmaligen Kündigung ... ein Feststellungsantrag gem. § 256 ZPO vorliegt, mit dem das Fortbestehen des Arbeitsverhältnisses geltend gemacht und damit jeglicher Auflösungstatbestand negiert wird, *ist im Zweifel durch Auslegung* zu ermitteln ... Vorliegend hat der Kläger in erster Linie die Feststellung begehrt, dass das Arbeitsverhältnis zwischen den Parteien weiterhin bestehe. Sein Antrag auf allgemeine Feststellung des Fortbestehens des Arbeitsverhältnisses

war schon von daher nicht bloß ein unselbstständiger, floskelartiger Hinweis auf die üblichen Rechtsfolgen der Unwirksamkeit einer gem. §§ 13 Abs. 1 S. 2, 4 S. 1 KSchG angegriffenen Kündigung, sondern als das erstrangige Rechtsschutzbegehren des Klägers ausgewiesen« (*BAG* 7.12.1995 EzA § 4 KSchG n.F. Nr. 56, III a) d.Gr.).

Für den Anwalt empfiehlt sich daher in jedem Fall der Erhebung einer Kündigungsschutzklage, als eigenen Antrag zu 2 einen allgemeinen Feststellungsantrag rechtshängig zu machen, damit während des Prozesses ggf. folgende Prozesskündigungen unabhängig von der Wahrung der sich aus § 4 KSchG ergebenden Frist angegriffen werden und in den Prozess eingebracht werden können. Dieser Antrag sollte in der Klagebegründung auch begründet werden, damit er nicht als bloße »Floskel« angesehen werden kann, sondern von einer eigenständigen Erhebung einer allgemeinen Feststellungsklage ausgegangen werden muss. In der letzten mündlichen Verhandlung erster Instanz ist dann zu prüfen, ob ein Rechtsschutzinteresse für den allgemeinen Feststellungsantrag besteht, und dieser bei Verneinung gegebenenfalls zurückzunehmen. 261

cc) Kündigungsschutzklagen bei Änderungskündigungen

Im Falle einer Änderungskündigung ist bzgl. des Feststellungsantrags auf die konkrete Formulierung des Antrags zu achten. Sofern die Formulierung entsprechend § 4 S. 2 a.F. KSchG nur lautet, dass »die Änderung der Arbeitsbedingungen durch die Kündigung vom … sozial ungerechtfertigt ist«, **ist Streitgegenstand der Kündigung lediglich die Sozialwidrigkeit der Änderungskündigung**. Andere Unwirksamkeitsgründe, z.B. eine fehlerhafte Betriebsratsanhörung, würden dann vom Gericht nicht mitgeprüft werden. Um die Präkludierung durch ein klageabweisendes Urteil zu vermeiden, ist es ratsam, insofern mit dem Klageantrag auch anderer Unwirksamkeitsgründe zu umfassen (*BAG* 29.1.1981 EzA § 15 KSchG n.F. Nr. 26). Dies gilt umso mehr nach der Neufassung des § 4 S. 2 KSchG. 262

Musterbeispiel: 263
Es wird festgestellt, dass die Änderung der Arbeitsbedingungen durch die Änderungskündigung der Beklagten vom 1. 2. 2009 zum 31.3. 2009 sozial ungerechtfertigt oder aus anderen Gründen rechtsunwirksam ist und das Arbeitsverhältnis unverändert fortbesteht.

c) Gestaltungsklagen

Die Gestaltungsklage dient dazu, ein bestehendes Rechtsverhältnis inhaltlich zu verändern. Hauptfälle sind die Auflösung eines Arbeitsverhältnisses gegen Zahlung einer Abfindung, §§ 9, 10 KSchG, die Herabsetzung einer vereinbarten Vertragsstrafe nach § 343 BGB, sowie Abänderungsklagen nach § 323 ZPO, z.B. bei Ruhegeldleistungen. Da Gestaltungsklagen und darauf ergehende Urteile konstitutive Natur haben, sind sie anders als Leistungs- und Feststellungsklagen nur dann zulässig, wenn sie ausdrücklich im Gesetz vorgesehen sind. 264

Musterbeispiel: 265
Es wird beantragt, das Arbeitsverhältnis zwischen den Parteien gegen Zahlung einer Abfindung, die in das Ermessen des Gerichts gestellt wird, jedoch 10.000 € nicht unterschreiten sollte, zum 31.3. 2009 aufzulösen.

4. Klageerhebung

a) Einreichung bei Gericht

Das Klagebegehren wird beim Gericht anhängig gemacht, indem der Kläger entweder eine Klageschrift, die den Erfordernissen des § 253 Abs. 2 ZPO entsprechen muss, einreicht oder 266 indem er zu Protokoll der Geschäftsstelle eine Klage erhebt. Zuständig ist die Rechtsantragsstelle beim ArbG, deren Aufgabe es nicht ist, Rechtsauskünfte zu erteilen, sondern alleine einem Kläger dabei zu helfen, sein Rechtsbegehren in der korrekten Form bei Gericht anzubringen.

267 Der notwendige Inhalt der Klageschrift ergibt sich aus § 253 ZPO. Neben der Bezeichnung des Gerichts und der Partei sowie der Adresse, unter der sie zu laden ist, bedarf es der Angabe des Klagegegenstands, eines Klageantrages, der Angabe des Klagegrundes sowie der Unterzeichnung der Klageschrift. Eine Paraphe ist nicht ausreichend, es bedarf einer Unterschrift, die eine Buchstabenfolge erkennen lässt (*BAG* 30.8.2000 EzA § 66 ArbGG 1979 Nr. 33). Auch eine durch einen Rechtsanwalt als Prozessführungsbevollmächtigten eingereichte Klageschrift bedarf seiner Unterschrift, widrigenfalls ist seine Klageschrift nur als Entwurf zu werten (*BAG* 26.1.1976 EzA § 4 KSchG n.F. Nr. 9). Der Formfehler kann allerdings gem. § 295 ZPO geheilt werden (*BAG* 26.6.1986 EzA § 4 KSchG n.F. Nr. 25). **Hat das Gericht, z.B. bei einem Prozessbevollmächtigten, längere Zeit die Form seiner Unterschrift nicht beanstandet, können erst nach einem entsprechendem Hinweis in der Zukunft nachteilige Folgen aus der Form der Unterschrift gezogen werden** (*BVerfG* 26.4.1988 NJW 1988, 2787). Bei der Führung eines Doppelnamens genügt es, den zweiten Teil des Doppelnamens mit den beiden Anfangsbuchstaben abzukürzen (*BAG* 15.12.1987 EzA § 518 ZPO Nr. 33). Bei Massenverfahren kann auch die Unterschrift im Wege einer Vervielfältigungsmethode kopiert werden (*BAG* 14.2.1978 EzA § 102 BetrVG 1972 Nr. 33). Gleiches gilt bei Klageerhebung im Wege der Telekopie. Eine Unterschrift unter einer beigefügten Kopie reicht ebenfalls aus, da dann ersichtlich ist, dass das nicht unterschriebene Original nur versehentlich nicht unterschrieben wurde.

268 Bestimmende Schriftsätze können formwirksam auch durch elektronische Übertragung einer Textdatei mit eingescannter Unterschrift des Prozessbevollmächtigten auf ein Fax Gerät des Gerichts fristwahrend übermittelt werden (*GS OGB* 5.4.2000 EzA § 518 ZPO Nr. 42).

269 Einer Klageschrift sind gem. § 253 Abs. 5 ZPO die notwendigen Abschriften für die Klagegegner beizufügen, i.d.R. zwei. **Fehlen die Abschriften, werden sie auf Kosten des Klägers von der Geschäftsstelle angefertigt, KV Nr. 9000 Anl. 1 zum GKG. Dies gilt insbes. auch für durch Telefax eingereichte Klagen, denen häufig keine Abschriften beigefügt sind.**

b) Weiterer Verfahrensablauf

270 Die Klage wird von der Geschäftsstelle dem nach dem Geschäftsverteilungsplan zuständigen Richter vorgelegt, der nach § 216 ZPO einen Termin zur Güteverhandlung, § 54 ArbGG, bestimmt. Die Terminsbestimmung hat gem. § 216 Abs. 2 ZPO unverzüglich, d.h. ohne schuldhaftes Zögern zu erfolgen. Die Verfügung ist mit dem vollen Namen und nicht nur mit einer Paraphe zu unterschreiben, da widrigenfalls keine ordnungsgemäße Ladung vorliegt, sodass z.B. kein Versäumnisurteil ergehen kann, § 335 Abs. 1 Nr. 2 ZPO (*LAG Hamm* 11.3.1982 EzA § 141 ZPO Nr. 2; *LAG RhPf* 19.11.1993 ARiST 1994, 138).

271 **Erfolgt die Terminierung durch den Vorsitzenden nicht unverzüglich, ist dies prozessual unerheblich**, kann jedoch eine Amtspflichtverletzung des Vorsitzenden darstellen.

Was unverzüglich heißt, ist gesetzlich nicht bestimmt und unterliegt daher dem Ermessen des Vorsitzenden. Das Ermessen ist bei Kündigungsschutzklagen und sonstigen Rechtsstreitigkeiten über das Bestehen oder das Nichtbestehen eines Arbeitsverhältnisses nach § 61a ArbGG eingeschränkt (s.u. Rn. 199 f.).

272 **Die Klage ist erhoben, nachdem das Gericht den Klageantrag dem Prozessgegner zugestellt hat, § 253 Abs. 1 ZPO.** Die Zustellung erfolgt von Amts wegen, § 270 ZPO. **Soll mit der Zustellung eine Frist gewahrt werden, was insbes. im Hinblick auf § 4 KSchG bei Kündigungsschutzanträgen der Fall ist, gilt die Frist als gewahrt, wenn die Klage beim ArbG innerhalb der Frist anhängig gemacht worden ist und die Zustellung »demnächst« erfolgt.** Demnächst heißt dabei in angemessener Frist, wobei selbst längere Fristen darunter zu subsumieren sind, sofern nicht der Kläger die Verzögerung schuldhaft herbeigeführt hat (*BAG* 8.4.1976 EzA §4 KSchG n.F. Nr. 10). Unschädlich dürfte dabei ein Zeitraum von einigen Wochen sein, eine Zustellung nach Ablauf eines Jahres ist hingegen nicht mehr als demnächst anzusehen (*BAG* 4.9.1964 AP Nr. 2 zu §496 ZPO). Ein rechtskundiger Prozessbevollmächtigter dürfte verpflichtet sein, nachzufragen, wenn nach Ablauf der üblichen Zeit keine Ladung eingegangen ist.

Eine schuldhafte Verzögerung der Klagezustellung hat der Kläger zu vertreten, wenn er z.B. von sich aus bittet, die Klage zuerst nicht zuzustellen, das Passivrubrum nicht ordnungsgemäß ist, insbes. der Klagegegner nicht individualisierbar ist oder die angegebene Adresse fehlerhaft ist oder die Zustellung der Klage von der Gewährung von Prozesskostenhilfe abhängig gemacht wird und die dafür notwendigen Angaben nicht rechtzeitig beim Gericht eingehen. **273**

c) Ladungsfrist

Die Ladungsfrist kann gem. §46 Abs. 2 S. 1 ArbGG i.V.m. §226 ZPO abgekürzt werden. **274** Ihre Berechnung erfolgt nach den §§222 ZPO, 187 BGB. Sie beträgt mindestens **drei Tage**, §§46 Abs. 2 S. 1 i.V.m. §217 ZPO. Bei erstmaliger Ladung zum Gütetermin ist allerdings die speziellere und längere Einlassungsfrist von einer Woche nach §47 ArbGG zu beachten. Wird Letztere nicht gewahrt, braucht sich ein Beklagter nicht auf die Klage einlassen und es darf auch kein Versäumnisurteil gegen ihn ergehen (GK-ArbGG/*Bader* §47 Rz. 35). Für **Klageerweiterungen, Klageänderungen** oder bei **Erhebung einer Widerklage** gilt diese Einlassungsfrist **nicht** (GK-ArbGG/*Bader* §47 Rz. 26).

d) Rechtswirkung der Klageerhebung

Mit der Klageerhebung tritt die Rechtshängigkeit der Klage ein, §261 Abs. 1 ZPO, mit den **275** sich aus den §§261 Abs. 3, 263, 265 Abs. 2 ZPO ergebenden Rechtsfolgen.

VII. Vorbereitung des Gütetermins

1. Aufforderung an den Beklagten, sich auf die Klage einzulassen

Nach §47 Abs. 2 ArbGG erfolgt eine Aufforderung an den Beklagten, sich vor dem Gütetermin **276** auf die Klage schriftlich zu äußern, seitens des Gerichts i.d.R. nicht. Der Gesetzgeber ging davon aus, dass eine schriftliche Einlassung eine Erschwerung der Einigungsbemühungen im Gütetermin mit sich bringen würde. Dennoch ist es nach §46 Abs. 2 S. 1 ArbGG i.V.m. §§129 Abs. 2, 273 ZPO zulässig, dass der Vorsitzende auch zur Vorbereitung des Gütetermins eine richterliche Anordnung an die beklagte Partei erlässt, sich auf die Klage bereits vor dem Gütetermin einzulassen (*Dütz* RdA 1980, 81, 88; GK-ArbGG/*Schütz* §54 Rz. 24).

In der erstinstanzlichen Praxis wird dies von den Vorsitzenden unterschiedlich gehand- **277** habt. Nach den Erfahrungen des Verfassers ist dies durchaus sinnvoll. Entgegen der im Gesetzgebungsverfahren geäußerten Befürchtung hat sich in der Praxis erwiesen, dass im Gegenteil eine gütliche Einigung eher möglich erscheint. Der Vorsitzende kann sich intensiver auf den Gütetermin vorbereiten und damit sowohl in rechtlicher Hinsicht den Parteien bereits ihre Prozessrisiken deutlicher aufzeigen und auch in tatsächlicher Hinsicht bei Kenntnis der beiderseitigen Ansichten für den Einzelfall sachgerechtere Lösungsvorschläge unterbreiten, wenn er auch die Argumente der Gegenseite kennt. Lässt sich der Beklagte durch einen Rechtsanwalt vertreten, kommt hinzu, dass sich dieser durch Abfassung eines Schriftsatzes selbst bereits mit der Materie befassen muss, sodass auch er nicht nur mit den mündlichen Informationen seiner Partei den Gütetermin wahrnimmt.

Eine Ladung von Zeugen und Sachverständigen zum Zweck einer Beweisaufnahme kann **278** zum Gütetermin grds. nicht erfolgen, da eine Beweisaufnahme vor der Kammer stattzufinden hat, §58 ArbGG (GK-ArbGG/*Schütz* §54 Rz. 25). Im Hinblick auf §54 Abs. 1 S. 3

ArbGG ist allerdings eine informelle Befragung von Zeugen zulässig, welche aber in der späteren Verhandlung nicht verwendet werden darf (*Grunsky* § 54 Rz. 12 ff.).

279 § 56 ArbGG kann hingegen nicht als Rechtsgrundlage für Anordnungen bereits zur Vorbereitung der Güteverhandlung angesehen werden, da diese Vorschrift ihrem Wortlaut nach lediglich zur Vorbereitung des Kammertermins dient (**a.A.** *Grunsky* § 54 Rz. 8). **Setzt der Vorsitzende der beklagten Partei in der Aufforderung, sich auf die Klage einzulassen, eine Frist, handelt es sich deshalb nicht um eine Ausschlussfrist, die eine Zurückweisung verspätet vorgebrachten Vorbringens rechtfertigen würde.** Solche Ausschlussfristen sind nach den §§ 56 Abs. 2, 61 a Abs. 5 ArbGG erst nach der Güteverhandlung zur Vorbereitung des Kammertermins zulässig. Die Nichtbefolgung der Anordnung, sich auf die Klage vor dem Gütetermin bereits einzulassen, ist daher sanktionslos. Sinnvollerweise ist daher seitens des Vorsitzenden bei Anordnung einer solchen Einlassung etwa wie folgt zu formulieren: »Der Beklagten wird Gelegenheit gegeben, sich bis zum ... auf die Klageschrift einzulassen.«

280 **Die Einlassung der beklagten Partei auf die Klageschrift muss und soll nicht den Umfang einer umfassenden Klageerwiderungsschrift haben**, z.B. müssen nicht bereits alle Beweismittel mit ordnungsgemäßen Beweisanträgen enthalten sein. Hierfür ist die Einlassungsfrist regelmäßig zu kurz, da der Gütetermin bereits kurze Zeit nach Klageerhebung erfolgt. Entsprechend dem Sinn und Zweck der Anordnung reicht eine kurze Darlegung der aus Sicht der beklagten Partei wesentlichen Tatsachen und Ansichten aus.

2. Anordnung des persönlichen Erscheinens einer Partei

a) Anordnungsbeschluss

281 Der Vorsitzende ist befugt, bereits zum Gütetermin das persönliche Erscheinen der Partei anzuordnen. § 51 Abs. 1 ArbGG gibt dem Vorsitzenden in jeder Lage des Rechtsstreits dieses Recht.

282 Die Vorschrift schreibt keine Voraussetzungen für die Anordnung des persönlichen Erscheinens fest, sondern stellt sie alleine in das sachgerechte Ermessen des Vorsitzenden. **Sie kann aus jeder Überlegung heraus erlassen werden, die für den Verfahrensabschluss dienlich erscheint.** In Betracht kommt insoweit neben der Aufklärung des Sachverhaltes auch die Erörterung von Rechtsfragen bei der Durchführung der Güteverhandlung, um eine gütliche Einigung herbeiführen zu können (*LAG RhPf* 5.6.1994 – 9 Ta 109/94 – n.v.; 14.6.1993 – 6 Ta 128/93 – n.v.).

283 Bei der Ermessensausübung muss dieser die Interessen der geladenen Partei sowie diejenigen des Gerichts abwägen. **Eine Anordnung des persönlichen Erscheinens ist dann nicht gerechtfertigt, wenn von vornherein der Streit nur um Rechtsfragen geht und eine gütliche Einigung nicht zu erwarten ist oder die Erscheinungspflicht für die Partei eine unverhältnismäßige Beschwer darstellt**, z.B. bei großer Entfernung zum Gerichtsort. Hierbei ist zu berücksichtigen, dass eine obsiegende Partei nach § 12a Abs. 1 S. 1 ArbGG keinen Anspruch auf Entschädigung wegen Zeitversäumnis hat.

284 Die Anordnung ist nicht bereits deswegen ermessensfehlerhaft, da die betroffene Partei selbst zur Aufklärung von Tatsachen nichts beitragen kann, etwa wenn es sich bei ihr um eine juristische Person handelt, deren Vertretungsberechtigter mit dem Streitfall selbst nichts zu tun hat. In diesem Fall kann die Partei sich **gem. § 141 Abs. 3 S. 2 ZPO durch einen voll informierten und zu einem Vergleichsabschluss berechtigten Vertreter vertreten lassen**, der selbst ggf. besser zur Aufklärung des Tatbestands in der Lage ist. Dies kann bei größeren Firmen z.B. statt dem Geschäftsführer, dem Komplementär oder dem Vorstand der Personalleiter sein (zur Frage, inwieweit der Prozessbevollmächtigte Vertreter sein kann vgl. *Tschöpe/Fledermann* NZA 2000, 1269 ff.).

285 Hat eine Partei bereits vor dem Gütetermin erkennen lassen, dass sie jede Einlassung auf die Klage verweigert, soll die Anordnung des persönlichen Erscheinens unzulässig sein. Eine Verpflichtung der Partei, sich einzulassen, bestehe nicht und könne auch nicht über § 51 ArbGG erzwungen werden (GMPM-G/*Germelmann* § 51 Rz. 13). Dieser Auffassung kann nicht gefolgt werden. Erfahrungsgemäß ändert eine Partei u.U. ihre Auffassung, wenn der Vorsitzende im Gütetermin die Möglichkeit erhält, mit ihr und der Gegenseite den Rechts-

streit umfassend zu erörtern. Selbstverständlich bleibt es der Partei überlassen, im Gütetermin auf einer ggf. bestehenden Verweigerungshaltung zu beharren – zum Erscheinen und Anhören der Argumente des Gerichts und der Gegenseite ist sie allerdings nach § 51 ArbGG verpflichtet.

Ein Recht der Gegenpartei auf Anordnung des persönlichen Erscheinens einer Partei besteht nicht.

Die Anordnung ist selbst nicht beschwerdefähig. Dies würde in die Unabhängigkeit der Entscheidungsbefugnis des Instanzrichters eingreifen (*LAG Bln.* 17.4.1978 EzA § 141 ZPO Nr. 1). Dies ergibt sich auch aus der Konzeption der §§ 51 Abs. 1 S. 2 ArbGG i.V.m. 141 Abs. 3 S. 1, § 380 Abs. 3 ZPO, wonach gegen Ordnungsgeldbeschlüsse auf Grund des Nichterscheinens das Rechtsmittel der sofortigen Beschwerde vorgesehen ist. 286

Der Beschluss, der die Anordnung des persönlichen Erscheinens enthält, ist vom Vorsitzenden mit vollem Namen und nicht nur mit einer Paraphe zu unterzeichnen, widrigenfalls ist die Anordnung des persönlichen Erscheinens nicht ordnungsgemäß erfolgt, sodass auf deren Nichtbefolgen keinerlei Sanktionen gem. § 141 Abs. 2 ZPO gestützt werden können (*LAG RhPf* 19.11.1993 ARiST 1994, 138). Er muss keine Gründe enthalten, es genügt eine Verweisung auf die Vorschrift des § 51 ArbGG. 287

Der Anordnungsbeschluss ist nach § 329 Abs. 2 ZPO **der Partei**, im Falle ihrer Vertretung auch ihrem Prozessbevollmächtigten zuzustellen, wobei eine förmliche Zustellung nicht notwendig ist, § 51 Abs. 1, § 141 Abs. 2 ZPO (*Vonderau* NZA 1991, 336). Eine Ladung kann allerdings mittels Zustellungsurkunde erfolgen, da ansonsten der Nachweis über den Zugang der Ladung für das Gericht nicht möglich ist und ggf. Ordnungsmaßnahmen gem. § 141 Abs. 3 ZPO nicht erlassen werden können. In der Ladung ist die Partei auf die Folgen eines unentschuldigten Ausbleibens hinzuweisen, § 141 Abs. 3 S. 2 ZPO. Erscheint die Partei nicht und kommt es zu Ordnungsmaßnahmen, muss die Partei die Behauptung, sie habe die Ladung nicht erhalten, glaubhaft machen. 288

Adressat der Anordnung des persönlichen Erscheinens ist regelmäßig die Partei, wobei sich der Parteibegriff aus § 50 ZPO und § 10 ArbGG ergibt. Bei juristischen Personen ist der gesetzliche Vertreter zu laden, Gleiches gilt bei prozessunfähigen Parteien (*Vonderau* NZA 1991, 337 f.). Der gesetzliche Vertreter ist dabei namentlich zu benennen, widrigenfalls Ordnungsmaßnahmen nach § 141 Abs. 3 ZPO nicht erfolgen dürfen (*LAG RhPf* 14.6.1993 – 6 Ta 128/93 – n.v.). 289

b) Folgen der Missachtung der Anordnung des persönlichen Erscheinens

aa) Ordnungsgeld

§ 51 Abs. 1 S. 2 ArbGG verweist »im Übrigen« auf § 141 Abs. 2, 3 ZPO. Gem. § 141 Abs. 3 ZPO kann gegen die nicht erschienene Partei ein Ordnungsgeld wie gegen einen im Vernehmungstermin nicht erschienenen Zeugen verhängt werden, § 380 ZPO. Dies gilt allerdings dann nicht, wenn die Partei zur Verhandlung einen Vertreter entsendet, der zur Aufklärung des Tatbestandes in der Lage und zur Abgabe der gebotenen Erklärungen, insbes. zu einem Vergleichsabschluss, ermächtigt ist, § 141 Abs. 3 S. 2 ZPO. 290

> Die erteilte Vollmacht muss umfassend sein. Alleine die Bevollmächtigung zum Abschluss eines Vergleiches mit Widerrufsvorbehalt genügt hierfür nicht (GMPM-G/*Germelmann* § 51 Rz. 21). Dies bedeutet jedoch nicht, dass der Vertreter unbedingt einen Vergleich abschließen muss. Ist er selbst der Ansicht, ein Vergleich sei in der vorgeschlagenen Art nicht angezeigt, kann er diesen auch ablehnen, ohne dass deswegen gegen die Partei Ordnungsmaßnahmen verhängt werden dürfen (*LAG RhPf* 9.11.1992 – 9 Ta 219/92 – n.v.; vgl. *LAG Nbg.* 25.11.1988 LAGE § 141 ZPO Nr. 6). 291

Das Ordnungsgeld ist gegen die Partei selbst zu verhängen, bei juristischen Personen also gegen diese und nicht gegen ihre gesetzlichen Vertreter (*LAG RhPf* 11.6.1990 – 9 Ta 109/90 – n.v.; *LAG Hamm* 25.1.1999 FA 1999, 338; *LAG Düsseld.* 28.12.2006 – 6 Ta 622/06). Ob 292 und in welcher Höhe ein Ordnungsgeld – bzgl. der Höhe vgl. Art. 6 EGStGB – verhängt wird, steht im Ermessen des Gerichts.

293 Der Grund für die Verhängung des Ordnungsgeldes darf allerdings nicht in der Tatsache der Missachtung der Anordnung des Gerichts liegen. **Sie ist nur dann gerechtfertigt, wenn der Sinn und Zweck der Anordnung des persönlichen Erscheinens vereitelt worden ist.** Kommt es daher zu einer verfahrensbeendenden Entscheidung, z.B. einem Vergleichsabschluss, einem Versäumnis- oder Anerkenntnisurteil, kann ein Ordnungsgeld nicht verhängt werden, auch wenn die Partei selbst nicht erschienen ist, sondern nur einen Prozessbevollmächtigten oder sonstigen Vertreter entsendet hatte (GMPM-G/*Germelmann* § 51 Rz. 22).

294 Die Verhängung des Ordnungsgeldes dient nicht der Durchsetzung der Autorität des Gerichts. Grund ist vielmehr, dass die Partei durch ihr schuldhaftes Fernbleiben die zügige und sachgerechte Erledigung des Rechtsstreits schuldhaft verzögert oder vereitelt hat (*LAG RhPf* 4.3.1992 – 9 Ta 22/92 – n.v.).

295 Neben der Verhängung eines Ordnungsgeldes kann nicht Ordnungshaft angeordnet werden, auch können der Partei nicht wie einem Zeugen die zusätzlichen Kosten, die auf Grund seines Ausbleibens entstehen, auferlegt werden. § 141 Abs. 3 S. 1 ZPO enthält insofern keine Bezugnahme auf die entsprechenden Regelungen für Zeugen. Zulässig ist es allerdings, dass das Gericht eine Verzögerungsgebühr gem. § 38 GKG verhängt.

296 Wenn es sich auch bei der Verhängung des Ordnungsgeldes nicht um eine repressiv-strafrechtliche Maßnahme handelt, setzt sie dennoch ein **Verschulden der Partei** voraus (*Schaub* ArbGVerf § 29 Rz. 59). Erfolgt eine Entschuldigung vor oder nach dem Gütetermin, ist der Ordnungsgeldbeschluss gem. § 381 ZPO aufzuheben.

297 Erklärt der Prozessbevollmächtigte einer Partei dieser, sie brauche trotz Anordnung des persönlichen Erscheinens nicht zu erscheinen, ist gleichwohl die Verhängung eines Ordnungsgeldes zulässig, da sich die Partei das Verschulden ihres Prozessbevollmächtigten nach § 85 Abs. 2 ZPO zurechnen lassen muss (strittig wie hier *LAG RhPf* 19.4.1985 LAGE § 51 ArbGG 1979 Nr. 2; **a.A.** *LAG Köln* 27.7.1987 LAGE § 141 ZPO; 11.8.2004 – 11 Ta 101/04).

298 Gegen den Ordnungsgeldbeschluss, den der Vorsitzende außerhalb der mündlichen Verhandlung alleine erlassen kann, § 53 ArbGG, kann das Rechtsmittel der sofortigen Beschwerde gem. § 380 Abs. 3 ZPO eingelegt werden.

bb) Zurückweisung des Prozessbevollmächtigten

299 Neben der Verhängung eines Ordnungsgeldes kann der Vorsitzende – nicht die Kammer (*LAG Bra.* 23.5.2000 NZA 2001, 173 f.) – bei Missachtung der Anordnung des persönlichen Erscheinens der Partei und damit einhergehender Verzögerung des Rechtsstreits auch die Zulassung eines erschienenen Prozessbevollmächtigten ablehnen, § 51 Abs. 2 ArbGG. Voraussetzung hierfür ist, dass der Zweck der Anordnung des persönlichen Erscheinens vereitelt wird, also keine verfahrensbeendende Entscheidung ergehen kann. **Diese Form der Reaktion auf ein Nichterscheinen einer beklagten Partei ist bei geltend gemachten Zahlungsansprüchen weit effektiver als die Verhängung eines Ordnungsgeldes.** Nach der Zurückweisung des Prozessbevollmächtigten kann das Gericht auf Antrag des Klägers ein Versäumnisurteil erlassen, welches gem. § 62 Abs. 1 ArbGG vorläufig vollstreckbar ist. Lediglich unter sehr beschränkten Voraussetzungen kann die vorläufige Vollstreckbarkeit gem. § 62 Abs. 1 S. 2 ArbGG aufgehoben werden (s.u. Rn. 579 ff.). Damit kann einer ggf. beabsichtigten Verschleppung des Prozesses und der Titulierung einer Zahlungsverpflichtung vorgebeugt werden.

300 Möchte ein Rechtsanwalt auf Klägerseite nach erfolgter gerichtlicher Zurückweisung eines Kollegen gem. § 51 Abs. 2 ArbGG auf Beklagtenseite aus Standesgründen kein Versäumnisurteil beantragen, kann dies der Kläger selbst tun. Hierauf sollte ihn sein Rechtsanwalt auch aus Haftungsgründen hinweisen, da der Kammertermin i.d.R. erst einige Monate nach dem Gütetermin festgesetzt wird und dann fraglich sein kann, ob ein Zah-

lungsanspruch – z.B. bei drohender Insolvenz des Beklagten – noch realisiert werden kann. Aus diesem Grund empfiehlt es sich, auch immer die klagende Partei zum Gütetermin einzubestellen, selbst wenn das ArbGG nicht das persönliche Erscheinen angeordnet hat.

Der die Zurückweisung des Prozessbevollmächtigten aussprechende Beschluss ist nicht mit der sofortigen Beschwerde nach § 567 Abs. 1 ZPO isoliert anfechtbar (*LAG RhPf* 11.11.1981 LAGE § 51 ArbGG 1979 Nr. 1). Die betroffene Partei kann gegen das Versäumnisurteil nur Einspruch einlegen. 301

Teilweise wird die Ansicht vertreten, der Ausschluss eines Prozessbevollmächtigten in der Güteverhandlung sei unsinnig (GMPM-G/*Germelmann* § 51 Rz. 28). Begründet wird diese Ansicht damit, in einer Güteverhandlung könne ohnehin eine Endentscheidung noch nicht getroffen werden. Dieser Ansicht ist allerdings entgegenzuhalten, dass sich gem. § 54 Abs. 4 ArbGG im Falle des Nichterscheinens einer Partei in der Güteverhandlung unmittelbar die weitere Verhandlung anschließt, in der dann der Vorsitzende gem. § 55 Abs. 1 Nr. 4 ArbGG ein Versäumnisurteil erlassen kann (GK-ArbGG/*Schütz* § 51 Rz. 30). 302

VIII. Die Güteverhandlung

1. Sinn und Zweck

Die mündliche Verhandlung beginnt mit einer Verhandlung vor dem Vorsitzenden zum Zwecke der gütlichen Einigung der Parteien, § 54 ArbGG. Insbesondere wenn zwischen ihnen noch ein Arbeitsverhältnis besteht und weiter bestehen soll und nur bzgl. einzelner Rechtsbeziehungen oder Tatsachen Streit entstanden ist, soll das Arbeitsverhältnis nicht durch einen lang andauernden Prozess belastet werden. Daneben hilft eine Einigung bereits in der Güteverhandlung den Parteien Zeit, Arbeitskraft und Geld zu sparen. § 54 ArbGG geht dabei als lex specialis § 278 Abs. 1-5 ZPO vor (*Schwab/Weth-Zimmerling* § 46 Rz. 9a) 303

Des Weiteren dient sie auch der Vorbereitung der streitigen Verhandlung. Gerade wenn prozessunerfahrene Parteien selbst ohne anwaltliche Unterstützung vor Gericht auftreten, können im Gütetermin durch richterliche Hinweise, § 139 ZPO, fehlerhafte Klageanträge korrigiert und das Vorbringen der Parteien auf die wesentlichen Gesichtspunkte konzentriert werden. Ein prozesserfahrener Anwalt kann aus den Äußerungen und Auflagen des Vorsitzenden ableiten, auf welche streiterheblichen Gesichtspunkte er seinen Vortrag zu konzentrieren hat und wie die Prozessaussichten seiner Partei stehen. 304

2. Entbehrlichkeit der Güteverhandlung

Die Durchführung der Güteverhandlung steht nicht zur Disposition der Parteien oder des Gerichts. Sie ist grds. in allen Urteilsverfahren durchzuführen, selbst wenn aus Sicht der Parteien oder des Gerichts eine gütliche Einigung vor Durchführung der streitigen Kammerverhandlung unmöglich erscheint (GMPM-G/*Germelmann* § 54 Rz. 53). 305

Die Parteien können allerdings den Gütetermin dadurch unterlaufen, dass sie beide nicht erscheinen oder verhandeln. In diesem Fall ist gem. § 54 Abs. 5 ArbGG das Ruhen des Verfahrens anzuordnen. Auf Antrag einer Partei ist sodann ein Kammertermin zu bestimmen. Eine erneute Terminierung eines Gütetermins von Amts wegen ist unzulässig, § 54 Abs. 5 S. 2 ArbGG (s.u. Rn. 321). Sinnvoll ist ein solches Vorgehen allerdings nicht, da dann der anzuberaumende Kammertermin nicht selten nur zum Versuch einer gütlichen Einigung genutzt und bei deren Scheitern der Rechtsstreit vertagt und ein neuer Kammertermin, verbunden mit einem Auflagenbeschluss, bestimmt wird. 306

Wird die Güteverhandlung entgegen § 54 ArbGG nicht durchgeführt, liegt ein Verfahrensfehler vor, der jedoch eine gerichtliche Entscheidung nicht unwirksam macht und kein Rechtsmittel begründet. Eine eingelegte Berufung führt insbes. nicht dazu, dass der Rechtsstreit an das ArbG zurückgewiesen werden kann, § 68 ArbGG. 307

308 Zu einem Gütetermin kommt es im Urteilsverfahren nicht, falls gegen einen Vollstreckungsbescheid Einspruch eingelegt wird, da dieser einem Versäumnisurteil gleich steht, § 700 Abs. 1 ZPO. Gem. § 341a ZPO ist dann sofort ein Kammertermin zur streitigen Verhandlung festzusetzen.

309 **Ebenfalls keine Güteverhandlung wird in den Verfahren auf einstweiligen Rechtsschutz durchgeführt, selbst wenn eine mündliche Verhandlung anberaumt wird.** Hierbei handelt es sich sofort um eine streitige Verhandlung unter Hinzuziehung der ehrenamtlichen Richter. Mit dem Wesen des einstweiligen Rechtsschutzes, der eine besondere Eilbedürftigkeit voraussetzt, ließe es sich nicht vereinbaren, vor der streitigen Verhandlung eine Güteverhandlung durchzuführen, in der selbst keine verfahrensbeendenden gerichtlichen Entscheidungen ergehen dürfen.

3. Ablauf der Güteverhandlung

310 Die Güteverhandlung findet vor dem Vorsitzenden alleine statt, d.h. ohne die ehrenamtlichen Richter, § 54 Abs. 1 ArbGG. Streitig ist, ob die ehrenamtlichen Richter als Beobachter oder Zuschauer an der Güteverhandlung teilnehmen dürfen (so *Schaub* ArbGVerf § 28 Rz. 8; **a.A.** *Grunsky* § 54 Rz. 2). Eine Teilnahme begründet jedenfalls keinen Verfahrensfehler, auf den die Unwirksamkeit einer gerichtlichen Entscheidung gestützt werden könnte, gleichgültig ob man insofern überhaupt das Vorliegen einer Güteverhandlung verneint (GMPM-G/*Germelmann* § 54 Rz. 9) oder lediglich von einem prozessualen Fehler innerhalb der Güteverhandlung ausgeht.

Die Leitung der Güteverhandlung kann vom Vorsitzenden auch seinem Stationsreferendar zu Ausbildungszwecken gem. §§ 9 Abs. 2 ArbGG, 10 GVG übertragen werden.

311 **Da es sich bereits um einen Teil der mündlichen Verhandlung handelt**, gelten die allgemeinen Vorschriften für eine mündliche Verhandlung, sofern sie nicht dem Sinn und Zweck der Güteverhandlung widersprechen.

312 Der Grundsatz der Öffentlichkeit der Verhandlung kann im Güteverfahren weiter eingeschränkt werden als im streitigen Verfahren (s.o. Rn. 190). Damit soll sichergestellt werden, dass die Parteien sich frei aussprechen können, um eine gütliche Einigung herbeizuführen.

313 Abweichend von § 137 Abs. 1 ZPO beginnt die Güteverhandlung i.d.R. nicht mit dem Stellen der Anträge, was aber zulässig ist. Dies ergibt sich aus § 54 Abs. 2 ArbGG, wonach die Klage noch bis zum Stellen der Anträge ohne Einwilligung der Beklagten zurückgenommen werden kann. Die Vorschrift wäre überflüssig, wenn davon auszugehen wäre, dass § 137 Abs. 1 ZPO Anwendung fände (GMPM-G/*Germelmann* § 54 Rz. 29). **Die Klageanträge werden grds. erst zum Beginn der Kammersitzung gestellt**, sodass der Kläger auch noch nach Beendigung der Güteverhandlung seine Klage ohne Zustimmung der Beklagten und ohne dass Gerichtskosten anfallen zurücknehmen kann (KV Nr. 8210 Abs. 2).

314 Gem. § 54 Abs. 2 S. 2 ArbGG haben gerichtliche Geständnisse nach § 288 ZPO nur dann bindende Wirkung, wenn sie zu Protokoll erklärt und genehmigt worden sind.

315 Nach § 54 Abs. 2 S. 3 ArbGG finden die §§ 39 S. 1, 282 Abs. 3 S. 1 ZPO keine Anwendung, d.h. Rügen bzgl. der Zuständigkeit des Gerichts müssen nicht bereits im Gütetermin erhoben werden.

316 Der Vorsitzende übt im Gütetermin rechtsprechende Tätigkeiten aus. Es gilt daher das Haftungsprivileg des § 839 Abs. 2 BGB. Dies ist insofern von Bedeutung, als der Vorsitzende in der Güteverhandlung das gesamte Streitverhältnis mit den Parteien unter freier Würdigung aller Umstände zu erörtern hat. Zum Erreichen einer gütlichen Einigung kann er dabei sämtliche rechtserheblichen Tatsachen, auch sofern sie nicht direkt mit dem durch die Klageanträge bestimmten Streitgegenstand zusammenhängen, mit den Parteien erörtern. Er kann ihnen ihr jeweiliges Prozessrisiko unter Hinweis auf ggf. streitige Rechtsfragen in der Literatur und Rechtsprechung aufzuzeigen, auf die Erfolgsaussicht der Klage insgesamt oder einzelner Angriffs- oder Verteidigungsmittel hinweisen, ohne dass deswegen ein Befangenheitsgrund vorliegt. **Sein Fragerecht und seine Fragepflicht gehen dabei über § 139 Abs. 1 S. 2**

ZPO hinaus (vgl. zu Umfang und Grenzen des Fragerechts und der Aufklärungspflicht *Schmädicke* NZA 2007, 1029 ff.).

Die Erörterung soll nicht lediglich in rechtlicher Hinsicht erfolgen, sondern kann sich auch auf wirtschaftliche, soziale und sonstige Erwägungen beziehen, um zu einem für die Parteien sinnvollen Ergebnis im Wege einer gütlichen Einigung zu gelangen. Hierbei können auch Billigkeitserwägungen berücksichtigt werden. Allein auf solche Äußerungen des Vorsitzenden, die einer gütlichen Einigung dienen, kann ein Ablehnungsgesuch gem. § 49 ArbGG regelmäßig nicht gestützt werden. **317**

Häufig lassen sich aus den Vergleichsvorschlägen des Vorsitzenden und seinen Hinweisen auf die Rechtslage die Erfolgsaussichten einer Klage nach dem derzeitigen Sachstand ablesen, sodass sich die Partei darauf einstellen bzw. ein Prozessbevollmächtigter seine Partei entsprechend beraten kann. Wichtig ist dabei, sich einen gemachten Vergleichsvorschlag, z.B. die Höhe einer vorgeschlagenen Abfindung in einem Kündigungsschutzrechtsstreit, erläutern zu lassen, da ganz unterschiedliche Praktiken bei den Gerichten und einzelnen Richtern bestehen. Z. B. legen die Gerichte bei offenen Erfolgsaussichten einer Kündigungsschutzklage der Berechnung einer Abfindung zwischen 1/4 und 1 Bruttomonatsgehalt pro Beschäftigungsjahr zu Grunde. Gerade bei Kündigungsschutzstreitigkeiten spielen oftmals weitere Umstände für die Berechnung der Abfindung eine Rolle, z.B. Sonderkündigungsvorschriften, § 9 MuSchG, § 85 SGB IX etc., sehr kurze oder sehr lange Dauer des Arbeitsverhältnisses, die wirtschaftliche Lage des Arbeitgebers oder auch, ob der Arbeitnehmer schon einen neuen Arbeitsplatz gefunden hat. **318**

Zur Aufklärung des Sachverhalts erlaubt § 54 Abs. 1 S. 3 ArbGG dem Vorsitzenden alle Handlungen vorzunehmen die sofort erfolgen können, mit Ausnahme einer eidlichen Vernehmung eines Zeugen. Eine Vertagung des Gütetermins, um noch Aufklärungsmaterial herbeizuschaffen, ist allerdings regelmäßig unzulässig, es sei denn dies geschieht im Einvernehmen mit den Parteien, § 54 Abs. 1 S. 4 ArbGG. **319**

Aufklärungsmaßnahmen i.S.d. § 54 Abs. 1 S. 3 ArbGG können insbes. die Einsichtnahme in mitgebrachte Unterlagen der Parteien, die informatorische Vernehmung präsenter Zeugen, Sachverständigen oder der Partei, die Einholung telefonischer Auskünfte z.B. bei Arbeitsämtern, Krankenkassen oder dem Finanzamt sein. Sofern Zeugen bereits informatorisch befragt werden, sind sie über ihre Zeugnisverweigerungsrechte und die Folgen einer Falschaussage zu belehren. Eine förmliche Beweisaufnahme ist hingegen nicht möglich (GMPM-G/*Germelmann* § 54 Rz. 24). Diese hat gem. § 58 grds. vor der Kammer, d.h. in der streitigen Verhandlung zu erfolgen. Dies bezieht sich sowohl auf eine Zeugenvernehmung als auch auf eine Parteivernehmung nach den §§ 445 ff. ZPO. **320**

Ein weiterer Gütetermin kann im Einvernehmen mit beiden Parteien festgesetzt werden, § 54 Abs. 1 S. 5 ArbGG. **321**

4. Ergebnisse der Güteverhandlung

a) Vergleich

Dem Ziel, eine gütliche Einigung herbeizuführen, dient insbes. eine vergleichsweise Erledigung des Rechtsstreits. Eine Einigung zwischen den Parteien wird dabei im Wege des »gegenseitigen Nachgebens« erreicht, wobei die Proportionen des jeweiligen Nachgebens durchaus sehr unterschiedlich sein können. Ein Vergleich liegt schon dann vor, wenn lediglich eine Partei sich verpflichtet, Kosten zu tragen oder auf einen geringfügigen Zinsanspruch verzichtet wird. **322**

aa) Form

Ein Vergleich ist nach § 54 Abs. 3 ArbGG zu protokollieren, § 160 Abs. 3 Nr. 1 ZPO. **Er wird nur dann wirksam, wenn er nach Aufnahme in das Protokoll verlesen und von den Parteien genehmigt wird, § 162 Abs. 1 ZPO, im Falle der Aufnahme des Protokolls mittels Tonträger ist dieser den Parteien vorzuspielen.** **323**

324 Allein das laute Diktieren des Vergleiches in das Protokoll durch den Vorsitzenden und die anschließende Genehmigung des Diktats durch die Parteien genügt nicht, um einen vollstreckbaren Titel i.S.d. §794 Abs. 1 Nr. 1 ZPO zu begründen.

325 Häufig werden Vergleiche mit einem Widerrufsrecht abgeschlossen, wobei regelmäßig formuliert wird »Die Partei erhält ein Widerrufsrecht bis zum ... schriftlich bei Gericht eingehend«. Dieses Widerrufsrechts kann dann nur wirksam gegenüber dem Gericht ausgeübt werden, nicht auch gegenüber dem Prozessgegner (*BAG* 21.2.1991 EzA §794 ZPO Nr. 9). Der Widerrufsschriftsatz muss eigenhändig unterschrieben sein, ein Namenskürzel allein reicht nicht (*BAG* 31.5.1989 EzA §794 ZPO Nr. 8).

bb) Inhalt

326 Sofern in einem Vergleich auf Ansprüche des Arbeitnehmers verzichtet wird, ist der Verzicht nur wirksam, sofern er zulässig ist. **Arbeitnehmer können z.B. nicht auf gesetzliche, tarifliche oder auf Grund einer Betriebsvereinbarung entstandene Rechte ohne Zustimmung der Tarifpartner bzw. der Betriebsvertretung wirksam verzichten, §§4 TVG, 77 Abs. 4 BetrVG** (s.o. Kap. 11 Rn. 267ff.; Kap. 12 Rn. 1330ff.). Nicht zustimmungsbedürftig sind hingegen Vergleiche, in denen über das Vorliegen der tatsächlichen Voraussetzungen eines z.B. tariflichen Anspruchs eine Einigung erzielt wird (*BAG* 5.11.1997 §4 TVG Verzicht Nr. 3).

327 ► **Beispiel:**
Häufig wird in einem Kündigungsschutzverfahren folgende Regelung getroffen: »Der Arbeitnehmer wird unter Anrechnung von Resturlaub von der Arbeitsleistung freigestellt«. Probleme entstehen dann, wenn der Arbeitnehmer nach dem Vergleichsabschluss, aber vor Beendigung des Arbeitsverhältnisses erkrankt, sodass er seinen ihm zustehenden Urlaub nach §9 BUrlG nicht nehmen, weswegen dieser auch nicht auf eine Freistellung angerechnet werden kann. Dem Arbeitnehmer steht deswegen ein Urlaubsabgeltungsanspruch nach §7 Abs. 4 BUrlG zu. Es empfiehlt sich daher in diesen Fällen, einen Tatsachenvergleich abzuschließen, etwa in der Form: »Der Arbeitnehmer wird bis zur Beendigung des Arbeitsverhältnisses von der Arbeitsleistung freigestellt. Die Parteien sind sich darüber einig, dass der Kläger seinen ihm zustehenden Urlaub genommen hat«.

cc) Rechtsnatur

328 Der Prozessvergleich ist zum einen materiell-rechtlicher Vertrag, auf den die Regeln des BGB Anwendung finden, die §§145 bis 156 BGB bzgl. des wirksamen Abschlusses, die §§119 bis 123 BGB bzgl. einer möglichen Anfechtung sowie die §§134, 138 BGB bzgl. einer Nichtigkeit wegen Gesetzes- bzw. Sittenverstoßes. Zum anderen handelt es sich um eine Prozesshandlung, weswegen die §§50 bis 56 ZPO zu beachten sind.

329 Wird über die Wirksamkeit eines Prozessvergleiches gestritten, findet das ursprüngliche Verfahren seinen Fortgang. Dies ist unstreitig, falls der Streit darum geht, ob der Prozessvergleich von vorneherein rechtsunwirksam ist, z.B. wegen Sittenwidrigkeit, §138 BGB, oder rückwirkend rechtsunwirksam wird, z.B. infolge einer Anfechtung, §§119ff. BGB. Ist streitig, ob der Prozessvergleich nachträglich wieder weggefallen ist, z.B. durch eine einvernehmliche Aufhebung oder einen Rücktritt, ist dies nach der Rechtsprechung des *BGH* (10.3.1955 BGHZ 16, 388; 15.4.1964 BGHZ 41, 310) in einem neuen Verfahren auszutragen. Nach der Rechtsprechung des *BAG* (5.8.1982 EzA §794 ZPO Nr. 6) findet auch i.d.F. das alte Verfahren seinen Fortgang.

330 Nach der Rechtsprechung des *BAG* (5.8.1982 EzA §794 ZPO Nr. 6) muss die Partei, die sich auf die Unwirksamkeit des Vergleiches beruft, ihren ursprünglichen Klageantrag weiter verfolgen und stellen. Die Gegenpartei muss beantragen »... festzustellen, dass das Ver-

fahren durch den Vergleich vom ... seine Beendigung gefunden hat«. Ratsam ist es, den ursprünglichen Klageantrag als Hilfsantrag für den Fall zu stellen, dass das Gericht in seinem Urteil nicht von einem verfahrensbeendenden rechtswirksamen Vergleich ausgeht.

dd) Kosten/Gebühren

Im Fall des Abschlusses eines Prozessvergleiches tritt eine Kostenbefreiung gem. KV Nr. 8210 Abs. 2 ein, sofern das gesamte Verfahren seine Beendigung findet. Ein Teilvergleich ist nicht mehr kostenprivilegiert. Ging ein Mahnverfahren voraus, entfällt die Gebühr ebenfalls, KV Nr. 8100. Die Kostenfreiheit erstreckt sich nur auf die Gerichtsgebühren, nicht auch auf gerichtliche Auslagen, z.B. Postgebühren, Auslagen für Zeugen oder Sachverständige oder Dolmetscher etc. **331**

Die vergleichsweise Erledigung von Streitigkeiten zwischen Arbeitsvertragsparteien im Gütetermin stellt in aller Regel nicht nur für die Parteien und das Gericht, sondern auch für die prozessbevollmächtigten Anwälte **die ökonomischste Erledigung** eines Arbeitsrechtsprozesses dar. **332**

Wird ein Vergleich ohne eine Kostenregelung getroffen, so werden gem. § 98 ZPO die Kosten gegeneinander aufgehoben, d.h. evtl. entstandene Gerichtskosten werden geteilt, § 92 Abs. 1 S. 2 ZPO. Die außergerichtlichen Kosten trägt jede Partei im Urteilsverfahren in der ersten Instanz kraft Gesetzes selbst, § 12a Abs. 1 ArbGG. **Einer besonderen Aufnahme in den Vergleichstext, dass die Kosten des Vergleichs gegeneinander aufgehoben werden, bedarf es daher nicht** (vgl. *BAG* 16.4.2008 – 6 AZR 1049/06 – FA 2008, 255 LS). **333**

b) Klagerücknahme

Im Güteverfahren kann das Verfahren durch eine Klagerücknahme ohne Zustimmung des Beklagten zurückgenommen werden, wenn, wie regelmäßig, in ihr noch keine Anträge gestellt worden sind (s.o. Rn. 313). § 54 Abs. 2 ArbGG stellt, anders als § 269 ZPO, lediglich auf die Stellung der Anträge ab. Sie ist nach § 160 Abs. 3 Nr. 8 ZPO zu protokollieren und gem. § 162 Abs. 1 ZPO zu genehmigen. **334**

Bei der Klagerücknahme handelt es sich um eine Prozesshandlung, die bedingungsfeindlich und nicht anfechtbar ist. Sie kann mündlich oder durch Schriftsatz, ausdrücklich oder konkludent abgegeben werden und sich entweder auf den gesamten Klageantrag oder auf einen Teil von ihm beziehen. **335**

Auch für eine Klagerücknahme vor der streitigen Verhandlung gilt die Kostenprivilegierung der Nr. 8210 Abs. 2 KV. Gerichtskosten werden nicht erhoben. Auch hier gilt nunmehr, dass allein eine teilweise Klagerücknahme nicht mehr privilegiert ist. Die Auslagen des Gerichts hat der Kläger allerdings zu tragen. **336**

c) Übereinstimmende Erledigungserklärung

Die Parteien können den Rechtsstreit übereinstimmend für erledigt erklären, § 91a ZPO. **Dies hat zur Folge, dass über die Kosten durch Beschluss entschieden werden muss.** Dieser kann ohne mündliche Verhandlung durch den Vorsitzenden alleine ergehen, § 53 ArbGG. **Für ihn können Gebühren anfallen, KV 8210 Abs. 2.** **337**

Wird deswegen z.B. nach Ausspruch einer arbeitgeberseitigen Kündigung und Klageerhebung sich außergerichtlich darüber verständigt, dass die Kündigung gegenstandslos ist und das Arbeitsverhältnis fortgesetzt wird, können die Parteien anstatt den Rechtsstreit übereinstimmend für erledigt zu erklären, die Klagerücknahme durch den Kläger vereinbaren. Dies ist in aller Regel der kostengünstigere Weg (s.o. Rn. 336). **338**

Im Zweifel sollten sich die Parteien darüber einigen, wer die Gerichtskosten zu tragen hat, sodass wenigstens die Beschlussgebühr gem. § 91a ZPO entfällt, KV Nr. 8210 Abs. 2 (vgl. *BAG* 11.9.2003 EzA § 91a ZPO 2002 Nr. 1).

d) Anerkenntnis, Verzicht

339 Der Beklagte kann im Gütetermin den geltend gemachten Anspruch anerkennen, der Kläger auf ihn verzichten. Beide Erklärungen sind gem. § 160 Abs. 3 Nr. 1 ZPO zu protokollieren und nach § 162 Abs. 1 ZPO zu genehmigen.

340 Sodann kann bei Anerkenntnis des Beklagten bzw. auf Antrag des Beklagten bei Verzicht des Klägers ein Anerkenntnis-/Verzichtsurteil ergehen, §§ 306, 307 ZPO i.V.m. § 55 Abs. 1 Nr. 2, 3 ArbGG. Beide Urteile sind nach der Nr. 8211 KV privilegiert, Gerichtsgebühren fallen nun in Höhe von 0,4 an.

341 Ein Verzichtsurteil kann allerdings dann nicht ergehen, wenn der Verzichtende nicht wirksam auf ein Recht verzichten kann, z.B. auf ein tarifliches oder betriebsverfassungsrechtliches Recht, § 4 TVG, § 77 Abs. 4 BetrVG (s.o. Rn. 326).

342 Ob ein Anerkenntnis- und Verzichtsurteil noch im Gütetermin selbst (so wohl *Schaub* ArbGVerf § 28 Rz. 18 f.) oder erst in einer auf den Gütetermin unmittelbar folgenden weiteren Verhandlung (GMPM-G/*Germelmann* § 54 Rz. 40) ergeht, ist für die Praxis irrelevant. Dort ergehen die Verzichts- und Anerkenntnisurteile im Gütetermin, ohne dass im Protokoll vermerkt wird, dass der Gütetermin beendet ist und sich ihm nunmehr ein »weiteres Verfahren« unmittelbar anschließt. Eine solche Verfahrensweise wäre unnötig komplizierend und im Hinblick auf § 68 ArbGG auch unnötig, da selbst wenn darin ein Verfahrensfehler liegen würde, dieser für die Wirksamkeit der Urteile unerheblich wäre.

343 Ein Anerkenntnisurteil kann auch außerhalb der mündlichen Verhandlung ergehen, wenn das Anerkenntnis schriftlich dem Gericht mitgeteilt wird, § 307 ZPO. Der Vorsitzende erlässt es i.d.F. allein außerhalb der mündlichen Verhandlung, § 55 Abs. 2 S. 1 i.V.m. S. 3. ArbGG (Schwab/Weth-*Berscheid/Korinth* § 55 Rz. 22 ff.).

e) Säumnis einer Partei

344 Erscheint eine Partei in der Güteverhandlung nicht, schließt sich gem. § 54 Abs. 4 ArbGG unmittelbar die weitere Verhandlung an, in der der Vorsitzende alleine nach § 55 Abs. 1 Nr. 4 ArbGG ein Versäumnisurteil erlassen kann. Hierunter fallen alle Urteile nach den §§ 330 ff. ZPO, d.h. auch z.B. klageabweisende, unechte Versäumnisurteile (GK-ArbGG/*Schütz* § 55 Rz. 18). Auch bei Nichtvermerkung des Übergangs in die streitige Verhandlung im Terminsprotokoll liegt kein Verfahrensfehler vor, da sich der Übergang bereits aus dem Gesetz ergibt. Jedenfalls wäre ein solcher Verfahrensfehler gem. § 68 ArbGG unschädlich.

345 Gegen ein Versäumnisurteil kann nach § 59 ArbGG nur binnen spätestens einer Woche nach seiner Zustellung Einspruch eingelegt werden. Hierauf ist die Partei bei Zustellung des Urteils schriftlich hinzuweisen.

346 Ein Versäumnisurteil kann nur erlassen werden, wenn die Partei ordnungsgemäß geladen, § 335 Abs. 1 Nr. 2 ZPO, und die Ladungsfrist eingehalten worden ist, § 337 ZPO. Fehlt es an einer dieser Voraussetzungen, ist erneut ein Termin für eine Güteverhandlung anzuberaumen, nicht etwa ein Kammertermin. Verhandelt die erschienene Partei in der Güteverhandlung nicht, kann ebenfalls ein Versäumnisurteil ergehen. Der Begriff des Verhandelns ist hier allerdings nicht hinsichtlich der Stellung der Anträge, sondern lediglich so zu verstehen, dass die Beklagte sich weigert, zur Sache Erklärungen abzugeben.

347 **Außer der gegenüber § 339 Abs. 1 ZPO verkürzten Einspruchsfrist ergeben** sich keine wesentlichen Unterschiede zum Versäumnisverfahren im ordentlichen Zivilprozess. Die Voraussetzungen, unter denen ein Versäumnisurteil erlassen werden kann, ergeben sich aus den §§ 330 ff. ZPO. Ausgeschlossen ist lediglich die Anwendung der §§ 331 Abs. 3, 335 Abs. 1 Nr. 4 ZPO, da diese Bestimmungen ein schriftliches Vorverfahren nach § 276 ZPO

voraussetzen, welches im Arbeitsgerichtsprozess erster Instanz nicht stattfindet (s.o. Rn. 184). Zur Frage der Zuständigkeit für den Erlass von Urteilen nach § 341 Abs. 2 ZPO vgl. o. Kap. 13 Rn. 106.

f) Ruhen des Verfahrens

Erscheinen oder verhandeln beide Parteien in der Güteverhandlung nicht, ist durch Beschluss vom Vorsitzenden das Ruhen des Verfahrens anzuordnen, § 54 Abs. 5 ArbGG. Auf Antrag einer Partei ist der Termin zur streitigen Verhandlung zu bestimmen, was nur **innerhalb von sechs Monaten nach der Güteverhandlung möglich ist. Ansonsten gilt die Klage als zurückgenommen und eine neue Klage muss eingereicht werden.** Eine einfache Aufnahmeerklärung einer sechs Monate untätigen Partei reicht hierfür nicht aus (*LAG Düsseld.* 31.3.1982 EzA § 54 ArbGG 1979 Nr. 1; GK-ArbGG/*Schütz* § 54 Rz. 74). 348

g) Erfolglosigkeit des Gütetermins/Entscheidung durch den Vorsitzenden

Ist die Güteverhandlung erfolglos, ist dies im Protokoll zu vermerken. Nach § 54 Abs. 4 S. 1 ArbGG soll sich zwar die weitere Verhandlung unmittelbar anschließen, dies kommt in der Praxis allerdings regelmäßig nicht vor, da die ehrenamtlichen Richter nicht anwesend sind und die Parteien noch keinen ausreichenden Sachvortrag zur Entscheidung vorgebracht haben. Deswegen ist ein besonderer Kammertermin festzusetzen. 349

Etwas anderes gilt, wenn die Parteien übereinstimmend die Entscheidung durch den Vorsitzenden alleine beantragen, § 55 Abs. 3 ArbGG. Eine solche unmittelbare Weiterverhandlung ist nur zulässig, wenn eine verfahrensbeendende Entscheidung ergehen kann oder zumindest als möglich angesehen wird. 350

Streitig war, ob in einer sich unmittelbar anschließenden Verhandlung vor dem Vorsitzenden eine Verweisung an ein anderes zuständiges Gericht erfolgen konnte. Dies hatte das *BAG* (3.7.1974 EzA § 36 ZPO Nr. 5) vor der Neuregelung der §§ 17 ff. GVG bejaht. Dagegen sprach, dass § 48 Abs. 1 Nr. 2 ArbGG die Zuständigkeit der Kammer im Ganzen festlegte. Nach der Änderung des § 48 Abs. 1 Nr. 2 ArbGG zum 1.5.2000, ergibt sich ein Verweisungsrecht wegen örtlicher Unzuständigkeit aus § 55 Abs. 1 Nr. 7 ArbGG. 351

Nach § 55 Abs. 3 ArbGG kann der Vorsitzende auch eine Beweisaufnahme durchführen, sofern die Beweismittel präsent sind. Selbst wenn es wider Erwarten doch nicht zu einer verfahrensbeendenden Entscheidung kommt, sondern zu einem weiteren Kammertermin unter Beiziehung der ehrenamtlichen Richter, muss die durchgeführte Beweisaufnahme nicht wiederholt werden (GMPM-G/*Germelmann* § 55 Rz. 42). 352

Die Erklärung der Parteien, dass sie sich mit einer Alleinentscheidung des Vorsitzenden einverstanden erklären, ist zu protokollieren. Sie stellt eine unwiderrufliche Prozesshandlung dar. Der Antrag muss von allen prozessbeteiligten Parteien und Streitgenossen noch in der Güteverhandlung abgegeben und zu Protokoll gegeben werden. 353

Kommt es nicht zu einer Verhandlung gem. § 55 Abs. 3 ArbGG, ist Termin zur streitigen Verhandlung zu bestimmen, § 54 Abs. 4 ArbGG, die alsbald stattfinden soll. Die »Alsbaldigkeit« hängt von der Arbeitsbelastung des Gerichts und dem Zeitbedürfnis der Parteien zum Vortrag des relevanten Tatsachenstoffs ab. Wird ein Kammertermin bereits in der Güteverhandlung bestimmt, müssen die Parteien nicht nochmals geladen werden, § 218 ZPO. 354

5. Sitzungsprotokoll

Der Ablauf der Güteverhandlung ist in einer Sitzungsniederschrift zu protokollieren, § 46 Abs. 2 ArbGG i.V.m. §§ 159 ff. ZPO. 355

6. Anwaltsgebühren

Die Anwaltsgebühren bestimmen sich nach § 13 RVG, Nr. 3100, 3101 Nr. 2, 3104, 3105 Gebührenverzeichnis (Einzelheiten s.u. Kap. 16 Rn. 75 ff.). 356

IX. Vorbereitung der streitigen Verhandlung vor der Kammer durch den Vorsitzenden

1. Bestimmung des Kammertermins

357 Die Vorbereitung des Kammertermins beginnt bereits im Gütetermin, nämlich wenn die Güteverhandlung gescheitert ist und der Vorsitzende einen Termin zur streitigen Verhandlung festsetzt, § 54 Abs. 4 ArbGG. Ist dies ausnahmsweise nicht möglich, ist der Termin alsbald nach Abschluss des Gütetermins schriftlich festzusetzen und den Parteien mitzuteilen. Ausnahmsweise kann dies unterbleiben, wenn der Vorsitzende nach § 55 Abs. 4 ArbGG vor der streitigen Verhandlung einen Beweisbeschluss erlässt, in dem eine Beweisaufnahme durch einen ersuchten Richter gem. § 362 ZPO an einem anderen Gericht angeordnet wird. In diesem Fall ist es sinnvoll, den Kammertermin erst nach Durchführung der Beweisaufnahme bei dem ersuchten Gericht festzusetzen.

2. Erlassen eines Beweisbeschlusses nach § 55 Abs. 4 ArbGG

358 Grds. soll im arbeitsgerichtlichen Verfahren die Beweisaufnahme nach § 58 Abs. 1 ArbGG vor der Kammer erfolgen. § 55 Abs. 4 ArbGG dient der Beschleunigung des Verfahrens, damit in dem anzuberaumenden Kammertermin das Verfahren möglichst in einem Termin beendet werden kann.

359 Zur Vorbereitung kann der Vorsitzende nach § 55 Abs. 4 ArbGG in bestimmten enumerativ aufgezählten Fällen einen Beweisbeschluss bereits vor der mündlichen Verhandlung ohne Mitwirkung der ehrenamtlichen Richter erlassen. Hiervon zu unterscheiden ist ein Beweisbeschluss vor der mündlichen Verhandlung nach § 358a ZPO. Die Vorschrift ist auch im Arbeitsgerichtsprozess über § 46 Abs. 2 S. 1 ArbGG anwendbar. Ein solcher Beweisbeschluss kann allerdings nur durch die Kammer ergehen, nicht durch den Vorsitzenden alleine, sodass er in der Praxis keine Bedeutung erlangt.

360 **Im Unterschied zu § 358a ZPO kann der Vorsitzende alleine über § 55 Abs. 4 ArbGG keine Beweisbeschlüsse erlassen, nach denen die Einnahme des Augenscheins durch den Vorsitzenden alleine erfolgen soll** oder eine Beweisaufnahme vor einem beauftragten Richter nach § 361 ZPO angeordnet wird.

361 Über § 55 Abs. 4 ArbGG kann er einen Beweisbeschluss erlassen, wonach eine Beweisaufnahme vor einem ersuchten Richter gem. § 362 ZPO stattfinden soll. Das angegangene Gericht hat dann im Wege der Rechtshilfe gem. § 13 ArbGG die Beweisaufnahme durchzuführen, **wobei die Parteien ein Anwesenheitsrecht haben, § 357 ZPO.**

362 Weiterhin kann der Vorsitzende die Einholung einer schriftlichen Beantwortung einer Beweisfrage durch einen Zeugen nach § 377 Abs. 3 ZPO anordnen oder ein schriftliches Sachverständigengutachten einholen. Der Zeuge bzw. Sachverständige ist darauf hinzuweisen, dass er ggf. zu einer mündlichen Vernehmung geladen werden kann. Einem Zeugen ist die Beweisfrage konkret mitzuteilen und diese muss sich für eine schriftliche Beantwortung eignen. Sinnvoll ist eine solche Anordnung, wenn davon ausgegangen werden kann, dass Zusatzfragen durch die Parteien nicht anfallen werden, der Zeuge glaubwürdig ist und der Beweisgegenstand sich für eine schriftliche Auskunft eignet. Da es sich um eine förmliche Beweisaufnahme handelt, ist der Zeuge bzw. Sachverständige auf seine Wahrheitspflicht hinzuweisen und über evtl. bestehende Rechte der Zeugnisverweigerung aufzuklären.

363 In der Praxis eignet sich eine solche schriftliche Befragung eines Zeugen insbes. bei der Befragung von Ärzten, wenn es darum geht, ob ein Arbeitnehmer tatsächlich arbeitsunfähig erkrankt war, was der entsprechende Arzt bescheinigt hatte. Tauchen Zweifel an der Arbeitsunfähigkeit des Arbeitnehmers auf, etwa weil er während der Krankheit ohne Anzeichen von Krankheitssymptomen auf einer Festivität angetroffen wurde, ist es oft schon ausreichend, den Arzt vor dem Kammertermin schriftlich zu befragen, weswegen er den Arbeitnehmer krankgeschrieben hatte und ob diese Krankschreibung auf objektivierbaren Untersuchungen beruhte oder ob sie nur auf Grund geäußerter Beschwerden des Arbeitnehmers vorsorglich erfolgte.

Nach § 55 Abs. 4 Nr. 3 ArbGG können durch Beweisbeschluss amtliche Auskünfte eingeholt werden, die an die Stelle einer Zeugen- oder Sachverständigenvernehmung von Mitarbeitern einer Behörde treten. Schließlich kann der Vorsitzende gem. § 55 Abs. 4 Nr. 4, 5 ArbGG bereits einen Beweisbeschluss erlassen, wonach eine Parteivernehmung (§§ 445 ff. ZPO) im Kammertermin ermöglicht werden oder ein Sachverständigengutachten eingeholt werden soll. 364

Der Beweisbeschluss ist entweder im Gütetermin zu verkünden, was im Protokoll aufzunehmen ist, oder zu einem späteren Termin schriftlich abzufassen und den Parteien zuzustellen. 365

Die Beweisaufnahme gem. § 55 Abs. 4 Nr. 1 bis 3 und 5 ArbGG, kann vor der streitigen Verhandlung durchgeführt werden, die Parteivernehmung gem. Nr. 4 hingegen hat im Kammertermin zu erfolgen.

Gegen einen Beweisbeschluss nach § 55 Abs. 4 ArbGG kann kein selbstständiges Rechtsmittel eingelegt werden. Werden vom Vorsitzenden über die ihm eingeräumten Möglichkeiten hinaus Beweisbeschlüsse erlassen und vor der streitigen Verhandlung durchgeführt, liegt ein Verfahrensfehler vor. Ist das Rechtsmittel der Berufung zulässig, führt dieser Mangel des Verfahrens allerdings nicht zu einer Aufhebung des Urteils und einer Zurückverweisung an das ArbG, § 68 ArbGG. Im Fall einer zulässigen Sprungrevision stellt der Fehler allerdings einen absoluten Revisionsgrund dar, da insofern das Gericht nicht ordnungsgemäß besetzt war, § 547 Nr. 1 ZPO. Ist gegen das Urteil des ArbG kein Rechtsmittel gegeben, besteht wegen dieses Verfahrensfehlers die Möglichkeit der Erhebung einer Nichtigkeitsklage gem. § 579 Abs. 1 Nr. 1 ZPO. 366

3. Maßnahmen nach §§ 56, 61 a ArbGG

Nach § 56 ArbGG soll der Vorsitzende die streitige Verhandlung so vorbereiten, dass sie möglichst in einem Termin zu Ende geführt werden kann. § 56 Abs. 1 Nr. 1 bis 4 ArbGG zählen beispielhaft Maßnahmen auf, die jedoch nicht abschließend sind. Dies ergibt sich aus dem Wort »insbesondere«. 367

§ 56 ArbGG statuiert eine Verpflichtung des Vorsitzenden. Es handelt sich um eine »Sollvorschrift« und nicht nur um eine »Kannvorschrift« (vgl. § 273 Abs. 2 S. 1 ZPO). Der Vorsitzende hat Vorbereitungshandlungen vorzunehmen, ihm steht kein Ermessen zu. Eine Verletzung dieser Verpflichtung ist allerdings sanktionslos, auf sie kann ein Rechtsmittel nicht gestützt werden (GMPM-G/*Germelmann* § 56 Rz. 5). 368

Der Vorsitzende hat bei der Prüfung, welche Vorbereitungsmaßnahmen er ergreift, vom bisherigen Parteivorbringen auszugehen. Auf verspätetes Vorbringen der Parteien muss er im Rahmen des ordnungsgemäßen Geschäftsganges, jedoch nicht in Form von Eilanordnungen eingehen, um eine Zurückweisung nach § 56 Abs. 2 ArbGG zu verhindern (GMPM-G/*Germelmann* § 56 Rz. 6). 369

a) Erteilung von Auflagen unter Fristsetzung

§§ 56 Abs. 1 Nr. 1, 61 a Abs. 3, 4 ArbGG konkretisieren die Verpflichtung des Vorsitzenden gem. § 139 ZPO, den Parteivortrag näher aufzuklären. Er kann Auflagen machen, die vorbereitenden Schriftsätze zu ergänzen oder zu erläutern und notwendige Urkunden zu den Gerichtsakten zu reichen. 370

Der Vorsitzende darf allerdings nicht im Wege der Auflagenerteilung faktisch eine Amtsermittlung durchführen. Er kann allerdings in Hinweisbeschlüssen oder i.V.m. Auflagen auf entscheidungserhebliche Rechtsprobleme, auch unter Hinweis auf Literatur und Rechtsprechung, hinweisen, um insofern den Parteivortrag auf die aus seiner Sicht relevanten Gesichtspunkte zu konzentrieren (GMPM-G/*Germelmann* § 56 Rz. 7). 371

Die allgemeine Aufforderung, sich auf die Klageschrift oder den Klageerwiderungsschriftsatz zu äußern, fällt nicht unter eine Auflage i.S.d. § 56 Abs. 1 Nr. 1 ArbGG. Sie konkretisiert lediglich die Verpflichtung der Partei, ihrer Prozessförderungspflicht nach § 282 ZPO nachzukommen. 372

373 Der Erlass von Auflagen nach §§ 56 Abs. 1 Nr. 1, 61 a ArbGG erfolgt regelmäßig schon im Gütetermin nach dem Scheitern der Einigungsbemühungen im Anschluss an die Festsetzung des Kammertermins. Auflagen können allerdings auch noch jederzeit schriftlich während des Verfahrens vor dem Kammertermin vom Vorsitzenden verfügt werden.

374 Die Auflagen können mit einer Fristsetzung verbunden werden. Erforderlich ist dabei, dass die klärungsbedürftigen Punkte genau aufgezeigt werden, auch wenn der Wortlaut des § 61a Abs. 3 ArbGG insofern weiter gefasst ist als § 56 Abs. 1 Nr. 2 ArbGG (GK-ArbGG/*Schütz* § 56 Rz. 44). Ansonsten bestehen keine Zurückweisungsmöglichkeiten.

b) Folgen der Fristversäumung

375 Kommt eine Partei einer Anordnung nach §§ 56 Abs. 1 S. 2 Nr. 1, 61 a Abs. 3, 4 ArbGG nicht in der gesetzten Frist nach, sind verspätet vorgebrachte Angriffs- und Verteidigungsmittel nur dann zuzulassen, wenn sie nach der freien Überzeugung des Gerichts die Erledigung des Rechtsstreits nicht verzögern würden oder wenn die Partei die Verspätung genügend entschuldigt, §§ 56 Abs. 2, 61 a Abs. 5 ArbGG. Da das zurückgewiesene Vorbringen bei der Entscheidungsfindung unberücksichtigt bleibt, gelten verspätet bestrittene Tatsachenbehauptungen des Gegners als zugestanden, § 138 Abs. 3 ZPO.

376 Eine Zurückweisung verspäteten Vorbringens darf nur bei Vorliegen folgender Voraussetzungen erfolgen (vgl. *BAG* 19.5.1998 EzA § 56 ArbGG 1979 Nr. 2):
- In formaler Hinsicht müssen in der Auflage die klärungsbedürftigen Punkte genau bezeichnet worden sein (s.o. Rn. 374).
- Wird die Auflage nicht bereits im Gütetermin verkündet, sondern nachträglich schriftlich verfügt, muss der Vorsitzende sie mit vollem Namen unterzeichnet haben (GMPM-G/*Germelmann* § 56 Rz. 30), und sie muss der Partei ordnungsgemäß zugestellt worden sein. Zwar ist eine förmliche Zustellung nicht vorgeschrieben, jedoch wird dem Gericht ein Nachweis der ordentlichen Zustellung nur bei Zustellung mittels Zustellungsurkunde oder Empfangsbekenntnisses gelingen.
- Die Partei muss über die Folgen der Fristversäumung belehrt worden sein, §§ 56 Abs. 2 S. 2, 61 a Abs. 6 ArbGG.
- Die Fristversäumung muss zu einer Verzögerung des Rechtsstreits führen. Dies kann nur bei erheblichem Sachvortrag, der streitig ist, der Fall sein. Unstreitiges Vorbringen einer Partei kann nie zur Verzögerung der Erledigung des Rechtsstreits führen.
- Die Partei hat die Verzögerung nicht entschuldigen können.

377 Eine Verzögerung ist insbes. dann gegeben, wenn die Anberaumung eines weiteren Kammertermins notwendig wird, auf Grund des Vorbringens zu ladende Zeugen nicht mehr innerhalb der Ladungsfrist gem. § 217 ZPO geladen werden können oder der Gegenpartei noch Gelegenheit zur schriftsätzlichen Stellungnahme gegeben werden müsste, um deren Anspruch auf rechtliches Gehör zu wahren, und dies bis zum Kammertermin nicht mehr möglich ist (GMPM-G/*Germelmann* § 56 Rz. 35).

378 Eine Ladung von Zeugen ist auch bei einer verspäteten Einreichung eines Schriftsatzes noch möglich, wenn zwischen Eingang des verspäteten Schriftsatzes und dem Kammertermin ein Zeitraum von zehn Tagen liegt (*BAG* 23.11.1988 EzA § 67 ArbGG 1979 Nr. 1).

379 Sofern Zeugen nicht mehr ordnungsgemäß geladen werden können, kann die Partei sie als präsente Zeugen zum Termin mitbringen. In diesem Fall sind sie grds. vom Gericht zu vernehmen. Eine Zurückweisung dieses verspätet vorgebrachten Beweismittels ist nicht zulässig, da die unmittelbar durchführbare Beweisaufnahme den Rechtsstreit nicht verzögert. Dies gilt auch dann, wenn das Gericht für den durchzuführenden Kammertermin keine Zeit für eine Zeugenvernehmung eingeplant hatte.

Etwas anderes kann ausnahmsweise dann gelten, wenn auf Grund der Zeugenaussage zu befürchten ist, dass die Gegenpartei noch gegenbeweislich weitere Zeugen oder andere Beweismittel benennen wird, und dadurch eine Vertagung und Anberaumung eines zweiten Kammertermins nötig würde (*BAG* 23.11.1988 EzA § 67 ArbGG 1979 Nr. 1). 380

Vor einer Zurückweisung verspäteten Vorbringens ist der betroffenen Partei Gelegenheit zur Stellungnahme zu geben, damit ihr Anspruch auf rechtliches Gehör gewährleistet ist. Nur dann kann sie ggf. die Verspätung entschuldigen. 381

Entschuldigt die Partei die Fristversäumung, darf eine Zurückweisung selbst bei Verzögerung des Rechtsstreits nicht erfolgen. Da das Gesetz einen besonderen Verschuldensmaßstab nicht vorsieht, **reicht allerdings bereits einfache Fahrlässigkeit aus, um eine Zurückweisung zu rechtfertigen** (GMPM-G/*Germelmann* § 56 Rz. 38). **Die Partei muss sich insbes. das Verschulden ihres Prozessbevollmächtigten über § 85 Abs. 2 ZPO zurechnen lassen.** Entschuldigungsgründe sind von der Partei schlüssig vorzutragen und bei Aufforderung durch das Gericht gem. § 294 ZPO glaubhaft zu machen. 382

Die Entscheidung über die Zurückweisung verspäteten Vorbringens trifft die Kammer unter Einschluss der ehrenamtlichen Richter. Sie ist in den Urteilsgründen darzulegen und zu begründen. Sie ist nicht isoliert, sondern nur zusammen mit dem Urteil im Wege der Berufung anfechtbar. 383

Zu Recht zurückgewiesenes Vorbringen des ArbG kann auch im Berufungsverfahren nicht mehr berücksichtigt werden, § 67 Abs. 1 ArbGG, § 531 Abs. 1 ZPO. 384

Eine Partei, die einer Auflage in der gesetzten Frist nicht nachgekommen ist, kann eine Zurückweisung ihres Vorbringen als verspätet dadurch umgehen, dass sie sich in die Säumnis flüchtet, d.h. im Kammertermin nicht erscheint oder nicht verhandelt, sodass ein Versäumnisurteil gegen sie ergeht. In diesem Falle ist es prozessual zulässig, dass sie mit dem Einspruch gegen das Versäumnisurteil verspätete Angriffs- oder Verteidigungsmittel bei Gericht vorbringt, § 340 Abs. 3 ZPO. Das Gericht muss dann im Rahmen der §§ 55, 56 ArbGG das Vorbringen berücksichtigen, sofern dies im Hinblick auf die Anberaumung des neuen notwendig werdenden Kammertermins möglich ist. Hierbei ist zu berücksichtigen, dass die säumige Partei keinen Anspruch darauf hat, einen weit entfernten Kammertermin zu erhalten (vgl. *Zöller/Herget* § 340 Rz. 8 m.w.N.). Die Alternative besteht darin, den Tatsachenvortrag in erster Instanz gar nicht mehr vorzubringen, sondern erst in zweiter Instanz. In diesem Falle kann eine Zurückweisung des Vorbringens in der ersten Instanz nicht mehr erfolgen, sodass auch keine Bindungswirkung nach § 67 Abs. 1 ArbGG für die Berufungsinstanz entsteht. Bestehen bleibt allerdings die Gefahr der Zurückweisung unter den Voraussetzungen der §§ 67 Abs. 2 ArbGG. 385

c) Einholung von amtlichen Auskünften und Urkunden

Nach § 56 Abs. 1 Nr. 2 ArbGG kann der Vorsitzende vor dem Kammertermin Behörden oder Träger eines öffentlichen Amtes um Vorlage von Urkunden oder um Erteilung amtlicher Auskünfte bitten. Es handelt sich hierbei um ein selbstständiges Beweismittel, welches die Vernehmung von Personal der Behörden im Rahmen einer Zeugen- oder Sachverständigenvernehmung ersetzt. 386

d) Anordnung des persönlichen Erscheinens

Auch für den Kammertermin kann das persönliche Erscheinen der Parteien nach § 56 Abs. 1 Nr. 3 ArbGG angeordnet werden (zu den Einzelheiten s.o. Rn. 281 ff.). 387

e) Vorsorgliche Ladung von Zeugen und Sachverständigen

aa) Anordnung der Ladung

Von erheblicher Bedeutung für die Beschleunigung des Verfahrens ist die Möglichkeit des Vorsitzenden, bereits vor dem Kammertermin durch Verfügung gem. § 56 Abs. 1 Nr. 4 ArbGG Zeugen, auf die sich eine Partei bezogen hat, oder Sachverständige zur mündlichen 388

Verhandlung zu laden sowie eine Anordnung nach § 378 ZPO zu treffen. Die vorsorgliche Ladung der Zeugen hat zum Ziel, eine evtl. notwendig werdende Beweisaufnahme unmittelbar im ersten Kammertermin gem. § 58 Abs. 1 S. 1 ArbGG durchführen zu können.

389 Die Bestimmungen des § 377 Abs. 1 und 2 ZPO sind bei der Ladung zu beachten. **Insbes. ist der Gegenstand der Vernehmung bereits in der Ladung mitzuteilen** sowie der Zeuge über die Säumnisfolgen nach § 380 ZPO zu belehren. Ansonsten können gegen ihn im Fall eines unentschuldigten Ausbleiben keine Ordnungsmaßnahmen verhängt werden (GMPM-G/*Germelmann* § 56 Rz. 18).

390 Die Möglichkeit der Zuladung von Zeugen **für nach den Schriftsätzen erheblichen und streitig gebliebenen Sachverhalt** wird von den Vorsitzenden unterschiedlich genutzt.

Einige Vorsitzende bevorzugen es, erst im Kammertermin einen förmlichen Beweisbeschluss (§§ 358 ff. ZPO) zu erlassen und einen eigenen Beweistermin anzuberaumen (§ 268 ZPO).

391 Damit wird das Beweisthema für alle Beteiligten genauer präzisiert, sodass sie sich vorbereiten können, es entsteht kein Zeitdruck im ersten Kammertermin, sofern noch weitere Rechtsstreite am Terminstag anstehen.

392 Nach den Erfahrungen des Verfassers ist es hingegen, sofern es sich nicht um sehr umfangreiche und komplizierte Beweisaufnahmen handelt, sinnvoll, Zeugen zum ersten Kammertermin zuzuladen. Zwar erwachsen den Parteien dadurch ggf. bereits Kosten durch die Anreise von Zeugen. Jedoch dient die Möglichkeit, die Zeugen sofort vernehmen zu können, zum einen der Beschleunigung des Verfahrens, was im Interesse beider Parteien liegt und vom Gesetzgeber beabsichtigt wurde, zum anderen kann die Anwesenheit von Zeugen, auf die sich die Parteien bezogen haben, einen nicht zu unterschätzenden Einigungsdruck auf die Parteien ausüben, sich vielleicht im Kammertermin doch noch gütlich zu einigen. Dies gilt insbes. dann, wenn sich die Parteien über die möglichen Aussagen der von ihnen benannten Zeugen nicht sicher sind. Zur Präzisierung des Beweisthemas kann noch im Kammertermin bei Bedarf ein eigener Beweisbeschluss nach den §§ 358 ff. ZPO ergehen.

Die vorsorgliche Zuladung von Sachverständigen hingegen sollte wegen der damit einhergehenden Kostenbelastung zurückhaltend gehandhabt werden.

bb) Folgen des Nichterscheinens eines Zeugen oder Sachverständigen

393 Die Folgen des Ausbleibens eines Zeugen oder Sachverständigen richten sich nach den §§ 380 ff. ZPO.

f) Sonstige Maßnahmen

394 Der Vorsitzende kann neben den sich aus § 56 Abs. 1 Nr. 1–4 ArbGG ergebenden Maßnahmen alle prozessual zulässigen Vorbereitungshandlungen treffen, die aus seiner Sicht geeignet und notwendig erscheinen, damit der Rechtsstreit in einem Kammertermin zu Ende geführt werden kann.

395 In diesem Zusammenhang wird vertreten, dass eine ohne Beweisbeschluss rein informatorische formlose schriftliche Aufforderung an Zeugen, sich zu einer Beweisfrage analog § 377 Abs. 3 ZPO zu äußern, unzulässig sein soll (so GMPM-G/*Germelmann* § 56 Rz. 14), weil eine schriftliche Beantwortung der Beweisfrage lediglich nach § 55 Abs. 4 ArbGG mittels förmlichem Beweisbeschluss möglich sein soll.

396 Dem kann jedenfalls dann nicht zugestimmt werden, wenn sich die Parteien mit einer solchen Befragung ausdrücklich einverstanden erklärt haben. § 55 Abs. 4 Nr. 2 ArbGG regelt nur den Fall verbindlich, in dem der Vorsitzende gegen den Willen der Parteien bereits vor dem Kammertermin eine schriftliche Befragung anzuordnen gedenkt. Dafür bedarf es dann allerdings eines förmlichen Beweisbeschlusses.

397 Eine Vorabbefragung der Zeugen im Einvernehmen mit den Parteien dient einer Beschleunigung des Verfahrens. Die im Einvernehmen mit beiden Parteien vorsorgliche informatorische Befragung von Zeugen gehört damit zu den vorbereitenden Maßnahmen i.S.d. § 56 Abs. 1 Nr. 1 ArbGG, die der Vorsitzende anordnen kann, wenn sie aus seiner Sicht dazu dient, den Rechtsstreit in einem Kammertermin beenden zu können.

Die Parteien müssen allerdings das Recht behalten, den Zeugen noch in der mündlichen Verhandlung vernehmen lassen zu dürfen.

Ein solches Verfahren bietet sich insbes. bei sachverständigen Zeugen an, wenn diese glaubwürdig erscheinen und bei denen nicht zu erwarten ist, dass bei einer förmlichen Zeugenvernehmung im Kammertermin weiterer Erkenntnisstoff zu Tage kommt. **398**

► **Beispiel:** **399**
In der Praxis hat sich erwiesen, dass bei Zweifeln an der Arbeitsunfähigkeit eines Arbeitnehmers eine vorherige informelle Befragung des die Arbeitsunfähigkeitsbestätigung ausstellenden Arztes, sofern der Arbeitnehmer ihn von seiner Schweigepflicht entbunden hat, eine förmliche Beweisaufnahme und Vernehmung des Arztes entbehrlich machen und zu einer gütlichen Einigung im Kammertermin zwischen den Parteien führen kann. I. d. R. sieht die beweispflichtige Partei von der förmlichen Vernehmung nach Erteilung der schriftlichen Auskunft ab, wenn diese über die Art und Weise der Feststellung der streitigen Arbeitsunfähigkeit, insbes. ob diese auf Grund objektivierbarer Untersuchungsmethoden oder nur auf Grund subjektiver Beschwerdeäußerung des angeblich Erkrankten erfolgte, ausreichend Auskunft gibt. Nach der Auskunftserteilung ist das Prozessrisiko kalkulierbarer geworden, sodass häufig fundierte Vergleichsvorschläge seitens des Gerichts gemacht werden können und von den Parteien angenommen werden.

4. Aussetzen des Verfahrens

a) Aussetzung gem. § 148 ZPO

aa) Voraussetzungen

Nach § 148 ZPO kann das Gericht die Aussetzung des Verfahrens anordnen, wenn die Entscheidung des Rechtsstreits ganz oder zum Teil vom Bestehen oder Nichtbestehen eines Rechtsverhältnisses abhängt, das den Gegenstand **eines anderen anhängigen Rechtsstreits** bildet. Es ist nicht möglich, über einige von mehreren mit einer Klage geltend gemachten Ansprüchen durch Teilurteil zu entscheiden, z.B. bei einem Kündigungsschutz-, einem Lohnzahlungs- und einem Weiterbeschäftigungsantrag, um dann das Verfahren bzgl. der anderen Ansprüche bis zur Rechtskraft des Teilurteils auszusetzen (*LAG RhPf* 10.3.1992 – 9 Ta 47/92 – n.v.), da es sich in diesem Fall um dasselbe Verfahren handelt. **400**

Eine Aussetzung ist zulässig, wenn der andere anhängige Prozess **einen rechtlichen Einfluss** auf das auszusetzende Verfahren hat. Eine Erstreckung der Rechtskraft der anderen Entscheidung ist nicht notwendig (*LAG Düsseld.* 15.11.1974 EzA § 148 ZPO Nr. 1). **401**

► **Beispiel:** **402**
Hat ein Arbeitgeber einem Schwerbehinderten nach Erteilung der Zustimmung des Integrationsamtes (§ 85 SGB IX) gekündigt und erhebt dieser Kündigungsschutzklage und legt gegen den Bescheid Widerspruch ein, ist eine Aussetzung des arbeitsgerichtlichen Verfahrens nach § 148 ZPO zulässig, bis über den Widerspruch rechtskräftig entschieden worden ist, sofern die Rechtswirksamkeit der Kündigung allein hiervon abhängt (vgl. *LAG Köln* 17.3.1992 LAGE § 148 ZPO Nr. 24; zur Notwendigkeit der Zustimmung des Integrationsamtes vgl. § 85 SGB IX). Andererseits ist die Aussetzung allerdings auch nicht zwingend vorgeschrieben, da für den klagenden Arbeitnehmer die Möglichkeit der Wiederaufnahme des Verfahrens besteht, falls der Bescheid durch rechtskräftiges Urteil aufgehoben werden sollte (*BAG* 17.6.2003 EzA § 9 MuSchG n.F. Nr. 39).

bb) Verfahren

Die Aussetzung ist eine prozessleitende Maßnahme, die nach Gewährung von rechtlichem Gehör ohne mündliche Verhandlung durch Beschluss des Vorsitzenden ergehen kann, § 55 Abs. 1 Nr. 8 ArbGG. Der Aussetzungsbeschluss ist zu begründen. Er ist mit der sofortigen **403**

Beschwerde angreifbar, § 252 ZPO (*Wahl/Yalcin* FA 2009, 74 ff., 76). Gegen die Ablehnung einer Aussetzung findet ebenfalls das Rechtsmittel der sofortigen Beschwerde Anwendung. Das Gericht kann nach § 150 ZPO die Aussetzungsentscheidungen jederzeit wieder aufheben und ändern. Während der Aussetzung des Verfahrens kann die Klage **nicht wirksam erweitert** werden (*BAG* 9.7.2008 – 5 AZR 518/07 – NZA 2008, 1263).

cc) Aussetzung bei Klage auf Weiterbeschäftigung

404 Streitig ist, ob Weiterbeschäftigungsansprüche, die in einem eigenen Prozess geltend gemacht worden sind, nach § 148 ZPO ausgesetzt werden können, wenn in einem vorangegangenen Kündigungsschutzprozess bereits ein klagestattgebendes Urteil erlassen wurde, welches jedoch noch nicht rechtskräftig geworden ist.

405 **Eine Aussetzung des Weiterbeschäftigungsanspruches ist im Allgemeinen ausgeschlossen**, da der Weiterbeschäftigungsanspruch von den Erfolgsaussichten der Kündigungsschutzklage abhängt und diese nach einem bereits klagestattgebenden Urteil grds. überwiegen (*BAG* 27.2.1985 EzA § 611 BGB Beschäftigungspflicht Nr. 9; *LAG Köln* 17.5.1991 LAGE § 148 ZPO Nr. 23). In diesem Falle überwiegen regelmäßig die Interessen des Arbeitnehmers an einer Weiterbeschäftigung auf Grund seines sich aus dem Arbeitsvertrag nach § 611 BGB ergebenden Anspruchs den Interessen des Arbeitgebers an einer Nichtbeschäftigung.

dd) Aussetzung von Vergütungsklagen

406 **Bei Vergütungsklagen ist jeweils im Einzelfall eine Ermessensentscheidung zu treffen.** Dabei ist zu berücksichtigen, dass grds. alle Verfahren zu beschleunigen sind, § 9 Abs. 1 ArbGG. Außerdem sieht § 62 ArbGG vor, dass arbeitsgerichtliche Urteile grds. vorläufig vollstreckbar sind und nur in Ausnahmefällen eine vorläufige Vollstreckbarkeit durch Beschluss des Gerichts aufgehoben werden kann. Zwar gilt diese Vorschrift nur für das jeweilige Verfahren, im vorliegenden Beispiel also für das Kündigungsschutzverfahren. Sie würde jedoch leer laufen, wenn trotz einem klagestattgebenden Urteils im Kündigungsschutzprozess daraus abzuleitende Rechte, wie Lohnzahlungsansprüche, grds. ausgesetzt werden dürften (*LAG Düsseld.* 22.11.1982 EzA § 148 ZPO Nr. 13; *LAG Köln* 17.12.1985 DB 1986, 440; 19.6.2006 LAGE § 148 ZPO 2002 Nr. 4; *LAG Nbg.* 9.7.1986 NZA 1987, 211; *LAG Hessen* 11.8.1999 LAGE § 148 ZPO Nr. 35; **a.A.** *LAG Bln.* 2.12.1993 LAGE § 148 ZPO Nr. 28).

407 Andererseits gebieten die genannten Vorschriften der §§ 9, 61a, 62 ArbGG nicht in jedem Fall nach einem klagestattgebenden Kündigungsschutzurteil über Lohnansprüche vorab zu befinden, sodass faktisch eine Ermessensreduzierung auf Null eintreten würde (*LAG RhPf* 9.5.1986 LAGE § 148 ZPO Nr. 15; *LAG Frankf.* 4.9.1987 LAGE § 148 ZPO Nr. 18). Vielmehr ist in jedem Einzelfall abzuwägen, welche Vor- und Nachteile mit einer Aussetzung nach § 148 ZPO verbunden sind.

408 **Sinn und Zweck einer Aussetzung nach § 148 ZPO ist es, unnötige Mehrarbeit in parallel geführten Prozessen und sich widersprechenden Entscheidungen zu vermeiden.** Insbes. dann, wenn die Zusammensetzung des Spruchkörpers bei der Kammer, die über die Kündigungsschutzklage entschieden hatte, bei der Lohnzahlungsklage eine andere ist und die Entscheidung der Berufungsinstanz über das klagestattgebende Urteil in dem Kündigungsschutzverfahren nicht mehr allzu lange aussteht, überwiegen die Interessen des Gerichts an einer Aussetzung gem. § 148 ZPO gegenüber den Interessen der klagenden Partei auf Bescheidung ihrer Lohnzahlungsklage. Dies gilt selbst dann, wenn diese derzeit von Arbeitslosengeld lebt, da auch in diesem Fall ihre Existenzsicherung gewährleistet ist (*LAG RhPf* 18.1.1995 – 11 Ta 220/94 – n.v.).

ee) Aussetzung bei Massenverfahren

409 Eine Aussetzung der Verfahren gem. § 148 ZPO bei Massenverfahren ist nur mit Zustimmung der Verfahrensbeteiligten möglich, da jeweils zumindest auf einer Seite verschiedene Prozessparteien beteiligt sind, denen es nicht zuzumuten ist, den Ausgang des Verfahrens in einem für sie völlig fremden Prozess, auf den sie keinerlei Einfluss haben, abzuwarten (vgl. *LAG Düsseld.* 15.11.1974 EzA § 148 ZPO Nr. 1). Eine Aussetzung ist hingegen sinnvoll, wenn es um Rechtsstreitigkeiten über eine Sozialplanabfindung geht und der Sozialplan selbst bereits gerichtlich angegriffen worden ist (*LAG Hamm* 22.6.1978 EzA § 148 ZPO Nr. 6).

b) Aussetzung gem. § 149 ZPO

Entsteht im Laufe des Rechtsstreits der Verdacht einer strafbaren Handlung einer Partei, deren Ermittlung auf die Entscheidung von Einfluss sein könnte, kann das Gericht die Aussetzung des Verfahrens gem. § 149 ZPO anordnen, bis in dem Strafverfahren hierüber rechtskräftig entschieden worden ist. Dies ist sinnvoll, da der Staatsanwaltschaft regelmäßig im Rahmen des Amtsermittlungsgrundsatzes andere und weiter gehende Möglichkeiten zur Verfügung stehen, die Straftat zu untersuchen und aufzuklären. Der Zivilprozess ist infolge der Verhandlungsmaxime und des fehlenden präzisen Sachvortrags der Parteien zur Wahrheitsermittlung nur bedingt geeignet (*LAG RhPf* 28.10.1992 – 9 Ta 202/92 – n.v.). 410

Voraussetzung einer Aussetzung gem. § 149 ZPO ist allerdings, dass die behauptete oder vermutete Straftat für die Entscheidung des Rechtsstreits erheblich ist. Ansonsten würde eine Aussetzung gem. § 149 ZPO lediglich eine **Prozessverschleppung seitens des Gerichts darstellen** (*LAG RhPf* 17.1.1994 – 6 Ta 282/93 – n.v.). 411

Nach § 149 Abs. 2 ZPO können die Parteien nach einem Jahr seit der Aussetzung die Fortsetzung des Verfahrens beantragen, es sei denn wichtige Gründe rechtfertigen eine weitere Aufrechterhaltung des Aussetzungsbeschlusses. 412

c) Aussetzung aus verfassungs- oder europarechtlichen Gründen

Eine Aussetzung des Verfahrens hat nach Art. 100 Abs. 1 GG dann zu erfolgen, wenn das Gericht ein Gesetz, auf welches es bei der Entscheidung ankommt, für verfassungswidrig hält. Sofern es sich um ein Landesgesetz handelt, ist entsprechend den landesgesetzlichen Bestimmungen eine konkrete Normenkontrollklage zum Landesverfassungsgericht zu erheben. 413

> Nach der Rechtsprechung des BAG ist auch eine Aussetzung gem. § 148 ZPO anstatt einer Einleitung eines konkreten Normkontrollverfahrens nach Art. 100 Abs. 1 GG zulässig, wenn wegen der streiterheblichen gesetzlichen Bestimmungen bereits eine Verfassungsbeschwerde beim BVerfG oder entsprechend bei einem Landesverfassungsgericht anhängig und mit einer Entscheidung alsbald zu rechnen ist (*BAG* 28.1.1988 EzA § 148 ZPO Nr. 15). 414

Geht das Gericht davon aus, dass eine gesetzliche Bestimmung des europäischen Gemeinschaftsrechts, welches auf den zu entscheidenden Fall anzuwenden ist, auslegungsbedürftig ist, kann es das Verfahren aussetzen und ein Vorabentscheidungsverfahren nach Art. 234 Abs. 2 des EG-Vertrages durchführen (zu den Einzelheiten vgl. *Blomeyer* NZA 1994, 633 ff., 635). 415

5. Prozessverbindung und Prozesstrennung

Die Möglichkeit, mehrere Prozesse zu verbinden bzw. mehrere Klageanträge oder eine Klage und eine Widerklage zu trennen, bestimmt sich nach den §§ 145, 147 ZPO i.V.m. § 46 Abs. 2 ArbGG. 416

6. Akteneinsicht

Das Recht der Akteneinsicht bestimmt sich nach § 299 ZPO i.V.m. § 46 Abs. 2 ArbGG. 417

Immer wieder kommt es in der Praxis vor, dass Rechtsanwälte, die im Gütetermin noch nicht vertreten waren, sich nachträglich bestellen und Akteneinsicht sowie eine Aktenzusendung in ihre Kanzlei beantragen. **Ein solches Recht auf Aktenversendung steht ihnen**

allerdings nicht zu, da insofern ein zu hohes Risiko besteht, dass die Akte im Postverkehr verloren geht (vgl. *Zöller/Greger* § 299 Rz. 4a m.w.N.). **Ihnen steht lediglich ein Einsichtsrecht an der Geschäftsstelle zu.** Regelmäßig dürfte es allerdings ermessensgerecht sein, wenn das Gericht einem Rechtsanwalt als Organ der Rechtspflege, aber auch einem Verbandsvertreter, die Akten in seine Büroräume mitgibt, sofern diese durch Boten abgeholt und wieder gebracht werden.

418 **Streitig ist, ob die Bundesanstalt für Arbeit nach Abschluss eines Kündigungsschutzprozesses grds. ein Akteneinsichtsrecht über Art. 35 Abs. 1 GG hat** (so *Schaub* ArbGVerf § 33 Rz. 7). Einem solchen generellen Akteneinsichtsrecht steht das Recht auf informationelle Selbstbestimmung der Betroffenen aus Art. 1, 2 GG entgegen (*BVerfG* 15.12.1983 NJW 1984, 419). Durch eine Aktenübersendung kann je nach Akteninhalt in den Schutzbereich des allgemeinen Persönlichkeitsrechts eingegriffen werden, wenn die Akte im Einzelfall Angaben enthält, die die Intim- oder Privatsphäre der Parteien, der Zeugen oder der Sachverständigen betreffen.

419 Soweit ein Grundrechtseingriff durch eine Akteneinsicht der Bundesanstalt für Arbeit vorliegen würde, ist eine Zustimmung der Betroffenen zur Akteneinsicht notwendig (vgl. *Dörner* NZA 1989, 950 ff.), auch wenn dies verschiedentlich in der Praxis anders gehandhabt wird.

420 Über den Antrag auf Akteneinsicht entscheidet der Direktor/Präsident des Gerichts in seiner Funktion als Behördenleiter. Während eines laufenden Rechtsstreits ist diese Entscheidungsbefugnis i.d.R. auf den Kammervorsitzenden delegiert. Außenstehenden Dritten gegenüber, also nicht am Verfahren Beteiligten, stellen sich die Entscheidungen über die Anträge auf Akteneinsicht als Justizverwaltungsakte dar (bzgl. bestehender Rechtsschutzmöglichkeiten über § 23 EGGVG vgl. *Zöller/Greger* § 299 Rz. 6).

7. Information der ehrenamtlichen Richter

421 Der Vorsitzende hat vor dem Kammertermin die ehrenamtlichen Richter über den Sach- und Streitstand der zu verhandelnden Rechtsfälle zu informieren (s.o. Kap. 13 Rn. 98 ff.).

X. Der Kammertermin

1. Ablauf

422 Der Ablauf des Kammertermins bestimmt sich über § 46 Abs. 2 S. 1 ArbGG nach den §§ 136 ff. ZPO.

a) Allgemeines

423 Der Vorsitzende ruft die Sache auf und eröffnet damit die Verhandlung, welche er auch leitet, § 136 Abs. 1 ZPO. Die ZPO sieht zwar in § 137 Abs. 1 ZPO vor, zunächst die Anträge zu stellen, es erscheint jedoch sinnvoll, zunächst in den Sach- und Streitstand einzuführen. Hierbei kann der Vorsitzende die Parteien im Rahmen seiner Hinweispflicht nach § 139 Abs. 2 ZPO auf rechtliche Gesichtspunkte hinweisen, die eine Partei übersehen oder für unerheblich gehalten hat, sowie auf Mängel im tatsächlichen Vorbringen, z.B. bei gestellten Beweisanträgen oder der Formulierung der Anträge.

424 Nach einer solchen Einführung ist ggf. noch eine gütliche Einigung des Rechtsstreits, die gem. § 57 Abs. 2 ArbGG auch im Kammertermin angestrebt werden soll, möglich oder der Kläger kann bei Aussichtslosigkeit seiner Klage zu einer Klagerücknahme bewegt werden, ohne dass es hierfür einer Zustimmung des Beklagten, wie nach Stellung der Anträge, § 269 Abs. 1 ZPO, bedarf. Gerichtskosten fallen in diesem Fall keine an, Nr. 9112 des GV zu § 12 Abs. 1 ArbGG bis 1.7.2004, ab 1.7.2004 KV Nr. 8210 Abs. 2.

425 Im Rahmen der Einführung hat der Vorsitzende die aus seiner Sicht tatsächlich und rechtlich relevanten Gesichtspunkte anzusprechen, damit die Parteien ihren Vortrag hierauf ein-

stellen können. Sodann ist den Parteien Gelegenheit zur Stellungnahme zu geben, damit ihr Anspruch auf rechtliches Gehör gewahrt wird. Der Umfang der Stellungnahme der Partei steht in ihrem Ermessen.

Kommt es danach nicht zu einer gütlichen Einigung, sind die Anträge durch die Parteien zu stellen, wobei ein Verweis auf bereits schriftlich vorbereitete und in den Prozessakten befindliche Anträge zulässig ist, § 297 ZPO. Die Anträge sind in das Protokoll aufzunehmen, § 160 Abs. 3 Nr. 2 ZPO. 426

b) Verhandlung zur Sache

Die Stellung der Anträge selbst ist noch keine Verhandlung zur Sache. Diese wird erst durch eine Sacherörterung eingeleitet, sodass eine Partei, die lediglich ihre Anträge stellt und sich dann weigert, zur Sache Stellung zu beziehen, als säumig anzusehen ist (GMPM-G/*Germelmann* § 57 Rz. 6). Finden ausnahmsweise mehrere Kammertermine statt, bei denen die Richterbank unterschiedlich besetzt ist, müssen die Anträge erneut verlesen werden (*BAG* 16.12.1970 AP Nr. 1 zu § 208 ZPO). 427

§ 57 ArbGG sieht vor, dass die Verhandlung möglichst in einem Termin zu Ende zu führen ist. Dies ist im Arbeitsgerichtsprozess auch die Regel. Nur ausnahmsweise, insbes. wenn eine Beweisaufnahme nicht sofort stattfinden kann, ist ein zweiter Kammertermin anzuberaumen, der sich nach dem Gesetz »alsbald anschließen soll«. Dem Vorsitzenden obliegt daher die Verpflichtung, den Kammertermin so vorzubereiten, z.B. durch Erlass eines vorsorglichen Beweisbeschlusses gem. § 55 Abs. 4 ArbGG und durch vorbereitende Maßnahmen gem. § 56 Abs. 1 ArbGG (s.o. Rn. 367 ff.), dass die streitige Verhandlung in einem Termin erledigt und eine notwendige Beweisaufnahme schon im ersten Kammertermin durchgeführt werden kann. 428

c) Vertagung des Kammertermins

Gem. § 57 Abs. 1 ArbGG ist der Kammertermin möglichst in einem Termin zu Ende zu führen. **Eine Vertagung kommt nur ausnahmsweise in Betracht.** § 227 Abs. 1 ZPO nennt Gründe, die im ordentlichen Verfahren nicht zu einer Vertagung führen sollen. Diese gelten erst recht im arbeitsgerichtlichen Verfahren. **Auch eine einvernehmliche Vertagung auf Antrag beider Parteien braucht und soll das Gericht grds. nicht folgen** (GMPM-G/*Germelmann* § 57 Rz. 18). 429

Eine Vertagung erscheint im Hinblick auf § 57 Abs. 2 ArbGG, der die Erzielung einer gütlichen Einigung in den Vordergrund stellt, dann angemessen, wenn noch eine gütliche Einigung zwischen den Parteien möglich erscheint, wobei das Vorbringen, die Parteien würden sich noch in Vergleichsverhandlungen befinden, allein nicht ausreicht. Es müssen schon konkrete Anhaltspunkte dafür vorgetragen werden, aus denen sich die Möglichkeit eines Vergleichsabschlusses oder einer anderweitigen gütlichen Einigung ergibt. 430

Ansonsten kommt eine Vertagung in Betracht, wenn entweder tatsächlich oder rechtlich neue Gesichtspunkte im Kammertermin auftreten, die es erfordern, dass sich entweder das Gericht nochmals kundig machen oder den Parteien im Hinblick auf die Gewährung des rechtlichen Gehörs noch eine Stellungnahmefrist eingeräumt werden muss. 431

Nach § 57 Abs. 1 ArbGG liegt ein Vertagungsgrund vor, wenn eine Beweisaufnahme nicht sofort durchgeführt werden kann, z.B. wenn ein notwendiger Zeuge trotz vorsorglicher Ladung gem. § 56 Abs. 1 ArbGG nicht zum Kammertermin erschienen ist. In diesem Fall ist sofort Termin zur Fortsetzung der Verhandlung zu bestimmen, § 57 Abs. 1 S. 2 ArbGG. **Die Entscheidung trifft die Kammer im Ganzen unter Einschluss der ehrenamtlichen Richter, § 227 Abs. 2 ZPO.** Sie ist kurz zu begründen und unanfechtbar, § 227 Abs. 2 S. 3 ZPO. 432

Nur ganz ausnahmsweise kann die Kammer beschließen, den Fortsetzungstermin erst später von Amts wegen festzusetzen, der dann vom Vorsitzenden alleine bestimmt wird. Dies ist nur dann zulässig, wenn dringende Gründe einer sofortigen Terminanberaumung entgegenstehen, z.B. wenn im Rahmen einer notwendig durchzuführenden Beweisaufnahme ein Sachverständigengutachten eingeholt werden muss und nicht absehbar ist, wann dieses erstellt worden sein wird. 433

d) Beweisaufnahme

434 Sofern die Beweismittel vorhanden sind, ist eine ggf. notwendig werdende Beweisaufnahme durchzuführen. Danach ist den Parteien Gelegenheit zu geben, sich zur Beweisaufnahme zu äußern, und nochmals ein Versuch, eine gütliche Einigung zu erzielen, durchzuführen. Scheitert auch dieser, hat das Gericht eine Endentscheidung zu treffen.

2. Zurückweisung von verspätetem Parteivorbringen

a) Zurückweisung gem. §§ 56 Abs. 2, 61 a Abs. 5 ArbGG

435 Eine Zurückweisung ist unter den Voraussetzungen des §§ 56 Abs. 2, 61 a Abs. 5 ArbGG möglich, wenn der Vorsitzende bei der Vorbereitung der streitigen Verhandlung den Parteien Auflagen gem. §§ 56 Abs. 1 Nr. 1 bis 4 bzw. 61 a Abs. 3, Abs. 4 ArbGG gemacht hat (zu den Voraussetzungen s.o. Rn. 370 ff.).

b) Zurückweisung gem. § 296 ZPO

436 Eine Zurückweisung nach § 296 Abs. 1 ZPO findet im Arbeitsgerichtsprozess nicht statt, da die §§ 273 bis 277 ZPO durch die spezielleren Vorschriften der §§ 56, 61 a ArbGG verdrängt werden (*Schaub* ArbGVerf § 39 Rz. 3).

Eine Zurückweisung nach § 296 Abs. 2 ZPO i.V.m. § 46 Abs. 2 ArbGG ist möglich, wenn eine Partei entgegen § 282 Abs. 1 ZPO ihre Angriffs- und Verteidigungsmittel nicht rechtzeitig vorgebracht oder gem. § 282 Abs. 2 ZPO nicht rechtzeitig schriftsätzlich vorgetragen hat. **§ 282 ZPO enthält eine allgemeine Prozessförderungspflicht der Parteien, die auch im Arbeitsgerichtsprozess Anwendung findet.** Voraussetzung ist, dass der Vorsitzende den Parteien aufgegeben hat, durch Schriftsätze den Kammertermin vorzubereiten, § 129 Abs. 2 ZPO, was regelmäßig geschieht.

437 **Im Rahmen des § 282 Abs. 2 ZPO ist eine Fristsetzung durch das Gericht nicht erforderlich.** Sofern Fristen gesetzt werden, dürfen sie nicht zu kurz bemessen sein, sodass die Partei, insbes. wenn ein Prozessbevollmächtigter vorhanden ist, ausreichend Zeit hat, sich zu beraten und ihren Vortrag bei Gericht anzubringen. Regelmäßig ist eine Frist von mindestens 14 Tagen einzuhalten, ansonsten dürfte eine Zurückweisung wegen Verspätung unzulässig sein (GMPM-G/*Germelmann* § 57 Rz. 13).

438 Verspätetes Vorbringen kann das Gericht zurückweisen, muss es allerdings nicht. Ihm steht insofern ein Ermessen zu. Selbst wenn ermessenswidrig verspätetes Vorbringen zugelassen wird und der Rechtsstreit dadurch verzögert werden sollte, kann hierauf ein Rechtsmittel nicht gestützt werden (*BAG* 31.10.1984 AP Nr. 3 zu § 42 TVAL II).

439 Vorbringen, das nach § 46 Abs. 2 ArbGG i.V.m. § 296 Abs. 2 ZPO oder nach §§ 61a Abs. 5, 56 Abs. 2 ArbGG in erster Instanz zu Recht zurückgewiesen worden ist, kann auch in der zweiten Instanz nicht mehr vorgebracht werden, § 67 Abs. 1 ArbGG, § 531 Abs. 1 ZPO (s.o. Rn. 375 ff.).

Bei einer Zurückweisung verspäteten Vorbringens nach den §§ 296 Abs. 2 ZPO i.V.m. 282 Abs. 1, Abs. 2 ZPO bedarf es keiner vorherigen Belehrung der Parteien (*LAG Köln* 10.7.1974 AP Nr. 2 zu § 528 ZPO).

440 Verspätete Rügen, die die Zulässigkeit der Klage betreffen, sind vom Gericht zu beachten, da es sich bei der Zulässigkeit der Klage um eine Prozessvoraussetzung handelt, die das Gericht in jeder Phase des Verfahrens zu prüfen hat. Eine Zurückweisung gem. § 296 Abs. 3 ZPO kommt daher grds. nicht in Betracht (*Schaub* ArbGVerf § 39 Rz. 5; **a.A.** MünchArbR/*Brehm* § 390 Rz. 57).

3. Besonderheiten des Beweisverfahrens im Arbeitsgerichtsprozess

441 § 58 ArbGG enthält einige Sonderregelungen bzgl. des Beweisverfahrens. Ansonsten finden über § 46 Abs. 2 ArbGG die allgemeinen Vorschriften der ZPO über das Beweisverfahren

sowie die allgemeinen Grundsätze der Beweiswürdigung und der Beweislast entsprechend Anwendung (§§ 284 bis 294, §§ 355 ff. ZPO).

a) Stellung der Beweisanträge

Der Beweis wird durch tatsächliche Behauptung einer zu beweisenden Tatsache und Benennung des Beweismittels angetreten. Hierbei muss das Beweisthema genau bezeichnet und das entsprechende Beweismittel genau benannt werden. insbes. beim Zeugenbeweis, § 373 ZPO, ist der Zeuge namentlich unter Angabe der ladungsfähigen Anschrift und des Beweisthemas zu benennen und, sofern es sich um innere Tatsachen in der Person eines Dritten handelt, **schlüssig darzulegen, weswegen der Zeuge ein geeignetes Beweismittel ist** (*Zöller/Greger* vor § 284 ZPO Rz. 5a). 442

Eine Zeugenbenennung unter der Bezeichnung »**Zeuge NN**« stellt keinen zulässigen Beweisantritt dar. Das Gericht ist auch nicht verpflichtet, nach § 356 ZPO der Partei unter Fristsetzung eine genaue Bezeichnung des Beweismittels aufzugeben. Unsubstantiierte Behauptungen oder reine Vermutungen stellen einen unzulässigen Ausforschungsbeweis dar. Gleiches gilt für eine Tatsachenbehauptung »ins Blaue hinein«, die zum Ziel hat, eigenen Sachvortrag durch die Aussage des Zeugen zu ersetzen (*Zöller/Greger* vor § 284 Rz. 5). Allerdings können vermutete Tatsachen dann behauptet und unter Beweis gestellt werden, sofern für sie tatsächliche Anhaltspunkte bestehen (*BAG* 31.3.2004 – 10 AZR 191/03). 443

▶ **Beispiel 1 für einen unzulässigen Beweisantritt:** 444
»Der Beklagte hat dem Kläger einen Vorschuss in Höhe von 500 € auf seinen Mailohn gezahlt, Zeuge XY«.
In diesem Fall ist der Tatsachenvortrag unsubstantiiert, da nicht dargelegt wurde, wann und wo dem Kläger ein Vorschuss gezahlt worden sein soll. Richtig lautet der Beweisantrag daher:
»Dem Kläger ist am 3.4.2007 im Büro des Geschäftsführers gegen 10 Uhr im Beisein des Zeugen XY ein Vorschuss in Höhe von 500 € gezahlt worden, Beweis Zeuge XY« (vgl. *BAG* 25.1.1982 – 4 AZR 878/79; 15.12.1999 EzA § 611 BGB Arbeitnehmerbegriff Nr. 78).

Beispiel 2:
▶ »Die Betriebsratsanhörung wurde ordnungsgemäß durchgeführt, Beweis Betriebsratsvorsitzender X«.
Auch dieser Sachvortrag ist unsubstantiiert. Es handelt sich noch nicht einmal um eine konkrete Tatsachenbehauptung, sondern um eine Rechtsbehauptung. Es ist im Einzelnen darzulegen, welche Informationen dem Betriebsratsvorsitzenden wann, in welcher Form und im Zweifel auch wo zugängig gemacht worden sind.
Richtig: »Dem Betriebsratsvorsitzenden X wurden am 31.5.2007 gegen 10 Uhr die persönlichen Daten des Klägers, der verhaltensbedingte Kündigungsgrund (Alkoholisierung am Arbeitsplatz am 27.5.2007), die bereits am 1.4.2007 und 2.2.2007 ausgesprochenen einschlägigen Abmahnungen sowie die Einlassung des Klägers beim Personalleiter am 28.5.2007 im Büro des Personalleiters mitgeteilt. Beweis: Betriebsratsvorsitzender X, Personalleiter P«.

Hat ein Gespräch allein zwischen den Parteien stattgefunden, kann die beweisbelastete Partei für den Inhalt des Gesprächs Beweis antreten, indem sie ihre eigene Vernehmung im Wege der Parteivernehmung nach § 448 ZPO beantragt. Zur Wahrung des Anspruchs auf rechtliches Gehör muss das Gericht diesem Antrag nachkommen oder die Partei zumindest nach § 141 ZPO anhören (*BAG* 22.5.2007 EzA Art. 103 GG Nr. 8). 445

b) Anordnung der Beweisaufnahme

Wird eine Beweisaufnahme nötig, ordnet das Gericht die Beweisaufnahme an. **Dies geschieht entweder durch Beweisbeschluss der Kammer im Kammertermin nach den** 446

§§ 358, 358a, 359 ZPO oder, was insbes. bei der Vernehmung von Zeugen, die bereits im Wege einer prozessleitenden Verfügung des Vorsitzenden gem. § 56 Abs. 1 Nr. 4 ArbGG vorsorglich geladen wurden, die Regel ist, formlos in der mündlichen Verhandlung nach § 279 Abs. 2 ZPO. Eines besonderen Beweisbeschlusses bedarf es in diesem Falle nicht (GMPM-G/*Prütting* § 58 Rz. 42).

447 Sofern ein förmlicher Beweisbeschluss nach § 358 ZPO notwendig wird oder aus Sicht des Gerichts sinnvoll erscheint, z.B. um das Beweisthema eindeutig abzugrenzen und eine Ausforschung zu verhindern (s.o. Rn. 391 f.), erlässt ihn die Kammer im Ganzen unter Einschluss der ehrenamtlichen Richter.

c) Durchführung der Beweisaufnahme

aa) Kein Kostenvorschuss

448 Im Arbeitsgerichtsverfahren werden keine Kostenvorschüsse erhoben, § 6 Abs. 4, 9, 11 GKG. Sind die Zeugen oder Sachverständigen selbst mittellos, können sie zur Wahrnehmung des Termins Kostenvorschüsse gem. § 3 JVEG beantragen.

bb) Unmittelbarkeit der Beweisaufnahme

449 Nach § 58 Abs. 1 S. 1 ArbGG hat die Beweisaufnahme grds. vor der Kammer zu erfolgen (s.o. Rn. 358 ff.); Ausnahme: Fälle nach § 58 Abs. 1 S. 2 ArbGG.

Wird ausnahmsweise nach Durchführung einer Beweisaufnahme nicht eine Beendigung des Rechtsstreits herbeigeführt, z.B. weil noch eine weitere Beweisaufnahme notwendig ist, muss das Gericht im neuen Termin nicht in der gleichen Besetzung wie bei der Durchführung der ersten Beweisaufnahme tätig werden und die Entscheidung treffen. Ein Besetzungswechsel der Kammer in der gleichen Sache bei mehreren Kammerterminen ist zulässig, auch wenn damit der Grundsatz der Unmittelbarkeit beeinträchtigt scheint. Dies ist im arbeitsgerichtlichen Verfahren oftmals gar nicht anders möglich, da die Hinzuziehung der ehrenamtlichen Richter nach bestimmten Sitzungstagen und nicht nach den jeweiligen zu entscheidenden Rechtsfällen erfolgt (GMPM-G/*Prütting* § 58 Rz. 46; s.o. Kap. 13 Rn. 101 ff.).

cc) Vereidigung von Zeugen und Sachverständigen

450 Nach § 58 Abs. 2 S. 1 ArbGG findet eine Vereidigung von Zeugen und Sachverständigen nur ganz ausnahmsweise statt, wenn dies die Kammer im Hinblick auf **die Bedeutung des Zeugnisses** für die Entscheidung des Rechtsstreits für notwendig erachtet. Gleiches gilt im Falle der schriftlichen Anhörung eines Zeugen gem. § 377 Abs. 3, 4 ZPO, § 58 Abs. 2 S. 2 ArbGG.

451 Eine Vereidigung zur Herbeiführung einer wahrheitsgemäßen Aussage ist im Arbeitgerichtsverfahren nicht zulässig (*BAG* 5.11.1992 NZA 1993, 308, 310).

452 Eine durchgeführte Zeugenvernehmung, Vernehmung eines Sachverständigen oder einer Partei sowie das Ergebnis eines Augenscheins ist im Sitzungsprotokoll zu vermerken, § 160 Abs. 3 Nr. 4 und 5 ZPO.

d) Einzelfälle zum Anscheinsbeweis

453 Beim Anscheinsbeweis wird die allgemeine Lebenserfahrung im Rahmen der freien Beweiswürdigung für die Frage des Vorliegens einer Tatsache oder eines Umstandes herangezogen. Er berührt grds. nicht die Beweislastverteilung. In der Praxis kommt er insbes. bei dem Beweis der Kausalität und des Verschuldens im Schadensersatzprozess zur Anwendung.

454 Er setzt voraus, dass ein typischer Geschehensablauf, d.h. ein sich aus der Lebenserfahrung bestätigender gleichförmiger Vorgang vorliegt, weswegen es sich aus den bislang erworbenen »Erfahrungen« erübrigt, jeden einzelnen tatsächlichen Umstand des Geschehens nachweisen zu müssen.

Der Anscheinsbeweis selbst kann durch einen Gegenbeweis, der lediglich den Anschein und damit den Erfahrungssatz erschüttern braucht, widerlegt werden, sodass die beweisbelastete Partei nach den Regeln der Beweislastverteilung nunmehr ihre Behauptung förmlich beweisen muss. 455

In der arbeitsgerichtlichen Rechtsprechung ist der Anscheinsbeweis z.B. bejaht worden: 456

- Diskriminierung aus geschlechtsspezifischen Gründen (*BAG* 11.1.1973 EzA Art. 3 GG Nr. 1);
- Vorliegen einer Fortsetzungserkrankung (*BAG* 4.12.1985 EzA § 63 HGB Nr. 40);
- Kündigung erfolgt während bestehender Arbeitsunfähigkeit auch wegen dieser (*BAG* 20.8.1980 EzA § 6 LFZG Nr. 14);
- Nachweis der Ursächlichkeit des Nichtanlegens eines Sicherheitsgurtes für eine bei einem Verkehrsunfall erlittene Verletzung (*LAG Bln.* 18.7.1979 DB 1979, 2281);
- Eigenes Verschulden einer Arbeitsunfähigkeit bei Teilnahme an einer Schlägerei (*LAG Düsseld.* 30.9.1977 DB 1978, 215);
- Ursächlichkeit eines Streiks für während dieser Zeit beim Arbeitgeber entstandene Vermögensschäden (*BAG* 20.12.1963 AP Nr. 32 zu Art. 9 GG Arbeitskampf);
- Verschulden des Fahrers bei Abkommen von übersichtlicher und gut ausgebauter Fahrbahn (*BAG* 13.3.1968 EzA § 282 BGB Nr. 2).

Anscheinsbeweis wurde z.B. verneint:

- Grad des Verschuldens, also ob grobe oder einfache Fahrlässigkeit vorgelegen hat (*BAG* 13.3.1968 AP Nr. 42 zu § 611 BGB Haftung des Arbeitnehmers);
- Kausalität des Misserfolges der Stellensuche eines leitenden Angestellten wegen verzögerte Aushändigung eines Zeugnisses (*BAG* 25.10.1967 AP Nr. 6 zu § 73 HGB);
- Prognose der Gesundheitsentwicklung bei lang andauernder Erkrankung (*BAG* 25.11.1982 AP Nr. 7 zu § 1 KSchG 1969 Krankheit);
- Zugang eines mit der Post verschickten Briefes (*BAG* 14.7.1960 AP Nr. 3 zu § 130 BGB).

e) Darlegungs- und Beweislastverteilung

Die Regeln der Beweislast ermöglichen es dem Gericht, eine Streitentscheidung auch bei nicht völlig aufgeklärtem oder aufklärbarem Tatsachenstoff zu treffen. Die sog. **»objektive Beweislast«** bestimmt, zu wessen Nachteil im Falle eines »non liquet« die Entscheidung zu fällen ist (GMPM-G/*Prütting* § 58 Rz. 75). 457

Von der objektiven Beweislast ist die **»subjektive Beweislast«**, d.h. die Beweisführungslast zu unterscheiden. Sie bestimmt, welcher Partei die Erbringung eines Beweises für eine behauptete Tatsache obliegt. Die Partei hat durch eigenes Tätigwerden den Beweis der streitigen Tatsache durch Benennung und Herbeischaffung der notwendigen Beweismittel zu führen. 458

Die **Beweislastverteilung** ergibt sich teilweise unmittelbar aus dem Gesetz, z.B. aus § 179 Abs. 1 BGB, § 1 Abs. 3 letzter Satz KSchG. Teilweise kann sich die Beweislastverteilung aus der sprachlichen Formulierung eines Gesetzes ergeben, z.B. wenn ein Regel-Ausnahmetatbestand normiert wird. In diesem Fall trägt derjenige, der sich auf den Ausnahmetatbestand beruft, für das Vorliegen dieser tatsächlichen Voraussetzungen die Beweislast. 459

Sofern das Gesetz das Vorliegen einer Vermutung festschreibt, z.B. in § 22 AGG, braucht die Partei, die sich auf die Vorschrift stützt, nur diejenigen Tatsachen zu beweisen, aus denen sich »im Zweifel« die normierte Rechtsfolge ergibt. **Es müssen also die Tatsachen bewiesen werden, an die die gesetzliche Vermutung anknüpft.** Bei dispositiven Rechtsnormen trägt diejenige Partei die Beweislast, die eine von der Rechtsnorm abweichende Sondervereinbarung, sei es einzel- oder kollektivvertraglich, behauptet, vgl. z.B. § 622 Abs. 3, Abs. 5 BGB. 460

Führt die Formulierung der gesetzlichen Bestimmung nicht weiter, gilt der Grundsatz, dass jede Partei die für sie günstigen Umstände, d.h. die Anwendung der für sie günstigen Rechtsnorm darzulegen und zu beweisen hat. Ein Kläger hat daher die Voraus- 461 setzungen der klagebegründenden Norm, ein Beklagter die Voraussetzungen einer rechtsverhindernden, -vernichtenden oder -hemmenden Norm darzulegen und zu beweisen.

462 **In Abweichung von dieser Grundregel hat die Rechtsprechung im Wege der richterlichen Rechtsfortbildung Fälle der Beweislastumkehr gebildet** (vgl. GMPM-G/*Matthes* § 58 Rz. 82 bis 84). Dies ist in den Fällen gerechtfertigt, in denen der Gegner der beweisbelasteten Partei es durch Handlungen oder Unterlassungen in der Hand hat, die Beweisführung der beweisbelasteten Partei zu vereiteln.

aa) Beispiele aus dem Individualarbeitsrecht

(1) Inhalt der arbeitsvertraglichen Vereinbarung

463
- **Den Abschluss, die Beendigung, eine Änderung oder die Befristung eines Arbeitsvertrages hat derjenige darzulegen und zu beweisen, der sich darauf beruft** (GMPM-G/*Prütting* § 58 Rz. 91).
- Eine Nettolohnvereinbarung hat der Arbeitnehmer darzulegen und zu beweisen (*BAG* 18.7.1971 EzA § 611 BGB Nettolohn/Lohnsteuer Nr. 2), Gleiches gilt für die Höhe der Vergütung. Eine Vereinbarung, wonach die Arbeitsleistung unentgeltlich erbracht werden sollte, hat der Arbeitgeber darzulegen und zu beweisen.

(2) Entlohnung

464
- **Geleistete Überstunden sind sowohl hinsichtlich ihrer Lage, Anordnung durch den Arbeitgeber und Anzahl vom Arbeitnehmer darzulegen und zu beweisen** (*BAG* 17.4.2002 FA 2002, 277; *LAG Köln* 4.2.1994 LAGE § 253 ZPO Nr. 3; *BAG* 25.11.1993 EzA § 253 ZPO Nr. 14). **Dass Überstunden bereits mit dem normalen Gehalt abgegolten sind, hat der Arbeitgeber darzulegen und zu beweisen.**
- Einen gezahlten Vorschuss hat der Arbeitgeber zu beweisen, dass ein unstreitig gezahlter Vorschuss durch Arbeitsleistung verdient worden ist, der Arbeitnehmer (*BAG* 28.6.1965 EzA § 87 HGB Nr. 1).
- Eine Entreicherung bei einer Gehaltsüberzahlung gem. § 818 Abs. 3 BGB hat grds. der Arbeitnehmer darzulegen und zu beweisen. Allerdings kann er sich auf den Anscheinsbeweis berufen, sofern es sich um eine geringfügige Überzahlung handelt und auf Grund der Lebenssituation des Arbeitnehmers damit zu rechnen ist, dass ein alsbaldiger Verbrauch der Überzahlung für die laufenden Kosten des Lebensunterhaltes anzunehmen ist (*BAG* 18.1.1995 EzA § 818 BGB Nr. 8).
- Die Anwendbarkeit tarifvertraglicher Regelungen und damit auch deren Wirksamkeit hat derjenige zu beweisen, der sich auf sie beruft (*Schaub* ArbGVerf § 36 Rz. 33). Die Tatbestandsmerkmale, die eine Eingruppierung in die begehrte Vergütungsgruppe rechtfertigen, muss daher der Arbeitnehmer darlegen und beweisen.

(3) Abmahnung

465 Den Pflichtenverstoß, der zur Abmahnung führt, hat der Arbeitgeber i.E. darzulegen und zu beweisen, der Arbeitnehmer hingegen die Rechtfertigung des Pflichtenverstoßes (*LAG Brem.* 6.3.1992 NZA 1992, 694).

(4) Betriebsrente

466 Der Arbeitgeber hat die Gründe darzulegen und zu beweisen, die gegen eine Anpassung der Betriebsrente nach § 16 BetrAVG sprechen (*BAG* 23.4.1985 EzA § 16 BetrAVG Nr. 16).

(5) Diskriminierung

Der Arbeitnehmer muss Tatsachen glaubhaft machen, woraus sich eine Diskriminierung wegen seines Geschlechts ergibt, § 611a Abs. 1 S. 3 BGB a.F, jetzt § 22 AGG; der Arbeitgeber muss dann sachliche Gründe für seine umstrittene Entscheidung darlegen und im Zweifel beweisen (*Ascheid* Rz. 1006); 467
– die gleiche Verteilung der Darlegungs- und Beweislast gilt hinsichtlich der Zahlung ungleichen Lohns im Falle des § 612 Abs. 3 BGB.

(6) Haftung des Arbeitnehmers

▶ **Eine Vertragsverletzung, ein kausal verursachter Schaden und das Verschulden, sowie der Verschuldensgrad des Arbeitnehmers muss vom Arbeitgeber bewiesen werden** (*BAG* 7.7.1970, 17.9.1998 EzA § 611 BGB Gefahrgeneigte Arbeit Nr. 1; Arbeitnehmerhaftung Nr. 64). 468

▶ Entsteht dem Arbeitgeber ein Schaden, der auf Grund der Tätigkeit einer Akkordkolonne entstanden ist, genügt es, wenn der Arbeitgeber den Schadensnachweis der Gruppe im Ganzen erbringt. Die einzelnen Arbeitnehmer haben dann Einzelschuldentlastungsnachweise zu erbringen (*BAG* 24.4.1974 EzA § 611 BGB Arbeitnehmerhaftung Nr. 1).

▶ Im Fall der Mankohaftung hat der Arbeitgeber die Vertragsverletzung des Arbeitnehmers, den Bestand der Kasse, die Höhe des Mankos und den Zufluss der Gelder darzulegen und zu beweisen, der Arbeitnehmer entstandene Abflüsse aus der Kasse (*BAG* 11.11.1969 EzA § 276 BGB Nr. 21). Hat der Arbeitnehmer den alleinigen Zugang zur Kasse gehabt, muss er sich hinsichtlich seines Verschuldens exculpieren (*BAG* 6.6.1984 EzA § 282 BGB Nr. 7).

(7) Kündigung des Arbeitsverhältnisses

▶ Bei einer fristlosen Kündigung hat der Arbeitgeber die Kündigungsgründe und die Wahrung der sich aus § 626 Abs. 2 BGB ergebenden Kündigungsfrist darzulegen und zu beweisen. Hierzu gehört auch die Widerlegung behaupteter Rechtfertigungs- oder Entschuldigungsgründe, z.B. wenn ein Arbeitnehmer, der wegen Selbstbeurlaubung gekündigt wurde behauptet, ihm sei Urlaub bewilligt worden (KR-*Fischermeier* § 626 BGB Rz. 381 ff., 454). 469

▶ In Arbeitsverhältnissen, in denen das KSchG Anwendung findet, hat bei der ordentlichen Kündigung der Arbeitnehmer die Beweislast dafür, dass zum Zeitpunkt der behaupteten Kündigung ein Arbeitsverhältnis bestand, dass eine Kündigung überhaupt ausgesprochen wurde, sowie das Vorliegen der persönlichen Voraussetzungen für einen Kündigungsschutz nach §§ 1, 23 KSchG (*BAG* 23.3.1984 EzA § 23 KSchG Nr. 7). Ihm obliegt der Nachweis der fehlerhaft durchgeführten Sozialauswahl gem. § 1 Abs. 3 S. 3 KSchG (s.o. Kap. 4 Rn. 2740 ff.). Der Arbeitgeber hat die soziale Rechtfertigung der Kündigung i.S.d. § 1 Abs. 2 Nr. 4 KSchG, d.h. die Kündigungsgründe darzulegen und zu beweisen, die ordnungsgemäße Anhörung des Betriebsrats gem. § 102 BetrVG, das Vorliegen besonderer Bedürfnisse i.S.d. § 1 Abs. 3 S. 2 KSchG, den Zugang sowie den Zeitpunkt des Zugangs der Kündigung, eine behauptete Eigenkündigung des Arbeitnehmers bzw. die Behauptung des Abschlusses eines Aufhebungsvertrages. Bezüglich der Betriebsratsanhörung nach § 102 BetrVG besteht eine abgestufte Darlegungs- und Beweislast (*BAG* 23.6.2005 EzA § 102 BetrVG 2001 Nr. 12). Zunächst genügt es, wenn der Arbeitnehmer die Betriebsratsanhörung mit Nichtwissen bestreitet. Hat der Arbeitgeber danach jedoch die Betriebsratsanhörung dargelegt, genügt nunmehr ein Bestreiten mit Nichtwissen nicht mehr. Vielmehr muss der Arbeitnehmer jetzt i.E. darlegen, in welchen Punkten er die tatsächlichen Erklärungen des Arbeitgebers für falsch hält.

- In einem Feststellungsprozess nach § 256 ZPO muss der Arbeitnehmer nur darlegen und beweisen, dass der Arbeitgeber den Fortbestand des Arbeitsverhältnisses leugnet. Dieser hat dann alle Tatsachen eines behaupteten Beendigungsgrundes darzulegen und zu beweisen (*Schaub* ArbGVerf § 36 Rz. 48).
- Eine Abweichung von den gesetzlichen Kündigungsfristen auf Grund einzelvertraglicher Vereinbarungen oder der Anwendung tarifvertraglicher Regelungen hat derjenige zu beweisen, der sich auf die Abweichung beruft (*Schaub* ArbGVerf § 36 Rz. 51).
- Die Anwendbarkeit des Kündigungsschutzgesetzes hat der Arbeitnehmer darzulegen und zu beweisen (s.o. Kap. 4 Rn. 1887 ff.). Nach der Rspr. des *BAG* (26.6.2008 – 2 AZR 264/07 – FA 2008, 336 LS) gilt folgende abgestufte Darlegungs- und Beweislast: Der Arbeitnehmer genügt bei fehlender eigener Kenntnismöglichkeit seiner Darlegungslast bereits durch die bloße Behauptung, der Arbeitgeber beschäftige mehr als 5/10 Arbeitnehmer. Es ist dann Sache des Arbeitgebers, sich vollständig über die Anzahl der bei ihm beschäftigten Arbeitnehmer **unter Benennung der ihm zur Verfügung stehenden Beweismittel zu erklären.** Zu den Beweismitteln können Vertragsunterlagen, Auszüge aus Lohnabrechnungen, Zeugen usw. gehören. Hierzu muss dann der Arbeitnehmer Stellung nehmen und Beweis antreten. **Er kann sich dabei auf die sich aus dem Vorbringen des Arbeitgebers ergebenden Beweismittel stützen und sich derer bedienen.** Trägt der Arbeitgeber ausreichend vor, benennt aber keine Beweismittel, so kann dies zwar nicht als Verletzung der Sekundären Darlegungslast nach § 138 ZPO, wohl aber nach § 286 ZPO unter Umständen **als Beweisvereitlung** vom Tatsachengericht berücksichtigt werden.

(8) Entgeltfortzahlung im Krankheitsfall

470
- **Der Arbeitnehmer hat das Bestehen einer Arbeitsunfähigkeit, d.h. i.d.R. eine Krankheit darzulegen und zu beweisen, sowie die Dauer der Arbeitsunfähigkeit und die Höhe des zu zahlenden Entgelts, § 1 EFZG.** Der Nachweis wird regelmäßig zunächst durch eine ärztliche Arbeitsunfähigkeitsbescheinigung erbracht. Hierbei handelt es sich um eine private Urkunde i.S.d. § 416 ZPO. Liegen allerdings Umstände vor, die ihren Beweiswert erschüttern, muss der Arbeitnehmer die zur Arbeitsunfähigkeit führende Erkrankung im Einzelnen darlegen und unter Beweis stellen, z.B. durch Zeugnis seines Arztes (s.o. Kap. 4 Rn. 2777 ff.).
- Der Arbeitgeber muss ein Verschulden des Arbeitnehmers an der Arbeitsunfähigkeit (*BAG* 1.6.1983 EzA § 1 LohnFG Nr. 69), ein Leistungsverweigerungsrecht gem. § 5 EFZG sowie das Vorliegen einer Fortsetzungserkrankung (*BAG* 4.12.1985 EzA § 63 HGB Nr. 40) darlegen und beweisen.

(9) Urlaub

471 Eine doppelte Urlaubsgewährung i.S.d. § 6 BUrlG hat der Arbeitgeber darzulegen und zu beweisen (GMPM-G/*Prütting* § 58 Rz. 91).

(10) Zeugnis

472
- **Die Richtigkeit des Inhalts eines Zeugnisses sowohl hinsichtlich der Bewertung als auch der aufgezählten Tätigkeitsbereiche darzulegen und zu beweisen obliegt dem Arbeitgeber** (GMPM-G/*Prütting* § 58 Rz. 91; s.o. Kap. 9 Rn. 51 ff.). Hat der Arbeitgeber dem Arbeitnehmer im Zeugnis eine durchschnittliche Leistung mit der Formulierung »zur vollen Zufriedenheit« attestiert und verlangt dieser eine überdurchschnittliche Leistung (»stets zu unserer vollen Zufriedenheit«) trägt er die Darlegungs- und Beweislast hierfür (*BAG* 14.10.2003 EzA § 109 GewO Nr. 1).

▶ Sofern ein Arbeitnehmer einen Schadenersatzanspruch damit begründet, ihm sei ein Zeugnis falsch oder zu spät erteilt worden, muss er für den daraus entstandenen Schaden und für die Kausalität der vertraglichen Verletzung des Arbeitgebers den Beweis erbringen (*BAG* 24.3.1977 EzA § 630 BGB Nr. 9).

bb) Beispiele aus dem Betriebsverfassungsrecht

(Zur Bedeutung des Amtsermittlungsgrundsatzes und seiner Grenzen im Beschlussverfahren s.u. Rn. 1070 ff.) **473**

- ▶ Den Inhalt und die Erforderlichkeit von Schulungsveranstaltungen gem. § 36 Abs. 6, Abs. 7 BetrVG hat der Betriebsrat bzw. das schulungsbedürftige Betriebsratsmitglied darzulegen und zu beweisen (GMPM-G/*Prütting* § 58 Rz. 91; s.o. Kap. 12 Rn. 685 ff.).
- ▶ Die Erforderlichkeit der Freistellung von mehr Betriebsratsmitgliedern, als in § 38 BetrVG vorgesehen, hat der Betriebsrat darzulegen und zu beweisen (*BAG* 22.5.1973 EzA § 38 BetrVG 1972 Nr. 4; s.o. Kap. 12 Rn. 648 ff.).
- ▶ Der Betriebsrat hat die Notwendigkeit entstandener Betriebsratskosten gem. § 40 BetrVG darzulegen und zu beweisen (s.o. Kap. 12 Rn. 774 ff.).
- ▶ Im Falle der Zustimmungsverweigerung bei personellen Einzelmaßnahmen nach § 99 Abs. 2 BetrVG muss der Betriebsrat sachliche Gründe nennen, weswegen er die Zustimmung verweigert. Der Arbeitgeber hat dann darzulegen und zu beweisen, dass die sachlichen Gründe unzutreffend sind (*Schaub* ArbGVerf § 36 Rz. 58; **a.A.** GMPM-G/*Prütting* § 58 Rz. 91), dasselbe gilt hinsichtlich der Widerspruchsgründe gem. § 102 Abs. 3 BetrVG.
- ▶ Die Dringlichkeit vorläufiger Maßnahmen, z.B. gem. § 100 BetrVG, hat der Arbeitgeber darzulegen und zu beweisen (*BAG* 28.1.1986 EzA § 99 BetrVG 1972 Nr. 48).

f) Beweisverwertungsverbot bei Verletzung von Mitbestimmungsrechten des Betriebsrats ?

Ob und inwieweit Tatsachen- oder Beweisverwertungsverbote im Individualprozess zwischen Arbeitnehmer und Arbeitgeber bestehen, sofern der Arbeitgeber diese Tatsachen oder Beweise unter Verletzung von Mitbestimmungsrechten des Betriebsrats erlangt hat, war in der Literatur heftig umstritten (vgl. *Lerch/Weinbrenner* FA 2008, 229 ff.). **474**

Das *BAG* hat nunmehr in seiner Entscheidung vom 13.12.2007 (– 2 AZR 537/06 – FA 2008, 275) **folgende Grundsätze** aufgestellt: **475**

- ▶ Im deutschen Zivilrecht gebe es grundsätzlich **kein Tatsachenverwertungsverbot**. Unstreitige Tatsachen sind bei der Entscheidungsfindung immer zu berücksichtigen. Beigebrachter Tatsachenstoff sei entweder unstreitig, unschlüssig oder unbewiesen, nicht aber »unverwertbar«. Dies gelte auch dann – jedenfalls bei unstreitigen Tatsachen –, wenn diese unter Verstoß gegen Mitbestimmungsrechte des Betriebsrat ermittelt wurden.
- ▶ Auch mitbestimmungswidrig erlangte Beweise seien darüber hinaus grundsätzlich verwertbar. **Das BetrVG postuliere grundsätzlich kein Beweisverwertungsverbot**. Bei Verstößen gegen Mitbestimmungsrechte könne der Betriebsrat nach § 23 Abs. 3 BetrVG vorgehen oder einen allgemeinen Unterlassungsantrag stellen. Darüber hinausgehender individualprozessrechtlicher Sanktionen bedürfe es daher nicht. Auch die Theorie der Wirksamkeitsvoraussetzung führe zu keinem anderen Ergebnis.
- ▶ Ein Informations- oder Beweisverwertungsverbot komme nur dann in Betracht, wenn neben der Verletzung von Mitbestimmungsrechten des Betriebsrats in **verfassungsrechtlich geschützte Grundrechtspositionen einer Prozesspartei** eingegriffen werde. Grundsätzlich müsse zwischen der Erlangung einer Information oder eines Beweismittels und dessen Verwertung getrennt werden. Erst wenn durch die Verwertung einer rechtswidrig erlangten Information oder eines Beweismittels ein erneuter oder perpetuierender Eingriff in eine rechtlich erheblich geschützte Position der Prozess-

partei erfolge, komme ein prozessuales Verwertungsverbot in Betracht. Dies kann z.B. bei erzwungenen Körperkontrollen oder bei heimlichen Videoaufzeichnungen der Fall sein.

4. Schließung und Wiedereröffnung der mündlichen Verhandlung

a) Schließung

476 Nach § 136 Abs. 4 ZPO schließt der Vorsitzende die mündliche Verhandlung, wenn das Gericht die Sache für vollständig erörtert hält. Er hat sich diesbezüglich des Einverständnisses der ehrenamtlichen Richter zu versichern (*Stein/Jonas* § 136 Rz. 5). Vollständig erörtert ist der Rechtsstreit, wenn er zur Endentscheidung gem. § 300 ZPO reif ist.

477 Die Schließung der mündlichen Verhandlung bedarf keiner ausdrücklichen Erklärung. Sie ergibt sich daraus, dass sich das Gericht zur abschließenden Beratung zurückzieht oder bereits eine Endentscheidung, sei es ein Urteil, einen Beweisbeschluss, einen Verkündungstermin, z.B. für den Fall des Widerrufs eines Vergleiches, oder eine Vertagung verkündet.

478 Mit der Schließung der mündlichen Verhandlung treten die Wirkungen der Säumnis, §§ 220 Abs. 2, 231 Abs. 2, 330 ff. ZPO ein. Außerdem haben die Parteien kein Recht mehr, weitere Anträge zu stellen oder weiteren Sachvortrag vorzutragen, § 296a ZPO, es sei denn, ihnen ist nach § 283 ZPO ausnahmsweise ein Schriftsatznachlass eingeräumt worden.

b) Wiedereröffnung

479 Nach § 156 ZPO kann das Gericht die Wiedereröffnung einer Verhandlung, die bereits geschlossen worden ist, anordnen. Dies ist geboten, wenn wesentliche Verfahrensfehler unterlaufen sind, ein Wiederaufnahmegrund nach den §§ 579 ff. ZPO besteht, der bisherige Gesamtvortrag der Parteien, wie erst in der Kammerberatung festgestellt, noch ausführungsbedürftig geblieben ist oder wenn ein in der mündlichen Verhandlung zuletzt beteiligter Richter vor dem Treffen einer Entscheidung ausfällt, § 156 Abs. 2 ZPO.

480 **Die Entscheidung über die Wiedereröffnung der mündlichen Verhandlung hat grds. die Kammer im Ganzen zu fällen, nicht etwa der Vorsitzende alleine** (*BAG* 18.12.2008 – 6 AZN 646/08). Dies ergibt sich daraus, dass das Gericht in seiner Gesamtheit zunächst die Schließung der mündlichen Verhandlung nach § 136 Abs. 4 ZPO beschlossen hatte, und damit, dass kein weiterer Sachvortrag mehr in die Entscheidung einzubeziehen ist. An diese Entscheidung des Kollegialgerichts ist der Vorsitzende gebunden. Er kann sich nicht von sich aus über das Votum der Kammer hinwegsetzen, indem er selbst die Wiedereröffnung der Verhandlung beschließt (*Luczak* NZA 1992, 917, 919).

481 Eine andere Frage ist, ob es auch dann einer Kammerentscheidung bedarf, wenn es nicht zu einer Wiedereröffnung der mündlichen Verhandlung kommt, dies aber von einer Partei beantragt wird, z.B., wenn bei Abschluss eines Widerrufsvergleichs von der Kammer bereits eine Sachentscheidung intern getroffen worden ist, die in einem besonderen Verkündungstermin, welcher bereits im Kammertermin für den Fall des Widerrufs des Vergleichs festgesetzt worden ist, verkündet werden soll und mit dem Widerrufsschriftsatz sowohl Tatsachenvortrag als auch Rechtsausführungen vorgebracht werden. Zwar hat die Partei grds. nach § 296a ZPO keinen Anspruch darauf, dass ihre Ausführungen in den nachgereichten Schriftsätzen noch berücksichtigt werden (*Zöller/Greger* § 156 Rz. 4). Jedoch hat sie einen Anspruch auf ermessensfehlerfreie Entscheidung darüber, ob die mündliche Verhandlung nach § 156 ZPO wiedereröffnet wird.

482 Aus § 55 Abs. 1 Nr. 4 ArbGG lässt sich die Wertung des Gesetzgebers entnehmen, dass der Berufsrichter alleine bei Fragen der Erheblichkeit eines Sachvortrags, der Schlüssigkeit des klägerischen Vorbringens sowie über Rechtsfragen entscheiden darf und kann. Werden daher in dem nach der mündlichen Verhandlung eingereichten Schriftsatz lediglich bereits bekannte und damit bei der Entscheidung des Gerichts nach der mündlichen Verhandlung bereits berücksichtigte Tatsachenbehauptungen wiederholt oder wird zwar ein neuer, jedoch rechtlich unerheblicher Sachverhalt eingereicht, braucht der Vorsitzende diesen Schriftsatz

nicht zu berücksichtigen und auch nicht den ehrenamtlichen Richtern zur Kenntnis zu bringen. Gleiches gilt im Falle des bloßen Aufstellens von Rechtsbehauptungen. Der Vorsitzende kann in diesem Fall alleine über die Nicht-Wiedereröffnung der mündlichen Verhandlung befinden (vgl. i.E. *Luczak* NZA 1992, 917, 920 m.w.N.; Schwab/Weth-*Berscheid/Korinth* § 53 Rz. 9).

5. Ergebnisse des Kammertermins

a) Verzichts-, Anerkenntnis-, Versäumnisurteil, Klagerücknahme, Vergleich

Wie der Gütetermin kann auch die streitige Verhandlung durch Verzichts- oder Anerkenntnisurteil gem. den §§ 306, 307 ZPO, Versäumnisurteil nach den §§ 330 ff. ZPO, Klagerücknahme oder Vergleich ihre Beendigung finden. Nach Antragstellung und Einlassung des Beklagten zur Sache bedarf es bei einer Klagerücknahme seiner Zustimmung, § 269 Abs. 2 ZPO. **483**

Die Versäumnis- und Anerkenntnisurteile waren bis zum 31.3.2008 auch im Kammertermin durch den Vorsitzenden allein zu erlassen, § 55 Abs. 1 ArbGG a.F. (s.o. Rn. 344). Wurden die ehrenamtlichen Richter beteiligt, stellte dies einen absoluten Revisionsgrund (§ 547 Nr. 1 ZPO) und einen Grund für eine Nichtigkeitsklage dar (§ 579 Abs. 1 Nr. 1 ZPO). Nach der Neufassung des § 55 Abs. 1 ArbGG wirken die ehrenamtlichen Richter bei der Urteilsfindung im Kammertermin mit.

b) Vertagung des Rechtsstreits

Ist der Rechtsstreit noch nicht zur Entscheidung reif, z.B. weil noch eine Beweisaufnahme nötig ist, ist der Rechtsstreit zu vertagen. § 227 ZPO findet Anwendung. Aus § 56 Abs. 1 ArbGG ergibt sich, dass eine Vertagung im Hinblick auf den Beschleunigungsgrundsatz nach § 9 ArbGG die Ausnahme sein sollte (s.o. Rn. 199 ff.). **484**

c) Verkündung eines Urteils

Nach § 60 ArbGG wird ein zu fällendes Urteil am Ende des Kammertermins verkündet. Hierbei handelt es sich um eine reine Ordnungsvorschrift, deren Verletzung nicht zur Unwirksamkeit eines erst später verkündeten Urteils führt (*BAG* 25.9.2003 EzA § 69 ArbGG 1979 Nr. 3). **485**

Die Verkündung erfolgt im Namen des Volkes unter Verlesung der Urteilsformel, § 311 Abs. 2 ZPO. Sofern die Parteien noch anwesend sind, ist der wesentliche Inhalt der Entscheidungsgründe mitzuteilen. Eine Verletzung dieser Verpflichtung führt allerdings nicht zu einer Anfechtbarkeit der Entscheidung allein aus diesem Grunde (GMPM-G/*Germelmann* § 60 Rz. 21). Ebenfalls unerheblich ist es, ob die in der mündlichen Verhandlung mitgeteilten wesentlichen Entscheidungsgründe später mit den schriftlichen Entscheidungsgründen übereinstimmen. Es gilt dann die schriftliche Urteilsbegründung (GMPM-G/*Germelmann* § 60 Rz. 22).

Regelmäßig sind die Parteien allerdings zum Zeitpunkt der Verkündung der Entscheidung nicht mehr anwesend, da an einem Terminstag mehrere Rechtsstreitigkeiten verhandelt werden, wobei die Verkündung der zu fällenden Urteile erst am Ende des Terminstages erfolgt. Zwischenzeitlich zieht sich das Gericht zur abschließenden Kammerberatung und Urteilsfindung zurück. Da der zeitliche Umfang der notwendigen Beratung ungewiss ist, haben sich die Parteien i.d.R. bereits entfernt und erkundigen sich zu einem späteren Zeitpunkt telefonisch bei Gericht nach dem Inhalt der Entscheidung. **Dennoch ist das Urteil zu verkünden, da es ansonsten nicht existent ist, wobei in diesem Fall gem. § 311 Abs. 2 S. 2 ZPO die Bezugnahme auf die Urteilsformel ausreicht.** **486**

Nach § 60 Abs. 3 ArbGG müssen auch die ehrenamtlichen Richter bei der Verkündung nicht mehr anwesend sein. In diesem Falle ist allerdings das von der Kammer gefällte Urteil von dem Vorsitzenden und den ehrenamtlichen Richtern zu unterschreiben (s.o. Kap. 13 Rn. 103). Ansonsten bedarf es im erstinstanzlichen Verfahren nur der Unterschrift des Vorsitzenden. Fehlt es an einer gemeinsamen Unterschrift und findet die Verkündung ohne die **487** ehrenamtlichen Richter statt, führt dieser Formverstoß nicht zur Unwirksamkeit der Verkündung oder gar des Urteils (GK-ArbGG/*Schütz* § 60 Rz. 22, 23).

488 Die Verkündung des Urteils und die näheren Umstände seiner Verkündung, z.B. ob sie in Anwesenheit der ehrenamtlichen Richter oder der Parteien erfolgte, ist gem. § 160 Abs. 3 Nr. 7 ZPO im Sitzungsprotokoll festzuhalten. Ebenfalls zu vermerken ist, ob die wesentlichen Entscheidungsgründe mitgeteilt worden sind oder nicht. **Dies ist deswegen wichtig, da der Nachweis der Verkündung des Urteils lediglich durch das Protokoll geführt werden kann** (*BAG* 2.9.1965 AP Nr. 4 zu 128 ZPO).

d) Festsetzung eines Verkündungstermins

489 Ausnahmsweise gestattet § 60 ArbGG statt der sofortigen Verkündung die Bestimmung eines eigenen Verkündungstermins, der regelmäßig binnen drei Wochen nach dem Kammertermin anzusetzen ist, es sei denn wichtige Gründe, insbes. der Umfang oder die Schwierigkeit der Sache erfordern eine noch weitere Hinausschiebung.

490 Was »wichtige Gründe« sind, ist im Gesetz nur ansatzweise genannt. Es sieht z.B. die Anberaumung eines eigenen Termins für den Fall vor, dass die Beratung nicht mehr am Tag der Verhandlung stattfinden kann, da die Dauer der Verhandlung eine ordnungsgemäße Beratung am selben Tag nicht ermöglicht oder wegen besonderer Schwierigkeit der Sache in tatsächlicher oder rechtlicher Hinsicht noch vor der abschließenden Rechtsfindung Literatur- oder Rechtsprechungsnachweise eingesehen werden müssen.

491 In der Praxis kommt es häufiger dann zur Anberaumung eines eigenen Verkündungstermins, wenn die Parteien nochmals eine gütliche Einigung des Rechtsstreits anstreben und sich z.B. den Vergleichsvorschlag der Kammer überlegen wollen und ihnen deswegen bis zur Verkündung der Entscheidung die Möglichkeit einer Einigung eingeräumt werden soll, § 57 Abs. 2 ArbGG, und im Fall des Abschlusses eines Widerrufsvergleichs.

492 Die Entscheidung, ein Urteil nicht im unmittelbaren Anschluss an die Sitzung, sondern in einem besonderen Verkündungstermin zu verkünden, hat die vollbesetzte Kammer nach pflichtgemäßem Ermessen zu treffen.

493 **Wird ein besonderer Verkündungstermin anberaumt, muss dies unmittelbar im Kammertermin vor Schließung der Verhandlung erfolgen.** Hierbei reicht es allerdings aus, dass bestimmt wird, dass der Termin zur Verkündung einer Entscheidung von Amts wegen festgesetzt wird, wobei dann entweder die Kammer unter Einschluss der ehrenamtlichen Richter in der Beratung den Verkündungstermin festsetzt oder von der gesamten Kammer unter Einschluss der ehrenamtlichen Richter die Festsetzung des Termins dem Vorsitzenden übertragen wird (GMPM-G/*Germelmann* § 60 Rz. 10).

494 Wird das Urteil in einem besonderen Verkündungstermin verkündet muss es bei der Verkündung bereits in vollständiger Form abgefasst, d.h. mit Tatbestands- und Entscheidungsgründen versehen sein, allein ein Entwurf oder ein Diktat auf Tonband genügt nicht. Ist es nicht möglich, das Urteil in vollständiger Form bis zum Verkündungstermin abzufassen, ist dieser ggf. nach § 60 Abs. 4 ArbGG auch länger als drei Wochen nach dem Kammertermin hinauszuschieben (*Grunsky* § 60 Rz. 3).

495 In der Praxis ist es allerdings sehr schwierig, binnen drei Wochen nach dem Kammertermin und damit in der Regelfrist für die Ansetzung eines eigenen Verkündungstermins das Urteil sowohl abzufassen als auch von der Geschäftsstelle schreiben zu lassen. Es kommt daher in der Praxis durchaus vor, dass das Urteil noch nicht in voll abgefasster Form am Verkündungstermin vorliegt. Es erscheint fraglich, ob es in diesem Falle sinnvoll ist, den Verkündungstermin nochmals hinauszuschieben und die Parteien im Unklaren über den Inhalt der Entscheidung zu lassen. Dies gilt umso mehr unter dem Gesichtspunkt, dass die Verletzung der Formvorschrift des § 60 Abs. 4 S. 2 ArbGG weder das Urteil unwirksam macht, noch ein Rechtsmittel allein hierauf gestützt werden kann (*BAG 22.12.2002 – 3 ABR 28/02;* 25.9.2003 EzA § 69 ArbGG 1979 Nr. 3). In diesem Fall sollte daher § 60 Abs. 4 S. 3, 2. Hs. ArbGG entsprechend herangezogen werden, d.h. der Vorsitzende hat das unterschriebene Urteil ohne Tatbestand und Entscheidungsgründe der Geschäftsstelle binnen drei Wochen zu übergeben. Als zulässig sollte zumindest erachtet werden, dass die Parteien bereits im Kammertermin bei Anberaumung des Verkündungstermins zu Protokoll darauf verzichten können, dass das Urteil entsprechend § 60 Abs. 4 S. 2 ArbGG am Verkündungstermin voll abgefasst vorliegt.

Urteile, die im Kammertermin verkündet werden, sollen nach § 60 Abs. 4 S. 3 ArbGG ebenfalls binnen drei Wochen, vom Tag der Verkündung an gerechnet, vollständig abgefasst der Geschäftsstelle übergeben werden. Falls die Frist nicht eingehalten werden kann, ist vom Vorsitzenden das unterschriebene Urteil ohne Tatbestand- und Entscheidungsgründe der Geschäftsstelle zu übergeben und sind diese alsbald nachträglich anzufertigen, § 60 Abs. 4 S. 3 ArbGG. 496

Die Versäumung der Frist berührt die Wirksamkeit der Verkündung oder des verkündeten Urteils nicht und kann auch nicht einem allein darauf gestützten Rechtsmittel zum Erfolg verhelfen (*BAG* 11.6.1963 AP Nr. 1 zu 320 ZPO; 25.9.2003 EzA § 64 ArbGG 1979 Nr. 3). 497

XI. Das Urteil

1. Urteilsarten

Gem. § 46 Abs. 2 ArbGG gelten die §§ 300 ff. ZPO entsprechend. Es gibt daher auch im arbeitsgerichtlichen Verfahren Endurteile, § 300 ZPO, Teilurteile, § 301 ZPO, Vorbehaltsurteile, § 302 ZPO, sowie Zwischenurteile, § 303 ZPO, und Grundurteile, § 304 ZPO. 498

Eine Besonderheit sieht das Arbeitsgerichtsverfahren lediglich hinsichtlich der Grundurteile vor. **In § 61 Abs. 3 ArbGG ist festgeschrieben, dass ein Zwischenurteil, welches über den Grund des Anspruchs vorab entscheidet, wegen des Rechtsmittels nicht als Endurteil anzusehen ist.** Es kann daher erst zusammen mit dem Endurteil im Wege der Berufung angefochten werden (*BAG* 1.12.1975 EzA § 61 ArbGG Nr. 2). Diese von § 304 Abs. 2 ZPO abweichenden Regelung dient der Beschleunigung des Verfahrens. 499

Weist das ArbG eine Klage dem Grunde nach ab, so muss das Berufungsgericht, wenn es das Urteil aufhebt, sogleich auch über die Höhe des Anspruchs mitentscheiden, ohne insoweit die Sache an das ArbG zurückverweisen zu dürfen (*BAG* 8.2.1957 AP Nr. 1 zu 1 TVG Friedenspflicht). 500

Ebenfalls der Beschleunigung dient es, dass beim unzulässigen Erlass eines Teilurteils durch das ArbG das im Wege der Berufung angerufene LAG über die Klage insgesamt zu entscheiden hat und nicht wegen des nicht erledigten und beschiedenen Teils des Streitgegenstandes das Verfahren an das ArbG zurückverweisen kann (*BAG* 12.8.1993 EzA § 301 ZPO Nr. 3). 501

Durch den neuen § 128 Abs. 3 ZPO kann nunmehr auch im erstinstanzlichen arbeitsgerichtlichen Verfahren ein Urteil ohne mündliche Verhandlung ergehen, nämlich Kostenschlussurteile. Fraglich ist hierbei aber die funktionelle Zuständigkeit. Nach dem Wortlaut des §§ 53, 55 ArbGG müsste die Kammer die Entscheidung treffen, da es sich um ein Urteil und nicht um einen Beschluss handelt und ein Alleinentscheidungerecht im Katalog des § 55 Abs. 1 ArbGG nicht aufgeführt ist. Aufgrund der ratio legis des § 128 Abs. 3 ZPO wird aber auch die Ansicht vertreten, dem Vorsitzenden käme in analoger Anwendung des § 53 Abs. 1 ArbGG ein Alleinentscheidungsrecht zu (*Schmidt/Schwab/Wildschütz* NZA 2001, 1162). 502

2. Inhalt des Urteils

Der Inhalt eines streitigen Urteils ergibt sich nach § 46 Abs. 2 ArbGG aus den §§ 313, 313 a und 313 b ZPO, sowie den Sonderbestimmungen der §§ 61, 9 Abs. 5 und 64 Abs. 3 ArbGG. 503

a) §§ 313 ff. ZPO

Das Urteil besteht gem. § 313 Abs. 1 ZPO aus Rubrum, Urteilstenor, Tatbestand und Entscheidungsgründen. Der Tenor der Entscheidung gliedert sich in drei oder vier Teile, den 504

Entscheidungssatz, die Kostenentscheidung, die Festsetzung des Streitwerts, welcher nach § 61 Abs. 1 ArbGG immer festzusetzen ist, sowie ggf. die Entscheidung über die Berufung, § 64 Abs. 3a) ArbGG (s.u. Rn. 523 ff.). **Eines Ausspruchs über die vorläufige Vollstreckbarkeit des Urteils bedarf es nicht, da sämtliche Urteile der ArbG vorläufig vollstreckbar sind, § 62 ArbGG, es sei denn die Vollstreckbarkeit wird ausnahmsweise aufgehoben.**

505 Bei der Erhebung einer Leistungsklage bedarf es daher keines Antrags, »das Urteil für vorläufig vollstreckbar zu erklären«.

506 Tatbestand und Entscheidungsgründe sollen unter Hervorhebung der gestellten Anträge **knapp und kurz** dargestellt werden, § 313 Abs. 2 ZPO. Zur Vermeidung unnötiger Schreibarbeit soll soweit möglich auf Akteninhalt, Schriftsätze, sowie auf Protokolle verwiesen werden. Die Durchführung einer Beweisaufnahme wird am Ende des Tatbestandes kurz vermerkt und bzgl. des Beweisthemas und des Beweisergebnisses im Übrigen auf das Sitzungsprotokoll und einen evtl. erlassenen Beweisbeschluss verwiesen.

507 Auf die Darstellung des Tatbestandes kann nach § 313a ZPO verzichtet werden, wenn gegen das Urteil unstreitig kein Rechtsmittel eingelegt werden kann. Sofern die Parteien einen Rechtsmittelverzicht erklären, kann auch auf die Entscheidungsgründe verzichtet werden (zu den Fristen vgl. § 313 Abs. 1 S. 2, Abs. 2, 3 ZPO). **Um den Parteien einen Anreiz zu geben, auf Tatbestand und Entscheidungsgründe zu verzichten, ermäßigt sich im Falle eines Verzichts die Verfahrensgebühr** auf 0,4 (KV Nr. 8211). Keines Tatbestands und keiner Entscheidungsgründe bedarf es ferner bei Versäumnis-, Anerkenntnis- oder Verzichtsurteilen, § 313b ZPO.

508 Das vollständige Urteil ist vom Kammervorsitzenden zu unterschreiben, § 60 Abs. 4 ArbGG, wobei ein voller individualisierter Namenszug und nicht nur eine Paraphe nötig ist.

b) Die Streitwertfestsetzung

aa) Bedeutung

509 Nach § 61 Abs. 1 ArbGG hat das ArbG im Urteil den Streitwert festzusetzen. Fraglich ist, welche Bedeutung dieser Streitwertfestsetzung zukommt.

Die Berufungsfähigkeit eines Urteils hängt nicht vom Streitwert, sondern vom Beschwerdewert ab, § 64 Abs. 2b) ArbGG. Eine vom Streitwert abhängige Vertretungsbeschränkung für Rechtsanwälte gibt es nicht.

510 Nach der Rechtsprechung des *BAG* (13.1.1988, EzA § 12 ArbGG 1979 Nr. 64) **kommt der Streitwertfestsetzung eine mittelbare Bedeutung für die Rechtsmittelzulässigkeit zu. In vermögensrechtlichen Streitigkeiten hängt die Berufungsfähigkeit von der Höhe des Wertes der Beschwer ab, welcher niemals höher sein kann als der Streitwert, den das ArbG im Urteil festgesetzt hat.**

511 Für diese Meinung spricht, dass sich aus § 47 Abs. 1 und 2 GKG ergibt, dass das ArbGG von einem unterschiedlichen Rechtsmittel- und Gebührenstreitwert ausgeht (*LAG RhPf* 15.5.1981 EzA § 61 ArbGG 1979 Nr. 8). Diese Meinung hatte insbes. ihre Berechtigung darin, dass das erkennende Gericht gem. § 318 Abs. 1 ZPO an seine Entscheidung gebunden war und auch das Berufungsgericht gem. § 69 Abs. 2 a.F. ArbGG von dieser Streitwertfestsetzung nicht abweichen durfte.

512 § 69 Abs. 2 ArbGG wurde allerdings durch Gesetz vom 26.6.1990 (BGBl. I S. 1206) geändert, womit fraglich ist, ob das LAG weiterhin an die Streitwertfestsetzung im arbeitsgerichtlichen Urteil gebunden ist, oder eine davon abweichende eigene Feststellung der Beschwer i.S.d. § 64 Abs. 2 ArbGG annehmen kann. Es wird deswegen die Auffassung vertreten, dass der Streitwertfestsetzung im arbeitsgerichtlichen Urteil nur noch die Funktion zukommt, **eine Glaubhaftmachung des Beschwerdewertes gem. § 64 Abs. 5 ArbGG zu erübrigen** (vgl. GMPM-G/*Germelmann* § 61 Rz. 12).

513 Das *BAG* (16.5.2007 EzA § 61 ArbGG 1979 Nr. 20) hat nunmehr entschieden, dass das LAG bei der Prüfung, ob der Wert des Beschwerdegegenstandes 600,– Euro übersteigt, von

dem vom ArbG festgelegten Streitwert auszugehen hat. Diese Bindung entfalle nur dann, wenn die Streitwertfestsetzung offensichtlich fehlerhaft erfolgte.

Folgt man dem BAG und billigt der Streitwertfestsetzung im Urteil zumindest eine mittelbare Bedeutung für die Berufungsfähigkeit eines Urteils zu, muss die Streitwertfestsetzung im Urteilstenor erfolgen und nicht erst in den Entscheidungsgründen. Bei der Streitwertbemessung ist auf den Zeitpunkt der Urteilsfällung abzustellen (*LAG Brem.* 22.6.1959 AP Nr. 1 zu § 23 GKG). 514

Eine Streitwertfestsetzung ist nur dann erforderlich, wenn eine Berufung gegen ein Urteil überhaupt statthaft ist, was nur bei Schluss-, Teil-, § 301 ZPO, Vorbehalts-, 302 ZPO, und Prozessurteilen der Fall ist. Sie ist nicht notwendig in Zwischen- und Grundurteilen, da diese nach § 61 Abs. 3 ArbGG einer Anfechtung durch eigenständige Berufung entzogen sind. 515

Die Streitwertfestsetzung nach § 61 Abs. 1 ArbGG ist ohne Bedeutung für die Berechnung der Gebühren i.S.d. § 62 GKG (*LAG Nbg.* 7.2.1991 LAGE § 24 GKG Nr. 1; *LAG RhPf* 29.9.1992 LAGE § 24 GKG Nr. 2). Es besteht daher auch keine Bindungswirkung hinsichtlich der Rechtsanwaltsgebühren gem. § 32 RVG. 516

Für die Berechnung der Gerichts- und Rechtsanwaltsgebühren können sich andere Streitwerte als für die Streitwertfestsetzung nach § 61 ArbGG ergeben, z.B. wenn im Laufe eines Verfahrens einzelne Streitgegenstände ausscheiden, so z.B. bei teilweiser Klagerücknahme, Teilvergleichen oder teilweiser Erledigung der Hauptsache. Ausgeschiedene Teile des Streitgegenstandes werden im, im Urteil festzusetzenden Streitwert nicht berücksichtigt. Es ist ein gesonderter Gebührenstreitwert gem. § 33 Abs. 1 RVG festzusetzen. **Fehlt es an einer solchen Festsetzung, können die Rechtsanwälte nach § 32 Abs. 2 RVG aus eigenem Recht eine solche beantragen. Der festgesetzte Gebührenstreitwert ist dann auch für die Rechtsanwaltsgebühren maßgebend, § 32 Abs. 1 RVG.** Sofern Gerichtsgebühren bei teilweiser Erledigung des Streitgegenstandes vor Fällung des Endurteils entfallen oder z.B. bei einem Vergleich oder einer Klagerücknahme Gerichtsgebühren nicht anfallen (s.u. Rn. 613 ff.), ist der Gegenstandswert für die Prozessgebühren der Anwälte auf Antrag nach § 33 RVG festzusetzen (vgl. Einzelheiten und zu Verfahrensfragen *Creutzfeldt* NZA 1996, 956 ff.). 517

bb) Anfechtbarkeit

Die Streitwertfestsetzung im Urteil nach § 61 Abs. 1 ArbGG ist nicht isoliert mit einem Rechtsmittel anfechtbar (*LAG RhPf* 4.2.1981 EzA § 61 ArbGG 1979 Nr. 6; *BAG* 2.3.1983 EzA § 64 ArbGG 1979 Nr. 12). 518

cc) Unterbliebene Streitwertfestsetzung

Fehlt es an einer Streitwertfestsetzung im arbeitsgerichtlichen Urteil, kann diese nicht gem. § 319 ZPO nachträglich durch Urteilsberichtigung erfolgen, da es sich nicht um eine offenbare Unrichtigkeit, sondern um eine Unvollständigkeit des Urteils handelt (GMPM-G/*Germelmann* § 61 Rz. 21). Es kann allerdings nach § 321 ZPO eine Urteilsergänzung erfolgen, wenn sie lediglich versehentlich unterblieben ist. 519

dd) Berechnung des Streitwerts

Maßgeblicher Zeitpunkt für die Berechnung des Streitwerts ist der Schluss der mündlichen Verhandlung. Nur der zu diesem Zeitpunkt noch sich im Prozess befindliche Streitgegenstand ist der Streitwertfestsetzung zugrunde zu legen. Beim Teilurteil bemisst sich der Streitwert nach dem Teil des Streitgegenstandes, über den im Teilurteil befunden wird. 520

Der Verfahrensstreitwert richtet sich nach den §§ 3 ff. ZPO, wobei für die Wertberechnung bei Rechtsstreitigkeiten über das Bestehen, das Nichtbestehen oder die Kündigung eines Arbeitsverhältnisses, sowie über wiederkehrende Leistungen die Sondervorschrift des § 42 GKG gilt. 521

522 **Beispiele** (vgl. auch *Berrisch* FA 2002, 230 ff.; *Dingeldey* Streitwerttabelle Beil. in Fa 11/2006; bzgl. der Gegenstandswerte im Beschlussverfahren s.u. Rn. 1107):

- **Abmahnung**: i.d.R. ein Bruttomonatsgehalt (*LAG Hamm* 5.7.1984 EzA § 12 ArbGG 1979 Nr. 31; *LAG Frankf./M.* 1.3.1988 EzA § 12 ArbGG 1979 Nr. 60; *LAG Nbg.* 11.11.1992 NZA 1993, 430; *LAG Hmb.* 12.8.1991 LAGE § 12 ArbGG 1979 Streitwert Nr. 94; **a.A.** *LAG RhPf* 15.7.1986 LAGE § 12 ArbGG 1979 Streitwert Nr. 60: 1\2 Bruttomonatsgehalt; **a.A.** auch unter einem Gehalt, je nach Bedeutung *BAG* 16.5.2007 EzA § 61 ArbGG 1979 Nr. 20 = NZA 2007, 830). Wendet sich ein Arbeitnehmer in einem Prozess gegen mehrere Abmahnungen, so ist nach Ansicht des *LAG Bln.* (28.4.2003 LAGE § 8 BRAGO Nr. 54) jede Abmahnung für sich zu bewerten und ein Gesamtwert zu bilden. Das *LAG RhPf* (20.4.2007 – 1 Ta 67/07) differenziert danach, ob die Abmahnungen in einem engen zeitlichen Zusammenhang erfolgten, dann Erhöhung um 1/3 pro weitere Abmahnung und ob ein wirtschaftlicher oder tatsächlicher Zusammenhang besteht, dann keine Erhöhung.
- **Abrechnung:** 1 Bruttogehalt (*LAG Nbg.* 9.4.2002 LAGE § 286 ZPO Nr. 2, zit. nach FA 11/06 Streitwerttabelle); 10 % der Hauptforderung (*LAG Köln* 21.1.2002 – 5 Ta 22/02); 100–300 Euro (*LAG RhPf* 18.10.2007 – 1 Ta 305/07).
- **Altersteilzeitverlangen:** § 42 Abs. 4 GKG analog, d.h. 3 Bruttogehälter (*LAG Köln* 26.7.2003 – 6 Ta 183/03 – zit. nach FA 11/06 Streitwerttabelle).
- **Arbeitspapiere**: Ansprüche auf Ausfüllung und Herausgabe 10% des Bruttoarbeitslohnes pro Arbeitspapier (*LAG RhPf* 23.12.1993 – 2 Ta 9/94 – n.v.; **a.A.** zwischen 150–300 € (*LAG Hamm* 7.9.2005 – 9 Ta 77/05 – zit. nach FA 11/06 Streitwerttabelle).
- **Auflösungsantrag nach § 9 KSchG** neben Kündigungsschutzantrag: Zusätzlich 1 Bruttomonatsgehalt nach Ansicht des *LAG Bln.* (30.12.1999 LAGE § 12 ArbGG 1979 Nr. 119b; **a.A. h.M.** keine Gegenstandswerterhöhung (*LAG Nbg.* 29.8. 2005 LAGE § 42 GKG 2004 Nr. 6; *LAG Düsseld.* 20.7.1987 LAGE § 12 ArbGG 1979 Streitwert Nr. 66; *LAG Hmb.* 19.9.2003 LAGE § 12 ArbGG 1979 Streitwert Nr. 131; KR/*Spilger* § 9 KSchG Rz. 94; GK-ArbGG/*Wenzel* § 12 Rz. 103, 118 m.w.N.); jedenfalls nicht über die Höchstgrenze nach § 12 Abs. 7 ArbGG a.F., jetzt § 42 Abs. 4 GKG hinaus (*LAG Bra.* 17.4.2003 LAGE § 12 ArbGG 1979 Streitwert Nr. 129).
- **Auskunftsansprüche**: Wert des Hauptanspruches abzüglich 20% (*BAG* 27.8.1986 AP Nr. 70 zu § 1 TVG Tarifverträge Bau).
- **Befreiung von einer Verbindlichkeit**: Der Wert dessen, weswegen der Kläger in Anspruch genommen wird (*BAG* 4.4.1960 AP Nr. 5 zu § 3 ZPO).
- **Begründung eines Arbeitsverhältnisses:** § 42 Abs. 4 GKG analog (*LAG SchlH* 13.7.2001 FA 2002, 88; *LAG Bln.* 6.3.2006 – 17 Ta 6042/06; *LAG RhPf* 26.7.2006 – 11 Ta 103/06).
- **Bestand eines Arbeitsverhältnisses**: § 12 Abs. 7 ArbGG a.F., jetzt § 42 Abs. 4 GKG höchstens drei Bruttomonatsgehälter. Nach der Rechtsprechung des *BAG* (30.11.1984 EzA § 12 ArbGG 1979 Streitwert Nr. 36) ist i.d.R. bei einem Bestand des Arbeitsverhältnisses bis zu 6 Monaten von einem Monatsverdienst, bei 6 bis 12 Monaten von zwei Monatsverdiensten und ab 12 Monaten von drei Monatsverdiensten auszugehen (str.; **a.A.** *LAG München* 13.1.1986 LAGE § 12 ArbGG 1979 Streitwert Nr. 51 ab 3 Monaten Beschäftigungszeit immer 3 Bruttomonatsgehälter; ähnlich *LAG Brem.* 28.2.1986, *LAG Nds.* 21.1.1986, *LAG Frankf.* 4.11.1985, *LAG Hmb.* 15.5.1990 LAGE § 12 ArbGG 1979 Nr. 49, 46, 45, 85). Entscheidend ist die Bestandsdauer zum Zeitpunkt des Zugangs der Kündigung (*LAG RhPf* 20.11.2008 – 1 Ta 206/08).
  Maßgeblich ist dabei das Bruttogehalt, was der Arbeitnehmer nach der Kündigung bei Fortbestand des Arbeitsverhältnisses hätte beanspruchen können (*BAG* 19.3.1973 AP Nr. 20 zu § 12 ArbGG 1953). Hierbei sind Prämien, Jahressonderzahlungen etc. anteilig zu berücksichtigen, auch wenn sie noch nicht fällig sind (*Ascheid* Rz. 671; *LAG Düsseld.* 28.6.1990, **a.A.** *LAG Köln* 18.7.1994 LAGE § 12 ArbGG 1979 Streitwert Nr. 84, 100).
- Werden **mehrere Kündigungen hintereinander** ausgesprochen, ist nach twA für die erste Kündigung höchstens ein Vierteljahresverdienst, für die weiteren entsprechend der folgenden Zeitdifferenz der Streitwert festzusetzen (*LAG Düsseld.* 27.11.1980 EzA § 12

ArbGG 1979 Streitwert Nr. 2; *LAG Hmb.* 7.8.1987 EzA § 12 ArbGG 1979 Streitwert Nr. 57; *LAG Brem.* 13.2.1987 LAGE § 12 ArbGG 1979 Streitwert Nr. 62; *LAG Thür.* 14.11.2000 – 8 Ta 134/00; *LAG Bln.* 10.4.2001 – 17 Ta 6852/01; 2.11.2005 – 17 Ta 6073/05; **a.A.** nur einmal der Höchstwert nach § 12 Abs. 7 ArbGG a.F., jetzt § 42 Abs. 4 GKG, mithin 3 Bruttomonatsgehälter *LAG RhPf* st. Rspr. bis Juni 2007 z.B. 25.4.2001 – 2 Ta 619/01; 10.6.2003 – 7 Ta 861/03; *LAG Köln* 13.4.2006 EzA § 42 GKG 2004 Nr. 6; vgl. *Dörner* NzA 1987, 113 ff.; Nach **neuer Rspr. des** ***LAG RhPf*** (6.6.2007 – 1 Ta 105/07; 24.9.2007 – 1 Ta 220/07) ist zu differenzieren: Bei gleichem Kündigungssachverhalt und zeitlichem Zusammenhang kein eigener Gegenstandswert für weitere Kündigungen. Andernfalls werden die weiteren Kündigungen mit dem Betrag bewertet, der dem durchschnittlichen Verdienst des Arbeitnehmers bis zum Kündigungstermin der späteren Kündigung entspricht, maximal jedoch mit einem Monatsverdienst pro weiterer Kündigung; **a.A.** bei Angriff der Kündigung in verschiedenen Kündigungsschutzklagen jeweils eigene Streitwerte bis zu drei Bruttomonatsgehältern *LAG Hamm* 6.5.1982 EzA § 12 ArbGG 1979 Streitwert Nr. 15; vgl. auch *LAG Nbg.* 23.6.1987 EzA § 12 ArbGG 1979 Streitwert Nr. 55; *LAG Hmb.* 23.4.1987 EzA § 12 ArbGG 1979 Streitwert Nr. 52; *LAG Hessen* FA 1999, 123).

- Wird neben einem **Kündigungsschutzantrag** nach § 4 KSchG **ein allgemeiner Feststellungsantrag** nach § 256 ZPO gestellt, soll dieser zumindest so lange nicht streitwerterhöhend sein, bis tatsächlich eine Folgekündigung oder sein sonstiger Auflösungsgrund in das Verfahren einbezogen wird (*LAG Thüringen* 3.6.1996 LAGE § 12 ArbGG 1979 Streitwert Nr. 106; *LAG Köln* 12.12.1996 LAGE § 12 ArbGG 1979 Streitwert Nr. 108; *LAG Brem.* 29.2.2000 LAGE § 12 ArbGG 1979 Streitwert Nr. 120; *LAG RhPf* 8.5.2000 – 11 Ta 374/00; *LAG Düsseld.* 27.7.2000 LAGE § 19 GKG Nr. 17; *LAG Köln* 16.2.2005 LAGE § 42 GKG 2004 Nr. 4; *LAG RhPf* 6.6.2007 – 1 Ta 105/07).
- Werden neben einem **Feststellungsanspruch auf Bestehen oder Nichtbestehen eines Arbeitsverhältnisses Vergütungsansprüche** geltend gemacht, so findet keine Erhöhung des Streitwertes statt, wenn es sich um Vergütungsansprüche nach Ausspruch der Kündigung handelt (*LAG Nbg.* 21.7.1988 EzA § 12 ArbGG 1979 Streitwert Nr. 62; *LAG Brem.* 25.8.2005 LAGE § 42 GKG 2004 Nr. 5; **a.A.** *LAG Hessen* 1.8.1994 LAGE § 12 ArbGG 1979 Streitwert Nr. 80; 2.9.1999 LAGE § 12 ArbGG 1979 Streitwert Nr. 119a; *LAG München* 5.1.2004 – 4 Ta 228/03; *LAG Hmb.* 11.1.2008 – 8 Ta 13/07; *Sächs. LAG* 21.6.2007 LAGE § 42 GKG 2004 Nr. 7a). Es ist insofern von einer wirtschaftlichen Identität der Streitgegenstände auszugehen. Etwas anderes gilt allerdings dann, wenn die Leistungsansprüche in einem gesonderten Verfahren geltend gemacht werden oder der Leistungsantrag den Streitwert des Feststellungsantrags überschreitet. In diesem Fall ist der höhere Streitwert der beiden Klageanträge festzusetzen (*LAG RhPf* 15.3.2006 – 2 Ta 51/06; 17.7.2007 – 1 Ta 167/07). Handelt es sich um Vergütungsansprüche, die bereits vor Ausspruch der Kündigung entstanden sind, sind sie trotz § 42 Abs. 5 S. 2 GKG streitwerterhöhend zu berücksichtigen (*LAG Brem.* 25.8.2005 LAGE § 42 GKG 2004 Nr. 5; *LAG SA* 29.11.2006 – 1 Ta 156/06; **a.A.** GMPM-G/*Germelmann* § 12 Rz. 104).
- Wird im anhängigen **Kündigungsschutzprozess** als **Hilfsantrag** ein **Zahlungsanspruch** aus einem **Sozialplan** oder wegen **Nachteilsausgleichs** nach § 113 Abs. 3 BetrVG geltend gemacht, soll nach einer Meinung keine Erhöhung des Streitwerts stattfinden (*LAG BW* 15.5. 1990 – 8 Ta 51/90; *LAG Bln.* 3.3.2004 – 17 Ta 6138/03). Nach **a.A.** findet eine Addition der Streitwerte statt, wenn über die Hilfsanträge entschieden wird (*LAG Hmb.* 19.9.2003 – 4 Ta 16/03). Nach teilweise vertretener Ansicht ist i.d.F. der höhere Wert maßgeblich (*LAG BW* 4.2.2004 – 3 Ta 7/04).
- Der zusammen mit der **Kündigungsschutzklage erhobene Weiterbeschäftigungsanspruch** ist bei der Streitwertfestsetzung nach überwiegender Meinung mit ein bis zwei Monatsverdiensten zu berücksichtigen (eineinhalb Monatsverdienste *LAG Hamm* 7.12.1979 EzA § 12 ArbGG 1979 Nr. 1, zwei Monatsverdienste *LAG Düsseld.* 30.10.1980 EzA § 12 ArbGG 1979 Streitwert Nr. 1; *LAG Hamm* 15.10.1981 LAGE § 12 ArbGG 1979 Streitwert Nr. 6, ein Monatsverdienst *LAG BW* 27.1.1982 EzA § 12

ArbGG 1979 Streitwert Nr. 17; *LAG RhPf* 16.4.1992 LAGE § 12 ArbGG Nr. 98, 2.6.2004 – 2 Ta 113/04 auch für den Fall des unechten Hilfsantrages; *LAG Nds.* 25.5.2004 LAGE § 529 ZPO 2002 Nr. 1; *LAG Chemnitz* 14.6.1993 LAGE § 12 ArbGG 1979 Streitwert Nr. 97; *LAG Sachsen* 15.5.1997 LAGE § 12 ArbGG 1979 Streitwert Nr. 111; **a.A.** *LAG Hessen* 26.6.1997 LAGE § 19 GKG Nr. 16; *LAG Düsseld.* 27.7.2000 NZA 2001, 120; *LAG SchlH* 14.1.2003 – 2 Ta 224/02 – nur wenn auch über ihn entschieden wird, ist er streitwerterhöhend zu berücksichtigen).

- Bei **Änderungskündigungen** kommt es darauf an, ob der Arbeitnehmer das Änderungsangebot unter Vorbehalt angenommen hat oder nicht. Im ersteren Fall bemisst sich der Streitwert gem. § 42 Abs. 4 S. 2 GKG analog aus dem Unterschiedsbetrag zwischen dem früheren und dem geänderten Entgelt, bezogen auf drei Jahre, jedoch höchstens auf drei Bruttomonatsverdienste (*LAG RhPf* 25.2.1991 LAGE § 12 ArbGG 1979 Streitwert Nr. 91; 25.7.2007 – 1 Ta 179/07; *LAG Köln* 26.1.2005 LAGE § 42 GKG 2004 Nr. 3; **a.A.** *LAG Bln.* 17.7.1998 LAGE § 12 ArbGG 1979 Streitwert Nr. 119; *LAG RhPf* 19.3.1999 – 6 Ta 48/99 – höchstens 2 Bruttomonatsgehälter; **a.A.** *LAG RhPf* 11.6.2008 – 1 Ta 108/08 – höchstens 1,5 Gehälter). Bei Ablehnung des Änderungsangebots handelt es sich um eine Beendigungskündigung, sodass § 42 Abs. 4 S. 1 GKG unmittelbar Anwendung findet (*BAG* 23.3.1989 EzA § 12 ArbGG 1979 Streitwert Nr. 64).
- **Betriebliche Altersversorgung**: Richtet sich nach § 42 Abs. 4 GKG, d.h. der dreifache Jahresbezug ist maßgebend.
- **Betriebsübergang**: eigener Streitwert bis zu 3 Monatsgehältern nach § 42 Abs. 4 GKG (*LAG Bln.* 5.1.2004 – 17 Ta 6122/03 – zit. nach FA 11/06 Streitwerttabelle).
- **Direktionsrecht,** Feststellungsklage wegen Überschreitens: 1 Bruttomonatsgehalt (*LAG Sachsen* 31.3.1999 LAGE § 12 ArbGG 1979 Streitwert Nr. 118).
- **Eingruppierungsstreitigkeiten**: § 42 Abs. 3 GKG, d.h. der dreifache Jahresbetrag der Differenz der derzeitigen zur begehrten Vergütungsgruppe (*LAG Bln.* 7.12.1987 EzA § 12 ArbGG 1979 Nr. 58).
- **Entfristungsklage:** § 42 Abs. 4 GKG, d.h. 3 Bruttogehälter (*LAG Nbg.* 1.8.2003 – 6 Ta 98/03 – zit. nach FA 11/06 Streitwerttabelle).
- **Freistellung des Arbeitnehmers** bei Beendigung des Arbeitsverhältnisses: str.: *LAG Köln* 29.1.2002 – 7 Ta 285/01 – keine Erhöhung; *LAG Bln.* 11.3.1996 – 7 Ta 6/96, *LAG Düsseld.* 22.5.1995 – 7 Ta 166/95, *LAG RhPf* 19.6.2002 LAGE § 12 ArbGG 1979 Streitwert Nr. 127a: 10% der Vergütung im Freistellungszeitraum; *LAG Bln.* 1.10.2001 – 17 Ta 6136/01 – 10–50%; *LAG Brem.* 8.10.1996 – 1 Ta 58/96, *LAG RhPf* 28.11.1984 – 1 Ta 232/84; *LAG SchlH* 20.5.1998 LAGE § 12 Streitwert Nr. 113: 25%; *LAG Köln* 27.7.1995 – 13 Ta 144/95, *LAG SA* 20.9.1995 – 1 Ta 93/95: 100%; *LAG Hmb.* 11.1.2008 – 8 Ta 13/07 -: 1 Bruttomonatsgehalt).
- **Geldforderungen**: Der eingeklagte Nominalbetrag, d.h. bei einer Bruttolohnforderung der Bruttobetrag, bei einer Nettoforderung der Nettobetrag.
- **Leistungsklage** auf wiederkehrende Leistungen: § 42 Abs. 3 GKG. Dies gilt selbst dann, wenn zum Zeitpunkt der Klageerhebung Rückstände geltend gemacht werden, die Betragsmäßig höher liegen (*BAG* 10.12.2002 EzA § 12 ArbGG 1979 Streitwert Nr. 68).
- **Nachträgliche Zulassung der Kündigungsschutzklage:** § 42 Abs. 4 GKG (*LAG Köln* 26.11.1999 – 11 Ta 348/99 – zit. nach FA 11/06 Streitwerttabelle).
- Werden in einem **Prozessvergleich bislang unstreitige Ansprüche** mitgeregelt, so sind sie bei der Gegenstandwertfestsetzung entweder gar nicht (*LAG RhPf* 3.4.1984 NZA 1984, 99; 24.9.2004 – 10 Ta 209/04) oder mit einem geringeren Wert in Ansatz zu bringen (*LAG Hmb.* 15.11.1994 LAGE § 12 ArbGG 1979 Streitwert Nr. 102; *Sächs. LAG* 14.3.2007 LAGE § 33 RVG Nr. 3; vgl. *Dingeldey* a.a.O.).
- **Rechtswegstreitigkeiten nach § 17a GVG:** halber Wert der Hauptsache (*BAG* 27.8.2003 – 5 AZB 45/03 – zit. nach FA 11/06 Streitwerttabelle).
- **Urlaub, einstweilige Verfügung auf Erteilung:** Während der Dauer des Urlaubs anfallendes Urlaubsentgelt (*LAG Brem.* 22.10.2008 LAGE § 23 RVG Nr. 13).

- **Verringerung der Arbeitszeit** nach § 8 TzBFG: 2 Bruttomonatsgehälter (*ArbG Mönchengladbach* 30.5.2002 EzA § 8 TzBfG Nr. 1; *LAG Düsseld.* 12.11.2001 LAGE § 3 ZPO Nr. 14); Grundsätze der Streitwertfestsetzung bei Änderungskündigungen entsprechend (*LAG Bln.* 4.9.2001 – 17 Ta 6121/01; 9.3.2004 – 17 Ta 6006/03; *LAG Nds.* 14.12.2001 NZA 2002, 1303; *LAG Hmb.* 8.11.2001 LAGE § 12 ArbGG 1979 Streitwert Nr. 125); *LAG RhPf* 26.10.2007 – 1 Ta 242/07 höchstens 1,5 Gehälter *LAG RhPf* 28.4.2008 – 1 Ta 60/08); nach § 15 Abs. 5-7 BEEG: Das dreifache Monatsentgelt der angestrebten Teilzeitarbeit (*LAG SA* 1.3.2004 LAGE § 42 GKG 2004 Nr. 1).
- **Versetzung:** 1–2 Gehälter (*LAG Bln.* 2.11.2005 – 17 Ta 6070/05 – zit. nach Fa 11/06 Streitwerttabelle).
- **Weiterbeschäftigungsantrag nach § 78a BetrVG:** 2 Bruttomonatsgehälter (*LAG Köln* 20.2.2006 – 2 Ta 468/05).
- **Wettbewerbsunterlassung:** Wert der geschuldeten Karenzentschädigung (*LAG Düsseld.* 27.11.1980 EzA § 12 ArbGG 1979 Streitwert Nr. 2); Umfang des zu erwartenden Schadens, hilfsweise Wert der Karenzentschädigung (*LAG Nbg.* FA 2000, 195; *LAG Bln.* 28.5.2003 – 17 Ta 6046/03 – zit. nach FA 11/06 Streitwerttabelle).
- **Zeugnis:** 1 Bruttomonatsgehalt (*LAG RhPf* 31.7.1991 NZA 1992, 524; 12.6.2007 – 1 Ta 135/07; *LAG Düsseld.* 26.8.1982 EzA § 12 ArbGG 1979 Streitwert Nr. 18); **Zwischenzeugnis:** 1 Bruttomonatsgehalt (*LAG Düsseld.* 19.8.1999 7 Ta 238/99); 2 Bruttomonatsgehälter (*LAG Sachsen* 19.10.2000 FA 2001, 215; *LAG RhPf* 18.1.2002 – 9 Ta 1472/01; ½ Bruttogehalt *LAG RhPf* 2.4.2008 – 1 Ta 155/08).
- **Berichtigung eines Zeugnisses:** 1 Bruttomonatsgehalt minus Abschlag, je nach Bedeutung der Berichtigung (*LAG Köln* 29.12.2000 NZA 2001, 856).

c) Zulassung der Berufung

aa) Allgemeines

Eine Berufung gegen Urteile des ArbG ist nach § 64 Abs. 2 ArbGG bei Streitigkeiten über das Bestehen oder Nichtbestehen eines Arbeitsverhältnisses und in Kündigungsschutzverfahren grds. möglich, ansonsten nur statthaft, wenn der Beschwerdewert 600 € übersteigt. Bei einem Beschwerdewert von unter 600 € hat das ArbG die Berufung zuzulassen, wenn eine der in § 64 Abs. 3 ArbGG genannten Voraussetzungen erfüllt ist. **523**

Das Arbeitsgericht hat gem. § 64 Abs. 3a ArbGG die Entscheidung, ob es die Berufung zulässt oder nicht, im Tenor seines Urteils aufzunehmen. Wird dies versäumt, kann eine Ergänzung des Urteils binnen zwei Wochen ab Verkündigung beantragt werden. Diese Verpflichtung besteht wohl nur, wenn die Berufung nicht bereits kraft Gesetz zulässig ist. § 64 Abs. 3a ArbGG konkretisiert nur die Regelung des Abs. 3. **524**

Die Zulassung der Berufung kann gegen das Urteil im Ganzen oder auch nur in Bezug auf einzelne abteilbare Streitgegenstände erfolgen, wenn über diese ein Teilurteil hätte ergehen können. In diesem Fall ist die Einschränkung der Zulassung bereits in der Urteilsformel zum Ausdruck zu bringen. **525**

> Auch wenn der Streitwert des Urteils in einer Streitigkeit über 600 € liegt, bedarf es einer Entscheidung über die Zulassung der Berufung dann, wenn ersichtlich ist, dass eine Partei unter dem für das Urteil selbst festgelegten Streitwert beschwert ist und dieser Beschwerdewert unter 600 € liegt. Ohne eine Zulassung durch das ArbG ist in diesem Fall der Partei eine Berufungseinlegung verwehrt. Unterlässt das ArbG eine diesbezügliche Entscheidung, können die Parteien binnen 2 Wochen ab Verkündung eine Urteilsergänzung beantragen, § 64 Abs. 3a ArbGG. Über den Antrag entscheidet die Kammer des ArbG, was ohne mündliche Verhandlung geschehen kann. **526**

Ist die Berufung versehentlich nicht zugelassen worden, kann das Versäumnis nicht durch einen Beschluss nach den §§ 319, 321 ZPO nachgeholt werden. § 321 ZPO findet nur bei der Versäumung der Bescheidung von Sachanträgen Anwendung, jedoch nicht bei Prozessanträ- **527** gen, da durch eine Urteilsergänzung die Rechtskraft des Urteils nicht angegriffen werden darf. Bei der versehentlichen Nichtentscheidung über die Zulassung der Berufung handelt es sich auch nicht um eine offenbare Unrichtigkeit des Urteils i.S.d. § 319 ZPO (*BAG* 19.8.1986 EzA § 64 ArbGG 1979 Nr. 18).

bb) Zulassungsgründe

528 **Die Zulassungsgründe sind in § 64 Abs. 3 ArbGG abschließend festgelegt. Liegen sie vor, hat das ArbG die Berufung zuzulassen; ihm steht insofern kein Ermessen zu.**

529 Die Berufung ist zuzulassen, wenn die Rechtssache **grundsätzliche Bedeutung** hat, § 64 Abs. 3 Nr. 1 ArbGG. Dies ist der Fall, wenn die Entscheidung sich nicht nur in der Regelung der Rechtsbeziehungen zwischen den streitenden Parteien erschöpft, sondern darüber hinaus **einen weiteren Personenkreis in rechtlicher oder wirtschaftlicher Hinsicht berührt**, d.h. mehr als ca. 20 Personen (GK-ArbGG/*Vossen* § 64 Rz. 66), wobei ausreichend ist, dass sich dieser im Bereich des LAG-Bezirks bewegt. Eine grundsätzliche Bedeutung liegt aber auch in diesem Fall nicht vor, wenn es bereits eine feststehende Rechtsprechung des BAG oder des einschlägigen LAG gibt, mit deren Aufrechterhaltung im Fall einer Berufung zu rechnen ist. Darüber hinaus soll auch bei geringfügigen Streitwerten die Zulassung der Berufung grds. ausgeschlossen sein (*Schaub* ArbGVerf § 44 Rz. 11).

530 Nach § 64 Abs. 3 Nr. 2 ArbGG ist die Berufung dann zuzulassen, wenn sie:

- **Rechtsstreitigkeiten zwischen Tarifvertragsparteien aus Tarifverträgen oder über das Bestehen oder Nichtbestehen von Tarifverträgen betrifft,**
- **es um die Auslegung eines Tarifvertrages, dessen Geltungsbereich sich über den Bezirk eines ArbG hinaus erstreckt, geht, oder**
- **ein Streit zwischen tariffähigen Parteien oder zwischen diesen und Dritten aus unerlaubter Handlung besteht, soweit es sich um Maßnahmen zum Zwecke des Arbeitskampfes oder um Fragen der Vereinigungsfreiheit einschließlich des hiermit im Zusammenhang stehenden Betätigungsrechts der Vereinigung handelt.**

531 Bei einem Streit nach § 64 Abs. 3 Nr. 2b ArbGG muss nicht die Auslegung des Tarifvertrages unmittelbar der Streitgegenstand sein, es genügt auch, wenn diese als Vorfrage für eine zu treffende Entscheidung relevant ist (GMPM-G/*Germelmann* § 64 Rz. 23).

532 Schließlich ist die Berufung nach § 64 Abs. 3 Nr. 3 ArbGG dann zuzulassen, wenn das ArbG **bei der Auslegung einer Rechtsvorschrift von einem anderen ihm vorgelegten Urteil abweichen will**, das für oder gegen eine Partei des Rechtsstreits ergangen ist, wobei auch ein Urteil gegen eine Rechtsvorgängerin einer Partei des anhängigen Rechtsstreits ausreichend ist (*Grunsky* § 64 Rz. 14). **Darüber hinaus ist bei einer Abweichung von den Rechtsgrundsätzen eines Urteils des direkt übergeordneten LAG die Berufung zuzulassen, wenn die Entscheidung auf dieser Abweichung beruht.** Hingegen zwingt eine Abweichung von einem Urteil eines anderen LAG oder des BAG nicht zur Zulassung, es sei denn, es liegt ein Fall des § 64 Abs. 3 Nr. 1 ArbGG vor.

cc) Bindungswirkung

533 **Das LAG ist an eine Entscheidung des ArbG über die Zulassung der Berufung gebunden,** § 64 Abs. 4 ArbGG. Eine Ausnahme besteht dann, wenn das Urteil für sich genommen schon nicht rechtsmittelfähig ist, z.B. bei einem Zwischenurteil über den Grund gem. § 304 ZPO i.V.m. § 61 Abs. 3 ArbGG. Die Zulassungsentscheidung muss zur Herbeiführung der Bindungswirkung nicht begründet werden. Deswegen ist auch eine falsche Begründung, in der das ArbG unzutreffenderweise von einem Zulassungsgrund i.S.d. § 64 Abs. 3 ArbGG ausgegangen ist, für die Bindungswirkung unschädlich (GK-ArbGG/*Vossen* § 64 Rz. 75).

534 Weil das Gesetz, anders als bei der Nichtzulassung der Revision, § 72a ArbGG, keine Nichtzulassungsbeschwerde vorgesehen hat, ergibt sich, dass das LAG an die Entscheidung über die Nichtzulassung der Berufung durch das ArbG gebunden ist.

d) Rechtsmittelbelehrung

Nach § 9 Abs. 5 ArbGG hat jedes arbeitsgerichtliche Urteil eine Rechtsmittelbelehrung zu enthalten, auch wenn eine Berufungsmöglichkeit nicht besteht. Die Belehrungspflicht besteht gegenüber allen Parteien und sonstigen am Verfahren Beteiligten, z.B. Streithelfer oder Nebenintervenienten. 535

Sie bezieht sich lediglich auf das regelmäßige Rechtsmittel der Berufung, nicht auch auf die ggf. gegebene Möglichkeit, eine Sprungrevision oder Anschlussberufung einlegen oder die Wiederaufnahme des Verfahrens beantragen zu können (*BAG* 20.2.1997 EzA § 9 ArbGG 1979 Nr. 11). 536

Eine Rechtsmittelbelehrung muss nicht auf die Abhilfemöglichkeiten nach § 321a ZPO verweisen, da die Belehrungspflicht nach § 9 ArbGG nur Rechtsmittel im technischen Sinn umfasst, also nur bei solchen besteht, denen auch ein Devolutiveffekt zukommt (*Schmidt/Schwab/Wildschütz* NZA 2001, 1166). 537

Aus § 9 Abs. 5 S. 1 ArbGG ergibt sich, dass die Belehrung durch den Richter selbst erfolgen soll, denn sie muss in der Entscheidung enthalten sein. Allein die Belehrung durch die Geschäftsstelle reicht nicht aus. Der Richter muss mit seiner Unterschrift dokumentieren, dass er sich die Rechtsmittelbelehrung zu Eigen gemacht hat. Wo im Urteil die Rechtsmittelbelehrung erfolgen soll, schreibt das Gesetz nicht vor. I. d. R. wird sie mittels Formblatt den Entscheidungsgründen beigefügt. Dieses ist dann zu unterschreiben (*BAG* 1.3.1994 EzA § 9 ArbGG 1979 Nr. 7). 538

Die Belehrung muss das Rechtsmittel, das Adressatgericht mit vollständiger Anschrift, sowie die Rechtsmittelform (Schriftform oder Erklärung zu Protokoll der Geschäftsstelle) und -frist bezeichnen, § 9 Abs. 5 S. 3 ArbGG. Daneben muss die Notwendigkeit, sich vor dem LAG durch einen Rechtsanwalt vertreten zu lassen, mitgeteilt werden. Auf den notwendigen Inhalt der Rechtsmittelschrift und auf die bestehende Frist für die Begründung des Rechtsmittels muss sich die Belehrung nicht beziehen (*BAG* 5.9.1974 EzA § 232 ZPO Nr. 10; *LAG RhPf* 2.7.2002 LAGE § 233 ZPO n.F. Nr. 1). Eine Belehrung hat auch dann zu erfolgen, wenn die Partei bereits die erforderlichen Kenntnisse hat, z.B. weil sie sich durch einen Rechtsanwalt vertreten lässt. 539

Wurde dem Urteil eine unrichtige Rechtsmittelbelehrung beigelegt, kann dies nur dadurch geheilt werden, dass das Urteil nochmals mit einer richtigen Rechtsmittelbelehrung zugestellt wird. Alleine die Zusendung einer berichtigten Rechtsmittelbelehrung reicht nicht aus, da diese Bestandteil des Urteils selbst ist (*Schaub* ArbGVerf § 44 Rz. 36). 540

Nach § 66 Abs. 1 ArbGG n.F. beginnt die Berufungsfrist spätestens fünf Monate nach Verkündung des Urteils, unabhängig davon, ob es mit richtiger, falscher oder gar keiner Rechtsmittelbelehrung oder gar nicht zugestellt wurde. Wird eine falsche Rechtsmittelbelehrung gegeben, kommt ein Wiedereinsetzungsantrag nach § 233 ZPO in Betracht (*BAG* 28.10.2004 EzA § 66 ArbGG 1979 Nr. 38; 23.6.2005 EzA § 66 ArbGG 1979 Nr. 41). 541

e) Festsetzung einer Entschädigung, § 61 Abs. 2 ArbGG

aa) Antragstellung

Auf Antrag des Klägers hat das ArbG in seinem Urteil, welches die Verpflichtung zur Vornahme einer Handlung ausspricht, den Beklagten für den Fall, dass die Handlung nicht binnen einer festgesetzten Frist vorgenommen wird, zur Zahlung einer Entschädigung zu verurteilen, § 61 Abs. 2 ArbGG. 542

Die Vorschrift findet bzgl. aller Handlungen, die nach den §§ 887, 888 ZPO zu vollstrecken wären, Anwendung. Es handelt sich um einen Entschädigungsanspruch, sodass es unerheblich ist, ob die Zwangsvollstreckung im Einzelfall überhaupt zulässig wäre. Z. B. wäre im Fall der Verurteilung eines Arbeitnehmers zur Leistung von Diensten das Urteil gem. § 888 Abs. 2 ZPO nicht vollstreckbar, dennoch ist die Vorschrift des § 61 Abs. 2 ArbGG auch in diesem Fall anwendbar (GMPM-G/*Germelmann* § 61 Rz. 26). 543

544 Der Antrag des Klägers muss die Fristsetzung sowie die Bezifferung der Entschädigung enthalten. Allerdings ist es auch zulässig, dass der Kläger beides in das Ermessen des Gerichts stellt. Er muss allerdings in seinem Antrag Hinweise zum möglichen Schaden geben, damit das Gericht diesen bewerten und die Höhe der Entschädigung gem. § 287 ZPO schätzen kann (GK-ArbGG/*Schütz* § 61 Rz. 35).

bb) Fristsetzung

545 Das Gericht hat dem Schuldner zur Erbringung der Handlung nach pflichtgemäßem Ermessen eine Frist zu setzen. Dem Beklagten darf durch eine zu kurze Fristsetzung nicht von vornherein die Erfüllung des Hauptanspruchs unmöglich gemacht werden. Daneben ist die Berufungsfrist von einem Monat nach Urteilszustellung zu beachten, sodass eine Frist unter einem Monat als zu kurz und unzulässig angesehen wird (*BAG* 5.6.1985 EzA § 4 TVG Bauindustrie Nr. 30).

cc) Höhe der Entschädigungszahlung

546 Die Entschädigung wegen unterlassener Auskunft ist nach der Rechtsprechung ca. 20% niedriger zu bewerten als der zu erwartende Zahlungsanspruch (*BAG* 5.6.1985 EzA § 4 TVG Bauindustrie Nr. 30). Ob diese Ansicht dem Charakter des Anspruchs nach § 61 Abs. 2 ArbGG, bei dem es sich um einen Schadensersatzanspruch für die Nichterbringung der geschuldeten Handlung handelt, gerecht wird, wird in der Literatur zu Recht bestritten (GMPM-G/*Germelmann* § 61 Rz. 37). Es erscheint sachgerechter, den Entschädigungsanspruch für den unterlassenen Auskunftsanspruch auch möglichst nahe an den zu erwartenden Zahlungsanspruch anzugleichen, weswegen der Kläger den Schadensumfang möglichst genau vortragen sollte.

dd) Folgen der Fristversäumung

547 **Nach Ablauf der Frist wandelt sich der Erfüllungsanspruch hinsichtlich der zu erbringenden Handlung in einen Schadensersatzanspruch um, dies allerdings erst nach Rechtskraft des Urteils.** Daher kann die zu erfüllende Handlung auch noch nach Zustellung des Urteils in der Rechtsmittelinstanz erbracht werden (*BAG* 28.10.1992 EzA § 61 ArbGG 1979 Nr. 17). Der Beklagte hat bis zur Rechtskraft der Entscheidung die Wahl, ob er die Entschädigung zahlt oder die geforderte Handlung erbringt.

548 Erfüllt der Schuldner die tenorierte Handlung, kann er dies im Fall der Zwangsvollstreckung der festgesetzten Entschädigung mit der Vollstreckungsgegenklage nach § 767 ZPO geltend machen (*BAG* 28.10.1992 EzA § 61 ArbGG 1979 Nr. 17). Nimmt der Gläubiger nach Ablauf der Frist die geschuldete Handlung noch an, erlischt der Anspruch auf die zugesprochene Entschädigung.

549 Eine Vollstreckung des Urteils zur Erbringung einer Handlung ist ausgeschlossen, wenn gleichzeitig für den Fall der Nichtleistung eine Entschädigung festgesetzt worden ist. Insofern kann nur die Entschädigung vollstreckt werden. Legt der Schuldner gegen das Urteil Berufung ein, kann der Entschädigungsanspruch vorläufig vollstreckt werden. Die Entschädigungszahlung muss im Fall des Obsiegens des Schuldners in der Berufungsinstanz zurückgezahlt werden.

550 Soweit dem Antrag auf Gewährung einer Entschädigung durch das Gericht nicht stattgegeben wird, ist das Leistungsurteil auf Erbringung einer Handlung nach den allgemeinen Bestimmungen der §§ 887, 888 ZPO zu vollstrecken.

ee) Streitwert

551 Der Streitwert des Verfahrens erhöht sich durch einen Antrag gem. § 61 Abs. 2 ArbGG nicht. Nach § 5 ZPO werden lediglich mehrere in einer Zahlungsklage geltend gemachten

Ansprüche zusammengerechnet. Im Fall des § 61 Abs. 2 ArbGG handelt es sich allerdings um denselben Streitgegenstand, sodass sowohl dem Handlungs- als auch dem Entschädigungsanspruch kein selbstständiger Wert zukommt (GMPM-G/*Germelmann* § 61 Rz. 33).

ff) Einzelfälle

In der Praxis ist die Stellung des Antrags nach § 61 Abs. 2 ArbGG insbes. dann sinnvoll, wenn Druck auf den Beklagten ausgeübt werden soll, die begehrte Handlung zu erbringen, da ihm sonst zumindest die vorläufige Vollstreckung des Entschädigungsanspruchs droht. 552

- **Arbeitspapiere:**
  Zwar kann die Aushändigung der Arbeitspapiere nicht mit einem Antrag nach § 61 Abs. 2 ArbGG verbunden werden, da es sich hierbei um einen Herausgabeanspruch handelt, der gem. § 883 ZPO zu vollstrecken ist. Auf Herausgabeansprüche von Sachen findet § 61 Abs. 2 ArbGG keine Anwendung. Allerdings kann die Verurteilung zur Ausfüllung der Arbeitspapiere mit einem Entschädigungsanspruch gem. § 61 Abs. 2 ArbGG verbunden werden (vgl. zur Entschädigungspflicht; *LAG Frankf.* 25.6.1980 DB 1981, 535).
- **Abrechnungs- und Auskunftsansprüche:**
  Insbesondere im Bereich der Provisionsansprüche, zu deren Geltendmachung eine Provisionsabrechnung oder eine Auskunft des Beklagten erforderlich ist, empfiehlt es sich, einen Antrag nach § 61 Abs. 2 ArbGG zu stellen (*BAG* 28.10.1992 EzA § 61 ArbGG 1979 Nr. 17).
- **Erbringung von Arbeitsleistung:**
  bei der Verurteilung zur Erbringung von Arbeitsleistung handelt es sich um eine Verurteilung zur Erbringung einer unvertretbaren Handlung i.S.d. § 888 Abs. 1 ZPO. Obwohl diese gem. § 888 Abs. 2 ZPO nicht vollstreckbar ist, ist ein Antrag nach § 61 Abs. 2 ArbGG zulässig. Hierbei handelt es sich nicht um eine andere Art der Vollstreckung, sondern um eine Verurteilung zu einer Schadensersatzleistung.
- **Weiterbeschäftigungsanspruch:**
  In Kündigungsschutzprozessen wird häufig ein Weiterbeschäftigungsanspruch des Arbeitnehmers geltend gemacht, der nach § 888 ZPO zu vollstrecken ist. Der Arbeitgeber muss dem Arbeitnehmer einen Arbeitsplatz zur Verfügung stellen. Daher findet § 61 Abs. 2 ArbGG auch für diese Fallkonstellation Anwendung; da Voraussetzung ist, dass dem Arbeitnehmer durch die zeitweise Nichtbeschäftigung ein Schaden entsteht, ist dieser im Einzelnen darzulegen (vgl. *Opolony* FA 2001, 66 ff.).
- **Zeugniserteilung:**
  Beim Anspruch auf Ausstellung und Erteilung eines Zeugnisses und auch auf dessen Berichtigung handelt es sich um eine unvertretbare Handlung i.S.d. § 888 ZPO (vgl. *LAG Frankf.* 25.6.1980 DB 1981, 534), ein Antrag nach § 61 Abs. 2 ArbGG ist daher möglich.

3. Mitteilungspflicht in Tarifsachen

Nach § 63 ArbGG hat das ArbG rechtskräftige Urteile, die in bürgerlichen Rechtsstreitigkeiten zwischen Tarifvertragsparteien aus dem Tarifvertrag oder über das Bestehen oder Nichtbestehen des Tarifvertrages ergangen sind, alsbald der zuständigen obersten Landesbehörde und dem Bundesminister für Arbeit und Sozialordnung in einer Abschrift zuzusenden. Sofern die oberste Landesbehörde die Landesjustizverwaltung ist, ist zusätzlich eine Urteilsabschrift an die oberste Arbeitsbehörde des Landes zu senden. 553

Grund hierfür ist, dass nach § 9 TVG die Rechtskraft der arbeitsgerichtlichen Entscheidung über § 325 ZPO hinaus nicht nur zwischen den Parteien des Rechtsstreits gilt, sondern erweitert ist (vgl. *Wiedemann/Oetker* TVG § 9 Rz. 38 ff.). Es soll sichergestellt werden, dass die Entscheidung für jedermann jederzeit zugänglich ist. 554

555 Verfahrensbeendende rechtskräftige Vergleiche unterliegen nach der Vorschrift des § 63 ArbGG keiner Übersendungspflicht.

4. Zustellung des Urteils

a) Allgemeines

556 Unter Zustellung wird die Übergabe eines Schriftstücks an den Zustellungsempfänger in der vorgeschriebenen gesetzlichen Form verstanden, die beurkundet sein muss.

557 Gem. § 46 Abs. 2 ArbGG finden die §§ 166 ff., 208 ff. ZPO Anwendung, sofern das ArbGG keine Sonderbestimmungen enthält.

b) Zustellungsfrist

558 Nach § 50 Abs. 1 ArbGG sind Urteile binnen drei Wochen seit Übergabe an die Geschäftsstelle zuzustellen, § 317 Abs. 1 S. 3 ZPO ist nicht anwendbar, d.h. auch auf Antrag der Parteien darf die Zustellung nicht hinausgeschoben werden. Beide Vorschriften dienen dem im Arbeitsgerichtsprozess geltenden Beschleunigungsgrundsatz, § 9 Abs. 1 S. 1 ArbGG. Die Zustellungsfrist von drei Wochen beginnt, sobald der Vorsitzende das vollständig abgefasste und geschriebene Urteil unterschrieben an die Geschäftsstelle übergeben hat.

c) § 50 Abs. 2 ArbGG

559 § 50 Abs. 2 ArbGG gleicht die Rechtsstellung der Verbandsvertreter an diejenige der Rechtsanwälten an. Die Zustellung ist nur dann wirksam, wenn sie auch an den richtigen Zustellungsempfänger erfolgt. Bei Streitgenossen muss an jeden gesondert zugestellt werden (*BAG* 26.6.1975 EzA § 187 ZPO Nr. 1).

560 Ist ein Prozessbevollmächtigter bestellt, hat die Zustellung an ihn zu erfolgen, § 171 ZPO. Eine Zustellung an die Partei ist nicht möglich und unwirksam (MünchArbR/*Brehm* § 390 Rz. 81). Es genügt, dass sich aus den Umständen eindeutig ergibt, dass ein Vertretungsverhältnis besteht, auch wenn keine förmliche Vertretungsanzeige beim Gericht eingegangen ist (*BAG* 14.11.1962 AP Nr. 9 zu § 322 ZPO). § 176 ZPO findet allerdings nicht auf den Unterbevollmächtigten Anwendung (*BAG* 12.3.1964 AP Nr. 1 zu § 176 ZPO). Hat eine Behörde einen Prozessbevollmächtigten bestellt, so kann nur diesem gegenüber wirksam zugestellt werden (GMPM-G/*Germelmann* § 50 Rz. 19). Bezüglich der Möglichkeiten der Ersatzzustellung gelten die Vorschriften der §§ 181 bis 185 ZPO.

d) Amts-, Parteizustellung

561 Die Zustellung erfolgt von Amts wegen durch die Geschäftsstelle. Nach § 50 Abs. 2 ArbGG ist der Kreis der eine Zustellung bewirkenden Personen erweitert und den Erfordernissen der Arbeitsgerichtsbarkeit entsprechend angepasst worden. Die Zustellung kann danach durch den Urkundsbeamten der Geschäftsstelle bewirkt werden oder durch einen von ihm beauftragten Beamten oder Angestellten des Gerichts. Die Beauftragung kann dabei generell oder auch nur für den Einzelfall erfolgen, wobei eine Schriftform der Beauftragung empfehlenswert ist, damit diese im Streitfall nachweisbar ist.

562 **Ob die Amtszustellung auch Voraussetzung für die Zwangsvollstreckung ist, d.h. § 50 Abs. 1 ArbGG als lex specialis § 750 Abs. 1 S. 2 ZPO vorgeht, ist streitig** (*LAG Frankf.* 29.8.1985 LAGE § 50 ArbGG 1979 Nr. 1). Dagegen spricht, dass der Gesetzgeber in § 50 Abs. 1 ArbGG nur § 317 Abs. 1 S. 3 ZPO für nicht anwendbar erklärt hat, nicht jedoch auch die Vorschrift des § 750 Abs. 1 S. 2 ZPO.

563 Gleiches gilt bei der Zustellung eines Vollstreckungsbescheids, der einem Versäumnisurteil gleich steht, § 700 Abs. 1 ZPO. Auch hier ist streitig, ob die Zustellung des Vollstreckungsbescheids im Parteibetrieb, wie sie in § 699 Abs. 4 S. 2 ZPO vorgesehen ist, im arbeitsgerichtlichen Verfahren zulässig ist (so GK-ArbGG/*Schütz* § 50 Rz. 68; **a.A.** GMPM-G/*Germelmann* § 50 Rz. 8).

Nicht notwendig durch öffentliche Zustellung, sondern im Parteibetrieb, sind ohne mündliche Verhandlung durch Beschluss erlassene Arrestbefehle und einstweilige Verfügungen, §§ 922 Abs. 2, 936 ZPO, sowie Prozessvergleiche, wenn aus ihnen eine Zwangsvollstreckung betrieben werden soll, §§ 794 Abs. 1 Nr. 1, 795, 750 Abs. 1 ZPO, zuzustellen. 564

Auf welchem Wege die Zustellung erfolgt, liegt grds. im Ermessen des Urkundsbeamten der Geschäftsstelle. Der Kammervorsitzende kann allerdings Anweisungen hinsichtlich der Art der Zustellung verfügen, da er grds. alle Handlungen, die dem Urkundsbeamten zugewiesen sind, selbst durchführen kann. In der Praxis wird er bei außergewöhnlichen und schwierigeren Zustellungen, z.B. bei Ersatzzustellungen, bei Auslandszustellungen, sowie bei öffentlichen Zustellungen, §§ 183 ff. ZPO, zumindest begleitend tätig. 565

5. Urteilsberichtigung, Urteilsergänzung

a) Urteilsberichtigung

Unterläuft dem Gericht ein Schreibfehler, ein Rechenfehler oder eine ähnliche offenbare Unrichtigkeit, kann das Urteil nach § 319 ZPO berichtigt werden, wobei gleichgültig ist, welcher Teil des Urteils fehlerhaft ist. Auch der Tenor kann berichtigt werden, selbst wenn er in sein Gegenteil verkehrt wird, z.B. wenn die Parteien versehentlich verwechselt worden sind (*Schaub* ArbGVerf § 47 Rz. 3; **a.A.** *LAG Düsseld.* 7.11.1991 NZA 1992, 427). 566

Eine offenbare Unrichtigkeit liegt dann vor, wenn das eigentlich Gewollte vom Erklärten abweicht. Keine Unrichtigkeit liegt hingegen bei einer fehlerhaften Willensbildung vor, es sei denn, es handelt sich um einen Rechenfehler, der korrigiert werden kann. Die Unrichtigkeit ist offenbar, wenn sie sich aus dem Zusammenhang des Urteils oder der Vorgänge bei Erlass oder Verkündung des Urteils ergibt (*BAG* 29.8.2001 EzA § 319 ZPO Nr. 3). 567

Die Urteilsberichtigung kann zu jeder Zeit von dem Gericht, welches die Entscheidung erlassen hat, vorgenommen werden, wobei nicht die gleiche Richterbesetzung notwendig gegeben sein muss. Sie erfolgt durch Beschluss, der auf den einzelnen Urteilsausfertigungen vermerkt werden muss. 568

> Gegen den Berichtigungsbeschluss ist die sofortige Beschwerde an das LAG gegeben. Eine Ablehnung der Berichtigung ist hingegen nicht rechtsmittelfähig, § 319 Abs. 3 ZPO. 569

Fehlt es an einer **Streitwertfestsetzung** im Urteil, kann diese regelmäßig nicht durch Beschluss nach § 319 ZPO berichtigt werden (s.o. Rn. 519). Ausnahmsweise kann etwas anderes dann gelten, wenn sie mit verkündet wurde, jedoch versehentlich nicht im schriftlichen Urteilstenor oder den Entscheidungsgründen aufgenommen worden ist (GK-ArbGG/*Schütz* § 61 Rz. 27). 570

Eine Tatbestandsberichtigung kommt unter den Voraussetzungen des § 320 ZPO in Betracht.

b) Urteilsergänzung

Nach § 321 ZPO kann ein Urteil ergänzt werden, wenn versehentlich über einen Haupt- oder Nebenantrag einer Partei oder über die Kosten ganz oder teilweise nicht entschieden worden ist. Es geht also nicht um die Berichtigung eines fehlerhaften, sondern eines lückenhaften Urteils. **Ein Ergänzungsurteil kann nur auf Antrag, der binnen zwei Wochen** nach Zustellung des Urteils gestellt werden muss, ergehen, § 321 Abs. 2 ZPO. 571

Es ist in diesem Fall auf Antrag eine mündliche Verhandlung anzuberaumen, § 321 Abs. 3 ZPO, wobei das Gericht nicht in gleicher Besetzung erneut zusammentreten muss. Bei dem Ergänzungsurteil handelt es sich um ein selbstständig mit Rechtsmitteln angreifbares Teilurteil, das unabhängig vom Hauptturteil angegriffen werden kann. Enthält es lediglich eine Entscheidung über die Kosten, ist § 99 ZPO zu beachten. 572

Eine unterbliebene Streitwertfestsetzung kann analog § 321 ZPO im Wege einer Urteilsergänzung erfolgen (s.o. Rn. 519). Hingegen kommt ein Ergänzungsurteil für den Fall, dass nicht darüber befunden wurde, ob die Berufung zugelassen wird oder nicht, nur in Betracht, 573 wenn dies in der 2-wöchigen Antragsfrist nach § 64 Abs. 3a S. 2 ArbGG beantragt wird (vgl. für den Fall der Nichtzulassung der Revision: *BAG* 26.9.1980 EzA § 72 ArbGG 1979 Nr. 2), da insofern in die Rechtskraft des Urteils eingegriffen werden würde (s.o. Rn. 524).

6. Zwangsvollstreckung aus arbeitsgerichtlichen Urteilen

a) Vorläufige Vollstreckbarkeit

aa) Grundsätzlich von Gesetzes wegen

574 Nach § 62 Abs. 1 ArbGG sind die Urteile des ArbG, gegen die Einspruch oder Berufung zulässig ist, vorläufig vollstreckbar. Eines diesbezüglichen eigenen Ausspruchs im Urteil bedarf es nicht (*Groeger* NZA 1994, 251 ff.).

575 Sinn und Zweck dieser Regelung ist es, die Vollstreckbarkeit der arbeitsgerichtlichen Urteile zu beschleunigen. Voraussetzung ist, dass das Urteil einen vollstreckungsfähigen Inhalt hat. Dies ist bei Feststellungsurteilen nicht der Fall, bei Leistungsurteilen dann, wenn die Leistung genau beschrieben und bestimmt ist.

576 **Beispiele:**

- Die Verurteilung des Arbeitgebers zur Zahlung eines Bruttolohnes ist inhaltlich bestimmt genug und einer Vollstreckung zugänglich. Der Arbeitgeber ist verpflichtet, den gesamten Bruttolohn an den Arbeitnehmer zu zahlen. Hat er nach dem Schluss der mündlichen Verhandlung Steuern und Sozialversicherungsabgaben abgeführt, hat er dies durch eine Quittung nach § 775 Nr. 4 ZPO dem Vollstreckungsorgan nachzuweisen, welches die Zwangsvollstreckung betreibt (vgl. *BAG* 14.1.1964 AP Nr. 20 zu 611 BGB Dienstordnungs-Angestellte; s.o. Rn. 216).
- Ebenfalls bestimmt genug ist der Antrag auf Zahlung eines Bruttoentgelts abzüglich eines bereits erhaltenen Nettobetrages (*BAG* 15.11.1978 AP Nr. 14 zu 611 a BGB).
- Kein vollstreckungsfähiger Inhalt, da vom Gerichtsvollzieher nicht nachprüfbar, ist die Verurteilung zu einem Bruttobetrag »abzüglich erhaltenen Arbeitslosengeldes«. Der in Abzug zu bringende Betrag muss zahlenmäßig genau bestimmt sein.
- Bei Leistungsurteilen auf Weiterbeschäftigung muss sich aus dem Titel ergeben, unter welchen Bedingungen die Arbeitsleistung zu erfolgen hat. Sofern im Tenor lediglich tenoriert ist »... zu unveränderten Arbeitsbedingungen« reicht dies nur dann aus, wenn sich aus den Entscheidungsgründen ergibt, wie diese Arbeitsbedingungen waren (s.o. Rn. 227 f.).

577 Unter § 62 Abs. 1 S. 1 ArbGG fallen auch Urteile, durch die ein Arbeitsverhältnis gem. den §§ 9, 10 KSchG aufgelöst und der Arbeitgeber zur Zahlung einer Abfindung verurteilt worden ist (*BAG* 9.12.1987 EzA § 9 KSchG a.F. Nr. 22).

bb) Aufhebung des Urteils

578 Wird bei einem Leistungsurteil das klagestattgebende Urteil später aufgehoben, endet die vorläufige Vollstreckbarkeit automatisch mit der sich aus § 717 ZPO ergebenden Rechtsfolge. Die nunmehr ggf. zugunsten des Vollstreckungsschuldners entstehenden Entschädigungsansprüche können im Wege der Inzidentklage im selben Verfahren geltend gemacht werden (*BAG* 17.7.1961 AP Nr. 1 zu 717 ZPO). Dies gilt selbst noch im Revisionsverfahren.

cc) Ausschluss der vorläufigen Vollstreckbarkeit

579 Auf Antrag ist die vorläufige Vollstreckbarkeit vom ArbG gem. § 62 Abs. 1 S. 2 ArbGG auszuschließen, wenn der Beklagte glaubhaft macht, dass die Vollstreckung ihm einen nicht zu ersetzenden Nachteil bringen würde.

580 Die gegenseitigen Interessen der Parteien sind abzuwägen. Hierbei ist zum einen zu berücksichtigen, dass nach der gesetzgeberischen Intention die Zwangsvollstreckung aus den

arbeitsgerichtlichen Urteilen grds. zügig erfolgen und nicht durch die Einlegung eines Rechtsmittels verzögert werden sollte. Insbesondere bei Zahlungsansprüchen eines Arbeitnehmers ist dies zur Sicherung seines Lebensunterhalts regelmäßig notwendig. Auf der anderen Seite sind die Belange des Beklagten zu berücksichtigen, die wirtschaftlichen Auswirkungen einer vorläufigen Vollstreckung, die Gefahr, dass diese selbst bei Obsiegen im Rechtsmittelverfahren nicht mehr rückgängig gemacht werden kann. Deswegen sind die Erfolgsaussichten bei Einlegung eines Rechtsmittels mitzuberücksichtigen (*LAG Düsseld.* 4.10.1979 EzA § 62 ArbGG 1979 Nr. 1; 7.3.1980 EzA § 62 ArbGG 1979 Nr. 2; 20.3.1980 EzA § 62 ArbGG 1979 Nr. 3). Ein nicht zu ersetzender Nachteil ist insbes. dann gegeben, wenn durch eine Vollstreckung nicht wieder gut zu machende Schäden auf Seiten des Beklagten entstehen würden.

Beispiele: 581

- Ansprüche auf Unterlassung von Wettbewerb sind zumindest dann vorläufig vollstreckbar zu halten, wenn es sich um zeitlich begrenzte Wettbewerbsverbote handelt, die bis zum Ablauf eines Rechtsmittelverfahrens gegenstandslos sein würden (*BAG* 22.6.1972 AP Nr. 4 zu 719 ZPO).
- Beim Anspruch auf Weiterbeschäftigung stellt der bloße Nachteil auf Arbeitgeberseite, nicht frei handeln zu können, noch keinen nicht zu ersetzenden Nachteil dar, zumal der Arbeitgeber für zu zahlendes Entgelt eine Arbeitsleistung erhält (*BAG* 27.2.1985 EzA § 611 BGB Beschäftigungspflicht Nr. 9).
- Bei der Verurteilung zur Vornahme, Duldung oder Unterlassung einer Handlung liegt ein nicht zu ersetzender Nachteil nur dann vor, wenn die befürchteten Schäden bei einer vorläufigen Vollstreckung so hoch sind, dass nicht zu erwarten ist, dass sie vom Arbeitnehmer im Fall eines Obsiegens des Arbeitgebers in höherer Instanz ersetzt werden könnten (*LAG RhPf* 5.1.1981 EzA § 62 ArbGG 1979 Nr. 5).
- Ein nicht zu ersetzender Nachteil besteht bei zu vollstreckenden Geldforderungen nur dann, wenn von der Vermögenslosigkeit des Vollstreckungsgläubigers auszugehen ist (*LAG Düsseld.* 20.12.1981 LAGE § 62 ArbGG 1979 Nr. 13). Allein der Umstand, dass ein Arbeitnehmer arbeitslos ist, Prozesskostenhilfe gewährt bekommen hat oder dass eine Rückforderung auf Schwierigkeiten stoßen könnte, reicht hierfür nicht aus (*LAG Brem.* 30.11.1992 LAGE § 62 ArbGG 1979 Nr. 19). Ebenso wenig genügt es, dass der Kläger ausländischer Arbeitnehmer ist, weswegen die Gefahr besteht, dass eine Zwangsvollstreckung im Ausland im Fall eines Rückzahlungs- oder Entschädigungsanspruches nach § 717 ZPO schwierig zu vollziehen wäre (*LAG Brem.* 25.10.1992 EzA § 62 ArbGG 1979 Nr. 9). Es muss vielmehr die konkrete Gefahr bestehen, dass sich der Vollstreckungsgläubiger einer evtl. Rückzahlungs- oder Entschädigungsverpflichtung durch Flucht ins Ausland entziehen will.
- Bei einer Sachpfändung und anschließender Versteigerung kann sich ein nicht zu ersetzender Nachteil daraus ergeben, dass die Pfandsache nur weit unter Wert verkauft werden kann. In diesen Fällen kann der Ausschluss der Zwangsvollstreckung auf bestimmte Vollstreckungsmaßnahmen beschränkt werden (*BAG* 24.9.1958 AP Nr. 2 zu § 719 ZPO).

Der Ausschluss der Zwangsvollstreckung nach § 62 Abs. 1 S. 2 ArbGG im Urteil erfolgt 582
immer ohne Sicherheitsleistung. Die Anordnung einer Sicherheitsleistung durch das Gericht ist unzulässig (*Schaub* ArbGVerf § 46 Rz. 10). Die Entscheidung hat in der Urteilsformel zu erfolgen und muss in den Entscheidungsgründen begründet werden, gleichgültig ob sie dem Antrag stattgibt oder ihn ablehnt. Sie ist nur zusammen mit dem Urteil anfechtbar. Wird der Antrag versehentlich nicht beschieden, ist er durch Ergänzungsurteil gem. § 321 ZPO zu bescheiden. Eine zwar beschlossene Entscheidung, die versehentlich nicht mit in den Tenor aufgenommen worden ist, kann nach § 319 ZPO im Wege der Urteilsberichtigung in ihn eingefügt werden.

b) Die Einstellung der Zwangsvollstreckung

583 Nach § 62 Abs. 1 S. 3 ArbGG kann die Zwangsvollstreckung nach Erlass des Urteils in den Fällen der §§ 707 Abs. 1, 719 Abs. 1 ZPO **nachträglich** eingestellt werden. Auch in diesen Fällen ist Voraussetzung, dass die beklagte Partei glaubhaft macht, dass die Vollstreckung ihr einen nicht zu ersetzenden Nachteil bringen würde (s.o. Rn. 580 f.). Nach Ansicht des *LAG Berlin-Brandenburg* (23.8.2007 LAGE § 62 ArbGG Nr. 33) kann ein solcher Antrag dann nicht mit Erfolg gestellt werden, wenn der Schuldner es versäumt hat, im erstinstanzlichen Verfahren einen Schutzantrag nach § 62 Abs. 1 S. 2 ArbGG zu stellen, es sei denn, die Gründe, auf die der Einstellungsantrag gestützt wird, lagen im Zeitpunkt der letzten mündlichen Verhandlung vor dem Arbeitsgericht noch nicht vor oder konnten aus anderen Gründen nicht vorgetragen und glaubhaft gemacht werden.

584 Die Einstellung der Zwangsvollstreckung kann nur ohne Sicherheitsleistungen angeordnet werden, §§ 62 Abs. 1 S. 4 ArbGG, 707 Abs. 1 S. 1 ZPO (*LAG Frankf.* 27.11.1985 LAGE § 62 ArbGG 1979 Nr. 12). Die Entscheidung ergeht durch unanfechbaren Beschluss.

585 Zu treffen hat sie das Gericht, das für die Bescheidung des Rechtsbehelfs zuständig ist, d.h. bei einem Einspruch gegen ein Versäumnisurteil oder einen Vollstreckungsbescheid das ArbG durch den Kammervorsitzenden, §§ 53 Abs. 1 S. 1, 55 Abs. 1 Nr. 6 ArbGG. Im Fall der Berufung entscheidet das LAG durch den dortigen Vorsitzenden, §§ 64 Abs. 7, 53 Abs. 1, 55 Abs. 1 Nr. 1 ArbGG. Wird ein Antrag auf Wiedereinsetzung in den vorherigen Stand bzw. auf Wiederaufnahme des Verfahrens gestellt, hat derjenige Vorsitzende die Entscheidung zu treffen, in dessen Kammer über die Hauptsache zu befinden ist.

586 **Die Entscheidung des Gerichts ist grds. unanfechtbar, § 707 Abs. 2 ZPO, es sei denn, es liegt ein Fall der »greifbaren Gesetzwidrigkeit« vor** (vgl. *LAG RhPf* 4.12.1992 – 9 Ta 236/92; *LAG Hessen* 4.3. 2002 LAGE § 62 ArbGG 1979 Nr. 27; **a.A.** *Zöller/Herget* § 707 Rz. 22, der nur eine Gegenvorstellung und bei Nichtabhilfe eine Verfassungsbeschwerde für zulässig erachtet). In diesem Fall ist das Rechtsmittel der sofortigen Beschwerde gegeben, § 793 ZPO. Nach **a.A.** soll eine sofortige Beschwerde bereits dann zulässig sein, wenn die Grenzen des Ermessens überschritten werden (*LAG Düsseld.* 31.3.1982 EzA § 62 ArbGG 1979 Nr. 6; 26.8.1982 EzA § 62 ArbGG 1979 Nr. 8). Gegen diese Meinung spricht der Wortlaut des § 707 Abs. 2 S. 2 ZPO. Auch eine Rechtsbeschwerde ist nicht statthaft, selbst wenn sie vom LAG nach § 574 Abs. 1 Nr. 2 ZPO – fälschlich – zugelassen worden ist (*BAG* 5.11.2003 EzA § 62 ArbGG 1979 Nr. 12).

587 Nach abweisender Entscheidung kann jedoch ein erneuter Antrag gestellt werden, wenn neue Tatsachen vorgebracht werden, die eine Einstellung rechtfertigen. Das Gericht kann auch auf Grund einer Gegenvorstellung, neuer Antragstellung oder sonstiger Anregung seine Entscheidung jederzeit abändern (GMPM-G/*Germelmann* § 62 Rz. 48).

c) Einstellung nach § 769 ZPO

588 Bei Vollstreckungsabwehrklagen, § 767 ZPO, und Klagen gegen die Vollstreckungsklausel, § 768 ZPO, kann das Prozessgericht auf Antrag gem. § 769 ZPO die vorläufige Einstellung der Zwangsvollstreckung anordnen. Streitig ist hierbei, ob auch in diesem Fall § 62 Abs. 1 S. 3 ArbGG Anwendung findet, d.h. eine Einstellung der vorläufigen Zwangsvollstreckung nur ohne Sicherheitsleistung angeordnet werden kann (so *LAG Bln.* 28.4.1986 EzA § 62 ArbGG 1979 Nr. 16; *LAG Köln* 12.6.2002 LAGE § 62 ArbGG 1979 Nr. 28). Dagegen spricht der Wortlaut des § 62 Abs. 1 S. 3 ArbGG der nur die Fälle der § 707 Abs. 1 und des § 719 Abs. 1 ZPO erwähnt (GMPM-G/*Germelmann* § 62 Rz. 50). Das Gleiche gilt im Fall der Einstellung der vorläufigen Zwangsvollstreckung in den Fällen des §§ 732 Abs. 2, 766 Abs. 1 S. 2 und 768 ZPO.

589 Der Beschluss, der die Zwangsvollstreckung vorläufig einstellt, ist grundsätzlich analog § 707 Abs. 2 S. 2 ZPO nicht mit der sofortigen Beschwerde anfechtbar, es sei denn die Grenzen des Ermessens wurden verkannt oder es liegt eine sonstige greifbare Gesetzeswidrigkeit vor (s.o. Rn. 586).

XII. Das Vollstreckungsverfahren

Die Zwangsvollstreckung richtet sich gem. § 62 Abs. 2 ArbGG nach den §§ 704 ff. ZPO. Das ArbG tritt im Rahmen der Zwangsvollstreckung lediglich dann in Erscheinung, wenn nach den zivilprozessualen Vorschriften das Prozessgericht Vollstreckungsorgan ist. 590

1. Vollstreckung durch den Gerichtsvollzieher

Geldforderungen sind gem. §§ 803 bis 882 a ZPO durch den Gerichtsvollzieher zu vollstrecken; Gleiches gilt für die Zwangsvollstreckung bzgl. der Herausgabe von Sachen, §§ 883 bis 898 ZPO, z.B. Herausgabe von Arbeitspapieren oder der Rückgabe von Arbeitswerkzeugen. 591

Der Gerichtsvollzieher hat § 11 GKG zu beachten, d.h. er darf **keine Gebührenvorschüsse** erheben. Er muss die erwachsenden Gebühren mit vollstrecken, § 29 Nr. 4 GKG. Misslingt die Vollstreckung, haftet der Antragsteller nach § 22 GKG für die Gebühren. Gegen die Entscheidung des Gerichtsvollziehers ist die Erinnerung an das Amtsgericht als Vollstreckungsgericht gegeben, §§ 764, 766 ZPO. 592

2. Vollstreckung durch das Amtsgericht

Das Amtsgericht wird als Vollstreckungsgericht tätig, wenn es um die Vollstreckung in Forderungen geht, §§ 828 ff. ZPO, z.B. bei Rechtsstreitigkeiten zwischen Pfändungsgläubiger und Drittschuldner. § 11 GKG findet Anwendung, **Kostenvorschüsse** sind nicht zu erheben (s.o. Rn. 592). In erster Linie hat es Pfändungs- und Überweisungsbeschlüsse zu erlassen. Hierbei ist bei der Pfändung von Arbeitseinkommen ausreichend, dass im Pfändungs- und Überweisungsbeschluss die Forderung so bestimmt wird, dass für einen Dritten kein Zweifel am Gegenstand der Zwangsvollstreckung besteht. I. d. R. genügt dabei die Angabe, dass »das Arbeitseinkommen« gepfändet wird (*BAG* 12.9.1979 AP Nr. 10 zu § 850 ZPO). **Von einem solchen Pfändungs- und Überweisungsbeschluss wird auch der Abfindungsanspruch des Arbeitnehmers nach § 9 KSchG mit umfasst** (*BAG* 12.9.1979 a.a.O.), auch wenn es sich bei der Abfindung selbst nicht um Arbeitseinkommen handelt. Ebenfalls umfasst von einer solchen Pfändung sind Sozialplanabfindungen und Ansprüche auf Grund des § 113 BetrVG (GMPM-G/*Germelmann* § 62 Rz. 67). 593

Bei der Pfändung von Arbeitseinkommen sind die Pfändungsfreigrenzen der §§ 850 ff. ZPO zu beachten. Die Schutzvorschriften der §§ 850 ff. ZPO finden allerdings dann keine Anwendung, wenn der Arbeitgeber eine Schadensersatzforderung auf Grund vorsätzlicher Handlung zu vollstrecken sucht (*BAG* 16.6.1960 AP Nr. 8 zu 394 BGB). 594

Die Beschlüsse des Amtsgerichts als Vollstreckungsgericht sind mit der Erinnerung nach § 766 ZPO angreifbar. 595

3. Vollstreckung durch das ArbG

Das ArbG wird als Vollstreckungsgericht in den Fällen der §§ 887, 888 und 890 ZPO tätig, d.h. wenn es um die Verurteilung zu einer vertretbaren oder unvertretbaren Handlung geht und im Fall der Vollstreckbarerklärung eines Anwaltsvergleiches nach § 796b ZPO. 596

a) § 887 ZPO

Zur Durchführung des Verfahrens nach § 887 ZPO ist ausschließlich das Prozessgericht des ersten Rechtszugs zuständig, § 802 ZPO. **Dies gilt auch für die Vollstreckung eines Urteils der Rechtsmittelinstanz.** Vor der Vollstreckung ist dem Schuldner rechtliches Gehör zu gewähren. Eine Androhung der Ersatzvornahme und der Auferlegung der Kosten sieht § 887 ZPO nicht vor, empfiehlt sich aber in der Praxis, da dadurch der Vollstreckungsschuldner u.U. dazu gebracht werden kann, seiner Verpflichtung aus dem Titel nachzukommen. Eine mündliche Verhandlung ist nicht erforderlich, § 891 ZPO. Die Entscheidung ergeht durch Beschluss, in dem auch die Kostenentscheidung nach § 788 ZPO enthalten ist. **Bis zur Durchführung der Ersatzvornahme kann der Schuldner noch seiner Verpflichtung aus dem Titel nachkommen.** 597

598 Da diese Beschlüsse i.d.R. außerhalb der mündlichen Verhandlung ergehen, ist der Kammervorsitzende des ArbG nach § 53 Abs. 1 S. 1 ArbGG zuständig. Wird ausnahmsweise auf Grund einer mündlichen Verhandlung entschieden, sind die Beschlüsse von allen teilnehmenden Richtern zu unterzeichnen (*LAG Düsseld.* 8.3.1979 EzA § 929 ZPO Nr. 1). Der Beschluss des ArbG ist mit der sofortigen Beschwerde, § 793 ZPO, zu richten an das LAG, anfechtbar.

599 Häufige Fälle einer Vollstreckung nach § 887 sind:
- die Vollstreckung der Erteilung einer Abrechnung,
- die Reparatur von Sachen und
- die Erteilung einer Lohnabrechnung (*LAG Hamm* 11.8.1983 DB 1983, 2257). Kann die Lohnabrechnung mangels Vorliegen notwendiger Unterlagen von einem Dritten nicht vorgenommen werden, ist sie nach § 888 ZPO zu vollstrecken.

b) § 888 ZPO

600 Die Vollstreckung unvertretbarer Handlungen erfolgt nach § 888 ZPO. **Auch hier ist eine Androhung der Zwangsmittel nicht notwendig, jedoch sinnvoll, da der Vollstreckungsschuldner sowieso zur Gewährung des rechtlichen Gehörs anzuschreiben ist.** Im Hinblick auf § 888 Abs. 2 ZPO darf dies aber nicht in Form eines Beschlusses erfolgen, da ansonsten das Rechtsmittel der sofortigen Beschwerde zulässig und begründet sein soll (*LAG Düsseld.* 16.3.2000 LAGE § 888 ZPO Nr. 43).

601 Der Antrag des Vollstreckungsgläubigers braucht weder ein bestimmtes Zwangsmittel noch eine bestimmte Höhe eines festzusetzenden Zwangsgeldes bzw. eine bestimmte Dauer der Zwangshaft zu benennen.

602 Der Höchstbetrag eines Zwangsgeldes beträgt 25.000 €, § 888 Abs. 1 S. 2 ZPO. Die Höhe der Zwangshaft wird nicht festgesetzt, sondern nur unbestimmt angeordnet. Sie ist im Fall der Nichtbeitreibbarkeit des Zwangsgeldes durch Beschluss nachträglich im Verhältnis zum Zwangsgeld festzusetzen. Zulässig ist es allerdings auch, bereits hilfsweise für den Fall der Nichtbeitreibbarkeit des Zwangsgeldes die Dauer der Haft genau zu bestimmen. Eine Verhängung von Zwangsgeld und Haft nebeneinander ist unzulässig.

603 **Der Zwangsgeldfestsetzungsbeschluss ist dem Gläubiger zuzustellen, der die Zwangsvollstreckung einzuleiten hat, welche dann von Amts wegen durch den Gerichtsvollzieher durchzuführen ist. Die Vollstreckung der Zwangshaft geschieht durch Haftbefehl des Prozessgerichts, §§ 904 bis 913 ZPO.** Ein eingezogenes Zwangsgeld verfällt der Staatskasse. Bis zu seiner Vollstreckung kann der Vollstreckungsschuldner noch der Verpflichtung aus dem Titel nachkommen. **Das Zwangsgeld ist in diesem Fall nicht zu entrichten, da ihm nur Beugefunktion und keine Straffunktion zukommt.**

604 **Beispiele:**
- ▶ Vollstreckung eines Titels auf Entfernung einer Abmahnung aus der Personalakte (*LAG Frankf.* 9.6.1993 NZA 1994, 288);
- ▶ die Erteilung von Auskünften, z.B. zur Berechnung von Provisionen bei vermittelten Aufträgen, zur Berechnung von Prämien bei erwirtschaftetem Umsatz;
- ▶ die Gewährung von Einsicht, z.B. in Gehaltslisten, Bewerberlisten, Personalakten;
- ▶ die Vollstreckung eines Weiterbeschäftigungsanspruches (*LAG Brem.* 21.2.1983 EzA § 62 ArbGG 1979 Nr. 10; *LAG Frankf.* 11.3.1988 EzA § 888 ZPO Nr. 5). Auch bei der Vollstreckung eines Weiterbeschäftigungsanspruches ist das Zwangsgeld in einem einheitlichen Betrag festzusetzen und nicht etwa für jeden Tag der Nichtbeschäftigung (*LAG Bln.* 5.7.1985 NZA 1986, 36);
- ▶ Erteilung oder Berichtigung eines Zeugnisses.

605 Die Zwangsvollstreckung eines Titels, der auf die Erbringung einer Arbeitsleistung aus einem Dienstvertrag gerichtet ist, ist nach § 888 Abs. 2 ZPO nicht möglich. Der Anspruch kann nur im Urteilsverfahren, nicht im Kostenfestsetzungsverfahren geltend gemacht werden (*BAG* 16.11.2005 NZA 2006, 343).

c) § 890 ZPO

606 Die Vollstreckung eines Titels auf Duldung oder Unterlassung erfolgt nach § 890 ZPO durch das ArbG als Prozessgericht. Hierunter fallen insbes. Unterlassungsverpflichtungen aus Wettbewerbsverboten.

607 **Im Fall der Vollstreckung nach § 890 ZPO ist dem Vollstreckungsschuldner vorab im Rahmen der Gewährung des rechtlichen Gehörs die beabsichtigte Festsetzung des Zwangsgeldes bzw. die beabsichtigte Zwangshaft gem. § 890 Abs. 2 ZPO anzudrohen,** sofern die Androhung nicht bereits im Urteil enthalten ist. Gegen den Beschluss findet das Rechtsmittel der sofortigen Beschwerde an das LAG statt, § 793 ZPO. Der Beschluss wird von Amts wegen vollstreckt, das Ordnungsgeld vom Rechtspfleger beigetrieben. Zuständige Vollstreckungsbehörde ist der Vorsitzende des Prozessgerichts.

d) § 796b ZPO

608 Aufgrund des Gesetzes zur Neuregelung des Schiedsverfahrensrechts v. 22.12.1997 (BGBl. I S. 3224) wurden die früher in § 1044b ZPO geregelten Bestimmungen in das achte Buch der ZPO, dort als §§ 796a–796 c ZPO verpflanzt. Über § 62 Abs. 2 ArbGG ist damit nunmehr auch im Arbeitsgerichtverfahren eine Vollstreckbarerklärung eines Anwaltsvergleiches möglich. Hierfür zuständig ist bei einer Regelung über einen zur Arbeitsgerichtsbarkeit gehörenden Streitgegenstand das Arbeitsgericht, welches für die Geltendmachung des Anspruchs zuständig wäre, § 796b Abs. 1 ZPO. Zu hinterlegen ist der Vergleich allerdings immer beim Amtsgericht, § 796a Abs. 1 ZPO (vgl. *Düwell* FA 1998, 212; *Voit/Geweke* NZA 1998, 400 ff.).

4. Rechtsbehelfe

609 Über eine Erinnerung nach § 766 ZPO hat das Vollstreckungsgericht, d.h. regelmäßig das Amtsgericht zu befinden. Vollstreckungsabwehrklagen aus arbeitsgerichtlichen Urteilen oder Vergleichen hat das ArbG als Prozessgericht des ersten Rechtzugs zu bescheiden. Dies gilt auch für vom ArbG für vollstreckbar erklärte Schiedssprüche nach den §§ 107, 108 ArbGG (s.u. Kap. 15 Rn. 22 ff.) und für Vergleiche vor den Innungsausschüssen nach § 111 Abs. 2 S. 6 und 7 ArbGG (s.u. Kap. 15 Rn. 36). Drittwiderspruchsklagen nach § 771 ZPO sind hingegen regelmäßig vom Amtsgericht zu bescheiden (GMPM-G/*Germelmann* § 62 Rz. 75).

610 Gegen die Entscheidungen des ArbG, die durch Beschluss ergehen, findet die sofortige Beschwerde nach § 793 ZPO statt. Eine Ausnahme besteht für Beschlüsse des Prozessgerichts, welche die Zwangsvollstreckung nach 769 ZPO vorläufig einstellen. Diese sind grds. nach § 707 Abs. 2 S. 2 ZPO unanfechtbar (*LAG Hamm* 26.5.1988 LAGE § 769 ZPO Nr. 1; *LAG Bln.* 21.6.1989 LAGE § 769 ZPO Nr. 2; *LAG Köln* 14.2.1990 LAGE § 769 ZPO Nr. 3).

XIII. Kosten und Gebühren des erstinstanzlichen Verfahrens

1. Gerichtskosten und -gebühren

611 Für nach dem 1.7.2004 anhängig gemachte Verfahren gelten die neuen Bestimmungen im GKG, welche durch das Kostenrechtsmodernisierungsgesetz für alle Gerichtsbarkeiten geschaffen worden sind Die Regelungen in § 12 Abs. 1–5 a und 7 ArbGG a.F. sind gestrichen worden (Art. 4 Abs. 24 KostRMoG; vgl. bzgl. deren Inhalt die Vorauflage).

a) Kostenvorschüsse

612 Kostenvorschüsse sind weiterhin im Verfahren vor den Arbeitsgerichten nicht zu entrichten, § 11 GKG. Die Fälligkeit der Gebühren richtet sich nach den Regelungen der §§ 6 Abs. 4 i.V.m. 9 GKG. Sie werden danach grds. mit Beendigung der Instanz fällig.

b) Kostenhaftung

613 Grds. haftet der Antragsteller im arbeitsgerichtlichen Verfahren nicht. Ausnahmen bestehen, wenn kein Entscheidungs- oder Übernahmeschuldner vorhanden ist, § 29 Abs. 1, 2 GKG.

c) Kostenhöhe

614 Die bisherige Höchstgrenze von 500,– € für eine Gebühr nach § 12 Abs. 2 ArbGG a.F. ist entfallen. Die Höhe der Gebühr richtet sich nunmehr nach § 34 GKG und der dazu ergangenen Anlage 2 zum GKG.

615 Die Verfahrensgebühr beträgt grds. 2,0 (KV Nr. 8210 Abs. 1). Auslagen des Gerichts sind nach dem Teil 9 des KV zu erstatten (Nr. 9000 ff.).

d) Kostenprivilegierungen

616 Die Verfahrensgebühr entfällt bei Beendigung des Verfahrens ohne streitige Verhandlung, sofern kein Versäumnisurteil ergeht und bei übereinstimmender Erledigungserklärung, sofern keine Entscheidung über die Kosten ergehen muss oder sich die Parteien bzgl. der Kostentragungspflicht vorab verständigt haben (KV Nr. 8110 Abs. 2).

617 Die Verfahrensgebühr reduziert sich auf 0,4 bei Klagerücknahme vor dem Schluss der mündlichen, aber nach streitiger Verhandlung. Weitere Voraussetzung ist, dass keine Entscheidung nach § 269 Abs. 3 ZPO ergehen muss oder sich die Parteien über die Kostentragungslast zuvor verständigt haben. Gleiches gilt bei Anerkenntnis-, Verzichts- oder Urteilen, bei denen nach § 313a Abs. 2 ZPO kein Tatbestand und keine Entscheidungsgründe zu fertigen sind und übereinstimmender Erledigungserklärungen nach § 91a ZPO ohne Kostenentscheidung oder vorheriger Einigung der Parteien über die Kostentragungslast (KV Nr. 8211).

e) Selbstständige Gebühren

618 Das Gericht kann eine Verzögerungsgebühr in den Fällen des § 38 GKG festsetzen und erheben (KV Nr. 8700). In Arrest- und Verfahren zum Erlass einer einstweiligen Verfügung werden gesondert Gebühren erhoben (0,4–2 Gebühren vgl. KV Nr. 8310 f.). Gleiches gilt für selbstständige Beweisverfahren (0,6 Gebühr, KV Nr. 8400).

2. Außergerichtliche Kosten

a) Grundsätzlich keine Kostenerstattung

619 Im erstinstanzlichen Urteilsverfahren besteht nach § 12a Abs. 1 ArbGG kein Anspruch der obsiegenden Partei auf Entschädigung wegen Zeitversäumnis und auf Erstattung der Kosten für die Hinzuziehung eines Prozessbevollmächtigten oder Beistandes.

620 Unter Urteilsverfahren sind dabei alle Verfahren zu verstehen, bei denen die §§ 91 ff. ZPO Anwendung finden, also auch das Mahn-, Arrest- und einstweilige Verfügungsverfahren, nicht hingegen das Zwangsvollstreckungsverfahren. Sinn und Zweck des § 12a Abs. 1 S. 1 ArbGG ist es, das Risiko für den Kläger für den noch bevorstehenden Prozess einzuschränken, weil er nicht befürchten muss, falls sich der Beklagte durch einen Rechtsanwalt vertreten lässt, im Fall des Unterliegens dessen Gebühren tragen zu müssen. Ein solches Risiko besteht im Zwangsvollstreckungsverfahren hinsichtlich eines möglichen Unterliegens nicht mehr (*LAG Bln.* 17.2.1986 LAGE § 9 KSchG Nr. 1). Hierbei ist zu beachten, dass eine Vollstreckungsabwehrklage nach § 767 ZPO dem Erkenntnisverfahren zugerechnet wird und nicht dem Vollstreckungsverfahren. Gleiches gilt für Anträge auf Erlass eines Arrestes oder einer einstweiligen Verfügung (GMPM-G/*Germelmann* § 12a Rz. 27).

621 **Der Ausschluss der Kostenerstattung umfasst sowohl den prozessualen als auch den materiell-rechtlichen Kostenerstattungsanspruch.** Dies bedeutet, dass keine Kostenerstattung, auch nicht mit einer selbstständigen Klage, begründet mit materiellem Recht, z.B. auf Grund von Schadensersatzbestimmungen, geltend gemacht werden kann (*BAG* 30.4.1992

EzA § 12a ArbGG 1979 Nr. 9). Ansonsten würde der Sinn und Zweck der Bestimmung, nämlich das erstinstanzliche Arbeitsgerichtsverfahren zu verbilligen, unterlaufen werden können. Ausnahmsweise kann etwas anderes dann gelten, wenn ein Prozess nur deswegen geführt wird, um der anderen Partei Kosten zu verursachen und damit Schaden zuzufügen (*BAG* 30.4.1992 EzA § 12a ArbGG 1979 Nr. 9; *Sächs. LAG* 16.11.2007 LAGE § 826 BGB 2002 Nr. 2).

b) Ausnahme: § 840 Abs. 2 ZPO

Etwas anderes gilt allerdings bei der Drittschuldnerklage nach § 840 Abs. 2 S. 2 ZPO. 622
Danach steht dem Gläubiger ein Schadensersatzanspruch zu, der nichts mit einem prozessuellen Erstattungsanspruch zu tun hat. Grundlage des Schadensersatzanspruchs ist es, dass der Drittschuldner schuldhaft den Gläubiger von einer nicht bestehenden Zahlungspflicht nicht ordnungsgemäß unterrichtet hat, und deswegen diesem ein Schaden entstanden ist. § 12 Abs. 1 ArbGG will jedoch lediglich den prozessualen Kostenerstattungsanspruch nach den §§ 91 ff. ZPO abbedingen, nicht jedoch einen Drittschuldner vor Kosten schützen, die er einem Dritten, im vorliegenden Fall dem Pfändungsgläubiger, durch eigenes schuldhaftes Verhalten zugefügt hat (*BAG* 16.5.1990 EzA § 840 ZPO Nr. 3).

c) Umfang des Kostenerstattungsausschlusses

aa) Anwaltskosten und Zeitversäumnis

Ausgeschlossen ist die Erstattung der der obsiegenden Partei entstandenen Kosten, die durch 623
die Hinzuziehung eines Prozessbevollmächtigten entstanden sind. Umfasst werden sowohl Kosten von Rechtsanwälten als auch von dritten Personen, z.B. Verbandsvertretern oder Beiständen. Unter Kosten sind dabei Gebühren und Auslagen der Prozessbevollmächtigten zu verstehen.

Etwas anderes gilt nur dann, wenn durch die Beauftragung eines Prozessbevoll- 624
mächtigten mindestens gleich hohe erstattungsfähige Kosten der Partei (s.u. Rn. 626 ff.) **selbst eingespart werden.** In diesem Fall sind die Rechtsanwaltsgebühren und die entstandenen Auslagen bis zur Höhe der ersparten erstattungsfähigen Kosten der Partei zu ersetzen (*LAG Köln* 15.10.1982 EzA § 91 ZPO Nr. 3; *LAG Düsseld.* 10.4.1986 LAGE § 12a ArbGG 1979 Nr. 6). Es sind daher die hypothetisch entstandenen erstattungsfähigen Kosten der Partei zu errechnen und mit den Gebühren und Auslagen des beauftragten Rechtsanwalts zu vergleichen.

Ausgeschlossen ist auch eine Entschädigung wegen **Zeitversäumnis** der obsiegenden Par- 625
tei. Hierunter fällt auch ein erlittener Verdienstausfall oder eine Abgeltung von notwendig genommenem Urlaub zur Wahrnehmung eines Gerichtstermins, zur Anfertigung von Schriftsätzen oder Aufsuchung eines Prozessbevollmächtigten.

bb) Notwendige Kosten der Rechtsverfolgung

Nicht von § 12a Abs. 1 ArbGG ausgeschlossen und daher erstattungsfähig sind die sons- 626
tigen einer Partei notwendig entstandenen Kosten, z.B. die durch die Terminwahrnehmung tatsächlich entstandenen Kosten für Übernachtung, Fahrtauslagen oder Verpflegungsgelder. Die Höhe der Erstattung erfolgt entsprechend dem JVEG (*Diller/Kern* FA 2008, 258 ff.). Die Partei ist gehalten, die Kosten möglichst gering zu halten.

Darüber hinaus sind erstattungsfähig **notwendige Aufwendungen** für die Durchführung 627
des Prozesses, z.B. Portokosten für die Übersendung von Schriftsätzen an das Gericht, Kopierkosten, aber auch Kosten im Rahmen der Beschaffung von Beweismitteln, z.B. falls nötig Detektivkosten für die Überwachung eines angeblich erkrankten Arbeitnehmers (*LAG Hamm* 28.8.1991 LAGE § 1 KSchG Verhaltensbedingte Kündigung Nr. 34).

628 Die Erstattung von Reisekosten, die höher sind als die Kosten für eine Vertretung durch einen Rechtsanwalt vor Ort, sind dennoch als notwendig anzusehen und ersetzbar (*LAG Hmb.* 13.8.1992 LAGE § 12a ArbGG 1979 Nr. 18).

cc) Kostenerstattung bei Anrufung eines unzuständigen Gerichts

629 Streitig ist, wie die Kostenerstattung zu erfolgen hat, wenn zunächst ein unzuständiges Gericht angerufen wird. Wird das ArbG als zunächst unzuständiges Gericht angerufen, hat es den Rechtsstreit nach § 48 Abs. 1 ArbGG i.V.m. §§ 17 ff. GVG an das zuständige Gericht weiterzuverweisen. Die beim ArbG angefallenen Kosten werden in dem Verfahren vor dem angewiesenem Gericht als Teil der Kosten behandelt, die vor diesem Gericht entstehen. Beim ArbG bereits angefallene Rechtsanwaltskosten sind in diesem Falle im Hinblick auf § 12a Abs. 1 ArbGG nur dann zu erstatten, wenn sie im späteren Verfahren vor dem Gericht, an das der Rechtsstreit verwiesen worden ist, erneut anfallen (GMPM-G/*Germelmann* § 12a Rz. 20 m.w.N.).

630 Wird von einem ordentlichen Gericht ein Rechtsstreit an das ArbG verwiesen, wird vertreten, dass im Hinblick auf § 48 Abs. 1 ArbGG i.V.m. § 17b Abs. 2 GVG nur die Mehrkosten, d.h. die Kosten, die zwischen den tatsächlich entstandenen Kosten und den Kosten die entstanden wären, wenn gleich das ArbG angerufen worden wäre, erstattungsfähig sind (*LAG Brem.* 20.2.1986 LAGE § 12a ArbGG 1979 Nr. 4).

631 Die Gegenansicht verweist auf den Wortlaut des § 12a Abs. 1 S. 3 ArbGG, wonach Kosten, die dem Beklagten dadurch entstanden sind, dass der Kläger ein Gericht der ordentlichen Gerichtsbarkeit, der allgemeinen Verwaltungsgerichtsbarkeit, der Finanz- oder Sozialgerichtsbarkeit angerufen und dieses den Rechtsstreit an das ArbG verwiesen hat, erstattungsfähig sind. Nach dem Wortlaut werden damit sämtliche Kosten erfasst. Dies ergebe sich nicht zuletzt daraus, dass der Gesetzgeber in § 17b Abs. 2 S. 2 GVG bewusst einen anderen Wortlaut gewählt hat und insofern nur von »Mehrkosten« geredet hat (*LAG Nbg.* 8.10.1986 LAGE § 12a ArbGG 1979 Nr. 8; *LAG Hamm* 16.7.1987 LAGE § 12a ArbGG 1979 Nr. 10; *LAG RhPf* 13.3.1986 LAGE § 12a ArbGG 1979 Nr. 7). In diesem Sinne hat nunmehr auch das BAG entschieden (*BAG* 1.11.2004 EzA § 12a ArbGG 1979 Nr. 11).

dd) Vergleichsweise abändernde Regelungen

632 § 12a Abs. 1 ArbGG **verbietet es den Parteien nicht, in einem Vergleich zu vereinbaren, dass sich eine Partei zur Kostenerstattung verpflichtet** (*LAG Hamm* 26.2.1991 LAGE § 12a ArbGG 1979 Nr. 15).

633 Eine solche vergleichsweise festgelegte Kostenübernahme kann allerdings nicht in einem Kostenfestsetzungsverfahren nach den §§ 103 ff. ZPO gegen die Gegenpartei festgesetzt werden, da es sich hier **um einen privatrechtlichen Anspruch handelt** und das Kostenfestsetzungsverfahren lediglich der Ermittlung und Festsetzung der gesetzlichen Prozesskosten dient (*LAG RhPf* 28.8.1990 NZA 1992, 141; *LAG Düsseld.* 1.4.1986 LAGE § 12a ArbGG 1979 Nr. 9; **a.A.** *Weinau* NZA 2003, 540 ff.).

d) Hinweispflicht

634 Auf die fehlende Kostenerstattungspflicht müssen Prozessbevollmächtigte eine rechtsuchende Partei nach § 12a Abs. 1 S. 2 ArbGG vor Abschluss einer Vereinbarung über die Vertretung hinweisen. Eine solche Hinweispflicht besteht nur dann nicht, wenn die betreffende Partei einem Kostenrisiko nicht ausgesetzt ist, z.B. weil sie rechtsschutzversichert ist oder weil Kosten, z.B. durch eine Verbandsvertretung, nicht anfallen. Eine schuldhafte Verletzung der Hinweispflicht führt zu Schadensersatzansprüchen der Partei, §§ 280, 311 BGB i.V.m. dem Rechtsberatungsvertrag, die mit einem Vergütungsanspruch des Prozessbevollmächtigten aufgerechnet werden können.

XIV. Das Berufungsverfahren

1. Rechtsgrundlagen

Nach § 64 Abs. 6 ArbGG gelten für die Durchführung des Berufungsverfahrens die Vorschriften der ZPO über das Berufungsverfahren entsprechend, sofern sich aus den Vorschriften der §§ 64 bis 70 ArbGG nichts anderes ergibt. Lediglich die Vorschrift der ZPO über das Verfahren vor dem Einzelrichter, § 527 ZPO, findet keine Anwendung, § 64 Abs. 6 S. 2 ArbGG. 635

Über § 64 Abs. 7 ArbGG finden bestimmte Verfahrensvorschriften des erstinstanzlichen Verfahrens auch im Berufungsverfahren Anwendung.

Die Berufung gegen Urteile des ArbG hat einen Suspensiv- und Devolutiveffekt, d.h. durch die fristgemäße und statthafte Berufung wird der Eintritt der Rechtskraft gehemmt, § 705 S. 2 ZPO, und der Rechtsstreit gelangt automatisch in die Berufungsinstanz. 636

2. Zulässigkeit der Berufung

a) Statthaftigkeit

Nach § 64 Abs. 1 ArbGG findet gegen die Urteile der ArbG die Berufung an die LAG statt. Die Vorschrift ist dahingehend zu ergänzen, dass nur gegen Endurteile eine Berufung eingelegt werden kann, worunter auch ein Teilurteil gem. § 301 ZPO fällt. Diesen gleichgestellt sind Vorbehaltsurteile, § 302 Abs. 3 ZPO, und Zwischenurteile, welche über die Zulässigkeit der Klage abgesondert entscheiden, § 280 Abs. 2 ZPO. 637

Nicht mit der Berufung anfechtbar sind Zwischenurteile nach den §§ 303, 304 ZPO i.V.m. § 61 Abs. 3 ArbGG (s.o. Rn. 499), mit Ausnahme des Zwischenurteils über die nachträgliche Zulassung der Kündigungsschutzklage (§ 5 Abs. 4 KSchG), erste Versäumnisurteile, gegen die ein Einspruch möglich ist, § 513 Abs. 1 ZPO und Urteile, gegen die das Rechtsmittel der sofortigen Beschwerde gegeben ist, § 64 Abs. 1 ArbGG. Hierunter fallen nach § 99 Abs. 2 ZPO zu treffende Kostenentscheidungen im Anerkenntnisurteil, nach § 71 Abs. 2 ZPO zu treffende Zwischenurteile über die Zulässigkeit der Nebenintervention, sowie Zwischenurteile bzgl. Feststellung der Rechtmäßigkeit einer Zeugnisverweigerung, § 387 Abs. 3 ZPO. 638

aa) Grundsätze

§ 64 Abs. 2 ArbGG ist zum 1.5.2000 dahingehen geändert worden, dass die Berufung in anderen als Bestandsstreitigkeiten nur bei **Zulassung durch das Arbeitsgericht** zulässig ist **oder** der **Beschwerdewert** 600 € übersteigt, § 64 Abs. 2a und b (s.u. Rn. 647 ff.). 639

Eine Sonderregelung wurde für **Kündigungsschutzverfahren und Bestandsstreitigkeiten geschaffen**. In diesen kann **immer die Berufung**, unabhängig von einem bestimmten Beschwerdewert oder der Zulassung durch das Arbeitsgericht, eingelegt werden. 640

Eine weitere Sonderregelung enthält § 64 Abs. 2d ArbGG n.F. ab dem 1.1.2002. Danach sind Berufungen gegen Versäumnisurteile, gegen die ein Einspruch an sich nicht statthaft ist, **unabhängig vom Beschwerdewert** und einer Zulassung durch das ArbG zulässig, sofern die Berufung oder Anschlussberufung darauf gestützt wird, dass der Fall der schuldhaften Säumnis nicht vorgelegen habe. 641

Das Arbeitsgericht hat gem. § 64 Abs. 3a ArbGG die Entscheidung, ob es die Berufung zulässt oder nicht, im Tenor seines Urteils aufzunehmen. Wird dies versäumt, kann eine Ergänzung des Urteils binnen zwei Wochen ab Verkündigung beantragt werden. Diese Verpflichtung besteht wohl nur, wenn die Berufung nicht bereits kraft Gesetz zulässig ist (vgl. *Stock* NZA 2001, 483 ff.). 642

Probleme können sich in den Fällen ergeben, in denen ein Urteil zwar vom Streitwert her an sich berufungsfähig ist, der Beschwerdewert aber die Grenze des § 64 Abs. 2b) ArbGG deswegen nicht erreicht, da das Urteil nur zum Teil mit der Berufung angefochten werden soll (s.u. Rn. 649). In diesen Fällen sollte binnen zwei Wochen ab Verkündung vom Antragsrecht nach § 64 Abs. 3a ArbGG Gebrauch gemacht werden. 643

644 Diese Vorschrift unterscheidet sich von § 321 ZPO erheblich. Zum einen kann die Kammer des Arbeitsgerichts nach eigenem Ermessen ohne mündliche Verhandlung über den Antrag befinden. Zum anderen beginnt die Antragsfrist ab **dem Termin der Verkündung des Urteils** zu laufen (s.o. Rn. 485 ff.) und nicht ab dem Termin der Zustellung des Urteils. Diese zweite Abweichung von § 321 ZPO kann in der Praxis zu erheblichen Problemen führen. I. d. R. werden Urteile zwar am Ende des Sitzungstags, aber nicht unmittelbar nach der jeweiligen Verhandlung über eine Sache verkündet. Zu diesem Zeitpunkt sind die Parteien oftmals nicht mehr anwesend. Sie erfahren vom Ausgang ihres Verfahrens durch Zustellung des Sitzungsprotokolls – was leider nicht immer binnen zwei Wochen nach Verkündung des Urteils geschieht und damit nach Ablauf der Antragsfrist nach § 64 Abs. 3a S. 2 ArbGG – oder durch Anruf bei der Geschäftsstelle des Gerichts am folgenden Tag. Auch hierbei besteht keine 100%ige Gewähr, dass ein Urteil immer richtig und vollständig telefonisch übermittelt wird.

645 Einem Prozessbevollmächtigten ist daher zu empfehlen, sofern er das Sitzungsprotokoll nicht in der Antragsfrist zugestellt bekommen hat, vorsorglich in den Fällen des § 64 Abs. 2b ArbGG einen Ergänzungsantrag nach § 64 Abs. 3a ArbGG zu stellen.

646 Fraglich ist, ob § 64 Abs. 3a ArbGG dahingehend zu verstehen ist, dass eine **Berufung** in den Fällen des § 64 Abs. 2b ArbGG künftig **nur dann zulässig** ist, wenn dies im Tenor der Entscheidung verkündet worden ist (vgl. zum Problem einer Zulassung erst in den Gründen Rn. 647, 764). Zwar ist dies in § 64 Abs. 3a ArbGG nicht ausdrücklich festgelegt worden, jedoch ist die Regelung wohl deswegen dahingehend zu verstehen, da sonst das Antragsrecht in § 64 Abs. 3a S. 2 ArbGG überflüssig wäre. Außerdem kann dem Gesetzgeber unterstellt werden, den Meinungsstreit, ob eine Zulassung der Berufung oder einer Revision erst in den Gründen eines Urteils ausreichend ist, zu kennen. Dieser Meinungsstreit sollte offensichtlich geklärt werden.

bb) Beschwerdewert

647 **Nicht-Bestandsstreitigkeiten** sind nach § 64 Abs. 2 ArbGG **nur dann berufungsfähig, wenn die Berufung entweder im arbeitsgerichtlichen Urteil zugelassen worden ist oder der Wert des Beschwerdegegenstandes 600 € übersteigt.**

648 Der Beschwerdewert hängt zum einen von der sog. formellen Beschwer ab, d.h. der Abweichung des erstinstanzlichen Urteils von dem in der ersten Instanz gestellten Antrag, zum anderen von dem in der Berufungsinstanz gestellten Antrag, inwieweit das erstinstanzliche Urteil abgeändert werden soll (vgl. *BAG* 4.6.2008 – 3 AZB 37/08 – FA 2008, 382). Der Beschwerdewert kann dabei nie höher sein als der im erstinstanzlichen Urteil festgesetzte Streitwert, es sei denn, dieser ist offensichtlich völlig fehlerhaft festgesetzt worden (s.o. Rn. 510). Der Beschwerdewert ist vom Berufungskläger glaubhaft zu machen, § 294 ZPO, wobei eine eigene eidesstattliche Versicherung nicht ausreicht, § 511 Abs. 3 ZPO.

649 ► **Beispiel:**
Der Kläger erhebt eine Zahlungsklage in Höhe von 1.000 € und unterliegt. Der Streitwert des erstinstanzlichen Urteils ist auf 1.000 € festgesetzt. Die formelle Beschwerde des Klägers ist ebenfalls 1.000 €. Die Zulassung seiner Berufung hängt nun davon ab, in welcher Höhe er das erstinstanzliche Urteil mit seinem Berufungsantrag angreift. Macht er weiterhin 1.000 € geltend, liegt die Beschwer über 600 €, macht er lediglich noch 500 € geltend, z.B. weil sich im erstinstanzlichen Verfahren herausgestellt hat, dass der Beklagte wirksam mit einer Gegenforderung in Höhe von 500 € aufgerechnet hat, liegt seine Beschwer unter 600 €, sodass er das Urteil nicht angreifen kann, es sei denn, das ArbG hat die Berufung zugelassen.

650 Festzuhalten ist, dass, wenn die unterlegene Partei gegen ein Urteil des ArbG in vollem Umfang Berufung einlegt, dessen Streitwert auf über 600 € festgesetzt worden ist, ein besonderer Wert der Beschwer nicht mehr zu ermitteln ist (*BAG* 13.1.1988 EzA § 64 ArbGG 1979

Nr. 22). Ohne ausdrückliche Zulassung ist die Berufung immer dann unzulässig, wenn der Streitwert im arbeitsgerichtlichen Urteil auf 600 € oder weniger festgesetzt worden ist, da dann die unterlegene Partei nicht über 600 € beschwert sein kann, es sei denn die Streitwertfestsetzung war offensichtlich fehlerhaft (*BAG* 22.5.1984 EzA § 64 ArbGG 1979 Nr. 14).

Das erstinstanzliche Urteil wird auch nicht dadurch berufungsfähig, dass die Beschwer 651 durch eine Ausweitung des Streitgegenstands, d.h. durch **Klageerweiterung in der Berufungsschrift,** erhöht wird (*LAG Frankf./M.* 30.3.1987 LAGE § 64 ArbGG 1979 Nr. 15). Der maßgebliche Zeitpunkt für die Berechnung der Beschwer ist der der Einlegung der Berufung, § 4 Abs. 1 S. 1 ZPO. Der Wert der Beschwer errechnet sich dabei nach den §§ 3 bis 9 ZPO i.V.m. § 42 Abs. 4 GKG).

Die Berufung eines Beklagten bleibt jedoch dann zulässig, wenn der obsiegende Kläger 652 auf einen Teil seines Klageanspruches verzichtet, damit die verbleibende Beschwer des Beklagten unter 600 € sinkt (*Schaub* ArbGVerf § 51 Rz. 22). Schränkt der Berufungskläger seinen Berufungsantrag im Laufe des Verfahrens ein, sodass der verbleibende Antrag unter der in § 64 Abs. 2 ArbGG vorgesehenen Beschwer von 600 € bleibt, kommt es darauf an, ob die Einschränkung willkürlich erfolgt ist oder auf Grund der Entwicklung des Rechtsstreits geboten war, z.B. weil der Berufungsbeklagte während des Berufungsverfahrens einen eingeklagten Betrag teilweise bezahlt hat. Im letzteren Falle ist eine spätere Verminderung des Beschwerdegegenstandes für die Statthaftigkeit der Berufung irrelevant (*Stock* NZA 2001, 481 ff., 483; *BAG* 27.1.2004 EzA § 64 ArbGG 1979 Nr. 39; 19.1.2006 EzA § 64 ArbGG 1979 Nr. 41).

Nicht berufungsfähig ist ein Urteil, wenn die klagende Partei die Höhe einer zu gewäh- 653 renden Leistung in das Ermessen des Gerichts gestellt hat und dem Antrag dem Grunde nach stattgegeben wurde, die Höhe der gerichtlich festgesetzten Leistung aber nicht den Erwartungen entsprochen hat, z.B. bei Beantragung der Auflösung seines Arbeitsverhältnisses gem. § 9 KSchG gegen Zahlung einer in das Ermessen des Gerichts gestellten Abfindung. In diesem Fall kann Berufung nur von der beklagten Partei eingelegt werden.

> Deswegen sollte bei solchen Klageanträgen immer ein Mindestbetrag eingeklagt werden 654 oder doch zumindest eine Mindesterwartung dem Gericht mitgeteilt werden. Bleibt der vom Gericht austenorierte Betrag unter dieser Erwartung, liegt in Höhe der Differenz eine Beschwer vor.

Die Beschwer in einem Verfahren, in dem zwar ein **Hauptantrag** abgewiesen, jedoch auf 655 den **Hilfsantrag** erkannt worden ist, liegt für den Kläger im Wert des Hauptantrages – nicht in der Differenz zwischen Haupt- und Hilfsantrag –, für den Beklagten im Wert des Hilfsantrags. Werden der Haupt- und der Hilfsantrag abgewiesen, ist die Berufung zulässig, wenn wenigstens einer der beiden Anträge die Berufungssumme erreicht (GK-ArbGG/*Vossen* § 64 Rz. 54).

Bei der Verurteilung einer Partei zu einer **Bruttovergütung abzüglich einer bereits** 656 **geleisteten Nettovergütung** erfolgt die Berechnung der Beschwer für den verurteilten Beklagten, indem vom eingeklagten Bruttobetrag der Nettobetrag und die darauf entfallenden Steuern und Versicherungsbeiträge abgezogen werden. Es spricht eine Vermutung dafür, dass in Höhe der Nettobeträge bereits die entsprechenden Abgaben vom beklagten Arbeitgeber getätigt worden sind (GMPM-G/*Germelmann* § 64 Rz. 26).

Etwas anderes gilt nur dann, wenn vom Arbeitnehmer ein Forderungsüberhang, z.B. 657 wegen erfolgter Arbeitslosen- oder Krankengeldzahlung, d.h. ein Differenzbetrag zwischen den aus Sozialkassen erhaltenen Geldern und dem Bruttoentgelt geltend gemacht worden ist. In diesem Fall berechnet sich der Beschwerdewert durch Abzug des Nettobetrags vom Bruttobetrag. Die Erstattungspflicht gegenüber den Sozialkassen ist für die Streitwertberechnung unerheblich (*LAG Düsseld.* 26.8.1991 EzA § 64 ArbGG 1979 Nr. 6).

Werden **Streitgenossen** erstinstanzlich verurteilt und legen sie jeweils getrennt Berufung 658 ein, ist die Beschwer aller Streitgenossen zusammenzurechnen. Nehmen einige Streitgenossen die Berufung zurück und sinkt damit der Beschwerdewert unter 600 €, werden die übrigen Berufungen unzulässig (GMPM-G/*Germelmann* § 64 Rz. 55).

659 Bei einer Berufung gegen ein **zweites Versäumnisurteil** war bislang § 64 Abs. 2 ArbGG a.F. neben § 513 Abs. 2 ZPO anwendbar, d.h. eine Berufung gegen ein zweites Versäumnisurteil in vermögensrechtlichen Streitigkeiten war nur dann zulässig, wenn der Beschwerdewert über 600 € lag oder das ArbG die Berufung zugelassen hat (*BAG* 4.4.1989 EzA § 64 ArbGG 1979 Nr. 27).

660 Nach § 64 Abs. 3 ArbGG hat das ArbG die Berufung zuzulassen, wenn eine der in den Nr. 1 bis 3 genannten Voraussetzungen vorliegt (s.o. Rn. 523 ff.).

661 **Nunmehr ist eine Berufung auch unter den Voraussetzungen des § 64 Abs. 2d ArbGG möglich** (s.o. Rn. 641).

b) Form und Frist der Berufungseinlegung

aa) Form

(1) Unterschriebene Berufungsschrift

662 Die Berufung ist nach § 519 ZPO durch einen Schriftsatz beim Berufungsgericht einzulegen. Sie muss von einem nach § 11 Abs. 2 ArbGG postulationsfähigen Prozessbevollmächtigten (zum Syndikusanwalt vgl. *BAG* 19.3.1996 EzA § 11 ArbGG 1979 Nr. 12) grds. **handschriftlich und eigenhändig unterzeichnet** sein, § 64 Abs. 2 ArbGG i.V.m. § 519 Abs. 4, 130 Nr. 6 ZPO (*BAG* 15.2.1987 EzA § 518 ZPO Nr. 33). Die Unterschrift dient dazu nachzuweisen, dass die Berufungsschrift von einer Person herrührt, die befähigt und befugt ist, Prozesshandlungen vor dem Berufungsgericht vorzunehmen. Mit der Unterschrift übernimmt der Unterzeichner hierfür die Verantwortung. Eine **Unterschrift »i. A.«** reicht nicht aus (*Bram* FA 2003, 226 f.).

663 Sie muss ein individuelles Schriftbild aufweisen, auch wenn sie nicht lesbar sein muss (*BAG* 5.12.1984 § 72 ArbGG 1979 Nr. 6). Der Unterzeichner muss allerdings seinen vollen Namen, nicht nur eine Abkürzung verwenden (*BAG* 29.7.1981 EzA § 518 ZPO Nr. 28). Hat der Prozessbevollmächtigte einen Doppelnamen, genügt es, den ersten Namen voll auszuschreiben und den Zweiten abzukürzen (*BAG* 15.12.1987 EzA § 518 ZPO Nr. 33). Wurde eine bestimmte Form der Unterschrift eines Prozessbevollmächtigten bislang von einer bestimmten Kammer rügelos hingenommen, gebietet es der Grundsatz der fairen Verfahrensgestaltung, dass erst nach Verwarnung gegenüber dem Prozessbevollmächtigten die Unterschrift für die Zukunft nicht mehr als ausreichend angesehen werden darf (*BVerfG* 26.4.1988 NJW 1988, 2787; *BAG* 30.8.2000 EzA § 66 ArbGG 1979 Nr. 33). **Die Selbstbindung bezieht sich allerdings immer nur auf einen bestimmten Spruchkörper, nicht auf das gesamte Berufungsgericht.**

664 **Ausnahmen** vom Erfordernis der eigenhändigen Unterschrift gibt es bei **der Verwendung technischer Hilfsmittel** zur Übermittlung der Berufungsschrift, sofern dadurch eine eigene Unterschrift technisch nicht möglich ist. Dies ist beispielsweise bei **telegrafischer Berufungseinlegung**, die zulässig ist, der Fall (*BAG* 14.1.1986 EzA § 94 ArbGG 1979 Nr. 3). Gleiches gilt für die Berufungseinlegung durch **Fernschreiber**. In beiden Fällen muss allerdings gewährleistet sein, dass nachvollziehbar ist, von wem die Berufung tatsächlich eingelegt worden ist.

665 Anders sieht es aus bei der Berufungseinlegung mittels **Telefax oder Telekopie**. In diesem Fall ist zwar eine eigenhändige Unterschrift nicht direkt möglich, jedoch ist es technisch möglich, das Original der Berufungsschrift in vollem Umfang zu übermitteln, sodass auf diesem die Unterschrift enthalten sein und mit übermittelt werden muss (*BAG* 24.9.1986 EzA § 554 ZPO Nr. 4, vgl. *Düwell* NZA 1999, 291; s.o. Rn. 267). Allein der »OK« Vermerk durch das Entsendungsgerät bedeutet allerdings nicht, dass der Schriftsatz fristwahrend das Empfängergerät auch erreicht hat. Insofern besteht auch kein Anscheinsbeweis (*BAG* 14.8.2002 NZA 2003, 158).

666 Bezüglich der neuen Nutzungsmöglichkeiten hinsichtlich **elektronischer Signaturen** vgl. § 130a ZPO.

(2) Notwendiger Inhalt

Die Berufung darf nicht unter einer Bedingung eingelegt werden, **auch nicht unter der Bedingung, dass zuvor Prozesskostenhilfe gewährt wird**. 667

In der Berufungsschrift muss angegeben werden, welches Urteil welchen Gerichts angegriffen werden soll, dass gegen dieses Urteil Berufung eingelegt wird sowie die genaue Bezeichnung des Berufungsklägers und -beklagten (*BAG* 26.6.2008 – 2 AZR 23/07 – FA 2008, 338). Daneben sollte der Berufungsschrift eine Ausfertigung oder beglaubigte Abschrift des angefochtenen Urteils beigelegt werden, § 519 Abs. 3 ZPO. 668

Formfehler der Berufungsschrift können die Berufung unzulässig machen, so z.B. wenn das Gericht, welches das angefochtene Urteil erlassen hat, nicht angegeben worden ist (*BAG* 5.12.1974 AP Nr. 26 zu § 518 ZPO). Allerdings können Formfehler innerhalb der Berufungsfrist behoben werden. Die Berufungsfrist selbst muss noch nicht die genaue Ankündigung der Berufungsanträge enthalten und auch noch nicht angeben, inwieweit das arbeitsgerichtliche Urteil angefochten wird. Dies kann noch in der Berufungsbegründung erfolgen (GMPM-G/*Germelmann* § 64 Rz. 69). 669

Es ist allerdings für den Fall einer evtl. späteren Berufungsrücknahme hinsichtlich der Kostentragungspflicht sinnvoll, ggf. die Berufung schon in der Berufungsschrift hinsichtlich des Streitgegenstandes einzuschränken. Erfolgt die Einlegung der Berufung zunächst nur zur Fristwahrung, empfiehlt es sich darüber hinaus, den Prozessbevollmächtigten der Gegenseite im Hinblick auf die §§ 97 ZPO, § 2 Abs. 2, 15 Abs. 2 RVG i.V.m. Nr. 3201 VV anzuschreiben und darum zu bitten, kollegialiter einstweilen von einer Bestellung und Antragstellung beim Berufungsgericht abzusehen. 670

Die ladungsfähige Anschrift des Rechtsmittelbeklagten bzw. seines Prozessbevollmächtigten in der Berufungsschrift ist nicht notwendig anzugeben (*BAG* 16.9.1986 EzA § 518 ZPO Nr. 31), jedoch sinnvoll und üblich, da dem Berufungsgericht zum Zeitpunkt der Zustellung der Berufungsschrift die Akte noch nicht vorliegt. 671

Muster: 672

An das
Landesarbeitsgericht Rheinland-Pfalz
...

Berufung

In Sachen
Fa. XY GmbH, vertr. durch ihren Geschäftsführer ..., Hauptstr. 4,
67663 Kaiserslautern

– Beklagte und

Berufungsklägerin –
Prozessbevollmächtigte: RAe ...

gegen

Herrn Fritz Z, Seitenstr. 5, 67662 Kaiserlautern,

– Kläger und

Berufungsbeklagter –
Prozessbevollmächtigte 1. Instanz: DGB Rechtsstelle Kaiserslautern ...
wegen Urlaubsabgeltung
wird gegen das Urteil des ArbG Kaiserslautern vom ... Aktz.: ..., zugestellt am ...
hiermit in vollem Umfang/soweit die Beklagte verurteilt wurde ...

Berufung

eingelegt. Eine Abschrift des Urteils liegt diesem Schriftsatz als Anlage bei. Antrag und Begründung folgen in einem gesonderten Schriftsatz.

Unterschrift

bb) Frist

673 Die Berufungsfrist beträgt nach § 66 Abs. 1 ArbGG einen Monat. Bei der Frist handelt es sich um eine **Notfrist**, § 517 ZPO, d.h. sie kann nicht verlängert oder abgekürzt werden, § 224 Abs. 1 ZPO.

674 Erfolgt die Berufungseinlegung mit einem automatischen Empfangsgerät des Gerichts, z.B. mit einem Telefaxgerät, muss die vollständige Aufzeichnung der Berufungseinlegung bis 24 Uhr des letzten Tages der Berufungsfrist abgeschlossen sein (*BAG* 5.7.1990 EzA § 519 ZPO Nr. 6; *LAG Hamm* 27.11.1989 LAGE § 518 ZPO Nr. 3). Bei der Benutzung eines Telefaxgerätes darf zwar von einem privaten Telefaxgerät aus die Berufung eingelegt werden (*BAG* 5.7.1990 NZA 1990, 985), sie darf jedoch nicht über das Telefaxgerät eines Dritten erfolgen, der dann die Berufung an das Berufungsgericht weiterleitet, da dann nicht sichergestellt werden kann, ob der Berufungskläger tatsächlich das übermittelte Schriftstück so, wie es bei Gericht ankommt, absenden wollte.

675 Steht eine gemeinsame technische Einrichtung, z.B. ein Nachtbriefkasten oder ein Telefaxgerät, für mehrere Behörden oder Gerichte zur Verfügung, muss der Rechtsmittelkläger durch richtige Adressierung kenntlich machen, dass die eingehende Sendung für das Berufungsgericht bestimmt ist (*BAG* 14.7.1988 EzA § 518 ZPO Nr. 34).

676 Die Berufungsschrift kann sowohl beim Stammgericht als auch bei einer Außenkammer des Berufungsgerichts eingelegt werden, gleichgültig wo die Streitsache zu verhandeln ist (*BAG* 23.9.1981 AP Nr. 2 zu § 64 ArbGG 1979).

677 **Die Frist beginnt mit der Zustellung des in vollständiger Form abgefassten Urteils.** Der Rechtsmittelführer ist berechtigt, sie bis zum letzten Tag auszunutzen und kann auch darauf vertrauen, dass beim Berufungsgericht entsprechende Einrichtungen zur Inempfangnahme, wie z.B. ein Nachtbriefkasten, vorhanden sind (*BAG* 10.9.1955 AP Nr. 3 zu 518 ZPO) und auch funktionieren (vgl. *BVerfG* 25.2.2000 EzA § 5 KSchG Nr. 32 und *BAG* 20.2.2001 EzA § 77 BetrVG 1972 Nr. 66 für den Fall der Störung des Telefaxempfangsgerätes). Die Berechnung der Monatsfrist erfolgt gem. § 222 ZPO nach den §§ 187, 188 BGB. Die Beweislast für die Wahrung der Berufungsfrist trägt der Berufungskläger.

678 Nach § 66 Abs. 1 S. 2 ArbGG n.F. beginnt die Berufungsfrist bei Nichtzustellung oder fehlerhafter Zustellung des Urteils fünf Monate nach seiner Verkündung. Ob die Zustellung fehlerhaft erfolgt ist, z.B. keine Rechtsmittelbelehrung entgegen § 9 ArbGG beilag, ist unerheblich (s.o. Rn. 541).

679 Die Berufungsfrist beginnt noch nicht, wenn lediglich ein Urteil in abgekürzter Form nach § 317 Abs. 2 S. 2 ZPO zugestellt worden ist, da § 517 ZPO von einem vollständig abgefassten Urteil ausgeht. Ergeht innerhalb der Berufungsfrist ein Ergänzungsurteil nach § 321 ZPO, beginnt die Berufungsfrist auch für die Berufung gegen das zuerst ergangene unvollständige Urteil mit Zustellung der nachträglichen Entscheidung von neuem, § 518 ZPO.

cc) Folgen bei Formfehler oder Fristüberschreitung

680 Ist die Berufung nicht form- und fristgerecht eingelegt worden, hat das Berufungsgericht die **Berufung als unzulässig zu verwerfen**. Insofern steht dem Berufungsgericht kein Ermessen zu, § 66 Abs. 2 S. 2 ArbGG i.V.m. § 522 Abs. 1 ZPO.

681 Die Entscheidung kann ohne mündliche Verhandlung durch Beschluss ergehen und unterliegt in diesem Fall der Rechtsbeschwerde, § 522 ZPO, sofern die weiteren Voraussetzungen des § 77 ArbGG gegeben sind. Hielt das Berufungsgericht die Berufung zu Unrecht für unzulässig und hat es sie verworfen, kann es seine Entscheidung nachträglich nicht mehr abändern, es sei denn, es wird ein begründeter Wiedereinsetzungsantrag einer Partei gestellt (*BAG* 29.10.1976 EzA § 519b ZPO Nr. 2).

682 Der ohne mündliche Verhandlung ergangene Verwerfungsbeschluss ergeht durch den Vorsitzenden allein ohne Mitwirkung der ehrenamtlichen Richter, § 66 Abs. 2 S. 2 ArbGG. Den Parteien ist vor der Verwerfung rechtliches Gehör zu gewähren (*Schwab* S. 313). Der Beschluss ist zu begründen.

c) Form, Frist und Inhalt der Berufungsbegründung

aa) Frist

683 Die Berufung ist zu begründen, entweder bereits in der Berufungsschrift oder in einer gesonderten Begründungsschrift. Diese muss gem. § 66 Abs. 1 ArbGG **binnen zwei Monate nach Zustellung des Urteils bzw. 7 Monate nach Verkündung des Urteils bei fehlender vorheriger Zustellung** beim Berufungsgericht eingehen. Die Berechnung der Frist entspricht der Berechnung der Berufungsfrist (s.o. Rn. 673 ff.).

684 **Im Unterschied zur Berufungsfrist kann die Berufungsbegründungsfrist verlängert werden, da es sich bei ihr nicht um eine Notfrist handelt.** Nach § 66 Abs. 1 S. 3 ArbGG kann dies allerdings nur einmal geschehen, wenn nach der Überzeugung des Vorsitzenden der Rechtsstreit dadurch nicht verzögert wird (*BAG* 15.1.1995 – 2 AZR 855/94 – n.v.). In dem Verlängerungsantrag muss bereits der Zeitraum angegeben werden, für den die Fristverlängerung begehrt wird, ansonsten ist der Antrag zurückzuweisen. Die Gründe für den Verlängerungsantrag sind glaubhaft zu machen, § 224 Abs. 2 ZPO, wobei neben den in § 294 ZPO aufgeführten Mitteln zur Glaubhaftmachung auch eine anwaltliche Versicherung ausreicht (GMPM-G/*Germelmann* § 66 Rz. 32).

685 Die Entscheidung über den Fristverlängerungsantrag trifft der Kammervorsitzende alleine durch Verfügung oder Beschluss. Sie ist unanfechtbar. **Die Entscheidung kann auch noch nach deren Ablauf wirksam getroffen werden, sofern die Fristverlängerung vor Fristablauf beantragt worden ist** (*BAG* 24.8.1979 EzA § 66 ArbGG 1979 Nr. 1). Die Gegenseite braucht vor der Entscheidung nicht angehört zu werden, § 225 ZPO.

686 Hat ein Prozessbevollmächtigter die Verlängerung der Berufungsbegründungsfrist erst am Tag des Ablaufens der Frist beim Berufungsgericht beantragt, und wird die Verlängerung abgelehnt, kann er allenfalls Wiedereinsetzung in den vorherigen Stand beantragen. Ein solcher Antrag ist allerdings nicht regelmäßig begründet, da man nicht generell mit der Bewilligung einer Verlängerung rechnen kann (*LAG Köln* 10.6.1994 LAGE § 66 ArbGG 1979 Nr. 11; *BVerfG* 25.9.2000 NZA 2001, 118 ff.). Es empfiehlt sich, am letzten Tag der Frist beim Gericht telefonisch nachzufragen, ob dem Verlängerungsantrag stattgegeben wird.

687 Die Dauer einer Fristverlängerung steht im Ermessen des Vorsitzenden. § 66 Abs. 1 ArbGG enthält insofern keine Bestimmungen. Im Hinblick auf den Beschleunigungsgrundsatz, § 9 Abs. 1 S. 1 ArbGG, sollte in Anlehnung an die in § 66 Abs. 1 ArbGG genannte Berufungsfrist und Berufungsbeantwortungsfrist eine Verlängerung nicht über einen Monat hinaus erfolgen, es sei denn, es liegen besondere Umstände vor (*BAG* 16.7.2008 EzA § 78a BetrVG 2001 Nr. 4).

688 Die Verlängerungsgründe müssen substantiiert dargelegt werden. Dennoch sollen bereits pauschale Angaben, wie »Arbeitsüberlastung« oder »die Vielzahl gleichzeitig ablaufender Fristen« genügen, um dem Erfordernis der ausreichenden Darlegung der Verlängerungsgründe zu genügen (*BVerfG* 25.9.2000, 12.1.2000 NZA 2001, 118 ff., 556; *BAG* 4.2.1994 EzA § 66 ArbGG 1979 Nr. 17; 20.10.2004 EzA § 66 ArbGG 1979 Nr. 37; **a.A.** *LAG Bln.* 26.1.1990 LAGE § 66 ArbGG 1979 Nr. 8; 17.5.2000 § 4 TVG Rückgruppierung Nr. 2; *LAG Düsseld.* 23.12.1993 LAGE § 66 ArbGG 1979 Nr. 10; *Schwab* S. 254 ff.).

689 Erhebliche Gründe können laufende Vergleichsgespräche, eine Arbeitsüberlastung des Prozessbevollmächtigten, Personalschwierigkeiten in der Kanzlei des Prozessbevollmächtigten oder das Abwarten einer in Kürze erfolgenden Grundsatzentscheidung des BAG sein. Der Umstand, dass ein Prozessbevollmächtigter in Urlaub gehen will, rechtfertigt im Regelfall keine Verlängerung der Begründungsfrist, da er für die Zeit seiner Urlaubsabwesenheit einen Vertreter zu bestellen hat. Erst recht gilt dies in Anwaltskanzleien mit mehreren Rechtsanwälten bzw. bei einem Verband als Prozessbevollmächtigten.

bb) Form und Inhalt

690 Der notwendige Inhalt der Begründungsschrift ergibt sich aus § 64 Abs. 6 ArbGG i.V.m. § 520 Abs. 3, 4 ZPO. Sie muss von dem postulationsfähigen Prozessbevollmächtigten unterschrieben sein (s.o. Rn. 662 ff.). Die Berufungsbegründungsschrift wird von Amts wegen dem Berufungsgegner zugestellt, §§ 521, 210 a ZPO. Ihr sollen die erforderliche Anzahl von Abschriften beigefügt werden, d.h. vier Abschriften, für den Berufungsbeklagten, seinen Prozessbevollmächtigten und die ehrenamtlichen Richter.

691 Auch die Berufungsbegründungsfrist kann mittels technischer Hilfsmittel, z.B. Telefax oder Fernschreiber dem Berufungsgericht übersandt werden. Es gelten insofern die Ausführungen unter Rn. 662–665 entsprechend.

692 In der Berufungsbegründung müssen enthalten sein:
- die **Berufungsanträge**, in denen der Berufungskläger angeben muss, inwieweit das Urteil angefochten werden soll und welche Abänderung des Urteils verlangt wird, § 520 Abs. 3 Nr. 1 ZPO. Die Anträge können unter den Voraussetzungen des § 533 ZPO bis zum Schluss der mündlichen Verhandlung sowohl erweitert als auch eingeschränkt werden;
- die **Berufungsbegründung**, wobei sich der Berufungskläger im Einzelnen mit dem angefochtenen Urteil auseinander zu setzen und die Gründe, die zu der Anfechtung führen, im Einzelnen darzulegen hat. Er muss kenntlich machen, in welchen Punkten tatsächlicher oder rechtlicher Natur er das angefochtene Urteil für unrichtig hält. Allein die Bezugnahme auf den erstinstanzlichen Vortrag reicht nicht aus (*BAG* 21.10.1955 AP Nr. 2 zu 519 ZPO; 6.10.2005 – 6 AZR 183/04 – EzA § 64 ArbGG 1979 Nr. 40; 25.4.2007 NZA 2007, 1387 ff.). Auch die Behauptung, bestimmte Gesetzesbestimmungen seien verletzt worden genügt nicht (*BAG* 31.1.1957 AP Nr. 3 zu 519 ZPO), ebenso wenig wenn eine Partei lediglich auf umfangreiche Unterlagen verweist, die sie der Berufungsbegründungsschrift beilegt, selbst wenn diese im Einzelnen geordnet sind;
- **neue Tatsachen, Beweismittel und Beweiseinreden**, auf die sich die Partei zur Rechtfertigung der Berufung stützen will, sind in der Berufungsbegründung aufzuführen, § 520 Abs. 3 Nr. 4 ZPO, § 67 Abs. 4 ArbGG. Die Berufung kann auch ausschließlich auf den Vortrag neuer Tatsachen gestützt werden.

693 An die Berufungsbegründung können diese Anforderungen nicht gestellt werden, wenn das erstinstanzliche Urteil binnen fünf Monaten nicht abgesetzt und den Parteien zugestellt worden ist. Hat in diesem Falle der Berufungskläger vor Zustellung des Urteils Berufung eingelegt und muss diese nunmehr begründen, kann von ihm nicht erwartet werden, sich mit den Urteilsgründen im Einzelnen auseinander zu setzen (*GS OGB* 27.4.1993 EzA § 551 ZPO Nr. 1; *BAG* 13.9.1995 NZA 1996, 446).

cc) Folgen fehlerhafter Berufungsbegründung

694 Ist die Berufungsbegründung nicht form- und fristgerecht eingelegt worden, ist die Berufung nach § 522 Abs. 1 ZPO als unzulässig zu verwerfen (*Oetker* NZA 1989, 201). Die Verwerfung kann nach mündlicher Verhandlung durch Urteil oder ohne mündliche Verhandlung durch Beschluss ergehen, wobei dieser durch den Vorsitzenden erlassen wird, § 66 Abs. 2 S. 2 ArbGG.

695 Der Beschluss kann mit der Rechtsbeschwerde angefochten werden, wenn das LAG sie nach § 77 S. 1 ArbGG zulässt. Lässt das Berufungsgericht die Rechtsbeschwerde nicht zu, ist das BAG daran gebunden. § 72a ArbGG kann nicht entsprechend angewendet werden (*BAG* 8.11.1979 EzA § 77 ArbGG 1979 Nr. 2). Dies gilt selbst dann, wenn das LAG die Rechtsbeschwerde eigentlich hätte zulassen müssen, da es von einer Entscheidung eines anderen LAG oder des BAG abweicht. Die Rechtsbeschwerde ist beim BAG einzulegen, § 77 S. 4 ArbGG, § 575 Abs. 1 ZPO.

d) Vorabentscheidung über die Berufung

Eine Vorabentscheidung über die Berufung findet im arbeitsgerichtlichen Berufungsverfahren nicht statt. § 522 Abs. 2 und 3 ZPO finden keine Anwendung, § 66 Abs. 2 ArbGG. 696

3. Vorbereitung der mündlichen Verhandlung

a) Terminsanberaumung

Nach § 66 Abs. 2 ArbGG hat der Kammervorsitzende nach der Prüfung der Zulässigkeit der Berufung Termin zur mündlichen Verhandlung anzuberaumen. Dies hat auch dann zu erfolgen, wenn zwar Zweifel an der Zulässigkeit bestehen, diese jedoch im Rahmen einer mündlichen Verhandlung geprüft werden sollen. Ein schriftliches Vorverfahren, wie im ordentlichen Zivilprozess nach § 521 Abs. 2 ZPO denkbar, wird vor dem LAG nicht durchgeführt (GK-ArbGG/*Vossen* § 66 Rz. 150). Ein Gütetermin kann, anders als im zivilgerichtlichen Berufungsverfahren (§ 525 ZPO), ebenfalls nicht durchgeführt werden. § 64 Abs. 7 ArbGG verweist nicht auf § 54 ArbGG. 697

Bei der Terminsanberaumung, die grds. im Ermessen des Vorsitzenden liegt, ist zum einen der Beschleunigungsgrundsatz nach § 9 ArbGG zu beachten, zum anderen § 64 Abs. 8 ArbGG, wonach Bestandstreitigkeiten vorrangig zu erledigen sind, sowie die Berufungsbegründungs- und -beantwortungsfristen, § 66 Abs. 1 S. 1, 2 ArbGG. **Die Berufungsbeantwortungsfrist nach § 66 Abs. 1 S. 3 ArbGG kann vom Vorsitzenden weder verkürzt werden noch von sich aus verlängert**. Sie steht nicht im Ermessen des Gerichts. Lediglich auf Antrag des Berufungsbeklagten kann sie einmal verlängert werden, § 66 Abs. 1 S. 5 ArbGG. Insofern gelten die gleichen Grundsätze wie bei der Beantragung der Verlängerung der Berufungsbegründungsfrist (s.o. Rn. 683 ff.). 698

In der Praxis wird der Termin zur mündlichen Verhandlung erst nach Eingang der Berufungsbegründung festgelegt, da erst zu diesem Zeitpunkt geprüft werden kann, ob die Berufung zulässig ist. 699

Die Ladung erfolgt von Amts wegen. Mit Zuleitung des Berufungsbegründungsschriftsatzes ist der Berufungsbeklagte auf die Berufungsbeantwortungsfrist und auf die Folgen einer Fristversäumung hinzuweisen, § 66 Abs. 1 S. 4 ArbGG. Unterbleibt eine Belehrung, kann nachträgliches Vorbringen nicht gem. § 67 Abs. 4 S. 2 ArbGG zurückgewiesen werden (*Grunsky* § 66 Rz. 7). 700

Einer Terminsanberaumung bedarf es ausnahmsweise dann nicht, wenn die Parteien eine **Entscheidung im schriftlichen Verfahren beantragt** haben, was vor dem LAG möglich ist (*BAG* 6.8.1975 EzA § 128 ZPO Nr. 1). § 64 Abs. 7 ArbGG verweist nicht auf § 46 ArbGG, weswegen § 128 Abs. 2 ZPO im Berufungsverfahren anwendbar bleibt (GK-ArbGG/*Vossen* § 64 Rz. 131). 701

b) Anordnung des persönlichen Erscheinens

Gem. § 64 Abs. 7 ArbGG gilt § 51 Abs. 1 ArbGG hinsichtlich der Anordnung des persönlichen Erscheinens auch für das Berufungsverfahren. Im Gegensatz zum erstinstanzlichen Verfahren kann allerdings die Zulassung eines Prozessbevollmächtigten nicht abgelehnt werden, wenn die Partei trotz Anordnung des persönlichen Erscheinens nicht erschienen ist und sich auch nicht entschuldigt hat. § 64 Abs. 7 ArbGG verweist insofern nicht auf die Vorschrift des § 51 Abs. 2 ArbGG, da vor dem LAG Vertretungszwang herrscht. 702

c) Prozessleitende Anordnungen

Der Kammervorsitzende kann wie der Vorsitzende am ArbG die nach § 56 ArbGG vorgesehenen prozessleitenden Maßnahmen zur Vorbereitung der streitigen Verhandlung durchführen, § 64 Abs. 7 ArbGG (s.o. Rn. 370). 703

4. Anschlussberufung, Berufungsrücknahme und Berufungsverzicht

a) Anschlussberufung

704 § 524 ZPO n.F. finden über § 64 Abs. 6 ArbGG Anwendung. Damit gibt es nunmehr nur noch die früher sog. unselbstständige Anschlussberufung. Sie kann auch dann eingelegt werden, wenn eine Partei erstinstanzlich in vollem Umfang obsiegt hat und im Wege der Klageerweiterung im Rahmen einer Anschlussberufung weitere Ansprüche geltend machen will (*BAG* 29.9.1993 EzA § 521 ZPO Nr. 1).

705 Die Anschlussberufung muss durch einen Schriftsatz beim Berufungsgericht angebracht werden. Allein eine Erklärung zu Protokoll der Geschäftsstelle oder auch mündlich im Termin zu Protokoll ist unzulässig (*BAG* 28.10.1981 EzA § 522a ZPO Nr. 1).

706 Die Anschlussberufung des Berufungsbeklagten wird mit Berufungsrücknahme, Berufungsverwerfung oder Berufungszurückweisung durch Beschluss wirkungslos, § 524 Abs. 3 ZPO (vgl. Einzelheiten bei Schwab/Weth-*Schwab* § 64 Rz. 188 ff.).

b) Berufungsrücknahme

707 Die Berufungsrücknahme regelt sich nach § 516 ZPO i.V.m. § 64 Abs. 6 ArbGG. Bis zur Verkündung des Berufungsurteils kann sie ohne Zustimmung des Berufungsbeklagten erfolgen. Die Form bestimmt sich nach § 516 Abs. 2 ZPO. Die Erklärung kann nur durch einen in der Berufungsinstanz zugelassenen Vertreter erfolgen. Als Prozesshandlung ist sie eindeutig abzugeben, unwiderruflich und nicht anfechtbar (zu Ausnahmen vgl. GMPM-G/*Germelmann* § 64 Rz. 111).

708 **Die Zurücknahme der Berufung hat den Verlust des eingelegten Rechtsmittels und die Kostentragungspflicht gem. § 516 Abs. 3 ZPO zur Folge.**

c) Berufungsverzicht

709 Die Vorschrift des § 515 ZPO ist i.V.m. § 64 Abs. 6 ArbGG anwendbar. **Beim Berufungsverzicht handelt es sich um eine einseitige Prozesshandlung, die vom Prozessgegner nicht angenommen werden muss.** Die Verzichtserklärung kann gegenüber dem Gericht mündlich oder schriftlich erklärt werden, in der ersten Instanz auch von der Partei selbst, in der zweiten Instanz nur durch einen in § 11 Abs. 2 ArbGG genannten Vertreter. Der Verzicht kann auch gegenüber dem Prozessgegner erfolgen.

710 Eine trotz eines abgegebenen Verzichts eingelegte Berufung ist auf entsprechende Einrede des Berufungsbeklagten als unzulässig zu verwerfen. Durch eine Vereinbarung der Parteien kann allerdings die Wirkung des Verzichts, anders als bei einer Berufungsrücknahme, wieder beseitigt werden (GMPM-G/*Germelmann* § 64 Rz. 117).

5. Die mündliche Verhandlung

a) Allgemeines

711 Der Kammertermin im Berufungsverfahren entspricht im Ablauf im Wesentlichen dem erstinstanzlichen Kammertermin, § 64 Abs. 7 i.V.m. §§ 52, 57 bis 59 ArbGG. Zu Beginn der Verhandlung werden die Formalien der Berufung festgestellt und geprüft, insbesondere ob die Berufungseinlegungs- und Begründungsfrist gewahrt worden ist und die Anträge zu Protokoll erklärt wurden. Auch die Abgrenzung der Befugnisse des Vorsitzenden zu denen der Kammer entspricht der, wie sie beim ArbG gegeben ist, § 64 Abs. 7 i.V.m. §§ 53, 55, Abs. 1, 2, 4 ArbGG. Es kann daher für den Ablauf, das Beweisverfahren und die Beendigungsmöglichkeiten auf die Ausführungen zum Kammertermin im erstinstanzlichen Verfahren verwiesen werden (s.o. Rn. 422 ff.).

b) Besonderheiten bzgl. der Zurückweisung von Parteivorbringen

Obwohl es sich beim Berufungsverfahren in den Grenzen, die § 529 ZPO nunmehr zieht (vgl. *Schmidt/Schwab/Wildschütz* NZA 2001, 1217 [1219]) grds. um eine zweite Tatsacheninstanz handelt (GMPM-G/*Germelmann* § 64 Rz. 74), sieht § 67 ArbGG im Interesse des Beschleunigungsgrundsatzes, § 9 ArbGG, umfangreiche Präklusionsvorschriften bzgl. des Vorbringens neuer Angriffs- oder Verteidigungsmittel vor. Diesen unterfällt neuer Tatsachenvortrag in der Berufungsbegründung, neue Einreden, neues Behaupten, Bestreiten, erstmalige Beweisanträge sowie die Geltendmachung von Beweiseinreden. § 531 ZPO wird insofern von der spezielleren Vorschrift des § 67 ArbGG verdrängt (*BAG* 15.2.2005 NZA 2005, 484). 712

Kein Angriffs- und Verteidigungsmittel in diesem Sinne ist ein selbstständiger Angriff oder die Verteidigung an sich. § 67 ArbGG unterliegen daher nicht eine Klageänderung, die Widerklage und die Aufrechnung, § 64 Abs. 6 ArbGG i.V.m., § 64 Abs. 6 ArbGG i. V.m § 533 ZPO. Auch der Antrag auf Auflösung des Arbeitsverhältnisses nach § 9 KSchG unterliegt nicht der Präklusionsvorschrift des § 67 ArbGG und kann bis zum Ende der mündlichen Verhandlung in der Berufungsinstanz gestellt werden (*Schaub* ArbGVerf § 51 Rz. 122). 713

aa) Zurückweisung von bereits in der ersten Instanz verspätet vorgebrachten Angriffs- und Verteidigungsmitteln

Nach § 67 ArbGG sind 3 Fallkonstellationen zu unterscheiden: 714

- Nach § 67 Abs. 1 ArbGG bleiben **Angriffs- oder Verteidigungsmittel die das ArbG in erster Instanz zu Recht zurückgewiesen hat, sei es nach § 56 Abs. 2 ArbGG, sei es nach § 296 ZPO, auch in der zweiten Instanz ausgeschlossen** (*LAG Bln.* 7.5.1979 EzA § 528 ZPO Nr. 1). Dies gilt selbst dann, wenn das Verfahren in zweiter Instanz bei Zulassung der Angriffs- und Verteidigungsmittel nicht verzögert werden würde, denn sonst würden die Präklusionsvorschriften der ersten Instanz umgangen. Aus diesem Grunde ist auch ein Nachschieben von Entschuldigungsgründen in der zweiten Instanz für das verspätete Vorbringen der ersten Instanz unzulässig.
- Angriffs- und Verteidigungsmittel, die entgegen einer **vom ArbG gesetzten Frist nach § 56 Abs. 1 S. 2 Nr. 1** ArbGG erstinstanzlich nicht fristgerecht vorgetragen wurden, sind vom LAG nur dann zuzulassen, wenn sie nach der Überzeugung des LAG die Erledigung des Rechtsstreits nicht verzögern würden oder wenn die Partei die Verspätung genügend entschuldigt. Der Entschuldigungsgrund ist auf Verlangen des Gerichts glaubhaft zu machen. Für die Frage, wann ein Verschulden vorliegt, bzw. wann der Rechtsstreit verzögert wird, gelten die gleichen Grundsätze, wie bei der Zurückweisung nach § 56 Abs. 2 ArbGG in der ersten Instanz (s.o. Rn. 435 ff.). 715
- Angriffs- und Verteidigungsmittel, die entgegen der **allgemeinen Prozessförderungspflicht nach § 282 ZPO** in der ersten Instanz nicht rechtzeitig vorgebracht worden sind, darf das LAG nur zulassen, wenn dies die Erledigung des Rechtsstreits nicht verzögern würde oder wenn die Partei das Vorbringen im ersten Rechtszug nicht aus grober Nachlässigkeit unterlassen hat, § 67 Abs. 3 ArbGG. Bezüglich der Verzögerung gelten die gleichen Grundsätze wie bei der Zurückweisung nach § 56 Abs. 2 ArbGG (s.o. Rn. 435 ff.). Hinsichtlich des Verschuldens bedarf es einer gesteigerten Nachlässigkeit bei der Prozessführung in der ersten Instanz. Eine grobe Nachlässigkeit kann z.B. gegeben sein, wenn eine Partei ohne sich um ihren Prozess zu kümmern wochenlang vom Wohnort abwesend ist, ohne ihrem Prozessbevollmächtigten die notwendigen Informationen zur Prozessführung gegeben zu haben. 716

Das Berufungsgericht hat nachzuprüfen, ob das ArbG die Angriffs- oder Verteidigungsmittel zu Recht zurückgewiesen hat. Ist dies nicht der Fall, sind die Angriffs- oder Verteidigungsmittel in zweiter Instanz zuzulassen. **Hatte das ArbG hingegen zu Unrecht Parteivorbringen zugelassen, welches eigentlich als verspätet hätte zurückgewiesen werden müssen, ist diese Entscheidung des ArbG auch für das LAG bindend.** Die eingetretene Verzögerung in erster Instanz könnte durch eine Zurückweisung in der zweiten Instanz nicht mehr aufgeholt werden, weswegen eine Zurückweisung unsinnig wäre (*Grunsky* § 67 Rz. 9). 717

718 Eine Zurückweisung von Angriffs- und Verteidigungsmitteln durch das Berufungsgericht ist in der Revision nur beschränkt daraufhin überprüfbar, ob das Berufungsgericht die Begriffsbestimmung der § 67 ArbGG ordnungsgemäß erfasst hat. Nicht nachprüfbar ist, ob der Rechtsstreit tatsächlich verzögert worden ist, da es sich hierbei um eine Tatfrage handelt, an deren Beurteilung das Revisionsgericht nach § 559 Abs. 2 ZPO gebunden ist. **Ließ das Berufungsgericht eigentlich zurückweisungswürdiges Vorbringen unzulässig zu, ist das BAG hieran gebunden** (*BAG* 31.10.1984 AP Nr. 3 zu 42 TVAL II), es sei denn, es liegt ein Verstoß gegen § 67 Abs. 1 ArbGG vor (*Ascheid* Rz. 1207).

719 Wegen § 67 Abs. 1 ArbGG sollte sich eine Partei, die es versäumt hat, in erster Instanz ihre Angriffs- oder Verteidigungsmittel in den gesetzten Fristen vorzubringen, überlegen, ob sie dies in der ersten Instanz noch nachholt oder ob sie sich den Vortrag für die zweite Instanz aufhebt. Weist das ArbG zulässig verspätetes Vorbringen zurück, ist das LAG daran gebunden. Wurde das Vorbringen hingegen in der ersten Instanz noch nicht zurückgewiesen, besteht immer noch die Chance, dass das Vorbringen unter den Voraussetzungen des § 67 Abs. 2 S. 1 ArbGG vor dem Berufungsgericht noch zugelassen wird, wenn nach seiner Überzeugung die Erledigung des Rechtsstreits in der Berufungsinstanz durch den nachgereichten Sachvortrag nicht verzögert wird.
Dies wird z.B. der Fall sein, wenn eine Partei zu benennende Zeugen nicht innerhalb der vom ArbG gesetzten Fristen ordnungsgemäß benannt hat und das ArbG auch nicht mehr durch prozessleitende Maßnahmen vor dem anberaumten Kammertermin diese nachträglich nunmehr benennbaren Zeugen laden könnte, sodass eine Zurückweisung nach § 56 Abs. 2 ArbGG droht. In diesen Fällen empfiehlt es sich, sich die Benennung der Zeugen für die zweite Instanz vorzubehalten, da auch das LAG vor einer Zurückweisung nach § 67 Abs. 2 ArbGG gehalten ist, im Wege von prozessleitenden Verfügungen Zeugen zum anberaumten Kammertermin zu laden, sodass eine Verzögerung in der zweiten Instanz durch die nachträglich benannten Zeugen trotz der Fristversäumung in der ersten Instanz regelmäßig nicht eintreten kann (*BAG* 23.11.1988 EzA § 67 ArbGG 1979 Nr. 1).

bb) Zurückweisung von in der zweiten Instanz verspätetem Vorbringen

720 Soweit nach § 67 Abs. 2 ArbGG das Vorbringen neuer Angriffs- und Verteidigungsmittel zulässig ist, hat dies vom Berufungskläger nach § 67 Abs. 4 ArbGG in der Berufungsbegründung, vom Berufungsbeklagten in der Berufungsbeantwortung zu erfolgen. Eine eigene Fristsetzung durch das Berufungsgericht bedarf es nicht, da es sich bei den sich aus § 67 Abs. 4 ArbGG ergebenden Fristen um gesetzliche Ausschlussfristen handelt (*BAG* 5.9.1985 EzA § 4 TVG Tariflohnerhöhung Nr. 7). Werden die Angriffs- und Verteidigungsmittel später vorgebracht, sind sie nur zuzulassen, wenn sie nach der Berufungsbegründung oder der -beantwortung entstanden sind, das verspätete Vorbringen nach der freien Überzeugung des Gerichts die Erledigung des Rechtsstreits nicht verzögern würde oder nicht auf Verschulden der Partei beruht.

721 Auch wenn in § 67 Abs. 4 ArbGG insofern auf den Zeitpunkt des Einreichens der Berufungsbegründungs- bzw. -beantwortungsschrift abgestellt wird, ist im Hinblick auf die Gewährung des rechtlichen Gehörs ein Nachschieben von Angriffs- und Verteidigungsmitteln in einem **zweiten Schriftsatz innerhalb der sich aus § 66 Abs. 1 ArbGG jeweils ergebenden Fristen als zulässig anzusehen** (str. so Schwab/Weth-*Schwab* § 67 Rz. 50), weil eine Verzögerung des Rechtsstreits nicht eintritt.

722 Sofern Angriffs- und Verteidigungsmittel erst nach Einreichung der Berufungsbegründung oder Berufungsbeantwortung entstanden sind, sind sie stets zuzulassen, auch wenn sie **erst durch die Ausübung eines Gestaltungsrechtes einer Partei entstanden sind**. Dies gilt unabhängig davon, dass die Partei das Gestaltungsrecht bereits früher hätte ausüben können. Dies ist z.B. bei einer Anfechtung einer Erklärung oder beim Ausspruch einer Kündigung der Fall. **Eine Verpflichtung der Partei, ein Gestaltungsrecht frühzeitig auszuüben, sieht**

das Gesetz nicht vor. Es stellt allein auf das Entstehen der Tatsache ab. Etwas anderes kann dann gelten, wenn die Entstehung der Tatsache von einer Willenserklärung der Partei abhängt und diese sie bewusst rechtsmissbräuchlich allein zum Zwecke der Verzögerung des Rechtsstreites verspätet abgibt (GMPM-G/*Germelmann* § 67 Rz. 25).

> Auch der Antrag auf Auflösung des Arbeitsverhältnisses gegen Zahlung einer Abfindung nach § 9 Abs. 1 KSchG fällt nicht unter die Präklusionsvorschriften des § 67 ArbGG. Er kann nach § 9 Abs. 1 S. 3 KSchG bis zum Schluss der letzten mündlichen Verhandlung der Berufungsinstanz gestellt werden; insofern stellt die Vorschrift eine Sonderregelung gegenüber § 67 ArbGG dar. **723**

Das Berufungsgericht kann daneben bei Verletzung der allgemeinen Prozessförderungspflicht verspätetes Vorbringen nach § 296 ZPO zurückweisen (s.o. Rn. 435 ff.). Es besteht schließlich die Möglichkeit, nach § 64 Abs. 7 ArbGG i.V.m. § 56 Abs. 1 ArbGG den Parteien im Wege prozessleitendender Auflagen Fristen für bestimmten Tatsachenvortrag zu setzen, bei deren Versäumung eine Zurückweisung nach § 56 Abs. 2 ArbGG auch im Berufungsverfahren durch das LAG möglich ist (s.o. Rn. 435). **724**

c) Besonderheiten bei der Beweisaufnahme

Die Vernehmung bereits in erster Instanz vernommener Zeugen steht mit den Einschränkungen nach § 529 ZPO (vgl. *Schmidt/Schwab/Wildschütz* NZA 2001, 1221 f.) im eingeschränkten Ermessen des Berufungsgerichts. Sie hat zu geschehen, wenn das Berufungsgericht den Sachverhalt auf Grund von konkreten Anhaltspunkten für nicht hinreichend aufgeklärt hält und noch Fragen an die Zeugen hat oder die Glaubwürdigkeit des Zeugen abweichend vom ArbG anders beurteilen will (*BAG* 26.9.1989 EzA § 398 ZPO Nr. 2). **725**

Sofern erstinstanzlich ein schriftliches Sachverständigengutachten der Entscheidung zugrunde gelegt wurde, muss das Berufungsgericht, wenn es von dem Gutachten abweichen oder es seine Ausführungen anders als die Vorinstanz zu würdigen gedenkt, den Sachverständigen mündlich vernehmen, §§ 398 Abs. 1, 402 ZPO (*Zöller/Grummer-Hessler* § 529 Rz. 9). **726**

6. Beschränkung der Zurückverweisung des Verfahrens an die erste Instanz

a) Grundsatz

Nach § 68 ArbGG kann wegen eines **Mangels im Verfahren** des ArbG der Rechtsstreit nicht an dieses zurückverwiesen werden. Diese Vorschrift dient dem Beschleunigungsgrundsatz und geht als lex specialis dem § 538 Abs. 2 Nr. 1 ZPO vor. Dies gilt selbst dann, wenn schwerste Verfahrensmängel vorgekommen sind, sei es im Verfahrensablauf, bei der Verhandlungsführung oder bei der Urteilsabfassung (*BAG* 12.8.1993 EzA § 301 ZPO Nr. 3; 27.4.1993 EzA § 551 ZPO Nr. 1; 24.4.1996 EzA § 68 ArbGG 1979 Nr. 2). **727**

§ 68 ArbGG findet seine Berechtigung im arbeitsgerichtlichen Beschleunigungsgrundsatz (§ 9 Abs. 1 ArbGG) und darin, dass es sich auch bei der Berufungsinstanz trotz der Änderungen in der ZPO um eine Tatsacheninstanz handelt, in der i.d.R. Verfahrensfehler der ersten Instanz korrigiert werden können. **728**

b) Ausnahmen

Eine Ausnahme vom Zurückverweisungsverbot des § 68 ArbGG besteht nur dann, wenn ein Verfahrensfehler ausnahmsweise in der zweiten Instanz nicht mehr korrigiert werden kann. **729**

► **Beispiel 1 (gilt bis zum 31.3.2008):** **730**
Das Verfahren ist vom LAG an das ArbG nach § 538 Abs. 2 Nr. 1 ZPO zurückzuverweisen, wenn das ArbG in einem Kündigungsschutzverfahren, in dem der Kläger die Klagefrist nach § 4 KSchG nicht gewahrt hatte und deswegen die nachträgliche Zulassung

seiner Klage nach § 5 KSchG beantragte, den Antrag auf nachträgliche Zulassung der Kündigungsschutzklage nicht beschieden, sondern sofort zur Hauptsache erkannt hat. Da nur das ArbG über den Hilfsantrag auf nachträgliche Zulassung der Kündigungsschutzklage entscheiden darf, § 5 Abs. 4 KSchG, muss das LAG bei Einlegung einer Berufung die Sache zur erneuten Verhandlung über den Hilfsantrag an das ArbG zurückverweisen.

Nach einer Meinung ist das Urteil des ArbG vor der Zurückverweisung aufzuheben (*LAG BW* 26.8.1992 LAGE § 5 KSchG Nr. 58; *LAG Nbg.* 19.9.1995 ARST 1996, 71), nach anderer Meinung zumindest das Berufungsverfahren gem. § 148 ZPO aussetzen, bis das ArbG über den Antrag nach § 5 KSchG entschieden hat (*LAG Bln.* 23.8.1988 LAGE § 5 KSchG Nr. 38; KR-*Friedrich* § 5 KSchG Rz. 161 ff., 167). Selbst bei Zustimmung der Parteien darf das LAG nicht über den Antrag auf nachträgliche Zulassung nach § 5 KSchG entscheiden. Gleiches gilt für die nachträgliche Zulassung einer Entfristungsklage nach § 17 TzBfG.

Ab dem 1.4.2008: Mit der Neufassung des § 5 Abs. 5 KSchG ist eine Zurückverweisung unzulässig. Das LAG hat selbst über den Antrag zu befinden.

731 Nicht zurückzuverweisen ist das Verfahren, wenn das ArbG formfehlerhaft über den Antrag auf nachträgliche Zulassung der Kündigungsschutzklage durch Urteil oder im Urteil zum Hauptantrag mitentschieden hat, anstatt die Entscheidung durch Beschluss zu treffen. In diesem Fall hat das Berufungsgericht das Verfahren zu trennen und zunächst über das Rechtsmittel hinsichtlich des beschiedenen Antrags auf nachträgliche Zulassung der Klage, bei dem es sich um eine sofortige Beschwerde handelt, § 5 Abs. 4 S. 2 KSchG, vorab zu entscheiden. Erst danach kann eine Entscheidung über die Begründetheit der Berufung im Hinblick auf den Kündigungsschutzantrag getroffen werden (*BAG* 14.10.1982 EzA § 5 KSchG Nr. 19).

732 ► **Beispiel 2:**
Eine Zurückverweisung nach § 538 Abs. 2 Nr. 1 ZPO hatte zu erfolgen, wenn das ArbG es versäumt hatte, eine Partei auf § 6 KSchG hinzuweisen (KR-*Rost* § 7 KSchG Rz. 2 m.w.N.). Ein solcher Verfahrensfehler war in der Berufungsinstanz nicht reparabel, da nach dem Wortlaut des § 6 KSchG die nachträgliche Geltendmachung der sozialen Ungerechtfertigtheit einer Kündigung nur bis zum Ende der mündlichen Verhandlung in der ersten Instanz möglich war. Ob diese Ansicht nach der Neufassung des § 6 KSchG ab dem 1.1.2004 aufrecht zu erhalten ist, ist streitig (vgl. KR/*Friedrich* § 6 Rz. 38; Schwab/Weth-*Schwab* § 68 Rz. 43).

733 ► **Beispiel 3:**
Die in einem Urteil getroffene Feststellung, das Arbeitsverhältnis sei durch eine bestimmte Kündigung des Arbeitgebers nicht zu einem bestimmten Zeitpunkt aufgelöst worden, enthält zugleich die Feststellung, dass das Arbeitsverhältnis nicht durch andere Beendigungstatbestände früher oder zum selben Zeitpunkt aufgelöst worden ist. Ist dies zwischen den Parteien gerade streitig und erlässt das ArbG ein entsprechendes Teilurteil, ist auf die Berufung hin das Teilurteil aufzuheben und das Verfahren an das ArbG zurückzuverweisen, um zunächst über die streitigen anderen Beendigungstatbestände zu befinden. Dieser Mangel ist durch das Berufungsgericht nicht heilbar (*LAG Düsseld.* 28.2.1997 LAGE § 68 ArbGG 1979 Nr. 2).

734 ► **Beispiel 4:**
Die Kündigungsschutzklage nebst Auflösungsantrag ist nicht teilbar i.S.d. § 301 ZPO. Über beide Anträge ist einheitlich zu entscheiden. Hat das ArbG allein über die Kündigungsschutzklage im Wege des Teilurteils entschieden, ist das Verfahren zurückzuweisen. § 68 ArbGG findet keine Anwendung (*LAG RhPf* 10.7.1997 LAGE § 68 ArbGG 1979 Nr. 4).

Eine Zurückverweisung ist schließlich dann zulässig, wenn einer der Fälle des § 538 Abs. 2 Nr. 2, 4, 6 ZPO vorliegt **und eine Partei dies beantragt** (*LAG Bra.* 23.5.2000 NZA 2001, 173 ff.). § 538 Abs. 2 Nr. 5 ZPO findet wegen § 46 Abs. 2 ArbGG, § 538 Abs. 2 Nr. 4 wegen § 61 Abs. 3 ArbGG im arbeitsgerichtlichen Verfahren keine Anwendung. 735

Bei seiner Entscheidung, ob es den Rechtsstreit nach § 538 ZPO an das ArbG zurückverweist, hat das Berufungsgericht den Beschleunigungsgrundsatz nach § 9 ArbGG zu beachten und zu überprüfen, ob es nicht eine eigene Sachentscheidung treffen kann. Insofern hat es in seiner Ermessensentscheidung den Verlust einer Instanz für die Parteien gegen die Vorteile einer schnellen Entscheidung abzuwägen. Dies gilt insbes. in den Fällen des § 538 Abs. 2 Nr. 3 ZPO, wenn das ArbG nur über die Zulässigkeit der Klage entschieden hat, z.B. das ArbG bei einer Feststellungsklage die Klage lediglich wegen fehlendem Feststellungsinteresse abgewiesen hat (*BAG* 28.11.1963 AP Nr. 25 zu 2 ArbGG 1953). 736

Bei einer Stufenklage auf Rechnungslegung und Zahlung kann das Berufungsgericht das Verfahren analog § 538 Abs. 2 Nr. 3 ZPO an das Arbeitsgericht zurückverweisen, wenn dieses die Klage abgewiesen hatte, da es bereits den Anspruch auf Rechnungslegung für nicht gegeben erachtete, das Berufungsgericht hingegen auf die Berufung hin den Anspruch für gegeben hält (*BAG* 21.9.2000 NZA 2001, 1093). 737

§ 538 Abs. 2 Nr. 6 ZPO ist entsprechend anzuwenden, wenn das Arbeitsgericht anstatt eines beantragten Versäumnisurteils ein Endurteil erlassen hat (*LAG RhPf* 4.3.1997 NZA 1997, 1071) und bei Aufhebung eines Anerkenntnisurteils durch das LAG, da tatsächlich ein Anerkenntnis nicht vorlag (GK-ArbGG/*Vossen* § 68 Rz. 28). 738

Entscheidet das LAG nach § 538 ZPO trotz Vorliegens eines Zurückweisungsgrundes nach § 538 Abs. 2 Nr. 3 über die Hauptsache selbst, kann es auch zu Lasten des Berufungsklägers ein klageabweisendes Sachurteil erlassen. Hierin liegt kein Verstoß gegen das Verbot der reformatio in peius. Dies ist z.B. der Fall, wenn der Kläger und Berufungskläger gegen ein Prozessurteil des ArbG Berufung eingelegt hat, das LAG die Klage aber insgesamt als unbegründet abweist. 739

7. Das zweitinstanzliche Urteil

a) Allgemeines

Nach § 64 Abs. 6 ArbGG i.V.m. § 525 ZPO gelten die §§ 253 ff. ZPO entsprechend. § 69 ArbGG n.F. enthält allerdings Abweichungen zum zivilgerichtlichen Berufungsurteil, insbes. zu § 540 ZPO. 740

Das Urteil hat grds. Tatbestands- und Entscheidungsgründe zu enthalten, § 313 ZPO, es sei denn, es ist ein Fall gem. § 69 Abs. 2 ArbGG gegeben. 741

Da es nur die Zulassungsrevision gibt (s.u. Rn. 760 ff.) kann das LAG in allen Fällen, in denen es die Revision nicht zulässt, von § 69 Abs. 2 ArbGG Gebrauch machen. Ist allerdings eine Nichtzulassungsbeschwerde erfolgreich, unterliegt das Urteil, welches keinen Tatbestand hat, in aller Regel der Aufhebung (*BAG* 30.10.1987 EzA § 543 ZPO Nr. 6; 18.5.2006 NZA 2006, 1037). Verweist das Berufungsurteil lediglich auf die Entscheidungsgründe des ArbG, werden diese der Rechtsprüfung des BAG zu Grunde gelegt (*BAG* 23.1.1980 EzA § 72a ArbGG 1979 Nr. 10). 742

Lässt das Berufungsgericht die Revision zu, findet § 69 Abs. 3 ArbGG Anwendung (vgl. *Schmidt/Schwab/Wildschütz* NZA 2001, 1219), d.h. es muss zumindest im Tatbestand auf den neuen Sachvortrag in zweiter Instanz eingehen und diesen darlegen; im Übrigen kann auf den Tatbestand des erstinstanzlichen Urteils Bezug genommen werden. 743

b) Verkündung und Abfassung des zweitinstanzlichen Urteils

§ 69 ArbGG enthält bzgl. der Abfassung des zweitinstanzlichen Urteils insofern einen Unterschied zum erstinstanzlichen Urteil, als er vorschreibt, **dass das vollständige Urteil nebst Tatbestand und Entscheidungsgründen von sämtlichen Mitgliedern der Kammer, d.h. auch von den ehrenamtlichen Richtern, zu unterschreiben ist.** 744

745 Dennoch bleibt die Abfassung des Urteils Sache des Vorsitzenden. Besteht Streit über die inhaltliche Formulierung des Tatbestand und der Entscheidungsgründe, hat die Kammer im Ganzen darüber zu befinden (GMPM-G/*Germelmann* § 69 Rz. 6). Gleiches gilt bezüglich der Entscheidung über einen Tatbestandsberichtigungsantrag. § 64 Abs. 7 ArbGG verweist nicht auf § 55 Abs. 1 Nr. 10 ArbGG. Die Unterzeichnung des zu verkündenden Tenors, auch von den ehrenamtlichen Richtern, der handschriftlich vom Vorsitzenden im unmittelbaren Anschluss an die Verhandlung niedergelegt wird, sieht das Gesetz nicht vor, wird in der Praxis aber regelmäßig vorgenommen. Dies ist deswegen sinnvoll, da auch Urteile des LAG, sofern sie einen vollstreckungsfähigen Inhalt haben, vorläufig vollstreckbar sind, § 64 Abs. 7 i.V.m. § 62 ArbGG, und dies u.U. auf Antrag der obsiegenden Partei bereits vor der Zustellung des vollständig abgefassten Urteils in einer vorläufigen Ausfertigung festgestellt werden muss. Diese kann erst erstellt werden, wenn zumindest der Tenor des Urteils auch von den ehrenamtlichen Richtern unterschrieben wurde.

746 Im Fall der Verhinderung eines ehrenamtlichen Richters findet § 315 Abs. 1 S. 2 ZPO über § 525 ZPO i.V.m. § 64 Abs. 6 ArbGG Anwendung. Verhinderungsgrund ist z.B. eine lang andauernde Erkrankung, eine längerfristige Ortsabwesenheit, das Versterben eines Richters oder das Ausscheiden aus seinem Amt. **§ 315 Abs. 1 S. 2 ZPO ist entsprechend anzuwenden, wenn sich ein ehrenamtlicher Richter weigert, eine getroffene Entscheidung, bei der er überstimmt wurde, zu unterzeichnen** (Stein/Jonas-*Leipold* § 315 Rz. 30).

747 Im Falle des Versterbens des Vorsitzenden kann auch ein ehrenamtlicher Richter das Urteil absetzen. Im ArbGG ist nicht bestimmt, dass die Urteile des Berufungsgerichts nur von dem Vorsitzenden, d.h. von dem Berufsrichter abgefasst werden dürfen (*BAG* 30.4.1971 EzA § 209 BGB Nr. 2).

748 Im Übrigen verweist § 69 ArbGG hinsichtlich der Verkündung und Abfassung des Urteils auf § 60 ArbGG (*Keil* NZA 1994, 819). Eine Abweichung liegt lediglich darin, dass nach der gesetzgeberischen Zielvorgabe das Urteil binnen vier Wochen, anstatt drei Wochen beim erstinstanzlichen Urteil, abgesetzt und der Geschäftsstelle übergeben werden soll. Hierbei handelt es sich lediglich um eine Ordnungsvorschrift, deren Missachtung sanktionslos ist.

749 Wird ein Urteil nicht binnen fünf Monaten nach Verkündung – nicht nach der letzten mündlichen Verhandlung (*BAG* 20.11.1997 – 6 AZR 215/96) – vom Vorsitzenden abgefasst, von den ehrenamtlichen Richtern unterschrieben und der Geschäftsstelle übergeben, gilt es i.S.d. § 547 Nr. 6 ZPO als nicht mit Gründen versehen (*GS OGB* 27.4.1993 EzA § 551 ZPO Nr. 1). § 222 Abs. 2 ZPO ist dabei nicht anzuwenden (*BAG* 17.2.2000 EzA § 551 ZPO Nr. 8). **Das Urteil ist daher auf entsprechende Rüge in der Revision aufzuheben und zur erneuten Verhandlung an das Berufungsgericht zurückzuverweisen, wenn auch die sonstigen Voraussetzungen des § 72a ArbGG gegeben sind. Alleine die Überschreitung des Fünfmonatszeitraumes begründet für sich noch nicht die Zulassung der Revision auf Grund einer Divergenzbeschwerde** (*BAG* 20.9.1993 EzA § 72 ArbGG 1979 Nr. 15; s.u. Rn. 810 ff.).

750 Daneben besteht die Möglichkeit, unmittelbar Verfassungsbeschwerde beim BVerfG wegen der »Erschwerung des Zugangs zu einer in der Verfahrensordnung eingeräumten Instanz« einzulegen (*BVerfG* 26.3.2001 EzA § 551 ZPO Nr. 9; vgl. *Kreutzfeldt* FA 2001, 297 ff.). Hierin liegt ein Verstoß gegen das Rechtsstaatsprinzip.

c) Inhalt

751 Bezüglich des Inhalts des Berufungsurteils gelten über § 64 Abs. 7 ArbGG die Bestimmungen des § 61 Abs. 2 und 3 ArbGG entsprechend (s.o. Rn. 503 ff.). Nicht in Bezug genommen worden ist die Vorschrift des § 61 Abs. 1 ArbGG, sodass es im Berufungsurteil keiner eigenständigen Streitwertfestsetzung bedarf. Setzt das LAG dennoch einen Streitwert fest, handelt es sich um einen **reinen Gebührenstreitwert**. Diesen wird es nur dann festsetzen, wenn er sich von dem Streitwert, welchen das ArbG in seinem Urteil festgesetzt hat, in der Höhe unterscheidet, z.B. weil der Wert des Streitgegenstandes auf Grund einer nur beschränkt eingelegten Berufung geringer ist als im erstinstanzlichen Verfahren, es nur ein Teilurteil erlässt oder der vom ArbG festgelegte Streitwert offensichtlich falsch war (*Grunsky* § 69 Rz. 5, 6).

d) Beschränkter Prüfungsumfang

752 Bei der Entscheidungsfindung obliegt dem Berufungsgericht nach § 65 ArbGG bzgl. einiger Verfahrens- und Zulässigkeitsgesichtspunkte nur eine eingeschränkte Prüfungskompetenz.

753 Es prüft nicht mehr, ob der beschrittene Rechtsweg und die Verfahrensart überhaupt zulässig sind. Über § 48 ArbGG sind die Vorschriften der §§ 17 ff. GVG anzuwenden (s.o. K/199 ff.). Gegen Beschlüsse, in denen das ArbG die Zulässigkeit oder Unzulässigkeit des Rechtswegs ausgesprochen hat, findet das Rechtsmittel der sofortigen Beschwerde nach § 17a Abs. 4 S. 3 GVG statt. **Versäumen es die Parteien im erstinstanzlichen Verfahren, eine solche Entscheidung herbeizuführen, ist die Rechtswegentscheidung des ArbG abschließend und auch für das Berufungsgericht bindend.** Nur wenn es im Rahmen einer sofortigen Beschwerde nach § 17a Abs. 3 S. 3 GVG mit der Rechtsfrage befasst wird, kann es über die Zulässigkeit des Rechtswegs entscheiden und die Entscheidung des ArbG überprüfen.

754 Gleiches gilt bzgl. der Frage, ob das ArbG seine sachliche und örtliche Zuständigkeit zu Unrecht angenommen hat und ob die richtige Verfahrensart gewählt wurde. Hinsichtlich der örtlichen Zuständigkeit folgt dies bereits aus § 48 Abs. 1 Nr. 1 ArbGG, wonach die Entscheidung der ersten Instanz unanfechtbar ist.

755 Fehler im Rahmen der funktionellen Zuständigkeit sind zwar vom Berufungsgericht trotz § 65 ArbGG überprüfbar, z.B. wenn der Streit darüber geht, ob eine bestimmte Fachkammer des ArbG oder eine allgemeine Kammer für die Entscheidung des Rechtsstreits zuständig war. Da es sich hierbei allerdings regelmäßig um Fehler im Rahmen des Verfahrens vor dem ArbG handelt, ist eine Zurückverweisung nach § 68 ArbGG nicht möglich. Die Fehler sind für das Berufungsgericht daher bedeutungslos.

756 Schließlich überprüft das Berufungsgericht nicht, ob bei der Berufung der ehrenamtlichen Richter Verfahrensmängel unterlaufen sind oder Umstände vorgelegen haben, die die Berufung eines ehrenamtlichen Richters zu seinem Amt ausgeschlossen hätten.

757 Nicht von § 65 ArbGG ausgeschlossen wird eine Prüfung des Rechtswegs und der Verfahrensart im Rahmen einer Klageerweiterung, Klageänderung oder Widerklage erst in der Berufungsinstanz. Dies gilt auch im Falle der erst in der Berufungsinstanz nach § 533 ZPO erklärten Aufrechnung. Das Rechtsmittelgericht hat entsprechend den Bestimmungen der §§ 48 ArbGG, 17 a GVG die Rechtsfrage selbst zu entscheiden.

758 **Verstößt das LAG in seiner Entscheidung gegen § 65 ArbGG, leidet das Verfahren an einem wesentlichen Mangel, sodass eine Revision hierauf gestützt werden kann,** §§ 562 Abs. 2, 563 ZPO.

759 Im Übrigen bestimmt sich der Prüfungsumfang nach § 529 ZPO (vgl. *Schmidt/Schwab/Wildschütz* NZA 2001, 1221 f.).

e) Zulassung der Revision

760 Das Berufungsgericht hat in seinem Urteil die Revision zuzulassen, wenn dies nach § 72 Abs. 2 ArbGG geboten ist. **Im Arbeitsgerichtsverfahren gibt es heute nur noch die sog. Zulassungsrevision.** Die Zulässigkeit der Revision ist in § 72 ArbGG abschließend geregelt. Ein Rückgriff auf zivilprozessuale Vorschriften ist unzulässig (*BAG* 10.12.1986 EzA § 72 ArbGG 1979 Nr. 7; 22.6.1994 EzA § 72 ArbGG 1979 Nr. 16; vgl. GK-ArbGG/*Mikosch* § 72 Rz. 4, 61 f.).

aa) Form

761 Die Entscheidung über die Zulassung der Revision ist grds. im Tenor des Berufungsurteils niederzulegen. Sofern sie lediglich in den Entscheidungsgründen oder in der Rechtsmittelbelehrung enthalten ist, war sie nach der früheren Rechtsprechung des BAG nur dann wirksam, wenn das vollständige Urteil einschließlich der Entscheidungsgründe bzw. der Rechtsmittelbelehrung auch verkündet worden ist (*BAG* 21.8.1990 EzA § 1 BetrAVG Nr. 61; 25.6.1986 NZA 1987, 179).

762 Nachdem das BVerfG in dieser Rechtsprechung einen Verstoß gegen eine faire Verhandlungsführung und damit eine Verletzung des Rechtsstaatsprinzips sah (*BVerfG* 15.1.1992 EzA § 64 ArbGG 1979 Nr. 29), änderte das *BAG* seine Rechtsprechung. Nach Auffassung des 4., 7.und 9 Senats (23.11.1994 EzA § 72 ArbGG 1979 Nr. 17; 26.4.1995 EzA § 41 SGB VI Nr. 5; 20.8.1996 EzA § 767 ZPO Nr. 2) war die »versehentliche« Nicht-Verkündung der Revisionszulassung unschädlich, wobei grds. an der Verkündungspflicht festgehalten wurde. Der 1. Senat (31.10.1995 EzA § 72 ArbGG 1979 Nr. 20) hielt hingegen eine mündliche Verkündung der Revisionszulassung grds. nicht mehr für nötig, auf ein »Versehen« des Berufungsgerichts könne es nicht ankommen.

763 **Der Gesetzgeber hat in § 72 Abs. 1 S. 2 i.V.m. § 64 Abs. 3a ArbGG nunmehr bestimmt, dass die Revision im Tenor zuzulassen ist.** Geschieht dies nicht, besteht ein Antragsrecht der Parteien binnen zwei Wochen ab Verkündung des Urteils. **Eine Zulassung erst in den Gründen reicht damit nicht mehr aus** (*BAG* 19.3.2003 EzA § 72 ArbGG 1979 Nr. 30; s.o. Rn. 642).

764 Wird die Revision nicht zugelassen und dies auch in den Entscheidungsgründen begründet, ersetzt eine gleichwohl versehentlich anders lautende Rechtsmittelbelehrung nicht die Zulassungsentscheidung nach § 72 Abs. 1 ArbGG (*BAG* 20.9.2000 EzA § 72 ArbGG 1979 Nr. 25).

bb) Zulassungsgründe

765 Das Berufungsgericht muss die Revision zulassen, wenn einer der in § 72 Abs. 2 ArbGG genannten Gründe vorliegt.

766 Hängt die Entscheidung über einen geltend gemachten Annahmeverzugslohnanspruch von der Wirksamkeit einer Kündigung ab und ist diese Gegenstand eines Revisionsverfahrens, muss das LAG entweder die Revision zulassen oder den Rechtsstreit bis zur Entscheidung des BAG aussetzen (*BAG* 11.1.2006 EzA § 615 BGB 2002 Nr. 11).

767 Es kann sie allerdings auch in weiteren Fällen zulassen, wofür ein Antrag der Parteien nicht erforderlich ist. Die Zulassungsentscheidung muss das Berufungsgericht nicht begründen. Enthält das Urteil weder einen positiven noch einen negativen Ausspruch über die Zulassung der Revision, ist dies als negative Entscheidung zu werten (*BAG* 26.9.1980 EzA § 72 ArbGG 1979 Nr. 2).

768 Das LAG hat die Revision zuzulassen, wenn einer entscheidungserheblichen Rechtsfrage **grds. Bedeutung** zukommt, § 72 Abs. 1 Nr. 1 ArbGG. Dies ist dann der Fall, wenn der Rechtsstreit von einer **klärungsbedürftigen Rechtsfrage abhängt, welche von allgemeiner Bedeutung** für die Rechtsordnung ist oder wegen ihrer tatsächlichen, z.B. wirtschaftlichen, Auswirkungen die Interessen der Allgemeinheit oder eines größeren Teil der Allgemeinheit berührt (*BAG* 5.12.1979 EzA § 72a ArbGG 1979 Nr. 4).

769 Die Rechtsfrage kann dabei aus dem Bereich des Arbeitsrechts, des sonstigen materiellen Rechts oder des Verfahrensrechts erwachsen. **Klärungsbedürftig ist eine Rechtsfrage** dann, wenn sie nicht bereits höchstrichterlich entschieden ist, oder neue beachtliche Einwendungen gegen die bisherige Rechtsprechung erhoben werden (*BAG* 25.10.1989 EzA § 72a ArbGG 1979 Nr. 56). Daran fehlt es, wenn die der Rechtsfrage zugrunde liegende gesetzliche oder tarifliche Regelung völlig eindeutig ist (*BAG* 25.10.1989 EzA § 72a ArbGG 1979 Nr. 56).

770 **Von allgemeiner Bedeutung ist eine Rechtsfrage** nur dann, wenn sie entweder in ihrer tatsächlichen oder wirtschaftlichen Tragweite Auswirkungen für zumindest einen Teil der Allgemeinheit hat. **Allein eine besondere wirtschaftliche Bedeutung für die Parteien reicht hierzu nicht aus, was sich aus dem Wegfall der früher zulässigen Streitwertrevision ergibt.** Werden nur Teile der Allgemeinheit im Bezirk eines LAG betroffen, z.B. wenn es um die Auslegung einer nur für diesen gültigen tarifvertraglichen Regelung geht, hat das LAG selbst darüber abschließend zu befinden (*Grunsky* § 72 Rz. 11).

Daneben ist die Revision nach § 72 **Abs. 2 Nr. 2** ArbGG zuzulassen, wenn das Urteil von einer Entscheidung des BVerfG, des GS OGB, des BAG oder, solange eine Entscheidung des BAG in der Rechtsfrage nicht ergangen ist, von einer Entscheidung einer anderen Kammer desselben LAG oder eines anderen LAG abweicht und die Entscheidung auf dieser Abweichung beruht. Beabsichtigt lediglich eine Kammer des LAG ihre frühere Rechtsprechung zu ändern, bedarf es keiner Zulassung der Revision. Gleiches gilt, wenn das LAG von einer Entscheidung eines anderen obersten Gerichtshofes außer dem BAG abweichen will oder von einer Entscheidung eines OLG. Allerdings wird in diesen Fällen regelmäßig ein Fall der »grundsätzlichen Bedeutung« i.S.d. § 72 Abs. 2 Nr. 1 ArbGG gegeben sein. 771

Die Form der Entscheidung des divergierenden Gerichts ist dabei unerheblich. Es kann sich um ein Urteil oder um einen Beschluss handeln. Auch unerheblich ist es, ob die abweichende Entscheidung bereits rechtskräftig ist oder nicht. 772

Die Abweichung muss sich auf einen **unterschiedlich angewandten abstrakten Rechtsgrundsatz** beziehen (*BAG* 4.5.1977 AP Nr. 39 zu 72 ArbGG 1953 Divergenzrevision; 25.10.1989 EzA § 72a ArbGG 1979 Nr. 56), wobei strittig ist, ob dies voraussetzt, dass sie auf derselben Gesetzesbestimmung beruht (so *Schaub* ArbGVerf § 51 Rz. 180; *Ascheid* Rz. 1267; **a.A.** GMPM-G/*Müller-Glöge* § 72 Rz. 20). 773

> Die Revision muss nur zugelassen werden, wenn das Urteil des LAG auf dem abweichenden Rechtsgrundsatz beruht. Dies ist nicht der Fall, wenn lediglich in einem obiter dictum zu der Rechtsfrage Stellung genommen wird. Es ist allerdings nicht erforderlich, dass die divergierende Entscheidung des anderen Gerichts, von dem das LAG nunmehr abweichen will, ebenfalls auf dem abstrakten Rechtssatz beruht. Ausreichend ist daher eine Abweichung von einem obiter dictum des BAG (*BAG* 17.2.1981 EzA § 72a ArbGG 1979 Nr. 27). 774

Nach § 72 Abs. 2 Nr. 3 ArbGG ist die Revision schließlich zuzulassen, wenn ein Revisionsgrund nach § 547 Nr. 1 ZPO oder eine entscheidungserhebliche Verletzung des Anspruchs auf rechtliches Gehör geltend gemacht wird und vorliegt. Letztere liegt bereits vor, wenn nicht ausgeschlossen werden kann, dass es bei unterbliebener Rechtsverletzung womöglich zu einer anderen Entscheidung gekommen wäre. 775

Beispiele: 776

- fehlerhafte Zurückweisung von Vortrag als verspätet;
- Entscheidung vor Ablauf gesetzter Schriftsatzfristen;
- Entscheidung vor Ablauf gesetzlicher Ladungsfristen;
- Säumnisentscheidung, obwohl die Partei gar nicht säumig war;
- Übergehen von Beweisantrag, soweit Entscheidung darauf beruht;
- Verstoß gegen § 139 ZPO, z.B. kein Hinweis auf Bedenken gegen die Zulässigkeit der Berufung (*BAG* 31.7.2007 EzA Art. 103 GG Nr. 9).

Eine Rüge einer unzureichenden Information durch das Berufungsgericht setzt allerdings voraus, dass die Partei es nicht selbst versäumt hat, in zumutbarer Weise durch Nachfragen oder Stellen von Beweisanträgen, die fehlende Information durch das Gericht zu erlangen (*BAG* 20.5.2008 – 9 AZN 1258/07 – FA 2008, 241). Allein die fehlerhafte Feststellung oder Bewertung vom Tatsachenvortrag der Parteien begründet hingegen nicht die Zulassung der Revision nach § 72a Abs. 3 S. 2 Nr. 3 ArbGG (*BAG* 18.11.2008 – 9 AZN 836/08 –). 777

Hat das LAG versehentlich oder rechtsfehlerhaft die Revision nicht zugelassen, kann dies nicht durch ein Ergänzungsurteil nach § 321 ZPO nachgeholt werden (*BAG* 26.9.1980 EzA § 72 ArbGG 1979 Nr. 2). Lediglich bei offensichtlicher Unrichtigkeit kann das Urteil nach § 319 ZPO berichtigt werden (vgl. *BAG* 31.10.1995 EzA § 72 ArbGG 1979 Nr. 20). 778

cc) Beschränkte Zulassung

Die Revision kann auch nur beschränkt hinsichtlich eines Teils des Rechtsstreits zugelassen werden, wenn lediglich insoweit ein Zulassungsgrund nach § 72 Abs. 2 ArbGG besteht. Es 779 muss sich dabei allerdings um einen tatsächlich und rechtlich selbstständigen und abtrennbaren Teil des Gesamtstreitstoffs handeln. Dies ist immer dann der Fall, wenn darüber auch durch Teilurteil oder durch Zwischenurteil gesondert entschieden werden könnte (*BAG* 8.2.1994 EzA § 551 ZPO Nr. 3).

780 Bei einer subjektiven Klagehäufung kann die Revision auf einzelne Streitgenossen beschränkt werden. Dies gilt allerdings nicht bei notwendiger Streitgenossenschaft. Beschränkt werden kann die Revision auch auf den Haupt- oder Hilfsantrag oder nur auf die Berufung oder Anschlussberufung. Eine Verpflichtung des LAG, die Revision nur auf bestimmte Streitgegenstände zu beschränken, wenn nur für einen der Streitgegenstände ein Zulassungsgrund nach § 72 Abs. 2 ArbGG besteht, besteht nicht.

781 Fraglich ist, ob die Beschränkung in den Gründen erfolgen kann, oder im Tenor enthalten sein muss (so GMPM-G/*Müller-Glöge* § 72 Rz. 43; s.o. Rn. 525).

f) Vollstreckbarkeit

782 § 67 Abs. 7 ArbGG verweist hinsichtlich der Vollstreckbarkeit auf § 62 ArbGG. Urteile des Berufungsgerichts sind daher auch dann vorläufig vollstreckbar, wenn gegen sie Einspruch oder Revision möglich ist, ohne dass dies besonders im Urteil erwähnt werden muss (s.o. Rn. 574 ff.).

g) Mitteilungspflicht von Urteilen in Tarifvertragssachen

783 Die Mitteilungspflicht in Tarifsachen gilt auch für das LAG, §§ 64 Abs. 7, 63 ArbGG (s.o. Rn. 553 ff.).

8. Kosten des Berufungsverfahrens

784 Hinsichtlich der außergerichtlichen Kosten findet die Privilegierung des § 12a ArbGG im Berufungsverfahren keine Anwendung.

785 Die Kostenentscheidung richtet sich nach den §§ 97 ff., 91 ff. ZPO. Hierbei können auch die Kosten für Verbandsvertreter, die nach § 11 Abs. 2 ArbGG den Rechtsanwälten gleichgestellt sind, geltend gemacht werden. Sofern die Verbandsvertreter die Vertretung der Mitglieder unentgeltlich übernommen haben, werden die Kosten nach § 92 Abs. 1 ZPO verhältnismäßig geteilt. Ist die andere Seite durch einen Rechtsanwalt vertreten, enthält § 12a Abs. 2 ArbGG die Fiktion, dass die durch den Verbandsvertreter vertretene Partei hinsichtlich der außergerichtlichen Kosten so zu stellen ist, als wenn sie durch einen Rechtsanwalt vertreten worden wäre. **Erstattungsansprüche stehen ihr allerdings nur zu, falls ihr tatsächlich im Einzelfall Kosten erwachsen sind** (GMPM-G/*Germelmann* § 12a Rz. 43).

786 Lässt sich eine Partei durch einen Verbandsvertreter vertreten, der gleichzeitig Rechtsanwalt ist und tritt der Vertreter in der Eigenschaft als Rechtsanwalt für das vertretene Verbandsmitglied auf, sind die dadurch entstehenden Kosten von der Gegenpartei im Falle des Unterliegens wie bei einem Rechtsanwalt zu erstatten. Dies gilt selbst dann, wenn der Verband im Unterliegensfalle die Kosten des Rechtsanwaltes für sein Verbandsmitglied tragen würde (GMPM-G/*Germelmann* § 12a Rz. 41).

787 Der Streitwert im Berufungsverfahren bestimmt sich nach den Anträgen, § 47 GKG. Die Verfahrensgebühr beträgt 3,2 (KV Nr. 8220). Sie ermäßigt sich im Fall der Berufungsrücknahme oder der Klagerücknahme, bevor die Berufungsbegründungsschrift beim LAG eingegangen ist auf 0,8 (KV 8221).

788 Eine Ermäßigung auf 1,6 findet statt, sofern die Voraussetzungen der Nr. 8221 KV nicht vorliegen und entweder die Berufung vor dem Schluss der mündlichen Verhandlung zurückgenommen wird oder ein Anerkenntnis- oder Verzichtsurteil oder ein Urteil unter den Voraussetzungen des § 313 Abs. 2 ZPO ergeht.

Gleiches gilt für den Fall der übereinstimmenden Erledigungserklärung nach § 91a ZPO, wenn keine Kostenentscheidung ergehen muss oder sich die Parteien diesbezüglich verständigt haben (KV Nr. 8222, 8223). 789

Im Fall eines Vergleichsabschlusses entfallen die Gebühren für die Rechtsmittelinstanz (Vorb. 8 des KV). 790

XV. Das Revisionsverfahren

1. Allgemeines

a) Sinn und Zweck

Das Revisionsverfahren dient überwiegend dazu, eine Rechtskontrolle der Berufungsurteile des LAG zu schaffen. In Ausnahmefällen, bei der Sprungrevision (s.u. Rn. 846 ff.), werden direkt die Urteile des ArbG rechtlich überprüft. In der Revision erfolgt keine tatsächliche, sondern lediglich eine rechtliche Nachprüfung der Entscheidung des Tatsachengerichts. Sie dient den Interessen der betroffenen Parteien, aber auch der Wahrung einer einheitlichen Rechtsprechung sowie deren Fortentwicklung. Revisionsgericht ist das BAG. 791

b) Ausgestaltung als Zulassungsrevision

Nach § 72 ArbGG in der heutigen Fassung gibt es nur noch die sog. Zulassungsrevision. Eine Revision ist nur zulässig und statthaft, wenn sie entweder vom LAG zugelassen wurde, das BAG einer Nichtzulassungsbeschwerde stattgegeben hat, § 72a ArbGG, oder im Fall der vom ArbG zugelassenen Sprungrevision gem. § 76 ArbGG. Dies gilt auch dann, wenn materiell absolute Revisionsgründe i.S.d. § 547 Nr. 1–6 ZPO geltend gemacht werden (*BAG* 20.2.2001 FA 2001, 310). Die in § 72 ArbGG aufgezählten Zulassungsgründe sind abschließend (s.o. Rn. 760 ff.). 792

c) Verfahrensvorschriften

Sofern in den §§ 72 bis 77 ArbGG keine spezielleren und abschließenden Verfahrensvorschriften enthalten sind, richtet sich das Verfahren gem. § 72 Abs. 5 ArbGG nach den §§ 542 ff. ZPO, mit Ausnahme des § 566 ZPO. 793

In § 72 Abs. 6 ArbGG ist darüber hinaus auf einige Bestimmungen des erstinstanzlichen Verfahrens verwiesen, die auch im Revisionsverfahren Anwendung finden. Danach findet § 53 ArbGG Anwendung. Für das BAG ist die Vorschrift insofern entsprechend anzuwenden, als sie das Verhältnis der Berufsrichter des Senats zu dem ehrenamtlicher Richter regelt. An die Stelle des Kammervorsitzenden beim ArbG treten am BAG alle Berufsrichter, nicht nur der Vorsitzende des Senats (*BAG* 10.12.1992 EzA § 17a GVG Nr. 3). 794

2. Revisible Entscheidungen der Tatsacheninstanz

Grds. revisibel sind Endurteile der LAG, § 72 Abs. 1 ArbGG. Hierzu zählen Teil- und Schlussurteile nach den §§ 300, 301 ZPO sowie Ergänzungsurteile nach § 321 ZPO. Dabei kann es sich um Sach- oder um Prozessurteile handeln. Nach § 302 Abs. 3 ZPO sind auch Vorbehaltsurteile als Endurteile anzusehen. Gleiches gilt für Zwischenurteile nach § 280 Abs. 2 ZPO. 795

Zwischenurteile, die die Wiedereinsetzung in den vorherigen Stand ablehnen (*BAG* 9.12.1955 AP Nr. 1 zu § 300 ZPO) oder die über die Unwirksamkeit eines Prozessvergleiches entscheiden (*BAG* 10.11.1966 AP Nr. 1 zu § 275 ZPO), sind ebenfalls revisibel, nicht hingegen Zwischenurteile, durch die Wiedereinsetzung in den vorherigen Stand gewährt wird, § 238 Abs. 3 ZPO. 796

Nicht revisibel sind Grundurteile nach § 304 Abs. 1, Abs. 2 ZPO i.V.m. § 61 Abs. 3 ArbGG, Urteile, durch die über die Anordnung, Abänderung oder Aufhebung eines Arrestes oder einer einstweiligen Verfügung entschieden wird, § 72 Abs. 4 ArbGG und Urteile, die mit der sofortigen Beschwerde anfechtbar sind, §§ 99 Abs. 2, 387 Abs. 3 ZPO. 797

3. Statthaftigkeit der Revision

798 Die Zulassung der Revision ist nur in den in § 72 Abs. 1, 72 a und 76 ArbGG genannten Fällen statthaft (s.o. Rn. 792). **Sofern die Tatsacheninstanz die Revision zugelassen hat, ist das BAG gem. §§ 72 Abs. 3, 76 Abs. 2 S. 2 ArbGG an die Zulassung grds. gebunden.** Diese Vorschriften gehen § 552a ZPO vor (*Düwell* FA 2005, 365). Dies gilt für die Urteile des LAG uneingeschränkt, auch wenn die gesetzlichen Bestimmungen die Zulassung eigentlich nicht gerechtfertigt hätten (*BAG* 16.4.1997 EzA § 554 ZPO Nr. 6). Eine **Ausnahme** besteht in den Fällen, in denen das LAG eine Entscheidung getroffen hat, die kraft Gesetztes gar nicht revisibel ist, z.B. in den Fällen des § 72 Abs. 4 ArbGG.

799 Nach § 76 Abs. 2 S. 2 ArbGG gilt die gleiche Bindungswirkung grds. bei Zulassung der Sprungrevision durch das ArbG. **Dennoch verneint das BAG eine Bindungswirkung dann, wenn die Sprungrevision – fehlerhaft – in einem Rechtsstreit für zulässig erklärt worden ist, der nicht § 76 Abs. 2 S. 1 Nr. 1 bis 3 ArbGG** unterfällt (*BAG* 16.11.1982 EzA § 42 SchwbG Nr. 9; 12.2.1985 EzA § 76 ArbGG 1979 Nr. 3).

a) Die Zulassung der Revision durch das LAG

800 Siehe o. Rn. 760 ff.)

b) Die Zulassung der Revision durch das BAG auf Grund einer Nichtzulassungsbeschwerde

aa) Allgemeines

801 Die Nichtzulassungsbeschwerde nach § 72a ArbGG soll gewährleisten, dass Urteile mit der Revision angegriffen werden können, auch wenn das LAG sie nicht zugelassen hat, obgleich die Voraussetzungen nach § 72 Abs. 2 ArbGG vorlagen (vgl. *Zwanziger* FA 2007, 332 ff.).

802 **Bei der Nichtzulassungsbeschwerde handelt es sich nicht um ein Rechtsmittel, sondern um einen Rechtsbehelf.** Ihre Einlegung verhindert die Rechtskraft des LAG Urteils. **Ihr kommt damit ein Suspensiveffekt zu, jedoch kein Devolutiveffekt.** Dieser tritt erst ein, wenn auf Grund der Nichtzulassungsbeschwerde das LAG-Urteil für revisibel erklärt wird, § 72 Abs. 6 ArbGG. Folglich muss das LAG keine förmliche Rechtsmittelbelehrung nach § 9 Abs. 5 ArbGG hinsichtlich der Nichtzulassungsbeschwerde erteilen. Es reicht vielmehr ein Hinweis auf diese Möglichkeit aus (*BAG* 1.4.1980 EzA § 72a ArbGG 1979 Nr. 12; 12.2.1997 EzA § 72a ArbGG 1979 Nr. 77).

803 Die Kontrolle der ordnungsgemäßen Zulassung der Revision durch das LAG im Wege der Nichtzulassungsbeschwerde durch das BAG ist allerdings beschränkt. Möglich sind allein drei Zulassungsgründe. Es gibt die »**Grundsatzbeschwerde**«, § 72a Abs. 3 Nr. ArbGG, die »**Divergenzbeschwerde**«, § 72a Abs. 3 Nr. 2 ArbGG und die »**Verfahrensbeschwerde**«, § 72a Abs. 3 Nr. 3 ArbGG. Mit der letzteren können die in § 547 Abs. 1–5 ZPO genannten Verfahrensfehler und die Rüge der Verletzung des Anspruchs auf rechtliches Gehör geltend gemacht werden.

804 Ein sonstiger reiner Verfahrensmangel, selbst wenn er schwerster Art war, kann eine Nichtzulassungsbeschwerde nicht begründen (vgl. *BAG* 20.2.2001 FA 2001, 310; 26.6.2001 EzA ArbGG 1979 § 72a Nr. 94; 1.10.2003 EzA ArbGG 1979 § 92a Nr. 5).

805 Statistisch gesehen sind weniger als 8% der Nichtzulassungsbeschwerden erfolgreich (vgl. *Michels-Holl* FS Arbeitsgerichtsbarkeit S. 361).

bb) Nichtzulassungsbeschwerde wegen grundsätzlicher Bedeutung der Rechtssache

806 Die Nichtzulassungsbeschwerde kann gem. §§ 72a, 72 Abs. 3 Nr. 1 ArbGG darauf gestützt werden, dass einer **Rechtssache grundsätzliche Bedeutung** zukommt, und das LAG gleichwohl nicht die Revision zugelassen hat (zum Begriff der grundsätzlichen Bedeutung s.o. Rn. 768 ff.).

807 Stützt sich das LAG-Urteil auf mehrere Begründungen, muss die grundsätzliche Bedeutung bzgl. jeder der Begründungen gegeben sein (*BAG* 27.11.1984 EzA § 72a ArbGG 1979 Nr. 45; 28.9.1989 EzA § 72a ArbGG 1979 Nr. 55).

Ein Grund zur Zulassung der Revision besteht nur dann, wenn sich das LAG mit den vom Beschwerdeführer in der Beschwerde formulierten Rechtsfragen auch befasst hat. Nur dann können sie für das Ergebnis des Rechtsstreits erheblich gewesen sein. Es genügt nicht, dass sich das LAG nach Ansicht des Beschwerdeführers mit den aufgeworfenen Rechtsfragen hätte befassen müssen (*BAG* 13.6.2006 EzA §72a ArbGG 1979 Nr. 109). 808

Die Nichtzulassungsbeschwerde kann nicht darauf gestützt werden, dass das angefochtene Urteil andere wichtige Rechte, und seien es auch Verfassungsrechte, verletzt habe (*BAG* 23.1.1980 EzA §72a ArbGG 1979 Nr. 10) oder darauf, das LAG habe die Revision willkürlich nicht zugelassen. 809

cc) Nichtzulassungsbeschwerde wegen Divergenz

Die Nichtzulassungsbeschwerde ist zulässig und begründet, wenn das Urteil des LAG von einer Entscheidung der in §72 Abs. 2 Nr. 1 ArbGG genannten Gerichte abweicht, **sofern es auf dieser Abweichung beruht**. Allein eine Divergenz in der Kostenentscheidung reicht im Hinblick auf §99 ZPO allerdings nicht aus (*BAG* 23.7.1996 EzA §72a ArbGG 1979 Nr. 76). In diesem Fall hätte das LAG die Revision zulassen müssen. Zur Frage, wann das Urteil des LAG auf der Divergenz beruht s.o. Rn. 774. 810

Erweist sich das Urteil aus anderen Gründen als richtig, berührt dies nicht die Frage der Zulässigkeit und Begründetheit der Nichtzulassungsbeschwerde, sondern lediglich die Frage, ob die Revision im Ergebnis erfolgreich ist oder nicht, §561 ZPO. 811

Weicht das LAG von einer Entscheidung eines anderen als den in §72 Abs. 2 Nr. 1 ArbGG genannten Gerichten ab, ist die Nichtzulassungsbeschwerde unzulässig (*BAG* 25.3.1991 EzA §72a ArbGG 1979 Nr. 57). Ob es bei seiner Entscheidung von der Abweichung seines abstrakten Rechtsatzes von der abweichenden Entscheidung eines divergenzfähigen Gerichts wusste oder nicht, ist unerheblich. Die Nichtzulassungsbeschwerde dient allein der Rechtseinheit, welche bereits dann gefährdet ist, wenn in Rechtsfragen voneinander abweichende Urteile tatsächlich bestehen (GK-ArbGG/*Mikosch* §72a Rz. 35). 812

Der maßgebliche Zeitpunkt für die Frage der Zulässigkeit der Nichtzulassungsbeschwerde wegen Divergenz ist der der Verkündung der Entscheidung des LAG. Zu diesem Zeitpunkt muss eine Divergenz zu einer Entscheidung eines der anderen in §72 Abs. 2 Nr. 2 ArbGG genannten Gerichte bestehen, was voraussetzt, dass dessen Urteil zeitlich voran ergangen ist (*BAG* 10.2.1981 EzA §72a ArbGG 1979 Nr. 3). Ist allerdings im Zeitpunkt der Entscheidung über die Nichtzulassungsbeschwerde das divergierende Urteil bereits aufgehoben worden, ist die Divergenz entfallen, sodass die Nichtzulassungsbeschwerde keinen Erfolg hat (*BAG* 3.11.1982 EzA §72a ArbGG 1979 Nr. 42; 5.12.1995 NZA 1996, 502; **a.A.** GMPM-G/*Müller-Glöge* §72a Rz. 18). Gleiches gilt, wenn zwar ein divergierendes Urteil noch existent oder sogar rechtskräftig ist, das BAG allerdings die Rechtsfrage vor der Entscheidung über die Nichtzulassungsbeschwerde entschieden hat, und eine Divergenz zwischen dem BAG-Urteil zu dem angefochtenen LAG-Urteil nicht mehr besteht (GK-ArbGG/*Mikosch* §72a Rz. 37). 813

dd) Nichtzulassungsbeschwerde wegen Verfahrensfehlern

Geltend gemacht werden können nach §72a Abs. 3 Nr. 5 ArbGG nur Verfahrensrügen nach §547 Nr. 1–5 ZPO (vgl. *Zöller/Grummer* §547 Rz. 1 ff.) oder die entscheidungserhebliche Verletzung des Anspruchs auf rechtliches Gehör (zu den möglichen diesbezüglichen Einzelfällen s.o. Rn. 775; zu den Anforderungen an die Begründung s.u. Rn. 831 ff.). 814

ee) Form und Fristen der Einlegung

Nach §72a Abs. 2 ArbGG ist die Nichtzulassungsbeschwerde beim BAG innerhalb **einer Notfrist von einem Monat nach Zustellung des in vollständiger Form abgefassten Urteils** schriftlich einzulegen. Allein die Einlegung beim LAG ist nicht fristwahrend (*BAG* 4.11.1980 EzA §72a ArbGG 1979 Nr. 19). Da es sich um einen Rechtsbehelf handelt (*BAG* 1.4.1980 EzA §72a ArbGG 1979 Nr. 12), beginnt die Frist auch zu laufen, wenn keine förm- 815 liche Rechtsbehelfsbelehrung nach § 9 Abs. 5 ArbGG oder Hinweis auf die Möglichkeit der Einlegung der Nichtzulassungsbeschwerde erteilt worden ist (*BAG* 9.7.2003 EzA § 72a ArbGG 1979 Nr. 96; *Schäfer* NZA 1986, 249). Die Frist berechnet sich nach den §§ 221 ff. ZPO, das Fristende bestimmt sich nach § 188 BGB.

816 Eine Beschwerde gegen die Nichtzulassung der Revision in einer Entscheidung des LAG, deren vollständige Gründe erst nach Ablauf von fünf Monaten seit Verkündung unterschrieben der Geschäftsstelle übergeben wurde, ist unzulässig (*BAG* 1.10.2003 EzA § 92a ArbGG 1979 Nr. 5). Es besteht i.d.F. nur die Möglichkeit unmittelbar Verfassungsbeschwerde einzulegen (*BVerfG* 26.3.2001 EzA § 551 ZPO Nr. 9).

817 Die Nichtzulassungsbeschwerde muss schriftlich eingelegt werden und nach § 11 Abs. 2 ArbGG durch einen Rechtsanwalt unterzeichnet sein. Aus dem Schriftsatz muss sich deutlich ergeben, dass eine Nichtzulassungsbeschwerde eingelegt werden soll. Eine unzulässig eingelegte Revision kann nicht in eine Nichtzulassungsbeschwerde umgedeutet werden (*BAG* 4.7.1985 – 5 AZR 318/85 – n.v.).

818 Die Beschwerdeschrift muss die Entscheidung des LAG, gegen welche die Zulassung der Revision beantragt wird, nach Gericht, Aktenzeichen und Datum bezeichnen. Der Beschwerdeführer und Gegner muss aus der Beschwerdeschrift oder den beigelegten Unterlagen eindeutig erkennbar sein, allerdings brauchen die ladungsfähigen Anschriften der Parteien nicht vorgetragen werden (*BAG* 27.10.1981 EzA § 72a ArbGG 1979 Nr. 36).

819 **Die Nichtzulassungsbeschwerde kann nicht bedingt eingelegt werden, z.B. mit der Bedingung, dass Prozesskostenhilfe bewilligt wird.** Dies gilt auch dann, wenn die Nichtzulassungsbeschwerde nur deswegen bedingt eingelegt worden ist, da noch nicht sicher ist, ob die vom LAG ausgesprochene Zulassung der Revision wirksam ist oder nicht (*BAG* 13.8.1985 AP Nr. 22 zu 72 a ArbGG 1979).

820 Nach § 72a Abs. 2 S. 2 ArbGG soll der Beschwerdeschrift eine Ausfertigung oder beglaubigte Abschrift des Urteils beigefügt werden, gegen das Revision eingelegt werden soll. Da es sich um eine Sollvorschrift handelt, berührt die Missachtung dieser Vorschrift nicht die Zulässigkeit der Nichtzulassungsbeschwerde.

ff) Fristen und Inhalt der Begründung

821 Die Nichtzulassungsbeschwerde muss nach § 72a Abs. 3 S. 1 ArbGG **binnen zwei Monaten nach Zustellung des Urteils begründet** werden. Die Begründungsfrist läuft unabhängig von der Einlegungsfrist, und zwar auch dann, wenn Letztere versäumt wurde und ein Wiedereinsetzungsantrag bei Ablauf der Begründungsfrist noch nicht beschieden worden ist (*BAG* 26.7.1988 EzA § 72a ArbGG 1979 Nr. 51). Etwas anderes gilt nur dann, wenn bei Ablauf der Einlegungsfrist über einen Prozesskostenhilfeantrag noch nicht entschieden war, dies nachträglich erfolgte und nunmehr im Wiedereinsetzungsverfahren der Wiedereinsetzungsbeschluss nach Ablauf der Begründungsfrist ergeht. In diesem Fall soll ab Zustellung Beschlusses eine Frist von einem Monat zu laufen beginnen, auch wenn das Urteil bereits Monate vorher zugestellt war (*BAG* 19.9.1983 AP Nr. 18 zu § 72a ArbGG 1979).

822 Die Begründung muss sich auf jeden Streitgegenstand beziehen, über den das LAG entschieden hat und gegen den Revision eingelegt werden soll. Die Begründungsschrift hat sich auf die Zulassungsgründe der Revision zu beziehen. **Ausführungen zur Begründung der Revision an sich sind an dieser Stelle unbehelflich.**

823 Im Fall der Nichtzulassungsbeschwerde wegen **grundsätzlicher Bedeutung** (zum Begriff s.o. Rn. 768 ff.) **der Sache** muss der Beschwerdeführer diese bereits in der Beschwerdebegründung darlegen. Anderenfalls wird die Nichtzulassungsbeschwerde verworfen, § 72 Abs. 5 S. 3 ArbGG.

824 **Die ordnungsgemäße Begründung gehört daher bereits zur Zulässigkeit des Rechtsmittels** (*BAG* 26.9.2000 NZA 2002, 286; vgl. *Zwanziger* FA 1998, 202 ff.). Ob tatsächlich eine grundsätzliche Bedeutung vorliegt, ist sodann in der Begründetheit zu prüfen.

Muster 1: Grundsatzrevision: 825

An das BAG ...

Nichtzulassungsbeschwerde.

In Sachen

Karl Apfel ...

– Kläger, Berufungsbeklagter und Beschwerdeführer –

Prozessbevollmächtigte: ...

gegen

Berta Schmidt GmbH, vertreten durch ihre Geschäftsführerin ...

– Beklagte, Berufungsklägerin und Beschwerdegegnerin –

Prozessbevollmächtigte 1. und 2. Instanz: ...

wegen Urlaubsabgeltung

lege ich namens und mit Vollmacht des Klägers gegen die Nichtzulassung der Revision im Urteil des LAG Rh.Pf. vom ... Aktz. ...

Nichtzulassungsbeschwerde

ein.

Es wird beantragt,

die Revision gegen das Urteil des LAG Rh.Pf. vom ... Aktz. ... zuzulassen.

Gründe:

I. (Sachverhalt) Der Kläger war bei der Beklagten bis zum 30.4.1996 beschäftigt. Auf das Arbeitsverhältnis fand der allgemeinverbindliche Tarifvertrag ... Anwendung. Bei Ausscheiden aus dem Arbeitsverhältnis standen ihm noch neun Urlaubstage aus dem Jahr ... zu. Der Kläger verlangte von der Beklagten ...

II. (Prozessgeschichte) Das ArbG hat der Klage mit Urteil vom ... stattgegeben. Auf die Berufung der Beklagten hat das LAG mit Urteil vom ... das Urteil des ArbG aufgehoben und die Klage abgewiesen. Es hat die Revision nicht zugelassen.

III. (Begründung) Nach §72a Abs. 1 Nr. 1 i.V.m. §72 Abs. 2 Nr. 2 ArbGG ist die Nichtzulassungsrevision i. v. F. zulässig.

1. Die Parteien streiten vorliegend über die Auslegung des in § ... des zwischen den Parteien kraft Allgemeinverbindlichkeitserklärung geltenden Tarifvertrages ... verwendeten Rechtsbegriffs ... .
2. Der Tarifvertrag gilt im ganzen Bundesgebiet und erstreckt sich damit über den Bezirk des LAG Rheinland-Pfalz hinaus.
3. Das LAG hat den in § ... des Tarifvertrages verwendeten Rechtsbegriff dahingehend definiert, dass ... Diese Rechtsauffassung ist unrichtig, weil ...
4. Der Rechtsstreitigkeit kommt grds. Bedeutung zu, weil die Auslegung des Rechtsbegriffs in § ... des Tarifvertrages für alle dem Tarifvertrag unterfallende Arbeitsverhältnisse von Bedeutung ist.
5. Das BAG hat zur Auslegung des in § ... des Tarifvertrages verwendeten Rechtsbegriffs bislang noch nicht entschieden.

Wird die Nichtzulassungsbeschwerde auf Divergenz gestützt, ist nach § 72a Abs. 3 Nr. 3 ArbGG spätestens in der Beschwerdebegründung die Entscheidung durch Angabe des konkreten Gerichts, des Datums der Entscheidung und des Aktenzeichens genau zu bezeichnen, von der abgewichen wird (vgl. *Zwanziger* NZA 1998, 108 ff.). Darüber hinaus sind **die voneinander abweichenden abstrakten Rechtssätze der divergierenden Urteile darzustellen und darzulegen, dass die Entscheidung des LAG auf dieser Abweichung beruht** (*BAG* 9.12.1980 EzA § 72a ArbGG 1979 Divergenz Nr. 23). **Ein abstrakter Rechtssatz liegt dann vor, wenn das Tatsachengericht nicht nur einzelfallbezogene Ausführungen macht, son-** 826

dern allgemeine Rechtsgrundsätze aufstellt. Diese müssen sich eindeutig aus den Entscheidungsgründen der voneinander abweichenden Urteile ergeben, auch wenn sie nicht wörtlich ausdrücklich ausformuliert sein müssen (*BAG* 4.8.1981 AP Nr. 9 zu § 72a ArbGG 1979 Divergenz).

827 Hat das LAG seiner Subsumtion keinen Obersatz vorangestellt, muss der Beschwerdeführer den aus den einzelfallbezogenen Ausführungen des LAG sich ergebenden Obersatz selbst formulieren (*BAG* 14.2.2001 NZA 2001, 520).

828 Eine Divergenz liegt dann nicht vor, wenn das angegriffene Urteil den Tatsachenstoff unter dem vom abweichenden Urteil aufgestellten abstrakten Rechtssatz gar nicht geprüft hat oder eine fehlerhafte Subsumtion unter einen übereinstimmenden abstrakten Rechtssatz vorgenommen hat. **Das BAG prüft nicht eine unrichtige Rechtsanwendung** (*BAG* 16.12.1982 EzA § 72a ArbGG 1979 Nr. 43). Dies gilt insbes. dann, wenn das anzufechtende Urteil einen abstrakten Rechtssatz ausdrücklich zitiert, ihm dann aber fallbezogen fehlerhaft anwendet. Hieraus kann nicht geschlossen werden, dass das LAG einen neuen eigenen abweichenden Rechtssatz aufstellen wollte (GK-ArbGG/*Mikosch* § 72a Rz. 69).

829 Die Divergenz ist unabhängig davon erheblich, ob sie hinsichtlich gleichartiger oder verschiedener Streitgegenstände entstanden ist. Allerdings müssen die abweichenden Entscheidungen auf Grund gleich lautender Rechtsnormen desselben Gesetzes ergangen sein (GK-ArbGG/*Mikosch* § 72a Rz. 70).

830 **Muster 2: Divergenzrevision:**

(Rubrum wie bei Beispiel 1)
Gründe:
I. ...
(wie Beispiel 1)
II. ...
(wie Beispiel 1)
III. ...
(Begründung) Das LAG hat seine Entscheidung damit begründet, dass ...
Damit hat es folgenden Rechtsgrundsatz aufgestellt .... Dieser Rechtsgrundsatz weicht von der Entscheidung des LAG Hamm, Urteil vom ... Aktz. ... ab. In dieser Entscheidung hat das LAG Hamm den Rechtsgrundsatz aufgestellt, dass .... Eine Entscheidung des BAG zu dieser Rechtsfrage ist bislang nicht ergangen.
Das Urteil des LAG Rheinland-Pfalz beruht auf dem von ihm in Abweichung zum Urteil des LAG Hamm aufgestellten Rechtsgrundsatz, da es sonst die Berufung hätte zurückweisen müssen. Denn ....

831 Wird die Nichtzulassungsbeschwerde auf einen **Verfahrensmangel** gestützt, muss vom Beschwerdeführer dargelegt werden, auf Grund welcher Tatsachen ein absoluter Revisionsgrund nach § 547 Nr. 1–5 ZPO gegeben sein soll bzw. bei der Geltendmachung der Verletzung des Anspruchs auf rechtliches Gehör, durch welches konkrete Tun oder Unterlassen des Tatsachengerichts dies geschehen sein soll. In der Folge ist weiter darzulegen, weswegen ohne diese Verletzungshandlung das Tatsachengericht mit einiger Wahrscheinlichkeit eine andere Entscheidung getroffen hätte (*BAG* 20.1.2005 EzA § 72 ArbGG 1979 Nr. 34; 23.9.2008 – 6 AZN 84/08).

832 Wird eine **Verletzung der Hinweispflicht** nach § 139 ZPO gerügt, muss konkret dargetan werden, welchen Hinweis das Gericht hätte geben müssen und wie sich der Beschwerdeführer dann weiter eingelassen hätte. Weiter muss ersichtlich sein, wie das Gericht dann die Entscheidung anders hätte fällen müssen (*BAG* 14.3.2005 EzA § 72a ArbGG 1979 Nr. 100; 23.9.2008 – 6 AZN 84/08).

833 Allein dass das Tatsachengericht zu Ausführungen des Beschwerdeführers im Urteil keine Stellung genommen hat, begründet noch keine Gehörsverletzung. Wegen eines solchen Schweigens kann noch nicht darauf geschlossen werden, dass das Tatsachengericht die Äußerungen des Beschwerdeführers nicht zur Kenntnis genommen hat (*BAG* 22.3.2005 EzA § 72a

ArbGG 1979 Nr. 101). Der Tatbestand und die Entscheidungsgründe sind nach § 313 Abs. 2 und 3 ZPO kurz zu fassen, es ist nur auf die für die Entscheidung des Rechtsstreits aus Sicht des Gerichts wesentlichen Tatsachen und Rechtsgründe abzustellen. Dies verbietet regelmäßig ein Eingehen auf alle Äußerungen tatsächlicher und rechtlicher Art der Parteien in einem Urteil, soweit diese aus Sicht des Gerichts für die Entscheidungsfindung unwesentlich waren (*BAG* 19.2.2008 EzA § 72 ArbGG 1979 Nr. 37; *Zwanziger* FA 2007, 332, 334). Behandelt das Tatsachengericht allerdings den zentralen Vortrag einer Partei lediglich mit der formellen Wendung „hinreichende Anhaltspunkte für die geltend gemachten Rechtsfolgen seien nicht ersichtlich", verletzt es den Anspruch der Partei auf rechtliches Gehör (*BAG* 5.11.2008 – 5 AZN 842/08).

Muster 3: Verfahrensfehlerrevision 834

(Rubrum wie bei Beispiel 1)
Gründe:
I. . . . .
(wie Beispiel 1)
II. . . .
(wie Beispiel 1)
III. . . .
(Begründung) Das LAG hat die im Arbeitsvertrag vereinbarte Ausschlussfrist von 1 Monat als individualrechtliche Vereinbarung und nicht als allgemeine Geschäftsbedingung gewertet, ohne dies zu begründen, obwohl der Beschwerdeführer in seinem Schriftsatz vom . . . auf die Notwendigkeit einer Inhaltskontrolle dieser Klausel nach den §§ 305 ff. BGB hingewiesen hat. Das LAG hätte sich im Urteil mit der Frage auseinandersetzen müssen, ob es sich bei der Klausel um eine allgemeine Geschäftsbedingung gehandelt hat. In der Folge hätte es zu dem Ergebnis kommen müssen, dass . . . und damit dass der geltend gemachte Anspruch nicht verfallen ist. In der Nichtbeachtung des Einwands . . . ist eine Verletzung des Anspruchs auf rechtliches Gehör zu sehen.

gg) Rechtswirkungen der Einlegung

Auch wenn nur eine Partei Nichtzulassungsbeschwerde einlegt, wird das Urteil für beide Parteien nicht rechtskräftig (zum Suspensiveffekt s.o. Rn. 802), sodass auch die andere Partei bei Zulassung der Revision die Möglichkeit der Anschlussrevision hat (GMPM-G/*Müller-Glöge* § 72a Rz. 41). Das LAG kann nach Einlegung der Nichtzulassungsbeschwerde seine Entscheidung über die Zulassung der Revision nicht abändern, § 72a Abs. 5 S. 1 ArbGG. 835

Das BAG hat nach Einlegung der Nichtzulassungsbeschwerde ggf. über die Einstellung der Zwangsvollstreckung aus dem Urteil des LAG gem. § 719 Abs. 2 ZPO zu befinden. Eine Einstellung kommt dann nicht in Betracht, wenn entweder die Nichtzulassungsbeschwerde keine Aussicht auf Erfolg oder die Revision selbst bei Zulassung keine Erfolgsaussichten hat. Da hierüber regelmäßig erst nach Begründung der Nichtzulassungsbeschwerde eine Aussage getroffen werden kann, empfiehlt es sich, **sie bereits bei Einlegung sofort zu begründen**. 836

hh) Entscheidung über die Nichtzulassungsbeschwerde

Die Nichtzulassungsbeschwerde ist als unzulässig zu verwerfen, wenn sie nicht statthaft, nicht form- und fristgerecht eingelegt und begründet worden oder wenn der Beschwerdeführer nicht beschwert ist (*BAG* 12.8.1981 EzA § 72a ArbGG 1979 Nr. 31). Darüber hinaus ist sie unzulässig, wenn der Beschwerdeführer zu einem früheren Zeitpunkt auf die Revision oder die Einlegung der Nichtzulassungsbeschwerde wirksam verzichtet hat. 837

Ist die Nichtzulassungsbeschwerde unbegründet, ist sie zurückzuweisen. Über die Zulässigkeit brauchte nach der bisher h.M. keine Entscheidung getroffen zu werden, wenn die Beschwerde auf jeden Fall unbegründet war (GK-ArbGG/*Mikosch* 72 a Rz. 77). Ob daran festgehalten werden kann erscheint zweifelhaft, da die Richterbank im ersten Fall nur mit den Berufsrichtern, im zweiten Fall aber mit den ehrenamtlichen Richtern besetzt ist und 838 somit der gesetzliche Richter unbestimmt wäre (s.u. Rn. 839). Mit der Verwerfung oder Zurückweisung der Beschwerde wird das Urteil der Tatsacheninstanz rechtskräftig, § 72a Abs. 5 S. 6 ArbGG.

839 Nach § 72a Abs. 5 S. 2 ArbGG ergeht die Entscheidung durch Beschluss, der ohne mündliche Verhandlung ergehen kann. Die ehrenamtlichen Richter wirken nicht mit, wenn die Nichtzulassungsbeschwerde als unzulässig verworfen wird, wenn sie bereits nicht statthaft ist oder nicht in der gesetzlichen Frist und Form eingelegt und begründet worden ist. Ansonsten sind sie bei der Entscheidung beteiligt.

840 Erweist sich die Nichtzulassungsbeschwerde als zulässig und begründet, lässt das BAG die Revision zu. **In diesem Fall wird das Beschwerdeverfahren als Revisionsverfahren fortgesetzt.** Mit der Zustellung der Entscheidung beginnt die Revisionsbegründungsfrist, § 72a Abs. 6 ArbGG. Es bedarf auch dann einer Begründung der Revision, wenn bereits die Begründung der Nichtzulassungsbeschwerde den Anforderungen an eine Revisionsbegründung nach § 72 Abs. 5 ArbGG i.V.m. § 551 Abs. 3 S. 1. ZPO entsprochen hat. In diesem Fall genügt aber eine Bezugnahme auf die Begründung der Nichtzulassungsbeschwerde, § 551 Abs. 3 S. 2 ZPO (*BAG* 8.5.2008 – 1 ABR 56/06 – FA 2008, 307). Gleiches gilt für die Rechtsbeschwerdebegründung nach § 94 ArbGG. Wird bei mehreren Streitgegenständen die Zulassung insgesamt vom Beschwerdeführer begehrt, liegt allerdings nur für einen Streitgegenstand ein Zulassungsgrund vor, ist die Revision beschränkt zuzulassen (*BAG* 19.6.1981 EzA § 72a ArbGG 1979 Nr. 30).

841 Der Beschluss soll nach § 72a Abs. 5 S. 4 ArbGG kurz begründet werden. Nach § 72a Abs. 5 S. 5 ArbGG kann von einer Begründung abgesehen werden, wenn diese nicht geeignet wäre, die Voraussetzungen der §§ 72a Abs. 1, 72 Abs. 2 ArbGG abschließend zu klären. Insbes. bei einer Stattgabe der Beschwerde erübrigt sich i.d.R. eine Begründung, da das BAG den Darlegungen des Beschwerdeführers folgt.

842 **Die Entscheidung des BAG ist nicht mit Rechtsmitteln angreifbar und auch nicht auf Grund einer Gegenvorstellung durch das Gericht selbst abänderbar** (*BAG* 15.5.1984 AP Nr. 19 zu § 72a ArbGG 1979).

843 Im Fall der Gehörsverletzung hat das BAG zwei Möglichkeiten. Entweder kann es die Revision zulassen oder es kann das Urteil des LAG aufheben und den Rechtsstreit zur erneuten Verhandlung an das LAG, ggf. an eine andere Kammer, zurückverweisen. Von der ersten Möglichkeit wird das BAG Gebrauch machen, wenn es zwar eine nach der Entscheidungsfindung des LAG entscheidungserhebliche Gehörsverletzung als gegeben ansieht, selbst aber zu einer anderen Rechtsauffassung neigt, bei der es auf die Gehörsverletzung nicht entscheidungserheblich ankommt.

ii) Kosten und Gebühren

844 Hat die Nichtzulassungsbeschwerde keinen Erfolg, ist eine Gerichtsgebühr nach der Nr. 8611 KV zu entrichten. Die Kostentragungspflicht bei einer erfolglosen Nichtzulassungsbeschwerde ergibt sich aus § 97 ZPO.

845 Bei Zulassung der Revision sind die Kosten der Nichtzulassungsbeschwerde Teil der Kosten des Revisionsverfahrens und von der Partei zu tragen, der letztendlich die Kosten auferlegt werden.

c) Die Zulassung der Revision durch das ArbG

aa) Sinn und Zweck

846 §§ 76 ArbGG regelt abschließend die **Sprungrevision** im arbeitsgerichtlichen Verfahren.

847 Sie ist nur in den in § 76 Abs. 2 ArbGG genannten privilegierten Verfahren zulässig. Der Katalog entspricht demjenigen des § 72a ArbGG a.F. bis 31.12.2004. Durch die Umgehung der zweiten Tatsacheninstanz sollen Verfahren, in denen mit einer Anrufung des BAG gerechnet werden kann, beschleunigt werden.

bb) Formale Voraussetzungen

Die Sprungrevision bedarf nach Antrag einer Partei der Zulassung durch das ArbG, entweder im Urteil oder nachträglich durch Beschluss. Wird der Antrag erst nach Erlass des Urteils gestellt, ist er innerhalb von einer Frist von einem Monat nach Zustellung des in vollständiger Form abgefassten Urteils schriftlich zu stellen, und ihm ist die schriftliche Zustimmung des Gegners beizulegen. Wird die Sprungrevision bereits im Urteil zugelassen, genügt es, die Zustimmung des Gegners in schriftlicher Form der Revisionsschrift beizulegen oder innerhalb der Revisionsfrist dem BAG nachzureichen, § 76 Abs. 1 S. 3 ArbGG (GK-ArbGG/*Mikosch* § 76 Rz. 3). 848

Die Zustimmungserklärung kann von der Partei selbst oder durch ihren Prozessvertreter i.S.d. § 11 Abs. 1 S. 2 und 3 ArbGG abgegeben werden. Dies gilt auch dann, wenn sie erst der Revisionsschrift beigefügt wird, falls das ArbG bereits im Urteil einem Antrag auf Zulassung der Sprungrevision entsprochen hat. In diesem Fall unterliegt sie, obwohl sie direkt gegenüber dem BAG abgegeben wird, nicht dem Anwaltszwang (*BAG* 30.7.1992 EzA § 4 TVG Geltungsbereich Nr. 3). 849

Der Schriftform genügt auch eine Niederschrift des Urkundsbeamten oder eine Erklärung zu Protokoll in der mündlichen Verhandlung. In diesem Fall bedarf es zum Nachweis bei Einreichung der Revision einer beglaubigten Abschrift der Niederschrift bzw. des Protokolls (*BAG* 16.11.1981 AP Nr. 1 zu § 76 ArbGG 1979). Die Schriftform ist auch gewahrt, wenn sich eines Telegramms, Fernschreibens oder Telefaxes bedient wird (GK-ArbGG/*Mikosch* § 76 Rz. 4). **Die Zustimmungserklärung steht einer Prozesshandlung gleich, mit der Folge, dass sie ab Eingang beim ArbG oder BAG unwiderruflich ist.** 850

Werden die Fristen für die Einlegung des Antrags nach § 76 Abs. 1 S. 2 ArbGG oder die Beibringung der Zustimmungserklärung versäumt, kann Wiedereinsetzung in den vorherigen Stand (§§ 233 ff. ZPO) gewährt werden. Der Antragsteller muss sich dabei ein Verschulden der Gegenpartei zurechnen lassen, welches zur Versäumung der Frist für die Beibringung der Zustimmungserklärung geführt hat. 851

Die Zustimmungserklärung muss eindeutig sein. **Allein der Antrag einer Partei, die Sprungrevision zuzulassen, enthält nicht zugleich die Zustimmung zu einem Zulassungsantrag der Gegenpartei** (*BAG* 28.10.1986 EzA § 76 ArbGG 1979 Nr. 5). Dies folgt daraus, dass allein die Stattgabe eines Antrags auf Zulassung der Sprungrevision einer Partei nicht das Recht nimmt, nach Zulassung im Urteil doch noch Berufung einzulegen, wohingegen die erfolgte Zustimmung zur Zulassung bei Revisionseinlegung durch den Antragsteller nach § 76 Abs. 5 ArbGG den Verzicht auf die Berufung nach sich zieht. Die Erklärung kann allerdings ggf. bei Vorliegen weiterer Umstände dahingehend ausgelegt werden, dass mit dem Antrag auf Zulassung der Sprungrevision zugleich auch die Zustimmung zu einem Antrag des Gegners abgegeben werden sollte (*BAG* 28.10.1986 EzA § 76 ArbGG 1979 Nr. 5). 852

cc) Materielle Voraussetzungen

Nach § 76 Abs. 2 ArbGG ist die Sprungrevision nur dann zuzulassen, wenn die Rechtssache grundsätzliche Bedeutung hat und eine der privilegierten Rechtsstreitigkeiten der Nr. 1 bis 3 vorliegt. Streitig ist, ob die Rechtsfrage, der grundsätzliche Bedeutung zukommt, den in § 76 Abs. 2 Nr. 1–3 ArbGG umschriebenen Rechtsmaterien angehören muss oder ob es genügt, dass es sich überhaupt um eine Rechtsstreitigkeit der genannten Art handelt, bei denen eine Rechtsfrage von grundsätzlicher Bedeutung auftaucht, auch wenn diese nicht eindeutig den umschriebenen Rechtsmaterien angehört. **Das BAG hat zu § 72a Abs. 1 Nr. 2 ArbGG a.F. entschieden, dass die Rechtsfrage selbst grundsätzliche Bedeutung unmittelbar für die Auslegung des Tarifvertrages haben muss** (*BAG* 22.6.1999, 4.5.1994, 12.12.1979 EzA § 72a ArbGG 1979 Nr. 90, 65, 9). Aus der Systematik des § 76 Abs. 2 ArbGG wird daher geschlossen, dass es sich auch bei den privilegierten Streitigkeiten unter Nr. 1 und 3 um Rechtsfragen aus dem speziellen Regelungsbereich handeln muss (*Michels-Holl* FS Arbeitsgerichtsbarkeit, S. 362). 853

(1) § 76 Abs. 2 Nr. 1 ArbGG

854 § 76 Abs. 2 Nr. 1 ArbGG setzt voraus, dass **Tarifvertragsparteien den Rechtsstreit führen und der Streit um einen Tarifvertrag i.S.d. § 1 TVG geht, sei es über den schuldrechtlichen oder den normativen Teil.** Ein Streit lediglich um einen dem Abschluss eines Tarifvertrages vorausgehenden Vorvertrag genügt nicht (*BAG* 25.8.1982 EzA § 72a ArbGG 1979 Nr. 41).

(2) § 76 Abs. 2 Nr. 2 ArbGG

855 § 76 Abs. 2 Nr. 2 ArbGG setzt eine **Streitigkeit über die Auslegung von Tarifverträgen** i.S.d. § 1 TVG voraus. Im Gegensatz zu § 76 Abs. 2 Nr. 1 ArbGG können hier auch Parteien den Rechtsstreit führen, die lediglich an den Tarifvertrag gem. § 3 TVG gebunden sind oder seine Anwendbarkeit einzelvertraglich vereinbart haben (*BAG* 18.5.1982 EzA § 72a ArbGG 1979 Nr. 38).

856 **Beispiele:**

- Rahmenkollektivverträge nach dem AGB-DDR sind vom BAG als Tarifverträge in diesem Sinne angesehen worden (*BAG* 10.3.1993 EzA § 72a ArbGG 1979 Nr. 61), **nicht** jedoch der BAT in der kirchlichen Fassung (*BAG* 5.1.1989 AP Nr. 37 zu 72 a ArbGG 1979 Grundsatz).
- Lassen Tarifverträge Auslegungsgrundsätze, Dienstordnungen oder einseitige Vergütungsrichtlinien zu, ohne dass die Tarifvertragsparteien darüber i.E. verhandelt und sich verständigt haben, fallen diese Bestimmungen nicht unter § 72a Nr. 2 ArbGG.
- Gleiches gilt für bindende Festsetzungen nach § 19 HAG (*BAG* 20.1.1981 EzA § 72a ArbGG 1979 Nr. 21) und für EWG-Verordnungen, auf die im Tarifvertrag Bezug genommen worden ist (*BAG* 9.11.1993 EzA § 72a ArbGG 1979 Nr. 63), **nicht** jedoch Streitigkeiten über die Auslegung einer Betriebsvereinbarung, die zwischen dem Hauptverband einer Gewerkschaft und dem Gesamtbetriebsrat zur Regelung der Vergütung der bei der Gewerkschaft beschäftigten Arbeitnehmer abgeschlossen wurde (*BAG* 22.6.1999 EzA § 72a ArbGG 1979 Nr. 90).

857 **Um die »Auslegung« eines Tarifvertrages wird gestritten, wenn es um die einzelfallübergreifende, abstrakte Interpretation der tariflichen Regelung geht,** nicht jedoch wenn lediglich die Subsumtion eines Einzelfalls unter einen solchen Rechtsbegriff streitig ist (*BAG* 5.12.1979 EzA § 72a ArbGG 1979 Nr. 4). **Allein die unrichtige Anwendung einer tariflichen Rechtsvorschrift reicht für eine Nichtzulassungsbeschwerde nicht aus.**

858 Gleiches gilt, wenn das LAG die tarifliche Vorschrift wegen angeblichen Verstoßes gegen zwingendes Gesetzesrecht als unwirksam erachtet oder es um allgemeine Grundsätze des Tarifrechts geht, z.B. um die Ausfüllung unbewusster Tariflücken (*BAG* 5.1.1989 AP Nr. 37 zu § 72a ArbGG 1979 Grundsatz). Ebenfalls nicht um eine Auslegung des Tarifvertrages geht es, wenn der Tarifvertrag außertarifliche normative Regelungen, z.B. aus einem Gesetz übernimmt und über diese Regelungen gestritten wird (*BAG* 26.3.1981 EzA § 72a ArbGG 1979 Nr. 29).

859 ▶ **Beispiel:**
Der Tarifvertrag lässt eine fristlose Kündigung bei »wichtigem Grund« zu. Wann ein »wichtiger Grund« vorliegt, bestimmt sich nach § 626 BGB. Der Begriff ist von dieser Vorschrift übernommen. Bei einem Rechtsstreit über die Auslegung dieses Begriffes handelt es sich daher nicht um eine Rechtsstreitigkeit um die Auslegung eines Tarifvertrages.

860 Der Geltungsbereich des Tarifvertrages muss sich über den Bezirk des konkreten LAG hinaus erstrecken (vgl. *BAG* 26.9.2000 EzA § 72a ArbGG 1979 Nr. 92 für einen Firmentarifvertrag, wobei sich Betriebsstätten in mehreren LAG-Bezirken befinden). Es genügt aber auch, wenn in einem anderen LAG-Bezirk ein gleicher, wörtlich und inhaltlich übereinstimmender Tarifvertrag Anwendung findet (*BAG* 24.3.1993 EzA § 72 ArbGG 1979 Nr. 62).

(3) § 76 Abs. 2 Nr. 3 ArbGG

§ 76 Abs. 2 Nr. 3 ArbGG umfasst **Rechtsstreitigkeiten über Arbeitskampfmaßnahmen und Betätigungsrechte der Vereinigungen.** 861

Der maßgebende Zeitpunkt dafür, ob der Rechtsfrage noch grundsätzliche Bedeutung zukommt, ist der der Entscheidung des BAG (*BAG* 3.11.1982 EzA § 72a ArbGG 1979 Nr. 42), nicht etwa der des LAG. Die Nichtzulassungsbeschwerde dient nicht dazu, Fehler des LAG bei seiner Entscheidung über die Zulassung der Revision als Selbstzweck zu korrigieren, sondern sie soll der obersten Instanz die Entscheidung über grundsätzliche Fragen ermöglichen. Entfällt hierfür das Bedürfnis, bedarf es auch keiner Revision mehr.

Liegt eine objektive Klagehäufung vor und wäre die Sprungrevision nach § 76 Abs. 2 ArbGG lediglich hinsichtlich eines Klageanspruches zulässig, kann das ArbG die Sprungrevision sowohl für den ganzen Rechtsstreit als auch nur beschränkt zulassen (GMPM-G/*Müller-Glöge* § 76 Rz. 4). Wird bei einer subjektiven Klagehäufung die Revision nur für einzelne Streitgenossen zugelassen, sind die Verfahren nach § 145 ZPO zu trennen, sodass die nicht betroffenen Streitgenossen gegen das Urteil Berufung einlegen können. 862

Weitere materielle Voraussetzung für die Zulassung der Sprungrevision ist, dass das Urteil überhaupt revisibel ist, was z.B. bei Urteilen in Arrest und einstweiligen Verfügungsverfahren nicht der Fall ist, § 72 Abs. 4 ArbGG (s.o. Rn. 795 ff.). 863

dd) Die Entscheidung des Arbeitsgerichts

Liegen die formellen und materiellen Voraussetzungen vor, muss das ArbG die Sprungrevision zulassen. Ein Ermessen kommt ihm nicht zu (GK-ArbGG/*Mikosch* § 76 Rz. 12). Die Zulassung erfolgt dabei ohne Beschränkung auf eine bestimmte Partei, etwa den Antragsteller. Beide Parteien können bei Vorliegen einer Beschwerde Sprungrevision einlegen. 864

> Entscheidet das ArbG über die Zulassung bereits nach gestelltem Antrag im Urteil, muss sich die Zulassungsentscheidung aus dem Tenor der Entscheidung ergeben (GK-ArbGG/*Mikosch* § 76 Rz. 9). 865

Dem Urteil ist sowohl die Rechtsmittelbelehrung für eine Berufung als auch für eine Sprungrevision beizufügen. Dies folgt daraus, dass die Parteien trotz Zulassung der Sprungrevision das Urteil mit der Berufung anfechten können (s.o. Rn. 852). 866

Über einen nachträglichen Antrag auf Zulassung der Sprungrevision entscheidet die Kammer des ArbG, welche das Urteil gefällt hat. Nicht notwendig ist es dabei, dass dieselben Richter mitwirken. Ergeht die Entscheidung ohne mündliche Verhandlung, ergeht der Beschluss nach § 53 ArbGG ohne Mitwirkung der ehrenamtlichen Richter. 867

ee) Wirkungen der Entscheidung

> Die Ablehnung der Zulassung der Sprungrevision ist nach § 76 Abs. 2 S. 3 ArbGG unanfechtbar. Dies gilt auch dann, wenn das ArbG eigentlich die Sprungrevision hätte zulassen müssen. Eine Nichtzulassungsbeschwerde gegen die Entscheidung des ArbG kann nicht eingelegt werden, da § 72a ArbGG eine abschließende Regelung darstellt und für diesen Fall eine solche nicht vorsieht (*Ascheid* Rz. 1302). 868

Lehnt das ArbG die Zulassung im Urteil ab, ist auch ein nachträglicher Antrag auf Zulassung durch Beschluss unzulässig. Dies gilt selbst dann, wenn nunmehr die andere Partei die Sprungrevision beantragt (GK-ArbGG/*Mikosch* § 76 Rz. 13). 869

Erfolgt die Ablehnung des Antrags nach Erlass des Urteils durch Beschluss, beginnt mit dessen Zustellung die Berufungsfrist von neuem zu laufen, sofern der Antrag auf Zulassung 870 der Sprungrevision form- und fristgerecht gestellt worden war und die Zustimmungserklärung der Gegenpartei innerhalb der Antragsfrist vorlag, § 76 Abs. 3 S. 1 ArbGG.

871 Gibt das ArbG dem Antrag statt und lässt es die Sprungrevision zu, ist diese Entscheidung gem. § 76 Abs. 2 S. 2 ArbGG für das BAG grds. bindend (s.o. Rn. 799).

872 Die dem Antrag stattgebende Entscheidung des ArbG ist für die Parteien unanfechtbar, wenn dies im Urteil geschehen ist. Dem Begehren des Antragstellers ist stattgegeben worden, der Antragsgegner kann die Durchführung des Revisionsverfahrens dadurch verhindern, dass er seine Zustimmung zur Sprungrevision verweigert. Lässt das ArbG hingegen nach Erlass des Urteils auf Antrag des Antragstellers die Sprungrevision fehlerhaft zu, z.B. obwohl der Gegner eine Zustimmung nicht erteilt hat, ist gegen den Beschluss die sofortige Beschwerde nach § 78 ArbGG, § 567 ff. ZPO zulässig, da das BAG an den Zulassungsbeschluss nach § 76 Abs. 2 S. 2 ArbGG gebunden ist.

873 Die **Revisionsfrist** beginnt bei Zulassung der Sprungrevision im Urteil mit Zustellung des Urteils zu laufen, bei Zulassung in einem nachträglichen Beschluss mit dessen Zustellung, § 76 Abs. 3 S. 2 ArbGG.

874 **Trotz einer Zulassung der Revision ist gegen das Urteil auch die Berufung zulässig,** auch wenn diese nur unter den Voraussetzungen des § 64 Abs. 3 ArbGG eingelegt werden kann (GMPM-G/*Müller-Glöge* § 76 Rz. 8). In der Zulassung der Revision soll die Zulassung der Berufung enthalten sein. Der jeweils beschwerten Partei steht ein Wahlrecht zu, Revision oder Berufung einzulegen. Erst wenn Revision eingelegt worden ist, wird die Berufung nach § 76 Abs. 5 ArbGG unzulässig, eine bereits eingelegte Berufung wird dann nachträglich unzulässig. Dasselbe gilt für die zustimmende Partei. Ihre Zustimmung ist nur dann als Verzicht auf die Berufung anzusehen, wenn die antragende Partei Sprungrevision eingelegt hat (GMPM-G/*Müller-Glöge* § 76 Rz. 25).

875 Der Verzicht auf die Berufung nach § 76 Abs. 5 ArbGG bleibt auch dann wirksam, wenn die Revision später als unzulässig verworfen oder zurückgenommen wird, es sei denn, die Zulassung der Sprungrevision durch das ArbG war ausnahmsweise für das BAG nicht bindend (s.o. Rn. 799) und die Revision wird deswegen verworfen. In diesem Fall kann gegen das arbeitsgerichtliche Urteil Berufung eingelegt werden. Sofern die Berufungsfrist inzwischen abgelaufen ist, kann Wiedereinsetzung in den vorherigen Stand (§§ 230 ff. ZPO) gewährt werden (GK-ArbGG/*Mikosch* § 76 Rz. 18).

ff) Ausschluss von Verfahrensrügen

876 Nach § 76 Abs. 4 ArbGG kann die Sprungrevision nicht auf Mängel des Verfahrens gestützt werden. Eine Ausnahme gilt für von Amts wegen zu berücksichtigende Verfahrensmängel, wie das Nichtvorliegen der allgemeinen Prozessvoraussetzungen, z.B. der Partei-, der Prozessfähigkeit und der Prozessführungsbefugnis oder dem Vorliegen der internationalen Zuständigkeit.

gg) Entscheidung des BAG auf die Sprungrevision

877 Die Sprungrevision wird vom BAG verworfen, wenn keine Zustimmungserklärung des Gegners innerhalb der Revisionsfrist beim BAG eingeht. Ansonsten entscheidet es in der Sache oder verfährt nach § 76 Abs. 6 ArbGG. Es kann im Fall der Zurückverweisung des Rechtsstreits diesen entweder an das ArbG oder an das für die Berufung zuständige LAG zurückverweisen. In diesem Fall hat das LAG so zu verfahren, als wäre es mit dem Rechtsstreit im Rahmen einer zulässigen Berufung befasst worden. Das Gericht, an das der Rechtsstreit zurückverwiesen wird, ist an die rechtliche Beurteilung des BAG gebunden, § 563 Abs. 2 ZPO.

4. Die Einlegung und Begründung der Revision

a) Form und Frist der Einlegung

aa) Frist zur Einlegung der Revision

Die Revisionsfrist beträgt nach § 74 Abs. 1 S. 1 ArbGG einen Monat. Sie beginnt mit Zustellung des in vollständiger Form abgefassten Urteils, die von Amts wegen nach den §§ 212 ff. ZPO erfolgt, spätestens nach Ablauf von fünf Monaten nach Verkündung des Urteils (*BAG* 16.1.2008 – 4 AZR 1090/06). Dies gilt selbst dann, wenn das Urteil des LAG eine fehlerhafte Rechtsmittelbelehrung beinhaltete (*BAG* 16.1.2008 – 4 AZR 1090/06). **878**

Wird ein Urteil an mehrere Prozessbevollmächtigte einer Partei zugestellt, beginnt die Revisionsfrist mit Zustellung an den ersten Bevollmächtigten zu laufen (*BAG* 23.1.1986 EzA § 233 ZPO Nr. 7); die Zustellung an einen Unterbevollmächtigten reicht allerdings nicht aus. **879**

Wird innerhalb der laufenden Revisionsfrist ein Ergänzungsurteil nach § 321 ZPO erlassen, beginnt der Lauf der Frist erneut, auch bzgl. des bereits ergangenen Urteils, § 518 ZPO. Die Revisionsfrist kann nicht verlängert werden, bei ihrer Versäumung kann ggf. die Wiedereinsetzung in den vorherigen Stand (§§ 230 ff. ZPO) gewährt werden. **880**

Die Revision kann frühestens eingelegt werden, sobald das Urteil verkündet worden ist. Eine vor diesem Zeitpunkt eingelegte Revision ist unheilbar unwirksam. **881**

bb) Form

Die Revision muss schriftlich eingelegt werden, wobei telegrafische Einlegung durch Fernschreiben sowie durch Telefax zulässig ist. Die Revisionsschrift muss von einem Rechtsanwalt unterzeichnet sein, § 11 Abs. 2 ArbGG. Bei der Verwendung von Fernschreiben, Telegramm oder Telefax muss erkennbar sein, dass der Rechtsanwalt Urheber des Schriftstücks ist. Die Unterschrift muss nicht lesbar sein, jedoch einen individuellen Schriftzug erkennen lassen, wobei bloße geometrische Figuren regelmäßig nicht ausreichen (zu den Anforderungen an eine ordnungsgemäße Unterschrift vgl. *BAG* 29.7.1981 EzA § 518 ZPO Nr. 28; 15.12.1987 EzA § 518 ZPO Nr. 33; 27.3.1996 EzA § 72 ArbGG 1979 Nr. 21). **882**

Das Urteil, gegen das Revision eingelegt wird, muss genau bezeichnet werden. Hierzu gehört die Bezeichnung des Gerichts, das Datum und Aktenzeichen des Urteils. Spätestens mit Ablauf der Revisionsfrist muss für das BAG erkennbar sein, gegen welches Urteil die Revision gerichtet ist. **883**

Notwendig ist eine Erklärung, dass gegen das angefochtene Urteil Revision eingelegt werden soll, § 549 ZPO. Eine fehlerhafte Bezeichnung des Rechtsmittels ist unschädlich, wenn der Wille der Einlegung der Revision ersichtlich wird. Die Revision darf nicht unter einer Bedingung eingelegt werden und muss erkennen lassen, für und gegen wen sie eingelegt wird (*BAG* 4.7.1973 EzA § 518 ZPO Nr. 4). Die ladungsfähige Anschrift des Revisionsbeklagten bzw. seines Prozessbevollmächtigten muss nicht unbedingt mitgeteilt werden, wenn dieser nur hinreichend bestimmt ist (*BAG* GS 16.9.1986 EzA § 518 ZPO Nr. 31). **884**

Nach § 550 Abs. 1, Abs. 2 ZPO soll der Revisionsschrift eine Ausfertigung oder beglaubigte Abschrift des angefochtenen Urteils beigelegt werden, sowie die erforderliche Anzahl der beglaubigten und unbeglaubigten Abschriften. Ein Verstoß gegen diese Ordnungsvorschrift macht die Revision allerdings nicht unzulässig. **885**

886 **Muster:**

Briefkopf
In Sachen
des Peter Schmidt, ...

– Kläger, Berufungskläger und Revisionskläger –,

Prozessbevollmächtigter: Rechtsanwalt ...
gegen
Berta Müller GmbH, vertreten durch den Geschäftsführer ...,

– Beklagte, Berufungsbeklagte und Revisionsbeklagte –,

Prozessbevollmächtigter 1. und 2. Instanz: Rechtsanwalt ...
lege ich gegen das Urteil des LAG Rheinland-Pfalz vom ... Akt. ... namens und mit Vollmacht des Klägers

Revision

ein.
Die Anträge/* und Begründung bleibt einem gesonderten Schriftsatz vorbehalten.
Anlagen: ...

Unterschrift

* (Die Anträge können auch bereits in der Revisionsschrift gestellt werden s.u. Rn. 891 ff.)

b) Frist und Inhalt der Revisionsbegründung

aa) Frist

887 **Nach § 74 Abs. 1 ArbGG beträgt die Revisionsbegründungsfrist zwei Monate. Die Frist beginnt mit der Zustellung des in vollständiger Form abgefassten Urteils.**

888 Innerhalb der Frist kann die Begründung ergänzt oder erneuert werden.

889 Sie kann einmal um einen Monat verlängert werden, § 74 Abs. 1 S. 3 ArbGG. Der Antrag auf Verlängerung muss vor Ablauf der Begründungsfrist beim BAG eingehen, die Stattgabe des Antrags kann allerdings noch nach Fristablauf erfolgen (*BAG* GS 24.8.1979 EzA § 66 ArbGG 1979 Nr. 1). Der Prozessbevollmächtigte darf nicht darauf vertrauen, dass dem Verlängerungsantrag stattgegeben wird. Es empfiehlt sich eine telefonische Rückfrage beim Gericht vor Fristablauf. Über die Verlängerung entscheidet der Vorsitzende des Senats, § 72 Abs. 5 ArbGG i.V.m. § 551 Abs. 2 S. 5, 6 ZPO. Er darf die Verlängerung nur einmal bewilligen, auch wenn er die Verlängerungsfrist von einem weiteren vollen Monat nicht ausschöpft.

890 Auch die Revisionsbegründung muss vom Rechtsanwalt unterschrieben worden sein, um sicherzustellen, dass er die Verantwortung für den Inhalt übernimmt. Deshalb sind einschränkende Zusätze bei der Unterschrift, z.B. i. V. oder i. A., unzulässig und machen die Begründung insgesamt unzulässig (GK-ArbGG/*Mikosch* § 74 Rz. 35).

bb) Inhalt der Revisionsbegründung

(1) Antrag

891 Die Revisionsbegründung muss einen Antrag enthalten, § 72 Abs. 5 ArbGG, § 551 Abs. 3 Nr. 1 ZPO, aus dem sich ergibt, inwieweit das Urteil angefochten und dessen Aufhebung beantragt wird. Zumindest muss sich dies aus dem Inhalt der Begründung ergeben. Zusätzlich muss erkennbar sein, wie in der Sache selbst entschieden werden soll. Der Antrag muss sich auf die Beseitigung der Beschwer des angefochtenen Urteils beziehen, sonst ist er unzulässig (*BAG* 29.10.1960 AP Nr. 3 zu § 511 ZPO).

I. d. R. ist eine Änderung des Sachantrags in der Revisionsinstanz unzulässig (*BAG* 16.11.1982 EzA § 42 SchwbG Nr. 9), es sei denn, es handelt sich um eine Änderung des Klageantrags i.S.d. § 264 Nr. 2 oder 3 ZPO und es kann über ihn auf Grund des vom LAG festgestellten Sachverhalts oder auf Grund unstreitigen tatsächlichen Vorbringens der Parteien entschieden werden (GMPM-G/*Müller-Glöge* § 74 Rz. 44). Ein Antrag nach § 717 Abs. 3 ZPO auf Schadensersatz wegen der vorläufigen Vollstreckung des Urteils oder auf Entschädigung für eine nicht fristgerecht vorgenommene Handlung nach § 61 Abs. 2 ArbGG kann erstmals in der Revisionsinstanz gestellt werden (GMPM-G/*Müller-Glöge* § 74 Rz. 30). Die erstmalige Erhebung einer Widerklage in der Revisionsinstanz ist hingegen unzulässig (GK-ArbGG/*Mikosch* § 74 Rz. 50). **892**

Ein Antrag dahingehend, das Verfahren zur erneuten Verhandlung an die Vorinstanz zurückzuverweisen, ist unnötig, da das BAG darüber selbst befindet, wenn es in der Sache nicht selbst entscheiden kann, jedoch auch unschädlich, falls er neben dem Sachbegehren als zusätzlicher Antrag gestellt wird (GK-ArbGG/*Mikosch* § 74 Rz. 46). **893**

Muster: **894**

- **Kläger hat Kündigungsschutzklage erhoben und in erster Instanz obsiegt, in zweiter Instanz verloren:**
  »Es wird beantragt, das angefochtene Urteil aufzuheben und die Berufung des Beklagten gegen das Urteil des Arbeitsgerichts ... vom ... Aktenzeichen ... zurückzuweisen.«
- **Kläger hat in beiden Instanzen verloren:**
  »Es wird beantragt, das angefochtene Urteil aufzuheben und unter Abänderung des Urteils des Arbeitsgerichts ... vom ... Aktenzeichen ... festzustellen, dass die Kündigung des Beklagten vom ... das Arbeitsverhältnis zwischen den Parteien nicht beendet hat.«
- **Kläger hat in der ersten Instanz verloren, Beklagter wurde in der zweiten Instanz verurteilt, und der Beklagte legt Revision ein:**
  »Es wird beantragt, das angefochtene Urteil aufzuheben und die Berufung des Klägers gegen das Urteil des Arbeitsgerichts ... vom ... Aktenzeichen ... zurückzuweisen.«

Das Revisionsgericht ist an die gestellten Anträge nach § 72 Abs. 5 ArbGG i.V.m. § 557 Abs. 1 ZPO gebunden.

(2) Inhaltliche Begründung

Der Revisionskläger hat nach § 72 Abs. 5, § 551 Abs. 3 Nr. 2 ZPO die Umstände zu benennen, aus denen sich die Rechtsverletzung ergibt. Bei der Rüge der Verletzung allgemein anerkannter Rechtsgrundsätze genügt die übliche Bezeichnung. Bei der Verletzung von Richterrecht müssen die entsprechenden Rechtsgrundsätze dargestellt werden, die Urteile, in denen sie entwickelt worden sind jedoch nicht notwendig zitiert werden (GK-ArbGG/*Mikosch* § 74 Rz. 53). **895**

In der Begründung muss sich der Revisionskläger im Einzelnen mit dem angefochtenen Urteil auseinander setzen und darlegen, woraus sich die Rechtsverletzung ergibt. Sinnvoll ist es, die vermeintlich verletzten Rechtsnormen genau zu bezeichnen (vgl. zum § 554 Abs. 3 Nr. 3a a.F. und zur Rechtsbeschwerdebegründung *BAG* 10.4.1984 EzA § 94 ArbGG 1979 Nr. 2; 4.9.1975 EzA § 554 ZPO Nr. 1). **896**

Da nach § 559 ZPO das Revisionsgericht nicht an die geltend gemachten Gründe gebunden ist und das BAG bei einer zulässigen Revision das angefochtene Urteil von Amts wegen auf alle Rechtsverletzungen hin zu überprüfen hat, dient eine ausführliche Auseinandersetzung des Revisionsklägers mit den Entscheidungsgründen des angefochtenen Urteils lediglich dazu, das Revisionsgericht auf bestimmte, aus Sicht des Revisionsklägers erhebliche Fehler des LAG hinzuweisen. Auch nach Ablauf der Revisionsbegründungsfrist können deswegen weitere Rechtsfehler des angefochtenen Urteils dem BAG mitgeteilt werden. **897**

898 Richtet sich die Revision gegen das Urteil des LAG insgesamt und wurde dort über mehrere selbstständige Streitgegenstände entschieden, muss sich die Revisionsbegründung mit jedem Streitgegenstand auseinander setzen. Ansonsten ist sie hinsichtlich der nicht begründeten Streitgegenstände unzulässig (*BAG* 16.10.1991 EzA § 18 SchwbG Nr. 2; 19.3.2008 EzA § 551 ZPO 2002 Nr. 8 = NZA 2008, 1031 ff.).

899 Wird die Berufungsentscheidung auf mehrere selbständig tragende Gründe gestützt, muss die Revisionsbegründung alle Gründe angreifen. Setzt sie sich nur mit einigen der Begründungen auseinander, ist die Revision insgesamt unzulässig (*BAG* 19.3.2008 EzA § 551 ZPO 2002 Nr. 8 = NZA 2008, 1031 ff.).

900 Wird die Revision darauf gestützt, dass das Gesetz in Bezug auf das Verfahren verletzt worden sei, müssen nach § 551 Abs. 3 Nr. 2b ZPO die Tatsachen bezeichnet werden, die den Verfahrensmangel ergeben. Darüber hinaus muss dargelegt werden, dass das Urteil gerade auf diesem Verfahrensfehler beruht.

901 Nach Fristablauf für die Revisionsbegründung können Verfahrensfehler, die nicht von Amts wegen zu berücksichtigen sind, nicht nachträglich gerügt werden. Auch kann wegen einzelner nicht gerügter Verfahrensfehler nach der Rechtsprechung des *BAG* (17.8.1954, 9.10.1954 AP Nr. 18, 20 zu § 72 ArbGG Divergenzrevision) keine Wiedereinsetzung in den vorherigen Stand gewährt werden.

902 **Bei der Verfahrensrüge werden strenge Anforderungen an die Darlegung der Verletzung gestellt. Pauschale Hinweise reichen nicht aus.**

903 **Beispiele:**

- Bei der Rüge einer angeblich unterlassenen Beweiserhebung muss der Revisionskläger genau angeben, wo in den Akten das entsprechende Beweisangebot gemacht worden ist, über welche Behauptung hätte Beweis erhoben werden müssen und welches Ergebnis die Beweisaufnahme hätte haben können (*BAG* 11.4.1985 EzA § 102 BetrVG 1972 Nr. 62). Bei der Rüge eines vom LAG seinem Urteil zugrunde gelegten Gutachtens ist der Fehler im Gutachten genau zu bezeichnen, nicht lediglich zu behaupten, das Gutachten sei unrichtig.
- Wird die Verletzung des § 139 ZPO gerügt, muss der Revisionskläger aufzeigen, welchen Hinweis das Berufungsgericht im Rahmen seiner Aufklärungspflicht hätte machen müssen und wie die Partei dann vorgetragen hätte, sodass das Urteil ggf. anders ausgefallen wäre.
- Wird gerügt, der Tatbestand des Berufungsurteils sei unrichtig, ist dies nur zulässig, wenn der Revisionskläger nicht im Wege eines Tatbestandsberichtigungsantrags hiergegen hätte vorgehen können. Sofern die Frist nach § 320 Abs. 2 S. 3 ZPO vor Zustellung des Urteils bereits verstrichen war, war ihm dies nicht möglich. In diesem Fall kann gerügt werden, dass das Urteil so spät zugestellt worden ist, dass ein Tatbestandsberichtigungsantrag nicht wirksam gestellt werden konnte. In diesem Fall ist anzugeben, welche Berichtigung beantragt worden wäre und inwiefern sich dies auf die Entscheidungsgründe des Urteils ausgewirkt hätte (*BAG* 11.6.1963 AP Nr. 1 zu § 320 ZPO).

5. Der weitere Verfahrensablauf und die Entscheidung des BAG

a) Entscheidung über die Zulässigkeit der Revision

904 Ist die Revision unzulässig, ist sie nach § 552 ZPO i.V.m. § 72 Abs. 5 ArbGG entweder durch den gesamten Senat auf Grund mündlicher Verhandlung durch Urteil oder nach § 74 Abs. 2 S. 2 ArbGG ohne mündliche Verhandlung durch Beschluss zu verwerfen. In diesem Fall entscheidet der Senat ohne Hinzuziehung der ehrenamtlichen Richter.

905 Die Revision ist unzulässig, wenn allgemeine Zulässigkeitsvoraussetzungen nicht gegeben sind, z.B. die Prozessführungsbefugnis des Revisionsklägers, die ordnungsgemäße gesetzliche Vertretung der Partei oder, auf Rüge des Revisionsbeklagten, § 88 Abs. 2 ZPO, die Prozessbevollmächtigung eines Prozessvertreters nicht nachgewiesen wird, wenn sie nicht statthaft ist (s.o. Rn. 798 ff.) oder wenn der Revisionskläger durch das angefochtene Urteil gar nicht beschwert ist.

Eine Beschwer des Revisionsklägers ist dann gegeben, wenn das LAG den Rechtsstreit nicht selbst entschieden, sondern den Rechtsstreit unzulässigerweise an das ArbG zurückverwiesen hat (*BAG* 24.2.1982 EzA § 68 ArbGG 1979 Nr. 1), für den Beklagten, wenn das LAG die Klage als unzulässig anstatt als unbegründet abgewiesen hat (*BAG* 19.11.1985 EzA § 2 TVG Nr. 5). Eine Beschwer liegt hingegen nicht vor, wenn das Berufungsurteil die Klage als unbegründet anstatt als unzulässig abgewiesen hat (*BAG* 15.4.1986 EzA § 99 BetrVG 1972 Nr. 49). 906

Das ArbGG selbst enthält keine eigenständige Regelung über die Rücknahme der Revision und den Verzicht auf die Revision. Über § 72 Abs. 5 ArbGG finden daher die §§ 565, 516 und 515 ZPO Anwendung. 907

Die Revision ist unzulässig, wenn der Revisionskläger bereits vor ihrer Einlegung gegenüber dem Gericht oder der gegnerischen Partei auf die Einlegung **verzichtet** hat. Erfolgte der **Verzicht** gegenüber der gegnerischen Partei, ist er nur dann zu berücksichtigen, wenn er von dieser als Einwendung in den Prozess eingebracht wird. Der Verzicht ist nach § 515 ZPO unabhängig davon wirksam, ob er vom Prozessgegner angenommen wurde oder nicht. Mit Einverständnis des Prozessgegners kann der Verzicht jedoch widerrufen werden (GK-ArbGG/*Mikosch* § 74 Rz. 89). 908

Eine nach Einlegung der Revision erklärte **Rücknahme hingegen führt nicht zum vollständigen Verlust der Revision, wenn diese erneut noch innerhalb der Revisionsfrist formgerecht eingelegt wird. Die Zurücknahme hat nur den Verlust des konkret eingelegten Rechtsmittels zur Folge** (GK-ArbGG/*Mikosch* § 74 Rz. 88). 909

Bejaht das BAG die Zulässigkeit, wird dies grds. nicht gesondert durch einen eigenen Beschluss festgestellt. Dies ist allerdings möglich. Auch dieser Beschluss kann dann ohne mündliche Verhandlung ohne Hinzuziehung der ehrenamtlichen Richter ergehen (*BAG* 15.5.1984 NZA 1984, 98). 910

Das BAG ist an seine einmal förmlich getroffene Entscheidung über die Zulässigkeit der Revision gebunden, selbst wenn sie fehlerhaft erfolgt ist (GK-ArbGG/*Mikosch* § 74 Rz. 81). Im Fall der Verwerfung einer Revision als unzulässig bezieht sich diese allerdings nur auf das konkret eingelegte Rechtsmittel. Der Revisionskläger kann daher erneut Revision einlegen, wenn die Revisionsfrist noch nicht abgelaufen ist und er den zur Unzulässigkeit führenden Mangel, z.B. eine fehlerhafte Begründung, heilen kann. 911

b) Terminbestimmung

Hält das BAG die Revision für zulässig, ist nach § 74 Abs. 2 S. 1 ArbGG der Termin zur mündlichen Verhandlung unverzüglich zu bestimmen, sofern nicht ohne mündliche Verhandlung entschieden werden kann, § 74 Abs. 2 S. 2 ArbGG. Terminszeit und Terminsort werden vom Vorsitzenden des Senats festgelegt, §§ 72 Abs. 6, 53 Abs. 2 ArbGG. 912

In der Praxis werden die terminierungsreifen Sachen in der Reihenfolge ihres Eingangs gesammelt und Verhandlungstermine erst ca. ein halbes Jahr im Voraus festgesetzt. Dieses Verfahren dient dazu, Unwägbarkeiten bei der Terminplanung der Beteiligten und damit evtl. notwendig werdende Terminverlegungen zu vermeiden (GK-ArbGG/*Mikosch* § 74 Rz. 73). 913

Allein die Terminsbestimmung enthält noch keine bindende Entscheidung bzgl. der Zulässigkeit der Revision, d.h. sie kann auch vor der Entscheidung über die Zulässigkeit ergehen. 914

c) Anschlussrevision

Bezüglich der Anschlussrevision finden über § 72 Abs. 5 ArbGG die Bestimmungen des § 554 ZPO entsprechend Anwendung. Sie ist selbst dann möglich, wenn der Revisionsbeklagte auf die Einlegung einer eigenständigen Revision verzichtet hat. Die Anschließung erfolgt durch Einreichung eines Schriftsatzes beim BAG, wobei die Begründung bereits in der Anschlussfrist zu erfolgen hat. Der Vorteil der Anschlussrevision gegenüber der eigenständigen Revision liegt darin, dass im Fall der Zurücknahme der Revision der Revisionskläger die gesamten Kosten des Rechtsmittels zu tragen hat, § 516 Abs. 3 S. 1 ZPO. 915

916 Nach § 554 Abs. 4 ZPO verliert die Anschlussrevision ihre Wirkung, wenn die Revision zurückgenommen oder als unzulässig verworfen wird.

917 Ist die Revision nur beschränkt zugelassen worden, kann die Anschlussrevision nicht gegen Teile des Urteils gerichtet werden, für die die Revision nicht zugelassen worden ist (vgl. auch GK-ArbGG/*Mikosch* § 74 Rz. 92 ff.).

d) Einstellung der Zwangsvollstreckung

918 Sofern das LAG die Vollstreckbarkeit seines Urteils nach §§ 64 Abs. 7, 62 ArbGG nicht aufgehoben hat, kann das BAG unter den Voraussetzungen des § 719 Abs. 2 ZPO auf Antrag die Zwangsvollstreckung aus dem Urteil einstweilen einstellen. Dies ist nicht angezeigt, wenn bei einem nur zeitlich beschränkt wirkenden Urteil des LAG diesem jede Wirkung genommen werden würde (*BAG* 22.6.1972 AP Nr. 4 zu § 719 ZPO) oder wenn die Revision keine Aussichten auf Erfolg hat (*BAG* 6.1.1971 AP Nr. 3 zu § 719 ZPO).

919 Hat das LAG ausnahmsweise die vorläufige Vollstreckbarkeit seines Urteils ausgeschlossen, kann, wenn das Urteil des LAG nicht durch Revisionsanträge angefochten worden ist, das BAG auf Antrag das Urteil insoweit für vorläufig vollstreckbar erklären, § 558 ZPO.

e) Entscheidung über die Begründetheit der Revision

aa) Prüfungsrahmen

920 Nach § 73 ArbGG kann die **Revision nur auf die Verletzung einer Rechtsnorm** durch das LAG bei seiner Urteilsfindung gestützt werden. Gem. §§ 73 Abs. 2 i.V.m. 65 ArbGG a.F. prüfte das BAG nicht, ob der beschrittene Rechtsweg und die Verfahrensart zulässig sind, ob das LAG seine Zuständigkeit zu Unrecht angenommen hat und ob bei der Berufung der ehrenamtlichen Richter beim LAG Verfahrensfehler unterlaufen sind oder sonstige Umstände vorgelegen haben, die die Berufung eines ehrenamtlichen Richters zu seinem Amte ausschlossen. § 549 ZPO a.F. – jetzt § 545 ZPO – war daneben nicht anwendbar (*BAG* 7.10.1981 AP Nr. 1 zu § 48 ArbGG 1979).

921 Im neuen § 65 ArbGG ist nunmehr allerdings der Passus gestrichen worden, dass das Berufungsgericht nicht überprüft, ob das **ArbG »seine Zuständigkeit zu Recht angenommen hat«.** Für das LAG hat sich dadurch aber nichts geändert, da dasselbe nunmehr über §§ 64 Abs. 6 ArbGG i.V.m. § 513 Abs. 2 ZPO gilt.

922 Auch das BAG prüft diese Frage in der Revision nicht mehr, § 545 Abs. 2 ZPO (GMPM-G/*Müller-Glögge* § 73 Rz. 30).

923 Den äußeren Rahmen der Überprüfung der Rechtsverletzung durch das Berufungsurteil setzen die von den Parteien gestellten Anträge, § 557 Abs. 1 ZPO. Hierbei kann der Revisionskläger die Überprüfung des Urteils auf abtrennbare Teile des Streitgegenstandes beschränken.

924 **§ 73 Abs. 1 ArbGG setzt weiter voraus, dass das angefochtene Urteil auf der Verletzung einer Rechtsnorm beruht.** Dies ist nicht der Fall, wenn zwar materielle oder verfahrensrechtliche Rechtsnormen vom LAG unzutreffend angewendet worden sind, das Urteil aber aus anderen Gründen zutreffend ist, § 561 ZPO, es sei denn, ein absoluter Revisionsgrund nach § 547 ZPO liegt vor (s.u. Rn. 935 ff.). In diesem Fall wird unwiderleglich vermutet, dass das Urteil auf der Gesetzesverletzung beruht.

(1) Verletzung einer Rechtsnorm

925 Das Recht ist nach § 546 ZPO verletzt, wenn es nicht oder nicht richtig angewendet worden ist. Stellt das BAG eine Verletzung fest, hat es die materielle Richtigkeit des angefochtenen Urteils insgesamt zu überprüfen und ist nicht an die Erwägungen des Berufungsgerichts oder an die vom Revisionskläger geltend gemachten Revisionsgründe gebunden.

926 **Unter Rechtsnorm i.S.d. § 550 ZPO wird jede Regelung verstanden, die für eine Vielzahl von Fällen gelten soll. Auf den formalen Charakter kommt es nicht an** (GK-ArbGG/*Mikosch* § 73 Rz. 14, 15).

Beispiele: 927

- Zu den Rechtsnormen zählen **formelle Bundes- und Landesgesetze**, Rechtsverordnungen, ggf. auch Verwaltungsvorschriften.
- Ebenfalls revisibel ist **Gewohnheitsrecht**. Gem. § 12 EGZPO ist es als Rechtsnorm i.S.d. § 546 ZPO zu verstehen.
- Sofern **Staatsverträge** Rechtsnormen enthalten, sind sie ebenfalls revisibel.
- Gleiches gilt für **Satzungen und Statuten öffentlich-rechtlicher Körperschaften, Anstalten und Stiftungen.**
- Auch **ausländisches Recht und Gemeinschaftsrecht** ist vom BAG im Rahmen der Revision überprüfbar (*BAG* 10.4.1975 AP Nr. 12 Internationales Privatrecht – Arbeitsrecht). Bei der Ermittlung dieser Rechtsnormen ist das BAG nicht auf die von den Parteien beigebrachten Nachweise beschränkt, sondern kann selbstständig Erkenntnisquellen benutzen und dazu das Erforderliche anordnen, § 293 ZPO.
- Der **normative Teil eines Tarifvertrages** (*BAG* 30.9.1971 AP Nr. 12 zu § 1 TVG Auslegung) sowie die unmittelbar geltenden Bestimmungen einer **Betriebsvereinbarung oder der Spruch einer Einigungsstelle** gehören zu den **autonom gesetzten normativen Rechten**, die das BAG überprüfen kann (*BAG* 19.4.1963 AP Nr. 3 zu § 52 BetrVG; 30.8.1963 AP Nr. 4 zu § 57 BetrVG). Auch die Frage, ob ein Vertrag überhaupt ein Tarifvertrag ist, stellt revisibles Recht dar (*BAG* 18.11.1965 AP Nr. 17 zu § 1 TVG).
- Rechtsnormen i.d. S. sind auch die **Dienstordnungen der Sozialversicherungsträger** (*BAG* 26.9.1984 AP Nr. 59 zu § 611 BGB Dienstordnungsangestellte), sowie **kirchliches Recht** (GK-ArbGG/*Ascheid* § 73 Rz. 21).
- Verträge fallen grds. nicht unter autonom gesetztes normatives Recht, es sei denn, es handelt sich um sog. **»typische Verträge«** (vgl. GMPM-G/*Müller-Glöge* § 73 Rz. 18). Dabei handelt es sich um Verträge oder Willenserklärungen, die für eine Vielzahl gleich lautender Fälle gedacht oder verwendet werden, weswegen eine einheitliche Auslegung erforderlich ist (*BAG* 20.6.1985 EzA § 4 KSchG Ausgleichsquittung Nr. 1). Hierunter fallen z.B. Muster- und Formularverträge oder Verträge, die auf Tarifverträge verweisen.
- **Einzelne Willenserklärungen bzw. Individualverträge** fallen nicht unter den Begriff der Rechtsnorm i.S.d. § 73 ArbGG, § 546 ZPO. Sie unterliegen der Überprüfung des Revisionsgerichts nur insofern, als es auf ihre Auslegung ankommt und damit die §§ 133, 157 BGB im Berufungsurteil verwendet worden sind, deren richtige Verwendung wiederum revisibel ist.
- Zu den Rechtsnormen i.S.d. § 546 ZPO zählen schließlich die **allgemeinen Denkgesetze sowie Erfahrungssätze** (GK-ArbGG/*Mikosch* § 73 Rz. 35).

Sofern Rechtsnormen **unbestimmte Rechtsbegriffe** enthalten, z.B. den Begriff der »Sozialwidrigkeit« in § 1 KSchG oder »wichtigen Grund« in § 626 BGB, unterliegt die Rechtsanwendung des Berufungsgerichts nur einer beschränkten Überprüfung. Eine Rechtsverletzung ist nur dann gegeben, wenn der Rechtsbegriff selbst verkannt worden ist, bei der Subsumtion des festgestellten Sachverhaltes unter diesen unbestimmten Rechtsbegriff allgemeine Erfahrungssätze oder Denksätze verletzt worden sind, bei einer notwendig gewordenen Interessenabwägung nicht alle wesentlichen Gesichtspunkte berücksichtigt wurden oder das Ergebnis in sich widersprüchlich ist (*BAG* 10.11.1983 EzA § 1 KSchG 1969 Krankheit Nr. 14). Den Berufungsgerichten kommt hierbei ein nicht überprüfbarer Beurteilungsspielraum zu. 928

Vom BAG nicht überprüfbar sind **Ermessensentscheidungen**, insbes. kann das Revisionsgericht nicht sein eigenes Ermessen an die Stelle des Ermessens des Berufungsgerichts setzen. Überprüfbar ist allerdings, ob die Voraussetzungen und die Grenzen des Ermessens vom Berufungsgericht eingehalten worden sind und es insbes. seine Ermessensfreiheit erkannt hat. Überprüfbar ist daher ein Ermessensnichtgebrauch, -fehlgebrauch oder eine -überschreitung. Dies gilt auch für Ermessensentscheidungen im Verfahrensrecht, z.B. für die Frage, ob ein Verfahren nach den §§ 148, 149 ZPO ausgesetzt werden konnte oder nicht (*BAG* 16.10.1991 EzA § 19 BErzGG Nr. 1). 929

(2) Besonderheiten bei Rechtsnormen des Verfahrensrechts

930 Bei der Verletzung von verfahrensrechtlichen Vorschriften ist zwischen denen zu unterscheiden, die das Revisionsgericht von Amts wegen zu berücksichtigen hat, und jenen, die nur auf Rüge des Revisionsklägers überprüft werden, § 557 Abs. 2 S. 2 ZPO. Eine Prüfung von Amts wegen bedeutet, dass das Revisionsgericht **im Rahmen des von den Parteien vorgelegten Prozessstoffes** von Amts wegen die Verfahrensfehler zu prüfen hat. Es bedeutet nicht, dass es im Wege der Amtsermittlung selbstständig Tatsachen zu ermitteln hat.

931 Zu den von Amts wegen zu prüfenden Verfahrensfehlern gehören die allgemeinen Prozessvoraussetzungen wie Partei-, Prozessfähigkeit und Prozessführungsbefugnis (*BAG* 28.2.1974 EzA § 56 ZPO Nr. 1), Prozessfortsetzungsbedingungen (*BAG* 14.12.1971 AP Nr. 58 zu § 233 ZPO), wie z.B. ob ein Einspruch gegen ein Versäumnisurteil rechtzeitig eingelegt worden ist, ob eine Berufung oder Anschlussberufung zulässig war (*BAG* 28.10.1981 EzA § 522a ZPO Nr. 1), nicht jedoch ob eine Wiedereinsetzung in den vorherigen Stand durch das Berufungsgericht zulässig war oder nicht, § 238 Abs. 3 ZPO. Von Amts wegen zu prüfen ist weiter, ob die internationale Zuständigkeit und die staatliche Rechtsprechungsgewalt gegeben ist, z.B. bei der Frage der Abgrenzung zu kirchlichen Gerichten (GK-ArbGG/*Mikosch* § 73 Rz. 48), die Statthaftigkeit der Revision, die Auslegung des Klageantrages, das Vorliegen einer rechtskräftigen Entscheidung, die Zulässigkeit der Berufung oder Anschlussberufung (*BAG* 28.10.1981 EzA § 522a ZPO Nr. 1), ein fehlender oder widersprüchlicher Tatbestand beim Berufungsurteil (*BAG* 31.1.1985 EzA § 91 ArbGG 1979 Nr. 1) sowie der Erlass eines unzulässigen Teilurteils bei nicht teilbarem Streitgegenstand (*BAG* 20.2.1975 EzA § 301 ZPO Nr. 1).

932 Verfahrensfehler, die nicht von Amts wegen zu prüfen sind, sind nur auf Grund einer in zulässiger Form erhobenen Rüge hin zu überprüfen. **Dies gilt auch bei den nicht von Amts wegen zu überprüfenden absoluten Revisionsgründen i.S.d. § 547 ZPO,** bei denen es sich ebenfalls um Verfahrensfehler handelt.

(3) Maßgeblicher Zeitpunkt

933 Der maßgebende Zeitpunkt für die Rechtsverletzung i.S.d. § 546 ZPO **ist der der Entscheidung des Revisionsgerichts.** Im Fall einer Gesetzesänderung ist zu prüfen, ob die Rechtsnorm, die das Berufungsgericht seiner Entscheidung zugrunde gelegt hat, im Zeitpunkt der Entscheidung des Revisionsgerichts noch anzuwenden ist oder ob eine neue einschlägige Norm, die erst nach Erlass der Berufungsentscheidung in Kraft getreten ist, auf den in der Vergangenheit zurückliegenden Tatbestand zurückwirkt (GMPM-G/*Müller-Glöge* § 73 Rz. 3).

934 Im Fall der Zurückverweisung eines Rechtsstreits an das LAG und erneuter Revisionseinlegung ist das Revisionsgericht bei seiner neuen Entscheidung grds. nach § 563 Abs. 2 ZPO an die rechtliche Beurteilung, die der Aufhebung des ersten Urteils zugrunde gelegt wurde, gebunden. Hat es allerdings unabhängig von der konkreten Sache inzwischen seine Auffassung, z.B. auf Grund geänderter Gesetzlage, geändert oder liegen inzwischen Entscheidungen anderer Gerichtshöfe des Bundes vor, die die ursprüngliche Rechtsauffassung des Revisionsgerichts nicht teilen, kann es davon abweichen (*BAG* 28.7.1981 EzA § 87 BetrVG 1972 Leistungslohn Nr. 4).

(4) Absolute Revisionsgründe

935 Die Verletzung einer Rechtsnorm führt nur dann zur Aufhebung des Berufungsurteils, wenn dieses auf der Verletzung der Rechtsnorm beruht. Bei Vorliegen der absoluten Revisionsgründe i.S.d. § 547 ZPO wird die nicht widerlegbare Vermutung aufgestellt, dass dies der Fall ist.

936 Auch ein absoluter Revisionsgrund ist nur beachtlich, wenn die Revision zulässig ist. Die absoluten Revisionsgründe werden nicht in der Zulässigkeit, sondern der Begründetheit geprüft.

Der absolute Revisionsgrund der Besetzungsrüge nach **§ 547 Nr. 1 ZPO** ist vom BAG nur dann zu prüfen, wenn eine entsprechende Verfahrensrüge erhoben worden ist. 937

Das erkennende Gericht war nicht vorschriftsmäßig besetzt, § 547 Nr. 1 ZPO, wenn der Berufsrichter nicht nach § 8 DRiG berufen worden war oder die ehrenamtlichen Richter nicht für ihre Amtsperiode vor Beginn der mündlichen Verhandlung vereidigt wurden (*BAG* 11.3.1965 AP Nr. 28 zu § 2 ArbGG 1953 Zuständigkeitsprüfung) oder ihre Amtsperiode bereits abgelaufen war (*BAG* 12.5.1961 AP Nr. 2 zu § 551 ZPO). Eine Heranziehung der ehrenamtlichen Richter außerhalb der nach § 31 ArbGG (s.o. Kap. 13 Rn. 89 ff.) aufgestellten Listen führt zu einer nicht ordnungsgemäßen Besetzung des Gerichts, **wenn die Heranziehung willkürlich erfolgte. Lediglich eine irrtümlich falsche Heranziehung stellt keinen absoluten Revisionsgrund dar. Bei einer willkürlichen Beteiligung eines nicht nach der Liste berufenen ehrenamtlichen Richters heilt auch ein Einverständnis der Parteien nicht das Vorliegen des absoluten Revisionsgrundes** (*BAG* 25.8.1983 EzA § 39 ArbGG 1979 Nr. 3). 938

Hat eine Kammer des LAG entschieden, die nach dem Geschäftsverteilungsplan nicht zuständig war, stellt dies nur dann einen absoluten Revisionsgrund dar, wenn sie völlig außerhalb der Geschäftsverteilung tätig geworden war und nicht nur irrtümlich den Fall bearbeitete (*BAG* 3.9.1991 EzA § 1 BetrAVG Ablösung Nr. 7). 939

Nach **§ 547 Nr. 2 ZPO** liegt ein absoluter Revisionsgrund vor, wenn ein Richter am Verfahren mitwirkte, der von der Ausübung des Richteramts kraft Gesetzes ausgeschlossen war, § 41 ZPO (s.o. Kap. 13 Rn. 153). Gleiches gilt nach **§ 547 Nr. 3 ZPO**, wenn ein Richter wegen begründeter Besorgnis der Befangenheit abgelehnt wurde, § 42 ZPO, und dennoch an der Entscheidung mitwirkte. Auch dieser Revisionsgrund ist nur auf entsprechende Verfahrensrüge nach § 551 Abs. 3 Nr. 2b ZPO hin zu überprüfen (*BAG* 25.8.1983 EzA § 39 ArbGG 1979 Nr. 3). 940

Der absolute Revisionsgrund des **§ 547 Nr. 3** ZPO ist im Zusammenhang mit den §§ 73 Abs. 2, 65 ArbGG zu sehen. Der Revisionsgrund kommt daher lediglich bei der Frage der Verletzung der funktionellen oder internationalen Zuständigkeit, nicht jedoch der örtlichen Zuständigkeit oder der gewählten Verfahrensart zum Tragen. 941

Die funktionelle Zuständigkeit ist z.B. dann verletzt, wenn außerhalb der Fälle des § 553 Abs. 1 und 2 ZPO der Vorsitzende anstelle der Kammer alleine das Urteil erlassen hat. 942

Nach **§ 547 Nr. 4 ZPO** stellt es einen absoluten Revisionsgrund dar, wenn eine Partei nicht ordnungsgemäß vertreten war, es sei denn, die Prozessführung durch den Vertreter wurde seitens der anderen Partei ausdrücklich oder stillschweigend genehmigt. 943

Bei der Verletzung der Vorschriften über die Öffentlichkeit der Verhandlung, vgl. §§ 52, 169 S. 2, 173 bis 175 GVG (s.o. Rn. 188 ff.) liegt nach § 547 Nr. 5 ZPO ein absoluter Revisionsgrund vor. 944

§ 547 Nr. 6 ZPO normiert den absoluten Revisionsgrund, dass das Urteil nicht mit Gründen versehen ist. Dem Fehlen von Gründen steht es gleich, wenn diese absolut unverständlich und inhaltsleer sind (*BAG* 4.9.1972 AP Nr. 9 zu § 551 ZPO). **Tatbestand und Entscheidungsgründe müssen innerhalb von fünf Monaten nach der Verkündung des Urteils schriftlich mit allen notwendigen Unterschriften der Geschäftsstelle des Gerichts vorliegen, andernfalls gilt das Urteil als ohne Entscheidungsgründe versehen i.S.d. § 547 Nr. 6 ZPO** (*BAG* 4.8.1993 EzA § 551 ZPO Nr. 2). **Das Fehlen von Entscheidungsgründen hat das BAG von Amts wegen zu beachten, einer besonderen Rüge hierfür bedarf es nicht. Das verspätete Absetzen des Urteils hingegen bedarf einer Verfahrensrüge i.S.d. § 551 Abs. 3 Nr. 2b ZPO** (GK-ArbGG/*Mikosch* § 73 Rz. 70). 945

Ist die Revision nicht zugelassen worden, kann allein auf den Umstand, dass das Berufungsurteil nicht in der sich aus den §§ 60 Abs. 4, 69 ArbGG i.V.m. der dazu ergangenen Rechtsprechung des BAG (*BAG* 4.8.1993 EzA § 551 ZPO Nr. 2) ergebenden 5-Monatsfrist abgesetzt wurde, keine Nichtzulassungsbeschwerde nach § 72a ArbGG erhoben werden (*BAG* 13.12.1995 EzA § 72a ArbGG 1979 Nr. 74; *BAG* 20.9.1993 EzA § 72 ArbGG 1979 Nr. 15), da allein die verspätete Absetzung keinen Zulassungsgrund nach § 72 Abs. 2 ArbGG begründet. 946
Möglich ist aber eine sofortige Beschwerde nach § 72b ArbGG (s.u. Rn. 995 ff.)

(5) Tatsächliche Entscheidungsgrundlagen

947 Der tatsächliche Prozessstoff für die Revisionsinstanz bestimmt sich nach § 559 ZPO. Danach ist grds. der Tatbestand des Berufungsurteils und das Sitzungsprotokoll maßgeblich. Dazu gehören jedoch auch tatsächliche Feststellungen, die sich erst in den Entscheidungsgründen des angefochtenen Urteils finden (*BAG* 14.6.1967 AP Nr. 13 zu § 91a ZPO). Soweit im Tatbestand des angefochtenen Urteils auf schriftsätzliches Vorbringen der Parteien verwiesen wird, gehört auch dieses zum Streitstoff der Revisionsinstanz. Der sich so ergebende Prozessstoff gilt als Beweis für das, was in der mündlichen Verhandlung vorgebracht wurde, § 314 ZPO, der nur durch das Sitzungsprotokoll entkräftet werden kann.

948 Ist der Tatbestand des Urteils unrichtig, hat der Revisionskläger Berichtigung nach § 320 Abs. 2 S. 3 ZPO zu beantragen. Lediglich wenn dies wegen Fristablaufs nach § 320 Abs. 2 S. 3 ZPO wegen späterer Absetzung des LAG-Urteils nicht mehr möglich ist, kann die Partei die angefochtenen Feststellungen in der Revisionsinstanz nach § 554 Abs. 3 Nr. 3b ZPO rügen.

949 Das Revisionsgericht ist nach § 559 Abs. 2 ZPO an die Feststellungen des Berufungsgerichtes, ob eine tatsächliche Behauptung wahr oder nicht wahr ist, gebunden. Regelmäßig wird hierfür eine Beweisaufnahme vorangegangen sein. Eine bindende Wirkung für das BAG entfällt nur dann, wenn hinsichtlich des Verfahrens der Beweisaufnahme zulässige und begründete Verfahrensrügen erhoben worden sind. Der Revisionsbeklagte kann solche Verfahrensrügen bis zum Schluss der mündlichen Verhandlung beim Revisionsgericht erheben, sofern er trotz dieser fehlerhaften Feststellung vor dem LAG obsiegte (*BAG* 14.7.1965 AP Nr. 2 zu § 276 BGB Vertragsbruch). Die vorgenommene Beweiswürdigung durch das Berufungsgericht kann vom Revisionsgericht nur in den Grenzen des § 286 ZPO und auf Verstöße gegen die allgemeinen Denk- und Erfahrungssätze überprüft werden.

950 § 559 ZPO bezieht sich lediglich auf erst- und zweitinstanzlichen Tatsachenstoff. Neues tatsächliches Vorbringen ist in der Revisionsinstanz grds. ausgeschlossen. Ausnahmen von diesem Grundsatz bestehen nach § 559 Abs. 1 S. 2 ZPO für solche Tatsachen, mit denen nach § 559 Abs. 3 Nr. 2b ZPO ein Verfahrensmangel begründet werden soll, z.B. wenn das neue tatsächliche Vorbringen Sachurteilsvoraussetzungen betrifft, die von Amts wegen zu überprüfen sind (*BAG* 15.9.1977 AP Nr. 5 zu § 56 ZPO), die das BAG selbst festgestellt hat, sowie wenn der Wegfall des Rechtsschutzinteresses von einer Partei dargetan wird.

951 Weiterhin wird vom BAG die Berücksichtigung neuen tatsächlichen Vorbringens zugelassen, wenn es unstreitig oder seine Richtigkeit offenkundig ist, wenn es einen Grund für eine Wiederaufnahme des Verfahrens abgeben würde oder wenn damit ein Antrag nach § 717 Abs. 3 ZPO begründet werden könnte (GK-ArbGG/*Mikosch* § 73 Rz. 82). Dies entspricht der Prozesswirtschaftlichkeit. Aus diesem Grunde wird auch neues Vorbringen dann zu berücksichtigen sein, wenn sich entweder die Rechtsprechung oder das Recht nach Erlass des angefochtenen Urteils geändert hat und weitere tatsächliche Feststellungen notwendig sind (GMPM-G/*Müller-Glöge* § 75 Rz. 24). Schließlich ist neues tatsächliches Vorbringen dann zu berücksichtigen, wenn das BAG in seiner Verhandlung erstmals auf einen Rechtsgesichtspunkt hinweist, der bislang in den Vorinstanzen von den Parteien und den Gerichten nicht erkannt wurde, und es auf diesbezüglich neu vorzutragende Tatsachen ankommt (vgl. *BAG* 9.10.1973 EzA § 37 BetrVG 1972 Nr. 14).

952 ► **Beispiel:**

Zu den zu berücksichtigenden neuen Tatsachen gehören nach Erlass des Berufungsurteils ergangene behördliche Akte, neue Gesetze, rechtskräftige Entscheidungen in vergleichbaren Rechtsstreitigkeiten, der Eintritt der Verjährung, der Erwerb der Staatsangehörigkeit, wenn es hierauf z.B. bei einer Arbeitserlaubnis ankommt, eingetretene Rechtsnachfolge oder eine Insolvenzeröffnung (vgl. GK-ArbGG/*Mikosch* § 73 Rz. 83 m.w.N.).

bb) Entscheidungsmöglichkeiten

(1) Zurückweisung der Revision

Kommt das BAG nach der mündlichen Verhandlung zu dem Ergebnis, dass die Revision unzulässig ist, ist sie durch Urteil zu verwerfen, im Fall der Unbegründetheit durch Urteil zurückzuweisen. 953

Hat das LAG die Klage zu Unrecht als unzulässig abgewiesen und kommt das BAG auf Grund einer eigenen möglichen Sachentscheidung zu dem Ergebnis, dass diese zwar zulässig, jedoch unbegründet ist, erweist sich das Urteil des LAG i.S.d. § 561 ZPO im Ergebnis nicht als richtig. Es ist vielmehr aufzuheben und die Klage ist abzuweisen (*BAG* 10.12.1965 AP Nr. 11 zu § 565 ZPO). 954

(2) Aufhebung des Urteils und Zurückverweisung an die Tatsacheninstanz

Ergibt die Überprüfung des angefochtenen Urteils einen Rechtsfehler und beruht es auf diesem, ist es nach § 562 Abs. 1 ZPO aufzuheben, sofern es nicht aus anderen Gründen im Ergebnis zutreffend ist. Sofern nur selbstständig abtrennbare Streitgegenstände des Urteils fehlerhaft sind, ist die Aufhebung auf diese Streitgegenstände zu beschränken und im Übrigen die Revision zurückzuweisen. Im Fall eines Verfahrensverstoßes ist zugleich das Verfahren insoweit aufzuheben, als es durch den Mangel betroffen wird, § 561 Abs. 2 ZPO. 955

Folge der Aufhebung ist grds. nach § 563 Abs. 1 ZPO die Zurückverweisung des Rechtsstreits an die Tatsacheninstanz. Die nach dem Geschäftsverteilungsplan des Tatsachengerichts zuständige Kammer hat erneut über die Sache zu befinden, es sei denn, die Zurückverweisung erfolgte ausdrücklich nach § 563 Abs. 1 S. 2 ZPO an eine andere Kammer, welche genau bezeichnet werden muss. Bei den Richtern dieser im Revisionsurteil bestimmten Kammer handelt es sich dann um die gesetzlichen Richter i.S.d. § 547 Nr. 1 ZPO. 956

Ausnahmsweise kommt auch eine Zurückverweisung an das ArbG in Betracht, wenn sowohl das ArbG als auch das LAG die Klage zu Unrecht als unzulässig abwiesen, weil sie das Rechtsschutzinteresse für die Klage verneinten (*BAG* 28.11.1963 AP Nr. 25 zu § 2 ArbGG 1952 Zuständigkeitsprüfung). Dies ergibt sich daraus, dass auch das LAG nach § 538 Abs. 2 Nr. 2 ZPO die Sache an das ArbG hätte zurückverweisen können. Im Fall der Verweisung an das ArbG ist auch dessen Urteil aufzuheben. 957

Nach der Zurückverweisung sind die Tatsachengerichte bei ihrer erneuten Entscheidung an die rechtliche Beurteilung des BAG gebunden, § 563 Abs. 2 ZPO. Wird nur ein Teil des Urteils aufgehoben, binden rechtliche Erwägungen des BAG bzgl. der anderen Teile das Tatsachengericht nicht (*BAG* 24.2.1972 EzA § 11 BUrlG Nr. 9). Bei Aufhebung des Berufungsurteils wegen eines Verfahrensverstoßes ist dieser Teil des Verfahrens zu wiederholen und der Fehler zu beheben. Die Bindung an das BAG-Urteil bezieht sich auch darauf, dass der gerügte und vom BAG beanstandete Verfahrensverstoß für die Entscheidung kausal war (*BAG* 28.7.1981 EzA § 87 BetrVG 1972 Leistungslohn Nr. 4). 958

Verändern sich die tatsächlichen Feststellungen nach der Zurückverweisung, kann die **Bindungswirkung entfallen**, sofern durch den Vortrag neuer Tatsachen eine neue rechtliche Würdigung vorzunehmen ist. Gleiches gilt, wenn sich die Rechtslage nach dem Aufhebungsurteil geändert hat oder das BAG selbst seine Rechtsprechung nach Aufhebung des LAG-Urteils ändert (*GS OGB* 6.2.1973 AP Nr. 1 zu § 4 RsprEinhG) oder die Rechtsauffassung des BAG im Aufhebungsurteil durch eine Entscheidung des GS-BAG, des BVerfG oder des EuGH für fehlerhaft erklärt wird. **Die Bindungswirkung erstreckt sich nur auf das konkrete Verfahren, in welchem die Revisionsentscheidung ergangen ist, nicht auf andere Verfahren, selbst wenn diese gleich gelagert sein sollten.** 959

(3) Aufhebung des Urteils und eigene Endentscheidung

Nach § 563 Abs. 3 ZPO hat das BAG selbst in der Sache zu entscheiden, wenn es das Berufungsurteil wegen der Verletzung einer Rechtsnorm bei der Anwendung des Gesetzes auf einen tatsächlich festgestellten Sachverhalt aufhebt und die Sache selbst zur Endentscheidung reif ist. 960

961 Im Fall von **begründeten Verfahrensrügen** ist regelmäßig der Sachverhalt noch nicht festgestellt, sodass eine eigene Entscheidung des BAG nicht in Betracht kommt. Gleiches gilt bei zwar festgestelltem Sachverhalt, der jedoch unter unbestimmte Rechtsbegriffe einer Rechtsnorm zu subsumieren ist. In diesem Fall stehen den Tatsachengerichten Beurteilungsspielräume zu, die das BAG nicht durch eine eigene Sachentscheidung ersetzen darf (s.o. Rn. 929). § 563 Abs. 3 ZPO gilt auch, wenn das BAG ausnahmsweise berechtigt ist, fehlendes tatsächliches Vorbringen durch eigene Feststellungen zu ergänzen (s.o. Rn. 950 ff.).

962 Ist nur ein Teil des Rechtsstreits auf Grund festgestellten Sachverhalts für eine Endentscheidung reif, kann das BAG, sofern es sich um einen abtrennbaren Streitgegenstand handelt, ein Teil- oder Grundurteil erlassen und die Sache im Übrigen an das Berufungsgericht zurückverweisen (*BAG* 7.6.1988 EzA Art. 9 GG Arbeitskampf Nr. 80).

(4) Versäumnisurteile

963 Nach § 72 Abs. 5 ArbGG gelten über § 555 ZPO die Vorschriften der §§ 330 ff. ZPO für das Versäumnisverfahren entsprechend. Auch § 539 ZPO ist entsprechend anwendbar (GK-ArbGG/*Mikosch* § 73 Rz. 132).

964 Die Einspruchsfrist beträgt nach den § 72 Abs. 5 ArbGG, §§ 565, 525, 539 ZPO drei Wochen, da § 59 ArbGG im Revisionsverfahren keine Anwendung findet. Der Einspruch unterliegt dem Anwaltszwang. Ebenfalls keine Anwendung findet § 62 ArbGG im Revisionsverfahren, sodass Versäumnisurteile gem. § 708 Nr. 2 ZPO für vorläufig vollstreckbar zu erklären sind (*BAG* 28.10.1981 EzA § 522a ZPO Nr. 1).

(5) Unstreitige Erledigung

965 Das Verfahren vor dem BAG kann gem. den §§ 269, 525 ZPO durch Klagerücknahme, Rücknahme der Revision, Vergleichsabschluss oder übereinstimmende Erledigungserklärung beendet werden.

966 **Bei einem Vergleich braucht die Revision nicht zulässig zu sein, bei einer übereinstimmenden Erledigungserklärung hingegen ist dies Voraussetzung** (GK-ArbGG/*Mikosch* § 73 Rz. 136, 138), sodass bei Unzulässigkeit des eingelegten Rechtsmittels die Revision zu verwerfen ist.

6. Formale Aspekte des Revisionsurteils

967 Für die Verkündung des Urteils gelten nach § 72 Abs. 5 ArbGG die Vorschriften der §§ 555, 310, 311 und 312 ZPO entsprechend. § 60 ArbGG findet keine Anwendung, da die Vorschrift nicht in § 72 Abs. 6 ArbGG aufgeführt ist.

968 Bei der Verkündung brauchen nach § 75 Abs. 1 S. ArbGG die ehrenamtlichen Richter nichtanwesend zu sein, selbst wenn das Urteil in dem Termin, in dem die mündliche Verhandlung geschlossen worden ist, verkündet wird. Im Fall ihrer Abwesenheit ist die Urteilsformel vorher von allen Mitgliedern des Senats zu unterschreiben, § 75 Abs. 1 S. 2 ArbGG. Die Berufsrichter müssen bei der Verkündung im Anschluss an die mündliche Verhandlung anwesend sein. Lediglich wenn ein besonderer Verkündigungstermin nach § 311 Abs. 4 ZPO anberaumt wurde, kann der Vorsitzende das Urteil selbst verkünden. Da § 60 Abs. 3 ArbGG keine Anwendung findet, sind die Entscheidungsgründe auch bei Anwesenheit der Parteien nur dann mitzuteilen, wenn der Senat dies für angemessen erachtet, § 311 Abs. 3 ZPO.

969 Der notwendige Inhalt des Urteils selbst ergibt sich aus § 313 ZPO. Eine Begründung ist nicht erforderlich, soweit Verfahrensrügen mit der Revision geltend gemacht worden sind, welche als unzulässig oder unbegründet zurückgewiesen wurden, es sei denn, es wurde ein absoluter Revisionsgrund nach § 547 ZPO gerügt, § 564 ZPO.

970 Das vollständig abgefasste Urteil nebst Tatbestand und Entscheidungsgründen ist von allen Mitgliedern des Senats unter Einschluss der ehrenamtlichen Richter zu unterschreiben, § 75 Abs. 2 ArbGG. Ist ein Richter verhindert, findet § 315 Abs. 1 ZPO Anwendung (vgl. zu

Verhinderungsgründen GK-ArbGG/*Mikosch* § 75 Rz. 8; s.o. Rn. 746). Bezüglich der Absetzung des vollständigen Urteils nebst Tatbestand und Entscheidungsgründen gilt § 315 Abs. 2 S. 1, 2 ZPO entsprechend.

Die Zustellung des Urteils erfolgt gem. den §§ 72 Abs. 6, 52 ArbGG, die Übersendung von Urteilen in Tarifvertragssachen richtet sich nach § 72 Abs. 6 i.V.m. § 63 ArbGG. **971**

7. Die Revisionsbeschwerde

a) Statthaftigkeit

Bei der Revisionsbeschwerde handelt es sich um eine sofortige Beschwerde, die sich gegen den Beschluss des LAG nach § 66 Abs. 2 ArbGG richtet, welcher die Berufung als unzulässig verworfen hat. Erfolgte die Verwerfung durch Urteil, ist hiergegen das Rechtsmittel der Revision nach § 72 ArbGG einzulegen, eine Revisionsbeschwerde ist nicht statthaft. Die Revisionsbeschwerde nach § 77 ArbGG ist entsprechend auf andere Beschlüsse des LAG anzuwenden, mit denen über die Zulässigkeit einer Berufung entschieden wird. **972**

Beispiele: **973**

- Dem Verwerfungsbeschluss gleich steht der Beschluss des LAG, mit dem ein Antrag auf Wiedereinsetzung in den vorherigen Stand gegen die Versäumung der Berufungsfrist oder die Frist zur Begründung der Berufung zurückgewiesen worden ist (*BAG* 23.5.1989 EzA § 233 ZPO Nr. 10). Regelmäßig wird dabei zuvor die Berufung bereits durch einen eigenen Beschluss als unzulässig verworfen worden sein, was unschädlich ist.
- Die Revisionsbeschwerde ist statthaft, wenn durch Beschluss eine Anschlussberufung für erledigt erklärt wird.

Die Revisionsbeschwerde ist hingegen nicht statthaft, wenn auf Grund einer Gegenvorstellung gegen einen Verwerfungsbeschluss dieser lediglich in einem neuen Beschluss bestätigt wird (*BAG* 23.7.1973 EzA § 77 ArbGG Nr. 2). **974**

Strittig ist, ob Voraussetzung der Revisionsbeschwerde ist, dass gegen ein Urteil gleichen Inhalts die Revision an sich statthaft wäre (so GMPM-G/*Müller-Glöge* § 77 Rz. 4). Gegen ein solches Erfordernis spricht, dass § 77 ArbGG keine dem § 72 Abs. 4 ArbGG entsprechende Einschränkung enthält. Dafür spricht das System des Rechtsmittelverfahrens zum BAG, wonach die dritte Instanz nicht in allen Verfahren eröffnet sein soll. Es wäre nicht nachvollziehbar, dass eine Revision in Verfahren betreffend einer einstweiligen Verfügung oder eines Arrestes unzulässig sein soll, eine Revisionsbeschwerde hingegen zulässig (GK-ArbGG/*Mikosch* § 77 Rz. 11). **975**

b) Zulässigkeitsvoraussetzungen

aa) Zulassung im Verwerfungsbeschluss des Berufungsgerichts

Die Revisionsbeschwerde ist nur zulässig, wenn das LAG sie in seinem Verwerfungsbeschluss ausdrücklich zugelassen hat. In § 77 S. 2 ArbGG ist geregelt, dass § 72 Abs. 2 ArbGG bzgl. des Zulassungsgrundes maßgeblich ist. Der Zulassungsgrund der **Divergenz**, wie er für die Revision nach § 72 Abs. 2 S. 2 ArbGG normiert ist, besteht daher nunmehr auch für die Revisionsbeschwerde (vgl. zum früheren Recht 2. Aufl. L/Rz. 837). **976**

Die Zulassung kann sowohl im Beschlusstenor als auch in den Gründen des Beschlusses erfolgen. Eine nachträgliche Abänderung des Verwerfungsbeschlusses oder ein Ergänzungsbeschluss nach § 321 ZPO, der die Zulassung der Revisionsbeschwerde nachträglich ausspricht, ist unzulässig. Das LAG ist insofern an seine Entscheidung gem. § 318 ZPO analog gebunden (*BAG* 29.10.1976 EzA § 519b ZPO Nr. 2). **977**

Das BAG ist an die Zulassung gebunden. Deswegen ist das LAG nicht verpflichtet, seine Entscheidung zu begründen. Macht es dies dennoch, und zwar fehlerhaft, berührt dies die Zulässigkeit der Revisionsbeschwerde nicht (strittig so GMPM-G/*Müller-Glöge* § 77 Rz. 7). **978**

979 Ein Rechtsmittel gegen die Nichtzulassung der Revisionsbeschwerde besteht nicht, insbes. kann keine Nichtzulassungsbeschwerde eingelegt werden. § 72a ArbGG ist nicht analog anwendbar (*BAG* 25.10.1979 EzA § 77 ArbGG 1979 Nr. 1). Die Entscheidung des LAG ist selbst bei einem Verstoß gegen den Grundsatz des rechtlichen Gehörs, Art. 103 GG, bindend und kann nicht durch das BAG korrigiert werden.

bb) Form und Frist der Einlegung

980 Das Verfahren richtet sich nach den §§ 574 ff. ZPO. **Die Revisionsbeschwerde ist beim BAG direkt einzulegen.** Es besteht Anwaltszwang.

981 **Die Beschwerdefrist beträgt einen Monat**, § 575 Abs. 1 ZPO, ebenso wie die Begründungsfrist, § 575 Abs. 2 S. 1 ZPO.

982 **Muster:**

An das BAG …
In Sachen … (volles Rubrum)
lege ich namens und mit Vollmacht des Klägers gegen den Beschluss des LAG … vom … Aktz.: …

Revisionsbeschwerde

ein und beantrage,
den Beschluss des LAG … vom … Aktz.: … aufzuheben.

Gründe:

I. … (Prozessgeschichte)
II. Das LAG hat die Revisionsbeschwerde in seinem Beschluss über die Verwerfung der Berufung zugelassen.
III. Der Beschluss des LAG ist inhaltlich unrichtig, weil …

c) Entscheidung des BAG

983 Das BAG entscheidet stets ohne Mitwirkung der ehrenamtlichen Richter, § 77 S. 3 ArbGG.

Die Revisionsbeschwerde ist als unzulässig zu verwerfen, wenn sie nicht form- und fristgerecht eingelegt oder nicht vom LAG zugelassen wurde. Erweist sich die Revisionsbeschwerde als begründet, ist der Verwerfungsbeschluss aufzuheben, womit die Berufung zulässig ist. Das LAG ist analog § 563 Abs. 2 ZPO an diese Entscheidung gebunden und hat nunmehr das Berufungsverfahren durchzuführen.

8. Sofortige Beschwerde nach § 72b ArbGG

984 Das Endurteil des LAG kann mit der **sofortigen Beschwerde** angegriffen werden, wenn es nicht binnen 5 Monaten nach der Verkündung vollständig abgefasst (zur begrifflichen Bedeutung vgl. *BAG* 20.12.2006 EzA § 72a ArbGG 1979 Nr. 2) und mit den Unterschriften der ehrenamtlichen Richtern versehen der Geschäftsstelle übergeben worden ist.

985 Eingelegt werden kann die sofortige Beschwerde durch die durch das Urteil beschwerte Partei binnen einer **Notfrist von 1 Monat,** die nach Ablauf der 5 Monatsfrist nach der Verkündung beginnt. Sie ist in derselben Frist zu begründen, § 72b Abs. 2, 3 ArbGG. Es besteht Anwaltszwang, § 11 Abs. 2 ArbGG.

Muster: 986

An das BAG …
In Sachen … (volles Rubrum)
lege ich namens und mit Vollmacht des Klägers gegen den Beschluss des LAG … vom … Aktz.: 4 Sa …

Sofortige Beschwerde

ein und beantrage,
das Urteil des LAG … vom … Aktz.: … aufzuheben.

Gründe:

Das LAG hat in der mündlichen Verhandlung am … das angegriffene Urteil verkündet. Diese wurde der Geschäftsstelle der 4 Kammer des LAG nicht bis zum … voll abgefasst und mit den Unterschriften aller beteiligter Richter vorgelegt.
Beweis: Amtliche Auskunft der Geschäftsstelle der 4 Kammer des LAG …
Der Beschwerdeführer ist durch das Urteil beschwert, weil …

Das BAG entscheidet über die sofortige Beschwerde durch Beschluss ohne Hinzuziehung der ehrenamtlichen Richter und i.d.R. ohne mündliche Verhandlung, § 72b Abs. 5 ArbGG. Im Fall der Zulässigkeit und Begründetheit der sofortigen Beschwerde hebt es das Urteil des LAG auf und verweist den Rechtsstreit zur erneuten Verhandlung an das LAG zurück, § 72b Abs. 5 ArbGG. Im Fall der Verwerfung der sofortigen Beschwerde fallen Gerichtskosten nach der Nr. 8613 des KV zu § 34 GKG an. 987

XVI. Die Wiederaufnahme des Verfahrens

Nach § 79 ArbGG finden die Vorschriften der ZPO über die Wiederaufnahme des Verfahrens, §§ 578 ff. ZPO, auch im arbeitsgerichtlichen Verfahren in Rechtsstreitigkeiten nach § 2 Abs. 1–4 ArbGG entsprechend Anwendung. Die Wiederaufnahmegründe sind abschließend in den §§ 579, 580 ZPO geregelt. Danach gibt es die Nichtigkeits- und die Restitutionsklage (vgl. auch *Ascheid* Rz. 1625 ff.). 988

Die Nichtigkeitsklage kann nach § 79 S. 2 ArbGG jedoch nicht auf Mängel des Verfahrens bei der Berufung der ehrenamtlichen Richter oder auf Umstände, die die Berufung eines ehrenamtlichen Richters zu seinem Amt ausschließen, gestützt werden. 989

XVII. Das Beschwerdeverfahren

Nach § 78 ArbGG sind gegen Entscheidungen des Arbeitsgerichts oder seines Vorsitzenden die §§ 567 ff. ZPO anwendbar. Sofortige Beschwerden gegen Entscheidungen des LAG sind hingegen nie statthaft, auch nicht bei Kostenentscheidungen nach § 91a ZPO (*BAG* 21.6.2006 EzA § 91a ZPO 2002 Nr. 2). Die frühere Zweiteilung der Beschwerdearten – einfache und sofortige Beschwerde – gibt es nicht mehr. Es gibt nur eine sog. »sofortige Beschwerde«, bei der das Ausgangsgericht nunmehr aber stets eine Entscheidung zu treffen hat, ob es der Beschwerde abhilft oder nicht, § 572 Abs. 1 ZPO. 990

Bei der sofortigen Beschwerde handelt es sich trotz der Abhilfemöglichkeit des Ausgangsgerichts um ein Rechtsmittel, sodass das Ausgangsgericht seiner Entscheidung eine Rechtsmittelbelehrung gem. § 9 Abs. 5 ArbGG beizulegen hat (*Schmidt/Schwab/Wildschütz* NZA *2001, 1224*). Die Entscheidung ist förmlich zuzustellen, § 329 Abs. 3 ZPO. 991

Besonderheiten des arbeitsgerichtlichen Verfahrens finden sich in § 78 Abs. 2 und 3 ArbGG. Danach entscheidet der Vorsitzende der Kammer des LAGs alleine über sofortige Beschwerden gegen Beschlüsse des ArbG, unabhängig davon ob die Entscheidung mit oder ohne mündliche Verhandlung ergeht. **Die Rechtsbeschwerde ist nur unter den Voraussetzungen des § 72 Abs. 2 ArbGG zuzulassen** (s.o. Rn. 760 ff.). In diesem Fall bedarf der Beschluss des LAG einer Rechtsmittelbelehrung entsprechend § 575 Abs. 1, 2 ZPO. Die Entscheidung über die Zulassung der Rechtsbeschwerde **muss nicht in den Tenor** der Entschei- 992 dung aufgenommen werden, sondern **kann auch in den Gründen** erfolgen (*BAG* 17.1.2007 EzA § 78 ArbGG 1979 Nr. 8). Das BAG ist an die Zulassungsentscheidung gebunden, § 574 Abs. 3 S. 2 ZPO (*Schwab/Wildschütz/Heege* NZA 2003, 999, 1004).

993 Lässt das LAG die Rechtsbeschwerde nicht zu, ist diese Entscheidung endgültig. Eine Nichtzulassungsbeschwerde ist weder in § 78 ArbGG noch in § 574 ZPO vorgesehen (*BAG* 19.12.2002 EzA § 17a GVG Nr. 15; *Schmidt/Schwab/Wildschütz* NZA 2001, 1227).

994 Gleiches gilt im Wertfestsetzungsverfahren (*BAG* 17.3.2003 EzA § 78 ArbGG 1979 Nr. 6). Die Rechtsbeschwerde ist bei der Gegenstandswertfestsetzung nach § 33 RVG oder §§ 66 Abs. 3 S. 3 GKG spezialgesetzlich ausgeschlossen. Die Neuregelungen der §§ 567 ff. ZPO, 75 ArbGG a.F. erfassen nicht Beschwerden aus besonderen Bereichen mit spezielleren Vorschriften (*BAG* a.a.O.; **a.A.** *Schwab/Wildschütz/Heege* NZA 2003, 999, 1004).

XVIII. Die Anhörungsrüge

995 Nach § 78a ArbGG hat ein Gericht, gegen dessen Entscheidung ein Rechtsmittel oder ein Rechtsbehelf nicht gegeben ist, selbst über eine Rüge der Verletzung des rechtlichen Gehörs zu befinden. Es wird ihm insofern das Recht und die Pflicht zur Selbstkorrektur eingeräumt. § 78a Abs. 1–5 ArbGG ist wortgleich mit § 321a ZPO (vgl. insofern *Zöller/Vollkommer* § 321a ZPO Rz. 1 ff.).

996 Mit der Anhörungsrüge können alle gerichtlichen Entscheidungen angegriffen werden, Urteile sowie Beschlüsse. Lediglich unanfechtbare Zwischenentscheidungen werden von § 78a Abs. 1 S. 2 ArbGG nicht erfasst (GK-ArbGG/*Dörner* § 78a Rz. 9). Vorraussetzung für die Zulässigkeit der Anhörungsrüge ist, dass die angegriffene Entscheidung vom Beschwerten nicht durch andere Rechtsmittel oder Rechtsbehelfe überprüft werden kann. Hierunter fällt auch die Möglichkeit der Einlegung einer Nichtzulassungsbeschwerde nach § 72a Abs. 3 S. 2 Nr. 3 ArbGG (*LAG Köln* 21.4.2005 – 3 Sa 257/04; *LAG RhPf* 22.6.2006 – 11 Sa 604/05; *LAG Brem.* 11.6.2008 LAGE § 78a ArbGG 1979 Nr. 3 = NZA 2008, 968). Ob die Gegenpartei ein Rechtsmittel oder einen Rechtsbehelf einlegen könnte, spielt keine Rolle.

997 ▶ **Beispiel:**
Ein Kläger erhebt eine Zahlungsklage über 5.000,– Euro, der in Höhe von 4.500,– Euro stattgegeben wird. Das Arbeitsgericht hat die Berufung nicht zugelassen. Der Kläger kann in der Folge ggf. eine Anhörungsrüge nach § 78a ArbGG erheben, da er keine Berufung einlegen kann. Dass der Beklagte dies könnte, ist irrelevant.

998 Streitig ist, ob die Nichtüberprüfbarkeit von Beginn des Verfahrens an bestanden haben muss (so GK-ArbGG/*Dörner* § 78a Rz. 13) oder ob es ausreicht, dass sie nicht mehr gegeben ist (so *Zöller/Vollkommer* § 321a Rz. 5). Die Gehörsverletzung muss darüber hinaus entscheidungserheblich gewesen sein.

999 Die Rüge muss binnen einer **Notfrist von zwei Wochen** nach Kenntniserlangung (*BAG* 31.5.2006 EzA § 78a ArbGG 1979 Nr. 3) schriftlich mit Begründung beim judex a quo erhoben werden, längstens binnen eines Jahres nach Bekanntgabe der Entscheidung, § 78a Abs. 2 ArbGG. Die Zweiwochenfrist des § 78a Abs. 2 ArbGG knüpft nicht an die Bekanntmachung der angefochtenen Entscheidung an, sondern beginnt mit der tatsächlichen subjektiven Kenntnisnahme des Betroffenen. Insbesondere gilt die Fiktion des § 78a Abs. 2 S. 3 ArbGG i.d.F. nicht (*BVerfG* 4.4.2007 EzA § 78a ArbGG 1979 Nr. 5). Aus der Begründung muss sich ergeben, inwiefern entscheidungserheblicher Sachvortrag übergangen worden sein soll, Hinweispflichten des Gerichts nach § 139 ZPO hätten ergehen müssen, bzw. Beweise hätten erhoben werden müssen (vgl. zur Nichtzulassungsbeschwerde Rn. 831 ff.).

1000 Eine Gehörsverletzung liegt nicht bereits deswegen vor, weil das Gericht den Vortrag der Partei nicht in materiell rechtlicher Hinsicht so wertet wie sie selbst oder ihm nicht die Bedeutung zumisst, wie die Partei. **Dabei hat die Partei insbes. auch keinen Anspruch darauf, dass das Gericht seine Rechtsauffassung vor dem Schluss der mündlichen Verhandlung offen legt** (*BAG* 31.5.2006 EzA § 78a ArbGG 1979 Nr. 3).

Das Gericht hat den Gegner zur Rüge anzuhören, § 78a Abs. 3 ArbGG, es sei denn die Rüge ist offensichtlich zurückzuweisen (GK-ArbGG/*Dörner* § 78a Rz. 32). 1001

In § 78a Abs. 6 ArbGG ist geregelt, dass die Entscheidung grds. unter Hinzuziehung der ehrenamtlichen Richter zu treffen ist, es sei denn die Rüge wird als unzulässig verworfen oder die Rüge richtet sich gegen eine Entscheidung, die ohne Hinzuziehung der ehrenamtlichen Richter ergangen ist, z.B. in den Fällen des § 55 Abs. 3 ArbGG. Fraglich war, welche ehrenamtlichen Richter hinzuzuziehen sind, die, die an der Entscheidung beteiligt waren oder die, die nach dem Geschäftsverteilungsplan bei der nächsten Sitzung turnusgemäß vorgesehen sind (vgl. *BAG* 26.9.1996 EzA § 39 ArbGG 1979 Nr. 5; *Schwab/Weth-Schwab* § 78a Rz. 54; vgl. oben Kap. 13 Rn. 95 f.). Das BAG hat sich nunmehr der zweitgenannten Ansicht angeschlossen (*BAG* 22.7.2008 EzA § 78a ArbGG 1979 Nr. 6). 1002

Hält das Gericht die Rüge für begründet, wird das Verfahren fortgesetzt, soweit dies auf Grund der Rüge geboten ist, § 78a Abs. 5 ArbGG. Das Verfahren ist nicht immer im Ganzen in das Stadium zurückzuversetzen, in der es vor dem Verfahrensverstoß war. Bezog sich die Gehörsverletzung z.B. nur auf einen von mehreren Streitgegenständen, wird nur über diesen erneut befunden (*Treber* NJW 2005, 97, 99). Hat die Rüge Erfolg und führt ihre Heilung zu einer anderen Entscheidung, ist die vormalige Entscheidung aufzuheben und durch eine neue zu ersetzen. Zu tenorieren ist wie im Versäumnisverfahren (GK-ArbGG/*Dörner* § 78a Rz. 45). 1003

Nach § 78a Abs. 7 ArbGG darf die vorläufige Einstellung der Zwangsvollstreckung aus der angegriffenen Entscheidung nach § 707 ZPO nur unter der Vorraussetzung erfolgen, dass der Beschwerdeführer glaubhaft macht, dass die Vollstreckung ihm einen nicht zu ersetzenden Nachteil bringen würde (vgl. o. Rn. 579 f.). Nach Abs. 8 findet die Anhörungsrüge auch im Beschlussverfahren statt. 1004

B. Beschlussverfahren

I. Grundsätzliches

Bei dem Beschlussverfahren handelt es sich um eine eigenständige Verfahrensart, die neben dem Urteilsverfahren vor den ArbG durchgeführt wird. Es kommt in den in § 2a ArbGG genannten Fällen zur Anwendung (*BAG* 13.3.2001 EzA § 2a ArbGG 1979 Nr. 4). Es enthält überwiegend Verfahrenselemente des Zivilgerichtsverfahrens, z.B. wird der Streitgegenstand durch die Anträge der Verfahrensbeteiligten bestimmt. Daneben finden sich Verfahrenselemente aus dem Bereich der Verwaltungsgerichtsbarkeit, so insbes. der Untersuchungsgrundsatz, § 83 ArbGG. 1005

1. Verhältnis zum Urteilsverfahren

Wo das Beschlussverfahren Anwendung findet, ist das Urteilsverfahren ausgeschlossen und umgekehrt. Aufgrund der unterschiedlichen Verfahrensarten ist auch eine Prozessverbindung oder gemeinsame Verhandlung nach § 147 ZPO nicht möglich (*Schlochauer* FS Arbeitsgerichtsbarkeit S. 383). 1006

> Für gewerkschaftliche Unterlassungsanträge bzgl. des Abschlusses tarifwidriger Einheitsregelungen, Regelungsabreden oder Betriebsvereinbarungen ist das Beschlussverfahren die richtige Verfahrensart (*BAG* 20.4.1999 EzA § 1004 BGB Nr. 7; 13.3.2001 EzA § 2a ArbGG 1979 Nr. 4). 1007

Ist von den Verfahrensbeteiligten auf Grund ihres Antrags die falsche Verfahrensart eingeleitet worden oder ist zwischen den Parteien streitig, welche einschlägig ist, handelt es sich um eine Frage der Zuständigkeit, die nach den §§ 80 Abs. 3, 48 ArbGG, §§ 17 bis 17 b GVG zu lösen ist (vgl. Kap. 13 Rn. 205 ff.). 1008

2. Anwendungsbereich außerhalb des § 2a ArbGG

1009 Das Beschlussverfahren nach den §§ 80 ff. ArbGG findet Anwendung in Rechtsstreiten, in denen über **Streitigkeiten aus dem BPersVG** zu befinden ist, § 83 Abs. 2 BPersVG. Für das Personalvertretungsrecht der Länder sieht § 106 BPersVG ein Wahlrecht vor, welches Verfahrensrecht sie für diese Streitigkeiten zur Anwendung kommen lassen wollen. Die meisten Bundesländer haben insofern in ihren LPersVG auf die §§ 80 ff. ArbGG verwiesen (GMPM-G/*Matthes* § 80 Rz. 8). Lediglich Bayern hat die Vorschriften der §§ 92 bis 96 ArbGG für das Rechtsbeschwerdeverfahren nicht für anwendbar erklärt. Dort entscheidet der Verwaltungsgerichtshof abschließend (*Schlochauer* FS Arbeitsgerichtsbarkeit, S. 385 f.). In Rheinland-Pfalz ist der Rechtsweg zu den Verwaltungsgerichten eröffnet, § 121 LPersVG.

1010 Nach der **Nr. 9 des Unterzeichnungsprotokolls zu Art. 56 Abs. 9** ZA-NTS finden die §§ 80 ff. ArbGG auch für **Streitigkeiten aus der Personalvertretung der bei den Stationierungsstreitkräften** beschäftigten zivilen Arbeitskräfte i.S.d. Art. 9 Abs. 4 NTS Anwendung, soweit das BPersVG in solchen Streitigkeiten gerichtliche Entscheidungen vorsieht. Zuständig sind die ArbG.

1011 Nach § 126 Abs. 1 InsO kann der Insolvenzverwalter unter den dort genannten Voraussetzungen beim Arbeitsgericht beantragen, dass die Kündigungen bestimmter Arbeitsverhältnisse durch dringende betriebliche Erfordernisse bedingt und sozial gerechtfertigt sind. Die Verfahren sind im Beschlussverfahren durchzuführen, § 126 Abs. 2 InsO.

3. Verhältnis zu Einigungs- und Schlichtungsstellen

1012 Soweit es um Angelegenheiten aus dem BetrVG nach § 2a Abs. 1 Nr. 1 ArbGG bzw. um Angelegenheiten aus dem Personalvertretungsrecht geht, ist zu beachten, dass das **Beschlussverfahren nur in Rechtsstreitigkeiten** zur Anwendung kommt. Bei Regelungsstreitigkeiten sieht das BetrVG in § 76 BetrVG bzw. den PersVG eine Konfliktlösung durch einen Spruch der Einigungsstelle bzw. durch Schlichtungsstellen vor (s.o. Kap. 12 Rn. 1176 ff.).

1013 Die Abgrenzung zwischen der Zuständigkeit der Einigungsstelle und dem ArbG ist oftmals schwierig zu ziehen, da teilweise Einigungsstellen, zumindest als Vorfrage auch über Rechtsfragen mit zu befinden haben, so z.B. bei der Frage der rechtzeitigen, umfassenden und genügenden Information des Wirtschaftsausschusses nach § 109 BetrVG oder der ordnungsgemäßen Berücksichtigung der betrieblichen Belange bei der Teilnahme von Betriebsratsmitgliedern an Schulungsveranstaltungen in den Fällen des § 37 Abs. 6 und 7 BetrVG (*Schlochauer* FS Arbeitsgerichtsbarkeit S. 386 f.).

1014 Soweit die Einigungsstelle über Rechtsfragen befindet, ist dies durch das ArbG uneingeschränkt überprüfbar (s.o. Kap. 12 Rn. 1223).

1015 Sofern in einem Einigungsstellenverfahren eine Rechtsfrage als Vorfrage auftritt, z.B. ob einem Betriebsrat überhaupt ein Mitbestimmungsrecht tatsächlich zusteht oder nicht, kann im Wege des Vorabentscheidungsverfahrens vor dem ArbG hierüber eine Entscheidung beantragt werden (*BAG* 16.8.1983 EzA § 81 ArbGG 1979 Nr. 3). Das Vorabentscheidungsverfahren kann sowohl durchgeführt werden, wenn die Einigungsstelle bereits eine Entscheidung getroffen hat, als auch wenn sie noch nicht einberufen worden ist. Eine rechtskräftig ergangene Entscheidung im Vorabentscheidungsverfahren bindet die Einigungsstelle, sofern sie ihren Spruch noch nicht gefällt hat.

4. Rechtsgrundlagen

1016 Spezielle Regelungen über das Beschlussverfahren finden sich in den §§ 80 bis 98 ArbGG. In den §§ 80 Abs. 2, 87 Abs. 2 und 92 Abs. 2 ArbGG wird auf einige Vorschriften des Urteils-, Berufungs- und Revisionsverfahrens verwiesen.

1017 Aus dem Umstand, dass keine Verweisung auf § 46 Abs. 2 ArbGG gegeben ist, finden die Vorschriften der ZPO nicht direkt Anwendung. **Da aber ansonsten viele einzelne Verfahrensfragen ungeregelt bleiben würden, ist hilfsweise auf Vorschriften der ZPO zurück-**

zugreifen. Auch das arbeitsgerichtliche Beschlussverfahren baut auf der Zivilprozessordnung auf, wie sich aus den Verweisungen in § 85 ArbGG auf die §§ 704 ff. ZPO und in § 80 Abs. 2, § 87 Abs. 2 und § 92 Abs. 2 ArbGG auf das Urteilsverfahren ergibt (GMPM-G/*Matthes* § 80 Rz. 42 f.).

II. Beteiligte im Beschlussverfahren

1. Grundsätzliches

Im Beschlussverfahren treten keine Parteien, sondern Beteiligte auf, § 83 Abs. 1 ArbGG. 1018 Die Beteiligtenfähigkeit ergibt sich aus § 10 ArbGG, d.h. es können natürliche und juristische Personen beteiligt sein sowie die in den Verfahren nach § 2a ArbGG genannten Vereinigungen und Stellen. Mit Stellen sind die betriebsverfassungsrechtlichen Organe und Einrichtungen gemeint. **Wird ein Organ im Laufe eines Verfahrens neu gewählt, bleibt seine Identität als Beteiligter erhalten, z.B. wenn ein neuer Betriebsrat gewählt wird** (*BAG* 25.4.1978 EzA § 80 BetrVG 1972 Nr. 15). Geht im Laufe eines Verfahrens ein streitiges Recht auf ein anderes Organ oder eine andere Stelle über, z.B. vom Betriebsrat auf einen neu gebildeten Gesamtbetriebsrat, wird dieser Beteiligter (*BAG* 18.10.1988 EzA § 83 ArbGG 1979 Nr. 8).

Geht ein Organ oder eine Stelle während eines Verfahrens unter, z.B. wenn die Amts- 1019 zeit des einen Betriebsrats abläuft und ein neuer nicht gewählt wird, bleibt seine Stellung als Beteiligter im anhängigen Verfahren dennoch bestehen, soweit er Antragsteller ist. Ob das untergegangene Organ oder die untergegangene Stelle noch Rechte geltend machen kann, ist eine Frage der Antragsbefugnis oder der Begründetheit des Antrags (GMPM-G/*Matthes* § 81 Rz. 44).

Die Beteiligten können sich im Beschlussverfahren vertreten lassen, §§ 80 Abs. 2, 87 Abs. 2, 1020 92 Abs. 2 i.V.m. § 11 Abs. 1 ArbGG.

Die Frage der Beteiligtenfähigkeit ist eine Prozessvoraussetzung. Bei ihrem Nichtvor- 1021 liegen ist der Antrag unbegründet (*BAG* 5.2.1971, AP Nr. 5 zu § 94 ArbGG 1953).

2. Antragsteller/Antragsgegner

Die Beteiligten des Beschlussverfahrens sind **zum einen der Antragsteller, zum anderen die** 1022 **sonstigen Beteiligten.** Das Gesetz fasst beide unter den gleichen Oberbegriff des Beteiligten zusammen, § 83 Abs. 1, Abs. 4 ArbGG, auch wenn der Antragsteller selbst nicht Beteiligter i.S.d. § 83 Abs. 3 ArbGG ist (*BAG* 25.8.1981 AP Nr. 2 zu § 83 ArbGG 1979). Antragsteller ist derjenige, der ein Recht von einem anderen begehrt. Ein Beteiligter, der lediglich einen Abweisungsantrag stellt, ist kein Antragsteller (GMPM-G/*Matthes* § 81 Rz. 51).

Einen Antragsgegner gibt es nach den Vorschriften des Beschlussverfahrens nicht, auch 1023 wenn es im Arbeitsgerichtsverfahren üblich ist, denjenigen, gegen den sich der Antrag richtet, als solchen zu bezeichnen (GMPM-G/*Matthes* § 81 Rz. 46). Dem schließt sich die weitere Darstellung an.

3. Mehrzahl von Antragstellern

Nach einzelnen Vorschriften, z.B. den §§ 19, 23 Abs. 1 BetrVG, §§ 21, 22 MitbestG, kann ein 1024 Antrag nur von einer Mehrzahl von Antragstellern gestellt werden. Sie bleiben dennoch während der gesamten Dauer des Verfahrens selbstständig, können z.B. selbstständig über ihre Anträge verfahrensrechtlich entscheiden, z.B. diese zurücknehmen (*BAG* 12.2.1985 EzA § 19 BetrVG 1972 Nr. 21). Ihr Antrag ist jedoch nur dann zulässig, wenn die geforderte Mehrzahl bis zur Entscheidung des Gerichts am Verfahren beteiligt ist (*BAG* 14.2.1978 EzA § 19 BetrVG 1972 Nr. 16).

Zu einer Mehrzahl von Antragstellern kann es auch dann kommen, wenn eine Wahl, z.B. 1025 eine Betriebsratswahl, von mehreren antragsberechtigten Personen oder Stellen angefochten wird, z.B. vom Arbeitgeber und einer Gewerkschaft, vgl. § 19 Abs. 2 BetrVG.

1026 Bei einer Mehrzahl von Antragstellern kann über den Antrag immer nur einheitlich entschieden werden. Mehrere anhängig gewordene Verfahren sind miteinander zu verbinden.

4. Prozessstandschaft

1027 Nicht abschließend geklärt ist, ob eine Prozessstandschaft im Beschlussverfahren regelmäßig zulässig ist oder nicht.

1028 Nach den §§ 50 Abs. 2, 28 Abs. 2 BetrVG ist eine gewillkürte Prozessstandschaft des Gesamtbetriebsrats oder des Konzernbetriebsrats für den Betriebsrat zulässig, in § 23 Abs. 3 BetrVG eine gesetzliche Prozessstandschaft der Gewerkschaft für den Betriebsrat geregelt. Der Betriebsrat kann auch in gewillkürter Prozessstandschaft Kostenerstattungsansprüche seiner Mitglieder (*BAG* 29.1.1974 EzA § 40 BetrVG 1972 Nr. 14) und Mitglieder einer Gruppe Rechte derselben in eigenem Namen geltend machen (*BAG* 1.6.1976 EzA § 28 BetrVG 1972 Nr. 3).

1029 Ob über diese Fälle hinaus grds. eine gewillkürte Prozessstandschaft im Beschlussverfahren zulässig ist, hat das BAG offen gelassen (*BAG* 29.8.1985 AP Nr. 13 zu § 83 ArbGG 1979; vgl. GK-ArbGG/*Dörner* § 81 Rz. 78 ff.). Für nicht zulässig wurde eine Prozessstandschaft erachtet, wenn eine Gewerkschaft für den Betriebsrat betriebsverfassungsrechtliche Rechte geltend gemacht hat (*BAG* 27.11.1973 AP Nr. 4 zu § 40 BetrVG 1972) oder der Betriebsrat für Arbeitnehmer versucht hat, deren Ansprüche durchzusetzen (*BAG* 24.2.1987 EzA § 80 BetrVG 1972 Nr. 29).

III. Das erstinstanzliche Beschlussverfahren

1. Einleitung durch Antragstellung

1030 Das Beschlussverfahren wird auf Antrag eingeleitet, § 81 Abs. 1 ArbGG. Er ist schriftlich beim ArbG einzureichen oder bei seiner Geschäftsstelle mündlich zur Niederschrift anzubringen. Die Antragsschrift muss vom Antragsteller oder von seinem postulationsfähigen Vertreter, § 11 ArbGG, unterzeichnet sein.

1031 Die Antragsschrift wird dem Antragsgegner nach § 253 Abs. 1 ZPO zugestellt, womit die Rechtshängigkeit des Beschlussverfahrens begründet wird. Bezüglich der übrigen Beteiligten reicht es aus, die Antragsschrift formlos zu übersenden, § 81 Abs. 2 S. 3 ArbGG.

1032 Im Übrigen findet § 253 Abs. 2, Abs. 4 und Abs. 5 ZPO entsprechend Anwendung, sofern sich nicht aus den verfahrensrechtlichen Besonderheiten des Beschlussverfahrens Abweichungen ergeben. So muss die Antragsschrift den Antragsteller erkennen lassen, jedoch nicht den Antragsgegner und die sonstigen Beteiligten, zumal solche ggf. gar nicht vorhanden sind, wie z.B. bei einer Betriebsratswahlanfechtung (GMPM-G/*Matthes* § 81 Rz. 11).

1033 Die weiteren Beteiligten sind vom Gericht von Amts wegen zu ermitteln und zu benachrichtigen (vgl. *BAG* 20.7.1982 EzA § 76 BetrVG 1952 Nr. 12). Sofern in der Antragsschrift bestimmte Personen oder Stellen als Antragsgegner oder Beteiligte bezeichnet werden, ist diese Bezeichnung für das Gericht nicht bindend. Es hat die Beteiligten selbstständig festzustellen.

a) Anträge

1034 Die Antragsschrift muss einen **bestimmten Sachantrag** enthalten. Hierbei kann es sich je nach dem Begehren um einen Leistungs-, Feststellungs- oder Gestaltungsantrag handeln. Leistungsanträge gehen Feststellungsanträgen vor, da aus ihnen vollstreckt werden kann, § 85 ArbGG.

1035 Bei einem **Feststellungsantrag hinsichtlich des Bestehens oder Nichtbestehens von Mitbestimmungsrechten muss der betriebliche Vorgang oder die Maßnahme des Arbeitgebers genau bezeichnet werden**, für den der Betriebsrat ein Mitbestimmungsrecht in Anspruch nimmt. Ein Globalantrag ist nur dann zulässig und begründet, wenn keine Fallgestaltung denkbar ist, bei der das Mitbestimmungsrecht zu verneinen ist (*BAG* 10.6.1986 EzA § 87 BetrVG 1972 Arbeitszeit Nr. 18). Ansonsten ist ein solcher Antrag zwar zulässig, jedoch unbegründet. Ein Antrag, der lediglich den Gesetzeswortlaut wiederholt, ist grds. unzulässig (*BAG* 17.3.1987 EzA §23 BetrVG 1972 Nr. 16).

Mögliche Leistungsanträge können sich z.B. bzgl. des Rechts auf Vorlage oder Rückgabe von Unterlagen, der Erteilung von Auskünften, der Zurverfügungstellung von Personal- und Sachmitteln oder der Erstattung von Kosten oder der Freistellung von Verbindlichkeiten ergeben. 1036

Beispiele: 1037

- **für einen Leistungsantrag**: Der Antragsgegner wird zur Herausgabe der Bewerbungsunterlagen sämtlicher Bewerber für die ausgeschriebene Stelle als Feinmechaniker verpflichtet.
- **für einen umfassenden Unterlassungsantrag nach §23 Abs. 3 i.V.m. §99 BetrVG als Unterfall eines Leistungsantrags** (so beim ArbG Mainz – auswärtige Kammer Bad Kreuznach einmal vom DGB im Hinblick auf die vom *BAG* aufgestellten Bestimmtheitsanforderungen [17.3.1987 EzA §23 BetrVG 1972 Nr. 16] gestellt):
  Dem Antragsgegner wird aufgegeben, es zu unterlassen, mit Arbeitnehmern Arbeitsverhältnisse zu begründen und/oder in seine Arbeitsorganisation einzugliedern, sodass er die für ein Arbeitsverhältnis typischen Entscheidungen über deren Arbeitseinsatz nach Zeit und Ort zu treffen und die Personalhoheit über diese Arbeitnehmer hat, ohne vorher den Antragsteller unter Nennung der Personalien sämtlicher Interessenten an dem zu besetzenden Arbeitsplatz, die sich bei ihm gemeldet haben, unter Vorlage der vorhandenen und erforderlichen Bewerbungsunterlagen sowie der von ihm im Rahmen und zur Vorbereitung der Einstellungsverhandlungen erstellten Unterlagen und unter Mitteilung der vorgesehenen Eingruppierung, des Zeitpunkts der vorgesehenen Maßnahme, aller bekannten persönlichen Umstände des Einzustellenden, der Gründe für die fachliche und persönliche Eignung für den vorgesehenen Arbeitsplatz sowie der betrieblichen Auswirkungen unterrichtet und seine Zustimmung, außer bei unmittelbar arbeitskampfbezogenen Einstellungen und den in §100 BetrVG genannten Ausnahmefällen eingeholt oder deren Ersetzung durch das ArbG eingeholt zu haben.

Ein Unterlassungsantrag des Betriebsrats, der auf das Verbot der Duldung bestimmter Handlungen von Arbeitnehmern gerichtet ist, z.B. Erbringung nicht genehmigter Überstunden, braucht die zu ergreifenden Maßnahmen nicht näher zu konkretisieren. Es ist Sache des Arbeitgebers nach eigenem Ermessen entsprechende Maßnahmen zu ergreifen (*BAG* 14.11.2006 EzA §87 BetrVG 2001 Arbeitszeit Nr. 10). 1038

Unterlassungsanträge von Gewerkschaften gegen Arbeitgeber, tarifwidrige Betriebsvereinbarungen nicht durchzuführen, sind als betriebsverfassungsrechtliche Streitigkeiten anzusehen und im Beschlussverfahren geltend zu machen (*BAG* 13.3.2001 EzA §2a ArbGG 1979 Nr. 4). 1039

Feststellungsanträge können sich bei der Frage des Bestehens oder des Nichtbestehens von Mitbestimmungsrechten bei bestimmten Fallkonstellationen ergeben, z.B. für die Frage, ob ein Arbeitnehmer für eine Betriebsratswahl wahlberechtigt oder wählbar ist, ob ein Arbeitnehmer leitender Arbeitnehmer ist, ob der Spruch einer Einigungsstelle unwirksam ist, ob die Zustimmung des Betriebsrats zu einer personellen Einzelmaßnahme nach §99 Abs. 3 BetrVG als erteilt gilt oder ob es sich bei bestimmten Betriebsstätten um eigenständige Betriebe, Betriebsteile oder Nebenbetriebe handelt. 1040

- **Beispiel für einen Feststellungsantrag:** 1041
  Es wird festgestellt, dass dem Betriebsrat ein Mitbestimmungsrecht hinsichtlich der Aufstellung des Urlaubplans für das Urlaubsjahr 2006 zusteht.

Gestaltungsanträge kommen z.B. bei der Frage der Auflösung des Betriebsrats, des Ausschlusses eines Mitgliedes des Betriebsrats nach §23 Abs. 1 BetrVG, des Antrags auf Ersetzung der Zustimmung zu einer fristlosen Kündigung nach §103 Abs. 2 BetrVG oder zu einer personellen Maßnahme nach §99 Abs. 4 BetrVG, bzgl. der Bestellung eines Wahlvor- 1042 standes nach den §§ 16 Abs. 2, 17 Abs. 3, 18 BetrVG oder bzgl. der Frage, ob die Anfechtung einer Betriebsratswahl wirksam ist, vor.

1043 ► **Beispiel für einen Gestaltungsantrag für den Fall einer Wahlanfechtung gem. § 19 BetrVG:**
Die Betriebsratswahl vom 7.4.2006 wird für unwirksam erklärt.

b) Antragsbefugnis

1044 Die Antragsbefugnis regelt die Frage, ob der Antragsteller überhaupt eine gerichtliche Entscheidung in der streitigen Angelegenheit i.S.d. § 2a Abs. 1 ArbGG beantragen kann. Sie dient dazu, Popularklagen auszuschließen, und entspricht insofern der Prozessführungsbefugnis des Zivilprozesses (*LAG Hamm* 5.1.1979 EzA § 40 BetrVG 1972 Nr. 42).

1045 Die Antragsbefugnis ist immer dann gegeben, wenn der Antragsteller ein eigenes Recht geltend macht, wenn Antragsrechte für bestimmte Personen oder Stellen ausdrücklich festgeschrieben sind, z.B. bzgl. der Bestellung der Wahl eines Wahlvorstandes nach §§ 16 Abs. 2, 17 Abs. 3 BetrVG, der Auflösung des Betriebsrates oder des Ausschlusses eines Betriebsratsmitgliedes nach § 23 Abs. 1 BetrVG oder bzgl. der Bestellung des Einigungsstellenvorsitzenden nach § 76 Abs. 2 BetrVG (vgl. weitere Beispiele GK-ArbGG/*Dörner* § 81 Rz. 83 ff.). Diesen Fällen ist gemeinsam, dass das Gericht in irgendeiner Weise gestaltend bzw. ordnend tätig werden soll, um die betriebsverfassungs- oder unternehmensverfassungsrechtliche Ordnung wieder herzustellen oder zu kontrollieren (zur Antragsbefugnis des Betriebsrats bezüglich der Geltendmachung der Einhaltung einer Betriebsvereinbarung vgl. *BAG* 18.1.2005 EzA § 77 BetrVG 2001 Nr. 11).

1046 Der Gesetzgeber hat diese gestaltende Einflussnahme bestimmten Stellen und Personen, z.B. den Gewerkschaften eingeräumt, da sie als Garant für die Funktionsfähigkeit der betriebs- oder unternehmensverfassungsrechtlichen Ordnung angesehen werden. Eine Auslegung der gesetzlichen Regelungen dahingehend, dass auch andere als die genannten Personen oder Stellen ein Antragsrecht haben, ist regelmäßig nicht möglich, wohl aber können die genannten berechtigten Personen und Stellen in analoger Anwendung der Vorschriften bei vergleichbaren Interessenlagen ebenfalls antragsbefugt sein. So können diejenigen Personen, die nach § 19 BetrVG zu einer Wahlanfechtung berechtigt sind, auch die Wahl des Betriebsratsvorsitzenden oder seines Stellvertreters anfechten (*BAG* 12.10.1976 EzA § 26 BetrVG 1972 Nr. 2). Gleiches gilt für die Frage, ob der Wahlvorstand wirksam bestellt worden ist und ob seine Maßnahmen wirksam waren (*BAG* 28.11.1977 EzA § 19 BetrVG 1972 Nr. 14).

1047 **Die Antragsbefugnis ist eine Sachurteilsvoraussetzung.** Sie ist von Amts wegen in jeder Lage des Verfahrens zu prüfen. Im Fall ihres Fehlens ist der Antrag als unzulässig zurückzuweisen (*BAG* 25.8.1981 AP Nr. 2 zu § 83 ArbGG 1979).

c) Rechtsschutzinteresse

1048 Wie im Urteilsverfahren ist auch im Beschlussverfahren ein Rechtsschutzinteresse des Antragstellers Voraussetzung für eine Sachentscheidung. Ein Rechtsschutzinteresse ist nur dann gegeben, wenn die beantragte Entscheidung noch Rechtswirkung entfalten kann, was bei bereits abgeschlossenen Maßnahmen nicht der Fall ist, es sei denn, es ist, z.B. bei der Verletzung von Mitbestimmungsrechten, mit weiteren gleichartigen Rechtsverstößen in der Zukunft zu rechnen (vgl. *BAG* 10.4.1984 EzA § 81 ArbGG 1979 Nr. 5; 17.3.1987 § 23 BetrVG 1972 Nr. 16; 28.9.1988 § 99 BetrVG 1972 Nr. 68; 23.7.1996 § 87 BetrVG 1972 Arbeitszeit Nr. 55).

1049 In der Folge muss die Wiederholungsgefahr durch substantiierten Vortrag aufgezeigt werden und **der Antrag in einen allgemeinen Feststellungsantrag** bzgl. der streitigen Rechtsfrage umformuliert werden (*BAG* 29.7.1982, 20.4.1999 EzA § 81 ArbGG 1979 Nr. 2, 7).

Beispiele: 1050

- Die Anfechtung einer Betriebsratswahl nach Ablauf der Amtszeit ist daher nicht möglich (GMPM-G/*Matthes* § 81 Rz. 30).
- Möglich ist aber losgelöst von einer bestimmten Betriebsratswahl ein Antrag festzustellen, dass bestimmte Personen oder Personengruppen bei einer Betriebsratswahl aktiv oder passiv wahlberechtigt sind (GMPM-G/*Matthes* § 81 Rz. 26, 32).
- Die Stellung eines Antrags eines Betriebsrats: »... die Versetzung des Arbeitnehmers A vom ... rückgängig zu machen« ist nach Zeitablauf der Versetzungsmaßnahme, z.B. eines befristeten Auslandsaufenthalts, mangels Rechtsschutzinteresses unzulässig. Möglich ist aber im Fall bestehender und darzulegender Wiederholungsgefahr ein Antrag, »festzustellen, dass die Anordnung und Durchführung von Auslandseinsätzen von Mitarbeitern, die voraussichtlich die Dauer von einem Monat überschreiten, gem. §§ 99, 100 BetrVG dem Mitbestimmungsrecht des Betriebsrats unterliegt« (*BAG* 18.2.1986 EzA § 95 BetrVG 1972 Nr. 12; 21.9.1999 EzA § 95 BetrVG 1972 Nr. 30).

Entscheidungserheblicher Zeitpunkt ist der der Entscheidung des Gerichts und nicht der Zeitpunkt der Antragstellung (*BAG* 13.3.1991 EzA § 19 BetrVG 1972 Nr. 29). Allein der Umstand, dass eine Entscheidung für mögliche künftige Fälle ein Präjudiz abgeben könnte, begründet kein Rechtsschutzinteresse, da die ArbG nicht gutachterlich tätig werden (*BAG* 10.4.1984 EzA § 81 ArbGG 1979 Nr. 5). 1051

2. Antragsrücknahme

§ 81 Abs. 2 ArbGG bestimmt, dass der Antrag jederzeit in derselben Form, wie er gestellt werden kann, zurückgenommen werden kann. Der Kammervorsitzende stellt das Verfahren sodann ein und teilt dies den Beteiligten, die von der Antragsschrift bereits durch das Gericht Kenntnis bekommen haben, mit. Einer Zustimmung der übrigen Beteiligten bedarf es in der ersten Instanz bis zum Erlass der verfahrensbeendenden Entscheidung nicht (anders für die zweite und dritte Instanz vgl. §§ 87 Abs. 2 S. 3, 92 Abs. 2 S. 3 ArbGG). Das Recht der Antragsrücknahme besteht bis zur Verkündung des das Verfahren beendenden Beschlusses nach § 84 ArbGG. Den Einstellungsbeschluss erlässt der Kammervorsitzende ohne Mitwirkung der ehrenamtlichen Richter (GMPM-G/*Matthes* § 81 Rz. 77). 1052

Streitig ist, ob bereits die Rücknahme des Antrags die Rechtshängigkeit beendet oder erst der einstellende Beschluss des Vorsitzenden. Für die zweite Ansicht spricht, dass der Gesetzgeber deutlich gemacht hat, dass das Verfahren nicht schon alleine durch die Verfahrenserklärung des Antragstellers, der den Antrag zurückgenommen hat, beendet ist. Folge dieser Ansicht ist, dass der Einstellungsbeschluss des ArbG gem. § 87 ArbGG anfechtbar ist, der Beschluss des LAG nach § 92 ArbGG (so *LAG RhPf* 25.6.1982 EzA § 92 ArbGG 1979 Nr. 1; GK-ArbGG/*Dörner* § 81 Rz. 160). Für die erste Ansicht spricht, dass der Vorsitzende keinen Entscheidungsspielraum im Fall der Antragsrücknahme hat. Außerdem würde es sonst von Zufälligkeiten abhängen, wann die Rechtshängigkeit endet, was ggf. zu unbilligen Kosten bei einem Verfahrensbeteiligten führen könnte, z.B. wenn sich für einen Betriebsrat in einem Beschlussverfahren ein Anwalt erst nach Antragsrücknahme, aber vor dem vom Vorsitzenden zu erlassenden Einstellungsbeschluss tätig wird und damit eine Verfahrensgebühr nach § 13 RVG, Nr. 3100 Gebührenverzeichnis entsteht, welche über § 40 BetrVG der Arbeitgeber zu begleichen hat (*LAG Frankf./M.* 24.1.1984 NZA 1984, 269; *Grunsky* § 81 Rz. 9; *Schaub* ArbGVerf § 58 Rz. 63). Es spricht daher viel dafür, dem Einstellungsbeschluss des Vorsitzenden nur deklaratorische Bedeutung beizumessen, sodass die Rechtshängigkeit – wie im Urteilsverfahren – mit Antragsrücknahme endet. 1053

3. Antragsänderung

1054 § 81 Abs. 3 ArbGG erklärt die Änderung eines Antrags für zulässig, wenn die übrigen Beteiligten zustimmen oder das Gericht die Änderung für sachdienlich hält. Eine Zustimmung der übrigen Beteiligten liegt dann vor, wenn sie sich auf den geänderten Antrag entweder in einem Schriftsatz oder in der mündlichen Verhandlung einlassen. Die §§ 263, 264 ZPO finden entsprechend Anwendung (*BAG* 14.1.1983 EzA § 81 ArbGG 1979 Nr. 1).

1055 ▶ **Beispiel:**
Vor Durchführung einer Betriebsratswahl wird die Rechtmäßigkeit ihrer Durchführung überhaupt oder Maßnahmen des Wahlvorstandes oder dessen Bestellung angegriffen. Die Wahl findet aber vor Rechtskraft einer gerichtlichen Entscheidung statt. Nach erfolgter Wahl kann der Antrag in einen Wahlanfechtungsantrag umgeändert werden.

1056 Das ArbG kann über die Zulässigkeit der Antragsänderung entweder durch Zwischenbeschluss gem. § 303 ZPO oder in den Gründen seines das Verfahren beendenden Beschlusses nach § 84 ArbGG entscheiden. Die Entscheidung ist unanfechtbar, § 81 Abs. 3 S. 3 ArbGG. Wird die Antragsänderung als unzulässig erachtet, kann die Entscheidung mit der Beschwerde nach § 87 ArbGG angefochten werden.

4. Das örtlich zuständige Gericht

a) Streitigkeiten nach § 2a Abs. 1 Nr. 1–3 ArbGG

1057 Die örtliche Zuständigkeit ist in § 82 ArbGG abschließend geregelt. **Entscheidend ist der Sitz des Betriebs oder des Unternehmens, nicht der Gerichtsstand der einzelnen Beteiligten.** Ebenfalls unerheblich ist, welche Beteiligtenstellung der Inhaber des Betriebs oder des Unternehmens hat, ob er selbst Antragsteller, Antragsgegner oder sonstiger Beteiligter des Verfahrens ist (*BAG* 19.6.1986 EzA § 82 ArbGG 1979 Nr. 1). Besteht ein Betrieb aus mehreren Betriebsteilen, ist entscheidend, wo die Verwaltung angesiedelt ist (GMPM-G/*Matthes* § 82 Rz. 8).

1058 Die örtliche Zuständigkeit ist von Amts wegen zu prüfen; bei Unzuständigkeit oder einem Streit hierüber ist nach den §§ 80 Abs. 3, 48 Abs. 1 ArbGG das Verfahren nach § 17a GVG durchzuführen (s.o. Kap. 13 Rn. 205 ff.).

1059 Kommt es nach § 80 S. 3 ArbGG bzgl. der örtlichen Zuständigkeit auf den Unternehmenssitz an, bestimmt sich dieser nach § 17 ZPO. Soweit gem. § 17 Abs. 1, Abs. 3 ZPO mehrere ArbG örtlich zuständig sein sollten, steht dem Antragsteller ein Wahlrecht zu.

1060 Die Zuständigkeit in Angelegenheiten eines europäischen Betriebsrats ergibt sich aus den §§ 82 S. 4 und 5 ArbGG i.V.m. §§ 2 f., 18, 21 ff. EBRG (vgl. Einzelheiten GK-ArbGG/*Dörner* § 82 Rz. 14 ff.).

b) Streitigkeiten nach § 2a Abs. 1 Nr. 4 ArbGG

1061 Ist ein Betrieb oder ein Unternehmen nicht betroffen, z.B. bei Streitigkeiten i.S.d. § 2a Abs. 1 Nr. 4 ArbGG bzgl. der Tariffähigkeit oder Tarifzuständigkeit einer Vereinigung, **ist das ArbG örtlich zuständig, in dessen Bezirk die Vereinigung ihren Sitz hat**, um deren Tariffähigkeit und Tarifzuständigkeit gestritten wird, unabhängig davon, welche Beteiligtenfunktion sie hat (MünchArbR/*Brehm* § 389 Rz. 82).

c) Sonstige Verfahren

1062 Geht es um die Anerkennung einer Schulungsveranstaltung als geeignet i.S.d. § 37 Abs. 7 BetrVG, ergibt sich die örtliche Zuständigkeit aus **dem Sitz der für die Anerkennung zuständigen Behörde.**

5. Das Verfahren vor dem ArbG

a) Verfahrensablauf nach Eingang der Antragsschrift/Güteverhandlung

1063 Nach Eingang der Antragsschrift hat der Kammervorsitzende diese allen Beteiligten gem. § 81 i.V.m. § 80 Abs. 2 i.V.m. § 47 ArbGG zuzustellen. Sobald sie einem Beteiligten zugestellt worden ist, wird die Streitsache rechtshängig i.S.d. § 261 Abs. 1 ZPO (GMPM-G/*Matthes* § 81 Rz. 71).

1064 Zugleich ist vom Vorsitzenden zu entscheiden, ob er eine **Güteverhandlung** für sinnvoll hält und durchführen möchte oder nicht. Diese ist **fakultativ** (§ 80 Abs. 2ArbGG). Wird ein Gütetermin anberaumt, was unverzüglich zu erfolgen hat, § 216 Abs. 2 ZPO, gelten dieselben Bestimmungen wie im Urteilsverfahren (s.o. Rn. 303 ff.). Lediglich wenn noch weitere Beteiligte ermittelt werden müssen oder ihre Anschriften nicht bekannt sind, kann die Terminsbestimmung später erfolgen.

1065 Einer Bestimmung eines Güte- oder Anhörungstermins bedarf es nur dann nicht, wenn alle Beteiligten ihr Einverständnis mit einer Entscheidung im schriftlichen Verfahren erklären, § 83 Abs. 4 S. 3 ArbGG. **Die Einverständniserklärung muss ausdrücklich erfolgen** und kann nicht etwa dadurch ersetzt werden, dass das Gericht eine bestimmte Frist setzt, sich hierüber zu erklären, und nach Ablauf der Frist von einem Einverständnis ausgeht. Das Gericht ist allerdings auch bei Vorliegen des Einverständnisses aller Parteien nicht verpflichtet, ohne mündliche Anhörung zu entscheiden. Vielmehr liegt diese Entscheidung sodann in seinem Ermessen.

b) Vorbereitung des Anhörungstermins

1066 Zur Vorbereitung der mündlichen Verhandlung finden gem. § 80 Abs. 2 ArbGG die Bestimmungen des Urteilsverfahrens, insbes. § 56 Abs. 1 ArbGG, Anwendung (s.o. Rn. 367 ff.). Da im Beschlussverfahren der Amtsermittlungsgrundsatz gilt, § 83 ArbGG (s.u. Rn. 1070), können über § 56 Abs. 1 S. 2 Nr. 4 ArbGG hinaus auch Zeugen geladen werden, auf die sich kein Beteiligter bezogen hat.

1067 Den Beteiligten können von Amts wegen Fristen zur Erklärung über bestimmte Tatsachen und sonstiges Vorbringen, z.B. Angriffs- und Verteidigungsmittel gesetzt werden, § 83 Abs. 1a ArbGG. Hierbei handelt es sich um Präklusionsfristen. § 83 Abs. 1a ArbGG entspricht dabei § 56 Abs. 2 ArbGG. Auf die für das Urteilsverfahren insofern gemachten Ausführungen wird verwiesen (s.o. Rn. 367 ff.). Einziger Unterschied ist, dass eine Zurückweisung verspäteten Vorbringens nur erfolgen kann, wenn **kumulativ** dies zu einer **Verzögerung des Rechtsstreits** führen würde **und** der Beteiligte die **Verspätung nicht genügend entschuldigt** hat.

1068 Nach §§ 80 Abs. 2, 57 Abs. 1 ArbGG soll die Verhandlung möglichst in einem Termin zu Ende geführt werden. Der Anhörungstermin ist vom Vorsitzenden daher umfassend vorzubereiten. Es ist in der Praxis üblich, den Antragsgegner und die sonstigen Beteiligten aufzufordern, sich zur Antragsschrift schriftlich zu äußern. Unabhängig davon steht ihnen das Recht nach § 83 Abs. 4 S. 1 ArbGG zu.

1069 Im Übrigen bleibt es ihnen freigestellt, ob sie zum Anhörungstermin erscheinen. Tun sie dies nicht, sind ihre schriftlichen Äußerungen dennoch bei der Entscheidung zu verwerten. Einzige Rechtsfolge eines Ausbleibens im Anhörungstermin ist, dass bei ordnungsgemäßer Ladung seitens des Gerichts der Pflicht zur Anhörung der Beteiligten genügt worden ist, § 83 Abs. 4 S. 2 ArbGG. Hierauf ist in der Ladung bereits hinzuweisen.

c) Der Untersuchungsgrundsatz

1070 Das Gericht erforscht den Sachverhalt im Rahmen der gestellten Anträge von Amts wegen, § 83 Abs. 1 S. 1 ArbGG. Im Beschlussverfahren gilt somit ein eingeschränkter **Amtsermittlungsgrundsatz**. Eingeschränkt ist er deswegen, da zum einen das Gericht den Sachverhalt nur im Rahmen der gestellten Anträge untersucht, zum anderen die Beteiligten an der Aufklärung des Sachverhaltes nach § 83 Abs. 1 S. 2 ArbGG mitzuwirken haben.

1071 Die Verantwortung für die Beibringung des entscheidungserheblichen Sachverhaltes obliegt nicht den Beteiligten alleine, da die Entscheidungen im Beschlussverfahren regelmäßig über den Kreis der eigentlichen Beteiligten hinaus Wirkung entfalten. Deswegen hat das Gericht dafür Sorge zu tragen, dass der Sachverhalt möglichst vollständig und zutreffend aufgeklärt wird.

1072 Begrenzt ist die Aufklärungspflicht auf denjenigen Sachverhalt, der für die Bescheidung der gestellten Anträge notwendig ist. Der Streitgegenstand wird von den Anträgen der Beteiligten begrenzt. Das Gericht hat nicht »ins Blaue« hinein zu ermitteln. Lediglich wenn Anhaltspunkte im Vorbringen der Beteiligten zu finden sind, auf Grund derer es nahe liegt, den Sachverhalt in eine bestimmte Richtung weiter aufzuklären, hat das Gericht tätig zu werden. **Zur Amtsermittlungspflicht gehört es, die am Verfahren Beteiligten von Amts wegen ausfindig zu machen und am Verfahren zu beteiligen.** Bei seiner Aufklärungstätigkeit hat das Gericht sowohl antragsbegründende Umstände als auch dem Antrag entgegenstehende Tatsachen zu ermitteln (GMPM-G/*Matthes* § 83 Rz. 85).

1073 **Die Mitwirkung der Beteiligten nach § 83 Abs. 1 S. 2 ArbGG kann das Gericht nicht erzwingen.** Die Ermittlungspflicht findet aber dort ihre Grenzen, wo ohne vorhergehende Mitwirkung der Beteiligten entweder kein Anlass oder keine Möglichkeit besteht, den Sachverhalt weiter aufzuklären.

1074 Als Folge des Untersuchungsgrundsatzes ist das Gericht nicht an Geständnisse der Beteiligten gebunden, bedeutet das Nichtbestreiten einer Behauptung nicht, dass diese als wahr unterstellt werden kann, und auch das Ausbleiben eines Beteiligten im Anhörungstermin rechtfertigt nicht den Erlass eines Versäumnisurteils nach § 331 Abs. 1 ZPO, da das Vorbringen der anderen Beteiligten nicht als zugestanden zu werten ist (*Schaub* ArbGVerf § 58 Rz. 51). §§ 288, 138 Abs. 3 ZPO sind nicht anwendbar.

d) Beweiserhebung

1075 Nach § 83 Abs. 2 ArbGG kann das Gericht Urkunden einsehen, Auskünfte einholen, Zeugen, Sachverständige und Beteiligte vernehmen sowie Augenschein einnehmen.

1076 Das Gericht muss Beweis erheben, wenn die Wahrheit einer entscheidungserheblichen Tatsache nicht erwiesen ist (*BAG* 25.9.1986 EzA § 1 BetrVG 1972 Nr. 6). Es kann bei bestehenden Zweifeln auch eine Beweisaufnahme über nicht bestrittene Tatsachen durchführen.

1077 Für die Durchführung der Beweisaufnahme gelten die §§ 80 Abs. 2, 46 Abs. 2 ArbGG, 373 ff. ZPO. Beteiligte können nach § 83 Abs. 2 ArbGG nach den Vorschriften der Parteivernehmung, §§ 445 ff. ZPO, vernommen werden.

1078 Die Beweisaufnahme findet vor der Kammer statt, d.h. im Anhörungstermin, §§ 83 Abs. 4 S. 1, 80 Abs. 2, 58 ArbGG. Soweit schriftliche Auskünfte einzuholen sind, kann dies der Kammervorsitzende gem. § 373 Abs. 3 und 4 ZPO vorher anordnen und durchführen.

e) Die Beteiligten des Verfahrens

1079 **Wer Beteiligter in einem Beschlussverfahren ist, bestimmt sich nach materiellem Recht.** Nach § 83 Abs. 3 ArbGG sind im Verfahren der Arbeitgeber, die Arbeitnehmer und die Stellen zu hören, die nach dem BetrVG, dem SprAuG, dem MitbestG, dem MitbestErgG, dem BetrVG 1952 und den dazu ergangenen Rechtsverordnungen im Einzelfall beteiligt sind.

1080 **Beispiele:**

- Aus § 83 Abs. 3 S. 1 ArbGG ergibt sich, dass der **Arbeitgeber** zu hören und damit immer Beteiligter ist, auch wenn er nur mittelbar betroffen ist, z.B. wenn es um die Anerkennung von Schulungsveranstaltungen als geeignet i.S.d. § 37 Abs. 7 BetrVG geht oder ein Wahlanfechtungsverfahren durchgeführt wird (*BAG* 4.12.1986 EzA § 19

BetrVG 1972 Nr. 24). Grund hierfür ist, dass regelmäßig den Arbeitgeber eine Kostenlast trifft. Lediglich in Verfahren, in denen es um die Tariffähigkeit oder Tarifzuständigkeit gem. § 2a Abs. 1 Nr. 4 ArbGG geht, ist der Arbeitgeber nur dann zu hören und nur dann Beteiligter, wenn er es entweder eingeleitet hat oder es um den Abschluss eines Firmentarifvertrages geht, § 2a Abs. 1 Nr. 4 ArbGG. In einem Gemeinschaftsbetrieb ist bei einem Eingruppierungsstreit nur der Vertragsarbeitgeber beteiligt (*BAG* 12.12.2006 EzA § 87 BetrVG 2001 Betriebliche Lohngestaltung Nr. 13).

- Nach Eröffnung eines **Insolvenzverfahrens** tritt der Insolvenzverwalter in die betriebsverfassungsrechtliche Stellung des Gemeinschuldners ein und ist damit als Arbeitgeber Beteiligter im Verfahren (*BAG* 17.9.1974 EzA § 113 BetrVG 1972 Nr. 1).
- Wird ein Betrieb im Laufe eines anhängigen Beschlussverfahrens auf einen **neuen Inhaber** übertragen, wird dieser Arbeitgeber und damit Beteiligter des anhängigen Verfahrens (*BAG* 5.2.1991 EzA § 613a BGB Nr. 93).
- In **personalvertretungsrechtlichen Streitigkeiten** tritt an die Stelle des Arbeitgebers **die Dienststelle**, die die streitige Maßnahme tatsächlich zu treffen hat, treffen will oder getroffen hat. Sie und nicht der Rechtsträger, der sie errichtet hat, ist Beteiligter im Beschlussverfahren (GMPM-G/*Matthes* § 83 Rz. 41).
- In betriebsverfassungsrechtlichen Streitigkeiten bei den **Stationierungsstreitkräften** ist für den Arbeitgeber die Dienststelle oder Behörde der Truppe oder des zivilen Gefolges beteiligt (*LAG RhPf* 12.8.1991 – 10 TaBV 17/91 – n.v.). Nach Abs. 10 des Unterzeichnungsprotokolls zu Art. 56 Abs. 9 ZA-NTS beteiligt sich die BRD im Namen der Dienststelle an dem Verfahren auf Ersuchen der Truppe. Die US-amerikanischen Streitkräfte haben z.B. insofern bereits 1964 die BRD generell damit beauftragt, sie im Beschlussverfahren zu vertreten. Sie tritt damit in Beschlussverfahren als Vertreterin und nicht wie im Urteilsverfahren als Prozessstandschafterin auf.
- **Arbeitnehmer** sind Beteiligte nach § 83 Abs. 3 ArbGG, wenn sie nach materiellem Recht durch die Entscheidung unmittelbar in ihrer betriebsverfassungsrechtlichen oder mitbestimmungsrechtlichen Stellung betroffen werden (*BAG* 27.5.1982 EzA § 83 ArbGG 1979 Nr. 1). Dies ist zum einen der Fall, wenn ein Arbeitnehmer selbst Antragsteller ist, zum anderen wenn er durch eine Entscheidung unmittelbar betroffen wird, z.B. bei der Frage, ob er leitender Angestellter ist und sich damit nicht an einer Betriebsratswahl beteiligen darf (*BAG* 23.1.1986 EzA § 233 ZPO Nr. 7). In Rechtsstreitigkeiten bzgl. der Zulässigkeit personeller Einzelmaßnahmen, z.B. nach § 99 BetrVG, sind die betroffenen Arbeitnehmer hingegen nicht beteiligt (*BAG* 27.5.1982 EzA § 83 ArbGG 1979 Nr. 1), denn eine § 103 Abs. 2 BetrVG vergleichbare Regelung fehlt bei den sonstigen personellen Einzelmaßnahmen. Ebenfalls nicht beteiligt ist ein Arbeitnehmer in einem Verfahren nach § 85 Abs. 2 BetrVG über die Berechtigung einer von ihm vorgebrachten Beschwerde (*BAG* 28.6.1984 EzA § 85 BetrVG 1972 Nr. 1) oder in einem Rechtsstreit, in dem es um das Recht des Betriebsrats geht, in Gehaltslisten der Arbeitnehmer Einsicht nehmen zu dürfen (*LAG Hamm* 16.3.1979 EzA § 83 ArbGG 1979 Nr. 31).
- Der **Betriebsrat, Personalrat** oder der **Sprecherausschuss** ist dann Beteiligter, wenn es um Streitigkeiten über Umfang und Grenzen seiner Mitwirkungs- und Mitbestimmungsrechte geht oder um ihn selbst, z.B. ob seine Wahl ordnungsgemäß war, seine Zusammensetzung, um Befugnisse des Betriebsratsvorsitzenden, um die Ersetzung von Kosten der Betriebsratstätigkeit etc. (*BAG* 28.3.2006 – 1 ABR 59/04 – EzA § 83 ArbGG 1979 Nr. 10). Gehen im Laufe des Verfahrens die umstrittenen Beteiligungsrechte auf ein anderes Organ über, wird dieses Beteiligter (*BAG* 18.10.1988 EzA § 83 ArbGG 1979 Nr. 8). Löst sich der Betriebsrat auf, behält er ein Restmandat über die Beendigung seiner Amtszeit hinaus (*BAG* 16.6.1987 EzA § 111 BetrVG 1972 Nr. 20).
- Für die Beteiligung von **Gesamt-, Konzernbetriebsräten oder eines Gesamtsprecherausschusses** gelten die gleichen Grundsätze.
- Einzelne **Organmitglieder** sind außer im Verfahren auf Ersetzung der Zustimmung nach § 103 Abs. 2 BetrVG immer dann beteiligt, wenn über ihre betriebsverfassungsrechtlichen Rechte gestritten wird, z.B. bei der Frage der Ersetzung von Schulungskos-

ten für ein Betriebsratsmitglied (*BAG* 28.1.1975 EzA § 37 BetrVG 1972 Nr. 2) oder in einem Wahlanfechtungsverfahren, in dem es um den Verlust ihrer Mitgliedschaft im Organ gehen kann (*BAG* 12.10.1976 EzA § 8 BetrVG 1972 Nr. 2), oder wenn es um den Ausschluss eines Betriebsratsmitgliedes aus dem Betriebsrat geht, § 23 Abs. 1 BetrVG.

- Die **Jugend- und Auszubildendenvertretung** ist Beteiligte in den Verfahren nach den § 87a Abs. 4 BetrVG bzw. § 9 Abs. 4 BPersVG, darüber hinaus immer dann, wenn es um ihre Befugnisse, ihre Rechtsstellung oder ihren Bestand geht.
- Ob der **Wirtschaftsausschuss** als Hilfsorgan des Betriebsrats selbst Beteiligter eines Verfahrens sein kann, ist im Einzelnen noch nicht geklärt. Das BAG hat dies bejaht, wenn Rechte gegen den Wirtschaftsausschuss geltend gemacht werden (*BAG* 5.11.1985 EzA § 117 BetrVG 1972 Nr. 2), verneint, wenn es um die Frage ging, ob ein Wirtschaftsausschuss überhaupt zu bilden ist (*BAG* 8.3.1983 EzA § 118 BetrVG 1972 Nr. 24), offen gelassen, wenn es um seine Geschäftsführung und Aufgaben ging (*BAG* 18.7.1978 EzA § 108 BetrVG 1972 Nr. 3).
- Eine **Einigungsstelle** kann nicht Beteiligte eines Beschlussverfahrens sein, auch wenn es um die Wirksamkeit eines von ihr gefällten Spruches geht (*BAG* 31.8.1982 EzA § 87 BetrVG 1972 Arbeitszeit Nr. 13).
- Ein **Wahlvorstand** kann Beteiligter sein, wenn es im Laufe des Wahlverfahrens um einzelne Wahlhandlungen oder Maßnahmen des Wahlvorstandes geht (*BAG* 25.9.1988 EzA § 1 BetrVG 1972 Nr. 6). Im Verfahren auf Bestellung eines Wahlvorstandes hingegen sind die vorgeschlagenen Mitglieder nicht beteiligt (*BAG* 6.12.1977 EzA § 118 BetrVG 1972 Nr. 16). In Wahlanfechtungsverfahren ist der Wahlvorstand ebenfalls nicht Beteiligter, selbst wenn es um Mängel seiner Bestellung oder Amtsführung geht (*BAG* 14.1.1983 EzA § 81 ArbGG 1979 Nr. 1).
- **Gewerkschaften** können Beteiligte sein, wenn sie selbst auf Grund einer gesetzlichen Bestimmung das Beschlussverfahren als Antragsteller in Gang gebracht haben, z.B. gem. § 23 Abs. 1 BetrVG. Ob sie darüber hinaus immer dann auch Beteiligte sind, wenn ihnen ein Antragsrecht zustehen würde, sie selber aber nicht der Antragsteller sind, ist strittig. In Wahlanfechtungsverfahren sind sie nur dann Beteiligte, wenn sie selber von ihrem Anfechtungsrecht Gebrauch gemacht haben (*BAG* 19.9.1985 EzA § 19 BetrVG 1972 Nr. 22). Nicht beteiligt sind sie in Rechtsstreitigkeiten, in denen ihnen kein Antragsrecht zusteht, z.B. wenn Arbeitgeber und Betriebsrat über das Bestehen von Mitbestimmungsrechten (*BAG* 24.4.1979 EzA Art. 9 GG Arbeitskampf Nr. 34) oder um die Wirksamkeit einer Betriebsvereinbarung streiten (*BAG* 9.2.1984 EzA § 77 BetrVG 1972 Nr. 13).
- **Arbeitgeberverbände** können niemals Beteiligte eines Beschlussverfahrens sein, da ihnen das BetrVG keine eigene betriebsverfassungsrechtliche Rechtsposition einräumt. Soweit ein Arbeitgeber zu Betriebsversammlungen einen Vertreter des Arbeitgeberverbandes hinzuzieht, handelt es sich um eine Frage des eigenen Rechts des Arbeitgebers, nicht des Rechts des Verbandes (*BAG* 19.5.1978 EzA § 46 BetrVG 1972 Nr. 2).

f) Fehlerhafte Beteiligung

1081 Beteiligt das Gericht am Verfahren Personen oder Stellen, die nach materiellem Recht nicht Beteiligte sind, liegt ein Verfahrensfehler vor. Er kann dadurch behoben werden, dass künftig diese Personen oder Stellen nicht mehr am Verfahren beteiligt werden. Der Streit hierüber kann im Wege eines Zwischenbeschlusses nach § 303 ZPO entschieden werden. Legt der materiell nicht Beteiligte hiergegen ein Rechtsmittel ein, ist er im Verfahren über sein Rechtsmittel selbst Beteiligter.

1082 Der Verfahrensfehler in der ersten Instanz hat keine Relevanz, da das LAG das Verfahren selbst zu entscheiden hat und nicht wegen eines Verfahrensfehlers zurückverweisen kann, § 91 Abs. 1 S. 2 ArbGG. Eine Rechtsbeschwerde nach § 92 ArbGG zum BAG im Fall der Beteiligung eines Nichtbeteiligten im Verfahren beim LAG führt nur dann zur Aufhebung des Beschlusses, wenn er auf dem Verfahrensfehler beruht.

Werden Personen oder Stellen nicht beteiligt, obwohl sie nach materiellem Recht Beteiligter sind, liegt ebenfalls ein Verfahrensfehler vor (*BAG* 20.2.1986 EzA § 63 BetrVG 1972 Nr. 2). Für die Zukunft kann dieser Fehler dadurch geheilt werden, dass die betreffende Person oder Stelle nunmehr beteiligt wird. Der Beschluss des LAG beruht auf dem Verfahrensfehler, wenn die Beteiligung des bislang nicht Beteiligten zu einer weiteren Sachaufklärung und ggf. zu einer anderen Entscheidung hätte führen können. 1083

g) Der Anhörungstermin

Im Anhörungstermin ist den Beteiligten vor der Kammer die Möglichkeit zu geben, den Sachverhalt aus ihrer Sicht zu schildern. Damit wird der Anspruch auf rechtliches Gehör gewahrt. Der Anhörungstermin ist öffentlich, §§ 80 Abs. 2, 52 ArbGG. Die Anhörung der Beteiligten beginnt mit der Stellung der Anträge, § 137 Abs. 1 ZPO, §§ 46 Abs. 2, 80 Abs. 2 ArbGG. Über den Anhörungstermin ist ein Protokoll zu fertigen, § 159 ZPO. 1084

Bleiben Beteiligte aus, ist die Pflicht zur Anhörung durch das Gericht gewahrt, sofern die Beteiligten ordnungsgemäß geladen wurden, § 83 Abs. 4 S. 2 ArbGG. Haben diese sich vorher schriftlich geäußert, sind die Äußerungen für die Entscheidung heranzuziehen und ggf. im Anhörungstermin mit den erschienenen Beteiligten zu erörtern. 1085

Haben Beteiligte ihr Ausbleiben im Verhandlungstermin entschuldigt und zuvor nicht von der Möglichkeit der schriftlichen Stellungnahme bei gleichzeitigem Verzicht auf eine Teilnahme an der mündlichen Anhörung Gebrauch gemacht, ist der Anhörungstermin zu verschieben. Im Anhörungstermin ist eine etwa notwendig werdende Beweisaufnahme durchzuführen, § 83 Abs. 4 S. 1 ArbGG. 1086

6. Beendigungsmöglichkeiten des erstinstanzlichen Beschlussverfahrens

a) Antragsrücknahme

Bis zur Entscheidung der ersten Instanz, d.h. auch noch nach dem Anhörungstermin und evtl. durchgeführter Beweisaufnahme, kann der Antragsteller seinen Antrag **ohne Zustimmung sonstiger Beteiligter** zurücknehmen, § 81 Abs. 2 S. 1 ArbGG (s.o. Rn. 1052). 1087

b) Vergleich

§ 83a Abs. 1 ArbGG sieht vor, dass die Beteiligten das Verfahren ganz oder zum Teil durch einen Vergleichsabschluss erledigen können, **soweit sie über den Gegenstand des Verfahrens verfügen können**. Besteht eine solche Verfügungsmöglichkeit, soll das Gericht nach den §§ 80 Abs. 2 i.V.m. 57 Abs. 2 ArbGG auf eine gütliche Erledigung des Verfahrens hinwirken. Dies gilt auch für das Beschwerde- und Rechtsbeschwerdeverfahren, §§ 90 Abs. 2, 95 Abs. 4 ArbGG. 1088

Mit Vergleichsabschluss ist das Verfahren beendet, sofern er zur Niederschrift des Gerichts oder des Vorsitzenden geschlossen wird, §§ 160 Abs. 3 Nr. 1, 162 Abs. 1 ZPO. Ob § 278 Abs. 6 ZPO analog angewendet werden kann ist streitig (so *Bram* FA 2007, 2; **a.A.** Schwab/Weth-*Weth* § 83a Rz. 2). **Eines Einstellungsbeschlusses durch das Gericht bedarf es in diesem Fall nicht mehr.** Bereits ergangene nicht rechtskräftige Entscheidungen werden ohne besondere Aufhebung wirkungslos. Etwas anderes gilt bei einem außergerichtlichen Vergleichsabschluss. Diesem kommt keine verfahrensbeendende Wirkung zu. Entweder bedarf es hierfür noch einer Antragsrücknahme oder einer Erledigungserklärung der Beteiligten. Bei einem gerichtlich protokollierten Vergleich handelt es sich um einen Vollstreckungstitel, § 85 Abs. 1 S. 1 ArbGG. 1089

Der Vergleich muss von allen am Verfahren Beteiligten geschlossen werden (so GMPM-G/*Matthes* § 83a Rz. 4 und GK-ArbGG/*Dörner* § 83a Rz. 7). 1090

Die Verfügungsbefugnis der Beteiligten über den Streitgegenstand bestimmt sich nach materiellem Recht. Sie liegt grds. bei vermögensrechtlichen Streitigkeiten vor, z.B. einem Streit über die Erstattung von dem Betriebsrat entstandenen Kosten oder Schulungskos- 1091 ten. Nicht der Verfügungsbefugnis der Beteiligten unterliegt ein Streitgegenstand, der sich auf die Organisation der Betriebsverfassung an sich bezieht, z.B. ob einem Arbeitnehmer ein aktives oder passives Wahlrecht zusteht oder ob eine Betriebsratswahl wirksam war oder nicht. Bei Streitigkeiten über Mitbestimmungs- und sonstige Beteiligungsrechte können die Beteiligten im konkreten Mitbestimmungsfall eine vergleichsweise Regelung treffen, für künftige Fälle jedoch nicht auf gesetzlich bestehende Mitbestimmungsrechte verzichten.

1092 Die Verfügungsbefugnis des Arbeitgebers ist insofern weitergehend, als er einer Erweiterung der Mitbestimmungsrechte gegenüber dem Betriebsrat in einem gerichtlichen Vergleich zustimmen kann (*Schaub* ArbGVerf § 58 Rz. 66).

1093 Fehlt es an einer Verfügungsbefugnis der Beteiligten, ist der Vergleich unwirksam. Strittig ist, ob das Gericht dennoch zu einer Protokollierung verpflichtet ist, wenn die Verfahrensbeteiligten trotz Hinweises darauf bestehen. Aufgrund der Verfügungsbefugnis der Beteiligten über das Verfahren soll es hierzu verpflichtet sein (GMPM-G/*Matthes* § 83a Rz. 9; **a.A.** GK-ArbGG/*Dörner* § 83a Rz. 16a). Im Vergleichsabschluss liegt gleichzeitig die Erklärung der Beteiligten, dass der Vergleich das Verfahren erledigt. Einer solchen übereinstimmenden Erledigungserklärung kann das Gericht nicht entgegentreten und auch nicht prüfen, ob das Verfahren tatsächlich erledigt ist. Allerdings muss das Verfahren noch vom Vorsitzenden eingestellt werden (s.u. Rn. 1094). Ein Streit über die Wirksamkeit des Vergleiches ist daher im noch anhängigen Verfahren zu entscheiden (*BAG* 25.6.1981 EzA § 794 ZPO Nr. 15).

c) Erledigungserklärung der Beteiligten

1094 Nach § 83a Abs. 1 ArbGG können die Parteien das Verfahren übereinstimmend für erledigt erklären. Gem. § 83a Abs. 2 ArbGG hat der Kammervorsitzende sodann das Verfahren einzustellen und den Beteiligten hiervon Mitteilung zu machen. **Anders als ein wirksamer Vergleichsschluss führt eine übereinstimmende Erledigungserklärung daher noch nicht automatisch zu einer Beendigung des Verfahrens.** Mit dem Einstellungsbeschluss, der selbst der Beschwerde nach § 87 ArbGG unterliegt (*LAG RhPf* 25.6.1982 EzA § 92 ArbGG 1979 Nr. 1), endet das Verfahren und werden bereits ergangene Entscheidungen wirkungslos.

1095 Eine übereinstimmende Erledigungserklärung ist, anders als im Urteilsverfahren, auch dann möglich, wenn kein erledigendes Ereignis nach Rechtshängigkeit eingetreten ist. Der Vorsitzende nimmt insofern keine Überprüfung vor (GMPM-G/*Matthes* § 83a Rz. 14).

1096 Die Erledigungserklärung können die Beteiligten bis zur Rechtskraft eines Beschlusses abgeben. Streitig ist, ob alle Beteiligten einer Erledigungserklärung zustimmen müssen (so GMPM-G/*Matthes* § 83a Rz. 12), oder ob es genügt, wenn der Antragsteller und der Antragsgegner die Erklärungen abgeben (so *Schaub* ArbGVerf. § 58 Rz. 73).

1097 Anders als bei einem verfahrensbeendenden Vergleich setzt eine Erledigungserklärung der Beteiligten nicht voraus, dass sie über den Verfahrensgegenstand verfügen können. Erledigungserklärungen kommen rein prozessuale Wirkungen zu, durch die materielle Rechte nicht verloren gehen können. Auch nach Einstellung des Verfahrens können die Beteiligten oder Dritte die Streitsache erneut anhängig machen.

1098 Hat nur der Antragsteller eine Erledigungserklärung abgegeben, § 83a Abs. 3 S. 3 ArbGG, hat der Vorsitzende die übrigen Beteiligten aufzufordern, mitzuteilen, ob sie der Erledigung zustimmen. Tun sie dies nicht in einer eingeräumten Frist, die mindestens zwei Wochen dauern muss, **gilt ein Schweigen als Zustimmung**. Auf diese Rechtsfolgen ihres Schweigens sind sie hinzuweisen. Im Fall einer Zustimmung oder mit Fristablauf ist das Verfahren vom Vorsitzenden einzustellen, da von einer übereinstimmenden Erledigungserklärung auszugehen ist. Stimmen einige Beteiligte der Erledigung nicht zu, ist zu prüfen, ob in der Erledigungserklärung des Antragstellers gleichzeitig auch eine Rücknahme des Antrags gesehen werden kann, sodass das Verfahren nach § 81 Abs. 2 S. 2 ArbGG einzustellen ist.

Lässt sich eine Antragsrücknahme nicht aus der Erledigungserklärung des Antragstellers **1099**
entnehmen, hat das Gericht zu prüfen, ob tatsächlich ein erledigendes Ereignis eingetreten ist. Dies kann im Beschlussverfahren auch bereits vor Rechtshängigkeit geschehen sein (*BAG* 23.1.2008 EzA § 83a ArbGG 1979 Nr. 8). **Nicht zu überprüfen ist hingegen, ob, wie im Urteilsverfahren, das Verfahren ursprünglich zulässig und begründet war** (*BAG* 26.4.1990 EzA § 83a ArbGG 1979 Nr. 1; 19.2.2008 – 1 ABR 65/05 – FA 2008, 255 LS). Wird eine Erledigung nicht festgestellt, ist über den Antrag in der Sache zu entscheiden; wird sie festgestellt, ist das Verfahren einzustellen (*BAG* 10.2.1999 EzA § 83a ArbGG 1979 Nr. 5). Die Entscheidung ergeht durch die Kammer, nicht durch den Vorsitzenden allein (*BAG* 23.1.2008 EzA § 83a ArbGG 1979 Nr. 8).

Die Erledigungserklärung eines anderen Beteiligten als des Antragstellers ist für sich **1100**
genommen ohne Bedeutung und nur Anlass zu prüfen, ob tatsächlich ein erledigendes Ereignis vorliegt. Ist dies der Fall, fehlt es am Rechtsschutzinteresse, sodass der Antrag als unzulässig abzuweisen ist (*BAG* 23.1.1988 EzA § 233 ZPO Nr. 7).

d) Verfahrensbeendender Beschluss

Das Gericht entscheidet gem. § 84 ArbGG durch Beschluss, welcher schriftlich abzufassen **1101**
und entsprechend § 60 ArbGG zu verkünden ist. Über § 60 ArbGG finden die §§ 300 ff. ZPO entsprechend Anwendung. Er ergeht unter Mitwirkung der ehrenamtlichen Richter.

Sofern nur über einen Teil der Anträge entschieden werden kann, über andere noch wei- **1102**
tere Aufklärung betrieben werden muss, können Teilbeschlüsse entsprechend § 301 ZPO ergehen. Möglich sind auch Beschlüsse über den Grund des geltend gemachten Anspruches nach § 304 ZPO, Zwischenbeschlüsse nach § 280 ZPO über Zulässigkeitsfragen und Anerkenntnis- oder Verzichtsbeschlüsse entsprechend §§ 306, 307 ZPO.

aa) Form/Inhalt

Der Beschluss ist schriftlich niederzulegen, § 84 S. 2 ArbGG, in der ersten Instanz alleine **1103**
vom Vorsitzenden zu unterschreiben, § 60 Abs. 4 S. 1 ArbGG.

Sein notwendiger Inhalt ergibt sich aus § 313 ZPO. Regelmäßig wird er in der Begründung **1104**
mit »Gründen« überschrieben, anstatt mit Tatbestand und Entscheidungsgründe, wobei unter I. der Gründe der Tatbestand und unter II. die Entscheidungsgründe abgefasst werden. Ein Verzicht auf die Gründe gem. § 313 Abs. 1 ZPO kommt nicht in Betracht, da jeder Beschluss mit der Beschwerde anfechtbar ist, es sei denn alle Beteiligten verzichten auf die Einlegung von Rechtsmitteln.

Dem Beschluss ist keine Kostenentscheidung beizufügen, da gerichtliche Gebühren **1105**
und Auslagen nach § 2 Abs. 2 GKG im Beschlussverfahren nicht erhoben werden (*BAG* 2.10.2007 EzA § 280 BGB 2002 Nr. 3). Da es sich nicht um ein Parteiverfahren handelt, bestimmt sich die Erstattung außergerichtlicher Kosten eines oder mehrerer Beteiligter rein nach materiellem Recht, wobei ein materiell-rechtlicher Anspruch grundsätzlich nur dann besteht, wenn das BetrVG oder das PersVG einen entsprechenden Kostenerstattungsanspruch vorsieht (*BAG* 2.10.2007 EzA § 280 BGB 2002 Nr. 3). Sofern der Antragsteller oder sonstige Beteiligte **außergerichtliche Kosten** haben, z.B. durch die Hinzuziehung eines Rechtsanwalts, **kann beantragt werden, festzustellen, wem die Kostenlast materiell obliegt**, z.B. dem Arbeitgeber nach § 40 Abs. 1 BetrVG bei Kosten eines beteiligten Betriebsrats. **Hierbei handelt es sich um einen eigenen Sachantrag, der auch im laufenden Verfahren erhoben werden kann.** Ansonsten können die entstandenen Kosten auch betragsmäßig beziffert in einem besonderen Beschlussverfahren geltend gemacht werden.

Einer Streitwertfestsetzung bedarf es in einem Beschluss ebenfalls nicht. § 84 ArbGG **1106**
verweist nicht auf § 61 Abs. 1 ArbGG. Für eine Streitwertfestsetzung besteht auch kein Bedürfnis, da weder die Zuständigkeit des Gerichts noch die Rechtsmittelfähigkeit der Entscheidung vom Streitwert abhängig ist.

1107 Sofern ein Beteiligter durch einen Rechtsanwalt vertreten wird, dessen Gebühren sich nach dem Gegenstandswert des Verfahrens berechnen, kann Gegenstandswertfestsetzung nach § 33 RVG beantragt werden (vgl. *Bertelsmann* FA 2001, 141 ff.; *Dingeldey* Beil. in FA 11/06 Streitwerttabelle). Die Überprüfung dieses Beschlusses in der Beschwerdeinstanz kann nach Ansicht des *LAG Nbg.* nur auf Ermessensfehler hin erfolgen (7.4.1999 FA 1999, 329).

Beispiele:

- **Arbeitnehmereigenschaft** gem. § 5 BetrVG: Hilfswert nach § 8 Abs. 2 BRAGO; jetzt § 23 Abs. 3 RVG (*LAG Hamm* 5.12.1985 zit. nach GK-ArbGG/*Wenzel* § 12 Rz. 292).
- **Außerordentliche Kündigung, Zustimmungsersetzungsverfahren** nach § 103 BetrVG: § 12 Abs. 7 ArbGG analog (*LAG Nbg.* 2.4.1991 LAGE § 12 ArbGG 1979 Streitwert Nr. 90; *LAG Düsseld.* 11.5.1999 FA 1999, 330; *LAG RhPf* 13.7.2004 LAGE § 103 BetrVG 2001 Nr. 2); **a.A.** Hilfswert § 8 Abs. 2 BRAGO; jetzt § 23 Abs. 3 RVG (*LAG SchlH* 20.5.1997 LAGE § 8 BRAGO Nr. 35).
- **Ausschluss von Betriebsratsmitgliedern** gem. § 23 BetrVG: § 12 Abs. 7 ArbGG analog (*LAG Hamm* 7.3.1980 LAGE § 8 BRAGO Nr. 2); zwei Bruttomonatsgehälter (*LAG Düsseld.* 11.5.1999 FA 1999, 330).
- **Betriebsstätten:** Streit, ob ein Betrieb mit mehreren Betriebsstätten vorliegt und damit mehrere Betriebsräte zu wählen sind: Regelwert nach § 8 Abs. 2 BRAGO; jetzt § 23 Abs. 3 RVG x Multiplikationsfaktor, der sich aus den Stufen des § 9 BetrVG ergibt (*LAG Brem.* 12.5.1999 LAGE § 8 BRAGO Nr. 43).
- **Betriebsratswahl, Anfechtung**: zweifacher Hilfswert nach § 42 GKG, d.h. 8.000,– Euro, wobei eine Erhöhung eintritt um 1/2 des Hilfswertes bei Erreichen einer jeden Staffelstufe nach § 9 BetrVG (*BAG* 17.10.2001 – 7 ABR 92/99; *LAG RhPf* 21.5.2007 – 1 Ta 117/07); 72.000 DM (jetzt ca. 36.000 €) bei 15 Betriebsratsmitgliedern (*LAG Brem.* 11.4.1988 LAGE § 8 BRAGO Nr. 5); ein Mitglied 9.000 DM (ca. 4.500 €), für jedes weitere Mitglied i.d.R. Erhöhung um 1.500 DM (ca. 750 €; *LAG RhPf* 30.3.1992 NZA 1992, 667); 15 Betriebsratsmitglieder 40.000 DM (ca. 20.000,– €; *LAG Nbg.* 7.4.1999 FA 1999, 329); 4.000 € bei einem Betriebsratsmitglied, für jedes weitere 1.000 € (*LAG SchlH* 9.7.2003 – 3 Ta 215/02). **Nichtigkeit**: dreifacher Hilfswert nach § 42 GKG, d.h. 8.000,– Euro, wobei eine Erhöhung eintritt um 1/2 des Hilfswertes bei Erreichen einer jeden Staffelstufe nach § 9 BetrVG (*BAG* 17.10.2001 – 7 ABR 92/99).
- **Betriebsratswahl, Feststellung der Selbstständigkeit von Betriebsteilen**: doppelter Hilfswert nach § 8 Abs. 2 BRAGO; jetzt § 23 Abs. 3 RVG bis 20 Arbeitnehmern im Betriebsteil, dreifacher bis 50 Arbeitnehmer (*LAG Köln* 24.2.1989 LAGE § 8 BRAGO Nr. 11); je nach wirtschaftlicher Bedeutung auch darüber (*BAG* 21.10.1998 – 1 ABR 21/98).
- **Einigungsstelle,** Bestellung der Mitglieder: Hilfswert nach § 8 Abs. 2 BRAGO; jetzt § 23 Abs. 3 RVG (*LAG Hamm* 26.9.1985 LAGE § 8 BRAGO Nr. 4); 1/2 Hilfswert *LAG SchlH* 16.9.2005 LAGE § 23 RVG Nr. 2; 28.12.2005 LAGE § 23 RVG Nr. 5; **a.A.** bei Streit um die Anzahl der Beisitzer 1/6 des Hilfswertes, bei Streit um die Person des Vorsitzenden ebenfalls 1/6, höchstens aber insgesamt 3/6 (*LAG SchlH* 9.3.1993 LAGE § 8 BRAGO Nr. 19; 28.12.2005 LAGE § 23 RVG Nr. 5).
- **Einigungsstelle, Anfechtung des Spruchs**: Wirtschaftliche Bedeutung, z.B. Differenz zwischen Volumen des angefochtenen Sozialplans und der begehrten Dotierung (*LAG Bra.* 20.11.1992 LAGE § 8 BRAGO Nr. 20; *LAG Hamm* 13.10.1988 LAGE § 8 BRAGO Nr. 8; *BAG* 27.3.2000 – 1 ABR 33/99).
- **Einigungsstelle, Zuständigkeit:** Hilfswert nach § 23 RVG (*Sächs. LAG* 16.7.2007 LAGE § 23 RVG Nr. 10).
- **Einstellung, Zustimmungsersetzung** nach § 99 Abs. 4 BetrVG: § 12 Abs. 7 ArbGG analog (*LAG Hamm* 19.3.1987 LAGE § 12 ArbGG 1979 Streitwert Nr. 70); **a.A.** § 8 Abs. 2 BRAGO; jetzt § 23 Abs. 3 RVG, d.h. je nach Bedeutung (*LAG Köln* 30.9.1997 LAGE § 8 BRAGO Nr. 36; *LAG Bln.* 6.4.2001 LAGE § 8 BRAGO Nr. 49; *LAG Nbg.* 21.7.2005 LAGE § 23 RVG Nr. 1; **a.A.** 3/4 des Hilfswertes nach § 8 Abs. 2 BRAGO;

jetzt § 23 Abs. 3 RVG (*LAG SchlH* 11.3.1997 LAGE § 8 BRAGO Nr. 33);**zusätzlicher Antrag nach § 100 BetrVG:** zusätzlich 1/2 des Wertes für das Verfahren nach § 99 Abs. 4 BetrVG (*LAG RhPf* 23.10.2007 – 1 Ta 223/07; *LAG Köln* 18.5.2007 LAGE § 23 RVG Nr. 9a).

- **Ein- und Umgruppierung**, Zustimmungsersetzungsverfahren nach § 99 Abs. 4 BetrVG: 3-facher Jahresbetrag der Vergütungsdifferenz abzüglich 25% (*LAG Düsseld.* 16.2.1981 LAGE § 8 BRAGO Nr. 3); abzüglich 20% (*LAG Hmb.* 1.9.1995 LAGE § 8 BRAGO Nr. 30); Hilfswert nach § 8 Abs. 2 BRAGO; jetzt § 23 Abs. 3 RVG (*LAG RhPf* 20.5.2003 – 6 Ta 494/03).
- **Gesamtbetriebsrat,** Bildung: 1\2 facher Hilfswert nach § 8 Abs. 2 BRAGO; jetzt § 23 Abs. 3 RVG bei zwei Betriebsräten (*LAG Düsseld.* 18.11.1977 LAGE § 8 BRAGO Nr. 1)
- **Leitender Angestellter**, Feststellung nach § 5 Abs. 3 BetrVG: Hilfswert nach § 8 Abs. 2 BRAGO; jetzt § 23 Abs. 3 RVG (*BAG* 23.1.1986 DB 1986, 1131).
- **Schulungsveranstaltung,** Erforderlichkeit: Hilfswert § 8 Abs. 2 BRAGO; jetzt § 23 Abs. 3 RVG (*LAG Düsseld.* 2.7.1990 LAGE § 8 BRAGO Nr. 15); **a.A.** Vergütungsanspruch des zu schulenden Betriebsratsmitglieds in der Freistellungszeit (*LAG Köln* 26.6.2008 LAGE § 23 RVG Nr. 9b).
- **Schulungsveranstaltung,** Freistellung von Betriebsratsmitglied: Gesamtaufwendungen des Arbeitgebers abzüglich 50% (*LAG Hamm* 24.11.1994 LAGE § 8 BRAGO Nr. 27).
- **Soziale Angelegenheiten § 87 BetrVG,** Verbot der einseitigen Anordnung von Mehrarbeit: doppelter Hilfswert nach § 8 Abs. 2 BRAGO; jetzt § 23 Abs. 3 RVG *(LAG Düsseld.* 16.2.1989 LAGE § 8 BRAGO Nr. 13); § 87 Abs. 1 Nr. 10 BetrVG i.d.R. Hilfswert nach § 8 Abs. 2 BRAGO; jetzt § 23 Abs. 3 RVG (*LAG SchlH* 8.12.2000 – 2 Ta 127/00).
- **Unterlassungsantrag nach § 87 BetrVG:** 8.000,– € (*LAG RhPf* 18.3.2004 – 5 Ta 41/04 – zit. nach FA 11/06 Streitwerttabelle); 12.000,– € (*LAG Köln* 31.10.2006 – 3 Ta 293/06).
- **Unterlassungsantrag nach § 23 BetrVG:** Regelwert nach § 23 Abs. 3 RVG (*LAG Sachsen* 9.11.2005 – 1 Ta 282/05 – zit. nach FA 11/06 Streitwerttabelle).
- **Untersagung von Kündigungen vor Abschluss eines Interessenausgleichs**: doppelter Hilfswert gem. § 8 Abs. 2 BRAGO; jetzt § 23 Abs. 3 RVG (*LAG Brem.* 15.2.1990 LAGE § 8 BRAGO Nr. 14); nach wirtschaftlicher Bedeutung (*LAG Hmb.* 6.1.1999 LAGE § 8 BRAGO Nr. 44); für je sechs Arbeitnehmer einmal Hilfswert nach § 8 Abs. 2 BRAGO; jetzt § 23 Abs. 3 RVG (*LAG MV* 16.11.2000 NZA 2001, 1170).
- **Verfahren nach § 101 BetrVG**: Hilfswert nach § 8 Abs. 2 BRAGO; jetzt § 23 Abs. 3 RVG (*LAG Brem.* 18.8.2000 LAGE § 8 BRAGO Nr. 46); 1000 Euro (*LAG Sachsen* 31.3.2004 LAGE § 101 BetrVG 2001 Nr. 1).
- **Wahlanfechtung:** für das erste Betriebsratsmitglied Regelwert nach § 23 Abs. 3 RVG, für jedes weitere Erhöhung zwischen \1 bis \2 des Regelwerts (*LAG SchlH* 9.7.2003 – 3 Ta 215/02; *LAG Köln* 20.1.2003 – 2 Ta 1/03 – zit. nach FA 11/06 Streitwerttabelle).
- **Zustimmungsersetzungsverfahren nach § 103 BetrVG;** 3 Bruttomonatsgehälter (*LAG RhPf* 30.3.2004 – 2 Ta 69/04; *LAG Sachsen* 9.11.2005 – 1 Ta 282/05 – zit. nach FA 11/06 Streitwerttabelle).
- **Zwangsvollstreckungsverfahren** nach § 23 Abs. 3 BetrVG, Hilfswert nach § 8 Abs. 2 BRAGO; jetzt § 23 Abs. 3 RVG (*LAG SchlH* – 5 TA 148/00).

Beschlüsse in vermögensrechtlichen Streitigkeiten sind nach § 85 Abs. 1 S. 2 ArbGG bereits kraft Gesetzes vorläufig **vollstreckbar.** Ein Ausspruch über die vorläufige Vollstreckbarkeit ist daher nur dann notwendig, wenn nicht ohne weiteres ersichtlich ist, ob eine vermögensrechtliche Streitigkeit vorliegt, z.B. wenn ein Arbeitgeber verpflichtet wird, dem Betriebsrat Unterlagen herauszugeben. Für vorläufig vollstreckbare Beschlüsse verweist § 85 ArbGG auf § 62 Abs. 1 S. 2 und 3 ArbGG. 1108

bb) Zustellung

Der Beschluss nach § 84 ArbGG ist den Beteiligten innerhalb von drei Wochen nach Übergabe an die Geschäftsstelle von Amts wegen zuzustellen, §§ 80 Abs. 2, 50 Abs. 1 ArbGG. 1109

cc) Verkündung

1110 Beschlüsse sind wie Urteile zu verkünden und zwar auch im Namen des Volkes, §§ 84 S. 2, 60 ArbGG (s.o. Rn. 485).

dd) Rechtskraft

1111 Beschlüsse sind der **formellen und materiellen Rechtskraft** fähig. Formell wird der Beschluss rechtskräftig, wenn er von keinem Beteiligten mehr mit der Beschwerde angegriffen werden kann, d.h. die Beschwerdefrist nach § 87 Abs. 2 ArbGG abgelaufen ist.

1112 **Materielle Rechtskraft** bedeutet, dass die gleiche Streitfrage nicht erneut zur gerichtlichen Entscheidung gestellt werden kann. Sie wirkt nur solange, wie sich nicht der entscheidungserhebliche Sachverhalt ändert. Eine neue Sachentscheidung ist zulässig, wenn eine wesentliche Änderung der tatsächlichen oder gesetzlichen Voraussetzungen eintritt, z.B. wenn die Frage der Tarifzuständigkeit einer Gewerkschaft für einen Betrieb nach einer Änderung der Zuständigkeitsbestimmungen der Satzung erneut zur Entscheidung gestellt wird (*BAG* 19.11.1985 EzA § 2 TVG Nr. 15; 20.3.1996 EzA § 322 ZPO Nr. 10).

1113 Die materielle Rechtskraft erstreckt sich auf alle Beteiligten des Verfahrens und zwar unabhängig davon, ob sie sich am Verfahren aktiv beteiligt haben oder nicht (*BAG* 5.2.1991 EzA § 613a BGB Nr. 93), einschließlich Rechtsnachfolger, § 325 ZPO (*BAG* 27.1.1981 AP Nr. 2 zu § 80 ArbGG 1979). Soweit es sich um gestaltende Entscheidungen handelt, z.B. um die Anfechtung einer Betriebsratswahl, der Wirksamkeit einer Betriebsvereinbarung, der Feststellung, dass ein Betrieb ein selbstständiger Betrieb i.S.d. § 18 Abs. 2 BetrVG ist, wirkt die materielle Rechtskraft über die am Verfahren Beteiligten hinaus gegenüber allen Betroffenen (*BAG* 9.4.1991 EzA § 18 BetrVG 1972 Nr. 7).

1114 ► **Beispiel:**
Steht rechtskräftig fest, dass der Spruch der Einigungsstelle über einen Sozialplan die Grenzen des Ermessens wahrt, kann ein einzelner Arbeitnehmer nicht mehr die Unangemessenheit der Regelung in einem Individualprozess bzgl. einer Abfindung aus einem Sozialplan geltend machen (*BAG* 17.2.1981 EzA § 112 BetrVG 1972 Nr. 21).

1115 Darüber hinaus binden Entscheidungen, die in Kollektivverfahren ergangen sind, auch Einzelmitglieder des Kollektivs.

1116 ► **Beispiel:**
Ist in einem Beschlussverfahren rechtskräftig festgestellt worden, dass zwei Unternehmen keinen gemeinsamen Betrieb haben, erstreckt sich die materielle Rechtskraft dieser Entscheidung auch auf einen von einem Arbeitnehmer geführten Individualprozess (*BAG* 9.4.1991 EzA § 18 BetrVG 1972 Nr. 7).

IV. Das Beschlussverfahren in zweiter Instanz

1. Eröffnung der zweiten Instanz

a) Beschwerdefähige Entscheidungen

1117 Nach § 87 ArbGG kann gegen alle Beschlüsse des ArbG, die das Verfahren in erster Instanz beenden, unabhängig vom Streitwert Beschwerde eingelegt werden. Gemeint sind die Beschlüsse nach § 84 ArbGG, nicht etwa die Beschlüsse und Verfügungen des Vorsitzenden oder des ArbG, welche im Laufe des Verfahrens vor dem ArbG ergangen sind, das Verfahren jedoch nicht beendet haben. Diese Beschlüsse sind nach den §§ 83 Abs. 5, 78 ArbGG, mit der in der ZPO geregelten sofortigen Beschwerde gem. §§ 567 ff. ZPO anfechtbar.

1118 Nicht beschwerdefähig sind Beschlüsse des ArbG nach § 126 InsO (§ 126 Abs. 2 S. 2 i.V.m. § 122 Abs. 3 InsO).

1119 Anfechtbar sind nach § 87 ArbGG auch Teil- und Zwischenbeschlüsse, soweit entsprechende Urteile im Urteilsverfahren nach den §§ 280 Abs. 2, 302 Abs. 3 und 304 Abs. 2 ZPO selbstständig mit Rechtsmitteln anfechtbar sind. **Im Unterschied zum Urteilsverfahren kann auch ein über den Grund des Anspruchs ergangener Beschluss nach § 304 ZPO selbstständig angefochten werden, da § 61 Abs. 3 ArbGG im Beschlussverfahren keine Anwendung findet.**

b) Anzuwendende Vorschriften

Für das Beschwerdeverfahren gelten neben den §§ 87 bis 91 ArbGG nach § 87 Abs. 2 ArbGG weitgehend die Vorschriften über die Berufung im Urteilsverfahren entsprechend. Gem. § 64 Abs. 6 ArbGG sind ergänzend die Vorschriften der ZPO anwendbar. 1120

c) Einlegung der Beschwerde

Die Beschwerdeschrift ist beim LAG einzureichen, § 87 Abs. 2, § 64 Abs. 6 ArbGG i.V.m. § 519 Abs. 2 ZPO. Die Einlegung beim ArbG wahrt keine Frist da die Beschwerde erst dann wirksam eingelegt ist, wenn sie an das LAG weitergeleitet worden ist. 1121

d) Beschwerdebefugnis

Die Beschwerde ist nur zulässig, wenn der Beschwerdeführer beschwerdebefugt ist. **Dies sind grds. alle Beteiligten, die durch die Entscheidung des ArbG in ihrer betriebsverfassungs-, personalvertretungs- oder mitbestimmungsrechtlichen Rechtsstellung unmittelbar betroffen** sind (*BAG* 19.11.1985 EzA § 2 TVG Nr. 15). 1122

Fordert eine gesetzliche Bestimmung, z.B. § 23 Abs. 1 BetrVG, eine bestimmte Mindestzahl von Antragstellern, so ist jeder Antragsteller für sich beschwerdebefugt. Die Frage, ob genügend Antragsteller die Beschwerde eingelegt haben, betrifft die Zulässigkeit bzw. Unzulässigkeit des gestellten Antrags (*BAG* 12.2.1985 EzA § 19 BetrVG 1972 Nr. 21). Ist ein Organ Beteiligter, ist es immer in seiner jeweiligen Zusammensetzung Beteiligter und damit beschwerdebefugt, z.B. ist immer der Betriebsrat beschwerdebefugt, der im Zeitpunkt der Einlegung im Amt ist (*LAG Hamm* 4.2.1977 EzA § 23 BetrVG 1972 Nr. 5). 1123

Beteiligte, die am Verfahren vor dem ArbG irrtümlich nicht beteiligt worden sind, sind beschwerdebefugt (*BAG* 10.9.1985 EzA § 117 BetrVG 1972 Nr. 1), Personen oder Stellen, die irrtümlich im erstinstanzlichen Beschlussverfahren beteiligt worden sind, hingegen nicht (*BAG* 13.3.1984 EzA § 83 ArbGG 1979 Nr. 2). Sie werden auch nicht dadurch beschwerdebefugt, dass sie in einer Rechtsmittelbelehrung über das Recht zur Einlegung der Beschwerde belehrt wurden (*BAG* 20.2.1986 EzA § 5 BetrVG 1972 Nr. 45). 1124

Daneben muss der Beschwerdeführer durch die angefochtene Entscheidung auch materiell beschwert sein. Beim Antragsteller ergibt sich dies daraus, ob seinem Antrag stattgegeben worden ist oder nicht. Eine Beschwer liegt noch nicht dann vor, wenn ihm aus anderen Gründen als ursprünglich geltend gemacht, im Ergebnis Recht gegeben worden ist (GMPM-G/*Matthes* § 89 Rz. 7). 1125

Bezüglich der übrigen Beteiligten ergibt sich eine materielle Beschwer, wenn sie durch den Inhalt der Entscheidung in einer Rechtsposition nachteilig betroffen sind. Eine Beschwer kann insofern auch dann vorliegen, wenn der gestellte Antrag als unzulässig, anstatt als unbegründet abgewiesen worden ist (*BAG* 29.9.1985 NZA 1986, 400). 1126

e) Form und Frist der Beschwerdeeinlegung

Die Beschwerdeschrift muss schriftlich eingereicht und von einem Rechtsanwalt oder einem Verbandsvertreter nach § 11 Abs. 2 S. 2 ArbGG unterzeichnet werden, § 89 Abs. 1 ArbGG. **Dieses Erfordernis besteht nur für die Einreichung der Beschwerdeschrift. Im Verfahren selbst können sich alle Beteiligten auch selbst vertreten, da § 87 Abs. 2 S. 2 ArbGG für die Vertretung lediglich auf § 11 Abs. 1 ArbGG verweist.** 1127

In der Beschwerdeschrift muss der Beschluss bezeichnet sein, gegen den die Beschwerde eingelegt wird. Darüber hinaus muss er die Erklärung enthalten, dass gegen ihn die Beschwerde eingelegt werden soll, sowie der Beschwerdeführer angegeben sein (*BAG* 1128

23.7.1975 AP Nr. 31 zu § 518 ZPO). Die übrigen Beteiligten brauchen nicht mit ladungsfähiger Anschrift angegeben zu werden. Das LAG hat sie im Zweifel selbstständig zu ermitteln (*BAG* 16.9.1986 EzA § 518 ZPO Nr. 31).

1129 **Muster 1:**

An das LAG Hessen ...

Beschwerde

In dem Beschlussverfahren
des
– Klaus Apfel ..., – Beteiligter zu 1
– Berta Schmidt ... und – Beteiligter zu 2
– Claudia Cecilius ... – Beteiligter zu 3
– Antragsteller –
Verfahrensbevollmächtigte: ...
weitere Beteiligte:
– der Betriebsrat der Fa. Luft GmbH, vertreten durch seinen Vorsitzenden ...
– Antragsgegner und Beteiligter zu 4 –
erstinstanzlich vertreten durch ...
– die Fa. Luft GmbH, vertreten durch ihren Geschäftsführer ...
– Beteiligter zu 5 –
wegen Wahlanfechtung
lege ich namens und mit Vollmacht der Antragsteller gegen den Beschluss des Arbeitsgerichts ... vom ... Aktz: ..., zugestellt am ...
Beschwerde ein.
Die Begründung bleibt einem gesonderten Schriftsatz vorbehalten.
(Unterschrift)

1130 Die Beschwerdeschrift muss innerhalb der Beschwerdefrist nach § 87 Abs. 2 i.V.m. § 66 Abs. 1 S. 1 ArbGG, **d.h. binnen eines Monats nach Zustellung des in vollständiger Form abgefassten Beschlusses, spätestens fünf Monate nach Verkündung, nach den § 84 ArbGG, § 517 ZPO eingelegt werden** (zur Problematik einer fehlenden oder falschen Rechtsmittelbelehrung nach § 9 Abs. 5 ArbGG s.o. Rn. 540 ff.). Da es sich bei der Beschwerdefrist um eine Notfrist handelt, § 517 ZPO, ist sie nicht verlängerbar. Es kann bei ihrer schuldlosen Versäumung Wiedereinsetzung in den vorherigen Stand beantragt werden, §§ 87 Abs. 2, 64 Abs. 6 ArbGG i.V.m. § 230 ff. ZPO.

1131 Die Beschwerde muss binnen zwei Monaten nach Zustellung des Beschlusses begründet werden, §§ 87 Abs. 2, 66 Abs. 1 S. 2 ArbGG. **Die Beschwerdebegründungsfrist kann nach § 66 Abs. 1 S. 5 ArbGG verlängert werden.** Sie muss von einem Rechtsanwalt oder einem Verbandsvertreter i.S.d. § 11 Abs. 2 S. 2 ArbGG unterzeichnet sein. Im Übrigen gelten die gleichen formalen Voraussetzungen wie für die Berufungsbegründungsschrift (s.o. Rn. 683 ff.).

1132 **Spätestens in der Beschwerdebegründung muss der Beschwerdeantrag gestellt werden**, zumindest muss er sich aus ihr ergeben. Nach § 89 Abs. 2 S. 2 ArbGG muss ferner angegeben werden, auf welche Beschwerdegründe, sowie auf welche neuen Tatsachen die Beschwerde gestützt wird. **Allein die Bezugnahme auf das Vorbringen in der ersten Instanz reicht nicht aus. Der Gesetzgeber fordert eine ausführliche Auseinandersetzung mit der angefochtenen Entscheidung.** Die Beschwerde kann nicht damit begründet werden, es seien Mängel im Verfahren bei der Berufung der ehrenamtlichen Richter zu verzeichnen bzw. das ArbG habe zu Unrecht im Beschlussverfahren entschieden bzw. seine Zuständigkeit zu Unrecht angenommen, §§ 88, 65 ArbGG.

Muster 2: 1133

An das LAG Hessen …
In dem Verfahren …
(Rubrum wie bei Beispiel 1).
… wird beantragt zu erkennen:
Der Beschluss des ArbG … vom … Aktz.: …, zugestellt am … wird aufgehoben und die Betriebsratswahl vom … wird für unwirksam erklärt.
Gründe:
I … (Sachverhalt)
II … (Prozessgeschichte)
III … (Materielle Begründung)

(Unterschrift)

f) Rechtswirkungen der Einlegung der Beschwerde

Der Einlegung der Beschwerde kommt ein Devolutiv- und ein Suspensiveffekt zu, § 87 Abs. 3 ArbGG. Dies gilt auch dann, wenn sie sich später als unzulässig oder unbegründet erweisen sollte. Lediglich in vermögensrechtlichen Streitigkeiten findet ein Suspensiveffekt nicht statt, §§ 87 Abs. 3, 85 Abs. 1 S. 2 ArbGG. 1134

g) Anschlussbeschwerde

Auch im Beschlussverfahren ist eine Anschlussbeschwerde zulässig, § 524 ZPO, §§ 87 Abs. 2 i.V.m. 64 Abs. 6 ArbGG (*BAG* 12.1.1988 EzA § 87 BetrVG 1972 Arbeitszeit Nr. 26). Sie kann nur von einem beschwerdebefugten Beteiligten eingelegt werden. Es gelten im Übrigen die Ausführungen zur Anschlussberufung entsprechend (s.o. Rn. 704 ff.). 1135

2. Entscheidung über die Zulässigkeit der Beschwerde

Das LAG entscheidet grds. über die Zulässigkeit der Beschwerde in seinem verfahrensbeendenden Beschluss nach § 91 ArbGG, der auf Grund einer mündlichen Anhörung ergeht. Nach § 89 Abs. 3 ArbGG kann es die Beschwerde, wenn sie nicht form- oder fristgerecht eingereicht worden ist, ohne mündliche Verhandlung als unzulässig verwerfen. **Die Entscheidung ist in diesem Fall endgültig und nicht anfechtbar** (*BAG* 25.7.1989 EzA § 89 ArbGG 1979 Nr. 2). Sie ergeht durch den Vorsitzenden allein, § 89 Abs. 3 S. 2 ArbGG. Wird die Beschwerde nach § 89 Abs. 3 ArbGG verworfen, ist der Beschluss dem Beschwerdeführer zuzustellen und den Beteiligten, an die die Beschwerdeschrift bereits zugestellt wurde, mitzuteilen. 1136

§ 522 Abs. 2 und 3 ZPO finden keine Anwendung, § 89 Abs. 3 S. 4 ArbGG. 1137

Darüber hinaus wird vertreten, dass das vereinfachte Verfahren nach § 89 Abs. 3 ArbGG auch beim Vorliegen anderer formeller Gründe, die zur Unzulässigkeit der Beschwerde führen, angewendet werden kann, z.B. wenn der Beschwerdeführer zuvor schon wirksam auf die Einlegung der Beschwerde verzichtet hat oder eine Beschwerdefähigkeit nicht vorliegt (GMPM-G/*Matthes* § 89 Rz. 46). Diese Ansicht erscheint bedenklich, da der Verwerfungsbeschluss nach § 89 Abs. 3 ArbGG endgültig ist, eine Rechtsbeschwerde an das BAG nicht möglich ist, wohingegen dies gegen verfahrensbeendende Beschlüsse nach § 91 ArbGG ggf. der Fall ist. Eine extensive Auslegung des Wortlauts des § 89 Abs. 3 ArbGG führt damit zu einer gesetzlich nicht vorgesehenen Rechtsmittelverkürzung (vgl. Schwab/Weth-*Busemann* § 89 Rz. 26 ff.). 1138

Wird die Beschwerde wegen nicht eingehaltener Form oder Frist nach mündlicher Verhandlung durch Beschluss verworfen, ist diese Entscheidung ebenfalls nicht anfechtbar sondern endgültig, selbst wenn das LAG die Rechtsbeschwerde zu Unrecht zugelassen hat (*BAG* 28.8.1969 AP Nr. 11 zu § 92 ArbGG 1953). 1139

1140 Kommt das LAG zum Ergebnis, die Beschwerde ist form- und fristgerecht eingelegt worden, kann es dies durch Zwischenbeschluss ausdrücklich feststellen; regelmäßig geschieht dies jedoch nicht, sondern erst in den Gründen des verfahrensbeendenden Beschlusses nach § 91 ArbGG.

3. Der weitere Verfahrensablauf

a) Vorbereitung des Anhörungstermins

1141 Nach Eingang der Beschwerdeschrift und der Beschwerdebegründung stellt der Kammervorsitzende diese den Beteiligten zu, § 90 Abs. 1 S. 2 ArbGG, und räumt ihnen Gelegenheit zur Äußerung ein. Diese kann entweder durch einen Schriftsatz oder durch Erklärung zur Niederschrift der Geschäftsstelle des ArbG, das den angefochtenen Beschluss erlassen hat, erfolgen, § 90 Abs. 1 ArbGG. Von der Zustellung der Beschwerdeschrift kann abgesehen werden, wenn bereits feststeht, dass die Beschwerde als unzulässig zu verwerfen ist.

1142 Das Setzen einer Frist zur Äußerung erscheint sinnvoll. Ihre Versäumung durch einen Beteiligten führt nach § 83 Abs. 1a ArbGG zur Zurückweisung seines Vorbringens als verspätet, wenn die Zulassung die Erledigung des Verfahrens verzögern würde und er die Verzögerung nicht entschuldigen kann (s.o. Rn. 1067). Für die schriftsätzliche Äußerung der Beteiligten besteht kein Vertretungszwang, §§ 87 Abs. 2, 11 Abs. 1 ArbGG.

1143 Bezüglich des weiteren Verfahrens enthält das ArbGG keine Vorschriften. In § 90 Abs. 2 ArbGG wird insofern auf das erstinstanzliche Verfahren und dort auf die §§ 83, 83 a ArbGG verwiesen. Es ist daher alsbald Termin zur Anhörung der Beteiligten zu bestimmen, § 64 Abs. 6 ArbGG, § 523 Abs. 1 ZPO, wozu diese zu laden sind. Die Ladungsfrist beträgt zwei Wochen, §§ 523 Abs. 2, 274 Abs. 3 ZPO.

b) Antragsänderung

1144 Eine Antragsänderung ist auch noch im Beschwerdeverfahren zulässig, §§ 87 Abs. 2 S. 3, 81 Abs. 3 ArbGG. Es gelten die gleichen Grundsätze wie im erstinstanzlichen Verfahren (s.o. Rn. 1054 ff.). Die Entscheidung des LAG über ihre Zulassung ist unanfechtbar (vgl. *BAG* 12.11.2002 EzA § 99 BetrVG 2001 Nr. 2).

c) Der Anhörungstermin

1145 Das Verfahren im Anhörungstermin entspricht dem des erstinstanzlichen Verfahren, § 90 Abs. 2 ArbGG (s.o. Rn. 1084 ff.). **Eine Zurückweisung von neuem Vorbringen, welches in der ersten Instanz nicht vorgebracht worden ist, ist unter den Voraussetzungen des § 87 Abs. 3 ArbGG nunmehr möglich** (s.o. Rn. 712 ff.).

1146 Beschlüsse und Verfügungen während des Verfahrens sind nach § 90 Abs. 3 ArbGG nicht rechtsmittelfähig. Hierunter sind nur verfahrensleitende Beschlüsse, nicht die abschließende Entscheidung nach § 91 ArbGG, zu verstehen.

4. Beendigungsmöglichkeiten

a) Antragsrücknahme

1147 Auch noch in der zweiten Instanz ist eine Antragsrücknahme möglich, § 87 Abs. 2 S. 3 ArbGG, **allerdings nur mit Zustimmung aller Beteiligten** (Schwab/Weth-*Busemann* § 87 Rz. 44 f.); **a.A.** *Grunsky* § 87 Rz. 30, der die Zustimmung des Antragsgegners genügen lässt). Sinn und Zweck des Zustimmungserfordernisses ist es, dass sich der Antragsteller nicht mehr einseitig dem Verfahren entziehen kann, nachdem das ArbG über den Antrag bereits entschieden hat (*BAG* 10.6.1986 EzA § 80 BetrVG 1972 Nr. 26). Die Zustimmung der sonstigen Beteiligten muss ausdrücklich erklärt werden.

1148 Der Kammervorsitzende hat das Verfahren einzustellen und den Beteiligten hiervon Mitteilung zu machen (s.o. Rn. 1087). Der angefochtene Beschluss des ArbG wird gem. § 269 Abs. 2 ZPO wirkungslos, was auf Antrag eines Beteiligten vom Gericht auszusprechen ist.

b) Beschwerderücknahme/Beschwerdeverzicht

Bis zur rechtskräftigen Entscheidung des LAG kann die Beschwerde zurückgenommen werden, § 89 Abs. 4 ArbGG. Geschieht dies schriftlich, muss ein Rechtsanwalt oder Verbandsvertreter den Schriftsatz unterschreiben. Die Beschwerde kann allerdings auch von den Beteiligten selbst mündlich zu Protokoll im Anhörungstermin zurückgenommen werden. **Einer Zustimmung sonstiger Beteiligter bedarf es nicht.** Als Prozesshandlung ist sie unwiderruflich. 1149

Wird die Beschwerde zurückgenommen, hat der Vorsitzende das Verfahren durch Beschluss einzustellen. Ob es sich hierbei nur um einen deklaratorischen und damit unanfechtbaren Beschluss handelt oder ob mit ihm erst die Rechtshängigkeit beendet wird, ist streitig (s.o. Rn. 1053, 1087). 1150

Jeder Beteiligte kann entsprechend § 515 ZPO darauf verzichten, gegen den Beschluss der ersten Instanz Beschwerde einzulegen. Wird der Verzicht erst gegenüber dem Beschwerdegericht erklärt, bedarf er der sich aus § 89 Abs. 1 ArbGG ergebenden Form oder er ist zu Protokoll im Anhörungstermin zu erklären. Bei der Erklärung handelt es sich um eine unwiderrufliche Prozesshandlung, die eine dennoch eingelegte Beschwerde unzulässig macht. 1151

c) Vergleich, Erledigung der Hauptsache

Gem. §§ 90 Abs. 3, 83 a ArbGG kann das Verfahren durch Vergleich oder Erledigungserklärung beendet werden (*BAG* 27.8.1996 EzA § 83a ArbGG 1979 Nr. 4). 1152

d) Beschluss

Über die Beschwerde entscheidet das LAG durch Beschluss, § 91 Abs. 1 ArbGG. § 522 Abs. 2 und 3 ZPO ist dabei nicht anwendbar, § 89 Abs. 3 ArbGG. **Eine Zurückverweisung des Verfahrens an das ArbG ist unzulässig.** Er ist schriftlich niederzulegen, d.h. mit Tatbestand und Entscheidungsgründen zu versehen, die üblicherweise unter der Überschrift Gründe I und II niedergeschrieben werden, sodann von allen Mitgliedern der Kammer zu unterzeichnen, § 91 Abs. 2 ArbGG. Wie in der ersten Instanz bedarf es keiner Festsetzung des Streitwerts und keiner Kostenentscheidung (s.o. Rn. 1103 ff.). 1153

Im Übrigen finden die gleichen Vorschriften der ZPO auf die formelle Gestaltung des Beschlusses Anwendung, wie sie für das Berufungsurteil gelten (s.o. Rn. 744 ff.). 1154

Im Tenor der Entscheidung ist auszusprechen, ob die Rechtsbeschwerde zugelassen wird. Eine Zulassung erst in den Gründen reicht nach § 64 Abs. 3a ArbGG, der über §§ 92 Abs. 1, 72 Abs. 1 S. 2 ArbGG Anwendung findet, nicht mehr aus (s.o. Rn. 761 ff.). 1155

Lässt das LAG die Rechtsbeschwerde zu, ist dem Beschluss eine Rechtsmittelbelehrung nach § 9 Abs. 5 ArbGG beizulegen. Wird die Rechtsbeschwerde nicht zugelassen, bedarf es keiner Rechtsmittelbelehrung über die Möglichkeit der Einlegung der Nichtzulassungsbeschwerde, da es sich hierbei nur um einen Rechtsbehelf und nicht um ein Rechtsmittel handelt (*BAG* 1.4.1980 EzA § 72a ArbGG 1979 Nr. 11). 1156

Für die Verkündung gilt das Gleiche wie für die Verkündung des Berufungsurteils, §§ 91 Abs. 2, 69 Abs. 1 S. 2 ArbGG (s.o. Rn. 744 ff.). 1157

V. Das Rechtsbeschwerdeverfahren

1. Statthaftigkeit

Das Rechtsbeschwerdeverfahren ist statthaft, wenn es im Beschluss des LAG nach § 91 ArbGG zugelassen worden ist oder auf Grund einer Nichtzulassungsbeschwerde nach § 92a ArbGG vom BAG selbst zugelassen wird oder im Fall der Zulassung im Beschluss des ArbG, bei Vorliegen der Voraussetzungen einer Sprungrechtsbeschwerde, § 96a ArbGG. 1158

1159 Nicht statthaft ist die Rechtsbeschwerde gegen Beschlüsse des LAG nach §§ 89 Abs. 3, 90 Abs. 3 und 98 Abs. 2 ArbGG, **selbst wenn das LAG sie für statthaft erklärt** hat (*BAG* 26.7.1989 EzA § 89 ArbGG 1979 Nr. 3).

a) Zulassung durch das LAG

1160 Das LAG hat die Rechtsbeschwerde gem. § 92 Abs. 1 S. 2 ArbGG in den Fällen zuzulassen, in denen es im Fall des Ausspruchs eines Urteils im Urteilsverfahren die Revision zulassen müsste (s.o. Rn. 760 ff.).

1161 **Die Zulassungsentscheidung muss grds. im Tenor des Beschlusses erfolgen** (s.o. Rn. 763).

b) Zulassung auf Grund Nichtzulassungsbeschwerde

1162 Die Nichtzulassungsbeschwerde nach § 92a ArbGG entspricht der Regelung der Nichtzulassungsbeschwerde im Urteilsverfahren, § 72a ArbGG. Neben der Grundsatzbeschwerde gibt es, wie bei der Nichtzulassungsbeschwerde nach § 72a ArbGG, **die Divergenzbeschwerde** (s.o. Rn. 810 ff.) und die Nichtzulassungsbeschwerde wegen Verfahrensfehlern (s.o. Rn. 800 ff.).

1163 Die Nichtzulassungsbeschwerde muss von einem Rechtsanwalt eingelegt und begründet werden. Im übrigen Verfahren und für die übrigen Beteiligten gilt kein Vertretungszwang.

1164 Gegen die Nichtzulassung der Rechtsbeschwerde nach §§ 126, 122 Abs. 3 InsO ist eine Nichtzulassungsbeschwerde nicht statthaft (*BAG* 14.8.2001 – 2 ABN 20/01 – FA 2002, 87 LS).

1165 Eine Beschwerde gegen die Nichtzulassung der Rechtsbeschwerde in einer Entscheidung des LAG, deren vollständige Gründe erst nach Ablauf von fünf Monaten seit Verkündung unterschrieben der Geschäftsstelle übergeben wurde, ist ebenfalls unzulässig (*BAG* 1.10.2003 –1 ABN 62/01 – § 92a ArbGG 1979 Nr. 5). Es besteht insofern aber die Möglichkeit **sofortige Beschwerde** nach § 92b ArbGG einzulegen. Es gelten die gleichen Grundsätze, wie bei der sofortigen Beschwerde nach § 72b ArbGG (s.o. Rn. 984 ff.).

c) Zulassung durch das ArbG

1166 Gegen den das Verfahren beendenden Beschluss des ArbG kann unter Übergehung der Beschwerdeinstanz unmittelbar Rechtsbeschwerde zum BAG eingelegt werden, wenn die übrigen Beteiligten schriftlich zustimmen und wenn sie vom ArbG **wegen grundsätzlicher Bedeutung** der Rechtssache auf Antrag im verfahrensbeendenden Beschluss oder nachträglich durch gesonderten Beschluss zugelassen wird, § 96a Abs. 1 S. 1 ArbGG.

1167 Anders als bei der Sprungrevision und der Nichtzulassungsbeschwerde kommt es nicht auf den Streitgegenstand an, sondern lediglich darauf, dass die Rechtsbeschwerde wegen grundsätzlicher Bedeutung der Rechtssache zugelassen wird. Sie ist daher in allen Rechtsstreitigkeiten, in denen im Beschlussverfahren entschieden wird, möglich (*BAG* 18.2.2003 EzA § 7 ArbZG Nr. 4).

1168 Grds. sind alle Beteiligten des Verfahrens antragsberechtigt. Der Antrag kann bereits vor oder während des erstinstanzlichen Verfahrens oder aber auch erst nach Verkündung der Entscheidung binnen einer Notfrist von einem Monat nach Zustellung des in vollständiger Form abgefassten Beschlusses schriftlich gestellt werden. Die übrigen Beteiligten müssen dem Antrag zustimmen. Wird der Antrag erst nach Verkündung des Beschlusses gestellt, muss die Zustimmungserklärung der übrigen Beteiligten bereits dem Zulassungsantrag an das ArbG beigefügt werden. Sie kann von den Beteiligten selbst gefertigt werden, sie muss schriftlich erfolgen. Ein Vertretungszwang besteht nicht.

1169 Wird der Antrag bereits während des Verfahrens gestellt, entscheidet die Kammer des ArbG unter Einschluss der ehrenamtlichen Richter in seinem Beschluss über den Zulassungsantrag, richtigerweise bereits im Tenor. Bei einem nachträglich gestellten Antrag entscheidet der Vorsitzende gem. § 53 Abs. 1 ArbGG allein.

Der die Sprungrechtsbeschwerde zulassende Beschluss ist für das BAG bindend, § 96a Abs. 2 i.V.m. § 76 Abs. 2 S. 2 ArbGG. Wird der Antrag auf Zulassung der Sprungrechtsbeschwerde abgelehnt, ist die Entscheidung unanfechtbar, § 96a Abs. 2 i.V.m. § 76 Abs. 2 S. 3 ArbGG. Im Übrigen findet über § 96a Abs. 2, § 76 Abs. 2 und Abs. 3 bis 6 ArbGG Anwendung (s.o. Rn. 868 ff.). 1170

2. Vertretung der Beteiligten

Die Parteien können sich auch vor dem BAG im **Rechtsbeschwerdeverfahren selbst vertreten, § 92 Abs. 2 S. 2 i.V.m. § 11 Abs. 1 ArbGG.** 1171

3. Einlegung und Begründung der Rechtsbeschwerde

Form und Inhalt der Rechtsbeschwerde bestimmen sich nach den §§ 94, 92 Abs. 2, 74 Abs. 1, 72 Abs. 5 ArbGG i.V.m. §§ 548 ff. ZPO, für die Anschlussbeschwerde § 554 ZPO. 1172

a) Rechtsbeschwerdebefugnis

Jeder beschwerte Beteiligte des Verfahrens ist berechtigt, Rechtsbeschwerde einzulegen. Insofern gelten die gleichen Grundsätze wie für die Beschwerdebefugnis bei Einlegung der Beschwerde nach § 87 ArbGG (s.o. Rn. 1122 ff.). 1173

b) Form

Die Rechtsbeschwerde muss schriftlich eingelegt werden, § 549 Abs. 1 ZPO, wobei in der Rechtsbeschwerdeschrift der Beschluss bezeichnet werden muss, gegen den die Rechtsbeschwerde gerichtet ist und die Erklärung enthalten sein muss, dass gegen diesen Beschluss die Rechtsbeschwerde eingelegt wird, § 94 Abs. 2 S. 1 ArbGG. Sie muss von einem Rechtsanwalt unterzeichnet sein, allein die Unterschrift eines Verbandsvertreters genügt nicht. 1174

Muster: 1175

An das BAG …
In dem Beschlussverfahren
des
– Karl Apfel …, – Beteiligter zu 1
– Berta Pflug … und – Beteiligter zu 2
– Claudia Cecilius … – Beteiligter zu 3
– Antragsteller –
Verfahrensbevollmächtigte: …
weitere Beteiligte:
– der Betriebsrat der Fa. Luft GmbH, vertreten durch seinen Vorsitzenden …
– Antragsgegner und Beteiligter zu 4 –
erstinstanzlich vertreten durch …
– die Fa. Luft GmbH, vertreten durch ihren Geschäftsführer …
– Beteiligter zu 5 –
wegen Wahlanfechtung
lege ich namens und mit Vollmacht der Antragsteller gegen den Beschluss des LAG … vom … Aktz: …, zugestellt am …
Rechtsbeschwerde ein.
Die Begründung bleibt einem gesonderten Schriftsatz vorbehalten.
(Unterschrift)

Im gleichen oder in einem folgenden Schriftsatz muss die Rechtsbeschwerde begründet werden, § 551 Abs. 1 ZPO. Dies gilt auch dann, wenn die Rechtsbeschwerde erst aufgrund einer erfolgreichen Nichtzulassungsbeschwerde (§ 92a ArbGG) zugelassen worden ist und die Begründung der Nichtzulassungsbeschwerde bereits den Anforderungen nach den § 72 1176

Abs. 5 ArbGG i.V.m. § 94 Abs. 3 ArbGG entsprochen hatte (*BAG* 27.4.2008 – 1 ABR 56/06 – FA 2008, 254 LS). Eine Bezugnahme auf die Begründung der Nichtzulassungsbeschwerde ist allerdings möglich. Auch die Begründungsschrift muss von einem Rechtsanwalt unterzeichnet und angegeben sein, inwieweit die Abänderung des angefochtenen Beschlusses beantragt wird, welche Bestimmungen verletzt sein sollen und worin die Verletzung bestehen soll, § 94 Abs. 2 S. 2 ArbGG. Es gelten im Übrigen die Vorschriften über die Revisionsbegründung bzgl. Form, Inhalt und Fristen entsprechend (s.o. Rn. 887 ff.).

1177 Die Rechtsbeschwerde kann nicht auf Verfahrensmängel i.S.d. § 65 ArbGG gestützt werden, § 93 Abs. 2 ArbGG oder dass der Beschluss nicht binnen fünf Monaten abgesetzt wurde, § 93 Abs. 1 S. 2 ArbGG (s.o. Rn. 749 ff.), sondern nur darauf, dass der angefochtene Beschluss auf **der Nichtanwendung oder unrichtigen Anwendung einer Rechtsnorm beruht, § 93 Abs. 1 ArbGG. Die vom Beschwerdeführer gem. § 94 Abs. 2 ArbGG geforderte Auseinandersetzung mit den Beschlussgründen geht dabei über die Anforderungen an eine Revisionsbegründung nach § 551 Abs. 3 ZPO hinaus.**

1178 Wird die Verletzung von Verfahrensvorschriften gerügt, gilt § 551 Abs. 3 Nr. 2b ZPO entsprechend. Wird die Verletzung der Amtsaufklärungspflicht gerügt, muss im Einzelnen in der Begründungsschrift aufgezeigt werden, welche weiteren Tatsachen von der Vorinstanz hätten aufgeklärt werden müssen, welche Beweismittel hätten herangezogen werden können und weswegen dies das Beschwerdegericht hätte von sich aus durchführen müssen. Wird gerügt, ein notwendig zu Beteiligender sei zu Unrecht nicht beteiligt worden, bedarf es allerdings keiner weiteren Darlegung darüber, dass die Beschwerdeentscheidung bei Hinzuziehung des Beteiligten anders ausgefallen wäre (*BAG* 10.2.1986 EzA § 64 BetrVG 1972 Nr. 2).

1179 Die Beschwerde kann grds. nicht auf neue Tatsachen gestützt werden (*BAG* 24.7.1990 EzA § 2 TVG Tarifzuständigkeit Nr. 2).

c) Rechtswirkung

1180 Die Einlegung der Rechtsbeschwerde hat aufschiebende Wirkung, § 92 Abs. 3 ArbGG. **Als Rechtsmittel kommt ihr ein Suspensiv- und ein Devolutiveffekt zu.** Hiervon unberührt bleibt die Vollstreckbarkeit von Beschlüssen in vermögensrechtlichen Streitigkeiten, §§ 92 Abs. 3 S. 2, 85 Abs. 1 S. 2, 62 Abs. 1 S. 2 und 3 ArbGG. Auf Antrag kann das BAG nach § 85 Abs. 1 S. 3 ArbGG i.V.m. § 719 Abs. 2 ZPO die Zwangsvollstreckung vorläufig einstellen.

d) Anschlussrechtsbeschwerde

1181 Nach §§ 92 Abs. 2, 72 Abs. 5 ArbGG i.V.m. § 554 ZPO ist eine Anschlussrechtsbeschwerde zulässig (*BAG* 11.7.1990 AP Nr. 9 zu Art. 56 ZA-NTS).

1182 Der sich anschließende Beteiligte muss binnen eines Monats nach Zustellung der Rechtsbeschwerdebegründung Anschlussrechtsbeschwerde einlegen. **Bereits im Einlegungsschriftsatz ist sie zu begründen,** § 554 Abs. 3 S. 1 ZPO. Es genügt allerdings, wenn die Begründung noch innerhalb der Frist nachgereicht wird (GMPM-G/*Matthes* § 94 Rz. 24).

1183 Die Anschließung verliert ihre Wirkung, wenn die Rechtsbeschwerde zurückgenommen oder als unzulässig verworfen wird, § 554 Abs. 4 ZPO.

4. Entscheidung über die Zulässigkeit der Rechtsbeschwerde

1184 Das BAG prüft bei Einlegung der Rechtsbeschwerde, ob sie statthaft und in der gesetzlichen Form und Frist eingelegt und begründet worden ist. Fehlt es an einem dieser Voraussetzungen, wird die Rechtsbeschwerde als unzulässig verworfen, was nach § 94 Abs. 2 S. 3 i.V.m. § 74 Abs. 2 S. 3 ArbGG durch Beschluss des Senats ohne Hinzuziehung der ehrenamtlichen Richter und auch ohne mündliche Verhandlung geschehen kann. Gem. §§ 94 Abs. 2 S. 3, 74 Abs. 2 ArbGG, § 552 ZPO gelten dieselben Unwirksamkeitsgründe wie bei der Revision (s.o. Rn. 904 ff.).

Der Verwerfungsbeschluss ist allen Beteiligten – auch dem Beschwerdeführer – formlos mitzuteilen, § 329 Abs. 2 ZPO. 1185

5. Der weitere Verfahrensablauf

a) Vorbereitungshandlung des Senatsvorsitzenden

Nach Eingang der Rechtsbeschwerde und ihrer Begründung sind die Schriftsätze allen Beteiligten zuzustellen, es sei denn die Rechtsbeschwerde ist als unzulässig zu verwerfen. 1186

Sie sind zur Äußerung aufzufordern, § 95 Abs. 1 ArbGG. Dies hat durch Einreichung von Schriftsätzen beim BAG zu erfolgen oder durch Erklärung zur Niederschrift der Geschäftsstelle des LAG, das den angefochtenen Beschluss erlassen hat. Geht innerhalb der gesetzten Frist keine Äußerung ein, steht dies dem Fortgang des Verfahrens nicht entgegen, d.h. der Anspruch auf rechtliches Gehör ist gewahrt und es kann in der Sache entschieden werden. 1187

Sodann ist darüber zu befinden, ob im schriftlichen Verfahren, was die Regel ist, oder nach mündlicher Anhörung der Beteiligten entschieden werden soll. Insofern kommt dem BAG ein Wahlrecht zu (*BAG* 22.10.1985 EzA § 99 BetrVG 1972 Nr. 44). Sofern eine mündliche Anhörung ausnahmsweise erfolgen soll, ist der Termin festzusetzen und den Beteiligten durch förmliche Zustellung mitzuteilen, ansonsten ist der Termin festzusetzen, an dem das BAG ohne mündliche Verhandlung im schriftlichen Verfahren entscheiden wird. 1188

Die Ladungsfrist beträgt nach §§ 92 Abs. 2 S. 1, 77 Abs. 5 ArbGG i.V.m. §§ 553, 274 Abs. 3 ZPO mindestens zwei Wochen. 1189

b) Verfahrensgegenstand

Verfahrensgegenstand ist die angefochtene Entscheidung des LAG. Diese ist vom BAG im Rahmen der gestellten Anträge zu überprüfen, § 557 Abs. 1 ZPO. **Eine Antragsänderung ist in der Rechtsbeschwerdeinstanz grds. nicht zulässig** (*BAG* 10.4.1984 EzA § 81 ArbGG 1979 Nr. 5), da § 92 Abs. 2 ArbGG nicht auf § 81 Abs. 3 ArbGG verweist. Im Einzelfall wird aus prozessökonomischen Gründen allerdings eine Antragsänderung dann, wenn sie sich auch auf den vom Beschwerdegericht bereits festgestellten Sachverhalt bezieht, zugelassen (*BAG* 5.11.1985 EzA § 98 BetrVG 1972 Nr. 2). 1190

Das BAG ist nicht an die in der Antrags- oder Antragsbegründungsschrift genannten Rechtsbeschwerdegründe gebunden, § 557 Abs. 3 ZPO. 1191

Verfahrensmängel dürfen nur dann überprüft werden, wenn sie in der vorgeschriebenen Weise gerügt worden sind, es sei denn es handelt sich um von Amts wegen zu berücksichtigende Verfahrensmängel, wie z.B. die Frage der Zulässigkeit der Beschwerde an sich, der Antragsbefugnis des Antragstellers oder des Bestehens oder Fortbestehens eines Rechtsschutzinteresses des Antragstellers, § 557 Abs. 3 S. 2 ZPO. 1192

Der Amtsermittlungsgrundsatz, § 83 ArbGG, findet im Rechtsbeschwerdeverfahren keine Anwendung. Es werden keine neuen Tatsachen ermittelt, sondern auf der Grundlage der Tatsachenermittlung des LAG die Richtigkeit des erlassenen Beschlusses überprüft. 1193

Bezüglich der tatsächlichen Entscheidungsgrundlagen ist das BAG an das Vorbringen der Parteien, wie es sich aus der Beschwerdeentscheidung des LAG bzw. dem Sitzungsprotokoll ergibt, gebunden (§ 559 ZPO). Neues tatsächliches Vorbringen kann nur ausnahmsweise dann berücksichtigt werden, wenn es unstreitig ist, wenn es das Bestehen bzw. Weiterbestehen des Rechtsschutzinteresses betrifft (*BAG* 23.1.1986 EzA § 5 BetrVG 1972 Nr. 7) oder wenn sich die Hauptsache tatsächlich erledigt hat (GMPM-G/*Matthes* § 96 Rz. 11). 1194

6. Beendigung des Verfahrens

a) Unstreitige Beendigung

Der Antragsteller kann seinen Antrag auf **Einleitung des Beschlussverfahrens** auch noch in der Rechtsbeschwerdeinstanz **mit Zustimmung der anderen Beteiligten** zurücknehmen. Die Zustimmung muss ausdrücklich erfolgen. Stimmen alle Beteiligten der Antragsrück- 1195 nahme zu, hat der Senatsvorsitzende das Verfahren einzustellen und den Beteiligten von der Einstellung Mitteilung zu machen (zu den Rechtswirkungen s.o. Rn. 1147 ff.).

1196 Nach § 94 Abs. 3 ArbGG kann die Rechtsbeschwerde jederzeit in der für **ihre Einlegung vorgeschriebenen Form zurückgenommen werden**. Es gilt im Übrigen das Gleiche, wie bei der Rücknahme der Beschwerde (s.o. Rn. 1149 ff.).

1197 Auch im Rechtsbeschwerdeverfahren kann das Verfahren, wie im Revisionsverfahren, durch einen Vergleich oder eine übereinstimmende Erledigungserklärung beendet werden (§§ 92 Abs. 2, 72 ff. ArbGG).

b) Verfahrensbeendender Beschluss

1198 Bezüglich der Verwerfung der Rechtsbeschwerde vergleiche die Ausführungen o. Rn. 1184 ff.

1199 Nach § 96 ArbGG i.V.m. §§ 562, 563 ZPO ergeht die Entscheidung des BAG über die Rechtsbeschwerde durch Beschluss. Es gelten die für das Revisionsverfahren dargestellten Grundsätze entsprechend (s.o. Rn. 967 ff.).

VI. Beschlussverfahren in besonderen Fällen

1. Entscheidung über die Tariffähigkeit und Tarifzuständigkeit einer Vereinigung

1200 In § 97 ArbGG sind einige Sonderregelungen für Beschlussverfahren aufgeführt, in denen über die Tariffähigkeit oder die Tarifzuständigkeit einer Vereinigung gestritten wird, § 2a Abs. 1 Nr. 4 ArbGG (s.o. Kap. 13 Rn. 320 ff.).

a) Streitgegenstand

1201 § 97 ArbGG stellt klar, dass es sich dabei um ein ordentliches Beschlussverfahren i.S.d. §§ 80 ff. ArbGG handelt und nicht um ein eigenes besonderes Verfahren neben dem Urteils- und Beschlussverfahren. Der Streitgegenstand besteht darin, dass entweder streitig ist, ob eine Arbeitnehmer- oder Arbeitgebervereinigung eine Vereinigung i.S.d. § 2 TVG ist, mithin Tarifverträge mit normativer Wirkung für ihre Mitglieder abschließen kann (vgl. GK-ArbGG/*Dörner* § 97 Rz. 9 bis 11), oder ob es einer unstreitig tariffähigen Vereinigung gem. der in ihrer Satzung geregelten Befugnisse zusteht, Tarifverträge für einen bestimmten räumlichen, betrieblich-fachlichen und persönlichen Geltungsbereich abzuschließen (*BAG* 19.11.1985 EzA § 2 TVG Nr. 15; 22.11.1988 EzA § 2 TVG Tarifzuständigkeit Nr. 1). Der Streit muss nicht notwendig zwischen den sozialen Gegenspielern erwachsen sein. Er kann z.B. auch zwischen mehreren Gewerkschaften entstehen, wenn es um ihre Tarifzuständigkeit geht (GMPM-G/*Matthes* § 97 Rz. 6).

1202 Streitig ist, ob nach § 97 ArbGG auch ein Streit über die Tariffähigkeit oder **Tarifzuständigkeit von Handwerksinnungen oder Innungsverbänden** zu entscheiden ist, welche nach § 54 Abs. 3 Nr. 1 und § 82 Nr. 3 HandWO kraft Gesetzes tariffähig sind (GMPM-G/*Matthes* § 97 Rz. 5).

b) Einleitung des Verfahrens

1203 Das Beschlussverfahren nach § 97 ArbGG wird nur auf Antrag eingeleitet.

1204 **Antragsberechtigt** sind zum einen die **in § 97 Abs. 1 ArbGG genannten Vereinigungen von Arbeitnehmern und Arbeitgebern**, sofern sie räumlich und sachlich nach ihrer Satzung zuständig sind. Die antragstellende Vereinigung muss selbst tariffähig sein. Sofern die Vereinigungen ihre Spitzenorganisation nach § 2 Abs. 2, 3 TVG zum Abschluss von Tarifverträgen ermächtigt haben oder dies zu ihren satzungsmäßigen Aufgaben gehört, sind auch sie antragsbefugt (vgl. GK-ArbGG/*Dörner* § 97 Rz. 28).

1205 Die **oberste Arbeitsbehörde des Bundes** ist antragsbefugt, wenn sich die Tätigkeit der Vereinigung, um die es bei dem Rechtsstreit geht, über das Gebiet eines Landes hinaus erstreckt, andernfalls ist dies die **oberste Arbeitsbehörde des betreffenden Landes**.

Ein **einzelner Arbeitgeber** kann antragsberechtigt sein, wenn die Tarifzuständigkeit oder -fähigkeit einer Gewerkschaft streitig ist, die als tariflicher Gegenspieler gerade des einzelnen Arbeitgebers auftritt, z.B. wenn es um den Abschluss eines Firmentarifvertrags geht. Hingegen ist eine Feststellungsklage einer Gewerkschaft über den Geltungsbereich eines Tarifvertrags auch gegenüber einem einzelnen Arbeitgeber unzulässig (*BAG* 10.5.1989 EzA § 256 ZPO Nr. 32). 1206

Antragsberechtigt sind weiter die Parteien derjenigen Verfahren, die nach § 97 Abs. 5 ArbGG ausgesetzt werden müssen (s.u. L/1093 ff.). 1207

Schließlich kann jeder einen Antrag nach § 97 ArbGG stellen, der grds. nach § 81 ArbGG antragsberechtigt ist, d.h. jede Person, Stelle oder Vereinigung, die bei einer Entscheidung über die Tariffähigkeit oder die Tarifzuständigkeit der Vereinigung in ihrer rechtlichen Stellung betroffen sein würde. Darunter fällt insbes. die Vereinigung selbst, um deren Tariffähigkeit oder Tarifzuständigkeit gestritten wird (*BAG* 25.1.1986 EzA § 2 TVG Nr. 17). 1208

Bezüglich der **übrigen Beteiligten** am Verfahren nach § 97 gelten die §§ 81 ff. ArbGG entsprechend (*BAG* 13.3.2007 EzA § 97 ArbGG 1979 Nr. 8; s.o. Rn. 1079 ff.). 1209

Betroffene Vereinigungen können sich durch ihre Spitzenorganisation vertreten lassen, z.B. DGB, DAG, BDA (*BAG* 25.1.1986 EzA § 2 TVG Nr. 17). Dies ist sinnvoll, da andernfalls je nach dem Umfang des Zuständigkeitsbereiches der umstrittenen Vereinigung eine Vielzahl von Einzelvereinigungen beteiligt werden müssten. 1210

c) Rechtsschutzinteresse

Dem Antragsteller muss ein rechtliches Interesse an der Feststellung der Tariffähigkeit oder Tarifzuständigkeit der betroffenen Vereinigung zukommen. Ein solches fehlt z.B., wenn die Tariffähigkeit des antragstellenden Verbandes unumstritten ist oder wenn zwei dem deutschen Gewerkschaftsbund angehörige Gewerkschaften um ihre jeweilige Tarifzuständigkeit streiten. Im letzteren Falle sieht die Satzung des DGB in den §§ 15, 16 ein eigenes Schiedsverfahren vor (GK-ArbGG/*Dörner* § 97 Rz. 39). 1211

d) Örtliche Zuständigkeit

Nach § 97 ArbGG ist das ArbG örtlich zuständig, in dessen Bezirk die Vereinigung, deren Tariffähigkeit oder -zuständigkeit umstritten ist, ihren Sitz oder ihre Verwaltung hat. 1212

e) Verfahrensablauf

aa) Anwendbarkeit der Bestimmungen über das Beschlussverfahren

Gem. § 97 Abs. 2 ArbGG sind die §§ 80 bis 96 a ArbGG, mit Ausnahme des § 85 ArbGG, da eine Zwangsvollstreckung in einem Verfahren nach § 97 ArbGG, in dem nur Feststellungsanträge gestellt werden können, nicht denkbar ist, entsprechend anwendbar. 1213

bb) Rechtsmittel

Die Entscheidungen des ArbG sind mit der Beschwerde nach § 87 ArbGG anfechtbar (s.o. Rn. 1117 ff.). Gegen die Entscheidung des LAG ist die Rechtsbeschwerde zwar nicht generell kraft Gesetzes zulässig, ergibt sich jedoch daraus, dass der Frage der Tarifzuständigkeit bzw. -fähigkeit einer Vereinigung jedenfalls **immer grundsätzliche Bedeutung** zukommen dürfte (s.o. Rn. 1160, 768 ff.). 1214

f) Aussetzung anderer Verfahren

Hängt die Entscheidung eines Rechtsstreits davon ab, ob eine Vereinigung tariffähig oder ob die Tarifzuständigkeit der Vereinigung gegeben ist, muss das Gericht das Verfahren bis zur Erledigung des Beschlussverfahrens nach § 2a Abs. 1 Nr. 4 ArbGG aussetzen, § 97 Abs. 5 S. 1 ArbGG (*BAG* 28.1.2008 EzA § 97 ArbGG 1979 Nr. 9; vgl. *Schüren* NZA 2007, 1213 m.w.N. aus der Rspr. bzgl. Verfahren von Leiharbeitnehmern, die die Tariffähigkeit der Christlichen 1215

Gewerkschaften für Zeitarbeit und PSA anzweifeln). Dies gilt sowohl für Urteils- als auch für Beschlussverfahren und zwar unabhängig davon, vor welchem Gericht sie geführt werden. Lediglich in Verfahren über einstweilige Verfügungen ist eine Aussetzung nicht erforderlich.

1216 Zum Beispiel:
- ist das der Fall, wenn in Individualstreitverfahren um Rechte und Ansprüche aus einem Tarifvertrag gestritten wird, den die umstrittene Vereinigung abgeschlossen hat,
- oder in betriebsverfassungsrechtlichen Streitigkeiten, wenn die Frage der Gewerkschaftseigenschaft einer Vereinigung als Vorfrage dafür geklärt werden muss, ob ihr ein Antragsrecht z.B. nach den §§ 14 Abs. 5, 23 BetrVG zusteht.

1217 **Den Gerichten obliegt dabei eine eigenständige Prüfung und ggf. Aussetzungspflicht.** Anträge seitens der Parteien oder Verfahrensbeteiligten bedarf es nicht.

1218 Das ArbG, welches über die Tariffähigkeit oder Tarifzuständigkeit nach Stellung eines Antrags, z.B. der Parteien des Verfahrens, in dem es zum Aussetzungsbeschluss kam, zu befinden hat, ist an den Aussetzungsbeschluss gebunden (GMPM-G/*Matthes* § 97 Rz. 13). Es muss nach § 97 ArbGG entscheiden, selbst wenn es selbst der Ansicht sein sollte, der Aussetzungsbeschluss sei fehlerhaft ergangen, z.B. wenn über die Tariffähigkeit der betreffenden Vereinigung bereits eine rechtskräftige Entscheidung vorliegt.

g) Rechtskraftwirkung

1219 Die Rechtskraft des Beschlusses nach § 97 ArbGG erfasst nicht nur die Beteiligten, sondern **jedermann** (*BAG* 25.11.1986 EzA § 2 TVG Nr. 17).

h) Übersendungspflicht der Entscheidungen

1220 Die Entscheidungen sind den obersten Arbeitsbehörden des Landes und dem BMA in vollständiger Form in Abschrift zu übersenden, §§ 97 Abs. 3, 63 ArbGG.

2. Entscheidung über die Besetzung der Einigungsstelle

a) Verfahrensgegenstand

1221 In § 98 ArbGG ist das in § 76 Abs. 2 S. 2 und 3 BetrVG vorgesehene Verfahren zur Bestellung eines Vorsitzenden der Einigungsstelle bzw. der Zahl der Beisitzer einer Einigungsstelle (s.o. Kap. 12 Rn. 1191 ff.) geregelt. Das Verfahren ist nicht auf die Bestellung bzw. Besetzung einer tariflichen Schlichtungsstelle nach § 76 Abs. 8 BetrVG oder für die nach den PersVG zu bildenden Einigungsstellen entsprechend anwendbar.

b) Das Bestellungsverfahren

aa) Antrag

1222 **Antragsberechtigt sind die Betriebspartner, die die Einigungsstelle nach den betriebsverfassungsrechtlichen Vorschriften im Einzelfall anrufen können.** Aus dem Antrag muss sich ergeben, ob die Bestellung eines Vorsitzenden und/oder die Festsetzung der Zahl der Einigungsstellenmitglieder begehrt wird. Die Benennung einer bestimmten Person für den Vorsitz oder einer bestimmten Zahl von Beisitzern ist nicht erforderlich.

1223 **Sofern in der Antragsschrift bereits bestimmte Personen als Einigungsstellenvorsitzende benannt worden sind oder eine bestimmte Anzahl von Beisitzern für erforderlich erachtet wird, handelt es sich nur um unverbindliche Vorschläge** (*LAG Hamm* 16.8.1976 EzA § 76 BetrVG 1972 Nr. 7; **a.A.** GK-ArbGG/*Dörner* § 98 Rz. 32 ff., 41 ff.). Der Antragsteller hat keinen Anspruch darauf, dass die von ihm gewünschte Person Einigungsstellenvorsitzender wird, auch wenn sie die nötige Sachkunde und Unparteilichkeit aufweist. Ansonsten bestünde die Gefahr des Wettlaufes der Antragstellung zwischen den Betriebspartnern an das ArbG, wenn sie sich nicht auf eine bestimmte Person geeinigt haben (*Tschöpe* NZA 2004, 945 ff.). Sofern das Gericht entgegen den Anträgen der Beteiligten einen Dritten als

Vorsitzenden bestellen möchte, hat es die Beteiligten vorher anzuhören (*LAG München* 31.1.1989 LAGE § 98 ArbGG 1979 Nr. 14).

Der Antrag muss begründet werden, wobei im Einzelnen dargelegt werden muss, um welche konkrete Regelungsstreitigkeit es bei der einzuberufenden Einigungsstelle gehen soll (*LAG Düsseld.* 21.8.1987 NZA 1988, 211; *LAG Hmb.* 10.4.1991 DB 1991, 2195). Nur dann kann das ArbG überprüfen, ob eine Einigungsstelle im konkreten Streitfall überhaupt zuständig sein könnte. Es muss allerdings noch nicht der Inhalt der vom Betriebspartner und Antragsteller gewünschten Regelung mitgeteilt, lediglich die zu regelnde Materie umrissen werden. **1224**

Aus der Antragsbegründung muss sich schließlich ergeben, dass eine Einigung trotz vorhergehenden Bemühungen nicht erreicht werden konnte (*LAG BW* 4.10.1984 NZA 1985, 163). **1225**

Muster: **1226**

ArbG Kaiserslautern …

Antrag nach § 98 ArbGG

In Sachen Fa. Merkur AG, vertreten durch den Vorstand …

– Antragstellerin
und Beteiligte zu 1 –

Verfahrensbevollmächtigte: …
gegen
den Betriebsrat der Fa. Merkur AG, vertreten durch seinen Vorsitzenden …

– Antragsgegnerin
und Beteiligte zu 2 –

wegen Errichtung einer Einigungsstelle
wird beantragt

1. Als Vorsitzenden der zu errichtenden Einigungsstelle Herrn RArbG … zu bestellen;
2. die Zahl der von jeder Seite zu benennenden Beisitzer auf … (2 oder 3) festzusetzen.

Gründe: Die Antragstellerin beabsichtigt, eine neue EDV-Anlage und Bildschirmarbeitsplätze einzuführen. Der Antragsgegnerin steht hierbei ein Mitbestimmungsrecht nach § 87 Abs. 1 Nr. 6 BetrVG zu, weil …

Bislang kam eine gütliche Einigung zwischen den Verfahrensbeteiligten über die beabsichtigte Maßnahme und über die Bestellung eines Vorsitzenden einer Einigungsstelle sowie der Zahl der Beisitzer nicht zustande, weil die Antragsgegnerin versucht, die Einführung der EDV-Anlage zu verzögern.

Als Vorsitzenden schlagen wir Herrn Richter am ArbG … vor. Die beantragte Festsetzung der Beisitzerzahl ist sachdienlich, weil …

(Unterschrift)

bb) Beteiligte

Verfahrensbeteiligte sind die Betriebspartner, d.h. der Arbeitgeber, der Betriebsrat oder Gesamtbetriebsrat. Der zu benennende Vorsitzende der Einigungsstelle ist nicht zu beteiligen. Sinnvoll und üblich ist es, den beabsichtigten Vorsitzenden vorher zu befragen, ob er im Fall einer gerichtlichen Bestellung bereit ist, das Amt zu übernehmen. Eine Verpflichtung hierzu besteht nicht (s.u. Rn. 1237). **1227**

cc) Verfahrensablauf

Der Vorsitzende des ArbG entscheidet alleine nach mündlicher Anhörung der Beteiligten, §§ 80–84, 98 Abs. 1 S. 1 ArbGG. Die Einlassungs- und Ladungsfristen betragen 48 Stunden. **Im Einverständnis mit den Beteiligten ist auch ein schriftliches Verfahren nach § 83 Abs. 4 S. 3** ArbGG zulässig. **Da § 85 ArbGG nicht für entsprechend anwendbar erklärt worden ist, ist der Erlass einer einstweiligen Verfügung auf Bestellung eines Vorsitzenden nicht möglich.** **1228**

c) Die Entscheidung

aa) Zurückweisung des Antrags

1229 Der Antrag ist zurückzuweisen, wenn dem Antragsteller die Antragsbefugnis fehlt oder die Einigungsstelle offensichtlich unzuständig ist, d.h. das in Anspruch genommene Mitbestimmungsrecht offensichtlich nicht besteht, § 98 Abs. 1 S. 2 ArbGG. Eine **offensichtliche Unzuständigkeit** der Einigungsstelle liegt dann vor, wenn das sachkundige Gericht sofort erkennt, dass ein Mitbestimmungsrecht des Antragsstellers in der fraglichen Angelegenheit unter keinem denkbaren rechtlichen Gesichtspunkt besteht.

1230 **Beispiele für eine offensichtliche Unzuständigkeit:**

- Es besteht eine ungekündigte Betriebsvereinbarung, welche die mitbestimmungspflichtige Angelegenheit bereits regelt (*LAG Düsseld.* 9.9.1977 EzA § 76 BetrVG 1972 Nr. 16).
- Allein ein Individualanspruch eines Arbeitnehmers auf Entfernung einer Abmahnung ist Verfahrensgegenstand (*LAG RhPf* 17.1.1985 NZA 1985, 190; *LAG Hmb.* 9.7.1985 LAGE § 98 ArbGG 1979 Nr. 7).
- Es besteht bereits eine rechtskräftige Entscheidung über das Nichtbestehen des geltend gemachten Mitbestimmungsrechts (*LAG BW* 4.10.1984 NZA 1985, 163).
- Die Amtszeit des antragstellenden Betriebsrats ist offensichtlich bereits beendet (*LAG Hmb.* 2.11.1988 LAGE § 98 ArbGG 1979 Nr. 16).
- Ohne konkreten Anlass wird eine Betriebsvereinbarung über die Einführung von EDV-Anlagen gefordert (*LAG Düsseld.* 4.11.1988 NZA 1991, 146).
- Das geltend gemachte Mitbestimmungsrecht steht offensichtlich nicht dem Betriebsrat, sondern dem Gesamtbetriebsrat zu (*LAG Hmb.* 10.4.1991 DB 1991, 2195).
- Ein Sozialplan soll herbeigeführt werden, obwohl weniger als 20 Arbeitnehmer beschäftigt sind (*LAG Hamm* 10.10.1984 NZA 1985, 129).
- Die Verpflichtung des Arbeitgebers zur Zahlung von Zuwendungen an Streikteilnehmer wird begehrt, da er sie an Arbeitnehmer gezahlt hat, die nicht gestreikt haben (*LAG Nds.* 19.9.1985 LAGE § 98 ArbGG 1979 Nr. 8).

1231 Soll eine Einigungsstelle im freiwilligen Einigungsverfahren nach § 76 Abs. 6 BetrVG bestellt werden (s.o. Kap. 12 Rn. 1177 ff.), ist der Antrag zurückzuweisen, wenn offensichtlich ist, dass die Einigungsstelle wegen nicht vorhandenem Einverständnis eines Betriebspartners nicht gebildet werden kann.

1232 Parallel zum Verfahren nach § 98 ArbGG können die Betriebspartner ein Beschlussverfahren über die Frage anhängig machen, ob ein Mitbestimmungsrecht eines Betriebspartners tatsächlich besteht oder nicht (*BAG* 6.12.1983 EzA § 87 BetrVG 1972 Bildschirmarbeit Nr. 1). **Das Bestellungsverfahren darf aber, da es sich um ein Eilverfahren handelt, nicht nach § 148 ZPO ausgesetzt werden, bis in dem Vorabentscheidungsverfahren eine rechtskräftige Entscheidung ergangen ist** (*BAG* 24.11.1981 EzA § 76 BetrVG 1972 Nr. 33; **a.A.** *LAG RhPf* 29.7.1985 LAGE § 98 ArbGG 1979 Nr. 4). Auch die Einigungsstelle, ist sie einmal bestellt, ist zu einer Aussetzung nicht befugt. Allerdings können die Betriebspartner vereinbaren, das Einigungsstellenverfahren nicht weiter zu betreiben, bis in dem Beschlussverfahren eine Entscheidung ergangen ist.

1233 Entscheidet das ArbG im Bestellungsverfahren nach § 98 ArbGG, dass ein Mitbestimmungsrecht offensichtlich nicht gegeben ist und weist es den Antrag deswegen zurück, ist diese Entscheidung für das Vorabentscheidungsverfahren nach §§ 80 ff. ArbGG nicht bindend (*BAG* 25.4.1989 EzA § 98 ArbGG 1979 Nr. 6).

bb) Bestellung eines Vorsitzenden/Festsetzung der Zahl der Beisitzer

1234 Ist der Antrag zulässig und begründet, bestellt das Gericht eine bestimmte natürliche Person als Vorsitzenden der zu bildenden Einigungsstelle, deren Unparteilichkeit und vorhandene Sachkunde gewährleistet ist. Nach § 98 Abs. 1 S. 4 ArbGG darf dabei nur ein Richter zum Vorsitzenden der Einigungsstelle bestellt werden, wenn durch den Geschäftsverteilungsplan seines Gerichts sicher gestellt ist, dass er mit der Überprüfung, der Auslegung oder Anwendung des Spruches der Einigungsstelle nicht befasst werden kann. In besonderem Maße sollte hierbei auf eine gütliche Einigung hingewirkt werden. In der Entscheidung ist die Einzelperson namentlich zu benennen, sowie der Regelungsstreit konkret zu bezeichnen, für den die Einigungsstelle zu bilden ist.

Geht der Streit um die Bestimmung der Zahl der Beisitzer, ist das Gericht ebenfalls nicht an die vorgeschlagene Zahl gebunden. Regelmäßig werden zwei bis drei Beisitzer bestellt. 1235

Nach § 98 Abs. 1 S. 5 ArbGG soll das Verfahren beschleunigt werden. Binnen zwei Wochen nach Antragstellung soll bereits der Beschluss des Gerichts gefasst, abgesetzt und zugestellt sein. Spätestens vier Wochen nach Antragstellung ist der Beschluss zuzustellen, § 98 Abs. 1 S. 5 ArbGG. 1236

cc) Rechtswirkung der Entscheidung

Die Entscheidung bindet die konkret benannte Person, welche Einigungsstellenvorsitzender sein soll, nicht. Hierzu bedarf es der Annahme des Amtes (GK-ArbGG/*Dörner* § 98 Rz. 38). 1237

Die Beteiligten sind an die Entscheidung insoweit gebunden, als sie das Tätigwerden der Einigungsstelle nicht mehr mit der Begründung verhindern können, es sei noch keine Einigung über die Zahl der Beisitzer bzw. die Person des Vorsitzenden erfolgt. Es ist ihnen aber unbenommen, sich nach der Bestellung eines bestimmten Vorsitzenden einvernehmlich auf einen anderen oder auch auf eine andere Zahl der Beisitzer zu einigen (*Schaub* NZA 2000, 1087). 1238

Die Entscheidung des ArbG, einen Einigungsstellenvorsitzenden zu bestellen, entbindet die Einigungsstelle nicht, ihre Zuständigkeitsprüfung selbstständig vorzunehmen. Ihr bleibt unbenommen, nach ihrer Errichtung ihre Zuständigkeit für den konkret zu regelnden Fall zu verneinen. 1239

dd) Rechtsmittel

Gegen die Entscheidung findet nach § 98 Abs. 2 ArbGG die Beschwerde an das LAG statt. Sie ist innerhalb einer Frist von zwei Wochen einzulegen und zu begründen. Für das Verfahren gelten die in § 98 Abs. 2 ArbGG in Bezug genommenen Vorschriften des Beschlussverfahrens entsprechend. Über die Beschwerde entscheidet der Vorsitzende der zuständigen Kammer des LAG alleine. **Gegen die Entscheidung ist ein Rechtsmittel nicht statthaft, § 98 Abs. 2 S. 4 ArbGG.** 1240

Das LAG trifft eine eigene neue Ermessensentscheidung über die Person des Vorsitzenden der Einigungsstelle bzw. der Zahl der zu benennenden Beisitzer und hat selbstständig die offensichtliche Unzuständigkeit der Einigungsstelle zu prüfen (GMPM-G/*Matthes* § 98 Rz. 40; **a.A.** *LAG Nbg.* 2.7.2004 LAGE § 98 ArbGG 1979 Nr. 42, welches eine Bindung an die Entscheidung des ArbG annimmt, sofern der bestellte Vorsitzende objektiv geeignet ist). 1241

VII. Die Anhörungsrüge nach § 78a ArbGG

Die Anhörungsrüge gibt es im Beschluss- wie im Urteilsverfahren. Sie sind gleich ausgestaltet. Wegen der Einzelheiten vgl. Rn. 995 ff. 1242

Kapitel 15
Besondere Verfahrensarten

Übersicht Rn.

A. Ausschluss/Abwandlung des Arbeitsgerichtsverfahrens

I. Vorbemerkung

1 Grds. soll im Interesse der Parteien eines Arbeitsvertrages gewährleistet sein, dass jede Partei mit Hilfe staatlicher Gerichte Ansprüche aus dem materiellen Arbeitsrecht durchsetzen kann. Hiervon werden in engen Grenzen Ausnahmen im ArbGG gemacht. **Nach § 4 ArbGG kann in den Fällen des § 2 Abs. 1 und 2 ArbGG – und nur in diesen Fällen! – die Arbeitsgerichtsbarkeit nach Maßgabe der §§ 101 bis 110 ArbGG ausgeschlossen werden.**

2 **Nach § 111 Abs. 1 S. 2** ArbGG sind die **Seemannsämter** in den in § 14 der SeemannsVO vom 21.10.1981 genannten Fällen für vorläufige Entscheidungen zuständig (vgl. GMPM-G/*Prütting* § 111 Rz. 4, 5).

3 **Schließlich können nach § 111 Abs. 2 ArbGG im Bereich der Berufsausbildung Schlichtungsausschüsse gebildet werden**, die vor Anrufung der ArbG versuchen sollen, eine Einigung zwischen den streitenden Parteien herbeizuführen.

4 Soweit Schlichtungsausschüsse nach § 111 Abs. 2 ArbGG errichtet worden sind, müssen sie angerufen werden, bevor Klage vor dem ArbG erhoben werden kann. Ansonsten ist die Klage unzulässig (*BAG* 13.4.1989 – 2 AZR 609/88). Wird erst nach Klageerhebung das Bestehen eines Schlichtungsausschusses bekannt, ist das Verfahren gem. § 148 ZPO analog auszusetzen, bis das Schlichtungsverfahren nachgeholt worden ist. Dies gilt auch noch im Berufungsverfahren vor dem LAG (KR/*Weigand* §§ 21, 22 BBiG Rz. 113).

5 Die Vorschriften der ZPO über das schiedsgerichtliche Verfahren finden in arbeitsrechtlichen Streitigkeiten hingegen keine Anwendung, § 101 Abs. 3 ArbGG (*LAG Düsseld.* 4.3.1997 NZA 1997, 848 bzgl. § 1044b ZPO).

II. Das Schiedsverfahren

1. Vereinbarkeit

a) Streitigkeiten zwischen Tarifvertragsparteien

6 Nach § 101 Abs. 1 ArbGG können die Tarifvertragsparteien die Arbeitsgerichtsbarkeit allgemein oder für den Einzelfall durch **ausdrückliche Vereinbarung** ausschließen, wenn eine bürgerliche Rechtstreitigkeit zwischen ihnen aus den abgeschlossenen Tarifverträgen oder über das Bestehen oder Nichtbestehen von Tarifverträgen auszutragen ist. Insofern kann eine Vereinbarung getroffen werden, dass hierüber ein Schiedsgericht entscheiden soll. **Sie kann sowohl vor, während oder nach Entstehen der Streitigkeit für den Einzelfall oder generell für alle zukünftigen Fälle, formlos** aber ausdrücklich **getroffen werden.**

7 Je nach Inhalt der Vereinbarung kann diese durch Zeitablauf enden, durch Erledigung des konkreten Verfahrens, für das sie gebildet worden ist oder durch Kündigung. Eine außerordentliche Kündigung ist immer möglich, eine ordentliche nur dann, wenn sie in der Schiedsvereinbarung ausdrücklich vereinbart wurde.

b) Streitigkeiten zwischen den Arbeitsvertragsparteien

8 Nach § 101 Abs. 2 ArbGG können Tarifvertragsparteien auch für Streitigkeiten zwischen den einzelnen Arbeitsvertragsparteien, **sofern sie bestimmten Berufsgruppen angehören, ein Schiedsverfahren vereinbaren. Der Tarifvertrag muss sich überwiegend auf Bühnenkünstler, die tatsächlich künstlerische Tätigkeiten verrichten** (*Germelmann* NZA 1994, 12 ff.), **Filmschaffende, Artisten oder Kapitäne und Besatzungsmitglieder** i.S.d. §§ 2, 3 SeemG beziehen. Die Vereinbarung gilt grds. nur für tarifgebundene Personen oder wenn die Geltung der tarifvertraglichen Schlichtungsregelung ausdrücklich und schriftlich vereinbart worden ist, sofern sich das Arbeitsverhältnis aus anderen Gründen nach dem Tarifvertrag regelt, § 101 Abs. 2 S. 3 ArbGG (*BAG* 6.8.1997 EzA § 101 ArbGG 1979 Nr. 3). Wenn

dies nur mündlich erfolgte, kann der Mangel der Form durch Einlassung auf die schiedsgerichtliche Verhandlung zur Hauptsache geheilt werden, § 101 Abs. 2 S. 3 ArbGG.

2. Rechtswirkung des Bestehens einer Schiedsvereinbarung

Ruft eine Partei des ArbG wegen einer Rechtstreitigkeit an, obwohl zwischen den Parteien des Tarifvertrags ein Schiedsvertrag geschlossen wurde, kann sich die andere Partei auf das Bestehen des Schiedsvertrages berufen, § 102 Abs. 1 ArbGG. **Es handelt sich um eine verzichtbare prozesshindernde Einrede.** Das Vorliegen einer Schiedsvereinbarung ist nicht von Amts wegen zu berücksichtigen (*BAG* 30.9.1987 EzA § 72 ArbGG 1979 Nr. 9). Auf die Einrede kann sich eine Partei dann nicht berufen, wenn eine der in § 102 Abs. 2 ArbGG genannten Fälle (vgl. GK-ArbGG/*Mikosch* § 102 Rz. 1 ff.) vorliegt oder wenn ein ausreichender Rechtsschutz vor dem Schiedsgericht nicht erreichbar ist. 9

► **Beispiel:** 10
Im Verfahren des Arrestes und der einstweiligen Verfügung kann der Fall auftreten, dass das Schiedsgericht nicht rechtzeitig den Rechtsstreit für die Parteien zumindest vorläufig regeln kann. In diesem Falle ist trotz der Schiedsklausel das ArbG anrufbar. Ordnet dieses die Erhebung der Klage in der Hauptsache nach § 926 Abs. 1 ZPO an, ist Klage vor dem Schiedsgericht zu erheben.

Vollstreckungsabwehrklagen nach § 767 ZPO und Drittwiderspruchsklagen nach § 771 ZPO sind nur vor staatlichen Gerichten zu erheben (GK-ArbGG/*Mikosch* § 102 Rz. 4). 11

3. Errichtung und Besetzung des Schiedsgerichts

Nach § 103 ArbGG muss das Schiedsgericht mit einer gleichen Zahl von Arbeitnehmern und von Arbeitgebern, d.h. paritätisch besetzt sein. Daneben können dem Schiedsgericht auch Unparteiische angehören, sowohl als Vorsitzende als auch als Beisitzer (zur Besetzung und zum Verfahren vgl. §§ 102 Abs. 2, 103 Abs. 1, 2, 3 ArbGG). 12

Die Rechtsstellung der Schiedsrichter ist gesetzlich nicht geregelt. Sie sind jedenfalls von Weisungen der Parteien des Streitverfahrens unabhängig, müssen in eigener Person das Amt wahrnehmen und ihnen dürfen keine Nachteile durch die Ausübung des Schiedsamtes erwachsen. Insofern muss die Unabhängigkeit des Schiedsrichters in gleicher Weise gesichert sein, wie die eines ehrenamtlichen Richters der Arbeitsgerichtsbarkeit. 13

Sofern es sich nicht um betriebsangehörige Schiedsrichter handelt, steht ihnen eine Vergütung zu. Ist nichts vereinbart, bestimmt sich die Höhe nach § 612 BGB (vgl. GMPM-G/*Germelmann* § 103 Rz. 15). 14

Ist das Schiedsgericht nicht ordnungsgemäß besetzt, sind seine Schiedssprüche nicht automatisch nichtig. Sie können allerdings mit der Aufhebungsklage nach § 110 Abs. 1 Nr. 1 ArbGG angefochten werden. 15

4. Verfahren vor dem Schiedsgericht

Das Verfahren vor dem Schiedsgericht regelt sich nach den §§ 104–110 ArbGG. Im **Gesetz sind nur Rahmenvorschriften** festgeschrieben, insbes. allgemeine Verfahrensgrundsätze, die ein rechtsstaatliches Verfahren garantieren sollen. Im Übrigen obliegt es dem freien Ermessen der Tarifvertragsparteien, Regelungen in der Schiedsabrede zu treffen. Bei vielen Schiedsvereinbarungen obliegt es dem freien Ermessen des Schiedsgerichts, wie es das Verfahren durchführen will. 16

Daneben finden die allgemeinen Grundsätze und Prozessvoraussetzungen auch im schiedsgerichtlichen Verfahren Anwendung. Das Schiedsgericht hat daher vorab seine sachliche und örtliche Zuständigkeit zu prüfen, festzustellen, ob die Voraussetzungen nach § 101 Abs. 2 ArbGG erfüllt sind, der klagenden Partei ein Rechtsschutzinteresse nach § 256 ZPO zukommt, zu prüfen, ob die Parteien parteifähig sind, wobei die §§ 50 ff. ZPO analog anzuwenden sind und ob die Klageanträge hinreichend bestimmt sind. Insofern ist auf § 253 ZPO zurückzugreifen. Dies ist deswegen erforderlich, da **Entscheidungen des Schiedsge-** 17

richts grds. der Zwangsvollstreckung nach § 109 ArbGG fähig sind (s.u. Rn. 22 ff.; GK-ArbGG/*Mikosch* § 104 Rz. 9).

18 Sofern das Schiedsgericht ein staatliches Gericht um Rechtshilfe ersucht, sind dem Gericht die entstandenen Auslagen zu ersetzen, § 106 Abs. 2 S. 3 ArbGG i.V.m. §§ 49, 54 GKG. Eine durchzuführende Beweisaufnahme vor einem ArbG oder Amtsgericht ist selbst gerichtsgebührenfrei.

5. Beendigung des Schiedsgerichtsverfahrens

a) Vergleich

19 Auch im schiedsgerichtlichen Verfahren ist eine vergleichsweise Beendigung des Streites möglich, § 107 ArbGG. Der Vergleich kann vom ArbG auf Antrag nach § 109 ArbGG für vollstreckbar erklärt werden (s.u. Rn. 22 ff.).

b) Schiedsspruch

20 Kommt es nicht zu einer gütlichen Einigung, entscheidet das Schiedsgericht durch Schiedsspruch, § 108 ArbGG, der nicht bereits am selben Tag, an dem die abschließende mündliche Anhörung stattfindet, gefällt werden muss. Er ist den Parteien nach den §§ 146 ff. ZPO zuzustellen. Ab diesem Zeitpunkt kann er inhaltlich von den Schiedsrichtern nicht mehr abgeändert werden (GMPM-G/*Germelmann* § 108 Rz. 23). **Er hat unter den Parteien die gleiche Wirkung wie ein rechtskräftiges Urteil des ArbG, § 108 Abs. 4 ArbGG.**

21 Die Kostenentscheidung ergeht analog §§ 91 ff. ZPO (GK-ArbGG/*Mikosch* § 108 Rz. 7). Einer Streitwertfestsetzung bedarf es nur dann, wenn dies im Schiedsvertrag vorgesehen ist. In der Folge finden § 42 Abs. 4 GKG, §§ 3 ff. ZPO entsprechend Anwendung.

6. Zwangsvollstreckung

22 Sowohl ein Vergleich nach § 107 ArbGG als auch der Schiedsspruch nach § 108 ArbGG ist für sich genommen nicht der Zwangsvollstreckung fähig. Hierfür bedarf es auf Antrag nach Anhörung des Gegners einer Vollstreckbarerklärung durch den Kammervorsitzenden des ArbG, das für die Geltendmachung des Anspruchs zuständig wäre.

23 **Der Vorsitzende des ArbG prüft nicht, ob der Schiedsspruch inhaltlich richtig ist** oder ob im Falle der Erhebung einer Aufhebungsklage dieselbe begründet sein könnte. In der Folge ist das Verfahren nach § 109 Abs. 1 S. 3 ArbGG auszusetzen, bis in dem Verfahren bezüglich der Aufhebungsklage eine rechtskräftige Entscheidung ergangen ist.

24 Die Entscheidung des ArbG ergeht durch Beschluss, welcher **unanfechtbar und den Parteien zuzustellen ist, § 109 Abs. 2 ArbGG.** Das Verfahren ist nach § 2 Abs. 2 GKG gebühren- und auslagenfrei.

7. Gerichtliche Kontrolle des Schiedsspruchs

25 Schiedssprüche nach § 108 ArbGG können gem. § 101 Abs. 1 ArbGG überprüft werden. Hierbei kann nach § 110 Abs. 1 ArbGG nur auf Aufhebung des Schiedsspruches, nicht aber auf seine Abänderung geklagt werden. Die in § 110 Abs. 1 ArbGG genannten Aufhebungsgründe sind abschließend.

26 Das Aufhebungsverfahren ähnelt dem Revisionsverfahren, auf dessen Bestimmungen, z.B. §§ 559 Abs. 2, 551 Abs. 3 Nr. 2b) ZPO, zurückgegriffen werden kann (*BAG* 18.4.1986 AP Nr. 27 zu § 611 BGB Bühnenengagementvertrag; GK-ArbGG/*Mikosch* § 110 Rz. 7).

27 Die Klage ist binnen einer Notfrist von zwei Wochen, § 110 Abs. 3 ArbGG, bei dem nach § 110 Abs. 2 ArbGG zuständigen ArbG zu erheben. Die Klage muss den Anforderungen des § 253 ZPO entsprechen. Über den Antrag entscheidet die zuständige Kammer des ArbG unter Einschluss der ehrenamtlichen Richter. Hebt es den Schiedsspruch auf, sind bereits erbrachte Leistungen nach den Regeln der §§ 812 ff. BGB zurückzuerstatten. § 717 Abs. 3 ZPO ist nicht anwendbar.

Nach Aufhebung des Schiedsspruches entscheidet das ArbG in der Sache selbst, wenn im Wege der Klagehäufung ein entsprechender Sachantrag mit dem Aufhebungsantrag gestellt wurde. Dies gilt jedenfalls unstreitig dann, wenn das Schiedsgericht nur für den Einzelfall gebildet war (GMPM-G/*Germelmann* § 110 Rz. 25). Sofern es sich um eine ständige Einrichtung handelt, ist streitig, ob nach Aufhebung des Schiedsspruches ein erneutes Schiedsverfahren eingeleitet werden muss (so GMPM-G/*Germelmann* § 110 Rz. 26 ff.) oder auch in diesem Fall das ArbG nunmehr, nicht zuletzt im Hinblick auf § 9 ArbGG, in der Sache zu entscheiden hat (so GK-ArbGG/*Mikosch* § 110 Rz. 30). 28

War der Schiedsspruch für vollstreckbar erklärt worden, hat das ArbG die Aufhebung der Vollstreckbarkeitserklärung auszusprechen, § 110 Abs. 4 ArbGG. 29

III. Ausschüsse in Berufsausbildungsangelegenheiten

Nach § 111 Abs. 2 ArbGG können im Bereich des Handwerks die Handwerksinnungen, im Übrigen die zuständigen Stellen i.S.d. BBiG Ausschüsse bilden, die in einem Vorschaltverfahren bei Streitigkeiten aus einem Berufsausbildungsverhältnis i.S.d. §§ 10 ff. BBiG versuchen sollen, eine gütliche Einigung herbeizuführen. 30

1. Errichtung/Zuständigkeit

Die Zuständigkeit zur Bildung der Ausschüsse hängt von dem Gewerbezweig ab, in dem der Arbeitgeber tätig ist. Im Bereich des Handwerks sind dies die Handwerksinnungen, in sonstigen Gewerbebetrieben nach § 71 Abs. 2 BBiG 2005 die Industrie- und Handelskammern, nach § 71 Abs. 3 BBiG die Landwirtschaftskammern, nach § 71 Abs. 4 BBiG die Rechtsanwalts-, Patentanwalts- und Notarkammern, nach § 71 Abs. 5 BBiG die Wirtschaftsprüferkammern und die Berufskammern für Steuerberater und Steuerbevollmächtigte und nach § 71 Abs. 6 BBiG die Ärzte-, Zahnärzte, Tierärzte und Apothekenkammern. Sonderregelungen finden sich in § 71 Abs. 7–9 BBiG. 31

Die Ausschüsse müssen paritätisch besetzt sein. Ob sie errichtet werden oder nicht, ist Sache der einzelnen Innungen bzw. Kammern. Diese bestimmen auch die Anzahl der Mitglieder. Den Ausschüssen können auch unparteiische Dritte angehören (GK-ArbGG/*Mikosch* § 111 Rz. 17). 32

Die Zuständigkeit besteht, solange ein Berufsausbildungsverhältnis besteht. Ist es beendet, ist der Schlichtungsausschuss nicht mehr zuständig. Ist allerdings streitig, ob das Ausbildungsverhältnis beendet ist, etwa durch eine Kündigung, besteht eine Zuständigkeit (*BAG* 18.9.1975 EzA § 111 ArbGG 1953 Nr. 1). 33

2. Verfahren

Nach § 111 Abs. 2 ArbGG sind die Parteien mündlich zu hören. Machen sie von der ihnen eingeräumten Möglichkeit der mündlichen Anhörung nicht Gebrauch, kann dennoch ein Spruch des Ausschusses ergehen. 34

Das Verfahren ist von den zuständigen Stellen selbst ermessensgerecht auszubilden. Hierbei sind rechtsstaatliche Grundsätze einzuhalten (*BAG* 18.10.1961 AP Nr. 1 zu § 111 ArbGG 1953; vgl. GMPM-G/*Prütting* § 111 Rz. 29 ff.). 35

3. Ergebnisse der Schlichtungsbemühungen

Nach §§ 111 Abs. 2 S. 6, 107, 109 ArbGG kann das Verfahren durch einen Vergleich beendet werden. Es handelt sich hierbei um einen Prozessvergleich (*LAG Düsseld.* 20.5.1988 NZA 1988, 696), der verfahrensbeendende Wirkung hat und aus dem die Zwangsvollstreckung betrieben werden kann, sofern er vom ArbG auf Antrag für vollstreckbar erklärt worden ist. 36

37 Kommt es nicht zu einer Einigung, fällt der Schlichtungsausschuss einen Spruch, welcher schriftlich abgefasst und begründet werden muss (GK-ArbGG/*Mikosch* § 111 Rz. 23). Er ist von allen Mitgliedern des Ausschusses zu unterzeichnen.

38 Der Spruch des Ausschusses erlangt materielle Rechtskraft, wenn er von beiden Parteien anschließend anerkannt wird. Ansonsten kommt ihm keine Rechtskraftwirkung zu, selbst dann nicht, wenn er nicht innerhalb der Zweiwochenfrist des § 111 Abs. 2 S. 3 ArbGG angefochten wird (*BAG* 9.10.1979 EzA § 111 ArbGG 1979 Nr. 1; *LAG Düsseld.* 3.5.1988 LAGE § 111 ArbGG 1979 Nr. 1). Die Anerkennung des Spruches muss ausdrücklich erfolgen.

39 Ihm ist eine Belehrung über die zweiwöchige Klagefrist vor dem ArbG beizufügen (*LAG Frankf.* 14.6.1989 LAGE § 111 ArbGG Nr. 2). Die Belehrung braucht sich nicht auf die Frist zur Anerkennung erstrecken (GMPM-G/*Prütting* § 111 Rz. 44).

40 Wurde der Spruch von beiden Parteien anerkannt, kann aus ihm vollstreckt werden, wenn er auf Antrag vom Vorsitzenden des ArbG für vorläufig vollstreckbar erklärt worden ist, §§ 111 Abs. 2 S. 5, 6, 109 ArbGG (s.o. Rn. 22 ff.).

4. Kosten

41 Nach § 17 Abs. 7a RVG erhält der Rechtsanwalt für die Vertretung vor dem Ausschuss eine 1,5 Gebühr gem. Nr. 2403 Nr. 2 Gebührenverzeichnis zu § 13 RVG. Prozessuale Kostenerstattungsansprüche bestehen nicht, allerdings können materielle Erstattungsansprüche geltend gemacht werden. **§ 12a ArbGG findet insofern keine Anwendung** (GK-ArbGG/*Mikosch* § 111 Rz. 37). Ebenfalls nicht anwendbar ist die Vorschrift des § 11a ArbGG, sodass weder ein Rechtsanwalt beigeordnet, noch Prozesskostenhilfe bewilligt werden darf.

5. Rechtswirkung und Auswirkung des Vorschaltverfahrens auf das Arbeitsgerichtsverfahren

42 Haben die zuständigen Stellen Ausschüsse gebildet, sind sie vor Anrufung des ArbG anzurufen. Es handelt sich um **eine Prozessvoraussetzung** der arbeitsgerichtlichen Klage (*BAG* 25.11.1976 EzA § 15 BBiG Nr. 3; s.o. Rn. 3). Dies gilt nicht für das einstweilige Rechtsschutzverfahren (GMPM-G/*Prütting* § 111 Rz. 63).

43 Streitig ist, ob die Parteien auf das Vorschaltverfahren einvernehmlich verzichten und sich nach § 295 ZPO rügelos zur Hauptsache vor dem ArbG einlassen können (so *BAG* 17.9.1987 EzA § 15 BBiG Nr. 6; GK-ArbGG/*Mikosch* § 111 Rz. 12; Schwab/Weth-*Zimmerling* § 111 Rz. 5; **a.A.** *BAG* 13.4.1989 – 2 AZR 609/88; 13.4.1989 – 2 AZR 441/89; 17.6.1998 – 2 AZR 741/97; GMPM-G/*Prütting* § 111 Rz. 20).

44 Wird der Spruch nicht anerkannt und wird er innerhalb von **zwei Wochen nach Zustellung** durch Klage beim zuständigen ArbG angefochten, entfaltet er keinerlei **materiellrechtliche Rechtswirkung.** Die vom Ausschuss entschiedene Frage kann als Vorfrage in einem Folgeprozess vom ArbG selbstständig gewürdigt und ggf. anders entschieden werden (*BAG* 9.10.1979 EzA § 111 ArbGG 1979 Nr. 1). Die Zweiwochenfrist beginnt mit Verkündung des Spruches zu laufen; falls eine Verkündung nicht geschieht, ab Zustellung an die Beteiligten.

45 Wird er zwar nicht anerkannt, aber auch nicht rechtzeitig angefochten, entfaltet er aber **eine prozessuale Wirkung** dahingehend, dass eine verspätet erhobene Klage vor dem ArbG mit gleichem Streitgegenstand unzulässig ist (*BAG* 9.10.1979 EzA § 111 ArbGG 1979 Nr. 1). Die Zweiwochenfrist gilt selbst dann, wenn es um eine Kündigungsschutzstreitigkeit handelt. Sie geht der sich aus §§ 4, 13 KSchG ergebenden Dreiwochenfrist vor (*BAG* 13.4.1989 EzA § 13 KSchG n.F. Nr. 4).

46 Der Schlichtungsausschuss muss in Kündigungsschutzverfahren nicht binnen der sich aus §§ 4, 13 KSchG ergebenden Dreiwochenfrist angerufen werden (*BAG* 13.4.1989 EzA § 13 KSchG 1969 Nr. 4).

B. Arrest und einstweilige Verfügung

I. Allgemeines

47 Der einstweilige Rechtsschutz im Arbeitsrecht richtet sich nach den Vorschriften des Achten Buches der Zivilprozessordnung (§ 62 Abs. 2 S. 1 ArbGG). Die Probleme liegen in den besonderen individuellen und kollektiven Konflikten des Arbeitslebens (*Schäfer* Rz. 1).

1. Prozesstaktische Überlegungen

48 Vor der Einleitung eines einstweiligen Rechtsschutzverfahrens ist, zumindest im Urteilsverfahren, die **Darlegungs- und Beweislast im Hauptprozess** zu prüfen: Steht zur Glaubhaftmachung des Anspruchs ausschließlich die eidesstattliche Versicherung des Antragstellers zur Verfügung, so ist eine Niederlage im Hauptprozess vorprogrammiert, da eine Vernehmung der eigenen Partei im Hauptprozess zumeist nicht durchgesetzt werden kann (*Oelkers/Müller* Anwaltliche Strategien im Zivilprozess, 1994, S. 109 ff.). Zur Vorbereitung eines einstweiligen Rechtsschutzverfahrens sind wegen des Zeitdrucks Checklisten besonders hilfreich.

2. Prüfungsmaßstab

49 Die rechtliche Prüfung im Verfügungsverfahren deckt sich mit der rechtlichen Beurteilung im Hauptprozess. Der Arrest-/Verfügungsanspruch unterliegt einer vollen Schlüssigkeitsprüfung (*Schäfer* Rz. 13); lediglich die tatsächlichen Grundlagen unterliegen nur einer summarischen Prüfung (*LAG Bln.* 12.7.1993 NZA 1994, 526).

3. Glaubhaftmachungsmittel/Beweismittelpräsenz

50 Die Beweisführung wird im einstweiligen Rechtsschutzverfahren durch die Glaubhaftmachung gem. § 294 ZPO ersetzt. Zur Glaubhaftmachung kommen alle in der ZPO vorgesehenen Beweismittel (Augenschein, Zeugen, Sachverständige, Urkunden, Parteivernehmung), die Versicherung an Eides statt (§ 294 Abs. 1 ZPO) sowie alle anderen Mittel, die dem Gericht eine Wahrnehmung über die beweisbedürftigen Tatsachen ermöglichen (behördliche Auskünfte, Privatgutachten, Behördenakten usw.) in Betracht (*Clemenz* NZA 2007, 64, 65). Die Beweismittel müssen zur Glaubhaftmachung bzw. Gegenglaubhaftmachung von der jeweils darlegungs- und glaubhaftmachungspflichtigen Partei im Falle einer mündlichen Verhandlung präsent gestellt werden (Beweismittelpräsenz, § 294 Abs. 2 ZPO), sonst können sie nicht berücksichtigt werden.

4. Streitgegenstand

51 Streitgegenstand ist die **Zulässigkeit der zwangsweise anzuordnenden Sicherung** des materiell-rechtlichen Anspruches, nicht dieser selbst (*Zöller/Vollkommer* Vor § 916 Rz. 2; *Schäfer* Rz 4). Der Einwand der Rechtshängigkeit/Rechtskraft steht daher nicht einem Hauptsacheverfahren entgegen, sondern lediglich einem identischen Begehren auf vorläufigen Rechtsschutz.

5. Keine Vorwegnahme der Hauptsache/Leistungsverfügung

52 Grds. darf einstweiliger Rechtsschutz **nicht zu einer endgültigen Befriedigung des Antragstellers** führen, sondern nur vorläufige Maßnahmen festlegen und nicht das Ergebnis des Hauptverfahrens vorwegnehmen. Ausnahmsweise, zum Zwecke wirksamen Rechtsschutzes, lässt die Rechtspraxis unter strengen Voraussetzungen neben den gesetzlich geregelten **Sicherungs- und Regelungsverfügungen** die sog. **Leistungsverfügung** zu (*Zöller/Vollkommer* § 940 Rz. 6; s.u. Rn. 91 ff.). Der Erlass einer Leistungsverfügung setzt voraus, dass der Antragsteller seiner Rechte ohne sofortige Erfüllung endgültig verlustig geht (Gefahr der Rechtsvereitelung) und zum anderen dringend auf die sofortige Anspruchserfül-

lung angewiesen ist (*LAG München* 19.12.1979 EzA Art. 9 GG Arbeitskampf Nr. 35). Dem von der Rechtsprechung entwickelten Institut der Leistungsverfügung kommt im Arbeitsrecht – insbes. bei der Beschäftigungs- und Vergütungspflicht sowie im Arbeitskampf – besondere Bedeutung zu (*Schäfer* Rz 26).

6. Arrest-/Verfügungsgrund

53 Überwiegend (*LAG München* 19.12.1979 EzA Art. 9 GG Arbeitskampf Nr. 35; *LAG RhPf* 5.3.1986 LAGE Art. 9 GG Arbeitskampf Nr. 26; *LAG Hamm* 17.3.1987 LAGE Art. 9 GG Arbeitskampf Nr. 31; *LAG Frankf.* 23.3.1987 NZA 1988, 37; *LAG Köln* 9.2.1991 EzA § 935 ZPO Nr. 3) wird der Arrest-/Verfügungsgrund als Prozessvoraussetzung angesehen, sodass **ein wegen fehlendem Arrest-/Verfügungsgrund abgewiesener Antrag wiederholt** werden kann.

54 Die Vollstreckbarkeit einer einstweiligen Verfügung ist für die Bejahung eines Verfügungsgrundes erforderlich (*LAG Hmb.* 3.9.1987 LAGE § 888 ZPO Nr. 11). Für den Erlass einer nicht vollstreckbaren einstweiligen Verfügung fehlt die Dringlichkeit.

55 Der Antragsteller, der **schuldhaft zögerlich handelt**, es insbes. unterlässt umgehend im Hauptsacheverfahren einen Titel anzustreben, kann mangels Verfügungsgrundes keine Eilentscheidung erstreiten (*LAG Frankf.* 23.3.1987 NZA 1988, 37; *LAG Köln* 6.8.1996 LAGE § 611 BGB Beschäftigungspflicht Nr. 40), **Grundsatz der Selbstwiderlegung.** Ein Fall der Selbstwiderlegung kann vorliegen, wenn der Antragsteller die Vollziehung einer zu seinen Gunsten erlassenen einstweiligen Verfügung schuldhaft unterlässt und nach Ablauf der Vollziehungsfrist des § 929 Abs. 2 ZPO den Erlass einer **Zweitverfügung** begehrt (*LAG Hamm* 5.1.1995 DB 1995, 1871).

II. Verfahren

1. Antrag

56 Die Parteien bestimmen das Verfahren durch ihren Antrag; das Antragserfordernis gilt auch für den einstweiligen Rechtsschutz im Beschlussverfahren nach §§ 80 ff. ArbGG (*LAG Nds.* 18.10.1994 LAGE § 95 BetrVG 1972 Nr. 15). Bei der einstweiligen Verfügung liegt allerdings die Maßnahme, die das Gericht zur Erreichung des Zweckes für erforderlich hält, in seinem Ermessen (§ 938 Abs. 1 ZPO). Die angeordnete Maßnahme darf aber nicht über den gestellten Antrag hinausgehen (*Heinze* RdA 1986, 273 [275]).

2. Mündliche Verhandlung

57 Die einstweilige Verfügung darf, anders als im Arrestverfahren, § 921 Abs. 1 ZPO, **nur bei besonderer Dringlichkeit ohne mündliche Verhandlung** ergehen, § 937 Abs. 2 ZPO (*Schäfer* Rz. 56). Der Erlass einer einstweiligen Verfügung ohne mündliche Verhandlung ist von Rechts wegen der Ausnahmefall (*LAG Bln.* 26.3.1984 NZA 1984, 333); er erfordert gem. § 62 Abs. 2 S. 2 ArbGG eine besondere Dringlichkeit, die in der Entscheidung begründet werden muss (GMPM-G/*Germelmann* § 62 Rz. 83; *Schwab/Weth-Walker* § 62 Rz. 101). Auch die Zurückweisung eines Antrags auf Erlass einer einstweiligen Verfügung darf nur in dringenden Stellen ohne mündliche Verhandlung erfolgen (*Sächs. LAG* 8.4.1997 – 1 Ta 89/97 – AE 1997 Nr. 312).

58 Im Urteilsverfahren ohne mündliche Verhandlung kann der Vorsitzende eine Entscheidung alleine treffen, § 53 Abs. 1 S. 1 ArbGG, im Beschlussverfahren entscheidet hingegen die Kammer (s.u. Rn. 79). Erfolgt der Erlass der einstweiligen Verfügung auf Grund mündlicher Verhandlung, so entscheidet stets die Kammer (*LAG Bln.* 26.3.1984 NZA 1984, 333).

59 Entscheidet das Gericht nach mündlicher Verhandlung, ist gegen ein Versäumnisurteil Einspruch, gegen ein kontradiktorisches Urteil Berufung möglich. Eine Revision ist nicht zulässig (§ 542 Abs. 2 S. 1 ZPO); das BAG kann nicht als dritte Instanz in Verfahren des vor-

läufigen Rechtsschutzes angerufen werden. Weist das Gericht den Antrag ohne mündliche Verhandlung zurück, ist gegen den Beschluss die sofortige Beschwerde statthaft (§ 567 Abs. 1 Nr. 2 ZPO). Eine Rechtsbeschwerde gegen den Beschluss des LAG ist auch dann nicht zulässig, wenn das LAG die Rechtsbeschwerde zugelassen hat (*BAG* 22.1.2003 EzA § 72 ArbGG 1979 Nr. 29). Gibt hingegen das Gericht durch Beschluss dem Antrag statt, besteht der Rechtsbehelf des Widerspruchs (§ 924 Abs. 1 ZPO). Die Aufhebungsanträge gem. §§ 926 Abs. 1, 927, 934 ZPO unterliegen im arbeitsgerichtlichen Verfahren keinen Besonderheiten.

Durch Einreichung einer Schutzschrift vor Antragstellung wird versucht, insbes. im **60** Beschlussverfahren, zumindest eine mündliche Verhandlung (Anhörung) zu erzwingen, falls das Gericht nicht den Antrag ohne mündliche Verhandlung (Anhörung) zurückweist (*Leipold* RdA 1983, 164).

3. Einlassungs-/Ladungsfrist

Die Ladungsfrist beträgt vor dem ArbG mindestens drei Tage, § 46 Abs. 2 S. 1 ArbGG i.V.m. **61** § 217 2. Halbs. ZPO, vor dem LAG eine Woche (*LAG Bln.* 20.5.1985 LAGE § 7 BUrlG Nr. 9), § 46 Abs. 2 S. 1 ArbGG i.V.m. § 217 1. Halbs. ZPO. Sie kann nicht von Amts wegen, jedoch auf Antrag abgekürzt werden, § 46 Abs. 2 S. 1 ArbGG i.V.m. § 226 Abs. 1 ZPO. Dieser Antrag ist mündlich als auch schriftlich möglich und zu begründen (GMPM-G/*Germelmann* § 47 Rz. 12; GK-ArbGG/*Bader* § 47 Rz. 22). Er kann in der Betonung besonderer Dringlichkeit (*Gift/Baur* J Rz. 38) enthalten sein.

4. Kein Präklusionsrecht

Das Präklusionsrecht findet im Eilverfahren keine Anwendung. Das Gericht hat sämtlichen **62** bis zum Schluss der mündlichen Verhandlung vorgetragenen und glaubhaft gemachten Parteivortrag zu berücksichtigen, sofern die Grenze des Rechtsmissbrauchs nicht überschritten wird (*OLG Koblenz* 5.2.1987 NJW-RR 1987, 509).

5. Keine Unterbrechung von Verjährung oder Ausschlussfristen

Weder der Arrest-/Verfügungsantrag noch die erlassene Entscheidung unterbrechen die Ver- **63** jährung oder tarifliche/einzelvertragliche Ausschlussfristen (*Gift/Baur* J Rz. 2).

> Ein isoliertes Eilverfahren birgt deshalb Haftungsrisiken für einen Rechtsanwalt; in **64** Zweifelsfällen sollte parallel ein Hauptsacheverfahren anhängig gemacht werden.

6. Zustellung im Parteibetrieb binnen eines Monats

> Gem. § 929 Abs. 2 ZPO muss der Verfügungskläger dem Gegner eine ein Gebot oder **65** Verbot beinhaltende einstweilige Verfügung binnen eines Monats im Parteibetrieb zustellen (*Zöller/Vollkommer* § 929 Rz. 12; *BAG* 19.10.1993 EzA § 7 AWbG NW Nr. 20; **a.A.** *LAG Hamm* 7.8.1987 NZA 1987, 825). Die Frist beginnt ab Urteilsverkündung bzw. ab Zustellung des Beschlusses an den Antragsteller zu laufen (*LAG Brem.* 13.8.1982 AP Nr. 2 zu § 929 ZPO). Anderenfalls ist auf Antrag oder Rechtsbehelf der Verfügungsbeklagten hin, die einstweilige Verfügung aufzuheben und der Verfügungskläger trägt die Kosten des Eilverfahrens (*LAG Frankf.* 20.2.1990 NZA 1991, 30; *Clemenz* NZA 2005, 129, 131).

Nimmt ein Arbeitnehmer auf Grund einer Weiterbeschäftigungsverfügung innerhalb der **66** Monatsfrist des § 929 Abs. 2 ZPO seine Arbeit tatsächlich wieder auf, ist die einstweilige Verfügung rechtzeitig vollzogen, ohne dass es zusätzlich noch einer Parteizustellung bedarf (*LAG Bln.* 10.6.1985 LAGE § 929 ZPO Nr. 2). Nach der Auffassung des *LAG Bln.* (12.11.1997 – 6 Ta 15/97 u. 16/97 – AE 1998 Nr. 92) bedarf auch eine durch Urteil erlassene Unterlassungsverfügung, die bereits die für eine Verhängung von Ordnungsmitteln erforderliche Androhung enthält, zur Wahrung der Vollziehungsfrist des § 929 Abs. 2 ZPO weder einer Zustellung im Parteibetrieb noch eines Antrags auf Festsetzung von Ordnungsmitteln.

67 Bestätigt das Gericht eine ohne mündliche Verhandlung erlassene einstweilige Verfügung nach Widerspruch gem. §§ 924, 936 ZPO in abgeänderter Form, bedarf die **abgeänderte Verbotsverfügung der erneuten Vollziehung** nach § 929 ZPO (*LAG Düsseld.* 8.3.1979 EzA § 929 ZPO Nr. 1).

68 Auch eine im Beschlussverfahren erwirkte einstweilige Verfügung muss im Parteibetrieb zugestellt werden (*LAG Hmb.* 29.7.1985 AE 1998 Nr. 224; *LAG Frankf.* 20.2.1990 a.a.O.; **a.A.** *LAG Hamm* 7.8.1987 a.a.O.); die nach § 85 Abs. 2 ArbGG von Amts wegen erfolgende Zustellung wahrt nicht die **Vollziehungsfrist des § 929 Abs. 2 ZPO** (*LAG Bln.* 18.8.1987 LAGE § 85 ArbGG 1979 Nr. 1).

69 Vollstreckt der Gläubiger einen vorläufigen Titel, haftet er wegen der eingeschränkten Richtigkeitsgewähr des summarischen Verfahrens verschuldensunabhängig (§ 945 ZPO).

7. Kosten

70 Die Kostenregelung des § 12a ArbGG ist anwendbar, weil es sich bei Arrest- und Verfügungsverfahren nicht um ein Vollstreckungsverfahren handelt. Die Regelung des § 12a Abs. 1 S. 3 ArbGG findet hinsichtlich der gem. §§ 919 2. Alt., 942 ZPO angerufenen Amtsgerichte keine Anwendung, weil diese nicht unzuständig sind, sondern ausnahmsweise stellvertretend für die Gerichte für Arbeitssachen tätig werden (so *ArbG Iserlohn* 4.1.1980 EzA Nr. 2 zu § 12a ArbGG; *Schäfer* Rz. 61, str.).

III. Besonderheiten des arbeitsgerichtlichen einstweiligen Rechtsschutzes

1. Einstweiliger Rechtsschutz im Urteilsverfahren

71 Zuständig ist das ArbG der Hauptsache, § 62 Abs. 2 ArbGG i.V.m. §§ 919 1. Alt., 937 ZPO; ausnahmsweise das LAG, falls das Hauptsacheverfahren bereits in der Berufungsinstanz anhängig ist, § 943 ZPO. Für die Anordnung eines Arrestes kann auch in arbeitsrechtlichen Angelegenheiten das Amtsgericht, in dessen Bezirk sich die mit Arrest zu belegende Sache befindet oder sich der Schuldner aufhält, angerufen werden (§ 919 ZPO).

72 Für den Erlass einer einstweiligen Verfügung besteht in arbeitsrechtlichen Streitigkeiten in dringenden Fällen eine Notzuständigkeit des Amtsgerichts (§§ 919, 942 Abs. 1 ZPO). Nachdem das Verhältnis der Arbeitsgerichtsbarkeit zur ordentlichen Zivilgerichtsbarkeit keine Frage der sachlichen Zuständigkeit mehr ist, sondern eine des Rechtswegs (s.o. K/Rz 194 ff.), sind in der Literatur (GMPM-G/*Germelmann* § 62 Rz. 81; *Schwab/Weth-Walker* § 62 Rz. 100) Zweifel an einer fortbestehenden Notzuständigkeit des Amtsgerichtes geäußert worden. Dagegen spricht jedoch die weiterhin uneingeschränkte Verweisung des § 62 Abs. 2 S. 1 ArbGG (*Schäfer* Rz. 53).

73 Bei bereits anhängiger Hauptsache ist stets das angerufene Gericht zuständig, selbst wenn es sich dabei um ein an sich unzuständiges Gericht handelt (*Schäfer* Rz. 14).

74 Gem. § 54 Abs. 1 S. 1 ArbGG müsste bei einer Entscheidung nach mündlicher Verhandlung zunächst eine Güteverhandlung stattfinden (*Grunsky* § 54 Rz. 1). Da die Verweisung in § 62 Abs. 2 ArbGG auf §§ 916, 935 ff. ZPO als lex specialis vorgeht, hat das Gericht dennoch sofort mündliche Verhandlung vor der Kammer anzuberaumen; die Abhaltung eines Gütetermines widerspräche dem Zweck eines Eilverfahrens (*Gift/Baur* J Rz. 37).

2. Einstweiliger Rechtsschutz im Beschlussverfahren

75 Im Beschlussverfahren verweist § 85 Abs. 2 ArbGG nur mit Einschränkungen auf §§ 916 ff. ZPO. Aber auch eine einstweilige Verfügung im Beschlussverfahren setzt immer einen Verfügungsanspruch und Verfügungsgrund voraus (*LAG München* 26.8.1992 LAGE § 23 BetrVG 1972 Nr. 29).

76 Die Zustellung des Beschlusses erfolgt nicht im Parteibetrieb, sondern von Amts wegen. Diese Zustellung von Amts wegen ersetzt jedoch nicht die innerhalb der Vollziehungsfrist

des § 929 Abs. 2 ZPO zu bewirkende Zustellung im Parteibetrieb (*LAG Hmb.* 29.7.1985 – 4 TaBV 6/85 – AE 1998 Nr. 224; s.o. Rn. 68).

Ein **Schadenersatzanspruch gem. § 945 ZPO** besteht bei Eilverfahren in betriebsverfassungsrechtlichen Angelegenheiten **nicht**. 77

Im Beschluss-Eilverfahren gilt der Untersuchungsgrundsatz des § 83 Abs. 1 ArbGG (*LAG München* 26.8.1992 LAGE § 23 BetrVG 1972 Nr. 29). 78

Die Zurückweisung eines Antrages auf Erlass einer einstweiligen Verfügung kann auch im Beschlussverfahren nur in dringenden Fällen ohne mündliche Verhandlung erfolgen (*LAG Nbg.* 27.4.1998 – 5 Ta 42/98 – AE 1998 Nr. 244; *Grunsky* § 85 Rz. 18a). Eine Entscheidung über eine einstweilige Verfügung im Beschlussverfahren ohne mündliche Verhandlung ergeht nicht allein durch den Vorsitzenden, sondern durch die vollbesetzte Kammer, § 85 Abs. 2 S. 2 ArbGG (*BAG* 28.8.1991 EzA § 113 BetrVG 1972 Nr. 21; GMPM-G/*Matthes* § 85 Rz. 45; **a.A.** *ArbG Jena* 22.9.1992 AuA 1993, 26; *Schwab/Weth-Walker* § 85 Rz. 68). 79

Hat das ArbG den Antrag ohne mündliche Verhandlung zurückgewiesen, kann der Antragsteller **sofortige Beschwerde** einlegen, § 567 ZPO; gegen die zurückweisende Entscheidung des Beschwerdegerichtes besteht keine weitere Beschwerdemöglichkeit, § 78 Abs. 2 ArbGG. 80

Erlässt das Gericht die einstweilige Verfügung ohne mündliche Anhörung, so kann der Antraggegner gegen die Entscheidung Widerspruch einlegen, § 924 ZPO, eine Beschwerde nach § 87 ArbGG ist nicht statthaft (*LAG Frankf.* 30.4.1992 NZA 1993, 816). Über den Widerspruch entscheidet das Verfügungsgericht nach mündlicher Anhörung durch Beschluss, § 925 ZPO, § 84 ArbGG, der seinerseits beschwerdefähig ist, § 87 ArbGG. 81

IV. Einzelfälle

1. Einstweilige Verfügung des Arbeitnehmers gegen den Arbeitgeber

a) Arbeitsentgelt

Eine einstweilige Verfügung auf Zahlung von Arbeitsentgelt kommt als Leistungsverfügung – Befriedigung des Geldanspruches – **nur in besonderen Ausnahmefällen** in Betracht (*LAG Düsseld.* 20.1.1976 DB 1976, 587; *LAG Frankf.* 8.9.1976 NJW 1978, 76). 82

Zum Verfügungsanspruch muss der Arbeitnehmer im fortbestehenden Arbeitsverhältnis zunächst darlegen und glaubhaft machen, dass er die arbeitsvertraglich geschuldete Leistung erbracht hat oder sich der Arbeitgeber in Annahmeverzug befindet. Während eines Rechtsstreits über die Wirksamkeit einer Kündigung hat der Arbeitnehmer die überwiegende Wahrscheinlichkeit einer Unwirksamkeit der Kündigung schlüssig darzulegen oder ein von der Wirksamkeit der Kündigung unabhängiges zur Vergütung verpflichtendes Rechtsverhältnis, z.B. das gesetzliche Weiterbeschäftigungsverhältnis gem. § 102 Abs. 5 BetrVG 1972 (*Schäfer* Rz. 137). 83

Zahlt der Arbeitgeber nach ausgesprochener Kündigung, bei ordentlicher Kündigung nach Ablauf der Kündigungsfrist, kein Arbeitsentgelt mehr, so muss der Arbeitnehmer in seinem Antrag auf Erlass einer einstweiligen Verfügung drei Voraussetzungen darlegen und glaubhaft machen (*Vossen* RdA 1991, 216): 84
- Vorliegen eines Weiterbeschäftigungsanspruches (s.u. Rn. 98 ff.),
- Annahmeverzug des Arbeitgebers,
- Notlage des Arbeitnehmers.

Der Arbeitnehmer muss zum Verfügungsgrund darlegen und glaubhaft machen, dass er ohne Entgeltzahlung in eine **finanzielle Notlage** (*LAG Brem.* 5.12.1997 DB 1998, 1624; *ArbG Frankf.* FA 2001, 240) gerät, d.h., dass und weshalb er: 85
- keine anderweitigen finanziellen Leistungen oder Ansprüche (Ersparnisse, rasch verwertbares Vermögen, Unterhaltsansprüche) einsetzen kann,
- von dritter Seite keine Leistungen (Arbeitslosengeld, Erziehungsgeld) erhält.

86 Fraglich ist, ob der Arbeitnehmer auf Arbeitslosengeld oder Sozialhilfe verwiesen werden kann (so *LAG Hmb.* 6.5.1986 LAGE § 611 BGB Beschäftigungspflicht Nr. 15). Bezieht ein Antragsteller bereits Arbeitslosengeld oder Sozialhilfe, wird regelmäßig eine finanzielle Notlage, mithin ein Verfügungsgrund zu verneinen sein. Im Ergebnis führt dies häufig zu einer ungerechtfertigten Subventionierung des Arbeitgebers durch Gewährung eines zinslosen Darlehens. Hat der Antragsteller hingegen noch keine Leistungen der Bundesanstalt für Arbeit bzw. Sozialhilfe in Anspruch genommen, ist streitig, ob der Arbeitnehmer wegen der Subsidiarität der Leistungen der Bundesagentur für Arbeit/der Sozialhilfeträger rechtsfehlerfrei zu Lasten der Allgemeinheit auf staatliche Leistungen verwiesen werden kann. In der Literatur wird teilweise die Auffassung vertreten, der Arbeitnehmer habe zunächst die Lohnersatzleistungen des Arbeitsamtes in Anspruch zu nehmen, könne jedoch nicht auf Sozialhilfe verwiesen werden (*Schäfer* Rz. 139). Wegen der Befriedigungsfunktion darf dem Arbeitnehmer im Rahmen einer einstweiligen Verfügung nur so viel Arbeitsentgelt zugesprochen werden, wie zu der **Abwendung der Notlage** erforderlich ist. Als Orientierungsrahmen kommt die **Pfändungsfreigrenze** gem. §§ 850 ff. ZPO (*LAG Kiel* 26.8.1958 AP Nr. 1 zu § 940 ZPO; *LAG Brem.* 5.12.1997 DB 1998, 1624; *Schäfer* Rz. 143; *Vossen* a.a.O.; *Reinhard/Kliemt* NZA 2005, 545, 552) in Betracht, da der Gesetzgeber die für den notwendigen Lebensunterhalt erforderlichen finanziellen Mittel hier konkretisierte. Verschiedentlich wird zur Bestimmung der zulässigen Höchstgrenze auf die Höhe des Arbeitslosengeldes (*LAG BW* 24.11.1967 BB 1968, 335) oder den Sozialhilfesatz (*LG Bochum* 9.5.1967 MDR 1967, 921) zurückgegriffen. Der Zahlungsanspruch ist auf die Geltendmachung eines Nettobetrages zu beschränken, weil weder Steuern noch Sozialabgaben zur Deckung des Lebensunterhaltes dienen (*Reinhard/Kliemt* NZA 2005, 545, 552). Das *LAG RhPf* (24.4.2007 – 9 SaGa 1/07) bejaht grundsätzlich die Möglichkeit einer einstweiligen Verfügung auf Zahlung des Notbedarfs nach § 850d ZPO; selbst im Fall der Verrechnung eines Vorschusses ohne Beachtung von § 394 BGB, § 850c ZPO.

87 **Muster** für einen Arrestantrag zur Sicherung einer Vergütungsforderung (*Schäfer* Rz. 276):

Namens und unter Vollmachtsvorlage des Antragstellers begehre ich den Erlass dinglichen und persönlichen Arrests, wobei ich anrege, wegen der Dringlichkeit ohne mündliche Verhandlung zu entscheiden und

beantrage

1. Der dingliche Arrest in das Vermögen der Antragsgegnerin wird wegen einer Vergütungsforderung des Antragstellers in Höhe von € ... angeordnet.
2. Die Forderung der Antragsgegnerin aus ... gegen ... wird – nebst Zinsen ... – in Vollziehung des Arrestes bis zu einem Höchstbetrag von € ... gepfändet.
3. Gegen den Geschäftsführer der Antragsgegnerin wird im Wege des persönlichen Arrests Haft

angeordnet.

Muster für einen Zahlungsantrag (*Reinhard/Kliemt* NZA 2005, 545, 552):

Die Verfügungsbeklagte wird verurteilt, an den Verfügungskläger für den Monat ... einen Betrag in Höhe von ... Euro netto zu zahlen.

b) Arbeitspapiere

88 Der Arbeitgeber hat gegenüber dem Anspruch auf Ausfüllung und Herausgabe der Arbeitspapiere kein Zurückbehaltungsrecht (s.o. Kap. 9 Rn. 89). Der Arbeitnehmer hat darzulegen und glaubhaft zu machen (GMPM-G/*Germelmann* § 62 Rz. 112; *Schwab/Weth-Walker* § 62 Rz. 139 ff.; *Korinth* ArbRB 2004, 62), dass:

- das Arbeitsverhältnis beendet ist,
- der Arbeitgeber weder Arbeitspapiere noch Zwischenbescheinigung ausgehändigt hat,
- ein neuer Arbeitgeber ohne Vorlage der Arbeitspapiere keine Einstellung vornimmt, die Steuerklasse VI in Ansatz bringen will oder die Lohnsteuerkarte für den Lohnsteuerjahresausgleich benötigt wird.

Zur Glaubhaftmachung reicht die eigene eidesstattliche Versicherung aus; in einem Hauptsacheverfahren trägt der Arbeitgeber die Darlegungs- und Beweislast für die Übergabe der Arbeitspapiere. 89

Muster für einen Antrag auf Herausgabe der Arbeitspapiere im Wege der einstweiligen Verfügung: 90
Der Antragsgegnerin wird im Wege der einstweiligen Verfügung aufgegeben, die Arbeitspapiere des Antragstellers, bestehend aus Lohnsteuerkarte, Sozialversicherungsausweis und Arbeitsbescheinigung gem. § 312 SGB III, auszufüllen und herauszugeben.
Der Antragsgegnerin wird ein Zwangsgeld, dessen Höhe ich in das Ermessen des Gerichtes setze, ersatzweise Zwangshaft des Geschäftsführers der Antragsgegnerin, für den Fall angedroht, dass die Arbeitspapiere nicht ausgefüllt und herausgegeben werden.

c) Urlaub

Die einstweilige Verfügung zur Durchsetzung des Urlaubsanspruchs hat für die Praxis erhebliche Bedeutung. Die Arbeitsvertragsparteien streiten öfters darüber, ob überhaupt ein Urlaubsanspruch besteht, er dem Arbeitnehmer im geltend gemachten Umfang zusteht und/oder über die zeitliche Lage des Urlaubs. Das *BAG* (20.1.1994 EzA § 626 BGB n.F. Nr. 153) verweist den Arbeitnehmer auf den gerichtlichen Rechtsschutz und billigt ihm grds. kein Recht zur Selbstbeurlaubung zu (s.o. Kap. 3 Rn. 2317 ff.). Der Arbeitnehmer kann eine Leistungsklage auf Urlaubsgewährung für einen bestimmten Zeitraum erheben (*BAG* 18.12.1986 EzA § 7 BUrlG Nr. 48; i.E. Kap. 3 Rn. 2358 ff.). Der Arbeitnehmer hat nämlich einen Anspruch darauf, dass die Urlaubsfestlegung entsprechend seinem Wunsch erfolgt, § 7 Abs. 1 BUrlG (*LAG RhPf* 25.1.1991 LAGE § 7 BUrlG Nr. 27). Die Klage wird jedoch unzulässig, wenn während des gerichtlichen Verfahrens der beantragte Urlaubszeitraum verstreicht (*BAG* 18.12.1986 EzA § 7 BUrlG Nr. 48). Ein effektiver Rechtsschutz ist deshalb häufig nur mittels einer einstweiligen Verfügung zu erreichen (*Schulte* ArbRB 2005, 125). 91

Der Antragsteller muss den Verfügungsanspruch darlegen und glaubhaft machen. Der Arbeitnehmer hat zunächst das Bestehen eines Arbeitsverhältnisses sowie die Erfüllung der Wartezeit (§§ 1, 4 BUrlG) vorzutragen. Begehrt er mehr als den gesetzlichen Urlaub hat er weiter die Anspruchsgrundlage vorzutragen (tarifliche/arbeitsvertragliche Regelung, Urlaubsübertragung usw; vgl. Kap. 3 Rn. 2169 ff.). Weiterhin muss der Arbeitnehmer darlegen, dass er erfolglos rechtzeitig Urlaubsgewährung vom Arbeitgeber gefordert hatte (s.o. Kap. 3 Rn. 2292). Der Arbeitgeber hat hingegen alle Gegenrechte darzulegen und unter Beweis zu stellen. Er hat insbes. entgegenstehende betriebliche Belange, die zu einer erheblichen betrieblichen Erschwerung führen (*LAG RhPf* 25.1.1991 LAGE § 7 BUrlG Nr. 27), vorzutragen und glaubhaft zu machen. Der Arbeitgeber trägt nämlich die Darlegungs- und Beweislast für die Berechtigung einer Urlaubsverweigerung (*BAG* 10.1.1974 EzA § 7 BUrlG Nr. 16). 92

Als Verfügungsgrund kommen folgende Fallgruppen in Betracht: der Urlaubszweck wird bei späterer Urlaubsnahme verfehlt, der Urlaub verteuert sich erheblich oder der Urlaub kann wegen eines Wechsels zu einem anderen Arbeitgeber in der zweiten Jahreshälfte gem. § 4 BUrlG nicht genommen werden (*Corts* NZA 1998, 357 [358]). Das drohende Erlöschen des Urlaubsanspruchs wegen Ablauf des Urlaubsjahrs oder des dreimonatigen Übertragungszeitraums gem. § 7 Abs. 3 BUrlG allein reicht nicht als Verfügungsgrund. Bei rechtzeitiger Geltendmachung des Urlaubsanspruchs wird der Arbeitgeber in Verzug gesetzt und der Arbeitnehmer erhält einen Schadensersatzanspruch in Form bezahlter Freistellung. 93

Eilanträge auf Urlaub setzen als Verfügungsgrund voraus, dass der Erlass einer einstweiligen Verfügung **zur Abwendung wesentlicher Nachteile notwendig** ist (*LAG Köln* 9.2.1991 LAGE § 935 ZPO Nr. 3) und der Arbeitnehmer **keine anderweitige Möglichkeit** hat, eine Konkretisierung seines Anspruchs auf Urlaubsgewährung durchzusetzen. Die Interessen des Arbeitnehmers sind mit entgegenstehenden betrieblichen Belangen abzuwägen (*ArbG Hamm* 10.5.1983 DB 1983, 1553).

94 Der Arbeitnehmer hat, sofern ein Betriebsrat/Personalrat besteht, sich zunächst an diesen zu wenden (Mitbestimmungsrecht des Betriebsrates gem. § 87 Abs. 1 Nr. 5 BetrVG), da der Erlass einer Leistungsverfügung nur in Betracht kommt, wenn der Arbeitnehmer alle anderen Möglichkeiten ausgeschöpft hat. Der Arbeitnehmer darf nicht durch eigene Nachlässigkeit die Eilbedürftigkeit herbeigeführt **(Grundsatz der Selbstwiderlegung)** bzw. selbst verursacht haben, z.B. durch Buchung einer Reise vor Urlaubsgewährung (*LAG Hmb.* 15.9.1989 LAGE § 7 BUrlG Nr. 26).

95 Der Antrag auf **Urlaubsgewährung in einem bestimmten Zeitraum** führt regelmäßig zu einer Vorwegnahme der endgültigen Entscheidung, weshalb an den Verfügungsgrund besonders hohe Anforderungen gestellt werden (*LAG Hmb.* 15.9.1989 LAGE § 7 BUrlG Nr. 26). Ob als Verfügungsgrund der Wunsch des Arbeitnehmers ausreicht, wegen familiärer oder persönlicher Gründe an einen bestimmten Termin Urlaub nehmen zu können, ist streitig. Nach Auffassung des *LAG Hamm* (31.1.1995 LAGE § 7 BUrlG Nr. 33) kann eine einstweilige Verfügung auf Gewährung von Urlaub in einem genau beantragten Zeitraum nur in ganz besonderen Ausnahmesituationen ergehen, in denen eine gewisse Vorwegnahme der Hauptsache unvermeidbar ist, um wesentlichen Schaden oder einen endgültigen Rechtsverlust abzuwenden. Das *LAG Hmb.* 15.9.1989 (LAGE § 7 BUrlG Nr. 26), vertritt die Auffassung, dass ein Arbeitnehmer grds. seinen Urlaubsanspruch so frühzeitig erheben muss, dass er ihn im Falle rechtswidriger Verweigerung noch im Wege des ordentlichen Klageverfahrens durchsetzen kann. Im Fall eines langfristig gebuchten Urlaubs wird der Arbeitnehmer daher die besondere Dringlichkeit nur in Ausnahmefällen begründen können. Begehrt der Arbeitnehmer hingegen kurzfristig Urlaub aus Anlass des Todes naher Angehöriger, Eheschließung, Taufe usw. wird zumeist eine besondere Dringlichkeit zu bejahen sein (*Schäfer* Rz. 103).

96 **Muster** für einen Antrag (*Reinhard/Kliemt* NZA 2005, 545, 550:
Dem Verfügungskläger wird das Fernbleiben von der Arbeit im Zeitraum vom … bis … gestattet.

97 Der Anspruch auf **Bildungsurlaub** kann im Wege der einstweiligen Verfügung durchgesetzt werden (s.o. Kap. 3 Rn. 2628). Beantragt der Arbeitnehmer im Wege der einstweiligen Verfügung allein die Befreiung von seiner Arbeitspflicht, begründet ein entsprechender Eilentscheid keine Pflicht des Arbeitgebers zur Vergütungsfortzahlung (*LAG Hamm* 20.9.1996 – 15 Sa 1205/95 – AE 1997 Nr. 252).

d) Weiterbeschäftigungsanspruch

aa) Beschäftigungsanspruch während bestehendem Arbeitsverhältnis

98 Der Arbeitnehmer hat im ungekündigten oder gekündigten, aber noch nicht beendeten Arbeitsverhältnis, grds. gem. §§ 611 Abs. 1, 613, 242 BGB, Art. 1 und 2 GG einen Anspruch darauf, beschäftigt zu werden **(allgemeiner Beschäftigungsanspruch**; s.o. Kap. 3 Rn. 2676 ff.). Die Beschäftigungspflicht des Arbeitgebers ist eine in der Fürsorgepflicht wurzelnde Nebenpflicht, sofern die Beschäftigung nicht ausdrücklich vertraglich als Hauptpflicht vereinbart ist.

99 Der Arbeitnehmer muss den Verfügungsanspruch schlüssig darlegen und glaubhaft machen, indem er ein bestehendes Arbeitsverhältnis sowie den Inhalt des Beschäftigungsanspruches unter Beweisantritt vorträgt.

100 Der Arbeitgeber kann die Existenz eines Arbeitsverhältnisses und/oder den Inhalt des Beschäftigungsanspruches bestreiten oder Ausnahmen von der allgemeinen Beschäftigungspflicht (s.o. Kap. 3 Rn. 2687) darlegen und ggf. beweisen. Bereits im Arbeitsvertrag kann der Arbeitgeber sich das Recht ausbedingen, im Fall einer Kündigung den Arbeitnehmer für die Dauer der Kündigungsfrist von der Arbeit freizustellen (*LAG Köln* 20.2.2006 NZA-RR 2006, 342). Ein Suspendierungsgrund (vgl. hierzu Kap. 3 Rn. 2687) ist auch gegeben, wenn sich ein Mitarbeiter nach seiner ordentlichen Kündigung in der Kündigungsfrist nachweisbar

betriebsschädigend verhält, oder der Mitarbeiter, dem wesentliche Geschäfts- und Betriebsgeheimnisse bekannt sind, selbst kündigt, um nach Beendigung des Arbeitsverhältnisses bei fehlendem nachvertraglichen Wettbewerbsverbot sofort zu einem Konkurrenzunternehmen zu wechseln (*LAG Hamm* 3.11.1993 LAGE § 611 BGB Beschäftigungspflicht Nr. 36; Verrat von Betriebsgeheimnissen: *BAG* 4.6.1964 AP Nr. 13 zu § 626 BGB).

Streitig ist, ob die Beschäftigungsverfügung neben dem Verfügungsanspruch einen Verfü- 101
gungsgrund voraussetzt. Einerseits wird die Auffassung vertreten, der Erlass einer Beschäftigungsverfügung während eines noch nicht beendeten Arbeitsverhältnisses erfordere nicht die Darlegung eines **besonderen Beschäftigungsinteresses** (*ArbG Herne* 13.10.1988 NZA 1989, 236). Der allgemeine Beschäftigungsanspruch besteht nämlich grds. während eines Arbeitsverhältnisses bis zum Ablauf der Kündigungsfrist (*BAG* 19.8.1976 EzA § 611 BGB Beschäftigungspflicht Nr. 1). Er wird als Fixschuld endgültig vereitelt, wenn eine Befriedigungsverfügung unter Hinweis auf ein weiter gehendes besonderes Beschäftigungsinteresse versagt wird (*ArbG Leipzig* BB 1997, 366). Sofern der Beschäftigungsanspruch zweifelsfrei bestehe, sei ein Verfügungsgrund für eine Beschäftigungsverfügung regelmäßig gegeben (*LAG München* 18.9.2002 LAGE § 611 BGB Beschäftigungspflicht Nr. 45). Andererseits wird zutreffend darauf hingewiesen, dass der einstweilige Rechtsschutz lediglich Sicherungsfunktion habe und auch eine Beschäftigungsverfügung zur Befriedigung führe (*Schäfer* Rz. 65). Das Beschäftigungsinteresse des Arbeitnehmers (Neben-/Hauptpflicht) sowie die Dringlichkeit (besondere Wichtigkeit einer tatsächlichen Beschäftigung) sei im Einzelfall sorgfältig gegen das Suspendierungsinteresse des Arbeitgebers abzuwägen. Auch das *LAG Hamm* fordert im Fall des Weiterbeschäftigungsanspruchs in der Kündigungsfrist die Darlegung, dass der Arbeitnehmer auf die sofortige Erfüllung (Notlage) dringend angewiesen ist (18.2.1998 NZA-RR 1998, 422).

Der Arbeitnehmer darf keine andere Möglichkeit haben/gehabt haben, seinen zweifelsfrei 102
bestehenden Verfügungsanspruch anderweitig zu realisieren. Ein Verfügungsgrund fehlt, wenn der Arbeitnehmer längere Zeit vor Beantragung der einstweiligen Verfügung Kündigungsschutzklage erhoben hatte, aber nicht auf Weiterbeschäftigung geklagt hatte (*LAG Frankf.* 23.3.1987 NZA 1988, 37).

Muster für einen Antrag (zum Antrag vgl. *Growe* NZA 1996, 567) 103

1. Die Verfügungsbeklagte wird verurteilt, den Verfügungskläger bis zum Ablauf der Kündigungsfrist am 30.9.1996 zu unveränderten Bedingungen als Konstrukteur weiterzubeschäftigen.
2. Für jeden Fall der Zuwiderhandlung wird der Verfügungsbeklagten ein Zwangsgeld in Höhe von € 10.000,– angedroht.

Von der vorstehenden Fallgruppe ist eine weitere abzugrenzen: die Parteien streiten im Wege 104
des einstweiligen Rechtsschutzes nicht über das »Ob«, sondern das »Wie« einer Beschäftigung. Gegenstand der Auseinandersetzung ist also nicht der Beschäftigungsanspruch im engeren Sinn, sondern das Direktionsrecht. Da die drohende Rechtsverletzung in diesem Fall regelmäßig weniger schwerwiegend ist, sind die Anforderungen an den Verfügungsgrund höher. Ein bloßer Ansehensverlust durch die vorgenommene Änderung der Arbeitsinhalte ist in der Regel im Rahmen einer Leistungsverfügung kein ausreichender Verfügungsgrund (*LAG Köln* 24.11.1998 NZA 1999, 1008; *LAG Hessen* 19.8.2002 juris).

bb) Weiterbeschäftigungsanspruch bei Rechtsstreitigkeiten über die Beendigung des Arbeitsverhältnisses

(1) Besonderer Weiterbeschäftigungsanspruch, § 102 Abs. 5 S. 1 BetrVG

Der Gesetzgeber hat in § 102 Abs. 5 S. 1 BetrVG einen vorläufigen, auflösend bedingten 105
(*BAG* 12.9.1985 EzA § 102 BetrVG 1972 Nr. 61), Bestandsschutz des gekündigten Arbeitsverhältnisses zwischen Ablauf der Kündigungsfrist und rechtskräftigem Abschluss des Kündigungsschutzprozesses angeordnet, der eine Weiterbeschäftigungspflicht des Arbeitgebers

beinhaltet (s.o. Kap. 4 Rn. 3326 ff.). Der Weiterbeschäftigungsanspruch gem. § 102 Abs. 5 S. 1 BetrVG kann im Urteilsverfahren durch Klage oder – bei Vorliegen eines Verfügungsgrundes – durch einstweilige Verfügung durchgesetzt werden. Anders als der allgemeine Weiterbeschäftigungsanspruch (s.u. Rn. 109 ff.) wird der besondere Weiterbeschäftigungsanspruch nicht durch ein überwiegendes Interesse des Arbeitgebers an einer Nichtbeschäftigung ausgeschlossen (*LAG München* 10.2.1994 NZA 1994, 997). Dem betriebsverfassungsrechtlichen Weiterbeschäftigungsanspruch kann der Arbeitgeber nur entgegentreten, indem er dessen Voraussetzungen (s.o. Kap. 4 Rn. 3332) bestreitet, die Voraussetzungen für eine Entbindung von der Weiterbeschäftigungspflicht gem. § 102 Abs. 5 S. 2 BetrVG (s.u. Rn. 155 ff.) oder Suspendierungsgründe, die in einem bestehenden Arbeitsverhältnis eine Freistellung rechtfertigen (vgl. hierzu Kap. 3 Rn. 2687), vorträgt (vgl. *Schäfer* Rz. 77).

106 Umstritten ist, ob sich der **Verfügungsgrund** i.d.R. bereits aus dem ausdrücklich gesetzlich geregelten Verfügungsanspruch ergibt (so Kap. 4 Rn. 3366; *LAG Hmb.* 14.9.1992 LAGE § 102 BetrVG Beschäftigungspflicht Nr. 10) oder entsprechend den allgemeinen Grundsätzen dargelegt werden muss (so *LAG Düsseld.* 25.1.1993 DB 1993, 1680; *LAG München* 10.2.1994 LAGE § 102 BetrVG Beschäftigungspflicht Nr. 14; *LAG BW* 30.8.1993 NZA 1995, 683; *Schäfer* Rz. 80). Für die letztere Auffassung spricht, dass die Weiterbeschäftigungsverfügung eine Leistungsverfügung (Befriedigungsverfügung) ist, an die generell strenge Anforderungen zu stellen sind. Erlässt das Gericht eine einstweilige Verfügung, muss der Arbeitgeber die Ansprüche aus dem durch § 102 Abs. 5 S. 1 BetrVG begründeten Schuldverhältnis erfüllen. Selbst nach Abweisung der Kündigungsschutzklage bleiben dem Arbeitnehmer die Entgeltansprüche bis zum Zeitpunkt der Rechtskraft der klageabweisenden Entscheidung erhalten. Der Gesetzgeber hat außerdem in anderen speziellen Regelungen – im Gegensatz zu § 102 BetrVG – ausdrücklich bestimmt, dass ein Verfügungsgrund nicht glaubhaft gemacht werden muss (§ 885 Abs. 1 S. 2 BGB, § 899 Abs. 2 S. 2 BGB). Andererseits sollten wegen der Zeitgebundenheit der Beschäftigungspflicht nur geringe Anforderungen an den Verfügungsgrund gestellt werden. Die gesetzliche Regelung bezweckt nämlich gerade die Sicherung der tatsächlichen Beschäftigung des gekündigten Arbeitnehmers für die Dauer des Kündigungsschutzprozesses. Kann die Beschäftigung nicht rechtzeitig im Hauptsacheverfahren durchgesetzt werden, ist ein Verfügungsgrund ohne weitere Erfordernisse gegeben. Hingegen wird ein Verfügungsgrund regelmäßig fehlen, wenn beispielsweise auf Grund langer Kündigungsfristen eine erstinstanzliche Entscheidung bereits unmittelbar nach Ablauf der Kündigungsfrist bevorsteht und der Arbeitnehmer nicht ausnahmsweise gehindert war, im Hauptsacheverfahren einen Weiterbeschäftigungsantrag zu stellen.

(2) Allgemeiner Weiterbeschäftigungsanspruch

107 Der allgemeine Weiterbeschäftigungsanspruch (s.o. Kap. 4 Rn. 3380 ff.) bezeichnet das Recht eines Arbeitnehmers innerhalb eines in seinem rechtlichen Bestand umstrittenen Arbeitsverhältnis beschäftigt zu werden. Die Existenz eines Arbeitsverhältnisses kann beispielsweise nach Ausspruch einer Kündigung, eines Auflösungsantrags gem. § 9 KSchG, infolge einer Befristung oder einer auflösenden Bedingung fraglich sein. In der arbeitsgerichtlichen Praxis hat sich der allgemeine Weiterbeschäftigungsanspruch seit der Entscheidung des Großen Senates des *BAG* vom 27.2.1985 (EzA § 611 BGB Beschäftigungspflicht Nr. 9) durchgesetzt (zur Kritik s.o. Kap. 4 Rn. 3413 f.). Nach der Rechtsprechung des BAG besteht nach Beendigung eines Arbeitsverhältnisses grds. kein Anspruch auf weitere Beschäftigung, weshalb im einstweiligen Rechtsschutzverfahren grds. ein Verfügungsanspruch fehlt. Der Arbeitgeber hat nach dem Ende des Arbeitsverhältnisses ein schutzwertes Interesse die tatsächliche Beschäftigung nicht fortsetzen zu müssen. Dies gilt grds. auch dann, wenn die Beendigung des Arbeitsverhältnisses umstritten ist. Die Interessenlage kann sich aber zu Gunsten des Arbeitnehmers verschieben:

108 ▶ **Weiterbeschäftigungsanspruch vor Urteil**

109 Ein Verfügungsanspruch besteht, wenn eine **offenkundige Unwirksamkeit der Kündigung** (vgl. hierzu *BAG* 26.5.1977 EzA § 611 BGB Beschäftigungspflicht Nr. 2) vorliegt. Der Arbeitgeber hat dann regelmäßig keine berechtigten schutzwerten Interessen an einer

Nichtbeschäftigung des Arbeitnehmers, weil der Fortbestand des Arbeitsverhältnisses nicht ernsthaft in Frage steht (s.o. Kap. 4 Rn. 3391). Andererseits kann gerade bei lediglich an formalen Anforderungen scheiternden Kündigungen ein schutzwürdiges Interesse des Arbeitgebers an einer Nichtbeschäftigung bestehen. Kündigt z.B. der Arbeitgeber einen schwer behinderten alkoholsüchtigen Berufskraftfahrer ohne vorherige Zustimmung des Integrationsamtes, so ist die Kündigung evident unwirksam, auch wenn der Arbeitgeber vor Ausspruch der Kündigung zunächst keine Kenntnis von der Schwerbehinderung hatte (s.o. Kap. 4 Rn. 765). Der Arbeitgeber wird aber nicht verpflichtet werden können, diesen Berufskraftfahrer weiterbeschäftigen zu müssen, falls dessen Alkoholabhängigkeit unstreitig ist. Generell dürfte ein Verfügungsanspruch bei einer offensichtlich unwirksamen Kündigung ausgeschlossen sein, wenn bei einem fortbestehenden Arbeitsverhältnis der Arbeitgeber berechtigt wäre, den Arbeitnehmer zu suspendieren (vgl. hierzu o. Kap. 3 Rn. 288 f. u. 2676 ff.).

Ist die Unwirksamkeit der Kündigung nicht derart evident, besteht dagegen ein Verfü- **110**
gungsanspruch des Arbeitnehmers ausnahmsweise nur, falls ein **besonderes Beschäftigungsinteresse** das entgegenstehende Arbeitgeberinteresse überwiegt, z.B. der Arbeitnehmer bereits bei kurzzeitigem Pausieren berufliche Fähigkeiten und Fertigkeiten einbüßt, eine Wiedereingliederung in den Arbeitsablauf erheblich erschwert wird oder ein Auszubildender an Prüfungen nicht mehr teilnehmen kann (*LAG Bln.* 22.2.1991 LAGE § 611 BGB Beschäftigungspflicht Nr. 29). Der Verfügungsgrund, Erforderlichkeit der begehrten Regelung zur Abwehr wesentlicher Nachteile, ergibt sich bei Vorliegen eines besonderen Beschäftigungsinteresses aus der Gefährdung des Verfügungsanspruchs (*LAG Köln* 26.11.1985 LAGE § 611 BGB Beschäftigungspflicht Nr. 8), da bereits auf der Ebene des Verfügungsanspruchs das Weiterbeschäftigungsinteresse des Arbeitnehmers gegen das Interesse des Arbeitgebers an einer Nichtbeschäftigung abgewogen wurden.

Fehlt hingegen ein besonderes Beschäftigungsinteresse, so hat der Arbeitnehmer den Ver- **111**
fügungsgrund auch bei einer offensichtlich unwirksamen Kündigung näher darzulegen. Er muss begründen, weshalb sein Beschäftigungsanspruch durch eine Klage im Hauptsacheverfahren, den Annahmeverzug sowie des Schadensersatzes nicht ausreichend gesichert werden kann (*Schäfer* Rz. 76). Die Anforderungen an den Verfügungsgrund sind im Hinblick auf den Ausnahmecharakter des einstweiligen Rechtsschutzes im Allgemeinen und der Leistungsverfügung im Besonderen zu bestimmen (*Schäfer* Rz. 68). Andererseits dürfen keine überzogenen Anforderungen gestellt werden, da anderenfalls der Arbeitgeber durch Freistellung des Arbeitnehmers »Fakten« schaffen könnte, die in der betrieblichen Praxis häufig auch nach einer für den Arbeitnehmer positiven Hauptsacheentscheidung nicht mehr rückgängig zu machen sind (so auch *Hoß/Lohr* BB 1998, 2575).

Die einstweilige Verfügung ist **bis zur Beendigung des erstinstanzlichen Kündigungs-** **112**
schutzverfahrens zu begrenzen, weil in dem Hauptsacheverfahren ein Weiterbeschäftigungsanspruch für den Zeitraum nach Erlass der erstinstanzlichen Entscheidung anhängig gemacht werden kann (GMPM-G/*Germelmann* § 62 Rz. 108; *Schwab/Weth-Walker* § 62 Rz. 127).

Muster für einen Antrag auf Erlass einer einstweiligen Verfügung auf Weiterbeschäfti- **113**
gung vor einem erstinstanzlichen Urteil im Hauptsacheverfahren (*Schäfer* Rz. 308, Muster für andere Fallgruppen Rz. 282, 286, 303, 312):

Namens und unter Vollmachtsvorlage der Antragstellerin begehre ich den Erlass einer einstweiligen Weiterbeschäftigungsverfügung, wobei ich wegen der Dringlichkeit anrege, ohne mündliche Verhandlung zu entscheiden, und

beantrage

1. Der Antragsgegnerin wird aufgegeben, den Antragsteller bis zu der Verkündung einer erstinstanzlichen Entscheidung des beim Arbeitsgericht Kaiserslautern unter dem Aktenzeichen 7 Ca 888/98 anhängigen Rechtsstreits gem. § 2 des Anstellungsvertrages vom 1.1.1960 als Herzchirurg weiterzubeschäftigen.
2. Für den Fall der Zuwiderhandlung wird der Antragsgegnerin ein Zwangsgeld, dessen Höhe ich in das Ermessen des Gerichts stelle (mindestens jedoch € 10 000,00), für jeden Fall der Zuwiderhandlung, ersatzweise Zwangshaft der Geschäftsführerin, angedroht.

114 ▶ **Weiterbeschäftigungsanspruch nach obsiegendem Urteil**

115 Hat ein ArbG den Fortbestand des Arbeitsverhältnisses erstinstanzlich festgestellt, so hat der obsiegende Arbeitnehmer einen Weiterbeschäftigungsanspruch (*BAG* 27.2.1985 EzA § 611 BGB Beschäftigungspflicht Nr. 9). Die Ungewissheit des Prozessausgangs kann für sich allein ein überwiegendes Gegeninteresse des Arbeitgebers nicht mehr begründen, sodass ein Verfügungsanspruch regelmäßig vorliegt.

116 Der Verfügungsanspruch indiziert auch in diesem Fall noch keinen Verfügungsgrund. Nach der gegebenen Rechtslage ist eine vorübergehende Unterbrechung der tatsächlichen Beschäftigung grds. als tragbar anzusehen (*ArbG Bielefeld* 31.7.1985 NZA 1986, 98). Der Arbeitnehmer muss als Verfügungsgrund ein besonderes, objektiv bestehendes, Beschäftigungsinteresse vortragen und glaubhaft machen (*LAG RhPf* 21.8.1986 LAGE § 611 BGB Beschäftigungspflicht Nr. 19). Ein solches Beschäftigungsinteresse ist beispielsweise gegeben, wenn eine sofortige Weiterbeschäftigung notwendig ist, um eine erworbene Qualifikation erhalten und zu sichern oder um den Erfahrungsstand eines auszubildenden Arbeitnehmers zu wahren. Ein besonderer Grund, der die Annahme eines Verfügungsgrundes rechtfertigt, liegt auch vor, wenn die Kündigung evident unwirksam ist. Eine dennoch bestehende subjektive Ungewissheit des Arbeitgebers ist nicht schutzwürdig.

117 Häufig wird aber eine einstweilige Verfügung zur Durchsetzung des allgemeinen Weiterbeschäftigungsanspruchs nach obsiegendem erstinstanzlichem Urteil mangels Dringlichkeit am Verfügungsgrund scheitern: Der Arbeitnehmer hat selbstverschuldet den Grund für die Eilbedürftigkeit gesetzt, wenn er nicht – zumindest eventualiter – den **Weiterbeschäftigungsantrag in dem erstinstanzlichen Kündigungsschutzprozess** anhängig gemacht hatte (*LAG RhPf* 21.8.1986 LAGE § 611 BGB Beschäftigungspflicht Nr. 19; *LAG Frankf.* 23.3.1987 NZA 1988, 37; *LAG Köln* 6.8.1996 LAGE § 611 BGB Beschäftigungspflicht Nr. 40). Der Antragsteller muss deshalb im Einzelnen darlegen und glaubhaft machen, weshalb er dies unverschuldet unterließ. So kann bis zum Schluss der mündlichen Verhandlung in erster Instanz einem Weiterbeschäftigungsantrag eine lang andauernde Arbeitsunfähigkeit entgegenstehen. Hingegen entschuldigt die seitens der Rechtsschutzversicherung üblicherweise verweigerte Kostenzusage für einen eventualiter gestellten Weiterbeschäftigungsantrag nicht einen unterlassenen Antrag. Auch wenn ein Arbeitnehmer erst einige Monate (hier sechs Monate) nach Verkündung eines die Unwirksamkeit der Kündigung feststellenden erstinstanzlichen Urteils im Wege des einstweiligen Verfügungsverfahrens die Weiterbeschäftigung beantragt, fehlt mangels Eilbedürftigkeit der Verfügungsgrund (*LAG Hamm* 18.2.1986 NZA 1986, 399).

118 ▶ **Weiterbeschäftigungsanspruch nach klageabweisendem Urteil**

119 Nach **klageabweisendem Urteil im Kündigungsschutzprozess** ist der Erlass einer einstweiligen Verfügung nur in Ausnahmefällen (offenkundiges Übersehen wesentlicher Gesichtspunkte durch das erstinstanzliche Gericht, erheblicher zulässiger neuer Vortrag in der Berufungsinstanz) denkbar (*Schäfer* NZA 1985, 691).

cc) Weiterbeschäftigungsanspruch eines Auszubildenden

(1) Nach Kündigung

120 Der Anspruch eines Auszubildenden auf Weiterbeschäftigung kann nach Ausspruch einer fristlosen Kündigung gem. § 22 Abs. 2 Ziff. 1 BBiG im Wege des einstweiligen Verfügungsverfahrens geltend gemacht werden (*LAG Bln.* 22.2.1991 LAGE § 611 BGB Beschäftigungspflicht Nr. 29). Im Mittelpunkt der Darlegung steht die Unwirksamkeit der fristlosen Kündigung. Ein Auszubildender hat grds. ein besonderes Beschäftigungsinteresse, da bei Verweigerung der Fortsetzung einer Ausbildung der ordnungsgemäße Ablauf einer Berufsausbildung und damit das Ausbildungsziel erheblich gefährdet ist, unter Umständen die bisher erfolgte Ausbildung nicht mehr verwertbar ist.

Muster für einen Antrag: 121

1. Die Antragsgegnerin wird verurteilt, den Antragsteller bis zur Entscheidung des Hauptsacheverfahrens vor dem *Arbeitsgericht Kaiserslautern*, als Werkzeugmacher weiter auszubilden.
2. Für jeden Fall der Zuwiderhandlung wird der Antragsgegnerin ein Zwangsgeld in Höhe von € 20 000,– angedroht.

(2) Weiterbeschäftigungsanspruch des Jugend- und Auszubildendenvertreters

122 Gem. § 78a Abs. 2 BetrVG müssen Auszubildende, die Mitglied in der Jugend- und Auszubildendenvertretung, des Betriebsrates, der Bordvertretung oder des Seebetriebsrats sind, über das Ende des Ausbildungsverhältnisses hinaus weiterbeschäftigt werden, wenn sie gem. § 78a Abs. 2 BetrVG innerhalb der letzten drei Monate vor Bekanntgabe des Prüfungsergebnisses der Abschlussprüfung (*BAG* 31.10.1985 EzA § 78a BetrVG 1972 Nr. 15) schriftlich die Weiterbeschäftigung verlangen; unabhängig davon, ob der Arbeitgeber seinerseits seiner Mitteilungspflicht aus Abs. 1 nachgekommen ist (*BAG* 16.8.1995 EzA § 78a BetrVG 1972 Nr. 23).

123 Der Auszubildende hat seinen Anspruch auf Feststellung des Bestehens eines Arbeitsverhältnisses und dessen Inhalts im **Urteilsverfahren** zu verfolgen. Im Wege der einstweiligen Verfügung kann er seine tatsächliche Beschäftigung unter Zahlung eines entsprechenden Entgelts durchsetzen (*LAG Frankf.* 14.8.1987 BB 1987, 2160).

e) Konkurrentenklage

124 Macht ein Bewerber um eine für Angestellte ausgeschriebene Stelle des öffentlichen Dienstes geltend, er sei unter Verletzung der in Art. 33 Abs. 2 GG festgelegten Kriterien abgewiesen worden, kann er arbeitsgerichtlichen Rechtsschutz (sog. arbeitsrechtliche Konkurrentenklage) zur Sicherung seines Bewerbungsverfahrensanspruchs begehren (*BAG* 2.12.1997 EzA Art. 33 GG Nr. 17).

125 Ein Anspruch auf Beförderung hingegen kommt nur ganz ausnahmsweise in Betracht. Ein unmittelbarer Anspruch auf Beförderung steht keinem Arbeitnehmer zu (*BAG* 2.12.1997 EzA Art. 3 GG Nr. 78). Ein Anspruch kann sich aus einer vertraglichen Zusage oder im öffentlichen Dienstes aus dem Leistungsprinzip des Art. 33 Abs. 2 GG nur ergeben, falls sich der Ermessensspielraum derart verdichtet hat, dass eine andere Entscheidung als die Beförderung gerade des Antragstellers ermessensfehlerhaft wäre (*LAG Bln.* 12.7.1993 NZA 1994, 526). Daher scheidet ein Beförderungsanspruch bei Nichtbeachtung landesrechtlicher Regelungen zur Frauenförderung aus, wenn die Auswahlentscheidung nicht nur zwischen der übergangenen Bewerberin und dem Arbeitgeber ausgewählten Bewerber getroffen wurde, sondern auch andere, besser qualifizierte, Bewerber/Bewerberinnen einbezogen waren (*BAG* 2.12.1997 EzA Art. 3 GG Nr. 78).

126 Liegt ausnahmsweise ein Verfügungsanspruch vor, ist streitig, ob überhaupt ein Verfügungsgrund gegeben sein kann. Im Beamtenrecht führt die Beförderung des Konkurrenten wegen des Grundsatzes der Ämterstabilität dazu, dass die Stellenbesetzung im Falle des Obsiegens des Antragstellers im Hauptverfahren nicht mehr rückgängig gemacht werden kann. Effektiver Rechtsschutz kann nur gewährt werden, wenn im Wege einstweiligen Rechtsschutzes die Stellenbesetzung bis zum Abschluss des Hauptsacheverfahrens verhindert wird. Das *LAG Bln.* (a.a.O.) hält die von der Rechtsprechung des BVerwG entwickelten Grundsätze zur Konkurrentenklage im Beamtenrecht nicht auf **Arbeitsverhältnisse im öffentlichen Dienst** für übertragbar. Der im Beamtenrecht geltende Grundsatz der Ämterstabilität kann nicht auf Arbeitsverhältnisse angewendet werden, die ausschließlich dem Privatrecht zugeordnet seien. Somit besteht für Arbeitnehmer im öffentlichen Dienst keine Möglichkeit die Beförderung eines Konkurrenten vorläufig zu verhindern. Hingegen vertritt das *LAG Hamm* (13.5.1993 NZA 1994, 528) die Auffassung, ebenso wie im Beamtenrecht bestehe die Gefahr der Schaffung vollendeter irreversibler Tatsachen. Das BAG hat in zwei

Entscheidungen im Dezember 1997 (a.a.O.) hervorgehoben, dass eine Erledigung der arbeitsrechtlichen Konkurrentenklage eintritt, wenn die erstrebte Wiederholung der Auswahlentscheidung gegenstandslos wird, weil das Bewerbungsverfahren durch die endgültige Besetzung der Stelle abgeschlossen ist. Damit dürfte sich der Streit um einen Verfügungsgrund erledigt haben. Durch die einstweilige Verfügung soll gerade eine endgültige Stellenbesetzung, vor einer Wiederholung der Auswahlentscheidung (*BAG* 2.12.1997 EzA Art. 33 GG Nr. 17), die mit dem Hauptsacheverfahren begehrt wird, verhindert werden. Mit Übertragung der Stelle durch Abschluss eines Arbeitsvertrages mit dem Mitbewerber erledigt sich die arbeitsrechtliche Konkurrentenklage (*ArbG Kaiserslautern* 8.5.2002 – 1 Ga 862/02 – n.v.; *Zimmerling* ZTR 2000, 489 [493]). Das Sächsische LAG hält es im Hinblick auf die Rechtsschutzgarantie des Art. 19 Abs. 4 GG für ausreichend, dass der »unterlegene« Arbeitnehmer glaubhaft macht, der Arbeitgeber habe einen Gesichtspunkt, der möglicherweise zu einer anderen Auswahlentscheidung geführt hätte, nicht berücksichtigt (*Sächs. LAG* 21.3.2003 LAGE Art. 33 GG Nr. 14).

127 Die Konkurrentenklage gewinnt möglicherweise zukünftig an Bedeutung. Die Umsetzung des AGG führt unter Umständen zu einer Beschränkung des Auswahlermessens auch des privaten Arbeitgebers bei Stellenbesetzungen.

128 **Muster** für einen Antrag (*Reinhard/Kliemt* NZA 2005, 545, 546; *Laber* ArbRB 2006, 221, 223):
Der Verfügungsbeklagten wird untersagt, die Stelle des . . . . in der Abteilung . . . bis zum Abschluss des Hauptsacheverfahrens mit einem anderen Bewerber/mit dem Bewerber . . . zu besetzen.

f) Teilzeitanspruch

129 Der Anspruch auf Verringerung der Arbeitszeit aus § 8 Abs. 4 TzBfG ist aus Gründen des effektiven Rechtsschutzes in Ausnahmefällen im Wege der einstweiligen Verfügung durchsetzbar (*LAG Bln.* 31.8.2006 – 14 Ta 1560/06 – EzA-SD 23/06, S. 15; *Gotthardt* NZA 2001, 1183; *Tiedemann* ArbRB 2006, 284). Da jedoch insoweit eine Vorabbefriedigung eintritt, muss der Arbeitnehmer darlegen und glaubhaft machen, dass er beispielsweise wegen einer familiären Notlage dringend auf die Änderung der Arbeitszeit angewiesen ist. Kann die Betreuung eines Kindes trotz Aufbietung aller zumutbarer Anstrengungen nicht anders sichergestellt werden und legt der Arbeitgeber andererseits sein dem Teilzeitbegehren entgegenstehendes unternehmerisches Konzept nicht schlüssig dar, kann eine einstweilige Verfügung auf Reduzierung der Arbeitszeit bis zum Erlass eines Urteils in der Hauptsache ergehen (*LAG Bln.* 20.2.2002 NZA 2002, 858; *LAG RhPf* 12.4.2002 NZA 2002, 856; *LAG Hamm* 6.5.2003 NZA-RR 2003, 178; *ArbG Nbg.* 28.11.2003 juris; *LAG Düsseld.* 4.12.2003 NZA-RR 2004, 181; *LAG Köln* 23.12.2005 BB 2006, 1507).

130 **Muster** für einen Antrag (*Tiedemann* ArbRB 2006, 284):
1. Die Verfügungsbeklagte wird verurteilt, der Verringerung der wöchentlichen Arbeitszeit der Verfügungsklägerin auf 19,25 Wochenstunden vorläufig bis zu einer rechtskräftigen Entscheidung in der Hauptsache zuzustimmen.
2. Die Verfügungsbeklagte wird verurteilt, der Verteilung der 19,25 Wochenstunden auf . . . (Wochentage) jeweils von . . . bis . . . (Uhrzeit) vorläufig bis zu einer rechtskräftigen Entscheidung in der Hauptsache zuzustimmen.
3. Für den Fall des Obsiegens in den Anträgen zu 1. und 2.

Die Verfügungsbeklagte wird verurteilt, die Verfügungsklägerin mit einer wöchentlichen Arbeitszeit von 19,25 Stunden bei einer Verteilung der Arbeitszeit auf . . . (Wochentage) jeweils von . . . bis . . . (Uhrzeit) vorläufig bis zu einer rechtskräftigen Entscheidung entsprechend den Bedingungen des Arbeitsvertrages vom . . . als Fremdsprachensekretärin zu beschäftigen.

131 Umstritten ist, ob der Anspruch auf Teilzeitarbeit während der Elternzeit gem. § 15 BEEG im Wege der einstweiligen Verfügung durchgesetzt werden kann. Teilweise wird dies abgelehnt (*Kolmhuber* FA 2006, 357). Lehne der Arbeitgeber den Antrag ab oder einigen sich die Arbeitsvertragsparteien nicht auf eine Verringerung der Arbeitszeit, so bleibe es bei dem Ruhen der Hauptleistungspflichten auf Grund der Inanspruchnahme der Elternzeit. Bei unbegründeter Ablehnung des Anspruchs auf Teilzeitarbeit könne der Arbeitnehmer den Arbeitgeber unter dem Gesichtspunkt des Annahmeverzuges verklagen. Das *ArbG Hmb.* (10.8.2005 NZA-RR 2006, 239) bejaht hingegen die Zulässigkeit einer einstweiligen Verfügung. Es stellt allerdings an den Verfügungsgrund einen besonders strengen Maßstab. Die Teilzeitbeschäftigung muss aus wirtschaftlichen Gründen unverzichtbar sein.

132 **Muster** für einen Antrag (*ArbG Hmb.* 10.8.2005 NZA-RR 2006, 239):
Dem Antragsgegner wird aufgegeben, einer Verringerung der Wochenarbeitszeit des Antragstellers von bislang 39 Wochenstunden auf 27 Wochenstunden bei einer regelmäßigen täglichen Arbeitszeit von neun Stunden an drei aufeinander folgenden Tagen für die Dauer der Elternzeit vom ... bis ... zuzustimmen.

g) Weiterbeschäftigung der durch Insolvenzverwalter freigestellten Arbeitnehmer

133 Der Antrag auf Erlass einer einstweiligen Verfügung ist nur Erfolg versprechend, wenn der Insolvenzverwalter einen Teil der Belegschaft willkürlich unter Überschreitung der Grenze des billigen Ermessens gem. § 315 Abs. 1 BGB ausgewählt und freigestellt hat sowie besondere Beschäftigungsinteressen des freigestellten Arbeitnehmers vorliegen (*LAG Hamm* 27.9.2000 LAGE § 55 InsO Nr. 3).

h) Dienstwagen

134 Eine einstweilige Verfügung auf (Wieder-) Stellung eines Dienstwagens zur ausschließlichen privaten Nutzung während der Freistellung nach Kündigung und Entzug des Dienstwagens scheitert am Verfügungsgrund. Dem Arbeitnehmer ist es zumutbar, selbst für Ersatz zu sorgen und die Kosten im Wege des Schadensersatzes durchzusetzen (*LAG Köln* 5.11.2002 NZA-RR 2003, 300).

2. Einstweilige Verfügung des Arbeitgebers gegen den Arbeitnehmer

a) Arbeitsleistung

135 Die Sicherung der Arbeitspflicht durch eine einstweilige Verfügung wird regelmäßig bei unterschiedlicher Auffassung über die Wirksamkeit einer außerordentlichen Kündigung durch den Arbeitnehmer, über die Dauer der Kündigungsfrist bei einer ordentlichen Kündigung durch den Arbeitnehmer oder über die Grenzen des Direktionsrecht begehrt. Der Verfügungsanspruch setzt ein bestehendes Arbeitsverhältnis voraus und ergibt sich aus diesem; – die Arbeitspflicht des Arbeitnehmers ist dessen arbeitsvertragliche Hauptleistungspflicht (s.o. Kap. 3 Rn. 1).

136 Problematisch ist hingegen der Verfügungsgrund infolge mangelnder Vollstreckbarkeit eines zur Arbeitsleistung verpflichtenden Titels. Grds. ist der Arbeitnehmer gem. § 613 S. 1 BGB verpflichtet, die Dienstleistung höchstpersönlich zu erbringen (s.o. Kap. 3 Rn. 4); es handelt sich um eine **unvertretbare Leistung** i.S.d. § 888 Abs. 1 ZPO (*Heinze* RdA 1986, 273). Die Vollstreckung einer unvertretbaren Arbeitsleistung ist nach § 888 Abs. 2 ZPO ausgeschlossen. Die wohl überwiegende Meinung (*LAG BW* 9.4.1963 AP Nr. 5 zu § 940 ZPO; *Grunsky* § 62 Rz. 20; Kasseler Handbuch/*Künzl* Rz. 166; *Schaub* § 47 VII 2) hält trotz des lediglich deklaratorischen Charakters einer entsprechenden einstweiligen Verfügung deren Erlass für zulässig. Allein der Erlass einer einstweiligen Verfügung könne einen Arbeitnehmer zur Fortsetzung seiner Arbeit bewegen, ohne dass es einer Zwangsvollstreckung bedarf (Appellfunktion). Bereits das summarische Erkenntnisverfahren der einstweiligen Verfügung kläre die Rechtslage und weise damit den Arbeitnehmer auf seine Vertragspflichten hin.

Diese Auffassung ist abzulehnen (*LAG Frankf.* 19.10.1989 NZA 1990, 614). **Eine nicht vollstreckbare einstweilige Verfügung ist nicht dringlich, da sie keinen Rechtsanspruch durchsetzbar zu sichern vermag; mithin fehlt der für ihren Erlass notwendige Verfügungsgrund** (s.o. Rn. 54). Die einstweilige Verfügung hätte lediglich einen deklaratorischen Charakter (GMPM-G/*Germelmann* § 62 Rz. 107); die Gegenansicht nimmt eine unzulässige Gleichsetzung von einstweiligem Rechtsschutzverfahren und Hauptverfahren vor (*Heinze* RdA 1986, 273, 280).

137 Der Arbeitgeber vermag auch nicht mittelbar über eine einstweilige Verfügung auf den Arbeitnehmer Druck ausüben, seine Dienstleistung wieder aufzunehmen (s.o. Kap. 3 Rn. 331 f.). Ein Antrag auf Unterlassung der Tätigkeit bei einem Dritten scheitert an einem Verfügungsanspruch, außer im Fall von Erwerbstätigkeit bei einem Mitbewerber.

138 Der Arbeitgeber kann stattdessen einen Schadensersatzprozess gegen den vertragsbrüchigen Arbeitnehmer einleiten.

139 Regelmäßig fehlt ein Verfügungsgrund, falls es sich bei der Arbeitsleistung ausnahmsweise um eine **vertretbare Handlung** handelt. Bei vertretbaren Diensten geschieht die Vollstreckung durch Ersatzvornahme, der vertragsbrüchige Arbeitnehmer muss also letztlich nur eine Geldleistung erbringen, die der Arbeitgeber im Hauptsacheverfahren durchsetzen kann (*Schwab/Weth-Walker* § 62 Rz. 117; *Grunsky* ArbGG § 62 Rz. 19).

b) Wettbewerbsverbote

140 Der Verfügungsanspruch ergibt sich während des rechtlichen Bestandes eines Arbeitsverhältnisses für kaufmännische Angestellte aus § 60 Abs. 1 HGB, für alle übrigen Arbeitnehmer aus der arbeitsvertraglichen Treuepflicht (s.o. Kap. 3 Rn. 343 ff.; *LAG Hessen* 28.4.1998 BB 1998, 1899). Nach Beendigung des Arbeitsverhältnisses kann ein Verfügungsanspruch nur auf eine wirksame nachvertragliche Wettbewerbsvereinbarung (s.o. Kap. 9 Rn. 106–112) gestützt werden. Weder ein gesetzliches Verbot noch arbeitsvertragliche Nebenpflichten verbieten dem Arbeitnehmer mit seinem ehemaligen Arbeitgeber nach Ende des Arbeitsvertrages in Wettbewerb zu treten (s.o. Kap. 9 Rn. 95). Problematisch sind die Fälle, in denen über die wirksame Beendigung eines Arbeitsverhältnisses gestritten wird.

141 Während eines bestehenden Arbeitsverhältnisses ist dem Arbeitnehmer grds. jegliche Konkurrenztätigkeit zum Nachteil seines Arbeitgebers untersagt, auch wenn der Einzelarbeitsvertrag keine ausdrückliche Regelung enthält (*BAG* 26.1.1995 EzA § 626 n.F. Nr. 155). Konkurrenztätigkeit ist nicht jede Tätigkeit des Arbeitnehmers in dem Geschäftszweig des Arbeitgebers, sondern der Arbeitnehmer muss gerade als **Wettbewerber** seines Arbeitgebers auftreten (*BAG* 3.5.1983 EzA § 60 HGB Nr. 12). Die **Freistellung von der Arbeitsleistung (Suspendierung)** lässt ein Wettbewerbsverbot nicht entfallen, weil das Arbeitsverhältnis seinem rechtlichen Bande nach fortbesteht (*BAG* 30.5.1978 EzA § 626 n.F. BGB Nr. 69). Der Arbeitnehmer darf jedoch in gewissen Grenzen einen Arbeitsplatzwechsel bzw. seine Selbstständigkeit auch während eines bestehenden Arbeitsverhältnisses vorbereiten; entscheidend sind immer die Umstände des Einzelfalles (*BAG* 30.5.1978 EzA § 626 n.F. BGB Nr. 69). Nach Auffassung des LAG Rheinland-Pfalz fällt unter die erlaubten Vorkehrungen einer selbstständigen Tätigkeit auch das **Anwerben geeigneter Mitarbeiter.** Ein Arbeitnehmer, der den Schritt in die Selbstständigkeit beabsichtigt, dürfe Kollegen auf den Wechsel zu ihm ansprechen und deren Bereitschaft durch Gehaltszusagen fördern (*LAG RhPf* 7.2.1992 LAGE § 626 BGB Nr. 64). Etwas anderes gelte nur dann, wenn der Anwerbung das Merkmal der Sittenwidrigkeit anhaftet. Ein gemeinsames »Pläneschmieden« stelle bereits begrifflich kein Abwerben dar (s.o. Kap. 3 Rn. 478–480). Ein **»Vorfühlen« bei potentiellen Kunden** hat das BAG hingegen als unzulässige Vorbereitungshandlung angesehen, und zwar selbst dann, wenn der Arbeitnehmer sich darauf beschränkt, Kontakt herzustellen und noch kein Geschäft abschließt (*BAG* 30.5.1978 EzA § 626 n.F. BGB Nr. 69). Die dem Arbeitnehmer obliegende Treuepflicht gebietet es, alles zu unterlassen, was dem Arbeitgeber oder dem Betrieb abträglich ist (s.o. Kap. 3 Rn. 362–368).

142 Provoziert ein Arbeitnehmer eine **fristlose Kündigung** durch den Arbeitgeber, endet zwar das vertragliche Wettbewerbsverbot mit Zugang der fristlosen Kündigung, jedoch hat

der Arbeitgeber einen Anspruch auf Ersatz des dadurch entstehenden Auflösungsschaden (§ 628 Abs. 2 BGB). Zu dem Auflösungsschaden zählt die entfallene arbeitsvertragliche Pflicht zur Konkurrenzunterlassung durch den Arbeitnehmer (*BAG* 9.5.1975 AP Nr. 8 zu § 628 BGB m. Anm. *Lieb*).

Nach der rechtlichen Beendigung des Arbeitsverhältnisses kann der Arbeitnehmer seine rechtmäßig erlangten beruflichen Kenntnisse und Erfahrungen verwerten, um zu seinem früheren Arbeitgeber in Wettbewerb zu treten (*BAG* 15.6.1993 EzA § 74 HGB Nr. 55). Auch die allgemeine, auf der Treuepflicht beruhende, **nachvertragliche Verschwiegenheitspflicht** (s.o. Kap. 3 Rn. 447 ff.) führt regelmäßig nicht dazu, dass dem Arbeitnehmer die Verwertung eigener Kenntnisse bei der Beratung und Vertretung eines Konkurrenzunternehmens versagt ist (*BAG* 15.6.1993 EzA § 74 HGB Nr. 55). Eine im Arbeitsvertrag ausdrücklich vereinbarte **nachvertragliche Geheimhaltungsklausel** ist zulässig (*BAG* 16.3.1982 EzA § 242 BGB Nachvertragliche Treuepflicht Nr. 1). Die Parteien können ohne Karenzentschädigung eine Pflicht zur Wahrung des Betriebsgeheimnisses über das Ende des Arbeitsverhältnisses hinaus wirksam vereinbaren. Jedoch darf eine derartige Vereinbarung einer nachvertraglichen Schweigepflicht nicht die Wirkung eines nachvertraglichen Wettbewerbsverbot haben (s.o. Kap. 3 Rn. 450). 143

So beinhaltet eine **Kundenschutzabrede** ein entschädigungsloses und daher unwirksames Wettbewerbsverbot, wenn die Kundenschutzklausel dem Arbeitnehmer gerade dort die geschäftliche Entwicklung unmöglich macht, wo er bislang seinen Erwerb gefunden hat (*BAG* 15.12.1987 EzA § 611 BGB Betriebsgeheimnis Nr. 1). Eine zulässige Verpflichtung über Kundenlisten Verschwiegenheit zu bewahren, verbietet dem Arbeitnehmer lediglich, Kundenlisten, Kenntnisse über Kaufgewohnheiten der Kunden, ihren Geschmack und ähnliche Umstände zu veräußern und auf diese Weise für sich zu verwerten. Ein weiter gehendes Verbot, Kunden des ehemaligen Arbeitgebers zu umwerben und in dessen Kundenstamm einzudringen, lässt sich jedoch nicht daraus herleiten (*BAG* 15.6.1993 EzA § 74 HGB Nr. 55). 144

Im Unterschied zu einer Kundenschutzklausel in der gewerblichen Wirtschaft ist eine **beschränkte Mandantenschutzklausel bei steuerberatenden Berufen** ohne Karenzentschädigung möglich (*BAG* 16.7.1971 AP Nr. 25 zu § 611 BGB Konkurrenzklausel). Eine beschränkte Mandantenschutzklausel untersagt einem angestellten Steuerberater lediglich, bisherige Mandanten seines Arbeitgebers abzuwerben. Sie wiederholt damit nur das im Standesrecht verankerte Verbot jeder aktiven Mandantenwerbung. Verbietet die arbeitsvertragliche Vereinbarung hingegen generell die Betreuung von Mandanten des früheren Arbeitgebers, so geht sie über ein bloßes Abwerbungsverbot hinaus. Für eine derartige **allgemeine Mandantenschutzklausel** geltend die Vorschriften der §§ 74 ff. HGB entsprechend (*BAG* 27.9.1988 EzA § 611 BGB Konkurrenzklausel Nr. 1). Die Regelungen der §§ 74 ff. HGB werden auf sämtliche Arbeitnehmer angewendet, obwohl sie ihrem Wortlaut nach nur kaufmännische Angestellte betreffen (*BAG* 13.9.1969 EzA § 74 HGB Nr. 10). Ein wirksames nachvertragliches Wettbewerbsverbot gegenüber einem Arbeitnehmer muss daher die formalen (Schriftform, Aushändigung einer vom Arbeitgeber unterzeichneten Urkunde, zeitliche Begrenzung auf höchstens zwei Jahre, Mindestkarenzentschädigung) und inhaltlich (berechtigtes geschäftliches Interesse des Arbeitgebers, keine unbillige Erschwerung des Fortkommens des Arbeitnehmers) Voraussetzungen gem. §§ 74, 74 a HGB einhalten (s.o. Kap. 9 Rn. 106–127). Ein berechtigtes geschäftliches Interesse des Arbeitgebers fehlt, wenn der Arbeitgeber mit seinem Wettbewerbsverbot allein den Zweck verfolgt, dem Arbeitnehmer den **Arbeitsplatzwechsel zu erschweren** (*BAG* 16.12.1968 EzA § 133 f. GewO Nr. 11) oder eine **Stärkung der Konkurrenz** zu verhindern (*BAG* 1.8.1995 EzA § 74a HGB Nr. 13). 145

Unter welchen Voraussetzungen ein Arbeitgeber während des **Rechtsstreits über die Wirksamkeit einer fristlosen Kündigung** des Arbeitgebers die Unterlassung von Wettbewerb durch den Arbeitnehmer verlangen kann, ist streitig. Das *BAG* (25.4.1991 EzA § 626 BGB Nr. 140) ist der Ansicht, dass ein Arbeitnehmer nicht schon dann von dem für die rechtliche Dauer des Arbeitsverhältnisses geltenden Wettbewerbsverbot befreit ist, wenn der Arbeitgeber eine außergerichtliche Kündigung ausspricht, die der Arbeitnehmer für unwirksam hält und deswegen gerichtlich angreift. Das *LAG Köln* (14.7.1995 LAGE § 60 HGB 146

Nr. 4) folgt dieser Auffassung nur, falls der Arbeitgeber dem Arbeitnehmer gleichzeitig mit der fristlosen Kündigung die Zahlung einer dem § 74 Abs. 2 HGB entsprechenden Entschädigung gem. § 75 Abs. 1 HGB analog anbietet. Noch weiter gehend bezweifelt *Schäfer* (Rz. 109 ff.) die Rechtfertigung jeglichen Wettbewerbsverbotes während des Rechtsstreits um die Wirksamkeit einer Arbeitgeberkündigung, sofern die zwingenden Voraussetzungen der §§ 74 ff. HGB vor dem Rechtsstreit nicht vereinbart waren. *Schäfer* meint, der Arbeitgeber verhalte sich widersprüchlich, wenn er einerseits sich auf die Wirksamkeit der von ihm ausgesprochenen fristlosen Kündigung berufe, andererseits die Einhaltung eines Wettbewerbsverbotes fordere, das an das Bestehen eines Arbeitsvertrages gebunden ist. *Schäfer* verweist auf die Rechtsprechung des *BAG* (21.5.1981 EzA § 615 BGB Nr. 40), wonach der Arbeitgeber eine verzugausschließende Arbeitsleistung nur verlangen könne, wenn er die Kündigung zurücknimmt oder die Unwirksamkeit der Kündigung anerkennt.

147 Unterschiedliche Standpunkte werden auch hinsichtlich der Darlegungs- und Beweislast vertreten, wenn der Arbeitgeber nach einer **vom Arbeitnehmer erklärten fristlosen Kündigung** während der Dauer des Rechtsstreits Wettbewerbsenthaltung fordert. Das *LAG Hamm* (7.4.1983) führt aus, der Arbeitgeber müsse dartun und glaubhaft machen, dass sich die außerordentliche Kündigung eines Arbeitnehmers im Hauptprozess mit überwiegender Wahrscheinlichkeit als unwirksam herausstellt. Der Arbeitgeber habe nämlich als Anspruchsvoraussetzung den Fortbestand des Arbeitsverhältnisses darzulegen und glaubhaft zu machen. Hingegen ist das *LAG Köln* (14.11.1989 LAGE § 935 Nr. 5) der Auffassung, der Arbeitnehmer trage die Darlegungs- und Beweislast für die Wirksamkeit seiner Kündigung. Im einstweiligen Verfügungsverfahren gelten für die Darlegungs- und Beweislast dieselben Grundsätze wie im Hauptprozess, d.h. der Kündigende muss einen wichtigen Grund dartun und ggf. beweisen.

148 **Freie Mitarbeiter** unterliegen während der Dauer ihres Vertrages keinem Wettbewerbsverbot; § 60 HGB findet auf sie weder direkt noch analog Anwendung (*BAG* 21.1.1997 EzA § 74 HGB Nr. 59). Ein Wettbewerbsverbot kann aber vertraglich vereinbart werden, wobei ein nachvertragliches Wettbewerbsverbot mit einem wirtschaftlich abhängigen freien Mitarbeiter den Vorschriften des § 74b Abs. 2 HGB und § 75a HGB genügen muss (*BAG* 21.1.1997 EzA § 74 HGB Nr. 59).

149 **Handelsvertreter** unterliegen während in Dauer ihres Vertrages einem Wettbewerbsverbot ohne dass es einer gesonderten Vereinbarung bedarf, § 86 Abs. 1 Hs. 2 HGB. Eine nachvertragliche Wettbewerbsvereinbarung muss hingegen ausdrücklich unter Einhaltung der Voraussetzungen des § 90a HGB getroffen werden.

150 Auf **Organmitglieder**, insbes. auch auf angestellte Fremdgeschäftsführer, findet die Vorschrift des § 60 HGB keine Anwendung. Dennoch unterliegt während der Dauer des Anstellungsvertrages der Geschäftsführer aus der ihm gegenüber der Gesellschaft obliegenden Treuepflicht einem weit gefassten Wettbewerbsverbot (*BGH* 9.11.1967 NJW 1968, 396; 23.9.1985 DB 1986, 214). Für die Zeit nach dem Ende des Anstellungsvertrages kann die Gesellschaft ohne Gewährung einer Karenzentschädigung mit dem Organmitglied wirksam ein nachvertragliches Wettbewerbsverbot vereinbaren, da nach ständiger Rechtsprechung des BGH die §§ 74 ff. HGB nicht anzuwenden sind (vgl. nur *BGH* 26.3.1984 DB 1984, 1717). Ein mit einem Gesellschafter-Geschäftsführer einer GmbH im Anstellungsvertrag vereinbartes über die Amtszeit als Geschäftsführer hinausreichendes Wettbewerbsverbot ist aber gem. Art. 12 GG, § 138 Abs. 1 BGB nur wirksam, wenn es dem Schutz eines berechtigten Unternehmerinteresses dient und nach Ort, Zeit und Gegenstand die Berufsausübung und wirtschaftliche Bestätigung des Geschäftsführers nicht unbillig erschwert (*OLG Düsseld.* 8.1.1993 NJW-RR 1994, 35).

151 Wegen der Zeitgebundenheit der Unterlassungsansprüche ist regelmäßig bei Vorliegen des Verfügungsanspruches auch der Verfügungsgrund gegeben (*LAG Bln.* 26.3.1991 BB 1991, 1196).

Muster für einen Antrag auf Erlass einer einstweiligen Verfügung auf Unterlassung einer Wettbewerbstätigkeit (*Schäfer* Rz. 298): 152
Namens und unter Vollmachtsvorlage der Antragstellerin begehre ich den Erlass einer einstweiligen Unterlassungsverfügung, wobei ich wegen der Dringlichkeit anrege, ohne mündliche Verhandlung zu entscheiden, und
beantrage
1. Dem Antragsgegner wird untersagt, für das Unternehmen ... als Vertriebsleiter bis zum Ablauf des nachvertraglichen Wettbewerbsverbots (§ ... des Anstellungsvertrages vom ...) am ... tätig zu werden.
2. Für den Fall der Zuwiderhandlung wird dem Antragsgegner ein Zwangsgeld, dessen Höhe ich in das Ermessen des Gerichts stelle (mindestens jedoch € 10.000,00), für jeden Fall der Zuwiderhandlung, ersatzweise Zwangshaft, angedroht.

c) Herausgabeansprüche

Bei der Herausgabe von Arbeitsmitteln, insbes. auch eines Dienstwagens, muss der Arbeitgeber darlegen und glaubhaft machen, weshalb er auf die schnellstmögliche Besitzerlangung angewiesen ist. Sofern der Arbeitnehmer verbotene Eigenmacht gem. § 858 BGB begeht, bedarf es einer Darlegung der Dringlichkeit nicht mehr (*Reinhard/Kliemt* NZA 2005, 545, 553). 153

Muster für einen Antrag (*Reinhard/Kliemt* NZA 2005, 545, 553): 154
Der Verfügungsbeklagte wird verurteilt, das an ihn überlassene Notebook des Herstellers ... mit der Seriennummer ... an die Verfügungsklägerin herauszugeben.
Der Antragsgegner wird verurteilt, an die Antragstellerin den PKW Marke ... Typ ... mit dem amtlichen Kennzeichen ..., Fahrgestellnummer ..., herauszugeben.

d) Entbindung von Weiterbeschäftigungsansprüchen

aa) Besonderer Weiterbeschäftigungsanspruch nach § 102 Abs. 5 S. 2 BetrVG

Gem. **§ 102 Abs. 5 S. 2 BetrVG** kann der Arbeitgeber durch einstweilige Verfügung die Weiterbeschäftigung verhindern. Legt der Arbeitgeber diese Voraussetzungen dar und macht sie glaubhaft, so bedarf es keiner weiteren Darlegung eines Verfügungsgrundes, weil der Gesetzgeber selbst den Arbeitgeber auf das Verfügungsverfahren verweist (*LAG München* 13.7.1994 LAGE § 102 BetrVG Nr. 17; GMPM-G/*Germelmann* § 62 Rz. 110; *Schwab/Weth-Walker* § 62 Rz. 132; **a.A.** *LAG Düsseldorf* 19.8.1977 EzA § 102 BetrVG 1972 Nr. 5). Die h.M. erweitert die gesetzlichen Fallgruppen um eine weitere: Die einstweilige Verfügung ist auch zu erlassen, wenn ein **unbeachtlicher Widerspruch des Betriebsrates** vorliegt (GMPM-G/*Germelmann* a.a.O.). Ein Antrag des Arbeitgebers ist zulässig, wenn der Widerspruch des Betriebsrats gegen die Kündigung in formeller oder materieller Hinsicht zweifelhaft erscheint (*LAG München* 13.7.1994 LAGE § 102 BetrVG Nr. 17; *Schäfer* Rz. 81) oder der Arbeitnehmer wegen des Widerspruchs des Betriebsrats seine Weiterbeschäftigung verlangt sowie nach Erlass einer Verfügung gem. § 102 Abs. 5 S. 1 BetrVG. Mit dem Entbindungsantrag kann ein Feststellungsantrag auf Nichtbestehen einer Beschäftigungspflicht verbunden werden, wobei einzelfallbezogen entweder der eine oder der andere Antrag als Haupt- bzw. Hilfsantrag gestellt werden kann (so *Schäfer* Rz. 81). Ein Antrag des Arbeitgebers ist beispielsweise begründet, wenn der Betriebsrat sich in seinem Widerspruch auf die Nichteinhaltung von Auswahlrichtlinien gem. § 95 BetrVG beruft, die (noch) nicht aufgestellt sind (*LAG Bln.* 5.9.2003 jurion). 155

156 **Muster** für einen Antrag auf Entbindung von der Weiterbeschäftigungspflicht gem. § 102 Abs. 5 S. 2 BetrVG (*Schäfer* Rz. 317):

1. Es wird festgestellt, dass der Antragsteller nicht verpflichtet ist, den Antragsgegner weiterzubeschäftigen.

hilfsweise:

2. Der Antragsteller wird von der Verpflichtung zur Weiterbeschäftigung des Antragstellers nach § 102 Abs. 5 S. 1 BetrVG entbunden.

157 Machen beide Seiten bei einem auf § 102 Abs. 5 S. 2 Nr. 1 BetrVG gestützten Antrag hinreichende Erfolgsaussicht glaubhaft, scheitert der Antrag des Arbeitgebers auf Grund der ihm obliegenden Beweislast.

158 Das Gericht entscheidet über den Entbindungsantrag gem. § 102 Abs. 5 S. 2 BetrVG im Urteilsverfahren (*LAG Düsseldorf* 21.6.1974 EzA § 102 BetrVG 1972 Nr. 3 Beschäftigungspflicht). Das Gericht trifft eine Ermessensentscheidung (»kann«), wobei nach der gesetzlichen Intension eine Zurückweisung eines Entbindungsantrags bei Vorliegen der Voraussetzungen des § 102 Abs. 5 S. 2 BetrVG nur ausnahmsweise in Erwägung zu ziehen ist. Ein derartiger Ausnahmefall ist denkbar, falls der Widerspruch des Betriebsrates lediglich den Gesetzestext wiederholt und die Kündigungsschutzklage gute Erfolgsaussichten hat (vgl. hierzu *Schäfer* Rz. 86 f.).

bb) Allgemeiner Weiterbeschäftigungsanspruch

159 Gegenüber dem allgemeinen Weiterbeschäftigungsanspruch besteht nicht die Möglichkeit einstweiligen Rechtsschutzes, sondern lediglich die der Einstellung der Zwangsvollstreckung nach § 62 Abs. 1 S. 3 ArbGG.

cc) Entbindung von der Weiterbeschäftigungspflicht eines Jugend- und Ausbildungsvertreters gem. § 78a Abs. 4 BetrVG

160 Der Arbeitgeber kann nicht die Entbindung von der Weiterbeschäftigungspflicht bis zum Ende des Hauptsacheverfahrens nach § 78a Abs. 4 BetrVG im Wege eines vorläufigen Rechtsschutzverfahrens erreichen; dies ist im Bereich des § 78a BetrVG grds. unzulässig (*ArbG Wiesbaden* 11.1.1978 DB 1978, 797; *Becker-Schaffner* DB 1987, 2647).

3. Einstweilige Verfügung im kollektiven Arbeitsrecht

a) Arbeitskampf

161 Der Erlass einstweiliger Verfügungen im Arbeitskampf ist grds. zulässig, jedoch im Hinblick auf **Art. 9 Abs. 3 GG** zurückhaltend zu handhaben. Dem Arbeitskampf ist die Ausübung von Pressionen auf die Gegenseite immanent, sodass nicht jedwede Schädigung den Erlass einer einstweiligen Verfügung rechtfertigt. Ein Verfügungsgrund kann zwar unterhalb der Schwelle der **Existenzgefährdung** liegen (*LAG München* 19.12.1979 EzA Art. 9 GG Arbeitskampf Nr. 35), jedoch muss der Antragsteller im Einzelnen die **Rechtswidrigkeit des Arbeitskampfes/der Arbeitskampfmaßnahme** darlegen und glaubhaft machen; die Ausübung bloß wirtschaftlichen Druckes und dadurch eintretender Schaden reicht nicht aus. Besteht ein Verfügungsanspruch so wird wegen der Zeitgebundenheit des Arbeitskampfes/der Arbeitskampfmaßnahme regelmäßig ein Verfügungsgrund zu bejahen sein, wenn anderenfalls irreversible Schäden drohen (*Korinth* ArbRB 2006, 189, 191, **a.A.** wohl *LAG Hmb.* 24.3.1987 LAGE Art. 9 GG Arbeitskampf Nr. 33).

162 Einzelfälle:

163 ▶ **Blockademaßnahmen**

Der Arbeitgeber muss bei seiner Antragstellung darauf achten, dass der Antrag nicht zu unbestimmt (*LAG Köln* 2.7.1984 EzA Art. 9 GG Arbeitskampf Nr. 53) und auf ein Dulden und Unterlassen i.S.d. § 890 ZPO gerichtet ist, damit eine Ordnungsgeld- und Ordnungshaftandrohung erreicht werden kann.

▶ **Warnstreik** 164
Der Erlass einstweiliger Verfügungen gegen Warnstreiks setzt als Verfügungsgrund einen drohenden schwer wiegenden Nachteil für den Arbeitgeberverband und/oder seinen Mitgliedern voraus; ein bloßer Verstoß gegen die Friedenspflicht reicht nicht aus (*LAG SchlH* 25.3.1987 LAGE Art. 9 GG Arbeitskampf Nr. 32; *LAG Hamm* 17.3.1987 LAGE Art. 9 GG Arbeitskampf Nr. 31).

▶ **Politischer Demonstrationsstreik** 165
Ein politischer Demonstrationsstreik ist rechtswidrig; ein glaubhaft gemachter Anspruch auf Unterlassung von Maßnahmen, die auf eine beabsichtigte vertragswidrige kollektive Arbeitsniederlegung hinzielen, kann ausnahmsweise auch im Weg einer Leistungsverfügung durchgesetzt werden (*LAG RhPf* 5.3.1986 LAGE Art. 9 GG Arbeitskampf Nr. 26).

Muster für einen Antrag (*Reinhard/Kliemt* NZA 2005, 245, 553; weitere Musterformulierungen s. *Korinth* ArbRB 2008, 354): 166
Der Verfügungsbeklagten wird aufgegeben, es zu unterlassen, im Rahmen des von ihr ausgerufenen Streiks in Zusammenhang mit den Verhandlungen über einen neuen Gehaltstarifvertrag für die X-Industrie

a) Arbeitnehmer der Verfügungsklägerin, die das Betriebsgelände der Verfügungsklägerin an der ... straße in ... betreten oder verlassen wollen, körperlich anzugreifen, anzuspucken, anzuschreien oder festzuhalten,
b) Fahrzeuge bei der Ein- oder Ausfahrt zum bzw. vom Betriebsgelände der Verfügungsklägerin an der ... straße in ... anzuhalten, zu kontrollieren, zu beschädigen oder zu behindern.

Zum Gerichtsstand s. *Fischer* FA 2008, 2. 167

b) Betriebsverfassungsrechtliche Streitigkeiten (*Bertelsmann* AiB 1998, 681)

aa) Teilnahme von Betriebsratsmitgliedern an Schulungsveranstaltungen

Bestreitet der Arbeitgeber die **Erforderlichkeit der Schulungsveranstaltung** (s.o. Kap. 12 Rn. 686 ff.), hält das *LAG Düsseld.* (15.10.1992 LAGE § 611 BGB Abmahnung Nr. 33; 6.9.1995 LAGE § 37 BetrVG 1972 Nr. 44) eine feststellende einstweilige Verfügung mit lediglich vorläufiger gutachterlicher Äußerung des ArbG für unzulässig. Für eine Regelungsverfügung sei insoweit kein Raum. Ein Betriebsratsmitglied bedarf nämlich zur Teilnahme an einer Schulungsveranstaltung nicht der Zustimmung des Arbeitgebers und damit bei Zustimmungsverweigerung keiner zustimmungsersetzenden Regelung des ArbG (s.o. Kap. 12 Rn. 685 f.). Hingegen wird in der Literatur z. T. die Auffassung vertreten, das BR-Mitglied könne durch eine einstweilige Verfügung die Gestattung der Teilnahme an einer Schulungsveranstaltung durchsetzen (*Korinth* ArbRB 2008, 30; *Fitting* § 37 Rz. 252; GK-BetrVG/*Wiese* § 37 Rz. 247). Der erste Senat des *BAG* (21.5.1974 AP Nr. 13 zu § 37 BetrVG) teilte wohl diese Auffassung. Er hat in seiner Entscheidung, in deren Mittelpunkt andere Fragen standen, am Rande begründungslos ausgeführt: »Im Übrigen hätte bei den zwischen Ablehnung und Veranstaltungsbeginn zur Verfügung gestandenen Zeiträumen durchaus die Möglichkeit einer vorherigen Klärung der unterschiedlichen Standpunkte, **notfalls durch ein einstweiliges Verfügungsverfahren nach § 85 Abs. 2 ArbGG**, bestanden.« In einer späteren Entscheidung hat in der Erste Senat des *BAG* hingegen offen gelassen, »ob und unter welchen tatsächlichen und rechtlichen Voraussetzungen der Betriebsrat seinerseits beim Arbeitsgericht den Erlass einer einstweiligen Verfügung hätte beantragen können« (18.3.1977 AP Nr. 27 zu § 37 BetrVG 1972). Die Auffassung des *LAG Düsseld.* vermag nicht zu überzeugen. Das *BAG* (10.11.1993 EzA § 611 BGB Abmahnung Nr. 29) hatte die Entscheidung der *LAG Düsseld.* vom 15.10.1992 aufgehoben und ausgeführt, auch die Nichtleistung von Arbeit auf Grund der Teilnahme an Schulungsmaßnahmen, die objektiv nicht erforderlich seien, rechtfertige eine Abmahnung. Eine Begrenzung auf grobe Verstöße lehnte es im Unterschied zum LAG Düsseldorf ab. Eine Abmahnung ist berechtigt, wenn bei sorgfältiger objektiver Prüfung für jeden Dritten ohne weiteres erkennbar war, dass die Teilnahme an der Schulungsmaßnahme für dieses Betriebsratsmitglied nicht erforderlich war. Eine einstweilige Verfügung vor der Teilnahme an einer Schulungsveranstaltung nimmt einem Betriebsratsmitglied das Risiko einer Abmahnung ebenso wie die Gefahr verauslagte Reise – und Seminarkosten letztlich nicht vom Arbeitgeber ersetzt zu erhalten.

169 Das *ArbG Detmold* (30.4.1998 – 3 BV Ga 3/98 – n.v.) hat eine einstweilige Verfügung erlassen, da es sich bei dem betreffenden Seminar um die einzige Veranstaltung im laufenden Kalenderjahr handelte und der Tagungsbeginn unmittelbar, fünf Tage, bevorstand.

170 Streiten Arbeitgeber und Betriebsrat um die Erforderlichkeit der Schulung, wird z.T. vertreten, dass eine einstweilige Verfügung nicht erwirkt werden kann, falls mehrere Veranstaltungen in einem längeren Zeitraum zur Wahl stehen (GK-BetrVG/*Weber* § 37 Rz. 281; **a.A.** *LAG Hamm* 23.11.1972 § 37 BetrVG 1972 Nr. 2; *Fitting* § 37 Rz. 252). Der Antragsteller wird zumindest darlegen müssen, weshalb ihm erhebliche Nachteile entstehen, wenn er erst an einer Schulung nach einer Entscheidung in der Hauptsache teilnehmen kann.

171 Das *BAG* (18.3.1977 AP Nr. 27 zu § 37 BetrVG 1972) hat bei einem Streit darüber, ob die **betrieblichen Notwendigkeiten** ausreichend berücksichtigt sind, entschieden, dass der Betriebsrat dem Arbeitgeber die zeitliche Lage einer Schulungsveranstaltung und die vorgesehenen Teilnehmer so rechtzeitig mitzuteilen hat, dass der Arbeitgeber noch vor der Veranstaltung der Einigungsstelle gem. § 37 Abs. 6 S. 4 BetrVG anrufen kann. Verhindert der Betriebsrat durch eine verspätete Mitteilung die Anrufung der Einigungsstelle durch den Arbeitgeber, scheidet eine einstweilige Verfügung aus. Der Betriebsrat hat die Eilbedürftigkeit selbst herbeigeführt. Hingegen wird ein Verfügungsgrund zu bejahen sein, wenn der Arbeitgeber die Einigungsstelle nicht oder verspätet anruft bzw. die Einigungsstelle nicht rechtzeitig zusammentreten kann und eine einmalige Schulungsveranstaltung mittelbar bevorsteht (*Fitting* § 37 Rz. 249).

bb) Sicherung von Beteiligungsrechten des Betriebsrats

172 – Sicherung des Unterlassungsanspruchs gem. § 23 Abs. 3 BetrVG (s.u. Kap. 12 Rn. 2179 f.),
– Sicherung des allgemeinen Unterlassungsanspruchs nach der Rechtsprechung des BAG (s.o. Kap. 12 Rn. 2186).

(1) Interessenausgleich

173 Ob betriebsbedingte Kündigungen vor Abschluss der Interessenausgleichsverhandlungen durch einstweilige Verfügung untersagt werden können, ist streitig (dafür *Ehrich* BB 1993, 356; *Fitting* § 111 Rz. 130 ff.; *Fauser/Nacken* NZA 2006, 1136, dagegen *Ehler* BB 1974, 2270; *Hümmerich/Spirolke* BB 1996, 1986; *Schmädicke* NZA 2004, 295; *Walker* FA 2008, 290).

174 Zum Teil (*LAG Düsseld.* 14.2.2005 LAGE § 111 BetrVG 2001 Nr. 4; 27.3.2003 – 13 TaBV 88/02; *LAG BW* 28.8.1985 LAGE § 23 BetrVG 1972 Nr. 16; *LAG RhPf* 30.3.2006 – 11 TaBV 53/05; 24.11.2004 – 9 TaBV 29/04; 28.3.1989 LAGE § 111 BetrVG 1972 Nr. 10; *LAG SchlH* 13.1.1992 LAGE § 111 BetrVG 1972 Nr. 11; *LAG Köln* 30.3.2006 – 2 Ta 145/06; 30.4.2004 – 5 Ta 166/04; 1.9.1995 BB 1995, 2115; *LAG Nbg.* 31.8.2005 LAGE § 23 BetrVG 2001 Nr. 4; *ArbG Nbg.* 20.3.1996 LAGE § 111 BetrVG 1972 Nr. 14; *LAG München* 24.9.2003 NZA-RR 2004, 536; 28.6.2005 LAGE § 23 BetrVG 2001 Nr. 4; *LAG SA* 30.11.2004 – 11 TaBV 18/04) wird die Auffassung vertreten, dass dem Betriebsrat kein vorbeugender Unterlassungsanspruch gegen die Durchführung von Betriebsänderungen ohne den vorausgegangenen Versuch eines Interessenausgleichs, weder nach § 23 Abs. 3 BetrVG noch nach allgemeinen Rechtsgrundsätzen, zusteht. Andere Gerichte (*LAG Frankf.* 21.9.1982 DB 1983, 613; 30.8.1984 DB 1985, 178; 6.4.1993 LAGE § 111 BetrVG 1972 Nr. 12; *LAG Bln.* 7.9.1995 LAGE § 111 BetrVG 1972 Nr. 13) vertreten die Auffassung, dass dem Arbeitgeber in derartigen Fällen zur Sicherung des Beteiligungsrechts gem. § 112 BetrVG durch einstweilige Verfügung für eine bestimmte Zeit untersagt werden kann, Kündigungen auszusprechen, zum Teil werden Maßnahmen zur Durchführung der Betriebsänderung bis zum Abschluss der Interessenausgleichverhandlungen untersagt (*LAG Hmb.* 13.11.1981 DB 1982, 1522; 5.2.1986 DB 1986, 598; 26.6.1997 LAGE § 113 BetrVG 1972 Nr. 6; *KG Saalfeld* 2.4.1991 DB

1991, 919; *ArbG Jena* 22.9.1992 AuA 1993, 26; *ArbG Kaiserslautern* 19.12.1996 – 7 BVGa 493/96; *ArbG Darmstadt* 6.4.1998 – 10 BV Ga 4/98 – AE 1998 Nr. 215; *LAG Thüringen* 18.8.2003 jurion; 26.9.2000 – 1 TaBV 14/00; *LAG Hamm* 30.5.2008 – 10 TaBVGa 9/08; 30.4.2008 – 13 TaBVGa 8/08; 30.7.2007 – 10 TaBVGa 16/07; 26.2.2007 – 10 TaBVGa 3/07; 28.8.2003 – 13 TaBV 127/03 – jurion; *LAG Bln.* 7.9.1995 LAGE § 111 BetrVG 1972 Nr. 13; 7.9.1995 – 10 TaBV 9/95; *LAG Hessen* 27.6.2007 – 4 TaBVGa 137/07; *LAG Nds.* 4.5.2007 LAGE § 111 BetrVG 2001 Nr. 7; *LAG SchlH* 20.7.2007 – 3 TaBVGa 1/07).

Nach der Änderung des § 113 Abs. 3 BetrVG 1972 durch das arbeitsrechtliche Beschäftigungsförderungsgesetz v. 25.9.1996 (s. hierzu *Neef* NZA 1997, 65) hatten einige Instanzgerichte einen Unterlassungsanspruch nur noch in den nunmehr gesetzlich festgelegten Fristen zugesprochen (*LAG Düsseld.* NZA-RR 1997, 297; *LAG Hamm* 1.7.1997 ZIP 1997, 2210; *LAG Hmb.* 26.6.1997 NZA-RR 1997, 296), andere eine zeitliche Begrenzung abgelehnt (*ArbG Hmb.* 4.11.1997 BB 1998, 428; so auch *Fitting* § 111 Rz. 137). 175

Für die von der Mehrzahl der Landesarbeitsgerichte vertretene Auffassung, dass kein Anspruch des Betriebsrats auf Unterlassung betriebsbedingter Kündigungen vor Einigung über einen Interessenausgleich und einen Sozialplan besteht, sprachen neue Argumente (*Heupgen* NZA 1997, 1271): Trotz Kenntnis des Gesetzgebers von der in Rechtsprechung und Literatur höchst umstrittenen Frage sowie der Entscheidung des *BAG* vom 3.5.1994 (EzA § 23 BetrVG 1972 Nr. 36m. Anm. *Raab*) zum allgemeinen Unterlassungsanspruch, normierte der Gesetzgeber keinen Unterlassungsanspruch bei der Neuregelung des §§ 113 Abs. 3 BetrVG 1972. Ein gesetzlicher Unterlassungsanspruch hätte der Intention des Gesetzgebers, nämlich die Durchführung einer Betriebsänderung zu erleichtern, widersprochen. Dagegen hielt das *LAG Hmb.* an seiner gegenteiligen Auffassung fest und bejahte auch nach der gesetzlichen Neuregelung einen Verfügungsanspruch (26.6.1997 NZA-RR 1997, 296; 27.6.1997 ArbuR 1998, 87). In Kenntnis der Rechtsprechung habe der Gesetzgeber gerade keine Regelung getroffen, die einen derartigen Unterlassungsanspruch ausschließt (*ArbG Hmb.* 27.12.1996 – 6 GaBV 1/96 – n.v.). 176

Bei der Entfristung des Interessenausgleichsverfahrens durch das Korrekturgesetz (BGBl. 1998 I S. 3843) hat der Gesetzgeber zu der Problematik erneut geschwiegen. 177

Ob ein im Wege der einstweiligen Verfügung durchsetzbarer Unterlassungsanspruch des Betriebsrates besteht, wenn der Arbeitgeber bei geplanter Betriebsänderung überhaupt nicht in Verhandlungen über einen Interessenausgleich eintritt, hat das *LAG Nds.* (18.10.1994 LAGE § 95 BetrVG 1972 Nr. 15) offen gelassen; im zu entscheidenden Fall waren Verhandlungen über einen Teilinteressenausgleich gescheitert. 178

Kontrovers diskutiert wird auch, ob der Betriebsrat im Wege der einstweiligen Verfügung die **Einhaltung eines Interessenausgleichs** erzwingen kann (*Willemsen/Hohenstatt* NZA 1998, 345; *Gastell/Heilmann* FA 1998, 102; *Zwanziger* BB 1998, 477). Das *BAG* hat in seiner Entscheidung vom 28.8.1991 (EzA § 113 BetrVG 1972 Nr. 21) ausgeführt, der Betriebsrat könne gegenüber dem Arbeitgeber aus eigenem Recht die Einhaltung des Interessenausgleichs nicht erzwingen, weil es sich ihm gegenüber lediglich um eine Naturalobligation handele. Das *LAG München* (30.7.1997 LAGE § 112 BetrVG 1972 Interessenausgleich Nr. 1) hat hingegen dem Betriebsrat einen Anspruch auf Einhaltung eines Interessenausgleichs zugesprochen. Ein Interessenausgleich sei zwar nach der Regelung des § 112 BetrVG 1972 nicht erzwingbar, komme jedoch ein Interessenausgleich zustande, entfalte er rechtliche Bindungswirkung und sei nicht lediglich eine außerrechtliche Absprache. Die Regelung über den Nachteilsausgleichsanspruch in § 113 BetrVG 1972 verdränge nicht die Vereinbarung zwischen den Betriebspartnern. Auch im allgemeinen Vertragsrecht sei eine Verdrängung vertraglicher Ansprüche der absolute Ausnahmefall. Der Hinweis auf Sekundäransprüche verfange nicht, wenn – wie in dem vom *LAG München* entschiedenen Fall – interessenausgleichswidrige Maßnahmen des Arbeitgebers keinen Nachteilsausgleichsanspruch der Arbeitnehmer auslösen. Die Entscheidung des *LAG München* könnte nach teilweise vertretener Ansicht einen Rechtsprechungswandel einleiten (vgl. *Matthes* in: FS für Wlotzke, 1996, 93 ff.). 179

180 **Muster** für einen Antrag (*Korinth* ArbRB 2005, 61, 63):

1. Es wird beantragt, der Antragsgegnerin zu untersagen, bis zum Abschluss von Interessenausgleichsverhandlungen einschließlich des Verfahrens der ggf. anzurufenden Einigungsstelle, hilfsweise höchstens bis zum Ablauf des ..., betriebsbedingte Kündigungen gegenüber den Arbeitnehmern ... (namentliche Bezeichnung) des Betriebs X auszusprechen.
2. Es wird beantragt, der Antragsgegnerin zu untersagen, bis zum Abschluss von Interessenausgleichsverhandlungen einschließlich des Verfahrens der ggf. anzurufenden Einigungsstelle, hilfsweise höchstens bis zum Ablauf des ..., den Arbeitnehmern ... (namentliche Bezeichnung) des Betriebs X Angebote zum Abschluss betrieblich veranlasster Aufhebungsverträge zu unterbreiten.
3. Es wird beantragt, der Antragsgegnerin zu untersagen, bis zum Abschluss von Interessenausgleichsverhandlungen einschließlich des Verfahrens der ggf. anzurufenden Einigungsstelle, hilfsweise höchstens bis zum Ablauf des ..., betriebsbedingte Kündigungen gegenüber sonstigen Arbeitnehmern ... (namentliche Bezeichnung) des Betriebs X auszusprechen.
4. Es wird beantragt, der Antragsgegnerin zu untersagen, bis zum Abschluss von Interessenausgleichsverhandlungen einschließlich des Verfahrens der ggf. anzurufenden Einigungsstelle, hilfsweise höchstens bis zum Ablauf des ..., sonstigen Arbeitnehmern des Betriebs X Angebote zum Abschluss betrieblich veranlasster Aufhebungsverträge zu unterbreiten.
5. Für jeden Fall der Zuwiderhandlung wird der Antragsgegnerin ein Ordnungsgeld bis zu 10.000 € angedroht.

(2) Regelung über Arbeitszeit

181 Der Antrag eines Betriebsrats, im Wege der einstweiligen Verfügung eine bestimmte Arbeitszeitregelung nach einem Manteltarifvertrag durchzusetzen, ist unzulässig. Es handelt sich nicht um eine Rechts-, sondern um eine Regelungsstreitigkeit (*ArbG Hmb.* 9.4.1985 NZA 1985, 404.

182 Eine Unterlassungsverfügung nach § 938 ZPO zur Sicherung der Beteiligungsrechte ist zulässig, wenn als Rechtsgrundlage des Unterlassungsanspruchs nur § 23 Abs. 3 BetrVG angenommen wird. Für den Verfügungsgrund ist im Rahmen der nach §§ 935, 940 ZPO gebotenen Interessenabwägung einzubeziehen, ob für die Zeit bis zum Inkrafttreten einer mitbestimmten Regelung die beantragte Anordnung zum Schutz der betroffenen Arbeitnehmer erforderlich ist (*LAG Düsseld.* 16.5.1990 NZA 1991, 29).

(3) Einsichtsrecht des Betriebsrates

183 Die Einsicht in das Gutachten einer Unternehmensberatung durch den Betriebsrat oder den Wirtschaftsausschuss, die vom Arbeitgeber wegen der Gefährdung von Betriebs- oder Geschäftsgeheimnissen verwehrt wird, kann nicht im Wege der einstweiligen Verfügung verfolgt werden, weil damit das beanspruchte Recht bereits endgültig durchgesetzt wird. Für derartige Streitigkeiten ist nach § 109 BetrVG die Einigungsstelle zuständig; daher besteht für eine einstweilige Verfügung, mit der das Einsichtsrecht durchgesetzt werden soll, kein Verfügungsanspruch (*ArbG Wetzlar* 28.2.1989 NZA 1989, 443).

(4) Zutrittsrecht des Betriebsrats

184 Das Recht des Betriebsrats/der Betriebsratsmitglieder auf Zutritt zum Betrieb wird allgemein anerkannt. Dieses Zutrittsrecht ist mit dem Betriebsratsamt verbunden, weil die Ausübung dieses Amtes den Zutritt zum Betrieb voraussetzt (*LAG München* 26.8.1992 LAGE § 23 BetrVG 1972 Nr. 29). Auch wenn ein Betriebsratsmitglied zu Recht suspendiert ist, bleibt grds. sein Zutrittsrecht zum Betrieb zum Zwecke der Ausübung seines Betriebsratsamtes unberührt (*LAG Düsseld.* 22.2.1977 DB 1977, 1053).

Von h.M. wird das Recht des Betriebsratsmitglieds auf Zutritt zum Betrieb jedoch für den Fall ausgeschlossen, dass sich die Ausübung des Zutrittsrechts als Rechtsmissbrauchs darstellt (*LAG Düsseld.* 22.2.1977 DB 1977, 1053; *LAG Hamm* 27.4.1972 LAGE § 103 BetrVG 1972 Nr. 1). Dieser Rechtsmissbrauchseinwand soll jedoch nur in Betracht kommen, wenn er nicht in dem Individualarbeitsrecht, sondern im kollektiven Betriebsverfassungsrecht wurzelt (*LAG Düsseld.* 22.2.1977 a.a.O.; *LAG Hamm* 27.4.1972 LAGE § 103 BetrVG Nr. 1). Der Verfügungsgrund ist regelmäßig deswegen gegeben, weil die einstweilige Verfügung die einzige wirksame Möglichkeit ist, das Zutrittsrecht der Betriebsratsmitglieder durchzusetzen bzw. vor der Rechtsvereitelung zu schützen (*LAG München* 26.8.1992 LAGE § 23 BetrVG 1972 Nr. 29). **185**

Das *ArbG Hmb.* (6.5.1997 NZA-RR 1998, 78) hat einen im einstweiligen Verfügungsverfahren durchsetzbaren Anspruch darauf bejaht, dass der Arbeitgeber den **Betriebsratsmitgliedern** den **Zutritt zu den einzelnen Arbeitsplätzen** der Beschäftigten ermöglicht. Ein Verfügungsgrund liegt vor, wenn bis zu einer Entscheidung in einem Hauptsacheverfahren sehr lange Zeit verstreicht und beispielsweise erhöhter Kommunikationsbedarf wegen einer betriebsinternen Diskussion um einen Haustarifvertrag besteht. **186**

Muster für einen Antrag: **187**

Der Antragsgegnerin wird im Wege der einstweiligen Verfügung aufgegeben, dem Antragsteller das Betreten des Betriebs während der regelmäßigen Arbeitszeit zu gestatten, damit er seine Aufgaben als Betriebsratsvorsitzender wahrnehmen kann.

cc) Einstweilige Verfügung gegen Betriebsrat/Betriebsratsmitglieder

(1) Betriebsratswahl

In der Rechtsprechung ist umstritten, ob nur die **Durchführung einer nichtigen Betriebsratswahl** (*LAG München* 3.8.1988 LAGE § 19 BetrVG Nr. 7; *LAG Köln* 27.12.1989 LAGE § 19 BetrVG 1972 Nr. 10; 17.4.1998 LAGE § 19 BetrVG 1972 Nr. 16; 29.3.2001 AiB 2001, 602; *LAG Frankf.* 5.6.1992 NZA 1993, 192; 16.7.1992 NZA 1993, 1008; *LAG Hessen* 29.4.1997 BB 1997, 2220; *LAG Nds.* 13.5.1998 AE 1998 Nr. 203; *LAG Nbg.* 30.3.2006 FA 2006, 280; »wohl herrschende Auffassung« *LAG München* 11.4.2006 jurisuma; *LAG Köln* 8.5.2006 – 2 TaBV 22/06 – EzA-SD 19/06, S. 13; *Korinth* ArbRB 2006, 44) oder auch einer bloß anfechtbaren, aber mit schwer wiegenden Mängel behafteten, Betriebsratswahl (*ArbG Hannover* 19.1.1993 EzA § 18 BetrVG 1972 Nr. 8; *LAG BW* 13.4.1994 DB 1994, 1091; 16.9.1996 LAGE § 19 BetrVG 1972 Nr. 15; *LAG Hamm* 9.9.1994 BB 1995, 260; *ArbG Hannover* 6.3.1998 AE 1998 Nr. 205; *Dzida/Hohenstatt* BB 2005, Special 14, 1; *Rieble/Triskatis* NZA 2006, 233) im Wege der einstweiligen Verfügung **untersagt** werden kann. Die erste Auffassung weist darauf hin, dass ein Verfügungsanspruch auf Unterlassung einer Betriebsratswahl in einem Wertungswiderspruch zu § 19 BetrVG 1972 stehe, der erst nach Durchführung der Wahl eine Anfechtung ermögliche, um betriebsratslose Zeiten zu vermeiden. Die Gegenansicht weist auf die Gefahr der Schaffung irreparabler Fakten hin, die wegen der fehlenden Rückwirkung einer erfolgreichen Wahlanfechtung, drohe (*Schäfer* Rz. 192). **188**

Von der vorstehenden Problematik ist die Frage zu trennen, ob ein Gericht durch einstweilige Verfügung **korrigierend in das Wahlverfahren eingreifen** darf. Rechtsfehlerhafte Maßnahmen des Wahlvorstandes können nach der Rechtsprechung des *BAG* (15.12.1972 AP Nr. 1 zu § 14 BetrVG 1972; 5.3.1974 AP Nr. 1 zu § 14 BetrVG 1972; 25.8.1981 AP Nr. 2 zu § 83 ArbGG 1979) bereits im Laufe des Wahlverfahrens im Beschlussverfahren angegriffen werden. Sinn und Zweck solcher Beschlussverfahren ist es, Fehler im Wahlverfahren nach Möglichkeit rechtzeitig zu korrigieren, um so eine Anfechtung der Wahl und eine Auflösung des gewählten Gremiums zu vermeiden. Die gerichtliche berichtigende Eingriffsregelung in das Wahlverfahren durch einstweilige Verfügung ist gegenüber dem Aufschub der Wahl oder der Nichtigkeit der Wahl das mildere Mittel (*LAG Brem.* 27.2.1990 LAGE § 18 BetrVG 1972 Nr. 3; 26.3.1998 – 1 TaBV 9/98 – AE 1998 Nr. 204; *LAG Hamm* 18.3.1998 – 3 Ta BV 42/98 – AE 1998 Nr. 207; *ArbG Frankf./O.* 20.11.1997 – 5 BV Ga **189**

20 003/97 – AE 1998 Nr. 75; *Schäfer* Rz. 193). Andererseits führt ein Eingriff in das Wahlverfahren durch einstweilige Verfügung nicht zu einer bloßen Sicherung des Anspruches, sondern bereits zu dessen Realisierung, was dem peremptorischen Charakter der einstweiligen Verfügung widerspricht (*LAG München* 14.4.1987 LAGE § 18 BetrVG 1972 Nr. 2; *LAG Frankf.* 21.3.1990 DB 1990, 239).

190 Antragsberechtigt ist jeder, der durch Maßnahmen des Wahlvorstandes in seinem aktiven oder passiven Wahlrecht betroffen ist sowie der Arbeitgeber und eine im Betrieb vertretene Gewerkschaft. Nicht antragsberechtigt ist der alte Betriebsrat (*Korinth* ArbRB 2006, 44; **a.A.** *Bram* FA 2006, 66).

191 Der Gegenstandswert der anwaltlichen Tätigkeit für das einstweilige Verfügungsverfahren über eine Betriebsratswahl ist genauso hoch mit derjenige des Hauptsacheverfahrens, falls der Anspruch des Antragstellers befriedigt und die Streitigkeit endgültig beendet wird (*LAG Hamm* 28.4.2005 jurisuma)

192 Der Wahlvorstand kann seine Rechte durch einstweilige Verfügung durchsetzen, da er gem. § 18 Abs. 1 S. 1 BetrVG die Wahl unverzüglich einzuleiten und durchzuführen hat. Antragsgegner ist der Arbeitgeber. In der Praxis steht der Anspruch auf Vorlage einer Mitarbeiterliste gem. § 2 Abs. 1 S. 1 WO im Streit.

193 **Muster** für einen Antrag:
Dem Antragsgegner wird aufgegeben, eine Liste aller Beschäftigten des Betriebes – getrennt nach Geschlechtern, Arbeitnehmerinnen und Arbeitnehmer, Leiharbeitnehmerinnen und Leiharbeitnehmer – mit Familienname, Vorname, Geburtsdatum, Eintrittsdatum in den Betrieb, Eintritt in die Freistellungsphase bei Altersteilzeit im Blockmodell sowie Privatanschrift zu fertigen und dem Antragsteller zu übergeben.

194 Der Arbeitgeber kann im Verfahren einer einstweiligen Verfügung die Feststellung beantragen, dass der Beschluss des Betriebsrats über die Einsetzung eines Wahlvorstands unwirksam ist (*LAG Nbg.* 30.3.2006 FA 2006, 280).

(2) Ausschluss aus dem Betriebsrat

195 Eine einstweilige Verfügung, durch die einem Betriebsratsmitglied die Ausübung seines Amtes – wegen einer groben Verletzung seiner gesetzlichen Pflichten i.S.v. § 23 Abs. 1 BetrVG verboten wird, ist nach allgemeiner Meinung zulässig (*BAG* 29.4.1969 EzA § 23 BetrVG Nr. 2; 19.4.1989 EzA §§ 40 BetrVG 1972 Nr. 62). An den Verfügungsgrund sind jedoch sehr hohe Anforderungen zu stellen, weil die begehrte Verfügung irreversible Verhältnisse schafft. Vor allem muss der Verfügungsanspruch auf den Ausschluss des Betriebsratsmitglieds aus dem Betriebsrat gem. § 23 Abs. 1 BetrVG als Voraussetzung des Verfügungsgrundes – wenn schon nicht gem. § 286 Abs. 1 ZPO bewiesen, so doch zumindest in einem Maße glaubhaft i.S.v. § 294 Abs. 1 ZPO sein, das dem Beweis sehr nahe kommt, sodass in Bezug auf die gem. § 23 Abs. 1 BetrVG entscheidungserheblichen Tatsachen wenn schon keine an Sicherheit grenzende, so aber doch zumindest eine sehr hohe Wahrscheinlichkeit gefordert werden muss (*LAG München* 26.8.1992 LAGE § 23 BetrVG 1972 Nr. 29).

dd) Aufhebung einer vorläufigen personellen Maßnahme

196 Die einstweilige Verfügung auf Aufhebung einer vorläufigen personellen Maßnahme nach § 101 BetrVG ist unzulässig (*LAG Frankf.* 15.12.1987 NZA 1989, 232), denn § 100 Abs. 3 BetrVG fordert ausdrücklich die Rechtskraft der gerichtlichen Entscheidung, bevor zur Durchsetzung der Aufhebung der personellen Maßnahme Zwangsmittel eingesetzt werden dürfen. Die in § 101 BetrVG enthaltene gesetzliche Regelung wird durch den Erlass einer einstweiligen Verfügung, mit der dem Arbeitgeber die vorläufige Aufhebung einer personellen Einzelmaßnahme i.S.d. § 99 Abs. 1 BetrVG aufgegeben wird, unterlaufen (*LAG Hamm* 17.2.1998 AE 1998 Nr. 228).

c) Einigungsstelle

Der Erlass einer einstweiligen Verfügung zur Sicherung von Mitbestimmungsrechten ist unzulässig, wenn die streitige Frage – noch – in einem Einigungsstellenverfahren geklärt werden kann, es sei denn, es kommt vor der Konstituierung der Einigungsstelle zu einer nicht unwesentlichen Verletzung des Mitbestimmungsrechts (*ArbG Bielefeld* 16.6.1987 NZA 1987, 757). 197

Die Durchführung des Spruchs einer Einigungsstelle (hier: Einführung vollkontinuierlicher Arbeitsweise) kann nicht durch eine einstweilige Verfügung untersagt werden, solange die Rechtslage nicht durch eine Entscheidung im Hauptsacheverfahren eindeutig geklärt ist (*LAG BW* 7.11.1989 NZA 1990, 286). 198

d) Gewerkschaftliches Zutrittsrecht

Das **gewerkschaftliche Zutrittsrecht** nach § 2 Abs. 2 BetrVG kann durch einstweilige Verfügung im Beschlussverfahren durchgesetzt werden. Dies gilt jedenfalls dann, wenn einerseits wesentliche Nachteile für die Belegschaft vermieden werden, andererseits bei Durchführung des Instanzenzuges mit einer Entscheidung der grundsätzlichen Rechtsfragen nicht vor Ablauf von zwei Jahren zu rechnen ist (*LAG Düsseld.* 5.12.1988 NZA 1989, 236). 199

C. Mediationsverfahren

I. Vorbemerkung

Mediation ist schick! Die Faszination die dieses Streitschlichtungsverfahren im Falle seines Gelingens mit sich bringt führt dazu, dass die flächendeckende Einführung von Mediationsverfahren nicht nur auf innerstaatlicher Ebene politisch gewollt, sondern auch auf europäischer Ebene gefördert und gefordert wird. Nach der EG Richtlinie 52/2008 vom 21.5.2008 (ABlEU Nr. L 136 v. 24.5.2008, S. 3) sind die Mitgliedstaaten der Europäischen Gemeinschaft verpflichtet, die Möglichkeit einer alternativen Streitbeilegung durch Mediation bis zum 21.5.2011 in ihren Prozessordnungen vorzusehen, sofern es sich um grenzüberschreitende Streitigkeiten in Zivil- oder Handelssachen handelt (Art. 1, Art. 12 EGRL 52/2008). Es ist davon auszugehen, dass der Bundesgesetzgeber die Frist voll ausschöpfen und bei der Umsetzung der Richtlinie darüber hinaus auch generell die Möglichkeit der Durchführung von Mediationsverfahren im Rahmen der Gerichtsverfassungen kodifizieren wird. 200

Mit der Einführung eines solchen gütlichen Schlichtungsverfahrens verbindet sich die Hoffnung, eine schnellere und dauerhaftere Rechtsbefriedung zwischen streitenden Parteien zu ermöglichen, als dies in den herkömmlichen Gerichtsverfahren erreicht wird – verbunden mit der Hoffnung bei den Justizverwaltungen, Kosten zu sparen. 201

Bereits heute bieten verschiedene Bundesländer auch in der Arbeitsgerichtsbarkeit die Möglichkeit an, einen Streitfall durch ein beim Arbeitsgericht durchgeführtes oder von den Arbeitsgerichten vermitteltes Mediationsverfahren zu schlichten (vgl. z.B. Hamburg: siehe Einzelheiten unter http://www.hamburg.de/contentblob/349366/data/informationen; http://www.hamburg.de/arbeitsgerichte/service/mediation/167360/gerichtsinterne-mediation.html oder Niedersachsen: siehe Einzelheiten unter http://www.landesarbeitsgericht.niedersachsen.de/master/C49791526_N12023485_L20_D0_I3160764.html). In Rheinland-Pfalz ist vorgesehen, ab 1.1.2009 sukzessive auch bei den Arbeitsgerichten Mediationsverfahren anzubieten. 202

Im Folgenden soll dargestellt werden: 203
- um was es sich bei »Mediation« eigentlich handelt,
- welche Aufgaben ein Mediator hat,
- wie der Ablauf eines Mediationsverfahrens ist,
- welche Streitigkeiten in der Arbeitsgerichtsbarkeit sich für Mediationsverfahren eignen und
- wie Mediationsverfahren bei den derzeitigen prozessualen Bestimmungen in Arbeitsgerichtsverfahren integriert werden können.

II. Mediation, Definitionsversuche

204 In der EG-Richtlinie 52/2008 (ABlEU Nr. L 136 v. 24.5.2008, S. 3) bezeichnet der Ausdruck Mediation ein strukturiertes Verfahren, unabhängig von seiner Bezeichnung, in dem zwei oder mehrere Streitparteien mit Hilfe eines Mediators auf freiwilliger Basis selbst versuchen, eine Vereinbarung über die Beilegung ihrer Streitigkeit zu erzielen. Diese Verfahren kann von den Parteien eingeleitet oder von einem Gericht vorgeschlagen oder angeordnet werden oder nach dem Recht eines Mitgliedsstaates vorgeschrieben sein. Es schließt die Mediation durch einen Richter ein, der nicht für ein Gerichtsverfahren in der betreffenden Streitsache zuständig ist. Nicht eingeschlossen sind Bemühungen zur Streitbeilegung des angerufenen Gerichts oder Richters während des Gerichtsverfahrens über die betreffende Streitsache (Art. 3 lit. a RL 2008/52/EG).

205 Unter Mediator versteht die EG-Richtlinie unter Art. 3 lit. b eine dritte Person, die ersucht wird, eine Mediation auf wirksame, unparteiische und sachkundige Weise durchzuführen, unabhängig von ihrer Bezeichnung oder ihrem Beruf in dem betreffenden Mitgliedstaat und der Art und Weise, in der sie für die Durchführung der Mediation benannt oder mit dieser betraut wurde.

206 Im Landeskonzept gerichtsinterner Mediation in der rheinland-pfälzischen Justiz wird Mediation als ein freiwilliges Verfahren bezeichnet, in dem die Beteiligten versuchen, den Konflikt selbst mit Blick auf ihre individuellen Interessen und Bedürfnisse zu lösen. Dabei unterstützt sie ein Mediator oder eine Mediatorin ohne Entscheidungskompetenz und hilft als allparteilicher Dritter den Beteiligten, selbst eine Lösung der Probleme zu erarbeiten. **Im Mittelpunkt stehen nicht die Erfolgsaussichten in dem Rechtsstreit, sondern die jeweiligen Interessen.**

207 Bei der Mediation handelt es sich daher um ein Verfahren zur Konfliktlösung, in dem der Mediator weder selbst entscheidet, noch die Parteien in Sachfragen berät. Er schlägt nicht einmal Lösungen für die Streitpunkte vor. Dadurch grenzt sich die Mediation deutlich von einem Gerichtsverfahren, einem Schiedsgerichtsverfahren, einer Schlichtung oder einem Einigungsstellenverfahren ab. Im Idealfall unterlässt der Mediator jegliche Einflussnahme auf das Ergebnis. Der Mediator vermittelt daher den Konflikt, schafft eine konstruktive Gesprächsatmosphäre und sorgt für einen fairen Umgang der Parteien miteinander. Mit Hilfe von Mediationstechniken, die der Mediator in das Mediationsverfahren einbringt, finden die Parteien zwangsläufig selbst eine Lösung ihres Konfliktes.

III. Aufgaben des Mediators

208 Im Wesentlichen muss der Mediator drei Schritte sukzessiv verfolgen:
- Er muss alle Medianten verstehen, d.h. ihre hinter den vorgebrachten Positionen liegenden Interessen erkunden und feststellen;
- Er muss das Verstandene der anderen Partei so vermitteln, dass auch sie die Gegenseite versteht;
- Er muss das Vermittelte zwischen den Medianten verhandelbar machen.

1. Verstehen der Medianten

209 Einen Medianten zu verstehen ist gar nicht so einfach. Hierfür bedarf es einer besonderen Schulung des Mediators. Dem Mediator kommt es nicht nur darauf an, **die Sachfragen zu verstehen, sondern die dahinterliegenden Bedürfnisse, Probleme und Interessen herauszufinden.**

210 Will ein Mediator einen Medianten verstehen, muss er dessen Informationen so wahrnehmen, dass sie der Wirklichkeit und Lebenserfahrung des Medianten entsprechen und nicht der eigenen Vorstellungswelt des Mediators. Das Problem liegt nämlich darin, dass jedes Individuum ein eigenes Konstrukt von Wirklichkeit besitzt. Dieses Konstrukt

stimmt nicht unbedingt mit dem Wirklichkeitskonstrukt eines anderen Individuums, z.B. des Mediators selbst, überein.

In Lehrbüchern zur Mediation wird dafür folgendes anschauliches **Beispiel** herangezogen: 211
Eine Laborratte erklärt einer anderen Ratte das Verhalten eines Versuchsleiters mit den Worten: »Ich habe diesen Mann so trainiert, dass er mir jedes Mal Futter gibt, wenn ich diesen Hebel drücke.«

Bei diesem Beispiel wird deutlich, dass die Ratte in derselben Reizreaktionsfolge eine andere Gesetzmäßigkeit sieht, als der Laborleiter selbst. Obwohl beide, also der Laborleiter und die Ratte dieselben Tatsachen sehen, schreiben sie ihnen jeweils zwei verschiedene Bedeutungen zu und erleben sie daher buchstäblich aus zwei verschiedenen Wirklichkeiten. 212

Das Ziel des Mediators muss also sein, das Streitproblem aus Sicht des Medianten zu verstehen. Dazu bedarf es zunächst einmal eines ausreichenden Zeitfensters. Daneben muss der Mediator bereit sein, den Medianten in seiner Sicht der Dinge vollständig zu akzeptieren. Dazu ist nicht nur ein genaues Zuhören erforderlich, sondern auch eine Abstimmung, ob das Gesagte auch richtig verstanden worden ist. Hierzu erlernt der Mediator verschiedene Kommunikationstechniken, wie z.B. das Pharaphrasieren, Verbalisieren, Visualisieren, Spiegeln und Synchronisieren. 213

Ganz wichtig ist es, dass der Mediator sich frei macht von der natürlich auch bei ihm vorhandenen sog. **»Eigenwirkung«**. Er muss sich frei machen von eigenen Gedanken zur Problemlösung bzw. Streitschlichtung. Im Fachjargon heißt das, er muss sich auf eine sog **Ebene der »Empathie«** begeben. 214

Der Mediator muss durch gezielte Kommunikationstechniken den Medianten dazu bringen, sich zu öffnen und sich vollständig zu erklären. Hierbei hat der Mediator gelernt, mit den sog. **»4-Ohren«** zu hören. Jede Information eines Menschen enthält nämlich neben dem Sachinhalt auch Informationen über sich selbst, über seine Beziehung zu dem Gesprächspartner und i.d.R. enthält jede Äußerung auch eine Appellfunktion. 215

► **Beispiel:** 216
Ein Arbeitgeber antwortet auf die Frage des Vorsitzenden im Gütetermin, was der Kündigungsgrund sei »der Arbeitnehmer habe sich letztes Jahr an 94 Tagen krank schreiben lassen.«
Diese Botschaft enthält als erstes den **Sachinhalt**, dass der Arbeitnehmer an 94 Tagen nicht im Betrieb war und nicht gearbeitet hat.
Als zweites kann diese Information allerdings auch die **Botschaft** enthalten, dass der Arbeitgeber sich über das Fehlen des Arbeitnehmers mit den damit für ihn einhergehenden Problemen und Kosten ärgert.
Die Botschaft kann darüber hinaus allerdings auch eine **Aussage über die Beziehung** des Arbeitgebers zum Arbeitnehmer enthalten, nämlich dass der Arbeitgeber den Arbeitnehmer für einen Faulenzer hält, der ggf. nur krank macht.
Schließlich kann die Botschaft auch einen **Appell** an den Arbeitnehmer enthalten, zukünftig sich nicht wegen jeder Kleinigkeit krankschreiben zu lassen.

2. Vermitteln des Verstandenen

Der zweite Schritt besteht darin, das Verstandene der anderen Partei zu vermitteln. 217

In dem der Mediator das Verstandene mit seinen eigenen Worten zurückmeldet, trägt er zum einen dazu bei, dass der Mediant sich selbst besser versteht und seine oft im Verborgenen liegenden Interessen entdeckt. Daneben vermittelt er allerdings auch der Gegenseite, was sich hinter den Äußerungen des Medianten verbirgt. Dieses umfassende gegenseitige Verstehen ist der erste wichtige Schritt, der eine Veränderung im Verhalten der Medianten zueinander bewirken kann. Es kommt entscheidend darauf an, dass beide Seiten trotz ihrer eigenen Betroffenheit und Parteilichkeit jeweils verstehen, was der andere mit seinen Botschaften meint, d.h. welche Bedürfnisse und Interessen die andere Partei jeweils hat. 218

219 Die Bedingungen für eine derartige Kommunikation zwischen Mediator und Medianten sind:
- Es bedarf zunächst auf beiden Seiten einer Haltung, die es erlaubt, dass beide Seiten bereit sind, dem Mediator auch zuzuhören. Hierfür ist **absolute Neutralität des Mediators** Voraussetzung;
- Es bedarf einer Informationsaufbereitung durch den Mediator, die das von ihm Verstandene für die andere Partei auch vermittelbar macht. Das vom Mediator Verstandene und weiter Vermittelte muss und soll von der anderen Partei akzeptiert werden, wobei unter akzeptiert nicht gemeint ist, dass sie sich den Standpunkt der anderen Partei zu Eigen macht, sondern dass sie deren dahinter liegende Bedürfnisse erkennt und versteht.

220 Der Mediator muss dabei Anschuldigungen positiv aus- und umwerten und negative Äußerungen positiv umformulieren.

221 Dabei hat der Mediator gelernt, abwertende Äußerungen zu ignorieren und geäußerte Bedürfnisse wertzuschätzen. Er trennt die Sachebene von Emotionen, stellt offene Fragen und erhellt die hinter den Positionen liegenden Interessen der Parteien.

222 ▶ **Beispiel:**
Eine Arbeitnehmerin kommt nach ihrer Elternzeit zurück in den Betrieb und wünscht geänderte Arbeitszeiten, morgens nur von 8.00 bis 13.00 Uhr.
Hinter der Position der Arbeitnehmerin, zu anderen Arbeitszeiten arbeiten zu können, können folgende Interessen der Arbeitnehmerin liegen:
- Sorge und Pflege ihres Kindes, z.B. da die Kindertagesstätte keine Betreuung mehr nach 13.30 Uhr anbietet,
- trotz Unterhaltsverpflichtung angewiesen sein auf Verdienst,
- der Wunsch, neben der Kindererziehung weiterhin Anschluss an das Berufsleben zu haben.

Die Interessen des Arbeitgebers, der diese Arbeitszeiten zunächst ablehnt, könnten z.B. sein:
- keine Präzedenzfälle zu schaffen, im Hinblick auf andere Arbeitnehmer,
- er sieht eine Gefährdung des Betriebsklimas, wenn andere Arbeitnehmer nunmehr schlechtere Arbeitszeiten haben,
- erhöhter Verwaltungsaufwand und ggf. erhöhte Kosten.

223 In dieser Phase der Mediation geht es darum, der jeweils anderen Partei diese Interessen, die hinter den geäußerten Positionen stehen, so klar zu machen, dass diese sie versteht, auch wenn sie sie zunächst sich nicht selbst zu eigen macht. Dies wird unter »akzeptieren« verstanden.

3. Konsenssuche

224 Im 3. Schritt ist das Ziel des Mediators, das gegenseitig vermittelte nunmehr verhandelbar zu machen.

225 Das Ziel der Mediation ist noch nicht erreicht, wenn die Medianten den Konflikt und die Zusammenhänge verstehen. Es geht darum Lösungen zu finden. Die Aufgabe besteht also darin, Verhandlungen zwischen dem Medianten wieder zu ermöglichen und eine Bereitschaft zum Konsens herzustellen.

226 Dies wird dadurch erreicht, dass den Medianten von Anfang an klar gemacht wird:
- dass grundsätzlich eine Konsensbereitschaft bestehen muss,
- dass die Teilnahme an einer Mediation freiwillig ist,
- dass die Medianten selbst die Verantwortung für den Ausgang des Mediationsverfahrens tragen
- und selbst autonom Lösungsansätze zu finden haben.

227 Letzteres wird dadurch erreicht, dass nach Sammlung der Interessen und Bedürfnisse der Parteien, die i.d.R. visualisiert werden (z.B. auf einem Flipchart), die jeweils andere Partei

gefragt wird, ob sie die Interessen und Bedürfnisse der anderen Partei für sich »akzeptieren« kann im oben verstandenen Sinne (s.o. Rn. 223). In einem zweiten Schritt sollen dann die Parteien selbst jeweils Lösungsvorschläge machen, was sie der jeweils anderen Partei anbieten können, damit deren Bedürfnisse und Interessen möglichst erfüllt werden können.

Auch diese Lösungsvorschläge werden auf einem Flipchart festgehalten. In der Regel ergeben sich nunmehr Schnittmengen, aus der sich dann die Lösung zwangsläufig ergibt. 228

IV. Ablauf eines Mediationsverfahrens

1. Initialisierung

Ein Mediationsverfahren verläuft in 5 Phasen ab. 229

In der 1. Phase, der sog. Initialisierung, wird zwischen Mediator und Medianten ein Arbeitsbündnis geschaffen: 230

- Es werden die Rollen des Mediators und der Medianten geklärt;
- Es werden Regeln aufgestellt, z.B. Freiwilligkeit einer Teilnahme und jederzeitige Ausstiegsmöglichkeit aus dem Mediationsverfahren;
- Es wird Vertraulichkeit bezüglich des Gesagten vereinbart, z.B. auch, soweit gesetzlich möglich, der Verzicht den Mediator in einem eventuell späteren Gerichtsverfahren als Zeugen für in der Mediation Geäußertes zu benennen;
- Es wird ein Zeitrahmen abgesteckt;
- Es werden Gesprächsregeln, z.B. Ausreden lassen, vereinbart;
- Es wird ein Haftungsausschluss des Mediators für das Ergebnis vereinbart und seine Vergütung.

Ein guter Überblick, was in dieser Phase alles vereinbart werden sollte, findet sich in der Mediationsordnung, wie sie bei den Arbeitsgerichten in Hamburg von den Medianten vor Durchführung eines Mediationsverfahrens zu vereinbaren ist (s. unter http://www.hamburg.de/contentblob/40922/data/mediationsordnung). 231

2. Bestandsaufnahme/Themensammlung

In der zweiten Phase der Mediation folgt die sog. Bestandsaufnahme oder auch Themensammlung genannt. Beide Parteien legen dem Mediator ihre Positionen dar, die gesammelt werden. Es werden die Themengebiete aufgeschrieben und visualisiert, über die verhandelt werden soll. Schwerpunktmäßig geht es um die Informationssammlung und die **Klärung der Positionen.** Die Parteien sollen alles vortragen, was aus ihrer Sicht für den Konflikt und seine Lösung von Erheblichkeit ist. Dies geht regelmäßig über den konkreten Streitgegenstand eines Gerichtsverfahrens hinaus. Dem Mediator kommt die Aufgabe zu, die Parteien dazu zu bringen, dass sie sich vollständig erklären, damit später eine umfassende Lösung gefunden werden kann. 232

3. Interessenerhellung

In der dritten Phase der Mediation, der sog. Interessenerhellung oder auch Interessenveränderung genannt, wird die eigentliche Arbeit in der Mediation und des Mediators geleistet. Die hinter den Positionen stehenden Bedürfnisse und Interessen der Medianten sollen ermittelt werden. Der Mediator hat die Aufgabe, die Ziele der Partei von ihrem an Positionen orientierten Verhalten zu trennen und unter anderem diese so zu vermitteln, dass die andere Partei sie akzeptieren kann. 233

Dies erreicht er durch speziell erlernte Fragetechniken. Bei dem unter Rn. 222 dargestellten Beispiel könnte der Mediator z.B. die Arbeitnehmerin fragen, weswegen sie nunmehr nur noch zwischen 8.oo Uhr und 13.oo Uhr arbeiten möchte; den Arbeitgeber, warum es ihm wichtig ist, dass die Arbeitnehmerin auch Nachmittags arbeitet. Auf diese Fragen hin werden die Medianten die hinter ihren Positionen liegende Interessen, wie beispielhaft unter Rn. 222 dargestellt, offenbaren. 234

4. Optionensammlung

235 Die vierte Phase nennt sich Konfliktlösung oder auch Optionensammlung.

236 Nachdem die Interessen und Bedürfnisse der Parteien aufgezeigt wurden, kann nunmehr damit begonnen werden, eine konsensuale Lösung der Streitfragen zu erarbeiten. Der Mediator sammelt in einer Art Brainstorming alle in Betracht kommenden Vorschläge der Parteien für eine Lösung und hält diese fest. Hierbei wird jede Partei aufgefordert, selbst Vorschläge zu unterbreiten, wie sie den Bedürfnissen und Interessen der jeweils anderen Partei ggf. Rechnung tragen kann, wobei die Parteien im ständigen Wechsel befragt werden. Die Vorschläge werden wieder schriftlich festgehalten und visualisiert. Nach Sammlung aller Optionen für Lösungen werden diese von der jeweiligen Gegenpartei bewertet.

5. Vereinbarung

237 In der fünften und letzten Phase der Mediation werden dann die Lösungen, welche sich aus den Optionen und den Schnittmengen ergeben haben, gefunden und formuliert. Dies geschieht in Form einer Vereinbarung. Es kommt zum Abschluss einer Regelung, die juristisch fixiert wird. Dies kann bei einer außergerichtlichen Mediation durch einen Vertragsschluss geschehen; bei einer gerichtsinternen Mediation auch durch einen Vergleichsabschluss im Streitverfahren. Damit wird dann der Streit beigelegt.

238 Der Mediator hat dabei grundsätzlich keinen Einfluss auf den Inhalt der Vereinbarung zu nehmen, auch wenn er selbst ggf. andere Ergebnisse, Änderungen oder Ergänzungen für sachdienlich halten sollte. **Der Wert der Vereinbarung, ihre Akzeptanz auf Dauer soll gerade darin liegen, dass die Medianten sie selbstbestimmt gefunden haben.** Bei einer gerichtsinternen Mediation, bei der ein Richter oder Rechtsanwalt als Mediator mitwirkt, muss dieser aber als berechtigt angesehen werden darauf zu achten, dass in der Vereinbarung zumindest nicht gegen zwingende Rechtsvorschriften verstoßen wird (*Wimmer/Wimmer* NJW 2007, 3243 ff., 3246). Darüber hinausgehende Rechtsberatung ist allerdings nicht seine Aufgabe und mit seiner notwendigen Neutralität nicht vereinbar.

V. Mediationsgeeignete Streitigkeiten im Arbeitsrecht

239 Manche Mediatoren sind der Ansicht, dass sich jeder Rechtsstreit auch in einem Mediationsverfahren beilegen lässt. Ob dies bei arbeitsgerichtlichen Streitigkeiten immer möglich ist, erscheint zweifelhaft.

240 Eine Mediation zur Streitbeilegung eignet sich immer dann, wenn es nicht nur um die Regelung einer einzigen, isolierten Sach- oder Rechtsfrage geht, sondern wenn im Rahmen einer i.d.R. Dauerbeziehung neben dem Streit über Sach- und Rechtspositionen auch emotionale Verwerfungen den Blick auf eine konsensuale Streitbeilegung verstellen.

241 Ein Mediationsverfahren dürfte z.B. dann wenig Sinn machen, wenn ein Arbeitnehmer eine Lohnklage erhebt, bei der der Lohnanspruch unstreitig ist, der Arbeitgeber nur mangels Liquidität nicht zahlen kann oder wenn ein Arbeitgeber aufgrund Auftragrückgangs betriebsbedingte Kündigungen aussprechen muss. In diesen Fällen dürfte ein Mediationsverfahren einem gängigen Gerichtsverfahren nicht überlegen sein.

242 Streiten hingegen im laufenden Arbeitsverhältnis die Arbeitsvertragsparteien über die Ausübung des Direktionsrechts durch den Arbeitgeber, z.B. bezüglich der Art der zugewiesenen Arbeit, die Anordnung von Überstunden oder die Erteilung von Urlaub und fühlt sich der Arbeitnehmer ermessensfehlerhaft gegenüber anderen Arbeitnehmern benachteiligt, könnte **ein Mediationsverfahren eine Alternative zum Gerichtsverfahren** darstellen. Dies gilt in den Fällen, in denen es neben den reinen Sach- und Rechtsfragen auch um tieferliegende emotionale und menschliche Beziehungsstörungen zwischen den Arbeitsvertragsparteien geht. Ein Mediationsverfahren könnte in diesen Fällen ggf. bessere und dauerhaftere Lösungen der Konfliktpunkte bringen, als dies in einem Gerichtsverfahren der Fall wäre.

Gleiches kann z.B. bei **Streitigkeiten zwischen Betriebsrat und Arbeitgeber** gelten. So geht es häufig bei der Verweigerung erbetener Überstunden nach § 87 Abs. 1 Nr. 3 BetrVG oder bei der Verweigerung der Zustimmung zu einer personellen Einzelmaßnahme nach § 99 BetrVG oder einer vom Arbeitgeber verweigerten Kostenübernahme einer Schulungsveranstaltung nach § 37 Abs. 6 BetrVG gar nicht um die einzelne Maßnahme, sondern um andere, tiefer liegende Spannungen zwischen den Betriebspartnern. In diesen Fällen können in einem Mediationsverfahren umfassender die zwischen den Betriebspartnern bestehenden Probleme aufgearbeitet und einer Lösung zugeführt werden, als dies in einem Gerichtsverfahren möglich ist. **243**

VI. Durchführung von Mediationen im Rahmen von anhängigen Gerichtsverfahren

Wie Mediation in ein Gerichtsverfahren integriert werden kann, ist im Einzelnen ungeklärt (vgl. *Busemann* ZTR 2009, 11 ff.). Es wird die Ansicht vertreten, dass nach den derzeitigen einfachgesetzlichen prozessualen Bestimmungen im Arbeitsgerichtsverfahren Mediationen nicht in laufenden Arbeitsgerichtsprozessen von den Gerichten angeboten werden können (*Busemann* ZTR aaO.). Teilweise werden sogar verfassungsrechtliche Bedenken erhoben, soweit die Mediationsverfahren durch Richter im Rahmen eines Dienstleistungsangebots der Justiz angeboten werden, da es sich nicht um eine Rechtsprechungsaufgabe i.S.d. Art. 92 GG handele (vgl. *Wimmer/Wimmer* NJW 2007, 3243 ff., 3244). **244**

Ob die Tätigkeit als Mediator als richterliche Tätigkeit oder als einem Richter nach § 42 DRiG übertragene Verwaltungstätigkeit zu qualifizieren ist oder weder das eine noch das andere ist, ist streitig (vgl. *Greger* NJW 2007, 3258 ff.). Die Frage spielt eine erhebliche Rolle im Hinblick auf mögliche Haftungsfragen, aber auch auf die Pflichten und Rechte des Mediators, z.B. im Hinblick auf § 139 ZPO, die Möglichkeit und Zuständigkeit zur Gewährung von Prozesskostenhilfe und der Protokollierung von Vergleichen. Sofern Mediation weder Rechtsprechungstätigkeit ist noch der Gerichtsverwaltung zugeordnet werden kann, verlangt § 4 Abs. 2 Nr. 2 DRiG eine gesetzliche Zuweisung dieser Aufgabe, soll sie durch Richter im Rahmen ihrer dienstlichen Tätigkeit ausgeübt werden (*Busemann* ZTR 2009, 13). **245**

> Materiell handelt es sich bei einer Tätigkeit als Mediator jedenfalls nicht um richterliche Tätigkeit. Wie oben dargelegt, entscheidet der Mediator nichts und darf nicht einmal selbst Lösungsvorschläge zur Streitbeilegung machen. **246**

Für die Frage der Zulässigkeit, Mediationsverfahren in laufende Arbeitsgerichtsprozesse zu implementieren, sind drei Grundformen zu unterscheiden, die sog. **gerichtsnahe Mediation, die gerichtsinterne Mediation sowie die integrierte Mediation.** **247**

1. Gerichtsnahe Mediation

Unter gerichtsnaher Mediation wird ein selbstständiges Mediationsverfahren verstanden, welches auf Initiative des Richters den Streitparteien vermittelt wird. Die Parteien können dann im laufenden Prozess – sinnvollerweise nach Scheitern des Gütetermins beim Arbeitsgericht – vereinbaren, das Gerichtsverfahren zunächst nach § 251 ZPO ruhend stellen zu lassen, um den Streit einvernehmlich in einer Mediation beizulegen. Weder der erkennende Richter selbst führt die Mediation durch, noch ein anderer Richter des Gerichts, jedenfalls nicht im Rahmen seiner richterlichen Tätigkeit. Ist der Mediator selbst Arbeitsrichter, führt er die Mediation außerhalb seiner dienstlichen Geschäfte als Nebentätigkeit durch. **248**

Die Medianten suchen sich einen externen Mediator, der versucht den Streit beizulegen. Der erkennende Streitrichter wirkt lediglich insofern mit, als er den Parteien ein Mediationsverfahren nahe legt und eventuell den Mediator vermittelt. **249**

Scheitert die Mediation, wird das Verfahren wieder aufgenommen und fortgesetzt. Kommt es bei der Mediation zu einer einvernehmlichen Regelung, kann diese gegebenenfalls vergleichsweise in das Gerichtsverfahren eingebracht werden und dort vom streitentschei- **250** denden Richter tituliert werden, sei es nach Wiederaufruf des Streitverfahrens oder durch einen schriftlichen Vergleich gem. § 278 Abs. 6 ZPO.

251 Eine solche gerichtsnahe Mediation ist problemlos auch nach den derzeitigen Vorschriften des ArbGG und der ZPO bei Arbeitsgerichtsprozessen durchführbar.

2. Gerichtsinterne Mediation

252 Die zweite Form, wie Mediation in das Gerichtsverfahren eingebracht wird, ist die sog. gerichtsinterne Mediation. Das Mediationsverfahren wird dabei von einem nicht erkenntnisbefugten Richter durchgeführt. In der Regel handelt es sich dabei um einen zum Mediator ausgebildeten Richter desselben Gerichts. Im Zivilprozess soll dieser »Mediatorrichter« als ersuchter Richter nach § 278 Abs. 5 ZPO direkt oder analog tätig werden (*Greger* NJW 2007, 3258 f.). In diesem Fall soll es sich bei der Tätigkeit als Mediationrichter auch um richterliche Tätigkeit handeln, so dass auch der Mediationsrichter z.B. vollstreckungsfähige Vergleiche titulieren kann, wenn die Parteien eine Konsenslösung gefunden haben (vgl. Landeskonzept zur gerichtsinternen Mediation in der rheinland-pfälzischen Justiz).

253 Ob über § 278 Abs. 5 ZPO gerichtsinterne Mediation in das Arbeitsgerichtsverfahren eingeführt werden kann erscheint deswegen zweifelhaft, da § 278 Abs. 5 ZPO aufgrund der vorgehenden speziellen Bestimmungen im ArbGG über das Güteverfahren nach h.M. nicht anwendbar ist (vgl. *Schwab/Weth* § 46 Rz. 9a; GK-ArbGG/*Schütz* § 46 Rz. 18; GMPM-G/*Germelmann* § 46 Rz. 15; *Busemann* ZTR 2009, 12).

254 Zudem gibt es nach den Bestimmungen des ArbGG im Arbeitsgerichtsverfahren ersuchte Richter nur im Rahmen von Beweisaufnahmen (§ 13 Abs. 1 ArbGG, § 362 ZPO, § 157Abs. 1 GVG).

255 Sofern ein Richter desselben Gerichts als Mediator im Rahmen richterlicher Tätigkeit tätig werden soll ist zu bedenken, dass er in diesem Fall an Recht und Gesetz gebunden ist (Art. 20 Abs. 3, 97 Abs. 1 GG) und damit auch an verfahrensrechtliche Bestimmungen (z.B. § 139 ZPO). Auch durch Parteivereinbarungen im Mediationsvertrag können Richtermediatoren, die die Mediationen als richterliche Dienstgeschäfte durchführen, von den gesetzlichen Vorgaben nicht entbunden werden.

3. Integrierte Mediation

256 Schließlich gibt es noch den Begriff der integrierten Mediation. Hierbei handelt es sich nicht um ein klassisches selbstständiges Mediationsverfahren, sondern es werden mediative Elemente im Rahmen des gerichtlichen Streitverfahrens durch den erkennenden Richter, der als Mediator ausgebildet worden ist, eingebracht. Hierbei handelt es sich nicht um eine eigentliche Mediation i.S.d. Definitionen (s.o. Rn. 204 ff.).

257 Dies ergibt sich bereits daraus, dass der streitentscheidende Richter selbst das »Mediationsverfahren« durchführt und er deswegen von den Parteien bzw. Medianten nicht als neutral empfunden werden kann. Die Grundvoraussetzung jeder Mediation, dass es nämlich für die Parteien keinen Sinn macht den Mediator in irgendeiner Form zu beeinflussen, besteht in diesem Fall nicht. Außerdem erscheint es sehr fraglich, ob die Parteien bzw. die Medianten sich gegenüber dem streitentscheidenden Richter so öffnen werden, wie sie es auch gegenüber einem externen Mediator tun würden, müssen sie doch immer damit rechnen, das das Vorgebrachte bei einem Scheitern der Mediation vom dann erkennenden Richter für die Urteilsfindung verwertet wird.

258 Möglich ist es natürlich auch im Rahmen des Streitverfahrens mediative Elemente einzubringen, insbesondere durch bestimmte Fragetechniken zu versuchen, die hinter den vorgebrachten Positionen liegenden Interessen zu erforschen. Für den streitentscheidenden Richter, der i.d.R. vorher die Akte gelesen hat, dürfte es allerdings besonders schwer sein, die insofern notwendige »Empathie« (s.o. Rn. 214) zu erreichen und sich von eigenen Vorstellungen der Konfliktlösung freizumachen.

4. Ergänzende Hinweise

In einzelnen Bundesländern werden, teilweise in Modellversuchen, teilweise schon institutionalisiert, Mediationsverfahren auch im Rahmen eines Arbeitsgerichtsprozesses angeboten. So besteht die Möglichkeit der Durchführung einer gerichtsinternen Mediation bei den Arbeitsgerichten Hamburgs bereits seit Anfang 2006, in der niedersächsischen Arbeitsgerichtsbarkeit beim ArbG Hannover seit dem 1.11.2008. Einzelheiten zu den insofern teilweise unterschiedlich ausgestalteten Verfahrensordnungen können auf den einschlägigen Internetseiten der Landesjustizministerien oder der Arbeitsgerichte nachgelesen werden (vgl. z.B. für Hamburg http://www.hamburg.de/arbeitsgerichte/service/mediation/167360/gerichtsinterne-mediation.html; für Niedersachsen http://www.landesarbeitsgericht.niedersachsen.de/master/C49791526_N12023485_L20_D0_I3160764.html für Mecklenburg-Vorpommern http://www.mv-justiz.de/pages/ordent_gerichte/mediation.htm). 259

Frauke Prengel, Rechtsanwältin und Mediatorin aus Berlin, hat in ihrer Darstellung »Chancen und Risiken der gerichtsnahen Mediation« die verschiedenen Modellprojekte in den einzelnen Bundesländern zur gerichtsinternen und gerichtsnahen Mediation im Einzelnen vorgestellt. Nachzulesen sind die Ergebnisse auf der Internetseite http://www.zukunftspartner.de/upload/pdfs/Chancen_und_Risiken_der_gerichtsnahen_Mediation.pdf. 260

Schließlich hat sich im Jahre 2008 der 67. Deutsche Juristentag in Erfurt mit der Einführung der Mediation in das gerichtliche Verfahren beschäftigt. Die dabei ausgearbeiteten und angenommenen Beschlüsse, insbesondere zur notwendigen Änderung der gesetzlichen Bestimmungen in der ZPO und dem RDA können nachgelesen werden auf der Internetseite http://www.djt.de/files/djt/67/djt_67_beschluesse.pdf. 261

Kapitel 16
Die Vergütung des Rechtsanwalts in Arbeitssachen

Übersicht

A. Vorbemerkung

1 Nach Erhebungen der Bundesrechtsanwaltskammer ist das Einkommen der Rechtsanwälte in Deutschland seit Jahren rückläufig. Die weiter zunehmende Zahl von Rechtsanwälten sowie der Druck ausländischer Kanzleien lassen auch für die Zukunft befürchten, dass sich die Einnahmesituation nicht verbessern wird. Diese äußeren Rahmenbedingungen kann der einzelne Rechtsanwalt nicht beeinflussen, hingegen können Verluste von Vergütung durch Mängel bei der Abrechnung beseitigt werden.

2 Die voraussichtliche Höhe der Anwaltsvergütung sollte der Rechtsanwalt auch aus »unternehmerischen« Gründen vor Mandatsübernahme ermitteln und die Vergütungsfrage nicht delegieren (*Streck* Die Vergütungsvereinbarung für die außergerichtliche anwaltliche Beratung, AnwBl 2006, 149). Er muss sie bestimmen, wenn der Mandant ausdrücklich eine Auskunft über die Höhe der Anwaltsvergütung verlangt oder sich aus den besonderen Umständen des Einzelfalles nach Treu und Glauben (§ 242 BGB) ausnahmsweise auch ohne ausdrückliche Frage des Mandanten eine Hinweispflicht auf die Höhe der anfallenden Vergütung ergibt (*BGH* 14.12.2005 – IX ZR 210/03 – AnwBl. 2006, 214). Nach § 49b Abs. 5 BRAO hat der Rechtsanwalt vor der Übernahme des Mandates eine **Hinweispflicht**, falls sich die zu erhebenden Gebühren nach dem Gegenstandswert richten. Der Rechtsanwalt ist zu Schadensersatz gem. §§ 280 Abs. 1, 311 Abs. 2 BGB verpflichtet, wenn er schuldhaft einen Hinweis unterlässt. Die Beweislast für einen angeblich unterlassenen Hinweis trägt der Mandant, wobei der Rechtsanwalt konkret darlegen muss, wie er belehrt hatte (*BGH* 11.10.2007 – IX ZR 105/06).

B. RVG

I. Struktur des RVG und zentrale Gebührentatbestände

3 Das RVG ist in neun Abschnitte gegliedert und hat zwei Anlagen, das Vergütungsverzeichnis (VV) und die Gebührentabelle für Gegenstandswerte (vgl. zu den Gegenstandswerten: *Meier* Lexikon der Streitwerte im Arbeitsrecht, 2. Aufl., 2000, *Schäder* Gegenstandswerte im Individualarbeitsrecht, ArbRB 2008, 177; *Brinkmann* Die Streitwerte bei Kündigungsstreitigkeiten, RVGreport 2005, 209; *ders.* Gegenstandswerte im arbeitsgerichtlichen Beschlussverfahren, RVGreport 2005, 292; *Dingeldey* Streitwerte im arbeitsgerichtlichen Verfahren,

FA-Spezial 11/2006; *Köhler* Die neuere Rechtsprechung zum Streitwert in Arbeitssachen Teil 1: Individualarbeitsrecht, RVGreport 2004, 256; Teil 2: Kollektives Arbeitsrecht und Verfahrensrecht, RVGreport 2004, 303).

4 Für das arbeitsrechtliche Mandat sind aus dem Vergütungsverzeichnis
Teil 1. Allgemeine Gebühren, VV 1000–1009,
Teil 2. Außergerichtliche Tätigkeit, VV 2100–2608,
Teil 3. Gerichtliche Verfahren, VV 3100–3518 und
Teil 7. Auslagen, VV 7000–7008
von Interesse.

5 Zentrale Gebührentatbestände des Vergütungsverzeichnisses sind:
- Einigungsgebühr, VV 1000;
- Beratungsgebühr, VV 2100 (entfallen seit 1.7.2006);
- Geschäftsgebühr, VV 2300;
- Verfahrensgebühr, VV 3100;
- Terminsgebühr, VV 3104.

6 Die **Einigungsgebühr** setzt keinen Vergleich i.S.d. § 779 BGB voraus (*Gerold/Schmidt-v. Eicken* VV 1000 Rz. 4). Nach Anm. 1 zu VV 1000 reicht die Mitwirkung des Rechtsanwaltes beim Abschluss eines Vertrags, durch den der Streit oder die Ungewissheit der Parteien über ein Rechtsverhältnis beseitigt wird, aus. Eine Einigungsgebühr i.S.d. VV 1000 entsteht daher auch dann, wenn die Parteien eines Kündigungsrechtsstreits sich per Vergleich darauf verständigen, dass »das Arbeitsverhältnis zu unveränderten Bedingungen fortgesetzt« wird (*LAG Nds.* 18.2.2005 LAGE § 11 RVG Nr. 1 = RVGreport 2005, 266; *LAG Bln.* 8.6.2005 – 17 Ta (Kost) 6023/05 – RVGreport 2005, 305; *LAG Düsseld.* 15.8.2005 – 16 Ta 325/05 – RVGreport 2005, 423; 15.8.2005 LAGE § 11 RVG Nr. 1a = RVGreport 2005, 422; 15.8.2005 LAGE § 11 RVG Nr. 1b = RVGreport 2005, 423; 30.8.2005 – 16 Ta 452/05 – jurion; *LAG Köln* 2.9.2005 LAGE § 11 RVG Nr. 2). Eine **Rücknahme der Kündigung** durch den Arbeitgeber ist nämlich nicht möglich, weil die Kündigung sich als rechtsgestaltende Willenserklärung nicht einseitig zurücknehmen lässt.

7 **Mitwirkung** des Rechtsanwaltes liegt bereits bei der Prüfung und Begutachtung eines Einigungsvorschlages unter Beratung des Mandanten vor. Der Rechtsanwalt muss weder persönlich mit der Gegenpartei verhandeln noch bei der Einigung zugegen sein. Nach dem Wortlaut des Abs. 1 der Anm. zu VV 1000 (»es sei denn«) hat der Mandant die fehlende Kausalität anwaltlichen Handelns für die Einigung darzulegen und zu beweisen (*Schaefer/Kiemstedt* Rz. 227). Bloße Mitursächlichkeit der Mitwirkung des Rechtsanwaltes genügt für die Entstehung der Einigungsgebühr (*Gerold/Schmidt-v. Eicken* VV 1000 Rz. 32).

8 Die Einigungsgebühr nach VV 1000 entsteht grds. mit dem Gebührensatz von **1,5**. Die Einigungsgebühr mindert sich auf **1,0**, falls über den Gegenstand ein gerichtliches Verfahren anhängig ist, es sei denn, es handelt sich um ein selbstständiges Beweisverfahren, VV 1003. Im Berufungs- oder Revisionsverfahren beträgt die Einigungsgebühr **1,3**, VV 1004. Werden im Berufungs- oder Revisionsverfahren nicht rechtshängige Ansprüche mitverglichen, verbleibt es für die Differenz (**Vergleichsmehrwert**) bei dem Gebührensatz von 1,5.

II. Im arbeitsrechtlichen Mandat wichtige Regelungen

1. Vergütung für Tätigkeiten von Vertretern des Rechtsanwalts, § 5 RVG

9 Ein **Assessor** zählt nunmehr nach der Regelung in § 5 RVG zu den Vertretern eines Rechtsanwaltes, für die der Anwalt die volle Vergütung nach dem RVG abrechnen kann. Voraussetzung hierfür ist, dass der Assessor in irgendeiner Form in der Kanzlei des Rechtsanwalts beschäftigt ist.

2. Mehrere Auftraggeber, § 7 RVG

VV 1008 sieht bei mehreren Auftraggebern (§ 7 RVG) für jeden weiteren Auftraggeber eine **Erhöhung von 0,3** vor. Jede Gebühr erhöht sich unabhängig von ihrem Gebührensatz um diesen Faktor. 10

Beispielsfälle im Arbeitsrecht: 11

- Betriebsveräußerer und Betriebserwerber beauftragen einen Rechtsanwalt mit der Unterrichtung des Arbeitnehmers über den Betriebsübergang gem. § 613a Abs. 5 BGB (die Verfahrensgebühr von 1,3 erhöht sich um 0,3 auf 1,6);
- Vertretung einer KG und deren Komplementärin,
- Vertretung einer GbR und der einzelnen Gesellschafter.

Abs. 3 der Anm. zum Gebührentatbestand VV 1008 enthält eine **Kappungsgrenze**: Mehrere Erhöhungen dürfen höchstens zu einer **Erhöhung um 2,0** führen. 12

► **Beispiel:** 13
Eine Rechtsanwaltskanzlei und jeder der neun Sozien beauftragen einen Kollegen einer anderen Kanzlei mit ihrer Vertretung in einem Kündigungsschutzprozess.
Bei zehn Auftraggebern erhöht sich die Verfahrensgebühr von 1,3 um 9 × 0,3 (2,7), gekappt auf 2,0, also beträgt die erhöhte Verfahrensgebühr insgesamt 3,3.

3. Angemessene Gebühr, § 14 RVG

Nach § 14 Abs. 1 RVG bestimmt der Rechtsanwalt bei Rahmengebühren die Gebühr im Einzelfall nach billigem Ermessen, wobei er »vor allem« die in dieser Vorschrift genannten Kriterien zu berücksichtigen hat (*Otto* Die angemessene Rahmengebühr nach dem RVG, NJW 2006, 1472). 14

Der **Umfang der anwaltlichen Tätigkeit** spiegelt den zeitlichen Aufwand, den der Rechtsanwalt in einer Angelegenheit erbracht hat. Hierzu gehören insbesondere die Bearbeitung der Angelegenheit, wie Aktenstudium, die Erstellung von Schreiben und Schriftsätzen, die Wahrnehmung gerichtlicher und außergerichtlicher Termine, Besprechungen mit dem Mandanten und Dritten sowie Reise- und Wartezeiten (*Gerold/Schmidt-Madert* § 14 RVG Rz. 41 ff.). 15

Die **Schwierigkeit der anwaltlichen Tätigkeit** erfasst die notwendige Intensität der Arbeit. Bei der Beurteilung ist ein objektiver Maßstab anzulegen, so dass sich eine geringe Berufserfahrung nicht gebührenerhöhend und eine Spezialisierung (Fachanwalt für Arbeitsrecht) nicht gebührenmindernd auswirkt (*Gerold/Schmidt-Madert* § 14 RVG Rz. 50 ff.). Besondere Schwierigkeiten einer Angelegenheit können sowohl im tatsächlichen Bereich als auch im rechtlichen Bereich liegen. **Tatsächliche Schwierigkeiten** können bei der Klärung des Sachverhaltes, der Informationsbeschaffung und der Verständigung mit dem Mandanten auftreten. So wirken sich Besprechungen bzw. Korrespondenz mit Mandant, Gegner oder Dritten gebührenerhöhend aus. In die Ermessensausübung kann auch die Häufigkeit und Intensität der Besprechungen mit dem Mandanten einfließen, z.B. wenn sich dieser täglich nach dem Stand der Angelegenheit erkundigt und hierbei darauf beharrt, mit dem Rechtsanwalt persönlich zu sprechen. Im Arbeitsrecht liegt eine tatsächliche Schwierigkeit vor, wenn der einzelvertraglich vereinbarte Tarifvertrag nicht vorliegt und vom Rechtsanwalt mit zeitlichem Aufwand erst beschafft werden muss (so *Schaefer/Kiemstedt* Rz. 178). **Rechtliche Schwierigkeiten** können sich aus fehlender Rechtsprechung und Kommentierung, insbesondere bei neuer Gesetzeslage, ergeben oder auch aus uneinheitlicher Rechtsprechung und kontroverser Literatur. Auch eine besonders komplexe Rechtslage, wie z.B. individualrechtliche und kollektivrechtliche Fragen bei einem Betriebsübergang, kann in die Ermessensausübung einfließen. Nach der gemeinsamen Auffassung der Gebührenreferenten der Rechtsanwaltskammern können nach Fortfall der Besprechungsgebühr des § 118 Abs. 1 Nr. 2 BRAGO – insbesondere bei der Geschäftsgebühr nach Nr. 2300 VV RVG Besprechungen mit dem Auftraggeber, Gegner oder Dritten berücksichtigt werden. Die Besprechungen müssen jedoch für die Bearbeitung des Mandates prägend sein. Der Rechtsanwalt sollte sowohl die Dauer der Besprechungen/Telefonate als auch deren Häufigkeit dokumentieren. 16

17 Die **Einkommens- und Vermögensverhältnisse** des Auftraggebers rechtfertigen eine Erhöhung der Gebühren nur, wenn die finanzielle Situation des Auftraggebers auf Grund seines Einkommens und sonstigen Vermögens deutlich über dem Durchschnitt der Bevölkerung liegt (*Gerold/Schmidt-Madert* § 14 RVG Rz. 59 ff.). Überdurchschnittliche Einkommensverhältnisse werden ab 3.500 € brutto monatlich angenommen (*Schaefer/Kiemstedt* Rz. 179). Ist eine Rechtsschutzversicherung eintrittspflichtig, so bleiben die Einkommens- und Vermögensverhältnisse des Auftraggebers bei der Ermessensausübung unberücksichtigt.

18 Die **Bedeutung der Angelegenheit** ist aus der Sicht des Auftraggebers, also subjektiv, zu beurteilen. Indizien sind bspw. die Häufigkeit von Telefonanrufen, Kanzleibesuchen und schriftlichen Stellungnahmen (*Gerold/Schmidt-Madert* § 14 RVG Rz. 56 ff.). Im Arbeitsrecht ist grds. eine hohe Bedeutung der Angelegenheit für den Mandanten anzunehmen, weil die wirtschaftliche Existenz des Mandanten von Bestand und Entwicklung des Arbeitsverhältnisses abhängt.

19 Das **Haftungsrisiko** spielt insbesondere bei gekappten Gegenstandswerten, z.B. bei Kündigungsschutzsachen und Eingruppierungsstreitigkeiten, aber auch bei Muster(arbeits)verträgen eine besondere Rolle (*Gerold/Schmidt-Madert* § 14 RVG Rz. 69). Tarifvertragliche Ausschlussfristen erhöhen häufig auch das Haftungsrisiko, weil viele Tarifverträge auf Grund des Verhaltens der tarifschließenden Verbände für die Anwaltschaft schwierig zu erhalten sind (*Schaefer/Kiemstedt* Rz. 180).

20 **Sonstige Bewertungskriterien**, wie Tätigkeiten zur Nachtzeit, Wochenende und Feiertage, außerjuristische Fachkenntnisse und sehr gute Sprachkenntnisse, können in die Ermessensausübung einfließen, da § 14 RVG die Bewertungskriterien nicht abschließend aufzählt (*Gerold/Schmidt-Madert* § 14 RVG Rz. 70). Kurze Fristen und schnelle Termine erfordern gerade im Arbeitsrecht häufig anwaltliche Tätigkeiten außerhalb der üblichen Bürozeiten und können bei der Bemessung herangezogen werden (*Schaefer/Kiemstedt* Rz. 181).

21 **Checkliste zu § 14 RVG – angemessene Gebühr**

I. Umfang der Tätigkeit

☐ Dauer des Aktenstudiums
☐ Zeitaufwand Besprechungstermine mit Mandanten/Dritten
☐ Besprechungen außerhalb der üblichen Geschäftszeiten (Nachtzeit/Wochenende/Feiertag)
☐ Reisezeiten
☐ Recherche Literatur/Rechtsprechung/Gutachten
☐ Tätigkeit gegenüber mehreren Gegnern

II. Schwierigkeit der Tätigkeit

1. Tatsächliche Schwierigkeit
☐ Ermittlung des Sachverhaltes
☐ Erlangung von Beweisen und sonstigen notwendigen Unterlagen
☐ Hinzuziehung von Sachverständigen/Auswertung von Gutachten
☐ Eilbedürftigkeit
2. Rechtliche Schwierigkeit
☐ neue Gesetzeslage
☐ uneinheitliche Rechtsprechung
☐ »angekündigte« Änderung höchstrichterlicher Rechtsprechung
☐ komplexe Rechtslage
3. Personenbezogene Schwierigkeit
☐ mangelhafte Deutschkenntnisse des Mandanten
☐ fremdsprachliche Korrespondenz mit Mandanten/Gegner/Dritten
☐ Persönlichkeitsstruktur des Mandanten

III. Einkommens- und Vermögensverhältnisse

- ☐ monatliches Bruttoeinkommen höher als 3.500,– €
- ☐ keine Rechtsschutzversicherung

IV. Bedeutung der Angelegenheit

- ☐ Bestandsstreitigkeit
- ☐ sonstige Streitigkeit von existenzieller Bedeutung (z.B. sehr hohe Schadensersatzansprüche)

V. Besonderes Haftungsrisiko

- ☐ gekappte Gegenstandswerte
- ☐ Musterverträge
- ☐ tarifliche Ausschlussfristen

4. Eine Angelegenheit, § 16 RVG

Der Rechtsanwalt kann in derselben Angelegenheit die Gebühren nur einmal fordern, § 15 Abs. 2 S. 1 RVG (*Gerold/Schmidt-Madert* § 14 RVG Rz. 41 ff.). Ist der frühere Auftrag seit **mehr als zwei Jahren** erledigt, stellt eine erneute Tätigkeit eine neue Angelegenheit dar, wobei auch die im RVG bestimmten Anrechnungen entfallen, § 15 Abs. 5 Satz 2 RVG. 22

Der gebührenrechtliche **Begriff der Angelegenheit** ist gesetzlich nicht definiert. Unter einer Angelegenheit wird ein einheitlicher Lebensvorgang verstanden, wobei drei Voraussetzungen vorliegen müssen: 23
- ein Auftrag,
- ein Rahmen der Tätigkeit und
- ein innerer Zusammenhang.

Die Werte verschiedener Anträge beziehungsweise Gegenstände werden in einer Angelegenheit addiert und aus der Summe die Gebühr einmal gerechnet. In gesonderten Angelegenheiten werden die Gebühren getrennt berechnet. 24

Beispiele für **gesonderte Angelegenheiten** in arbeitsrechtlichen Mandaten (vgl. hierzu *Schaefer/Kiemstedt* Rz. 45 ff): 25

- ▶ Kündigung und Zwischenzeugnis Unterschiedliche Lebenssachverhalte, da das Zwischenzeugnis eine in der Vergangenheit erbrachte Leistung bewertet, während die Kündigung ein Dauerschuldverhältnis für die Zukunft beendet.
- ▶ Zwischenzeugnis und Schlusszeugnis Zwei verschiedene Angelegenheiten, sofern der Auftrag nicht gleichzeitig erteilt wird.
- ▶ Zeugniserteilung und Zeugniskorrektur Unterschiedliche Angelegenheiten, weil der Auftrag der Zeugnisberichtigung ein erteiltes Zeugnis voraussetzt.
- ▶ Kündigung und Betriebsratsanhörung Unterschiedliche Lebenssachverhalte.
- ▶ Zustimmungsverfahren nach SGB IX und Kündigungsschutzverfahren Unterschiedliche Lebenssachverhalte.
- ▶ Kündigung und Nachteilsausgleich Im Regelfall zwei Aufträge, da der Nachteilsausgleich eine Beendigung des Arbeitsverhältnisses voraussetzt.
- ▶ Kündigung und nachvertragliches Wettbewerbsverbot Zwei Aufträge, da das nachvertragliche Wettbewerbsverbot die Beendigung des Arbeitsverhältnisses voraussetzt.
- ▶ Kündigung und Beratung zu Arbeitslosengeld und/oder Steuern Unterschiedliche Lebenssachverhalte, falls nicht eine bloße Belehrung über sozialrechtliche oder steuerrechtliche Folgen einer arbeitsrechtlichen Maßnahme erfolgt.
- ▶ arbeitsrechtliches Mandat und Rechtsschutzversicherung Zwei unterschiedliche Lebenssachverhalte.
- ▶ verhaltensbedingte und personenbedingte Kündigung Nur dann zwei unterschiedliche Lebenssachverhalte, wenn die Kündigungen isoliert und getrennt zeitlich erfolgen.

26 **Beispiele** für **eine Angelegenheit**:

- Prozesskostenhilfeverfahren und Hauptsacheverfahren, § 16 Nr. 2 RVG.
- verhaltensbedingte und personenbedingte Kündigung Ein Lebenssachverhalt, falls die Kündigung sowohl verhaltensbedingt als auch personenbedingt begründet ist (z.B. Alkohol).
- Kündigung und Abfindung nach »Faustformel« Eine Angelegenheit, da ein Auftrag und innerer Zusammenhang.
- fristlose, hilfsweise fristgerechte Kündigung Regelmäßig ein Lebenssachverhalt.
- Kündigung und Weiterbeschäftigung Eine Angelegenheit, jedoch zwei Streitgegenstände.

27 ▶ **Beispiel:**
Kündigung der schwerbehinderten schwangeren Betriebsrätin
Die kündigungsrechtliche Beratung stellt eine Angelegenheit dar. Die Tätigkeit des Rechtsanwalts gegenüber dem Gewerbeaufsichtsamt eine weitere, ebenso die Tätigkeit gegenüber dem Integrationsamt und dem Betriebsrat (*Schaefer/Kiemstedt* Rz. 48).

C. Vergütungsverzeichnis (VV)

I. Außergerichtliche Tätigkeit

28 Die außergerichtliche Tätigkeit des Rechtsanwaltes kann entweder auf **eine Beratung oder eine außergerichtliche Vertretung** gerichtet sein. Den Weg, den der Rechtsanwalt zur Erledigung der Angelegenheit beschreiten soll, weist der Mandant mit dem von ihm erteilten **Auftrag** (*BGH* NJW 1968, 52; NJW 1968, 2334).

1. Beratung und Gutachten (VV 2100–2103)

29 Seit dem 1.7.2006 sieht das Gesetz keine konkret bestimmten Gebühren im Rechtsanwaltsvergütungsverzeichnis für die Beratung, Erstattung von Rechtsgutachten und Mediation mehr vor. VV 2100–2103 regeln nunmehr die Vergütung für die Prüfung der Erfolgsaussicht eines Rechtsmittels.

30 Die entfallene Regelung kann dennoch weiterhin für die Beurteilung der Angemessenheit einer vereinbarten Rechtsanwaltsvergütung ebenso Bedeutung haben, wie für die Frage der Höhe der Vergütung bei fehlender Vergütungsvereinbarung.

31 ▶ **Beispiel 1:**
Der RA wird beauftragt wegen einer Lohnforderung aus Überstunden und Reisezeiten in begehrter Höhe von 2.000,00 Euro zu beraten.

0,5 Beratungsgebühr, Nr. 2100 VV (entfallen)	66,50 €
Auslagenpauschale, Nr. 7002 VV	13,30 €
19% Umsatzsteuer, Nr. 7008	15,16 €
Endsumme	94,96 €

32 ▶ **Beispiel 2:**
Der Mandant sucht den RA wegen der Beratung zu einem ihm vom Arbeitgeber vorgelegten Aufhebungsvertrag auf. Der RA berät und empfiehlt den Aufhebungsvertrag anzunehmen. Das Bruttomonatsgehalt beträgt 2.000,00 Euro.

0,5 Beratungsgebühr, Nr. 2100 VV (entfallen)	66,50 €
1,5 Einigungsgebühr, Nr. 1000 VV	199,50 €
Auslagenpauschale, Nr. 7002 VV	20,00 €
19% Umsatzsteuer, Nr. 7008 VV	54,34 €
Endsumme	340,34 €

Der Rechtsanwalt muss zur Vermeidung von Gebührenverlusten bei außergerichtlicher Tätigkeit auf den Abschluss einer **Vergütungsvereinbarung** hinwirken (*Mayer* Vertragsrecht und Vergütung – Gestaltung und Abschluss der Vergütungsvereinbarung, AnwBl. 2006, 160; *ders.* AGB-Kontrolle und Vergütungsvereinbarung, AnwBl. 2006, 168; *Streck* Die Vergütungsvereinbarung für die außergerichtliche anwaltliche Beratung, AnwBl 2006, 149). § 4 Abs. 1 RVG stellt für eine Vergütungsvereinbarung kumulativ drei Tatbestandsvoraussetzungen auf: 33
- Schriftlichkeit,
- außerhalb der Vollmacht und
- Bezeichnung als Vergütungsvereinbarung (*Gerold/Schmidt-Madert* § 4 RVG Rz. 25 ff.).

Eine mündliche Vereinbarung reicht ebenso wenig aus wie eine schriftliche Bestätigung der mündlichen Vereinbarung. Das Schriftformerfordernis ist nur durch die eigenhändige Unterzeichnung durch Namensunterschrift des Mandanten gewahrt. § 4 Abs. 1 S. 2 fordert nach seinem Wortlaut die ausdrückliche Bezeichnung als »Vergütungsvereinbarung«. Das *AG Gemünden* (14.3.2007 – 10 C 1040/06 – AnwBl. 2007, 550) hat allerdings auch die Bezeichnung als »Honorarvereinbarung« für ausreichend gehalten. Diese Rechtsauffassung ist nicht unumstritten, weshalb der Gesetzeswortlaut verwendet werden sollte. 34

§ 49 Abs. 2 BRAO verbietet Vereinbarungen, durch die eine Vergütung oder deren Höhe vom Ausgang der Sache oder vom Erfolg der anwaltlichen Tätigkeit abhängig gemacht wird (**Erfolgshonorar**) oder nach der der Rechtsanwalt einen Teil des erstrittenen Betrages als Vergütung erhält (**quota litis**). Nach § 49b Abs. 2 S. 2 BRAO liegt kein Erfolgshonorar vor, wenn nur die Erhöhung der gesetzlichen Gebühren vereinbart wird. 35

▶ **Beispiel 1:** 36
Der Auftraggeber vergütet die anwaltliche Tätigkeit nach Zeitaufwand. Das Stundenhonorar wird mit 240,00 Euro zzgl. der jeweils gültigen gesetzlichen Umsatzsteuer vereinbart. Das Zeithonorar wird im Minutentakt abgerechnet. Unabhängig vom tatsächlichen Zeitaufwand wird des Weiteren vereinbart: Als Mindestvergütung werden die gesetzlichen Gebühren, die sich nach dem Gegenstandswert aus dem Rechtsanwaltsvergütungsgesetz (RVG) errechnen, gezahlt. Der Höchstbetrag wird auf das 3-fache der gesetzlichen Gebühren begrenzt.

▶ **Beispiel 2:** 37
Die anwaltliche Tätigkeit wird bis zur Beendigung des ersten Rechtszuges nach den gesetzlichen Gebühren des Rechtsanwaltsvergütungsgesetzes abgerechnet. Die gesetzlichen Gebühren werden mit dem Multiplikator ... erhöht.

▶ **Beispiel 3:** 38
Für die Berechnung der gesetzlichen Gebühren des Rechtsanwaltsvergütungsgesetzes wird für die ... Instanz ein vereinbarter Mindestgegenstandswert von ... Euro vereinbart. Setzt das Gericht einen höheren Gegenstandswert fest, ist dieser maßgeblich. Erweitert der Auftraggeber den Auftrag, so werden die vorstehenden Regelungen auch auf den erweiterten Teil angewendet.

▶ **Beispiel 4:** 39
Zusätzlich zu den nach dem Rechtsanwaltsvergütungsgesetz zu zahlenden Fotokopiekosten vereinbaren die Parteien eine Fotokopiekostenpauschale in Höhe von 25,00 Euro.
Zusätzlich zu den nach dem Rechtsanwaltsvergütungsgesetz zu zahlenden Auslagen vereinbaren die Parteien eine Auslagenpauschale in Höhe von 25,00 Euro.
Zusätzlich zu den nach dem Rechtsanwaltsvergütungsgesetz zu zahlenden Fahrtkosten vereinbaren die Parteien Fahrtkosten bei Benutzung eines eigenen Kraftfahrzeugs für jeden gefahrenen Kilometer von 0,25 Euro.
Zusätzlich zu den nach dem Rechtsanwaltsvergütungsgesetz zu zahlenden Tage- und Abwesenheitsgeld einer Geschäftsreise vereinbaren die Parteien einen Zuschlag von 50% auf die Beträge nach Nr. 7005 VV RVG.

40 **Hinweis bei allen Beispielen:**
Der Auftraggeber bestätigt, dass er vor Unterzeichnung der Vergütungsvereinbarung ausdrücklich darüber belehrt wurde, dass die vereinbarte Vergütung die gesetzlichen Gebühren übersteigt und der Gegner – unabhängig von der Regelung des § 12a ArbGG – die zusätzlichen Kosten auch bei einem Obsiegen nicht trägt.

41 Nach § 4 Abs. 4 S. 1 RVG kann eine unangemessene Vergütung im Vergütungsstreit auf einen angemessenen Betrag bis zur Höhe der gesetzlichen Gebühren herabgesetzt werden. Der BGH prüft die zivilrechtliche Sittenwidrigkeit der Vergütungsvereinbarung. Überschreitet bei hohen Streitwerten die vereinbarte Vergütung die gesetzlichen Gebühren um das Fünffache nimmt der BGH Sittenwidrigkeit an (*BGH* 4.7.2002 – IX ZR 153/01 – NJW 2002, 2774; 3.4.2003 – IX ZR 113/02 – NJW 2003, 2386; 24.7.2003 – IX ZR 131/00 – NJW 2003, 3486; 27.1.2005 – IX ZR 273/02 – NJW 2005, 2142).

42 Ohne Gebührenvereinbarung wird die Anwaltsvergütung nach den Vorschriften des bürgerlichen Rechts bestimmt. Ist der Auftraggeber Verbraucher, beträgt ohne eine Gebührenvereinbarung nach § 34 Abs. 1 S. 3 RVG:
- die Gebühr für ein erstes Beratungsgespräch weiterhin höchstens € 190,00,
- für eine über ein erstes Beratungsgespräch hinausgehende Beratung höchstens € 250,00,
- für ein schriftliches Gutachten höchstens € 250,00.

43 Nach § 34 Abs. 2 RVG wird seit 1.7.2006 die Gebühr für die Beratung auf eine Gebühr für eine sonstige Tätigkeit, die mit der Beratung zusammenhängt, angerechnet. In einer Gebührenvereinbarung kann jedoch diese **Anrechnung ausgeschlossen** werden (*Henke* Vergütungsvereinbarung für Beratung: Anrechnung ausschließen, AnwBl. 2006, 202).

44 Die Rechtsschutzversicherungen lehnen solche Regelungen ab.

45 Die Beratungsgebühr nach VV 2100 wird auf **€ 190,– gekappt**, wenn die Voraussetzungen des Gebührentatbestandes VV 2102 vorliegen. Die Kappungsgrenze greift erst bei **Gegenstandswerten über € 3.000, –.** Bei einem Gegenstandswert von € 3.000,– beträgt nämlich eine 1,0-fache Gebühr lediglich € 189,–. Bei Ansatz der Mittelgebühr wird die Kappungsgrenze erst bei einem Gegenstandswert von mehr als € 6.000,– überschritten, da bei einem Gegenstandswert von € 6.000,– eine 0,55-fache Gebühr lediglich € 185,90 beträgt.

46 Nach seinem Wortlaut kann eine Beratungsgebühr nur dem »Kappungstatbestand« VV 2102 unterfallen, wenn ein Gespräch (»**Beratungsgespräch**«) stattgefunden hat.

47 Ein Beratungsgespräch liegt **nicht** vor, wenn der Rechtsanwalt auftragsgemäß
- den Mandanten **schriftlich** berät,
- das Beratungsergebnis nach dem **Beratungsgespräch weisungsgemäß schriftlich zusammenfasst,**
- den Gesprächsinhalt aus haftungsrechtlichen Gründen wegen der Uneinsichtigkeit des Mandanten schriftlich zusammenfassen und dem Mandanten übersenden muss (*Meyer* Die Einstiegsberatung im RVG, RVG-Letter 2004, 111).

48 Der Begriff »Beratungsgespräch« umfasst auch das Telefongespräch. Bei einer **weiteren Beratung nach einer ersten telefonischen Beratung** greift der Gebührentatbestand VV 2102 nicht mehr ein. Im Arbeitsrecht kann diese Fallkonstellation häufig auftreten. Der Mandant nimmt zumeist erstmals telefonisch Kontakt mit der Rechtsanwaltskanzlei auf. Es ist aus haftungsrechtlichen Gründen sinnvoll, diese Anrufe an einen Rechtsanwalt durchzustellen. Eine Mitarbeiterin ist regelmäßig nicht in der Lage, Fristen richtig zu erfragen und einzuschätzen. Selbst eine ausgebildete Rechtsanwaltsfachangestellte achtet bei einem Kündigungsschutzmandat im Regelfall nur auf die dreiwöchige Klagefrist, hingegen nicht auf die Frist für die Zurückweisung einer Kündigung wegen fehlender Vollmachtvorlage gem. § 174 BGB.

49 Der »Kappungstatbestand« des VV 2102 greift nur ein, wenn sich der Auftraggeber in einer Angelegenheit beraten lässt, in der er Verbraucher ist.

Ein Arbeitgeber schließt regelmäßig den Anwaltsvertrag zu einem Zweck, der seiner gewerblichen oder selbstständigen Tätigkeit zuzurechnen ist. Er ist insoweit kein Verbraucher und der »Kappungstatbestand« der VV 2102 greift nicht ein. 50

Das *BAG* (31.8.2005 EzA § 6 ArbZG Nr. 6) und die h.L. sieht den Arbeitnehmer auf Grund seiner Schutzbedürftigkeit im Arbeitsverhältnis als Verbraucher an (vgl. auch *Hansens* Erstberatung eines Arbeitnehmers, RVGreport 2004, 426). 51

Die Beratungsgebühr nach VV 2100 ist nach der Anm. 2 zu VV 2100: »(2) Die Gebühr ist auf eine Gebühr für eine sonstige Tätigkeit anzurechnen, die mit der Beratung zusammenhängt.« in voller Höhe anzurechnen. 52

Die **Anrechnung** erfolgt regelmäßig auf die Geschäftsgebühr nach VV 2300. Diese Anrechnung erfolgt – anders als bei der Anrechnung der Geschäftsgebühr für die außergerichtliche Vertretung auf die Verfahrensgebühr nach VV 3100 (Vorbem. 3 Abs. 4) – in vollem Umfang, soweit die Gebühren **»deckungsgleich«** sind. 53

▶ **Beispiel:** 54

Der Rechtsanwalt berät den Arbeitnehmer in zwei Besprechungsterminen ausführlich wegen einer Kündigung in Zusammenhang mit einem Betriebsübergang. Einen Tag nach dem letzten Besprechungstermin erteilt der Arbeitnehmer Klageauftrag, den er am darauf folgenden Tag wieder zurückzieht. Der Vierteljahresverdienst beträgt 6.000 €.

Auf Grund Umfang sowie tatsächlicher und rechtlicher Schwierigkeiten der Beratung setzt der Rechtsanwalt 1,0 Beratungsgebühr an:

1,0 Beratungsgebühr gemäß VV 2100 in Höhe von 338,00 €

0,8 Verfahrensgebühr gemäß VV 3101 Nr. 1 in Höhe von 270,40 €

Anrechnung der Beratungsgebühr in voller Höhe gemäß Anm. 2 zu VV 2100: Der Rechtsanwalt erhält lediglich 338,00 € und hat im Ergebnis die Klage »gebührenfrei« gefertigt!

Im vorstehenden Beispiel hat der Rechtsanwalt die Klage bereits eingereicht und nimmt sie weisungsgemäß vor der Güteverhandlung zurück:

1,0 Beratungsgebühr gemäß VV 2100 in Höhe von 338,00 €

1,3 Verfahrensgebühr gemäß VV 3100 in Höhe von 439,40 €

Anrechnung der Beratungsgebühr in voller Höhe gemäß Anm. 2 zu VV 2100: 439,40 abzgl. anzurechnender 338,00 € = 101,40 €. Im Ergebnis erhält der Rechtsanwalt nicht mehr an Vergütung als im Fall einer Klageeinreichung ohne vorherige Beratung.

Die Gebühr ist nicht deckungsgleich, wenn 55

- der Gebührensatz der Beratungsgebühr höher ist als der Gebührensatz der Geschäftsgebühr
- oder der Gegenstandswert der Beratungsgebühr höher ist als der Gegenstandswert der Geschäftsgebühr.

Im ersten Fall erfolgt eine Anrechnung nur in Höhe des Gebührensatzes der Geschäftsgebühr, im zweiten in Höhe des Gegenstandswertes der Geschäftsgebühr. 56

▶ **Beispiel:** 57

Der Arbeitgeber macht gegenüber dem Arbeitnehmer Schadensersatzansprüche in Höhe von 6.000 € geltend. Der Arbeitnehmer lässt sich von einem Rechtsanwalt beraten, der ihm rät 4.000 € zu zahlen, was der Arbeitnehmer tut. Der Arbeitgeber fordert die restlichen 2.000 €. Der Rechtsanwalt weist in einem Schreiben diese Forderung zurück. Der Arbeitgeber verfolgt die Angelegenheit daraufhin nicht mehr weiter.

Eine 0,55 Ratsgebühr beträgt aus dem Wert 6.000 € 185,90 €.

Die 1,3 Geschäftsgebühr nach VV 2300 beläuft sich bei einem Wert von 2.000 € auf 172,90 €.

Die Anrechnung gemäß Anm. 2 zu VV 2100 erfolgt in Höhe eines Wertes von 2.000 €, da nur insoweit Deckungsgleichheit vorliegt. Auf die Geschäftsgebühr aus einem Wert von 2.000 € in Höhe von 172,90 € wird eine 0,55 Ratsgebühr aus einem Wert von 2.000 €, also 73,15 €, angerechnet. Der Arbeitnehmer schuldet daher noch eine Geschäftsgebühr in Höhe von 99,75 € (172,90 € – 73,15 €) zusätzlich zu der Ratsgebühr in Höhe von 185,90 €.

2. Außergerichtliche Vertretung (VV 2300)

58 Die Geschäftsgebühr VV 2300 ersetzt den Gebührentatbestand des § 118 BRAGO. Die Geschäftsgebühr nach VV 2300 ist die einzige Gebühr, die der Rechtsanwalt bei der außergerichtlichen Wahrnehmung der Interessen des Auftraggebers abrechnen kann. Im Unterschied zu der Regelung in der BRAGO kann weder eine **Besprechungsgebühr (§ 118 Abs. 1 Nr. 2 BRAGO)** noch eine **Beweisgebühr (§ 118 Abs. 1 Nr. 3 BRAGO)** gefordert werden. Nach der Vorstellung des Gesetzgebers soll für alle außergerichtlichen Tätigkeiten in einer Angelegenheit nur **eine einheitliche Vertretungsgebühr** anfallen.

59 Die Geschäftsgebühr VV 2300 entsteht gem. der Vorbem. 2.4 S. 3 für:
- das **Betreiben des Geschäfts einschließlich der Information**
- und für die **Mitwirkung bei der Gestaltung eines Vertrags**.

60 Die Geschäftsgebühr VV 2300 wird durch Tätigkeiten wie:
- Einreichen, Fertigen und Unterzeichnen von Schreiben an Gegner oder Dritte,
- Mitwirken bei mündlichen oder fernmündlichen Verhandlungen oder Besprechungen mit dem Auftraggeber, dem Gegner oder einem Dritten,
- Mitwirken bei Beweisaufnahmen,
- die Einsichtnahme in Gerichtsakten und öffentliche Register,

ausgelöst. Erteilt der Auftraggeber Information und damit verbunden den **Auftrag, nach außen tätig zu werden**, ist die Geschäftsgebühr nach VV 2300 bereits angefallen. Der Auftrag muss **nicht ausgeführt** werden.

61 Der Rechtsanwalt erhält für die außergerichtliche Mitwirkung bei der **Gestaltung eines Vertrages** die Geschäftsgebühr VV 2300. Die Vorbem. 2.4 Abs. 3 stellt klar, dass eine derartige Tätigkeit nicht unter die Beratungsgebühr VV 2100 fällt. Die bloße Mitwirkung an der Gestaltung eines Vertrages, auch die **mündliche oder fernmündliche**, reicht aus. Der Vertrag muss nicht durch den Rechtsanwalt als Urkunde entworfen werden.

62 Die Geschäftsgebühr bietet einen Rahmen von 0,5 bis 2,5, die Mittelgebühr beträgt mithin 1,5. Gemäß § 14 RVG bestimmt der Rechtsanwalt bei Rahmengebühren die Gebühr im Einzelfall unter Berücksichtigung der in § 14 Abs. 1 genannten Bemessungskriterien nach billigem Ermessen i.S.d. § 315 BGB. Der Rechtsanwalt trägt nach herrschender Meinung die Beweislast für die Billigkeit der getroffenen Bestimmung.

63 Nach der Anm. zu VV 2300 kann eine höhere Gebühr als **1,3** nur gefordert werden, wenn die Tätigkeit:
- **umfangreich**

oder
- **schwierig**

war. Die Kriterien für Umfang und Schwierigkeit entsprechen denjenigen des § 14 Abs. 1 RVG (s.o. Rn. 14 f.). Der Rechtsanwalt, der über die »reduzierte« Mittelgebühr von 1,3 hinausgehen will, muss seinen **Arbeitsumfang dokumentieren**, insbesondere Besprechungen mit Dritten und Dauer der Besprechungen mit dem Auftraggeber.

64 Im Arbeitsrecht kann bei der Vertretung des Arbeitnehmers/Arbeitgebers im Verfahren mit dem **Integrationsamt/Gewerbeaufsichtsamt** eine derartige Erhöhung der »Mittelgebühr« gerechtfertigt sein, weil häufig zeitintensive Betriebsgespräche unter Hinzuziehung von Personalleitern, Betriebsräten und anwaltlichen Beiständen stattfinden.

65 Beschränkt sich der Auftrag auf **Schreiben einfacher Art**, kann lediglich gem. Nr. 2402 VV RVG eine Geschäftsgebühr von 0,3 abgerechnet werden. Der Gesetzestext stellt klar, dass allein der Auftrag maßgeblich ist und nicht das äußere Erscheinungsbild des anwaltlichen Schreibens. Der Rechtsanwalt kann durch seine Tätigkeit also nicht die Begrenzung der Gebühr auf 0,3 aufheben, wenn der Auftrag des Mandanten lediglich auf die Fertigung eines einfachen Schreibens ging (*BGH* NJW 1983, 2451).

66 ► **Beispiel:**
Der Arbeitnehmer beauftragt den Rechtsanwalt abgerechneten, jedoch nicht ausgezahlten, Lohn in Höhe von 2.500 € anzumahnen. Nach VV 2402 kann der Rechtsanwalt eine Geschäftsgebühr von 0,3, also 48,30 € abrechnen.

Hat der Rechtsanwalt bei einer Kündigung im Arbeitsrecht jedoch nicht ohne weiteres ersichtliche tarifvertragliche Kündigungsfristen zu prüfen, liegt kein Schreiben einfacher Art mehr vor (*Schaefer/Kiemstedt* Rz. 193). Beauftragt der Arbeitgeber den Rechtsanwalt mit der **schriftlichen Anhörung des Betriebsrates vor einer Kündigung**, handelt es sich ebenfalls um kein Schreiben einfacher Art. 67

► **Beispiel 1:** 68

Der schwerbehinderte Mandant beauftragt den RA mit der außergerichtlichen Abwehr einer Kündigung seines Arbeitsverhältnisses, die ohne Zustimmung des Integrationsamtes erfolgte. Das Bruttomonatsgehalt beträgt 2.000,00 Euro; das Arbeitsverhältnis bestand länger als ein Jahr. Das Mandat ist weder schwierig noch umfangreich. Auf Grund der **Schwellengebühr** ist die Geschäftsgebühr auf einen Gebührensatz von 1,3 gekappt (Anmerkung zu Nr. 2300 VV).

1,3 Geschäftsgebühr, Nr. 2300 VV – Gegenstandswert 6.000,00 €	439,40 €
Auslagenpauschale, Nr. 7002 VV	20,00 €
Umsatzsteuer, Nr. 7008 VV	87,29 €
Endsumme	546,69 €

Umfangreiche oder schwierige Tätigkeiten im Arbeitsrecht, die je nach den Umständen des Einzelfalles ein Überschreiten der Schwellengebühr rechtfertigen können:
- außerordentliche Kündigung von Betriebsratsmitgliedern
- Verdachtskündigung
- Krankheitsbedingte Kündigung
- Widerspruch/Kündigung bei Betriebsübergang
- Vergütung aus Zielvereinbarung
- Berechnung von Überstundenvergütung und Zulagen
- Eingruppierungsstreitigkeiten
- Tarifvertragliche Bezugnahmeklauseln
- Wirksame Befristung

► **Beispiel 2:** 69

Der Mandant beauftragt den RA mit der Kündigung eines Mitarbeiters. Die Anhörung des Betriebsrates macht umfangreiche Tätigkeit des Anwaltes erforderlich. Nach Zugang der Kündigung erhebt der Arbeitnehmer Kündigungsschutzklage. Die Parteien einigen sich in der Güteverhandlung auf einen Abfindungsvergleich. Das Gericht setzt den Gegenstandswert auf 8.000,00 € fest.

Außergerichtliche Tätigkeit	
2,0 Geschäftsgebühr, Nr. 2300 VV	824,00 €
Auslagenpauschale, Nr. 7002 VV	20,00 €
19% Umsatzsteuer, Nr. 7008 VV	160,36 €
Endsumme	1.004,36 €

Arbeitsgericht	
1,3 Verfahrensgebühr, Nr. 3100 VV	535,60 €
0,75 (Höchst-)**Anrechnung** gemäß Vorbemerkung 3 Abs. 4 VV	- 309,00 €
1,2 Terminsgebühr, Nr. 3104 VV	494,40 €
Auslagenpauschale, Nr. 7002 VV	20,00 €
Umsatzsteuer, Nr. 7008 VV	140,79 €
Endsumme	881,79 €

70 ▶ **Beispiel 3:**

Der Mandant beauftragt den RA mit der außergerichtlichen Abwehr einer Kündigung seines Arbeitsverhältnisses. Das Bruttomonatsgehalt beträgt 2.000,00 Euro. Nach Schriftwechsel einigen sich die Parteien auf einen Aufhebungsvertrag.

1,3 Geschäftsgebühr, Nr. 2300 VV – Gegenstandswert 6.000,00 €	439,40 €
1,5 Einigungsgebühr, Nr. 1000 VV	507,00 €
Auslagenpauschale, Nr. 7002 VV	20,00 €
Umsatzsteuer, Nr. 7008 VV	183,62 €
Endsumme	1.150,02 €

71 ▶ **Beispiel 4:**

Der Mandant, Inhaber eines Kleinbetriebes, beauftragt den RA mit dem Kündigungsschreiben. Die Sach- und Rechtslage ist einfach und das kurze Schreiben schnell gefertigt. Das Arbeitsverhältnis dauerte fünf Jahre und das Bruttomonatsgehalt beträgt 2.000,00 €.

0,3 Geschäftsgebühr, Nr. 2300, 2302 VV – Gegenstandswert 6.000,00 €	101,40 €
Auslagenpauschale, Nr. 7002 VV	20,00 €
Umsatzsteuer, Nr. 7008 VV	23,07 €
Endsumme	144,47 €

72 ▶ **Beispiel 5:**

Der Mandant, Inhaber eines Kleinbetriebes, beauftragt den RA mit dem Kündigungsschreiben. Die Sach- und Rechtslage ist wegen mehrerer Betriebsübergänge und Änderungen des Arbeitsvertrages unübersichtlich. Nach umfangreicher Prüfung entwirft der RA ein einfaches Kündigungsschreiben. Das Arbeitsverhältnis bestand 20 Jahre und das Bruttomonatsgehalt betrug 2.000,00 €.

1,5 Geschäftsgebühr, Nr. 2300 VV – Gegenstandswert 6.000,00 €	507,00 €
Auslagenpauschale, Nr. 7002 VV	20,00 €
Umsatzsteuer, Nr. 7008 VV	100,13 €
Endsumme	627,13 €

73 Im Fall eines **Streites über die Höhe der Anwaltsvergütung** hat der Rechtsanwalt unter Beweisantritt vorzutragen, mit welcher Tätigkeit er von seinem Mandanten beauftragt war. Hat der Rechtsanwalt lediglich ein einfaches Schreiben gefertigt, so muss er darlegen und beweisen, dass der Auftrag auf eine weitergehende Tätigkeit, wie Beratung des Auftraggebers, Prüfung der Rechtslage, Korrespondenz mit der Gegenseite oder Androhung einer Klage, gerichtet war. In diesem Fall hat der Rechtsanwalt den Mindestsatz von 0,5 gem. VV 2300 RVG bereits mit der Erteilung der Information verdient.

74 Der Rechtsanwalt ist nicht verpflichtet, bei einer **Kündigung** sich sofort einen Prozessauftrag erteilen zu lassen. Für außergerichtliche Verhandlungen entsteht eine Geschäftsgebühr (*AG Büdingen* 8.6.2006 – 2 C 50/06 (22) – ArbRB 2006, 362). Selbst im Fall der **Nichtzahlung einer unstreitigen Forderung** kann sich der Rechtsanwalt einen bedingten Klageauftrag, der nur für den Fall des Scheiterns außergerichtlicher Bemühungen erteilt wird und eine Geschäftsgebühr entstehen lässt, geben lassen (*OLG Celle* 25.10.2007 – 13 U 146/07 – BeckRS 2007, 18037).

II. Gerichtliche Tätigkeit

1. Gebührentatbestände

a) Verfahrensgebühr

Eine Verfahrensgebühr nach VV 3100 setzt voraus, dass der **Auftrag** des Rechtsanwalts auf Erhebung einer Klage, Stellung des das Verfahren einleitenden Antrags, Einlegung eines Rechtsmittels oder Fortführung eines bereits eingeleiteten Verfahrens bzw. auf Beklagtenseite auf Abwehr eines derartigen Verfahrens gerichtet ist (*Gerold/Schmidt-Müller-Rabe* VV 3100 Rz. 16). **75**

Nach Vorbem. 3 Abs. 2 VV RVG entsteht die **Verfahrensgebühr** für das Betreiben des Geschäfts einschließlich der Information. Sie entsteht bereits mit der Entgegennahme der ersten Information nach Erteilung des Prozessauftrags durch den Mandanten. Unerheblich ist, wann sich der Rechtsanwalt des Klägers bei Gericht bestellt. Der Beklagtenvertreter erhält die Verfahrensgebühr nach VV 3100, sobald er einen Schriftsatz mit Sachantrag (Klageabweisung) und/oder Sachvortrag eingereicht oder einen Termin wahrgenommen hat. **76**

Der Gebührensatz der Verfahrensgebühr beträgt erstinstanzlich **1,3,** bei Berufung und Revision **1,6**. Nach VV 3101 ermäßigt sich der Gebührensatz auf **0,8**. Nach Nr. 1, wenn der Auftrag endet, bevor der Rechtsanwalt die Klage, den ein Verfahren einleitenden Antrag oder einen Schriftsatz, der Sachanträge, Sachvortrag, die Zurücknahme der Klage oder die Zurücknahme des Antrags enthält einreicht oder bevor er für seine Partei einen gerichtlichen Termin wahrgenommen hat. **77**

Eine **Differenzverfahrensgebühr nach VV 3101 Nr. 2** steht dem Rechtsanwalt zu, wenn **nicht rechtshängige Ansprüche** beim Gericht auftragsgemäß einer Einigung zugeführt werden sollen, sei es dass: – der Rechtsanwalt beantragt, eine Einigung zu Protokoll zu nehmen, – der Rechtsanwalt beantragt, eine Einigung gemäß § 278 Abs. 6 ZPO festzustellen, – der Rechtsanwalt Einigungsgespräche vor Gericht führen soll. **78**

Eine Einigung muss nicht tatsächlich erzielt werden. Die 0,8 Differenzverfahrensgebühr entsteht bereits, wenn nach Verhandlungen die angestrebte Einigung letztlich scheitert (*Gerold/Schmidt-Müller-Rabe* VV 3100 Rz. 100). Im Arbeitsrecht tritt dieser Fall häufig ein, wenn ein Vergleich, der nicht rechtshängige Ansprüche mit umfasst, widerrufen wird (**Widerrufsvergleich**). **79**

Hat der Rechtsanwalt hinsichtlich der nicht rechtshängigen Ansprüche den Auftrag zur Erzielung einer außergerichtlichen Einigung sind VV 2300 f. anzuwenden. Einigen sich die Parteien auf Grund geänderten Auftrags vor Gericht, verdient der Rechtsanwalt eine **Differenzverfahrensgebühr** nach VV 3101 Nr. 2. Die vorher verdiente Geschäftsgebühr nach VV 2300 muss er sich nach der Vorbem. 3 Abs. 4 auf die Verfahrensgebühr eines nachfolgenden gerichtlichen Verfahrens wegen desselben Gegenstandes zur Hälfte, jedoch höchstens mit einem Gebührensatz von 0,75 **anrechnen** lassen. **80**

▶ **Beispiel:** **81**
Der Arbeitnehmer beauftragt den Rechtsanwalt mit der außergerichtlichen Geltendmachung variabler Gehaltsbestandteile in Höhe von 5.000 €. Kurze Zeit später kündigt der Arbeitgeber das Arbeitsverhältnis aus betriebsbedingten Gründen. Der Arbeitnehmer beauftragt nunmehr den Rechtsanwalt auch mit der Erhebung einer Kündigungsschutzklage. Der Vierteljahresverdienst gem. § 42 Abs. 4 GKG beläuft sich auf 7.500 €. In der Güteverhandlung einigen sich die Parteien nach Gesprächen auf die Beendigung des Arbeitsverhältnisses und Zahlung variabler Gehaltsbestandteile.
Gebühren des Rechtsanwaltes:
1,3 Geschäftsgebühr gem. VV 2300 aus einem Wert von 5.000 € in Höhe von 391,30 €.
1,3 Verfahrensgebühr gem. VV 3100 aus einem Wert von 7.500 € in Höhe von 535,60 €.
1,2 Terminsgebühr gem. VV 3104 aus einem Wert von12.500 € in Höhe von 631,20 €.
1,0 Einigungsgebühr gem. VV 1003 aus einem Wert von 12.500 € in Höhe von 526,00 €.
0,8 Differenzverfahrensgebühr gem. VV 3101 Nr. 2 aus einem Wert von 5.000 € in Höhe von 240,80. Anrechnung der Geschäftsgebühr gem. VV 2300 nach Vorbem. 3 Abs. 4 zur Hälfte, also in Höhe von 195,65 €, so dass 45,15 € an »zusätzlicher« Vergütung für die

außergerichtliche Tätigkeit verbleibt. Kappungsgrenze gem. VV 3101 Anm. 1: 1,3 Verfahrensgebühr aus einem Wert von 12.500 € = 683,80 €. 1,3 Verfahrensgebühr aus Wert von 7.500 € in Höhe von 535,60 € zzgl. »angerechnete« 0,8 Differenzverfahrensgebühr aus einem Wert von 5.000 € in Höhe von 45,15 €, also keine Kappung, da unterhalb der Kappungsgrenze.

82 Eine **Gebührenanrechnung** ist nur bei Vorliegen bestimmter Voraussetzungen zulässig:
- entstandene außergerichtliche Gebühr,
- gerichtliches Verfahren nach außergerichtlicher Vertretung,
- derselbe Gegenstand in einer Angelegenheit (*Gerold/Schmidt-Madert* VV 2300–2403 Rz. 182 ff.).

83 ► **Beispiel:**
Der Rechtsanwalt macht außergerichtlich für einen Arbeitnehmer bei dessen Arbeitgeber Provisionen und Spesen in Höhe von 5.000 € geltend. Der Arbeitgeber zahlt und kündigt betriebsbedingt. Der Anwalt erzielt im Kündigungsschutzprozess ein obsiegendes Urteil. Der Vierteljahresverdienst beträgt 9.000 €.
1,3 Geschäftsgebühr gem. VV 2300 aus einem Wert von 5.000 € in Höhe von 391,30 €.
1,3 Verfahrensgebühr gem. VV 3100 aus einem Wert von 9.000 € in Höhe von 583,70 €.
Keine Anrechnung nach Vorbem. 3 Abs. 4, da die außergerichtliche und anschließende gerichtliche Tätigkeit verschiedene Gegenstände betroffen hat.
1,2 Terminsgebühr gem. VV 3104 aus einem Wert von 9.000 € in Höhe von 538,80 €.

84 Das am 31.12.2006 in Kraft getretene 2. Justizmodernisierungsgesetz hat in der Vorbemerkung 3 Abs. 4 VV RVG eine »Rückwärtsanrechnung« der 0,8-Differenzverfahrensgebühr auf eine später entstehende Geschäftsgebühr gem. VV 2300 neu eingeführt (»entsteht« statt bisher »entstanden ist«).

85 ► **Beispiel:**
Der Rechtsanwalt eines Arbeitnehmers erhebt Kündigungsschutzklage. In der Güteverhandlung einigen sich die Parteien auf eine Beendigung des Arbeitsverhältnisses gegen Zahlung einer Abfindung. Der Rechtsanwalt des Arbeitnehmers macht in der Güteverhandlung erstmals Zahlungsansprüche in Höhe von 5.000 € wegen angeblich geleisteter zahlreicher Überstunden geltend. Insoweit verhandeln die Parteien erfolglos. Der Arbeitnehmer beauftragt im Anschluss an das Kündigungsschutzverfahren seinen Rechtsanwalt, die Überstundenvergütung außergerichtlich weiter geltend zu machen.
Der Vierteljahresverdienst gem. § 42 Abs. 4 GKG beläuft sich auf 7.500 €.
Gebühren des Rechtsanwaltes:
1,3 Verfahrensgebühr gem. VV 3100 aus einem Wert von 7.500 € in Höhe von 535,60 €.
0,8 Differenzverfahrensgebühr gem. VV 3101 Nr. 2 aus einem Wert von 5.000 € in Höhe von 240,80.
1,2 Terminsgebühr gem. VV 3104 aus einem Wert von 12.500 € in Höhe von 631,20 €.
1,0 Einigungsgebühr gem. VV 1003 aus einem Wert von 7.500 € in Höhe von 412,00 €.
1,3 Geschäftsgebühr gem. VV 2300 aus einem Wert von 5.000 € in Höhe von 391,30 €.
Anrechnung der Geschäftsgebühr gem. VV 2300 nach Vorbem. 3 Abs. 4 zur Hälfte, also in Höhe von 195,65 €, so dass 45,15 € an »zusätzlicher« Vergütung für die außergerichtliche Tätigkeit verbleibt. Kappungsgrenze gem. VV 3101 Anm. 1: 1,3 Verfahrensgebühr aus einem Wert von 12.500 € = 683,80 €. 1,3 Verfahrensgebühr aus Wert von 7.500 € in Höhe von 535,60 € zzgl. »angerechnete« 0,8 Differenzverfahrensgebühr aus einem Wert von 5.000 € in Höhe von 45,15 €, also keine Kappung, da unterhalb der Kappungsgrenze. Die Höhe der Gebühren entspricht nunmehr derjenigen, die der Anwalt erhalten würde, wenn er zuerst außergerichtlich beauftragt worden wäre und anschließend den Auftrag zum Mitverhandeln der Ansprüche in der Güteverhandlung erhalten hätte.

86 An einem nachfolgenden gerichtlichen Verfahren fehlt es auch im Fall der Tätigkeit im Rahmen der **Zwangsvollstreckung**, da diese nicht in das gerichtliche Verfahren fällt.

Eine Anrechnung erfolgt nur, wenn zwischen der außergerichtlichen und der sich anschließenden gerichtlichen Tätigkeit des Rechtsanwaltes ein innerer Zusammenhang besteht. Hierzu muss es sich um den gleichen Gegner und Gegenstand handeln und die außergerichtliche und gerichtliche Tätigkeit in einem zeitlichen Zusammenhang stehen. Sobald sich der Rechtsanwalt auf Grund Zeitablaufes wieder völlig neu in die Angelegenheit einarbeiten muss, ist eine Vergütungsreduzierung durch Gebührenanrechnung nicht mehr sachgerecht. 87

Eine Anrechnung erfolgt nach dem **Wert des Gegenstandes, der in das gerichtliche Verfahren übergegangen** ist. 88

► **Beispiel:** 89
Der Rechtsanwalt eines Arbeitnehmers fordert den Arbeitgeber außergerichtlich auf, Lohnrückstand in Höhe von 10.000 € zu zahlen und er erhebt danach Klage auf Zahlung von 5.000 €, weil der Arbeitgeber außergerichtlich lediglich 5.000 € gezahlt hatte.
Die Anrechnung erfolgt lediglich nach einem Gegenstandswert von 5.000 €:
1,3 Geschäftsgebühr nach VV 2300 aus einem Wert von 10.000 € in Höhe von 631,80 €.
1,3 Verfahrensgebühr nach VV 3100 aus einem Wert von 5.000 € in Höhe von 391,30 €.
Anrechnung nach Vorbem. 3 Abs. 4 in Höhe einer 0,65 Geschäftsgebühr nach VV 2300 aus einem Wert von 5.000 € in Höhe von 195,65 €, so dass von der Verfahrensgebühr noch 195,65 € zu zahlen sind. Die vorangegangene außergerichtliche Tätigkeit erhöht die Einnahmen des Anwaltes im Vergleich zu einem unmittelbaren gerichtlichen Verfahren um 436,15 € (631,80 € abzgl. Anrechnung in Höhe von 195,65 €).

Sind auf Teile des Gegenstandes verschiedene Gebührensätze anzuwenden, so müssen sie für die Teile gesondert berechnet werden, § 15 Abs. 3 RVG. 90

Die Gebühren dürfen jedoch nicht die aus dem Gesamtbetrag der Wertteile nach dem höchsten Gebührensatz berechnete Gebühr übersteigen (Kappungsgrenze). 91

Werden **anderweitig rechtshängige Ansprüche** einer Einigung zugeführt, entsteht wiederum eine Differenzverfahrensgebühr, allerdings ebenfalls unter Beachtung der Kappungsgrenze der Anm. (1) zu Nr. 2 VV 3101 (*Gerold/Schmidt-Müller-Rabe* VV 3101 Rz. 108). 92

► **Beispiel:** 93
Der Rechtsanwalt erhebt Kündigungsschutzklage (Vierteljahresverdienst 6.000 €). Nach Ablauf der Kündigungsfrist erhebt er getrennt Zahlungsklage wegen Vergütung unter dem Gesichtspunkt des Annahmeverzuges in Höhe 2.000 €. Im Kammertermin im Kündigungsschutzverfahren einigen sich die Parteien und vergleichen auch die Annahmeverzugsansprüche. Im Zahlungsrechtsstreit hatte noch keine Güteverhandlung stattgefunden.
Kündigungsrechtsstreit:
1,3 Verfahrensgebühr, VV 3100 (Wert: 6.000 €): 439,40 €
0,8 Differenzverfahrensgebühr, VV 3101 Nr. 2 (Wert: 2000 €): 106,40 €
Summe: 543,80
Kappungsgrenze nach Anmerkung 1 VV 3101:
1,3 Verfahrensgebühr aus addierten Werten (6.000 € + 2.000 €): 535,60
Auf Grund der Kappung entfallen somit 8,20 € an Verfahrensgebühren.
1,2 Terminsgebühr, VV 3104 (Wert: 8.000 €): 494,40 €
1,0 Einigungsgebühr, VV 1003 (Wert: 8.000€): 412,00 €
Zahlungsrechtsstreit:
1,3 Verfahrensgebühr, VV 3100 (Wert: 2000 €): 172,90 €

b) Terminsgebühr

Die **Terminsgebühr** nach Nr. 3104 VV RVG hat den Charakter einer Anwesenheitsgebühr. 94

Der Rechtsanwalt braucht nur einen Termin wahrzunehmen, **ohne dass es darauf ankommt, ob Anträge gestellt werden oder die Sache erörtert wird.** Eine Terminsgebühr entsteht deshalb auch bei einem schriftlichen Vergleich nach § 278 Abs. 6 ZPO – insbes. auch dann, wenn sich die Parteien nach Klageerhebung vor dem Gütetermin auf einen Vergleich im schriftlichen Verfahren verständigen (*BAG* 20.6.2006 FA 2006, 309).

95 Nach der Vorbem. 3 Abs. 3 VV RVG entsteht die Terminsgebühr auch dann, wenn der Rechtsanwalt **nach Prozessauftrag** an, auf die Vermeidung oder Erledigung des Verfahrens gerichteten **außergerichtlichen, Besprechungen** mitwirkt; auch fernmündliche Gespräche lösen die Terminsgebühr aus (*Gerold/Schmidt-Müller-Rabe* VV Vorb. 3 Rz. 87). Nach Auffassung des *OLG Koblenz* (18.5.2007 – 14 W 373/07 – BeckRS 2007, 08741) ist der Austausch anwaltlicher E-Mails zur Vermeidung oder Erledigung des gerichtlichen Verfahrens einer persönlichen oder fernmündlichen Besprechung mit derselben Zielrichtung gleichgestellt, weshalb er eine Terminsgebühr auslöst. Bloße Besprechungen mit dem Auftraggeber genügen allerdings nicht, ebenso wenig Schriftsätze oder Schreiben. Die Terminsgebühr »ohne Termin« setzt kumulativ voraus, dass – es sich um ein Verfahren handelt, für das mündliche Verhandlung vorgeschrieben ist, – ein Vergleich geschlossen wird, – das Einverständnis der Parteien vorliegt (*BGH* 27.10.2005 – III ZB 42/05).

96 Gemäß Anm. 2 zu Nr. 3104 VV RVG kann eine Terminsgebühr auch anfallen, wenn in dem Termin **Einigungsgespräche über nicht oder anderweitig rechtshängiger Ansprüche** geführt werden bzgl. derer Prozessauftrag besteht. In diesem Fall entsteht eine Terminsgebühr aus dem aus den Werten der rechtshängigen und der nicht rechtshängigen Ansprüche gebildeten Gesamtwert (*OLG Stuttg.* 15.8.2006 NJOZ 2006, 3723). Diese Differenzterminsgebühr entsteht allerdings dann nicht, wenn die Parteien lediglich beantragen, eine Einigung der Parteien über nicht rechtshängige Ansprüche zu Protokoll zu nehmen (*OLG Stuttg.* a.a.O.). Bei einem Vergleich nach § 278 Abs. 6 ZPO sind mitverglichene Ansprüche bei der Höhe der Terminsgebühr nur dann einzubeziehen, wenn sie rechtshängig waren (*BAG* 20.6.2006 FA 2006, 309). Ebenso wie bei der Differenzverfahrensgebühr erfolgt bei der **Differenzterminsgebühr** eine Anrechnung (*Gerold/Schmidt-Müller-Rabe* VV 3104 Rz. 75 ff.).

97 ► **Beispiel:**

Der Rechtsanwalt erhebt Kündigungsschutzklage (Vierteljahresverdienst 6.000 €). Nach Ablauf der Kündigungsfrist macht er – trotz entsprechenden Klageauftrags – zunächst außergerichtlich Annahmeverzugsansprüche in Höhe von 2.000 € geltend und führt fernmündliche Gespräche mit dem Anwalt des Arbeitgebers zwecks außergerichtlicher Einigung. Im Kammertermin im Kündigungsschutzverfahren einigen sich die Parteien und vergleichen auch die Annahmeverzugsansprüche.
Kündigungsrechtsstreit:
1,3 Verfahrensgebühr, VV 3100 (Wert: 6.000 €): 439,40 €
0,8 Differenzverfahrensgebühr, VV 3101 Nr. 2 (Wert: 2.000 €): 106,40 €
Summe: 545,80 €
Kappungsgrenze nach Anmerkung 1 VV 3101:
1,3 Verfahrensgebühr aus addierten Werten (6.000 € + 2.000 €): 535,60 €
Auf Grund der Kappung entfallen somit 10,20 € an Verfahrensgebühren.
1,2 Terminsgebühr, VV 3104 (Wert: 8.000 €): 494,40 €
1,0 Einigungsgebühr, VV 1003 (Wert: 8.000€): 412,00 €
Zahlungsrechtsstreit:
1,3 Verfahrensgebühr, VV 3100 (Wert: 2.000 €): 172,90 €
1,2 Terminsgebühr, VV 3104 (Wert 2.000 €): 159,60 €
Anrechnung gemäß Anm. 2 VV 3104:
1,2 Terminsgebühr aus Gesamtstreitwert von 8.000 €: 494,40 €
abzüglich
1,2 Terminsgebühr aus Streitwert Kündigungsrechtsstreit ohne mitverglichenen Streitwert, also aus 6.000 €: 405,60 = 88,80 € als anzurechnender Betrag auf die Terminsgebühr im Zahlungsrechtsstreit:
159,60 € – 88,80 € = 70,80 €

98 Die Terminsgebühr fällt in voller Höhe an, wenn sich eine Partei in »die **Säumnis** flüchtet«. Nach § 333 ZPO ist sie zwar dann als nicht erschienen anzusehen, jedoch gilt diese Bestim-

mung nach Abs. 3 der Anm. zu § 3105 VV RVG in gebührenrechtlicher Hinsicht nicht (*Hansens* Terminsgebühr bei Versäumnisurteil, RVGreport 2006, 321).

c) Einigungsgebühr

Nach Abs. 1 der Anm. zu Nr. 1000 VV RVG entsteht die Einigungsgebühr für die Mitwirkung beim Abschluss eines Vertrages, durch den der Streit oder die Ungewissheit der Parteien über ein Rechtsverhältnis beseitigt wird. Das Tatbestandsmerkmal »im Wege des gegenseitigen Nachgebens« ist im Unterschied zu der früheren Vergleichsgebühr des § 23 Abs. 1 BRAGO nicht mehr maßgeblich. So fällt eine Einigungsgebühr an, wenn im Kündigungsschutzprozess der beklagte Arbeitgeber die **Kündigung schriftlich unwiderruflich zurücknimmt** und der Arbeitnehmer seine Zustimmung zur Rücknahme der Kündigung sowie sein Einverständnis erklärt, das Arbeitsverhältnis zu den bisherigen Bedingungen unverändert fortzusetzen (*BAG* 29.3.2006 EzA § 2 RVG Anlage 1 – Einigungsgebühr Nr. 2). 99

Hingegen fällt keine Einigungsgebühr an, wenn der Klageantrag und ein anschließend vor dem Arbeitsgericht abgeschlossener »Vergleich« inhaltlich identisch sind. Vertragliche Erklärungen des Klägers fehlen, so dass lediglich eine einseitige Erklärung des Beklagten, ein **Anerkenntnis**, vorliegt (*LAG Düsseld.* 1.8.2006 – 16 Ta 355/06 – LAGE § 11 RVG Nr. 5 = RVGreport 2006, 424). Auch eine **Klagerücknahme** kann eine Einigungsgebühr nur dann entstehen lassen, wenn sie über rein prozessual gestaltete Erklärungen hinausgeht. Es muss eine Einigung vorausgehen, die zur Rücknahme führt (*OLG Koblenz* 2.8.2006 – 14 W 459/06 – RVGreport 2006, 426). 100

Auch die Verständigung des Betriebsrates mit dem Arbeitgeber über einen **Interessenausgleich und Sozialplan** löst keine Einigungsgebühr bei dem vom Betriebsrat für die Verhandlungen hinzugezogenen Rechtsanwalt aus (*ArbG Bln.* 15.3.2006 – 9 BV 21646/05 – RVGreport 2006, 425). 101

2. Verwaltungsverfahren

Vertritt der Rechtsanwalt Mandanten in Verfahren über eine behördliche Zustimmung bzw. Zulässigkeitserklärung einer Kündigung, z.B. gemäß § 85 SGB IX, § 9 Abs. 3 MuSchG, § 18 Abs. 1 BEEG, beträgt der Gegenstandswert gem. § 52 Abs. 2 GKG 5.000 € (*Henke* Der Gegenstandswert in verwaltungsrechtlichen Verfahren im Zusammenhang mit den besonderen arbeitsrechtlichen Kündigungsschutzvorschriften, RVGreport 2005, 178). Die Beratung oder außergerichtliche Vertretung lässt die Gebühren gem. VV 2100, 2102 oder VV 2300 entstehen. Vertritt der Rechtsanwalt nach Erlass eines Bescheides seinen Mandanten im Widerspruchsverfahren erhält er eine weitere Gebühr gem. VV 2401. 102

► **Beispiel:** 103

Der Arbeitgeber beauftragt den Rechtsanwalt die Zustimmung zu der Kündigung eines schwerbehinderten Arbeitnehmers einzuholen. Das Integrationsamt lehnt den Antrag ab, der Widerspruch bleibt erfolglos, der Klage gibt das Verwaltungsgericht statt. Nach der Kündigung versucht der von dem Arbeitnehmer beauftragte Rechtsanwalt zunächst eine außergerichtliche Einigung, die jedoch scheitert. In der anschließenden Güteverhandlung einigen sich die Parteien. Der Vierteljahresverdienst beträgt 6.000 €.
Die Vergütung des Rechtsanwaltes auf Arbeitgeberseite:

Integrationsamt
I. außergerichtliche Tätigkeit

1,5 Geschäftsgebühr VV 2300 Tätigkeit regelmäßig umfangreich u./o. schwierig (Wert: 5.000,00 € gem. § 52 Abs. 2 GKG)	451,50 €
Postentgeltpauschale VV 7002	20,00 €
19 % Umsatzsteuer VV 7008	89,59 €
Summe	561,09 €

II. Widerspruchsverfahren	
0,7 Geschäftsgebühr VV 2301 (Wert: 5.000,00 € gem. § 52 Abs. 3 GKG)	210,70 €
Nach Abs. 2 der Anmerkung zu VV 2301 kann mehr als 0,7 nur gefordert werden, wenn Tätigkeit umfangreich oder schwierig (aber keine Anrechnung!) Postentgeltpauschale VV 7002	20,00 €
19 % Umsatzsteuer VV 7008	43,83 €
Summe	274,53 €
III. Verwaltungsgericht	
1,3 Verfahrensgebühr, VV 3100 (Wert: 5.000 €)	391,30 €
hierauf anzurechnen gem. Vorbem. 3 Abs. 4 VV RVG 0,35 Geschäftsgebühr VV 2301	- 105,35 €
1,2 Terminsgebühr VV 3104	361,20 €
Postentgeltpauschale VV 7002	20,00 €
19 % Umsatzsteuer VV 7008	126,76 €
Summe	793,91 €
Kündigung	
I. außergerichtliche Tätigkeit	
(Vierteljahresbezug 6.000,00 €) 1,3 Geschäftsgebühr VV 2300	439,40 €
Postentgeltpauschale VV 7002	20,00 €
19 % Umsatzsteuer VV 7008	87,29 €
Summe	546,69 €
II. Rechtsstreit	
1,3 Verfahrensgebühr VV 3100	439,40 €
Anrechnung gem. Vorbem. 3 Abs. 4 VV RVG 0,65 Geschäftsgebühr	- 219,70 €
1,2 Terminsgebühr VV 3104	405,60 €
1,0 Einigungsgebühr VV 1003	338,00 €
Postentgeltpauschale VV 7002	20,00 €
19 % Umsatzsteuer VV 7008	186,83 €
Summe	1.170,13 €
Gesamthöhe der Vergütung:	3.346,35 €

3. Schlichtungsverfahren

104 Im Schlichtungsverfahren nach § 111 Abs. 2 ArbGG erhält der Rechtsanwalt eine Geschäftsgebühr in Höhe von 1,5 gem. VV 2403. Nach der Anm. zu VV 2403 wird eine vor dem Schlichtungsverfahren entstandene Geschäftsgebühr nach VV 2300 zur Hälfte, jedoch höchstens mit einem Gebührensatz von 0,75 angerechnet. In einem nachfolgenden Rechtsstreit wird die Geschäftsgebühr gem. VV 2403 nach der Vorbem. 3 Abs. 4 VV RVG zur Hälfte, höchstens jedoch mit einem Gebührensatz von 0,75, auf die Verfahrensgebühr gem. VV 3100 angerechnet.

105 ► **Beispiel:**

Eine Auszubildende wird fristlos gekündigt. Der von ihr beauftragte Rechtsanwalt versucht zunächst durch ein außergerichtliches Schreiben den Ausbilder zu veranlassen, die Kündigung »zurückzunehmen« und das Ausbildungsverhältnis fortzusetzen. Nachdem der Ausbilder hierauf nicht reagiert, ruft er den zuständigen Schlichtungsausschuss nach § 111 Abs. 2 ArbGG an. Eine Einigung scheitert und der Rechtsanwalt erhebt Klage. In der Güteverhandlung kann eine Einigung erzielt werden. Der Vierteljahresverdienst beträgt 2300 €.

I. außergerichtliche Tätigkeit	
1,3 Geschäftsgebühr VV 2300	209,30 €
Postentgeltpauschale VV 7002	20,00 €
19 % Umsatzsteuer VV 7008	43,57 €
Summe	272,87 €
II. Schlichtungsverfahren	
1,5 Geschäftsgebühr VV 2303 Nr. 2	241,50 €
Anrechnung gem. Anmerkung zu VV 2303 0,65 Geschäftsgebühr	- 104,65 €
Postentgeltpauschale VV 7002	20,00 €
19 % Umsatzsteuer VV 7008	29,80 €
Summe	186,65 €
III. Arbeitsgericht	
1,3 Verfahrensgebühr VV 3100	209,30 €
Anrechnung gem. Vorbem. 3 Abs. 4 VV RVG 0,75 Geschäftsgebühr VV 2303 Nr. 2	- 120,75 €
1,2 Terminsgebühr VV 3104	193,20 €
1,0 Einigungsgebühr VV 1003	161,00 €
Postentgeltpauschale VV 7002	20,00 €
19 % Umsatzsteuer VV 7008	87,92 €
Summe	550,67 €
Gesamthöhe der Vergütung:	**1.010,19 €**

4. Erfolgsaussichten eines Rechtsmittels

Sofern dem RA noch kein unbedingter Auftrag für die Einlegung eines Rechtsmittels erteilt wurde, entsteht eine Vergütung nach Teil 2 Abschnitt 2 VV. 106

► **Beispiel 1:** 107

Kein anschließendes Rechtsmittelverfahren

Der Mandant will gegen seine erstinstanzliche Verurteilung zur Zahlung von Tantieme in Höhe von 10.000,00 Euro Berufung einlegen. Nach der anwaltlichen Beratung nimmt der Mandant hiervon Abstand.

0,75 Prüfungsgebühr, Nr. 2100 VV	364,00 €
Auslagenpauschale, Nr. 7002 VV	20,00 €
19 % Umsatzsteuer, Nr. 7008 VV	73,06 €
Endsumme	457,56 €

► **Beispiel 2:** 108

Anschließendes Rechtsmittelverfahren

Der Mandant will gegen seine erstinstanzliche Verurteilung zur Zahlung von Tantieme in Höhe von 10.000,00 Euro Berufung einlegen. Nach der anwaltlichen Beratung wird die Berufung durchgeführt.

a) Prüfungsverfahren	
0,75 Prüfungsgebühr, Nr. 2100 VV	364,00 €
Auslagenpauschale, Nr. 7002 VV	20,00 €
19 % Umsatzsteuer, Nr. 7008 VV	73,06 €
Endsumme	457,56 €
b) Rechtsmittelverfahren	
1,6 Verfahrensgebühr, Nr. 3200 VV	777,60 €
1,2 Terminsgebühr, Nr. 3202 VV	583,20 €
Anrechnung gem. Anmerkung zu Nr. 2100 VV	- 364,50 €

Auslagenpauschale, Nr. 7002 VV	20,00 €
19 % Umsatzsteuer, Nr. 7008 VV	193,10 €
Endsumme	1.209,40 €

109 ► **Beispiel 3:**
Eingeschränktes Rechtsmittelverfahren
Der Mandant will gegen seine erstinstanzliche Verurteilung zur Zahlung von Tantieme in Höhe von 10.000,00 Euro Berufung einlegen. Nach der anwaltlichen Beratung wird die Berufung in Höhe von 5.000,00 Euro durchgeführt.

a) Prüfungsverfahren

0,75 Prüfungsgebühr, Nr. 2100 VV – Gegenstandswert 10.000,00 €	364,50 €
Auslagenpauschale, Nr. 7002 VV	20,00 €
19 % Umsatzsteuer, Nr. 7008 VV	73,06 €
Endsumme	457,56 €

b) Rechtsmittelverfahren

1,6 Verfahrensgebühr, Nr. 3200 VV – Gegenstandswert 5.000,00 €	481,60 €
1,2 Terminsgebühr, Nr. 3202 VV	361,20 €
0,75 **Anrechnung** gem. Anmerkung zu Nr. 2100 VV aus 5.000,00 Euro	- 225,75 €
Auslagenpauschale, Nr. 7002 VV	20,00 €
19 % Umsatzsteuer, Nr. 7008 VV	121,01 €
Endsumme	758,09 €

5. LAG

110 ► **Beispiel:**

1,6 Verfahrensgebühr, Nr. 3200 VV – Gegenstandswert 6.000,00 €	540,80 €
1,2 Terminsgebühr, Nr. 3202 VV	405,60 €
1,3 Einigungsgebühr, Nr. 1004 VV	439,60 €
Auslagenpauschale, Nr. 7002 VV	20,00 €
19 % Umsatzsteuer, Nr. 7008 VV	267,10 €
Endsumme	1.672,90 €

Anhang

Anhang I

Adress- und Telefonverzeichnis der Gerichte für Arbeitssachen in der Bundesrepublik Deutschland

Bezeichnung und Sitz des Gerichts	Anschrift	Telefon/Telefax
♦ **Bundesarbeitsgericht**		
Erfurt	Hugo-Preuß-Platz 1 99 084 Erfurt	(0361) 2636–0 Fax: 2636–2000
■ **Baden-Württemberg**		
• **Landesarbeitsgericht Baden-Württemberg**		
Stuttgart	Rosenbergstraße 16 70 174 Stuttgart	(0711) 123–0 Fax: 1233950
Auswärtige Kammern:		
Freiburg	Habsburger Straße 103 79104 Freiburg i.Br.	(0761) 7080–0 Fax: 708040
Mannheim	E 7, 21 68159 Mannheim	(0621) 2920 Fax: 2923471
○ **Arbeitsgerichte**		
– **Freiburg**	Habsburger Straße 103 79104 Freiburg i.Br.	(0761) 7080–0 Fax: 708040
Auswärtige Kammern:		
Offenburg	Okenstraße 6 77652 Offenburg	(0781) 9294–0 Fax: 929440
Villingen-Schwenningen	Am Hoptbühl 7/1 78048 Villingen-Schwenningen	(07721) 8409–0 Fax: 840933
– **Heilbronn**	Paulinenstraße 18 74076 Heilbronn	(07131) 9578–0 Fax: 9578444
Auswärtige Kammer:		
Crailsheim	Friedrichstraße 16 74564 Crailsheim	(07951) 9166–0 Fax: 916699
– **Karlsruhe**	Ritterstraße 12 76133 Karlsruhe	(0721) 1752500 Fax: 1752525
– **Lörrach**	Weinbrennerstraße 5 79539 Lörrach	(07621) 9247–0 Fax: 924720
Auswärtige Kammer:		
Radolfzell	Seetorstraße 5 78315 Radolfzell	(07732) 983200 Fax: 983201
– **Mannheim**	E 7, 21 68159 Mannheim	(0621) 292–0 Fax: 2921311
Auswärtige Kammer:		
Heidelberg	Vangerowstraße 20 69115 Heidelberg	(06221) 43856–0 Fax: 43856–25
– **Pforzheim**	Simmlerstraße 9 75172 Pforzheim	(07231) 1658300 Fax: 1658309
– **Reutlingen**	Bismarkstraße 64 72764 Reutlingen	(07121) 940–0 Fax: 9403232
– **Stuttgart**	Johannesstraße 86 70176 Stuttgart	(0711) 218520 Fax: 21852100
Auswärtige Kammern:		
Aalen	Stuttgarter Straße 7 73430 Aalen	(07361) 96517–0 Fax: 965171

Ludwigsburg	Friedrichstraße 5 71638 Ludwigsburg	(07141) 9442–0 Fax: 905309
– **Ulm**	Zeughausgasse 12 89073 Ulm	(0731) 189–0 Fax: 1892377
Auswärtige Kammer:		
Ravensburg	Marktstraße 28 88212 Ravensburg	(0751) 806–2150 Fax: 806–2151
Landkreis Ravensburg		

■ Bayern

– **Landesarbeitsgericht**

München	Winzererstraße 104 80797 München	(089) 30619–0 Fax: 30619211

○ Arbeitsgerichte

– **Augsburg**	Ulrichplatz 3 86150 Augsburg	(0821) 5709–03 Fax: 57094000
Kammer:		
Neu-Ulm	Maximilianstraße 39 89231 Neu-Ulm	(0731) 705191–0 Fax: 705191–99
– **Kempten**	Königstraße 11 87435 Kempten (Allgäu)	(0831) 52212–0 Fax: 5221213
– **München**	Winzererstraße 104 80797 München	(089) 30619–0 Fax: 30619298
Kammern:		
Ingolstadt	Proviantstraße 1 85049 Ingolstadt	(0841) 93586–6 Fax: 93586–87
Weilheim	Alpenstraße 16 82362 Weilheim	(0881) 998–200 Fax: 998202
– **Passau**	Eggendobl 4 94034 Passau	(0851) 95949–0 Fax: 95949149
Kammer:		
Deggendorf	Bahnhofstraße 94 94469 Deggendorf	(0991) 4564 Fax: 341162
– **Regensburg**	Bertoldstraße 2 93047 Regensburg	(0941) 5025–0 Fax: 5025300
Kammer:		
Landshut	Seligenthaler Straße 10 84034 Landshut	(0871) 8528–03 Fax: 8528–250
– **Rosenheim**	Rathausstraße 23 83022 Rosenheim	(08031) 30504 Fax: 305193
Kammer:		
Traunstein	Salinenstraße 4 83278 Traunstein	(0861) 98723 Fax: 165570

• Landesarbeitsgericht

Nürnberg	Roonstraße 20 90429 Nürnberg	(0911) 928–0 Fax: 9282750

○ Arbeitsgerichte

– **Bamberg**	Willy-Lessing-Straße 13 96047 Bamberg	(0951) 9804201 Fax: 9804229
Kammer:		
Coburg	Obere Bürglaß 36 96450 Coburg	(09561) 7419300 Fax: 7419333
– **Bayreuth**	Ludwig-Thoma-Straße 7 95447 Bayreuth	(0921) 593–0 Fax: 593111

Kammer:

Hof	Kulmbacher Straße 47 95030 Hof	(09281) 61820 Fax: 618222
– **Nürnberg**	Roonstraße 20 90429 Nürnberg	(0911) 928–0 Fax: 9282630
– **Weiden**	Ledererstraße 9 92637 Weiden	(0961) 30000 Fax: 3000219
Kammer:		
Schwandorf	Wackersdorfer Straße 78a 92421 Schwandorf	(09431) 8564 Fax: 8775
– **Würzburg**	Ludwigstraße 33 97070 Würzburg	(0931) 3087–0 Fax: 3087303
Kammern:		
Aschaffenburg	Schloßplatz 7 63739 Aschaffenburg	(06021) 398–1102 Fax: 398–1100
Schweinfurt	Alte Bahnhofstraße 27 97422 Schweinfurt	(09721) 203–0 Fax: 203342

■ Berlin – Brandenburg

– **Landesarbeitsgericht**		
Berlin – Brandenburg	Magdeburger Platz 1 10785 Berlin	(030) 90171–0 Fax: 90171222 od. -333

○ Arbeitsgerichte

– **Berlin**	Magdeburger Platz 1 10785 Berlin	(030) 90171–0 Fax: 90171222 od. -333
– **Potsdam**	Zeppelinstraße 136 14471 Potsdam	(0331) 9817–0 Fax: 9817250
– **Brandenburg (Stadt)**	Magdeburger Straße 51 14770 Brandenburg	(03381) 398–400 Fax: 398–499
– **Cottbus**	Vom Stein-Straße 28 03050 Cottbus	(0355) 4991–3110 Fax: 4991–3239
– **Eberswalde**	Tramper Chaussee 5 16225 Eberswalde	(03334) 660030 Fax: 660028
– **Frankfurt/Oder**	Eisenhüttenstädter Chaussee 48 15236 Frankfurt/Oder	(0335) 55380 Fax: 5538227
– **Neuruppin**	Karl-Liebknecht-Straße 28 16816 Neuruppin	(03391) 4585–00 Fax: 458530
– **Potsdam**	Zeppelinstraße 136 14471 Potsdam	(0331) 98170 Fax: 9817125
– **Senftenberg**	Schulstraße 4b 01968 Senftenberg	(03573) 37240 Fax: 372455

■ Bremen

– **Landesarbeitsgericht**		
Bremen	Parkallee 79 28209 Bremen	(0421) 3616371 Fax: 3616579

○ Arbeitsgerichte

– **Bremen**	Finddorffstraße 14/16 28215 Bremen	(0421) 3615453 Fax: 3615453
– **Bremerhaven** Kammer: Bremerhaven	Brookstraße 1 27580 Bremerhaven	(0471) 59613045 Fax: 59613048

■ Hamburg

– **Landesarbeitsgericht**		
Hamburg	Osterbekstraße 96 22083 Hamburg	(040) 42863–5601 Fax: 42863–5852

○ Arbeitsgericht

– Hamburg	Osterbekstraße 96 22083 Hamburg	(040) 42863–5665 Fax: 42863–5852

■ Hessen

– Hessisches Landesarbeitsgericht

Frankfurt	Adickesallee 36 60322 Frankfurt a.M. Postfach 180320 60084 Frankfurt a.M.	(069) 1535–0 Fax: 1535538

○ Arbeitsgerichte

– Darmstadt	Steubenplatz 14 64293 Darmstadt	(06151) 80403 Fax: 804501
– Frankfurt a.M.	Adickesallee 36 60322 Frankfurt a.M. Postfach 180320 60084 Frankfurt a.M.	(069) 15350 Fax: 1535538
– Fulda	Heinrich-von-Bibra Platz 3 36037 Fulda	(0661) 2922–00 Fax: 2922–22
– Gießen	Friedrich-List-Straße 25 35398 Gießen Postfach 110149 35346 Gießen	(0641) 60770 Fax: 607740
– Hanau	Sandeldamm 24a 63450 Hanau	(06181) 91540 Fax: 915424
– Bad Hersfeld	Dudenstraße 10 36251 Bad Hersfeld	(06621) 203–0 Fax: 203508
– Kassel	Ständeplatz 19 34117 Kassel	(0561) 287700 Fax: 2877066
– Limburg	Weiersteinstraße 4 65549 Limburg/Lahn	(06431) 6303 Fax: 26588
– Marburg	Gutenbergstraße 29a 35037 Marburg Postfach 574 35017 Marburg	(06421) 1708–44 Fax: 12154
– Offenbach a.M.	Kaiserstraße 16–18 63065 Offenbach a.M.	(069) 805731–61 Fax: 80573403
– Wetzlar	Hausertorstraße 47b 35578 Wetzlar	(06441) 500230 Fax: 5002325
– Wiesbaden	Adolfsallee 53 65185 Wiesbaden	(0611) 8150 Fax: 8152599

■ Mecklenburg-Vorpommern

– Landesarbeitsgericht Mecklenburg-Vorpommern

Rostock	August-Bebel-Straße 15–20 18055 Rostock	(0381) 24 10 Fax: 24 11 24

○ Arbeitsgerichte

– Neubrandenburg	Südbahnstraße 8a 17033 Neubrandenburg	(03 59) 5 44 40 Fax: 5 44 46 00
– Rostock	August-Bebel-Straße 15–20 18055 Rostock	(03 81) 24 10 Fax: 24 11 67
– Schwerin	Dr.-Külz-Straße 20 19053 Schwerin	(03 85) 7 44 50 Fax: 7 44 51 40
– Stralsund	Frankendamm 17 18439 Stralsund	(0 38 31) 2050 Fax: 205813

■ Niedersachsen

– Landesarbeitsgericht Niedersachsen

Hannover	Siemensstraße 10 30173 Hannover	(05 11) 80 70 80 Fax: 8 07 08 25

○ Arbeitsgerichte

– Braunschweig	Grünewaldstraße 11 A 38104 Braunschweig	(05 31) 2 38 50–0 Fax: 2 38 50–66
– Celle	Im Werder 11 29221 Celle	(0 51 41) 92 46–0 Fax: 92 46 18
– Emden	Am Delft 29 26721 Emden	(0 49 21) 91420 Fax: 914233
– Göttingen	Maschmühlenweg 11 37073 Göttingen	(05 51) 40 30 Fax: 4 03 21 50
– Hameln	Süntelstraße 5 31785 Hameln	(0 51 51) 93 69–0 Fax: 93 69 20
– Hannover	Ellernstraße 42 30175 Hannover	(05 11) 28 06 60 Fax: 2 80 66 21
– Hildesheim	Kreuzstraße 8 31134 Hildesheim	(05121) 304501 Fax: 304506
– Lingen	Am Wall Süd 18 49808 Lingen (Ems)	(0591) 912140 Fax: 3272
– Lüneburg	Adolph-Kolping-Straße 2 21337 Lüneburg	(04131) 8545540 Fax: 8545490
– Nienburg	Amalie-Thomas-Platz 1 31582 Nienburg	(05021) 91 76–0 Fax: 65623
– Oldenburg	Bahnhofstraße 14a 26122 Oldenburg	(0441) 2 20 65 00 Fax: 2 20 66 00
– Osnabrück	Johannisstraße 70 49074 Osnabrück	(0541) 315–0/4585–4586 Fax: 315–6950
– Stade	Am Sande 4a 21682 Stade	(04141) 40601 Fax: 406362
– Verden	Bürgermeister-Münchmeyer-Straße 4 27283 Verden	(04231) 28310 Fax: 5229
– Wilhelmshaven	Zedeliusstraße 17a 26384 Wilhelmshaven	(04421) 9324–10 Fax: 9324–33,33852

■ Nordrhein-Westfalen

– Landesarbeitsgericht

Düsseldorf	Ludwig-Erhard-Allee 21 40227 Düsseldorf	(0211) 77700 Fax: 77 70 21 99

○ Arbeitsgerichte

– Düsseldorf	Ludwig-Erhard-Allee 21 40227 Düsseldorf	(0211) 77700 Fax: 77702299
– Duisburg	Mülheimer Straße 54 47057 Duisburg	(0203) 30050 Fax: 3005262
– Essen	Zweigertstraße 54 45130 Essen	(0201) 79921 Fax: 7992450
– Krefeld	Preußenring 47 47798 Krefeld	(02151) 847–0 Fax: 847–682
– Mönchengladbach	Hohenzollernstraße 155 (Landgerichtsgebäude) 41061 Mönchengladbach	(02161) 2760 Fax: 276768
– Oberhausen	Friedrich-List-Straße 18 46045 Oberhausen	(0208) 857450 Fax: 85745–10

– **Solingen**	Wupperstraße 32 42651 Solingen	(0212) 28090 Fax: 280961
– **Wesel**	Ritterstraße 1 46483 Wesel	(0281) 338910 Fax: 3389144
– **Wuppertal**	Ziland 4 42103 Wuppertal	(0202) 255860 Fax: 2558640
– **Landesarbeitsgericht**		
Hamm	Marker Allee 94 59071 Hamm	(02381) 8911 Fax: 891283

○ Arbeitsgerichte

– **Arnsberg**	Johanna-Baltz-Straße 28 59821 Arnsberg	(02931) 52850 Fax: 5285–99
– **Bielefeld**	Detmolder Straße 9 33604 Bielefeld	(0521) 5490 Fax: 5491707
– **Bocholt**	Münsterstraße 76 46397 Bocholt	(02871) 24409–0 Fax: 24409–19
– **Bochum**	Marienplatz 2 44787 Bochum	(0234) 68950 Fax: 6895200
– **Detmold**	Richthofenstraße 3 32756 Detmold	(05231) 7040 Fax: 704406
– **Dortmund**	Ruhrallee 3 44139 Dortmund	(0231) 54151 Fax: 5415519
– **Gelsenkirchen**	Bochumer Straße 86 45886 Gelsenkirchen	(0209) 178700 Fax: 1787199
– **Hagen**	Heinitzstraße 44 58097 Hagen	(02331) 985–0 Fax: 985453
Hamm	Marker Allee 94 59071 Hamm	(02381) 8911 Fax: 891276
– **Herford**	Elverdisser Straße 12 32052 Herford	(05221) 1054–0 Fax: 105454
– **Herne**	Schillerstraße 37–39 44623 Herne	(02323) 95320 Fax: 953232
– **Iserlohn**	Erich-Nörrenberg-Straße 7 58636 Iserlohn	(02371) 825555 Fax: 825599
– **Minden**	Königswall 8 32423 Minden	(0571) 88860 Fax: 8886235
– **Münster**	Mecklenbecker Straße 229 48163 Münster	(0251) 974130 Fax: 9741349
– **Paderborn**	Grevestraße 1 33102 Paderborn	(05251) 691620 Fax: 6916230
– **Rheine**	Dutumer Straße 5 48431 Rheine	(05971) 9271–0 Fax: 9271–50
– **Siegen**	Unteres Schloß 10 57072 Siegen	(0271) 585300 Fax: 585301
– **Landesarbeitsgericht**		
Köln	Blumenthalstr. 33 50670 Köln	(0221) 77400 Fax: 7740356

○ Arbeitsgerichte

– **Aachen**	Aureliusstraße 30 52064 Aachen	(0241) 470920 Fax: 48490
– **Bonn**	Kreuzbergweg 5 53115 Bonn	(0228) 98569–0 Fax: 692381
– **Köln**	Pohligstr. 9 50969 Köln	(0221) 936530 Fax: 93653804

– **Siegburg**	Neue Poststraße 16 53721 Siegburg	(02241) 3050 Fax: 52657

■ Rheinland-Pfalz

– **Landesarbeitsgericht Rheinland-Pfalz**		
Mainz	Ernst-Ludwig-Straße 1 55116 Mainz	(06131) 1410 Fax: 1419506

○ Arbeitsgerichte

– **Kaiserslautern**	Bahnhofstraße 24 67655 Kaiserslautern	(0631) 37210 Fax: 3721510
Auswärtige Kammer:		
Pirmasens	Bahnhofstraße 22 66953 Pirmasens	(06331) 8711 Fax: 871386
– **Koblenz**	Gerichtsstraße 5 56068 Koblenz	(0261) 9130–0 Fax: 913065
Auswärtige Kammer:		
Neuwied	Hermannstraße 43 56564 Neuwied	(02631) 905–0 Fax: 905–260
– **Ludwigshafen**	Wredestraße 6 67059 Ludwigshafen	(0621) 596050 Fax: 5960530
Auswärtige Kammer:		
Landau	Reiterstraße 16 76829 Landau/Pfalz	(06341) 26344 Fax: 26345
– **Mainz**	Ernst-Ludwig-Straße 4 55116 Mainz	(06131) 1410 Fax: 1419773
Auswärtige Kammer:		
Bad-Kreuznach	Wilhelmstraße 7–11 55543 Bad Kreuznach	(0671) 259–244 Fax: 259–226
– **Trier**	Dietrichstraße 13 54290 Trier	(0651) 466–0 Fax: 466–819

■ Saarland

– **Landesarbeitsgericht Saarland**		
Saarbrücken	Obere Lauerfahrt 10 66121 Saarbrücken	(0681) 501–3603 Fax: 501–3607

○ Arbeitsgerichte

– **Saarbrücken**	Obere Lauerfahrt 10 66121 Saarbrücken	(0681) 501–3614 Fax: 501–3607
– **Neunkirchen**	Lindenallee 13 66538 Neunkirchen	(06821) 913–186 Fax: 913–182
– **Saarlouis**	Handwerkerstraße 2 66740 Saarlouis	(06831) 949820 Fax: 9498230

■ Sachsen

– **Landesarbeitsgericht Sachsen**		
Chemnitz	Zwickauer Straße 54 09112 Chemnitz	(0371) 4530 Fax: 4537222

○ Arbeitsgerichte

– **Bautzen**	Lessingstraße 7 02625 Bautzen	(03591) 361–0 Fax: 361–333
Auswärtige Kammer:		
Görlitz	Postplatz 02826 Görlitz	(03581) 4690 Fax: 469270

– **Chemnitz**	Zwickauer Straße 54 09112 Chemnitz	(0371) 91120 Fax: 9112157
– **Dresden**	Löbtauer Straße 4 01067 Dresden	(0351) 44650 Fax: 4465205
– **Leipzig**	Erich-Weinert-Straße 18 04105 Leipzig	(0341) 59560 Fax: 5956849
– **Zwickau**	Äußere Dresdner Straße 15 08066 Zwickau	(0375) 421–0 Fax: 421–222

■ Sachsen-Anhalt

– **Landesarbeitsgericht Sachsen-Anhalt**		
Halle	Thüringer Straße 16 06112 Halle	(0345) 220–0 Fax: 220–2240

○ Arbeitsgerichte

– **Dessau**	Mariannenstraße 1 06844 Dessau	(0340) 2020 Fax: 202–1600
– **Halberstadt**	Richard-Wagner-Straße 53 38820 Halberstadt	(03941) 670–400 Fax: 670–401
– **Halle**	Thüringer Straße 16 06112 Halle-Neustadt	(0345) 220–2000 Fax: 220–2045
– **Magdeburg**	Liebknechtstraße 65–91 39110 Magdeburg	(0391) 6060 Fax: 6065024
– **Naumburg**	Nordstraße 15 06618 Naumburg	(03445) 281617 Fax: 281618
– **Stendal**	Industriestraße 24b 39576 Stendal	(03931) 6940 Fax: 694100

■ Schleswig-Holstein

– **Landesarbeitsgericht Schleswig-Holstein**		
Kiel	Deliusstraße 22 24114 Kiel	(0431) 6040 Fax: 6044100

○ Arbeitsgerichte

– **Elmshorn**	Moltkestraße 28 25335 Elmshorn	(04121) 4866–0 Fax: 84728
– **Flensburg**	Südergraben 55 24937 Flensburg	(0461) 89382 Fax: 89386
– **Kiel**	Deliusstraße 22 24114 Kiel	(0431) 6040 Fax: 6044000
– **Lübeck**	Neustraße 2a 23568 Lübeck	(0451) 389780 Fax: 32229
– **Neumünster**	Gartenstraße 24 24534 Neumünster	(04321) 4097–0 Fax: 48310

■ Thüringen

– **Landesarbeitsgericht Thüringen**		
Erfurt	Rudolfstraße 46 99092 Erfurt	(0361) 3776001 Fax: 3776000

○ Arbeitsgerichte

– **Eisenach**	Theaterplatz 5 99817 Eisenach	(03691) 247–0 Fax: 247–131
– **Erfurt**	Rudolfstraße 46 99092 Erfurt	(0361) 3776001 Fax: 3776395
– **Gera**	Hainstraße 21 07545 Gera	(0365) 8339–0 Fax: 8339–166

– **Jena**	August-Bebel-Straße 3 07743 Jena	(03641) 408–0 Fax: 408–100
– **Nordhausen**	Käthe-Kollwitz-Straße 1b 99734 Nordhausen	(03631) 47690 Fax: 476977
– **Suhl**	Rimbachstraße 30 98527 Suhl	(03681) 375–0 Fax: 375–328

Anhang II

Vergleichstabelle zum Vertragstext EGV
Durch den Vertrag von Nizza geänderte bzw. eingefügte Artikel sind kursiv gedruckt

Alte Nummerierung (Maastricht)	Neue Nummerierung (Amsterdam und Nizza)
Titel I	Titel I
Artikel A	Artikel 1
Artikel B	Artikel 2
Artikel C	Artikel 3
Artikel D	Artikel 4
Artikel E	Artikel 5
Artikel F	Artikel 6
Artikel F.1*	_Artikel 7_
Titel II	Titel II
Artikel G	Artikel 8
Titel III	Titel III
Artikel H	Artikel 9
Titel IV	Titel IV
Artikel I	Artikel 10
Titel V**	Titel V
Artikel J.1	Artikel 11
Artikel J.2	Artikel 12
Artikel J.3	Artikel 13
Artikel J.4	Artikel 14
Artikel J.5	Artikel 15
Artikel J.6	Artikel 16
Artikel J.7	_Artikel 17_
Artikel J.8	Artikel 18
Artikel J.9	Artikel 19
Artikel J.10	Artikel 20
Artikel J.11	Artikel 21
Artikel J.12	Artikel 22
Artikel J.13	_Artikel 23_
Artikel J.14	_Artikel 24_
Artikel J.15	_Artikel 25_
Artikel J.16	Artikel 26
Artikel J.17	Artikel 27
	Artikel 27a***
	Artikel 27b***
	Artikel 27c***
	Artikel 27d***
	Artikel 27e***
Artikel J.18	Artikel 28

Alte Nummerierung (Maastricht)	Neue Nummerierung (Amsterdam und Nizza)
Titel VI**	Titel VI
Artikel K.1	_Artikel 29_
Artikel K.2	Artikel 30
Artikel K.3	_Artikel 31_
Artikel K.4	Artikel 32
Artikel K.5	Artikel 33
Artikel K.6	Artikel 34
Artikel K.7	Artikel 35
Artikel K.8	Artikel 36
Artikel K.9	Artikel 37
Artikel K.10	Artikel 38
Artikel K.11	Artikel 39
Artikel K.12	_Artikel 40_
	Artikel 40a***
	Artikel 40b***
Artikel K.13	Artikel 41
Artikel K.14	Artikel 42
Titel VI a**	Titel VII
Artikel K.15*	_Artikel 43_
	Artikel 43a***
	Artikel 43b***
Artikel K.16*	_Artikel 44_
	Artikel 44a***
Artikel K.17*	_Artikel 45_
Titel VII	Titel VIII
Artikel L	_Artikel 46_
Artikel M	Artikel 47
Artikel N	Artikel 48
Artikel O	Artikel 49
Artikel P	Artikel 50
Artikel Q	Artikel 51
Artikel R	Artikel 52
Artikel S	Artikel 53

* Neuer Artikel, eingefügt durch den Vertrag von Amsterdam (1997).
** Neuer Titel, eingefügt durch den Vertrag von Amsterdam.
*** Neuer Artikel, eingefügt durch den Vertrag von Nizza.

Vergleichstabelle zum Vertragstext EGV
Durch den Vertrag von Nizza geänderte bzw. eingefügte Artikel sind kursiv gedruckt

Alte Nummerierung (Maastricht)	Neue Nummerierung (Amsterdam und Nizza)
Erster Teil	Erster Teil
Erster Teil	Erster Teil
Artikel 1	Artikel 1
Artikel 2	Artikel 2
Artikel 3	Artikel 3
Artikel 3a	Artikel 4
Artikel 3b	Artikel 5
Artikel 3c*	Artikel 6
Artikel 4	Artikel 7
Artikel 4a	Artikel 8
Artikel 4b	Artikel 9
Artikel 5	Artikel 10
Artikel 5a*	*Artikel 11*
	*Artikel 11a***
Artikel 6	Artikel 12
Artikel 6a*	*Artikel 13*
Artikel 7 (aufgehoben)	–
Artikel 7a	Artikel 14
Artikel 7b (aufgehoben)	–
Artikel 7c	Artikel 15
Artikel 7d*	Artikel 16
Zweiter Teil	Zweiter Teil
Artikel 8	Artikel 17
Artikel 8a	*Artikel 18*
Artikel 8b	Artikel 19
Artikel 8c	Artikel 20
Artikel 8d	Artikel 21
Artikel 8e	Artikel 22
Dritter Teil	Dritter Teil
Titel I	Titel I
Artikel 9	Artikel 23
Artikel 10	Artikel 24
Artikel 11 (aufgehoben)	–
Kapitel 1	Kapitel 1
Abschnitt 1 (gestrichen)	–
Artikel 12	Artikel 25
Artikel 13 (aufgehoben)	–
Artikel 14 (aufgehoben)	–
Artikel 15 (aufgehoben)	–
Artikel 16 (aufgehoben)	–
Artikel 17 (aufgehoben)	–
Abschnitt 2 (gestrichen)	–
Artikel 18 (aufgehoben)	–
Artikel 19 (aufgehoben)	–
Artikel 20 (aufgehoben)	–
Artikel 21 (aufgehoben)	–
Artikel 22 (aufgehoben)	–
Artikel 23 (aufgehoben)	–
Artikel 24 (aufgehoben)	–
Artikel 25 (aufgehoben)	–
Artikel 26 (aufgehoben)	–
Artikel 27 (aufgehoben)	–
Artikel 28	Artikel 26
Artikel 29	Artikel 27
Kapitel 2	Kapitel 2
Artikel 30	Artikel 28
Artikel 31 (aufgehoben)	–
Artikel 32 (aufgehoben)	–
Artikel 33 (aufgehoben)	–
Artikel 34	Artikel 29
Artikel 35 (aufgehoben)	–
Artikel 36	Artikel 30
Artikel 37	Artikel 31
Titel II	Titel II
Artikel 38	Artikel 32
Artikel 39	Artikel 33
Artikel 40	Artikel 34
Artikel 41	Artikel 35

* Neuer Artikel, eingefügt durch den Vertrag von Amsterdam (1997).
** Neuer Titel, eingefügt durch den Vertrag von Amsterdam.

Alte Nummerierung (Maastricht)	Neue Nummerierung (Amsterdam und Nizza)
Artikel 42	Artikel 36
Artikel 43	Artikel 37
Artikel 44 (aufgehoben)	–
Artikel 45 (aufgehoben)	–
Artikel 46	Artikel 38
Artikel 47 (aufgehoben)	–
Titel III	Titel III
Kapitel 1	Kapitel 1
Artikel 48	Artikel 39
Artikel 49	Artikel 40
Artikel 50	Artikel 41
Artikel 51	Artikel 42
Kapitel 2	Kapitel 2
Artikel 52	Artikel 43
Artikel 53 (aufgehoben)	–
Artikel 54	Artikel 44
Artikel 55	Artikel 45
Artikel 56	Artikel 46
Artikel 57	Artikel 47
Artikel 58	Artikel 48
Kapitel 3	Kapitel 3
Artikel 59	Artikel 49
Artikel 60	Artikel 50
Artikel 61	Artikel 51
Artikel 62 (aufgehoben)	–
Artikel 63	Artikel 52
Artikel 64	Artikel 53
Artikel 65	Artikel 54
Artikel 66	Artikel 55
Kapitel 4	Kapitel 4
Artikel 67 (aufgehoben)	–
Artikel 68 (aufgehoben)	–
Artikel 69 (aufgehoben)	–
Artikel 70 (aufgehoben)	–
Artikel 71 (aufgehoben)	–
Artikel 72 (aufgehoben)	–
Artikel 73 (aufgehoben)	–

Alte Nummerierung (Maastricht)	Neue Nummerierung (Amsterdam und Nizza)
Artikel 73a (aufgehoben)	–
Artikel 73b	Artikel 56
Artikel 73c	Artikel 57
Artikel 73d	Artikel 58
Artikel 73e (aufgehoben)	–
Artikel 73 f	Artikel 59
Artikel 73g	Artikel 60
Artikel 73h (aufgehoben)	–
Titel IIIa**	Titel IV
Artikel 73i*	Artikel 61
Artikel 73j*	Artikel 62
Artikel 73k*	Artikel 63
Artikel 73l*	Artikel 64
Artikel 73m*	Artikel 65
Artikel 73n*	Artikel 66
Artikel 73o*	Artikel 67
Artikel 73p*	Artikel 68
Artikel 73q*	Artikel 69
Titel IV	Titel V
Artikel 74	Artikel 70
Artikel 75	Artikel 71
Artikel 76	Artikel 72
Artikel 77	Artikel 73
Artikel 78	Artikel 74
Artikel 79	Artikel 75
Artikel 80	Artikel 76
Artikel 81	Artikel 77
Artikel 82	Artikel 78
Artikel 83	Artikel 79
Artikel 84	Artikel 80
Titel V	Titel VI
Kapitel 1	Kapitel 1
Abschnitt 1	Abschnitt 1
Artikel 85	Artikel 81
Artikel 86	Artikel 82
Artikel 87	Artikel 83
Artikel 88	Artikel 84
Artikel 89	Artikel 85
Artikel 90	Artikel 86
Abschnitt 2 (gestrichen)	–
Artikel 91 (aufgehoben)	–
Abschnitt 3	Abschnitt 2
Artikel 92	Artikel 87
Artikel 93	Artikel 88

* Neuer Artikel, eingefügt durch den Vertrag von Amsterdam (1997).
** Neuer Titel, eingefügt durch den Vertrag von Amsterdam.

Alte Nummerierung (Maastricht)	Neue Nummerierung (Amsterdam und Nizza)
Artikel 94	Artikel 89
Kapitel 2	Kapitel 2
Artikel 95	Artikel 90
Artikel 96	Artikel 91
Artikel 97 (aufgehoben)	–
Artikel 98	Artikel 92
Artikel 99	Artikel 93
Kapitel 3	Kapitel 3
Artikel 100	Artikel 94
Artikel 100a	Artikel 95
Artikel 100b (aufgehoben)	–
Artikel 100c (aufgehoben)	–
Artikel 100d (aufgehoben)	–
Artikel 101	Artikel 96
Artikel 102	Artikel 97
Teil VI	Teil VII
Kapitel 1	Kapitel 1
Artikel 102a	Artikel 98
Artikel 103	Artikel 99
Artikel 103a	*Artikel 100*
Artikel 104	Artikel 101
Artikel 104a	Artikel 102
Artikel 104b	Artikel 103
Artikel 104c	Artikel 104
Kapitel 2	Kapitel 2
Artikel 105	Artikel 105
Artikel 105a	Artikel 106
Artikel 106	Artikel 107
Artikel 107	Artikel 108
Artikel 108	Artikel 109
Artikel 108a	Artikel 110
Artikel 109	*Artikel 111*
Kapitel 3	Kapitel 3
Artikel 109a	Artikel 112
Artikel 109b	Artikel 113
Artikel 109c	Artikel 114
Artikel 109d	Artikel 115
Kapitel 4	Kapitel 4
Artikel 109e	Artikel 116
Artikel 109 f	Artikel 117
Artikel 109g	Artikel 118
Artikel 109h	Artikel 119
Artikel 109i	Artikel 120
Artikel 109j	Artikel 121
Artikel 109k	Artikel 122
Artikel 109l	*Artikel 123*
Artikel 109m	Artikel 124
Titel VIa**	Titel VIII
Artikel 109n*	Artikel 125
Artikel 109o*	Artikel 126
Artikel 109p*	Artikel 127
Artikel 109q*	Artikel 128
Artikel 109r*	Artikel 129
Artikel 109s*	Artikel 130
Titel VII	Titel IX
Artikel 110	Artikel 131
Artikel 111 (aufgehoben)	–
Artikel 112	Artikel 132
Artikel 113	*Artikel 133*
Artikel 114 (aufgehoben)	–
Artikel 115	Artikel 134
Titel VIIa**	Titel X
Artikel 116*	Artikel 135
Titel VIII	Titel XI
Kapitel 1****	Kapitel 1
Artikel 117	Artikel 136
Artikel 118	*Artikel 137*
Artikel 118a	Artikel 138
Artikel 118b	*Artikel 139*
Artikel 118c	Artikel 140
Artikel 119	Artikel 141
Artikel 119a	Artikel 142
Artikel 120	Artikel 143
Artikel 121	*Artikel 144*
Artikel 122	Artikel 145
Kapitel 2	Kapitel 2
Artikel 123	Artikel 146
Artikel 124	Artikel 147
Artikel 125	Artikel 148
Kapitel 3	Kapitel 3
Artikel 126	Artikel 149
Artikel 127	Artikel 150
Titel IX	Titel XII
Artikel 128	Artikel 151
Titel X	Titel XIII
Artikel 129	Artikel 152
Titel XI	Titel XIV
Artikel 129a	Artikel 153

* Neuer Artikel, eingefügt durch den Vertrag von Amsterdam (1997).
** Neuer Titel, eingefügt durch den Vertrag von Amsterdam.
**** Kapitel 1, umstrukutriert durch den Vertrag von Amsterdam.

Alte Nummerierung (Maastricht)	Neue Nummerierung (Amsterdam und Nizza)
Titel XII	Titel XV
Artikel 129b	Artikel 154
Artikel 129c	Artikel 155
Artikel 129d	Artikel 156
Titel XIII	Titel XVI
Artikel 130	*Artikel 157*
Titel XIV	Titel XVII
Artikel 130a	Artikel 158
Artikel 130b	*Artikel 159*
Artikel 130c	Artikel 160
Artikel 130d	*Artikel 161*
Artikel 130e	Artikel 162
Titel XV	Titel XVIII
Artikel 130 f	Artikel 163
Artikel 130g	Artikel 164
Artikel 130h	Artikel 165
Artikel 130i	Artikel 166
Artikel 130j	Artikel 167
Artikel 130k	Artikel 168
Artikel 130l	Artikel 169
Artikel 130m	Artikel 170
Artikel 130n	Artikel 171
Artikel 130o	Artikel 172
Artikel 130p	Artikel 173
Artikel 130q (aufgehoben)	–
Titel XVI	Titel XIX
Artikel 130r	Artikel 174
Artikel 130s	*Artikel 175*
Artikel 130t	Artikel 176
Titel XVII	Titel XX
Artikel 130u	Artikel 177
Artikel 130v	Artikel 178
Artikel 130w	Artikel 179
Artikel 130x	Artikel 180
Artikel 130y	Artikel 181
	Titel XXI
	*Artikel 181a****
Vierter Teil	Vierter Teil
Artikel 131	Artikel 182
Artikel 132	Artikel 183
Artikel 133	Artikel 184
Artikel 134	Artikel 185
Artikel 135	Artikel 186
Artikel 136	Artikel 187
Artikel 136a	Artikel 188

Alte Nummerierung (Maastricht)	Neue Nummerierung (Amsterdam und Nizza)
Fünfter Teil	Fünfter Teil
Titel I	Titel I
Kapitel 1	Kapitel 1
Abschnitt 1	Abschnitt 1
Artikel 137	*Artikel 189*
Artikel 138	*Artikel 190*
Artikel 138a	*Artikel 191*
Artikel 138b	Artikel 192
Artikel 138c	Artikel 193
Artikel 138d	Artikel 194
Artikel 138e	Artikel 195
Artikel 139	Artikel 196
Artikel 140	Artikel 197
Artikel 141	Artikel 198
Artikel 142	Artikel 199
Artikel 143	Artikel 200
Artikel 144	Artikel 201
Abschnitt 2	Abschnitt 2
Artikel 145	Artikel 202
Artikel 146	Artikel 203
Artikel 147	Artikel 204
Artikel 148	Artikel 205
Artikel 149 (aufgehoben)	–
Artikel 150	Artikel 206
Artikel 151	*Artikel 207*
Artikel 152	Artikel 208
Artikel 153	Artikel 209
Artikel 154	*Artikel 210*
Abschnitt 3	Abschnitt 3
Artikel 155	Artikel 211
Artikel 156	Artikel 212
Artikel 157	Artikel 213
Artikel 158	*Artikel 214*
Artikel 159	*Artikel 215*
Artikel 160	Artikel 216
Artikel 161	*Artikel 217*
Artikel 162	Artikel 218
Artikel 163	*Artikel 219*
Abschnitt 4	Abschnitt 4
Artikel 164	*Artikel 220*
Artikel 165	*Artikel 221*
Artikel 166	*Artikel 222*
Artikel 167	*Artikel 223*
Artikel 168	*Artikel 224*
Artikel 168a	*Artikel 225*
	*Artikel 225a****

*** Neuer Artikel, eingefügt durch den Vertrag von Nizza.

Alte Nummerierung (Maastricht)	Neue Nummerierung (Amsterdam und Nizza)
Artikel 169	Artikel 226
Artikel 170	Artikel 227
Artikel 171	Artikel 228
Artikel 172	Artikel 229
	*Artikel 229a****
Artikel 173	*Artikel 230*
Artikel 174	Artikel 231
Artikel 175	Artikel 232
Artikel 176	Artikel 233
Artikel 177	Artikel 234
Artikel 178	Artikel 235
Artikel 179	Artikel 236
Artikel 180	Artikel 237
Artikel 181	Artikel 238
Artikel 182	Artikel 239
Artikel 183	Artikel 240
Artikel 184	Artikel 241
Artikel 185	Artikel 242
Artikel 186	Artikel 243
Artikel 187	Artikel 244
Artikel 188	*Artikel 245*
Abschnitt 5	Abschnitt 5
Artikel 188a	Artikel 246
Artikel 188b	*Artikel 247*
Artikel 188c	*Artikel 248*
Kapitel 2	Kapitel 2
Artikel 189	Artikel 249
Artikel 189a	Artikel 250
Artikel 189b	Artikel 251
Artikel 189c	Artikel 252
Artikel 190	Artikel 253
Artikel 191	*Artikel 254*
Artikel 191a*	Artikel 255
Artikel 192	Artikel 256
Kapitel 3	Kapitel 3
Artikel 193	*Artikel 257*
Artikel 194	*Artikel 258*
Artikel 195	*Artikel 259*
Artikel 196	Artikel 260
Artikel 197	Artikel 261
Artikel 198	Artikel 262
Kapitel 4	Kapitel 4
Artikel 198a	*Artikel 263*
Artikel 198b	Artikel 264
Artikel 198c	Artikel 265
Kapitel 5	Kapitel 5
Artikel 198d	*Artikel 266*
Artikel 198e	Artikel 267

Alte Nummerierung (Maastricht)	Neue Nummerierung (Amsterdam und Nizza)
Titel II	Titel II
Artikel 199	Artikel 268
Artikel 200 (aufgehoben)	–
Artikel 201	Artikel 269
Artikel 201a	Artikel 270
Artikel 202	Artikel 271
Artikel 203	Artikel 272
Artikel 204	Artikel 273
Artikel 205	Artikel 274
Artikel 205a	Artikel 275
Artikel 206	Artikel 276
Artikel 206a (aufgehoben)	–
Artikel 207	Artikel 277
Artikel 208	Artikel 278
Artikel 209	*Artikel 279*
Artikel 209a	Artikel 280
Sechster Teil	Sechster Teil
Artikel 210	Artikel 281
Artikel 211	Artikel 282
Artikel 212*	Artikel 283
Artikel 213	Artikel 284
Artikel 213a*	Artikel 285
Artikel 213b*	Artikel 286
Artikel 214	Artikel 287
Artikel 215	Artikel 288
Artikel 216	Artikel 289
Artikel 217	*Artikel 290*
Artikel 218*	Artikel 291
Artikel 219	Artikel 292
Artikel 220	Artikel 293
Artikel 221	Artikel 294
Artikel 222	Artikel 295
Artikel 223	Artikel 296
Artikel 224	Artikel 297
Artikel 225	Artikel 298
Artikel 226 (aufgehoben)	–
Artikel 227	Artikel 299
Artikel 228	*Artikel 300*
Artikel 228a	Artikel 301
Artikel 229	Artikel 302
Artikel 230	Artikel 303
Artikel 231	Artikel 304
Artikel 232	Artikel 305
Artikel 233	Artikel 306
Artikel 234	Artikel 307

* Neuer Artikel, eingefügt durch den Vertrag von Amsterdam (1997).
*** Neuer Artikel, eingefügt durch den Vertrag von Nizza.

Alte Nummerierung (Maastricht)	Neue Nummerierung (Amsterdam und Nizza)
Artikel 235	Artikel 308
Artikel 236*	*Artikel 309*
Artikel 237 (aufgehoben)	–
Artikel 238	Artikel 310
Artikel 239	Artikel 311
Artikel 240	Artikel 312
Artikel 241 (aufgehoben)	–
Artikel 242 (aufgehoben)	–

Alte Nummerierung (Maastricht)	Neue Nummerierung (Amsterdam und Nizza)
Artikel 243 (aufgehoben)	–
Artikel 244 (aufgehoben)	–
Artikel 245 (aufgehoben)	–
Artikel 246 (aufgehoben)	–
Schlussbestimmungen	Schlussbestimmungen
Artikel 247	Artikel 313
Artikel 248	Artikel 314

* Neuer Artikel, eingefügt durch den Vertrag von Amsterdam (1997).

Stichwortverzeichnis

Fett gedruckte Zahlen verweisen auf die Kapitel, gewöhnlich gedruckte Zahlen auf die Randnummer